med	medic|ine; -al	медицин|а, -ский термин; -ский
mil	military	военное дело
min	mineralogy	минералогия
mus	music(al)	музыка, -льный термин
myth	mythology	мифология
n	noun	имя существительное
naut	nautical	морское дело
nav	naval	военно-морской термин
neg	negative	отрицательный, отрицание
nn	nouns	имена существительные
nom	nominative (case)	именительный падеж
nom-a	nominative-accusative	именительный-винительный падеж
nt	neuter	средний род
num, nums	numer|al, -ical, -als	числительное, числовой, числительные
NZ	New Zealand; New Zealand usage	новозеландский английский; употребительно в Новой Зеландии
obj	object	дополнение
obs	obsolete	устаревшее слово/выражение
offens	offensive	оскорбительное
opp	opposite (to); as opposed to	противоположное
o.s.	oneself	себя
p	prepositional (case) *See also* **pp** *and* **ppp**	предложный падеж
parl	parliamentary	парламентский термин
pej	pejorative	пренебрежительное
pers	person(s); personal	лиц|о, -а; личный
pf	perfective	совершенный вид
pharm	pharmaceutical	фармакология, фармацевтика
philos	philosophy	философия
phot	photography	фотография
phr, phrr	phrase, -s	фраз|а, -ы
phys	physic|s, -al	физика, физический
physiol	physiology	физиология
pl	plural	множественное число
pol	political	политический термин
pp	past participle	причастие прошедшего времени
ppp	past participle passive	страдательное причастие прошедшего времени
pr	pronounce(d); pronunciation	произносит|ь, -ся; произношение
pred	predicate; predicative	сказуемое; предикативн|ое, -ый

pref	prefix	префикс
prep, preps	preposition, -s	предлог, -и
pres	present (tense)	настоящее время
pron, prons	pronoun, -s	местоимени|е, -я
pronunc	pronunciation	произношение
propr	proprietary term	фирменное название
psychol	psychology	психология
refl	reflexive (verb)	возвратный (глагол)
rel	relative (pronoun)	относительное (местоимение)
relig	religion	религия
sc.	scilicet	а именно
sg	singular	единственное число
sl	slang	сленг
s.o.	someone	кто-нибудь
sth	something	что-нибудь
subj	subject	подлежащее; предмет
suff	suffix	суффикс
superl	superlative	превосходная степень
t	transitive *in* **vt**	переходный (глагол)
tech	technical	техника
teleph	telephony	телефония
theatr	theatr|e, -ical	театр(альный термин), -альный
theol	theology	богословие
trans	transitive	переходный глагол
TV	television	телевидение
US	United States; United States usage	американский английский; употребительно в США
usu	usually	обычно
v	verb	глагол
v aux	auxiliary verb	вспомогательный глагол
vbl	verbal	отглагольный; отглагольное
vi	intransitive verb	непереходный глагол
voc	vocative (case)	звательный падеж
vt	transitive verb	переходный глагол
vulg	vulgar(ism)	грубое
vv	verbs	глаголы
zool	zoology	зоология

The Russian -н. or -л. in illustrative phrases within entries stands for -нибудь or -либо (in the words кто-нибудь, что-нибудь, что-либо, etc.).

This dictionary includes some words which are, or are asserted to be, proprietary names or trademarks. These words are labelled (*propr*). The presence or absence of this label should not be regarded as affecting the legal status of any proprietary name or trademark.

Oxford Russian Dictionary

Oxford Russian Dictionary

Fourth edition

Russian–English

Edited by
Marcus Wheeler and Boris Unbegaun

English–Russian

Edited by
Paul Falla

Revised and updated by
Della Thompson

OXFORD
UNIVERSITY PRESS
Great Clarendon Street, Oxford OX2 6DP
Oxford University Press is a department of the University of Oxford.
It furthers the University's objective of excellence in research, scholarship,
and education by publishing worldwide in
Oxford New York
Auckland Cape Town Dar es Salaam Hong Kong Karachi
Kuala Lumpur Madrid Melbourne Mexico City Nairobi
New Delhi Shanghai Taipei Toronto
with offices in
Argentina Austria Brazil Chile Czech Republic France Greece
Guatemala Hungary Italy Japan Poland Portugal Singapore
South Korea Switzerland Thailand Turkey Ukraine Vietnam
Oxford is a registered trademark of Oxford University Press
in the UK and in certain other countries
Published in the United States
by Oxford University Press Inc., New York

First edition Russian/English 1972
First edition English/Russian 1984
Second edition published in one volume 1993
Revised with corrections 1997
Third edition 2000
Fourth edition 2007

British Library Cataloguing in Publication Data
Data available
Library of Congress Cataloging in Publication Data
Data available
Typeset in Nimrod, Arial, and Meta
by Interactive Sciences Ltd, Gloucester
Printed in Italy by Legoprint S.p.A.
ISBN 978-0-19-861420-3 (OUP main edition)
ISBN 978-0-19-923381-6 (Special edition)
ISBN 978-0-19-923383-0 (Special edition)
ISBN 978-0-19-923384-7 (Special edition)
10 9 8 7 6 5 4 3 2 1

Contents

Project Team

Managing Editor
Della Thompson

Subeditor/Proofreader
Mikhaïl Pirozhok

Supplementary material
Mikhaïl Pirozhok
Albina Ozieva
Terence Wade
Alexander Levtov

Preface

This 4th edition of the *Oxford Russian Dictionary* is based on the 3rd edition (2000). It has been updated to include the most important new words and meanings that have entered Russian and English in recent years, especially as reflected in the areas of most rapid development such as IT, finance and commerce, medicine, and popular culture. New features in this edition are the in-text notes about life and culture in Britain, the US, and Russia, and a section on writing letters, emails, and CVs in both languages.

The dictionary has been made more useful to the Russian native speaker by the updating of English spelling to reflect the gradual disappearance of the hyphen, and by adding a guide to English pronunciation, a summary of English grammar, and a table of English irregular verbs. The English native speaker is now further aided by a guide to Russian pronunciation, a section on Russian verbs, and a glossary of grammatical terms.

Предисловие

Настоящее, четвёртое издание *Oxford Russian Dictionary* продолжает традиции предыдущих изданий Словаря. В новом издании получили отражение наиболее значимые изменения в лексике русского и английского языков, происшедшие за последние годы и коснувшиеся, прежде всего, таких динамично развивающихся сфер жизнедеятельности, как информационные технологии, финансы и торговля, медицина и популярная культура. Важными новшествами Словаря стали статьи-врезки о культурных реалиях Великобритании, США и России, а также образцы написания писем, в т. ч. и электронных, и резюме на обоих языках.

В новом издании Словаря тщательным образом учитываются новейшие тенденции английского правописания, в частности постепенный отказ от употребления дефиса в составных словах. Специально для русскоязычной аудитории в Словарь включены краткое руководство по английскому произношению, свод основных правил английской грамматики и таблица неправильных глаголов. В помощь англоязычным пользователям предлагаются краткое руководство по русскому произношению, памятка по спряжению русских глаголов и глоссарий грамматических терминов.

Guide to the use of the Dictionary

Russian–English Section

Presentation

1 The following devices are used to save space:

(i) The first letter of the headword, followed by a full point, represents the whole headword, e.g.

автомоби́л|ь ... **води́ть а.** (= **води́ть автомоби́ль**)

(ii) The swung dash, in conjunction with a vertical stroke, represents that part of the headword which is to the left of the vertical stroke, e.g.

ава́ри|я ... **потерпе́ть ~ю** (= **потерпе́ть ава́рию**)

Exceptions: the swung dash is not used in indicating the genitive singular of nouns or the 1st and 2nd persons singular of the present tense of verbs with unchanged stress (for examples, see below: *Grammatical Information*: *Nouns* and *Verbs*); and, in cross references from the imperfective to the perfective verbal aspect, it may, when preceded by a prefix, represent the entire headword, e.g.

беле́|ть, ю *impf* (*of* **по~**) ... (= **побеле́ть**)

Pronunciation

2 With the general exception of monosyllables, stress is indicated for every Russian word. A stress mark above the swung dash, where this sign represents two or more syllables, indicates shift of stress to the syllables immediately preceding the vertical stroke dividing the headword, e.g.

запи|са́ть, шу́, ~́шешь ... (= **запишу́, запи́шешь**)

3 Conversely, a stress mark above a syllable to the right of the swung dash indicates shift of stress away from the syllables(s) represented by the swung dash, e.g.

а́дрес, а, *pl* **~а́** ... (= **адреса́**)

4 Where a variant stress is permissible, both variants are shown, e.g.

зап|ере́ться ... **~́ерся** ... (= **за́перся** *or* **заперся́**)

Meaning

5 Separate meanings of a word are indicated by means of Arabic numerals. Shades of meaning, represented by translations not considered strictly synonymous, are indicated by the means of a semicolon, whereas translations considered synonymous are indicated by a comma, e.g.

ава́нс ...**1** (*деньги*) advance ...
2 (*in pl*; *fig*) advances, overtures.

авантю́ра ...**1** (*приключение*) adventure; escapade ...
2 (*coll*) shady enterprise.

6 Homonyms are indicated by repetition of the headword as a separate entry, followed by a superscript Arabic numeral, e.g.

блок[1] ... (*tech*) block, pulley.
блок[2] ... (*pol*) bloc.

Explanation

7 Where necessary for the avoidance of ambiguity, explanatory glosses are given in brackets in italic type. This device is used in particular in the case of words denoting specifically Russian or Soviet concepts (e.g. **ка́ша, микрорайо́н**) and makes it possible to use one-word transliterations rather than clumsy paraphrases as a substitute for translation.

8 Indications of style or usage are given, where appropriate, in brackets, e.g.

(*coll*), (*fig*), (*joc*), (*agric*), (*pol*), etc.

Grammatical Information

9 The following grammatical information is given:

Nouns

The genitive singular ending and gender of all nouns are shown, e.g.

мо́лот, а *m* hammer ... **молок|о́, а́** ... *nt* milk.
мо́лни|я, и *f* ... lightning ... **пья́ниц|а, ы** *cg* drunkard ...

Other case endings are shown where declension or stress is, in relation to generally accepted systems of classification, irregular, e.g.

англича́н|ин, ина, *pl* **~е, ~** *m* Englishman.
бор|ода́, оды́, *a* **~́оду,** *pl* **~́оды, ~о́д, ~ода́м** *f* ... beard ...

(But the inserted vowel in the genitive plural ending of numerous feminine nouns with nominative singular ending **-ка** is *not* regarded as irregular, e.g. **англича́нка**, *g pl* **англича́нок**.)

Adjectives

Only the masculine nominative singular of the full form of the adjective is shown. Endings of the short forms, where these are found, are shown in brackets in most cases, e.g.

глу́п|ый (~, ~а́, ~о, ~́ы) ...

The neuter and plural short form endings are omitted where stress is as for the feminine, e.g.

нау́ч|ный (~ен, ~на) ...

Verbs

Endings are shown of the 1st and 2nd persons singular of the present tense (or of the 1st person only of verbs with infinitive ending **-ать, -ова́ть, -ять, -еть** which retain stem and stress unchanged throughout the present tense), e.g.

говор|и́ть, ю́, и́шь ...
чита́|ть, ю ...

Other endings of the present tense and endings of the past tense are shown where formation or stress is irregular, e.g.

ид|ти́, у́, ёшь, *past* **шёл, шла** ...
бер|е́чь, егу́, ежёшь, егу́т, *past* **~ёг, ~егла́** ...

Participles and gerunds, and forms of the passive voice, are not shown unless they have special semantic or syntactical features.

If a past participle passive has an adjectival homonym with the same or similar meaning (as a rule, a participle has a word or words syntactically related to it, whereas an adjective does not), these homonyms are given as a single entry. In such cases, if the endings of the short forms of the participle and adjective differ, this is shown, e.g.

запу́тан|ный (~, ~а) *ppp of* **запу́тать** *and adj* **(~, ~на)** ...

Verbal aspects: the imperfective aspect is normally treated as the basic form of the simple verb, a cross reference to the relevant form being shown in brackets, e.g.

чита́|ть, ю *impf* (*of* **про~, прочесть**) ...

The corresponding entries are:

прочита́|ть, ю *pf of* **чита́ть**
про|че́сть, чту́, чтёшь, *past* **~чёл, ~чла́ = ~чита́ть**

In the case, however, of compound verbs formed by means of a prefix, the perfective aspect is treated as the basic form, e.g.

заш|и́ть, ью́, ьёшь *pf* (*of* **~ива́ть**) ...

Prefixes and Combining Forms

A number of prefixes and combining forms are shown as separate entries, e.g.

без... *pref* in-, un-, -less.
гидро... *comb form* hydro-.

English–Russian Section

Orthography

1 English spelling follows British usage, with American variations also noted, e.g. **honour...** (*US* **honor**).

Pronunciation

2 For the convenience of readers whose native language is not English, the pronunciation of headwords is given, using the International Phonetic Alphabet.

A key to the phonetic symbols used appears on p. xv.

Presentation

3 Headwords are printed in **bold roman** type except for non-naturalized foreign words and expressions, for which ***bold italic*** is used.

Alternative spellings (including American variants) are presented alongside the preferred spelling in full or abbreviated form, or shown in brackets; these variants appear again in alphabetical sequence (unless adjacent to the main entry), as cross references, e.g.

cosy (*US* **cozy**) **cozy = cosy**
hicc|up, -ough
curts(e)y

Similar treatment is applied to words in which an alternative termination can be used without affecting the sense, e.g.

cyclic(al)

4 Also presented as headwords are a few two-word expressions of which the first element does not qualify for an individual entry, e.g. **Boxing Day**, **Parkinson's disease**.

5 Separate headword entries with superscript numerals are created for words which, though identical in spelling, differ in basic meaning and origin (**fine** as noun and verb; **fine** as adjective and adverb), or in pronunciation and/or stress (**house** and **supplement** as nouns and as verbs), or both (**tear** meaning 'teardrop' and **tear** meaning 'rip').

6 Separate entries for adverbs in '-ly' are made only when they have meanings or usage (idiom, compounds, etc.) which cannot conveniently be treated under the corresponding adjective. Examples are **hardly**, **really**, and **surely**. When there is no separate entry, and no instance of the adverb in the adjectival entry, it can be assumed that the corresponding Russian adverb is also formed regularly from the adjective. Thus, **clumsy** неуклю́жий, нело́вкий implies that the Russian for 'clumsily' is неуклю́же and нело́вко; **critical** крити́ческий implies that 'critically' can be translated крити́чески, and so on.

7 Gerundial and participial forms of English verbs, used as nouns or adjectives, are often accommodated within the verb entry (transitive or intransitive as appropriate), e.g.

revolving doors is found under **revolve** *vi*
a retarded child is found under **retard** *vt*

but in certain cases, for the sake of clarity, such forms have been treated as independent headwords, e.g.

barbed *adj*; **flying** *n* and *adj*

8 Some headwords are divided by a vertical stroke in order that the unchanging letters preceding the stroke may subsequently be replaced, in inflected forms, by a swung dash. Where there is no divider, the swung dash represents the whole headword, e.g.

house ... **full ~** (= full house) ... **~hold** (= household) ... **~hold word** (= household word) ...

9 The vertical divider is also used in both English and Russian to separate the main part of a word from its termination when it is necessary to show modifications or alternative forms of the latter, e.g. paragraphs 3, 24 (c), and 25.

10 Within the headword entry each grammatical function has its own paragraph, introduced by a part-of-speech indicator: *n, pron, adj, adv, vt, vi, prep, conj, int*. A combined heading, e.g. **adagio** *n, adj, & adv*, may sometimes be used for convenience; the most common instance is *vt & i* when the two uses are not clearly distinguishable, or when the Russian intransitive is expressed by means of the suffix -ся.

11 Verb–adverb combinations forming phrasal verbs normally appear in a separate paragraph headed '*with advs*', immediately following simple verb usage; they are given in alphabetical order of the adverb.

12 There are also a few verbs (e.g. **go**) where idiomatic usage with prepositions is extensive and complex enough to call for a separate paragraph headed '*with preps*'.

13 Compounds in which the headword forms the first element (including those that are written as two words rather than being hyphenated or written as one word), are mostly brought together or 'nested' under the headword in a final paragraph headed '*cpds*'.

14 Adjective–noun expressions generally appear under the adjective unless this has relatively little weight, as in '**good riddance**'.

15 Within an entry, differences of meaning or application are defined by a synonym, context, or other means. Major differences may be distinguished by numerals in bold type, e.g.

gag *n* **1** (*to prevent speech etc.*) ... **2** (*joke*) ...

16 A second type of label indicates status or level of usage, e.g.: *archaic, literary, coll*(oquial), *sl*(ang), *vulg*(ar). It may apply to the headword as a whole, to one of its functions or meanings, or to a single phrase or sentence, and is placed accordingly, e.g.

gym *n* (*coll*) ...
bell *n* ... **that rings a ~** (*fig, coll*) ...
bung ... *vt* ... **2** (*Br sl, throw*) ...

17 Russian expressions, especially idioms or proverbs, which parallel rather than translate their English equivalents are preceded by the symbol ≈.

18 The use of the comma or the semicolon to separate Russian words offered as translations of the same English word reflects a greater or lesser degree of equivalence; in the latter case an auxiliary English gloss is often used to express the nuance of difference, e.g.

ineligible *adj* (*for office*) ...; (*for a benefit*) ...

19 To avoid ambiguity the semicolon is used when the alternatives are complete phrases or sentences, and also in most cases between synonymous verbs, e.g.

what is he getting at?
что он хо́чет сказа́ть?; куда́ он кло́нит?
allow *vt* ... позв|оля́ть, -о́лить; разреш|а́ть, -и́ть ...

Idiom and Illustration

20 The examples of usage in both languages may consist of phrases or finite sentences.

21 In both English and Russian there are many instances when one word in a phrase or sentence may be replaced by a synonymous alternative. This is shown by means of a comma or oblique stroke in English, and an oblique stroke in Russian, e.g.

I'll knock a pound off the price
я сбро́шу/ски́ну/сба́влю фунт с цены́.

22 Non-synonymous alternatives are linked by the oblique stroke in both languages, e.g.

carry on a conversation/business вести́ разгово́р/де́ло.

23 In most cases the oblique stroke expresses an alternative regarding only one word on either side of it. Other alternatives are generally shown in the form (*or* ...), e.g.

I could do with a drink
я охо́тно (*or* с удово́льствием) вы́пил бы.

Grammatical Information

24 The following grammatical information is given in respect of words offered as translations of headwords:

a) the gender of *masculine* nouns ending in -ь, except when this is made clear by an accompanying adjective (e.g. **polar bear** бе́лый медве́дь) or by the existence of a corresponding female form (see (e) below).

b) the gender of nouns (e.g. neuters in -мя, masculines in -а and -я, foreign borrowings in -и and -у) whose final letter does not serve as an indicator of gender. Nouns of common gender are designated (*cg*). Indeclinable nouns are designated (*indecl*), preceded by a gender indicator if required. The many adjectives used as nouns (e.g. портно́й) are not specially marked.

c) the gender (or, for *pluralia tantum*, the genitive plural termination) and number (*pl*) of all plural nouns which translate a headword or compound, e.g.

timpani, tympani *n pl* лита́вры (*f pl*).
pliers *n pl* ... клещ|и (*pl, g* -е́й) ...

This information, however, is not given if the singular form has already appeared in the same entry, nor in the case of neuter plurals with an accompanying adjective, where the number and gender are self-evident from the terminations. Plurals of adjectives used substantively are shown as (*pl*).

d) the nominative plural termination (-а́ or -я́) of certain masculine nouns when this form denotes a meaning different from that of the plural in -ы or -и, e.g.

fur ... мех (*pl* -а́) ...

e) the forms of nouns used where Russian differs from English in making a verbal distinction between male and female, e.g.

teacher ... учи́тель (*fem* -ница) ...

f) aspectual information: see paragraphs 25–27 below.

g) case usage with prepositions, e.g. **before** до + *g*.

h) the case, with or without preposition, required to provide an equivalent to an English transitive verb, e.g.

attack *vt* ... нап|ада́ть, -а́сть на + *a* ...

If no case is indicated, it is to be taken that the Russian verb is transitive.

i) Use is also made of oblique cases of the Russian pronouns кто and что (in brackets and italics) to indicate case/preposition usage after a verb, e.g.

apologize *vi* извин|я́ться, -и́ться (*перед кем за что*).

Aspects

25 Aspectual information is given on all verbs (except быть) offered as renderings in infinitive form (except when they are subordinate to the finite verb in a sentence). If the verb is mono-aspectual, or used in a phrase to which only one aspect applies, it is designated either imperfective (*impf*) or perfective (*pf*) as the case may be.

With verbs of motion a distinction is made between determinate (*det*) and indeterminate (*indet*) forms, the imperfective aspect being assumed unless otherwise stated. Bi-aspectual infinitives are shown as (*impf, pf*). In all other cases both aspects are indicated (the imperfective always preceding the perfective) as in the following examples:

(i) получ|а́ть, -и́ть; возра|жа́ть, -зи́ть; сн|оси́ть, -ести́.
(ii) позв|оля́ть, -о́лить; встр|еча́ть, -е́тить.
(iii) пока́з|ывать, -а́ть (i.e. *pf* показа́ть); очаро́в|ывать, -а́ть.
(iv) гоня́ть, гнать; брать, взять; вынужда́ть, вы́нудить.
(v) смотре́ть, по-; звать, по- (i.e. *pf* позва́ть); мости́ть, вы́- (i.e. *pf* вы́мостить); жа́рить, за-/из-/по-.
(vi) и|мити́ровать, сы-.

26 It will be seen from the above that

i) when the first two or more letters of both aspects are identical, a vertical divider in the imperfective separates these letters from those which undergo change in the perfective. The perfective is then represented by the changed letters, preceded by a hyphen.

ii) a 'change' includes change of stress only if the stress shifts *back* in the perfective to the previous vowel: the divider then precedes this vowel in the imperfective.

iii) if it shifts *forward*, only the stressed syllable of the perfective is shown.

iv) when the two aspects have only their first letter in common, or are in fact different verbs, or both begin with вы- (which is always accented in the perfective), both are given in full.

v) perfectives of the type prefix + imperfective are shown by giving the prefix only, followed by a hyphen. Prefixes are unstressed except for вы́-.

Alternative prefixes are separated by an oblique stroke.

27 When two or three verbs separated by an oblique stroke are followed by the indication (*pf*) or (*impf*) this applies to both or all of them.

28 The following grammatical information is given in respect of English headwords.

a) Irregular or difficult plural forms of nouns, e.g.

child ... (*pl* **children**) ...
leaf ... (*pl* **leaves**) ...
monkey ... (*pl* **~s**) ...
referend|um ... (*pl* **~ums** or **~a**) ...

b) The comparative and superlative forms of adjectives which take **-er, -est**, e.g.

chic ... (**chicer, chicest**) ...
glib ... (**glibber, glibbest**) ...
tatty ... (**tattier, tattiest**) ...

c) Irregular or difficult forms of verbs, e.g.

eat ... (*past* **ate**; *pp* **eaten**) ...
go ... (*3rd pers sg pres* **goes**; *past* **went**; *pp* **gone**) ...
hold ... (*past and pp* **held**) ...
run ... (**running**; *past* **ran**; *pp* **run**) ...
tattoo ... (**tattoos, tattooed**) ...
taxi ... (**taxis, taxied, taxiing**) ...
tip ... (**tipped, tipping**) ...

О пользовании Словарём

Русско-английская часть

Заглавное слово

1 В целях экономии места в отношении заглавного слова, повторяющегося в тексте словарной статьи, используются следующие приёмы:

1) начальная буква заглавного слова с последующей точкой заменяет всё слово целиком в его неизменной форме. Например:

автомоби́л|ь ... **води́ть а.** (= **води́ть автомоби́ль**)

2) т. н. тильда (знак ~) заменяет часть заглавного слова, расположенную до сплошной вертикальной черты. Например:

ава́ри|я ... **потерпе́ть ~ю** (= **потерпе́ть ава́рию**)

Исключения. Тильда не применяется для обозначения форм родительного падежа единственного числа существительных и форм 1-го и 2-го лица единственного числа глаголов настоящего времени с неподвижным ударением (см. об этом ниже: *Грамматический комментарий*: *Существительные* и *Глаголы*).

В статьях о глаголах несовершенного вида приводятся перекрёстные ссылки на формы совершенного вида. В таких случаях тильда, употребляемая с предшествующей приставкой, может заменять заглавное слово полностью, например:

беле́|ть, ю *impf* (*of* **по~**) ... (= **побеле́ть**)

Ударение

2 Ударение последовательно отмечается во всех русских словах за исключением односложных. Знак ударения над тильдой (если та обозначает часть слова, состоящую из двух или более слогов) показывает перенос ударения на слог, ближайший к сплошной вертикальной черте в заглавном слове. Например:

запи|са́ть, шу́, ~́шешь ... (= **запишу́, запи́шешь**)

3 Напротив, знак ударения над слогом правее тильды показывает перенос ударения на этот слог со слога или слогов, заменяемых этим знаком. Например:

а́дрес, а, *pl* **~а́** ... (= **адреса́**)

4 Допустимые вариантные (в отношении постановки ударения) формы приводятся. Например:

зап|ере́ться ... **~́ерся́** ... (= **за́перся** *или* **заперся́**)

Значения слова

5 Самостоятельные значения слова обозначаются арабскими цифрами. Оттенки значения, представленные переводами, которые не являются близкими синонимами, отделяются точкой с запятой, в то время как тождественные или близкие по значению переводы отделяются запятой. Например:

ава́нс ...**1** (*деньги*) advance ...
2 (*in pl; fig*) advances, overtures.
аванти́ора ...**1** (*приключение*) adventure; escapade ...
2 (*coll*) shady enterprise.

6 Каждый омоним выделяется в отдельную статью и нумеруется при помощи надстрочной цифры, которая помещается сразу после заглавного слова. Например:

блок[1] ... (*tech*) block, pulley.
блок[2] ... (*pol*) bloc.

Пометы и пояснения

7 Во избежание неясности, в скобках приводятся пояснения, набранные курсивом. В особенности этот приём применяется в отношении слов, обозначающих типично русские или советские понятия (как, например, **ка́ша, микрорайо́н**), что позволяет использовать транслитерацию в качестве замены неудачным описательным переводам.

8 В необходимых случаях в скобках приводятся стилистические, а также отраслевые и некоторые другие пометы, которые могут относиться как ко всему слову, так и к отдельным его значениям. Примеры таких помет: (*coll*), (*fig*), (*joc*), (*agric*), (*pol*) и т. п.

Грамматический комментарий

9 Грамматический комментарий включает в себя следующее:

Существительные

У всех существительных отмечается форма родительного падежа единственного числа, например:

мо́лот, а *m* hammer ...
мо́лни|я, и *f* ... lightning ...
молок|о́, а́ *nt* milk ...
пья́ниц|а, ы *cg* drunkard ...

Окончания других падежей приводятся только у существительных, которые имеют особенности в склонении или постановке ударения, и эти особенности не определяются общими правилами. Например:

англича́н|ин, ина, *pl* **~е, ~***m* Englishman.
бор|ода́, оды́, *a* **~́оду,** *pl* **~́оды, ~о́д, ~ода́м** *f* ... beard ...

Прилагательные

Прилагательные даются в форме именительного падежа единственного числа мужского рода. Окончания большинства кратких форм, если такие имеются, приводятся в скобках. Например:

глу́п|ый (~, ~а́, ~о, ~́ы) ...

Окончания кратких прилагательных среднего рода и множественного числа не указываются, если постановка ударения в этих формах не отличается от формы женского рода. Например:

нау́ч|ный (~ен, ~на) ...

Глаголы

У глаголов приводятся формы 1-го и 2-го лица единственного числа настоящего времени (исключение составляют глаголы, оканчивающиеся в инфинитиве на **-ать, -ова́ть, -ять, -еть**, у которых приводится только форма 1-го лица единственного числа настоящего времени, так как основа этих глаголов и место постановки ударения не меняются во всех формах настоящего времени). Например:

говор|и́ть, ю́, и́шь ...
чита́|ть, ю ...

Другие формы настоящего времени, а также формы прошедшего времени даются только у глаголов, имеющих особенности в спряжении или постановке ударения. Например:

ид|ти́, у́, ёшь, *past* **шёл, шла** ...
бер|е́чь, егу́, ежёшь, егу́т, *past* **~ёг, ~егла́** ...

Формы причастий (в т. ч. страдательных) и деепричастий опускаются, если они не обладают особыми семантическими или морфологическими чертами.

Если страдательное причастие прошедшего времени совпадает в полной форме с близким или тождественным по значению прилагательным, оба омонима даются в одной словарной статье, причём, если их краткие формы отличаются, это отмечается в статье. Например:

запу́тан|ный (~, ~а) *ppp of* **запу́тать** *and adj* **(~, ~на)** ...

При подаче глаголов, образующих пары «глагол несовершенного вида – глагол совершенного вида», используются следующие принципы:

1) если в названной паре глагол несовершенного вида — бесприставочный, то основной *словарной* формой глагола признаётся форма инфинитива несовершенного вида, возле которой и помещается перевод, а в скобках помещается ссылка на соответствующий глагол совершенного вида. При этом словарные статьи глаголов совершенного вида, в случае тождественности значений/переводов глаголов в видовой паре, представляют собой перекрёстные ссылки на статьи о соответствующих глаголах несовершенного вида. Например:

чита́|ть, ю *impf* (*of* **про~, проче́сть**) ...
прочита́|ть, ю *pf of* **чита́ть**
про|че́сть, чту́, чтёшь, *past* **~чёл, ~чла́ = ~чита́ть**

2) если же в видовой паре глагол несовершенного вида — приставочный глагол, то основной *словарной* формой считается форма инфинитива совершенного вида, и перевод следует искать в статье о глаголе совершенного вида. Например:

заш|и́ть, ью, ьёшь *pf* (*of* **~ива́ть**) ...

Приставки и составные части сложных слов

Ряд приставок и составных частей сложных слов выделяется в отдельные статьи, например:

без... *pref* in-, un-, -less.
гидро... *comb form* hydro-.

Англо-русская часть

Орфография

1 Слова английского языка даются в соответствии с британскими правилами орфографии. Американский вариант правописания, в случае расхождения с британским, указывается в скобках, например **honour**... (*US* **honor**).

Произношение

2 В Словаре рассматривается произношение, характерное для жителей южной Англии и известное как *Received Pronunciation* или *RP* (буквально «общепринятое/нормативное произношение»). Для удобства русскоязычной читательской аудитории все заглавные слова приводятся в фонетической транскрипции. Исключение составляют аббревиатуры типа **BBC**, которые произносятся по буквам: отдельно каждая буква в соответствии с её названием. Названия букв английского алфавита см. на с. 1322. У сложных слов, у которых вторая составная часть слова представлена в Словаре в качестве отдельной статьи, приводится транскрипция только первой части.

Перечень используемых транскрипционных символов с примерами слов, содержащих тот или иной звук, см. на с. xv.

Заглавное слово и подача информации в словарной статье

3 Заглавные слова печатаются полужирным шрифтом, например: **address**, **get**, **London**. Исключение сделано для иностранных слов и выражений, не в полной мере освоенных английским языком. Такие слова отображаются полужирным курсивом, например: ***de facto***, ***Weltanschauung***.

Вариантные орфографические формы (включая те, которые свойственны американскому английскому) фиксируются наряду с нормативным/преобладающим правописанием слова и могут приводиться как в полном, так и в сокращённом виде, а также в скобках после главного слова. Такие формы даются повторно, согласно их положению в алфавитном порядке, с обязательной отсылкой к основному варианту (кроме тех случаев, когда альтернативный вариант примыкает по алфавиту непосредственно к основному). Например:

cosy (*US* **cozy**) **cozy = cosy**
hicc|up, -ough
curts(e)y

4 Некоторые выражения, состоящие из двух слов, приводятся в качестве заглавных, при условии что словарная статья для первого слова такого выражения отсутствует, например: **Boxing Day**, **Parkinson's disease**.

5 В отдельные словарные статьи, нумерующиеся надстрочными цифрами после заглавного слова, выделяются слова, которые, хотя и имеют одинаковое написание, но отличаются:

1) значением и происхождением (например, **fine** существительное и глагол и **fine** прилагательное и наречие);
2) произношением и/или ударением (например, **house** существительное и **house** глагол);
3) всем вышеперечисленным (например, **tear** в значении «слеза» и **tear** в значении «разрывать, рвать»).

6 Отдельные словарные статьи о наречиях на -ly приводятся только для слов, значение которых не может быть безошибочно определено исходя из значения соответствующего прилагательного. Примеры: **hardly**, **really** и **surely**.

7 Формы герундия и причастий английских глаголов, перешедшие в разряд существительных или прилагательных, нередко помещаются внутри статьи о глаголе (переходном или непереходном, в зависимости от значения). Например:

revolving doors следует искать в статье **revolve** *vi*
a retarded child следует искать в статье **retard** *vt*

Но в некоторых случаях, во избежание неясности, подобные существительные и прилагательные выделяются в самостоятельные статьи. Например:

barbed *adj*; **flying** *n* и *adj*

8 Некоторые заглавные слова делит сплошная вертикальная черта. Это указывает на то, что неизменяемая часть слова, находящаяся до вертикальной черты, в изменяемых формах этого слова может заменяться тильдой. При отсутствии разделительной вертикальной линии в заглавном слове тильда обозначает всё заглавное слово целиком, например:

house ... **full ~** (= full house) ... **~hold** (= household) ... **~hold word** (= household word) ...

9 Сплошная вертикальная черта, отделяющая неизменяемую часть слова от изменяемой, используется также в английских и русских словах, когда необходимо отобразить словоизменение или привести вариантные формы. См. примеры в пунктах 3 и 26.

10 Внутри словарной статьи, для каждого лексико-грамматического разряда (части речи) отводится отдельный параграф, начинающийся с указателя части речи: *n, pron, adj, adv, vt, vi, prep, conj, int.* При необходимости такие указатели объединяются в одну запись, например: **adagio** *n, adj, & adv.* Наиболее часто встречается объединение указателей переходного и непереходного глаголов: *vt & i.* Последнее наблюдается, когда отличие переходного глагола от непереходного не усматривается явно и когда в переводе русский непереходный глагол образуется при помощи постфикса -ся.

11 Сочетания типа «глагол – наречие», образующие фразовые глаголы, обыкновенно даются отдельным параграфом под заголовком *with advs*, непосредственно вслед за примерами простого употребления глагола, и размещаются внутри параграфа в алфавитном порядке входящих в эти сочетания наречий.

12 У некоторых глаголов (например **go**), образующих многочисленные идиоматические выражения с предлогами, устойчивые сочетания «глагол – предлог» выделяются в отдельный параграф под заголовком *with preps.*

13 Сложные слова, первая составная часть которых образует заглавное слово словарной статьи, объединяются в заключительном параграфе этой статьи под заголовком *cpds* (включая те, которые по правилам английского языка пишутся раздельно).

14 Сочетания типа «прилагательное – существительное» приводятся преимущественно в статье о прилагательном, за исключением случаев, когда прилагательное не оказывает определяющего влияния на значение всего выражения, как например в идиоме **good riddance**.

15 Различия в значении или употреблении слова помечаются пояснительными комментариями в виде синонимов или контекстного окружения слова. Такие пояснения даются курсивом в скобках. Для обозначения существенных различий в значении или употреблении слова используются набранные полужирным шрифтом цифры, которые нумеруют самостоятельные значения слова. Например:

gag *n* **1** (*to prevent speech etc.*) ... **2** (*joke*) ...

16 Другой тип пояснений в скобках — стилистические пометы, а также пометы, определяющие или ограничивающие область (географический ареал, профессиональную сферу и пр.) употребления слова. Такие пометы, в зависимости от их местоположения в статье, могут относиться как ко всему слову, так и к отдельным его значениям и случаям употребления в конкретном словосочетании или предложении. Например:

gym *n* (*coll*) ...
bell *n* ... **that rings a ~** (*fig, coll*) ...
bung ... *vt* ... **2** (*Br sl, throw*) ...
positive ... *adj* ... **6** (*gram, math, elec*) ...

17 Выражения русского языка, в особенности идиомы и пословицы, которые являются скорее переводными аналогами, нежели точными эквивалентами, помечаются предшествующим знаком приблизительного равенства ≈.

18 Употребление запятой либо точки с запятой для разграничения переводов одного и того же слова указывает на степень тождественности/синонимичности этих переводов: большую для переводов, разделяемых запятой, и меньшую для разделяемых точкой с запятой. В последнем случае для уточнения оттенка значения нередко используется вспомогательный комментарий на английском языке, например:

ineligible *adj* (*for office*) ...; (*for a benefit*) ...

19 Во избежание неясности, точка с запятой применяется для разграничения альтернативных переводов словосочетаний или предложений и большинства видовых пар синонимичных глаголов. Например:

what is he getting at?
что он хóчет сказáть?; кудá он клóнит?
allow *vt* ... позв|оля́ть, -óлить; разреш|áть, -и́ть ...

Устойчивые выражения и примеры употребления слова

20 Примеры употребления на обоих языках могут представлять собой как словосочетания, так и законченные предложения.

21 И в английском, и в русском языках существует немало примеров того, как то или иное слово в словосочетании или предложении может быть заменено синонимом без ущерба для смысла высказывания. Такие синонимы отделяются друг от друга при помощи запятой или косой черты в английских примерах и посредством косой черты в примерах на русском языке. Например:

I'll knock a pound off the price
я сбрóшу/ски́ну/сбáвлю фунт с цены́.

22 Переводные варианты, не являющиеся синонимами, отделяются косой чертой в примерах на обоих языках, например:

carry on a conversation/business вести́ разговóр/дéло.

23 Косая черта, как правило, не применяется, если один из переводов, примыкающий непосредственно к косой черте, состоит из двух и более слов. В таком случае вариант(ы) перевода даются в скобках после слова *or* («или»), например:

I could do with a drink
я охóтно (*or* с удовóльствием) вы́пил бы.

Грамматический комментарий

24 В грамматическом комментарии к заглавным словам содержится следующая информация:

а) образуемые не по общим правилам либо вызывающие затруднения в образовании формы множественного числа существительных, например:

child ... (*pl* **children**) ...
leaf ... (*pl* **leaves**) ...
monkey ... (*pl* **~s**) ...
referend|um ... (*pl* **~ums** or **~a**) ...

б) сравнительная и превосходная степень прилагательных, образующих указанные формы путём прибавления -er, -est, например:

chic ... (**chicer, chicest**) ...
glib ... (**glibber, glibbest**) ...
tatty ... (**tattier, tattiest**) ...

в) формы неправильных глаголов и сложные случаи образования основных форм у прочих глаголов, например:

eat ... (*past* **ate**; *pp* **eaten**) ...

go ... (*3rd pers sg pres* **goes**; *past* **went**; *pp* **gone**) ...
hold ... (*past and pp* **held**) ...
run ... (**running**; *past* **ran**; *pp* **run**) ...
tattoo ... (**tattoos, tattooed**) ...
taxi ... (**taxis, taxied, taxiing**) ...
tip ... (**tipped, tipping**) ...

25 Русскоязычным пользователям следует обратить внимание на следующие основные моменты в грамматическом комментарии к русским переводам заглавных слов:

а) у некоторых существительных мужского рода в скобках приводится окончание именительного падежа множественного числа (-а́ или -я́), если слово с этим окончанием принимает значение, отличное от значения с окончанием -ы или -и, например:

fur ... мех (*pl* -а́) ...

б) у предлогов приводится управление, например **before** до + *g*.

в) для более точного перевода английских переходных глаголов, в необходимых случаях, у русских глаголов даётся предложное (или беспредложное) управление, например:

attack *vt* ... нап|ада́ть, -а́сть на + *a* ...

Если русский глагол не имеет при себе уточнения в виде падежа с предлогом или без, то этот глагол — переходный.

г) управление также может объясняться при помощи местоимений «кто» и «что», приводимых в скобках в соответствующих падежных формах с предлогами или без и выделяемых курсивом, например:

apologize *vi* извин|я́ться, -и́ться (*перед кем за что*).

Вид глагола

26 Информация о виде даётся последовательно у всех глаголов в форме инфинитива (за исключением глагола «быть»). У одновидовых глаголов (глаголов, не имеющих соотносительной пары другого вида) категория вида отмечается соответствующей пометой: (*impf*) или (*pf*).

Т. н. глаголы движения, подразделяющиеся на глаголы *определённого* (однонаправленного) движения и глаголы *неопределённого* (разнонаправленного) движения, снабжаются пометами, соответственно, (*det*) и (*indet*). При этом, если категория вида этих глаголов не указывается, предполагается, что они несовершенного вида.

Инфинитивы двувидовых глаголов помечаются (*impf*, *pf*). Во всех остальных случаях указываются оба вида (форма несовершенного вида всегда предшествует форме совершенного вида), что можно проследить на следующих примерах:

(1) получ|а́ть, -и́ть; возра|жа́ть, -зи́ть; сн|оси́ть, -ести́.
(2) позв|оля́ть, -о́лить; встр|еча́ть, -е́тить.
(3) пока́з|ывать, -а́ть (т. е. *pf* показа́ть); очаро́в|ывать, -а́ть.
(4) гоня́ть, гнать; брать, взять; вынужда́ть, вы́нудить.
(5) смотре́ть, по-; звать, по- (т. е. *pf* позва́ть); мости́ть, вы́- (т. е. *pf* вы́мостить); жа́рить, за-/из-/по-.
(6) и|мити́ровать, сы-.

Символы фонетической транскрипции, используемые в Словаре

Согласные

b	*b*ut	n	*n*o	ʒ	deci*s*ion
d	*d*og	p	*p*en	θ	*th*in
f	*f*ew	r	*r*ed	ð	*th*is
g	*g*et	s	*s*it	ŋ	ri*ng*
h	*h*e	t	*t*op	x	lo*ch*
j	*y*es	v	*v*oice	ʧ	*ch*ip
k	*c*at	w	*w*e	ʤ	*j*ar
l	*l*eg	z	*z*oo		
m	*m*an	ʃ	*sh*e		

(ə) обозначает безударный беглый гласный, который слышится в таких словах, как gard*e*n, carn*a*l и rhyth*m*.

(r) в конце слова обозначает согласный r, который произносится в случае, если следующее слово начинается с гласного звука, как, например, в clutter‿up и an acre‿of land.

Звук x, встречающийся в английском языке лишь в единичных заимствованиях кельтского происхождения, произносится как твёрдое русское х.

Гласные

æ	c*a*t	ʊ	p*u*t	ɔɪ	b*oy*
ɑː	*ar*m	uː	t*oo*	ʊə	p*oor*
e	b*e*d	ə	*a*go	aɪə	f*ire*
əː	h*er*	aɪ	m*y*	aʊə	s*our*
ɪ	s*i*t	aʊ	h*ow*		
iː	s*ee*	eɪ	d*ay*		
ɒ	h*o*t	əʊ	n*o*		
ɔː	s*aw*	eə	h*air*		
ʌ	r*u*n	ɪə	n*ear*		

Тильда ˜ обозначает носовой гласный звук, как в некоторых заимствованиях из французского языка, например ɑ̃ (*en* masse).

Основное ударение в слове отмечается знаком ˈ перед ударным слогом. Случаи побочного ударения в словах, состоящих из трёх и более слогов, отмечаются знаком ˌ перед каждым слогом, несущим на себе такое ударение.

О произношении звуков английского языка

Произношение английских слов, приводимое в Словаре в транскрипции, соответствует британской норме. Именно о звуках британского английского и пойдёт речь ниже.

Гласные звуки

Среди *гласных звуков* современного английского языка выделяют три основные группы: **монофтонги** (гласные, состоящие из одного звука), **дифтонги** (гласные, состоящие из двух звуков, которые произносятся в пределах одного слога) и **трифтонги** (гласные, состоящие из трёх звуков, произносимых в пределах одного слога).

В современном английском языке 12 монофтонгов, 8 дифтонгов и 2 трифтонга. Особенности их произношения (артикуляции) будут рассмотрены по группам: в отдельности для каждого звука.

Монофтонги

Исторически английские *монофтонги* подразделяются на **краткие** (ɪ, e, æ, ʌ, ɒ, ʊ, ə) и **долгие** (iː, ɑː, ɔː, uː, əː). Долгота последних обозначается в транскрипции двоеточием (:) после символа соответствующего гласного.

/ɪ/ Краткий гласный звук, произносится без напряжения. Качественно (по месту и способу артикуляции) и количественно (по долготе) противопоставляется долгому /iː/ (см. ниже). Английский /ɪ/ слегка напоминает безударный русский /и/ в слове ***игра*** и ударный русский /и/ после шипящих. Для правильной артикуляции /ɪ/ язык следует располагать во рту ниже, чем при произношении русского /и/. Согласные перед /ɪ/ не смягчаются, на что нужно обращать особое внимание. В то же время английский /ɪ/ не должен походить на русский /ы/.

Примеры: s*i*t, h*i*s, *i*n.

/e/ Краткий гласный звук, произносится без напряжения. Английский /e/ отчасти напоминает русский звук /э/ в словах ***свет*** и ***эти***, если его произносить очень кратко. Следует, однако, помнить о том, что согласные перед английским /e/ не смягчаются. При произнесении английского /e/ средняя часть языка поднята к нёбу выше, чем при произнесении русского /э/, а расстояние между челюстями уже.

Примеры: dr*e*ss, b*e*d, m*e*n.

/æ/ Краткий гласный звук, произносится с ощутимым напряжением. Качественно противопоставляется звуку /æ/. Во избежание ошибочного произношения русского /э/ вместо /æ/ язык следует располагать низко во рту, как при произнесении русского /а/. Нижняя челюсть должна быть заметно опущена. При этом основная масса языка должна оставаться в передней части рта, а его кончик должен быть прижат к нижним зубам.

Примеры: c*a*t, b*a*d, m*a*n.

/ʌ/ Краткий гласный звук, произносится напряжённо. Положение языка во рту, как при молчании. Английский /ʌ/ похож на русский /а/, произносимый в первом предударном слоге после твёрдых согласных на месте русских букв ***а*** и ***о***, как, например, в словах *ск**а**ла* и *к**о**ра*. По сравнению с русским ударным /а/ при произнесении английского /ʌ/ язык отодвинут назад, а задняя его часть приподнята. Чрезмерно отодвинутый назад язык приведёт к образованию звука, близкого к английскому /ɑː/, что будет являться грубой фонематической ошибкой, так как данные звуки нередко выполняют смыслоразличительную функцию (d*u*ck и d*a*rk, l*u*st и l*a*st).

Примеры: b*u*t, c*u*p, r*u*n.

/ɒ/ Краткий гласный звук, произносится без напряжения. Английский /ɒ/ отчасти похож на русский /о/ в слове ***конь***, если его произносить не округляя и не выпячивая губы. При произнесении /ɒ/ необходимо максимально отодвинуть назад язык, как при произнесении /ɑː/ (см. ниже), и, широко раскрывая рот, попытаться добиться минимального округления губ.

Примеры: h*o*t, wh*a*t, w*a*nt.

/ʊ/ Краткий гласный звук, произносится без напряжения. Качественно и количественно противопоставляется долгому /uː/ (см. ниже). Основное отличие от русского /у/ в том, что при произнесении /ʊ/ губы почти не округляются и не выпячиваются.

Примеры: p*u*t, g*oo*d, b*oo*k.

/ə/ Краткий нейтральный (образуемый языком в нейтральном положении) гласный звук, произносится без напряжения. Как и русский язык, английский язык характеризуется сильной качественной редукцией (ослабленным произношением гласных в безударных слогах). Так, звук, близкий английскому /ə/, можно встретить во втором предударном и в двух заударных слогах в русских словах на месте гласных букв ***о***, ***а*** и ***е*** после твёрдых согласных, например: ***садовод***, ***даром***, ***целиком***.

Ошибка при артикуляции английского /ə/ возникает вследствие смешения парадигм редукции в английском и русском языках. Нейтральный гласный звук /ə/ в английском встречается преимущественно в первом предударном и первом заударном слогах. Носители русского языка в первом и втором предударных слогах и втором заударном нередко произносят гласные, по степени качественной редукции близкие к русским. Частой ошибкой является произношение в первом предударном слоге английских слов русского /э/ вместо /ə/. Для устранения этой ошибки необходимо не смещать язык в переднюю часть рта, сохраняя его в нейтральном срединном положении.

Примеры: *a*go, fath*er*, comm*o*n.

/iː/ Долгий гласный звук, произносится напряжённо. Качественно и количественно противопоставляется краткому /ɪ/ (см. выше). Английский /iː/ несколько напоминает русский /и/ в слове ***ива***, если произнести его напряжённо и протяжно. Согласные перед /iː/ не смягчаются. Помимо долготы английский /iː/ отличается неоднородностью звучания на всем протяжении. При произнесении /iː/ язык движется в полости рта вперёд и вверх.

Примеры: s*ee*, ch*ee*se, m*ea*t.

/ɑː/ Долгий гласный звук, произносится напряжённо. Своей протяжностью, характерной придавленностью корня языка во рту и низким тембром английский /ɑː/ напоминает звук, издаваемый при показе горла врачу. Для того чтобы правильно произносить английский /ɑː/, не делая его похожим на русский /а/, следует как можно дальше отводить корень языка назад и вниз.

Примеры: *ar*m, c*ar*, p*ar*k.

/ɔː/ Долгий гласный звук. Английский /ɔː/ произносится напряжённо, при оттянутом назад языке и сильно округлённых губах. Следует избегать характерного для артикуляции русского /о/ выпячивания губ, которое приводит к образованию несвойственного английскому /ɔː/ призвука /у/.

Примеры: s*aw*, *a*ll, s*or*t.

/uː/ Долгий гласный звук, произносится напряжённо. Качественно и количественно противопоставляется краткому /ʊ/ (см. выше). Помимо долготы, английский /uː/, как и /iː/, отличается неоднородностью звучания на всем протяжении. При произнесении /uː/ язык движется в полости рта назад и вверх. Губы в начальный момент заметно округлены и, по мере движения языка, округляются ещё сильнее. Во избежание замены английского /uː/ русским /у/ при округлении губ не следует их выпячивать.

Примеры: t*oo*, f*oo*d, bl*ue*.

/ɜː/ Долгий гласный звук, произносится напряжённо. Губы при произнесении /ɜː/ растянуты, зубы слегка обнажены. Согласные перед /ɜː/ не смягчаются. Английский /ɜː/ не должен напоминать русские /о/ и /э/. Именно звук /ɜː/, как правило, произносится носителями английского языка при обдумывании ответа или подборе нужного слова.

Примеры: h*er*, f*ir*st, w*or*k.

Дифтонги

Дифтонги — это особые гласные звуки, произносимые без паузы в пределах одного слога. У английских дифтонгов основным, ударным элементом — **ядром** — всегда является первый из двух его составляющих. Второй элемент — **скольжение** или **глайд** — всегда безударный, произносится без напряжения.

Интонационно все английские дифтонги — нисходящие, т. е. их произношение сопровождается понижением интонации к конечному элементу.

/eɪ/ Сочетание сильного первого элемента /е/ и ослабленного второго /ɪ/ (см. выше). Следует избегать превращения глайда дифтонга /ɪ/ в английский согласный /j/ или русский /й/.

Примеры: d*ay*, th*ey*, br*ea*k.

/aɪ/ Сочетание сильного первого элемента /а/ и ослабленного второго /ɪ/. Английский звук /а/ — ядро дифтонга /aɪ/ — отличается от русского /а/ передним положением языка при его артикуляции. К тому же в начальной стадии звучания английского /а/ язык располагается ниже. Глайд дифтонга /ɪ/ не должен заменяться английским согласным /j/ или русским /й/.

Примеры: m*y*, s*i*de, h*igh*.

/ɔɪ/ Сочетание сильного первого элемента /ɔ/ и ослабленного второго /ɪ/. Английский звук /ɔ/ — ядро дифтонга /ɔɪ/ — представляет собой нечто среднее между английскими звуками /ɔː/ и /ɒ/ (см. выше). Превращение глайда дифтонга /ɪ/ в английский согласный /j/ или русский /й/ является ошибкой.

Примеры: b*oy*, s*oi*l, n*oi*se.

/əʊ/ Сочетание сильного первого элемента /ə/ и незначительно ослабленного второго /ʊ/. Ядро дифтонга /əʊ/ — звук /ə/ — произносится как английский /ɜː/ (см. выше), но с раскрытым шире, чем для /ɜː/, ртом, и с округлёнными (но не выпяченными) губами. Дифтонг /əʊ/ — единственный английский дифтонг, второй элемент которого произносится отчётливо, без заметного расслабления органов речи.

Примеры: n*o*, sh*ow*, h*o*me.

/aʊ/ Сочетание сильного первого элемента /а/ и ослабленного второго /ʊ/. При произнесении ядра дифтонга /aʊ/ — звука /а/ — язык не настолько продвигается вперёд, как при произнесении ядра /aɪ/, и первый элемент /aʊ/ во многом схож с русским /а/. В отличие от глайда /əʊ/ второй элемент дифтонга /aʊ/ звучит неясно. Следует помнить об этом и не превращать неясный глайд /ʊ/ в самостоятельный гласный /ʊ/ или /uː/, а также русский /у/, который произносится с характерным выпячиванием губ, не свойственным гласным звукам английского языка в целом.

Примеры: h*ow*, t*ow*n, m*ou*th.

/ɪə/ Сочетание сильного первого элемента /ɪ/ и ослабленного второго /ə/ (см. выше). В открытом конечном положении (на конце слова) глайд /ə/ может переходить в звук, близкий к английскому /ʌ/ (см. выше).

Примеры: b*eer*, n*ear*, h*ere*.

/eə/ Сочетание сильного первого элемента /е/ и ослабленного второго /ə/. Рот при произнесении ядра дифтонга /eə/ — звука /е/ — раскрыт намного шире, чем при произнесении самостоятельного английского гласного /е/, что делает похожим ядро дифтонга /eə/ на русский /э/ в слове *этот* (но не *эти*).

Примеры: h*air*, c*are*, th*ere*.

/ʊə/ Сочетание сильного первого элемента /ʊ/ и ослабленного второго /ə/ (см. выше).

Примеры: p*oor*, s*ure*, t*our*.

Трифтонги

В английском языке сочетания дифтонгов /aɪ/ и /aʊ/ с безударным нейтральным неслоговым гласным /ə/ называются *трифтонгами*. Как и дифтонги, английские трифтонги имеют в своём составе **ядро** — сильный ударный элемент — и **глайд** или **скольжение**, которое включает в себя два безударных элемента.

/aɪə/ Сочетание дифтонга /aɪ/ и нейтрального гласного /ə/. Элемент /ɪ/ не должен превращаться в согласный /j/.

Примеры: f*ire*, l*iar*, *iro*n.

/aʊə/ Сочетание дифтонга /aʊ/ и нейтрального гласного /ə/. Элемент /ʊ/ не должен превращаться в согласный /w/.

Примеры: s*our*, fl*ower*, t*owe*l.

Согласные звуки

Английские *согласные* имеют следующие характерные отличительные черты по сравнению с согласными русского языка:

1) «звонкость – глухость» не является основным различительным признаком английских согласных, напротив, применительно к английскому согласному важно знать: является ли он **сильным** или **слабым**, а не звонким или глухим. В русском языке глухие согласные, как правило, слабые, а звонкие — сильные. В английском языке, наоборот, звонкие /b/, /d/, /g/, /j/, /l/, /m/, /n/, /r/, /v/, /w/, /z/, /ʒ/, /ð/, /ŋ/ и /ʤ/ — в большинстве случаев слабые, а глухие /f/, /h/, /k/, /p/, /s/, /t/, /ʃ/, /θ/ и /ʧ/ — сильные;
2) сильные глухие /k/, /p/ и /t/ отличаются от соответствующих русских согласных тем, что они произносятся с сильным **придыханием**, — промежуток между одним из этих согласных и следующим за ним гласным заполняется порцией резко выдыхаемого воздуха, причём воздух этот выходит не из ротовой полости, как в случае с русскими /к/, /п/ и /т/, а непосредственно из лёгких;
3) отличительной чертой системы русских согласных является наличие палатализации (смягчения). За исключением всегда мягких /ч/ и /щ/ и всегда твёрдых /ц/, /ш/ и /ж/ (не путать с двойным «долгим» мягким /жʲжʲ/, как в слове *вожжи*), остальные русские согласные встречаются как в мягкой, так и в твёрдой разновидностях. Согласные английского языка полностью лишены такой артикуляционной особенности, поэтому следует уделять особое внимание тому, чтобы английские согласные не смягчались перед гласными /e/, /ɪ/, /iː/;
4) английские звонкие согласные на конце слов не оглушаются, как русские;
5) удвоенные английские согласные читаются как один звук.

В современном английском языке 24 согласных звука. Особенности их произношения (артикуляции) будут рассмотрены отдельно для каждого из них.

/b/ Произносится как ослабленный русский /б/. Перед гласными /e/, /ɪ/, /iː/, /əː/ и согласным /j/ не смягчается.

Примеры: *b*ut, *b*ig, *b*est.

/d/ Произносится как ослабленный русский /д/. Перед гласными /e/, /ɪ/, /iː/, /əː/ и согласным /j/ не смягчается. Следует избегать призвука /ə/ перед сочетаниями с /n/ и /l/, для чего образующейся между /d/ и /n/ мгновенной паузе надлежит придавать носовую артикуляцию, а мгновенной паузе между /d/ и /l/ соответственно боковую (по месту образования — между опущенным в одну сторону боковым краем языка и щекой).

Примеры: *d*og, *d*ay, *d*oor.

/f/ Произносится как русский /ф/, но энергичнее и без участия верхней губы. Перед гласными /e/, /ɪ/, /iː/, /əː/ и согласным /j/ не смягчается.

Примеры: *f*ew, *f*it, *f*eel.

/g/ Произносится как ослабленный русский /г/. Перед гласными /e/, /ɪ/, /iː/, /əː/ и согласным /j/ не смягчается.

Примеры: *g*et, *g*o, *g*ive.

/h/ Аналогов этому звуку в русском языке нет. Согласный /h/ представляет собой простой выдох без участия языка и округления губ — как при дуновении на стекло с целью почистить его. Звук /h/ не является шумным и ни в коем случае не должен напоминать русский /х/.

Примеры: *h*e, *h*ill, *h*air.

/j/ Произносится как заметно ослабленный русский /й/.

Примеры: *y*es, *y*ou, *y*ear.

/k/ Произносится как русский /к/, но энергичнее и с придыханием перед гласными. Перед гласными /e/, /ɪ/, /iː/, /əː/ и согласным /j/ не смягчается.

Примеры: *c*at, *k*ind, *q*ui*ck*.

/l/ В отличие от русского /л/ английский /l/ произносится с участием кончика языка, который касается тканей непосредственно за передними верхними зубами. Перед гласными звучит несколько мягче, но не так, как русский мягкий /лʲ/. В то же время в положении не перед гласными английский /l/ никогда не звучит так твёрдо, как русский /л/.

Примеры: *l*eg, *l*ike, *l*ook.

/m/ Произносится как ослабленный русский /м/. Перед гласными /e/, /ɪ/, /iː/, /əː/ и согласным /j/ не смягчается.

Примеры: *m*an, *m*e, *m*ilk.

/n/ В отличие от русского /н/, который произносится при помощи языка, упирающегося в передние верхние зубы, английский /n/ произносится с участием кончика языка, который касается тканей за передними верхними зубами, но не самих зубов. Английский /n/ звучит менее энергично, чем русский /н/. Перед гласными /e/, /ɪ/, /iː/, /əː/ и согласным /j/ не смягчается.

Примеры: *n*o, *n*ew, *n*iece.

/p/ Произносится как русский /п/, но энергичнее и с придыханием перед гласными. Перед гласными /e/, /ɪ/, /iː/, /əː/ и согласным /j/ не смягчается.

Примеры: *p*en, *p*ut, *p*lease.

/r/ Очень слабый согласный звук, лишь условно сравниваемый с русским /р/. Произносится он с положением органов речи, как для русского /ж/, но щель, образуемая между поднятым кончиком языка и передней частью твёрдого нёба, несколько шире, чем для /ж/. Кончик языка загнут назад и не должен вибрировать. Вибрируют при произнесении английского /r/ только голосовые связки. Средняя и задняя части языка остаются плоскими. Во избежание замены английского /r/ русским /р/ следует помнить о том, что при образовании английского /r/ язык не ударяется ни о зубы, ни о верхние ткани полости рта, оставаясь неподвижным.

Примеры: *r*ed, *r*eal, *r*oot.

/s/ Напоминает русский /с/, но произносится энергичнее. Язык, по сравнению с русским /с/, при произнесении английского /s/ поднят кверху, и струя воздуха проходит между кончиком языка и тканями позади передних верхних зубов, а не между языком и самими зубами. Перед гласными /e/, /ɪ/, /iː/, /əː/ и согласным /j/ не смягчается.

Примеры: *s*it, *s*ame, *s*o.

/t/ Напоминает русский /т/, но произносится энергичнее и с придыханием перед гласными. По сравнению с русским /т/ при произнесении английского /t/ кончик языка приподнят к тканям, расположенным позади передних верхних зубов. Перед гласными /e/, /ɪ/, /iː/, /ɜː/ и согласным /j/ не смягчается. Следует избегать призвука /ə/ перед сочетаниями с /n/ и /l/, для чего образующейся между /t/ и /n/ мгновенной паузе надлежит придавать носовую артикуляцию, а мгновенной паузе между /t/ и /l/ соответственно боковую (по месту образования — между опущенным в одну сторону боковым краем языка и щекой).

Примеры: *t*op, *t*ea, *t*ime.

/v/ Произносится как ослабленный русский /в/, но без участия верхней губы. Перед гласными /e/, /ɪ/, /iː/, /ɜː/ и согласным /j/ не смягчается.

Примеры: *v*oice, *v*ery, *v*iew.

/w/ Аналогов этому звуку в русском языке нет. Английский /w/ получается мгновенным пропусканием струи воздуха через щель, образуемую сильно округлёнными и слегка выпяченными губами. Зубы не касаются нижней губы. Звук /w/ произносится очень кратко и слабо, губы совершают движение, как при задувании свечи.

Примеры: *w*e, *w*hat, *w*ill.

/z/ Произносится как ослабленный русский /з/. Отличается от русского /з/ тем же, чем английский /s/ от русского /с/ (см. выше). Перед гласными /e/, /ɪ/, /iː/, /ɜː/ и согласным /j/ не смягчается.

Примеры: *z*oo, ea*s*y, ro*s*e.

/ʃ/ Произносится как смягчённый русский /ш/, но не настолько мягкий, как /щ/. Положение кончика языка, как при произнесении английского /s/ (см. выше), но щель, в которую пропускается воздух, более широкая, а органы речи напряжены меньше.

Примеры: *sh*e, *sh*all, *sh*op.

/ʒ/ Произносится как смягчённый русский /ж/, но не настолько мягкий, как в слове *вожжи*. Отличается от /ʃ/ только использованием голоса при его произнесении.

Примеры: deci*s*ion, plea*s*ure, u*s*ual.

/θ/ Аналогов этому звуку в русском языке нет. При произнесении сильного английского согласного /θ/ язык лежит плоско во рту, и его кончик находится между передними верхними и нижними зубами. В образуемую таким образом между краем верхних зубов и кончиком языка щель выдыхается воздух. Во избежание образования звука /f/ зубы должны быть обнажены так, чтобы нижняя губа не касалась верхних зубов. Во избежание образования звука /s/ кончик языка должен находиться между зубами, а сам язык оставаться плоским, особенно его передняя часть.

Примеры: *th*in, *th*ree, *th*rough.

/ð/ Аналогов этому звуку в русском языке нет. Произносится так же, как /θ/, но с голосом и менее энергично. Во избежание образования звука /v/ зубы должны быть обнажены так, чтобы нижняя губа не касалась верхних зубов. Во избежание образования звука /z/ кончик языка должен находиться между зубами, а сам язык оставаться плоским, особенно его передняя часть.

Примеры: *th*is, *th*ere, *th*at.

/ŋ/ Аналогов этому звуку в русском языке нет. Упрощённо, английский /ŋ/ представляет собой /g/, если произносить его через нос при полностью опущенном мягком нёбе. Так же, как и для /g/, для произношения /ŋ/ задняя часть языка смыкается с мягким нёбом, но последнее при артикуляции /ŋ/ полностью опущено, и воздух проходит не через рот, а через нос. Кончик языка при произнесении /ŋ/ обязательно должен находиться у нижних зубов, а передняя и средняя части языка не касаться нёба. Следует избегать призвука /g/ после /ŋ/ и не подменять /ŋ/ звуком /n/.

Примеры: ri*ng*, so*ng*, wro*ng*.

/ʧ/ Произносится как русский /ч/, но энергично и твёрдо, без какого бы то ни было смягчения. Для правильной артикуляции английского /ʧ/ второй элемент /ʃ/ следует произносить так же твёрдо, как русский /ш/.

Примеры: *ch*ip, *ch*eese, *ch*ild.

/ʤ/ Произносится так же, как /ʧ/, но с голосом, менее энергично и всегда со вторым мягким элементом /ʒ/.

Примеры: *j*ar, *j*am, *g*in.

Russian pronunciation guide

The pronunciation of Russian headwords is not given in the dictionary because, with the help of the additional information given below, it can be worked out from the spelling.

Russian letter	Approximate English sound and phonetic transcription	
а	like the English *a* in c**a**lm, but slightly shorter, as in French *l**a*** or German *M**a**nn*, e.g. **ра́дио, мать**; transcribed /a/	! See Note 5 below
б	like an English *b*, but with the expulsion of less breath, e.g. **ба́бушка, буты́лка**; transcribed /b/	! See Note 4 below
в	like an English *v*, e.g. **вино́, вот**; transcribed /v/	! See Note 4 below
г	like the English *g* in **g**o, but with the expulsion of less breath, e.g. **газе́та, гара́ж**; transcribed /g/	! See Notes 4, 6 below
д	like an English *d*, but with the expulsion of less breath, e.g. **да, дом**; transcribed /d/	! See Note 4 below
е	like the English *ye* in **ye**s, e.g. **е́сли, обе́д**; transcribed /je/	! See Notes 2, 3, 5 below
ё	like the English *yo* in **yo**nder, e.g. **её, ёлка**; transcribed /jo/	! See Notes 2, 3 below
ж	like the English *s* in mea**s**ure, e.g. **ждать, жена́**; transcribed /zh/	! See Notes 3, 4 below
з	like an English *z*, e.g. **за́пад, зо́нтик**; transcribed /z/	! See Note 4 below
и	like the English *ee* in s**ee**, e.g. **игра́ть, и́ли**; transcribed /i/	! See Notes 2, 3 below
й	like the English *y* in bo**y**, e.g. **мой, трамва́й**; transcribed /j/	
к	like an English *k*, but with the expulsion of less breath, e.g. **кто, ма́рка**; transcribed /k/	! See Note 4 below
л	like an English *l*, but harder, pronounced with the tongue behind the front teeth, e.g. **ла́мпа, луна́**; transcribed /l/	
м	like an English *m*, e.g. **ма́ма, молоко́**; transcribed /m/	
н	like an English *n*, but harder, pronounced with the tongue behind the front teeth, e.g. **на́до, нога́**; transcribed /n/	
о	like the English *o* in f**o**r, but pronounced with more rounded lips, e.g. **о́чень, мо́ре**; transcribed /o/	! See Note 5 below
п	like an English *p*, but with the expulsion of less breath, e.g. **па́па, по́сле**; transcribed /p/	! See Note 4 below
р	like an English *r*, but rolled at the front of the mouth, e.g. **ры́ба, пора́**; transcribed /r/	
с	like an English *s*, e.g. **сала́т, соба́ка**; transcribed /s/	! See Note 4 below
т	like an English *t*, but with the expulsion of less breath, e.g. **таре́лка, то́лько**; transcribed /t/	! See Note 4 below
у	like the English *oo* in p**oo**l, but pronounced with more rounded lips, e.g. **муж, у́лица**; transcribed /u/	
ф	like an English *f*, e.g. **футбо́л, фле́йта**; transcribed /f/	! See Note 4 below
х	like the Scottish *ch* in lo**ch**, e.g. **хлеб, хо́лодно**; transcribed /kh/	
ц	like the English *ts* in nu**ts**, e.g. **центр, цирк**; transcribed /ts/	! See Note 3 below
ч	like the English *ch* in **ch**urch, e.g. **чай, час**; transcribed /ch/	! See Notes 3, 7 below
ш	like the English *sh* in **sh**op, but harder, pronounced with the tongue lower, e.g. **шко́ла, наш**; transcribed /sh/	! See Notes 3, 4 below
щ	either like a long soft English *sh*, similar to the *sh* in **sh**ould, or like an English *shch*, as in fre**sh ch**eese, e.g. **щи, ещё**; transcribed /shch/	! See Note 3 below
ъ	hard sign (hardens the preceding consonant), e.g. **объясня́ть**; transcribed /"/	
ы	like the English *i* in b**i**t, but with the tongue further back in the mouth, e.g. **вы, ты**; transcribed /y/	
ь	soft sign (softens the preceding consonant), e.g. **мать, говори́ть**; transcribed /'/	
э	like the English *e* in th**e**re, e.g. **э́то, эта́ж**; transcribed /e/	
ю	like the English *u* in **u**nit, but pronounced with more rounded lips, e.g. **ю́бка, юг**; transcribed /ju:/	! See Note 2 below
я	like the English *ya* in **ya**rd, but slightly shorter, e.g. **я́блоко, моя́**; transcribed /ja/	! See Notes 2, 5 below

Notes

1. Stress

Russian words have one main stress. In this dictionary this is indicated by an acute accent placed over the vowel of the stressed syllable. The vowel ё is never marked as it is almost always stressed.

2. Hard and soft consonants

An important feature of Russian consonants is that they may be hard or soft. At the end of a word or before a consonant, the soft sign (ь) indicates that the preceding consonant is soft, e.g. день, брать, де́ньги. In addition, the vowels е, ё, и, ю, and я coming after a consonant indicate that the consonant is soft, e.g. нет, нёс, лить, тюрьма́, ряд. A soft consonant is pronounced by placing the tongue closer to the roof of the mouth than in the pronunciation of the equivalent hard consonant. Soft consonants are particularly discernible in the case of the sounds /d, t, n, l/. In British English they can be heard in the words due, tune, new, and illuminate.

In the transcriptions below, a soft consonant is indicated by a /j/ immediately after the consonant, e.g. нет /njet/, except when represented by a soft sign which is transcribed /'/, e.g. лить /ljit'/.

3. Consonants that are always hard or always soft

The consonants ж, ш, and ц are always hard.

If the letter и follows one of these consonants, it is pronounced as if it were ы, e.g. жир /zhyr/, маши́на /mashýnə/, цирк /tsyrk/.

If a stressed е follows one of these consonants, it is pronounced as if it were э, e.g. жечь /zhech'/, шесть /shest'/, це́лый /tsélyj/.

If ё follows ж or ш, it is pronounced /o/, e.g. жёлтый /zhóltyj/, шёл /shol/.

The consonants ч and щ are always soft.

This means that following these consonants the vowels а, о, and у are pronounced /ja/, /jo/, and /ju/, e.g. ча́сто /chjástə/, чо́порный /chjópərnyj/, чуло́к /chjulók/.

4. Unvoicing of voiced consonants and voicing of unvoiced consonants

Voiced consonant sounds (/b, v, g, d, zh, z/) become unvoiced (/p, f, k, t, sh, s/) when they occur

a) at the end of a word, e.g.

хлеб	/khljep/
рука́в	/rukáf/
снег	/snjek/
муж	/mush/
моро́з	/marós/

or

b) before an unvoiced consonant, e.g.

во́дка	/vótkə/
авто́бус	/aftóbus/

Conversely, unvoiced consonant sounds (/p, f, k, t, sh, s/) become voiced (/b, v, g, d, zh, z/) when they occur before another voiced consonant, except before в, e.g.

отда́ть	/addát'/
сдать	/zdat'/
but	
отве́т	/atvjét/ (no voicing before в)

5. Unstressed vowels

The Russian vowels о, е, а, and я change their pronunciation when they are not stressed:

о is pronounced like the stressed Russian а, transcribed /a/, when it appears in the syllable before the stressed syllable, and like the indeterminate vowel in the first syllable of *amaze*, transcribed as /ə/, when it appears after the stressed syllable or more than one syllable before the stressed syllable, e.g.

окно́	/aknó/
нога́	/nagá/
мно́го	/mnógə/
хорошо́	/khərashó/

е is pronounced like the Russian и, transcribed /i/, when it is unstressed, unless it follows a hard consonant (ж, ц, ш) when it is pronounced like ы, e.g.

пе́рец	/pjérjits/
стена́	/stjiná/
жена́	/zhyná/
на у́лице	/na úljitsy/

а is pronounced like a stressed Russian а, transcribed /a/, when it appears in the syllable before the stressed syllable, but like the indeterminate vowel in the first syllable of *amaze*, transcribed /ə/, when it appears after the stressed syllable or more than one syllable before the stressed syllable, e.g.

маши́на	/mashýnə/
кассе́та	/kasjétə/
магнитофо́н	/məgnjitafón/

я is pronounced like the Russian и, transcribed /i/, when it occurs in the syllable before the stressed syllable, and like the indeterminate vowel in the first syllable of *amaze*, transcribed /ə/, when it appears after the stressed syllable or more than one syllable before the stressed syllable, e.g.

пяти́	/pjitjí/
язы́к	/jizýk/
языка́	/jəzyká/
тётя	/tjótjə/

6.

г is pronounced as if it were в in the words его́, сего́дня, and other words with the genitive ending -ого, -его, e.g. ма́ленького, си́него, всего́, ничего́.

7.

ч is pronounced as if it were ш in the words что, чтo̍бы, and коне́чно.

Aa

А (*abbr of* **ампе́р**) amp, ampere.

а[1] *conj* **1** (*и*) and; **вот ма́рки, а вот три рубля́ сда́чи** here are the stamps and here is three roubles change; **иди́те напра́во, пото́м нале́во, а пото́м ещё раз напра́во** turn right, then left, (and) then right again; **а и́менно** namely; to be exact. **2** (*но*) but (*or not translated*); **моя́ жена́ лю́бит о́перу, а я предпочита́ю кино́** my wife likes opera, but I prefer the cinema; **я иду́ не в кино́, а в теа́тр** I am not going to the cinema, but to the theatre (*Br*), theater (*US*); **пиши́ карандашо́м, а не ру́чкой** write in pencil, not pen. **3**: **а как же!** (*coll*) of course!; **а то** or (else), otherwise; **дава́й быстре́е, а то мы опозда́ем** hurry up or (else) we'll be late.

а[2] *interrog particle* (*coll*) eh?; what('s that)?; huh?

а[3] *int* (*coll*) ah, oh; **а ну его́!** oh, to hell with him!

абажу́р, а *m* lampshade.

абба́т, а *m* (*в монастыре*) abbot.

аббати́с|а, ы *f* abbess.

абба́тств|о, а *nt* abbey.

аббревиату́р|а, ы *f* abbreviation; acronym.

аберра́ци|я, и *f* (*optics and fig*) aberration.

абза́ц, а *m* **1** (*printing*) indention; **сде́лать а.** to indent; **нача́ть с но́вого ~а** to begin a new line, new paragraph. **2** (*часть текста*) paragraph.

абитурие́нт, а *m* **1** (*university, college*) entrant. **2** (*obs*) (*выпускник средней школы*) (school-)leaver.

абитурие́нт|ка, ки *f of* **⇒~**

аблати́в, а *m* (*gram*) ablative; **а. абсолю́тный** ablative absolute.

абонеме́нт, а *m* (*право пользования чем-н.*) subscription; (*многоразовый билет*) season ticket; **сверх ~а** extra.

абонеме́нтн|ый *adj*: **~ая ка́рточка** reader's/borrower's card.

абоне́нт, а *m* (*телефона*) subscriber; (*библиотеки*) borrower, reader; (*театра*) season-ticket holder.

абоне́нтный = абоне́нтский

абоне́нтск|ий *adj* subscription; **~ое телеви́дение** subscription television, pay TV; **~ая пла́та** rental fee; (*месячная*) monthly fee; **а. я́щик** PO (*abbr of* post office) box.

абorда́ж, а *m* (*naut*) boarding; **взять на а.** to board.

абориге́н, а *m* aboriginal.

абориге́нный *adj* aboriginal; native.

або́рт, а *m* (*искусственный*) abortion; (*самопроизвольный*) miscarriage; **подпо́льный а.** backstreet abortion; **сде́лать а.** (*о пациентке*) to have an abortion.

абрази́вный *adj* abrasive.

абракада́бр|а, ы *f* gibberish, gobbledegook.

абрико́с, а *m* **1** (*плод*) apricot. **2** (*дерево*) apricot tree.

абрико́с|овый *adj of* **⇒~**

а́брис, а *m* contour(s); outline.

абсе́нт, а *m* absinthe.

абсентеи́зм, а *m* absenteeism.

абсентеи́ст, а *m* absentee.

абсолю́т, а *m* (*philos*) the absolute.

абсолюти́зм, а *m* (*pol*) absolutism.

абсолюти́ст, а *m* (*pol*) absolutist.

абсолю́т|ный (~ен, ~на) *adj* absolute; **а. слух** (*mus*) perfect pitch.

абсорби́р|овать, ую *impf and pf* to absorb.

абсо́рбци|я, и *f* absorption.

абстине́нт, а *m* abstainer.

абстине́нтный *adj*: **а. синдро́м** (*med*) withdrawal symptoms.

абстине́нци|я, и *f* (*med*) withdrawal symptoms; **наркоти́ческая а.** drug withdrawal symptoms.

абстраги́р|овать, ую *impf and pf* to abstract.

абстраги́р|оваться, уюсь *impf and pf* to abstract oneself.

абстра́кт|ный (~ен, ~на) *adj* abstract.

абстракциони́зм, а *m* abstractionism.

абстракциони́ст, а *m* abstractionist.

абстра́кци|я, и *f* abstraction.

абсу́рд, а *m* absurdity; **довести́ до ~а** to carry to the point of absurdity.

абсу́рдност|ь, и *f* absurdity.

абсу́рд|ный (~ен, ~на) *adj* absurd.

абсце́сс, а *m* abscess.

абха́з, а *m* Abkhazian.

абха́з|ка, ки *f of* **⇒~**

абха́зский *adj* Abkhazian.

аванга́рд, а *m* **1** vanguard (*also fig*). **2** (*fig*) avant-garde.

авангарди́зм, а *m* avant-gardism.

авангарди́ст, а *m* avant-gardist.

авангард|и́стский *adj of* **⇒~ 2**

аванга́рд|ный *adj of* **⇒~ 1**

аванза́л, а *m* anteroom.

аванпо́ст, а *m* (*mil*) outpost; forward position (*also fig*).

ава́нс, а *m* **1** (*деньги*) advance; **получи́ть а.** to receive an advance. **2** (*in pl*; *fig*) advances, overtures.

аванси́р|овать, ую *impf and pf* to advance (*money*).

ава́нс|овый *adj of* **⇒~**; **а. отчёт** expense account, expense claim.

ава́нсом *adv* in advance, on account.

авансце́н|а, ы *f* (*theatr*) proscenium.

аванта́ж|ный (~ен, ~на) *adj* (*obs, coll*) fine.

авантю́р|а, ы *f* **1** (*приключение*) adventure; escapade; **пусти́ться в ~ы** to embark on adventures. **2** (*coll*) shady enterprise.

авантюри́зм, а *m* adventurism.

авантюри́ст, а *m* adventurist.

авантюр|исти́ческий *adj of* **⇒~и́зм**

авантюри́стк|а, и *f* adventuress.

авантю́рно-плутовско́й *adj* picaresque.

авантю́рност|ь, и *f* adventurousness.

авантю́р|ный (~ен, ~на) *adj* adventurous; **а. рома́н** adventure story.

авари́йно-спаса́тельный *adj* (emergency-)rescue, life-saving.

авари́йност|ь, и *f* accidents, accident rate.

авари́йн|ый *adj* **1** *adj of* **⇒ава́рия**; **а. компле́кт** survival kit; **~ая маши́на** breakdown van; **~ая поса́дка** crash landing; **а. сигна́л** distress signal. **2** (*запасной*) emergency, spare.

ава́ри|я, и *f* **1** (*несчастный случай*) crash, accident. **2** (*поломка*) breakdown; **цепна́я а.** (*vehicle*) pile-up; **потерпе́ть ~ю** to crash, have an accident.

авгу́р, а *m* augur.

а́вгуст, а *m* August.

а́вгуст|овский *adj of* **⇒~**

А́вди|й, я *m* (*bibl*) Obadiah.

а́виа (*abbr of* **авиапо́чтой**) '(by) airmail'.

авиа... *comb form, abbr of* **авиацио́нный**

авиаба́з|а, ы *f* air base.

авиабиле́т, а *m* airline ticket.

авиадеса́нт, а *m* **1** (*высадка*) airborne assault landing. **2** (*войска*) airborne assault force.

авиадеса́нтник, а *m* paratrooper.

авиадеса́нтн|ый *adj* airborne assault; **~ые войска́** airborne assault troops.

авиадиспе́тчер, а *m* air traffic controller.

а

авиадиспе́тчерск|ий *adj*: **~ая слу́жба** (air) flight control.
авиакаскадёр, а *m* stunt flyer.
авиака́сс|а, ы *f* air tickets booking office.
авиакатастро́ф|а, ы *f* air crash.
авиакомпа́ни|я, и *f* airline, air carrier.
авиаконстру́ктор, а *m* aircraft designer.
авиакосми́ческий = **авиацио́нно-косми́ческий**
авиала́йнер, а *m* airliner.
авиали́ни|я, и *f* airway, air route.
авиамеха́ник, а *m* aircraft mechanic.
авиамодели́зм, а *m* aeromodelling (*Br*), aeromodeling (*US*); the hobby of making model aircraft.
авиамодели́ст, а *m* aeromodeller (*Br*), aeromodeler (*US*); person whose hobby is making model aircraft.
авиамоде́л|ь, и *f* model aircraft.
авиамоде́ль|ный *adj of* ⇒**~**
авиано́с|ец, ца *m* aircraft carrier.
авиапассажи́р, а *m* airline passenger.
авиапереброс́к|а, и *f* airlift.
авиаписьм|о́, а́, *pl* **~а, авиапи́сем, ~ам** *nt* air(mail) letter; aerogramme (*Br*), aerogram (*US*).
авиапо́чт|а, ы *f* air mail.
авиаре́йс, а *m* flight (*journey made by air*).
авиасало́н, а *m* air show.
авиасмо́тр, а *m* = **авиасало́н**
авиаспо́рт, а *m* aerial sports.
авиасъёмк|а, и *f* air photography, aerial surveying.
авиа́тор, а *m* pilot.
авиа́тор|ский *adj of* ⇒**~**
авиатра́нспортн|ый *adj*: **~ая компа́ния** airline, air carrier.
авиатра́сс|а, ы *f* air route, air lane, airway.
авиауда́р, а *m* air strike; **а. по мяте́жникам** air strike against the rebels; **а. по столи́це** air strike on the capital (city).
авиацио́нно-косми́ческ|ий *adj* aerospace; **~ая промы́шленность** the aerospace industry.
авиацио́нный *adj of* ⇒**авиа́ция**
авиа́ци|я, и *f* **1** aviation. **2** (*collect*) aircraft; **бомбардиро́вочная а.** bomber force.
авиача́ст|ь, и *f* air force unit.
авиашко́л|а, ы *f* flying school.
ави́зо *nt indecl* (*comm*) advice (note).
авока́до *nt indecl* **1** (*плод*) avocado. **2** (*дерево*) avocado (tree).
аво́сь *particle* (*coll*) perhaps; **на а.** on the off-chance.
аво́ськ|а, и *f* (*coll*) string bag.
авра́л, а *m* **1** (*naut*) work requiring all hands; (*as int*) all hands on deck! **2** (*coll*) rush job.
авра́л|ьный *adj*: **~ьная рабо́та** = **авра́л**
авро́ра, ы *f* (*poetical*) aurora, dawn.
австрали́|ец, йца *m* Australian.
австрали́|йка, йки *f of* ⇒**~ец**
австрали́йский *adj* Australian.
Австра́ли|я, и *f* Australia.
австри́|ец, йца *m* Austrian.
австри́|йка, йки *f of* ⇒**~ец**
австри́йский *adj* Austrian.
А́встри|я, и *f* Austria.
а́встро-венге́рский *adj* (*hist*) Austro–Hungarian.
А́встро-Ве́нгри|я, и *f* (*hist*) Austria–Hungary.
авто́ *nt indecl* (*coll*) car.
авто... *comb form* **1** self-, auto-. **2** *abbr of* (*i*) **автомати́ческий** *and* (*ii*) **автомоби́льный**
автоава́ри|я, и *f* road accident.
автоантизапотева́тел|ь, я *m* demister.
автоа́тлас, а *m* road atlas.
автоба́з|а, ы *f* motor transport depot.
автобиографи́ческий *adj* autobiographical.
автобиографи́чност|ь, и *f* autobiographical nature, character.
автобиогра́фи|я, и *f* **1** (*описание своей жизни*) autobiography. **2** (*описание своей карьеры*) curriculum vitae, CV.
авто́бус, а *m* bus; (*междугородный*) coach (*Br*), bus (*US*).
авто́бусн|ый *adj* bus; **~ая остано́вка** bus stop; **~ая ста́нция** bus station.
автоветера́н, а *m* vintage car.
автовладе́л|ец, ьца *m* car owner.
автовокза́л, а *m* bus terminal; coach station (*Br*).
автово́р, а *m* (*coll*) car thief.
автоге́нный *adj* (*tech*) autogenous.
автого́л, а *m* (*sport*) own goal.
автого́нк|а, и *f* car race; (*in pl*) motor racing (*Br*), automobile racing (*US*).
автого́нщик, а *m* racing driver.
авто́граф, а *m* autograph.
автогужево́й *adj* vehicular.
автодоро́г|а, и *f* road; highway.
автодоро́жник, а *m* highway engineer.
автодоро́жн|ый *adj* road; highway; **~ая катастро́фа** road/traffic accident.
автодрези́н|а, ы *f* (*tech*) motor trolley.
автодро́м, а *m* **1** (*для испытания автомобилей*) vehicle testing point. **2** (*для автогонок*) motor-racing circuit.
автожи́р, а *m* (*aeron*) autogiro.
автозаво́д, а *m* car factory.
автозапра́вочн|ый *adj* filling, refuelling; **~ая ста́нция** petrol/filling station.
автозапра́вщик, а *m* petrol tanker.
автоинспе́ктор, а *m* traffic inspector.
автоинспе́кци|я, и *f* traffic inspectorate.
автока́р, а *m* motor trolley.
автокаранда́ш, а́ *m* propelling pencil.
автокаскадёр, а *m* stunt driver.
автокатастро́ф|а, ы *f* road accident.
автокефа́льный *adj* (*eccl*) autocephalous.
автокла́в, а *m* (*tech*) autoclave.
автоколо́нк|а, и *f* petrol pump.
автоколо́нн|а, ы *f* motorcade; (*mil*) convoy.
автокорри́д|а, ы *f* stock-car race; stock-car racing.
автокосме́тик|а, и *f* car care products.
автокра́н, а *m* mobile crane, crane truck.
автокра́т, а *m* autocrat.
автократи́ческий *adj* autocratic.
автокра́ти|я, и *f* autocracy.
автокро́сс, а *m* autocross.
автоку́хн|я, и *f* mobile kitchen.
авто́л, а *m* motor oil.
автола́вк|а, и *f* mobile shop.
автолиха́ч, а́ *m* reckless driver.
автолюби́тел|ь, я *m* (private) motorist.
автомагази́н, а *m* **1** (*автолавка*) mobile shop. **2** (*магазин по продаже автомобилей*) car showroom, car dealer's.
автомагистра́л|ь, и *f* motorway (*Br*), interstate (highway) (*US*).
автомастерск|а́я, о́й *f* car repair garage, auto repair shop.
автома́т, а *m* **1** automatic machine, slot machine; **биле́тный а.** ticket machine; **билья́рдный а.** pinball machine; **де́нежный а.** cash dispenser; **игрово́й а.** one-armed bandit; **телефо́н-а.** payphone; (*fig*) automaton, robot. **2** (*mil*) sub-machine gun.
автоматиза́ци|я, и *f* automation.
автоматизи́рованн|ый *adj* computer-aided; **~ое проекти́рование** CAD, computer-aided design.
автоматизи́р|овать, ую *impf and pf* to automate.
автома́тик|а, и *f* **1** (*отрасль науки*) automation. **2** (*автоматические механизмы*) automatic equipment.
автомати́ческ|ий *adj* **1** (*tech*) automatic; **~ая винто́вка** automatic (rifle); **а. то́рмоз** automatic brake. **2** (*fig*) automatic, involuntary; **~ое движе́ние** involuntary movement.
автомати́ч|ный (~ен, ~на) = **~еский 2**
автома́т|ный *adj of* ⇒**~ 2**
автома́тчик, а *m* (*mil*) soldier armed with a sub-machine gun.
автомаши́н|а, ы *f* motor vehicle.
автомеха́ник, а *m* car mechanic.
автомобилево́з, а *m* (*vehicle*) transporter.
автомобили́зм, а *m* motoring.
автомобили́ст, а *m* motorist.
автомоби́л|ь, я *m* motor vehicle; (motor)car; **легково́й а.** car; **грузово́й а.** lorry (*Br*), truck (*US*); **води́ть а.** to drive a car.
автомоби́л|ь-бо́мба, ~я-бо́мбы *m* car bomb.
автомоби́ль|ный *adj of* ⇒**~**
автомодели́зм, а *m* car modelling (*Br*), modeling (*US*); the hobby of making model cars.

а

автомодели́ст, а *m* car modeller (*Br*), modeler (*US*); person whose hobby is making model cars.

автомоде́л|ь, и *f* model car.

автомо́йка, и *f* car wash.

автомотодро́м, а *m* racetrack.

автоно́ми|я, и *f* autonomy.

автоно́мная о́бласть — autonomous oblast (region)

One of the six types of administrative unit into which **Росси́йская Федера́ция** is divided. Of the 86 (as of April 2007) units, only one is *автоно́мная о́бласть* (*the Jewish Autonomous Oblast*). Like **автоно́мный о́круг, го́род федера́льного значе́ния, край,** and **о́бласть**, this type of unit is not allowed to have its own constitution (Russian *конститу́ция*), unlike the 21 republics. Instead, it has its own charter (Russian *уста́в*). In common with Russia's 85 other constituent units, the single *автоно́мная о́бласть* has its own legislature. Formerly, there were four more autonomous oblasts on the territory of the modern Russian Federation. In 1991 they all changed their status to that of republic (**респу́блика**).

автоно́м|ный (~ен, ~на) *adj* autonomous; (*comput*) stand-alone.

автоно́мный о́круг — autonomous okrug (district)

One of the six types of administrative unit into which **Росси́йская Федера́ция** is divided. Of the 86 (as of April 2007) units, seven are autonomous okrugs (districts). The autonomous okrugs are all located in sparsely populated areas of Siberia and Russia's Far East, where indigenous peoples (except for in *Agin-Buryat Autonomous Okrug*) form a small part of the entire population and Russians usually make up 60–70% of the population.

For more details see **автоно́мная о́бласть**

автоотве́тчик, а *m* answering machine.

автопавильо́н, а *m* bus shelter.

автопа́рк, а *m* car fleet.

автопаро́м, а *m* car ferry.

автопило́т, а *m* autopilot.

автопогру́зчик, а *m* forklift truck.

автопо́езд, а, *pl* **~а́** *m* articulated lorry (*Br*), juggernaut (*Br*), tractor trailer (*US*).

автопортре́т, а *m* self-portrait.

автоприёмник, а *m* car radio.

автоприце́п, а *m* trailer; **жило́й а.** caravan (*Br*), mobile home; **тури́стский а.** caravan (*Br*), camper.

автопроисше́стви|е, я *nt* road accident.

автопрока́тн|ый *adj*: **~ая компа́ния** car hire company.

а́втор, а *m* author; (*mus*) composer; (*fig*) architect.

авторазмора́живател|ь, я *m* (*windscreen*) de-icer.

автора́лли *nt indecl* (car) rally.

автораллист, а *m* rallyist, rally driver.

авторефера́т, а *m* abstract (*of dissertation, etc.*).

авториза́ци|я, и *f* authorization.

авторизо́ванный *adj* (*издание, перевод*) authorized.

авториз|ова́ть, у́ю *impf and pf* to authorize.

авторитари́зм, а *m* authoritarianism.

авторита́р|ный (~ен, ~на) *adj* authoritarian.

авторите́т, а *m* authority; **по́льзоваться ~ом** to enjoy authority, have prestige, command respect; **счита́ться ~ом** to be considered an authority; (*sl*) boss, big shot.

авторите́тност|ь, и *f* authoritativeness; trustworthiness.

авторите́т|ный (~ен, ~на) *adj* authoritative; trustworthy; **а. исто́чник** an authoritative source (of information).

а́втор|ский *adj of* ⇒**~**; **а. гонора́р** royalty, royalties; **а. лист** (*printing*) unit of 40,000 ens (*used in calculating author's royalties*); **~ское пра́во** copyright; *as n pl* **~ские, ~ских** royalties.

а́вторско-правово́й *adj* copyright.

а́вторств|о, а *nt* authorship.

автору́чк|а, и *f* fountain pen.

автосало́н, а *m* **1** (*магазин*) car showroom. **2** (*выставка*) motor show.

автоса́н|и, е́й (*no sg*) sledge car, motor sleigh.

автосе́рвис, а *m* service station.

автосмо́тр, а *m* = **автосало́н 2**

автоспо́рт, а *m* motor sports.

автоста́нци|я, и *f* bus station; coach station (*Br*).

автосто́п, а *m* **1** (*способ путешествия*) hitch-hiking; **путеше́ствовать** (*impf*) **~ом** to hitch-hike. **2** (*obs*) (*в поезде*) communication cord (*Br*), emergency brake (*US*).

автосто́рож, а *m* anti-theft device (*for car*).

автостоя́нк|а, и *f* car park.

автостра́д|а, ы *f* motorway (*Br*), interstate (highway) (*US*).

автосуфлёр, а *m* Autocue (*propr*), teleprompter.

автосце́пк|а, и *f* (*railways*) automatic coupling.

автотелефо́н, а *m* car phone.

автотра́нспорт, а *m* motor transport.

автотра́сс|а, ы *f* highway.

автотрюка́ч, а́ *m* stunt driver.

автотури́зм, а *m* motor touring.

автотури́ст, а *m* motor tourer.

автоуго́нщик = **автово́р**

автофурго́н, а *m* van.

автохто́нный *adj* autochthonous.

автоцисте́рн|а, ы *f* tanker.

автошко́л|а, ы *f* driving school; **преподава́тель** (*m*) **~ы** driving instructor.

авуа́р|ы, ов (*no sg*) (*fin*) assets, holdings.

ага́ *int* (*coll*) (*выражает злорадство*) aha!; (*выражает согласие*) uh-huh.

ага́в|а, ы *f* (*bot*) agave.

ага́т, а *m* (*min*) agate.

ага́т|овый *adj of* ⇒**~**

агглютинати́вный *adj* (*ling*) agglutinative.

а́генс, а *m* (*ling*) agent (noun).

аге́нт, а *m* (*уполномоченное лицо; шпион*) agent; (*chem*) agent.

аге́нтств|о, а *nt* agency; **а. печа́ти** news agency, press agency; **а. (для) по́мощи** aid agency; **информацио́нное/телегра́фное а.** news agency.

агенту́р|а, ы *f* **1** (*служба*) secret service. **2** (*collect*) agents.

агиогра́фи|я, и *f* hagiography.

агит... *comb form, abbr of* **агитацио́нный**

агита́тор, а *m* (*pol*) agitator; campaigner.

агитацио́нн|ый *adj* (*pol*) agitation; **~ая речь** campaign speech.

агита́ци|я, и *f* (*pol*) agitation; campaign; **вести́ ~ю** to campaign; **предвы́борная а.** electioneering.

агити́р|овать, ую *impf* **1** (*impf only*) (*pol*) (**за** + *a*) to agitate, campaign (for). **2** (*pf* **с~**) (*coll*) to (try to) persuade.

аги́тк|а, и *f* (*pol*) propaganda piece (*plays, posters, etc.*).

агитпро́п, а *m* (*abbr of* **отде́л агита́ции и пропага́нды**) (*pol, hist*) agitation and propaganda section (*of central and local committees of the Soviet Communist Party*).

агитпу́нкт, а *m* (*pol*) propaganda centre; campaign office.

а́гн|ец, ца *m* **1** (*eccl*) lamb (*Agnus Dei*). **2** *fig of a meek person*: **прики́нуться ~цем** to play the innocent.

агно́стик, а *m* agnostic.

агностици́зм, а *m* agnosticism.

агности́ческий *adj* agnostic.

агонизи́р|овать, ую *impf* to be in one's death throes.

аго́ни|я, и *f* (*med and fig*) death throes.

аго́рновый *adj*: **а. сиро́п** maple syrup.

агорафо́бия, и *f* agoraphobia.

агра́ри|й, я *m* landowner.

агра́рный *adj* agrarian.

агрега́т, а *m* **1** (*часть машины*) unit. **2** (*соединение нескольких машин*) assembly.

агрега́тный *adj* modular.

агресси́в|ный (~ен, ~на) *adj* aggressive.

агре́сси|я, и *f* (*pol*) aggression.

агре́ссор, а *m* aggressor.

агро... *comb form* agro-, agricultural, farm.

агроно́м, а *m* agronomist.

агроно́ми|я, и *f* agronomy; agricultural science.

агропромы́шленный *adj* agro-industrial.

агроте́хник, а *m* agricultural technician.

агроте́хник|а, и *f* agricultural technology.

агрохимика́т|ы, ов *pl* (*sg* **~, ~а** *m*) agrochemicals.

агрохими́ческий *adj* agrochemical.

ад, а *m* hell; (*fig*) bedlam; **душе́вный а.** mental torment, anguish.

ада́жио (*mus*) **1** *adv.* **2** *n*; *nt indecl* adagio.

ада́мов *adj*: **~о я́блоко** Adam's apple.

адапта́ци|я, и *f* adaptation.

ада́птер, а *m* **1** (*tech*) adaptor. **2** (*mus*) pickup.

адапти́р|овать, ую *impf and pf* to adapt.

адапти́р|оваться, уюсь *impf and pf* (**к** + *d*) to adapt (to); to get used (to sth.).

адвенти́ст, а *m* (*relig*) (Seventh-day) Adventist.

адвока́т, а *m* (*поверенный*) solicitor, lawyer; (*выступающий в суде*) barrister (*Br*), attorney (*US*); (*fig*) advocate.

адвокату́р|а, ы *f* **1** (*деятельность адвоката*) the legal profession; practising law. **2** (*collect*) lawyers; the Bar (*Br*).

Адди́с-Абе́б|а, ы *f* Addis Ababa.

адеква́т|ный (~ен, ~на) *adj* identical, coincident; adequate.

адено́ид|ы, ов *m pl* (*med*) adenoids.

аде́пт, а *m* adherent, disciple.

аджа́р|ец, ца *m* Adzharian.

аджа́р|ка, ки *f of* **⇒~ец**

аджа́рский *adj* Adzharian.

администрати́вн|ый *adj* administrative; **в ~ом поря́дке** by administrative order.

администра́тор, а *m* administrator; manager (*of hotel, theatre, etc.*).

администра́ци|я, и *f* administration; management.

администри́р|овать, ую *impf* to administrate.

адмира́л, а *m* **1** (*nav*) admiral. **2** (*бабочка*) red admiral (*butterfly*).

адмиралте́й|ский *adj of* **⇒~ство**

адмиралте́йств|о, а *nt* the Admiralty.

адмира́л|ьский *adj of* **⇒~**; **а. кора́бль** flagship; **а. чин, ~ьское зва́ние** flag rank.

а́дов *adj* (*relig and fig, coll*) *of* **⇒ад**

Адо́нис, а *m* (*myth*) Adonis.

адренали́н, а *m* adrenalin.

а́дрес, а, *pl* **~а́, ~о́в** *m* address; **в а.** (+ *g*) addressed to; (*fig*) directed at; **не по ~у** (*fig*) to the wrong quarter.

адреса́нт, а *m* sender (*of mail*).

адреса́т, а *m* addressee; **в слу́чае ненахожде́ния ~а** 'if undelivered'; **за ненахожде́нием ~а** 'not known' (*on letters*); **спи́сок адреса́тов** mailing list.

а́дрес|ный *adj of* **⇒~**; **~ная кни́га** directory; (*comput*) address book; **а. стол** address bureau.

адрес|ова́ть, у́ю *impf and pf* (*письмо* + *d*) to address (*a letter to s.o.*); (*критику, вопрос* + *d*) to direct (*criticism, a question at/to s.o.*).

адрес|ова́ться, у́юсь *impf and pf* (**к** + *d*) to address o.s. (to).

Адриати́ческ|ое мо́р|е, ~ого ~я *nt* the Adriatic (Sea).

а́дски *adv* (*coll*) terribly, fearfully.

а́дский *adj* infernal, diabolical; (*fig*) hellish, intolerable.

адсо́рбци|я, и *f* (*chem*) adsorption.

адъю́нкт, а *m* **1** (*obs*) (*помощник профессора*) junior scientific assistant. **2** (*аспирант*) graduate student in military academy.

адъюта́нт, а *m* (*mil*) aide-de-camp; **ста́рший а.** adjutant.

адюльте́р, а *m* adultery.

адюльте́р|ный *adj of* **⇒~**

аж *particle and conj* (*coll*) **1** (*particle*) (*даже*) even; **аж до** right up to; **аж на** (+ *a*) right on to. **2** (*conj*) (*так что*) so that, until.

а́жио *nt indecl* (*comm*) agio.

ажиота́ж, а *m* **1** (*comm*) speculation in stocks. **2** (*fig*) stir, excitement.

ажита́ци|я, и *f* (*obs*) agitation.

ажу́р[1]**, а** *m* openwork.

ажу́р[2]**, а** *m* (*comm*): **учёт в ~е** the accounts are up to date; **всё в (по́лном) ~е** (*fig, coll*) everything's fine.

ажу́рн|ый *adj* openwork; (*fig*) delicate, fine; **~ая рабо́та** openwork; (*archit*) tracery.

аз, а́ *m* **1** az (*the Slavonic name of the letter A*). **2** (*usu in pl; coll*) basics, rudiments; **начина́ть с ~о́в** to begin at the beginning; **ни ~а́ не знать (о** + *p*) not to know the first thing (about).

аза́ли|я, и *f* (*bot*) azalea.

аза́рт, а *m* excitement; fervour; **войти́ в а.** to grow excited.

аза́рт|ный (~ен, ~на) *adj* excited, ardent; **~ная игра́** game of chance.

а́збук|а, и *f* alphabet; the ABC (*also fig*); **а. Мо́рзе** Morse code; **дакти́льная а.** sign language; **но́тная а.** musical notation.

а́збучн|ый *adj* alphabetical; **~ая и́стина** truism.

Азербайджа́н, а *m* Azerbaijan.

азербайджа́н|ец, ца *m* Azerbaijani.

азербайджа́н|ка, ки *f of* **⇒~ец**

азербайджа́нский *adj* Azerbaijani.

азиа́т, а *m* Asian.

азиа́т|ка, ки *f of* **⇒~**

азиа́тский *adj* **1** Asian. **2** (*geog, geol*) Asiatic.

а́зимут, а *m* azimuth.

А́зи|я, и *f* Asia; **Ма́лая А.** (*полуостров*) Asia Minor.

Азо́вск|ое мо́р|е, ~ого ~я *nt* the Sea of Azov.

Азо́рск|ие о́стров|а́, ~их ~о́в (*no sg*) the Azores (*islands*).

азо́т, а *m* (*chem*) nitrogen; **о́кись ~а** nitric oxide.

азотистоки́слый *adj* (*chem*) nitrite.

азо́тистый *adj* (*chem*) nitrous.

азотноки́слый *adj* (*chem*) nitrate.

азо́тн|ый *adj* (*chem*) nitric; **~ая кислота́** nitric acid.

аи́р, а *m* (*bot*) sweet flag.

а́ист, а *m* (*zool*) stork.

ай *int* (*выражает страх, испуг*) oh!; (*выражает боль*) ow!, ouch!; **ай, бо́льно!** ow, that hurts!; **ай да** (*выражает одобрение*) what a ...!; **ай да молоде́ц!** well done!

айв|а́, ы́ *f* **1** (*плод*) quince. **2** (*дерево*) quince tree.

айво́вый *adj* quince.

айда́ *int* (*coll*) come along!; let's go!

а́йе-а́йе *m indecl* (*zool*) aye-aye.

айкидо́ *nt indecl* aikido.

а́йсберг, а *m* iceberg.

академи́зм, а *m* academic manner.

акаде́мик, а *m* academician (*member of a specific academy*).

академи́ческий *adj* academic; **а. о́тпуск** sabbatical (leave) (*for undergraduates or postgraduates*).

академи́ч|ный (~ен, ~на) *adj* academic, theoretical.

акаде́ми|я, и *f* academy.

акаде́мк|а, и *f* (*sl*) (officially authorized) year out.

а́кань|е, я *nt* 'akanie' (*the pronunciation of unstressed Russian 'o' as 'a'*).

а́ка|ть, ю *impf* to pronounce unstressed Russian 'o' as 'a'.

ака́ци|я, и *f* (*bot*) acacia.

аквала́нг, а *m* aqualung.

аквалангист, а *m* (skin *or* scuba) diver.

акваланги́ст|ка, ки *f of* **⇒~**

аквамари́н, а *m* (*min*) aquamarine.

аквамари́н|овый *adj of* **⇒~**

акваплан, а *m* aquaplane; **ката́ться на ~е** to aquaplane.

акварели́ст, а *m* watercolourist (*Br*), watercolorist (*US*).

акваре́л|ь, и *f* (*краски*) watercolours (*Br*), watercolors (*US*); **писа́ть ~ью** to paint in watercolours; (*картина*) watercolour (*Br*), watercolor (*US*).

акваре́льный *adj* watercolour (*Br*), watercolor (*US*).

аква́риум, а *m* aquarium, fish tank.

аквариуми́ст, а *m* aquarist.

аквато́ри|я, и *f* (*defined*) waters.

акведу́к, а *m* aqueduct.

акклиматиза́ци|я, и *f* acclimatization.

акклиматизи́р|овать, ую *impf and pf* to acclimatize.

акклиматизи́р|оваться, уюсь *impf and pf* to become acclimatized, to acclimatize.

аккола́д|а, ы *f* accolade.

аккомпанеме́нт, а *m* (*mus*) accompaniment (*also fig*); **под а.** (+ *g*) to the accompaniment of.

аккомпаниа́тор, а *m* (*mus*) accompanist.

аккомпани́р|овать, ую *impf* (+ *d*, **на** + *p*; *mus*) to accompany; **а. певцу́ на роя́ле** to accompany a singer on the piano.

акко́рд, а *m* (*mus*) chord; **заключи́тельный а.** (*fig*) finale; **взять а.** to strike a chord (*on the piano*).

аккордео́н, а *m* accordion.

аккордеони́ст, а *m* accordionist.

аккордеони́ст|ка, ки *f of* **⇒~**

акко́рдн|ый *adj*: **~ая пла́та** payment by the job; **~ая рабо́та** piecework.

аккредити́в, а *m* (*fin*) letter of credit.

аккредит|ова́ть, у́ю *impf and pf* to accredit.

аккумули́р|овать, ую *impf and pf* to accumulate.

аккумуля́тор, а *m* (*tech*) accumulator; (*elec*) accumulator (*Br*), storage battery (*US*).

аккумуля́ци|я, и *f* accumulation.

аккура́тност|ь, и *f* **1** exactness, thoroughness. **2** tidiness, neatness.

аккура́т|ный (~ен, ~на) *adj* **1** (*тщательный*) exact, thorough. **2** (*опрятный*) tidy, neat. **3** (*студент*) thorough, orderly. **4** (*регулярный*) regular, punctual.

акмеи́зм, а *m* (*literary*) Acmeism.

акмеи́ст, а *m* (*literary*) Acmeist.

акри́л, а *m* acrylic.

акри́л|овый *adj of* ⇒**~**

акроба́т, а *m* acrobat.

акроба́тик|а, и *f* acrobatics.

акробати́ческий *adj* acrobatic.

акро́ним, а *m* acronym.

акро́пол|ь, я *m* (*hist*) acropolis.

акрости́х, а *m* acrostic.

акселера́т, а *m* (*med*) early developer, maturer.

акселера́тор, а *m* accelerator.

акселера́ци|я, и *f* (*med*) early development, maturation; **а. ро́ста** accelerated growth.

аксельба́нт, а *m* aiguillette.

аксессуа́р, а *m* **1** accessory. **2** (*in pl, theatr*) props.

аксио́м|а, ы *f* axiom.

акт, а *m* **1** act; **полово́й а.** sexual intercourse. **2** (*theatr*) act. **3** (*law*) deed, document; **обвини́тельный а.** indictment.

актёр, а *m* actor.

актёр|ский *adj of* ⇒**~**

актёрств|о, а *nt* acting; (*fig*) affectation, posing.

акти́в[1], а *m* (*fin*) assets; (*fig*) asset.

акти́в[2], а *m* (*pol*) most active members; **парти́йный а.** party activists.

актива́ци|я, и *f* (*chem, biol*) activation.

активиза́ци|я, и *f* activation; stimulation.

активизи́р|овать, ую *impf and pf* (*приводить в действие*) to activate; (*оживлять*) to stimulate, enliven.

активи́р|овать, ую *impf and pf* (*chem, biol*) to activate.

активи́ст, а *m* (*pol*) activist.

акти́в|ный (~ен, ~на) *adj* active, energetic.

акти́ни|я, и *f* sea anemone.

а́ктовый *adj*: **а. зал** assembly hall.

актри́с|а, ы *f* actress.

актуа́льност|ь, и *f* topicality.

актуа́л|ьный (~ен, ~ьна) *adj* topical, current.

аку́л|а, ы *f* (*zool*) shark (*also fig*).

акупункту́р|а, ы *f* acupuncture.

аку́стик, а *m* sound man, sound technician.

аку́стик|а, и *f* acoustics.

акусти́ческий *adj* acoustic.

аку́т, а *m* (*ling*) acute accent.

акуше́р, а *m* obstetrician.

акуше́рк|а, и *f* midwife.

акуше́рский *adj* obstetric(al).

акуше́рств|о, а *nt* obstetrics; midwifery.

акце́нт, а *m* accent.

акценти́р|овать, ую *impf and pf* to accentuate.

акце́пт, а *m* (*comm*) acceptance.

акцепт|ова́ть, у́ю *impf and pf* (*comm*) to accept.

акци́з, а *m* (excise) duty; **обложи́ть ~ом** to excise.

акци́зный *adj* excise (*attr*).

акционе́р, а *m* shareholder, stockholder.

акционе́р|ный *adj of* ⇒**~**; **~ное о́бщество** joint-stock company.

а́кци|я[1], и *f* (*fin*) share; **обыкнове́нная а.** ordinary share; **привилегиро́ванная а.** preference share.

а́кци|я[2], и *f* action.

алба́н|ец, ца *m* Albanian.

Алба́ни|я, и *f* Albania.

алба́н|ка, ки *f of* ⇒**~ец**

алба́нский *adj* Albanian.

а́лгебр|а, ы *f* algebra.

алгебраи́ческий *adj* algebraic(al).

алгори́тм, а *m* algorithm.

алгоритми́ческий *adj* algorithmic.

алеба́рд|а, ы *f* (*hist*) halberd.

алеба́стр, а *m* alabaster.

александри́т, а *m* (*min*) alexandrite.

Александри́|я, и *f* Alexandria.

але́|ть, ю *impf* **1** (*становиться алым*) to redden, flush. **2** (*виднеться*) to show red.

Алеу́тск|ие острова́, ~их ~о́в (*no sg*) the Aleutians (*islands*).

Алжи́р, а *m* **1** (*страна*) Algeria. **2** (*столица*) Algiers.

алжи́р|ец, ца *m* Algerian.

алжи́р|ка, ки *f of* ⇒**~ец**

алжи́рский *adj* Algerian.

а́ли (*folk poetical*) = **и́ли**

а́либи *nt indecl* (*law*) alibi; **установи́ть а.** to establish an alibi.

алиме́нтщик, а *m* (*coll*) person paying alimony.

алиме́нтщиц|а, ы *f* (*coll*) woman in receipt of alimony.

алиме́нт|ы, ов (*no sg*) (*law*) alimony, maintenance.

ал|ка́ть, ~чу́, ~чешь *impf* (+ *g*; *obs poetical*) to hunger (for), crave (for).

алка́ш, а́ *m* (*coll, pej*) boozer, dipso.

алкоголи́зм, а *m* alcoholism.

алкого́лик, а *m* alcoholic; (*coll*) drunkard.

алкоголи́ческий *adj* alcoholic.

алкого́л|ь, я *m* alcohol; **прове́рить на а.** to breathalyse (*Br*), breathalyze (*US*).

алкого́льный *adj* alcoholic.

алко́метр, а *m* breathalyser (*Br*), Breathalyzer (*US, propr*).

алкоте́стер, а = **алко́метр**

Алла́х, а *m* Allah; **а. его́ ве́дает!** God knows!

аллегори́ческий *adj* allegorical.

аллегори́ч|ный (~ен, ~на) = **~еский**

аллего́ри|я, и *f* allegory.

алле́гро (*mus*) **1** *adv* allegro. **2** *n*; *nt indecl* allegro.

аллерге́н, а *m* allergen.

алле́ргик, а *m* allergy sufferer.

аллерги́ческий *adj* allergic.

аллерги́|я, и *f* allergy; **а. на клубни́ку** an allergy to strawberries.

алле́|я, и *f* tree-lined path, avenue.

аллига́тор, а *m* alligator.

аллилу́йя *nt indecl and as int* alleluia, hallelujah.

аллитера́ци|я, и *f* alliteration.

алло́ *int* hello!

аллювиа́льный *adj* (*geol*) alluvial.

аллю́ви|й, я *m* (*geol*) alluvium.

аллю́р, а *m* pace, gait (*of horses*).

Алма́-Ат|а́, ы́ *f* Alma-Ata.

алма́з, а *m* (uncut) diamond.

алма́з|ный *adj of* ⇒**~**

Алматы́ *m indecl* Almaty.

ало́э *nt indecl* (*bot*) aloe; (*med*) aloes.

алта́р|ь, я́ *m* **1** (*жертвенник*) altar; **возложи́ть, принести́ на а.** (+ *g*) to sacrifice (to). **2** (*восточная часть церкви*) chancel.

алты́н, а *m* (*obs*) three-kopek piece.

алфави́т, а *m* alphabet; (*comput, printing*) character set.

алфави́тно-цифрово́й *adj* alphanumeric.

алфави́тный *adj* alphabetical; **а. указа́тель** index.

алхи́мик, а *m* alchemist.

алхи́ми|я, и *f* alchemy.

а́лчност|ь, и *f* greed, avidity, cupidity.

а́лч|ный (~ен, ~на) *adj* greedy, grasping.

а́лчущий *pres participle of* ⇒**алка́ть**

а́л|ый (~, ~а) *adj* scarlet.

алыч|а́, и́ *f* cherry plum (*Prunus cerasifera*).

аль (*coll*) = **и́ли**

альбатро́с, а *m* albatross.

альбино́с, а *m* (*med*) albino.

альбо́м, а *m* (*книга; грампластинка*) album.

альвеоля́рный *adj* (*ling*) alveolar.

Аль-Ка́ид|а, ы *f* Al Qaeda (*militant Islamic fundamentalist group*).

алько́в, а *m* alcove.

а́льма-ма́тер *f indecl* Alma Mater.

альмана́х, а *m* anthology.

альпака́ *cg indecl and nt indecl* **1** *cg* (*животное*) alpaca. **2** *nt* (*шерсть*) alpaca.

альпи́йский *adj* alpine.

альпина́ри|й, я *m* rock garden.

альпини́зм, а *m* mountaineering.

альпини́ст, а *m* mountain climber, mountaineer.

альпини́ст|ка, ки *f of* ⇒**~**

А́льп|ы, ~ (*no sg*) the Alps.

альт, а́ *m* (*mus*) **1** (*певец, голос*) alto. **2** (*инструмент*) viola.

альтера́ци|я, и *f* (*mus*) change in pitch of notes (*by a tone or semitone*); **зна́ки ~и** accidentals.

альтернати́в|а, ы *f* alternative.

а

альтернати́в|ный (~ен, ~на) *adj* alternative.
альти́ст, а *m* viola player.
альти́ст|ка, ки *f of* ⇒~
альт|о́вый *adj of* ⇒~; **~о́вая па́ртия** alto part.
альтруи́зм, а *m* altruism.
альтруи́ст, а *m* altruist.
альтруисти́ческий *adj* altruistic.
а́льф|а, ы *f* alpha; **от ~ы до оме́ги** from A to Z.
альфо́нс, а *m* (*pej*) gigolo.
алья́нс, а *m* alliance.
алюми́ниевый *adj* aluminium (*Br*), aluminum (*US*).
алюми́ни|й, я *m* aluminium (*Br*), aluminum (*US*).
а-ля́ *prep* à la.
аляпова́т|ый (~, ~а) *adj* garish, cheap-looking; crude(ly fashioned).
Аля́ск|а, и *f* Alaska.
аля́ск|а, и *f* (*куртка*) parka.
а-ля фурше́т, а *m* buffet; (*днём*) fork lunch; (*вечером*) fork supper.
Амазо́нк|а, и *f* the Amazon (*river*).
амазо́нк|а, и *f* **1** (*myth*) Amazon. **2** (*всадница*) horsewoman. **3** (*платье*) riding habit.
амальга́м|а, ы *f* (*chem and fig*) amalgam.
амальгами́р|овать, ую *impf and pf* (*chem and fig*) to amalgamate.
амба́р, а *m* (*для зерна*) barn, granary; (*для товаров*) warehouse, storehouse.
амба́р|ный *adj of* ⇒~
амбицио́з|ный (~ен, ~на) *adj* arrogant, conceited.
амби́ци|я, и *f* **1** arrogance; **вломи́ться в ~ю** (*coll*) to take offence. **2** (*in pl*) claims (to) (**на** + *a*).
а́мбр|а, ы *f* ambergris.
амбразу́р|а, ы *f* (*mil, archit*) embrasure.
амбре́ *nt indecl* scent, smell, fragrance (*now usu ironical*).
амбро́зи|я, и *f* ambrosia.
амбулато́ри|я, и *f* (*med*) (*в больнице*) outpatient department; (*кабинет врача*) doctor's surgery (*Br*), doctor's office (*US*).
амбулато́р|ный *adj of* ⇒~ия; **а. больно́й** outpatient; **а. приём** outpatient reception hours; surgery hours.
амбушю́р, а *m* (*mus*) mouthpiece.
амво́н, а *m* (*eccl*) ambo, pulpit.
амёб|а, ы *f* (*zool*) amoeba (*Br*), ameba (*US*).
Аме́рик|а, и *f* America.
америка́н|ец, ца *m* American.
американиза́ци|я, и *f* Americanization.
американизи́р|овать, ую *impf and pf* to Americanize.
американи́зм, а *m* (*ling*) Americanism.
американи́стик|а, и *f* American studies.
америка́н|ка, ки *f of* ⇒~ец
америка́нск|ий *adj* American; **~ие го́рки** Big Dipper, switchback; **а. дя́дюшка** 'rich uncle'; **а. замо́к** Yale (*propr*) lock; **а. оре́х** Brazil nut.
амети́ст, а *m* (*min*) amethyst.
амети́ст|овый *adj of* ⇒~
аминокисло́т|а, ы́ *f* (*chem*) amino acid.
ами́нь *particle* (*eccl*) amen.
аммиа́к, а *m* (*chem*) ammonia.
аммиа́чн|ый *adj* (*chem*) ammonium; **~ая сели́тра** ammonium nitrate.
аммо́ни|й, я *m* (*chem*) ammonium (*attr*); **хло́ристый а.** ammonium chloride.
амнисти́р|овать, ую *impf and pf* to amnesty.
амни́сти|я, и *f* amnesty.
амора́лк|а, и *f* (*sl*) immoral behaviour.
амора́льност|ь, и *f* amorality; immorality.
амора́л|ьный (~ен, ~ьна) *adj* (*нейтральный в отношении морали*) amoral; (*безнравственный*) immoral.
амортиза́тор, а *m* (*tech*) shock absorber.
амортиза́ци|я, и *f* **1** (*econ*) amortization. **2** (*tech*) shock absorption.
амортизи́р|овать, ую *impf and pf* (*econ*) to amortize.
амо́рф|ный (~ен, ~на) *adj* amorphous.
Амо́с, а *m* (*bibl*) Amos.
ампе́р, а, *g pl* **а.** *m* (*phys*) ampere.
ампи́р, а *m* Empire style (*of furniture, etc.*).
ампи́р|ный *adj of* ⇒~
амплиту́д|а, ы *f* amplitude.
амплуа́ *nt indecl* (*theatr*) type; (*fig*) role.
а́мпул|а, ы *f* ampoule (*Br*), ampule (*US*).
ампута́ци|я, и *f* (*med*) amputation.
ампути́р|овать, ую *impf and pf* (*med*) to amputate.
Амстерда́м, а *m* Amsterdam.
амуле́т, а *m* amulet.
амуни́ци|я, и *f* (*collect*) (*mil, hist*) accoutrements (*Br*), accouterments (*US*).
Аму́р[1], а *m* **1** (*myth*) Cupid. **2** (*in pl*): **аму́ры** (*coll*) intrigues, love affairs.
Аму́р[2], а *m* (*река*) Amur.
аму́рнич|ать, аю *impf* (**с** + *i*; *coll*) to flirt (with), have an affair (with).
аму́рн|ый *adj* (*coll*) love; amorous; **~ые дела́** love affairs; **~ые пи́сьма** love letters.
амфетами́н, а *m* (*pharm*) amphetamine.
амфи́би|я, и *f* (*zool, bot*) amphibian.
амфитеа́тр, а *m* (*hist*) amphitheatre (*Br*), amphitheater (*US*); (*theatr*) circle.
ан *conj* (*coll*) on the contrary; but in fact.
анабо́лик, а *m* (*coll*) anabolic steroid.
анаболи́ческий *adj*: **а. стеро́ид** anabolic steroid.
анагра́мм|а, ы *f* anagram.
ана́лиз, а *m* analysis; **а. кро́ви** blood test; **(радио)углеро́дный а.** carbon dating.
анализи́р|овать, ую *impf and pf* (*pf also* ⇒**про~**) to analyse (*Br*), analyze (*US*).
анали́тик, а *m* analyst.
аналити́ческий *adj* analytic(al).
аналити́чный *adj* = **аналити́ческий**
ана́лог, а *m* analogue.
аналоги́ческ|ий *adj* analogical.
аналоги́ч|ный (~ен, ~на) *adj* analogous; **~ные слу́чаи** analogous cases.
анало́ги|я, и *f* analogy; **по ~и** (**с** + *i*) by analogy (with), on the analogy (of); **проводи́ть ~ю** to draw an analogy.
ана́лого-цифрово́й *adj*: **а. преобразова́тель** analogue to digital converter.
анало́|й, я *m* (*eccl*) lectern.
ана́льный *adj* anal.
анамне́з, а *m* case history.
анана́с, а *m* pineapple.
анана́с|ный *adj of* ⇒~
анана́с|овый *adj of* ⇒~; **а. сок** pineapple juice.
ана́пест, а *m* (*literary*) anapaest (*Br*), anapest (*US*).
анархи́зм, а *m* (*pol*) anarchism.
анархи́ст, а *m* (*pol*) anarchist.
анархи́ческий *adj* anarchic(al).
ана́рхи|я, и *f* anarchy.
ана́том, а *m* anatomist.
анатоми́р|овать, ую *impf and pf* (*med*) to dissect.
анатоми́ческий *adj* anatomical; **а. теа́тр** dissecting room.
анатоми́чк|а, и *f* (*coll*) dissecting room.
анато́ми|я, и *f* anatomy.
ана́фем|а, ы *f* (*eccl*) anathema; excommunication; **преда́ть ~е** to excommunicate; (*fig*) to denounce.
анафема́тств|овать, ую *impf* (*eccl*) to excommunicate; (*fig*) to denounce.
ана́фемский *adj* (*coll*) accursed.
анахоре́т, а *m* hermit, anchorite; (*fig*) recluse.
анахрони́зм, а *m* anachronism.
анахрони́ческий *adj* anachronistic.
анаш|а́, и́ *f* (*sl*) pot, hash; **косяк/ косячо́к ~и́** joint (= *marijuana cigarette*).
анаши́ст, а *m* (*sl*) pot smoker; hash-head.
ангажеме́нт, а *m* (*obs, theatr*) engagement.
ангажи́р|овать, ую *impf and pf* (*obs, theatr*) to engage.
анга́р, а *m* (*aeron*) hangar.
а́нгел, а *m* angel; **а.-храни́тель** guardian angel; **а. во пло́ти** (*coll*) (an absolute) angel; **день ~а** name day.
а́нгельский *adj* angelic (*also fig*).
ангидри́д, а *m* (*chem*) anhydride.
анги́н|а, ы *f* (*med*) quinsy; tonsillitis.
англизи́ровать, ую *impf and pf* to anglicize.
англи́йск|ий *adj* **1** English; **~ая боле́знь** rickets; **~ая була́вка** safety pin; **а. рожо́к** (*mus*) cor anglais; **~ая соль** Epsom salts. **2** (*британский*) British.
англика́н|ец, ца *m* Anglican.

англика́н|ка, ки *f of* ⇨**~ец**
англика́нский *adj* (*eccl*) Anglican.
англици́зм, а *m* Anglicism.
англича́н|ин, ина, *pl* **~е, ~** *m* Englishman.
англича́нк|а, и *f* Englishwoman.
А́нгли|я, и *f* **1** England. **2** (*Британия*) Britain.
а́нгло-бу́рск|ий *adj*: **А~ая война́** (*hist*) (*1899—1902*) Boer War.
англо|говоря́щий = **~язы́чный 1**
англома́н, а *m* Anglomaniac.
англома́ни|я, и *f* Anglomania.
англома́н|ка, ки *f of* ⇨**~**
англоса́кс, а *m* Anglo-Saxon.
англосаксо́нский *adj* Anglo-Saxon.
англофи́л, а *m* Anglophile.
англофили́|я, и *f* Anglophilia.
англофо́б, а *m* Anglophobe.
англофо́би|я, и *f* Anglophobia.
англоязы́чный *adj* **1** (*англоговорящий*) English-speaking, anglophone. **2** (*на английском языке*) English-language.
Анго́л|а, ы *f* Angola.
анго́л|ец, ьца *m* Angolan.
анго́л|ка, ки *f of* ⇨**~ец**
анго́льский *adj* Angolan.
анго́рск|ий *adj* Angora; **~ая шерсть** Angora (wool).
Андалу́зи|я, и = **Андалу́сия**
Андалу́си|я, и *f* Andalusia.
анда́нте *adv* (*mus*) andante.
андегра́унд, а *m* (*sl*) (*cultural*) underground.
андро́ид, а *m* android.
А́нд|ы, ~ (*no sg*) the Andes.
анекдо́т, а *m* **1** (*рассказ*) anecdote, story. **2** (*шутка*) joke.
анекдоти́ческий *adj* anecdotal.
анекдоти́чност|ь, и *f* humorousness.
анекдоти́ч|ный (~ен, ~на) *adj* humorous.
анекдо́тчик, а *m* raconteur.
анеми́ческий *adj* anaemic (*Br*), anemic (*US*).
анеми́ч|ный (~ен, ~на) *adj* anaemic (*Br*), anemic (*US*), pale.
анеми́|я, и *f* anaemia (*Br*), anemia (*US*).
анемо́н, а *m* (*bot*) anemone.
анеро́ид, а *m* aneroid (barometer).
анестезио́лог, а *m* anaesthetist (*Br*), anesthesiologist (*US*).
анестези́р|овать, ую *impf and pf* (*med*) to anaesthetize (*Br*), anesthetize (*US*); **~ующее сре́дство** anaesthetic (*Br*), anesthetic (*US*).
анестези́|я, и *f* (*med*) anaesthesia (*Br*), anesthesia (*US*).
анимали́ст, а *m* animal painter.
ани́с, а *m* **1** (*растение*) anise. **2** (*семя*) aniseed.
ани́с|овый *adj of* ⇨**~**; **~овое се́мя** aniseed; **~овая во́дка** anisette.
АНК *m indecl* (*abbr of* **Африка́нский национа́льный конгре́сс**) ANC (*African National Congress*).
Анкар|а́, ы́ *m* Ankara.
анке́т|а, ы *f* (*опросный лист*) questionnaire; (*бланк*) form; (*сбор сведений*) poll, survey.
анке́т|ный *adj of* ⇨**~а**; **~ные да́нные** biographical details.
анкла́в, а *m* enclave.
анна́л|ы, ов (*no sg*) annals.
аннекси́р|овать, ую *impf and pf* (*pol*) to annex.
анне́кси|я, и *f* (*pol*) annexation.
аннота́ци|я, и *f* abstract, precis.
аннoти́р|овать, ую *impf and pf* to summarize.
аннули́р|овать, ую *impf and pf* (*договор*) to annul, nullify; (*долг*) to cancel; (*закон*) to abrogate.
аннуля́ци|я, и *f* annulment; cancellation; abrogation.
ано́д, а *m* (*phys*) anode.
анома́ли|я, и *f* anomaly.
анома́л|ьный (~ен, ~ьна) *adj* anomalous.
анони́м, а *m* anonymous author.
анони́мк|а, и *f* (*coll*) **1** (*письмо*) poison pen letter. **2** (*звонок*) anonymous telephone call.
анони́мност|ь, и *f* anonymity.
анони́м|ный (~ен, ~на) *adj* anonymous.
ано́нс, а *m* announcement, notice; (*cin*) trailer.
анонси́р|овать, ую *impf and pf* (+ *a or* **о** + *p*) to announce, advertise.
анора́к, а *m* (*куртка с капюшоном*) anorak.
аноре́кси|я, и *f* anorexia.
анорма́л|ьный (~ен, ~ьна) *adj* abnormal.
анса́мбл|ь, я *m* ensemble.
антагони́зм, а *m* antagonism.
антагони́ст, а *m* antagonist.
Антаркти́д|а, ы *f* Antarctica.
Анта́рктик|а, и *f* the Antarctic.
антаркти́ческий *adj* Antarctic.
анте́нн|а, ы *f* **1** (*zool*) antenna. **2** (*tech*) aerial, antenna.
анте́нн|ый *adj of* ⇨**~а**
анти... *pref* anti-.
антиалкого́льн|ый *adj* anti-alcohol.
антиа́томный *adj*: **а. марш** anti-nuclear march.
антибио́тик, а *m* (*med*) antibiotic.
антивеществ|о́, а́ *nt* antimatter.
антиви́рус, а *m* (*comput*) antivirus.
антиви́русный *adj* **1** (*med, pharm*) antiviral. **2** (*comput*) antivirus (*attr*).
антивое́нный *adj* anti-war.
антигеро́|й, я *m* anti-hero.
антигистами́н, а *m* (*med*) antihistamine.
антигистами́нн|ый *adj* (*med*) antihistamine; **а. препара́т, ~ое сре́дство** antihistamine (drug).
антидемократи́ческий *adj* anti-democratic.
антидепресса́нт, а *m* (*med*) antidepressant.
антидо́пинговый *adj*: **а. контро́ль** dope testing.
антизапотева́тел|ь, я *m* demister.
антиква́р, а *m* (*любитель антикварных предметов*) antiquary; (*дилер*) antique dealer.
антиквариа́т, а *m* **1** (*collect*) antiques. **2** (*obs*) antique shop.
антиква́рный *adj* (*книга*) antiquarian; (*ваза; магазин*) antique.
антило́п|а, ы *f* (*zool*) antelope.
Анти́льск|ие острова́, ~их ~о́в (*no sg*) the Antilles (*islands*); **Больши́е А. о.** the Greater Antilles; **Ма́лые А. о.** the Lesser Antilles; **Нидерла́ндские А. О.** Netherlands Antilles.
антиобледени́тел|ь, я *m* de-icer.
антипати́ч|ный (~ен, ~на) *adj* antipathetic, unpleasant.
антипа́ти|я, и *f* antipathy.
антипо́д, а *m* antipode, opposite.
антиприга́рный *adj* non-stick.
антиракéт|а, ы *f* anti-missile missile.
антисанитари́|я, и *f* insanitary conditions.
антисанита́рный *adj* insanitary.
антисеми́т, а *m* anti-Semite.
антисемити́зм, а *m* anti-Semitism.
антисеми́т|ка, ки *f of* ⇨**~**
антисеми́тский *adj* anti-Semitic.
антисе́птик, а *m* antiseptic.
антисе́птик|а, и *f* **1** antisepsis. **2** (*collect*) antiseptics.
антисепти́ческий *adj* antiseptic.
антисове́тский *adj* anti-Soviet.
антите́з|а, ы *f* antithesis.
антите́зис, а *m* (*philos*) antithesis.
антите́л|о, а *nt* antibody.
антитети́ческий *adj* antithetical.
антифри́з, а *m* antifreeze.
Анти́христ, а *m* (the) Antichrist; (**а~:** *бранно о человеке*) beast, monster.
антицикло́н, а *m* (*meteorology*) anticyclone.
античелове́ческий *adj* inhuman.
анти́чност|ь, и *f* antiquity; (*hist*) classical antiquity.
анти́чный *adj* ancient; classical; **а. мир** the ancient world.
антоло́ги|я, и *f* (*literary*) anthology.
анто́новк|а, и *f* Antonovka (*large firm cooking apple, popular for its preservation qualities*).
анто́новск|ий *adj*: **~ое я́блоко** = **анто́новка**
антра́кт, а *m* **1** (*theatr*) interval. **2** (*mus*) entr'acte.
антраци́т, а *m* (*min*) anthracite.
антраша́ *nt indecl* entrechat; **выде́лывать а.** (*coll*) to cut capers.
антреко́т, а *m* entrecôte, steak.
антрепрене́р, а *m* impresario.
антрепри́з|а, ы *f* (*theatr*) private theatrical concern.
антресо́л|ь, и *f* (*usu in pl*) **1** (*полуэтаж*) mezzanine. **2** (*полка*) shelf.
антропо́ид, а *m* anthropoid.
антропо́лог, а *m* anthropologist.
антропологи́ческий *adj* anthropological.

антрополо́ги|я, и *f* anthropology.
антропоморфи́зм, а *m* anthropomorphism.
антропоморфи́ческий *adj* anthropomorphic.
антропомо́рфный *adj* anthropoid.
антропофа́ги|я, и *f* cannibalism.
антура́ж, а *m* environment; (*collect*) entourage, associates.
анфа́с *adv* full face.
анфила́д|а, ы *f* suite (of rooms).
анча́р, а *m* (*bot*) upas tree (*Antiaris toxicaria*).
анчо́ус, а *m* anchovy.
аншла́г, а *m* **1** (*theatr*) sell-out notice; **спекта́кль идёт с ~ом** the show is sold out, the house is full. **2** (*в газете*) banner headline.
а́ншлюс, а *m* (*pol, hist*) Anschluss.
аню́тины: а. гла́зки (*bot*) pansy.
АО (*abbr of* **акционе́рное о́бщество**) (*fin*) joint-stock company.
ао́рт|а, ы *f* (*anat*) aorta.
апартаме́нт|ы, ов *pl* (*sg* **~, ~а** *m*) large apartment.
апартеид, а *m* apartheid.
апати́т, а *m* (*min*) apatite.
апати́ч|ный (~ен, ~на) *adj* apathetic.
апа́ти|я, и *f* apathy.
апа́ч, а *m* Apache.
апа́ш *adj indecl* **руба́шка а.** (man's) open-necked shirt.
апелли́р|овать, ую *impf and pf* (**к** + *d*) to appeal (to).
апелля́нт, а *m* (*law*) appellant.
апелл|яцио́нный *adj of* **⇒~я́ция**; **а. суд** Court of Appeal (*in England and Wales*), court of appeals (*US*).
апелля́ци|я, и *f* **1** (*обращение*) (**к** + *d*) appeal (to). **2** (*обжалование*) (**на** + *a*) appeal (against).
апельси́н, а *m* **1** (*плод*) orange. **2** (*дерево*) orange tree.
апельси́н|ный *adj of* **⇒~**
апельси́нов|ый *adj* orange; **~ое варе́нье** orange marmalade.
Апенни́н|ы, ~ (*no sg*) the Apennines.
аперити́в, а *m* aperitif.
аплоди́р|овать, ую *impf* (+ *d*) to applaud.
аплодисме́нт|ы, ов *m pl* applause.
апло́мб, а *m* aplomb, assurance.
АПН *nt indecl* (*abbr of* **Аге́нтство печа́ти «Но́вости»**) APN, Novosti Press Agency.
апоге́|й, я *m* (*astron*) apogee; (*fig*) climax.
Апока́липсис, а *m* (*bibl*) (*часть Нового Завета*) (the Book of) Revelation, the Apocalypse; (*конец света*) the Apocalypse; (**а~:** *coll, fig*) apocalypse.
апокалипти́ческий *adj* apocalyptic.
апо́криф, а *m* apocryphal work, story.
апокрифи́ческий *adj of* **⇒апо́криф**
апокрифи́ч|ный (~ен, ~на) *adj* (*coll*) apocryphal.
апо́криф|ы, ов *pl* Apocrypha.
аполити́чност|ь, и *f* political indifference.
аполити́ч|ный (~ен, ~на) *adj* apolitical; politically indifferent.
апологе́т, а *m* apologist.
апологе́тик|а, и *f* apologetics.
аполо́ги|я, и *f* apologia.
апоплекси́ческий *adj* (*med*) apoplectic.
апоплекси́|я, и *f* (*med*) apoplexy.
апо́рт *int* fetch! (*command to dog*).
апостерио́ри *adv* (*philos*) a posteriori.
апостерио́рный *adj* (*philos*) a posteriori.
апо́стол, а *m* **1** apostle (*also fig*). **2** (*bibl*) Books of the Apostles (*the Acts of the Apostles and the Epistles*).
апо́стольник, а *m* wimple.
апо́стольский *adj* apostolic.
апостро́ф, а *m* apostrophe.
апофео́з, а *m* apotheosis.
Аппала́ч|и, ей (*no sg*) the Appalachians.
аппара́т, а *m* **1** (*прибор*) apparatus; appliance; **копирова́льный а.** photocopier; **косми́ческий лета́тельный аппара́т** spacecraft; **ка́ссовый а.** cash register; **слухово́й а.** hearing aid; **телефо́нный а.** telephone; **факсими́льный а.** fax (machine); **фотографи́ческий а.** camera; **а. «иску́сственная по́чка»** kidney machine. **2** (*physiol*): **пищевари́тельный а.** digestive system. **3** (*совокупность учреждений в какой-н. отрасли*): **госуда́рственный а.** machinery of State; **суде́бный а.** judicial system. **4** (*штат*) staff, personnel.
аппара́тно-програ́ммн|ый *adj* (*comput*) firmware; **~ые сре́дства** firmware.
аппара́тн|ый *adj* (*comput*) hardware; **~ые сре́дства** hardware.
аппарату́р|а, ы *f* (*tech, collect*) apparatus, equipment; (*comput*) hardware.
аппара́тчик, а *m* **1** (machine) operative. **2** (*pol*) apparatchik.
аппе́ндикс, а *m* appendix.
аппендици́т, а *m* appendicitis.
апперко́т, а *m* uppercut.
аппети́т, а *m* appetite; **прия́тного ~а!** bon appétit!
аппети́т|ный (~ен, ~на) *adj* **1** appetizing, mouth-watering. **2** (*coll*) (*привлекательный*) fetching, dishy.
аппликату́р|а, ы *f* (*mus*) fingering.
апплика́ци|я, и *f* appliqué.
аппликé *adj indecl* plated.
аппрету́р|а, ы *f* (*tech*) dressing.
апре́л|ь, я *m* April; **с пе́рвым ~я!** April Fool!
апре́ль|ский *adj of* **⇒~**
априо́ри *adv* a priori.
априо́р|ный (~ен, ~на) *adj* a priori.
апроба́ци|я, и *f* approbation.
апроби́р|овать, ую *impf and pf* to approve (*having tested*).
апси́д|а, ы *f* (*archit*) apse.
апте́к|а, и *f* chemist's (shop) (*Br*), pharmacy; **как в ~е** (*coll, joc*) just so, exactly right.
апте́карский *adj* chemist's (*Br*); pharmaceutical.
апте́кар|ь, я *m* chemist (*Br*); pharmacist.
апте́чк|а, и *f* (*первой помощи*) first-aid kit; (*коробка*) medicine chest; **а. для ремо́нта шин** tyre repair kit.
апчхи́ *int* achoo.
ар, а *m* are (*unit of land measurement*).
а́ра *m indecl* macaw.
ара́б, а *m* Arab, Arabian.
арабе́ск, а *m* = **арабе́ска**
арабе́ск|а, и *f* arabesque.
араби́ст, а *m* Arabic scholar, Arabist.
ара́б|ка, ки *f of* **⇒~**
ара́бск|ий *adj* Arab; Arabian; Arabic; **~ие ци́фры** Arabic numerals; **а. язы́к** Arabic.
арави́йский *adj* Arabian, of Arabia.
Ара́ви|я, и *f* Arabia.
ара́к, а *m* arrack.
араме́йский *adj* Aramaic.
аранжи́р|овать, ую *impf and pf* to arrange.
аранжиро́вк|а, и *f* arrangement.
ара́п, а *m* (*obs, sl*) cheat, swindler; **на ~а** by bluffing.
ара́пник, а *m* riding crop.
арау́кари|я, и *f* araucaria, monkey puzzle tree.
ара́хис, а *m* peanut, groundnut.
ара́хисов|ый *adj*: **~ая па́ста** peanut butter; **~ое ма́сло** groundnut oil.
арб|а́, ы́, *pl* **~ы** *f* bullock cart.
арбале́т, а *m* arbalest, crossbow.
арби́тр, а *m* (*в споре*) arbiter, arbitrator; (*в спорте*) umpire, referee.
арбитра́ж, а *m* arbitration.
арбу́з, а *m* watermelon.
Аргенти́н|а, ы *f* Argentina.
аргенти́н|ец, ца *m* Argentinian.
аргенти́н|ка, ки *f of* **⇒~ец**
аргенти́нский *adj* Argentine.
арго́ *nt indecl* argot, slang.
арго́н, а *m* (*chem*) argon.
аргoти́зм, а *m* slang expression.
арготи́ческий *adj of* **⇒арго́**
аргуме́нт, а *m* argument.
аргумента́ци|я, и *f* reasoning, argumentation.
аргументи́р|овать, ую *impf and pf* to argue; (*pf only*) to prove.
ареа́л, а *m* (*bot and zool*) natural habitat; (*fig*) region.
аре́н|а, ы *f* arena, ring; (*fig*) arena.
аре́нд|а, ы *f* lease; **сдать в ~у** to rent, lease (*of owner, landlord*); **взять в ~у** to rent, lease (*of tenant*).
аренда́тор, а *m* tenant, lessee.
аре́нд|ный *adj of* **⇒~а**; **~ная пла́та** rent; **а. подря́д** contract for lease (*of land*).
аренд|ова́ть, у́ю *impf and pf* to rent, lease (*of tenant*).
аре́ст, а *m* (*человека*) arrest; (*имущества*) seizure, sequestration; **взять под а.** to place under arrest; **сиде́ть/находи́ться под ~ом** to be under arrest (*or* in custody); **наложи́ть а.**

на (+ *a*) to sequestrate; **казáрменный а.** confinement to barracks.

арестáнт, а *m* prisoner.

арестáнтск|ая, ~ой *f* lock-up, cells.

арест|овáть, ýю *pf* (*of* ⇒**~óвывать**) (*человека*) to arrest; (*имущество*) to sequestrate.

арестóвыва|ть, ю *impf of* ⇒**арестовáть**

арú|ец, йца *m* Aryan.

арú|йка, йки *f of* ⇒**~ец**

арúйский *adj* Aryan.

аристокрáт, а *m* aristocrat.

аристократúческий *adj* aristocratic.

аристокрáти|я, и *f* aristocracy.

аритмúч|ный (~ен, ~на) *adj* arrhythmic.

аритмú|я, и *f* (*med*) arrhythmia.

арифмéтик|а, и *f* arithmetic.

арифметúческий *adj* arithmetical.

арифмóметр, а *m* calculating machine; calculator.

áри|я, и *f* aria.

áрк|а, и *f* arch.

аркáд|а, ы *f* arcade.

аркáдн|ый *adj* arcade; **~ая игрá** (*comput*) arcade game.

аркáдский *adj* Arcadian.

аркáн, а *m* lasso.

аркáн|ить, ю, ишь *impf* (*pf* **за~**) to lasso.

Áрктик|а, и *f* the Arctic.

арктúческий *adj* arctic.

арлекúн, а *m* harlequin.

армáд|а, ы *f* armada.

армадúл, а *m* armadillo.

арматýр|а, ы *f* (*collect*) fittings; (*tech*) steel framework.

арматýр|ный *adj of* ⇒**~а**

арматýрщик, а *m* (*tech*) fitter.

армé|ец, йца *m* soldier.

армéйский *adj of* ⇒**áрмия**

Армéни|я, и *f* Armenia.

áрми|я, и *f* army; **А. спасéния** Salvation Army; **дéйствующая а.** front-line forces.

армя́к, á *m* (*hist*) armyak (*a peasant's coat of heavy cloth*).

армян|úн, úна, *pl* **~́е, ~́** *m* Armenian.

армя́н|ка, ки *f of* ⇒**~úн**

армя́нский *adj* Armenian.

áрник|а, и *f* (*bot, med*) arnica.

аромáт, а *m* (*цветов*) scent, fragrance; (*пищи*) aroma; (*молодости*) spirit.

ароматерапéвт, а *m* aromatherapist.

ароматерапú|я, и *f* aromatherapy.

ароматизáтор, а *m* (*cul*) flavouring (*Br*), flavoring (*US*).

ароматúческий = **аромáтный**

ароматúч|ный (~ен, ~на) = **аромáтный**

аромáт|ный (~ен, ~на) *adj* aromatic, fragrant.

áрочный *adj* arched, vaulted.

арпéджио *nt indecl* arpeggio.

арсенáл, а *m* arsenal.

арт. *abbr of* **1 артúкул 2. 2 артиллéрия**

арт... *comb form* **1** *abbr of* **артиллерúйский**. **2** (*искусство*) art-.

артáч|иться, усь, ишься *impf* (*coll*) to jib, baulk.

артезиáнский *adj*: **а. колóдец** artesian well.

артéл|ь, и *f* artel (*workers' or peasants' cooperative*).

артéль|ный *adj* **1** *adj of* ⇒**~**. **2** (*coll*) (*коллективный*) collective; **на ~ных начáлах** on collective principles. **3** (*coll*) (*общительный*) chummy, sociable.

артéльщик, а *m* member of an artel.

артериáльный *adj* (*anat*) arterial.

артериосклерóз, а *m* arteriosclerosis.

артéри|я, и, *f* artery.

артúкл|ь, я *m* (*gram*) article.

артúкул, а *m* **1** (*род изделия*) type of manufactured article. **2** (*его обозначение*) code (*of manufactured article, in numbers or letters*).

артикулúр|овать, ую *impf* (*ling*) to articulate.

артикуля́ци|я, и *f* (*ling*) articulation.

артиллерúйский *adj* (*mil*) artillery; **а. обстрéл** bombardment, shelling; **а. склад** ordnance depot.

артиллерúст, а *m* artilleryman; gunner (*Br*).

артиллéри|я, и *f* artillery.

артúст, а *m* **1** artist(e); **óперный а.** opera singer; **а. балéта** ballet dancer; **а. кинó** film actor. **2** (*fig*) artist, expert.

артистúзм, а *m* artistry, virtuosity.

артистúческ|ий *adj* artistic; *as n* **~ая, ~ой** *f* (*theatr*) green room, dressing room.

артистúчност|ь, и *f* = **артистúзм**

артúст|ка, ки *f of* ⇒**~**

артишóк, а *m* artichoke.

артрúт, а *m* arthritis; **больнóй** (*fem* **больнáя**) **~ом** arthritic (*person*).

áрф|а, ы *f* harp.

арфúст, а *m* harpist.

арфúст|ка, ки *f of* ⇒**~**

архаúзм, а *m* archaism.

архаúческий *adj* archaic.

архаúч|ный (~ен, ~на) *adj* archaic.

архáнгел, а *m* archangel.

архáнгельский *adj* archangelic.

архáр, а *m* (*zool*) argali.

архé|й, я *m* (*geol*) the Archaean (*Br*), Archean (*US*) (aeon/eon).

архéй|ский *adj* (*geol*) Archaean (*Br*), Archean (*US*); **а. зóн** = **~**

археóлог, а *m* archaeologist (*Br*), archeologist (*US*).

археологúческий *adj* archaeological (*Br*), archeological (*US*).

археолóги|я, и *f* archaeology (*Br*), archeology (*US*).

архи... *comb form* arch-.

архúв, а *m* archive; (*collect*) archives; **сдать в а.** (*coll, fig*) to shelve, throw out, leave out of account.

архивáриус, а *m* archivist.

архúв|ный *adj of* ⇒**~**

архидья́кон, а *m* archdeacon.

архиепúскоп, а *m* archbishop.

архиерé|й, я *m* member of higher orders of clergy (*bishop, archbishop or metropolitan*).

архимандрúт, а *m* (*eccl*) archimandrite.

архипелáг, а *m* archipelago.

архитектóник|а, и *f* architectonics.

архитектонúческий *adj* architectonic.

архитéктор, а *m* architect.

архитектýр|а, ы *f* architecture.

архитектýрный *adj* architectural.

архитрáв, а *m* (*archit*) architrave.

аршúн, а *m* **1** (*мера*) arshin (*an old Russian measure, equivalent to 71 cm*). **2** (*линейка*) rule one arshin in length; • **мéрить на свой а.** to measure by one's own yardstick.

аршúнн|ый *adj* (*coll*) great big; whopping great; **~ая бородá** great long beard; **~ые заголóвки** banner headlines.

ары́к, а *m* irrigation canal (*in Central Asia*).

арьергáрд, а *m* (*mil*) rearguard.

арьергáрдный *adj* (*mil*) rearguard.

ас, а *m* (*air*) ace; (*fig*) expert.

асбéст, а *m* asbestos.

асбéстовый *adj* asbestos.

асимметрúческий *adj* asymmetrical.

асимметрúч|ный (~ен, ~на) *adj* asymmetrical.

асимметрú|я, и *f* asymmetry.

аскéт, а *m* ascetic.

аскетúзм, а *m* asceticism.

аскетúческий *adj* ascetic.

асоциáльный *adj* antisocial.

аспéкт, а *m* (*сторона*) aspect; (*точка зрения*) viewpoint, perspective; **в ~е** (+ *g*) in the light of.

áспид[1], а *m* (*zool*) asp; (*fig*) viper.

áспид[2], а *m* (*obs, min*) slate.

áспид|ный *adj of* ⇒**~**[2]; **~ная доскá** slate (*for writing on*).

аспирáнт, а *m* postgraduate student.

аспирáнт|ка, ки *f of* ⇒**~**

аспирантýр|а, ы *f* postgraduate study.

аспирúн, а *m* (*med*) aspirin; **таблéтка ~а** an aspirin.

ассамблé|я, и *f* **1** assembly. **2** (*hist*) ball.

ассенизáци|я, и *f* sewage disposal.

ассигнáци|я, и *f* (*hist*) assignat (*a form of paper money in use 1769–c.1840*).

ассигновáни|е, я *nt* (*fin*) assignation, allocation.

ассигн|овáть, ýю *impf and pf* (*fin*) to assign, allocate.

ассигнóвк|а, и *f* (*fin*) assignment; grant (*of funds*).

ассимилúр|овать, ую *impf and pf* to assimilate.

ассимиля́ци|я, и *f* assimilation.

ассирúйский *adj* Assyrian.

а

Асси́ри|я, и *f* Assyria.

ассисте́нт, а *m* **1** (*помощник*) assistant. **2** (*в вузе*) junior member of teaching or research staff.

ассисти́р|овать, ую *impf* (*med*) (+ *d*) to assist.

ассона́нс, а *m* assonance.

ассорти́ *nt indecl*: **шокола́дное а.** chocolate assortment.

ассортиме́нт, а *m* assortment; range (*of goods*).

ассоциа́ци|я, и *f* association.

ассоции́р|овать, ую *impf and pf* (**с** + *i*) to associate (with).

АССР *f indecl* (*abbr of* **Автоно́мная Сове́тская Социалисти́ческая Респу́блика**) (*hist*) ASSR (*Autonomous Soviet Socialist Republic*).

астеро́ид, а *m* asteroid.

астигмати́зм, а *m* astigmatism.

а́стм|а, ы *f* asthma.

астма́тик, а *m* asthmatic.

астмати́ческий *adj* asthmatic.

а́стр|а, ы *f* aster.

астра́льный *adj* astral.

астро́лог, а *m* astrologer.

астрологи́ческий *adj* astrological; **а. прогно́з** astrological forecast.

астроло́ги|я, и *f* astrology.

астроля́би|я, и *f* astrolabe.

астрона́вт, а *m* astronaut.

астроно́м, а *m* astronomer.

астрономи́ческий *adj* astronomic(al).

астроно́ми|я, и *f* astronomy.

астрофи́зик|а, и *f* astrophysics.

асфа́льт, а *m* asphalt.

асфальти́р|овать, ую *impf and pf* (*pf also* **за~**) (*tech*) to asphalt.

асфа́льтовый *adj* asphalt.

асфи́кси|я, и *f* asphyxia.

ась *int* (*coll, obs*) what?; eh?; uh?

атави́зм, а *m* atavism.

атависти́ческий *adj* atavistic.

ата́к|а, и *f* attack.

атак|ова́ть, у́ю *impf and pf* to attack, charge, assault; **а. с ты́ла** to take in rear; **а. с фла́нга** to take in flank.

атама́н, а *m* **1** ataman (*Cossack chieftain*). **2** (*hist, coll*) (gang) leader, (robber) chief.

ата́с (*sl*): **стоя́ть на ~е** to keep lookout; *int* watch out!

ата́чмент, а *m* (*comput*) attachment.

атеи́зм, а *m* atheism.

атеи́ст, а *m* atheist.

атеисти́ческий *adj* atheistic.

атеи́ст|ка, ки *f of* ⇒~

ателье́ *nt indecl* studio; **телевизио́нное а.** TV repair shop; **а. мод** dressmaking and tailoring establishment; dressmaker's shop, tailor's shop; **а. прока́та** hire centre (*Br*), rental centre (*US*).

атеросклеро́з, а *m* atherosclerosis.

Атланти́ческ|ий океа́н, ~ого ~а *m* the Atlantic Ocean; the Atlantic.

а́тлас, а *m* atlas.

атла́с, а *m* satin.

атла́сный *adj* satin; (*гладкий*) satiny.

Атла́сск|ие го́р|ы, ~их ~ (*no sg*) the Atlas Mountains.

атле́т, а *m* (*спортсмен*) athlete; (*в цирке*) strongman.

атлети́зм, а *m* **1** (*телосложение*) athleticism. **2** (*культуризм*) bodybuilding.

атле́тик|а, и *f* athletics; **лёгкая а.** (track and field) athletics; **тяжёлая а.** weightlifting.

атлети́ческ|ий *adj* athletic; **~ое телосложе́ние** athletic build.

атмосфе́р|а, ы *f* atmosphere.

атмосфери́ческий *adj* atmospheric.

атмосфе́рн|ый *adj* atmospheric; **~ые оса́дки** atmospheric precipitation, rainfall.

ато́лл, а *m* atoll.

а́том, а *m* atom.

а́томн|ый *adj* atomic; nuclear; **~ая бо́мба** atomic bomb; **а. вес** (*chem*) atomic weight; **~ая электроста́нция** nuclear power station.

атомохо́д, а *m* nuclear-powered vessel.

атона́льный *adj* atonal.

атрибу́т, а *m* attribute.

атрибути́вный *adj* (*ling*) attributive.

а́триум, а *m* (*archit*) atrium.

атропи́н, а *m* (*med*) atropine.

атрофи́р|оваться, уюсь *impf and pf* to atrophy.

атрофи́|я, и *f* atrophy.

АТС (*abbr of* **автомати́ческая телефо́нная ста́нция**) automatic telephone exchange.

атта́чмент, а *m* = **ата́чмент**

атташе́ *m indecl* (*diplomacy*) attaché.

аттеста́т, а *m* (*свидетельство*) certificate; **а. зре́лости** (*obs, 1944—1962*) school-leaving certificate; (*животного*) pedigree.

> **аттеста́т об основно́м о́бщем образова́нии — basic study course school-leaving certificate**
>
> A document awarded to students who successfully finish a 9-year course of study at school (without low marks such as 2 (*дво́йка*)) and pass all their final examinations. With this, students can enter any educational institution below the level of a **вуз**.

> **аттеста́т о сре́днем (по́лном) о́бщем образова́нии — full study course school-leaving certificate**
>
> A document awarded to students who successfully finish an 11-year course of study at school (without low marks such as 2 (*дво́йка*)) and pass all their final examinations. With this, students can enter a **вуз**.

аттестацио́нн|ый *adj*: **~ая коми́ссия** examination board.

аттеста́ци|я, и *f* **1** (*действие*) attestation. **2** (*отзыв*) testimonial.

аттест|ова́ть, у́ю *impf and pf* (*дать отзыв*) to recommend; (*присвоить звание*) to confer a rank on; (*оценить знания*) to grade.

аттракцио́н, а *m* (*theatr*) attraction; (*fairground*) sideshow, ride; **парк ~ов** amusement park.

ату́ *int* (*hunting*) tally-ho!; halloo!

ать-два́ *int* (*mil*) hup, two!

ау́ *int* **1** hi!, halloo! (*used to attract attention*). **2** (*coll*) (*пропало*) it's all up!; it's done for!

аудие́нци|я, и *f* audience.

аудиовизуа́льный *adj* audio-visual.

аудиокассе́та, ы *f* audio cassette.

аудиокни́г|а, и *f* audiobook.

аудиопла́т|а, ы *f* (*comput*) sound card.

аудиоплёнк|а, и *f* audiotape.

ауди́т, а *m* audit.

ауди́тор, а *m* auditor.

аудито́ри|я, и *f* **1** auditorium; lecture hall. **2** (*collect*) audience.

ау́ка|ть, ю *impf* (*pf* **ау́кнуть**) to shout 'hi!'; to halloo.

ау́к|аться, аюсь *impf* (*of* ⇒**~нуться**) to halloo to one another.

ау́к|нуть, ну, нешь *pf of* ⇒**~ать**

ау́к|нуться, нусь *pf of* ⇒**~аться**; **как ~нется, так и откли́кнется** serves you, *etc.*, right; do as you would be done by.

аукцио́н, а *m* auction, auction sale; **продава́ть с ~а** to auction.

аукциони́ст, а *m* auctioneer.

аукцио́н|ный *adj of* ⇒**~**; **а. зал** auction room.

ау́л, а *m* aul (*a mountain village in Caucasus or Central Asia*).

а́ур|а, ы *f* aura.

а́ут, а *m* (*sport*) out (*also as int*).

аутенти́ч|ный (~ен, ~на) *adj* authentic.

ути́зм, а *m* autism.

аутодафе́ *nt indecl* auto-da-fé.

аутоимму́нный *adj* autoimmune.

аутопси́|я, и *f* autopsy, post-mortem.

аутса́йдер, а *m* outsider.

афа́зи|я, и *f* (*med*) aphasia.

афга́н|ец, ца *m* Afghan; **«а.»** (*coll*) Afghan war vet(eran).

Афганиста́н, а *m* Afghanistan.

афга́н|ка, ки *f of* ⇒**~ец**

афга́нский *adj* Afghan.

афе́р|а, ы *f* swindle, trickery.

афери́ст, а *m* swindler; trickster.

Афи́н|ы, ~ (*no sg*) Athens.

афи́ш|а, и *f* poster, placard; **театра́льная а.** playbill; **раскле́йщик ~** billsticker.

афиши́р|овать, ую *impf* to parade, advertise.

афори́зм, а *m* aphorism.

афористи́ческий *adj* aphoristic.

афористи́ч|ный (~ен, ~на) *adj* aphoristic.

А́фрик|а, и *f* Africa.

африка́анс, а *m* Afrikaans.

африка́нер, а *m* Afrikaner.

африка́н|ец, ца *m* African.

африка́н|ка, ки *f of* ⇒**~ец**

африка́нский *adj* African.

афроамерика́н|ец, ца *m* African American.

афроамерика́н|ка, ки *f of* ⇒**~ец**

афроамерика́нский *adj* African American.

афрокари́бский *adj* Afro-Caribbean.

аффе́кт, а *m* (*psychol, law*) fit of passion; temporary insanity.

аффекта́ци|я, и *f* affectation.

аффекти́рованный *adj* affected.

а́ффикс, а *m* (*ling*) affix.

ах *int* ah! oh!

а́хань|е, я *nt* (*coll*) sighing.

а́ха|ть, ю *impf* (*coll*) to sigh, to exclaim 'ah!', 'oh!'.

ахилле́сов *adj*: **~а пята́** Achilles heel; **~о сухожи́лие** (*anat*) Achilles tendon.

ахине́|я, и *f* (*coll*) nonsense; **нести́ ~ю** to talk nonsense.

а́х|нуть, ну, нешь *pf* **1** *pf of* **⇒~ать**; **он и а. не успе́л** before he knew where he was. **2** (*coll*) (*издать громкий звук*) to bang.

а́ховый *adj* (*coll*) **1** breathtaking; **он па́рень а.** he is a great bloke. **2** rotten.

ахромати́ческий *adj* achromatic.

ахтерште́в|ень, ня *m* (*naut*) sternpost.

ахти́ *int* (*coll*) alas!; **а. мне!** woe is me!; **не а. как** not particularly; **не а. како́й** not particularly good; **он был не а. каки́м студе́нтом** he was not the brightest of students.

ацетиле́н, а *m* (*chem*) acetylene.

ацето́н, а *m* (*chem*) acetone.

АЦП *m indecl* (*abbr of* **ана́лого-цифрово́й преобразова́тель**) ADC (*analogue to digital converter*).

аце́к, а *m* Aztec.

Ашгаба́т, а *n* Ashgabat, Ashkhabad.

ашу́г, а *m* ashug (*a folk poet and singer in the Caucasus*).

Ашхаба́д, а *n* = **Ашгаба́т**

аэра́ри|й, я *m* sun terrace.

аэро... *comb form* aero-; air-, aerial.

аэро́бик|а, и *f* aerobics.

аэро́бн|ый *adj* aerobic; **~ая гимна́стика** aerobics, aerobic exercises.

аэровокза́л, а *m* air terminal.

аэрогра́мм|а, ы *f* air letter, aerogramme (*Br*), aerogram (*US*).

аэро́граф, а *m* air brush.

аэродина́мик|а, и *f* aerodynamics.

аэродинами́ческ|ий *adj* aerodynamic; **~ая труба́** wind tunnel.

аэродро́м, а *m* airfield.

аэрозо́л|ь, я *m* aerosol, spray; **а. для воло́с** hair spray.

аэрозо́льный *adj*: **а. балло́н** spray can.

аэрокатастро́ф|а, ы *f* = **авиакатастро́фа**

аэрокосми́ческий *adj* aerospace.

аэро́н, а *m* travel sickness pill.

аэрона́вт, а *m* balloonist.

аэрона́втик|а, и *f* aeronautics.

аэропла́н, а *m* (*obs*) aeroplane (*Br*), airplane (*US*).

аэропо́рт, а, об ~е, в ~у́ *m* airport.

аэроса́н|и, е́й (*no sg*) aero-sleigh (*sleigh with a propeller*).

аэросни́м|ок, ка *m* aerial photograph.

аэроста́т, а *m* balloon; **а. загражде́ния** barrage balloon.

аэроста́тик|а, и *f* aerostatics.

аэрофотосъёмк|а, и *f* aerial photography.

АЭ́С *f indecl* (*abbr of* **а́томная электроста́нция**) atomic power station.

аятолл|а́, ы *m* ayatollah.

а/я *m indecl* (*abbr of* **абоне́нтский я́щик**) PO (*abbr of* post office) box.

а

Бб

б *particle* = **бы** (*after words ending in vowel*).

б. (*abbr of* **бы́вший**) former, ex-; **Санкт-Петербу́рг (б. Ленингра́д)** St Petersburg (formerly Leningrad).

ба *int* (*coll*) well! (*expressing surprise*).

ба́б|а[1], ы *f* **1** (*замужняя крестьянка*) married peasant woman. **2** (*coll*) (*женщина*) woman; **сне́жная б.** snowman. **3** (*coll*) (*мужчина*) 'old woman', sissy.

ба́б|а[2], ы *f* (*tech*) ram (*of piledriver*).

ба́ба[3], ы *f*: **ро́мовая б.** rum baba.

баба́хн|уть, у, ешь *pf* (*coll*) to bang.

Ба́ба-яга́, Ба́бы-яги́ *f* Baba-Yaga (*a witch in Russian folk tales*).

бабёнк|а, и *f* (*coll*) bimbo, bit of skirt.

ба́б|ий *adj* (*coll*) women's; **~ье ле́то** Indian summer; **~ьи ска́зки** old wives' tales.

ба́бк|а[1], и *f* = **ба́бушка**

ба́бк|а[2], и *f* **1** (*anat*) (*у животных*) pastern. **2** (*игральная кость*) knuckle bone (*as used in games*); (*in pl*) babki (*Russian children's game*). **3** (*in pl, coll*) (*деньги*) money.

ба́бник, а *m* (*coll*) womanizer.

ба́бочк|а, и *f* butterfly; **ночна́я б.** moth.

бабуи́н, а *m* baboon.

ба́бушк|а, и *f* grandmother; (*coll*) old woman; gran(ny) (*as mode of address*); **б. на́двое сказа́ла** we shall see!

ба́бушкин *adj* grandmother's; **~ы ска́зки** old wives' tales.

бабь|ё, я́ *nt* (*collect, coll*) womenfolk.

Бава́ри|я, и *f* Bavaria.

бава́рский *adj* Bavarian.

бага́ж, а́ *m* luggage; **сдать свои́ ве́щи в б.** to register one's luggage.

бага́жник, а *m* (*в автомобиле*) boot (*Br*), trunk (*US*); (*на крыше*) roof rack; (*велосипеда*) carrier.

бага́жнич|ек, ка *m* glove compartment (*in car*).

бага́ж|ный *adj of* **⇒~**; **б. ваго́н** luggage van (*Br*), baggage car (*US*).

Бага́мск|ие острова́, ~их ~о́в (*no sg*) (*острова*) the Bahamas; (**Б. О.**) (*государство*) the Bahamas.

ба́гги *m indecl* (*автомобиль*) (*beach, dune etc.*) buggy.

Багда́д, а *m* Baghdad.

баг|о́р, ра́ *m* boathook.

багре́ц, а́ *m* crimson.

багрове́|ть, ю *impf* (*of* **⇒по~**) to turn crimson.

багро́в|ый (~, ~а) *adj* crimson, purple.

багря́н|ец, ца *m* crimson, purple.

багряни́ц|а, ы *f* (*hist*) purple (mantle).

багря́нник, а *m* (*bot*) Judas tree.

багря́н|ый (~, ~а) *adj* (*poetical*) crimson.

багу́льник, а *m* (*bot*) Labrador tea (*Ledum*).

бадминто́н, а *m* badminton.

бадминтони́ст, а *m* badminton player.

бад|ья́, ьи́, *g pl* **~е́й** *f* tub.

ба́з|а, ы *f* **1** (*mil, archit*) base; (*склад*) depot; (*туристов*) centre (*Br*), center (*US*); **б. да́нных** database; **плаву́чая б.** factory ship. **2** (*основание*) basis; **на ~е** (+ *g*) on the basis (of); **подвести́ ~у (под** + *a*) to give good grounds (for).

база́льт, а *m* basalt.

база́льтовый *adj* basaltic.

база́р, а *m* market; bazaar; **пти́чий б.** bird colony; (*fig, coll*) din, racket.

база́р|ить, ю, ишь (*impf*) (*coll*) to wrangle, squabble.

база́рнича|ть, ю (*impf*) to make a racket *or* din.

база́р|ный *adj of* **⇒~**; (*coll*) of the marketplace, rough, crude; **~ная ба́ба** noisy woman, fishwife; **б. день** market day.

базе́дов *adj* (*med*): **~а боле́знь** exophthalmic goitre, Graves' disease.

Ба́зел|ь, я *m* Basle.

базили́к, а *m* (*bot*) basil; **б. души́стый** sweet basil.

базили́к|а, и *f* (*archit*) basilica.

бази́ровани|е, я *nt*: **раке́та назе́много/морско́го ~я** ground-based/sea-launched missile.

бази́р|овать, ую *impf* **1** (**на** + *p*) to base (on). **2** (*mil*) to base.

бази́р|оваться, уюсь *impf* **1** (**на** + *p*) to be based (on); to rest (on); **все его́ сужде́ния ~уются на прочи́танном в газе́тах** all his opinions are based on what he reads in the newspapers; **обвине́ние ~уется на ко́свенных доказа́тельствах** the accusation rests on circumstantial evidence. **2** (*mil*) to be based; **но́вые бомбардиро́вщики ~уются на секре́тном аэродро́ме** the new bombers are based at a secret airfield.

ба́зис, а *m* (*archit*) base; (*основание*) basis.

ба́зовый *adj* **1** basic; **б. курс** foundation course. **2**: **б. ла́герь** base camp.

базу́к|а, и *f* bazooka.

ба́иньки = **бай-ба́й**

ба|й, я *m* (*hist*) bai (*rich landowner in Central Asia*).

бай-ба́й *int* & *n* bye-byes (*child's word for sleep, bed*); **пора́ б.!** time for bye-byes!

байба́к, а́ *m* (*zool*) steppe marmot; (*fig*) lazybones.

байда́рк|а, и *f* kayak; canoe.

байда́рочник, а *m* canoeist.

байда́рочни|ца, цы *f of* **⇒~к**

байда́р|очный *adj of* **⇒~ка**

ба́йк|а[1], и *f* (*ткань*) flannelette.

ба́йк|а[2], и *f* (*coll*) (*сказка*) fairy story, cock and bull story.

ба́йковый *adj* flannelette.

ба́йт, а *m* (*comput*) byte.

бак[1], и *m* cistern; tank; **му́сорный б.** dustbin (*Br*), garbage can (*US*).

бак[2], и *m* forecastle.

бакала́вр, а *m* bachelor (*holder of bachelor's degree*).

бакале́йный *adj* grocery; **б. магази́н** grocer's shop (*Br*), grocery store (*US*).

бакале́йщик, а *m* grocer.

бакале́|я, и *f* **1** (*collect*) groceries. **2** (*в магазине*) grocery section.

бака́ут, а *m* (*bot*) lignum vitae, guaiacum.

бакели́т, а *m* Bakelite (*propr*).

ба́кен, а *m* buoy.

бакенба́рд|ы, ~ *pl* (*sg* **~а, ~ы** *f*) side whiskers.

ба́кенщик, а *m* buoy keeper.

ба́кен|ы, ов *pl* (*sg* **~, ~а** *m*) (*obs*) side whiskers.

ба́к|и, ~ (*no sg*) = **бакенба́рды**

баккара́ *nt indecl* baccarat (card game).

бакла́г|а, и *f* flask, water bottle.

баклажа́н, а *m* aubergine (*Br*), eggplant (*US*).

бакла́н, а *m* cormorant.

баклу́ши *now only in phr* **бить б.** (*coll*) to idle, fritter away one's time.

ба́к|овый *adj of* **⇒~[2]**; bow.

ба́кс|ы, ов *pl* (*sl*) bucks, American dollars.

бактериа́льный *adj* bacterial.

бактери́йный *adj* bacterial.

бактерио́лог, а *m* bacteriologist.

бактериологи́ческ|ий *adj* bacteriological; **~ая война́** germ warfare.

бактериоло́ги|я, и *f* bacteriology.

бактерици́дный *adj* germicidal.

бакте́ри|я, и *f* bacterium.

Баку́ *m indecl* Baku.

бал, а, о ~е, на ~у́, *pl* **~ы́** *m* ball, dance; **ко́нчен б.!** it's all over; the show is over; **пра́вить б.** (*coll*) to run the show.

балабо́л, а *m* (*coll*) = **балабо́лка 1**

балабо́л|ить, ю, ишь *impf* (*coll*) to chatter idly, gas.

балабо́лк|а, и *cg* (*coll*) **1** (*болтун*) chatterbox, gasbag. **2** (*пустой человек*) flibbertigibbet, airhead.

балага́н, а *m* **1** (*постройка*) booth (*at fairs*). **2** (*theatr*) low farce; (*fig*) farce, tomfoolery.

балага́н|ить, ю, ишь *impf* (*coll*) to play the fool.

балага́н|ный *adj of* **⇒~**; farcical.

балагу́р, а *m* (*coll*) joker, clown.

балагу́р|ить, ю, ишь *impf* (*coll*) to jest, joke.

балагу́рств|о, а *nt* (*coll*) foolery, buffoonery.

бала́ка|ть, ю *impf* (*dialect*) to chatter, natter.

балала́ечник, а *m* balalaika player.

балала́ечни|ца, цы *f of* **⇒~к**

балала́|ечный *adj of* **⇒~йка**

балала́йк|а, и *f* balalaika.

баламу́т, а *m* (*coll*) troublemaker.

баламу́|тить, чу, тишь *impf* (*of* **⇒вз~**) (*coll*) to stir up, trouble (*water*); (*fig*) to upset.

баламу́т|ка, ки *f of* **⇒~**

бала́нд|а, ы *f* (*sl*) thin broth (*in prison or labour camp*).

бала́нс, а *m* (*econ, tech*) balance; **платёжный б.** balance of payment; **торго́вый б.** balance of trade.

балансёр, а *m* tightrope walker.

баланси́р, а *m* (*tech*) **1** (*рычаг*) (balance) beam. **2** (*в часах*) balance wheel.

баланси́р|овать, ую *impf* **1** (*impf only*) (*сохранять равновесие*) to balance. **2** (*pf* **с~**) (*вращающиеся части машины*) to balance. **3** (*pf* **с~**) (*в бухгалтерии*) to balance.

балахо́н, а *m* (*coll*) shapeless garment, sack.

балбе́с, а *m* (*coll*) booby, nitwit.

балбе́снича|ть, ю *impf* (*coll*) to idle away one's time.

балд|а́, ы́ *f and cg* **1** *f* (*tech*) heavy hammer, sledgehammer. **2** *cg* (*coll*) (*дурак*) blockhead.

балдахи́н, а *m* canopy.

балдёж, а́ *m* (*sl*) good time; party; *int* great!; brill!

балдёжный *adj* (*sl*) great, ace, brill.

балде́|ть, ю *impf* (*sl*) to be high, be stoned; **б. от** (+ *g*) to 'dig', get a kick *or* buzz out of; **я от неё ~ю** she really turns me on.

балери́н|а, ы *f* ballerina.

бале́т, а *m* ballet; **б. на льду́** ice review *or* show.

балетме́йстер, а *m* ballet master.

бале́т|ный *adj of* **⇒~**

балетома́н, а *m* balletomane.

балетома́ни|я, и *f* balletomania.

ба́лк|а¹, и *f* (*брус*) beam, girder.

ба́лк|а², и *f* (*лощина*) gully; ravine.

балка́нский *adj* Balkan.

Балка́н|ы, ~ (*no sg*) the Balkans.

балко́н, а *m* balcony.

балл, а *m* **1** (*meteorology*) number; **ве́тер в пять ~ов** wind force 5. **2** (*в школе*) mark; **вы́сший б.** an 'A'; **проходно́й б.** pass mark; (*sport*) point; score.

балла́д|а, ы *f* **1** (*стихотворение*) ballad. **2** (*mus*) ballade.

балла́ст, а *m* ballast (*also fig*).

балли́стик, а *m* ballistics expert.

балли́стик|а, и *f* ballistics.

баллисти́ческий *adj* ballistic.

ба́лл|овый *adj of* **⇒~ 1**

балло́н, а *m* **1** (*сосуд*) container (*of glass, metal, or rubber*); carboy; **аэрозо́льный б.** spray can; **кислоро́дный б.** oxygen cylinder. **2** (*шина*) balloon tyre (*Br*), tire (*US*).

баллоти́р|овать, ую *impf* to ballot (for), vote (for).

баллоти́р|оваться, уюсь *impf* (**в** + *a*, **на** + *a*) to stand (*Br*), run (*US*) (for), be a candidate (for); **б. на до́лжность секретаря́ па́ртии** to stand for secretary of the party.

баллотиро́вк|а, и *f* **1** vote, ballot, poll. **2** (*процесс*) voting, balloting, polling.

баллотиро́в|очный *adj of* **⇒~ка**; **б. бюллете́нь** ballot paper.

бало́в|анный *ppp of* **⇒~а́ть** *and adj* (*coll*) spoiled.

бал|ова́ть, у́ю *impf* (*of* **⇒из~**) **1** (*детей*) to spoil; to pamper. **2** (**с** + *i*; *coll*) to play (with), amuse o.s. (with).

бал|ова́ться, у́юсь *impf* (*coll*) **1** (*шалить*) to get up to mischief. **2** (**с** + *i*) (*со спичками*) to play, fool about (with). **3** (*позволять себе что-л.* (*в удовольствие*)) to indulge (in); **а мы тут (пока́) чайко́м балу́емся!** meanwhile, we're enjoying our tea drinking!; **б. тра́вкой** to indulge in pot smoking. **4** (+ *i*) (*заниматься не всерьёз*) to dabble (in).

ба́лов|ень, ня *m* (*coll*) **1** spoilt child; pet, favourite (*Br*), favorite (*US*); **б. судьбы́** favourite of fortune. **2** (*шалун*) naughty child.

баловни́к, а́ *m* (*coll*) naughty child.

баловств|о́, а́ *nt* (*coll*) **1** spoiling; pampering. **2** (*шалости*) mischief.

балти́йск|ий *adj* Baltic; **Б~ое мо́ре** the Baltic (Sea).

Ба́лтик|а, и *f* (*море*) the Baltic (Sea); (*район*) the Baltic coast.

балы́к, а́ *m* balyk (*cured fillet of sturgeon, etc.*).

ба́льз|а, ы *f* balsa (wood).

бальза́м, а *m* balsam; (*fig*) balm; **б. для воло́с** hair conditioner; **отте́ночный б.** (hair) rinse.

бальзами́ровани|е, я *nt* embalming, embalmment.

бальзами́р|овать, ую *impf and pf* (*pf also* **за~, на~**) to embalm.

бальзами́ческ|ий *adj* (*bot*) balsam, balsamic; (*fig*) balmy; **~ая пи́хта** fir; **б. во́здух** balmy air.

ба́л|ьный *adj of* **⇒~**; **~ьные та́нцы** ballroom dancing.

балюстра́д|а, ы *f* balustrade.

баля́син|а, ы *f* baluster.

БАМ, а *m* (*abbr of* **Байка́ло-Аму́рская (железнодоро́жная) магистра́ль**) Baikal-Amur railway.

бамбу́к, а *m* bamboo.

бамбу́к|овый *adj of* **⇒~**

ба́мпер, а *m* bumper.

бана́льност|ь, и *f* **1** (*свойство*) banality. **2** (*замечание*) banal remark; platitude.

бана́л|ьный (~ен, ~ьна) *adj* banal, trite.

бана́н, а *m* banana.

бананово́з, а *m* banana boat.

бана́н|овый *adj of* **⇒~**

Бангко́к, а *m* Bangkok.

Бангладе́ш, а *m* Bangladesh.

бангладе́ш|ец, ца *m* Bangladeshi.

бангладе́ш|ка, ки *f of* **⇒~ец**

бангладе́шский *adj* Bangladeshi.

ба́нд|а, ы *f* band, gang.

банда́ж, а́ *m* **1** support bandage; **грыжево́й б.** truss. **2**: **спорти́вный б.** athletic supporter; jockstrap. **3** (*tech*) tyre (*Br*), tire (*US*), band (*of metal*).

бандеро́л|ь, и *f* **1** (*обёртка*) wrapper (*for dispatching newspapers, etc., by post*). **2** (*почтовое отправление*) small package; **отправля́ть ~ью** to send as a small package.

банди́т, а *m* bandit; thug; (*вооружённый грабитель*) armed robber.

бандити́зм, а *m* banditry; thuggery; (*вооружённый грабёж*) armed robbery.

банди́т|ский *adj of* **⇒~**

банди́тств|овать, ую *impf* to rampage.

банду́р|а, ы *f* **1** (*mus*) bandura (*Ukrainian stringed instrument similar to large lute*). **2** (*coll*) (*что-л. громоздкое*) bulky thing.

бандури́ст, а *m* (*mus*) bandura player.

бандури́ст|ка, ки *f of* **⇒~**

банк, а *m* **1** bank (*also fig*); **б. да́нных** databank; **Всеми́рный б.** World Bank. **2** (*игра*) faro.

ба́нк|а¹, и *f* (*стеклянная*) jar; (*жестяная*) tin (*Br*), can (*US*).

ба́нк|а², и *f* bank, shoal.

банке́т, а *m* banquet.

банки́р, а *m* banker.

банки́р|ский *adj of* **⇒~**; **б. дом** banking house.

банкно́т|а, ы *f* banknote.

ба́нк|овский *adj of* **⇒~**; **б. биле́т** banknote; **~овская кни́жка** passbook, bank book.

ба́нк|овый *adj of* **⇒~**

банкома́т, а *m* cash machine.

банкомёт, а *m* banker (*at cards*); (*крупье*) croupier.

банкро́т, а *m* bankrupt; **объявля́ть ~ом** to declare bankrupt.

банкро́|титься, чусь, тишься *impf* (*of* **⇒о~**) to become bankrupt (*also fig*).

б

банкро́тств|о, а *nt* bankruptcy.
ба́н|ный *adj of* ⇨**~я**
бант, а *m* bow; **завяза́ть ~ом** to tie in a bow.
ба́нтик, а *m diminutive of* ⇨**бант**
ба́нщик, а *m* bathhouse attendant.
ба́н|я, и *f* (Russian) baths; bathhouse; **крова́вая б.** bloodbath; **фи́нская б.** sauna; **зада́ть ~ю** (+ *d*; *coll*) to give (s.o.) what for.
бапти́зм, а *m* the doctrine of Baptists.
бапти́ст, а *m* Baptist.
баптисте́ри|й, я *m* baptist(e)ry.
бапти́ст|ка, ки *f of* ⇨**~**
бапти́стский *adj* Baptist.
бар¹, а *m* bar; **пивно́й б.** pub.
бар², а *m* (*phys*) bar (*unit of atmospheric pressure*).
бараба́н, а *m* drum (*also tech*).
бараба́н|ить, ю, ишь *impf* to drum.
бараба́н|ный *adj of* ⇨**~**; **~ная дробь** drum roll; **~ная перепо́нка** (*anat*) eardrum, tympanum.
бараба́нщик, а *m* drummer.
бараба́нщи|ца, цы *f of* ⇨**~к**
бара́к, а *m* hut.
бара́н, а *m* ram; (wild) sheep.
бара́н|ий *adj* **1** sheep's; ram's; **согну́ть в б. рог** (*coll*) to make (s.o.) knuckle under. **2** (*из кожи барана*) sheepskin. **3** (*о еде*) mutton; **~ья котле́та** mutton chop.
бара́нин|а, ы *f* mutton; (*молодая*) lamb.
бара́нк|а, и *f* **1** (*булочка*) baranka (*a ring-shaped roll*). **2** (*coll*) (steering) wheel.
барахл|и́ть, ю́, и́шь *impf* (*coll*) **1** (*о моторе*) to pink (*Br*), rattle. **2** (*о телевизоре, часах*) to be unreliable; to be on the blink.
барахл|о́, а́ *nt* (*collect*; *coll*) trash, junk.
барахо́лк|а, и *f* (*coll*) flea market.
барах|о́льный *adj of* ⇨**~ло́**
барахо́льщик, а *m* (*coll*) dealer in second-hand goods.
бара́хта|ться, юсь *impf* (*coll*) to flounder; (*валяться*) to wallow.
бара́|чный *adj of* ⇨**~к**
бара́ш|ек, ка *m* **1** young ram; lamb; **б. в бума́жке** (*coll*) bribe. **2** (*шкурка*) lambskin. **3** (*in pl*) (*волны*) 'white horses'. **4** (*in pl*) (*облака*) fleecy clouds. **5** (*гайка*) wing nut, thumbscrew. **6** (*bot*) catkin.
бара́шковый *adj* lambskin.
Барба́дос, а *m* Barbados.
барбари́с, а *m* (*bot*) barberry.
барбитура́т, а *m* barbiturate.
барбо́с, а *m* watchdog.
барви́н|ок, ка *m* (*bot*) periwinkle (*Vinca minor*).
бард, а *m* bard.
барда́к, а́ *m* (*coll*) chaos.
бардач|о́к, ка́ *m* (*coll*) glove compartment (*in car*).
барелье́ф, а *m* bas-relief.
Ба́ренцев|о мо́р|е, ~а ~я *nt* the Barents Sea.
ба́рж|а, и *f* barge.
барж|а́, и́, *g pl* **~е́й = ба́ржа**
ба́ри|й, я *m* (*chem*) barium.
ба́р|ин, а, *pl* **~е** *and* **~ы, ~** *m* landowner; gentleman; (*as mode of address*) sir, master; **жить ~ином** to live like a lord.
бари́т, а *m* (*min*) baryte.
барито́н, а *m* baritone.
барк, а *m* barque.
ба́рк|а, и *f* wooden barge.
баркаро́л|а, ы *f* (*mus*) barcarole.
барка́с, а *m* launch; long boat.
ба́рмен, а *m* barman, bartender.
ба́рменш|а, и *f* (*coll*) barmaid.
баро́граф, а *m* barograph.
баро́кко *nt indecl* baroque.
баро́метр, а *m* barometer.
барометри́ческий *adj* barometric.
баро́н, а *m* baron.
баро́несс|а, ы *f* baroness.
баро́нский *adj* baronial.
баро́нств|о, а *nt* barony.
ба́рочник, а *m* bargee.
ба́р|очный *adj of* ⇨**~ка**
баро́чный *adj* baroque.
барре́л|ь, я *m* (*мера*) barrel.
баррика́д|а, ы *f* barricade.
баррикади́р|овать, ую *impf* (*of* ⇨**за~**) to barricade.
барс, а *m* (*zool*) snow leopard (*Uncia uncia*).
ба́рск|ий *adj of* ⇨**ба́рин**; **б. дом** manor house; **жить на ~ую но́гу** to live like a lord.
ба́рственный *adj* lordly, grand.
ба́рств|о, а *nt* **1** (*высокомерие*) lordliness. **2** (*collect, obs*) (*помещики*) gentry.
ба́рств|овать, ую *impf* to live in idleness and plenty.
барсу́к, а́ *m* badger.
барсу́чий *adj* **1** *adj of* ⇨**барсу́к**. **2** (*сделанный из меха барсука*) badger-skin.
ба́ртер, а *m* barter.
бару́ха, и *f* (*sl*) girlfriend.
барха́н, а *m* (sand-)dune.
ба́рхат, а *m* velvet.
бархати́ст|ый (~, ~а) *adj* velvety.
ба́рхатк|а, и *f* (*кусочек бархата*) piece of velvet; (*ленточка бархата*) velvet ribbon.
ба́рхатный *adj* **1** velvet; **б. сезо́н** autumn season, autumn months (*in the south of Russia*). **2** (*fig*) velvety.
ба́рхат|цы, цев *pl* (*sg* **~ец, ~ца** *m*) (French/African) marigold (*genus Tagetes*).
бархо́тк|а, и *f* (*coll*) = **ба́рхатка**
барч|о́нок, о́нка, *pl* **~а́та, ~а́т** *m* landowner's son.
барчу́к, а́ *m* (*coll*) landowner's son.
ба́рщин|а, ы *f* (*hist*) corvée.
бары́г|а, и *cg* (*sl*) spiv (*Br*), dealer, speculator.
ба́рын|я, и *f* landowner's wife; lady; (*as term of address*) mistress, madam.
бары́ш, а́ *m* profit.
бары́шник, а *m* **1** (*перекупщик*) profiteer; (ticket) tout (*Br*), scalper (*US*). **2** (*торговец лошадьми*) horse dealer.
бары́шнича|ть, ю *impf* to profiteer; (+ *i*) to speculate (in).
бары́шничеств|о, а *nt* profiteering; speculation.
ба́рыш|ня, ни *g pl* **~ень** *f* **1** (*девушка из барской семьи*) girl of gentry family; (*as term of address*) miss. **2** (*coll, ironical*) (*девушка*) girl, young lady.
барье́р, а *m* barrier (*also fig*); **звуково́й б.** sound barrier; **языково́й б.** language barrier; (*sport*) hurdle; **взять б.** to clear a hurdle; **поста́вить кого́-н. к ~у** to make s.o. fight a duel.
барьери́ст, а *m* hurdler.
барьери́ст|ка, ки *f of* ⇨**~**
бас, а, *pl* **~ы́** *m* (*mus*) bass.
бас-гита́р|а, ы *f* bass guitar.
бас-гитари́ст, а *f* bass guitarist, bassist.
бас-гитари́ст|ка, ки *f of* ⇨**~**
ба́с|енный *adj of* ⇨**~ня**
баси́ст, а *f* bassist.
баси́ст|ка, ки *f of* ⇨**~**
баси́ст|ый (~, ~а) *adj* (*coll*) bass.
ба|си́ть, шу́, си́шь *impf* (*coll*) to speak (*or* sing) in a deep voice.
баск, а *m* Basque.
ба́скет, а *m* (*coll*) basketball (*sport*).
баскетбо́л, а *m* basketball (*sport*).
баскетболи́ст, а *m* basketball player.
баскетболи́ст|ка, ки *f of* ⇨**~**
баск|о́нка, о́нки *f of* ⇨**~**
ба́скский *adj* Basque.
баснопи́с|ец, ца *m* (*literary*) fabulist.
баснoсло́ви|е, я *nt* (*obs*) **1** mythology. **2** (*collect*) fabulous stories, fabrications.
баснoсло́в|ный (~ен, ~на) *adj* **1** mythical, legendary. **2** (*fig, coll*) fabulous.
ба́с|ня, ни, *g pl* **~ен** *f* **1** fable. **2** (*fig, coll*) fable, fabrication.
бас|о́вый *adj of* ⇨**~**; **б. ключ** (*mus*) bass clef.
бас|о́к, ка́ *m* **1** (*coll*) (*голос*) weak bass (voice). **2** (*mus*) (*струна*) bass string.
бассе́йн, а *m* **1** (*man-made*) pool; **б. для пла́вания** swimming pool. **2** (*geog*) basin; **каменноу́гольный б.** coalfield.
ба́ста *int* (*coll*) that's enough!; that'll do!
бастио́н, а *m* (*mil and fig*) bastion.
баст|ова́ть, у́ю *impf* to strike, go on strike; to be on strike.
баст|у́ющий *pres participle of* ⇨**~ова́ть** *and adj* striking; *as n* **б., ~у́ющего** *m* striker.
батали́ст, а *m* painter of battle scenes.
бата́ли|я, и *f* (*coll*) fight; row, squabble.
бата́л|ьный *adj of* ⇨**~ия**; **~ьная сце́на** (*art*) battle scene.
батальо́н, а *m* battalion.
батальо́н|ный *adj of* ⇨**~**
батаре́|ец, йца *m* (*mil; hist, coll*) gunner.
батаре́йк|а, и *f* (*electric*) battery.
батаре́|йный *adj of* ⇨**~я**
батаре́|я, и *f* (*mil and tech*) battery; (*отопительная*) radiator.

ба́теньк|а, и *m* (*coll*) (*mode of address*) old chap!

бати́ст, а *m* cambric, lawn.

бати́ст|овый *adj of* ⇨~

бато́н, а *m* **1** (*хлеб*) (*long*) white loaf. **2** (*шоколадный*) stick (*of confectionery*).

батра́к, а́ *m* farm labourer (*Br*), laborer (*US*).

батра́|цкий *adj of* ⇨~к

батра́честв|о, а *nt* **1** (*занятие*) farm work. **2** (*collect*) farm labourers (*Br*), laborers (*US*).

батра́ч|ить, у, ишь *impf* to work as a farm labourer (*Br*), laborer (*US*).

баттерфля́|й, я *m* butterfly (*swimming stroke*).

бату́т, а *m* trampoline.

батути́ст, а *m* trampolinist.

батути́ст|ка, ки *f of* ⇨~

бату́т|ный *adj of* ⇨~; **б. спорт** trampolining.

ба́тьк|а, и *m* (*coll or dialect*) = **ба́тюшка 1**

ба́тюшк|а, и *m* **1** (*coll*) (*отец*) father; **как вас по ~е?** what is your patronymic? **2** (*священник*) father. **3** (*coll*) (*обращение*) old chap!; my dear fellow!

ба́тюшки *int* **б. (мой)!** good gracious!

ба́ул, а *m* small trunk; large sturdy suitcase.

бах *int* bang!

бахва́л, а *m* (*coll*) braggart, boaster.

бахва́л|иться, юсь, ишься *impf* (*coll*; + *i*) to brag (of).

бахва́льств|о, а *nt* (*coll*) bragging.

ба́хн|уть, у, ешь *pf* (*coll*) **1** (*издать резкий звук*) to bang. **2** (*ударить*) to bang, slap; **б. кого́-н. по спине́** to slap s.o. on the back.

ба́хн|уться, усь, ешься *pf* (*coll*) (+ *i*) to bang, bump (o.s.); **б. голово́й о стол** to bang one's head on the table.

Бахре́йн, а *m* Bahrain

бахром|а́, ы́ *f* fringe.

бахро́мчатый *adj* fringed.

бахч|а́, и́ *f* melon *or* pumpkin field.

бахче́вник, а *m* melon grower.

бахчево́дств|о, а *nt* melon growing.

бахч|ево́й *adj of* ⇨~а́; **~евы́е культу́ры** melons and gourds.

бац *int* = **бах**

баци́лл|а, ы *f* bacillus.

бациллоноси́тел|ь, я *m* (bacillus) carrier.

ба́цн|уть, у, ешь *pf* (*coll*) = **ба́хнуть**

ба́шенк|а, и *f* turret.

ба́ш|енный *adj of* ⇨~ня; **~енные часы́** tower clock.

башк|а́, и́ *no g pl, f* (*coll*) head; **глу́пая б.** blockhead.

башки́р, а *m* Bashkir.

башки́р|ка, ки *f of* ⇨~

башки́рский *adj* Bashkir.

башкови́т|ый (~, ~а) *adj* (*coll*) brainy.

ба́шл|и, ей (*no sg*) (*sl*) bread, dosh (*Br*).

башлы́к, а́ *m* hood.

башма́к, а́ *m* **1** (*ботинок*) boot; (*туфля*) shoe; **быть под ~о́м у кого́-н.** to be under s.o.'s thumb. **2** (*тормозной*) brake shoe, brake block.

башма́чник, а *m* shoemaker, cobbler.

башма́|чный *adj of* ⇨~к

башма|чо́к, чка́ *m diminutive of* ⇨~́к; **вя́заный б.** bootee.

ба́ш|ня, ни, *g pl* **~ен** *f* tower; turret; **Пиза́нская б.** the Leaning Tower of Pisa.

ба|шу́, си́шь *see* ⇨~си́ть

баю́ка|ть, ю *impf* to sing lullabies (to).

ба́юшки-баю́ *int* lullaby.

боя́н, а *m* (*mus*) bayan (*a kind of accordion*).

баяни́ст, а *m* (*mus*) bayan player.

баяни́ст|ка, ки *f of* ⇨~

бде́ни|е, я *nt* vigil; **все́нощное б.** (*eccl*) all-night vigil.

бд|еть, *1st person sg not used,* **~ишь** *impf* (*obs*) to keep watch, keep vigil; **б.** (**о** + *p*) to watch (over).

бди́тельност|ь, и *f* vigilance, watchfulness.

бди́тел|ьный (~ен, ~ьна) *adj* vigilant, watchful.

бег, а, о ~́е, на ~у́, *pl* **~а́, ~о́в** *m* **1** run, running; **~о́м, на ~у́** at the double; **на всём ~у́** at full speed; **б. на ме́сте** running on the spot; marking time (*also fig*); **оздорови́тельный б.** jogging; **б. трусцо́й** (*sport*) jogging. **2** (*sport*) (*состязание*) race. **3** (*in pl*) (*гонки упряжных лошадей*) harness races; trotting races; **быть на ~а́х** to be at the races. **4**: **быть в ~а́х** to be on the run.

бе́га|ть, ю *impf* (*indet of* ⇨**бежа́ть**) **1** to run (about); (**за** + *i*; *coll*) to run (after), chase (after). **2** (*о глазах*) to rove, roam.

бегемо́т, а *m* hippopotamus.

бегле́ц, а́ *m* fugitive.

бе́глост|ь, и *f* fluency; dexterity.

бе́глый *adj* **1** (*убежавший*) fugitive, runaway. **2** (*свободный*) fluent, quick. **3** (*поверхностный*) superficial; cursory; **б. взгляд** fleeting glance. **4**: **б. гла́сный** (*gram*) mobile vowel.

бег|ово́й *adj of* ⇨~; **~ова́я доро́жка** racetrack, running track; **~ова́я ло́шадь** racehorse.

бего́м *adv* running; at the double.

бего́ни|я, и *f* (*bot*) begonia.

беготн|я́, и́ *f* (*coll*) running about; bustle.

бе́гств|о, а *nt* flight; escape; **обрати́ть в б.** to put to flight; **обрати́ться в б., спаса́ться ~ом** to take to flight.

бе|гу́, ~жи́шь *see* ⇨~жа́ть

бегу́н, а́ *m* runner.

бегун|о́к, ка́ *m* (*tech*) runner.

бед|а́, ы́, *pl* **~́ы** *f* **1** (*несчастье*) misfortune; calamity; **на ~у́** unfortunately; **на свою́ ~у́** to one's cost; **быть ~е́!** there's trouble brewing; **пришла́ б. — отворя́й воро́та** (*proverb*) it never rains but it pours; **семь ~ — оди́н отве́т** (*proverb*) in for a penny, in for a pound. **2** *as pred* it is awful!; it is a trouble; **б. в том, что** the trouble is (that); **про́сто б.!** it's simply awful!; **б. мне с ним** (*coll*) he's nothing but trouble; **не б.!** it doesn't matter; **что за б.!** what does it matter?; so what?

3 (*coll*) (*много*) an awful lot.

бедла́м, а *m* bedlam.

бедне́|ть, ю *impf* (*of* ⇨**о~**) (+ *i*) to grow poor (in).

бе́дност|ь, и *f* poverty (*also fig*).

беднот|а́, ы́ *f* **1** (*collect*) the poor. **2** (*coll*) poverty.

бе́д|ный (~ен, ~на́, ~но, ~ны) *adj* poor; meagre (*Br*), meager (*US*); (*fig*) barren.

бедня́г|а, и *m* (*coll*) poor devil, poor thing.

бедня́жк|а, и *cg and f* (*coll*) **1** *cg diminutive of* ⇨**бедня́га**. **2** *f of* ⇨**бедня́га**

бедня́к, а́ *m* pauper.

бедня́|цкий *adj of* ⇨~к

бедо́в|ый (~, ~а) *adj* (*coll*) mischievous; daredevil.

бедоку́р, а *m* (*coll*) mischief-maker.

бедоку́р|ить, ю, ишь *impf* (*of* ⇨**на~**) (*coll*) to get up to mischief.

бедола́г|а, и *cg* poor devil.

бе́дренный *adj* (*anat*) femoral.

бед|ро́, ра́, *pl* **~̈ра, ~̈ер, ~̈рам** *nt* **1** (*верхняя часть ноги*) thigh; (*таз*) hip. **2** (*кусок мяса*) leg.

бе́дствен|ный (~, ~на) *adj* disastrous, calamitous.

бе́дстви|е, я *nt* calamity, disaster; **райо́н ~я** disaster area; **сигна́л ~я** distress signal.

бе́дств|овать, ую *impf* to live in poverty.

бедуи́н, а *m* Bedouin.

бедуи́н|ский *adj of* ⇨~

беж *adj indecl* beige.

бе|жа́ть, гу́, жи́шь, гу́т *impf* (*det of* ⇨**бе́гать**) **1** to run; (*fig*) (*о воде*) to run; (*о крови*) to flow; (*при кипении*) to boil over; **вре́мя ~жи́т** time flies. **2** (*impf and pf*) (*спасаться*) to escape.

бе́жевый *adj* beige.

бе́жен|ец, ца *m* refugee.

бе́жен|ка, ки *f of* ⇨~ец

бе́женский *adj* refugee.

без *prep* + *g* without; in the absence of; minus, less; **не б.** not without, not devoid (of); **б. вас** in your absence; **б. пяти́ (мину́т) три** five (minutes) to three; **б. че́тверти час** a quarter to one; **б. ма́лого** (*coll*) almost, all but; **быть б. ума́ (от** + *g*) to be crazy (about).

без... *pref* in-, un-, -less.

безала́берност|ь, и *f* disorder; lack of system.

безала́бер|ный (~ен, ~на) *adj* disorderly; slovenly.

безала́берщин|а, ы *f* (*coll*) muddle; slovenliness.

безалкого́льный *adj* non-alcoholic; **б. напи́ток** non-alcoholic drink, soft drink.

безапелляцио́н|ный (~ен, ~на) *adj* peremptory, categorical.

безбе́д|ный (~ен, ~на) *adj* well-to-do, comfortable.

безбиле́тник, а *m* fare dodger.

безбиле́тный *adj* ticketless; **б. пассажи́р** fare dodger; (*on ship*) stowaway.

б

безбо́жи|е, я *nt* atheism.
безбо́жник, а *m* atheist.
безбо́жно *adv* (*coll*) shamelessly, outrageously.
безбо́жный *adj* **1** irreligious, anti-religious. **2** (*coll*) (*бессовестный*) outrageous.
безболе́знен|ный (~, ~на) *adj* painless.
безборо́дый *adj* beardless (*also fig*).
безбоя́знен|ный (~, ~на) *adj* fearless.
безбра́чи|е, я *nt* celibacy.
безбра́чный *adj* celibate.
безбре́ж|ный (~ен, ~на) *adj* boundless.
безбу́р|ный (~ен, ~на) *adj* calm, peaceful.
безве́ри|е, я *nt* unbelief.
безве́стност|ь, и *f* obscurity.
безве́ст|ный (~ен, ~на) *adj* unknown; obscure.
безве́трен|ный (~, ~на) *adj* calm, windless.
безве́три|е, я *nt* calm.
безви́н|ный (~ен, ~на) *adj* guiltless.
безвку́си|е, я *nt* lack of taste.
безвку́сиц|а, ы *f* lack of taste; **что за б.!** what bad taste!
безвку́с|ный (~ен, ~на) *adj* tasteless.
безвла́сти|е, я *nt* anarchy.
безвла́ст|ный (~ен, ~на) *adj* powerless.
безво́д|ный (~ен, ~на) *adj* arid; waterless.
безво́дь|е, я *nt* aridity.
безвозвра́т|ный (~ен, ~на) *adj* irrevocable; irretrievable; **~ная ссу́да** permanent loan.
безвозду́шный *adj* airless.
безвозме́здный *adj* free (of charge); **б. труд** unpaid work.
безво́ли|е, я *nt* lack of will; weak will.
безволо́сый *adj* hairless, bald.
безво́л|ьный (~ен, ~ьна) *adj* weak-willed.
безвре́д|ный (~ен, ~на) *adj* harmless.
безвре́менник, а *m* (*bot*) autumn crocus.
безвре́менн|ый *adj* untimely, premature; **~ая кончи́на** untimely decease.
безвре́мень|е, я *nt* (*obs*) **1** (*тяжёлое время*) hard times. **2** (*время застоя*) period of (social) stagnation.
безвы́ездно *adv* uninterruptedly, without a break.
безвы́ездн|ый *adj* uninterrupted; **~ое пребыва́ние** continuous residence.
безвы́ход|ный (~ен, ~на) *adj* hopeless, desperate.
безгла́с|ный (~ен, ~на) *adj* (*fig*) silent, dumb.
безголо́в|ый (~, ~а) *adj* **1** headless; (*ironical*) brainless. **2** (*fig, coll*) forgetful, scatterbrained.
безголо́сный *adj* (*ling*) unvoiced.
безголо́с|ый (~, ~а) *adj* (*певец*) with a weak voice.
безгра́мотност|ь, и *f* illiteracy.
безгра́мот|ный (~ен, ~на) *adj* illiterate (*also fig*); ignorant.
безграни́ч|ный (~ен, ~на) *adj* infinite, limitless, boundless.
безгре́шност|ь, и *f* innocence.
безгре́ш|ный (~ен, ~на) *adj* innocent, sinless.
безда́рност|ь, и *f* **1** (*свойство*)lack of talent. **2** (*человек*) person without talent.
безда́р|ный (~ен, ~на) *adj* (*человек*) talentless, undistinguished; (*произведение*) third rate.
бе́здар|ь, и *f* (*coll*) person without talent; third-rater.
безде́йствен|ный (~, ~на) *adj* inactive.
безде́йстви|е, я *nt* inaction, idleness; (*law*) (criminal) negligence.
безде́йств|овать, ую *impf* (*о человеке*) to be inactive; (*о машине*) to lie idle; to not work.
безде́лиц|а, ы *f* trifle, bagatelle.
безделу́шк|а, и *f* knick-knack.
безде́ль|е, я *nt* idleness.
безде́льник, а *m* idler, loafer.
безде́льни|ца, цы *f of* ⇒**~к**
безде́льнича|ть, ю *impf* to idle, loaf about.
безде́л|ьный (~ен, ~ьна) *adj* (*coll*) idle.
безде́нежный *adj* **1** impecunious. **2** (*econ*) non-monetary.
безде́нежь|е, я *nt* lack of money, impecuniousness.
безде́тност|ь, и *f* childlessness.
безде́т|ный (~ен, ~на) *adj* childless.
безде́ятельност|ь, и *f* inactivity, inertia.
безде́ятел|ьный (~ен, ~ьна) *adj* inactive; sluggish.
бе́здн|а, ы *f* **1** abyss, chasm. **2** (*coll*) a huge number.
бездо́жд|е, я *nt* dry weather, drought.
бездоказа́тел|ьный (~ен, ~ьна) *adj* unsubstantiated.
бездо́м|ный (~ен, ~на) *adj* homeless; (*о кошке, собаке*) stray.
бездо́нный *adj* bottomless; (*fig, poetical*) fathomless.
бездоро́ж|е, я *nt* **1** (*отсутствие дорог*) absence of roads. **2** (*распутица*) bad condition of roads; season when roads are impassable.
безду́м|ный (~ен, ~на) *adj* unthinking; feckless.
безду́ши|е, я *nt* heartlessness, callousness.
безду́ш|ный (~ен, ~на) *adj* **1** (*человек*) heartless, callous. **2** (*fig*) soulless.
бездыха́н|ный (~ен, ~на) *adj* lifeless.
безе́ *nt indecl* meringue.
безжа́лост|ный (~ен, ~на) *adj* ruthless, pitiless.
безжи́знен|ный (~ен, ~на) *adj* lifeless, inanimate; (*fig*) spiritless.
беззабо́т|ный (~ен, ~на) *adj* carefree, light-hearted; (*бездумный*) careless.
беззаве́т|ный (~ен, ~на) *adj* selfless, wholehearted; **~ная хра́брость** selfless courage.
беззако́ни|е, я *nt* **1** (*отсутствие законности*) lawlessness. **2** (*поступок*) unlawful act.
беззако́ннича|ть, ю *impf* (*coll*) to transgress, break the law.
беззако́н|ный (~ен, ~на) *adj* **1** illegal, unlawful. **2** (*poetical*) lawless, wayward.
беззасте́нчив|ый (~, ~а) *adj* shameless; **б. лгун** brazen liar; **~ая ложь** barefaced lie.
беззащи́т|ный (~ен, ~на) *adj* defenceless (*Br*), defenseless (*US*), unprotected.
беззвёзд|ный (~ен, ~на) *adj* starless.
беззву́ч|ный (~ен, ~на) *adj* soundless, noiseless.
безземе́ль|е, я *nt* lack of land.
безземе́льный *adj* landless.
беззло́би|е, я *nt* good nature.
беззло́б|ный (~ен, ~на) *adj* good-natured.
беззу́б|ый (~, ~а) *adj* toothless; (*fig*) weak, impotent.
безле́с|ный (~ен, ~на) *adj* woodless; treeless.
безле́сь|е, я *nt* **1** (*пространство*) woodless tract. **2** (*отсутствие лесов*) absence of forest.
безли́кий *adj* featureless; faceless, impersonal.
безли́ственный *adj* leafless.
безли́ч|ие, ия *nt* = **~ность**
безли́чност|ь, и *f* lack of personality; impersonality.
безли́ч|ный (~ен, ~на) *adj* **1** without personality, characterless, impersonal. **2** (*gram*) impersonal.
безлу́н|ный (~ен, ~на) *adj* moonless.
безлю́д|ный (~ен, ~на) *adj* (*малонаселённый*) uninhabited; sparsely populated; (*улица*) empty, deserted.
безлю́дь|е, я *nt* absence of human life; **на б. и Фома́ дворяни́н** (*proverb*) in the land of the blind the one-eyed is king.
безме́н, а *m* steelyard.
безме́р|ный (~ен, ~на) *adj* (*счастье*) boundless; (*требования*) excessive.
безмо́згл|ый (~, ~а) *adj* (*coll*) brainless.
безмо́лви|е, я *nt* silence; **цари́т б.** silence reigns.
безмо́лв|ный (~ен, ~на) *adj* silent, mute; **~ное согла́сие** tacit consent.
безмо́лвств|овать, ую *impf* to keep silent.
безмоло́чный *adj* dairy-free.
безмяте́жност|ь, и *f* serenity, placidity.

безмяте́ж|ный (~ен, ~на) *adj* serene, placid.

безнадёжност|ь, и *f* hopelessness, despair.

безнадёж|ный (~ен, ~на) *adj* hopeless; despairing; **больно́й ~ен** the patient's case is hopeless.

безнадзо́рност|ь, и *f* neglect.

безнадзо́рный *adj* neglected.

безнака́занно *adv* with impunity; **э́то ему́ не пройдёт б.** he won't get away with this.

безнака́занност|ь, и *f* impunity.

безнака́зан|ный (~, ~на) *adj* unpunished.

безнали́чный *adj* without cash transfer; **б. расчёт** (*fin*) clearing.

безнало́говый *adj* tax-free.

безнача́ли|е, я *nt* anarchy.

безно́г|ий (~, ~а) *adj* (*без ног*) legless; (*без ноги*) one-legged.

безнра́вственност|ь, и *f* immorality.

безнра́вствен|ный (~, ~на) *adj* immoral.

безо *prep* (*before g of* **⇨весь** *and* **⇨вся́кий**) = **без**

безоби́д|ный (~ен, ~на) *adj* inoffensive.

безо́блачност|ь, и *f* cloudlessness; (*fig*) serenity.

безо́блач|ный (~ен, ~на) *adj* cloudless; (*fig*) serene, unclouded.

безобра́зи|е, я *nt* **1** (*уродство*) ugliness. **2** (*поступок*) outrage. **3** (*as pred*; *coll*) it is disgraceful; **э́то про́сто б.!** it's simply disgraceful, scandalous.

безобра́|зить, жу, зишь *impf* (*of* **⇨о~**) **1** to disfigure, mutilate. **2** (*coll*) to behave disgracefully; to make a nuisance of o.s.

безобра́зник, а *m* (*coll*) **1** (*хулиган*) hooligan. **2** (*озорник*) naughty child.

безобра́знича|ть, ю *impf* (*coll*) to behave disgracefully; to make a nuisance of o.s.

безо́браз|ный (~ен, ~на) *adj* vague, featureless.

безобра́з|ный (~ен, ~на) *adj* **1** (*уродливый*) ugly. **2** (*поступок*) disgraceful, outrageous.

безогля́д|ный (~ен, ~на) *adj* reckless, impetuous.

безогово́роч|ный (~ен, ~на) *adj* unconditional, unreserved, absolute.

безопа́сност|ь, и *f* safety, security; **по́яс/реме́нь ~и** seat belt; **слу́жба ~и** security; **сотру́дник слу́жбы ~и** security guard; **Сове́т Б~и** Security Council.

безопа́с|ный (~ен, ~на) *adj* safe, secure; **~ная бри́тва** safety razor.

безору́ж|ный (~ен, ~на) *adj* unarmed; (*fig*) defenceless (*Br*), defenseless (*US*).

безоснова́тел|ьный (~ен, ~ьна) *adj* groundless.

безостано́вочный *adj* unceasing; non-stop.

безотве́т|ный (~ен, ~на) *adj* **1** (*любовь*) unrequited. **2** (*существо*) meek, dumb.

безотве́тственност|ь, и *f* irresponsibility.

безотве́тствен|ный (~(ен), ~на) *adj* irresponsible.

безотка́з|ный (~ен, ~на) *adj* **1** (*человек*) dependable. **2** (*работа машины*) trouble-free.

безотлага́тел|ьный (~ен, ~ьна) *adj* urgent.

безотлу́чно *adv* continually; **она́ нахо́дится б. до́ма** she is tied to the home, she never gets out.

безотлу́ч|ный (~ен, ~на) *adj* ever-present; continuous.

безотноси́тельно *adv* (**к** + *d*) irrespective (of); **б. к его́ пла́нам я пое́ду за́втра в Ло́ндон** irrespective of his plans I shall go to London tomorrow.

безотноси́тел|ьный (~ен, ~ьна) *adj* absolute.

безотра́д|ный (~ен, ~на) *adj* cheerless, bleak.

безотчётност|ь, и *f* **1** (*отсутствие контроля*) absence of control. **2** (*бессознательность*) instinctiveness.

безотчёт|ный (~ен, ~на) *adj* **1** (*бесконтрольный*) not subject to control. **2** (*бессознательный*) unconscious, instinctive.

безоши́боч|ный (~ен, ~на) *adj* (*решение*) correct; (*судья*) faultless, infallible.

безрабо́тиц|а, ы *f* unemployment.

безрабо́тн|ый *adj* unemployed; *as n* **~ые, ~ых** *pl* the unemployed; **постоя́нно ~ые** the long-term unemployed.

безра́дост|ный (~ен, ~на) *adj* joyless; dismal.

безразде́л|ьный (~ен, ~ьна) *adj* (*внимание*) undivided; **~ьная власть** complete sway; **~ьное иму́щество** indivisible property.

безразли́чи|е, я *nt* indifference.

безразли́чно *adv* indifferently; **относи́ться б.** (**к** + *d*) to be indifferent (to); **б. кто, где** no matter who, where.

безразли́ч|ный (~ен, ~на) *adj* indifferent; **мне ~но** it's all the same to me.

безразме́р|ный (~ен, ~на) *adj* one-size (*nylon, etc.*); **~ные носки́** stretch socks.

безрассу́д|ный (~ен, ~на) *adj* reckless; foolhardy.

безрассу́дств|о, а *nt* recklessness, foolhardiness.

безрасчёт|ный (~ен, ~на) *adj* uneconomical.

безрезульта́тност|ь, и *f* futility; failure.

безрезульта́т|ный (~ен, ~на) *adj* futile; unsuccessful.

безро́г|ий *adj* hornless; **~ое живо́тное** pollard.

безро́д|ный (~ен, ~на) *adj* **1** without kith or kin. **2** (*obs*) (*незнатного рода*) of humble origin. **3** (*fig*) homeless, stateless.

безро́пот|ный (~ен, ~на) *adj* uncomplaining.

безрука́вк|а, и *f* (*кофта*) sleeveless top; (*куртка*) sleeveless jacket.

безру́к|ий (~, ~а) *adj* **1** (*без рук*) armless. **2** (*без руки*) one-armed. **3** (*fig*) clumsy.

безры́бь|е, я *nt* absence of fish; **на б. и рак ры́ба** (*proverb*) in the land of the blind the one-eyed is king.

безубы́точ|ный (~ен, ~на) *adj* (*comm*) break-even.

безуда́р|ный (~ен, ~на) *adj* (*ling*) unstressed.

безу́держ|ный (~ен, ~на) *adj* unrestrained; impetuous.

безукори́знен|ный (~, ~на) *adj* irreproachable; impeccable.

безу́м|ец, ца *m* madman.

безу́ми|е, я *nt* madness; **довести́ до ~я** to drive crazy; **люби́ть до ~я** to love to distraction.

безу́мно *adv* madly, terribly, dreadfully.

безу́м|ный (~ен, ~на) *adj* **1** (*план*) mad, crazy. **2** (*fig, coll*) (*страсть*) wild; **~ные це́ны** absurd, crazy prices.

безумо́лч|ный (~ен, ~на) *adj* incessant (*of noise*).

безу́мств|о, а *nt* madness; foolhardiness.

безу́мств|овать, ую *impf* to behave like a madman; to rave.

безупре́ч|ный (~ен, ~на) *adj* (*человек*) irreproachable; (*работа*) flawless.

безуса́дочный *adj* pre-shrunk, shrink-proof.

безусло́вно *adv* **1** (*повиноваться, доверять*) unconditionally, absolutely. **2** (*coll*) (*несомненно*) of course, it goes without saying, undoubtedly.

безусло́вност|ь, и *f* certainty.

безусло́в|ный (~ен, ~на) *adj* **1** (*повиновение, доверие*) unconditional, absolute. **2** (*успех*) undoubted, indisputable.

безуспе́ш|ный (~ен, ~на) *adj* unsuccessful.

безуста́н|ный (~ен, ~нна) *adj* tireless, indefatigable.

безу́сый *adj* having no moustache (*Br*), mustache (*US*); (*fig*) callow.

безуте́ш|ный (~ен, ~на) *adj* inconsolable.

безу́хий *adj* **1** (*без ушей*) earless. **2** (*без уха*) one-eared.

безуча́сти|е, я *nt* apathy, unconcern.

безуча́стност|ь, и *f* = **безуча́стие**

безуча́ст|ный (~ен, ~на) *adj* apathetic, indifferent.

безъя́дерный *adj* nuclear-free.

безыде́йност|ь, и *f* lack of principle(s); lack of ideological content.

безыде́|йный (~ен, ~йна) *adj* unprincipled; lacking ideals; lacking ideological content.

безызве́стност|ь, и *f* obscurity.

безызве́ст|ный (~ен, ~на) *adj* unknown, obscure.

безымя́нный *adj* (*не имеющий названия*) nameless; (*анонимный*) anonymous; **б. па́лец** third finger, ring finger.

безынициати́в|ный (~ен, ~на) *adj* lacking initiative.

безынтере́с|ный (~ен, ~на) *adj* uninteresting.

безыску́сствен|ный (~ен, ~на) *adj* artless, ingenuous.

безысхо́д|ный (~ен, ~на) *adj* (*положение*) hopeless; (*горе*) interminable.

бе́й(те) *imperative of* ⇨**бить**

Бейру́т, а *m* Beirut.

бейсбо́л, а *m* baseball.

бейсболи́ст, а *m* baseball player.

бейсболи́ст|ка, ки *f of* ⇨~

бейсбо́лк|а, и *f* baseball cap.

бе́йсик, а *m* (*comput*) BASIC.

бека́р, а *m* (*also as indecl adj*) (*mus*) natural; **до-б.** C natural.

бека́с, а *m* (*zool*) snipe.

беко́н, а *m* bacon.

Белару́с|ь, и *f* Belarus.

Белгра́д, а *m* Belgrade.

белен|а́, ы́ *f* (*bot*) henbane; **ты что, ~ы́ объе́лся?** (*coll*) have you gone crazy?

беле́ни|е, я *nt* bleaching.

белёный *adj* bleached.

белесова́т|ый (~, ~а) *adj* whitish.

белёс|ый (~, ~а) *adj* whitish.

беле́|ть, ю *impf* (*of* ⇨**по~**)
1 (*становиться белым*) to grow white.
2 (*no pf*) (*видне́ться*) to show up white.

беле́|ться, юсь *impf* to show up white.

белиберд|а́, ы́ *f* (*coll*) nonsense, rubbish.

белизн|а́, ы́ *f* whiteness.

бели́л|а, ~ (*no sg*) **1** (*краска*) whitewash; **свинцо́вые б.** white lead; **ци́нковые б.** zinc white.
2 (*косметические*) ceruse.

бели́льный *adj* bleaching.

бел|и́ть, ю́, ~́ишь *impf* **1** (*pf* **по~**) (*стены*) to whitewash. **2** (*pf* **на~**) (*лицо*) to white(n). **3** (*pf* **вы́~**) (*полотна*) to bleach.

бел|и́ться, ю́сь, ~́ишься *impf* **1** *passive of* ⇨**~и́ть**. **2** (*pf* **на~**) to whiten one's face.

бе́л|ичий *adj of* ⇨**~ка**[1]; **б. мех** squirrel (fur).

бе́лк|а[1]**, и** *f* squirrel; **верте́ться, крути́ться как б. в колесе́** to run round in circles.

бе́лк|а[2]**, и** *f* (*sl, ironical*) (*белая горячка*) DTs.

белкови́н|а, ы *f* (*chem*) albumen.

белко́вый *adj* (*chem*) albuminous.

белладо́нн|а, ы *f* (*bot*) belladonna.

беллетриза́ци|я, и *f* fictionalization.

беллетризи́р|овать, ую *impf and pf* to fictionalize.

беллетри́ст, а *m* fiction writer.

беллетри́стик|а, и *f* (*literary*) fiction.

беллетристи́ческий *adj* (*literary*) fictional.

бело(-)... *comb form* white-.

белобры́с|ый (~, ~а) *adj* (*coll*) tow-haired.

белова́т|ый (~, ~а) *adj* whitish.

белови́к, а́ *m* fair copy.

белово́й *adj* clean, fair; **б. экземпля́р** fair copy.

белогварде́|ец, йца *m* (*pol*) White Guard.

белогварде́|йский *adj of* ⇨**~ец**

белоголо́в|ый (~, ~а) *adj* **1** (*с седыми волосами*) white-haired. **2** (*со светлыми волосами*) fair(-haired).

белодере́в|ец, ца *m* carpenter (*making simple unvarnished articles*).

бел|о́к[1]**, ка́** *m* (*biol, chem*) albumen; protein.

бел|о́к[2]**, ка́** *m* (*яйца*) white (of egg).

бел|о́к[3]**, ка́** *m* (*глаза*) white (of the eye).

белокро́ви|е, я *nt* (*med*) leukaemia (*Br*), leukemia (*US*).

белоку́р|ый (~, ~а) *adj* blond(e), fair(-haired).

белолиц|ый (~, ~а) *adj* pale, white-faced.

белору́с, а *m* Belorussian.

белору́с|ка, ки *f of* ⇨~

Белору́сси|я, и *f* Belorussia.

белору́сский *adj* Belorussian.

белору́чк|а, и *cg* (*coll, pej*) person shirking rough *or* dirty (physical) work; shirker.

Белосне́жк|а, и *f* Snow White.

белосне́ж|ный (~ен, ~на) *adj* snow-white.

белошве́йк|а, и *f* seamstress.

белошве́йн|ый *adj* linen; **~ая мастерска́я** seamstress's workshop.

белоэмигра́нт, а *m* (*pol*) White Russian eémigré.

белу́г|а, и *f* beluga, white sturgeon (*Huso huso*); **реве́ть ~ой** to bellow.

белу́|жий *adj of* ⇨**~га**

белу́жин|а, ы *f* (*meat of*) white sturgeon.

белу́х|а, и *f* white whale (*Delphinapterus leucus*).

Бе́лфаст, а *m* Belfast.

бе́л|ый (~, ~а́) *adj* **1** white; **~ая берёза** silver birch; **Б. дом** the White House (*in Washington and Moscow*); **~ая кни́га** White Paper; **б. медве́дь** polar bear; **Б~ое мо́ре** the White Sea (*inlet of the Barents Sea on the coast of Russia*); **~ая сова́** snowy owl.
2 (*светлый*) white; fair; **б. биле́т** 'white chit' (*certificate of exemption from mil service*); **~ое вино́** white wine; **~ое духове́нство** secular clergy; **~ое зо́лото** 'white gold' (= *cotton*); **~ое кале́ние** white heat, incandescence; **~ые кровяны́е ша́рики** white blood corpuscles; **~ое мя́со** white meat; **~ые но́чи** 'white nights', 'midnight sun'; **б. у́голь** 'white coal' (= *water power*); **б. хлеб** white bread, wheatmeal bread; **на ~ом све́те** in all the world; **средь ~а дня** in broad daylight; **э́то ши́то ~ыми ни́тками** it is all too obvious; it is quite transparent; *as n* **~ые, ~ых** *pl* white-skinned people, white men.
3 (*чистый*) clean; blank; **б. лист** clean sheet (*of paper*); **~ая страни́ца** blank page (*in book*); **~ые стихи́** blank verse.
4 (= *of superior quality*): **б. гриб** cep (*Boletus edulis; kind of mushroom traditionally the most highly valued in Russia, Ukraine, and Belarus*).
5: **~ая горя́чка** delirium tremens.
6 (*pol*) White (*also as n*).

> **Бе́лый дом — the White House (*in Moscow*)**
>
> The generally accepted unofficial name of the seat of the Russian government. *Бе́лый дом* is situated near the centre of Moscow on the left bank of the Moskva River and together with the buildings of the US and UK embassies it forms an equilateral triangle within which the town hall is located.

бельведе́р, а *m* belvedere.

бельги́|ец, йца *m* Belgian.

бельги́|йка, йки *f of* ⇨**~ец**

бельги́йский *adj* Belgian.

Бе́льги|я, и *f* Belgium.

бель|ё, я́ *nt* (*collect*) linen; **да́мское б.** lingerie; **ни́жнее б.** underclothes; **посте́льное б.** bedlinen.

бель|ево́й *adj of* ⇨**~ё**; **б. шкаф** linen cupboard.

бельме́с, а *m*: **ни ~а** (*coll*) nothing; **он ни ~а не понима́ет** he hasn't a clue.

бельм|о́, а́, *pl* **~́а** *nt* (*med*) wall eye; **как б. на глазу́** (*fig*) a thorn in the flesh; bête noire.

бельэта́ж, а *m* **1** (*второй этаж*) first floor (*Br*), second floor (*US*).
2 (*theatr*) dress circle.

беля́к, а́ *m* white hare.

бемо́л|ь, я *m* (*also as indecl adj*) (*mus*) flat; **ре-б.** D flat.

бенга́льский *adj* Bengali; Bengal; **б. ого́нь** sparkler.

бенедикти́н, а *m* Benedictine (*liqueur*).

бенедикти́н|ец, ца *m* (*eccl*) Benedictine.

бенедикти́нский *adj* (*eccl*) Benedictine.

бенефи́с, а *m* (*theatr*) benefit performance.

бенефи́с|ный *adj of* ⇨**~**; **б. спекта́кль** benefit performance.

бенефициа́ри|й, я *m* (*law*) beneficiary.

бенефициа́нт, а *m* (*theatr*) artist for whom benefit performance is given.

бенефи́ци|й, я *m* (*eccl*) living, benefice.

бензи́н, а *m* benzine; (*для автомобиля*) petrol (*Br*), gas (*US*); **неэтили́рованный б.** unleaded petrol.

бензи́н|овый *adj of* ⇨**~**; petrol (*Br*), gas (*US*); **~овая коло́нка** petrol pump (*Br*), gas(oline) pump (*US*).

бензиноме́р, а *m* petrol gauge (*Br*), gasoline gauge (*US*), fuel gauge.

бензинопрово́д, а *m* petrol pipe (*Br*), gasoline pipe (*US*).

бензо... *comb form, abbr of* **бензи́новый**

бензоба́к, а *m* petrol tank (*Br*), gas tank (*US*).

бензово́з, а *m* petrol tanker (*Br*), gasoline truck (*US*).

бензоколо́нк|а, и *f* petrol pump (*Br*), gas(oline) pump (*US*).

бензо́л, а *m* (*chem*) benzol, benzene.

бензохрани́лищ|е, а *nt* petrol tank (*Br*), gas tank (*US*).

бенуа́р, а *m* (*theatr*) boxes (*on level of the stalls*).

бе́рег, а, о ~е, на ~у́, *pl* **~а́** *m* (*реки*) bank; (*моря, озера*) shore; (*суша*) land (*opp* sea); **на ~у́ мо́ря** at the seaside; **вы́броситься на́ берег** to run aground; **вы́йти из ~о́в** to burst its banks; **сойти́ на б.** to go ashore.

бер|ёг, ~егла́ *see* ⇒**бере́чь**

берегов|о́й *adj* coastal; waterside; **б. ве́тер** offshore wind, land wind; **~а́я оборо́на** coastal defence (*Br*), defense (*US*); **~о́е пра́во** (*law*) right of salvage; **~о́е судохо́дство** coastal shipping; **~а́я ла́сточка** sand martin.

бере|гу́, ~жёшь, ~гу́т *see* ⇒**бере́чь**

бере|ди́ть, жу́, ди́шь *impf* (*of* ⇒**раз~**) (*coll*) to irritate; **б. ста́рые ра́ны** (*fig*) to reopen old wounds.

бережли́вост|ь, и *f* thrift, economy.

бережли́в|ый (~, ~а) *adj* thrifty, economical.

бе́режност|ь, и *f* care; caution; solicitude.

бе́реж|ный (~ен, ~на) *adj* (*осторожный*) careful; cautious; (*заботливый*) solicitous.

берёз|а, ы *f* birch.

Берёзк|а, и *f* (*hist*) Beryozka (*a hard-currency shop in the Soviet Union*).

берёз|ка, ки *f diminutive of* ⇒**~а**

бере́зник, а (*no pl*) *m* birch grove.

березня́к, а́ (*no pl*) *m* **1** (*роща*) birch grove. **2** (*лес*) birchwood.

берёз|овый *adj of* ⇒**~а**; **~овая ка́ша** (*coll*) the birch; a flogging.

бере́йтор, а *m* riding master.

бере́мене|ть, ю, ешь *impf* (*of* ⇒**за~**) to become pregnant.

бере́менн|ая (~а) *adj* (+ *i*) pregnant (with).

бере́менност|ь, и *f* (*состояние*) pregnancy; (*процесс*) gestation.

бересклéт, а *m* spindle (tree/bush).

бе́рест, а *m* smooth-leaved elm (*Ulmus minor*/*carpinifolia*).

берест|а́, ы́ (*no pl*) *f* = **берёста**

берёст|а, ы (*no pl*) *f* birchbark.

бе́рест|овый *adj of* ⇒**~**

берест|о́вый *adj of* ⇒**~а́**

берёст|овый *adj of* ⇒**~а**

берестяно́й = **берёстовый**, ⇒**берестóвый**

бере́т, а *m* beret.

бер|е́чь, егу́, ежёшь, егу́т, *past* **~ёг, ~егла́** *impf* **1** (*человека, здоровье, предмет*) to take care (of), look after. **2** (*не тратить*) to be careful with; **б. ка́ждую копе́йку** to count every penny; **б. та́йну** to keep a secret.

бер|е́чься, егу́сь, ежёшься, егу́тся, *past* **~ёгся, ~егла́сь** *impf* **1** (*быть осторожным*) to be careful, take care. **2** (+ *g or* + *inf*) (*остерегаться*) to beware (of); **~еги́тесь воро́в** beware of pickpockets!; **~еги́тесь переда́ть!** mind you don't eat too much! **3** *passive of* ⇒**~е́чь**

бери́лл, а *m* (*min*) beryl.

бери́лли|й, я *m* (*chem*) beryllium.

Бе́рингов|о мо́р|е, ~а ~я *nt* the Bering Sea.

бе́ркут, а *m* golden eagle.

Берли́н, а *m* Berlin.

берли́нск|ий *adj* Berlin; **~ая лазу́рь** Prussian blue.

берло́г|а, и *f* den, lair.

Берму́дск|ие острова́|а́, ~их ~о́в (*no sg*) (*острова*) the Bermudas; (**Б. О.**) (*территория*) Bermuda, the Bermudas.

берму́д|ы, ов (*no sg*) Bermuda shorts.

бер|у́, ёшь *see* ⇒**брать**

берцо́в|ый *adj* (*anat*): **больша́я ~ая кость** shin bone, tibia; **ма́лая ~ая кость** fibula.

бес, а *m* demon, evil spirit; **рассыпа́ться ме́лким ~͡ом (пе́ред** + *i*; *coll*) to fawn (on), ingratiate o.s. (with).

бесе́д|а, ы *f* **1** talk, conversation; **б. по душа́м** heart-to-heart (talk). **2** (*дискуссия*) discussion; **провести́ ~у** to give a talk.

бесе́дк|а, и *f* summer house.

бесе́д|овать, ую *impf* (**с** + *i*) to talk, converse (with).

бес|ёнок, ёнка, *pl* **~я́та, ~я́т** *m* imp, little devil (*also fig*).

бе|си́ть, шу́, ~͡сишь *impf* (*of* ⇒**вз~**) (*coll*) to enrage, madden, infuriate.

бе|си́ться, шу́сь, ~͡сишься *impf* (*of* ⇒**вз~**) **1** to go mad (*of animals*). **2** (*fig*) to rage, be furious; **с жи́ру б.** (*coll*) to grow fastidious, fussy; to be too well off.

беска́мерн|ый *adj*: **~ая ши́на** tubeless tyre (*Br*), tire (*US*).

бескла́ссовый *adj* classless.

бескозы́рк|а, и *f* peakless cap.

бескозы́рный *adj* (*о карточной игре*) without trumps.

бескомпроми́сс|ный (~ен, ~на) *adj* uncompromising.

бесконе́чно *adv* infinitely, endlessly; (*coll*) extremely.

бесконе́чност|ь, и *f* endlessness; infinity; **до ~и** endlessly.

бесконе́ч|ный (~ен, ~на) *adj* (*дорога*) endless; (*время, удовольствие*) infinite; (*слишком длинный*) interminable; **~ная дробь** (*math*) recurring decimal.

бесконтро́л|ьный (~ен, ~ьна) *adj* uncontrolled.

беско́рмиц|а, ы *f* fodder shortage.

бескоры́сти|е, я *nt* disinterestedness.

бескоры́ст|ный (~ен, ~на) *adj* disinterested; (*альтруистичный*) unselfish.

бескóстный *adj* boneless.

бескофеи́новый *adj*: **б. ко́фе** decaffeinated coffee.

бескра́йний *adj* boundless.

бескро́в|ный (~ен, ~на) *adj* **1** (*бледный*) anaemic (*Br*), anemic (*US*), pale. **2** (*без кровопролития*) bloodless; **~ная револю́ция** bloodless revolution.

бескры́л|ый (~, ~а) *adj* wingless; (*fig*) uninspired, pedestrian.

бескульту́р|е, я *nt* lack of culture.

бесновáтый *adj* raging, raving.

бесн|ова́ться, у́юсь *impf* to rage, rave.

бесо́вский *adj* devilish, diabolical.

беспа́лый *adj* lacking one *or* more fingers *or* toes.

беспа́мят|ный (~ен, ~на) *adj* (*coll*) forgetful.

беспа́мятств|о, а *nt* **1** (*обморочное состояние*) unconsciousness; **впасть в б.** to lose consciousness. **2** (*исступление*) frenzy, delirium; **быть в ~е** to be beside o.s.; to be delirious.

беспардо́н|ный (~ен, ~на) *adj* shameless, brazen.

беспарти́|йный (~ен, ~йна) *adj* non-party; *as n* **б., ~йного** *m, and* **~йная, ~йной** *f* non-party man, woman.

беспа́спортный *adj* not having a passport.

беспате́нтный *adj* unlicensed.

бесперебо́йный *adj* uninterrupted; (*регулярный*) regular.

беспереса́дочный *adj* direct; **б. по́езд** through train.

бесперспекти́в|ный (~ен, ~на) *adj* having no prospects; (*безнадёжный*) hopeless.

беспеча́л|ьный (~ен, ~ьна) *adj* carefree.

беспе́чност|ь, и *f* carelessness, unconcern.

беспе́ч|ный (~ен, ~на) *adj* carefree.

беспило́тный *adj* unmanned.

беспи́сьменный *adj* having no written language.

беспла́новост|ь, и *f* absence of plan.

беспла́новый *adj* planless, having no plan.

беспла́тно *adv* free of charge, gratis.

беспла́т|ный (~ен, ~на) *adj* free, gratuitous; **б. биле́т** free ticket, complimentary ticket.

беспло́ди|е, я *nt* (*почвы*) barrenness; (*женщины*) infertility.

беспло́дност|ь, и *f* fruitlessness, futility.

беспло́д|ный (~ен, ~на) *adj* **1** (*почва*) barren; (*женщина*) infertile; (*брак*) childless. **2** (*fig*) fruitless, futile.

беспло́т|ный (~ен, ~на) *adj* (*relig*; *poetical*) incorporeal.

бесповоро́тност|ь, и *f* irrevocability, finality.

бесповоро́т|ный (~ен, ~на) *adj* irrevocable, final; **~ое реше́ние** final decision.

бесподо́б|ный (~ен, ~на) *adj* matchless; incomparable; **~но!** *int* superb!; splendid!

беспозвоно́ч|ный *adj* (*zool*) invertebrate; *as n* **~ое, ~ого** *nt* invertebrate.

беспоко́|ить, ю, ишь *impf* **1** (*волновать*) to concern, worry. **2** (*pf* **по~**) (*мешать*) to disturb, worry.

беспоко́|иться, юсь, ишься *impf* **1** (**о** + *p*) to worry, be worried *or* anxious (about). **2** (*pf* **по~**) to trouble o.s., put o.s. out; **не ~йтесь!** don't trouble!; don't worry!

беспоко́|йный (~ен, ~йна) *adj* **1** (*человек, вид, состояние*) agitated, disturbed; anxious; uneasy; (*ребёнок*)

б

fidgety. **2** (*ночлег, сон*) restless, disturbed; (*поездка*) uncomfortable; (*море*) choppy.
беспоко́йств|о, а *nt* **1** (*волнение*) agitation; anxiety; unrest; **с ~ом** anxiously. **2** (*нарушение покоя*) disturbance.
бесполе́з|ный (~ен, ~на) *adj* useless.
беспо́л|ый *adj* sexless; **~ое размноже́ние** asexual reproduction.
беспо́мощ|ный (~ен, ~на) *adj* helpless, powerless; (*fig*) feeble; **б. ум** feeble intellect.
беспоро́д|ный (~ен, ~на) *adj* not thoroughbred, not pedigree; **~ная соба́ка** mongrel.
беспоро́ч|ный (~ен, ~на) *adj* blameless, irreproachable; **~ная слу́жба** irreproachable service.
беспоря́д|ок, ка *m* disorder, confusion; (*in pl*; *pol*) disturbances, riots.
беспоря́доч|ный (~ен, ~на) *adj* disorderly; untidy.
беспоса́дочный *adj*: **б. перелёт** non-stop flight.
беспо́чвен|ный (~, ~на) *adj* groundless; unfounded.
беспо́шлинн|ый *adj* (*econ*) duty-free; **~ая торго́вля** free trade.
беспоща́д|ный (~ен, ~на) *adj* merciless, relentless.
бесправи|е, я *nt* **1** (*отсутствие законности*) lawlessness; arbitrariness. **2** (*отсутствие прав*) lack of rights.
беспра́вност|ь, и *f* = **беспра́вие 2**
беспра́в|ный (~ен, ~на) *adj* without rights.
беспреде́л, а *m* (*coll*) lawlessness, scandalous practices; chaos, mayhem; **ценово́й б.** outrageous prices.
беспреде́л|ьный (~ен, ~ьна) *adj* boundless, infinite.
беспредме́тный *adj* pointless; aimless.
беспрекосло́в|ный (~ен, ~на) *adj* unquestioning, absolute.
беспрепя́тствен|ный (~, ~на) *adj* free, clear, unimpeded.
беспреры́вно *adv* continuously; uninterruptedly; non-stop.
беспреры́в|ный (~ен, ~на) *adj* continuous; uninterrupted.
беспреста́нно *adv* continually, incessantly.
беспреста́н|ный (~ен, ~на) *adj* continual; incessant.
беспрецеде́нт|ный (~ен, ~на) *adj* unprecedented.
бесприбыл|ьный (~ен, ~ьна) *adj* unprofitable.
беспризо́рник, а *m* waif, street urchin.
беспризо́рн|ый *adj* **1** (*заброшенный*) neglected. **2** (*бездомный*) homeless; *as n* **б., ~ого** *m* waif, street urchin.
бесприме́р|ный (~ен, ~на) *adj* unparalleled.
бесприме́сный *adj* unalloyed.
беспринци́п|ный (~ен, ~на) *adj* unscrupulous, unprincipled.
беспристра́сти|е, я *nt* impartiality.
беспристра́стност|ь, и *f* impartiality.
беспристра́ст|ный (~ен, ~на) *adj* impartial, unbiased.
беспричи́н|ный (~ен, ~на) *adj* groundless.
бесприю́т|ный (~ен, ~на) *adj* homeless.
беспробу́д|ный (~ен, ~на) *adj* **1** (*сон*) deep, heavy. **2** (*пьянство*) unrestrained.
беспроводно́й *adj*: **б. телефо́н** cordless telephone; **б. (до́ступ в) Интерне́т** wireless Internet (access).
беспро́волочный *adj* wireless; **б. телегра́ф** wireless.
беспро́игрыш|ный (~ен, ~на) *adj* safe; risk-free.
беспросве́т|ный (~ен, ~на) *adj* **1** pitch-dark; **~ная тьма** thick darkness. **2** (*fig*) hopeless; unrelieved.
беспроце́нтный *adj* (*fin*) interest-free.
беспу́тиц|а, ы *f* = **бездоро́жье**
беспу́тник, а *m* (*coll*) debauchee.
беспу́тнича|ть, ю *impf* (*coll*) to lead a dissipated life.
беспу́т|ный (~ен, ~на) *adj* dissipated, dissolute.
беспу́тств|о, а *nt* dissipation, debauchery.
Бессара́би|я, и *f* Bessarabia.
бессвя́зност|ь, и *f* incoherence.
бессвя́з|ный (~ен, ~на) *adj* incoherent.
бессеме́йный *adj* having no family.
бессемя́нный *adj* seedless.
бессерде́ч|ие, ия *nt* = **~ность**
бессерде́чност|ь, и *f* heartlessness; callousness.
бессерде́ч|ный (~ен, ~на) *adj* heartless; callous.
бесси́ли|е, я *nt* (*слабость*) weakness; debility; (*fig*) impotence.
бесси́л|ьный (~ен, ~ьна) *adj* (*слабый*) weak; (*fig*) impotent, powerless.
бессисте́мност|ь, и *f* lack of system.
бессисте́м|ный (~ен, ~на) *adj* unsystematic.
бессла́ви|е, я *nt* infamy.
бессла́в|ить, лю, ишь *impf* (*of* ⇒**о~**) to defame.
бессла́в|ный (~ен, ~на) *adj* ignominious; inglorious.
бессле́дно *adv* without leaving a trace; completely.
бессле́д|ный (~ен, ~на) *adj* without leaving a trace; **~ное исчезнове́ние** complete disappearance.
бесслове́с|ный (~ен, ~на) *adj* dumb, speechless; (*fig*) silent; **~ные живо́тные** dumb animals; **~ная роль** (*theatr*) non-speaking part.
бессме́н|ный (~ен, ~на) *adj* permanent; continuous.
бессме́рти|е, я *nt* immortality.
бессме́ртник, а *m* (*bot*) immortelle.
бессме́рт|ный (~ен, ~на) *adj* immortal; undying.
бессмы́слен|ный (~, ~на) *adj* (*поступок*) senseless; foolish; (*слова*) meaningless, nonsensical; (*взгляд*) vacant, inane.
бессмы́слиц|а, ы *f* nonsense.
бессне́жный *adj* snowless.
бессо́вест|ный (~ен, ~на) *adj* **1** (*нечестный*) unscrupulous, dishonest. **2** (*бесстыдный*) shameless, brazen.
бессодержа́тел|ьный (~ен, ~ьна) *adj* (*жизнь*) empty; (*слова*) tame; dull.
бессозна́тел|ьный (~ен, ~ьна) *adj* **1** unconscious. **2** (*непроизвольный*) involuntary.
бессо́нниц|а, ы *f* insomnia, sleeplessness.
бессо́нный *adj* sleepless.
бесспо́рно *adv* indisputably; undoubtedly.
бесспо́р|ный (~ен, ~на) *adj* indisputable, incontrovertible.
бессре́бреник, а *m* person who is not interested in personal gain.
бессро́чн|ый *adj* without time limit; **б. о́тпуск** indefinite leave; **~ое тюре́мное заключе́ние** life imprisonment.
бесстра́сти|е, я *nt* impassiveness, impassivity.
бесстра́ст|ный (~ен, ~на) *adj* impassive.
бесстра́ши|е, я *nt* fearlessness, intrepidity.
бесстра́ш|ный (~ен, ~на) *adj* fearless, intrepid.
бессты́дник, а *m* shameless person.
бессты́дниц|а, ы *f* shameless woman, hussy.
бессты́д|ный (~ен, ~на) *adj* shameless.
бессты́дств|о, а *nt* shamelessness.
бессты́ж|ий (~, ~а) *adj* (*coll*) shameless, brazen.
бессу́дный *adj* (*obs*) arbitrary, summary.
бессчёт|ный (~ен, ~на) *adj* innumerable.
беста́ктност|ь, и *f* **1** (*свойство*) tactlessness. **2** (*поступок*) tactless action, faux pas.
беста́кт|ный (~ен, ~на) *adj* tactless.
беста́лан|ный (~ен, ~на) *adj* **1** (*бездарный*) untalented. **2** (*folk poetical*) (*несчастный*) ill-starred, luckless; **~ная голо́вушка** poor devil.
бестеле́с|ный (~ен, ~на) *adj* incorporeal.
бе́сти|я, и *f* (*coll*) rogue; **то́нкая б.** sly rogue.
бестолко́вщин|а, ы *f* (*coll*) disorder, confusion.
бестолко́в|ый (~, ~а) *adj* **1** (*человек*) slow-witted, muddle-headed. **2** (*объяснение*) disconnected, incoherent.
бе́столоч|ь, и *f* (*coll*) **1** (*беспорядок*) confusion. **2** (*человек*) muddle-headed person (*also collect*).
бестре́пет|ный (~ен, ~на) *adj* (*poetical*) dauntless.
бестсе́ллер, а *m* best-seller (*book*).

бесфо́рмен|ный (~, ~на) *adj* shapeless, formless.

бесхара́ктер|ный (~ен, ~на) *adj* weak-willed; spineless.

бесхво́ст|ый *adj* tailless; (*zool*) having no tail, ecaudate; **~ая ко́шка** Manx cat.

бесхи́трост|ный (~ен, ~на) *adj* (*человек*) artless; (*слова*) ingenuous.

бесхо́зн|ый *adj* ownerless; **~ое иму́щество** property in abeyance.

бесхозя́йственност|ь, и *f* thriftlessness; bad management.

бесхозя́йствен|ный (~, ~на) *adj* thriftless; improvident.

бесхребе́т|ный (~ен, ~на) *adj* (*fig*) spineless, weak.

бесцве́т|ный (~ен, ~на) *adj* colourless (*Br*), colorless (*US*).

бесце́л|ьный (~ен, ~ьна) *adj* aimless; idle.

бесце́н|ный (~ен, ~на) *adj* **1** (*сокровища*) priceless. **2** (*опыт, совет*) invaluable. **3** (*друг*) dear. **4** (*obs*) (*малоценный*) valueless.

бесце́н|ок, ка *m* (*coll*): **купи́ть за б.** to buy for a song.

бесцеремо́н|ный (~ен, ~на) *adj* unceremonious; familiar; cavalier.

бесчелове́чност|ь, и *f* inhumanity.

бесчелове́ч|ный (~ен, ~на) *adj* inhuman.

бесче́|стить, щу, стишь *impf* (*of* ⇨**о~**) **1** (*позорить*) to dishonour (*Br*), dishonor (*US*), disgrace. **2** (*девушку*) to violate.

бесче́ст|ный (~ен, ~на) *adj* dishonourable (*Br*), dishonorable (*US*); disgraceful.

бесче́сть|е, я *nt* dishonour (*Br*), dishonor (*US*); disgrace.

бесчи́нный *adj* (*obs*) unseemly.

бесчи́нств|о, а *nt* excess; enormity.

бесчи́нств|овать, ую *impf* to commit excesses.

бесчи́сленност|ь *f* innumerable quantity.

бесчи́слен|ный (~, ~на) *adj* innumerable.

бесчу́вственност|ь, и *f* **1** (*отсутствие сознания*) insensibility. **2** (*равнодушие*) insensitivity.

бесчу́вствен|ный (~, ~на) *adj* **1** (*лишённый сознания*) insensible. **2** (*равнодушный*) insensitive, unfeeling.

бесчу́встви|е, я *nt* **1** (*потеря сознания*) loss of consciousness; **пья́ный до ~я** dead drunk; **бить до ~я** to knock insensible. **2** (*равнодушие*) insensitivity.

бесшаба́ш|ный (~ен, ~на) *adj* (*coll*) reckless.

бесшо́вный *adj* (*tech*) seamless.

бесшу́м|ный (~ен, ~на) *adj* noiseless.

бето́н, а *m* (*tech*) concrete.

бетони́р|овать, ую *impf* (*tech*) to concrete.

бето́нный *adj* (*tech*) concrete.

бетоново́з, а *m* concrete-delivery truck.

бетономеша́лк|а, и *f* (*tech*) cement mixer.

бетоносмеси́тел|ь, я *m* = **бетономеша́лка**

бето́нщик, а *m* concrete worker.

бефстро́ганов *m indecl* (*cul*) beef Stroganoff.

бечев|а́, ы́ (*no pl*) *f* tow rope.

бечёвк|а, и *f* string, twine.

бече́вник, а́ *or* **а** *m* towpath.

бечев|о́й *adj of* ⇨**~а́**; **~а́я тя́га** towing; *as n* **~а́я, ~о́й** *f* towpath.

бешаме́л|ь, и *f* (*cul*) Béchamel sauce.

бе́шенств|о, а *nt* **1** (*med*) hydrophobia; rabies. **2** (*fig*) fury, rage; **довести́ до ~а** to enrage.

бе́шен|ый *adj* **1** (*med*) rabid, mad; **~ая соба́ка** mad dog. **2** (*fig*) furious; violent; **~ая ско́рость** furious pace; **~ые це́ны** (*coll*) exorbitant prices; **б. огуре́ц** (*bot*) squirting cucumber.

бешме́т, а *m* beshmet (*a kind of quilted coat*).

бзд|еть, *1st person sg not used,* **~ишь** *impf* (*of* ⇨**набзде́ть**) (*vulg*) **1** (*пердеть*) to fart (*silently*). **2** (*говорить вздор*) to bullshit. **3** (*бояться*) to be shit scared.

бздун, а́ *m* (*vulg*) **1** farter. **2** (*брехун*) windbag, bullshitter. **3** (*трус*) chicken, scaredy-cat.

бзик, а *m* (*coll*) quirk, oddity; **он с ~ом** he's loopy.

биатло́н, а *m* biathlon.

биатлони́ст, а *m* biathlete, biathlon competitor.

биатлони́ст|ка, ки *f of* ⇨**~**

бибабо́ *nt indecl* glove puppet.

библеи́зм, а *m* Biblical expression.

библе́йский *adj* biblical.

библио́граф, а *m* bibliographer.

библиографи́ческий *adj* bibliographical.

библиогра́фи|я, и *f* bibliography.

библиоте́к|а, и *f* library.

библиоте́кар|ша, ши *f* (*coll*) *of* ⇨**~ь**

библиоте́кар|ь, я *m* librarian.

библиотекове́дени|е, я *nt* library science.

библиоте́|чный *adj of* ⇨**~ка**

библиофи́л, а *m* bibliophile.

би́бли|я, и *f* bible; (**Б.**) the Bible.

би́бльдрук, а *m* India paper.

бива́к, а *m* (*mil*) bivouac, camp; **стоя́ть ~ом, на ~ах** to bivouac, camp.

бива́|чный *adj of* ⇨**~к**

би́в|ень, ня, *pl* **~ни, ~ней** *m* tusk.

бивуа́к = **бива́к**

бигл|ь, я *m* beagle (*dog*).

бигуд|и́, е́й (*no sg*) (*also indecl*) (hair) curlers.

биде́ *nt indecl* bidet.

бидо́н, а *m* can, churn; **б. для молока́** milk can.

бие́ни|е, я *nt* beating; throb; **б. се́рдца** heartbeat; **б. пу́льса** pulse.

бienна́ле *m & f indecl* **1** *f* (*выставка*) biennial (exhibition), biennale. **2** *m* (*фестиваль*) biennial (festival), biennale.

бижуте́ри|я, и *f* costume jewellery.

биза́н|ь, и *f* (*naut*) mizzen; **б.-ма́чта** mizzenmast.

би́знес, а *m* business; **рекла́мный б.** advertising.

бизнесме́н, а *m* businessman.

бизнесме́нк|а, и *f* (*coll*) businesswoman.

бизо́н, а *m* (*zool*) bison.

бикарбона́т, а *m* (*chem*) bicarbonate.

бики́ни *nt indecl* bikini.

бикфо́рдов *adj*: **б. шнур** (*tech*) Bickford (safety) fuse.

билабиа́льный *adj* (*ling*) bilabial.

биле́т, а *m* ticket; (*удостоверение*) card; **входно́й б.** entrance ticket, permit; **еди́ный б.** rover ticket; **креди́тный б.** banknote; **обра́тный б.** return ticket; **экзаменацио́нный б.** examination question (paper) (*at oral examination*).

билетёр, а *m* ticket collector.

билетёр|ша, ши *f* (*coll*) *of* ⇨**~**; (*in cinema, etc.*) usherette.

биллио́н, а *m* (*миллиард*) billion (*one thousand million*).

билл|ь, я *m* (*pol*) bill.

би́л|о, а *nt* **1** (*tech*) beater. **2** (*для подачи сигналов*) gong.

билья́рд, а *m* **1** (*стол*) billiard table. **2** (*игра*) billiards.

бильярди́ст, а *m* billiards player.

билья́рд|ный *adj of* ⇨**~**; **б. шар** billiard ball; *as n* **~ная, ~ной** *f* billiard room.

биметалли́ческий *adj* bimetallic.

бимс, а *m* (*naut*) beam, transom.

бина́рный *adj* binary.

бино́кл|ь, я *m* binoculars; **полево́й б.** field glasses; **театра́льный б.** opera glasses.

бинокуля́рный *adj* binocular.

бино́м, а *m* (*math*) binomial.

бинт, а́ *m* bandage.

бинт|ова́ть, у́ю *impf* to bandage.

бинто́вк|а, и *f* bandaging.

био... *comb form* bio-.

бioге́нный *adj* biogenic.

био́граф, а *m* biographer.

биографи́ческий *adj* biographical.

биогра́фи|я, и *f* biography; (*жизнь*) life story.

биоинжене́ри|я, и *f* bioengineering.

биокре́м, а *m* skin cream.

био́лог, а *m* biologist.

биологи́ческий *adj* biological.

биоло́ги|я, и *f* biology.

биомедици́нский *adj* biomedical.

биометри́ческий *adj* biometric.

биоме́три|я, и *f* biometrics.

биомеха́ник|а, и *f* biomechanics.

биони́ческий *adj* bionic.

биопси́|я, и *f* biopsy.

биоресу́рс|ы, ов (*no sg*) bioresources.

биори́тм|ы, ов (*no sg*) biorhythms.

биоста́нци|я, и *f* biological research station.

биосфе́р|а, ы *f* biosphere.

биотехноло́ги|я, и *f* biotechnology.

биофи́зик, а *m* biophysicist.

биофи́зик|а, и *f* biophysics.

биофизи́ческий *adj* biophysical.

б

биохи́мик, а *m* biochemist.
биохими́ческий *adj* biochemical.
биохи́ми|я, и *f* biochemistry.
биоци́д, а *m* biocide.
бипла́н, а *m* biplane.
биполя́рност|ь, и *f* (*phys*) bipolarity.
биполя́рный *adj* (*phys*) bipolar.
би́рж|а, и *f* exchange; **фо́ндовая б.** stock exchange; **б. труда́** labour exchange.
биржеви́к, а́ *m* stockbroker.
бирж|ево́й *adj of* ⇒**~а**; **б. ма́клер** stockbroker.
би́рк|а, и *f* tag, label.
Би́рм|а, ы *f* (*hist*) Burma.
бирма́н|ец, ца *m* Burmese, Burman.
бирма́н|ка, ки *f of* ⇒**~ец**
бирма́нский *adj* Burmese.
бирюз|а́, ы́ (*no pl*) *f* turquoise.
бирюзо́вый *adj* turquoise.
бирю́к, а́ *m* (*dialect*) lone wolf; (*fig*) lone wolf, unsociable person; **смотре́ть ~о́м** (*coll*) to look morose.
бирю́льк|а, и *f* spillikin; **игра́ть в ~и** to play at spillikins; (*fig*) to occupy o.s. with trifles.
бис *int* encore; **сыгра́ть, спеть на б.** to play, sing an encore.
бисексуа́льный *adj* bisexual.
би́сер, а (*no pl*) *m* beads; **мета́ть б. пе́ред сви́ньями** (*fig*) to cast pearls before swine.
би́серин|а, ы *f* bead.
би́сер|ный *adj of* ⇒**~**; (*fig*) minute.
биси́р|овать, ую *impf and pf* to repeat, give an encore.
Биска́йск|ий зали́в, ~ого ~а *m* the Bay of Biscay.
бискви́т, а *m* sponge cake.
бискви́т|ный *adj of* ⇒**~**; **б. руле́т** Swiss roll.
биссектри́с|а, ы *f* (*math*) bisector.
бит, а *m* (*comput*) bit.
би́т|а, ы *f* (*sport*) bat.
би́тв|а, ы *f* battle; **б. под Полта́вой** Battle of Poltava; **б. при Трафальга́ре** Battle of Trafalgar.
битко́м *adv only in phr* **б. наби́ть** (*coll*) to pack, crowd; **авто́бус был б. наби́т** the bus was packed, crammed.
бит-му́зык|а, и *f* beat music.
би́тник, а *m* beatnik.
би́товый[1] *adj* (*mus*) beat.
би́товый[2] *adj* (*comput*) bitmapped.
бит|о́к[1], **ка́** *m* (*cul*) rissole (*round*).
бит|о́к[2], **ка́** *m* (*шар в бильярде*) cue ball.
би́тум, а *m* (*min*) bitumen.
битумино́зный *adj* (*min*) bituminous.
би́т|ый (~, ~а) *ppp of* ⇒**~ь** *and adj*: **б. час** (*coll*) a full hour, a good hour; **~ое стекло́** broken glass.
бить, бью, бьёшь *impf* **1** (*pf* **по~**) (*избивать*) to beat (*a person, an animal, etc.*).
2 (*pf* **по~**) (*побеждать*) to beat, defeat (*in war, sports, or games*).
3 (**уда́рить** *used in place of pf*) (*ударять*) to strike, hit; **б. кнуто́м** to whip, flog; **б. в лицо́** to strike, hit in the face (*also fig*).
4 (*impf only*) (*производить звуки*) to strike, hit; to beat, thump, bang; **б. в бараба́н** to beat a drum; **б. в ладо́ши** to clap one's hands; **б. по столу́** to bang on the table; **б. за́дом** to kick (*of a horse*).
5 (*impf only*) (*убивать*) to kill, slaughter (*animals*); **б. гарпуно́м** to harpoon.
6 (*pf* **раз~**) (*ломать*) to break, smash (*crockery, etc.*).
7 (**уда́рить** *used in place of pf*) (*бороться*) to combat, fight (against), wage war (on); **б. по хулига́нству** to combat hooliganism; **б. по карма́ну** to cost one a pretty penny.
8 (*pf* **про~**) (*издавать звуки*) to strike, sound; **б. (в) наба́т** to sound the alarm; **б. отбо́й** to beat a retreat (*also fig*); **часы́ бьют пять** the clock is striking five; (*impers*): **бьёт пять** it is striking five.
9 (*impf only*) (*вытекать*) to spurt, gush; **б. ключо́м** to gush out, well up; (*fig*) to be in full swing.
10 (*impf only*) (*стрелять*) to shoot, fire; (*with firearms*; *also fig*) to hit; to have a range (of); **б. из духово́го ружья́** to fire an air gun; **б. в цель** to hit the target (*also fig*); **б. наверняка́** (*fig*) to take no chances; **б. на́ два киломе́тра** to have a range of two kilometres.
11 (*impf only*; **на** + *a*) (*стремиться*) to strive (for, after); **б. на эффе́кт** to strive after effect.
бить|ё, я́ *nt* (*coll*) beating, flogging; smashing.
би́ться, бьюсь, бьёшься *impf*
1 (**с** + *i*) (*драться*) to fight (with, against); **б. на поеди́нке** to fight a duel.
2 (*о сердце*) to beat; **се́рдце его́ переста́ло б.** his heart stopped beating.
3 (**о** + *a*) (*ударяться*) to knock (against), hit (against), strike; **б. голово́й об сте́ну** to bang one's head against a brick wall.
4 (*метаться*) to writhe, struggle; **б. в исте́рике** to writhe in hysterics.
5 (**над** + *i*; *fig*) (*стараться изо всех сил*) to struggle (with), exercise o.s. (over); **б. над зада́чей** to rack one's brains over a problem; **как бы он ни би́лся** however hard he tried.
6 (*о стекле*) to break, smash; **легко́ б.** to be very fragile.
7: **б. об закла́д** to bet, wager.
битю́г, а́ *m* bityug (*a Russian breed of carthorse*); (*fig*) strong man; **он настоя́щий б.** he is strong as a horse.
бифште́кс, а *m* beefsteak.
бифште́ксн|ая, ой *f* steakhouse.
бихевиори́зм, а *m* (*psychol*) behaviourism (*Br*), behaviorism (*US*).
би́цепс, а *m* (*anat*) biceps.
бич[1], **а́** *m* whip; (*fig*) scourge.
бич[2], **а́** *m* (*sl*) homeless person, vagrant.
бичева́ни|е, я *nt* flogging; flagellation.
бич|ева́ть, у́ю *impf* to flog; (*fig*) to lash, castigate.
бичу́ющ|ий *adj*: **~ая сати́ра** scathing satire.
бишь *particle* (*expressing effort to recall name, etc.*; *coll*) now (*or not translated*); **как б. его́ зову́т?** what was the name now?; **то б.** that is to say.
бла́г|о[1], **а** *nt* good, the good; blessing; **о́бщее б.** the common weal; **жела́ю вам всех благ!** I wish you every happiness; **всех благ!** (*coll*) all the best! **ни за каки́е ~а** not for the world.
бла́го[2] *conj* (*coll*) since; seeing that; **скажи́те ему́ сейча́с, б. он здесь** tell him now since he is here.
благове́рн|ый *now used only facetiously as n*; **б., ~ого** *m* husband; **~ая, ~ой** *f* wife.
бла́говест, а *m* ringing of church bell.
бла́гове|стить, щу, стишь *impf* **1** (*pf* **от~**) to ring for church. **2** (*pf* **раз~**) (*coll, ironical*) to publish, spread news.
Благове́щени|е, я *nt* (*eccl*) the Annunciation.
благове́щен|ский *adj of* ⇒**~ие**
благови́д|ный (~ен, ~на) *adj* plausible.
благоволе́ни|е, я *nt* goodwill, kindness; favour; **по́льзоваться чьим-н. ~ем** to be in favour with s.o.
благовол|и́ть, ю́, и́шь *impf* (**к** + *d*) to be favourably (*Br*), favorably (*US*) disposed (toward), favour (*Br*), favor (*US*); **~и́те** (+ *inf*) (*obs*) have the kindness (to); **~и́те отве́тить на э́то письмо́** kindly answer this letter.
благово́ни|е, я *nt* fragrance, aroma.
благово́н|ный (~ен, ~на) *adj* fragrant.
благовоспи́танност|ь, и *f* good manners; good breeding.
благовоспи́тан|ный (~, ~на) *adj* well mannered; well brought up.
благовре́мени|е, я *nt only in phr* **во ~и** (*obs or joc*) at the appropriate time, opportunely.
благовре́менный *adj* (*obs*) timely.
благогове́|йный (~ен, ~йна) *adj* reverential.
благогове́ни|е, я *nt* reverence; veneration.
благогове́|ть, ю *impf* (**пе́ред** + *i*) to revere, venerate.
благодар|и́ть, ю́, и́шь *impf* (*of* ⇒**по~**) to thank; **~ю́ вас (за** + *a*) thank you (for).
благода́рност|ь, и *f* **1** gratitude; **не сто́ит ~и** don't mention it. **2** (*usu in pl*) (*выражение благодарности*) thanks. **3** (*mil*) citation, commendation.
благода́р|ный (~ен, ~на) *adj* **1** grateful. **2** (*стоящий*) rewarding; worthwhile.
благода́рственн|ый *adj* expressing thanks; **б. моле́бен** thanksgiving service; **~ое письмо́** letter of thanks.
благодаря́ *prep* + *d* thanks to, owing to, because of; **б. тому́, что** owing to the fact that.
благода́т|ный (~ен, ~на) *adj* beneficial; (*изобильный*) abundant; **б. край** land of plenty.
благода́т|ь, и *f* **1** (*изобилие*) abundance. **2** (*relig*) grace. **3** *as pred* (*coll*) paradise.
благоде́нстви|е, я *nt* prosperity.
благоде́нств|овать, ую *impf* to prosper, flourish.
благоде́тел|ь, я *m* benefactor.

благоде́тельниц|а, ы *f* benefactress.

благоде́тел|ьный (~ен, ~ьна) *adj* beneficial.

благоде́тельств|овать, ую *impf* (+ *d*) to be a benefactor (to).

благодея́ни|е, я *nt* (*доброе дело*) good deed; (*одолжение*) blessing, boon.

благоду́шеств|овать, ую *impf* (*coll*) to take life easily.

благоду́ши|е, я *nt* (*спокойствие*) placidity, equability; (*доброта*) good humour (*Br*), humor (*US*).

благоду́ш|ный (~ен, ~на) *adj* (*спокойный*) placid, equable; (*добродушный*) good-humoured (*Br*), -humored (*US*).

благожела́тел|ь, я *m* well-wisher.

благожела́тельност|ь, и *f* goodwill; benevolence.

благожела́тел|ьный (~ен, ~ьна) *adj* (*человек*) kind; well disposed; (*приём, улыбка*) friendly, cordial; (*рецензия*) favourable (*Br*), favorable (*US*).

благозву́чи|е, я *nt* euphony.

благозву́чност|ь *f* euphony.

благозву́ч|ный (~ен, ~на) *adj* euphonious; (*голос*) melodious.

благ|о́й[1] *adj* good; **~а́я мысль** a happy thought; **~и́е наме́рения** good intentions.

благ|о́й[2] *adj*: **~и́м ма́том** (*coll*) at the top of one's voice.

благоле́пи|е, я *nt* (*obs*) grandeur.

благомы́слящий *adj* (*obs*) right-thinking.

благонадёжност|ь, и *f* reliability, trustworthiness.

благонадёж|ный (~ен, ~на) *adj* reliable, trustworthy.

благонаме́ренност|ь, и *f* (*obs*) loyalty.

благонаме́рен|ный (~, ~на) *adj* (*obs*) loyal.

благонра́ви|е, я *nt* (*obs*) good behaviour.

благонра́в|ный (~ен, ~на) *adj* (*obs*) well behaved.

благообра́з|ный (~ен, ~на) *adj* fine-looking, noble-looking.

благополу́чи|е, я *nt* well-being; prosperity.

благополу́чно *adv* well, all right; happily; (*в целости и сохранности*) safely; **всё ко́нчилось б.** everything turned out happily.

благополу́ч|ный (~ен, ~на) *adj* (*удачный*) successful; (*прибытие*) safe; **б. коне́ц** happy ending.

благоприобретённый *and* **благоприобре́тенный** *adj* acquired oneself, not inherited.

благопристо́йност|ь, и *f* decency, decorum.

благопристо́|йный (~ен, ~йна) *adj* decent, decorous.

благоприя́т|ный (~ен, ~на) *adj* favourable (*Br*), favorable (*US*); **~ные ве́сти** good news.

благоприя́тствовани|е, я *nt*: **поли́тика/режи́м наибо́льшего ~я** the most favourable (*Br*) *or* favorable (*US*) policy/regime.

благоприя́тств|овать, ую *impf* (+ *d*) to favour (*Br*), favor (*US*).

благоразу́ми|е, я *nt* prudence; sense.

благоразу́м|ный (~ен, ~на) *adj* prudent; sensible.

благорасположе́ни|е, я *nt* (*obs*) favour (*Br*), favor (*US*).

благорасполо́жен|ный (~, ~на) *adj* (*obs*) favourably disposed (*Br*), favorably disposed (*US*).

благоро́ди|е, я *nt* (*hist*): **ва́ше б.** (*term of address to officers of rank up to and including that of captain*) Your Honour.

благоро́д|ный (~ен, ~на) *adj* noble; **б. мета́лл** precious metal; **на ~ном расстоя́нии** (*coll, joc*) at a decent distance.

благоро́дств|о, а *nt* nobleness; nobility.

благоскло́нност|ь, и *f* favour (*Br*), favor (*US*); **по́льзоваться чьей-н. ~ью** to be in s.o.'s good graces.

благоскло́н|ный (~ен, ~на) *adj* favourable (*Br*), favorable (*US*); gracious.

благослове́ни|е, я *nt* (*eccl and fig*) blessing; **с ~я** (+ *g*) with the blessing (of).

благослове́н|ный (~, ~на) *adj* (*eccl, poetical*) blessed, blest.

благослов|и́ть, лю́, и́шь *pf* (*of* **⇒~ля́ть**) **1** (*перекрестить*) to bless; (*выразить одобрение*) to give one's blessing (to). **2** (*воздать благодарность*) to be grateful to; **б. свою́ судьбу́** to thank one's stars.

благослов|и́ться, лю́сь, и́шься *pf* (*of* **⇒~ля́ться**) (*coll*) **1** (**у** + *g*) (*получить благословение*) to receive the blessing (of). **2** (*перекреститься*) to cross o.s.

благослов|ля́ть(ся), ля́ю(сь) *impf of* **⇒~и́ть(ся)**

благососто́яни|е, я *nt* well-being, welfare.

благотвори́тел|ь, я *m* philanthropist.

благотвори́тельност|ь, и *f* charity, philanthropy.

благотвори́тельный *adj* charitable, philanthropic; **б. спекта́кль** charity performance.

благотво́р|ный (~ен, ~на) *adj* beneficial; wholesome, salutary.

благоусмотре́ни|е, я *nt* (*obs*) consideration.

благоустра́ива|ть, ю *impf of* **⇒благоустро́ить**

благоустро́ен|ный (~, ~на) *adj and* (**~, ~а**) *ppp of* **⇒благоустро́ить** well equipped; comfortable; **б. дом** house with all modern conveniences.

благоустро́|ить, ю, ишь *pf* (*of* **⇒благоустра́ивать**) to equip with services and utilities.

благоустро́йств|о, а *nt* equipping with services and utilities.

благоуха́ни|е, я *nt* fragrance.

благоуха́н|ный (~ен, ~на) *adj* fragrant, sweet-smelling.

благоуха́|ть, ю *impf* to be fragrant; to smell sweet.

благочести́в|ый (~, ~а) *adj* pious, devout.

благоче́сти|е, я *nt* piety.

благочи́ни|е, я *nt* (*obs*) decency, decorum.

благочи́н|ный (~ен, ~на) *adj* (*obs*) decent, decorous.

блаже́н|ный (~, ~на) *adj* blissful; (*eccl*) the Blessed.

блаже́нств|о, а *nt* bliss.

блаже́нств|овать, ую *impf* to be in a state of bliss.

блаж|и́ть, у́, и́шь *impf* (*coll*) to be capricious.

блажно́й *adj* (*coll*) capricious.

блаж|ь, и *f* (*coll*) whim, caprice.

бланк, а *m* form; **анке́тный б.** questionnaire; **фи́рменный б.** sheet of headed notepaper; **запо́лнить б.** to fill in a form.

бланманже́ *nt indecl* blancmange.

блат, а *m* (*coll*) pull, string-pulling; **получи́ть по ~у** to obtain through connections.

блатни́к, а́ *m* (*coll*) (*пользующийся блатом, чьей-л. протекцией*) string-puller.

блатн|о́й *adj* (*coll*) (*достающийся по блату*) obtained through string-pulling; (*человек, пользующийся блатом, чьей-л. протекцией*) string-pulling; (*язык, музыка*) criminal, thieves'; *as n* (**б., ~о́го**) (*пользующийся блатом, чьей-л. протекцией*) string-puller; (*связанный с преступным миром*) criminal.

бл|ева́ть, юю, юёшь *impf* (*vulg*) to puke.

блево́тин|а, ы *f* (*vulg*) **1** vomit. **2** (*fig*) filth.

бледне́|ть, ю, ешь *impf* (*of* **⇒по~**) to grow pale; to pale.

бледноли́ц|ый (~, ~а) *adj* pale.

бле́дност|ь, и *f* paleness, pallor; (*fig*) dullness.

бле́д|ный (~ен, ~на́, ~но) *adj* pale, pallid; **б. как полотно́** white as a sheet; (*fig*) colourless (*Br*), colorless (*US*), insipid, dull.

бле́йзер, а *m* (*пиджак*) blazer.

бле́кл|ый (~, ~а) *adj* = **блёклый**

блёкл|ый (~, ~а) *adj* faded; wan.

блёк|нуть, ну, нушь, *past* **~, ~ла** *impf* (*of* **⇒по~**) to fade; to wither.

блеск, а *m* brightness, brilliance, shine; (*fig*) splendour (*Br*), splendor (*US*), magnificence; (*as int, sl*) **б.!** brilliant!; great!; super!; **во всём ~е** in all (one's) glory; **прида́ть б.** to add lustre (*Br*), luster (*US*) (to); **игра́ть с ~ом на роя́ле** to play the piano brilliantly.

блесн|а́, ы́, *pl* **~ы** *f* spoon bait.

блесн|у́ть, у́, ёшь *pf* to flash; **в мое́й голове́ ~у́ла мысль** a thought flashed across my mind; **у нас ~у́ла наде́жда** we saw a ray of hope.

бле|сте́ть, щу́, сти́шь *and* **~щешь** *impf* to shine; to glitter; to sparkle; **её глаза́ ~сте́ли ра́достью** her eyes shone with joy; **он не ~щет умо́м** he's no genius.

блёстк|а, и *f* **1** (*яркое проявление*) sparkle; **~и остроу́мия** flashes of wit. **2** (*блестящая пластинка*) spangle, sequin; **усе́янный ~ами** spangled.
блестя́щ|ий (~, ~а, ~е) *pres participle of* **⇨блесте́ть** *and adj* shining, bright; (*fig*) brilliant.
блеф, а *m* bluff.
блеф|ова́ть, у́ю *impf* to bluff.
бле|щу́, ~́щешь *see* **⇨~сте́ть**
бле́яни|е, я *nt* bleat(ing).
бле́|ять, ю, ешь *impf* to bleat.
ближа́йш|ий *superl of* **⇨бли́зкий**; (*город, почта*) nearest; (*день, год*) next; (*задача*) immediate; **в ~ем бу́дущем** in the near future; **б. друг** closest friend; **б. нача́льник** immediate superior; **б. ро́дственник** next of kin; **при ~ем рассмотре́нии** on closer examination.
бли́|же *comp of* **⇨~зкий, ⇨~зко** nearer; (*fig*) closer.
ближневосто́чный *adj* Middle East; Middle Eastern.

бли́жнее зарубе́жье (literally 'close foreign countries') — the former Soviet republics

The collective unofficial name for all the former Soviet republics, used especially by telephone operators. Outside Russia it is sometimes considered offensive, mainly because translations of the term in European languages are not quite accurate in register.

бли́жн|ий *adj* **1** (*близкий*) near; (*соседний*) neighbouring (*Br*), neighboring (*US*); **Б. Восто́к** Middle East. **2** (*mil*) short range, close range, close; **б. ого́нь** close (range) fire. **3** (*родственник*) close; *as n* **б., ~его** *m* (*fig*) one's neighbour (*Br*), neighbor (*US*). **4** (*путь*) shortest.
близ *prep + g* near, close to, by.
бли́з|иться, ится *impf* to approach, draw near.
бли́з|кий (~ок, ~ка́, ~ко, ~ки́) *adj* **1** (*место*) nearby, close; **на ~ком расстоя́нии** a short way off; at close range. **2** (*конец*) near; imminent; **~кое бу́дущее** the near future. **3** (*в тесных отношениях*) intimate, close; **б. друг** close friend; **быть ~ким с кем-н.** to be on intimate terms with s.o.; **быть ~ким** (+ *d*) to be dear (to); *as n* **~кие, ~ких** one's nearest and dearest. **4** (*похожий*) (**к** + *d*) like; similar (to); close (to); **б. нам по ду́ху челове́к** kindred spirit.
бли́зко *adv* **1** (**от** + *g*) near close (to); close by. **2** *as pred* it is not far; **ему́ б. ходи́ть** he has not far to go.
близлежа́щий *adj* neighbouring (*Br*), neighboring (*US*), nearby.
близне́ц, а́ *m* twin (*also triplet, etc.*); **Б~ы́** (*созвездие*) Gemini.
близору́к|ий (~, ~а) *adj* short-sighted (*Br*), nearsighted (*US*) (*also fig*).
близору́кост|ь, и *f* short-sightedness (*Br*), nearsightedness (*US*); (*med*) myopia (*also fig*).
бли́зост|ь, и *f* nearness, proximity; (*близкие отношения*) intimacy.
блик, а *m* speck of light, patch of light.
блин, а́ *m* pancake; **пе́рвый б. ко́мом** (*proverb*) practice makes perfect.
блинда́ж, а́ *m* (*mil*) dugout.
бли́нн|ая, ой *f* pancake parlour.
бли́нчик, а *m* pancake.
блиста́тельност|ь, и *f* brilliance, splendour (*Br*), splendor (*US*).
блиста́тел|ьный (~ен, ~ьна) *adj* brilliant, splendid.
блиста́|ть, ю *impf* to shine; **б. отсу́тствием** (*ironical*) to be conspicuous by one's absence.
блиц, а *m* (*phot*) flash (attachment).
блиц|- *comb form* lightning ...; whirlwind ...; **~визи́т** flying visit.
бли́цкриг, а *m* blitzkrieg.
блог, а *m* (*comput*) blog, weblog.
бло́ггер, а *m* (*comput*) blogger, weblogger.
блок[1], а *m* (*tech*) block, pulley.
блок[2], а *m* (*pol*) bloc.
блок[3], а *m* carton (of cigarettes); unit; **б. пита́ния** power supply (unit).
блока́д|а, ы *f* blockade; **снять ~у** to raise the blockade.
блока́дник, а *m* victim of siege of Leningrad (1941–4).
блока́дни|ца, цы *f of* **⇨~к**
блокга́уз, а *m* (*mil*) blockhouse.
блоки́р|овать, ую *impf and pf* **1** to blockade. **2** (*sport*) to block.
блоки́р|оваться, уюсь *impf and pf* **1** *passive of* **⇨~ова́ть**. **2** (**с** + *i*; *pol*) to form a bloc with.
блокиро́вк|а, и *f* (*mechanics, elec*) interlock.
блокно́т, а *m* notebook, notepad.
блокпо́ст, а́, о ~е́, на ~у́ *m* roadblock, checkpoint.
блок-схе́м|а, ы *f* (*tech*) flow chart.
блонди́н, а *m* fair-haired man.
блонди́нк|а, и *f* blonde (woman).
блох|а́, и́, *pl* **~и,** *d* **~а́м** *and* **~ам** *f* flea; **иска́ть ~** to nit-pick (*fig*).
бло́чный *adj* modular.
блошело́вк|а, и *f* flea collar.
бло|ши́ный *adj of* **⇨~ха́**; **б. уку́с** flea bite.
бло́ш|ки, ек *f pl* tiddlywinks.
блуд, а *m* (*obs*) debauchery, fornication.
блу|ди́ть[1], жу́, ди́шь *impf* to lecher, fornicate.
блу|ди́ть[2], жу́, ~́дишь *impf* (*coll*) to wander, roam.
блудли́в|ый (~, ~а) *adj* **1** (*распутный*) lascivious, lecherous. **2** (*проказливый*) mischievous, roguish; (*вороватый*) thievish.
блудни́к, а́ *m* (*obs*) lecher, fornicator.
блудни́ц|а, ы *f* (*obs*) **1** (*распутница*) loose woman. **2** (*шлюха*) whore.
блу́д|ный *adj of* **⇨~**; **б. сын** (*eccl and fig*) prodigal son.
блужда́ни|е, я *nt* wandering, roaming.
блужда́|ть, ю *impf* to roam, wander; to rove; **б. по у́лицам** to roam the streets.
блужда́|ющий *pres participle of* **⇨~ть**; **б. огонёк** will-o'-the-wisp; **~ющая по́чка** (*med*) floating kidney.
блу́з|а, ы *f* (working) blouse; smock.
блу́зк|а, и *f* blouse.
блю́деч|ко, ка, *pl* **~ки, ~ек, ~кам** *nt* (*блюдце*) saucer; (*тарелка*) small dish; **б. для варе́нья** jam dish.
блю́д|о, а *nt* dish; **обе́д из трёх ~** three-course dinner; **вку́сное б.** a tasty dish.
блюдоли́з, а *m* (*coll, obs*) toady.
блю|ду́, дёшь *see* **⇨~сти́**
блю́д|це, ца, *g pl* **~ец** *nt* saucer.
блюз, а *m* (*mus*) the blues.
блю́зовый *adj* (*mus*) blues.
блю́минг, а *m* (*tech*) blooming (mill).
блю|сти́, ду́, дёшь, *past* **~л, ~ла́** *impf* to guard, watch over; **б. зако́ны** to abide by the law; **б. поря́док** to keep order.
блюсти́тел|ь, я *m* keeper, guardian; **б. поря́дка** (*coll, ironical*) arm of the law.
блю|ю, ёшь *see* **⇨блева́ть**
бля́дств|о, а́ *nt* (*vulg*) **1** (*распутство, разврат*) whoring (*coll*). **2** (*беспорядок*) chaos, mess; (*произвол*) lawlessness; **что за б.!; вот б.!** what the fuck is this/that?
бля́д|ский *adj* (*vulg*) *of* **⇨~ь**; fucking.
бляду́н, а́ *m* (*vulg*) lascivious/promiscuous man; lech (*coll*).
бляд|ь, и *f* (*vulg*) (*проститутка*) whore; (*женщина*) bitch; (*мужчина*) bastard; *as int* fuck!
бля́х|а, и *f* (*на форме*) badge; (*на сбруе*) horse brass; (*на мебели*) plate; *as int* (*sl*) (*also* **бля́ха-му́ха!**) damn! (*euph of* **⇨блядь!** *int*).
боа́ *m indecl and nt indecl* **1** *m* (*zool*) boa, boa constrictor. **2** *nt* (*шарф*) boa; **мехово́е б.** fur boa.
боб, а́ *m* bean; **туре́цкий б.** kidney bean, haricot; **~ы разводи́ть** (*coll*) to talk nonsense; **оста́ться, сиде́ть на ~а́х** (*coll*) to get nothing for one's pains.
боб|ёр, ра́ *m* **1** (*мех*) beaver (fur). **2** (*in pl*) (*воротник*) beaver collar.
боби́н|а, ы *f* (*tech*) bobbin.
боб|о́вый 1 *adj of* **⇨~**; **б. стручо́к** bean pod. **2** *as n* **~о́вые, ~о́вых** leguminous plants.
бобр, а́ *m* beaver; **уби́ть ~а́** to be in luck; (*often ironical*) to get a bad deal.
бо́брик, а *m*: **во́лосы ~ом** (*coll*) crew cut; **постри́чься ~ом** to have a crew cut.
бобр|о́вый *adj of* **⇨~**; beaver; beaver fur.
бобсле́йст, а *m* bobsleigher (*Br*), bobsledder (*US*).
бобсле́йст|ка, ки *f of* **⇨~**
бобсле́|й, я *m* (*сани*) bobsleigh (*Br*), bobsled (*US*); (*вид спорта*) bobsleighing (*Br*), bobsledding (*US*).
бобы́л|ь, я́ *m* **1** (*obs*) (*крестьянин*) poor, landless peasant. **2** (*одинокий человек*) solitary, lonely man; **жить ~ём** to lead a solitary, lonely existence.
Бог, а, *voc sg* **Бо́же** *m* God; god; **бо́же мой!** good God!, my God!; **б. зна́ет… !, б. весть… !** God knows … !; **б. его́ зна́ет!** who knows!; **не дай б.!** God forbid!; **ра́ди ~́а!** for God's sake!; **сла́ва ~́у!** thank God!; **б. с тобо́й (ва́ми)/ним/ней/ни́ми!** (*выражение безразличия или согласия*) let it pass; good luck to you/him/her/them (*ironical*); **б. с тобо́й (ва́ми)!** (*выражение несогласия, упрёка или удивления*) (good) heavens!

богаде́л|ьня, ьни, *g pl* **~ен** *f* almshouse, workhouse.

богате́|й, я *m* (*coll*) rich man.

богате́|ть, ю, ешь *impf* (*of* ⇨**раз~**) to grow rich.

бога́тств|о, а *nt* **1** riches, wealth; **есте́ственные ~а** natural resources. **2** (*fig*) richness, wealth.

бога́т|ый (~, ~а) *adj* (+ *i*) rich (in), wealthy; **~ая расти́тельность** luxuriant vegetation; **б. о́пыт** wide experience; **чем ~ы, тем и ра́ды** you are welcome to whatever we have; *as n* **б., ~ого** *m* rich man.

богаты́р|ский *adj of* ⇨**~ь**; heroic; (*fig*) powerful, mighty; **б. э́пос** the Russian folk-epic; **~ское сложе́ние** powerful physique; **б. сон** profound sleep.

богаты́рств|о, а *nt* heroic qualities.

богаты́р|ь, я́ *m* **1** bogatyr (*a hero in Russian folklore*). **2** (*fig*) Hercules; hero.

бога́ч, а́ *m* rich man; **~и́** (*collect*) the rich.

боге́м|а, ы *f* (*collect*) Bohemians; (*образ жизни*) Bohemianism.

боге́мистый *adj* Bohemian; arty-farty (*coll*).

Боге́ми|я, и *f* Bohemia.

боге́м|ный *adj of* ⇨**~а**

боги́н|я, и *f* goddess (*also fig*).

богобоя́знен|ный (~, ~на) *adj* God-fearing.

богоизбранный *adj* (*rel*): **б. наро́д** the Chosen people.

Богома́тер|ь, и *f* Mother of God.

богомо́л, а *m* (*zool*) praying mantis.

богомо́л|ец, ьца *m* **1** (*богомольный человек*) devout person. **2** (*паломник*) pilgrim.

богомо́л|ка, ки *f of* ⇨**~ец**

богомо́ль|е, я *nt* pilgrimage.

богомо́л|ьный (~ен, ~ьна) *adj* religious, devout.

богоотсту́пник, а *m* apostate.

богоотсту́пничеств|о, а *nt* apostasy.

богоподо́б|ный (~ен, ~на) *adj* godlike.

богопроти́в|ный (~ен, ~на) *adj* **1** (*obs*) impious. **2** (*coll*) hideous, repulsive.

Богоро́диц|а, ы *f* the Virgin, Our Lady.

богосло́в, а *m* theologian.

богосло́ви|е, я *nt* theology.

богосло́вский *adj* theological.

богослуже́|бный *adj of* ⇨**~ние**; liturgical; **~бная кни́га** prayer book.

богослуже́ни|е, я *nt* divine service, worship; liturgy.

боготвор|и́ть, ю́, и́шь *impf* to worship, idolize.

богоуго́д|ный (~ен, ~на) *adj* (*obs*) pleasing to God; **~ное заведе́ние** charitable institution.

богоху́льник, а *m* blasphemer.

богоху́льный *adj* blasphemous.

богоху́льств|о, а *nt* blasphemy.

богоху́льств|овать, ую *impf* to blaspheme.

богочелове́к, а *m* (*theol*) 'god-man', god incarnate.

Богоявле́ни|е, я *nt* (*eccl*) (*в православной церкви*) the Baptism of Christ.

бод, а *m* (*teleph & comput*) baud.

бода́|ть, ю *impf* (*of* ⇨**за~**) to butt.

бода́|ться, юсь *impf* to butt (*intrans*).

бо́ди-а́рт, а *m* body art.

бодн|у́ть, у́, ёшь *pf* to butt, give a butt.

бодр|и́ть, ю, и́шь *impf* to stimulate, invigorate.

бодр|и́ться, ю́сь, и́шься *impf* to try to keep one's spirits up, try to be cheerful.

бо́дрост|ь, и *f* cheerfulness; good spirits; (*мужество*) courage.

бо́дрствовани|е, я *nt* keeping awake; vigilance.

бо́дрств|овать, ую *impf* to stay awake; to keep vigil.

бо́др|ый (~, ~а́, ~о, ~ы́) *adj* cheerful, bright; (*старик*) hale and hearty.

бодр|я́щий *pres participle of* ⇨**~и́ть** *and adj* invigorating, bracing.

бодя́г|а, и *f* freshwater sponge; **разводи́ть ~у** (*coll*) to talk through one's hat.

боеви́к, а́ *m* **1** (*солдат*) fighter; militant. **2** (*coll*) (*остросюжетный фильм*) action movie, thriller.

боеви́тост|ь, и *f* fighting spirit.

боев|о́й *adj* **1** military, fighting, battle; **~ы́е де́йствия** operations; **б. дух** fighting spirit; **~о́е креще́ние** baptism of fire; **б. патро́н** live cartridge; **б. поря́док** battle formation; **~ы́е припа́сы** (live) ammunition. **2** (*неотложный*) urgent; **~а́я зада́ча** urgent task. **3** (*coll*) (*воинственный*) militant; energetic. **4**: **б. механи́зм** striking mechanism (*of clock*).

боеголо́вк|а, и *f* (*mil*) warhead.

боегото́вност|ь, и *f* combat readiness.

бо|ёк, йка́ *m* (*tech*) firing pin.

боеприпа́с|ы, ов (*no sg*) ammunition.

боеспосо́бност|ь, и *f* (*mil*) fighting efficiency.

боеспосо́б|ный (~ен, ~на) *adj* (*mil*) battle-worthy.

бо|е́ц, йца́ *m* **1** (*участник боя*) fighter; (*солдат*) private soldier; **пету́х-б.** fighting cock. **2** (*на скотобойне*) butcher, slaughterman.

божб|а́, ы́ *f* swearing.

Бо́же *see* ⇨**Бог**

бо́жеск|ий *adj* (*coll*) (*приемлемый*) fair; **~ая цена́** a fair price.

боже́ственност|ь, и *f* divinity; divine nature.

боже́ствен|ный (~, ~на) *adj* divine (*also fig*).

божеств|о́, а́ *nt* deity, divine being.

бо́ж|ий, ья, ье *adj* God's; **я́сно как б. день** it is as clear as could be; **~ья коро́вка** (*zool*) ladybird.

бож|и́ться, у́сь, и́шься *impf* (*of* ⇨**по~**) to swear.

бож|о́к, ка́ *m* idol (*also fig*).

бо|й, я, *pl* **~и́, ~ёв** *m* **1** (*сражение*) battle, fight, action, combat; **~и́** fighting; **в ~ю́** in action; **взять с ~я** to take by force; **б. быко́в** bullfight. **2** beating; **бить сме́ртным ~ем** to thrash within an inch of one's life. **3** (*часов*) striking, strike; **часы́ с ~ем** striking clock; **бараба́нный б.** drum beat. **4** (*убой*) killing, slaughtering; **б. кито́в** whaling. **5** (*посуды*) breakage; **бы́ло мно́го ~я** there were many breakages.

бо́|йкий (~ек, ~йка́, ~йко) *adj* **1** (*дерзкий*) bold, spry, smart; **б. ум** ready wit; **б. язы́к** glib tongue. **2** (*живой*) lively, animated; **~йкая торго́вля** brisk trade; **~йкая у́лица** busy street.

бо́йкост|ь, и *f* (*coll*) **1** (*языка*) smartness; glibness. **2** (*живость*) liveliness, animation.

бойко́т, а *m* boycott; **объяви́ть б.** (+ *d*) to declare a boycott (of).

бойкоти́р|овать, ую *impf* to boycott.

бо́йлер, а *m* boiler.

бойни́ц|а, ы *f* embrasure.

бо́йн|я, и, *g pl* **бо́ен** *f* slaughterhouse, abattoir; (*fig*) slaughter, butchery, carnage.

бойска́ут, а *m* Boy Scout.

бойскаути́зм, а *m* scouting; the Boy Scout movement.

бо́йфре́нд, а *m* boyfriend.

бойцо́вый *adj* fighting; **б. пету́х** fighting cock.

бо́йче *comp of* ⇨**бо́йкий, бо́йко**

бойче́е = **бо́йче**

бок, а, о ~е, в (на) ~у́, *pl* **~а́** *m* side; flank; **в б.** sideways; **схвати́ться за ~а́ (от сме́ха)** to split one's sides (with laughter); **на́ б.** sideways, to the side; **на ~у́** on one side; **б. о б.** side by side; **по́ ~у** away with; **под ~ом** nearby, close at hand; **с ~у** from the side, from the flank; **с ~у на́ б.** from side to side.

бока́л, а *m* (wine) glass, goblet; **подня́ть б.** (**за** + *a*) to drink the health (of), raise one's glass (to).

бокови́н|а, ы *f* wall (*of tyre etc.*).

боков|о́й *adj* side, flank, lateral, sidelong; **~а́я у́лица** side street; **отпра́виться на ~у́ю** (*coll*) to go to bed, turn in.

бо́ком *adv* **1** sideways; **ходи́ть б.** to sidle. **2**: **вы́йти б.** (*coll*) to turn out badly.

бокс¹, а *m* (*sport*) boxing.

бокс², а *m* (*причёска*) short back and sides.

бокс³, а *m* (*в больнице*) cubicle.

боксёр, а *m* (*спортсмен*; *собака*) boxer.

бокси́р|овать, ую *impf* (*sport*) to box.

бокси́т, а *m* (*min*) bauxite.

болва́н, а *m* (*coll*) **1** (*человек*) twit (*Br*), jerk (*US*). **2** (*для расправления шляп*) block. **3** (*в карточных играх*) dummy.

болва́нк|а, и *f* **1** (*tech*) pig (*of iron, etc.*); **желе́зо в ~ах** pig iron. **2** (*компактный диск*) blank CD/DVD. **3** (*для расправления шляп*) block.

болга́р|ин, ина, *pl* **~ы, ~** *m* Bulgarian.

Болга́ри|я, и *f* Bulgaria.

болга́р|ка, ки *f of* ⇨**~ин**

б

болга́рский *adj* Bulgarian.
бо́ле (*obs*) = **бо́лее**
болев|о́й *adj of* ⇒**боль**; ~**о́е ощуще́ние** sensation of pain.
бо́лее *adv* more; **б. то́лстый** thicker; **б. и б.** more and more; **б. и́ли ме́нее** more or less; **не б. и не ме́нее, как** neither more nor less than; **б. всего́** most of all; **тем б., что** especially as.
боле́зненност|ь, и *f* **1** sickliness; (*fig*) abnormality, morbidity. **2** painfulness.
боле́знен|ный (~, ~на) *adj* **1** (*нездоровый*) sickly; unhealthy; (*fig*) abnormal, morbid; ~**ное любопы́тство** morbid curiosity. **2** (*вызывающий боль*) painful.
болезнетво́рный *adj* (*med*) pathogenic.
боле́зный *adj* (*dialect*) piteous; **мой б.!** poor thing!; my dear one!
боле́зн|ь, и *f* illness; disease; (*fig*) abnormality; **б. Альцге́ймера** Alzheimer's disease; **б. Да́уна** Down's syndrome; **б. Паркинсо́на** Parkinson's disease; **б. ро́ста** growing pains; **морска́я б.** seasickness.
боле́льщик, а *m* (*coll*) fan, supporter.
боле́льщи|ца, цы *f of* ⇒~**к**
болеро́ *nt indecl* (*танец*; *кофта*) bolero.
боле́|ть¹, ю, ешь *impf* **1** (+ *i*) to be ill, be down (with); (*intrans*) to ail; **она́ с де́тства** ~**ет а́стмой** she has suffered from asthma ever since she was a child; **б. душо́й (за** + *a*) to be worried (about). **2** (**за** + *a*; *coll*) to be a fan (of), support.
бол|е́ть², *1st and 2nd persons not used*, ~**и́т** *impf* to ache, hurt; **у меня́ зу́бы** ~**я́т** I have toothache; **у меня́ душа́** ~**и́т (о** + *p*) I'm very worried (about).
болеутоля́ющ|ий *adj* soothing, analgesic; ~**ее сре́дство** (*med*) painkiller, analgesic.
боливи́|ец, йца *m* Bolivian.
боливи́|йка, йки *f of* ⇒~**ец**
боливи́йский *adj* Bolivian.
Боли́ви|я, и *f* Bolivia.
болиголо́в, а *m* (*bot*) hemlock.
боли́д, а *m* (*astron*) fireball.
боло́нк|а, и *f* lapdog.
боло́нь|я, и *f* plastic mackintosh.
боло́тист|ый (~, ~а) *adj* marshy, boggy, swampy.
боло́тн|ый *adj* marsh; ~**ая вода́** stagnant water; **б. газ** marsh gas; ~**ая лихора́дка** marsh fever, malaria.
боло́т|о, а *nt* marsh, bog, swamp; **торфяно́е б.** peat bog; (*fig*) mire, slough.
болт, а́ *m* (*tech*) bolt.
болта́нк|а, и *f* (*aeron*; *coll*) turbulence.
болта́|ть¹, ю *impf* **1** (*мешать*) to stir; (*взбалтывать*) to shake. **2** (+ *i*) (*ногами*) to dangle.
болта́|ть², ю *impf* (*coll*) to chatter, jabber (away); **б. глу́пости** to talk nonsense; **б. по-францу́зски** to jabber away in French.
болта́|ться¹, юсь *impf* (*coll*) **1** (*качаться*) to dangle, swing; to hang loosely. **2** (*слоняться*) to hang about, loaf.
болта́|ться², ется *impf* (*coll*) *passive of* ⇒~**ть²**; **здесь** ~**ется мно́го вздо́ру** a lot of nonsense is being talked here.
болтли́вост|ь, и *f* garrulity, talkativeness.
болтли́в|ый (~, ~а) *adj* garrulous, talkative; (*бестактный*) indiscreet.
болтн|у́ть, у́, ёшь, *pf* to blurt out.
болтн|у́ться, ~ётся *pf* to work loose; to come off.
болтовн|я́, и́ *f* (*coll*) chatter; (*сплетня*) gossip.
болту́н, а́ *m* (*coll*) **1** (*пустослов*) chatterbox; gasbag. **2** (*сплетник*) gossip.
болту́н|ья, ьи *f of* ⇒~; **яи́чница-б.** scrambled eggs.
болту́шк|а¹, и *cg* (*coll*) = **болту́н**
болту́шк|а², и *f* (*coll*) **1** (*жидкая пища*) swill, mash; (*яичница-болтунья*) scrambled eggs. **2** (*венчик для взбивания яиц и т. п.*) whisk.
бол|ь, и *f* pain; ache; **б. в боку́** stitch; **зубна́я б.** toothache; **душе́вная б.** mental anguish.
больни́ц|а, ы *f* hospital; **лечь в** ~**у** to go to hospital; **лежа́ть в** ~**е** to be in hospital.
больни́|чный *adj of* ⇒~**ца**; **б. листо́к** medical certificate.
бо́льно¹ *adv* **1** painfully, badly; **б. ушиби́ться** to be badly bruised. **2** *as pred* it is painful (*also fig*); **мне б. дыша́ть** it hurts me to breathe.
бо́льно² *adv* (*coll*) (*очень*) very, exceedingly, badly; **он б. хитёр** he is too cunning by half.
бол|ьно́й (~ен, ~ьна́) *adj* (*человек*) ill, sick; (*орган*) diseased; (*часть тела*) sore (*also fig*); ~**ьны́е дёсны** sore gums; **б. зуб** bad tooth; **он тяжело́ ~ен** he is seriously ill; **б. вопро́с** sore subject; ~**ьно́е ме́сто** sore spot; *as n* **б., ~ьно́го** *m*, **~ьна́я, ~ьно́й** *f* patient, invalid; **амбулато́рный б.** outpatient; **стациона́рный б.** inpatient; **б. аноре́ксией** anorexic (*person*); **б. артри́том** arthritic (*person*); **б. гемофили́ей** haemophiliac (*person*).
больша́к, а́ *m* (*dialect*) **1** (*глава семьи*) head of the family. **2** (*дорога*) high road.
бо́льше 1 (*comp of* ⇒**большо́й** *and* ⇒**вели́кий**) bigger, larger; (*об отвлечённых понятиях*) greater; **Ло́ндон б. Пари́жа** London is larger than Paris. **2** (*comp of* ⇒**мно́го**) more; **чем б. ..., тем б.** the more ... the more; **б. того́** and what is more; **б. не** no more, no longer; **он б. не живёт на той у́лице** he does not live in that street any longer; **б. не бу́ду!** I won't do it again!; **б. нет вопро́сов?** any more questions?; **б. у** (+ *g*) (*tennis*) advantage. **3** *adv* (*coll*) (*главным образом*) for the most part.
большеви́зм, а *m* Bolshevism.
большеви́к, а́ *m* Bolshevik.
большеви́стский *adj* Bolshevik, Bolshevist.
бо́льш|ий *comp of* ⇒~**о́й** *and* ⇒**вели́кий**; greater, larger; ~**ей ча́стью, по ~ей ча́сти** for the most part; **са́мое ~ее** at most; **съезд бу́дет продолжа́ться са́мое ~ее три дня** the congress will last at most three days.
большинств|о́, а́ *nt* majority; most (of); **в ~е́ слу́чаев** in most cases; **б. голосо́в** a majority vote.
больш|о́й *adj* (*по величине*) big, large; (*значительный*; *важный*) great; (*coll*) (*взрослый*) grown-up; ~**а́я бу́ква** capital (letter); ~**а́я доро́га** high road; ~**ое знако́мство** wide range of acquaintance; **б. па́лец** thumb; **б. па́лец ноги́** big toe; **б. свет** haut monde, society; **когда́ я бу́ду б.** when I grow up.
большу́х|а, и *f* (*dialect*) mistress (of the house).
большу́щий *adj* (*coll*) huge.
боля́чк|а, и *f* sore; scab; (*fig*) defect.
бол|я́щий *pres participle of* ⇒~**е́ть²**; *as n* **б., ~я́щего** *m* (*usu joc*) the patient.
бо́мб|а, ы *f* bomb; **зажига́тельная б.** incendiary (device), petrol bomb; **кассе́тная б.** cluster bomb; **б.-посы́лка** letter bomb.
бомбарди́р, а *m* **1** (*sport, coll*) striker. **2** (*mil, hist*) bombardier.
бомбардир|ова́ть, у́ю *impf* to bombard; (*сбросить бомбы на*) to bomb; **б. про́сьбами** (*fig*) to bombard with requests.
бомбардиро́вк|а, и *f* bombardment; bombing; **ковро́вая б.** carpet bombing.
бомбардиро́вочный *adj* bombing.
бомбардиро́вщик, а *m* **1** (*самолёт*) bomber; **пики́рующий б.** dive-bomber. **2** (*coll*) (*лётчик*) bomber pilot.
бомбёжк|а, и *f* (*coll*) bombing.
бомб|и́ть, лю́, и́шь *impf* to bomb.
бо́мб|овый *adj of* ⇒~**а**
бомбодержа́тел|ь, я *m* bomb rack.
бомбомета́ни|е, я *nt* bomb-dropping, bomb release.
бомбоубе́жищ|е, а *nt* air-raid shelter, bomb shelter.
бом-бра́мсел|ь, я *m* (*naut*) royal (sail).
бом-брам-сте́ньг|а, и *f* (*naut*) royal mast.
бомж, а *m* (*abbr of* **без определённого ме́ста жи́тельства**) homeless person, vagrant.
бомо́нд, а *m* beau monde, society.
бон, а *m* (*naut*) boom.
бонвива́н, а *m* (*человек, любящий хорошо жить*) bon vivant.
бо́нда́р|ь, я *or* **я́** *m* cooper.
бо́нз|а, ы, *g pl* ~ *m* (*fig*) superior, distant person; bigwig; **парти́йный б.** Party boss.
бонмо́ *nt indecl* (*obs*) bon mot, witticism.
бо́нн|а, ы *f* nursery governess.
бо́н|ы, ~ *pl* (*sg* ~**а, ~ы** *f*) **1** (*временные деньги*) vouchers, tokens. **2** (*кредитные документы*) bonds.
бор¹, а, о ~е, в ~у́, *pl* **~ы́, ~о́в** *m* coniferous forest (*usu pine*); **с ~у да с со́сенки; с ~у по со́сенке** chosen at random.
бор², а *m* (*chem*) boron.
борде́л|ь, я *m* (*coll*) brothel.
бордо́ 1 *nt indecl* claret. **2** *as adj* claret-coloured (*Br*), -colored (*US*).

бордо́вый *adj* claret-coloured (*Br*), -colored (*US*).

бордю́р, а *m* border.

боре́ни|е, я *nt* (*rhetorical*) struggle, fight.

бор|е́ц, ца́ *m* **1** (за + *a*) fighter (for); campaigner; activist; **б. за мир** peace campaigner; **б. за права́ же́нщин** women's liberationist. **2** (*sport*) wrestler.

борз|а́я, о́й *f*: **англи́йская б.** greyhound; **афга́нская б.** Afghan (hound); **ру́сская б.** borzoi, Russian wolfhound.

борзопи́с|ец, ца *m* (*ironical*) hack writer.

бо́рзый *adj* (*obs or poetical*) swift, fleet.

бормаши́н|а, ы *f* (dentist's) drill.

бормота́ни|е, я *nt* muttering.

бормо|та́ть, чу́, ~чешь *impf* (*of* ⇒**про~**) to mutter.

бормоту́н, а́ *m* (*coll*) mutterer.

бормоту́х|а, и *f* (*coll*) plonk (*cheap wine*).

борм|очу́, о́чешь *see* ⇒**~ота́ть**

Борне́о *nt indecl* Borneo.

бо́рн|ый *adj* (*chem*) boric, boracic, **~ая кислота́** boric, boracic acid.

бо́ров[1]**, а** *m* hog; (*fig*) obese man.

бо́ров[2]**, а,** *pl* **~а́** *m* (*tech*) horizontal flue.

борови́к, а́ *m* cep (*Boletus edulis; kind of mushroom traditionally the most highly valued in Russia, Ukraine, and Belarus*).

бор|ово́й *adj of* ⇒**~**[1]

бор|ода́, оды́, *a* **~оду,** *pl* **~оды, ~о́д, ~ода́м** *f* **1** beard. **2** (*у птиц*) wattle.

борода́вк|а, и *f* wart.

борода́вчатый *adj* warty.

борода́ст|ый (~, ~а) *adj* (*coll*) long-bearded, heavily bearded.

борода́т|ый (~, ~а) *adj* bearded.

борода́ч, а́ *m* **1** (*coll*) bearded man. **2** (*bot*) beard grass. **3** (*zool*) bearded vulture, lammergeier.

боро́дк|а[1]**, и** *f* small beard, tuft.

боро́дк|а[2]**, и** *f* (*tech*) key bit (*part of key at right angles to shank*).

бор|озда́, озды́, *a* **~озду** *and* **~озду́,** *pl* **~озды, ~о́зд, ~озда́м** *f* furrow; (*anat*) fissure.

бороз|ди́ть, жу́, ди́шь *impf* (*of* ⇒**из~**) to furrow; **морщи́ны ~ди́ли его́ лоб** (*fig*) wrinkles furrowed his brow; **б. океа́ны** (*poetical*) to plough, furrow the seas.

боро́здк|а, и *f* furrow; groove.

боро́здчатый *adj* furrowed; grooved.

бор|она́, оны́, *a* **~ону,** *pl* **~оны, ~о́н, ~она́м** *f* (*agric*) harrow.

борон|и́ть, ю́, и́шь *impf* (*of* ⇒**вз~**) (*agric*) to harrow.

борон|ова́ть, у́ю *impf* (*of* ⇒**вз~**) = **~и́ть**

бороньб|а́, ы́ *f* (*agric*) harrowing.

бор|о́ться, ю́сь, ~ешься *impf* (**с** + *i*; **за** + *a*; **про́тив** + *g*) to wrestle; (*fig*) to struggle, fight (with; for; against); **б. со свое́й со́вестью** to wrestle with one's conscience.

борт, а, о ~е, на ~у́, *pl* **~а́, ~о́в** *m* **1** (*судна, грузовика*) side; **пра́вый б.** starboard side; **ле́вый б.** port side; **на ~у́** on board (*ship or aircraft*); **вы́бросить за́ б.** to throw overboard (*also fig*). **2** (*пальто*) breast (*of coat*). **3** (*бильярда*) cushion.

бортмеха́ник, а *m* (*aeron*) flight engineer.

борт|ово́й *adj of* ⇒**~**; **б. журна́л** (ship's) logbook; **~ова́я ка́чка** (*naut*) rolling.

бортпроводни́к, а́ *m* air steward.

бортпроводни́ц|а, ы *f* stewardess; air hostess (*Br*).

борщ, а́ *m* (*cul*) borsch(t).

борьб|а́, ы́ *f* **1** (*sport*) wrestling; **америка́нская б.** all-in wrestling; **спорти́вная б.** martial arts. **2** (*fig*) (**с** + *i*; **за** + *a*; **про́тив** + *g*) struggle, fight (with; for; against); conflict; **душе́вная б.** mental strife; **кампа́ния по ~е́ с престу́пностью** crime-prevention campaign.

босано́в|а, ы *f* bossa nova.

босико́м *adv* barefoot; **ходи́ть б.** to go barefoot.

Бо́сни|я и Герцегови́н|а, ~и и ~ы *f* Bosnia–Herzegovina, Bosnia and Herzegovina.

бос|о́й (~, ~а́, ~о) *adj* barefooted; **на ~у но́гу** with bare feet, barefoot.

босоно́г|ий (~, ~а) *adj* barefooted.

босоно́ж|ки, ек *pl* (*sg* **~а, ~и** *f*) sandals; (*без задников*) mules.

босс, а *m* boss.

босто́н, а *m* Boston (*a card game, a kind of wool cloth, or a dance*).

Босфо́р, а *m* the Bosp(h)orus.

нося́к, а́ *m* tramp; down-and-out.

бося́|цкий *adj of* ⇒**~к**

бося́|чка, чки *f of* ⇒**~к**

бот, а *m* boat.

ботанизи́р|овать, ую *impf* to collect plants (*for study*).

бота́ник, а *m* **1** botanist. **2** (*sl*) swot (*Br*), nerd (*US*).

бота́ник|а, и *f* botany.

ботани́ческий *adj* botanical; **б. сад** botanical gardens.

ботв|а́, ы́ *f* leafy tops of root vegetables (*esp beet leaves*).

ботви́нь|я, и *f* botvinia (*a cold soup of fish, cooked beetroot, kvass leaves, sorrel, and/or spinach*).

бо́тик, а *m* (*obs*) small boat.

бо́тик|и, ов *pl* (*sg* **~, ~а** *m*) high (women's) overshoes.

боти́н|ок, ка, *g pl* **б.** *m* (*ankle-high*) boot.

ботфо́рт|ы, ов *pl* (*sg* **~, ~а** *m*) (*hist*) jackboots, Hessian boots.

бо́т|ы, ов *pl* (*sg* **~, ~а** *m*) high overshoes.

бо́улинг, а *m* (*игра*) bowling; **доро́жка для ~а** bowling alley; **зал для ~а** bowling alley.

бо́цман, а *m* (*naut*) boatswain.

боча́р, а́, *pl* **~ы́** *m* cooper.

бо́чк|а, и *f* barrel, cask; (*fig*): **плати́ть де́ньги на ~у** to pay on the nail.

бочко́м *adv* sideways.

бочо́н|ок, ка *m* small barrel, keg.

боязли́вост|ь, и *f* timidity, timorousness.

боязли́в|ый (~, ~а) *adj* timid, timorous.

бо́язно *adv as pred* (+ *d*; *coll*) to be afraid, frightened; **ей б. остава́ться одно́й по вечера́м** she is frightened of being left alone in the evening.

боя́зн|ь, и *f* (+ *g or* **пе́ред** + *i*) fear (of), dread of; **б. темноты́** fear of the dark; **б. простра́нства** (*med*) agoraphobia; **из ~и** for fear of, lest; **он перемени́л фами́лию из ~и, что над ним бу́дут смея́ться** he changed his name for fear of being laughed at.

боя́р|ин, ина, *pl* **~е, ~** *m* (*hist*) boyar.

боя́р|ский *adj of* ⇒**~ин**

боя́рств|о, а *nt* (*collect; hist*) the boyars, the nobility.

боя́рын|я, и *f* (*hist*) boyar's wife.

боя́рышник, а *m* (*bot*) hawthorn.

бо|я́ться, ю́сь, и́шься *impf* (+ *g*) **1** (*испытывать страх*) to fear, be afraid (of); **она́ ~и́тся темноты́** she is afraid of the dark; **он ~и́тся пойти́ к врачу́** he is afraid to go to the doctor; **~ю́сь, что он (не) прие́дет** I am afraid that he will (not) come; **~ю́сь, как бы он не прие́хал** I am afraid that he may come; **~ю́сь сказа́ть** I would not like to say. **2** (*не переносить*) to be afraid of, suffer from; **э́ти расте́ния ~я́тся хо́лода** these plants do not like the cold.

бра *nt indecl* (*подсвечник*) sconce; (*держатель для лампы*) lamp bracket.

брава́д|а, ы *f* bravado.

брави́р|овать, ую *impf* (+ *i*) (*опасностью*) to defy; (*щеголять*) to flaunt.

бра́во *int* bravo!

браву́р|ный (~ен, ~на) *adj* (*mus*) bravura.

бра́вый *adj* gallant; manly.

бра́г|а, и *f* home-brewed beer.

бра́жник, а *m* (*obs*) reveller.

бра́жнича|ть, ю *impf* (*obs*) to revel, carouse.

бразд|а́, ы́ *f* (*poetical, obs*) furrow.

бразд|ы́, *g not used,* **~а́м** *pl, now only in phr* **б. правле́ния** the reins of government.

брази́л|ец, ьца *m* Brazilian.

Брази́ли|я, и *f* **1** (*страна*) Brazil. **2** (*also* **Брази́лиа** *f indecl*) (*город*) Brasilia.

брази́льский *adj* Brazilian.

бразил|ья́нка, ья́нки *f of* ⇒**~ец**

бра́йлевский *adj*: **б. шрифт** Braille.

Брайл|ь, я *m*: **шрифт ~я** Braille.

брак[1]**, а** *m* (*супружество*) marriage; matrimony; **свиде́тельство о ~е** certificate of marriage; **рождённый вне ~а** born out of wedlock.

брак[2]**, а** *m* (*продукция*) rejects; (*изъян*) defect.

брако́ван|ный (~, ~а) *ppp of* ⇒**бракова́ть** *and adj* rejected; defective.

брак|ова́ть, у́ю *impf* (*of* ⇒**за~**) to reject.

брако́вщик, а *m* sorter (*of manufactured articles*).

брако́вщиц|а, ы *f of* ⇒**брако́вщик**

бракоде́л, а *m* (*coll*) bad workman.

б

браконье́р, а *m* poacher.

браконье́рств|о, а *nt* poaching.

бракопосре́дническ|ий *adj*: **~ое аге́нтство** marriage bureau.

бракоразво́дный *adj* divorce; **б. проце́сс** divorce suit.

бракосочета́ни|е, я *nt* wedding, wedding ceremony.

брам-... *comb form* (*naut*) top-.

брами́н, а *m* = **брахма́н**

брам-ре́|й, я *m* (*naut*) topgallant yard.

бра́мсел|ь, я *m* (*naut*) topgallant sail.

брам-сте́ньг|а, и *f* (*naut*) topgallant (mast).

брандахлы́ст, а *m* (*coll*) **1** slops. **2** (*fig*) worthless person.

брандва́хт|а, ы *f* guardship.

брандма́уэр, а *m* fireproof wall.

брандспо́йт, а *m* **1** (*насос*) fire pump. **2** (*наконечник*) nozzle.

бран|и́ть, ю́, и́шь *impf* (*of* ⇨**вы~**) (*выговаривать*) to reprove; to scold; (*ругать*) to abuse, curse (*coll*).

бран|и́ться, ю́сь, и́шься *impf* **1** (*of* ⇨**по~**) (**с** + *i*) (*ссориться*) to quarrel (with). **2** (*ругаться*) to swear, curse (*intrans*).

бра́нн|ый[1] *adj* abusive; **~ое сло́во** swear word.

бра́нный[2] *adj* (*obs, poetical*) martial.

бран(ч)ли́в|ый (~, ~а) *adj* (*coll*) quarrelsome.

бран|ь[1], **и** *f* swearing; abuse; bad language.

бран|ь[2], **и** *f* (*obs, poetical*): **по́ле ~и́** field of battle.

брас, а *m* (*naut*) brace.

брасле́т, а *m* bracelet.

брасс, а *m* (*sport*) breast stroke.

брат, а, *pl* **~ья, ~ьев** *m* **1** brother; **сво́дный б.** stepbrother; **единокро́вный б.** half-brother (*by father*); **единоутро́бный б.** half-brother (*by mother*); **двою́родный б.** cousin. **2** (*fig*) brother; comrade; **~ья-писа́тели** fellow writers; **наш б.** (*coll*) we, the likes of us; **ваш б.** (*coll*) you, you and your sort.

брата́ни|е, я *nt* fraternization.

брата́|ться, юсь *impf* (*of* ⇨**по~**) (**с** + *i*) to fraternize (with).

братв|а́, ы́ *f* (*collect; coll*) comrades; chaps, lads.

бра́т|ец, ца *m affectionate or patronizing diminutive of* ⇨**~**; (*as term of address*) old man, old chap; boy.

брати́ш|ка, ки, *g pl* **~ек** *m* (*coll*) **1** little brother. **2** = **брат 2**

бра́ти|я, и, *g pl* **~й** *f* (*collect*) brotherhood, fraternity (*also fig*); **актёрская б.** the acting fraternity.

бра́тнин *adj* (*coll*) brother's, belonging to one's brother.

брат|о́к, ка́ *m* (*coll*) = **брат 2**

братоуби́йственный *adj* fratricidal (*also fig*).

братоуби́йств|о, а *nt* fratricide (*act*).

братоуби́йц|а, ы *cg* fratricide (*agent*).

бра́тск|ий *adj* brotherly, fraternal; **~ая моги́ла** communal grave (*esp of war dead*).

бра́тств|о, а *nt* (*abstract and concrete*) brotherhood, fraternity.

бра|ть, беру́, берёшь, *past* **~л, ~ла́, ~ло** *impf* (*of* ⇨**взять**) **1** (*in various senses*) to take; **б. наза́д, б. обра́тно** to take back; **б. курс (на** + *a*) to make (for), head (for); **б. нача́ло (в** + *p*) to originate (in); **б. но́ту** to sing, play a note; **б. поруче́ние** to undertake a commission; **б. приме́р (с** + *g*) to follow the example (of); **б. сло́во** to take the floor; **б. в ско́бки** to place in brackets; **б. в плен** to take prisoner; **б. на пору́ки** (*law*) to go bail (for); **б. на себя́** to take upon o.s.; **б. под аре́ст** to put under arrest; **б. кого́-н. по́д руку** to take s.o.'s arm.
2 (*получить*) to get, obtain; (*принимать*) to take on; **б. биле́ты** to book tickets; **б. верх** to get the upper hand; **б. такси́** to take a taxi; **б. своё** to get one's way; to make itself felt; **го́ды беру́т своё** age tells; **б. взаймы́** to borrow; **б. в аре́нду** to rent; **б. напрока́т** to hire.
3 (**в** + *nom-a*) to take (as); **б. в жёны** to take to wife; **б. в свиде́тели** to call to witness.
4 (*захватить*) to seize; to grip; **б. власть** to seize power; **б. за се́рдце** to move deeply.
5 (*требовать*) to exact; to take (= *to demand, require*); **б. штраф** to exact a fine; **б. вре́мя** to take time.
6 (*преодолевать*) to take; to surmount; **б. барье́р** to clear a hurdle.
7 (+ *i*) (*добиваться своей цели*) to succeed (by means of, by dint of); **она́ берёт такти́чностью** the secret of her success is tact.
8 (*usu* + *neg; coll*) (*действовать*) to work, operate; to be effective; (**на** + *a; of a firearm*) to have a range (of); **э́ти но́жницы не беру́т** these scissors don't cut; **э́та винто́вка берёт на пятьсо́т ме́тров** this rifle has a range of, is effective at, five hundred metres.
9 (+ *adv of place; coll*) to bear; **б. вле́во** to bear left.

бра́|ться, беру́сь, берёшься, *past* **~лся, ~ла́сь** *impf* (*of* ⇨**взя́ться**) **1** *passive of* ⇨**~ть**.
2 (**за** + *a*) (*трогать*) to touch, lay hands (upon); **не бери́сь за то́рмоз!** don't touch the brake!; **б. за́ руки** to link arms.
3 (**за** + *a*) (*приниматься*) to take up; to get down (to); **б. за де́ло** to get down to business, get down to brass tacks; **б. за перо́** to take up the pen; **б. за чте́ние** to get down to reading.
4 (**за** + *a or* + *inf*) (*принимать на себя*) to undertake; to take upon o.s.; **б. за поруче́ние** to undertake a commission; **б. вы́полнить рабо́ту** to undertake a job; **не беру́сь суди́ть** I do not presume to judge.
5 (*3rd person only*) (*coll*) (*появляться*) to appear, arise; **не зна́ю, отку́да у них де́ньги беру́тся** I don't know where they get their money from.
6: **б. за ум** (*coll*) to come to one's senses.

бра́т|ья[1] *see* ⇨**~**

бра́ть|я[2], **и** *f* = **бра́тия**

бра́узер, а *m* (*comput*) browser.

бра́унинг, а *m* Browning (*automatic pistol*).

брахма́н, а *m* Brahman.

бра́чн|ый *adj* marriage; conjugal; **б. во́зраст** marriageable age; **~ая жизнь** married life; **~ая конто́ра** marriage bureau; **~ое свиде́тельство** marriage certificate; **~ое опере́ние** (*zool*) breeding plumage.

брачу́ющ|иеся, ихся (*no sg*) the bride and groom; the happy couple; **дороги́е б.!** dearly beloved!

бра́шпил|ь, я *m* (*naut*) windlass, capstan.

бреве́нчатый *adj* log, made of logs.

брев|но́, на́, *pl* **~на, ~ен, ~нам** *nt* log, beam; (*sport*) caber; **мета́ние ~а́** (*sport*) tossing the caber; (*fig*) (*тупой человек*) dullard, insensitive person.

брег, а *pl* **~а́** *m* (*poetical, archaic*) = **бе́рег**

бред, а, о ~е, в ~у́, *m* delirium; ravings; (*fig*) gibberish; **быть в ~у́** to be delirious.

бре́д|ень, ня (*небольшой невод, применяемый на мелководье*) *m* dragnet.

бре́|дить, жу, дишь *impf* to be delirious, rave; (+ *i; fig*) to be mad about; **он ~дит джа́зом** he is crazy about jazz.

бре́|диться, дится *impf* (*impers* + *d; coll*) to dream (of); **ему́ всё ~дилось, что он па́дает в про́пасть** he was always dreaming that he was falling down a precipice.

бре́дн|и, ей (*no sg*) ravings; fantasies.

бредово́й *adj* **1** delirious. **2** (*fig*) fantastic, nonsensical.

бредо́вый *adj* crackpot, crazy.

бре|ду́, дёшь *see* ⇨**~сти́**

бре́|жу, дишь *see* ⇨**~дить**

бре́зг|ать, аю, аешь *impf* (*of* ⇨**по~**) (+ *i*) to be squeamish, fastidious (about); **он ~ает есть немы́тые фру́кты** he is squeamish about eating unwashed fruit.

брезгли́вост|ь, и *f* squeamishness, fastidiousness; (*отвращение*) disgust.

брезгли́в|ый (~, ~а) *adj* squeamish, fastidious; **~ое чу́вство** feeling of disgust.

бре́зг|овать, ую *impf* (*of* ⇨**по~**) (+ *i*) (*coll*) = **бре́згать**

брезе́нт, а *m* tarpaulin.

брезе́нтовый *adj* tarpaulin, canvas.

бре́зж|ить(ся), ~ит(ся) *impf* to dawn; to glimmer; **~ила заря́** dawn was breaking.

брейк, а *m* break-dancing.

бре́йкер, а *m* break-dancer.

брёл, а́ *see* ⇨**брести́**

брело́к, а *m* (*bracelet*) charm; **б. для ключе́й** key ring.

бремен|и́ть, ю́, и́шь *impf* (*obs*) to burden.

бре́м|я, ~ени, *i* **~енем, о ~ени** *nt* burden; load; **разреши́ться от ~ени** (*obs*) to give birth.

бре́нди *m and nt indecl* brandy.

бре́ндинг, а *m* (*comm*) branding.

бре́н|ный (~ен, ~на) *adj* perishable; **~ые оста́нки** mortal remains.

бренч|а́ть, у́, и́шь *impf* **1** (+ *i*) to jingle; **он всё ~а́л моне́тами в**

карма́не he kept jingling coins in his pocket. **2** (*coll*) (*играть*) to strum; **б. на роя́ле** to strum on the piano.

бр|ести́, еду́, едёшь, *past* **~ёл, ~ела́** *impf* (*идти с трудом*) to trudge (along); to drag o.s. along.

Брета́н|ь, и *f* Brittany.

брете́льк|а, и *f* shoulder strap.

бретёр, а *m* (*obs*) duellist, swashbuckler.

бре|ха́ть, шу́, ~́шешь *impf* (*coll*) **1** (*лаять*) to yelp, bark. **2** (*fig*) (*врать*) to tell lies.

брехн|я́, и́ (*no pl*) *f* (*coll*) lies; nonsense.

бреху́н, а́ *m* (*coll*) liar.

брехунь|я, ьи *f of* ⇨**~**

бреш|у́, ~́ешь *see* ⇨**бреха́ть**

бреш|ь, и *f* breach; **проби́ть б.** (**в** + *p*) to breach; (*fig*) (*недостача*) gap, deficit.

бре́|ю, ешь *see* ⇨**бри́ть**

бре́ющий *pres participle of* ⇨**брить**; **б. полёт** hedge-hopping flight.

бриг, а *m* brig.

брига́д|а, ы *f* **1** (*mil*) brigade; (*naut*) subdivision. **2** (*группа рабочих*) brigade, team (of workers); **поездна́я б.** train crew.

бригади́р, а *m* **1** (*mil*; *obs*) brigadier. **2** (*руководитель*) team leader; foreman.

бригади́рш|а, и *f* (*obs*) brigadier's wife.

брига́дник, а *m* member of a brigade, team.

брига́д|ный *adj of* ⇨**~а**

бриганти́н|а, ы *f* brigantine.

бри́дер, а *m* (*phys*) breeder reactor.

бридж, а *m* bridge (*card game*).

бри́дж|и, ей (*no sg*) breeches.

бриз, а *m* sea breeze.

бриза́нтн|ый *adj* high-explosive; **~ые вещества́** high explosives; **б снаря́д** high-explosive shell.

брике́т, а *m* briquette.

брил|лиа́нт, а *and* **~ья́нт, а** *m* (cut) diamond.

бриллиа́нт|овый *adj of* ⇨**~**

брил|ья́нт = **~лиа́нт**

брил|ья́нтовый = **~лиа́нтовый**

брита́н|ец, ца *m* Briton; **~цы** the British.

Брита́ни|я, и *f* Britain.

брита́н|ка, ки *f of* ⇨**~ец**

Брита́нск|ие остров|а́, ~их ~о́в (*no sg*) the British Isles.

брита́нский *adj* British.

бри́тв|а, ы *f* razor; **безопа́сная б.** safety razor; **электри́ческая б.** (electric) shaver, electric razor; **ро́торная б.** rotary shaver; **се́тчатая б.** foil shaver.

бри́твенн|ый *adj* shaving; **~ые принадле́жности** shaving things; **б. реме́нь** (razor) strop.

бритоголо́вый *adj* shaven-headed; **б. подро́сток** skinhead; *as n* **бритоголо́в|ый, ого** *m* skinhead.

бритт, а *m* (ancient) Briton.

бри́т|ый (~, ~а) *ppp of* ⇨**~ь** *and adj* clean-shaven.

бр|ить, е́ю, е́ешь *impf* (*of* ⇨**по~**) to shave.

брить|ё, я́ *nt* shave; (*процесс*) shaving; **лосьо́н по́сле ~я́** aftershave.

бр|и́ться, е́юсь, е́ешься *impf* (*of* ⇨**по~**) to shave, have a shave.

бри́финг, а *m* (press) briefing.

бри́чк|а, и *f* (*obs*) britzka (*light carriage*).

бро́вк|а, и *f* **1** *diminutive of* ⇨**бровь**. **2** edge (*of running track*).

бров|ь, и, *pl* **~́и, ~е́й** *f* eyebrow; brow; **~́и дуго́й** arched eyebrows; **хму́рить ~́и** to knit one's brows, frown; **он и ~́ью не повёл** he did not turn a hair; **попа́сть не в б., а (пря́мо) в глаз** (*proverb*) to hit the nail on the head.

брод, а *m* ford; **не зна́я ~у, не су́йся в во́ду** (*proverb*) look before you leap.

броди́льный *adj* (*tech*) fermenting.

бро|ди́ть[1], жу́, ~́дишь *impf* (*гулять*) to wander, roam; **б. по магази́ну** to browse round a shop; **б. по у́лицам** to roam the streets; **б. в потёмках** (*fig*) to be in the dark.

бро|ди́ть[2], ~́дит *impf* (*о пиве*) to ferment.

бродя́г|а, и *cg* tramp, vagrant; down-and-out.

бродя́жнича|ть, ю *impf* to be a tramp, be on the road.

бродя́жничеств|о, а *nt* vagrancy.

бродя́ч|ий *adj* vagrant; wandering, roving; (*fig*) restless; **~ие племена́** nomadic tribes; **~ая соба́ка** stray dog.

броже́ни|е, я *nt* fermentation; **б. умо́в** (*fig*) intellectual ferment.

бро|жу́, ~́дишь *see* ⇨**~ди́ть[1]**

бро́кер, а *m* broker; **биржево́й б.** stockbroker.

бро́кер|ский *adj of* ⇨**~**

бро́кколи *f indecl* broccoli.

бром, а *m* (*chem*) bromine; (*med*) bromide.

бро́мистый *adj* (*chem*) bromide; **б. на́трий** sodium bromide.

бро́м|овый *adj of* ⇨**~**

броне... *comb form* (*mil*) armoured- (*Br*), armored- (*US*).

бронеавтомоби́л|ь, я *m* armoured car (*Br*), armored car (*US*).

бронебо́йный *adj* armour-piercing (*Br*), armor-piercing (*US*).

бронебо́йщик, а *m* anti-tank rifleman.

броневи́к, а́ *m* armoured car (*Br*), armored car (*US*).

бронев|о́й *adj* armoured (*Br*), armored (*US*); **~ы́е пли́ты** (*mil*) armour plating (*Br*), armor plating (*US*).

бронежиле́т, а *m* bulletproof vest.

броненос|ец[1], ца *m* (*naut, hist*) battleship.

броненос|ец[2], ца *m* (*zool*) armadillo.

броненосный *adj* armoured (*Br*), armored (*US*).

бронепо́езд, а *pl* **~а́** *m* armoured train (*Br*), armored train (*US*).

бронеси́л|ы, ~ (*no sg*) armoured forces (*Br*), armored forces (*US*).

бронета́нковый *adj* (*mil*) armoured (*Br*), armored (*US*).

бронетранспортёр, а *m* armoured (*Br*), armored (*US*) personnel carrier.

бро́нз|а, ы *f* bronze.

бронзир|ова́ть, у́ю *impf and pf* to bronze.

бронзиро́вк|а, и *f* bronzing.

бронзовщи́к, а́ *m* worker in bronze.

бро́нзов|ый *adj* bronze; (*загорелый*) tanned; **~ая боле́знь** Addison's disease; **б. век** the Bronze Age; **б. зага́р** sunburn, sun tan.

брони́рова|нный *ppp of* ⇨**~ть** *and adj* reserved.

брониро́в|анный *ppp of* ⇨**~а́ть** *and adj* armoured (*Br*), armored (*US*).

брони́р|овать, ую *impf* (*of* ⇨**за~**) to reserve, book.

бронир|ова́ть, у́ю *impf and pf* to armour (*Br*), armor (*US*).

бронх, а *m* (*anat*) bronchial tube.

бронхиа́льный *adj* bronchial.

бронхи́т, а *m* bronchitis.

брон|ь, и *f* (*coll*) reservation.

бро́н|я, и *f* reservation.

брон|я́, и́ *f* armour (*Br*), armor (*US*); armour plating (*Br*), armor plating (*US*).

броса́|ть, ю *impf* (*of* ⇨**бро́сить**) **1** (*метать*) to throw, cast, fling; **б. взгляд** to dart a glance; **б. обвине́ния** to hurl accusations; **б. тень** to cast a shadow; (**на** + *a*; *fig*) to cast aspersions (on); **б. я́корь** to drop anchor; **б. на ве́тер** to throw away, waste. **2** (*покинуть*) to leave, abandon, desert; **б. му́жа** to desert one's husband; **б. ору́жие** to lay down one's arms; **б. рабо́ту** to give up, throw up one's work. **3** (+ *inf*) (*переставать*) to give up, leave off; **он бро́сил кури́ть** he gave up smoking.

брос|а́ться, а́юсь *impf* **1** (*impf only*) (+ *i*) to throw at one another, pelt one another (with); **мы ~а́лись снежка́ми** we used to pelt one another with snowballs. **2** (*impf only*) (+ *i*) to throw away; **б. деньга́ми** to throw away, squander one's money. **3** (*pf* **~́иться**) (**на, в** + *a*) to throw o.s. (on, upon), rush (to); **б. на еду́** to fall upon one's food; **б. на коле́ни** to fall on one's knees; **б. в объя́тия** (+ *d*) to fall into the arms (of); **б. на по́мощь** to rush to assistance; **б. на ше́ю** (+ *d*) to fall on the neck (of). **4** (*pf* **~́иться**): **б. в глаза́** to be striking, arrest attention. **5** (*pf* **~́иться**) (+ *inf*) to begin, start.

бро́|сить, шу, сишь *pf of* ⇨**~са́ть**; **~сь(те)!** stop it!; **хоть ~сь** (*coll*) it is no good.

бро́|ситься, шусь, сишься *pf of* ⇨**~са́ться**

бро́с|кий (~ок, ~ка́, ~ко) *adj* (*coll*) bright, loud, garish.

бро́совый *adj* **1** worthless; trashy. **2**: **б. э́кспорт** (*econ*) dumping.

брос|о́к, ка́ *m* **1** throw; **штрафно́й б.** (*sport*) free throw. **2** bound; spurt; **благодаря́ после́днему ~ку́** thanks to a final spurt.

бро́шк|а, и *f* brooch.

бро́|шу, сишь *see* ⇨**~сить**

брош|ь, и *f* brooch.

брошю́р|а, ы *f* pamphlet; (*рекламная*) brochure.

б

брошюр|ова́ть, у́ю *impf* (*of* ⇒**с~**) (*tech*) to stitch.

Бруне́|й, я *m* Brunei.

брус, а, *pl* **~ья, ~ьев** *m* beam; **паралле́льные ~ья** (*sport*) parallel bars.

бруско́вый *adj* bar, bar-shaped.

брусни́к|а, и *f* cowberry (*Vaccinium vitis-idaea*).

брусни́|чный *adj of* ⇒**~ка**

брус|о́к, ка́ *m* bar; ingot; **б. мы́ла** bar of soap; **точи́льный б.** whetstone.

бру́ствер, а *m* (*mil*) breastwork, parapet.

бру́тто *adj indecl* gross; **вес б.** gross weight.

бры́ж|и, ей (*no sg*) (*obs*) ruff, frill.

бры́згалк|а, и *f* (*coll*) **1** (*разбрызгиватель*) sprinkler, sprayer. **2** (*водяной пистолет*) water pistol.

бры́з|гать, жу, жешь *impf* (*of* ⇒**~нуть**) (+ *i*) **1** to splash, spatter; (*забить струёй*) to gush, spurt; **б. гря́зью** (**на** + *a*) to splash mud (on to), spatter with mud. **2** (*pres* **~жу** *or* **~гаю**) (*окроплять*) to sprinkle.

бры́зга|ться, юсь *impf* (*coll*) to splash; to splash o.s., one another; **соба́ки лю́бят б. в лу́жах** the dogs enjoy splashing in the puddles; **б. духа́ми** to spray o.s. with scent.

бры́зг|и, ~ (*pl*) **1** (*капли*) spray, splashes. **2** (*частицы*) fragments, splinters.

бры́з|жу, жешь *see* ⇒**~гать**

бры́з|нуть, ну, нешь *pf of* ⇒**~гать**

брык|а́ть, а́ю *impf* (*of* ⇒**~ну́ть**) to kick.

брыка́|ться, юсь *impf* (*ребёнок*) to kick; (*лошадь*) to buck; (*fig*) to kick, rebel.

брык|ну́ть, ну́, нёшь *pf of* ⇒**~а́ть**

бры́нз|а, ы *f* brynza (*sheep's milk cheese*).

брысь *int* shoo! (*to a cat*).

Брю́гге *m indecl* Bruges.

брюзг|а́, и́ *cg* grumbler.

брюзгли́в|ый (~, ~а) *adj* grumbling, peevish.

брюзж|а́ть, у́, и́шь *impf* to grumble.

брю́кв|а, ы *f* (*bot*) swede (*Br*), rutabaga (*US*).

брю́кв|енный *adj of* ⇒**~а**

брю́к|и, ~ (*no sg*) trousers; **б.-ю́бка** culottes.

брюне́т, а *m* dark-haired man.

брюне́тк|а, и *f* brunette.

Брюссе́л|ь, я *m* Brussels.

брюссе́льск|ий *adj* Brussels; **~ая капу́ста** Brussels sprouts.

брюха́ст|ый (~, ~а) *adj* (*coll*) big-bellied.

брюха́т|ый (~, ~а) *adj* (*coll*) = **брюха́стый**; **~ая** big with child.

брю́х|о, а, *pl* **~и** *nt* (*coll*) belly; (*большой живот*) paunch.

брюхоно́г|ие, их (*zool*) gasteropods.

брю́чный *adj of* ⇒**брю́ки**; **б. костю́м** trouser suit.

брюши́н|а, ы *f* (*anat*) peritoneum; **воспале́ние ~ы** (*med*) peritonitis.

брюшк|о́, а́, *pl* **~и́, ~о́в** *nt* abdomen; (*coll*) paunch.

брюшно́й *adj* abdominal; **б. тиф** typhoid (fever).

бряк *int* bang!; crash!

бря́кань|е, я *nt* (*coll*) clatter.

бря́к|ать, аю *impf* (*of* ⇒**~нуть**) (*coll*) **1** (+ *i*) to clatter; **б. посу́дой** to clatter crockery. **2** (*уронить*) to let fall with a bang; (*fig*) to drop a clanger. **3** (*сказать*) to blurt out.

бря́к|аться, аюсь *impf* (*of* ⇒**~нуться**) (*coll*) to crash, fall heavily.

бря́к|нуть(ся), ну(сь), нешь(ся) *pf of* ⇒**~ать(ся)**

бряца́ни|е, я *nt* rattle; clang; clank; **б. шпор** the rattle of spurs; **б. ору́жием** sabre-rattling.

бряца́|ть, ю *impf* (+ *i or* **на** + *p*) to rattle; to clang; to clank; **б. цимба́лами** to clash cymbals; **б. ору́жием** (*fig*) to indulge in sabre-rattling.

БТР *m indecl* (*abbr of* **бронетранспортёр**) APC (*armoured personnel carrier*).

бу́б|ен, на *m* tambourine.

бубен|е́ц, ца́ *m* little bell.

бубе́нчик, а *m* **1** *diminutive of* ⇒**бубене́ц** **2** (*bot*) harebell, campanula.

бу́блик, а *m* boublik (*a thick, ring-shaped bread roll*).

бубн|и́ть, ю́, и́шь *impf* (*of* ⇒**про~**) (*coll*) (*бормотать*) to grumble; to mutter; (*монотонно твердить*) to drone on (*of a speaker*).

бубно́вый *adj* (*cards*) diamond; **б. туз** ace of diamonds.

бу́б|ны[1] *pl of* ⇒**~ен**

бу́б|ны[2]**, ен** *pl* (*sg coll* **~на, ~ны** *f*) (*в картах*) **1** diamonds; **дво́йка ~ен** the two of diamonds. **2** (*sg*) a diamond.

бубо́н, а *m* (*med*) bubo.

бубо́н|ный *adj of* ⇒**~**; **~ная чума́** (*med*) bubonic plague.

буга́|й, я́ *m* (*coll, pej*) bull/hulk (of a man).

бу́ги-ву́ги *nt indecl* boogie-woogie.

буг|о́р, ра́ *m* (*холм*) mound, knoll; (*на коже*) bump, lump; **за ~ро́м** (*coll*) abroad.

бугор|о́к, ка́ *m* **1** *diminutive of* ⇒**~** knob, protuberance. **2** (*med*) tubercle.

бугóрчатый *adj* **1** lumpy. **2** (*bot*) tuberous.

бугри́ст|ый (~, ~а) *adj* (*земля*) hilly; (*поверхность*) bumpy.

Будапе́шт, а *m* Budapest.

будди́зм, а *m* Buddhism.

будди́йский *adj* Buddhist.

будди́ст, а *m* Buddhist.

будди́ст|ка, ки *f of* ⇒**~**

будде́л|я, и *f* buddleia.

бу́де *conj* (*obs*) if, provided that.

бу́дет 1 *3rd person sg fut of* ⇒**быть**; **б. ему́ за э́то!** he'll catch it. **2** *as pred* (*coll*) that's enough; that'll do; **б. с вас э́того?** will that do?; **б. вам писа́ть** it's time you stopped writing.

буди́льник, а *m* alarm clock.

бу|ди́ть, жу́, ~дишь *impf* **1** (*pf* **раз~**) to wake, awaken, call. **2** (*pf* **про~**) (*fig*) (*возбуждать*) to rouse, arouse; to stir up; **б. мысль** to set (one) thinking.

бу́дк|а, и *f* (*сторожа*) box, booth; (*ларёк*) stall; **карау́льная б.** sentry box; **соба́чья б.** dog kennel; **телефо́нная б.** telephone booth.

будле́|я, и *f* = **буддле́я**

бу́дн|и, ей (*no sg*) **1** weekdays; working days, workdays; **по ~ям** on weekdays. **2** (*однообразная жизнь*) humdrum life; colourless existence.

бу́дний *adj*: **б. день** weekday.

бу́дничн|ый *adj* **1**: **б. день** weekday; **~ое расписа́ние** weekday timetable. **2** (*для будней*) everyday; (*скучный*) dull, humdrum.

будора́ж|ить, у, ишь *impf* (*of* ⇒**вз~**) (*coll*) (*беспокоить*) to disturb; (*возбуждать*) to excite.

бу́дочник, а *m* **1** (*obs*) policeman on duty. **2** (*railways*) trackman; crossing keeper.

бу́дто 1 *conj* as if, as though; **он верну́лся с таки́м ви́дом, б. его́ изби́ли** he came back looking as if he had been beaten up. **2** *conj* that (*implying doubt as to the truth of a statement*); **он утвержда́ет, б. свобо́дно говори́т на десяти́ языка́х** he claims that he speaks ten languages fluently. **3** (*also* **б. бы, как б.**) *particle* (*coll*) (*кажется*) apparently; **она́ б. должна́ уха́живать за отцо́м** apparently she has to look after her father. **4** *interrog particle* (*coll*) (*разве*) really?; **уж б. он так умён?** is he really all that clever?

бу́д|у, ешь *fut of* ⇒**быть**

будуа́р, а *m* boudoir.

будуа́р|ный *adj of* ⇒**~**

бу́дучи *pres gerund of* ⇒**быть** being.

бу́дущ|ий *adj* future; next; ... to be; **~ее вре́мя** (*gram*) future tense; **в ~ем году́** next year; **~ая мать** expectant mother; **в б. раз** next time; *as n* **~ее, ~его** *nt* (*i*) the future; **в ближа́йшем ~ем** in the near future, (*ii*) (*gram*) future tense.

бу́дущност|ь, и *f* (*literary*) future; **ему́ предстои́т блестя́щая б.** a brilliant future lies before him.

бу́дь(те) *imperative of* ⇒**быть** (*sg also used in place of* **е́сли** + *main v to form protasis of conditional sentences*): **бу́дьте добры́, бу́дьте любе́зны** (+ *inf or imperative*) please; would you be good enough (to), kind enough (to); **будь, что бу́дет** come what may; **не будь вас, всё бы пропа́ло** but for you, all would have been lost; **будь он бога́т, будь он бе́ден, мне всё равно́** be he rich or be he poor, it is all one to me.

бу|ёк, йка́ *m* (*naut*) anchor buoy, lifebuoy.

бу́ер, а, *pl* **~а́** *m* iceboat.

буера́к, а *m* (*dialect*) gully; combe.

бу́ерный *adj*: **б. спорт** iceboating.

буж, а́ *m* (*med*) probe.

бужени́н|а, ы *f* boiled salted pork.

бу|жу́, ~дишь *see* ⇒**~ди́ть**

буз|а́[1]**, ы́** *f* (*dialect*) bouza (*a fermented beverage*).

буз|а́[2]**, ы́** *f* (*coll*) row; **подня́ть ~у́** to kick up a row.

бузи́л|а, ы *cg* (*coll*) = **бузотёр**

бузин|а́, ы́ *f* (*bot*) (*красная*; *чёрная*) elder.

бузи́нник, а *m* (*dialect*) elder grove.

бузи́н|ный *adj of* ⇒**~а́**

бузи́|ть, *1st person not used*, **~шь** *impf* (*coll*) to kick up a row.

бузотёр, а *m* (*coll*) troublemaker, hellraiser.

бу|й, я, *pl* **~и́, ~ёв** *m* buoy.

бу́йвол, а *m* (*zool*) buffalo.

бу́йвол|овый *adj of* ⇒**~**; **~овая ко́жа** buff.

бу́|йный (~ен, ~йна́, ~́йно) *adj* **1** (*непокорный*) wild; tempestuous; **б. сумасше́дший** violent, dangerous lunatic. **2** (*обильный*) luxuriant, lush; **б. рост** luxuriant growth.

бу́йств|о, а *nt* unruly conduct.

бу́йств|овать, ую *impf* (*coll*) to create uproar; to run riot.

бук, а *m* beech.

бу́к|а, и *cg* (*coll*) **1** bogey(man), bugbear. **2** (*угрюмый человек*) unsociable, surly person; **смотре́ть ~ой** to look surly.

бука́шк|а, и *f* small insect.

бу́кв|а, ы, *g pl* **~** *f* letter (*of the alphabet*); **б. в ~у** literally; **б. зако́на** (*fig*) the letter of the law.

буква́льно *adv* literally; (*дословно*) word for word.

буква́льн|ый *adj* literal; **~ое значе́ние** literal meaning; **б. перево́д** word-for-word translation.

буква́р|ь, я́ *m* ABC; primer.

бу́квенно-цифрово́й *adj* alphanumeric.

бу́квенный *adj* in letters.

бу́квиц|а, ы *f* (*bot*) betony.

буквое́д, а *m* pedant.

буквое́дств|о, а *nt* pedantry.

буке́т, а *m* **1** bouquet; bunch of flowers. **2** (*аромат*) bouquet; aroma.

букини́ст, а *m* second-hand bookseller.

букинисти́ческий *adj*: **б. магази́н** second-hand bookshop.

букле́т, а *m* (fold-out) leaflet.

бу́кл|я, и *f* (*obs*) curl; ringlet.

букме́кер, а *m* bookmaker; bookie.

бу́ковый *adj* beech; **б. жёлудь** beechnut.

буколи́ческий *adj* bucolic, pastoral.

букс, а *m* (*bot*) box.

бу́кс|а, ы *f* (*tech*) axle box.

букси́р, а *m* **1** (*судно*) tug, tugboat. **2** (*канат*) tow rope; **взять на б.** to take in tow; (*fig*) to give a helping hand; **тяну́ть на ~е** to have in tow.

букси́р|ный *adj of* ⇒**~**; **б. парохо́д** steam tug.

букси́р|овать, ую *impf* to tow, have in tow.

буксиро́вк|а, и *f* towing.

буксова́ни|е, я *nt* skidding, wheelspin.

букс|ова́ть, у́ю *impf* to skid; to go into wheelspin.

бу́кс|овый *adj of* ⇒**~**

булав|а́, ы́ *f* mace.

була́вк|а, и *f* pin; **англи́йская б.** safety pin.

була́в|очный *adj of* ⇒**~ка**

була́ный *adj* dun (*colour of horse*).

була́т, а *m* (*hist*) damask steel; (*fig*) sword.

булга́ч|ить, у, ишь *impf* (*coll*) to stir up, excite.

бу́лев *adj* (*comput*) Boolean; **~а а́лгебра** Boolean algebra; **~о выраже́ние** Boolean expression.

булими́|я, и *f* bulimia.

бу́лк|а, и *f* (*булочка*) roll; (*белый хлеб*) white bread; **сдо́бная б.** bun.

бу́лл|а, ы *f* (*Papal*) bull.

бу́лочн|ая, ой *f* bakery; baker's shop.

бу́лочник, а *m* baker.

булты́х *int* plop!; splosh!

булты́х|а́ться, а́юсь *impf* (*coll*) **1** (*pf* **~́нуться**) (*с шумом падать*) to (fall) plop. **2** (*impf only*) (*барахтаться*) to splash *or* thrash (about).

булты́х|нуться, нусь, нешься *and* **~ну́сь, ~нёшься** *pf of* ⇒**~а́ться**

булы́жник, а *m* cobblestone (*also collect*).

бульва́р, а *m* avenue; boulevard.

бульва́р|ный *adj of* ⇒**~**; **~ная литерату́ра** pulp fiction; **~ная пре́сса** the tabloids; gutter press; **б. рома́н** pulp novel.

бульва́рщин|а, ы *f* (*pej*) pulp literature.

бульдо́г, а *m* bulldog.

бульдо́зер, а *m* bulldozer.

бульдозери́ст, а *m* bulldozer driver.

бу́лькань|е, я *nt* gurgling.

бу́лька|ть, ю *impf* to gurgle.

бульо́н, а *m* broth; stock.

бульо́нный *adj*: **б. ку́бик** stock cube.

бультерье́р, а *m* bull terrier.

бум[1]**, а** *m* **1** (*econ*) boom. **2** (*газетный*) newspaper sensation.

бум[2]**, а** *m* (*sport*) beam.

бум[3] *int* boom!; **ни ~-~** (*coll, joc*) (*to know, understand, etc.*) bugger all.

бума́г|а[1]**, и** *f* **1** (*материал*) paper; **газе́тная б.** newsprint; **б. в кле́тку** squared paper; **почто́вая б.** notepaper. **2** (*документ*) document; (*in pl*) (official) papers; **це́нные ~и** (*fin*) securities.

бума́г|а[2]**, и** *f* (*in full* **хлопча́тая б.**) cotton.

бумагодержа́тел|ь[1]**, я** *m* (*fin*) holder of securities, bondholder.

бумагодержа́тел|ь[2]**, я** *m* paper clip.

бумагомара́ни|е, я *nt* (*coll*) scrawl.

бумагомара́тел|ь, я *m* (*coll*) scribbler.

бумагопряди́льн|ый *adj* cotton-spinning; **~ая фа́брика** cotton mill.

бумагопряди́л|ьня, ьни, *g pl* **~ен** *f* cotton mill.

бумагоре́зк|а, и *f* shredder.

бума́жк|а, и *f* **1** *diminutive of* ⇒**бума́га**; (*листок бумаги*) scrap of paper. **2** (*деньги*) note; (paper) money.

бума́жник, а *m* wallet.

бума́|жный[1] *adj of* ⇒**~га**[1]; (*fig*) (existing only on) paper; **~жная волоки́та** red tape; **~жные де́ньги** paper money; **б. змей** kite; **~жная фа́брика** paper mill.

бума́|жный[2] *adj of* ⇒**~га**[2]; **~жная пря́жа** cotton yarn; **~жная ткань** cotton fabric.

бумажо́нк|а, и *f* (*coll*) scrap of paper.

бумазе́|я, и *f* fustian.

бумазе́йный *adj* fustian.

бумера́нг, а *m* boomerang.

бу́нгало *nt indecl* bungalow (*in tropical countries*).

бу́нкер, а *m* (*tech*) bunker.

бунт[1]**, а** *m* revolt; riot; mutiny.

бунт[2]**, а́** *m* bale; packet; bundle.

бунта́рский *adj* **1** seditious; mutinous. **2** (*fig*) rebellious; turbulent; **б. дух** rebellious spirit.

бунта́рств|о, а *nt* rebelliousness.

бунта́р|ь, я́ *m* rebel (*also fig*); insurgent; mutineer; rioter; **он б. в душе́** he is a rebel at heart.

бунт|ова́ть, у́ю *impf* **1** (*pf* **взбунтова́ться**) to revolt, rebel; to mutiny; to riot; (*fig*) to rage, go berserk. **2** (*pf* **вз~**) (*obs*) to incite to revolt, mutiny.

бунт|ова́ться, у́юсь *impf* = **~ова́ть 1**

бунт|ово́й *adj of* ⇒**~**[2]

бунтовско́й *adj* rebellious, mutinous.

бунтовщи́к, а́ *m* rebel, insurgent; mutineer; rioter.

бур[1]**, а** *m* (*tech*) auger.

бур[2]**, а** *m* Boer.

бур|а́, ы́ *f* (*chem*) borax.

бура́в, а́, *pl* **~а́** *m* (*tech*) auger; gimlet.

бура́в|ить, лю, ишь *impf* (*of* ⇒**про~**) to bore, drill.

бура́вчик, а *m* gimlet.

бура́к, а́ *m* (*dialect*) beetroot.

бура́н, а *m* snowstorm (*in steppes*).

бурбо́н, а *m* bourbon.

бургоми́стр, а *m* **1** burgomaster. **2** (*zool*) glaucous gull.

бургу́ндск|ий *adj* Burgundian; *as n* **~ое, ~ого** *nt* burgundy (*wine*).

бурд|а́, ы́ *f* (*coll*) slops.

бурдю́к, а́ *m* (*для вина*) wineskin; (*для воды*) waterskin.

буреве́стник, а *m* stormy petrel.

бур|ево́й *adj of* ⇒**~́я**; stormy.

бурело́м, а *m* wind-fallen trees.

буре́ни|е, я *nt* (*tech*) boring, drilling.

буре́|ть, ю, ешь *impf* (*of* ⇒**по~**) to grow brown.

буржуа́ *m indecl* bourgeois.

буржуази́|я, и *f* bourgeoisie; **ме́лкая б.** petty bourgeoisie.

буржуа́з|ный (~ен, ~на) *adj* bourgeois.

буржу́|й, я *m* (*coll*) bourgeois.

буржу́й|ка, ки *f* **1** *f of* ⇒**~**. **2** (*coll*) (*печка*) small stove.

буржу́йский *adj* (*coll*) bourgeois.

бури́льный *adj* (*tech*) boring.

бури́льщик, а *m* borer; driller, drill operator.

бур|и́ть, ю́, и́шь *impf* (*of* ⇒**про~**) (*tech*) to bore; to drill.

бу́рк|а, и *f* felt cloak (*worn in Caucasus*).

бу́рк|ать, аю *impf* (*of* ⇨**~нуть**) (*coll*) to mutter, growl.

бу́рк|нуть, ну, нешь *pf of* ⇨**~ать**

бурла́к, а́ *m* (*hist*) barge hauler (*person*).

бурла́|цкий (*hist*) *adj of* ⇨**~к**

бурла́честв|о, а *nt* (*hist*) trade of barge hauler.

бурли́в|ый (~, ~а) *adj* turbulent; seething.

бурл|и́ть, ю́, и́шь *impf* to seethe, boil up (*also fig*).

бурну́с, а *m* burnous.

бу́р|ный (~ен, ~на́, ~но) *adj* **1** (*погода, море*) stormy, rough; (*спор*) heated; (*жизнь, восторг, аплодисменты*) wild. **2** (*рост*) rapid.

бурови́к, а́ *m* (*tech*) boring, drilling technician.

буров|о́й *adj* boring; **~а́я вы́шка** derrick; **~а́я скважи́на** bore, borehole, well.

бу́рский *adj* Boer.

буру́н, а́ *m* breaker; (*под носом корабля*) bow wave.

бурунду́к, а́ *m* (*zool*) chipmunk.

бурча́ни|е, я *nt* (*coll*) grumbling; (*в животе*) (stomach-)rumbling.

бурч|а́ть, у́, и́шь *impf* (*of* ⇨**про~**) (*coll*) **1** (*бормотать*) to mutter; to grumble. **2** (*impf only*) (*в животе*) to rumble; (*в котле*) to bubble; (*impers*): **у меня́ ~и́т в животе́** my stomach is rumbling.

бу́р|ый (~, ~а́, ~о) *adj* brown; **б. медве́дь** brown bear; **~ая лиси́ца** red fox.

бурья́н, а *m* tall weeds.

бу́р|я, и *f* storm (*also fig*); **б. в стака́не воды́** storm in a teacup.

буря́т, а, *g pl* **б.** *m* Buryat.

буря́т|ка, ки *f of* ⇨**~**

буря́тский *adj* Buryat.

бу́син|а, ы *f* bead.

буссо́л|ь, и *f* surveying compass.

бу́с|ы, ~ (*no sg*) beads.

бутафо́р, а *m* (*theatr*) property man.

бутафо́ри|я, и *f* (*theatr*) properties; (*в витрине*) dummies; (*fig*) window dressing, sham.

бутафо́р|ский *adj of* ⇨**~ия**; (*fig*) sham, mock-; illusory.

бутербро́д, а *m* slice of bread and butter; sandwich; **зако́н ~а** Sod's Law, Murphy's Law.

бутербро́дн|ая, ой *f* sandwich bar.

бути́к, а *m* boutique.

бути́л, а *m* (*attr*) (*chem*) butyl; **бути́л каучу́к** butyl rubber.

бутиле́н, а *m* (*chem*) butylene.

буто́н, а *m* **1** bud. **2** (*coll*) (*прыщ*) pimple.

бутонье́рк|а, и *f* buttonhole, posy.

бу́тс|ы, ~ *pl* (*sg* **~а, ~ы** *f*) football boots.

буту́з, а *m* (*coll*) chubby (little) child; (*мальчик*) chubby (little) lad.

буты́лк|а, и *f* bottle.

буты́лочк|а, и *f* small bottle; (*пузырёк*) vial, phial; **игра́ в ~у** 'spin the bottle' (*game*).

буты́л|очный *adj of* ⇨**~ка**; **~очного цве́та** bottle green.

буты́л|ь, и *f* large bottle; carboy.

бу́фер, а, *pl* **~а́** *m* **1** (*railways*; *fig*) buffer. **2** (*comput*) buffer; **б. обме́на** clipboard. **3** (*у автомобиля*) bumper. **4** (*in pl*; *sl*) (*женская грудь*) (big) boobs, knockers.

бу́фер|ный *adj of* ⇨**~**; **~ное госуда́рство** (*pol, not PC language*) buffer state.

буфе́т, а *m* **1** (*шкаф*) sideboard. **2** (*закусочная*) buffet, snack bar; (*стойка*) (refreshment) bar, counter.

буфе́тн|ая, ой *f* pantry.

буфе́т|ный *adj of* ⇨**~**

буфе́тчик, а *m* assistant (in snack bar).

буфе́тчи|ца, цы *f of* ⇨**~к**

буфф *adj indecl* comic, buffo; **о́пера-б.** comic opera; **теа́тр-б.** comedy.

буффо́н, а *m* buffoon.

буффона́д|а, ы *f* buffoonery.

бу́ф|ы, ~ (*no sg*) gathers, puffs; **б. на рукава́х** puff sleeves.

бух *int* bang!; plonk!; *as pred*: **он б. на зе́млю** he fell to the ground with a thud.

буха́нк|а, и *f* loaf.

Бухаре́ст, а *m* Bucharest.

бу́х|ать, аю *impf* (*of* ⇨**~нуть**[1]) **1** (*ударять*) to thump, bang; **б. кулако́м в дверь** to bang on the door with one's fist. **2** (*о выстреле*) to thud, thunder; **слы́шно бы́ло, как вдали́ ~али пу́шки** the thunder of cannon could be heard in the distance. **3** (*fig, coll*) (*необдуманно сказать*) to blurt out.

бух|а́ть, а́ю *impf* (*of* **~ну́ть**) (*coll*) (*пить*) to drink.

бу́х|аться, аюсь *impf* (*of* ⇨**~нуться**) (*coll*) (*упасть*) to fall heavily; (*броситься*) to plonk o.s. down.

бухга́лтер, а, *pl* **~ы** *m* bookkeeper, accountant.

бухгалте́ри|я, и *f* **1** bookkeeping, accountancy. **2** (*отдел*) counting house.

бухга́лтерск|ий *adj* bookkeeping, account; **~ая кни́га** account book.

бу́х|нуть[1]**, ну, нешь,** *past* **~нул** *pf of* ⇨**~ать**

бу́х|нуть[2]**, ну, нешь,** *past* **~, ~ла** *impf* (*расширяться*) to swell, expand.

бух|ну́ть, ну́, нёшь, *past* **~ну́л** *pf of* ⇨**буха́ть**

бу́х|нуться, нусь, нешься *pf of* ⇨**~аться**

бу́хт|а[1]**, ы** *f* (*geog*) bay.

бу́хт|а[2]**, ы** *f* coil (*of rope*).

бу́хточк|а, и *f* creek, cove, inlet.

бу́хты-бара́хты *only in phr* (*coll*) **с б.-б.** (*необдуманно*) offhand; off the cuff; (*внезапно*) suddenly.

бу́ч|а, и *f* (*coll*) row.

буш|ева́ть, у́ю *impf* to rage; (*fig*) to rage, storm.

бу́шел|ь, я *m* bushel.

бушла́т, а *m* (*naut*) pea jacket.

бушпри́т, а *m* (*naut*) bowsprit.

Буэ́нос-А́йрес, а *m* Buenos Aires.

буя́н, а *m* (*coll*) rowdy, brawler.

буя́н|ить, ю, ишь *impf* (*coll*) to make a row; to brawl.

буя́нств|о, а *nt* (*coll*) rowdyism, brawling.

БЦЖ *f indecl* (*representation of French pronunciation of BCG*) BCG (*Bacillus Calmette-Guérin*).

бы (*abbr* **б)** *particle* **1** (*выражает предположительную возможность*) (*see also* ⇨**е́сли**): **я мог бы об э́том догада́ться** I might have guessed it; **бы́ло бы о́чень прия́тно вас ви́деть** it would be very nice to see you. **2 (+ ни)** *forms indefinite prons*: **кто бы ни** whoever; **что бы ни** whatever; **как бы ни** however; **кто бы ни пришёл** whoever comes; **что бы ни случи́лось** whatever happens; **как бы то ни́ было** however that may be, be that as it may. **3** (*выражает пожелание*): **я бы вы́пил пи́ва** I should like a drink of beer. **4** (*выражает предложение*): **вы бы отдохну́ли** you should take a rest.

бы́ва́|ло 1 *see* ⇨**~ть**. **2** *particle indicating repetition of an action in past time*: **моя́ мать б. ча́сто пе́ла э́ту пе́сню** my mother would often sing this song.

быва́л|ый *adj* **1** (*опытный*) experienced; worldly-wise. **2** (*coll*) (*привычный*) familiar; **э́то де́ло ~ое** this is nothing new. **3** (*obs*) (*прежний*) former.

быва́|ть, ю *impf* **1** (*случаться*) to happen; (*происходить*) to take place; **заседа́ния горсове́та ~ют раз в неде́лю** the town council meets once a week; **~ет, что поезда́ с се́вера опа́здывают** trains from the north are sometimes late. **2** (*быть*) to be; (*находиться*) to be present; (*посещать*) to frequent; **он ~ет ка́ждый день в кабине́те** he is in his office every day; **они́ ре́дко ~ют в теа́тре** they seldom go to the theatre. **3** (*быть склонным*) to be inclined to be, tend to be; **он ~ет раздражи́тельным** he is inclined to be irritable. **4**: **как ни в чём не ~ло** (*coll*) as if nothing had happened; **как не ~ло** (+ *g*) to have completely disappeared; **головно́й бо́ли у меня́ как не ~ло** my headache has completely gone.

бы́вший *pp of* ⇨**быть** *and adj* former, ex-; one-time; **б. президе́нт** former president, ex-president; **го́род Санкт-Петербу́рг, б. Ленингра́д** St Petersburg, formerly Leningrad.

бы́дл|о, а *nt* (*collect*; *dialect lit* & (*now mostly*) *coll fig, pej*) cattle.

бык[1]**, а́** *m* **1** bull; ox; **рабо́чий б.** draught ox; **бой ~о́в** bullfight; **взять ~а́ за рога́** (*fig*) to take the bull by the horns; **здоро́в, как б.** as strong as an ox. **2** male (*of certain horned animals*); **оле́ний б.** stag.

бык[2]**, а́** *m* pier (*of a bridge*).

был|ево́й *adj of* ⇨**~ина**

были́н|а, ы *f* (*literary*) bylina (*a Russian traditional heroic poem*).

были́нк|а, и *f* blade of grass.

были́н|ный *adj of* ⇨**~а**; epic.

бы́ло *particle* (*indicates that an action was impending or had just begun, but was not completed*): **он поéхал б. с ни́ми,**

но заболе́л he would have gone with them, but he fell ill; **он отпра́вился б. с ни́ми, но верну́лся** he started out with them but turned back; **чуть б.** very nearly; **я чуть б. не забы́л** I very nearly forgot; **они́ чуть б. не уби́ли его́** they all but killed him.

был|о́й *adj* former, past, bygone; **в ~ы́е времена́** in days of old; *as n* **~о́е, ~о́го** *nt* (*poetical*) the past, olden time.

был|ь, и *f* **1** (*obs*) (*то, что было*) past event, fact. **2** (*рассказ о действительном*) true story.

быль|ё, я́ *nt* (*obs*) grass; *now only in phr* **~ём поросло́** long forgotten.

быстрин|а́, ы́, *pl* **~́ы** *f* (*geog*) rapid(s).

быстрогла́з|ый (~, ~а) *adj* sharp-eyed; lively.

быстроде́йстви|е, я *nt* (*tech*) speed, response time.

быстроде́йствующий *adj* high-speed; quick-acting.

быстрозаморо́женный *adj* (quick-)frozen.

быстроно́гий *adj* fleet-footed.

быстросбо́рный *adj* quick-assembly.

быстросо́хнущий *adj* quick-dry(ing).

быстросхва́тывающийся *adj* quick-setting.

быстрот|а́, ы́ *f* rapidity, quickness; (*скорость*) speed.

быстротеку́щий *adj* swift-flowing.

быстроте́ч|ный (~ен, ~на) *adj* fleeting, transient.

быстрохо́д|ный (~ен, ~на) *adj* fast, high-speed.

бы́стр|ый (~, ~а́, ~о) *adj* rapid, fast, quick; (*немедленный*) prompt.

быт, а, о ~́е, в ~у́, (*no pl*) *m* way of life; life; **дома́шний б.** family life; **солда́тский б.** army life; **слу́жба ~́а** consumer services.

быти|е́, я́ *nt* (*philos*) being, existence, objective reality; **кни́га Б~я́** (*bibl*) Genesis.

бы́тност|ь, и *f only in phr* **в б.** during a given period; **в б. мою́ студе́нтом** in my student days; **в б. его́ в Ри́ме** during his stay in Rome.

быт|ова́ть, у́ет *impf* to occur, be current.

быто́вк|а, и *f* (*coll*) (*на стройке*) site hut; (*на предприятии*) workers' room for relaxation.

быт|ово́й *adj of* ⇨**~**; social; **~ова́я жи́вопись** genre painting; **~овы́е прибо́ры** domestic appliances; **~ова́я ЭВМ** home computer; **~ово́е обслу́живание населе́ния** consumer services; **~ово́е явле́ние** everyday occurrence.

бытописа́ни|е, я *nt* (*obs*) annals, chronicles.

бытописа́тел|ь, я *m* **1** (*obs*) (*историк*) historian. **2** (*автор бытовых произведений*) writer on social themes.

быть, *pres not used except 3rd person sg* **есть** *and* (*obs*) *3rd person pl* **суть,** *fut* **бу́ду, бу́дешь,** *past* **был, была́, бы́ло (не́ был, не была́, не́ было)** *imperative* **бу́дь(те)** (*see also* ⇨**бу́дет**, ⇨**бу́дь(те)**, ⇨**бы́ло**, ⇨**есть**[2])

● **I. 1** (*существовать*) to be; **есть таки́е лю́ди** there are such people, such people do exist.

2: **б. у** (*see also* ⇨**есть**[2]) (*иметь*) to be in the possession (of); **у них была́ прекра́сная да́ча** they had a lovely dacha.

3 (*находиться*) to be; (**у** + *g*) to come (to), be present (at); **здесь был тракти́р** there used to be an inn here; **где вы бы́ли вчера́?** where were you yesterday?; **он тут был ни при чём** he had nothing to do with it; **они́ бу́дут у нас за́втра (в гостя́х)** they are coming (to see us) tomorrow; **на ней была́ ро́зовая ко́фточка** she had on a pink blouse.

4 (*случаться*) to be, happen, take place; **э́того не мо́жет б.!** it cannot be!; **что с ним бы́ло?** what happened to him?; **как б.?** what is to be done?; **так и б.** so be it, all right, very well, have it your own way.

● **II.** *as v aux* to be.

быть|ё, я́ *nt* (*obs*) way of life.

быча́чий *adj* (*coll*) = **бы́чий**

бы́ч|ий *adj of* ⇨**бык**[1]; **~ья ко́жа** oxhide.

быч|о́к[1]**, ка́** *m* (*бык*) steer.

быч|о́к[2]**, ка́** *m* (*рыба*) goby.

быч|о́к[3]**, ка́** *m* (*coll*) cigarette butt.

бьенна́ле *m & f indecl* = **биенна́ле**

бьеф, а *m* reach; **ве́рхний б.** head water.

бью, бьёшь *see* ⇨**бить**

бюва́р, а *m* writing case (with blotting paper).

бюве́т, а *m* pump room.

бюдже́т, а *m* budget.

бюдже́тник, а *m* (*coll*) person who is paid from the State budget (*e.g. a teacher, army officer, or police officer*).

бюдже́тный *adj* budgetary; **б. год** fiscal year.

бюллете́н|ить, ю, ишь *impf* (*coll*) to be off sick.

бюллете́н|ь, я *m* **1** bulletin; **информацио́нный б.** newsletter. **2 (избира́тельный) б.** voting paper. **3 (больни́чный) б.** medical certificate; **быть на ~е** (*coll*) to be on sick leave.

бю́ргер, а *m* burgher.

бюре́тк|а, и *f* (*tech*) burette.

бюро́ *nt indecl* **1** (*контора*) bureau, office; **б. нахо́док** lost-property office; **б. по трудоустро́йству** employment agency; **спра́вочное б.** inquiry office, information office; **туристи́ческое б.** travel agency. **2** (*стол*) bureau, writing desk.

бюрокра́т, а *m* bureaucrat.

бюрократи́зм, а *m* bureaucracy; red tape.

бюрократи́ческий *adj* bureaucratic.

бюрокра́ти|я, и *f* bureaucracy (*also collect*).

бюст, а *m* (*скульптура*) bust; (*женский*) bust, bosom.

бюстга́льтер, а *m* bra(ssiere).

бя́з|евый *adj of* ⇨**~ь**

бяз|ь, и *f* coarse calico.

бя́к|а, и *f* (*in children's speech*) (*дело, предмет*) nasty thing; (*человек*) nasty man.

В в

В (*abbr of* **восто́к**) E, East.

в *prep*

● **I.** + *a and p* **1** (+ *a, denoting direction*) into, to; (+ *p, denoting position*) in, at; **пое́хать в Москву́** to go to Moscow; **роди́ться в Москве́** to be born in Moscow; **сесть в ваго́н** to get into the carriage; **сиде́ть в ваго́не** to be in the carriage; **разорва́ть в кло́чья** to tear to pieces; **привести́ в восто́рг** to delight, enrapture; **быть в восто́рге** to be delighted, be in raptures.
2 *in reference to external attributes*: **руба́шка в кле́тку** check(ed) shirt; **лицо́ в весну́шках** freckled face; **лека́рство в порошка́х** medicine in powder form; **ходи́ть в шу́бе** to wear a fur coat.
3 (+ *nom-a pl and p pl*) *in reference to occupation*: **пойти́ в учителя́** to become a teacher.
4 *in reference to calendar units and periods of time*: **в понеде́льник** on Monday; **в январе́** in January; **в 1899 году́** in 1899; **в двадца́том ве́ке** in the twentieth century; **в четы́ре часа́** at four o'clock; **в четвёртом часу́** between three and four; **в на́ши дни** in our day; **в тече́ние** (+ *g*) during, in the course (of).

● **II.** + *a*
1 *in reference to objects through which vision is directed*: **смотре́ть в окно́** to look out of the window; **смотре́ть в бино́кль** to look through binoculars.
2 *in attribution of resemblance*: **быть в кого́-н.** to take after s.o.; to be like s.o.; **она́ вся в тётю** she is just like her aunt.
3 *indicating aim or purpose*: for, as; **сказа́ть в шу́тку** to say for a joke.
4 *in specification of quantitative attributes*: **моро́з в де́сять гра́дусов** ten degrees of frost; **высото́й в три ме́тра** three metres high; **ве́сом в пять килогра́ммов** weighing five kilograms.
5 (+ **раз** *and comp adv*) *indicates comparison in numerical terms*: **в два ра́за бо́льше** twice as big, twice the size; **в два ра́за ме́ньше** half as big, half the size.
6 *of time*: in, within; **наде́юсь ко́нчить чернови́к в ме́сяц** I hope to finish the rough draft in a month.
7 *indicates game or sport played*: **игра́ть в ка́рты/ша́хматы/футбо́л** to play cards/chess/football.

● **III.** + *p*
1 at a distance of; **в трёх киломе́трах от го́рода** three kilometres from the town; **они́ живу́т в десяти́ мину́тах ходьбы́ отсю́да** they live ten minutes' walk from here.
2 in; of (= *consisting of, amounting to*); **пье́са в трёх де́йствиях** play in three acts; **ра́зница в двух копе́йках** a difference of two kopeks.

в. (*abbr of* **век**) c., century.

ва-ба́нк *adv* (*cards*) **игра́ть, идти́ в.** to stake everything; (*fig*) to stake one's all.

Вавило́н, а *m* Babylon.

вавило́нск|ий *adj* Babylonian; **~ое столпотворе́ние** babel; **В~ая ба́шня** the Tower of Babel.

ваго́н, а *m* **1** carriage (*Br*), coach (*Br*), car (*US*); **мя́гкий, жёсткий в.** soft-seated, hard-seated carriage (*Br*), car (*US*); **бага́жный в.** luggage van; **в.-рестора́н** dining car, restaurant car; **служе́бный в.** guard's van; **спа́льный в.** sleeping car; **трамва́йный в.** tramcar; **в.-цисте́рна** tank truck. **2** (*груз*) wagonload; (*fig, coll*) loads, lots; **вре́мени у нас в.** we have masses of time.

ваго́нетк|а, и *f* truck; trolley; **подвесна́я в.** cable car.

ваго́н|ный *adj of* ⇒**~**; **в. парк** (*подвижной состав*) rolling stock; (*депо*) train depot.

вагоновожа́т|ый, ого *m* tram driver.

вагоноремо́нтный *adj*: **в. заво́д** carriage repair shop (*Br*), car repair shop (*US*).

вагоностро́ени|е, я *nt* carriage-building (*Br*), car-building (*US*).

вагоностро́ительный *adj* carriage-building (*Br*), car-building (*US*); **в. заво́д** carriage(-building) works.

важне́цкий *adj* (*coll*) good, good-quality.

ва́жничанье, я *nt* airs and graces.

ва́жнича|ть, ю *impf* (*coll*) to give o.s. airs, get a swelled head; (+ *i*) to plume o.s. (on).

ва́жност|ь, и *f* **1** importance; significance; **не велика́ в.** (*coll*) it's of no consequence. **2** (*надменность*) pomposity, pretentiousness.

ва́ж|ный (~ен, ~на́, ~но, ~́ны) *adj* **1** important; weighty, consequential; **са́мое ~ное узна́ть, отку́да они́ прие́хали** the (important) thing is to discover where they have come from; **~ная пти́ца/ши́шка** (*coll*) bigwig, big knob. **2** (*гордый*) pompous, pretentious.

ва́з|а, ы *f* vase, bowl.

вазели́н, а *m* Vaseline (*propr*).

вазо́н, а *m* (flower)pot.

ва́й|я, и *and* **ва́и|я, и,** *g pl* **ва́ий** *f* **1** (*bot*) (*лист папоротника*) fern branch. **2** (*лист пальмы*) palm (branch); **неде́ля ва́ий** (*eccl*) Palm Sunday.

вака́нси|я, и *f* vacancy.

вака́нт|ный (~ен, ~на) *adj* vacant, unfilled; **~ная до́лжность** vacancy.

вака́ци|и, й *pl* (*used with both sg & pl meaning*) (*sg* (*rare*) **~я, ~и** *f*) (*obs*) vacation.

ва́кс|а, ы *f* black (shoe) polish.

ва́к|сить, шу, сишь *impf* (*of* ⇒**на~**) (*coll*) to black, polish.

ва́куум, а *m* vacuum.

ва́куум|ный *adj of* ⇒**~**

вакхана́ли|я, и *f* (*usu in pl*) bacchanalia.

вакха́нк|а, и *f* Bacchante, maenad.

вакхи́ческий *adj* Bacchic.

вакци́н|а, ы *f* vaccine.

вакцина́ци|я, и *f* vaccination.

вакцини́р|овать, ую *impf and pf* to vaccinate.

ва́к|шу, сишь *see* ⇒**~сить**

вал[1], а, *pl* **~ы́** *m* (*волна*) billow, roller.

вал[2], а, *pl* **~ы́** *m* (*насыпь*) bank, earthen wall; (*mil*) rampart.

вал[3], а, *pl* **~ы́** *m* (*tech*) shaft.

вал[4], а *m* (*econ*) gross output.

вала́нда|ться, юсь *impf* (*sl*) **1** (*слоняться*) to loiter, hang about. **2** (**с** + *i*) (*возиться*) to dawdle (over), mess about (with).

вале́жник, а (*no pl*) *m* (*collect*) fallen trees, branches, etc.

вал|ёк, ька́ *m* (*tech*) **1** (*бельевой*) battledore. **2** (*экипажа*) swingletree.

ва́лен|ки, ок *pl* (*sg* **~ок, ~ка** *m*) valenki (*felt boots*).

вале́нтност|ь, и *f* (*chem*) valency (*Br*), valence.

валериа́н|а, ы *f* (*bot*) valerian.

валериа́нов|ый *adj* (*med*): **~ые ка́пли** tincture of valerian.

валерья́н|а, ы *f* = **валериа́на**

валерья́нк|а, и *f* (*coll*) tincture of valerian.

валерья́нов|ый *adj* = **валериа́новый**

вале́т, а *m* (*cards*) jack; **спать ~ом** to sleep top to tail.

ва́лик, а *m* **1** (*tech*) (*в машине*) roller, cylinder. **2** (*подушка*) bolster.

вал|и́ть[1], ю, ~́ишь *impf* **1** (*pf* **по~** *and* **с~**) (*заставлять падать*) to throw down, bring down, send toppling; to overthrow; **в. кого́-н. с ног** to knock s.o. off his feet; **в. дере́вья** to fell trees; **нас всех ~и́л грипп** we were all being laid low by the flu. **2** (*pf* **с~**) (*в кучу*) to heap up, pile up; **в. вину́** (**на** + *a*) to lump the blame (on).

вал|и́ть², и́т *impf* (*coll*) **1** (*двигаться массой*) to flock, throng, pour; **вало́м в.** to throng, go en masse; **лю́ди ~и́ли на стадио́н** people were flocking to the stadium; **снег ~и́т кру́пными хло́пьями** the snow is coming down in large flakes; **дым ~и́л из трубы́** smoke was belching from the chimney. **2**: **~и́(те)!** go on!; have a go!; **~и́, беги́!** be off with you!

вал|и́ться, ю́сь, ~́ишься *impf* (*of* ⇒**по~** *and* ⇒**с~**) to fall, collapse; to topple over; **в. от уста́лости** to drop from tiredness; **у него́ всё из рук ~́ится** (*coll*) he is all fingers and thumbs; **де́ло у него́ ~́ится из рук** his heart is not in the matter, he cannot put his mind to the matter.

ва́лк|а, и *f* (*леса*) felling.

ва́л|кий (~ок, ~ка́, ~ко) *adj* unsteady, shaky; **ни ша́тко, ни ~ко** middling; neither good nor bad.

валли́|ец, йца *m* Welshman.

валли́йк|а, и *f* Welshwoman.

валли́йский *adj* Welsh.

валова́н, а *m* vol-au-vent.

валово́й *adj* (*econ*) gross; wholesale; **в. вну́тренний проду́кт** gross domestic product; **в. дохо́д** gross revenue; **в. национа́льный проду́кт** gross national product; **в. сбор** gross yield.

вало́м *see* ⇒**вали́ть²**

валто́рн|а, ы *f* (*mus*) French horn.

валторни́ст, а *m* (*mus*) French horn player.

валторни́ст|ка, ки *f of* ⇒**~**

валу́н, а́ *m* boulder.

ва́льдшнеп, а *m* (*zool*) woodcock.

вальс, а *m* waltz.

вальси́р|овать, ую *impf* to waltz.

вальц|ева́ть, у́ю *impf* (*tech*) to roll.

вальцо́вк|а, и *f* (*tech*) **1** (*действие*) rolling. **2** (*инструмент*) rolling press.

вальцо́в|ый *adj* (*tech*): **~ая ме́льница** rolling mill.

вальц|ы́, о́в (*no sg*) (*tech*) rolling press.

валья́жный *adj* (*obs, ironical*) noble, virtuous.

валю́т|а, ы *f* (*fin, econ*) **1** (*денежная система*) currency; **курс ~ы** rate of exchange. **2** (*collect*) (*иностранные деньги*) foreign currency; **свобо́дно конверти́руемая в.** freely convertible currency; hard currency; **твёрдая в.** hard currency.

валю́тно-фина́нсов|ый *adj*: **~ая би́ржа** foreign exchange market.

валю́т|ный *adj of* ⇒**~а**; currency; **в. фонд** monetary fund.

валю́тчик, а *m* (*coll*) currency speculator.

валя́льный *adj* fulling.

валя́л|ьня, ьни, *g pl* **~ен** *f* fulling mill.

валя́льщик, а *m* fuller.

валя́ни|е, я *nt* (*tech*) fulling, milling.

ва́ляный *adj* felt.

валя́|ть, ю *impf* **1** (*impf only*) (*катать*) to drag; **в. по́ полу** to drag along the floor. **2** (*pf* **вы́~**) (*валяя, покрыть чем-н.*) to roll, drag; **в. в грязи́** to drag in the mire. **3** (*pf* **с~**) (*хлеб*) to knead. **4** (*pf* **с~**) (*валенки*) to full; to felt. **5** (*pf* **на~**) (*coll*) (*делать небрежно*) to botch, bungle; to muck about. **6**: **в. дурака́** (*coll*) to play the fool. **7 ~й(те)!** (*coll*) go ahead!, carry on!

валя́|ться, юсь *impf* **1** (*кататься*) to roll. **2** (*coll*) (*бездельничать*) to lie about; **он весь день ~ется в хала́те** he lies about in his dressing gown all day; **её оде́жда ~лась по ко́мнате** her clothes lay scattered all over the room; **таки́е специали́сты на доро́ге/земле́ не ~ются** you don't come across such experts that often.

вам *d of* ⇒**вы**

ва́ми *i of* ⇒**вы**

вампи́р, а *m* **1** vampire. **2** (*zool*) vampire bat.

вана́ди|й, я *m* (*chem*) vanadium.

вандáл, а *m* (*hist*) Vandal; (*fig*) vandal.

вандали́зм, а *m* vandalism.

ванили́н, а *m* vanillin.

вани́л|ь, и *f* vanilla.

вани́ль|ный *adj of* ⇒**~**

ва́нн|а, ы *f* bath; **грязева́я в.** mud bath; **сидя́чая в.** hip bath; **приня́ть ~у** to take a bath.

ва́нн|ая, ой *f* bathroom.

ва́нночк|а, и *f diminutive of* ⇒**ва́нна**; (*phot*) developing tray; **глазна́я в.** eyebath.

ва́нн|ый *adj of* ⇒**~а**

ва́нт|а, ы *f* (*naut*) shroud.

ва́нька-вста́нька, ва́ньки-вста́ньки *m* tumbler (*doll with weighted base*).

вар, а *m* **1** (*смола*) pitch; (*сапожный*) cobbler's wax. **2** (*dialect*) (*кипяток*) boiling water.

вара́н, а *m* (*zool*) monitor lizard.

ва́рвар, а *m* (*lit & fig*) barbarian.

варвари́зм, а *m* (*ling, literary*) barbarism.

ва́рварский *adj* barbarian; (*fig*) barbaric.

ва́рварств|о, а *nt* barbarity.

варга́н|ить, ю, ишь *impf* (*of* ⇒**с~**) (*coll*) to botch, bungle.

ва́рев|о, а *nt* (*coll, pej*) broth; slop.

ва́режк|а, и *f* **1** (*рукавица*) mitten. **2** (*sl*) (*рот*) mouth, kisser (*sl*).

варен|е́ц, ца́ *m* fermented boiled milk.

варе́ние = **ва́рка**

варе́ник, а *m* varenik (*a curd or fruit dumpling*).

варёный *adj* boiled.

варе́нь|е, я *nt* preserve(s) (*containing whole fruit*), jam (*Br*).

вариа́нт, а *m* (*разновидность*) variant; version; (*возможность*) option; (*сценарий*) scenario; model; **нулево́й в.** (*pol*) zero option.

вариа́ци|я, и *f* variation.

варико́зн|ый *adj* (*anat*) varicose; **~ые ве́ны** varicose veins.

вар|и́ть, ю́, ~́ишь *impf* (*of* ⇒**с~ 1**) **1** to boil; to cook; **в. карто́фель** to boil potatoes; **в. обе́д** to cook dinner; **в. глинтве́йн** to mull wine; **в. пи́во** to brew beer. **2** (*о желудке*) to digest; (*о голове*): **голова́/башка́ у него́ ва́рит** (*coll*) he's quick on the uptake. **3** (*сталь*) to found. **4** (*металл*) to weld.

вар|и́ться, ~́ится *impf* (*of* ⇒**с~**) **1** (*в кипятке*) to boil (*intrans*); (*приготовляться на огне*) to cook (*intrans*); **карто́фель уже́ полчаса́ ~́ится** the potatoes have been on for half an hour already. **2** *passive of* ⇒**~и́ть**

ва́рк|а, и *f* boiling; cooking; **в. варе́нья** preserve-making; **в. желе́за** iron-founding; **в. пи́ва** brewing.

Варша́в|а, ы *f* Warsaw.

варша́вский *adj* (of) Warsaw.

варьете́ *nt indecl* variety (show); **теа́тр-в.** music hall.

варьи́р|овать, ую *impf* to vary, modify.

варя́г, а *m* (*hist*) Varangian.

варя́жский *adj* (*hist*) Varangian.

вас *g, a, and p of* ⇒**вы**

васил|ёк, ька́ *m* (*bot*) cornflower.

васили́ск, а *m* basilisk.

васил|ько́вый *adj of* ⇒**~ёк**; cornflower blue.

васса́л, а *m* vassal, liege(man).

васса́льн|ый *adj* vassal; **~ая зави́симость** vassalage.

ва́т|а, ы *f* cotton wool (*Br*), absorbent cotton (*US*); (*для подкладки*) wadding; **са́харная в.** candyfloss; **пальто́ на ~е** wadded coat.

вата́г|а, и *f* band, gang.

ватерклозе́т, а *m* water closet.

ватерли́ни|я, и *f* (*naut*) waterline.

Ватерло́о *nt indecl* Waterloo.

ватерпа́с, а *m* spirit level.

ватерполи́ст, а *m* water polo player.

ватерполи́ст|ка, ки *f of* ⇒**~**

ватерпо́ло *nt indecl* water polo.

Ватика́н, а *m* the Vatican; **(госуда́рство-го́род) В.** Vatican City.

ватика́нский *adj* Vatican.

вати́н, а *m* batting, wadding.

ва́тк|а, и *f* small piece of cotton wool (*Br*), absorbent cotton (*US*).

ва́тман, а *m* (*propr*) Whatman paper (*a type of high-quality paper used for drawing and painting*).

ва́тник, а *m* quilted jacket.

ва́тн|ый *adj* wadded, quilted; **~ое одея́ло** quilt; **от испу́га но́ги ста́ли ~ыми** my legs turned to jelly.

ватру́шк|а, и *f* curd tart; cheesecake.

ватт, а, *g pl* **в.** *m* watt.

ва́ттност|ь, и *f* wattage.

ва́учер, а *m* voucher.

ва́фельниц|а, ы *f* waffle iron.

ва́ф|ельный *adj of* ⇒**~ля**; (*о ткани*) made of a lightweight cellular material.

ва́ф|ля, ли, *g pl* **~ель** *f* waffle; wafer.

вахла́к, а́ *m* (*sl*) lout.

ва́хмистр, а *m* (*obs*) cavalry sergeant major.

ва́хт|а, ы *f* (*сменная работа*) shift; **нести́ ~у** to be on duty; (*naut*) watch; **стоя́ть на ~е** to keep watch.

ва́хт|енный *adj of* ⇒**~а** (*naut*); **в. журна́л** log(book); **в. команди́р** officer of the watch; *as n* **в., ~енного** *m* watch.

вахтёр, а *m* janitor, porter.

ва́хтовый *adj* shift-based.

ваш, ~его; *f* **~а, ~ей;** *nt* **~е, ~его;** *pl* **~и, ~их** *possessive pron & adj* (*без существительного*) yours; **э́тот каранда́ш в.** this pencil is yours; (*при существительном*) your; **э́то в. каранда́ш** this is your pencil; **не ~е де́ло** it is none of your business; **с ~е** (*coll*) as much/as long as you have; *as n* **~и, ~их** your people, your folk; **и на́шим и ~им** (*coll pej*) all things to all people.

Вашингто́н, а *m* Washington.

ва́яни|е, я *nt* (*literary or rhetorical*) sculpture.

ва́ятел|ь, я *m* (*literary or rhetorical*) sculptor.

ва́я|ть, ю *impf* (*of* ⇒**из~**) to sculpt; (*из камня, дерева*) to carve, chisel.

вбега́|ть, ю *impf* (**в** + *a*) to run (into).

вбе|жа́ть, гу́, жи́шь, гу́т *pf of* ⇒**~га́ть**

вбер|у́, ёшь *see* ⇒**вобра́ть**

вбива́|ть, ю *impf of* ⇒**вбить**

вбира́|ть, ы *impf of* ⇒**вобра́ть**

вбить, вобью́, вобьёшь *pf* (*of* ⇒**вбива́ть**) to drive in, hammer in; (*sport*) **в. мяч в воро́та** to score a goal; (*coll*) **в. в го́лову** (+ *d*; *fig*) to knock into s.o.'s head; **в. себе́ в го́лову** to get into one's head.

вблизи́ *adv* (**от** + *g*) close by; not far (from); **они́ живу́т где́-то в.** they live somewhere near here; **в. от библиоте́ки** not far from the library; **рассма́тривать в.** to examine closely.

вбок *adv* sideways, to one side.

вбра́сывани|е, я *nt* **в. (мяча́)** throw-in (*in football*); **в. (ша́йбы)** face-off (*in ice hockey*).

вбра́сыва|ть, ю *impf of* ⇒**вбро́сить**

вброд *adv*: **переходи́ть в.** to wade; to ford.

вбро́|сить, шу, сишь *pf* (*of* ⇒**вбра́сывать**) to throw in(to).

вбу́ха|ть, ю *pf* (*coll*) to chuck in (*in large amounts*).

вв. (*abbr of* **века́**) cc., centuries.

вва́лива|ть, ю *impf of* ⇒**ввали́ть**

вва́лива|ться, юсь *impf of* ⇒**ввали́ться**

ввал|и́ть, ю́, ~ишь *pf* to hurl, heave into.

ввал|и́ться, ю́сь, ~ишься *pf* **1** (*coll*) (*упасть внутрь*) to tumble into, sink into. **2** (*fig, coll*) (*входить*) to burst into. **3** (*стать впалым*) to become hollow, sunken; **с ~ившимися щека́ми** hollow-cheeked.

введе́ни|е, я *nt* **1** (*действие*) bringing in(to); introduction. **2** (*вводная часть*) introduction. **3** (*comput*) input.

вве|ду́, дёшь *see* ⇒**~сти́**

ввез|ти́, у́, ёшь, *past* **~, ~ла́** *pf* (*of* ⇒**ввози́ть**) to import.

ввек *adv* (*now only used before neg*) ever; **я э́того в. не забу́ду** I shall not forget it as long as I live.

вверг|а́ть, а́ю *impf of* ⇒**~нуть**

вве́рг|нуть, ну, нешь, *past* **~** *and* **~нул, ~ла** *pf* (*of* ⇒**~а́ть**) (**в** + *a*) (*поместить*) to cause to fall (into); (*привести в какое-либо состояние*) to reduce (to); **в. в тюрьму́** to cast into prison; **в. в нищету́** to bring to ruin; **в. в отча́яние** to drive to despair.

вве́р|ить, ю, ишь *pf* (*of* ⇒**~я́ть**) to entrust; **в. та́йну кому́-н.** to entrust s.o. with a secret.

вве́р|иться, юсь, ишься *pf* (*of* ⇒**~я́ться**) (+ *d*) to trust (in), put one's faith (in), put o.s. in the hands of.

вверн|у́ть, у́, ёшь *pf* (*of* ⇒**вввёртывать**) **1** to screw in, insert. **2** (*fig, coll*) to insert, put in; **ему́ не удало́сь в. ни сло́ва** he could not get a word in.

ввер|те́ть, чу́, ~тишь *pf* (*of* ⇒**~тывать**) (*coll*) to screw in.

ввёртыва|ть, ю *impf of* ⇒**вверну́ть** *and* ⇒**вверте́ть**

вверх *adv* up, upward(s); **идти́ в. по ле́стнице** to go upstairs; **в. по тече́нию** upstream; **в. дном** upside down; **в. нога́ми** head over heels.

вверху́ *adv and prep* + *g* above, overhead; **в. страни́цы** at the top of the page.

ввер|чу́, ~тишь *see* ⇒**~те́ть**

вверя́|ть(ся), ю(сь) *impf of* ⇒**вве́рить(ся)**

вве|сти́, ду́, дёшь, *past* **~л, ~ла́** *pf* (*of* ⇒**вводи́ть**) (*человека, животное*) to lead in, bring in, take in; (*закон, пошлины*) to introduce, bring in; (*поместить внутрь*) to introduce, put into; (*данные*) to enter, key in; **в. мо́ду** to introduce a fashion; **в. в заблужде́ние** to mislead; **в. в искуше́ние** to lead into temptation; **в. в курс чего́-н.** to acquaint with (the facts of) sth.

ввива́|ть, ю *impf of* ⇒**ввить**

ввиду́ *prep* + *g* in view (of); **в. того́, что** as; **в. того́, что вы прие́хали** as you have come.

ввин|ти́ть, чу́, ти́шь *pf* (*of* ⇒**~чивать**) (**в** + *a*) to screw (in); **в. што́пор в про́бку** to insert a corkscrew into a cork.

ввинчива|ть, ю *impf of* ⇒**ввинти́ть**

ввить, вовью́, вовьёшь *pf* (*of* ⇒**ввива́ть**) to weave in.

ввод, а *m* **1** bringing in(to), introduction. **2** (*elec*) lead-in; input. **3** (*comput*) input; **в. да́нных** data input; **устро́йства ~а** input devices.

вво|ди́ть, жу́, ~дишь *impf of* ⇒**ввести́**

вво́дн|ый *adj* introductory; (*gram*) **~ое сло́во** parenthetic word, parenthesis; **в. тон** (*mus*) leading note.

вво|жу́[1], ~дишь *see* ⇒**вводи́ть**

вво|жу́[2], ~зишь *see* ⇒**ввози́ть**

ввоз, а (*no pl*) *m* **1** (*действие*) importation. **2** (*импорт*) import; (*collect*) imports.

вво|зи́ть, жу́, ~зишь *impf of* ⇒**ввезти́**

вво́зн|ый *adj* (*товар*) imported; (*attr*) import; **~ая по́шлина** import duty.

вволаки́ва|ть, ю *impf of* ⇒**вволо́чь**

вволо́|чь, ку́, чёшь, ку́т, *past* **~к, ~кла́** *pf* (*coll*) to drag in.

вво́лю *adv* (*coll*) = **вдо́воль**

вво́сьмеро *adv* eight times; **в. бо́льше** eight times as much.

ввосьмеро́м *adv* eight together; **они́ в. сде́лали рабо́ту** eight of them did the job together.

ВВП *m indecl* (*abbr of* **валово́й вну́тренний проду́кт**) GDP (*gross domestic product*).

ВВС (*no sg*) *indecl* (*abbr of* **военно-возду́шные си́лы**) Air Force.

ВВЦ *m indecl* (*abbr of* **Всеросси́йский вы́ставочный центр**) (*formerly* ⇒**ВДНХ**) All-Russian Exhibition Centre (*Br*) (Center (*US*)) (*in Moscow*).

ввысь *adv* up, upward(s).

ввя|за́ть, жу́, ~жешь *pf* (*of* ⇒**~зывать**) to knit in; (*fig, coll*) to involve, mix up.

ввя|за́ться, жу́сь, ~жешься *pf* (**в** + *a*; *coll*) (*вмешаться*) to meddle (in); (*впутаться*) to get involved (in); mixed up (in); **в. в неприя́тную исто́рию** to get mixed up in a nasty business.

ввя́зыва|ть(ся), ю(сь) *impf of* ⇒**ввяза́ть(ся)**

вгиб, а *m* fold.

вгиба́|ть, ю *impf of* ⇒**вогну́ть**

вглубь *adv and prep* + *g* deep down; deep into, into the depths.

вгля|де́ться, жу́сь, ди́шься *pf* (*of* ⇒**~дываться**) (**в** + *a*) to peer (at).

вгля́дыва|ться, юсь *impf of* ⇒**вгляде́ться**

вгоня́|ть, ю *impf of* ⇒**вогна́ть**

вгры́з|ться, у́сь, ёшься *pf* (*coll*) to get one's teeth into (*of animals*).

вда|ва́ться, ю́сь, ёшься *impf of* ⇒**~ться**

вдав|и́ть, лю́, ~ишь *pf* (*of* ⇒**~ливать**) to press in(to).

вда́влива|ть, ю *impf of* ⇒**вдави́ть**

вда́лблива|ть, ю *impf of* ⇒**вдолби́ть**

вдалеке́ *adv* in the distance; **в. от** (+ *g*) a long way from.

вдали́ *adv* in the distance, far off; **в. от го́рода** a long way from the city; **исчеза́ть в.** to vanish into the distance.

вдаль *adv* afar, at a distance; **гляде́ть в.** to look into the distance.

вд|а́ться, а́мся, а́шься, а́стся, адимся, ади́тесь, аду́тся *pf* (*of* ⇒**вдава́ться**) (**в** + *a*) to jut out (into); (*fig*) to give oneself up to; to get immersed in; **в. в подро́бности** to go into details.

вдвига́|ть(ся), ю(сь) *impf of* ⇒**вдви́нуть(ся)**

вдвижно́й *adj* insertable.

вдви́|нуть, ну, нешь *pf* (*of* ⇒**~га́ть**) to push in(to).

вдви́|нуться, нусь, нешься *pf* (*of* ⇒**~га́ться**) to push in, squeeze in.

вдво́е *adv* twice; double; **в. лу́чше** twice as good; **сложи́ть в.** to fold double.

вдвоём *adv* the two together; **они́ написа́ли статью́ в.** the two of them together wrote the article.

вдвойне́ *adv* twice, double; doubly (*also fig*); **плати́ть в.** to pay double; **он в. винова́т** he is doubly to blame.

вдева́|ть, ю *impf of* ⇒**вдеть**

вде́л|ать, аю *pf* (*of* ⇨**~ывать**) (**в** + *a*) to fit (into), set (into).

вде́лыва|ть, ю *impf of* ⇨**вде́лать**

вде́н|у, ешь *see* ⇨**вдеть**

вдёргива|ть, ю *impf of* ⇨**вдёрнуть**

вдёрн|уть, у, ешь *pf* (*of* ⇨**вдёргивать**) to pull through; to thread; **в. ни́тку в иглу́** to thread a needle.

вде́сятеро *adv* ten times; **в. бо́льше** ten times as much.

вдесятеро́м *adv* ten together; **мы в.** ten of us.

вде|ть, ́~ну, ́~нешь *pf* (*of* ⇨**~ва́ть**) (**в** + *a*) to put in(to); **в. ни́тку в иго́лку** to thread a needle.

ВДНХ *f indecl* (*abbr of* **Вы́ставка достиже́ний наро́дного хозя́йства (СССР)**) (*hist, now* ⇨**ВВЦ**) Exhibition of National Economic Achievements (*in Moscow*).

вдоба́вок *adv* in addition; moreover; into the bargain; **в. к** (+ *d*) in addition to.

вдов|а́, ы́, *pl* **́~ы** *f* widow; **соло́менная в.** (*coll*) grass widow.

вдове́|ть, ю *impf* (*о же́нщине*) to be a widow; (*о мужчи́не*) to be a widower.

вдов|е́ц, ца́ *m* widower; **соло́менный в.** grass widower.

вдо́в|ий *adj of* ⇨**~а́**

вдови́ц|а, ы *f* (*obs*) widow.

вдо́воль *adv* **1** (*в изоби́лии*) in abundance; **у нас фру́ктов в.** we have an abundance of fruit. **2** (*вполне́ доста́точно*) enough; **он нае́лся в.** he ate his fill.

вдовств|о́, а́ *nt* widowhood.

вдо́вств|овать, ую *impf* (*obs*) = **вдове́ть**

вдо́в|ый (~) *adj* widowed.

вдого́нку *adv* (*coll*) after, in pursuit of; **бро́ситься в.** (**за** + *i*) to rush (after).

вдолб|и́ть, лю́, и́шь *pf* (*of* ⇨**вда́лбливать**) (*coll*) **в. что-н. кому́-н. в го́лову** to drum, din sth into s.o.'s head.

вдоль 1 *prep* (+ *g or* **по** + *d*) along; **в. бе́рега** along the bank; **в. по доро́ге** along the road; **я поплы́л в. по реке́** I sailed down the river. **2** *adv* lengthwise, longways; **разре́зать мате́рию в.** to cut material lengthwise; **в. и попере́к** (*повсю́ду*) in all directions, far and wide; (*подро́бно*) inside out.

вдо́сталь *adv* **1** (*coll*) in plenty. **2** (*obs*) completely.

вдох, а *m* breath; **сде́лать глубо́кий в.** to take a deep breath.

вдохнове́ни|е, я *nt* inspiration.

вдохнове́нный *adj* inspired.

вдохнови́тел|ь, я *m* inspirer; inspiration (*of persons*); **он — наш в.** he is an inspiration to us.

вдохнов|и́ть, лю́, и́шь *pf* (*of* ⇨**~ля́ть**) (+ *a or* **на** + *a*) to inspire (to).

вдохновля́|ть, ю *impf of* ⇨**вдохнови́ть**

вдохн|у́ть, у́, ёшь *pf* (*of* ⇨**вдыха́ть**) (**в** + *a*) **1** (*во́здух*) to breathe in; (*дым*) inhale. **2** (*настрое́ние*) to inspire (with), instil (into); **в. му́жество в кого́-н.** to instil courage into s.o.; **в. жизнь в кого́-н.** to stimulate into action.

вдре́безги *adv* (*на ме́лкие ча́сти*) to pieces, to smithereens; **разби́ть в.** to smash to smithereens; (*по́лностью*) completely; **в. пьян** (*coll*) dead drunk.

вдруг *adv* **1** (*неожи́данно*) suddenly, all of a sudden; (*одновре́менно*) simultaneously, at once; **все в.** all together. **2** *as interrog particle* (*coll*) (*а что е́сли*) what if, suppose; **(а) в. они́ узна́ют?** but suppose they find out?

вдрызг, *adv* (*coll*) completely; **в. пьян** dead drunk.

вдува́|ть, ю *impf of* ⇨**вдуть**

вду́м|аться, аюсь *pf* (*of* ⇨**~ываться**) (**в** + *a*) to think over, ponder, meditate (on).

вду́мчив|ый (~, ~а) *adj* pensive, meditative; thoughtful.

вду́мыва|ться, юсь *impf of* ⇨**вду́маться**

вду́н|уть, у, ешь *pf* = **вдуть**

вду|ть, ́~ю, ́~ешь *pf* (*of* ⇨**~ва́ть**) to blow into; **в. во́здух в ши́ну** to inflate, blow up a tyre.

вдыха́ни|е, я *nt* inhalation.

вдыха́тельный *adj* (*med*) respiratory.

вдыха́|ть, ю *impf of* ⇨**вдохну́ть**

веб, а *m* (*comput*) the Web.

веб-диза́йн, а *m* (*comput*) web design.

веб-диза́йнер, а *m* (*comput*) web designer.

веб-са́йт, а *m* (*comput*) website.

веб-страни́ц|а, ы *f* (*comput*) web page.

вегетариа́н|ец, ца *m* vegetarian; **стро́гий в.** strict vegetarian.

вегетариа́н|ка, ки *f of* ⇨**~ец**

вегетариа́нский *adj* vegetarian.

вегетариа́нств|о, а *nt* vegetarianism.

вегетати́вн|ый *adj* (*biol*) vegetative; **~ое размноже́ние** vegetative propagation/reproduction.

вегетацио́нный *adj* (*bot*) vegetation.

вегета́ци|я, и *f* vegetation.

ве́да|ть, ю *impf* **1** (*знать*) to know. **2** (+ *i*) (*заве́довать*) to manage, be in charge of.

ве́дени|е, я *nt* authority; jurisdiction; **э́ти дела́ в моём ~и** I am in charge of these things.

веде́ни|е, я *nt* conducting, conduct; **в. де́ла** the conduct of an affair; **в. журна́ла** the keeping of a diary; **в. протоко́ла** the taking of minutes; **в. хозя́йства** the running of a household.

ве́дома: **без моего́ в.** unknown to me; **с моего́ в.** with my knowledge, with my consent.

ве́домост|ь, и *f* **1** (*спи́сок*) list, register; **платёжная в.** payroll; **в. расхо́дов** expense sheet. **2** (*in pl*) Gazette (*as name of newspaper*); **Моско́вские ~и** Moscow Gazette.

ве́домственный *adj* departmental; **в. подхо́д к де́лу** narrow-minded approach.

ве́домств|о, а *nt* department.

ве́дом|ый (~, ~а) *adj* known; **ему́ не ~ страх** he doesn't know fear.

ведо́м|ый (~, ~а) *pres participle passive of* ⇨**вести́** led; **~ самолёт** supporting aircraft.

вед|ро́, ра́, *pl* **́~ра, ́~ер** *nt* **1** (*сосу́д*) bucket, pail; **по́лное в.** a pailful. **2** (*obs*) (*ме́ра объёма жи́дкостей*) vedro (*an old Russian liquid measure, eqv to approx 12 litres*).

вед|у́, ёшь *see* ⇨**вести́**

веду́щ|ий *pres participle active of* ⇨**вести́** *and adj* leading; (*tech*) **~ее колесо́** driving wheel; *as n* **в., ~его** *m* presenter; compère.

ведь *conj* **1** (*де́ло в том, что*) you see, you know (*but often requires no translation*); **она́ всё вре́мя покупа́ет но́вые пла́тья: в. она́ о́чень бога́та** she is always buying new dresses — she is very rich, you know. **2** (*particle*) (*не пра́вда ли?*) is it not?; is it?; **в. э́то пра́вда?** it's the truth, isn't it?

ве́дьм|а, ы *f* witch.

ведьм|овско́й *adj of* ⇨**́~а**

ве́ер, а, *pl* **~а́** *m* fan (*also fig*); **обма́хиваться ~ом** to fan o.s.

веерообра́зный *adj* fan-shaped.

ве́жливост|ь, и *f* politeness, courtesy.

ве́жлив|ый (~, ~а) *adj* polite, courteous.

везде́ *adv* everywhere; **в. и всю́ду** here, there, and everywhere.

вездесу́щ|ий (~, ~а) *adj* (*челове́к*) ubiquitous; (*also as n* **В.**) (*Бог*) omnipresent.

вездехо́д, а *m* four-wheel drive vehicle; all-terrain vehicle (*abbr* ATV).

везе́ни|е, я *nt* luck.

вез|ти́, у́, ёшь, *past* **́~, ~ла́** *impf* (*of* ⇨**по~**) (*det of* ⇨**вози́ть**) **1** (*перемеща́ть*) to take, convey, carry (*of beasts of burden, mechanical transport, or people when on transport*). **2** (*coll*) (*impers* + *d*) (*об уда́че*) to have luck; **ему́ не ~ёт в ка́рты** he has no luck at cards.

Везу́ви|й, я *m* (Mt) Vesuvius.

везу́чий *adj* (*coll*) lucky.

вей[1] *imperative of* ⇨**вить**

вей[2] *imperative of* ⇨**ве́ять**

век, а, о ́~е, на ~у́, *pl* **~а́** (*obs* **́~и**) *m* **1** (*столе́тие*) century. **2** (*эпо́ха*) age; **ка́менный в.** Stone Age; **Сре́дние ~а́** the Middle Ages; **испоко́н ~о́в** from time immemorial; **отжи́ть свой в.** to have had one's day; **в ко́и-то ́~и** once in a blue moon; **во ́~и ~о́в** (*всегда́, постоя́нно*) always, perpetually; (*with neg*) never; (*навсегда́*) for all time, for ever; **на ́~и ве́чные** for ever; **в. живи́ — в. учи́сь!** (*proverb*) live and learn! **3** (*жизнь*) life, lifetime; **на моём ~у́** in my lifetime. **4** *as adv* (*о́чень до́лго*) for ages; **мы с ва́ми в. не вида́лись** we have not seen each other for ages.

ве́к|о, а, *pl* **~и, ~** *nt* eyelid.

ве́кове́чный *adj* eternal, everlasting.

ве́ково́й *adj* ancient, age-old.

векселеда́тел|ь, я *m* (*comm*) drawer (*of a bill*).

векселедержа́тел|ь, я *m* (*comm*) payee, holder (*of a bill*).

ве́ксел|ь, я, *pl* **~я́** *m* promissory note; bill of exchange.

ве́ктор, а *m* (*math*) vector.

В

вёл, ~á *see* ⇨**вести́**

велéни|е, я *nt* command, behest; **по ~ю сóвести** as dictated by one's conscience; **в. врéмени** the dictates of the present time.

велеречи́в|ый (~, ~а) *adj* (*obs or ironical*) bombastic.

вел|éть, ю, и́шь *impf and pf* (+ *d and inf or* **чтóбы**) **1** to order; **я ~éл емý сдéлать э́то; я ~éл емý, чтóбы он сдéлал э́то** I ordered him to do this; **дéлайте, как вам ~́ено** do as you are told. **2**: **не в.** to forbid.

вéлик, а *m* (*coll*) bike.

великáн, а *m* giant.

великáнский *adj* gigantic.

Вели́кая Отéчественная войнá (1941–1945) (literally 'the Great Patriotic War')

The Soviet name for the Second World War in the context of the Soviet Union's involvement in it.

вели́к|ий (~, ~́á) *adj* **1** (*short form* **~а, ~о**) (*выдающийся*) great; **~ие держáвы** the Great Powers; **Екатери́на Вели́кая** Catherine the Great; **В. кнЯзь** grand prince, grand duke; **В~ая седми́ца** Passion Week; **В. четвéрг** Maundy Thursday. **2** (*short form* **~á, ~ó,** *pl* **~и́**) (*большой*) big, large; **~ое мнóжество** a lot, a great deal; **от мáла до ~а** (*coll*) young and old. **3** (*short form only*; **~á, ~ó,** *pl* **~и́**) (+ *d or* **для** + *g*) (*слишком большой*) too big; **э́ти брю́ки мне ~и́** these trousers are too big for me.

Великобритáни|я, и *f* Great Britain.

великовáт|ый (~, ~а) *adj* (*coll*) rather large, big; **э́ти боти́нки мне ~ы** these boots are rather big for me.

великодержáвный *adj* great-power.

великодýши|е, я *nt* magnanimity, generosity.

великодýшнича|ть, ю *impf* (*coll*) to be unnecessarily magnanimous, generous.

великодýш|ный (~ен, ~на) *adj* magnanimous, generous.

великолéпи|е, я *nt* splendour, magnificence.

великолéп|ный (~ен, ~на) *adj* **1** (*роскошный*) splendid, magnificent. **2** (*отличный*) excellent; **~но!** (*int*) splendid!; excellent!

великомýченик, а *m* great martyr.

великопóстный *adj* (*eccl*) Lenten.

велико|рóсс, а *m* (*obs*) = **~рýс**

великорýс, а *m* (*obs*) Russian.

великорýсский *adj* (*obs*) Russian.

великосвéтский *adj* high-society (*attr*).

величáвост|ь, и *f* stateliness, majesty.

величáв|ый (~, ~а) *adj* stately, majestic.

величáйш|ий *adj* (*superl of* ⇨**вели́кий**) greatest, extreme, supreme; **дéло ~ей вáжности** a matter of extreme importance; **с ~им удовóльствием** with the greatest pleasure.

величá|ть, ю *impf* **1** (+ *a and i or nom*; *coll*) (*звать*) to call; **как вас ~ют?** what is your name?; **егó ~ют Ивáном/Ивáн** he's called Ivan. **2** (+ *a and i*; *obs and ironical*) (*называть*) to hail as. **3** (*folk poetical*) (*чествовать*) to honour (*Br*), honor (*US*) with songs.

величá|ться, юсь *impf* **1** *passive of* ⇨**~ть**. **2** (+ *i*; *coll*) to glory (in), plume o.s. (on).

вели́чественност|ь, и *f* majesty, grandeur.

вели́чествен|ный (~, ~на) *adj* majestic, grand.

вели́честв|о, а *nt* majesty; **Вáше В.** Your Majesty.

вели́чи|е, я *nt* greatness; grandeur; **мáния ~я** megalomania.

величин|á, ы́, *pl* **~́ы, ~́, ~́ам** *f* **1** size; **дом срéдней ~ы́** a house of average size. **2** (*math*) quantity, magnitude; (*значение*) value; **постоя́нная в.** constant. **3** (*о человеке*) great figure; **литератýрная в.** an eminent literary figure.

вело... *comb form* bicycle-, cycle-.

велогóнк|а, и *f* cycle race.

велогóнщик, а *m* racing cyclist.

велогóнщи|ца, цы *f of* ⇨**~к**

велодрóм, а *m* cycle track; velodrome.

велокрóсс, а *m* cyclo-cross.

велопробéг, а *m* cycle race.

велосипéд, а *m* bicycle; cycle; **вóдный в.** pedalo; **пáрный в.** tandem; **в.-паýк** (*hist*) penny-farthing; **изобретáть в.** (*coll*) to reinvent the wheel.

велосипеди́ст, а *m* bicyclist; cyclist.

велосипеди́ст|ка, ки *f of* ⇨**~**

велосипéд|ный *adj of* ⇨**~**

велоспóрт, а *m* cycling.

велотрéк, а *m* cycle track.

велотренажёр, а *m* exercise bicycle.

велофигури́ст, а *m* trick cyclist.

вельбóт, а *m* whale boat, whaler.

вельвéт, а *m* corduroy.

вельвéтовый *adj* corduroy.

вельмóж|а, и *m* grandee.

вельмóж|ный *adj of* ⇨**~а**

велю́р, а *m* velour.

веля́рный *adj* (*ling*) velar.

Вéн|а, ы *f* Vienna.

вéн|а, ы *f* (*anat*) vein; **расширéние ~** varicose veins.

венгéр|ка, ки *f* **1** *f of* ⇨**венгр**. **2** (*танец*) Hungarian dance. **3** (*куртка*) dolman (*jacket*).

венгéрский *adj* Hungarian.

венгр, а *m* Hungarian.

Вéнгри|я, и *f* Hungary.

венери́ческий *adj* (*med*) venereal; **в. диспансéр** VD clinic.

венерóлог, а *m* specialist in venereal diseases.

венерологи́|я, и *f* science of venereal diseases.

Венесуэ́л|а, ы *f* Venezuela.

венесуэ́л|ец, ца *m* Venezuelan.

венесуэ́л|ка, ки *f of* ⇨**~ец**

венесуэ́льский *adj* Venezuelan.

вен|éц, цá *m* **1** (*poetical*) (*венок*) wreath, garland; **тернóвый в.** crown of thorns. **2** (*корона*) crown; **цáрский в.** tsar's/king's crown. **3** (*при венчании*): **пойти́ под в. с кем-н.** to marry; **под ~цóм** during the wedding. **4** (*fig, literary*) (*завершение*) completion, consummation; **(хорóший) конéц — дéлу в.** (*proverb*) all's well that ends well; (*вершина, высшее достижение*) crowning achievement. **5** (*astron*) corona. **6** (*вокруг головы святого*) halo, nimbus.

венециáнск|ий *adj* Venetian; **~ая ярь** verdigris.

Венéци|я, и *f* Venice.

венéчный *adj* **1** (*anat*) coronal, coronary. **2** *adj of* ⇨**венéц**

вéнзел|ь, я, *pl* **~я́, ~éй** *m* monogram; **~я́ выпи́сывать** (*coll*) to walk unsteadily (*of a drunken person*).

вéник, а *m* **1** (*из прутьев*) besom, broom. **2** (*в бане*) birch twigs (*used in Russian baths*).

вéнич|ек, ка *m* (*cul*) whisk.

вен|óзный *adj of* ⇨**~а**; venous.

вен|óк, кá *m* wreath, garland.

вéнск|ий *adj* Viennese; **в. стул** bentwood chair.

вентили́р|овать, ую *impf* (*of* ⇨**про~**) to ventilate (*also fig*).

вéнтил|ь, я *m* valve.

вентиля́тор, а *m* ventilator; extractor (fan).

вентиля́ци|я, и *f* ventilation.

венценóс|ец, ца *m* (*epithet of monarch*; *rhetorical*) wearer of crown, crowned head.

венчá|льный *adj of* ⇨**~ние**; **~льное кольцó** wedding ring; **в. наря́д** wedding dress.

венчáни|е, я *nt* **1**: **в. (на цáрство)** coronation. **2** (*бракосочетание*) wedding ceremony.

венчá|ть, ю *impf* **1** (*pf* **в.** *and* **у~**) (*находиться наверху*) to crown. **2** (*pf* **у~**) (*fig*) to crown; **конéц ~ет дéло** all's well that ends well. **3** (*pf* **об~** *and* **по~**) (*соединять браком*) to marry (*of officiating priest*).

венчá|ться, юсь *impf* **1** (*pf* **об~** *and* **по~**) to be married, marry. **2** *passive of* ⇨**~ть**

вéнчик, а *m* **1** (*bot*) corolla. **2** (*для взбивания яиц и т. п.*) whisk. **3** *diminutive of* ⇨**венéц 6**; halo, nimbus.

вéнчурный *adj* (*fin*) venture; **в. капитáл** venture capital.

вепр|ь, я *m* wild boar.

вéр|а, ы *f* (**в** + *a*) faith, belief (in); (*уверенность*) trust, confidence; **приня́ть на ~у** to take on trust; **~ой и прáвдой служи́ть** (*coll*) to serve faithfully.

верáнд|а, ы *f* veranda.

вéрб|а, ы *f* willow; (*ветка*) willow branch.

вербáльный *adj* verbal.

вербéн|а, ы *f* (*bot*) verbena.

верблю́д, а *m* camel; **одногóрбый в.** Arabian camel, dromedary; **двугóрбый в.** Bactrian camel.

верблю́|жий *adj of* ⇨**~д**; **~жья шерсть** camel's hair; **~жье сукнó** camel-hair cloth, camel hair.

верблюж|óнок, óнка, *pl* **~áта, ~áт** *m* camel foal.

ве́рб|ный *adj of* ⇨**~а**; **В~ное воскресе́нье** (*eccl*) Palm Sunday; **В~ная неде́ля** Holy Week.

верб|ова́ть, у́ю *impf* (*of* **за~** *and* **на~**) to recruit, enlist; (*fig*) to win over.

вербо́вк|а, и *f* recruiting.

вербо́вщик, а *m* recruiter.

ве́рбов|ый *adj* willow; osier; **~ая корзи́на** wicker basket.

верди́кт, а *m* verdict.

верёвк|а, и *f* cord, rope; string; (*fig*) noose; **в. для белья́** clothes line; **свя́зывать ~ой** to tie up.

верёв|очный *adj of* ⇨**~ка**

вере|ди́ть, жу́, ди́шь *impf* (*of* ⇨**раз~**) (*coll*) to knock, irritate (*a sore place*; *also fig*).

верезж|а́ть, у́, и́шь *impf* (*coll*) to squeal.

верени́ц|а, ы *f* file, line; **в. лошаде́й** a string of horses; (*fig*): **в. иде́й** a series of ideas.

ве́реск, а *m* (*bot*) heather.

веретён|ный *adj of* ⇨**~о́**

веретен|о́, а́, *pl* **веретёна, веретён** *nt* spindle.

верещ|а́ть, у́, и́шь *impf* (*coll*) (*говорить пискливо*) to squeal; (*говорить много*) to chatter; (*стрекотать*) to chirp (*of a cricket, etc.*).

верзи́л|а, ы *cg* (*coll*) lanky person.

вери́г|и, ~ *pl* (*sg* **~а, ~и** *f*) chains, fetters (*worn by ascetics*; *also fig*).

вери́тельн|ый *adj*: **~ая гра́мота** (*diplomacy*) credentials.

ве́р|ить, ю, ишь *impf* (*of* ⇨**по~**) (+ *d or* **в** + *a*) to believe, have faith (in); (+ *d*) (*доверять*) to trust (in), rely (upon); **в. в Бо́га** to believe in God; **в. в прогре́сс** to believe in progress; **э́тому челове́ку никто́ не ~ит** no one believes that man; **он не ~ит свое́й жене́** he does not trust his wife; **в. на́ слово** to take on trust; **я не ~ил свои́м уша́м/глаза́м** I could not believe my ears/eyes.

ве́р|иться, ится *impf* (*impers* + *d*): **(мне) ~ится с трудо́м** I find it hard to believe; **мне не ~ится, что э́то так** I can't believe it's true.

вермише́л|ь, и *f* vermicelli.

ве́рмут, а *m* vermouth.

верн|е́е *adv* (*comp of* ⇨**~́о**) rather; **в. всего́** most probably; **в. (сказа́ть)** to be more exact.

верниса́ж, а *m* (*art*) **1** (*закрытый просмотр*) private viewing. **2** (*день открытия*) opening day (*of an exhibition*).

ве́рн|о *adv of* ⇨**~ый**; *as parenthesis* (*coll*) probably, I suppose; **вы, в., уже́ слы́шали но́вости** you have probably already heard the news.

верноп́одданническ|ий *adj*: **~е чу́вства** loyalty.

верноп́одданн|ый *adj* (*obs*) loyal, faithful; *as n* **в., ~ого** *m* loyal subject.

ве́рност|ь, и *f* **1** (*преданность*) faithfulness, loyalty. **2** (*правильность*) truth, correctness; **для ~и** (*coll*) to be on the safe side.

верн|у́ть, у́, ёшь *pf* (*of* ⇨**возвраща́ть**) **1** (*отдать обратно*) to give back, return; **в. кому́-н. наде́жду** to give s.o. back hope. **2** (*получить обратно*) to get back, recover, retrieve; **в. поте́рянное** to recover what one has lost.

верн|у́ться, у́сь, ёшься *pf* (*of* ⇨**возвраща́ться**) to return (*also fig*); **в. домо́й** to return home.

ве́р|ный (~ен, ~на́, ~но, ~́ны́) *adj* **1** (*правильный*) true, correct; **~ны ли ва́ши часы́?** is your watch right?; **~но ли, что вы уезжа́ете?** is it true that you are going away? **2** (*преданный*) faithful, loyal, true; **в. свои́м убежде́ниям** true to one's convictions. **3** (*надёжный*) sure, reliable; **в. исто́чник** reliable source; **~ная ко́пия** faithful copy; **в. при́знак** sure sign. **4** (*несомненный*) certain, sure; **~ная смерть** certain death.

верня́к, а́ *m* (*coll*) certain success, winner.

ве́ровани|е, я *nt* belief, creed.

ве́р|овать, ую *impf* (**в** + *a*) to believe (in).

вероисповеда́ни|е, я *nt* creed, denomination; **свобо́да ~я** freedom of religion.

вероло́м|ный (~ен, ~на) *adj* treacherous, perfidious.

вероло́мств|о, а *nt* treachery, perfidy.

веро́ник|а, и *f* (*bot*) speedwell, veronica.

вероотсту́пник, а *m* apostate.

вероотсту́пничеств|о, а *nt* apostasy.

вероподо́б|ный (~ен, ~на) *adj* (*obs*) likely.

веротерпи́мост|ь, и *f* (*relig*) toleration.

веротерпи́м|ый (~, ~а) *adj* (*relig*) tolerant.

вероуче́ни|е, я *nt* (*relig*) dogma, teachings.

вероучи́тел|ь, я *m* religious teacher, apologist.

вероя́ти|е, я *nt* (*obs*) probability, likelihood; **по всему́ ~ю** in all probability.

вероя́тно *adv* probably.

вероя́тност|ь, и *f* probability; **по всей ~и** in all probability; **тео́рия ~ей** (*math*) theory of probability.

вероя́т|ный (~ен, ~на) *adj* probable, likely; **э́то вполне́ ~но** it is highly probable; **~нее всего́** most probably; **в. насле́дник** heir presumptive.

Верса́л|ь, я *m* Versailles.

верса́льский *adj*: **В. догово́р** Treaty of Versailles.

версифика́ци|я, и *f* versification.

ве́рси|я, и *f* version.

верст|а́, ы́, *a* **~у́** *pl* **~̈ы, ~̈** *f* (*мера*) verst (*an old Russian measurement, eqv to approx 1.07 kilometres*); (*столб*) verst post; **за ~у́** (*coll*) from far off; **ме́рить ~̈ы** (*coll*) to travel a long way; **коло́менская в.** (*coll*) beanpole, lanky person.

верста́к, а́ *m* (*tech*) (work)bench.

верста́|ть, ю *impf* (*of* ⇨**с~**) (*printing*) to impose, make up into pages.

вёрстк|а, и *f* (*printing*) **1** (*действие*) page make-up. **2** (*для корректуры*) page proofs.

верст|ово́й *adj of* ⇨**~а́**; **в. столб** milestone.

ве́ртел, а, *pl* **~а́** *m* spit; skewer.

верте́п, а *m* **1** den (*of thieves, etc.*). **2** (*theatr*) puppet show.

вер|те́ть, чу́, ~́тишь *impf* (+ *a or i*) (*рукоятку, колесо*) to turn; (*быстро*) to twirl; **в. голово́й** to shake one's head; **в. тро́стью** to twirl a cane; **в. что-н. в рука́х** to fiddle with sth; **она́ ~́тит им, как хо́чет** she can twist him round her little finger; **как ни ~ти́, нам придётся заплати́ть** there is nothing for it, we shall have to pay.

вер|те́ться, чу́сь, ~́тишься *impf* **1** (*вращаться*) to rotate, turn (round), revolve (*also fig*); **разгово́р у них всё ~́тится вокру́г войны́** conversation with them always revolves around the war; **~ в голове́** to go round and round in one's head; **его́ фами́лия весь день ~те́лась у меня́ на языке́** his name was on the tip of my tongue all day; **в. под нога́ми, пе́ред глаза́ми** (*coll*) to be under one's feet, in the way. **2** (*coll*) (*общаться*) to move (among), hang around (with); **он бо́льшей ча́стью ~́тится среди́ иностра́нцев** he hangs around mainly with foreigners. **3** (*coll*) (*ёрзать*) to fidget. **4** (*coll*) (*увиливать*) to prevaricate; **отве́ть на вопро́с пря́мо, не ~ти́сь** answer the question directly and don't prevaricate.

вертика́л, а *m* (*astron*) vertical.

вертика́л|ь, и *f* (*линия*) vertical line; (*на шахматной доске*) file; (*в кроссворде*) down.

вертика́л|ьный (~ен, ~ьна) *adj* vertical.

вертихво́стк|а, и *f* (*coll*) flirt.

вёрт|кий (~ок, ~ка *and* **вертка́, ~ко)** *adj* (*coll*) nimble, agile.

вертлу́г, а́ *m* (*anat*) head of the femur.

вертлю́г, а́ *m* (*tech*) swivel.

вертлю́|жный *adj of* ⇨**~г**

вертля́в|ый (~, ~а) *adj* (*coll*) **1** (*подвижный*) restless, fidgety. **2** (*легкомысленный*) frivolous.

вертогра́д, а *m* (*obs*) garden.

вертодро́м, а *m* heliport.

вертолёт, а *m* helicopter; **боево́й в.** helicopter gunship.

вертолётчик, а *m* helicopter pilot.

вертолётчи|ца, цы *f of* ⇨**~к**

вертопра́х, а *m* (*coll*) frivolous person.

вертуха́|й, я *m* (*sl*) screw (*prison warder*).

верту́шк|а, и *f* (*coll*) **1** revolving object (*e.g. door, bookcase*); (*турникет*) turnstile. **2** (*игрушка*) whirligig, teetotum. **3** (*cg*) (*человек*) (*легкомысленная женщина*) flighty woman; (*непоседливый ребёнок*) fidget. **4** (*проигрывателя*) turntable; (*сам проигрыватель*) record player. **5** (*вертолёт*) helicopter, chopper (*coll*). **6** (*внутренний телефон прямой связи*) direct (private) (*telephone*) line.

ве́рующ|ий *adj* religious; *as n* **в., ~его** *m* believer.

верф|ь, и *f* dockyard; shipyard.

В

верх, а, *pl* **~и́** *m* **1** (*верхняя часть*) top, (*горы*) summit (*also fig*); **встре́ча в ~а́х** (*pol*) summit conference; (*крайняя степень*) height; **в. глу́пости** the height of folly. **2** (*экипажа, автомашины*) hood (*Br*), folding top (*US*); **«верх!»** (*sign*) 'this side up'; (*fig*) (*общества*) **~и́** (*in pl*) upper crust; (*mus*) high notes; **взять, одержа́ть в. (над** + *i*) to gain the upper hand (over). **3** (*лицевая сторона*) outside, top; right side (*of material*); **хвата́ть ~и́, нахвата́ться ~о́в** (*fig, coll*) to get a smattering (of), acquire a superficial knowledge (of).

ве́рхн|ий *adj* upper; **~яя оде́жда** outer clothing; **~яя пала́та** (*pol*) upper chamber; **~ее тече́ние (реки́)** upper reaches (of river); **в. я́щик** top drawer.

верхове́нств|о, а *nt* supremacy.

верхо́вн|ый *adj* supreme; **~ое кома́ндование** high command; **В. Сове́т** (*hist*) Supreme Soviet; **В. суд** Supreme Court.

верхово́д, а *m* (*coll*) boss, leader.

верхово́|дить, жу, дишь *impf* (+ *i*; *coll*) to lord it over, boss around.

верх|ово́й[1] *adj*: **~ова́я езда́** riding (*Br*), horseback riding (*US*); **~ова́я ло́шадь** saddle horse; **~ова́я тропа́** bridle path; *as n* **в., ~ово́го** *m* rider.

верхово́й[2] *adj* upriver.

верхо́вь|е, я, *g pl* **~ев** *nt* upper reaches.

верхогля́д, а *m* (*coll*) superficial person.

верхогля́дств|о, а *nt* (*coll*) superficiality.

верхола́з, а *m* steeplejack.

ве́рхом *adv* **1** on high ground. **2** (*выше краёв*) (*coll*) brim-full; **нали́ть стака́н в.** to pour out a full glass.

верхо́м *adv* astride; on horseback; **е́здить в.** to ride.

верхоту́р|а, ы *f* (*coll*) top.

верху́шк|а, и *f* **1** top; **в. а́йсберга** (*fig*) tip of the iceberg. **2** (*fig, coll*) (*организации*) elite, top.

ве́рченый *adj* (*coll, pej*) flighty, frivolous.

вер|чу́, ~́тишь *see* **⇒~те́ть**

ве́рш|а, и *f* fish trap (*made of osiers*).

верши́н|а, ы *f* **1** (*дерева, холма*) top; (*горы*) summit, peak; (*fig*) peak, acme. **2** (*math*) vertex; apex.

верши́тел|ь, я *m*: **в. су́деб** controller of fate; **он ведёт себя́ как в. су́деб** he behaves as if he were God.

верш|и́ть, у́, и́шь *impf* (+ *a or i*) (*управлять*) to manage, control, decide; **в. суд и распра́ву** to administer justice and mete out punishment; **в. все́ми дела́ми** to run the whole show.

вершк|и́, о́в *pl* (*coll*) top part.

вершко́вый *adj* one vershok long.

верш|о́к, ка́ *m* vershok (*an old Russian measure of length, eqv to 4.45 cm*); (*fig*) smattering.

вес, а, *pl* (*specialist use only*) **~а́** *m* **1** weight; **ли́шний в.** excess baggage; (*fig*) (*значение*) weight, authority; **на в.** by weight; **~́ом в сто фу́нтов** weighing a hundred pounds; **на ~у́** balanced, hanging, suspended; **держа́ться на ~у́** to be balanced; **приба́вить, уба́вить в ~́е** to put on, lose weight; **быть на в. зо́лота** to be worth one's weight in gold; **име́ть в ~́е** to carry weight. **2** (*система мер*) system of weights; **апте́карский в.** apothecaries' weight. **3**: **уде́льный в.** specific gravity.

веселе́|ть, ю *impf* (*of* **⇒по~**) to cheer up.

весел|и́ть, ю́, и́шь *impf* (*of* **⇒раз~**) to amuse.

весел|и́ться, ю́сь, и́шься *impf* to enjoy o.s.; to have fun.

ве́село *adv* gaily, merrily; *as pred* (+ *d*) to enjoy o.s.; **нам тут о́чень в.** we are having fun here; **бы́ло в.** it was fun.

весёлост|ь, и *f* gaiety; cheerfulness.

весёл|ый (ве́сел, ~а́, ве́село) *adj* **1** cheerful, merry; **у него́ ~ое настрое́ние сего́дня** he is in good spirits today. **2** (*no short form*) (*фильм, рассказ*) cheerful, feel-good; (*краски, обои*) bright, cheerful.

весе́л|ье, ья, *g pl* **~ий** *nt* gaiety, merriment.

вес|е́льный *adj of* **⇒~ло́**; **~е́льная ло́дка** rowing boat.

весельча́к, а́ *m* (*coll*) convivial fellow.

веселя́щий *adj*: **в. газ** laughing gas.

вес|е́нний *adj of* **⇒~на́**; **~е́ннее равноде́нствие** vernal equinox.

ве́|сить, шу, сишь *impf* **1** (*иметь тот или иной вес*) to weigh; **груз ~сит три то́нны** the cargo weighs three tons. **2** (*взвешивать*) (*coll*) to weigh.

ве́с|кий (~ок, ~ка) *adj* weighty.

ве́скост|ь, и *f* weightiness.

вес|ло́, ла́, *pl* **~̈ла, ~̈ел, ~̈лам** *nt* oar; (*гребок*) paddle; **подня́ть ~̈ла** to rest on one's oars.

вес|на́, ны́, *pl* **~̈ны, ~̈ен, ~̈нам** *f* spring (*season*).

весно́й *adv* in the spring.

весну́ш|ки, ек *pl* (*sg* **~ка, ~ки** *f*) freckles.

весну́шчатый *adj* freckled.

вес|ово́й 1 *adj of* **⇒~**; **~ова́я катего́рия** (*sport*) weight category. **2** (*продаваемый на вес*) sold by weight.

весо́м|ый (~, ~а) *adj* (*phys*) ponderable; (*fig*) weighty; substantial.

вест, а *m* (*naut*) **1** (*запад*) west. **2** (*западный ветер*) west wind.

веста́лк|а, и *f* Vestal (Virgin).

ве́стерн, а *m* western (*film*).

ве|сти́, ду́, дёшь, *past* **~̈л, ~ла́** *impf* (*det of* **⇒води́ть**) **1** (*pf* **по~**) (*сопровождать*) to lead; to take; (*войска*) to lead. **2** (*pf* **про~**) (+ *i* **по** + *d*) to run (over), pass (over, across); **в. смычко́м по стру́нам** to run one's bow over the strings. **3** (*pf* **про~**) (*осуществлять, делать*) to conduct; to carry on; **в. войну́** to wage war; **в. ого́нь (по** + *d*, *impf only*) to fire (on); **в. перегово́ры** to carry on negotiations; **в. перепи́ску (с** + *i*) to correspond (with); **в. проце́сс** to carry on a lawsuit. **4** (*impf only*) (*машину*) to drive; **в. кора́бль** to navigate a ship; **в. самолёт** to pilot an aircraft. **5** (*impf only*) (*руководить*) to conduct, direct, run; (*передачу*) to present; (*собрание*) to chair; **в. де́ло** to run a business; **в. по́иск** (*comput*) to run a search; **в. хозя́йство** to keep house. **6** (*impf only*) (*учёт*) to keep; **в. дневни́к** to keep a diary; **в. кни́ги** to keep books, keep accounts; **в. протоко́л** to keep minutes. **7** (*impf only*): **в. себя́** to behave. **8** (*pf* **при~**) (*служить путём куда-н.*) to lead (*also fig*); **куда́ ~дёт э́та доро́га?** where does this road lead (to)?; **э́то ни к чему́ не ~дёт** this is leading nowhere. **9** (*impf only*): **в. своё нача́ло (от** + *g*) to originate (in).

вестибуля́рный *adj*: **в. аппара́т** (*anat*) vestibular apparatus.

вестибю́л|ь, я *m* entrance hall, lobby.

вести́мо *adv* (*dialect*) of course, certainly.

вест-инд|ец, ца *m* West Indian.

Вест-И́нди|я, и *f* the West Indies.

вест-инд|ка, ки *f of* **⇒~ец**

вест-и́ндский *adj* West Indian.

ве|сти́сь, ду́сь, дёшься, *past* **вёлся, ~ла́сь** *impf* (*of* **⇒по~**) **1** *passive of* **⇒~сти́**. **2** (*usu impers*; *coll*) (*быть принятым*) to be observed (*of customs, etc.*); **так ~дётся уже́ три́ста лет** this has been the custom for three hundred years. **3** (*происходить*) to take place.

ве́стник, а *m* **1** (*человек*) messenger, herald. **2** (*название издания*) Bulletin.

ве́стни|ца, цы *f of* **⇒~к 1**

вестов|о́й *adj* (*obs*) signal; *as n* **в., ~о́го** *m* orderly.

ве́сточк|а, и *f* (*coll*) news; **пришли́те мне ~у, как то́лько прие́дете** drop me a line as soon as you arrive.

вест|ь[1]**, и,** *pl* **~́и, ~е́й** *f* news; piece of news; **пропа́сть бе́з ~и** (*mil*) to be missing.

весть[2] *only in coll phrr*: **бог в. что/кто/когда́/како́й** goodness knows (*or* heaven knows) what/who/where/what (kind); **не бог в. како́й** trifling, insignificant.

вес|ы́, о́в (*no sg*) **1** scales, balance; **мостовы́е в.** weighbridge; **пружи́нные в.** spring balance. **2 В.** (*созвездие*) the Scales, Libra.

весь[1]**, вся, всё,** *g* **всего́, всей, всего́,** *pl* **все, всех** *pron* all; **весь день** all day; **вся страна́** the whole country; **вся Фра́нция** the whole of France; **по всему́ го́роду** all over the town; **он весь в отца́** he is the (very) image of his father; **весь в лохмо́тьях** all in rags; **хлеб весь вы́шел** there is no more bread left; **бума́га вся вы́шла** the paper is all used up; **во весь го́лос** at the top of one's voice; **во всю мочь** with all one's might; **от всего́ се́рдца** from the bottom of one's heart, with all one's heart; **вовсю́** (*coll*) like anything; **пре́жде всего́** before all, first and foremost; **при всём (при) том** for all that, moreover; **вот и всё** that's all; there's nothing more to it; **всего́ хоро́шего!** goodbye!, all the best!; **всё и вся** all and everything; **по всему́** (*coll*) all the signs indicate; *as n* **всё, всего́** *nt* everything; **все, всех** (*no sg*) all, everyone.

вес|ь[2]**, и** *f* (*archaic, usu in pl*) village.

весьма́ *adv* very, highly; **в. успе́шный о́пыт** highly successful experiment.

ветви́ст|ый (~, ~а) *adj* branchy, spreading.

ветвра́ч, а́ *m* vet.

ветв|ь, и, *pl* **~и, ~е́й** *f* branch, bough; (*fig*) branch.

ве́т|ер, ра *m* wind; (*fig*) **броса́ть слова́ на в.** to talk idly; **броса́ть де́ньги на в.** to waste money; **у него́ в. в голове́** he is a thoughtless fellow; **подби́тый ~ром** (*coll*) (*i*) empty-headed, (*ii*) light, flimsy.

ветера́н, а *m* veteran.

ветерина́р, а *m* veterinary surgeon (*Br*), veterinarian (*US*).

ветерина́ри|я, и *f* veterinary science.

ветерина́рный *adj* veterinary.

ветер|о́к, ка́ *m* breeze; **с ~ко́м** fast.

ве́тк|а, и *f* branch; (*мелкая*) twig; **железнодоро́жная в.** branch line.

вет|ла́, лы́, *pl* **~лы, ~ел** *f* (*bot*) (*белая/серебристая ива*) white willow.

ве́то *nt indecl* veto; **наложи́ть в. (на** + *a*) to veto.

ве́точк|а, и *f* twig, sprig, shoot.

ве́тош|ь, и *f* old clothes, rags.

ве́треник, а *m* (*coll*) empty-headed, frivolous person.

ве́трени|ца[1], цы *f* of **⇒~к**

ве́трениц|а[2], ы *f* (*bot*) anemone.

ве́треност|ь, и *f* empty-headedness.

ве́трен|ый (~, ~а) *adj* **1** windy; **за́втра бу́дет ~о** it will be windy tomorrow. **2** (*fig*) (*человек*) empty-headed, frivolous.

ветри́л|о, а *nt* (*poetical*) sail.

ветров|о́й *adj of* **⇒ве́тер**; **~о́е стекло́** windscreen (*Br*), windshield (*US*).

ветроме́р, а *m* (*phys*) anemometer.

ветроуказа́тел|ь, я *m* (*aeron*) wind sock.

ветря́к, а́ *m* **1** (*tech*) wind turbine. **2** (*coll*) windmill.

ветря́нк|а, и *f* (*coll*) **1** (*мельница*) windmill. **2** (*med*) chickenpox.

ветрян|о́й *adj* wind(-powered); **~а́я ме́льница** windmill.

ве́трян|ый *adj*: **~ая о́спа** chickenpox.

ве́тх|ий (~, ~а́, ~о) *adj* (*очень старый*) old, ancient; (*здание*) dilapidated, tumbledown; (*здание, человек*) decrepit; **В. Заве́т** the Old Testament.

ветхозаве́тный *adj* Old Testament; (*fig*) antiquated.

ве́тхост|ь, и *f* decrepitude; dilapidation.

ветчин|а́, ы́ (*no pl*) *f* ham.

ветчи́н|ный *adj of* **⇒~а́**

ветша́|ть, ю *impf* (*of* **⇒об~**) (*здание*) to decay; to become dilapidated; (*человек*) to become decrepit.

ве́х|а, и *f* landmark (*also fig*); milestone.

ве́ч|е, а *nt* (*hist*) veche (*a popular assembly in medieval Russian towns*).

вечево́й *adj of* **⇒ве́че**

ве́чер, а, *pl* **~а́** *m* **1** (*время*) evening; **по ~а́м** in the evenings; **под в., к ~у** towards evening. **2** (*собрание*) party; evening, soirée; **музыка́льный в.** musical evening.

вечере́|ть, ет *impf* (*impers*) to grow dark; **~ет** night is falling.

вечери́нк|а, и *f* party.

вечёрк|а, и *f* (*coll*) evening paper.

вечерко́м *adv* (*coll*) in the evening.

вече́рн|ий *adj of* **⇒ве́чер**; **~яя заря́** twilight, dusk; **~ие ку́рсы** evening classes; **~ее пла́тье** evening dress; **~яя шко́ла** night school.

вече́рник, а *m* (*coll*) night-school student.

вече́р|ня, ни, *g pl* **~ен** *f* (*eccl*) vespers.

ве́чером *adv* in the evening.

ве́чер|я, и *f*: **Та́йная в.** (*bibl*) the Last Supper.

ве́чно *adv* (*всегда*) for ever, eternally; (*coll*) (*постоянно*) always; **они́ в. ссо́рятся** they are always quarrelling.

вечнозелёный *adj* (*bot*) evergreen.

ве́чност|ь, и *f* eternity; **ка́нуть в в.** to sink into oblivion; **це́лую в.** (*coll*) for ages, for an age.

ве́ч|ный (~ен, ~на) *adj* **1** (*льды, слава*) eternal, everlasting; **~ная мерзлота́** permafrost. **2** (*бессрочный*) indefinite, perpetual; **~ное владе́ние** possession in perpetuity; **~ное перо́** fountain pen. **3** (*coll*) (*постоянный*) perpetual, continual.

вечо́р *adv* (*coll, obs*) yesterday evening.

ве́шалк|а, и *f* **1** (*крючок*) peg, (*планка*) rack, (*стойка*) stand. **2** (*петля*) tab (*on clothes for hanging on pegs*). **3** (*гардероб*) cloakroom. **4** (*плечики*) (coat) hanger.

ве́ша|ть[1], ю *impf* (*of* **⇒пове́сить**) to hang; **в. бельё на верёвку** to hang washing on a line; **в. уби́йцу** to hang a murderer; **в. го́лову** (*coll*) to despair.

ве́ша|ть[2], ю *impf* (*of* **⇒взве́сить**) to weigh, weigh out; **в. фунт ко́фе** to weigh out a pound of coffee.

ве́ша|ться[1], юсь *impf* (*of* **⇒пове́ситься**) **1** *passive of* **⇒~ть[1]**; (*картина*) to be hung; **хоть ~йся!** it's enough to make you hang yourself! **2** (*кончать свою жизнь*) to hang o.s. **3**: **в. на ше́ю кому́-н.** (*coll*) to run after.

ве́ша|ться[2], юсь *impf* (*of* **⇒с~**) (*определять свой вес*) to weigh o.s.

ве́шний *adj* (*poetical*) vernal.

ве|шу, сишь *see* **⇒~сить**

веща́ни|е, я *nt* **1** (*предсказание*) prophesying. **2** (*по радио, телевидению*) broadcasting.

веща́|ть, ю *impf* **1** (*предсказывать*) to prophesy. **2** (*говорить высокопарно*) to pontificate, lay down the law. **3** (*по радио, телевидению*) to broadcast.

вещ|ево́й *adj of* **⇒~ь**; **~ево́е дово́льствие** (*mil*) clothing, kit; **в. мешо́к** holdall; kitbag; **в. склад** storage warehouse, store; (*mil*) stores.

веще́ственност|ь, и *f* substantiality, materiality.

веще́ственн|ый *adj* substantial, material; **~ые доказа́тельства** material evidence.

веществ|о́, а́ *nt* substance; matter; **взры́вчатое в.** explosive; **пита́тельное в.** nutrient; **се́рое в.** grey matter; **хими́ческое в.** chemical substance.

вещи́зм, а *m* materialism.

ве́щий *adj* prophetic.

вещ|и́ца, и́цы *f diminutive of* **⇒~ь**; little thing; bagatelle.

вещу́н, а́ *m* (*obs*) soothsayer.

вещ|ь, и, *pl* **~и, ~е́й** *f* **1** (*in various senses*) thing; **э́то в.!** (*expressing approval*; *coll*) that's quite sth! **2** (*in pl*) things (= (*i*) *belongings*, *baggage*; (*ii*) *clothes*); **э́то ва́ши ~и?** are these things yours? **3** (*произведение*) work; piece, thing.

ве́ялк|а, и *f* (*agric*) winnowing fan; winnowing machine.

ве́яни|е, я *nt* **1** (*agric*) winnowing. **2** (*ветра*) blowing. **3** (*fig*) (*тенденция*) current, tendency, trend; **в. вре́мени** spirit of the times.

ве́|ять, ю, ешь *impf* **1** (*agric*) to winnow. **2** (*о ветре*) to blow; **~ял прохла́дный ветеро́к** a cool breeze was blowing; (*impers*, + *i*): **~ет весно́й** spring is in the air; **~ет но́выми иде́ями** new ideas are in the air. **3** (*о флаге*) to wave, flutter.

в|жать, ожму́, ожмёшь *pf* (*of* **⇒вжима́ть**) to press (into).

в|жа́ться, ожму́сь, ожмёшься *pf* (*of* **⇒вжима́ться**) to press o.s. (into).

вжива́|ться, ю́сь *impf of* **⇒вжи́ться**

вжив|и́ть, лю́, и́шь *pf* (*of* **⇒~ля́ть**) (*med*) to implant.

вживл|я́ть, я́ю, я́ешь *impf of* **⇒вживи́ть**

вжима́|ть(ся), ю(сь) *impf of* **⇒вжа́ть(ся)**

вжи́|ться, ву́сь, вёшься *pf* (**в** + *a*; *coll*) to get used (to), grow accustomed (to); **он с трудо́м ~вётся в вое́нную жизнь** he will find it hard to get used to army life; **в. в роль** to get into a role.

взад *adv* (*coll*) back; **в. и вперёд** backwards and forwards, to and fro; **ни в. ни вперёд** motionless, not moving.

взаи́мност|ь, и *f* reciprocity; return (*of affection*); **отвеча́ть кому́-н. ~ью** to reciprocate s.o.'s feelings, return s.o.'s love; **любо́вь без ~и** unrequited love.

взаи́м|ный (~ен, ~на) *adj* mutual, reciprocal.

взаимовы́год|ный (~ен, ~на) *adj* mutually beneficial.

взаимовы́ручк|а, и *f* mutual help.

взаимоде́йстви|е, я *nt* (*связь*) interaction; (*mil*) cooperation, coordination.

взаимоде́йств|овать, ую *impf* to interact; (*mil*) to cooperate.

взаимозачёт, а *m* (*fin*) offsetting of debts.

взаимоотноше́ни|е, я *nt* interrelation; (*in pl*) relationship(s), relation(s).

взаимопо́мощ|ь, и *f* mutual aid; mutual assistance; **ка́сса ~и** credit union.

взаиморасчёт|ы, ов *m pl* (*fin*) mutual settlement of accounts.

взаимосвя́з|ь, и *f* interrelationship.

взаймы́ *adv*: **взять в.** to borrow; **дать в.** to lend, loan.

взалка́|ть, ю *pf* (*obs*) to hunger (for) (+ *g or* + *inf*; *fig, now usu ironical*).

взаме́н *prep* + *g* (*вместо*) instead (of); (*в обмен на что-н.*) in return (for), in exchange (for).

взаперти́ *adv* **1** (*под замком*) under lock and key. **2** (*в уединении*) in seclusion.

взапра́вду *adv* (*coll*) in truth, indeed.

вза́пуски *adv*: **бе́гать в.** (*coll*) to chase one another.

взасо́с *adv*: **целова́ться в.** (*coll*) to exchange long-drawn-out kisses.

взатя́жку *adv* (*coll*): **кури́ть в.** to inhale (*in smoking*).

взахлёб *adv* (*coll*) eagerly, with gusto.

взаше́й *adv* (*coll*): **вы́гнать в.** to chuck out.

взба́дрива|ть, ю *impf of* ⇒**взбодри́ть**

взбаламу́|тить, чу, тишь *pf of* ⇒**баламу́тить**

взба́лмошный *adj* (*coll*) unbalanced, eccentric.

взба́лтывани|е, я *nt* shaking (up).

взба́лтыва|ть, ю *impf of* ⇒**взболта́ть**

взбега́|ть, ю *impf* (*of* ⇒**взбежа́ть**) to run up; **в. на́ гору** to run up a hill; **в. по ле́стнице** to run upstairs.

взбе|жа́ть, гу́, жи́шь, гу́т *pf of* ⇒**~га́ть**

взбелен|и́ться, ю́сь и́шься *pf* (**на** + *a*; *coll*) to become enraged (with).

взбе|си́ть(ся), шу́(сь), ~́сишь(ся) *pf of* ⇒**беси́ть(ся)**

взбива́|ть, ю *impf of* ⇒**взбить**

взбира́|ться, юсь *impf of* ⇒**взобра́ться**

взби́т|ый (~, ~а) *ppp of* ⇒**~ь**; **~ые сли́вки** whipped cream.

вз|бить, обью́, обьёшь *pf* (*of* ⇒**~бива́ть**) **1** (*яйца*) to beat (up); **в. сли́вки** to whip cream. **2** (*подушку*) to fluff up.

взбодр|и́ть, ю *pf* (*of* ⇒**взба́дривать**) to cheer up; to encourage.

взболта́|ть, ю *pf* (*of* ⇒**взба́лтывать**) to shake (up) (*liquids*).

взбороз|ди́ть, жу́, ди́шь *pf* to furrow.

взборон|и́ть, ю́, и́шь *pf of* ⇒**борони́ть**

взборон|ова́ть *pf of* ⇒**боронова́ть**

взбра́сыва|ть, ю *impf of* ⇒**взбро́сить**

взбреда́|ть, ю *impf of* ⇒**взбрести́**

взбре|сти́, ду́, дёшь, *past* **взбрёл, ~ла́** *pf* (*of* ⇒**~да́ть**) (**на** + *a*; *coll*) to trudge (up); **в. в го́лову** (*or* **на ум**) to come into one's head; **ему́ ~ло́ на ум, что все его́ ненави́дят** he got it into his head that everyone hated him.

взбро́|сить, шу, сишь *pf* (*of* ⇒**взбра́сывать**) (*coll*) to throw up, toss up.

взбудора́ж|ить, у, ишь *pf of* ⇒**будора́жить**

взбунт|ова́ть(ся), у́ю(сь) *pf of* ⇒**бунтова́ть(ся)**

взбух|а́ть, а́ю *impf of* ⇒**~́нуть**

взбу́х|нуть, ну, нешь, *past* **~, ~ла** *pf* (*of* ⇒**~а́ть**) to swell out.

взбу́чк|а, и *f* (*coll*) **1** (*побои*) thrashing, beating. **2** (*выговор*) dressing-down.

взва́лива|ть, ю *impf of* ⇒**взвали́ть**

взвал|и́ть, ю́, ~́ишь *pf* (*of* ⇒**~́ивать**) to load, lift (onto); **в. мешо́к на́ спину** to hoist a pack onto one's back; **всю рабо́ту ~́или на но́вого учи́теля** (*coll*) the new teacher was loaded with all the work; **всю вину́ ~́или на него́** he was made to shoulder all the blame.

взве́|сить, шу, сишь *pf* (*of* ⇒**~шивать** *and* ⇒**ве́шать**[2]) (*груз*) to weigh; (*fig*) (*варианты*) to weigh, consider.

взве|сти́, ду́, дёшь, *past* **~́л, ~ла́** *pf* (*of* ⇒**взводи́ть**) **1** (*глаза, взгляд*) to raise; (*помочь подняться наверх*) to lead up, take up; **в. куро́к** to cock a gun. **2** (**на** + *a*) to level (at, against); **на генера́ла ~ли́ обвине́ние в пораже́нии** blame for the defeat was laid on the general.

взвес|ь, и *f* (*chem*) suspension.

взве́шен|ный (~, ~на) *adj* (*решение, ответ*) carefully thought out, balanced; **во ~ном состоя́нии** (*coll, fig*) in suspense.

взве́шивани|е, я *nt* weighing.

взве́шива|ть, ю *impf of* ⇒**взве́сить**

взвива́|ть(ся), ю(сь) *impf of* ⇒**взви́ть(ся)**

взви́|деть, жу, дишь *pf only in phr* **све́та не в.** (*coll*) to see stars.

взвизг, а *m* (*coll*) scream; yelp (*of a dog*).

взви́згива|ть, ю *impf and freq of* ⇒**взви́згнуть**

взви́згн|уть, у, ешь *pf* to scream, cry out; (*о собаке*) to yelp.

взвин|ти́ть, чу́, ти́шь *pf* (*of* ⇒**взви́нчивать**) (*coll*) (*нервы*) to excite, work up; **в. це́ны** to inflate prices.

взви́нчен|ный (~, ~а) *ppp of* ⇒**взвинти́ть** *and adj* excited, worked up; **не́рвы у него́ всегда́ ~ы** he is always on edge; **~ные це́ны** inflated prices.

взви́нчива|ть, ю *impf of* ⇒**взвинти́ть**

взвить, взовью́, взовьёшь *pf* (*of* ⇒**взвива́ть**) to raise.

взви́ться, взовью́сь, взовьёшься *pf* (*of* ⇒**взвива́ться**) **1** (*взлететь*) to fly up, soar; (*о флагах*) to be raised, go up; **за́навес взви́лся ро́вно в во́семь часо́в** the curtain went up at eight o'clock exactly. **2** (*coll*) (*рассердиться*) to fly into a temper.

взвод[1]**, а** *m* (*mil*) platoon.

взвод[2]**, а** *m* (cocking) notch (*of guns*); **на боево́м ~́е** cocked; **на ~́е** (*coll*) (*слегка пьян(а)*) tipsy; (*в состоянии нервного возбуждения*) worked up, on edge.

взво|ди́ть, жу́, ~́дишь *impf of* ⇒**взвести́**

взво́дн|ый, ого *m* platoon commander.

взволно́ван|ный (~, ~на) *adj* anxious, worried; (*от счастья*) excited.

взволн|ова́ть, у́ю *pf of* ⇒**волнова́ть**

взволн|ова́ться, у́юсь *pf of* ⇒**волнова́ться**

взво́|ю, ешь *see* ⇒**взвыть**

взвыва́|ть, ю *impf of* ⇒**взвыть**

взв|ыть, о́ю, о́ешь *pf* (*of* ⇒**~ыва́ть**) to howl.

взгляд, а *m* **1** (*выражение глаз*) look; (*быстрый*) glance; (*пристальный*) gaze, stare; **бро́сить в.** (**на** + *a*) to glance (at); **останови́ть в.** (**на** + *p*) to rest one's gaze (on); **на в.** to judge from appearances; **на пе́рвый в., с пе́рвого ~́а** at first sight. **2** (*мнение*) view; opinion; **на мой в.** in my opinion, as I see it.

взгля́дыва|ть, ю *impf of* ⇒**взгляну́ть**

взглян|у́ть, у́, ~́ешь *pf* (*of* ⇒**взгля́дывать**) (**на** + *a*) to look (at); (*быстро*) to cast a glance (at); **в. на что-н. серьёзно** (*fig*) to take a serious view of sth.

взго́рь|е, я *nt* hillock.

взгре|ть, ю, ешь *pf* (*coll*) (*побить*) to thrash; (*fig*) (*выругать*) to give it hot.

взгроможда́|ть, ю *impf of* ⇒**взгромозди́ть**

взгроможда́|ться, юсь *impf of* ⇒**взгромозди́ться**

взгромоз|ди́ть, жу́, ди́шь *pf* (*of* ⇒**взгроможда́ть**) (*coll*) to pile up.

взгромоз|ди́ться, жу́сь, ди́шься *pf* (*of* ⇒**взгроможда́ться**) (*coll*) to clamber up.

взгрустн|у́ть, у́, ёшь *pf* (*coll*) to feel sad.

взгрустн|у́ться, ётся *pf* (*impers*, + *d*; *coll*) to feel sad; **ему́ ~у́лось** he feels sad.

вздёргива|ть, ю *impf of* ⇒**вздёрнуть**

вздёрнут|ый (~, ~а) *ppp of* ⇒**~ь**; **в. нос** snub nose.

вздёрн|уть, у, ешь *pf* (*coll*) **1** (*поднять*) to hitch up; to jerk up. **2** (*coll*) (*вешать*) to string up.

вздор, а (*no pl*) *m* (*coll*) nonsense; **говори́ть, нести́ в.** to talk nonsense.

вздо́р|ить, ю, ишь *impf* (*of* ⇒**по~**) (*coll*) to squabble.

вздо́р|ный (~ен, ~на) *adj* **1** (*нелепый*) foolish, stupid. **2** (*coll*) (*сварливый*) cantankerous, quarrelsome.

вздорожа́ни|е, я *nt* rise in price.

вздорожа́|ть, ю *pf of* ⇒**дорожа́ть**

вздох, а *m* sigh; deep breath; **испусти́ть после́дний в.** to breathe one's last.

вздохн|у́ть, у́, ёшь *pf* (*of* ⇒**вздыха́ть**) **1** to sigh. **2** (*coll*) (*отдохнуть*) to take a breather. **3**: **в. свобо́дно** to breathe freely; to relax (*after having been frightened or after exertion*).

вздра́гива|ть, ю *impf* (*of* ⇒**вздро́гнуть**) to shudder, quiver.

вздремн|у́ть, у́, ёшь *pf* (*coll*) to have a nap, doze.

вздремн|у́ться, ётся *pf* (*impers*, + *d*; *coll*): **по́сле еды́ ему́ ~у́лось** after the meal he dozed off.

вздро́гн|уть, у, ешь *pf* (*of* ⇒**вздра́гивать**) to start; to wince, flinch.

вздува́|ть, ю *impf of* ⇒**вздуть**[1]

взду́ма|ть, ю *pf* (+ *inf*; *coll*) to take it into one's head; **не ~й(те)** don't even think of it; don't you dare; **не ~йте ныря́ть здесь!** don't even think of diving in here!

взду́ма|ться, ется *pf* (*impers*, + *d*; *coll*) to take it into one's head; **ему́ ~лось пое́хать в Аме́рику** he took it into his head to go to America.

взду́ти|е, я *nt* (*med*) swelling.

взду́т|ый (~, ~а) *ppp of* ⇒**~ь**[1] *and adj* swollen; (*цены*) inflated.

взду́|ть[1]**, ю, ешь** *pf* (*of* ⇒**вздува́ть**) **1** (*мяч*) to blow up, inflate. **2** (*цены*) to inflate.

взду́|ть[2]**, ю, ешь** *pf* (*coll*) to thrash, give a thrashing (to).

взду́|ться, ется, ются *pf* **1** (*о щеке, парусах*) to swell. **2** (*coll*) (*о ценах*) to shoot up.

взды́б|ить, лю, ишь *pf* (*of* ⇒**взды́бливать**) **1** (*волосы*) to make stand on end. **2** (*коня*) to make rear.

взды́б|иться, ится, ятся *pf* (*of* ⇒**взды́бливаться**) **1** (*о волосах*) to stand on end. **2** (*о коне*) to rear.

взды́блива|ть(ся), ю(сь) *impf of* ⇒**взды́бить(ся)**

вздыма́|ть, ю *impf* to raise.

вздыма́|ться, ется *impf* to rise; **~лась мгла над о́зером** mist was rising over the lake.

вздыха́|ть, ю *impf* (*of* ⇒**вздохну́ть**) **1** to breathe; to sigh. **2** (**о** + *p*, **по** + *d*) (*тосковать*) to pine (for); to long, sigh (for); (*по девушке*) to be in love (with).

взима́ни|е, я *nt* levy, collection, raising.

взима́|ть, ю *impf* (*налог, штраф*) to levy, collect, raise.

взира́|ть, ю *impf* (**на** + *a*) **1** (*obs*) to look (at), gaze (at). **2**: **не ~я на** in spite of, notwithstanding; **не ~я на лица** without respect of persons; objectively.

взла́мыва|ть, ю *impf of* ⇒**взлома́ть**

взлеза́|ть, ю *impf of* ⇒**взлезть**

взлез|ть, у, ешь, *past* **~, ~ла** *pf* (*of* ⇒**~а́ть**) to climb up.

взлеле́|ять, ю, ешь *pf of* ⇒**леле́ять**

взлёт, а *m* (*птицы*) (upward) flight (*also fig*); (*самолёта*) take-off; **в. фанта́зии** flight of fancy.

взлета́|ть, ю *impf of* ⇒**взлете́ть**

взле|те́ть, чу́, ти́шь *pf* (*of* ⇒**~та́ть**) (*птица*) to fly up; (*самолёт*) to take off; **в. по ле́стнице** to fly upstairs; **в. на во́здух** to explode, blow up.

взлёт|ный *adj of* ⇒**~**; (*aeron*): **~ная доро́жка** runway; **~но-поса́дочная полоса́** landing strip.

взлом, а *m* (*сейфа*) breaking (into); (*двери*) forcing; **кра́жа со ~ом** housebreaking; (*в ночное время*) burglary.

взлома́|ть, ю *pf* (*of* ⇒**взла́мывать**) to break open, force; (*разворотить*) to smash; **в. замо́к** to force a lock; (*comput*) to hack into.

взло́мщик, а *m* burglar, housebreaker; **компью́терный в.** hacker.

взлохма́|тить, чу, тишь *pf of* ⇒**лохма́тить**

взлохма́|ченный (~чен, ~чена) *ppp of* ⇒**~тить** *and adj* tousled; dishevelled.

взлюб|и́ть, лю́, ~ишь *pf, only with neg*; **не в. с пе́рвого взгля́да** to take an instant dislike (to).

взман|и́ть, ю, и́шь *pf of* ⇒**мани́ть 2**

взмах, а *m* (*руки*) wave; (*крыльев*) flap, flapping; (*весла*) stroke; **одни́м ~ом** at one stroke.

взма́хива|ть, ю *impf of* ⇒**взмахну́ть**

взмахн|у́ть, у́, ёшь *pf* (+ *i*) (*рукой*) to wave; (*крылом*) flap.

взметн|у́ть, у́, ёшь *pf* (*of* ⇒**взмётывать**) (+ *i*) to throw up, fling up; **в. рука́ми** to throw up one's hands.

взметн|у́ться, у́сь ёшься *pf* to leap up, fly up.

взмётыва|ть, ю *impf of* ⇒**взметну́ть**

взмётыва|ться, юсь *impf of* ⇒**взметну́ться**

взмол|и́ться, ю́сь, ~ишься *pf* (**о** + *p*) to beg (for).

взмо́рь|е, я *nt* seashore; seaside.

взмо|сти́ться, щу́сь, сти́шься *pf* (*coll*) (**на** + *a*) to clamber (onto); (**на** + *p*) to perch (on).

взму|ти́ть, чу́, ти́шь *pf of* ⇒**мути́ть**

взмыва́|ть, ю *impf of* ⇒**взмыть**

взмы́лива|ть(ся), ю(сь) *impf of* ⇒**взмы́лить(ся)**

взмы́л|ить, ю, ишь *pf* to cause to foam, lather.

взмы́л|иться, юсь, ишься *pf* to foam (*intrans*), froth.

взм|ыть, о́ю, о́ешь *pf* (*of* ⇒**~ыва́ть**) to soar (up).

взнос, а *m* (*платёж*) payment; (*членский*) fee, dues; **вступи́тельный в.** membership fee; **очередно́й в.** instalment.

взнузда́|ть, ю *pf* to bridle.

взну́здыва|ть, ю *impf of* ⇒**взнузда́ть**

взобра́|ться, взберу́сь, взберёшься, *past* **~лся, ~ла́сь** *pf* (*of* ⇒**взбира́ться**) (**на** + *a*) to climb (up), clamber (up).

взобь|ю, ёшь *see* ⇒**взбить**

взовь|ю, ёшь *see* ⇒**взвить**

взо|йти́, йду́, йдёшь, *past* **~шёл, ~шла́,** *pp* **~шéдший** *pf* (*of* ⇒**всходи́ть** *and* ⇒**восходи́ть 1**) **1** (**на** + *a*) to ascend, mount. **2** (*солнце; тесто*) to rise. **3** (*семена*) to come up.

взор, а *m* look; glance.

взорв|а́ть, у́, ёшь, *past* **~а́л, ~ала́** *pf* (*of* ⇒**взрыва́ть**) **1** (*здание*) to blow up; (*бомбу*) to detonate. **2** (*fig, coll*) (*рассердить*) to exasperate, madden; (*impers*): **его́ ~а́ло, когда́ они́ сообщи́ли о свое́й помо́лвке** he exploded when they announced their engagement.

взорв|а́ться, у́сь, ёшься *past* **~а́лся, ~ала́сь** *pf* (*of* ⇒**взрыва́ться**) (*о бомбе, газе*) to explode; (*о здании*) to blow up; (*fig*) (*о человеке*) to blow up, explode.

взо|шёл, шла́ *see* ⇒**~йти́**

взра|сти́ть, щу́, сти́шь *pf* (*растения*) to grow, cultivate; (*воспитывать*) to bring up, nurture.

взра́щива|ть, ю *impf of* ⇒**взрасти́ть**

взра|щу́, сти́шь *see* ⇒**~сти́ть**

взрев|е́ть, у́, ёшь *pf* to let out a roar.

взре́ж|у, ешь *see* ⇒**взре́зать**

взре́|зать, жу, жешь *pf* to cut open.

взреза́|ть, ю *impf of* ⇒**взре́зать**

взре́зыва|ть, ю *impf* = **взреза́ть**

взро́сл|ый *adj* grown-up, adult; *also as n* **в., ~ого** *m*; **~ая, ~ой** *f*.

взрыв, а *m* explosion; (*fig*) burst, outburst; **в. аплодисме́нтов** burst of applause; **«Большо́й в.»** the Big Bang.

взрыва́тел|ь, я *m* detonator.

взрыва́|ть[1]**, ю** *impf of* ⇒**взорва́ть**

взрыва́|ть[2] *impf of* ⇒**взрыть**

взрыва́|ться, юсь *impf of* ⇒**взорва́ться**

взрывни́к, а́ *m* explosives expert; shot-firer.

взрывн|о́й *adj* **1** explosive; **~а́я волна́** blast. **2** (*ling*) plosive.

взрывоопа́сн|ый *adj*: **~ая ситуа́ция** explosive situation.

взрывча́тк|а, и *f* (*coll*) explosive.

взры́вчат|ый *adj* explosive; **~ое веществó** explosive.

взр|ыть, о́ю, о́ешь *pf* (*of* ⇒**~ыва́ть**[2]) to plough up, turn up.

взрыхл|и́ть, ю́, и́шь *pf of* ⇒**рыхли́ть**

взрыхля́|ть, ю *impf of* ⇒**взрыхли́ть**

взъёбк|а, и *f* (*vulg*) bollocking.

взъеда́|ться, юсь *impf of* ⇒**взъе́сться**

взъезжа́|ть, ю *impf of* ⇒**взъе́хать**

взъерепе́н|иться, юсь ишься *pf of* ⇒**ерепе́ниться**

взъеро́шен|ный (~, ~а) *ppp of* ⇒**взъеро́шить** *and adj* tousled, dishevelled.

взъеро́шива|ть(ся), ю(сь) *impf of* ⇒**взъеро́шить(ся)**

взъеро́ш|ить, у, ишь *pf* (*of* ⇒**~ивать**) (*coll*) to tousle, rumple.

взъеро́ш|иться, усь, ишься *pf* (*of* ⇒**~иваться**) (*coll*) to rumple one's hair; to become dishevelled.

взъ|е́сться, е́мся, е́шься, е́стся, еди́мся, еди́тесь, едя́тся, *past* **~е́лся** *pf* (*of* ⇒**~еда́ться**) (**на** + *a*; *coll*) to pitch into, go for (*fig*).

взъе́|хать, ду, дешь *pf* (*of* ⇒**~зжа́ть**) to mount, ascend (*in a vehicle or on an animal*).

взыва́|ть, ю *impf of* ⇒**воззва́ть**

взыгра́|ть, ю *pf* **1** (*прийти в весёлое состояние*) to leap (for joy); **се́рдце во мне ~ло** my heart leapt. **2** (*прийти в бурное состояние*) to become disturbed; **мо́ре ~ло** the sea grew rough.

взыска́ни|е, я *nt* **1** (*выговор*) reprimand; (*наказание*) penalty;

punishment; **наложи́ть в. на** (+ *a*) to penalize; **подве́ргнуться ~ю** to incur a penalty. **2** (*штрафа*) exaction; (*долга*) recovery; **пода́ть на кого́-н. ко ~ю** (*law*) to proceed against s.o. (*for recovery of debt, etc.*).

взыска́тел|ьный (~ен, ~ьна) *adj* (*требовательный*) exacting; (*публика*) demanding; (*строгий*) severe.

взы|ска́ть, щу́, ~́щешь *pf* (*of* ⇒**~́скивать**) **1** (*штраф*) to exact; (*долг*) to recover. **2** (**с** + *g*) to call to account; **не ~щи́(те)!** (*coll*) please forgive (me)!; don't be hard on (me)!

взы́скива|ть, ю *impf of* ⇒**взыска́ть**

взыску́ющий *adj*: **~ ум** questioning mind.

взы|щу́, ~́щешь *see* ⇒**~ска́ть**

взя́ти|е, я *nt* taking; (*крепости*) capture; (*власти*) seizure.

взя́тк|а, и *f* **1** bribe; backhander. **2** (*cards*) trick; **с него́ ~и гла́дки** (*coll*) he isn't going to take responsibility.

взя́точник, а *m* bribe-taker.

взя́точни|ца, цы *f of* ⇒**~к**

взя́точничеств|о, а *nt* bribery, bribe-taking.

взя|ть, возьму́, возьмёшь, *past* **~л, ~ла́, ~́ло** *pf* (*of* ⇒**брать**) **1** *see* ⇒**брать**. **2** (*coll*) (*думать*): **с чего́/отку́да ты взял?** what makes you think so? **3**: **в. да, в. и, в. да и...** (*coll*) to do sth suddenly; **он ~л да убежа́л** he up and ran; **он возьми́ да скажи́** he up and spoke. **4**: **чёрт возьми́!** (*coll*) devil, deuce take it! **5**: **ни дать ни в.** (*coll*) exactly, neither more nor less. **6**: **взять/возьми́те студе́нтов: их фина́нсовое положе́ние незави́дное** take students, their financial situation is unenviable.

взя́|ться, возьму́сь, возьмёшься, *past* **~лся, ~ла́сь** *pf* (*of* ⇒**бра́ться**): **отку́да ни возьми́сь** (*coll*) from nowhere, out of the blue.

виаду́к, а *m* viaduct.

вибра́тор, а *m* vibrator.

вибрафо́н, а *m* (*mus*) vibraphone.

вибра́ци|я, и *f* vibration.

вибри́р|овать, ую *impf* to vibrate.

вива́ри|й, я *m* vivarium.

вivéрр|а, ы *f* (*zool*) civet.

вивисе́кци|я, и *f* vivisection.

вигва́м, а *m* wigwam.

вид[1], а *m* **1** (*внешность*) air, look; appearance; aspect; **у вас хоро́ший в.** you look well; **у него́ был мра́чный в.** he looked gloomy; **сде́лать в., бу́дто** to make it appear that, pretend that; **не показа́ть/пода́ть ~́у/~́а** to not show; **он не показа́л ~́у/~́а, что оби́жен** he didn't show that he was offended; **для ~́а** for the sake of appearances; **на в., с ~́у** in appearance; **знать по ~́у** to know by sight; **под ~́ом** (+ *g*) under the guise (of); **ни под каки́м ~́ом** on no account. **2** (*состояние*) shape, form; condition; **в хоро́шем ~́е** in good condition/shape. **3** (*панорама*) view; **ко́мната с ~́ом на го́ры** room with a view of the mountains; **в. сбо́ку** side view; **откры́тка с ~́ом** picture postcard. **4** (*in pl*) (*перспективы*) prospect; **~́ы на бу́дущее** prospects for the future; **име́ть ~́ы на** (+ *a*) to have designs on. **5** (*поле зрения*) sight; **потеря́ть из ~́у/~́а** to lose sight (of); **упусти́ть из ~́у/~́а** (*fig*) to lose sight (of), fail to take into account; **на ~у́ у** (+ *g*) within sight of; **быть на ~у́** to be in the public eye; **при ~́е** (+ *g*) at the sight (of); **в ~у́** (+ *g*) in sight (of); **в ~у́ того́, что** as, since, seeing that; **име́ть в ~у́** (*i*) to plan, intend, (*ii*) to mean; **что вы име́ли в ~у́, говоря́ э́то?** what did you mean when you said that?, (*iii*) to bear in mind; **име́й(те) в ~у́** bear in mind, don't forget; **име́ться в ~у́** (*i*) to be intended, be envisaged, (*ii*) to be meant.

вид[2], а *m* **1** (*biol*) species; **исчеза́ющий в.** endangered *or* threatened species. **2** (*тип*) type, kind. **3** (*gram*) aspect; **соверше́нный, несоверше́нный в.** perfective, imperfective aspect.

вида́к, а́ *m* (*coll*) video recorder, VCR.

ви́дан|ный (~, ~а) *ppp of* ⇒**вида́ть**; **~ное ли э́то де́ло?** have you ever heard of such a thing?; **где э́то ~о?** can that be possible?; whatever next!

вида́|ть, ю *impf* (*of* ⇒**у~**) (*coll*) to see; **их не в.** they are nowhere to be seen; **ничего́ подо́бного я не ~л** I have never seen such a thing; **в., она́ у́мная** she must be clever.

вида́|ться, юсь *impf* (*of* ⇒**по~**) (**с** + *i*; *coll*) to meet; to see one another.

ви́дени|е, я *nt* vision, outlook.

виде́ни|е, я *nt* vision, apparition.

ви́део *nt indecl* video (recorder, film, cassette).

видео... *comb form* video-.

видеоза́пис|ь, и *f* video recording.

видеоигр|а́, ы́, *pl* **~́ы** *f* video game.

видеока́мер|а, ы *f* video camera, camcorder.

видеокассе́т|а, ы *f* video cassette.

видеокли́п, а *m* video clip, music video.

видеоконфере́нци|я, и *f* videoconference.

видеоле́нт|а, ы *f* videotape.

видеомагнитофо́н, а *m* video recorder.

видеоплёнк|а, и *f* videotape.

видеопрока́т, а *m* video rental.

видеоте́к|а, и *f* video library.

видеотелефо́н, а *m* videophone.

видеофи́льм, а *m* video film.

ви́|деть, жу, дишь *impf* (*of* ⇒**у~ 1**) to see; **в. кого́-н. насквозь** to see through s.o.; **в. во сне** to dream (of); **его́ то́лько и ~дели** (*coll*) he was gone in a flash; **~дишь (ли)**; **~дите (ли)** you see; **вот уви́дишь** (*coll*) you'll see; **там уви́дим** we'll see.

ви́|деться, жусь, дишься *impf* **1** (*встречаться*) to see one another; (**с** + *i*) to meet with. **2** (*осознаваться*): **вы́ход ~дится в рефо́рмах** reforms are viewed as the solution. **3** (*pf* **приви́деться**) to appear; **ему́ ~делся стра́шный сон** he had a terrifying dream.

ви́дик, а *m* (*coll*) video (recorder).

ви́димо *adv* evidently, apparently.

ви́димо-неви́димо *adv* (*coll*) in immense quantity; **наро́ду бы́ло в.-н** there was an immense crowd.

ви́димост|ь, и *f* **1** (*различаемость*) visibility. **2** (*внешность*) outward appearance; **для ~и** (*coll*) for show. **3**: **по всей ~и** to all appearances.

ви́дим|ый (~, ~а) *pres participle passive of* ⇒**ви́деть** *and adj* **1** visible. **2** (*очевидный*) apparent, evident; **без ~ой причи́ны** for no apparent reason. **3** (*кажущийся*) apparent, seeming.

видне́|ться, ется, ются *impf* to be visible.

ви́дно 1 *adv* obviously, evidently; **она́, в., уста́ла** obviously she is tired; *as pred* it is obvious, it is apparent; **в. бы́ло, как она́ расстро́илась** you could see how upset she was; **всем бы́ло в., что он лжёт** it was obvious to everyone, everyone could see that he was lying; **там в. бу́дет** (*coll*) we'll see. **2** *adv as pred* visible; in sight; **берега ещё не́ было в.** the coast was not yet visible; **бы́ло хорошо́ в.** visibility was good.

ви́д|ный *adj* **1** (**~ен, ~на́, ~но, ~ны́**) (*заметный*) visible; conspicuous. **2** (*важный*) distinguished, prominent. **3** (*coll*) (*статный*) well built, strapping; **в. мужчи́на** fine figure of a man.

видово́й[1] *adj of* ⇒**вид[1]**; **в. фильм** travel film, travelogue.

видово́й[2] *adj* (*of* ⇒**вид[2]**) **1** (*biol*) species. **2** (*gram*) aspectual.

видоизмене́ни|е, я *nt* **1** (*действие*) modification, alteration. **2** (*разновидность*) type, variety.

видоизмен|и́ть, ю́, и́шь *pf* (*of* ⇒**~я́ть**) to modify, alter.

видоизмен|и́ться, ю́сь, и́шься *pf* (*of* ⇒**~я́ться**) to alter (*intrans*).

видоизмен|я́ть(ся), я́ю(сь) *impf of* ⇒**~и́ть(ся)**

видоиска́тел|ь, я *m* viewfinder.

видообразова́ни|е, я *nt* (*biol*) formation of species.

ви́з|а, ы *f* **1** visa. **2** (*пометка*) official signature.

визави́ 1 *adv* opposite; **они́ сиде́ли в.** they sat opposite one another. **2** *n*; *cg indecl* the person opposite; **мы с мои́м в. завяза́ли разгово́р** I struck up a conversation with the person opposite.

визажи́ст, а *m* make-up artist.

Виза́нти|й, я *m* (*hist*) Byzantium.

византи́йский *adj* Byzantine.

Византи́|я, и *f* (*hist*) Byzantine Empire.

визг, а *m* (*человека*) scream, (*поросёнка*) squeal, (*собаки*) yelp, (*тормозов*) screech.

визгли́в|ый (~, ~а) *adj* **1** (*голос*) shrill. **2** (*крикливый*) given to screaming, squealing, yelping.

визж|а́ть, у́, и́шь *impf* to scream; to squeal; to yelp.

визи́р, а *m* **1** (*mil*) sight. **2** (*phot*) viewfinder.

визи́р|овать[1], ую *impf and pf* (*pf also* **за~**) to stamp.

визи́р|овать[2], ую *impf and pf* to sight; to take a sight (on).

визи́р|ь, я *m* vizier.

визи́т, а *m* visit; call; **нанести́ в.** to make an official visit; **прийти́ с ~ом к**

кому́-н. to visit s.o., pay s.o. a call.

визи́тк|а, и *f* **1** (*сюртук*) morning coat. **2** (*карточка*) business card. **3** (*мужская сумочка*) men's handbag.

визи́т|ный *adj of* ⇒**~**; **~ная ка́рточка** visiting card (*Br*), calling card (*US*); (business) card.

визуа́л|ьный (~ен, ~ьна) *adj* visual.

ви́к|а, и (*no pl*) *f* (*bot*) vetch.

вика́ри|й, я *m* (*eccl*) vicar.

ви́кинг, а *m* Viking.

вико́нт, а *m* viscount.

викториа́нский *adj* Victorian.

виктори́н|а, ы *f* quiz.

ви́лк|а, и *f* **1** fork. **2** (*elec*) plug.

ви́лл|а, ы *f* villa.

вилообра́з|ный (~ен, ~на) *adj* forked.

ви́л|ы, ~ (*no sg*) pitchfork; **э́то ещё ~ами на воде́ пи́сано** (*coll*) there is little probability of that.

вильн|у́ть, у́, ёшь *pf of* ⇒**виля́ть 1, 2**

Ви́льнюс, а *m* Vilnius.

виля́ни|е, я *nt* **1** wagging. **2** (*fig*) (*уклонение от прямого ответа*) prevarication; evasions.

виля́|ть, ю *impf* **1** (*pf* ⇒**вильну́ть**) to wag; **в. хвосто́м** to wag one's tail; **хвост у соба́ки всё вре́мя ~л** the dog's tail was wagging the whole time. **2** (*pf* ⇒**вильну́ть**) (*coll*) (*дорога*) to wind, turn sharply. **3** (*coll*) (*уклоняться от прямого ответа*) to prevaricate; to be evasive.

вин|а́, ы́, *pl* **~ы** *f* fault, guilt; (*причина*) blame; **моя́ в.** it is my fault; **не по их ~е́** through no fault of theirs; **поста́вить кому́-н. в ~у́** to accuse s.o. of, blame s.o. for; **свали́ть ~у́ (на** + *a*) to lay the blame (on); **по ~е́** + *g* because of.

виндсёрф(ер), а *m* (*coll*) sailboard.

виндсёрфинг, а *m* **1** (*спорт*) windsurfing. **2** (*доска*) windsurfer, sailboard.

виндсёрфинги́ст, а *m* windsurfer (*person*).

винегре́т, а *m* beetroot salad (*of diced cooked beetroot, potato, and carrot, pickled cucumber, and vegetable oil dressing*); (*fig*) (*смесь*) mishmash.

вини́л, а *m* vinyl.

вини́ловый *adj* vinyl.

вини́тельный *adj* (*gram*): **в. паде́ж** accusative case.

вин|и́ть, ю́, и́шь *impf* (**в** + *p*) (*обвинять*) to accuse (of); (*считать виноватым*) to blame; **я ~ю́ его́ за наш прова́л** I blame him for our failure.

вин|и́ться, ю́сь, и́шься *impf* (*of* ⇒**по~**) (**в** + *p*; *coll*) to confess (to).

ви́нкел|ь, я, *pl* **~я́** *m* (*tech*) set square.

виннока́менн|ый *adj* (*chem*) **~ая кислота́** tartaric acid.

ви́нн|ый *adj* wine; winey; vinous; **в. ка́мень** (*chem*) tartar; **~ая кислота́** tartaric acid; **в. спирт** alcohol.

вин|о́, а́, *pl* **~а** *nt* wine.

винова́т|ый (~, ~а) *adj* **1** (*взгляд*) guilty; (*человек*) guilty; to blame; **мы все ~ы в э́том** we are all to blame for this. **2 ~!** sorry!

вино́вник, а *m* culprit; **в. преступле́ния** perpetrator of a crime; **в. пожа́ра** arsonist; (*торжества, праздника*) cause, reason.

вино́вност|ь, и *f* guilt.

вино́в|ный (~ен, ~на) *adj* (**в** + *p*) guilty (of); **призна́ть себя́ ~ным** to plead guilty.

виногра́д, а *m* **1** (*растение*) vine. **2** (*collect*) (*ягоды*) grapes.

виногра́дарств|о, а *nt* viticulture; wine growing.

виногра́дар|ь, я *m* winegrower.

виногра́дин|а, ы *f* (*coll*) grape.

виногра́дник, а *m* vineyard.

виногра́д|ный *adj of* ⇒**~**; **~ная лоза́** vine; **в. сезо́н** vintage; **~ное су́сло** must.

виноде́л, а *m* winemaker.

виноде́ли|е, я *nt* winemaking.

виноку́р, а *m* distiller.

винокуре́ни|е, я *nt* distillation.

виноку́р|енный *adj of* ⇒**~е́ние**; **в. заво́д** distillery.

виноторго́в|ец, ца *m* wine merchant.

виноторго́вл|я, и *f* wine trade.

винт[1], а́ *m* **1** (*стержень*) screw; **подъёмный в.** jack screw; **упо́рный в.** stop screw; **устано́вочный в.** adjusting set screw. **2** (*самолёта*) propeller. **3** (*спираль*) spiral; **ле́стница ~о́м** spiral staircase.

винт[2], а́ *m* (*игра*) vint (*card game*).

ви́нт|ик, а *m diminutive of* ⇒**~**[1]; **у него́ ~а не хвата́ет** (*coll*) he has a screw loose somewhere.

вин|ти́ть, чу́, ти́шь *impf* to screw up.

винто́вк|а, и *f* rifle.

винт|ово́й *adj of* ⇒**~**[1]; spiral; **~ова́я ле́стница** spiral staircase; **~ова́я наре́зка** spiral thread (*of screw*).

винтообра́з|ный (~ен, на) *adj* spiral.

винторе́зный *adj* (*tech*) screw-cutting.

винче́стер, а *m* (*comput*) Winchester disk.

вин|чу́, ти́шь *see* ⇒**~ти́ть**

виньéтк|а, и *f* vignette.

вио́л|а, ы *f* viol; viola.

виолончели́ст, а *m* cellist.

виолончели́ст|ка, ки *f of* ⇒**~**

виолонче́л|ь, и *f* cello.

ви́ра *int* (*dockers' sl*) lift!

вира́ж[1], а *m* (*phot*) intensifier; **в.-фикса́ж** tone-fixing bath.

вира́ж[2], а́ *m* **1** (*поворот*) turn; **круто́й в.** steep turn. **2** (*на треке*) bend, curve.

виртуа́л|ьный (~ен, ~ьна) *adj* virtual; **~ьная реа́льность** (*comput*) virtual reality.

виртуо́з, а *m* virtuoso.

виртуо́зност|ь, и *f* virtuosity.

виртуо́з|ный (~ен, ~на) *adj* masterly, virtuosic.

вируле́нт|ный (~ен, ~на) *adj* (*med*) virulent.

ви́рус, а *m* (*med*) virus; bug; (*comput*) virus.

ви́русный *adj* (*med*) viral, virus.

вирусоло́ги|я, и *f* virology.

вирусоноси́тел|ь, я *m* (*med*) carrier.

ви́рш|и, ей (*no sg*) **1** (*literary*) (Russian or Ukrainian) syllabic verses. **2** (*coll*) (*плохие стихи*) doggerel.

ви́селиц|а, ы *f* gallows, gibbet.

ви|се́ть, шу́, си́шь *impf* to hang; to be suspended; **в. над** (+ *i*) (*fig*) to hang over; **в. на воло́ске** to hang by a thread; **в. на ше́е у** (+ *g*) (*coll*) to be a burden on; **в. на телефо́не** (*coll*) to talk a lot on the phone; **в. в во́здухе** to be up in the air.

ви́ски *nt indecl* whisky (*Br*), whiskey (*US*).

виско́з|а, ы *f* **1** (*tech*) viscose. **2** (*искусственный шёлк*) rayon.

Ви́сл|а, ы *f* the Vistula (*river*).

ви́смут, а *m* (*chem*) bismuth.

ви́сн|уть, у, ешь *impf* (**на** + *p*) **1** to hang; to droop; **в. на ше́е у** (+ *g*) (*coll*) to be a burden on; **в. на ком-н.** (*coll*) to chase. **2** (*comput*) to crash.

вис|о́к, ка́ *m* (*anat*) temple.

високо́сный *adj*: **в. год** leap year.

висо́чный *adj* (*anat*) temporal.

вист, а *m* whist (*card game*).

висю́льк|а, и *f* (*coll*) pendant.

вися́чий *adj* hanging, pendent; **в. замо́к** padlock; **в. мост** suspension bridge.

витами́н, а *m* vitamin.

витаминизи́р|овать, ую *impf and pf* to add vitamins to.

витами́н|ный *adj* **1** *adj of* ⇒**~**; **~ная недоста́точность** vitamin deficiency. **2** vitamin-rich *or* -packed.

витамин|о́зный = **~́ный**

вита́|ть, ю *impf* (*obs*) to be; (*носиться в вышине*) to hover; **он ~ет в ми́ре фанта́зий** he lives in a fantasy world; **в. в облака́х** to be up in the clouds; **смерть ~ла над ней** death was hovering over her.

витиева́т|ый (~, ~а) *adj* flowery, ornate.

вит|о́й *adj* twisted; spiral; **~а́я ле́стница** spiral staircase.

вит|о́к, ка́ *m* **1** (*спирали*) turn, twist. **2** (*проволоки*) coil. **3** (*при полёте*) orbit. **4** (*fig*) (*цикл*) round.

витра́ж, а́ *m* stained-glass window.

витри́н|а, ы *f* **1** (*в магазине*) (shop) window. **2** (*в музее*) showcase.

ви|ть, вью, вьёшь, *past* **~л, ~ла́, ~ло** *impf* (*of* ⇒**с~**) to weave; **в. гнездо́** to build a nest; **в. верёвки из кого́-н.** (*coll*) to twist round one's little finger.

ви́|ться, вьётся, *past* **~лся, ~ла́сь** *impf* (*of* ⇒**с~**) **1** (*растение*) to wind, twine. **2** (*волосы*) to curl, wave. **3** (*птица*) to hover, circle. **4** (*змея*) to writhe, twist. **5** (*пыль, дым*) to spiral up.

ви́тяз|ь, я *m* (*poetical, archaic*) knight; hero.

вихля́|ть, ю *impf* (*coll*) to reel.

вихля́|ться, юсь *impf* (*coll*) to wobble.

вих|о́р, ра́ *m* forelock.

вихра́ст|ый (~, ~а) *adj* (*coll*) shaggy; shock-headed.

В

вихрево́й *adj* (*phys*) vortical.
вихр|ь, я *m* **1** whirlwind; **снежный в.** blizzard. **2** (*fig*) whirlwind, maelstrom.
ви́це-... *comb form* vice-.
вице-адмира́л, а *m* vice admiral.
вице-коро́л|ь, я́ *m* viceroy.
вице-президе́нт, а *m* vice-president.
вицмунди́р, а *m* (*hist*) uniform (*of civil servants*).
ВИЧ *m indecl* (*abbr of* **ви́рус иммунодефици́та челове́ка**) (*med*) HIV (*human immunodeficiency virus*); **ВИЧ-инфици́рованный** HIV-positive.
вишнёвк|а, и *f* (home-made) cherry brandy.
вишнёвый *adj* **1** cherry; **в. сад** cherry orchard. **2** (*о цвете*) cherry-coloured, burgundy.
ви́ш|ня, ни, *g pl* **~ен** *f* **1** (*дерево*) cherry tree. **2** (*плод*) cherry; (*collect*) cherries.
вишь (*contraction of* **ви́дишь**; *coll*) look!; just look!; **в., что сде́лал!** look what he's done!
вка́лыва|ть, ю *impf* **1** *impf of* ⇒**вколо́ть**. **2** *impf only* (*sl*) to slave; to slog away.
вка́пыва|ть, ю *impf of* ⇒**вкопа́ть**
вка|ти́ть, чу́, ~́тишь *pf* (*of* ⇒**~́тывать**) **1** to roll into, onto; (*на колёсах*) to wheel in, into; **в. бо́чку в подва́л** to roll a barrel into a cellar. **2** (*fig, coll*) (*укол*) to administer; (*выговор, двойку*) to give; **в. пощёчину** (+ *d*) to slap in the face.
вка|ти́ться, чу́сь, ~́тишься *pf* (*of* ⇒**~́тываться**) to roll in (*intrans*); (*coll*) (*вбежать*) to run in.
вка́тыва|ть(ся), ю(сь) *impf of* ⇒**вкати́ть(ся)**
вкл. (*abbr of* **включи́тельно** *or* **включа́я**) incl., including.
вклад, а *m* **1** (*в банке*) deposit. **2** (*действие*) investment. **3** (*fig*) contribution.
вкла́дк|а, и *f* supplementary sheet, insert.
вклад|но́й 1 *adj of* ⇒**~**. **2** supplementary, inserted; **в. лист** = **вкла́дка**.
вкла́дчик, а *m* depositor, investor.
вкла́дчи|ца, цы *f of* ⇒**~к**
вкла́дыва|ть, ю *impf of* ⇒**вложи́ть**
вкла́дыш, а *m* = **~ка**
вкле́ива|ть, ю *impf of* ⇒**вкле́ить**
вкле́|ить, ю, ~́ишь *pf* (*of* ⇒**~ивать**) to paste in.
вкле́йк|а, и *f* **1** (*действие*) sticking in. **2** (*вклеенный лист*) inset.
вкли́нива|ть(ся), ю(сь) *impf of* ⇒**вклини́ть(ся)**
вклин|и́ть, ~ю, ~́ишь *pf* (*of* ⇒**~ивать**) to wedge in; **в. сло́во** (*fig, coll*) to put a word in.
вклин|и́ться, ~́юсь, ~́ишься *pf* (*of* ⇒**~иваться**) (**в** + *a*) to force one's way into; (*mil*) to drive a wedge (into).
включ|а́ть(ся), а́ю(сь) *impf of* ⇒**~и́ть(ся)**
включа́|я *pres gerund of* ⇒**~ть**; *as prep* + *a* including.
включе́ни|е, я *nt* **1** (**в** + *a*) inclusion (in); **со ~ем** (+ *g*) including, with the inclusion of. **2** (*лампы, станка*) switching on, turning on.
включи́тельно *adv* inclusive; **с пя́того по девя́тое в.** from the 5th to the 9th inclusive.
включ|и́ть, у́, и́шь *pf* (*of* ⇒**~а́ть**) **1** (**в** + *a*) to include (in); **в. в себя́** to include, comprise, take in; **в. в пове́стку дня** to enter on the agenda; **в. в спи́сок** to enter on a list. **2** (*tech*) to switch on, turn on; (*в розетку*) to plug in; **в. ра́дио** to switch on the radio; **в. ско́рость** to engage a gear.
включ|и́ться, у́сь, и́шься *pf* (*of* ⇒**~а́ться**) **1** (**в** + *a*) to join (in), enter (into). **2** (*о свете, радио*) to come on.
вкола́чива|ть, ю *impf of* ⇒**вколоти́ть**
вкол|оти́ть, очу́, о́тишь *pf* (*of* ⇒**~а́чивать**) to knock in, hammer in (*also fig*); **в. в го́лову** (+ *d*; *coll*) to knock into s.o.'s head.
вкол|о́ть, ю́, ~́ешь *pf* (*of* ⇒**вка́лывать**) (**в** + *a*) to stick (in, into).
вкол|очу́, ~о́тишь *see* ⇒**~оти́ть**
вконе́ц *adv* (*coll*) completely, absolutely.
вко́пан|ный (~, ~а) *ppp of* ⇒**вкопа́ть**; **как в.** rooted to the ground.
вкопа́|ть, ю *pf* (*of* ⇒**вка́пывать**) to dig in.
вкорен|и́ть, ю́, и́шь *pf* (*of* ⇒**~я́ть**) to inculcate.
вкорен|и́ться, и́тся, я́тся *pf* (*of* ⇒**~я́ться**) to be inculcated; to take root.
вкореня́|ть(ся), ю, ет(ся) *impf of* ⇒**вкорени́ть(ся)**
вкось *adv* obliquely; slantwise; **вкривь и в.**, *see* ⇒**вкривь**
вкрад|у́сь, ёшься *see* ⇒**вкра́сться**
вкра́дчив|ый (~, ~а) *adj* insinuating, ingratiating.
вкра́дыва|ться, юсь *impf of* ⇒**вкра́сться**
вкра́п|ить, лю, ишь *pf* (*of* ⇒**~ливать**) to sprinkle (with); (*fig*) to intersperse (with); **он ~ил в речь цита́ты** he interspersed his speech with quotations.
вкра́плива|ть, ю *impf of* ⇒**вкра́пить**
вкрапл|я́ть, я́ю *impf* = **~́ивать**
вкра́|сться, ду́сь, дёшься, *past* **~лся** *pf* (*of* ⇒**~дываться**) to steal in, creep in; **в. текст ~лось мно́го оши́бок** many mistakes have crept into the text; **в. в дове́рие к кому́-н.** to worm o.s., insinuate o.s. into s.o.'s confidence.
вкра́тце *adv* briefly; succinctly.
вкривь *adv* (*не прямо*) aslant; (*fig*) wrongly, in a distorted manner; **в. и вкось** all over the place; (*fig, coll*) indiscriminately.
вкруг = **вокру́г**
вкругову́ю *adv* (*coll*) round; **пусти́ть ча́шу в.** to send the cup round (*at banquets*).
вкру|ти́ть, чу́, ~́тишь *pf* (*of* ⇒**~́чивать**) to screw in.
вкруту́ю *adv* (*coll*): **яйцо́ в.** hard-boiled egg; **свари́ть яйцо́ в.** to hard-boil an egg.
вкру́чива|ть, ю *impf of* ⇒**вкрути́ть**
вкру|чу́, ~́тишь *see* ⇒**~ти́ть**
вку́пе *adv* (**с** + *i*) together (with).
вкус, а *m* **1** (*одно из пяти чувств*) taste; **про́бовать что-л. на в.** to taste sth; (*субъективное ощущение*): **доба́вьте соль и спе́ции по ~́у** add salt and spices to taste; (*преобладающее свойство продукта, вещества*) taste, flavour (*Br*), flavor (*US*); **э́то блю́до ки́слое/сла́дкое/го́рькое/солёное на в.** this dish tastes sour/sweet/bitter/salty; this dish has a sour/sweet/bitter/salty taste (*or* flavour); (*совокупность вкусовых качеств продукта*): **в. чёрной икры́** the taste/flavour of black (*sc. sturgeon or beluga*) caviar(e); (*вкусовая добавка*): **йо́гурт выпуска́ют с разли́чными ~́ами** yogurt comes in different flavours; **напи́ток со ~́ом апельси́на** orange-flavoured (*Br*) (*US* -flavored) drink. **2** (*fig*) (*представление о прекрасном*) taste; **на чей-н. в., в чьём-н. ~́е** to s.o.'s taste; **э́то мне не по ~́у** I don't like it; it's not to my taste; **кому́ как по ~́у** each to his own; **о ~́ах не спо́рят** (*proverb*) tastes differ; **э́то де́ло ~́а** it is a matter of taste; **челове́к со ~́ом** a man of taste; **одева́ться со ~́ом** to dress tastefully. **3** (*coll*) (*стиль*) manner, style; **дом в италья́нском ~́е** house in an Italian style.
вку|си́ть, шу́, си́шь *pf* (*of* ⇒**~ша́ть**) (*fig, poetical*) to taste, savour.
вку́с|ный (~ен, ~на́, ~но) *adj* tasty, delicious, good.
вкусов|о́й *adj* taste; gustatory; **~ы́е вещества́** flavouring substances.
вкуша́|ть, ю *impf of* ⇒**вкуси́ть**
вку|шу́, си́шь *see* ⇒**~си́ть**
вла́г|а, и (*no pl*) *f* moisture, liquid.
влага́лищ|е, а *nt* vagina.
влага́|ть, ю *impf of* ⇒**вложи́ть**
владе́л|ец, ьца *m* (*магазина*) owner, proprietor; (*предмета*) owner.
владе́л|ица, ицы *f of* ⇒**~ец**
владе́ни|е, я *nt* **1** ownership; possession; **в. иму́ществом** possession of property. **2** (*территория в собственности*) estate; (*in pl*) possessions; **колониа́льные ~я** colonies.
владе́|ть, ю, ешь *impf* (+ *i*) **1** (*иметь*) to own, possess. **2** (*подчинять себе*) to control; to be in possession (of); **в. собо́й** to control o.s.; **им ~ют стра́сти** he is at the mercy of his passions. **3** (*fig*) (*уметь пользоваться*) to have (a) command (of); to have the use (of); **в. перо́м** to wield a skilful pen; **она́ ~ет шестью́ языка́ми** she has a command of six languages; **он не ~ет пра́вой руко́й** he has not the use of his right arm.
влады́к|а, и *m* master, sovereign; (*eccl*) member of higher orders of clergy (*bishop, archbishop or metropolitan*).
влады́честв|о, а *nt* dominion, sway.
влады́честв|овать, ую *impf* (**над** + *i*) to hold sway, exercise dominion (over).
влады́чиц|а, ы *f* **1** mistress, sovereign. **2 В.** (*eccl*) Our Lady.

влажне́|ть, ю, ешь *impf* (*of* ⇨**по~**) (*погода, воздух*) to become damp, humid; (*почва*) to become damp.

вла́жност|ь, и *f* (*воздуха*) humidity; (*почвы*) dampness.

вла́ж|ный (~ен, ~на́, ~но) *adj* (*воздух, климат*) humid, damp; (*простыня*) damp; (*глаза, лоб*) moist.

вла́мыва|ться, юсь *impf of* ⇨**вломи́ться**

вла́ств|овать, ую *impf* (**над** + *i*) to rule, hold sway (over).

властели́н, а *m* (*usu fig*) (*правитель*) ruler; (*хозяин*) lord, master.

власти́тел|ь, я *m* = **властели́н**; (*fig*): **в. дум** dominant influence.

вла́ст|ный (~ен, ~на) *adj* **1** *adj of* ⇨**~ь**: **~ные структу́ры** authorities. **2** (*характер, жест*) imperious, commanding; masterful. **3** (**в** + *p*; *law*) authoritative, competent; **я не ~ен в э́том де́ле** I have no competence to deal with this matter; **он не ~ен измени́ть что́-нибудь** he is powerless to change anything; **он не ~ен над собо́й** he can't control his feelings, actions.

властолю́б|ец, ца *m* power-seeker.

властолюби́в|ый (~, ~а) *adj* power-loving; (*стремящийся к власти*) power-seeking.

властолю́би|е, я *nt* love of power; (*стремление к власти*) lust for power.

власт|ь, и, *pl* **~и, ~е́й** *f* **1** (*политическая*) power; **прийти́ к ~и** to come to power; **у ~и** in power; **сове́тская в.** (*hist*) Soviet rule. **2** (*аппарат*) (*in pl*) authorities; **ме́стная в., в. на места́х** local authority. **3** (*родительская*) power, authority; **во ~и** (+ *g*) at the mercy (of), in the power (of); (*над чувствами*) control. **4**: **ва́ша в.** (*coll*) as you like, it's up to you.

власяни́ц|а, ы *f* hair shirt.

влач|и́ть, у́, и́шь *impf* (*obs, poetical*) to drag; **в. жа́лкое существова́ние** to lead/drag out a miserable existence.

влач|и́ться, у́сь, и́шься *impf* (*obs, poetical*) to drag o.s. along.

вле́во *adv* to the left (*also fig, pol*).

влеза́|ть, ю *impf of* ⇨**влезть**

влез|ть, у, ешь, *past* **~, ~ла** *pf* (*of* ⇨**~а́ть**) **1** (*в окно*) to climb in(to); (*на дерево*) to climb (up); (*на крышу*) to climb onto; **в. в долги́** (*fig*) to get into debt; **в. в ду́шу** (+ *g*) to worm o.s. into s.o.'s confidence. **2** (*coll*) (*сесть*) to get on, board; **в. в авто́бус** to get on the bus. **3** (*coll*) (*уместиться*) to fit in, go in, go on; **все э́ти ве́щи не ~ут в мою́ су́мку** these things will not all go into my bag.

влеп|и́ть, лю́, ~ишь *pf* to stick in, fasten in; (*coll*): **в. пощёчину кому́-н.** to slap s.o.'s face.

влепля́|ть, ю *impf of* ⇨**влепи́ть**

влет|а́ть, а́ю *impf of* ⇨**~е́ть**

вле|те́ть, чу́, ти́шь *pf* (*of* ⇨**~та́ть**) to fly in, into; (*fig, coll*) to rush in, into; **в. в исто́рию** to get into trouble; (*impers*): **ему́ опя́ть ~те́ло** he is in trouble again.

влече́ни|е, я *nt* (**к** + *d*) attraction (to).

вле|чь, ку́, чёшь, ку́т, *past* **влёк, ~кла́** *impf* (*тащить*) to draw, drag; (*привлекать*) to attract; **в. за собо́й** to involve, entail.

влива́ни|е, я *nt* **1** (*med*) infusion, injection. **2** (*usu in pl*) (*econ*) investment, (financial) aid.

влива́|ть, ю *impf of* ⇨**влить**

влипа́|ть, ю *impf of* ⇨**вли́пнуть**

вли́п|нуть, ну, нешь, *past* **~, ~ла** *pf* (*coll*) to get into a mess; to put one's foot in it; **в. в исто́рию** to get into trouble.

вли|ть, волью, вольёшь, *past* **~л, ~ла́, ~ло** *pf* (*of* ⇨**~ва́ть**) **1** to pour in; (*med*) to infuse; (*fig*) to instil; **в. си́лы/уве́ренность в кого́-н.** to give s.o. strength/confidence. **2** (*добавить*) to bring in.

влия́ни|е, я *nt* influence; **под ~м** (+ *g*) under the influence of; **оказа́ть в. на** (+ *a*) to influence; **по́льзоваться ~ем** to have influence, be influential.

влия́тел|ьный (~ен, ~ьна) *adj* influential.

влия́|ть, ю *impf* (*of* ⇨**по~**) (**на** + *a*) to influence, have an influence on; (*действовать*) to affect.

вложе́ни|е, я *nt* **1** enclosure; (*comput*) attachment. **2** (*fin*) investment.

влож|и́ть, у́, ~ишь *pf* (*of* ⇨**вкла́дывать** *and* ⇨**влага́ть**) **1** to put in, insert; (*в письмо*) to enclose (*with a letter*); (*comput*) to attach (*to an email*); **он ~ил всю свою́ ду́шу в рабо́ту** (*fig*) he put his whole soul into his work. **2** (*fin*) to invest.

влом|и́ться, лю́сь, ~ишься *pf* (*of* ⇨**вла́мываться**) to break in, into.

вло́па|ться, юсь *pf* (*coll*) **1** (*влипнуть*) to get into a mess. **2** (*влюбиться*) to fall in love. **3** (*в лужу, грязь*) to tread in.

влюб|и́ть, лю́, ~ишь *pf* (*of* ⇨**~ля́ть**) (**в** + *a*) to make fall in love (with).

влюб|и́ться, лю́сь, ~ишься *pf* (*of* ⇨**~ля́ться**) (**в** + *a*) to fall in love (with).

влюблённост|ь, и *f* love; being in love.

влюблён|ный (~, ~а́) *ppp of* ⇨**влюби́ть** *and adj* **1** (*ppp*) (*человек*) in love; **в. по́ уши** head over ears in love. **2** (*adj*) (*взгляд*) loving; tender.

влюбля́|ть, ю *impf of* ⇨**влюби́ть**

влюбля́|ться, юсь *impf of* ⇨**влюби́ться**

влю́бчив|ый (~, ~а) *adj* (*coll*) amorous, susceptible.

вля́па|ться, юсь *pf* (*coll*) to plunge into; (*fig*) **в. в исто́рию** to get into a mess.

вма́|зать, жу, жешь *pf* (*sl*) (+ *d*) to hit.

вма́|заться, жусь, жешься *pf* (*of* **вма́зываться**) (*sl*) to inject drugs, shoot up.

вма́зыва|ть(ся), ю(сь) *impf of* ⇨**вма́зать(ся)**

вмен|и́ть, ю́, и́шь *pf* (*of* ⇨**~я́ть**): **в. (что́-н.) в вину́** (+ *d*) to blame (sth) on (s.o.); **в. в обя́занность кому́-н.** to impose as a duty on; **он ~ил себе́ в обя́занность чте́ние всех газе́т** he imposed on himself the duty of reading all the newspapers.

вменя́емост|ь, и *f* (*law*) responsibility; liability.

вменя́ем|ый (~, ~а) *adj* (*law*) sane, of sound mind.

вменя́|ть, ю *impf of* ⇨**вмени́ть**

вме́сте *adv* together; at the same time; **в. с** (+ *i*) together with; **в. с тем** at the same time, also; **но/а в. с тем** but.

вмести́лищ|е, а *nt* receptacle.

вмести́мост|ь, и *f* capacity.

вмести́тел|ьный (~ен, ~ьна) *adj* capacious; roomy.

вме|сти́ть(ся), щу́(сь), сти́шь(ся) *pf of* ⇨**~ща́ть(ся)**

вме́сто *prep* + *g* instead of; in place of.

вмеша́тельств|о, а *nt* interference; (*pol, mil, med*) intervention; **поли́тика ~а** interventionism.

вмеша́|ть, ю *pf* (*of* ⇨**вме́шивать**) (**в** + *a*) **1** (*добавить*) to mix in. **2** (*coll, fig*) (*впутать*) to mix up (in), implicate (in).

вмеш|а́ться, а́юсь *pf* (*of* ⇨**~иваться**) (**в** + *a*) (*вторгнуться*) to interfere (in), meddle (with); (*для пресечения нежелательных последствий*) to intervene (in); **полице́йский ~а́лся в дра́ку** a policeman intervened in the fight.

вме́шива|ть, ю *impf of* ⇨**вмеша́ть**

вме́шива|ться, юсь *impf of* ⇨**вмеша́ться**

вмеща́|ть, ю *impf* (*of* ⇨**вмести́ть**) **1** (*контейнер*) to contain; to hold; (*дом, зал*) to accommodate; **э́та бо́чка ~ет пятьдеся́т ли́тров** this barrel holds fifty litres. **2** (**в** + *a*) to put, place (in, into).

вмеща́|ться, юсь *impf* (*of* ⇨**вмести́ться**) **1** to fit, go in; **ва́ши ту́фли не ~ются в мой чемода́н** your shoes will not go in my case. **2** *passive of* ⇨**~ть 2**

вмиг *adv* in an instant; in a flash.

вмина́|ть, ю *impf of* ⇨**вмять**

ВМК *m indecl* (*abbr of* **внутрима́точный контрацепти́в**) IUD (*intrauterine* (*contraceptive*) *device*).

ВМС *pl indecl* (*abbr of* **вое́нно-морски́е си́лы**) Navy (*esp that of a foreign state as opposed to the Russian Navy*).

ВМФ *m indecl* (*abbr of* **вое́нно-морско́й флот**) Navy (*esp Russian*).

вмя́тин|а, ы *f* dent.

вмять, вомну́, вомнёшь *pf* (*of* ⇨**вмина́ть**) to press in.

внаём, внаймы́ *adv*: **отда́ть в.** to let, hire out, rent; **взять в.** to hire, rent; **сдаётся в.** 'to let'.

внаки́дку *adv* (*coll*): over one's shoulders.

внакла́де *adv* (*coll*): **оста́ться в.** to come off loser; **не оста́ться в.** (**от** + *g*) to be none the worse off (for).

внакла́дку *adv* (*coll*): **пить чай в.** to drink tea with sugar in (*opp* **вприку́ску**).

внача́ле *adv* at first, in the beginning.

вне *prep* + *g* outside; out of; **объяви́ть в. зако́на** to outlaw; **в. о́череди** out of turn; **в. себя́** beside o.s.; **в. вся́ких сомне́ний** beyond any doubt.

В

В

вне... *comb form* extra-.

внебра́чный *adj* extramarital; **в. ребёнок** illegitimate child.

вневре́менный *adj* timeless.

внедре́ни|е, я *nt* (*методов*) introduction; (*привычки*) inculcation.

внедр|и́ть, ю́, и́шь *pf* (*of* ⇨**~я́ть**) **1** (*привычку*) to inculcate, instil. **2** (*методы*) to introduce.

внедр|и́ться, ю́сь, и́шься *pf* (*of* ⇨**~я́ться**) to take root.

внедря́|ть(ся), ю(сь) *impf of* ⇨**внедри́ть(ся)**

внеза́пно *adv* suddenly, all of a sudden.

внеза́пност|ь, и *f* suddenness.

внеза́пный *adj* sudden.

внеземно́й *adj* alien, extraterrestrial.

внекла́ссный *adj* extra-curricular.

внема́точ|ный *adj* (*med*): **~ная бере́менность** ectopic pregnancy.

вне́мл|ю, ешь *see* ⇨**внима́ть**

внеочередно́й *adj* **1** out of turn; **зада́ть в. вопро́с** to ask a question out of order. **2** (*заседание*) extraordinary; (*рейс*) extra.

внепи́ковый *adj* off-peak.

внепла́новый *adj* (*econ*) not provided for by the plan; extraordinary.

внесе́ни|е, я *nt* **1** (*вещей*) bringing in, carrying in. **2** (*денег*) paying in, deposit. **3** (*включение*) entry, insertion. **4** (*предложения*) moving, submission.

внеслу́жебный *adj* leisure time.

внес|ти́, у́, ёшь, *past* **~̃, ~ла́** *pf* (*of* ⇨**вноси́ть**) **1** (*принести внутрь*) to bring in, carry in; **в. ра́неных** to bring in the wounded. **2** (*fig*) to introduce, put in; **в. я́сность в де́ло** to clarify a matter; **в. свой вклад в де́ло** to do one's bit; to make ones contribution. **3** (*деньги*) to pay in, deposit. **4** (*предложение*) to bring in, move, table. **5** (*вписать*) to insert, enter; **в. в спи́сок** to enter on a list. **6** (*причинить*) to bring about, cause; **в. раздо́ры** to cause bad feelings.

внестуди́йный *adj* on-location, outside (*broadcast etc.*).

внеуро́чный *adj* (*занятия*) extra-curricular, leisure-time.

внешко́льн|ый *adj* (*занятия*) extra-curricular; **~ое образова́ние** adult education.

вне́шне *adv* outwardly.

внешнеторго́вый *adj* foreign-trade (*attr*).

вне́шн|ий *adj* **1** outer, exterior; outward, external; outside; **в. вид** appearance. **2** (*иностранный*) foreign; **~яя поли́тика** foreign policy.

вне́шност|ь, и *f* appearance; exterior; **суди́ть по ~и** to judge by appearances.

внешта́тник, а *m* (*coll*) freelancer; casual.

внешта́тный *adj* freelance; casual.

вниз *adv* down, downwards; **в. голово́й** head first; **идти́ в. по ле́стнице** to go downstairs; **в. по тече́нию** downstream; **в. по Во́лге** down the Volga.

внизу́ *adv* below; downstairs; *prep* + *g*: **в. страни́цы** at the foot of the page.

вник|а́ть, а́ю *impf of* ⇨**~́нуть**

вни́к|нуть, ну, нешь, *past* **~, ~ла** *pf* (*of* ⇨**~а́ть**) (**в** + *a*) (*изучить*) to go carefully (into), investigate thoroughly; (*понять*) to understand, penetrate.

внима́ни|е, я *nt* **1** (*сосредоточенность*) attention; heed; notice, note; **обраща́ть в.** (**на** + *a*) (*i*) to pay attention (to); (*ii*) to draw attention (to); **удели́ть в. кому́-н.** to give s.o. attention; **оста́вить без ~я** to ignore; **он весь в.** he is all ears; **принима́я во в.** taking into account; **благодарю́ за в.** thank you for listening. **2** (*забота*) kindness, consideration; **оказа́ть в. кому́-н.** to do a kindness to s.o. **3** (*int*): **в.!** look out! mind out!; **в. на старт!** (*sport*) get set!

внима́тельност|ь, и *f* **1** attentiveness. **2** (*заботливость*) thoughtfulness, consideration.

внима́тел|ьный (~ен, ~ьна) *adj* **1** attentive. **2** (**к** + *d*) (*заботливый*) thoughtful, considerate (towards).

внима́|ть, ю *and* **вне́млю** *impf* (*of* ⇨**внять**) (+ *d*) to heed; **он внял мое́й про́сьбе** he heeded my request.

вничью́ *adv* (*sport*) drawn; **па́ртия око́нчилась в.** the game ended in a draw; **на́ша кома́нда сыгра́ла сего́дня в.** our team drew today.

вно́ве *adv as pred* new, strange.

вновь *adv* **1** (*опять*) afresh, anew; again. **2** (*недавно*) newly; **в. прибы́вший** newcomer.

вно|си́ть, шу́, ~́сишь *impf of* ⇨**внести́**

ВНП *m indecl* (*abbr of* **валово́й национа́льный проду́кт**) GNP (*Gross National Product*).

внук, а *m* grandson; grandchild (*also fig*).

вну́тренн|ий *adj* **1** inner, interior; internal; intrinsic; **~ие боле́зни** internal diseases; **в. мир** inner life, private world; **~ие причи́ны** intrinsic causes; **~ее сгора́ние** internal combustion; **в. смысл** inner meaning. **2** (*в государстве*) domestic, inland; **~ие дохо́ды** inland revenue; **~яя поли́тика** internal politics; **Министе́рство ~их дел** Ministry of Internal Affairs.

вну́тренност|ь, и *f* **1** interior. **2** (*in pl*) entrails, intestines; internal organs.

внутри́ *adv and prep* + *g* inside, within; **в. до́ма** inside the house.

внутри... *comb form* intra-.

внутриве́нный *adj* (*med*) intravenous.

внутрима́точный *adj* intrauterine.

внутрипарти́йный *adj* (*pol*) within the party, inner-party.

внутрь *adv and prep* + *g* within, inside; inwards; **открыва́ться в.** to open inwards; **войти́ в. до́ма** to go inside the house.

внуча́т|а, ~ (*no sg*) grandchildren.

внуча́тный *adj*: **в. брат** second cousin; **в. племя́нник** great-nephew.

внуча́т|ый = **~ный**

вну́чк|а, и *f* granddaughter.

внуша́емост|ь, и *f* suggestibility.

внуш|а́ть, а́ю *impf of* ⇨**~и́ть**

внуше́ни|е, я *nt* **1** (*psychol*) suggestion. **2** (*выговор*) reprimand.

внуши́тел|ьный (~ен, ~ьна) *adj* imposing, impressive.

внуш|и́ть, у́, и́шь *pf* (*of* ⇨**~а́ть**) (+ *a and d*) to inspire (with); to instil; to suggest; **его́ вид ~и́л мне страх** the sight of him inspired me with fear; **в. уве́ренность в себе́** to instil self-confidence; **он уме́л в. слу́шателям, что он всегда́ прав** he had the power of suggesting to his audience that he was always right.

внюха|ться, юсь *pf* (**в** + *a*; *coll*) to take a sniff (at) (*also fig*).

внюхива|ться, юсь *impf of* ⇨**внюхаться**

вня́т|ный (~ен, ~на) *adj* distinct.

вня|ть, *fut and imperative not used, past* **~л, ~ла́, ~́ло** *pf of* ⇨**внима́ть**

во[1] *prep* = **в**

во[2] *particle* (*coll*) **1** = **вот 3**; **в. каки́е де́ньги!** there's money for you! **2** (*очень хороший*): **кни́га в.!** it's a great book! **3** (*вот именно*): **в., я так и знал** I knew it all along. **4**: **в. как** greatly.

во́бл|а, ы *f* vobla (*Caspian roach*).

вобр|а́ть, вберу́, вберёшь, *past* **~а́л, ~ала́, ~а́ло** *pf* (*of* ⇨**вбира́ть**) (*воду*) to absorb, suck in; (*воздух*) to inhale.

везе́к(и) *adv* for ever; **в. не** never.

вовлека́|ть, ю *impf of* ⇨**вовле́чь**

вовлечённост|ь, и *f* involvement.

вовл|е́чь, еку́, ечёшь, еку́т, *past* **~ёк, ~екла́** *pf* to draw in, involve.

вовне́ *adv* outside.

вовну́трь *adv and prep* + *g* (*coll*) inside.

во́время *adv* in time, on time; **не в.** at the wrong time.

во́все *adv* (*coll*) completely; (+ *neg*) at all; **он в. не бога́тый челове́к** he is not at all a rich man.

вовсю́ *adv* (*coll*) like anything; to its (one's) utmost; **бежа́ть в.** to run like anything.

во-вторы́х *adv* secondly, in the second place.

вогна́|ть, вгоню́, вго́нишь, *past* **~л, ~ла́, ~ло** *pf* (*of* ⇨**вгоня́ть**) to drive in; **в. гвоздь в сте́ну** to drive a nail into the wall; **в. в гроб** to be the death of; **в. в депре́ссию** to make depressed; **в. в кра́ску** to make blush.

во́гнут|ый (~, ~а) *adj* concave.

вогн|у́ть, у́, ёшь *pf* (*of* ⇨**вгиба́ть**) to bend, curve inwards.

вод|а́, ы́, *a* **~́у,** *pl* **~́ы, ~, ~́ам** *f* **1** water; **выводи́ть на чи́стую ~у** to show up, unmask; **похо́жи как две ка́пли ~ы́** as like as two peas; **как с гу́ся в.** like water off a duck's back; **мно́го ~ы́ утекло́** much water has flowed under the bridge; it's been a long time; **как в ~́у опу́щенный** downcast, dejected; **как в ~́у гляде́л!** (*coll*) I knew it! **2** (*in pl*) (*минеральные*) the waters; (*курорт*) watering place, spa. **3** (*coll*) (*болтовня*) waffle; **~у лить** to waffle (on).

водворе́ни|е, я *nt* settlement; establishment.

водвор|и́ть, ю́, и́шь *pf* **1** (*поселить*) to settle, install. **2** (*установить*) to establish.

водворя́|ть, ю *impf of* ⇨**водвори́ть**

водеви́л|ь, я *m* (*theatr*) vaudeville; musical comedy.

води́тел|ь, я *m* driver.

води́тельск|ий *adj*: **~ие права́** driving licence (*Br*), driver's license (*US*).

води́тельств|о, а (*obs*) leadership.

во|ди́ть, жу́, ~́дишь *impf* (*indet of* **⇒вести́**) **1** (*see also* **⇒вести́**) (*сопровождать*) to take; to lead; to conduct; (*машину*) to drive; (*самолёт*) to fly. **2** (*coll*) (*see also* **⇒вести́**): **в. дру́жбу (с** + *i*) to be friends with; **в. знако́мство (с** + *i*) to keep up an acquaintance (with). **3** (+ *i*, **по** + *d*; *see also* **⇒вести́**) to pass (over, across); **в. глаза́ми (по** + *d*) to cast one's eye (over) (*only* **в.** *used in this phr*). **4** (*coll*) (*животных*) to keep; **в. пчёл** to keep bees.

во|ди́ться, жу́сь, ~́дишься *impf* **1** (**с** + *i*) to associate (with); (*о детях*) to play (with). **2** (*бывать*) to be, be found; **львы́ не ~́дятся в Евро́пе** lions are not found in Europe. **3** (*быть принятым*) to be the custom; to happen; **как ~́дится** as usually happens. **4** (*coll*) (*быть в наличии, иметься*) be abundant; **де́ньги у него́ ~́дятся** he's always in the money.

води́ц|а, ы *f diminutive of* **⇒вода́**

во́дк|а, и *f* vodka.

воднолы́жник, а *m* waterskier.

во́дн|ый *adj* **1** water; **~ые лы́жи** (*вид спорта*) waterskiing, (*экипировка*) waterskis; **~ое по́ло** water polo; **в. пу́ть** waterways; **в. спорт** aquatic sports. **2** (*chem*) aqueous.

водобоя́зн|ь, и *f* (*med*) hydrophobia, rabies.

водово́з, а *m* water carrier.

водоворо́т, а *m* whirlpool; (*fig*) maelstrom.

водоём, а *m* reservoir.

водоизмеще́ни|е, я *nt* (*naut*) displacement.

водока́чк|а, и *f* water tower.

водола́з[1], **а** *m* diver; (*ныряльщик с аквалангом*) frogman.

водола́з[2], **а** *m* Newfoundland (dog).

водола́зк|а, и *f* thin polo-necked sweater.

водола́з|ный *adj of* **⇒~**[1]; **в. костю́м** diving suit.

Водоле́|й, я *m* (*созвездие*) Aquarius.

водолече́бниц|а, ы *f* hydropathic clinic.

водолече́бный *adj* hydropathic.

водоме́р, а *m* (*tech*) water gauge.

водоме́рк|а, и *f* pond skater (*Br*), water strider (*US*).

водомёт, а *m* water cannon.

водонапо́рн|ый *adj only in phr* **~ая ба́шня** water tower.

водонепроница́ем|ый (~, ~а) *adj* watertight; waterproof.

водоно́с, а *m* water carrier.

водоотво́д, а *m* drainage system.

водоотво́дн|ый *adj* drainage; **~ая труба́** waste pipe.

водоочисти́тельный *adj* water-purifying.

водоочистн|о́й *and* **водоочи́стн|ый** *adj*: **~́ые сооруже́ния** water treatment plant.

водопа́д, а *m* waterfall.

водопла́вающ|ий *adj*: **~ие пти́цы** waterfowl; **~ая маши́на** amphibious vehicle.

водопо́|й, я *m* **1** (*место*) watering place. **2** (*поение скота*) watering.

водопрово́д, а *m* water supply system; plumbing; **дом с ~ом** house with running water.

водопрово́д|ный *adj of* **⇒~**; **~ная магистра́ль** water main; **~ная сеть** water supply; **~ная ста́нция** waterworks.

водопрово́дчик, а *m* plumber.

водопроница́ем|ый (~, ~а) *adj* permeable to water.

водоразде́л, а *m* (*geog*; *fig*) watershed.

водоро́д, а *m* (*chem*) hydrogen.

водоро́дн|ый *adj* hydrogen; **~ая бо́мба** hydrogen bomb.

во́доросл|ь, и *f* (*bot*) (*пресноводная, морская*) alga; **морска́я в.** seaweed; **бу́рые ~и** brown algae; **зелёные ~и** green algae.

водосли́в, а *m* (*tech*) spillway; sluice.

водоснабже́ни|е, я *nt* water supply.

водосто́к, а *m* drain; (*на улице*) gutter.

водосто́|чный *adj of* **⇒~к**; **~чная труба́** drainpipe.

водоупо́р|ный (~ен, ~на) *adj* waterproof.

водоусто́йчивый *adj* water-repellent.

водохо́дный *adj* amphibious.

водохрани́лищ|е, а *nt* reservoir.

во́дочк|а, и *f* (*coll*) *diminutive of* **⇒во́дка**

во́д|очный *adj of* **⇒~ка**

водоэмульсио́нн|ый *adj*: **~ая кра́ска** emulsion (paint) (*Br*), latex paint (*US*).

водружа́|ть, ю *impf of* **⇒водрузи́ть**

водру|зи́ть, жу́, зи́шь *pf* (*of* **⇒~жа́ть**) to hoist, erect.

водяни́ст|ый (~, ~а) *adj* watery; (*fig, coll*) wishy-washy.

водя́нк|а, и *f* (*med*) dropsy.

водян|о́й[1] *adj* **1** *adj of* **⇒вода́**. **2** (*живущий, растущий в воде*) water, aquatic; **~ы́е пти́цы** waterfowl; **~ы́е расте́ния** aquatic plants. **3** (*приводимый в движение водой*) water-driven, water-operated; **~а́я ме́льница** watermill. **4**: **в. знак** watermark.

водян|о́й[2], **о́го** *m* water sprite.

во|ева́ть, ю́ю, ю́ешь *impf* (**с** + *i*) **1** to wage war (with), make war (upon); to be at war. **2** (*coll*) (*ссориться*) to quarrel (with).

воево́д|а, ы *m* (*hist*) voivode (*the commander of an army in medieval Russia*; *also, in the Muscovite period, the governor of a town or province*).

воево́дств|о, а *nt* **1** (*hist*) office of voivode. **2** province (*in Poland*).

воедино *adv* together; **собра́ть в.** to bring together.

воен... *comb form, abbr of* **вое́нный**

военача́льник, а *m* commander; leader in war.

военииза́ци|я, и *f* militarization.

военизи́р|овать, ую *impf and pf* to militarize.

военкома́т, а *m* (*abbr of* **вое́нный комиссариа́т**) military recruitment office.

военко́р, а *m* (*abbr of* **вое́нный корреспонде́нт**) war correspondent.

вое́нно-... *comb form, abbr of* **вое́нный**

вое́нно-возду́шн|ый *adj*: **~ые си́лы** Air Force(s).

вое́нно-морско́й *adj* naval; **в. флот** the Navy.

военнообя́занн|ая, ой *f* woman liable for call-up (*including reservists*).

военнообя́занн|ый, ого *m* man liable for call-up (*including reservists*).

военнопле́нн|ый, ого *m* prisoner of war.

вое́нно-полево́й *adj* (*mil*) field; **в. суд** court-martial.

вое́нно-промы́шленный *adj* military-industrial.

военнослу́жащ|ая, ей *f* servicewoman.

военнослу́жащ|ий, его *m* serviceman.

вое́нно-уче́бный *adj* military training.

вое́нн|ый *adj* military; war; (*форма*) army; **в. врач** (army) medical officer; **~ое вре́мя** wartime; **в. городо́к** housing estate where servicemen and their families live; **в. заво́д** munitions factory; **на ~ую но́гу** on a war footing; **~ое положе́ние** martial law; **~ое учи́лище** military college; **в. челове́к** soldier, serviceman; *as n* **в., ~ого** *m* soldier, serviceman; **~ые** (*collect*) the military.

вое́нщин|а, ы *f* (*coll, pej*) militarists, warmongers.

вожа́к, а́ *m* **1** (*проводник*) guide. **2** (*руководитель*) leader.

вожа́т|ый, ого *m* **1** (*проводник*) guide. **2** (*руководитель*) leader. **3** (*coll*) (*водитель трамвая*) tram driver.

вожделе́ни|е, я *nt* desire, lust (*also fig*).

вожделе́нный *adj* (*poetical*) desired, longed-for.

вожделе́|ть, ю, ешь *impf* (**к** + *d*) **1** to long (for). **2** (*obs*) to lust (after).

вожде́ни|е, я *nt* (*сопровождение*) leading; (*машины*) driving; **в. корабля́** navigation; **в. самолёта** flying, piloting.

вожд|ь, я́ *m* (*организации*) leader; (*племени*) chief.

вожжа́|ться, юсь *impf* (**с** + *i*; *coll*) to bother o.s. (with), trouble o.s. (over).

во́жж|и, е́й *pl* (*sg* **~а́, ~и́** *f*) reins.

во|жу́[1], **~́дишь** *see* **⇒~ди́ть**

во|жу́[2], **~́зишь** *see* **⇒~зи́ть**

ВОЗ *m* (*indecl*) (*abbr of* **Всеми́рная организа́ция здравоохране́ния**) WHO (*World Health Organization*).

воз, а, о ~́е, на ~у́, *pl* **~ы́** *m* **1** (*повозка*) cart, wagon; **что с ~́а упа́ло, то пропа́ло** (*proverb*) it is no use crying over spilt milk. **2** (*груз*) cartload. **3** (*fig, coll*) (*множество*) load(s), heap(s); **в. вре́мени** loads of time.

возбран|и́ть, ю, и́шь *pf* (*obs*) to prohibit, forbid.

возбран|я́ть, я́ю *impf of* ⇒**~и́ть**

возбраня́|ться, ется *impf* to be prohibited, be forbidden; **купа́ться тут не ~ется** swimming is permitted here.

возбуди́мост|ь, и *f* excitability.

возбуди́м|ый (~, ~а) *adj* excitable.

возбуди́тел|ь, я *m* **1** agent; stimulus. **2** (*med*) pathogen.

возбу|ди́ть, жу́, ди́шь *pf* (*of* ⇒**~жда́ть**) **1** to excite, rouse, arouse; **в. аппети́т** to whet the appetite. **2** (**про́тив** + *g*) to stir up (against), incite (against). **3** (*law*) to institute; **в. де́ло (про́тив** + *g*) to institute proceedings (against), bring an action (against); **в. иск (про́тив** + *g*) to bring a suit (against); **в. хода́тайство (о** + *p*) to submit a petition (for).

возбу|ди́ться, жу́сь, ди́шься *pf* (*of* ⇒**~жда́ться**) **1** (*о человеке*) to get excited. **2** (*об интересе*) to be aroused, stimulated.

возбужда́емост|ь, и *f* excitability.

возбужда́|ть(ся), ю(сь) *impf of* ⇒**возбуди́ть(ся)**

возбужда́|ющий *pres participle active of* ⇒**~ть**; **~ющее сре́дство** (*med*) stimulant.

возбужде́ни|е, я *nt* excitement.

возбу|жде́нный *ppp of* ⇒**~ди́ть** *and adj* excited.

возбу|жу́(сь), ди́шь(ся) *see* ⇒**~ди́ть(ся)**

возведе́ни|е, я *nt* **1** (*в чин*) elevation. **2** (*здания*) raising; erection. **3** (*math*) raising. **4**: **в. обвине́ния (на** + *a*) bringing of an accusation (against).

возвед|у́, ёшь *see* ⇒**возвести́**

возвели́чива|ть, ю *impf of* ⇒**возвели́чить**

возвели́ч|ить, у, ишь *pf* (*of* ⇒**~ивать**) to extol.

возве|сти́, ду́, дёшь, *past* **~̈л, ~ла́** *pf* (*of* ⇒**возводи́ть**) **1** (*возвысить*) to elevate; **в. в сан патриа́рха** to elect to the patriarchate. **2** (*строить*) to raise, erect, put up; **в. высо́тный дом** to erect a skyscraper. **3** (*math*) to raise; **в. во втору́ю сте́пень** to raise to the second power; **в. в куб** to cube. **4** (*обвинение*) to bring, level; **в. клевету́ на кого́-н.** to cast aspersions on s.o. **5** (**к** + *d*) to trace (to), derive (from).

возве|сти́ть, щу́, сти́шь *pf* (*of* ⇒**~ща́ть**) to proclaim, announce; **в. побе́ду/о побе́де** to proclaim a victory.

возвеща́|ть, ю *impf of* ⇒**возвести́ть**

возве|щу́, сти́шь *see* ⇒**~сти́ть**

возво|ди́ть, жу́, ~́дишь *impf of* ⇒**возвести́**

возво|жу́, ~́дишь *see* ⇒**~ди́ть**

возвра́т, а *m* return; repayment, reimbursement; **в. боле́зни** relapse; **в. со́лнца** (*astron*) solstice; **без ~а** irrevocably.

возвра|ти́ть, щу́, ти́шь *pf* (*of* ⇒**~ща́ть**) **1** (*отдать обратно*) to return, give back; (*деньги*) to pay back. **2** (*получить обратно*) to recover, retrieve; **в. де́ньги, о́танные взаймы́** to recover a loan.

возвра|ти́ться, щу́сь, ти́шься *pf* (*of* ⇒**~ща́ться**) to return; (*fig*) to revert; **в. ко всем ста́рым привы́чкам** to revert to all one's old habits; **в. к разгово́ру** to resume a conversation.

возвра́т|ный *adj* **1** *adj of* ⇒**~**; returnable. **2** (*med*) recurring. **3** (*gram*) reflexive.

возвраща́|ть(ся), ю(сь) *impf of* ⇒**возврати́ть(ся)** *and* ⇒**верну́ть(ся)**

возвраще́ни|е, я *nt* return; **в. домо́й** homecoming.

возвра|щу́, ти́шь *see* ⇒**~ти́ть**

возвы́|сить, шу, сишь *pf* (*of* ⇒**~ша́ть**) **1** (*работника*) to raise, elevate. **2**: **в. го́лос** to raise one's voice.

возвы́|ситься, шусь, сишься *pf* (*of* ⇒**~ша́ться**) to rise, go up; **они́ ~сились в на́шем мне́нии** they have risen in our estimation.

возвыша́|ть, ю *impf of* ⇒**возвы́сить**

возвыша́|ться, юсь *impf* **1** *impf of* ⇒**возвы́ситься**. **2** (*impf only*) (**над** + *i*) to tower (above) (*also fig*).

возвыше́ни|е, я *nt* **1** (*действие*) rise; raising; **в. Моско́вской Руси** the rise of Muscovite Russia. **2** (*место*) elevation; raised place.

возвы́шенност|ь, и *f* **1** (*geog*) height; elevation. **2** (*чувств*) loftiness, sublimity.

возвы́шен|ный *ppp of* ⇒**возвы́сить** *and adj* **1** (*высокий*) high; elevated. **2** (*благородный*) lofty, sublime, elevated; **~ные идеа́лы** lofty ideals; **в. стиль** elevated style.

возвы́|шу, сишь *see* ⇒**~сить**

возгла́в|ить, лю, ишь *pf* (*of* ⇒**~ля́ть**) to head, be at the head of.

возглавля́|ть, ю *impf of* ⇒**возгла́вить**

во́зглас, а *m* cry, exclamation.

возгла|си́ть, шу́, си́шь *pf* (*of* ⇒**~ша́ть**) to proclaim.

возглаша́|ть, ю *impf of* ⇒**возгласи́ть**

возглаше́ни|е, я *nt* **1** (*объявление*) proclamation. **2** (*восклицание*) exclamation.

возгна́|ть, возгоню́, возго́нишь, *past* **~л, ~ла́, ~ло** *pf of* ⇒**возгоня́ть**

возго́нк|а, и *f* (*chem*) sublimation.

возгон|ю́, ~́ишь *see* ⇒**возгна́ть**

возгоня́|ть, ю *impf* (*chem*) to sublimate.

возгора́емост|ь, и *f* inflammability.

возгора́емый *adj* inflammable.

возгора́ни|е, я *nt* (*tech*) inflammation, ignition; **то́чка ~я** flashpoint.

возгора́|ться, юсь *impf of* ⇒**возгоре́ться**

возгор|ди́ться, жу́сь, ди́шься *pf* to become proud; (+ *i*) to begin to pride o.s. (on).

возгор|е́ться, ю́сь и́шься *pf* **1** to flare up (*also fig*); **внеза́пно ме́жду ни́ми ~е́лась ссо́ра** suddenly there flared up a quarrel between them. **2** (+ *i*) (*каким-н. чувством*) to be inflamed (with); **она́ ~е́лась стра́стью к кино́** she was seized with a passion for the cinema.

возда|ва́ть, ю́, ёшь *impf of* ⇒**возда́ть**

возда́|м, шь, ст *see* ⇒**~ть**

возда́|ть, м, шь, ст, ди́м, ди́те, ду́т, *past* **~л, ~ла́, ~ло** *pf* (*of* ⇒**~ва́ть**) (*дать*) to render; **в. кому́-н. до́лжное** to give s.o. his due; (*отплатить*) to repay.

воздая́ни|е, я *nt* recompense; retribution.

воздвига́|ть, ю *impf* (*of* ⇒**воздви́гнуть**) to raise, erect.

воздвига́|ться, юсь *impf* (*of* ⇒**воздви́гнуться**) **1** *passive of* ⇒**~ть**. **2** to rear (up) (*intrans*).

воздви́г|нуть, ну, нешь, *past* **~, ~ла** *pf of* ⇒**~а́ть**

воздви́г|нуться, нусь, нешься, *past* **~ся, ~лась** *pf of* ⇒**~а́ться**

Воздви́жени|е, я *nt* (*eccl*) Exaltation of the Cross (*Christian festival celebrated on 14 September*).

воздева́|ть, ю *impf of* ⇒**возде́ть**

возде́йстви|е, я *nt* influence; **оказа́ть мора́льное в. (на** + *a*) to bring moral pressure to bear (upon); **он э́то сде́лал под физи́ческим ~ем** he did it under coercion.

возде́йств|овать, ую *impf and pf* (**на** + *a*) to influence, affect; to exert influence, bring influence to bear (upon); to bring pressure to bear (upon).

возде́л|ать, аю *pf* (*of* ⇒**~ывать**) to cultivate, till.

возде́лыва|ть, ю *impf of* ⇒**возде́лать**

воздержа́вш|ийся *pp of* ⇒**воздержа́ться**; *as n* **в., ~егося** *m* abstainer; **предложе́ние бы́ло при́нято при трёх ~ихся** the motion was carried with three abstentions.

воздержа́ни|е, я *nt* **1** abstinence. **2** (**от** + *g*) abstention (from).

возде́ржанност|ь, и *f* abstemiousness; temperance.

возде́ржан|ный (~, ~на) *adj* (*в еде*) abstemious; (*в суждениях*) temperate.

воз|держа́ться, держу́сь, де́ржишься *pf* (*of* ⇒**~де́рживаться**) (**от** + *g*) **1** (*от замечания, курения*) to refrain (from); (*от алкоголя, курения, мяса*) to abstain (from). **2** (*от голосования*) to abstain.

возде́ржива|ться, юсь *impf of* ⇒**воздержа́ться**

возде́ржност|ь, и *f* (*obs*) = **возде́ржанность**

возде́рж|ный (~ен, ~на) *adj* (*obs*) = **~анный**

возде́|ть, ну, нешь *pf* (*of* ⇒**~ва́ть**) *only in phr* **в. ру́ки** (*obs*) to raise one's hands.

во́здух, а (*no pl*) *m* **1** air; **на (откры́том) ~е** out of doors; **вы́йти на в.** to go out of doors; **в ~е** (*fig*) in the air; **пови́снуть в ~е** to be unresolved; to be up in the air; **подня́ться в в.** to become airborne; **взлете́ть на в.** to explode. **2** (*атмосфера*) atmosphere.

воздухоохлажда́емый *adj* air-cooled.

воздухоочисти́тел|ь, я *m* extractor fan.

воздухопла́вани|е, я *nt* aeronautics.

воздухопла́вател|ь, я *m* aeronaut.

воздухопла́вательный *adj* aeronautic.

воздухопроница́емый *adj* gas-permeable.

возду́ш|ный *adj* **1** air, aerial; **~ные за́мки** castles in the air; **в. змей** kite; **посла́ть ~ные поцелу́и** to blow kisses; **~ная прово́дка** overhead cable; **~ная трево́га** air-raid warning; **в. шар** balloon; **~ная я́ма** air pocket. **2** (*приводимый в движение воздухом*) air-driven, air-operated; **в. насо́с** air pump. **3 (~ен, ~на)** (*очень лёгкий*) airy, light; flimsy; **~ное пла́тье** flimsy dress.

воззва́ни|е, я *nt* appeal.

возз|ва́ть, ову́, овёшь, *past* **~ва́л, ~вала́, ~ва́ло** *pf* (*of* ⇒**взыва́ть**) (**к** + *d*, **о** + *p*) to appeal (to), call (for); **он ~ва́л к избира́телям о подде́ржке** he appealed to the electors for their support.

возз|ову́, овёшь *see* ⇒**~ва́ть**

воззре́ни|е, я *nt* (*мнение*) view, opinion; (*образ мыслей*) outlook.

воззр|и́ться, ю́сь, и́шься *pf* (**на** + *a*; *coll*) to stare (at).

во|зи́ть, жу́, ~̃зишь *impf* (*indet of* ⇒**везти́**) **1** to take, convey; to carry; (*тянуть*) to draw. **2** (+ *i*, **по** + *d*; *coll*) to pass (over), run (over).

во|зи́ться, жу́сь, ~̃зишься *impf* **1** (*о детях*) to play noisily, romp. **2** (**с** + *i*) (*с чем-н. трудным*) to take trouble (over); (*с детьми*) to spend time, busy o.s. (with); (*coll*) (*копаться*) to potter; **он лю́бит в. в саду́** he likes pottering about in the garden.

возлага́|ть, ю *impf of* ⇒**возложи́ть**

во́зле *prep* + *g* by, near; *adv* nearby; **он стоя́л в.** he was standing nearby.

возлеж|а́ть, у́, и́шь *impf* (*of* ⇒**возле́чь**) (*obs*) to recline, lie.

возл|е́чь, я́гу, я́жешь, я́гут, *imperative* **~я́г,** *past* **~ёг, ~егла́** *pf of* ⇒**~ежа́ть**

возлик|ова́ть, у́ю *pf* to rejoice.

возлия́ни|е, я *nt* **1** libation. **2** (*coll*) (*выпивка*) drinking bout.

возлож|и́ть, у́, ~̃ишь *pf* (*of* ⇒**возлага́ть**) **1** (*положить*) to lay; **в. вено́к на моги́лу** to lay a wreath on a grave. **2** (*поручить*) (**на** + *a*) to entrust (to); **в. вину́/отве́тственность на** (+ *a*) to lay the blame/responsibility on; **наро́д ~и́л все наде́жды на но́вого президе́нта** the people had pinned all their hopes on the new president.

возлю́бленн|ый *adj* beloved; *as n* (*i*) **в., ~ого** *m* **1** boyfriend. **2** (*любовник*) lover. (*ii*) **~ая, ~ой** *f* **1** girlfriend, sweetheart. **2** (*любовница*) mistress.

возме́зди|е, я *nt* retribution.

возме|сти́ть, щу́, сти́шь *pf* (*of* ⇒**~ща́ть**) to compensate (for), make up (for); **в. поте́рянное вре́мя** to make up for lost time; **в. расхо́ды** to refund expenses.

возмечта́|ть, ю *pf* **1** (*obs*) to dream, start dreaming. **2**: **в. о себе́** (*coll*) to form a high opinion of o.s., become conceited.

возмеща́|ть, ю *impf of* ⇒**возмести́ть**

возмеще́ни|е, я *nt* **1** (*сумма*) compensation; (*law*) damages; **получи́ть в. убы́тков по суду́** to be awarded damages. **2** (*расходов*) refund, reimbursement.

возме|щу́, сти́шь *see* ⇒**~сти́ть**

возмо́жно *adv* **1** possibly; (+ *comp*) as … as possible; **в. лу́чше** as well as possible. **2** *as pred* it is possible; **в., что мы за́втра уе́дем** we may possibly go away tomorrow.

возмо́жност|ь, и *f* **1** possibility; **по (ме́ре) ~и** as far as possible. **2** (*удобный случай*) opportunity; **име́ть в. пое́хать в Росси́ю** to have the opportunity of going to Russia; **при пе́рвой ~и** at the first opportunity. **3** (*in pl*) (*средства*) means, resources; **у него́ больши́е ~и** he has great potentialities.

возмо́ж|ный (~ен, ~на) *adj* **1** possible; **врач сде́лал для неё всё ~ное** the doctor did all in his power for her. **2** (*наибольший*) the greatest possible; **с ~ной то́чностью** with the greatest possible accuracy.

возмужа́лост|ь, и *f* maturity; (*о мужчине*) manhood.

возмужа́лый *adj* mature; grown up.

возмужа́|ть, ю *pf of* ⇒**мужа́ть**

возмути́тел|ь, я *m* destroyer; **в. споко́йствия** troublemaker.

возмути́тел|ьный (~ен, ~ьна) *adj* disgraceful, outrageous, scandalous.

возму|ти́ть, щу́, ти́шь *pf* to anger, outrage.

возму|ти́ться, щу́сь, ти́шься *pf* (+ *i*) to be indignant (at); to be outraged (at).

возмуща́|ть, ю *impf of* ⇒**возмути́ть**

возмуща́|ться, юсь *impf of* ⇒**возмути́ться**

возмуще́ни|е, я *nt* indignation, outrage.

возмущён|ный (~, ~а́) *ppp of* ⇒**возмути́ть** *and adj* (+ *i*) indignant (at).

возму|щу́, ти́шь *see* ⇒**~ти́ть**

вознагра|ди́ть, жу́, ди́шь *pf* (*за труд, за подвиг*) to reward; to recompense; (*возместить*) to compensate, make up (for).

вознагражда́|ть, ю *impf of* ⇒**вознагради́ть**

вознагражде́ни|е, я *nt* **1** (*за труд, за подвиг*) reward, recompense; (*компенсация*) compensation. **2** (*оплата*) fee, remuneration.

вознаме́рива|ться, юсь *impf of* ⇒**вознаме́риться**

вознаме́р|иться, юсь, ишься *pf* (+ *inf*) to conceive the idea (of).

вознегод|ова́ть, у́ю *pf* to become indignant.

возненави́|деть, жу, дишь *pf* to come to hate.

вознесе́ни|е, я *nt* ascent; **В.** (*eccl*) Ascension (Day).

вознес|ти́, у́, ёшь, *past* **~̈, ~ла́** *pf* (*of* ⇒**возноси́ть**) (*poetical*) to raise, lift up; **в. моли́тву** to offer up a prayer.

вознес|ти́сь, у́сь, ёшься, *past* **~̈ся, ~ла́сь** *pf* (*of* ⇒**возноси́ться**) **1** (*poetical*) (*подняться вверх*) to rise; to ascend. **2** (*возгордиться*) to become arrogant.

возник|а́ть, а́ю *impf* (*of* ⇒**~нуть**) **1** (*трудности, подозрение*) to arise, spring up; **у меня́ ~̃ла мысль** the thought occurred to me. **2** (*coll*) (*появляться*) to appear, pop up. **3** (*начинаться*) to begin.

возникнове́ни|е, я *m* rise, beginning, origin.

возни́к|нуть, ну, нешь, *past* **~, ~ла** *pf of* ⇒**~а́ть**

возни́ц|а, ы *m* coachman, driver.

возно|си́ть, шу́, ~̃сишь *impf of* ⇒**вознести́**

возно|си́ться, шу́сь, ~̃сишься *impf of* ⇒**вознести́сь**

возно|шу́, ~̃сишь *see* ⇒**~си́ть**

возн|я́, и́ (*no pl*) *f* (*coll*) **1** (*шум*) row, noise; **мыши́ная в.** (*fig*) petty intrigues. **2** (*хлопоты*) bother, trouble; **у него́ мно́го ~и́ с автомоби́лем** he has a lot of trouble with his car.

возоблада́|ть, ю *pf* (**над** + *i*) to prevail (over).

возобнов|и́ть, лю́, и́шь *pf* (*of* ⇒**~ля́ть**) (*переговоры, отношения*) to resume; (*абонемент, контракт*) to renew.

возобновле́ни|е, я *nt* resumption, renewal.

возобновля́|ть, ю *impf of* ⇒**возобнови́ть**

возомн|и́ть, ю́, и́шь *pf*: **в. о себе́** (*ironical*) to get a false idea of one's own importance; **в. себя́ авторите́том** to consider o.s. (*falsely*) an authority.

возра́д|оваться, уюсь *pf* (+ *d*; *obs*) to be delighted (at).

возража́|ть, ю *impf of* ⇒**возрази́ть**; **не ~ю** I have no objection.

возраже́ни|е, я *nt* objection; (*резкий ответ*) retort.

возра|зи́ть, жу́, зи́шь *pf* (*of* ⇒**~жа́ть**) **1** (**про́тив** + *g or* **на** + *a*) to object (to); to take exception (to); **про́тив э́того не́чего в.** nothing can be said against it. **2** (*pf only*) (*ответить резко*) to retort.

во́зраст, а *m* age; **ребёнок в ~е двена́дцати лет** a twelve-year-old child; **моего́ ~а** of my age; **одного́ ~а** of the same age; **бра́чный в.** age of consent; **преде́льный в.** age limit; **в. совершенноле́тия** age of majority; **быть на ~е** (*coll*) to have come of age; **вы́йти из ~а** to pass the age, exceed the age limit; **преклóнный в.** declining years.

возраста́ни|е, я *nt* growth, increase.

возраст|а́ть, а́ю *impf of* ⇒**~и́**

возраст|и́, у́, ёшь, *past* **возро́с, возросла́** *pf* (*of* ⇒**~а́ть**) to grow, increase.

возраст|но́й *adj of* ⇒**во́зраст**; **~на́я гру́ппа** age group.

возро|ди́ть, жу́, ди́шь *pf* (*of* ⇒**~жда́ть**) (*хозяйство, город*) to regenerate; (*надежду, культуру*) to revive.

B

возро|ди́ться, жу́сь, ди́шься *pf* (*of* ⇨**~жда́ться**) to revive (*intrans*).

возрожда́|ть, ю *impf of* ⇨**возроди́ть**

возрожда́|ться, юсь *impf of* ⇨**возроди́ться**

возрожде́ни|е, я *nt* regeneration; revival; **эпо́ха В~я** Renaissance.

во́зчик, а *m* carter, carrier.

возыме́|ть, ю, ешь *pf* to conceive (*wish, intention, etc.*); **в. де́йствие** to take effect; **в. си́лу** to come into force.

возьм|у́(сь), ёшь(ся) *see* ⇨**взя́ть(ся)**

во́ин, а *m* warrior; fighter.

во́инск|ий *adj* **1** military; **~ая пови́нность** liability for military service; **в. по́езд** troop train. **2** (*свойственный военному*) martial, warlike.

вои́нствен|ный (~, ~на) *adj* **1** (*народ*) warlike. **2** (*вид, тон*) bellicose.

во́инств|о, а *nt* (*collect*) host, army.

вои́нствующий *adj* militant; (*pol, mil*) hawkish.

вои́стину *adv* really, indeed; **Христо́с воскре́се! — В. воскре́се!** Christ is risen! — He is risen indeed! (*declaration and response at Orthodox Easter service; standard greeting formula at Orthodox Easter*).

во́ител|ь, я *m* (*poetical*) warrior.

во́ительниц|а, ы *f* (*poetical*) female warrior, Amazon.

во|й, я (*no pl*) *m* howl, howling; wail, wailing.

вой|ду́, дёшь *see* ⇨**~ти́**

во́йлок, а *m* felt.

во́йлочный *adj* felt.

войн|а́, ы, *pl* **~ы** *f* war; (*ведение войны*) warfare; **вести́ ~у́** to wage war; **объяви́ть ~у́** to declare war.

войск|а́, ~ *pl* (*sg* **~о, ~а** *nt*) troops; forces; **наёмные в.** mercenaries.

войсково́й *adj* military.

во|йти́, йду́, йдёшь, *past* **~шёл, ~шла́** *pf* (*of* ⇨**входи́ть**) (**в.** + *a*) (*вступить*) to enter; (*из данного места внутрь*) to go in(to); (*извне в данное место*) to come in(to); (*уместиться*) to go in, fit in; (*в состав чего-н.*) to enter; **в. в исто́рию** to go down in history; **в. в лета́** to get on (in years); **в. в мо́ду** to become fashionable; **в. в систе́му** (*comput*) to log on.

вока́л, а *m* vocalism.

вокали́ст, а *m* (*mus*) vocalist.

вокали́ст|ка, ки *f of* ⇨**~**

вока́льный *adj* vocal; **в. ве́чер** an evening of song.

вокза́л, а *m* (large) station; **железнодоро́жный в.** railway (*esp main or terminus*) station; **морско́й в.** port arrival and departure building; **речно́й в.** riverboat station; river port.

вокза́л|ьный *adj of* ⇨**~**; station.

во́кмен, а *m* Walkman (*propr*), personal stereo.

вокру́г *adv and prep* + *g* round, around; (*по поводу*) about; **в. све́та** round the world; **верте́ться в. да о́коло** (*coll*) to beat about the bush.

вол, а́ *m* ox, bullock.

вола́н, а *m* **1** (*оборка*) flounce (*on woman's skirt*). **2** (*для игры*) shuttlecock.

Во́лг|а, и *f* the Volga (*river*).

волды́р|ь, я́ *m* (*пузырь*) blister.

волево́й *adj* (*человек, натура*) strong-willed; (*лицо, голос*) determined.

волеизъявле́ни|е, я *nt* will; command; **по короле́вскому ~ю** by royal command.

волейбо́л, а *m* volleyball.

волейболи́ст, а *m* volleyball player.

волейболи́ст|ка, ки *f of* ⇨**~**

во́лей-нево́лей *adv* willy-nilly, whether one likes it or not.

во́лжский *adj* Volga (*attr*), of the Volga.

волк, а, *pl* **~и, ~о́в** *m* wolf; **морско́й в.** (*coll*) old salt; **смотре́ть ~ом** (*fig*) to scowl; **в. в ове́чьей шку́ре** wolf in sheep's clothing; **хоть ~ом выть** (*coll*) it's enough to make you despair; **с ~а́ми жить — по-во́лчьи выть** (*proverb*) ≈ when in Rome do as the Romans do.

волкода́в, а *m* wolfhound.

волн|а́, ы́, *pl* **~ы, ~, ~а́м** *f* wave; (*разбивающаяся у берега*) breaker.

волне́ни|е, я *nt* **1** (*на воде*) choppiness. **2** (*fig*) (*нервное*) agitation; (*радостное*) excitement; (*душевное*) emotion; **прийти́ в в.** to become agitated, excited. **3** (*usu in pl; pol*) disturbance(s); unrest.

волни́ст|ый (~, ~а) *adj* wavy; **~ое желе́зо** corrugated iron; **~ая ме́стность** undulating ground.

волн|ова́ть, у́ю, *impf* (*of* ⇨**вз~**) (*возбуждать*) to excite; (*беспокоить*) to worry; (*воду*) to disturb, agitate (*also fig*); **его́ всё ~у́ет** he is easily excited; **не ну́жно в. больно́го** the patient must not be disturbed.

волн|ова́ться, у́юсь *impf* **1** (*нервно*) to worry, be nervous; (*радостно*) to be excited; **она́ ~у́ется о детя́х/за дете́й** she worries about her children; **он всегда́ ~у́ется пе́ред экза́меном** he is always nervous before an examination. **2** (*вода*) to be agitated, choppy. **3** (*протестовать*) to protest; to be up in arms.

волнов|о́й *adj* wave, undulatory; **~а́я тео́рия** (*phys*) wave theory.

волноло́м, а *m* breakwater.

волнообра́з|ный (~ен, ~на) *adj* wavy, undulating.

волноре́з, а *m* breakwater.

волну́шк|а, и *f* coral milky cap (*mushroom*).

волн|у́ющий *pres participle active of* ⇨**~ова́ть** *and adj* (*беспокоящий*) disturbing, worrying; (*захватывающий*) exciting, thrilling.

вол|о́вий *adj of* ⇨**~**; (*fig*) very strong; **~о́вья шку́ра** oxhide; **у него́ ~о́вья си́ла** he is as strong as an ox.

во́лок, а *m* portage; **перепра́вить ~ом** to portage.

воло́к|(ся), ла́(сь) *see* ⇨**воло́чь(ся)**

волоки́т|а, ы *f* (*coll*) red tape.

волокни́ст|ый (~, ~а) *adj* (*растение*) fibrous; (*мясо*) stringy.

волок|но́, на́, *pl* **~на, ~он, ~нам** *nt* fibre (*Br*), fiber (*US*).

во́локом *adv* along the ground.

волок|о́нный *adj of* ⇨**~но́**; **~о́нная о́птика** fibre optics (*Br*), fiber optics (*US*).

волонтёр, а *m* volunteer.

волоо́кий *adj* (*poetical*) ox-eyed, calf-eyed.

во́лос, а, *pl* **~ы, воло́с, ~а́м** *m* hair; (*in pl*) hair (*of the head*); **до седы́х воло́с** until old age; **рвать на себе́ ~ы** to tear one's hair; **при ви́де тру́па ~ы у меня́ ста́ли ды́бом** the sight of the corpse made my hair stand on end; **э́то притя́нуто за́ волосы** it is far fetched; **ни на́ волос** not a bit.

волоса́т|ый (~, ~а) *adj* hairy.

волоси́нк|а, и *f* (*coll*) *diminutive of* ⇨**во́лос**; **у него́ на голове́ три ~и** he's almost bald.

волос|о́к, ка́ *m* **1** *diminutive of* ⇨**во́лос**; **на в.** (**от** + *g*) within a hair's breadth (of); **висе́ть, держа́ться на ~ке́** to hang by a thread. **2** (*в часах*) hairspring. **3** (*в лампочке*) filament.

во́лост|ь, и, *pl* **~и, ~е́й** *f* (*hist*) volost (*the smallest administrative division of tsarist Russia*).

волосяно́й *adj* hair (*attr*), of hair; **в. покро́в** (*anat*) scalp.

волоч|и́ть, у́, ~ишь *impf* to drag; **в. но́гу** to drag one's foot; **в. но́ги** to shuffle one's feet; **в. де́ло** to drag out an affair.

волоч|и́ться, у́сь, ~ишься, *impf* **1** *passive of* ⇨**~и́ть**. **2** to drag (*intrans*), to trail. **3** (**за** + *i*; *coll*) to run after; **три ме́сяца он уже́ ~ится за ней** he has been running after her for three months.

вол|о́чь, оку́, очёшь, оку́т, *past* **~о́к, ~окла́** *impf* (*coll*) to drag.

вол|о́чься, оку́сь, очёшься, оку́тся, *past* **~о́кся, ~окла́сь** *impf* (*coll*) = **волочи́ться 2**

волхв, а́ *m* sorcerer; **три ~а́** the Magi.

волхв|ова́ть, у́ю *impf* to practise sorcery.

волча́нк|а, и *f* (*med*) lupus.

волч|е́ц, ца́ *m* (*bot*) thistle.

во́лч|ий *adj of* ⇨**волк**; wolf; **в. аппети́т** (*coll*) voracious appetite; **в. зако́н** the law of the jungle; **~ья пасть** (*med*) cleft palate.

волчи́х|а, и *f* (*coll*) she-wolf.

волчи́ц|а, ы *f* she-wolf.

волч|о́к[1]**, ка́** *m* top (*toy*); **верте́ться ~ко́м** to spin like a top.

волч|о́к[2]**, ка́** *m* judas (*in door*).

волч|о́нок, о́нка, *pl* **~а́та, ~а́т** *m* wolf cub.

волше́бник, а *m* magician; wizard.

волше́бниц|а, ы *f* enchantress.

волше́б|ный (~ен, ~на) *adj* **1** magic (*attr*); magical; **~ная па́лочка** magic wand; **~ное ца́рство** fairyland; **в. фона́рь** magic lantern. **2** (*fig*) magical, bewitching; enchanting.

волшебств|о́, а́ *nt* magic.

волы́н|ить, ю, ишь *impf* (*coll*) to dawdle, delay.

волы́нк|а[1]**, и** *f* bagpipes.

волы́нк|а[2]**, и** *f* dawdling, delay; **тяну́ть ~у** to dawdle.

волы́нщик[1]**, а** *m* piper.

волы́нщик[2], **а** *m* (*coll*) dawdler, slacker.

волы́нщи|ца, цы *f of* ⇨**~к**[1,2]

вольго́т|ный (~ен, ~на) *adj* (*coll*) free and easy.

волье́р, а *m* cage; enclosure.

волье́р|а, и *f* = **вольер**

во́льнича|ть, ю *impf* (*pej*) to take liberties.

во́льн|о *adv of* **~ый**; (*as mil command*) **в.!** stand at ease!

вольно́ *as pred* (+ *d and inf*) (*coll*; *addressed to person complaining of misfortune*) **в. тебе́** it's of your own choosing; **ты простуди́лась? в. ж тебе́ бы́ло выходи́ть без пальто́** have you caught cold? well, you *would* go out without a coat.

вольноду́м|ец, ца *m* freethinker.

вольноду́м|ный (~ен, ~на) *adj* freethinking.

вольноду́мств|о, а *nt* freethinking.

вольнолюби́в|ый (~, ~а) *adj* freedom-loving.

вольнонаёмный *adj* **1** (*mil*) civilian (*employed in or for mil establishment*). **2** (*рабочий, труд*) hired; freelance.

вольноотпу́щенник, а *m* (*hist*) freedman; emancipated serf.

вольноотпу́щенн|ый *adj* (*hist*) freed, emancipated; *as n* **в., ~ого** *m* = **~ик**

во́льност|ь, и *f* **1** freedom; liberty; **поэти́ческая в.** poetic licence (*Br*), poetic license (*US*); **позволя́ть себе́ ~и** to take liberties. **2** (*usu in pl*; *hist*) liberties, rights.

во́л|ьный *adj* **1** (*свободный, независимый*) free; **~ьная пти́ца** one's own master, free agent. **2** (*не ограниченный*) free, unrestricted; **в. ры́нок** free market; **~ьная прода́жа** unrestricted sale. **3**: **в. перево́д** (*literary*) free translation. **4** (*sport*) free, freestyle; **~ьная борьба́** freestyle wrestling; **в. стиль** (*in swimming*) freestyle; **~ьные упражне́ния** floor routine (*in gymnastics*). **5 (~ен, ~ьна́)** (*нескромный*) free, familiar (*in behaviour*). **6 (~ен, ~ьна́, ~ьно, *pl* ~́ьны)** (*short forms only*) free, at liberty; **ты ~ен де́лать, что хо́чешь** you are at liberty to do as you wish.

вольт[1], **а,** *g pl* **в.** *m* (*elec*) volt.

вольт[2], **а, о ~́е, на ~у́** *m* **1** (*в манежной езде, в фехтовании*) volte. **2** (*sl*) (*подтасовка*) cheating (*at cards*); **вы́кинуть в.** (*fig, coll*) to play a trick.

вольта́ж, а́ *m* (*elec*) voltage.

вольтме́тр, а *m* (*elec*) voltmeter.

вольфра́м, а *m* (*chem*) tungsten.

вольфра́м|овый *adj of* ⇨**~**

воль|ю́, ёшь *see* ⇨**влить**

во́л|я, и (*no pl*) *f* **1** (*in various senses*) will; **после́дняя в.** last will; **свобо́дная в.** free will; **в. к жи́зни** will to live; **си́ла ~и** willpower; **в. ва́ша** as you please, as you like; **по до́брой ~е** of one's own free will; **не по свое́й ~е** against one's will. **2** (*свобода*) freedom, liberty; **вы́пустить, отпусти́ть на ~ю** to set at liberty; **на ~е** at liberty; at large; **с ~и** (*prison sl*) from outside; **дать ~ю** (+ *d*) to give free rein (to); give vent (to).

вон[1] *adv* out; off, away; **вы́йти в.** to go away; **в. отсю́да!** get out!; **в. его́!** out with him!; **из рук в. пло́хо** abysmally.

вон[2] *particle* (*на отдалении*) there, over there; **в. он идёт** there he goes; (*подчёркивает меру, степень*) **в. как мно́го** what a lot; **в. ско́лько книг** what a lot of books; **во́н оно что** (*coll*) really?; you don't say!

вон|жу́, зи́шь *see* ⇨**~зи́ть**

вонза́|ть, ю *impf of* ⇨**вонзи́ть**

вонза́|ться, юсь 1 *impf of* ⇨**вонзи́ться**. **2** *passive of* ⇨**~ть**

вон|зи́ть, жу́, зи́шь *pf* (*of* ⇨**~за́ть**) (**в** + *a*) to plunge, thrust (into).

вон|зи́ться, жу́сь, зи́шься *pf* (*of* ⇨**~за́ться**) to pierce, penetrate; **стрела́ ~зи́лась ему́ в се́рдце** the arrow pierced his heart.

вон|ь, и (*no pl*) *f* stink, stench.

воню́ч|ий (~, ~а) *adj* stinking.

воню́чк|а, и *f* (*zool*) skunk.

воня́|ть, ю *impf* **1** (*coll*) (+ *i*) to stink, reek (of); **весь дом ~ет чесноко́м** the whole house reeks of garlic. **2** (*pf* **на~**) (*vulg*) (*пердеть*) to fart.

вообража́|емый *pres participle passive of* ⇨**~ть** *and adj* imaginary; fictitious.

вообража́л|а, ы *cg* (*coll*) show-off.

вообража́|ть, ю *impf* (*of* ⇨**вообрази́ть**) to imagine; **он ~ет, что все лю́бят его́** he imagines that everybody likes him; **он ~ет, что он вели́кий поэ́т** he fancies himself as a great poet.

воображе́ни|е, я *nt* imagination; **у неё живо́е в.** she has a lively imagination.

вообрази́м|ый (~, ~а) *pres participle pass of* ⇨**вообрази́ть** *and adj* imaginable.

вообра|зи́ть, жу́, зи́шь *pf of* ⇨**~жа́ть**; **она́ ~зи́ла себя́ хоро́шей певи́цей** she imagined herself to be a good singer; **~зи́(те)!** fancy!, (just) imagine!

вообще́ *adv* **1** (*в общем*) in general; on the whole; **в. говоря́** generally speaking. **2** (*всегда*) always; **она́ вы́глядит бле́дной в., а не то́лько сего́дня** she always looks pale, not just today. **3** (*with neg*) at all.

воодушев|и́ть, лю́, и́шь *pf* (*of* ⇨**~ля́ть**) (**кого́-н. на** + *a*) to inspire (to), rouse (to).

воодушев|и́ться, лю́сь, и́шься *pf* (*of* ⇨**~ля́ться**) (+ *i*) to be inspired (by).

воодушевле́ни|е, я *nt* **1** (*действие*) rousing; inspiriting. **2** (*увлечение*) enthusiasm, fervour (*Br*), fervor (*US*); **говори́ть с больши́м ~ем** to speak with great fervour.

воодушевлён|ный (~, ~а́) *ppp of* ⇨**воодушеви́ть** *and adj* enthusiastic, fervent.

воодушевля́|ть(ся), ю(сь) *impf of* ⇨**воодушеви́ть(ся)**

вооруж|а́ть(ся), а́ю(сь) *impf of* ⇨**~и́ть(ся)**

вооруже́ни|е, я *nt* **1** (*действие*) arming. **2** (*оружие*) arms, armament; **быть на ~и** to be deployed. **3** (*принадлежности*) equipment; **па́русное в.** (*naut*) rig.

вооружён|ный (~, ~а́) *ppp of* ⇨**вооружи́ть** *and adj* armed; **в. до зубо́в** armed to the teeth; **~ные си́лы** armed forces.

вооруж|и́ть, у́, и́шь *pf* (*of* ⇨**~а́ть**) **1** (+ *i*) to arm; to equip (with) (*also fig*). **2** (**про́тив** + *g*) to set (against).

вооруж|и́ться, у́сь, и́шься *pf* (*of* ⇨**~а́ться**) to arm o.s.; (*fig*) to equip o.s.; **в. терпе́нием** to resolve to be patient.

воо́чию *adv* **1** with one's own eyes, for o.s.; **я в. убеди́лся в его́ гру́бости** I could see for myself how rude he was. **2** (*ясно*) clearly, plainly; **показа́ть в.** to show clearly.

во-пе́рвых *adv* first, first of all, in the first place.

воп|и́ть, лю́, и́шь *impf* (*coll*) (*кричать*) to yell; (*плакать*) to howl; to wail.

вопи|ю́щий *adj* appalling, scandalous; crying; **~ю́щее безобра́зие** crying shame; **~ю́щее противоре́чие** glaring contradiction.

вопло|ти́ть, щу́, ти́шь *pf* (*of* ⇨**~ща́ть**) to embody, personify; **в. в себе́** to be the embodiment (of); **в. в жизнь** (*планы*) to realize.

вопло|ти́ться, щу́сь, ти́шься *pf* (*of* ⇨**~ща́ться**) to be realized; to be fulfilled.

воплоща́|ть(ся), ю(сь) *impf of* ⇨**воплоти́ть(ся)**

воплоще́ни|е, я *nt* embodiment; **он — в. здоро́вья** he is the picture of health.

воплощён|ный *adj* incarnate; personified; **он — ~ная добросо́вестность** he is conscientiousness personified.

вопл|ь, я *m* cry, wail; wailing, howling.

вопреки́ *prep* + *d* (*несмотря на*) despite, in spite of; (*наперекор*) against, contrary to; **он вы́шел в. предписа́нию врача́** he went out against doctor's orders.

вопро́с, а *m* **1** question; **зада́ть в.** to ask, put a question; **отве́тить на в.** to answer a question. **2** (*проблема*) question, problem; (*дело*) matter; **подня́ть, поста́вить в.** (**о** + *p*) to raise the question (of); **поста́вить под в.** to call in question; **в. жи́зни и сме́рти** matter of life and death; **спо́рный в.** moot point; **что за в.!** what a question!, of course!; **э́то под ~ом** it's undecided, unresolved; **по ~у** + *g* concerning.

вопроси́тельный *adj* interrogative; **в. знак** question mark; **в. взгляд** inquiring look.

вопро|си́ть, шу́, си́шь *pf* (*of* ⇨**~ша́ть**) (*obs*) to question, inquire (of).

вопро́сник, а *m* questionnaire.

вопро́сный *adj* containing questions; **в. лист** form.

вопроша́|ть, ю *impf of* ⇨**вопроси́ть**; **~ющий взгляд** inquiring look.

вопр|у́, ёшь *see* ⇨**впере́ть**

В

воп\|ью́сь, ёшься *see* ⇒**впить**
вор, а, *pl* ∼́**ы,** ∼**óв** *m* thief; **карма́нный в.** pickpocket; **магази́нный в.** shoplifter; **ме́лкий в.** petty thief; **на** ∼**е ша́пка гори́т** if the cap fits, wear it!
ворв\|а́ться, у́сь, ёшься, *past* ∼**а́лся,** ∼**ала́сь** *pf* (*of* ⇒**врыва́ться**[2]) to burst (into); **он** ∼**а́лся ко мне в ко́мнату** he burst into my room.
вори́шк\|а, и *m* (*pej*) thief.
ворк\|ова́ть, у́ю *impf* (*о голубях*) to coo; (*fig*) to bill and coo.
воркотн\|я́, и́ *f* (*coll*) grumbling.
вороб\|е́й, ья́ *m* sparrow; **стре́ляный в.** (*fig*) old hand.
вороб\|ьи́ный *adj of* ⇒∼**е́й**
воро́ванный *adj* stolen.
ворова́т\|ый (∼**,** ∼**а)** *adj* thievish; furtive; **в. взгляд** furtive glance.
вор\|ова́ть, у́ю *impf* **1** (*coll pf* **с**∼) to steal; **в. де́ньги у кого́-н.** to steal money from s.o. **2** *impf only* to be a thief; **с ра́нних лет он** ∼**у́ет** he has been a thief from his early years.
воро́вк\|а, и *f of* ⇒**вор**
воровски́ *adv* (*coll*) furtively.
воровск\|о́й *adj* of thieves; **в. язы́к,** ∼**о́е арго́** thieves' cant.
воровств\|о́, а́ *nt* stealing; theft.
ворожб\|а́, ы́ (*no pl*) *f* fortune-telling.
вороже\|я́, и́ *f* fortune-teller.
ворож\|и́ть, у́, и́шь *impf* (*of* ⇒**по**∼) to tell fortunes.
во́рон, а *m* raven.
воро́н\|а, ы *f* **1** crow. **2** (*fig*) (*о человеке*) scatterbrain.
воро́н\|ий (∼**ья,** ∼**ье)** *adj of* ⇒∼**а**
ворон\|и́ть, ю́, и́шь *impf* (*tech*) to blue, burnish.
воро́нк\|а, и *f* **1** (*для переливания*) funnel (*for pouring liquids*). **2** (*mil*) (*яма*) crater.
вороно́й *adj* black (*of horses*).
во́рот[1]**, а,** *pl* ∼**ы** *m* (*одежды*) collar; **схвати́ть за́ в.** to seize by the collar; to collar.
во́рот[2]**, а** *m* (*tech*) winch; windlass.
воро́т\|а, ∼ (*no sg*) **1** gate, gates; (*вход*) gateway; **въе́хать в в.** to enter the gates; **стоя́ть в** ∼**ах** to stand in the gateway; **пришла́ беда́, отворя́й** ∼**а́** (*proverb*) misfortunes never come singly; **показа́ть/дать от воро́т поворо́т** (*coll*) to throw s.o. out; **оказа́ться за** ∼**ами** to lose one's job. **2** (*sport*) goal, goalposts.
вороти́л\|а, ы *m* (*coll*) bigwig, big shot.
воро\|ти́ть[1]**, чу́,** ∼́**тишь** *pf* (*coll*) to bring back; **сде́ланного не** ∼́**тишь** what's done can't be undone.
воро\|ти́ть[2]**, чу́,** ∼́**тишь** *impf* (*coll*) (+ *i*) to be in charge (of), run; **он тут всем** ∼́**тит** he runs the whole show here; **нос, мо́рду в. (от** + *g*) (*coll*) to turn up one's nose (at); (*impers*): **(с души́) меня́** ∼́**тит от э́того де́ла** this business makes me sick.
воро\|ти́ться, чу́сь, ∼́**тишься** *pf* (*coll*) to return.
воротни́к, а́ *m* collar.
воротнич\|о́к, ка́ *m* collar; **бе́лые** ∼**ки́** white-collar workers.
во́рох, а, *pl* ∼**а́** *m* heap, pile; (*fig, coll*) heaps, masses.
воро́ча\|ть, ю *impf* (*coll*) **1** to turn, move; **в. глаза́ми** to roll one's eyes. **2** (+ *i*; *fig*) to be in charge (of); to have control (of); **в. миллио́нами** to deal in big money.
воро́ча\|ться, юсь *impf* (*coll*) to turn, move (*intrans*); **в. с бо́ку на́ бок** to toss and turn; ∼**йтесь!** (*coll*) get a move on!
воро\|чу́(сь), ∼́**тишь(ся)** *see* ⇒∼**ти́ть(ся)**
ворош\|и́ть, у́, и́шь *impf* (*of* ⇒**раз**∼) **1**: **в. се́но** to turn, ted hay. **2** (*fig, coll*) (*прошлое*) to stir up.
ворс, а, (*no pl*) *m* pile; nap; **по** ∼́**у** with the pile, nap.
ворси́нк\|а, и *f* **1** (*textiles*) hair. **2** (*physiol, bot*) fibre.
ворси́ст\|ый (∼**,** ∼**а)** *adj* (*textiles*) fleecy, with thick pile.
ворс\|ова́ть, у́ю *impf* (*of* ⇒**на**∼) (*textiles*) to comb (*cloth*) to raise a nap.
ворся́нк\|а, и *f* (*bot*) teasel.
ворча́нь\|е, я *nt* grumbling; (*собаки*) growling.
ворч\|а́ть, у́, и́шь *impf* **(на** + *a*) to grumble (at); (*о собаке*) to growl (at); **в. себе́ по́д нос** to mutter (into one's beard); **э́ти соба́ки** ∼**а́т на всех чужи́х люде́й** these dogs always growl at strangers.
ворчли́в\|ый (∼**,** ∼**а)** *adj* querulous.
ворчу́н, а́ *m* (*coll*) grumbler.
восвоя́си *adj* (*coll*) (for) home; **убра́ться в.** to get out.
восемна́дцатый *adj* eighteenth.
восемна́дцат\|ь, и *num* eighteen.
во́с\|емь, ьми́, *i* ∼**емью́** *and* ∼**ьмью́** *num* eight.
во́с\|емьдесят, ьми́десяти *num* eighty.
вос\|емьсо́т, ьмисо́т, *i* ∼**емьюста́ми** *and* ∼**ьмьюста́ми** *num* eight hundred.
во́семью *adv* eight times (*in multiplication*).
воск, а *m* wax.
воскли́кн\|уть, у, ешь *pf of* ⇒**восклица́ть**
восклица́ни\|е, я *nt* exclamation.
восклица́тельный *adj* exclamatory; **в. знак** exclamation mark.
восклица́\|ть, ю *impf* (*of* ⇒**воскли́кнуть**) to exclaim.
восков\|о́й *adj* wax; (*цвет*) waxen; ∼**а́я свеча́** wax candle; ∼**а́я бума́га** greaseproof paper; ∼**о́е лицо́** waxen complexion.
воскрес\|а́ть, а́ю *impf* (*of* ⇒∼́**нуть**) to rise again, rise from the dead; (*fig*) to revive.
воскре́с\|е *obs past* (*3rd pers sg aorist*) *of* ⇒∼**нуть**; *for usage, see* ⇒**воисти́ну**
воскресе́ни\|е, я *nt* resurrection.
воскресе́нь\|е, я *nt* Sunday.
воскре\|си́ть, шу́, си́шь *pf* (*of* ⇒∼**ша́ть**) to raise from the dead, resurrect; (*fig*) to revive.
воскре́сник, а *m* voluntary Sunday work.
воскре́с\|нуть, ну, нешь, *past* ∼**,** ∼**ла** *pf of* ⇒∼**а́ть**
воскре́сный *adj* Sunday.
воскреша́\|ть, ю *impf of* ⇒**воскреси́ть**
воскреше́ни\|е, я *nt* raising from the dead, resurrection; (*fig*) revival.
восле́д = **вслед**
воспале́ни\|е, я *nt* (*med*) inflammation; **в. лёгких** pneumonia.
воспалён\|ный (∼**,** ∼**а́)** *ppp of* ⇒**воспали́ть** *and adj* sore; inflamed (*also fig*); ∼**ное воображе́ние** fevered imagination.
воспали́тельный *adj* (*med*) inflammatory; **в. проце́сс** inflammation.
воспал\|и́ть, ю́, и́шь *pf* (*of* ⇒∼**я́ть**) to inflame.
воспал\|и́ться, ю́сь, и́шься *pf* (*of* ⇒∼**я́ться**) to become inflamed.
воспал\|я́ть(ся), я́ю(сь) *impf of* ⇒∼**и́ть(ся)**
воспар\|и́ть, ю́, и́шь *pf* (*of* ⇒∼**я́ть**) (*poetical*) to soar; **в. ду́хом** (*ironical*) to be carried away.
воспаря́\|ть, ю *impf of* ⇒**воспари́ть**
воспева́\|ть, ю *impf of* ⇒**воспе́ть**
восп\|е́ть, ою́, оёшь *pf* (*of* ⇒∼**ева́ть**) (*poetical*) to sing (of), extol (in song).
воспита́ни\|е, я *nt* **1** upbringing; (*образование*) education. **2** (*воспитанность*) (good) breeding.
воспи́танник, а *m* **1** pupil. **2** (*приёмыш*) ward.
воспи́танност\|ь, и *f* (good) breeding.
воспи́танный *ppp of* ⇒**воспита́ть** *and adj* well brought up.
воспита́тел\|ь, я *m* teacher; (*приёмыша*) guardian.
воспита́тель\|ница, ницы *f of* ⇒∼
воспита́тельный *adj* educational; **в. дом** foundling hospital.
воспит\|а́ть, а́ю *pf* (*of* ⇒∼**ывать**) **1** (*вырастить*) to bring up; **в. сы́на патрио́том** to bring one's son up to be a patriot; (*дать образование*) to educate. **2** (*привить*) to cultivate, foster.
воспи́тыва\|ть, ю *impf of* ⇒**воспита́ть**
воспламене́ни\|е, я *nt* ignition.
воспламен\|и́ть, ю́, и́шь *pf* (*of* ⇒∼**я́ть**) to kindle, ignite; (*fig*) to fire, inflame.
воспламен\|и́ться, ю́сь, и́шься *pf* (*of* ⇒∼**я́ться**) to catch fire, ignite; (*fig*) to take fire, flare up.
воспламеня́емост\|ь, и *f* inflammability.
воспламеня́емый *adj* inflammable.
воспламеня́\|ть(ся), ю(сь) *impf of* ⇒**воспламени́ть(ся)**
воспо́лн\|ить, ю, ишь *pf* to fill in; **в. пробе́лы в свои́х зна́ниях** to fill in the gaps in one's knowledge; (*недостатки*) to make up for.
восполня́\|ть, ю *impf of* ⇒**воспо́лнить**
воспо́льз\|оваться, уюсь *pf of* ⇒**по́льзоваться 1, 2**
воспомина́ни\|е, я *nt* **1** recollection, memory; **жить** ∼**ями** to live on memories. **2** (*in pl*; *literary*) memoirs; reminiscences.

воспослéд|овать, ую *pf* (*obs*) to follow, ensue.

восп|ою, оёшь *see* ⇒**~éть**

воспрепя́тств|овать, ую *pf of* ⇒**препя́тствовать**

воспре|ти́ть, щу́, ти́шь *pf* (*of* ⇒**~ща́ть**) (+ *a or inf*) to forbid, prohibit; **в. вход** prohibit entry.

воспреща́|ть, ю *impf of* ⇒**воспрети́ть**

воспреща́|ться, ется *impf* to be prohibited; **«кури́ть ~ется»** 'No Smoking'; **«посторо́нним вход ~ется»** 'No unauthorized entry'.

воспреще́ни|е, я *nt* prohibition.

восприи́мчив|ый (~, ~а) *adj* **1** (*ум, натура*) receptive; impressionable. **2** (*подверженный*) susceptible.

восприм|у́, ~ешь *see* ⇒**восприня́ть**

воспринима́|ть, ю *impf of* ⇒**восприня́ть**

воспри|ня́ть, му́, ~мешь, *past* **~нял, ~няла́, ~няло** *pf* (*of* ⇒**~нима́ть**) **1** (*ощутить*) to perceive, apprehend; (*понять*) to grasp, take in. **2** (*понять как*) to take (for), interpret; **в. молча́ние как знак согла́сия** to take silence as a mark of consent.

восприя́ти|е, я *nt* (*philos, psychol*) perception.

воспроизведе́ни|е, я *nt* **1** reproduction; **в. челове́ческого ро́да** reproduction of the human species; **ве́рное в. карти́ны Ру́бенса** faithful reproduction of a painting by Rubens. **2** (*electronics*) playback, replay; **заме́дленное/уско́ренное в.** slow-motion/high-speed replay.

воспроизве|сти́, ду́, дёшь, *past* **~ёл, ~ла́** *pf* (*of* ⇒**воспроизводи́ть**) (*in various senses*) to reproduce; **в. в па́мяти** to recall.

воспроизводи́тельный *adj* reproductive.

воспроизво|ди́ть, жу́, ~дишь *impf of* ⇒**воспроизвести́**

воспроизво́дств|о, а *nt* (*econ*) reproduction.

воспроти́в|иться, люсь, ишься *pf of* ⇒**проти́виться**

воспря́н|уть, у, ешь *pf* **1**: **в. ду́хом** to take heart. **2**: **в. ото сна́** (*obs*) to wake up.

воспыла́|ть, ю *pf* (+ *i*) to be inflamed (with); to blaze (with); **в. гне́вом** to blaze with anger; **в. любо́вью (к** + *d*) to be smitten with love (for).

восседа́|ть, ю *impf of* ⇒**воссе́сть**

восс|е́сть, я́ду, я́дешь, *past* **~е́л** *pf* to sit (*in state, formally*); **в. на престо́л** (*fig*) to ascend the throne.

воссла́в|ить, лю, ишь *pf* (*of* ⇒**~ля́ть**) to hymn, praise.

воссла́вля́|ть, ю *impf of* ⇒**воссла́вить**

воссоедине́ни|е, я *nt* reunification.

воссоедин|и́ть, ю́, и́шь *pf* (*of* ⇒**~я́ть**) to reunite.

воссоединя́|ть, ю *impf of* ⇒**воссоедини́ть**

воссозда|ва́ть, ю́, ёшь *impf of* ⇒**~ть**

воссозда́ни|е, я *nt* reconstruction.

воссоз|да́ть, да́м, да́шь, да́ст, дади́м, дади́те, даду́т, *past* **~да́л, ~дала́, ~да́ло** *pf* (*of* ⇒**~дава́ть**) to reconstruct, reconstitute.

восста|ва́ть, ю́, ёшь *impf of* ⇒**~ть**

восста́в|ить, лю, ишь *pf* (*obs*) to set up, erect; **в. перпендикуля́р** (*math*) to raise a perpendicular.

восставля́|ть, ю *impf of* ⇒**восста́вить**

восстана́влива|ть, ю *impf of* ⇒**восстанови́ть**

восста́ни|е, я *nt* uprising, insurrection.

восстанови́тел|ь, я *m* renovator, restorer.

восстанови́тельн|ый *adj* restorative; **в. перио́д** period of reconstruction; **~ые рабо́ты** restoration work.

восстанов|и́ть, лю́, ~ишь *pf* (*of* ⇒**восстана́вливать**) **1** to restore; **в. мир** to restore peace; **в. в па́мяти** to recall, recollect; **в. кого́-н. в. права́х** to restore s.o.'s rights; **его́ ~или в до́лжности заве́дующего** he has been reinstated as manager. **2** (**про́тив** + *g*) to set (against), antagonize. **3** (*chem*) to reduce.

восстановле́ни|е, я *nt* **1** restoration, renewal; **в. в права́х** restoration of rights; **в. в до́лжности** reinstatement. **2** (*chem*) reduction.

восстановля́|ть, ю *impf* = **восстана́вливать**

восста́|ть, ну, нешь, *imperative* **~нь,** *pf* (*of* ⇒**~ва́ть**) (**про́тив** + *g*, **на** + *a*) to rise (against); (*fig*) to be up in arms (against), revolt against; **всё дереве́нское населе́ние ~ло на врага́** the whole countryside rose against the enemy.

восто́к, а *m* **1** east; **на в., с ~а** to, from the east. **2** **В.** the East; the Orient; **Бли́жний В.** the Middle East; **Да́льний В.** the Far East.

востокове́д, а *m* orientalist.

востокове́дени|е, я *nt* oriental studies.

восто́рг, а *m* delight; rapture; **быть в ~е (от** + *g*) to be delighted (with); **приходи́ть в в. от** (+ *g*) to go into raptures (over).

восторга́|ть, ю *impf* to delight, enrapture.

восторга́|ться, юсь *impf* (+ *i*) to be delighted (with); to go into, be in raptures (over); **она́ ~ется бале́том** she goes into raptures over the ballet.

восто́рженност|ь, и *f* enthusiasm.

восто́ржен|ный (~, ~на) *adj* (*поклонник*) enthusiastic; (*приём, отзыв*) rapturous.

восторжеств|ова́ть, у́ю *pf of* ⇒**торжествова́ть**

восточногерма́нский *adj* (*hist*) East German.

восто́чн|ый *adj* east, eastern; (*направление, ветер*) easterly; (*культура*) oriental; **В~ая Герма́ния** (*hist*) East Germany; **~ая це́рковь** the Eastern Church.

востре́бовани|е, я *nt* claiming, demand; **до ~я** poste restante; **посла́ть паке́т до ~я** to send a parcel poste restante.

востре́б|овать, ую *pf* to claim (*from post office, etc.*).

вострепе|та́ть, щу́, ~щешь *pf* (*obs*) to begin to tremble.

востро́ *adv* (*coll*): **держа́ть у́хо в.** to keep a sharp lookout; to be on guard.

востроглáзый *adj* (*coll*) sharp-eyed; bright-eyed.

востроно́сый *adj* (*coll*) sharp-nosed.

восхвале́ни|е, я *nt* eulogy.

восхвал|и́ть, ю́, ~ишь *pf* (*of* ⇒**~я́ть**) to laud, extol, eulogize.

восхваля́|ть, ю *impf of* ⇒**восхвали́ть**

восхити́тел|ьный (~ен, ~ьна) *adj* (*женщина, красота*) entrancing, ravishing; (*вечер, музыка*) delightful; (*вкус, запах*) delicious.

восхи|ти́ть, щу́, ти́шь *pf* to delight, captivate.

восхи|ти́ться, щу́сь, ти́шься *pf* (+ *i*) to be delighted (by); to be carried away (by); to admire.

восхища́|ть(ся), ю(сь) *impf of* ⇒**восхити́ть(ся)**

восхище́ни|е, я *nt* admiration; (*восторг*) delight, rapture; **прийти́ в в. от** (+ *g*) to be delighted with.

восхищён|ный (~, ~а́) *ppp of* ⇒**восхити́ть** *and adj* delighted, rapt; admiring.

восхи|щу́(сь), ти́шь(ся) *see* ⇒**~ти́ть(ся)**

восхо́д, а *m* rising; **в. со́лнца** sunrise.

восходи́тел|ь, я *m* mountain-climber.

восходи́тель|ница, ницы *f of* ⇒**~**

восхо|ди́ть, жу́, ~дишь *impf* **1** *impf of* ⇒**взойти́**. **2** (*impf only*) (**к** + *d*) to go back (to), date (from); **в. к дре́вности** to go back to antiquity.

восход|я́щий *pres participle of* ⇒**~и́ть** *and adj* **~я́щая звезда́** (*fig*) rising star.

восхожде́ни|е, я *nt* ascent; **в. на Монбла́н** the ascent of Mont Blanc.

восше́стви|е, я *nt* (**на престо́л**) accession (to the throne).

восьм|а́я *see* ⇒**~о́й**

восьмёрк|а, и *f* **1** (*coll*) (*цифра, игральная карта*) eight; **в. черве́й** eight of hearts. **2** (*coll*) (*автобус, трамвай*) number eight (*bus, tram, etc.*). **3** (*группа из восьмерых*) (group of) eight; **«Больша́я в.»** the seven economically most developed nations and Russia, Group of Eight (*abbr* G8). **4** (*фигура*) (figure of) eight.

во́сьмер|о, ы́х *num* **1** eight; **нас бы́ло в.** there were eight of us; **в. сане́й** eight sledges. **2** (*пары*) eight pairs; **в. перча́ток** eight pairs of gloves.

восьми... *comb form* eight-, octo-.

восьмигра́нник, а *m* (*math*) octahedron.

восьмидесятиле́ти|е, я *nt* **1** (*срок*) eighty years. **2** (*годовщина*) eightieth anniversary. **3** (*день рождения*) eightieth birthday.

восьмидесятиле́тний *adj* **1** (*срок*) of eighty years; **в. юбиле́й** eightieth anniversary. **2** (*возраст*) eighty-year-old.

восьмидеся́тый *adj* eightieth.

восьмикла́ссник, а *m* eighth-former (*pupil*).

восьмикла́ссни|ца, цы *f of* ⇒**~к**

восьмикра́тный *adj* eightfold; (*чемпион*) eight-times.

восьмиле́тний *adj* **1** (*срок*) eight-year. **2** (*возраст*) eight-year-old.

восьмино́г = **осьмино́г**

восьмисо́тый *adj* eight-hundredth.

восьмиуго́льник, а *m* (*math*) octagon.

восьмиуго́льный *adj* octagonal.

восьмичасово́й *adj* eight-hour; **в. рабо́чий день** eight-hour (working) day.

Восьмо́е ма́рта, 8-е Ма́рта — 8 March

Women's day in Russia (men's day is **23-е Февраля́** or **День защи́тника Оте́чества**). It is still sometimes referred to as *Междунаро́дный же́нский день* (since Communist times) but this is much disputed. Men and boys give flowers (especially blossoming branches of mimosa) and other presents to their female relatives and friends of any age.

восьм|о́й *adj* eighth; **~а́я но́та** (*mus*) quaver (*Br*), eighth note (*US*) *as n* **~а́я, ~о́й** *f* an eighth.

восьму́шк|а, и *f* (*coll*) eighth part.

вот *particle* **1** (*здесь*) here (is), (*там*) there (is); (*это*) this is; **в. мой дом** here is my house, this is my house; **в. идёт авто́бус** here comes the bus; **а в. и мы** here we are; **в. где я живу́** this is where I live.
2 (*emphasizing prons; unstressed*): **в. э́ти ту́фли ей нра́вились** *these* are the shoes she liked.
3 (*in excl*) here's a ..., there's a ... (for you); **во́т тип!** there's a character (for you)!; **во́т так исто́рия!** here's a pretty kettle of fish!; **в. и всё** I've said it all, that's that; (*expressing surprise*) **во́т как!, во́т (оно) что!** really? you don't mean to say so!; **в. так та́к! в. тебе на́!** well!; well, I never!; (*expressing surprise and disapproval*) **в. ещё!** no way!; what(ever) next!; (*expressing approval and/or encouragement*) **в. та́к!, в.-в.!** that's right!; that's it!; **в. та́к** and that's that; (*accompanying blows*) **во́т тебе!** take that!; **в. тебе́ и...** so much for ...; **в. тебе́ и пое́здка в Пари́ж!** so much for the trip to Paris!; **в. те(бе́) (и) на́!** well I never!; **в. и** (*указывает на завершение чего-н.*): **в. и пришли́** here we are.

вот-во́т *adv* (*coll*) just, on the point of, any minute; **по́езд в.-в. придёт** the train is just coming.

воти́р|овать, ую *impf and pf* **1** (*принять голосованием*) to vote in favour (*Br*), favor (*US*) of. **2** (+ **за** (+ *a*)/**про́тив** (+ *g*)) to vote (for/against).

вотиро́вк|а, и *f* voting.

вотк|а́ть, у́, ёшь, *past* **~а́л, ~ала́, ~а́ло** *pf* to interweave.

воткн|у́ть, у́, ёшь *pf* (*of* ⇒**втыка́ть**) (**в** + *a*) to stick (into); (*с большим усилием*) to drive (into); **в. кол в зе́млю** to drive a stake into the ground.

вотр|у́, ёшь *see* ⇒**втере́ть**

во́тум, а (*no pl*) *m* vote; **в. (не)дове́рия** (+ *d*) vote of (no) confidence (in).

во́тчин|а, ы *f* (*hist*) inherited estate, ancestral lands (10th–18th c.).

вотще́ *adv* (*obs*) in vain.

воцаре́ни|е, я *nt* accession (to the throne).

воцар|и́ться, ю́сь, и́шься *pf* (*of* ⇒**~я́ться**) **1** to accede, come to the throne. **2** (*fig*) to set in; **в лесу́ ~и́лась тишина́** in the forest silence fell.

воцаря́|ться, юсь *impf of* ⇒**воцари́ться**

вош|ёл, ла́ *see* ⇒**войти́**

вошь, вши, *i* **~ю,** *pl* **вши, вше́й** *f* louse.

воща́нк|а, и *f* (*coll*) (*бумага*) wax paper; (*ткань*) waxed cloth.

вощёный *adj* waxed.

вощи́н|а, ы *f* **1** (*collect*) empty honeycomb. **2** (*неочищенный воск*) unrefined beeswax.

вощ|и́ть, у́, и́шь *impf* (*of* ⇒**на~**) to wax.

во́|ю, ешь *see* ⇒**выть**

вою́|ю, ешь *see* ⇒**воева́ть**

вояж, а *m* (*obs or ironical*) journey, travels.

вояжёр, а *m* **1** (*obs or ironical*) traveller. **2** (*obs*) (*коммивояжёр*) commercial traveller, salesman.

вояк|а, и *m* (*coll, ironical*) (*воин*) warrior; (*задира*) fire-eater.

впада́|ть, ю *impf* **1** *impf of* ⇒**впасть**. **2** *impf only* (*of rivers*) (**в** + *a*) to fall (into), flow (into); **Ока́ ~ет в Во́лгу** the Oka flows into the Volga.

впаде́ни|е, я *nt* (*место слияния рек*) confluence; (*устье*) mouth (*of rivers*).

впа́дин|а, ы *f* cavity, hollow; **глазна́я в.** eye socket.

впад|у́, ёшь *see* ⇒**впасть**

впа́ива|ть, ю *impf of* ⇒**впая́ть**

впа́йк|а, и *f* **1** (*действие*) soldering-in. **2** (*впаянная часть*) soldered-in piece.

впа́л|ый *adj* hollow, sunken; **~ые щёки** hollow cheeks.

впа|сть, ду́, дёшь, *past* **~л, ~ла** *pf* (*of* ⇒**~да́ть 1**) **1** (**в** + *a*) to fall (into), lapse (into), sink (into); **в. в бе́дность** to fall into penury; **в. в грех** to lapse into sin; **в. в отча́яние** to fall into despair. **2** (*щёки, глаза*) to fall in, sink.

впа|я́ть, я́ю *pf* (*of* ⇒**~ивать**) to solder in.

вперв|о́й *adv* (*coll*) = **~ые**

впервы́е *adv* for the first time, first; **когда́ я в. прие́хал в Ло́ндон** when I first came to London; **в. в жи́зни** for the first time in one's life; **в. слы́шу об э́том** it's the first I've heard of it.

вперева́лку *adv* (*coll*): **ходи́ть в.** to waddle.

вперего́нки *adv* (*coll*): **бе́гать в.** to run races.

вперёд *adv* **1** forward(s), ahead; (*о часах*) (*coll*) fast; **взад и в.** (*coll*) back and forth; **большо́й шаг в.** (*fig*) a big step forward; **мои́ часы́ иду́т в.** my watch is fast. **2** (*coll*) (*впредь*) in future, from now on; **в. будь осторо́жнее** be more careful in future. **3** (*авансом*) in advance; **заплати́ть в.** to pay in advance.

впереди́ 1 *adv* in front, ahead. **2** *adv* (*в будущем*) in (the) future; ahead; **у него́ всё в.** he has his whole life in front of him. **3** *prep* + *g* in front of, before.

впереме́жку *adv* (*coll*) (*перемежаясь*) alternately.

впереме́шку *adv* (*coll*) (*перемешиваясь*) higgledy-piggledy.

впер|е́ть, вопру́, вопрёшь, *past* **~, ~ла** *pf* (*of* ⇒**впира́ть**) (*coll*) **1** to barge in; **он про́сто ~ в дом, не дожда́вшись приглаше́ния** he simply barged into the house without waiting to be invited. **2** (*впихнуть*) to shove in, thrust in.

впер|е́ться, вопру́сь, вопрёшься, *past* **~ся, ~лась** *pf* (*of* ⇒**впира́ться**) (*coll*) to barge in.

впер|и́ть, ю́, и́шь *pf* (*of* ⇒**~я́ть**) (**в** + *a*) to direct (upon); **в. взор/взгляд** to fasten one's gaze (upon).

впер|и́ться, ю́сь, и́шься *pf* (*of* ⇒**~я́ться**) (*obs*) to stare (at), fasten one's eyes (upon).

вперя́|ть(ся), ю(сь) *impf of* ⇒**впери́ть(ся)**

впечатле́ни|е, я *nt* impression; **~я де́тства** childhood impressions; **произвести́ в. (на** + *a*) to make an impression (upon); **его́ речь произвела́ в. на всех** his speech made an impression on everyone; **тако́е в., что/бу́дто** it seems that.

впечатли́тельност|ь, и *f* impressionability.

впечатли́тел|ьный (~ен, ~ьна) *adj* impressionable.

впечатля́|ть, ю *impf* to impress.

впечатля́ющий *adj* impressive.

впива́|ть, ю *impf* to drink in, enjoy (*esp olfactory sensations*); (*fig*) (*воспринимать*) to absorb.

впива́|ться, юсь *impf of* ⇒**впи́ться**

впира́|ть(ся), ю(сь) *impf of* ⇒**впере́ть(ся)**

впи́санный *ppp of* ⇒**вписа́ть** *and adj* (*math*) inscribed.

впи|са́ть, шу́, ~шешь *pf* (*of* ⇒**~сывать**) **1** to enter; to insert; **в. своё и́мя в спи́сок** to enter one's name on a list; **в. фра́зу в ру́копись статьи́** to insert a sentence into the manuscript of an article. **2** (*math*) to inscribe.

впи|са́ться, шу́сь, ~шешься *pf* (*of* ⇒**~сываться**) (*гармонировать*) to fit in, blend in.

впи́ск|а, и *f* (*coll*) entry; insertion.

впи́сыва|ть(ся), ю(сь) *impf of* ⇒**вписа́ть(ся)**

впит|а́ть, а́ю *pf* (*of* ⇒**~ывать**) to absorb; (*fig*) to absorb, take in.

впит|а́ться, а́юсь *pf* (*of* ⇒**~ываться**) (**в** + *a*) to soak (into).

впи́тыва|ть(ся), ю(сь) *impf of* ⇒**впита́ть(ся)**

впи́|ться, вопью́сь, вопьёшься, *past* **~лся, ~ла́сь** *pf* (*of* ⇒**~ва́ться**) (**в** + *a*) **1** (*вонзиться*) to stick (into); (*укусить*) to bite; (*ужалить*) to sting; **ко́шка ~ла́сь в неё когтя́ми** the cat stuck its claws into her; **гвоздь ~лся мне в но́гу** a nail stuck into my foot. **2**: **в. взо́ром,**

глазáми to fix, fasten one's eyes (upon).

впих|áть, áю *pf (coll)* = **~нýть**

впíхива|ть, ю *impf of* **⇒впихáть** *and* **⇒впихнýть**

впих|нýть, нý, нёшь *pf (of* **⇒~́ивать**) to stuff in, cram in; (*втолкнуть*) to shove; **в. когó-н. в кóмнату** to shove s.o. into a room.

ВПК *m indecl (abbr of* **воéнно-промы́шленный кóмплекс**) military-industrial complex.

вплавь *adv* by swimming.

впле|стí, тý, тёшь, *past* **~̈л, ~лá** *pf (of* **⇒~тáть**) (**в** + *a*) to plait (into), intertwine.

вплетá|ть, ю *impf of* **⇒вплестí**

впле|тý, тёшь *see* **⇒~стí**

вплотнýю *adv* close; (*fig*) in earnest; **постáвить стол в. к стенé** to put the table right against the wall; **принятъся за дéло в.** to tackle the matter in real earnest.

вплоть *adv*: **в. до** (+ *g*) (*до предела*) (right) up to; until; (*включая*) including.

вплывá|ть, ю *impf of* **⇒вплыть**

вплы|ть, вý, вёшь, *past* **~л, ~лá, ~́ло** *pf (of* **⇒~вáть**) (*о человеке*) to swim in; (*о корабле*) to sail in.

вповáлку *adv (coll)* side by side.

вполглáза *adv (coll)*: **спать в.** to sleep with one eye open; to doze.

вполгóлоса *adv* in an undertone, under one's breath.

вполз|áть, áю *impf of* **⇒~тí**

впол|зтí, ý, ёшь, *past* **~, ~лá** *pf (of* **⇒~áть**) to creep in, crawl in; (*подняться вверх*) to creep up, crawl up.

вполнé *adv* fully, entirely; quite; **э́того в. достáточно** that is quite enough.

вполоборóта *adv* half-turned.

вполовíну *adv (coll)* by half.

вполсíлы *adv (coll)* at half strength.

вполýха *adv (coll)* with half an ear.

впопáд *adv (coll, mostly ironical if used without neg)* to the point; opportunely; **онá отвéтила не совсéм в.** her answer was not very much to the point.

впопыхáх *adv (coll)* **1** (*торопливо*) in a hurry, hastily. **2** (*в спешке*) in one's haste; **в. я остáвил зóнтик в пóезде** in my haste I left my umbrella on the train.

впóру *adv (coll) as pred* **1** (*об одежде*) just right, exactly; **э́тот костю́м мне как раз в.** this suit fits me perfectly. **2** (*остаётся лишь*) one can only; the only thing left; **в. всё брóсить** one can only abandon everything; the only thing left is to abandon everything.

впорхн|ýть, ý, ёшь *pf (птица, бабочка)* to flit in(to), flutter in(to); (*fig*) to fly (into).

впослéдствии *adv* subsequently; afterwards.

впотьмáх *adv (coll)* in the dark.

впрáвду *adv (coll)* really, in reality.

впрáве *as pred*: **быть в.** (+ *inf*) to have a right (to); **он был в. сердíться на вас** he had a right to be angry with you.

впрáв|ить, лю, ишь *pf (of* **⇒~лять**) **1** (*med*) (*кость*) to set. **2** (*рубашку*) to tuck in.

впрáвк|а, и *f (med)* setting.

вправля́|ть, ю *impf of* **⇒впрáвить**

впрáво *adv* (**от** + *g*) to the right (of).

впредь *adv* in future, henceforth; **в. до** until; **в. до распоряжéния** until further notice.

впригля́дку *adv (coll, joc) only in phr* **пить чай в.** to have tea without sugar.

вприкýску *adv (coll) only in phr* **пить чай в.** to drink unsweetened tea while holding a lump of sugar in the mouth (*opp* **⇒внакла́дку**).

вприпры́жку *adv (coll)* skipping; hopping.

вприся́дку *adv*: **плясáть в.** to dance squatting.

впритíрку *adv (coll)* (**к** + *d*) up close (to), touching.

впритык *adv (coll)* (**к** + *d*) up close (to), abutting (on).

впрóголодь *adv* half-starving.

впрок *adv* **1** (*про запас*) for future use; **заготóвить в.** to lay in, stock up on. **2** *as pred* (*на пользу*) to advantage; **э́то не пойдёт емý в.** it will do him no good, he will do no good by it.

впросáк *adv (coll)*: **попáсть в.** to put one's foot in it.

впросóнках *adv (coll)* half asleep.

впрóчем *adv and conj* **1** (*однако, но*) however, but; **он ýмный человéк, в. он иногдá ошибáется** he is a clever man, but he sometimes makes mistakes. **2** (*выражает нерешимость*) or rather; but then again; **приезжáйте зáвтра, в., лýчше дáже послезáвтра** come tomorrow, or, even better, the day after.

впры́гива|ть, ю *impf of* **⇒впры́гнуть**

впры́г|нуть, ну, нешь *pf (of* **⇒~ивать**) (**в, на** + *a*) to jump (into, on).

впры́скивани|е, я *nt* injection.

впры́скива|ть, ю *impf of* **⇒впры́снуть**

впры́сн|уть, у, ешь *pf (of* **⇒впры́скивать**) to inject.

впрягá|ть(ся), ю(сь) *impf of* **⇒впря́чь(ся)**

впрямь *adv (coll)* really, indeed.

впря|чь, гý, жёшь, гýт, *past* **впряг, ~глá** *pf (of* **⇒~гáть**) (**в** + *a*) to harness (to).

впря́|чься, гýсь, жёшься, гýтся, *past* **впря́гся, ~глáсь** *pf (of* **⇒~гáться**) (**в** + *a*) to harness o.s. (to).

впуск, а *m* admission, admittance.

впускá|ть, ю *impf of* **⇒впустíть**

впускн|óй *adj* admittance; inlet; **~áя трубá** inlet pipe.

впу|стíть, щý, ~́стишь *pf (of* **⇒~скáть**) to admit, let in.

впустýю *adv (coll)* for nothing, to no purpose.

впýт|ать, аю 1 *pf (of* **⇒~ывать**) (*вплести*) to twist in. **2** *pf of* **⇒пýтать 4**

впýт|аться, аюсь 1 *pf (of* **⇒~ываться**) (*вцепиться*) to get twisted. **2** *pf of* **⇒пýтаться 4**

впýтыва|ть(ся), ю(сь) *impf of* **⇒впýтать(ся)**

впу|щý, ~́стишь *see* **⇒~стíть**

впя́теро *adv* five times; **в. бóльше** five times as much.

впятерóм *adv* five (together).

враг, á *m* enemy; (*collect*) the enemy.

вражд|á, ы́ *f* enmity, hostility.

враждéб|ный (~ен, ~на) *adj* hostile.

вражд|овáть, ýю *impf* (**с** + *i*) to be at enmity (with), at odds (with).

врáжеский *adj (mil)* enemy; hostile.

врáжий *adj* enemy; hostile.

враз *adv (coll)* **1** (*разом*) at once, at the same time, together. **2** (*сразу*) at once, immediately.

вразбíвку *adv (coll)* at random.

вразбрóд *adv (coll)* separately; in disunity.

вразбрóс *adv (coll)* separately.

вразвáлку *adv (coll)*: **ходíть в.** to waddle.

вразнобóй *adv (coll)* haphazardly.

вразнóс *adv*: **торговáть в.** to peddle.

вразрéз *adv*: **идтí в.** (**с** + *i*) to go against.

вразумíтел|ьный (~ен, ~ьна) *adj* intelligible, clear, comprehensible.

вразум|íть, лю́, и́шь *pf (of* **⇒~ля́ть**) to make understand; (*убедить*) to reason with; **ничéм их не ~и́шь** they will never learn.

вразумля́|ть, ю *impf of* **⇒вразумíть**

врáк|и, ~ *(no sg) (coll)* nonsense, rubbish.

врал|ь, я́ *m (coll)* (*лгун*) liar; (*пустослов*) chatterbox.

вран|ьё, я́ *nt (coll)* (*ложь*) lies; (*вздор*) nonsense.

врасплóх *adv (coll)*: **застáть, захватíть, застíгнуть в.** to take unawares; to catch off guard.

врассыпнýю *adv* in all directions.

враст|áть, áю *impf (of* **⇒~и́**) to grow in(to); **~áющий нóготь** ingrowing nail; **в. в зéмлю** (*fig*) to sink into the ground.

враст|и́, ý, ёшь, *past* **врос, вросла́** *pf of* **⇒~áть**

врастя́жку *adv (coll)* **1** at full length; **упáсть в.** to fall flat. **2 говорíть в.** to drawl.

врат|á, ~ *(no sg) (poetical or obs)* = **ворóта**

вратáр|ь, я́ *m (sport)* goalkeeper.

вр|ать, у, ёшь, *past* **~ал, ~алá, ~áло** *impf (of* **⇒на~** *and* **⇒со~**) (*coll*) **1** (*лгать*) to lie, tell lies. **2** (*говорить вздор*) to talk nonsense. **3** (*быть неточным*) to be wrong (*of inanimate objects only*).

врач, á *m* doctor, physician; **дéтский в.** paediatrician (*Br*), pediatrician (*US*); **зубнóй в.** dentist; **в. óбщей прáктики** general practitioner.

врачéбный *adj* medical.

врач|евáть, ýю *impf (of* **⇒у~**) (*obs*) to doctor, treat; (*fig*) to heal.

вращáтельный *adj* rotary.

вращá|ть, ю *impf* to revolve, rotate; **в. глазáми** to roll one's eyes.

вращá|ться, юсь *impf* to revolve, rotate (*intrans*); **он ~ется в**

худóжественных кругáх he moves in artistic circles.

вращéни|е, я *nt* rotation; revolution.

вред, á (*no pl*) *m* (*человеку*) harm, injury; (*здоровью, зданию*) damage; **без ~á (для** + *g*) without detriment (to); **во ~** (+ *d*) to the detriment of; **причинúть в. комý-н.** to do harm to s.o.; to harm s.o.

вредúтел|ь, я *m* **1** (*agric*) pest. **2** (*человек*) saboteur.

вредúтель|ский *adj of* ⇒**~ 2**

вредúтельств|о, а *nt* **1** (*деятельность*) sabotage. **2** (*поступок*) act of sabotage.

вре|дúть, жý, дúшь *impf* (*of* ⇒**на~** *and* ⇒**по~ 1**) (+ *d*) (*человеку*) to injure, harm, hurt; (*здоровью, зданию*) to damage.

врéднича|ть, ю *impf* (*coll*) to be nasty.

врéдно *adv as pred* it is harmful; **в. для здорóвья** it is bad for one's health.

врéдност|ь, и *f* harm; (*человека*) (*coll*) nastiness; (*условия производства*) hazards.

врéд|ный (~ен, ~нá, ~но, ~ны́) *adj* harmful, unhealthy; (*производство*) hazardous; (*no short form*) (*человек*) (*coll*) nasty.

врé|жу(сь), жешь(ся) *see* ⇒**~зать(ся)**

вре|жý, дúшь *see* ⇒**~дúть**

врé|зать, жу, жешь *pf* (*of* ⇒**~зáть**) **1** to cut in; (*вставить*) to set in. **2** (*pf only*) (*coll*) (+ *d*) (*ударить*) to whack (s.o.). **3** (*pf only*) (*sl*) (*выпить*) to drink.

врез|áть, áю *impf of* ⇒**~́ать 1**

врé|заться, жусь, жешься *pf* (*of* ⇒**~зáться**) (**в** + *a*) **1** (*воткнуться*) to cut (into); (*fig*) (*ворваться*) to plunge, plough (*Br*), plow (*US*) (into); **в. в толпý** to run into a crowd; (*удариться*) to smash (into). **2** (*запечатлеться*) to be engraved (on); **черты́ её лицá ~зались емý в пáмять** (*or* **~зались в егó пáмять**) her features were engraved on his memory. **3** (*pf only*) (*coll*) (*влюбиться*) to fall in love (with).

врез|áться, áюсь *impf of* ⇒**~́аться**

врéзыва|ть(ся), ю(сь) *impf* = **врезáть(ся)**

временáми *adv* at times, now and then, now and again.

временнúк, á *m* chronicle, annals.

временнóй *adj* **1** (*philos*) temporal. **2** (*gram*) tense. **3** (*tech*) time.

врéменн|ый *adj* temporary; provisional; **В~ое правúтельство** (*hist*) the Provisional Government (*of Russia, March–November 1917*); **~ое правúтельство** caretaker government; **~ое соглашéние** interim agreement.

временщúк, á *m* (*obs*) favourite.

врéм|я, ени, *i* **~енем, о ~ени,** *pl* **~енá, ~ён, ~енáм** *nt* **1** time; **в. от ~ени** from time to time; **в дáнное в.** at present, at the present moment; **в мúрное в.** in peacetime; **(в) пéрвое в.** at first; **(в) послéднее в.** lately, of late; **в своё в.** (*referring to the past*) in one's time, once, at one time; (*referring to the future*) in due course; in one's own time; **в скóром ~ени** in the near future, shortly, before long; **в то же (сáмое) в.** at the same time; **до порьí до ~ени** for the time being; **за послéднее в.** lately; **на в.** for a while; **на пéрвое в.** for the time being; **однó в.** once (*in the past*); **с незапáмятных ~ён** from time immemorial; **с течéнием ~ени** in the course of time; **с ~енем** in time, with time; **всё в.** all the time, continually; **рáньше ~ени** prematurely; **сáмое в.** (+ *inf or* + *d*; *coll*) just the time (to, for); the (right) time (to, for); **скóлько ~ени?** what is the time?; **тем ~енем** meanwhile; **в. покáжет** time will tell. **2**: **в. гóда** season. **3** (*gram*) tense. **4**: **в то в. как** while, whereas. **5**: **во в.** (+ *g*) during, in.

времяисчислéни|е, я *nt* calendar (*system of reckoning time*).

времянк|а, и *f* **1** (*печка*) temporary stove. **2** (*сооружение*) (any) temporary structure or fitting.

время(пре)провождéни|е, я *nt* pastime; way of spending one's time.

врóвень *adv* (**с** + *i*) level (with); **в. с краями** to the brim.

врóде 1 *prep* + *g* like; **у негó есть гáлстук в. моегó** he has a tie like mine; **нéчто в.** (*coll*) a sort of, a kind of. **2** *particle* (*coll*) (*кажется*) it looks as if.

врождён|ный (~, ~на) *adj* (*способность*) innate; (*недостаток*) congenital.

врознь *adv* (*obs*) = **врозь**

врозь *adv* separately, apart.

врó|ю(сь), ~ешь(ся) *see* ⇒**врыть(ся)**

вруб, а *m* (*mining*) cut.

вруб|áть(ся), áю(сь) *impf of* ⇒**~úть(ся)**

вруб|úть, лю, ~́ишь *pf* (*of* ⇒**~áть**) **1** to cut in(to). **2** (*coll*) (*включить*) to turn on.

вруб|úться, люсь, ~́ишься *pf* (*of* ⇒**~áться**) (**в** + *a*) **1** to cut one's way (into), hack one's way (through). **2** (*coll*) (*понять*) to twig, cotton on.

врукопáшную *adv* (*о борьбе*) using bare hands or hand weapons; **схватúться в.** to engage in close combat.

врун, á *m* (*coll*) liar.

врýн|ья, ьи *f of* ⇒**~**

вруч|áть, áю *impf of* ⇒**~úть**

вручéни|е, я *nt* handing, delivery; (*медали*) presentation; (*law*) serving (*of summons, etc.*).

вручúтел|ь, я *m* bearer (*of message, writ, etc.*).

вруч|úть, ý, úшь *pf* (*of* ⇒**~áть**) (*письмо, посылку*) to hand, deliver; (*медаль*) to present; (*вверить*) to entrust; **в. судéбную повéстку** to serve a subpoena.

вручнýю *adv* by hand.

вырывá|ть, ю *impf of* ⇒**врыть**

врывá|ться[1], юсь *impf of* ⇒**врыться**

врывá|ться[2], юсь *impf of* ⇒**ворвáться**

вр|ыть, óю, óешь *pf* (*of* ⇒**~ывáть**) (**в** + *a*) (*дерево, куст*) to plant firmly; (*столб*) to sink in(to).

вр|ыться, óюсь, óешься *pf* (*of* ⇒**~ывáться[1]**) (**в** + *a*) to dig o.s. (into), bury o.s. (in).

вряд (ли) *adv* (*coll*) hardly, it is unlikely; **в. ли стóит** it is hardly worth it; **онú в. ли придýт** they are unlikely to come.

вса|дúть, жý, ~́дишь, *pf* (*of* ⇒**~́живать**) **1** to thrust, plunge (into); **в. нож в спúну** (+ *d*) to stab in the back (*also fig*); **в. пýлю в лоб комý-н.** to put a bullet in s.o.'s head. **2** (*coll*) (*средства, деньги*) to put, sink (into); **он ~дúл весь свой капитáл в однó рискóванное предприя́тие** he has sunk all his capital in one doubtful venture.

всáдник, а *m* rider, horseman.

всáдниц|а, ы *f* rider, horsewoman.

всáжива|ть, ю *impf of* ⇒**всадúть**

вса|жý, ~дишь *see* ⇒**~дúть**

всамдéлишный *adj* (*coll*) real(-live), honest-to-goodness.

всáсывани|е, я *nt* suction; (*поглощение*) absorption.

всáсыва|ть(ся), ю(сь) *impf of* ⇒**всосáть(ся)**

все *see* ⇒**весь[1]**

все... *comb form* all-, omni-, pan-; most (*gracious etc.*).

всё 1 *pron see* ⇒**весь[1]**. **2** *adv* (*coll*) always; all the time; **он в. отвечáет однó и то же** he always gives the same answer; **он в. ругáется** he swears all the time. **3 в. (ещё)** still; **дождь в. (ещё) идёт** it is still raining; **в. же** after all, nevertheless. **4** (*coll*) only, all; **он провалúлся на экзáмене — э́то в. из-за тебя́!** he has failed his examination — all because of you! **5** *as conj* (*всё равно*) however, nevertheless; **как ни старáюсь, в. не разбирáю, чтó он говорúт** however hard I try, I cannot make out what he says. **6** *as particle* (*strengthening comp*): **в. бóлее и бóлее** more and more; **он в. толстéет** he is getting fatter and fatter. **7** *pred* (*coll*) (*кончено*) that's it!

всеведéни|е, я *nt* omniscience.

всевéдущ|ий (~, ~а) *adj* omniscient.

всевúдящий *adj* all-seeing.

всевлáсти|е, я *nt* absolute power.

всевлáстный *adj* all-powerful.

всевозмóжн|ый *adj* all kinds of; every possible; **~ые товáры** goods of all kinds.

Всевы́шн|ий, ~его *n* (*relig*) the Almighty.

всегдá *adv* always.

всегдáшний *adj* usual, customary.

всегó 1 *pron see* ⇒**весь[1]**; **бóльше в.** (the) most; **лýчше в.** (the) best; **чáще в.** most often. **2** *adv* (*итого*) in all, all told; (*лишь*) only; **в. лишь, в. тóлько** (*coll*) only; **в.-нáвсего** only, all in all; **в. ничегó** (*coll*) practically nothing; **тóлько и в.** (*coll*) that's all.

Вседержúтел|ь, я *m* (*relig*) the Almighty.

вседнéвный *adj* (*obs*) daily, everyday.

вседозво́ленност|ь, и *f* permissiveness; **о́бщество ~и** the permissive society.

всезна́йк|а, и *cg* (*coll, ironical*) know-all.

вселе́ни|е, я *nt* (*жильца*) installation; (*в дом*) moving in.

Вселе́нн|ая, ой (*no pl*) *f* (*космос*) the universe.

вселе́нский *adj* universal; (*eccl*) ecumenical; **в. собо́р** ecumenical council.

всел|и́ть, ю́, и́шь *pf* (*of* ⇒**~я́ть**) **1** (*жильца*) to move (s.o.) in; to install. **2** (*fig, rhetorical*) to instil (in); **в. страх** (**в** + *a*) to strike fear (into).

всел|и́ться, ю́сь, и́шься *pf* (*of* ⇒**~я́ться**) (**в** + *a*) **1** (*в дом*) to move in(to). **2** (*fig*) to be implanted (in).

вселя́|ть(ся), ю(сь) *impf of* ⇒**всели́ть(ся)**

всем *see* ⇒**весь**[1]

всеме́рный *adj* all possible.

все́меро *adv* seven times.

всемеро́м *adv* seven (together).

всеми́лостивейший *adj* (*hist*) most gracious.

всеми́рный *adj* world (*attr*); worldwide.

всемогу́ществ|о, а *nt* omnipotence.

всемогу́щ|ий (~, ~а) *adj* omnipotent, all-powerful; *as n* **В.** (*of God*) the Almighty.

всенаро́дно *adv* publicly.

всенаро́дный *adj* national; nationwide.

все́нощн|ая, ой *f* (*eccl*) vespers.

всео́буч, а *m* (*abbr of* **всео́бщее обуче́ние**) universal education.

всео́бщ|ий *adj* universal; general; **~ая во́инская пови́нность** universal military service; **~ая забасто́вка** general strike; **~ие вы́боры** general election.

всеобъе́млющ|ий (~, ~а) *adj* all-embracing, comprehensive.

всеору́жи|е, я *nt only in phr* **во ~и** (+ *g*) fully armed (with); **во ~и зна́ний** armed with knowledge.

всеохва́тывающий = **всеобъе́млющий**

всеплане́тный *adj* global, worldwide.

всепобежда́ющий *adj* all-conquering.

всепоглоща́ющий *adj* all-consuming (*also fig*).

всепого́дный *adj* all-weather.

всеросси́йский *adj* All-Russian.

всерьёз *adv* seriously, in earnest.

всесезо́нный *adj* year-round.

всеси́л|ьный (~ен, ~ьна) *adj* all-powerful.

всесою́зный *adj* (*hist*) All-Union, national (*with reference to the former USSR*).

всесторо́нний *adj* (*образование*) all-round; (*анализ*) thorough, detailed.

всё-таки *conj and particle* still, all the same.

всеуслы́шани|е, я *nt only in phr* **во в.** publicly, for all to hear.

всех *see* ⇒**весь**[1]

всецéло *adv* completely.

всеча́сный *adj* (*obs*) hourly.

всея́дный *adj* omnivorous.

вска́кива|ть, ю *impf of* ⇒**вскочи́ть**

вска́пыва|ть, ю *impf of* ⇒**вскопа́ть**

вскара́бк|аться, аюсь *pf* (*of* ⇒**кара́бкаться** *and* ⇒**~иваться**) (**на** + *a*; *coll*) to scramble (up, on to), clamber (up, on to).

вскара́бкива|ться, юсь *impf of* ⇒**вскара́бкаться**

вска́рмлива|ть, ю *impf of* ⇒**вскорми́ть**

вскачь *adv* at a gallop.

вски́дыва|ть(ся), ю(сь) *impf of* ⇒**вски́нуть(ся)**

вски́|нуть, ну, нешь *pf* (*of* ⇒**~дывать**) (*кинуть*) to throw up; **в. на пле́чи** to shoulder; (*поднять*) to raise (*suddenly*); **в. глаза́** to look up suddenly.

вски́|нуться, нусь, нешься *pf* (*of* ⇒**~дываться**) (**на** + *a*; *coll*) **1** (*подняться*) to leap up (on to). **2** (*fig*) (*наброситься*) to turn (on), go (for).

вскипа́|ть, ю *impf of* ⇒**вскипе́ть**

вскип|е́ть, лю́, и́шь *pf* (*of* ⇒**~а́ть**) **1** (*вода*) to boil up. **2** (*fig*) to flare up, fly into a rage; **в. негодова́нием** to flare with indignation.

вскипя|ти́ть, чу́, ти́шь *pf of* ⇒**кипяти́ть**

вскипя|ти́ться, чу́сь, ти́шься *pf* (*coll*) to flare up, fly into a rage.

всклоко́чен|ный (~, ~а) *ppp of* ⇒**всклоко́чить** *and adj* (*coll*) dishevelled, tousled.

всклоко́чива|ть, ю *impf of* ⇒**всклоко́чить**

всклоко́ч|ить, у, ишь *pf* (*of* ⇒**~ивать**) (*coll*) to dishevel, tousle.

вскло́чива|ть, ю *impf of* ⇒**вскло́чить**

вскло́ч|ить, у, ишь *pf* (*of* ⇒**~ивать**) (*coll*) to dishevel, tousle.

всколыхн|у́ть, у́, ёшь *pf* to stir; (*fig*) to stir up.

всколыхн|у́ться, у́сь, ёшься *pf* to be stirred up; (*fig*) to be roused.

вскользь *adv* slightly; in passing; **упомяну́ть в.** to mention in passing.

вскопа́|ть, ю *pf* (*of* ⇒**вска́пывать**, ⇒**копа́ть 1**) to dig (over).

вско́ре *adv* soon, shortly after.

вскорм|и́ть, лю́, ~ишь *pf* (*of* ⇒**вска́рмливать**) (*животных*) to rear; (*детей*) to raise.

вскоч|и́ть, у́, ~ишь *pf* (*of* ⇒**вска́кивать**) **1** (**в, на** + *a*; **с** + *g*) to leap up (into, on to; from). **2** (*coll*) (*шишка*) to come up (*of bumps, boils, etc.*).

вскри́кива|ть, ю *impf of* ⇒**вскри́кнуть**

вскри́к|нуть, ну, нешь *pf* (*of* ⇒**~ивать**) to cry out.

вскрич|а́ть, у́, и́шь *pf* to exclaim.

вскро́|ю, ешь *see* ⇒**вскрыть**

вскруж|и́ть, у́, ~и́шь *pf only in phr* **в. го́лову кому́-н.** to turn s.o.'s head.

вскрыва́|ть(ся), ю(сь) *impf of* ⇒**вскры́ть(ся)**

вскры́ти|е, я *nt* **1** (*письма*) opening, unsealing; (*сейфа*) unlocking. **2** (*fig*) (*факта*) revelation, disclosure. **3** (*geog*) (*рек*) opening (*of rivers after break-up of ice*). **4** (*med*) (*нарыва*) lancing. **5** (*med*) (*трупа*) autopsy, post-mortem.

вскр|ыть, о́ю, о́ешь *pf* (*of* ⇒**~ыва́ть**) **1** (*письмо*) to open, unseal; (*сейф*) unlock. **2** (*fig*) (*факт*) to reveal, disclose. **3** (*med*) (*нарыв*) to lance. **4** (*med*) (*труп*) to carry out a post-mortem on, dissect.

вскр|ы́ться, о́ется *pf* (*of* ⇒**~ыва́ться**) **1** (*обнаружиться*) to come to light, be revealed. **2** (*река*) to become clear (of ice); become open. **3** (*med*) to break, burst.

всласть *adv* (*coll*) to one's heart's content.

вслед 1 *adv* (**за** + *i*) after; **посла́ть письмо́ в.** to forward a letter. **2** *prep* + *d* after; **смотре́ть в.** to follow with one's eyes.

всле́дствие *prep* + *g* in consequence of, owing to, due to.

вслепу́ю *adv* blindly; **печа́тать в.** to touch-type.

вслух *adv* aloud, out loud.

вслу́ш|аться, аюсь *pf* (*of* ⇒**~иваться**) (**в** + *a*) to listen attentively (to).

вслу́шива|ться, юсь *impf of* ⇒**вслу́шаться**

всма́трива|ться, юсь *impf of* ⇒**всмотре́ться**

всмотр|е́ться, ю́сь, ~ишься *pf* (*of* ⇒**всма́триваться**) (**в** + *a*) to peer (at); to scrutinize.

всмя́тку *adv*: **яйцо́ в.** soft-boiled, lightly-boiled egg.

всо́выва|ть, ю *impf of* ⇒**всу́нуть**

всос|а́ть, у́, ёшь *pf* (*of* ⇒**вса́сывать**) (*воду*) to soak up, absorb; (*fig*) (*привычки*) to absorb, imbibe.

всос|а́ться, у́сь, ёшься *pf* (*of* ⇒**вса́сываться**) (**в** + *a*) **1** to fasten upon (*with mouth, lips, etc.*). **2** (*вода*) to soak through (into), be absorbed.

вспа́ива|ть, ю *impf of* ⇒**вспои́ть**

вспа́рхива|ть, ю *impf of* ⇒**вспорхну́ть**

вспа́рыва|ть, ю *impf of* ⇒**вспоро́ть**

вспа|ха́ть, шу́, ~шешь *pf* (*of* ⇒**~хивать** *and* ⇒**паха́ть 1**) to plough up (*Br*), plow up (*US*).

вспа́хива|ть, ю *impf of* ⇒**вспаха́ть**

вспа́шк|а, и *f* ploughing (*Br*), plowing (*US*).

вспаш|у́, ~ешь *see* ⇒**вспаха́ть**

вспе́нива|ть(ся), ю(сь) *impf of* ⇒**вспе́нить(ся)**

вспе́н|ить, ю, ишь *pf* (*of* ⇒**~ивать**) to make foam, make lather; **в. коня́** get one's horse into a lather.

вспе́н|иться, юсь, ишься *pf* (*of* ⇒**~иваться**) to froth; to lather (*intrans*).

вспетуш|и́ться, у́сь, и́шься *pf of* ⇒**петуши́ться**

B

всплакн|у́ть, у́, ёшь *pf* to shed a few tears, have a little cry.

всплеск, а *m* splash.

всплёскива|ть, ю *impf of* ⇒**всплесну́ть**

всплес|ну́ть, ну́, нёшь *pf* (*of* ⇒**~́кивать**) to splash; **в. рука́ми** to throw up one's hands.

всплыва́|ть, ю *impf of* ⇒**всплы́ть**; **-ющее окно́** (*comput*) pop-up window.

всплы|ть, ву́, вёшь, *past* **~л, ~ла́, ~́ло** *pf* (*of* ⇒**~ва́ть**) to rise to the surface, surface; (*fig*) (*факт*) to come to light; (*вопрос*) to arise.

вспо|и́ть, ю, и́шь *pf* (*of* ⇒**вспа́ивать**) to nurse; to rear; **в. и вскорми́ть** (*fig, coll*) to bring up.

всполáскива|ть, ю *impf of* ⇒**всполосну́ть**

всполосн|у́ть, у́, ёшь *pf* (*of* ⇒**всполáскивать**) to rinse.

всполо́х|и, ов (*no sg*) (*зарница*) (flashes of) summer lightning; (*collect*) (*вспышки огня*) flashes, glow (*from fire, explosion, etc.*).

всполош|и́ть, у́, и́шь *pf of* ⇒**полоши́ть**

всполош|и́ться, у́сь, и́шься *pf of* ⇒**полоши́ться**

вспомина́|ть(ся), ю(сь) *impf of* ⇒**вспо́мнить(ся)**

вспо́м|нить, ню, нишь *pf* (*of* ⇒**~ина́ть**) (*детство*) to remember, recall, recollect; (**о** + *p*, **что**) to remember.

вспо́м|ниться, нюсь, нишься *pf* (*of* ⇒**~ина́ться**) (*impers*, + *d*): **мне,** *etc.*, **~нилось** I, *etc.*, remembered.

вспомога́тельный *adj* auxiliary; subsidiary; (*gram*) auxiliary.

вспомоществова́ни|е, я *nt* (*obs*) relief, assistance.

вспомян|у́ть, у́, ~́ешь *pf* (+ *a or* **о** + *p*; *coll*) to remember.

вспор|о́ть, ю́, ~́ешь *pf* (*of* ⇒**вспа́рывать**) to rip open.

вспорхн|у́ть, у́, ёшь *pf* to fly up.

вспоте́|ть, ю *pf* (*of* ⇒**поте́ть**) to come out in a sweat; (*coll*) (*стекло*) to mist over.

вспры́гива|ть, ю *impf of* ⇒**вспры́гнуть**

вспры́г|нуть, ну, нешь *pf* (*of* ⇒**~ивать**) (**на** + *a*) to jump up (on to), spring up (on to).

вспры́скива|ть, ю *impf of* ⇒**вспры́снуть**

вспры́с|нуть, ну, нешь *pf* (*of* ⇒**~кивать**) **1** (+ *i*) to sprinkle (with). **2** (*fig, coll*) (*отпраздновать*) to celebrate.

вспу́гива|ть, ю *impf of* ⇒**вспугну́ть**

вспуг|ну́ть, ну́, нёшь *pf* (*of* ⇒**~́ивать**) to scare away; (*дичь*) to put up.

вспух|а́ть, а́ю *impf of* ⇒**~́нуть**

вспу́х|нуть, ну, нешь *pf* (*of* ⇒**~а́ть**) to swell up.

вспу́чива|ть, ю *impf of* ⇒**вспу́чить**

вспу́ч|ить, у, ишь *pf* (*of* ⇒**~ивать** *and* ⇒**пу́чить**) (*usu impers*) to distend; **у него́ живо́т ~ило** his abdomen is distended.

вспыл|и́ть, ю́, и́шь *pf* to flare up; **в.** (**на** + *a*) to fly into a rage (with).

вспы́льчив|ый (~, ~а) *adj* hot-tempered; irascible.

вспы́хива|ть, ю *impf of* ⇒**вспы́хнуть**

вспы́х|нуть, ну, нешь *pf* (*of* ⇒**~ивать**) **1** (*огонь, свет*) to flash; (*бумага*) to burst into flames, blaze up; (*пожар*) to break out; (*fig*) (*ссора, конфликт*) to flare up; (*паника, война*) to break out. **2** (*покраснеть*) to blush.

вспы́шк|а, и *f* flash; (*phot*) flash (attachment); **электро́нная в.** flashgun; (*astron*) flare; (*fig*) (*гнева*) outburst, (*энергии, отчаяния*) burst; (*болезни*) outbreak.

вспять *adv* back(wards).

встава́ни|е, я *nt* rising; **почти́ть ~ем** to stand in honour (of).

вста|ва́ть, ю́, ёшь *impf of* ⇒**~ть**

вста́в|ить, лю, ишь *pf* (*of* ⇒**~ля́ть**) to put in, insert; **в. в ра́му** to frame; **в. себе́ зу́бы** to have false teeth, dentures made; (*comput*) to paste.

вста́вк|а, и *f* **1** (*действие*) fixing, insertion; (*в раму*) framing; (*в текст*) insertion; (*в оправу*) mounting. **2** (*в одежде*) inset. **3** (*в тексте*) insertion.

вставля́|ть, ю *impf of* ⇒**вста́вить**

вставн|о́й *adj* inserted; **~ы́е зу́бы** false teeth, dentures; **~ы́е ра́мы** removable window frames.

встарь *adv* of old, in olden time(s).

вста|ть, ну, нешь *pf* (*of* ⇒**~ва́ть**) **1** (*с постели*) to get up, rise; (*на ноги*) to stand up, rise, get up; (*солнце*) to rise; **он ра́но ~л сего́дня у́тром** he got up early this morning; **в. с ле́вой ноги́** to get out of bed on the wrong side; **в. из-за стола́** to rise, get up from the table; (*fig*) **в. на свои́ но́ги** to stand on one's own feet; **в. гру́дью за** (+ *a*) to stand up for. **2** (*стать*) to stand; **в. на рабо́ту** to start work. **3** (**в** + *a*) (*coll*) to go (into), fit (into); **большо́й шкаф не ~нет в э́ту ко́мнату** the large cupboard will not go into this room. **4** (*вопрос*) (*fig*) to arise, come up. **5** (*образ*) to appear, arise. **6** (*impf only*) (*coll*) (*часы*) to stop (working).

встрева́|ть, ю *impf of* ⇒**встрять** *and* ⇒**встря́нуть**

встрево́жен|ный (~, ~на) *ppp of* ⇒**встрево́жить** *and adj* anxious.

встрево́ж|ить(ся), у(сь), ишь(ся) *pf of* ⇒**трево́жить(ся)**

встрёпанный *ppp and adj* (*coll*) dishevelled.

встреп|а́ть, лю́, ~́лешь *pf* (*coll*) to dishevel.

встрепен|у́ться, у́сь, ёшься *pf* **1** (*птицы*) to start (up), be roused. **2** (*сердце*) to give a start.

встрёпк|а, и *f* (*coll*) scolding.

встре́|тить, чу, тишь *pf* (*of* ⇒**~ча́ть**) **1** (*запланированно*) to meet; (*случайно*) to meet, come across; (*сопротивление*) to meet with, encounter; (*обнаружить*) to come across. **2** (*оказать приём*) to receive, greet; (*Новый год, Пасху*) to celebrate; **в. Но́вый год** to see the New Year in.

встре́|титься, чусь, тишься *pf* (*of* ⇒**~ча́ться 1**) (**с** + *i*) **1** to meet (with), encounter, come across; **в. с затрудне́ниями** to encounter difficulties. **2** (*на пути*) to be found, occur. **3** (*собраться*) to gather, congregate.

встре́ч|а, и *f* **1** meeting; (*приём*) reception; **в. в верха́х** (*pol*) summit; **в. Но́вого го́да** New Year's Eve party. **2** (*sport*) match, meeting.

встреча́|ть, ю *impf of* ⇒**встре́тить**

встреча́|ться, юсь *impf* **1** *impf of* ⇒**встре́титься**. **2** (*impf only*) (*об ареале распространения*) to be found; **в Шотла́ндии ещё ~ются ди́кие ко́шки** wild cats are still to be found in Scotland.

встре́чный *adj* **1** (*поезд, машина*) proceeding from opposite direction; oncoming; **в. ве́тер** head wind; **в. по́езд** oncoming train; *as n* **пе́рвый в.** the first person you meet, anyone; **(ка́ждый) в. и попере́чный** every Tom, Dick, and Harry. **2** (*предложение*) counter; **в. иск** (*law*) counterclaim; **в. план** counterplan.

встро́енн|ый *adj* built-in; **~ая програ́мма, ~ые програ́ммы** (*comput*) firmware.

вструхн|у́ть, у́, ёшь *pf* (*coll*) to be alarmed.

встря́|нуть, ну, нешь *pf* (*of* ⇒**встрева́ть**) (**в** + *a*; *coll*) to get mixed up (in); **в. в разгово́р** to butt in(to a conversation).

встря́ск|а, и *f* shaking; (*fig*) shock.

встря́|ть, ну, нешь = **встря́нуть**

встря́хива|ть(ся), юсь *impf of* ⇒**встряхну́ть(ся)**

встрях|ну́ть, ну́, нёшь *pf* (*of* ⇒**~́ивать**) to shake; (*fig*) to shake up, rouse.

встрях|ну́ться, ну́сь, нёшься *pf* (*of* ⇒**~́иваться**) **1** to shake o.s. **2** (*fig*) (*оживиться*) to rouse o.s.; to cheer up; **~ни́тесь!** pull yourself together. **3** (*coll*) (*развлечься*) to have some fun.

вступа́|ть(ся), ю(сь) *impf of* ⇒**вступи́ть(ся)**

вступи́тельн|ый *adj* introductory; **в. взнос** entrance fee; **~ая ле́кция** inaugural lecture; **в. экза́мен** entrance exam.

вступ|и́ть, лю́, ~́ишь *pf* (*of* ⇒**~а́ть**) **1** (**в** + *a*) (*войти, въехать*) to enter; (*стать членом*) to join; (*в спор, переговоры*) to enter into; **в. в бой** to join battle; **в. в де́йствие** (*договор, закон*) to come into force; **в. в брак** to marry; **в. в свои́ права́** to come into one's own; **в. в (зако́нную) си́лу** to become law; **в. в строй** (*завод*) to begin operating (*after being built*). **2** (**на** + *a*) to mount, go up; **в. на престо́л** to ascend the throne.

вступ|и́ться, лю́сь, ~́ишься *pf* (*of* ⇒**~а́ться**) (**за** + *a*) to stand up (for).

вступле́ни|е, я *nt* **1** (*в город*) entry; (*в клуб*) joining; (*в должность*) assumption (of). **2** (*в музыке*) prelude; (*в книге*) introduction.

всу́е *adv* in vain.

всу́н|уть, у, ешь *pf* (*of* ⇒**всо́вывать**) to stick in; (*незаметно*) to slip in.

всухомя́тку *adv* (*coll*): **есть в.** to live on, eat cold food without liquids.

всу́чива|ть, ю *impf of* ⇒**всучи́ть**

всуч|и́ть, у́, ~́ишь *pf* (*of* ⇒**~́ивать**) **1** (*вплести*) to entwine. **2** (+ *d*; *coll*) (*заставить взять*) to foist (on), palm off (on).

всхли́п|нуть, ну, нешь *pf* (*of* ⇒**~́ывать**) to sob.

всхли́пывани|е, я *nt* (*действие*) sobbing; (*звуки*) sobs.

всхли́пыва|ть, ю *impf of* ⇒**всхли́пнуть**

всхо|ди́ть, жу́, ~́дишь *impf of* ⇒**взойти́**

всхо́д|ы, ов (*no sg*) shoots.

всхо́жест|ь, и *f* (*agric*) germinating capacity.

всхо́жий *adj* (*agric*) capable of germinating.

всхрап|ну́ть, ну́, нёшь *pf* **1** *pf of* ⇒**~́ывать**. **2** (*coll*) to have a nap.

всхра́пыва|ть, ю *impf* (*of* ⇒**всхрапну́ть**) (*во сне*) to snore; (*о лошади*) to snort.

всы́п|ать, лю, лешь *pf* (*of* ⇒**~а́ть**) **1** (**в** + *a*) to pour (into). **2** (+ *d*; *coll*) to give what for; (*бить*) to thrash; **в. по пе́рвое число́** to knock into the middle of next week.

всыпа́|ть, ю *impf of* ⇒**всы́пать**

всы́пк|а, и *f* (*выговор*) rating; (*порка*) thrashing.

всю́ду *adv* everywhere.

вся *see* ⇒**весь**[1]

всяк *short form* (*obs*) *of* ⇒**~́ий**; *as pron* (*obs*) everyone.

вся́к|ий *pron* **1** any; **во ~ом слу́чае** in any case, at any rate; **без ~ого/~их** (*coll*) without any argument; *as n* anyone. **2** (*разнообразный*) all sorts of; every; **на в. слу́чай** just in case.

вся́ко *pron* (*coll*): **в. быва́ет** all sorts of things go on, happen.

вся́чески *adv* (*coll*) in every way possible.

вся́ческ|ий *adj* (*coll*) all kinds of.

вся́чин|а, ы *f* (*coll*): **вся́кая в.** all kinds of things.

вся́чинк|а, и *f* (*coll*): **жить со ~ой** to have one's up and downs.

Вт (*abbr of* **ватт**) W, watt.

вта́йне *adv* secretly, in secret.

вта́лкива|ть, ю *impf of* ⇒**втолкну́ть**

вта́птыва|ть, ю *impf of* ⇒**втопта́ть**

вта́скива|ть(ся), ю(сь) *impf of* ⇒**втащи́ть(ся)**

втач|а́ть, а́ю *pf* (*of* ⇒**~́ивать**) (**в** + *a*) to stitch in(to).

вта́чива|ть, ю *impf of* ⇒**втача́ть**

вта́чк|а, и *f* **1** (*действие*) stitching in. **2** (*вшитая часть*) patch.

втащ|и́ть, у́, ~́ишь *pf* (*of* ⇒**вта́скивать**) (**в** + *a*, **на** + *a*) to drag (into, on to).

втащ|и́ться, у́сь, ~́ишься *pf* (*of* ⇒**вта́скиваться**) (*coll*) to drag o.s.

втека́|ть, ет, ют *impf of* ⇒**втечь**

втёмную *adv* (*coll*) without seeing one's cards; (*fig*) blindly, in the dark; **де́йствовать в.** to take a leap in the dark.

втемя́ш|ить, у, ишь *pf* (+ *d*; *coll*) to impress (upon); **в. что-н. кому́-н. в башку́** to get sth into s.o.'s skull.

втемя́ш|иться, усь, ишься *pf* (+ *d*; *coll*) to get into one's head.

втер|е́ть, вотру́, вотрёшь, *past* **~́, ~́ла** *pf* (*of* ⇒**втира́ть**) (**в** + *a*) to rub in(to); **в. очки́ кому́-н.** (*fig, coll*) to pull the wool over s.o.'s eyes.

втер|е́ться, вотру́сь, вотрёшься, *past* **~́ся, ~́лась** *pf* (*of* ⇒**втира́ться**) **1** (**в** + *a*; *coll*) to insinuate *or* worm o.s. into; **ему́ удало́сь в. в дове́рие к премье́р-мини́стру** he succeeded in worming his way into the confidence of the Prime Minister. **2** (*впитаться*) to be absorbed.

вте|са́ться, шу́сь, ~́шешься *pf* (*of* ⇒**~́сываться**) (**в** + *a*; *coll*) to insinuate o.s. in(to), brazen one's way in(to).

втёсыва|ться, юсь *impf of* ⇒**втеса́ться**

вте|чь, чёт, ку́т, *past* **~́к, ~кла́** *pf* (*of* ⇒**~ка́ть**) to flow in(to).

втира́ни|е, я *nt* **1** (*действие*) rubbing in. **2** (*лекарство*) embrocation, liniment.

втира́|ть(ся), ю(сь) *impf of* ⇒**втере́ть(ся)**

вти́скива|ть(ся), ю(сь) *impf of* ⇒**вти́снуть(ся)**

вти́с|нуть, ну, нешь *pf* (*of* ⇒**~кивать**) (**в** + *a*) to squeeze in(to).

вти́с|нуться, нусь, нешься *pf* (*of* ⇒**~киваться**) (*coll*) to squeeze (o.s.) in(to).

втих|аря́ *adv* (*coll*) = **~омо́лку**

втихомо́лку *adv* (*coll*) surreptitiously; on the quiet.

втих|у́ю *adv* (*coll*) = **~омо́лку**

втолкн|у́ть, у́, ёшь *pf* (*of* ⇒**вта́лкивать**) (**в** + *a*) to push in(to), shove in(to).

втолк|ова́ть, у́ю *pf* (*of* ⇒**~о́вывать**) (+ *d*; *coll*) to din (into), ram (into).

втолко́выва|ть, ю *impf of* ⇒**втолкова́ть**

втоп|та́ть, чу́, ~́чешь *pf* (*of* ⇒**вта́птывать**) to trample in; **в. в грязь** (*fig*) to drag in the mire, humiliate.

втора́чива|ть, ю *impf of* ⇒**второчи́ть**

вторг|а́ться, а́юсь *impf of* ⇒**~́нуться**

вто́рг|нуться, нусь, нешься, *past* **~ся, ~лась** *pf* (*of* ⇒**~а́ться**) (**в** + *a*) (*в страну*) to invade; (*в чужие владения*) to encroach (upon), trespass (on); (*в чужие дела*) to interfere (in); to intrude (into).

вторже́ни|е, я *nt* invasion; encroachment; interference, intrusion.

вто́р|ить, ю, ишь *impf* (+ *d*) **1** (*mus*) to play, sing second part (to). **2** (*fig, pej*) to echo, repeat.

втори́чн|ый *adj* **1** (*второй*) second. **2** (*второстепенный*) secondary. **3**: **~ое сырьё** recyclable material.

вто́рник, а *m* Tuesday; **во в.** on Tuesday; **на в.** for Tuesday; **в сле́дующий/про́шлый в.** next/last Tuesday.

вто́рни|чный *adj of* ⇒**~к**

второго́дник, а *m* pupil remaining in same form for second year.

второго́дни|ца, цы *f of* ⇒**~к**

Второзако́ни|е, я *nt* (*bibl*) Deuteronomy.

втор|о́й *adj* **1** second; **в. час** (it is) past one; **из ~ы́х рук** (at) second hand; (*не главный*) secondary; **на ~о́м пла́не** (*fig*) in the background; **на ~ы́х ро́лях** playing supporting roles; **роль ~о́го пла́на** supporting role; **актёр ~о́го пла́на** supporting actor; **~а́я скри́пка** second fiddle. **2** *as n* **~о́е, ~о́го** *nt* main course (*of meal*). **3** *as particle* **~о́е** (*coll*) in the second place.

второкла́ссник, а *m* second-year boy.

второкла́ссниц|а, ы *f* second-year girl.

второкла́ссный *adj* second-class; (*pej*) second-rate.

второку́рсник, а *m* second-year student.

второку́рсни|ца, цы *fem of* ⇒**~к**

второочередно́й *adj* secondary.

второпя́х *adv* **1** hurriedly, in haste. **2** (*во время спешки*) in one's hurry.

второразря́дный *adj* second-rate.

второсо́ртный *adj* **1** (*товар*) of the second-best quality. **2** (*coll*) (*актёр*) second-rate.

второстепе́н|ный (~ен, ~на) *adj* secondary; minor.

второсырь|ё, я *nt* recyclable material.

второч|и́ть, у́, и́шь *pf* (*of* ⇒**втора́чивать**) to strap to one's saddle.

втрав|и́ть, лю́, ~́ишь *pf* (*of* ⇒**~́ливать**) (**в** + *a*) to inveigle (into).

втра́влива|ть, ю *impf of* ⇒**втрави́ть**

втре́ска|ться, юсь *pf* (**в** + *a*; *coll*) to fall in love (with).

в-тре́тьих *adv* thirdly, in the third place.

втри́дорога *adv* (*coll*) triple the price; **плати́ть в.** to pay through the nose.

втро́е *adv* three times; **в. бо́льше** three times as big; **увели́чить в.** to triple.

втроём *adv* three (together); **мы в.** the three of us.

втройне́ *adv* three times as much, treble.

втуз, а *m* (*abbr of* **вы́сшее техни́ческое уче́бное заведе́ние**) technical college.

вту́лк|а, и *f* **1** (*tech*) bush. **2** (*пробка*) plug, bung.

втуне *adv* (*obs or literary*) in vain; **оста́ться в.** to be in vain.

втык, а *m* (*coll*) dressing-down, rocket; **сде́лать в.** (+ *d*) to give s.o. a dressing-down; to tear s.o. off a strip.

втыка́|ть, ю *impf of* ⇒**воткну́ть**

вты́чк|а, и *f* (*coll*) **1** sticking in. **2** (*пробка*) plug, bung.

втю́р|иться, юсь, ишься *pf* (**в** + *a*; *coll*) to fall in love (with); to fall for.

втя́гива|ть(ся), ю(сь) *impf of* ⇒**втяну́ть(ся)**

втяжно́й *adj* (*tech*) suction.

втя|ну́ть, ну́, ~нешь *pf* (*of* ⇒~гивать) **1** (*лодку; щёки, живот*) to draw (in, into, up), pull (in, into, up); (*воздух, жидкость*) to absorb, take in. **2** (*fig*) (**в** + *a*) to draw (into), involve (in); **в. в спор** to draw into an argument.

втя|ну́ться, ну́сь, ~нешься *pf* (*of* ⇒~гиваться) (**в** + *a*) **1** (*постепенно войти*) to draw (into), enter. **2** (*щёки*) to sag, fall in. **3** (*привыкнуть*) (*coll*) to get accustomed (to), used (to). **4** (*увлечься*) to become keen (on).

вуайери́зм, а *m* voyeurism.

вуайери́ст, а *m* voyeur, peeping Tom.

вуайери́стский *adj* voyeuristic.

вуале́тк|а, и *f* veil.

вуали́р|овать, ую *impf* (*of* ⇒**за**~) to veil, obscure, hide; **завуали́рованные угро́зы** veiled threats.

вуа́л|ь, и *f* veil.

ву́ду *m & f indecl* voodoo(ism).

вуз, а *m* (*abbr of* **вы́сшее уче́бное заведе́ние**) institution of higher education.

вуз — institution of higher education

Any type of institution of higher education forming part of the Russian educational system, including *университе́т* (university), *акаде́мия* (academy), and *институ́т* (institute/college). The word *вуз* is an abbreviation of *вы́сшее уче́бное заведе́ние*.

ву́зов|ец, ца *m* student (*at any institution of higher education*).

ву́зов|ка, ки *f* (*rare*) *of* ⇒~**ец**

ву́з|овский *adj of* ⇒~

вулка́н, а *m* volcano; **де́йствующий в.** active volcano; **поту́хший в.** extinct volcano.

вулканиза́ци|я, и *f* (*tech*) vulcanization.

вулканизи́р|овать, ую *impf and pf* (*tech*) to vulcanize.

вулкани́зм, а *m* (*geol*) volcanism.

вулканиз|ова́ть, у́ю = ~**и́ровать**

вулкани́ческий *adj* volcanic (*also fig*).

вулкано́лог, а *m* volcanologist.

вулканоло́ги|я, и *f* volcanology.

вульгариза́ци|я, и *f* vulgarization.

вульгаризи́р|овать, ую *impf and pf* to vulgarize.

вульгари́зм, а *m* (*ling*) vulgarism.

вульга́рност|ь, и *f* vulgarity.

вульга́р|ный (~ен, ~на) *adj* (*in various senses*) vulgar.

вундерки́нд, а *m* child prodigy.

вурдала́к, а *m* vampire.

вход, а *m* **1** (*действие*) entry. **2** (*место*) entrance. **3** (*допуск*) admission.

вхо|ди́ть, жу́, ~дишь *impf of* ⇒**войти́**

вход|но́й *adj of* ⇒~; **в. биле́т** entrance ticket; ~**на́я пла́та** entrance fee.

вход|я́щий *pres participle of* ⇒~**ить** *and adj* (*почта, звонок*) incoming; ~**я́щие (сообще́ния)** (*comput*) inbox.

вхожде́ни|е, я *nt* entry.

вхо́ж|ий (~, ~а) *adj* (*coll*): **быть** ~**им** (**в** + *a*, **к** + *d*) to be (well) received (at); to be well in (with).

вхолосту́ю *adv* (*tech*): **рабо́тать в.** to idle.

вцеп|и́ться, лю́сь, ~ишься *impf* (*of* ⇒~**ля́ться**) (**в** + *a*) to seize hold of (by).

вцепля́|ться, юсь *impf of* ⇒**вцепи́ться**

вчера́ *adv* yesterday.

вчера́шн|ий *adj* (*дождь, суп*) yesterday's; **в. день** yesterday; (*fig*) yesterday, the past; **жить** ~**им днём** to live in the past.

вчерне́ *adv* in rough.

вче́тверо *adv* four times; fourfold; **сложи́ть в.** to fold in four.

вчетверо́м *adv* four (together).

в-четвёртых *adv* fourthly, in the fourth place.

вчин|и́ть, ю́, и́шь *pf* (*of* ⇒~**я́ть**) (*law; obs*): **в. иск** to bring an action.

вчиня́|ть, ю *impf of* ⇒**вчини́ть**

вчисту́ю *adv* (*coll*) completely.

вчит|а́ться, а́юсь *pf* (*of* ⇒~**ываться**) (**в** + *a*) to get a grasp (of) (*a text*).

вчи́тыва|ться, юсь *impf* **1** *impf of* ⇒**вчита́ться**. **2** (*impf only*) to try to grasp the meaning (of).

вчу́же *adv* (*dialect or obs*) disinterestedly, vicariously.

вше́стеро *adv* six times; six times as much.

вшестеро́м *adv* six (together).

вшива́|ть, ю *impf of* ⇒**вшить**

вши́вк|а, и *f* (*coll*) **1** (*действие*) sewing in. **2** (*заплата*) patch.

вшивно́й *adj* sewn-in.

вши́в|ый (~, ~а) *adj* lousy, lice-ridden.

вширь *adv* in breadth.

вшить, вошью́, вошьёшь *pf* (*of* ⇒**вшива́ть**) (**в** + *a*) to sew in(to).

въеда́|ться, юсь *impf of* ⇒**въе́сться**

въе́длив|ый (~, ~а) *adj* (*coll*) corrosive; (*едкий*) caustic, acrid; (*человек*) pernickety.

въе́дчив|ый (~, ~а) *adj* = **въе́дливый**

въезд, а *m* **1** (*действие*) entry; **«В. запрещён»** 'No entry' (*official notice and road sign*). **2** (*место*) entrance.

въезд|но́й *adj of* ⇒~; ~**на́я ви́за** entry visa.

въезжа́|ть, ю *impf of* ⇒**въе́хать**

въе́|сться, мся, шься, стся, ди́мся, ди́тесь, дя́тся, *past* ~**лся** *pf* (*of* ⇒~**да́ться**) (**в** + *a*) to eat (into).

въе́|хать, ду, дешь *pf* (*of* ⇒~**зжа́ть**) **1** (**в** + *a*) to enter, ride in(to), drive in(to); (**на** + *a*) (*наверх*) to ride up, drive up; **в. в мо́рду, в ры́ло** (+ *d*; *vulg*) to slap in the face. **2** (*в дом*) to move in.

въя́в|е *adv* = ~**ь**

въявь *adv* (*obs*) really; **ви́деть в.** to see with one's own eyes.

вы, вас, вам, ва́ми, о вас *pron* (*pl and formal mode of address to one person*) you; **быть на в.** (**с** + *i*) to be on formal terms (with).

вы... *pref indicating* **1** motion outwards. **2** action directed outwards. **3** acquisition (*as outcome of a series of actions*). **4** completion of a process.

выба́лтыва|ть, ю *impf of* ⇒**вы́болтать**

выбега́|ть, ю *impf of* ⇒**вы́бежать**

вы́бе|жать, гу, жишь, гут *pf* (*of* ⇒~**га́ть**) to run out.

вы́бел|ить, ю, ишь *pf of* ⇒**бели́ть 3**

вы́белк|а, и *f* bleaching; whitening.

вы́бер|у, ешь *see* ⇒**вы́брать**

выбива́|ть(ся), ю(сь) *impf of* ⇒**вы́бить(ся)**

выбира́|ть(ся), ю(сь) *impf of* ⇒**вы́брать(ся)**

вы́б|ить, ью, ьешь *pf* (*of* ⇒~**ива́ть**) **1** (*заставить выпасть*) to knock out; (*врага*) to drive out; to dislodge; **в. из коле́й** (*fig*) to unsettle, upset. **2** (*очистить*) to beat (clean); **в. ковёр** to beat a carpet. **3** (*вычеканить*) to beat; to stamp; **в. меда́ль** to strike a medal. **4** (*уничтожить*) to beat down. **5** (*на барабане*) to beat out; to drum. **6** (*coll*) (*добиться получения чего-л.*) to manage to get.

вы́б|иться, ьюсь, ьешься *pf* (*of* ⇒~**ива́ться**) **1** (**из** + *g*) (*освободиться*) to get out (of); to break loose (from); **в. из колеи́** to go off the rails; **в. в лю́ди** to make one's way in the world; **в. из гра́фика** to get behind the schedule; **в. из сил** to wear o.s. out; to be exhausted. **2** (*показаться наружу*) to come out, show.

вы́боин|а, ы *f* **1** (*на дороге*) rut, pothole. **2** (*на стене*) dent; groove.

вы́болта|ть, ю *pf* (*of* ⇒**выба́лтывать**) (*coll*) to let out, blurt out.

вы́бор, а *m* **1** choice; option. **2** (*ассортимент*) selection; assortment; **по своему́** ~**у** of one's choice. **3** (*in pl*) (*pol*) election(s); **дополни́тельные** ~**ы** by-election.

вы́борк|а, и *f* **1** (*статистическая*) selection; sample. **2** (*usu in pl*) (*цитата*) excerpt.

вы́борност|ь, и *f* appointment by election.

вы́борн|ый *adj* **1** (*кампания*) election (*attr*); **в. бюллете́нь** ballot paper. **2** (*орган, должность*) elective. **3** elected; *as n* **в.,** ~**ого** *m* delegate.

вы́борочный *adj* selective.

вы́борщик, а *m* **1** (*pol*) elector (*in indirect elections*); **колле́гия** ~**ов** electoral college. **2** (*работник*) selector.

вы́бор|ы, ов *see* ⇒~

вы́бран|ить, ю, ишь *pf of* ⇒**брани́ть**

выбра́сыва|ть(ся), ю(сь) *impf of* ⇒**вы́бросить(ся)**

вы́б|рать, еру, ерешь *pf* (*of* ⇒~**ира́ть**) **1** to choose, select, pick out. **2** (*голосованием*) to elect. **3**: **в. пате́нт** (*law*) to take out a patent. **4** (*взять до последнего*) to take (everything) out. **5** (*время*) to find; **в. вре́мя для о́тдыха** to find time to rest. **6** (*naut*) to haul in.

вы́б|раться, ерусь, ерешься *pf* (*of* ⇒**∼ира́ться**) **1** (**из** + *g*) to get out (of); **в. из затрудне́ний** to get out of a difficulty. **2** (*coll*) (*найти время, возможность отправиться куда-л.*) to (manage to) get to; to find time to; **в. в о́перу** to manage to get to the opera.

выбрива́|ть(ся), ю(сь) *impf of* ⇒**вы́брить(ся)**

вы́бр|ить, ею, еешь *pf* (*of* ⇒**∼ива́ть**) to shave.

вы́бр|иться, еюсь, еешься *pf* (*of* ⇒**∼ива́ться**) to shave, have a shave.

вы́брос, а *m* **1** (*веществ во внешнюю среду*) (*газа, жидкости*) discharge; (*газа, пара, радиации*) emission; (*протечка, слив жидкости*) spillage. **2** (*in pl*) (*высвободившаяся субстанция*) emissions. **3** (*mil*) landing.

вы́бро|сить, шу, сишь *pf* (*of* ⇒**выбра́сывать**) **1** (*за пределы чего-н., наружу*) to throw out. **2** (*старые вещи*) discard, throw away; (*отходы*) to discharge; **в. зря** to waste; **в. из головы́** to put out of one's head, dismiss. **3** (*с работы*) to kick out. **4** (*in various senses*) to put out; **в. побе́ги** to throw out shoots; **в. флаг** to hoist a flag; **в. ло́зунг/това́р** to launch a slogan/ product.

вы́бро|ситься, шусь, сишься *pf* (*of* ⇒**выбра́сываться**) to throw o.s. out, jump out; (*naut*) **в. на мель, на́ берег** to run aground; **в. с парашю́том** to bale out.

вы́броск|а, и *f* (*mil*) (air)drop.

выбыва́ни|е, я *nt* (*sport*) knockout (*Br*), elimination (*US*).

выбыва́|ть, ю *impf of* ⇒**вы́быть**

вы́быти|е, я *nt* departure.

вы́б|ыть, уду, удешь *pf* (*of* ⇒**∼ыва́ть**) (**из** + *g*) (*из города*) to leave; (*из соревнования*) to quit.

выва́лива|ть(ся), ю(сь) *impf of* ⇒**вы́валить(ся)**

вы́вал|ить, ю, ишь *pf* (*of* ⇒**∼́ивать**) (**из** + *g*) **1** to empty out (of). **2** (*coll*) (*толпа*) to pour out (of).

вы́вал|иться, юсь, ишься *pf* (*of* ⇒**∼́иваться**) (**из** + *g*) to fall out (of), tumble out (of); (*coll*) (*толпа*) to pour out.

вываля|ть, ю *pf of* ⇒**валя́ть 2**

вы́валя|ться, юсь *pf* (**в** + *p*) to get covered (*in mud, etc.*).

выва́рива|ть, ю *impf of* ⇒**вы́варить**

вы́вар|ить, ю, ишь *pf* (*of* ⇒**∼́ивать**) **1** (*кости*) to boil down; (*соль*) to extract by boiling. **2** (*мясо*) to boil thoroughly. **3** (*пятна*) to remove (*stains, etc.*) by boiling.

вы́варк|а, и *f* decoction, extraction.

вы́вед|ать, аю *pf* (*of* ⇒**∼́ывать**) to find out; **в. секре́т у кого́-н.** to worm a secret out of s.o.

выведе́ни|е, я *nt* **1** leading out, bringing out. **2** (*формулы*) deduction, conclusion. **3** (*цыплят*) hatching (out); (*растений*) growing; (*животных*) breeding, raising. **4** (*пятен*) removal (*of stains*); (*вредителей*) extermination (*of pests*).

выве́дыва|ть, ю *impf* **1** *impf of* ⇒**вы́ведать**. **2** (*impf only*) to try to find out.

вы́вез|ти, у, ешь, *past* **∼, ∼ла** *pf* (*of* ⇒**вывози́ть**) **1** (*везя, удалить*) to take out, remove; (*везя, отправить*) to take; (*привезти с собой*) to bring. **2** (*econ*) (*за границу*) to export. **3** (*coll*) (*выручить*) to save, rescue.

вы́вер|ить, ю, ишь *pf* (*of* ⇒**∼я́ть**) to adjust; to regulate.

вы́верк|а, и *f* adjustment; regulation.

вы́вер|нуть, ну, нешь *pf* (*of* ⇒**∼́тывать** *and* ⇒**вывора́чивать**) **1** (*винт*) to unscrew; (*пробку*) to pull out. **2** (*coll*) (*ногу*) to twist, wrench. **3** (*карман*) to turn (inside) out.

вы́вер|нуться, нусь, нешься *pf* (*of* ⇒**∼́тываться**) **1** (*винт*) to come unscrewed. **2** (*coll*) (*выскользнуть*) to slip out. **3** (*coll*) (*избежать*) to get out (of), extricate o.s. (from).

вы́верт, а *m* (*coll*) **1** (*движение*) caper; **танцева́ть с ∼ами** to caper. **2** (*причуда*) mannerism; affectation; (*поведение*) antics.

вывёртыва|ть(ся), ю(сь) *impf of* ⇒**вы́вернуть(ся)**

выверя́|ть, ю *impf of* ⇒**вы́верить**

вы́ве|сить[1], шу, сишь *pf* (*of* ⇒**∼́шивать**) **1** (*объявление*) to put up; to post up. **2** (*бельё, флаг*) to hang out.

вы́ве|сить[2], шу, сишь *pf* (*of* ⇒**∼́шивать**) to weigh.

вы́веск|а, и *f* **1** sign, signboard. **2** (*fig*) screen, pretext; **под ∼ой** (+ *g*) under the guise of.

вы́ве|сти, ду, дешь, *past* **∼л, ∼ла** *pf* (*of* ⇒**выводи́ть**) **1** to lead out, bring out; **в. кого́-н. в лю́ди** to help s.o. on in life; **в. из заблужде́ния** to undeceive; **в. кого́-н. из себя́** to drive s.o. out of his wits; **в. из стро́я** to disable, put out of action (*also fig*); **в. из терпе́ния** to exasperate; **в. на доро́гу** (*fig*) to set on the right path; **в. на чи́стую во́ду** to bring out into the open. **2** (*исключить*) to turn out, force out; **в. из соста́ва прези́диума** to remove from the presidium. **3** (*пятна*) to remove; (*вредителей*) to exterminate (*pests*). **4** (*заключить*) to deduce, conclude. **5** (*птенцов*) to hatch (out); (*растения*) to grow (*plants*); (*животных*) to breed, raise. **6** (*в романе*) to depict, portray. **7** (*на картине*) to draw, trace out painstakingly. **8**: **в. балл, в. отме́тку** to give a mark.

вы́ве|стись, дется, *past* **∼лся, ∼лась** *pf* (*of* ⇒**выводи́ться**) **1** (*выйти из употребления*) to go out of use; to lapse. **2** (*исчезнуть*) to disappear; to come out (*of stains*); to become extinct. **3** (*цыплята*) to hatch out (*intrans*).

выве́тривани|е, я *nt* **1** airing. **2** (*geol*) weathering.

выве́трива|ть(ся), ю(сь) *impf of* ⇒**вы́ветрить(ся)**

вы́ветр|ить, ю, ишь *pf* (*of* ⇒**∼́ивать**) **1** (*комнату*) to air; to ventilate; (*запах*) to remove (by ventilation). **2** (*geol*) to weather.

вы́ветр|иться, юсь, ишься *pf* (*of* ⇒**∼́иваться**) **1** (*geol*) to weather. **2** (*запах, дым*) to disappear, disperse.

выве́шива|ть, ю *impf of* ⇒**вы́весить**

вы́вин|тить, чу, тишь *pf* (*of* ⇒**∼́чивать**) to unscrew.

вы́вин|титься, чусь, тишься *pf* (*of* ⇒**∼́чиваться**) to come unscrewed.

выви́нчива|ть(ся), ю(сь) *impf of* ⇒**вы́винтить(ся)**

вы́вих, а *m* dislocation.

выви́хива|ть, ю *impf of* ⇒**вы́вихнуть**

вы́вих|нуть, ну, нешь *pf* (*of* ⇒**∼́ивать**) to dislocate, put out (of joint); **он ∼нул но́гу** he has dislocated his foot.

вы́вод, а *m* **1** (*заключение*) deduction, conclusion. **2** (*elec*) outlet. **3** (*выведение*) leading out, bringing out; **в. войск** withdrawal *or* pull-out of troops; **в. да́нных** (*comput*) output.

выво|ди́ть(ся), жу́, ∼́дит(ся) *impf of* ⇒**вы́вести(сь)**

выводно́й *adj* **1** (*tech*) discharge. **2** (*anat*) excretory.

вывод|о́к, ка *m* (*птиц*) brood (*also fig*); (*из яиц*) hatch; (*кошки, собаки*) litter.

выво|жу́[1], ∼́дишь *see* ⇒**∼ди́ть**

выво|жу́[2], ∼́зишь *see* ⇒**∼зи́ть**

вы́воз, а *m* **1** (*отправление*) sending, dispatch. **2** (*экспорт*) export. **3** (*удаление*) removal.

вы́во|зить, жу, зишь *pf* (**в** + *p*; *coll*) to cover (*in mud, snow, etc.*).

выво|зи́ть, жу́, ∼́зишь *impf of* ⇒**вы́везти**

вы́возк|а, и *f* carting out; removal.

вывозно́й *adj* (*тариф, пошлина*) export.

вывола́кива|ть, ю *impf of* ⇒**вы́волочь**

вы́волочк|а, и *f* (*coll*) dressing-down.

вы́воло|чь, ку, чешь, кут, *past* **∼к, ∼кла** *pf* (*of* ⇒**вывола́кивать**) (*coll*) to drag out.

вывора́чива|ть, ю *impf of* ⇒**вы́воротить** *and* ⇒**вы́вернуть**

вы́воро|тить, чу, тишь *pf* (*of* ⇒**вывора́чивать**) (*coll*) **1** (*вытащить*) to pull out, shake loose. **2** (*ногу*) to twist, wrench. **3** (*карман*) to turn (inside) out.

вы́гад|ать, аю *pf* (*of* ⇒**∼́ывать**) (*получить выгоду*) to gain; (*сберечь*) to save, economize; **что вы ∼али на э́том?** what did you gain by it?

выга́дыва|ть, ю *impf of* ⇒**вы́гадать**

вы́гарк|и, ов (*no sg*) slag.

вы́гиб, а *m* curve.

выгиба́|ть(ся), ю(сь) *impf of* ⇒**вы́гнуть(ся)**

вы́гла|дить, жу, дишь *pf of* ⇒**гла́дить 1**

вы́гля|деть[1], жу, дишь *pf* (*coll*) to discover; to spy out.

вы́гля|деть[2], жу, дишь *impf* (*человек*) to look (like); **он ∼дит о́чень мо́лодо** he looks very young; **она́ ∼дит**

B

больно́й she looks ill; она́ пло́хо ~дит she does not look well; (*показания*) to appear (to be).

выгля́дыва|ть, ю *impf of* ⇒**вы́глянуть**

вы́гля|нуть, ну, нешь *pf* (*of* ⇒**~́дывать**) **1** (*из окна*) to look out. **2** (*показаться*) to peep out, emerge; **из-за туч ~нуло со́лнце** the sun peeped out from behind the clouds.

вы́г|нать, оню, онишь *pf* (*of* ⇒**~оня́ть**) **1** (*удалить*) to drive out; to expel; **в. с рабо́ты** (*coll*) to sack (*Br*), fire (*US*). **2** (*добыть перегонкой*) to distil (*Br*), distill (*US*). **3** (*растения*) to force. **4** (*скот*) to send out to pasture.

выгнива́|ть, ю *impf of* ⇒**вы́гнить**

вы́гни|ть, ю, ешь *pf* (*of* ⇒**~ва́ть**) to rot away; to rot at the core.

вы́гнут|ый (~, ~а) *ppp of* ⇒**~ь** *and adj* curved; convex.

вы́гн|уть, у, ешь *pf* (*of* ⇒**выгиба́ть**) to bend; **в. спи́ну** to arch the back.

вы́гн|уться, усь, ешься *pf* (*of* ⇒**выгиба́ться**) to bend (*intrans*).

догова́рива|ть, ю *impf* **1** *impf of* ⇒**вы́говорить**. **2** (*impf only*) (+ *d*; *coll*) to reprimand, tell off.

вы́говор, а *m* **1** (*произношение*) accent; pronunciation. **2** (*порицание*) reprimand; rebuke.

вы́говор|ить, ю, ишь *pf* (*of* ⇒**выгова́ривать**) **1** (*произнести*) to articulate, speak. **2** (*coll*) (*условиться*) to manage to get (agreement to).

вы́говор|иться, юсь, ишься *pf* (*coll*) to speak out.

вы́год|а, ы *f* (*польза*) advantage, benefit; (*прибыль*) profit, gain.

вы́годно *adv* **1** advantageously. **2** *as pred* it is profitable, it pays.

вы́год|ный (~ен, ~на) *adj* (*дающий пользу*) advantageous, beneficial; (*прибыльный*) profitable.

вы́гон, а *m* pasture.

вы́гонк|а, и *f* distillation.

выгоня́|ть, ю *impf of* ⇒**вы́гнать**

выгора́жива|ть, ю *impf of* ⇒**вы́городить**

выгора́|ть, ет *impf of* ⇒**вы́гореть**

вы́гор|еть[1], ит *pf* (*of* ⇒**~а́ть**) **1** (*сгореть*) to burn down, burn out (*intrans*). **2** (*выцвести*) to fade.

вы́гор|еть[2], ит *pf* (*of* ⇒**~а́ть**) (*3rd person only or impers*; *coll*) (*удаться*) to succeed, come off.

вы́горо|дить, жу, дишь *pf* (*of* ⇒**выгора́живать**) **1** (*участок*) to fence off. **2** (*fig*, *coll*) (*приятеля*) to shield, screen.

вы́гравир|овать, ую *pf of* ⇒**гравирова́ть**

вы́гре|б *see* ⇒**~сти**

выгреба́|ть, ю *impf of* ⇒**вы́грести**

выгребн|о́й *adj* refuse; **~а́я я́ма** cesspool.

вы́гре|сти[1], бу, бешь, *past* **~б, ~бла** *pf* (*of* ⇒**~ба́ть**) (*удалить*) to rake out; to clear away.

вы́гре|сти[2], бу, бешь, *past* **~б, ~бла** *pf* (*of* ⇒**~ба́ть**) (*выплыть*) to row (out), pull (out).

выгружа́|ть(ся), ю(сь) *impf of* ⇒**вы́грузить(ся)**

вы́гру|зить, жу, зишь *pf* (*of* ⇒**~жа́ть**) to unload.

вы́гру|зиться, жусь, зишься *pf* (*of* ⇒**~жа́ться**) (*люди*) to disembark; (*корабль*) to unload.

вы́грузк|а, и *f* unloading; (*людей*) disembarkation.

выгрыза́|ть, ю *impf of* ⇒**вы́грызть**

вы́грыз|ть, у, ешь, *past* **~, ~ла** *pf* (*of* ⇒**~а́ть**) to gnaw out.

вы́гул, а *m* **1** range, pasture. **2**: **в. соба́к** dog walking; **«В. соба́к запрещён»** 'No dogs allowed'.

выгу́лива|ть, аю *impf of* ⇒**вы́гулять**

вы́гуля|ть, ю *pf* (*of* ⇒**выгу́ливать**) to walk (*a dog, etc.*).

выда|ва́ть(ся), ю́(сь), ёшь(ся) *impf of* ⇒**вы́дать(ся)**; (*выделяться*) (+ *i*) to stand out, be conspicuous (on account of).

вы́дав|ить, лю, ишь *pf* (*of* ⇒**~́ливать**) **1** (*выжать*) to press out, squeeze out (*also fig*); **в. улы́бку** to force a smile. **2** (*выломать*) to break, knock out.

выда́влива|ть, ю *impf of* ⇒**вы́давить**

выда́ива|ть, ю *impf of* ⇒**вы́доить**

выда́лблива|ть, ю *impf of* ⇒**вы́долбить**

вы́дань|е, я *nt only in phr* (*coll, obs*) **на в.** marriageable.

вы́да|ть, м, шь, ст, дим, дите, дут *pf* (*of* ⇒**~ва́ть**) **1** (*дать*) to give (out), issue; (*изготовить*) to produce; **в. зарпла́ту** to pay out wages; **в. про́пуск** to issue a pass; **в. кого́-н. за́муж (за** + *a*) to give s.o. in marriage (to); **в. у́голь на-гора́** to produce coal. **2** (*предать*) to give away, betray; (*в чужую страну*) to extradite. **3** (**за** + *a*) to pass off (as), give out to be; **в. (себя́)** to pose (as); **в. себя́ за свяще́нника** to pose as a clergyman. **4** (*coll*) (*сказать*) to say (*sth unexpected or unpleasant*).

вы́да|ться, мся, шься, стся, димся, дитесь, дутся *pf* (*of* ⇒**~ва́ться**) **1** to protrude, project, jut out; **скала́ ~ётся в мо́ре** the cliff juts out into the sea. **2** (*coll*) (*случиться*) to happen; **как то́лько ~лся хоро́ший денёк, мы пое́хали в дере́вню** on the first fine day that came along we went into the country. **3** (**в** + *a*) (*быть похожим*) to take after; **он ~ётся в отца́** he takes after his father.

вы́дач|а, и *f* **1** (*предоставление*) giving, issuing; (*изготовление*) production. **2** (*то, что выдано*) issue; (*товар*) production, output; (*выплата*) payment. **3** (*преступника*) extradition.

выдаю́щийся *pres participle of* ⇒**выдава́ться** *and adj* prominent, salient; (*fig*) (*замечательный*) outstanding, eminent; prominent.

выдвига́|ть(ся), ю(сь) *impf of* ⇒**вы́двинуть(ся)**

выдвиже́н|ец, ца *m* worker promoted to an administrative post.

выдвиже́ни|е, я *nt* **1** (*кандидата*) nomination. **2** (*по работе*) promotion.

выдвиже́н|ка, ки *f of* ⇒**~ец**

выдвижн|о́й *adj* sliding; (*tech*) telescopic.

вы́дви|нуть, ну, нешь *pf* (*of* ⇒**~га́ть**) **1** (*стол, шкаф*) to move out, pull out; (*ящик*) to pull open. **2** (*fig*) (*предложить*) to put forward, advance; **в. обвине́ние** to bring an accusation. **3** (*по работе*) to promote; **в. на до́лжность секретаря́** to promote to the post of secretary. **4** (*кандидата*) to nominate, propose; **в. чью-н. кандидату́ру, кого́-н. в кандида́ты** to propose s.o. as candidate.

вы́дви|нуться, нусь, нешься *pf* (*of* ⇒**~га́ться**) **1** (*вперёд*) to move forward; (*наружу*) to move, move out; (*ящик*) to slide in and out. **2** (*работник*) to rise, get on (in the world).

вы́двор|ить, ю, ишь *pf* (*of* ⇒**~я́ть**) to throw out.

выдворя́|ть, ю *impf of* ⇒**вы́дворить**

вы́дел, а *m* apportionment.

вы́дел|ать, аю *pf* (*of* ⇒**~́ывать**) to treat, process.

выделе́ни|е, я *nt* **1** (*physiol*) secretion; (*обработанных веществ*) excretion. **2** (*chem*) isolation. **3** (*средств*) allocation, assignment, apportionment.

выдели́тельный *adj* (*physiol*) secretory; excretory.

вы́дел|ить, ю, ишь *pf* (*of* ⇒**~я́ть**) **1** (*отобрать*) to pick out, single out; (*mil*) to detach, detail; (*comput*) to highlight; (*printing*) **в. курси́вом** to italicize. **2** (*средства*) to allocate, assign, earmark; (*время*) to allot. **3** (*physiol*) to secrete; (*обработанные вещества*) to excrete. **4** (*chem*) to isolate. **5** (*газ, вещества*) to emit.

вы́дел|иться, юсь, ишься *pf* (*of* ⇒**~я́ться**) **1** (*отделиться от целого*) to split off, separate. **2** (+ *i*) to stand out (for); to make a mark (by); **он ~ился остроу́мием** he stood out by virtue of his wit. **3** (*пот*) to ooze out, exude; (*газ*) to be emitted.

вы́делк|а, и *f* **1** (*производство*) manufacture. **2** (*качество*) workmanship. **3** (*кожи*) dressing, currying.

выде́лыва|ть, ю *impf of* ⇒**вы́делать**; (*производить*) (*no pf*) to make, produce; **что ты ~ешь?** (*coll*) what are you up to?

выделя́|ть(ся), ю(сь) *impf of* ⇒**вы́делить(ся)**

выдёргива|ть, ю *impf of* ⇒**вы́дернуть**

вы́держанност|ь, и *f* **1** (*последовательность*) consistency. **2** (*самообладание*) self-possession; (*стойкость*) firmness.

вы́держа|нный (~н, ~на) *ppp of* ⇒**~ть** *and* **(~н, ~нна)** *adj* **1** (*последовательный*) consistent; **~нная поли́тика** consistent policy. **2** (*умеющий владеть собой*) self-possessed; (*стойкий*) firm. **3** (*сыр, вино*) mature; (*дерево*) seasoned.

вы́держ|ать, у, ишь *pf* (*of* ⇒**~́ивать**) **1** (*под тяжестью, давлением*) to bear, hold; **(э́тот) лёд вас не ~ит** the ice will not hold you. **2** (*fig*) (*вытерпеть*) to bear, stand (up

to), endure; to contain o.s.; **не в.** to give in, break down; **я не мог э́того бо́льше в.** I could stand it no longer; **ва́ши мне́ния не ~ат кри́тики** your opinions will not stand up to criticism; **выраже́ние лица́ у него́ бы́ло тако́е коми́чное, что я не ~ал и рассмея́лся** his expression was so funny that I could not contain myself and burst out laughing.
3: **в. экза́мен** to pass an examination.
4: **в. не́сколько изда́ний** to run into several editions.
5 (*сыр, вино*) to keep, lay up; to mature; (*дерево*) to season.
6 (*соблюсти*) to maintain, sustain; **в. хара́ктер** to stand firm; **в. па́узу** to pause.

выде́ржива|ть, ю *impf of* ⇒**вы́держать**

вы́держк|а¹, и *f* **1** (*самообладание*) self-possession; (*терпение*) endurance. **2** (*phot*) exposure.

вы́держк|а², и *f* (*цитата*) excerpt, quotation.

вы́дер|нуть, ну, нешь *pf* (*of* ⇒**~́гивать**) to pull out.

выдира́|ть, ю *impf of* ⇒**вы́драть¹**

выдира́|ться, юсь *impf of* ⇒**вы́драться**

вы́до|ить, ю, ишь *pf* (*of* ⇒**выда́ивать**) **1** (*корову*) to milk (dry). **2** (*молоко*) to obtain (by milking).

вы́долб|ить, лю, ишь *pf* (*of* ⇒**выда́лбливать**) **1** to hollow out, gouge out. **2** (*coll*) to learn by rote.

вы́дох, а *m* exhalation.

вы́дохн|уть, у, ешь *pf* (*of* ⇒**выдыха́ть**) to breathe out.

вы́дохн|уться, усь, ешься *pf* (*of* ⇒**выдыха́ться**) (*духи*) to have lost fragrance, smell; (*вино*) to be flat; (*fig*) (*актёр, талант*) to be past one's best, be played out.

вы́др|а, ы *f* otter.

вы́д|рать¹, еру, ерешь *pf* (*of* ⇒**~ира́ть**) (*вырвать*) to tear out.

вы́д|рать², еру, ерешь *pf* (*of* ⇒**драть 4**) (*coll*) (*выпороть*) to thrash.

вы́д|раться, ерусь, ерешься *pf* (*of* ⇒**~ира́ться**) (*coll*) to extricate o.s.

вы́дрессир|овать, ую *pf of* ⇒**дрессирова́ть**

вы́дуб|ить, лю, ишь *pf of* ⇒**дуби́ть**

выдува́льщик, а *m* glass-blower.

выдува́|ть, ю *impf of* ⇒**вы́дуть**

вы́дувк|а, и *f* (*tech*) (glass-)blowing.

выдувно́й *adj* blown (*of glass*).

вы́думан|ный (~, ~а) *ppp of* ⇒**вы́думать** *and* **(~, ~на)** *adj* made-up, fabricated; **~ная исто́рия** fabrication, fiction.

вы́дум|ать, аю *pf* (*of* ⇒**~ывать**) to invent; to make up, fabricate; **он по́роха не ~ает** he will not set the Thames on fire.

вы́думк|а, и *f* **1** invention; **голь на ~и хитра́** (*proverb*) necessity is the mother of invention.
2 (*изобретательность*) inventiveness.
3 (*вымысел*) invention, fabrication (*lie*).

вы́думщик, а *m* (*coll*) **1** inventor. **2** (*лгун*) liar, fibber.

выду́мыва|ть, ю *impf of* ⇒**вы́думать**

вы́ду|ть, ю, ешь *pf* (*of* ⇒**~ва́ть**) **1** to blow out. **2** (*impf* **дуть**) (*tech*) to blow.

выдыха́ни|е, я *nt* exhalation.

выдыха́|ть(ся), ю(сь) *impf of* ⇒**вы́дохнуть(ся)**

вы́еб|ать, у, ешь *pf of* ⇒**еба́ть**

выеда́|ть, ю *impf of* ⇒**вы́есть**

вы́еденн|ый *ppp of* ⇒**вы́есть**; **э́то не сто́ит ~ого яйца́** it is not worth a brass farthing.

вы́езд, а *m* **1** (*отъезд*) departure. **2** (*место*) exit. **3**: **игра́ на ~е** (*sport*) away match.

вы́ез|дить, жу, дишь *pf* (*of* ⇒**~жа́ть**) to break (in) (*horse*).

вы́ездк|а, и *f* **1** (*лошади*) breaking-in. **2** (*в конном спорте*) dressage.

выезд|но́й *adj of* ⇒**вы́езд**; **~на́я се́ссия суда́** assizes; **в. матч** (*sport*) away match.

выезжа́|ть, ю *impf of* ⇒**вы́ездить** *and* ⇒**вы́ехать**

вы́емк|а, и *f* **1** (*действие*) taking out; (*писем*) collection; **в. докуме́нтов** seizure of documents. **2** (*грунта*) excavation. **3** (*углубление*) hollow; groove; (*archit*) fluting. **4** (*railways*) cutting.

вы́е|сть, м, шь, ст, дим, дите, дят *pf* (*of* ⇒**~да́ть**) to eat away; (*coll*) (*портить*) to corrode.

вы́е|хать, ду, дешь *pf* (*of* ⇒**~зжа́ть**) **1** (*уехать*) to depart, leave (*in or on a vehicle or on an animal*); (*из города, из ворот*) (*на машине*) to drive out; (*на лошади*) to ride out. **2** (*из квартиры*) to leave, move (out). **3** (**на** + *p*) (*fig, coll, pej*) to exploit, take advantage (of).

выжа́рива|ть, ю *impf of* ⇒**вы́жарить**

вы́жар|ить, ю, ишь *pf* (*of* ⇒**~́ривать**) (*coll*) to bake (*pots, etc.*).

вы́ж|ать¹, му, мешь *pf* (*of* ⇒**~има́ть**) (*бельё*) to wring (out); (*лимон*) to squeeze; (*сок*) to squeeze out; **~атый лимо́н** (*fig*) a has-been; (*fig*) (*извлечь*) to wring (out), squeeze (out); (*штангу, гирю*) to lift.

вы́ж|ать², ну, нешь *pf* (*of* ⇒**~ина́ть**) to reap clean.

вы́жд|ать, у, ешь *pf* (*of* ⇒**выжида́ть**) to wait (for); to bide one's time.

вы́ж|ечь, гу, жешь *pf* (*of* ⇒**~ига́ть**) **1** (*сжечь целиком*) to burn down; to burn out; (*солнце*) to scorch. **2** (*med*) to cauterize. **3** (*сделать знак*) to make a mark, etc., by burning; **в. клеймо́ (на** + *p*) to brand.

вы́жженн|ый *ppp of* ⇒**вы́жечь** *and adj* **~ая земля́** scorched earth.

выжива́ни|е, я *nt* survival.

выжива́|ть, ю *impf of* ⇒**вы́жить**

вы́жиг|а, и *cg* (*coll*) cunning rogue.

выжига́ни|е, я *nt* **1** scorching; **в. по де́реву** pokerwork. **2** (*med*) cauterization.

выжига́|ть, ю *impf of* ⇒**вы́жечь**

выжида́ни|е, я *nt* waiting; temporizing.

выжида́тельн|ый *adj* waiting; temporizing; **занима́ть ~ую пози́цию** to play a waiting game.

выжида́|ть, ю *impf of* ⇒**вы́ждать**

вы́жим, а *m* (*sport*) press-up.

выжима́ни|е, я *nt* **1** (*ягод*) squeezing; (*белья*) wringing. **2** (*sport*) (weight)lifting.

выжима́|ть, ю *impf of* ⇒**вы́жать¹**

вы́жимк|и, ов (*no sg*) husks, marc; **льняны́е в.** linseed cake.

выжина́|ть, ю *impf of* ⇒**вы́жать²**

вы́жи|ть, ву, вешь *pf* (*of* ⇒**~ва́ть**) **1** (*остаться в живых*) to survive. **2**: **в. из ума́** to lose possession of one's faculties. **3** (*coll*) (*выгнать*) to drive out, hound out.

вы́з|вать, ову, овешь *pf* (*of* ⇒**~ыва́ть**) **1** (*пригласить*) to call (out); to send for; (*потребовать явиться*) to summon; **в. врача́** to send for a doctor; **в. ученика́** to call out a pupil; **в. в суд** (*law*) to summon(s), subpoena. **2** (*на бой, на откровенность*) to challenge; **в. на дуэ́ль** to challenge to a duel. **3** (*гнев, любопытство*) to provoke, arouse; (*пожар, болезнь*) to cause; (*интерес*) to stimulate; (*спор*) to provoke; **в. к жи́зни** to cause.

вы́з|ваться, овусь, овешься *pf* (*of* ⇒**~ыва́ться**) (+ *inf*) to volunteer; to offer; **в. помо́чь** to offer to help; **в. в экспеди́цию** to volunteer for an expedition.

вы́звезд|ить, ит *pf* (*impers*): **~ит, ~ило** the stars are (were) out; it is (was) a starlit night.

вы́звол|ить, ю, ишь *pf* (*of* ⇒**~я́ть**) (*coll*) to help out; **в. из беды́** to get s.o. out of trouble.

вызволя́|ть, ю *impf of* ⇒**вы́зволить**

выздора́влива|ть, ю *impf of* ⇒**вы́здороветь**

вы́здорове|ть, ю, ешь *pf* (*of* ⇒**выздора́вливать**) to recover, get better.

выздоровле́ни|е, я *nt* recovery; convalescence.

вы́зов, а *m* **1** (*приглашение*) call. **2** (*требование явиться*) summons. **3** (*предложение вступить в борьбу*) challenge; **бро́сить в. кому́-н.** to throw down a challenge to s.o.

вы́золо|тить, чу, тишь *pf of* ⇒**золоти́ть**

вы́золочен|ный (~, ~а) *ppp of* ⇒**вы́золотить** *and adj* gilt.

вызрева́|ть, ю *impf of* ⇒**вы́зреть**

вы́зре|ть, ю, ешь *pf* (*of* ⇒**~ва́ть**) to ripen.

вы́зубр|ить, ю, ишь *pf* (*of* ⇒**зубри́ть²**) (*coll*) to learn by heart.

вызыва́|ть(ся), ю(сь) *impf of* ⇒**вы́звать(ся)**

вызыва́|ющий *pres participle active of* ⇒**~ть** *and adj* defiant; provocative.

вы́игр|ать, аю *pf* (*of* ⇒**~́ывать**) (*войну, партию; много денег*) to win; **в. в лотере́ю** to win the lottery; (*получить пользу*) to gain; **в. вре́мя** to gain time; (*fig*) (**в** + *p*) to be positively assessed; **в. во мне́нии колле́г** to win the respect of one's colleagues.

вы́игрыва|ть, ю *impf of* ⇨**вы́играть**

вы́игрыш, а *m* **1** (*победа*) win; winning. **2** (*деньги*) winnings; (*премия*) prize; (*выгода*) gain; **быть в ~е** (*в игре*) to be winner; (*fig*) to be the gainer; stand to gain.

вы́игрышный *adj* **1** winning; **в. ход** winning move. **2** (*выгодный*) advantageous.

вы́и|скать, щу, щешь *pf* (*coll*) to track down, run to earth.

вы́и|скаться, щусь, щешься *pf* (*coll, ironical*) to turn up, emerge.

выи́скива|ть, ю *impf* to seek out, try to trace.

вы́|йти, йду, йдешь, *past* **~шел, ~шла** *pf* (*of* ⇨**~ходи́ть 1**) **1** to go out; to come out; **она́ ~шла из ко́мнаты** she went out of/left the room; **он ~шел 5 мину́т наза́д** he went out/left 5 minutes ago; **в. в отста́вку** to retire; **в. в** (+ *a*) (*стать*) to become; **в. в фина́л** (*sport*) to reach the final; **в. из па́ртии/комите́та** to leave the party/committee; **в. из берего́в** to overflow its banks; **в. из бо́я** (*mil*) to disengage; **в. из ваго́на** to alight from a carriage; **в. из во́зраста** to pass the age limit; **в. из грани́ц** (+ *g*), **из преде́лов** (+ *g*) (*fig*) to exceed the bounds (of); **в. из себя́** to lose one's temper; **в. из систе́мы** (*comput*) to log off; **в. из терпе́ния** to lose patience; **в. на прогу́лку** to go out for a walk; **в. на сце́ну** to come on to the stage.
2: **в. (в свет)** (*быть изданным*) to come out, appear.
3 (*о фотографии*) to come out; **вы хорошо́ ~шли на э́том сни́мке** you have come out well in this photo.
4: **в. (за́муж) (за** + *a*) (*о женщине*) to marry.
5 (*получаться*) to come (out); to turn out (*also impers*); to ensue; (*произойти*) to happen, occur; **не ~шел/~шла** (+ *i of n; coll*) he/she is lacking (in); **умо́м не ~шел** (*coll*) he is not too bright; **в. победи́телем** to come out victor; **из него́ ~шел бы хоро́ший лётчик** he would have made a good pilot; **из э́того ничего́ не ~йдет** nothing will come of it; **~шло, что он винова́т** it turned out that he was to blame; **как бы чего́ не ~шло** (*coll*) it will come to no good.
6 (*быть родом*) to be by origin; **она́ ~шла из крестья́н** she is of peasant origin, comes of peasant stock.
7 (*израсходоваться*) to be used up; (*of a period of time*) to have expired; **горчи́ца вся ~шла** the mustard is used up; **срок уже́ ~шел** time is up.

вы́ка|зать, жу, жешь *pf* (*of* ⇨**~́зывать**) (*coll*) to manifest, display (*abstract qualities*).

выка́зыва|ть, ю *impf of* ⇨**вы́казать**

выка́лива|ть, ю *impf of* ⇨**вы́калить**

вы́кал|ить, ю, ишь *pf* (*of* ⇨**~́ивать**) (*tech*) to fire.

выка́лыва|ть, ю *impf of* ⇨**вы́колоть**

выка́пчива|ть, ю *impf of* ⇨**вы́коптить**

выка́пыва|ть, ю *impf of* ⇨**вы́копать**

вы́карабк|аться, аюсь *pf* (*of* ⇨**~́иваться**) (*из ямы*) to scramble out; (*fig, coll*) (*из бедности*) to get (o.s.) out; **в. из боле́зни** to get over an illness.

выкара́бкива|ться, юсь *impf of* ⇨**вы́карабкаться**

выка́рмлива|ть, ю *impf of* ⇨**вы́кормить**

вы́кат|ать, аю *pf of* ⇨**ката́ть 4**

вы́кат|аться, аюсь *pf* (*of* ⇨**~́ываться**[1]) (*coll*) (*вываляться*) to roll (*intrans*).

вы́ка|тить, чу, тишь *pf* (*of* ⇨**~́тывать**[2]) **1** to roll out; (*что-либо на колёсах*) to wheel out. **2**: **в. глаза́** (*coll*) to open one's eyes wide, stare.
3 (*coll*) (*выехать*) to come out.

вы́ка|титься, чусь, тишься *pf* (*of* ⇨**~́тываться**[2]) **1** to roll out (*intrans*).
2 = **вы́катить 3**

выка́тыва|ться[1]**, юсь** *impf of* ⇨**вы́кататься**

выка́тыва|ть(ся)[2]**, ю(сь)** *impf of* ⇨**вы́катить(ся)**; **~йся** (*coll*) be off!; get out!

вы́кач|ать, аю *pf* (*of* ⇨**~́ивать**) to pump out; (*fig, coll*) (*деньги*) to extort.

выка́чива|ть, ю *impf of* ⇨**вы́качать**

вы́качк|а, и *f* pumping out; (*fig, coll*) extortion.

выка́шива|ть, ю *impf of* ⇨**вы́косить**

выка́шлива|ть(ся), ю(сь) *impf of* ⇨**вы́кашлять(ся)**

вы́кашл|ять, яю *pf* (*of* ⇨**~́ивать**) to cough up.

вы́кашл|яться, яюсь *pf* (*of* ⇨**~́иваться**) (*coll*) to clear one's throat.

выки́дыва|ть, ю *impf of* ⇨**вы́кинуть**

вы́кидыш, а *m* (*med*) miscarriage.

вы́ки|нуть, ну, нешь *pf* (*of* ⇨**~́дывать**) **1** (*выбросить*) to throw out. **2** (*вывесить*) to put out; **в. флаг** to hoist a flag. **3** (*coll, pej*): **в. но́мер, фо́кус, шту́ку** to play a trick.

выкипа́|ть, ет *impf of* ⇨**вы́кипеть**

вы́кип|еть, ит *pf* (*of* ⇨**~а́ть**) to boil away.

вы́кипя|тить, чу, тишь *pf* to boil out, boil through.

вы́кладк|а, и *f* **1** (*вещей, товара*) laying-out; layout. **2** (*облицовка*) facing. **3** (*mil*) kit; **в по́лной ~е** in full marching order. **4** (*math*) computation.

выкла́дыва|ть(ся), ю(сь) *impf of* ⇨**вы́ложить(ся)**

вы́кл|евать, юю, юешь *pf* (*of* ⇨**~ёвывать**) **1** (*глаза*) to peck out. **2** (*корм*) to peck up.

выклёвыва|ть, ю *impf of* ⇨**вы́клевать**

выклика́|ть, ю *impf of* ⇨**вы́кликнуть**

вы́клик|нуть, ну, нешь *pf* (*of* ⇨**~а́ть**) to call out.

выключа́тел|ь, я *m* switch.

выключа́|ть(ся), ю(сь) *impf of* ⇨**вы́ключить(ся)**

вы́ключ|ить, у, ишь *pf* (*of* ⇨**~а́ть**) **1** (*свет, радио*) to turn off, switch off. **2** (*исключить*) to remove, exclude. **3** (*printing*) to justify.

вы́ключ|иться, усь, ишься *pf* (*of* ⇨**~а́ться**) **1** (*о свете*) to go off. **2** (*о человеке*) to switch off.

вы́ключк|а, и *f* (*printing*): **~ строк** justification.

выкля́нчива|ть, ю *impf* **1** *impf of* ⇨**вы́клянчить**. **2** (*impf only*) **в. что-н. у кого́-н.** to try to get sth out of s.o.

вы́клянч|ить, у, ишь *pf* (*of* ⇨**~́ивать**) (**у** + *g; coll*) to cadge (from, off), get (out of).

вы́к|овать, ую, уешь *pf* (*of* ⇨**~о́вывать**) to forge (*also fig*).

выко́выва|ть, ю *impf of* ⇨**вы́ковать**

выковы́рива|ть, ю *impf of* ⇨**вы́ковырять**

вы́ковыр|ять, яю *pf* (*of* ⇨**~́ивать**) (*вынуть*) to pluck out, pick out.

выкола́чива|ть, ю *impf of* ⇨**вы́колотить**

вы́коло|тить, чу, тишь *pf* (*of* ⇨**выкола́чивать**) **1** (*пыль*) to knock out, beat out. **2** (*ковёр*) to beat. **3** (*coll*) (*деньги*) to extort, wring out.

вы́кол|оть, ю, ешь *pf* (*of* ⇨**выка́лывать**) to thrust out; **в. глаза́ кому́-н.** to poke out s.o.'s eyes.

вы́копа|ть, ю *pf* (*of* ⇨**выка́пывать** *and* ⇨**копа́ть 2**) **1** (*impf also* **копа́ть**) (*яму*) to dig; (*извлечь*) (*картофель*) to dig up, dig out; (*тело*) to exhume. **2** (*no impf*) (*fig, coll*) (*найти*) to unearth.

вы́коп|тить, чу, тишь *pf* (*of* ⇨**выка́пчивать**) to smoke (*trans*).

вы́корм|ить, лю, ишь *pf* (*of* ⇨**выка́рмливать**) to rear, bring up.

вы́кормыш, а *m* **1** (*животное*) orphaned animal, orphan. **2** (*pej*) (*человек*) brat.

вы́корч|евать, ую *pf* (*of* ⇨**~ёвывать**) (*дерево*) to uproot; (*fig*) (*преступность*) to root out.

выкорчёвыва|ть, ю *impf of* ⇨**вы́корчевать**

вы́ко|сить, шу, сишь *pf* (*of* ⇨**выка́шивать**) to mow clean.

выкра́дыва|ть(ся), ю(сь), *impf of* ⇨**вы́красть(ся)**

выкра́ива|ть, ю *impf of* ⇨**вы́кроить**

вы́кра|сить, шу, сишь *pf* (*of* ⇨**~́шивать**) (*стену*) to paint; (*ткань, волосы*) to dye.

вы́кра|сть, ду, дешь, *past* **~л** *pf* (*of* ⇨**~́дывать**) to steal.

вы́кра|сться, дусь, дешься, *past* **~лся** *pf* (*of* ⇨**~́дываться**) (*coll*) to steal away, steal out.

выкра́шива|ть, ю *impf of* ⇨**вы́красить**

вы́крест, а *m* (*obs*) convert (*to Christianity, esp of Jews*).

вы́кре|стить, щу, стишь *pf* (*obs*) to convert (*to Christianity*).

вы́кре|ститься, щусь, стишься *pf* to be converted; to convert (*intrans*) (*to Christianity*).

вы́крик, а *m* cry, shout; yell.

вы́кри́кива|ть, ю *impf of* ⇒**вы́крикнуть**

вы́крик|нуть, ну, нешь *pf* (*of* ⇒**~́ивать**) to cry out; (*сказать крича*) to yell.

вы́кристаллиз|оваться, уется *pf of* ⇒**кристаллизова́ться**

вы́кро|ить, ю, ишь *pf* (*of* ⇒**выкра́ивать**) **1** (*вырезать*) to cut out. **2** (*fig*) (*уделить*) to find; **в. вре́мя** to find time.

вы́кройк|а, и *f* pattern.

выкрута́с|ы, ов (*no sg*) (*coll*) intricate movements; (*в почерке*) flourishes; (*fig*) (*чудачества*) peculiarities, idiosyncrasies; **говори́ть с ~ами** to speak affectedly; **челове́к с ~ами** eccentric.

вы́кру|тить, чу, тишь *pf* (*of* ⇒**~́чивать**) **1** (*лампочку, винт*) to unscrew. **2** (*руку*) to twist, wrench; (*coll, also fig*) **ему́ ~тили ру́ку** they twisted his arm. **3** (*бельё*) to wring out.

вы́кру|титься, чусь, тишься *pf* (*of* ⇒**~́чиваться**) **1** (*винт*) to come unscrewed. **2** (*fig, coll*) (*выпутаться*) to extricate o.s., get o.s. out (of).

выкру́чива|ть(ся), ю(сь) *impf of* ⇒**вы́крутить(ся)**

вы́куп, а *m* **1** (*law*) redemption. **2** (*плата*) ransom.

вы́купа|ть(ся), ю(сь) *pf of* ⇒**купа́ть(ся)**

выкуп|а́ть, а́ю *impf of* ⇒**вы́купить**

вы́куп|ить, лю, ишь *pf* (*of* ⇒**~а́ть**) **1** (*заложника*) to ransom. **2** (*вещи*) to redeem; **в. из-под зало́га** to get out of pawn.

выкупно́й *adj* redemption, ransom.

выку́рива|ть, ю *impf of* ⇒**вы́курить**

вы́кур|ить, ю, ишь *pf* (*of* ⇒**~́ивать**) **1** (*сигарету*) to smoke. **2** (*зверя*) to smoke out; (*fig, coll*) (*противника*) to drive out.

вы́ку|сить, шу, сишь *pf* (*of* ⇒**~́сывать**) to bite through; **на-ка, ~си!** (*coll*) you'll get nothing out of me!; you shan't have it!

выку́сыва|ть, ю *impf of* ⇒**вы́кусить**

вы́куша|ть, ю *pf* (*obs*) to drink.

вы́ку|шу, сишь *see* ⇒**~сить**

вы́ку|ю, ешь *see* ⇒**вы́ковать**

выла́влива|ть, ю *impf of* ⇒**вы́ловить**

вы́лазк|а, и *f* **1** (*mil*) sortie (*also fig*). **2** (*прогулка*) outing, excursion.

вы́лака|ть, ю *pf* (*of* ⇒**лака́ть**) to lap up.

выла́мыва|ть, ю *impf of* ⇒**вы́ломать** *and* ⇒**вы́ломить**

выла́щива|ть, ю *impf of* ⇒**вы́лощить**

вы́леж|ать, у, ишь *pf* (*of* ⇒**~̈ивать**) (*coll*) to stay in bed.

вы́леж|аться, усь, ишься *pf* (*of* ⇒**~̈иваться**) (*coll*) **1** (*отдохнуть*) to have a thorough rest. **2** (*табак*) to ripen; to mature.

вылёжива|ть(ся), ю(сь) *impf of* ⇒**вы́лежать(ся)**

вылеза́|ть, ю *impf of* ⇒**вы́лезти**

вы́лез|ти, у, ешь, *past* **~, ~ла** *pf* (*of* ⇒**~а́ть**) **1** (*ползком*) to crawl out; (*карабкаясь*) to climb out; (*coll*) (*выйти*) to get out, alight. **2** (*coll*) (*выпасть*) to fall out, come out. **3** (**с** + *i*; *coll, pej*) to come out with; **он всегда́ ~ет с каки́м-н. глу́пым замеча́нием** he always comes out with some fatuous remark.

вы́лезт|ь = **~и**

вы́леп|ить, лю, ишь *pf of* ⇒**лепи́ть**

вы́лет, а *m* (*птицы*) flight; (*самолёта*) take-off; **зал ~а** departure lounge.

вылета́|ть, ю *impf of* ⇒**вы́лететь**

вы́ле|теть, чу, тишь *pf* (*of* ⇒**~та́ть**) **1** (*птица*) to fly out; (*самолёт*) to take off; (*fig, coll*) to rush out, dash out; **в. из головы́** to slip one's mind; **в. в трубу́** (*coll*) to go bankrupt. **2** (*fig, coll*) (*с работы, из института*) to be kicked out.

вылéчива|ть(ся), ю(сь) *impf of* ⇒**вы́лечить(ся)**

вы́леч|ить, у, ишь *pf* (*of* ⇒**~́ивать**) (**от** + *g*) to cure (of) (*also fig*).

вы́леч|иться, усь, ишься *pf* (*of* ⇒**~́иваться**) (**от** + *g*) to be cured (of); to get over (*also fig*); **он ~ился от наркома́нии** he has been cured of his drug addiction.

вы́леч|у[1], ишь *see* ⇒**~ить**

вы́ле|чу[2], тишь *see* ⇒**~теть**

вылива́|ть(ся), ю, ет(ся) *impf of* ⇒**вы́лить(ся)**

вы́ли|зать, жу, жешь *pf* (*of* ⇒**~́зывать**) **1** (*о кошке*) to lick clean. **2** (*coll*) (*квартиру*) to clean thoroughly.

вылизыва|ть, ю *impf of* ⇒**вы́лизать**

вы́линя|ть, ю *pf of* ⇒**линя́ть**

вы́лит|ый (~, ~а) *ppp of* ⇒**~ь**; (*fig, coll; long form only*) **он — в. оте́ц** he is the spitting image of his father.

вы́л|ить, ью, ьешь *pf* (*of* ⇒**~ива́ть**) **1** (*воду*) to pour out; (*ведро*) to empty (out). **2** (*tech*) (*деталь*) to cast, found; to mould.

вы́л|иться, ьется *pf* (*of* ⇒**~ива́ться**) **1** (*жидкость*) to run out, flow out; (*fig*) to flow (from), spring (from). **2** (**в** + *a* *or* **в фо́рму** + *g*) (*принять образ*) to take the form (of); to be expressed, express itself (in).

вы́лов|ить, лю, ишь *pf* (*of* ⇒**выла́вливать**) to fish out, catch.

вы́лож|ить, у, ишь *pf* (*of* ⇒**выкла́дывать**) **1** (*товар, вещи*) to lay out, spread out; (*fig, coll*) (*сказать*) to tell; to reveal. **2** (+ *i*) (*покрыть*) to cover, lay (with); **в. дёрном** to turf; **в. ка́мнем** to face with masonry.

вы́лож|иться, усь, ишься *pf* (*of* ⇒**выкла́дываться**) (*coll*) to give one's all.

вы́лом, а *m* **1** (*действие*) breaking open; breaking off. **2** (*место*) breach.

вы́лома|ть, ю *pf* (*of* ⇒**выла́мывать**) (*замок*) to break open; (*дверь*) to break down.

вы́лом|ить, лю, ишь *pf* (*coll*) = **вы́ломать**

вы́ломк|а, и *f* breaking off.

вы́лощен|ный (~, ~а) *ppp of* ⇒**вы́лощить** *and adj* **1** (*паркет*) glossy. **2** (*coll, fig*) (*человек, манеры*) polished, smooth.

вы́лощ|ить, у, ишь *pf* (*of* ⇒**выла́щивать**) to polish.

вы́лу|дить, жу, дишь *pf* (*of* ⇒**луди́ть**) to tin(plate).

вы́лу|жу, дишь *see* ⇒**~дить**

вы́луп|ить, лю, ишь *pf* (*of* ⇒**~ля́ть**) (*coll*): **в. глаза́** to goggle.

вы́луп|иться, ится *pf* (*of* ⇒**~ля́ться**) **1** (*птенцы*) to hatch (out). **2** (*coll*) (*глаза*) to goggle; **в. на** (+ *a*) to stare at.

вылупля́|ть(ся), ю, ет(ся) *impf of* ⇒**вы́лупить(ся)**

вылу́щива|ть, ю *impf of* ⇒**вы́лущить**

вы́лущ|ить, у, ишь *pf* (*of* ⇒**~́ивать**) **1** (*горошину*) to shell. **2** (*med*) to remove (*by surgical operation*).

вы́л|ью, ьешь *see* ⇒**~ить**

вы́ма|зать, жу, жешь *pf* (*of* ⇒**ма́зать 2** *and* ⇒**~́зывать**) (+ *i*) (*покрыть*) to smear (with); (*coll*) (*выпачкать*) to dirty.

вы́ма|заться, жусь, жешься *pf* (*of* ⇒**ма́заться 2** *and* ⇒**~́зываться**) (*coll*) to get dirty, make o.s. dirty.

выма́зыва|ть(ся), ю(сь) *impf of* ⇒**вы́мазать(ся)**

выма́лива|ть, ю *impf* **1** *impf of* ⇒**вы́молить**. **2** (*impf only*) to beg for.

выма́нива|ть, ю *impf of* ⇒**вы́манить**

вы́ман|ить, ю, ишь *pf* (*of* ⇒**~́ивать**) **1** (**у** + *g*) (*получить обманом*) to cheat, swindle (out of); (*получить лестью*) to wheedle (out of). **2** (**из** + *g*) to entice (from), lure (out of, from).

вы́мар|ать, аю *pf* (*of* ⇒**~́ывать**) (*coll*) **1** (*выпачкать*) to soil, dirty. **2** (*вычеркнуть*) to strike out, cross out.

выма́рива|ть, ю *impf of* ⇒**вы́морить**

вы́марк|а, и *f* deletion.

выма́рыва|ть, ю *impf of* ⇒**вы́марать**

выма́тыва|ть(ся), ю(сь) *impf of* ⇒**вы́мотать(ся)**

вы́ма|хать, шу, шешь *pf* (*of* ⇒**выма́хивать**) (*coll*) to grow (tall).

выма́хива|ть, ю *impf of* ⇒**вы́махать**

вы́махн|уть, у, ешь *pf* (*coll*) to fly out; to leap out.

выма́чива|ть, ю *impf of* ⇒**вы́мочить**

вы́м|ени, енем *see* ⇒**~я**

выме́нива|ть, ю *impf of* ⇒**вы́менять**

вы́мен|ять, яю *pf* (*of* ⇒**~́ивать**) (**на** + *a*) to receive in exchange, barter (for).

вы́м|ереть, рет, рут, *past* **~ер, ~ерла** *pf* (*of* ⇒**~ира́ть**) **1** (*исчезнуть*) to die out, become extinct. **2** (*опустеть*) to become desolate, deserted.

вымерз|а́ть, а́ю *impf of* ⇨**вы́мерзнуть**

вы́мерз|нуть, ну, нешь, *past* ~, ~**ла** *pf (of* ⇨~**а́ть) 1** *(погибнуть от морозов)* to be killed by frost. **2** *(промёрзнуть насквозь)* to freeze (right through).

вымéрива|ть, ю *impf of* ⇨**вы́мерить**

вы́мер|ить, ю, ишь *pf (of* ⇨~**ивать)** to measure.

вы́мер|ший *pp act of* ⇨~**еть** *and adj* extinct.

вымеря́|ть, ю = **вымéривать**

вы́ме|сти, ту, тешь, *past* ~**л** *pf (of* ⇨~**та́ть)** *(комнату)* to sweep out; *(мусор)* to sweep up, out.

вы́ме|стить, щу, стишь *pf (of* ⇨~**ща́ть) 1** (+ *d*) to retaliate, take revenge (against). **2** (**на** + *p*) to vent; **в. зло́бу на ком-н.** to vent one's anger on s.o.

вы́мет|ать[1], аю *pf (of* ⇨~**ывать) 1** to put out, cast out *(a net, etc.)*. **2**: **в. икру́** to spawn.

вы́мет|ать[2], аю *pf (of* ⇨~**ывать) в. пéтли** to make buttonholes.

вымета́|ть, ю *impf of* ⇨**вы́мести**

вымета́|ться, юсь *impf (coll)* to clear out, clear off *(intrans)*.

вымётыва|ть, ю *impf of* ⇨**вы́метать**

вымеща́|ть, ю *impf of* ⇨**вы́местить**

вы́ме|щу, стишь *see* ⇨~**стить**

вымира́ни|е, я *nt* dying out, extinction.

вымира́|ть, ю *impf of* ⇨**вы́мереть**

вымога́тел|ь, я *m* extortioner.

вымога́тельский *adj* extortionate.

вымога́тельств|о, а *nt* extortion.

вымога́|ть, ю *impf* to extort; **в. дéньги у кого́-н.** to extort money from s.o.

вы́моин|а, ы *f (dialect)* gully.

вымока́|ть, ю *impf of* ⇨**вы́мокнуть**

вы́мок|нуть, ну, нешь, *past* ~, ~**ла** *pf (of* ⇨~**а́ть)** to be drenched, be soaked; **мы** ~**ли до ни́тки** we are soaked to the skin.

вы́молв|ить, лю, ишь *pf* to say, utter *(usu with neg)*.

вы́мол|ить, ю, ишь *pf (of* ⇨**выма́ливать)** to obtain (by asking, by entreaties).

вымора́жива|ть, ю *impf of* ⇨**вы́морозить**

вы́мор|ить, ю, ишь *pf (of* ⇨**мори́ть[1]** *and* ⇨**выма́ривать)** to exterminate; **го́лодом в.** to starve out.

вы́моро|зить, жу, зишь *pf (of* ⇨**вымора́живать) 1** *(дом)* to cool; to air. **2** *(истребить)* to freeze to death *(trans)*.

вы́морочн|ый *adj (law)* escheated; ~**ое иму́щество** escheat.

вы́мо|стить, щу, стишь *pf (of* ⇨**мости́ть)** to pave.

вы́мота|ть, ю *pf (of* ⇨**выма́тывать)** *(coll)* to use up; to exhaust; **в. ду́шу** to wear out; **они́** ~**ли ему́ нéрвы** they turned him into a nervous wreck.

вы́мота|ться, юсь *pf (of* ⇨**выма́тываться)** *(coll)* to be worn out.

вы́моч|ить, у, ишь *pf (of* ⇨**выма́чивать)** to soak.

вы́мо|щу, стишь *see* ⇨~**стить**

вы́м|ою, оешь *see* ⇨~**ыть**

вы́мпел, а *m* pennant.

вы́мр|ет, ут *see* ⇨**вы́мереть**

вы́мучен|ный (~, ~**а)** *ppp of* ⇨**вы́мучить** *and adj (улыбка, смех)* forced; *(literary) (стиль)* laboured.

вымучива|ть, ю *impf of* ⇨**вы́мучить**

вы́муч|ить, у, ишь *pf (of* ⇨~**ивать)** (**из** + *g*) to wring (from), force (out of).

вы́муштр|овать, ую *pf of* ⇨**муштрова́ть**

вымыва́|ть, ю *impf of* ⇨**вы́мыть 1**

вы́мыс|ел, ла *m* **1** *(ложь)* invention, fabrication. **2** *(фантазия)* fantasy, flight of imagination.

вы́мы|слить, слю, слишь *pf (of* ⇨~**шля́ть)** to think up, invent; to imagine.

вы́м|ыть, ою, оешь *pf (of* ⇨**мыть** *and* ⇨~**ыва́ть) 1** *(сделать чистым)* to wash; **в. го́лову кому́-н.** to wash s.o.'s hair; **в. посу́ду** to wash up. **2** *(размыть)* to wash away.

вы́м|ыться, оюсь, оешься *pf (of* ⇨**мы́ться)** to wash o.s.

вы́мышлен|ный (~, ~**а)** *ppp of* ⇨**вы́мыслить** *and adj* fictitious, imaginary, invented; **под** ~**ным и́менем** under an assumed name.

вымышля́|ть, ю *impf of* ⇨**вы́мыслить**

вы́м|я, ени, ени, енем, ени, *pl* ~**ена́,** ~**ён,** ~**ена́м** *nt* udder.

вына́шива|ть, ю *impf of* ⇨**вы́носить**

вынесéни|е, я *nt* **1** *(вещей)* taking out. **2** *(решения)* taking. **3** *(благодарности)* giving, expressing. **4** *(на рассмотрение)* submitting. **5** *(приговора)* pronouncement.

вы́нес|ти, у, ешь, *past* ~, ~**ла** *pf (of* ⇨**выноси́ть 1) 1** *(удалить за пределы)* to carry out, take out; to take way; *(убрать)* to carry away; *(доставить)* to bring; **в. на бéрег** to wash ashore; **в. на поля́** to enter in the margin *(of a book)*; **в. под строку́** to make a footnote; **в. сор из избы́** to wash one's dirty linen in public. **2** *(fig) (получить)* to take away, receive, derive; **в. прия́тное впечатлéние** to be favourably impressed. **3**: **в. вопро́с (на собра́ние, на обсуждéние)** to put, submit a question (to a meeting, for discussion). **4**: **в. на свои́х плеча́х** *(fig)* to shoulder, take the full weight (of), bear the full brunt (of). **5** *(вытерпеть)* to bear, stand, endure. **6**: **в. благода́рность** to express gratitude; **в. пригово́р** (+ *d*) to pass sentence (on), pronounce sentence (on); **в. решéние** to decide; *(law)* to pronounce judgement.

вы́нес|тись, усь, ешься, *past* ~**ся,** ~**лась** *pf (of* ⇨**выноси́ться)** to fly out, rush out.

вы́ни|зать, жу, жешь *pf (of* ⇨~**зывать)** *(obs)* to decorate, adorn *(with string of beads, pearls, etc.)*.

выни́зыва|ть, ю *impf of* ⇨**вы́низать**

вынима́|ть, ю *impf of* ⇨**вы́нуть**

вынима́|ться, ется *impf (coll)* to come out; **э́тот я́щик не** ~**ется** this drawer does not come out.

выно́с, а *m* **1** *(покойника)* bearing-out, carrying-out; **на в.** *(о еде)* to take away *(Br)*, to take out *(US)*, to go *(US)*. **2** *(способ запряжки лошадей)* trace; **ло́шадь под** ~**ом** trace-horse.

вы́но|сить, шу, сишь *pf (of* ⇨**вына́шивать)** *(ребёнка)* to bear, bring forth *(a child at full term)*; *(план, мысль)* to nurture.

выно|си́ть, шу́, ~**сишь** *impf* **1** *impf. of* ⇨**вы́нести**. **2** *(impf only)* (+ *neg*) to be unable to bear, be unable to stand; **я его́ не** ~**шу́** I can't stand him.

выно|си́ться, шу́сь, ~**сишься** *impf of* ⇨**вы́нестись**

выно́ск|а, и *f* **1** *(действие)* taking out, carrying out. **2** *(примечание)* marginal note; *(под строкой)* footnote.

выно́сливост|ь, и *f* (power of) endurance; staying power.

выно́слив|ый (~, ~**а)** *adj (человек, растение)* hardy; *(оборудование)* robust, sturdy.

выносн|о́й *adj* **1** *(кабель)* detachable, removable; *(аппарат)* portable. **2** *(примечание)* inserted in footnote. **3**: ~**а́я ло́шадь** trace-horse.

вы́ношен|ный (~, ~**а)** *ppp of* ⇨**вы́носить** *and adj* **в. ребёнок** child born at full term; **в. проéкт** *(fig)* mature project.

вы́но|шу, сишь *see* ⇨~**сить**

выно|шу́, ~**сишь** *see* ⇨~**си́ть**

вы́ну|дить, жу, дишь *pf (of* ⇨~**жда́ть) 1** (+ *inf*) to force, compel; **его́** ~**дили уéхать из страны́** he was forced to leave the country. **2** (**у** + *g*) to extort, force (from, out of); **они́** ~**дили у него́ призна́ние** they have extorted a confession from him.

вынужда́|ть, ю *impf of* ⇨**вы́нудить**

вы́нужден|ный (~, ~**а)** *ppp of* ⇨**вы́нудить** *and* **(**~, ~**на)** *adj* forced; ~**ная поса́дка** *(aeron)* forced landing; ~**ный переселéнец** *(в пределах своей страны или страны проживания)* IDP, internally displaced person; *(вынужденный вернуться на родину)* DP, displaced person.

вы́н|уть, у, ешь *pf (of* ⇨~**има́ть) 1** to take out; to pull out, extract. **2**: ~**ь да поло́жь** *(coll)* (right) here and now, on the spot.

выны́рива|ть, ю *impf of* ⇨**вы́нырнуть**

вы́ныр|нуть, ну, нешь *pf (of* ⇨~**ивать)** to come to the surface; *(fig, coll) (появиться)* to turn up.

вы́нюх|ать, аю *pf (of* ⇨~**ивать)** to sniff out *(also fig)*.

вынюхива|ть, ю *impf of* ⇨**вы́нюхать**

вы́нянч|ить, у, ишь *pf (coll)* to bring up, nurse.

вы́пад, а *m* **1** (*враждебное выступление*) attack. **2** (*sport*) lunge, thrust.

выпада́|ть, ю *impf of* ⇒**вы́пасть**

выпаде́ни|е, я *nt* **1** (*зубов*) falling out; (*осадков*) falling. **2** (*med*) prolapse.

выпа́лива|ть, ю *impf of* ⇒**вы́палить**

вы́пал|ить, ю, ишь *pf* (*of* ⇒**~ивать**) (*coll*) **1** (**в** + *a*) to shoot, fire (at). **2** (*fig*) (*сказать*) to blurt out.

выпа́лыва|ть, ю *impf of* ⇒**вы́полоть**

выпа́рива|ть, ю *impf of* ⇒**вы́парить**

вы́пар|ить, ю, ишь *pf* (*of* ⇒**~ивать**) to steam; to steam-clean.

выпа́рхива|ть, ю *impf of* ⇒**вы́порхнуть**

выпа́рыва|ть, ю *impf of* ⇒**вы́пороть 1**

вы́пас, а *m* pasture.

выпаса́|ть, ю *impf* to graze, pasture.

вы́па|сть, ду, дешь, *past* **~л** *pf* (*of* ⇒**~да́ть**) **1** (*упасть наружу*) to fall out. **2** (*дождь, снег*) to fall. **3** (+ *d*) (*задача*) to befall, fall (to); **ему́ ~л жре́бий спасти́ страну́ от кри́зиса** it fell to his lot to save the country from crisis; **мне ~ло сча́стье** (+ *inf*) I had the luck (to); **мне ~ло идти́ пе́рвому** it fell to me to go first. **4** (*случиться*) to occur, turn out; **ночь ~ла звёздная** it turned out a starry night. **5** (*sport*) to lunge, thrust.

вы́па|хать, шу, шешь *pf* (*of* ⇒**~хивать**) **1** (*истощить*) to exhaust (*soil*). **2** (*возделать*) to turn up with the plough.

выпа́хива|ть, ю *impf of* ⇒**вы́пахать**

вы́пачка|ть, ю *pf* to soil, dirty; to stain.

вы́пачка|ться, юсь *pf* to make o.s. dirty.

вы́па|шу, шешь *see* ⇒**~хать**

вы́пе|к *see* ⇒**~чь**

выпека́|ть, ю *impf of* ⇒**вы́печь**

выпе́ндрива|ться, юсь *impf* (*coll*) to show off.

вы́п|ереть, ру, решь, *past* **~ер, ~ерла** *pf* (*of* ⇒**~ира́ть**) (*coll*) **1** (*вытолкнуть*) to push out, shove out. **2** (*выдаться*) to stick out, bulge out, protrude. **3** (*выгнать*) to throw out, sling out.

вы́пест|овать, ую *pf of* ⇒**пе́стовать**

вы́печк|а, и *f* baking.

выпечн|о́й *adj*: **~ые изде́лия** bakery products.

вы́пе|чь, ку, чешь, кут, *past* **~к, ~кла** *pf* (*of* ⇒**~ка́ть**) to bake.

выпива́|ть, ю *impf* **1** *impf of* ⇒**вы́пить**. **2** (*impf only; coll*) to be fond of the bottle.

вы́пивк|а, и *f* (*coll*) **1** (*попойка*) drinking bout. **2** (*collect*) (*напитки*) drinks.

выпиво́н, а *m* (*coll, joc*) **1** (*попойка*) booze-up (*coll*), drinking session. **2** (*спиртное*) booze (*coll*), alcoholic drinks.

выпиво́х|а, и *cg* (*sl*) tippler; boozer.

выпи́лива|ть, ю *impf of* ⇒**вы́пилить**

вы́пил|ить, ю, ишь *pf* (*of* ⇒**~ивать**) to saw; to cut out, make (with a saw).

выпира́|ть, ю *impf of* ⇒**вы́переть**

вы́пи|сать, шу, шешь *pf* (*of* ⇒**~сывать**) **1** (*переписать*) to copy out; to excerpt. **2** (*написать, нарисовать тщательно*) to write out, draw carefully. **3** (*документ*) to write out; **в. квита́нцию** to write out a receipt. **4** (*сделать заказ*) to send for (*in writing*). **5** (*из больницы*) to discharge. **6** (*газету, журнал*) to subscribe to.

вы́пи|саться, шусь, шешься *pf* (*of* ⇒**~сываться**) (*из больницы*) to be discharged; **он уже́ ~сался из больни́цы** he is already out of hospital; (*из квартиры*) to officially change one's place of residence.

вы́писк|а, и *f* **1** (*списывание*) copying, excerpting. **2** (*цитата*) extract, excerpt. **3** (*книг, газет*) subscription. **4** (*из больницы*) discharge.

выпи́сыва|ть(ся), ю(сь) *impf of* ⇒**вы́писать(ся)**

вы́пис|ь, и *f* (*obs*) extract, copy; **метри́ческая в.** birth certificate.

вы́п|ить, ью, ьешь *pf* (*of* ⇒**выпива́ть 1** *and* ⇒**пить**) to drink.

выпи́хива|ть, ю *impf of* ⇒**вы́пихнуть**

вы́пих|нуть, ну, нешь *pf* (*of* ⇒**~ивать**) (*coll*) to shove out, bundle out.

вы́пи|шу, шешь *see* ⇒**~сать**

вы́плав|ить, лю, ишь *pf* (*of* ⇒**~ля́ть**) to smelt.

вы́плавк|а, и *f* **1** (*действие*) smelting. **2** (*металл*) smelted metal.

выплавля́|ть, ю *impf of* ⇒**вы́плавить**

вы́пла|кать, чу, чешь *pf* **1** (*излить в слезах*) to sob out. **2**: **в. (все) глаза́** to cry one's eyes out.

вы́пла|каться, чусь, чешься *pf* (*coll*) to have a good cry, have one's cry out.

вы́плат|а, ы *f* payment.

вы́пла|тить, чу, тишь *pf* (*of* ⇒**~чивать**) **1** to pay (out). **2** (*долг*) to pay off.

выпла́чива|ть, ю *impf of* ⇒**вы́платить**

вы́пла|чу[1], тишь *see* ⇒**~тить**

вы́пла|чу[2], чешь *see* ⇒**~кать**

выплёвыва|ть, ю *impf of* ⇒**вы́плюнуть**

вы́пле|скать, щу, щешь *pf* (*of* ⇒**~скивать**) to pour out.

выплёскива|ть, ю *impf of* ⇒**вы́плескать** *and* ⇒**вы́плеснуть**

вы́плес|нуть, ну, нешь *pf* (*of* ⇒**~кивать**) to pour out; **в. вме́сте с водо́й ребёнка** (*fig*) to throw out the baby with the (bath)water.

вы́пле|сти, ту, тешь *pf* (*of* ⇒**~та́ть**) **1** (*ленту*) to undo, untie. **2** (*корзину*) to weave.

выплета́|ть, ю *impf of* ⇒**вы́плести**

выплыва́|ть, ю *impf of* ⇒**вы́плыть**

вы́плы|ть, ву, вешь *pf* (*of* ⇒**~ва́ть**) **1** (*человек*) to swim out; (*корабль*) to sail out; (*fig*): **она́ ~ла из ко́мнаты** she sailed out of the room. **2** (*всплыть*) to come to the surface; (*fig, coll*) (*факты*) to emerge; to appear; to crop up.

вы́плюн|уть, у, ешь *pf* (*of* ⇒**выплёвывать**) to spit out.

выпола́скива|ть, ю *impf of* ⇒**вы́полоскать**

выполза́|ть, ю *impf of* ⇒**вы́ползти**

вы́полз|ти, у, ешь, *past* **~, ~ла** *pf* (*of* ⇒**~а́ть**) (**из** + *g*) to crawl out, creep out (from); (*змея*) to slither out.

вы́полир|овать, ую *pf* (*coll*) to polish (up).

выполне́ни|е, я *nt* (*работы, приказа*) execution, carrying-out; (*желания*) fulfilment.

выполни́м|ый (~, ~а) *adj* practicable, feasible.

вы́полн|ить, ю, ишь *pf* (*of* ⇒**~я́ть**) (*приказание, работу*) to carry out; (*обязанность, желание, план*) to fulfil (*Br*), fulfill (*US*); (*рисунок*) to execute.

выполня́|ть, ю *impf of* ⇒**вы́полнить**

вы́поло|скать, щу, щешь *pf* (*of* ⇒**выпола́скивать**) to rinse out.

вы́пол|оть, ю, ешь *pf* (*of* ⇒**выпа́лывать**) to weed out.

вы́пор|оть[1], ю, ешь *pf* (*of* ⇒**выпа́рывать**) to rip out.

вы́пор|оть[2], ю, ешь *pf of* ⇒**поро́ть[2]**

вы́порхн|уть, у, ешь *pf* (*of* ⇒**выпа́рхивать**) (*птица*) to flit out; (*fig, coll*) to dart out.

вы́потрош|ить, у, ишь *pf of* ⇒**потроши́ть**

вы́прав|ить, лю, ишь *pf* (*of* ⇒**~ля́ть**) **1** (*сделать прямым*) to straighten (out). **2** (*исправить*) to correct; (*улучшить*) to improve.

вы́прав|иться, люсь, ишься *pf* (*of* ⇒**~ля́ться**) **1** (*выпрямиться*) to become straight. **2** (*стать лучше*) to improve (*intrans*).

вы́правк|а, и *f* (*осанка*) bearing.

выправля́|ть(ся), ю(сь) *impf of* ⇒**вы́править(ся)**

выпра́стыва|ть(ся), ю(сь) *impf of* ⇒**вы́простать(ся)**

выпра́шива|ть, ю *impf* **1** *impf of* ⇒**вы́просить**. **2** (*impf only*) to try to get, beg for.

выprováжива|ть, ю *impf of* ⇒**вы́проводить**

вы́прово|дить, жу, дишь *pf* (*of* ⇒**выпрова́живать**) (*coll*) to send packing; to show the door (to).

вы́про|сить, шу, сишь *pf* (*of* ⇒**выпра́шивать 1**) (**у** + *g*) to get (out of), obtain, elicit (by begging).

вы́проста|ть, ю *pf* (*of* ⇒**выпра́стывать**) (*coll*) (*освободить*) to free, work loose.

вы́проста|ться, юсь *pf* (*of* ⇒**выпра́стываться**) (*coll*) (*освободиться*) to free o.s., work (o.s.) free.

вы́про|шу, сишь *see* ⇒**~сить**

вы́п|ру, решь *see* ⇒**~ереть**

выпры́гива|ть, ю *impf of* ⇒**вы́прыгнуть**

вы́прыг|нуть, ну, нешь *pf* (*of* ⇒**~́ивать**) to jump out, spring out.

выпряга́|ть, ю *impf of* ⇒**вы́прячь**

выпрями́тел|ь, я *m* (*elec*) rectifier.

вы́прям|ить, лю, ишь *pf* (*of* ⇒**~ля́ть**) to straighten (out).

вы́прям|иться, люсь, ишься *pf* (*of* ⇒**~ля́ться**) to become straight; **в. во весь рост** to draw o.s. up to one's full height.

выпрямля́|ть(ся), ю(сь) *impf of* ⇒**вы́прямить(ся)**

вы́пря|чь, гу, жешь, гут, *past* **~г, ~гла** *pf* (*of* ⇒**~га́ть**) to unharness.

вы́пукло-во́гнутый *adj* (*phys*) convexo-concave.

вы́пуклост|ь, и *f* **1** (*неровность*) protuberance; bulge. **2** (*phys*) convexity. **3** (*sg only*; *fig*) clarity, distinctness.

вы́пукл|ый (~, ~а) *adj* **1** (*неровный*) protuberant; prominent, bulging. **2** (*phys*) convex. **3** (*fig*) clear, distinct.

вы́пуск, а *m* **1** (*товаров*) output; (*денег, акций*) issue; (*газов*) discharge, emission; **в. из печа́ти** publication; **в. новосте́й** newscast; **сро́чный в. новосте́й** newsflash. **2** (*романа*) part, instalment (*Br*), installment (*US*). **3** (*в школе, институте*) leavers; graduates. **4** (*сокращение*) cut, omission.

выпуска́|ть, ю *impf of* ⇒**вы́пустить**

выпуска́|ющий *pres participle active of* ⇒**~ть**; *as n* **в., ~ющего** *m* person responsible for seeing newspaper *or* journal through press.

выпускни́к, а́ *m* **1** (*окончивший учебное заведение*) graduate; **бы́вший в.** old boy. **2** (*на последнем курсе*) final-year student.

выпускни́|ца, цы *f of* ⇒**~к**

выпуск|но́й *adj of* ⇒**вы́пуск**; **в. кла́пан** (*tech*) exhaust valve; **~на́я труба́** (*tech*) exhaust pipe; **в. экза́мен** final examination, finals.

вы́пу|стить, щу, стишь *pf* (*of* ⇒**~ска́ть**) **1** (*дать выйти*) to let out; (*заключённого, фильм*) to release; (*из учебного заведения*) to turn out; **в. во́ду из ва́нны** to let the water out of a bath; **в. из рук** to let go of; **в. из тюрьмы́** to release from prison; **в. раке́ту/снаря́д** to fire a rocket/shell; **в. (пулемётную) о́чередь** (*mil*) to fire a burst. **2** (*деньги, акции*) to issue; (*продукцию*) to turn out, produce; **в. в прода́жу** to put on the market; **в. (в свет)** to publish. **3** (*исключить*) to cut (out), omit. **4** (*сделать шире, длиннее*) to let out, let down. **5** (*выставить*) to show; **в. свои́ ко́гти** to show one's claws.

вы́пут|ать, аю *pf* (*of* ⇒**~́ывать**) to disentangle.

вы́пут|аться, аюсь *pf* (*of* ⇒**~́ываться**) to disentangle o.s., extricate o.s. (*also fig*).

выпу́тыва|ть(ся), ю(сь) *impf of* ⇒**вы́путать(ся)**

выпуч|енный *ppp of* ⇒**~ить** *and adj* (*coll*): **с ~енными глаза́ми** wide-eyed, goggle-eyed.

выпу́чива|ть, ю *impf of* ⇒**выпучить**

вы́пуч|ить, у, ишь *pf* (*of* ⇒**~́ивать** *and* ⇒**пу́чить 2**) **в. глаза́** (*coll*) to open one's eyes wide.

вы́пушк|а, и *f* edging, braid, piping.

вы́пыт|ать, аю *pf* (*of* ⇒**~́ывать**) (**у** + *g*) (*coll*) (*информацию, секреты*) to elicit, extort (from).

выпы́тыва|ть, ю *impf* (*coll*) **1** *impf of* ⇒**вы́пытать**. **2** (*impf only*) to try to discover (*by interrogation*); **в. секре́т у кого́-н.** to try to get a secret out of s.o.

вып|ь, и *f* (*zool*) bittern.

выпя́лива|ть(ся), ю(сь) *impf of* ⇒**вы́пялить(ся)**

вы́пял|ить, ю, ишь *pf* (*of* ⇒**~́ивать**) (*coll*) to stick out; **в. глаза́** to open one's eyes wide; (*уставиться*) to stare.

вы́пял|иться, юсь, ишься *pf* (*of* ⇒**~́иваться**) (*coll, pej*) to stare.

вы́пя|тить, чу, тишь *pf* (*of* ⇒**~́чивать**) (*coll*) **1** to stick out; **в. грудь** to stick out one's chest. **2** (*fig, pej*) to overemphasize.

вы́пя|титься, чусь, тишься *pf* (*of* ⇒**~́чиваться**) (*coll*) to stick out (*intrans*), to protrude.

выпя́чива|ть(ся), ю(ся) *impf of* ⇒**вы́пятить(ся)**

выраба́тыва|ть, ю *impf of* ⇒**вы́работать**

вы́работа|ть, ю *pf* (*of* ⇒**выраба́тывать**) **1** (*произвести*) to manufacture; to produce, make. **2** (*план*) to work out, draw up; (*привычку*) to develop. **3** (*coll*) (*заработать*) to earn, make.

вы́работк|а, и *f* **1** (*производство*) manufacture; production, making. **2** (*плана*) working-out, drawing-up. **3** (*продукция*) output, yield. **4** (*качество*) make; **хоро́шей ~и** well made.

выра́внивани|е, я *nt* smoothing-out, levelling; (*по прямой линии*) alignment.

выра́вниватель, я *m* equalizer.

выра́внива|ть(ся), ю(сь) *impf of* ⇒**вы́ровнять(ся)**

выража́|ть, ю *impf of* ⇒**вы́разить**

выража́|ться, юсь *impf* **1** *impf of* ⇒**вы́разиться**; **мя́гко ~ясь** to put it mildly. **2** (*coll*) (*ругаться*) to swear.

выраже́ни|е, я *nt* expression; **усто́йчивое в.** set expression; **не стесня́ться в ~ях** to speak plainly; **говори́ть с ~м** to speak with feeling/expression.

выражен|ный (~, ~а) *ppp of* ⇒**вы́разить** *and* **(~, ~на)** *adj* pronounced, marked.

вырази́тел|ь, я *m* spokesperson; exponent.

вырази́тельност|ь, и *f* expressiveness.

вырази́тел|ьный (~ен, ~ьна) *adj* expressive.

вы́ра|зить, жу, зишь *pf* (*of* ⇒**~жа́ть**) (*мысль, желание*) to express; (*передать*) to convey; (*общее мнение*) to voice.

вы́ра|зиться, жусь, зишься *pf* (*of* ⇒**~жа́ться**) **1** (*сказать словами*) to express o.s.; **я непра́вильно ~зился** I did not put it the right way. **2** (*обнаружиться*) (**в** + *p*) to manifest itself (in).

выраста́|ть, ю *impf of* ⇒**вы́расти**

вы́р|асти, асту, астешь, *past* **~ос, ~осла** *pf* (*of* ⇒**~аста́ть** *and* ⇒**расти́**) **1** to grow (up). **2** (**в** + *a or* + *i*) (*стать*) to grow (into), develop (into), become; **их дру́жба ~осла в любо́вь** their friendship grew into love. **3** (**из** + *g*) to grow (out of) (*clothing*). **4** (*увеличиться*) to increase; **населе́ние за пять лет ~осло на два́дцать проце́нтов** in five years the population had increased by twenty per cent. **5** (*появиться*) to appear, rise up; **пе́ред на́шими глаза́ми ~ос Эльбру́с** Mount Elbrus rose up before our eyes. **6**: **в. в чьих-н. глаза́х** to rise in s.o.'s estimation.

вы́ра|стить, щу, стишь *pf* (*of* ⇒**~́щивать**) (*детей*) to bring up; (*животных*) to rear, breed; (*растения*) to grow, cultivate.

выра́щива|ть, ю *impf of* ⇒**вы́растить**

вы́рв|ать¹, у, ешь *pf* (*of* ⇒**вырыва́ть¹**) **1** to pull out, tear out; **в. зуб** to pull out a tooth; (*отнять*) to snatch; **он ~ал кни́гу у меня́ из рук** he snatched the book out of my hands. **2** (*fig*) (*добиться*) to extort, wring; **в. призна́ние у кого́-н.** to wring a confession out of s.o.

вы́рв|ать², у, ешь *pf of* ⇒**рвать²**

вы́рв|аться, усь, ешься *pf* (*of* ⇒**вырыва́ться**) **1** (**из** + *g*) (*освободиться*) to tear o.s. away (from); to break out (from), break loose (from), break free (from); **в. из чьих-н. объя́тий** to tear o.s. away from s.o.'s embrace; (*уехать*) to get away (from); **едва́ ли мне уда́стся до ле́та в. из Москвы́** I shall hardly manage to get away from Moscow before the summer. **2** (*стон, замечание*) to break (from), burst (from), escape. **3** (*3rd pers only*) (*устремиться наружу*) to shoot up, shoot out. **4** (*быстро выйти*) to pull out in front of others.

вы́рез, а *m* (*выемка*) cut; notch; (*в одежде*) neck; **пла́тье с больши́м ~ом** low-necked dress.

вы́ре|зать, жу, жешь *pf* (*of* ⇒**~за́ть**) **1** (*опухоль; заметку из газеты*) to cut out; (*comput*) to cut. **2** (*из дерева*) to cut, carve; (*на металле, на камне*) to engrave. **3** (*fig, coll*) (*убить*) to slaughter, butcher.

выреза́|ть, ю *impf of* ⇒**вы́резать**

вы́резк|а, и *f* **1** (*действие*) cutting-out, excision; carving; engraving. **2**: **газе́тная в.** press cutting. **3** (*мясо*) sirloin steak.

вырезно́й *adj* carved.

вы́реш|ить, у, ишь *pf* (*coll*) to decide finally.

вы́рис|овать, ую *pf* (*of* ⇒**~о́вывать**) to draw carefully, draw in detail.

вы́рис|оваться, уется *pf* (*of* ⇒**~о́вываться**) to appear (in outline); to stand out; (*fig*) (*ситуация*) to emerge.

вырисо́выва|ть(ся), ю(сь) *impf of* ⇒**вы́рисовать(ся)**

вы́ровня|ть, ю *pf* (*of* ⇒**выра́внивать**) **1** (*шероховатое*) to smooth (out), level; (*шаг, дыхание*) to regulate. **2** (*по прямой линии*) to align. **3** (*mil*) to draw up in line; **в. ряды́** to dress ranks.

вы́ровня|ться, юсь *pf* (*of* ⇒**выра́вниваться**) **1** to become level; to become even; (*mil*) to form up; to dress; (*sport*) to equalize. **2** (*fig*) (*в занятиях*) to catch up, draw level. **3** (*fig*) (*улучшиться*) to improve, get better.

вы́род|иться, ится *pf* (*of* ⇒**вырожда́ться**) to degenerate.

вы́род|ок, ка *m* (*coll*) (*в какой-н. среде*) degenerate; (*в семье*) black sheep.

вырожда́|ться, ется *impf of* ⇒**вы́родиться**

вырожде́н|ец, ца *m* degenerate.

вырожде́ни|е, я *nt* degeneration.

вы́рон|ить, ю, ишь *pf* to drop.

вы́р|ою, оешь *see* ⇒**~ыть**

вырубá|ть(ся), ю(сь) *impf of* ⇒**вы́рубить(ся)**

вы́руб|ить, лю, ишь *pf* (*of* ⇒**~а́ть**) **1** (*деревья*) to cut down, fell. **2** (*дыру, кусок льда*) to cut out. **3** (*фигуру*) to carve (out). **4** (*coll*) (*выключить*) to switch off. **5** (*sl*) (*сразить ударом*) to knock unconscious, knock out.

вы́руб|иться, люсь, ишься *pf* (*of* ⇒**~а́ться**) (*sl*) (*заснуть*) to fall asleep (from exhaustion), crash out; (*потерять сознание*) to lose consciousness.

вы́рубк|а, и *f* **1** cutting down, felling; **в. ле́са** *or* **лесо́в** deforestation. **2** (*вырубленное место*) clearing.

вы́руга|ть(ся), ю(сь) *pf of* ⇒**руга́ть(ся)**

выру́лива|ть, ю *impf of* ⇒**вы́рулить**

вы́рул|ить, ю, ишь *pf* (*of* ⇒**~́ивать**) **1** (*из гаража, из узкого проезда*) to drive out. **2** (*aeron*) to taxi.

выруча́|ть, ю *impf of* ⇒**вы́ручить**

вы́руч|ить, у, ишь *pf* (*of* ⇒**~а́ть**) **1** (*помочь*) to help out; to come to the help, aid (of). **2** (*coll*) (*заработать*): **он ~ил мно́го де́нег** he has made a lot of money.

вы́ручк|а, и *f* **1** help, assistance; **прийти́ на ~у** to come to the rescue. **2** (*деньги*) takings; earnings.

вырыва́|ть[1], ю *impf of* ⇒**вы́рвать[1]**

вырыва́|ть[2], ю *impf of* ⇒**вы́рыть**

вырыва́|ться, юсь *impf of* ⇒**вы́рваться**

вы́р|ыть, ою, оешь *pf* (*of* ⇒**~ыва́ть[2]**) (*землю, яму*) to dig; (*предмет*) to dig up, dig out, unearth; **в. труп** to exhume a corpse.

вы́ря|дить, жу, дишь *pf* (*coll*) to dress up (*trans*).

вы́ря|диться, жусь, дишься *pf* (*coll*) to dress up (*intrans*).

выряжа́|ть(ся), ю(сь) *impf of* ⇒**вы́рядить(ся)**

вы́са|дить, жу, дишь *pf* (*of* ⇒**~́живать**) **1** (*пассажира*) to drop off, set down; **в. на бе́рег** to put ashore; (*заставить выйти*) to throw off, out; **пья́ницу ~дили из авто́буса** the drunken man was made to get off the bus. **2** (*растение*) to transplant; (*рассаду*) to plant out.

вы́са|диться, жусь, дишься *pf* (*of* ⇒**~́живаться**) (**из, с** + *g*) to alight (from), get off; (*с судна, самолёта*) to disembark.

вы́садк|а, и *f* **1** (*с судна*) debarkation, disembarkation; (*из автобуса*) alighting, getting off. **2** (*растения*) transplanting; planting out.

выса́жива|ть(ся), ю(сь) *impf of* ⇒**вы́садить(ся)**

вы́са|жу, дишь *see* ⇒**~дить**

выса́сыва|ть, ю *impf of* ⇒**вы́сосать**

высве́рлива|ть, ю *impf of* ⇒**вы́сверлить**

вы́сверл|ить, ю, ишь *pf* to drill, bore.

вы́све|тить, чу, тишь *pf* (*of* ⇒**высве́чивать**) **1** (*осветить*) to light up, illuminate. **2** (*comput, also fig*) to highlight.

высве́чива|ть, ю *impf of* ⇒**вы́светить**

высвобо|дить, жу, дишь *pf* **1** (*вынуть, освободить*) to free. **2** (*средства, рабочих*) to free up, release.

высвобожда́|ть, ю *impf of* ⇒**вы́свободить**

высе́ива|ть, ю *impf of* ⇒**вы́сеять**

высека́|ть, ю *impf of* ⇒**вы́сечь[2]**

вы́се|ку, чешь *see* ⇒**~чь**

выселе́ни|е, я *nt* eviction.

вы́сел|ить, ю, ишь *pf* (*of* ⇒**~я́ть**) **1** (*из квартиры*) to evict. **2** (*переселить*) to evacuate, move.

вы́сел|иться, юсь, ишься *pf* (*of* ⇒**~я́ться**) to move.

вы́сел|ок, ка *m* settlement.

выселя́|ть(ся), ю(сь) *impf of* ⇒**вы́селить(ся)**

вы́семен|иться, ится *pf* (*agric*) to go to seed.

вы́се|чь[1], ку, чешь, кут, *past* **~к, ~кла** *pf* (*of* ⇒**сечь[1]**) (*бить*) to beat, flog.

вы́се|чь[2], ку, чешь, кут, *past* **~к, ~кла** *pf* (*of* ⇒**~ка́ть**) (*фигуру*) to carve, carve out; **в. ого́нь** to strike fire (*from a flint*).

вы́се|ять, ю *pf* (*of* ⇒**~́ивать**) (*agric*) to sow.

вы́си|деть, жу, дишь *pf* (*of* ⇒**~́живать**) **1** (*цыплят*) to hatch (out). **2** (*просидеть*) to stay; **мы ~дели до конца́ ле́кции** we sat the lecture out.

выси́жива|ть, ю *impf of* ⇒**вы́сидеть**

вы́с|иться, ится *impf* to tower (up), rise.

выска́блива|ть, ю *impf of* ⇒**вы́скоблить**

вы́ска|зать, жу, жешь *pf* (*of* ⇒**~́зывать**) to express; to state; **в. предположе́ние** to come out with a suggestion.

вы́ска|заться, жусь, жешься *pf* (*of* ⇒**~́зываться**) **1** to speak out; to speak one's mind; to have one's say. **2** (**за** + *a or* + **про́тив** + *g*) to speak (for *or* against); **никто́ не ~зался про́тив законопрое́кта** no one spoke against the bill.

выска́зывани|е, я *nt* **1** (*действие*) speaking out; (*мнения*) expression. **2** (*суждение*) pronouncement; (*мнение*) opinion.

выска́зыва|ть(ся), ю(сь) *impf of* ⇒**вы́сказать(ся)**

выска́кива|ть, ю *impf of* ⇒**вы́скочить**

выска́льзыва|ть, ю *impf of* ⇒**вы́скользнуть**

вы́скобл|ить, ю, ишь *pf* (*of* ⇒**выска́бливать**) (*доску*) to scrape clean; (*краску*) to scrape off; (*надпись*) to erase, remove; (*med*) to remove.

вы́скользн|уть, у, ешь *pf* (*of* ⇒**выска́льзывать**) to slip out (*also fig*).

вы́скоч|ить, у, ишь *pf* (*of* ⇒**выска́кивать**) **1** (*выпрыгнуть*) to jump out; to leap out, spring out; (*выбежать*) to run out; (*fig, coll*) (*с вопросом, замечанием*) to come out (with). **2** (*coll*) (*чирей*) to come up. **3** (*coll*) (*выпасть*) to drop out, fall out; **в. из головы́** to slip one's mind.

вы́скочк|а, и *cg* (*coll*) upstart.

выскреба́|ть, ю *impf of* ⇒**вы́скрести**

вы́скре|сти, бу, бешь, *past* **~б, ~бла** *pf* **1** (*сковороду*) to scrape out, (*грязь*) scrape off. **2** (*золу*) to rake out.

вы́слан|ный (~, ~а) *ppp of* ⇒**вы́слать**; *as n* **в., ~ного** *m*, **~ная, ~ной** *f* exile, deportee.

вы́|слать, шлю, шлешь *pf* (*of* ⇒**~сыла́ть**) **1** (*посылку, помощь*) to send, send out, dispatch. **2** (*pol*) to exile; (*иностранца*) to deport.

вы́сле|дить, жу, дишь *pf* (*of* ⇒**высле́живать 1**) to trace; to track down.

высле́жива|ть, ю *impf* **1** *impf of* ⇒**вы́следить**. **2** (*impf only*) to be on the track of; to shadow.

вы́сле|жу, дишь *see* ⇒**~дить**

вы́слуг|а, и *f* period of service; **за ~у лет** for long service, for meritorious service.

выслу́жива|ть(ся), ю(сь) *impf of* ⇒**вы́служить(ся)**

вы́служ|ить, у, ишь *pf* **1** (*приобрести службой*) to qualify for, obtain; **он ~ил повыше́ние** he has qualified for promotion. **2** (*прослужить*) to serve (out).

вы́служ|иться, усь, ишься *pf* **1** (*выдвинуться по службе*) to gain promotion, be promoted. **2** (*coll, pej*) to gain favour (with), get in (with); **он ~ился пе́ред бригади́ром** he is well in with the foreman.

вы́слуша|ть, ю *pf* (*of* ⇒**выслу́шивать**) **1** to hear out. **2** (*impf also* **слу́шать**) (*med*) to listen to.

выслу́шивани|е, я *nt* (*med*) auscultation.

выслу́шива|ть, ю *impf of* ⇒**вы́слушать**

В

высма́трива|ть, ю *impf of* ⇒**вы́смотреть**

высме́ива|ть, ю *impf of* ⇒**вы́смеять**

вы́сме|ять, ю, ешь *pf (of* ⇒**~́ивать**) to deride, ridicule.

вы́смол|ить, ю, ишь *pf of* ⇒**смоли́ть**

вы́сморка|ть(ся), ю(сь) *pf of* ⇒**сморка́ть(ся)**

вы́смотр|еть, ю, ишь *pf (of* ⇒**высма́тривать**) **1** (*осмотреть*) to scrutinize. **2** (*найти*) to spy out; to locate (*by eye*).

высо́выва|ть(ся), ю(сь) *impf of* ⇒**вы́сунуть(ся)**

высо́к|ий (~, ~á) *adj* (*дом, гора; цена, температура; качество, мнение*) high; (*человек*) tall; (*мысль, стиль*) lofty; (*гость*) distinguished; (*честь*) great; (*mus*) high, high-pitched; **~ая вода́** high tide; **в ~ой сте́пени** highly.

высоко́ *adv* **1** (*располагаться*) high (up); **лежа́ть в. над у́ровнем мо́ря** to be high above sea level. **2** *as pred* it is high (up); it is a long way up; **окно́ бы́ло в. от земли́** the window was high up off the ground. **3**: **оцени́ть в.** to value highly.

высоко... *comb form* high-, highly-.

высокоблагоро́ди|е, я *nt* **(ва́ше) в.** (Your) Honour, (Your) Worship (*title, in tsarist Russia, of civil servants of the eighth to the sixth classes and of officers from the rank of major to that of colonel*).

высокого́рный *adj* alpine, mountain.

высокока́чественный *adj* high-quality.

высококвалифици́рованный *adj* highly qualified.

высокоме́ри|е, я *nt* haughtiness, arrogance.

высокоме́р|ный (~ен, ~на) *adj* haughty, arrogant.

высокоопла́чиваемый *adj* highly paid.

высокопа́р|ный (~ен, ~на) *adj* (*literary*) high-flown; bombastic.

высокопоста́вленный *adj* high-ranking.

высокопревосходи́тельств|о, а *nt* **(ва́ше) в.** (your) Excellency (*title, in tsarist Russia, of officers and civil servants of the first and second class*).

высокопреосвяще́нств|о, а *nt*: **(ва́ше) в.** (Your) Eminence, (Your) Grace (*title of archbishops and metropolitans of the Orthodox Church*).

высокопреподо́би|е, я *nt*: **(ва́ше) в.** (Your) Reverence (*title of archimandrites, abbots and archpriests of the Orthodox Church*).

высокопро́б|ный (~ен, ~на) *adj* sterling; (*fig*) sterling, of high quality.

высокопроизводи́тел|ьный (~ен, ~ьна) *adj* highly productive.

высокора́звит|ый (~, ~а) *adj* highly developed.

высокосо́ртный *adj* high-grade.

высокотехнологи́чный *adj* high-tech.

высокоуважа́емый *adj* (*obs; mode of address in letters*) honoured (Sir), respected (Sir).

высокочасто́тный *adj* (*elec*) high-frequency.

высокочти́мый *adj* (*obs*) highly esteemed.

высокоэффекти́в|ный (~ен, ~на) *adj* high-efficiency.

вы́сос|ать, у, ешь *pf (of* ⇒**выса́сывать**) **1** to suck out. **2** (*fig, coll*) (*деньги, сведения*) to get out (of), extort (from); **в. все со́ки из** to exhaust, wear out; **в. из па́льца** to invent, fabricate; **всё э́то из па́льца ~ано** it is a complete fabrication.

высот|á, ы́, *pl* **~́ы, ~́** *f* **1** (*здания, столба*) height; (*над земной поверхностью*) altitude; (*температуры, давления*) level; (*mus*) pitch; **набра́ть ~у́** (*aeron*) to gain altitude. **2** (*возвышенность*) height; **кома́ндные ~́ы** commanding heights (*also fig*). **3** (*искусства, мастерства*) high level; **дости́гнуть но́вых высо́т** to reach new heights. **4** (*fig*): **на до́лжной ~é** up to the mark; **быть на ~é положе́ния** to be equal to the occasion; **оказа́ться на ~ё положе́ния** to rise to the occasion.

высо́тк|а, и *f* (*coll*) tower block.

высо́тник, а *m* (*строитель*) workman employed on the construction of high buildings; (*альпинист*) high-altitude mountaineer; (*лётчик*) high-altitude flyer.

высо́тн|ый *adj* **1** high-altitude. **2**: **~ое зда́ние** high-rise building, tower block.

высотоме́р, а *m* altimeter.

вы́сох|нуть, ну, нешь, *past* **~, ~ла** *pf (of* ⇒**высыха́ть**) **1** (*бельё*) to dry (out); (*река*) to dry up. **2** (*растение*) to wither, fade; (*fig*) (*исхудать*) to waste away, fade away.

вы́сох|ший *pp active of* ⇒**~нуть** *and adj* dried-up; shrivelled; wizened.

высоча́йш|ий *adj* **1** *superl of* ⇒**высо́кий**. **2** (*epithet of tsar or emperor*) imperial, royal; **проше́ние на ~ее и́мя** petition to His Imperial Majesty.

высоче́нный *adj* (*coll*) very high, (*человек*) very tall.

Высо́честв|о, а *nt*: **(Ва́ше) В.** (your) Highness.

вы́сп|аться, люсь, ишься *pf (of* ⇒**высыпа́ться**[2]) (*coll*) to have a good sleep.

выспева́|ть, ю *impf of* ⇒**вы́спеть**

вы́спе|ть, ю *pf* (*coll*) to ripen.

выспра́шива|ть, ю *impf of* ⇒**вы́спросить**

вы́спрен|ний (~, ~ня) *adj* high-flown; bombastic.

вы́спро|сить, шу, сишь *pf (of* ⇒**выспра́шивать**) (*coll*) **1** (*информацию*) to find out. **2** (*человека*) to interrogate; to pump.

вы́став|ить, лю, ишь *pf (of* ⇒**~ля́ть**) **1** (*поставить наружу*) to put out, move out; (*картины, товары*) to exhibit, display; **в. на прода́жу** to put on sale; **в. на свет** to expose to the light; **в. напока́з** to show off, parade. **2** (*часовых*) to post. **3** (+ *i*) (*представить*) to represent (as), make out (as); **в. в плохо́м све́те** to represent in an unfavourable light; **его́ ~или тру́сом** he was made out to be a coward. **4** (*предложить*) to put forward; **в. свою́ кандидату́ру** to come forward as a candidate; **в. до́воды** to put forward arguments. **5** (*написать*) to put down, set down; **в. число́ на письме́** to date a letter. **6** (*coll*) (*выгнать*) to send out, turn out, throw out; **в. со слу́жбы** to sack.

вы́став|иться, люсь, ишься *pf (of* ⇒**~ля́ться**) **1** (*о художнике*) to exhibit. **2** (*coll*) to stick out; to lean out; (*fig*) to show off.

вы́ставк|а, и *f* exhibition, show.

выставля́|ть, ю *impf of* ⇒**вы́ставить**

выставля́|ться, юсь *impf of* ⇒**вы́ставиться**

выставно́й *adj* removable.

вы́став|очный *adj of* ⇒**~ка**

выста́ива|ть(ся), ю, ет(ся) *impf of* ⇒**вы́стоять(ся)**

вы́стега|ть[1]**, ю** *pf of* ⇒**стега́ть**[2]

вы́стега|ть[2]**, ю** *pf* (*coll*) to thrash, flog.

вы́стел|ить, ю, ешь *pf* = **вы́стлать**

вы́ст|елю, елешь *see* ⇒**~лать**

выстила́|ть, ю *impf of* ⇒**вы́стлать**

вы́стира|ть, ю *pf of* ⇒**стира́ть**[2]

вы́ст|лать, елю, елешь *pf* (*покрыть*) to cover; (*вымостить*) to pave.

вы́сто|ять, ю, ишь *pf (of* ⇒**выста́ивать**) **1** (*долго простоять*) to stand; **нам пришло́сь в. весь путь** we had to stand the whole way. **2** (*pf only*) (*не сдаться*) to stand one's ground.

вы́сто|яться, ю, ится *pf (of* ⇒**выста́иваться**) to mature, ripen.

вы́страда|ть, ю *pf* **1** (*пережить много страданий*) to suffer; to go through. **2** (*достигнуть страданиями*) to gain, achieve through suffering.

выстра́ива|ть(ся), ю(сь) *impf of* ⇒**вы́строить(ся)**

выстра́чива|ть, ю *impf of* ⇒**вы́строчить**

вы́стрел, а *m* shot; **произвести́ в.** to fire a shot; **разда́лся в.** a shot rang out; **на в. (от** + *g*) (*coll*) within gunshot (of).

вы́стрел|ить, ю, ишь *pf* to shoot, fire; **я ~ил в него́ три ра́за** I fired three shots at him.

вы́стри|г, гу, жешь *see* ⇒**~чь**

выстрига́|ть, ю *impf of* ⇒**вы́стричь**

вы́стри|чь, гу, жешь, гут, *past* **~г, ~гла** *pf* (*стрижкой удалить*) to cut, clip out; (*шерсть*) to shear.

вы́строга|ть, ю *pf (of* ⇒**строга́ть**) **1** (*сделать гладким*) to plane, shave. **2** (*вырезать*) to carve.

вы́стро|ить, ю, ишь *pf (of* ⇒**выстра́ивать**) **1** to build. **2** (*mil*) to draw up, form up.

вы́стро|иться, юсь, ишься *pf (of* ⇒**выстра́иваться**) **1** (*mil*) to form up (*intrans*). **2** (*стоять рядами*) to stand in rows.

вы́строч|ить, у, ишь *pf (of* ⇒**выстра́чивать**) to hemstitch.

вы́струга|ть, ю *pf* = **вы́строгать**

вы́стука|ть, ю *pf* (*of* ⇒**выстýкивать**) (*coll*) to tap out; **в. мелóдию** to tap out a tune.

выстýкива|ть, ю *impf of* ⇒**вы́стукать**

вы́ступ, а *m* projection, ledge; **в. фрóнта** (*mil*) salient.

выступá|ть, ю *impf* **1** *impf of* ⇒**вы́ступить**. **2** (*impf only*) (*выдаваться вперёд*) to project, jut out, stick out. **3** (*impf only*) (*ходить с важным видом*) to strut.

вы́ступ|ить, лю, ишь *pf* (*of* ⇒∼**áть 1**) **1** (*also* **в. с рéчью**) to speak, to make a speech; (*публично*) to appear (*publicly*); **в. за** + *a* to come out in favour of; **в. прóтив** + *g* to come out against; **в. в печáти** to appear in print; **в. по телеви́дению** to appear on television; **в. по рáдио** to speak on the radio; **в. на сцéне** to appear on stage, to perform.
2 (+ *i*) to act (as); to be; **в. в рóли/кáчестве** (+ *g*) to play the role (of); to act (as).
3 (*выйти вперёд*) to come forward; to come out; **в. в похóд** (*mil*) to take the field.
4 (*выйти за пределы*) (**из** + *g*) to go beyond; **в. из берегóв** to overflow its banks.

выступлéни|е, я *nt* **1** (*речь*) speech; (*публичное*) appearance; (*заявление*) statement; (*в печати*) publication; (*актёра*) performance. **2** (*акция*) action, demonstration; (*протестное*) protest, unrest; **вооружённое в.** armed uprising. **3** (*отправление*) setting out; departure.

вы́су|дить, жу, дишь *pf* (*coll*) to obtain by court decision.

высýжива|ть, ю *impf of* ⇒**вы́судить**

вы́су|жу, дишь *see* ⇒∼**дить**

вы́сун|уть, у, ешь *pf* (*of* ⇒**высóвывать**) to put out, thrust out, stick out; **в. язы́к** to put/stick one's tongue out; **бежáть** ∼**ув язы́к** (*coll*) to run without pausing for breath.

вы́сун|уться, усь, ешься *pf* (*of* ⇒**высóвываться**) **1** (*о человеке*) to show o.s., thrust o.s. forward; **в. из окнá** to lean out of the window. **2** (*о ноге, руке*) to stick out.

высýшива|ть, ю *impf of* ⇒**вы́сушить**

вы́суш|ить(ся), у(сь), ишь(ся) *pf of* ⇒**суши́ть(ся)**

вы́счита|ть, ю *pf* (*of* ⇒**высчи́тывать**) to calculate.

высчи́тыва|ть, ю *impf of* ⇒**вы́считать**

вы́с|ший *adj* (*comp and superl of* ⇒**высóкий**) (*самый высокий*) highest; (*самый главный*) supreme; (*более высокий*) higher; ∼**шего кáчества** of the highest quality; ∼**шая матемáтика** higher mathematics; ∼**шая мéра наказáния** capital punishment; **суд** ∼**шей инстáнции** higher court; ∼**шее образовáние** higher education; ∼**шее óбщество** (high) society; ∼**шее учéбное заведéние** *see* ⇒**вуз**; ∼**шая шкóла** higher education; **в** ∼**шей стéпени** in the highest degree.

высылá|ть, ю *impf of* ⇒**вы́слать**

вы́сылк|а, и *f* **1** (*посылки, денег*) sending, dispatching. **2** (*диссидента*) exile; (*иностранца*) deportation.

вы́сып|ать, лю, лешь *pf* (*of* ⇒**высыпáть**) **1** to pour out (*trans*); (*нечаянно*) to spill. **2** (*coll*) to pour out (*intrans*). **3** (*сыпь*) to break out (*impers*): **у негó** ∼**ало на всём тéле** he has come out in a rash all over.

высыпá|ть, ю *impf of* ⇒**вы́сыпать**

вы́сып|аться, лется, лются *pf* (*of* ⇒**высыпáться**[1]) to pour out; (*нечаянно*) to spill (*intrans*).

высыпá|ться[1]**, ется** *impf of* ⇒**вы́сыпаться**

высыпá|ться[2]**, юсь** *impf of* ⇒**вы́спаться**

высыхá|ть, ю *impf of* ⇒**вы́сохнуть**

выс|ь, и *f* (*в небе*) height; (*in pl*) (*вершины*) mountain tops.

вытáлкива|ть, ю *impf of* ⇒**вы́толкать** *and* ⇒**вы́толкнуть**

вытáплива|ть, ю *impf of* ⇒**вы́топить**

вытáптыва|ть, ю *impf of* ⇒**вы́топтать**

вы́таращ|ить, у, ишь *pf of* ⇒**тарáщить**

вытáскива|ть, ю *impf of* ⇒**вы́тащить**

вы́тача|ть, ю *pf of* ⇒**тачáть**

вытáчива|ть, ю *impf of* ⇒**вы́точить**

вы́тачк|а, и *f* tuck, dart.

вы́тащ|ить, у, ишь *pf* (*of* ⇒**вытáскивать**) **1** (*мебель из комнаты*) to drag out; (*из кармана, из сумки*) to pull out, extract; (*coll*) (*убедить пойти*): **в когó-н.** to drag s.o. out, drag s.o. off; **они́** ∼**или егó в. кинó** they have dragged him off to the cinema; **в. когó-н. из бедь́** to help s.o. out of trouble. **2** (*coll*) (*украсть*) to steal, pinch; **у меня́** ∼**или бумáжник** I have had my wallet stolen.

вы́твер|дить, жу, дишь *pf* (*coll*) to get/learn by heart.

вытвéржива|ть, ю *impf of* ⇒**вы́твердить**

вытворя́|ть, ю *impf* (*coll*) to get up to, be up to; **что ты** ∼**ешь?** what are you up to?

вытекá|ть, ю *impf* **1** *impf of* ⇒**вы́течь**. **2** (*impf only*) (*река*) to flow (from, out of). **3** (*impf only*) (*fig*) (*вывод*) to result, follow (from).

вы́те|кут *see* ⇒∼**чь**

вы́т|ереть, ру, решь, *past* ∼**ер**, ∼**ерла** *pf* (*of* ⇒∼**ирáть**) **1** (*руки, глаза, посуду, стол*) to wipe; (*грязь*) to wipe up; **в. пыль** to dust. **2** (*coll*) (*износить*) to wear out, wear threadbare.

вы́терп|еть, лю, ишь *pf* (*перенести*) to bear, endure; (*сдержаться*): **я éле** ∼**ел, когдá он сказáл э́то** I could hardly stand it when he said that.

вы́терт|ый (∼**,** ∼**а)** *ppp of* ⇒**вы́тереть** *and adj* threadbare.

вы́те|сать, шу, шешь *pf* to square off.

вытеснéни|е, я *nt* **1** ousting; (*замена собой*) supplanting. **2** (*phys*) displacement.

вы́тесн|ить, ю, ишь *pf* **1** (*врага*) to force out; to oust; (*заменить собой*) to supplant. **2** (*phys*) to displace.

вытесня́|ть, ю *impf of* ⇒**вы́теснить**

вытёсыва|ть, ю *impf of* ⇒**вы́тесать**

вы́те|чь, чет, кут, *past* ∼**к**, ∼**кла** *pf* (*of* ⇒∼**кáть 1**) to flow out, run out.

вы́те|шу, шешь *see* ⇒∼**сать**

вытирá|ть, ю *impf of* ⇒**вы́тереть**

вы́тисн|ить, ю, ишь *pf* to stamp, imprint, impress.

вытисня́|ть, ю *impf of* ⇒**вы́тиснить**

вы́тк|ать, у, ешь *pf* to weave.

вы́толка|ть, ю *pf* (*of* ⇒**вытáлкивать**) (*coll*) to throw out; **егó** ∼**ли в шéю** (*sl*) he was thrown out on his ear.

вы́толкн|уть, у, ешь *pf* (*of* ⇒**вытáлкивать**) **1** to throw out.
2 (*пробку*) to push out, force out.

вы́топ|ить, лю, ишь *pf* (*of* ⇒**вытáпливать**) **1** (*печь*) to heat.
2 (*сало*) to melt (down).

вы́топ|тать, чу, чешь *pf* (*of* ⇒**вытáптывать**) to trample down.

вы́торг|овать, ую *pf* (*of* ⇒∼**óвывать 1**) (*coll*) **1** (*получить уступку*) to get a reduction (of); **он** ∼**овал дéсять рублéй из цены́ э́тих сапóг** he got a reduction of ten roubles on the price of these boots.
2 (*заработать торговлей*) to make net, clear. **3** (*fig*) to manage to get; **он** ∼**овал отсрóчку для окончáния диссертáции** he has managed to get an extension of time to finish his dissertation.

выторгóвыва|ть, ю *impf* (*coll*) **1** *impf of* ⇒**вы́торговать**. **2** to try to get (*by bargaining*); to haggle over.

вы́точен|ный (∼**,** ∼**а)** *ppp of* ⇒**вы́точить** *and adj* **слóвно в.** (*черты лица*) chiselled; (*форма тела*) perfect, perfectly formed.

вы́точ|ить, у, ишь *pf* (*of* ⇒**вытáчивать**) **1** (*на токарном станке*) to turn. **2** (*coll*) (*сделать острым*) to sharpen.

вы́трав|ить, лю, ишь *pf* (*of* ⇒**трави́ть**[1] *and* ⇒∼**ля́ть**)
1 (*тараканов*) to exterminate, destroy.
2 (*пятно*) to remove, get out.
3 (*надпись*) to etch. **4** (*посевы*) to trample down.

вытрáвлива|ть, ю *impf* (*coll*) = **вытравля́ть**

вытравля́|ть, ю *impf of* ⇒**вы́травить**

вы́треб|овать, ую *pf* **1** (*получить*) to obtain. **2** (*заставить явиться*) to send for, summon(s); **в. когó-н. в суд повéсткой** to summons s.o.

вытрезви́тел|ь, я *m* detoxification centre.

вы́трезв|ить, лю, ишь *pf* (*of* ⇒**вытрезвля́ть**) to sober (up).

вы́трезв|иться, люсь, ишься *pf* (*of* ⇒**вытрезвля́ться**) (*coll*) to sober up (*intrans*).

вытрезвля́|ть(ся), ю(сь) *impf of* ⇒**вы́трезвить(ся)**

вы́т|ру, решь *see* ⇒**~ереть**

вытряса́|ть, ю *impf of* ⇒**вы́трясти**

вы́тряс|ти, у, ешь, *past* **~, ~ла** *pf* (*песок, мусор*) to shake out.

вытря́хива|ть, ю *impf of* ⇒**вы́тряхнуть**

вы́тряхн|уть, у, ешь *pf* (*of* ⇒**вытря́хивать**) **1** (*песок, мусор; скатерть*) to shake out. **2** (*coll*) (*выгнать*) to throw out.

выту́рива|ть, ю *impf of* ⇒**вы́турить**

вы́тур|ить, ю, ишь *pf* (*of* ⇒**выту́ривать**) (*coll*) to throw out, chuck out.

выть, во́ю, во́ешь *impf* (*собака, волк, ветер*) to howl; (*сирена*) to wail; (*плакать*) to howl, wail.

выть|ё, я́ (*no pl*) *nt* howling; wailing.

вытя́гива|ть(ся), ю(сь) *impf of* ⇒**вы́тянуть(ся)**

вы́тяжк|а, и *f* **1** (*дыма, гноя*) drawing out, extraction. **2** (*chem*) (*экстракт*) extract. **3** (*кожи, проволоки*) stretching, extension; **на ~у,** *see* ⇒**навы́тяжку**

вытяжн|о́й *adj* for extracting, for drawing out; **в. трос** rip cord (*of parachute*); **~а́я труба́** ventilating pipe.

вы́тянут|ый (~, ~а) *ppp of* ⇒**~ь** *and adj* stretched; **~ое лицо́** (*fig*) a long face.

вы́тян|уть, у, ешь *pf* (*of* ⇒**вытя́гивать**) **1** (*вытащить*) to pull out. **2** (*ноги, руки*) to stretch (out); (*сделать длиннее*) to extend. **3** (*дым, гной*) to draw out, extract (*also fig*); (*impers*): **газ ~уло в окно́** the gas had escaped through the window; (*fig, coll*) **в. всю ду́шу** (+ *d or* **у** + *g*) to wear (s.o.) out. **4** (*coll*) (*выдержать*) to endure, stand, stick; **он до́лго не ~ет при тако́м кли́мате** he won't stick it for long in a climate like that. **5** (*coll*) (*осуществить*) to fulfill (*Br*), fulfill (*US*).

вы́тян|уться, усь, ешься *pf* (*of* ⇒**вытя́гиваться**) **1** (*растянуться*) to stretch (*intrans*); (*вдоль реки; на полу*) to stretch out; **лицо́ у неё ~улось** (*coll*) her face fell. **2** (*coll*) (*вырасти*) to grow, shoot up. **3** (*выпрямиться*) to stand erect; **в. во фронт** (*mil*) to stand at attention.

вы́у|дить, жу, дишь *pf* (*of* ⇒**выу́живать**) **1** (*рыбу*) to catch. **2** (*деньги, секрет*) to extract, get out.

выу́жива|ть, ю *impf of* ⇒**вы́удить**

вы́утюж|ить, у, ишь *pf of* ⇒**утю́жить**

вы́ученик, а *m* (*coll*) (*ученик*) pupil.

выу́чива|ть, ю *impf of* ⇒**вы́учить**

вы́уч|ить, у, ишь *pf* (*of* ⇒**учи́ть 1, 4** *and* ⇒**~ивать**) **1** to learn. **2** (+ *a and d or + inf*) to teach; **он ~ил нас испа́нскому языку́** he taught us Spanish; **он ~ил её пра́вить маши́ной** he has taught her to drive (a car).

вы́уч|иться, усь, ишься *pf* (*of* ⇒**учи́ться 1, 3**) (+ *d or inf*) to learn; (*coll, на кого-н.*) to learn (to be).

вы́учк|а, и *f* (*о знаниях*) teaching; (*об умении*) training; **отда́ть на ~у** (+ *d*) to apprentice (to); **он прошёл хоро́шую ~у** he has had a sound training.

выха́жива|ть, ю *impf of* ⇒**вы́ходить**

выхваля́|ться, юсь *impf* (*coll, pej*) to sing one's own praises, blow one's own trumpet.

вы́хва|тить, чу, тишь *pf* **1** (*отнять*) to snatch out; to grab. **2** (*вытащить*) to pull out, draw; **в. нож** to draw a knife. **3** (*случайно взять*) to pull out.

выхва́тыва|ть, ю *impf of* ⇒**вы́хватить**

вы́хвачен|ный (~, ~а) *ppp of* ⇒**вы́хватить; ~ из жи́зни** true to life, taken from the life.

вы́хва|чу, тишь *see* ⇒**~тить**

вы́хлеста|ть, ю *pf* (*coll*) **1** (*высечь*) to flog, lash. **2** (*sl*) (*выпить*) to drink off, drain.

вы́хлестн|уть, у, ешь *pf* (*coll*) **1** (*удалить*) to flick out. **2** (*выплеснуть*) to splash out.

вы́хлоп, а *m* (*tech*) exhaust (*apparatus*); (*действие*): **в. га́зов** emission of gases.

выхлопа́тыва|ть, ю *impf of* ⇒**вы́хлопотать**

выхлопн|о́й *adj* (*tech*) exhaust; **~а́я труба́** exhaust pipe; **~ые га́зы** exhaust (fumes).

вы́хлопо|тать, чу, чешь *pf* (*of* ⇒**выхлопа́тывать**) to obtain (*after much trouble*).

вы́ход, а *m* **1** (*на улицу*) going out; (*с целью уйти*) leaving, departure; (*из партии*) leaving; (*поезда, корабля*) departure; **в. за́муж** marriage (*of woman*); **в. в отста́вку** retirement. **2** (*место выхода*) way out, exit; (*трубки*) outlet; (*способ*) way out; **из э́того положе́ния ~а не́ было** there was no way out of this situation; **знать все ходы́ и ~ы** to know all the ins and outs; **дать в.** (+ *d*) to give vent (to). **3** (*издания*) appearance; (*фильма*) release; (*theatr*) entrance. **4** (*econ*) output; yield. **5** (*comput*) exit; logoff.

вы́ход|ец, ца *m* **1** (*из другой страны*) immigrant; **сло́вно в. с того́ све́та** like an apparition, ghost. **2** (*из другой социальной среды*) person moving from one social group to another; **он — в. из крестья́н** he is of peasant origin.

вы́хо|дить[1], жу, дишь *pf* (*of* ⇒**выха́живать**) **1** (*больного*) to tend, nurse. **2** (*ребёнка*) to rear, bring up; (*растения*) to grow.

вы́хо|дить[2], жу, дишь *pf* (*of* ⇒**выха́живать**) (*coll*) (*обойти всё*) to pass (through); to go all over.

выхо|ди́ть, жу́, ~дишь *impf* **1** *impf of* ⇒**вы́йти. 2** (*impf only*) to look out (on), give (on), face; **его́ ко́мната ~дит о́кнами на у́лицу** his room looks onto the street. **3**: **не в. из головы́, из ума́** to be unforgettable, stick in one's mind. **4** *as pred* **~дит(, что)** (*coll*) it turns out that.

выходк|а, и *f* (*pej*) trick; escapade.

выходн|о́й *adj* **1** exit; **~а́я дверь** street door. **2**: **в. день** day off; **~а́я оде́жда** 'best' clothes; **~о́е пла́тье** party dress, outfit; *as n* (*i*) **в., ~о́го** *m* (*день*) day off; (*ii*) **в., ~о́го** *m*, **~а́я, ~о́й** *f* (*coll*) (*человек*) person having day off; **он сего́дня в.** it is his day off today. **3**: **~о́е посо́бие** (*also as n* **~ые, ~ых**) severance pay. **4** (*theatr*): **~а́я роль** bit part.

выход|я́щий *pres participle of* ⇒**~и́ть; из ря́да вон ~я́щий** outstanding.

вы́хо|жу, дишь *see* ⇒**~дить**

выхо|жу́, ~дишь *see* ⇒**~ди́ть**

выхола́жива|ть, ю *impf of* ⇒**вы́холодить**

выхола́щива|ть, ю *impf of* ⇒**вы́холостить**

вы́хол|енный *ppp of* ⇒**~ить** *and adj* well cared for; well groomed.

вы́хол|ить, ю, ишь *pf* to care for, tend.

вы́холо|дить, жу, дишь *pf* (*of* ⇒**выхола́живать**) to cool.

вы́холо|стить, щу, стишь *pf* (*of* ⇒**выхола́щивать**) to castrate, geld; (*fig*) (*идею, язык*) to emasculate.

вы́холо|щенный *ppp of* ⇒**~стить** *and adj* castrated, gelded; (*fig*) emasculated; **~щенная ло́шадь** gelding.

вы́хухол|ь, я *m* desman.

вы́царапа|ть, ю *pf* (*coll*) **1** (*написать*) to scratch; (+ *a and d*) to scratch out; **в. глаза́ кому́-н.** to scratch s.o.'s eyes out. **2** (*fig*) (*деньги*) to extract, get (out of).

выцара́пыва|ть, ю *impf of* ⇒**вы́царапать**

вы́цве|сти, ту, тешь, *past* **~л** *pf* to fade.

выцвета́|ть, ю *impf of* ⇒**вы́цвести**

вы́цве|тший *pp of* ⇒**~сти** *and adj* faded.

вы́це|дить, жу, дишь *pf* **1** (*вылить*) to filter, rack (off); to decant. **2** (*fig, coll*) (*выпить*) to drink off, drain.

выце́жива|ть, ю *impf of* ⇒**вы́цедить**

вы́чекан|ить, ю, ишь *pf of* ⇒**чека́нить**

вы́ч|ел, ла *see* ⇒**~есть**

вычёркива|ть, ю *impf of* ⇒**вы́черкнуть**

вы́черкн|уть, у, ешь *pf* (*слова*) to cross out; (*из списка*) to cross off; **в. из па́мяти** to erase from one's memory.

вы́черпа|ть, ю *pf* (*of* ⇒**вычёрпывать**) (**из** + *g*) **1** (*удалить*) to take out; (*из лодки*) to bail (out); **в. во́ду из ло́дки** to bail out a boat. **2** (*пруд*) to drain.

вычёрпыва|ть, ю *impf of* ⇒**вы́черпать**

вы́чер|тить, чу, тишь *pf* (*of* ⇒**вычёрчивать**) to draw; to trace.

вы́черчен|ный (~, ~а) *ppp of* ⇒**вы́чертить** *and adj* finely shaped; **~ные бро́ви** finely-shaped eyebrows.

вычёрчива|ть, ю *impf of* ⇒**вы́чертить**

вы́чер|чу, тишь *see* ⇒**~тить**

вы́че|сать, шу, шешь *pf* (*of* ⇒**~сывать**) to comb out.

вы́ч|есть, ту, тешь, *past* **~ел, ~ла,** *pres gerund* **~тя** *pf* (*of* ⇒**~ита́ть**) **1** (*math*) to subtract.

2 (*удержать*) to deduct, keep back.

вычёсыва|ть, ю *impf of* ⇒**вы́чесать**

вы́чет, а *m* deduction; **за ~ом** (+ *g*) except; minus.

вы́че|шу, шешь *see* ⇒**~сать**

вычисле́ни|е, я *nt* calculation.

вычисли́тел|ь, я *m* **1** (*прибор*) calculator. **2** (*человек*) computer specialist.

вычисли́тельн|ый *adj* calculating, computing; **~ая маши́на** computer; **~ая те́хника** computers; **в. центр** computer centre (*Br*), center (*US*).

вы́числ|ить, ю, ишь *pf* (*of* ⇒**~я́ть**) to calculate, compute.

вычисля́|ть, ю *impf of* ⇒**вы́числить**

вы́чи|стить, щу, стишь *pf* (*of* ⇒**чи́стить 1, 2** *and* ⇒**~ща́ть**) **1** to clean (up, out). **2** (*fig*) to purge; to expel; **его́ ~стили из па́ртии** he has been expelled from the party.

вычита́ем|ое, ого *nt* (*math*) subtrahend.

вычита́ни|е, я, *nt* (*math*) subtraction.

вы́чита|ть, ю *pf* (*of* ⇒**вычи́тывать**) **1** (*coll*) to find (*by reading, perusing*); **я ~л сообще́ние о его́ сме́рти в одно́й из вчера́шних газе́т** I found a report of his death in one of yesterday's newspapers. **2** (*printing*) to read, proofread.

вычита́|ть, ю *impf of* ⇒**вы́честь**

вычи́тыва|ть, ю, *impf of* ⇒**вы́читать**

вычища́|ть, ю *impf of* ⇒**вы́чистить**

вы́чи|щу, стишь *see* ⇒**~стить**

вы́ч|ту, тешь *see* ⇒**~есть**

вы́чур|ный (~ен, ~на) *adj* fanciful; mannered; precious.

выша́гива|ть, ю *impf* (*coll*) to pace.

вышвы́рива|ть, ю *impf of* ⇒**вы́швырнуть**

вы́швырн|уть, у, ешь *pf* to throw out, hurl out; (*fig, coll*) (*выгнать*) to chuck out.

вы́ше 1 *comp of* ⇒**высо́кий** *and* ⇒**высоко́**; higher, taller. **2** *prep* + *g* (*вверх от*) above, beyond; (*больше*) over; **в. восьми́десяти гра́дусов** over eighty degrees; **в. нуля́** above zero; (*за пределами*) beyond; **э́то в. моего́ понима́ния** it is beyond my comprehension; **зада́ча оказа́лась в. его́ сил** the task proved to be beyond him. **3** *adv* (*literary*) above; **смотри́ в.** see above.

выше... *comb form* above-, afore-.

вышеизло́женный *adj* foregoing.

вы́|шел, шла *see* ⇒**~йти**

вышелу́шива|ть, ю *impf of* ⇒**вы́шелушить**

вы́шелуш|ить, у, ишь *pf* to peel; to shell.

вышена́званный *adj* aforenamed, aforementioned.

вышеозна́ченный *adj* aforesaid, abovementioned.

вышеприведённый *adj* above-cited; **в. приме́р** the example above.

вышеска́занный *adj* aforesaid.

вышестоя́щ|ий *adj* higher; (*pol*) **~ие о́рганы вла́сти** the higher organs of power.

вышеука́занный *adj* foregoing.

вышеупомя́нутый *adj* aforementioned.

вышиба́л|а, ы *m* (*sl*) bouncer, chucker-out.

вышиба́|ть, ю *impf of* ⇒**вы́шибить**

вы́шиб|ить, у, ешь, *past* **~, ~ла** *pf* (*coll*) **1** (*выбить*) to knock out. **2** (*выгнать*) to chuck out.

вышива́льный *adj* embroidery.

вышива́льщиц|а, ы *f* needlewoman.

вышива́ни|е, я *nt* embroidery, needlework.

вышива́|ть, ю *impf of* ⇒**вы́шить**

вы́шивк|а, и *f* embroidery, needlework.

вышивно́й *adj* embroidered.

вышин|а́, ы́, *pl* **~́ы** *f* height; **в ~е́** aloft, high up; **~о́й в ты́сячу ме́тров** a thousand metres high, up.

вы́ш|ить, ью, ьешь, *imperative* **~ей** *pf* (*of* ⇒**~ива́ть**) to embroider.

вы́шк|а, и *f* **1** (*часть здания*) turret. **2** (*башня*) (watch)tower; **диспе́тчерская в.** (*aeron*) control tower; **сторожева́я в.** watchtower; **бурова́я в.** derrick. **3** (*sport*) high board. **4** (*coll*) (*наказание*) the death penalty.

вы́школ|ить, ю, ишь *pf of* ⇒**шко́лить**

вы́шлиф|овать, ую *pf* **1** (*tech*) to polish. **2** (*fig, coll*) to polish, give a polish to; to smarten up.

вы́|шлю, шлешь *see* ⇒**~слать**

вышмы́гива|ть, ю *impf of* ⇒**вы́шмыгнуть**

вы́шмыгн|уть, у, ешь *pf* (*coll*) to slip out.

вышны́рива|ть, ю *impf of* ⇒**вы́шнырнуть**

вы́шнырн|уть, у, ешь *pf* (*coll*) to jump out.

вы́штукатур|ить, ю, ишь *pf* to stucco.

вы́шу|тить, чу, тишь *pf* to laugh at, make fun of.

вышу́чива|ть, ю *impf of* ⇒**вы́шутить**

вы́щерб|ить, лю, ишь *pf* (*of* ⇒**~ля́ть**) (*coll*) to dent; to jag.

выщербля́|ть, ю *impf of* ⇒**вы́щербить**

вы́щип|ать, лю, лешь *pf* (*of* ⇒**выщи́пывать**) to pull out, pluck; **в. пе́рья у ку́рицы** to pluck a chicken.

вы́щипн|уть, у, ешь *pf* to pull out; to pluck out.

выщи́пыва|ть, ю *impf of* ⇒**вы́щипать**

вы́щупа|ть, ю *pf* **1** (*med*) to find (*by probing*). **2** (*coll*) to run one's hands over; to ransack.

выщу́пыва|ть, ю *impf of* ⇒**вы́щупать**

вы́|я, и *f* (*obs or rhetorical*) neck.

вы́яв|ить, лю, ишь *pf* (*of* ⇒**~ля́ть**) **1** (*талант, черты*) to display, reveal. **2** (*предать гласности*) to bring out; to make known. **3** (*недостатки*) to expose.

вы́яв|иться, люсь, ишься *pf* (*of* ⇒**~ля́ться**) (*недостатки*) to come to light, be revealed, be exposed.

выявле́ни|е, я *nt* revelation; (*недостатков*) exposure.

выявля́|ть(ся), ю(сь) *impf of* ⇒**вы́явить(ся)**

выясне́ни|е, я *nt* clarification; explanation.

вы́ясн|ить, ю, ишь *pf* (*of* ⇒**выясня́ть**) (*сделать понятным*) to clarify, clear up, explain; (*установить*) to find out, ascertain.

вы́ясн|иться, ится *pf* (*of* ⇒**выясня́ться**) (*объясниться*) to become clear; (*стать явным*) to turn out, prove (*intrans*); **как ~илось, он лгал всё вре́мя** he was lying all the time as it turned out.

выясн|я́ть(ся), я́ю, я́ет(ся) *impf of* ⇒**вы́яснить(ся)**

Вьетна́м, а *m* Vietnam.

вьетна́м|ец, ца *m* Vietnamese.

вьетна́м|ка, ки *f of* ⇒**~ец**

вьетна́м|ки, ок (*no sg*) (*coll*) flip-flops.

вьетна́мский *adj* Vietnamese.

вью, вьёшь *see* ⇒**вить**

вью́г|а, и *f* snowstorm, blizzard.

вью́|жный *adj of* ⇒**~га**

вьюк, а *m* pack; load.

вьюн, а́ *m* climbing plant, climber.

вьюн|о́к, ка́ *m* (*bot*) bindweed, convolvulus.

вью́ч|ить, у, ишь *impf* (*of* ⇒**на~**) to load (up).

вью́чн|ый *adj* pack; **~ое живо́тное** beast of burden.

вью́шк|а, и *f* (*задвижка в дымоходе*) damper.

вью́щ|ийся *pres participle of* ⇒**ви́ться** *and adj*: **~иеся во́лосы** curly hair; **~еeся расте́ние** (*bot*) creeper, climber.

вя|жу́, ~́жешь *see* ⇒**~за́ть**

вя́жущий *pres participle active of* ⇒**вяза́ть** *and adj* **1** (*вкус*) astringent. **2** (*tech*) binding, cementing.

вяз, а *m* elm (tree).

вяза́льн|ый *adj* knitting; **в. крючо́к** crochet hook; **~ая спи́ца** knitting needle.

вяза́льщик, а *m* **1** (*трикотажа*) knitter, crocheter. **2** (*снопов*) binder.

вяза́ни|е, я *nt* **1** (*трикотажа*) knitting, crocheting. **2** (*снопов*) binding, tying.

вя́занк|а, и *f* (*coll*) knitted garment (*jumper, etc.*).

вяза́нк|а, и *f* bundle.

вя́заный *adj* knitted.

вяза́нь|е, я *nt* (*спицами*) knitting; (*крючком*) crocheting.

вя|за́ть, жу́, ~́жешь *impf* **1** (*pf* **с~**) (*руки, ноги*) to tie, bind; (*снопы*) to bind; (*tech*) to tie, clamp; **в. кому́-н. ру́ки** to tie s.o.'s hands. **2** (*pf* **с~**) (*спицами*) to knit; (*крючком*) to crochet. **3** (*impf only*) to be astringent; (*impers*): **у меня́ ~́жет во рту** my mouth feels constricted. **4** (*pf* **по~**) (*собак*) to mate (*dogs*).

В

вя|за́ться, жу́сь, ~́жешься *impf* **1** (*coll*) (**с** + *i*) to agree, tally (with). **2**: **де́ло не вя́жется** things are not going well, not getting anywhere; **разгово́р не вя́жется** the conversation is not getting anywhere.

вя́зк|а, и *f* **1** (*снопов*) tying, binding. **2** (*спицами*) knitting; (*крючком*) crocheting. **3** (*связка*) bunch, string; **в. ключе́й** bunch of keys. **4** (*собак*) mating (*of dogs*).

вя́з|кий (~ок, ~ка́, ~ко) *adj* **1** (*клейкий*) viscous, sticky. **2** (*топкий*) boggy.

вя́зкост|ь, и *f* **1** viscosity, stickiness. **2** bogginess.

вя́з|нуть, ну, нешь, *past* **~, ~ла** *impf* (**в** + *p*) to get stuck (in).

вя́з|че *comp of* **⇒~кий, ~ко**

вяз|ь, и (*no pl*) *f* **1** (*palaeography*) (*письмо*) ornamental, ligatured script. **2** (*узор*) interwoven ornament (*in pattern*).

вя́ка|ть, ю *impf* (*coll*, *pej*) to talk nonsense, blather.

вя́леный *adj* sun-dried.

вя́л|ить, ю, ишь *impf* (*of* **⇒про~**) to cure by drying in the sun.

вя́лост|ь, и *f* (*кожи, мышц*) flabbiness; (*fig*) sluggishness; inertia; slackness.

вя́л|ый *adj* **1** (*растение*) faded. **2 (~, ~а)** (*кожа, тело*) flabby, flaccid; (*fig*, *лишённый бодрости*) sluggish, inert; slack; **~ое настрое́ние** sluggish disposition; **в. ры́нок** (*econ*) slack market.

вя́н|уть, у, ешь, *past* **вял/вя́нул, вя́ла, вя́ло, вя́ли** *impf* (*of* **⇒за~**) (*растение*) to fade, wither; (*fig*) (*красота, способности*) to fade; **у́ши ~ут от тако́го разгово́ра** it makes one sick to listen to such talk.

вя́щ|ий *adj* (*obs or joc*) greater; **для ~ей предосторо́жности** to make assurance doubly sure; **для ~ей убеди́тельности** in order to be more convincing.

Гг

г (*abbr of* **грамм**) g, gr., gram(s).

г. *abbr of* **1 год** year. **2 гора́** mountain; Mount, Mt. **3 го́род** city, town. **4 господи́н** Mr.

га (*abbr of* **гекта́р**) ha, hectare(s).

Гаа́г|а, и *f* The Hague.

габарди́н, а *m* gaberdine.

габари́т, а *m* (*usu in pl*) (*tech*) size, dimensions.

габари́т|ный *adj of* ⇒**~**; **~ные огни́** sidelights (*Br*), sidemarker lights (*US*).

Габо́н, а *m* Gabon.

гава́|ец, йца *m* Hawaiian.

Гава́й|и, ев *m pl* Hawaii.

гава́|йка, йки *f of* ⇒**~ец**

гава́йский *adj* Hawaiian.

Гава́н|а, ы *f* Havana.

га́ван|ский *adj of* ⇒**~ь**

га́ван|ь, и *f* harbour (*Br*), harbor (*US*).

га́вка|ть, ю *impf* (*coll*) to bark.

Гавр, а *m* Le Havre.

га́врик, а *m* (*sl*) mate (*Br*), buddy (*US*); **ма́ленький г.** little lad.

га́г|а, и *f* eider duck.

гага́ка|ть, ет *impf* (*dialect or coll*; *onomatopoeia, of geese*) to cackle.

гага́р|а, ы *f* (*zool*) diver (*Br*), loon (*US*).

гага́рк|а, и *f* (*zool*) razorbill.

гага́т, а *m* (*min*) jet.

гага́чий *adj of* ⇒**га́га**; **г. пух** eiderdown.

гад, а *m* **1** (*coll, becoming obs*) (*земноводное*) amphibian (*esp a toad or frog*); (*пресмыкающееся*) reptile (*esp a snake*). **2** (*fig, coll*) (*человек*) bastard, rat, skunk.

гада́лк|а, и *f* fortune-teller.

гада́ни|е, я *nt* **1** (*предсказывание*) fortune-telling; **г. по руке́** palmistry. **2** (*догадка*) guesswork.

гада́тел|ьный (~ен, ~ьна) *adj* (*сомнительный*) doubtful; (*предположительный*) conjectural, hypothetical.

гада́|ть, ю *impf* **1** (*pf* **по~**) (**на** + *p or* **по** + *d*) (*предсказывать*) to tell fortunes (by); **г. на кофе́йной гу́ще** to make wild guesses. **2** (*impf only*) (**о** + *p*) (*предполагать*) to guess, conjecture, surmise.

Гаде́с, а *m* Hades.

га́джет, а *m* (*comput, mobile teleph*) gadget.

га́дин|а, ы *f* (*coll, becoming obs in literal sense*) = **гад**

га́|дить, жу, дишь *impf* (*of* ⇒**на~**) (*coll*) **1** (*о животных*) to defecate. **2** (**на** + *a or p*, **в** + *p*) (*пачкать*) to foul, defile. **3** (+ *d*; *coll*) (*вредить*) to play dirty tricks (on).

га́д|кий (~ок, ~ка́, ~ко) *adj* nasty, vile, repulsive; **г. утёнок** ugly duckling.

га́дк|о[1] *adv of* ⇒**~ий**

га́дко[2] *as pred* **мне,** *etc.*, **г.** I, *etc.*, loathe (it); I, *etc.*, am repelled.

гадли́вост|ь, и *f* aversion, disgust.

гадли́в|ый (~, ~а) *adj*: **~ое чу́вство** (feeling of) disgust.

га́дост|ный (~ен, ~на) *adj* disgusting; (*coll*) poor, bad.

га́дост|ь, и *f* (*coll*) **1** (*дрянь*) filth, muck. **2** (*поступок*) dirty trick; **он спосо́бен на вся́кую г.** he is capable of the lowest trick; **говори́ть ~и** to say foul things.

гадю́к|а, и *f* **1** (*змея*) adder, viper. **2** (*coll*) (*человек*) repulsive person.

га́ечный *adj of* ⇒**га́йка**; **г. ключ** spanner, wrench.

га́же *comp of* ⇒**га́дкий**

газ[1]**, а** *m* **1** gas; **г. не́рвно-паралити́ческого де́йствия** nerve gas. **2** (*coll*): **на по́лном ~е/~у** at top speed; **дать ~у** to step on the gas, step on it; **педа́ль ~а** accelerator, gas pedal; **сба́вить г.** to reduce speed; **быть под ~ом** to be tipsy. **3** (*in pl*) (*в кишечнике*) wind; **скопле́ние ~ов** flatulence, wind.

газ[2]**, а** (*no pl*) *m* (*ткань*) gauze.

газава́т, а *m* = **джиха́д** (*esp in the historical context of the fight of the peoples of the Caucasus for their independence from tsarist Russia*).

газго́льдер, а *m* gasometer.

газе́л|ь, и *f* (*zool*) gazelle.

газе́т|а, ы *f* newspaper; **г. таблóидного форма́та** tabloid.

газе́т|ный *adj of* ⇒**~а**; **~ная бума́га** newsprint; **г. коро́ль/магна́т** press baron; **г. стиль** journalese.

газе́тчик, а *m* **1** (*продавец*) newspaper seller; newspaper boy. **2** (*coll*) (*журналист*) journalist.

га́зик, а *m* ≈ jeep (*propr*); 'Gazik' (*an all-terrain vehicle produced by the Gorky car plant*).

газиро́ванный *adj* carbonated.

гази́р|овать, ую (*and* газир|ова́ть, у́ю) *impf* to carbonate.

газиро́вк|а, и *f* (*coll*) **1** (*газирование*) carbonation. **2** (*напиток*) carbonated water, soda (water).

газифика́ци|я, и *f* **1** (*снабжение газовым топливом*) supplying with gas. **2** (*превращение в горючий газ*) gasification.

газифици́р|овать, ую *impf and pf* **1** (*снабдить газовым топливом*) to supply with gas; to install gas (in). **2** (*tech*) (*превратить в горючий газ*) to gasify.

газобалло́н, а *m* gas cylinder.

газ|ова́ть, у́ю *impf* (*coll*) to step on the gas; to put one's foot down (*Br*).

газовщи́к, а́ *m* gasman.

га́зов|ый[1] *adj of* ⇒**газ**[1]; **~ая плита́** gas cooker, gas stove; **г. счётчик** gas meter; **~ая ка́мера** gas chamber.

га́зовый[2] *adj of* ⇒**газ**[2]

газогенера́тор, а *m* (*tech*) gas generator, gas producer.

газоли́н, а *m* gasoline.

газоме́р, а *m* gas meter.

газомёт, а *m* (*mil*) gas projector.

газомото́р, а *m* (*tech*) gas engine.

газо́н, а *m* grassed area, lawn; **«По ~ам не ходи́ть!»** 'Keep off the grass'.

газонепроница́емый *adj* gas-tight.

газонокоси́лк|а, и *f* lawnmower.

газообра́з|ный (~ен, ~на) *adj* (*phys*) gaseous.

газопрово́д, а *m* gas pipeline; gas main.

газопрово́д|ный *adj of* ⇒**~**

газохрани́лищ|е, а *nt* gasometer.

ГАИ *f indecl* (*abbr of* **Госуда́рственная автомоби́льная инспе́кция**) State Motor Vehicle Inspectorate; traffic police.

Гаити *indecl* (*nt*) (*государство*) Haiti; (*m*) (*остров*) Hispaniola.

гаитя́н|ин, ина, *pl* **~е, ~** *m* Haitian.

гаитя́н|ка, ки *f of* ⇒**~ин**

гаитя́нский *adj* Haitian.

гаи́шник, а *m* (*coll*) traffic cop.

Гайа́н|а, ы *f* Guyana.

гайа́н|ец, ца *m* Guyanese.

гайа́н|ка, ки *f of* ⇒**~ец**

гайа́нский *adj* Guyanese.

гайдама́к, а *m* (*hist*) haydamak (*a Ukrainian Cossack; also a member of an anti-Bolshevik Ukrainian cavalry detachment in 1918*).

гайдама́|цкий *adj of* ⇒**~к**

гайду́к, а́ *m* (*hist*) heyduck (**1** *a rebel against Turkish domination in the Balkans.* **2** *a footman in the house of a wealthy landowner*).

га́йк|а, и *f* nut; **бара́шковая г.** wing nut; **закрути́ть ~и** (*fig*) to put the screws on.

гаймори́т, а *m* (*med*) sinusitis.

гакабо́рт, а *m* (*naut*) taffrail.

Г

гала́ *adj indecl* gala; **г.-представле́ние** gala performance.

гала́ктик|а, и *f* (*astron*) galaxy.

галантере́|йный *adj of* ⇨∼**я**; **г. магази́н** haberdashery, fancy goods shop.

галантере́|я, и *f* haberdashery, fancy goods.

гала́нтност|ь, и *f* gallantry (= *courtliness*).

гала́нт|ный (∼ен, ∼на) *adj* gallant (= *courtly*).

гала́т|ы, ов *pl* (*bibl*) Galatians.

гал|дёж, дежа́ *m* (*coll*) din, racket.

галд|е́ть, *1st pers not used*, **и́шь** *impf* (*coll*) to make a din, racket.

гале́р|а, ы *f* galley.

галере́|я, и *f* (*in various senses*) gallery.

галёрк|а, и *f* (*theatr*; *coll*) gallery, 'the gods'.

гале́р|ный *adj of* ⇨∼**а**

гале́т|а, ы *f* (*type of*) cracker.

га́лечник, а *m* (*collect*) pebbles, shingle.

га́лечный *adj* pebble, shingle; pebbly, shingly.

Галиле́йск|ое мо́р|е, ∼ого ∼я *nt* (*пресноводное озеро на севере Израиля*) the Sea of Galilee.

Галиле́|я, и *f* Galilee.

галимать|я́, и́ *f* (*coll*) rubbish, nonsense.

Гали́си|я, и *f* Galicia (*Spain*).

галифе́ *pl indecl or nt indecl* riding breeches, jodhpurs; (*as adj*): **брю́ки г.** riding breeches, jodhpurs.

Гали́ци|я, и *f* Galicia (*Eastern Europe*).

га́лк|а, и *f* daw, jackdaw.

галл, а *m* Gaul.

га́лли|й, я *m* (*chem*) gallium.

галлици́зм, а *m* Gallicism.

галлома́н, а *f* Gallomaniac.

галлома́ни|я, и *f* Gallomania (*an unreasoning love of everything French*).

галло́н, а *m* gallon.

га́лльский *adj* Gallic.

галлюцина́ци|я, и *f* hallucination.

галлюцини́р|овать, ую *impf* to have hallucinations.

галлюциноге́н, а *m* hallucinogen.

галлюциноге́нный *adj* hallucinogenic.

галоге́н, а *m* (*chem*) halogen.

гало́п, а *m* gallop; **∼ом** at a gallop; **лёгкий г.** canter; **скака́ть ∼ом** to gallop.

галопи́р|овать, ую *impf* to gallop.

га́лочк|а, и *f* tick, check (*US*).

гало́ш|а, и *f* galosh; **сесть в ∼у** (*coll*) to get into a fix, into a spot.

галс, а *m* (*naut*) tack; **пра́вым/ле́вым ∼́ом** on the starboard/port tack.

га́лстук, а *m* tie; **г.-ба́бочка** bow tie, dicky bow.

галу́н, а́ *m* lace, galloon.

галу́шк|а, и *f* (*cul*) dumpling.

гальваниза́ци|я, и *f* (*phys*) galvanization.

гальванизи́р|овать, ую *impf and pf* (*phys*) to galvanize.

гальвани́ческий *adj* (*phys*) galvanic.

гальвано́метр, а *m* (*phys*) galvanometer.

гальванопла́стик|а, и *f* electroplating.

га́л|ька, ьки *f* **1** (*g pl* **∼ек**) pebble. **2** (*collect*) pebbles, shingle.

галью́н, а *m* (*naut*) (the) heads (*toilet*).

гам, а *m* (*coll*) din, uproar.

гамадри́л, а *m* (*zool*) hamadryad (*baboon*).

гама́к, а́ *m* hammock.

гама́ш|а, и *f* gaiter, legging.

Га́мби|я, и *f* Gambia.

га́мбургер, а *m* (ham)burger.

га́мм|а¹, ы *f* (*mus*) scale; gamut (*also fig*); **г. кра́сок** colour range (*Br*), color range (*US*).

га́мм|а², ы *f* gamma (*letter of Greek alphabet*); **г.-глобули́н** gamma globulin; **г.-лучи́** (*phys*) gamma rays.

Га́н|а, ы *f* Ghana.

Ганг, а *m* the Ganges (*river*).

га́нгли|й, я *m* (*anat*) ganglion.

гангре́н|а, ы *f* gangrene.

гангрено́зный *adj* gangrenous.

га́нгстер, а *m* gangster.

гандбо́л, а *m* handball.

гандболи́ст, а *m* handball player.

гандболи́ст|ка, ки *f of* ⇨∼

гандика́п, а *m* (*sport*) handicap.

га́н|ец, ца *m* Ghanaian.

ганзе́йский *adj* (*hist*) Hanseatic.

га́н|ка, ки *f of* ⇨∼**ец**

Ганно́вер, а *f* Hanover.

га́нский *adj* Ghanaian.

ганте́л|ь, и *f* (*sport*) dumb-bell.

гара́ж, а́ *m* garage.

гара́нт, а *m* guarantor.

гаранти́йный *adj* guarantee.

гаранти́р|овать, ую *impf and pf* **1** to guarantee, vouch for. **2** (**от** + *g*) (*защитить*) to protect (against).

гара́нти|я, и *f* guarantee; (*охрана*) safeguard.

Га́рвард, а *m* Harvard.

гардеро́б, а *m* **1** (*шкаф*) wardrobe. **2** (*помещение*) cloakroom. **3** (*collect*) (*одежда*) wardrobe.

гардеро́бщик, а *m* cloakroom attendant.

гардеро́бщи|ца, цы *f of* ⇨∼**к**

гарди́н|а, ы *f* curtain.

гар|ево́й *adj of* ⇨∼**ь**; **∼ева́я доро́жка** cinder path.

гаре́м, а *m* harem.

га́рк|ать, аю *impf of* ⇨∼**нуть**

га́рк|нуть, ну, нешь *pf* (*of* ⇨∼**ать**) (*coll*) to bark (out), bawl (out); **г. на кого́-н.** to bark at s.o.

гармониза́ци|я, и *f* (*mus*) harmonization.

гармонизи́р|овать, ую *impf and pf* (*mus*) to harmonize (*trans*).

гармо́ник|а, и *f* **1** accordion, concertina; **губна́я г.** mouth organ. **2**: **∼ой, в ∼у** *as adv* pleated; concertinaed. **3** (*phys*) harmonic.

гармони́р|овать, ую *impf* (**с** + *i*) to be in harmony (with); (*о красках*) to tone (with), go (with).

гармони́ст, а *m* accordion player, concertina player.

гармони́ческий *adj* **1** (*mus*) harmonic. **2** harmonious.

гармони́ч|ный (∼ен, ∼на) *adj* harmonious.

гармо́ни|я, и *f* **1** (*mus*) harmony. **2** (*fig*) harmony, concord.

гармо́н|ь, и *f* accordion, concertina.

гармо́шк|а, и *f* = **гармо́нь**

гарнизо́н, а *m* garrison.

гарнизо́н|ный *adj of* ⇨∼; **∼ная слу́жба** garrison duty.

гарни́р, а *m* (*cul*) garnish; (*из овощей*) vegetables; **на г.** as a side dish.

гарниту́р, а *m* set; (*мебели*) suite.

гарниту́р|а, ы *f* **1** (*printing, comput*): **(шрифтова́я) г.** font, (*Br, also*) fount; **г. ру́сского/лати́нского шри́фта** Cyrillic/Latin font, (*Br, also*) fount. **2** (*мобильного телефона и т. п.*) headset (*esp of a mobile phone*).

га́рпи|я, и *f* harpy.

гарпу́н, а́ *m* harpoon.

гарпу́н|ный *adj of* ⇨∼; **∼ная пу́шка** harpoon gun.

га́рус, а *m* worsted (yarn).

гарц|ева́ть, у́ю *impf* to prance.

гар|ь, и *f* **1** burning; **па́хнет ∼́ью** there's a smell of burning. **2** cinders, ashes.

га|си́ть, шу́, ∼́сишь *impf* (*of* ⇨**по∼**) **1** (*pf also* **за∼**) (*пожар, свет*) to put out, extinguish; **г. свет** to put out the light. **2**: **г. и́звесть** to slake lime. **3** (*чувства, звуки*) to suppress, stifle. **4** (*погашать*) to cancel; **г. долг** to liquidate a debt; **г. почто́вую ма́рку** to frank a postage stamp.

га́с|нуть, ну, нешь, *past* **∼, ∼ла** *impf* (*of* ⇨**по∼**) (*переставать гореть*) to be extinguished, go out; (*слабеть*) to grow feeble; (*о чувствах*) to fade, weaken.

гастри́т, а *m* gastritis.

гастри́ческий *adj* gastric.

гастролёр, а *m* **1** artiste on tour. **2** (*coll*) casual worker.

гастроли́р|овать, ую *impf* to tour, be on tour (*of an artiste*).

гастро́л|ь, и *f* (*usu in pl*) tour; engagement (*of touring artiste*).

гастро́льный *adj* touring (*of artistes*).

гастроно́м¹, а *m* (*знаток вкусной еды*) gourmet.

гастроно́м², а *m* (*магазин*) grocer's (shop) (*Br*), grocery store (*US*).

гастрономи́ческий *adj* **1** gastronomical. **2**: **г. магази́н** grocer's (shop) (*Br*), grocery store (*US*).

гастроно́ми|я, и *f* **1** (*продукты*) high-quality cooked meats, fish, cheeses, etc. **2** (*гастрономический отдел*) delicatessen counter. **3** (*тонкий вкус в еде*) gastronomy.

ГАТТ *nt indecl* GATT (*abbr of* General Agreement on Tariffs and Trade — *Генера́льное соглаше́ние о тари́фах и торго́вле*).

гат|ь, и *f* road of brushwood; **бреве́нчатая г.** corduroy road.

га́убиц|а, ы *f* (*mil*) howitzer.

гауптва́хт|а, ы *f* (*mil*) guardhouse, guardroom.

га́фел|ь, я *m* (*naut*) gaff.

га́ч|и, ей *pl* (*sg* **~а, ~и** *f*) (*dialect*) **1** (*брюки*) trousers. **2** (*ляжки*) haunches.

гаше́ни|е, я *nt* (*огня*) extinguishing; (*извести*) slaking.

гашён|ый *ppp of* **⇨гаси́ть** *and adj*: **~ая и́звесть** slaked lime.

гаше́тк|а, и *f* trigger (*of heavy machine guns etc.*).

гаши́ш, а *m* hashish.

ГБ (*abbr of* **о́рганы госуда́рственной безопа́сности**) (organs of) State security.

гвалт, а *m* (*coll*) row, uproar, rumpus.

гварде́|ец, йца *m* (*mil*) guardsman.

гварде́йский *adj* (*mil*) Guards'.

гва́рди|я, и *f* (*mil*) Guards; **~и** (*preceding* **капита́н** *etc., in titles of rank*) Guards.

Гватема́л|а, ы *f* Guatemala.

гватема́л|ец, ьца *m* Guatemalan.

гватема́л|ка, ки *f of* **⇨~ец**

гватема́льский *adj* Guatemalan.

гвине́|ец, йца *m* Guinean.

гвине́|йка, йки *f of* **⇨~ец**

гвине́йский *adj* Guinean.

Гвине́|я, и *f* Guinea.

гвоздево́й *adj*: **г. материа́л** feature item; **г. но́мер** main attraction, star turn.

гво́здик, а *m* tack (*small nail*).

гвозди́к|а[1]**, и** *f* (*bot*) pink(s); carnation(s); **туре́цкая/борода́тая г.** sweet william.

гвозди́к|а[2]**, и** *f* (*collect*) (*пряность*) cloves.

гво́здик|и, ов (*no sg*) (*каблуки*) stilettos.

гвоз|ди́ть, жу́, ди́шь *impf* (*coll*) **1** (*бить*) to bang, bash; to bang away; **2** (*повторять*) to repeat, keep on.

гвозд|ь, я́, *pl* **~́и, ~е́й** *m* **1** nail; **~ём засе́сть** (*fig*) to become firmly fixed. **2** (+ *g*; *fig, coll*) (*самое главное*) the crux (of); the highlight (of); **г. вопро́са** the crux of the matter; **г. програ́ммы** the highlight of the show; the main attraction. **3**: **(и) никаки́х ~е́й!** (*coll*) and that's that!

гг. *abbr of* **1 го́ды** years. **2 города́** cities, towns. **3 господа́** Messrs; Mr and Mrs.

где *adv* **1** (*interrog and rel adv*) where; **г. бы ни** wherever; **г. бы то ни́ было** no matter where. **2** (*coll*) (*где-нибудь*) somewhere; anywhere. **3**: **г...., г....** (*coll*) in one place ..., in another ...; sometimes ..., sometimes ... . **4**: **г. (уж)** (+ *d and inf*) (*coll*) how should one, how is one to; **г. мне знать?** how should I know?

где́-либо *adv* anywhere.

где́-нибудь *adv* somewhere; anywhere.

где́-то *adv* somewhere.

ГДР *f indecl* (*abbr of* **Герма́нская Демократи́ческая Респу́блика**) (*hist*) GDR (*German Democratic Republic*).

геби́ст, а *m* (*coll*) KGB man *or* agent.

Гебри́дск|ие остров|а́, ~их ~о́в (*no sg*) the Hebrides.

гегемо́н, а *m* leader.

гегемо́ни|я, и *f* hegemony, supremacy.

гедони́зм, а *m* hedonism.

гедони́ст, а *m* hedonist.

гедонисти́ческий *adj* hedonistic.

гей[1] *int* hi!

ге|й[2]**, я** *m* (*coll, becoming neutral in style*) gay (*the only PC term referring to a male homosexual*); **г.-клу́б** gay club; **г.-пара́д** gay parade.

ге́йзер, а *m* geyser.

гейм, а *m* game.

гекза́метр, а *m* hexameter.

гекко́н, а *m* gecko.

гекта́р, а *m* hectare.

гекто... *comb form* hecto-.

ге́ли|й, я *m* (*chem*) helium.

гелио́граф, а *m* heliograph.

гелиотро́п, а *m* (*bot and min*) heliotrope.

гелиоцентри́ческий *adj* heliocentric.

гел|ь, я *m* gel.

гемато́лог, а *m* haematologist (*Br*), hematologist (*US*).

гематологи́ческий *adj* haematological (*Br*), hematological (*US*).

гематоло́ги|я, и *f* haematology (*Br*), hematology (*US*).

гемоглоби́н, а *m* (*physiol*) haemoglobin (*Br*), hemoglobin (*US*).

геморро́|й, я *m* **1** (*med*) haemorrhoids (*Br*), hemorrhoids (*US*), piles. **2** (*sl*) pain (in the arse (*Br*), ass (*US*)) (*situation/ thing*).

гемофи́лик, а *m* (*med*) haemophiliac (*Br*), hemophiliac (*US*).

гемофили́|я, и *f* (*med*) haemophilia (*Br*), hemophilia (*US*).

ген, а *m* (*physiol*) gene.

ген... *comb form, abbr of* **генера́льный**

генеалоги́ческий *adj* genealogical.

генеало́ги|я, и *f* genealogy.

ге́незис, а *m* origin, source, genesis.

генера́л, а *m* general; **г.-майо́р** major general; **г.-лейтена́нт** lieutenant general; **г.-полко́вник** colonel general; **бригадный г.** brigadier general; **г.-губерна́тор** governor general.

генерали́ссимус, а *m* generalissimo.

генералите́т, а *m* (*collect*) the generals; the top brass.

генера́льн|ый *adv* (*in various senses*) general; **г. констру́ктор** chief designer; **~ая репети́ция** dress rehearsal; **~ое сраже́ние** decisive battle; **~ая убо́рка** spring-clean; **г. штаб** general staff.

генера́льский *adj* general's; **г. чин** rank of general.

генера́тор, а *m* (*tech*) generator.

гене́тик, а *m* geneticist.

гене́тик|а, и *f* genetics.

генети́ческий *adj* genetic.

гениа́льност|ь, и *f* genius; greatness.

гениа́л|ьный (~ен, ~ьна) *adj* (*поэт, произведение*) brilliant; (*решение*) ingenious.

ге́ни|й, я *m* (*талант, способности*) genius; (*человек*) a genius.

генита́ли|и, й (*no sg*) (*med*) genitalia, genitals.

ге́н|ный *adj of* **⇨~**; **~ная инжене́рия** genetic engineering; **~ная дактилоско́пия** genetic fingerprinting.

гено́м, а *m* genome; **г. челове́ка** human genome.

генотерапи́|я, и *f* gene therapy.

генофо́нд, а *m* gene pool.

геноци́д, а *m* genocide.

генсе́к, а *m* (*abbr of* **генера́льный секрета́рь**) (*coll*) (*партии*) General Secretary; (*ООН*) Secretary General.

Ге́ну|я, и *f* Genoa.

гео... *comb form, abbr of* **географи́ческий**

гео́граф, а *m* geographer.

географи́ческий *adj* geographical.

геогра́фи|я, и *f* geography.

геодези́ст, а *m* land surveyor.

геодези́ческий *adj* geodesic, geodetic.

геоде́зи|я, и *f* geodesy, (land) surveying.

гео́лог, а *m* geologist.

геологи́ческий *adj* geological.

геоло́ги|я, и *f* geology.

геометри́ческий *adj* geometric(al).

геоме́три|я, и *f* geometry.

геополи́тик|а, и *f* geopolitics.

геополити́ческий *adj* geopolitical.

георги́н, а *m* (*bot*) dahlia.

георги́н|а, ы *f* = **~**

геофи́зик, а *m* geophysicist.

геофи́зик|а, и *f* geophysics.

геофизи́ческий *adj* geophysical.

гепа́рд, а *m* cheetah.

гепати́т, а *m* hepatitis.

гера́льдик|а, и *f* heraldry.

геральди́ческий *adj* heraldic.

гера́н|ь, и *f* geranium.

герб, а́ *m* arms, coat of arms.

герба́ри|й, я *m* herbarium.

гербици́д, а *m* herbicide.

ге́рбов|ый *adj* **1** heraldic. **2** (*с гербом*) bearing a coat of arms; **~ая бума́га** stamped paper; **~ая ма́рка** duty stamp. **3**: **г. сбор** stamp duty.

гериатри́ческий *adj* geriatric.

геркуле́с, а *m* **1** (*человек*) (a) Hercules (*strong man*). **2** (*sg only*) (*крупа*) rolled oats; porridge.

геркуле́совский *adj* Herculean.

геркуле́сов|ый *adj* oat; **~ая ка́ша** porridge; **~ое пече́нье** oat biscuits (*Br*), oat cookies (*US*).

герма́н|ец, ца *m* **1** Teuton; ancient German; **~цы** the Germanic, Nordic peoples. **2** (*coll*) (*немец*) German.

герма́ни|й, я *m* (*chem*) germanium.

германи́ст, а *m* specialist in Germanic studies, Germanist.

германи́стик|а, и *f* Germanic studies.

Герма́ни|я, и *f* Germany.

герма́нск|ий *adj* **1** Germanic; Teutonic; **~ие языки́** Germanic languages. **2** (*coll*) (*немецкий*) German.

гермафроди́т, а *m* hermaphrodite.

Г

гермети́чески *adv*: **г. закры́тый** hermetically sealed.

гермети́ческ|ий *adj* hermetic, sealed; airtight; watertight; **~ая каби́на** (*aeron*) pressurized cabin.

Ге́рнси *m indecl* (*остров*) Guernsey.

герои́зм, а *m* heroism.

геро́ик|а, и *f* heroics; heroic spirit; (*стиль*) heroic style.

геро́ин, а *m* heroin.

геро́инщик, а *m* (*coll*) heroin addict.

герои́н|я, и *f* heroine.

герои́ческий *adj* heroic.

геро́|й, я *m* hero; (*literary*) (*действующее лицо*) character; **гла́вный г.** protagonist.

> **Геро́й Росси́йской Федера́ции — Hero of the Russian Federation**
>
> The highest honorary title in Russia, awarded for heroic deeds. Holders of this title receive a medal *Золотáя звездá Герóя Росси́йской Федерáции* (Gold Star of the Hero of the Russian Federation), the highest government award.

геро́йский *adj* heroic.

геро́йств|о, а *nt* heroism.

геро́льд, а *m* (*hist*) herald.

ге́рпес, а *m* herpes.

геру́нди|й, я *m* (*gram*) gerund.

герц, а, *g pl* **г.** *m* (*phys*) hertz, cycle per second.

ге́рцог, а *m* duke; **г. Эдинбу́ргский** the Duke of Edinburgh.

герцоги́н|я, и *f* duchess.

ге́рцогский *adj* ducal.

ге́рцогств|о, а *nt* duchy.

геста́по *nt indecl* Gestapo.

геста́пов|ец, ца *m* Gestapo agent.

гетероге́нный *adj* heterogeneous.

гетеросексуали́ст, а *m* heterosexual.

гетеросексуа́льный *adj* heterosexual.

ге́тман, а *m* (*hist*) hetman.

ге́тр|ы, ~ *pl* (*sg* **~а, ~ы** *f*) **1** gaiters. **2** (*sport*) football socks. **3** (*балетные*) leg warmers.

ге́тто *nt indecl* ghetto.

г-жа (*abbr of* **госпожа́**) (*замужняя*) Mrs; (*незамужняя*) Miss; (*без указания на семейное положение*) Ms.

гиаци́нт, а *m* (*bot*) hyacinth; **во́дный г.** water hyacinth (*Eichhornia crassipes*).

ГИБДД (*abbr of* **Госуда́рственная инспе́кция безопа́сности доро́жного движе́ния**) (*pr ги-бэ-дэ-дэ́*) State road safety inspectorate.

ги́бел|ь, и *f* **1** (*смерть*) death; (*уничтожение*) destruction, ruin; (*потеря*) loss; (*государства*) downfall. **2** (+ *g*; *coll*) (*множество*) masses (of), swarms (of), hosts (of).

ги́бел|ьный (~ен, ~ьна) *adj* disastrous, fatal.

ги́б|кий (~ок, ~ка́, ~ко) *adj* **1** flexible; (*тело*) supple, lithe; **г. диск** (*comput*) floppy (disk); **г. стан** lithe body, figure. **2** (*ум*) adaptable, versatile. **3** (*политика*) flexible.

ги́бкост|ь, и *f* **1** flexibility; (*тела*) suppleness. **2** (*ума*) versatility, resourcefulness. **3** (*политики*) flexibility.

ги́бл|ый *adj* (*coll*) (*место*) godforsaken, wretched; (*безнадёжный*) hopeless; **~ое де́ло** a lost cause.

ги́б|нуть, ну, нешь, *past* **~** *and* **~нул, ~ла** *impf* (*of* ⇒**по~**) to perish.

Гибралта́р, а *m* Gibraltar.

Гибралта́рск|ий проли́в, ~ого ~а *m* the Strait of Gibraltar.

гибри́д, а *m* hybrid.

гибридиза́ци|я, и *f* hybridization.

гига... *comb form* giga-.

гигаба́йт, а *m* (*comput*) gigabyte.

гига́нт, а *m* giant; **(пласти́нка-)г.** LP, long-playing record.

гига́нтский *adj* gigantic.

гигие́н|а, ы *f* hygiene.

гигиени́ческ|ий *adj* hygienic, sanitary; **~ая прокла́дка** sanitary towel (*Br*), napkin (*US*).

гигро́метр, а *m* hygrometer.

гид, а *m* guide.

ги́др|а, ы *f* (*myth, zool; fig*) hydra.

гидра́влик|а, и *f* hydraulics.

гидравли́ческий *adj* hydraulic.

гидра́нт, а *m* hydrant.

гидра́т, а *m* (*chem*) hydrate.

гидро... *comb form* hydro-.

гидро́граф, а *m* hydrographer.

гидрографи́ческий *adj* hydrographic.

гидрогра́фи|я, и *f* hydrography.

гидродина́мик|а, и *f* hydrodynamics.

гидрокостю́м, а *m* wet suit.

гидро́лиз, а *m* (*chem*) hydrolysis.

гидроло́ги|я, и *f* hydrology.

гидролока́тор, а *m* sonar.

гидро́окис|ь, и *f* hydroxide.

гидросамолёт, а *m* hydroplane.

гидроста́нци|я, и *f* hydroelectric (power) station.

гидроста́тик|а, и *f* hydrostatics.

гидроте́хник, а *m* hydraulic engineer.

гидроте́хник|а, и *f* hydraulic engineering.

гидрофо́н, а *m* (*naut*) hydrophone.

гидроэлектри́ческий *adj* hydroelectric.

гидроэлектроста́нци|я, и *f* hydroelectric power station.

гие́н|а, ы *f* hyena.

гик, а *m* (*coll*) whoop.

ги́кань|е, я *nt* whooping.

ги́к|ать, аю *impf* (*of* ⇒**~нуть**) (*coll*) to whoop.

ги́к|нуть, ну, нешь *pf* (*of* ⇒**~ать**) to whoop.

гил|ь, и *f* (*obs, coll*) nonsense.

гильде́йский *adj of* ⇒**ги́льдия**

ги́льди|я, и *f* (*hist*) guild.

ги́льз|а, ы *f* cartridge case; **папиро́сная г.** cigarette paper.

гильоти́н|а, ы *f* guillotine.

гильотини́р|овать, ую *impf and pf* to guillotine.

Гимала́|и, ев (*no sg*) the Himalayas.

гимала́йский *adj* Himalayan.

гимн, а *m* hymn; **госуда́рственный г.** national anthem.

гимнази́ст, а *m* grammar-school boy (*Br*), high-school boy.

гимнази́ст|ка, ки *f of* ⇒**~**

гимна́зи|я, и *f* grammar school (*Br*), high school.

гимна́ст, а *m* gymnast; **г. на трапе́ции** trapeze artist.

гимнастёрк|а, и *f* soldier's blouse.

гимна́стик|а, и *f* gymnastics; **спорти́вная г.** artistic gymnastics; **худо́жественная г.** rhythmic gymnastics; **у́тренняя г.** morning exercises; **дыха́тельная г.** breathing exercises; **оздорови́тельная г.** health exercises.

гимнасти́ческий *adj* gymnastic; **г. зал** gymnasium.

гинеко́лог, а *m* gynaecologist (*Br*), gynecologist (*US*).

гинекологи́ческий *adj* gynaecological (*Br*), gynecological (*US*).

гинеколо́ги|я, и *f* gynaecology (*Br*), gynecology (*US*).

гине́|я, и *f* guinea.

гип-гип-ура́ *int* hip hip hooray!

гипе́рбол|а, ы *f* **1** hyperbole. **2** (*math*) hyperbola.

гиперболи́ческий *adj* **1** hyperbolical. **2** (*math*) hyperbolic.

гиперинфля́ци|я, и *f* hyperinflation.

гиперма́ркет, а *m* (*comm*) hypermarket.

гиперте́кст, а *m* (*comput*) hypertext.

гиперте́кст, а *m* (*comput*) hypertext.

гиперто́ник, а *m* hypertensive, person with high blood pressure.

гипертони́|я, и *f* (*med*) hypertension, high blood pressure.

гипертрофи́рованный *adj* **1** (*physiol*) hypertrophied. **2** (*fig*) overblown, exaggerated.

гипертрофи́|я, и *f* (*physiol*) hypertrophy.

гипно́з, а *m* hypnosis.

гипнотерапи́|я, и *f* hypnotherapy.

гипнотизёр, а *m* hypnotist.

гипнотизи́р|овать, ую *impf* (*of* ⇒**за~**) to hypnotize.

гипноти́зм, а *m* hypnotism.

гипно́тик, а *m* hypnotic, (hypnotic) subject.

гипноти́ческий *adj* hypnotic.

гипоаллерге́нный *adj* (*med*) hypo-allergenic.

гипо́тез|а, ы *f* hypothesis.

гипотену́з|а, ы *f* (*math*) hypotenuse.

гипотерми́|я, и *f* hypothermia.

гипотети́ческий *adj* hypothetical.

гиппопота́м, а *m* hippopotamus.

гипс, а *m* **1** (*min*) gypsum. **2** (*art*) (*материал*) plaster of Paris; (*слепок*) plaster cast. **3** (*хирургическая повязка*) plaster cast, plaster.

ги́псовый *adj* **1** (*завод*) gypsum. **2** (*статуя, повязка*) plaster.

гиреви́к, а́ *m* (*sport*) weightlifter.

гирля́нд|а, ы *f* garland, wreath.

гирокóмпас, а *m* gyrocompass.
гироскóп, а *m* gyroscope.
гироскопи́ческий *adj* gyroscopic.
ги́р|я, и *f* (*для весов*) weight; (*sport*) weight, dumb-bell.
гистерэктоми́|я, и *f* hysterectomy.
гистогрáмм|а, ы *f* histogram.
гистóлог, а *m* histologist.
гистологи́ческий *adj* histological.
гистолóги|я, и *f* histology.
гитáр|а, ы *f* guitar; **ритм-г.** rhythm guitar.
гитари́ст, а *m* guitarist.
гитари́ст|ка, ки *f of* ⇨~
ги́тлеров|ец, ца *m* Hitlerite, Nazi; German soldier (*in Second World War*).
ги́тлеровский *adj* Hitlerite, Nazi.
ги́чк|а, и *f* (*naut*) gig.
Глав... *and* **...глав...** *comb forms, abbr of* **глáвное управлéние,** *as* **Главснáб (Глáвное управлéние материáльно-техни́ческого снабжéния), Главсельхóз (Глáвное управлéние сельскохозя́йственной промы́шленности).**
глав... *comb form, abbr of* **глáвный**
глав|á[1], **ы́,** *pl* ~́**ы** *f and cg* **1** *f* (*obs or rhetorical*) (*голова*) head. **2** *cg* (*начальник*) head, chief; **г. делегáции** head of a delegation; **быть во ~é** (+ *g*) to be at the head (of), lead; **во ~é (с** + *i*) under the leadership (of), led (by). **3**: **постáвить во ~ý углá** to regard as of paramount importance. **4** *f* (*archit*) cupola.
глав|á[2], **ы́,** *pl* ~́**ы** *f* (*раздел книги*) chapter.
главáр|ь, я́ *m* leader; ringleader.
главéнств|о, а *nt* supremacy.
главéнств|овать, ую *impf* (**в** + *p*, **над** + *i*) to have command (over), hold sway (over).
главк, а *m* (*abbr of* **глáвный комитéт**) central directorate.
главнокомáндующ|ий, его *m* Commander-in-chief (*abbr* C.-in-C.); **Верхóвный г.** Supreme Commander.
глáвн|ый *adj* (*самый важный*) chief, main, principal; (*старший*) head, senior; **г. врач** head physician; **г. инженéр** chief engineer; **~ая кни́га** ledger; **~ое предложéние** main clause; **~ое управлéние** central directorate; **~ым óбразом** chiefly, mainly, for the most part; *as n* **~ое, ~ого** *nt* the chief thing, the main thing; the essentials.
глагóл, а *m* verb.
глагóлиц|а, ы *f* (*ling*) the Glagolitic alphabet.
глаголи́ческий *adj* (*ling*) Glagolitic.
глагóльный *adj* verbal.
гладиáтор, а *m* gladiator.
гладиáторский *adj* gladiatorial.
глади́льн|ый *adj* ironing; **~ая doскá** ironing board.
гладиóлус, а *m* (*bot*) gladiolus.
глá|дить, жу, дишь *impf* (*of* ⇨**по~**) **1** (*pf also* **вы́~**) (*выравнивать утюгом*) to iron, press. **2** (*ласково проводить рукой по чему-н.*) to stroke; **г. по голóвке** (*coll*) to pat on the back; **г. прóтив шéрсти** to rub the wrong way.
глáд|кий (~ок, ~кá, ~ко) *adj* **1** (*дорога*) smooth; (*волосы*) straight; (*ткань*) plain, unpatterned; **с негó взя́тки ~ки** (*coll*) you'll get nothing out of him. **2** (*речь*) fluent, facile.
глáд|ко *adv of* ⇨**~кий**; smoothly, swimmingly; **дéло сошлó г.** the affair went off smoothly; **г. вы́бритый** clean-shaven.
гладкоствóльный *adj* (*of firearms*) smooth-bore.
глáд|ь[1], **и** *f* (*поверхность*) smooth surface (*of water*); **тишь да г.** (*coll*) peace and quiet.
глáд|ь[2], **и** *f* (*вышивка*) satin stitch; **вышивáть ~́ью** to satin-stitch.
глáже *comp of* ⇨**глáдкий**, ⇨**глáдко**
глáжень|е, я *nt* ironing.
глаз, а, о ~́е, в ~ý, *pl* **~á, ~, ~áм** *m* (*орган зрения*) eye; (*зрение*) eyesight; **дурнóй г.** evil eye; **невооружённый г.** naked eye; **не в бровь, а в г.** (*coll*) to hit the mark, strike home; **в ~á** to one's face; **я егó в ~á не ви́дел** I have never seen him; **в ~áх** (+ *g*) in the eyes (of); **ни в однóм ~ý** (*coll*) not at all drunk; **за ~á** (*i*) (*в отсутствие когó-л.*) in absence; **ругáть когó-н. за ~á** to abuse s.o. behind his back, (*ii*) (*coll*) (*с избытком*) enough, more than enough; **на ~á, на ~áх** before one's eyes; **не попадáйся мне на ~á!** keep out of my sight!; **на г.** approximately, by eye; **с ~у нá г.** tête-à-tête, cheek-by-jowl; **с г. долóй** out of sight; **убирáйся с г. долóй!** get out of my sight; **с г. долóй — из сéрдца вон** out of sight, out of mind; **не спускáть г. с** + *g* not to let out of one's sight; **смотрéть во все ~á** to be all eyes; **хоть г. вы́коли** it's pitch dark; **закрывáть ~á (на** + *a*) to close one's eyes (to), connive (at); **открывáть комý-н. ~á (на** + *a*) to open s.o.'s eyes (to); **идти́ кудá ~á глядя́т** to follow one's nose.
глазáст|ый (~, ~а) *adj* (*coll*) (*с большими глазами*) big-eyed; (*зоркий*) sharp-sighted.
глазé|ть, ю *impf* (*of* ⇨**по~**) (**на** + *a*; *coll*) to stare (at), gawk (at).
глазир|óванный *ppp of* ⇨**~овáть** *and adj* (*посуда*) glazed; (*бумага*) glossy; (*cul*) (*торт*) iced, frosted (*US*); (*фрукты*) glacé, candied.
глазир|овáть, ýю *impf and pf* to glaze; (*cul*) to ice, frost (*US*); (*фрукты*) to candy.
глазирóвк|а, и *f* glazing; icing, frosting (*US*); **торт с ~ой** iced cake.
глазни́к, á *m* (*coll*) eye doctor.
глазни́ц|а, ы *f* eye socket.
глазн|óй *adj of* ⇨**глаз**; **г. врач** oculist; **г. нерв** optic nerve; **~óе я́блоко** eyeball.
глаз|óк, кá, *pl* **~́ки, ~́ок** *and* **~ки́, ~кóв** *m* **1** (*pl* **~́ки**) *diminutive of* ⇨**~**; **одни́м ~кóм** with half an eye; **дéлать, стрóить ~́ки комý-н.** to make eyes at s.o.; **аню́тины ~́ки** (*bot*) pansy. **2** (*pl* **~ки́**) (*coll*) peephole. **3** (*pl* **~ки́**) (*растения*) bud; (*картофеля*) eye.
глазомéр, а *m* **1** (*определение размеров невооружённым глазом*) measurement by eye. **2** (*способность к такому определению*) ability to judge by eye; **хорóший г.** good eye.
глазýн|ья, ьи, *g pl* **~ий** *f* fried eggs (*with yolk and white unmixed*).
глазýр|ь, и *f* **1** (*на посуде*) glaze. **2** (*cul*) icing, frosting (*US*).
гламýр|ный (~ен, ~на) *adj* (*coll*) glamorous, glitzy.
глáнд|а, ы *f* (*anat*) tonsil; **удали́ть ~ы** to take out tonsils.
глас, а *m* (*obs*) voice; **г. вопию́щего в пусты́не** the voice of one crying in the wilderness.
гла|си́ть, шý, си́шь *impf* to say, run; **докумéнт ~си́т слéдующее** the paper runs as follows; **как ~си́т поговóрка** as the saying goes.
глáсно *adv* openly, publicly.
глáсност|ь, и *f* **1** (*известность*) publicity; **предáть ~и** to make public, make known, publish. **2** (*pol*) *glasnost*, openness.
глáсный[1] *adj* (*открытый*) open, public; **г. суд** public trial.
глáсн|ый[2] *adj* (*ling*) vowel, vocalic; *as n* **г., ~ого** *m* vowel.
глаукóм|а, ы *f* glaucoma.
глашáта|й, я *m* **1** (*hist*) town crier, public crier. **2** (*fig, rhetorical*) herald.
глéтчер, а *m* glacier.
гли́н|а, ы *f* clay; **фарфóровая г.** china clay.
гли́нист|ый *adj* clayey; **~ая пóчва** loam.
глиноби́тный *adj* adobe; mud.
глинозём, а *m* (*chem*) alumina.
глинтвéйн, а *m* mulled wine.
гли́нян|ый *adj* **1** (*сделанный из глины*) clay; earthenware; **~ая посýда** earthenware crockery; **г. корт** clay court. **2** (*глинистый*) clayey.
гли́ссер, а *m* (*naut*) speedboat.
глист, á *m* (intestinal) worm.
глицери́н, а *m* glycerine (*Br*), glycerin (*US*).
глици́ни|я, и *f* wisteria.
гл. обр. (*abbr of* **глáвным óбразом**) mostly, chiefly.
глобализáци|я, и *f* globalization.
глобáльн|ый *adj* global; (*fig*) extensive, in-depth; **~ое потеплéние** global warming.
глóбус, а *m* globe.
гло|дáть, жý, ~́жешь *impf* to gnaw (at) (*also fig*).
глóкеншпил|ь, я *m* glockenspiel.
глотá|ть, ю *impf* (*of* ⇨**проглоти́ть**) to swallow.
глóтк|а, и *f* **1** (*anat*) gullet. **2** (*coll*) (*горло*) throat.
глот|óк, кá *m* gulp, mouthful; (*небольшое количество*) drop.
глóх|нуть, ну, нешь, *past* **~нул** *and* **~, ~ла** *impf* **1** (*pf* **о~**) (*становиться глухим*) to become deaf. **2** (*pf* **за~**) (*о звуках*) to die away, subside; (*о моторе*) to stall. **3** (*pf* **за~**) (*о саде*) to become wild, go to seed.
глýб|же *comp of* ⇨**~óкий** *and* ⇨**~окó**
глубин|á, ы́, *pl* **~́ы** *f* **1** depth; **на ~é трёхсóт мéтров** at a depth of 300

Г

metres. **2** (*in pl*) (the) depths; **морски́е ~́ы** the ocean depths. **3** (+ *g*) heart, interior (*also fig*); **в ~е́ ле́са** in the heart of the forest; **в ~е́ души́** at heart, in one's heart of hearts; **от ~ы́ души́** with all one's heart.

глуби́нк|а, и *f* (*coll*) the sticks, the back of beyond; **жить в ~е** to live (way) out in the sticks.

глуби́нн|ый *adj* **1** deep; deep-sea; **~ая бо́мба** depth charge; **г. лов ры́бы** deep-sea fishing. **2** (*отдалённый*) remote, out-of-the-way.

глубо́к|ий (~, ~а́) *adj* **1** (*in various senses*) deep; **г. сон** deep sleep; **~ая таре́лка** soup plate. **2** (*основательный*) profound; thorough; (*серьёзный*) serious; **~ие зна́ния** thorough knowledge; **~ая оши́бка** serious error. **3** (*время, возраст*) late; advanced; extreme; **до ~ой но́чи** (until) far into the night; **~ая ста́рость** extreme old age; **~ая стару́ха** a very old woman; **стоя́ла ~ая зима́** it was midwinter; **~ой зи́мой** in the deep midwinter. **4** (*очень сильный*) deep, profound, intense; **с ~им приско́рбием** (*in obituary formula*) with deep regret.

глубоко́[1] *adv* deep; (*fig*) deeply, profoundly.

глубоко́[2] *as pred* it is deep.

глубоково́д|ный (~ен, ~на) *adj* **1** (*глубокий*) deep-water. **2** (*производимый, живущий на большой глубине*) deep-water, deep-sea.

глубокомы́слен|ный (~, ~на) *adj* thoughtful; serious.

глубокомы́сли|е, я *nt* profundity.

глубокоуважа́емый *adj* much-esteemed; (*в письмах*) dear.

глубоча́йший *superl of* ⇒**глубо́кий**

глуб|ь, и *f* depth; **г. реки́** the river bottom.

глум|и́ться, лю́сь, и́шься *impf* (**над** + *i*) to mock (at).

глумле́ни|е, я *nt* mockery.

глумли́в|ый (~, ~а) *adj* (*coll*) mocking.

глупе́|ть, ю *impf* (*of* ⇒**по~**) to grow stupid.

глуп|е́ц, ца́ *m* fool, blockhead.

глуп|и́ть, лю́, и́шь *impf* (*of* ⇒**с~**) to make a fool of o.s.; to do sth foolish.

глупова́т|ый (~, ~а) *adj* silly; rather stupid.

глу́пост|ь, и *f* **1** (*свойство*) foolishness, stupidity. **2** (*поступок*) foolish, stupid action; foolish, stupid thing. **3** (*usu in pl*) (*вздор*) nonsense; **~и!** (stuff and) nonsense!

глу́п|ый (~, ~а́, ~о, ~́ы) *adj* foolish, stupid; silly.

глупы́ш, а́ *m* (*coll*) silly; silly little thing.

глуха́р|ь, я́ *m* **1** (*zool*) capercaillie, woodgrouse. **2** (*coll*) deaf person.

глу́хо[1] *adj of* ⇒**глухо́й**; (*coll*) = **на́глухо**

глу́хо[2] *as pred* it is lonely, deserted.

глухова́т|ый (~, ~а) *adj* **1** (*человек*) somewhat deaf, hard of hearing. **2** (*голос, звук*) somewhat indistinct, not very loud.

глух|о́й (~, ~а́, ~́о) *adj* **1** (*лишенный слуха*) deaf (*also fig*); **он был ~ к на́шим мольба́м** he was deaf to our entreaties; *as n* **г., ~о́го** *m* deaf person. **2** (*звук*) muffled, indistinct. **3** (*ling*) voiceless; **4** (*густо заросший*) thick, dense; wild; **г. лес** dense forest. **5** (*отдалённый*) remote, out-of-the-way; godforsaken; **в ~о́й прови́нции** in the depths of the country; **~а́я у́лица** lonely street. **6** (*затаённый, скрытый*) concealed, hidden; **~о́е недово́льство** pent-up dissatisfaction; **~а́я не́нависть** secret hatred. **7** (*закрытый*) sealed; blank, blind; **~а́я стена́** blind wall. **8** (*застегнутый*) buttoned-up, done up. **9** (*время, сезон*) quiet, dead; **~а́я пора́** slack period; **~а́я ночь** dead of night; **~а́я о́сень** late autumn.

глухома́н|ь, и *f* (*coll*) out-of-the-way place, backwoods.

глухонем|о́й *adj* deaf and dumb; *as n* **г., ~о́го** *m* deaf mute; **язы́к (для) ~ы́х** sign language.

глухот|а́, ы́ *f* deafness.

глу́|ше *comp of* ⇒**~хо́й** *and* ⇒**~хо**

глуши́тел|ь, я *m* **1** (*tech*) silencer, muffler (*US*). **2** (*fig*) suppressor.

глуш|и́ть, у́, и́шь *impf* **1** (*pf* **о~**) (*рыбу*) to stun, stupefy. **2** (*pf* **за~**) (*звуки*) to muffle; **г. боль** to dull pain; **г. мото́р** to stop the engine. **3** (*pf* **за~**) (*растения*) to choke, stifle. **4** (*pf* **за~**) (*fig*) to suppress, stifle; **г. кри́тику** to suppress criticism.

глуш|ь, и́ *f* (*заросшая часть*) overgrown part; (*пустынное место*) backwoods (*also fig*); **жить в ~и́** to live in the back of beyond.

глы́б|а, ы *f* clod; lump, block.

глюк, а *m* (*sl*) **1** (*often in pl*) (*галлюцинация*) trip (*effect of drugs*) (*coll*). **2** (*comput*) glitch (*coll*).

глюко́з|а, ы *f* glucose.

гля|де́ть, жу́, ди́шь *impf* (*of* ⇒**по~ 1**) **1** (**на** + *a*) to look (at); to peer (at); to gaze (upon); **г. сквозь па́льцы (на** + *a*) to shut one's eyes (to), turn a blind eye (to); **идти́ куда́ глаза́ ~дя́т** to follow one's nose. **2** (**на** + *a*; *coll*) (*брать пример с кого-либо*) to look to. **3** (*impf only*) to show, appear. **4** (*impf only*) (**на** + *a*) (*быть обращённым в какую-либо сторону*) to look (on to), face, give (on to). **5** (*impf only*) (+ *i or adv*; *coll*) (*иметь вид*) to look like, appear. **6** (**за** + *i*; *coll*) (*заботиться*) to look after, keep an eye on. **7** (*coll*): **~ди́(те)** mind (out); **~ди́ не** (+ *imperative*) mind you don't … . **8**: **того́ и ~ди́** (*coll*) it looks as if at any moment; **того́ и ~ди́ бу́дет бу́ря** it looks as if there's going to be a storm any moment now. **9**: **~́дя (по** + *d*, *coll*) depending (on).

гля|де́ться, жу́сь, ди́шься *impf* (*of* ⇒**по~**) (**в** + *a*) to look at o.s. (in).

глядь *int* lo and behold!; hey presto!

гля́н|ец, ца *m* gloss, lustre (*Br*), luster (*US*).

гля́|нуть, ну, нешь *pf* (**на** + *a*) glance (at).

глянцеви́т|ый (~, ~а) *adj* glossy, lustrous.

гля́нцев|ый *adj* glossy, lustrous; **~ая кра́ска** gloss paint.

гм *int* hm!

г-н (*abbr of* **господи́н**) Mr; Master; (*на конверте*) **~у** (+ *d*) Mr …; … Esq.; **~у В. Джо́нсу** W. Jones, Esq.

гна|ть, гоню́, го́нишь, *past* **~л, ~ла́, ~́ло** *impf* **1** (*det of* ⇒**гоня́ть**) (*стадо*) to drive. **2** (*торопить*) to urge (on); (*coll*) (*автомобиль*) to drive hard. **3** (*coll*) (*быстро ехать*) to dash, tear. **4** (*преследовать*) to hunt, chase; (*fig*) to persecute. **5** (*выгонять*) to turn out, turf out. **6** (*водку*) to distil (*Br*), distill (*US*).

гна́|ться, гоню́сь, го́нишься, *past* **~лся, ~ла́сь** *impf* (*det of* ⇒**гоня́ться**) (**за** + *i*) (*преследовать*) to pursue; (*стремиться*) to strive (for, after); (*fig*) (*стараться быть не хуже*) to (try to) keep up with.

гнев, а *m* anger, rage, wrath.

гне́ва|ться, юсь *impf* (*of* ⇒**раз~**) (**на** + *a*; *obs*) to be angry (with).

гнев|и́ть, лю́, и́шь *impf* (*of* ⇒**про~**) (*obs*) to anger, enrage.

гне́в|ный (~ен, ~́на́, ~но) *adj* angry, irate.

гнедо́й *adj* bay (*colour of horse*).

гнезд|и́ться, и́тся *impf* **1** to nest, build one's nest. **2** (*fig*) (*о мыслях*) to take root; to be lodged.

гнезд|о́, а́, *pl* **гнёзда** *nt* **1** (*птицы*) nest; **оси́ное г.** wasps' nest, (*fig*) hornets' nest. **2** (*животного*) den, lair (*also fig*); **г. сопротивле́ния** (*mil*) pocket of resistance. **3** (*tech*) socket; seat; housing.

гнездова́ни|е, я *nt* nesting; **пора́ ~я** nesting season.

гнездово́й *adj of* ⇒**гнездо́**

гнездо́вь|е, я *nt* nesting site.

гнейс, а *m* (*min*) gneiss.

гне|сти́, ту́, тёшь *impf* to oppress, weigh down; to press; **его́ ~ту́т забо́ты** he is weighed down by cares.

гнёт, а *m* **1** (*obs*) (*тяжесть*) press; weight. **2** (*fig*) oppression, yoke; **г. ра́бства** the yoke of slavery.

гнетущий *pres participle active of* ⇒**гнести́** *and adj* oppressive.

гни́д|а, ы *f* nit; (*fig*) scumbag, worm.

гние́ни|е, я *nt* decay, putrefaction, rot.

гнил|о́й (~, ~а́, ~о) *adj* **1** rotten (*also fig*); decayed; putrid. **2** (*погода*) damp, muggy; (*климат*) unhealthy.

гни́лост|ный (~ен, ~на) *adj* putrid.

гни́лост|ь, и *f* rottenness (*also fig*); putridity.

гнил|ь, и *f* **1** (*что-н. гнилое*) rotten stuff. **2** (*плесень*) mould.

гнил|ьё, я́ *nt* (*collect*) rotten stuff.

гни|ть, ю, ёшь *impf* (*of* ⇒**с~**) to rot, decay.

гное́ни|е, я *nt* suppuration.

гно|и́ть, ю́, и́шь *impf* (*of* ⇒**с~**) to let rot, allow to decay; **г. наво́з** to ferment manure; **г. в тюрьме́** to leave to rot in prison.

гно|и́ться, ю́сь, и́шься *impf* to suppurate, fester.

гно|й, я, в ~́е *or* **в ~ю́** *m* pus.

гнойни́к, а́ *m* (*нарыв*) abscess; (*язва*) ulcer.

гно́йный *adj* purulent.

гном, а *m* gnome.

гносеоло́ги|я, и *f* (*philos*) gnosiology; theory of knowledge.

гно́стик, а *m* Gnostic.

гностици́зм, а *m* Gnosticism.

ГНС (*abbr of* **Госуда́рственная нало́говая слу́жба**) Inland Revenue (*Br*); Internal Revenue Service, IRS (*US*) (*of a foreign country*).

гну *cg indecl* gnu, wildebeest.

гнус, а *m* (*collect*) midges.

гнуса́в|ить, лю, ишь *impf* to speak through one's nose.

гнуса́вост|ь, и *f* twang; nasal intonation.

гнуса́в|ый (~, ~а) *adj* nasal.

гну́сност|ь, и *f* **1** (*свойство*) vileness, foulness. **2** (*поступок*) vile, foul action.

гну́с|ный (~ен, ~на́, ~но) *adj* vile, foul.

гну́т|ый *ppp of* **⇒гнуть** *and adj* bent; **~ая ме́бель** bentwood furniture.

гнуть, гну, гнёшь *impf* (*of* **⇒со~**) **1** (*проволоку*) to bend; (*деревья*) to bow; **г. спи́ну, ше́ю (пе́ред** + *i*) (*coll*) to cringe (before), kowtow (to); **г. свою́ ли́нию** to stick to one's guns. **2** (*coll*) (*направлять свои действия*) to drive at; **я не понима́ю, куда́ ты гнёшь** I don't know what you are driving at.

гнуть|ё, я́ *nt* bending.

гну́ться, гнусь, гнёшься *impf* (*of* **⇒со~**) (*о материале, палке*) to bend; (*о деревьях*) to be bowed.

гнуш|а́ться, а́юсь *impf* (*of* **⇒по~**) **1** (+ *g or i*) (*пренебрегать*) to abhor, have an aversion (to). **2** (+ *inf*) (*брезгать*) to disdain (to).

гобеле́н, а *m* tapestry.

гобои́ст, а *m* oboist.

гобои́ст|ка, ки *f of* **⇒~**

гобо́|й, я *m* oboe.

говённый *adj* (*vulg*) shitty.

говéнь|е, я *nt* fasting (*as preparation for Communion*).

гов|е́ть, е́ю, е́ешь *impf* (*eccl*) to prepare for Communion (*by fasting*); (*coll*) to fast, go without food.

говн|о́, а́ *nt* (*vulg*) shit.

говню́к, а́ *m* (*vulg*) shitbag, bastard.

го́вор, а *m* **1** (*звуки разговора*) sound of voices; **г. волн** the murmur of the waves. **2** (*произношение*) mode of speech, accent. **3** (*диалект*) dialect.

говор|и́ть, ю́, и́шь *impf* **1** (*impf only*) (*владеть устной речью*) to speak, talk; **он ещё не ~и́т** he can't speak yet; **г. по-францу́зски** to speak French. **2** (*pf* **сказа́ть**) (*выражать, сообщать*) to say; to tell; to speak, talk; **г. пра́вду** to tell the truth; **г. де́ло** to talk sense; **~я́т** they say, it is said; **что вы ~и́те?** (*expressing incredulity*) you don't mean to say so!; **~и́т Москва́!** (*introducing radio programme*) this is Radio Moscow!; **не́чего (и) г.** it goes without saying, needless to say; **что и г.** (*coll*) it cannot be denied; **что ни ~и́** say what you like; **и не ~и́!** certainly!, of course!; **ина́че ~я́** in other words; **стро́го ~я́** strictly speaking; **не ~я́ уже́** (**о** + *p*) not to mention. **3** (*pf* **по~**) (**о** + *p*) (*беседовать*) to talk (about), discuss. **4** (*impf only*) (*значить*) to mean, convey, signify; **э́то и́мя мне ничего́ не ~и́т** this name means nothing to me. **5** (*impf only*) (**о** + *p*) (*свидетельствовать*) to point (to), indicate, testify (to); **всё ~и́т о том, что он поко́нчил с собо́й** everything points to his having committed suicide. **6** (*impf only*): **г. в по́льзу** (+ *g*) to tell in favour (of); to support, back.

говор|и́ться, и́тся *impf passive of* **⇒~и́ть**; **как ~и́тся** as they say, as the saying goes.

говорли́вост|ь, и *f* garrulity, talkativeness.

говорли́в|ый (~, ~а) *adj* garrulous, talkative.

говору́н, а́ *m* (*coll*) talker, chatterer.

говору́н|ья, ьи, *g pl* **~ий** *f of* **⇒~**

говя́дин|а, ы *f* beef.

говя́жий *adj* beef.

го́гол|ь, я *m* (*zool*) goldeneye (*Bucephala clangula*); **ходи́ть ~ем** to strut.

го́гот, а *m* (*крик гусей*) cackle; (*coll*) (*хохот*) loud laughter.

гогота́нь|е, я *nt* cackling.

гого|та́ть, чу́, ~́чешь *impf* **1** (*о гусях*) to cackle. **2** (*coll*) (*хохотать*) to cackle, roar with laughter.

год, а, о ~́е, в ~у́, *pl* **~́ы** *and* **~а́**, *g* **~о́в** *and* **лет** *m* **1** (*g pl* **лет**) year; **високо́сный г.** leap year; **кру́глый г.** (*as adv*) the whole year round; **в бу́дущем, про́шлом ~у́** next, last year; **в теку́щем ~у́** during the current year; **в г.** a year, per annum; **из ~́а в г.** year in, year out; **г. о́т ~у** every year; **спустя́ три ~́а** three years later; **че́рез три ~́а** in three years' time; **бе́з ~у неде́ля** (*coll*) only for a very short time; **мы ~́ы не вида́лись** we have not met for years; **встреча́ть Но́вый г.** to see the New Year in; **ей пошёл пятна́дцатый г.** she is in her fifteenth year. **2** **двадца́тые, тридца́тые**, *etc.*, **~ы** (*g* **~о́в**) the twenties, the thirties etc. **3** **~а́** *and* **~́ы, ~о́в** (*pl only*) years, age, time; **шко́льные ~а́** schooldays; **в ~́ы** (+ *g*) in the days (of); during; **в те ~́ы** in those days; **в ~а́х** advanced in years; **не по ~а́м** beyond one's years, precocious(ly).

года́ми *adv* for years (on end).

го|ди́ть, жу́, ди́шь *impf* (*coll*) to wait, loiter.

го|ди́ться, жу́сь, ди́шься *impf* **1** (**на** + *a*, **для** + *g*, *or* + *d*) (*быть полезным*) to be fit (for), be suited (for), do (for), serve (for); **э́та мате́рия ни на что, никуда́ не ~ди́тся** this material is no good (for anything); **не ~ди́тся** it's no good, it won't do. **2** (**в** + *nom-a*) (*быть впору*) to serve (as), be suited to be; **он не ~ди́тся в офице́ры** he is not cut out to be an officer. **3** (**в** + *nom-a*) (*подходить по возрасту*) to be old enough to be; **она́ ~ди́тся тебе́ в ма́тери** she is old enough to be your mother. **4**: **не ~ди́тся** (+ *inf*) it does not do (to), one should not.

годи́чн|ый *adj* **1** (*относящийся к целому году*) lasting a year; **~ое путеше́ствие** a year's journey. **2** (*бывающий один раз в году*) annual, yearly; **~ые ко́льца** (*bot*) annual rings.

го́дност|ь, и *f* fitness, suitability; (*билета*) validity; **срок ~и** expiry date.

го́д|ный (~ен, ~на́, ~но, ~́ны) *adj* fit, suitable, (*о билете*) valid; **г. к вое́нной слу́жбе** fit for military service; **г. к пла́ванию** seaworthy; **биле́т го́ден три ме́сяца** the ticket is valid for three months.

годова́лый *adj* one year old, yearling.

годово́й *adj* annual, yearly.

годовщи́н|а, ы *f* anniversary.

го|й, я *m* goy, gentile.

гол, а *m* (*sport*) goal; **заби́ть г.** to score a goal.

Голго́ф|а, ы *f* Calvary (*also fig*).

голена́ст|ый (~, ~а) *adj* **1** (*coll*) long-legged. **2** *as pl n* (*zool*) waders.

голени́щ|е, а *nt* top (*of a boot*).

голеносто́пный *adj*: **г. суста́в** ankle joint.

го́лен|ь, и *f* shin.

голки́пер, а *m* (*sport*) goalkeeper.

голла́нд|ец, ца *m* Dutchman.

Голла́нди|я, и *f* Holland.

голла́ндк|а, и *f* Dutchwoman; Dutch girl.

голла́ндск|ий *adj* Dutch; **~ая печь** tiled stove; **~ое полотно́** holland (*cloth*).

Голливу́д, а *m* Hollywood.

голливу́дский *adj* Hollywood (*attr*).

голов|а́, ы́, *a* **го́лову**, *pl* **го́ловы, голо́в, ~а́м** *f and cg* **1** *f* head (*also fig*); **на све́жую го́лову** while one is fresh; **быть ~о́й, на́ голову вы́ше кого́-н.** (*fig*) to be head and shoulders above s.o.; **с ~ы́ до ног** from head to foot; **с ~о́й погрузи́ться, окуну́ться, уйти́ (во что-н.)** (*fig*) to throw o.s. (into sth), plunge (into sth), get up to one's neck (in sth); **свали́ть с больно́й ~ы́ на здоро́вую** to lay the blame on s.o. else; **че́рез чью-н. го́лову** (*fig*) behind s.o.'s back; **у неё г. шла кру́гом** her head was going round and round; **у меня́ г. кру́жится** I feel giddy; **вы́дать (себя́) с ~о́й** to unconsciously show one's worse side; **намы́лить кому́-н. го́лову** to give s.o. a dressing-down; **го́лову пове́сить** to hang one's head. **2** *f* (*единица счёта скота*) head (*of cattle*). **3** *f* (*fig*): **с ~ы́** per head. **4** *f* (*fig*) (*ум*) head; brain, mind; wits; **он па́рень с ~о́й** he's a bright lad; **лома́ть го́лову** to rack one's brains; **не теря́ть ~ы́** to keep one's head; **ей пришла́ в го́лову мысль** it occurred to her, it struck her. **5** *f* (*fig*) (*человек, как носитель каких-либо свойств*) head (= *person*); **горя́чая г.** hothead; **сме́лая г.** bold spirit. **6** *f* (*fig*) (*жизнь*) head, life; **на свою́ го́лову** to one's cost; **заплати́ть, поплати́ться за что-н. ~о́й** to pay for sth with one's life; **отвеча́ть, руча́ться ~о́й за что-н.** to stake one's life on sth. **7** *cg* (*fig*) (*начальник*) head; person in charge; **сам себе́ г.** one's own master. **8** *f*: **г. са́хару** sugarloaf; **г. сы́ру** a cheese; **г. капу́сты** head of cabbage.

Г

9 *idiomatic phrr*: **в пéрвую гóлову** in the first place; first and foremost; **в ~áх** at the head of the bed.

головáстик, а *m* tadpole.

головéшк|а, и *f* brand; smouldering (*Br*), smoldering (*US*) piece of wood.

головк|а, и *f* **1** *diminutive of* ⇒**головá**. **2** (*гвоздя, булавки, спички, цветка*) head; **г. лýка** an onion, onion bulb; **г. чеснокá** head of garlic. **3** (*полового члена*) head, (*anat*) glans. **4** (*collect; coll*) (*руководящие лица*) heads, big shots. **5** (*in pl*) (*сапог*) vamp (*of boot*).

головн|óй *adj* **1** *adj of* ⇒**головá**; **~áя боль** headache; **г. платóк** headscarf; **г. убóр** headgear, headdress. **2** (*anat*): **г. мозг** brain, cerebrum. **3** (*fig*) head, leading.

головн|я́[1], **и́**, *g pl* **~éй** *f* (*обгорелое бревно*) charred log.

головн|я́[2], **и́**, *g pl* **~éй** *f* (*болезнь растений*) blight, smut, rust.

головокружéни|е, я *nt* giddiness, dizziness (*also fig*); vertigo.

головокружи́тельн|ый *adj* dizzy, giddy (*also fig*); **~ая высотá** dizzy height; **~ые перспекти́вы** breathtaking prospects.

головолóмк|а, и *f* puzzle, conundrum.

головолóмный *adj* puzzling; baffling; **г. вопрóс** puzzler.

головомóйк|а, и *f* (*coll*) reprimand, dressing-down.

головорéз, а *m* (*coll*) **1** (*бандит*) cut-throat; bandit; desperado. **2** (*сорвиголова*) daredevil; rascal.

голóвушк|а, и *f affectionate diminutive of* ⇒**головá**; **пропáла моя́ г.** I'm done for; I've had it.

голограмм|а, ы *f* hologram.

голографи́ческий *adj* holographic.

голографи|я, и *f* holography.

гóлод, а (у) *m* **1** hunger; (*длительное недоедание*) starvation; **вóлчий г.** ravenous appetite; **умирáть с ~у** to die of starvation; **мори́ть ~ом** to starve (*trans*). **2** (*народное бедствие*) famine. **3** (*недостаток продуктов питания*) dearth, acute shortage; **шерстянóй г.** wool shortage.

голодáни|е, я *nt* **1** (*недоедание*) starvation. **2** (*воздержание*) fasting.

голод|áть, áю *impf* **1** (*скудно питаться*) to starve. **2** (*воздерживаться от пищи*) to fast, go without food. **3** (*быть на диете*) to diet.

голодá|ющий *pres participle active of* ⇒**~ть** *and adj* starving, hungry; *as n* **г., ~ющего** *m*, **~ющая, ~ющей** *f* starving person.

гол|óдный (~́оден, ~однá, ~́одно, ~́одны) *adj* **1** (*желающий есть*) hungry; **сексуáльно г.** sex-starved. **2** (*вызванный голодом*) hunger, starvation; **~ные бóли** hunger pangs; **г. похóд** hunger march. **3** (*скудный*) meagre, scanty, poor; **г. год** lean year; **г. край** barren country; **г. паёк** starvation rations.

голодóвк|а, и *f* **1** (*голодание*) starvation. **2** (*в знак протеста*) hunger strike; **объяви́ть ~у** to go on hunger strike.

голодрá|нец, нца *m* (*coll*) beggar.

гололёд, а *m* = **гололéдица**

гололéдиц|а, ы *f* black ice.

голонóг|ий (~, ~а) *adj* bare-legged; barefoot.

гóлос, а, *pl* **~á** *m* **1** voice; **во весь г.** at the top of one's voice; **быть в ~е** to be in good voice; **с ~а** by ear; **г. за кáдром** voice-over. **2** (*mus*) voice, part; **фýга на четы́ре ~а** four-part fugue. **3** (*fig*) (*мнение*) voice, word, opinion; **в оди́н г.** with one accord, unanimously; **имéть свой г.** to have one's say. **4** (*pol*) vote; **прáво ~а** the vote, suffrage, franchise; **подáть г. (за** + *a*) to vote (for), cast one's vote (for).

голоси́ст|ый (~, ~а) *adj* loud-voiced; (*громкий*) loud.

голо|си́ть, шý, си́шь *impf* **1** (*coll*) (*петь*) to sing loudly; (*выкрикивать*) to cry. **2** (*obs*) (*плакать*) to wail; to keen; **г. по покóйнику** to keen a dead person.

голослóвно *adv* without adducing any proof.

голослóв|ный (~ен, ~на) *adj* unsubstantiated, unfounded.

голосовáни|е, я *nt* voting; poll; **всеóбщее г.** universal suffrage; **постáвить на г.** to put to the vote.

голос|овáть, ýю *impf* (*of* ⇒**про~**) **1** (**за** + *a*, **прóтив** + *g*) to vote (for, against); **г. ногáми** to vote with one's feet. **2** (*ставить на голосование*) to put to the vote, vote on. **3** (*sl*) (*останавливать машину*) to thumb a lift.

голосов|óй *adj* vocal; (*anat*) **~ы́е свя́зки** vocal chords; **~áя щель** glottis; **~áя пóчта** voicemail.

голоцéн, а *m* (*geol*) the Holocene (epoch).

голоцéновый *adj* (*geol*) Holocene.

голубé|ть, ю *impf* (*of* ⇒**по~**) (*виднеться*) to show blue; (*становиться голубым*) to turn blue.

голуб|éц, цá *m* (*usu in pl*) golubets (*a cabbage leaf stuffed with meat and rice; sometimes* (*esp during Lent*) *also vegetarian with mushrooms, etc. instead of meat*).

голубизн|á, ы́ *f* blueness.

голуби́к|а, и *f* great bilberry, bog whortleberry (*Vaccinium uliginosum*).

голуби́н|ый *adj* **1** *adj of* ⇒**гóлубь**; **~ая пóчта** pigeon post. **2** (*fig*) dovelike.

голý|бить, блю, бишь *impf* (*of* ⇒**при~**) (*folk poetical*) to caress, fondle.

голýбк|а, и *f* **1** female pigeon, dove. **2** (*fig*) (*ласковое обращение*) (my) dear, (my) darling.

голубоглáз|ый (~, ~а) *adj* blue-eyed.

голуб|óй *adj* pale blue, sky-blue; **~áя кровь** (*fig*) blue blood; **~óе тóпливо** 'blue fuel' (= *natural gas*); **г. экрáн** the small screen (*i.e. TV*); *as n* **голуб|óй, óго** *m* (*sl*) gay (= *homosexual*).

голуб|óк, кá *m* **1** *diminutive of* ⇒**гóлубь**; *fig* = **голýбчик 2** (*bot*) columbine, aquilegia.

голýбушк|а, и *f* **1** (*coll; as mode of address*) (my) dear. **2** *affectionate diminutive of* ⇒**голýбка 1**

голýбчик, а *m* (*coll; as mode of address*) my dear; my dear fellow; my friend.

гóлуб|ь, я, *g pl* **~éй** *m* pigeon, dove; **г. свя́зи** (*mil*) carrier pigeon.

голубя́тник, а *m* pigeon fancier.

голубя́т|ня, ни, *g pl* **~ен** *f* dovecot(e), pigeon loft.

гóл|ый (~, ~á, ~о) *adj* **1** naked, bare (*also fig*); **~ая головá** (*i*) (*непокрытая*) bare head, (*ii*) (*лысая*) bald head; **~ая и́стина** the naked truth; **г. прóвод** naked wire; **~ыми рукáми** with one's bare hands. **2** (*coll*) poor; **~ как сокóл** poor as a church mouse.

голы́ш, á *m* **1** (*coll*) (*ребёнок*) naked child; (*человек*) naked person. **2** (*камень*) round flat stone.

гол|ь, и (*no pl*) *f* **1** (*collect*) the poor; **г. на вы́думки хитрá** necessity is the mother of invention. **2** (*obs*) (*местность*) bare place, barren place.

гольф, а *m* golf; **игрóк в г.** golfer.

гóльф|ы, ов (*sg* **~, ~а**) *m pl* (*coll*) (*брюки*) plus fours; (*чулки*) knee-length socks.

гомеопáт, а *m* homeopath(ist).

гомеопати́ческий *adj* homeopathic.

гомеопáти|я, и *f* homeopathy.

гомери́ческий *adj*: **г. смех** Homeric laughter; resounding laughter.

гóмик, а *m* (*coll, pej*) queer, poof(ter)(*coll, pej*), gay.

гомогéнный *adj* homogeneous.

гóмон, а *m* (*coll*) hubbub.

гомон|и́ть, ю, и́шь *impf* (*coll*) to talk noisily, shout (*of large number of people*).

гóмо сáпиенс *m indecl* Homo sapiens.

гомосéк = **гóмик**

гомосексуали́зм, а *m* homosexuality.

гомосексуали́ст, а *m* homosexual; gay.

гомосексуали́ст|ка, ки *f of* ⇒**~**

гомосексуали́стский *adj* homosexual; gay.

гомосексуáльный *adj* homosexual; gay.

гон, а *m* **1** dash, rush. **2** (*травля зверя*) hunt, chase, pursuit.

гонг, а *m* gong.

гондóл|а, ы *f* **1** gondola. **2** (*aeron*) car (*of balloon*).

гондольéр, а *m* gondolier.

гондóн, а *m* (*vulg*) condom; French letter (*Br*), rubber (*US*).

Гондурáс, а *m* Honduras.

гондурáс|ец, ца *m* Honduran.

гондурáс|ка, ки *f of* ⇒**~ец**

гондурáсский *adj* Honduran.

гонéни|е, я *nt* persecution.

гон|éц, цá *m* courier; (*fig*) herald, harbinger.

гони́тел|ь, я *m* persecutor.

гóнк|а, и *f* **1** (*coll*) haste, hurry. **2** (*usu in pl; sport*) race; **грéбные ~и** boat race; **г. вооружéний** arms race.

Гонкóнг, а *m* Hong Kong.

Гонолýлу *m indecl* Honolulu.

гóнор, а *m* (*coll*) arrogance, conceit.

гонора́р, а *m* fee, honorarium; **а́вторский г.** royalties.

гоноре́|я, и *f* gonorrhoea (*Br*), gonorrhea (*US*).

го́ночный *adj of* ⇒**го́нка; г. автомоби́ль** racing car.

гонт, а *m* (*collect*; *tech*) shingles.

гонтов|о́й *adj of* ⇒**гонт; ~а́я кры́ша** shingle roof.

гонча́р, а́ *m* potter.

гонча́рн|ый *adj* potter's; **~ые изде́лия** pottery.

го́нч|ая, ей *f* hound.

го́нщик, а *m* **1** racing driver; **г.-велосипеди́ст** racing cyclist. **2** (*sl*) (*лгун*) liar, storyteller.

гоню́(сь), го́нишь(ся) *see* ⇒**гна́ть(ся)**

гоня́|ть, ю *impf* **1** (*indet of* ⇒**гнать**) (*стада*) to drive; (*птиц*) to chase off. **2** (*coll*) (*курьера*) to send on errands. **3** (**по** + *d*; *coll*) (*ученика*) to make run over, grill (on) (*sth learnt, read, etc.*). **4**: **г. голубе́й** to race pigeons. **5**: **г. ло́дыря** (*coll*) to kick one's heels.

гоня́|ться, юсь *impf* (*indet of* ⇒**гна́ться**) (**за** + *i*) to chase, pursue; (*на охоте*) to hunt.

гоп *int* hup!; jump!

гопа́к, а́ *m* gopak (*Ukrainian dance*).

гоп-компа́ни|я, и *f* (*sl*) bunch of yobs.

го́пник, а *m* (*sl*) yob(bo); (*особенно по внешним признакам*) chav (*Br*).

гор... *comb form, abbr of* **1 городско́й. 2 го́рный**

гор|а́, ы́, *a* **~́у,** *pl* **~́ы,** *d* **~а́м** *f* **1** mountain; hill; **г. Эвере́ст** Mount Everest; **г. с плеч** a load off one's mind; **ката́ться с ~́ы** to toboggan; **в ~́у** uphill; **идти́ в ~́у** to go uphill; (*fig*) to go up in the world; **не за ~а́ми** (*fig*) not far off; **по́д ~у** downhill (*also fig*); **пир ~о́й** lavish, riotous feast; **наде́яться на кого́-н. как на ка́менную ~́у** to place implicit faith in s.o.; **стоя́ть за кого́-н. ~о́й** to be solidly behind s.o. **2** (*fig*) (*множество*) heap, pile, mass.

гора́зд (~а, ~о) *pred adj* (+ *inf or* **на** + *a*; *coll*) good (at), clever (at); **он на всё г.** he's a Jack of all trades; **кто во что г.** each in his own way; **он г. вы́пить** he is no mean drinker.

гора́здо *adv* (+ *comp adjs and advs*) much, far, by far; **г. лу́чше** far better.

горб, а́, о ~е́, на ~́у *m* hump; **свои́м ~о́м** by the sweat of one's brow; **испыта́ть на своём ~́у** to learn by bitter experience.

горба́т|ый (~, ~а) *adj* humpbacked, hunchbacked; gibbous; **г. мост** humpback bridge; **г. нос** hooked nose; **~ого моги́ла испра́вит** (*proverb*) can the leopard change his spots?

горби́нк|а, и *f*: **нос с ~ой** aquiline nose.

го́рб|ить, лю, ишь *impf* (*of* ⇒**с~**) to arch, hunch; **г. спи́ну** to arch one's back.

го́рб|иться, люсь, ишься *impf* (*of* ⇒**с~**) (*о человеке*) to stoop; (*о спине*) to become bent.

горбоно́с|ый (~, ~а) *adj* hook-nosed.

горбу́н, а́ *m* hunchback.

горбу́ш|а, и *f* humpback salmon.

горбу́шк|а, и *f* crust (*of loaf*).

горде́ливост|ь, и *f* haughtiness, pride.

горде́лив|ый (~, ~а) *adj* haughty, proud.

горде́ц, а́ *m* arrogant man.

го́рдиев *adj*: **г. у́зел** Gordian knot.

гор|ди́ться, жу́сь, ди́шься *impf* **1** (+ *i*) to be proud (of), pride o.s. (on). **2** (*быть высокомерным*) to put on airs.

го́рдост|ь, и *f* pride.

го́рд|ый (~, ~а́, ~о, ~ы́) *adj* proud.

горды́чк|а, и *f* arrogant woman.

го́р|е, я *nt* **1** (*печаль*) grief, sorrow, woe; **на своё г.** to one's sorrow. **2** (*беда*) misfortune, trouble; **г. в том, что...** the trouble is that ... . **3** *as pred* (+ *d*; *coll*) woe (unto), woe betide.

го́ре-... *comb form* sorry, woeful; apology for a ...; **г.-поэ́т** poetaster.

гор|ева́ть, ю́ю, ю́ешь *impf* (**о** + *p*) to grieve (for).

горе́лк|а, и *f* burner, hotplate; **г. Бу́нзена** Bunsen burner; **при́мусная г.** Primus (*propr*) stove.

горе́л|ки, ок (*no sg*) (*game of*) catch.

горе́л|ый *adj* burnt; **па́хло ~ым** there was a smell of burning.

горелье́ф, а *m* (*art*) high relief.

горемы́к|а, и *cg* (*coll*) unlucky individual, poor devil.

горемы́ч|ный (~ен, ~на) *adj* hapless, ill-starred.

горе́ни|е, я *nt* burning, combustion; (*fig*) enthusiasm.

го́рест|ный (~ен, ~на) *adj* (*печальный*) sad; (*жалкий*) pitiful.

го́рест|ь, и *f* **1** sorrow, grief. **2** (*in pl*) misfortunes, troubles.

гор|е́ть, ю́, и́шь *impf* **1** (*о доме*) to burn, be on fire. **2** (*о дровах, свете*) to burn, be alight; **в ку́хне у них ~е́л свет** the lights were burning in their kitchen; **~и́т ли пе́чка?** is the stove alight?; **де́ло ~и́т** things are going like a house on fire. **3** (+ *i*; *fig*) to burn (with); **г. жела́нием** (+ *inf*) to be itching (to), be impatient (to). **4** (*блестеть*) to glitter, shine. **5** (*гнить*) to rot.

го́р|ец, ца *m* mountain-dweller, highlander.

го́реч|ь, и *f* **1** (*вкус*) bitter taste. **2** (*что-то горькое*) something bitter. **3** (*горькое чувство*) bitterness.

горже́тк|а, и *f* boa.

горизо́нт, а *m* horizon (*also fig*); skyline.

горизонта́л|ь, и *f* **1** horizontal; **по ~и** across (*in crossword*). **2** (*geog*) contour line.

горизонта́л|ьный (~ен, ~ьна) *adj* horizontal.

гори́лл|а, ы *f* gorilla.

гори́ст|ый (~, ~а) *adj* mountainous, hilly.

горихво́стк|а, и *f* redstart (*bird*).

горицве́т, а *m* (*bot*) lychnis; ragged robin.

го́рк|а, и *f* **1** hill, hillock. **2** (*шкаф*) cabinet, stand. **3** (*aeron*) steep climb. **4** (*для детей*) slide.

го́ркн|уть, ет *impf* (*of* ⇒**про~**) to go rancid.

горла́н|ить, ю, ишь *impf* (*coll*) to bawl.

горла́ст|ый (~, ~а) *adj* (*coll*) noisy, loud-mouthed.

го́рлиц|а, ы *f* turtle dove.

го́рл|о, а *nt* **1** throat; **дыха́тельное г.** windpipe; **драть г.** to bawl; **во всё г.** at the top of one's voice; **по г.** up to one's eyes; **сыт по г.** full up; (*fig*) fed up; **приста́вить нож к чьему́-н. ~у** to hold a knife to s.o.'s throat; **промочи́ть г.** (*coll*) to wet one's whistle; **слова́ застря́ли у меня́ в ~е** the words stuck in my throat. **2** (*сосуда*) neck.

горлови́н|а, ы *f* mouth, orifice; **г. вулка́на** crater.

горлово́й *adj of* ⇒**го́рло**; throat; guttural.

го́рлыш|ко, ка, *g pl* **~ек** *nt diminutive of* ⇒**го́рло**

гормо́н, а *m* hormone.

гормона́льный *adj* hormone, hormonal.

горн[1], а *m* (*печь*) furnace, forge.

горн[2], а *m* (*mus*) bugle.

горни́л|о, а *nt* crucible.

горни́ст, а *m* bugler.

го́рниц|а, ы *f* (*obs*) chamber.

го́рничн|ая, ой *f* (*в гостинице*) chambermaid; (*в доме*) maid.

горнов|о́й *adj of* ⇒**горн[1]**; *as n* **г., ~о́го** *m* furnace worker.

горнозаво́дский *adj* mining.

горнолы́жник, а *m* Alpine skier.

горнолы́жный *adj*: **г. спорт** Alpine skiing.

горнопромы́шленност|ь, и *f* mining industry.

горнопромы́шленный *adj* mining.

горнорабо́ч|ий, его *m* miner.

горноста́евый *adj* ermine.

горноста́|й, я *m* **1** (*zool*) ermine; stoat. **2** (*мех*) ermine.

го́рн|ый *adj* **1** *adj of* ⇒**гора́**; mountain; (*гористый*) mountainous; **~ая боле́знь** altitude sickness; **~ые лы́жи** downhill skis; **~ая цепь** mountain range. **2** (*минеральный*) mineral; **~ая поро́да** rock; **г. хруста́ль** rock crystal. **3** (*относящийся к разработке недр*) mining; **~ое де́ло** mining. **4**: **~ое со́лнце** artificial sunlight.

горня́к, а́ *m* (*coll*) **1** (*рабочий*) miner. **2** (*инженер*) mining engineer. **3** (*студент*) mining student.

горня́|цкий *adj of* ⇒**~к 1**

го́род, а, *pl* **~а́** *m* **1** town; city; **г.-побрати́м** twin city; **вы́ехать за́ г.** to go out of town; **жить за́ ~ом** to live out of town, in the suburbs; **ни к селу́, ни к ~у** (*coll*) for no reason at all, inappropriate(ly). **2** (*в играх*) base; home.

гор|оди́ть, ожу́, о́ди́шь *impf* to enclose, fence; **огоро́д г.** to make unnecessary fuss; **г. чепуху́, чушь** to talk nonsense.

городи́ш|ко, ка, *g pl* **~ек** *m* small town.

городи́щ|е, а *nt* **1** very large town. **2** (*archaeol*) site of ancient settlement.

Г

Г

город|ки́, ко́в *pl* (*sg* **~о́к, ~ка́** *m*) gorodki (*a game similar to skittles*).

городов|о́й, о́го *m* (*hist*) policeman.

город|о́к, ка́ *m* small town; **вое́нный г.** military post; **университе́тский г.** campus.

городск|о́й *adj* urban; city; municipal; (*coll*) *as n* **г., ~о́го** *m* city-dweller, town-dweller.

> **го́род федера́льного значе́ния — city with federal status**
>
> One of the six types of administrative unit into which **Росси́йская Федера́ция** is divided. Of the 86 (as of April 2007) units, two are cities with federal status, *Moscow* and *St Petersburg*.
>
> *For more details see* **автоно́мная о́бласть**

городьб|а́, ы́ *f* fence, hedge.

горожа́н|ин, ина, *pl* **~е, ~** *m* city-dweller, town-dweller; townsman.

горожа́н|ка, ки *f of* **⇒~ин**; townswoman.

горо́ско́п, а *m* horoscope.

горо́х, а (*no pl*) *m* **1** pea. **2** (*collect*) peas; **как об стéну г.** (*coll*) like being up against a brick wall.

горо́хов|ый *adj* **1** pea. **2** (*цвет*) greenish-khaki; pea-green; **чу́чело ~ое** scarecrow; **шут г.** buffoon, laughing stock.

горо́ш|ек, ка *m* **1** *diminutive of* **⇒горо́х**; **души́стый г.** (*bot*) sweet peas. **2** (*collect*) polka dots; **пла́тье в г.** polka-dot dress.

горо́шин|а, ы *f* a pea.

го́рский *adj of* **⇒го́рец**; mountain, highland.

горсове́т, а *m* town, city soviet.

го́рсточк|а, и *f* handful.

горст|ь, и, *g pl* **~е́й** *f* **1** (*ладонь с согнутыми пальцами*) cupped hand; **держа́ть ру́ку ~ью** to cup one's hand. **2** (*находящееся на|в ладони*) handful (*also fig*).

горта́нный *adj* **1** (*anat*) laryngeal. **2** (*ling*) guttural.

горта́н|ь, и *f* larynx.

горте́нзи|я, и *f* hydrangea.

го́рче *comp of* **⇒го́рький 1**

горч|и́ть, и́т *impf* (*impers*) to have a bitter taste.

горчи́ц|а, ы *f* mustard.

горчи́чник, а *m* mustard plaster.

горчи́чниц|а, ы *f* mustard pot.

горчи́чн|ый *adj of* **⇒горчи́ца**; **г. газ** mustard gas; **~ое зерно́** mustard seed.

го́рше *comp of* **⇒го́рький 2**

горше́чник, а *m* potter.

горше́чный *adj* pottery; **г. това́р** pottery, earthenware.

горш|о́к, ка́ *m* pot; **ночно́й г.** chamber pot; (*ребёнка*) potty.

горшо́чн|ый *adj*: **~ое расте́ние** pot plant.

го́рьк|ая, ой *f* (*coll*) vodka; **пить ~ую** to hit the bottle.

го́р|ький (~ек, ~ька́, ~ько) *adj* **1** (*comp* **~че**) bitter; **~ькое ма́сло** rancid butter. **2** (*comp* **~ше**) (*fig*) bitter; hard; **~ькие слёзы** bitter tears; **~ьким о́пытом узна́ть** to learn by bitter experience. **3** (*no comp*) (*coll*) (*несчастный*) hapless, wretched. **4**: **г. пья́ница** (*coll*) inveterate drunkard.

го́рько[1] *adv* bitterly.

го́рько[2] *as pred* **1**: **у меня́ г. во рту** I have a bitter taste in my mouth. **2** it is bitter; **мне г.** I am sorry, I am grieved.

горю́ч|ее, его *nt* fuel.

горю́чест|ь, и *f* combustibility; inflammability.

горю́ч|ий *adj* **1** combustible, inflammable. **2** (*folk poetical*): **~ие слёзы** bitter tears.

горя́ч|ий (~, ~а́) *adj* **1** hot (*also fig*); **по ~им следа́м** (*i*) (+ *g*) hot on the heels (of), (*ii*) (*fig*) forthwith; **под ~ую ру́ку** in the heat of the moment. **2** (*любовь*) passionate; (*желание*) ardent, fervent. **3** (*человек*) hot-tempered; (*лошадь*) mettlesome; **~ая голова́** hothead. **4** (*спор*) heated; (*речь*) impassioned. **5** (*время*) busy, hectic; **6** (*tech*) high-temperature; **~ая обрабо́тка** heat treatment.

горяч|и́ть, у́, и́шь *impf* (*of* **⇒раз~**) to excite, arouse.

горяч|и́ться, у́сь, и́шься *impf* (*of* **⇒раз~**) to get excited, become impassioned, get het up.

горя́чк|а, и *f and cg* **1** *f* (*лихорадка*) fever. **2** *f* (*возбуждение*) feverish activity; (*спешка*) feverish haste; **поро́ть ~у** (*coll*) to act impetuously, in the heat of the moment. **3** *cg* (*coll*) hothead; firebrand.

горя́чност|ь, и *f* (*увлечение*) zeal, fervour, enthusiasm; (*несдержанность*) impulsiveness.

горячо́[1] *adv* hot.

горячо́[2] *as pred* it is hot.

гос... *comb form, abbr of* **госуда́рственный**

госде́п, а *m* (*abbr*) = **госдепарта́мент**

госдепарта́мент, а *m* (*US*) State Department.

Госду́м|а, ы *f* State Duma (*lower house of the Russian parliament*).

Госналогслу́жб|а, ы *f* Inland Revenue (*Br*), Internal Revenue Service (*US*) (*of a foreign country*).

го́спел, а *m* gospel song.

го́спелс *pl indecl* gospel music.

госпитализа́ци|я, и *f* hospitalization.

госпитализи́р|овать, ую *impf and pf* to hospitalize.

го́спитал|ь, я *m* hospital (*esp mil*).

госпита́льный *adj of* **⇒го́спиталь**

Госпла́н, а *m* (*abbr of* **Госуда́рственная пла́новая коми́ссия**) State Planning Commission (*in former USSR*).

госпо́д|ень, ня, не *adj* (*eccl*) the Lord's; **моли́тва ~ня** the Lord's Prayer.

го́споди *int* good heavens!; good Lord!; good gracious!

господ|и́н, и́на, *pl* **~а́, ~́, ~а́м** *m* **1** (*хозяин*) master; **сам себе́ г.** one's own master. **2** (*мужчина*) gentleman. **3** (*при фамилии*) Mr; **~а́** (*при обращении*) (*i*) gentlemen, (*ii*) ladies and gentlemen; (*при фамилии*) (*i*) Messrs, (*ii*) Mr and Mrs.

госпо́дский *adj* manorial; **г. дом** manor house.

госпо́дств|о, а *nt* **1** (*власть*) supremacy, dominion, mastery. **2** (*преобладание*) predominance.

госпо́дств|овать, ую *impf* **1** (*обладать властью*) to hold sway, exercise dominion. **2** (*преобладать*) to predominate, prevail. **3** (**над** + *i*) (*возвышаться*) to command, dominate; to tower (above).

госпо́дств|ующий *pres participle active of* **⇒~овать** *and adj* **1** (*властвующий*) ruling; **г. класс** ruling class. **2** (*преобладающий*) predominant, prevailing. **3** (*возвышающийся*) commanding.

Госпо́дь, Го́спода, *voc* **Го́споди** *m* God, the Lord; **г. его́ зна́ет** (the) Lord knows!

госпож|а́, и́ *f* **1** (*хозяйка*) mistress. **2** (*женщина*) lady. **3** (*при фамилии; замужняя*) Mrs, Ms; (*незамужняя*) Miss, Ms.

госсекрета́р|ь, я *m* Secretary of State.

гостево́й *adj* guest, guests'.

гостеприи́м|ный (~ен, ~на) *adj* hospitable.

гостеприи́мств|о, а *nt* hospitality.

гости́н|ая, ой *f* **1** (*комната*) living room, sitting room. **2** (*комплект мебели*) living room suite.

гости́н|ец, ца *m* (*coll*) present.

гости́ниц|а, ы *f* hotel.

гости́н|ичный *adj of* **⇒~ица**

гости́ный *adj*: **г. двор** arcade, bazaar.

гости́ть, гощу́, гости́шь *impf* (**у** + *g*) to stay (with), be on a visit (to).

гост|ь, я, *g pl* **~е́й** *m* guest, visitor; **кома́нда ~е́й** (*sport*) visiting team; **пойти́ в ~́и** (**к** + *d*) to visit; **быть в гостя́х (у)** to be a guest (at, of), be visiting; **в гостя́х хорошо́, а до́ма лу́чше** there's no place like home.

го́ст|ья, ьи, *g pl* **~ий** *f of* **⇒~ь**

> **Госуда́рственная ду́ма — the State Duma**
>
> The lower house of **Федера́льное Собра́ние Росси́йской Федера́ции** (the bicameral parliament of the Russian Federation). *Госуда́рственная ду́ма* has 450 members serving four-year terms.

госуда́рственник, а *m* supporter of a powerful state.

госуда́рственност|ь, и *f* state system; statehood.

госуда́рственн|ый *adj* state, public; **г. переворо́т** coup d'état; **~ая изме́на** high treason; **~ая нало́говая слу́жба** Inland Revenue (*Br*), Internal Revenue Service (*US*) (*of a foreign country*); **~ое пра́во** public law; **~ая слу́жба** public service; **г. слу́жащий** civil servant; **Г. сове́т** (*hist*) State Council; **~ые экза́мены** final examinations (*in higher education institutions*).

госуда́рств|о, а *nt* state.

госуда́рын|я, и *f* sovereign; **Г.** (*as form of address*) Your Majesty.

госуда́р|ь, я *m* sovereign; **Г.** (*as form of address*) Your Majesty, Sire.

гот, а *m* (*hist*) Goth.

го́тик|а, и *f* (*archit*) Gothic style.

готи́ческий *adj* (*art*) Gothic; **г. шрифт** Gothic script.

готова́л|ьня, ьни, *g pl* **~ен** *f* set of drawing instruments.

гото́в|ить, лю, ишь *impf* **1** to prepare, make ready; (*обучать*) to train. **2** (*пищу*) to cook.

гото́в|иться, люсь, ишься *impf* **1** (**к** + *d or* + *inf*) to get ready (for, to); to prepare o.s. (for), make preparations (for). **2** (*предстоять*) to be at hand, in the offing.

гото́вност|ь, и *f* **1** readiness, preparedness; **в боево́й ~и** ready for action. **2** (*согласие*) readiness, willingness.

гото́во *as pred*: **и г.** (*coll*) and that's that.

гото́в|ый (~, ~а) *adj* **1** (**к** + *d*) ready (for), prepared (for); **г. к де́йствию** ready for action; **я не ~** I'm not ready. **2** (**на** + *a or* + *inf*) (*согласный*) ready (for, to), prepared (for, to); willing (to); **мы ~ы на всё** we are prepared for anything; **она́ не ~а идти́** she is not willing to go. **3** (+ *inf*) (*находящийся в состоянии близком к чему-л.*) on the point (of), on the verge (of), ready (to). **4** (*окончательно сделанный*) ready-made, finished; ready-to-wear; **~ое пла́тье** ready-made clothes; **~ые изде́лия** finished articles, the finished product.

го́тский *adj* Gothic.

гофриро́ванн|ый *ppp of* **⇒гофрирова́ть** *and adj*: **~ое желе́зо** corrugated iron; **~ая ю́бка** pleated skirt.

гофрир|ова́ть, у́ю *impf and pf* **1** (*железо*) to corrugate. **2** (*ткань*) to goffer.

гр. (*abbr of* **граждани́н** *or* **гражда́нка**) citizen.

граб, а *m* (*bot*) hornbeam.

грабёж, а́ *m* robbery (*also fig, coll*).

граби́тел|ь, я *m* robber; **у́личный г.** mugger.

граби́тельский *adj* **1** (*война*) predatory. **2** (*цены*) extortionate, exorbitant.

граби́тельств|о, а *nt* (*obs*) robbery.

гра́б|ить, лю, ишь *impf.* **1** (*pf* **о~**) (*человека*) to rob; (*дом*) burgle; (*fig.*) to rob. **2** (*pf* **раз~**) (*город*) to loot, pillage.

гра́бленый *adj* stolen.

гра́б|ли, лей *or* **~ель** (*no sg*) rake.

гравёр, а *m* engraver.

гравёр|ный *adj of* **⇒~**; **~ное иску́сство** engraving.

гра́ви|й, я *m* gravel.

грави́йн|ый *adj of* **⇒гра́вий**; **~ые карье́ры** gravel pits.

гравирова́льн|ый *adj* engraving; **~ая игла́** etching needle.

гравир|ова́ть, у́ю, у́ешь *impf* (*of* **⇒вы́~**) to engrave.

гравиро́вк|а, и *f* engraving.

гравиро́вщик, а *m* engraver.

гравитацио́нный *adj* gravitation(al).

гравита́ци|я, и *f* (*phys*) gravitation.

гравю́р|а, ы *f* engraving, print; (*офорт*) etching; **г. на де́реве** woodcut; **г. на лино́леуме** linocut; **г. на ме́ди** copperplate engraving.

град¹, а *m* **1** hail. **2** (*fig*) (*поток*) hail, shower, torrent.

град², а *m* (*archaic or poetical*) (*город*) city, town.

града́ци|я, и *f* gradation, scale.

градие́нт, а *m* gradient.

гра́дин|а, ы *f* (*coll*) hailstone.

гради́р|ня, ни, *g pl* **~ен** *f* (water-)cooling tower.

градово́й *adj of* **⇒град¹**

гра́дом *adv* thick and fast; **уда́ры посы́пались г.** blows rained down.

градострои́тел|ь, я *m* town planner.

градострои́тельный *adj* town planning.

градострои́тельств|о, а *nt* town planning.

градуи́р|овать, ую *impf and pf* to calibrate.

гра́дус, а *m* **1** (*единица измерения*) degree; **у́гол в 40 ~ов** angle of 40 degrees; **сего́дня 20 ~ов тепла́/моро́за** it is twenty degrees above/below zero today. **2**: **под ~ом** (*coll*) tipsy.

гра́дусник, а *m* thermometer.

гра́дус|ный *adj of* **⇒~**; **~ная се́тка** (*geog*) grid.

граждани́н, а, *pl* **гра́ждане, гра́ждан** *m* citizen.

гражда́н|ка¹, ки *f of* **⇒~и́н**

гражда́нк|а², и *f* (*coll*) civilian life; Civvy street; **на ~е** in civvy street.

гражда́нск|ий *adj* **1** (*law, etc.*) civil; citizen's; civic; **г. иск** civil suit; **г. ко́декс** civil code; **~ое пра́во** civil law. **2** (*нецерковный, светский*) civil, secular; **г. брак** civil marriage, **~ая панихи́да** civil funeral rite. **3** (*невоенный*) civilian; **~ое пла́тье** civilian clothes, civvies, mufti. **4** (*подобающий гражданину*) civic, befitting a citizen; **~ие доброде́тели** civic virtues. **5**: **~ая война́** civil war.

гражда́нственност|ь, и *f* **1** (*гражданское устройство*) civilization; civil society. **2** (*сознание гражданских обязанностей*) civic spirit.

гражда́нств|о, а *nt* **1** citizenship, nationality; **права́ ~а** civic rights; **получи́ть права́ ~а** to be granted civic rights; (*fig*) to achieve general recognition. **2** (*collect*; *obs*) (*граждане*) citizenry.

грамза́пис|ь, и *f* gramophone recording.

грамм, а *m* gram.

грамма́тик|а, и *f* **1** (*раздел языкознания*) grammar. **2** (*учебник*) grammar (book).

граммати́ст, а *m* grammarian.

граммати́ческий *adj* grammatical.

граммофо́н, а *m* gramophone.

граммофо́н|ный *adj of* **⇒~**; **~ная пласти́нка** gramophone record.

гра́мот|а, ы *f* **1** (*умение читать и писать*) reading and writing, ability to read and write. **2** (*документ*) official document; deed.

гра́мотност|ь, и *f* **1** (*умение читать и писать*) literacy (*also fig*). **2** (*отсутствие грамматических ошибок*) grammatical correctness. **3** (*умелость*) competence.

гра́мот|ный (~ен, ~на) *adj* **1** (*умеющий читать и писать*) literate; able to read and write. **2** (*без ошибок*) grammatically correct. **3** (*умелый*) competent. **4**: **полити́чески г.** politically aware.

грампласти́нк|а, и *f* gramophone record (*Br*), phonograph record (*US*).

гран, а *m* grain (*unit of weight*); **в э́том нет ни ~а и́стины** there is not a grain of truth in it.

грана́т¹, а *m* **1** (*плод*) pomegranate. **2** (*дерево*) pomegranate tree.

грана́т², а *m* (*min*) garnet.

грана́т|а, ы *f* (*mil*) shell, grenade; **ручна́я г.** hand grenade.

грана́т|ный *adj of* **⇒~а**; **г. ого́нь** shellfire.

грана́товый¹ *adj* pomegranate.

грана́т|овый² 1 *adj of* **⇒~²**. **2** rich red.

гранатомёт, а *m* (*mil*) grenade launcher.

грандио́зност|ь, и *f* grandeur; immensity.

грандио́з|ный (~ен, ~на) *adj* grandiose; mighty; vast.

гране́ни|е, я *nt* cutting (*of precious stones, glass*).

гранён|ый *adj* **1** (*алмаз*) cut, faceted; **~ое стекло́** cut glass. **2** (*стакан*) cut-glass.

грани́льный *adj* lapidary; diamond-cutting.

грани́л|ьня, ьни, *g pl* **~ен** *f* lapidary workshop; **г. алма́зов** diamond-cutting shop.

грани́льщик, а *m* lapidary; **г. алма́зов** diamond-cutter.

грани́т, а *m* granite.

грани́тный *adj* granite.

гран|и́ть, ю, и́шь *impf*, to cut, facet.

грани́ц|а, ы *f* **1** frontier, border; **за ~ей** abroad; **е́хать за ~у** to go abroad. **2** (*fig*) boundary, limit; **вы́йти из ~** to overstep the mark; **в ~ах прили́чия** within the bounds of decency.

грани́ч|ить, ит *impf* (**с** + *i*) **1** to border (on). **2** (*fig*) to border (on), verge (on); **э́то ~ит с изме́ной** it borders on treason.

гра́нк|а, и *f* (*printing*) galley proof.

грант, а *m* grant.

грануля́р|овать, ую *impf and pf* to granulate.

грануля́ци|я, и *f* (*tech, astron, med*) granulation.

гран|ь, и *f* **1** border, verge, brink; **на ~и безу́мия** on the verge of insanity; **«поли́тика на ~и войны́»** brinkmanship. **2** (*geom*) face; (*алмаза*) facet; (*линейки*) edge.

граф, а *m* (*британский*) earl; (*небританский*) count.

граф|а́, ы́ *f* (*столбец*) column; (*раздел*) section.

гра́фик¹, а *m* **1** (*диаграмма*) graph, chart. **2** (*расписание*) schedule;

плóтный г. packed *or* heavy schedule; скользя́щий г. рабо́ты flexible working hours; flexitime; то́чно по ~у according to schedule.

гра́фик[2], а *m* (*художник*) graphic artist.

гра́фик|а, и *f* **1** (*art*) graphic art; (*comput*) graphics; **экра́нная г.** on-screen graphics. **2** (*начертание букв*) script.

графи́н, а *m* carafe; (*с пробкой*) decanter.

графи́н|я, и *f* countess.

графи́т, а *m* **1** (*min*) graphite, black lead. **2** (*карандаша*) pencil lead.

графи́т|ный *adj* = **~овый**

графи́товый *adj* graphite.

граф|и́ть, лю́, и́шь *impf* (*of* ⇨**раз~**) to rule (*paper*).

графи́ческий *adj* graphic; **г. паке́т** (*comput*) graphics package.

графлёный *adj* (vertically) ruled.

графо́лог, а *m* graphologist.

графоло́ги|я, и *f* graphology.

графома́н, а *m* person suffering from a mania for writing; (*fig*) hack (writer).

графома́ни|я, и *f* mania for writing.

графопострои́тел|ь, я *m* plotter (*instrument*).

графопрое́ктор, а *m* overhead projector.

гра́фский *adj of* ⇨**граф**

гра́фств|о, а *nt* county.

грацио́з|ный (~ен, ~на) *adj* graceful.

гра́ци|я, и *f* **1** (*изящество*) gracefulness. **2 Г.** (*myth*) Grace. **3** (*корсет*) corselette.

грач, а́ *m* (*zool*) rook.

гребёнк|а, и *f* comb; **стричь под ~у** to crop close; **стричь всех под одну́ ~у** to treat all alike, reduce all to the same level.

гре́б|ень, ня *m* **1** (*для расчёсывания волос*) comb. **2** (*tech*) comb; (*textiles*) hackle. **3** (*птицы*) comb, crest; **петуши́ный г.** cock's comb. **4** (*волны, горы*) crest. **5** (*archit*) ridgepiece, roof-tree. **6** (*agric*) ridge.

греб|е́ц, ца́ *m* rower, oarsman.

гребеш|о́к[1], ка́ *m* = **гре́бень**

гребеш|о́к[2], ка́ *m* (*zool*) scallop.

гре́бл|я, и *f* rowing.

гребни́ст|ый (~, ~а) *adj* (high-)crested.

гребн|о́й *adj* **1** rowing; **г. спорт** rowing; **~а́я шлю́пка** rowing boat (*Br*), rowboat (*US*). **2**: **г. вал** propeller shaft; **г. винт** propeller screw; **~о́е колесо́** paddle wheel.

греб|о́к, ка́ *m* **1** (*при гребле, плавании*) stroke. **2** (*весло*) blade (*of a mill wheel or paddle wheel*).

грегориа́нск|ий *variant spelling of* ⇨**григориа́нск|ий** *in*: **~ие песнопе́ния** Gregorian chants.

грёз|а, ы *f* daydream, reverie.

гре́|жу *see* ⇨**~зить**

гре́|зить, жу, зишь *impf* to dream; **г. наяву́** to daydream.

гре́|зиться, жусь, зишься *impf* (*of* ⇨**при~**) (*also impers*, + *d*) to dream; мне ~зилось, что… I used to dream that … .

гре́йдер, а *m* **1** (*машина*) grader. **2** (*coll*) (*дорога*) earth road (*levelled but unmetalled*).

грейпфру́т, а *m* grapefruit.

грек, а *m* Greek.

гре́ко-ки́прский *adj* Greek-Cypriot.

гре́лк|а, и *f* hot-water bottle; **электри́ческая г.** electric blanket.

грем|е́ть, лю́, и́шь *impf* (*of* ⇨**про~**) to thunder, roar; (*о колоколах*) to peal; (*посудой*) to clatter; (*ключами*) to jangle; (*fig*) to resound, ring out; **и́мя его́ ~е́ло по всей Евро́пе** his name resounded throughout Europe.

гремý́ч|ий *adj* roaring; **~ая змея́** rattlesnake; **~ая ртуть** (*chem*) fulminate of mercury.

гремý́шк|а, и *f* rattle.

гренаде́р, а *m* grenadier.

гре́нк|а, и *f* piece of toast; (*для супа, салата*) crouton.

Гренла́нди|я, и *f* Greenland.

гренла́ндский *adj* Greenland.

грен|о́к, ка́ *m* (*obs*) = **гре́нка**

гре|сти́, бу́, бёшь, *past* **~̈б, ~бла́** *impf* **1** to row; (*веслом, руками*) to paddle. **2** (*граблями*) to rake; **г. лопа́той де́ньги** (*coll*) to rake in the shekels.

греть, гре́ю, гре́ешь *impf* **1** (*intrans*) to give out warmth. **2** (*trans*) to warm, heat (up); (*предохранять от холода*) to keep warm; **г. (себе́) ру́ки** to warm one's hands; (*fig, coll, pej*) to be on to a good thing.

гре́|ться, юсь, ешься *impf* **1** (*человек*) to warm o.s.; (*вода, обед*) to warm, heat (up). **2** *passive of* ⇨**греть**

грех, а́ *m* **1** (*relig or fig*) sin; **первоѓодный г.** original sin; **приня́ть на себя́ г.** to take the blame upon o.s.; **пода́льше от ~а́** get out of harm's way; **как на г.** as ill luck would have it. **2** *as pred* (+ *inf*; *coll*) it is a sin, it is sinful; **не г.** (+ *inf*) there is no harm (in); **не г. вы́пить рю́мочку-две** there is no harm in (drinking) a glass or two. **3**: **с ~о́м попола́м** (only) just; **мы с ~о́м попола́м расшифрова́ли твой по́черк** we just managed to decipher your handwriting.

грехо́в|ный (~ен, ~на) *adj* sinful.

грехопаде́ни|е, я *nt* (*bibl*) the Fall.

Гре́ци|я, и *f* Greece.

гре́цкий *adj*: **г. оре́х** walnut.

гре́ч|а, и *f* (*coll*) buckwheat.

греча́нк|а, и *f of* ⇨**грек**

гре́ческий *adj* Greek.

грechи́х|а, и *f* buckwheat.

гре́чк|а, и *f* (*coll*) buckwheat.

гре́чнев|ый *adj* buckwheat; **~ая ка́ша** buckwheat porridge.

греш|и́ть, у́, и́шь *impf* **1** (*pf* **со~**) to sin. **2** (*pf* **по~**) (**про́тив** + *g*; *fig*) to sin (against).

гре́шник, а *m* sinner.

гре́шни|ца, цы *f of* ⇨**~к**

гре́ш|ный (~ен, ~на́, ~но, ~̈ны) *adj* sinful; culpable; **~ным де́лом** (*parenth*) much as I regret it, I am ashamed to say.

греш|о́к, ка́ *m* peccadillo.

гриб, а́ *m* fungus; mushroom; **съедо́бный г.** mushroom, edible fungus; **несъедо́бный г.** inedible fungus; toadstool.

грибко́вый *adj* fungoid.

грибни́ц|а, ы *f* **1** (*часть гриба*) mushroom spawn. **2** (*coll*) (*похлебка*) mushroom soup.

грибн|о́й *adj of* ⇨**гриб**; mushroom; **г. дождь** sun shower; **~а́я похлёбка** mushroom soup.

гриб|о́к, ка́ *m* **1** *diminutive of* ⇨**гриб**. **2** (*biol*) fungus, micro-organism. **3** (*для штопки чулок*) mushroom. **4** (*постройка*) shelter.

гри́в|а, ы *f* mane.

гри́венник, а *m* (*coll*) (*сумма*) ten kope(c)ks; (*монета*) ten-kope(c)k piece.

гри́вн|а, ы *f* **1** (*hist*) (*денежная единица*) grivna (*a unit of currency in medieval Russia*). **2** (*obs*) (*гривенник*) ten kope(c)ks.

григориа́нск|ий *adj* Gregorian; **г. календа́рь, ~ое летоисчисле́ние** Gregorian calendar.

гри́зли *m indecl* grizzly (bear)

грил|ь, я *m* grill (*Br*), broiler (*US*).

гриль-ба́р, а *m* grill room.

грим, а *m* (*theatr*) make-up; greasepaint.

грима́с|а, ы *f* grimace; **стро́ить/ ко́рчить ~ы** to make *or* pull faces.

грима́снича|ть, ю *impf* to grimace; to make *or* pull faces.

гримёр, а *m* (*theatr*) make-up artist.

гримёрн|ая, ой *f* (*theatr*) make-up (room).

гримир|ова́ть, у́ю, *impf* **1** (*theatr*) (*pf* **на~**) to make up. **2** (*pf* **за~**) (+ *i*) to make up (to look like); (+ *i or* **под** + *a*; *fig*) to make to appear, make out (as); **г. Наполео́на геро́ем, под геро́я** to paint Napoleon as a hero.

гримир|ова́ться, у́юсь *impf* (*of* ⇨**за~**) (*theatr*) to make up (*intrans*); (+ *i or* **под** + *a*; *fig*) to make o.s. out; **г. патрио́том, под патрио́та** to make o.s. out a patriot.

гримиро́вк|а, и *f* (*theatr*) making-up.

грим-убо́рн|ая, ой *f* (*theatr, etc.*) dressing room.

Гри́нвич, а *m* Greenwich; **вре́мя по ~у** Greenwich (Mean) Time (*abbr* GMT).

грипп, а *m* flu, influenza.

гриппо́зный *adj* influenzal; **г. больно́й** flu victim *or* sufferer.

гриф[1], а *m* **1** (*myth*) griffin. **2** (*zool*) vulture.

гриф[2], а *m* (*mus*) fingerboard.

гриф[3], а *m* (*штемпель*) seal, stamp.

гриф[4], а *m* (*sport*) grip (*in wrestling*).

гри́фел|ь, я *m* slate pencil; (*карандаша*) lead.

гри́фельн|ый *adj* slate; **~ая доска́** slate.

грифо́н, а *m* **1** (*myth, archit*) griffin. **2** (*собака*) griffon.

гроб, а, о/на ~́е, в ~у́ *pl* **~ы** *m* **1** coffin. **2** (*fig*) the grave; **вогна́ть в г.** to drive to the grave; **до ~́а, по г.**

Г

жи́зни (*coll*) until the end of one's days; **стоя́ть одно́й ного́й в ~у́** to have one foot in the grave.

гро́б|ить, лю, ишь *impf* (*sl*) to ruin, mess up.

гробни́ц|а, ы *f* tomb.

гробов|о́й *adj* **1** *adj of* ⇒**гро**,; **~а́я доска́** (*fig*) the grave; **ве́рный до ~о́й доски́** faithful unto death. **2** (*мрачный*) sepulchral, deathly; **г. го́лос** sepulchral voice; **~а́я тишина́** deathly silence.

гробовщи́к, а́ *m* coffin-maker; undertaker.

грог, а *m* grog.

гроз|а́, ы́, *pl* **~́ы** *f* **1** (thunder)storm. **2** (*fig*) (+ *g*) threat (to).

грозд|ь, и, *pl* **~́и, ~е́й** and **~́ья, ~́ьев** *f* cluster, bunch (*of fruit or flowers*).

гро|зи́ть, жу́, зи́шь *impf* **1** (*pf* **при~**) (+ *d and i or* + *inf*) (*предупреждать с угрозой*) to threaten; **он ~зи́л мне револьве́ром** he was threatening me with a revolver; **г. уби́ть кого́-н.** to threaten to kill s.o. **2** (*pf* **по~**) (+ *i*) (*делать угрожающий жест*) to make threatening gestures; **г. кулако́м кому́-н.** to shake one's fist at s.o. **3** (*no pf*) (*предстоять*) to threaten; **ему́ ~зи́т банкро́тство** he is threatened with bankruptcy.

гро|зи́ться, жу́сь, зи́шься *impf* (*of* ⇒**по~**) (*coll*) to threaten.

гро́з|ный (~ен, ~на́, ~но) *adj* **1** (*угрожающий*) menacing, threatening. **2** (*ужасный*) dread, terrible; formidable; **~ная опа́сность** terrible danger. **3** (*coll*) (*суровый*) stern, severe.

гроз|ово́й *adj of* ⇒**~а́**; **~ова́я ту́ча** storm cloud, thundercloud.

гром, а, *pl* **~́ы, ~о́в** *m* thunder (*also fig*); **уда́р ~́а** thunderclap; **г. среди́ я́сного не́ба** a bolt from the blue; **мета́ть ~́ы и мо́лнии** (*fig*) to rant and rave.

грома́д|а, ы *f* mass, bulk, pile (+ *g*); (*множество*) a mass (of), heaps (of).

грома́дин|а, ы *f* (*coll*) huge thing.

грома́д|ный (~ен, ~на) *adj* huge, vast, enormous, colossal.

громи́л|а, ы *m* (*coll*) **1** (*вор*) burglar. **2** (*погромщик*) thug.

гром|и́ть, лю́, и́шь *impf* (*of* ⇒**раз~**) **1** to destroy; (*mil*) to smash, rout. **2** (*fig, coll*) (*критиковать*) to criticize, denounce.

гро́м|кий (~ок, ~ка́, ~ко) *adj* **1** loud. **2** (*известный*) famous; (*пресловутый*) notorious. **3** (*напыщенный*) fine-sounding; **~кие слова́** (*ironical*) big words.

гро́мко *adv* loud(ly); (*вслух*) aloud.

громкоговори́тел|ь, я *m* loudspeaker.

гро́мкост|ь, и *f* (*звука*) loudness, volume.

громов|о́й *adj* **1** *adj of* ⇒**гром**; **~ы́е раска́ты** peals of thunder. **2** (*громкий*) thunderous, deafening; **~ы́е рукоплеска́ния** thunderous applause. **3** (*уничтожающий*) crushing, smashing.

громогла́с|ный (~ен, ~на) *adj* **1** loud; loud-voiced. **2** (*открытый*) public, open.

громоз|ди́ть, жу́, ди́шь *impf* (*of* ⇒**на~**) to pile up, heap up.

громоз|ди́ться, жу́сь, ди́шься *impf* **1** (*возвышаться*) to tower. **2** (*coll*) (*влезать*) to clamber up.

громо́зд|кий (~ок, ~ка) *adj* cumbersome, unwieldy.

громоотво́д, а *m* lightning conductor (*also fig*).

громоподо́б|ный (~ен, ~на) *adj* thunderous.

гро́м|че *comp of* ⇒**~кий** *and* ⇒**~ко**

громыха́|ть, ю *impf* (*coll*) to rumble.

гросс, а *m* gross.

гро́ссбух, а *m* ledger.

гроссме́йстер, а *m* grandmaster (*at chess*).

грот[1]**, а** *m* (*пещера*) grotto.

грот[2]**, а** *m* (*naut*) mainsail.

грот-... *comb form* (*naut*) main-.

гроте́ск, а *m* (*art*) grotesque.

гроте́скный *adj* grotesque.

гроте́сковый *adj* grotesque; **г. шрифт** (*printing*) sans serif.

гро́х|ать(ся), аю(сь) *impf of* ⇒**~нуть(ся)**

гро́хн|уть, у, ешь *pf* (*coll*) **1** (*произвести сильный шум*) to crash, bang. **2** (*trans*) (*бросить, уронить с шумом*) to drop with a crash, bang down. **3** (*рассмеяться*) to roar with laughter.

гро́хн|уться, усь, ешься *pf* (*coll*) to fall with a crash.

гро́хот[1]**, а** *m* crash, din.

гро́хот[2]**, а** *m* (*tech, agric*) riddle, screen, sifter.

грохота́нь|е, я *nt* crashing; rumbling.

грох|ота́ть, очу́, о́чешь *impf* **1** to crash; roll, rumble; roar. **2** (*coll*) (*хохотать*) to roar with laughter.

грош, а́ *m* **1** (*obs*) half-kopek piece. **2** *pl* **~и́, ~е́й** (*fig, coll*) penny, cent; **э́то ~а́ ме́дного, ло́маного не сто́ит** it's not worth a brass farthing (*Br*), two cents (*US*); **купи́ть за ~и́** to buy for a song; **рабо́тать за ~и́** to work for peanuts.

грошо́вый *adj* (*coll*) **1** (*очень дешёвый*) dirt-cheap; (*fig*) (*плохого качества*) cheap, shoddy. **2** (*мелочный*) insignificant, trifling.

грубе́|ть, ю, ешь *impf* (*of* ⇒**о~**) to grow coarse, rude.

груб|и́ть, лю́, и́шь *impf* (*of* ⇒**на~**) (+ *d*) to be rude (to).

грубия́н, а *m* (*coll*) boor.

грубия́н|ка, ки *f of* ⇒**~**

гру́бо *adv* **1** (*неискусно*) crudely. **2** (*невежливо*) rudely. **3** (*приблизительно*) roughly; **г. говоря́** roughly speaking.

грубова́т|ый (~, ~а) *adj* rather coarse, rude.

гру́бост|ь, и *f* **1** (*невежливость*) rudeness. **2** (*замечание*) rude remark; **говори́ть ~и** to be rude.

грубошёрстный *adj* (*of cloth, etc.*) coarse.

гру́б|ый (~, ~а́, ~о, ~ы) *adj* **1** (*без изящества*) coarse, rough; **~ое сукно́** coarse fabric; **г. го́лос** gruff voice. **2** (*работа*) crude, rude. **3** (*недопустимый*) gross, flagrant; **г. обма́н** gross deception. **4** (*человек*) rude; coarse, crude; **~ое сло́во** rude, coarse word. **5** (*приблизительный*) rough; **в ~ых черта́х** in rough outline.

гру́д|а, ы *f* heap, pile.

груда́ст|ый (~, ~а) *adj* (*coll*) broad-chested; (*женщина*) big-breasted, big-bosomed.

груди́н|а, ы *f* (*anat*) breastbone.

груди́нк|а, и *f* (*говядина*) brisket; (*баранина*) breast (*of lamb, etc.*).

грудни́ц|а, ы *f* (*med*) mastitis.

грудн|о́й *adj of* ⇒**грудь**; **~а́я жа́ба** (*med*) angina pectoris; **~а́я железа́** (*anat*) mammary gland; **~а́я кле́тка** (*anat*) thorax; **г. ребёнок** baby.

грудобрю́шн|ый *adj*: **~ая прегра́да** (*anat*) diaphragm.

груд|ь, и́, *i* **~́ю, в/на/о ~и́,** *pl* **~́и, ~е́й** *f* **1** (*anat*) chest; **стоя́ть ~́ью (за** + *a*) to stand up (for), champion; **г. с ~́ью, г. на́ г. би́ться** to fight hand-to-hand **2** (*женщины*) breast; bosom, bust; **корми́ть ~́ью** to breastfeed; **отня́ть от ~и́** to wean. **3** (*у рубашки*) (shirt) front.

гружёный *adj* loaded, laden.

груз, а *m* **1** (*тяжесть*) weight; (*кладь*) load, cargo, freight; **поле́зный г.** payload. **2** (*fig*) weight, burden.

грузд|ь, я́, *pl* **~́и, ~́ей** *m* milk cap (*mushroom*).

грузи́л|о, а *nt* sinker.

грузи́н, а, *g pl* **г.** *m* Georgian.

грузи́н|ка, ки *f of* ⇒**~**

грузи́нский *adj* Georgian.

гру|зи́ть, жу́, ~́зишь *impf* **1** (*pf* **за~** *and* **на~**) to load; to lade, freight; **г. су́дно** to lade a ship. **2** (*pf* **по~**) (**в, на** + *a*) to load; **г. това́р на су́дно** to put a cargo aboard a ship.

гру|зи́ться, жу́сь, ~́зишься *impf* (*of* ⇒**по~ 2**) (*о судне*) to load (*intrans*), take on cargo; (*о людях*) to board.

Гру́зи|я, и *f* Georgia (*Transcaucasia*).

гру́зн|уть, у, ешь *impf* to go down, sink.

гру́з|ный (~ен, ~на́, ~но) *adj* (*тяжёлый*) weighty; (*громоздкий*) bulky; unwieldy; (*толстый*) corpulent.

грузови́к, а́ *m* lorry (*Br*), truck.

грузов|о́й *adj* goods, cargo, freight; **~о́е движе́ние** goods traffic; **~о́е су́дно** cargo boat, freighter.

грузооборо́т, а *m* turnover of goods.

грузоотправи́тел|ь, я *m* shipper; consignor of goods.

гру́зо(-)пассажи́рский *adj*: **г. автомоби́ль** utility vehicle.

грузоподъёмност|ь, и *f* payload capacity; freight-carrying capacity.

грузоподъёмный *adj*: **г. кран** (*loading*) crane.

грузополуча́тел|ь я *m* consignee.

грузопото́к, а *m* goods traffic.

грузотакси́ *nt indecl* 'taxi lorry' (*truck operated for hire from taxi station*).

гру́зчик, а *m* loader; (*в порту*) docker (*Br*), stevedore.

грум, а *m* groom.

грунт, а *m* **1** (*почва*) soil, earth; (*дно*) bottom; **пересади́ть в г.** to plant out. **2** (*слой краски*) priming, primer.

грунт|ова́ть, у́ю *impf* (*of* ⇒**за**~) to prime.

грунто́вк|а, и *f* undercoat (*of paint*).

грунтов|о́й *and* **грунто́в|ый** *adj of* ⇒**грунт**; **~ы́е/~́ые во́ды** subsoil waters; **~а́я/~́ая доро́га** dirt road; **~́ый корт** clay court.

гру́пп|а, ы *f* (*in various senses*) group; **г. кро́ви** (*med*) blood group; **дошко́льная г.** playgroup; **операти́вная г.** task force; **рабо́чая г.** working party.

группе́тто *nt indecl* (*mus*) turn.

группир|ова́ть, у́ю *impf* (*of* ⇒**с**~) to group; (*классифицировать*) to classify.

группир|ова́ться, у́ется *impf* (*of* ⇒**с**~) to group, form groups.

группиро́вк|а, и *f* **1** grouping; (*классификация*) classification; **г. сил** (*mil*) distribution of forces. **2** (*совокупность лиц*) group, grouping.

группово́д, а *m* group leader.

группов|о́й *adj* group; **~ы́е заня́тия** group study, group work; **~ы́е и́гры** team games; **г. полёт** formation flying.

грусти́нк|а, и *f* (*coll*) slight sadness.

гру|сти́ть, щу́, сти́шь *impf* to grieve, mourn; (**о** + *p or* **по** + *d*) to pine (for).

гру́стно[1] *adv* sadly, sorrowfully.

гру́стно[2] *as pred* it is sad; **ей г.** she feels sad; **нам г. узна́ть, что…** we are sorry to hear that … .

гру́ст|ный (~ен, ~на́, ~но) *adj* sad, melancholy.

груст|ь, и *f* sadness, melancholy.

гру́ш|а, и *f* **1** (*плод*) pear. **2** (*дерево*) pear tree. **3**: **земляна́я г.** Jerusalem artichoke. **4**: **боксёрская г.** punchball.

гру́шевый *adj* pear; **г. компо́т** stewed pears.

гры́ж|а, и *f* (*med*) hernia, rupture.

грыжево́й *and* **гры́жевый** *adj* hernial; **г. банда́ж** truss.

гры́зл|о, а *nt* bit (*of bridle*).

грызн|я́, и́ *f* (*coll*) **1** (*между животными*) fight. **2** (*ссора*) squabble.

грыз|ть, у́, ёшь, *past* **~, ~́ла** *impf* **1** to gnaw; to nibble; **г. но́гти** to bite one's nails. **2** (*coll*) (*бранить*) to nag (at). **3** (*fig*) (*мучить*) to devour, consume; **нас ~́ло любопы́тство** we were consumed with curiosity.

гры́з|ться, у́сь, ёшься, *past* **~ся, ~лась** *impf* **1** (*о животных*) to fight. **2** (*coll*) (*ссориться*) to squabble, bicker.

грызу́н, а́ *m* rodent.

гряд|а́, ы́, *pl* **~́ы, ~, ~́ам** *f* **1** *pl* **~ы́, ~, ~а́м** (*гор*) ridge. **2** *pl* **~́ы, ~, ~́ам** (*в огороде*) bed. **3** *pl* **~ы́, ~, ~а́м** (*ряд*) row, series.

гря́дк|а, и *f diminutive of* ⇒**гряда́ 2**

гряду́щ|ий *pres participle active of* ⇒**грясти́** *and adj* coming, future; **~ие дни** days to come; **на сон г.** (*coll*) at bedtime; *as n* **~ее, ~его** *nt* the future.

грязев|о́й *adj* mud; **~а́я ва́нна** mudbath.

грязелече́бниц|а, ы *f* therapeutic mudbaths.

грязелече́ни|е, я *nt* mud-cure.

грязне́|ть, ю *impf* to get covered in mud, become dirty.

грязн|и́ть, ю́, и́шь *impf* (*of* ⇒**на**~) **1** (*делать грязным*) to make dirty, soil; (*fig*) to sully, besmirch. **2** (*мусорить*) to litter.

грязн|и́ться, ю́сь, и́шься *impf* to become dirty.

гря́зн|о[1] *adv of* ⇒**~ый**

гря́зно[2] *as pred* it is dirty.

грязну́л|я, и *cg* (*coll*) (*о ребёнке*) guttersnipe; (*о женщине*) slut.

гря́з|ный (~ен, ~на́, ~но, ~ны́) *adj* **1** (*покрытый грязью*) muddy. **2** (*нечистый*) dirty; **~ное бельё** dirty washing (*also fig*). **3** (*неопрятный*) untidy; slovenly; **~ная тетра́дь** untidy copybook. **4** (*fig*) (*непристойный*) dirty, filthy; **~ное де́ло** dirty business. **5** (*серовато-мутный*) mud-grey. **6** (*для мусора*) refuse, garbage; **~ное ведро́** refuse pail, garbage pail.

гряз|ь, и, о ~́и, в ~и́ *f* **1** mud (*also fig*); **меси́ть г.** (*coll*) to wade through mud; **заброса́ть ~́ью, смеша́ть с ~́ью; втопта́ть/затопта́ть в г.** (*fig*) to sling mud (at). **2** (*in pl*) (*лечебное средство*) mud, mudbath, mud treatment. **3** (*отсутствие чистоты*) dirt, filth (*also fig*).

гря́н|уть, у, ешь *pf* **1** (*раздаться; начаться*) to burst out, crash out; **~ул гром** there was a clap of thunder; **~ул вы́стрел** a shot rang out. **2** (*запеть, заиграть*) to strike up (*a song, etc.*).

гря́н|уться, усь, ешься *pf* to crash.

гря|сти́, ду́, дёшь (*impf*) to approach.

гуайя́в|а, ы *f* (*bot*) guava.

гуа́шь, и *f* (*art*) gouache.

губ|а́[1]**, ы́,** *pl* **~́ы, ~, ~а́м** *f* **1** lip; **наду́ть ~́ы** to pout; **по ~а́м кому́-н. пома́зать** (*coll*) to raise false hopes in s.o.; **у него́ гу́ба не ду́ра** (*coll*) he knows which side his bread is buttered; **молоко́ на ~а́х не обсо́хло** he is still green. **2** (*in pl*) (*концы клещей*) pincers.

губ|а́[2]**, ы́,** *pl* **~́ы, ~, ~а́м** *f* bay, inlet (*in northern Russia*).

губ|а́[3]**, ы́,** *pl* **~́ы, ~, ~а́м** *f* (*mil sl*) guardhouse.

губа́ст|ый (~, ~а) *adj* (*coll*) thick-lipped.

губерна́тор, а *m* governor.

губерна́торск|ий *adj* of a governor; (*joc*) **положе́ние ху́же ~ого** a critical situation, a tight spot.

губерна́торств|о, а *nt* governorship.

губе́рни|я, и *f* (*hist*) guberniya, province.

губи́тел|ь, я *m* destroyer.

губи́тел|ьный (~ен, ~ьна) *adj* (*последствия*) disastrous; (*мысль, климат*) harmful, destructive; (*влияние*) pernicious.

губ|и́ть, лю́, ~́ишь *impf* (*of* ⇒**по**~) (*разрушать*) to destroy; (*портить*) to ruin, spoil.

гу́б|ка[1]**, ки** *f diminutive of* ⇒**губа́**[1]

гу́бк|а[2]**, и** *f* sponge; **мыть ~ой** to sponge.

губн|о́й *adj* **1** lip; **~а́я пома́да** lipstick. **2** (*ling*) labial.

гу́бчатый *adj* porous, spongy; **г. каучу́к** foam rubber.

гуверна́нтк|а, и *f* governess.

гувернёр, а *m* tutor.

гугено́т, а *m* (*hist*) Huguenot.

гугу́ *only in phr* **ни г.!** not a word!; **об э́том ни г.!** mum's the word!

гуд, а *m* (*coll*) buzzing; drone; hum.

гуде́ни|е, я *nt* drone; hum; (*об автомобильном гудке*) honk.

гу|де́ть, жу́, ди́шь *impf* **1** to drone; to hum; (*impers*): **у меня́ ~де́ло в уша́х** there was a buzzing in my ears. **2** (*о гудке*) to hoot; to honk. **3** (*coll*) (*болеть*) to ache. **4** (*sl*) (*пить*) to drink, booze (*sl*).

гуд|о́к, ка́ *m* **1** (*устройство*) (*автомобиля*) horn; (*фабрики*) siren. **2** (*звук*) hoot(ing); honk; toot; **по ~ку́** when the whistle blows. **3** (*teleph*) tone.

гудро́н, а *m* tar.

гудрони́р|овать, ую *impf and pf* to tar; to tarmac.

гудро́н|ный *adj of* ⇒**~**; **~ное шоссе́** tarred/tarmacked high road.

гуж, а́ *m* tug (*part of harness*); **взя́лся за г., не говори́, что не дюж** (*proverb*) in for a penny in for a pound.

гужев|о́й *adj* **1** *adj of* ⇒**гуж**. **2** cart; **~а́я доро́га** cart track; **г. тра́нспорт** cartage, animal-drawn transport.

гу́зн|о, а *nt* (*vulg*) arse (*Br*), ass (*US*), bum (*Br*).

гул, а *m* (*машин, голосов*) drone, hum; (*орудий*) rumble.

ГУЛА́Г *m indecl* (*abbr of* **Гла́вное управле́ние исправи́тельно-трудовы́х лагере́й**) Gulag, Main Administration for Corrective Labour Camps.

гу́л|кий (~ок, ~ка́, ~ко) *adj* **1** (*с резонансом*) resonant; echoing. **2** (*громкий*) booming, rumbling.

гулли́в|ый (~, ~а) *adj* (*folk poetical*) gadabout.

гульб|а́, ы *f* (*coll*) idling; revelry.

гу́льден, а *m* (*hist*) guilder (*former Dutch unit of currency*).

гуля́к|а, и *cg* (*coll*) idler; playboy.

гуля́нк|а, и *f* (*coll*) **1** (*празднество*) outdoor party. **2** (*пирушка*) feast.

гуля́н|ье, ья, *g pl* **~ий** *nt* **1** (*прогулка*) walking; (going for a) walk. **2** (*празднество*) outdoor party.

гуля́|ть, ю *impf* (*of* ⇒**по**~) **1** to walk, stroll; to take a walk, go for a walk; **г. по рука́м** to pass from hand to hand. **2** (*impf only*) (*coll*) (*иметь выходной день*) not to be working; **мы сего́дня ~ем** we have got the day off today. **3** (*coll*) (*веселиться*) to make merry, have a good time. **4** (**с** + *i*; *coll*) (*быть в любовных отношениях*) to go out (with).

гуля́ш, а *m* (*cul*) goulash.

гуля́щ|ий *adj* (*coll*) idle; *as n* **~ая, ~ей** *f* streetwalker.

ГУМ, а *m* (*abbr of* **Госуда́рственный универса́льный магази́н**) GUM, State Department Store (*in Red Square in Moscow*).

гумани́зм, а *m* humanism.

гумани́ст, а *m* humanist.

гуманисти́ческий *adj* humanist.

гуманита́рн|ый *adj* **1** pertaining to the humanities; **~ые нау́ки** the humanities, the liberal arts; **~ое образова́ние** liberal education. **2** (*гума́нный*) humane; **~ая по́мощь** humanitarian aid.

гума́нност|ь, и *f* humanity, humaneness.

гума́н|ный (~ен, ~на) *adj* humane.

гум|но́, на́, *pl* **~́на, ~́ен** *and* **~ён, ~́нам** *nt* **1** (*ток*) threshing floor. **2** (*сарай*) barn.

гу́мус, а *m* (*agric*) humus.

гунн, а *m* (*hist*) Hun.

гуркх, а *m* (*представитель непальских народностей*) Gurkha (*Nepalese; cf.* ⇒**гурх**).

гу́ркх|ский *adj of* ⇒**~**

гурма́н, а *m* gourmet.

гурма́нств|о, а *nt* connoisseurship (*of food and drink*).

гурт, а́ *m* herd, drove; flock.

гуртовщи́к, а́ *m* herdsman; drover.

гурто́м *adv* (*coll*) **1** (*оптом*) wholesale; in bulk. **2** (*гурьбой*) together; in a body, en masse.

гу́ру *m indecl* guru.

гурх, а *m* (*непальский наёмник в британской армии*) Gurkha (*Nepalese recruit; cf.* ⇒**гуркх**).

гу́рх|ский *adj of* ⇒**~**

гурьб|а́, ы́ *f* crowd, gang.

гуса́к, а́ *m* gander.

гуса́р, а *m* hussar.

гуса́рский *adj* hussar.

гу́сениц|а, ы *f* **1** (*zool*) caterpillar. **2** (*трактора*) (caterpillar) track.

гу́сеничн|ый *adj* (*zool, tech*) caterpillar; **~ая ле́нта** (*tech*) caterpillar track; **г. тра́ктор** caterpillar tractor; **г. ход** caterpillar drive.

гус|ёнок, ёнка, *pl* **~я́та** *m* gosling.

гуси́н|ый *adj* goose; **~ая ко́жа** gooseflesh; **~ые ла́пки** crow's feet.

гу́сл|и, ей (*no sg*) (*mus*) psaltery.

густе́|ть, ет *impf* (*of* ⇒**по~**) (*о тумане, лесе*) to thicken, get thicker, get denser; (*о жидком*) (*pf* **за~**) to thicken.

гу|сти́ть, щу́, сти́шь *impf* to thicken (*trans*).

гу́сто[1] *adv* thickly, densely.

гу́сто[2] *as pred* (*coll*) there is much, there is plenty; **у меня́ де́нег не г.** I'm a bit hard up, a bit pushed.

густоволо́с|ый (~, ~а) *adj* thick-haired, shaggy.

густ|о́й (~, ~а́, ~́о, ~ы́) *adj* **1** thick, dense; **~а́я листва́** thick foliage; **г. тума́н** dense fog; **~ое населе́ние** dense population; **~ые бро́ви** bushy eyebrows. **2** (*о цвете*) deep, rich.

густоли́ственный *adj* with thick foliage, leafy.

густонаселённый *adj* densely populated.

густот|а́, ы́ *f* **1** thickness, density. **2** (*цвета*) deepness, richness.

гусы́н|я, и *f* (*female*) goose.

гус|ь, я, *pl* **~́и, ~е́й** *m* goose; **как с ~́я вода́** like water off a duck's back; **хоро́ш гусь!** (*ironical*) a fine fellow indeed!

гусько́м *adv* in (single) file, in crocodile.

гуся́тин|а, ы *f* goose (meat).

гуся́тник, а *m* goose pen.

гуся́тниц|а, ы *f* casserole dish.

гутали́н, а *m* shoe polish.

гуто́р|ить, ю, ишь *impf* (*dialect*) to natter.

гуттапе́рч|а, и *f* gutta-percha.

гуттапе́рч|евый *adj of* ⇒**~а**

гу́щ|а, и *f* **1** (*осадок*) dregs, lees, grounds, sediment; **кофе́йная г.** coffee grounds. **2** (*чаща*) thicket; (*fig*) thick, centre, heart; **в са́мой ~е собы́тий** in the thick of things.

гу́ще *comp of* ⇒**густо́й**, ⇒**гу́сто**

гущин|а́, ы́ *f* (*coll*) **1** (*густота*) thickness. **2** (*чаща*) thicket.

Гц (*abbr of* **герц**) Hz (= hertz).

гэ́льский *adj* Gaelic.

ГЭС *f indecl* (*abbr of* **гидроэлектроста́нция**) hydroelectric power station.

Д

д. (*abbr of* **дом**) house.

да¹ *particle* **1** yes. **2** (*interrog*) yes?, is that so?, really?, indeed?; **он мно́го лет прожива́л в Пари́же. — Да? А я и не знал** he lived in Paris for many years. — Really? I didn't know. **3** (*emphatic*) why; well; **да не мо́жет быть!** why, that's impossible!; **да нет!** of course not!; not likely!; **да в чём де́ло?** well, what's it all about? **4** *emphasizing pred*: **когда́-н. э́то да ко́нчится** it must end some time; **э́то что́-н. да зна́чит** there's sth behind this. **5**: **вот э́то да!** (*coll*) splendid!; super!

да² *particle* (+ *3rd pers pres or fut of v*) (*пусть*) may, let; **да здра́вствует..!** long live ... !

да³ *conj* **1** (*mainly in conventional phrr*) (*и*) and; **день да ночь** day and night; **ко́жа да ко́сти** skin and bone.
2: **да (и** *or* **ещё)** (*к тому же*) and (besides); and what is more; **бы́ло за́ полночь, да и снег шёл** it was past midnight and (what is more) it was snowing; **принеси́те мне во́дки, да поскоре́е!** bring me some vodka, and (be) quick about it!; **он занима́лся, занима́лся, да и провали́лся на экза́мене** he studied and studied and then he (went and) failed his exam.
3: **да и то́лько** and that's all, and no more; **она́ ворчи́т, да и то́лько** she does nothing but grouse.
4 but; **я охо́тно проводи́л бы тебя́, да вре́мени не́т(у)** I would gladly come with you but I haven't the time.

да́бы *conj* in order (to, that).

дава́й(те) *as particle* **1** (+ *inf or 1st pers pl of fut*) let's; **д. остано́вимся на мину́ту-другу́ю** let's pause for a minute or two; **д. заку́рим** let's light up. **2** (+ *imperative*; *coll*) come on; **дава́й, расскажи́ что-н.** come on, tell us a story.

да|ва́ть, ю́, ёшь *impf of* ⇒**дать**

да|ва́ться, ю́сь, ёшься *impf* (*of* ⇒**~ться**) **1** *passive of* ⇒**дава́ть**.
2 (*позволять поймать себя*) to let o.s. be caught; **не д.** (+ *d*) to dodge, evade.
3: **легко́ д.** to come easily, naturally; **ру́сский язы́к ему́ даётся легко́** Russian comes easily to him.

да́веча *adv* (*coll*) lately, recently.

да́вешний *adj* (*coll*) recent; late.

дави́льный *adj*: **д. пресс** wine press

дави́л|ьня, ьни, *g pl* **~ен** *f* wine press.

дав|и́ть, лю́, ~ишь *impf* **1** (*also* **на** + *a*) to press (upon); (*о сапоге*) to pinch; (*fig*) (*угнетать*) to oppress, weigh (upon), lie heavy (on); (*impers*): **се́рдце ~ит** (my) heart is heavy. **2** (*насекомых*) to crush; to trample; (*о машине*) to run over. **3** (*выжимать*) to squeeze (*juice out of fruit, etc.*).

дав|и́ться, лю́сь, ~ишься *impf* (*of* ⇒**по~**) **1** (+ *i or* **от** + *g*) to choke (with); **д. от ка́шля** to choke with coughing. **2** (*coll*) (*в автобусе*) to be squashed, crushed.

да́вк|а, и *f* (*coll*) throng, crush.

давле́ни|е, я *nt* pressure (*also fig*); **под ~ем** (+ *g*) under pressure (of); through stress (of).

да́вленый *adj* pressed, crushed.

давне́нько *adv* (*coll*) quite a long time ago; for quite a long time.

да́вн|ий *adj* **1** ancient; **в ~ие времена́** in ancient times. **2** (*существующий издавна*) of long standing; **с ~их пор, времён** of old, for a long time.

давни́шний *adj* (*coll*) = **да́вний**

давно́ *adv* **1** (*много времени тому назад*) long ago; **он д. у́мер** he died long ago; **д. бы так** (*expressing approval of s.o.'s action*) not before (it was) time. **2** (*в течение долгого времени*) for a long time; long since; **мы д. живём в дере́вне** we have been living in the country for a long time.

давнопроше́дш|ий *adj* remote (*in time*); **~ее вре́мя** (*gram*) pluperfect tense.

да́вност|ь, и *f* **1** (*древность*) antiquity; (*отдалённость*) remoteness. **2** (*длительное существование*) long standing. **3** (*law*) prescription.

давны́м-давно́ *adv* (*coll*) very long ago, ages (and ages) ago.

дагероти́п, а *m* daguerreotype.

Дагеста́н, а *m* Dagestan.

дагеста́н|ец, ца *m* Dagestani.

дагеста́н|ка, ки *f of* ⇒**~ец**

дагеста́нский *adj* Dagestani.

да́же *particle* even; **е́сли д.** even if; **о́чень д. пло́хо** extremely bad.

да́йджест, а *m* (*journalism*) digest.

дактили́ческий *adj* (*literary*) dactylic.

дактилоло́ги|я, и *f* finger language, dactylology.

дактилоскопи́|я, и *f* dactyloscopy, identification by means of fingerprints; **ге́нная д.** genetic fingerprinting.

да́ктил|ь, я *m* (*literary*) dactyl.

дакти́льн|ый *adj*: **~ая а́збука** sign language.

дала́й-ла́м|а, ы *m* Dalai Lama.

да́лее *adv* further; **не д., как вчера́, он был здесь** he was here only yesterday; **и так д.** (*abbr* **и т. д.**) and so on, et cetera.

далёк|ий (~, далека́) *adj* **1** (*in various senses*) (*страна, выстрел*) distant; **д. путь** long journey; **~ое про́шлое** distant past; **д. от и́стины** wide of the mark; **я ~ от того́, что́бы жела́ть** I am far from wishing. **2** (*only with neg*; *coll*) (*умный*) clever, bright; **она́ не о́чень ~а́** she is not awfully bright.

далеко́¹ *adv* **1** (*о расстоянии*) far, far off; (**от** + *g*) far (from); **д. зайти́** (*fig*) to go too far, burn one's boats; **д. пойти́** (*fig*) to go far (= *to be a success*). **2** (*fig*) far, by a long way, by much; **д. за** (*of time*) long after; **д. не** far from; **она́ д. не краса́вица** she is far from beautiful.

далеко́² *as pred* it is far, it is a long way; (+ *d* **до** + *g*, *fig*) to be far (from), be much inferior (to); **ему́ д. до соверше́нства** he is far from perfect.

далма́тский *adj*: **д. дог** Dalmatian.

дал|ь, и, о ~и, в ~и́ *f* **1** (*далёкое пространство*) distance; distant prospect. **2** (*coll*) (*далёкое место*) distant spot. **3**: **така́я д.!** (*coll*) it is so far, such a long way!

дальневосто́чный *adj* Far Eastern.

дальне́йш|ий *adj* further, furthest; **в ~ем** (*i*) (*в будущем*) in future, henceforth, (*ii*) (*ниже в тексте*) below, hereinafter.

да́льн|ий *adj* **1** (*далёкий*) distant, remote; **Д. Восто́к** the Far East; **~ее пла́вание** long voyage; **~его де́йствия** long-range; **~его сле́дования** (*of a train*) long-distance. **2** (*о родстве*) distant. **3**: **без ~их слов** without more ado.

дальнобо́йност|ь, и *f* (*mil*) long range.

дальнобо́йный *adj* (*mil*) long-range.

дальнобо́йщик, а *m* (*coll*) long-distance lorry (*Br*), truck driver.

дальнови́дност|ь, и *f* foresight.

дальнови́д|ный (~ен, ~на) *adj* far-sighted.

дальнозо́р|кий (~ок, ~ка) *adj* long-sighted (*Br*), far-sighted (*US*); (*fig*) far-sighted.

дальнозо́ркост|ь, и *f* long sight (*Br*), far-sightedness (*US*); (*fig*) far-sightedness.

дальноме́р, а *m* rangefinder.

да́льност|ь, и *f* distance; range.

дальтони́зм, а *m* colour blindness (*Br*), color-blindness (*US*), Daltonism.

дальто́ник, а *m* colour-blind (*Br*), color-blind (*US*) person.

да́льше *adj and adv* **1** *comp of* ⇒**далёкий**. **2** (*adv*) further; **ти́ше**

éдешь, д. бýдешь (*proverb*) more haste, less speed; **д. нéкуда** (*coll*) that's the limit. **3** (*adv*) (*продолжая начатое*) further; **расскáзывать д.** to go on (telling a story); **д.!** go on! **4** (*adv*) (*затем*) then, next; **они́ не знáли, что д. дéлать** they did not know what to do next. **5** (*adv*) (*долее*) longer; **ждать д. нельзя́ бы́ло** it was impossible to wait any longer.

дáм|а, ы *f* **1** (*женщина*) lady. **2** (*в танцах*) partner. **3** (*игральная карта*) queen.

Дамáск, а *m* Damascus.

дамáск, а *m* damask.

дáмб|а, ы *f* dyke.

дáмк|а, и *f* king (*at draughts* (*Br*), *checkers* (*US*)).

дамóклов *see* ⇒**меч**

дáм|ский *adj of* ⇒~**а**; ~**ская сýмка** ladies' handbag; **д. кавалéр/угóдник** ladies' man.

Даниил, а *m* (*bibl*) Daniel.

Дáни|я, и *f* Denmark.

дáнн|ые, ых (*no sg*) **1** (*also comput*) data; (*факты*) facts, information; **необрабóтанные д.** raw data. **2** (*свойства*) qualities, gifts, potentialities. **3** (*основания*) grounds.

дáнн|ый *ppp of* ⇒**дать** *and adj* given; present; in question; **в д. момéнт** at the present moment, at present; **в** ~**ом слýчае** in this case, in the case in question.

дантист, а *m* dentist.

дан|ь, и *f* **1** (*hist*) tribute; **обложи́ть** ~́**ью** to lay under tribute. **2** (*fig*) (*моде, традиции*) tribute; debt; **отдáть д.** (+ *d*) to pay tribute to, recognize.

дар, а, *pl* ~**ы** *m* **1** (*подарок*) gift, donation; **посмéртный д.** bequest. **2** (+ *g*) (*талант, способность*) gift (of); **д. слóва** (*i*) (*способность говорить свободно*) the gift of the gab, (*ii*) (*способность говорить*) speech, ability to speak.

дарвини́зм, а *m* Darwinism.

дарвини́ст, а *m* Darwinist.

Дарданéлл|ы, ~ (*no sg*) the Dardanelles.

дарён|ный *adj* received as a present; ~**ому коню́ в зýбы не смóтрят** (*proverb*) one should not look a gift horse in the mouth.

дари́тел|ь, я *m* donor.

дар|и́ть, ю́, ~́**ишь** *impf* (*of* ⇒**по**~) **1** (+ *d and a*) (*давать*) to give; **он** ~**и́л мне дéньги** he gave me some money. **2** (+ *a and i*) (*удостаивать*) to favour (with), bestow (upon); **д. когó-н. улы́бкой** to bestow a smile upon s.o.

дармовщи́нк|а, и *f*: **на** ~**у** (*coll*) for nothing, for free.

дармоéд, а *m* (*coll*) parasite, sponger, scrounger.

дармоéднича|ть, ю *impf* (*coll*) to sponge, scrounge.

дармоéдств|о, а *nt* (*coll*) parasitism, sponging, scrounging.

даровáни|е, я *nt* gift, talent.

дар|овáть, ýю *impf and pf* to grant, confer.

даровит|ый (~, ~а) *adj* gifted, talented.

даровóй *adj* free (of charge), gratuitous.

даровщи́нк|а, и *f*: **на** ~**у** (*coll*) for nothing, for free.

дáром *adv* **1** (*бесплатно*) free (of charge), gratis; **э́то вам д. не пройдёт** you'll pay for this. **2** (*напрасно*) in vain, to no purpose; **пропáсть д.** to be wasted.

даронóсиц|а, ы *f* (*eccl*) pyx.

дарохрани́тельниц|а, ы *f* (*eccl*) tabernacle.

дáрственн|ый *adj* **1** (*obs*) (*подаренный*) received as a present. **2** (*удостоверяющий дар*) confirming a gift; ~**ая нáдпись** dedicatory inscription; ~**ая зáпись** (*law*) deed of gift.

дартс, а *m* darts.

дáт|а, ы *f* date.

дáтельный *adj* (*gram*) dative.

дати́р|овать, ую *impf and pf* to date (= (*i*) *affix a date to*, (*ii*) *establish the date of*).

датирóвк|а, и *f* dating.

дáтский *adj* Danish.

датчáн|ин, ина, *pl* ~**е,** ~ *m* Dane.

датчáн|ка, ки *f of* ⇒~**ин**

дáтчик, а *m* sensor.

дать, дам, дашь, даст, дади́м, дади́те, дадýт, *past* **дал, далá, дáлó, дáли** *pf* (*of* ⇒**давáть**) **1** to give; **д. взаймы́** to lend (*money*); **д. на вóдку, на чай** to tip; **д. концéрт** to give a concert; **д. обéд** to give a dinner; **д. урóки** to give lessons. **2** to give, administer; **д. лекáрство** to give medicine; **д. комý-н. пощёчину** (*coll*) to box s.o.'s ears. **3** (**по** + *d*, **в** + *a*; *coll*) (*ударить*) to give (it); to hit; **д. комý-н. пó уху** to clip s.o. round the ear; **я те дам!** (*coll*; *expressing vague threat*) I'll give you what for!, I'll teach you! **4** (*fig*) to give; **д. кля́тву** to take an oath; **д. начáло** (+ *d*) to give rise (to); **д. слóво** to pledge one's word; **д. себé труд** (+ *inf*) to put o.s. to the trouble (of). **5** (*fig*) to give, grant; **д. вóлю** (+ *d*) to give (free) rein (to), give vent (to); **д. газ** (*coll*) to open the throttle; **д. дорóгу** (+ *d*) to make way (for); **не д. покóя** (+ *d*) to give no peace; **д. комý-н. слóво** to give s.o. the floor (*at a meeting*); **д. ход** (+ *d*) to set in motion, get going; **д. ход комý-н.** (*coll*) to help s.o. on, give s.o. a leg-up. **6** *with certain nn expressing action related to meaning of n*; **д. залп** to fire a volley; **д. звонóк** to ring (*a bell*); **д. отбóй** to ring off (*on telephone*); **д. отпóр** (+ *d*) to repulse; **д. течь** to spring a leak; **д. трéщину** to crack. **7** (+ *inf*) (*позволить*) to let; **д. поня́ть** to give to understand; **д. себя́ знать, д. себя́ почýвствовать** to make o.s. (itself) felt; **дáйте емý говори́ть** let him speak. **8**: **дай** + *1st pers of fut expressing decision to take some action*: **дай вы́куплюсь** I think I'll take a bath. **9**: **ни д. ни взять** (*i*) exactly the same, neither more nor less, (*ii*) as like as two peas.

дáться, дáмся, дáшься, *etc., past* **дáлся, далáсь** *pf* **1** *pf of* ⇒**давáться**. **2** (+ *d*) (*стать предметом крайнего интереса*) to have become an obsession (with).

дацзыбáо *nt indecl* wall posters (*in China*).

дáч|а¹, и *f* **1** (*действие*) giving. **2** (*порция*) helping, portion.

дáч|а², и *f* **1** (*загородный дом*) dacha; **д.-(авто)прицéп** mobile home. **2**: **быть на** ~**е** to be in the country; **поéхать на** ~**у** to go to the country.

дáч|а³, и *f* (*участок земли*) (piece of) woodland.

дачевладéл|ец, ьца *m* owner of a dacha.

дачевладéл|ица, ицы *f of* ⇒~**ец**

дáчник, а *m* (holiday) visitor (*in the country*).

дáч|ный *adj of* ⇒~**а²**; **д. óтдых** country holiday; **д. пóезд** suburban train.

дашнáк, а *m* Dashnak (*member of the Armenian nationalist movement*).

ДВ *pl indecl* (*abbr of* **дли́нные вóлны**) LW (*long wave*).

два (*f* **две), двух, двум, двумя́, о двух** *num* two; **два-три, две-три** two or three, a couple; **ни д. ни полторá** (*coll*) neither one thing nor another; **в двух словáх** briefly, in short; **в д. счёта** in no time, in two ticks; **в двух шагáх** a short step away; **кáждые д. дня** every other day, on alternate days.

двадцати... *comb form* twenty-.

двадцатилéти|е, я *nt* **1** (*срок*) period of twenty years. **2** (*годовщина*) twentieth anniversary.

двадцатилéтний *adj* **1** (*срок*) twenty-year, of twenty years. **2** (*человек*) twenty-year-old.

двадцатипятилéти|е, я *nt* **1** (*срок*) period of twenty-five years. **2** (*годовщина*) twenty-fifth anniversary.

двадцáт|ый *adj* twentieth; **однá** ~**ая** a twentieth; ~**ое января́** the twentieth of January; ~**ые гóды** the twenties.

двáдцат|ь, и́, і ью *num* twenty; **д. оди́н**, *etc.*, twenty-one, *etc.*; **д. однó** (*card game*) vingt-et-un.

> **Двáдцать трéтье февраля́, 23-е Февраля́**
>
> *see* **День защи́тника Отéчества**

двáдцатью *adv* twenty times.

двáжды *adv* twice; **д. два — четы́ре** twice two is four; **я́сно как д. два четы́ре** (*coll*) as plain as a pikestaff; **д. щёлк|ать, -нуть (мы́шью)** (*comput*) to double-click.

двенадцатипéрстн|ый *adj*: ~**ая кишкá** (*anat*) duodenum.

двенáдцатый *adj* twelfth.

двенáдцат|ь, и *num* twelve.

двер|нóй *adj of* ⇒~**ь**; **д. проём** doorway; ~**áя рýчка** door handle.

двéр|ца, ы, *g pl* ~**ец** *f* door (*of car, cupboard, etc.*).

двер|ь, и, о ~́**и, в/на** ~**и́,** *pl* ~**и,** ~**éй,** *i* ~**я́ми** *and* ~**ьми́** *f* door; **в** ~**я́х** in the doorway; **у** ~**éй** close at hand; **при закры́тых** ~**я́х** behind closed doors, in camera.

двести, двухсóт, двумстáм, двумястáми, о двухстáх *num* two hundred.

дви́гател|ь, я *m* motor, engine; (*fig*) mover, motive force.

дви́гательн|ый *adj* **1** motive; **~ая си́ла** moving force, impetus. **2** (*anat*) motor; **боле́знь ~ых нейро́нов** motor neuron disease.

двига|ть, ю *and* **дви́жу** *impf* (*of* ⇒**дви́нуть**) **1 (~ю)** to move. **2 (~ю)** (+ *i*) (*шевелить*) to move (*part of the body*); to make a movement (of). **3 (дви́жу)** (*приводить в движение*) to set in motion, get going (*also fig*); **д. вперёд** (*fig*) to advance, further.

двига|ться, юсь *and* **дви́жусь** *impf* (*of* ⇒**дви́нуться**) **1** to move (*intrans*); **д. вперёд** to advance (*also fig*). **2** (*отправляться*) to start, get going. **3** *passive of* ⇒**~ть**

движе́ни|е, я *nt* **1** (*in various senses*) movement; motion; **д. вперёд** forward movement, advance; **привести́ в д.** to set in motion; **д. сторо́нников ми́ра** peace movement; **д. «зелёных»** the green movement. **2** (*физическое*) movement, exercise. **3** (*дорожное*) traffic; **д. в одно́м направле́нии** one-way traffic; **пра́вила у́личного ~я** traffic regulations. **4**: **д. по слу́жбе** promotion, advancement. **5** (*внутренее побуждение*) impulse.

дви́жимост|ь, и *f* movables, chattels; personal property.

дви́жим|ый *adj* movable; **~ое иму́щество** movable, personal property.

движко́в|ый *adj* slide; **~ые регуля́торы** slide controls.

движ|о́к, ка́ *m* **1** (*tech*) slide, runner. **2** (*coll*) (*двигатель*) (small) engine, motor.

дви́жущ|ий *pres participle active of* ⇒**дви́гать** *and adj*: **~ие си́лы** driving force.

дви́|нуть, ну, нешь *pf* **1** *pf of* ⇒**~гать**. **2** (*coll*) (*ударить*) to hit, cosh.

дви́|нуться, нусь, нешься *pf of* ⇒**~гаться**

дво́е, двои́х *num* **1** (+ *m nn denoting persons, pers prons in pl or nn used only in pl*) two; **д. сынове́й** two sons; **нас бы́ло д.** there were two of us; **д. сане́й** two sledges; **д. су́ток** forty-eight hours. **2** (+ *nn denoting objects usu found in pairs*) two pairs; **д. глаз** two pairs of eyes; **д. чуло́к** two pairs of stockings; **на свои́х (на) двои́х** on Shanks's pony.

двоебо́рь|е, я *nt* (*sport*) biathlon.

двоебра́чи|е, я *nt* bigamy.

двоевла́сти|е, я *nt* diarchy.

двоеже́н|ец, ца *m* bigamist (*of a man*).

двоежёнств|о, а *nt* bigamy (*of man*).

двоему́жи|е, я *nt* bigamy (*of woman*).

двоему́жниц|а, ы *f* bigamist (*of a woman*).

двоето́чи|е, я *nt* (*gram*) colon.

дво́ечник, а *m* (*coll*) low achiever (*pupil receiving an 'unsatisfactory' mark*).

дво́ечни|ца, цы *f of* ⇒**~к**

дво|и́ться, ю́сь, и́шься *impf* **1** (*разделяться надвое*) to divide in two (*intrans*). **2** (*казаться двойным*) to appear double; **у него́ ~и́лось в глаза́х** he saw (objects) double.

двои́чн|ый *adj* (*math*) binary; **~ая ци́фра** binary digit, bit.

дво́йк|а, и *f* **1** (*цифра*) two. **2** (*coll*) (*автобус, трамвай*) No. 2 (*bus, tram, etc.*). **3** (*отметка*) 'two' (*out of five, according to marking system used in Russian educational establishments*). **4** (*игральная карта*) two; **д. треф** two of clubs.

двойни́к, а́ *m* **1** (*кого-н.*) double. **2** (*coll*) (*близнец*) twin. **3** (*elec*) two-way adaptor.

двойн|о́й *adj* double, twofold, binary; **д. подборо́док** double chin; **~а́я бухгалте́рия** double-entry bookkeeping; **~а́я фами́лия** double-barrelled (*Br*), double-barreled (*US*) surname.

дво́|йня, йни, *g pl* **~ен** *f* twins.

двойня́шк|а, и *f* (*coll*) twin.

дво́йственност|ь, и *f* **1** (*противоречивость*) ambivalence, duality. **2** (*двуличность*) duplicity.

дво́йствен|ный (~, ~на) *adj* **1** (*чувство, мнение*) ambivalent; (*функция, роль*) dual; **~ное число́** (*gram*) dual number. **2** (*двуличный*) two-faced. **3** (*касающийся двух, двоих*) bipartite.

двор, а́ *m* **1** (*при одном доме*) yard; (*между домами*) courtyard. **2** (*крестьянское хозяйство*) homestead. **3**: **ско́тный д.** farmyard; **пти́чий д.** poultry yard. **4**: **на ~е́** out of doors, outside; **по ~а́м, ко ~а́м** (*obs*) to one's home, home(wards); **со ~а́** (*obs*) from home. **5** (*королевский*) court; **при ~е́** at court. **6**: **быть ко ~у́** to be (found) suitable; **быть не ко ~у́** not to be wanted.

двор|е́ц, ца́ *m* palace; **Д. бракосочета́ний** Wedding Palace.

дворе́цк|ий, ого *m* butler, major-domo.

дво́рник, а *m* **1** (*работник*) caretaker. **2** (*coll*) (*в машине*) windscreen wiper (*Br*), windshield wiper (*US*).

дво́рницк|ий *adj of* ⇒**дво́рник 1**; *as n* **~ая, ~ой** *f* caretaker's lodge.

дво́рничих|а, и *f* (*coll*) **1** (*жена дворника*) wife of caretaker. **2** (*женщина-дворник*) caretaker.

дво́рн|я, и *f* (*collect*) servants, menials (*before 1861*).

дворня́г|а, и *f* (*coll*) mongrel (dog).

дворня́жк|а, и *f* = **дворня́га**

дворо́в|ый *adj of* ⇒**двор 1, 2**; **~ые постро́йки** outbuildings, farm buildings; **~ая соба́ка** watchdog.

дворцо́вый *adj of* ⇒**дворе́ц**; **д. переворо́т** palace revolution.

дворян|и́н, и́на, *pl* **~́е, ~́** *m* nobleman.

дворя́н|ка, ки *f of* ⇒**дворяни́н**

дворя́нск|ий *adj* of the nobility; of the gentry; **~ое зва́ние** the rank of gentleman.

дворя́нств|о, а *nt* (*collect*) nobility, gentry.

двою́родный *adj* related through grandparent; **д. брат** (first) cousin (*male*); **д. дя́дя** (first) cousin once removed.

двоя́кий *adj* double, twofold.

двоя́ко *adv* in two ways.

двояково́гнутый *adj* (*phys*) concavo-concave.

двояковы́пуклый *adj* (*phys*) convexo-convex.

дву..., двух... *comb form* bi-, di-, two-, double-.

двубо́ртный *adj* double-breasted.

двувидово́й *adj* (*gram*) bi-aspectual.

двугла́в|ый *adj* two-headed; **~ая мы́шца** (*anat*) biceps; **д. орёл** double-headed eagle.

двугла́сн|ый, ого *m* (*gram*) diphthong.

двуго́рбый *adj* two-humped; **д. верблю́д** Bactrian camel.

двугра́нный *adj* two-sided; dihedral.

двугри́венн|ый, ого *m* (*coll*) twenty-kopek piece.

двудо́льный *adj* **1** two-part. **2** (*bot*) dicotyledonous.

двужи́льный *adj* **1** (*coll*) (*сильный*) strong; hardy, tough. **2** (*tech*) twin-core.

двузна́чный *adj* **1** (*число*) two-digit. **2** (*слово, выражение*) ambiguous.

двуко́лк|а, и *f* two-wheeled cart.

двукра́тный *adj* twofold, double; (*повторный*) reiterated.

двули́к|ий (~, ~а) *adj* two-faced (*also fig*).

двули́чи|е, я *nt* double-dealing, duplicity.

двули́чност|ь, и *f* duplicity.

двули́ч|ный (~ен, ~на) *adj* (*fig*) two-faced; hypocritical.

двуно́гий *adj* two-legged, biped.

двуо́кис|ь, и *f* (*chem*) dioxide; **д. углеро́да** carbon dioxide.

двупла́нный *adj* two-dimensional.

двупо́лый *adj* bisexual.

двуро́г|ий *adj* two-horned; **~ая луна́** crescent moon.

двуру́чный *adj* two-handed; two-handled.

двуру́шник, а *m* double-dealer.

двуру́шни|ца, цы *f of* ⇒**~к**

двуру́шнича|ть, ю *impf* to play a double game.

двуру́шнический *adj* double-dealing.

двуру́шничеств|о, а *nt* double dealing.

двусве́тный *adj* with two tiers of windows.

двуска́тн|ый *adj* with two sloping surfaces; **~ая кры́ша** gable roof.

двусло́жный *adj* disyllabic.

двусме́нный *adj* in two shifts, two-shift.

двусмы́сленност|ь, и *f* **1** (*свойство*) ambiguity. **2** (*выражение*) double entendre.

двусмы́слен|ный (~, ~на) *adj* ambiguous.

двуспа́льный *adj* double (*of beds*).

двуство́лк|а, и *f* double-barrelled gun (*Br*), double-barreled gun (*US*).

двуство́льный *adj* double-barrelled (*Br*), double-barreled (*US*).

двуство́рчат|ый *adj* bivalve; **~ые две́ри** folding doors.

двусти́ши|е, я *nt* (*literary*) distich, couplet.

двусто́пный *adj* (*literary*) of two feet (*verse*).

двусторо́н|ний (~ен, ~ня) *adj* **1** double-sided; **~нее воспале́ние лёгких** double pneumonia; **ку́ртка ~ней но́ски** reversible jacket. **2** (*движение*) two-way. **3** (*соглашение*) bilateral.

двутавро́в|ый *adj*: **~ая ба́лка** I-beam.

двууглеки́сл|ый *adj* (*chem*) bicarbonate; **д. на́трий, ~ая со́да** sodium bicarbonate.

двуутро́бк|а, и *f* (*zool*) marsupial.

двух... *see* ⇨**дву..., двух...**

двухгоди́чный *adj* of two years' duration.

двухгодова́лый *adj* two-year-old.

двухдне́вный *adj* two-day.

двухколе́йный *adj* (*railways*) double-track.

двухколёсный *adj* two-wheeled.

двухкра́сочный *adj* two-tone.

двухле́тний *adj* **1** (*срок*) of two years' duration. **2** (*ребёнок*) two-year-old. **3** (*bot*) biennial.

двухле́тник, а *m* (*bot*) biennial.

двухма́чтовый *adj* two-masted.

двухме́рный *adj* two-dimensional.

двухме́стн|ый *adj* two-seater; **~ая каю́та** two-berth cabin; **д. но́мер** double room.

двухме́сячный *adj* **1** (*срок*) of two months' duration. **2** (*ребёнок*) two-month-old. **3** (*издание*) bimonthly.

двухмото́рный *adj* twin-engined.

двухнеде́льник, а *m* (*coll*) fortnightly (*magazine, etc.*).

двухнеде́льный *adj* **1** (*срок*) of two weeks' duration. **2** (*ребёнок*) two-week-old. **3** (*издание*) fortnightly.

двухпала́тный *adj* (*pol*) bicameral, two-chamber.

двухпа́лубный *adj* (*naut*) having two decks.

двухпарти́йный *adj* (*pol*) two party; bipartisan.

двухпласти́ночный *adj*: **д. альбо́м** double (*record*) album.

двухсотле́ти|е, я *nt* bicentenary.

двухсотле́тний *adj* **1** (*срок*) of two hundred years' duration. **2** (*годовщина*) bicentenary (*Br*), bicentennial (*US*).

двухсо́тый *adj* two-hundredth.

двухстепе́нн|ый *adj*: **~ые вы́боры** indirect elections.

двухсу́точный *adj* forty-eight-hour.

двухта́ктный *adj* (*tech*) two-stroke.

двухто́мник, а *m* (*coll*) two-volume book, work.

двухты́сячный *adj* **1** two-thousandth. **2** (*ценой в две тысячи*) costing two thousand roubles.

двухцве́тный *adj* two-coloured (*Br*), two-colored (*US*).

двухчасово́й *adj* **1** (*фильм*) two-hour. **2** (*coll*) (*поезд*) two o'clock.

двухъя́русный *adj* two-tier(ed).

двухэта́жный *adj* two-storey (*Br*), two-story (*US*); (*автобус*) double-decker.

двучле́н, а *m* (*math*) binomial.

двучле́нный *adj* (*math*) binomial.

двуязы́чи|е, я *nt* bilingualism.

двуязы́ч|ный (~ен, ~на) *adj* bilingual.

ДДТ *m indecl* (*abbr of* **дихлордифенилтрихлорэта́н**) DDT.

-де (*coll*) *enclitic particle indicating attribution of utterance to another speaker*; **они́-де не мо́гут прийти́** (they say) they can't come.

дебарка́дер, а *m* landing stage.

дебати́р|овать, ую *impf* to debate.

деба́т|ы, ов (*no sg*) debate.

дебе́л|ый (~, ~а) *adj* (*coll*) plump, corpulent.

де́бет, а *m* debit.

дебет|ова́ть, у́ю *impf and pf* to debit.

дебето́в|ый *adj of* ⇨**де́бет**; **~ая ка́рта** debit card.

деби́л, а *m* **1** mentally handicapped person. **2** (*coll, pej*) moron.

деби́т, а *m* (*tech*) yield, output (*of oil, etc.*).

дебито́р, а *m* debtor.

деблоки́р|овать, ую *impf and pf* (*mil*) to relieve, raise the blockade (of).

дебо́ш, а *m* (*coll*) uproar, shindy.

дебоши́р, а *m* (*coll*) rowdy, brawler, hellraiser.

дебоши́р|ить, ю, ишь *impf* (*coll*) to kick up a row, create a shindy.

дебоши́рств|о, а *nt* (*coll*) rowdyism, hellraising.

де́бр|и, ей (*no sg*) **1** jungle; thickets. **2** (*глухое место*) the wilds. **3** (*fig*) maze, labyrinth; **запу́таться в ~ях** (+ *g*) to get bogged down in.

дебю́т, а *m* **1** debut. **2** (*chess*) opening.

дебюта́нт, а *m* debutant.

дебюта́нтк|а, и *f* debutante.

дебюти́р|овать, ую *impf and pf* to make one's debut.

дебю́т|ный *adj of* ⇨**~**; **д. спекта́кль** (*theatr*) debut, first performance; **д. ход** (*chess*) opening move.

де́в|а, ы *f* **1** (*obs*) girl, maiden; unmarried girl; **ста́рая д.** (*coll*) old maid. **2 Д.** (*relig*) the Virgin. **3 Д.** (*созвездие*) Virgo.

девальва́ци|я, и *f* devaluation.

девальви́р|овать, ую *impf and pf* to devalue.

дева́|ть, ю (*coll*) **1** *impf of* ⇨**деть**. **2** (*in past tense* = **деть**) to put, do (with); **куда́ ты ~л письмо́?** what have you done with the letter?

дева́|ться, юсь (*coll*) **1** *impf of* ⇨**де́ться**; **она́ не зна́ла, куда́ д. от смуще́ния** she did not know where to put herself for embarrassment. **2** (*in past tense* = **де́ться**) (*исчезать*) to get to, disappear; **куда́ ~лись мои́ часы́?** where has my watch got to?

де́вер|ь, я, *pl* **~ья́, ~е́й** brother-in-law (*husband's brother*).

девиа́ци|я, и *f* (*tech*) deviation.

деви́з, а *m* motto; (*в геральдике*) device.

деви́ц|а, ы *f* (*obs*) maiden; damsel.

деви́ческий = **де́вичий**

деви́честв|о, а *nt* girlhood; maidenhood; **в ~е Ивано́ва** née Ivanova.

де́вич|ий *adj* girlish; maidenly; **~ья фами́лия** maiden name; **~ья па́мять** (*joc*) a memory like a sieve.

де́вк|а, и *f* **1** (*coll and dialect*) (*девушка*) girl, wench, lass; **засиде́ться в ~ах** to remain on the shelf; **оста́ться в ~ах** to become an old maid. **2** (*coll*) (*проститутка*) tart, whore.

дево́н, а *m* (*geol*) the Devonian (period).

дево́нский *adj* (*geol*) Devonian; **д. пери́од** the Devonian (period).

де́вочк|а, и *f* (little) girl.

де́вственник, а *m* virgin.

де́вственниц|а, ы *f* virgin.

де́вственност|ь, и *f* virginity; chastity; **обе́т ~и** vow of chastity.

де́вствен|ный (~, ~на) *adj* **1** (*целомудренный*) virgin; **~ная плева́** (*anat*) hymen. **2** (*невинный*) virginal; innocent. **3** (*fig*) virgin; **д. лес** virgin forest.

де́вушк|а, и *f* **1** (unmarried) girl. **2** (*coll*) (*обращение*) miss.

девча́т|а, ~ (*no sg*) (*coll*) girls.

девчо́нк|а, и *f* (*coll*) girl.

девчу́рк|а, и *f* (*coll*) little girl.

девчу́шк|а, и *f* (*coll*) little girl.

девяно́ст|о, *g, d, i, and p* **а** *num* ninety.

девяно́стый *adj* ninetieth.

девятерно́й *adj* ninefold.

де́вятер|о, ы́х *num* **1** nine; **нас д.** there are nine of us. **2** (*пары*) nine pairs.

девятикла́ссник, а *m* ninth-former (*Br*), ninth-grader (*US*).

девятикла́ссни|ца, цы *f of* ⇨**~к**

девятикра́тный *adj* ninefold.

девятиле́тний *adj* **1** (*срок*) nine-year; of nine years' duration. **2** (*ребёнок*) nine-year-old.

девятиме́сячный *adj* **1** (*срок*) nine-month. **2** (*ребёнок*) nine-month-old.

девятисо́тый *adj* nine-hundredth.

девя́тк|а, и *f* **1** (*цифра*) nine. **2** (*coll*) (*автобус, трамвай*) No. 9 (*bus, tram, etc.*). **3** (*coll*) (*группа из 9*) group of nine objects. **4** (*игральная карта*) nine.

девятна́дцатый *adj* nineteenth.

девятна́дцат|ь, и *num* nineteen.

девя́тый *adj* ninth.

де́вят|ь, и́, *i* **~ью** *num* nine.

девятьсо́т, девятисо́т, девятиста́м, девятьюста́ми, о девятиста́х *num* nine hundred.

де́вятью *adv* nine times; **д. два — восемна́дцать** nine times two is eighteen.

дегаза́тор, а *m* decontaminator (*person or apparatus*).

дегазацио́нн|ый *adj of* ⇨**дегаза́ция**; **~ая часть** decontamination unit.

дегаза́ци|я, и *f* decontamination.

дегази́р|овать, ую *impf and pf* to decontaminate.

дегенера́т, а *m* degenerate.

дегенерати́вност|ь, и *f* degeneracy.

дегенерати́в|ный (~ен, ~на) *adj* degenerate.

дегенера́ци|я, и *f* degeneration.

дегенери́р|овать, ую *impf and pf* to degenerate.

Д

дёг|оть, тя (*no pl*) *m* tar; **ло́жка ~тя в бо́чке мёда** a fly in the ointment.
деграда́ци|я, и *f* degradation.
деградир|овать, ую *impf and pf* to become degraded.
дегтя́рн|ый *adj* tar; **~ое мы́ло** coal-tar soap.
дегуманиза́ци|я, и *f* dehumanization.
дегуманизи́р|овать, ую *impf and pf* to dehumanize.
дегуста́тор, а *m* taster.
дегуста́ци|я, и *f* tasting; **д. вин** wine tasting.
дегусти́р|овать, ую *impf and pf* to carry out a tasting (of).
дед, а *m* **1** grandfather; (*in pl; fig*) grandfathers, forefathers. **2** (*coll*) (*старик*) grandad, grandpa. **3**: **Д. Моро́з** Father Christmas, Santa Claus.
де́довский *adj* **1** grandfather's. **2** (*очень старый*) old-world; old-fashioned.
дедовщи́н|а, ы *f* (*mil sl*) bullying, harassment (*of subordinates*).
дедукти́вный *adj* deductive.
деду́кци|я, и *f* deduction.
дедуци́р|овать, ую *impf and pf* to deduce.
де́душк|а, и *m* grandfather, grandpa.
деепричá́сти|е, я *nt* (*gram*) gerund (*e.g.* **чита́я, прочита́в**).
деепричá́ст|ный *adj of* **⇒~ие**
дееспосо́бност|ь, и *f* **1** energy, activity. **2** (*law*) capability.
дееспосо́б|ный (~ен, ~на) *adj* **1** able to function, active. **2** (*law*) capable.
дежу́р|ить, ю, ишь *impf* **1** (*быть дежурным*) to be on duty. **2** (*неотлучно находиться*) to be in constant attendance, not to leave one's post.
дежу́рн|ый *adj* **1** duty; on duty; **д. офице́р** (*mil*) orderly officer; **д. пункт** (*mil*) guardroom; **~ая апте́ка** chemist's shop open after normal closing hour *or* on a holiday. **2**: **~ое блю́до** plat du jour. **3** (*избитый*) hackneyed. **4** *as n* **д., ~ого** *m*, **~ая, ~ой** *f* man, woman on duty; **кто д.?** who is on duty? **5** *as n* **~ая, ~ой** *f* duty room.
дежу́рств|о, а *nt* (being on) duty; **гра́фик ~** rota; (*mil*) roster; **смени́ться с ~а** to come off duty, be relieved.
дезабилье́ *nt indecl* déshabillé.
дезавуи́р|овать, ую *impf and pf* to repudiate, disavow.
дезактива́ци|я, и *f* decontamination.
дезактиви́р|овать, ую *impf and pf* to decontaminate.
дезерти́р, а *m* deserter.
дезерти́р|овать, ую *impf and pf* to desert.
дезерти́рств|о, а *nt* desertion.
дезинсекцио́нн|ый *adj of* **⇒дезинсе́кция**; **~ые сре́дства** insecticides.
дезинсе́кци|я, и *f* destruction of harmful insects.
дезинфекта́нт, а *m* disinfectant.
дезинфекцио́нный *adj of* **⇒дезинфе́кция**
дезинфе́кци|я, и *f* disinfection; (*coll*) disinfectant.
дезинфици́р|овать, ую *impf and pf* to disinfect.
дезинформа́ци|я, и *f* misinformation; (*намеренная*) disinformation.
дезинформи́р|овать, ую *impf and pf* to misinform.
дезодора́нт, а *m* deodorant.
дезорганиза́ци|я, и *f* disorganization; disruption.
дезорганиз|ова́ть, у́ю *impf and pf* to disrupt.
дезориента́ци|я, и *f* disorientation.
дезориенти́р|овать, ую *impf and pf* to disorient; to cause to lose one's bearings, confuse.
дезориенти́р|оваться, уюсь *impf and pf* to lose one's bearings.
деи́зм, а *m* deism.
деи́ст, а *m* deist.
де́йственност|ь, и *f* efficacy; effectiveness.
де́йствен|ный (~, ~на) *adj* efficacious; effective.
де́йстви|е, я *nt* **1** (*деятельность*) action, operation; activity; **ввести́ в д.** to bring into operation, bring into force. **2** (*функционирование*) functioning (*of a machine etc.*). **3** (*влияние*) effect; action; **под ~ем** (+ *g*) under the influence (of); **не ока́зывать никако́го ~я** to have no effect. **4** (*события, о которых идёт речь*) action (*of a story, etc.*); **д. происхо́дит во вре́мя Пе́рвой мирово́й войны́** the action takes place during the First World War. **5** (*часть пьесы*) act. **6** (*in pl*) (*поступки*) actions; (*mil*) operations. **7** (*math*) operation.
действи́тельно *adv* really; indeed.
действи́тельност|ь, и *f* **1** reality; **в ~и** in reality, in fact. **2** validity (*of a document*).
действи́тел|ьный (~ен, ~ьна) *adj* **1** (*настоящий*) real, actual; true, authentic; **~ьное положе́ние веще́й** the true state of affairs; **э́то бы́ли его́ ~ьные слова́** these were his actual words; **~ьная слу́жба** (*mil*) active service; **д. член Акаде́мии нау́к** (full) member of the Academy of Sciences. **2** (*имеющий силу*) valid; **удостовере́ние ~ьно (на) шесть ме́сяцев** the licence is valid for six months. **3**: **д. зало́г** (*gram*) active voice.
де́йств|овать, ую *impf* **1** (*impf only*) (*совершать действия*) to act; (*функционировать*) to work, function; to operate; **телефо́н не ~ует** the telephone is not working, is out of order. **2** (*pf* **по~**) (**на** + *a*) (*влиять*) to affect, have an effect (upon), act (upon); **лека́рство ~ует** the medicine is taking effect; **д. кому́-н. на не́рвы** to get on s.o.'s nerves. **3** (*impf only*) (+ *i*; *coll*) (*использовать*) to work, operate; to use.
де́йствующ|ий *pres participle active of* **⇒де́йствовать** *and adj*: **~ая а́рмия** army in the field; **д. вулка́н** active volcano; **~ее лицо́** (*theatr, literary*) character; **~ие ли́ца** (*theatr*) dramatis personae.
дека... *comb form* deca-.
де́к|а, и *f* (*mus*) **1** (*скрипки*) sounding board. **2** (*магнитофона*) deck; **магнитофо́нная д.** tape deck.
декабри́ст, а *m* (*hist*) Decembrist.
декабри́ст|ский *adj of* **⇒~**
дека́бр|ь, я *m* December.
дека́бр|ьский *adj of* **⇒~**
дека́д|а, ы *f* **1** (*срок*) ten-day period. **2** (*фестиваль*) (ten-day) festival.
декада́нс, а *m* decadence.
декаде́нт, а *m* decadent.
декаде́нтский *adj* decadent.
декаде́нтств|о, а *nt* decadence.
дека́д|ный *adj of* **⇒~а**
дека́н, а *m* dean (*of a university faculty*).
декана́т, а *m* **1** (*управление факультета*) dean's office (*of a university faculty*). **2** (*помещение*) dean's office.
дека́нств|о, а *nt* (*должность декана*) office/position of dean, deanship (*of a university faculty*).
деклама́тор, а *m* reciter, declaimer.
деклама́ци|я, и *f* recitation, declamation.
деклами́р|овать, ую *impf* (*of* **⇒про~**) to recite, declaim.
декларати́в|ный (~ен, ~на) *adj* **1** (*торжественный*) declaratory; solemn. **2** (*pej*) (*претенциозный*) made for effect, pretentious.
деклара́ци|я, и *f* declaration; **нало́говая д.** tax return.
деклари́р|овать, ую *impf and pf* to declare, proclaim.
деклассир́ованный *adj* déclassé.
декоди́р|овать, ую *impf and pf* to decode.
декольте́ *nt indecl* décolleté (*also as adj*); décolletage.
декольтиро́ванный *adj* **1** (*о платье, женщине*) décolleté. **2** (*о плечах*) bare(d).
декомпре́сси|я, и *f* decompression.
декомпре́ссор, а *m* decompressor.
декорати́в|ный (~ен, ~на) *adj* decorative, ornamental.
декора́тор, а *m* (*помещения*) interior decorator; (*theatr*) scene-painter.
декора́ци|я, и *f* **1** (*theatr*) set, scenery. **2** (*fig*) window dressing.
декори́р|овать, ую *impf and pf* to decorate.
деко́рум, а *m* decorum.
декре́т, а *m* **1** (*указ*) decree. **2** (*coll*) (*декретный отпуск*) maternity leave; **уйти́ в д.** to take maternity leave.
декрети́р|овать, ую *impf and pf* to decree.
декре́тниц|а, ы *f* (*coll*) woman on maternity leave.
декре́т|ный *adj of* **⇒~**; **д. о́тпуск** maternity leave.
декстри́н, а *m* (*chem*) dextrin.
де́ланност|ь, и *f* artificiality; affectation.
де́ланный *ppp of* **⇒де́лать** *and adj* artificial, forced, affected.
де́ла|ть, ю *impf* (*of* **⇒с~**) **1** (*производить*) to make. **2** (*приводить в какое-н. состояние*) to make; **д. кого́-н. несча́стным** to make s.o. unhappy; **д. из кого́-н. посме́шище**

to make a laughing stock of s.o. **3** (*поступать*) to do; **д. не́чего** there is nothing for it; it can't be helped; **от не́чего д.** for want of anything better to do. **4** (+ *various nn*) to make, do, give; **д. вид** to pretend, feign; **д. вы́воды** to draw conclusions; **д. вы́говор** (+ *d*) to reprimand; **д. гла́зки** (+ *d*; *coll*) to make eyes (at); **д. комплиме́нт** (+ *d*) to pay a compliment; **д. предложе́ние** (+ *d*) to propose (*marriage*) (to); **д. уси́лия** to make an effort; **д. честь** (+ *d*) (*i*) to honour (*Br*), honor (*US*), (*ii*) to do credit. **5** (*проходить расстояние*) to do, make.

де́ла|ться, юсь *impf* (*of* ⇒**с**~) **1** (*становиться*) to become, get, grow. **2** (*происходить*) to happen; **что там** ~**ется?** what is going on?; **что с ней** ~**ется?** what is the matter with her? **3** (*coll*) (*появляться*) to break out, appear.

делега́т, а *m* delegate.

делега́т|ка, ки *f of* ⇒~

делега́т|ский *adj of* ⇒~

делега́ци|я, и *f* delegation; group.

делеги́р|овать, ую *impf and pf* to delegate.

деле́ж, а́ *m* sharing, division; partition.

деле́ж|ка, ки *f* (*coll*) = ~

деле́ни|е, я *nt* **1** (*in various senses*) division; **д. кле́ток** (*biol*) cell fission; **знак** ~**я** (*math*) division sign. **2** (*на шкале*) point, degree, unit.

дел|е́ц, ьца́ *m* (*pej*) smart dealer.

Де́ли *m indecl* Delhi.

деликате́с, а *m* delicacy; **магази́н** ~**ов** delicatessen.

делика́тност|ь, и *f* (*in various senses*) delicacy.

делика́т|ный (~**ен,** ~**на)** *adj* (*in various senses*) delicate.

дели́м|ое, ого *nt* (*math*) dividend.

дели́мост|ь, и *f* divisibility.

дели́тел|ь, я *m* divisor.

дел|и́ть, ю́, ~̂**ишь** *impf* **1** (*pf* **раз**~) to divide; **д. по́ровну** to divide into equal parts; **д. шесть на́ три** to divide six by three. **2** (*pf* **по**~) (**с** + *i*) to share (with); **д. с кем-н. го́ре и ра́дость** to share s.o.'s sorrows and joys.

дел|и́ться, ю́сь, ~̂**ишься** *impf* **1** (*pf* **раз**~) (**на** + *a*) to divide (into). **2** (*pf* **по**~) (+ *i*, **с** + *i*) to share (with); to communicate (to), impart (to); **д. куско́м хле́ба с кем-н.** to share a crust of bread with s.o.; **д. ве́стью с кем-н.** to impart news to s.o.; **д. впечатле́ниями с кем-н.** to compare notes with s.o. **3** (*impf only*) (**на** + *a*) to be divisible (by); **число́ со́рок де́вять** ~̂**ится на́ семь** forty-nine is divisible by seven.

де́л|о, а, *pl* ~**а́,** ~**,** ~**а́м** *nt* **1** (*работа, занятие*) business, affair(s); **ме́жду** ~**ом** (*coll*) at odd moments, between times; **по** ~**у, по** ~**а́м** on business; **э́то моё д.** that is my affair; **име́ть д.** (**с** + *i*) to have to do (with), deal (with); **не вме́шивайтесь не в своё д.** mind your own business; **как (ва́ши)** ~**а́?** how are things going (with you)?, how are you getting on?; **за чем д. ста́ло?** what's holding things up?; **привести́ свой** ~**а́ в поря́док** to put one's affairs in order; **д. в шля́пе** (*coll*) it's in the bag; **говори́ть д.** to talk sense; **вот э́то д.!** (*coll*) now you're talking; **д. за ва́ми** it's up to you; **како́е мне до э́того д.?** what has this to do with me?; **что тебе́ за д.?** what does it matter to you?; **пе́рвым** ~**ом** in the first instance, first of all. **2** (*идеи; цель*) cause; **д. ми́ра** the cause of peace; **э́то д. его́ жи́зни** it's his life's work. **3** (+ *adj*) (*специальность*) occupation; (*предприятие*) business, concern; **го́рное д.** mining. **4** matter, point; **д. вку́са** matter of taste; **д. че́сти** point of honour; **д. в том, что...** the point is that ...; **в то́м-то и д.** that's (just) the point; **не в э́том д.** that's not the point; **совсе́м друго́е д.** quite another matter; **д. идёт о...** (+ *p*) it is a matter of ... . **5** (*факт*) fact, deed; thing; **на са́мом** ~**е** in actual fact, as a matter of fact; **и на слова́х и на** ~**е** in word and deed; **на слова́х..., на** ~**е же** in theory, nominally ... but actually; **в са́мом** ~**е** really, indeed. **6** (*поступок*) act, deed. **7** (*law*) (*судебное*) case; cause; **вести́ д.** to plead a cause; **возбуди́ть д. (про́тив** + *g*) to bring an action (against), institute proceedings (against). **8** (*досье*) file, dossier; **ли́чное д.** personal file. **9** (*obs*) (*сражение*) battle, fighting. **10** *idiomatic phr*: **то и д.** continually, time and again.

делови́тост|ь, и *f* businesslike character, efficiency.

делови́т|ый (~**,** ~**а)** *adj* businesslike, efficient.

делов|о́й *adj* **1** business; work; ~**о́е письмо́** business letter; ~**а́я пое́здка** business trip; ~**о́е вре́мя** work time. **2** (*человек, тон*) businesslike.

делопроизводи́тел|ь, я *m* chief clerk.

делопроизво́дств|о, а *nt* office work, clerical work.

де́льн|ый *adj* **1** (*человек*) businesslike, efficient. **2** (*проект, мысль*) sensible, practical; ~**ое предложе́ние** sensible suggestion.

де́льт|а, ы *f* delta.

дельтапла́н, а *m* hang-glider (*craft*).

дельтапланери́ст, а *m* hang-glider (*person*).

дельтапланери́ст|ка, ки *f of* ⇒~

дельтапланери́зм, а *m* hang-gliding.

дельтапла́нер|ный *adj of* ⇒~**и́зм**; **д. спорт** hang-gliding.

дельтови́дный *adj* delta-shaped; **д. самолёт** delta-wing aircraft.

дельфи́н, а *m* dolphin.

дельфина́ри|й, я *m* dolphinarium.

деля́г|а, и *m* (*coll*) person pursuing his own interests.

деля́нк|а, и *f* (*участок земли*) plot (of land); (*участок леса*) piece (of woodland).

демаго́г, а *m* demagogue.

демагоги́ческий *adj* demagogic.

демаго́ги|я, и *f* demagogy.

демаркацио́нн|ый *adj*: ~**ая ли́ния** line of demarcation.

демарка́ци|я, и *f* demarcation.

дема́рш, а *m* démarche, political initiative.

де́мбел|ь, я, *pl* ~**я́** *m* (*mil sl*) **1** (*демобилизация*) demobilization, discharge. **2** (*солдат*) demobilized soldier.

демилитариза́ци|я, и *f* demilitarization.

демилитаризи́р|овать, ую *impf and pf* to demilitarize.

демисезо́нн|ый *adj*: ~**ое пальто́** light overcoat (*for spring and autumn wear*).

демиу́рг, а *m* demiurge, creator.

демобилизацио́нный *adj* demobilization.

демобилиза́ци|я, и *f* demobilization.

демобилиз|ова́ть, у́ю *impf and pf* to demobilize.

демобилиз|ова́ться, у́юсь *impf and pf* to be demobilized.

демографи́ческий *adj* demographic; **д. взрыв** population explosion.

демогра́фи|я, и *f* demography.

демокра́т, а *m* democrat.

демократиза́ци|я, и *f* democratization.

демократизи́р|овать, ую *impf and pf* to democratize.

демократи́ческий *adj* democratic.

демокра́ти|я, и *f* democracy; **стра́ны наро́дной** ~**и** people's democracies.

де́мон, а *m* demon.

демони́ческий *adj* demonic, demoniacal.

демонстра́нт, а *m* (*pol*) demonstrator.

демонстра́нт|ка, ки *f of* ⇒~

демонстрати́в|ный (~**ен,** ~**на)** *adj* **1** (*вызывающий*) demonstrative, done for effect. **2** (*основанный на демонстрировании чего-либо*) demonstration; ~**ная ле́кция** demonstration lecture. **3** (*mil*) feint, decoy.

демонстра́тор, а *m* demonstrator.

демонстра́ци|я, и *f* **1** (*in various senses*) demonstration; **д. му́скулов** (*pol*) muscle-flexing. **2** (*публичный показ*) showing (*of a film, etc.*); **повто́рная д.** repeat, rerun. **3** (*mil*) feint, manoeuvre.

демонстри́р|овать, ую *impf and pf* **1** (*принять участие в демонстрации*) to demonstrate, make a demonstration. **2** (*pf also* **про**~) (*показать*) to show, display; to give a demonstration (of); **д. но́вый кинофи́льм** to show a new film.

демонта́ж, а *m* (*tech*) dismantling.

демонти́р|овать, ую *impf and pf* (*tech*) to dismantle.

деморализа́ци|я, и *f* demoralization.

деморализ|ова́ть, у́ю *impf and pf* to demoralize.

де́мпинг, а *m* (*econ*) dumping.

де́мпфер, а *m* (*tech*) damper; shock absorber.

денатурализа́ци|я, и *f* (*law*) denaturalization.

денатура́т, а *m* methylated spirit.

денатури́р|овать, ую *impf and pf* (*chem*) to denature.

денационализа́ци|я, и *f* denationalization.

денационализи́р|овать, ую *impf and pf* to denationalize.

де́нди *m indecl* dandy.

дендра́ри|й, я *m* arboretum.

дендроло́ги|я, и *f* dendrology.

Д

де́нежк|а, и *f* **1** (*obs*) (*старинная монета*) half-kopek coin. **2** (*usu in pl, coll*) (*деньги*) money; **пла́кали на́ши ~и** that's our money down the drain.

де́нежный *adj* **1** monetary; money; **д. автома́т** cash dispenser; **д. знак** banknote; **д. перево́д** money order; **д. ры́нок** money market; **д. штраф** fine; **д. я́щик** strongbox. **2** (*coll*) (*богатый*) rich; **д. мешо́к** moneybags; **д. челове́к** a man of means.

ден|ёк, ька́ *m, diminutive of* ⇒**день**

де́нно *adv*: **д. и но́щно** day and night.

деномина́ци|я, и *f* (*econ*) denomination.

денонси́р|овать, ую *impf and pf* (*diplomacy*) to renounce.

денщи́к, а́ *m* (*mil, obs*) batman.

де́нь, дня *m* **1** day; afternoon; **в 4 ч дня** at 4 p.m.; **днём** in the afternoon; **д.-деньско́й** all day long; **д. рожде́ния** birthday; **д. откры́тых двере́й** open day; **д. в д.** to the day; **д. ото дня** with every passing day, day by day; **в оди́н прекра́сный д.** one fine day; **во дни о́ны** in those days; **изо дня в д.** day after day; **на друго́й, сле́дующий д.** next day; **на днях** (*i*) the other day, (*ii*) one of these days, any day now; **не по дням, а по часа́м** hourly, fast, rapidly; **со дня на́ д.** daily, from day to day; **че́рез д.** every other day; **д. сме́ха** April Fool's Day; **кану́н Дня Всех Святы́х** Halloween; **Д. поминове́ния** Remembrance Day; **второ́й д. Рождества́** Boxing Day. **2** (*in pl*) (*время*; *жизнь*) days; **его́ дни сочтены́** his days are numbered.

де́н|ьги, ег, ьга́м *or* (*becoming obs*) **~ьгам** *pl* money; **кро́вные д.** hard-earned money; **ме́лкие д.** small change; **нали́чные д.** cash, ready money; **при ~ьга́х** in funds; **не при ~ьга́х** hard up; **ни за каки́е д.** not for all the tea in China.

деньжа́т|а, ~ (*no sg*) (*coll*) money, cash.

деньжо́н|ки, ок (*no sg*) (*coll*) money, cash.

День защи́тника Оте́чества, 23-е Февраля́ — Day of the Defender of the Fatherland, 23 February

Men's day in Russia, similar to **Восьмо́е ма́рта** for women. It is a national holiday for everyone although, nominally, it is a holiday for military men only. Women and girls give presents to their male relatives or friends of any age, whether they serve or have served in the Soviet/Russian forces or not.

День Побе́ды — Victory Day (*in the Second World War*)

VE Day as celebrated in Russia and some other former Soviet republics on 9 May. It is a national holiday in Russia. The date of 9 May (one day later than in western Europe) results from difference in time zones between Russia and western Europe. *День Побе́ды* is undoubtedly the most respected date in Russian history.

департа́мент, а *m* department.

депе́ш|а, и *f* dispatch.

депо́ *nt indecl* (*railways*) depot; shed, roundhouse; **пожа́рное д.** fire station.

депози́т, а *m* (*fin*) deposit.

депози́тор, а *m* (*fin*) depositor.

депоне́нт, а *m* (*fin*) depositor.

депони́р|овать, ую *impf and pf* (*fin, law*) to deposit.

депорта́ци|я, и *f* deportation.

депорти́р|овать, ую *impf and pf* to deport.

депрессня́к, а́ *m* (*sl*) depression, depressed mood.

депресси́вн|ый *adj of* ⇒**депре́ссия**; **д. пери́од** (*econ*) depression, slump; **~ое состоя́ние** (*econ and psychol*) depression.

депре́сси|я, и *f* **1** (*econ*) depression, slump. **2** (*psychol*) depression.

депута́т, а *m* deputy; delegate; **пала́та ~ов** Chamber of Deputies.

депута́т|ский *adj of* ⇒**~**

депута́ци|я, и *f* deputation.

де́рвиш, а *m* dervish.

дёрга|ть, ю *impf* (*of* ⇒**дёрнуть**) **1** (*тянуть*) to pull, tug; **д. кого́-н. за рука́в** to tug at s.o.'s sleeve, pluck s.o. by the sleeve. **2** (*удалять*) to pull out; **д. зу́бы** (*i*) to pull out teeth, (*ii*) to have teeth out (*at the dentist's*). **3** (*impf only*) (*беспокоить*) to harass, pester. **4** (*impf only*) (*coll*) (*вызывать резкое движение*) to cause to twitch; (*impers*) to twitch; **его́ всего́ ~ло** he was twitching all over. **5** (*impf only*) (+ *i*; *coll*) (*резко двигать*) to jerk; **д. плеча́ми** to shrug one's shoulders.

дёрга|ться, юсь *impf* (*of* ⇒**дёрнуться**) **1** *passive of* ⇒**~ть**. **2** to twitch; **рот у него́ непреста́нно ~ется** his mouth twitches incessantly.

дерга́ч, а́ *m* (*zool*) landrail, corncrake.

деревене́|ть, ю *impf* (*of* ⇒**о~**) **1** (*молодые побеги растения, дерева*) to become woody, (*bot*) to become lignified. **2** (*тело, части тела*)to grow stiff/numb; (*вещь, от мороза*) to grow stiff; (*pf* **за~**) (*coll*) (*человек, животное, от страха и т. п.*) to grow stiff/numb.

дереве́нский *adj* **1** (*магазин*) village. **2** (*тишина, пейзаж*) rural; (*житель, воздух*) country.

дереве́нщин|а, ы *cg* (*coll*) (country) bumpkin.

дере́в|ня, ни, *g pl* **~е́нь** *f* **1** (*селение*) village. **2** (*местность*) (the) country (*opp the town*).

де́рев|о, а, *pl* **~ья, ~ьев** *nt* **1** (*растение*) tree; **за ~ьями не ви́деть ле́са** not to see the wood for the trees. **2** (*sg only*) (*древесина*) wood (*as material*).

деревообде́лочник, а *m* woodworker.

деревообде́лочный *adj* woodworking.

деревообрабо́тк|а, и *f* woodworking.

деревушк|а, и *f* hamlet.

де́ревц|е, а, *pl* **~а́** *and* **деревц|о́, а́** *nt* sapling.

деревяни́ст|ый (~, ~а) *adj* **1** (*bot*) ligneous. **2** (*жёсткий*) hard (*of fruit, etc.*).

деревя́нн|ый *adj* **1** wood; wooden. **2** (*fig*) wooden; expressionless, dead; dull; **~ое выраже́ние лица́** wooden expression; **д. го́лос** expressionless voice.

деревя́шк|а, и *f* **1** piece of wood. **2** (*coll*) (*деревянная нога*) wooden leg.

держа́в|а, ы *f* (*pol*) power; **вели́кие ~ы** the Great Powers.

держа́вный *adj* **1** (*царственный*) holding supreme power, sovereign. **2** (*сильный*) powerful.

держа́лк|а, и *f* (*coll*) handle.

держа́тел|ь, я *m* **1** (*fin*) holder. **2** (*приспособление*) holder.

держ|а́ть, у́, ~ишь *impf* **1** (*в руках*) to hold; (*не отпускать*) to hold on to; **~и́те во́ра!** stop thief! **2** (*поддерживать*) to hold up, support. **3** (*in various senses*) (*заставлять находиться в каком-н. состоянии*) to keep, hold; **д. в посте́ли** to keep in bed; **д. банк** (*card games*) to be banker; **д. курс (на** + *a*) to hold course (for), head (for); (*fig*) to be working (for); **д. путь (к** + *d*, **на** + *a*) to head (for), make (for); **д. пари́** to bet; **д. чью-н. сто́рону** to take s.o.'s side; **д. язы́к за зуба́ми** to hold one's tongue; **д. в ку́рсе** to keep posted; **д. в неве́дении** to keep in the dark. **4** (*животных*) to keep; **д. лошаде́й** to keep horses. **5**: **д. себя́** to behave. **6** + *certain nn* to carry out; **д. корректу́ру** to read proofs; **д. ре́чь** to make a speech; **д. экза́мен** to sit/take an examination.

держ|а́ться, у́сь, ~ишься *impf* **1** (**за** + *a*) to hold (on to); **~и́тесь за пери́ла** hold on to the banister. **2** (**на** + *p*) to be held up (by), be supported (by); **д. на ни́точке** to hang by a thread (*also fig*). **3** (*находиться где-либо*) to keep, stay, be; **д. вме́сте** to stick together; **д. в стороне́** to hold aloof. **4** (*стоять*) to hold o.s.; (*fig*) (*вести себя*) to behave. **5** (*сохраняться*) to last; to hold together; **э́тот стол у вас е́ле ~ится** this table of yours is on its last legs. **6** (*не сдаваться*) to hold out, stand firm. **7** (+ *g*) (*придерживаться определённого направления*) to keep (to); **д. ле́вой стороны́** to keep to the left; **д. бе́рега** to hug the shore. **8** (+ *g*) (*следовать чему-либо*) to adhere (to), stick (to); **д. те́мы** to stick to the subject; **д. убежде́ний** to have the courage of one's convictions.

дерза́ни|е, я *nt* daring.

дерз|а́ть, а́ю *impf* (*of* ⇒**~ну́ть**) to dare.

дерз|и́ть, *1st pers not used,* **и́шь** *impf* (*of* ⇨**на~**) (+ *d*; *coll*) to be impertinent (to), cheek.

де́рз|кий (~ок, ~ка́, ~ко) *adj* **1** (*грубый*) impertinent, cheeky. **2** (*смелый*) daring, audacious.

дерзнове́ни|е, я *nt* (*obs*) audacity.

дерзнове́н|ный (~ен, ~на) *adj* daring, audacious.

дерзн|у́ть, у́, ёшь *inst pf of* ⇨**дерза́ть**

де́рзост|ь, и *f* **1** (*грубость*) impertinence; cheek; rudeness; **говори́ть ~и** to be impertinent, cheeky, rude. **2** (*смелость*) daring, audacity.

дерива́т, а *m* (*tech*) derivative.

дерива́ци|я, и *f* **1** (*mil*) drift. **2** (*ling*) derivation.

дермати́н, а *m* leatherette.

дермати́т, а *m* dermatitis.

дермато́лог, а *m* dermatologist.

дерматоло́ги|я, и *f* dermatology.

дёрн, а *m* turf.

дерн|ова́ть, у́ю *impf* to cover with turf; to make a turf edging round.

дерно́вый *adj of* ⇨**дёрн**

дёрн|уть, у, ешь *pf* **1** *pf of* ⇨**дёргать**; **чёрт ~ет** (*past* **~ул**), **нелёгкая ~ет** (*past* **~ула**) *or* (*impers*) **~ет** (*past* **~уло**) **кого́-н.** (+ *inf*; *coll*) to be possessed (to do sth); **чёрт меня́ ~ул дать сло́во** I don't know what possessed me to promise. **2** (*поехать*) to get going, get cracking. **3** (*coll*) (*тронуться с места*) to go off. **4** (*coll*) (*выпить*) to drink up; to take a swig. **5** (*coll*) (*начать энергично делать что-н.*) to start vigorously to do sth; **д. пля́сову́ю** to strike up a (dance) tune.

дёрн|уться, усь, ешься *pf* (*of* ⇨**дёргаться**) to start up (with a jerk); to dart.

дер|у́, ёшь *see* ⇨**драть**

дерьм|о́, а́ *nt* (*vulg*; *also fig*) crap, shit (*vulg*).

дерьмо́вый *adj* (*vulg*) crappy, shitty (= *inferior*) (*vulg*).

дерю́г|а, и *f* sackcloth, sacking.

дерю́жный *adj* sackcloth.

деря́бн|уть, у, ешь *pf* (*sl*) (*выпить*) to drink up.

деса́нт, а *m* (*mil*) **1** (*высадка войск*) landing. **2** (*войска*) landing force; **вы́садить, вы́бросить д.** to make a landing.

деса́нтник, а *m* paratrooper.

деса́нтный *adj* (*mil*) landing.

десе́рт, а *m* dessert.

десе́рт|ный *adj of* ⇨**~**; **~ная ло́жка** dessert spoon.

де́скать *particle indicating reported speech* (*coll*): **она́, д., ничего́ подо́бного не хоте́ла сказа́ть** she said she had not meant anything of the kind.

десн|а́, ы́, *pl* **~̃ы, дёсен** *f* (*anat*) gum.

десни́ц|а, ы *f* (*obs or poetical*) right hand.

де́спот, а *m* despot.

деспоти́зм, а *m* despotism.

деспоти́ческий *adj* despotic.

деспоти́ч|ный (~ен, ~на) *adj* despotic.

деспоти́|я, и *f* despotism.

дестабилиза́ци|я, и *f* destabilization.

дестабилизи́р|овать, ую *impf and pf* to destabilize.

деструкти́вный *adj* destructive.

дест|ь, и, *g pl* **~е́й** *f* (*obs*) quire (*of paper*) (**ру́сская д.** = 24 sheets; **метри́ческая д.** = 50 sheets).

де́сятер|о, ых *num* **1** (+ *m nn denoting persons, pers prons in pl or nn used only in pl*) ten. **2** (*пары*) ten pairs.

десятибо́р|ец, ца *m* decathlete.

десятибо́рь|е, я *nt* (*sport*) decathlon.

десятизу́б|ый *adj*: **~ые ко́шки** (*mountaineering*) crampons.

десятикла́ссник, а *m* tenth-former (*Br*), tenth-grader (*US*).

десятикла́ссни|ца, цы *f of* ⇨**~к**

десятикра́тный *adj* tenfold.

десятиле́ти|е, я *nt* **1** (*срок*) decade. **2** (*годовщина*) tenth anniversary.

десятиле́тк|а, и *f* ten-year secondary school (*Br*), ten-year high school (*US*).

десятиле́тний *adj* **1** (*срок*) ten-year, decennial. **2** (*ребёнок*) ten-year-old.

десяти́н|а, ы *f* **1** (*мера*) dessiatine, desyatin (*an old Russian land measure, equivalent to 2.7 acres or 1.09 hectares*). **2** (*налог*) tithe.

десятиуго́льник, а *m* (*math*) decagon.

десяти́чн|ый *adj* decimal; **~ая дробь** decimal fraction.

деся́тка, и *f* **1** (*цифра*) ten. **2** (*coll*) (*автобус, трамвай*) No. 10 (*bus, tram, etc.*). **3** (*coll*) (*группа из 10*) group of ten objects. **4** (*игральная карта*) ten.

деся́тник, а *m* (*obs*) foreman.

деся́т|ок, ка *m* **1** (*десять*) ten; **д. яи́ц** ten eggs. **2** (*десять лет*) ten years, decade (*of life*). **3** (*in pl*) (*math*) tens. **4** (*in pl*) (*множество*) tens, dozens, scores; **деся́тки ты́сяч** tens of thousands; **~ки люде́й** dozens/scores of people. **5**: **не ро́бкого ~ка** plucky.

деся́т|ый *num* tenth; **э́то де́ло ~ое** (*coll*) it is of no consequence.

де́сят|ь, и́, *i* **~ью́** *num* ten.

де́сятью *adv* ten times; **д. два — два́дцать** ten times two is twenty.

дет... *comb form, abbr of* **де́тский**

детализа́ци|я, и *f* working out in detail.

детализи́р|овать, ую *and* **детализ|ова́ть, у́ю** *impf and pf* to work out in detail.

дета́л|ь, и *f* **1** (*подробность*) detail. **2** (*часть машины*) part, component.

дета́л|ьный (~ен, ~ьна) *adj* detailed; minute.

детвор|а́, ы́ (*no pl*) *f* (*collect*; *coll*) children.

детдо́м, а *m* children's home.

детдо́мов|ец, ца *m* (*coll*) resident of a children's home.

детдо́мов|ка, ки *f of* ⇨**~ец**

детекти́в, а *m* **1** (*человек*) detective. **2** (*роман*) detective story; whodunnit. **3** (*фильм*) detective film.

детекти́вный *attr adj*: **д. рома́н** detective story.

дете́ктор, а *m* (*tech*) detector.

детёныш, а *m* young (*of animals*).

детерге́нт, а *m* detergent.

детермини́зм, а *m* determinism.

детермини́ст, а *m* determinist.

де́т|и, ~е́й, ~ям, ~ьми́, о ~ях *pl* (*sg* **дитя́** *nt*; *oblique cases in sg not used*) children.

дети́н|а, ы *m* (*coll*) big fellow, hefty chap.

де́тищ|е, а, *g pl* **~** *nt* child, offspring; (*fig*) child, creation; brainchild.

деткомбина́т, а *m* (*coll*) day nursery.

детона́тор, а *m* (*tech*) detonator.

детона́ци|я, и *f* (*tech*) detonation.

детони́р|овать, ую *impf* (*tech*) to detonate.

деторо́дный *adj* genital.

деторожде́ни|е, я *nt* procreation.

детоуби́йств|о, а *nt* infanticide (*action*).

детоуби́йц|а, ы *cg* infanticide (*agent*).

детплоща́дк|а, и *f* playground.

детри́т, а *m* (*physiol*) detritus.

детса́д, а *m* kindergarten, nursery school; **д.-я́сли** day nursery.

детса́дов|ец, ца *m* (*coll*) child attending kindergarten.

де́тск|ая, ой *f* nursery.

де́тск|ий *adj* **1** child's, children's; **д. дом** children's home; **д. сад** kindergarten, nursery school; **~ая сме́ртность** infantile mortality; **д. труд** child labour (*Br*), labor (*US*). **2** (*ребяческий*) childish; **д. язы́к** baby talk. **3**: **~ое ме́сто** (*anat*) placenta.

де́тскост|ь, и *f* childishness.

де́тств|о, а *nt* childhood; **с ~а** from childhood, from a child; **впада́ть в д.** to lapse into dotage.

деть, де́ну, де́нешь *pf* (*of* ⇨**дева́ть**) (*coll*) to put, do (with); **куда́ ты дел мою́ ру́чку?** what have you done with my pen?; **не знать, куда́ глаза́ д.** not to know where to look; **э́того никуда́ не де́нешь** there's no getting away from it; there's no disputing it.

де́|ться, нусь, нешься *pf* (*of* ⇨**дева́ться**) (*coll*) to get to, disappear.

де-фа́кто *adv* de facto.

дефе́кт, а *m* defect.

дефекти́в|ный (~ен, ~на) *adj* handicapped; **д. ребёнок** handicapped child.

дефе́кт|ный (~ен, ~на) *adj* imperfect, faulty.

дефекто́лог, а *m* specialist in mental and physical handicaps (*in children*).

дефектол|оги́ческий *adj of* ⇨**~о́гия**

дефектоло́ги|я, и *f* study of mental defects and physical handicaps.

дефектоско́п, а *m* (*tech*) fault detector.

дефектоскопи́|я, и *f* (*tech*) fault detection.

дефили́р|овать, ую *impf* (*of* ⇨**про~**) to march past, go in procession.

дефини́ци|я, и *f* definition.

Д

дефи́с, а *m* hyphen.
дефици́т, а *m* **1** (*econ*) deficit; **д. торго́вого бала́нса** trade gap. **2** shortage, deficiency; **д. в то́пливе** fuel shortage.
дефици́т|ный (~ен, ~на) *adj* **1** (*econ*) (*предприятие*) showing a loss, unprofitable. **2** (*товар*) in short supply; scarce.
дефля́ци|я, и *f* (*econ*) deflation.
дефо́лт, а *m* (*fin*) default (in payment).
деформа́ци|я, и *f* deformation.
деформи́р|овать, ую *impf and pf* (*исказить*) to deform; (*изменить форму чего-н.*) to change the form of.
деформи́р|оваться, уюсь *impf and pf* to change one's shape; to become deformed.
децентрализа́ци|я, и *f* decentralization.
децентрализ|ова́ть, у́ю *impf and pf* to decentralize.
деци... *comb form* deci-.
децибе́л, а, *g pl* **д.** *m* decibel.
децили́тр, а *m* decilitre (*Br*), deciliter (*US*).
децима́льный *adj* decimal.
децимéтр, а *m* decimetre (*Br*), decimeter (*US*).
дешеве́|ть, ю *impf* (*of* ⇨**по~**) to fall in price, become cheaper.
дешеви́зн|а, ы *f* cheapness; low price.
дешёвк|а, и *f* **1** low price; **купи́ть по ~е** to buy cheap. **2** (*fig*) cheap stuff; worthless object.
деше́вле *comp of* ⇨**дешёвый**, ⇨**дёшево**; **д. па́реной ре́пы** dirt-cheap.
дёшево *adv* cheap, cheaply; (*fig*) cheaply, lightly; **д. да гни́ло** cheap and nasty; **д. и серди́то** cheap but good; **д. отде́латься** to get off lightly; **э́то вам д. не пройдёт** this will cost you dear.
дешёв|ый (дёшев, дешева́, дёшево) *adj* **1** cheap. **2** (*fig*) cheap; empty, worthless; **~ая острота́** cheap crack.
дешифри́р|овать, ую *impf and pf* to decipher, decode.
дешифро́вк|а, и *f* decipherment, deciphering, decoding.
деэскала́ци|я, и *f* (*mil, pol*) de-escalation.
де-ю́ре *adv* de jure.
дея́ни|е, я *nt* (*obs or rhetorical*) act; action; **Дея́ния апо́столов** the Acts of the Apostles.
де́ятел|ь, я *m* agent; **госуда́рственный д.** statesman; **обще́ственный д.** public figure.
де́ятельност|ь, и *f* **1** activity, activities; work; **обще́ственная д.** public work; **педагоги́ческая д.** educational work, teaching. **2** (*physiol, psychol, etc.*) activity, operation; **д. се́рдца** operation of the heart.
де́ятел|ьный (~ен, ~ьна) *adj* active, energetic.
джаз, а *m* jazz.
джаз-анса́мбл|ь, я *m* jazz combo.
джаз-ба́нд, а *m* jazz band.
джази́ст, а *m* jazzman, jazz musician.
джазме́н, а *m* = **джази́ст**
джаз-му́зык|а, и *f* jazz.
джа́зовый *adj* jazz.
джаку́зи *m indecl* jacuzzi (*propr*).
джем, а *m* jam (*Br*), jelly (*US*).
дже́мпер, а *m* jumper.
джентльме́н, а *m* gentleman.
джентльме́нск|ий *adj* gentlemanly; **~ое соглаше́ние** gentleman's agreement.
джентльме́нств|о, а *nt* gentlemanliness.
джерсе́йск|ий *adj*: **~ая коро́ва** Jersey (cow).
Дже́рси *m indecl* (*остров*) Jersey.
дже́рси *nt indecl* jersey (*material*).
джерсо́вый *adj of* ⇨**дже́рси**
джи́г|а, и *f* jig.
джиги́т, а *m* Dzhigit (*a Caucasian horseman*).
джин, а *m* gin (*liquor*); **д. с то́ником** gin and tonic.
джинн, а *m* genie.
джинсо́вый *adj* denim.
джи́нс|ы, ов (*no sg*) jeans.
джип, а *m* jeep (*propr*).
джи́у-джи́тсу *nt indecl* ju-jitsu.
джиха́д, а *m* jihad (*Muslim war or struggle against unbelievers*).
джо́ггинг, а *m* jogging, running for fun; jog, fun run.
джо́йстик, а *m* (*comput*) joystick.
джо́кер, а *m* (*cards*) joker.
джо́нк|а, и *f* junk (*Chinese sailing vessel*).
джо́ул|ь, я, *g pl* **~ей** *m* (*phys*) joule.
джу́нгл|и, ей (*no sg*) jungle; **ка́менные д.** concrete jungle.
джут, а *m* jute.
джу́т|овый *adj of* ⇨**~**
дзен-будди́зм, а *m* Zen Buddhism.
дзот, а *m* (*abbr of* **де́рево-земляна́я огнева́я то́чка**) (*mil*) earth and timber emplacement.
дзюдо́ *nt indecl* judo.
дзюдои́ст, а *m* judoist, judoka.
дзюдои́ст|ка, ки *f of* ⇨**~**
диабе́т, а *m* diabetes.
диабе́тик, а *nt* diabetic.
диа́гноз, а *nt* diagnosis.
диагно́ст, а *m* diagnostician.
диагно́стик|а, и *f* diagnostics.
диагности́р|овать, ую *impf and pf* to diagnose; (*tech*) to check.
диагона́л|ь, и *f* diagonal; **по ~и** diagonally.
диагона́л|ьный (~ен, ~ьна) *adj* diagonal.
диагра́мм|а, ы *f* diagram; chart; **кругова́я д.** pie chart.
диаде́м|а, ы *f* diadem.
диакрити́ческий *adj*: **д. знак** (*ling*) diacritical mark.
диале́кт, а *m* dialect.
диалекта́льный *adj* dialectal.
диалекти́зм, а *m* (*ling*) dialect word, expression.
диале́ктик, а *m* (*philos*) dialectician.
диале́ктик|а, и *f* (*philos*) dialectics.
диалекти́ческий *adj* (*philos*) dialectical.
диале́ктный *adj* (*ling*) dialectal.
диалектоло́ги|я, и *f* (*ling*) dialectology.
диало́г, а *m* dialogue (*Br*), dialog (*US*).
диалоги́ческий *adj* having dialogue (*Br*), dialog (*US*) form.
диало́гов|ый *adj* (*comput*) interactive; **~ое окно́** dialog box.
диама́т, а *m* (*abbr of* **диалекти́ческий материали́зм**) dialectical materialism.
диа́метр, а *m* diameter.
диаметра́льно *adv*: **д. противополо́жный** diametrically opposite.
диаметра́льный *adj* diametrical.
диапазо́н, а *m* **1** (*mus*) diapason, range. **2** (*fig*) range, compass; **большо́й д. интере́сов** a wide range of interests. **3** (*tech; fig*) range; **д. волн** (*radio*) wave band.
диапозити́в, а *m* (*phot*) slide, transparency.
диа́спор|а, ы *f* diaspora.
диатри́б|а, ы *f* diatribe.
диафи́льм, а *m* slide film.
диафра́гм|а, ы *f* diaphragm.
ди́в|а, ы *f* (*obs*) diva, prima donna.
дива́н, а *m* divan (*couch*); sofa; **д.-крова́ть** sofa bed.
дива́н|ный *adj of* ⇨**~**
диверса́нт, а *m* saboteur.
диверсифика́ци|я, и *f* diversification.
диве́рси|я, и *f* **1** (*mil*) diversion. **2** sabotage.
дивертисме́нт, а *m* (*theatr*) variety show; divertissement (*ballet programme*).
дивиде́нд, а *m* dividend.
ди-ви-ди́ (*usu spelt* **DVD**) *m indecl* DVD.
дивизио́н, а *m* (*mil*) battalion.
дивизио́н|ный *adj* **1** *adj of* ⇨**диви́зия**; **д. кома́ндный пункт** division command post. **2** *adj of* ⇨**~**
диви́зи|я, и *f* (*mil*) division.
див|и́ть, лю́, и́шь *impf* (*coll*) to amaze.
див|и́ться, лю́сь, и́шься *impf* (*of* ⇨**по~**) (+ *d*) to be surprised, wonder, marvel (at); (**на** + *a*) to look upon with wonder.
ди́в|ный (~ен, ~на) *adj* **1** (*удивительный*) amazing; **что тут ~ного?** what's extraordinary about that? **2** (*прекрасный*) marvellous (*Br*), marvelous (*US*), wonderful.
ди́в|о, а *nt* wonder, marvel; **~у да́ться** to wonder, marvel; **что за д.!** how extraordinary!; **на д.** marvellously (*Br*), marvelously (*US*); *as pred* it is amazing; **не д.** it is no wonder.
дидакти́ческий *adj* didactic.
дие́з, а *m* (*and as indecl adj*) (*mus*) sharp; **ре-д.** D sharp.
дие́т|а, ы *f* diet; **посади́ть на ~у** to place on a diet; **сесть на ~у** to go on a diet; **сиде́ть на ~е** to be on a diet; **соблюда́ть ~у** to keep to a diet.

диете́тик|а, и *f* dietetics.
диети́ческий *adj* dietetic; **д. магази́н** health food shop.
диетóлог, а *m* nutritionist.
диза́йн, а *m* design.
диза́йнер, а *m* designer.
диза́йнер|ский *adj of* ⇨**~**
ди́зел|ь, я *m* diesel engine.
ди́зельный *adj* diesel.
дизентери́|я, и *f* dysentery.
дика́р|ский *adj of* ⇨**~ь**
дика́рств|о, а *nt* shyness.
дика́р|ь, я *m* **1** savage; (*некультурный человек*) barbarian. **2** (*coll*) (*застенчивый человек*) shy, unsociable person.
ди́к|ий (~, ~á, ~о) *adj* **1** (*животное, растение*) wild; **~ая ко́шка** wild cat; **~ое я́блоко** crab apple. **2** (*племя*) savage. **3** (*необузданный*) wild; **~ие кри́ки** wild cries; **д. восто́рг** wild delight. **4** (*абсурдный*) absurd; preposterous, ridiculous. **5** (*застенчивый*) shy; unsociable. **6** (*страшный*) terrible, awful. **7** (*неофициальный*) unofficial.
ди́к|о[1] *adv* **1** *adv of* ⇨**~ий**. **2** (*в испуге*) in fright; startled; **д. озира́ться** to look around wildly.
ди́ко[2] *as pred* it is absurd, it is ridiculous; **д. задава́ть таки́е вопро́сы** it is ridiculous to ask such questions.
дикобра́з, а *m* porcupine.
дико́вин|а, ы *and* **~ка, ~ки** *f* (*coll*) marvel, wonder; **э́то мне не в ~(к)у** I see nothing remarkable about it.
дико́винный *adj* strange, unusual, remarkable.
дикорасту́щий *adj* wild.
ди́кост|ь, и *f* **1** (*леса*) wildness; (*человека*) savagery. **2** (*застенчивость*) shyness; unsociableness. **3** (*абсурдность*) absurdity; **э́то соверше́нная д.** it is quite absurd.
ди́ксиле́нд, а *m* (*разновидность джаза*) Dixieland (jazz).
дикта́нт, а *m* dictation.
дикта́т, а *m* (*pol*) diktat.
дикта́тор, а *m* dictator.
дикта́торский *adj* dictatorial.
дикта́торств|о, а *nt* **1** dictatorship. **2** (*coll*) dictatorial attitude.
диктату́р|а, ы *f* dictatorship.
дикт|ова́ть, у́ю, у́ешь *impf* (*of* ⇨**про~**) to dictate.
дикто́вк|а, и *f* dictation; **под чью-н. ~у** to s.o.'s dictation; (*fig*) at s.o.'s bidding.
ди́ктор, а *m* announcer; (*программы новостей*) newscaster.
диктофо́н, а *m* Dictaphone (*propr*).
ди́кци|я, и *f* diction; enunciation.
диле́мм|а, ы *f* dilemma.
ди́лер, а *m* dealer.
дилета́нт, а *m* amateur, dilettante, dabbler.
дилета́нт|ка, ки *f of* ⇨**~**
дилета́нтств|о, а *nt* dilettantism.
дилижа́нс, а *m* (*hist*) stagecoach.
динами́зм, а *m* dynamism.
дина́мик, а *m* loudspeaker; **ба́совый д.** woofer; **высокочасто́тный д.** tweeter.
дина́мик|а, и *f* dynamics.
динами́т, а *m* dynamite.
динами́ческий *adj* dynamic.
динами́чный *adj* dynamic.
дина́мо *nt indecl* = **дина́мо-маши́на**
дина́мо-маши́н|а, ы *f* dynamo.
дина́р, а *m* dinar.
династи́ческий *adj* dynastic.
дина́сти|я, и *f* dynasty; **д. Тюдо́ров** the House of Tudor.
ди́нго *m indecl* (*zool*) dingo.
диноза́вр, а *m* dinosaur.
дио́д, а *m*: **светоизлуча́ющий д.** light-emitting diode, LED.
дио́птри|я, и *f* dioptre (*Br*), diopter (*US*).
диора́м|а, ы *f* diorama.
дип... *comb form, abbr of* **диплома́тический**
дипкурье́р, а *m* diplomatic courier.
дипло́м, а *m* **1** (*документ*) diploma, certificate; degree. **2** (*coll*) (*работа*) degree work, research.
диплома́нт, а *m* prizewinner.
диплома́т, а *m* **1** diplomat. **2** (*coll*) attaché case, (rigid) briefcase.
дипломати́ческий *adj* diplomatic; **д. ко́рпус** diplomatic corps.
дипломати́ч|ный (~ен, ~на) *adj* (*fig*) diplomatic.
диплома́ти|я, и *f* diplomacy; **д. канонéрок** gunboat diplomacy.
дипломи́рованный *adj* qualified, certificated.
дипло́мник, а *m* student engaged on degree thesis.

> **дипло́м о вы́сшем образова́нии — college/university degree certificate**
>
> A document verifying that a student has graduated from a university/college. In order to qualify for this, students must pass their final exams (*госуда́рственные экза́мены*) and complete and defend a dissertation (*дипло́мная рабо́та* or, formally, *выпускна́я квалификацио́нная рабо́та*).

дипло́м|ный *adj of* ⇨**~**; **~ная рабо́та** degree work, degree thesis.
директи́в|а, ы *f* directive; instruction.
дире́ктор, а, *pl* **~á** *m* director, manager; **д. шко́лы** head (master, mistress); principal.
директри́с|а, ы *f* (*obs, coll*) head mistress.
дире́кци|я, и *f* management; board (of directors).
дирижа́бл|ь, я *m* airship, dirigible.
дирижёр, а *m* (*mus*) conductor.
дирижёр|ский *adj of* ⇨**~**; **~ская па́лочка** (conductor's) baton.
дирижи́р|овать, ую *impf* (+ *i*; *mus*) to conduct.
дисгармони́р|овать, ую *impf* **1** (*mus*) to be out of tune. **2** (*fig*) to clash, jar; to be out of keeping.
дисгармо́ни|я, и *g* (*mus and fig*) disharmony; discord.
диск, а *m* **1** (*плоский круг*) disc (*US also* disk); (*телефонный*) telephone dial. **2** (*comput*) disk; (*компактный д.*) CD; DVD. **3** (*sport*) discus. **4** (*mil*) (cartridge) drum (*of automatic weapon*). **5** (*грампластинка*) record, disc (*US also* disk); **д.-гига́нт** long-playing record, LP.
ди́скант, а *m* (*mus*) treble.
дисквалифика́ци|я, и *f* disqualification.
дисквалифици́р|овать, ую *impf and pf* to disqualify.
диске́т|а, ы *f* (*comput*) floppy (disk), diskette; **пуста́я/чи́стая д.** blank floppy/diskette.
диск-жоке́|й, я *m* disc jockey.
ди́ско *nt indecl* disco music.
дискобо́л, а *m* discus thrower.
дисково́д, а *m* (*comput*) disk drive (*esp floppy disk drive*).
ди́сковый *adj* disc-shaped.
дискомфо́рт, а *m* discomfort.
дискомфо́ртный *adj* uncomfortable.
диско́нт, а *m* (*fin*) discount.
дисконти́р|овать, ую *impf and pf* (*fin*) to discount.
диско́нтн|ый *attr adj*: **~ая ка́рта** discount card.
дискоте́к|а, и *f* disco(theque) (*place*).
дискоте́|чный *adj of* ⇨**~ка**
дискредити́р|овать, ую *impf and pf* to discredit.
дискриминацио́нный *adj* discriminatory.
дискримина́ци|я, и *f* discrimination; **д. же́нщин** sexism; **д. по во́зрасту** ageism.
дискримини́р|овать, ую *impf and pf* to discriminate against; **д. национа́льные меньши́нства** to discriminate against ethnic/national minorities.
дискуссио́нн|ый *adj* **1** *adj of* ⇨**диску́ссия**; **д. клуб** debating club; **в ~ом поря́дке** as a basis for discussion. **2** (*спорный*) debatable, open to question.
диску́сси|я, и *f* discussion.
дискути́р|овать, ую *impf and pf* (+ *a or* **о** + *p*) to discuss.
дисле́кси|я, и *f* dyslexia.
дисле́ктик, а *m* dyslexic.
дислока́ци|я, и *f* **1** (*mil*) deployment, distribution (*of troops*). **2** (*geol*) displacement. **3** (*med*) dislocation.
дислоци́р|овать, ую *impf and pf* (*mil*) to deploy (*troops*).
диспансе́р, а *m* (*med*) clinic, (health) centre.
диспепси́|я, и *f* dyspepsia.
диспе́тчер, а *m* controller (*of movement of transport, etc.*); (*comput*) manager.
диспе́тчер|ский *adj of* ⇨**~**; (*aeron*): **~ская вы́шка** control tower; **~ская слу́жба** flying control organization; *as n* **~ская, ~ской** *f* controller's office; (*aeron*) control tower.
диспле́|й, я *m* (*comput*) display, VDU (*visual display unit*).
диспропо́рци|я, и *f* disproportion.
ди́спут, а *m* (public) debate.

Д

диссерта́нт, а *m* defender of thesis.

диссерта́ци|я, и *f* dissertation, thesis.

диссиде́нт, а *m* (*pol*) dissident; (*relig*) nonconformist.

диссимиля́ци|я, и *f* dissimilation.

диссона́нс, а *m* (*mus and fig*) dissonance, discord.

диссони́р|овать, ую *impf* to strike a discordant note, be discordant.

дистанцио́нн|ый *adj*: **д. взрыва́тель, ~ая тру́бка** time fuse; **~ое управле́ние** remote control.

дистанци́р|оваться, уюсь *impf and pf* to distance o.s.

диста́нци|я, и *f* **1** distance; **на большо́й, ма́лой ~и** at a great, short distance. **2** (*sport*) distance; **сойти́ с ~и** to withdraw, scratch. **3** (*mil*) range. **4** (*railways*) division, region.

дистилли́р|овать, ую *impf and pf* to distil (*Br*), distill (*US*).

дистилля́ци|я, и *f* distillation.

дистрибью́тор, а *m* distributor, supplier.

дистрофи́|я, и *f* (*med*) dystrophy.

дисципли́н|а, ы *f* (*in various senses*) discipline.

дисциплина́рный *adj* disciplinary; **д. батальо́н** penal battalion.

дисциплини́рова|нный *ppp of* ⇨**~ть** *and adj* disciplined.

дисциплини́р|овать, ую *impf and pf* to discipline.

дитя́, *pl* **де́ти** (*oblique cases not used in sg*) *nt* child; baby.

дифира́мб, а *m*: **петь ~ы** (+ *d*) to sing the praises (of), eulogize.

дифтер|и́т, и́та *m* = **~и́я**

дифтери́|я, и *f* diphtheria.

дифто́нг, а *m* diphthong.

диффама́ци|я, и *f* (*law*) defamation, libel.

дифференциа́л, а *m* **1** (*math*) differential. **2** (*tech*) differential gear.

дифференциа́льн|ый *adj* differential; **~ое исчисле́ние** (*math*) differential calculus.

дифференци́р|овать, ую *impf and pf* to differentiate.

despite дича́|ть, ю *impf* (*of* ⇨**о~**) to run wild, become wild; (*fig*) to become unsociable.

дич|и́ться, у́сь, и́шься *impf* (+ *g*; *coll*) to be shy (of); to avoid.

дич|ь, и *f* **1** (*collect*) game; wildfowl. **2** (*глушь*) wilderness, wilds. **3** (*coll*) (*вздор*) nonsense; **поро́ть д.** to talk nonsense.

диэле́ктрик, а *m* (*phys*) dielectric, non-conductor.

длин|а́, ы́ *f* length; **в ~у́** longways, lengthwise; **во всю ~у́** at full length; **ме́ры ~ы́** long measures; **~о́й (в) шесть ме́тров** six metres long (*Br*), six meters long (*US*).

длинно... *comb form* long-.

длинноволно́вый *adj* (*radio*) long-wave.

длиннот|а́, ы́, *pl* **~́ы** *f* **1** (*obs or coll*) length. **2** (*in pl*) verbose, long-winded passages.

длиннофо́кусный *adj*: **д. объекти́в** telephoto lens.

длинню́щий *adj* (*coll*) (terribly) long.

дли́н|ный (~ен, ~на́, ~но) *adj* long; lengthy; **д. рубль** (*coll*) easy money, quick money; **у него́ д. язы́к** he has a long tongue.

дли́тельност|ь, и *f* duration.

дли́тел|ьный (~ен, ~ьна) *adj* long, protracted, long-drawn-out.

дл|и́ться, и́тся *impf* (*of* ⇨**про~**) to last.

для *prep + g* **1** (*в пользу кого, чего*) for (the sake of); **э́то д. тебя́** this is for you. **2** (*выражает цель*) for; **маши́на д. выка́чивания воды́** machine for pumping out water; **я э́то сде́лал то́лько д. ви́ду** I only did for appearances' sake; **д. того́, что́бы...** in order to .... **3** (*по отношению к*) for, to; **д. нас не сто́ит** for us it is not worth while; **вре́дно д. дете́й** bad for children; **непроница́емый д. воды́** waterproof. **4** (*по отношению к норме*) for, of; **он о́чень высо́к д. свои́х лет** he is very tall for his age; **э́то поведе́ние типи́чно д. них** such behaviour is typical of them.

днева́л|ить, ю, ишь *impf* (*coll*) to be on duty.

днева́льн|ый, ого *m* (*mil*) orderly, fatigue man.

днева́ть, дню́ю, дню́ешь *impf* to spend the day; **д. и ночева́ть** to spend all one's time.

дневни́к, а́ *m* diary, journal; **вести́ д.** to keep a diary.

дневн|о́й *adj* **1** day; **в ~о́е вре́мя** during daylight hours; **д. свет** daylight; **~а́я сме́на** day shift; **д. спекта́кль** matinee. **2** (*одного дня*) day's, daily; **~а́я зарпла́та** day's pay.

днём *adv* **1** in the daytime, by day. **2** (*после обеда*) in the afternoon; **сего́дня д.** this afternoon.

дни́щ|е, а *nt* bottom (*of vessel or barrel*).

ДНК *f indecl* (*abbr of* **дезоксирибонуклеи́новая кислота́**) (*chem*) DNA (*deoxyribonucleic acid*).

дно, дна, *pl* **до́нья, до́ньев** *nt* **1** (*сосуда*) bottom; **вверх дном** upside down; **пить до дна** to drink to the dregs; **(пей) до дна!** bottoms up!; **ни дна ему́ ни покры́шки!** (*coll*) bad luck to him! **2** (*no pl*) (*моря, реки*) bottom, bed.

дноуглуби́тел|ь, я *m* dredger.

до[1] *prep + g* **1** (*о пределе, границе*) to, up to; as far as; **от Ло́ндона до Москвы́** from London to Moscow; **дое́хать до Пари́жа** to go as far as Paris; **ю́бка до коле́н** knee-length skirt. **2** (*о временном пределе*) to, up to; until, till; **до шести́ часо́в** till six o'clock; **до сих пор** up to now, till now, hitherto; **до тех пор** till then, before; **до тех пор, пока́** until; **до свида́ния!** goodbye!; au revoir! **3** (*перед*) before; **до войны́** before the war; **до на́шей э́ры (до н. э.)** before Christ (*abbr* BC); **до того́ как** before. **4** (*о пределе состояния*) to, up to, to the point of; **до бо́ли** until it hurt(s); **до того́..., что** to the point where; **мы до того́ уста́ли, что и засну́ть не удало́сь** we were too tired even to be able to sleep. **5** (*о количественном пределе*) under, up to (= *not over, not more than*); **де́ти до пяти́ лет** children under five; under-fives; **зараба́тывать до ты́сячи рубле́й** to earn up to a thousand roubles. **6** (*приблизительно*) about, approximately; **у нас в больни́це до двух ты́сяч ко́ек** in our hospital there are about two thousand beds. **7** (*относительно*) with regard to, concerning; **что до меня́** as far as I am concerned; **у меня́ есть до тебя́ де́ло** (*coll*) I want (to see) you, I want a word with you; **не быть охо́тник до** not to be keen on, not to like; **мне,** *etc.*, **не до** (*coll*) I, *etc.*, don't feel like, am not in the mood for; **мне не до разгово́ра** I am not in a mood for talk.

до[2] *nt indecl* (*mus*) C.

до...[1] *vbl pref* **1** *expressing completion of action*: **дочита́ть кни́гу** to finish (reading) a book. **2** *indicating that action is carried to a certain point*: **дочита́ть до страни́цы 270** to read as far as page 270. **3** *expressing supplementary action*: **докупи́ть** to buy in addition. **4** (+ *refl vv*) *expressing eventual attainment of object*: **дозвони́ться** to ring until one gets an answer.

до...[2] *pref of nn and adjs, used to indicate priority in chronological sequence* (pre-).

доба́в|ить, лю, ишь *pf* (*of* ⇨**~ля́ть**) (+ *a or g*) to add.

доба́вк|а, и *f* **1** (*пищевая*) addition. **2** (*дополнительная порция*) second helping.

добавле́ни|е, я *nt* addition; (*к сочинению*) appendix, addendum.

добавля́|ть, ю *impf of* ⇨**доба́вить**

доба́вочн|ый *adj* **1** additional, extra; **~ое вре́мя** (*sport*) extra time; **д. нало́г** surtax. **2** (*teleph*) extension; **д. три́дцать** extension 30.

добега́|ть, ю *impf of* ⇨**добежа́ть**

добе́га|ться, юсь *pf*: **~лся?** (*coll, ironical*) now you are in trouble!

добе|жа́ть, гу́, жи́шь, гу́т *pf* (*of* ⇨**~га́ть**) (**до** + *g*) to run (to, as far as); (*достигнуть*) to reach (*also fig*).

добела́ *adv* **1** to white heat; **раскалённый д.** white-hot. **2** (*до белизны*) clean, white; **чёрного кобеля́ не отмо́ешь д.** (*proverb*) the leopard can't change his spots.

доберма́н(-пи́нчер), доберма́на(-пи́нчера) *m* Dobermann (pinscher).

добива́|ть, ю *impf of* ⇨**доби́ть**

добива́|ться, юсь *impf* **1** *impf of* ⇨**доби́ться**. **2** (+ *g*) to try to get, strive (for), aim (at).

добира́|ть, ю *impf of* ⇨**добра́ть**

добира́|ться, юсь *impf of* ⇨**добра́ться**

до|би́ть, бью́, бьёшь *pf* (*of* ⇨**~бива́ть**) to finish off, do for (*coll*).

до|би́ться, бью́сь, бьёшься *pf* (*of* ⇨**добива́ться**) (+ *g*) to get, obtain, secure; **д. своего́** to get one's way.

до́блест|ный (~ен, ~на) *adj* valiant, valorous.

до́блест|ь, и *f* valour (*Br*), valor (*US*), gallantry.

до|бра́ть, беру́, берёшь, *past* **~бра́л, ~брала́, ~бра́ло** *pf* (*of* ⇒**~бира́ть**) to finish collecting.

до|бра́ться, беру́сь, берёшься, *past* **~бра́лся, ~брала́сь** *pf* (*of* ⇒**~бира́ться**) **1** (**до** + *g*) to get (to), reach. **2** (*coll*) to get (one's hands on); **я до тебя́ ~беру́сь!** I'll get you!

добра́чный *adj* premarital.

добре|сти́, ду́, дёшь, *past* **~̃л, ~ла́** *pf* (**до** + *g*) to get (to), reach (*slowly or with difficulty*).

добре́|ть[1], ю, ешь *impf* (*of* ⇒**по~**) to become kinder.

добре́|ть[2], ю, ешь *impf* (*of* ⇒**раз~**) (*coll*) to put on weight.

добр|о́[1], а́ *nt* **1** good; (*поступок*) good deed; **жела́ю вам ~а́** I wish you well; **от ~а́ ~а́ не и́щут** let well alone; **нет ху́да без ~а́** every cloud has a silver lining; **не к ~у́ э́то** it is a bad omen, it bodes ill; **помина́ть ~о́м** to speak well (of), remember kindly. **2** (*collect; coll*) (*имущество*) goods, property. **3**: **дать/получи́ть добро́** to give/get the go-ahead.

добро́[2] *particle* (*coll*) good; all right.

добро́[3]: **д. пожа́ловать!** welcome!

добро́[4] *as conj* (+ **бы**) it would be a different matter if; there would be some excuse if.

доброво́л|ец, ьца *m* volunteer.

доброво́льно *adv* voluntarily.

доброво́л|ьный (~ен, ~ьна) *adj* voluntary.

доброво́льческий *adj* volunteer.

доброде́тел|ь, и *f* virtue.

доброде́тел|ьный (~ен, ~ьна) *adj* virtuous.

доброду́ши|е, я *nt* good nature.

доброду́ш|ный (~ен, ~на) *adj* good-natured; genial.

доброжела́тел|ь, я *m* well-wisher.

доброжела́тел|ьный (~ен, ~ьна) *adj* benevolent.

доброка́чествен|ный (~, ~на) *adj* **1** of good quality. **2** (*med*) benign.

добро́м *adv* (*coll*) voluntarily.

добропоря́доч|ный (~ен, ~на) *adj* respectable.

добросерде́ч|ный (~ен, ~на) *adj* good-hearted, kind.

добросо́вест|ный (~ен, ~на) *adj* conscientious.

добрососе́дский *adj* (good-)neighbourly (*Br*), neighborly (*US*).

добрососе́дств|о, а *nt* (good-)neighbourliness (*Br*), neighborliness (*US*).

доброт|а́, ы́ *f* goodness, kindness.

добро́тност|ь, и *f* (good) quality; **д. сукна́** quality of cloth.

добро́т|ный (~ен, ~на) *adj* of good, high quality; durable.

до́бр|ый (~, ~а́, ~о, ~ы) *adj* **1** (*хороший*) good; **~ое и́мя** good name; **д. знако́мый** good friend; **~ое у́тро!** good morning!; **всего́ ~ого!** goodbye!, all the best!; **в д. час!** good luck!; **по ~у́ по здоро́ву** while the going is (was) good. **2** (*отзывчивый*) kind, good; **бу́дьте ~ы** (+ *imperative*) please, would you be so kind as to. **3** (*coll*) (*не меньше чем*) a good; **д. час** a good hour. **4**: **по ~ой во́ле** of one's own free will. **5**: **чего́ ~ого** (*said in anticipation of unpleasant eventuality*) who knows; it's quite possible.

добря́к, а́ *m* (*coll*) good-natured person.

добу|ди́ться, жу́сь, ~̃дишься *pf* (*coll*) to wake, succeed in waking.

добыва́|ть, ю *impf of* ⇒**добы́ть**

добы́тчик, а *m* (*coll*) **1** getter (*of minerals, etc.*). **2** (*кормилец*) breadwinner.

до|бы́ть, бу́ду, бу́дешь, *past* **~бы́л, ~была́, ~бы́ло** *pf* (*of* ⇒**~быва́ть**) **1** (*достать*) to get, obtain, procure. **2** (*из земли*) to extract, mine, quarry.

добы́ч|а, и *f* **1** (*действие*) extraction (*of minerals*), mining, quarrying. **2** (*захваченное*) booty, spoils, loot. **3** (*охотника*) bag; (*рыболова*) catch. **4** (*добытое из недр земли*) mineral products; output.

дова́рив|ать, аю *impf of* ⇒**довари́ть**

довар|и́ть, ю, ~̃ишь *pf* (*of* ⇒**~̃ивать**) to finish cooking; to do to a turn.

довез|ти́, у́, ёшь, *past* **~̃, ~ла́** *pf* (*of* ⇒**довози́ть**) to take (to).

дове́ренност|ь, и *f* warrant, power of attorney; **получи́ть де́ньги по ~и** to obtain money by proxy.

дове́р|енный *ppp of* ⇒**~ить** *and adj* trusted; **~енное лицо́**; *as n* **д., ~енного** *m* agent, proxy; person empowered to act for s.o.

дове́ри|е, я *nt* trust, confidence; **по́льзоваться чьим-н. ~ем** to enjoy s.o.'s confidence.

довери́тел|ь, я *m* principal (*person empowering another to act for him*).

довери́тельный *adj* confiding, trusting.

дове́р|ить, ю, ишь *pf* (*of* ⇒**~я́ть 1**) (+ *d*) to entrust (to).

дове́р|иться, юсь, ишься *pf* (*of* ⇒**~я́ться**) (+ *d*) to trust (in), confide (in).

до́верху *adv* to the top; to the brim.

дове́рчивост|ь, и *f* trusting nature, credulity.

дове́рчив|ый (~, ~а) *adj* trustful, credulous.

доверш|а́ть, а́ю *impf of* ⇒**~и́ть**

доверше́ни|е, я *nt* completion; **в д. всего́** to crown all; on top of it all.

доверш|и́ть, у́, и́шь *pf* (*of* ⇒**~а́ть**) to complete.

довер|я́ть, я́ю *impf* **1** *impf of* ⇒**~̃ить**. **2** (*impf only*) (+ *d*) to trust, confide (in).

довер|я́ться, я́юсь *impf of* ⇒**~̃иться**

дове́с|ок, ка *m* makeweight.

дове|сти́, ду́, дёшь, *past* **~̃л, ~ла́** *pf* (*of* ⇒**доводи́ть**) **1** (*до какого-то места*) to lead (to), take (to), accompany (to). **2** (*до какого-то состояния*) to bring (to); to drive (to), reduce (to); **д. до соверше́нства** to perfect; **д. до сумасше́ствия** to drive mad; **д. до слёз** to reduce to tears; **д. до све́дения** (+ *g*) to inform, let know, bring to the notice (of).

дове|сти́сь, дётся, *past* **~ло́сь** *pf* (*of* ⇒**доводи́ться**) (*impers*, + *d*) (*coll*) to have occasion (to); to happen (to); **нам ~ло́сь заста́ть его́ до́ма** we happened to catch him in.

довин|ти́ть, чу́, ти́шь *pf* (*of* ⇒**~̃чивать**) to screw up.

дови́нчива|ть, ю *impf of* ⇒**довинти́ть**

довле́|ть, ет *impf* (**над** + *i*) (*coll*) to oppress, burden.

до́вод, а *m* argument.

дово|ди́ть, жу́, ~̃дишь *impf of* ⇒**довести́**

дово|ди́ться, жу́сь, ~̃дишься *impf* **1** *impf of* ⇒**довести́сь**. **2** (+ *d and i*) to be related (to as); **он ~̃дится ей племя́нником** he is her nephew.

довое́нный *adj* pre-war.

дово|зи́ть, жу́, ~̃зишь *impf of* ⇒**довезти́**

дово́льно[1] *adv* **1** (*достаточно*) enough; *as pred* it is enough; **с нас э́того д.** we've had enough of this; **д. спо́рить!** stop arguing! **2** (*порядочно*) quite, fairly; rather, pretty; **д. хоро́ший фильм** quite a good film.

дово́льно[2] *adv* (*с удовлетворением*) contentedly.

дово́л|ьный (~ен, ~ьна) *adj* **1** contented, satisfied; **д. вид** contented expression. **2** (+ *i*) contented (with), satisfied (with), pleased (with); **д. собо́й** pleased with o.s., self-satisfied.

дово́льстви|е, я *nt* (*mil*) allowance.

дово́льств|о, а *nt* **1** contentment. **2** (*coll*) (*материальный достаток*) ease, prosperity.

дово́льств|оваться, уюсь *impf* (*of* ⇒**у~**) (+ *i*) to be content (with), be satisfied (with).

довы́бор|ы, ов (*no sg*) by-election.

дог, а *m* mastiff; **да́тский д.** Great Dane; **далма́тский д.** Dalmatian.

догад|а́ться, а́юсь *pf* (*of* ⇒**~̃ываться 1**) to guess.

дога́дк|а, и *f* surmise, conjecture; (*in pl*) guesswork; **теря́ться в ~ах** to be lost in conjecture.

дога́длив|ый (~, ~а) *adj* quick-witted, bright.

дога́дыва|ться, юсь *impf* **1** *impf of* ⇒**догада́ться**. **2** (*impf only*) to suspect.

догля|де́ть, жу́, ди́шь *pf* (*coll*) **1** (*досмотреть*) to watch to the end, see through. **2** (*присмотреть*) to keep an eye out; (**за** + *i*) to keep an eye (on).

до́гм|а, ы *f* dogma.

до́гмат, а *m* **1** (*relig*) doctrine, dogma; **д. непогреши́мости Па́пы** the doctrine of the infallibility of the Pope. **2** (*принцип*) tenet, foundation.

догмати́зм, а *m* dogmatism.

догма́тик, а *m* dogmatist.

догмати́ческий *adj* dogmatic.

до|гна́ть, гоню́, го́нишь, *past* **~гна́л, ~гнала́, ~гна́ло** *pf* (*of* ⇒**~гоня́ть**) **1** to catch up (with) (*also fig*). **2** (**до** + *g*) to drive (to); (*fig, coll*) to raise (to).

догова́рива|ть, ю *impf of* ⇨**договори́ть**

догова́рива|ться, юсь *impf* **1** *impf of* ⇨**договори́ться**. **2** (*impf only*) (**о** + *p*) to negotiate (about); **Высо́кие ~ющиеся сто́роны** (*diplomacy*) the High Contracting Parties.

догово́р, а, *pl* **~ы** *and* (*coll*) **~а́** *m* agreement; (*pol*) treaty, pact; **заключи́ть ми́рный д.** to conclude a peace treaty.

договорённост|ь, и *f* agreement, understanding; (*pol*) accord.

договор|и́ть, ю́, и́шь *pf* (*of* ⇨**догова́ривать**) to finish saying; to finish telling.

договор|и́ться, ю́сь, и́шься *pf* (*of* ⇨**догова́риваться 1**) **1** (**о** + *p*) to come to an agreement, understanding (about); to arrange; **~и́лись!** agreed!; it's a deal! **2** (**до** + *g*) to come (to); to talk (to the point of).

догово́рник, а *m* (*coll*) contract worker.

догово́рн|ый *adj* agreed; contractual; **~ая цена́** agreed price; **на ~ых нача́лах** on a contractual basis.

догола́ *adv* stark naked; **разде́ться д.** to strip to the skin.

догоня́|ть, ю *impf of* ⇨**догна́ть**

догор|а́ть, а́ю *impf of* ⇨**~е́ть**

догор|е́ть, ю́, и́шь *pf* (*of* ⇨**~а́ть**) (*сгореть до какого-либо предела*) to burn down; (*сгореть до конца*) to burn out.

догружа́|ть, ю *impf of* ⇨**догрузи́ть**

догру|зи́ть, жу́, ~́зишь *pf* (*of* ⇨**~жа́ть**) **1** (*окончить погрузку*) to finish loading. **2** (*добавить к грузу*) to load in addition.

дода|ва́ть, ю́, ёшь *impf of* ⇨**~́ть**

дода́|ть, м, шь, ст, ди́м, ди́те, ду́т, *past* **до́да́л, ~ла́, до́дало** *pf* (*of* ⇨**~ва́ть**) to make up (the rest of); to pay up.

доде́л|ать, аю *pf* (*of* ⇨**~ывать**) to finish.

доде́лыва|ть, ю *impf of* ⇨**доде́лать**

доду́м|аться, аюсь *pf* (*of* ⇨**~ываться**) (**до** + *g*) to hit (upon) (*afterthought*).

доду́мыва|ться, юсь *impf of* ⇨**доду́маться**

доеда́|ть, ю *impf of* ⇨**дое́сть**

доезжа́|ть, ю *impf of* ⇨**дое́хать**

дое́ни|е, я *nt* milking.

до|е́сть, е́м, е́шь, е́ст, еди́м, еди́те, едя́т *pf* (*of* ⇨**~еда́ть**) to eat up, finish eating.

до|е́хать, е́ду, е́дешь *pf* (*of* ⇨**~езжа́ть**) (**до** + *g*) to reach, arrive (at).

дож, а *m* (*hist*) doge.

дожа́рива|ть, ю *impf of* ⇨**дожа́рить**

дожа́р|ить, ю, ишь *pf* (*of* ⇨**~ивать**) to finish roasting, frying; to roast, fry to a turn.

дожд|а́ться, у́сь, ёшься, *past* **~а́лся, ~ала́сь** *pf* **1** (+ *g*) to wait (for); **д. конца́ спекта́кля** to wait until the end of the show. **2**: **д. того́, что** to end up (by); **он ~а́лся того́, что ему́ указа́ли на дверь** he ended up by being shown the door.

дождева́льный *adj*: **д. аппара́т** (*agric*) water sprinkler.

дождева́ни|е, я *nt* (*agric*) sprinkling.

дождеви́к, а́ *m* (*coll*) raincoat.

дождев|о́й *adj of* ⇨**дождь**; **~а́я ка́пля** raindrop; **~о́е о́блако** rain cloud, nimbus.

до́ждик, а *m* shower.

дожди́нк|а, и *f* (*coll*) raindrop.

дождли́в|ый (~, ~а) *adj* rainy.

дожд|ь, я́ *m* **1** rain (*also fig*); **под ~ём** in the rain; **ме́лкий д.** drizzle; **проливно́й д.** downpour; **кисло́тные ~и́** acid rain; **идёт д.** it is raining; **д. льёт как из ведра́** it's raining cats and dogs; it's bucketing down. **2** (*fig*) rain, hail, cascade; **д. искр** cascade of sparks; **д. руга́тельств** torrent of abuse; **сы́паться ~ём** to rain down, cascade.

дожива́|ть, ю *impf* **1** *impf of* ⇨**дожи́ть**. **2** (*impf only*) to live out; **д. свой век** to live out one's days.

дожида́|ться, юсь *impf* (*of* ⇨**дожда́ться**) (+ *g*) to wait (for).

до|жи́ть, живу́, живёшь, *past* **~́жил, ~жила́, ~́жило** *pf* (*of* ⇨**~жива́ть 1**) **1** (**до** + *g*) (*прожить*) to live (till); to attain the age (of); **она́ ~жила́ до конца́ войны́** she lived to see the end of the war. **2** (**до** + *g*) (*дойти до какого-л. состояния*) to come (to), be reduced (to); **до чего́ мы ~́жили!** what have we come to! **3** (*coll*) (*пробыть*) to stay, spend (the rest of); **я доживу́ ле́то в Пари́же** I shall spend the rest of the summer in Paris.

до́з|а, ы *f* dose.

дозапра́вк|а, и *f* refuelling (*Br*), refueling (*US*).

до|зва́ться, зову́сь, зовёшься, *past* **~зва́лся, ~звала́сь, ~звало́сь** *pf* (*coll*) to call until one gets an answer; **его́ не ~зовёшься** he never comes when he is called.

дозво́л|енный *ppp of* ⇨**~ить** *and adj* permitted.

дозво́л|ить, ю, ишь *pf* (*of* ⇨**~я́ть**) (*obs or coll*) to permit, allow.

дозвол|я́ть, я́ю, *impf of* ⇨**~́ить**

дозвон|и́ться, ю́сь, и́шься *pf* (**до** + *g*, **к** + *d*) to ring until one gets an answer; to get through (*on telephone*); **я не мог к тебе́** (*or* **до тебя́**) **д.** I rang you but could get no reply, could not get through.

дозвуково́й *adj* subsonic.

дози́р|овать, ую *impf and pf* to measure out (in doses).

дозиро́вк|а, и *f* dosage.

дозна|ва́ться, ю́сь, ёшься *impf* **1** *impf of* ⇨**~́ться**. **2** (*only impf*) (**о** + *p*) to inquire (about).

дозна́ни|е, я *nt* (*law*) inquiry; inquest.

дозн|а́ться, а́юсь *pf* (*of* ⇨**~ава́ться**) to find out, ascertain.

дозо́р, а *m* patrol.

дозо́р|ный *adj of* ⇨**~**; **~ная шлю́пка** patrol boat; *as n* **д., ~ного** *m* (*mil*) scout.

дозрева́|ть, ю *impf of* ⇨**дозре́ть**

дозре́лый *adj* fully ripe.

дозр|е́ть, е́ю *pf* (*of* ⇨**~ева́ть**) to ripen.

доигр|а́ть, а́ю *pf* (*of* ⇨**~́ывать**) to finish (playing).

доигр|а́ться, а́юсь *pf* (*of* ⇨**~́ываться**) (**до** + *g*) to play (until); (*fig*) to get o.s. (into), land o.s. (in); **вот и ~а́лся!** now you've (he's, *etc.*) done it!

доигрыва|ть(ся), ю(сь) *impf of* ⇨**доигра́ть(ся)**

дои́льный *adj*: **д. аппара́т** milking machine.

до|иска́ться, ищу́сь, и́щешься *pf* (*of* ⇨**~и́скиваться**) (*coll*) (+ *g*) **1** (*найти*) to find, discover. **2** (*узнать*) to find out, ascertain.

дои́скива|ться, юсь *impf* **1** *impf of* ⇨**доиска́ться**. **2** (*impf only*) (+ *g*) to try to find out.

доистори́ческий *adj* prehistoric.

до|и́ть, ю́, ~́ишь *impf* (*of* ⇨**по~**) to milk.

до|и́ться, ~́ится *impf* **1** to give milk; **хорошо́ д.** to be a good milker. **2** *passive of* ⇨**~и́ть**

до́йк|а, и *f* milking.

до́йн|ый *adj* milch; **~ая коро́ва** milch cow (*also fig*).

до|йти́, йду́, йдёшь, *past* **~шёл, ~шла́** *pf* (*of* ⇨**~ходи́ть**) **1** (**до** + *g*) (*in various senses*) to reach; **письмо́ ~шло́ до меня́ то́лько сего́дня** the letter only reached me today; **д. до све́дения** (+ *g*) to come to the attention (of); **д. до того́, что...** to reach a point where ...; **ру́ки не ~шли́ (до** + *g*) I, *etc.*, had no time (for).
2 (*coll*) (**до** + *g*) (*произвести впечатление*) to make an impression (upon), get through (to), touch; **его́ про́поведь про́сто не ~шла́ до слу́шателей** his homily left his audience quite unmoved.
3 (*impers*; *also* **де́ло ~йдёт, ~шло́ до** + *g*) to come (to); **(де́ло) чуть не ~шло́ до дра́ки** it nearly came to blows.
4 (*coll*) (*стать готовым*) to be done (= *to be cooked*); to be ripe.

док, а *m* dock.

до́к|а, и *cg* (*coll*) expert, authority.

доказа́тел|ьный (~ен, ~ьна) *adj* demonstrative, conclusive.

доказа́тельств|о, а *nt* **1** proof, evidence. **2** (*math*) demonstration.

док|аза́ть, ажу́, а́жешь *pf* (*of* ⇨**~а́зывать 1**) to demonstrate, prove; **счита́ть ~а́занным** to take for granted; **что и тре́бовалось д.** quod erat demonstrandum (*abbr* QED).

доказу́ем|ый (~, ~а) *adj* demonstrable.

дока́зыва|ть, ю *impf* **1** *impf of* ⇨**доказа́ть**. **2** (*impf only*) to argue, try to prove.

дока́нчива|ть, ю *impf of* ⇨**доко́нчить**

дока́пыва|ться, юсь *impf of* ⇨**докопа́ться**

док|ати́ться, ачу́сь, а́тишься *pf* (*of* ⇨**~а́тываться**) **1** (**до** + *g*) to roll (to). **2** (*о звуках*) to roll, thunder, boom. **3** (*fig, coll*) (**до** + *g*) (*дойти до какого-л. состояния*) to sink (into), come (to); **д. до преступле́ния** to sink into crime.

докáтыва|ться, юсь *impf of* ⇒**докатиться**

докéмбри|й, я *m* (*geol*) the Precambrian (aeon/eon).

докембрийский *adj* (*geol*) Precambrian.

дóкер, а *m* docker.

доклáд, а *m* **1** report; lecture; paper; talk, address; **читáть д.** to give a report; to read a paper. **2** (*сообщение о приходе посетителя*) announcement; **войти без ~а** to enter unannounced.

докладн|óй *adj*: **~áя записка** report, memorandum; *as n* **~áя, ~óй** *f* = **~áя записка**

доклáдчик, а *m* speaker, lecturer.

доклáдчи|ца, цы *f of* ⇒**~к**

доклáдыва|ть(ся), ю(сь) *impf of* ⇒**доложить(ся)**

докóле (*and* **докóль**) *adv* **1** (*interrog*) how long. **2** (*rel*) as long as; until.

доконá|ть, ю *pf* (*coll*) to finish off, be the end (of).

докóнч|ить, у, ишь *pf* (*of* ⇒**докáнчивать**) to finish, complete.

докопá|ться, юсь *pf* (*of* ⇒**докáпываться**) (**до** + *g*) **1** to dig down (to). **2** (*fig*) to get to the bottom (of); to find out, discover.

докраснá *adv* to redness; to red heat; **раскалённый д.** red-hot.

докрич|áться, ýсь, ишься *pf* **1** to shout until one is heard. **2**: **д. до хрипоты** to shout o.s. hoarse.

дóктор, а, *pl* **~á** *m* doctor; **д. наýк** Doctor (*academic degree higher in rank than кандидáт наýк*).

докторáнт, а *m* person working for degree of doctor.

дóктор|ский *adj of* ⇒**~**; **~ская диссертáция** doctoral thesis (*higher in rank than кандидáтская диссертáция*).

дóкторш|а, и *f* (*coll*) **1** (*obs*) (*жена врача*) doctor's wife. **2** (*not polite*) (*женщина-врач*) woman doctor.

доктрин|а, ы *f* doctrine.

доктринёр, а *m* doctrinaire.

доктринёрский *adj* doctrinaire.

доктринёрств|о, а *nt* doctrinaire attitude.

докýда *adv* (*coll*) **1** (*interrog*) how far. **2** (*rel*) as far as.

докумéнт, а *m* **1** document, paper; **предъявить ~ы** to produce one's papers; (*comput*) document. **2** (*law*) deed; instrument.

документалист, а *m* documentary film-maker.

документáльный *adj* documentary; **д. фильм** documentary (film).

документáци|я, и *f* **1** (*действие*) documentation. **2** (*collect*) (*документы*) documents, papers, documentation.

документир|овать, ую *impf and pf* to document.

докуп|áть¹, áю *impf of* ⇒**~ить**

докупá|ть², ю *pf* to finish bathing (*trans*).

докуп|ить, лю, ~ишь *pf* (*of* ⇒**~áть¹**) to buy in addition.

докучá|ть, ю *impf* (+ *d and i*; *coll*) to bother (with), pester (with), plague (with).

докýчлив|ый (~, ~а) *adj* (*coll*) tiresome, importunate.

докýч|ный (~ен, ~на) *adj* (*coll*) tiresome, boring.

дол, а *m* (*poetical*) dale, vale; **за горáми, за ~áми** far and wide; **по горáм, по ~áм** up hill and down dale.

долбан|ýть, ý, ёшь *pf* (*coll*) to hit hard.

долбёжк|а, и *f* (*sl*) swotting.

долб|ить, лю, ишь *impf* **1** to hollow out; to gouge. **2** (*coll*) (*повторять*) to repeat, say over and over. **3** (*sl*) (*зубрить*) to swot (up); to learn by rote. **4** (**в** + *a*) to bang (on).

долг, а, о ~е, в ~ý, *pl* **~и** *m* **1** (*обязанность*) duty; **по ~у слýжбы** in the performance of one's duty. **2** (*одолженное*) debt; **в д.** on credit; **войти, влезть в ~и** to get into debt; **быть у когó-н. в ~ý** to be indebted to s.o.; **отдáть послéдний д.** to pay the last honours; **д. платежóм крáсен** one good turn deserves another.

дóл|гий (~ог, ~гá, ~го) *adj* long, of long duration; **~гая пéсня** (*fig*) a long story; **отложить в д. ящик** to shelve, put off.

дóлго *adv* long, (for) a long time.

долговéч|ный (~ен, ~на) *adj* lasting; durable.

долгов|óй *adj of* ⇒**долг 2**; **~óе обязáтельство** promissory note.

долговрéмен|ный (~ен, ~на) *adj* of long duration, prolonged.

долговяз|ый (~, ~а) *adj* (*coll*) lanky.

долгогрив|ый (~, ~а) *adj* shaggy-maned.

долгождáнный *adj* long-awaited.

долгожител|ь, я *m* long-lived person.

долгожитель|ница, ницы *f of* ⇒**~**

долгоигрáющ|ий *adj*: **~ая пластинка** long-playing (gramophone) record.

долголéти|е, я *nt* longevity.

долголéтний *adj* of many years; long-standing.

долгонóсик, а *m* weevil.

долгосрóчн|ый (~ен, ~на) *adj* (*кредит*) long-term; (*отпуск*) of long duration.

долгот|á, ы, *pl* **~ы** *f* **1** (*sg only*) (*дня*) duration. **2** (*geog*) longitude.

долготерпелив|ый (~, ~а) *adj* (*obs*) long-suffering.

долготерпéни|е, я *nt* long suffering.

долевóй¹ *adj* lengthwise.

долевóй² *adj of* ⇒**дóля**

дóлее *comp of* ⇒**дóлго**

долет|áть, áю *impf of* ⇒**~éть**

доле|тéть, чý, тишь *pf* (*of* ⇒**~тáть**) (**до** + *g*) **1** (*летя, достигнуть какого-либо места*) to fly (to, as far as); to reach. **2** (*о брошенном предмете, звуках, запахе*) to reach.

должá|ть, ю *impf* (*of* ⇒**за~**) (*obs*) **1** (**у** + *g*) to borrow (from). **2** (+ *d*) to owe.

дóлж|ен (~нá) *pred adj* **1** owing; **он д. мне три рубля** he owes me three roubles. **2** (+ *inf*) (*обязан, вынужден*): **я д. идти** I must go, I have to go; **он д. был отказáться** he had to refuse. **3** (+ *inf*) (*вероятно*): **онá ~нá скóро прийти** she should be here soon; **~нó быть** probably; **вы с ним, ~нó быть, ужé знакóмы** you must have met him; you have probably met him.

должник, á *m* debtor.

должни|ца, цы *f of* ⇒**~к**

дóлжно *as pred* (+ *inf*) (*obs*) one should, ought (to).

должностн|óй *adj* official; **~óе лицó** official, functionary, public servant; **~óе преступлéние** malfeasance in office.

дóлжност|ь, и, *g pl* **~éй** *f* post, office.

дóлжн|ый *adj* due, fitting, proper; **~ым óбразом** properly; *as n* **~ое, ~ого** due; **воздавáть д.** (+ *d*) to do justice.

доливá|ть, ю *impf of* ⇒**долить**

долин|а, ы *f* valley.

долин|ный *adj of* ⇒**~а**

дол|ить, ью, ьёшь, *past* **~ил, ~илá, ~ило** *pf* (*of* ⇒**~ивáть**) **1** (*жидкость*) to add; to pour in addition. **2** (*сосуд*) to fill (up); to refill.

дóллар, а *m* dollar.

долож|ить¹, ý, ~ишь *pf* (*of* ⇒**доклáдывать**) **1** (+ *a or* **о** + *p*) (*сделать доклад*) to report; to give a report (on). **2** (**о** + *p*) (*сообщить о приходе посетителя*) to announce (*a guest, etc.*).

долож|ить², ý, ~ишь *pf* (*of* ⇒**доклáдывать**) (*добавить*) to add.

долож|иться, ýсь, ~ишься *pf* (*of* ⇒**доклáдываться**) to announce one's arrival.

долóй *adv* (+ *a*; *coll*) **1** down (with), away (with); **д. измéнников!** down with the traitors!; **уйди с глаз д.!** out of my sight! **2** off (with); **шáпки д.!** hats off!

долот|ó, á, *pl* **~а, ~** *nt* chisel.

дóльк|а, и *f* segment.

дóльше *adv* longer.

дóл|я, и, *g pl* **~éй** *f* **1** (*часть*) part, portion; share; quota, allotment; **войти в ~ю** (**с** + *i*) to go shares (with); **в егó словáх нé было и ~и истины** there was not a grain of truth in his words. **2** (*anat, bot*) lobe. **3** (*судьба*) lot, fate; **выпасть на чью-н. ~ю** to fall to s.o.'s lot.

дом, а (у), *pl* **~á** *m* **1** (*жилое здание*) house; (*многоквартирный*) block (of flats) (*Br*), apartment block (*US*); (*здание учреждения*) building; **д. культýры** palace of culture; ≈ arts (and leisure) centre; **д. óтдыха** rest home, holiday home; **Д. учёных** Scientists' Club; **д. терпимости** brothel; **д.-музéй…** … House; **Д.-музéй Пýшкина** Pushkin House. **2** (*своё жильё*) home; (*семья*) household; **вести д.** to keep house, run the house; **на ~ý** at home; **брать рабóту нá д.** to take work home; **тоскá по ~у** homesickness. **3** (*династия*) house, lineage; **д. Ромáновых** the House of Romanov.

дом… *comb form, abbr of* **1 домóвый**. **2 домáшний**

дóма *adv* at home, in; **быть как д.** to feel at home; **бýдьте как д.** make

Д

yourself at home; **у него́ не все д.** he's not all there.

домаркси́стский *adj* pre-Marxist.

дома́шн|ий *adj* **1** house; home; domestic; **д. а́дрес** home address; **~ие забо́ты** household chores; **д. компью́тер** home computer; **~ее пла́тье** housecoat; **~яя рабо́тница** domestic (servant), maid; **~яя страни́ца** (*comput*) home page; **~яя хозя́йка** housewife; **под ~им аре́стом** under house arrest. **2** (*самодельный*) home-made. **3** (*не дикий*) tame; domestic; **~ие живо́тные** domestic animals; **~яя пти́ца** poultry. **4** *as n* **~ие, ~их** one's people, one's family.

доме́н, а *m* (*comput*) domain; **д. ве́рхнего у́ровня** top-level domain.

до́менн|ый *adj of* **⇒до́мна**; **~ая печь** blast furnace.

доме́н|ный *adj of* **⇒~**

до́менщик, а *m* blast-furnace operator.

до́мик, а *m diminutive of* **⇒дом**

домина́нт|а, ы *f* **1** (*mus*) dominant. **2** (*fig*) leitmotif.

Доминика́н|а, ы *f, common unofficial name for* **⇒~ская Респу́блика**

доминика́н|ец, ца *m* Dominican (monk).

Доминика́нск|ая Респу́блик|а, ~ой ~и *f* the Dominican Republic.

доминио́н, а *m* dominion.

домини́р|овать, ую *impf* **1** to dominate, prevail (*fig*). **2** (*geog*) (**над** + *i*) to dominate, command.

домино́ *nt indecl* **1** (*игра*) dominoes; **кость ~** domino. **2** (*костюм*) domino.

доми́ш|ко, ~ка, *pl* **~ки, ~ек, ~кам** *m* (*coll*) small, wretched house; hovel.

домко́м, а *m* (*abbr of* **домо́вый комите́т**) house management committee.

домкра́т, а *m* (*tech*) jack.

до́мн|а, ы *f* blast furnace.

домо... *comb form* **1** home-. **2** *abbr of* (*i*) **домо́вый** *and* (*ii*) **дома́шний**

домови́т|ый (~, ~а) *adj* thrifty, economical; **~ая хозя́йка** good housewife.

домовладе́л|ец, ьца *m* house/home owner; (*по отношению к нанимателю*) landlord.

домово́дств|о, а *nt* housekeeping; household management; home economics.

домов|о́й, о́го *m* (*folklore*) brownie, house sprite.

домо́в|ый *adj* **1** house; household; **~ая кни́га** register of tenants; **~ая конто́ра** house manager's office. **2** housing; **д. трест** housing trust.

домога́тельств|о, а *nt* solicitation, demand, bid; **д. госпо́дства** bid for power; **сексуа́льное д.** sexual harassment.

домога́|ться, юсь *impf* (+ *g*) to strive (for), solicit, covet.

домо́й *adv* home, homewards; **нам пора́ д.** it's time for us to go home.

доморо́щенный *adj* **1** (*виноград*) home-grown; (*лошадь*) home-bred. **2** (*fig*) (*музыка, артист*) primitive; homespun.

домосе́д, а *m* stay-at-home.

домострое́ни|е, я *nt* house-building.

домострои́тельный *adj* house-building.

домотка́ный *adj* homespun.

домоуправле́ни|е, я *nt* house management (committee).

домофо́н, а *m* electronic security system (*at entrance to building*); entryphone (*Br, propr*).

домохозя́|ин, ина, *pl* **~ева, ~ев** *m* **1** (*домовладелец*) householder. **2** (*муж, ведущий домашнее хозяйство*) house husband.

домохозя́йк|а, и *f* housewife.

домоча́д|ец, ца *m* member of household.

до́мр|а, ы *f* (*mus*) domra (*a Russian stringed instrument similar to the mandolin*).

домрабо́тниц|а, ы *f* domestic (servant), maid; **приходя́щая д.** home help; daily.

домри́ст, а *m* domra player.

дому́шник, а *m* (*sl*) burglar, housebreaker.

домч|а́ть, у́, и́шь *pf* (*coll*) to bring quickly (*in a vehicle, etc.*).

домч|а́ться, у́сь, и́шься *pf* (*coll*) to race (to), rush (to).

до́мыс|ел, ла *m* conjecture.

донага́ *adv* stark naked.

дона́шива|ть, ю *impf of* **⇒доноси́ть**[1]

доне́льзя *adv* to the utmost; in the extreme; **он д. упря́м** he is obstinate in the extreme.

донесе́ни|е, я *nt* dispatch, report, message; **д. о боевы́х потеря́х** casualty report.

донес|ти́[1]**, у́, ёшь,** *past* **~̈, ~ла́** *pf* (*of* **⇒доноси́ть**[2]) (**до** + *g*) to carry (to, as far as); (*звук, запах*) to carry, bear.

донес|ти́[2]**, у́, ёшь,** *past* **~̈, ~ла́** *pf* (*of* **⇒доноси́ть**[3]) **1** to report, announce; (+ *d*) to inform. **2** (**на** + *a*) (*сделать донос*) to inform (on, against), denounce.

донес|ти́сь, у́сь, ёшься, *past* **~̈ся, ~ла́сь** *pf* (*of* **⇒доноси́ться**[2]) **1** (*о звуках, запахах, новостях*) to reach; **до нас уже́ ~̈ся слух** a rumour had already reached us. **2** (*coll*) (*быстро доехать, добежать*) to reach quickly.

дон|е́ц, ца́ *m* Don Cossack.

донжуа́н, а *m* Don Juan, philanderer.

донжуа́нств|о, а *nt* philandering.

до́низу *adv* to the bottom.

донима́|ть, ю *impf of* **⇒доня́ть**

донкихо́тский *adj* quixotic.

донкихо́тств|о, а *adj* quixotry.

до́нный *adj of* **⇒дно**; **д. лёд** ground ice.

до́нор, а *m* (blood) donor.

до́нор|ский *adj of* **⇒~**; **д. пункт** blood donation centre (*Br*), center (*US*).

доно́с, а *m* denunciation.

дон|оси́ть[1]**, ошу́, ~о́сишь** *pf* (*of* **⇒дона́шивать**) **1** to wear out. **2**: (*usu with neg*) **д. ребёнка** to bear at full term.

дон|оси́ть[2,3]**, ошу́, ~о́сишь** *impf of* **⇒донести́**[1,2]

дон|оси́ться[1]**, ~о́сится** *pf* to wear out, be worn out.

дон|оси́ться[2]**, ~о́сится** *impf of* **⇒донести́сь**

доно́счик, а *m* informer.

доно́счи|ца, цы *f of* **⇒~к**

донско́й *adj* (of the River) Don; **д. каза́к** Don Cossack.

до́нц|е, а *nt diminutive of* **⇒дно**

доны́не *adv* (*rhetorical*) hitherto.

до|ня́ть, йму́, йме́шь, *past* **~́нял, ~няла́, ~́няло** *pf* (*of* **⇒~нима́ть**) (*coll*) to weary, tire out, exasperate.

дообе́денный *adj* preprandial.

дооктя́брьский *adj* pre-October (*before the Russian Revolution of October 1917*).

допека́|ть, ю *impf of* **⇒допе́чь**

допетро́вский *adj* pre-Petrine.

допе́|чь, ку́, чёшь, ку́т, *past* **~̈к, ~кла́** *pf* (*of* **⇒~ка́ть**) **1** to bake until done; to finish baking. **2** (*fig, coll*) (*донять*) to wear out, plague, pester.

допива́|ть, ю *impf of* **⇒допи́ть**

до́пинг, а *m* **1** stimulant. **2** (*fig*) (**психологи́ческий**) **д.** boost, shot in the arm.

до́пинговый *adj*: **д. контро́ль** dope test; dope testing.

допи|са́ть, шу́, ~́шешь *pf* (*of* **⇒~́сывать**) **1** (*письмо*) to finish writing; (*картину*) to finish painting. **2** (*приписать*) to add.

допи́сыва|ть, ю *impf of* **⇒дописа́ть**

доп|и́ть, ью́, ьёшь, *past* **~и́л, ~ила́, ~и́ло** *pf* (*of* **⇒~ива́ть**) to drink (up).

допла́т|а, ы *f* additional payment; surcharge.

допл|ати́ть, ачу́, ~а́тишь *pf* (*of* **⇒~а́чивать**) to pay in addition, pay the remainder.

допла́чива|ть, ю *impf of* **⇒доплати́ть**

доплыва́|ть, ю *impf of* **⇒доплы́ть**

доплы́|ть, ву́, вёшь, *past* **~л, ~ла́, ~ло** *pf* (*of* **⇒~ва́ть**) (**до** + *g*) (*вплавь*) to swim (to, as far as); (*на корабле*) to sail (to, as far as); (*fig*) to reach.

допо́длинно *adv* (*coll*) for certain.

допо́длинный *adj* (*coll*) authentic, genuine.

допоздна́ *adv* (*coll*) till late.

дополне́ни|е, я *nt* **1** supplement, addition; addendum. **2** (*gram*) object; **прямо́е д.** direct object; **ко́свенное д.** indirect object.

дополни́тельно *adv* in addition.

дополни́тельн|ый *adj* supplementary, additional, extra; **~ое вре́мя** (*sport*) extra time; **д. окла́д** extra pay; **~ые цвета́** complementary colours (*Br*), colors (*US*).

допо́лн|ить, ю, ишь *pf* (*of* **⇒~я́ть**) to supplement, add to; (*fig*) to embellish (*a story, etc.*); **д. друг дру́га** to complement one another.

дополн|я́ть, я́ю *impf of* **⇒~́ить**

допото́пный *adj* antediluvian.

допра́шива|ть, ю *impf of* **⇒допроси́ть**

допризы́вник, а *m* youth undergoing pre-conscription military training.
допризы́вный *adj* pre-conscription.
допро́с, а *m* (*law*) interrogation, examination; **перекрёстный д.** cross-examination.
допр|оси́ть, ошу́, о́сишь *pf* (*of* ⇒**~а́шивать**) (*law*) to interrogate, question.
допр|оси́ться, ошу́сь, ~о́сишься *pf* (*coll*) (+ *g*) to get, obtain by asking.
до́пуск, а *m* **1** right of entry, admittance. **2** (*tech*) tolerance.
допуска́|ть, ю *impf of* ⇒**допусти́ть**
допусти́м|ый (~, ~а) *adj* permissible, admissible; **~ая нагру́зка** permissible load.
допу|сти́ть, щу́, ~́стишь *pf* (*of* ⇒**~ска́ть**) **1** (**до** + *g*, **к** + *d*) to admit (to); **д. к ко́нкурсу** to allow to compete. **2** (*позволить*) to allow, permit; to tolerate. **3** (*предположить*) to grant, assume; **~́стим** let us suppose, let us assume. **4** (*сделать*): **д. оши́бку** to make a mistake; **д. беста́ктность** to make/commit a faux pas.
допуще́ни|е, я *nt* (*доступ*) admission; (*предположение, гипотеза*) assumption; (*ошибки*) making.
допыт|а́ться, а́юсь *pf* (*of* ⇒**~́ываться**) to find out.
допы́тыва|ться, юсь *impf of* ⇒**допыта́ться**; (*impf only*) to try to find out, try to elicit.
до́пьяна́ *adv* (*coll*) dead drunk; **напои́ть д.** to make dead drunk.
дораба́тыва|ть, ю *impf of* ⇒**дорабо́тать**
дорабо́та|ть, ю *pf* (*of* ⇒**дораба́тывать**) **1** (*усовершенствовать*) to refine. **2** (*завершить*) to finish, complete. **3** (**до** + *g*) to work (until).
дораст|а́ть, а́ю *impf of* ⇒**~и́**
дораст|и́, у́, ёшь, *past* **доро́с, доросла́** *pf* (*of* ⇒**дораста́ть**) **1** (**до** + *g*) to grow (to); (*fig*) to attain (to), come up (to). **2 не д. что́бы** (+ *inf*) not to be old enough (to); **она́ ещё не доросла́, что́бы е́здить на велосипе́де** she is not old enough yet to ride a bicycle.
дорв|а́ться, у́сь, ёшься, *past* **~а́лся, ~ала́сь, ~а́ло́сь** *pf* (**до** + *g*; *coll*) to fall upon, seize upon.
дореволюцио́нный *adj* pre-revolutionary.
дорефо́рменный *adj* pre-reform (*esp with reference to the emancipation of serfs and other reforms in Russia in the 1860s*).
дори́ческий *adj* (*archit*) Doric.
доро́г|а, и *f* **1** (*путь сообщения*) road; (*путь следования*) way (*also fig*); **желе́зная д.** railway (*Br*), railroad (*US*); **д. госуда́рственного значе́ния** national highway; **дать, уступи́ть кому́-н. ~у** to let s.o. pass, make way for s.o. (*also fig*); **идти́ свое́й ~ой** to go one's own way; **пойти́ по плохо́й ~е** to be on the downward path; **стать кому́-н. попере́к ~и** to stand in s.o.'s way; **туда́ ему́ и д.** (*coll*) it serves him right; **ска́тертью д.!** good riddance! **2** (*путешествие*) journey; **отпра́виться в ~у** to set out; **в ~е** on the journey, en route; **с ~и** after the journey, from the road. **3** (*направление пути, маршрут*) (the) way, route; **показа́ть ~у** to show the way, direct; **сби́ться с ~и** to lose one's way; **нам с ни́ми бы́ло по ~е** we went the same way.
до́рого *adv* dear, dearly; **д. обойти́сь** (+ *d*) to cost one dear; **д. бы я дал, что́бы...** (*coll*) I would give anything to ... .
дорогови́зн|а, ы *f* high prices.
доро́го́й *adv* on the way, en route.
дорог|о́й (до́рог, дорога́, до́рого) *adj* **1** dear, expensive; costly; **по ~о́й цене́** at a high price. **2** (*близкий сердцу*) dear; precious; *as n* **д., ~о́го** *m*, **~а́я, ~о́й** *f* (my) dear.
доро́д|ный (~ен, ~на) *adj* portly, burly.
дородово́й *adj* antenatal.
дорожа́|ть, ет *impf* (*of* ⇒**вз~** *and* ⇒**по~**) to rise (in price), go up.
доро́же *comp of* ⇒**дорого́й** *and* ⇒**до́рого**
дорож|и́ть, у́, и́шь *impf* (+ *i*) to value; to prize, set store (by).
дорож|и́ться, у́сь, и́шься *impf* (*coll*) to ask too high a price, overcharge.
доро́жк|а, и *f* **1** path, walk; **велосипе́дная д.** cycle path *or* way. **2** (*sport*) track; lane. **3** (*aeron*) runway. **4** (*коврик*) strip (*of carpet, linoleum or fabric*); (*скатерть*) runner. **5** (*магнитофона*) track.
доро́жник, а *m* road worker.
доро́жно-тра́нспортн|ый *adj*: **~ое происше́ствие** road *or* traffic accident.
доро́жн|ый *adj* **1** *adj of* ⇒**доро́га**; **д. знак** road sign; **д. отде́л** highways department; **~ая поли́ция** traffic police; **~ое строи́тельство** road-building. **2** (*для путешествия*) travel, travelling (*Br*), traveling (*US*); **д. буди́льник** travel alarm; **~ые расхо́ды** travelling expenses; **д. чек** traveller's cheque (*Br*), traveler's check (*US*).
дорса́льный *adj* dorsal.
доса́д|а, ы *f* vexation, annoyance; **кака́я д.!** what a nuisance!
доса|ди́ть[1], жу́, ди́шь *pf* (*of* ⇒**~жда́ть**) (+ *d*) (*раздражить*) to annoy, vex.
доса|ди́ть[2], жу́, ~́дишь *pf* (*окончить посадку чего-н.*) to finish planting.
доса́длив|ый (~, ~а) *adj* expressing vexation, irritation, disappointment; **д. жест** gesture of vexation.
доса́дно *as pred* it is vexing, annoying.
доса́д|ный (~ен, ~на) *adj* vexing, annoying.
доса́д|овать, ую *impf* (**на** + *a*) to be annoyed (with), be vexed (with).
досажда́|ть, ю *impf of* ⇒**досади́ть[1]**
досе́ле *adv* (*obs*) up to now.
доси|де́ть, жу́, ди́шь *pf* (*of* ⇒**~́живать**) (**до** + *g*) to sit (until), stay (until).
доси́жива|ть, ю *impf of* ⇒**досиде́ть**
доск|а́, и́, *a* **~́у,** *pl* **~́и, досо́к, ~а́м** *f* **1** board, plank; **д. для объявле́ний** noticeboard; **д. почёта** board of honour; **ро́ликовая д.** skateboard; **(худо́й) как д.** thin as a rake; **проче́сть от ~и́ до ~и́** to read from cover to cover; **ста́вить на одну́ ~́у** (**с** + *i*) to put on a level (with); **пьян в ~́у** (*sl*) dead drunk. **2** (*мраморная*) slab; (*металлическая*) plaque, plate. **3** (*для сёрфинга, скейтбординга и т. п.*) board.
доска|за́ть, жу́, ~́жешь *pf* (*of* ⇒**~́зывать**) to finish telling.
доска́зыва|ть, ю *impf of* ⇒**досказа́ть**
доскона́л|ьный (~ен, ~ьна) *adj* thorough.
до|сла́ть, шлю́, шлёшь *pf* (*of* ⇒**~сыла́ть**) to send in addition; to send the remainder.
дообсле́довани|е, я *nt* (*law*) further inquiry.
дообсле́д|овать, ую *impf and pf* (*law*) to submit to supplementary examination, further inquiry.
досло́вно *adv* verbatim, word for word.
досло́вный *adj* literal, verbatim; **д. перево́д** literal translation.
дослу́жива|ть(ся), ю(сь) *impf of* ⇒**дослужи́ть(ся)**
дослуж|и́ть, у́, ~́ишь *pf* (*of* ⇒**~́ивать**) (**до** + *g*) to serve (until); to finish a period of service.
дослуж|и́ться, у́сь, ~́ишься *pf* (*of* ⇒**~́иваться**) to obtain as a result of service; **д. до чи́на майо́ра** to rise to the rank of major; **д. до пе́нсии** to qualify for a pension.
дослу́ша|ть, ю *pf* (*of* ⇒**дослу́шивать**) to listen to (sth) till the end.
дослу́шива|ть, ю *impf of* ⇒**дослу́шать**
досма́трива|ть, ю, *impf of* ⇒**досмотре́ть**
досмо́тр, а *m* examination; inspection.
досмотр|е́ть, ю́, ~́ишь *pf* (*of* ⇒**досма́тривать**) **1** (**до** + *g*) to watch, look at (to, as far as); **мы ~е́ли пье́су до тре́тьего а́кта** we saw the play as far as the third act. **2**: **не д.** to overlook; to allow to escape one's notice.
досмо́трщик, а *m* inspector, examiner.
досове́тский *adj* pre-Soviet.
доспева́|ть, ю *impf of* ⇒**доспе́ть**
доспе́|ть, ю, ешь *pf* (*of* ⇒**~ва́ть**) to ripen, mature.
доспе́х|и, ов *pl* (*sg* **~, ~а** *m*) armour (*Br*), armor (*US*).
досро́ч|ный (~ен, ~на) *adj* ahead of schedule, early.
доста|ва́ть(ся), ю́(сь), ёшь(ся) *impf of* ⇒**~́ть(ся)**
доста́в|ить, лю, ишь *pf* (*of* ⇒**~ля́ть**) **1** (*груз, посылку*) to deliver; (*пассажиров*) to transport, convey. **2** (*возможность, случай*) to give, provide; (*удовольствие*) to give; (*трудности*) to cause.
доста́вк|а, и *f* delivery.
доставля́|ть, ю *impf of* ⇒**доста́вить**
доста́вщик, а *m* delivery man.
доста́ива|ть, ю *impf of* ⇒**достоя́ть**

Д

доста́т|ок, ка *m* **1** (*coll*) (*достаточное количество*) sufficiency. **2** (*зажиточность*) prosperity; **жить в ~ке** to be comfortably off; **сре́днего ~ка** middle-income. **3** (*in pl*) (*доходы*) income.

доста́точно[1] *adv* sufficiently, enough; (*значительно*) considerably.

доста́точно[2] *as pred* it is enough; **д. сказа́ть** suffice it to say; **д. бы́ло одного́ взгля́да** one glance was enough.

доста́точност|ь, и *f* sufficiency.

доста́точ|ный (~ен, ~на) *adj* sufficient.

доста́|ть, ну, нешь *pf* (*of* **⇒~ва́ть**) **1** (*взять*) to fetch; to take out; **д. плато́к из карма́на** to take a handkerchief out of one's pocket. **2** (+ *g or* **до** + *g*) (*коснуться*) to touch; to reach; **д. руко́й до потолка́** to touch the ceiling. **3** (*получить*) to get, obtain. **4** (*impers*, + *g*; *coll*) to suffice.

доста́|ться, нусь, нешься *pf* (*of* **⇒~ва́ться**) (+ *d*) **1** (*перейти в собственность*) to pass (to) (by inheritance); **ему́ ~лось большо́е име́ние** he came into a large estate. **2** (*выпасть на долю*) to fall to one's lot. **3** (*impers*; *coll*): **ему́** *etc.*, **~нется** he, *etc.*, will catch it.

достига́|ть, ю *impf of* **⇒дости́гнуть** *and* **⇒дости́чь**

дости́г|нуть, ну, нешь, *past* **~, ~ла** *pf* (*of* **⇒~а́ть**) (+ *g*) **1** (*дойти, доехать*) to reach; **д. ста́рости** to reach old age. **2** (*добиться*) to attain, achieve.

достиже́ни|е, я *nt* achievement, attainment.

достижи́м|ый (~, ~а) *adj* achievable, attainable.

дости́чь = **дости́гнуть**

достове́рност|ь, и *f* authenticity; trustworthiness.

достове́р|ный (~ен, ~на) *adj* reliable.

досто́инств|о, а *nt* **1** (*хорошее качество*) merit, virtue. **2** (*sg only*) (*уважение*) dignity; **чу́вство со́бственного ~а** self-respect. **3** (*стоимость*) value; **моне́та ~ом в пять рубле́й, моне́та пятирублёвого ~а** a five-rouble coin. **4** (*obs*) (*титул, чин*) title, rank.

досто́йно *adv* suitably, fittingly.

досто́|йный (~ин, ~йна) *adj* **1** (+ *g*) (*стоящий*) worthy (of), deserving; **д. внима́ния** worthy of note; **д. похвалы́** praiseworthy. **2** (*заслуженный*) deserved; fitting, adequate; **~йная награ́да** deserved reward. **3** (*соответствующий*) suitable, fit. **4** (*почтенный*) worthy.

достопа́мят|ный (~ен, ~́на) *adj* memorable.

достопочте́нный *adj* (*obs*) venerable; (*ironical*) worthy.

достопримеча́тельност|ь, и *f* sight; place, object of note; **осма́тривать ~и** to see the sights.

достопримеча́тел|ьный (~ен, ~ьна) *adj* remarkable, notable.

достоя́ни|е, я *nt* property.

досто|я́ть, ю́, и́шь *pf* (*of* **⇒доста́ивать**) to wait standing (until).

досту́ка|ться, юсь *pf* (*coll*) to get one's comeuppance.

до́ступ, а *m* access, admission, admittance.

досту́п|ный (~ен, ~на) *adj* **1** (*место*) accessible; easy of access. **2** (**для** + *g*) open (to); available (to). **3** (*книга*) easily understood; intelligible. **4** (*цены*) moderate, reasonable; **~ные це́ны** affordable prices. **5** (*человек*) affable, approachable.

достуч|а́ться, у́сь, и́шься *pf* (*coll*) to knock until one is heard.

досу́г, а *m* **1** leisure, leisure time; **на ~е** at leisure, in one's spare time. **2** *as pred* (+ *d and inf*; *coll*) to have time (to, for); **где мне д. чита́ть?** what time have I for reading?

досу́ж|ий *adj* (*coll*) **1** leisure; **~ее вре́мя** leisure time, spare time. **2** (*пустой*) idle; **~ие разгово́ры** idle talk.

до́суха *adv* (until) dry; **вы́тереть д.** to rub dry.

досчита́|ть, ю *pf* (*of* **⇒досчи́тывать**) **1** to finish counting. **2** (**до** + *g*) to count (up to); **д. до ста** to count up to a hundred.

досчи́тыва|ть, ю *impf of* **⇒досчита́ть**

досыла́|ть, ю *impf of* **⇒досла́ть**

досы́п|ать, лю, лешь *pf* (*of* **⇒~а́ть**) to pour in, fill up.

досып|а́ть, а́ю *impf of* **⇒~́ать**

до́сыта *adv* (*coll*) to satiety.

досье́ *nt indecl* dossier, file.

досю́да *adv* (*coll*) as far as here, up to here.

досяга́емост|ь, и *f* reach; (*mil*) range; **вне преде́лов ~и** beyond reach.

досяга́ем|ый (~, ~а) *adj* attainable, accessible.

дот, а *m* (*abbr of* **долговре́менная огнева́я то́чка**) (*mil*) (*reinforced concrete*) pillbox.

дота́скива|ть(ся), ю(сь) *impf of* **⇒дотащи́ть(ся)**

дота́ци|я, и *f* grant, subsidy.

дотащ|и́ть, у́, ~́ишь *pf* (*of* **⇒дота́скивать**) (*coll*) (**до** + *g*) to carry, drag (to).

дотащ|и́ться, у́сь, ~́ишься *pf* (*of* **⇒дота́скиваться**) (*coll*) to drag o.s.

дотемна́ *adv* until dark.

доти́р|овать, ую *impf and pf* to subsidize.

дотла́ *adv* utterly, completely; **сгоре́ть д.** to burn to the ground.

дото́ле *adv* (*obs*) until then, hitherto.

дото́ш|ный (~ен, ~на) *adj* (*coll*) meticulous.

дотра́гива|ться, юсь *impf of* **⇒дотро́нуться**

дотро́н|уться, усь, ешься *pf* (*of* **⇒дотра́гиваться**) (**до** + *g*) to touch.

дотя́гива|ть(ся), ю(сь), ешь(ся) *impf of* **⇒дотяну́ть(ся)**

дотян|у́ть, у́, ~́ешь *pf* (*of* **⇒дотя́гивать**) (**до** + *g*) **1** to draw, drag, haul (to, as far as). **2** (*coll*) (*дойти, доехать*) to reach, make. **3** (*протянуть*) to stretch out (to, as far as). **4** (*coll*) (*выдержать*) to hold out (till); (*дожить*) to live (till); **он до утра́ не ~́ет** he won't last till morning. **5** (*coll*) (*оттянуть*) to put off (till).

дотян|у́ться, у́сь, ~́ешься *pf* (*of* **⇒дотя́гиваться**) (**до** + *g*) **1** to reach; to touch. **2** (*coll*) to stretch (to), reach; **о́чередь ~у́лась до конца́ у́лицы** the queue stretched to the end of the street.

доу́чива|ть(ся), ю(сь) *impf of* **⇒доучи́ть(ся)**

доуч|и́ть, у́, ~́ишь *pf* (*of* **⇒~́ивать**) **1** (*кого-н.*) to finish teaching; (**до** + *g*) to teach (up to). **2** (*что-н.*) to finish learning; (**до** + *g*) to learn (up to, as far as).

доуч|и́ться, у́сь, ~́ишься *pf* (*of* **⇒~́иваться**) **1** (*завершить образование*) to complete one's studies, finish one's education. **2** (**до** + *g*) (*проучиться*) to study (up to, till).

дох|а́, и́, *pl* **~́и** *f* (*меховая шуба*) fur coat (*with fur on both sides*).

до́хл|ый (~а́, ~о) *adj* **1** (*мёртвый*) dead (*of animals*). **2** (*coll*) (*хилый*) sickly (*of human beings*).

дохля́тин|а, ы *f* (*coll*) (*collect*) carrion.

до́х|нуть, ну, нешь, *past* **~, ~ла** *impf* (*of* **⇒из~, ⇒по~, ⇒с~**) **1** (*о животных*) to die. **2** (*coll, pej*) (*о людях*) to peg out, kick the bucket.

дохн|у́ть, у́, ёшь *pf* to breathe, take a breath; **тут д. не́где** there is no room to breathe here.

дохо́д, а *m* income; receipts; revenue.

дохо|ди́ть, жу́, ~́дишь *impf of* **⇒дойти́**

дохо́дност|ь, и *f* profitability.

дохо́д|ный (~ен, ~на) *adj* **1** profitable, lucrative, paying. **2** *adj of* **⇒~**

дохо́дчив|ый (~, ~а) *adj* intelligible, easy to understand.

доходя́г|а, и *cg* (*sl*) goner.

дохристиа́нский *adj* pre-Christian.

доце́нт, а *m* reader (*Br*), associate professor (*US*).

до́чери, до́черью *see* **⇒дочь**

доче́рн|ий *adj* **1** daughter's. **2** (*о компании, предприятии*) daughter; branch.

до́чиста *adv* **1** clean; **вы́мыть д.** to wash clean. **2** (*fig, coll*) clean, completely; **его́ обыгра́ли д.** they cleaned him out (*at cards*).

дочит|а́ть, а́ю *pf* (*of* **⇒~́ывать**) **1** (*окончить чтение чего-н.*) to finish reading. **2** (**до** + *g*) to read (to, as far as).

дочи́тыва|ть, ю *impf of* **⇒дочита́ть**

до́чк|а, и *f* (*coll*) = **дочь**

дочу́рк|а, и *f* (*coll*) *diminutive of* **⇒дочь**

доч|ь, ~́ери, *i* **~́ерью,** *pl* **~́ери, ~ере́й, ~еря́м, ~ерьми́, о ~еря́х** *f* daughter.

дошко́льник, а *m* preschooler.

дошко́льни|ца, цы *f of* **⇒~к**

дошко́льный *adj* preschool.

до́шлый *adj* (*coll*) cunning, shrewd.

доща́тый *adj* made of planks, boards; **д. насти́л** duckboards.

доще́чк|а, и *f* **1** *diminutive of* **⇒доска́**. **2** door plate, nameplate.

доя́рк|а, и *f* milkmaid.

д-р *abbr of* **1 до́ктор** Dr, Doctor. **2 дире́ктор** Director.

др.: и ~ (*abbr of* **и други́е**) & co.; (*при опускании фамилий авторов в научных изданиях*) *et al.*

дра́г|а, и *f* (*tech*) dredge.

драги́р|овать, ую *impf and pf* (*tech*) to dredge.

драго́й *adj* (*obs or poetical*) dear, precious.

драгоце́нност|ь, и *f* **1** jewel; gem; (*in pl*) jewellery. **2** (*fig*) treasure, object of great value; (*in pl*) valuables.

драгоце́н|ный (~ен, ~на) *adj* precious (*also fig*); **~ные ка́мни** precious stones.

драгу́н, а, *g pl* **~** *m* dragoon.

дража́йш|ий (*obs*) *superl of* ⇒**дорого́й**; **~ая полови́на** 'better half'.

драже́ *nt indecl* dragée; **шокола́дное д.** chocolate drop.

дразн|и́ть, ю́, ~́ишь *impf* **1** (*собаку*) to tease; **его́ ~́или тру́сом** they used to mock him by calling him a coward. **2** (*аппетит, любопытство*) to stimulate, arouse.

дра́|ить, ю, ишь *impf* (*of* ⇒**на~**) (*naut*) to scrub; to swab.

дра́йвер, а *m* (*comput*) driver.

дра́к|а, и *f* fight; **у них дошло́ до ~и** they came to blows.

драко́н, а *m* **1** dragon. **2** (*heraldry*) wyvern.

драко́новский *adj* Draconian.

дра́м|а, ы *f* **1** drama. **2** (*fig*) crisis, calamity.

драматиза́ци|я, и *f* dramatization.

драматизи́р|овать, ую *impf and pf* to dramatize.

драмати́зм, а *m* **1** (*theatr*) dramatic effect. **2** (*fig*) dramatic character, quality; tension.

драмати́ческ|ий *adj* **1** dramatic; drama, theatre (*Br*), theater (*US*); **~ое иску́сство** dramatic art, art of the theatre (*Br*), theater (*US*); **д. теа́тр** theatre (*Br*), theater (*US*). **2** (*напыщенный*) dramatic, theatrical; **~им то́ном** in a dramatic tone. **3** (*fig*) dramatic; tense.

драмати́ч|ный (~ен, ~на) *adj* (*fig*) dramatic.

драмату́рг, а *m* playwright, dramatist.

драматурги́|я, и *f* **1** dramatic art. **2** (*collect*) plays, drama; **д. Че́хова** the plays of Chekhov.

драмкруж|о́к, ка́ *m* dramatic circle.

драндуле́т, а *m* (*coll, joc*) jalopy, old banger.

дра́нк|а, и *f* (*tech*) **1** (*кровельная*) shingle. **2** (*штукатурная*) lath.

дра́ный *adj* (*coll*) tattered, ragged.

драп, а *m* thick woollen cloth.

драпир|ова́ть, у́ю *impf* (*of* ⇒**за~**) (+ *i*) to drape (with).

драпир|ова́ться, у́юсь *impf* (*of* ⇒**за~**) **1** (**в** + *a, or i*) to drape o.s. (in); (*fig*) to affect, make a parade (of). **2** *passive of* ⇒**~ова́ть**

драпиро́вк|а, и *f* **1** (*действие*) draping. **2** (*занавеска*) curtain; hangings.

драпиро́вщик, а *m* upholsterer.

дра́п|овый *adj of* ⇒**~**

драпри́ *nt indecl* draperies; curtains.

дра́тв|а, ы *f* waxed thread.

дра|ть, деру́, дерёшь, *past* **~л, ~ла́, ~́ло** *impf* **1** (*pf* **разо~**) (*рвать*) to tear (up, to pieces); (*impf only*) **д. го́рло** (*coll*) to bawl. **2** (*pf* **со~**) (*снимать*) to tear off; **д. шку́ру** to flay. **3** (*pf* **за~**) (*убивать*) to kill (*of wild animals*). **4** (*pf* **вы́~**) (*coll*) (*сечь*) to flog, thrash; (*дёргать*) to tear out; **д. зу́бы** to pull out teeth. **5** (*pf* **со~**) (**с** + *g*; *fig, coll*) (*брать высокую плату*) to fleece; to sting. **6** (*pf* **по~**): **чёрт его́ (по)дери́!** damn him! **7** (*impf only*) (*coll*) (*раздражать*) to sting, irritate; **д. у́ши** (+ *d*) to jar (on); (*impers*): **у меня́ в го́рле дерёт** I have a sore throat. **8** (*impf only*) (*coll*) (*убегать*) to run away, make off.

дра́|ться, деру́сь, дерёшься, *past* **~лся, ~ла́сь** *impf* (*of* ⇒**подра́ться**) **1** (**с** + *i*) to fight (with); **д. на дуэ́ли** to fight a duel. **2** (*impf only*) (*fig*) (**за** + *a*) to fight, struggle (for).

дра́хм|а, ы *f* (*hist*) drachma (*former Greek unit of currency*).

драчли́вост|ь, и *f* pugnacity.

драчли́в|ый (~, ~а) *adj* pugnacious.

драчу́н, а́ *m* (*coll*) pugnacious, quarrelsome fellow.

драчу́н|ья, и, *g pl* **~ий** (*coll*) *f of* ⇒**~**

дребеде́н|ь, и *f* (*coll*) nonsense; **сплошна́я д.** absolute rubbish.

дре́безг, а *m* (*coll*) **1** (*звук*) tinkling sound (*as of breaking glass, etc.*). **2** (*in pl*): **разби́ть(ся) в (ме́лкие) ~и** to smash to smithereens.

дребезж|а́ть, и́т *impf* to jingle, tinkle.

древеси́н|а, ы *f* **1** (*плотная часть дерева*) wood. **2** (*лесоматериалы*) timber.

древесноволокни́ст|ый *adj*: **~ая плита́** fibreboard (*Br*), fiberboard (*US*).

древесностру́жечн|ый *adj*: **~ая плита́** chipboard.

древе́сн|ый *adj of* ⇒**де́рево**; **~ая ма́сса** wood pulp; **д. спирт** wood alcohol; **д. у́голь** charcoal.

дре́вк|о, а, *pl* **~и, ~ов** *nt* (*флага*) pole, staff; (*копья*) shaft.

древнеангли́йск|ий *adj* Old English; **~ая литерату́ра** Anglo-Saxon (*or* Old English) literature.

древнегре́ческий *adj* ancient, classical Greek.

древнеевре́йский *adj* ancient, classical Hebrew.

древнеру́сский *adj* Old Russian.

древнецерковнославя́нский *adj* (*ling*) Old Church Slavonic.

дре́в|ний (~ен, ~ня) *adj* ancient; **~няя исто́рия** ancient history; **~ние языки́** classical languages; *as n* **~ние, ~них** the ancients.

дре́вност|ь, и *f* **1** (*sg only*) (*далёкое прошлое*) antiquity. **2** (*in pl; archaeol*) antiquities.

дре́в|о, а, *pl* **~еса́, ~е́с, ~еса́м** *nt* (*obs or poetical*) tree; **д. позна́ния** the tree of knowledge.

древови́д|ный (~ен, ~на) tree-like; **д. па́поротник** tree fern.

дрези́н|а, ы *f* (*railways*) trolley (*Br*), handcar (*US*).

дрейф, а *m* (*naut*) drift, leeway; **лечь в д.** to heave to; **лежа́ть в ~е** to lie to.

дре́йф|ить, лю, ишь *impf* (*of* ⇒**с~**) (*coll*) to be a coward.

дрейф|ова́ть, у́ю *impf* (*naut*) to drift; **~у́ющий лёд** drift ice.

дрел|ь, и *f* (*tech*) drill.

дрём|а, ы *f* (*poetical*) drowsiness, sleepiness.

дрем|а́ть, лю́, ~́лешь *impf* to doze; to slumber; **не д.** (*also fig*) to be watchful; to be wide awake.

дрем|а́ться, ~́лется *impf* (*impers*, + *d*) to feel sleepy, drowsy.

дремо́т|а, ы *f* drowsiness.

дремо́тный *adj* drowsy.

дрему́ч|ий (~, ~а) *adj* (*poetical*) thick, dense; (*fig*) utter, complete.

дрена́ж, а *and* **а́** *m* drainage.

дренажи́р|овать, ую *impf and pf* (*med*) to drain.

дрена́ж|ный *adj of* ⇒**~**; **~ная труба́** drainpipe.

дрени́р|овать, ую *impf and pf* (*tech*) to drain.

дресв|а́, ы́ *f* (*мелкий щебень, крупный песок*) gravel.

дрессиро́ванн|ый *ppp of* ⇒**дрессирова́ть** *and adj*: **~ые живо́тные** performing animals.

дрессир|ова́ть, у́ю *impf* (*of* ⇒**вы́~**) to train (*animals*); (*fig*) to school.

дрессиро́вк|а, и *f* training.

дрессиро́вщик, а *m* trainer.

дресс-ко́д, а *m* dress code.

дриа́д|а, ы *f* (*myth*) dryad.

дри́блинг, а *m* (*sport*) dribbling.

дроби́лк|а, и *f* (*tech*) crusher.

дроби́льн|ый *adj* (*tech*) crushing; **~ая маши́на** crusher.

дроби́н|а, ы *f* pellet.

дроб|и́ть, лю́, и́шь *impf* (*of* ⇒**раз~**) **1** (*камень*) to break up, crush, smash (to pieces). **2** (*fig*) (*силы*) to subdivide, split up.

дроб|и́ться, и́тся *impf* (*of* ⇒**раз~**) **1** (*камень*) to break to pieces, smash, smash to pieces. **2** (*fig*) (*силы*) to divide, split up.

дробле́ни|е, я *nt* **1** crushing, breaking up. **2** (*fig*) subdivision, splitting up.

дроблёный *adj* splintered, crushed, ground.

дро́б|ный (~ен, ~на) *adj* **1** separate; subdivided, split up. **2** (*частый и мелкий*) staccato, abrupt; **д. стук** staccato knocking; **д. дождь** fine rain. **3** (*math*) fractional.

дробови́к, а́ *m* shotgun.

дроб|ь, и, *pl* **~́и, ~е́й** *f* **1** (*collect*) (*для стрельбы*) small shot. **2** (*звуки*) drumming; tapping; patter; **бараба́нная ~** drum roll. **3** (*math*) fraction. **4** (*черта*) slash.

Д

дров|а́, ~, ~а́м (*no sg*) firewood.
дро́вн|и, ей (*no sg*) (*peasant*) wood sledge.
дровосе́к, а *m* **1** woodcutter. **2** (*zool*) longhorn beetle.
дров|яно́й *adj of* ⇒**~а́**; **д. сара́й** woodshed; **д. склад** woodyard.
дро́г|и, ~ (*no sg*) wagon, cart; **похоро́нные ~и** hearse.
дро́г|нуть¹, ну, нешь, *past* **~, ~ла** *impf* to be chilled, to freeze.
дро́гн|уть², у, ешь, *past* **~ул, ~ула** *pf* **1** to shake, move; to quaver; (*о свете*) to flicker. **2** (*о человеке*) to waver, falter; **у меня́ рука́ не ~ет** (+ *inf*) I shall not hesitate to … .
дрожа́ни|е, я *nt* trembling, vibration.
дрожа́тельный *adj* tremulous, shivery; **д. парали́ч** (*med*) Parkinson's disease.
дрож|а́ть, у́, и́шь *impf* **1** to tremble; to shiver, shake; to quiver; to vibrate; (*о свете*) to flicker; **д. от хо́лода/испу́га** to shiver with cold/fright. **2** (**за** + *a or* **пе́ред** + *i*; *fig*) to tremble (for; before). **3** (**над** + *i*) to grudge; **д. над ка́ждой копе́йкой** to count every penny.
дрожж|ево́й *adj of* ⇒**~и**
дро́жж|и, е́й (*no sg*) yeast, leaven; **ста́вить на ~а́х** to leaven; **пивны́е д.** barm, brewer's yeast.
дро́ж|ки, ~ек, ~кам (*no sg*) droshky.
дрож|ь, и *f* shivering, trembling; (*в голосе*) tremor, quaver.
дрозд, а́ *m* thrush; **пе́вчий д.** song thrush; **чёрный д.** blackbird; **дать ~а́** (+ *d*) to tear s.o. off a strip.
дрок, а *m* (*bot*) gorse.
дромаде́р, а *m* (*zool*) dromedary.
дронт, а *m* (*zool*) dodo.
дро́ссел|ь, я *m* (*tech*) throttle, choke.
дро́тик, а *m* **1** (*оружие*) spear, javelin. **2** (*в игре*) dart.
дрочи́л|а, ы *cg* (*vulg*) wanker (*vulg*, = *masturbator*).
дроч|и́ть, у́, ~ишь *impf* (*vulg*) to wank, toss off (*vulg*).
друг¹, а, *pl* **друзья́, друзе́й** *m* friend; **д. до́ма** friend of the family; **д. по перепи́ске** pen friend *or* pal.
друг² (*short form of* ⇒**~о́й**) **д. ~а** each other, one another; **д. за ~ом** one after another; **д. с ~ом** with each other.
друг|о́й *adj* **1** other, another; different; **и тот и д.** both; **ни тот ни д.** neither; **никто́ д.** none other; **э́то ~о́е де́ло** that is another matter; **~и́ми слова́ми** in other words; **с ~о́й стороны́** on the other hand; **на д. день** the next day; *as n* **~и́е, ~и́х** others. **2** (*второй*) second.
дру́жб|а, ы *f* friendship; **не в слу́жбу, а в ~у** out of friendship.
дружелю́би|е, я *nt* friendliness.
дружелю́б|ный (~ен, ~на) *adj* friendly, amicable.
дру́жеск|ий *adj* friendly; **быть на ~ой ноге́** (**с** + *i*) to be on friendly terms (with).
дру́жественн|ый *adj* friendly, amicable; **~ая держа́ва** friendly power; (*comput*) user-friendly.
дру́жеств|о, а *nt* (*obs*) friendship.
друж́ин|а, ы *f* (*hist*) **1** (*в Древней Руси*) (prince's) armed force. **2** (*в царской армии*) militia unit, detachment. **3** (*отряд*) squad, team; **доброво́льная наро́дная д.** voluntary people's patrol (*in former USSR, assisting police in maintaining public order*).
дружи́нник, а *m* (*hist*) **1** (*в Древней Руси*) member of (prince's) armed force. **2** (*в царской армии*) member of militia unit. **3** member of people's patrol, vigilante.
друж|и́ть, у́, ~ишь *impf* (**с** + *i*) to be friends (with), on friendly terms (with).
друж|и́ться, у́сь, ~ишься *impf* (*of* ⇒**по~**) (**с** + *i*) (*obs*) to make friends (with).
дружи́щ|е, а *m* (*coll*) mate.
дру́жно *adv* **1** harmoniously, in concord. **2** (*вместе*) (all) together, in concert; **раз, два, ~!** heave-ho!; all together!
дру́ж|ный (~ен, ~на́, ~но, ~ны) *adj* **1** (*единодушный*) amicable; harmonious. **2** (*одновременный*) simultaneous, concerted; **~ные уси́лия** concerted efforts.
друж|о́к, ка́ *m* (*coll*) pal; (*как обращение*) my dear.
друзья́ *see* ⇒**друг**
дры́г|ать, аю *impf* (*of* ⇒**~нуть**) (+ *i*; *coll*) to jerk, twitch.
дры́г|нуть, ну, нешь *pf of* ⇒**~ать**
дры́х|нуть, ну, нешь, *past* **~** *and* **~нул, ~ла** *impf* (*coll*) to sleep.
дря́бл|ый (~, ~á, ~о) *adj* flabby.
дря́бн|уть, у, ешь *impf* (*coll*) to become flabby.
дрязг, а (у) *m* (*collect*; *obs or dialect*) refuse, rubbish.
дря́зг|и, ~ (*no sg*) (*coll*) squabbles.
дрян|но́й (~ен, ~на́, ~но) *adj* (*coll*) worthless, rotten; good-for-nothing.
дрян|ь, и *f* (*coll*) **1** (*хлам*) trash, rubbish. **2** *as pred* it is rotten, it is no good; **пого́да — д.** the weather is awful. **3** (*о человеке*) a bad lot, a good-for-nothing.
дряхле́|ть, ю *impf* (*of* ⇒**о~**) to grow decrepit.
дря́хлост|ь, и *f* decrepitude.
дря́хл|ый (~, ~á, ~о) *adj* decrepit, senile.
ДТП *nt indecl* (*abbr of* **доро́жно-тра́нспортное происше́ствие**) road accident.
дуайе́н, а *m* doyen.
дуали́зм, а *m* (*philos*) dualism.
дуб, а, *pl* **~ы́** *m* **1** oak; **дать ~а** to snuff it; to kick the bucket. **2** (*coll*) (*человек*) blockhead, numbskull.
дуба́|сить, шу, сишь *impf* (*of* ⇒**от~**) (*coll*) **1** (*избивать*) to cudgel. **2** (**по** + *d or* **в** + *a*) (*ударять*) to bang (on).
дуби́льн|ый *adj* tanning, tannic; **~ая кислота́** tannic acid.
дуби́л|ьня, ьни, *g pl* **~ен** *f* tannery.
дуби́льщик, а *m* tanner.
дуби́н|а, ы *f* **1** club, cudgel. **2** (*coll*) (*человек*) blockhead, numbskull.
дуби́нк|а, и *f* truncheon, baton.
дуб|и́ть, лю́, и́шь *impf* (*of* ⇒**вы́~**) to tan.
дублёнк|а, и *f* (*coll*) sheepskin coat.
дублёный *adj* tanned; (*fig*) leathery, weather-beaten.
дублёр, а *m* (*theatr*) understudy; (*cin*) stand-in.
дубле́т, а *m* duplicate.
дублика́т, а *m* duplicate.
Ду́блин, а *m* Dublin.
ду́блин|ец, ца *m* (*житель Дублина*) Dubliner.
дубли́р|овать, ую *impf* **1** to duplicate. **2** (*theatr*) (*актёра, роль*) to understudy (*an actor, a part*). **3** (*cin*) (*фильм*) to dub; (*подменять основного исполнителя в отдельных сценах*) to be a body double (for) (*in stunt or nude scenes*).
дубл|ь, я *m* (*cin*) take.
дубня́к, а́ *m* oak forest.
дубова́т|ый (~, ~а) *adj* (*coll*) (*грубый*) coarse; (*глупый*) stupid, thick.
дубо́в|ый *adj* **1** oak; **д. лист** oak leaf; **д. гроб** oak coffin. **2** (*fig, coll*) (*глупый*) thick; **~ая голова́/башка́** blockhead, numbskull; (*грубый*) coarse. **3** (*fig, coll*) rock hard (= *inedible*).
дубра́в|а, ы *f* **1** oak forest. **2** (*poetical*) leafy grove.
Дувр, а *m* Dover.
дуг|а́, и́, *pl* **~и** *f* **1** (*часть упряжки*) shaft-bow. **2** (*часть кривой линии*) arc, arch; **бро́ви ~о́й** arched brows.
дуг|ово́й *adj of* ⇒**~а́**; **~ова́я ла́мпа** arc lamp; **~ова́я сва́рка** arc welding.
дугообра́з|ный (~ен, ~на) *adj* arched.
дуд|е́ть, *1st pers not used*, **и́шь** *impf* (*coll*) to play the pipe, fife.
ду́дк|а, и *f* pipe, fife; **пляса́ть под чью-н. ~у** (*fig*) to dance to s.o.'s tune.
ду́дки *int* (*coll*) not if I know it!; not on your life!
ду́жк|а, и *f* **1** *diminutive of* ⇒**дуга́**. **2** (*в крокете*) hoop. **3** (*ручка*) handle.
дука́т, а *m* ducat.
ду́л|о, а *nt* (*отверстие ствола*) muzzle; (*ствол*) barrel; **под ~ом пистоле́та** at gunpoint.
ду́л|ьце, ьца, *g pl* **~ец** *nt* **1** *diminutive of* ⇒**~о**. **2** (*mus*) mouthpiece (*of wind instruments*).
ду́м|а, ы *f* **1** (*rhetorical or poetical*) thought. **2** (**Д.**) Duma (*lower house of the Russian parliament*).
ду́ма|ть, ю *impf* (*of* ⇒**по~ 1**) **1** (**о** + *p or* **над** + *i*) to think (about); to be concerned (about); **мно́го о себе́ д.** to have a high opinion of o.s. **2** (*impf only*) **д., что…** to think, suppose that …; **я ~ю!** of course!; I should think so! **3** (+ *inf*) to think of, plan to; **он ~ет пое́хать в Ло́ндон** he is thinking of going to London; **и не ~ю** (+ *inf*) I would not dream (of); **и д. не смей** (+ *inf*) don't dare (to).
ду́ма|ться, ется *impf* (*impers*, + *d*) to seem; **мне ~ется** I think, I fancy; **~ется** it seems.
ду́м|ец, ца *m* (*coll*) member of Duma.
ду́мк|а, и *f* **1** *diminutive of* ⇒**ду́ма 1**. **2** (*coll*) small pillow.
ду́мский *adj of* ⇒**Ду́ма**
Дуна́|й, я *m* the Danube (*river*).

дуновéни|е, я *nt* puff, breath (*of wind*).

ду́н|уть, у, ешь *pf* to blow.

ду́пел|ь, я *pl* **~я́** *m* (*zool*) great snipe.

дупли́ст|ый (~, ~а) *adj* hollow.

дупл|ó, á, *pl* **~a, ду́пел** *nt* **1** (*в стволе дерева*) hollow. **2** (*в зубе*) cavity.

ду́р|а, ы *f of* ⇒**дурáк**

дурáк, á *m* **1** (*hist*) (*шут*) jester, fool. **2** (*глупый человек*) fool, ass; **д. ~óм** an utter fool; **не д.** (+ *inf*) to love (*doing sth*); **остáвить в ~áх** to make a fool of; **остáться в ~áх** to be fooled, make a fool of o.s.; **валя́ть, ломáть ~á** to play the fool; to make a fool of o.s.; **на ~á** for fun, for a joke; **~áм закóн не пи́сан** (*proverb*) fools rush in where angels fear to tread; **нашёл ~á!** not likely!; no thanks!

дуралé|й, я *m* = **дурáк 2**

дурáцкий *adj* (*coll*) stupid, foolish, idiotic; **д. колпáк** dunce's cap.

дурáчеств|о, а *nt* folly, absurdity; prank.

дурáч|ить, у, ишь *impf* (*of* ⇒**о~**) to fool, dupe.

дурáч|иться, усь, ишься *impf* to play the fool.

дурач|óк, кá *m* **1** *affectionate diminutive of* ⇒**дурáк 2** (*coll*) idiot, imbecile.

дурáшлив|ый (~, ~а) *adj* (*coll*) stupid.

дурдóм, а *m* (*coll, lit & fig*) madhouse.

ду́р|ень, ня *m* (*coll*) fool, simpleton.

дурé|ть, ю *impf* (*of* ⇒**о~**) to become stupid.

дур|и́ть, ю́, и́шь *impf* (*coll*) **1** (*дурачиться*) to fool around; to play tricks. **2** (*упрямиться*) to be obstinate. **3** (*pf* **за~**): **д. гóлову комý-н.** to muddle, confuse s.o.

дурмáн, а *m* **1** (*bot*) thorn apple (*Datura stramonium*). **2** (*coll*) drug, narcotic; intoxicant.

дурмáн|ить, ю, ишь *impf* (*of* ⇒**о~**) to stupefy.

дурнé|ть, ю *impf* (*of* ⇒**по~**) to grow ugly.

ду́рно *adv of* ⇒**дурнóй**

ду́рно *as pred* (*impers*, + *d*): **мне,** *etc.*, **д.** I, *etc.*, feel faint, bad.

дур|нóй (~ён, ~нá, ~́но, ~́ны) *and adj* **1** (*in various senses*) (*плохой*) bad, evil; nasty; **д. вкус** nasty taste; **д. глаз** the evil eye; **~ные мысли** evil thoughts; **~ные привы́чки** bad habits; **д. сон** bad dream. **2**: **д. (собóю)** (*некрасивый*) ugly.

дурнот|á, ы́ *f* (*coll*) faintness; nausea; **у́тренняя д.** morning sickness; **чу́вствовать ~у́** to feel faint, sick.

дурну́шк|а, и *f* (*coll*) plain girl, plain Jane.

ду́рост|ь, и *f* (*coll*) folly, stupidity.

дуршлáг, а *m* (*cul*) colander.

дур|ь, и *f* (*coll*) foolishness, stupidity.

ду́т|ый *ppp of* ⇒**~ь** *and adj* **1** (*полый*) hollow. **2** (*fig*) (*преувеличенный*) inflated, exaggerated.

дуть, ду́ю, ду́ешь *impf* **1** (*pf* **по~**) to blow; **сегóдня ду́ет зáпадный вéтер** there is a west wind today; **от окнá ду́ет** there is a draught (*Br*), draft (*US*) from the window; **в ус не ду́ет** (*coll*) he does not give a damn. **2** (*pf* **вы́~**) (*изготовлять из стекла*) to blow.

дуть|ё, я́ *nt* **1** (*tech*) blowing, blast. **2** (*изготовление предметов из жидкого стекла*) (glass-)blowing.

ду́|ться, юсь, ешься *impf* (*coll*) (**на** + *a*) to grumble (at), pout (at).

дух, а *m* **1** (*relig, philos, and fig*) spirit; **Святóй Д.** the Holy Spirit, the Holy Ghost; **д. вéка** Zeitgeist (*spirit of the age*).
2 (*моральное состояние*) spirit(s); heart; mind; **настроéние ~́а, расположéние ~́а** mood, frame of mind; **быть в ~́е** to be in good (high) spirits; **не в ~́е** in low spirits; **пáдать ~́ом** to lose heart; **собрáться с ~́ом** to take heart, pluck up one's courage; **прису́тствие ~́а** presence of mind; **у меня́ ~́у не хватáет** (+ *inf*) I have not the heart (to); **э́то не в моём ~́е** it is not to my taste; **что́-то в э́том ~́е** sth of the sort.
3 (*дыхание*) breath; (*coll*) air; **перевести́ д.** to take breath; **испусти́ть д.** (*fig*) to give up the ghost; **во весь д.** (*coll*) at full speed, flat out; **одни́м ~́ом** in one breath; (*fig*) at one go, at a stretch; **о нём ни слу́ху ни ~́у** nothing is heard of him.
4 (*призрак*) spectre (*Br*), specter (*US*), ghost.

духáн, а *m* dukhan (*an inn in the Caucasus and Crimea*).

дух|и́, óв (*no sg*) perfume, scent.

ду́хов *adj*: **Д. день** (*eccl*) Whit Monday.

духовéнств|о, а *nt* (*collect*) clergy, priesthood.

духови́д|ец, ца *m* clairvoyant; medium.

духóвк|а, и *f* oven.

духовни́к, á *m* (*eccl*) confessor.

духóвност|ь, и *f* spirituality.

духóвн|ый *adj* **1** spiritual; inner; **~ые запрóсы** spiritual demands; **д. мир** inner world. **2** (*церковный*) ecclesiastical, church; religious; **~ое лицó** ecclesiastic; **~ая му́зыка** sacred music; **д. отéц** confessor, spiritual director; **д. сан** holy orders. **3**: **~ое завещáние** (last) will, testament. **4**: **~ое óко** (the) mind's eye.

духов|óй *adj* **1** (*mus*) wind; **д. инструмéнт** wind instrument; **д. оркéстр** brass band. **2** (*действующий посредством нагретого воздуха*) (hot)air; **~óе отоплéние** hot-air heating; **~óе ружьё** air gun. **3** (*cul*) steamed.

духот|á, ы́ *f* stuffiness, closeness.

душ, а *m* shower; **приня́ть д.** to take a shower.

душ|á, и́, *a* **~́у,** *pl* **~́и** *f* **1** soul; (*fig*) heart; **д. в ~́у** at one, in harmony; **в ~é** (*i*) inwardly, secretly, (*ii*) at heart; **для ~и́** for one's private satisfaction; **за ~óй** to one's name; **у негó за ~óй ни грошá** he hasn't a penny to his name; **от ~и́** from the heart; **от всей ~и́** with all one's heart; **по ~é** (+ *d*) to one's liking; **по ~áм говори́ть** (**с** + *i*) to have a heart-to-heart talk (with); **вложи́ть ~́у** (**в** + *a*) to put one's heart (into); **изли́ть, отвести́ ~́у** to pour out one's heart; **~и́ не ча́ять** (**в** + *p*) to think the world of; to dote on; **скóлько ~é угóдно** to one's heart's content; **~óй и тéлом** heart and soul; **ни ~óй, ни тéлом** in no wise, in no respect.
2 (*чувства*) feelings, spirit; **говори́ть с ~óй** to speak with feeling.
3 (*fig*) (the) soul; moving spirit; inspiration; **д. óбщества** the life and soul of the party.
4 (*fig*) (*человек*) spirit; **смéлая д.** a bold spirit.
5 (*fig*) (*человек, при указании количества*) soul; **на ~́у** per head; **потреблéние на ~́у населéния** per-capita consumption; **ни (живóй) ~и́** not a (living) soul.
6: **душá моя́!** (*coll*; *affectionate mode of address*) my dear, darling.

душев|áя, óй *f* shower room.

душевнобольн|óй *adj* insane; mentally ill; *as n* **д., ~óго** *m*, **~áя, ~óй** *f* insane person; mental patient.

душéвност|ь, и *f* cordiality, friendliness.

душéвн|ый *adj* **1** mental; **~ая болéзнь** mental illness; **~ое потрясéние** nervous shock. **2** (*искренний*) sincere, heartfelt; **~ая бесéда** friendly chat; **д. человéк** understanding person.

душев|óй[1] *adj* per head; **~óе потреблéние** per-capita consumption.

душевóй[2] *adj of* ⇒**душ**

душегрéйк|а, и *f* (*woman's*) sleeveless jacket (*usu wadded or fur-lined*).

душегу́б, а *m* (*coll*) murderer.

душегу́б|ка, ки *f* **1** *f of* ⇒**~**. **2** (*лодка*) dugout (canoe). **3** (*hist*) mobile gas chamber.

душегу́бств|о, а *nt* (*coll*) murder.

ду́шеньк|а, и *cg* (*obs, coll*) darling (*affectionate mode of address*).

душераздирáющий *adj* heart-rending.

душеспаси́тел|ьный (~ен, ~ьна) *adj* (*eccl or ironical*) salutary, edifying.

ду́шечк|а, и *cg* = **ду́шенька**

душещипáтельный *adj*: **д. фильм** tear-jerker, weepy.

души́ст|ый (~, ~а) *adj* fragrant, sweet-scented.

душ|и́ть[1]**, у́, ~́ишь** *impf* (*of* ⇒**за~**) **1** (*убивать*) to strangle; to stifle, smother, suffocate; (*fig*) (*угнетать*) to stifle, suppress; **д. поцелу́ями** to smother with kisses. **2** (*impf only*) (*лишать возможности дышать*) to choke; **егó ~и́л гнéв** he choked with rage.

душ|и́ть[2]**, у́, ~́ишь** *impf* (*of* ⇒**на~**) to scent, perfume.

душ|и́ться[1]**, у́сь, ~́ишься** *impf, passive of* ⇒**~и́ть**[1]

душ|и́ться[2]**, у́сь, ~́ишься** *impf* (*of* ⇒**на~**) (+ *i*) to perfume o.s. (with); **онá всегдá ~́ится францу́зскими духáми** she always uses French perfume.

души́ц|а, ы *f* marjoram.

ду́шк|а, и *cg* (*coll*) dear (person); **он такóй д., онá такáя д.** he, she is such a dear.

душни́к, á *m* vent (*in stove*).

ду́шно *as pred* it is stuffy; it is stifling, suffocating; **мне ста́ло д.** I felt suffocated.

ду́ш|ный (~ен, ~на́, ~но) *adj* stuffy, close, sultry; stifling.

душ|о́к, ка́ *m* (*coll*) **1** smell (*esp of decaying matter*); **с ~ко́м** high, tainted. **2** (*fig*) smack, taint; tinge; **газе́та с либера́льным ~ко́м** (*pej*) newspaper with a liberal tinge.

дуэ́л|ь, и *f* duel; **вы́звать на д.** to challenge; **дра́ться на ~и** to fight a duel.

дуэля́нт, а *m* duellist (*Br*), duelist (*US*).

дуэ́т, а *m* duet.

ды́б|а, ы *f* (*hist*) rack (*instrument of torture*).

ды́б|иться, ится *impf* **1** to stand on end. **2** (*о лошади*) to rear, prance.

ды́бом *adv* on end; **во́лосы у него́ вста́ли д.** his hair stood on end.

дыбы́: **на д.** on to the hind legs; **станови́ться на д.** to rear, prance; (*fig*) to kick, resist.

ды́лд|а, ы *cg* (*coll*) lanky person, beanpole.

дым, а (у), о ~е, в ~у́, *pl* **~ы́** *m* smoke; **в д.** (*coll*) completely.

дым|и́ть, лю́, и́шь *impf* (*of* ⇨**на~**) to smoke (*intrans*), emit smoke.

дым|и́ться, и́тся *impf* to smoke (*intrans*); (*of fog*) to billow.

ды́мк|а, и *f* haze (*also fig*).

ды́мный *adj* (*наполненный дымом*) smoky; (*дымящийся*) smouldering (*Br*), smoldering (*US*).

дымов|о́й *adj of* ⇨**дым**; **~а́я заве́са** (*mil*) smokescreen; **~а́я труба́** flue, chimney; (*парохода*) funnel, smokestack.

дым|о́к, ка́ *m* puff of smoke.

дымохо́д, а *m* flue.

ды́мчат|ый (~, ~а) *adj* smoke-coloured (*Br*), smoke-colored (*US*); (*очки*) tinted.

ды́нный *adj of* ⇨**ды́ня**

ды́н|я, и *f* melon.

дыр|а́, ы́, *pl* **~ы** *f* **1** hole; **заткну́ть ~у́** (*fig*) to stop a gap. **2** (*fig, coll*) (*глухое место*) hole.

ды́рк|а, и *f* hole.

дыроко́л, а *m* hole puncher, punch.

дыря́в|ить, лю, ишь *impf* (*coll*) to make a hole (in).

дыря́в|ый (~, ~а) *adj* full of holes, holey; **~ая голова́** a head like a sieve.

дыха́ни|е, я *nt* breathing; breath; **второ́е д.** (*fig*) second wind; **иску́сственное д.** artificial respiration.

дыха́тельн|ый *adj* respiratory; **~ое го́рло** (*anat*) windpipe; **~ые пути́** respiratory tract; **~ая тру́бка** snorkel.

дыш|а́ть, у́, ~ишь *impf* (+ *i*) to breathe; (*быть проникнутым чем-л.*) to exude; **е́ле д.** to be at one's last gasp; (*fig*) to be on one's last legs.

ды́шл|о, а *nt* shaft, pole, beam.

дья́вол, а *m* devil; **како́го ~а?; за каки́м ~ом?; на кой д.?** (*coll*) why the devil?; why the deuce?

дьявол|ёнок, ёнка, *pl* **~я́та, ~я́т** *m* (*coll*) imp.

дья́вольский *adj* devilish, diabolical; (*coll*) damnable.

дья́вольщин|а, ы *f* (*coll*) devilment; **что за д.!** what the hell's going on?

дья́кон, а, *pl* **~а́, ~о́в** *m* (*eccl*) deacon.

дья́конств|о, а *nt* (*eccl*) diaconate.

дьяч|о́к, ка́ *m* (*eccl*) sacristan, sexton; reader.

дю́бел|ь, я *m* (*tech*) wall plug, (*Br also*) Rawlplug (*propr*).

дю́же *adv* (*coll or dialect*) terribly, awfully.

дю́ж|ий (~, ~а́, ~е) *adj* (*coll*) hefty, strapping.

дю́жин|а, ы *f* dozen; **чёртова д.** baker's dozen.

дю́жинный *adj* ordinary, commonplace.

дюйм, а *m* (= *2,54 см*) inch.

дюймо́вый *adj* one-inch.

дю́н|а, ы *f* dune.

дюра́л|ь, я *m* = **~юми́ний**

дюралюми́ни|й, я *m* (*tech*) Duralumin (*propr*).

дя́гил|ь, я *m* (*bot*) angelica.

дя́деньк|а, и *m affectionate form of* ⇨**дя́дя**

дя́дин *adj* uncle's.

дя́дьк|а, и *m* **1** *pej form of* ⇨**дя́дя**. **2** (*coll*) = **дя́дя 2, 3**

дя́дюшк|а, и *m* (*coll*) *affectionate form of* ⇨**дя́дя**; (*fig*): **д. Сэм** Uncle Sam.

дя́д|я, и *m* **1** (*родственник*) uncle. **2** (*coll*) (*обращение*) mister (*as term of address*). **3** (*coll*) (*мужчина*) guy.

дя́т|ел, ла *m* woodpecker.

Ee

ЕÁСТ *f indecl* (*abbr of* **Европéйская ассоциáция свобóдной торгóвли**) EFTA (*European Free Trade Association*).

ё́баный *adj* (*vulg*) fucking.

еб|áть, ý, ёшь *impf* (*of* **⇒вы́~**) (*vulg*) to fuck; **ёб твою́ мать!** fuck you!; *int* (*чёрт возьми!*) fuck!; fucking hell!

Евáнгели|е, я *nt* (*collect*) the Gospels; **е.** gospel (*also fig*).

евангели́ст, а *m* **1** (*составитель Евангелия*) Evangelist. **2** (*протестант*) (an) evangelical.

евангели́ст|ка, ки *f of* **⇒~ 2**

евангели́ческ|ий *adj* evangelical; **~ая цéрковь** Evangelical Church.

евáнгельский *adj* gospel.

евгéник|а, и *f* eugenics.

ё́внух, а *m* eunuch.

еврази́йский *adj* Eurasian.

Еврáзи|я, и *f* Eurasia.

еврé|й, я *m* Jew; (*древний*) Hebrew.

еврéйк|а, и *f* Jewish woman, girl.

еврéйский *adj* Jewish; **е. язы́к** (*иврит*) Hebrew.

еврéйств|о, а *nt* (*collect*) Jewry, the Jews.

ё́вро *m indecl* euro (*currency unit*).

евро... *comb form* Euro-.

Еврозóн|а, ы *f* eurozone.

Еврóп|а, ы *f* Europe.

Европарлáмент, а *m* European Parliament.

европé|ец, йца *m* European.

европеизáци|я, и *f* Europeanization.

европеизи́р|овать, ую *impf and pf* to Europeanize.

европé|йка, йки *f of* **⇒~ец**

европéйский *adj* European.

евроремóнт, а *m* restoration carried out to Western standards.

евроскéптик, а *m* Euro-sceptic.

Евросою́з, а *m* European Union.

ЕВС *f indecl* (*abbr of* **Европéйская валю́тная систéма**) EMS (*European Monetary System*).

ЕВФ *m indecl* (*abbr of* **Европéйский валю́тный фонд**) EMF (*European Monetary Fund*).

Евфрáт, а *m* the Euphrates (*river*).

евхари́сти|я, и *f* (*eccl*) Eucharist.

ё́гер|ь, я, *pl* **~и, ~ей** *and* **~я́, ~éй** *m* huntsman.

Еги́п|ет, та *m* Egypt.

еги́петский *adj* Egyptian.

египтóлог, а *m* Egyptologist.

египтолóги|я, и *f* Egyptology.

египтя́н|ин, ина, *pl* **~е, ~** *m* Egyptian.

египтя́н|ка, ки *f of* **⇒~ин**

егó 1 *g and a sg of* **⇒он, ⇒онó.** **2** (*possessive pron & adj*) (*относящийся к человеку*) his; (*относящийся к предмету*) its.

егоз|á, ы́ *cg* (*coll*) fidget.

его|зи́ть, жý, зи́шь *impf* (*coll*) **1** to fidget. **2** (**пéред** + *i*) to fawn (upon).

егозли́в|ый (~, ~а) *adj* (*coll*) fidgety.

ед|á, ы́ *f* **1** (*пища*) food. **2** (*трапеза*) meal; **во врéмя ~ы́** at mealtimes, while eating.

едá|ть *no pres, past* **~л, ~ла** (*coll*) *freq of* **⇒есть¹**

едвá *adv and conj* **1** (*adv*) (*с трудом*) hardly, barely, only just; **мы е. попáли на пóезд** we only just caught the train. **2** (*adv*) (*чуть*) hardly, scarcely, barely, only just; **печь е. гори́т** the fire is barely alight.
3 едвá-едвá *emphatic variant of* **е. 1, 2.**
4: **е. ли** (*adv*) hardly, scarcely (*in judgements of probability*); **е. ли он откáжется от такóго соблазни́тельного предложéния** he will hardly refuse such a tempting offer.
5: **е. (ли) не** (*adv*) nearly, almost, all but; **я е. не пóмер сó смеху** I nearly died laughing.
6 (*conj*) hardly, scarcely, barely; **е. ..., как** scarcely ... when; no sooner ... than; **е. самолёт взлетéл, как откáзал оди́н из двигателéй** no sooner had the plane taken off than one of the engines seized up.

еди́м *see* **⇒есть¹**

единéни|е, я *nt* unity.

едини́ц|а, ы *f* **1** (*цифра*) one; figure 1; (*math*) unity. **2** (*in various senses*) unit; **е. мóщности** unit of power; **боевы́е ~ы флóта** naval units; **15 ~ боевóй тéхники** 15 military vehicles.
3 (*отметка*) 'one' (*lowest mark in Russian university and school marking system*). **4** (*отдельное лицо*) individual; **(тóлько) ~ы** only a few, only a handful.

едини́чн|ый *adj* **1** (*единственный*) single; **е. слу́чай** solitary instance; **~ые слу́чаи** isolated cases.
2 (*индивидуальный*) individual; **~ое сéльское хозя́йство** farming on an individual basis.

единобóжи|е, я *nt* monotheism.

единобóрств|о, а *nt* single combat.

единобрáчи|е, я *nt* monogamy.

единобрáчный *adj* monogamous.

единовéр|ец, ца *m* co-religionist.

единовéр|ный (~ен, ~на) *adj* (**с** + *i*) of the same faith (as).

единовлáсти|е, я *nt* autocracy, absolute rule.

единовлáст|ный (~ен, ~на) *adj* autocratic; dictatorial; **е. прави́тель** absolute ruler.

единоврéменно *adv* **1** (*только один раз*) but once, once only.
2 (*одновременно*) simultaneously.

единоврéмен|ный (~ен, ~на) *adj* **1** (*происходящий только один раз*) one-off, extraordinary; **~ное посóбие** extraordinary grant. **2** (**с** + *i*) (*одновременный*) simultaneous (with).

единоглáси|е, я *nt* unanimity.

единоглáсно *adv* unanimously.

единоглáс|ный (~ен, ~на) *adj* unanimous.

единоду́ши|е, я *nt* unanimity.

единоду́ш|ный (~ен, ~на) *adj* unanimous.

единокрóв|ный (~ен, ~на) *adj* **1** (*от того же отца*) consanguineous; **е. брат** half-brother. **2** (*общего происхождения*) of the same stock.

единоли́чник, а *m* individual peasant farmer (*working his own holding*).

единоли́чн|ый *adj* individual; personal; **~ое решéние** individual decision; **~ое хозя́йство** individual peasant holding.

единомы́сли|е, я *nt* like-mindedness.

единомы́шленник, а *m* **1** person who holds the same views; like-minded person; **мы с ним ~и по вопрóсам вне́шней поли́тики** we think the same way on matters of foreign policy.
2 (*сообщник*) confederate, accomplice.

единонаслéди|е, я *nt* (*law*) primogeniture.

единообрáзи|е, я *nt* uniformity.

единообрáз|ный (~ен, ~на) *adj* uniform.

единорóг, а *m* **1** (*myth*) unicorn.
2 (*zool*) narwhal.

единорóдный *adj* (*obs*) only-begotten; **е. сын** only son.

единоутрóб|ный (~ен, ~на) *adj* uterine; **е. брат** half-brother.

еди́нственно *adv* only, solely; **е. возмóжный ход** the only possible move; **онá прису́тствовала е. из любопы́тства** she came solely out of curiosity.

еди́нствен|ный (~ *and* **~ен, ~на)** *adj* only, sole; one and only; **е. сын** only son; **он е. оста́лся в живы́х** he was the sole survivor; **е. в своём ро́де** the only one of its kind, unique specimen; **~ное число́** (*gram*) singular (number).

еди́нств|о, а *nt* (*in various senses*) unity.

еди́н|ый (~, ~а) *adj* **1** (*единственный*) one; single, sole; **там не́ было ни ~ой души́** there was not a soul there; **всё ~о** (*coll*) it's all one; **все до ~ого** to a man. **2** (*один*) united, unified; **е. и недели́мый** one and indivisible. **3** (*общий*) common, single; **~ая во́ля** single will/purpose.

еди́те *see* ⇨**есть**[1]

е́д|кий (~ок, ~ка́, ~ко) *adj* **1** caustic; acrid, pungent; **е. натр** (*chem*) caustic soda; **е. за́пах** pungent smell. **2** (*fig*) caustic, sarcastic.

е́дкост|ь, и *f* **1** causticity; pungency; (*fig*) sarcasm. **2** (*замечание*) sarcastic remark.

едо́к, а́ *m* **1** (*лицо*) mouth; head; **у него́ в семье́ де́сять ~о́в** he has ten mouths to feed; **на ~а́** per head. **2** (*coll*) (*тот, кто ест*) (big) eater; **плохо́й е.** a poor eater.

е́д|у, ешь *see* ⇨**е́хать**

е́дучи *pres gerund* (*coll*) *of* ⇨**е́хать**

е́д|че *comp of* ⇨**~кий**

едя́т *see* ⇨**есть**[1]

её 1 *g and a of* ⇨**она́**. **2** (*possessive pron & adj*) (*относящийся к человеку*) (*без существительного*) hers; (*при существительном*) her; (*относящийся к предмету*) its.

ёж, ежа́ *m* hedgehog; **~у́ поня́тно** (*coll*) it's as plain as can be.

ежеви́к|а, и *f* **1** (*collect*) blackberries. **2** (*кустарник*) bramble, blackberry bush.

ежеви́|чный *adj of* ⇨**~ка**; **~чное варе́нье** blackberry preserve.

ежего́дник, а *m* (*издание*) annual (publication), yearbook; (*дневник*) diary; (*календарь*) calendar.

ежего́дный *adj* annual, yearly.

ежедне́в|ный (~ен, ~на) *adj* daily; everyday.

ежекварта́льник, а *m* quarterly (publication).

ежекварта́льный *adj* quarterly.

е́жели *conj* (*obs or coll*) if.

ежеме́сячник, а *m* monthly (publication).

ежеме́сячный *adj* monthly.

ежемину́т|ный (~ен, ~на) *adj* **1** occurring every minute, at intervals of a minute. **2** (*непрерывный*) incessant, continual.

еженеде́льник, а *m* weekly (publication).

еженеде́льный *adj* weekly.

ежено́щный *adj* nightly.

ежесеку́нд|ный (~ен, ~на) *adj* **1** occurring every second. **2** (*coll*) (*чрезвычайно частый*) incessant, continual.

ежесу́точный *adj* daily.

ежеча́сный *adj* hourly.

ёжик, а *m* **1** *diminutive of* ⇨**ё**;. **2**: **стри́чься ~ом** to have a crew cut.

ёж|иться, усь, ишься *impf* (*of* ⇨**съ~**) **1** (*от холода*) to shiver, huddle o.s. up. **2** (*fig, coll*) (*от страха, стыда*) to shrink, cringe.

ежи́х|а, и *f* female hedgehog.

ежо́в|ый *adj of* ⇨**ёж**; **держа́ть в ~ых рукави́цах** (*coll*) to rule with a rod of iron.

езд|а́, ы́ *f* **1** ride, riding; (*на машине*) drive, driving; going; **е. на велосипе́де** bicycling. **2** *in phrr indicating distance from one point to another* journey, drive; **отсю́да до о́зера — до́брых три часа́ ~ы́** from here to the lake is a good three hours' journey.

е́з|дить, жу, дишь *impf* **1** (*indet of* ⇨**е́хать**) to go (*in or on a vehicle or on an animal*); to ride, drive; **е. верхо́м** to ride (on horseback). **2** (*уметь ездить*) to (be able to) ride, drive. **3** (**к** + *d*) (*посещать*) to visit.

езд|ово́й *adj of* ⇨**~а́**; **~овы́е соба́ки** draught/sledge dogs (*Br*), draft/sled dogs (*US*); *as n* **е., ~ово́го** *m* (*mil*) driver.

ездо́к, а́ *m* **1** rider; horseman. **2**: **туда́ я бо́льше не е.** I am not going there again.

Е́з(д)р|а, ы *m* (*bibl*) Ezra.

езжа́|ть *no pres, past* **~л, ~ла** (*coll*), *freq of* ⇨**е́здить**; **~й(те)** (*as imperative of* ⇨**е́хать**) go!; get going!

е́зжен|ый *adj*: **~ая доро́га** beaten track.

ей *d and i of* ⇨**она́**

ей-бо́гу *int* (*coll*) truly!; really and truly!

ёк|ать, аю *impf* (*of* ⇨**~нуть**) (*coll*) (*о сердце*) to miss a beat; to go pit-a-pat.

Екклезиа́ст, а *m*: **кни́га ~а** Ecclesiastes.

Екклесиа́ст, а *m* = **Екклезиа́ст**

ёкн|уть, у, ешь *pf of* ⇨**ёкать**

ектен|ья́, ьи́, *g pl* **~и́й** *f* (*eccl*) ektenia, ≈ suffrages; (*the part of the Orthodox liturgy consisting of versicles and responses*).

ел, е́ла *see* ⇨**есть**[1]

е́ле *adv* **1** (*с трудом*) hardly, barely, only just; **его́ речь была́ е. слышна́** his speech was hardly audible. **2** (*почти не*) hardly, scarcely, barely, only just; **по́езд е. дви́гался** the train was scarcely moving. **3**: **е́ле-е́ле** *emphatic variant of* **е.**; **он е.-е. спа́сся** he had a very narrow escape.

е́левый *adj* (*bot*) fir, spruce.

еле́|й, я *m* (*eccl*) anointing oil; unction; (*fig*) unction; balm.

еле́й|ный *adj* **1** (*eccl*) *adj of* ⇨**~**. **2** (*fig*) unctuous.

елизаве́ти́нский *adj* Elizabethan.

ели́ко *adv* (*obs*) as far as, as much as; **е. возмо́жно** as far as possible.

елисе́йский *adj* Elysian.

ёлк|а, и *f* **1** fir (tree), spruce; **новогодняя/рожде́ственская ё.** Christmas tree. **2** (*coll*) (*праздник*) Christmas, New Year's party; (*int*) **~и-па́лки!** (*coll*) sugar!; flip(ping hell)!; hell's bells!

ел|о́вый *adj of* ⇨**~ь**; **~о́вые ши́шки** fir cones.

ело́|зить, жу, зишь *impf* (*coll*) to crawl.

ёлочк|а, и *f* **1** *diminutive of* ⇨**ёлка**. **2** herringbone (pattern); **он но́сит зелёный пиджа́к ~ой** (*or* **в ~у**) he wears a green herringbone jacket. **3** (*in pl*) (*printing*) guillemets.

ёлочн|ый *adj of* ⇨**ёлка**; **~ые украше́ния** Christmas tree decorations.

ел|ь, и *f* spruce (*Picea*); fir (tree).

е́льник, а *m* **1** fir grove, fir plantation. **2** (*collect*) fir branches; fir twigs.

ем *see* ⇨**есть**[1]

ём|кий (~ок, ~ка) *adj* capacious.

ёмкост|ь, и *f* (*вместимость*) capacity, cubic content; (*вместилище*) container.

ему́ *d of* ⇨**он**, ⇨**оно́**

ено́т, а *m* **1** (*zool*) raccoon. **2** (*мех*) raccoon (fur).

ено́т|овый *adj of* ⇨**~**

епанч|а́, и́, *g pl* **~е́й** *f* (*hist*) cloak, mantle.

епархиа́льный *adj* (*eccl*) diocesan.

епа́рхи|я, и *f* (*eccl*) diocese.

епи́скоп, а *m* bishop.

епископа́льный *adj* (*eccl*) episcopalian.

епи́скопский *adj* episcopal.

епи́скопств|о, а *nt* episcopate.

ер, а *m* (*obs*) (hard) yer (*name of Russian letter* 'ъ').

ерала́ш, а *m* (*coll*) jumble, muddle.

ерепе́н|иться, юсь, ишься *impf* (*of* ⇨**взъ~**) (*coll*) to bristle; to dig one's heels in (*fig*).

е́рес|ь, и, *pl* **~и, ~ей** *f* **1** heresy. **2** (*coll*) (*вздор*) nonsense.

ерети́к, а́ *m* heretic.

еретѝческий *adj* heretical.

ёрза|ть, ю *impf* (*coll*) to fidget.

ермо́лк|а, и *f* skullcap.

еро́ш|ить, у, ишь *impf* (*coll*) to rumple, ruffle; to dishevel.

еро́ш|иться, ится *impf* (*coll*) to bristle, stick up.

ерунд|а́, ы́ *f* (*coll*) **1** (*чепуха*) nonsense, rubbish; **говори́ть ~у́** to talk nonsense; **е. на по́стном ма́сле** twaddle, poppycock. **2** (*пустяк*) trifle, trifling matter; child's play.

ерунди́стик|а, и *f* (*coll*) nonsense.

ерунд|и́ть, *1st pers sg not used*, **~и́шь** *impf* (*coll*) to talk nonsense; to play the fool.

ерундо́в|ский *adj* = **~ый**

ерундо́вый *adj* (*coll*) **1** (*глупый*) foolish. **2** (*незначительный*) trifling.

ёрш[1]**, ерша́** *m* **1** (*рыба*) ruff. **2** (*щётка*) brush. **3** (*волосы*) hair sticking up; **~о́м** (*as adv*) sticking up, on end.

ёрш[2]**, ерша́** *m* (*coll*) mixture of beer and vodka.

ерши́ст|ый (~, ~а) *adj* (*coll*) **1** bristling; sticking up. **2** (*fig*) obstinate; unyielding.

ерш|и́ться, у́сь, и́шься *impf* (*coll*) **1** (*о волосах*) to stick up. **2** (*горячиться*) to grow heated, fly into a rage.

ершо́вый *adj of* ⇨**ёрш**[1] **1**

еры́ *nt indecl* (*obs*) yery (*name of Russian letter* 'ы').

ер|ь, я *m* (*obs*) (soft) yer (*name of Russian letter* 'ь').

ЕС 1 *nt indecl* (*abbr of* **Европе́йское соо́бщество**) EC (*European Community*). **2** *m indecl* (*abbr of* **Европе́йский сою́з**) EU (*European Union*).

есау́л, а *m* (*hist*) esaul (*a Cossack captain*).

е́сли *conj* if; **е. не** unless; **е. то́лько** provided; **е. бы не** but for, if it were not for; **е. бы не ты, он мог бы ко́нчить самоуби́йством** but for you he might have committed suicide; **е. бы** (*in exclamations*) if only; **что е. ...?** what if ...?; **что, е. бы** (*introducing suggestion of course of action*) what about, how about; **е. бы да кабы́** ≈ if ifs and an's were pots and pans.

ест *see* ⇒**есть**[1]

есте́ственник, а *m* (natural) scientist.

есте́ственно[1] *adv* **1** naturally. **2** *as particle* naturally, of course.

есте́ственно[2] *as pred* it is natural.

есте́ствен|ный (~, ~на) *adj* (*in various senses*) natural; **~ные нау́ки** natural sciences; **е. отбо́р** (*biol*) natural selection.

естеств|о́, а́ *nt* essence.

естествове́дени|е, я *nt* (*obs*) natural history; (natural) science.

естествозна́ни|е, я *nt* (natural) science.

естествоиспыта́тел|ь, я *m* (natural) scientist, naturalist.

есть[1]**, ем, ешь, ест, еди́м, еди́те, едя́т,** *past* **ел, е́ла,** *imperative* **ешь** *impf* (*of* ⇒**съ~**) **1** (*принимать пищу*) to eat. **2** (*impf only*) (*металл*) to corrode, eat away. **3** (*impf only*) (*о дыме*) to sting, cause to smart. **4** (*impf only*) (*coll*) (*мучить*) to torment; to nag.

есть[2] **1** *3rd pers sg* (*also, rarely, substituted for all persons*) *pres of* ⇒**быть**; **так и е.** (*coll*) sure enough; yes, indeed; **как е.** (*coll*) entirely, completely. **2** there is; there are; **у меня́, него́** *etc.*, **е.** I have, he has, *etc.*; **е. тако́е де́ло** (*coll*) all right; OK.

есть[3] *int* (*mil*) (*ответ подчинённого*) yes, sir; (*naut*) aye aye.

ефре́йтор, а *m* (*mil*) lance corporal.

е́хать, е́ду, е́дешь *impf* (*of* ⇒**по~**) (*det of* ⇒**е́здить**) to go (*in or on a vehicle or on an animal*); to ride, drive; **е. верхо́м** to ride (*on horseback*); **е. по́ездом** (*or* **на по́езде**) to go by train; **да́льше е. не́куда** (*coll*) that's the end, last straw.

ехи́дн|а, ы *f* **1** (*zool*) (*млекопитающее*) echidna, spiny anteater. **2** (*змея*) red-bellied black snake. **3** (*fig, coll*) (*человек*) viper, snake.

ехи́днича|ть, ю *impf* (*of* ⇒**съ~**) (*coll*) to be malicious.

ехи́д|ный (~ен, ~на) *adj* (*coll*) malicious, spiteful; **~ные замеча́ния** snide remarks; taunts.

ехи́дств|о, а *nt* (*coll*) malice, spite.

ехи́дств|овать, ую *impf* (*coll*) = **ехи́дничать**

ешь *see* ⇒**есть**[1]

ещё *adv* **1** (*по-прежнему*) still; yet; **он е. мо́лод** he's still young; **е. не, нет е.** not yet; **всё е.** still; **пока́ е.** for the present, for the time being; **э́то е. ничего́!** that's nothing!
2 (*больше*) some more; any more; yet, further; again; **вам нали́ть е. (вина́ *etc.*)?** may I pour you some more (wine, *etc.*)?; **есть е. хлеб?** is there any more bread?; **е. оди́н** one more, yet another; **е. раз** once more, again; **наде́юсь, е. приду́** I hope I shall come again.
3 (*уже*) already; as long ago as, as far back as; **е. в 1900 году́** in 1900 already; as long ago as 1900.
4 (*дополнительно*) else; **кто е. хо́чет ко́фе?** who else wants coffee?; **вы хоти́те е. что-нибу́дь?** do you want anything else?; **где вы е. бы́ли** where else have you been?
5 (+ *comp*) still, yet, even; **е. гро́мче** even louder; **е. и е.** more and more.
6 (+ *prons and advs*) *as emphatic particle*; **«Ты не ви́дел кота́?» — «Како́го е. кота́?»** 'Have you seen the cat?' — 'What cat, for heaven's sake?'
7: **е. бы** (*coll*) (*i*) (*конечно, безусловно*) yes, rather!; you bet!, of course!; I'll say!, (*ii*) (*было бы удивительно, если бы*) it would be surprising if ...; **е. бы вы с ни́ми не сошли́сь** it would be surprising if you and they didn't get on; **е. чего́!** no way!, not likely!
8: **а е.** *expressing reproach or sarcastic criticism*: **сплётничать за мое́й спино́й, а е. друг** gossiping behind my back when you are supposed to be my friend.

ЕЭ́С *nt indecl* (*abbr of* **Европе́йское экономи́ческое соо́бщество**) EEC (*European Economic Community*).

е́ю *i of* ⇒**она́**

е

Жж

Ж (*abbr of* **же́нский (туале́т)**) Ladies (*lavatory*).

ж = **же**

жа́б|а¹, ы *f* (*zool*) toad.

жа́б|а², ы *f* (*med, obs*) quinsy; **грудна́я ж.** angina pectoris.

жа́берный *adj* (*zool*) branchiate.

жа́б|ий *adj of* ⇒**~а¹**

жабо́ *nt indecl* jabot.

жа́бр|ы, ~ *pl* (*sg* **~а, ~ы** *f*) (*zool*) gills; **взять за ж.** (*fig, coll*) to bring pressure to bear upon.

жа́ворон|ок, ка *m* **1** (*zool*) lark; **полево́й ж.** skylark. **2** (*fig*) early riser.

жа́дин|а, ы *cg* (*coll*) greedy person.

жа́днича|ть, ю *impf* (*coll*) to be mean.

жа́дност|ь, и *f* **1** (*к деньгам, еде, действию*) greed (for); greediness. **2** (*скупость*) avarice, meanness.

жа́д|ный (~ен, ~на́, ~но) *adj* **1** (**к** + *d*; (*coll*) **до** + *g*) greedy (for); avid (for); **он всегда́ был ~ным к но́вым зна́ниям** he was always greedy for knowledge. **2** (*скупой*) avaricious, mean.

жа́жд|а, ы (*no pl*) *f* thirst; (+ *g*; *fig*) thirst, craving (for); **ж. зна́ний** thirst for knowledge.

жа́жд|ать, у, ешь *impf* (+ *g or inf*; *fig*) to thirst (for, after), crave.

жаке́т, а *m* (*ladies'*) jacket.

жаке́тк|а, и *f* (*coll*) = **жаке́т**

жале́|ть, ю *impf* (*of* ⇒**по~**) **1** (*чувствовать жалость*) to pity, feel sorry (for). **2** (**о** + *p or* + *g*; **что**) (*сожалеть*) to regret, be sorry (for, about); **~ю об утра́ченном вре́мени** I regret the waste of time; **~ю, что не оста́лся до конца́ ма́тча** I am sorry I did not stay till the end of the match. **3** (+ *a or g*) (*скупиться*) to spare; to grudge; **не ~я сил** not sparing o.s., unsparingly.

жа́л|ить, ю, ишь *impf* (*of* ⇒**у~**) to sting; to bite.

жа́л|иться, юсь, ишься *impf* (*coll*) to sting; to bite.

жа́л|кий (~ок, ~ка́, ~ко) *adj* pitiful, pathetic, wretched; **име́ть ж. вид** to be a sorry sight.

жа́лк|о¹ *adv of* ⇒**~ий**

жа́лко² *as pred* (*impers*) **1** (+ *d and a*) (*о чувстве сострадания*) to pity, feel sorry (for); **мне ж. бра́та/А́нну** I feel sorry for my brother/Anna; **ей ж. бы́ло себя́** she felt sorry for herself. **2** (*о чувстве грусти*) (it is) a pity, a shame; **ж., что она́ не придёт** it's a pity she's not coming; (+ *d and g or a*) it grieves (me, *etc.*); to regret, feel sorry; **мне ста́ло ж. потра́ченного вре́мени** I began to regret the time wasted. **3** (+ *g or* + *inf*) (*скупиться*) to grudge.

жа́л|о, а *nt* **1** (*пчелы*) sting (*also fig*). **2** (*булавки*) point.

жа́лоб|а, ы *f* complaint; **пода́ть ~у** (**на** + *a*) to make, lodge a complaint (about).

жа́лоб|ный (~ен, ~на) *adj* **1** plaintive; mournful. **2** *adj of* ⇒**~а**; **~ная кни́га** complaints book.

жа́лобщик, а *m* person lodging a complaint.

жа́лобщи|ца, цы *f of* ⇒**~к**

жа́лова|нный *ppp of* ⇒**~ть** *and adj* (*hist*) granted, received as grant; **~нная гра́мота** letters patent, charter.

жа́ловань|е, я *nt* salary.

жа́л|овать, ую *impf* (*of* ⇒**по~**) **1** (+ *a and i or* + *d and a*) (*награждать*) to grant (to); to bestow, confer (on); to reward (with); **ж. сторо́нникам зе́млю, ж. сторо́нников землёй** to grant land to one's supporters, reward one's supporters with (grants of) land. **2** (*coll*) (*любить*) to like, regard with favour (*Br*), favor (*US*).

жа́л|оваться, уюсь *impf* (*of* ⇒**по~**) (**на** + *a*) to complain (of, about); **ж. в суд** to go to law.

жа́лостлив|ый (~, ~а) *adj* (*coll*) **1** (*сострадательный*) compassionate, sympathetic. **2** (*печальный*) sad, mournful.

жа́лост|ный (~ен, ~на) *adj* (*coll*) **1** (*печальный*) plaintive, mournful. **2** (*сострадательный*) compassionate, sympathetic.

жа́лост|ь, и *f* pity, compassion; **из ~и** (**к** + *d*) out of pity (for); **кака́я ж.!** what a pity!; **ж. к себе́** self-pity.

жаль *as pred* (*impers*) **1** (+ *d and a*) (*о чувстве сострадания*) to pity, feel sorry (for); **мне ж. тебя́** I pity you. **2** (*о чувстве грусти*) (it is) a pity, a shame; **ж., что вас там не бу́дет** it is a pity you will not be there; (+ *d*) it grieves (me, *etc.*); to regret, feel sorry; **нам ж. бы́ло расстава́ться** it grieved us to part. **3** (+ *g or* + *inf*) (*скупиться*) to grudge; **(мне) ж. де́нег** I begrudge the money.

жалюзи́ *pl indecl* Venetian blind, jalousie.

жанда́рм, а *m* gendarme.

жандарме́ри|я, и *f* (*collect*) gendarmerie.

жанр, а *m* **1** (*род искусства, музыки или литературы*) genre. **2** (*живопись на бытовые сюжеты*) genre painting.

жанри́ст, а *m* genre painter.

жа́нр|овый *adj of* ⇒**~**

жар, а (у), о ~е, в ~у́ (*no pl*) *m* **1** heat; heat of the day; hot place; **в ~у́** (+ *g*) (*спора, битвы*) in the heat (of). **2** (*coll*) (*горячие угли*) embers; **как ж. горе́ть** to gleam, glitter; **чужи́ми рука́ми ж. загреба́ть** to use others to pull one's chestnuts out of the fire. **3** (*лихорадка*) fever; (high) temperature. **4** (*fig*) heat, ardour (*Br*), ardor (*US*); **с ~ом приня́ться за что-н.** to set about sth with a will.

жар|а́, ы́ *f* heat; hot weather; **в са́мую ~у́** in the heat of the day.

жарго́н, а *m* jargon; slang.

жарго́н|ный *adj of* ⇒**~**

жа́рен|ое, ого *nt* (*coll*) fried food; (*мясо*) roast meat.

жа́реный *adj* (*на сковороде*) fried; (*в духовке*) roast; (*на решётке*) grilled (*Br*), broiled (*US*).

жа́р|ить, ю, ишь *impf* **1** (*pf* **за~** *or* **из~** *or* **по~**) (*на сковороде*) to fry; (*в духовке*) to roast; (*на решётке*) to grill (*Br*), broil (*US*). **2** (*pf, joc* **из~**) (*coll*) to burn, scorch.

жа́р|иться, юсь, ишься *impf* **1** (*pf* **за~** *or* **из~**) to roast, fry (*intrans*). **2**: **ж. на солнце** (*coll*) to bask in the sun, sun o.s. **3** *passive of* ⇒**~ить**

жа́р|кий (~ок, ~ка́, ~ко) *adj* **1** hot; (*знойный*) torrid; (*тропический*) tropical; **ж. по́яс** (*geog*) torrid zone. **2** (*fig*) hot, heated; ardent; passionate; **ж. спор** heated argument.

жа́р|ко¹ *adv of* ⇒**~кий**

жа́рко² *as pred* it is hot; **мне,** *etc.*, **ж.** I am, *etc.*, hot.

жарк|о́е, о́го *nt* fried meat.

жаро́в|ня, ни, *g pl* **~ен** *f* brazier.

жар|ово́й *adj of* ⇒**~ 1**

жаропонижа́ющ|ий *adj* (*med*) febrifugal; *as n* **~ее, ~его** *nt* febrifuge.

жаропро́чн|ый *adj* ovenproof; **~ая кастрю́ля** casserole (dish).

жаросто́йкий *adj* (*tech*) heat-resistant, heatproof.

жар-пти́ц|а, ы *f* (*folklore*) the Firebird.

жа́р|че *comp of* ⇒**~кий** *and* ⇒**~ко**

жасми́н, а *m* jasmine.

жа́тв|а, ы (*no pl*) *f* reaping, harvesting; harvest (*also fig*).

жа́тв|енный *adj of* ⇒**~а**; **~енная маши́на** harvester, reaping machine.

жа́тк|а, и *f* harvester, reaping machine.

жать¹, жму, жмёшь *impf* (*no pf*) **1** (*руку; лимон*) to press, squeeze; **ж. ру́ку** to shake (s.o.) by the hand. **2** (*сок*) to press out, squeeze out. **3** (*о платье,* *обуви*) to pinch, be tight; (*impers*): **в плеча́х жмёт** it is tight on the shoulders.

жать², жну, жнёшь *impf* (*of* ⇨**с~**) to reap, cut, mow.

жа́ться, жму́сь, жмёшься *impf* **1** (*сжиматься*) to huddle up; **ж. в у́гол** to skulk in a corner. **2** (**к** + *d*) (*прижиматься*) to press close (to), draw closer (to). **3** (*coll*) (*колебаться*) to hesitate, vacillate. **4** (*coll*) (*скупиться*) to stint o.s.; to be stingy.

жбан, а *m* (wooden) jug.

жва́чк|а, и *f* **1** (*действие*) chewing, rumination. **2** (*пережёвываемая пища*) cud; **жева́ть ~у** to chew the cud, ruminate; (*fig, coll*) to bore everybody by repeating the same thing again and again. **3** (*coll*) chewing gum

жва́чн|ый *adj* (*zool*) ruminant; *as n* **~ое, ~ого** *nt* ruminant.

жгу, жжёшь, жгут *see* ⇨**жечь**

жгут, а́ *m* **1** plait (*Br*); braid. **2** (*med*) tourniquet.

жгу́чест|ь, и *f* burning heat.

жгу́ч|ий (~, ~а, ~е) *adj* burning hot (*also fig*); **~ая боль** smart, smarting pain; **ж. брюне́т** person with jet-black hair and eyes; **ж. вопро́с** burning question.

ж. д. = **ж/д 1**

ж.-д. = **ж/д 2**

ж/д *abbr of* **1 желе́зная доро́га** railway (*Br*), railroad (*US*). **2 железнодоро́жный** railway (*Br*), railroad (*US*) (*attr*).

ждать, жду, ждёшь, *past* **ждал, ждала́, жда́ло** *impf* **1** (+ *g*) to wait (for); to await; **заста́вить ж.** to keep waiting; **не заста́вить себя́ ж.** to come quickly; **ж. не дожда́ться** (*coll*) to wait impatiently, be on tenterhooks; **что нас ждёт?** what is in store for us?; **того́ и жди** (*coll*) any time now, any minute. **2** (+ *g*) (*надеяться на, предполагать*) to expect. **3** (+ **что**) to expect; **мы жда́ли, что вы появи́тесь на ми́тинге** we expected you to come to the meeting.

же¹ *conj* **1** (*при противопоставлении*) but; **иди́, е́сли тебе́ охо́та, я же оста́нусь здесь** you go, if you feel like it, but I shall stay here. **2** (*для присоединения*) and; **Ока́ впада́ет в Во́лгу, Во́лга же в Каспи́йское мо́ре** the Oka flows into the Volga, and the Volga flows into the Caspian Sea. **3** (*ведь*) after all; **расскажи́ ей: она́ же твоя́ мать** tell her — she's your mother, after all.

же² *emphatic particle*: **когда́ же они́ прие́дут?** whenever will they come?; **что же ты де́лаешь?** whatever are you doing, what *are* you doing?

же³ *particle expressing identity*: **тот же, тако́й же** the same, idem; **тогда́ же** at the same time; **там же** in the same place; (*в сноске*) ibidem; **Петрося́н, он же Петро́в** Petrosyan, alias Petrov.

жева́ни|е, я *nt* mastication; rumination.

жёваный *adj* (*coll*) chewed up; crumpled.

жева́тельн|ый *adj* masticatory; **~ая рези́нка** chewing gum.

жева́ть, жую́, жуёшь *impf* to chew, masticate; (*о жвачных*) to ruminate; (*fig*) **ж. жва́чку** *see* ⇨**жва́чка**; **ж. вопро́с** to chew over a question.

жёг, жгла *see* ⇨**жечь**

жезл, а́ *and* **~а** *m* (*символ власти*) rod, staff (of office); (*милиционера*) baton.

жела́ни|е, я *nt* **1** (+ *g*) wish (for), desire (for); **бу́дет по ва́шему ~ю** it shall be as you wish; **при всём ~и** with the best will in the world. **2** (*просьба*) request. **3** (*вожделение*) desire, lust.

жела́|нный *ppp of* ⇨**~ть** *and adj* wished for, longed for, desired, beloved; **ж. гость** welcome visitor.

жела́тельно¹ *adv* preferably.

жела́тельно² *as pred* it is desirable; it is advisable, preferable; **ж., что́бы вы прису́тствовали** it is desirable that you should be present, your presence is desirable.

жела́тел|ьный (~ен, ~ьна) *adj* desirable; advisable.

желати́н, а (*no pl*) *m* gelatin.

желати́новый *adj* gelatinous.

жела́|ть, ю *impf* (*of* ⇨**по~**) **1** (+ *g*) to wish (for), desire. **2** (**что́бы** *or* + *inf*) to wish, want; **я ~ю, что́бы вы при́няли уча́стие в игре́** I want you to join in the game; **(не) ~ете ли вы познако́миться с ним?** do you wish to meet him? **3** (+ *d and g or inf*) to wish (*s.o. sth*); **~ю вам вся́ких благ** (*coll*) I wish you every happiness; **~ю вам успе́ха/уда́чи** good luck!; **э́то оставля́ет ж. лу́чшего** it leaves much to be desired.

жела́|ющий *pres participle active of* ⇨**~ть**; **~ющие** persons interested, those who so desire.

желва́к, а́ *m* lump, tumour (*Br*), tumor (*US*).

желе́ *nt indecl* jelly.

желез|а́, ы́, *pl* **же́лезы, желёз, ~а́м** *f* (*anat*) gland; (*in pl*) (*coll*) tonsils.

желе́зистый¹ *adj* (*anat*) glandular.

желе́зист|ый² (~, ~а) *adj* ferrous, ferriferous; **ж. препара́т** iron preparation.

желе́зк|а, и *f* (*coll*) piece of iron.

желёзк|а, и *f* (*anat*) glandule.

железнодоро́жник, а *m* railway (*Br*), railroad (*US*) worker.

железнодоро́жн|ый *adj* rail, railway (*Br*), railroad (*US*); **~ая ве́тка** branch line; **~ая перево́зка** rail transport; **~ое полотно́** permanent way; **ж. путь** (railway (*Br*), railroad (*US*)) track; **ж. у́зел** (railway (*Br*), railroad (*US*)) junction.

желе́зн|ый *adj* **1** iron (*also fig*); (*chem*) ferric, ferrous; **ж. блеск** (*min*) haematite; **ж. век** the Iron Age; **~ое де́рево** (*bot*) lignum vitae (*Guaiacum officinale*); **ж. за́навес** the 'Iron Curtain'; **~ая ко́мната** (*хранилище денег, ценностей*) strongroom; **ж. лом** scrap iron; **за ~ой решёткой** (*coll*) (*в тюрьме*) behind bars; **~ая руда́** ironstone, iron ore; **~ые това́ры** ironmongery, hardware. **2**: **~ая доро́га** railway (*Br*), railroad (*US*); **~ая доро́га ме́стного значе́ния** local line; **по ~ой доро́ге** by rail. **3** (*крепкий*): **~ое здоро́вье** robust/rude health; **~ые му́скулы** strong/hard muscles, muscles of steel; **~ые не́рвы** nerves of steel; **~ая хва́тка** iron grip. **4** (*непоколебимый*): **~ое а́либи** cast-iron alibi; **~ая во́ля** iron/strong will; **~ая гара́нтия** cast-iron guarantee; **~ая дисципли́на** iron discipline; **~ая ло́гика** compelling logic.

железня́к, а́ *m* (*min*) ironstone, iron clay.

желе́з|о, а *nt* **1** iron; **ж. в болва́нках** pig iron; **о́кись ~а** (*chem*) ferric oxide. **2** (*collect*) iron; hardware.

желе́зо... *comb form* iron-, ferro-.

железобето́н, а *m* (*tech*) reinforced concrete, ferroconcrete.

железобето́н|ный *adj of* ⇨**~**

железоплави́льный *adj*: **ж. заво́д** (*tech*) iron foundry.

железопрока́тный *adj*: **ж. заво́д** (*tech*) rolling mill.

жёлоб, а, *pl* **~а́, ~о́в** *m* (*водосточный*) gutter; (*для ссыпания чего-л.*) chute.

желоб|о́к, ка́ *m* (*tech*) groove, channel, flute.

желте́|ть, ю *impf* **1** (*pf* **по~**) (*становиться жёлтым*) to turn yellow. **2** (*impf only*) (*виднеться*) to be yellow, show up yellow.

желте́|ться, ется *impf* to be yellow, show up yellow.

желтизн|а́, ы́ *f* yellowness; yellow.

жел|ти́ть, чу́, ти́шь *impf* to colour yellow.

желтова́т|ый (~, ~а) *adj* yellowish.

желт|о́к, ка́ *m* yolk.

желтоко́ж|ий (~, ~а) *adj* yellow-skinned.

желтоли́ц|ый (~, ~а) *adj* sallow.

желторо́т|ый (~, ~а) *adj* **1** yellow-beaked. **2** (*fig*) (*наивный*) inexperienced, green.

желтофио́л|ь, и *f* (*bot*) wallflower.

желт|о́чный *adj of* ⇨**~о́к**

желту́х|а, и *f* (*med*) jaundice.

желту́|шный *adj of* ⇨**~ха**; jaundiced.

жёлт|ый (~, ~а́, ~о *and* **~о́)** *adj* yellow; **~ая лихора́дка** yellow fever; **~ая пре́сса** the yellow press, the tabloids; **Жёлтые страни́цы** Yellow Pages (*propr*).

желудёвый *adj of* ⇨**жёлудь**; **ж. ко́фе** acorn coffee.

желу́д|ок, ка *m* stomach; **несваре́ние ~ка** indigestion.

желу́доч|ек, ка *m* (*anat*) ventricle.

желу́дочно-кише́чный *adj* gastrointestinal.

желу́дочный *adj* stomach; gastric; **ж. зонд** stomach pump; **ж. сок** gastric juice.

жёлуд|ь, я, *g pl* **~е́й** *m* acorn.

жёлч|ный (~ен, ~на) *adj* **1** bilious; **ж. ка́мень** gallstone; **ж. пузы́рь** gall bladder. **2** (*fig*) peevish, irritable.

жёлч|ь (*coll* **желч|ь**), **и** (*no pl*) *f* bile, gall (*also fig*).

жема́н|иться, юсь, ишься *impf* (*coll*) to put on airs, behave affectedly.

жема́н|ный (~ен, ~на) *adj* affected.

жема́нств|о, а *nt* affectedness; airs and graces.

же́мчуг, а, *pl* **~а́** *m* (*collect*) pearl(s).

жемчу́жин|а, ы *f* pearl (*also fig*).

жемчу́жниц|а, ы *f* pearl oyster.

жемчу́жн|ый *adj of* ⇒**же́мчуг**; (*fig*) pearly(-white); **~ое ожере́лье** pearl necklace.

жен... *comb form, abbr of* **же́нский**

жен|а́, ы́, *pl* **~̈ы, ~̈, ~̈ам** *f* wife; **быть у ~ы́ под каблуко́м** to be henpecked.

жена́т|ый (~) *adj* married; **ж.** (**на** + *p*) (*о мужчине*) married (to).

Жене́в|а, ы *f* Geneva.

жен|и́ть, ю́, ~́ишь *impf and pf* (*pf also* **по~**) to marry (off); **без меня́ меня́ ~и́ли** (*fig, coll*) I was roped in without being consulted.

жени́тьб|а, ы (*no pl*) *f* marriage.

жен|и́ться, ю́сь, ~́ишься *impf and pf* (**на** + *p*) (*о мужчине*) to marry, get married (to).

жени́х, а́ *m* **1** fiancé; **смотре́ть ~о́м** (*coll*) to look happy. **2** (*на свадьбе*) bridegroom. **3** (*поклонник*) suitor. **4** (*неженатый мужчина*) eligible bachelor.

женолю́б, а *nt* ladies' man.

женолюби́в|ый (~) *adj*: **ж. челове́к** ladies' man.

женолю́би|е, я *nt* fondness for women.

женоненави́стник, а *m* misogynist.

женоненави́стнический *adj* misogynous.

женоненави́стничеств|о, а *nt* misogyny.

женоподо́б|ный (~ен, ~на) *adj* effeminate.

же́нск|ий *adj* **1** woman's; female; feminine; **ж. вопро́с** the question of women's rights; **~ое ца́рство** petticoat government. **2** (*gram*) feminine.

же́нственност|ь, и *f* femininity.

же́нствен|ный (~ *and* **~ен, ~на)** *adj* feminine, womanly.

же́нщин|а, ы *f* woman; **ж.-полице́йский** policewoman.

женьше́н|ь, я *m* (*bot, med*) ginseng.

жёрдочк|а, и *f* (*coll*) pole; (*в клетке*) perch.

жерд|ь, и, *pl* **~́и, ~е́й** *f* pole; stake; **худо́й, как ж.** (*coll*) thin as a lath.

жереб|ёнок, ёнка, *pl* **~я́та, ~я́т** *m* foal, colt.

жереб|е́ц, ца́ *m* stallion.

жереб|и́ться, и́тся *impf* (*of* ⇒**о~**) to foal.

жеребьёвк|а, и *f* casting of lots; (*sport*) draw (*for play-off*).

жереб|я́чий *adj of* ⇒**~ёнок**; **ж. смех** (*coll*) horse laugh.

жерл|о́, а́, *pl* **~́а, ~** *nt* (*вулкана, печи*) mouth, orifice; (*пушки*) muzzle; **ж. вулка́на** crater.

жёрнов, а, *pl* **~а́, ~о́в** *m* millstone.

же́ртв|а, ы *f* **1** sacrifice (*also fig*); **принести́ ~у** (+ *d*) to make a sacrifice (to); **принести́ в ~у** to sacrifice. **2** (*пострадавший*) victim; **пасть ~ой** (+ *g*) to fall victim (to).

же́ртвенник, а *m* sacrificial altar.

же́ртвенный *adj* sacrificial.

же́ртвовател|ь, я *m* donor.

же́ртв|овать, ую, *impf* (*of* ⇒**по~**) **1** (*дарить*) to make a donation (of), present. **2** (+ *i*) (*подвергать опасности*) to sacrifice, give up.

жертвоприноше́ни|е, я *nt* sacrifice.

жест, а *m* gesture (*also fig*).

жестикули́р|овать, ую *impf* to gesticulate.

жестикуля́ци|я, и *f* gesticulation.

жёст|кий (~ок, ~ка́, ~ко) *adj* hard; tough; (*fig*) rigid, strict; **ж. ваго́н** hard-seated carriage, 'hard' carriage; **~кая вода́** hard water; **~кие во́лосы** wiry hair; **ж. диск** (*comput*) hard disk.

жёст|ко[1] *adv of* ⇒**~кий**

жёстко[2] *as pred* it is hard.

жесто́к|ий (~, ~а) *adj* cruel; brutal; (*fig*) severe, sharp.

жестокосе́рд|ный (~ен, ~на) *adj* hard-hearted.

жестокосе́рд|ый (~, ~а) *adj* = **~ный**

жесто́кост|ь, и *f* cruelty, brutality.

жесто|ча́йший *superl of* ⇒**~́кий**

жёст|че *comp of* ⇒**~кий** *and* ⇒**~ко**

жест|ь, и *f* tinplate.

жестя́нк|а, и *f* **1** tin, can; **ж. из-под сарди́н** sardine tin. **2** (*coll*) (*кусочек жести*) piece of tinplate.

жест|яно́й *adj of* ⇒**~ь**; **~яна́я посу́да** tinware.

жестя́нщик, а *m* tinman, tinsmith.

жето́н, а *m* **1** (*награда*) medal; (*опознавательный знак*) badge (*of police officer, porter, etc.*). **2** (*средство оплаты*) token; **проездно́й ж.** travel token.

жечь, жгу, жжёшь, жгут, *past* **жёг, жгла** *impf* **1** (*pf* **с~**) to burn; **ж. му́сор** to burn refuse; (*дотла*) to burn down. **2** (*impf only*) to burn, sting; (*impers*): **от э́того ликёра жжёт в го́рле** this liqueur burns one's throat.

жёчься, жгусь, жжёшься, жгу́тся, *past* **жёгся, жглась** *impf* **1** to burn, sting (*intrans*) **2** (*coll*) to burn o.s.

жже́ни|е, я *nt* burning sensation.

жжёнк|а, и *f* hot punch.

жжёный *adj* burnt, scorched; **ж. ко́фе** roasted coffee.

жжёшь *see* ⇒**жечь**

жива́ть *no pres* (*coll*) *freq of* ⇒**жить**

жив|е́й *see* ⇒**~́о 5**

жив|е́ц, ца́ *m* live bait, sprat.

живи́тел|ьный (~ен, ~ьна) *adj* life-giving; (*воздух*) bracing.

жив|и́ть, лю́, и́шь *impf* to give life to, animate; (*о воздухе*) to brace.

живи́ц|а, ы *f* soft resin.

жи́вност|ь, и (*no pl*) *f* (*collect; coll*) small creatures.

жи́в|о *adv* **1** (*ярко*) vividly. **2** (*оживлённо*) with animation. **3** (*остро*) keenly; extremely, exceedingly; **он ж. чу́вствовал оскорбле́ние** he felt deeply insulted. **4** (*coll*) (*быстро*) quickly, promptly. **5 ж.!; ~е́й!** (*coll*) get a move on!; look lively!

живодёр, а *m* (*coll*) knacker; (*fig*) fleecer; profiteer.

живодёр|ня, ни, *g pl* **~ен** *f* (*coll*) knacker's yard.

живодёрств|о, а *nt* (*coll*) cruelty.

жив|о́й (~, ~а́, ~́о) *adj* **1** living, live, alive; **он ещё в ~ы́х** he is still alive; **оста́ться в ~ы́х** to survive; **~́ (и) здоро́в** (*coll*) safe and sound; **ни ~ ни мёртв** (*coll*) petrified (*with fright, astonishment*); **ж. вес** live weight; **~а́я и́згородь** (quickset) hedge; **ж. инвента́рь** livestock; **шить на ~у́ю ни́тку** to tack; **на ~у́ю ни́тку** (*coll*) hastily, anyhow; **ж. портре́т** (+ *g*) the living image (of); **~а́я ра́на** open wound; **ж. уголо́к** nature corner (*in a school*); **не́ было ви́дно ни (одно́й) ~о́й души́** there was not a living soul to be seen; **на нём не́ было ~о́го ме́ста** he was all battered and bruised; **забра́ть, заде́ть за ~о́е** to cut to the quick. **2** (*энергичный*) lively; keen; active; **ж. ум** lively mind; **проявля́ть ж. интере́с** (**к** + *d*) to take a keen interest (in); **принима́ть ~о́е уча́стие** (**в** + *p*) to take an active part (in); to feel keen sympathy with. **3** (*выразительный*) lively, vivacious; bright; **~ы́е глаза́** bright eyes. **4** (*остро переживаемый*) keen, poignant. **5** (*short form only*; + *i*) *expressing raison d'être*: **он ~ одни́ми ша́хматами** he lives for chess alone; **чем она́ ~а́?** what makes her tick?

жи́вокост|ь, и *f* (*bot*) larkspur.

живопи́с|ец, ца *m* painter.

живопи́с|ный (~ен, ~на) *adj* **1** (*относящийся к живописи*) pictorial. **2** (*красивый*) picturesque (*also fig*); **~ное ме́сто** beauty spot.

жи́вопис|ь, и *f* **1** painting. **2** (*collect*) paintings; **стенна́я ж.** murals.

живородя́щий *adj* (*zool*) viviparous.

живорожде́ни|е, я *nt* (*zool*) viviparity.

живоры́бный *adj*: **ж. садо́к** fish pond.

жи́вост|ь, и *f* liveliness, vivacity; animation.

живо́т, а́ *m* abdomen, belly; stomach; (*coll*) tummy.

животвор|и́ть, ю́, и́шь *impf* (*of* ⇒**о~**) (*obs*) to revive.

животво́р|ный (~ен, ~на) *adj* life-giving.

животворя́щий *adj* (*poetical*) life-giving.

живо́тик, а *m* (*coll*) tummy.

животново́д, а *m* stockbreeder.

животново́дств|о, а *nt* stockbreeding, animal husbandry.

животново́дческий *adj* cattle breeding, stock raising.

живо́тно|е, го *nt* animal; **дома́шнее ж.** pet.

живо́тный *adj* **1** animal; **ж. жир** animal fat. **2** (*грубый*) bestial, brute.

животрепе́щущий *adj* (*злободневный*) topical; stirring, exciting.

живу́чест|ь, и *f* **1** vitality, tenacity of life. **2** (*fig*) deep-rootedness.

живу́ч|ий (~, ~а) *adj* **1** tenacious of life; (*bot*) hardy; **он ~ как ко́шка** he has nine lives like a cat. **2** (*fig*) (*обычай*) deep-rooted, enduring.

жи́вчик, а *m* **1** (*coll*) (*человек*) lively person. **2** (*biol*) spermatozoon. **3** (*coll*) (*биение артерии*) perceptible pulsing of artery on temple; (*подёргивание века*) twitching of eyelid.

живьём *adv* (*coll*) alive; **петь ж.** to sing live; **постара́йтесь взять его́ ж.** try to catch him alive.

жи́голо *m indecl* gigolo.

жид, а́ *m* (*offens*) Yid (*offens*).

жидо́вк|а, и *f* (*offens*) *of* ⇒**жид**

жид|о́вский *adj* (*offens*) *of* ⇒~

жи́д|кий (~ок, ~ка́, ~ко) *adj* **1** (*имеющий свойство течь*) liquid; fluid. **2** (*водянистый*) watery; weak, thin; **ж. суп** thin soup. **3** (*о волосах*) sparse, scanty; **~кая борода́** straggly beard. **4** (*coll*) (*о голосе, звуке*) weak, thin. **5** (*fig*) (*о мускулах, об аргументах*) weak, feeble.

жидкокристалли́ческий *adj*: **ж. диспле́й** liquid crystal display (*abbr* LCD); **ж. монито́р** liquid crystal display (*abbr* LCD), flat panel display/monitor.

жидкостный *adj* (*tech*) liquid; fluid.

жи́дкост|ь, и *f* **1** liquid; fluid; **мо́ющая ж.** washing-up liquid; **корректи́рующая ж.** correction fluid. **2** (*супа*) wateriness; (*голоса*) weakness, thinness (*also fig*).

жи́ж|а, и (*no pl*) *f* liquid; swill; slush.

жи́|же *comp of* ⇒**~дкий**

жи́жиц|а, ы *f* (*coll*) *diminutive of* ⇒**жи́жа**

жизнеде́ятельност|ь, и *f* (*biol*) vital activity.

жизнеде́ятел|ьный (~ен, ~ьна) *adj* **1** (*biol*) active. **2** lively; energetic.

жи́зненност|ь, и *f* **1** vitality. **2** (*реальность*) closeness to life; (*art*) lifelikeness.

жи́знен|ный (~, ~на) *adj* **1** (of) life; (*biol*) vital; **~ные отправле́ния** vital functions; **ж. путь** life; **ж. у́ровень** standard of living. **2** (*близкий к жизни, реальный*) close to life; lifelike. **3** (*fig*) vital, vitally important; **ж. вопро́с** question of vital importance; **~ные це́нтры страны́** nerve centres of a country.

жизнеобеспе́чени|е, я *nt*: **систе́ма ~я** life-support system.

жизнеописа́ни|е, я *nt* biography.

жизнера́достност|ь, и *f* cheerfulness; joie de vivre.

жизнера́дост|ный (~ен, ~на) *adj* cheerful; vivacious.

жизнеспосо́бност|ь, и *f* (*biol*) viability; (*fig*) vitality.

жизнеспосо́б|ный (~ен, ~на) *adj* capable of living; (*biol*) viable; (*fig*) vigorous, flourishing.

жизнесто́|йкий (~ек, ~йка) *adj* tenacious of life; tough, durable.

жизн|ь, и *f* life; (*существование*) existence; **ж. моя́!** my love!; **зараба́тывать на ж.** to earn one's living; **как ж.?** (*coll*) how is life?; **лиши́ть себя́ ~́и** to take one's life; **не на ж., а на́ смерть** to the death; **ни в ж.** never, not for anything; **о́браз ~́и** way of life; lifestyle; **вести́ широ́кий о́браз ~́и** to live in style; **на всю ж.** for life; **провести́ что-н. в ж.** to put sth into practice.

жикле́р, а *m* (*tech*) (carburettor) jet.

жил... *comb form, abbr of* **1 жили́щный**. **2 жило́й 1**

жи́л|а[1], ы *f* **1** (*сухожилие*) tendon, sinew; (*coll*) (*кровеносный сосуд*) vein; **тяну́ть ~ы** (**из** + *g*; *coll*) to torment, rack. **2** (*min*) vein.

жи́л|а[2], ы *cg* (*coll, pej*) skinflint.

жиле́т, а *m* waistcoat (*Br*), vest (*US*); **пуленепробива́емый ж.** bulletproof vest; **спаса́тельный ж.** life jacket.

жиле́тк|а, и *f* (*coll*) waistcoat (*Br*), vest (*US*); **пла́кать в ~у** (+ *d*) to cry on s.o.'s shoulders.

жиле́т|ный *adj of* ⇒~

жил|е́ц, ьца́ *m* tenant; **он не ж. (на бе́лом све́те)** (*coll*) he is not long for this world.

жи́лист|ый (~, ~а) *adj* **1** (*руки*) having prominent veins. **2** (*тело*) sinewy; (*старик*) wiry; **~ое мя́со** stringy meat.

жи́л|ить, ю, ишь *impf* (*coll*) to swindle.

жил|и́ца, и́цы *f of* ⇒**~е́ц**

жили́чк|а, и *f* (*coll*) = **жили́ца**

жили́щ|е, а *nt* dwelling, abode, (living) quarters.

жили́щно-строи́тельн|ый *adj*: **~ое о́бщество** building society.

жили́щ|ный *adj of* ⇒**~е**; **~ные усло́вия** housing conditions; **~но-бытовы́е усло́вия** living conditions.

жи́лк|а, и *f* **1** (*anat, geol*) vein; (*zool, bot*) rib (*of insect's wing or of leaf*). **2** (*fig*) streak; bent; **артисти́ческая ж.** artistic streak.

жилмасси́в, а *m* housing estate.

жилова́т|ый (~, ~а) *adj* (*coll*) veiny.

жил|о́й *adj* **1** dwelling; residential; **ж. дом** dwelling house, block of flats; **ж. кварта́л** residential area; **~а́я пло́щадь** = **жилпло́щадь**. **2** (*обитаемый*) inhabited.

жилпло́щад|ь, и *f* housing, accommodation.

жилстрои́тельств|о, а *nt* house-building.

жилфо́нд, а *m* housing, accommodation.

жиль|ё, я́ *nt* **1** (*селение*) habitation; dwelling; **мы не нашли́ никако́го при́знака ~я́** we could find no sign of life. **2** (*жилище*) lodging; (living) accommodation.

жим, а *m* (*sport*) press (*in weightlifting*).

жи́молост|ь, и *f* (*bot*) honeysuckle.

жир, а (у), о ~́е, в ~у́, *pl* **~ы́** *m* fat; grease; **с ~́у беси́ться** (*coll*) to become spoilt.

жира́ф, а *m* giraffe.

жира́ф|а, ы *f* = ~

жире́|ть, ю *impf* (*of* ⇒**о~** *and* ⇒**раз~**) to grow fat, stout, plump.

жи́р|ный (~ен, ~на́, ~но) *adj* **1** (*пища, мясо*) fatty; (*chem*) aliphatic; (*руки, волосы*) greasy; **~ная кислота́** fatty acid, aliphatic acid; **~ное пятно́** grease stain. **2** (*человек*) fat, plump. **3** (*земля*) rich; (*растительность*) lush. **4** (*printing*) bold, heavy; **ж. шрифт** bold(face) type.

жи́ро *nt indecl* (*fin*) endorsement.

жир|ова́ть[1], у́ю *impf* (*пропитывать жиром*) to lubricate, oil, grease.

жир|ова́ть[2], у́ет *impf* (*о животных*) to fatten (*intrans*).

жирови́к, а́ *m* (*med*) fatty tumour (*Br*), tumor (*US*), lipoma.

жиров|о́й *adj* fatty, aliphatic; (*anat*) adipose; **~а́я ткань** adipose tissue.

жите́йск|ий *adj* **1** worldly; of life, of the world; **~ая му́дрость** worldly wisdom; **~ое мо́ре** the ups and downs of life. **2** (*обыденный*) everyday; **де́ло ~ое** (*coll*) there's nothing extraordinary in that.

жи́тел|ь, я *m* inhabitant; dweller; **городско́й ж.** city dweller; **ми́рные ~и** civilians; civilian population.

жи́тель|ница, ницы *f of* ⇒~

жи́тельств|о, а *nt* residence; **вид на ж.** residence permit; **ме́сто ~а** residence, domicile; **ме́сто постоя́нного ~а** permanent address.

жити|е́, я́ *nt* (*жанр*) life, biography; **~я́ святы́х** Lives of the Saints.

жи́тниц|а, ы *f* granary (*also fig*).

жи́т|о, а (*no pl*) *nt* (*unground*) corn (*denotes rye in Ukraine, barley in northern Russia, spring-sown cereals in general in eastern Russia*).

жить, живу́, живёшь, *past* **жил, жила́, жи́ло (не́ жил, не жила́, не́ жило)** *impf* **1** to live; **ж. в Москве́** to live in Moscow; **ж. ве́село** to have a good time; **ж. припева́ючи** to be in clover; **ж. на широ́кую но́гу** to live in style; **ж. со дня на́ день** to live from hand to mouth; **жил-бы́л** once upon a time there lived .... **2** (+ *i or* **на** + *a*) to live (on); (+ *i*; *fig*) to live (in, for); **нам не́ на что ж.** we have nothing to live on; **ж. на свои́ сре́дства** to support o.s., live on one's own means; **ж. наде́ждами** to live in hopes; **ж. иску́сством** to live for art.

жить|ё, я́ *nt* (*coll*) **1** (*жизнь*) life; existence; **~я́ тут нет от мух** the flies make life here impossible. **2** (*пребывание*) habitation, residence; **кварти́ра гото́ва для ~я́** the flat is ready for habitation.

житьё-бытьё, житья́-бытья́ *nt* (*coll*) life; existence.

жи́ться, живётся, *past* **жило́сь** *impf* (*impers*, + *d*; *coll*) to live, get on; **ей ве́село живётся** she enjoys her life; **как вам жило́сь в Аме́рике?** how did you get on in America?

ЖК-диспле́|й, я *m* (*abbr of* **жидкокристалли́ческий диспле́й**) liquid-crystal display.

ЖК-монито́р, а *m* (*abbr of* **жидкокристалли́ческий монито́р**) liquid crystal display (*abbr* LCD), flat panel display/monitor.

жлоб, а́ *m* (*coll*) **1** (*скряга*) skinflint. **2** (*дуралей*) prat (*Br*), jerk (*US*).

жмот, а *m* (*coll*) miser.

жму, жмёшь *see* ⇒**жать[1]**

жму́рик, а *m* (*sl*) goner, stiff.

жму́р|ить, ю, ишь *impf* (*of* ⇨**за~**): **ж. глаза́** to screw up one's eyes, narrow one's eyes.

жму́р|иться, юсь, ишься *impf* (*of* ⇨**за~**) to screw up one's eyes, narrow one's eyes.

жму́р|ки, ок (*no sg*) blind man's buff.

жмых|и́, о́в *pl* (*sg* **~**, **~а́** *m*) (*agric*) oilcake.

жне́йк|а, и *f* (*agric*) harvester, reaping machine.

жнец, а́ *m* reaper.

жнивь|ё, я́, *pl* **~́я** *nt* **1** (*поле, где сжаты злаки*) stubble field. **2** (*sg only*) (*срезанные стебли злаков*) stubble.

жни́ц|а, ы *f of* ⇨**жнец**

жну, жнёшь *see* ⇨**жать²**

жоке́|й, я *m* jockey.

жоке́й|ский *adj of* ⇨**~**

жонглёр, а *m* juggler.

жонглёрств|о, а *nt* juggling (*also fig*).

жонгли́р|овать, ую *impf* (+ *i*) to juggle (with) (*also fig*); **он любит ж. ци́фрами** he likes juggling with figures.

жо́п|а, ы *f* (*vulg*) arse (*Br*), ass (*US*); **ну ты и ж.!** you arsehole (*Br*), asshole (*US*)!; **иди́/пошёл (ты) в ~у!** piss off!; **лени́вая ж.** lazy bugger (*Br*), bum (*US*); **пья́ный в ~у** pissed as a newt (*Br*), pissed off (*US*).

жратв|а́, ы́ *f* (*sl*) grub.

жр|ать, у́, ёшь, *past* **~а́л, ~ала́, ~а́ло** *impf* (*of* ⇨**со~́**) **1** (*о животных*) to eat. **2** (*sl*) (*о человеке*) to guzzle, gobble.

жре́би|й, я *m* **1** lot; **броса́ть, мета́ть ж.** to cast lots; **тяну́ть ж.** to draw lots. **2** (*fig*) lot, fate, destiny; **ж. бро́шен** the die is cast.

жрец, а́ *m* (*pagan*) priest; (*fig*) devotee.

жре́ческий *adj* priestly.

жре́честв|о, а *nt* priesthood.

жри́ц|а, ы *f* priestess.

жу́желиц|а, ы *f* (*zool*) ground beetle.

жужжа́ни|е, я *nt* hum, buzz, drone; humming, buzzing, droning.

жужж|а́ть, у́, и́шь *impf* to hum, buzz, drone; (*о пулях*) to whizz.

жук, а́ *m* **1** beetle; **ма́йский ж.** May bug, cockchafer. **2** (*coll*) (*плут*) rogue, swindler.

жу́лик, а *m* (*мелкий вор*) petty thief; (*coll*) (*мошенник; плут*) cheat, swindler.

жулikова́т|ый (~, ~а) *adj* (*coll*) crooked.

жуль|ё, я́ *nt* (*collect; coll*) rogues.

жу́льнича|ть, ю *impf* (*of* ⇨**с~**) (*coll*) to cheat; to swindle.

жу́льнический *adj* (*coll*) crooked; underhand, dishonest.

жу́льничеств|о, а *nt* (*coll*) **1** (*в игре*) cheating. **2** (*плутовство*) underhand, dishonest action; sharp practice.

жу́пел, а *m* bugbear, bogey.

журавл|и́ный *adj of* ⇨**~́ь**; **~и́ные но́ги** spindle shanks.

жура́вл|ь, я́ *m* **1** (*zool*) crane; **не сули́ ~я́ в не́бе, а дай сини́цу в ру́ки** (*proverb*) a bird in the hand is worth two in the bush. **2** (*у колодца*) sweep, shadoof.

жур|и́ть, ю́, и́шь *impf* (*coll*) to reprove, take to task.

журна́л, а *m* **1** (*периодическое издание*) magazine; periodical; journal. **2** (*книга для записи*) journal, diary; (*классный*) register; **ж. заседа́ний** minutes, minute book.

журнали́ст, а *m* journalist.

журнали́стик|а, и *f* **1** (*деятельность*) journalism. **2** (*collect*) (*периодические издания*) periodical press.

журнали́ст|ка, ки *f of* ⇨**~**

журнали́стский *adj* journalistic.

журна́л|ьный *adj of* ⇨**~**; **~ьная статья́** magazine article.

журча́ни|е, я *nt* purling, babbling, murmur.

журч|а́ть, у́, и́шь *impf* to babble, murmur (*of water; also fig, poetical*).

жу́т|кий (~ок, ~ка́, ~ко) *adj* terrible, terrifying; awe-inspiring, eerie.

жу́тко¹ *adv* terrifyingly; (*coll*) terribly, awfully.

жу́тко² *as pred* **ж. поду́мать об э́том** it's terrible to think about it; **в лесу́ ж.** it's terrifying in the forest; (*impers*, + *d*): **мне**, *etc.*, **ж.** I, *etc.*, am terrified, feel awestruck.

жут|ь, и *f* (*coll*) **1** (*страх*) terror; awe. **2** *as pred*: **~!** it is terrible!; **жара́ — про́сто ж.!** the heat is unbearable.

жу́хл|ый (~, ~а) *adj* (*трава*) withered, dried-up; (*краски*) faded.

жу́х|нуть, нет, *past* **~, ~ла** *impf* (*становиться сухим*) to wither, dry up; (*тускнеть*) to become tarnished.

жу́ч|ить, у, ишь *impf* (*coll*) to scold.

жу́чк|а, и *f* (*coll*) house dog.

жуч|о́к, ка́ *m* **1** *diminutive of* ⇨**жук** **2** (*coll*) (*пробка*) makeshift fuse. **3** (*coll*) (*подслушивающее устройство*) bug.

жу|ю́, ёшь *see* ⇨**жева́ть**

ЖЭК, а *or* **жэк, а** *m* (*abbr of* **жили́щно-эксплуатацио́нная конто́ра**) housing office.

жюри́ *indecl nt* (*collect*) judges (*of competition, etc.*).

Зз

з (*abbr of* **зáпад**) W, West.

за *prep* **I.** + *a and i* (+ *a*: *indicates motion or action*; + *i*: *indicates rest or state*).
1 (*позади*) behind; **за кровáть, за кровáтью** behind the bed.
2 (*вне*) beyond; across, the other side of; **за болóто, за болóтом** beyond the marsh; **зá борт, за бóртом** overboard; **зá угол, за углóм** round the corner; **зá городом** out of town; **за рубежóм** abroad.
3 (*у*) at; **сесть за роя́ль** to sit down at the piano; **сидéть за роя́лем** to be at the piano.
4 (*занимаясь данным предметом*) at, to (*or translated by participle*); **приня́ться за рабóту** to set to work, get down to work; **застáть когó-н. за рабóтой** to find s.o. at work, working; **сесть за кни́гу** to sit down with a book, get down to reading; **проводи́ть всё своё врéмя за чтéнием** to spend all one's time reading.
5: **вы́йти зáмуж за** (+ *a*) to marry (*of a woman*); **(быть) зáмужем за** (+ *i*) (to be) married (to).
● **II.** + *a*
1 (*свыше*) after (*of time*); over (*of age*); **далекó зá полночь** long after midnight; **емý ужé за сóрок** he is already over forty.
2 (*на расстоянии*): **самолёт разби́лся за ми́лю от дерéвни** the aeroplane crashed a mile from the village; **за два дня до егó смéрти** two days before his death; **за час** an hour before, an hour early.
3 (*в течение*) during, in the space of; **зá ночь** during the night, overnight; **за сýтки** in (the space of) twenty-four hours; **за послéднее врéмя** recently, lately, of late.
4 (*указывает на предмет, который охватывается*) by; **вести́ зá руку** to lead by the hand.
5 (*in various senses*) for; **плати́ть за билéт** to pay for a ticket; **подписáть за дирéктора** to sign for the director; **боя́ться, рáдоваться за когó-н.** to fear, be glad for s.o.; **есть за трои́х** to eat (enough) for three; **за вáше здорóвье!** your health!; cheers!
● **III.** + *i*
1 (*после*) after; **друг за дрýгом** one after another; **год за гóдом** year after year; **слéдовать за кем-н.** to follow s.o.
2 (*заботясь, опекая*) after; **следи́ть за детьми́** to look after children; **ухáживать за больны́м** to look after a sick person.
3 (*чтобы достать, получить*) for; **идти́ за молокóм** to go for milk; **послáть за дóктором** to send for a doctor; **зайти́ за кем-н.** to call for s.o.
4 (*во время*) at, during; **за зáвтраком** at breakfast.
5 (*по причине*) for, on account of, because of; **за неимéнием, недостáтком** (+ *g*) for want of; **за темнотóй** for the darkness, on account of the darkness; **за чем дéло стáло?** what's up?
6 (+ *prons*) (*указывает на ответственного должника*): **за тобóй пять рублéй** you are owing five roubles; **óчередь за вáми** it is your turn.
● **IV.** *as pred* (*согласен*) for, in favour (*Br*), favor (*US*).

за... *pref* **I.** (*of vv*) **1** *indicates commencement of action*: **заля́ять** to start barking. **2** *indicates direction of action beyond given point*: **заверну́ть зá угол** to turn a corner. **3** *indicates continuation of action to excess*: **закорми́ть** to overfeed. **4** *forms pf aspect of some vv.*
● **II.** (*of nn and adjs*) trans-; **Закавкáзье** Transcaucasia; **заатланти́ческий** transatlantic.

заалé|ть, ет *pf* to begin to show red.

заалé|ться, ется = **~ть**

зааплоди́р|овать, ую *pf* to break out into applause, start clapping.

заарендовáть, ýю *pf* (*of* ⇒**~óвывать**) to rent, lease.

заарендóвыва|ть, ю *impf of* ⇒**заарендовáть**

заарка́н|ить, ю, ишь *pf of* ⇒**арка́нить**

заартáч|иться, усь, ишься *pf* (*coll*) to become restive, stubborn.

заасфальти́р|овать, ую *pf of* ⇒**асфальти́ровать**

заатланти́ческий *adj* transatlantic.

заáха|ть, ю *pf* (*coll*) to begin to sigh, begin to groan.

забáв|а, ы *f* **1** (*игра*) game; (*развлечение*) pastime. **2** (*потеха*) amusement, fun; **он э́то сдéлал для ~ы** he did it for fun.

забавля́|ть, ю *impf* to amuse, entertain, divert.

забавля́|ться, юсь *impf* to amuse o.s.

забáвник, а *m* (*coll*) amusing *or* entertaining person; humorist.

забáвн|о[1] *adv of* ⇒**~ый**

забáвно[2] *as pred* it is amusing, funny; **(мне) з.** I find it amusing, funny; **з.!** how funny!

забáв|ный (~ен, ~на) *adj* amusing; funny.

забаланси́р|овать, ую *pf* (*с помощью шеста или телодвижений*) to begin to balance; **арти́ст ци́рка ~овал на канáте** the circus artiste started to walk across the tightrope.

забаллоти́р|овать, ую *pf* to blackball, reject, fail to elect.

забáлтыва|ть, ю *impf of* ⇒**заболтáть**[1] **2**

забальзами́р|овать, ую *pf of* ⇒**бальзами́ровать**

забарабáн|ить, ю, ишь *pf* to begin to drum.

забаррикади́р|овать, ую *pf of* ⇒**баррикади́ровать**

забаст|овáть, ýю *pf* to go, come out on strike.

забастóвк|а, и *f* strike; **всеóбщая з.** general strike; **голóдная з.** hunger strike.

забастóв|очный *adj of* ⇒**~ка**

забастóвщик, а *m* striker.

забастóвщи|ца, цы *f of* ⇒**~к**

забвéни|е, я *nt* oblivion; **предáть ~ю** to consign to oblivion.

забéг, а *m* (*sport*) race.

забегáловк|а, и *f* (*coll*) snack bar.

забéга|ть, ю *pf* **1** (*начать бегать*) to start running. **2** (*о глазах*) to become shifty.

забегá|ть, ю *impf of* ⇒**забежáть**

забéга|ться, юсь *pf* (*coll*) to run o.s. to a standstill.

забе|жáть, гý, жи́шь, гýт *pf* (*of* ⇒**~гáть**) **1** (**в** + *a*) to run in(to). **2** (**к** + *d*; *coll*) to drop in (to see). **3** (*далеко*) to run off; (*неизвестно куда*) to stray. **4**: **з. сбóку** to come running from the side; **з. вперёд** to run ahead; (*fig, coll*) to rush ahead.

забелé|ть, ет *pf* **1** (*начать белеть*) to begin to turn white. **2** (*показаться*) to appear white (in the distance).

забел|и́ть, ю́, ~и́шь *pf* **1** to whiten, paint white. **2** (*coll*) to add milk, cream (to); **з. чай молокóм** to put milk in tea.

заберéмене|ть, ю *pf* (*of* ⇒**берéменеть**) to become pregnant.

забеспокó|иться, юсь, ишься *pf* to begin to worry.

забивá|ть(ся), ю(сь) *impf of* ⇒**заби́ть(ся)**[1]

забинт|овáть, ýю *pf* (*of* ⇒**~óвывать**) to bandage.

забинт|овáться, ýюсь *pf* (*of* ⇒**~óвываться**) to bandage o.s.

забинтóвыва|ть(ся), ю(сь) *impf of* ⇒**забинтовáть(ся)**

забирá|ть(ся), ю(сь) *impf of* ⇒**забрáть(ся)**

заби́т|ый (~, ~а) *ppp of* ⇨**~ь** *and adj* cowed, downtrodden.

заб|и́ть[1], ью́, ьёшь *pf* (*of* ⇨**~ива́ть**) **1** (*вбить*) to drive in, hammer in, ram in; **з. себе́ в го́лову** to get (it) firmly fixed in one's head.
2 (*sport*) to score; **з. мяч** to kick the ball into the goal; **з. гол** to score a goal.
3 (*заделать*) to seal, stop up, block up; **з. ще́ли па́клей** to caulk up cracks with oakum.
4 (*закрыть проход*) to obstruct; (*заглушить*) to choke.
5 (+ *i*; *coll*) (*наполнить*) to cram, stuff (with).
6 (*избить*) to beat up, knock senseless; **з. до́ сме́рти** to beat to death; (*fig*) to render defenceless (*Br*), defenseless (*US*).
7 (*coll*) (*превзойти*) to beat (*at sth*); to outdo, surpass.
8 (*убить*) to slaughter (*cattle*).

заб|и́ть[2], ью́, ьёшь *pf* (*in various senses; trans and intrans*) to begin to beat (*in some cases forms pf aspect of* ⇨**бить**); **з. трево́гу** to sound the alarm; **у нас из сква́жины ~и́ла нефть** we have struck oil.

заб|и́ться[1], ью́сь, ьёшься *pf* (*of* ⇨**~ива́ться**) **1** (**в** + *a*) (*спрятаться*) to hide (in), take refuge (in). **2** (**в** + *a*) (*проникнуть*) to get (into), penetrate.
3 (+ *i*) (*засориться*) to become cluttered (with), clogged (with).

заб|и́ться[2], ью́сь, ьёшься *pf* (*начать биться*) to begin to beat (*intrans*).

забия́к|а, и *cg* (*coll*) troublemaker; bully.

заблаговре́менно *adv* in good time; well in advance; **з. предупреди́ть** to warn in advance.

заблаговре́менный *adj* timely, done in good time.

заблагорассу́д|иться, ится *pf* (*impers*) to like, think fit; to come into one's head; **он придёт, когда́ ему́ ~ится** he will come when he thinks fit, when he feels so disposed.

забле|сте́ть, щу́, сти́шь *pf* to begin to shine, glitter, glow.

забле́|ять, ю, ешь *pf* to begin to bleat.

заблу|ди́ться, жу́сь, ~́дишься *pf* to lose one's way, get lost.

заблу́дш|ий *adj* lost, stray; **~ая овца́** a lost sheep.

заблужда́|ться, юсь *impf* to be mistaken.

заблужде́ни|е, я *nt* error; delusion; **ввести́ в з.** to delude, mislead; **впасть в з.** to be deluded.

забода́|ть, ю *pf of* ⇨**бода́ть**

забо́|й[1], я *m* (*mining*) (pit) face.

забо́|й[2], я *m* (*убой*) slaughtering.

забо́йщик, а *m* faceworker, getter (*in mine*).

забола́чива|ться, ется *impf of* ⇨**заболо́титься**

заболева́емост|ь, и *f* sickness rate; number of cases; **з. полиомиели́том утро́илась за про́шлую неде́лю** the number of polio cases has tripled during the last week.

заболева́ни|е, я *nt* sickness, illness.

заболева́|ть[1], ю *impf of* ⇨**заболе́ть[1]**

заболева́|ть[2], ет *impf of* ⇨**заболе́ть[2]**

заболе́|ть[1], ю, ешь *pf* (*of* ⇨**~ва́ть[1]**) **1** (*заразиться*) to fall ill, fall sick; (+ *i*) to be taken ill (with), go down (with). **2** (+ *i*) (*увлечься*) to get mad keen (on).

забол|е́ть[2], и́т *pf* (*of* ⇨**~ева́ть[2]**) (*о появившейся боли*) to (begin to) ache, hurt; **у меня́ ~е́л зуб** my tooth has started to ache.

заболо́|титься, тится *pf* (*of* ⇨**забола́чиваться**) to turn into swamp (*intrans*).

заболта́|ть[1], ю *pf* **1** (+ *i*) to begin to swing. **2** (*impf* **заба́лтывать**) (*примешать*) to mix (in).

заболта́|ть[2], ю *pf* (*coll*) to start chattering, nattering.

заболта́|ться[1], юсь *pf* (*coll*) to begin to swing.

заболта́|ться[2], юсь *pf* (*coll*) to become engrossed in conversation.

забо́р[1], а *m* fence.

забо́р[2], а *m* taking.

забо́рист|ый (~, ~а) *adj* (*coll*) **1** (*пиво, табак*) strong. **2** (*fig*) racy; **з. анекдо́т** risqué story.

забо́р|ный *adj* **1** *adj of* ⇨**~[1]**.
2 coarse, indecent; risqué.

забо́ртный *adj* (*naut*) outboard; **з. дви́гатель** outboard motor.

забо́т|а, ы *f* **1** (*беспокойство*) care(s), trouble(s); **без ~** carefree; **ему́ ма́ло ~ы** what does he care? **2** (*уход*) care, attention(s); concern; **з. о челове́ке** concern for people's welfare.

забо́|тить, чу, тишь *impf* to trouble, worry, cause anxiety.

забо́|титься, чусь, тишься *impf* (*of* ⇨**по~**) (**о** + *p*) **1** (*беспокоиться*) to worry, be troubled (about).
2 (*ухаживать*) to take care (of); to take trouble (about); to care (about); **он ни о чём не ~тится** he does not care about anything.

забо́тливост|ь, и *f* solicitude, care, thoughtfulness.

забо́тлив|ый (~, ~а) *adj* solicitous, thoughtful; caring.

забрако́в|анный *ppp of* ⇨**~а́ть**; **з. това́р** rejects.

забрак|ова́ть, у́ю *pf of* ⇨**бракова́ть**

забра́л|о, а *nt* visor; **с откры́тым ~ом** openly, frankly.

забра́сыва|ть, ю *impf of* ⇨**заброса́ть** *and* ⇨**забро́сить**

забра́|ть[1], заберу́, заберёшь, *past* **~л, ~ла́, ~ло** *pf* (*of* ⇨**забира́ть**)
1 (*взять*) to take (*in one's hands*); (*человека*) to take (with one); **з. во́жжи** to take the reins; **з. с собо́й ве́щи** to take one's things with one; **з. себе́ в го́лову** to take it onto one's head; **з. за живо́е** to touch to the quick.
2 (*арестовать*) to arrest; (*отнять*) to take away; to seize, appropriate.
3 (*coll*) (*о чувствах*) to come over, seize; **его́ ~ла́ охо́та пое́хать в Аме́рику** he was seized with a desire to go to America.
4 (*сузить*) to take in (*part of a garment, etc.*).
5 (*уклониться в сторону*) to turn off, aside.

забра́|ть[2], заберу́, заберёшь, *past* **~л, ~ла́, ~ло** *pf* (*of* ⇨**забира́ть**) to stop up, block up.

забра́|ться, заберу́сь, заберёшься, *past* **~лся, ~ла́сь** *pf* (*of* ⇨**забира́ться**) **1** (**в** + *a*) to get (into); (**в, на** + *a*) to climb (into, on to); **з. в чужо́й дом** to get into s.o. else's house.
2 (*уйти, уехать*) to get to; (*спрятаться*) to hide out, go into hiding; **куда́ они́ ~лись?** where have they got to?

забре́|дить, жу, дишь *pf* to become delirious.

забре́зж|ить, ит *pf* to begin to dawn; to begin to appear; **чуть ~ил свет** it was barely light; (*impers*): **~ило** it is just beginning to get light.

забре|сти́, ду́, дёшь, *past* **~̃л, ~ла́** *pf* (*coll*) **1** (*зайти*) to drop in.
2 (*бредя, уйти далеко*) to go astray, wander off.

забр|и́ть, е́ю, е́ешь *pf* (*coll*) to call up (into the army); **з. лоб** (+ *d*) = **з.**

заброни́р|овать, ую *pf* (*of* ⇨**брони́ровать**) to reserve.

забронир|ова́ть, у́ю *pf* (*of* ⇨**бронирова́ть**) to armour (*Br*), armor (*US*).

забро́с, а *m*: **в ~е** (*coll*) in a state of neglect.

заброса́|ть, ю *pf* (*of* ⇨**забра́сывать**) (+ *a and i*)
1 (*заполнить*) to fill (up) (with); **з. я́му золо́й** to fill up a hole with ashes.
2 (*осыпать*) to shower (with), bespatter (with); **з. кого́-н. гря́зью** to sling mud at s.o. (*also fig*); **з. кого́-н. бла́нками** to deluge s.o. with forms.

забро́|сить, шу, сишь *pf* (*of* ⇨**забра́сывать**) **1** (*метнуть*) to throw (*with force or to a distance*); to cast (*also fig*); **кто ~сил мя́чик в окно́?** who threw a ball through the window?; **вое́нная слу́жба ~сила его́ на Да́льний Восто́к** military service took him to the Far East. **2** (*часть тела*) to throw; **з. го́лову наза́д** to throw one's head back. **3** (*pf only*) (*затерять*) to mislay. **4** (*оставить*) to throw up, give up, abandon; to neglect, let go; **з. иссле́дования** to throw up one's research; **з. дете́й** to neglect children.
5 (*доставить в определённое место*) to take, bring.

забро́шенност|ь, и *f* **1** (*сада*) neglect. **2** (*места*) desolation.

забро́|шенный *ppp of* ⇨**~сить** *and adj* **1** (*сад, человек*) neglected.
2 (*место*) deserted, desolate.

забры́зг|ать[1], аю *pf* (*of* ⇨**~ивать**) (+ *i*) to splash; to bespatter (with).

забры́з|гать[2], жет *pf* to begin to play (*of a fountain*).

забры́згива|ть, ю *impf of* ⇨**забры́згать[1]**

заб|у́ду, у́дешь *see* ⇨**~ы́ть**

забукси́р|овать, ую *pf* to take in tow.

забулды́г|а, и *cg* (*coll*) drunkard.

забуха́|ть, ет *impf of* ⇨**забу́хнуть**

забу́х|нуть, нет, *past* **~, ~ла** *pf* (*of* ⇨**~а́ть**) to swell (up) (*from damp*).

забыва́|ть(ся), ю(сь) *impf of* ⇒**забы́ть(ся)**

забы́вчив|ый (~, ~а) *adj* forgetful; absent-minded.

заб|ы́ть, у́ду, у́дешь *pf* (*of* ⇒**~ыва́ть**) **1** (+ *a or* **о** + *p or inf*) to forget; **себя́ не з.** to take care of o.s. **2** (*случайно оставить*) to leave behind, forget (to bring); **вы опя́ть ~ы́ли биле́ты** you have forgotten the tickets again.

забытьё|ё, я́, в ~и́ *nt* **1** (*дремота*) drowsy state. **2** (*беспамятство*) half-conscious state, oblivion. **3** (*задумчивость*) (state of) distraction.

заб|ы́ться, у́дусь, у́дешься *pf* (*of* ⇒**~ыва́ться**) **1** (*задремать*) to doze off, drop off. **2** (*потерять сознание*) to become unconscious, lose consciousness. **3** (*замечтаться*) to sink into a reverie. **4** (*coll*) (*выйти из границ приличия*) to forget o.s.

зав, а *m* (*abbr of* **заве́дующий, заве́дующая**); (*coll*) boss.

зав. (*abbr of* **заве́дующий, заве́дующая**) manager.

зав... *comb form, abbr of* **1 заве́дующий, заве́дующая**. **2 заводско́й, заво́дский**

зава́л, а *m* obstruction, blockage.

зава́лива|ть(ся), ю(сь) *impf of* ⇒**завали́ть(ся)**

зава́линк|а, и *f* zavalinka (*a mound of earth round the outer wall of a Russian peasant hut serving as protection from the weather and often used for sitting out*).

завал|и́ть, ю́, ~́ишь *pf* (*of* ⇒**~́ивать**) **1** (*загромоздить*) to block up, obstruct; to fill (*so as to block up*). **2** (+ *i*; *coll*) (*заполнить*) to pile (with); to fill cram-full (with); (*fig*) (*переобременить*) to overload with; **прила́вок ~́ен коро́бками** the stall is piled high with boxes; **реда́кция ~́ена рабо́той** the editors are snowed under with work. **3** (*coll*) (*запрокинуть*) to throw back; to tip up, cant. **4** (*coll*) (*обрушить*) to knock down, demolish. **5** (*fig, coll*) (*провалить*) to make a mess (of), muck up.

завал|и́ться, ю́сь, ~́ишься *pf* (*of* ⇒**~́иваться**) **1** (*упасть*) to fall; to collapse; **нож ~и́лся за шкаф** the knife has fallen behind the cupboard. **2** (*coll*) (*лечь*) to lie down; **з. спать** to fall into bed. **3** (*coll*) (*опрокинуться*) to overturn, tip up. **4** (*fig, coll*) (*провалиться*) to come to grief.

заваля́|ться, ется *pf* (*coll*) to lie around.

заваля́щий *adj* (*coll*) long unsold, shop-soiled; worthless, useless.

зава́рива|ть(ся), ю, ет(ся) *impf of* ⇒**завари́ть(ся)**

завар|и́ть, ю́, ~́ишь *pf* (*of* ⇒**~́ивать**) **1** to make (*drinks, etc., by pouring on boiling water*); **з. чай** to brew tea; **з. ка́шу** (*fig*) to start trouble; **ну и ~и́л ка́шу!** now the fat's in the fire. **2** (*coll*) (*начать*) to start, initiate.

завар|и́ться, ~́ится *pf* (*of* ⇒**~́иваться**) **1** (*о напитках*) to brew. **2** (*coll*) (*начаться*) to start; **~и́лось бо́льшое де́ло** there's big trouble brewing.

зава́рк|а, и *f* **1** (*действие*) brewing (*of tea, etc.*). **2** (*coll*) (*сухой чай*) enough tea for one brew; (*заваренный чай*) brew.

заварно́й *adj* (*cul*) boiled; **~ крем** custard.

заварух|а, и *f* (*coll*) commotion, stir.

заведе́ни|е, я *nt* establishment, institution.

заве́д|овать, ую *impf* (+ *i*) to manage, superintend; to be in charge (of).

заве́домо *adv* wittingly; (+ *adj*) known to be; **з. зна́я** being fully aware; **переда́ть з. необосно́ванный слух** to pass on a rumour (*Br*), rumor (*US*) known to be unfounded.

заве́домый *adj* (*хорошо известный*) notorious; (*несомненный*) undoubted.

заве|ду́, дёшь *see* ⇒**~сти́**

заве́дующ|ий, его *m* (+ *i*) manager (of); head (of); person in charge (of); **з. уче́бной ча́стью** director of studies; **з. отде́лом** head of a department.

завез|ти́, у́, ёшь, *past* ~́, **~ла́** *pf* (*of* ⇒**завози́ть**[1]) **1** (*привезти*) to deliver, drop off; **з. запи́ску по доро́ге домо́й** to deliver a note on the way home. **2** (*увезти*) to take (to a distance *or* out of one's way).

заверб|ова́ть, у́ю *pf of* ⇒**вербова́ть**

заве́рени|е, я *nt* (*уверение*) assurance; (*заявление*) protestation.

завери́тел|ь, я *m* witness (*to a signature, etc.*).

заве́р|ить, ю, ишь *pf* (*of* ⇒**~я́ть**) **1** (**в** + *p*) (*убедить*) to assure (of). **2** (*удостоверить*) to certify; **з. по́дпись** to witness a signature.

заве́рк|а, и *f* certification.

заверн|у́ть, у́, ёшь *pf* (*of* ⇒**завёртывать**) **1** (**в** + *a*) (*обернуть*) to wrap (in); **~и́те его́ в одея́ло** wrap him in a blanket. **2** (*загнуть*) to tuck up, roll up (*sleeve, etc.*). **3** (*свернуть в сторону*) to turn (*intrans*); **з. напра́во** to turn to the right. **4** (*coll*) (*зайти*) to drop in, call in. **5** (*завинтить*) to screw tight; (*закрыть*) to turn off (*by screwing*); **з. га́йку** to screw a nut tight; **з. кран** to turn off a tap; **з. во́ду** to turn the water off.

заверн|у́ться, у́сь, ёшься *pf* (*of* ⇒**завёртываться**) **1** (**в** + *a*) to wrap o.s. up (in), muffle o.s. (in). **2** *passive of* ⇒**~у́ть**

завер|те́ть, чу́, ~́тишь *pf* **1** to begin to twirl. **2**: **з. кого́-н.** (*fig, coll*) to turn s.o.'s head.

завер|те́ться, чу́сь, ~́тишься *pf* **1** to begin to turn, begin to spin. **2** (*coll*) to be in a whirl.

завёртыва|ть(ся), ю(сь) *impf of* ⇒**заверну́ть(ся)**

заверш|а́ть, а́ю *impf of* ⇒**~и́ть**

заверше́ни|е, я *nt* completion; end; **в з.** in conclusion.

заверш|и́ть, у́, и́шь *pf* (*of* ⇒**~а́ть**) to complete, conclude, crown.

завер|я́ть, я́ю *impf of* ⇒**~́ить**

заве́с|а, ы *f* (*obs*) curtain; **дымова́я з.** (*mil*) smokescreen; (*fig*) veil, screen; **приподня́ть ~у** to lift the veil.

заве́|сить, шу, сишь *pf* (*of* ⇒**~шивать**) to curtain (off).

заве|сти́, ду́, дёшь, *past* **~́л, ~ла́** *pf* (*of* ⇒**заводи́ть**) **1** (*привести*) to take, bring (*to a place*); to leave, drop off (*at a place*). **2** (*увести*) to take (to a distance *or* out of one's way). **3** (*основать*) to set up; to start; **з. де́ло** (*coll*) to set up in business; **з. семью́** to start a family; **з. перепи́ску с кем-н.** to start up a correspondence with s.o. **4** (*приобрести*) to acquire. **5** (*ввести*) to institute, introduce (*as a custom*); **з. привы́чку** (+ *inf*) to get into the habit (of); **у нас так ~дено́** this is our custom. **6** (*часы*) to wind (up); (*машину*) to start; **з. мото́р** to start an engine.

заве|сти́сь, ду́сь, дёшься, *past* **~́лся, ~ла́сь** *pf* (*of* ⇒**заводи́ться**) **1** (*появиться*) to be; to appear; **в по́гребе ~ли́сь кры́сы** there are rats in the cellar. **2** (*установиться*) to be established, be set up; **~ло́сь обыкнове́ние** it has become a habit. **3** (*coll*) to get wound up, get worked up. **4** (*о механизме*) to start (*intrans*).

заве́т, а *m* **1** (*rhetorical*) behest, bidding, ordinance. **2**: **Ве́тхий/Но́вый З.** the Old/New Testament.

заве́тн|ый *adj* (*мечты*) cherished; (*разговор*) intimate; (*талисман*) secret; (*склад*) hidden; **стать кинозвездо́й — её ~ая мечта́** her secret ambition is to become a film star.

заве́ш|ать, аю *pf* (*of* ⇒**~ивать**) (+ *a and i*) to hang (all over); **он ~ал сте́ны своего́ кабине́та фотогра́фиями** he has hung the walls of his study with photographs.

заве́шива|ть, ю *impf of* ⇒**заве́сить** *and* ⇒**заве́шать**

завеща́ни|е, я *nt* will, testament.

завеща́тел|ь, я *m* (*law*) testator.

завеща́тельниц|а, ы *f* (*law*) testatrix.

завеща́|ть, ю *impf and pf* (+ *a and d*) to leave (to), bequeath (to); (+ *d* + *inf*) (*поручить*) to instruct.

завзя́тый *adj* (*coll*) inveterate, out-and-out.

завива́|ть(ся), ю(сь) *impf of* ⇒**зави́ть(ся)**

зави́вк|а, и *f* **1** (*действие*) waving; curling; **сде́лать себе́ ~у** to have one's hair waved. **2** (*причёска*) (hair) wave.

зави́|деть, жу, дишь *pf* (*coll*) to catch sight of.

зави́дно *as pred* (*impers*, + *d*) to feel envious.

зави́д|ный (~ен, ~на) *adj* enviable.

зави́д|овать, ую *impf* (*of* ⇒**по~**) (+ *d*) to envy; be jealous of.

завиду́щий *adj* (*coll*) envious, covetous.

завизж|а́ть, у́, и́шь *pf* to begin to scream, squeal.

завизи́р|овать, ую *pf of* ⇒**визи́ровать**[1]

завин|ти́ть, чу́, ти́шь *pf* (*of* ⇒**~́чивать**) to screw up.

завин|ти́ться, чу́сь, ти́шься *pf* (*of* ⇒**~́чиваться**) to screw up (*intrans*).

зави́нчива|ть(ся), ю(сь) *impf of* ⇒**завинти́ть(ся)**

завира́|ться, юсь *impf of* ⇨**завра́ться**

зависа́|ть, ю *impf of* ⇨**зави́снуть**

зави́|сеть, шу, сишь *impf* (**от** + *g*) to depend (on); **я помогу́ тебе́, наско́лько от меня́ ~сит** I will do everything in my power to help you.

зави́симость *f* dependence; **з. от нарко́тиков, наркоти́ческая з.** dependence on drugs, drug dependence; **в ~и** (**от** + *g*) depending (on), subject (to).

зави́сим|ый (~, ~а) *adj* (**от** + *g*) dependent (on).

зави́сн|уть, ет *pf* (*of* ⇨**зависа́ть**) **1** (*comput*) to crash. **2** (*impf only*) (*о вертолёте*) to hover.

зави́стлив|ый (~, ~а) *adj* envious.

зави́стник, а *m* envious person.

за́вист|ь, и *f* envy; jealousy.

завит|о́й *and* **~́ый (за́вит, ~а́, за́вито)** *adj* curled; waved.

завит|о́к, ка́ *m* **1** (*локон*) curl, lock. **2** (*почерка*) flourish. **3** (*archit*) volute, scroll.

зав|и́ть, ью́, ьёшь, *past* **~и́л, ~ила́, ~и́ло** *pf* (*of* ⇨**~ива́ть**) to curl, to wave, to twist, wind.

зав|и́ться, ью́сь, ьёшься, *past* **~и́лся, ~ила́сь** *pf* (*of* ⇨**~ива́ться**) **1** (*виться*) to curl, wave, twine (*intrans*). **2** (*завить себе волосы*) to curl, wave one's hair; (*у парикмахера*) to have one's hair curled, waved.

завко́м, а *m* (*abbr of* **заводско́й комите́т**) factory committee.

завладева́|ть, ю *impf of* ⇨**завладе́ть**

завладе́|ть, ю *pf* (*of* ⇨**~ва́ть**) (+ *i*) to take possession (of); to seize, capture (*also fig*); **он ~л внима́нием слу́шателей** he captured the audience's attention.

завлека́тел|ьный (~ен, ~ьна) *adj* (*coll*) alluring; fascinating, captivating.

завлека́|ть, ю *impf of* ⇨**завле́чь**

завле́|чь, ку́, чёшь, ку́т, *past* **~́к, ~кла́** *pf* (*of* ⇨**~ка́ть**) **1** (*заманить*) to lure, entice. **2** (*соблазнить*) to fascinate, captivate.

заво́д¹, а *m* **1** factory, mill; works; **нефтеочисти́тельный з.** oil refinery. **2 (ко́нный) з.** stud (farm).

заво́д², а *m* (*у часов*) winding mechanism; **игру́шка с ~ом** clockwork toy.

заводи́л|а, ы *cg* (*coll*) instigator; live wire.

заво|ди́ть, жу́, ~́дишь *impf of* ⇨**завести́**

завод|и́ться, жу́сь, ~́ишься *impf of* ⇨**завести́сь**

заводн|о́й *adj* **1** (*игрушка*) clockwork. **2** (*tech*) winding, starting; **~а́я рукоя́тка/ру́чка** starting crank.

заводоуправле́ни|е, я *nt* works management.

заво́д|ский *adj of* ⇨**~¹**; **~ская ло́шадь** stud horse; *as n* **з., ~ского** *m* factory worker.

завод|ско́й = **~́ский**

заво́дчик, а *m* factory owner, mill owner.

за́вод|ь, и *f* creek, backwater.

завоева́ни|е, я *nt* **1** (*действие*) conquest; winning; **Норма́ндское з. (А́нглии)** (*1066*) Norman Conquest; **з. незави́симости** winning of independence. **2** (*захваченная территория*) conquest; (*fig*) (*достижение*) achievement, attainment; **нове́йшие ~я те́хники** the latest achievements of technology.

завоева́тел|ь, я *m* conqueror.

завоева́тельн|ый *adj* aggressive; **~ая война́** war of conquest.

заво|ева́ть, ю́ю, ю́ешь *pf* (*of* ⇨**~ёвывать**) to conquer; (*fig*) to win, gain; **з. симпа́тии** to gain sympathy.

завоёвыва|ть, ю *impf of* ⇨**завоева́ть**; to try to get.

заво́з, а *m* delivery.

заво|зи́ть¹, жу́, ~́зишь *impf of* ⇨**завезти́**

заво|зи́ть², жу́, ~́зишь *pf* (*coll*) to dirty, soil.

заво|зи́ться¹, жу́сь, ~́зишься *impf, passive of* ⇨**~зи́ть¹**

заво|зи́ться², жу́сь, ~́зишься *pf* (*coll*) to begin to play about.

завозно́й *adj* = **заво́зный**

заво́зный *adj* imported.

завола́кива|ть(ся), ю(сь) *impf of* ⇨**заволо́чь(ся)**

заволн|ова́ться, у́юсь *pf* to become agitated.

заволо́|чь, ку́, чёшь, ку́т, *past* **~к, ~кла́** *pf* (*of* ⇨**заволакивать**) to cloud; to obscure; **тума́н ~к со́лнце** the sun was obscured by fog; **её глаза́ ~кло́ слеза́ми** her eyes were clouded with tears.

заволо́|чься, чётся, ку́тся, *past* **~кся, ~кла́сь** *pf* (*of* ⇨**завола́киваться**) to cloud over, become clouded.

завоп|и́ть, лю́, и́шь *pf* (*coll*) to cry out, yell; to give a cry.

заворáжива|ть, ю *impf of* ⇨**заворожи́ть**

заворáчива|ть¹, ю *impf* = **завёртывать**

заворáчива|ть², ю *impf* **1** *impf of* ⇨**заворoти́ть**. **2** (*impf only*) (+ *i*; *coll*) to be boss (of).

заворож|и́ть, у́, и́шь *pf* (*of* ⇨**заворáживать**) to cast a spell (over), bewitch; (*fig*) to fascinate.

заворо́т, а *m* (*coll*) **1** (*действие*) turn, turning. **2** (*дороги, реки*) bend.

завор|оти́ть, очу́, о́тишь *pf* (*of* ⇨**заворáчивать² 1**) **1** (*свернуть в сторону*) to turn. **2** (*зайти*) to turn in; to drop in. **3** (*загнуть*) to roll up; to tuck up.

завр|а́ться, у́сь, ёшься, *past* **~а́лся, ~ала́сь** *pf* (*of* ⇨**завира́ться**) (*coll*) to become entangled in lies.

завсегда́ *adv* (*coll*) always.

завсегда́та|й, я *m* habitué, frequenter, regular; **театра́льный з.** regular theatregoer; **з. ба́ров** barfly.

за́втра *adv* tomorrow; **до з.!** see you tomorrow!

за́втрак, а *m* breakfast; **второ́й з.** elevenses, mid-morning snack.

за́втрака|ть, ю *impf* (*of* ⇨**по~**) to (have) breakfast; (*среди дня*) to (have) lunch.

за́втрашний *adj* tomorrow's; **з. день** tomorrow, (*poetical*) the morrow.

завуали́р|овать, ую *pf of* ⇨**вуали́ровать**

за́вуч, а *m* (*abbr of* **заве́дующий/заве́дующая уче́бной ча́стью**) director of studies.

завхо́з, а *m* (*abbr of* **заве́дующий/заве́дующая хозя́йством**) bursar, steward.

завыва́|ть, ю *impf* to howl.

завы́|сить, шу, сишь *pf* (*of* ⇨**~ша́ть**) to raise too high; **з. отме́тку на экза́мене** to give too high a mark in an examination.

зав|ы́ть, о́ю, о́ешь *pf* to begin to howl.

завыша́|ть, ю *impf of* ⇨**завы́сить**

завя|за́ть¹, жу́, ~́шешь *pf* (*of* ⇨**~́зывать**) **1** (*узел, шнурки*) to tie; (*пакет*) to tie up; (*галстук*) to knot; **з. шнурки́ боти́нок** to tie up one's shoelaces. **2** (*палец*) to bind (up). **3** (*fig*) (*начать*) to start; **з. бой** to join battle; **з. перепи́ску** to start a correspondence; **з. разгово́р** to strike up a conversation.

завяза́|ть², ю *impf of* ⇨**завя́знуть**

завя|за́ться, ~́жется *pf* (*of* ⇨**~́зываться**) **1** *passive of* ⇨**~за́ть**. **2** (*начаться*) to start; to arise.

завя́зк|а, и *f* **1** (*то, чем завязывают*) string, lace, band. **2** (*начало*) beginning, start; (*романа*) opening.

завя́з|нуть, ну, нешь, *past* **~, ~ла** *pf* (*of* ⇨**~а́ть²**) to stick, get stuck; **з. в долга́х** to be up to one's ears in debt.

завя́зыва|ть(ся), ет(ся) *impf of* ⇨**завяза́ть(ся)**

за́вязь, и *f* (*bot*) ovary.

завя́|нуть, ну, нешь, *past* **~л** *pf of* ⇨**вя́нуть**

загад|а́ть, а́ю *pf* (*of* ⇨**~́ывать**) **1**: **з. зага́дки** to ask riddles. **2** (*задумать*) to think of; **~а́йте число́** think of a number. **3** (*замыслить*) to plan ahead, look ahead.

зага́|дить, жу, дишь *pf* (*of* ⇨**~живать**) (*coll*) to soil, dirty, befoul.

зага́дк|а, и *f* riddle; (*fig*) enigma; mystery.

зага́доч|ный (~ен, ~на) *adj* enigmatic; mysterious.

зага́дыва|ть, ю *impf of* ⇨**загада́ть**

зага́жива|ть, ю *impf of* ⇨**зага́дить**

загазо́ванност|ь, и *f* pollution (*with gases*).

загазо́ван|ный (~, ~а) *adj* polluted (*with gases*).

зага́р, а *m* sunburn, (sun)tan.

загаса́|ть, ет *impf of* ⇨**зага́снуть**

зага|си́ть, шу́, ~́сишь *pf of* ⇨**гаси́ть 1**

зага́с|нуть, нет, *past* **~, ~ла** *pf* (*of* ⇨**~а́ть**) (*coll*) to go out.

зага́шник, а *m* (*coll*) stash (*a secret store*); **в ~е** stashed away.

загво́здк|а, и *f* (*coll*) snag, obstacle; **вот в чём з.!** there's the rub!

заги́б, а *m* **1** (*складка*) fold, crease; (*поворот*) bend. **2** (*в поведении*) deviation, quirk.

загиба́|ть(ся), ю(сь) *impf of* **⇒загну́ть(ся)**

загипнотизи́р|овать, ую *pf of* **⇒гипнотизи́ровать**

загла́ви|е, я *nt* title; heading; **под ∼ем** entitled, headed.

загла́в|ный *adj of* **⇒∼ие**; **з. лист** title page; **∼ная бу́ква** capital letter; **∼ные бу́квы** initials; **∼ная роль** (*theatr*) title role; **∼ное сло́во** headword.

загла́|дить, жу, дишь *pf* (*of* **⇒∼живать**) **1** (*сделать гладким*) to iron (out), press. **2** (*fig*) (*смягчить*) to make up (for), make amends (for); **з. грехи́** to expiate one's sins.

загла́жива|ть, ю *impf of* **⇒загла́дить**

загла́зно *adv* (*coll*) behind s.o.'s back.

загла́зн|ый *adj* (*coll*) done, said in s.o.'s absence, behind s.o.'s back; **∼ая клевета́** scandal uttered about s.o. behind his back; backbiting.

загла́тыва|ть, ю *impf of* **⇒заглота́ть**

заглота́|ть, ю *pf* (*of* **⇒загла́тывать**) to swallow.

загло́хн|уть, у, ешь *pf of* **⇒гло́хнуть 2, 3**

заглуш|а́ть, а́ю *impf of* **⇒∼и́ть**

заглуш|и́ть, у́, и́шь *pf* (*of* **⇒глуши́ть 2, 3, 4** *and* **⇒∼а́ть**) **1** (*звуки*) to drown, deaden, muffle. **2** (*передачи*) to jam. **3** (*растения*) to choke. **4** (*fig*) (*подавить*) to suppress, stifle.

загляде́нь|е, я *nt* (*coll*) lovely sight; sight for sore eyes.

загля|де́ться, жу́сь, ди́шься *pf* (*of* **⇒∼дываться**) (**на** + *a*; *coll*) to stare (at); to be lost in admiration (of).

загля́дыва|ть, ю *impf of* **⇒загляну́ть**

загля́дыва|ться, юсь *impf of* **⇒загляде́ться**

загля́н|уть, у́, ∼ешь *pf* (*of* **⇒загля́дывать**) **1** (*взглянуть*) to peep; to glance; **она́ ∼у́ла в окно́ и уви́дела, что де́ти засну́ли** she peeped in at the window and saw that the children had gone to sleep; **з. в газе́ты** to glance at the newspapers. **2** (*coll*) (*зайти*) to look in, drop in; **∼и́те к нам, пожа́луйста!** please look in (on us)!

загна́ива|ть(ся), ю *impf of* **⇒загнои́ть(ся)**

за́гнанный *ppp of* **⇒загна́ть** *and adj* **1** (*замученный*) tired out, exhausted; **как з. зверь** at the end of one's tether. **2** (*запуганный*) downtrodden, cowed.

загна́|ть, загоню́, заго́нишь, *past* **∼л, ∼ла́, ∼ло** *pf* (*of* **⇒загоня́ть**[1]) **1** to drive in; **з. коро́в в хлев** to drive the cows into the shed, get the cows in; **з. мяч в воро́та** (*sport*) to score, shoot a goal. **2** (*заставить уйти, уехать*) to drive (off). **3** (*замучить*) to tire out, exhaust; to drive to exhaustion. **4** (*coll*) (*вбить*) to drive home; **з. сва́и в зе́млю** to drive piles into the ground. **5** (*coll*) (*продать*) to sell, flog (*Br*).

загнива́ни|е, я *nt* rotting, putrescence; (*fig*) decay; (*med*) suppuration.

загнива́|ть, ю *impf of* **⇒загни́ть**

загни́|ть, ю́, ёшь, *past* **∼л, ∼ла́, ∼ло** *pf* (*of* **⇒∼ва́ть**) to begin to rot; to rot, decay (*also fig*); (*med*) to fester.

загно|и́ть, ю́, и́шь *pf* (*of* **⇒загна́ивать**) (*coll*) **1** (*рану*) to allow to fester. **2** (*овощи*) to allow to rot, allow to decay.

загно|и́ться, и́тся *pf* (*of* **⇒загна́иваться**) to fester.

загн|у́ть, у́, ёшь *pf* (*of* **⇒загиба́ть**) **1** (*вверх*) to turn up; (*вниз*) to turn down; (*сгибать*) to bend, fold; to crease; **з. страни́цу** to dog-ear a page. **2** (*свернуть в сторону*) to turn (*intrans*); **з. за́ угол** to turn a corner. **3** (*coll*) (*сказать*) to utter; **ну и слове́чко ∼у́л!** (*ironical*) what language!

загн|у́ться, у́сь, ёшься *pf* (*of* **⇒загиба́ться**) **1** (*вверх*) to turn up, stick up; (*вниз*) to turn down. **2** (*sl*) (*умереть*) to turn up one's toes.

загова́рива|ть, ю *impf of* **⇒заговори́ть**[1]

загова́рива|ться, юсь *impf* (*of* **⇒заговори́ться**) **1** (*увлечься разговором*) to be carried away by a conversation. **2** (*impf only*) (*говорить бессмыслицу*) to rave; to ramble (*in speech*).

за́говор, а[1] *m* plot, conspiracy.

загово́р, а[2] *m* (*заклинание*) charm, spell.

заговор|и́ть[1]**, ю́, и́шь** *pf* (*of* **⇒загова́ривать**) **1** (*coll*) (*утомить разговором*) to talk s.o.'s head off. **2** (*заколдовать*) to cast a spell (over); (**от** + *g*) to put on a spell (against); **з. зу́бы кому́-н.** (*coll*) to distract s.o. with smooth talk.

заговор|и́ть[2]**, ю́, и́шь** *pf* (*начать говорить*) to begin to speak.

заговор|и́ться, ю́сь, и́шься *pf of* **⇒загова́риваться**

загово́рщик, а *m* conspirator, plotter.

загово́рщи|ца, цы *f of* **⇒∼к**

загово́рщицкий *adj* (*coll*) conspiratorial.

загово́рщический *adj* = **загово́рщицкий**

за́годя *adv* (*coll*) in good time.

загол|и́ть, ю́, и́шь *pf* (*of* **⇒∼я́ть**) to bare.

заголо́в|ок, ка *m* **1** (*заглавие*) title; heading. **2** (*газетный*) headline.

заголя́|ть, ю *impf of* **⇒заголи́ть**

заго́н, а *m* **1** (*действие*) driving in; rounding up. **2** (*для скота*) enclosure; (*для овец*) pen. **3** (*полоса*) strip (of ploughed land). **4**: **быть в ∼е** (*fig*) to be kept down; **у кого́-н. в ∼е** under s.o.'s thumb. **5**: **в ∼е** (*sl*) to one's credit, 'chalked up'; **у него́ в ∼е три дня** he had three days' (work) to his credit.

заго́нщик, а *m* (*hunting*) beater.

за|гоню́, го́нишь *see* **⇒∼гна́ть**

загоня́|ть[1]**, ю** *impf of* **⇒загна́ть**

загоня́|ть[2]**, ю** *pf* (*coll*) (*утомить*) to tire out; to work to death.

загора́жива|ть(ся), ю(сь) *impf of* **⇒загороди́ть(ся)**

загора́|ть(ся), ю(сь) *impf of* **⇒загоре́ть(ся)**

загор|ди́ться, жу́сь, ди́шься *pf* (*coll*) to become proud, become stuck-up.

загоре́лый *adj* sunburnt; brown, bronzed.

загор|е́ть, ю́, и́шь *pf* (*of* **⇒∼а́ть**) to become sunburnt, become brown; to acquire a tan.

загор|е́ться, ю́сь, и́шься *pf* (*of* **⇒∼а́ться**) **1** (*начать гореть*) to catch fire; to begin to burn; (*impers*): **в библиоте́ке ∼е́лось** a fire broke out in the library. **2** (+ *i*; **от**) to blaze (with), burn (with) (*fig*); **его́ глаза́ ∼е́лись от гне́ва** his eyes blazed with anger. **3** (*impers*, + *d*; *coll*) to want very much; to have a burning desire; **ей ∼е́лось уви́деть Рим** she had a burning desire to see Rome. **4** (*fig*) (*возникнуть*) to break out, start; **∼е́лась дра́ка** a fight broke out.

загоро|ди́ть, жу́, ∼ди́шь *pf* (*of* **⇒загора́живать**) **1** (*огородить*) to enclose, fence in. **2** (*преградить*) to barricade; to obstruct; **з. кому́-н. свет** to stand in s.o.'s light.

загоро|ди́ться, жу́сь, ∼ди́шься *pf* (*of* **⇒загора́живаться**) to barricade o.s.; **з. ши́рмой** to screen o.s. off.

загоро́дк|а, и *f* (*coll*) **1** (*забор*) fence. **2** (*отгороженное место*) enclosure.

за́городн|ый *adj* out-of-town; country; **∼ая экску́рсия** excursion into the country.

заго|сти́ться, щу́сь, сти́шься *pf* (*coll*) to outstay one's welcome.

загота́влива|ть, ю *impf of* **⇒загото́вить**

заготови́тел|ь, я *m* official in charge of (State) procurements.

заготов|и́тельный *adj of* **⇒∼ка**; **з. аппара́т** official organization in charge of (State) procurements; **з. пункт** storage place; collection point.

загото́в|ить, лю, ишь *pf* (*of* **⇒загота́вливать** *and* **⇒∼ля́ть**) **1** (*создать запас чего-л.*) to lay in; to make a stock (of), stockpile, store. **2** (*приготовить*) to prepare.

загото́вк|а, и *f* **1** (*закупка государством*) procurement. **2** (*зерна, корма*) laying in; stocking up, stockpiling.

заготовля́|ть, ю *impf of* **⇒загото́вить**

загото́вщик, а *m* = **заготови́тель**

заграба́ст|ать, аю *pf* (*of* **⇒∼ывать**) (*coll, pej*) to seize; to make off with.

заграба́стыва|ть, ю *impf of* **⇒заграба́стать**

загради́тел|ь я *m* (*naut*) minelayer.

загради́тельный *adj* (*mil*) barrage; (*naut*) minelaying; **з. аэроста́т** barrage balloon; **з. ого́нь** defensive fire.

загра|ди́ть, жу́, ди́шь *pf* (*of* **⇒∼жда́ть**) to block, obstruct; **з. путь** to bar the way.

загражда́|ть, ю *impf of* ⇨**загради́ть**

загражде́ни|е, я *nt* **1** (*действие*) blocking, obstruction. **2** (*преграда*) obstacle, barrier, obstruction.

грани́ц|а, ы —

загрени́ц|а, ы *f* (*coll*) foreign countries (*see also* ⇨**грани́ца**).

заграни́чный *adj* foreign.

За́греб, а *m* Zagreb.

загреба́|ть, ю *impf of* ⇨**загрести́**[1]; **чужи́ми рука́ми жар з.**, *see* ⇨**жар**

загребу́щий *adj* (*coll*) greedy.

загрем|е́ть[1]**, лю́, и́шь** *pf* (*coll*) to crash down.

загрем|е́ть[2]**, лю́, и́шь** *pf* to begin to thunder.

загре|сти́[1]**, бу́, бёшь,** *past* **~̆б, ~бла́** *pf* (*of* ⇨**~ба́ть**) (*coll*) to rake up; (*fig*) to rake in; **з. жар** to bank up the fire; **з. де́ньги** to rake in the shekels.

загре|сти́[2]**, бу́, бёшь,** *past* **~̆б, ~бла́** *pf* to begin to row.

загри́в|ок, ка *m* **1** (*у лошади*) withers. **2** (*coll*) (*у человека*) nape (of the neck).

загримир|ова́ть(ся), у́ю(сь) *pf of* ⇨**гримирова́ть(ся)**

загрипп|ова́ть, у́ю *pf* (*coll*) to catch flu, go down with the flu.

загро́бн|ый *adj* **1** beyond the grave; **~ая жизнь** life after death. **2** (*о голосе*) sepulchral.

загроможда́|ть, ю *impf of* ⇨**загромозди́ть**

загромоз|ди́ть, жу́, ди́шь *pf* (*of* ⇨**загроможда́ть**) to block up, encumber; (*fig*) to pack, cram; **з. расска́з подро́бностями** to cram a story with detail.

загрох|ота́ть, очу́, о́чешь *pf* to begin to rumble, begin to rattle.

загрубе́лый *adj* coarsened, calloused; (*fig*) callous.

загрубе́|ть, ю *pf* to become coarsened, calloused; (*fig*) to become callous.

загружа́|ть, ю *impf of* ⇨**загрузи́ть 2, 3**

загружа́|ться, юсь *impf of* ⇨**загрузи́ться**

загру́женност|ь (*and* **загружённост|ь**), **и** *f* **1** (*о транспорте*) utilized capacity (*of transport services, etc.*). **2** (*занятость*) workload, pressure of work.

загр|узи́ть, ужу́, у́зишь *pf* **1** (*impf* **грузи́ть**) to load. **2** (*impf* **~ужа́ть**) (*tech*) to feed, charge, prime; (*comput*) (*компьютер*) to boot; (*программу, данные*) to load; (*скопировать*) (*откуда*) to download; (*куда*) to upload; **з. то́пливо в печь** to stoke a furnace. **3** (*impf* **~ужа́ть**) (*coll*) (*занять работой*) to keep fully occupied, provide with a full-time job; (*заполнить работой*) to fill out (*a period of time*) with occupations.

загр|узи́ться, ужу́сь, у́зишься *pf* (*of* ⇨**~ужа́ться**) **1** (+ *i*) to load up (with), take on. **2** (*coll*) to take on a job, a commitment.

загру́зк|а, и *f* **1** (*действие*) loading; (*comput*) (*файла с другого компьютера*) downloading; (*файла на другой компьютер*) uploading. **2** (*объём работы*) capacity, workload; **заво́д рабо́тает при по́лной ~е** the factory is working at full capacity.

загру́з|очный *adj of* ⇨**~ка**; **~очная воро́нка** (*для зерна*) hopper; (*comput*) **з. диск** boot disk; **з. се́ктор** boot sector.

загрунт|ова́ть, у́ю *pf of* ⇨**грунтова́ть**

загру|сти́ть, щу́, сти́шь *pf* to grow sad.

загрыза́|ть, ю *impf of* ⇨**загры́зть**

загры́з|ть, у́, ёшь *past* **~, ~ла** *pf* (*of* ⇨**~а́ть**) (*убить*) to kill; (*fig, coll*) (*о человеке*) to nag, badger; (*о тоске*) to torment.

загрязне́ни|е, я *nt* soiling; (*природы*) pollution.

загрязни́тел|ь, я *m* polluter; pollutant.

загрязн|и́ть, ю́, и́шь *pf* (*of* ⇨**~я́ть**) to soil, make dirty; (*природу*) to pollute.

загрязн|и́ться, ю́сь, и́шься *pf* (*of* ⇨**~я́ться**) to make o.s. dirty, become dirty; (*о природе*) to become polluted.

загрязня́|ть(ся), ю(сь) *impf of* ⇨**загрязни́ть(ся)**

ЗАГС, а *or* **загс, а** *m* (*abbr of* **(отде́л) за́писи а́ктов гражда́нского состоя́ния**) registry office.

загуб|и́ть, лю́, ~̆ишь *pf* **1** (*погубить*) to ruin; **з. чей-н. век, з. чью-н. жизнь** to make s.o.'s life a misery. **2** (*coll*) (*истратить*) to squander.

загу́л, а *m* (*coll*) drinking bout.

загуля́|ть, ю *pf* (*coll*) to take to drink, start drinking.

зад, а, о ~е, на/в ~у́, *pl* **~ы** *m* **1** (*машины, дома*) back; **~̆ом напере́д** back to front. **2** (*животного*) hind quarters; rump; (*человека*) behind, buttocks; **бить ~̆ом** to buck (*of animal*).

зада́брива|ть, ю *impf of* ⇨**задо́брить**

задава́к|а, и *cg* (*coll*) snob, big-head.

задава́ла = **задава́ка**

зада|ва́ть, ю́, ёшь *impf of* ⇨**~̆ть**

зада|ва́ться[1]**, ю́сь, ёшься** *impf of* ⇨**~̆ться**

зада|ва́ться[2]**, ю́сь, ёшься** *impf* (*coll*) to give o.s. airs, put on airs.

задав|и́ть, лю́, ~ишь *pf* to crush; (*о машине*) to run over, knock down.

зада́ни|е, я *nt* task, job.

зада́рива|ть, ю *impf of* ⇨**задари́ть**

задар|и́ть, ю́, ~̆ишь *pf* (*of* ⇨**~̆ивать**) **1** (*осыпать подарками*) to load with presents. **2** (*подкупить*) to bribe.

зада́ром *adv* (*coll*) **1** (*бесплатно*) for nothing; very cheaply; **купи́ть з.** to buy for a song. **2** (*напрасно*) in vain, to no purpose.

зада́тк|и, ов (*no sg*) instincts, inclinations.

зада́т|ок, ка *m* deposit.

за|да́ть, да́м, да́шь, да́ст, дади́м, дади́те, даду́т, *past* **~̆дал, ~дала́, ~̆дало** *pf* (*of* ⇨**~дава́ть**) to set; to give; **з. уро́к** to set a lesson; **з. вопро́с** to put a question; **з. корм коро́вам** to feed the cows; **з. тон** to set the tone; **з. стра́ху** (+ *d*) to strike terror (into); **я ему́ ~да́м!** (*coll*) I'll give him what for!

за|да́ться, да́мся, да́шься, да́стся, дади́мся, дади́тесь, даду́тся, *past* **~да́лся, ~дала́сь** *pf* (*of* ⇨**~дава́ться**[1]) **1**: **з. це́лью, мы́слью** (+ *inf*) to set o.s. (to), make up one's mind (to); **з. вопро́сом** to ask o.s. the question. **2** (*coll*) to turn out (well); to work out, succeed; **пое́здка не ~дала́сь** the trip was not a success.

зада́ч|а, и *f* **1** (*math, etc.*) problem. **2** (*цель*) task; mission.

зада́чник, а *m* book of (mathematical) problems.

задви́га|ть, ю *pf* to begin to move.

задвига́|ть, ю *impf of* ⇨**задви́нуть**

задвига́|ться, юсь *impf* **1** *impf of* ⇨**задви́нуться**. **2** (*impf only*) to move, slide.

задви́жк|а, и *f* bolt; catch, fastening.

задвижно́й *adj* sliding.

задви́н|уть, у, ешь *pf* (*of* ⇨**задвига́ть**) **1** (*переместить*) to push; **з. задви́жку** to shoot a bolt. **2** (*закрыть*) to bolt; to bar; to close; **з. за́навес** to draw a curtain (across).

задви́н|уться, усь, ешься *pf* (*of* ⇨**задвига́ться**) to shut; to slide (*intrans*)

задво́р|ки, ок (*no sg*) **1** backyard; (*fig*) out-of-the-way place, backwoods. **2**: **быть на ~ках** (*fig*) to take a back seat; **на ~ках исто́рии** in the footnotes of history.

задева́|ть[1]**, ю** *impf of* ⇨**заде́ть**

задева́|ть[2]**, ю** *pf* (*coll*) to mislay; **куда́ я ~л мои́ очки́?** where did I put my spectacles?

задева́|ться[1]**, юсь** *impf, passive of* ⇨**~ть**[1]

задева́|ться[2]**, юсь** *pf* (*coll*) to disappear; **куда́ ты ~лся?** where did you disappear to?

заде́йств|овать, ую *pf* **1** (*начать действовать*) to begin to function. **2** (*оборудование*) to make operational; (*людей*) to mobilize.

заде́л, а *m* work already done; reserve, stock.

заде́л|ать, аю *pf* (*of* ⇨**~ывать**) (*дыру, щель*) to block up, close up; **з. течь** to stop up a leak.

заде́л|аться, аюсь *pf* (*of* ⇨**~ываться**) (*coll*) to become; to turn; **он ~ался писа́телем** he has turned writer.

заде́лыва|ть(ся), ю(сь) *impf of* ⇨**заде́лать(ся)**

задёрга|ть[1]**, ю** *pf* (+ *a or i*) to begin to tug.

задёрга|ть[2]**, ю** *pf* (*лошадь*) to wear out (*by tugging on the reins*); (*fig, coll*) to wear down (*by nagging, etc.*).

задёргива|ть, ю *impf of* ⇨**задёрнуть**

задеревене́л|ый (~, ~ла) *adj* numb(ed), stiff.

задеревене́|ть, ю *pf* (*coll*) to become numb, become stiff.

задержа́ни|е, я *nt* **1** (*автобуса*) stopping, holding back, detention, delay. **2** (*преступника*) detention, arrest. **3** (*отсрочка*) delay. **4** (*med*): **з. мочи́** retention of urine.

заде́ржанн|ый, ого *m* detainee.

задерж|а́ть, у́, ~́ишь *pf* (*of* ⇒**~́ивать**) **1** (*остановить*) to stop, hold back, delay, detain; (*отсрочить*) to delay; **дождь ~а́л нача́ло ма́тча** the start of the match was delayed by rain. **2** (*удержать*) to withhold, keep back; **з. зарпла́ту** to stop wages; **з. дыха́ние** to hold one's breath; **з. шаги́** to slow down. **3** (*арестовать*) to detain, arrest.

задерж|а́ться, у́сь, ~́ишься *pf* (*of* ⇒**~́иваться**) **1** (*на работе, в гостях*) to be held up, delayed; to stay too long. **2** (*у входа, перед магазином*) to linger. **3** (*не сделать вовремя*) to be late; **она́ ~а́лась с рабо́той** she was late finishing the work; she was late with the work.

заде́ржива|ть(ся), ю(сь) *impf of* ⇒**задержа́ть(ся)**

заде́ржк|а, и *f* delay; hold-up.

задёрн|уть, у, ешь *pf* (*of* ⇒**задёргивать**) **1** (*дёрнуть*) to pull; to draw; **з. за́навески** to draw the curtains. **2** (*закрыть*) (+ *i*) to cover (with); to curtain off (with).

заде́|ть, ну, нешь *pf* (*of* ⇒**~ва́ть**[1]) **1** (*коснуться*) to touch, brush (against); (*при ранении*) to graze; (*fig*) (*обидеть*) to offend, wound; **его́ ~ло за живо́е** he was stung to the quick. **2** (*зацепиться*) to catch (on, against).

за́дешево *and* **задёшево** *adv* (*coll*) very cheaply.

зади́р|а, ы *cg* (*coll*) bully; troublemaker.

задира́|ть(ся)[1]**, ю, ет(ся)** *impf of* ⇒**задра́ть(ся)**

задира́|ться[2]**, юсь** *impf* (*coll*) to pick a quarrel.

зади́рист|ый (~, ~а) *adj* (*coll*) quarrelsome.

задненёбный *adj* (*ling*) velar.

заднепрохо́дный *adj* (*anat*) anal.

заднеязы́чный *adj* (*ling*) velar, back.

за́дн|ий *adj* (*сиденье*) back, rear; (*ноги*) hind; **~яя мысль** ulterior motive; **з. план** background; **з. прохо́д** (*anat*) anus; **~им умо́м кре́пок** (*coll*) wise after the event; **з. фона́рь** tail light; **з. ход** (*tech*) backward movement; **дать з. ход** to go into reverse; to back up; **~им число́м** later, with hindsight; **поме́тить ~им число́м** to antedate; **быть без ~их ног** (*coll*) to be falling off one's feet; **ходи́ть на ~их ла́пках (пе́ред + *i*)** (*coll*) to dance attendance (on).

за́дник, а *m* **1** back, counter (*of shoe*). **2** (*theatr*) backdrop.

за́дниц|а, ы *f* (*coll*) backside, butt (*US*).

задо́бр|ить, ю, ишь *pf* (*of* ⇒**зада́бривать**) to cajole; to coax; to win over.

зад|о́к, ка́ *m* back.

задолб|и́ть, лю́, и́шь *pf* **1** (*начать долбить*) to begin to peck. **2** (*coll*) (*выучить наизусть*) to learn (off) by rote.

задо́лго *adv* long before; **он ко́нчил рабо́ту з. до ве́чера** he finished the work long before evening.

задолжа́|ть, ю *pf of* ⇒**должа́ть**

задо́лженност|ь, и *f* debts; **погаси́ть з.** to pay off one's debts.

задо́лжник, а *m* (*coll*) **1** (*по уплате*) debtor. **2** (*о студенте*) student who has fallen behind with taking exams.

задо́лжни|ца, цы *f of* ⇒**~к**

за́дом *adv* backwards; **е́хать з.** to reverse, back up.

задо́р, а *m* fervour, ardour; passion.

задо́ринк|а, и *f* (*coll*): **без сучка́, без ~и** *or* **ни сучка́, ни ~и** without a hitch.

задо́р|ный (~ен, ~на) *adj* **1** (*пылкий*) fervent, ardent; impassioned. **2** (*запальчивый*) quick-tempered.

задох|ну́ться, ну́сь, нёшься *pf* (*of* ⇒**задыха́ться**) **1** (*умереть*) to suffocate; to choke; (*fig*): **з. от гне́ва** to choke with anger. **2** (*тяжело дышать*) to pant; to gasp for breath.

задра́знива|ть, ю *impf of* ⇒**задразни́ть**

задразн|и́ть, ю́, ~́ишь *pf* (*coll*) to tease unmercifully.

задра́ива|ть, ю *impf of* ⇒**задра́ить**

задра́|ить, ю, ишь *pf* (*of* ⇒**~ивать**) (*naut*) to batten down.

задрапир|ова́ть(ся), у́ю(сь) *pf of* ⇒**драпирова́ть(ся)**

зад|ра́ть, еру́, ерёшь, *past* **~ра́л, ~рала́, ~ра́ло** *pf* (*of* ⇒**~ира́ть**) **1** (*растерзать*) to tear to pieces. **2** (*coll*) (*поднять кверху*) to lift up; to pull up; **з. го́лову** to crane one's neck; **з. нос** (*lit*) to turn up one's nose; (*fig*) to put on airs, to give o.s. airs. **3** (*ноготь*) to break; **з. ко́жу на па́льце** to split a finger.

зад|ра́ться, ерётся, *past* **~ра́лся, ~рала́сь** *pf* (*of* ⇒**~ира́ться**) **1** (*coll*) (*платье, юбка*) to ride up. **2** (*ноготь*) to break; (*кора дерева*) to split.

задрем|а́ть, лю́, ~́лешь *pf* to doze off, begin to nod.

задри́пан|ный (~, ~а) *adj* (*coll*) bedraggled.

задрож|а́ть, у́, и́шь *pf* to begin to tremble; (*от холода*) to begin to shiver.

задры́га|ть, ю *pf* (*coll*) to begin to jerk, begin to twitch.

задубе́|ть, ю *pf* (*coll*) to become stiff.

задува́|ть, ю *impf of* ⇒**заду́ть**

заду́ма|ть, ю *pf* (*of* ⇒**заду́мывать**) **1** (+ *a or inf*) (*решить*) to plan; to intend; to conceive the idea (of). **2** (*число*) to think of.

заду́ма|ться, юсь *pf* to become thoughtful, pensive; to fall to thinking; **о чём вы ~лись?** what are you thinking about?

заду́мчивост|ь, и *f* thoughtfulness, pensiveness; reverie.

заду́мчив|ый (~, ~а) *adj* thoughtful, pensive.

заду́мыва|ть, ю *impf of* ⇒**заду́мать**

заду́мыва|ться, юсь *impf* (*погружаться в свои мысли*) to be thoughtful, be pensive; (*размышлять*) to meditate; to ponder; **не ~ясь, он согласи́лся** he agreed without a moment's thought; **з. о + *p*** to think about.

задур|и́ть, ю́, и́шь *pf of* ⇒**дури́ть 3**

заду́|ть, ю, ешь *pf* (*of* ⇒**~ва́ть**) **1** (*погасить*) to blow out. **2** (*tech*): **з. до́мну** to blow in a blast furnace. **3** (*начать дуть*) to begin to blow.

задуше́в|ный (~ен, ~на) *adj* (*искренний*) sincere; (*интимный*) intimate.

задуш|и́ть, у́, ~́ишь *pf of* ⇒**души́ть**[1]

зад|ы́[1] *see* ⇒**~**

зад|ы́[2] = **~во́рки**

задым|и́ть, лю́, и́шь *pf* **1** (*начать дымить*) to begin to (emit) smoke. **2** (*закоптить дымом*) to blacken with smoke.

задыми́ться, и́тся *pf* **1** (*начать дымиться*) to begin to (emit) smoke. **2** (*закоптеть*) to be blackened with smoke.

задымля́|ть(ся), ю *impf of* ⇒**задыми́ть(ся) 2**

задыха́|ться, юсь *impf of* ⇒**задохну́ться**

задыш|а́ть, у́, ~́ишь *pf* to begin to breathe.

заеб|а́ть, у́, ёшь *pf* (*vulg*) to wear out by pestering.

заеб|а́ться, у́сь, ёшься *pf* (*vulg*) to become completely exhausted; **я ~а́лся** I'm dead beat.

заеда́ни|е, я *nt* (*tech*) jamming.

заеда́|ть(ся), ю(сь) *impf of* ⇒**зае́сть(ся)**

зае́зд, а *m* **1** calling in (*en route*). **2** (*sport*) race; (*отборочный*) heat.

зае́з|дить, жу, дишь *pf* (*лошадь*) to override; (*fig*) to wear out; to work too hard.

заезжа́|ть, ю *impf of* ⇒**зае́хать**

зае́зженный *adj* (*coll*) **1** (*фраза, анекдот*) hackneyed, trite. **2** (*вид, человек*) worn out.

зае́зж|ий *adj* visiting; **~ая тру́ппа** touring company; **он здесь з. челове́к** he is just passing through.

заём, за́йма *m* loan.

заёмн|ый *adj* loan; **~ое письмо́** (*law*) acknowledgement of debt.

заёмщик, а *m* borrower, debtor.

заёрза|ть, ю *pf* (*coll*) to begin to fidget.

зае́|сть[1]**, м, шь, ст, ди́м, ди́те, дя́т**, *past* **~л** *pf* (*of* ⇒**~да́ть**) **1** (*укусами*) to bite to death; (*загрызть*) to kill; (*fig, coll*) (*измучить*) to torment, oppress; **его́ ~ла тоска́** he fell a prey to melancholy. **2** (*impers; tech*) to jam; (*naut*) to foul; **кана́т ~ло** the cable has fouled.

зае́|сть[2]**, м, шь, ст, ди́м, ди́те, дя́т**, *past* **~л** *pf* (*of* ⇒**~да́ть**) (+ *a and i*) to take (with); **он ~л лека́рство са́харом** he took the medicine with sugar.

зае́|сться, мся, шься, стся, ди́мся, ди́тесь, дя́тся, *past* **~лся** *pf* (*of* ⇒**~да́ться**) (*coll*) to become fastidious, become fussy.

зае́|хать, ду, дешь *pf* (*of* ⇒**~зжа́ть**) **1** (**к** + *d*) to call in (at); to drop in (on); (**в** + *a*) to enter, ride into,

З

drive into; (**за** + *a*) to go beyond, past; (**за** + *i*) to call for; to fetch, pick up. **2** (*уехать или попасть куда-н. далеко или куда не следует*) to get (to), go; **он ~хал в канáву** he landed in the ditch. **3** (+ *d* **в** + *a*; *coll*) to strike; **я ~хал емý в физионóмию** I gave him a sock on the jaw.

зажáр|ить(ся), ю(сь), ишь(ся) *pf of* ⇨**жáрить(ся)**

зажáт|ый *ppp of* ⇨**~ь** *and adj* (**~, ~а**) (*coll*) (*о человеке*) tense, uptight.

заж|áть, мý, мёшь *pf* (*of* ⇨**~имáть**) (*стиснуть*) to squeeze; to press; to clutch; (*заткнуть*) to stop up; **з. в рукé** to grip; **з. рот комý-н.** (*fig*) to stop s.o.'s mouth; **з. кри́тику** to suppress criticism.

заж|гý, жёшь, гýт *see* ⇨**~éчь**

зажд|áться, ýсь, ёшься, *past* **~áлся, ~алáсь, ~алóсь** *pf* (*coll*) to be tired of waiting (for).

зажелтé|ть, ю, ешь *pf* **1** (*начать желтеть*) to begin to turn yellow. **2** (*показаться*) to appear yellow (in the distance).

заж|éчь, гý, жёшь, гýт, *past* **~ёг, ~глá** *pf* (*of* ⇨**~игáть**) (*огонь, лампу*) to light; (*свет*) to turn on; **з. спи́чку** to strike a match; (*fig*) (*страсть, интерес*) to kindle; (*публику*) to inflame.

заж|éчься, гýсь, жёшься, гýтся, *past* **зажёгся, зажглáсь** *pf* (*of* ⇨**~игáться**) (*об огне*) to begin to burn; (*о фонарях*) to go on, light up; (*fig*) (*о чувствах*) to be aroused; (*о глазах*) to light up.

заживá|ть(ся), ю(сь) *impf of* ⇨**зажи́ть(ся)**

зажив|и́ть, лю́, и́шь *pf* (*of* ⇨**~ля́ть**) to heal.

заживля́ть, ю *impf of* ⇨**заживи́ть**

зáживо *adv* alive; **з. погребённый** buried alive.

зажигáлк|а, и *f* **1** (cigarette) lighter. **2** (*coll*) (*бомба*) incendiary (bomb).

зажигáни|е, я *nt* **1** (*в машине*) ignition; **ключ (от) зажигáния** ignition key. **2** (*действие*) lighting.

зажигáтел|ьный (~ен, ~ьна) *adj* **1** incendiary; **~ьная бóмба** fire bomb, incendiary (device); **бути́лка с ~ьной смéсью** petrol bomb. **2** (*fig*) stirring, rousing; **~ьная речь** rousing speech.

зажигá|ть(ся), ю(сь) *impf of* ⇨**зажéчь(ся)**

зажи́лива|ть, ю *impf of* ⇨**зажи́лить**

зажи́л|ить, ю, ишь *pf* (*coll*) to fail to return (*sth borrowed*).

зажи́м, а *m* **1** (*tech*) clamp; clip. **2** (*elec*) terminal. **3** (*fig*) suppression; clamping down.

зажимá|ть, ю *impf of* ⇨**зажáть**

зажи́мист|ый (~, ~а) *adj* (*coll*) tight-fisted, stingy.

зажи́точност|ь, и *f* prosperity; affluence.

зажи́точ|ный (~ен, ~на) *adj* well-to-do; prosperous; affluent.

зажи́|ть, вý, вёшь, *past* **зáжил, ~лá, зáжило** *pf* (*of* ⇨**~вáть**) **1** (*о ране*) to heal (*intrans*); to close up. **2** (*начать жить*) to begin to live; **з. по-нóвому** to begin a new life; **з. семéйной жи́знью** to settle down; **з. трудовóй жи́знью** to begin to earn one's own living.

зажи́|ться, вýсь, вёшься, *past* **~лся, ~лáсь** *pf* (*of* ⇨**~вáться**) (*coll*) to live to a great age; to exceed one's allotted span.

зажмýр|ить(ся), ю(сь), ишь(ся) *pf of* ⇨**жмýрить(ся)**

зажужж|áть, ý, и́шь *pf* to begin to buzz; to begin to drone.

зажýлива|ть, ю *impf of* ⇨**зажýлить**

зажýл|ить, ю, ишь *pf* (*of* ⇨**~ивать**) (*coll*) to obtain by fraud.

заз|вáть, овý, овёшь, *past* **~вáл, ~валá, ~вáло** *pf* (*of* ⇨**~ывáть**) (*coll*) to press (to come); to press an invitation on.

зазвен|éть, ю́, и́шь *pf* to begin to ring.

зазвон|и́ть, ю́, и́шь *pf* to begin to ring.

зазвуч|áть, ý, и́шь *pf* to begin to sound; to begin to resound.

заздрáвный *adj* to the health (of), in honour (of); **они́ вы́пили з. тост за послá** they drank the ambassador's health.

зазевá|ться, юсь *pf* (**на** + *a*; *coll*) to stand gaping (at); to gape (at).

зазеленé|ть, ю *pf* **1** (*начать зеленеть*) to begin to turn green. **2** (*показаться*) to appear green (in the distance).

заземлéни|е, я *nt* (*elec*) **1** (*действие*) earthing (*Br*), grounding (*US*). **2** (*устройство*) earth (*Br*), ground (*US*).

заземл|и́ть, ю, и́шь *pf* (*elec*) to earth.

заземл|я́ть, я́ю *impf of* ⇨**~и́ть**

зазеркáль|е, я *nt* illusion, fantasy.

зазим|овáть, ýю *pf* to winter; to pass the winter.

зазна|вáться, ю́сь, ёшься *impf of* ⇨**~́ться**

markedзазнáвшийся *adj* (*coll*) stuck-up, hoity-toity.

зазнáйка = задавáка

зазнáйств|о, а *nt* (*coll*) conceit.

зазнá|ться, юсь *pf* (*of* ⇨**~вáться**) (*coll*) to give o.s. airs, become conceited.

зазнóб|а, ы *f* (*coll*) sweetheart.

зазноб|и́ть, и́т *pf* (*coll*) (*impers*): **егó ~и́ло** he is beginning to be feverish.

заз|овý, овёшь *see* ⇨**~вáть**

зазóр, а *m* gap; (*tech*) clearance.

зазóр|ный (~ен, ~на) *adj* (*coll*) shameful, disgraceful.

зазрéни|е, я *nt*: **без ~я (сóвести)** (*coll*) without a twinge of conscience.

зазýбрен|ный (~, ~а) *adj* notched, jagged, serrated.

зазýбрива|ть, ю *impf of* ⇨**зазубри́ть**

зазýбрин|а, ы *f* notch, jag.

зазубр|и́ть[1], ю, и́шь *pf* (*of* ⇨**зубри́ть** *and* ⇨**~́ивать**) to notch, serrate.

зазубр|и́ть[2], ю, ~́ишь *pf* (*of* ⇨**зубри́ть** *and* ⇨**~́ивать**) (*sl*) to learn by rote.

зазывáл|а, ы *cg* (*fairground*) barker.

зазывá|ть, ю *impf of* ⇨**зазвáть**

зазывнóй *adj* (*coll*) inviting.

заигрá|ть, ю *pf* **1** (*начать играть*) to begin to play; **з. весёлый моти́в** to strike up a lively tune. **2** (*заискриться*) to begin to sparkle. **3** (*impf* **заи́грывать**) (*истрепать*) to wear out (*cards, etc.*); **з. пьéсу** to do a play to death.

заигрá|ться, юсь *pf* (*of* ⇨**заи́грываться**) to become absorbed in playing.

заи́грыва|ть[1], ю *impf of* ⇨**заигрáть 3**

заи́грыва|ть[2], ю *impf* (**с** + *i*; *coll*) to flirt (with); to make advances (to) (*also fig*).

заи́грыва|ться, юсь *impf of* ⇨**заигрáться**

заи́к|а, и *cg* stammerer, stutterer.

заикáни|е, я *nt* stammer(ing), stutter(ing).

заикá|ться, юсь *impf* **1** to stammer, stutter; (*нерешительно говорить*) to falter (*in speech*). **2** (*pf* **заикнýться**) (**о** + *p*; *coll*) to hint (at), to mention in passing; **он никогдá не ~ется о своéй прóшлой жи́зни** he never breathes a word about his past life.

заикн|ýться, ýсь, ёшься *pf of* ⇨**заикáться 2**

заимообрáзно *adv* on credit, on loan.

заимообрáз|ный (~ен, ~на) *adj* **1** (*взятый*) borrowed, taken on credit. **2** (*данный*) lent, loaned.

заи́мствовани|е, я *nt* borrowing.

заи́мствован|ный (~, ~а) *ppp of* ⇨**заи́мствовать**; **~ное слóво** (*ling*) loanword.

заи́мств|овать, ую *impf* (*of* ⇨**по~**) to borrow.

заиндевé|ть, ет *pf* (*of* ⇨**индевéть**) (*coll*) to be covered with hoar frost.

заинтересóван|ный (~, ~а) *ppp of* ⇨**заинтересовáть** *and adj* (**~, ~на**) (**в** + *p*) interested (in); **он ~ в возмóжности торгóвых отношéний с Дáльним Востóком** he is interested in the possibility of trade relations with the Far East; **~ная сторонá** interested party; **он слýшал с ~ным ви́дом** he listened with an interested expression on his face.

заинтерес|овáть, ýю *pf* to interest; to excite the curiosity (of).

заинтерес|овáться, ýюсь *pf* (+ *i*) to become interested; to take an interest (in).

заинтриг|овáть, ýю *pf of* ⇨**интриговáть 2**

Заи́р, а *m* (*hist*) Zaire.

заи́р|ец, ца *m* (*hist*) Zairean.

заи́р|ка, ки *f of* ⇨**~ец**

заи́рский *adj* (*hist*) Zairean.

заи́скива|ть, ю *impf* (**пéред** + *i*) to try to ingratiate o.s. (with).

заи́скива|ющий *pres participle active of* ⇨**~ть** *and adj* ingratiating.

заи́скр|иться, юсь, ишься *pf* to begin to sparkle.

зай|ду́, дёшь *see* ⇒**~ти́**

за́йк|а, и, *pl* **~и, за́ек, ~ам** *m* (*coll*) little hare.

за́йма *see* ⇒**заём**

за́ймов|ый *adj of* ⇒**заём**; **~ая опера́ция** loan transaction.

займодержа́тел|ь, я *m* bond holder.

займ|у́, ёшь *see* ⇒**заня́ть**

за|йти́, йду́, йдёшь, *past* **~шёл, ~шла́** *pf* (*of* ⇒**~ходи́ть**[1]) **1** (**к** + *d*, **в** + *a*) (*посетить*) to call (on); to look in (at); to drop in (at); **по пути́ домо́й я ~шёл к Ивано́вым** I dropped in at the Ivanovs on the way home; **не забу́дьте з. в апте́ку** don't forget to look in at the chemist's.
2 (**за** + *i*) (*чтобы взять*) to call for, fetch.
3 (**в** + *a*) (*войти*) to go into, get into; (*попасть*) to get (*to a place*); to find o.s. (*in a place*); **мы ~шли́ в лес** we found ourselves in the forest.
4 (*о разговоре*) to turn to; **разгово́р ~шёл о выступле́нии президе́нта по ра́дио** the conversation turned to the President's radio broadcast.
5 (**за** + *a*) (*скрыться за чем-н.*) to go behind; (*продолжаться*) to go on, continue (after); (*закатиться*) to set (*of sun, etc.*); **з. за́ угол** to turn a corner; **з. сли́шком далеко́** (*fig*) to go too far.

за|йти́сь, йду́сь, йдёшься, *past* **~шёлся, ~шла́сь** *pf* (*of* ⇒**заходи́ться**[2]) (*coll*) to have an uncontrollable fit (*of crying, coughing, laughing, etc.*).

зайча́тин|а, ы *f* hare (*as food*).

за́йчик, а *m* (*coll*) **1** *affectionate diminutive of* ⇒**за́яц 2** (*солнечный*) reflection of a sunray.

зайчи́х|а, и *f* doe hare.

зайч|о́нок, о́нка, *pl* **~а́та, ~а́т** *m* leveret.

закабал|и́ть, ю́, и́шь *pf* (*of* ⇒**~я́ть**) to enslave.

закабал|и́ться, ю́сь, и́шься *pf* (*of* ⇒**~я́ться**) (+ *d*) to tie o.s. in slavery (to).

закабал|я́ть(ся), я́ю(сь) *impf of* ⇒**~и́ть(ся)**

закавка́зский *adj* Transcaucasian.

Закавка́зь|е, я *nt* Transcaucasia.

закавы́к|а, и *f* (*coll*) = **закавы́чка**

закавы́чк|а, и *f* (*coll*) **1** (*препятствие*) obstacle, hitch. **2** (*намёк*) hint.

зака́дровый *adj*: **з. го́лос** (*TV, cin*) voice-over.

закады́чный *adj*: **з. друг** (*coll*) bosom friend.

зака́з[1]**, а** *m* order; (*билетов, стола*) reservation; (*портрета*) commission; **на з.** to order; **мне де́лают костю́м на з.** I am having a suit made to measure; **по ~у** (+ *g*) on s.o.'s order; **как по ~у** as if to order.

зака́з[2]**, а** *m* (*obs*) prohibition.

зака|за́ть[1]**, жу́, ~́жешь** *pf* (*of* ⇒**~́зывать**) to order; (*билеты, стол*) to reserve; (*портрет*) to commission.

зака|за́ть[2]**, жу́, ~́жешь** *pf* (+ *inf or a*; *obs*) to forbid.

зака́зник, а *m* (*game*) reserve.

заказн|о́й *adj* **1** done or made to order; **~а́я статья́** article written to order; **~а́я журнали́стика** chequebook (*Br*), checkbook (*US*) journalism; **~о́е уби́йство** contract killing. **2**: **~о́е письмо́** registered letter; **посла́ть письмо́ ~ы́м** to send a letter registered.

зака́зчик, а *m* customer, client.

зака́зчи|ца, цы *f of* ⇒**~к**

зака́зыва|ть, ю *impf of* ⇒**заказа́ть**[1]

зака́ива|ться, юсь *impf of* ⇒**зака́яться**

зака́л, а *m* **1** (*tech*) temper; (*fig*) stamp, cast; **он челове́к ста́рого ~а** he is one of the old school. **2** (*fig*) strength of character; guts, backbone.

закалён|ный (~, ~а́) *ppp of* ⇒**закали́ть** *and adj* hardened, hard; **з. в боя́х** battle-hardened.

зака́лива|ть, ю *impf of* ⇒**закали́ть**

закал|и́ть, ю́, и́шь *pf* (*of* ⇒**~́ивать** *and* ⇒**~я́ть**) (*tech*) to temper; to case-harden; (*fig*) to temper, harden; to make hard, hardy.

зака́лк|а, и *f* tempering; hardening; (*sport*) conditioning.

зака́лыва|ть, ю *impf of* ⇒**заколо́ть**

закаля́|ть, ю *impf of* ⇒**закали́ть**

закамуфли́р|овать, ую *pf of* ⇒**камуфли́ровать**

зака́нчива|ть(ся), ю, ет(ся) *impf of* ⇒**зако́нчить(ся)**

зака́п|ать, аю *pf* **1** to begin to drip; **дождь ~ал** it began to spot with rain. **2** (*impf* **~ывать**) to spot, stain; **ты ~ала себе́ пла́тье черни́лами** you have spotted your dress with ink.

зака́пыва|ть(ся), ю(сь) *impf of* ⇒**закопа́ть(ся)** *and* ⇒**зака́пать 2**

зака́рмлива|ть, ю *impf of* ⇒**закорми́ть**

зака́т, а *m* setting; **з. (со́лнца)** sunset; **он пришёл на ~е** he came at sunset; (*fig*) decline; **на ~е дней** in one's declining years.

заката́|ть, ю *pf* (*of* ⇒**зака́тывать**) **1** (*начать катать*) to begin to roll. **2** (**в** + *a*) (*обмотать*) to roll up (in). **3** (*заровнять катком*) to roll. **4** (*coll*) (*рукава*) to roll up. **5** (*банку, крышку*) to close, hermetically seal.

зака|ти́ть, чу́, ~́тишь *pf* (*of* ⇒**~́тывать**) (*мяч*) to roll; (*коляску*) to wheel, push; **она́ ~ти́ла ему́ пощёчину** (*coll*) she slapped his face; **з. исте́рику** (*coll*) to go off into hysterics; **з. сце́ну** (*coll*) to make a scene; **з. глаза́** to roll one's eyes.

зака|ти́ться, чу́сь, ~́тишься *pf* (*of* ⇒**~́тываться**) **1** (*мяч*) to roll (*intrans*). **2** (*солнце*) to set (*of heavenly bodies*); (*fig*) (*слава*) to wane; to vanish, disappear; **его́ сла́ва давно́ ~ти́лась** his fame had long since waned; **моя́ звезда́ ~ти́лась** my luck has changed. **3** (*coll*) (*отправиться*) to go off; **он ~ти́лся на неде́лю в Ло́ндон** he went off to London for a week. **4** (*coll*) (*разразиться*) to burst out; **з. сме́хом** to go off into peals of laughter; **з. слеза́ми** to burst into tears.

зака́тный *adj* sunset.

зака́тыва|ть, ю *impf of* ⇒**заката́ть** *and* ⇒**закати́ть**

зака́тыва|ться, юсь *impf of* ⇒**закати́ться**

закача́|ть, ю *pf* **1** (*начать качать*) to begin to shake, begin to swing; **он ~л голово́й** he began shaking his head. **2** (*impers*) to make feel sick by rocking; **меня́ ~ло** I feel sick.

закача́|ться, юсь *pf* to begin to sway; **~ешься!** (*coll*) (it's) great!

зака́шля|ться, юсь *pf* to have a fit of coughing.

зака́|яться, юсь, ешься *pf* (*of* ⇒**~иваться**) (+ *inf*) (*coll*) to swear to give up; **он ~ялся кури́ть** he has sworn that he will give up smoking.

заква́|сить, шу, сишь *pf* (*of* ⇒**~шивать**) (*капусту*) to pickle; (*молоко*) to ferment, sour.

заква́ск|а, и *f* (*для теста*) leaven; (*для кефира*) culture; (*fig, coll*): **у него́ хоро́шая з.** he's made of good stuff.

заква́шива|ть, ю *impf of* ⇒**заква́сить**

закида́|ть, ю *pf* (*of* ⇒**заки́дывать**) (+ *a and i*) **1** (*осыпать*) to bespatter (with); to shower (with); **з. камня́ми** to stone; **кандида́тов ~ли вопро́сами** the candidates were plied with questions; **з. гря́зью** (*fig*) to sling mud (at). **2** (*заполнить*) to fill up (with); (*сверху*) to cover (with).

закидо́н, а *m* (*sl*) (*каприз*) whim; (*странность*) quirk, oddity.

заки́дыва|ть, ю *impf of* ⇒**закида́ть** *and* ⇒**заки́нуть**

заки́дыва|ться, ется *impf of* ⇒**заки́нуться**

заки́н|уть, у, ешь *pf* (*мяч в сетку, майку под кровать*) to throw; (*невод, удочку*) to cast; **з. но́гу на́ ногу** to cross one's legs; **з. винто́вку за́ спину** to sling a rifle on one's back; **з. у́дочку** (*fig, coll*) to put out a feeler; **з. слове́чко (о** + *p*) (*coll*) to throw out a hint (about); **~ьте слове́чко за меня́** put in a word for me; **судьба́ ~ула меня́ в Росси́ю** fate brought me to Russia.

заки́н|уться, ется *pf* **1** (*о голове*) to fall back. **2** (*о лошади*) to jib, shy.

закипа́|ть, ет *impf of* ⇒**закипе́ть**

закип|е́ть, и́т *pf* (*of* ⇒**закипа́ть**) (*начать кипеть*) to begin to boil; (*кипеть*) to be on the boil; (*fig*) (*о работе*) to be in full swing.

закиса́|ть, ю *impf of* ⇒**заки́снуть**

заки́с|нуть, ну, нешь, *past* **~, ~ла** *pf* **1** to turn sour. **2** (*fig*) to become apathetic.

за́кис|ь, и *f* (*chem*): **з. азо́та** nitrous oxide; **з. желе́за** iron/ferrous oxide.

закла́д, а *m* **1** (*залог*) pawning; (*недвижимости*) mortgaging; **мои́ часы́ в ~е** my watch is in pawn. **2** (*obs*) (*пари*) bet, wager; **би́ться об з.** to bet, wager.

закла́дк|а[1]**, и** *f* (*фундамента*) laying; (*памятника*) laying the foundation.

закла́дк|а[2]**, и** *f* (*в книге*) bookmark (*also comput*).

закладн|а́я, о́й *f* (*law*) mortgage (deed).

заклад|но́й *adj of* ⇒**~**; **~на́я квита́нция** pawn ticket.

3

3

закла́дыва|ть, ю *impf of* **⇒заложи́ть**

закла́ни|е, я *nt* sacrifice; **идти́ (как) на з.** to go to the slaughter.

закл|ева́ть, юю́, юёшь *pf* **1** (*начать клевать*) to begin to peck; (*о рыбе*) to begin to bite. **2** (*клюя, убить*) to peck to death; (*fig, coll*) to torment.

заклёвыва|ть, ю *impf of* **⇒заклева́ть**

закле́ива|ть(ся), ю, ет(ся) *impf of* **⇒закле́ить(ся)**

закле́|ить, ю, ишь *pf* (*of* **⇒~ивать**) to glue up; to stick up; **з. конве́рт** to seal an envelope.

закле́|иться, ится *pf* (*of* **⇒~иваться**) to stick (*intrans*).

заклейм|и́ть, лю́, и́шь *pf of* **⇒клейми́ть**

заклепа́|ть, ю *pf* (*of* **⇒заклёпывать**) (*tech*) to rivet.

заклёпк|а, и *f* (*tech*) rivet.

заклёпыва|ть, ю *impf of* **⇒заклепа́ть**

заклина́ни|е, я *nt* **1** (*магические слова*) incantation; spell. **2** (*мольба*) entreaty.

заклина́тел|ь, я *m* exorcist; **з. змей** snake charmer.

заклина́|ть, ю *impf* (*of* **⇒закля́сть**) **1** (*вызывать*) to invoke. **2** (*духов*) to exorcize. **3** (*заколдовывать*) to enchant, endow with magical powers. **4** (*impf only*) (*умолять*) to entreat.

закли́нива|ть, ю *impf of* **⇒закли́нить**

закли́н|ить, ю, ишь *pf* (*of* **⇒~ивать**) **1** (*закрепить*) to wedge, fasten with a wedge. **2** (*лишить возможности вращаться*) to jam; (*also impers*): **дверь ~ило** the door jammed.

заключа́|ть, ю *impf of* **⇒заключи́ть**

заключ|а́ться, а́ется *impf* (*of* **⇒~и́ться**) **1** *passive of* **⇒~а́ть**. **2** (*impf only*) (**в** + *p*) to consist (of); to lie (in); **гла́вное затрудне́ние ~а́ется в недоста́тке де́нежных средств** the principal difficulty consists in the lack of funds. **3** (*заканчиваться*) to conclude, finish.

заключе́ни|е, я *nt* **1** (*конец*) conclusion, end; (*завершение*) conclusion, ending; **в з.** in conclusion. **2** (*вывод*) conclusion, inference. **3** (*договора, сделки*) conclusion, signing. **4** (*лишение свободы*) confinement, detention; **тюре́мное з.** imprisonment.

заключён|ный (~, ~а́, ~о) *ppp of* **⇒заключи́ть**; *as n* **з., ~ного** *m, and* **~ная, ~ной** *f* (*law*) prisoner, convict.

заключи́тельн|ый *adj* final, concluding; **з. акко́рд** (*mus*) finale; **~ое сло́во** concluding remarks.

заключ|и́ть, у́, и́шь *pf* (*of* **⇒~а́ть**) **1** (+ *i*) (*закончить*) to conclude, end (with). **2** (*сделать вывод*) to conclude, infer. **3** (*принять*) to conclude, enter into; **з. брак** to contract marriage; **з. догово́р** to conclude a treaty; **з. сде́лку** to strike a bargain. **4**: **з. в себе́** to contain, enclose; to comprise; **з. в ско́бки** to enclose in brackets. **5** (*лишить свободы*) to confine; **з. в тюрьму́** to imprison; **з. под стра́жу** to take into custody.

заключ|и́ться, и́тся, а́тся *pf of* **⇒~а́ться**

закля́|сть, ну́, нёшь, *past* **~л, ~ла́, ~ло** *pf of* **⇒заклина́ть**

закля́|сться, ну́сь, нёшься, *past* **~лся, ~ла́сь, ~ло́сь** *pf* (*coll*) to swear to give up.

закля́ти|е, я *nt* (*obs*) **1** (*заклинание*) incantation. **2** (*клятва*) oath, pledge.

закля́тый *adj*: **з. враг** sworn enemy.

зак|ова́ть, ую́, уёшь *pf* (*of* **⇒~о́вывать**) to chain; **з. в кандалы́** to shackle, put in irons.

зако́выва|ть, ю *impf of* **⇒закова́ть**

заковыля́|ть, ю *pf* (*coll*) to begin to hobble.

заковы́рист|ый (~, ~а) *adj* (*coll*) tricky.

закоди́ровать *pf of* **⇒коди́ровать**

закола́чива|ть, ю *impf of* **⇒заколоти́ть**

заколдо́ван|ный (~, ~а) *ppp of* **⇒заколдова́ть** *and adj* bewitched, enchanted; spellbound; (*fig*) **з. круг** vicious circle.

заколд|ова́ть, у́ю *pf* (*of* **⇒~о́вывать**) to bewitch, enchant; to lay a spell (on).

заколдо́выва|ть, ю *impf of* **⇒заколдова́ть**

заколеб|а́ться, ~лю́сь, ~ле́шься *pf* to begin to shake; (*fig*) to begin to waver, begin to vacillate.

зако́лк|а, и *f* hairgrip (*Br*), bobby pin (*US*).

заколо|ти́ть, чу́, ~тишь *pf* (*of* **⇒закола́чивать**) **1** (*досками*) to board up; (*гвоздями*) to nail up. **2** (*гвоздь*) to knock in, drive in. **3** (*забить до смерти*) to beat the life out of; to knock insensible. **4** (*начать колотить*) to begin to knock; **в дверь ~ти́ли** there was a knocking on the door.

заколо|ти́ться, чу́сь, ~тишься *pf* (*coll*) to begin to beat; **се́рдце у неё ~ти́лось** her heart began to thump.

закол|о́ть, ю́, ~ешь *pf* (*of* **⇒зака́лывать** *and* **⇒коло́ть**[2] **2, 3**) **1** (*убить*) to stab (to death); (*животное*) to slaughter. **2** (*прикрепить*) to pin (up). **3** (*начать колоть*) to begin to chop. **4** (*impers*): **у меня́**, *etc.*, **~о́ло в боку́** I, *etc.*, have a stitch in my side.

закол|о́ться, ю́сь, ~ешься *pf* to stab o.s.

заколы|ха́ться, ~шется *pf* to begin to sway; to begin to wave, begin to flutter.

закольц|ева́ть, у́ю, у́ешь *pf of* **⇒кольцева́ть**

зако́н, а *m* law; **свод ~ов** code, statute book; **объяви́ть вне ~а** to outlaw; **З. Бо́жий** (*as school subject, etc.*) scripture, divinity; **з. по́длости** Sod's Law, Murphy's Law; **непи́саный з.** unwritten law.

зако́нник, а *m* (*coll*) **1** (*юрист*) one versed in law, law expert, lawyer. **2** (*соблюдающий законы*) one who keeps to letter of the law.

законнорождённый *adj* legitimate (*child*).

зако́нност|ь, и *f* **1** (*документа, постановления*) lawfulness, legality. **2** (*соблюдение законов*) law and order.

зако́н|ный (~ен, ~на) *adj* **1** (*действия*) lawful, legal; (*документ, договор*) legal; **з. брак** lawful wedlock; **з. владе́лец** rightful owner. **2** (*fig*) (*возмущение*) legitimate, understandable, natural.

законове́д, а *m* jurist.

законове́дени|е, я *nt* jurisprudence, law.

законода́тел|ь, я *m* legislator; lawgiver; **з. мод/мо́ды** trendsetter.

законода́тель|ница, ницы *f of* **⇒~**

законода́тельный *adj* legislative.

законода́тельств|о, а *nt* legislation.

закономе́рност|ь, и *f* regularity; conformity with a law; normality.

закономе́р|ный (~ен, ~на) *adj* **1** (*развитие, успех*) natural, logical. **2** (*fig*) (*понятный*) legitimate, understandable, natural.

законопа́|тить, чу, тишь *pf of* **⇒конопа́тить**

законоположе́ни|е, я *nt* (*law*) statute.

законопослуша́ни|е, я *nt* law-abidingness.

законопослу́шный *adj* law-abiding.

законопрое́кт, а *m* (*pol, law*) bill.

законсерви́р|овать, ую *pf of* **⇒консерви́ровать**

законспекти́р|овать, ую *pf of* **⇒конспекти́ровать**

законспири́р|овать, ую *pf* (*of* **⇒конспири́ровать**) to keep secret, keep dark.

законтракт|ова́ть, у́ю *pf* (*of* **⇒контрактова́ть**) to contract (for), enter into a contract (for).

законтракт|ова́ться, у́юсь *pf* (*of* **⇒контрактова́ться**) to contract to work (for); to hire o.s. out (to).

законфу́|зиться, жусь, зишься *pf* to show embarrassment.

зако́нченност|ь, и *f* completeness.

зако́нчен|ный (~, ~а) *ppp of* **⇒зако́нчить** *and adj* **(~, ~на)** (*дело*) finished; (*мысль, фраза*) complete; (*негодяй*) consummate; (*мастер своего дела*) accomplished; **он явля́ется ~ным проза́иком** he is an accomplished prose writer; **з. лгун** consummate liar.

зако́нч|ить, у, ишь *pf* (*of* **⇒зака́нчивать**) to end, finish.

зако́нч|иться, ится *pf* (*of* **⇒зака́нчиваться**) to end, finish (*intrans*).

закопа́|ть, ю *pf* (*of* **⇒зака́пывать**) **1** (*no impf*) (*начать копать*) to begin to dig. **2** (*спрятать в земле*) to bury. **3** (*заполнить землёй*) to fill in.

закопа́|ться, юсь *pf* (*of* **⇒зака́пываться**) to bury o.s.

закопте́л|ый (~, ~а) *adj* sooty; smutty.

закопт|е́ть, и́т *pf* to become covered with soot.

закоп|ти́ть, чу́, ти́шь *pf* (*of* ⇒**копти́ть**) **1** (*рыбу, окорок*) to smoke. **2** (*покрыть копотью*) to blacken with smoke.

закоп|ти́ться, чу́сь, ти́шься *pf* **1** (*о рыбе, окороке*) to be smoked. **2** (*покрыться копотью*) to become covered with soot.

закорене́лый *adj* (*предрассудок*) deep-rooted, ingrained; (*преступник*) inveterate.

закорене́|ть, ю, ешь *pf* **1** (*fig*) (*укорениться*) to take root. **2** (**в** + *p*) to become steeped (in); **он ~л в греха́х** he became an inveterate sinner.

зако́р|ки, ок (*no sg*) (*coll*) back, shoulders; **он перенёс де́вочку че́рез ре́ку на ~ках** he carried the little girl across the river on his shoulders.

закорм|и́ть, лю́, ~́ишь *pf* (*of* ⇒**зака́рмливать**) to overfeed; to stuff.

закорю́чк|а, и *f* (*coll*) **1** hook; (*в почерке*) flourish. **2** (*fig, coll*) hitch, snag.

закосне́л|ый (~, ~а) *adj* incorrigible, inveterate.

закосне́|ть, ю *pf of* ⇒**косне́ть**

закостене́л|ый (~, ~а) *adj* ossified; stiff.

закостене́|ть, ю *pf* to ossify; (*fig*): **он ~л от хо́лода** he became stiff with cold.

закостыля́|ть, ю *pf* (*coll*) to hobble, limp.

закоу́л|ок, ка *m* **1** (*переулок*) back street, (dark) alley. **2** (*coll*) (*уголок*) secluded corner; **обыска́ть все углы́ и ~ки** to search in every nook and cranny; **знать все ~ки** (*fig*) to know all the ins and outs.

закочене́л|ый (~, ~а) *adj* numb with cold.

закочене́|ть, ю, ешь *pf of* ⇒**кочене́ть**

закра́дыва|ться, юсь *impf of* ⇒**закра́сться**

закра́ива|ть, ю *impf of* ⇒**закрои́ть**

закра́па|ть, ю *pf* **1** (*о каплях дождя*) to begin to fall. **2** (*покрыть крапинами*) to spot.

закра́пыва|ть, ю *impf of* ⇒**закра́пать 2**

закра́|сить, шу, сишь *pf* (*of* ⇒**~шивать**) to paint over, paint out.

закрасне́|ть, ю, ешь *pf* **1** (*начать краснеть*) to begin to turn red. **2** (*показаться*) to appear red (in the distance).

закра́|сться, ду́сь, дёшься, *past* **~лся** *pf* (*of* ⇒**~дываться**) to steal in, creep in; (*fig*): **у меня́ ~лось подозре́ние** a suspicion crept into my mind.

закра́шива|ть, ю *impf of* ⇒**закра́сить**

закрепи́тел|ь, я *m* (*chem, phot*) fixing agent, fixer.

закреп|и́ть, лю́, и́шь *pf* (*of* ⇒**~ля́ть**) **1** to fasten, secure; (*naut*) to make fast; (*phot*) to fix. **2** (*fig*) to consolidate; **мы ~и́ли прошлого́дние успе́хи** we have consolidated last year's successes. **3** (+ *a* **за** + *i*) (*помещение*) to allot, assign (to); (*человека*) to appoint, attach (to); **з. за собо́й** to secure; **за на́ми ~и́ли одну́ из но́вых кварти́р** we have been assigned one of the new flats; **он ~и́л за собо́й места́ на за́втрашнее представле́ние** he has secured seats for tomorrow's performance.

закреп|и́ться, лю́сь, и́шься *pf* (*of* ⇒**~ля́ться**) **1** (*о войсках*) (**на** + *a*) to consolidate one's hold (on). **2** (*о слове, привычке*) to establish itself.

закре́пк|а, и *f* fastener.

закрепля́|ть(ся), ю(сь) *impf of* ⇒**закрепи́ть(ся)**

закрепо|сти́ть, щу́, сти́шь *pf* to enslave.

закрепоща́|ть, ю *impf of* ⇒**закрепости́ть**

закрепоще́ни|е, я *nt* enslavement.

закристаллиз|ова́ться, у́ется *pf of* ⇒**кристаллизова́ться**

закрич|а́ть, у́, и́шь *pf* **1** (*начать кричать*) to begin to shout. **2** (*однократно*) to give a shout, cry out.

закро|и́ть, ю, и́шь *pf* (*of* ⇒**закра́ивать**) to cut out.

закро́|й, я *m* cut; style (*of dress*).

закро́йны|й *adj* for cutting clothes; **~е но́жницы** cutting-out scissors.

закро́йщик, а *m* cutter.

закро́йщи|ца, цы *f of* ⇒**~к**

за́кром, а, *pl* **~а́** *m* corn bin; (*fig, rhetorical*) granary.

закругле́ни|е, я *nt* **1** (*действие*) rounding, curving. **2** (*изгиб*) curve.

закруглён|ный (~, ~а́) *ppp of* ⇒**закругли́ть** *and adj* rounded; (*literary*) well rounded.

закругл|и́ть, ю́, и́шь *pf* (*of* ⇒**~я́ть**) to make round; to round off; **з. фра́зу** to round off a sentence.

закругл|и́ться, ю́сь, и́шься *pf* (*of* ⇒**~я́ться**) **1** (*стать круглым*) to become round. **2** (*coll*) (*закончить*) to round off, conclude.

закругля́|ть(ся), ю(сь) *impf of* ⇒**закругли́ть(ся)**

закруж|и́ть, у́, ~́ишь *pf* **1** to begin to whirl (*trans and intrans*); **з. кому́-н. го́лову** (*fig, coll*) to turn s.o.'s head. **2** (*довести до головокружения*) to make giddy, make dizzy; (*о событиях, делах*) to confuse, throw off balance.

закруж|и́ться, у́сь, ~́ишься *pf* **1** to begin to whirl, begin to go round; **у меня́ ~и́лась голова́** my head began to swim; **з. с дела́ми** to be run off one's feet. **2** *pf of* ⇒**кружи́ться**

закру|ти́ть, чу́, ~́тишь *pf* (*of* ⇒**закру́чивать** *and* ⇒**крути́ть 2, 3, 4, 5**) **1** (*верёвку*) to twist; (*усы*) to twirl; (*вокруг*) to wind round; **они́ ~ти́ли ему́ ру́ки за́ спину** they twisted his arms behind his back. **2** (*кран*) to turn; (*гайку*) to screw in. **3** (*fig, coll*) to turn s.o.'s head.

закру|ти́ться, чу́сь, ~́тишься *pf* (*of* ⇒**закру́чиваться**) **1** to twist; to twirl; to wind round (*intrans*). **2** (*coll*) to be run off one's feet.

закру́тка = самокру́тка

закру́чива|ть(ся), ю(сь) *impf of* ⇒**закрути́ть(ся)**

закрыва́|ть(ся), ю(сь) *impf of* ⇒**закры́ть(ся)**

закры́ти|е, я *nt* **1** closing; shutting; (*конец*) close. **2** (*mil*) cover.

закры́т|ый (~, ~а) *ppp of* ⇒**~ь** *and adj* closed, shut; (*не для всех*) private; **с ~ыми глаза́ми** (*fig*) blindly; **з. бассе́йн** indoor pool; **з. корт** indoor court; **~ое голосова́ние** secret ballot; **при ~ых дверя́х** behind closed doors, in private; **~ое заседа́ние** private meeting; **~ое мо́ре** inland sea; **~ое пла́тье** high-necked dress; **в ~ом помеще́нии** indoors; **з. просмо́тр** private view.

закр|ы́ть, о́ю, о́ешь *pf* (*of* ⇒**~ыва́ть**) **1** (*сделать недоступным*) to close, shut; **я ~ы́л ему́ глаза́** I attended him on his deathbed; **з. глаза́ (на** + *a*) to shut one's eyes (to); **з. ско́бки** to close brackets; **з. счёт** to close an account. **2** (*выключить*) to shut off, turn off. **3** (*ликвидировать*) to close down, shut down. **4** (*покрыть*) to cover.

закр|ы́ться, о́юсь, о́ешься *pf* (*of* ⇒**~ыва́ться**) **1** (*стать недоступным*) to close, shut; (*окончиться*) to end; (*перестать существовать*) to close down. **2** (*покрыть себя*) to cover o.s.; to take cover. **3** (*о ране*) to close up.

закули́сный *adj* (occurring) behind the scenes; (*fig*) secret; underhand, undercover.

закупа́|ть, ю *impf of* ⇒**закупи́ть**

закуп|и́ть, лю́, ~́ишь *pf* (*of* ⇒**~а́ть**) **1** (*скупить*) to buy up (wholesale). **2** (*запастись*) to lay in; to stock up with.

заку́пк|а, и *f* purchase.

закупно́й *adj* bought, purchased.

заку́порива|ть, ю *impf of* ⇒**заку́порить**

заку́пор|ить, ю, ишь *pf* (*of* ⇒**~ивать**) **1** to cork; to stop up. **2** (*fig*) to shut up; to coop up.

заку́порк|а, и *f* **1** corking. **2** (*med*) embolism, thrombosis.

заку́п|очный *adj of* ⇒**~ка**; **~очная цена́** purchase price.

заку́пщик, а *m* purchaser; buyer.

заку́рива|ть(ся), ю *impf of* ⇒**закури́ть(ся)**

закур|и́ть, ю́, ~́ишь *pf* (*of* ⇒**заку́ривать**) **1** (*сигарету*) to light up. **2** (*стать курильщиком*) to begin to smoke; **ещё не ко́нчив шко́лу он ~и́л** he began to smoke before he had left school.

закур|и́ться, ~́ится *pf* (*of* ⇒**заку́риваться**) **1** (*о сигарете*) to begin to burn. **2** (*о вулкане*) to begin to smoke.

закуса́|ть, ю *pf* (*coll*) to bite.

заку|си́ть[1], шу́, ~́сишь *pf* (*of* ⇒**~сывать**) (*зажать зубами*) to bite; (*fig*): **з. удила́** to break loose, lose control of o.s.; **з. язы́к** to hold one's tongue, to shut up.

заку|си́ть[2], шу́, ~́сишь *pf* (*of* ⇒**~́сывать**) **1** (*поесть*) to have a snack, have a bite; **з. на́скоро** to snatch

3

a hasty bite. **2** (+ *a and i*) to take (with); **з. во́дку ры́бой** to drink vodka with fish hors d'oeuvres.

заку́ск|а, и *f* (*usu in pl*) hors d'oeuvre; snack; **на ~у** for a titbit; (*fig, coll*) as a special treat.

заку́с|очный *adj of* ⇒**~ка**; *as n* **~очная, ~очной** *f* snack bar.

заку́сыва|ть, ю *impf of* ⇒**закуси́ть**

заку́т, а *m* (*dialect*) **1** (*кладовая*) storeroom; (*fig*) (*тесное помещение*) cramped space, room. **2** (*хлев*) shed (*for livestock*).

заку́та|ть, ю *pf* (*of* ⇒**заку́тывать**) to wrap up, muffle; **з. в одея́ло** to tuck up (in bed).

заку́та|ться, юсь *pf* (*of* ⇒**заку́тываться**) to wrap o.s. up, muffle o.s.

заку|ти́ть, чу́, ~́тишь *pf* to begin to drink; to go drinking.

заку́тк|а, и *f* (*dialect*) = **заку́т**

заку́т|ок, ка *m* (*dialect*) = **заку́т**

закут|о́к, ка́ *m* (*coll*) nook, corner.

заку́тыва|ть(ся), ю(сь) *impf of* ⇒**заку́тать(ся)**

зал, а *m* hall; **з. ожида́ния** waiting room; **демонстрацио́нный з.** showroom; **з. вы́лета** (*airport*) departure lounge; **з. игровы́х автома́тов** amusement *or* video game arcade.

зала́|дить, жу, дишь *pf* (*coll*) **1** (+ *inf*) to take to; **он ~дил заходи́ть к нам по вечера́м** he has taken to calling in on us in the evening. **2**: **з. одно́ и то́ же** to harp on the same string.

зала́д|иться, ится *pf* (*coll*) to work out.

зала́мыва|ть, ю *impf of* ⇒**заломи́ть**

залата́|ть, ю *pf of* ⇒**лата́ть**

зал|га́ться, гу́сь, жёшься, гу́тся, *past* **~га́лся, ~гала́сь, ~га́ло́сь** *pf* (*coll*) to become entangled in lies.

залега́ни|е, я *nt* **1** lying down. **2** (*geol*) stratification, bedding.

залега́|ть, ю *impf of* ⇒**зале́чь**

заледене́л|ый (~, ~а) *adj* **1** (*покрывшийся льдом*) covered with ice; ice-bound. **2** (*холодный*) ice-cold, icy.

заледене́|ть, ю *pf* (*of* ⇒**леденеть**) **1** (*покрыться льдом*) to be covered with ice; to freeze up, ice up. **2** (*стать холодным как лёд*) to become icy cold; (*закоченеть*) to become numb.

залежа́л|ый (~, ~а) *adj* (*coll*) **1** (*несвежий*) stale. **2** (*лежавший долго без употребления*) long unused.

залеж|а́ться, у́сь, и́шься *pf* **1** (*пролежать слишком долго*) to lie too long; to lie idle a long time. **2** (*потерять свежесть*) to become stale.

залёжива|ться, юсь *impf of* ⇒**залежа́ться**

за́леж|ь, и *f* **1** (*geol*) deposit, bed, seam. **2** (*agric*) fallow land. **3** (*sg only; collect; coll*) stale goods.

залеза́|ть, ю *impf of* ⇒**зале́зть**

зале́з|ть, у, ешь, *past* **~, ~ла** *pf* **1** (**на** + *a*) (*на дерево, крышу*) to climb (up, on to). **2** (**в** + *a*; *coll*) (*в комнату*) to get (into); to break into; **з. кому́-н. в карма́н** to pick s.o.'s pocket; **з. в во́ду по го́рло** to get up to one's neck in water. **3**: **з. в долги́** to run into debt.

зален|и́ться, ю́сь, ~́ишься *pf* (*coll*) to grow lazy.

залепе|та́ть, чу́, ~́чешь *pf* (*coll*) to begin to babble.

залеп|и́ть, лю́, ~́ишь *pf* (+ *a and i*) to paste up, paste over; to glue up; **всю сте́ну ~или афи́шами** the whole wall had been pasted over with bills; **глаза́ у него́ ~и́ло сне́гом** his eyes were stuck up with snow; **з. кому́-н. пощёчину** (*coll*) to slap s.o.'s face.

залепля́|ть, ю *impf of* ⇒**залепи́ть**

залета́|ть[1], ю *pf* (*coll*) to begin to fly.

залета́|ть[2], ю *impf of* ⇒**залете́ть**

зале|те́ть, чу́, ти́шь *pf* (*of* ⇒**~та́ть**) **1** (**в** + *a*) to fly (into); (**за** + *a*) to fly (over, beyond); **пти́ца ~те́ла в ко́мнату** a bird flew into the room; **мы ~те́ли за Се́верный по́люс** we flew over the North Pole. **2** (**в** + *a*) to make a stopover (at), call in (at); **нам пришло́сь з. в Стокго́льм** we had to make a stopover at Stockholm. **3** (*fig, coll*): **з. высоко́, з. далеко́** to go up in the world.

залётн|ый *adj* (*coll*): **~ая пти́ца** bird of passage (*also fig*); **з. гость** unexpected visitor.

зале́чива|ть, ю *impf of* ⇒**залечи́ть**

залеч|и́ть, у́, ~́ишь *pf* **1** (*рану*) to heal. **2** (*coll*): **з. (до́ смерти)** to doctor to death; to kill (*by unskilful treatment*).

залеч|и́ться, ~́ится *pf* (*coll*) to heal (up).

зал|е́чь, я́гу, я́жешь, я́гут, *past* **~ёг, ~егла́** *pf* (*of* ⇒**~ега́ть**) **1** (*лечь*) to lie down; (*притаиться*) to lie low. **2** (*geol*) to lie, be deposited; **здесь руда́ ~егла́ на глубине́ ста ме́тров** there is a deposit of ore here at a depth of a hundred metres (*Br*), meters (*US*). **3** (*fig*) (*морщина*) to form, develop.

зали́в, а *m* bay; (*длинный*) gulf; (*маленький*) cove.

залива́|ть[1], ю *impf* (*coll*) to lie, tell lies.

залива́|ть[2](ся), ю(сь) *impf of* ⇒**зали́ть(ся)**

зали́вист|ый (~, ~а) *adj* (*о звуке*) liquid, harmonious.

зали́вк|а, и *f*: **з. бензи́на** filling up with petrol; **з. бето́на** stopping up, filling in with cement.

заливн|о́е, о́го *nt* fish or meat in aspic.

заливн|о́й *adj* **1**: **з. луг** water meadow. **2** for pouring; **~а́я труба́** funnel. **3** (*cul*) jellied; **~а́я ры́ба** fish in aspic.

зали|за́ть, жу́, ~́жешь *pf* **1** to lick clean. **2**: **з. себе́ во́лосы** to slick down one's hair.

зали́зыва|ть, ю *impf of* ⇒**зализа́ть**

зал|и́ть, ью́, ьёшь, *past* **~́ил, ~ила́, ~́ило** *pf* (*of* ⇒**~ива́ть**) **1** (*покрыть жидкостью*) to flood, inundate; (*fig*): **ко́мнату ~́ило све́том** the room was flooded with light; **толпа́ ~ила́ у́лицы** the crowd filled the streets. **2** (*испачкать жидким*) (+ *a and i*) to pour (over); to spill (on); **з. ска́терть черни́лами** to spill ink on the tablecloth; **з. ту́шью** to ink in. **3** (*потушить водой*) to quench, extinguish (*with water*); **з. пожа́р** to put out a fire; **з. го́ре (вино́м)** to drown one's sorrows. **4** (*наполнить, покрыть жидким*) to fill, cover with. **5** (*налить, наполнив что-н.*): **з. бензи́н в бак** to fill up with petrol (*Br*), gas (*US*).

зал|и́ться, ью́сь, ьёшься, *past* **~и́лся, ~ила́сь** *pf* (*of* ⇒**~ива́ться**) **1** (*покрыться водой*) to be flooded, inundated. **2** (*попасть*) to pour; to spill (*intrans*); **вода́ ~ила́сь мне за воротни́к** water has gone down my neck. **3** (*испачкаться*) to spill on o.s.; **ты весь ~и́лся су́пом** you have spilled soup all over yourself. **4** (+ *i*) (*зазвучать*) to break into, burst out (into); **соба́ка ~ила́сь ла́ем** the dog began to bark furiously; **з. пе́сней** to break into a song; **з. слеза́ми** to burst into tears, dissolve in tears. **5** to set (*of jellies*).

залихва́тск|ий *adj* (*coll*) devil-may-care; **~ая пе́сня** rollicking song.

зало́г[1], а *m* **1** deposit; pledge; security; (*law*) bail; **под з.** (+ *g*) on the security of; **отда́ть в з.** (*в ломбарде*) to pawn; (*дом*) to mortgage; **вы́купить из ~а** to redeem; to pay off mortgage (on); **з. успе́ха** guarantee of success. **2** (*fig*) (*доказательство*) pledge, token.

зало́г[2], а *m* (*gram*) voice.

зало́г|овый *adj of* ⇒**~**; **~овое свиде́тельство** mortgage deed.

залогода́тел|ь, я *m* depositor; mortgagor.

залогодержа́тел|ь, я *m* pawnee (*the person with whom sth is pawned*).

залож|и́ть, у́, ~́ишь *pf* (*of* ⇒**закла́дывать**) **1** (*положить за*) to put (behind); **он ~и́л ру́ки за́ спину** he put his hands behind his back. **2** (*положить основание чему-л.*) to lay (the foundation of). **3** (*coll*) (*потерять*) to mislay. **4** (+ *i*) (*загромоздить*) to pile up, heap up (with); to block up (with); (*impers*, + *d*): **мне ~и́ло нос** my nose is blocked, is stuffed up. **5** (*место в книге*) to mark, put a marker in; **я ~и́л страни́цу девяно́сто** I have put a marker in at page ninety. **6** (*запрячь*) to harness. **7** (*для хранения*) to lay in, store, put by. **8** (*часы*) to pawn; (*дом*) to mortgage.

зало́жник, а *m* hostage.

зало́жни|ца, цы *f of* ⇒**~к**

залом|и́ть, лю́, ~́ишь *pf* (*of* ⇒**зала́мывать**) **1** to break off. **2** (*coll*): **з. це́ну** to ask an exorbitant price; **з. ша́пку** to cock one's hat.

залосн|и́ться, и́тся *pf* (*coll*) to become shiny (from wear).

залп, а *m* volley; salvo; **вы́стрелить ~́ом** to fire a volley, salvo; **~́ом** (*fig, coll*) without pausing for breath; **вы́пить ~́ом** to drain at one draught.

залуча́|ть, ю *impf of* ⇒**залучи́ть**

залуч|и́ть, у́, и́шь *pf* (*coll*) to entice, lure.

залы́син|а, ы *f* bald patch.
залюб|ова́ться, у́юсь *pf* (+ *i*) to be lost in contemplation (of).
заля́па|ть, ю *pf* (*coll*) to make dirty.
зам, а *m* (*coll*) *abbr of* **~ести́тель**
зам. (*abbr of* **замести́тель**) deputy.
зам... *comb form, abbr of* **замести́тель**
зама́|зать, жу, жешь *pf* (*of* ⇨**ма́зать** *and* ⇨**~зывать**) **1** (*покрыть краской*) to paint over; (*зачеркнуть*) to efface; (*fig*) to slur over. **2** (*залепить*) to putty. **3** (*запачкать*) to daub, smear, to soil.
зама́|заться, жусь, жешься *pf* (*of* ⇨**ма́заться** *and* ⇨**~зываться**) to smear o.s.; to get dirty.
зама́зк|а, и *f* **1** (*вещество*) putty. **2** (*действие*) puttying.
зама́зыва|ть(ся), ю(сь) *impf of* ⇨**зама́зать(ся)**
зама́лива|ть, ю *impf of* ⇨**замоли́ть**
зама́лчива|ть, ю *impf of* ⇨**замолча́ть**
зама́нива|ть, ю *impf of* ⇨**замани́ть**
заман|и́ть, ю́, ~́ишь *pf* (*of* ⇨**~́ивать**) to entice, lure; (*обманом*) to decoy.
зама́нчив|ый (~, ~а) *adj* tempting, alluring.
замара́|ть, ю *pf* (*of* ⇨**мара́ть 1**) **1** (*запачкать*) to soil, dirty; (*fig*) to disgrace; **з. свою́ репута́цию** to sully one's reputation. **2** (*зачеркнуть*) to blot out, efface.
замара́|ться, юсь *pf of* ⇨**мара́ться**
замара́шк|а, и *cg* (*coll*) grubby child.
зама́рива|ть, ю *impf of* ⇨**замори́ть**
замарин|ова́ть, у́ю *pf of* ⇨**маринова́ть**
замаскир|ова́ть, у́ю *pf of* ⇨**маскирова́ть**
замаскир|ова́ться, у́юсь *pf of* ⇨**маскирова́ться**
зама́слива|ть(ся), ю(сь) *impf of* ⇨**зама́слить(ся)**
зама́сл|ить, ю, ишь *pf* **1** (*смазать*) to oil, grease. **2** (*засалить*) to make oily, make greasy.
зама́сл|иться, юсь, ишься *pf* to become oily, become greasy.
заматере́л|ый (~, ~а) *adj* hardened, inveterate.
заматере́|ть, ю *pf* to become hardened.
зама́тыва|ть(ся), ю(сь) *impf of* ⇨**замота́ть(ся)**
зама́х, а *m* backward swing (*of arm etc.*).
зама|ха́ть, шу́, ~́шешь *pf* to begin to wave.
зама́хива|ться, юсь *impf of* ⇨**замахну́ться**
замахн|у́ться, у́сь, ёшься *pf* **1** (+ *i and* **на** + *a*) to raise threateningly; **он да́же ~у́лся руко́й на беззащи́тную стару́ху** he even lifted up his hand against a defenceless old woman. **2** (*поднять руку*) (**на** + *a*) to raise a hand against. **3** (**на** + *a*) (*fig, coll*) to set one's sights on.
зама́чива|ть, ю *impf of* ⇨**замочи́ть 1**
зама́шк|а, и *f* (*coll, pej*) way, manner.
зама́щива|ть, ю *impf of* ⇨**замости́ть**
зама́|ять, ю, ешь *pf* (*coll*) to tire out, wear out.
зама́|яться, юсь, ешься *pf* (*coll*) to be tired out, exhausted.
замая́ч|ить, у, ишь *pf* to loom; **вдали́ ~или огни́ га́вани** the lights of the harbour loomed up in the distance.
замби́|ец, йца *m* Zambian.
замби́йк|а, и *f* Zambian.
замби́йский *adj* Zambian.
За́мби|я, и *f* Zambia.
замедле́ни|е, я *nt* **1** (*действие*) slowing down, deceleration; (*mus*) ritardando. **2** (*задержка*) delay; **без ~я** without delay, at once.
заме́дленн|ый *ppp of* ⇨**заме́длить** *and adj* retarded; delayed; **бо́мба ~ого де́йствия** delayed-action bomb, time bomb; (*fig*) time bomb; **~ое воспроизведе́ние** slow-motion replay.
заме́дл|ить, ю, ишь *pf* (*of* ⇨**~я́ть**) **1** to slow down, retard; **з. шаг** to slacken one's pace; **з. ход** to reduce speed. **2** (**с** + *i*) to delay (in); to be long (in); **з. с отве́том** to delay in answering; **не з.** (+ *inf*) to be quick (to); **отве́т не ~ил прийти́** the answer was not long in coming.
заме́дл|иться, юсь, ишься *pf* (*of* ⇨**~я́ться**) to slow down; to slacken, become slower.
замедля́|ть(ся), ю(сь) *impf of* ⇨**заме́длить(ся)**
заме́н|а, ы *f* **1** (*действие*) substitution; replacement; **з. сме́ртной ка́зни (пожи́зненным) тюре́мным заключе́нием** commutation of death sentence to (life) imprisonment. **2** (*том, кто* (*или то, что*) *заменяет*) substitute.
замени́|мый *pres participle passive of* ⇨**~ть** *and adj* replaceable.
замени́тел|ь, я *m* (+ *g*) substitute; **з. ко́жи** leather substitute; **з. са́хара** sweetener.
замен|и́ть, ю́, ~́ишь *pf* (*of* ⇨**~я́ть**) **1** (+ *a and i*) to replace (by), substitute (for); **мы ~и́ли кероси́н электри́чеством** we have replaced oil with electricity; **з. ма́сло маргари́ном** to use margarine instead of butter. **2** (*занять место кого-то, чего-то*) to take the place of; **она́ ~и́ла ребёнку мать** she was (like) a mother to the child; **тру́дно бу́дет з. его́** it will be hard to replace him.
замен|я́ть, я́ю *impf of* ⇨**~и́ть**
зам|ере́ть, ру́, рёшь *pf, past* **~ер, ~ерла́, ~́ерло** *pf* (*of* ⇨**~ира́ть**) **1** (*стать неподвижным*) to stand still; to freeze, be rooted to the spot; to die (*fig*); **се́рдце моё ~́ерло, когда́ дверь откры́лась** my heart stopped beating when the door opened. **2** (*о звуках*) to die down, die away; **к полу́ночи стрельба́ ~ерла́** towards midnight firing died down.
замерза́ни|е, я *nt* freezing; **то́чка ~я** freezing point; **на то́чке ~я** (*fig*) at a standstill.
замерза́|ть, ю *impf of* ⇨**замёрзнуть**
замёрз|нуть, ну, нешь, *past* **~, ~ла** *pf* (*of* ⇨**~а́ть**) (*о реке, окне*) to freeze (up); (*умереть от мороза*) to freeze to death; (*о растениях*) to be killed by frost; **я ~** I'm frozen.
за́мертво *adv* like one dead; **она́ упа́ла з.** she collapsed in a dead faint.
заме|си́ть, шу́, ~́сишь *pf* (*of* ⇨**~́шивать**, ⇨**меси́ть**) to mix; **з. те́сто** to knead dough.
заме|сти́, ту́, тёшь, *past* **~́л, ~ла́** *pf* (*of* ⇨**~та́ть**) **1** (*подмести*) to sweep up. **2** (*покрыть*) to cover (up); (*impers*): **доро́гу ~ло́ сне́гом** the road is covered with snow; (*fig*): **з. следы́** to cover up one's traces.
замести́тел|ь, я *m* substitute; deputy; **з. дире́ктора** deputy director; **з. председа́теля** (*comm*) vice-chairman; **быть ~ем** (+ *g*) to stand proxy (for), substitute (for).
замести́тельств|о, а *nt* position of deputy; acting tenure of office; **по ~у** by proxy.
заме|сти́ть, щу́, сти́шь *pf* (*of* ⇨**~ща́ть**) **1** (+ *a and i*) (*заменить*) to replace (by); to substitute (for). **2** (*должность*) to fill. **3** (*заменить собой*) to deputize for, act for; to serve in place of.
замета́|ть[1], ю *impf of* ⇨**замести́**
замета́|ть[2], ю *pf* (*of* ⇨**замётывать**) to tack, baste.
заме|та́ться, чу́сь, ~́чешься *pf* to begin to rush about; (*в постели*) to begin to toss.
заме́|тить, чу, тишь *pf* (*of* ⇨**~ча́ть**) **1** (*увидеть*) to notice; **~тили ли вы, что он ча́сто повторя́ется?** have you noticed that he often repeats himself? **2** (*обратить внимание* (*на*)) to take notice (of); (*пометить*) to make a note (of). **3** (*сказать*) to remark, observe; **«соверше́нно ве́рно», — ~тил он** 'perfectly true', he remarked.
заме́тк|а, и *f* **1** (*знак*) mark. **2** (*запись*) note; **~и на поля́х** marginal notes; **взять на ~у** (*coll*) to make a note (of). **3** (*краткое сообщение*) notice; paragraph; **ни одна́ газе́та не удосто́ила вы́ставку ~ой** not a single newspaper gave the exhibition a notice. **4**: **он у меня́ на ~е** (*coll*) I'm keeping an eye on him.
заме́т|ный (~ен, ~на) *adj* **1** (*видимый*) noticeable; (*ощутимый*) appreciable; **ме́жду ни́ми есть ~ная ра́зница в во́зрасте** there is an appreciable difference in age between them; **~но** (*as pred*) it is noticeable; **~но, как он не лю́бит говори́ть о де́тстве** it is noticeable that he does not like talking about his childhood. **2** (*no short forms*) (*выдающийся*) prominent.
замётыва|ть, ю *impf of* ⇨**замета́ть[2]**
замеча́ни|е, я *nt* **1** remark, observation. **2** (*упрёк*) reprimand; reproof.

замеча́тельно *adv* **1** (*with verbs*) splendidly, brilliantly, wonderfully. **2** (*with adjectives, adverbs*) remarkably. **3** *pred*: **з.!** (it's) splendid!, wonderful!

замеча́тел|ьный (~ен, ~ьна) *adj* remarkable; splendid, wonderful.

замеча́|ть, ю *impf of* ⇒**заме́тить**

заме́чен|ный (~, ~а) *ppp of* ⇒**заме́тить**; **з.** (**в** + *p*) discovered, noticed, detected (in); **он был неоднокра́тно ~ во взя́точничестве** he was several times discovered taking bribes.

замечта́|ться, юсь *pf* to give o.s. up to daydreaming; to fall into a reverie; **он опя́ть ~лся** he is daydreaming again.

замеша́тельств|о, а *nt* confusion; embarrassment; **привести́ в з.** to throw into confusion; **прийти́ в з.** to be confused, be embarrassed.

замеша́|ть, ю *pf* (**в** + *a*) to mix up, entangle (in).

замеша́|ться, юсь *pf* (**в** + *a*) (*coll*) **1** (*запутаться*) to become mixed up, entangled (in). **2** (*скрыться*) to mix (with), mingle (in, with); **з. в толпу́** to mingle with the crowd.

заме́шива|ть(ся), ю(сь) *impf of* ⇒**замеси́ть** *and* ⇒**замеша́ть(ся)**

заме́шка|ться, юсь *pf* (*coll*) to linger, dawdle.

замеща́|ть, ю *impf of* ⇒**замести́ть**

замеще́ни|е, я *nt* **1** (*замена*) substitution; replacement. **2** (*должности*) filling; **бу́дет ко́нкурс на з. вака́нтной до́лжности** there will be a competition to fill the vacancy.

замина́|ть, ю *impf of* ⇒**замя́ть**

замини́р|овать, ую *pf of* ⇒**мини́ровать**

зами́нк|а, и *f* (*coll*) **1** (*задержка*) hitch. **2** (*в речи*) hesitation.

замира́ни|е, я *nt* dying out, dying down; **он ждал с ~ем се́рдца** he waited with a sinking heart.

замира́|ть, ю *impf of* ⇒**замере́ть**

замире́ни|е, я *nt* peacemaking.

замир|и́ть, ю́, и́шь *pf* (*of* ⇒**~я́ть**) (*врагов*) to pacify.

замиря́|ть, ю *impf of* ⇒**замири́ть**

за́мкнут|ый (~, ~а) *adj* **1** (*no short forms*) (*среда, жизнь*) isolated, secluded. **2** (*человек*) reserved, withdrawn; **он — о́чень з. челове́к** he is a very reserved person. **3**: **~ая цепь** (*elec*) closed circuit.

замкн|у́ть, у́, ёшь *pf* (*of* ⇒**замыка́ть**) to lock; to close; **з. ше́ствие, з. коло́нну** to bring up the rear.

замкн|у́ться, у́сь, ёшься *pf* (*of* ⇒**замыка́ться**) **1** (*дверь*) to lock. **2** (*цепь*) to be joined at the ends; **круг ~у́лся** (*fig*) everything fell into place. **3** to shut o.s. up; **з. в круг** to form a circle; (*fig*) **з. в себе́** to become reserved, retire into o.s.

зам|ну́, нёшь *see* ⇒**~я́ть**

замоги́льный *adj* sepulchral (*of voice*).

за́м|ок, ка *m* castle; **возду́шные ~ки** castles in the air.

зам|о́к, ка́ *m* **1** lock; **америка́нский з.** Yale lock; **вися́чий з.** padlock; **секре́тный з.** combination lock; **под ~ко́м** under lock and key; **за семью́ ~ка́ми** well and truly hidden. **2** (*archit*) keystone. **3** (*винтовки*) bolt. **4** (*браслета*) clasp; (*серьги*) clip.

замока́|ть, ет *impf of* ⇒**замо́кнуть**

замо́к|нуть, нет, *past* **~, ~ла** *pf* to become drenched, become soaked.

замо́лв|ить, лю, ишь *pf* (*coll*): **з. слове́чко за** (+ *a*) to put in a word (for); **прошу́ вас з. слове́чко за меня́ у нача́льства** will you, please, put in a word for me with the authorities.

замол|и́ть, ю́, ~ишь *pf* (*of* ⇒**зама́ливать**); **з. грехи́** to atone for one's sins by prayer.

замолка́|ть, ю *impf of* ⇒**замо́лкнуть**

замо́лк|нуть, ну, нешь, *past* **~, ~ла** *pf* to fall silent; to stop, cease (*speaking, etc.*); **внеза́пно пе́ние ~ло** suddenly the singing ceased.

замолч|а́ть¹, у́, и́шь *pf* to fall silent; (*fig*) to cease corresponding.

замолч|а́ть², у́, и́шь *pf* (*of* ⇒**зама́лчивать**) (*coll*) to keep silent about; to hush up.

замора́живани|е, я *nt* freezing; **з. зарпла́ты/цен** wage-/price-freezing.

замора́жива|ть, ю *impf of* ⇒**заморо́зить**

заморд|ова́ть, у́ю *pf* (*coll*) to torment.

замор|и́ть, ю́, и́шь *pf* (*of* ⇒**зама́ривать**) (*coll*) **1** (*работой*) to overwork. **2** (*не кормить досыта*) to underfeed; **з. червячка́** to have a bite, have a snack.

заморо́|женный *ppp of* ⇒**~зить** *and adj* frozen; iced; **~женное мя́со** frozen meat; **~женное шампа́нское** iced champagne.

заморо́|зить, жу, зишь *pf* (*of* ⇒**замора́живать**) to freeze.

за́мороз|ок, ка *m* (*usu in pl*) (light) frost.

замороч|ить, у, ишь *pf of* ⇒**моро́чить**

замо́рский *adj* (*obs*) oversea(s).

замо́рыш, а *m* (*coll*) weakling; runt.

замо|сти́ть, щу́, сти́шь *pf* (*of* ⇒**мости́ть** *and* ⇒**зама́щивать**) to pave.

замо́тан|ный (~, ~а) *adj* (*coll*) fagged- *or* worn-out, shattered.

замота́|ть, ю *pf* (*of* ⇒**зама́тывать**) **1** to wind, twist; (+ *i*) (*обмотать*) to wrap (in, with). **2** (*fig, coll*) (*утомить*) to tire out.

замота́|ться, юсь *pf* (*of* ⇒**зама́тываться**) **1** to wind round; (+ *i*) (*обмотать себя*) to wrap oneself (in). **2** (*fig, coll*) (*устать*) to be tired out, be fagged out.

замоч|и́ть, у́, ~ишь *pf* (*of* ⇒**зама́чивать** *and* ⇒**мочи́ть**) **1** (*слегка*) to wet; (*погрузить в воду*) to soak. **2** *see* ⇒**мочи́ть 3**

замо́чн|ый *adj of* ⇒**замо́к**; **~ая сква́жина** keyhole.

зампре́д, а *m* (*abbr of* **замести́тель председа́теля**) vice-chairman; deputy chairman.

за́муж *adv*: **вы́йти з. за кого́-н.** to marry s.o. (*of woman*); **вы́дать кого́-н. з.** (**за** + *a*) to give s.o. in marriage (to); to marry off (to).

за́мужем *adv*: **быть з.** (**за** + *i*) to be married (to) (*of woman*).

заму́жеств|о, а *nt* marriage (*of woman*); **у неё о́чень счастли́вое з.** she is very happily married.

заму́жняя *adj* married (*of woman*).

замур|ова́ть, у́ю *pf* to brick up; (*человека*) to immure.

замуро́выва|ть, ю *impf of* ⇒**замурова́ть**

заму́сл|ить, ю, ишь = **замусо́лить**

замусо́лива|ть, ю *impf of* ⇒**замусо́лить**

замусо́л|ить, ю, ишь *pf* to soil; to make grubby/greasy.

заму|ти́ть, чу́, ти́шь *pf of* ⇒**мути́ть**; **он воды́ не ~ти́т** he won't cause any trouble.

замухры́шк|а, и *cg* (*coll, pej*) poor specimen.

заму́чива|ть, ю *impf of* ⇒**заму́чить**

заму́ч|ить, у, ишь *pf* (*of* ⇒**му́чить** *and* ⇒**~ивать**) to torment; (*утомить*) to wear out; (*разговорами*) to bore to tears; (*убить*) to torture to death.

заму́ч|иться, усь, ишься *pf* (*of* ⇒**му́читься**) to be worn out.

за́мш|а, и *f* chamois (leather); suede.

замшеви́дный *adj* suedette.

за́мш|евый *adj of* ⇒**~а**

замше́л|ый (~, ~а) *adj* mossy, moss-covered.

замше́|ть, ет *pf* to be overgrown with moss.

замыва́|ть, ю *impf of* ⇒**замы́ть**

замыка́ни|е, я *nt* locking; **коро́ткое з.** (*elec*) short circuit.

замыка́|ться, юсь *pf* (*coll*) to be tired out.

замыка́|ть(ся), ю(сь) *impf of* ⇒**замкну́ть(ся)**

за́мыс|ел, ла *m* (*план*) project, plan; design, scheme; (*смысл*) idea; **злы́е ~лы** evil designs.

замы́сл|ить, ю, ишь *pf* (*of* ⇒**замышля́ть**) (+ *a or inf*) to plan; to contemplate; **он ~ил самоуби́йство** he contemplated suicide; **они́ ~или убежа́ть под покро́вом темноты́** they had planned to escape under cover of darkness.

замыслова́т|ый (~, ~а) *adj* intricate, complicated.

замыта́р|ить(ся), ю(сь), ишь(ся) *pf of* ⇒**мыта́рить(ся)**

зам|ы́ть, о́ю, о́ешь *pf* (*of* ⇒**~ыва́ть**) to wash off, wash out.

замышля́|ть, ю *impf of* ⇒**замы́слить**

зам|я́ть, ну́, нёшь *pf* (*of* ⇒**~ина́ть**) (*coll*) to put a stop to; **з. разгово́р** to change the subject.

зам|я́ться, ну́сь, нёшься *pf* (*coll*) to stumble; to stop short (*in speech*).

за́навес, а *m* curtain; **под з.** (*theatr*) near the end of an act; (*fig*) near the end, at the end.

занаве́|сить, шу, сишь *pf* (*of* ⇒**~шивать**) to curtain; to cover.

занаве́ск|а, и *f* curtain (*of light material*).

занаве́шива|ть, ю *impf of* ⇒**занаве́сить**

зана́чива|ть, ю *impf of* ⇒**зана́чить**

зана́ч|ить, у, ишь *pf* (*of* ⇒**~ивать**) (*coll*) to hide/stash away.

зана́чк|а, и *f* (*coll*) (small) stash (*usu a small amount of sth or sth insignificant; also a secret store*); **в ~е** stashed away.

зана́шива|ть, ю *impf of* ⇒**заноси́ть**[2]

занеме́|ть, ю *pf* to grow numb.

занемога́|ть, ю *impf of* ⇒**занемо́чь**

занемо́|чь, гу́, жешь, гут, *past* **~г, ~гла́** *pf* to fall ill, be taken ill.

занес|ти́, у́, ёшь, *past* **~̈, ~ла́** *pf* (*of* ⇒**заноси́ть**[1]) **1** (*принести*) to bring; (*доставить мимоходом*) to drop off. **2** (*поднять*) to raise, lift; **з. но́гу в стре́мя** to raise one's foot into the stirrup. **3** (*записать*) to note down; **з. в протоко́л/спи́сок** to enter in the minutes/list. **4** (*coll*) to carry (away); **куда́ его́ нелёгкая ~ла́?** where the devil has he got to?; (*impers*): **каки́м ве́тром вас сюда́ ~ло́?** what wind blows you here? **5** (*impers*): **з. сне́гом** to cover with snow; **доро́гу ~ло́ сне́гом** the road is snowed up.

занес|ти́сь, у́сь, ёшься, *past* **~̈ся, ~ла́сь** *pf* (*of* ⇒**заноси́ться**[1]) (*coll, pej*) to be carried away (*fig*).

Занзиба́р, а *m* Zanzibar.

занима́тел|ьный (~ен, ~ьна) *adj* entertaining, diverting; absorbing.

занима́|ть[1]**, ю** *impf* (*of* ⇒**заня́ть**) **1** (*город, квартиру*) to occupy; **крова́ть ~ет мно́го ме́ста** the bed takes up a lot of room; **он ~ет высо́кое положе́ние** (*fig*) he occupies a high post. **2** (*увлекать*) to occupy; to interest; **она́ весь день ~ла дете́й** she kept the children occupied all day; **бо́льше всего́ его́ ~ют вопро́сы филосо́фии** his chief interest is in philosophy. **3** (*время*) to take; **э́то ~ет мно́го вре́мени** this takes a lot of time. **4** (*пост, должность*) to take up. **5**: **з. ме́сто кому́-н.** (*or* **для кого́-н.**) to reserve a seat for s.o.; **з. пе́рвое ме́сто** to take first place.

занима́|ть[2]**, ю** *impf* (*of* ⇒**заня́ть**) (*деньги*) to borrow.

занима́|ться[1]**, юсь** *impf* (*of* ⇒**заня́ться**) (+ *i*) **1** to be occupied (with), be engaged (in); (*работать*) to work (at, on); (*учиться*) to study; **чем вы ~лись вчера́?** what were you doing yesterday?; **чем он ~ется?** what does he do? (*for a living*); **он ~ется подгото́вкой но́вой экспеди́ции** he is engaged in preparations for a new expedition; **до заму́жества она́ ~лась му́зыкой** before her marriage she was studying music; **она́ ~лась на трубе́** she was practising the trumpet. **2** (*посвящать себя*) to devote o.s. (to); **з. есте́ственными нау́ками** to devote o.s. to the natural sciences; **з. собо́й** to devote time to o.s. **3** (**с** + *i*) (*помогать в учении*) to assist with (*study*).

занима́|ться[2]**, ется** *impf* (*of* ⇒**заня́ться**) to catch fire.

за́ново *adv* anew.

зано́з|а, ы *f* splinter.

зано́зист|ый (~, ~а) *adj* (*coll*) (*поверхность*) splintery; (*fig*) (*человек*) abrasive.

зано|зи́ть, жу́, зи́шь *pf* to get a splinter into.

зано́с[1]**, а** *m* drift; **сне́жные ~ы** snowdrifts; **песча́ный з.** sand drift.

зано́с[2]**, а** *m* **1** (*доставка*) bringing, importing, import. **2** (*поднятие*) raising, lifting.

зано|си́ть[1]**, шу́, ~́сишь** *impf of* ⇒**занести́**

зано|си́ть[2]**, шу́, ~́сишь** *pf* (*of* ⇒**зана́шивать**) to wear out.

зано|си́ться[1]**, шу́сь, ~́сишься** *impf of* ⇒**занести́сь**

зано|си́ться[2]**, ~́сится** *pf* to be worn out; to wear out (*intrans*).

зано́сный *adj* alien, imported.

зано́счив|ый (~, ~а) *adj* arrogant, haughty.

заноч|ева́ть, у́ю *pf* (*coll*) to stay for the night.

зану́д|а, ы *cg* (*coll*) tiresome person, pain in the neck.

зану́дливый = **зану́дный**

зану́д|ный (~ен, ~на) *adj* (*coll*) tiresome.

занумер|ова́ть, у́ю *pf* (*of* ⇒**нумерова́ть**) to number.

заны́ка|ть, ю *pf of* ⇒**ны́кать**

заня́ти|е, я *nt* **1** (*дело*) occupation; pursuit. **2** (*in pl*) studies; (*usu in pl*) (*урок*) lesson, class. **3** (*действие*) (*квартиры*) occupation; (*должности*) taking up.

заня́т|ный (~ен, ~на) *adj* (*coll*) entertaining, amusing.

занято́й *adj* busy.

за́нятост|ь, и *f* (*econ*) employment; **по́лная з.** full employment.

за́нят|ый (~, ~а́, ~о) *ppp of* ⇒**~́ь** *and adj* **1** occupied; **здесь ~о** this place is taken; **~о** (*телефон, туалет*) engaged; **на э́том заво́де ~о свы́ше ты́сячи рабо́чих** over a thousand people are employed in this factory; **быть ~ым собо́й** to be self-centred. **2** (*only short forms*) (*человек*) busy; **он сейча́с ~** he is busy at the moment.

зан|я́ть, займу́, займёшь, *past* **~́ял, ~яла́, ~́яло** *pf of* ⇒**занима́ть**[1,2]; (*impers; coll*): **~я́ть дух у кого́-н.** to be out of breath; (*fig*) to be (left) breathless; **от э́того у меня́ дух ~́яло** it took my breath away.

зан|я́ться, займу́сь, займёшься, *past* **~я́лся́, ~яла́сь** *pf of* ⇒**занима́ться**[1,2]

зао́блачный *adj* beyond the clouds.

заодно́ *adv* **1** in concert, at one; **де́йствовать з.** to act in concert; **в э́том вопро́се мужчи́ны — з. с же́нщинами** on this the men are in agreement with the women. **2** (*coll*) (*одновременно*) at the same time; **купи́те з. и апельси́ны** buy oranges at the same time.

заозёрный *adj* situated on the other side of the lake.

заокеа́нский *adj* transoceanic.

заор|а́ть, у́, ёшь *pf* (*coll*) to begin to bawl, begin to yell.

заострённый *ppp of* ⇒**заостри́ть** *and adj* pointed, sharp.

заостр|и́ть, ю́, и́шь *pf* to sharpen; (*fig*) to stress, emphasize; **з. внима́ние** (**на** + *a*) to focus attention (on).

заостр|и́ться, и́тся *pf* to become sharp; to become pointed.

заостр|я́ть(ся), я́ет(ся) *impf of* ⇒**~и́ть(ся)**

зао́чник, а *m* student taking correspondence course; external student.

зао́чни|ца, цы *f of* ⇒**~к**

зао́чно *adv* **1** (*в отсутствие кого-н.*) in one's absence. **2** (*об обучении*) by correspondence course, externally.

зао́чн|ый *adj* **1** (*law*): **з. пригово́р** judgement by default. **2**: **з. курс** correspondence course; **~ое обуче́ние** distance learning.

за́пад, а *m* **1** west. **2** (**З.**) (*pol*) the West.

запада́|ть, ю *impf of* ⇒**запа́сть**

за́падник, а *m* Westernizer.

за́падничеств|о, а *nt* Westernism.

западногерма́нский *adj* (*hist*) West German.

за́падн|ый *adj* west, western; (*направление, ветер*) westerly; **З~ая Герма́ния** (*hist*) West Germany.

западн|я́, и́, *g pl* **~е́й** *f* trap, snare; **попа́сть в ~ю́** to fall into a trap (*also fig*).

запа́здывани|е, я *nt* **1** lateness, being late. **2** (*tech*) lag.

запа́здыва|ть, ю *impf of* ⇒**запозда́ть** (*impf only; tech*) to be late, lag.

запа́ива|ть, ю *impf of* ⇒**запая́ть**

запа́йк|а, и *f* soldering.

запак|ова́ть, у́ю *pf* to pack (up); to wrap up, do up.

запако́выва|ть, ю *impf of* ⇒**запакова́ть**

запа́ко|стить, щу, стишь *pf of* ⇒**па́костить 1**

запа́л, а *m* **1** (*заряда*) fuse. **2** (*coll*) (*пыл*) enthusiasm.

запа́лива|ть, ю *impf of* ⇒**запали́ть**[1]

запал|и́ть[1]**, ю́, и́шь** *pf* (*of* ⇒**~́ивать**) (*coll*) (*зажечь*) to set fire to, kindle; to light.

запал|и́ть[2]**, ю́, и́шь** *pf* (*dialect*) **1** (*опоить*) to water (*a horse*) when overheated. **2** (*измучить*) to override (*a horse*)

запал|и́ть[3]**, ю́, и́шь** *pf* (*coll*) **1** (*начать палить*) to open fire. **2** (+ *i*) to hurl.

запа́л|ьный *adj of* ⇒**~ 1**; **~ьная свеча́** sparking plug.

запа́льчивост|ь, и *f* (quick) temper.

запа́льчив|ый (~, ~а) *adj* quick-tempered.

запа́мят|овать, ую *pf* (*obs, coll*) to forget.

запанибра́та *adv* (*coll*): **быть з. с кем-н.** to be hail-fellow-well-met with s.o.

запанибра́тский *adj* (*coll*) hail-fellow-well-met.

3

запа́рива|ть(ся), ю(сь) *impf of* **⇒запа́рить(ся)**

запа́р|ить, ю, ишь *pf (of* **⇒~ивать)** **1** *(coll) (лошадь)* to put into a sweat. **2** *(заварить)* to stew; to steam. **3** *(coll) (утомить)* to exhaust.

запа́р|иться, юсь, ишься *pf (of* **⇒~иваться)** **1** *(coll) (покрыться потом)* to get into a sweat. **2** *(сильно устать)* to be worn out.

запарк|ова́ть(ся), у́ю(сь) *(coll)* = **припаркова́ть(ся)**

запарши́ве|ть, ю *pf of* **⇒парши́веть**

запа́рыва|ть, ю *impf of* **⇒запоро́ть**

запа́с, а *m* **1** supply, stock; reserve; **про з.** for an emergency; **отложи́ть про з.** to put by; **истощи́ть з. терпе́ния** *(fig)* to exhaust one's reserves of patience; **слова́рный з.** vocabulary; **у меня́ день в ~е** I have one day in reserve, to spare. **2** *(mil)* reserve; **его́ уво́лили в з.** he has been transferred to the reserve. **3** *(в одежде)* hem; **вы́пустить з.** to let out.

запаса́|ть(ся), ю(сь) *impf of* **⇒запасти́(сь)**

запа́слив|ый (~, ~а) *adj* thrifty.

запа́сни́к[1], запа́сника́ *m (mil; coll)* reservist.

запа́сник[2], а *m (хранилище)* repository, depository; storeroom.

запасн|о́й *adj* **1** spare; *(игрок)* reserve; **з. вы́ход** emergency exit; **з. путь** siding; **з. сте́ржень** refill *(for pen)*; **~а́я часть** spare part; **з. я́корь** *(naut)* sheet anchor, spare bower anchor. **2** *as n* **з., ~о́го** *m (mil)* reservist; *(sport)* reserve.

запа́сн|ый *adj* = **~о́й 1**

запас|ти́, у́, ёшь, *past* **~̑, ~ла́** *pf (of* **⇒~а́ть)** *(+ a or g)* to stock, store; to lay in a stock of.

запас|ти́сь, у́сь, ёшься, *past* **~̑ся, ~ла́сь** *pf (of* **⇒~а́ться)** *(+ i)* to provide o.s. (with); to stock up (on, with); **з. терпе́нием** *(fig)* to arm o.s. with patience.

запа́|сть, ду́, дёшь, *past* **~л** *pf (of* **⇒~да́ть)** to fall (behind); *(о глазах)* to become sunken; **его́ слова́ ~ли мне в ду́шу** *(fig)* his words are imprinted on my mind.

запатентова́ть *pf of* **⇒патентова́ть**

запат|ова́ть, у́ю *pf of* **⇒патова́ть**

за́пах, а *m* smell.

запа|ха́ть, шу́, ~̑шешь *pf (agric)* **1** *(удобрения)* to plough in. **2** *(начать пахать)* to begin to plough.

запа́хива|ть[1](ся), ю(сь) *impf of* **⇒запахну́ть(ся)**

запа́хива|ть[2], ю *impf of* **⇒запаха́ть**

запа́хн|уть, у, ешь *pf* to begin to (emit a) smell.

запахн|у́ть, у́, ёшь *pf (of* **⇒запа́хивать[1])** **1** to wrap over *(folds of a garment)*. **2** *(coll)*: **з. занаве́ску** to draw the curtain.

запахн|у́ться, у́сь, ёшься *pf* **(в** + *a)* to wrap o.s. tighter (into).

запа́чка|ть(ся), ю(сь) *pf of* **⇒па́чкать(ся)**

запаш|о́к, ка́ *m (coll)* faint smell.

запая́|ть, ю *pf (of* **⇒запа́ивать)** to solder.

запе́в, а *m* introductory verse *(to song)*.

запева́л|а, ы *cg* leader (of choir); *(fig, coll)* leader, instigator.

запева́|ть, ю *impf* **1** to lead the singing, set the tune. **2** *impf of* **⇒запе́ть**

запека́нк|а, и *f* **1** bake; *(сладкая)* baked pudding; **ри́совая з.** rice pudding; **карто́фельная з.** shepherd's pie. **2** *(наливка)* spiced brandy.

запека́|ть(ся), ю, ает(ся) *impf of* **⇒запе́чь(ся)**

запелена́|ть, ю *pf of* **⇒пелена́ть**

запе́н|иться, ится *pf* to begin to froth up, begin to foam *(intrans)*.

зап|ере́ть, ру́, рёшь, *past* **~̑ер, ерла́, ~̑ерло** *pf (of* **⇒~ира́ть)** **1** *(дверь)* to lock; **з. на засо́в** to bolt. **2** *(человека)* to lock in; to shut up. **3** *(преградить доступ)* to bar; to block up.

зап|ере́ться, ру́сь, рёшься, *past* **~̑ерся, ~ерла́сь, ~̑ерло́сь** *pf (of* **⇒~ира́ться)** **1** to lock o.s. in. **2** *(coll) (не сознаться)* **(в** + *p)* to refuse to admit; *(отказаться говорить)* to refuse to speak; to clam up. **3** *(дверь)* to lock.

зап|е́ть, ою́, оёшь *pf (of* **⇒~ева́ть)** **1** *(начать петь)* to begin to sing; **з. пе́сню** to break into a song; **з. друго́е** *(fig)* to change one's tune. **2** *(coll) (опошлить)* to do to death. **3** *pf only (сказать при неблагоприятных обстоятельствах)* to say; **я посмотрю́, что ты тогда́ ~оёшь** we'll see what you say then.

запеча́т|ать, аю *pf (of* **⇒~ывать)** to seal.

запечатлева́|ть(ся), ю(сь) *impf of* **⇒запечатле́ть(ся)**

запечатле́|ть, ю *pf* **1** *(изобразить)* to portray, depict. **2** *(сохранить надолго в памяти)* to imprint, impress, engrave; **з. что-н. в па́мяти** *(fig)* to imprint sth on one's memory.

запечатле́|ться, юсь *pf (fig)* to imprint itself, stamp itself, etch itself; **черты́ его́ лица́ ~лись у неё в па́мяти** his features etched themselves in her memory.

запеча́тыва|ть, ю *impf of* **⇒запеча́тать**

запе́|чь, ку́, чёшь, ку́т, *past* **~̑к, ~кла́** *pf (of* **⇒~ка́ть)** to bake.

запе́|чься, чётся, ку́тся, *past* **~̑кся, ~кла́сь** *pf (of* **⇒~ка́ться)** **1** to bake *(intrans)*. **2** *(о крови)* to clot, coagulate. **3** *(о губах)* to become parched.

запива́|ть, ю *impf of* **⇒запи́ть**

запина́|ться, юсь *impf (of* **⇒запну́ться)** *(споткнуться)* **(о** + *a)* to stumble (on); *(в речи)* to stumble.

запи́нк|а, и *f* hesitation *(in speech)*.

запира́тельств|о, а *nt (pej)* denial, disavowal.

запира́|ть(ся), ю(сь) *impf of* **⇒запере́ть(ся)**

запи|са́ть, шу́, ~̑шешь *pf (of* **⇒~̑сывать)** **1** *(занести на бумагу)* to note, make a note (of); to take down (in writing); *(концерт, фильм)* to record *(with apparatus)*; **з. (на плёнку)** to tape; **з. (на ви́део)** to video; **з. (на CD/DVD)** to burn; **з. ле́кцию** to take notes of a lecture. **2** *(включить в состав чего-л.)* to enter, register, enrol; **~ши́те меня́, пожа́луйста, на приём к врачу́** please make an appointment with the doctor for me. **3** *(+ a and* **на** *+ a; law)* to make over (to); **он ~са́л всю со́бственность на свою́ племя́нницу** he made over all his property to his niece.

запи|са́ться, шу́сь, ~̑шешься *pf (of* **⇒~̑сываться)** to register, enter one's name, enrol; **з. в клуб** to join a club; **з. к врачу́** to make an appointment with the doctor.

запи́ск|а, и *f* **1** note; **делова́я з.** memorandum, minute. **2** *(in pl)* notes; memoirs; *(как название научных журналов)* transactions.

записн|о́й[1] *adj*: **~а́я кни́жка** notebook.

записно́й[2] *adj (coll) (рьяный)* zealous; *(отъявленный)* inveterate.

запи́сыва|ть(ся), ю(сь) *impf of* **⇒записа́ть(ся)**

за́пис|ь, и *f* **1** *(действие)* writing down; recording; *(регистрация)* registration; *(на любой медианоситель)* recording. **2** *(в дневнике, таблице)* entry; *(заметка)* note; *(на любом медианосителе)* record(ing); *(law)* deed; *(comput) (массив информации, обрабатываемый как единое целое)* record.

зап|и́ть, ью́, ьёшь, *pf (of* **⇒~ива́ть)** **1** *(past* **~и́л, ~ила́, ~и́ло** *+ a and i)* to wash down (with); to take (with, after); **з. табле́тку водо́й** to take a tablet with water. **2** *(coll; past* **~̑ил, ~ила́, ~̑ило)** *(начать пить)* to take to drink; *(кутить)* to go on a drinking spree.

запиха́|ть, ю *pf (coll)* to cram into.

запи́хива|ть, ю *impf of* **⇒запиха́ть**

запих|ну́ть, ну́, нёшь *pf (coll)* = **~а́ть**

запи́чка|ть, ю *pf (coll)* to stuff, cram.

запи|шу́, ~̑шешь *see* **⇒~са́ть**

запла́кан|ный (~, ~а) *adj* tear-stained; in tears.

запла́|кать, чу, чешь *pf* to begin to cry.

заплани́р|овать, ую *pf of* **⇒плани́ровать[1]**

запла́т|а, ы *f* patch *(in garments)*; **наложи́ть ~у (на** *+ a)* to patch.

заплата́|ть, ю *pf (coll)* to patch.

запла|ти́ть, чу́, ~̑тишь *pf of* **⇒плати́ть**

запла́|чу, чешь *see* **⇒~кать**

запла|чу́, ~̑тишь *see* **⇒~ти́ть**

заплёван|ный (~, ~а) *ppp of* **⇒заплева́ть** *and adj* bespattered (with spittle); dirty.

запл|ева́ть, юю́, юёшь *pf (coll)* to spit on; *(человека)* to spit at; *(fig)* to rain curses on.

заплёвыва|ть, ю *impf of* **⇒заплева́ть**

запле|ска́ть, скаю́, *and* **~щу́, ~̑щешь** *pf* **1** *(забрызгать)* to splash. **2** *(начать плескать)* to begin to splash.

заплёскива|ть, ю *impf of* ⇒**заплеска́ть** *and* ⇒**заплесну́ть**

запле́сневелый *adj* mouldy (*Br*), moldy (*US*), mildewed.

запле́сневе|ть, ет *pf of* ⇒**пле́сневеть**

заплесн|у́ть, у́, ёшь *pf* (*of* ⇒**заплёскивать**) (*coll*) to splash into; to swamp.

запле|сти́, ту́, тёшь, *past* **~̈л, ~ла́** *pf* (*of* ⇒**заплета́ть**) (*волосы*) to braid, plait.

заплета́|ть, ю *impf of* ⇒**заплести́**

заплета́|ться, ется *impf* (*о ногах*) to be unsteady, wobbly; **у него́ язы́к ~ется** his speech is indistinct.

заплё́чный *adj* over the shoulder; **з. мешо́к** rucksack.

заплё́ч|ье, ья, *g pl* **~ий** *nt* shoulder blade.

запломбир|ова́ть, у́ю *pf* (*of* ⇒**пломбирова́ть**) **1**: **з. зуб** to stop, fill a tooth. **2** (*запечатать*) to seal.

заплута́|ться, юсь *pf* (*coll*) to lose one's way, stray.

заплы́в, а *m* round, heat (*of water sports*).

заплыва́|ть, ю *impf of* ⇒**заплы́ть**

заплы́|ть[1], ву́, вёшь, *past* **~л, ~ла́, ~ло** *pf* (*о пловце*) to swim far out; (*о судне*) to sail away.

заплы́|ть[2], ву́, вёшь, *past* **~л, ~ла́, ~ло** *pf* to be swollen; to be bloated; **~вшие жи́ром глаза́** bloated eyes.

запн|у́ться, у́сь, ёшься *pf of* ⇒**запина́ться**

запове́да|ть, ю *pf* (*of* ⇒**запове́дывать**) (*rhetorical*) to command.

запове́дник, а *m* reserve; preserve; sanctuary; **госуда́рственный з.** national park.

запове́дный *adj* **1** closed, protected; **з. лес** forest reserve. **2** (*fig*) (*заветный*) secret, precious.

запове́дыва|ть, ю *impf of* ⇒**запове́дать**

за́повед|ь, и *f* precept; (*relig and fig*) commandment; **де́сять ~ей** the Ten Commandments.

запода́зрива|ть, ю *impf of* ⇒**заподо́зрить**

заподо́зр|ить, ю, ишь *pf* (+ *a and* **в** + *p*) to suspect (of); **его́ ~или в прича́стности к за́говору** he was suspected of complicity in the plot.

запо́ем *adv*: **пить з.** to drink like a fish; (*fig, coll*) heavily, unrestrainedly; **чита́ть з.** to read avidly; **кури́ть з.** to smoke like a chimney.

запозда́лый *adj* belated.

запозда́|ть, ю *pf* (*of* ⇒**запа́здывать**) (**с** + *i*) to be late (with); **он ~л с упла́той аре́нды** he is late in paying his rent.

запо́|й, я *m* (addiction to periodic) hard drinking; **пить ~ем,** *see* ⇒**~ем**

запо́й|ный *adj of* ⇒**~**; **з. пери́од** drunken bout; **з. пья́ница** chronic drunkard.

запола́скива|ть, ю *impf of* ⇒**заполоска́ть** *and* ⇒**заполосну́ть**

запо́лза|ть, ю *pf* to begin to crawl.

заполза́|ть, ю *impf of* ⇒**заползти́**

запол|з|ти́, у́, ёшь, *past* **~́, ~ла́** *pf* (**в, под** + *a*) to creep, crawl (into, under).

запо́лн|ить, ю, ишь *pf* (*of* ⇒**~я́ть**) to fill in, fill up; **чем вы ~или вре́мя?** how did you fill in the time? **з. бланк** to fill in (*Br*), out (*US*) a form.

запо́лн|иться, ится *pf* (*of* ⇒**~я́ться**) to fill up (*intrans*); **зал ~ился студе́нтами** the hall filled up with students.

заполня́|ть(ся), ю, ет(ся) *impf of* ⇒**запо́лнить(ся)**

заполон|и́ть, ю́, и́шь *pf* (*of* ⇒**~я́ть**) (*obs*) to take captive; (*coll*) (*дом, улицу*) to take over.

заполон|я́ть, я́ю *impf of* ⇒**~и́ть**

заполо|ска́ть, щу́, ~́щешь *pf* (*of* ⇒**запола́скивать**) (*coll*) **1** (*начать полоскать*) to begin to rinse. **2** (*замыть*) to rinse out.

заполосн|у́ть, у́, ёшь *pf* (*of* ⇒**запола́скивать**) (*coll*) to rinse out.

заполуч|а́ть, а́ю *impf of* ⇒**~и́ть**

заполуч|и́ть, у́, ~́ишь *pf* (*of* ⇒**~а́ть**) (*coll*) to get hold of; to pick up; **з. на́сморк** to pick up a cold.

заполя́рный *adj* (*geog*) **1** (*город*) polar. **2** (*путь*) trans-polar.

заполя́рь|е, я *nt* (*geog*) polar regions.

запомина́|ть(ся), ю(сь) *impf of* ⇒**запо́мнить(ся)**; **~ющее устро́йство** (computer) memory.

запо́мн|ить, ю, ишь *pf* (*of* ⇒**запомина́ть**) **1** (*текст, номер*) to memorize. **2** (*человека, картину, событие*) to remember.

запо́мн|иться, юсь, ишься *pf* (*of* ⇒**запомина́ться**) to stick, remain in one's memory; **ему́ ~ился день землетрясе́ния** the day of the earthquake remained in his memory.

за́понк|а, и *f* cufflink; stud.

запо́р[1], а *m* **1** (*замок*) bolt; lock; **на ~(е)** locked; bolted (and barred). **2** (*coll*) (*действие*) closing; locking; bolting.

запо́р[2], а *m* (*med*) constipation.

запора́шива|ть, ет *impf of* ⇒**запороши́ть**

запор|о́ть, ю́, ~́ешь *pf* (*of* ⇒**запа́рывать**) (*coll*) **1** (*засечь*) to flog to death. **2** (*испортить*) to spoil, ruin.

запорош|и́ть, и́т *pf* (*of* ⇒**запора́шивать**) (+ *i*) to powder (with); (*impers*): **доро́гу ~и́ло сне́гом** the road was powdered with snow; **глаза́ мои́ ~и́ло пы́лью** my eyes are full of dust.

запотева́|ть, ет *impf of* ⇒**запоте́ть**

запоте́лый *adj* (*coll*) misted; steamed-up.

запоте́|ть, ет *pf* (*of* ⇒**поте́ть** *and* ⇒**~ва́ть**) to mist over.

зап|ою́, оёшь *see* ⇒**~е́ть**

заправи́л|а, ы *m* (*coll*) boss.

запра́в|ить, лю, ишь *pf* (*of* ⇒**~ля́ть**) **1** (*вставить*) to insert; **з. брю́ки в сапоги́** to tuck one's trousers into one's boots. **2** (*приготовить*) to prepare; **з. автомоби́ль бензи́ном** to fill a car up with petrol. **3** (+ *i*) (*добавить*) to mix in; (*сдобрить*) to season (with).

запра́в|иться, люсь, ишься *pf* (*of* ⇒**~ля́ться**) **1 з.** (**горю́чим**) to refuel (*intrans*). **2** (*coll*) (*хорошо поесть*) to satisfy hunger; to eat one's fill.

запра́вк|а, и *f* **1** (*приправа*) seasoning; **з. для сала́та** salad dressing. **2** (*машины*) refuelling (*Br*), refueling (*US*). **3** (*coll*) (*заправочная станция*) filling station.

заправля́|ть, ю *impf of* ⇒**запра́вить**; (+ *i*) (*coll*) to be in charge (of).

заправля́|ться, юсь *impf of* ⇒**запра́виться**

запра́вочн|ый *adj*: **~ая ста́нция** filling station.

запра́вский *adj* (*coll*) real, true.

запра́вщик, а *m* petrol station attendant.

запра́шива|ть, ю *impf of* ⇒**запроси́ть**

запреде́льный *adj* **1** lying beyond the bounds (of). **2** (*слава, цифра*) fantastic.

запресто́льный *adj* (*eccl*) situated behind the altar; **з. о́браз** altarpiece.

запре́т, а *m* prohibition, ban; **быть под ~ом** to be banned; **наложи́ть з.** (**на** + *a*) to place a ban (on).

запрети́тельный *adj* prohibitive.

запре|ти́ть, щу́, ти́шь *pf* (*of* ⇒**~ща́ть**) (*не позволять*) to prohibit, forbid; (*книгу, наркотики, оружие*) to ban; **врач ~ти́л мне кури́ть, врач ~ти́л мне куре́ние** the doctor has forbidden me to smoke; **«Въезд запрещён»** 'No Entry'.

запре́тн|ый *adj* forbidden; **~ая зо́на** (*mil*) restricted area; **~ая те́ма** taboo subject.

запреща́|ть, ю *impf of* ⇒**запрети́ть**

запреща́|ться, ется *impf* to be forbidden, to be prohibited.

запреще́ни|е, я *nt* prohibition; ban; (*law*): **з. на иму́щество** distraint, arrest on property; **суде́бное з.** injunction.

заприме́|тить, чу, тишь *pf* (*coll*) **1** (*заметить*) to notice, perceive. **2** (*узнать*) to recognize, spot; **я ~тил его́ в толпе́ по кра́сной руба́шке** I spotted him in the crowd by his red shirt.

заприхо́д|овать, ую *pf of* ⇒**прихо́довать**

запрограмми́р|овать, ую *pf of* ⇒**программи́ровать**

запроекти́р|овать, ую *pf of* ⇒**проекти́ровать[1] 2**

запроки́дыва|ть, ю *impf of* ⇒**запроки́нуть**

запроки́н|уть, у, ешь *pf* to throw back; **он захохота́л, ~ув го́лову** he threw back his head and guffawed.

запроки́н|уться, усь, ешься *pf* to lean back, slump back.

запропа|сти́ть, щу́, сти́шь *pf* (*coll*) to mislay.

запропа|сти́ться, щу́сь, сти́шься *pf* (*coll*) to disappear; **куда́ ты ~сти́лся?** where on earth did you get to?

запропа́|сть, ду́, дёшь, *past* **~л** *pf* (*coll*) to get lost, disappear.

запрóс, а *m* **1** inquiry; (*pol*) question. **2** (*coll*) (*о цене*) overcharging; **цéны без ~а** fixed prices. **3** (*in pl*) (*потребности*) needs, requirements.

запро|сúть, шý, ~́сишь *pf* (*of* ⇒**запрáшивать**) **1** (**о** + *p*) to inquire (about); (+ *a*) (*попросить*) to request. **2**: **з. слúшком высóкую цéну** (*coll*) to ask an exorbitant price.

зáпросто *adv* (*coll*) (*без формальностей*) without ceremony, without formality; (*coll*) (*легко*) without any problem, easily.

запротоколúр|овать, ую *pf* to enter in the minutes.

запро|шý, ~́сишь *see* ⇒**~сúть**

зап|рý, рёшь *see* ⇒**~ерéть**

запрýд|а, ы *f* **1** (*плотина*) dam, weir. **2** (*водоём*) millpond.

запру|дúть¹, жý, ~́дишь *pf of* ⇒**прудúть**

запру|дúть², дúт *pf* (*of* ⇒**запрýживать** (*fig, coll*) (*заполнить*) to block (up); (*переполнить*) to fill to overflowing.

запрýжива|ть, ю *impf of* ⇒**запрудúть²**

запры́га|ть, ю *pf* to begin to jump; (*coll*): **сéрдце у неё ~ло** her heart began to thump.

запры́гива|ть, ю *impf of* ⇒**запры́гнуть**

запры́гн|уть, у, ешь *pf* (**за** + *a*) to leap (over); (**на** + *a*) to jump (onto).

запрягá|ть, ю *impf of* ⇒**запря́чь**

запря́жк|а, и *f* **1** (*действие*) harnessing. **2** (*упряжь*) harness.

запря́|тать, чу, чешь *pf* (*coll*) to hide.

запря́|таться, чусь, чешься *pf* (*coll*) to hide o.s.

запря́тыва|ть(ся), ю(сь) *impf of* ⇒**запря́тать(ся)**

запря́|чь, гý, жёшь, гýт, *past* **~г, ~глá** *pf* (*of* ⇒**~гáть**) to harness (*also fig*); **з. волóв** to yoke oxen.

запря́|чься, гýсь, жёшься, гýтся, *past* **~гся, ~глáсь** *pf* (*fig, coll*) to harness o.s.; to buckle to, get down to.

запýганный *ppp of* ⇒**запугáть** *and adj* broken-spirited; frightened.

запугá|ть, ю *pf* (*of* ⇒**запýгивать**) to intimidate, cow; to frighten.

запýгива|ть, ю *impf of* ⇒**запугáть**

запýдрива|ть, ю *impf of* ⇒**запýдрить**

запýдр|ить, ю, ишь *pf* to powder.

зáпуск, а *m* (*мотора*) starting; (*ракеты*) launch, launching; (*comput*) running.

запус|кáть, кáю *impf of* ⇒**~тúть**

запустéлый *adj* neglected; desolate.

запустéни|е, я *nt* neglect; desolation.

запустé|ть, ет *pf* to fall into neglect; to become desolate.

запу|стúть¹, щý, ~́стишь *pf* (*of* ⇒**~скáть**) **1** (+ *i and* **в** + *a*; *coll*) (*бросить*) to throw (at), fling (at); **он ~стúл кирпичóм в oкнó** he flung a brick at the window. **2** (**в** + *a*) (*засунуть*) to thrust (*hands, etc.*, into); **кóшка ~стúла кóгти в мышь** the cat dug its claws into the mouse; **з. кóгти, лáпы, рýки** (**в** + *a*; *fig*) to get one's hands on. **3** (*привести в действие*) to start (up); (*comput*) to run; **з. motóр** to start up the engine; **з. ракéту** to launch a rocket. **4** (**в** + *a*) (*coll*) (*впустить*) to put (into), let loose (in); **з. корóв на луг** to let cows loose in a meadow.

запу|стúть², щý, ~́стишь *pf* (*of* ⇒**~скáть**) **1** (*оставить без ухода*) to neglect, allow to fall into neglect; **з. делá** to neglect one's affairs; **з. сад** to neglect a garden. **2** (*дать развиться*) to allow to develop unchecked; **он ~стúл нáсморк и тепéрь заболéл бронхúтом** he neglected his cold and now he is ill with bronchitis.

запýтан|ный (~, ~а) *ppp of* ⇒**запýтать** *and adj* **(~, ~на)** tangled; (*fig*) intricate, involved; **з. вопрóс** knotty question.

запýта|ть, ю *pf* (*of* ⇒**запýтывать** *and* ⇒**пýтать**) **1** (*нитки, волосы*) to tangle (up). **2** (*fig*) (*человека*) to confuse; (*дело*) to complicate; to muddle; **егó сообщéние ~ло дéло** his statement has complicated matters; **такóго рóда вопрóсы тóлько ~ют кандидáтов** questions of this kind will only confuse the candidates. **3** (**в** + *a*; *fig*) (*вовлечь*) to involve (in).

запýта|ться, юсь *pf* (*of* ⇒**запýтываться** *and* ⇒**пýтаться**) **1** (*нитки, волосы*) to become entangled; to foul (*intrans*); (**в** + *p*) (*в сетях*) to entangle o.s. (in), be caught (in). **2** (**в** + *p*; *fig*) (*в деле*) to become entangled (in), become involved (in); (*дело, речь*) to become confused, complicated; (*сбиться с толку*) to get in a muddle; **з. в долгáх** to become involved in debts; **доклáдчик ~лся в словáх** the lecturer became tied up in knots.

запýтыва|ть(ся), ю(сь) *impf of* ⇒**запýтать(ся)**

запуш|úть, úт *pf* to cover lightly (*of snow or frost*).

запýщен|ный (~, ~а) *ppp of* ⇒**запустúть²** *and adj* **(~, ~на)** neglected.

запчáст|и, éй *pl* (*sg* **~ь, ~и** *f*; *abbr of* **запаснáя часть**) spare parts; spares.

запылá|ть, ю *pf* to blaze up, flare up.

запыл|úть, ю́, úшь *pf* (*of* ⇒**пылúть**) to cover with dust, make dusty.

запыл|úться, ю́сь, úшься *pf* (*of* ⇒**пылúться**) to become dusty.

запыхá|ться, юсь *impf* (*coll*) to puff, pant.

запы́хá|ться, юсь *pf* (*coll*) to be out of breath.

запьянé|ть, ю *pf* (*coll*) to get drunk.

запя́сть|е, я *nt* wrist.

запят|áя, óй *f* comma.

запятнá|ть, ю *pf of* ⇒**пятнáть**

зарабáтыва|ть(ся), ю(сь) *impf of* ⇒**заработáть(ся)**

заработá|ть, ю *pf* (*of* ⇒**зарабáтывать**) **1** (*приобрести работой*) to earn. **2** (*no impf*) (*начать работать*) to begin to work; to start (up).

заработá|ться, юсь *pf* (*of* ⇒**зарабáтываться**) (*coll*) **1** (*устать от работы*) to overwork, tire o.s. out with work. **2** (*проработать слишком долго*) to work late.

зáработн|ый *adj*: **~ая плáта** wages, pay, salary.

зáработ|ок, ка *m* earnings; **лёгкий з.** easy money.

зарáвнива|ть, ю *impf of* ⇒**заровня́ть**

заражáемост|ь, и *f* susceptibility to infection.

заражá|ть(ся), ю(сь) *impf of* ⇒**заразúть(ся)**

заражéни|е, я *nt* infection; (*местности*) contamination.

зара|жý, зúшь *see* ⇒**~зúть**

зарáз *adv* (*coll*) at once; at a sitting; at one fell swoop.

зарáз|а, ы *f* **1** infection, contagion. **2** (*fig, coll*) (*негодяй*) pest.

заразúтел|ьный (~ен, ~ьна) *adj* infectious; catching; **з. смех** infectious laughter.

зара|зúть, жý, зúшь *pf* (*of* ⇒**~жáть**) (+ *i*) to infect (with) (*also fig*); (*местность*) to contaminate; **з. своúм примéром** to infect with one's example.

зара|зúться, жýсь, зúшься *pf* (*of* ⇒**~жáться**) (+ *i*) to be infected (with); catch (*also fig*).

зарáз|ный (~ен, ~на) *adj* infectious; contagious; **з. больнóй** infectious case; *as n* **з., ~ного** *m*, **~ная, ~ной** *f* infectious case.

зарáнее *adv* beforehand; in good time; **заплатúть з.** to pay in advance; **преступлéние с з. обдýманным намéрением** premeditated crime; **рáдоваться з.** (+ *d*) to relish the prospect (of); to look forward (to).

зарапорт|овáться, ýюсь *pf* (*coll*) to let one's tongue run away with one.

зарастá|ть, ю *impf of* ⇒**зарастú**

зараст|ú, ý, ёшь, *past* **зарóс, зараслá** *pf* **1** (+ *i*) to be overgrown (with); **тропá зараслá мхом** the path was overgrown with moss. **2** (*о ране*) to heal.

зарв|áться, ýсь, ёшься, *past* **~áлся, ~алáсь, ~áлось** *pf* (*of* ⇒**зарывáться**) (*coll*) to go too far; to overstep the mark.

зардé|ть, ю *pf* (*poetical*) = **~ться 1**

зардé|ться, юсь *pf* **1** to redden, grow red. **2** (*от смущения*) to blush.

зарёван|ный (~, ~а) *adj* (*coll*) tearful.

зáрев|о, а *nt* glow; **з. (от) пожáра** the glow of a fire.

зарегистрúр|овать, ую *pf* (*of* ⇒**регистрúровать**) to register.

зарегистрúр|оваться, уюсь *pf* (*of* ⇒**регистрúроваться**) **1** to register o.s. **2** (*coll*) (*в загсе*) to register one's marriage.

зарéз, а *m* (*coll*) (*as pred*) disaster; **до ~у** extremely, badly, urgently; **мне до ~у нýжно пять рублéй** I badly need five roubles.

зарé|зать, жу, жешь *pf* (*of* ⇒**рéзать 3**) **1** (*человека*) to murder; to knife; (*животное*) to slaughter; (*coll*) (*о *волке*) to devour, kill; **хоть зарéжь** (*coll*) extremely, urgently; come what may. **2** (*fig*) (*погубить*) to undo, be the undoing of; to do for; **без ножá з.** to do for; to make mincemeat of.

зарé|заться, жусь, жешься *pf* (*coll*) to cut one's throat.

зарезервúр|овать, ую *pf of* **⇒резервúровать**

зарекá|ться, юсь *impf of* **⇒зарéчься**

зарекоменд|овáть, ýю *pf only in phr* **з. себя́** (+ *i*) to prove o.s., show o.s. (to be); **хорошó з. себя́** to show to advantage.

заре|кýсь, чёшься, кýтся *see* **⇒~чься**

зарéчный *adj* situated on the other side of the river.

зарéчь|е, я *nt* part of town, etc., on the other side of a river.

зарé|чься, кýсь, чёшься, кýтся, *past* **~кся, ~клáсь** *pf* (*of* **⇒~кáться**) (+ *inf*; *coll*) to renounce; to promise to give up, vow to give up; **он ~кся курúть** he has promised to give up smoking.

заржавé|ть, ет *pf* (*of* **⇒ржавéть**) to rust; to have got rusty.

заржáвлен|ный (~, ~а) *adj* rusty.

зарис|овáть, ýю *pf* (*of* **⇒~óвывать**) to sketch.

зарисóвк|а, и *f* **1** (*действие*) sketching. **2** (*рисунок*) sketch.

зарисóвыва|ть, ю *impf of* **⇒зарисовáть**

зáр|иться, юсь, ишься *impf* (*of* **⇒по~**) (**на** + *a*; *coll*) to hanker (after).

зарифм|овáть, ýю *pf of* **⇒рифмовáть 2**

зарнúц|а, ы *f* summer lightning.

заровня́|ть, ю *pf* (*of* **⇒зарáвнивать**) to level, even up; **з. я́му** to fill up a hole.

заро|дúть, жý, дúшь *pf* (*of* **⇒~ждáть**) to generate, engender (*also fig*).

заро|дúться, жýсь, дúшься *pf* (*of* **⇒~ждáться**) (*возникнуть*) to arise, come into being; **у негó ~дúлось сомнéние** a doubt arose in his mind.

зарóдыш, а *m* (*biol*) embryo; (*bot*) bud; (*fig*) embryo, germ; **подавúть в ~е** to nip in the bud.

зарóдышевый *adj* embryonic.

зарождá|ть(ся), ю(сь) *impf of* **⇒зародúть(ся)**

зарождéни|е, я *nt* conception; (*fig*) origin.

заро|жý, дúшь *see* **⇒~дúть**

зарóк, а *m* (solemn) promise, vow, pledge, undertaking; **дать з.** to pledge o.s., give an undertaking.

зарон|úть, ю́, ~ишь *pf* **1** (*дать попасть*) to drop (behind); to let fall. **2** (*fig*) (*вызвать*) to excite, arouse; **з. в дýшу сомнéния** to sow doubts in s.o.'s heart.

зарон|úться, ю́сь, ~ишься *pf* (**в** + *a*; *obs*) to sink in, make an impression (on).

зáросл|ь, и *f* (*usu in pl*) thicket.

зар|óю, óешь *see* **⇒~ы́ть**

зарплáт|а, ы *f* (*abbr of* **зáработная плáта**) wages, pay, salary; **сегóдня з.** today is pay day.

зарубá|ть, ю *impf of* **⇒зарубúть**

зарубéжный *adj* foreign.

зарубéжь|е, я *nt* foreign countries; **ближнее з.** the countries of the former Soviet Union; **дáльнее з.** abroad (*excluding the countries of the former Soviet Union*).

заруб|úть, лю, ~ишь *pf* (*of* **⇒~áть**) **1** (*убить*) to hack to death. **2** (*сделать зарубку*) to notch, make an incision (on); **~и э́то себé на носý, на лбу** (*coll*) put that in your pipe and smoke it.

зарýбк|а, и *f* notch; incision.

зарубц|евáться, ýется *pf* (*of* **⇒рубцевáться** *and* **⇒~óвываться**) to form a scar.

зарубцóвыва|ться, ется *impf of* **⇒зарубцевáться**

зарумя́нива|ть(ся), ю(сь) *impf of* **⇒зарумя́нить(ся)**

зарумя́н|ить, ю, ишь *pf* to redden.

зарумя́н|иться, юсь, ишься *pf* **1** to redden (*intrans*); (*о лице*) to colour (*Br*), color (*US*). **2** (*coll*) (*поджариться*) to brown, bake brown.

заруч|áться, áюсь *impf of* **⇒~úться**

заруч|úться, ýсь, úшься *pf* (+ *i*) to secure; **з. поддéржкой** to enlist support; **з. соглáсием** to obtain consent.

зарýчк|а, и *f* (*coll*) pull, protection.

зарывá|ть, ю *impf of* **⇒зары́ть**

зарывá|ться[1], юсь *impf of* **⇒зары́ться**

зарывá|ться[2], юсь *impf of* **⇒зарвáться**

зарыдá|ть, ю *pf* to begin to sob.

зар|ы́ть, óю, óешь *pf* (*of* **⇒~ывáть**) to bury; **з. талáнт в зéмлю** (*fig*) to hide one's light under a bushel.

зар|ы́ться, óюсь, óешься *pf* (*of* **⇒~ывáться**) **1** to bury o.s.; **з. лицóм в подýшку** to bury one's head in the pillow; **з. в дерéвне** (*fig, coll*) to bury o.s. in the country; **з. в кнúги** to bury o.s. in one's books. **2** (*mil*) to dig in.

зар|я́, ú, *a* **~ю** *and* (*rare*) **зóрю,** *pl* **зóри, зорь, ~я́м** *and* **зóрям** *f* **1** (*a* **~ю**) dawn, daybreak; **на ~é** at dawn, at daybreak; **встать с ~éй** to rise at crack of dawn; **что ты встал ни свет ни з.?** what made you get up at this unearthly hour? **2** (*a* **~ю**) (**вечéрняя**) **з.** sunset, evening glow; **от ~ú до ~ú** from night to morning, all night long. **3** (*a* **~ю**) (*fig*) (*начало*) start, outset; dawn, threshold. **4** (*a* **зóрю,** *d pl* **зóрям**) (*mil*) reveille; retreat; **бить зóрю** to beat retreat.

заря́д, а *m* **1** charge (*also elec*); (*патрон*) cartridge; **холостóй з.** blank cartridge. **2** (*fig*) (*запас*) store, supply.

заря|дúть[1], жý, ~дишь *pf* (*of* **⇒~жáть**) **1** (*орудие, фотоаппарат*) to load. **2** (*elec*) (*батарею*) to charge; **~женные частúцы** charged particles.

заря|дúть[2], жý, дúшь *pf* (*coll*) to keep on, persist in; **с утрá ~дúл дождь** it has kept on raining since the morning; **он ~дúл однó и то же** he keeps saying the same thing over and over again.

заря|дúться, жýсь, ~дишься *pf* (*of* **⇒~жáться**) **1** (*о ружье*) to be loaded; (*elec*) to be charged. **2** (*fig, coll*) (*подбодрить себя*) to cheer o.s. up, revive o.s.

заря́дк|а, и *f* **1** (*ружья*) loading; (*elec*) charging. **2** (*упражнения*) exercises; drill. **3** (*coll*) (*зарядное устройство*) charger, charging unit (*for battery*).

заря́д|ный *adj of* **⇒~; ~ное устрóйство** charger, charging unit (*for battery*).

заряжá|ть(ся), ю(сь) *impf of* **⇒зарядúть(ся)**

заря|жý, ~дúшь *see* **⇒~дúть**

засáд|а, ы *f* ambush.

заса|дúть, жý, ~дишь *pf* (*of* **⇒~живать**) **1** (+ *a and i*) to plant (with); **з. сад плодóвыми дерéвьями** to plant a garden with fruit trees. **2** (+ *a and* **в** + *a*; *coll*) (*воткнуть*) to plunge (into), drive (into). **3** (*coll*) (*заключить*) to shut in, confine; to keep in; **з.** (**в тюрьмý**) to put in prison, lock up; **болéзнь на цéлый мéсяц ~дúла меня́ в гóспиталь** illness kept me in hospital for a whole month. **4** (+ *a and* **за** + *a*; *coll*) to set (to); **егó ~дúли за изучéние рýсского языкá** he was set to learn Russian.

засáдк|а, и *f* planting.

засáжива|ть, ю *impf of* **⇒засадúть**

засáжива|ться, юсь *impf* **1** *impf of* **⇒засéсть. 2** *passive of* **⇒~ть**

заса|жý, ~дишь *see* **⇒~дúть**

засáлива|ть[1], ю *impf of* **⇒засáлить**

засáлива|ть[2], ю *impf of* **⇒засолúть**

засáл|ить, ю, ишь *pf* (*of* **⇒~ивать[1]**) to soil, make greasy.

засáсыва|ть, ю *impf of* **⇒засосáть**

засáхарен|ный *ppp of* **⇒засáхарить** *and adj* candied; **~ные фрýкты** crystallized fruits, candied fruits.

засáхарива|ть, ю *impf of* **⇒засáхарить**

засáхар|ить, ю, ишь *pf* (*of* **⇒~ивать**) to candy.

засверкá|ть, ю *pf* to begin to sparkle, begin to twinkle.

засве|тúть, чý, ~тишь *pf* **1** (*лампаду*) to light. **2** (+ *d*; *coll*) (*ударить*) to strike, hit. **3** (*плёнку*) to expose.

засве|тúться, ~тится *pf* to light up (*also fig*).

засветлé|ть, ю *pf* to show up.

зáсветло *adv* (*coll*) before nightfall, before dark.

засве|чý, ~тишь *see* **⇒~тúть**

засвидéтельств|овать, ую *pf of* **⇒свидéтельствовать 3**

засви|стáть, щý, ~щешь *pf* = **~стéть**

засви|стéть, щý, стúшь *pf* to begin to whistle.

засéв, а *m* **1** (*действие*) sowing. **2** (*засеянная площадь*) sown area.

З

засева́|ть, ю *impf of* **⇒засе́ять**

заседа́ни|е, я *nt* (*собрание*) meeting; (*совещание*) conference; (*суда*) session, sitting.

заседа́тел|ь, я *m* assessor; **прися́жный з.** juror.

заседа́|ть, ю *impf* to sit; to meet.

засе́ива|ть, ю *impf of* **⇒засе́ять**

засе́|к, кла *see* **⇒~чь**

зае́ек|а, и *f* abatis (*a defence of felled trees*).

засека́|ть, ю *impf of* **⇒засе́чь**

засекре́|тить, чу, тишь *pf* **1** (*документы*) to place on secret list; to classify as secret, restrict. **2** (*человека*) to give access to secret documents; to admit to secret work.

засекре́ченный *ppp of* **⇒засекре́тить** *and adj* secret; (*документы, сведения*) classified.

засекре́чива|ть, ю *impf of* **⇒засекре́тить**

засе|ку́, чёшь, ку́т *see* **⇒~́чь**

засе́|л, ла *see* **⇒~сть**

заселе́ни|е, я *nt* (*земли*) settlement; (*дома*) occupation.

заселённый *ppp of* **⇒засели́ть** *and adj* populated; inhabited; **ре́дко з.** sparsely populated.

засел|и́ть, ю́, и́шь *pf* (*of* **⇒~я́ть**) (*землю*) to settle; to colonize; **з. но́вый дом** to occupy a new house.

засел|я́ть, я́ю *impf of* **⇒~и́ть**

засемен|и́ть, ю́, и́шь *pf* to (begin to) mince (*of gait*).

зас|е́сть, я́ду, я́дешь, *past* **~е́л** *pf* (*of* **⇒~а́живаться**) (*coll*) **1** (**за** + *a or* + *inf*) (*сесть надолго*) to sit down (to). **2** (*расположиться*) to sit firm, sit tight; to ensconce o.s.; **з. в тюрьму́** to go to prison. **3** (**в** + *p*) (*застрять*) to lodge (in), stick (in); **пу́ля ~е́ла у него́ в боку́** a bullet had lodged in his side; **моти́в ~е́л у меня́ в голове́** (*fig*) the tune has stuck in my head.

засе́чк|а, и *f* **1** notch, mark. **2** (*printing*) serif.

засе́|чь, ку́, чёшь, ку́т, *past* **~к, ~кла** *pf* (*of* **⇒~ка́ть**) **1** (*до смерти*) to flog to death. **2** (*сделать засечку на чём-либо*) to notch. **3** (*место*) to locate; (*время*) to note. **4** (*coll*) (*увидеть*) to see; (*понять*) to grasp.

засе́|ять, ю, ешь *pf* (*of* **⇒~ва́ть** *and* **⇒~ивать**) to sow.

заси|де́ть, ди́т *pf* (*of* **⇒~́живать**) (*coll*) to fly-spot.

заси|де́ться, жу́сь, ди́шься *pf* (*of* **⇒~́живаться**) (*coll*) to sit too long, stay too long; to sit up late; to stay late; **з. за рабо́той** to sit up late working; **з. в де́вках,** *see* **⇒де́вка**

заси́женный *ppp of* **⇒засиде́ть** *and adj* (*coll*): **з. му́хами** fly-spotted, flyblown.

заси́жива|ть(ся), ю(сь) *impf of* **⇒засиде́ть(ся)**

заси́ль|е, я (*no pl*) *nt* (*pej*) domination, sway.

засине́|ть(ся), ет(ся) *pf* **1** (*начать синеть*) to begin to turn blue. **2** (*показаться*) to appear blue (in the distance).

засия́|ть, ю *pf* **1** (*начать сиять*) to begin to shine, begin to beam. **2** (*появиться*) to appear, come out; **ме́сяц ~л из-за туч** the moon appeared from behind the clouds.

заска|ка́ть, чу́, ~́чешь *pf* **1** to begin to jump, to break into a gallop. **2** (*impf* **~́кивать**) (**в** + *a*) to gallop (away to, up to).

заска|ка́ться, чу́сь, ~́чешься *pf* (*coll*) to gallop until exhausted.

заска́кива|ть, ю *impf of* **⇒заскака́ть 2** *and* **⇒заскочи́ть**

засква|зи́ть, зи́т *pf* to begin to show light through.

заскирд|ова́ть, у́ю *pf of* **⇒скирдова́ть**

заско́к, а *m* (*coll*) crazy idea; **у тебя́ что, з.?** have you gone crazy?; are you out of your mind?

заскору́злый *adj* **1** (*кожа*) hardened, calloused. **2** (*fig*) (*ум*) backward; (*привычки*) incorrigible.

заскору́з|нуть, ну, нешь, *past* **~, ~ла** *pf* **1** (*руки*) to harden, coarsen, become calloused. **2** (*fig*) to stagnate

заскоч|и́ть, у́, ~́ишь *pf* (*of* **⇒заска́кивать**) **1** (**за** + *a*, **на** + *a*) to jump, spring (behind, onto). **2** (**в** + *a*; *fig*) to drop in (to, at).

заскуча́|ть, ю *pf* **1** to get bored. **2** (**по** + *d*) to begin to miss.

засла|сти́ть, щу́, сти́шь *pf* (*of* **⇒~́щивать**) to sweeten.

за|сла́ть, шлю́, шлёшь *pf* (*of* **⇒~сыла́ть**) to send, dispatch; **з. не по а́дресу** to send to the wrong address; **з. шпио́на** to send out a spy; **з. в глуби́нку** to exile.

засла́щива|ть, ю *impf of* **⇒засласти́ть**

засле|зи́ться, зи́тся *pf* to begin to water.

заслеп|и́ть, лю́, и́шь *pf* (*of* **⇒~ля́ть**) (*coll*) to blind.

заслепля́|ть, ю *impf of* **⇒заслепи́ть**

засло́н, а *m* **1** screen, barrier. **2** (*mil*) covering force.

заслон|и́ть, ю́, и́шь *pf* (*of* **⇒~я́ть**) **1** (*закрыть*) to hide, cover; (*защитить*) to shield, screen. **2** (*fig*) to push into the background.

заслон|и́ться, ю́сь, и́шься *pf* (*of* **⇒~я́ться**) (**от** + *g*) to shield o.s., screen o.s. (from).

засло́нк|а, и *f* stove door; (*регулятор тяги*) damper.

заслон|я́ть(ся)[1]**, я́ю(сь)** *impf of* **⇒~и́ть(ся)**

заслоня́|ться[2]**, юсь** *pf* (*coll*) to begin to pace up and down.

заслу́г|а, и *f* service; contribution; **по ~ам** according to one's deserts; **они́ получи́ли по ~ам** they got what they deserved; **у него́ больши́е ~и пе́ред родны́м го́родом** he has rendered great services to his home town.

заслу́женно *adv* deservedly.

заслу́ж|енный *ppp of* **⇒~и́ть** *and adj* **1** (*награда*) deserved, merited. **2** (*артист*) meritorious, of merit; (*as honorific in former USSR*) Honoured. **3**: **~енный профе́ссор** professor emeritus.

заслу́жива|ть, ю *impf* (*of* **⇒заслужи́ть**) (+ *g*) to deserve, merit.

заслу́жива|ться, юсь *impf* **1** *impf of* **⇒заслужи́ться**. **2** *passive of* **⇒~ть**

заслуж|и́ть, у́, ~́ишь *pf* (*of* **⇒~́ивать**) (+ *a*) to deserve, merit; (*выслужить*) to win, earn.

заслуж|и́ться, у́сь, ~́ишься *pf* (*of* **⇒~́иваться**) (*coll*) to serve for too long.

заслу́ш|ать, аю *pf* (*of* **⇒~ивать**) **1** (*сообщение*) to hear, listen to (*a public or official pronouncement*). **2** (*coll*) (*пластинку*) to wear out by excessive playing.

заслу́ш|аться, аюсь *pf* (*of* **⇒~иваться**) (+ *g*) to listen spellbound (to).

заслу́шива|ть(ся), ю(сь) *impf of* **⇒заслу́шать(ся)**

заслы́ш|ать, у, ишь *pf* **1** to hear, catch. **2** (*coll*) (*уловить обонянием*) to smell; **з. за́пах** to detect a smell.

заслы́ш|аться, ится *pf* (*coll*) to begin to be audible; to be able to be heard.

заслю́нива|ть, ю *impf of* **⇒заслюни́ть**

заслюн|и́ть, ю́, и́шь *pf* (*of* **⇒слюни́ть** *and* **⇒~́ивать**) (*coll*) to slobber over.

засма́лива|ть, ю *impf of* **⇒засмоли́ть**

засма́трива|ть, ю *impf* (**в** + *a*; *coll*) to look (into); to peep (into); **з. в окно́ к кому́-н.** to look in at s.o.'s window.

засма́трива|ться, юсь *impf of* **⇒засмотре́ться**

засме́ива|ть, ю *impf of* **⇒засмея́ть**

засме|я́ть, ю́, ёшь *pf* (*coll*) to ridicule.

засме|я́ться, ю́сь, ёшься *pf* to begin to laugh.

засмол|и́ть, ю́, и́шь *pf* (*of* **⇒засма́ливать**) to tar; to caulk.

засмо́рканный *adj* (*coll*) snotty.

засмотр|е́ться, ю́сь, ~́ишься *pf* (*of* **⇒засма́триваться**) (**на** + *a*) to be lost in contemplation (of), be carried away (by the sight of).

заснéжен|ный (~, ~а) *adj* snow-covered.

засн|иму́, и́мешь *see* **⇒~я́ть**

засн|у́ть, у́, ёшь *pf* (*of* **⇒засыпа́ть**[1]) to go to sleep, fall asleep.

засн|я́ть, иму́, и́мешь, *past* **~я́л, ~яла́, ~я́ло** *pf* to photograph, snap (*coll*); (*cin sl*) to shoot.

засо́в, а *m* bolt, bar.

засо́выва|ть, ю *impf of* **⇒засу́нуть**

засо́л, а *m* salting; pickling.

засол|и́ть, ю́, ~́ишь *pf* (*of* **⇒заса́ливать**[2]) to salt; to pickle.

засо́льщик, а *m* salter, pickler.

засоре́ни|е, я *nt* (*пола*) littering; (*трубы*) obstruction, clogging up.

засор|и́ть, ю́, и́шь *pf* (*of* **⇒~я́ть**) **1** (*трубу*) to clog, block up, stop. **2** (*пол*) to litter; (*глаза*) to get dirt into; **з. желу́док** to have constipation; (*fig*): **з. чью-н. ду́шу** to poison s.o.'s mind.

засор|и́ться, и́тся *pf* (*of* ⇒**~я́ться**) to become obstructed, blocked up.

засоря́|ть(ся), ю, ет(ся) *impf of* ⇒**засори́ть(ся)**

засо́с, а *m* sucking in.

засос|а́ть, у́, ёшь *pf* (*of* ⇒**заса́сывать**) **1** (*втянуть*) to suck in, engulf, swallow up (*also fig*). **2** (*начать сосать*) to begin to suck.

засо́х|нуть, ну, нешь, *past* **~, ~ла** *pf* (*of* ⇒**засыха́ть**) **1** (*о булке, красках*) to dry (up). **2** (*о траве*) to wither.

за́спан|ный (~, ~а) *adj* (*coll*) sleepy.

засп|а́ть, лю́, и́шь, *past* **~а́л, ~ала́, ~а́ло** *pf* (*coll*) to forget about after sleeping; to sleep off.

засп|а́ться, лю́сь, и́шься, *past* **~а́лся, ~ала́сь, ~а́лось** *pf* (*of* ⇒**засыпа́ться**[1]) (*coll*) to oversleep.

заспирт|ова́ть, у́ю *pf* (*of* ⇒**~о́вывать**) to preserve in alcohol.

заспирто́выва|ть, ю *impf of* ⇒**заспиртова́ть**

засп|лю́, и́шь *see* ⇒**~а́ть**

заспо́р|ить, ю, ишь *pf* to begin to argue.

заспо́р|иться, юсь, ишься *pf* (*coll*) to get carried away by argument.

заспор|и́ться, и́тся *pf* (*coll*) to go well; to be a success; to take off.

засрам|и́ть, лю́, и́шь *pf* (*coll*) to put to shame.

засра́н|ец, ца *m* (*vulg*) shit, turd (*person*).

засра́н|ка, ки *f of* ⇒**~ец**

заста́в|а, ы *f* **1** (*пограничная застава*) border post. **2** (*hist, mil*) (*шлагбаум*) barrier. **3** (*mil*) picket; outpost.

заста|ва́ть, ю́, ёшь *impf of* ⇒**~́ть**

заста́в|ить[1]**, лю, ишь** *pf* (*of* ⇒**~ля́ть**[1]) **1** (*загромоздить*) to cram, fill; **з. ко́мнату ме́белью** to cram a room with furniture. **2** (*загородить*) to block up, obstruct.

заста́в|ить[2]**, лю, ишь** *pf* (*of* ⇒**~ля́ть**[2]) (+ *a and inf*) (*принудить*) to compel, force, make; **он ~ил нас ждать себя́ два часа́** he kept us waiting for two hours.

заста́вк|а, и *f* **1** (*printing*) headpiece. **2** (*TV*) repeated image at the start of TV programme; logo; **музыка́льная з.** signature tune.

заставля́|ть[1,2]**, ю** *impf of* ⇒**заста́вить**[1,2]

заста́ива|ться, юсь *impf of* ⇒**застоя́ться**

заста́|ну, нешь *see* ⇒**~ть**

застаре́лый *adj* inveterate; (*болезнь*) chronic.

заста́|ть, ну, нешь *pf* (*of* ⇒**~ва́ть**) to find; **вы ~ли его́ до́ма?** did you find him in?; **я ~л его́ ещё спя́щим** I found him still asleep; **з. враспло́х** to catch napping; **з. на ме́сте преступле́ния** to catch red-handed.

заста|ю́, ёшь *see* ⇒**~ва́ть**

застега́|ть, ю *pf* (*coll*) **1** to begin to flog. **2**: **з. до́ смерти** to flog to death.

застёгива|ть, ю *impf of* ⇒**застегну́ть**

застёгива|ться, юсь *impf* (*of* ⇒**застегну́ться**) **1** to fasten, do up (*intrans*); **воротни́к ~ется на пу́говицу** the collar does up with a button. **2** to button o.s. up; **з. на все пу́говицы** to do up all one's buttons. **3** *passive of* ⇒**~ть**

застег|ну́ть, ну́, нёшь *pf* (*of* ⇒**~́ивать**) to fasten, do up; **з. (на пу́говицы)** to button up.

застег|ну́ться, ну́сь, нёшься *pf of* ⇒**~́иваться 1, 2**

застёжк|а, и *f* fastening; clasp; **з. «велкро́»** Velcro (*propr*) fastener; **з.-мо́лния** zip fastener.

застекл|и́ть, ю́, и́шь *pf* (*of* ⇒**~я́ть** *and* ⇒**стекли́ть**) to glaze, fit with glass; **з. портре́т** to frame a portrait.

застекл|я́ть, я́ю *impf of* ⇒**~и́ть**

застел|и́ть, ю́, ~́ешь *pf* = **застла́ть 1**

застенографи́ровать *pf of* ⇒**стенографи́ровать**

засте́н|ок, ка *m* torture chamber.

засте́нчив|ый (~, ~а) *adj* shy; bashful.

застесня́|ться, юсь *pf* (*coll*) to come over all shy.

засти́|г, гла *see* ⇒**~чь**

засти|га́ть, га́ю *impf of* ⇒**~́гнуть** *and* ⇒**~́чь**

засти́|гнуть = **~чь**

застила́|ть, ю *impf of* ⇒**застла́ть**

застир|а́ть, а́ю *pf* (*of* ⇒**~́ывать**) (*coll*) **1** (*отмыть*) to wash off. **2** (*испортить стиркой*) to ruin by washing.

засти́рыва|ть, ю *impf of* ⇒**застира́ть**

за́|стить, щу, стишь *impf* (*coll*): **з. свет** to stand in the light.

засти́|чь, гну, гнешь, *past* **~г, ~гла** *pf* (*of* ⇒**~га́ть**) to catch; to take unawares; **нас ~гла гроза́** we were caught by the storm.

заст|ла́ть, елю́, е́лешь *pf* (*of* ⇒**~ила́ть**) **1** (+ *i*) to cover (with); **з. ковро́м** to carpet, lay a carpet (over). **2** (*fig*) to hide from view; to cloud; **облака́ ~ла́ли со́лнце** clouds obscured the sun; **слёзы ~ла́ли её глаза́** tears dimmed her eyes. **3** (*кровать*) to make.

засто́|й, я *m* stagnation (*fig*); **в ~е** at a standstill; (*econ*) depression.

засто́йный *adj* stagnant (*fig*).

засто́ль|е, я *nt* (*coll*) celebratory meal.

засто́льн|ый *adj* table-, occurring at table; **~ая бесе́да** table talk; **~ая пе́сня** drinking song.

засто́порива|ть(ся), ю(сь) *impf of* ⇒**засто́порить(ся)**

засто́пор|ить, ю, ишь, *pf* (*of* ⇒**~ивать**) (*tech*) to stop; (*fig, coll*) to bring to a standstill.

засто́пор|иться, юсь, ишься *pf* (*of* ⇒**~иваться**) (*tech*) to stop (*of a machine*); (*fig, coll*) to come to a standstill.

засто|я́ться, ю́сь, и́шься *pf* (*of* ⇒**заста́иваться**) **1** (*простоять слишком долго*) to stand too long. **2** (*испортиться*) to stagnate.

застра́гива|ть, ю *impf of* ⇒**застрога́ть**

застра́ива|ть, ю *impf of* ⇒**застро́ить**

застрахо́ван|ный *ppp of* ⇒**застрахова́ть** *and adj* insured; *as n* **з., ~ного** *m* insured person.

застрах|ова́ть, у́ю *pf* (*of* ⇒**страхова́ть** *and* ⇒**~о́вывать**) (**от** + *g*) to insure (against).

застрах|ова́ться, у́юсь *pf* (*of* ⇒**страхова́ться** *and* ⇒**~о́вываться**) to insure o.s.

застрахо́выва|ть(ся), ю(сь) *impf of* ⇒**застрахова́ть(ся)**

застра́чива|ть, ю *impf of* ⇒**застрочи́ть**

застраща́|ть, ю *pf* (*coll*) to frighten, intimidate.

застра́щива|ть, ю *impf of* ⇒**застраща́ть**

застрева́|ть, ю *impf of* ⇒**застря́ть**

застре́лива|ть(ся), ю(сь) *impf of* ⇒**застрели́ть(ся)**

застрел|и́ть, ю́, ~́ишь *pf* (*of* ⇒**~́ивать**) to shoot (dead).

застрел|и́ться, ю́сь, ~́ишься *pf* (*of* ⇒**~́иваться**) to shoot o.s.; to blow one's brains out.

застре́льщик, а *m* pioneer, leader; **з. но́вых мод** trendsetter.

застрога́|ть, ю *pf* (*of* ⇒**застра́гивать**) to plane (down).

застро́енный *ppp of* ⇒**застро́ить** *and adj* built-up.

застро́|ить, ю, ишь *pf* (*of* ⇒**застра́ивать**) to build on, develop.

застро́йк|а, и *f* building; development; **пра́во ~и** building permit.

застроч|и́ть, у́, ~́ишь *pf* **1** (*impf* **застра́чивать**) (*зашить*) to sew up, stitch up. **2** (*coll*) (*письмо*) to dash off. **3** (*coll*) (*о пулемёте*) to blaze, rattle away (*of or with automatic weapons*).

заструга́|ть, ю, *pf* = **застрога́ть**

застру́гива|ть, ю *impf of* ⇒**заструга́ть**

застря́|ну, нешь *see* ⇒**~ть**

застря́|ть, ну, нешь *pf* (*of* ⇒**застрева́ть**) **1** to stick; **з. в грязи́** to get stuck in the mud; **слова́ ~ли у него́ в го́рле** the words stuck in his throat. **2** (*fig, coll*) (*задержаться*) to be held up; to become bogged down.

засту|ди́ть, жу́, ~́дишь, *pf* (*of* ⇒**~́живать**) (*coll*) to expose to cold; **~ го́рло** to get a sore throat.

засту|ди́ться, жу́сь, ~́дишься *pf* (*of* ⇒**~́живаться**) (*coll*) to catch cold, catch a chill.

засту́жива|ть(ся), ю(сь) *impf of* ⇒**застуди́ть(ся)**

засту|жу́, ~́дишь *see* ⇒**~ди́ть**

за́ступ, а *m* spade.

заступа́|ть(ся), ю(сь) *impf of* ⇒**заступи́ть(ся)**

заступ|и́ть, лю́, ~́ишь *pf* (*of* ⇒**~а́ть**): **з. (на пост)** (*coll*) to take up (one's post); to start duty (*at the beginning of a shift*).

3

заступ|и́ться, лю́сь, ~́ишься *pf* (за + *a*) to stand up for; to plead (for).

засту́пник, а *m* defender, intercessor.

засту́пни|ца, цы *f of* ⇨**~к**

засту́пничеств|о, а *nt* intercession.

застыва́|ть, ю *impf of* ⇨**засты́ть**

засты|ди́ть, жу́, ди́шь *pf* (*coll*) to shame.

засты|ди́ться, жу́сь, ди́шься *pf* (*coll*) to become embarrassed.

засты|жу́, ди́шь *see* ⇨**~ди́ть**

засты́лый *adj* (*coll*) congealed; stiff.

засты́|ну, нешь *see* ⇨**~ть**

засты́|нуть = **~ть**

засты́|ть *and* **~нуть, ~ну, ~нешь** *pf* (*of* ⇨**~ва́ть**) **1** (*о желе, цементе*) to set; (*о лаве*) to harden. **2** (*о трупе*) to become stiff; (*coll*) (*о руках*) to become stiff; (*fig*): **з. от у́жаса** to be paralysed with fright. **3** (*coll*) (*о воде*) to freeze (*also fig*).

засу|ди́ть, жу́, ~́дишь *pf* (*of* ⇨**~́живать**) (*coll*) to condemn.

засуе|ти́ться, чу́сь, ти́шься *pf* to begin bustling about, begin to fuss.

засу́жива|ть, ю *impf of* ⇨**засуди́ть**

засу|жу́, ~́дишь *see* ⇨**~ди́ть**

засу́н|уть, у, ешь *pf* (*of* ⇨**засо́вывать**) to stick in, thrust in; **з. ру́ки в карма́ны** to thrust one's hands into one's pockets.

за́сух|а, и *f* drought.

засухоусто́йчив|ый (~, ~а) *adj* (*agric*) drought-resistant.

засу́чива|ть, ю *impf of* ⇨**засучи́ть**

засуч|и́ть, у́, ~́ишь *pf* (*of* ⇨**~́ивать**) (**рукава́**, *etc.*) to roll up (*sleeves, etc.*).

засу́шива|ть(ся), ю(сь) *impf of* ⇨**засуши́ть(ся)**

засуш|и́ть, у́, ~́ишь *pf* (*of* ⇨**~́ивать**) to dry up (*plants*; *also fig*).

засуш|и́ться, у́сь, ~́ишься *pf* (*of* ⇨**~́иваться**) to dry up (*intrans*), shrivel.

засу́шлив|ый (~, ~а) *adj* dry, droughty.

засчит|а́ть, а́ю *pf* (*of* ⇨**~́ывать**) to take into consideration; **з. в упла́ту до́лга** to reckon towards payment of a debt.

засчи́тыва|ть, ю *impf of* ⇨**засчита́ть**

засыла́|ть, ю *impf of* ⇨**засла́ть**

засы́лк|а, и *f* sending, dispatching.

засы́п|ать¹, лю, лешь *pf* (*of* ⇨**~а́ть²**) **1** (*яму*) to fill up. **2** (+ *i*) (*покрыть*) to cover (with), strew (with); **доро́жка была́ ~ана опа́вшими ли́стьями** the path was strewn with fallen leaves. **3** (+ *i*; *fig, coll*): **з. вопро́сами** to bombard with questions; **з. поздравле́ниями** to shower congratulations (on). **4** (+ *a or g* **в** + *a*; *coll*) to put (into); **з. овса́ в я́сли** to pour oats into the manger. **5** (*coll*) (*студента*) to fail.

засы́п|ать², лю, лешь *pf* (*of* ⇨**~а́ть³**) (*sl*) to give away, betray.

засыпа́|ть¹, ю *impf of* ⇨**засну́ть**

засыпа́|ть²,³, ю *impf of* ⇨**засы́пать¹,²**

засы́п|аться, люсь, лешься *pf* (*of* ⇨**~а́ться²**) **1** (*попасть куда-н. внутрь*) to get into; **песо́к ~ался мне в башмаки́** I have got sand into my shoes. **2** (+ *i*) (*наполниться чем-н. сыпучим*) to be filled (with); (*покрыться чем-н. сыпучим*) to be covered (with). **3** (*coll*) (*попасться*) to be caught; (*sl*) to be nabbed. **4** (*coll*) (*провалиться*) to fail, come to grief, slip up.

засыпа́|ться¹, юсь *impf of* ⇨**заспа́ться**

засыпа́|ться², юсь *impf of* ⇨**засы́паться**

засы́пк|а, и *f* **1** (*ямы*) filling up; (*семян*) strewing. **2** (*зерна*) pouring in, putting in.

засыха́|ть, ю *impf of* ⇨**засо́хнуть**

зас|я́ду, я́дешь *see* ⇨**~е́сть**

затавр|и́ть, ю́, и́шь *pf* (*of* ⇨**таври́ть**) to brand (*cattle, etc.*).

затаён|ный *ppp of* ⇨**затаи́ть** *and adj* secret; suppressed; **~ная мечта́** secret dream.

зата́ива|ть(ся), ю(сь) *impf of* ⇨**затаи́ть(ся)**

зата|и́ть, ю́, и́шь *pf* (*of* ⇨**~́ивать**) (*мечту, злобу*) to harbour (*Br*), harbor (*US*), cherish; **з. оби́ду (на** + *a*) to nurse a grievance (against); **з. дыха́ние** to hold one's breath.

зата|и́ться, ю́сь, и́шься *pf* (*of* ⇨**~́иваться**) (*coll*) to hide (*intrans*); **з. в себе́** (*fig*) to become reserved, withdraw into o.s.

зата́лкива|ть, ю *impf of* ⇨**затолка́ть** *and* ⇨**затолкну́ть**

зата́плива|ть, ю *impf of* ⇨**затопи́ть¹**

зата́птыва|ть, ю *impf of* ⇨**затопта́ть**

зата́сканный *ppp of* ⇨**затаска́ть** *and adj* worn out; threadbare; (*fig*) hackneyed, trite.

затаск|а́ть, а́ю *pf* (*of* ⇨**~́ивать¹**) (*coll*) **1** (*одежду*) to wear out; (*fig*) to make hackneyed, make trite. **2** (*по гостям, магазинам*) to drag about; **з. по суда́м** to drag through the courts.

затаск|а́ться, а́юсь *pf* (*of* ⇨**~́иваться**) (*coll*) **1** (**~а́ется**) to wear out, become worn out; to become dirty (with wear); (*fig*) to become hackneyed, become trite. **2** *passive of* ⇨**затаска́ть 2**

зата́скива|ть¹, ю *impf of* ⇨**затаска́ть**

зата́скива|ть², ю *impf of* ⇨**затащи́ть**

зата́скива|ться, ется *impf of* ⇨**затаска́ться 1**

зата́чива|ть, ю *impf of* ⇨**заточи́ть¹**

затащ|и́ть, у́, ~́ишь *pf* (*of* ⇨**зата́скивать²**) (*coll*) to drag off, drag away; (*fig*): **они́ ~или его́ в теа́тр** they have dragged him off to the theatre.

затвердева́|ть, ет *impf of* ⇨**затверде́ть**

затверде́лост|ь, и *f* = **затверде́ние**

затверде́лый *adj* hardened.

затверде́ни|е, я *nt* **1** hardening. **2** (*med*) callus.

затверде́|ть, ет *pf* (*of* ⇨**~ва́ть**) (*о земле, цементе*) to harden, become hard; (*о жидкости*) to set.

затвер|ди́ть, жу́, ди́шь *pf* (*of* ⇨**~́живать**) (*coll*) to learn by rote.

затве́ржива|ть, ю *impf of* ⇨**затверди́ть**

затво́р, а *m* **1** (*винтовки*) bolt; breechblock; (*плотины*) floodgate. **2** (*phot*) shutter.

затвор|и́ть, ю, ~́ишь *pf* (*of* ⇨**~я́ть**) to shut, close.

затвор|и́ться, ю́сь, ~́ишься *pf* (*of* ⇨**~я́ться**) **1** (*о двери*) to shut, close (*intrans*). **2** (*о человеке*) to shut o.s. in, lock o.s. in. **3** (*eccl*): **з. в монасты́рь, в монастыре́** to go into a monastery.

затво́рник, а *m* hermit, recluse; **он живёт соверше́нным ~ом** (*fig*) he is a complete recluse.

затво́рни|ца, цы *f of* ⇨**~к**

затво́рни|ческий *adj of* ⇨**~к**; solitary; **~ческая жизнь** the life of a recluse.

затво́рничеств|о, а *nt* (*eccl*) seclusion, solitary life.

затвор|я́ть(ся), я́ю(сь) *impf of* ⇨**~и́ть(ся)**

затева́|ть, ю *impf of* ⇨**зате́ять**

зате́йлив|ый (~, ~а) *adj* **1** (*сложный*) intricate, involved; **~ая речь** involved discourse; **~ое украше́ние** intricate ornament. **2** (*замысловатый*) ingenious; inventive; **~ая игру́шка** ingenious toy.

зате́йник, а *m* **1** (*шутник*) practical joker; humorist. **2** (*организатор массовых развлечений*) organizer of entertainments.

зате́йни|ца, цы *f of* ⇨**~к 1**

зате́|йный (~ен, ~йна) *adj* (*coll*) = **~йливый**; (*забавный*) amusing.

зате́йщик, а *m* (*coll*) instigator.

зате́йщи|ца, цы *f of* ⇨**~к**

затёк, ла́ *see* ⇨**зате́чь**

затека́|ть, ет *impf of* ⇨**зате́чь**

зате|ку́т *see* ⇨**~́чь**

зате́м *adv* **1** (*после этого*) after that, then, next. **2** (*для этого*) for that reason; **з. что** because, since, as; **заче́м ты прие́хала? з., что слыха́ла, что ты заболе́л** why have you come? because I heard that you had been taken ill; **з. что́бы** in order that; **она́ прие́хала з., что́бы уха́живать за тобо́й** she has come (in order) to look after you.

затемне́ни|е, я *nt* **1** (*действие*) darkening; obscuring (*also fig*). **2** (*med*) dark patch. **3** (*mil*) blackout. **4** (*psychol*) blackout.

затемн|и́ть, ю́, и́шь *pf* (*of* ⇨**~я́ть**) **1** to darken; to obscure (*also fig*). **2** (*mil*) to black out.

затемн|и́ться, ю́сь, и́шься *pf* (*of* ⇨**~я́ться**) to become dark; to become obscure; (*fig*) to become obscured, become clouded.

за́темно *adv* (*coll*) before daybreak.

затемн|я́ть(ся), я́ю(сь) *impf of* ⇨**~и́ть(ся)**

затен|и́ть, ю́, и́шь *pf* (*of* ⇨**~я́ть**) to shade.

затен|ять, яю *impf of* **⇒~ить**

зат|ереть, ру́, рёшь, *past* **~ёр, ~ёрла** *pf* (*of* **⇒~ира́ть**) **1** (*стереть*) to rub out. **2** (*стеснить*) to block, jam; (*impers*): **су́дно ~ёрло льда́ми** the ship was ice-bound; (*fig, coll*): **з. кого́-н.** to keep s.o. down, impede s.o.'s career.

зат|ере́ться, ру́сь, рёшься, *past* **~ёрся, ~ёрлась** *pf* (*of* **⇒~ира́ться**) (*coll*) (**в** + *a*) to get (into), worm one's way (into).

зате́рива|ть(ся), ю(сь) *impf of* **⇒затеря́ть(ся)**

затерянный *ppp of* **⇒затеря́ть** *and adj* forgotten, forsaken.

затер|я́ть, я́ю *pf* (*of* **⇒~́ивать**) (*coll*) to lose, mislay.

затер|я́ться, я́юсь *pf* (*of* **⇒~́иваться**) to be lost, be mislaid; (*fig*) to become forgotten; **моё перо́ ~я́лось** (*coll*) my pen has vanished; **з. в толпе́** to be lost in a crowd.

зате|са́ть, шу́, ~́шешь *pf* (*of* **⇒~̈сывать**) to rough-hew; to sharpen (*stake, etc.*).

зате|са́ться, шу́сь, ~́шешься *pf* (*of* **⇒~̈сываться**) (*coll*) to worm one's way in, intrude.

затесн|и́ть, ю́, и́шь *pf* (*of* **⇒~я́ть**) (*coll*) **1** to jostle, press. **2** (*fig*) to oppress, persecute.

затесн|и́ться, ю́сь, и́шься *pf* (*of* **⇒~я́ться**) (*coll*) to begin to crowd.

затесн|я́ть(ся), я́ю(сь) *impf of* **⇒~и́ть(ся)**

затёсыва|ть(ся), ю(сь) *impf of* **⇒затеса́ть(ся)**

зате́|чь, чёт, ку́т, *past* **~̈к, ~кла́** *pf* (*of* **⇒~ка́ть**) **1** (**в** + *a*; **за** + *a*) to pour, flow, leak (into; behind). **2** (*распухнуть*) to swell up. **3** (*онеметь*) to become numb; **у меня́ нога́ ~кла́** my foot's gone numb.

зате́|я, и *f* **1** (*замысел*) undertaking, enterprise, venture. **2** (*usu in pl*) (*забавная*) piece of fun; escapade; practical joke; **без ~й** simply, unpretentiously.

зате́|ять, ю *pf* (*of* **⇒~ва́ть**) (*coll*) (*путешествие*) to undertake; (*игру*) to organize; (*разговор, драку, спор*) to start.

затира́|ть(ся), ю(сь) *impf of* **⇒затере́ть(ся)**

зати́ск|ать, аю *pf* (*of* **⇒~ивать**) (*coll*) to smother with caresses.

зати́скива|ть(ся), ю(сь) *impf of* **⇒зати́скать** *and* **⇒зати́снуть(ся)**

зати́с|нуть, ну, нешь *pf* (*of* **⇒~кивать**) (*coll*) to squeeze in.

зати́с|нуться, нусь, нешься *pf* (*of* **⇒~киваться**) (*coll*) to squeeze (o.s.) in.

затих|а́ть, а́ю *impf of* **⇒~́нуть**

зати́х|нуть, ну, нешь, *past* **~, ~ла** *pf* (*of* **⇒~а́ть**) (*о звуке, ветре, буре*) to die down, abate; (*о человеке*) to quieten down (*Br*), quiet down (*US*).

зати́шь|е, я *nt* calm; lull.

затк|а́ть, у́, ёшь, *past* **~а́л, ~ала́, ~а́ло** *pf* (+ *a and i*) to cover all over with a woven pattern.

заткн|у́ть, у́, ёшь *pf* (*of* **⇒затыка́ть**) **1** (+ *a and i*) to stop up; to plug; **з. буты́лку про́бкой** to cork a bottle; **з. рот, гло́тку кому́-н.** (*coll*) to shut s.o. up; **~и́ гло́тку!** shut your mouth! **2** (*засунуть*) to stick, thrust; **з. кого́-н. за по́яс** (*fig, coll*) to outdo s.o.

заткн|у́ться, у́сь, ёшься *pf* (*coll*) to shut up; **~и́сь!** shut up!

затмева́|ть, ю *impf of* **⇒затми́ть**

затме́ни|е, я *nt* **1** (*astron*) eclipse. **2** (*fig, coll*) blackout.

затм|и́ть, и́шь *pf* (*of* **⇒~ева́ть**) **1** to obscure. **2** (*fig*) to eclipse; to overshadow.

зато́ *conj* (*coll*) but then, but on the other hand; but to make up for it; **до́рого, з. хоро́шая вещь** it is expensive, but then it is good stuff.

затова́ренност|ь, и *f* (*econ*) glut.

затова́ренный *ppp of* **⇒затова́рить** *and adj* (*econ*) surplus.

затова́ривани|е, я *nt* (*товаров*) stockpiling; (*магазина*) overstocking.

затова́рива|ть(ся), ю(сь) *impf of* **⇒затова́рить(ся)**

затова́р|ить, ю, ишь *pf* (*of* **⇒~ивать**) (*econ*) to stockpile; to overstock.

затова́р|иться, юсь, ишься *pf* (*of* **⇒~иваться**) (*econ*) **1** to be overstocked. **2** (*coll*) to have a surplus.

затолка́|ть, ю *pf* (*of* **⇒зата́лкивать**) to jostle.

затолкн|у́ть, у́, ёшь *pf* (*of* **⇒зата́лкивать**) (*coll*) to shove in.

зато́н, а *m* **1** (*залив*) backwater. **2** (*место стоянки и ремонта судов*) boat yard.

затон|у́ть, у́, ~́ешь *pf of* **⇒тону́ть 1**

затоп|и́ть[1]**, лю́, ~́ишь** *pf* (*of* **⇒зата́пливать**) (*печь*) to light; (*включить отопление*) to turn on the heating.

затоп|и́ть[2]**, лю́, ~́ишь** *pf* (*of* **⇒~ля́ть**) **1** (*остров, окрестности*) to flood; to submerge. **2** (*судно*) to sink; **з. кора́бль** to scuttle a ship.

затопля́ть, ю *impf of* **⇒затопи́ть**[2]

затоп|та́ть, чу́, ~́чешь *pf* (*of* **⇒зата́птывать**) (*траву, цветы*) to trample down; (*костёр, папиросу*) to stamp out; (*убить*) to trample to death.

затоп|чу́, ~́чешь *see* **⇒~та́ть**

зато́р, а *m* blocking, obstruction; **з. у́личного движе́ния** traffic jam, congestion.

затормо|зи́ть, жу́, зи́шь *pf of* **⇒тормози́ть**

затормош|и́ть, у́, и́шь *pf* (*coll*) to pester.

заточ|а́ть, а́ю *impf of* **⇒~и́ть**[2]

заточе́ни|е, я *nt* confinement; incarceration, captivity.

заточ|и́ть[1]**, у́, ~́ишь** *pf* (*of* **⇒зата́чивать**) to sharpen.

заточ|и́ть[2]**, у́, ~и́шь** *pf* (*of* **⇒~а́ть**) to confine, shut up; to incarcerate.

затрав|и́ть, лю́, ~́ишь *pf* (*of* **⇒трави́ть**[1] *and* **⇒~́ливать**) to hunt down; (*fig, coll*) to persecute.

затра́влива|ть, ю *impf of* **⇒затрави́ть**

затра́гива|ть, ю *impf of* **⇒затро́нуть**

затрапе́зный *adj* (*coll*) **1** (*будничный*) everyday. **2** (*заношенный*) shabby.

затра́т|а, ы *f* **1** (*действие*) expenditure. **2** (*usu in pl*) (*расходы*) expenses, outlay.

затра́|тить, чу, тишь *pf* (*of* **⇒~чивать**) to expend, spend.

затра́чива|ть, ю *impf of* **⇒затра́тить**

затре́б|овать, ую *pf* to request, require; to ask for.

затреп|а́ть, лю́, ~́лешь *pf* (*of* **⇒~̈ывать**) to wear out; to make dirty (with wear); **з. чьё-н. и́мя** to give s.o. a bad name.

затреп|а́ться, лю́сь, ~́лешься *pf* (*of* **~̈ываться**) **1** to wear out (*intrans*), be worn out. **2** (*fig*): **я совсе́м ~а́лся** (*coll*) I have stayed gossiping too long.

затрёпыва|ть(ся), ю(сь) *impf of* **⇒затрепа́ть(ся)**

затре́щин|а, ы *f* (*coll*) box on the ears.

затро́н|уть, у, ешь *pf* (*of* **⇒затра́гивать**) **1** (*нанести ущерб*) to affect; (*о пуле*) to touch, graze. **2** (*fig*) to touch (on); **з. вопро́с** to broach a question; **з. чьё-н. самолю́бие** to wound s.o.'s self-esteem.

затрудне́ни|е, я *nt* difficulty.

затруднённый *ppp of* **⇒затрудни́ть** *and adj* laboured (*Br*), labored (*US*).

затрудни́тельност|ь, и *f* difficulty; straits.

затрудни́тел|ьный (~ен, ~ьна) *adj* difficult; embarrassing.

затрудн|и́ть, ю́, и́шь *pf* (*of* **⇒~я́ть**) **1** (*кого-н.*) to trouble; to cause trouble (to); to embarrass. **2** (*что-н.*) to make difficult; to hamper.

затрудн|и́ться, ю́сь, и́шся *pf* (*of* **⇒~я́ться**) (+ *inf or i*) to find difficulty (in); **з. отве́том** to find difficulty in replying; **он ~и́лся испо́лнить мою́ про́сьбу** he found difficulty in complying with my request.

затрудн|я́ть(ся), я́ю(сь) *impf of* **⇒~и́ть(ся)**

затума́н|ивать(ся), иваю, ивает(ся) *impf of* **⇒~ить(ся)**

затума́н|ить, ю, ишь *pf* (*of* **⇒~ивать**) **1** to befog; to cloud, dim; (*impers*): **~ило горизо́нт** the horizon was obscured by fog; **слёзы ~или её глаза́** tears dimmed her eyes. **2** (*fig*) to obscure.

затума́н|иться, ится *pf* (*of* **⇒~иваться**) **1** to grow foggy, become clouded (with). **2** (*fig*) to become obscure.

затуп|и́ть, лю́, ~́ишь *pf* (*of* **⇒~ля́ть**) to blunt; to dull.

затуп|и́ться, ~́ится *pf* (*of* **⇒~ля́ться**) to become blunt(ed).

затупля́|ть(ся), ю, ет(ся) *impf of* **⇒затупи́ть(ся)**

затуха́ни|е, я *nt* extinction; (*tech*) damping; fading.

затух|а́ть, а́ет *impf of* **⇒~́нуть**

зату́х|нуть, нет, *past* **∼, ∼ла** *pf* (*of* **⇒∼а́ть**) **1** (*перестать гореть*) to go out, be extinguished. **2** (*fig, coll*) (*о звуке*) to die away.

затуш|ева́ть, у́ю *pf* (*of* **⇒∼ёвывать**) **1** (*рисунок*) to shade. **2** (*fig, coll*) to conceal; to gloss over.

затушёвыва|ть, ю *impf of* **⇒затушева́ть**

затуш|и́ть, у́, ˆ∼ишь *pf* to put out, extinguish; (*fig*) to suppress.

за́тхл|ый (∼, ∼а) *adj* (*запах*) musty; (*воздух*) stale, stuffy; (*fig*) stagnant.

затыка́|ть, ю *impf of* **⇒заткну́ть**

заты́л|ок, ка *m* **1** back of the head. **2**: **станови́ться в з.** to form up in file.

заты́лочный *adj* (*anat*) occipital.

заты́чк|а, и *f* (*coll*) stopper; plug.

затя́гива|ть(ся), ю(сь) *impf of* **⇒затяну́ть(ся)**

затя́жк|а, и *f* **1** (*при курении*) inhaling. **2** (*продление*) prolongation; (*coll*) dragging out. **3** (*задержка*) delaying, putting off.

затяжн|о́й, *adj* long drawn-out, protracted; **∼а́я боле́знь** protracted, lingering illness; **∼ы́е дожди́** long periods of rain.

затя|ну́ть, ну́, ˆ∼нешь *pf* (*of* **⇒ˆ∼гивать**) **1** (*узел, пояс*) to tighten; (*naut*) to haul taut. **2** (*покрыть*) to cover; to close; (*impers*): **не́бо ∼ну́ло ту́чами** it has clouded over; **ра́ну ∼ну́ло** the wound has closed. **3** (*засосать*) to drag down, drag in; (*fig, coll*) (*вовлечь*) to inveigle. **4** (*coll*) (*продлить*) to drag out, spin out. **5**: **з. пе́сню** (*coll*) to strike up a song.

затя|ну́ться, ну́сь, ˆ∼нешься *pf* (*of* **⇒ˆ∼гиваться**) **1** (*затянуть на себе*) to lace o.s. up; **з. по́ясом** to tighten one's belt; (*туго завязаться*) to tighten; **у́зел ∼ну́лся** the knot tightened. **2** (*покрыться*) to be covered; to close (*intrans*), heal over (of a wound). **3** (*coll*) (*продлиться*) to drag on (*intrans*); **вечери́нка ∼ну́лась до полу́ночи** the party dragged on till midnight. **4** (*при курении*) to inhale.

зау́м|ный (∼ен, ∼на) *adj* abstruse, esoteric, unintelligible.

зауны́в|ный (∼ен, ∼на) *adj* doleful, plaintive.

заупоко́йн|ый *adj* for the repose of the soul; **∼ая слу́жба** requiem.

зауπря́м|иться, люсь, ишься *pf* to turn obstinate.

зауря́д|ный (∼ен, ∼на) *adj* (*обыкновенный*) ordinary, commonplace; (*посредственный*) mediocre.

заусе́н|ец, ца *m* **1** (*у ногтя*) agnail, hangnail. **2** (*tech*) burr.

зау́трен|я, и *f* (*eccl*) prime.

заутю́жива|ть, ю *impf of* **⇒заутю́жить**

заутю́ж|ить, у, ишь *pf* to iron; **з. скла́дку** to iron a crease.

зау́ченный *ppp of* **⇒заучи́ть** *and adj* studied.

зау́чива|ть(ся), ю(сь) *impf of* **⇒заучи́ть(ся)**

зау|чи́ть, чу́, ˆ∼чишь *pf* (*of* **⇒ˆ∼чивать**) **1** (*твёрдо выучить*) to learn by heart. **2** (*coll*) (*человека*) to din learning into.

зауч|и́ться, у́сь, ˆ∼ишься *pf* (*of* **⇒ˆ∼иваться**) (*coll*) to study too hard.

зауша́тельский *adj* (*literary*) disparaging, abusive.

зауша́тельств|о, а *nt* (*literary*) disparagement, abuse.

зау́шниц|а, ы *f* (*med*) mumps.

зафарши́р|ова́ть, у́ю *pf of* **⇒фарширова́ть**

зафикси́р|овать, ую *pf of* **⇒фикси́ровать**

зафрахт|ова́ть, у́ю *pf* (*of* **⇒фрахтова́ть** *and* **⇒∼о́вывать**) to charter.

зафрахто́выва|ть, ю *impf of* **⇒зафрахтова́ть**

заха́жива|ть, ю *freq of* **⇒заходи́ть**[1]; **он части́нько к нам ∼л** he often used to drop in (to see us).

заха́п|ать, аю *pf* (*of* **⇒∼ывать**) (*coll*) to grab, lay hold of.

заха́пыва|ть, ю *impf of* **⇒заха́пать**

Заха́ри|я, и *m* (*bibl*) Zechariah.

захва́лива|ть, ю *impf of* **⇒захвали́ть**

захвал|и́ть, ю́, ˆ∼ишь *pf* (*coll*) to praise to excess; to spoil by flattery.

захва́т, а *m* **1** (*действие*) seizure, capture; (*власти*) seizure; **з. зало́жников** hostage-taking. **2** (*tech*) claw.

захва́танный *ppp of* **⇒захвата́ть** *and adj* soiled by handling, thumbed; (*fig, coll*) trite, hackneyed.

захват|а́ть, а́ю *pf* (*of* **⇒ˆ∼ывать**[2]) (*coll*) to soil by handling; to thumb.

захва|ти́ть, чу́, ˆ∼тишь *pf* (*of* **⇒ˆ∼тывать**[1]) **1** (*взять*) to take; **з. горсть ви́шен** to take a handful of cherries; **они́ ∼ти́ли с собо́й дете́й** they have taken the children with them. **2** (*завладеть*) to seize; to capture; **з. власть** to seize power; **мы ∼ти́ли три́ста пле́нных** we took three hundred prisoners. **3** (*fig*) (*увлечь*) to carry away; to thrill, excite; **кни́га меня́ ∼ти́ла** I was thrilled by the book. **4** (*coll*) (*застать, застигнуть*) to catch; **з. после́дний по́езд** to catch the last train; **я успе́л з. его́ в кабине́те** I managed to catch him in his office; **∼ти́ла ли тебя́ гроза́?** were you caught by the storm? **5** (*болезнь, пожар*) to stop (*an illness, etc.*) in time. **6** (*impers*): **от э́того у меня́ дух ∼ти́ло** it took my breath away.

захва́тнический *adj* (*pej*) aggressive, expansionist.

захва́тчик, а *m* invader; aggressor.

захва́тыва|ть[1]**, ю** *impf of* **⇒захвати́ть**

захва́тыва|ть[2]**, ю** *impf of* **⇒захвата́ть**

захва́тыва|ющий *pres participle active of* **⇒∼ть**[1] *and adj* (*fig*) gripping; **слу́шать но́вости с ∼ющим интере́сом** to listen to news with keen interest.

захвора́|ть, ю *pf* (*coll*) to be taken ill.

захиле́|ть, ю *pf of* **⇒хиле́ть**

захире́лый *adj* (*мальчик*) sickly, ailing. (*хозяйство*) ailing, run-down; (*талант*) faded.

захире́|ть, ю *pf of* **⇒хире́ть**

захлеб|ну́ть, ну, нёшь *pf* (*of* **⇒ˆ∼бывать**) (*coll*) to swallow, take a mouthful of.

захлеб|ну́ться, ну́сь, нёшься *pf* (*of* **⇒ˆ∼ываться**) **1** to choke (*intrans*); to swallow the wrong way. **2** (*fig, coll*): **з. от восто́рга** to be breathless with delight; **ата́ка ∼ну́лась** (*mil*) the attack misfired.

захлёбыва|ть, ю *impf of* **⇒захлебну́ть**

захлёбыва|ться, юсь *impf* (*of* **⇒захлебну́ться**) to choke (*intrans*); (*fig*): **з. от сме́ха** to choke with laughter; **говори́ть ∼ющимся го́лосом** to speak in a voice choked with emotion.

захлест|ну́ть, ну́, нёшь *pf* (*of* **⇒ˆ∼ывать**) **1** (*верёвку*) to fasten, secure. **2** (*о волнах*) to flow over, swamp, overwhelm; (*fig*): **её ∼ну́ла волна́ сча́стья** a wave of happiness flowed over her.

захлёстыва|ть, ю *impf of* **⇒захлестну́ть**

захло́п|нуть, ну, нешь *pf* (*of* **⇒∼ывать**) **1** (*дверь*) to slam. **2** (*человека*) to shut in.

захло́п|нуться, нется *pf* (*of* **⇒∼ываться**) to slam to; to close with a bang.

захло́пыва|ть(ся), ю, ет(ся) *impf of* **⇒захло́пнуть(ся)**

захмеле́|ть, ю *pf of* **⇒хмеле́ть**

захо́д, а *m* **1** (*also* **з. со́лнца**) sunset. **2** (*куда-н.*) stopping (at), putting in (at); **э́тот парохо́д пришёл из Аме́рики без ∼а в Шербу́р** this ship has arrived from America without calling at Cherbourg. **3** (*coll*) attempt, go.

захо|ди́ть[1]**, жу́, ˆ∼дишь** *impf of* **⇒зайти́**

захо|ди́ть[2]**, жу́, ˆ∼дишь** *pf* to begin to walk; **он ∼ди́л по ко́мнате** he began to pace up and down the room.

захо|ди́ться[1]**, жу́сь, ˆ∼дишься** *pf* (*coll*) to tire o.s. out with walking, walk o.s. off one's feet.

захо|ди́ться[2]**, жу́сь, ˆ∼дишься** *impf of* **⇒зайти́сь**

захо́жий *adj* (*coll*) newly arrived; **он — з. челове́к** he is a stranger.

захо|жу́, ˆ∼дишь *see* **⇒∼ди́ть**

захолоде́|ть, ю *pf* (*coll*) to become cold; (*impers*) to turn cold.

захолу́ст|ный (∼ен, ∼на) *adj* remote; (*жизнь, нравы*) provincial.

захолу́ст|ье, ья, *g pl* **∼ий** (*coll* **∼ьев**) *nt* out-of-the-way place; the sticks; (*провинция*) the provinces.

захороне́ни|е, я *nt* burial.

захорон|и́ть, ю́, ˆ∼ишь *pf* (*of* **⇒хорони́ть**) to bury.

захо|те́ть(ся), чу́, ˆ∼чешь, ˆ∼чет(ся), ти́м, ти́те, тя́т *pf of* **⇒хоте́ть(ся)**

захуда́л|ый (∼, ∼а) *adj* impoverished; run-down.

заца́п|ать, аю *pf* (*of* ⇒**~ывать**) (*coll*) to grab; to lay hold of.

заца́пыва|ть, ю *impf of* ⇒**заца́пать**

зацве|сти́, ту́, тёшь, *past* **~́л, ~ла́** *pf* (*of* ⇒**~та́ть**) to break into blossom.

зацвета́|ть, ю *impf of* ⇒**зацвести́**

зацве|ту́, тёшь *see* ⇒**~сти́**

зацел|ова́ть, у́ю *pf* (*coll*) to smother with kisses, rain kisses on.

зацеп|и́ть, лю́, ~́ишь *pf* (*of* ⇒**~ля́ть**) **1** (*задеть*) to hook; **з. плот баргóм** to hook a raft with a boathook. **2** (*coll*) (**за** + *a*) (*случайно задеть*) to catch (on); **з. ногóй за ка́мень** to catch one's foot on a stone.

зацеп|и́ться, лю́сь, ~́ишься *pf* (*of* ⇒**~ля́ться**) (**за** + *a*) **1** to catch (on); **чулóк у неё ~и́лся за гвоздь** her stocking caught on a nail. **2** (*coll*) (*ухватиться*) to catch hold (of).

заце́пк|а, и *f* (*coll*) **1** (*крючок*) peg, hook. **2** (*предлог*) pretext. **3** (*протекция*) pull, protection. **4** (*помеха*) hitch, catch (*fig*).

зацепля́|ть(ся), ю(сь) *impf of* ⇒**зацепи́ть(ся)**

заци́клива|ться, юсь *impf of* ⇒**заци́клиться**

заци́кл|иться, юсь, ишься *pf* (*of* ⇒**заци́кливаться**) (**на** + *p*) (*coll*) to get stuck (on).

зачаро́ванный *ppp of* ⇒**зачарова́ть** *and adj* spellbound.

зачар|ова́ть, у́ю *pf* (*of* ⇒**~о́вывать**) to bewitch, enchant, captivate.

зачаро́выва|ть, ю *impf of* ⇒**зачарова́ть**

зача|сти́ть, щу́, сти́шь *pf* (*coll*) **1** (+ *inf*) (*начать часто делать что-н.*) to take (to); **он ~сти́л игра́ть в те́ннис по вечера́м** he has taken to playing tennis in the evening; **они́ ~сти́ли к нам в го́сти** they have become regular visitors at our house. **2** (*начать быстро говорить, действовать*) to begin to go fast; **докла́дчик ~сти́л так, что переводи́ть его́ слова́ ста́ло невозмо́жно** the lecturer began to go so fast that it was impossible to translate; **дождь ~сти́л** it began to pour with rain.

зачасту́ю *adv* (*coll*) often, frequently.

зача́ти|е, я *nt* (*physiol*) conception.

зача́т|ок, ка *m* **1** embryo. **2** (*usu in pl*; *fig*) beginning, germ.

зача́точн|ый *adj* rudimentary; **в ~ом состоя́нии** in embryo.

зач|а́ть, ну́, нёшь, *past* **~а́л, ~ала́, ~а́ло** *pf* (*of* ⇒**~ина́ть**) to conceive (*trans and intrans*).

зача́х|нуть, ну, нешь, *past* **~, ~ла** *pf of* ⇒**ча́хнуть**

зача|щу́, сти́шь *see* ⇒**~сти́ть**

зач|ёл, ла́ *see* ⇒**~е́сть**

заче́м *interrog and rel adv* why; what for; **з. ты пришла́?** why did you come?; **так** *вот* **ты з. пришла́** so that's why you came.

заче́м-то *adv* for some reason or other.

зачёркива|ть, ю *impf of* ⇒**зачеркну́ть**

зачерк|ну́ть, ну́, нёшь *pf* (*of* ⇒**~̈ивать**) to cross out, strike out.

зачерне́|ть, ю *pf* **1** (*начать чернеть*) to begin to turn black. **2** (*показаться*) to appear black (in the distance).

зачерн|и́ть, ю́, и́шь *pf* (*of* ⇒**черни́ть 1** *and* ⇒**~я́ть**) to blacken, paint black.

зачерн|я́ть, я́ю *impf of* ⇒**~и́ть**

заче́рпа|ть, ю *pf* to begin to ladle.

зачерп|ну́ть, ну́, нёшь *pf* (*of* ⇒**~́ывать**) to scoop up; (*ложкой*) to ladle out.

заче́рпыва|ть, ю *impf of* ⇒**зачерпну́ть**

зачерстве́лый *adj* stale, hard; (*fig*) (*человек*) callous, hardened.

зачерстве́|ть, ю *pf of* ⇒**черстве́ть 1**

зачер|ти́ть, чу́, ~́тишь *pf* (*of* ⇒**~́чивать**) **1** (*покрыть штрихами*) to cover with pencil strokes. **2** (*составить чертёж*) to sketch.

заче́рчива|ть, ю *impf of* ⇒**зачерти́ть**

зачер|чу́, ~́тишь *see* ⇒**~ти́ть**

заче|са́ть, шу́, ~́шешь *pf* **1** (*начать чесать*) to begin to scratch. **2** (*impf* **~̈сывать**) (*волосы*) to comb back.

заче|са́ться, шу́сь, ~́шешься *pf* (*coll*) **1** (*о человеке*) to begin to scratch o.s. **2** (*о части тела*) to begin to itch.

зач|е́сть, ту́, тёшь, *past* **~ёл, ~ла́** *pf* (*of* ⇒**~и́тывать**[1]) **1** to take into account, reckon as, credit; **з. де́сять рубле́й в упла́ту до́лга** to account ten roubles towards payment of a debt; **з. проведённый на вое́нной слу́жбе год за два (го́да)** to reckon a year spent on war service as two years. **2** (+ *d and a*) (*одобрить*) to pass (*trans*); **мы ~ли́ ему́ перево́д с францу́зского** we passed him in French translation.

зачёсыва|ть, ю *impf of* ⇒**зачеса́ть 2**

зачёт, а *m* **1** reckoning; **в з. пла́ты** in payment. **2** (*форма проверки знаний*) test; **получи́ть з., сдать з. (по** + *d*) to pass a test (in); **поста́вить** (+ *d*) **з. (по** + *d*) to pass (in); **мне поста́вили з. по исто́рии** they have passed me in history.

зачёт|ный *adj of* ⇒**~ 1**: **~ная квита́нция** receipt. **2**: **~ная кни́жка** (student's) record book; **~ная се́ссия** test period; **~ная стрельба́** classification shoot.

зачехл|и́ть, ю, и́шь *pf of* ⇒**зачехля́ть**, ⇒**чехли́ть**

зачехля́|ть, ю *impf* (*of* ⇒**зачехли́ть**) = **чехли́ть**

зач|ешу́, ~е́шешь *see* ⇒**~еса́ть**

зачина́тел|ь, я *m* (*rhetorical*) pioneer, founder.

зачина́|ть, ю *impf of* ⇒**зача́ть**

зачи́нива|ть, ю *impf of* ⇒**зачини́ть**

зачин|и́ть, ю́, ~́ишь *pf* (*of* ⇒**~́ивать**) (*coll*) (*брюки, крышу*) to mend; (*карандаш*) to sharpen.

зачи́нщик, а *m* (*pej*) instigator, ringleader.

зачи́нщи|ца, цы *f of* ⇒**~к**

зачисле́ни|е, я *nt* enrolment.

зачи́сл|ить, ю, ишь *pf* (*of* ⇒**~я́ть**) **1** (*записать*) to include; **з. на счёт** to enter in an account. **2** (*включить в состав*) to enrol, enlist; **з. в штат** to take on the staff.

зачи́сл|иться, юсь, ишься *pf* (*of* ⇒**~я́ться**) (**в** + *a*) to join, enter.

зачисл|я́ть(ся), я́ю(сь) *impf of* ⇒**~́ить(ся)**

зачи́|стить, щу, стишь *pf* (*of* ⇒**~ща́ть**) **1** (*загладить*) to smooth out. **2** (*сделать чистым*) to clean up, clean out.

зачит|а́ть, а́ю *pf* (*of* ⇒**~́ывать**[2]) (*coll*) **1** (*прочесть вслух*) to read out. **2** (*книгу*) to fail to return.

зачит|а́ться, а́юсь *pf* (*of* ⇒**~́ываться**) to become engrossed in reading; to go on reading; **вчера́ я ~а́лся далеко́ за́ полночь** last night I went on reading until long after midnight.

зачи́тыва|ть[1]**, ю** *impf of* ⇒**зачéсть**

зачи́тыва|ть[2]**, ю** *impf of* ⇒**зачита́ть**

зачи́тыва|ться, юсь *impf of* ⇒**зачита́ться**

зачища́|ть, ю *impf of* ⇒**зачи́стить**

зачи́|щу, стишь *see* ⇒**~стить**

зач|ну́, нёшь *see* ⇒**~а́ть**

зачтён|ный (~, ~а́) *ppp of* ⇒**зачéсть**

зач|ту́, тёшь *see* ⇒**~е́сть**

зачумл|ённый (~ён, ~ена́) *adj* infected with plague.

заша́рка|ть, ю *pf* (*coll*) **1** (*impf* **заша́ркивать**) (*запачкать*) to scratch (*with one's feet*). **2** (*начать шаркать*) to begin to scrape (one's feet).

заша́ркива|ть, ю *impf of* ⇒**заша́ркать 1**

зашварт|ова́ть, у́ю *pf* (*of* ⇒**~о́вывать**) (*naut*) to moor, tie up.

зашварт|ова́ться, у́юсь *pf* (*of* ⇒**~о́вываться**) (*naut*) to moor, tie up (*intrans*).

зашварто́выва|ть(ся), ю(сь) *impf of* ⇒**зашвартова́ть(ся)**

зашвы́рива|ть, ю *impf of* ⇒**зашвырну́ть** *and* ⇒**зашвыря́ть**

зашвыр|ну́ть, ну́, нёшь *pf* (*of* ⇒**~́ивать**) (*coll*) to throw, fling.

зашвыр|я́ть, я́ю *pf* (*of* ⇒**~́ивать**) (+ *a and i*; *coll*) to shower (with); **з. кого́-н. камня́ми** to stone s.o., throw stones at s.o.

зашиб|а́ть, а́ю *impf* (*coll*) **1** *impf of* ⇒**~и́ть**. **2** to drink (*intrans*).

зашиб|а́ться, а́юсь *impf of* ⇒**~и́ться**

зашиб|и́ть, у́, ёшь, *past* **~́, ~́ла** *pf* (*of* ⇒**~а́ть**) (*coll*) **1** to bruise, knock, hurt; **он ~́ себе́ коле́но** he has bruised his knee. **2**: **з. деньгу́** (*sl*) to coin money.

зашиб|и́ться, у́сь, ёшься, *past* **~́ся, ~́лась** *pf* (*of* ⇒**~а́ться**) (*coll*) to bruise o.s., knock o.s.

зашива́|ть(ся), ю(сь) *impf of* ⇒**заши́ть(ся)**

заш|и́ть, ью́, ьёшь *pf* (*of* ⇒**~ива́ть**) **1** (*дыру, пальто*) to mend. **2** (*упаковать*) to sew up; **з. посы́лку в**

холст to sew up a parcel in sacking. **3** (*med*) to stitch (up).

заш|и́ться, ью́сь, ьёшься *pf* (*of* ⇒**зашива́ться**) (*coll*) to have too little time to do everything; **~ с дела́ми** to be snowed under with things to do.

зашифр|ова́ть, у́ю *pf* (*of* ⇒**шифрова́ть** *and* ⇒**~о́вывать**) to encipher, put into code.

зашифро́выва|ть, ю *impf of* ⇒**зашифрова́ть**

за|шлю́, шлёшь *see* ⇒**~сла́ть**

зашнур|ова́ть, у́ю *pf* (*of* ⇒**шнурова́ть** *and* ⇒**~о́вывать**) to lace up.

зашнур|ова́ться, у́юсь *pf of* ⇒**шнурова́ться**

зашнуро́выва|ть, ю *impf of* ⇒**зашнурова́ть**

зашпакл|ева́ть, ю́ю *pf* (*of* ⇒**шпаклева́ть** *and* ⇒**~ёвывать**) to putty.

зашпаклёвыва|ть, ю *impf of* ⇒**зашпаклева́ть**

зашпи́л|ить, ю, ишь *pf* (*of* ⇒**~ивать**) to pin up, fasten with a pin.

зашпи́лива|ть, ю *impf of* ⇒**зашпи́лить**

заштемпел|ева́ть, ю́ю, ю́ешь *pf* (*of* ⇒**штемпелева́ть**) to stamp, postmark.

зашто́па|ть, ю *pf* (*of* ⇒**што́пать**) to darn.

заштрих|ова́ть, у́ю *pf of* ⇒**штрихова́ть**

заштукату́рива|ть, ю *impf of* ⇒**заштукату́рить**

заштукату́р|ить, ю, ишь *pf* (*of* ⇒**~ивать**) to plaster.

защеко|та́ть, чу́, ~́чешь *pf* (*coll*) **1** (*измучить щекоткой*) to torment by tickling. **2** (*начать щекотать*) to begin to tickle.

защёлк|а, и *f* (*в двери*) latch; (*в механизме*) catch.

защёлкива|ть, ю *impf of* ⇒**защёлкнуть**

защёлк|нуть, ну, нешь *pf* (*of* ⇒**~ивать**) (*coll*) to latch.

защем|и́ть, лю́, и́шь *pf* (*of* ⇒**~ля́ть**) **1** to pinch, jam, nip; **з. па́лец** to pinch one's finger. **2** (*impers; coll*): **у неё ~и́ло се́рдце** her heart aches.

защемля́|ть, ю *impf of* ⇒**защеми́ть**

защип|ну́ть, ну́, нёшь *pf* (*of* ⇒**~́ывать**) to take (*with pincers, tongs, etc.*); to nip, tweak; (*волосы*) to curl; (*билеты*) to punch.

защи́пыва|ть, ю *impf of* ⇒**защипну́ть**

защи́т|а, ы (*no pl*) *f* defence (*Br*), defense (*US*); (**от, про́тив** + *g*) protection (from, against); (*collect*) the defence (*Br*), defense (*US*) (*law and sport*); **в ~у** (+ *g*) in defence (*Br*), defense (*US*) (of); **под ~ой** (+ *g*) under the protection (of); **з. окружа́ющей среды́; з. приро́ды** environmentalism, conservation.

защи|ти́ть(ся), щу́(сь), ти́шь(ся) *pf of* ⇒**~ща́ть(ся)**

защи́тник, а *m* **1** defender, protector; (*law*) counsel for the defence (*Br*), defense attorney (*US*); **колле́гия ~ов** the Bar; **з. окружа́ющей среды́** *or* **приро́ды** environmentalist, conservationist. **2** (*sport*) (full)back; **ле́вый, пра́вый з.** left, right back.

защи́тн|ый *adj* protective; **~ые очки́** goggles; **з. цвет** khaki.

защища́|ть, ю *impf* (*of* ⇒**защити́ть**) **1** to defend, protect. **2** (*law*) to defend; **з. диссерта́цию** to defend a thesis (*before examiners*).

защища́|ться, юсь *impf* (*of* ⇒**защити́ться**) **1** to defend o.s., protect o.s. **2** *passive of* ⇒**~ть**

защищённост|ь, и *f* protection.

за́|щу, стишь *see* ⇒**~стить**

заяви́тел|ь, я *m* (*law*) declarant, deponent.

заяв|и́ть, лю́, ~́ишь *pf* (*of* ⇒**~ля́ть**) (+ *a or* **о** + *p or* **что**) to announce, declare; **з. свои́ права́** (**на** + *a*) to claim one's rights (to); **з. об ухо́де со слу́жбы** to announce one's resignation.

заяв|и́ться, лю́сь, ~́ишься *pf* (*coll*) to appear, turn up.

зая́вк|а, и *f* (**на** + *a*) (*просьба*) application (for); (*о своих правах*) claim (for); demand (for); (*заказ*) order (for); **з. на изобрете́ние** patent application; **бланк ~и** application form.

заявле́ни|е, я *nt* **1** (*сообщение*) statement, declaration. **2** (*просьба*) application; **пода́ть з.** to put in an application.

заявля́|ть, ю *impf of* ⇒**заяви́ть**

зая́длый *adj* (*coll*) inveterate.

за́|яц, йца *m* **1** hare; (*proverb*) **одни́м уда́ром уби́ть двух ~йцев** to kill two birds with one stone. **2** (*coll*) (*пассажир*) stowaway; fare-dodger; **е́хать ~йцем** to travel without paying for a ticket.

за́я|чий *adj of* ⇒**~ц**; **~чья губа́** (*med*) harelip.

зва́ни|е, я *nt* rank; title; **ры́царское з.** knighthood.

зва́ный *adj* **1** (*гость*) invited. **2** (*с приглашением гостей*) with invited guests; **з. ве́чер** guest night; **з. обе́д** dinner party.

зва́тельный *adj* (*gram*): **з. паде́ж** vocative case.

зва|ть, зову́, зовёшь, *past* **~л, ~ла́, ~́ло** *impf* (*of* ⇒**по~́**) **1** to call; **з. на по́мощь** to call for help. **2** (*приглашать*) to ask, invite. **3** (*impf only*) (*называть*) to call; **как вас зову́т?** what is your name? **меня́ зову́т О́льга/Влади́мир** my name is Olga/Vladimir; I am called Olga/Vladimir.

зва́|ться, зову́сь, зовёшься, *past* **~́лся, ~ла́сь, ~́ло́сь** *impf* (+ *i*; *obs*) to be called; **её сестра́ ~ла́сь Татья́ной** her sister was called Tatiana.

звезд|а́, ы́, *pl* **~̈ы, ~̈, ~̈ам** *f* **1** star; **но́вая з.** (*astron*) nova; (*fig*): **з. экра́на** film star; **ве́рить в свою́ ~у́** to believe in one's lucky star; **роди́ться под счастли́вой ~о́й** to be born under a lucky star; **он ~̈ с не́ба не хвата́ет** (*coll, ironical*) he won't set the Thames on fire. **2** (*zool*): **морска́я з.** starfish.

звёздно-полоса́тый *adj*: **з. флаг** the Stars and Stripes, the Star-spangled Banner (= *national flag of USA*).

звёзд|ный *adj of* ⇒**~а́**; **з. дождь** meteor shower; shooting stars; **~ная ка́рта** celestial map; **~ная ночь** starlit night; **з. час** finest hour.

звездообра́з|ный (~ен, ~на) *adj* star-shaped.

звездопа́д, а *m* meteor shower; shooting stars.

звёздочк|а, и *f* **1** *diminutive of* ⇒**звезда́**. **2** asterisk.

-звёздочный *in comb* -star; **пятизвёздочная гости́ница** five-star hotel.

звен|е́ть, ю́, и́шь *impf* **1** to ring; **у неё ~е́ло в уша́х** there was a ringing in her ears. **2** (+ *i*): **з. моне́тами** to jingle coins; **з. стака́нами** to clink glasses.

звен|о́, а́, *pl* **~́ья, ~́ьев** *nt* **1** (*цепи*) link (*also fig*). **2** (*fig*) (*на предприятии*) team, section; (*aeron*) flight.

звен|ьево́й *adj of* ⇒**~о́ 2**

звер|ёк, ька́ *m diminutive of* ⇒**~ь**

зверёныш, а *m* (*coll*) young of wild animal; cub; (*fig*) little brute.

звере́|ть, ю, ешь *impf* (*of* ⇒**о~**) to become brutalized.

звери́н|ец, ца *m* menagerie.

звер|и́ный *adj of* ⇒**~ь**; animal; savage.

зверобо́|й[1], я *m* hunter, trapper.

зверобо́|й[2], я *m* (*bot*) St John's wort.

зверово́д, а *m* fur farmer.

зверово́дств|о, а *nt* fur farming.

зверово́д|ческий *adj of* ⇒**~ство**

зверело́в, а *m* hunter, trapper.

зверело́в|ный *adj of* ⇒**~**; **з. про́мысел** hunting, trapping.

звероподо́б|ный (~ен, ~на) *adj* bestial.

звероферм|а, ы *f* fur farm.

зве́рски *adv* **1** brutally, bestially. **2** (*coll*) terribly, awfully; **я з. уста́л** I am terribly tired.

зве́рский *adj* **1** brutal, bestial. **2** (*coll*) (*чрезвычайный*) terrific, tremendous; **у него́ з. аппети́т** he has a tremendous appetite.

зве́рств|о, а *nt* brutality; atrocity; **~а** atrocities (*in war, etc.*).

зве́рств|овать, ую *impf* to behave with brutality; to commit atrocities.

звер|ь, я, *pl* **~́и, ~е́й** *m* **1** wild animal, wild beast; **пушно́й з.** fur-bearing animal. **2** (*fig*) (*человек*) brute, beast; **смотре́ть ~́ем** to look (very) savage, look (very) fierce.

зверь|ё, я́ (*no pl*) *nt* (*collect*) wild animals, wild beasts; (*fig*) brutes, beasts.

звон, а *m* (ringing) sound, peal; **з. моне́т** chinking of coins; **з. стака́нов** clinking of glasses.

звона́р|ь, я́ *m* bell-ringer.

звон|и́ть, ю, и́шь *impf* (*pf of* ⇒**по~**) (**в** + *a*) to ring; **з. кому́-н. (по телефо́ну)** to phone s.o., call s.o.; **вы не туда́ ~и́те** you've got the wrong number; **~я́т** s.o. is ringing.

звон|и́ться, ю́сь, и́шься *impf* (*of* ⇒**по~**) to ring (*a doorbell*).

зво́н|кий (~ок, ~ка́, ~ко) *adj* **1** ringing, clear; **~кая моне́та** hard

3

cash, coin. **2** (*ling*) voiced.

звон|ко́вый *adj of* ⇨**~о́к**

зво́нниц|а, ы *f* belfry (*of old Russian churches*).

звон|о́к, ка́ *m* bell; **дать з.** to ring; **з. (по телефо́ну)** (phone) call; **встава́ть по ~ку́** to get up when the bell goes.

зво́н|че *and* (*coll*) **~че́е** *comp of* ⇨**~кий, ~ко**

звук, а *m* sound; **пусто́й звук** (*fig*) (mere) name, empty phrase; **я звал её, а она́ ни ~а** I kept calling her but she never uttered a sound; (*ling*) **гла́сный з.** vowel; **согла́сный з.** consonant.

звук|ово́й *adj of* ⇨**~**; **з. барье́р** sound barrier; **~ова́я волна́** sound wave; **~ова́я ка́рта** (*comput*) sound card; **~ова́я сту́дия** sound studio; **з. фильм** sound film, talkie.

звукоза́пис|ь, и *f* sound recording.

звукоизоля́ци|я, и *f* soundproofing.

звуконепроница́ем|ый (~, ~а) *adj* soundproof.

звукоопера́тор, а *m* (*cin*) sound recordist, sound man.

звукоподража́ни|е, я *nt* onomatopoeia.

звукоподража́тельный *adj* onomatopoeic.

звукорежиссёр, а *m* sound engineer.

звукоря́д, а *m* (*mus*) scale.

звукоснима́тел|ь, я *m* pickup.

звукоула́вливател|ь, я *m* (*mil*) sound locator.

звуча́ни|е, я *nt* **1** sound(s). **2** (*значение*) significance.

звуч|а́ть, у́, и́шь *impf* (*of* ⇨**про~**) **1** (*раздаваться*) to be heard; to sound; **вдали́ ~а́ли голоса́** voices could be heard in the distance; **э́тот пасса́ж ~и́т прекра́сно** (*mus*) this passage sounds splendid. **2** (+ *adv or i*; *fig*) (*выражаться*) to sound; to express, convey; **з. трево́гой** to sound a note of alarm; **з. и́скренно** to ring true.

зву́ч|ный (~ен, ~на́, ~но) *adj* sonorous.

звя́кань|е, я *nt* jingling; tinkling.

звя́к|ать, аю *impf of* ⇨**~нуть**

звя́к|нуть, ну, нешь *pf* (*of* ⇨**~ать**) **1** (+ *i*) to jingle; to tinkle. **2** (+ *d*): **з. (по телефо́ну)** (*coll*) to ring up; to give s.o. a buzz.

зга *only in phr* **ни зги не ви́дно** it is pitch dark.

зда́ни|е, я *nt* building.

здесь *adv* **1** here. **2** (*coll*) here, at this point (*of time*); in this; **з. мы засмея́лись** here we burst out laughing; **з. нет ничего́ смешно́го** there is nothing funny in this.

зде́шний *adj* local; of this place; **«Вы з.?» — «Нет, я не з.»** 'Are you a local?' — 'No, I am a stranger here'.

здоро́ва|ться, юсь *impf* (*of* ⇨**по~**) (**с** + *i*) to greet; to say hello (to); **з. за́ руку** to shake hands (*in greeting*).

здорове́нн|ый *adj* (*coll*) burly, strapping; **~ая ба́ба** strapping woman; **з. го́лос** powerful voice.

здорове́|ть, ю, ешь *impf* (*of* ⇨**по~**) (*coll*) to become stronger.

здо́рово (*coll*) **1** (*adv*) (*отлично*) splendidly, magnificently; **ты з. порабо́тал** you have worked splendidly. **2** (*adv*) (*очень сильно*) very, very much; **вчера́ они́ з. вы́пили** they had a great deal to drink yesterday. **3** (*int*) great!; well done!

здоро́во[1] *int* (*coll*) hello!, hi!

здоро́в|о[2] *adv of* ⇨**~ый**[1]; healthily, soundly; **(за) з. живёшь** for no reason (at all).

здоро́в|ый[1] **(~, ~а)** *adj* **1** healthy; **бу́дь ~!; бу́дьте ~ы!** (*on parting*) take care!; (*to s.o. sneezing*) bless you! **2** (*полезный*) health-giving, wholesome; (*fig*) sound, healthy; **з. кли́мат** healthy climate; **~ая иде́я** sound idea.

здоро́в|ый[2] **(~, ~а́, ~о́)** *adj* (*coll*) **1** (*большой, сильный: о человеке*) robust, sturdy. **2** (*большой, сильный: о предметах, явлениях*) strong, powerful; sound; **з. моро́з** sharp frost; **~ая трёпка** sound thrashing. **3** (*short form* + *inf*) clever (at), good (at), expert (at); **он ~ льсти́ть же́нщинам** he is expert at flattering women.

здоро́вь|е, я (*no pl*) *nt* health; **пить за чьё-н. з.** to drink s.o.'s health; **(за) ва́ше з.!** your health!; **как ва́ше з.?** how are you?; **на з.** to your heart's content, as you please; **гру́ппа ~я** keep-fit group.

здоровя́к, а́ *m* (*coll*) person in the pink of health.

здрав... *comb form, abbr of* **здравоохрани́тельный**

здра́ви|е, я *nt* (*obs*) health; **~я жела́ю!** *soldiers' reply to senior officer's greeting*.

здра́виц|а, ы *f* toast; **провозгласи́ть ~у за** (+ *a*) to propose a toast to.

здра́вниц|а, ы *f* sanatorium.

здравомы́слящий *adj* sensible.

здравоохране́ни|е, я *nt* health care; public health; **Министе́рство ~я** Ministry of Health; **о́рганы ~я** (public) health services.

здравоохрани́тельный *adj* health care; public health.

здравотде́л, а *m* health department (*of local authority*).

здравпу́нкт, а *m* first-aid station.

здра́вств|овать, ую *impf* to be healthy; (*процветать*) to thrive, prosper; **~уй(те)!** how do you do; how are you; **да ~ует!** long live!

здра́в|ый (~, ~а) *adj* sensible; **з. смысл** common sense; **~ и невреди́м** safe and sound; **быть в ~ом уме́** to be in one's right mind.

зе́бр|а, ы *f* **1** (*zool*) zebra. **2** (*место перехода*) zebra crossing (*Br*).

зе́бр|овый *adj of* ⇨**~а**

зев, а *m* (*anat*) pharynx.

зева́к|а, и *cg* idler, gaper.

зев|а́ть, а́ю *impf* **1** (*pf* **~ну́ть**) to yawn. **2** (*no pf*) (*coll*) to gape, stand gaping; **не ~а́й!** keep your wits about you! **3** (*pf* **про~**) (*coll*) to miss opportunities.

зева́|ться, ется *impf* (*impers*, + *d*) (*coll*) to have an urge to yawn; **мне сего́дня ~ется** I can't stop yawning today.

зев|ну́ть, ну́, нёшь *pf of* ⇨**~а́ть 1**

зев|о́к, ка́ *m* yawn.

зево́т|а, ы *f* (fit of) yawning.

зелене́|ть, ю *impf* **1** (*pf* **по~**) (*становиться зелёным*) to turn green, come out green. **2** (*виднеться*) to show green.

зелен|и́ть, ю́, и́шь *impf* (*of* ⇨**по~**) to make green, paint green.

зелёнк|а, и *f* (*coll*) 'brilliant green' (*an antiseptic embrocation*).

зеленова́т|ый (~, ~а) *adj* greenish.

зеленогла́з|ый (~, ~а) *adj* green-eyed.

зеленщи́к, а́ *m* greengrocer.

зелён|ый (зе́лен, зелена́, зе́лено) *adj* green (*also fig*); **з. горо́шек** green peas; **з. лук** spring onions (*Br*), green onions (*US*); **тоска́ ~ая** utter boredom; **~ое я́блоко** green apple; **з. юне́ц** greenhorn; **~ая у́лица** 'go' (*of traffic signals*); **дать ~ую у́лицу** (*fig*) to give the go-ahead, green light (to).

зе́лен|ь, и (*no pl*) *f* **1** (*зелёный цвет*) green colour (*Br*), color (*US*). **2** (*collect*) (*растительность*) greenery. **3** (*collect*) (*овощи*) greens.

зе́л|ье, ья, *g pl* **~ий** *nt* **1** (*настой*) potion. **2** (*fig*) (*яд*) poison. **3** (*fig, coll*) (*человек*) pest (*sl*).

зельц, а *m* (*cul*) brawn.

зе́мельн|ый *adj* land; **з. наде́л** allotment; **~ая ре́нта** ground rent.

землеве́дени|е, я *nt* physical geography.

землевладе́л|ец, ьца *m* landowner.

землевладе́л|ица, ицы *f of* ⇨**~ец**

землевладе́л|ьческий *adj of* ⇨**~ец**

землевладе́ни|е, я *nt* landownership.

земледе́л|ец, ьца *m* arable farmer.

земледе́ли|е, я *nt* arable farming.

земледе́льческий *adj* agricultural.

землеко́п, а *m* navvy.

землеме́р, а *m* land surveyor.

землеме́рный *adj* geodetic; **з. шест** Jacob's staff.

землепа́шеств|о, а *nt* (*obs*) tillage.

землепа́ш|ец, ца *m* tiller.

землепо́льзовани|е, я *nt* land tenure.

землеро́йк|а, и *f* (*zool*) shrew.

землеро́йн|ый *adj* excavating; **~ая маши́на** excavator.

землетрясе́ни|е, я *nt* earthquake.

землечерпа́лк|а, и *f* (*tech*) dredger, excavator.

землечерпа́ни|е, я *nt* (*tech*) dredging.

земли́ст|ый (~, ~а) *adj* earthy; (*о цвете лица*) sallow.

зем|ля́, ли́, *a* **~лю**, *pl* **~ли, ~е́ль, ~лям** *f* **1** **(З.)** (*планета*) Earth. **2** (*суша*) (dry) land; **уви́деть ~лю** to sight land; **упа́сть на ~лю** to fall to the ground. **3** (*владение*) land; soil (*fig*); **поме́щичья з.** (*collect*) landed estates; **на чужо́й ~ле́** on foreign soil. **4** (*почва*) earth, soil. **5** (*в Германии*) Land, state; (*в Австрии*) province.

3

земля́к, а́ *m* fellow countryman, compatriot.

земляни́к|а, и (*no pl*) *f* (*collect*) wild strawberries.

земля́н|ин, ина, *pl* **~е, ~** *m* earth dweller, earthling.

земляни́|чный *adj of* **⇒~ка**

земля́нк|а, и *f* dugout.

землян|о́й *adj* **1** earthen, of earth; **~ы́е рабо́ты** excavations. **2** earth-; **~а́я гру́ша** Jerusalem artichoke; **з. оре́х** peanut; **з. червь** earthworm. **3** (*tennis*): **з. корт** clay court.

земля́честв|о, а *nt* **1** (*принадлежность к одной местности*) community. **2** (*объединение уроженцев одной местности*) association of fellow countrymen.

земля́чк|а, и *f* fellow countrywoman, compatriot.

земново́дн|ый *adj* amphibious; *as n* (*zool*) **~ые, ~ых** Amphibia; *sg* **~ое, ~ого** *nt* amphibian.

земн|о́й *adj* **1** earthly; terrestrial; **~а́я кора́** the earth's crust; **з. шар** the globe. **2** (*мирской*) mundane.

зе́м|ский *adj* **1** *of* **⇒~ля́ 2**; (*hist*): **з. нача́льник** land captain (*holder of office established in 1889*); **~ское ополче́ние** militia; **З. собо́р** Assembly of the Land (*in Muscovite Russia*). **2** *of* **⇒~ство**

зе́мств|о, а *nt* zemstvo (*an elective district council in Russia, 1864–1917*).

зени́т, а *m* zenith (*also fig*).

зени́тк|а, и *f* (*mil*; *coll*) anti-aircraft gun.

зени́тн|ый *adj* **1** (*astron*) zenithal; **~ое расстоя́ние** zenith distance. **2** (*mil*) anti-aircraft.

зени́ц|а, ы *f* (*archaic*) pupil (*of the eye*); **бере́чь как ~у о́ка** to guard most carefully; to treasure more than anything else in the world.

зе́ркал|о, а, *pl* **~а́, зерка́л, ~а́м** *nt* mirror (*also fig*); **криво́е з.** distorting mirror.

зерка́льн|ый *adj of* **⇒зе́ркало**; (*fig*) smooth; **~ое стекло́** plate glass; **~ое окно́** plate glass window; **з. фотоаппара́т** reflex camera; **~ая пове́рхность** smooth surface; **з. карп** (*zool*) mirror carp.

зерни́ст|ый (~, ~а) *adj* granular; **~ая икра́** unpressed caviar.

зер|но́, на́, *pl* **~̈на, ~̈ен, ~̈нам** *nt* **1** (*пшеницы*) grain; (*мака*) seed; (*fig*) grain; (*ядро*) kernel, core; **горчи́чное з.** mustard seed; **жемчу́жное з.** pearl; **ко́фе в ~̈нах** coffee beans; **з. и́стины** grain of truth. **2** (*collect, sg only*) grain, cereal.

зернобобо́в|ые, ых (*no sg*) (*agric*) grain legumes.

зернови́д|ный (~ен, ~на) *adj* granular.

зерново́з, а *m* grain carrier (*ship*).

зернов|о́й *adj* grain, cereal; **~ы́е зла́ки** cereals; **~а́я торго́вля** grain trade.

зерносуши́лк|а, и *f* (*agric*) grain dryer.

зернохрани́лищ|е, а *nt* granary.

зефи́р, а *m* **1 З.** (*poetical*) (*ветер*) Zephyr. **2** (*ткань*) zephyr. **3** (*кондитерское изделие*) marshmallow; **з. в шокола́де** chocolate marshmallow.

зигза́г, а *m* zigzag.

зигзагообра́зный *adj* zigzag.

зижди́тел|ь, я *m* (*relig*) the Creator.

зи́жд|иться, ется *impf* (**на** + *p*; *obs or rhetorical*) to be founded (on), based (on).

зим|а́, ы́, *a* **~̑у,** *pl* **~̑ы,** *d* **~̑ам** *f* winter; **на́ ~у** for the winter; **всю ~̑у** all winter; **ско́лько лет, ско́лько ~,** *see* **⇒ле́то**

Зимба́бве *nt indecl* Zimbabwe.

зимбабви́|ец, йца *m* Zimbabwean.

зимбабви́|йка, йки *f of* **⇒~ец**

зимбабви́йский *adj* Zimbabwean.

зи́м|ний *adj of* **⇒~а́**; winter; (*погода*) wintry.

зим|ова́ть, у́ю *impf* (*of* **⇒пере~** *and* **⇒про~**) to winter, pass the winter; **знать, где ра́ки ~у́ют,** *see* **⇒рак**

зимо́вк|а, и *f* **1** wintering; **оста́ться на ~у** to stay for the winter. **2** (*жильё*) winter camp.

зимо́вщик, а *m* person who spends the winter in an uninhabited area; winterer.

зимо́вщи|ца, цы *f of* **⇒~к**

зимо́вь|е, я *nt* winter quarters, winter hut.

зимо́й *adv* in winter.

зиморо́д|ок, ка *m* (*zool*) kingfisher.

зипу́н, а́ *m* homespun coat.

зия́ни|е, я *nt* **1** gaping, yawning. **2** (*ling*) hiatus.

зия́|ть, ю *impf* to gape, yawn; **~ющая бе́здна** yawning abyss.

злак, а *m* (*bot*) grass; **хле́бные ~и** cereals.

зла́т|о, а *nt* (*archaic*; *poetical*) gold.

златовла́сый *adj* (*poetical*) golden-haired.

златогла́вый *adj* gold-domed; with gold cupolas.

златоку́др|ый (~, ~а) *adj* (*poetical*) golden-haired.

зла́чн|ый *adj* (*coll*): **~ое ме́сто** den of vice.

зле́йший *superl of* **⇒злой**

зл|ить, ю, ишь *impf* (*of* **⇒обо~̑** *and* **⇒разо~̑**) to anger; to vex; to irritate.

зл|и́ться, ю́сь, и́шься *impf* (*of* **⇒обо~̑** *and* **⇒разо~̑**) **1** (**на** + *a*) to be in a bad temper; to be angry (with). **2** (*fig, poetical*) to rage (*of a storm*).

зло[1]**, зла,** *no pl except g* **зол** *nt* **1** (*нечто дурное*) evil; harm; **отплати́ть ~м за добро́** to repay good with evil. **2** (*беда*) evil, misfortune, disaster; **из двух зол вы́брать ме́ньшее** to choose the lesser of two evils; **жела́ть кому́-н. зла** to bear s.o. malice. **3** (*sg only*) (*досада*) malice, spite; vexation; **он э́то сде́лал то́лько со зла** he did it purely out of spite; **меня́ з. берёт** it annoys me, I feel annoyed.

зло[2] *adv of* **⇒~й**

зло́б|а, ы *f* malice; spite; anger; **по ~е** out of spite; **со ~ой** maliciously; **з. дня** topic of the day, latest news.

зло́б|иться, люсь, ишься *impf* (**на** + *a*; *coll*) to feel malice (towards); to be in a bad temper (with).

зло́б|ный (~ен, ~на) *adj* malicious, spiteful; bad-tempered.

злободне́вност|ь, и *f* topical interest, topical character.

злободне́в|ный (~ен, ~на) *adj* topical; **~ные вопро́сы** burning topics of the day.

зло́бств|овать, ую *impf* to bear malice; (**на** + *a*) to have it in (for).

злове́щ|ий (~, ~а) *adj* ominous, ill-omened; sinister.

злово́ни|е, я *nt* stink, stench.

злово́н|ный (~ен, ~на) *adj* fetid, stinking.

зловре́д|ный (~ен, ~на) *adj* harmful, pernicious.

злоде́|й, я *m* villain, scoundrel (*also joc*).

злоде́й|ка, ки *f of* **⇒~**

злоде́йский *adj* villainous.

злоде́йств|о, а *nt* **1** villainy. **2** (*поступок*) crime, evil deed.

злоде́йств|овать, ую *impf* to act villainously.

злодея́ни|е, я *nt* crime, evil deed.

злой (зол, зла, зло) *adj* **1** (*о человеке*) evil; bad; **з. ге́ний** evil genius. **2** (*выражающий злобу*) wicked; malicious; malevolent; vicious; **зла́я улы́бка** malevolent smile; **со злым у́мыслом** with malicious intent; (*law*) of malice prepense. **3** (*short form only*) (**на** + *a*) (*сердит*) angry; **она́ зла на всех** she is angry with everybody. **4** (*о животных*) fierce, savage; **«Осторо́жно, зла́я соба́ка»** 'Beware of the dog!' **5** (*coll*) (*сильный*) bad, nasty; **з. ка́шель** bad cough; **з. моро́з** severe frost.

злока́чествен|ный (~, ~на) *adj* (*med*) malignant; **~ная о́пухоль** malignant tumour; **~ное малокро́вие** pernicious anaemia.

злоключе́ни|е, я *nt* mishap, misadventure.

злоко́знен|ный (~, ~на) *adj* (*obs*) crafty, wily; malicious.

злонаме́рен|ный (~, ~на) *adj* ill-intentioned.

злонра́ви|е, я *nt* (*obs*) bad character; depravity.

злонра́в|ный (~ен, ~на) *adj* (*obs*) having a bad character; depraved.

злопа́мятност|ь, и *f* = **злопа́мятство**

злопа́мят|ный (~ен, ~на) *adj* rancorous, unforgiving.

злопа́мятств|о, а *nt* rancour (*Br*), rancor (*US*).

злополу́ч|ный (~ен, ~на) *adj* unlucky, ill-starred.

злопыха́тел|ь, я *m* (*coll*) spiteful critic.

злопыха́тельский *adj* (*coll*) spiteful, malevolent.

злопыха́тельств|о, а *nt* (*coll*) malevolence.

злора́д|ный (~ен, ~на) *adj* gloating.

злора́дств|о, а *nt* malicious pleasure, Schadenfreude.

злора́дств|овать, ую *impf* to gloat.

злосло́ви|е, я *nt* scandal, backbiting.

злосло́в|ить, лю, ишь *impf* to say spiteful things.

зло́ст|ный (~ен, ~на) *adj* **1** (*исполненный зла*) malicious. **2** (*сознательно недобросовестный*) conscious, intentional; **~ное банкро́тство** fraudulent bankruptcy; **з. неплате́льщик** persistent defaulter (*in payment of debt*). **3** (*закоренелый*) inveterate, hardened.

злост|ь, и *f* malice, fury; **их з. берёт на него́** they are furious with him.

злосча́ст|ный (~ен, ~на) *adj* ill-fated, ill-starred.

зло́т|ый, ого *m* zloty (*Polish currency*).

злоумы́шленник, а *m* (*obs*) plotter; criminal.

злоумы́шленный *adj* (*obs*) with criminal intent.

злоупотреб|и́ть, лю́, и́шь *pf* (*of* ⇒**~ля́ть**) (+ *i*) to abuse; (*сладким*) to indulge in to excess; **з. вла́стью** to abuse power; **з. чьим-н. внима́нием** to take up too much of s.o.'s time.

злоупотребле́ни|е, я *nt* (+ *i*) abuse (of); **з. дове́рием** breach of confidence.

злоупотреб|ля́ть, ля́ю *impf of* ⇒**~и́ть**

злоязы́чи|е, я *nt* (*obs*) slander, backbiting.

злоязы́ч|ный (~ен, ~на) *adj* (*obs*) slanderous.

злы́д|ень, ня *m* **1** (*obs*) (*плут*) rogue, rascal. **2** (*злой человек*) wicked person; wicked creature.

злю́к|а, и *cg* (*coll*) curmudgeon, crosspatch.

злю́чк|а, и *cg* = **злю́ка**

злю́щий *adj* (*coll*) furious.

змееви́д|ный (~ен, ~на) *adj* serpentine; sinuous.

змееви́к, а́ *m* **1** (*tech*) coil (pipe). **2** (*min*) serpentine, ophite.

змеёныш, а *m* young snake.

зме|и́ный *adj* **1** *adj of* ⇒**~я́**; **~и́ная ко́жа** snakeskin. **2** (*коварный*) cunning, crafty;(*злобный*) wicked.

змеи́ст|ый (~, ~а) *adj* serpentine, sinuous.

зме|и́ться, и́тся *impf* to wind, coil; (*fig, poetical pej*) to glide; **на её губа́х ~и́лась улы́бка** a smile stole across her face.

змей, змея́ *m* **1** (*obs or coll*) = **змея́**. **2** (*myth*) dragon, serpent. **3**: **(возду́шный/бума́жный) з.** kite; **запусти́ть змея́** to fly a kite.

зме́йк|а, и *f* **1** *diminutive of* ⇒**змея́**; **бежа́ть ~ой** to glide. **2** (*printing*) swung dash. **3** (*coll*) (*молния*) zip(per).

зме|я́, и́, *pl* **~́и, ~й** *f* snake (*also fig*); **отогре́ть, пригре́ть ~ю́ на свое́й груди́** to cherish a snake in one's bosom.

зми́|й, я *m* (*archaic*) serpent, dragon; the Serpent; **напи́ться до зелёного ~я** (*coll*) to get blind drunk.

знава́ть *pres not used, impf* (*coll*) *freq of* ⇒**знать**

знак, а *m* **1** (*in various senses*) sign; (*след*) mark; (*символ*) token, symbol; (*comput*) character; **з. вста́вки** caret; **номерно́й з.** licence plate; **па́мятный з.** plaque; **~́и препина́ния** punctuation marks; **~́и отли́чия** decorations (and medals); **~́и разли́чия** (*mil*) badges of rank, insignia; **в з.** (+ *g*) as a mark (of), as a token (of), to show. **2** (*предзнаменование*) omen. **3** (*сигнал*) signal; **пода́ть з.** to give a signal.

зна́ков|ый *adj* **1** (*math*) sign (*attr*). **2** (*comput*) (*элемент шрифта или кодовой таблицы*) character (*attr*). **3** (*символичный*) symbolic, emblematic; (*значительный*) significant; **~ое собы́тие** significant/symbolic event; **носи́ть з. хара́ктер** to be symbolic/ emblematic; **Посла́ние президе́нта Федера́льному Собра́нию но́сит з. хара́ктер для Росси́и** the President's Message to the Federal Assembly is especially meaningful to Russia.

знако́м|ить, лю, ишь *impf* (*of* ⇒**по~**) (+ *a and* **с** + *i*) to acquaint s.o. (with); to introduce s.o. (to).

знако́м|иться, люсь, ишься *impf* (*of* ⇒**по~**) (**с** + *i*) **1** (*с человеком*) to meet, make the acquaintance (*of a person*). **2** (*представляться*) to introduce o.s.; **~ьтесь!** (*informal mode of introduction*) may I introduce you? **3** (*с вещью*) to become acquainted (with), familiarize o.s. (with); to study, investigate; **з. с ме́стностью** to get to know a locality.

знако́мств|о, а *nt* **1** (**с** + *i*) (*между людьми*) acquaintance (with); **слу́жба ~** dating service. **2** (*collect, usu in pl*) (circle of) acquaintances; **по ~у** by exploiting one's personal connections, by pulling strings. **3** (**с** + *i*) (*знание*) familiarity (with), knowledge (of).

знако́м|ый (~, ~а) *adj* **1** familiar; **его́ лицо́ мне ~о** his face is familiar (to me). **2** (**с** + *i*) familiar (with); **быть ~ым** (**с** + *i*) to be acquainted (with), know; **я с ней ~ с де́тства** I have known her since childhood. **3** *as n* **з., ~ого** *m*, **~ая, ~ой** *f* acquaintance, friend.

знамена́тел|ь, я *m* (*math*) denominator; **о́бщий з.** common denominator; **привести́ к одному́ ~ю** (*fig*) to reduce to the common denominator.

знамена́тел|ьный (~ен, ~ьна) *adj* **1** significant, momentous. **2** (*gram*) principal.

зна́м|ени, енем, *etc., see* ⇒**~я**

зна́мени|е, я *nt* sign; **з. вре́мени** sign of the times.

знамени́тост|ь, и *f* celebrity.

знамени́т|ый (~, ~а) *adj* celebrated, famous, renowned; **печа́льно з.** infamous, notorious.

знамен|ова́ть, у́ю *impf* to signify, mark.

знамено́с|ец, ца *m* standard-bearer (*also fig*).

знамёнщик, а *m* (*mil*) colour bearer.

зна́мо *as pred* (*coll or dialect*) it is well known.

зна́м|я, *g, d, and p* **~ени,** *i* **~енем,** *pl* **~ёна, ~ён** *nt* banner; standard; **под ~енем** (+ *g*; *fig, rhetorical*) in the name of; **высо́ко держа́ть з. свобо́ды** to keep the flag of freedom flying.

зна́ни|е, я *nt* **1** knowledge; **со ~ем де́ла** capably, competently. **2** (*in pl*) learning; accomplishments.

зна́т|ный (~ен, ~на́, ~но) *adj* **1** (*аристократический*) noble. **2** (*выдающийся*) outstanding, distinguished; **~ные лю́ди** celebrities, leading figures. **3** (*coll*) (*отличный*) splendid; **~ные бли́нчики** splendid pancakes.

знато́к, а́ *m* expert; connoisseur.

зна|ть[1], ~́ю *impf* to know, have a knowledge of; **вы ~́ете Алекса́ндрова?** do you know Alexandrov?; **з. в лицо́** to know by sight; **з. своё де́ло** to know one's job; **з. своё ме́сто** to know one's place; **з. ме́ру** to know when to stop; **не з. поко́я** to know no peace; **з. толк** (**в** + *p*) to be knowledgeable (about); **з. себе́ це́ну** to know one's own value; **они́ не ~́ли о на́ших наме́рениях** they were unaware of our intentions; **дать кому́-н. з.** to let s.o. know; **да́йте мне з. о вас** let me hear from you; **дать себя́ з.** to make itself felt; **он з. не хо́чет** he won't listen; **~й (себе́)** quite unconcerned; **она́ ~й себе́ пе́ла** she was singing away quite unconcerned; **то и ~й** (*coll*) continually; **как з., почём з.?** who can tell?, how should I know?; **кто его́ ~́ет, бог его́ ~́ет, чёрт его́ ~́ет** (*coll*) goodness knows!; God knows!; the devil (only) knows!; **вам лу́чше з.** you know best; **~́ешь (ли), ~́ете (ли)** (*coll*) you know, do you know what.

знат|ь[2], и (*no pl*) *f* (*collect*) the nobility, the aristocracy.

знать[3] *as pred* (*coll*) evidently, it seems.

зна́|ться, юсь *impf* (**с** + *i*; *coll*) to associate (with).

зна́хар|ка, ки *f of* ⇒**~ь**

зна́хар|ь, я *m* sorcerer, witch doctor; quack (doctor).

зна́ч|ащий *pres participle active of* ⇒**~ить** *and adj* significant, meaningful.

значе́ни|е, я *nt* **1** (*смысл*) meaning, significance. **2** (*важность*) importance, significance; **придава́ть большо́е з.** (+ *d*) to attach great importance (to); **э́то не име́ет ~я** it is of no importance. **3** (*math*) value.

зна́чимост|ь, и *f* significance.

зна́чим|ый (~, ~а) *adj* significant.

зна́чит (*coll*) so, then; well then; **он у́мер до войны́? з., вы не́ были с ним знако́мы** he died before the war? then you didn't know him.

значи́тел|ьный (~ен, ~ьна) *adj* **1** (*большой*) considerable, sizeable; **в ~ьной сте́пени** to a considerable extent. **2** (*важный*) important; **игра́ть ~ьную роль** to play an important part. **3** (*выразительный*) significant, meaningful.

зна́ч|ить, у, ишь *impf* **1** (*иметь смысл*) to mean, signify. **2** (*иметь значение*) to mean, have significance, be of importance; **ничего́ не ~ит** it is of no importance; **э́то о́чень мно́го ~ит для неё** it means a great deal to her.

зна́ч|иться, усь, ишься *impf* to be; to be mentioned, appear; **з. в о́тпуске** to

З

be on leave; **з. в спи́ске** to appear on a list.

знач|о́к, ка́ *m* **1** badge. **2** (*пометка*) mark.

зна́|ющий *pres participle active of* ⇨**~ть**[1] *and adj* expert; learned, erudite.

зноб|и́ть, и́т *impf* (*impers*): **меня́,** *etc.*, **~и́т** I, *etc.*, feel shivery, feverish.

зно|й, я *m* intense heat; sultriness.

зно́|йный (~ен, ~йна) *adj* hot, sultry; torrid; burning (*also fig*).

зоб, а, *pl* **~ы́, ~о́в** *m* **1** (*птицы*) crop, craw. **2** (*med*) goitre (*Br*), goiter (*US*).

зов, а *m* **1** call, summons. **2** (*coll*) (*приглашение*) invitation.

зов|у́, ёшь *see* ⇨**звать**

зодиа́к, а *m* (*astron*) zodiac; **зна́ки ~а** signs of the zodiac.

зодиака́льный *adj* (*astron*) zodiacal, of the zodiac.

зо́дчес|кий *adj of* ⇨**~тво**

зо́дчеств|о, а *nt* architecture.

зо́дч|ий, его *m* architect.

зол[1] *see* ⇨**злой**

зол[2] *g pl of* ⇨**зло**[1]

зол|а́, ы́ (*no pl*) *f* ashes, cinders.

зо́ло́вк|а, и *f* sister-in-law (*husband's sister*).

золота́рник, а *m* (*bot*) goldenrod.

золоти́льщик, а *m* gilder.

золоти́ст|ый (~, ~а) *adj* golden (*of colour*).

золо|ти́ть, чу́, ти́шь *impf* (*of* ⇨**вы́~** *and* ⇨**по~**) to gild.

золо|ти́ться, ти́тся *impf* **1** (*становиться золотистым*) to become golden. **2** (*виднеться*) to shine (*of sth golden*).

зо́лотк|о, а *nt* (*coll*) sweetheart, sweetie(-pie).

золотни́к[1]**, а́** *m* zolotnik (*an old Russian measure of weight, equivalent to 4.26 grams*); **мал з., да до́рог** (*coll*) small but precious.

золотни́к[2]**, а́** *m* (*tech*) slide valve.

зо́лот|о, а *no pl, nt* gold; (*collect*) gold (*coins, ware*); **«бе́лое з.»** 'white gold' (= *cotton*); **«голубо́е з.»** 'blue gold' (= *natural gas*); **«чёрное з.»** 'black gold' (= *oil*); (*fig*): **она́ — настоя́щее з.** she is pure gold, a treasure; **не всё то з., что блести́т** (*proverb*) all that glitters is not gold; **на вес ~а** worth its weight in gold.

золотоволо́с|ый (~, ~а) *adj* golden-haired.

золотоиска́тел|ь, я *m* gold prospector; gold-digger.

золот|о́й *adj* **1** gold; golden (*also fig*); **~ы́х дел ма́стер** goldsmith; **з. песо́к** gold dust; **з. запа́с** (*econ*) gold reserves; **~а́я ры́бка** goldfish; **~о́е руно́** (*myth*) Golden Fleece; **з. век** the Golden Age; **~о́е дно** (*fig*) gold mine; **~а́я молодёжь** gilded youth; **~ы́е ру́ки** skilful fingers; **~а́я середи́на** golden mean. **2** (*coll*) (*дорогой*) invaluable, precious; **мой з.!** my precious! **3** *as n* **з., ~о́го** *m* gold coin.

золотоно́с|ный (~ен, ~на) *adj* gold-bearing; **з. райо́н** goldfield.

золотопромы́шленност|ь, и *f* gold-mining.

золоту́х|а, и *f* (*med*) scrofula.

золоту́шный *adj* (*med*) scrofulous.

золоче́ни|е, я *nt* gilding.

золочёный *adj* gilded, gilt.

Зо́лушк|а, и *f* Cinderella.

зо́льник, а *m* (*tech*) ashpit; ash pan.

зо́н|а, ы *f* **1** zone; area; **з. де́йствий** (*mil*) zone of operations; **з. пораже́ния** (*mil*) area under fire. **2** (*geol*) stratum, layer. **3** (*sl*) (*тюрьма*) prison; (*лагерь*) prison camp.

зона́льный *adj* zone (*attr*); (*характерный для определённой зоны*) regional.

зонд, а *m* **1** (*med*) probe. **2** (*meteorology*) weather balloon.

зонда́ж, а *m* sounding, probing; (*fig*) sounding out.

зонди́р|овать, ую *impf* (*of* ⇨**про~**) (*med and fig*) to sound, probe; **з. по́чву** (*fig*) to explore the ground.

зо́н|ный *adj of* ⇨**~а**; (*railways*) regional.

зонт, а́ *m* **1** umbrella. **2** (*навес*) awning.

зо́нтик, а *m* umbrella; (*от солнца*) sunshade, parasol.

зо́нти|чный *adj of* ⇨**~к**; (*bot*) umbellate, umbelliferous.

зоо... *comb form, abbr of* **зоологи́ческий**

зоо́лог, а *m* zoologist.

зоологи́ческий *adj* **1** zoological; **з. парк, з. сад** zoological garden(s). **2** (*fig*) (*жестокий, грубый*) brutish, bestial.

зооло́ги|я, и *f* zoology.

зоомагази́н, а *m* pet shop.

зоопа́рк, а *m* zoo.

зооте́хник, а *m* livestock specialist.

зооте́хник|а, и *f* animal science.

зоотехни́ческий *adj* (farm) animal research; **з. институ́т** animal research institute.

зоофе́рм|а, ы *f* fur farm.

зо́ри *see* ⇨**заря́**

зо́р|кий (~ок, ~ка́, ~ко) *adj* **1** sharp-sighted. **2** (*fig*) (*проницательный*) perspicacious, penetrating; (*бдительный*) vigilant.

зо́рю *see* ⇨**заря́**

зра́з|ы, ~ *pl* (*sg* (*rare*) **~а, ~ы** *f*) (*cul*) zrazy (*meat cutlets stuffed with rice, buckwheat kasha, etc.*).

зрач|о́к, ка́ *m* pupil (*of the eye*).

зре́лищ|е, а *nt* **1** (*предмет наблюдения*) sight. **2** (*представление*) spectacle; show; pageant.

зре́лищ|ный *adj of* ⇨**~е**; **~ные предприя́тия** places of entertainment.

зре́лост|ь, и *f* (*винограда*) ripeness; (*человека*) maturity (*also fig*); **полова́я з.** puberty; **аттеста́т ~и** school-leaving certificate.

зре́л|ый (~, ~а́, ~о) *adj* (*виноград*) ripe; (*человек*) mature (*also fig*); **дости́гнуть ~ого во́зраста** to reach maturity; **з. ум** mature mind; **по ~ом размышле́нии** on reflection, on second thoughts.

зре́ни|е, я *nt* (eye)sight; **по́ле ~я** (*phys*) field of vision; **обма́н ~я** optical illusion; **то́чка ~я** point of view; **под э́тим угло́м ~я** from this standpoint.

зре|ть[1]**, ю, ешь** *impf of* ⇨**со~**

зреть[2]**, зрю, зришь** *impf* (*of* ⇨**у~**) (*obs*) **1** (*видеть*) to behold. **2** (**на** + *a*) (*смотреть*) to gaze (upon).

зри́м|ый (~, ~а) *ppp of* ⇨**зреть**[2] *and adj* visible.

зри́тел|ь, я *m* **1** spectator; (*in pl*) audience; **10 000 ~ей** an audience of 10,000; (*сторонний наблюдатель*) onlooker; **быть ~ем** to look on; (*теле-, кинозритель*) viewer. **2** (*collect*) audience; **фильм пока́жут широ́кому ~ю** the film will be shown to a wide audience.

зри́тельниц|а, ы *f of* ⇨**зри́тель 1**

зри́тельн|ый *adj* **1** visual; optic; **з. нерв** optic nerve; **~ая труба́** telescope. **2**: **з. зал** hall, auditorium.

зри́тель|ский *adj of* ⇨**~**

зря *adv* (*coll*) to no purpose, for nothing; **болта́ть з.** to chatter idly; **рабо́тать з.** to work in vain.

зря́чий *adj* sighted (*opp blind*).

зуб, а *m* **1** (*pl* **~ы, ~о́в**) (*во рту*) tooth; **з. му́дрости** wisdom tooth; **вооружённый до ~о́в** armed to the teeth; **име́ть з. (про́тив), точи́ть ~ы (на** + *a*; *coll*) to have it in for s.o.; **положи́ть ~ы на по́лку** (*coll*) to tighten one's belt; **не по ~а́м** beyond one's capacity; **э́то пробле́ма мне не по ~а́м** (*coll*) I cannot get my teeth into this problem; **э́то у меня́ в ~а́х навя́зло** (*coll*) it sticks in my gullet, I am sick and tired of it; **у тебя́ з. на́ з. не попада́ет** your teeth are chattering; **~ы заговори́ть** *see* ⇨**заговори́ть**[1]; **держа́ть язы́к за ~а́ми** to hold one's tongue. **2** (*pl* **~ья, ~ьев**) (*зубец*) tooth, cog.

зуба́ст|ый (~, ~а) *adj* (*coll*) sharp-toothed; (*fig*) sharp-tongued.

зуб|е́ц, ца́ *m* tooth, cog; **з. ви́лки** prong.

зуби́л|о, а *nt* (*tech*) chisel.

зу́бно-губно́й *adj* (*ling*) labiodental.

зубн|о́й *adj* **1** dental; **~а́я боль** toothache; **з. врач** dentist; **~а́я па́ста** toothpaste; **з. порошо́к** tooth powder; **~а́я щётка** toothbrush. **2** (*ling*) dental.

зубовраче́бн|ый *adj of* ⇨**зубно́й врач**; **з. кабине́т** dental surgery (*Br*), dentist's office (*US*); **~ая шко́ла** dental school.

зубоврачева́ни|е, я *nt* dentistry.

зуб|о́к, ка́, *pl* **~ки́, ~о́к** *m diminutive of* ⇨**~**; **подари́ть на з.** (*coll*) to bring a present for a (newborn) baby; **попа́сть на з. кому́-н.** (*coll, fig*) to be torn to pieces by s.o.

зубоска́л|ить, ю, ишь *impf* (*coll*) to scoff, mock.

зубоска́льств|о, а *nt* (*coll*) scoffing, mocking.

зуботы́чин|а, ы *f* (*vulg*) sock on the jaw.

зубочи́стк|а, и *f* toothpick.

зубр, а *m* **1** (*zool*) (European) bison. **2** (*fig*) diehard.

зубрёжк|а, и *f* (*coll*) cramming.

зубри́л|а, ы *cg* (*coll*) crammer.

зубр|и́ть[1]**, ю́, ~и́шь** *impf* (*of* ⇨**за~**) to notch, serrate.

зубр|и́ть[2]**, ю́, ~и́шь** *impf* (*of* ⇨**вы́~** *and* ⇨**за~**) (*coll*) to cram.

зубро́вк|а, и *f* **1** (*злак*) sweetgrass, holy grass. **2** (*водка*) zubrovka (*sweetgrass vodka*).

зубча́т|ый *adj* **1** (*tech*) toothed, cogged; **~ая желе́зная доро́га** rack railway; **~ое колесо́** cogwheel; **~ая ре́йка** rack. **2** (*зазубренный*) jagged, indented.

зуд, а *m* itch; (*fig*) itch, urge.

зуд|е́ть, и́т *impf* **1** (*coll*) to itch (*intrans*). **2** (*fig*) to itch, feel an itch (*to do sth*).

зу|ди́ть, жу́, ди́шь *impf* (*coll*) **1** (*надоедать*) to nag at. **2** (*зубрить*) to cram.

зу|ёк, йка́ *m* (*zool*) plover.

зулу́с, а *m* Zulu.

зулу́с|ка, ки *f of* ⇨**~**

зулу́сский *adj* Zulu.

зу́ммер, а *m* (*tech*) buzzer; tone; **з. за́нятости** engaged tone.

зы́б|кий (~ок, ~ка́, ~ко) *adj* (*поверхность*) rippling; (*почва*) unsteady, shaky; (*fig*) unstable, vacillating.

зыбу́ч|ий *adj* unsteady, unstable; **~ие пески́** quicksands.

зыб|ь, и, *pl* **~̂и, ~е́й** *f* (*on water*) ripple; **мёртвая з.** swell.

зы́ч|ный (~ен, ~на) *adj* (*coll*) loud, booming.

зюйд, а *m* (*naut*) **1** (*юг*) south. **2** (*южный ветер*) southerly wind.

зюйдве́стк|а, и *f* sou'wester (hat).

зэк, а *m* (*sl*) prisoner, convict.

зэ́к|овский *adj of* ⇨**~**

зэ́чк|а, и *f of* ⇨**зэк**

зя́б|кий (~ок, ~ка́, ~ко) *adj* sensitive to cold.

зя́б|левый *adj of* ⇨**~ь**; **~левая вспа́шка** autumn ploughing (*Br*), plowing (*US*).

зя́блик, а *m* chaffinch.

зя́б|нуть, ну, нешь, *past* **~, ~ла** *impf* to suffer from cold, feel the cold.

зяб|ь, и *f* (*agric*) land ploughed (*Br*), plowed (*US*) in autumn for spring sowing.

зят|ь, я, *pl* **~ья́, ~ьёв** *m* **1** (*муж дочери*) son-in-law. **2** (*муж сестры; муж сестры мужа*) brother-in-law.

Ии

и[1] *conj* **1** and; **добро́ и зло** good and evil; *indicating temporal sequence*: **я встал и вы́мылся и побри́лся** I got up and washed and shaved; *introducing narrative*: **и наста́ло у́тро** and then came the morning; *emphasizing questions*: **и ра́зве э́то не пра́вда?** and is it not the truth?; *adversative*: **мужчи́на, и пла́чет!** a man, and crying!; **и так да́лее, и про́чее** (*abbr* **и т. д., и пр.**) et cetera, and so on, and so forth.
2: **и… и** both … and; **и тот и друго́й** both.
3 (*тоже*) too; (*with negation*) either; **она́ сказа́ла, что и муж придёт** she said that her husband would come too; **и он не знал** he did not know either.
4 (*даже*) even; **и знатоки́ ошиба́ются** even an expert may be mistaken; **я не мог бы и поду́мать об э́том** I would not (even) think of it.
5 (*emphatic*) (*именно*): **в то́м-то и де́ло** that is the whole point.

и[2] *int* (*expressing disagreement*; *coll*) oh!; **и, по́лно!** that's quite enough!; (*ironical*) you don't say (so)!

ибери́йский *adj* Iberian.

Ибе́ри|я, и *f* Iberia.

и́бис, а *m* (*zool*) ibis.

и́бо *conj* for.

и́в|а, ы *f* willow; **корзи́ночная и.** osier; **плаку́чая и.** weeping willow.

ива́новск|ий *adj only in phr* **во всю ~ую** (*coll*) with all one's might; extremely loudly; **крича́ть во всю ~ую** to shout at the top of one's voice; **скака́ть во всю ~ую** to go hell for leather.

ива́н-ча́й, ива́н-ча́я (*no pl*) *m* (*bot*) rosebay willowherb, fireweed.

ивня́к, а́ (*no pl*) *m* **1** osier bed.
2 (*collect*) osier(s).

и́в|овый *adj of* **⇨~а**

и́волг|а, и *f* (*zool*) oriole.

иври́т, а *m* (modern) Hebrew.

ивуари́|ец, йца *m* Ivorian.

ивуари́|йка, йки *f of* **⇨~ец**

ивуари́йский *adj* Ivorian.

ивуа́рский *adj* = **ивуари́йский**

игл|а́, ы́, *pl* **~ы, ~** *f* **1** (*для шитья*) needle. **2** (*bot*) (*хвойного дерева*) needle; (*шип растения*) thorn, prickle; **ело́вая и.** fir needle. **3** (*zool*) (*ежа, дикобраза*) quill, spine; (*шип рыбы, морского ежа*) spine. **4** (*проигрывателя*) needle, stylus.

игли́ст|ый (~, ~а) *adj* prickly; covered with quills.

иглова́т|ый (~, ~а) *adj* (*coll*) prickly.

иглови́д|ный (~ен, ~на) *adj* needle-shaped.

иглодержа́тел|ь, я *m* needle holder; (*проигрывателя*) cartridge.

иглообра́з|ный (~ен, ~на) *adj* needle-shaped.

иглотерапе́вт, а *m* acupuncturist.

иглотерапи́|я, и *f* acupuncture.

иглоука́лывани|е, я *nt* = **иглотерапи́я**

игнори́р|овать, ую *impf and pf* to ignore; to disregard.

и́г|о, а *nt* yoke (*fig*); **монго́ло-тата́рское и.** (*hist*) the Tatar yoke (*1243–1480*).

иго́лк|а, и *f* needle; **сиде́ть как на ~ах** to be on thorns, on tenterhooks.

иго́лочк|а, и *f diminutive of* **⇨иго́лка**; (*coll*) **оде́тый с ~и** spick and span; **костю́м с ~и** brand-new suit.

иго́льник, а *m* (*футлярчик*) needle case; (*подушечка*) pincushion.

иго́льн|ый *adj of* **⇨игла́**; **~ое ушко́** eye of a needle.

иго́льчат|ый *adj* **1** needle-shaped; **~ые каблуки́** stiletto heels. **2** :**и. при́нтер** (*comput*) dot matrix printer.

иго́рный *adj* playing, gaming; **и. дом** gaming house; **и. прито́н** gambling den; **и. стол** gaming table.

игр|а́, ы́, *pl* **~ы** *f* **1** (*действие*) play, playing; **гря́зная и.** foul play; **у скрипа́чки была́ блестя́щая и.** the violinist's performance was brilliant; **и. све́та на стене́** the play of light on the wall; **и. слов** play upon words; **биржева́я и.** stock exchange speculation; **и. приро́ды** freak, sport of nature.
2 (*занятие*) game; **аза́ртная и.** game of chance; **ко́мнатные ~ы** indoor games, party games; **одино́чные ~ы, ~ы в одино́чном разря́де** (*tennis*) singles; **па́рные ~ы, ~ы в па́рном разря́де** (*tennis*) doubles; **олимпи́йские ~ы** Olympic Games; (*fig*) **опа́сная и.** dangerous game; **и. не сто́ит свеч** the game is not worth the candle; **игра́ть, вести́ большу́ю, кру́пную ~у́** to play for high stakes; **раскры́ть чью-н. ~у́** to uncover s.o.'s game.
3 (*sport, cards*) (*партия*) game (*part of set, match*, etc.); **взять ~у́ при свое́й пода́че** to win one's service.
4 (*cards*) hand; **сдать хоро́шую ~у́** to deal a good hand.
5 (*очередь*) turn (*to play*); **сейча́с твоя́ и.** it is your turn now.

игра́льн|ый *adj* playing; **~ые ка́рты** playing cards; **~ые ко́сти** dice.

и́граный *adj* (*coll*) (already) used.

игра́|ть, ю *impf* (*of* **⇨сыгра́ть**) **1** to play; **и. пье́су** to put on a play; **и. роль** to play a part; **и. Ле́ди Ма́кбет** to play, take the part of, Lady Macbeth; **э́то не ~ет ро́ли** it is of no importance, it does not signify; **и. симфо́нию** to play a symphony; **и. пе́рвую, втору́ю скри́пку** (*fig*) to play first, second fiddle; **и. кому́-н. на́ руку** (*fig*) to play into s.o.'s hands; **и. глаза́ми** to flash one's eyes; **и. слова́ми** to play upon words; **и. ферзём** to move the queen (*at chess*); **и. в ка́рты, те́ннис, футбо́л, ша́хматы** *и т. п.* to play cards, tennis, football, chess, *etc.*; **и. в зага́дки** to talk in riddles; **и. в пря́тки** to play hide-and-seek; (*fig*) to be secretive; **и. в скро́мность** to feign modesty; **и. на роя́ле, скри́пке** *и т. п.* to play the piano, the violin, *etc.*; **и. на билья́рде** to play billiards; **и. на би́рже** to speculate on the Stock Exchange; **и. на** (+ *p*) to play on (*fig*); **и. на чу́вствах толпы́** to play on the emotions of a crowd.
2 (*impf only*) (+ *i or* **с** + *i*) (*относиться несерьёзно*) to play with, toy with, trifle with (*also fig*); **и. чьи́ми-н. чу́вствами** to trifle with s.o.; **и. с огнём** (*fig*) to play with fire.
3 (*impf only*) (*сверкать*) to play; to sparkle (*of wine, jewellery, etc.*); **улы́бка ~ла на её лице́** a smile played on her face.

игра́ючи *adv* (*coll*) effortlessly; with one's eyes closed.

игра́|ющий *pres participle active of* **⇨~ть**; *as n* **и., ~ющего** *m* player.

и́грек, а *m* (*the letter*) y; (*math*) y (*second unknown quantity*).

игре́невый *adj* (*масть лошади*: *рыжая со светлой гривой и хвостом*) (*светло-и.*) ≈ palomino; (*тёмно-и.*) chocolate palomino.

игри́в|ый (~, ~а) *adj* playful; (*coll*) naughty, ribald.

игри́ст|ый (~, ~а) *adj* sparkling (*of wine*).

игр|ово́й *adj of* **⇨~а́**; **и. автома́т** one-armed bandit, fruit machine (*Br*).

игро́к, а́ *m* **1** (**в** + *a*, **на** + *p*) player (of); **хоро́ший и. на балала́йке** a good balalaika player. **2** (*в азартные игры*) gambler.

игроте́к|а, и *f* (*собрание игр*) compendium (*Br*), collection of children's games; (*комната*) games room.

игру́шечный *adj* **1** toy; **и. парово́з** toy engine. **2** (*coll*) (*очень маленький*) tiny.

игру́шк|а, и *f* toy; (*fig*) plaything; **ёлочные ~и** Christmas tree decorations.

игуа́н|а, ы *f* (*zool*) iguana.
игу́мен, а *m* (*eccl*) Father Superior (*of monastery*).
игу́мен|ья, ьи, *g pl* **~ий** *f* (*eccl*) Mother Superior (*of a convent*).
идеа́л, а *m* ideal.
идеализи́р|овать, ую *impf and pf* to idealize.
идеали́зм, а *m* idealism.
идеали́ст, а *m* idealist.
идеалисти́ческий *adj* (*philos*) idealist(ic).
идеалисти́ч|ный (~ен, ~на) *adj* idealistic.
идеа́л|ьный (~ен, ~ьна) *adj* **1** (*philos*) ideal. **2** (*coll*) ideal, perfect; **~ьное состоя́ние** perfect *or* mint condition.
иде́йк|а, и *f* (*pej*) *diminutive of* **⇨иде́я**
иде́йност|ь, и *f* **1** ideological content. **2** (*прогрессивность*) 'progressive' character. **3** (*принципиальность*) principle, integrity.
иде́|йный (~ен, ~йна) *adj* **1** (*идеологический*) ideological. **2** (*преданный какой-н. идее*) expressing an idea *or* ideas; committed, engagé; **~йная пье́са** play of ideas. **3** (*прогрессивный*) 'progressive'; **~йное иску́сство** 'progressive' art. **4** (*принципиальный*) high-principled, acting on principle.
идентифика́ци|я, и *f* identification.
идентифици́р|овать, ую *impf and pf* to identify.
иденти́чност|ь, и *f* identity.
иденти́ч|ный (~ен, ~на) *adj* identical.
идеогра́мм|а, ы *f* (*ling*) ideogram.
идеогра́фи|я, и *f* (*ling*) ideography.
идео́лог, а *m* ideologist.
идеологи́ческий *adj* ideological.
идеоло́ги|я, и *f* ideology.
идёт (*3rd pers sg pres of* **⇨идти́**) *as int* (*coll*) (all) right!
иде́|я, и *f* **1** idea (*also coll*); notion, concept; (*philos*) Idea; **боро́ться за ~ю** to fight for an idea; **~я-фикс, навя́зчивая и.** obsession, idée fixe; **счастли́вая и.** happy thought. **2** (*главная мысль*) point, purport (*of a work of art*); **по ~е** (*coll*) in principle.
идилли́ческий *adj* idyllic.
иди́лли|я, и *f* idyll (*literary and fig*).
идио́м|а, ы *f* idiom.
идиома́тик|а, и *f* (*ling*) **1** (*учение об идиомах*) study of idiom(s). **2** (*collect*) idiom, idiomatic expressions.
идиомати́ческий *adj* idiomatic.
идиосинкрази́|я, и *f* (*med*) allergy.
идио́т, а *m* **1** (*coll*) idiot, imbecile. **2** (*med*) mentally handicapped person.
идиоти́зм, а *m* **1** (*coll*) idiocy, imbecility. **2** (*med*) mental handicap.
идиоти́ческий *adj* **1** (*med*) mentally handicapped. **2** (*coll, rare or emphatic*) idiotic, imbecile.
идио́т|ка, ки *f of* **⇨~ 1**
идио́тский *adj* (*coll*) idiotic, imbecile.
и́диш *m indecl* Yiddish (*language*).
и́дол, а *m* idol (*also fig*); **стоя́ть, сиде́ть ~ом** to stand, sit like a stuffed dummy.
идолопокло́нник, а *m* idolater.
идолопокло́ннический *adj* idolatrous.
идолопокло́нств|о, а *nt* idolatry.
ид|ти́, у́, ёшь, *past* **шёл, шла** *impf* (*of* **⇨пойти́ 1**; *det of* **⇨ходи́ть**) **1** to go; (*impf only*) (*приближаться*) to come; **и. в го́ру** to go uphill; **авто́бус ~ёт** the bus is coming; **кто ~ёт?** who goes there?; **и. гуля́ть** to go for a walk; **и. в прода́жу** to go for sale, be up for sale; **и. в но́гу** to keep in step (*also fig*); **и. на охо́ту** to go hunting; **и. на сме́ну** (+ *d*) to take the place (of), succeed.
2 (**на** + *a*) (*поступать*) to enter; (**в** + *nom-a*) to become; **и. на госуда́рственную слу́жбу** to enter Government service; **и. в лётчики** to become an airman.
3 (**в** + *a*) (*использоваться*) to be used (for); (**на** + *a*) to go to make; **и. в корм** to be used for fodder; **и. в лом** to go for scrap; **и. на ю́бку** to go to make a skirt.
4 (**из, от** + *g*) (*о дыме, воде*) to come (from), proceed (from); **из трубы́ шёл чёрный дым** black smoke was coming from the chimney.
5 (*о новостях*) to go round; **шла молва́, что...** word went round that ..., rumour (*Br*), rumor (*US*) had it that ... .
6 (*coll*) (*находить сбыт*) to sell, be sold; **хорошо́ и.** to be selling well; **и. за бесцено́к** to go for a song.
7 (*о механизме*) to go, run, work.
8 (*о дожде, снеге*) to fall; **дождь, снег ~ёт** it is raining, snowing.
9 (*о времени*) to pass; **шли го́ды** years passed; **ей ~ёт тридца́тый год** she is in her thirtieth year.
10 (*происходить*) to go on, be in progress; (*о спектакле*) to be on, be showing; **перегово́ры ~у́т** talks are in progress; **сего́дня ~ёт «Дя́дя Ва́ня»** 'Uncle Vanya' is on today.
11 (+ *d or* **к** + *d*) (*быть к лицу*) to suit, become; **э́та шля́па ей не ~ёт** this hat does not become her.
12 (**в, на** + *a*; *coll*) (*о гвозде; о сапоге*) to go (in, on).
13 (+ *i* or **с** + *g*) (*делать ход в игре*) to play, lead, move (*at chess, cards, etc.*); **и. ферзём** to move one's queen; **и. с черве́й** to lead a heart.
14 (**о** + *p*) (*о разговоре*) to be (about); **де́ло ~ёт, речь ~ёт о том, что...** the point is that ..., it is a matter of ... .
и́д|ы, ~ (*no sg*) (*hist*) Ides.
иегови́ст, а *m* (*relig*) Jehovah's Witness.
Иезеки́ил|ь, я *m* (*bibl*) Ezekiel.
иезуи́т, а *m* (*eccl*) Jesuit.
иезуи́тский *adj* (*eccl*) Jesuit; (*fig*) Jesuitical.
ие́н|а, ы *f* yen (*Japanese currency*).
иера́рх, а *m* hierarch.
иерархи́ческий *adj* hierarchic(al).
иера́рхи|я, и *f* hierarchy.
иере́|й, я *m* priest.
Иереми́|я, и *m* (*bibl*) Jeremiah.
иеро́глиф, а *m* (*египетский*) hieroglyph; (*китайский, японский*) character.
иероглифи́ческий *adj* hieroglyphic.
иеромона́х *m* (*eccl*) father (*priest in monastic order, as opposed to lay brother*).
Иерусали́м, а *m* Jerusalem.
иждиве́н|ец, ца *m* dependant; (*нахлебник*) sponger.
иждиве́ни|е, я *nt* maintenance; **на чьём-н. ~и** at s.o.'s expense.
иждиве́н|ка, ки *f of* **⇨~ец**
иждиве́нчеств|о, а *nt* dependence.
и́же *rel pron*: **и и́же с ним(и)** (*literary*) (and others) of that ilk, and company.
и́жиц|а, ы *f* 'izhitsa' (*the last letter of the Church Slavonic and pre-1918 Russian alphabet*); **прописа́ть ~у** (+ *d*) (*obs or joc*) to lecture, bring to book.
из (изо) *prep* + *g* from, out of; of.
1 (*обозначает источник действия*): **прие́хать из Ло́ндона** to come from London; **пить из ча́шки** to drink out of a cup; **узна́ть из газе́т** to learn from the newspapers; **из достове́рных исто́чников** from reliable sources, on good authority; **вы́йти из себя́** to be beside o.s.; **вы́йти из употребле́ния** to pass out of use, become obsolete; **он из крестья́н** he is of peasant origin.
2 (*обозначает часть целого*): **оди́н из её покло́нников** one of her admirers; **ни оди́н из ста** not one in a hundred; **мла́дший из всех** the youngest of all; **главне́йшие собы́тия из исто́рии Росси́и** the principal events in the history of Russia.
3 (*обозначает состав, компоненты*): **из чего́ э́то сде́лано?** what is it made of?; **варе́нье из абрико́сов** apricot jam; **обе́д из трёх блюд** a three-course dinner; **ло́жки из серебра́** silver spoons; **буке́т из кра́сных гвозди́к** bouquet of red carnations; (*fig*; *of human potential*) **из него́ вы́йдет хоро́ший труба́ч** he will make a good trumpet player.
4 (*обозначает средство*): **изо всех сил** with all one's might; **из после́дних средств** with one's last penny.
5 (*обозначает причину*): **из благода́рности** in gratitude; **из ли́чных вы́год** for private gain; **из ре́вности** from jealousy; **мно́го шу́му из ничего́** a lot of fuss about nothing.
из... (*also* **изо..., изъ...** *and* **ис...**) *vbl pref indicating*: **1** motion outwards. **2** action over entire surface of object, in all directions. **3** expenditure of instrument *or* object in course of action; continuation *or* repetition of action to extreme point; exhaustiveness of action.
изб|а́, ы́, *a* **~́у,** *pl* **~́ы** *f* izba (*a peasant's hut or cottage*).
избави́тел|ь, я *m* deliverer.
избави́тель|ница, ~ницы *f of* **⇨~**
изба́в|ить, лю, ишь *pf* (*of* **⇨~ля́ть**) (**от** + *g*) to save, deliver (from); **~ьте меня́ от ва́ших замеча́ний** spare me your remarks; **~ьте меня́!** leave me alone!; **~и бог!** God forbid!
изба́в|иться, люсь, ишься *pf* (*of* **⇨~ля́ться**) (**от** + *g*) to be saved (from), escape; to get out (of); to get rid (of); **и. от привы́чки** to get out of a habit.
избавле́ни|е, я *nt* deliverance.
избавля́|ть(ся), ю(сь) *impf of* **⇨изба́вить(ся)**

избало́ванный *ppp of* **⇒избалова́ть** *and adj* spoilt.

избал|ова́ть, у́ю *pf* (*of* **⇒балова́ть** *and* **⇒~о́вывать**) to spoil (*a child, etc.*).

избал|ова́ться, у́юсь *pf* (*of* **⇒~о́вываться**) to become spoilt.

избало́выва|ть(ся), ю(сь) *impf of* **⇒избалова́ть(ся)**

избе́га|ть, ю *pf* (*coll*) to run about, run all over.

избег|а́ть, а́ю *impf* (*of* **⇒~́нуть** *and* **⇒избежа́ть**) (+ *g or inf*) (*сторониться*) to avoid; (*избавляться*) to escape, evade; **и. встреча́ться с кем-н.** to avoid meeting s.o.; **и. штра́фа** to evade a penalty.

избе́га|ться, юсь *pf* (*coll*) to exhaust o.s. by running (about).

избе́г|нуть, ну, нешь, *past* **~нул** *and* **~, ~ла** *pf of* **⇒~а́ть**

избежа́ни|е, я *nt*: **во и.** (+ *g*) in order to avoid.

избе|жа́ть, гу́, жи́шь, гу́т *pf of* **⇒~га́ть**

избива́|ть, ю *impf of* **⇒изби́ть**

избие́ни|е, я *nt* **1** (*убийство*) slaughter, massacre; **и. младе́нцев** (*bibl; also fig of persecutions*) Massacre of the Innocents. **2** (*law*) assault and battery; **и. ге́ев** gay-bashing.

избира́тел|ь, я *m* elector, voter; **колеблющийся и.** floating voter.

избира́тельност|ь, и *f* (*radio*) selectivity.

избира́тельн|ый *adj* **1** electoral; **и. бюллете́нь** voting paper; **~ая кампа́ния** election campaign; **и. о́круг** electoral district; **~ое пра́во** suffrage; franchise; **и. спи́сок** electoral; roll, register of voters; **~ая у́рна** ballot box; **и. уча́сток** polling station; **и. ценз** voting qualification. **2** (*tech*) selective.

избира́|ть, ю *impf of* **⇒избра́ть**

изби́т|ый *ppp of* **⇒~ь** *and adj*; (*fig*) hackneyed, trite.

из|би́ть, обью́, обьёшь *pf* (*of* **⇒~бива́ть**) **1** (*человека*) to beat unmercifully, beat up. **2** (*coll*) (*дорогу, обувь*) to wear out, ruin.

изболе́|ть(ся), ю(сь) *pf* (*coll*) to be in torment.

избо́рник, а *m* (*hist, literary*) miscellany, anthology.

избороз|ди́ть, жу́, ди́шь *pf of* **⇒борозди́ть**

избоче́н|иваться, иваюсь *impf of* **⇒~иться**

избоче́н|иться, юсь, ишься *pf* (*of* **⇒~иваться**) (*coll*) to stand in a challenging pose (with one hip forward and one hand on it).

избра́ни|е, я *nt* election.

избра́нник, а *m* (*rhetorical*) chosen one.

избра́нн|ица, ицы *f of* **⇒~ик**

и́збран|ный *ppp of* **⇒избра́ть** *and adj* **1** (*отобранный*) selected; **~ные сочине́ния Пу́шкина** selected works of Pushkin; **вновь и. ...** elect; **вновь и. президе́нт** president elect. **2** (*лучший*) select; *as n* **~ные, ~ных** (*no sg*) elite.

из|бра́ть, беру́, берёшь, *past* **~бра́л, ~брала́, ~бра́ло** *pf* (*of* **⇒~бира́ть**) (+ *a and i*) to elect (as, for); to choose; **его́ ~бра́ли чле́ном парла́мента** he has been elected a Member of Parliament.

избу́шк|а, и *f diminutive of* **⇒изба́**

избы́т|ок, ка *m* (*излишек*) surplus, excess; (*обилие*) abundance, plenty; **в ~ке** in plenty; **от ~ка се́рдца, от ~ка чувств** from a fullness of heart.

избы́точ|ный (~ен, ~на) *adj* **1** (*излишний*) surplus. **2** (*обильный*) abundant, plentiful.

изваяни|е, я *nt* statue, sculpture; graven image.

изва́я|ть, ю *pf of* **⇒вая́ть**

изве́д|ать, аю *pf* (*of* **⇒~ывать**) to come to know, learn the meaning of; **и. го́ре** to taste grief.

изве́дыва|ть, ю *impf of* **⇒изве́дать**

изве́ка *adv* (*obs*) of old.

и́зверг, а *m* monster, fiend.

изверг|а́ть, а́ю *impf* (*of* **⇒~́нуть**) to spew out, disgorge; (*fig*) to eject, expel.

изверг|а́ться, а́юсь *impf* (*of* **⇒~́нуться**) **1** (**~а́ется**) to erupt (*of volcanoes*). **2** *passive of* **⇒~а́ть**

изве́рг|нуть(ся), ну(сь), нешь(ся), *past* **~(ся)** *and* **~нул(ся), ~ла(сь)** *pf of* **⇒~а́ть(ся)**

изверже́ни|е, я *nt* **1** (*вулкана*) eruption. **2** (*fig*) ejection, expulsion.

изве́рженный *ppp of* **⇒изве́ргнуть** *and adj* (*geol*) igneous, volcanic.

изве́рива|ться, юсь *impf of* **⇒изве́риться**

изве́р|иться, юсь, ишься *pf* (*of* **⇒~иваться**) (**в** + *a or p*) to lose faith (in), lose confidence (in); **и. в люде́й, и. в лю́дях** to lose faith in people.

извер|ну́ться, ну́сь, нёшься *pf* (*of* **⇒~́тываться** *and* **⇒изворачиваться**) (*coll*) to dodge, take evasive action (*also fig*); **и. при отве́те** to give an evasive answer.

извер|те́ться, чу́сь, ~́тишься *pf* (*coll*) (*стать ветреным*) to become flighty; (*стать непоседливым*) to become restless; (*стать непослушным*) to go to the bad.

извёртыва|ться, юсь *impf of* **⇒изверну́ться**

изве|сти́, ду́, дёшь, *past* **~́л, ~ла́** *pf* (*of* **⇒изводи́ть**) (*coll*) **1** (*истратить*) to spend, use up; to waste. **2** (*погубить*) to destroy, exterminate. **3** (*измучить*) to vex, exasperate; to torment.

изве́сти|е, я *nt* **1** (**о** + *p*) news (of); **после́дние ~я** the latest news. **2** (*in pl*) (*название издания*) proceedings, transactions; **~я Акаде́мии нау́к** Proceedings of the Academy of Sciences.

изве|сти́сь, ду́сь, дёшься, *past* **~́лся, ~ла́сь** *pf* (*of* **⇒изводи́ться**) (*coll*) **1** (*измучиться*) to consume o.s., eat one's heart out; to exhaust o.s., wear o.s. out; **и. от за́висти** to consume o.s. with envy. **2** (*исчезнуть*) to perish, disappear.

изве|сти́ть, щу́, сти́шь *pf* (*of* **⇒~ща́ть**) to inform, notify; **она́ никого́ не извести́ла о своём прие́зде** she told nobody about her arrival.

извёстк|а, и *f* (slaked) lime.

известк|ова́ть, у́ю *impf and pf* (*agric*) to lime.

известко́вый *adj of* **⇒и́звесть**

изве́стно 1 *as pred* it is (well) known; **как и.** as is well known; **наско́лько мне и.** as far as I know. **2** (*as particle; coll*) (*конечно*) of course, certainly.

изве́стност|ь, и *f* **1** (*слава*) fame, reputation; (*лгуна, преступника*) notoriety; **приноси́ть и.** (+ *d*) to bring fame (to); **по́льзоваться гро́мкой ~ью** to be far-famed; **привести́ в и.** to make known, make public; **поста́вить кого́-н. в и.** to inform, notify. **2** (*coll*) (*человек*) celebrity, prominent figure.

изве́ст|ный (~ен, ~на) *adj* **1** (+ *d*) well-known (to); (+ *i*) (well-)known (for); (**за** + *a*) (well-)known (as); **он ~ен свое́й бо́дростью** he is well known for his cheerfulness; **челове́к, и. как пья́ница** a well-known drunkard. **2** (*лгун, преступник*) infamous, notorious. **3** (*некоторый*) (a) certain; **~ным о́бразом** in a certain way; **в ~ных слу́чаях** in certain cases; **до ~ной сте́пени, в ~ной ме́ре** to a certain extent.

известня́к, а́ *m* limestone.

известняко́вый *adj* limestone.

и́звест|ь, и *f* lime; **гашёная и.** slaked lime; **негашёная и.** quicklime; **хло́рная и.** chloride of lime; **раство́р ~и** mortar, grout; (*для побелки*) whitewash.

извetша́лый *adj* (*obs*) dilapidated.

извetша́|ть, ет *pf* (*obs*) to become completely dilapidated.

изве́ч|ный (~ен, ~на) *adj* age-old, ancient.

извеща́|ть, ю *impf of* **⇒извести́ть**

извеще́ни|е, я *nt* notification, notice; (*comm*) advice.

изви́в, а *m* bend.

извива́|ть, ю *impf of* **⇒изви́ть**

извива́|ться, юсь *impf* (*of* **⇒изви́ться**) **1** (*о змее, канате*) to coil (*intrans*); (*о черве*) to wriggle. **2** (*impf only*) (*о дороге, реке*) to twist, wind (*intrans*); to meander.

изви́лин|а, ы *f* bend, twist; **~ы мо́зга** (*anat*) convolutions of the brain.

изви́лист|ый (~, ~а) *adj* winding, twisting, tortuous.

извине́ни|е, я *nt* **1** (*оправдание*) excuse. **2** (*просьба о прощении*) apology; **приня́ть ~я** to accept an apology. **3** (*прощение*) pardon; **прошу́ ~я** I beg your pardon, I apologize.

извини́тел|ьный (~ен, ~ьна) *adj* **1** (*простительный*) excusable, pardonable. **2** (*выражающий извинение*) apologetic.

извин|и́ть, ю́, и́шь *pf* (*of* **⇒~я́ть**) **1** (*простить*) to excuse; **~и́те (меня́)!** I beg your pardon; excuse me!; (I'm) sorry!; **~и́те, что я опозда́л** sorry I'm late; **прошу́ и. меня́ за беста́ктное замеча́ние** I apologize for my tactless remark; **~и́те за выраже́ние** (*coll*) if you will excuse the expression; **уж ~и́(те)!** (*coll; expressing disagreement*) excuse me! **2** (*оправдать*) to excuse; **это**

ничём нельзя́ и. this is inexcusable.

извин|и́ться, ю́сь, и́шься *pf* (*of* ⇒**~я́ться**) **1** (**пе́ред** + *i*) (*попросить прощения*) to apologize (to); **~и́тесь за меня́** present my apologies, make my excuses. **2** (+ *i*) (*оправдаться*) to excuse o.s. (on account of, on the ground of); to make excuses.

извин|я́ть, я́ю *impf of* ⇒**~и́ть**

извин|я́ться, я́юсь *impf of* ⇒**~и́ться**; **~я́юсь** (*coll*) I apologize; (I'm) sorry!

извиня́|ющийся *pres participle of* ⇒**~ться** *and adj* apologetic.

из|ви́ть, овью́, овьёшь, *past* **~ви́л, ~вила́, ~ви́ло** *pf* (*of* ⇒**~вива́ть**) to coil, twist, wind (*trans*).

из|ви́ться, овью́сь, овьёшься, *past* **~ви́лся, ~вила́сь** *pf of* ⇒**~вива́ться**

извлека́|ть(ся), ю *impf of* ⇒**извле́чь(ся)**

извлече́ни|е, я *nt* **1** (*действие*) extraction. **2** (*выдержка*) extract, excerpt.

извле́|чь, ку́, чёшь, ку́т, *past* **~̈к, ~кла́** *pf* (*of* ⇒**~ка́ть**) to extract; (*fig*) to derive, elicit; **и. уро́к** (**из** + *g*) to learn a lesson (from); **и. по́льзу, удово́льствие** (**из** + *g*) to derive benefit, pleasure (from); **и. ко́рень** (*math*) to find the root.

извле́|чься, чётся, ку́тся, *past* **~̈кся, ~кла́сь** *pf* (*of* ⇒**~ка́ться**) to be extracted; to come out.

извне́ *adv* from without.

изво|ди́ть(ся), жу́(сь), ~́дишь(ся) *impf of* ⇒**извести́(сь)**

изво|зи́ть, жу́, ~́зишь *pf*: **и. в грязи́** (*coll*) to drag through the mud.

изво́зчик, а *m* **1** (*кучер*) carrier; (**легково́й**) **и.** cabman, cabby; (**ломово́й**) **и.** carter, drayman. **2** (*coll*) (*экипаж*) cab; **е́хать на ~е** to go in a cab.

изво́л|ить, ю, ишь *impf* (+ *inf*; *expressing ironical disapproval*) to deign, be pleased; **ба́рин ~ит спать** the master is asleep; **а как вы ~ите пожива́ть?** and, pray, how are you?; **~ь(те)** kindly, please be good enough; **~ьте молча́ть!** kindly be quiet!

извора́чива|ться, юсь *impf of* ⇒**изверну́ться**

изворо́т, а *m* **1** (*поворот*) bend, twist. **2** (*in pl*; *fig*) (*уловки*) tricks, wiles.

изворо́тист|ый (~, ~а) *adj* (*coll*) = **изворо́тливый**

изворо́тлив|ый (~, ~а) *adj* (*спорщик, ум*) versatile, resourceful; (*человек*) wily, shrewd.

извра|ти́ть, щу́, ти́шь *pf* (*of* ⇒**~ща́ть**) **1** (*испортить*) to pervert. **2** (*ложно истолковать*) to misinterpret, misconstrue; **и. и́стину** to distort the truth; **и. чью-н. мысль** to misinterpret s.o.

извраща́|ть, ю *impf of* ⇒**изврати́ть**

извраще́н|ец, ца *m* pervert.

извраще́ни|е, я *nt* **1** (*ненормальность*) perversion. **2** (*искажение*) misinterpretation, distortion (*fig*).

извращённый *ppp of* ⇒**изврати́ть** *and adj* perverted; unnatural.

изга́|дить, жу, дишь *pf* (*of* ⇒**~жива́ть**) (*coll*) **1** (*испачкать*) to make dirty, soil. **2** (*fig*) (*испортить*) to make a mess of.

изга́|диться, жусь, дишься *pf* (*of* ⇒**~жива́ться**) (*coll*) (*о погоде*) to turn nasty; (*о ребёнке, о деле*) to go to the bad; to be ruined.

изга́жива|ть(ся), ю(сь) *impf of* ⇒**изга́дить(ся)**

изги́б, а *m* bend, twist.

изгиба́|ть(ся), ю(сь) *impf of* ⇒**изогну́ть(ся)**

изгла́|дить, жу, дишь *pf* (*of* ⇒**~жива́ть**) to efface, wipe out (*also fig*); **и. из па́мяти** to blot out of one's memory.

изгла́жива|ть, ю *impf of* ⇒**изгла́дить**

изгна́ни|е, я *nt* **1** (*действие*) banishment; expulsion. **2** (*ссылка*) exile.

изгна́нник, а *m* exile (*person*).

из|гна́ть, гоню́, го́нишь, *past* **~гна́л, ~гнала́, ~гна́ло** *pf* (*of* ⇒**~гоня́ть**) to banish, expel; (*сослать*) to exile; **и. из употребле́ния** to prohibit the use of, ban.

изго́|й, я *m* outcast.

изголо́вь|е, я *nt* head of the bed; **сиде́ть у ~я** to sit at the bedside; **служи́ть ~ем** to serve as a pillow.

изголода́|ться, юсь *pf* **1** to be famished, starve. **2** (**по** + *d*) (*fig*) to yearn for.

из|гоню́, го́нишь *see* ⇒**~гна́ть**

изгоня́|ть, ю *impf of* ⇒**изгна́ть**

изго́рб|иться, люсь, ишься *pf* (*coll*) to arch one's back.

и́згород|ь, и *f* fence; **жива́я и.** hedge.

изгота́влива|ть, ю *impf* = **изготовля́ть**

изготови́тел|ь, я *m* manufacturer, producer.

изгото́в|ить, лю, ишь *pf* (*of* ⇒**~ля́ть**) **1** to manufacture. **2** (*obs*) (*приготовить*) to prepare.

изгото́в|иться, люсь, ишься *pf* (*of* ⇒**~ля́ться**) to get ready, prepare o.s.

изгото́в|ка, ки *f* = **~ле́ние**; **взять ружьё на ~ку** (*mil*) to come to the ready.

изготовле́ни|е, я *nt* manufacture.

изготовля́|ть(ся), ю(сь) *impf of* ⇒**изгото́вить(ся)**

изгрыз|а́ть, а́ю *impf of* ⇒**~́ть**

изгры́з|ть, у́, ёшь *past* **~, ~ла** *pf* (*of* ⇒**~а́ть**) to gnaw to shreds.

изда|ва́ть, ю́, ёшь, *impf of* ⇒**~́ть**

изда|ва́ться, ю́сь, ёшься *impf of* ⇒**~́ться**

и́здавна *adv* for a long time; from time immemorial.

издал|ека́ (*more rarely* **~ёка** (*coll*)) *adv* from afar; from a distance; **го́род ви́ден и.** the town is visible from afar; **прие́хать и.** to come from a distance; **говори́ть и.** (*coll*) to speak in a roundabout way.

и́здал|и *adv* = **~ека́**

изда́ни|е, я *nt* **1** (*книг*) publication; (*закона*) promulgation. **2** (*то, что издано*) edition; **пе́рвое и.** first edition; **испра́вленное и.** revised edition; **репри́нтное и.** reprint.

изда́тел|ь, я *m* publisher.

изда́тель|ский *adj of* ⇒**~** *and* ⇒**~ство**; **~ское де́ло** publishing; **~ская фи́рма** publishing house.

изда́тельств|о, а *nt* publishing house, publisher.

изда́|ть, м, шь, ст, ди́м, ди́те, ду́т, *past* **~л, ~ла́, ~ло** *pf* (*of* ⇒**~ва́ть**) **1** (*опубликовать*) to publish; **и. зако́н** to promulgate a law; **и. ука́з** to issue an edict. **2** (*запах*) to produce, emit; (*звук*) to let out; **и. крик** to let out a cry.

изда́|ться, мся, шься, стся, ди́мся, ди́тесь, ду́тся, *past* **~лся, ~ла́сь, ~лось** *pf* (*of* ⇒**издава́ться**) to be published.

изд-во (*abbr of* **изда́тельство**) publishing house.

издева́тельский *adj* mocking.

издева́тельств|о, а *nt* (*действие*) mockery; (*насмешка*) taunt, insult.

издева́|ться, юсь *impf* (**над** + *i*) to mock (at), scoff (at).

издёвк|а, и *f* (*coll*) taunt, insult.

изде́ли|е, я *nt* **1** (*sg only*) (*производство*) make; **куста́рного ~я** handmade; **фа́бричного ~я** factory-made. **2** (*предмет*) (manufactured) article; (*in pl*) wares.

издёрган|ный *ppp of* ⇒**издёргать** *and adj* harassed; **~ные не́рвы** shattered nerves.

издёрг|ать, аю *pf* (*of* ⇒**~ивать**) (*coll*) to harass; to overstrain.

издёрг|аться, аюсь *pf* (*of* ⇒**~иваться**) (*coll*) to become overwrought, become unhinged.

издёргива|ть(ся), ю(сь) *impf of* ⇒**издёргать(ся)**

издерж|а́ть, у́, ~́ишь *pf* (*of* ⇒**~́ивать**) (*деньги*) to spend; (*энергию*) to expend.

издерж|а́ться, у́сь, ~и́шься *pf* (*of* ⇒**~́иваться**) (*coll*) to have spent all one's money.

изде́ржива|ть(ся), ю(сь) *impf of* ⇒**издержа́ть(ся)**

изде́рж|ки, ек *pl* (*sg* **~ка, ~ки** *f*) expenses; costs; **суде́бные и.** (*law*) costs; **и. произво́дства** production costs.

издира́|ть, ю *impf of* ⇒**изодра́ть**

издо́льщин|а, ы *f* (*hist, econ*) sharecropping.

издо́х|нуть, ну, нешь *past* **~, ~ла** *pf* (*of* ⇒**до́хнуть**, ⇒**издыха́ть**) (*о животных*) to die (*of animals*).

издре́вле *adv* from the earliest times.

издроб|и́ть, лю́, и́шь *pf* to pulverize, granulate.

издыха́ни|е, я *nt* (one's) last breath; **до после́днего ~я** to one's last breath; **при после́днем ~и** at one's last gasp.

издыха́|ть, ю *impf of* ⇒**издо́хнуть**

изжа́р|ить(ся), ю(сь), ишь(ся) *pf of* ⇒**жа́рить(ся)**

изжёванный *ppp of* ⇒**изжева́ть** *and adj* (*coll*) **1** (*пальто*) crumpled.

2 (*fig*) (*тема*) hackneyed.

изж|ева́ть, ую́, уёшь *pf* (*of* **⇒~ёвывать**) (*coll*) to chew up.

изжёвыва|ть, ю *impf of* **⇒изжева́ть**

и́зжелта- *comb form* yellowish-.

из|же́чь, ожгу́, ожжёшь, ожгу́т, *past* **~жёг, ~ожгла́** *pf* (*of* **⇒~жига́ть**) (*coll*) **1** (*руки*) to burn all over; (*фартук*) to burn holes in. **2** (*топливо*) to use up.

из|же́чься, ожгу́сь, ожжёшься, ожгу́тся, *past* **~жёгся, ~ожгла́сь** *pf* (*of* **⇒~жига́ться**) (*coll*) **1** to burn o.s. all over; to be covered with burns; **но́ги у неё ~ожгли́сь от кислоты́** her legs were all covered with burns from the acid. **2** (*о топливе*) to be burned up, be used up.

изжива́|ть, ю *impf of* **⇒изжи́ть**

изжига́|ть(ся), ю(сь) *impf of* **⇒изже́чь(ся)**

изжи́тие|е, я *nt* elimination.

изжи́|ть, ву́, вёшь, *past* **~л, ~ла́, ~ло** *pf* (*of* **⇒~ва́ть**) **1** (*искоренить*) to eliminate. **2**: **и. себя́** to become obsolete.

изжо́г|а, и *f* heartburn.

из-за *prep + g* **1** from behind; **из-за две́ри** from behind the door; **встать из-за стола́** to rise from the table; **прие́хать из-за мо́ря** to come from oversea(s); (*fig*): **спле́тничать о ком-н. из-за угла́** to gossip about s.o. behind his back. **2** (*по причине*) because of, through; **не засыпа́ть из-за шу́ма** to be unable to get to sleep because of the noise; **ссо́риться из-за пустяко́в** to fall out over trifles; **то́лько из-за тебя́ мы опозда́ли** it was all because of you that we were late. **3** (*ради*) for; **жени́ться из-за де́нег** to marry for money.

изzя́б|нуть, ну, нешь, *past* **~, ~ла** *pf* (*coll*) to feel frozen, feel chilled to the marrow.

излага́|ть, ю *impf of* **⇒изложи́ть**

изла́мыва|ть(ся), ю(сь) *impf of* **⇒изломáть(ся)**

изле́нива|ться, юсь *impf of* **⇒излени́ться**

излен|и́ться, ю́сь, ~́ишься *pf* (*of* **⇒~́иваться**) (*coll*) to grow incorrigibly lazy.

излёт, а *m* (*tech*): **пу́ля на ~е** spent bullet.

излече́ни|е, я *nt* **1** (*лечение*) medical treatment; **он был на ~и в Москве́** he was undergoing medical treatment in Moscow; **отпра́вить в го́спиталь на и.** to send to hospital for treatment. **2** (*выздоровление*) recovery.

изле́чива|ть(ся), ю(сь) *impf of* **⇒излечи́ть(ся)**

излечи́м|ый (~, ~а) *adj* curable.

излеч|и́ть, у́, ~́ишь *pf* (*of* **⇒~́ивать**) to cure.

излеч|и́ться, у́сь, ~́ишься *pf* (*of* **⇒~́иваться**) (**от** + *g*) to make a complete recovery (from); to be cured (of); (*fig*) to rid o.s. (of), shake off.

излива́|ть(ся), ю(сь) *impf of* **⇒изли́ть(ся)**

из|ли́ть, олью́, ольёшь, *past* **~ли́л, ~лила́, ~ли́ло** *pf* (*of* **⇒~лива́ть**) to pour out, give vent to; **и. свой гнев на** (+ *a*) to vent one's anger (on); **и. ду́шу** to unbosom o.s.

из|ли́ться, олью́сь, ольёшься, *past* **~ли́лся, ~лила́сь, ~ли́лось** *pf* (*of* **⇒~лива́ться**) **1** (*о чувствах*) (**в** + *p*) to find expression (in). **2** (**в** + *p*) (*выразить чувства*) to give vent to one's feelings (in); (**на** + *a*) to vent itself (on); **его́ гнев ~ли́лся на всех окружа́ющих** his anger vented itself on all about him.

изли́ш|ек, ка *m* **1** (*избыток*) surplus; remainder. **2** (*лишнее*) excess; **нам э́того хва́тит с ~ком** we have more than enough, enough and to spare; **и. осторо́жности** excessive caution.

изли́шеств|о, а *nt* excess; overindulgence.

изли́шеств|овать, ую *impf* to go to excess, overindulge o.s.

изли́шне *adv* (*слишком*) excessively; (*когда не нужно*) unnecessarily, superfluously.

изли́ш|ний (~ен, ~ня, ~не) *adj* (*чрезмерный*) excessive; (*ненужный*) unnecessary, superfluous.

излия́ни|е, я *nt* outpouring, effusion (*fig*).

излов|и́ть, лю́, ~́ишь *pf* (*coll*) to catch.

изловч|и́ться, у́сь, и́шься *pf* (*coll*) to contrive, manage; **он ~и́лся попа́сть в цель** he managed to hit the target.

изложе́ни|е, я *nt* exposition, account; **кра́ткое и.** synopsis, outline.

излож|и́ть, у́, ~́ишь *pf* (*of* **⇒излага́ть**) to expound, state; to set forth; **и. на бума́ге** to commit to paper.

изло́м, а *m* **1** (*место перелома*) break, fracture. **2** (*изгиб*) sharp bend.

изло́ман|ный *ppp of* **⇒излома́ть** *and adj* **1** (*сломанный*) broken. **2** (*с изгибами*) winding, tortuous. **3** (*fig*) unbalanced, unhinged; warped.

излома́|ть, ю *pf* (*of* **⇒изла́мывать**) **1** (*сломать*) to break, smash. **2** (*coll*) (*измучить*) to break (*in health*); (*impers*) to have (crippling) rheumatism; **всю спи́ну у неё ~ло** she is crippled with rheumatism in her back. **3** (*fig, coll*) (*испортить*) to warp, corrupt.

излома́|ться, юсь *pf* (*of* **⇒изла́мываться**) **1** to be broken, be smashed. **2** (*fig, coll*) to be affected; to resort to hypocrisy.

излуч|а́ть, а́ю *impf* to radiate (*also fig*); **её глаза́ ~а́ли не́жность** her eyes radiated tenderness.

излуч|а́ться, а́ется *impf* **1** (**из** + *g*) to emanate (from). **2** *passive of* **⇒~а́ть**

излуче́ни|е, я *nt* radiation; emanation.

излу́чин|а, ы *f* bend, wind.

излю́бленный *adj* favourite (*Br*), favorite (*US*).

изма́|зать, жу, жешь *pf* (*of* **⇒ма́зать 3** *and* **⇒~зывать**) (*coll*) to make dirty, smear; **и. пальто́ кра́ской** to get paint all over one's coat.

изма́|заться, жусь, жешься *pf* (*of* **⇒ма́заться 1** *and* **⇒~зываться**) (*coll*) to get dirty; **он весь ~зался в кра́ске** he has got paint all over himself.

изма́зыва|ть(ся), ю(сь) *impf of* **⇒изма́зать(ся)**

измар|а́ть, а́ю *pf* (*of* **⇒~́ывать**) to make dirty, soil.

изма́рыва|ть, ю *impf of* **⇒измара́ть**

изма́тыва|ть(ся), ю(сь) *impf of* **⇒измота́ть(ся)**

изма́чива|ть(ся), ю(сь) *impf of* **⇒измочи́ть(ся)**

изма́|ять, ю *pf* (*coll*) to exhaust, tire out.

изма́|яться, юсь *pf* (*coll*) to be exhausted, tired out.

измельча́ни|е, я *nt* growing small; growing shallow; (*fig*) becoming shallow, becoming superficial.

измельча́|ть, ю *pf of* **⇒мельча́ть**

измельч|и́ть, у́, и́шь *pf of* **⇒мельчи́ть**

изме́н|а, ы *f* betrayal; treachery; **госуда́рственная и.** high treason; **супру́жеская и.** unfaithfulness, (conjugal) infidelity.

измене́ни|е, я *nt* change, alteration; (*gram*) inflection.

измен|и́ть[1], ю́, ~́ишь *pf* (*of* **⇒~я́ть**) to change, alter; (*pol*) **и. законопрое́кт** to amend a bill.

измен|и́ть[2], ю́, ~́ишь *pf* (*of* **⇒~я́ть**) (+ *d*) (*родине, другу*) to betray; (*мужу*) to be unfaithful (to); (*fig*) **зре́ние ~и́ло ему́** his eyesight had failed him; **сча́стье нам ~и́ло** our luck is out.

измен|и́ться, ю́сь, ~́ишься *pf* (*of* **⇒~я́ться**) to change, alter (*intrans*); **и. к лу́чшему, к ху́дшему** to change for the better, for the worse.

изме́нник, а *m* traitor.

изме́нни|ца, цы *f of* **⇒~к**

изме́ннический *adj* treacherous, traitorous.

изме́нчивост|ь, и *f* **1** changeableness; (*непостоянство*) inconstancy, fickleness. **2** (*biol*) variability.

изме́нчив|ый (~, ~а) *adj* changeable; (*непостоянный*) inconstant, fickle; **~ая пого́да** changeable weather.

изменя́ем|ый *pres participle passive of* **⇒изменя́ть** *and adj* variable; **~ые величи́ны** (*math*) variables.

измен|я́ть(ся), я́ю(сь) *impf of* **⇒~и́ть(ся)**

измере́ни|е, я *nt* **1** measurement, measuring; (*глубины моря*) sounding, fathoming; (*температуры*) taking. **2** (*math*) dimension; **в двух, трёх ~ях** two-, three-dimensional.

измери́м|ый (~, ~а) *adj* measurable.

измери́тел|ь, я *m* **1** measuring instrument, gauge. **2** (*econ*) index.

измери́тельный *adj* (for) measuring.

изме́р|ить, ю, ишь *pf* (*of* **⇒~я́ть**) to measure; **и. кому́-н. температу́ру** to take s.o.'s temperature.

измер|я́ть, я́ю *impf of* **⇒~́ить**

изможде́ни|е, я *nt* exhaustion.

изможд|ённый (~, ~а́) *adj* (*лицо, вид*) emaciated; (*человек*) worn out.

измок|а́ть, а́ю *impf of* ⇒**~нуть**
измо́к|нуть, ну, нешь *past* **~, ~ла** *pf* (*of* ⇒**~а́ть**) (*coll*) to get soaked, get drenched.
измо́р, а (*no pl*) *m*: **взять ~ом** to reduce by starvation, starve out; (*fig, coll*): **взять кого́-н. ~ом** to wear s.o. down.
измор|и́ть, ю, и́шь *pf* (*coll*) to wear out, exhaust.
и́змороз|ь, и *f* hoar frost.
и́зморос|ь, и *f* drizzle.
измота́|ть, ю *pf* (*of* ⇒**изма́тывать**) (*coll*) to exhaust, wear out.
измота́|ться, юсь *pf* (*of* ⇒**изма́тываться**) (*coll*) to be exhausted, worn out.
измоча́лива|ть(ся), ю(сь) *impf of* ⇒**измоча́лить(ся)**
измоча́л|ить, ю, ишь *pf* (*of* ⇒**~ивать**) (*coll*) **1** (*истрепать*) to shred; to reduce to shreds. **2** (*измучить*) to exhaust, wear out.
измоча́л|иться, юсь, ишься *pf* (*of* ⇒**~иваться**) (*coll*) **1** (*истрепаться*) to become frayed, be in shreds. **2** (*измучиться*) to be worn to a shred, go to pieces.
измоч|и́ть, у́, ~ишь *pf* (*of* ⇒**изма́чивать**) (*coll*) to soak through.
измоч|и́ться, у́сь, ~ишься *pf* (*of* ⇒**изма́чиваться**) (*coll*) to be soaked through.
изму́ч|ать, аю *pf* = **~ить**
изму́ч|аться, аюсь *pf* = **~иться**
изму́ченный *ppp of* ⇒**изму́чить** *and adj* worn out, tired out; **у вас и. вид** you look worn out.
изму́чива|ть(ся), ю(сь) *impf of* ⇒**изму́чить(ся)**
изму́ч|ить, у, ишь *pf* **1** (*pf of* ⇒**~ивать**) to torment; to tire out, exhaust. **2** *pf of* ⇒**му́чить**
изму́ч|иться, усь, ишься *pf* **1** *pf* (*of* ⇒**~иваться**) to be tired out, be exhausted. **2** *pf of* ⇒**му́читься**
измыва́тельств|о, а *nt* (*coll*) mocking, scoffing.
измыва́|ться, юсь *impf* (**над** + *i*; *coll*) to mock (at), scoff (at).
измы́зг|ать, аю *pf* (*of* ⇒**~ивать**) (*coll*) **1** (*загрязнить*) to make dirty all over. **2** (*заносить*) to wear threadbare.
измы́зг|аться, аюсь *pf* (*of* ⇒**~иваться**) (*coll*) **1** (*загрязниться*) to get dirty all over. **2** (*заноситься*) to become threadbare.
измы́згива|ть(ся), ю(сь) *impf of* ⇒**измы́згать(ся)**
измы́лива|ть, ю *impf of* ⇒**измы́лить**
измы́л|ить, ю, ишь *pf* (*of* ⇒**~ивать**) to use up (*soap*).
измы́сл|ить, ю, ишь *pf* (*of* ⇒**измышля́ть**) **1** (*выдумать*) to fabricate, invent. **2** (*придумать*) to contrive.
измышле́ни|е, я *nt* fabrication, invention.
измышля́|ть, ю *impf of* ⇒**измы́слить**
измя́т|ый *ppp of* ⇒**~ь** *and adj* **1** (*бумага*) crumpled, creased. **2** (*fig*) (*лицо*) haggard, jaded.
из|мя́ть(ся), омну́, омнёт(ся) *pf of* ⇒**мять(ся)**[1]
изна́нк|а, и *f* the wrong side (*of material, clothing*); **с ~и** on the inner side; **и. жи́зни** the seamy side of life.
изнаси́ловани|е, я *nt* rape.
изнаси́л|овать, ую *pf* (*of* ⇒**наси́ловать 2**) to rape.
изнача́льный *adj* (*первобытный*) primordial; (*начальный*) initial.
изна́шивани|е, я *nt* wear; wear and tear.
изна́шива|ть(ся), ю(сь) *impf of* ⇒**износи́ть(ся)**
изне́женност|ь, и *f* softness; effeteness.
изне́женный *ppp of* ⇒**изне́жить** *and adj* pampered; soft, effete.
изне́жива|ть(ся), ю(сь) *impf of* ⇒**изне́жить(ся)**
изне́ж|ить, у, ишь *pf* (*of* ⇒**~ивать**) to pamper, coddle.
изне́ж|иться, усь, ишься *pf* (*of* ⇒**~иваться**) to go soft, become effete.
изнемога́|ть, ю *impf of* ⇒**изнемо́чь**
изнеможе́ни|е, я *nt* exhaustion; **быть в ~и** to be utterly exhausted; **рабо́тать до ~я** to work to the point of exhaustion.
изнеможён|ный (~, ~а́) *adj* exhausted.
изнемо́|чь, гу́, ~жешь, ~гут, *past* **~г, ~гла́** *pf* (*of* ⇒**~га́ть**) (**от** + *g*) to be exhausted (from), worn out (from).
изне́рвнича|ться, юсь *pf* (*coll*) to get into a state of nerves.
изничтож|а́ть, а́ю *impf of* ⇒**~ить**
изничто́ж|ить, у, ишь *pf* (*of* ⇒**~а́ть**) (*coll*) to destroy, wipe out.
изно́с, а (у) *m* (*coll*) wear; wear and tear; **не знать ~у (а)** to wear well; (+ *d*) **э́тим боти́нкам нет ~у (а)** these boots will stand any amount of hard wear.
изно|си́ть, шу́, ~сишь *pf* (*of* ⇒**изна́шивать**) to wear out.
изно|си́ться, шу́сь, ~сишься *pf* (*of* ⇒**изна́шиваться**) to wear out (*intrans*); (*fig, coll*) to be used up, be played out.
износосто́йкий *adj* hard-wearing, wear-resistant.
изно́шенный *ppp of* ⇒**износи́ть** *and adj* worn out; **и. костю́м** threadbare suit.
изнуре́ни|е, я *nt* (*physical*) exhaustion.
изнурённый *ppp of* ⇒**изнури́ть** *and adj* (*physically*) exhausted, worn out; **у него́ был и. вид** he looked worn out; **и. го́лодом** faint with hunger.
изнури́тел|ьный (~ен, ~ьна) *adj* exhausting; gruelling; **~ьная боле́знь** wasting disease.
изнур|и́ть, ю́, и́шь *pf* (*of* ⇒**~я́ть**) to exhaust, wear out.
изнур|я́ть, я́ю *impf of* ⇒**~и́ть**
изнутри́ *adv* from within; **дверь запира́ется и.** the door fastens on the inside.
изныва́|ть, ю *impf of* ⇒**изны́ть**
изн|ы́ть, о́ю, о́ешь *pf* (*of* ⇒**~ыва́ть**) to languish, be exhausted; **и. от жа́жды** to be tormented by thirst; **и. от тоски́** (**по** + *d*; *poetical*) to pine (for).
изо *prep* = **из**
изо...[1] *pref* = **из...**
изо...[2] *comb form* **1** iso-. **2** = *abbr of* **изобрази́тельный**
изоба́р|а, ы *f* (*meteorology*) isobar.
изоби́|деть, жу, дишь *pf* (*coll*) to hurt, insult.
изоби́ли|е, я *nt* abundance, plenty, profusion; **рог ~я** cornucopia.
изоби́л|овать, ует *impf* (+ *i*) to abound (in), be rich (in).
изоби́л|ьный (~ен, ~ьна) *adj* **1** abundant. **2** (+ *i*) abounding in.
изоблич|а́ть, а́ю *impf* **1** *impf of* ⇒**~и́ть**. **2** (*no pf*) (**в** + *p and a*) to show (to be), point to (as being); **все его́ посту́пки ~а́ли в нём моше́нника** his every action pointed to his being a swindler; **его́ похо́дка ~а́ет в нём моряка́** one can tell by his gait that he is a sailor.
изобличе́ни|е, я *nt* exposure.
изобличи́тельный *adj* damning.
изоблич|и́ть, у́, и́шь *pf* (*of* ⇒**~а́ть**) (+ *a and* **в** + *p*) to expose (as); to unmask; **его́ ~и́ли во лжи** he stands exposed as a liar.
изобража́|ть(ся), ю(сь) *impf of* ⇒**изобрази́ть(ся)**
изображе́ни|е, я *nt* **1** (*действие*) representation, portrayal. **2** (*предмет*) representation, portrayal; image; **и. в зе́ркале** reflection.
изобрази́тельн|ый *adj* graphic; decorative; **~ые иску́сства** fine arts.
изобра|зи́ть, жу́, зи́шь *pf* (*of* ⇒**~жа́ть**) **1** (+ *i*) to depict, portray, represent (as); **и. из себя́** (+ *a*; *coll*) to make o.s. out (to be), represent o.s. (as); **и. Га́млета сла́бым челове́ком** to portray Hamlet as a weak character (*of actor or producer*); **и. из себя́ хоро́шего певца́** to make o.s. out a good singer. **2** (*копировать*) to imitate, take off. **3** (*выразить*) to express, show.
изобра|зи́ться, зи́тся *pf* (*of* ⇒**~жа́ться**) (*на лице*) to be expressed; **на её лице́ ~зи́лось удивле́ние** a look of surprise came over her face.
изобре|сти́, ту́, тёшь *past* **~л, ~ла́** *pf* (*of* ⇒**~та́ть**) (*создать что-либо новое*) to invent; (*придумать*) to devise, contrive.
изобрета́тел|ь, я *m* inventor.
изобрета́тель|ница, ницы *f of* ⇒**~**
изобрета́тельност|ь, и *f* inventiveness.
изобрета́тел|ьный (~ен, ~ьна) *adj* inventive; resourceful.
изобрета́тель|ский *adj of* ⇒**~**
изобрета́тель|ство, ства *nt* = **~ность**
изобрета́|ть, ю *impf of* ⇒**изобрести́**
изобрете́ни|е, я *nt* invention.
изо́гнут|ый *ppp of* ⇒**~ь** *and adj* bent, curved, winding.

И

изогн|у́ть, у́, ёшь *pf* (*of* ⇒**изгиба́ть**) to bend, curve.

изогн|у́ться, у́сь, ёшься *pf* (*of* ⇒**изгиба́ться**) to bend, curve (*intrans*).

изо́дранный *ppp of* ⇒**изодра́ть** *and adj* tattered.

из|одра́ть, деру́, дерёшь, *past* **~одра́л, ~одрала́, ~одра́ло** *pf* (*of* ⇒**~дира́ть**) (*coll*) to tear to shreds.

изо|йти́, йду́, йдёшь, *past* **~шёл, ~шла́** *pf of* ⇒**исходи́ть**[2] **3**

изол|га́ться, гу́сь, жёшься, гу́тся, *past* **~га́лся, ~гала́сь, ~га́лось** *pf* to become an inveterate, hardened liar.

изоли́рованный *ppp of* ⇒**изоли́ровать** *and adj* **1** isolated; separate. **2** (*tech*) insulated.

изоли́р|овать, ую *impf and pf* **1** to isolate. **2** (*tech*) to insulate.

изолиро́вк|а, и *f* (*tech*) **1** insulation. **2** (*coll*) (*лента*) insulating tape.

изолиро́вочный *adj* (*tech*) insulating.

изоля́тор[1]**, а** *m* (*tech*) insulator.

изоля́тор[2]**, а** *m* **1** (*med*) isolation ward. **2** (*в тюрьме*) solitary confinement cell.

изоляциони́зм, а *m* (*pol*) isolationism.

изоляциони́ст, а *m* (*pol*) isolationist.

изоля|цио́нный *adj of* ⇒**~ция**; **~цио́нная ле́нта** (*tech*) insulating tape.

изоля́ци|я, и *f* **1** isolation. **2** (*tech*) insulation.

изоме́рный *adj* (*chem*) isomeric.

изомо́рфный *adj* (*min*) isomorphous.

изо́рванный *ppp of* ⇒**изорва́ть** *and adj* tattered, torn.

изорв|а́ть, у́, ёшь, *past* **~а́л, ~ала́, ~а́ло** *pf* (*of* ⇒**изрыва́ть**[1]) to tear (to shreds).

изорв|а́ться, ётся, *past* **~а́лся, ~ала́сь, ~а́лось** *pf* (*coll*) to be in tatters.

изоте́рм|а, ы *f* (*geog*) isotherm.

изото́п, а *m* (*chem*) isotope.

изошу́тк|а, и *f* (*coll*) cartoon, humorous drawing.

изощре́ни|е, я *nt* sharpening (*fig*); refinement.

изощрённый *ppp of* ⇒**изощри́ть** *and adj* (*ум, вкус*) refined; (*слух*) keen, acute.

изощр|и́ть, ю́, и́шь *pf* (*of* ⇒**~я́ть**) to cultivate, refine; **и. слух** to train one's ear; **и. ум** to cultivate one's mind.

изощр|и́ться, ю́сь, и́шься *pf* (*of* ⇒**~я́ться**) **1** to acquire refinement. **2** (**в** + *p*) to excel (in); **и. в приду́мывании каламбу́ров** to excel in punning.

изощр|я́ть(ся), я́ю(сь) *impf of* ⇒**~и́ть(ся)**

из-под *prep* + *g* **1** from under; **у него́ укра́ли бума́жник из-под но́су** he had his wallet stolen from under his nose; **из-под полы́** on the sly; under the counter. **2** (*города*) from near; **мы прие́хали из-под Москвы́** we have come from near Moscow. **3** (*о вместилище*) for (*or not translated*); **ба́нка из-под варе́нья** jam jar.

изра́з|ец, ца́ *m* decorative tile; **голла́ндские ~цы́** Dutch tiles.

израз|цо́вый *adj of* ⇒**~е́ц**

Израи́л|ь, я *m* Israel.

изра́ильский *adj* **1** Israeli. **2** (*hist*) Israelite.

израильтя́н|ин, ина, *pl* **~е, ~** *m* **1** Israeli. **2** (*hist*) Israelite.

израильтя́н|ка, ки *f of* ⇒**~ин**

изра́н|ить, ю, ишь *pf* to cover with wounds.

израсхо́д|овать(ся), ую(сь) *pf of* ⇒**расхо́довать(ся)**

и́зредка *adv* now and then; from time to time.

изре́занный *ppp of* ⇒**изре́зать** *and adj*: **и. бе́рег** indented coastline.

изре́|зать, жу, жешь *pf* (*of* ⇒**~зывать** *and* ⇒**~за́ть**) **1** (*на много частей*) to cut into pieces; to cut up; (*сделать на чём-н. много порезов*) to make cuts in. **2** (*geog*) to cut across.

изрез|а́ть, а́ю *impf* (*coll*) *of* ⇒**~́ать**

изре́зыва|ть, ю *impf of* ⇒**изре́зать**

изрека́|ть, ю *impf of* ⇒**изре́чь**

изрече́ни|е, я *nt* dictum, saying.

изре́|чь, ку́, чёшь, ку́т, *past* **~̈к, ~кла́** *pf* (*of* ⇒**~ка́ть**) (*obs or ironical*) to speak (solemnly); to utter; **так ~̈к** thus he spake; **и. му́дрое сло́во** to utter a word of wisdom.

изреше|ти́ть, чу́, ти́шь *pf* (*of* ⇒**~́чивать**) to pierce with holes; **и. пу́лями** to riddle with bullets.

изреше́чива|ть, ю *impf of* ⇒**изрешети́ть**

изрис|ова́ть, у́ю *pf* (*of* ⇒**~о́вывать**) to cover with drawings.

изрисо́выва|ть, ю *impf of* ⇒**изрисова́ть**

изруб|а́ть, а́ю *impf of* ⇒**~и́ть**

изруб|и́ть, лю́, ~́ишь *pf* (*of* ⇒**~а́ть**) (*мясо*) to chop up; (*человека*) to hack to pieces.

изруга́|ть, ю *pf of* ⇒**руга́ть**

изрыва́|ть[1]**, ю** *impf of* ⇒**изорва́ть**

изрыва́|ть[2]**, ю** *impf of* ⇒**изры́ть**

изрыг|а́ть, а́ю *impf* (*of* ⇒**~ну́ть**) (*о человеке*) to vomit, throw up; (*о вулкане*) to spew forth; **пу́шки ~а́ли дым и пла́мень** the cannon were belching forth smoke and flames; (*fig*): **и. руга́тельства** to let forth a stream of oaths.

изрыг|ну́ть, ну́, нёшь *pf of* ⇒**~а́ть**

изры́т|ый *ppp of* ⇒**~ь** (*поверхность*) pitted; **и. о́спой** pockmarked.

изр|ы́ть, о́ю, о́ешь *pf* (*of* ⇒**~ыва́ть**[2]) to dig up; to dig through.

изря́дно *adv* (*coll*) fairly, pretty; tolerably; **я и. уста́л** I am pretty tired; **они́ вчера́ ве́чером и. вы́пили** they had a fair amount to drink last night.

изря́д|ный (~ен, ~на) *adj* (*coll*) fair, handsome; fairly large, tolerable; **~ное коли́чество** a fair amount; **и. пья́ница** a pretty heavy drinker.

изуве́р, а *m* **1** (*фанатик*) bigot, fanatic. **2** (*изверг*) monster.

изуве́рский *adj* **1** (*фанатичный*) bigoted, fanatical. **2** (*жестокий*) monstrous.

изуве́рств|о, а *nt* **1** (*фанатизм*) fanaticism. **2** (*жестокость*) barbarity.

изуве́чива|ть, ю *impf of* ⇒**изуве́чить**

изуве́ч|ить, у, ишь *pf* (*of* ⇒**~ивать**) to maim, mutilate.

изуве́ч|иться, усь, ишься *pf* (*coll*) **1** (*изувечить себя*) to maim o.s., mutilate o.s. **2** (*получить увечья*) to be maimed.

изукра́|сить, шу, сишь *pf* (*of* ⇒**~шивать**) to decorate (lavishly); **и. дом фла́гами** to bedeck a house with flags.

изукра́шива|ть, ю *impf of* ⇒**изукра́сить**

изуми́тел|ьный (~ен, ~ьна) *adj* amazing, astounding.

изум|и́ть, лю́, и́шь *pf* (*of* ⇒**~ля́ть**) to amaze, astound.

изум|и́ться, лю́сь, и́шься *pf* (*of* ⇒**~ля́ться**) to be amazed, astounded.

изумле́ни|е, я *nt* amazement.

изумлённый *ppp of* ⇒**изуми́ть** *and adj* amazed, astounded; dumbfounded.

изумля́|ть(ся), ю(сь) *impf of* ⇒**изуми́ть(ся)**

изумру́д, а *m* emerald.

изумру́дный *adj* **1** emerald. **2** (*цвет*) emerald(-green).

изуро́д|овать, ую *pf of* ⇒**уро́довать**

изу́стно *adv* (*obs*) orally, by word of mouth.

изуч|а́ть, а́ю *impf* (*of* ⇒**~и́ть**) to learn; (*impf only*) to study; **он два го́да ~а́ет гре́ческий язы́к** he has been studying Greek for two years.

изуче́ни|е, я *nt* study, studying.

изуч|и́ть, у́, ~́ишь *pf* (*of* ⇒**~а́ть**) **1** to learn; **за шесть ме́сяцев она ~и́ла и испа́нский и италья́нский языки́** in six months she had learned both Spanish and Italian. **2** (*понять*) to come to know (very well), come to understand; **он кра́йне за́мкнут, но я всё-таки ~и́л его́** he is extremely reserved, but I came to understand him in the end.

изъ... *pref* = **из...**

изъеда́|ть, ю *impf of* ⇒**изъе́сть**

изъе́денный *ppp of* ⇒**изъе́сть** *and adj*: **и. мо́лью** moth-eaten.

изъе́з|дить, жу, дишь *pf* (*of* ⇒**~живать**) to travel all over, round; **мы ~дили весь свет** we have been all round the world.

изъе́зженный *ppp of* ⇒**изъе́здить** *and adj,* well worn, rutted.

изъе́зжива|ть, ю *impf of* ⇒**изъе́здить**

изъе́|сть, м, шь, ст, ди́м, ди́те, дя́т, *past* **~л, ~ла** *pf* (*of* ⇒**~да́ть**) **1** (*мех, шерсть*) to eat away. **2** (*металл*) to corrode.

изъяви́тельн|ый *adj, only in phr* **~ое наклоне́ние** (*gram*) indicative mood.

изъяв|и́ть, лю́, ~́ишь *pf* (*of* ⇒**~ля́ть**) to indicate, express; **и. своё**

согла́сие to give one's consent.

изъявле́ни|е, я *nt* expression.

изъявля́|ть, ю *impf of* ⇒**изъяви́ть**

изъязв|и́ть, лю́, и́шь *pf* (*of* ⇒**~ля́ть**) (*med*) to ulcerate.

изъязвле́ни|е, я *nt* (*med*) ulceration.

изъязвлённый *ppp of* ⇒**изъязви́ть** *and adj* ulcered, ulcerous.

изъязвля́|ть, ю *impf of* ⇒**изъязви́ть**

изъя́н, а *m* defect, flaw; **това́р с ~ом** defective goods.

изъясн|и́ть, ю́, и́шь *pf* (*of* ⇒**~я́ть**) (*obs*) to explain, expound.

изъясн|и́ться, ю́сь, и́шься *pf* (*of* ⇒**~я́ться**) (*obs*) to express o.s.; **и. в любви́** to declare one's love.

изъясн|я́ть(ся), я́ю(сь) *impf of* ⇒**~и́ть(ся)**

изъя́ти|е, я *nt* **1** (*действие*) withdrawal; removal; (*в пользу государства*) confiscation, seizure. **2** (*исключение*) exception; **без (вся́кого) ~я** without exception; **в и. из пра́вил** as an exception to the rule.

из|ъя́ть, ыму́, ы́мешь *pf* (*of* ⇒**~ыма́ть**) to withdraw; to remove; **и. из обраще́ния** to withdraw from circulation; **и. в по́льзу госуда́рства** to confiscate; to seize.

изыма́|ть, ю *impf of* ⇒**изъя́ть**

из|ыму́, ы́мешь *see* ⇒**~ъя́ть**

изы́ск, а *m* (*literary*) pretentious novelty.

изыска́ни|е, я *nt* **1** finding, procuring. **2** (*usu in pl*) (*научные исследования*) investigation, research; (*предварительные исследования*) prospecting; survey.

изы́сканност|ь, и *f* refinement.

изы́скан|ный 1 (~, ~а) *ppp of* ⇒**изыска́ть**. **2 (~, ~на)** *adj* refined.

изыска́тел|ь, я *m* prospector.

изыска́тельский *adj* prospecting.

изы|ска́ть, щу́, ~́щешь *pf* (*of* ⇒**~́скивать**) to find; to search out; **и. сре́дства на постро́йку домо́в** to find funds for house building.

изы́скива|ть, ю *impf* (*of* ⇒**изыска́ть**) to search out; to try to find.

изю́бр, а *m* (*zool*) Manchurian deer.

изю́м, а (у) (*no pl*) *m* raisins; sultanas; **э́то не фунт ~у!** (*joc*) it is no joke.

изю́мин|а, ы *f* raisin, sultana.

изю́мин|ка, ки *f diminutive of* ⇒**~а**; (*fig*) pep, go, spirit; **с ~кой** spirited; **в ней нет ~ки** she has no go in her.

изя́ществ|о, а *nt* elegance, grace.

изя́щ|ный (~ен, ~на) *adj* elegant, graceful; (*obs*) **~ные иску́сства** fine arts.

Иису́с (Нави́н), Иису́са (Нави́на) *m* (*bibl*) (*преемник Моисея*) Joshua.

Иису́с Христо́с, Иису́са Христа́ *m* (*bibl*) (*Бог(очеловек) в христианстве*) Jesus Christ.

ика́ни|е, я *nt* hiccuping.

ик|а́ть, а́ю *impf* (*of* ⇒**~ну́ть**) to hiccup.

ик|ну́ть, ну́, нёшь *pf of* ⇒**~а́ть**

ико́н|а, ы *f* icon.

ико́н|ный *adj of* ⇒**~а**

иконобо́р|ец, ца *m* (*hist*) iconoclast.

иконобо́рческий *adj* (*hist*) iconoclastic.

иконобо́рчеств|о, а *nt* (*hist*) iconoclasm.

иконогра́фи|я, и *f* **1** iconography. **2** (*collect*) portraits.

иконопи́с|ец, ца *m* icon painter.

иконопи́сный *adj* **1** *adj of* ⇒**и́конопись**. **2** (*fig*) icon-like (*severe, severely beautiful*).

и́конопис|ь, и *f* icon painting.

иконоста́с, а *m* (*eccl*) iconostasis.

ико́рный *adj of* ⇒**икра́**[1]

ико́т|а, ы *f* hiccups.

икр|а́[1]**, ы́** (*no pl*) *f* **1** (hard) roe; spawn; **мета́ть ~у́** to spawn; (*fig, coll*) to rage. **2** (*рыбный деликатес*) caviar; (*из овощей*) pâté; **баклажа́нная и.** aubergine pâté.

икр|а́[2]**, ы́,** *pl* **~́ы** *f* (*anat*) calf.

икри́нк|а, и *f* (*coll*) grain of caviar.

икри́ст|ый (~, ~а) *adj* containing much roe.

икр|и́ться, ю́сь, и́шься *impf* to spawn.

икромета́ни|е, я *nt* spawning.

икс, а *m* (*the letter*) x; (*math*) x (*unknown quantity*).

ил, а *m* silt.

и́ли *conj* or; **и. ... и.** either ... or.

и́лист|ый (~, ~а) *adj* silty.

иллю́зи|я, и *f* illusion.

иллюзо́р|ный (~ен, ~на) *adj* illusory.

иллюмина́тор, а *m* (*naut, aeron*) porthole.

иллюмина́ци|я, и *f* illuminations.

иллюмини́р|овать, ую *impf and pf* to illuminate.

иллюстрати́в|ный (~ен, ~на) *adj* illustrative; **и. материа́л** illustration(s).

иллюстра́тор, а *m* illustrator.

иллюстра́ци|я, и *f* illustration.

иллюстри́р|ованный *ppp of* ⇒**~овать** *and adj* illustrated.

иллюстри́р|овать, ую *impf and pf* (*pf also* **про~**) to illustrate (*also fig*).

иль (*coll*) = **и́ли**

и́льк|а, и *f* (*zool*) **1** (*животное*) fisher. **2** (*мех*) fisher.

и́льк|овый *adj of* ⇒**~а**

ильм, а *m* (*bot*) elm (*Ulmus scabra*).

и́льм|овый *adj of* ⇒**~**

им 1 *i of prons* ⇒**он**, ⇒**оно́**. **2** *d of pron* ⇒**они́**

им. (*abbr of* **и́мени**) named after; **музе́й им. Пу́шкина** Pushkin Museum.

има́м, а *nt* imam (*Muslim priest or leader*).

имби́р|ный *adj of* ⇒**~ь**

имби́р|ь, я́ *m* ginger.

име́йл, а *m* (*письмо*) email; (*адрес*) email address.

и́м|ени, енем *see* ⇒**~я**

име́ни|е, я *nt* estate.

имени́нник, а *m* person whose name day it is.

имени́нни|ца, цы *f of* ⇒**~к**

имени́н|ный *adj of* ⇒**~ы**; **и. пиро́г** name day cake.

имени́н|ы, ~ (*no sg*) name day (*day of saint after whom person is named*); **спра́вить и.** to celebrate one's name day; **пойти́ на и. к кому́-н.** to go to s.o.'s name day party.

имени́тельный *adj* (*gram*) nominative.

имени́т|ый (~, ~а) *adj* distinguished.

и́менно *adv* **1 (а) и.** (*перед перечислением*) namely; to wit, videlicet (viz.); **нас там бы́ло тро́е, а и.: Петро́в, Ивано́в и я** there were three of us there, namely Petrov, Ivanov, and myself. **2** (*как раз, точно*) just, exactly; to be exact; **где и. она́ живёт?** where exactly does she live?; **в то вре́мя я был в Росси́и, а и. в Но́вгороде** I was in Russia then, in Novgorod to be exact; **вот и. э́то я и говори́л** that's just what I was saying; **вот и.!** exactly!; precisely!

именн|о́й *adj* **1** nominal; **~ые а́кции** (*fin*) inscribed stock; **~о́е кольцо́** ring engraved with owner's name; **и. спи́сок** nominal roll; **и. чек** non-transferable cheque; **и. экземпля́р** autographed copy. **2** *adj of* ⇒**и́мя 3**

имено́ван|ный *ppp of* ⇒**именова́ть** *and adj*; (*math*): **~ное число́** concrete number.

имен|ова́ть, у́ю *impf* (*of* ⇒**на~**) to name.

имен|ова́ться, у́юсь *impf* (+ *i*) to be called; to be termed.

имену́емый *pres participle passive of* ⇒**именова́ть**; **царь Ива́н, и. Гро́зным** Tsar Ivan, called the Terrible.

име́|ть, ю, ешь *impf* to have (*of abstract possession*); **и. возмо́жность** (+ *inf*) to have an opportunity (to), be in a position (to); **и. де́ло (с** + *i*) to have dealings (with), have to do (with); **и. значе́ние (для** + *g*) to matter (to), be important (to); **и. ме́сто** to take place; **и. на́глость, несча́стье** etc. (+ *inf*) to have the effrontery, the misfortune, *etc.* (to); **и. в виду́** (*не забывать*) to bear in mind, think of, (*подразумевать*) mean; **ничего́ не и. про́тив** (+ *g*) to have no objection(s) (to); **и. сто ме́тров в высоту́** to be 100 metres high.

име́|ться, ется *impf* to be; to be present, be available (**~ется у, ~ются у** *are equivalent to* **есть у**); **в на́шем го́роде ~ется два кинотеа́тра** there are two cinemas in our town; **бана́нов у нас не ~ется** we have no bananas; **и. налицо́** to be available, be on hand.

име́|ющийся *pres participle of* ⇒**~ться** *and adj* available; present.

и́ми *i of pron* ⇒**они́**

и́мидж, а *m* image.

имиджме́йкер, а *m* image-maker.

имита́тор, а *m* **1** (*человек*) mimic; impressionist. **2** (*устройство*) simulator; **и. полёта** flight simulator.

имита́ци|я, и *f* **1** (*действие*) mimicry; mimicking. **2** (*предмет*) imitation; **и.**

жéмчуга imitation pearl.

имити́р|овать, ую *impf* to mimic, imitate.

иммане́нт|ный (~ен, ~на) *adj* (*philos, theol*) immanent.

иммигра́нт, а *m* immigrant.

иммигра́нт|ка, ки *f of* ⇒~

иммигра|цио́нный *adj of* ⇒~ция; **~цио́нные зако́ны** immigration laws.

иммигра́ци|я, и *f* **1** immigration. **2** (*collect*) (*иммигранты*) immigrants.

иммигри́р|овать, ую *impf and pf* to immigrate.

иммуниза́ци|я, и *f* (*med*) immunization.

иммунизи́р|овать, ую *impf and pf* (*med*) to immunize.

иммуните́т, а *m* (*med, law*) immunity.

иммýн|ный (~ен, ~на) *adj* (к + *d*) immune (to); **~ная систе́ма** immune system.

иммуноло́ги|я, и *f* immunology.

иммунотерапи́|я, и *f* immunotherapy.

императи́в, а *m* (*philos, gram*) imperative.

императи́в|ный (~ен, ~на) *adj* imperative.

импера́тор, а *m* emperor.

импера́торский *adj* imperial.

императри́ц|а, ы *f* empress.

империали́зм, а *m* imperialism.

империали́ст, а *m* imperialist.

империалисти́ческий *adj* imperialist(ic).

импе́ри|я, и *f* empire.

импе́рский *adj* imperial.

импи́чмент, а *m* impeachment.

импланта́т, а *m* (*med*) implant.

импланта́ци|я и *f* (*med*) implantation.

импланти́р|овать, ую *impf and pf* (*med*) to implant.

импоза́нт|ный (~ен, ~на) *adj* imposing, striking.

импони́р|овать, ую *impf* (+ *d*) to impress, strike (*fig*); **его́ зна́ния ~овали всем знако́мым** everyone he knew was impressed by his learning.

и́мпорт, а *m* **1** (*ввоз товаров*) import. **2** (*collect, coll*) (*товары*) foreign goods.

импортёр, а *m* importer.

импорти́р|овать, ую *impf and pf* (*econ*) to import.

и́мпорт|ный *adj of* ⇒~; **~ные по́шлины** import duties; **~ные това́ры** (imported) goods.

импоте́нт, а *m* impotent man.

импоте́нт|ный (~ен, ~на) *adj* (*med*) impotent.

импоте́нци|я, и *f* (*med*) impotence.

импреса́рио *m indecl* impresario.

импрессиони́зм, а *m* (*art*) Impressionism.

импрессиони́ст, а *m* (*art*) impressionist.

импрессионисти́ческий *adj* (*art*) impressionistic.

импрессиони́ст|ский *adj* = **~и́ческий**

импровиза́тор, а *m* improviser.

импровиза́торский *adj* improvisational.

импровиза́ци|я, и *f* improvisation.

импровизи́рова|нный *ppp of* ⇒**~ть** *and adj* improvised; impromptu, extempore.

импровизи́р|овать, ую *impf* (*of* ⇒**сымпровизи́ровать**) to improvise; to extemporize.

и́мпульс, а *m* (к + *d*) impulse, impetus (for).

импульси́в|ный (~ен, ~на) *adj* impulsive.

иму́ществ|енный *adj of* ⇒**~о**; **и. ценз** property qualification.

иму́ществ|о, а *nt* property, belongings; **дви́жимое и.** (*law*) personalty, personal estate; **недви́жимое и.** (*law*) realty, real estate.

иму́щий *adj* propertied; well off; **власть иму́щие** the powers that be.

и́м|я, и *g, d, and p* **~ени,** *i* **~енем,** *pl* **~ена́, ~ён, ~ена́м** *nt* **1** name; (*личное название*) first, Christian name; **вы́мышленное и.** alias, false name; **по ~ени О́льга** Olga by name; **во и.** (+ *g*) in the name of; **посла́ть на и.** (+ *g*) to address to; **запиши́те счёт на моё и.** put it down to my account; **от ~ени** (+ *g*) on behalf of; **то́лько по ~ени** only in name, only nominally; **он тепе́рь изве́стен под други́м ~енем** he now goes by, under another name; **~енем зако́на** in the name of the law; **~ени** (+ *g*) named in honour of (*usu not translated*); **Вое́нная акаде́мия ~ени Фру́нзе** the Frunze Military Academy; **называ́ть ве́щи свои́ми ~ена́ми** to call a spade a spade. **2** (*fig*) (*репутация*) name, reputation; **челове́к с больши́м ~енем** a man with a big name; **у него́ европе́йское и.** he has a European reputation; **приобрести́ и.** to acquire, make a name; **замара́ть своё и.** to ruin one's good name; **кру́пные ~ена́ в о́бласти фи́зики** great names in the field of physics. **3** (*gram*) noun, nomen (*any part of speech declined, as opposed to conjugated*); **и. прилага́тельное** adjective; **и. существи́тельное** noun, substantive; **и. числи́тельное** numeral.

имяре́к, а *m* (*joc*) so-and-so.

ин... (*also* **ино...**) *comb form, abbr of* **иностра́нный**

инакомы́сли|е, я *nt* dissidence; nonconformism; heterodoxy.

инакомы́слящ|ий *adj* dissident; nonconformist; heterodox; *as n* **и., ~его** *m* dissident.

инаугурацио́нный *adj* inauguration, inaugural.

инаугура́ци|я, и *f* inauguration.

инаугури́р|овать, ую *impf and pf* to inaugurate.

ина́че 1 (*adv*) differently, otherwise; **так и́ли и.** in either event, at all events; **не и. (как)** (*coll*) precisely, of course; **не и. как полко́вник** none other than the colonel. **2** (*conj*) otherwise, or (else); **поторопи́тесь, и. вы опозда́ете** hurry up, or you will be late.

инвали́д, а *m* invalid; disabled person; **и. войны́** disabled serviceman; **и. труда́** industrial invalid.

инвали́дност|ь, и *f* disablement; invalidity (*Br*); **посо́бие по ~и** invalidity allowance (*Br*), disability pension; **уво́литься по ~и** (*mil*) to be invalided out.

инвали́д|ный *adj of* ⇒~; **и. дом** home for the disabled.

инвалю́т|а, ы *f* foreign currency.

инвалю́тный *adj* foreign currency.

инвекти́в|а, ы *f* invective.

инвентариза́ци|я, и *f* inventory making, stocktaking.

инвентариз|ова́ть, у́ю *impf and pf* to inventory, make an inventory.

инвента́р|ный *adj of* ⇒**~ь**; **~ная о́пись** inventory.

инвента́р|ь, я́ *m* **1** (*предметы*) stock; equipment, appliances; **живо́й и.** livestock; **сельскохозя́йственный и.** agricultural implements; **торго́вый и.** stock-in-trade. **2** (*список*) inventory.

инве́рси|я, и *f* inversion.

инвести́ровани|е, я *nt* investment.

инвести́р|овать, ую *impf and pf* to invest.

инвеститу́р|а, ы *f* investiture.

инвестицио́нный *adj* investment.

инвести́ци|я, и *f* investment.

инве́стор, а *m* (*fin*) investor.

ингаля́тор, а *m* (*med*) inhaler.

ингаля́ци|я, и *f* (*med*) inhaling.

ингредие́нт, а *m* ingredient.

ингу́ш, а́, *g pl* **~е́й** *m* Ingush.

Ингуше́ти|я, и *f* Ingush Republic.

ингу́ш|ка, ки *f of* ⇒~

ингу́шский *adj* Ingush.

Инд, а *m* the Indus (*river*).

индеве́|ть, ет *impf* (*of* ⇒**за~**) to become covered with hoar frost.

инде́|ец, йца, *pl* **~йцы, ~йцев** *m* American Indian, Native American.

инде́йк|а, и *f* turkey(hen).

инде́|йский *adj of* ⇒**~ец**; **и. пету́х** turkey cock.

и́ндекс, а *m* index; **и. цен** (*econ*) price index; **почто́вый и.** postcode (*Br*), zip code (*US*).

индекса́ци|я, и *f* indexing.

индекси́р|овать, ую *impf and pf* to index.

инд|иа́нка, иа́нки *f of* ⇒**~е́ец** *and* ⇒**~и́ец**

индиви́д, а *m* individual.

индивидуализа́ци|я, и *f* individualization.

индивидуализи́р|овать, ую *impf and pf* to individualize.

индивидуали́зм, а *m* individualism.

индивидуали́ст, а *m* individualist.

индивидуалисти́ческий *adj* individualistic.

индивидуалисти́ч|ный (~ен, ~на) *adj* individualistic

индивидуа́льност|ь, и *f* individuality.

индивидуа́л|ьный (~ен, ~ьна) *adj* individual; **в ~ьном поря́дке**

individually; **и. слу́чай** individual case, single case.

индиви́дуум, а *m* individual.

инди́го *nt indecl* indigo; **пла́тье цве́та и.** indigo dress.

инди́|ец, йца, *pl* **~йцы, ~йцев** *m* Indian.

инди́йский *adj* Indian.

Инди́йск|ий океа́н, ~ого ~а *m* the Indian Ocean.

индикати́в, а *m* (*gram*) indicative.

индика́тор, а *m* (*tech*) indicator; **светово́й и.** indicator light.

индифферéнтност|ь, и *f* indifference.

индиффере́нт|ный (~ен, ~на) *adj* (**к** + *d*) indifferent (to).

И́нди|я, и *f* India.

индоевропе́йский *adj* Indo-European.

Индокита́|й, я *m* Indo-China.

индонези́|ец, йца, *pl* **~йцы, ~йцев** *m* Indonesian.

индонези́|йка, йки *f of* **⇒~ец**

индонези́йский *adj* Indonesian.

Индоне́зи|я, и *f* Indonesia.

индоссаме́нт, а *m* (*fin*) endorsement.

индосса́нт, а *m* (*fin*) endorser.

индосса́т, а *m* (*fin*) endorsee.

индосси́р|овать, ую *impf and pf* (*fin*) to endorse.

индуи́зм, а *m* Hinduism.

индуи́стский *adj* Hindu.

индукти́вный *adj* (*philos, phys*) inductive.

инду́ктор, а *m* (*elec*) inductor.

индукци|о́нный *adj of* **⇒~я; ~о́нная кату́шка** induction coil.

инду́кци|я, и *f* (*philos, phys*) induction.

индульге́нци|я, и *f* (*eccl*) indulgence.

инду́с, а *m* Hindu.

инду́с|ка, ки *f of* **⇒~**

инду́сский *adj* Hindu.

индустриализа́ци|я, и *f* industrialization.

индустриализи́р|овать, ую *impf and pf* to industrialize.

индустриа́льный *adj* industrial.

индустри́|я, и *f* industry.

индю́к, а́ *m* turkey(cock); **наду́лся как и.** (*coll*) he got on his high horse.

индю́шк|а, и *f* turkey (hen).

индюш|о́нок, о́нка, *pl* **~а́та, ~а́т** *m* turkey poult.

и́не|й, я (*no pl*) *m* hoar frost, rime.

ине́ртност|ь, и *f* inertness, sluggishness, inaction.

ине́рт|ный (~ен, ~на) *adj* inert (*phys and fig*); (*fig*) sluggish, inactive.

ине́рци|я, и *f* (*phys and fig*) inertia; momentum; **дви́гаться по ~и** to move under its own momentum; (*fig*): **де́лать что-н. по ~и** to do sth from force of inertia, mechanically.

инжене́р, а *m* engineer; **и.-меха́ник** mechanical engineer; **и.-строи́тель** civil engineer.

инжене́ри|я, и *f* engineering; **ге́нная и.** genetic engineering.

инжене́рн|ый *adj* engineering; **~ые войска́** (*mil*) Engineers; **~ое де́ло** engineering.

инжи́р, а (*no pl*) *m* (*дерево; плод*) fig.

инжи́р|ный *adj of* **⇒~**

и́нист|ый (~, ~а) *adj* rimy, covered with hoar frost.

инициа́л|ы, ов *pl* (*sg* **~, ~а** *m*) initials.

инициати́в|а, ы *f* initiative; **по со́бственной ~е** on one's own initiative.

инициати́в|ный *adj* **1** initiating, originating; **~ная гру́ппа** action committee. **2 (~ен, ~на)** full of initiative, enterprising; dynamic, go-getting.

инициа́тор, а *m* initiator.

инкасса́тор, а *m* (*fin*) security guard (*delivering money to a bank*).

инкасси́р|овать, ую *impf and pf* (*fin*) to cash.

инквизи́тор, а *m* inquisitor.

инквизи́торский *adj* inquisitorial.

инквизи́ци|я, и *f* inquisition.

и́нк|и, ов (*no sg*) the Incas.

инко́гнито 1 *adv* incognito. **2** *n; cg indecl* incognito (*person*).

инкорпора́ци|я, и *f* incorporation.

инкорпори́р|овать, ую *impf and pf* to incorporate.

инкримини́р|овать, ую *impf and pf* (+ *d and a*) to charge (with); **ему́ ~уют поджо́г** he is being charged with arson.

инкруста́ци|я, и *f* inlaid work, inlay.

инкрусти́р|овать, ую *impf and pf* to inlay.

инкуба́тор, а *m* incubator.

инкубацио́нный *adj* incubative, incubatory; **и. пери́од** (*med*) incubation.

инкуба́ци|я, и *f* incubation (*of chickens, etc.; also med*).

инове́р|ец, ца *m* (*relig*) adherent of different faith, creed.

инове́ри|е, я *nt* (*relig*) adherence to different faith, creed.

инове́рный *adj* (*relig*) belonging to different faith, creed.

иногда́ *adv* sometimes.

иногоро́дн|ий *adj* of, from another town; **~яя по́чта** mail for, from other towns.

инозе́мный *adj* foreign.

ин|о́й *adj* **1** (*другой*) different; other; **~ы́ми слова́ми** in other words; **не кто и., как; не что ~о́е, как** none other than; **тот и́ли и.** one or other, this or that. **2** (*некоторый*) some; **и. раз** sometimes; **и. (челове́к) мог и согласи́ться** some might agree.

и́нок, а *m* monk.

и́нокин|я, и *f* nun.

инокули́р|овать, ую *impf and pf* to inoculate.

инокуля́ци|я, и *f* inoculation.

инома́рк|а, и *f* foreign car, foreign make of car.

инопланé́тный *adj* alien, extraterrestrial.

инопланетя́н|ин, ина, *pl* **~е, ~** *m* alien, extraterrestrial.

иноплеме́нник, а *m* (*obs*) member of different tribe, nationality.

инoро́д|ец, ца *m* (*hist*) non-Russian (*member of national minority in tsarist Russia*).

инoро́д|ный (~ен, ~на) *adj* alien; **~ное те́ло** (*med or fig*) foreign body.

иносказа́ни|е, я *nt* allegory.

иносказа́тел|ьный (~ен, ~ьна) *adj* allegorical.

иностра́н|ец, ца *m* foreigner.

иностра́н|ка, ки *f of* **⇒~ец**

иностра́нный *adj* foreign.

инотде́л, а *m* foreign department (*of Russian institutions*).

инофи́рм|а, ы *f* foreign company.

и́ноческий *adj* monastic.

и́ночеств|о, а *nt* monasticism; monastic life.

иноязы́чный *adj* **1** (*население*) speaking another language. **2** (*слово*) foreign.

инсектици́д, а *m* insecticide.

инсинуа́ци|я, и *f* insinuation.

инсинуи́р|овать, ую *impf and pf* to insinuate.

инспекти́р|овать, ую *impf* to inspect.

инспе́ктор, а, *pl* **~ы, ~ов** *and* **~а́, ~о́в** *m* inspector; (*mil*) inspecting officer; **и. мане́жа** ringmaster; **порто́вый и.** harbour master.

инспе́ктор|ский *adj of* **⇒~**

инспе́кци|я, и *f* **1** (*действие*) inspection; **и. на ме́сте** (*mil*) on-site inspection. **2** (*организация*) inspectorate.

инспири́р|овать, ую *impf and pf* to incite; to inspire; **кто ~овал э́ту статью́?** who inspired this article?; **и. слу́хи** to start rumours.

инста́нци|я, и *f* (*law*) instance; (*pol*) level of authority; **суд пе́рвой ~и** court of first instance; (*mil*) **кома́ндная и.** chain of command.

инсти́нкт, а *m* instinct.

инстинкти́в|ный (~ен, ~на) *adj* instinctive.

институ́т, а *m* **1** (*общественное установление*) institution; **и. бра́ка** the institution of marriage. **2** (*учебное или научное заведение*) institute; school; **медици́нский и.** medical school; **педагоги́ческий и.** college of education.

институ́т|ский *adj of* **⇒~ 2**

инструкта́ж, а *m* instructing; (*mil, aeron*) briefing.

инструкти́в|ный (~ен, ~на) *adj* instructional.

инструкти́р|овать, ую *impf and pf* (*pf also* **про~**) to instruct, brief.

инстру́ктор, а *m* instructor.

инстру́ктор|ский *adj of* **⇒~**

инстру́кци|я, и *f* instructions, directions.

инструме́нт, а *m* (*mus; tech*) instrument; (*tech*) tool, implement; (*sg; collect*) tools.

инструментали́ст, а *m* (*mus*) instrumentalist.

инструментали́ст|ка, ки *f of* **⇒~**

инструмента́льн|ая, ой *f* tool shop.

И

инструмента́льн|ый *adj* **1** (*mus*) instrumental. **2** (*tech*) toolmaking; **~ая сталь** tool steel.

инструмента́льщик, а *m* toolmaker, instrument maker.

инструмента́ри|й, я *m* (*collect*) instruments, tools.

инструмент|ова́ть, у́ю *impf and pf* (*mus*) to arrange for instruments; to orchestrate.

инструменто́вк|а, и *f* (*mus*) instrumentation.

инсули́н, а *m* (*med*) insulin.

инсу́льт, а *m* (*med*) stroke.

инсцени́р|овать, ую *impf and pf* **1** (*роман*) to dramatize, adapt (for stage *or* screen). **2** (*fig*) to feign, stage; **и. о́бморок** to stage a faint.

инсцениро́вк|а, и *f* **1** dramatization, adaptation (for stage *or* screen). **2** (*fig*) pretence; act.

интегра́л, а *m* (*math*) integral.

интегра́льн|ый *adj* integral; **~ое исчисле́ние** (*math*) integral calculus.

интегра́ци|я, и *f* integration.

интегри́р|овать, ую *impf and pf* to integrate.

интелле́кт, а *m* intellect; **иску́сственный и.** (*comput*) artificial intelligence.

интеллектуа́л, а *m* intellectual.

интеллектуа́льност|ь, и *f* intellectuality.

интеллектуа́л|ьный (~ен, ~ьна) *adj* intellectual.

интеллиге́нт, а *m* member of the intelligentsia, intellectual.

интеллиге́нт|ный (~ен, ~на) *adj* cultured, educated.

интеллиге́нт|ский *adj* (*pej*) *of* ⇨**~**

интеллиге́нци|я, и *f* (*collect*) intelligentsia.

интенда́нт, а *m* (*mil*) quartermaster.

интенда́нтств|о, а *nt* (*mil*) quartermaster service, commissariat.

интенси́в|ный (~ен, ~на) *adj* intensive.

интенсифици́р|овать, ую *impf and pf* to intensify.

интеракти́вный *adj* interactive.

интерва́л, а *m* (*in various senses*) interval; **и. строк** (*printing*) line spacing.

интерве́нт, а *m* (*pol*) interventionist.

интерве́нци|я, и *f* (*pol*) intervention.

интервью *nt indecl* (*press*) interview; **взять ~ у** + *g* to interview (*a person*).

интервьюе́р, а *m* (*press*) interviewer.

интервьюи́р|овать, ую *impf and pf* to interview.

интере́с, а *m* **1** interest; **представля́ть и.** to be of interest; **прояви́ть и.** (**к** + *d*) to show interest (in). **2** (*выгода*) interest; (*in pl*) interests; **како́й мне и.?** how do I stand to gain?; **в ва́ших ~ах пое́хать** it is in your interest to go.

интере́сно *as pred* it is, would be interesting; **и. знать, кто э́тот высо́кий иностра́нец** it would be interesting to know who the tall foreigner is; **и., что из него́ вы́йдет** I wonder how he will turn out.

интере́с|ный (~ен, ~на) *adj* **1** interesting; **в ~ном положе́нии** (*euph*) in the family way. **2** (*привлекательный*) striking, attractive.

интерес|ова́ть, у́ю *impf* to interest.

интерес|ова́ться, у́юсь *impf* (+ *i*) to be interested (in); (*coll*) (*осведомляться*) to enquire.

интерлю́ди|я, и *f* (*mus*) interlude.

интерме́ди|я, и *f* (*theatr*) interlude.

интерме́ццо *nt indecl* (*mus*) intermezzo.

инте́рн, а *m* (*med*) houseman (*Br*), intern (*US*).

интерна́т, а *m* **1** (*школа*) boarding school. **2** (*общежитие*) boarding house (*at private school*).

интернациона́л, а *m* **1** international (*organization*); **Пе́рвый И.** (*hist*) the First International. **2 И.** the 'Internationale'.

интернационализа́ци|я, и *f* internationalization.

интернационализи́р|овать, ую *impf and pf* to internationalize.

интернационали́зм, а *m* internationalism.

интернационали́ст, а *m* internationalist.

интернациона́льный *adj* international.

Интерне́т, а *m* the Internet; **до́ступ в И.** access to the Internet; Internet access; **покупа́ть това́ры в ~е** to buy goods over/on the Internet; **посмотре́ть что-н.** (*незнакомое слово и т. п.*) **в ~е** to look sth up on the Internet; **путеше́ствовать по ~у** to surf the Internet.

интерне́т-кафе́ *nt indecl* Internet cafe.

интерне́т-магази́н, а *m* e-shop.

интерне́т-прова́йдер, а *m* ISP, Internet service provider.

интерне́т-сайт, а *m* website.

интерне́т-техноло́ги|я, и *f* web technology.

интерни́рова|нный *ppp of* ⇨**~ть**; *as n* **и., ~нного** *m* internee.

интерни́р|овать, ую *impf and pf* to intern.

интерполи́р|овать, ую *impf and pf* to interpolate.

интерполя́ци|я, и *f* interpolation.

интерпрета́тор, а *m* interpreter.

интерпрета́ци|я, и *f* interpretation; **но́вая и. ро́ли Га́млета** a new interpretation of the part of Hamlet.

интерпрети́ровать, ую *impf and pf* to interpret.

интерфе́йс, а *m* (*comput*) interface; **дру́жественный** (*or* **удо́бный** (**для по́льзователя**)) **и.** user-friendly interface.

интерфере́нци|я, и *f* (*phys*) interference.

интерье́р, а *m* (*art*) interior.

инти́мност|ь, и *f* intimacy.

инти́м|ный (~ен, ~на) *adj* intimate; **~ные места́** private parts.

интоксика́ци|я, и *f* (*med*) intoxication; **алкого́льная и.** alcoholic poisoning.

интона́ци|я, и *f* intonation.

интони́р|овать, ую *impf* to intone.

интри́г|а, и *f* **1** (*политическая*) intrigue. **2** (*obs*) (*любовная*) (love) affair. **3** (*романа*) plot.

интрига́н, а *m* intriguer, schemer.

интрига́н|ка, ки *f of* ⇨**~**

интриг|ова́ть, у́ю *impf* **1** (*no pf*) to intrigue, carry on an intrigue. **2** (*pf* **за~**) (*возбуждать интерес*) to intrigue, fascinate.

интрове́рт, а *m* introvert.

интроду́кци|я, и *f* (*mus*) introduction.

интроспе́кци|я, и *f* introspection.

интуити́в|ный (~ен, ~на) *adj* intuitive.

интуи́ци|я, и *f* intuition.

интури́ст, а *m* foreign tourist.

инфанти́л|ьный (~ен, ~ьна) *adj* infantile.

инфа́ркт, а *m* (*med*) heart attack; infarction.

инфекцио́нн|ый *adj* infectious; **~ая больни́ца** isolation hospital.

инфе́кци|я, и *f* infection.

инфильтра́ци|я, и *f* infiltration.

инфинити́в, а *m* (*gram*) infinitive.

инфици́р|овать, ую *impf and pf* to infect.

инфляцио́нный *adj* inflationary.

инфля́ци|я, и *f* (*econ*) inflation.

информати́в|ный (~ен, ~на) *adj* informative.

информа́тик, а *m* information scientist.

информа́тик|а, и *f* information science, information technology.

информа́тор, а *m* informant.

информ|ацио́нный *adj of* ⇨**~а́ция**

информа́ци|я, и *f* information; news item.

информи́р|овать, ую *impf and pf* (*pf also* **про~**) to inform.

инфракра́сный *adj* infrared.

инфраструкту́р|а, ы *f* infrastructure.

инциде́нт, а *m* incident; **пограни́чный и.** frontier incident.

инъекти́р|овать, ую, уешь *impf and pf* to inject.

инъе́кци|я, и *f* injection.

инь *nt indecl* (*понятие китайской философии*) yin (*in Chinese philosophy*).

и. о. (*abbr of* **исполня́ющий обя́занности**) + *g* acting ... .

Ио́в, а *m* (*bibl*) Job.

Ио́ил|ь, я *m* (*bibl*) Joel.

ио́н, а *m* (*phys*) ion.

Ио́н|а, ы *m* (*bibl*) Jonah.

иониза́ци|я, и *f* (*phys, med*) ionization.

иони́ческ|ий *adj* Ionian, Ionic; **~ая коло́нна** Ionic column.

Иорда́н, а *m* the Jordan (*river*).

иорда́н|ец, ца *m* Jordanian.

Иорда́ни|я, и *f* Jordan.

иорда́н|ка, ки *f of* ⇨**~ец**

иорда́нский *adj* Jordanian.

иподья́кон, а *m* (*eccl*) subdeacon.

ипоме́|я, и *f* (*bot*) morning glory.

ипоста́с|ь, и *f* (*theol*) hypostasis; **в ~и** (+ *g*) in the role of.

ипоте́к|а, и *f* mortgage.

ипоте́|чный *adj of* ⇒**~ка**; **и. банк** mortgage bank; ≈ building society.

ипохо́ндрик, а *m* hypochondriac.

ипохо́ндри|я, и *f* hypochondria.

ипподро́м, а *m* racecourse.

ипри́т, а *m* mustard gas.

ИРА́ *f indecl* (*abbr of* **Ирла́ндская республика́нская а́рмия**) IRA (*Irish Republican Army*).

Ира́к, а *m* Iraq.

ира́к|ец, ца *m* Iraqi.

ира́кский *adj* Iraqi.

Ира́н, а *m* Iran.

ира́н|ец, ца *m* Iranian.

ира́н|ка, ки *f of* ⇒**~ец**

ира́нский *adj* Iranian.

и́рбис, а *m* (*zool*) ounce.

ири́ди|й, я *m* (*chem*) iridium.

иридодиагно́стик|а, и *f* iridology.

ирдо́лог, а *m* iridologist.

и́рис, а *m* (*bot*) iris.

ири́с, а *m* toffee.

ири́ск|а, и *f* (*coll*) (a) toffee.

ирла́нд|ец, ца *m* Irishman.

Ирла́нди|я, и *f* Ireland.

ирла́нд|ка, ки *f* Irishwoman.

ирла́ндск|ий *adj* Irish; **И~ое мо́ре** the Irish Sea.

ироке́з, а *m* **1** Iroquois. **2** (*coll*) (*причёска*) Mohican (*hairstyle*).

иронизи́р|овать, ую *impf* (**над** + *i*) to speak ironically (about).

ирони́ческий *adj* ironic(al).

ирони́ч|ный (~ен, ~на) *adj* = **~еский**

иро́ни|я, и *f* irony.

иррациона́л|ьный (~ен, ~ьна) *adj* irrational; **~ьное число́** (*math*) irrational number, surd.

иррегуля́рн|ый *adj* irregular; **~ые войска́** (*mil*) irregulars.

ирригаци|я, и *f* (*agric and med*) irrigation.

ис... *pref* = **из...**

Иса́й|я, и *m* (*bibl*) Isaiah.

иск, а *m* (*law*) suit, action; **предъяви́ть и. (к) кому́-н.** to sue, prosecute s.o., bring an action against s.o.; **отказа́ть в ~́е** to reject a suit; **и. за клевету́** libel action.

искажа́|ть, ю *impf of* ⇒**искази́ть**

искаже́ни|е, я *nt* distortion, perversion.

искажённый *ppp of* ⇒**искази́ть** *and adj* distorted, perverted.

иска|зи́ть, жу́, зи́шь *pf* (*of* ⇒**~жа́ть**) to distort, pervert, twist; to misrepresent; **боль ~зи́ла черты́ её лица́** pain has distorted her features; **и. чьи-н. слова́** to twist s.o.'s words; **и. фа́кты** to misrepresent the facts.

искале́ч|енный *ppp of* ⇒**~ить** *and adj* crippled, maimed.

искале́чива|ть, ю *impf of* ⇒**искале́чить**

искале́ч|ить, у, ишь *pf* (*of* ⇒**~ивать** *and* ⇒**кале́чить**) to cripple, maim.

искале́ч|иться, усь, ишься *pf of* ⇒**кале́читься**

иска́лыва|ть, ю *impf of* ⇒**исколо́ть**

иска́ни|е, я *nt* **1** (+ *g*) search (for), quest (of). **2** (*in pl*) strivings.

иска́пыва|ть, ю *impf of* ⇒**ископа́ть**

иска́тел|ь, я *m* seeker, searcher; **и. же́мчуга** pearl diver.

иска́тел|ьный (~ен, ~ьна) *adj* ingratiating.

иска́тельств|о, а *nt* (*archaic*) obsequiousness.

иска́ть, ищу́, и́щешь *impf* **1** (+ *a*) to look for, search for; to seek (*sth concrete*); **и. иго́лку, кварти́ру** to be looking for a needle, for a flat. **2** (+ *g*) to seek, look for, try to obtain (*sth abstract*); **и. слу́чая, сове́та** to seek an opportunity, seek advice.

исключ|а́ть, а́ю *impf of* ⇒**~и́ть**

исключа́|я *pres gerund of* ⇒**~ть** *and prep + g* excepting, with the exception of; **и. прису́тствующих** the present company excepted.

исключе́ни|е, я *nt* **1** (*отклонение от нормы*) exception; **за ~ем** (+ *g*) with the exception (of). **2** (*из списка*) exclusion; (*из организации*) expulsion; **по ме́тоду ~я** by process of elimination.

исключи́тельно *adv* **1** (*необыкновенно*) exceptionally. **2** (*только*) exclusively, solely. **3** (*literary*) (*кроме последнего упонимаемого предмета*) exclusive; **до страни́цы семь и.** up to but not including page seven.

исключи́тел|ьный (~ен, ~ьна) *adj* **1** (*необыкновенный*) exceptional; **и. слу́чай** exceptional case; **~ьной ва́жности** of exceptional importance. **2** (*не для всех*) exclusive; **~ьное пра́во** exclusive right, sole right. **3** (*coll*) (*отличный*) excellent.

исключ|и́ть, у́, и́шь *pf* (*of* ⇒**~а́ть**) **1** (*удалить*) to exclude; to eliminate; **и. из спи́ска** to strike off a list. **2** (*из организации*) to expel; to dismiss. **3** (*не допустить*) to rule out; **не ~ено́, что́ на́ши проигра́ют** our side could conceivably lose.

исковéрка|нный *ppp of* ⇒**~ть** *and adj* (*coll*) corrupt(ed); **~нное сло́во** corrupted word, corruption.

исковéрка|ть, ю *pf of* ⇒**кове́ркать**

иск|ово́й *adj of* ⇒**~**; **~ово́е заявле́ние** (*law*) statement of claim.

исколáчива|ть, ю *impf of* ⇒**исколоти́ть**

исколе|си́ть, шу́, си́шь *pf* (*coll*) to travel all over.

исколо|ти́ть, чу́, ~́тишь *pf* (*of* ⇒**исколáчивать**) (*coll*) **1** (*избить*) to beat; **и. кого́-н. до полусме́рти** to beat s.o. within an inch of his life. **2** (*испортить, вколачивая гвозди и т. п.*) to damage (*by knocking in nails etc.*).

искол|о́ть, ю́, ~́ешь *pf* (*of* ⇒**иска́лывать**) to prick all over, cover with pricks.

иско́мка|ть, ю *pf of* ⇒**ко́мкать**

иско́м|ый *adj* sought for; *as n* **~ое, ~ого** *nt* (*math*) unknown quantity.

искони́ *adv* (*obs*) from time immemorial.

иско́нный *adj* (*права*) immemorial, age-old; (*население*) native, indigenous.

ископа́ем|ое, ого *nt* **1** fossil (*also fig, ironical*). **2** (*also* **поле́зное ~**) (*usu in pl*) mineral.

ископа́емый *adj* fossilized.

ископа́|ть, ю *pf* (*of* ⇒**иска́пывать**) to dig up.

искорёж|ить(ся), у(сь), ишь(ся) *pf of* ⇒**корёжить(ся)**

искорене́ни|е, я *nt* eradication.

искорен|и́ть, ю, и́шь *pf* (*of* ⇒**~я́ть**) to eradicate.

искорен|я́ть, я́ю *impf of* ⇒**~и́ть**

и́скорк|а, и *f diminutive of* ⇒**и́скра**

и́скоса *adv* (*coll*) askance, sideways; **взгляд и.** sidelong glance.

и́скр|а, ы *f* spark; (*fig*) flash; **промелькну́ть как и.** to flash by; **и. наде́жды** glimmer of hope; **у меня́ ~ы из глаз посы́пались** (*coll*) I saw stars.

и́скренне *adv* sincerely, candidly; **и. ваш, и. пре́данный вам** (*epistolary formula*) Yours sincerely; Yours faithfully.

и́скрен|ний (~ен, ~на, ~не *or* **~но,** *pl* **~ни** *or* **~ны)** *adj* sincere, candid.

и́скренност|ь, и *f* sincerity, candour.

искрив|и́ть, лю́, и́шь *pf* (*of* ⇒**~ля́ть**) to bend; (*fig*) to distort.

искривле́ни|е, я *nt* bend; (*fig*) distortion; **и. позвоно́чника** curvature of the spine.

искривля́|ть, ю *impf of* ⇒**искриви́ть**

искри́ст|ый (~, ~а) *adj* sparkling.

искр|и́ть, и́т *impf* (*tech*) to spark.

и́скр|иться, ~́ится *impf* to sparkle; to scintillate (*also fig*).

искровен|ённый *ppp of* ⇒**~и́ть** *and adj* bloodstained.

искровен|и́ть, ю́, и́шь *pf* (*coll*) **1** (*изранить*) to wound so as to draw blood. **2** (*выпачкать*) to stain with blood.

искр|ово́й *adj of* ⇒**~́а**; **и. зазо́р/промежу́ток** (*elec*) spark gap.

искрогаси́тел|ь, я *m* (*tech*) spark extinguisher.

искромётный *adj* sparkling; (*fig*): **и. взгляд** flashing glance.

искромса́|ть, ю *pf of* ⇒**кромса́ть**

искрош|и́ть, у́, ~́ишь *pf* (*of* ⇒**кроши́ть**) (*хлеб*) to crumble; (*мясо*) to chop up; (*fig*) (*человека*) to cut to pieces (*with sabres*).

искрош|и́ться, ~́ится *pf* (*of* ⇒**кроши́ться**) to crumble (*intrans*).

искупа́|ть[1], ю *pf of* ⇒**купа́ть**

искуп|а́ть[2], а́ю *impf of* ⇒**~и́ть**

искупа́|ться[1], юсь *pf of* ⇒**купа́ться**

искупа́|ться[2], юсь *impf, passive of* ⇒**~ть[2]**

искупи́тел|ь, я *m* (*theol*) redeemer.
искупи́тел|ьный (~ен, ~ьна) *adj* expiatory, redemptive.
искуп|и́ть, лю́, ~ишь *pf* (*of* ⇒**~а́ть**[2]) **1** (*theol and fig*) (*вину, грех*) to expiate, atone for. **2** (*недостаток*) to make up for, compensate for.
искупле́ни|е, я *nt* redemption, expiation, atonement.
иску́с, а *m* test, ordeal.
искус|а́ть, а́ю *pf* (*of* ⇒**~ывать**) (*о комарах*) to bite badly, all over; (*о пчёлах*) to sting badly, all over.
искуси́тел|ь, я *m* tempter.
иску|си́ть, шу́, си́шь *pf of* ⇒**~ша́ть**
иску|си́ться, шу́сь, си́шься *pf* (*obs*) **1** (*приобрести опыт*) (**в** + *p*) to become expert (at), become a past master (in, of). **2** (*соблазниться*) to give in to temptation.
иску́сник, а *m* (*coll*) expert, past master.
иску́сни|ца, цы *f of* ⇒**~к**
иску́с|ный (~ен, ~на) *adj* skilful (*Br*), skillful (*US*); expert.
иску́сственник, а *m* (*coll*) bottle-fed baby.
иску́сственни|ца, цы *f of* ⇒**~к**
иску́сственност|ь, и *f* artificiality.
иску́сствен|ный *adj* **1** artificial; (*ткань, волокно*) synthetic, man-made; **~ное дыха́ние** artificial respiration; **и. интелле́кт** artificial intelligence; **~ное оплодотворе́ние** artificial insemination; **~ное пита́ние (младе́нца)** bottle feeding. **2 (~, ~на)** (*fig*) (*смех*) artificial, feigned.
иску́ссतв|о, а *nt* **1** art; **изобрази́тельные, изя́щные ~а** fine arts. **2** (*умение*) craftsmanship, skill; **и. верхово́й езды́** horsemanship; **де́лать что-н. из любви́ к ~у** to do sth for its own sake.
искусствове́д, а *m* art historian.
искусствове́дени|е, я *nt* history of art, art history.
иску́сыва|ть, ю *impf of* ⇒**искуса́ть**
искуша́|ть, ю *impf* (*of* ⇒**искуси́ть**) to tempt; to seduce; **и. судьбу́** to tempt fate, tempt Providence.
искуше́ни|е, я *nt* temptation; seduction; **ввести́ в и.** to lead into temptation; **подда́ться ~ю, впасть в и.** to yield to temptation.
искушённый *ppp of* ⇒**искуси́ть** *and adj* (*политик*) experienced; (*публика*) sophisticated.
исла́м, а *m* Islam.
исла́мский *adj* Islamic.
исла́нд|ец, ца *m* Icelander.
Исла́нди|я, и *f* Iceland.
исла́нд|ка, ки *f of* ⇒**~ец**
исла́ндский *adj* Icelandic.
испа́ко|стить, щу, стишь *pf of* ⇒**па́костить**
испа́н|ец, ца *m* Spaniard, Spanish man.
Испа́ни|я, и *f* Spain.
испа́нк|а, и *f* Spaniard, Spanish woman.
испа́нский *adj* Spanish.
испаре́ни|е, я *nt* **1** (*действие*) evaporation. **2** (*usu in pl*) (*пар*) fumes.
испа́рин|а, ы *f* perspiration.
испар|и́ть, ю́, и́шь *pf* (*of* ⇒**~я́ть**) to evaporate (*trans*).
испар|и́ться, ю́сь, и́шься *pf* (*of* ⇒**~я́ться**) to evaporate; (*fig, joc*) (*исчезнуть*) to vanish into thin air.
испар|я́ть(ся), я́ю(сь) *impf of* ⇒**~и́ть(ся)**
испа́чка|ть(ся), ю(сь) *pf of* ⇒**па́чкать(ся)**
испепел|и́ть, ю́, и́шь *pf* (*of* ⇒**~я́ть**) to reduce to ashes, incinerate.
испепел|я́ть, я́ю *impf of* ⇒**~и́ть**
испестр|ённый *ppp of* ⇒**~и́ть** *and adj* speckled, mottled; variegated.
испестр|и́ть, ю́, и́шь *pf* (*of* ⇒**~я́ть**) to speckle; to mottle; to make variegated.
испестр|я́ть, я́ю *impf of* ⇒**~и́ть**
испечённый *ppp of* ⇒**испе́чь**; **вновь и.** (*coll*) newly fledged.
испе́|чь, ку́, чёшь, ку́т, *past* **~к, ~кла́** *pf of* ⇒**печь**[1]
испе́|чься, чётся, ку́тся, *past* **~кся, ~кла́сь** *pf of* ⇒**пе́чься**[1]
испещр|и́ть, ю́, и́шь *pf* (*of* ⇒**~я́ть**) (+ *a and i*) to spot (with); to mark all over (with); **и. сте́ну на́дписями** to cover a wall with inscriptions.
испещр|я́ть, я́ю *impf of* ⇒**~и́ть**
испи|са́ть, шу́, ~шешь *pf* (*of* ⇒**~сывать**) **1** (*тетрадь*) to cover with writing; **он уже́ ~са́л два́дцать тетра́дей** he has already filled up twenty exercise books. **2** (*карандаш, бумагу*) to use up (in writing).
испи|са́ться, шу́сь, ~шешься *pf* (*of* ⇒**~сываться**) (*coll*) **1** (*о карандаше*) to be worn out; (*о ручке*) to run out. **2** (*о писателе*) to write o.s. out.
испи́сыва|ть(ся), ю(сь) *impf of* ⇒**исписа́ть(ся)**
испито́й *adj* (*coll*) haggard, gaunt; hollow-cheeked.
испи́|ть, изопью́, изопьёшь, *past* **~л, ~ла́, ~ло** *pf* **1** (*dialect*) to have a drink of, sup. **2** (*fig, rhetorical*) to drain.
исповеда́л|ьня, ьни, *g pl* **~ен** *f* (*eccl*) confessional.
испове́дани|е, я *nt* creed, confession (*of faith*).
испове́д|ать, аю *pf* (*coll*) = **~овать**[1]
испове́д|аться, аюсь *pf* (*coll*) = **~оваться**[1]
испове́д|овать[1]**, ую** *impf and pf* **1** (*eccl*) to hear the confession (of). **2** (*coll*) (*расспрашивать*) to draw out.
испове́д|овать[2]**, ую** *impf* (*веру*) to profess.
испове́д|оваться[1]**, уюсь** *impf and pf* **1** (+ *d or* **у** + *g*; *eccl*) to confess, make one's confession (to). **2** (+ *d or* **пе́ред** + *i*; *fig, coll*) to confess; to unburden o.s. of; **он ~овался мне в свои́х сомне́ниях** he confessed his doubts to me.
испове́д|оваться[2]**, уется** *impf and pf, passive of* ⇒**~овать**[2]
и́споведь, и *f* (*eccl*) confession; **быть на ~и** to be at confession.
испога́нива|ть, ю *impf of* ⇒**испога́нить**
испога́н|ить, ю, ишь *pf* (*of* ⇒**~ивать**) (*coll*) to foul, defile.
и́сподволь *adv* (*coll*) in leisurely fashion; by degrees.
исподло́бья *adv* from under the brows (*distrustfully, sullenly*).
исподни́зу *adv* (*coll*) from underneath.
исподтишка́ *adv* (*coll, pej*) in an underhand way; on the quiet, on the sly; **смея́ться и.** to laugh in one's sleeve.
испоко́н *adv*; *only in phrr* **и. ве́ку, и. веко́в** from time immemorial.
испо́лза|ть, ю *pf* (*coll*) to crawl all over.
исполи́н, а *m* giant.
исполи́нский *adj* gigantic.
исполко́м, а *m* (*abbr of* **исполни́тельный комите́т**) executive committee.
исполне́ни|е, я *nt* **1** (*желания*) fulfilment (*Br*), fulfillment (*US*); (*приказа*) execution; (*долгов*) discharge; **привести́ в и.** to carry out, execute. **2** (*роли, музыки*) performance; (*theatr, mus*) **в ~и** (+ *g*) (as) played (by), (as) performed (by).
испо́лненный *ppp of* ⇒**испо́лнить** *and adj* (+ *g*) full (of).
исполни́м|ый (~, ~а) *adj* feasible, practicable, realizable.
исполни́тел|ь, я *m* **1** executor; **суде́бный и.** bailiff. **2** (*theatr, mus, etc.*) performer; **соста́в ~ей** cast.
исполни́тель|ница, ницы *f of* ⇒**~**
исполни́тельност|ь, и *f* assiduity; expedition.
исполни́тел|ьный *adj* **1** (*власть, директор, комитет*) executive; **и. лист** (*law*) writ, court order. **2 (~ен, ~ьна)** (*человек*) efficient and dependable.
испо́лн|ить[1]**, ю, ишь** *pf* (*of* ⇒**~я́ть**) **1** (*заказ*) to carry out, execute; (*желание*) to fulfil (*Br*), fulfill (*US*); **и. обеща́ние** to keep a promise; **и. обя́занности** (+ *g*) to stand in (for); **и. про́сьбу** to grant a request. **2** (*роль, танец*) to perform; **и. роль** (+ *g*) to take the part (of).
испо́лн|ить[2]**, ю, ишь** *pf* (*of* ⇒**~я́ть**) (+ *a and i or g*) to fill (with); **сообще́ние о побе́де ~ило всех ра́достью/ра́дости** the news of the victory delighted everyone.
испо́лн|иться[1]**, ится** *pf* (*of* ⇒**~я́ться**) **1** (*осуществиться*) to be fulfilled. **2** (*impers*, + *d*; *expressing passage of time*): **ему́ ~илось семь лет** he is seven, he was seven last birthday; **~илось пять лет с тех пор, как он уе́хал в Аме́рику** five years have passed (it is five years) since he went to America.
испо́лн|иться[2]**, юсь, ишься** *passive of* ⇒**испо́лнить**[2]
исполн|я́ть(ся), я́ю(сь) *impf of* ⇒**~ить(ся)**; **~я́ющий обя́занности** (+ *g*) acting.
исполос|ова́ть, у́ю *pf of* ⇒**полосова́ть**
испо́льзовани|е, я *nt* use; (*сырья*) utilization; **повто́рное и.** recycling.

испо́льз|овать, ую *impf and pf* to use, make use of, utilize; to turn to account.

испо́льщик, а *m* (*hist*) sharecropper.

испо́льщин|а, ы *f* (*hist*) sharecropping.

испо́р|тить(ся), чу(сь), тишь(ся) *pf of* ⇒**по́ртить(ся)**

испо́рченност|ь, и *f* depravity.

испо́рчен|ный (~, ~а) *ppp of* ⇒**испо́ртить** *and adj* **1** (*человек*) depraved; corrupted. **2** (*настроение, день*) ruined; (*товары*) spoiled; bad, rotten; **~ные зу́бы** rotten teeth; **~ное мя́со** tainted meat. **3** (*coll*) (*ребёнок*) spoiled. **4** (*comput*) corrupt.

исправи́м|ый (~, ~а) *adj* corrigible.

исправи́тельно-трудово́й *adj* corrective labour (*Br*), labor (*US*).

исправи́тельный *adj* correctional; corrective; **и. дом** reformatory.

испра́в|ить, лю, ишь *pf* (*of* ⇒**~ля́ть**) **1** (*ошибку*) to rectify, correct, emend. **2** (*починить*) to repair, mend. **3** (*человека, характер*) to reform.

испра́в|иться, люсь, ишься *pf* (*of* ⇒**~ля́ться**) to improve (*intrans*); to reform (*intrans*), turn over a new leaf.

исправле́ни|е, я *nt* **1** (*действие*) correcting; repairing. **2** (*улучшение*) improvement; correction.

испра́влен|ный *ppp of* ⇒**испра́вить** *and adj* improved, corrected; **~ное изда́ние** revised edition; **и. хара́ктер** reformed character.

исправля́|ть, ю *impf of* ⇒**испра́вить**

исправля́|ться, юсь *impf of* ⇒**испра́виться**

испра́вност|ь, и *f* **1** (*хорошее состояние*) good condition; **в (по́лной) ~и** in good working order, in good repair. **2** (*работы, работника*) meticulousness; (*почты*) punctuality.

испра́в|ный (~ен, ~на) *adj* **1** (*механизм*) in good order. **2** (*человек, работа*) meticulous.

испражне́ни|е, я *nt* **1** (*действие*) defecation. **2** (*in pl*) (*экскременты*) faeces.

испражн|и́ться, ю́сь, и́шься *pf of* ⇒**~я́ться**

испражн|я́ться, я́юсь *impf* (*of* ⇒**~и́ться**) to defecate.

испра́шива|ть, ю *impf* (*of* ⇒**испроси́ть**) to beg, solicit; **и. ми́лость** to ask a favour.

испро́б|овать, ую *pf* **1** (*проверить*) to test, try out; **и. все возмо́жности** to try everything, leave no stone unturned. **2** (*coll*) (*поесть для пробы*) to try.

испро|си́ть, шу́, ~сишь *pf* (*of* ⇒**испра́шивать**) to obtain (by asking).

испрям|и́ть, лю́, и́шь *pf* (*of* ⇒**~ля́ть**) (*coll*) to straighten (out).

испрямля́|ть, ю *impf of* ⇒**испрями́ть**

испу́г, а (у) *m* fright; alarm; **с ~у/~а** from fright.

испу́ганный *ppp of* ⇒**испуга́ть** *and adj* frightened, scared, startled.

испуга́|ть(ся), ю(сь) *pf of* ⇒**пуга́ть(ся)**

испуска́|ть, ю *impf of* ⇒**испусти́ть**

испу|сти́ть, щу́, ~стишь *pf* (*of* ⇒**~ска́ть**) (*свет, лучи*) to emit; (*стон*) to let out; **и. вздох** to heave a sigh; **и. дух** to breathe one's last; **и. крик** to utter a cry.

испыта́ни|е, я *nt* **1** test, trial; (*fig*) ordeal; **быть на ~и** to be on trial, be on probation. **2** (*экзамен*) examination; **вступи́тельные ~я, приёмные ~я** entrance examination.

испы́т|анный *ppp of* ⇒**~а́ть** *and adj* tried, well tried.

испыта́тел|ь, я *m* tester; **лётчик-и.** test pilot.

испыта́тельн|ый *adj* (*полёт, машина*) test, trial; (*срок*) probationary; **~ая коми́ссия** examining board; **и. полёт** test flight; **и. пробе́г** trial run; **и. срок, и. стаж** period of probation.

испыт|а́ть, а́ю *pf* (*of* ⇒**~ывать**) **1** (*проверить*) to test, put to the test; **и. чьё-н. терпе́ние** to try s.o.'s patience. **2** (*ощутить*) to feel, experience.

испыту́ющий *adj*: **и. взгляд** searching look.

испы́тыва|ть, ю *impf of* ⇒**испыта́ть**

иссека́|ть, ю *impf of* ⇒**иссе́чь**

и́ссера- *comb form* grey-; **и.-голубо́й** grey-blue.

иссече́ни|е, я *nt* (*med*) excision, removal.

иссе́|чь[1], ку́, чёшь, ку́т, *past* **~к, ~кла́** *pf* (*of* ⇒**~ка́ть**) **1** (*из камня, мрамора*) to carve. **2** (*med*) to excise, remove.

иссе́|чь[2], ку́, чёшь, ку́т, *past* **~к, ~кла́** *pf* (*of* ⇒**~ка́ть**) **1** (*изрубить*) to cut up, cleave. **2** (*избить*) to whip, lash.

иссле́довани|е, я *nt* **1** (*темы*) research; (*местности*) exploration; (*больного, проблемы*) examination; (*крови, состава*) analysis; **он занима́ется ~ями по ру́сской исто́рии** he is engaged in research on Russian history. **2** (*научный труд*) paper; study.

иссле́довател|ь, я *m* researcher; (*страны*) explorer.

иссле́дователь|ница, ницы *f of* ⇒**~**

иссле́довательский *adj* research.

иссле́д|овать, ую *impf and pf* (*ситуацию, проблему*) to investigate; (*тему*) to research into; (*страну*) to explore; (*кровь*) to analyse; (*больного*) to examine.

иссо́х|нуть, ну, нешь, *past* **~, ~ла** *pf* (*of* ⇒**иссыха́ть**) **1** (*о реке*) to dry up. **2** (*о растении*) to wither; (*fig*) to fade away.

и́сстари *adv* from of old, of yore; **так и. ведётся** it is an old custom.

исстрада́|ться, юсь *pf* to become worn out, wretched (with suffering).

исстре́лива|ть, ю *impf of* ⇒**исстреля́ть**

исстрел|я́ть, я́ю *pf* (*of* ⇒**~ивать**) (*патроны*) to use up.

исступле́ни|е, я *nt* (*возбуждение*) frenzy; (*страсть*) ecstasy; **гне́вное и.** rage; **прийти́ в и.** to go into a frenzy.

исступлённост|ь, и *f* state of frenzy, ecstasy.

исступлённый *adj* (*возбуждённый*) frenzied; (*страстный*) ecstatic.

иссуш|а́ть, а́ю *impf of* ⇒**~и́ть**

иссуш|и́ть, у́, ~ишь *pf* (*of* ⇒**~а́ть**) to dry up; (*fig*) to consume, waste.

иссыха́|ть, ю *impf of* ⇒**иссо́хнуть**

иссяк|а́ть, а́ю *impf of* ⇒**~нуть**

исся́к|нуть, ну, нешь, *past* **~, ~ла** *pf* (*of* ⇒**~а́ть**) to run dry, dry up; (*fig*) (*терпение, силы*) to run out.

иста́плива|ть, ю *impf of* ⇒**истопи́ть**

иста́ск|анный *ppp of* ⇒**~а́ть** *and adj* **1** (*одежда*) worn out; threadbare. **2** (*fig*) (*лицо*) dissipated.

истаск|а́ть, а́ю *pf* (*of* ⇒**~ивать**) to wear out.

истаск|а́ться, -а́юсь *pf* (*of* ⇒**~иваться**) (*coll*) to wear out (*intrans*); (*fig*) to be played out.

иста́скива|ть(ся), ю(сь) *impf of* ⇒**истаска́ть(ся)**

иста́чива|ть, ю *impf of* ⇒**источи́ть[1]**

иста́|ять, ю, ешь *pf* to melt (completely); (*fig*) to wither away.

исте́блишмент, а *m* the Establishment.

истека́|ть, ю *impf of* ⇒**исте́чь**

исте́|кший *pp of* ⇒**~чь 2** *and adj* past, preceding; **в тече́ние ~кшего го́да** during the past year.

ист|ёкший *pp of* ⇒**~е́чь 1**

истер|е́ть, изотру́, изотрёшь, *past* **~, ~ла** *pf* (*of* ⇒**истира́ть**) **1** (*сыр*) to grate. **2** (*одежду*) to wear out (*by rubbing*); **и. в порошо́к** to reduce to powder.

истер|е́ться, изотрётся, *past* **~ся, ~лась** *pf* (*of* ⇒**истира́ться**) to wear out (*intrans*).

истёрз|анный *ppp of* ⇒**~а́ть** *and adj* **(~ан, ~ана)** (*одежда*) tattered; (*fig*) (*душа*) tormented.

истерза́|ть, ю *pf* **1** (*разорвать на части*) to tear in pieces; to mutilate. **2** (*измучить*) to torment.

истéрик, а *m* hysterical man.

исте́рик|а, и *f* hysterics.

истери́ческий *adj* hysterical; **и. припа́док** fit of hysterics.

истери́чк|а, и *f* hysterical woman.

истери́ч|ный (~ен, ~на) *adj* hysterical.

истери́|я, и *f* (*med*) hysteria; (*fig*): **ма́ссовая и.** mass hysteria.

истёртый *ppp of* ⇒**истере́ть** *and adj* worn, old.

ист|е́ц, ца́ *m* (*law*) plaintiff.

истече́ни|е, я *nt* **1** outflow; **и. кро́ви** haemorrhage (*Br*), hemorrhage (*US*). **2** (*окончание*) expiry, expiration; **по ~и сро́ка гара́нтии** on the expiry of the guarantee period.

исте́|чь, ку́, чёшь, ку́т, *past* **~к, ~кла́** *pf* (*of* ⇒**~ка́ть**) **1**: **и. кро́вью** to bleed profusely; (*fig, rhetorical*) to pour out one's lifeblood. **2** (*окончиться*) to expire, elapse; **вре́мя ~кло́** time is up; **срок гара́нтии истёк** the guarantee has expired.

и́стин|а, ы *f* truth; **изби́тая и.** truism; **свята́я и.** God's truth; gospel truth.
и́стин|ный (~ен, ~на) *adj* true, veritable.
истира́ни|е, я *nt* abrasion.
истира́|ть(ся), ю, ет(ся) *impf of* ⇒**истере́ть(ся)**
ист|и́ца, и́цы *f of* ⇒**~е́ц**
истле|ва́ть, ва́ю *impf of* ⇒**~́ть**
истле́|ть, ю *pf* (*of* ⇒**~ва́ть**) **1** (*сгнить*) to rot, decay. **2** (*сгорать*) to smoulder to ashes.
истма́т, а *m* (*abbr of* **истори́ческий материали́зм**) (*coll*) historical materialism.
и́стов|ый (~, ~а) *adj* (*obs*) (*настоящий*) true; (*благочестивый*) devout; (*усердный*) assiduous, punctilious.
исто́к, а *m* source (*also fig*).
истолкова́ни|е, я *nt* (*смысла, слова*) interpretation; (*письменного памятника*) commentary.
истолкова́тел|ь, я *m* interpreter, commentator.
истолкова́тель|ница, ницы *f of* ⇒**~**
истолк|ова́ть, у́ю *pf* (*of* ⇒**~о́вывать**) (*смысл, слово*) to interpret; (*письменный памятник*) to comment upon; **и. замеча́ние в дурну́ю сто́рону** to put a nasty construction on a remark.
истолко́выва|ть, ю *impf of* ⇒**истолкова́ть**
истол|о́чь, ку́, чёшь, ку́т, *past* **~о́к, ~кла́** *pf* to pound, crush.
исто́м|а, ы *f* languor.
истом|и́ть, лю́, и́шь *pf* (*of* ⇒**томи́ть**) to exhaust, weary.
истом|и́ться, лю́сь, и́шься *pf* (*of* ⇒**томи́ться**) (**от** + *g*) to be exhausted, worn out (with, from); to be weary (of); **и. от жа́жды** to be faint with thirst.
истом|лённый *ppp of* ⇒**~и́ть** *and adj* exhausted, worn out.
истоп|и́ть, лю́, ~́ишь *pf* (*of* ⇒**иста́пливать**) **1** (*вытопить*) to heat up. **2** (*coll*) (*израсходовать*) to spend, use up (*fuel*). **3** (*расплавить*) to melt down.
истопни́к, а́ *m* stoker; (*котлов*) boiler man.
истоп|та́ть, чу́, ~́чешь *pf* **1** (*измять*) to trample (down, over). **2** (*coll*) (*износить*) to wear out (*footwear*).
исторг|а́ть, а́ю *impf of* ⇒**~́нуть**
исто́рг|нуть, ну, нешь, *past* **~, ~ла** *pf* (*of* ⇒**~а́ть**) **1** (*rhetorical*) (*выбросить*) to throw out, expel; **и. из свое́й среды́** to ostracize. **2** (**у** *or* **из** + *g*; *obs*) to wrest, wrench (from); (*fig*) to force (from), extort; **и. обеща́ние** to extort a promise.
исто́рик, а *m* historian.
историо́граф, а *m* historiographer.
историогра́фи|я, и *f* historiography.
истори́ческ|ий *adj* **1** historical; **~ое лицо́** historical figure. **2** (*важный*) historic; **~ое реше́ние** historic decision.
истори́ч|ный (~ен, ~на) *adj* historical.
исто́ри|я, и *f* **1** history; **войти́ в ~ю** to go down in history; **и. боле́зни** case history. **2** (*coll*) (*рассказ*) story. **3** (*coll*) (*событие*) incident, event; scene; **вчера́ со мной произошла́ заба́вная и.** a funny thing happened to me yesterday; **вот так и.!** here's a pretty kettle of fish!; **ве́чная/обы́чная и.!** the (same) old story!
истоск|ова́ться, у́юсь *pf* (**по** + *d*) to yearn (for); to be wearied with longing (for).
источ|а́ть, а́ю *impf* (*of* ⇒**~и́ть**[2]) to give off, impart.
источ|и́ть[1]**, у́, ~́ишь** *pf* (*of* ⇒**иста́чивать**) **1** (*истереть*) to grind down. **2** (*изъесть*) to eat away, gnaw through.
источ|и́ть[2]**, у́, ~и́шь** *pf of* ⇒**~а́ть**
исто́чник, а *m* **1** spring. **2** (*fig*) source; **и. информа́ции** source of information; **ве́рный и.** reliable source; **и. све́та** source of light; **служи́ть ~ом** (+ *g*) to be a source (of).
исто́шный *adj* (*coll*) heart-rending.
истощ|а́ть(ся), а́ю(сь) *impf of* ⇒**~и́ть(ся)**
истоще́ни|е, я *nt* exhaustion; **война́ на и.** war of attrition.
истощ|ённый *ppp of* ⇒**~и́ть** *and adj* exhausted; (*исхудалый*) emaciated.
истощ|и́ть, у́, и́шь *pf* (*of* ⇒**~а́ть**) to exhaust.
истощ|и́ться, у́сь, и́шься *pf* (*of* ⇒**~а́ться**) to become exhausted (*also fig*); **все на́ши запа́сы ~и́лись** all our supplies had run out.
истра́|тить, чу, тишь *pf of* ⇒**тра́тить**
истра́|титься, чусь, тишься *pf* (*coll*) to overspend.
истреби́тел|ь, я *m* **1** (*человек*) destroyer. **2** (*самолёт*) fighter; **и.-бомбардиро́вщик** fighter bomber. **3** (*лётчик*) fighter pilot.
истреби́тель|ный *adj* **1** destructive. **2** *adj of* ⇒**~ 2**; **~ная авиа́ция** fighters (*collect*).
истреб|и́ть, лю́, и́шь *pf* (*of* ⇒**~ля́ть**) (*посевы*) to destroy; (*крыс*) to exterminate.
истребле́ни|е, я *nt* (*посевов*) destruction; (*крыс*) extermination.
истребля́|ть, ю *impf of* ⇒**истреби́ть**
истр|ёпанный *ppp of* ⇒**~епа́ть** *and adj* torn, frayed; worn.
истреп|а́ть, лю́, ~́лешь *pf* (*of* ⇒**~́ывать** *and* ⇒**трепа́ть**) to tear, fray; to wear to rags; **и. не́рвы** (*coll*) to fray one's nerves.
истреп|а́ться, лю́сь, ~́лется *pf* (*of* ⇒**истрёпываться** *and* ⇒**трепа́ться**) to tear, fray; to wear to rags.
истрёпыва|ть(ся), ю *impf of* ⇒**истрепа́ть(ся)**
истре́ска|ться, ется *pf* (*coll*) to crack, become cracked.
истука́н, а *m* idol, statue.
иступ|и́ть(ся), лю́, ~́ишь *pf of* ⇒**тупи́ть(ся)**
и́стый *adj* true, genuine; **и. учёный** a true scholar; **и. люби́тель живо́тных** a genuine animal lover.
исты́к|ать, аю *pf* (*of* ⇒**~ивать**) (*coll*) to riddle, pierce all over.
исты́кива|ть, ю *impf of* ⇒**исты́кать**
истяза́ни|е, я *nt* torture.
истяза́тел|ь, я *m* torturer.
истяза́тель|ница, ницы *f of* ⇒**~**
истяза́|ть, ю *impf* to torture.
исхле|ста́ть, щу́, ~́щешь *pf* (*of* ⇒**~́стывать**) (*coll*) **1** (*избить*) to lash, flog. **2** (*привести в негодность*) to wear out (*a whip*).
исхлёстыва|ть, ю *impf of* ⇒**исхлеста́ть**
исхлопа́тыва|ть, ю *impf of* ⇒**исхлопота́ть**
исхлопо|та́ть, чу́, ~́чешь *pf* (*of* ⇒**исхлопа́тывать**) (*coll*) to obtain (*by dint of application in the right quarters*).
исхо́д, а *m* **1** (*итог*) outcome; (*конец*) end; **быть на ~е** to be nearing the end, be coming to an end; **на ~е дня** towards evening; **день был на ~е** the day was drawing to a close. **2** (*bibl*) **И.** (*the Book of*) Exodus.
исхо|ди́ть[1]**, жу́, ~́дишь** *pf* (*обойти*) to go, walk all over.
исхо|ди́ть[2]**, жу́, ~́дишь** *impf* (*of* ⇒**изойти́**) **1** (*impf only*) (**из** + *g*) (*происходить*) to come (from); to emanate (from); **отку́да исхо́дит э́тот слух?** where does this rumour (*Br*), rumor (*US*) come from? **2** (*impf only*) (**из** + *g*) (*основываться*) to proceed (from), base o.s. (on); **и. из необосно́ванных предположе́ний** to proceed from unfounded assumptions. **3**: **и. кро́вью** to become weak through loss of blood; **и. слеза́ми** to cry one's heart out.
исхо́дн|ый *adj* initial; **~ая то́чка**, **~ое положе́ние** point of departure; **~ая ста́дия** initial phase.
исходя́щи|й *adj* outgoing; **~е (сообще́ния)** (*comput*) outbox.
исхуда́лый *adj* emaciated, wasted.
исхуда́ни|е, я *nt* emaciation.
исхуда́|ть, ю *pf* to become emaciated, become wasted.
исцара́п|ать, аю *pf* (*of* ⇒**~ывать**) to scratch badly; to scratch all over.
исцара́пыва|ть, ю *impf of* ⇒**исцара́пать**
исцеле́ни|е, я *nt* **1** (*действие*) healing, cure. **2** (*выздоровление*) recovery.
исцел|и́мый *pres participle passive of* ⇒**~и́ть** *and adj* curable.
исцели́тел|ь, я *m* healer.
исцели́тель|ница, ницы *f of* ⇒**~**
исцел|и́ть, ю́, и́шь *pf* (*of* ⇒**~я́ть**) to heal, cure.
исцел|я́ть, я́ю *impf of* ⇒**~и́ть**
исча́ди|е, я *nt esp in phr* **и. а́да** devil incarnate.
исча́х|нуть, ну, нешь, *past* **~, ~ла** *pf* to waste away.
исчез|а́ть, а́ю *impf* (*of* ⇒**~́нуть**) to disappear, vanish.
исчезнове́ни|е, я *nt* disappearance.
исчёз|нуть, ну, нешь, *past* **~, ~ла** *pf of* ⇒**~а́ть**

исчёрк|ать, аю (*and* **~áть, ~áю**) *pf* **1** (*рукопись, текст*) to cover with crossings-out. **2** (*бумагу*) to scribble all over.

йсчерна- *comb form* blackish-.

исчéрп|ать, аю (*and* **~áть, ~áю**) *pf* (*of* ⇒**~ывать**) **1** to exhaust, drain; **и. все свои́ срéдства** to exhaust all one's resources; (*fig*): **и. терпéние** to exhaust s.o.'s patience. **2** (*довести до конца*) to settle, conclude; **и. вопрóс** to settle a question; **и. повéстку дня** to conclude the agenda.

исчéрпыва|ть, ю *impf of* ⇒**исчéрпать**

исчéрпыва|ющий *pres participle active of* ⇒**~ть** *and adj* exhaustive.

исчер|ти́ть, чу́, ~́тишь *pf* (*of* ⇒**~́чивать**) to cover with lines.

исчéрчив|ать, ю *impf of* ⇒**исчерти́ть**

исчислéни|е, я *nt* calculation; (*math*) calculus.

исчи́сл|ить, ю, ишь *pf* (*of* ⇒**~я́ть**) to calculate.

исчисл|я́ть, я́ю *impf of* ⇒**~́ить**

исчисля́|ться, ется *impf* (+ *i or* **в** + *a*) to amount to, come to; to be estimated (at); **убы́тки ~лись в сто рублéй** the damages came to one hundred roubles; **потéри ~ются ты́сячами** the casualties are estimated at thousands.

итáк *conj* thus; so then.

Итáли|я, и *f* Italy.

италья́н|ец, ца *nt* Italian.

италья́н|ка, ки *f of* ⇒**~ец**

италья́нск|ий *adj* Italian; **~ая забастóвка** sit-down strike; work to rule.

ИТÁР-ТÁСС (*abbr of* **Информациóнное телегрáфное агéнтство Росси́и – Телегрáфное агéнтство Совéтского Сою́за**) ITAR-Tass (*official news agency of Russia*).

и т. д. (*abbr of* **и так дáлее**) etc., et cetera, and so on.

итерати́вный *adj* (*ling*) iterative.

итóг, а *m* **1** (*общая сумма*) sum, total; **óбщий и.** grand total. **2** (*fig*) (*результат*) result; **подвести́ и.** to sum up; **в ~е** (*в конце концов*) in the end; (*в результате*) as a result; **в конéчном ~е** in the end.

итогó *adv* in all, altogether.

итóговый *adj* (*сумма*) total; (*завершающий*) final, concluding.

итóж|ить, у, ишь *impf* (*pf* **подытóжить**) to sum up, add up.

и т. п. (*abbr of* **и томý подóбное**) etc., et cetera, and so on.

иттéрби|й, я *m* (*chem*) ytterbium.

итти́ (*obs*) = **идти́**

и́ттри|й, я *m* (*chem*) yttrium.

Иу́д|а, ы *m* (*предатель*) Judas, traitor.

иудаи́зм, а *m* Judaism.

иудé|й, я *m* (*literary*) Jew.

иудéй|ка, ки *f of* ⇒**~**

иудéйский *adj* (*hist and relig*) Judaic.

их[1] *a and g of* ⇒**они́**

их[2] *possessive pron & adj* (*без существительного*) theirs; **наша маши́на мéньше, чем их** our car is smaller than theirs; (*при существительном*) their; **их маши́на мéньше, чем нáша** their car is smaller than ours.

ихневмóн, а *m* (*zool*) ichneumon.

и́хний *possessive adj* (*coll*) their(s).

ихтиозáвр, а *m* ichthyosaurus.

ихтиóлог, а *m* ichthyologist.

ихтиологи́ческий *adj* ichthyological.

ихтиолóги|я, и *f* ichthyology.

ишáк, á *m* donkey, ass; (*fig, coll*) dogsbody (*Br*), gofer (*US*).

ишá|чий *adj of* ⇒**~к**

ишáч|ить, у, ишь *impf* (*coll pej*) to slog, slave.

ишеми́|я, и *f* (*med*) ischaemia (*Br*), ischemia (*US*).

и́шиас, а *m* (*med*) sciatica.

ишь *int* (*coll*) *expressing surprise or disgust*: look!; just look!; well I never!; **и. ты!** = **и.!** *or expressing disagreement or objection*.

ищéйк|а, и *f* bloodhound, tracker dog (*also fig, pej*).

и́щущий *pres participle active of* ⇒**искáть** *and adj*: **и. взгляд** searching look.

ию́л|ь, я *m* July.

ию́ль|ский *adj of* ⇒**~**

ию́н|ь, я *m* June.

ию́нь|ский *adj of* ⇒**~**

Йе́мен, а *m* Yemen.

йе́мен|ец, ца *m* Yemeni.

йе́мен|ка, ки *f of* ⇨~**ец**

йе́менский *adj* Yemeni.

йе́ти *m indecl* yeti, Abominable Snowman.

йог, а *m* yogi.

йо́г|а, и *f* yoga.

йо́гурт, а *m* yog(h)urt; **стака́нчик ~а** a yog(h)urt.

йод, а *m* iodine.

йо́дист|ый *adj* (*chem*) containing iodine; **й. ка́лий** potassium iodide; **~ая соль** iodized salt.

йо́д|ный *adj of* ⇨~; **и. раство́р** tincture of iodine.

йот, а *m* (*ling*) *letter* J; yod (*name of sound* [j]).

йо́т|а, ы *f* iota; **ни на ~у** not a jot, not an iota.

Йоха́ннесбург, а *m* Johannesburg.

Кк

К (*abbr of* **ке́львин**) K, kelvin(s); **273 К, 273 ке́львина** 273 K, 273 kelvins (*≈ 0 °C*); **0 К, 0 ке́львин(ов)** 0 K, 0 kelvin (*≈ –273 °C*).

к, ко *prep + d* **1** (*при обозначении места*) to, towards; **мы подъезжа́ли к Москве́** we were nearing Moscow; **прислони́те ле́стницу к стене́** place the ladder against the wall; (*fig*): **лицо́м к лицу́** face to face; **к лу́чшему** for the better; **моли́тва к Бо́гу** prayer to God; **любо́вь к де́тям** love of children; **письмо́ к дру́гу** letter to a friend; **к о́бщему удивле́нию** to everyone's surprise; **к (не)сча́стью** (un)fortunately; **к чёрту его́!** to hell with him!; **шля́па ей к лицу́** her hat becomes her; **к ва́шим услу́гам** at your service; (*при обозначении добавления*): **к трём приба́вить пять** to add three and five; **к тому́ же** besides, moreover.
2 (*при обозначении предельного срока*) to, towards; by; **зима́ подходи́ла к концу́** winter was drawing to a close; **к утру́** towards morning, by morning; **к пе́рвому января́** by the first of January; **я приду́ к восьми́ (часа́м)** I will be there by eight (o'clock); **к тому́ вре́мени** by then, by that time; **к сро́ку** on time.
3 (*при указании назначения*) for; **к чему́?** what for?; **э́то ни к чему́** it is no good, no use; **к обе́ду, к у́жину** *etc.*, for dinner, for supper, *etc.*
4 (*в названиях статей и т. д.*) on; on the occasion of; **к столе́тию со дня рожде́ния Льва Толсто́го** on (the occasion of) the centenary of the birth of Leo Tolstoy; **к вопро́су о...** *often requires no translation.*

к. (*abbr of* **копе́йка**) k, kope(c)k(s), copeck(s).

-ка *particle* (*coll*) **1** *modifying force of imperative*: **скажи́-ка мне** come on now, tell me; **да́й-ка мне посмотре́ть** come on, let me take a look; **ну́-ка** well; **ну́-ка спо́йте что-н.!** come on, give us a song!
2 *with 1st pers sg of fut, expressing tentative decision*: **напишу́-ка ей письмо́** I think I'll write to her; **куплю́-ка тот га́лстук** maybe I'll buy that tie.

каба́к, а́ *m* tavern; (*coll, fig*) noisy place.

кабал|а́, ы́ *f* servitude, bondage.

каба́л|ьный (~ен, ~ьна) *adj* imposing bondage, enslaving; **~ьные усло́вия** crushing terms.

каба́н, а́ *m* **1** (*дикая свинья*) wild boar. **2** (*самец свиньи*) boar.

каба́н|ий *adj of* **⇒~**

кабар|га́, ги́, *g pl* **~о́г** *f* (*zool*) musk deer.

кабаре́ *nt indecl* cabaret.

каба́|цкий *adj of* **⇒~к**

кабач|о́к[1], ка́ *m* **1** *diminutive of* **⇒каба́к**. **2** (*coll*) (*небольшой ресторан*) small restaurant.

кабач|о́к[2], ка́ *m* (*растение*) (vegetable) marrow (*Br*), squash (*US*).

каббалисти́ческий *adj* (*relig*) Kabbalistic; (*fig*) cabbalistic.

ка́бел|ь, я *m* cable; **возду́шный к.** overhead cable; **о́птико-волоко́нный к.** (*or* **волоко́нно-опти́ческий к.**) fibre-optic cable (*Br*), fiber-optic cable (*US*).

ка́бель|ный *adj of* **⇒~**; **~ное телеви́дение** cable television.

ка́бельтов, а, *pl* **~ы, ~ых, ~ым, ~ыми, ~ых** *m* (*naut*) **1** (*мера*) cable('s length) (*measure = 185.2 metres*). **2** (*трос*) cable, hawser.

кабеста́н, а *m* (*tech*) capstan.

каби́н|а, ы *f* **1** (*в самолёте, для пассажиров*) cabin; (*в самолёте, для лётчика*) cockpit; (*грузовика*) cab. **2** (*also* **~ка**) (*в туалете*) cubicle; (*телефонная; для голосования*) booth; (*для купальщиков*) bathing hut; (*лифта*) cage.

кабине́т[1], а *m* **1** (*в доме*) study; (*на работе*) office; (*врача*) surgery (*Br*), office (*US*); **физи́ческий к.** physics laboratory (*in school*); **лингафо́нный к.** language laboratory. **2** (*комплект мебели*) suite.

кабине́т[2], а *m* (*also* **к. мини́стров**; *often* **К.**) (*pol*) Cabinet.

кабине́т|ный *adj* **1** *adj of* **⇒~[1]**. **2**: **к. роя́ль** baby grand (*piano*). **3** (*fig*) theoretical; **к. учёный, страте́г** armchair scientist, strategist.

каби́н|ка, ки *f diminutive of* **⇒~а**

каблогра́мм|а, ы *f* cable(gram).

каблу́к, а́ *m* heel (*of footwear*); **ту́фли на высо́ком каблуке́** high-heeled shoes; **быть под ~о́м у кого́-н.** (*fig, coll*) to be under s.o.'s thumb.

каблуч|о́к, ка́ *m diminutive of* **⇒каблу́к**

кабота́ж, а *m* coastal shipping.

кабота́ж|ный *adj of* **⇒~**; **~ное пла́вание** coastwise navigation.

кабриоле́т, а *m* cabriolet.

Кабу́л, а *m* Kabul.

кабы́ *conj* (*coll and folk poetical*) if; **е́сли бы да к.**, *see* **⇒е́сли**

кавале́р[1], а *m* **1** (*в танце*) partner; (*мужчина*) (gentle)man. **2** (*coll*) (*поклонник*) admirer, suitor.

кавале́р[2], а *m*: **к. (о́рдена)** knight, holder (of an order); **Гео́ргиевский к.** holder of the St George Cross.

кавалерга́рд, а *m* (*hist*) horse-guardsman.

кавалер|и́йский *adj of* **⇒~ия**

кавалери́ст, а *m* cavalryman.

кавале́ри|я, и *f* cavalry.

кавалька́д|а, ы *f* cavalcade.

кавarда́к, а́ *m* (*coll*) mess, muddle.

ка́вер-ве́рси|я, и *f* cover version (*of a song*).

ка́верз|а, ы *f* (*coll*) (*злая проделка*) mean trick, dirty trick; **устро́ить ~у кому́-н.** to play a mean trick on s.o.; (*трудность*) pitfall.

ка́вер|зить, жу, зишь *impf* (*of* **⇒на~**) (*coll, pej*) to play mean, dirty tricks.

ка́верзник, а *m* (*coll*) person who enjoys playing mean, dirty tricks.

ка́верзный *adj* (*coll*) **1** (*pej*) (*человек*) given to playing mean, dirty tricks. **2** (*вопрос*) tricky, ticklish.

каве́рн|а, ы *f* (*med and geol*) cavity.

Кавка́з, а *m* Caucasus.

кавка́з|ец, ца *m* Caucasian.

кавка́з|ка, ки *f of* **⇒~ец**

кавка́зский *adj* Caucasian.

кавы́ч|ки, ек *pl* (*sg* **~ка, ~ки** *f*) inverted commas, quotation marks; **откры́ть к.** to quote; **закры́ть к.** to unquote; **в ~ках** in inverted commas, in quotes; (*fig, ironical*) so-called; **демокра́тия в ~ках** so-called 'democracy'.

кагебе́шник, а *m* (*coll*) KGB agent.

кагеби́ст, а *m* = **кагебе́шник**

каго́р, а *m* ≈ port (wine).

кагэби́ст, а *m* = **кагеби́ст**

кагэбэ́шник, а *m* = **кагебе́шник**

каде́нци|я, и *f* (*mus*)
1 (*гармонический оборот*) cadence.
2 (*виртуозная вставка*) cadenza.

каде́т[1], а *m* (*воспитанник закрытого среднего военно-учебного заведения*) cadet.

каде́т[2], а *m* (*abbr of* **конституцио́нный демокра́т**) (*pol, hist*) Constitutional Democrat (*abbr* Cadet).

каде́т|ский[1] *adj of* **⇒~[1]**; **к. ко́рпус** (*закрытое среднее военно-учебное заведение*) officer training school.

каде́т|ский[2] *adj of* **⇒~[2]**

кади́л|о, а *nt* (*eccl*) thurible, censer.

кади́л|ьный *adj* **1** *adj of* **⇒~о**. **2** of incense; **к. за́пах** smell of incense.

ка|ди́ть, жу́, ди́шь *impf* (*eccl*) to burn incense.

ка́дк|а, и *f* tub, vat.

ка́дми|й, я *m* (*chem*) cadmium.

ка́дочник, а *m* cooper.

ка́д|очный *adj of* ⇒**~ка**

кадр, а *m* (*cinema*) (*снимок*) frame; (*эпизод*) shot; **го́лос за ~ом** voice-over.

кадри́л|ь, и *f* quadrille (dance).

ка́дровый *adj* **1** (*mil*) (*офицер*) regular. **2** (*рабочий*) skilled; best.

ка́др|ы, ов *pl* (*collect*) **1** (*mil*) (regular, peacetime) establishment; **он слу́жит в ~ах** he is a regular (soldier). **2** (*работники*) personnel; **отде́л ~ов** personnel department (*of institution, factory, etc.*). **3** (*pol*) cadres.

кады́к, а́ *m* (*coll*) Adam's apple.

каёмк|а, и *f* (*coll*) *diminutive of* ⇒**кайма́**

кажде́ни|е, я *nt* (*eccl*) censing.

каждодне́вный *adj* daily.

ка́жд|ый *adj* **1** every, each; **к. день** every day; **~ые два дня** every two days; **~ую весну́** every spring; **к. из них получи́л по пять фу́нтов** they received five pounds each; **на ~ом шагу́** at every step. **2** *as n* everyone; **всех и ~ого** (*coll*) all and everyone, all and sundry.

кажи́сь (*coll, dialect*) it seems, it would seem.

ка|жу́¹, ди́шь *see* ⇒**~ди́ть**

ка|жу́², ~жешь *see* ⇒**~за́ть**

ка́жущийся *adj* apparent.

каза́к, а́ *m* Cossack.

каза́н, а́ *m* (*dialect*) large cooking pot.

Каза́н|ь, и *f* Kazan.

каза́рм|а, ы *f* barracks.

каза́рм|енный *adj of* ⇒**~а**; (*fig, pej*): **к. вид** barrack-like appearance; **к. режи́м, ~енное положе́ние** confinement to barracks.

ка|за́ть, жу́, ~жешь *impf* (*coll*) to show; **не к. глаз, но́су** not to show up.

ка|за́ться, жу́сь, ~жешься *impf* (*of* ⇒**показа́ться 1**) **1** to seem, appear; **он ~жется у́мным** he appears clever; **она́ ~жется ста́рше свои́х лет** she looks older than she is. **2** (*impers*): (**мне,** *etc.*) **~жется, ~за́лось** it seems, seemed (to me, *etc.*); apparently; **мне ~жется, что он был прав** I think he was right; **всё, ~за́лось, шло хорошо́** everything seemed to be going well; **за́втра, ~жется, начина́ются его́ кани́кулы** apparently his holidays begin tomorrow; **вы, ~жется, из Москвы́?** you are from Moscow, I believe?; **~за́лось бы** it would seem, one would think.

каза́х, а *m* Kazakh.

каза́хский *adj* Kazakh.

Казахста́н, а *m* Kazakhstan.

каза́цкий *adj* Cossack.

каза́честв|о, а *nt* (*collect*) the Cossacks.

каза́чий *adj* Cossack.

каза́|чка, чки *f of* ⇒**~к**

казач|о́к¹, ка́ *m* **1** (*coll*) *affectionate diminutive of* ⇒**каза́к**. **2** (*hist*) (*слуга*) page, boy-servant.

казач|о́к², ка́ *m* (*танец*) kazachok (*a dance incorporating the male dancer's step of kicking out each leg alternately from a squatting position*).

каза́|шка, шки *f of* ⇒**~х**

казеи́н, а *m* (*chem*) casein.

казеи́н|овый *adj of* ⇒**~**

казема́т, а *m* casemate; (*камера*) (prison) cell (*for one person*).

казённ|ый *adj* **1** (*hist*) fiscal; of State, of Treasury; **~ое иму́щество** State property; **на к. счёт** at public cost. **2** (*fig*) (*бюрократический*) bureaucratic, formal; **к. язы́к** language of officialdom, official jargon. **3**: **~ая часть** breech.

казино́ *nt indecl* casino.

казн|а́, ы́ (*no pl*) *f* **1** (*государственное имущество*) Exchequer, Treasury; public purse, public coffers. **2** (*obs*) (*государство*) the State (*as a legal person*); **перейти́ из ча́стных рук в ~у́** to pass from private ownership to the State.

казначе́|й, я *m* **1** (*кассир*) treasurer, bursar (*Br*). **2** (*mil*) paymaster; (*naut*) purser.

казначе́й|ский *adj* **1** *of* ⇒**~**. **2** *of* ⇒**~ство**; **к. биле́т** Treasury note.

казначе́йств|о, а *nt* Treasury, Exchequer.

казн|и́ть, ю́, и́шь *impf and pf* **1** to execute, put to death. **2** (*fig*) (*наказывать*) to punish.

казн|и́ться, ю́сь, и́шься *impf* (*coll*) to blame o.s.; to torment o.s. (*with remorse*).

казнокра́д, а *m* embezzler of public funds.

казнокра́дств|о, а *nt* embezzlement of public funds.

казн|ь, и *f* execution, capital punishment; **сме́ртная к.** death penalty.

казуи́ст, а *m* casuist (*also fig*).

казуи́стик|а, и *f* casuistry (*also fig*).

казуисти́ческий *adj* casuistic(al).

ка́зус, а *m* **1** (*law*) exceptional case, special case. **2** (*coll*) extraordinary occurrence; **вот так к.!** here's an amazing thing! **3**: **к. бе́лли** (*indecl*) casus belli.

ка́зусный *adj* involved, complex.

ка́ин|ов *adj*: **~ова печа́ть** the mark of Cain.

Каи́р, а *m* Cairo.

кайл|а́, ы́ *f* (miner's) hack.

кайл|о́, а́ *nt* = **~а́**

ка|йма́, йма́, *pl* **~йма́, ~ём, ~йма́м** *f* edging, border.

кайма́н, а *m* (*zool*) caiman.

кайнозо́|й, я *m* (*geol*) the Cenozoic (era).

кайнозо́й|ский *adj* (*geol*) Cenozoic; **~ская э́ра** = **~**

ка́йр|а, ы *f* (*zool*) guillemot.

кайф, а *m* (*coll*) kicks, 'high'; turn-on; buzz; **быть под ~ом** to be high *or* spaced out; **лови́ть, пойма́ть к.** to get stoned; (*fig*) bliss.

кайф|ова́ть, у́ю *impf* (*coll*) **1** (*от наркотиков*) to be high; to get stoned *or* smashed (*on drugs* or *alcohol*). **2** (*получать удовольствие*) to enjoy o.s.

кайфо́вый *adj* (*coll*) cool, far out, mind-blowing.

кайфоло́м, а *m* (*sl*) killjoy, party-pooper.

как¹ *adv and particle* **1** how; **к. вам нра́вится Москва́?** how do you like Moscow?; **к. чу́дно!** how wonderful!; **к. вы пожива́ете?** how do you do?; **к. (ва́ши) дела́?** how are you getting on?; **забы́л, к. э́то де́лается** I have forgotten how to do this; **к. вам не сты́дно!** you ought to be ashamed!; **к. его́ фами́лия, к. его́ зову́т?** what is his name?, what is he called?; **к. называ́ется э́тот цвето́к?** what is this flower called?; **к. вы ду́маете?** what do you think?; *expressing surprise and/or displeasure*: **к.! ты опя́ть здесь** what! are you here again?; **к. же так?** how is that?; (*coll*): **к. знать?** who knows?; (*coll*): **к. сказа́ть** it all depends; (*coll*): **к. есть** completely, utterly; **он к. есть дура́к** he is a complete fool; (*coll*): **расскажи́ нам, к. и что** tell us all about it; (*coll*): **к.-ника́к** nevertheless, for all that; **к.-ника́к, но мы попа́ли во́время** nevertheless, we managed to arrive in time; **к. же** (*coll or ironical*) naturally, of course; **кому́ к.** it depends on the person. **2** (*о внезапном действии*) (*coll*): **мы споко́йно слу́шали ра́дио, а — он к. вско́чит!** we were listening quietly to the wireless when all of a sudden he jumped up; **она́ к. закричи́т!** she suddenly cried out. **3**: **к. ни, к. … ни** however; **к. ни по́здно** however late it is; **к. он ни умён** clever as he is; **к. ни стара́йтесь** however hard you may try, try as you may. **4** (*following* **пре́лесть, страх, у́жас** *и т. п. in elliptical construction; coll*) wonderfully, terribly, awfully, *etc.*; **она́ пре́лесть к. оде́та** she is beautifully dressed.

как² *conj* **1** (*выражает сравнение*) as; like; **бе́лый к. снег** white as snow; **он говори́т по-ру́сски к. настоя́щий ру́сский** he speaks Russian like a native; **бу́дьте к. до́ма** make yourself at home; **к. наро́чно** as luck would have it; **к. попа́ло** anyhow, at sixes and sevens; (*with comp*): **к. мо́жно, к. нельзя́** as … as possible; **к. мо́жно скоре́е** as soon as possible; **к. нельзя́ лу́чше** as well as possible; (*в качестве*): **сове́тую тебе́ э́то к. друг** I give this advice as a friend; **к. наприме́р** as, for instance. **2**: **к. …, так и** both … and; **к. ма́льчики, так и де́вочки** both the boys and the girls. **3** (*что*) *following vv of perceiving not translated*: **я ви́дел, к. она́ ушла́** I saw her go out; **ты слы́шал, к. часы́ би́ли по́лночь?** did you hear the clock strike midnight? **4** (*когда*) when; (*с тех пор, как*) since; **к. пойдёшь, зайди́ за мной** when you go, call for me; **прошло́ два го́да, к. мы встре́тились** it is two years since we met; **к. то́лько** as soon as, when; **к. вдруг** when suddenly. **5** (+ *neg*) but, except, than; **что ему́ остава́лось де́лать, к. не созна́ться?** what could he do but confess?; **кому́, к. не мне знать э́то!** if anyone knows, I do! **6**: **в то вре́мя к.; до того́ к.; ме́жду тем к.; тогда́ к.** *see* ⇒**вре́мя**, ⇒**до**, ⇒**ме́жду**, ⇒**тогда́**. **7**: **к. бу́дто, к. бы, к.-либо, к.-нибудь, к. раз, к.-то** *see separate entries.*

К

какаду́ *m indecl* (*zool*) cockatoo.
кака́о *nt indecl* **1** (*порошок*) cocoa. **2** (*дерево*) cacao (tree).
кака́о-боб|ы́, о́в *pl* cocoa beans.
кака́о|вый *adj of* ⇒~; **~вые бобы́** cocoa beans.
ка́к|ать, аю *impf* (*baby talk*) to (do a) poo.
как бу́дто (бы) 1 *conj* as if, as though; **она́ побледне́ла, к. б. уви́дела при́зрак** she turned pale as if she had seen a ghost; **к. б. вы не зна́ете!** as if you didn't know! **2** *particle* (*coll*) (*кажется*) apparently, it would seem; **они́ к. б. за́втра прие́дут** apparently they are coming tomorrow.
как бы 1 (+ *inf*) how; **к. б. э́то сде́лать?** how is it to be done, I wonder. **2**: **к. б. ни** however; **к. б. то ни́ было** however that may be, be that as it may. **3** as if, as though; **к. б. в шу́тку** as if in jest. **4**: **к. б. не** (*expressing anxious expectation*) what if, supposing; (*following v*) (that, lest); **к. б. он не опозда́л** what if he is late!; **бою́сь, к. б. он не опозда́л** I am afraid (that) he may be late. **5** (*coll*): **к. б. не так!** not likely, certainly not.
ка́к-либо *adv* somehow.
ка́к-нибудь *adv* **1** (*так или иначе*) somehow (or other). **2** (*coll*) (*кое-как*) anyhow; **он всё де́лает к.-н.** he does things all anyhow. **3** (*coll*) (*когда-нибудь*) some time; **загляни́те к.-н.** look in some time.
как-ника́к *adv* (*coll*) nevertheless, for all that.
како́в (~á, ~ó, ~ы) *pron* (*interrog, and in exclamations expressing strong feeling*) what; of what sort; **к. результа́т?** what is the result?; **к. он?** what is he like?; **к. он собо́й?** what does he look like?; **а пого́да-то ~á** what (*splendid, filthy*) weather!
каково́ *adv* (*coll*) how; **к. ему́ живётся?** how is he getting on?
каково́й *rel pron* (*obs*) which.
как|о́й *pron* **1** (*interrog and rel; and in exclamations*) what; **~и́е у вас впечатле́ния о Ло́ндоне?** what are your impressions of London?; **~о́е сего́дня число́?** what is today's date?; **~и́м о́бразом?** how?; **не зна́ю, ~у́ю кни́гу ему́ дать** I don't know what book to give him; **~а́я беда́!** what a misfortune, how unfortunate!; **~а́я на́глость!** what impudence!; **~а́я хоро́шенькая де́вушка!** what a pretty girl!
2: **(тако́й) к.** such as; **гнев, ~о́го он никогда́ не испы́тывал** anger such as he had never felt.
3: **к. ни** whatever, whichever; **к. есть, к. ни на есть** (*coll*) whatever you please, any you please; **дай мне ~у́ю ни на есть кни́гу** give me any book you please.
4 (*expressing negation in rhetorical questions and retorts*): **к. он учёный?** what kind of scholar is that?; **~о́е там** nothing of the kind, quite the contrary; **ты хорошо́ спал? — ~о́е там!** did you sleep well? — I most certainly did not!
5: **к. тако́й?** which (exactly)?; **пришёл Ивано́в. — К. тако́й Ивано́в?** Ivanov is here. — Which Ivanov?
6 (*coll*) any; **нет ли у вас ~о́го вопро́са?** have you any questions?
како́й-либо *pron* = **како́й-нибудь 1**
как|о́й-нибудь *pron* **1** some; any; **мы э́то сде́лаем ~и́м-н. спо́собом** we shall do it somehow; **да́йте мне хоть ~у́ю-н. кни́гу** give me a book, any one at all. **2** (*with numerals*) some (*and not more*), only; **за́мок нахо́дится в ~и́х-н. трёх киломе́трах отсю́да** the castle is some three kilometres (*Br*), kilometers (*US*) from here; **~и́е-н. пять рубле́й** some five roubles.
как|о́й-то *pron* **1** (*неизвестно какой*) some, a. **2** (*напоминающий*) a kind of; **э́то ~а́я-то боле́знь** it is a kind of disease.
какофони́ческий *adj* cacophonous.
какофо́ни|я, и *f* cacophony.
как ра́з *adv* just, exactly; **к. р. то, что мне ну́жно** just what I need; **к. р. вас я иска́л** you are the very person I was looking for; *as pred*: **э́ти ту́фли мне к. р.** these shoes are just right.
ка́к-то *adv* **1** (*каким-то образом*) somehow; **он к. ухитри́лся сде́лать э́то** he managed to do it somehow; **в э́том до́ме к. всегда́ хо́лодно** somehow it is always cold in this house. **2** (*как*) how; **посмотрю́, к. он вы́вернется из э́того положе́ния** I wonder how he will get himself out of this situation. **3** (*coll*): **к. (раз)** once. **4** (**как то**) (*а именно*) namely, as for example.
ка́ктус, а *m* (*bot*) cactus.
кал, а *m* faeces, excrement.
каламбу́р, а *m* pun.
каламбури́ст, а *m* punster.
каламбу́р|ить, ю, ишь *impf* (*of* ⇒**с~**) to pun.
каламбу́рный *adj* punning.
каланч|á, и́, *g pl* **~е́й** *f* watchtower; **пожа́рная к.** fire observation tower; (*fig, coll*) (*о человеке*) beanpole.
кала́ч, á *m* kalach (*a kind of white loaf, originally in the shape of a padlock*); **меня́ ~о́м туда́ не зама́нишь** (*coll*) nothing will induce me to go there; (*fig, coll*): **тёртый к.** person who has been around; old hand.
кала́чиком *adv* (*coll*) in the shape of a kalach; **лежа́ть к.** to lie curled up.
кала́ч|ный *adj of* ⇒~
калейдоско́п, а *m* kaleidoscope.
калейдоскопи́ческий *adj* kaleidoscopic.
кале́к|а, и *cg* cripple.
календа́р|ный *adj of* ⇒**~ь**; **к. ме́сяц** calendar month.
календа́р|ь, я́ *m* calendar; (*sport*) fixture list.
кале́нд|ы, ~ (*no sg*) (*hist*) calends.
кале́ни|е, я *nt* incandescence; **бе́лое к.** white heat; **довести́ до бе́лого ~я** (*fig, coll*) to rouse to fury.
калён|ый *adj* **1** red-hot. **2**: **~ые оре́хи** roasted nuts.
кале́ч|ить, у, ишь *impf* (*of* ⇒**искале́чить**) to cripple, maim, mutilate; (*fig*) to twist, pervert.
кале́ч|иться, усь, ишься *impf* (*of* ⇒**искале́читься**) **1** to become a cripple. **2** *passive of* ⇒**~ить**
кали́бр, а *m* **1** calibre (*Br*), caliber (*US*). **2** (*tech*) gauge.
калибр|ова́ть, у́ю *impf* (*tech*) to calibrate.
калибро́вк|а, и *f* (*tech*) calibration.
ка́лиевый *adj* (*chem*) potassic, potassium.
ка́ли|й, я *m* (*chem*) potassium.
кали́йн|ый *adj* (*chem*) potassium; **~ое удобре́ние** potash fertilizer.
кали́льн|ый *adj* (*tech*): **к. жар** temperature of incandescence; **~ая се́тка** (incandescent) mantle.
кали́н|а, ы (*no pl*) *f* (*bot*) guelder rose, viburnum.
кали́н|овый *adj of* ⇒**~а**
кали́тк|а, и *f* (wicket) gate.
кал|и́ть, ю́, и́шь *impf* **1** (*tech*) to heat. **2** (*орехи*) to roast.
кали́ф, а *m* caliph; **к. на час** (*ironical*) king for a day.
калифорни́|ец, йца *m* Californian.
калифорни́|йка, йки *f of* ⇒**~ец**
калифорни́йский *adj* Californian.
Калифо́рни|я, и *f* California.
ка́лл|а, ы *f* arum lily (*Br*), calla lily (*US*).
каллиграфи́ческий *adj* calligraphic.
каллигра́фи|я, и *f* calligraphy.
калмы́к, а *m* Kalmyk.
калмы́цкий *adj* Kalmyk.
калмы́|чка, чки *f of* ⇒**~к**
ка́л|овый *adj of* ⇒~
ка́ломел|ь, и *f* calomel.
калори́йност|ь, и *f* **1** (*пищи*) calorie content. **2** (*phys*) calorific value.
калори́|йный (~ен, ~йна) *adj* high-calorie; fattening.
калори́метр, а *m* (*phys*) calorimeter.
калориме́три|я, и *m* (*phys*) calorimetry.
калори́фер, а *m* (*tech*) heater, radiator.
кало́ри|я, и *f* calorie.
кало́ш|а, и *f* = **гало́ша**
калу́жниц|а, ы *f* (*bot*) kingcup, marsh marigold.
калы́м, а (*no pl*) *m* **1** (*ethnology*) bride-money. **2** (*coll*) earnings on the side.
калы́м|ить, лю, ишь *impf* (*coll*) to moonlight, do work on the side.
калы́мщик, а *m* (*coll*) moonlighter.
кальвини́зм, а *m* Calvinism.
кальвини́ст, а *m* Calvinist.
кальвини́стский *adj* Calvinistic(al).
ка́л|ька, ьки, *g pl* **~ек** *f* **1** (*бумага*) tracing paper. **2** (*копия*) (tracing paper) copy. **3** (*ling*) loan translation, calque.
кальки́р|овать, ую *impf* (*of* ⇒**с~**) **1** to trace. **2** (*ling*) to calque.
калькули́р|овать, ую *impf* (*of* ⇒**с~**) to calculate.
калькуля́тор, а *m* calculator.
калькуля|цио́нный *adj of* ⇒**~ция**; **~цио́нная ве́домость** cost sheet; cost record.
калькуля́ци|я, и *f* calculation.
Кальку́тт|а, ы *f* Calcutta, Kolkata.
кальма́р, а *m* (*zool*) squid.
кальсо́н|ы, ~ (*no sg*) long johns.

ка́льциевый *adj* (*chem*) calcium, calcic.

ка́льци|й, я *m* (*chem*) calcium.

кальци́т, а *m* (*min*) calcite.

калья́н, а *m* hookah.

каля́ка|ть, ю *impf* (*of* **⇨по~**) (*coll*) to chat.

КамА́З, а *m* lorry (*Br*), truck (*US*) made at the *Ка́мский автомоби́льный заво́д*.

камари́ль|я, и *f* (*literary*) camarilla, clique.

кама́ринск|ая, ой *f* kamarinskaya (*a lively Russian folk song and dance*).

ка́мбал|а, ы *f* **1** flatfish (*generic term*). **2** plaice; flounder.

Камбо́дж|а, и *f* Cambodia.

камбоджи́|ец, йца *m* Cambodian.

камбоджи́|йка, йки *f of* **⇨~ец**

камбоджи́йский *adj* Cambodian.

ка́мбуз, а *m* (*naut*) galley.

камво́льный *adj* (*textiles*) worsted.

каме́дистый *adj* gummy.

каме́д|ь, и *f* gum.

камел|ёк, ька́ *m* fireplace.

каме́ли|я, и *f* (*bot*) camellia.

камене́|ть, ю *impf* (*of* **⇨о~**) (*станови́ться твёрдым*) to become petrified, turn to stone; (*fig*) (*о се́рдце*) to harden; (*от стра́ха*) to be petrified.

камени́ст|ый (~, ~а) *adj* stony.

каменноу́гольн|ый *adj* coal; **к. бассе́йн** coalfield; **~ые рудники́** coal mine; (*geol*) Carboniferous; **к. пери́од** the Carboniferous (period).

ка́менн|ый *adj* **1** stone-; stony; **к. век** the Stone Age; **~ая кла́дка** stonework; **к. мешо́к** (*fig*) prison; **~ая соль** rock salt; **к. у́голь** coal. **2** (*fig*) stony; **~ое се́рдце** stony heart.

каменоло́м|ня, ни, *g pl* **~ен** *f* quarry.

каменотёс, а *m* (stone)mason.

ка́менщик, а *m* bricklayer; (*hist*): **во́льный ~** Freemason.

ка́м|ень, ня, *pl* **~ни, ~не́й** *and* (*obs*) **~е́нья, ~е́ньев** *m* stone; (*зубно́й*) tartar; **драгоце́нный к.** precious stone, gem; **зубно́й к.** dental tartar; **па́дать ~нем** to fall like a stone; **~ня на ~не не оста́вить** to raze to the ground; (*fig*): **броса́ть ~нем (в +** *a*) to cast stones (at); **у него́ к. на се́рдце лежи́т** a weight sits heavy on his heart; **держа́ть к. за па́зухой (на +** *a*, **про́тив +** *g*) to harbour (*Br*) harbor (*US*) a grudge (against); **к. с души́ мое́й свали́лся** a load has been taken off my mind.

ка́мер|а, ы *f* **1** chamber (*in various senses*); (*в тюрьме́*) cell; **морози́льная к.** freezer compartment (*of refrigerator*); **к. хране́ния (багажа́)** left-luggage office (*Br*), baggage room (*US*). **2** (*фо́то*) camera; (*ви́део*) camcorder; **снима́ть скры́той ~ой** to film secretly. **3** (*ши́ны*) inner tube; (*мяча́*) bladder.

камерге́р, а *m* chamberlain.

камерди́нер, а *m* valet.

камери́стк|а, и *f* lady's maid.

ка́мер|ный[1] *adj of* **⇨~а**

ка́мерн|ый[2] *adj* (*mus*): **к. конце́рт** chamber concert; **~ая му́зыка** chamber music.

камерто́н, а *m* tuning fork.

ка́меш|ек, ка *m diminutive of* **⇨ка́мень**; pebble; (*fig, coll*): **бро́сить/кида́ть к. в чей-н. огоро́д** to make digs at s.o.

каме́|я, и *f* cameo.

камзо́л, а *m* camisole (*men's short jacket*).

камика́дзе *m indecl* kamikaze pilot.

камила́вк|а, и *f* (*eccl*) kamelaukion (*an Orthodox priest's headgear*).

ками́н, а *m* fireplace; (open) fire; **электри́ческий к.** electric fire.

ками́н|ный *adj of* **⇨~**; **~ная по́лка** mantelpiece; **~ная решётка** fender, fireguard.

камк|а́, и́ *f* (*textiles*) damask.

камко́рдер, а *m* camcorder.

камнедроби́лк|а, и *f* stone-breaker, stone-crusher.

камнело́мк|а, и *f* (*bot*) saxifrage.

камнепа́д, а *m* rockfall.

камо́рк|а, и *f* (*coll*) closet, tiny room; box room.

кампа́ни|я, и *f* campaign.

кампучи́|ец, йца *m* Kampuchean (*now 'Cambodian'*).

кампучи́|йка, йки *f of* **⇨~ец**

кампучи́йский *adj* Kampuchean (*now 'Cambodian'*).

Кампучи́|я, и *f* Kampuchea (*now 'Cambodia'*).

камуфли́р|овать, ую *impf* (*of* **⇨за~**) to camouflage.

камуфля́ж, а (*no pl*) *m* camouflage.

камфар|а́, ы́ *f* camphor.

камфа́р|ный *adj of* **⇨~а́**

ка́мфор|а, ы *f* = **камфара́**

ка́мфорный *adj* = **камфа́рный**

Камча́тк|а, и *f* Kamchatka.

камча́т(н)ый *adj* (*о тка́ни*) damask, figured.

камы́ш, а́ *m* reed, rush (*also collect*).

камы́шниц|а, ы *f* moorhen.

камыш|о́вый *adj of* **⇨~́**

кана́в|а, ы *f* ditch; **сто́чная к.** gutter.

канавокопа́тел|ь, я *m* (*tech*) trench digger.

Кана́д|а, ы *f* Canada.

кана́д|ец, ца, *g pl* **~цев** *m* Canadian.

кана́д|ка, ки *f of* **⇨~ец**

кана́дск|ий *adj* Canadian; **~ая пи́хта** balsam fir.

кана́л, а *m* **1** (*иску́сственное ру́сло*) canal; (*морско́й*) channel. **2** (*fig*) (*путь*) channel; **дипломати́ческие ~ы** diplomatic channels. **3** (*anat*) duct, canal; **мочеиспуска́тельный к.** urethra. **4** (*телевизио́нный*) channel. **5** (*ору́дия*) bore.

канализа|цио́нный *adj of* **⇨~́ция**; **~цио́нная труба́** sewer (pipe).

канализа́ци|я, и *f* sewerage system.

канализи́р|овать, ую *impf and pf* to provide with sewerage system.

кана́л|ья, ьи, *g pl* **~ий** *cg* (*coll*) rascal, scoundrel.

канапе́ *nt indecl* canapé.

канаре́|ечный *adj* **1** *adj of* **⇨~йка**. **2** (*цвет*) canary(-coloured).

канаре́йк|а, и *f* canary.

Кана́рск|ие остров|а́, ~их ~о́в (*no sg*) Canary Islands.

кана́т, а *m* rope; cable.

кана́т|ный *adj of* **⇨~**; **к. заво́д** rope-yard; **~ная доро́га** cable car.

канатохо́д|ец, ца *m* tightrope walker.

Канбе́рр|а, ы *f* Canberra.

канв|а́, ы́ (*no pl*) *f* (*для выши́вания*) canvas; (*fig*) outline, design; **к. рома́на** the outline of a novel.

кандал|ы, о́в (*no sg*) shackles, fetters; **ручны́е к.** manacles; **закова́ть в к.** to put into irons.

канделя́бр, а *m* candelabrum.

кандида́т, а *m* candidate; **к. в чле́ны парла́мента** parliamentary candidate; **к. нау́к** PhD (*abbr of* Doctor of Philosophy) (*несмотря́ на назва́ние сте́пень присужда́ется по разли́чным нау́кам*); Doctor (*lower in rank than до́ктор нау́к*).

кандида́тск|ая, ой *f* (*coll*) = **к. диссерта́ция**; *see* **⇨кандида́тский**

кандида́т|ский *adj of* **⇨~**; **к. ми́нимум** qualifying examinations for admission to postgraduate study; **~ая диссерта́ция** PhD thesis, doctoral thesis (*lower in rank than до́кторская диссерта́ция*).

кандидату́р|а, ы *f* candidature; **вы́ставить чью-н. ~у** to nominate s.o. for election; (*кандида́т*) candidate.

кани́кул|ы, ~ (*no sg*) (*шко́льные*) holidays (*Br*), vacation (*US*); (*университе́тские*) vacation.

кани|куля́рный *adj of* **⇨~́кулы**

кани́стр|а, ы *f* jerrycan.

каните́л|ить, ю, ишь *impf* (*of* **⇨про~**) (*coll, pej*) to drag out; **к. кого́-н.** to waste s.o.'s time.

каните́л|иться, юсь, ишься *impf* (*of* **⇨про~**) (*coll, pej*) to waste time; to mess about.

канител|ь, и *f* **1** (*нить*) gold thread, silver thread. **2** (*fig, coll*) (*де́ло*) long-drawn-out proceedings; **тяну́ть, разводи́ть к.** to drag out proceedings, procrastinate; **дово́льно ~и!** this has gone on, dragged on long enough!

канитель|ный (~ен, ~ьна) *adj* (*coll*) **1** long-drawn out; tedious. **2**: **к. челове́к** procrastinator. **3** *adj of* **⇨~ь 1**

канитéльщик, а *m* (*coll*) time-waster.

канифо́л|ить, ю, ишь *impf* (*of* **⇨на~**) to rosin.

канифо́л|ь, и *f* rosin.

канка́н, а *m* cancan.

канниба́л, а *m* cannibal.

каннибали́зм, а *m* cannibalism.

канои́ст, а *m* canoeist.

кано́н, а *m* canon.

канона́д|а, ы *f* cannonade.

канонéрк|а, и *f* gunboat.

канонéрск|ий *adj*: **~ая ло́дка** gunboat.

канониза́ци|я, и *f* (*eccl*) canonization.

канонизи́р|овать, ую *impf and pf* (*eccl and fig*) to canonize.

канониз|ова́ть, у́ю *impf and pf* = **~и́ровать**

кано́ник, а *m* (*eccl*) canon.

канони́ческ|ий *adj* **1** (*eccl*) canonical; (*literary*) definitive. **2** (*eccl*): **~ое пра́во** canon law.

канотье́ *nt indecl* boater (*hat*).

кано́э *nt indecl* canoe.

кант, а *m* **1** (*оторочка*) edging, piping. **2** (*для рисунка*) mount.

канта́т|а, ы *f* (*mus*) cantata.

кант|ова́ть[1], **у́ю** *impf* (*of* ⇒**о~**) (*рисунок*) to mount.

кант|ова́ть[2], **у́ю** *impf* (*tech*) (*груз*) to cant; **не к.!** keep upright!

канто́н, а *m* canton.

кантона́льный *adj* cantonal.

канто́нский *m* Cantonese.

ка́нтор, а *m* cantor.

кану́н, а *m* eve; **к. Но́вого го́да** New Year's Eve; **к. Рождества́** Christmas Eve.

ка́н|уть, у, ешь *pf* (*obs*) to drop, sink; **к. в ве́чность, к. в Ле́ту** (*fig*) to sink into oblivion; **как в во́ду к.** to disappear without a trace, vanish into thin air.

канцеляри́ст, а *m* clerk.

канцеля́ри|я, и *f* clerical office.

канцеля́р|ский *adj of* ⇒**~ия**; **~ские принадле́жности/това́ры** stationery, office supplies; **~ская рабо́та** clerical work; **к. стол** office desk; **к. слог** officialese.

канцеля́рщин|а, ы *f* (*coll*) red tape.

канцероге́н, а *m* carcinogen.

канцероге́нн|ый *adj* carcinogenic; **~ое вещество́** carcinogen.

ка́нцлер, а *m* chancellor.

канцтова́р|ы, ов (*no sg*) (*abbr of* **канцеля́рские това́ры**) office supplies, stationery.

каньо́н, а *m* (*geog*) canyon.

каню́к, а́ *m* (*zool*) buzzard.

каню́ч|ить, у, ишь *impf* (*coll, pej*) to moan, whinge.

каоли́н, а *m.* china clay, kaolin.

кап... *comb form, abbr of* **1 капиталисти́ческий**. **2 капита́льный**

ка́п|ать, аю (*obs* **~лю, ~лешь**) *impf* (*of* ⇒**на~**) **1** (*no pf, 3rd pers only*) (*падать каплями*) to drip, drop; to trickle; to dribble; to fall (in drops); **слёзы ~али у неё из глаз** teardrops were falling from her eyes; **дождь ~ает** it is spotting with rain; **с потолка́ ~ало** there was a drip from the ceiling. **2** (*наливать каплями*) to pour out (*in drops*); **к. лека́рство в рю́мку** to pour medicine into a glass. **3** (+ *i*) (*проливать*) to spill; **ты ~аешь водо́й на ска́терть** you are spilling water on the cloth. **4** (*coll*) (*доносить*) (**на** + *a*) to tell on.

капе́лл|а, ы *f* **1** (*хор*) choir. **2** (*часовня*) chapel; **к. Богома́тери** Lady chapel.

капелла́н, а *m* chaplain.

капе́л|ь, и *f* thaw.

ка́пельк|а, и *f* **1** small drop; **к. росы́** dewdrop; **вы́пить всё до ~и** to drink to the last drop. **2** (*sg only; fig*) grain, minute quantity; **в нём нет ни ~и здра́вого смы́сла** he has not a grain of common sense; **она́ ни ~и не смути́лась** she was not the least bit put out; *as adv*: **~у** (*coll*) a little; **подожди́ ~у!** wait a moment.

капельме́йстер, а *m* (*mus*) conductor, bandmaster.

капельме́йстер|ский *adj of* ⇒**~**; **~ская па́лочка** conductor's baton.

ка́пельниц|а, ы *f* drip (feed).

ка́перс, а *m* **1** (*bot*) caper. **2** (*in pl; cul*) capers.

капилля́р, а *m* (*phys, anat*) capillary.

капилля́рный *adj* (*phys, anat*) capillary.

капита́л, а *m* (*fin*) capital; **стра́ны ~а** capitalist countries; (*fig*): **полити́ческий к.** political capital.

капитализа́ци|я, и *f* (*fin*) capitalization.

капитализи́р|овать, ую *impf and pf* (*fin*) to capitalize.

капитали́зм, а *m* capitalism.

капитали́ст, а *m* **1** capitalist. **2** (*coll*) wealthy person.

капитали́ст|ка, ки *f of* ⇒**~ 2**

капиталисти́ческий *adj* capitalist(ic).

капиталовложе́ни|е, я *nt* capital investment.

капита́льн|ый *adj* (*fin*) capital; (*основной*) main, fundamental; (*самый важный*) most important; **к. вопро́с** fundamental question; **к. ремо́нт** major repairs, refurbishment; **~ая стена́** main wall.

капита́н, а *m* captain.

капита́н|ский *adj of* ⇒**~**; **к. мо́стик** (*naut*) bridge.

капите́л|ь, и *f* **1** (*archit*) capital. **2** (*printing*) small capitals.

капитули́р|овать, ую *impf and pf* (**пе́ред** + *i*) to capitulate (to).

капитуля́ци|я, и *f* capitulation.

ка́пищ|е, а *nt* (*pagan*) temple; (*fig*) den.

капка́н, а *m* trap; **попа́сться в к.** to fall into a trap (*also fig*).

капка́н|ный *adj of* ⇒**~**; **к. про́мысел** trapping.

капли́ц|а, ы *f* (*obs or dialect*) (*Roman Catholic*) chapel.

каплу́н, а́ *m* capon.

ка́п|ля, ли, *g pl* **~ель** *f* **1** drop; **по ~ле, к. за ~лей** drop by drop; **до ~ли** to the last drop; **похо́жи как две ~ли воды́** as like as two peas; (*fig*): **к. в мо́ре** a drop in the ocean (*Br*), bucket (*US*); **после́дняя к.** the last straw; **би́ться до после́дней ~ли кро́ви** to fight to the last. **2** (*in pl; med*) drops. **3** (*fig, coll*) drop, bit; **в нём (нет) ни ~ли благоразу́мия** he hasn't a drop of sense.

ка́п|нуть, ну, нешь *pf* to drop, let fall a drop.

ка́пор, а *m* bonnet.

капо́т, а *m* **1** (*машины*) bonnet (*Br*), hood (*US*); **к. мото́ра** (*aeron*) engine cowling. **2** (*obs*) housecoat.

капра́л, а *m* (*mil*) corporal.

капра́л|ьский *adj of* ⇒**~**

капра́льств|о, а *nt* (*mil*) rank of corporal.

капремо́нт, а *m* major repairs, refurbishment.

капри́з, а *m* caprice, whim; **к. судьбы́** twist of fate.

капри́зник, а *m* capricious person, capricious child.

капри́знича|ть, ю *impf* to behave capriciously; (*о ребёнке*) to play up.

капри́з|ный (~ен, ~на) *adj* capricious.

капризу́л|я, и *cg* (*coll*) capricious, self-willed child.

капри́чч(и)о *nt* (*mus*) capriccio.

капро́н, а *m* kapron (*a synthetic fibre, similar to nylon*).

капро́н|овый *adj of* ⇒**~**

ка́псул|а, ы *f* capsule.

ка́псюл|ь, я *m* (percussion) cap (*in explosives*).

каптёрк|а, и *f* (*coll*) storeroom, depot.

капу́ст|а, ы *f* cabbage; **брюссе́льская к.** Brussels sprouts; **спа́ржевая к.** broccoli; **кормова́я к.** kale; **цветна́я к.** cauliflower.

капу́стник, а *m* **1** (*в огороде*) cabbage patch. **2** (*представление*) (satirical) revue.

капу́стниц|а, ы *f* cabbage butterfly.

капу́ст|ный *adj of* ⇒**~а**

капу́т *m indecl* (*coll*) end, destruction; *used as adj or adv* done for, kaput; **тут ему́ и к.** he's done for; it's all up with him.

капуци́н, а *m* **1** (*монах*) Capuchin (friar). **2** (*zool*) capuchin monkey.

капуч(ч)и́но *m & nt indecl* cappuccino; **два к.** two cappuccinos.

капюшо́н, а *m* hood, cowl.

ка́р|а, ы *f* (*rhetorical*) punishment, retribution.

караби́н, а *m* **1** (*винтовка*) carbine. **2** (*зацепка*) karabiner.

кара́бка|ться, юсь *impf* (*of* ⇒**вс~**) to clamber.

карава́|й, я *m* cottage loaf.

карава́н, а *m* **1** (*верблюдов*) caravan. **2** (*судов*) convoy.

карава́н-сара́|й, я *m* caravanserai.

кара́емый *adj* (*law*) punishable.

каракалпа́к, а *m* (*ethnology*) Karakalpak.

Кара́кас, а *m* Caracas.

карака́тиц|а, ы *f* **1** (*zool*) cuttlefish. **2** (*fig, coll*) (*человек*) short-legged, clumsy person.

кара́ковый *adj* dark-bay.

кара́кул|евый *adj of* ⇒**~ь**

карaку́л|ь, я (*no pl*) *m* Persian lamb; astrakhan.

каракульч|а́, и́ *f* astrakhan (fur); broadtail.

кара́кул|я, и *f* scrawl, scribble.

карамбо́л|ь, я *m* (*in billiards*) cannon.

караме́л|ь, и (*no pl*) *f* **1** (*collect*) (*конфеты*) caramels. **2** (*жжёный сахар*) caramel.

караме́льк|а, и *f* (*coll*) caramel.

караме́ль|ный *adj of* ⇒**~**

каранда́ш, а́ *m* pencil.
каранда́ш|ный *adj of* ⇨~; **к. рису́нок** pencil drawing.
каранти́н, а *m* quarantine; **наложи́ть ~у на** (+ *a*) to place in quarantine.
каранти́н|ный *adj of* ⇨~; **~ное свиде́тельство** (*naut*) bill of health.
карао́ке *nt indecl* karaoke.
карапу́з, а *m* (*coll*) chubby lad.
кара́с|ь, я *m* (*fish*) crucian; **серебряный к.** Prussian carp.
кара́т, а *m* carat.
карате́ *nt indecl* karate.
кара́тел|ь, я *m* member of punitive expedition.
кара́тельный *adj* punitive.
карати́ст, а *m* karate enthusiast, karateka.
карати́ст|ка, ки *f of* ⇨~
кара́|ть, ю *impf* (*of* ⇨**по~**) to punish.
карау́л, а *m* **1** guard; watch; **вступи́ть в к.** to mount guard; **нести́ к.** to be on guard duty; **почётный к.** guard of honour; **смени́ть к.** to relieve the guard. **2** *word of command*: **на к.!** present arms!; **взять на к.** to present arms. **3** *as int* help!; **крича́ть к.** to shout for help.
карау́л|ить, ю, ишь *impf* **1** (*охранять*) to guard. **2** (*coll*) (*ожидать*) to lie in wait for, watch out for.
карау́л|ьный *adj of* ⇨~; **~ьная бу́дка** sentry box; *as n* **к., ~ьного** *m* sentry, sentinel, guard.
карау́льщик, а *m* (*coll*) watchman, guard.
Кара́чи *m indecl* Karachi.
кара́ч|ки, ек (*no sg*) (*coll*): **на к., на ~ках** on all fours; **стать на к.** to get on all fours.
карби́д, а *m* (*chem*) carbide.
карбо́лк|а, и *f* (*coll*) carbolic acid.
карбо́ловый *adj* (*chem*) carbolic.
карбона́т, а *m* (*chem*) carbonate.
карбору́нд, а *m* carborundum.
карбу́нкул, а *m* (*min, med*) carbuncle.
карбюра́тор, а *m* (*tech, chem*) carburettor (*Br*), carburetor (*US*).
карг|а́, и́, *pl* **~и́, ~, ~а́м** *f* (*coll*): **ста́рая к.** hag, crone.
кардамо́н, а *m* (*bot*) cardamom.
карда́нный *adj*: **к. вал** (*tech*) cardan shaft.
кардина́л, а *m* (*eccl*) cardinal.
кардина́л|ьный (~ен, ~ьна) *adj* cardinal; fundamental.
кардина́л|ьский *adj of* ⇨~
кардиогра́мм|а, ы *f* cardiogram.
кардио́лог, а *m* cardiologist.
кардиологи́ческий *adj* cardiological.
кардиоло́ги|я, и *f* cardiology.
кардиостимуля́тор, а *m* (*med*) pacemaker.
кардиохиру́рг, а *m* heart surgeon.
кардиохирурги́|я, и *f* heart surgery.
Ка́рдифф, а *m* Cardiff.
каре́ *nt indecl* **1** (*mil*) square. **2** (*женская стрижка*) bob; **она́ но́сит (стри́жку) к.** she wears her hair in a bob; *as adj* (*в форме четырёхугольника*) square; **пла́тье с вы́резом к.** dress with a square neck.
каре́л, а *m* Karelian.
Каре́ли|я, и *f* Karelia.
каре́л|ка, ки *f of* ⇨~
каре́льский *adj* Karelian.
каре́т|а, ы *f* carriage, coach; **почто́вая к.** stagecoach; **к. ско́рой по́мощи** ambulance.
каре́тк|а, и *f* (*tech*) carriage, frame.
кариати́д|а, ы *f* (*archit*) caryatid.
кари́бский *adj* Caribbean.
Кари́бск|ое мо́р|е, ~ого ~я *m* the Caribbean Sea; the Caribbean.
ка́риес, а *m* (*med*) caries.
ка́рий *adj* (*глаза*) brown, hazel; (*лошадь*) chestnut, dark-chestnut.
карикату́р|а, ы *f* caricature, cartoon; (*fig*) caricature.
карикатури́ст, а *m* caricaturist, cartoonist.
карикату́р|ный *adj of* ⇨~**а**; **~ная фигу́ра** ludicrous figure.
карио́з, а *m* = **ка́риес**
карио́зный *adj* (*med*) carious.
карка́с, а *m* (*tech*) frame; (*fig*) framework.
карка́с|ный *adj of* ⇨~; **к. дом** frame house.
ка́рк|ать, аю *impf* **1** (*pf* ⇨**ка́ркнуть**) to caw, croak. **2** (*pf* ⇨**на~**) (*fig*) to prophesy ill.
ка́рк|нуть, ну, нешь *pf of* ⇨~**ать 1**
ка́рлик, а *m* dwarf.
ка́рликов|ый *adj* dwarf; **~ые племена́** the pygmies.
ка́рли|ца, цы *f of* ⇨~**к**
ка́рм|а, ы *f* (*relig*) karma.
карма́н, а *m* pocket; (*fig, coll*): **э́то мне не по ~у** I can't afford it; **бить по ~у** to cost a pretty penny; **наби́ть себе́ к.** to line one's pockets; **то́щий к.** empty pocket; **держи́ к. ши́ре!** you've got a hope!; **не лезть за сло́вом в к.** to have a ready tongue.
карма́нник, а *m* (*coll*) pickpocket.
карма́н|ный *adj of* ⇨~; **к. вор** pickpocket; **~ные де́ньги** pocket money.
карми́н, а *m* carmine.
карми́нный *adj* carmine.
карнава́л, а *m* carnival.
карни́з, а *m* (*archit*; *mountaineering*) cornice.
карп, а *m* carp (*fish*); **зерка́льный к.** mirror carp.
Карпа́т|ы, ~ (*no sg*) the Carpathians.
ка́рри *nt indecl* curry.
карт, а *m* (*sport*) go-cart.
ка́рт|а, ы *f* **1** (*geog*) map. **2** (*игральная*) (playing) card; **игра́ть в ~ы** to play cards; **име́ть хоро́шие ~ы** to have a good hand; **его́ ка́рта би́та** (*fig*) his game is up; **поста́вить на ~у** to stake, risk; **на ~е** at stake; **раскры́ть свои́ ~ы** to show one's hand (*also fig*). **3** (*бланк*) form. **4** = **ка́рточка 1**; **магни́тная к.** swipe card.
карта́в|ить, лю, ишь *impf* to be unable to pronounce 'r' and 'l' properly.
карта́вый *adj* mispronouncing 'r' and 'l'.
карт-бла́нш, а *m* carte blanche.
картёжник, а *m* (*coll*) card player.
картёжный *adj* (*coll*) card-playing.
картезиа́нский *adj* (*philos*) Cartesian.
карте́л|ь, я *m* (*fin*) cartel.
ка́ртер, а *m* (*tech*) crankcase.
карте́ч|ный *adj of* ⇨~**ь**
карте́ч|ь, и *f* **1** (*mil*) case-shot; grapeshot. **2** (*для охотничьего ружья*) buckshot.
карти́н|а, ы *f* **1** (*in various senses*) picture. **2** (*theatr*) scene; **жива́я к.** (*obs*) tableau (vivant).
ка́ртинг, а *m* go-carting.
карти́нк|а, и *f* small picture; **как к.** very pretty.
карти́н|ный (~ен, ~на) *adj* **1** *adj of* ⇨~**а**; **~ная галере́я** art gallery, picture gallery. **2** (*красивый*) picturesque. **3** (*жест, поза*) theatrical, mannered.
карто́граф, а *m* cartographer.
картографи́р|овать, ую *impf and pf* to map, draw a map of.
картографи́ческий *adj* cartographic.
картогра́фи|я, и *f* cartography.
карто́н, а *m* card, cardboard.
карто́нк|а, и *f* **1** (*ящик*) cardboard box; carton. **2** (*coll*) (*кусок картона*) piece of card, cardboard.
карто́н|ный *adj of* ⇨~; (*fig*): **к. до́мик** house of cards.
картоте́к|а, и *f* card index.
картофелечи́стк|а, и *f* potato peeler.
карто́фелин|а, ы *f* (*coll*) potato.
карто́фел|ь, я (*no pl*) *m* **1** (*collect*) potatoes; **к. в мунди́ре** jacket potatoes; **жа́реный к.** fried potatoes; **молодо́й к.** new potatoes. **2** (*растение*) potato plant.
карто́фель|ный *adj of* ⇨~; **~ное пюре́** mashed potatoes.
ка́рточк|а, и *f* **1** card; **визи́тная к.** visiting card, business card; **к. вин** wine list; **продово́льственная к.** food card, ration card. **2** (*проездной билет*) season ticket. **3** (*coll*) photo.
ка́рточ|ный *adj* **1** *adj of* ⇨**ка́рта**; **к. долг** gambling debt; **к. стол** card table; (*coll*): **к. до́мик** house of cards (*also fig*); **к. фо́кус** card trick. **2** *adj of* ⇨~**ка**; **к. катало́г** card index; **~ная систе́ма** rationing system.
карто́шк|а, и *f* (*coll*) **1** (*collect*) (*картофель*) potatoes. **2** (*картофелина*) potato; **нос ~ой** bulbous nose.
ка́ртридж, а *m* cartridge.
карту́з, а́ *m* (peaked) cap.
карусе́л|ь, и *f* merry-go-round, carousel.
Карфаге́н, а *m* Carthage.
карфаге́нский *adj* Carthaginian.
карфаге́нян|ин, ина, *pl* **~е, ~** *m* Carthaginian.
карфаге́нян|ка, ки *f of* ⇨~**ин**
ка́рцер, а *m* isolation cell.

карье́р¹, а *m* (*галоп*) career, full gallop; **во весь к.** at full speed; **пусти́ть ло́шадь в к., ~ом** to put a horse into full gallop; (*fig*): **с ме́ста в к.** straight away, without more ado.

карье́р², а *m* (*каменоломня*) quarry; (*песочный*) sandpit; **у́гольный к.** opencast mine.

карье́р|а, ы *f* career; **сде́лать ~у** to make good, get on.

карьери́зм, а *m* careerism.

карьери́ст, а *m* careerist.

карьери́стский *adj* careerist.

карье́р|ный *adj of* **1 ⇒~¹,²**. **2 ⇒~а**

каса́ни|е, я *nt* contact; (*math*): **то́чка ~я** point of contact.

каса́тельн|ая, ой *f* (*math*) tangent.

каса́тельно *prep + g* touching, concerning.

каса́тельств|о, а *nt* (*literary*) (**к** + *d*) connection (with); **я не име́л никако́го ~а к э́тому заявле́нию** I had nothing to do with this statement.

каса́т|ка, ки *f* **1** (*zool*) (*ласточка*) swallow. **2** = **коса́тка** (*misspelt*).

каса́|ться, юсь *impf* (*of* **⇒косну́ться**) **1** (+ *g*) to touch. **2** (+ *g*; *fig*) (*вопроса, темы*) to touch (on, upon); **к. больно́го вопро́са** to touch on a sore subject. **3** (+ *g or* **до** + *g*; *fig*) (*иметь отношение*) to concern, relate (to); **э́то тебя́ не ~ется** it is no concern of yours; **что ~ется** as to, as regards, with regard to.

ка́ск|а, и *f* helmet.

каска́д, а *m* **1** (*поток*) cascade; **к. красноре́чия** (*fig*) flood of eloquence. **2** (*трюк*) stunt.

каскадёр, а *m* stunt man.

каспи́йск|ий *nt* Caspian; **К~ое мо́ре** the Caspian (Sea).

ка́сс|а, ы *f* **1** (*ящик*) cash box; (*аппарат в магазине*) till, cash register; (*место в магазине*) cash desk; **уплати́ть в ~у** to pay at the cash desk; **несгора́емая к.** safe. **2** (*деньги*) cash; **фильм де́лает ~у** the film is a box office success. **3** (*железнодорожная*) booking office; (*театральная*) box office; **к. взаимопо́мощи** benefit fund, mutual aid fund; **сберега́тельная к.** savings bank.

касса|цио́нный *adj of* **⇒~ция**; **~цио́нная жа́лоба** appeal; **к. суд** Court of Appeal, Court of Cassation.

касса́ци|я, и *f* (*law*) **1** cassation. **2**: **пода́ть на ~ю** to appeal.

кассе́т|а, ы *f* cassette.

кассе́т|ный *adj of* **⇒~а**; **к. магнитофо́н** cassette recorder.

касси́р, а *m* cashier.

касси́р|овать, ую *impf and pf* (*law*) to annul, quash.

касси́р|ша, ши *f* (*coll*) *of* **⇒~**

ка́сс|овый *adj* **1** *adj of* **⇒~а**; **~овая кни́га** cash book; **к. счёт** cash account. **2**: **к. спекта́кль, фильм** a box office success.

ка́ст|а, ы *f* caste.

кастанье́т|ы, ~ *pl* (*sg* **~а, ~ы** *f*) castanets.

кастеля́нш|а, и *f* linen keeper (*in institution*).

касте́т, а *m* knuckleduster.

касто́рк|а, и *f* (*coll*) castor oil.

касто́ров|ый *adj*: **~ое ма́сло** castor oil.

кастра́т, а *m* eunuch; (*певец*) castrato.

кастра́ци|я, и *f* castration.

кастри́р|овать, ую *impf and pf* to castrate.

кастрю́л|я, и *f* saucepan.

катава́си|я, и *f* (*coll*) confusion, muddle.

катакли́зм, а *m* cataclysm.

катако́мб|а, ы *f* catacomb.

катала́жк|а, и *f* (*coll*) lock-up, nick (*Br*).

катала́нский *adj* Catalan (*of language*).

ката́лиз, а *m* (*chem*) catalysis.

катализа́тор, а *m* catalyst (*also fig*).

ката́лк|а, и *f*: **де́тская к.** (*coll*) baby buggy, pushchair.

катало́г, а *m* catalogue (*Br*), catalog (*US*).

каталогиза́тор, а *m* cataloguer.

каталогизи́р|овать, ую *impf and pf* to catalogue (*Br*), catalog (*US*).

катало́жн|ая, ой *f* catalogue (*Br*), catalog (*US*) room.

катало́|жный *adj of* **⇒~г**

катало́н|ец, ца *m* Catalan, Catalonian.

Катало́ни|я, и *f* Catalonia.

катало́н|ка, ки *f of* **⇒~ец**

катало́нский *adj* Catalan; Catalonian.

катамара́н, а *m* catamaran.

ката́ни|е, я *nt* **1** (*мяча*) rolling. **2**: **к. в экипа́же** driving; **к. верхо́м** riding; **к. на ло́дке** boating; **к. на конька́х** skating; **к. на ро́ликах** roller skating; **фигу́рное к.** figure skating; **к. с гор** tobogganing.

ка́тань|е, я *nt, only in phr* **не мытьём, так ~ем** (*coll*) by hook or by crook.

катапу́льт|а, ы *f* catapult.

катапульти́р|оваться, уюсь *impf and pf* (*о лётчике*) to eject.

Ка́тар, а *m* Qatar.

ката́р, а *m* (*med*) catarrh.

катара́кт, а *m* (*geog*) cataract.

катара́кт|а, ы *f* (*med*) cataract.

ка́тарсис, а *m* catharsis.

катастро́ф|а, ы *f* catastrophe, disaster; (*авария*) accident.

катастрофи́ческий *adj* catastrophic.

катастрофи́ч|ный (~ен, ~на) *adj* catastrophic.

кат|а́ть, а́ю *impf* **1** (*indet of* **⇒~и́ть**) (*мяч*) to roll; (*велосипед, тачку*) to wheel, trundle. **2** (*человека*) to drive, take for a drive; (*на санках*) to take for a ride. **3** (*pf* **с~**) (*из глины, теста*) to roll. **4** (*pf* **вы́~**): **к. бельё** to mangle linen.

кат|а́ться, а́юсь *impf* **1** (*indet of* **⇒~и́ться**) (*о мяче*) to roll (*intrans*); (*coll*): **к. от бо́ли** to roll in pain; **к. со́ смеху** to split one's sides with laughter; **к. с горы́** to slide down a hill. **2** (*на машине*) to go for a drive; **к. верхо́м** to ride, go riding; **к. на велосипе́де** to cycle, go cycling; **к. на конька́х** to skate, go skating; **к. на ло́дке** to go boating.

катафа́лк, а *m* **1** (*подставка*) catafalque. **2** (*погребальная колесница*) hearse.

катафо́т, а *m* Catseye (*Br propr*); reflector.

категори́чески *adv* categorically; **к. отказа́ться** to refuse flatly.

категори́ческий *adj* categorical.

категори́ч|ный (~ен, ~на) *adj* categorical.

катего́ри|я, и *f* category.

ка́тер, а, *pl* **~а́** *m* (*naut*) boat; **мото́рный к.** motor launch; **сторожево́й к.** patrol boat.

ка́тер|ный *adj of* **⇒~**

кате́тер, а *m* (*med*) catheter.

катехи́зис, а *m* catechism.

ка|ти́ть, чу́, ~тишь *impf* (*of* **⇒по~ 1**) **1** *det of* **⇒~та́ть**. **2** (*coll*) (*быстро ехать*) to bowl along, tear.

ка|ти́ться, чу́сь, ~тишься *impf* (*of* **⇒по~ 1**) **1** *det of* **⇒~та́ться**; **к. по́д гору** (*fig*) to go downhill. **2** (*течь*) to flow, stream; (*fig*) to roll; **слёзы ~ти́лись по её щека́м** tears were rolling down her cheeks; **день ~тится за днём** day after day rolls by. **3** (*coll*): **~ти́сь (отсю́да)!** get out!; clear off!

като́д, а *m* (*phys*) cathode.

като́дн|ый *adj* (*phys*) cathodic; **~ые лучи́** cathode rays; **~ая тру́бка** cathode ray tube.

кат|о́к¹, ка́ *m* (*ледяная площадка*) skating rink.

кат|о́к², ка́ *m* **1** (*машина*) roller. **2** (*для белья*) mangle.

като́лик, а *m* (Roman) Catholic.

католици́зм, а *m* (Roman) Catholicism.

католи́ческий *adj* (Roman) Catholic.

католи́честв|о, а *nt* (Roman) Catholicism.

католи́чк|а, и *f of* **⇒като́лик**

ка́торг|а, и (*no pl*) *f* penal servitude, hard labour (*Br*), labor (*US*).

каторжа́н|ин, ина, *pl* **~е, ~** *m* convict.

каторжа́н|ка, ки *f of* **⇒~ин**

ка́торжник, а *m* convict.

ка́тор|жный *adj of* **⇒~га**; **~жные рабо́ты** hard labour (*Br*), labor (*US*); (*fig*) drudgery; **~жная тюрьма́** convict prison.

кату́шк|а, и *f* **1** reel, spool. **2** (*elec*) coil.

катю́ш|а, и *f* (*mil*; *hist*) Katyusha (*a lorry-mounted multiple rocket launcher*).

кауза́льный *adj* (*philos*) causal.

ка́урый *adj* (*лошадь*) light-chestnut.

каусти́ческий *adj* (*chem*) caustic.

каучу́к, а *m* (india) rubber, caoutchouc.

каучу́к|овый *adj of* **⇒~**; rubber.

каучуконо́с, а *m* (*bot*) rubber plant.

кафе́ *nt indecl* cafe; **к.-моро́женое** ice-cream parlour (*Br*), parlor (*US*).

ка́федр|а, ы *f* **1** (*в церкви*) pulpit; (*для оратора*) rostrum, platform; **говори́ть с ~ы** to speak from the platform. **2** (*профессорство*) chair; **получи́ть ~у** to obtain a chair. **3** (*в университете*) department, sub-faculty;

К

заседа́ние ~ы sub-faculty meeting.

кафедра́льный *adj*: **к. собо́р** cathedral.

ка́фел|ь, я *m* (*collect*) glazed tiles.

ка́фель|ный *adj of* ⇨~; **~ная печь** tiled stove; **~ная пли́тка** glazed tile.

кафете́ри|й, я *m* cafeteria.

кафта́н, а *m* kaftan.

кача́лк|а, и *f* rocking chair; **конь-к.** rocking horse.

кача́ни|е, я *nt* **1** rocking, swinging; **к. ма́ятника** swing of pendulum. **2** (*насосом*) pumping.

кач|а́ть, а́ю *impf* (*of* ⇨**~ну́ть**) **1** (+ *a*) (*ребёнка, колыбель*) to rock; (+ *i*) (*головой, ногой*) to shake; (*impers*): **его́ ~а́ло из стороны́ в сто́рону** he was reeling; **ло́дку ~а́ет** the boat is rolling. **2** (*coll*) (*подбрасывать вверх*) to lift up, chair (*as mark of esteem or congratulation*); **к. права́** to demand one's rights. **3** (*pf* ⇨**на~**[1,2]) (*насосом*) to pump. **4** (*pf* ⇨**на~**[3]) (*coll*): **к. му́скулы** to do bodybuilding exercises; to work out; to pump iron.

кач|а́ться, а́юсь *impf* (*of* ⇨**~ну́ться**) **1** to rock, swing (*intrans*); (*о лодке*) to roll, pitch. **2** (*при ходьбе*) to reel, stagger. **3** (*pf* ⇨**на~**) (*coll*) to practise bodybuilding; to work out; to pump iron.

каче́л|и, ей (*no sg*) (*child's*) swing; (*доска-к.*) see-saw.

ка́чественный *adj* **1** (*различие, изменение*) qualitative. **2** (*товар*) quality.

ка́честв|о, а *nt* **1** quality; **ни́зкого ~а** poor quality; low-grade; **в ~е** (+ *g*) in the capacity (of); **он рабо́тал в ~е сове́тника** he worked as/in the capacity of adviser; **в ~е исключе́ния** as a special concession. **2** (*chess*): **вы́играть, проигра́ть к.** to gain, lose an exchange.

ка́чк|а, и *f* rocking; tossing; (*naut*): **бортова́я к.** rolling; **килева́я к.** pitching.

ка́чкий *adj* (*coll*) unstable, wobbly.

кач|ну́ть(ся), ну́(сь), нёшь(ся) *pf of* ⇨**~а́ть(ся)**

ка|чу́, ~́тишь *see* ⇨**~ти́ть**

качу́рк|а, и *f* (*zool*) petrel.

ка́ш|а, и *f* **1** kasha (*dish of cooked grain or groats*); porridge; **ма́нная к.** semolina; **ри́совая к.** boiled rice. **2** (*fig, coll*) (*месиво*) jumble; (*путаница*) muddle; **с ним ~и не сва́ришь** you won't get anywhere with him; **у него́ к. во рту** he mumbles; **завари́ть ~у** to stir up trouble; **расхлёбывать ~у** to put things right.

кашало́т, а *m* (*zool*) sperm whale.

кашева́р, а *m* (*mil*) cook.

ка́ш|ель, ля *m* cough.

кашеми́р, а *m* (*textiles*) cashmere.

кашеми́р|овый *adj of* ⇨~

каши́ц|а, ы *f* (*coll*) thin gruel.

ка́ш|ка[1], **ки** *f diminutive of* ⇨**~а**; pap.

ка́шк|а[2], **и** *f* (*bot; coll*) clover.

ка́шлян|уть, у, ешь *pf* to give a cough.

ка́шля|ть, ю *impf* **1** to cough. **2** (*как болезнь*) to have a cough.

Кашми́р, а *m* Kashmir.

кашми́р|ец, ца *m* Kashmiri.

кашми́р|ка, ки *f of* ⇨**~ец**

кашми́рский *adj* Kashmiri.

кашне́ *nt indecl* scarf, muffler.

кашпо́ *nt indecl* decorative flowerpot holder.

кашта́н, а *m* **1** (*орех*) chestnut; **таска́ть ~ы из огня́** (*fig*) to pull the chestnuts out of the fire. **2** (*дерево*) chestnut tree; **ко́нский к.** horse chestnut.

кашта́н|овый *adj* **1** *adj of* ⇨~. **2** (*цвет*) chestnut(-coloured).

каю́к (*coll*) *only in phr* **к. (пришёл)** (+ *d*) it's the end (of); **ему́ к.** his number's up; he's done for.

каю́р, а *m* dog team (*or* reindeer team) driver.

каю́т|а, ы *f* cabin.

каю́т-компа́ни|я, и *f* **1** (*на военном корабле*) wardroom. **2** (*на пассажирском судне*) officers' mess.

ка́|ющийся *pres participle of* ⇨**~яться** *and adj* repentant, contrite, penitent.

кая́к, а *m* kayak.

ка́|яться, юсь, ешься *impf* (*of* ⇨**по~**) **1** (**в** + *p*) (*сожалеть*) to repent (of); **он сам тепе́рь ~ется** he is sorry himself now. **2** (**в** + *p*) (*признаться*) to confess. **3** (*coll*): **~юсь** I am sorry to say; I (must) confess; **я, ~юсь, совсе́м об э́том забы́л** I am sorry to say I had forgotten all about it.

КБ (*abbr of* **констру́кторское бюро́**) construction office.

КВ *pl indecl* (*abbr of* **коро́ткие во́лны**) SW (*short wave*).

кв. (*abbr of* **кварти́ра**) flat, apartment.

квадра́нт, а *m* quadrant.

квадра́т, а *m* (*math*) square; **возвести́ в к.** to square; **в ~е** squared; (*fig, coll*): **дура́к в ~е** doubly a fool.

квадра́тн|ый *adj* square; **к. ко́рень** square root; **к. метр** square metre (*Br*), meter (*US*); **~ые ско́бки** square brackets; **~ое уравне́ние** quadratic equation.

квадрату́р|а, ы *f* (*math*) quadrature; (*fig*): **к. кру́га** squaring the circle.

квадриллио́н, а *m* (*math*) quadrillion.

кваза́р, а *m* (*astron*) quasar.

ква́зи... *comb form* quasi-.

ква́кань|е, я *nt* croaking.

ква́ка|ть, ю *impf* to croak.

ква́кн|уть, у, ешь *pf* to give a croak.

кваку́шк|а, и *f* (*folk poetical*) frog.

квалификац|ио́нный *adj of* ⇨**~́ия**; **~ио́нная коми́ссия** board of experts.

квалифика́ци|я, и *f* qualification; (*профессия*) profession.

квалифици́рова|нный (~н, ~на) *ppp of* ⇨**~ть** *and* (**~н, ~нна**) *adj* **1** (*работник*) qualified, skilled. **2** (*труд*) skilled.

квалифици́р|овать, ую *impf and pf* **1** (*специалиста, спортсмена*) to rank, test. **2** (*оценить*) to categorize; **как к. тако́е поведе́ние?** how should one describe such conduct/behaviour?

квант, а *m* (*phys*) quantum.

ква́нт|овый *adj of* ⇨~; **~овая тео́рия** quantum theory.

кварк, а *m* (*phys*) quark.

ква́рт|а, ы *f* **1** (*liquid measure*) quart. **2** (*mus*) fourth.

кварта́л, а *m* **1** (*домов*) block. **2** (*часть города*) quarter; **к. кра́сных фонаре́й** red-light district; **кита́йский к.** Chinatown. **3** (*года*) quarter.

кварта́льный *adj* quarterly; **к. отчёт** quarterly account.

кварте́т, а *m* (*mus*) quartet.

кварти́р|а, ы *f* **1** flat (*Br*), apartment (*US*). **2** (*снимаемое жильё*) lodgings; **жить на ~е** to live in lodgings. **3** (*in pl; mil*) quarters, billets; **зи́мние ~ы** winter quarters.

квартира́нт, а *m* lodger, tenant.

квартира́нт|ка, ки *f of* ⇨~

квартирме́йстер, а *m* quartermaster.

кварти́р|ный *adj of* ⇨**~а**; **~ная пла́та** rent; **~ное расположе́ние** (*mil*) billeting.

квартир|ова́ть, у́ю *impf* **1** (*coll*) to lodge, live. **2** (*mil*) to be billeted, be quartered.

квартиронанима́тел|ь, я *m* tenant.

квартпла́т|а, ы *f* (*abbr of* **кварти́рная пла́та**) rent.

кварц, а *m* (*min*) quartz.

ква́рц|евый *adj of* ⇨~

кварци́т, а *m* (*min*) quartzite.

квас, а, *pl* **~ы́** *m* kvass.

ква́|сить, шу, сишь *impf* to pickle; to make sour.

квас|но́й *adj of* ⇨~; **к. патрио́тизм** (*fig*) jingoism.

квас|о́к, ка́ *m* **1** *diminutive of* ⇨~. **2** (*coll*) sour tang.

квасцо́вый *adj* (*chem*) aluminous.

квасц|ы́, о́в (*no sg*) (*chem*) alum.

ква́шен|ый *adj* sour, fermented; **~ая капу́ста** sauerkraut.

квашн|я́, и́, *g pl* **~е́й** *f* **1** kneading trough. **2** (*coll*) clumsy oaf.

Квебе́к, а *m* Quebec.

кве́рху *adv* up, upwards.

кви́нт|а, ы *f* (*mus*) fifth.

квинте́т, а *m* (*mus*) quintet.

квинтэссе́нци|я, и *f* quintessence.

квит, ~́ы *as pred* (*coll*) quits; **мы с тобо́й ~́ы** we are quits.

квитанц|ио́нный *adj of* ⇨**~́ия**

квита́нци|я, и *f* receipt; **бага́жная к.** luggage ticket (*Br*), baggage check (*US*).

кво́рум, а *m* quorum.

кво́т|а, ы *f* quota.

кВт (*abbr of* **килова́тт**) kW, kilowatt(s).

кг (*abbr of* **килогра́мм**) k, kg, kilo(s), kilogram(s).

КГБ *m indecl* (*abbr of* **Комите́т госуда́рственной безопа́сности**) (*hist*) KGB, State Security Committee.

кеба́б, а *m* kebab.

кеба́бн|ая, ой *f* kebab house.

кегельба́н, а *m* (*дорожка*) bowling alley; skittle alley; (*зал*) bowling alley.

ке́гл|и, ей *pl* (*sg* **~я, ~и** *f*) **1** skittles, ninepins; **спорти́вные к.** bowls. **2** (*sg*) skittle; pin.

кегл|ь, я *m* (*printing*) point; **к. 8** 8 point.

кедр, а *m* cedar; **гимала́йский к.** deodar; **лива́нский к.** cedar of Lebanon; **сиби́рский к.** Siberian pine.

кедро́вк|а, и *f* (*zool*) nutcracker.

кедр|о́вый *adj of* ⇨~

ке́д|ы, ов *or* ~ *pl* (*sg* **кед, а** *m*) trainers (*Br*), sneakers (*US*).

кекс, а *m* fruit cake.

келе́йно *adv* in secret, privately.

келе́йный *adj* **1** *adj of* ⇨**ке́лья**. **2** (*fig, pej*) secret, private.

ке́львин, а, *g pl* **к.** *and* ~**ов** *m* kelvin (*abbr* K).

Кёльн, а *m* Cologne.

кельт, а *m* Celt.

ке́льтский *adj* Celtic.

ке́л|ья, ьи, *g pl* ~**ий** *f* (*eccl*) cell.

кем *i of* ⇨**кто**

кема́р|ить, ю, ишь *impf* (*sl*) to kip (*Br*), to grab some shut-eye.

Ке́мбридж, а *m* Cambridge.

ке́мбри|й, я *m* (*geol*) the Cambrian (period).

кембри́йский *adj* (*geol*) Cambrian; **к. пери́од** the Cambrian (period).

ке́мпинг, а *m* camping site, campsite.

кенгуру́ *m indecl* kangaroo.

кени́йский *adj* Kenyan.

Ке́ни|я, и *f* Kenya.

кенота́ф, а *m* cenotaph.

кента́вр, а *m* (*myth*) centaur.

ке́пи *nt indecl* cap.

ке́пк|а, и *f* cloth cap.

кера́мик, а *m* = **керами́ст**

кера́мик|а, и *f* ceramics.

керами́ст, а *m* ceramicist.

керами́ческий *adj* ceramic.

керати́н, а *m* (*biol*) keratin.

ке́рвел|ь, я *m* (*bot*) chervil; **ди́кий к.** cow parsley.

керога́з, а *m* paraffin stove.

кероси́н, а *m* paraffin (*Br*), kerosene (*US*).

кероси́нк|а, и *f* (*coll*) paraffin stove (*Br*), kerosene stove (*US*).

кероси́н|овый *adj of* ⇨~; ~**овая ла́мпа** oil lamp.

ке́сарев *adj* (*med*): ~**о сече́ние** Caesarean (*Br*), Cesarean (*US*) section.

ке́сар|ь, я *m* monarch, lord.

кессо́н, а *m* (*tech*) caisson.

кессо́н|ный *adj of* ⇨~; ~**ная боле́знь** caisson disease; the bends.

кет|а́, ы́ *f* Siberian salmon.

кетме́н|ь, я́ *m* (*agric*) ketmen (*a kind of hoe used in Central Asia*).

кет|о́вый *adj of* ⇨~**а́**

ке́тч, а *m* (*coll*) all-in wrestling.

кетчи́ст, а *m* (*coll*) all-in wrestler.

ке́тчуп, а *m* ketchup.

кефа́л|ь, и *f* grey mullet.

кефи́р, а *m* kefir (*sour milk, similar to runny yogurt*).

кеш, а *m* (*comput*) cache.

киберне́тик, а *m* cybernetician, cyberneticist.

киберне́тик|а, и *f* cybernetics.

кибернети́ческий *adj* cybernetic.

киберпреступле́ни|е, я *nt* (*comput*) cybercrime (*offence*).

киберпресту́пност|ь, и *f* (*comput*) cybercrime (*collect*).

киберпростра́нств|о, а *nt* cyberspace.

киби́тк|а, и *f* **1** (*экипаж*) kibitka, covered wagon. **2** (*жилище*) nomad tent.

кибу́ц, а *m* kibbutz.

кив|а́ть, а́ю *impf* (*of* ⇨~**ну́ть**) **1**: **к. (голово́й)** to nod (one's head); (*в знак согласия*) to nod assent. **2** (**на** + *a*) to nod at, motion (to); (*fig*) to put the blame (on to).

ки́вер, а, *pl* ~**а́** *m* shako.

ки́ви *m & nt indecl* **1** *m* (*zool*) kiwi. **2** *m & nt* kiwi fruit.

кив|ну́ть, ну́, нёшь *pf of* ⇨~**а́ть**

кив|о́к, ка́ *m* nod.

кида́л|а, ы *cg* (*sl*) cheat, con man.

ки|да́ть, да́ю *impf* (*of* ⇨~́**нуть**) **1** to throw, fling, cast (*usage as for* **броса́ть**); **куда́ ни кинь** whichever way you turn. **2** (*sl*) (*обманывать*) to cheat, con.

ки|да́ться, да́юсь *impf* (*of* ⇨~́**нуться**) **1** to throw o.s., fling o.s.; (*устремиться куда-н.*) to rush. **2** (+ *i*) to throw, fling. **3** *passive of* ⇨~**да́ть**

кидне́ппер, а *m* kidnapper.

кидне́ппинг, а *m* kidnapping.

Ки́ев, а *m* Kiev.

киевля́н|ин, ина, *pl* ~**е,** ~ *m* Kievan.

киевля́н|ка, ки *f of* ⇨~**ин**

ки́евский *adj* Kiev; Kievan.

кизи́л, а *m* (*bot*) cornel.

ки|й, я́, *pl* ~**и́,** ~**ёв** *m* (*sport*) cue.

кикбо́ксинг, а *m* kick-boxing.

ки́кимор|а, ы *f* **1** (*folklore*) kikimora (*a hobgoblin in female form*). **2** (*fig, coll*): **вы́глядеть как к.** to look a fright.

кил|ево́й *adj of* ⇨~**ь**; ~**евая ка́чка** pitching.

ки́ллер, а *m* contract killer, hit man.

кило́ *nt indecl* (*coll*) kilo, kilogram.

килоба́йт, а *m* (*comput*) kilobyte.

килова́тт, а, *g pl* **к.** *m* (*elec*) kilowatt.

килогра́мм, а *m* kilogram.

килокало́ри|я, и *f* large calorie.

киломе́тр, а *m* kilometre (*Br*), kilometer (*US*).

кил|ь, я *m* (*naut*) keel.

кильва́тер, а *m* (*naut*) wake; **идти́ в к.** (+ *d*) to follow in the wake (of).

ки́льк|а, и *f* sprat.

кимоно́ *nt indecl* kimono.

кингсто́н, а *m* (*naut*) Kingston valve; **откры́ть** ~**ы** to scuttle (a ship).

кинемато́граф, а *m* **1** (*как искусство*) cinematography. **2** (*кинотеатр*) cinema (*Br*), movie theater (*US*).

кинематографи́ст, а *m* cinematographer, film-maker.

кинематографи́ческий *adj* cinematographic.

кинематогра́фи|я, и *f* cinematography.

кинеско́п, а *m* picture tube.

кине́тик|а, и *f* (*phys*) kinetics.

кинети́ческий *adj* (*phys*) kinetic.

кинжа́л, а *m* dagger.

кинжа́л|ьный *adj* **1** *adj of* ⇨~. **2** (*mil*) close-range, hand-to-hand.

кино́ *nt indecl* **1** (*как искусство*) the cinema. **2** (*coll*) (*здание*) cinema (*Br*), movie theater (*US*). **3** (*coll*) (*фильм*) film, movie.

кино... *comb form, abbr of* **кино́, кинематографи́ческий**

киноактёр, а *m* film actor (*Br*), movie actor (*US*).

киноактри́с|а, ы *f* film actress (*Br*), movie actress (*US*).

киноаппара́т, а *m* movie camera.

киноаппарату́р|а, ы *f* cinematographic equipment.

киноарти́ст, а *m* = **киноактёр**

киноарти́стк|а, и *f* = **киноактри́са**

кинобоеви́к, а́ *m* hit film.

ки́новар|ь, и *f* cinnabar, vermilion.

кинове́д, а *m* film historian (*Br*), movie historian (*US*).

кинове́дени|е, я *nt* film studies (*Br*), movie studies (*US*).

кинове́д|ческий *adj of* ⇨~**ение**

киноде́л|е́ц, ьца́ *m* movie mogul.

кинодрамату́рг, а *m* screenwriter.

киножурна́л, а *m* newsreel.

кинозáл, а *m* **1** (*здание*) cinema (*Br*), movie theater (*US*). **2** (*зал*) auditorium.

кинозвезд|а́, ы́, *pl* ~̈**ы,** ~̈, ~̈**ам** *f* film star (*Br*), movie star (*US*).

кинозри́тел|ь, я *m* cinema-goer.

кинока́мер|а, ы *f* movie camera.

кинокарти́н|а, ы *f* (*non-documentary*) film; motion picture; movie.

кинокоме́ди|я, и *f* comedy film, movie.

кинокри́тик, а *m* film critic.

киноле́нт|а, ы *f* reel (of film).

кинолюби́тел|ь, я *m* amateur film-maker, cineast(e).

кинома́н, а *m* cinephile, film freak (*coll*).

киномеха́ник, а *m* projectionist.

кинообозрева́тел|ь, я *m* film critic.

кинооперáтор, а *m* cameraman.

киноплёнк|а, и *f* cine film (*Br*), movie film (*US*).

кинопро́б|а, ы *f* screen test.

кинопрока́т, а *m* film hire service.

кинопросмо́тр, а *m* film screening.

кинорежиссёр, а *m* film director.

кинорепорта́ж, а *m* news film.

киносеа́нс, а *m* (cinema) performance, showing.

киносту́ди|я, и *f* film studio (*Br*), movie studio (*US*).

киносцена́ри|й, я *m* screenplay.

киносценари́ст, а *m* scriptwriter.

киносъёмк|а, и *f* filming, shooting.

киносъём|очный *adj of* ⇨~**ка**; ~**очная кома́нда** film crew; **к. аппара́т** film *or* movie camera.

кинотеа́тр, а *m* cinema (*Br*), movie theater (*US*).

киноустано́вк|а, и *f* projecting machine.

кинофи́льм, а *m* film, movie.

кинохро́ник|а, и *f* newsreel.

ки́|нуть(ся), ну(сь), нешь(ся) *pf of* **⇒~да́ть(ся)**

кио́ск, а *m* kiosk, stall; **газе́тный к.** news-stand.

киоскёр, а *m* stallholder.

кио́т, а *m* icon case.

ки́п|а, ы *f* **1** pile, stack. **2** (*мера*) pack, bale; **к. хло́пка** bale of cotton.

кипари́с, а *m* (*bot*) cypress.

кипе́ни|е, я *nt* boiling; **то́чка ~я** boiling point.

кип|е́ть, лю́, и́шь *impf* **к. негодова́нием** (*fig*) to seethe with indignation; **жизнь ~и́т** life is full; **рабо́та ~е́ла** work was in full swing.

Кипр, а *m* Cyprus.

кипре́|й, я *m* (*bot*) willowherb.

киприо́т, а *m* Cypriot.

киприо́т|ка, ки *f of* **⇒~**

киприо́тск|ий *adj* Cypriot; of Cypriots; **~ое гостеприи́мство** Cyrpiot hospitality.

ки́прский *adj* Cypriot; of Cyprus; **к. худо́жник** Cypriot painter.

кипу́чест|ь, и *f* ebullience, turbulence.

кипу́ч|ий (~, ~а) *adj* **1** bubbling, seething. **2** (*fig*) ebullient, turbulent; **~ая де́ятельность** feverish activity.

кипяти́льник, а *m* kettle, boiler.

кипя|ти́ть, чу́, ти́шь *impf* (*of* **⇒вс~**) to boil.

кипя|ти́ться, чу́сь, ти́шься *impf* **1** to boil (*intrans*). **2** (*fig, coll*) to get excited. **3** *passive of* **⇒~ти́ть**

кипят|о́к, ка́ *m* boiling water.

кипячёный *adj* boiled.

кир, а *m* (*sl*) booze, liquor.

кира́с|а, ы *f* (*mil, hist*) cuirass.

кираси́р, а *m* (*mil, hist*) cuirassier.

кирги́з, а *m* Kyrgyz.

Кирги́зи|я, и *f* Kyrgyzstan.

кирги́з|ка, ки *f of* **⇒~**

кирги́зский *adj* Kyrgyz.

ки́рз|а́, ы *and* **~ы́** *f* kersey.

ки́рз|о́вый *adj of* **⇒~а́**

кири́ллиц|а, ы *f* Cyrillic alphabet.

кирилли́ческий *adj* Cyrillic.

ки́рк|а, и *f* (Protestant) church.

кирк|а́, и́ *f* pick(axe).

кирк|о́вый *adj of* **⇒~а́**

кирпи́ч, а́ *m* **1** brick. **2** (*collect*) bricks. **3** (*coll*) (*доро́жный знак*) no-entry sign.

кирпи́ч|ик, а *m* **1** *diminutive of* **⇒~**. **2** (*in pl*) (*игру́шка*) bricks.

кирпи́ч|ный *adj of* **⇒~**; **к. заво́д** brickworks; **к. цвет** terracotta.

ки́рх|а, и, *g pl* **к.** *f* = **ки́рка**

ки́с|а, ы *f* = **~ка**

кисе́|йный *adj of* **⇒~я́**

кисе́л|ь, я́ *m* kissel (*kind of blancmange*); (*fig, coll*): **деся́тая/седьма́я вода́ на ~е́** distant relative; **за семь вёрст ~я́ хлеба́ть** to go on a fool's errand.

кисе́т, а *m* tobacco pouch.

кисе|я́, и́ *f* muslin.

ки́ск|а, и *f* (*coll*) puss, pussycat.

кис-ки́с *int* puss-puss! (*when calling cat*).

ки́сленький *adj* (*coll*) slightly sour.

кисле́|ть, ю *impf* (*coll*) to become sour.

кисли́нк|а, и *f* sour taste; **с ~ой** (*coll*) slightly sour, sourish.

кислова́т|ый (~, ~а) *adj* sourish; acidulous.

кислоро́д, а *m* oxygen.

кислоро́дно-ацетиле́новый *adj* oxyacetylene.

кислоро́дный *adj* (*chem*) oxygen.

ки́сло-сла́д|кий (~ок, ~ка) *adj* sweet-and-sour.

кислот|а́, ы́, *pl* **~ы** *f* **1** sourness; acidity. **2** (*chem*) acid.

кисло́тност|ь, и *f* (*chem*) acidity.

кисло́тный *adj* (*chem*) acid; **к. дождь** acid rain.

ки́с|лый (~ел, ~ла́, ~ло) *adj* **1** (*я́блоко*) sour; (*fig*): **~лое настрое́ние** sour mood. **2** (*закиси́й*) sour, fermented; **~лая капу́ста** sauerkraut. **3** (*chem*) acid.

ки́с|нуть, ну, нешь, *past* **~, ~ла** *impf* **1** (*молоко́*) to turn sour. **2** (*fig, coll*) (*челове́к*) to mope; to look sour.

кист|а́, ы́ *f* (*med*) cyst.

кисте́н|ь, я́ *m* bludgeon, flail.

ки́сточк|а, и *f* **1** (*для рисова́ния*) brush; **к. для бритья́** shaving brush. **2** (*на ска́терти*) tassel. **3** (*виногра́да*) bunch.

кист|ь[1], и, *pl* **~́и, ~е́й** *f* **1** (*bot*) cluster, bunch; **к. виногра́да** bunch of grapes. **2** (*для рисова́ния*) brush; **маля́рная к.** paintbrush. **3** (*на ска́терти*) tassel.

кист|ь[2], и, *pl* **~́и, ~е́й** *f* (*руки́*) hand.

кит, а́ *m* whale.

кита́|ец, йца, *pl* **~йцы, ~йцев** *m* Chinese.

Кита́|й, я *m* China.

кита́йск|ий *adj* Chinese; **~ая гра́мота** double Dutch.

кита́йско-... *comb form* Sino-.

китая́нк|а, и *f of* **⇒кита́ец**

ки́тел|ь, я, *pl* **~я́, ~е́й** *m* (*mil*) tunic, jacket (*with high collar*).

китобо́|ец, йца *m* (*су́дно*) whaler.

китобо́|й, я *m* (*челове́к; су́дно*) whaler.

китобо́йн|ый *adj* whaling; **к. про́мысел** whaling; **~ое су́дно** whaler.

кит|о́вый *adj of* **⇒~**; **к. жир** blubber; **к. ус** whalebone, baleen.

китоло́в, а *m* (*челове́к*) whaler.

кито|ло́вный *adj* = **~бо́йный**

китч, а *m* kitsch.

кич|и́ться, у́сь, и́шься *impf* (+ *i*) to boast (about); to strut.

кичли́вост|ь, и *f* conceit; arrogance.

кичли́в|ый (~, ~а) *adj* conceited, arrogant, strutting.

киш|е́ть, у́, и́шь *impf* (+ *i*) to swarm (with), teem (with).

кише́чник, а *m* (*anat*) bowels, intestines; **очи́стить к.** to open the bowels.

киш|е́чный *adj of* **⇒~е́чник** *and* **⇒~ка́**; intestinal.

киш|ка́, ки́, *g pl* **~о́к** *f* **1** (*anat*) gut, intestine; **пряма́я к.** rectum; **слепа́я к.** caecum; **то́нкая, то́лстая к.** small, large intestine; (*fig, coll*): **к. тонка́!** he, *etc.*, isn't up to that! **2** (*coll*) (*для пода́чи воды́*) hose; **поли́ть ~ко́й** to hose.

кишла́к, а́ *m* kishlak (*a village in Central Asia*).

кишми́ш, а (*no pl*) *m* (*виногра́д*) seedless grapes; (*изю́м*) raisins, sultanas.

кишмя́ *adv, only in phr* **к. кише́ть** to swarm.

клавеси́н, а *m* (*mus*) harpsichord.

клавиату́р|а, ы *f* keyboard.

клавико́рд|ы, ов (*no sg*) (*mus*) clavichord.

кла́виш, а *m* = **кла́виша**

кла́виш|а, и *f* key (*of piano, computer, etc.*); **к. пробе́ла** space bar.

кла́виш|ный *adj of* **⇒~а**; **~ные инструме́нты** keyboard instruments.

клад, а *m* treasure; (*fig, coll*) treasure (house); **моя́ секрета́рша — настоя́щий к.** my secretary is a real treasure.

кла́дбищ|е, а *nt* cemetery, graveyard; (*при це́ркви*) churchyard.

кладби́щенский *adj of* **⇒кла́дбище**; **к. сто́рож** sexton.

кла́дез|ь, я *m, archaic, now only in phr* **к. прему́дрости** mine of information.

кла́дк|а, и *f* laying; **ка́менная к.** masonry; **кирпи́чная к.** brickwork.

кладов|а́я, о́й *f* (*для прови́зии*) pantry, larder; (*для това́ров*) storeroom.

кладо́вк|а, и *f* (*coll*) small pantry, larder.

кладовщи́к, а́ *m* storeman (*Br*), storekeeper.

кладовщи́|ца, цы *f* storewoman (*Br*), (female) storekeeper.

кла|ду́, дёшь *see* **⇒~сть**

кла́дчик, а *m* bricklayer.

клад|ь, и *f* (*sg only*) load; **ручна́я к.** hand luggage (*Br*), baggage (*US*).

кла́к|а, и (*no pl*) *f* (*collect*) claque.

клакёр, а *m* (*theatr*) claqueur.

клаксо́н, а *m* horn.

клан, а *m* clan.

кланя́|ться, юсь *impf* (*of* **⇒поклони́ться**) **1** (+ *d or* **с** + *i*) to bow (to); (*приве́тствовать*) to greet; **к. в по́яс** to bow from the waist; (*fig*): **мы с ним не ~емся** I am not on speaking terms with him. **2** (*передава́ть приве́т*) to send, convey greetings; **~йтесь ему́ от меня́** give him my regards. **3** (+ *d or* **пе́ред** + *i*; *coll*) (*уни́женно проси́ть*) to cringe (before); to humiliate o.s. (before).

кла́пан, а *m* **1** valve. **2** (*карма́на*) flap.

кларне́т, а *m* clarinet.

кларнети́ст, а *m* clarinettist.

класс, а *m* **1** class; **господ́ствующий, пра́вящий к.** ruling class; **к. млекопита́ющих** (class) Mammalia; **игра́ высо́кого ~́а** high-class play. **2** (*ко́мната*) classroom.

кла́ссик, а *m* **1** (*писа́тель*) writer of classics. **2** (*учёный*) classical scholar, classicist.

кла́ссик|а, и *f* the classics.

кла́ссик|и, ов *diminutive of* **⇒кла́ссы**

классифика́ци|я, и *f* classification.

классифици́р|овать, ую *impf and pf* to classify.

классици́зм, а *m* classicism.

класси́ческий *adj* (*музыка, образование, язык*) classical; (*работа, пример, одежда*) classic.

кла́сс|ный *adj* (*of* ⇒~) **1**: **~ная доска́** blackboard; **~ная ко́мната** classroom; **~ная рабо́та** class work. **2**: **к. ваго́н** passenger coach. **3** (*sport*) first class. **4** (*coll*) (*отличный*) excellent, great.

кла́ссовост|ь, и *f* class character.

кла́ссов|ый *adj* (*pol*) class; **~ая борьба́** class struggle; **~ое созна́ние** class consciousness.

кла́сс|ы, ов *pl* hopscotch.

кла|сть, ду́, дёшь, *past* **~л, ~́ла** *impf* (*of* ⇒**положи́ть**) **1** (*помещать*) to lay; to put; to place; **к. больно́го на носи́лки** to lay a patient on a stretcher; **к. са́хар в чай** to put sugar in one's tea; **к. на ме́сто** to replace; **к. не на ме́сто** to mislay; **к. на му́зыку** to set to music; **к. яйца́** to lay eggs; **к. нача́ло, к. коне́ц чему́-н.** to start sth, put an end to sth. **2** (*pf* **сложи́ть**[1] **5**) (*строить*) to build. **3** (*coll*) (*отводить*) to assign, set aside; **мы ~дём пятьдеся́т рубле́й на э́ту пое́здку** we are setting aside fifty roubles for this trip.

клаустрофо́би|я, и *f* claustrophobia.

кла́ца|ть, ю *impf* (*coll*) (*о зубах*) to chatter.

клёв, а *m* biting, bite; **сего́дня хоро́ший к.** the fish are biting well today.

кл|ева́ть, юю, юёшь *impf* (*of* ⇒**~ю́нуть**) **1** (*о птице*) to peck. **2** (*о рыбе*) to bite; **вчера́ ры́ба не ~ева́ла** the fish were not biting yesterday. **3** (*coll*): **к. но́сом** to nod (*from drowsiness*).

кл|ева́ться, ~юётся *impf* to peck (one another).

кле́вер, а *m* (*bot*) clover.

кле́вер|ный *adj of* ⇒~

клевет|а́, ы́ *f* slander; (*в печати*) libel; **возвести́ на кого́-н. ~у́** to cast aspersions on s.o.

клеве|та́ть, щу́, ~́щешь *impf* (*of* ⇒**о~** (*кого*) *and* ⇒**на~** (*на кого + d*)) to slander, malign; (*в печати*) to libel; **он оклевета́л меня́, он наклевета́л на меня́** he slandered me; **он ~та́л нача́льнику на всех сотру́дников в тече́ние двух лет** he made slanderous remarks (*or* complained) to the boss about all the staff over a period of two years; **он наклевета́л мне на вас** he made slanderous remarks (*or* complained) to me about you.

клеветни́к, а́ *m* slanderer.

клеветн|и́ца, и́цы *f of* ⇒**~и́к**

клеветни́ческ|ий *adj* slanderous; libellous; **~ая кампа́ния** smear campaign.

клеве|щу́, ~́щешь *see* ⇒**~та́ть**

клев|о́к, ка́ *m* (*coll*) peck.

клевре́т, а *m* minion, creature.

клёвый *adj* (*sl*) brill, knockout, fantastic.

кле|ево́й *adj of* ⇒**~й**; **~ева́я кра́ска** size paint.

клеёнк|а, и *f* oilcloth.

клеёнчатый *adj* oilskin.

кле́|ить, ю, ишь *impf* (*of* ⇒**с~**) **1** to glue; to gum; to paste. **2**: **к. де́вушку** (*sl*) to pick up a girl.

кле́|иться, ится *impf* (*coll*) **1** to become sticky. **2** (*fig; usu with neg*) to get on, go well; **моя́ рабо́та не ~ится** my work is not going too well. **3** *passive of* ⇒**~ить**

кле|й, я, о ~́е, в ~́е/~ю́, на ~ю́ *m* glue; **мучно́й к.** paste; **пти́чий к.** birdlime; **ры́бий к.** isinglass; fish glue.

кле́йк|а, и *f* gluing.

кле́йк|ий *adj* sticky; **~ая ле́нта** adhesive tape.

клейкови́н|а, ы *f* gluten.

кле́йкост|ь, и *f* stickiness.

клейме́ни|е, я *nt* branding, stamping.

клеймёный *adj* branded.

клейм|и́ть, лю́, и́шь *impf* (*of* ⇒**за~**) to brand, stamp; (*fig*) to brand, stigmatize; **к. позо́ром** to hold up to shame.

клейм|о́, а́, *pl* **~́а** *nt* brand, stamp; **пробирно́е к.** hallmark; **фабри́чное к.** trademark; **к. позо́ра** (*fig*) stigma.

кле́йстер, а *m* paste.

клёкот, а *m* screech.

клеко|та́ть, чу́, ~́чешь *impf* to screech.

клема́тис, а *m* clematis.

кле́мм|а, ы *f* (*elec*) terminal.

клён, а *m* maple.

клено́вый *adj of* ⇒**клён**

клепа́льн|ый *adj* riveting; **~ая маши́на** riveter, riveting machine.

клепа́льщик, а *m* riveter (*operator*).

клёпаный *adj* (*tech*) riveted.

клепа́|ть[1]**, ю** *impf* (*tech*) to rivet.

клеп|а́ть[2]**, лю́, ~́лешь** *impf* (*of* ⇒**наклепа́ть**) (**на** *+ a; coll*) to slander, cast aspersions (on).

клёпк|а[1]**, и** *f* (*действие*) riveting.

клёпк|а[2]**, и** *f* barrel stave; (*fig, coll*): **у него́ одно́й ~и не хвата́ет** he has got a screw loose.

клептома́н, а *m* kleptomaniac.

клептома́ни|я, и *f* kleptomania.

клептома́н|ка, ки *f of* ⇒~

клерикали́зм, а *m* (*pol*) clericalism.

клёст, а́ *m* (*zool*) crossbill.

клётк|а, и *f* **1** cage; (*для кур*) coop; (*для кроликов*) hutch. **2** (*на бумаге*) square; (*на ткани*) check. **3** (*anat*): **грудна́я к.** thorax. **4** (*biol*) cell.

клету́шк|а, и *f* (*coll*) closet, tiny room.

клетча́тк|а, и *f* **1** (*bot, tech*) cellulose. **2** (*anat*) cellular tissue.

кле́тчатый *adj* checked; **к. плато́к** checked headscarf.

клет|ь, и, *pl* **~́и, ~е́й** *f* **1** (*dialect*) (*кладовая*) storeroom; shed. **2** (*в шахте*) cage.

клёцк|а, и *f* (*cul*) dumpling.

клёш, а *m* (*and indecl adj*) flare; **брю́ки к.** flared trousers, bell-bottomed trousers; **ю́бка к.** flared skirt.

клешн|я́, и́, *g pl* **~е́й** *f* claw, pincer.

клещ, а́ *m* (*zool*) tick.

кле́щ|и, е́й (*no sg*) **1** pincers, tongs; (*fig, coll*): **э́того из меня́ ~а́ми не вы́тянешь** wild horses shall not drag it from me. **2** (*mil; fig*) pincers, pincer movement.

кли́вер, а *m* (*naut*) jib.

клие́нт, а *m* client.

клие́нт|ка, ки *f of* ⇒~

клиенту́р|а, ы *f* (*collect*) clientele.

кли́зм|а, ы *f* (*med*) enema; **ста́вить ~у** (*+ d*) to give (s.o.) an enema.

клик, а *m* (*poetical*) cry, call.

кли́к|а, и *f* clique.

кли́|кать, чу, чешь *impf* (*of* ⇒**~кнуть**) **1** (*coll*) (*призывать*) to call, hail. **2** (*+ a and i; coll*) (*называть*) to call (*name*); **его́ ~чут Ива́ном** he is called Ivan. **3** (*о птицах*) to honk.

кли́к|нуть, ну, нешь *pf of* ⇒**~ать**

клику́ш|а, и *f* hysterical woman.

клику́шеств|овать, ую *impf* **1** to be hysterical. **2** (*fig*) to stir up panic.

кли́макс, а *m* menopause.

климакте́ри|й, я *m* = **кли́макс**

климактери́ческий *adj* menopausal; **к. пери́од** menopause.

кли́мат, а *m* climate.

климати́ческий *adj* climatic.

клин, а, *pl* **~́ья, ~́ьев** *m* **1** wedge; **загна́ть к.** (**в** *+ a*) to drive a wedge (into); **борода́ ~́ом** wedge-shaped beard; (*fig*): **вбить к.** (**ме́жду**) to drive a wedge (between); **к. ~́ом вышиба́ется** (*proverb*) like cures like; **свет не ~́ом сошёлся** there are plenty more fish in the sea. **2** (*archit*) quoin. **3** (*кусок ткани*) gore; gusset.

кли́ник|а, и *f* clinic.

клинициа́ст, а *m* clinician.

клини́ческий *adj* clinical.

клинови́д|ный (~ен, ~на) *adj* wedge-shaped; V-shaped.

клин|о́к, ка́ *m* blade.

клинообра́з|ный (~ен, ~на) *adj* wedge-shaped; **~ные письмена́** cuneiform characters.

клинопи́сный *adj* cuneiform.

кли́нопис|ь, и *f* cuneiform (characters, text).

кли́ныш|ек, ка *m*: **боро́дка ~ком** goatee.

клип, а *m* video clip.

кли́пер, а *m* (*naut*) clipper.

кли́пс|ы, ~ *or* **~ов** *pl* (*sg* **~а, ~ы** *f or* **~, ~а** *m*) clip-on earrings; clip-ons.

клир, а *m* (*collect; eccl*) the clergy (*of a parish*).

кли́ринг, а *m* (*fin*) clearing, clearance.

кли́рос, а *m* choir (*part of church*).

кли́тор, а *m* (*anat*) clitoris.

клитора́льный *adj* (*anat*) clitoral.

кли́торный *adj* = **клитора́льный**

клич, а *m* (*rhetorical*) call; **боево́й к.** war cry; **кли́кнуть к.** to issue a call.

кли́чк|а, и *f* **1** (*животного*) name. **2** (*человека*) nickname.

клише́ *nt indecl* (*printing and fig*) cliché.

клиши́рованный *adj* clichéd.

клоа́к|а, и *f* cesspit, sewer (*also fig*).

клобу́к, а́ *m* (*eccl*) klobuk (*the headgear of an Orthodox monk*).

клозе́т, а *m* (*coll*) water closet, WC.

клок, а́, *pl* **кло́чья, кло́чьев** *and* **~и́, ~о́в** *m* **1** (*обрывок*) rag, shred; **разорва́ть в кло́чья** to tear to shreds, tatters. **2** (*пучок*) tuft; **к. се́на** wisp of hay.

кло́кот, а (*no pl*) *m* bubbling; gurgling.

клокота́ни|е, я *nt* bubbling; gurgling.

клоко|та́ть, чу́, ~́чешь *impf* to bubble; to gurgle; (*кипеть*) to boil up (*also fig*); **в нём всё ~та́ло от гне́ва** he was seething with rage.

клон, а *m* (*biol etc.*) clone.

клони́р|овать, ую *impf and pf* to clone.

клон|и́ть, ю́, ~́ишь *impf* **1** to bend; to incline; (*impers*): **ло́дку ~и́ло на́ бок** the boat was heeling; **старика́ уже́ ~и́ло ко сну́** the old man was already nodding off. **2** (*fig, coll*) to lead (*conversation*); **куда́ ты ~́ишь?** what are you driving at?

клон|и́ться, ю́сь, ~́ишься *impf* **1** to bow, bend (*intrans*). **2** (**к** + *d, fig*): to be nearing; to be leading up (to), be heading (for); **день ~и́лся к ве́черу** the day was declining; **де́ло ~́ится к развя́зке** the affair is coming to a head; **к чему́ э́то ~́ится?** what is it leading up to?

клоп, а́ *m* bedbug.

клопо́вник, а *m* (*coll*) bug-infested place.

клоп|о́вый *adj of* ⇒~

кло́ун, а *m* clown.

клоуна́д|а, ы *f* clownery, clowning; clown acts.

кло́ун|ский *adj of* ⇒~; **к. колпа́к** fool's cap.

клох|та́ть, чу́, ~́чешь *impf* (*coll*) to cluck.

клочкова́т|ый (~, ~а) *adj* **1** (*шерсть*) tufted, shaggy. **2** (*стиль*) patchy, scrappy.

клоч|о́к, ка́ *m diminutive of* ⇒**клок**; **разорва́ть в ~ки́** to tear to shreds, tatters; **к. бума́ги** scrap of paper; **к. земли́** plot of land; **к. лазу́ри среди́ облако́в** a patch of blue sky between the clouds.

клуб¹, а *m* **1** (*общество*) club; **к. люби́телей бе́га** jogging club; **к. здоро́вья** keep-fit club; **к. одино́ких серде́ц** Lonely Hearts Club. **2** (*здание*) clubhouse; **офице́рский к.** officers' mess.

клуб², а, *pl* **~ы́, ~о́в** *m* (*дыма*) puff; **~ы́ пы́ли** clouds of dust.

клу́б|ень, ня *m* (*bot*) tuber.

клуб|и́ть, и́т *impf* to blow up, puff out; **к. пыль** to raise clouds of dust.

клуб|и́ться, и́тся *impf* to swirl; to curl, wreathe.

клубнево́й *adj* (*bot*) tuberose.

клубни́к|а, и *f* **1** (*растение*) (cultivated) strawberry. **2** (*collect*) (cultivated) strawberries.

клубни́|чный *adj of* ⇒**~ка**; **~чное варе́нье** strawberry preserve.

клу́б|ный *adj of* ⇒~¹

клуб|о́к, ка́ *m* **1** ball; **сверну́ться ~ко́м, в к.** to roll o.s. up into a ball. **2** (*fig*) (*запутанное сцепление чего-н.*) tangle, mass; **к. интри́г** network of intrigue; **к. противоре́чий** mass of contradictions. **3** (*fig*) (*в горле*) lump; **у неё к. подступи́л к го́рлу** a lump rose in her throat.

клу́мб|а, ы *f* (flower)bed.

клу́ш|а, и *f* **1** (*dialect*) broody hen. **2** (*человек*) clumsy person.

клык, а́ *m* **1** (*у человека*) canine (tooth). **2** (*у животного*) fang; (*бивень*) tusk.

клюв, а *m* beak; bill.

клюк|а́, и́ *f* walking stick.

клю́к|ать, аю *impf of* ⇒**~нуть**

клю́кв|а, ы *f* **1** (*растение*) cranberry. **2** (*collect*) cranberries.

клю́кв|енный *adj of* ⇒**~а**; **к. кисе́ль** cranberry jelly; **к. морс** cranberry drink.

клю́к|нуть, ну, нешь *pf* (*of* ⇒**~ать**) (*coll*) to take a drop.

клю́н|уть, у, ешь *pf of* ⇒**клева́ть**

ключ¹, а́ *m* **1** (*in various senses*) key; **запере́ть на к.** to lock; **га́ечный к.** spanner, wrench; **францу́зский к.** monkey wrench; **к.-шестигра́нник** Allen key; **к. к ши́фру** key to a cipher. **2** (*archit*) keystone. **3** (*mus*) key, clef; **басо́вый к.** bass clef; **скрипи́чный к.** treble clef.

ключ², а́ *m* (*источник*) spring; source; **кипе́ть ~о́м** to bubble over; **бить ~о́м** to spout, jet; (*fig*) to be in full swing.

ключ|ево́й¹ *adj of* ⇒~¹; **~евы́е о́трасли промы́шленности** key industries; (*mil*): **~евы́е пози́ции** key positions; **~ево́е сло́во** keyword; (*mus*): **к. знак** clef.

ключ|ево́й² *adj of* ⇒~²; **~ева́я вода́** spring water.

ключи́ц|а, ы *f* (*anat*) collarbone.

клю́шк|а, и *f* (*гольф*) (golf) club; (*хоккей*) (hockey) stick; (*coll*) walking stick.

кл|ю́ю, юёшь *see* ⇒**~ева́ть**

кля́кс|а, ы *f* blot, smudge.

кля|ну́, нёшь *see* ⇒**~сть**

кля́нч|ить, у, ишь *impf* (*coll*) (**у** + *g*) to pester, nag (*s.o. for*); **к. де́ньги у кого́-н.** to pester s.o. for money.

кляп, а *m* gag; **засу́нуть к. в рот** (+ *d*) to gag.

кляр, а *m* (*cul*) (*жидкая панировка*) batter (*for coating food before frying*); **ры́ба в ~́е** fish in batter, battered fish.

кля|сть, ну́, нёшь, *past* **~л, ~ла́, ~́ло** *impf* to curse.

кля|сться, ну́сь, нёшься, *past* **~лся, ~ла́сь** *impf* (*of* ⇒**по~**) (**в** + *p or* + *inf or* + **(в том,) что**) to swear, vow; **к. в ве́рности** to swear allegiance; **к. отомсти́ть** to vow vengeance; **к. че́стью** to swear on one's honour (*Br*), honor (*US*).

кля́тв|а, ы *f* oath, vow; **к. Гиппокра́та** Hippocratic oath; **ло́жная к.** perjury; **дать ~у** to take an oath.

кля́тв|енный *adj of* ⇒**~а**; **дать ~енное обеща́ние** to promise on oath.

клятвопреступле́ни|е, я *nt* perjury.

клятвопресту́пник, а *m* perjurer.

кля́уз|а, ы *f* (*coll*) petty slander, malicious gossip.

кля́узник, а *m* (*coll*) scandalmonger; gossip.

кля́узнича|ть, ю *impf* (*of* ⇒**на~**) (*coll*) to spread slander; to gossip.

кля́узн|ый *adj* (*coll*) (*придирчивый*) captious, pettifogging; **~ое де́ло** malicious litigation.

кля́ч|а, и *f* (*pej*) (*лошадь*) (old) nag.

км (*abbr of* **киломе́тр**) km, kilometre(s) (*Br*), kilometer(s) (*US*).

КНДР *f indecl* (*abbr of* **Коре́йская Наро́дно-Демократи́ческая Респу́блика**) Democratic People's Republic of Korea.

кне́л|и, ей *pl* (*sg* **~ь, ~и** *f*) (*cul*) quenelles.

кни́г|а, и *f* book; **тебе́ и ~и в ру́ки** (*coll*) you know best.

книгове́дени|е, я *nt* bibliography.

книгоизда́тел|ь, я *m* publisher.

книгоизда́тельский *adj* publishing.

книгоизда́тельств|о, а *nt* **1** (*заведение*) publishing house. **2** (*действие*) publishing.

книголю́б, а *m* bibliophile.

книгопеча́тани|е, я *nt* (book) printing.

книготорго́в|ец, ца *m* bookseller.

книготорго́вл|я, и *f* book trade.

книгохрани́лищ|е, а *nt* **1** (*библиотека*) library. **2** (*в библиотеке*) bookstack.

кни́жечк|а, и *f* booklet.

кни́жк|а, и *f* **1** *diminutive of* ⇒**кни́га**; **записна́я к.** notebook; **к.-календа́рь** pocket diary. **2** (*документ*) book, card; **забо́рная к.** ration book; **расчётная к.** pay-book; **че́ковая к.** chequebook (*Br*), checkbook (*US*). **3**: **(сберега́тельная) к.** savings bank book; **положи́ть де́ньги на ~у** to deposit money at a savings bank.

кни́жник, а *m* **1** (*bibl*) scribe. **2** (*любитель книг*) bibliophile. **3** (*торговец книгами*) bookseller.

кни́жн|ый *adj* **1** *adj of* ⇒**кни́га**; **к. знак** bookplate; **~ая по́лка** bookshelf; **к. шкаф** bookcase. **2** (*отвлечённый*) bookish; **~ая учёность** book learning; **к. червь** bookworm.

кни́зу *adv* downwards.

кни́ксен, а *m* curts(e)y.

кно́пк|а, и *f* **1** (*гвоздик*) drawing pin (*Br*), thumbtack (*US*); **прикрепи́ть ~ой** to pin. **2** (*застёжка*) press stud, popper (*Br*), snap (*US*). **3** (*elec*) button; knob; **нажа́ть все ~и** (*fig, coll*) to pull wires, do all in one's power.

кно́п|очный *adj of* ⇒**~ка**; **к. телефо́н** push-button telephone.

КНР *f indecl* (*abbr of* **Кита́йская Наро́дная Респу́блика**) PRC (People's Republic of China).

кнут, а́ *m* whip; **щёлкать ~о́м** to crack a whip; **поли́тика ~а́ и пря́ника** (*pol*) carrot and stick policy.

кнутови́щ|е, а *nt* whip handle.

княги́н|я, и *f* princess (*wife of prince*).

кня́жеств|о, а *nt* principality.

кня́ж|ить, у, ишь *impf* (*hist*) to reign.

кня́жич, а *m* prince (*prince's unmarried son*).

княж|на́, ны́, *g pl* **~о́н** *f* princess (*prince's unmarried daughter*).

княз|ёк, ька́ *m* **1** (*coll*) princeling. **2** (*tech*) roof ridge.

княз|ь, я, *pl* **~ья́, ~е́й** *m* prince; **вели́кий к.** grand duke.

К° (*abbr of* **компа́ния**) Co., Company.

ко *see* ⇨**к**

коагуля́ци|я, и *f* coagulation.

коалиц|ио́нный *adj of* ⇨**~ия**

коали́ци|я, и *f* (*pol*) coalition.

ко́бальт, а *m* (*chem*) cobalt.

ко́бальт|овый *adj of* ⇨**~**

кобе́л|ь, я́ *m* **1** (*male*) dog. **2** (*coll*) lech(er).

кобе́н|иться, юсь, ишься *impf* (*coll*) to be capricious; to make faces.

ко́бз|а́, ~ы *f* kobza (*a Ukrainian musical instrument similar to the guitar*).

кобза́р|ь, я́ *m* kobza player.

ко́бр|а, ы *f* cobra.

кобур|а́, ы́ *f* holster.

ко́бчик, а *m* (*zool*) merlin.

кобы́л|а, ы *f* (*лошадь*) mare.

кобы́л|ий *adj of* ⇨**~а**

кобы́лк|а[1], и *f* (*лошадь*) filly.

кобы́лк|а[2], и *f* (*mus*) bridge (*of stringed instruments*).

ко́ваный *adj* **1** forged; hammered. **2** (*fig*) terse.

кова́р|ный (~ен, ~на) *adj* crafty; treacherous.

кова́рств|о, а *nt* craftiness; treachery.

кова́ть, кую́, куёшь *impf* **1** (*pf* **вы́~**) to forge (*also fig*); (*железо*) to hammer; **к. побе́ду** to forge victory; **куй желе́зо, пока́ горячо́** (*proverb*) strike while the iron is hot. **2** (*pf* **под~**) to shoe (*horses*).

ковбо́|й, я *m* cowboy.

ковбо́йк|а, и *f* (*coll*) cowboy shirt.

ковбо́й|ский *adj of* **~**; **к. фильм** western (*film*).

ков|ёр, ра́ *m* carpet; (*маленький*) rug; mat; **к.-самолёт** magic carpet; **вы́звать на к.** (*coll*) to call to account.

кове́ркa|ть, ю *impf* (*of* ⇨**ис~**) **1** (*портить*) to spoil, ruin. **2** (*fig*) (*искажать*) to distort; to mangle, mispronounce; **к. чужу́ю мысль** to distort s.o. else's ideas; **к. слова́** to mangle words; **он ~ет францу́зский язы́к** he murders the French language.

ко́вк|а, и *f* **1** forging. **2** (*лошадей*) shoeing.

ко́в|кий (~ок, ~ка́, ~ко) *adj* malleable, ductile.

ко́вкост|ь, и *f* malleability, ductility.

коври́г|а, и *f* loaf.

коври́жк|а, и *f* gingerbread; **ни за каки́е ~и** (*coll*) not for love nor money.

ко́врик, а *m* rug; mat; **к. для мы́ши** mouse mat (*Br*), mouse pad (*US*).

ковро́в|ый *adj of* ⇨**ковёр**; **корт с (синтети́ческим) ~ым покры́тием** (synthetic) 'carpet' court.

ковроочисти́тел|ь, я *m* carpet cleaner.

коврочи́стк|а, и *f* carpet sweeper.

ковче́г, а *m* ark; **Но́ев к.** Noah's ark.

ковш, а́ *m* **1** scoop, ladle. **2** (*tech*) bucket.

ковы́л|ь, я́ *m* (*bot*) feather grass.

ковыля́|ть, ю *impf* (*coll*) to hobble; (*о ребёнке*) to toddle.

ковыр|ну́ть, ну́, нёшь *pf of* ⇨**~я́ть**

ковыр|я́ть, я́ю *impf* (*of* ⇨**~ну́ть**) to dig into; (**в** + *p*) to pick (at); **к. в зуба́х/ носу́** to pick one's teeth/nose.

ковыря́|ться, юсь *impf* (*coll*) **1** (**в** + *p*) (*копаться*) to rummage (in). **2** (*медлить*) to tinker, potter about.

когда́[1] *adv* **1** (*interrog and rel*) when; (*coll*): **есть к.!** there's no time for it!; **есть к. мне болта́ть!** I've no time for talk! **2**: **к. (бы) ни** whenever; **к. бы вы ни пришли́, к. (вы) ни приде́те** whenever you come. **3** (*coll*): **к. ..., к.** sometimes ... sometimes; **я занима́юсь к. у́тром, к. ве́чером** sometimes I work in the morning, sometimes in the evening. **4** (*coll*): **к. как** it depends. **5** (*coll*) = **когда́-нибудь**

когда́[2] *conj* **1** when; while, as; **я встре́тил её, к. шёл домо́й** I met her as I was going home. **2** (*coll*) (*если*) if; **к. так, согла́сен с тобо́й** if that is the case, I agree.

когда́-либо *adv* = **когда́-нибудь**

когда́-нибудь *adv* **1** (*в будущем*) some time, some day. **2** (*в вопросах*) ever; **вы бы́ли к.-н. в Кита́е?** have you ever been to China?

когда́-то *adv* **1** (*в прошлом*) once; some time; formerly. **2** (*в будущем*) some day (*indefinitely distant*); **к.-то ещё бу́дет тако́й прия́тный ве́чер** it will be a long time before we have such a pleasant evening again.

кого́ *a and g of* ⇨**кто**

кого́рт|а, ы *f* cohort.

ко́г|оть, тя, *pl* **~ти, ~те́й** *m* claw; talon; **показа́ть свои́ ~ти** (*fig*) to show one's teeth; **попа́сть в ~ти (к кому́-н.)** to fall into the clutches (of s.o.).

когти́ст|ый (~, ~а) *adj* sharp-clawed.

ког|ти́ть, чу́, ти́шь *impf* (*dialect*) to claw to pieces, tear with claws.

код, а *m* code; **персона́льный к.** personal identification number, PIN; **по ~у** in code.

ко́д|а, ы *f* (*mus*) coda.

кодеи́н, а *m* (*pharm*) codeine.

ко́декс, а *m* (*law and fig*) code; **мора́льный к.** moral code; **гражда́нский к.** civil code; **уголо́вный к.** criminal code.

коди́р|овать, ую *impf and pf* (*pf also* **за~**) to encode.

кодифика́ци|я, и *f* codification.

кодифици́р|овать, ую *impf and pf* (*law*) to codify.

ко́дл|а, ы *f* (*sl*) gang, band.

ко́дов|ый *adj of* ⇨**код**; **~ое назва́ние** code name.

кодоско́п, а *m* overhead projector.

ко́е-где́ (*and coll* **кой-где́**) *adv* here and there, in places.

ко́е-ка́к (*and coll* **кой-ка́к**) *adv* **1** (*плохо, небрежно*) anyhow. **2** (*с трудом*) somehow (or other), just; **к.-к. мы доплы́ли до того́ бе́рега** somehow we managed to swim to the other side.

ко́е-како́й (*and coll* **кой-како́й**), **ко́е-како́го** *pron* some.

ко́е-кто́ (*and coll* **кой-кто́**), **ко́е-кого́** *pron* somebody; some people.

ко́ечный *adj of* ⇨**ко́йка**; **к. больно́й** inpatient.

ко́е-что́ (*and coll* **кой-что́**), **ко́е-чего́** *pron* something; (*немного*) a little.

ко́ж|а, и *f* **1** (*у человека и животных*) skin; (*у крупных животных*) hide; (*anat*) cutis; **гуси́ная к.** gooseflesh; (*fig, coll*): **из ~и (вон) лезть** to go all out, do one's utmost; **к. да ко́сти** skin and bone. **2** (*материал*) leather; **свина́я к.** pigskin; **теля́чья к.** calf. **3** (*плодов*) peel, rind; (*bot*) epidermis.

ко́жанк|а, и *f* (*coll*) (*куртка*) leather jacket; (*пальто*) leather coat.

ко́жаный *adj* leather.

кожгалантере́|я, и *f* leather goods.

коже́венный *adj* leather; tanning; **к. заво́д** tannery; **к. това́р** leather goods.

коже́вник, а *m* currier, leather-dresser, tanner.

кожзамени́тел|ь, я *m* imitation leather, leatherette.

кожими́т, а *m* (*obs*) imitation leather, leatherette.

ко́жиц|а, ы *f* **1** (*тонкая кожа*) thin skin; **к. колбасы́** sausage skin. **2** (*плодов*) peel, skin.

ко́жник, а *m* (*coll*) dermatologist.

ко́жный *adj* skin; (*med*) cutaneous.

кожур|а́, ы *f* rind, peel, skin.

кожу́х, а́ *m* **1** (*одежда*) sheepskin jacket. **2** (*tech*) (*обшивка*) housing, casing, jacket.

коз|а́, ы́, *pl* **~ы** *f* **1** (*вид*) goat. **2** (*самка козла*) nanny goat. **3** (*coll*) (*бойкая девочка*) tomboy.

коз|ёл, ла́ *m* (*животное*) billy goat; (*гимнастический снаряд*) horse; (*болван*) (*sl*) prat (*Br*), jerk (*US*); (*мерзавец*) (*sl*) bastard; **к. отпуще́ния** scapegoat; **от него́ как от ~ла́ молока́** he is good for nothing.

козеро́г, а *m* **1** (*zool*) wild (mountain) goat, ibex. **2 К.** (*созвездие*) Capricorn; **тро́пик К~а** (*geog*) Tropic of Capricorn.

ко́з|ий *adj of* ⇨**~а́**; **~ье молоко́** goat's milk.

козл|ёнок, ёнка, *pl* **~я́та, ~я́т** *m* kid.

коз|ли́ный *adj of* ⇨**~ёл**; **~ли́ная боро́дка** goatee; **к. го́лос** reedy voice.

козло́вый *adj* goatskin.

ко́з|лы, ел, лам (*no sg*) **1** (*сиденье*) (coach) box. **2** (*подставка*) trestle(s); sawhorse.

козл|я́та, я́т *see* ⇨**~ёнок**

ко́зн|и, ей *pl* (*sg* (*rare*) **~ь, ~и** *f*) machinations, intrigues.

козово́д, а *m* goat breeder.

козово́дств|о, а *nt* goat breeding.

козодо́|й, я *m* (*zool*) nightjar.

козу́л|я, и *f* roe(buck).

козыр|ёк, ька́ *m* (*cap*) peak; **взять под к.** (+ *d*) to salute.

К

козыр|нóй *adj of* ⇒**кóзырь**

козыр|нýть, нý, нёшь *pf of* ⇒**~ять**

кóзыр|ь, я, *pl* **~и, ~éй** *m (cards and fig)* trump; **открыть свой ~и** *(fig)* to lay one's cards on the table; **покрыть ~ем** to trump; **ходить с ~я** to lead trumps; *(fig)* to play a trump card; **главный к.** (one's) trump card.

козыр|ять¹, яю *impf (of* ⇒**~нуть)** *(coll)* **1** *(cards)* to lead trumps, play a trump; *(fig)* to play one's trump card. **2** (+ *i*) *(хвастаться)* to show off.

козыр|ять², яю *impf (of* ⇒**~нуть)** (+ *d; coll)* to salute.

козявк|а, и *f (coll)* small insect, bug.

кóитус, а *m* coition, coitus; **прерываемый к.** coitus interruptus.

кой *interrog and rel pron (obs)* which; **до кóих пор?** how long?; **ни в кóем случае** on no account; *(coll)*: **на к. чёрт?** why in the world; what the devil for?

кóйк|а, и *f* **1** *(на судне)* berth, bunk. **2** *(в больнице)* bed.

койóт, а *m* coyote.

кок, а *m* **1** *(повар)* (ship's) cook. **2** *(вихор)* quiff.

кóк|а, и *f (bot)* coca.

кокаин, а *m* cocaine.

кокаинист, а *m* cocaine addict.

кокаинист|ка, ки *f of* ⇒**~**

кóка-кóл|а, ы *f* Coca-Cola *(propr)*.

кокáрд|а, ы *f* cockade.

кóк|ать, аю *impf (of* ⇒**~нуть)** *(coll)* to crack, break.

кóкер-спаниéл|ь, я *m* cocker spaniel.

кокéтк|а, и *f* coquette, flirt.

кокéтлив|ый (~, ~а) *adj* coquettish, flirtatious.

кокéтнича|ть, ю *impf* **1** **(с** + *i)* to coquet(te), flirt (with). **2** (+ *i*) to show off, flaunt.

кокéтств|о, а *nt* coquetry, flirting.

кóкк|и, ов *pl (sg* **кокк, а** *m) (med)* cocci *(sg* coccus).

коклюш, а *m* whooping cough.

кóк|нуть, ну, нешь *pf of* ⇒**~ать**

кóкон, а *m* cocoon.

кокóс, а *m* **1** *(дерево)* coconut palm. **2** *(плод)* coconut.

кокóс|овый *adj of* ⇒**~; ~овое волокнó** coir; **~овое мáсло** coconut oil; **к. орéх** coconut; **~овая пáльма** coconut palm.

кокóтк|а, и *f* courtesan.

кокс, а¹ *m* coke *(fuel)*.

кокс, а² *m (sl)* coke *(cocaine)*.

кóкс|овый *adj of* ⇒**~; ~овая печь** coke oven.

коксýющийся *adj*: **к. ýголь** coking coal.

коктéйл|ь, я *m* cocktail; *(встреча)* cocktail party; **молóчный к.** milk shake.

кол, á *m* **1** *(pl* **~ья, ~ьев)** stake, picket; **сажáльный к.** dibber; **посадить нá к.** to impale; *(coll)*: **стоять ~óм в гóрле** to stick in one's throat; **емý хоть к. на головé теши** he is very pig-headed; **у негó нет ни ~á ни дворá** he has neither house nor home. **2** *(pl* **~ы, ~óв)** *(coll)* *(низшая школьная отметка)* a 'very poor' *(mark)*.

кол... *comb form, abbr of* **коллектúвный**

кóлб|а, ы *f (chem)* retort.

колбас|á, ы, *pl* **~ы** *f* sausage; **кровянáя к.** black pudding.

колбáск|а, и *f* (long) thin sausage.

колбáсник, а *m* sausage maker.

колбáс|ный *adj of* ⇒**~á**

колгóт|ки, ок *(no sg)* tights.

колдóбин|а, ы *f (coll)* rut, pothole *(in road)*.

колд|овáть, ýю *impf* to practise witchcraft.

колдовскóй *adj* magical; *(fig)* magical, bewitching.

колдовств|ó, á *nt* witchcraft, sorcery, magic.

колдýн, á *m* sorcerer, magician, wizard.

колдýн|ья, ьи, *g pl* **~ий** *f* witch, sorceress.

колебáни|е, я *nt* **1** *(phys)* oscillation, vibration; **к. мáятника** swing of the pendulum. **2** *(изменение)* fluctuation, variation. **3** *(fig)* *(сомнение)* hesitation, wavering, vacillation.

колебáтельный *adj (tech)* oscillatory.

колеб|áть, ~лю, ~лешь *impf (of* ⇒**по~)** to shake; *(fig)*: **к. общéственные устóи** to shake the foundations of society.

колеб|áться, ~люсь, ~лешься *impf (of* ⇒**по~ 1) 1** to shake to and fro, sway; *(phys)* to oscillate. **2** *(изменяться)* to fluctuate, vary. **3** *(fig)* *(не решаться)* to hesitate; to waver, vacillate.

колéнк|а, и *f (coll)* knee.

коленкóр, а *m (textiles)* calico; *(coll)*: **э́то совсéм другóй к.** that's quite another matter.

коленкóр|овый *adj of* ⇒**~**

колéн|ный *adj of* ⇒**~о**; *(anat)*: **к. сустáв** knee joint; **~ная чáшка** kneecap.

колéн|о, а *nt* **1** *(pl* **~и, ~ей, ~ям)** knee; **преклонить ~и** to genuflect; **стать на ~и (пéред)** to kneel (to); **стоять на ~ях** to be kneeling, be on one's knees; **по к., по ~и** knee-deep, up to one's knees; *(coll)*: **емý мóре по к.** *(coll)* he's not afraid of anything; **постáвить когó-н. на ~и** to bring s.o. to his knees. **2** *(pl only;* **~и, ~ей, ~ям)** lap; **сидéть у когó-н. на ~ях** to sit on s.o.'s lap. **3** *(pl* **~ья, ~ьев)** *(tech)* knee, joint; *(bot)* joint, node; **к. трубы** knee pipe, elbow pipe. **4** *(pl* **~а, ~, ~ам)** *(изгиб)* bend *(of river, etc.)*. **5** *(pl* **~а, ~, ~ам)** *(поколение)* generation; **рóдственники до пятого ~а** cousins five times removed; **двенáдцать ~ израилевых** the twelve Tribes of Israel. **6** *(pl* **~а, ~, ~ам)** *(coll)* *(в музыке)* part; *(в танце)* figure; *(pej)*: **выкинуть к.** to do sth strange and unexpected.

коленопреклонéни|е, я *nt* genuflection.

колéнчатый *adj (tech)* elbow-shaped, cranked; **к. вал** crankshaft.

кóлер, а *m (art)* colour *(Br)*, color *(US)*, shade.

колёсик|о, а *nt* **1** *diminutive of* ⇒**колесó**. **2** castor.

коле|сить, шý, сишь *impf (coll)* **1** *(много ездить)* to go all over, travel about. **2** *(двигаться не прямым путём)* to go in a haphazard way.

колéсник, а *m* wheelwright.

колесниц|а, ы *f* chariot; **погребáльная к.** hearse.

колёс|ный *adj* **1** *adj of* ⇒**~ó**. **2** *(экипаж)* wheeled, on wheels.

колес|ó, á, *pl* **~̈а** *nt* **1** wheel; **запаснóе к.** spare wheel; **к. обозрéния** Big Wheel *(fairground attraction)*; **рулевóе к.** driving wheel; **цепнóе к.** sprocket; **встáвить комý-н. пáлки в ~̈а** to put a spoke in s.o.'s wheel; **кружиться, как бéлка в ~é** to run round in circles; **нóги ~óм** bandy legs; **кувыркáние «~óм»** cartwheel *(acrobatics)*; **ходить ~óм** to cartwheel. **2** *(in pl; coll)* *(автомобиль)* transport, a car; **быть на ~̈ах** to have (one's own) transport.

колéч|ко, ка, *pl* **~ки, ~ек, ~кам** *nt (coll)* ringlet.

коле|я, и́ *f* **1** rut; *(fig)*: **войти в ~ю** to settle down (again); **выбитый из ~и** unsettled. **2** *(railways)* track; gauge.

кóли (*and* **коль)** *(obs or dialect)* if; *(coll)*: **к. на то пошлó** if it comes to that; if you put it like that; **коль скóро** if, as soon as.

колибри *cg indecl (zool)* hummingbird.

кóлик|и, ~ *pl (sg* **~а, ~и** *f) (med)* colic.

колит, а *m (med)* colitis.

количественн|ый *adj* quantitative; **~ое числительное** cardinal number.

количеств|о, а *nt* quantity, amount; number.

кóлк|а, и *f* chopping.

кóл|кий¹ (~ок, ~кá ~ко) *adj (дрова)* easily split.

кóл|кий² (~ок, ~кá ~ко) *adj (хвоя)* prickly; *(fig)* sharp, biting, caustic.

кóлкост|ь, и *f* **1** *(fig)* sharpness. **2** *(замечание)* sharp, caustic remark; **говорить ~и** to make sharp remarks.

коллаборационист, а *m (pol; pej)* collaborator.

коллаборационист|ский *adj of* ⇒**~**

коллáж, а *m* collage.

коллáпс, а *m* collapse.

коллéг|а, и *cg* colleague.

коллегиáл|ьный (~ен, ~ьна) *adj* joint, collective; corporate; **~ьное решéние** collective decision.

коллéги|я, и *f* board; **к. адвокáтов, к. правозастýпников** the Bar; **к. выборщиков** electoral college.

кóлледж, а *m* college.

коллéжский *adj (in titles of officials in tsarist Russia)* collegiate; **к. совéтник** collegiate counsellor.

коллектúв, а *m* collective, team; *(in many phrr does not require separate translation)* **наýчный к.** (the) scientists; **партийный к.** Party members.

коллективиза́ци|я, и *f* collectivization.

коллективизи́р|овать, ую *impf and pf* to collectivize.

коллективи́зм, а *m* collectivism.

коллективи́ст, а *m* collectivist.

коллективи́стский *adj* collectivist.

коллекти́в|ный (∼ен, ∼на) *adj* collective; joint; **∼ное владе́ние** joint ownership; **∼ное хозя́йство** collective farm.

колле́ктор, а *m* **1** (*elec*) commutator. **2** (*канализационный*) manifold. **3**: **библиоте́чный к.** central library.

коллекционе́р, а *m* collector.

коллекциони́р|овать, ую *impf* to collect.

колле́кци|я, и *f* collection.

ко́лли *cg indecl* collie (*dog*).

колли́зи|я, и *f* clash, conflict.

колло́ди|й, я *m* (*chem*) collodion.

колло́ид, а *m* (*chem*) colloid.

колло́идный *adj* (*chem*) colloidal.

колло́квиум, а *m* **1** (*беседа со студентами*) oral examination. **2** (*научное собрание*) colloquium.

колоб|о́к, ка́ *m* small round loaf.

колобро́|дить, жу, дишь *impf* (*coll*) **1** (*блуждать*) to roam, wander; (*слоняться*) to loaf. **2** (*вести себя шумно; озорничать*) to make a noise; to get up to mischief.

коловоро́т, а *m* (*tech*) brace.

коловраще́ни|е, я *nt* turmoil.

коло́д|а[1], ы *f* **1** (*бревно*) block, log. **2** (*корыто*) (water) trough.

коло́д|а[2], ы *f* (*карт*) pack (*of cards*).

коло́де|зный *adj of* **⇨∼ц**

коло́д|ец, ца *m* **1** well. **2** (*tech*) shaft.

коло́дк|а, и *f* **1** (*для сохранения формы обуви*) boot tree; (*используемая при шитье обуви*) last. **2** (*tech*) shoe. **3** (*in pl; hist*) stocks; **наби́ть ∼и на́ ноги кому́-н.** to put s.o. in stocks.

кол|о́к, ка́ *m* (*mus*) peg.

ко́локол, а, *pl* **∼а́, ∼о́в** *m* bell.

колоко́льный *adj of* **⇨ко́локол**; **к. звон** peal, chime.

колоко́л|ьня, ьни, *g pl* **∼ен** *f* bell tower; (*coll*): **смотре́ть со свое́й ∼ьни на что-н.** to take a narrow, parochial view of sth.

колоко́льчик, а *m* **1** small bell. **2** (*bot*) campanula.

Коло́мбо *m indecl* (*столица Шри-Ланки*) Colombo.

колониали́зм, а *m* colonialism.

колониа́льный *adj* colonial.

колониза́тор, а *m* colonizer.

колониза́ци|я, и *f* colonization.

колонизи́р|овать, ую *impf and pf* to colonize.

колониз|ова́ть, у́ю *impf and pf* to colonize.

колони́ст, а *m* colonist.

колони́ст|ка, ки *f of* **⇨∼**

коло́ни|я, и *f* colony; settlement.

коло́нк|а, и *f* **1** *diminutive of* **⇨коло́нна**. **2** (*для нагрева воды*) geyser (*Br*), water heater. **3** (*на улице*) standpipe; water pump. **4**: **бензи́новая к.** petrol pump (*Br*), gas pump (*US*). **5** (*столбец*) column; **газе́тная полоса́ в шесть коло́нок** newspaper page with six columns; **к. цифр** column of figures. **6** (*громкоговоритель*) (loud)speaker.

коло́нн|а, ы *f* column; (*mil*) **та́нковая к.** tank column.

колонна́д|а, ы *f* colonnade.

коло́нный *adj* columned.

колон|о́к, ка́ *m* (*zool*) Siberian weasel, kolinsky; (*мех*) kolinsky.

колонти́тул, а *m* (*printing*) running head; header.

колонци́фр|а, ы *f* (*printing*) page number.

колора́дский *adj*: **к. жук** Colorado beetle.

колорату́р|а, ы *f* (*mus*) coloratura.

колорату́р|ный *adj of* **⇨∼а**

колори́ст, а *m* (*art*) colourist (*Br*), colorist (*US*).

колори́т, а *m* colouring, colour (*Br*); coloring, color (*US*); (*fig*): **ме́стный к.** local colour (*Br*), color (*US*); **он прида́л расска́зу о встре́че я́ркий к.** he painted a glowing picture of the encounter.

колори́т|ный (∼ен, ∼на) *adj* colourful (*Br*), colorful (*US*); graphic (*also fig*).

ко́лос, а, *pl* **∼́ья, ∼́ьев** *m* (*agric*) ear, spike.

колоси́ст|ый (∼, ∼а) *adj* (*agric*) full of ears.

колос|и́ться, и́тся *impf* (*agric*) to form ears.

коло́сс, а *m* colossus.

колосса́л|ьный (∼ен, ∼ьна) *adj* colossal; (*coll*) terrific, great.

коло|ти́ть, чу́, ∼́тишь *impf* (*of* **⇨поколоти́ть**) **1** (*impf only*) (**по** + *d*, **в** + *a*) to strike (on); to batter (on), pound (on); **к. в дверь** to bang on the door. **2** (*pf* **по∼**) (*coll*) (*бить*) to thrash, beat. **3** (*pf* **рас∼** *and* **по∼**) (*coll*) (*разбивать*) to smash, break. **4** (*impf only*) (*coll*) to shake; (*impers*): **его́ ∼ти́ла лихора́дка** he was shaking with fever.

коло|ти́ться, чу́сь, ∼́тишься *impf* (*of* **⇨поколоти́ться**) **1** (*impf only*) (**о** + *a*) to beat (against); to strike (against); **к. голово́й об сте́ну** to beat one's head against a wall. **2** (*impf only*) (*coll*) to pound; to shake; **се́рдце у неё ∼ти́лось** her heart was pounding. **3** (*разбиваться*) to break, smash.

колоту́шк|а, и *f* **1** (*tech*) beetle. **2** (*у ночных сторожей*) (*wooden*) rattle.

ко́лот|ый[1] (∼, ∼а) *ppp of* **⇨∼́ь[1]** *and adj*; **к. са́хар** chipped sugar.

ко́лот|ый[2] (∼, ∼а) *ppp of* **⇨∼́ь[2]** *and adj*; **∼ая ра́на** stab.

кол|о́ть[1], ю, ∼́ешь *impf* (*of* **⇨расколо́ть 1**) to break, chop, split; **к. дрова́** to chop wood; **к. оре́хи** to crack nuts.

кол|о́ть[2], ю, ∼́ешь *impf* **1** (*pf* **у∼**) (*булавкой*) to prick. **2** (*pf* **за∼**) (*ранить, убивать чем-н. острым*) to stab; (*impers*): **у меня́ ∼́ет в боку́** I've got a stitch in my side. **3** (*pf* **за∼**) (*животных*) to slaughter. **4** (*pf* **у∼**) (*fig*) to sting, taunt; **к. глаза́ кому́-н.** (+ *i*) to reproach s.o. with sth; **пра́вда глаза́ ∼́ет** (*proverb*) home truths are unpalatable. **5** (*pf* **у∼**) (*coll*) (*лекарство, наркотики*) to inject.

ко́лоть|е, я (*and* **колоть|ё, я́**) *nt* (*coll*) stitch.

кол|о́ться[1], ю́сь, ∼́ешься *impf, passive of* **⇨∼о́ть[1]**

кол|о́ться[2], ю́сь, ∼́ешься *impf* **1** (*причинять укол*) to prick (*intrans*). **2** (*pf* **у∼ 2**) (*coll*) (*о наркомане*) to inject o.s.; to be on drugs.

колошма́|тить, чу, тишь *impf* (*of* **⇨отколошма́тить**) (*coll*) to beat, thrash.

колпа́к, а́ *m* **1** cap; **ночно́й к.** nightcap; **шутовско́й к.** fool's cap; **к. колеса́** hubcap. **2** (*лампы*) lampshade; (*tech*) cowl; **стекля́нный к.** bell glass.

колпач|о́к, ка́ *m* **1** *diminutive of* **⇨колпа́к 2** (*калильная сетка*) (gas) mantle. **3** (*контрацептив*) (Dutch) cap (*Br*), diaphragm.

колумба́ри|й, я *m* columbarium.

колумби́|ец, йца *m* Colombian.

колумби́|йка, йки *f of* **⇨∼ец**

колумби́йский *adj* Colombian.

Колу́мби|я, и *f* Colombia.

колу́н, а́ *m* chopper, hatchet.

колупа́|ть, ю *impf* (*coll*) to pick, scratch.

колхо́з, а *m* (*abbr of* **коллекти́вное хозя́йство**) collective farm.

колхо́зник, а *m* member of collective farm.

колхо́зн|ица, ицы *f of* **⇨∼ик**

колхо́з|ный *adj of* **⇨∼**; **к. строй** collective farm system.

колча́н, а *m* quiver.

колчеда́н, а *m* (*min*) pyrites.

колчено́гий *adj* (*coll*) **1** (*пёс*) lame. **2** (*стул*) rickety, wobbly.

колыбе́л|ь, и *f* cradle; (*fig*): **к. нау́ки** the cradle of learning; **с ∼и** from the cradle; **от ∼и до моги́лы** from the cradle to the grave.

колыбе́ль|ный *adj of* **⇨∼**; **∼ная (пе́сня)** lullaby.

колыма́г|а, и *f* (*obs*) (*экипаж*) heavy, unwieldy carriage; (*coll*) (*повозка*) old banger.

колы|ха́ть, ∼́шу, ∼́шешь *impf* (*of* **⇨∼хну́ть**) to sway, rock.

колы|ха́ться, ∼́шется *impf* (*of* **⇨∼хну́ться**) (*о ветках*) to sway; (*о море*) to heave; (*о флагах*) to flutter.

колых|ну́ть(ся), ну́(сь), нёшь(ся) *pf of* **⇨∼а́ть(ся)**

ко́лыш|ек, ка *m* peg.

коль *see* **⇨ко́ли**

колье́ *m indecl* necklace.

кол|ьну́ть, ьну́, ьнёшь *inst pf of* **⇨∼о́ть[2]**

кольра́би *f indecl* (*bot*) kohlrabi.

кольт, а *m* colt (*pistol*).

кольц|ева́ть, у́ю *impf* **1** (*of* **⇨закольцева́ть**) (*дерево*) to girdle, ringbark. **2** (*of* **⇨окольцева́ть**) (*птицу*) to ring.

кольцев|о́й *adj* annular; circular; **∼а́я доро́га** ring road; **∼а́я развя́зка** roundabout.

К

кольцеобра́з|ный (~ен, ~на) *adj* ring-shaped.

кол|ьцо́ ~ьца́, *pl* **~́ьца, ~е́ц, ~́ьцам** *nt* ring; **сверну́ться ~ьцо́м** to coil up; **годи́чное к.** (*bot*) ring; **обруча́льное к.** wedding ring; **трамва́йное к.** terminus.

ко́льчат|ый *adj* annulate; **~ые че́рви** (*zool*) Annelida.

кольчу́г|а, и *f* shirt of mail, hauberk.

колю́ч|ий (~, ~а) *adj* prickly; thorny; (*fig*) sharp, biting; **~ая и́згородь** prickly hedge; **~ая про́волока** barbed wire; **к. язы́к** sharp tongue.

колю́чк|а, и *f* (*coll*) prickle; thorn; (*у ежа*) quill.

ко́люшк|а, и *f* (*fish*) stickleback.

ко́л|ющий *pres participle active of* **⇒~о́ть²** *and adj*; **~ющая боль** shooting pain.

коляд|а́, ы́ *f* kolyada (*the custom of house-to-house Christmas carol-singing*).

коляд|ова́ть, у́ю *impf* to go round carol-singing.

коля́ск|а, и *f* **1** (*экипаж*) carriage. **2**: **(де́тская) к.** pram (*Br*), baby carriage (*US*); (*раскладная*) pushchair (*Br*), stroller (*US*); **инвали́дная к.** wheelchair. **3** (*у мотоцикла*) sidecar.

ком¹, а, *pl* **~́ья, ~ьев** *m* lump; ball; **сне́жный к.** snowball; (*fig*): **к. в го́рле** lump in the throat; **пе́рвый блин ~́ом** (*proverb*) practice makes perfect.

ком² *p of* **⇒кто**

ком... *comb form, abbr of* **1 коммунисти́ческий**. **2 кома́ндный**. **3 команди́р**

...ком *comb form, abbr of* **1 комите́т**. **2 комисса́р**. **3 комиссариа́т**

ко́м|а, ы *f* (*med*) coma.

кома́нд|а, ы *f* **1** (*приказ*) command, order; **пода́ть ~у** to give a command. **2** (*начальствование*) command; **приня́ть ~у (над** + *i*) to take command (of). **3** (*mil*) (*отряд*) party, detachment, crew; (*naut*) crew; **пожа́рная к.** fire brigade. **4** (*sport*) team.

команди́р, а *m* (*mil*) commander, commanding officer; (*naut*) captain.

командир|ова́ть, у́ю *impf and pf* to post; to dispatch, send on a mission.

командиро́вк|а, и *f* **1** (*действие*) posting, dispatching (*on official business*). **2** (*поручение*) assignment; (*поездка*) business trip; **е́хать в ~у** to go on a business trip; **он в ~е** he is away on business; **я получи́л ~у в Казахста́н** I have been posted to Kazakhstan; **нау́чная к.** scientific mission.

командиро́в|очный *adj of* **⇒~ка**; **~очные де́ньги** travelling allowance; **~очное удостовере́ние** warrant, authority (*for travelling on official business*); *as n* **~очные, ~очных** travel allowance, travelling (*Br*), traveling (*US*) expenses.

кома́нд|ный *adj* **1** *adj of* **⇒~а**; **к. пункт** command post; **к. соста́в** the officers (*of a military unit*). **2** (*fig*) commanding; **~ные высо́ты** commanding heights.

кома́ндовани|е, я *nt* **1** commanding, command; **приня́ть к. (над** + *i*) to take command (of, over). **2** (*collect*) command.

кома́нд|овать, ую *impf* **1** (*pf* **⇒с~**) to give orders. **2** (*no pf*) (+ *i*) (*быть командиром*) to command, be in command (of). **3** (*no pf*) (*fig, coll*) (+ *i or* **над** + *i*) (*распоряжаться*) to order about. **4** (*no pf*) (*fig*) (**над** + *i*) (*местностью*) to command.

кома́ндующ|ий, его *m* commander.

кома́р, а́ *m* mosquito; (*coll*): **к. но́са не подто́чит** not a thing can be said against it.

комар|и́ный *adj of* **⇒~́**; **к. уку́с** mosquito bite.

комато́зный *adj* (*med*) comatose.

комба́йн, а *m* (*tech*) combine; **зерново́й к.** combine harvester; **ку́хонный к.** food processor.

комба́йнер, а *m* (*agric*) combine operator.

комба́т, а *m* (*abbr of* **команди́р батальо́на**) battalion commander.

комбико́рм, а, *pl* **~а́** *m* (*agric*) mixed fodder.

комбина́т, а *m* industrial complex; plant; **де́тский к.** day nursery.

комбина́тор, а *m* (*pej*) schemer; wheeler-dealer.

комбинато́рик|а, и *f* (*math*) combinatorics.

комбинато́рный *adj* (*math*) combinative.

комбинац|и́онный *adj of* **⇒~́ия**

комбина́ци|я¹, и *f* **1** combination. **2** (*fig*) scheme, system; (*pol, sport*) manoeuvre (*Br*), maneuver (*US*).

комбина́ци|я², и *f* (*женское бельё*) slip (*women's underwear*).

комбинезо́н, а *m* overalls; dungarees.

комбини́рованный *adj* combined.

комбини́р|овать, ую *impf* (*of* **⇒с~**) **1** to combine, arrange. **2** (*coll, pej*) to scheme.

комбри́г, а *m* (*abbr of* **команди́р брига́ды**) brigade commander.

комди́в, а *m* (*abbr of* **команди́р диви́зии**) division(al) commander.

комедиа́нт, а *m* **1** (*obs*) actor. **2** (*pej*) play-actor; hypocrite.

комеди́йный *adj* (*literary, theatr*) comic; comedy; **к. актёр** comedy actor, comedian.

коме́ди|я, и *f* **1** comedy. **2** (*fig*) farce; **лома́ть ~ю, разы́грывать ~ю** to put on an act.

ко́м|ель, ля *m* butt, butt end (*of tree, etc.*).

коменда́нт, а *m* **1** (*mil*) commandant. **2** (*общественного здания*) manager; warden; **к. общежи́тия** warden of a hostel.

коменда́нт|ский *adj of* **⇒~**; **к. час** (*mil*) curfew.

комендату́р|а, ы *f* commandant's office.

коме́т|а, ы *f* comet.

коми́зм, а *m* comedy; **к. положе́ния** the funny side of a situation.

ко́мик, а *m* **1** comic actor. **2** (*fig*) comedian.

ко́микс, а *m* (*книжка*) comic (book); (*серия рисунков*) comic strip.

Коминте́рн, а *m* (*abbr of* **Коммунисти́ческий Интернациона́л**) (*hist*) Comintern.

комисса́р, а *m* commissar, commissioner; **верхо́вный к.** high commissioner.

комиссариа́т, а *m* commissariat.

комисса́р|ский *adj of* **⇒~**

комиссионе́р, а *m* agent, broker.

комиссио́нк|а, и *f* (*coll*) second-hand shop.

комисс|ио́нный *adj of* **⇒~́ия 2**; **к. магази́н** second-hand shop (*where goods are sold on commission*); *as n* **~ио́нные, ~ио́нных** (*comm*) commission.

коми́сси|я, и *f* **1** commission, committee; **к. по разоруже́нию** disarmament commission; **сле́дственная к.** committee of investigation. **2** (*comm*) commission; **брать на ~ю** to take on commission.

комите́т, а *m* committee; **специа́льный к.** select committee; ad hoc committee.

коми́ческ|ий *adj* **1** comic; **~ая о́пера** comic opera. **2** (*смешной*) comical, funny.

коми́ч|ный (~ен, ~на) *adj* comical, funny.

ко́мка|ть, ю *impf* (*of* **⇒с~**) **1** (*pf also* **иско́мкать**) to crumple. **2** (*fig, coll*) to make a hash of, muff.

коммента́ри|й, я *m* **1** (*разъяснительные замечания*) commentary. **2** (*in pl*) (*рассуждения*) comment; **~и изли́шни** comment is superfluous.

коммента́тор, а *m* commentator.

коммента́р|овать, ую *impf and pf* to comment (upon).

коммерса́нт, а *m* businessman.

комме́рци|я, и *f* commerce, trade.

комме́рческий *adj* commercial; **к. флот** mercantile marine.

коммивояжёр, а *m* commercial traveller, travelling salesman (*Br*), traveling salesman (*US*).

комму́н|а, ы *f* commune.

коммуна́лк|а, и *f* (*coll*) communal flat (*Br*), apartment (*US*).

коммуна́льн|ый *adj* **1** communal; municipal; **~ая кварти́ра** 'communal' flat (*in which kitchen, bathroom, and toilet facilities are shared by a number of tenants*); **~ые услу́ги** public utilities; **~ое хозя́йство** municipal economy. **2** *adj of* **⇒комму́на**

коммуни́зм, а *m* communism.

коммуника́бельност|ь, и *f* sociableness, openness, communicativeness.

коммуника́бел|ьный (~ен, ~ьна) *adj* sociable, open, communicative.

коммуникати́вный *adj* communicative.

коммуника́тор, а *m* handheld PC (*or* PDA) with advanced mobile phone capabilities (*as opposed to смартфо́н, a mobile phone with advanced handheld PC capabilities*).

коммуникацио́нн|ый *adj*: **~ая ли́ния** line of communication.

коммуника́ци|я, и *f* communication; (*mil*) line of communication.

коммуни́ст, а *m* communist.

коммунисти́ческий *adj* communist.

коммуни́ст|ка, ки *f of* ⇒~

коммута́тор, а *m* **1** (*elec*) commutator. **2** (*teleph*) switchboard.

коммюнике́ *nt indecl* communiqué.

ко́мнат|а, ы *f* room; **тёмная к.** (*phot*) darkroom.

ко́мнатн|ый *adj* **1** *adj of* ⇒**ко́мната**. **2** (*домашний*) indoor; **~ые и́гры** indoor games; **~ые расте́ния** house plants; **~ая соба́чка** lapdog; **~ая температу́ра** room temperature.

комо́д, а *m* chest of drawers.

ком|о́к, ка́ *m diminutive of* ⇒~; **сверну́ться в к.** to roll o.s. up into a ball; (*fig*) **к. в го́рле** lump in the throat; **к. не́рвов** bundle of nerves.

комо́л|ый (~, ~а) *adj* polled, hornless.

компа́кт-ди́ск, а *m* compact disc, CD; **пройгрыватель** (*m*) **~ов** compact disc *or* CD player.

компа́кт|ный (~ен, ~на) *adj* compact; **к. диск** compact disc; (*fig*) concise.

компане́йск|ий *adj* (*coll*) **1** (*общительный*) sociable, companionable. **2** (*одинаковый для всех*) equally shared; **расхо́ды на ~их нача́лах** expenses equally shared.

компа́ни|я, и *f* (*in various senses*) company; **доче́рняя к.** subsidiary; **води́ть ~ю с кем-н.** (*coll*) to associate with s.o.; **расстро́ить ~ю** to break up a party; **соста́вить кому́-н. ~ю** to keep s.o. company; **я провёл ве́чер в ~и с Воло́дей** I spent the evening in Volodya's company; **он тебе́ не к.** he is not suitable company for you; **пойти́ це́лой ~ей** to go all together; **гуля́ть ~ей** to go about in a group; **за ~ю** for company; **ну, ещё стака́нчик с тобо́й за ~ю!** well, just one more to keep you company!

компаньо́н, а *m* **1** (*comm*) partner. **2** (*товарищ*) companion.

компаньо́н|ка, ки *f* **1** *f of* ⇒~. **2** (lady's) companion; chaperon(e).

компа́рти|я, и *f* Communist Party.

ко́мпас, а *m* compass.

ко́мпас|ный *adj of* ⇒~; **~ная стре́лка** compass needle.

компатрио́т, а *m* compatriot.

компатрио́т|ка, ки *f of* ⇒~

компа́унд, а *m* (*tech*) compound.

компе́ндиум, а *m* compendium, digest.

компенсацио́нный *adj* compensatory.

компенса́ци|я, и *f* compensation.

компенси́р|овать, ую *impf and pf* to compensate.

компете́нтност|ь, и *f* competence.

компете́нт|ный (~ен, ~на) *adj* competent; **к. исто́чник** reliable source.

компете́нци|я, и *f* **1** (*область знания*) competence; **э́то не в мое́й ~и** it is beyond my scope. **2** (*круг полномочий*) jurisdiction.

компили́р|овать, ую *impf* (*of* ⇒**с~**) (*pej*) to rehash, cobble together.

компиляти́в|ный (~ен, ~на) *adj of* ⇒**компиля́ция**; **к. труд** compilation.

компиля́тор, а *m* (*pej*) writer who rehashes the work of others; hack.

компиля́ци|я, и *f* (*pej*) rehash.

ко́мплекс, а *m* (*in various senses*) complex; (*набор*) set; **к. неполноце́нности** inferiority complex; **к. мероприя́тий** package of measures.

ко́мплексн|ый *adj* **1** (*math*) complex; **~ое число́** complex number. **2** all-embracing, all-in; **к. обе́д** table d'hôte dinner.

комплекс|ова́ть, у́ю *impf* (*coll*) to suffer from complexes; to feel inadequate, insecure.

компле́кт, а *m* **1** (*набор*) set; kit; **к. белья́** bedding, bedclothes; **шрифтово́й к.** (*printing*) font, (*Br also*) fount. **2** (*норма*) complement; specified number; **сверх ~а** above the specified number; **у нас ещё не хвата́ет двух челове́к до по́лного ~а** we are still two short of the full complement.

компле́ктный *adj* complete.

комплект|ова́ть, у́ю *impf* (*of* ⇒**у~**) **1** to complete; **к. журна́л** to acquire a complete set of a periodical. **2** (*штат*) to bring up to strength.

компле́кци|я, и *f* build.

комплиме́нт, а *m* compliment; **сде́лать к.** (+ *d*) to pay a compliment (to).

комплимента́рный *adj* complimentary.

компози́тор, а *m* (*mus*) composer.

компози́ци|я, и *f* composition; **класс ~и** (*mus*) composition class.

компоне́нт, а *m* component.

компон|ова́ть, у́ю *impf* (*of* ⇒**скомпонова́ть**) to put together, arrange; **к. статью́** to put together an article.

компоно́вк|а, и *f* putting together, arrangement.

компо́ст, а *m* (*hort*) compost.

компо́стер, а *m* punch (*for bus tickets etc.*).

компости́р|овать, ую *impf* (*of* ⇒**про~**) to punch (*bus tickets, etc.*).

компо́ст|ный *adj of* ⇒~

компо́т, а *m* compote, stewed fruit.

компре́сс, а *m* (*med*) compress; **согрева́ющий к.** hot compress; **поста́вить к.** to apply a compress.

компре́сси|я, и *f* compression.

компре́ссор, а *m* (*tech, med*) compressor.

компрома́т, а *m* (*abbr of* **компромети́рующий материа́л**) compromising material.

компромета́ци|я, и *f* compromising.

компромети́р|овать, ую *impf* (*of* ⇒**с~**) to compromise.

компроми́сс, а *m* compromise; **идти́ на к.** to make a compromise, meet halfway.

компроми́сс|ный *adj of* ⇒~; **~ное реше́ние** compromise settlement.

компью́тер, а *m* computer; **портати́вный к.** laptop (computer); **со зна́нием ~а** computer literate.

компьютериза́ци|я, и *f* computerization.

компью́тер|ный *adj of* ⇒~; **~ная гра́мотность** computer literacy.

компью́терщик, а *m* (*coll*) computer specialist; (*в компании, организации*) IT guy; (*знающий энтузиаст*) computer buff (*coll*).

комсомо́л, а *m* (*abbr of* **Коммунисти́ческий сою́з молодёжи**) (*hist*) Komsomol (*Young Communist League*).

комсомо́л|ец, ьца *m* (*hist*) Komsomol (member).

комсомо́л|ка, ки *f of* ⇒**~ец**

комсомо́л|ьский *adj of* ⇒~

кому́ *d of* ⇒**кто**

комфо́рт, а *m* comfort.

комфорта́бел|ьный (~ен, ~ьна) *adj* comfortable.

комфо́ртный *adj* comfortable.

кон, а, о ~е, на ~у́ *m* **1** (*в азартных играх*) kitty; **поста́вить де́ньги на́ к.** to place one's stake, put one's money in (the kitty); **быть, стоя́ть на ~у́** (*fig*) to be at stake. **2** (*партия*) game; round.

конве́йер, а *m* (*tech*) conveyor (*belt*); **сбо́рочный к.** assembly line.

конве́йер|ный *adj of* ⇒~; **~ная систе́ма** conveyor (belt) system.

конве́кци|я, и *f* (*phys*) convection.

конве́нт, а *m* (*pol*) convention.

конвенц|ио́нный *adj of* ⇒**~ия**; **к. тари́ф** agreed tariff.

конве́нци|я, и *f* (*law*) convention, agreement.

конверге́нци|я, и *f* convergence.

конве́рси|я, и *f* (*fin*) conversion.

конве́рт, а *m* **1** (*для писем*) envelope. **2** (*для грампластинки*) sleeve. **3** (*для младенца*) sleeping bag, baby nest.

конве́ртер, а *m* (*tech*) converter.

конверти́р|овать, ую *impf and pf* (*fin*) to convert.

конверти́руемый *adj* (*fin*) convertible.

конво́ир, а *m* escort.

конвои́р|овать, ую *impf* to escort, convoy.

конво́|й, я *m* escort, convoy; **вести́ под ~ем** to convoy, conduct under escort.

конво́й|ный *adj of* ⇒~; **~ное су́дно** escort vessel; *as n* **к., ~ного** *m* escort.

конвульси́в|ный (~ен, ~на) *adj* (*med*) convulsive.

конву́льси|я, и *f* (*med*) convulsion.

конгениа́л|ьный (~ен, ~ьна) *adj* congenial; (+ *d*) well suited (to), in harmony (with).

конгломера́т, а *m* **1** conglomeration. **2** (*geol*) conglomerate.

Ко́нго *nt indecl* **1** (*река*) Congo (*river*). **2** (*К.-Браззави́ль*) (the) Congo. **3** (*К.-Кинша́са*): **Демократи́ческая Респу́блика К.** Democratic Republic of the Congo (*formerly Zaire*).

конголе́з|ец, ца *m* Congolese.

конголе́з|ка, ки *f of* ⇒**~ец**

конголе́зский *adj* Congolese.

конгре́сс, а *m* congress; (*в США*) Congress.

конгрессме́н, а *m* congressman.
конденса́тор, а *m* condenser.
конденсацио́нн|ый *adj* condensing, obtained by condensation; **~ая вода́** condensation water; **к. горшо́к** condensing vessel.
конденса́ци|я, и *f* condensation.
конденси́р|овать, ую *impf and pf* to condense.
конденси́р|оваться, уется *impf and pf* to condense (*intrans*).
конди́тер, а *m* confectioner, pastry cook.
конди́терск|ая, ой *f* (*продающая конфеты*) confectioner's, sweet shop (*Br*), candy store (*US*); (*продающая торты*) cake shop, pastry shop.
конди́терск|ий *adj*: **~ие изде́лия** (*сахаристые*) confectionery; (*мучные*) cakes, pastries; **к. магази́н** = **~ая**
кондиционе́р, а *m* air conditioner.
кондициони́ровани|е, я *nt* conditioning; **к. во́здуха** air conditioning.
кондициони́р|овать, ую *impf* to condition.
конди́ци|я, и *f* standard.
кондо́вый *adj* of the good old-fashioned sort.
кондо́м, а *m* condom.
кондоми́ниум, а *m* condominium.
ко́ндор, а *m* (*zool*) condor.
кондотье́р, а *m* (*hist*) soldier of fortune.
конду́ктор[1]**, а,** *pl* **~а́, ~о́в** *m* (*bus, tram*) conductor; (*railways*) guard.
конду́ктор[2]**, а,** *pl* **~ы, ~ов** *m* (*elec*) conductor.
конду́кторш|а, и *f* (*coll*) conductress.
конево́д, а *m* horse breeder.
конево́дств|о, а *nt* horse breeding.
конево́д|ческий *adj of* **⇒~ство**
кон|ёк, ька́ *m* **1** *diminutive of* **⇒~ь**; **морско́й к.** (*zool*) sea horse. **2** (*fig, coll*) hobby horse; hobby; **сесть на своего́ ~ька́** to mount one's hobby horse. **3** *see* **⇒~ьки́**
кон|е́ц, ца́ *m* **1** end; **о́стрый к.** point; **то́лстый к.** butt (end); **то́нкий к.** tip; **в к.** (*coll*) completely; **в ~це́ ~цо́в** in the end, after all; **и де́ло с ~цо́м** (*coll*) and there's an end to it; **из ~ца́ в к.** from end to end, all over; **своди́ть ~цы́ с ~ца́ми** (*coll*) to make both ends meet; **на э́тот (тот) к.** (*coll*) to this (that) end; **на худо́й к.** (*coll*) at the worst, if the worst comes to the worst; **оди́н к.** (*coll*) it comes to the same thing in the end; **со всех ~цо́в** from all quarters; **хорони́ть ~цы́** (*coll*) to bury, remove traces; **и ~цы́ в во́ду** (*coll*) and none will be the wiser; **пришёл ему́ к.** (*coll*) that's the end of him; **отда́ть ~цы́** (*coll*) to kick the bucket; **положи́ть к.** (*+ d*) to put an end to.
2 (*coll*) (*расстояние, путь*) distance, way; **в оди́н к.** one way; **в о́ба ~ца́** there and back.
коне́чно *adv* of course, certainly.
коне́чност|ь, и *f* (*anat*) extremity.
коне́ч|ный (~ен, ~на) *adj* **1** final, last; ultimate; **~ная ста́нция** terminus; **~ная цель** ultimate aim; **в ~ном ито́ге, счёте** ultimately, in the last analysis. **2** (*имеющий конец*) finite.
кони́н|а, ы (*no pl*) *f* horseflesh.
кони́ческий *adj* conic(al).
конкистадо́р, а *m* (*hist*) conquistador.
конкла́в, а *m* conclave.
конкорда́т, а *m* concordat.
конкретизи́р|овать, ую *impf and pf* to give concrete expression to.
конкре́т|ный (~ен, ~на) *adj* concrete; specific.
конку́р, а *m* (*в конном спорте*) showjumping.
конкуре́нт, а *m* competitor; rival.
конкуре́нт|ка, ки *f of* **⇒~**
конкурентоспосо́бност|ь, и *f* competitiveness.
конкурентоспосо́б|ный (~ен, ~на) *adj* competitive.
конкуре́нци|я, и *f* competition; **вне ~и** unrivalled.
конкури́р|овать, ую *impf* (**с** + *i*) to compete (with).
конку́рн|ый *adj*: **к. вса́дник** showjumper (*person*); **~ая ло́шадь** showjumper (*horse*).
ко́нкурс, а *m* competition; contest; **к. красоты́** beauty contest; **уча́стник ~а** contestant; **объяви́ть к.** (**на** + *a*) to announce a vacancy (for); **вне ~а** unrivalled; (*fig*) in a class by itself.
конкурса́нт, а *m* competitor; contestant.
конкурса́нт|ка, ки *f of* **⇒~**
ко́нкурс|ный *adj of* **⇒~**; **к. экза́мен** competitive examination.
ко́нник, а *m* cavalryman.
ко́нниц|а, ы *f* cavalry.
конногварде́|ец, йца *m* (*hist*) = **кавалерга́рд**
коннозаво́дств|о, а *nt* horse breeding.
коннозаво́дчик, а *m* owner of stud (farm).
коннокаскадёр, а *m* trick (*horseback*) rider.
конноспорти́вн|ый *adj* equestrian; **~ая шко́ла** riding school.
ко́н|ный *adj of* **⇒~ь**; horse; mounted; equestrian; **~ная а́рмия** cavalry army; **к. двор** stables; **к. спорт** equestrianism; **~ная ста́туя** equestrian statue; **на ~ной тя́ге** horse-drawn.
кова́л, а *m* **1** horse doctor. **2** (*coll*) (*плохой врач*) quack (doctor).
ко́новязь|ь, и *f* (*столб*) tethering post.
конокра́д, а *m* horse thief.
конокра́дств|о, а *nt* horse-stealing.
конопа́|тить, чу, тишь *impf* (*of* **⇒законопа́тить**) to caulk, stop up.
конопа́тк|а, и *f* caulking.
конопа́тчик, а *m* caulker.
конопа́т|ый (~, ~а) *adj* (*coll*) (*веснушчатый*) freckled; (*рябой*) pockmarked.
конопа́|чу, тишь *see* **⇒~тить**
конопл|я́, и́ *f* (*bot*) hemp; (*наркотик*) cannabis.
конопля́нк|а, и *f* (*zool*) linnet.
конопля́|ный *adj of* **⇒~**; **~ное ма́сло** hempseed oil.
коносаме́нт, а *m* (*comm*) bill of lading.
консе́нсус, а *m* consensus.
консерва́нт, а *m* preservative.
консервати́в|ный (~ен, ~на) *adj* conservative.
консервати́зм, а *m* conservatism.
консерва́тор, а *m* (*esp pol*) conservative.
консервато́ри|я, и *f* conservatoire, academy of music.
консерва́торский *adj* conservative.
консервато́р|ский *adj of* **⇒~ия**
консерва́ци|я, и *f* **1** (*защита*) conservation. **2** (*предприятия*) temporary shutdown.
консерви́рован|ный (~, ~а) *ppp of* **⇒консерви́ровать** *and adj*; **~ные фру́кты** bottled fruit, canned fruit.
консерви́р|овать, ую *impf and pf* (*pf also* **за~**) **1** to preserve; to can; to bottle. **2**: **к. предприя́тие** to shut down an enterprise temporarily.
консе́рв|ный *adj of* **⇒~ы**; **~ная ба́нка** tin can; **к. нож** can-opener; **~ная фа́брика** cannery.
консе́рв|ы, ов (*no sg*) canned food.
конси́лиум, а *m* (*med*) meeting between doctors.
консисте́нци|я, и *f* (*phys, med*) consistence.
ко́н|ский *adj of* **⇒~ь**; **~ские бобы́** horsebeans; **к. во́лос** horsehair; **к. заво́д** stud (farm); **~ские состяза́ния** horse races; **к. хвост** 'ponytail' (*hairstyle*).
консолида́ци|я, и *f* consolidation.
консолиди́р|овать, ую *impf and pf* to consolidate.
консо́л|ь, и *f* **1** (*archit*) (*выступ для поддержания части здания*) cantilever. **2** (*выступ для установки на нём украшения*) bracket, corbel, console. **3** (*comput*) (games) console.
консоме́ *nt indecl* (*cul*) consommé.
консона́нс, а *m* (*mus*) consonance.
консо́рциум, а *m* (*fin*) consortium.
конспе́кт, а *m* outline, summary.
конспекти́в|ный (~ен, ~на) *adj* concise, brief.
конспекти́р|овать, ую *impf* (*of* **⇒за~** *and* **⇒про~**) to make a summary of.
конспирати́в|ный (~ен, ~на) *adj* secret, clandestine.
конспира́тор, а *m* conspirator.
конспира́ци|я, и *f* secrecy.
конспири́р|овать, ую *impf* (*of* **⇒за~**) to observe the rules of security (*in an illegal organization*).
конста́нт|а, ы *f* (*math, phys*) constant.
Константино́пол|ь, я *m* (*hist*) Constantinople.
констата́ци|я, и *f* ascertaining; establishment.
констати́р|овать, ую *impf and pf* to ascertain; to establish; **к. смерть** to certify death; **к. факт** to establish a fact.
конституционали́зм, а *m* (*pol*) constitutionalism.
конституциона́льный *adj* (*med, physiol*) constitutional.

конституцио́нный *adj* (*pol*) constitutional.
конститу́ци|я, и *f* (*pol, med*) constitution.
конструи́р|овать, ую *impf and pf* (*pf also* **с~**) **1** (*строить*) to construct; (*проектировать*) to design. **2** (*создавать*) to form (*a government, etc.*).
конструктиви́зм, а *m* (*art*) constructivism.
конструкти́в|ный (~ен, ~на) *adj* **1** structural; construction. **2** (*критика*) constructive.
констру́ктор, а *m* designer.
констру́ктор|ский *adj of* ⇒**~**; **~ское бюро́** design office.
констру́кци|я, и *f* **1** (*состав*) construction; design. **2** (*сооружение*) structure. **3** (*gram*) construction.
ко́нсул, а *m* consul.
ко́нсульский *adj* consular.
ко́нсульств|о, а *nt* consulate.
консульта́нт, а *m* consultant, adviser; (*в вузе*) tutor.
консультати́вный *adj* consultative, advisory.
консультац|ио́нный *adj of* ⇒**~ия**; **~ио́нное бюро́** advice bureau; **~ио́нная пла́та** consultation fee.
консульта́ци|я, и *f* **1** consultation; specialist advice. **2** (*учреждение*) advice bureau; **де́тская к.** children's clinic; **же́нская к.** antenatal (*Br*), prenatal (*US*) clinic; gynaecological (*Br*), gynecological (*US*) clinic; **юриди́ческиая к.** legal advice office. **3** (*в вузе*) tutorial.
консульти́р|овать, ую *impf* **1** (*pf* **про~**) to advise; (*в вузе*) to act as tutor (to). **2** (**с** + *i*) (*obs*) to consult.
консульти́р|оваться, уюсь *impf* (*of* ⇒**про~**) (**с** + *i*) to consult.
конта́кт, а *m* **1** contact; **вступи́ть в к. с кем-н.** to come into contact, get in touch with s.o.; **быть в ~е (с** + *i*) to be in touch (with). **2** (*elec*) contact; **приёмный к.** socket; **штыково́й к.** plug.
конта́кт|ный (~ен, ~на) *adj* **1** (*tech*) contact; **к. рельс** contact rail, live rail; **~ная сва́рка** point welding; **~ные ли́нзы** (*med*) contact lenses. **2** (*coll*) outgoing.
конте́йнер, а *m* container.
контейнерово́з, а *m* container ship *or* truck.
конте́кст, а *m* context.
континге́нт, а *m* **1** (*econ*) quota. **2** contingent; batch; **к. войск** a military force; **к. новобра́нцев** batch, squad of recruits.
контине́нт, а *m* continent.
континента́льный *adj* continental.
конто́р|а, ы *f* office, bureau.
конто́рк|а, и *f* (writing) desk, bureau.
конто́р|ский *adj of* ⇒**~а**; **~ская кни́га** account book.
конто́рщик, а *m* (*obs*) clerk.
ко́нтр|а[1]**, ы** *f* (*coll*): **быть в ~ах (с** + *i*) to be at odds (with).
ко́нтр|а[2]**, ы** *cg* (*sl, hist*) counter-revolutionary.
контрабанд|а, ы *f* **1** (*действие*) contraband, smuggling; **занима́ться ~ой** to smuggle. **2** (*товары*) contraband.
контрабанди́ст, а *m* smuggler.
контрабанди́ст|ка, ки *f of* ⇒**~**
контрабандный *adj* contraband.
контраба́с, а *m* (*mus*) double bass.
контрабаси́ст, а *m* double bass player.
контраге́нт, а *m* contractor.
контр-адмира́л, а *m* rear admiral.
контражу́рный *adj*: **к. свет** backlighting.
контра́кт, а *m* contract.
контракта́ци|я, и *f* contracting (for).
контра́ктник, а *m* (*coll*) contract worker; (*солдат*) contract soldier.
контракт|ова́ть, у́ю *impf* (*of* ⇒**за~**) to contract for; **к. рабо́тников** to engage workmen.
контракт|ова́ться, у́юсь *impf* (*of* ⇒**за~**) **1** to contract, undertake. **2** *passive of* ⇒**~ова́ть**
контра́кт|овый *adj of* ⇒**~**
контра́льто *nt indecl* (*mus*) contralto.
контра́льто|вый *adj of* ⇒**~**
контрама́рк|а, и *f* complimentary ticket; free pass.
контрапу́нкт, а *m* (*mus*) counterpoint.
контрапункти́ческий *adj* (*mus*) contrapuntal.
контрапу́нкт|ный *adj* = **~и́ческий**
контра́ст, а *m* contrast; **по ~у (с** + *i*) by contrast (with).
контрасти́р|овать, ую *impf* (**с** + *i*) to contrast (with).
контра́стност|ь, и *f* (*TV etc.*) contrast.
контра́ст|ный (~ен, ~на) *adj* contrasting.
контрата́к|а, и *f* (*mil*) counter-attack.
контратак|ова́ть, у́ю *impf and pf* to counter-attack.
контрацепти́в, а *m* contraceptive; **внутрима́точный к.** intrauterine (contraceptive) device, IUD.
контрацепти́вный *adj* contraceptive (*attr*).
контрга́йк|а, и *f* (*tech*) locknut, check-nut.
контржу́рный *adj* = **контражу́рный**
контрибу́ци|я, и *f* reparations; **наложи́ть ~ю (на** + *a*) to impose reparations (on).
контрманёвр, а *m* (*mil*) counter-manoeuvre.
контрме́р|а, ы *f* countermeasure.
контрнаступле́ни|е, я *nt* counteroffensive.
контрове́рз|а, ы *f* controversy.
контролёр, а *m* inspector; (*билетов*) ticket collector.
контроли́р|овать, ую *impf* (*of* ⇒**про~**) (*проверять*) to check; **к. биле́ты** to inspect tickets; (*держать под своим контролем*) to control.
контро́ллер, а *m* (*elec, comput*) controller.
контро́л|ь, я *m* **1** control. **2** (*проверка*) check(ing); inspection; (*tech, mil*) monitoring; (*mil*) verification; **ме́ры по ~ю** verification measures.
контро́льно-пропускно́й *adj*: **к. пункт** checkpoint.
контро́ль|ный *adj of* ⇒**~**; **~ная вы́шка** (*naut*) conning tower; **~ная коми́ссия** control commission; **~ная рабо́та** test; **к. паке́т а́кций** (*fin*) controlling interest.
контрразве́дк|а, и *f* counter-espionage; counter-intelligence.
контрразве́дчик, а *m* counter-intelligence agent.
контрреволюционе́р, а *m* counter-revolutionary.
контрреволюцио́нный *adj* counter-revolutionary.
контрреволю́ци|я, и *f* counter-revolution.
контруда́р, а *m* (*mil*) counter-blow.
контрфо́рс, а *m* (*archit*) buttress.
конту́жен|ный (~, ~а) *ppp of* ⇒**конту́зить** *and adj*; **~ные** (*mil*) shell shock cases.
конту́|зить, жу, зишь *pf* to contuse; (*при разрыве снаряда*) to shell shock.
конту́зи|я, и *f* contusion, bruising; (*при разрыве снаряда*) shell shock.
ко́нтур, а *m* **1** contour. **2** (*elec*) circuit.
ко́нтур|ный *adj of* ⇒**~**; **~ная ка́рта** contour map.
конур|а́, ы *f* kennel; (*fig*) hovel, dump.
ко́нус, а *m* cone.
конусообра́з|ный (~ен, ~на) *adj* conical.
конфедерати́вный *adj* confederate.
конфедера́ци|я, и *f* confederation.
конферансье́ *m indecl* (*theatr*) compère, master of ceremonies (*abbr* MC).
конфере́нц-за́л, а *m* conference hall.
конфере́нци|я, и *f* conference.
конфе́сси|я, и *f* confession, faith.
конфе́т|а, ы *f* sweet; **шокола́дная к.** chocolate; **коро́бка шокола́дных ~** box of chocolates.
конфе́т|ка, ки *f* = **~а**
конфе́тниц|а, ы *f* sweet dish *or* bowl.
конфе́т|ный *adj* **1** *adj of* ⇒**~а**; **~ная бума́жка** sweet wrapper. **2** (*coll, pej*) sugary, treacly.
конфетти́ *nt indecl* confetti.
конфигура́ци|я, и *f* configuration, conformation.
конфиденциа́льност|ь, и *f* confidentiality.
конфиденциа́л|ьный (~ен, ~ьна) *adj* confidential.
конфирма́ци|я, и *f* (*eccl*) confirmation.
конфирм|ова́ть, у́ю *impf and pf* (*eccl*) to confirm.
конфиска́ци|я, и *f* confiscation, seizure.
конфиск|ова́ть, у́ю *impf and pf* to confiscate.
конфли́кт, а *m* conflict.
конфли́кт|ный *adj of* ⇒**~**; **~ная коми́ссия** arbitration tribunal.
конфликт|ова́ть, у́ю *impf* (**с** + *i*) (*coll*) to clash (with), come up (against).

конфо́рк|а, и *f* ring (*on cooker*).

конфронта́ци|я, и *f* confrontation, showdown.

конфу́з, а *m* (*coll*) discomfiture, embarrassment.

конфу́|зить, жу, зишь *impf* (*of* ⇨**с~**) (*coll*) to embarrass.

конфу́|зиться, жусь, зишься *impf* (*of* ⇨**с~**) (*coll*) to feel embarrassed.

конфу́злив|ый (~, ~а) *adj* (*coll*) bashful; shy.

конфу́з|ный (~ен, ~на) *adj* (*coll*) awkward, embarrassing.

концево́й *adj* final, end.

концентра́т, а *m* concentrate.

концентрацио́нный *adj*: **к. ла́герь** concentration camp.

концентра́ци|я, и *f* (*in various senses*) concentration.

концентри́рова|нный *ppp of* ⇨**~ть** *and adj* concentrated.

концентри́р|овать, ую *impf* (*of* ⇨**с~**) (*in various senses*) to concentrate; (*mil*) to mass; (*fig*): **к. внима́ние на вопро́се** to concentrate one's attention on a question.

концентри́р|оваться, уюсь *impf* (*of* ⇨**с~**) **1** to mass, collect (*intrans*). **2** (*fig*; **на** + *p*) to concentrate.

концентри́ческий *adj* concentric.

концептуа́л|ьный (~ен, ~ьна) *adj* conceptual.

конце́пци|я, и *f* conception, idea.

конце́рн, а *m* (*econ*) concern.

конце́рт, а *m* (*mus*) **1** concert; recital; **симфони́ческий к.** symphony concert; **быть на ~е** to be at a concert. **2** (*произведение*) concerto.

концерта́нт, а *m* (concert) performer.

концерти́н|а, ы = **концерти́но 2**

концерти́но *nt indecl* **1** (*произведение*) concertino. **2** (*гармоника*) concertina.

концерти́р|овать, ую *impf* to give concerts.

концертме́йстер, а *m* (*mus*) **1** (*первой скрипач*) leader (*of orchestra*) (*Br*), concertmaster (*US*). **2** (*аккомпаниатор*) accompanist.

конце́рт|ный *adj of* ⇨**~**; **к. роя́ль** concert grand (*piano*).

концессионе́р, а *m* concessionaire.

конце́сси|я, и *f* (*econ*) concession.

концла́гер|ь, я *m* (*abbr of* **концентрацио́нный ла́герь**) concentration camp.

концо́вк|а, и *f* ending.

конч|а́ть(ся), а́ю(сь) *impf of* ⇨**~ить(ся)**

ко́нч|енный *ppp of* ⇨**~ить**; *as int* **~ено!** enough!; **всё ~ено!** it's all over!; **с ним всё ~ено** he's finished.

ко́нчен|ый *adj* (*coll*) decided, settled; **э́то де́ло ~ое** the matter is settled; **к. челове́к** (*coll*) goner.

ко́нчик, а *m* tip; point; **на ~е языка́** on the tip of one's tongue.

кончи́н|а, ы *f* (*rhetorical*) decease, demise.

ко́нч|ить, у, ишь *pf* (*of* ⇨**~а́ть**) **1** to finish, end; **на э́том он ~ил** here he stopped; **я ~ил** that is all (I have to say); **к. шко́лу** to finish/leave school; **к. университе́т** to graduate; **к. (жизнь) самоуби́йством** to commit suicide; **пло́хо, ду́рно, скве́рно к.** to come to a bad end. **2** (**с** + *i*) to be finished (with), give up. **3** (+ *inf*) to stop. **4** (*coll*) to come (= *have an orgasm*).

ко́нч|иться, усь, ишься *pf* (*of* ⇨**~а́ться**) (+ *i*) to end (in), finish (by); to come to an end; **де́ло ~илось ниче́м** it came to nothing.

конъюнктиви́т, а *m* (*med*) conjunctivitis.

конъюнкту́р|а, ы *f* **1** state of affairs, juncture; **междунаро́дная к.** international situation. **2** (*econ*) state of the market.

конъюнкту́р|ный 1 *adj of* ⇨**~а 2**; **~ные це́ны** (free) market prices. **2** (*pej*) (*поведение, человек*) ready to compromise; opportunistic.

конъюнкту́рщик, а *m* (*coll, pej*) opportunist.

кон|ь, я́, *pl* **~и, ~е́й** *m* **1** horse; **боево́й к.** warhorse, charger; (*proverb*) **дарёному ~ю в зу́бы не смо́трят** never look a gift horse in the mouth. **2** (*гимнастический снаряд*) (vaulting) horse; **к. с ру́чками** pommel horse. **3** (*шахматы*) knight.

кон|ьки́, ько́в *pl* (*sg* **~ёк, ~ька́** *m*) skates; **ро́ликовые к.** roller skates; **ката́ться на ~ька́х** to skate.

конькобе́ж|ец, ца *m* skater.

конькобе́жный *adj* skating; **к. спорт** skating.

конья́к, а́ (у́) *m* brandy.

конья́|чный *adj of* ⇨**~к**

ко́нюх, а *m* groom, stableman.

коню́ш|ня, ни, *g pl* **~ен** *f* stable.

кооперати́в, а *m* **1** (*организация*) cooperative society. **2** (*coll*) (*магазин*) cooperative store; (*квартира*) flat in housing cooperative.

кооперати́вн|ый *adj* cooperative; **~ое движе́ние** (*econ, pol*) the cooperative movement; **~ое това́рищество** cooperative society.

коопера́тор, а *m* member of the cooperative society.

коопера́ци|я, и *f* **1** (*сотрудничество*) cooperation. **2** (*организация*) cooperative; **жили́щная к.** housing cooperative.

кооппери́р|овать, ую *impf and pf* (*pf also* **с~**) (*econ*) to organize on cooperative lines.

кооппери́р|оваться, уюсь *impf and pf* (*pf also* ⇨**с~**) (*econ*) **1** to cooperate. **2** *passive of* ⇨**~овать**

коопта́ци|я, и *f* co-option.

коопти́р|овать, ую *impf and pf* to co-opt.

координа́т|а, ы *f* (*math*) coordinate; (*in pl; coll*) contact details (*address, telephone number, etc.*).

координа́тный *adj* (*math*) coordinate.

координа́тор, а *m* coordinator.

координа́ци|я, и *f* coordination.

координи́р|овать, ую *impf and pf* to coordinate.

копа́л, а *m* copal.

копа́ни|е, я *nt* digging.

коп|а́ть, а́ю *impf* **1** (*pf* **вс~**) to dig (over). **2** (*pf* **вы́~**) to dig up, dig out.

копа́|ться, юсь *impf* **1** (**в** + *p*) (*в сундуке*) to rummage (in); (*в песке*) to root around (in); (*fig*): **к. в душе́** to be given to soul-searching. **2** (*coll*; **с** + *i*) (*канителиться*) to dawdle (over). **3** *passive of* ⇨**~ть**

копе́ечк|а, и *f diminutive of* ⇨**копе́йка**; (*coll*): **э́то влети́т тебе́ в ~у** it will cost you a pretty penny.

копе́ечн|ый *adj* **1** one-kopek; worth one kopek. **2** (*о цене*) minor, trifling; **~ые расхо́ды** trifling expenses. **3** (*fig, coll*) (*мелочный*) petty; twopenny-halfpenny.

копе́йк|а, и, *g pl* **копе́ек** *f* kope(c)k, copeck; **к. в ~у** exactly; **до после́дней ~и** to the last farthing; **к. рубль бережёт** (*proverb*) take care of the pence, the pounds will take care of themselves.

Копенга́ген, а *m* Copenhagen.

коп|ёр, ра́ *m* (*tech*) piledriver.

ко́п|и, ей *pl* (*sg* **~ь, ~и** *f*) mines.

копи́лк|а, и *f* money box.

копира́йт, а *m* copyright.

копи́рк|а, и *f* (*coll*) carbon paper; **писа́ть под ~у** to make a carbon copy.

копирова́льн|ый *adj* copying; **~ая бума́га** carbon paper.

копи́р|овать, ую *impf* (*of* ⇨**с~**) **1** (*подражать*) to copy; to imitate, mimic. **2** (*делать копию*) to copy.

копиро́вк|а, и *f* copying.

копиро́вщик, а *m* copyist.

коп|и́ть, лю́, ~ишь *impf* (*of* ⇨**на~**) to accumulate, amass; to store up; **к. де́ньги** to save up; (*fig*): **к. си́лы** to save one's strength.

коп|и́ться, ~ится *impf* (*of* ⇨**на~**) to accumulate (*intrans*).

ко́пи|я, и *f* copy; **печа́тная к.** (*comput*) hard copy; **резе́рвная к.** (*comput*) backup; **заве́ренная к.** (*law*) attested copy; **снять ~ю** (**с** + *g*) to copy, make a copy (of); (*fig*): **он то́чная к. своего́ отца́** he is the very image of his father.

коп|на́, ны́, *pl* **~ны, ~ён, ~на́м** *f* shock, stook (*of corn*); **к. се́на** haycock; **к. воло́с** shock of hair.

копн|и́ть, ю́, и́шь, *impf* (*of* ⇨**с~**) (*agric*) to shock, stook (*hay*).

коп|ну́ть, ну́, нёшь *inst pf of* ⇨**~а́ть**

ко́пот|ь, и *f* soot; lampblack.

копош|и́ться, у́сь, и́шься *impf* **1** (*о насекомых*) to swarm. **2** (*fig, coll*) (*о мыслях*) to stir, creep in; **у меня́ в голове́ ~и́лось сомне́ние** a doubt was stirring in my head. **3** (*coll*) (*возиться*) to potter about.

копт|е́ть[1], и́т *impf* **1** (*о лампе*) to give off smoke; to smoke (*intrans*). **2** (*obs*) (*покрываться копотью*) to be blackened (*from smoke, with soot*).

коп|те́ть[2], чу́, ти́шь *impf* (**над** + *i*) (*coll*) **1** (*корпеть*) to swot (at), plug away (at). **2** (*прозябать*) to vegetate, rot away (*fig*).

копти́лк|а, и *f* (*coll*) oil lamp (*of primitive design*).

копти́льный *adj* for smoking.

копти́л|ьня, ьни, *g pl* **~ен** *f* smoking shed.

коп|ти́ть, чу́, ти́шь *impf* **1** (*pf* **за~**) (*мясо*) to smoke, cure in smoke. **2** (*pf* **за~**) (*покрывать копотью*) to blacken (*with smoke*); **к. стекло́** to smoke glass; **к. не́бо** (*coll*) to idle one's life away. **3** (*pf* **на~**) (*о лампе*) to give off smoke; to smoke (*intrans*).

копу́н, а́ *m* (*coll*) dawdler.

копу́ш|а, и *cg* (*coll*) dawdler.

копче́ни|е, я *nt* smoking, curing in smoke.

копчён|ый *adj* smoked; **~ая селёдка** bloater.

ко́пчик, а *m* (*anat*) coccyx.

коп|чу́[1], **ти́шь** *see* ⇒**~те́ть**[2]

коп|чу́[2], **ти́шь** *see* ⇒**~ти́ть**

копы́тн|ый *adj* **1** hoof (*attr*). **2** (*zool*) hoofed, ungulate; *as n* **~ые, ~ых** ungulates.

копы́т|о, а *nt* hoof.

коп|ь *see* ⇒**~́и**

коп|ьё[1], **ья́,** *pl* **~́ья, ~́ий, ~́ьям** *nt* spear, lance; (*sport*) javelin; **мета́ние ~ья́** (*sport*) javelin throwing; (*fig, ironical*): **~́ья лома́ть (из-за)** to do battle (over).

копь|ё[2], **я́** *nt*: **у меня́ ни ~я́** (*coll*) I haven't a penny.

копьемета́тел|ь, я *m* javelin thrower.

...кор *comb form, abbr of* **корреспонде́нт,** *as* **военко́р (вое́нный корреспонде́нт), спецко́р (специа́льный корреспонде́нт).**

кор|а́, ы́ *f* **1** (*bot*) bark. **2** (*anat*): **к. головно́го мо́зга** cerebral cortex. **3** (*Земли*) crust; **земна́я к.** the earth's crust.

кораб|е́льный *adj of* ⇒**~́ль**; **~е́льная авиа́ция** shipborne aircraft; **к. лес** ship timber; **к. инжене́р** naval architect; **к. ма́стер** shipwright.

кораблевожде́ни|е, я *nt* navigation.

кораблекруше́ни|е, я *nt* shipwreck; **потерпе́ть к.** to be shipwrecked.

кораблестрое́ни|е, я *nt* shipbuilding.

кораблестро́ител|ь, я *m* shipbuilder.

кора́блик, а *m* **1** *diminutive of* ⇒**кора́бль**. **2** (*игрушка*) toy boat. **3** (*zool*) nautilus.

кора́бл|ь, я́ *m* **1** ship, vessel; **лине́йный к.** battleship; **фла́гманский к.** flagship; **косми́ческий к.** spaceship; **челно́чный (косми́ческий) к.** space shuttle; **сади́ться на к.** to go on board (ship); **сжечь свои́ ~и́** (*fig*) to burn one's boats; **большо́му ~ю́ большо́е пла́ванье** (*proverb*) a great ship asks deep waters. **2** (*archit*) nave.

кора́лл, а *m* coral.

кора́ллов|ый *adj* **1** coral. **2** (*оранжево-красный или розовый*) coralline; coral-red; **~ые гу́бы** coral lips.

Кора́н, а *m* the Koran.

корве́т, а *m* (*naut*) corvette.

ко́рд|а, ы *f* lunge; **гоня́ть на ~е** to lunge (*a horse*).

кордебале́т, а *m* corps de ballet.

корди́т, а *m* cordite.

кордо́н, а *m* cordon; **за к., за ~ом** (*coll*) abroad.

кор|ево́й *adj of* ⇒**~ь**

коре́|ец, йца *m* Korean.

корёж|ить, у, ишь *impf* (*of* ⇒**ис~**) (*coll*) to bend, warp; (*impers*): **его́ ~ило от бо́ли** he was writhing with pain.

корёж|иться, усь, ишься *impf* (*coll*) **1** (*pf* ⇒**ис~**) to bend, warp (*intrans*). **2** (*pf* ⇒**с~**): **к. от бо́ли** to writhe with pain.

коре́йк|а, и *f* smoked back bacon.

коре́йский *adj* Korean.

корена́ст|ый (~, ~а) *adj* thickset, stocky.

корени́т|ься, ся *impf* (**в** + *p*) to be rooted (in).

коренни́к, а́ (*средняя лошадь в тройке*) *m* shaft horse.

коренн|о́й *adj* radical, fundamental; **к. зуб** molar (tooth); **к. жи́тель** native; **~о́е населе́ние** indigenous population; **~а́я ло́шадь = ~и́к**

ко́р|ень, ня, *pl* **~ни, ~не́й** *m* **1** (*in various senses*) root; **в ~не** radically; **вы́рвать с ~нем** to uproot (*also fig*); **красне́ть до ~не́й воло́с** to blush to the roots of one's hair; **пусти́ть ~ни** to take root (*also fig*); **смотре́ть в к. чего́-н.** to get at the root of sth; **хлеб на ~ню́** standing crop. **2** (*math*) root; radical; **знак ~ня** radical sign; **куби́ческий к.** cube root.

коре́нь|я, ев (*no sg*) roots (*of vegetables, herbs, etc., for culinary and medicinal purposes*).

ко́реш, а *m* (*sl*) pal, mate.

кореш|о́к, ка́ *m* **1** (*книги*) spine. **2** (*чековой книжки*) counterfoil. **3** *diminutive of* ⇒**ко́рень**. **4** (*sl*) (*приятель*) pal, mate.

Коре́|я, и *f* Korea; **Се́верная К.** North Korea; **Ю́жная К.** South Korea.

коре|я́нка, я́нки *f of* ⇒**~́ец**

корзи́н|а, ы *f* basket.

корзи́нк|а, и *f* small basket, punnet.

корзи́н|ный *adj of* ⇒**~а**

корзи́нщик, а *m* basket-maker.

кориа́ндр, а *m* coriander.

коридо́р, а *m* corridor, passage.

кори́нк|а, и (*no pl*) *f* currants.

кори́нфский *adj* (*archit*) Corinthian.

кор|и́ть, ю́, и́шь *impf* (+ *a* **за**) to upbraid (for); (+ *a and i*) to reproach (with).

корифе́|й, я *m* leading light.

кори́ц|а, ы *f* cinnamon.

кори́чневый *adj* brown.

ко́рк|а, и *f* **1** (*хлеба*) crust. **2** (*апельсина*) peel, rind. **3** (*на коже*) scab. **4** (*fig*): **прочита́ть от ~и до ~и** to read from cover to cover; **руга́ть, брани́ть кого́-н. на все ~и** (*coll*) to tear s.o. off a strip.

корм, а, о ~́е, на ~́е *and* **на ~у́,** *pl* **~а́, ~о́в** *m* **1** (*пища*) food, fodder; **пти́чий к.** birdseed. **2** (*действие*) feeding.

корм|а́, ы́ *f* **1** (*naut*) stern. **2** (*aeron*) tail.

кормёжк|а, и *f* (*coll*) feeding.

корми́л|ец, ьца *m* breadwinner.

корми́лиц|а, ы *f* **1** *f of* ⇒**корми́лец**. **2** wet nurse.

корми́л|о, а *nt* (*naut and fig*) helm; (*fig, rhetorical*): **быть у ~а правле́ния** to be at the helm.

корм|и́ть, лю́, ~́ишь *impf* **1** (*pf* **на~** *and* **по~**) (*давать корм*) to feed; **к. с ло́жки** to spoon-feed; **к. гру́дью** to nurse, (breast)feed; (*coll*): **его́ хле́бом не ~́й, то́лько дай смотре́ть футбо́л** he is mad about watching football. **2** (*pf* **про~**) (*содержать*) to keep, maintain.

корм|и́ться, лю́сь, ~́ишься *impf* **1** (*pf* **по~**) (*есть*) to eat, feed (*intrans*). **2** (*pf* **про~**) (+ *i*) (*содержать себя*) to live (on); **к. уро́ками** to make a living by giving tuition.

кормле́ни|е, я *nt* feeding.

корм|ово́й[1] *adj of* ⇒**~а́**; **~ово́е весло́** scull; **к. флаг** ensign; **~ова́я часть** after part, stern part; **~ова́я ру́бка** roundhouse.

корм|ово́й[2] *adj of* ⇒**~**; fodder, forage; **~овы́е культу́ры, расте́ния** fodder crops; **~ова́я свёкла** mangold, mangel(-wurzel).

корму́шк|а, и *f* (*agric*) (feeding) trough; (*для птиц*) bird table, bird feeder.

ко́рмч|ий, его *m* (*rhetorical*) helmsman.

корна́|ть, ю *impf* (*of* ⇒**о~** *and* ⇒**об~**) (*coll*) to crop, cut too short.

корневи́щ|е, а *nt* (*bot*) rhizome.

кор|нево́й *adj of* ⇒**~ень**

корнепло́д, а *m* root vegetable.

ко́рнер, а, *pl* **~ы** *or* **~а́** *m* (*sport*) corner.

корне́т, а *m* (*mil and mus*) cornet.

корнети́ст, а *m* (*mus*) cornet player, cornetist.

корнишо́н, а *m* (*cul*) gherkin.

Ко́рнуолл, а *m* Cornwall.

корнуо́лл(ь)ский *adj of* ⇒**Ко́рнуолл**; Cornish.

корнуэ́льский *adj* Cornish (*language; breed of chicken*).

ко́роб, а, *pl* **~а́** *m* **1** basket (*of bast*). **2** (*fig, coll*): **це́лый к. новосте́й** heaps of news; **наговори́ть с три ~а** to spin a long yarn.

коробе́йник, а *m* pedlar.

коро́б|ить, лю, ишь *impf* (*of* ⇒**по~**) **1** to warp. **2** (*fig*) to jar upon, grate upon; (*impers*): **меня́ ~ит от его́ акце́нта** his accent jars upon me.

коро́б|иться, ится *impf* (*of* ⇒**по~** *and* ⇒**с~**) to warp, buckle.

коро́бк|а, и *f* box, case; **дверна́я к.** door frame; **к. скоросте́й** (*tech*) gearbox; **черепна́я к.** (*anat*) cranium.

короб|о́к, ка́ *m* (small) box.

коро́бочк|а, и *f* **1** *diminutive of* ⇒**коро́бка**. **2** (*bot*) boll.

коро́бчатый *adj* box shaped.

коро́в|а, ы *f* cow; **морска́я к.** sea cow, manatee.

коро́в|ий *adj of* ⇒**~а**; **~ье ма́сло** butter.

коро́в|ка, ки *f affectionate diminutive of* ⇒**~а**; **бо́жья к.** ladybird.

коро́вник, а *m* cow shed.
коро́вниц|а, ы *f* (*obs*) milkmaid.
короле́в|а, ы *f* queen.
короле́вич, а *m* (*obs and folklore*) king's son.
короле́в|на, ны, *g pl* **~ен** *f* (*obs and folklore*) king's daughter.
короле́вск|ий *adj* royal; **~ая ко́бра** king cobra; (*chess*): **к. слон** king's bishop.
короле́вств|о, а *nt* kingdom.
корол|ёк, ька́ *m* **1** (*zool*): **желтоголо́вый к.** goldcrest; **красноголо́вый к.** firecrest. **2** (*апельсин*) blood orange.
коро́л|ь, я́ *m* king; (*fig*) baron; **газе́тный к.** press baron.
коромы́с|ло, ла *g pl* **~ел** *nt* **1** (*для вёдер*) yoke; (*у весов*) beam. **2** (*tech*) rocking shaft, rocker arm. **3** (*coll*): **дым стоя́л ~ом** all hell was let loose.
коро́н|а, ы *f* **1** crown (*also fig*). **2** (*astron*) corona.
корона́рный *adj* coronary.
коронаротромбо́з, а *m* coronary (thrombosis).
корона|цио́нный *adj of* **⇨~ция**
корона́ци|я, и *f* coronation.
коро́нк|а, и *f* crown (*of tooth*).
коро́нный *adj* crown, of state; (*theatr*): **к. но́мер** best number.
корон|ова́ть, у́ю *impf and pf* to crown.
коро́ст|а, ы *f* scab.
korоста́вник, а *m* field scabious.
коросте́л|ь, я́ *m* (*zool*) corncrake.
корота́|ть, ю *impf* (*of* **⇨с~**) (*coll*) to pass, while away (time).
коро́т|кий (ко́роток, коротка́, ко́ротко, *pl* **ко́ротки́)** *adj* **1** short; **э́то пальто́ тебе́ ко́ротко** this coat is too short for you; **~кая распра́ва** short shrift; **к. спи́сок** shortlist; **к. уда́р** short and sharp blow; (*coll*): **ру́ки ко́ротки!** just try!; you couldn't if you tried!; **у́м ~ок** limited intelligence. **2** (*fig*) (*дружественный*) close, friendly; (*coll*): **быть на ~кой ноге́ с кем-н.** to be on friendly terms with s.o.
ко́ротк|о[1] *see* **⇨~ий**
ко́ротко[2] *adv* **1** (*вкратце*) briefly; **к. говоря́** in short. **2** (*близко*): **к. узна́ть кого́-н.** to get to know s.o. well.
коротковолнови́к, а́ *m* radio ham.
коротково́лновый *adj* (*radio*) short-wave.
короткометра́жк|а, и *f* (*coll*) short (film); **рекла́мная к.** commercial, ad(vert).
короткометра́жный *adj*: **к. фильм** short (film).
короты́шк|а, и *cg* (*coll*) shorty.
кор|о́че *comp of* **⇨~о́ткий** *and* **⇨~о́тко** shorter; **к. говоря́** in short, to cut a long story short.
ко́рочк|а, и *f* **1** *diminutive of* **⇨ко́рка**. **2** (*coll*) diploma.
корп|е́ть, лю́, и́шь *impf* (над, за + *i*) (*coll*) to pore (over), sweat (over).
ко́рпи|я, и *f* (*obs*) lint.
корпорати́в|ный (~ен, ~на) *adj* corporate.
корпора́ци|я, и *f* corporation.
корпу́нкт, а *m* press centre (*Br*), center (*US*).
ко́рпус[1], а, *pl* **~ы** *m* **1** (*туловище*) body. **2** (*мера*) length (*of animal, as unit of measurement*); **на́ша ло́шадь опереди́ла други́х на три ~а** our horse won by three lengths.
ко́рпус[2], а, *pl* **~а́, ~о́в** *m* **1** (*mil*) corps; **каде́тский, морско́й к.** military school, naval college; **дипломати́ческий к.** diplomatic corps. **2** (*здание*) building; block. **3** (*корабля*) hull; (*tech*) frame, body, case.
корректи́в, а *m* amendment, correction.
корректи́р|овать, ую *impf* (*of* **⇨про~**) to correct; **~ующая жи́дкость** correction fluid.
корректиро́вщик, а *m* (*mil*) **1** (*человек*) spotter. **2** (*самолёт*) spotter (aircraft).
корре́кт|ный (~ен, ~на) *adj* correct, proper.
корре́ктор, а *m* proofreader; **орфографи́ческий к.** (*comput*) spellchecker.
корректу́р|а, ы *f* **1** (*исправление*) proof-reading, correction. **2** (*оттиск*) proof(sheet); **держа́ть ~у** to read, correct proofs; **к. в гра́нках** galley proof(s); **к. в листа́х** page proof(s).
корректу́р|ный *adj of* **⇨~а**; **~ные зна́ки** proof symbols; **к. о́ттиск** proof (sheet).
корре́кци|я, и *f* correction.
корреля́т, а *m* correlate.
корреляти́вный *adj* correlative.
корреля́ци|я, и *f* correlation.
корреспонде́нт, а *m* correspondent.
корреспонде́нт|ка, ки *f of* **⇨~**
корреспонде́нтский *adj* correspondent's; press (*attr*); **к. пункт = корпу́нкт**
корреспонде́нци|я, и *f* **1** (*переписка; письма*) correspondence. **2** (*сообщение*) dispatch, report.
корри́д|а, ы *f* bullfight.
корро́зи|я, и *f* (*chem*) corrosion.
коррумпи́рованност|ь, и *f* corruptness, corruption.
коррумпи́рован|ный (~, ~а) *adj* corrupt.
корру́пци|я, и *f* (*pol*) corruption.
корса́ж, а *m* bodice.
корса́р, а *m* corsair.
корсе́т, а *m* corset.
Ко́рсик|а, и *f* Corsica.
корсика́н|ец, ца *m* Corsican.
корсика́н|ка, ки *f of* **⇨~ец**
корсика́нский *adj* Corsican.
корт, а *m* (*sport*) court; **те́ннисный к.** tennis court; **к. для игры́ в бадминто́н/сквош** badminton/squash court; **грунто́вый/гли́няный/землян**о́**й к.** clay court; **травяно́й к.** grass court; **к. с твёрдым покры́тием** hard court; **закры́тый к.** indoor court; **к. с (синтети́ческим) ковро́вым покры́тием** (synthetic) 'carpet' court.
корте́ж, а *m* procession, cortège; (*автомобилей*) motorcade.
кортизо́н, а *m* (*med*) cortisone.
ко́ртик, а *m* dagger.
ко́рточ|ки, ек (*no sg*): **сиде́ть на ~ках, сесть на к.** to squat.
кору́нд, а *m* (*min*) corundum.
Ко́рфу *m indecl* Corfu.
корч|ева́ть, у́ю *impf* to uproot, root out.
корчёвк|а, и *f* uprooting, rooting out.
ко́рч|и, ей *pl* (*sg* **~а, ~и** *f*) (*coll*) convulsions, spasm; **му́читься в ~ах** to writhe with pain.
ко́рч|ить, у, ишь *impf* (*of* **⇨с~**) **1** to contort; (*coll*): **к. грима́сы, ро́жи** to make, pull faces. **2** (*impf only*) (*coll*): **к. из себя́** to pose (as); **к. дурака́** to play the fool.
ко́рч|иться, усь, ишься *impf* (*coll*) to writhe.
корч|ма́, мы́, *g pl* **~ем** *f* (*obs*) inn, tavern (*in Ukraine, Belarus and southern regions of Russia*).
ко́ршун, а *m* (*zool*) kite; (*fig*): **налете́ть, набро́ситься ~ом (на +** *a*) to pounce (on), swoop (onto).
коры́ст|ный (~ен, ~на) *adj* mercenary, selfish.
корыстолю́б|ец, ца *m* mercenary-minded person.
корыстолюби́в|ый (~, ~а) *adj* mercenary, selfish.
корыстолю́би|е, я *nt* self-interest.
коры́ст|ь, и *f* (*coll*) **1** (*выгода*) profit, gain; **кака́я тебе́ в э́том к.?** what are you getting out of it? **2** (*корыстолюбие*) self-interest.
коры́т|о, а *nt* tub; trough; **оста́ться у разби́того ~а** to be no better off than before, be back where one started.
кор|ь, и *f* measles.
ко́рюшк|а, и *f* smelt (*fish*).
коря́в|ый (~, ~а) *adj* (*coll*) **1** (*дуб, пальцы*) gnarled. **2** (*почерк, речь, стиль*) clumsy. **3** (*obs*) (*лицо*) pockmarked.
коря́г|а, и *f* (*ветвь*) dead branch, (*пень*) dead tree stump (*often submerged under water*).
кос|а́[1], ы́, *a* **~у́,** *pl* **~ы** *f* (*волосы*) plait, pigtail, braid.
кос|а́[2], ы́, *pl* **~ы** *f* (*орудие*) scythe; **нашла́ к. на ка́мень** he (has) met his match; he ran (has run) into a brick wall.
кос|а́[3], ы́, *pl* **~ы** *f* (*geog*) spit.
коса́р|ь[1], я́ *m* (*человек*) mower.
коса́р|ь[2], я́ *m* (*орудие*) chopper.
коса́тк|а, и *f* killer whale.
ко́свенн|ый *adj* indirect, oblique; **~ые ули́ки** circumstantial evidence; (*gram*): **к. паде́ж** oblique case; **~ая речь** indirect speech.
косе́канс, а *m* (*math*) cosecant.
коси́лк|а, и *f* mowing machine, mower; **газо́нная к.** lawn mower.
ко́синус, а *m* (*math*) cosine.
ко|си́ть[1], шу́, ~сишь *impf* (*of* **⇨с~[1]**) (*траву*) to mow; to cut; (*fig*) (*людей*) to cut down; to wipe out; **~си́ ~са́ пока́ роса́** (*proverb*) make hay while the sun shines.
ко|си́ть[2], шу́, си́шь *impf* (*of* **⇨с~[2]**) **1** (*о глазах*) to squint; **к. на о́ба гла́за** to have a squint in both eyes. **2** (+ *a or i*)

(*рот, глаза*) to twist, slant. **3** (*no pf*) (*иметь косой вид*) to be crooked.

ко|си́ться, шу́сь, си́шься *impf* (*of* ⇒**по~**) **1** (*о доме*) to slant. **2** (*coll*) (**на** + *a*) to cast a sidelong look (at); (*fig*) to look askance (at).

коси́чк|а, и *f diminutive of* ⇒**коса́**[1]

косма́|тить, чу, тишь *impf* (*coll*) to tousle.

косма́т|ый (~, ~а) *adj* shaggy.

косме́тик|а, и *f* cosmetics, make-up.

космети́ческ|ий *adj* cosmetic; **к. кабине́т** beauty parlour; **~ая ма́ска** face pack; **к. ремо́нт** redecoration.

космети́чк|а, и *f* (*coll*) **1** (*человек*) beautician. **2** (*сумочка*) make-up bag.

космето́лог, а *m* cosmetic surgeon.

косметоло́ги|я, и *f* cosmetic surgery.

косми́ческий *adj* **1** space (*attr*). **2** (*пыль, радиация*) cosmic; **к. кора́бль** spaceship.

космого́ни|я, и *f* cosmogony.

космодро́м, а *m* cosmodrome, space centre (*Br*), center (*US*).

космолёт, а *m* (space) shuttle.

космона́вт, а *m* astronaut, cosmonaut, spaceman.

космона́втик|а, и *f* astronautics, space exploration.

космополи́т, а *m* cosmopolite; cosmopolitan.

космополити́зм, а *m* cosmopolitanism.

космополити́ческий *adj* cosmopolitan.

ко́смос, а *m* cosmos; outer space.

космоте́хник|а, и *f* space technology.

ко́см|ы, ~ (*no sg*) (*coll*) locks, mane.

косне́|ть, ю *impf* (*of* ⇒**за~**) (**в** + *p*) to stagnate (in).

косноязы́чи|е, я *nt* confused articulation.

косноязы́ч|ный (~ен, ~на) *adj* speaking thickly.

косн|у́ться, у́сь, ёшься *pf of* ⇒**каса́ться**

ко́с|ный (~ен, ~на) *adj* (*ум*) inert, sluggish; (*образ жизни, общество*) stagnant.

ко́со *adv* slantwise, askew; obliquely; **смотре́ть к.** to look askance, scowl.

кособо́к|ий (~, ~а) *adj* (*coll*) crooked, lopsided.

косова́р, а *m* = **ко́совец**

ко́сов|ец, ца *m* Kosovan, Kosovar.

Ко́сово *nt, decl and indecl* Kosovo.

косоворо́тк|а, и *f* shirt (*with collar fastening at side*).

ко́совский *adj* Kosovan.

косогла́зи|е, я *nt* squint, cast in the eye.

косогла́з|ый (~, ~а) *adj* cross-eyed, squint-eyed.

косого́р, а *m* slope, hillside.

кос|о́й (~, ~а́, ~́о) *adj* **1** slanting; oblique; **к. по́черк** sloping handwriting; **к. у́гол** (*math*) oblique angle; **~а́я черта́** oblique stroke; **~а́я са́жень в плеча́х** (*coll*) broad shoulders. **2** (*косоглазый*) squinting; cross-eyed. **3**: **к. взгляд** (*fig*) sidelong glance.

косола́п|ый (~, ~а) *adj* pigeon-toed; (*fig*) clumsy.

Ко́ста-Ри́к|а, и *f* Costa Rica.

костарика́н|ец, ца *m* Costa Rican.

костарика́н|ка, ки *f of* ⇒**~ец**

ко́ста-рика́нский *adj* Costa Rican.

костёл, а *m* (Roman Catholic) Church.

костене́|ть, ю *impf* (*of* ⇒**о~**) to grow stiff; to grow numb.

кост|ёр, ра́ *m* bonfire; (*походный*) campfire; **зажéчь/развести́ к.** to make a fire; **сжечь на ~ре́** (*человека*) to burn at the stake.

костер|и́ть, ю́, и́шь *impf* (*coll*) = **кости́ть**

кости́ст|ый (~, ~а) *adj* bony.

ко|сти́ть, щу́, сти́шь *impf* (*coll*) to scold.

костля́в|ый (~, ~а) *adj* bony.

ко́стный *adj* osseous; (*anat*): **к. мозг** marrow.

ко́сточ|ка, ки *f* **1** *diminutive of* ⇒**кость**; **перемыва́ть ~ки** (+ *d*) to gossip about, pull to pieces; **разбира́ть по ~кам что́-н.** to go through (a thing, matter) with a fine comb. **2** (*сливы, абрикоса*) stone; (*лимона, винограда*) pip; **без ~ки/~ек** pitted, stoned (*Br*); **оли́вки/масли́ны без ~ек** (*or* **без ~ки**) pitted green/black olives. **3** (*на счётах*) ball (*of abacus*). **4** (*корсета*) bone.

косты́л|ь, я́ *m* **1** crutch; **ходи́ть на ~я́х** to walk on crutches. **2** (*гвоздь*) spike.

костыля́|ть, ю *impf* (*coll*) **1** (*бить*) to cudgel. **2** (*хромать*) to hobble.

кост|ь, и, *pl* **~́и, ~е́й** *f* **1** bone; **слоно́вая к.** ivory; (*fig, coll*) **язы́к без ~е́й** loose tongue; **лечь ~ьми́** (*rhetorical*) to fall in battle; **пересчита́ть кому́-н. ~́и** to give s.o. a drubbing. **2** (*in pl*) (*в игре*) dice.

костю́м, а *m* **1** (*одежда*) dress, clothes; **в ~е Ада́ма/Е́вы** (*joc*) in one's birthday suit; **маскара́дный к.** fancy dress. **2** (*пиджак и брюки; жакет и юбка*) suit; **вече́рний к.** dress suit; **купа́льный к.** swimsuit. **3** (*theatr*) costume.

костюме́р, а *m* (*theatr*) wardrobe master.

костюме́р|ный *adj of* ⇒**~**; *as n* **~ная, ~ной** *f* (*theatr*) wardrobe (room).

костюме́рш|а, и *f* (*coll, theatr*) wardrobe mistress.

костюмиро́ва|нный *ppp of* ⇒**~́ть** *and adj* **1** in costume; in fancy dress. **2**: **к. бал, ве́чер** fancy-dress ball.

костюмир|ова́ть, у́ю *impf and pf* to dress (*in theatre or fancy-dress costume*).

костюмир|ова́ться, у́юсь *impf and pf* to put on costume, to put on fancy dress.

костю́м|ный *adj of* ⇒**~**; **~ная пье́са, дра́ма** period play, drama.

костя́к, а́ *m* skeleton; (*fig*) (+ *g*) backbone (of).

костян|о́й *adj* (*made of*) bone; **~а́я мука́** bonemeal.

костя́шк|а, и *f* **1** (*пальцев*) knuckle. **2** (*на счётах*) ball.

косу́л|я, и *f* roe deer.

косы́нк|а, и *f* (triangular) kerchief, scarf.

косьб|а́, ы́ *f* mowing.

костя́к[1]**, а́** *m* (*дверной*) (door)post; jamb.

косяк[2]**, а́** *m* **1** (*лошадей*) herd. **2** (*рыб*) shoal, school; (*птиц*) flock.

косяк[3]**, а́** *m* (*sl*) (*с марихуаной*) joint.

кот, а́ *m* **1** tomcat; (*coll*): **к. напла́кал** nothing to speak of; practically nothing; **купи́ть ~а́ в мешке́** to buy a pig in a poke. **2** (*sl*) (*мужчина*) pimp.

кота́нгенс, а *m* (*math*) cotangent.

Кот-д'Ивуа́р, а *m* the Ivory Coast.

кот|ёл, ла́ *m* **1** pot, cauldron; **о́бщий к.** communal pot. **2** (*tech*) boiler.

котел|о́к, ка́ *m* **1** pot. **2** (*mil*) mess tin. **3** (*шляпа*) bowler (hat).

коте́льн|ая, ой *f* boiler house.

коте́л|ьный *adj of* ⇒**~̃ 2**; **~ьное желе́зо** boiler plate.

коте́льщик, а *m* boilermaker.

кот|ёнок, ёнка, *pl* **~я́та, ~я́т** *m* kitten.

ко́тик, а *m* **1** (*тюлень*) fur seal. **2** (*мех*) sealskin. **3** *diminutive of* ⇒**кот**

ко́тик|овый *adj of* ⇒**~ 1, 2**; **к. про́мысел** sealing; sealskin trade; **~овая ша́пка** sealskin cap.

котильо́н, а *m* cotillion.

коти́р|овать, ую *impf and pf* (*fin*) to quote.

коти́р|оваться, уюсь *impf and pf* **1** (*fin*) (**в** + *a*) to be quoted (at). **2** (*fig*) to be rated.

котиро́вк|а, и *f* (*fin*) quotation.

кот|и́ться, и́тся *impf* (*of* ⇒**о~**) (*о кошке*) to have kittens; (*о зайце, кролике*) to have young.

котле́т|а, ы *f* burger; rissole; (**отбивна́я**) **к.** chop.

котле́тн|ая, ой *f* burger bar.

котлова́н, а *m* (*tech*) foundation pit.

котлови́н|а, ы *f* (*geog*) hollow, basin.

кото́мк|а, и *f* knapsack.

кото́р|ый *pron* **1** *interrog and rel* (*о предметах*) which; **к. (сейча́с) час?** what time is it (now)?; **в ~ом часу́ он приходи́л?** what time did he call? **2** (*coll*) (*не один*) some, quite a few; **к. раз я тебе́ э́то говорю́?** how many times have I told you!; **к. год он не пи́шет** he hasn't been writing for some years. **3** *rel* (*о людях*) who. **4** (*coll*): **к.... к.** some ... some (others); **~ые посети́тели сиде́ли, ~ые стоя́ли** some visitors were sitting, some standing.

кото́рый-либо *pron* = **кото́рый-нибудь**

кото́рый-нибудь *pron* some; one or other.

котте́дж, а *m* cottage.

кот|я́та, я́т *see* ⇒**~ёнок**

ко́фе *m indecl* coffee; **раствори́мый к.** instant coffee; **к. в зёрнах** coffee beans.

кофева́рк|а, и *f* coffee maker.

кофеи́н, а *m* caffeine.

кофе́йник, а *m* coffee pot.

кофе́йниц|а, ы *f* coffee grinder.

коф|е́йный *adj of* ⇒**~́е**

кофе́|йня, йни, *g pl* **~ен** *f* coffee house.

К

кофемо́лк|а, и *f* coffee grinder.

ко́фт|а, ы *f* (*woman's*) jacket, cardigan.

ко́фточк|а, и *f* blouse.

коча́н, а́ (*and coll* **кочна́)** *m*: **к. капу́сты** head of cabbage.

коч|ева́ть, у́ю *impf* **1** (*о племенах*) to be a nomad, to roam from place to place; (*fig*) (*передвигаться*) to wander. **2** (*о животных*) to migrate.

кочёвк|а, и *f* (*coll*) **1** (*лагерь*) nomad camp. **2** (*действие*) wandering; nomadic existence; (*животных*) migrating.

коче́вник, а *m* nomad.

кочево́й *adj* **1** (*люди*) nomadic. **2** (*животные*) migratory.

коче́в|ье, ья, *g pl* **~ий** *nt* **1** (*лагерь*) nomad encampment. **2** (*местность*) nomad territory.

кочега́р, а *m* stoker, fireman.

кочега́рк|а, и *f* stokehole, stokehold.

кочене́|ть, ю *impf* (*of* **⇒за~** *and* **⇒о~**) to become numb; to stiffen.

кочер|га́, ги́, *g pl* **~ёг** *f* poker.

кочеры́жк|а, и *f* cabbage stump.

ко́чет, а *m* (*dialect*) cock.

ко́чк|а, и *f* hummock; tussock.

кочкова́т|ый (~, ~а) *adj* hummocky, tussocky.

коша́тник, а *m* (*coll*) cat lover.

коша́тни|ца, цы *f of* **⇒~к**

кош|а́чий *adj of* **⇒~́ка**; feline; **к. конце́рт** caterwauling; (*fig*) hooting, barracking.

кошел|ёк, ька́ *m* purse.

кошёлк|а, и *f* (*coll*) small basket.

коше́л|ь, я́ *m* **1** (*obs*) (*кошелёк*) purse. **2** (*coll*) (*сумка*) bag.

кошени́л|ь, и *f* (*краска*) cochineal.

коше́рный *adj* kosher.

ко́шк|а, и *f* **1** cat; **(к.-)манкс, бесхво́стая к.** Manx cat; (*fig, coll*): **игра́ть в ~и-мышки** to play cat-and-mouse; **жить как к. с соба́кой** to lead a cat-and-dog life; **чёрная к. пробежа́ла ме́жду ни́ми** they have fallen out; **у него́ ~и скребу́т на се́рдце** he is heavy-hearted. **2** (*tech, naut*) grapnel, drag. **3** (*in pl*) (*для лазания*) crampons; climbing irons. **4** (*in pl*) (*плеть*) cat-o'-nine tails.

кошма́р, а *m* **1** nightmare (*also fig*). **2** *as pred* (*coll*) it's a nightmare!

кошма́р|ный (~ен, ~на) *adj* nightmarish; (*fig*) horrible, awful.

ко|шу́, ~́сишь *see* **⇒~сить**[1,2]

коще́|й, я *m* **1** Koshchey (*an evil being in Russian folklore*). **2** (*fig, coll*) (*скряга*) miser.

кощу́нствен|ный (~, ~на) *adj* blasphemous.

кощу́нств|о, а *nt* blasphemy.

кощу́нств|овать, ую *impf* to blaspheme.

коэффицие́нт, а *m* (*math*) coefficient; (*tech*): **к. поле́зного де́йствия** efficiency (*also fig*); **к. у́мственных спосо́бностей** intelligence quotient, IQ.

КП *f indecl* (*abbr of* **Коммунисти́ческая па́ртия**) Communist Party.

КПД *m indecl* (*abbr of* **коэффицие́нт поле́зного де́йствия**) (*tech*) efficiency (*also fig*).

КПЗ *f indecl* (*abbr of* **ка́мера предвари́тельного заключе́ния**) remand prison.

КПП *m indecl* (*abbr of* **контро́льно-пропускно́й пункт**) checkpoint.

КПСС *f indecl* (*abbr of* **Коммунисти́ческая па́ртия Сове́тского Сою́за**) (*hist*) CPSU (*Communist Party of the Soviet Union*).

кр. (*abbr of* **край**) krai.

краб, а *m* (*zool*) crab.

кра́вч|ий, его *m* (*hist*) royal carver (*in Muscovite Russia*).

кра́г|и, ~ *pl* (*sg* **~а, ~и** *f*) **1** leggings. **2** (*у перчаток*) cuffs.

кра́ден|ый *adj* stolen; **~ое** (*collect*) stolen goods.

кра|ду́, дёшь *see* **⇒~́сть**

кра́дучись *adv* stealthily; **идти́ к.** to creep, slink.

краеве́д, а *m* local historian.

краеве́дени|е, я *nt* local history.

краеве́д|ческий *adj of* **⇒~ение**; **к. музе́й** local history/folk museum.

краево́й *adj of* **⇒край 4**

краеуго́льный *adj* (*rhetorical*) basic; **к. ка́мень** cornerstone.

кра́ж|а, и *f* theft; **к. со взло́мом** burglary; **магази́нная к.** shoplifting; **квалифици́рованная к.** (*law*) aggravated theft.

кра|й, я, о ~́е, в ~ю́, *pl* **~я́, ~ёв** *m* **1** (*поля, одежды*) edge; (*сосуда*) brim; (*пропасти*) brink (*also fig*); **быть на ~ю́ моги́лы** to have one foot in the grave; **конца́-~ю нет** there is no end to it; **~ем у́ха слу́шать** to listen with half an ear; **на ~ю́ све́та** at the world's end; **че́рез к.** beyond measure; **хвати́ть че́рез к.** (*coll*) to overstep the mark. **2** (*мяса*) side; **то́лстый к.** rib steak; **то́нкий к.** chine (of beef), upper cut. **3** (*страна, область*) land, country; **в на́ших ~я́х** in our part of the world; **в чужи́х ~я́х** in foreign parts. **4** (*административная единица*) krai.

край — krai (territory)

One of the six types of administrative unit into which **Росси́йская Федера́ция** is divided. Of the 86 (as of April 2007) units, seven are krais (territories). They were originally (and now they are once more) border areas of Russia (Russian *окра́ины* (sg *окра́ина*) and *край* having the same stem).
For more details see **автоно́мная о́бласть**

край... *comb form, abbr of* **краево́й**

крайко́м, а *m* (*abbr of* **краево́й комите́т**) krai committee.

кра́йне *adv* extremely.

кра́йн|ий *adj* **1** (*in various senses*) extreme; (*последний*) last; **К. Се́вер** the Far North; **в ~ем слу́чае** in the last resort; **к. срок** deadline; **по ~ей ме́ре** at least; **~яя плоть** (*anat*) foreskin. **2** (*sport*) outside, wing; **к. напада́ющий** outside forward, wing forward.

кра́йност|ь, и *f* **1** (*крайняя степень*) extreme; **в ~и** in the last resort; **до ~и** in the extreme, extremely. **2** (*тяжёлое положение*) extremity; **быть в ~и** to be reduced to extremity.

крайце́нтр, а *m* (*abbr of* **краево́й центр**) main city, capital of a krai.

Кра́ков, а *f* Cracow.

краковя́к, а *m* (*танец*) Cracovienne (*a lively Polish dance*).

крал, а *see* **⇒красть**

кра́л|я, и *f* (*coll*) (*красотка*) beauty; (*любовница*) lover.

крамо́л|а, ы *f* sedition, subversion.

крамо́льник, а *m* conspirator, plotter; rebel.

крамо́льный *adj* seditious, subversive.

кран[1]**, а** *m* (*водопроводный*) tap, faucet (*US*); (*на трубопроводах*) valve; **шарово́й к.** ball valve; **запо́рный к.** stopcock; **к.-смеси́тель** mixer tap.

кран[2]**, а** *m* (*машина*) crane.

крановщи́к, а́ *m* crane operator.

крановщи́|ца, цы *f of* **⇒~к**

кра́н|овый *adj of* **⇒~**[1,2]

крап, а (*no pl*) *m* (*пятна*) spots; specks.

кра́п|ать, ает *and* **лет** *impf* to spatter; **дождь ~ает** it is spitting with rain (*Br*).

крапи́в|а, ы *f* (stinging) nettle; (*collect*) nettles.

крапи́вник, а *m* (*zool*) wren.

крапи́вниц|а, ы *f* **1** (*med*) nettlerash. **2** (*бабочка*) small tortoiseshell (butterfly).

крапи́в|ный *adj of* **⇒~а**; **~ная лихора́дка** nettlerash.

кра́пин|а, ы *f* speck; spot.

кра́пин|ка, ки *f* = **~а**

краплёный *adj* (*of cards*) marked.

кра́пчат|ый (~, ~а) *adj* speckled.

крас|а́, ы *f* **1** beauty; (*ironical*): **во всей свое́й ~е́** in all one's glory. **2** (*rhetorical*) glory.

краса́в|ец, ца *m* handsome man; good-looker (*male*).

краса́виц|а, ы *f* beauty; good-looker (*female*).

краса́вк|а, и *f* deadly nightshade, belladonna.

краса́вчик, а *m* (*coll*) **1** = **краса́вец** **2** (*ironical*) dandy.

краси́вост|ь, и *f* (mere) prettiness.

краси́в|ый (~, ~а) *adj* beautiful; (*мужчина*) handsome; (*поступок, слова*) fine.

краси́льный *adj* appertaining to dyes.

краси́л|ьня, ьни, *g pl* **~ен** *f* dye-house, dye works.

краси́льщик, а *m* dyer.

краси́тел|ь, я *m* dye(stuff); **пищево́й к.** food colouring.

кра́|сить, шу, сишь *impf* (*of* **⇒по~**) **1** (*стену, губы*) to paint. **2** (*ткань, волосы*) to dye; (*дерево, стекло*) to stain. **3** (*impf only*) (*украшать*) to adorn.

кра́|ситься, шусь, сишься *impf* **1** (*pf* **на~**) to make up one's face. **2** (*pf* **по~**) to dye one's hair. **3** (*no pf*) (*пачкать собой*) to run. **4** *passive of* **⇒~сить**

кра́ск|а, и *f* **1** (*действие*) painting; dyeing. **2** (*материал*) paint; (*для* *ткани)* dye; **акваре́льная к.** watercolour (*Br*), watercolor (*US*); **(водо)эмульсио́нная к.** emulsion (paint) (*Br*), latex paint (*US*); **ма́сляная к.** oil paint; **типогра́фская к.** printer's ink; **писа́ть ~ами** to paint; **к. для ресни́ц** mascara. **3** (*in pl, fig*) (*колорит*) colours (*Br*), colors (*US*); **ви́деть жизнь в ро́зовых ~ах** to be naive; **сгусти́ть ~и** (*coll*) to lay it on thick. **4** (*румянец*) blush; **вогна́ть кого́-н. в ~у** (*coll*) to make s.o. blush.

краскопу́льт, а *m* = **краскораспыли́тель**

краскораспыли́тел|ь, я *m* spray gun.

красне́|ть, ю *impf* (*of* ⇒**по~**) **1** (*становиться красным*) to redden, become red. **2** (*от стыда*) to blush; (*fig*): **к. за** + *a* to blush for. **3** (*impf only*) (*виднеться*) to show red.

красне́|ться, юсь *impf* to show red.

красноарме́|ец, йца *m* (*hist*) Red Army man.

красноарме́|йский *adj of* ⇒**~ец** ⇒**Кра́сная А́рмия**

краснобá|й, я *m* (*coll*) gasbag.

красноба́йств|о, а *nt* (*coll*) empty rhetoric.

красновáт|ый (~, ~а) *adj* reddish.

красногварде́|ец, йца *m* (*hist*) Red Guard.

красногварде́|йский *adj of* ⇒**~ец**

краснодере́в|ец, ца *m* = **~щик**

краснодере́в|щик, щика *m* cabinetmaker.

краснoко́ж|ий (~, ~а) *adj* red-skinned; *as n* **к., ~его** *m* (*offens*) American Indian.

краснокре́стный *adj* Red Cross.

краснoле́сь|е, я *nt* pine forest.

красноли́цый *adj* red-faced.

красноречи́в|ый (~, ~а) *adj* eloquent.

красноре́чи|е, я *nt* eloquence.

краснот|а́, ы́ *f* redness.

краснощёк|ий (~, ~а) *adj* rosy-cheeked.

красну́х|а, и *f* (*med*) German measles.

кра́с|ный (~ен, ~на́, ~но) *adj* **1** red (*also fig, pol*); **К~ная А́рмия** Red Army; **~ное де́рево** mahogany; **К~ная Ша́почка** Little Red Riding Hood; **К. Крест** Red Cross; **К~ное мо́ре** the Red Sea; (*fig*): **~ная строка́** (first line of) new paragraph; **проходи́ть ~ной ни́тью** to stand out, run through (*of theme*). **2** (*obs, folk poetical or coll*) (*красивый*) beautiful; (*fig*) fine; **~ная де́вица** bonny lass; (*proverb*) **долг платежо́м ~ен** one good turn deserves another.

крас|ова́ться, у́юсь *impf* **1** to stand out (vividly). **2** (*coll*) to flaunt oneself, show off.

красот|а́, ы́, *pl* **~ы** *f* beauty; *as pred* (*coll*) **к.!** splendid!

красо́тк|а, и *f* (*coll*) good-looking girl; beauty.

кра́с|очный *adj* **1** *adj of* ⇒**~ка. 2 (~очен, ~очна)** colourful (*Br*), colorful (*US*).

кра|сть, ду́, дёшь, *past* **~л, ~́ла** *impf* (*of* ⇒**у~́**) to steal.

кра́|сться, ду́сь, дёшься, *past* **~лся, ~лась** *impf* to steal, creep, sneak.

крат *only in phrr* **во́ сто к.** hundredfold; **во мно́го к.** many times more.

кра́тер, а *m* crater.

кра́т|кий (~ок, ~ка́, ~ко) *adj* short; brief; **я бу́ду ~ок** I'll be brief; (*сжатый*) concise; **в ~ких слова́х** in short, briefly; **«и» ~кое** *Russian letter* **й.**

кра́тко *adv* briefly.

кратковре́мен|ный (~ *and* **~ен, ~на)** *adj* of short duration, brief; **к. дождь** shower.

краткосро́ч|ный (~ен, ~на) *adj* (*ссуда*) short-term; (*отпуск*) short.

кра́тн|ое, ого *nt* (*math*) multiple; **наиме́ньшее о́бщее к.** least common multiple.

кра́т|ный (~ен, ~на) *adj* (+ *d*) divisible without remainder (by); **де́вять — число́, ~ное трём** nine is a multiple of three.

крат|ча́йший *superl of* ⇒**~́кий**

кра́т|че (*disp*) *comp of* ⇒**~кий** *and* ⇒**~ко**

крах, а *m* (*fin and fig*) crash, collapse; (*fig*) (*провал*) failure; **потерпе́ть к.** to fail.

крахма́л, а *m* starch.

крахма́лист|ый (~, ~а) *adj* containing starch.

крахма́л|ить, ю, ишь *impf* (*of* ⇒**на~**) to starch.

крахма́л|ьный *adj of* ⇒**~**; starched.

кра́чк|а, и *f* (*zool*) tern.

кра́ше (*literary*) *comp of* ⇒**краси́вый, краси́во**

кра́шени|е, я *nt* dyeing.

кра́шен|ый *adj* **1** (*стена*) painted; **~ое яйцо́** (decorated) Easter egg. **2** (*ткань*) dyed. **3** (*женщина*) made-up, wearing make-up; (*pej*) painted; **~ая блонди́нка** peroxide blonde.

краю́х|а, и *f* (*coll*) hunk of bread.

креве́тк|а, и *f* (*zool*) (*мелкая*) shrimp; (*крупная*) prawn.

кре́дит, а *m* (*bookkeeping*) credit.

креди́т, а *m* **1** (*fin*) credit; **в к.** on credit. **2** (*fig*) (*доверие*) credibility. **3** (*in pl*) (*ассигнования*) finance.

креди́тк|а, и *f* (*coll*) credit card.

креди́т|ный *adj of* ⇒**~**; **к. биле́т** banknote; **~ная ка́рт(очк)а** credit card.

кредит|ова́ть, у́ю *impf and pf* (*fin*) to give credit (to).

кредито́р, а *m* creditor.

кредитоспосо́бность, и *f* creditworthiness, credit rating.

кредитоспосо́б|ный (~ен, ~на) *adj* creditworthy.

кре́до *nt indecl* credo, creed.

кре́йсер, а, *pl* **~ы** *and* **~а́** (*mil*) cruiser; **лине́йный к.** battle cruiser.

кре́йсер|ский *adj of* ⇒**~**; **~ская ско́рость** cruising speed.

крейси́р|овать, ую *impf* (*naut*) **1** (*совершать рейсы*) to make regular scheduled trips from A to B; **теплохо́ды ~уют регуля́рно** motor vessels sail regularly. **2** (*mil*) to patrol.

кре́кер, а *m* cracker.

кре́кинг, а *m* (*tech*) cracking (*oil refining*).

крем, а *m* (*in various senses*) cream; **к.-брюле́** creme brûlée; **к. для о́буви** shoe polish; **увлажня́ющий к.** moisturizer; **защи́тный к.** sunblock.

кремато́ри|й, я *m* crematorium.

кремац|ио́нный *adj of* ⇒**~́ия**; **~ио́нная печь** incinerator.

крема́ци|я, и *f* cremation.

крем|е́нь, ня́ *m* flint.

кремлеве́д, а *m* Kremlinologist; Kremlin-watcher.

кремлеве́дени|е, я *nt* Kremlinology; Kremlin-watching.

кремл|ёвский *adj of* ⇒**~ь**

кремлено́лог, а *m* = **кремлеве́д**

кремленоло́ги|я, и *f* Kremlinology, Kremlin-watching.

кремл|ь, я́ *m* citadel; **(Моско́вский) К.** the Kremlin; **Каза́нский/Новгоро́дский к.** the Kazan/Novgorod Kremlin.

кремнёв|ый *adj* flint; **~ое ружьё** flintlock.

кремнезём, а *m* (*min, chem*) silica.

кре́мниевый *adj* (*chem*) silicic.

кре́мни|й, я *m* (*chem*) silicon.

кремни́стый *adj* **1** (*min*) siliceous. **2** (*obs*) stony.

кре́м|овый *adj* **1** *adj of* ⇒**~. 2** (*цвет*) cream(-coloured).

крен, а *m* (*naut*) list, heel; (*aeron*) bank; **дать к.** (*naut*) to list, heel (over); (*aeron*) to bank.

кре́ндел|ь, я, *pl* **~и** *and* **~я́, ~е́й** *m* (*cul*) pretzel; **выпи́сывать ~я́** (*coll*) to stagger, lurch.

крен|и́ть, ю́, и́шь *impf* (*of* ⇒**на~**) to cause to heel, list.

крен|и́ться, ю́сь, и́шься *impf* (*of* ⇒**на~**) (*naut*) to list, heel (over); (*aeron*) to bank.

креозо́т, а *m* creosote.

крео́л, а *m* Creole.

крео́л|ка, ки *f of* ⇒**~**

крео́л|ьский *adj of* ⇒**~**

креп, а *m* crêpe.

крепдеши́н, а *m* crêpe de Chine.

крепёжный *adj* reinforcing; **к. лес** pit props.

крепи́тельный *adj* **1** (*воздух, сон*) refreshing. **2** (*tech*) strengthening. **3** (*med*) binding.

креп|и́ть, лю́, и́шь *impf* **1** (*прочно прикреплять*) to fasten. **2** (*усиливать*) to strengthen. **3** (*med*) to constipate.

креп|и́ться, лю́сь, и́шься *impf* **1** to hold out. **2** *passive of* ⇒**~и́ть**

кре́п|кий (~ок, ~ка́, ~ко, ~́ки́) *adj* (*чай, кофе; запах; ветер; организм; ткань*) strong; (*сон*) sound; (*забор*) sturdy, robust; (*мороз, удар*) hard; (*fig*) (*стойкий*) firm; **~кие напи́тки** spirits; **~кое сло́вцо** (*coll*) swear word, strong language; **~ок на́ ухо** hard of hearing.

кре́пко *adv* (*держать; завязать*) tight; (*построенный*) strongly; (*спать*) soundly; (*coll*): **к.-на́крепко** very firmly; **к.-на́крепко завяза́ть** to tie really tight.

крепкоголо́в|ый (~, ~а) *adj* (*coll*) thickheaded.

К

крепколо́б|ый (~, ~а) *adj (coll)* thickheaded.

крепле́ни|е, я *nt* **1** strengthening; fastening. **2** *(naut)* lashing; furling. **3** *(лыжное)* binding.

креплёный *adj (о вине)* fortified.

кре́пн|уть, у, ешь *impf (of* ⇒**о~***)* to get stronger.

крепостни́к, а́ *m* advocate of serfdom; serf owner.

крепостни́|ческий *adj of* ⇒**~к** *and* ⇒**~чество**

крепостни́честв|о, а *nt* serfdom.

крепостн|о́й[1] *adj* serf; **к. крестья́нин** *(peasant)* serf; **~о́е пра́во** serfdom; *as n* **к., ~о́го** *m* serf.

крепостно́й[2] *adj of* ⇒**кре́пость**[2]

кре́пост|ь[1], **и** *f (свойство)* strength.

кре́пост|ь[2], **и** *f (mil)* fortress.

крепча́|ть, ет *impf (coll) (о ветре)* to grow stronger, get up; *(о морозе)* to get harder.

кре́п|че *comp of* ⇒**~кий** *and* ⇒**~ко**

крепы́ш, а́ *m (coll)* brawny fellow; *(о ребёнке)* sturdy child.

креп|ь, и *f (mining)* timbering.

кре́с|ло, ла, *g pl* **~ел** *nt* armchair, easy chair; *(fig) (должность)* post, office; **высо́кое к.** *(child's)* high chair; **инвали́дное к.** wheelchair; **к.-кача́лка** rocking chair; **к.-крова́ть** sofa bed; *(theatr)* seat.

кресс-сала́т, а *m* cress.

крест, а́ *m* **1** cross; **поста́вить к. (на** + *p)* to give up for lost. **2** *(жест)* the sign of the cross; **осени́ть себя́ ~о́м** to cross o.s.

крест|е́ц, ца́ *m (anat)* sacrum.

кре́стик, а *m* cross; *(носимый на шее)* cross, crucifix; *(типографский знак)* dagger; **~и-но́лики** noughts and crosses.

крести́льный *adj* baptismal.

крести́н|ы, ~ *(no sg)* christening.

крести́тел|ь, я *m*: **Иоа́нн К.** *(relig)* John the Baptist.

кре|сти́ть, щу́, ~́стишь *impf* **1** *(pf* **к.** *or* **о~***)* to baptize, christen; **~сти́ли его́ Гео́ргием** they baptized him George. **2** *(no pf) (+ a and* **у** *+ g)* to be godfather, godmother *(to the child of)*; **я у них ~сти́ла дочь** I was godmother to their daughter. **3** *(pf* **пере~***)* to make the sign of the cross over.

кре|сти́ться, щу́сь, ~́стишься *impf* **1** *(pf* **к.** *or* **о~***)* to be baptized, be christened. **2** *(pf* **пере~***)* to cross o.s.

кре́ст-на́крест *adv* crosswise.

кре́стник, а *m* godson, godchild.

кре́стниц|а, ы *f* goddaughter, godchild.

кре́ст|ный *adj of* ⇒**~**; **~ное зна́мение** sign of the cross; **к. ход** (religious) procession.

крёстн|ый *adj*: **к. оте́ц** *(also as n* **к., ~ого** *m)* godfather; **~ая мать** *(also as n* **~ая, ~ой** *f)* godmother; **~ые де́ти** godchildren.

крестови́н|а, ы *f* cross-shaped component; crosspiece; *(railways)* frog.

кресто́вник, а *m (bot)* ragwort, groundsel.

крест|о́вый *adj of* ⇒**~**; **к. похо́д** *(also fig)* crusade.

крестоно́с|ец, ца *m* crusader.

крестообра́з|ный (~ен, ~на) *adj* cruciform.

крестоцве́тн|ые, ых *(bot)* Cruciferae.

крестцо́вый *adj (anat)* sacral.

крестья́н|ин, ина, *pl* **~е, ~** *m* peasant.

крестья́нк|а, и *f* peasant (woman).

крестья́нский *adj* peasant.

крестья́нств|о, а *nt (collect)* the peasants, peasantry.

крети́н, а *m* cretin; *(fig, coll)* idiot, imbecile.

кретини́зм, а *m* cretinism; *(fig, coll)* idiocy.

крето́н, а *m (textiles)* cretonne.

кре́чет, а *m (zool)* gyrfalcon.

креще́ндо *nt indecl & adv (mus)* crescendo.

креще́ни|е, я *nt* **1** baptism, christening; **боево́е к.** *(fig)* baptism of fire. **2 (К.)** *(праздник)* Epiphany.

креще́н|ский *adj of* ⇒**~ие 2**; **~ские моро́зы** hard frosts in the second half of January.

крещёный *adj* baptized.

кре|щу́, ~́стишь *see* ⇒**~сти́ть**

крив|а́я, о́й *f (math, econ, etc.)* curve; **к. вы́везет** *(coll)* I'll be fine.

криве́|ть, ю *impf (of* ⇒**о~***)* to lose an eye.

кривизн|а́, ы *f (потолка)* crookedness; *(поверхности, линии)* curvature.

крив|и́ть, лю́, и́шь *impf (of* ⇒**с~***)* to bend, distort; *(coll)*: **к. гу́бы/рот** to twist one's mouth, curl one's lip; **к.** *(pf* **по~***)* **душо́й** to act against one's conscience.

крив|и́ться, лю́сь, и́шься *impf* **1** *(pf* **по~***)* to become crooked, bent. **2** *(pf* **с~***) (coll)* to make a wry face.

кривля́к|а, и *cg (coll)* poseur, pseud.

кривля́нь|е, я *nt* affectation.

кривля́|ться, юсь *impf* to behave affectedly; to show off.

кривобо́к|ий (~, ~а) *adj* lopsided.

крив|о́й (~, ~а́, ~́о) *adj* **1** crooked; **~о́е зе́ркало** *(also fig)* distorting mirror; **~а́я улы́бка** wry smile. **2** *(coll) (слепой на один глаз)* one-eyed.

криволине́йный *adj (math)* curvilinear.

кривоно́г|ий (~, ~а) *adj* bandy-legged, bow-legged.

кривото́лк|и, ов *(no sg)* false rumours *(Br)*, rumors *(US)*.

кривоши́п, а *m (tech)* crank; crankshaft.

кри́зис, а *m* crisis.

кри́зис|ный *adj of* ⇒**~**; **~ная ситуа́ция** crisis situation, crisis.

крик, а *m* cry, shout; *(in pl)* clamour *(Br)*, clamor *(US)*, outcry; **к. души́** emotional outpouring; **после́дний к. мо́ды** *(coll)* the last word in fashion.

кри́кет, а *m* cricket; **игро́к в к.** cricketer.

крикли́в|ый (~, ~а) *adj* **1** *(ребёнок)* clamorous, bawling. **2** *(голос)* loud, penetrating. **3** *(fig, coll) (наряд)* loud.

кри́кн|уть, у, ешь *inst pf of* ⇒**крича́ть**

крику́н, а́ *m (coll)* **1** shouter, bawler. **2** *(многоречивый человек)* babbler; loudmouth.

крику́н|ья, ьи *g pl* **~ий** *f of* ⇒**~**

крил|ь, я *m* krill.

кримина́л, а *m (coll)* **1** *(плохое поведение)* foul play. **2** *(преступление)* crime.

криминали́ст, а *m (law)* specialist in crime detection.

криминали́стик|а, и *f (science of)* crime detection.

кримина́л|ьный (~ен, ~ьна) *adj* criminal.

криминоге́н|ный (~ен, ~на) *adj* criminogenic, conducive to crime.

кримино́лог, а *m* criminologist.

криминоло́ги|я, и *f* criminology.

кримпле́н, а *m* crimplene *(propr)*.

кримпле́н|овый *adj of* ⇒**~**

кри́нка = **кры́нка**

кринoли́н, а *m* crinoline.

криптогра́мм|а, ы *f* cryptogram.

криптографи́ческий *adj* cryptographic.

криптогра́фи|я, и *f* cryptography.

криптозо́|й, я *m (geol)* the Cryptozoic (period).

криптозо́й|ский *adj (geol)* Cryptozoic; **к. эо́н = ~**

криста́лл, а *m* **1** crystal; **маги́ческий к.** crystal ball. **2** *(comput)* (silicon) chip.

кристаллиза́ци|я, и *f* crystallization.

кристаллиз|ова́ть, у́ю *impf and pf (pf also* **за~***)* to crystallize *(trans)*.

кристаллиз|ова́ться, у́ется *impf (of* ⇒**вы́~** *and* ⇒**за~***)* to crystallize *(intrans; also fig)*.

кристаллогра́фи|я, и *f* crystallography.

криста́л|ьный *adj* **1** crystalline. **2 (~ен, ~ьна)** *(fig)* crystal clear. **3** *(безупречный)* pure.

Крит, а *m* Crete.

крите́ри|й, я *m* criterion.

кри́тик, а *m* critic.

кри́тик|а, и *f* **1** criticism. **2** *(отрицательное суждение)* critique.

критика́н, а *m (coll, pej)* fault-finder, carper.

критика́нств|овать, ую *impf (coll, pej)* to engage in fault-finding; to carp.

критик|ова́ть, у́ю *impf* to criticize.

критици́зм, а *m* critical attitude.

крити́ческий *adj* critical; **к. моме́нт** *(fig)* crucial moment.

кри́тский *adj* Cretan.

кри|ча́ть, чу́, чи́шь *impf (of* ⇒**~́кнуть***)* **1** to cry, shout; to yell, scream; **к. (на** + *a)* to shout (at); **к. о по́мощи** to call for help. **2 (о** + *p) (coll)* to make a song and dance (about), talk a lot (about).

крича́|щий *pres participle active of* ⇒**~ть** *and adj (fig)* loud; blatant.

кришнаи́т, а *m* Hare Krishna (follower).

кришнай́т|ка, ки *f of* ⇒~

кришнай́т|ский *adj of* ⇒~

кров, а *m* **1** (*obs*) roof. **2** (*fig*) roof, shelter; **оста́ться без** ~́**а** to be left without a roof over one's head.

крова́в|ый *adj* **1** (*режим, события*) bloody; (*fig, literary*): ~**ая ба́ня** bloodbath. **2** (*одежда*) bloodstained.

крова́тк|а, и *f*: **де́тская к.** cot (*Br*), crib (*US*).

крова́т|ь, и *f* bed; **двухъя́русная к.** bunk bed.

кро́в|ельный *adj of* ⇒~**ля**

кро́вельщик, а *m* roofer.

кровено́сн|ый *adj* appertaining to the circulation of the blood; ~**ая систе́ма** circulatory system; **к. сосу́д** blood vessel.

крови́нк|а, и *f* (*coll*) drop of blood; **у него́ ни** ~**и в лице́** he is deathly pale.

кро́в|ля, ли, *g pl* ~**ель** *f* roof.

кро́вн|ый *adj* **1** blood; ~**ая месть** blood feud. **2** (*животное*) thoroughbred. **3** (*fig*) vital, deep, intimate; **моё** ~**ое де́ло** an affair which concerns me closely; ~**ые интере́сы** vital interests; ~**ые де́ньги** money earned by the sweat of one's brow. **4** (*fig*) grievous, deadly; ~**ая оби́да** deadly insult.

кровожа́д|ный (~**ен,** ~**на)** *adj* bloodthirsty.

кровоизлия́ни|е, я *nt* (*med*) haemorrhage (*Br*), hemorrhage (*US*).

кровообраще́ни|е, я *nt* circulation of the blood.

кровоостана́вливающ|ий *adj*: ~**ее сре́дство** styptic.

кровопи́йц|а, ы, *g pl* ~ *cg* (*fig, rhetorical*) cruel oppressor.

кровоподтёк, а *m* bruise.

кровопроли́ти|е, я *nt* bloodshed.

кровопроли́т|ный (~**ен,** ~**на)** *adj* bloody.

кровопуска́ни|е, я *nt* (*med*) bloodletting, phlebotomy.

кровосмеси́тельный *adj* incestuous.

кровосмеше́ни|е, я *nt* incest.

кровосо́с, а *m* (*животное*) vampire bat; (*fig, coll*) cruel oppressor.

кровотече́ни|е, я *nt* bleeding; (*сильное*) haemorrhage (*Br*), hemorrhage (*US*).

кровоточи́вост|ь, и *f* (*med*) haemophilia (*Br*), hemophilia (*US*).

кровоточ|и́ть, ~**и́т** *impf* to bleed.

кровоха́ркань|е, я *nt* blood-spitting; (*med*) haemoptysis.

кров|ь, и, о ~́**и, в** ~**и́,** *g pl* ~**е́й** *f* blood (*also fig*); **в к., до** ~́**и** till it bleeds; **изби́ть, разби́ть в к.** to draw blood; **пусти́ть к.** (+ *d*) to bleed (*trans*); (*fig*): **по** ~́**и** by birth; **к. с молоко́м** (*coll*) the very picture of health, blooming; **у него́ к. кипи́т** his blood is up; **страсть к игре́ у него́ в** ~́**и** gambling is in his blood; **по́ртить кому́-н. к.** to put s.o. out, annoy s.o.; **у меня́ се́рдце облива́ется** ~́**ью** my heart bleeds.

кровяни́ст|ый (~**,** ~**а)** *adj* containing some blood.

кров|яно́й *adj of* ⇒~**ь**

кро|и́ть, ю́, и́шь *impf* (*of* ⇒**с**~) to cut (out).

кро|й, я *m* **1** cutting (out). **2** (*фасон*) cut (*of dress etc.*).

кро́йк|а, и *f* cutting (out).

кроке́т, а *m* **1** (*игра*) croquet. **2** (*cul*) croquette.

кроке́т|ный *adj of* ⇒~

кроки́ *nt indecl* (*план*) sketch map; (*эскиз*) rough sketch.

крокоди́л, а *m* crocodile.

крокоди́л|ов *and* ~**овый** *adj of* ⇒~; ~**овые слёзы** crocodile tears.

кро́кус, а *m* (*bot*) crocus.

кро́лик, а *m* **1** (*животное*) rabbit. **2** (*мех*) rabbit fur.

кро́ли|ковый *and* ~**чий** *adj of* ⇒~**к**; ~**чий мех** rabbit fur.

крол|ь, я *m* (*sport*) crawl (stroke).

крольча́тник, а *m* rabbit hutch.

крольчи́х|а, и *f* doe rabbit.

кро́ме *prep* + *g* **1** (*за исключением*) except. **2** (*в добавление*) besides, in addition to; **к. того́** besides, moreover, furthermore; (*coll*): **к. шу́ток** joking apart.

кроме́шн|ый *adj*: **ад к.** inferno; **тьма** ~**ая** (*fig*) pitch darkness.

кро́мк|а, и *f* edge; (*ткани*) selvedge; **к. тротуа́ра** kerb.

кромса́|ть, ю *impf* (*of* ⇒**ис**~) (*coll*) to cut up carelessly.

кро́н|а[1]**, ы** *f* (*дерева*) crown.

кро́н|а[2]**, ы** *f* (*денежная единица; монета*) crown; (*датская, норвежская*) krone; (*исландская, шведская*) krona; (*словацкая, чешская*) koruna; (*эстонская*) kroon.

кронпри́нц, а *m* Crown prince.

кронци́ркул|ь, я *m* (*tech*) calipers.

кро́ншнеп, а *m* (*zool*) curlew.

кроншт́ейн, а *m* (*tech*) (*полки*) bracket; (*балкона*) corbel.

кропа́|ть, ю *impf* (*of* ⇒**на**~) (*coll*) (*стихи*) to scribble.

кропи́л|о, а *nt* (*eccl*) aspergillum.

кроп|и́ть, лю́, и́шь *impf* (*of* ⇒**о**~) **1** (*обрызгивать*) to besprinkle. **2** (*падать мелкими каплями*) to trickle, spot.

кропотли́в|ый (~**,** ~**а)** *adj* **1** (*работа*) laborious. **2** (*человек*) painstaking, precise.

кросс, а *m* (*sport*) cross-country (race).

кроссво́рд, а *m* crossword.

кроссме́н, а *m* cross-country runner.

кроссови́к, а́ *m* = **кроссме́н**

кроссо́в|ки, ок *pl* (*sg* ~**ка,** ~**ки** *f*) trainers (*Br*), sneakers (*US*).

крот, а́ *m* **1** mole. **2** (*мех*) moleskin.

кро́т|кий (~**ок,** ~**ка́,** ~**ко)** *adj* meek, mild.

крото́вин|а, ы *f* molehill.

крот|о́вый *adj* **1** *of* ⇒~; ~**о́вая нора́** molehill. **2** (*из меха*) moleskin.

кро́тост|ь, и *f* meekness, mildness.

кро́х|а[1]**, и** *cg* (*coll*) little tot (*child*).

кро́х|а[2]**, и** *f* (*хлеба*) crumb; (*in pl, fig*) crumbs, scraps.

крохобо́р, а *m* **1** (*скряга*) penny-pincher, skinflint. **2** (*obs*) (*человек, занимающийся мелочами*) hair-splitter.

крохобо́рств|о, а *nt* **1** (*скупость*) penny-pinching. **2** (*obs*) (*внимание к мелочам*) hair-splitting.

крохобо́рств|овать, ую *impf* **1** (*скупиться*) to penny-pinch. **2** (*obs*) (*заниматься мелочами*) to split hairs.

кро́хотный *adj* (*coll*) tiny, minute.

кро́шечк|а, и *f diminutive of* ⇒**кро́шка**

кро́шеч|ный (~**ен,** ~**на)** *adj* (*coll*) tiny, minute.

крош|и́ть, у́, ~́**ишь** *impf* **1** (*pf* **ис**~**, на**~ *or* **рас**~) (*хлеб*) to crumb, crumble; (*нарезать*) to dice; (*fig*) to hack to pieces. **2** (*pf* **на**~) (+ *i*) (*сорить*) to drop, spill crumbs (of); **к. хле́бом на́ пол** to drop crumbs on to the floor.

крош|и́ться, ~́**ится** *impf* (*of* ⇒**ис**~ *and* ⇒**рас**~) to crumble.

кро́шк|а, и *f* **1** (*хлеба*) crumb. **2** (*fig*) (*мелкая частица*) a tiny bit; **ни** ~**и** not a bit. **3** (*coll*) (*о ребёнке*) little one.

круасса́н, а *m* (*cul*) croissant.

круг, а, *pl* ~**и́** *m* **1** (*p sg* **в, на** ~**у́** = *circular area*; **в, на** ~́**е** = *circumference*) circle; **движе́ние по** ~́**у** movement in a circle; ~**и́ (на воде́)** ripples (on water); **стать в к.** to form a circle; **у меня́ голова́ идёт** ~́**ом** my head is spinning. **2** (*круглый предмет*) ring; **рези́новый к.** rubber ring; **спаса́тельный к.** life ring, life belt; ~**и́ под глаза́ми** rings round the eyes. **3** (*sport*; *p sg* **на** ~́**е**) lap; **бегово́й к.** racecourse, ring; **к. почёта** lap of honour. **4** (*fig*; *p sg* **в** ~**у́**) (*сфера, область*) sphere, range; compass; **к. вопро́сов** range of questions; **вне** ~́**а свои́х обя́занностей** outside one's province. **5** (*fig*; *p sg* **в** ~**у́**) (*группа людей*) circle (*of persons*); **официа́льные** ~**и́** official quarters; **в семе́йном** ~**у́** in the family circle; **широ́кие** ~**и́ обще́ственности** the general public.

кру́гленьк|ий *adj* (*coll*) **1** *diminutive of* ⇒**кру́глый**; ~**ая су́мма** a round sum. **2** (*толстый*) rotund, portly.

кругле́|ть, ю *impf* (*of* ⇒**по**~) to become round.

круглова́т|ый (~**,** ~**а)** *adj* roundish.

круглогоди́чный *adj* = **круглогодово́й**

круглогодово́й *adj* year-round.

круглоли́ц|ый (~**,** ~**а)** *adj* round-faced.

круглосу́точный *adj* round-the-clock, twenty-four-hour.

кру́гл|ый (~**,** ~**а́,** ~**о,** ~́**лы)** *adj* **1** round; **к. год** all the year round; ~**ая да́та** 10th, 20th, 30th, etc. anniversary; **к. отли́чник** student who gets only 'excellent' marks; ~**ые ско́бки** round brackets; ~**ые су́тки** day and night; ~**ая су́мма** round sum; **в** ~**ых ци́фрах, для** ~**ого счёта** in round figures. **2** (*no short forms*) (*coll*) complete, utter, perfect; **к. дура́к** utter fool; ~**ое неве́жество** crass ignorance; **к.,** ~**ая сирота́** orphan (*having neither father nor mother*).

кругов|о́й *adj* circular; ~**а́я пору́ка** mutual responsibility, guarantee; ~**а́я ча́ша** loving cup; ~**а́я доро́га** roundabout route.

К

круговоро́т, а *m* (*цикличность*) cycle; (*событий*) flow.

кругозо́р, а *m* **1** prospect. **2** (*fig*) horizon, range of interests.

круго́м[1] *adv* **1** round, around; **он обошёл дом к.** he walked around the house; *int* about-turn! (*Br*), about-face! (*US*). **2** (*вокруг*) (all) round, round about; **к. всё бы́ло ти́хо** all around was still.

круго́м[2] *prep* + *g* round, around.

кругооборо́т, а *m* circuit, circulation.

кругообра́з|ный (~ен, ~на) *adj* circular.

кругосве́тный *adj* round-the-world.

круж|ева́, ~ев, ~ева́м = **~ево**

кружевни́ц|а, ы *f* lacemaker.

кружев|но́й *adj of* ⇒**~а́** *and* ⇒**кру́жево**

кру́жев|о, а *nt* lace.

круж|и́ть, у́, ~и́шь *impf* **1** (*заставлять двигаться по кругу*) to whirl, spin round; (*fig*): **к. кому́-н. го́лову** to turn s.o.'s head. **2** (*кружиться*) to circle. **3** (*coll*) (*блуждать*) to wander.

круж|и́ться, у́сь, ~и́шься *impf* (*of* ⇒**за~**) to whirl, spin round; (*о птицах*) to circle; **у меня́ ~и́тся голова́** my head is going round, I feel giddy.

кру́жк|а, и *f* **1** (*сосуд*) mug; tankard. **2** (*коробка*) collecting box.

кружковщи́н|а, ы *f* clannishness, cliquishness.

круж|ко́вый *adj of* ⇒**~о́к 2**

кружно́й *adj* = **кру́жный**

кру́жный *adj* roundabout, circuitous.

круж|о́к, ка́ *m* **1** *diminutive of* ⇒**круг**. **2** (*группа*) circle, club; (*учебный*) study group.

круи́з, а *m* cruise.

круи́з|ный *adj of* ⇒**~**

круп[1]**, а** *m* (*med*) croup.

круп[2]**, а** *m* (*лошади*) croup, crupper.

круп|а́, ы́, *pl* **~ы** *f* **1** (*collect*) groats; **гре́чневая к.** buckwheat; **ма́нная к.** semolina; **овся́ная к.** oatmeal; **перло́вая к.** pearl barley. **2** (*fig*) (*снег*) sleet.

крупи́нк|а, и *f* grain.

крупи́ц|а, ы *f* grain, ounce; **у него́ нет ни ~ы здра́вого смы́сла** he hasn't a grain of common sense; **по ~ам** painstakingly.

крупне́|ть, ю *impf* (*of* ⇒**по~**) to grow larger.

кру́пн|о *adv of* ⇒**~ый**; **к. наре́зать** to cut into large pieces; **к. писа́ть** to write large; **к. поспо́рить** (**с** + *i*) to have a slanging match (with).

крупногабари́т|ный (~ен, ~на) *adj* large.

крупнозерни́стый *adj* coarse-grained, large-grained.

крупнокали́берный *adj* large-calibre.

крупномасшта́б|ный (~ен, ~на) *adj* large-scale; (*fig*) ambitious.

кру́п|ный (~ен, ~на́, ~но, ~ны́) *adj* **1** (*большой*) large, big; (*крупномасштабный*) large-scale; (*fig*) (*значительный*) prominent, outstanding; **~ные поме́щики** big landowners; **~ная промы́шленность** large-scale industry; **к. рога́тый скот** cattle; **~ный план** (*cinema*) close-up. **2** (*песок*) coarse. **3** (*важный*) important; (*серьёзный*) serious; **~ная неприя́тность** serious trouble; **к. разгово́р** (*fig*) high words.

круп|о́зный *adj of* ⇒**~**[1]; **~о́зное воспале́ние лёгких** lobar pneumonia.

крупча́тк|а, и *f* finest wheaten flour.

крупча́тый *adj* granular.

крупье́ *m indecl* croupier.

крутизн|а́, ы *f* **1** (*свойство*) steepness. **2** (*крутой спуск*) steep slope. **3** (*sl*) (*замечательность*) coolness; (*крепкость*) toughness.

кру|ти́ть, чу́, ~тишь *impf* (*of* ⇒**за~** *and* ⇒**с~**) **1** (*pf* **с~**) to twist; to twirl; **к. верёвку** to twist a rope; **к. папиро́су** to roll a cigarette; **к. ру́ки кому́-н.** to twist s.o.'s arms behind s.o.'s back; (*coll*; + *i*) **она́ ~тит им, как хо́чет** she twists him round her little finger. **2** (*pf* **за~** *and* **с~**): **к. усы́** to twirl one's moustache. **3** (*pf* **за~**) (*кран, ручку*) to turn, wind. **4** (*pf* **за~**) (*о ветре*) to whirl (*trans*); (*о метели, вьюге*) to whirl (*intrans*). **5** (*pf* **за~**) (*coll*; **с** + *i*) to go out (with), have an affair (with). **6** (*no pf*): **как ни ~ти́** (*coll*) however hard you try.

кру|ти́ться, чу́сь, ~тишься *impf* **1** (*вращаться*) to turn, spin, revolve. **2** (*кружиться*) to whirl. **3** (*fig, coll*) (*быть в хлопотах*) to be in a whirl.

кру́то *adv* **1** (*вверх, вниз*) steeply. **2** (*внезапно*) suddenly; abruptly, sharply; **к. поверну́ть** to turn round sharply. **3** (*coll*) harshly; **к. распра́виться с кем-н.** to give s.o. short shrift. **4** (*вполне*) thoroughly; **к. замеси́ть те́сто** to make a thick dough; **к. посоли́ть** to put (too) much salt (into). **5** (*туго*) tightly.

крут|о́й (~, ~а́, ~о) *adj* **1** (*подъём*) steep; **к. вира́ж** (*aeron*) steep turn. **2** (*внезапный*) sudden; abrupt, sharp. **3** (*coll*) (*характер*) severe; (*меры*) drastic. **4** (*cul*) (*каша*) thick; **к. кипято́к** fiercely boiling water; **~о́е яйцо́** hard-boiled egg. **5** (*sl*) (*отличный*) cool; (*сильный и властный*) tough; (*влиятельный*) influential; (*богатый*) well off.

кру́ч|а, и *f* steep slope.

кру́|че *comp of* ⇒**~то́й** *and* ⇒**~то**

круче́ни|е, я *nt* **1** (*textiles*) twisting. **2** (*tech*) torsion.

кручёный *adj* **1** twisted. **2** (*sport*) spinning; with spin on.

кручи́н|а, ы *f* (*folk poetical*) sorrow, woe.

кручи́н|иться, юсь, ишься *impf* (*folk poetical*) to sorrow.

кру|чу́, ~тишь *see* ⇒**~ти́ть**

круше́ни|е, я *nt* **1** (*авария*) crash; (*судна*) wreck; **потерпе́ть к.** (*поезд, самолёт*) to crash; (*корабль*) to be wrecked. **2** (*fig*) (*надежд; коммунизма*) collapse.

круши́н|а, ы *f* (*bot*) buckthorn.

круш|и́ть, у́, и́шь *impf* to destroy (*also fig*).

крыжо́венный *adj* gooseberry.

крыжо́вник, а *m* **1** (*кустарник*) gooseberry bush(es). **2** (*collect*) (*ягоды*) gooseberries.

крыла́т|ый *adj* winged (*also fig*): **~ые слова́** pithy saying(s); (*tech*): **~ая га́йка** wing nut; **~ая раке́та** cruise missile.

крыл|е́чко, е́чка *nt diminutive of* ⇒**~ьцо́**

крыл|о́, а́, *pl* **~ья, ~ьев** *nt* (*птицы, самолёта, дома*) wing; (*мельницы*) sail, vane; (*автомобиля*) wing, mudguard (*Br*), fender (*US*).

кры́лыш|ко, ка, *pl* **~ки, ~ек, ~кам** *nt diminutive of* ⇒**крыло́**; (*fig*): **под ~ком** under the wing (*of*).

крыл|ьцо́, ьца́, *pl* **~ьца, ~е́ц, ~ьца́м** *nt* porch.

Крым, а, о ~е, в ~у́ *m* the Crimea.

кры́мский *adj* Crimean.

кры́нк|а, и *f* earthenware pot, pitcher.

кры́с|а, ы *f* rat.

крыс|и́ный *adj of* ⇒**~а**; **к. яд** rat poison.

крысоло́в, а *m* rat-catcher.

крысоло́вк|а, и *f* **1** (*капкан*) rat trap. **2** (*собака*) ratter.

кры́т|ый *ppp of* ⇒**~ь** *and adj* covered; sheltered; **к. ры́нок** covered market.

крыть, кро́ю, кро́ешь *impf* (*of* ⇒**по~**) **1** to cover; (*крышей*) to roof; (*краской*) to coat; (*cards*) to cover, trump. **2** (*coll*) (*бранить*) to swear (at); **ему́ не́чем к.** he hasn't a leg to stand on.

кры́ться, кро́юсь, кро́ешься *impf* **1** (**в** + *p*) to be, lie (in). **2** (*таиться*) to be concealed.

кры́ш|а, и *f* **1** roof. **2** (*coll*) (*преступная группировка, охранное предприятие и т. п., обеспечивающие защиту или покровительство*) protection, front. **3** (*coll*): **к. е́дет/ пое́хала у** + *g*: **у него́ к. пое́хала** he's lost his marbles, he's gone mad.

кры́шк|а, и *f* **1** (*кастрюли, банки, чемодана*) lid; (*люка*) cover. **2** (*coll*) death, end; **ему́ к.** he's done for; he's finished.

крэк, а *m* crack (*drug*).

крю|к, ка́ *m* **1** (*pl* **~ки́, ~ко́в**) hook; (**альпини́стский**) **к.** piton; (*pl* **~чья, ~чьев**) (*для ношения клади*) hook. **2** detour; (*coll*): **дать ~ку, сде́лать к.** to make a detour.

крю́ч|ить, ит *impf* (*of* ⇒**с~**) (*impers, coll*): **его́ ~ит (от бо́ли)** he is writhing (in pain).

крючкова́т|ый (~, ~а) *adj* hooked.

крючкотво́р, а *m* (*coll*) pettifogger.

крючкотво́рств|о, а *nt* (*coll*) chicanery.

крюч|о́к, ка́ *m* hook; **спусково́й к.** trigger.

крюшо́н, а *m* cup, punch (*beverage*).

кря́ду *adv* (*coll*) running; in a row.

кряж, а *m* **1** (*горный*) (mountain) ridge. **2** (*дубовый*) block, log.

кря́жист|ый (~, ~а) *adj* (*дуб*) thick; (*fig*) (*о человеке*) thickset.

кря́к|ать, аю *impf* (*of* ⇒**~нуть**) **1** to quack. **2** (*coll*) to grunt.

кря́кв|а, ы *f* wild duck, mallard.

кря́к|нуть, ну, нешь *inst pf of* ⇒**~ать**

крях|те́ть, чу́, ти́шь *impf* to groan.

ксёндз, ксендза́ *m* Roman Catholic (*esp Polish*) priest.

ксенофо́б, а *m* xenophobe.

ксенофо́би|я, и *f* xenophobia.

ксерогра́фи|я, и *f* xerography.

ксерокопи́р|овать, ую *impf and pf* to xerox, photocopy.

ксероко́пи|я, и *f* Xerox (*propr*), photocopy.

ксе́рокс, а *m* **1** (*ксерография*) xerography. **2** (*устройство*) Xerox (machine) (*propr*), photocopier. **3** (*coll*) (*копия*) xerox, photocopy.

кси́в|а, ы *f* (*sl*) document, official paper, ID.

ксилогра́фи|я, и *f* **1** (*процесс*) wood engraving. **2** (*гравюра*) woodcut.

ксилофо́н, а *m* (*mus*) xylophone.

кста́ти *adv* **1** (*уместно*) to the point, apropos. **2** (*своевременно*) opportunely; **как раз к.** just at the right moment; **э́тот пода́рок оказа́лся о́чень к.** the present has proved most welcome. **3** (*coll*) (*заодно*) at the same time, incidentally; **к., зайди́те, пожа́луйста, в апте́ку** will you please call at the chemist's at the same time. **4**: **к. (сказа́ть)** by the way; **к., где вы купи́ли э́тот га́лстук?** by the way, where did you buy that tie?

к/т (*abbr of* **кинотеа́тр**) cinema.

кти́тор, а *m* churchwarden.

кто, кого́, кому́, кем, о ком *pron* **1** (*interrog*) (*какой человек?*) who; **к. э́то тако́й?** who is that?; **к. из вас э́то сде́лал?** which of you did it? **2** (*rel*) (*в придаточных*) who (*normally after pron antecedent*); **тот, к.** he who; **те, к.** those who; **блаже́н, к. …** blessed is he who …; **спаса́йся, к. мо́жет!** every man for himself! **3** (*indefinite*): **к. (бы) ни** who(so)ever; **к. ни придёт** whoever comes; **к. бы то ни́ был** whoever it may be. **4** (*indefinite*): **к. … к.** some … others; (+ *adv*): **разбежа́лись к. куда́** they scattered in all directions; **к. где** all over the place; some here, some there; **как они́ устро́ились? — к. как** how did they settle in? — in all sorts of ways. **5** (*coll, indefinite*) (*кто-нибудь*) anyone; **е́сли к. позвони́т, дай мне знать** if anyone rings, let me know; **к.-к., а он зна́ет, как писа́ть** he knows how to write, if anyone does; **к. кого́** until one side wins completely.

кто́-либо, кого́-либо *pron* = **кто́-нибудь**

кто́-нибудь, кого́-нибудь *pron* (*в вопросах*) anyone, anybody; (*в утверждениях*) someone, somebody.

кто́-то, кого́-то *pron* someone, somebody.

куб¹, а, *pl* **~ы́** *m* **1** (*math*) cube; **два в ~е** two cubed. **2** (*coll*) (*кубический метр*) cubic metre (*Br*), meter (*US*).

куб², а, *pl* **~ы́** *m* (*котёл*) boiler; (*перегонный*) still.

Ку́б|а, ы *f* Cuba.

куба́н|ец, ца *m* Kuban Cossack.

куба́нский *adj* (*geog*) (of the) Kuban (*a river in the Caucasus*).

ку́барем *adv* (*coll*) head over heels; **скати́ться к.** to roll head over heels.

кубату́р|а, ы *f* cubic capacity.

куби́зм, а *m* (*art*) cubism.

ку́бик, а *m* **1** *diminutive of* **⇒ку..** **2** (*in pl*) (*игрушка*) blocks, bricks. **3** (*coll*) (*кубический сантиметр*) cubic centimetre (*Br*), centimeter (*US*).

куби́н|ец, ца *m* Cuban.

куби́н|ка, ки *f of* **⇒~ец**

куби́нский *adj* Cuban.

куби́ст, а *m* (*art*) cubist.

куби́ст|ка, ки *f of* **⇒~**

куби́ческий *adj* cubic; **к. ко́рень** (*math*) cube root.

ку́бковый *adj of* **⇒ку́бок**; **к. матч** cup match.

кубови́д|ный (~ен, ~на) *adj* cube-shaped, cuboid.

куб|ово́й *adj of* **⇒~²**

ку́бовый *adj* indigo.

ку́б|ок, ка *m* **1** (*бокал*) goblet. **2** (*sport*) cup; **переходя́щий к.** (*sport etc.*) (challenge) cup; **встре́ча на к.** cup tie.

кубоме́тр, а *m* cubic metre (*Br*), meter (*US*).

ку́брик, а *m* (*naut*) crew's quarters.

кубы́шк|а, и *f* **1** clay pot with bulging sides; (*копилка*) money box; (*детская копилка*) piggy bank; **держа́ть (чьи-л.) де́ньги в ~е** to hoard s.o.'s money; **класть де́ньги в ~у** to salt money away. **2** (*coll*) dumpy woman/girl. **3** (*bot*) (*жёлтая кувшинка*) yellow water lily, brandy-bottle.

кува́лд|а, ы *f* sledgehammer.

Куве́йт, а *m* Kuwait.

куве́йт|ец, ца *m* Kuwaiti.

куве́йт|ка, ки *f of* **⇒~ец**

куве́йтский *adj* Kuwaiti.

кувши́н, а *m* jug; pitcher.

кувши́нк|а, и *f* (*bot*) water lily.

кувырк|а́ться, а́юсь *impf* (*of* **⇒~ну́ться**) to turn somersaults, go head over heels.

кувырк|ну́ться, ну́сь, нёшься *inst pf of* **⇒~а́ться**

кувырко́м *adv* (*coll*) head over heels; topsy-turvy; **полете́ть к.** to go head over heels; **всё пошло́ к.** everything went haywire.

кугуа́р, а *m* (*zool*) puma, cougar.

куда́ *adv* **1** (*interrog and rel*) where, whither; **к. ты идёшь?** where are you going?; **к. он положи́л мою́ кни́гу?** where did he put my book? **2**: **к. (бы) ни** wherever; **к. бы то ни́ было** anywhere; (*coll*): **к. ни кинь** wherever one looks; **к. ни шло** come what may. **3** (*coll*) (*для чего*) what for; **к. вам сто́лько багажа́?** what do you want so much luggage for? **4** (+ *comp*; *coll*) (*гораздо*) much, far; **сего́дня мне к. лу́чше** I am much better today. **5** (*coll*) (*выражает сомнение*) how (could that be; could you, he, etc.); **к часу я наме́рен дочита́ть до страни́цы 200 — к. тебе́!** I intend to reach page 200 by one o'clock — you'll never do it!; **они́ тебя́ узна́ли? — к. им** did they recognize you? how could they? **6** (*coll*): **хоть к.** fine, excellent. **7** (*coll*): **к. (уж) там** no way!

куда́-либо *adv* = **куда́-нибудь**

куда́-нибудь *adv* anywhere; somewhere.

куда́-то *adv* somewhere.

куда́хтань|е, я *nt* cackling, clucking.

куда́х|тать, чу, чешь *impf* to cackle, cluck.

куде́л|ь, и *f* (*textiles*) tow.

куде́сник, а *m* magician, sorcerer, fortune-teller.

кудла́т|ый (~, ~а) *adj* (*coll*) shaggy.

кудрева́т|ый (~, ~а) *adj* rather curly; (*fig*) (*стиль*) florid, ornate.

ку́др|и, е́й (*no sg*) curls.

кудря́в|иться, ится *impf* to curl.

кудря́в|ый (~, ~а) *adj* **1** (*волосы*) curly; (*человек*) curly-headed. **2** (*дерево*) leafy, bushy; **~ая капу́ста** curly kale. **3** (*fig*) (*стиль*) florid, ornate.

кудря́ш|ки, ек (*no sg*) (*coll*) ringlets.

кузе́н, а *m* cousin.

кузи́н|а, ы *f* cousin.

кузне́ц, а́ *m* (black)smith; farrier.

кузне́чик, а *m* grasshopper.

кузне́чн|ый *adj* blacksmith's; **~ые мехи́** bellows.

ку́зниц|а, ы *f* forge, smithy.

ку́зов, а, *pl* **~а́** *and* **~ы** *m* **1** (*короб*) basket. **2** (*автомобиля, экипажа*) body.

кузовн|о́й *adj of* **⇒ку́зов**; **~ые рабо́ты** body repairs.

ку́зькин: **показа́ть кому́-н. ~у мать** (*coll*) to teach s.o. what's what.

кукаре́ка|ть, ю *impf* to crow.

кукареку́ (*onomatopoeia*) cock-a-doodle-doo.

ку́киш, а *m* (*coll*) fig (*gesture of derision or contempt, consisting of thumb placed between index and middle fingers*); **показа́ть кому́-н. к.** *to make this gesture* (*cf.* to cock a snook, give the V-sign); **к. с ма́слом получи́ть** to get nothing.

ку́к|ла, лы, *g pl* **~ол** *f* doll; (*в театре*) puppet; **теа́тр ~ол** puppet theatre (*Br*), theater (*US*).

ку-клукс-кла́н, а *m* Ku Klux Klan.

куклукскла́нов|ец, ца *m* Ku Kluxer.

куклукскла́нов|ка, ки *f of* **⇒~ец**

кук|ова́ть, у́ю *impf* **1** to (cry) cuckoo. **2** (*coll*) (*бедствовать*) to live a miserable existence.

ку́колк|а, и *f* **1** (*affectionate diminutive of* **⇒ку́кла**) dolly. **2** (*zool*) chrysalis, pupa.

ку́кол|ь, я *m* (*bot*) cockle.

ку́кольник, а *m* **1** (*артист*) actor in puppet theatre (*Br*), -theater (*US*). **2** (*изготовитель*) puppet-maker.

ку́кольни|ца, цы *f of* **⇒~к**

ку́кольный *adj* doll's; **к. теа́тр** puppet theatre (*Br*), theater (*US*).

ку́к|ситься, шусь, сишься *impf* (*coll*) to sulk; to be in the dumps.

кукуру́з|а, ы *f* maize, (sweet)corn; **возду́шная к.** popcorn.

кукуру́з|ный *adj of* **⇒~а**

куку́шк|а, и *f* cuckoo; **часы́ с ~ой** cuckoo clock.

кула́к¹, а́ *m* (*кисть руки*) fist; **дойти́ до ~о́в** to come to blows; **смея́ться в**

~ to laugh in one's sleeve.

кула́к², а́ *m (hist)* kulak.

кула́к³, а́ *m (tech)* cam.

кула́|цкий *adj of* **⇒~к²**

кула́честв|о, а *nt (collect) (hist)* the kulaks.

кула́чк|а, и *f of* **⇒кула́к²**

кула́чк|и *only in phrr* **идти́ на к.** to come to blows; **би́ться на ~ах** to engage in fisticuffs.

кулач|ко́вый *adj of* **⇒~о́к²**; **к. вал** camshaft.

кула́|чный *adj of* **⇒~к¹,³**; **к. бой** fisticuffs.

кула|чо́к¹, чка́ *m diminutive of* **⇒~́к¹**

кулач|о́к², ка́ *m (tech)* cam.

кулебя́к|а, и *f* coulibiac *(a savoury pie)*.

кул|ёк, ька́ *m (paper)* bag.

ку́ли *m indecl* coolie.

кули́к, а́ *m (zool)* stint; sandpiper *(Calidris)*.

кулина́р, а *m* cookery specialist; master chef.

кулинари́|я, и *f* **1** *(искусство)* cookery. **2** *(магазин)* delicatessen.

кулина́рн|ый *adj* culinary; **~ая кни́га** cookery book *(Br)*, cookbook *(US)*; **к. отде́л** delicatessen counter.

кули́с|ы, ~ *pl (sg* **~а, ~ы** *f) (theatr)* wings; **за ~ами** behind the scenes *(also fig)*.

кули́ч, а́ *m* Easter cake.

кули́чк|и *only in phrr (coll)*: **у чёрта на ~ах, к чёрту на к.** at the world's end; **к чёрту на к.** to the world's end.

куло́н¹, а *m (украшение)* pendant.

куло́н², а *m (elec)* coulomb.

кулуа́р|ный *adj of* **⇒~ы**; *(fig)* behind-the scenes, backstage.

кулуа́р|ы, ов *sg not used (pol)* lobby; *(fig)*: **в ~ах** behind the scenes.

кул|ь, я́ *m* sack.

кульби́т, а *m* somersault.

ку́льман, а *m* drawing board.

кульминацио́нный *adj* climactic; **к. пункт** culmination, climax.

кульмина́ци|я, и *f* culmination.

культ, а *m* cult; **к. ли́чности** personality cult; cult of personality.

культ... *comb form, abbr of* **культу́рный**

культива́тор, а *m (agric)* cultivator *(machine)*.

культива́ци|я, и *f (agric)* treatment of the ground with a cultivator.

культиви́ровани|е, я *nt* cultivation *(also fig)*.

культиви́р|овать, ую *impf* to cultivate *(also fig)*.

культма́ссов|ый *adj*: **~ая рабо́та** education of the masses.

ку́льт|овый *adj of* **⇒~**; **~овая му́зыка** religious music.

культтова́р|ы, ов *(no sg)* recreational supplies; educational supplies.

культу́р|а, ы *f* **1** culture; **Министе́рство ~ы** Ministry of Culture. **2** *(уровень)* standard, level; **к. ре́чи** standard of speech; **повы́сить ~у земледе́лия** to raise the standard of farming. **3** *(usu in pl; agric) (растение)* crop; **зерновы́е ~ы** cereals; **кормовы́е ~ы** forage crops. **4** *(agric) (разведение)* cultivation, growing; **к. карто́феля** potato growing. **5**: **физи́ческая к.** physical education.

культури́зм, а *m* bodybuilding.

культури́ст, а *m* bodybuilder.

культури́ст|ка, ки *f of* **⇒культури́ст**

культу́рно *adv* in a civilized manner.

культу́рно-бытов|о́й *adj*: **~о́е обслу́живание** culture and welfare service.

культу́рно-просвети́тельный *adj* cultural and educational.

культу́рност|ь, и *f* (level of) culture; cultivation; *(fig)*: **он отлича́лся ~ью** he was exceptionally cultivated.

культу́р|ный (~ен, ~на) *adj* **1** *(человек, общество)* cultured, cultivated. **2** *(уровень, связи, обмен)* cultural. **3** *(agric, hort) (не дикий)* cultured; cultivated.

культ|я́, и́ *f* stump *(of limb)*.

кум, а, *pl* **~овья́, ~овьёв** *m* godfather of one's child; father of one's godchild.

кум|а́, ы́ *f* godmother of one's child; mother of one's godchild.

кума́ч, а́ *m* red calico.

куме́ка|ть, ю *impf (coll)* to understand; to be with it.

куми́р, а *m* idol *(also fig)*.

кумовств|о́, а́ *nt* nepotism.

кумуляти́вный *adj* cumulative.

ку́мушк|а, и *f* **1** *affectionate of* **⇒кума́**. **2** *(coll) (сплетница)* gossip, scandalmonger.

кумы́с, а *m* koumiss *(fermented mare's milk)*.

куна́к, а́ *m* friend *(among the mountain-dwellers of the Caucasus)*.

кунг-фу́ *nt indecl* = **кун-фу́**

кунжу́т, а *m (bot)* sesame.

кунжу́т|ный *adj of* **⇒~**

куни́ц|а, ы *f (zool)* marten.

кунстка́мер|а, ы *f* collection of curiosities.

кун-фу́ *nt indecl* kung fu.

ку́п|а, ы *f* clump *(of trees)*.

купа́льник, а *m* bathing costume *(Br)*, bathing suit *(US)*, swimsuit.

купа́льный *adj* bathing, swimming; **к. костю́м** bathing costume *(Br)*, bathing suit *(US)*, swimsuit.

купа́л|ьня, ьни, *g pl* **~ен** *f (enclosed)* bathing place.

купа́льщик, а *m* bather.

купа́льщи|ца, цы *f of* **⇒~к**

купа́|ть, ю *impf (of* **⇒вы́~** *and* **⇒ис~¹)** to bath, give (s.o.) a bath.

купа́|ться, юсь *impf (of* **⇒вы́~** *and* **⇒ис~¹)** *(плавать)* to swim, bathe; *(в ванне)* to have, take a bath; **к. в зо́лоте** to be rolling in money; **к. в луча́х сла́вы** to bask in glory.

купе́ *nt indecl* compartment *(of railway carriage)*.

купе́йный *adj*: **к. ваго́н** Pullman car.

купе́л|ь, и *f (eccl)* font.

куп|е́ц, ца́ *m* merchant.

купе́ческ|ий *adj* **1** merchant, mercantile; **~ое сосло́вие** the merchant class. **2** *(fig)* vulgar.

купе́честв|о, а *nt (collect)* the merchants, the merchant class.

купин|а́, ы́ *f (archaic)* bush; **неопали́мая к.** *(bibl)* the burning bush.

куп|и́ть, лю́, ~́ишь *pf (of* **⇒покупа́ть) 1** *(вещь)* to buy, purchase. **2** *(coll) (человека)* to buy.

куп|и́ться, лю́сь, ~́ишься *pf (coll)* **(на** + *a)* to be taken in (by); **я ~и́лся на его́ улы́бку** I was taken in by his smile.

купле́т, а *m* **1** *(строфа)* stanza, strophe, verse. **2** *(in pl) (сатирические песенки)* satirical ballad(s), song(s).

куплети́ст, а *m* singer of satirical songs, ballads.

куплети́ст|ка, ки *f of* **⇒~**

ку́пл|я, и *f* purchase; **к.-прода́жа** *(comm)* buying and selling.

ку́пол, а, *pl* **~а́** *m* cupola, dome.

куполообра́з|ный (~ен, ~на) *adj* dome-shaped.

купо́н, а *m* coupon; **стричь ~ы** to live on income from investments.

купоро́с, а *m (chem)* vitriol.

ку́пч|ая, ей *f (also* **к. кре́пость)** *(law)* deed of purchase.

купчи́х|а, и *f* **1** *f of* **⇒купе́ц 2** *(жена купца)* merchant's wife.

купю́р|а, ы *f* **1** *(сокращение)* cut. **2** *(fin) (деньги)* banknote; *(облигация)* band.

кур, а *m (archaic)* cock; *now only in phr (coll)*: **как к. во́ щи (попа́сть)** (to get o.s.) into the soup.

ку́р|а, ы *f (coll)* = **~ица**

кураг|а́, и́ *f (collect)* dried (halved and) stoned/pitted apricots.

кура́ж|иться, усь, ишься *impf (coll)* to swagger, boast; **(над** + *i)* to bully.

кура́нт|ы, ов *(no sg)* chiming clock; chimes.

кура́тор, а *m* **1** *(obs) (попечитель)* curator. **2** *(студента)* (academic) supervisor; **к. информацио́нных служб** chief press officer.

курбе́т, а *m (sport and fig)* curvet.

ку́рв|а, ы *f (vulg) (проститутка)* whore; *(женщина)* bitch; *(мужчина)* bastard.

курга́н, а *m* burial mound.

кургу́з|ый (~, ~а) *adj (coll)* **1** *(слишком короткий/тесный)* too short and/or tight. **2** *(куцый)* bob-tailed.

курд, а *m* Kurd.

Курдиста́н, а *m* Kurdistan.

ку́рдский *adj* Kurdish.

курдя́нк|а, и *f of* **⇒курд**

ку́рев|о, а *nt (coll)* tobacco, baccy; sth to smoke; **у меня́ нет ~а** I haven't got any fags.

куре́ни|е, я *nt* **1** *(действие)* smoking. **2** *(ладан)* incense.

куре́н|ь, я́ *m* house, hut *(in Cossack villages)*.

ку́р|ий (~ья, ~ье) *adj* chicken.

кури́лк|а¹, и *f (coll)* smoking room.

кури́лка[2] *only in phr* **жив к.!** there's life in the old dog yet.

кури́льниц|а, ы *f* censer; incense burner.

кури́л|ьня, ьни, *g pl* **~ен** *f*: **к. о́пиума** opium den.

кури́льщик, а *m* smoker.

кури́льщи|ца, цы *f of* ⇒**~к**

кури́н|ый *adj* (*яйцо*) hen's; (*бульон*) chicken; **~ая слепота́** (*med*) night blindness.

кури́р|овать, ую *impf* to supervise.

кури́тельн|ый *adj* smoking; **~ая бума́га** cigarette paper; **~ая (ко́мната)** smoking room.

кур|и́ть, ю́, ~́ишь *impf* (*of* ⇒**по~ 1**) **1** to smoke; **к. тру́бку** to smoke a pipe. **2** (+ *a or i*) to burn; **к. ла́даном** to burn incense.

кур|и́ться, ~́ится *impf* **1** (**ку́рится**) (*гореть*) to burn. **2** (**кури́тся**) (*о вулкане*) to emit smoke, steam; to smoke. **3** *passive of* ⇒**~и́ть**

ку́р|ица, ицы, *pl* **~ы, ~** *f* hen; (*fig, coll*): **мо́края к.** milksop; **~ам на́ смех** it would make a cat laugh; **де́нег у него́ ~ы не клюю́т** he is rolling in money.

куркуа́|а, ы *f* turmeric.

курно́с|ый (~, ~а) *adj* snub-nosed.

курово́дств|о, а *nt* poultry breeding.

кур|о́к, ка́ *m* cocking-piece; **взвести́ к.** to cock; **спусти́ть к.** to pull the trigger.

куроле́|сить, шу, сишь *impf* (*of* ⇒**на~**) (*coll*) to play tricks, get up to mischief.

куропа́тк|а, и *f* (*zool*): **(се́рая) к.** partridge; **бе́лая к.** willow grouse; **тундряна́я к.** ptarmigan.

куро́рт, а *m* holiday resort; **водолече́бный к.** spa.

куро́ртник, а *m* resort visitor, holidaymaker.

куро́рт|ный *adj of* ⇒**~**

курослéп, а *m* (*bot*) buttercup.

ку́рочк|а, и *f* **1** (*молодая курица*) pullet. **2 водяна́я к.** moorhen.

курс, а *m* **1** course; **взять к. на се́вер** to steer northwards; (*pol*) policy; **взять к. на демократиза́цию** to adopt a policy of democratization; **к. ле́кций/обуче́ния** course of lectures/instruction; **ускоо́ренный к.** crash *or* intensive course; **быть на тре́тьем ~́е** to be in the third year (*of a course of studies*); **держа́ть к. (на** + *a*) to head (for); **быть в ~́е (де́ла)** to be au courant, be in the know; **держа́ть кого́-н. в ~е (чего́-н.)** to keep s.o. informed (about sth). **2** (*fin*) exchange rate; **к. рубля́ упа́л** the exchange rate of the rouble has fallen.

курса́нт, а *m* **1** (*учащийся курсов*) student. **2** (*mil*) cadet.

курси́в, а *m* italic type, italics; **~ом** in italics.

курси́вный *adj* (*printing*) italic.

курси́р|овать, ую *impf* (**ме́жду** + *i*) to ply, run (between).

курсо́вк|а, и *f* authorization for treatment and meals (*at health resort*).

курс|ово́й *adj of* ⇒**~**; **~ова́я рабо́та** yearly (*university/college student's*) project; **~ова́я ра́зница** difference in exchange rates.

курсо́р, а *m* (*comput*) cursor.

куртиза́нк|а, и *f* courtesan.

ку́ртк|а, и *f* jacket; anorak.

курча́в|иться, ится *impf* to curl.

курча́в|ый (~, ~а) *adj* (*волосы*) curly; (*человек*) curly-haired.

ку́р|ы *see* ⇒**~ица**

курьёз, а *m* curious, amusing incident; **для, ра́ди ~а** for fun.

курьёз|ный (~ен, ~на) *adj* curious; funny.

курье́р, а *m* (*в учреждении*) messenger; (*дипломатический*) courier.

курье́р|ский *adj* **1** *adj of* ⇒**~. 2** fast; **к. по́езд** express.

куря́тин|а, ы *f* chicken (*as meat*).

куря́тник, а *m* henhouse, hen coop.

кур|я́щий *pres participle active of* ⇒**~и́ть**; *as n* **к., ~я́щего** smoker.

кус, а, *pl* **~ы́** *m* (*coll*) large piece.

куса́|ть, ю *impf* (*о собаке, о человеке*) to bite; (*о пчеле*) to sting.

куса́|ться, юсь *impf* **1** (*о собаке*) to bite; (*о крапиве, о пчеле*) to sting. **2** (*кусать друг друга*) to bite one another. **3** (*coll*) to be exorbitant; **э́то — хоро́шая вещь, но ~ется** it's good, but they sting you for it.

куса́ч|ки, ек (*no sg*) pliers; wire-cutters.

кусково́й *adj* broken in lumps; **к. са́хар** lump sugar.

кус|о́к, ка́ *m* piece, bit; (*хлеба*) slice; (*сахара*) lump; (*мыла*) cake; **зарабо́тать к. хле́ба** to earn one's bread and butter.

куст[1], **а́** *m* bush, shrub; **спря́таться в ~ы́** (*fig*) to scarper, make o.s. scarce.

куст[2], **а́** *m* (*econ*) group.

куста́рник, а *m* (*collect*) bushes, shrubs; shrubbery.

куста́рнича|ть, ю *impf* **1** to be a (handi)craftsman; to work at a (handi)craft. **2** (*coll, pej*) to use primitive methods; to work in an amateurish manner.

куста́рничеств|о, а *nt* (*pej*) work done by primitive methods; amateurish, inefficient work.

куста́рн|ый *adj* **1** handicraft; **~ые изде́лия** craftwork. **2** (*fig, pej*) amateurish, primitive.

куста́рщин|а, ы *f* = **куста́рничество**

куста́р|ь, я́ *m* (handi)craftsman.

кусти́ст|ый (~, ~а) *adj* bushy.

куст|и́ться, и́тся *impf* (*agric*) to tiller.

кусторе́з, а *m* hedge trimmer.

ку́та|ть, ю *impf* (*of* ⇒**за~**) (**в** + *a*) to muffle up (in).

ку́та|ться, юсь *impf* (*of* ⇒**за~**) (**в** + *a*) to muffle o.s. up (in).

кутёж, а́ *m* drinking bout; binge.

кутерьм|а́, ы́ *f* (*coll*) commotion.

кути́л|а, ы *m* fast liver; hard drinker.

ку|ти́ть, чу́, ~́тишь *impf* (*of* ⇒**~тну́ть**) to carouse; to go on a spree/binge.

кут|ну́ть, ну́, нёшь *inst pf of* ⇒**~и́ть**

куту́зк|а, и *f* (*coll*) jail, lock-up.

куха́рк|а, и *f* cook.

ку́х|ня, ни, *g pl* **~онь** *f* **1** (*помещение*) kitchen. **2** (*кушанья*) cooking, cuisine.

ку́хонн|ый *adj* kitchen; **~ая плита́** kitchen range.

ку́ц|ый (~, ~а) *adj* **1** (*животное*) tailless; bob-tailed. **2** (*одежда*) skimpy; (*fig*) limited, abbreviated.

ку́ч|а, и *f* **1** heap, pile; (*людей*) group; (*coll*): **вали́ть всё в одну́ ~у** to lump everything together. **2** (*coll*; + *g*) heaps (of), piles (of); **у него́ к. де́нег** he has heaps of money.

ку́ча-мала́, ку́чи-малы́ *f* (*coll*) free-for-all, rough and tumble.

кучево́й *adj* (*meteorology*) cumulous.

ку́чер, а, *pl* **~а́, ~о́в** *m* coachman.

кучеря́в|ый (~, ~а) *adj* (*coll*) curly; curly-haired.

ку́ч|ка, ки *f diminutive of* ⇒**~а**; **к. люде́й** handful of people.

ку́чный *adj* (*of shots*) closely-grouped.

ку|чу́, ~́тишь *see* ⇒**~ти́ть**

куш, а *m* (*coll*) large sum (*of money*).

куша́к, а́ *m* sash.

ку́шань|е, я *nt* food; dish.

ку́ша|ть, ю *impf* (*of* ⇒**по~** *and* ⇒**с~**) (*in polite invitation to eat*) to eat, have.

куше́тк|а, и *f* couch.

ку|ю́, ёшь *see* ⇒**кова́ть**

к/ф (*abbr of* **кинофи́льм**) (cinema) film, movie.

кхме́р|ы, ов *pl* (*sg* **~, а** *m*) the Khmers; **кра́сные к.** the Khmer Rouge.

Кыргызста́н, а *m* Kyrgyzstan.

кюве́т, а *m* ditch (*at side of road*).

кюве́тк|а, и *f* (*phot*) cuvette, bath.

кюри́ *nt indecl* curie.

Лл

л (*abbr of* **литр**) l, litre(s) (*Br*), liter(s) (*US*).

лабиа́льный *adj* (*ling*) labial.

лабиодента́льный *adj* (*ling*) labiodental.

лабири́нт, а *m* (*in various senses*) labyrinth, maze.

лабора́нт, а *m* laboratory assistant.

лабора́нт|ка, ки *f of* ⇨~

лаборато́ри|я, и *f* laboratory.

лаборато́р|ный *adj of* ⇨**~ия**

лабрадо́р, а *m* Labrador (*dog*).

ла́бух, а *m* (*sl*) musician, 'muso'.

ла́в|а[1], ы *f* (*вулканическая*) lava.

ла́в|а[2], ы *f* (*горная выработка*) drift.

лава́нд|а, ы *f* (*bot*) lavender.

лава́ш, а *m* lavash (*a flat white loaf*).

лави́н|а, ы *f* avalanche (*also fig*).

лави́р|овать, ую *impf* **1** (*naut*) to tack. **2** (*fig*) to manoeuvre (*Br*), maneuver (*US*).

ла́вк|а[1], и *f* (*скамья*) bench.

ла́вк|а[2], и *f* (*магазин*) small shop.

ла́вочк|а[1], и *f diminutive of* ⇨**ла́вка[1]**

ла́вочк|а[2], и *f diminutive of* ⇨**ла́вка[2]**; (*fig, coll*) (*жульнические махинации*) racket, shady concern.

ла́вочник, а *m* shopkeeper.

ла́вочни|ца, цы *f of* ⇨**~к**

лавр, а *m* **1** (*bot*) laurel; bay (tree). **2** (*in pl, fig*) laurels; **пожина́ть ~́ы** to win laurels; **почи́ть на ~́ах** to rest on one's laurels.

ла́вр|а, ы *f* monastery (*of highest rank*).

лавр|о́вый *adj of* ⇨~; **~о́вый вено́к** laurel wreath; (*fig*) laurels; **~́овое де́рево** bay tree; **~о́вый лист** bay leaf.

ла́вр|ский *adj of* ⇨**~а**

лавса́н, а *m* lavsan (*a synthetic fibre*).

ла́герник, а *m* (*coll*) inmate of camp.

ла́гер|ный *adj of* ⇨**~ь**

ла́гер|ь, я *m* **1** (*pl* **~я́, ~е́й**) camp; (*mil*): **располага́ться, стоя́ть ~ем** to camp, be encamped; **снять л.** to break up, strike camp. **2** (*pl* **~и, ~ей**) (*fig*) camp; **де́йствовать на два ~я** to have a foot in both camps.

лагу́н|а, ы *f* lagoon.

лад, а, о ~́е, в ~у́, *pl* **~ы́, ~о́в** *m* **1** (*mus and fig*) (*согласие*) harmony, concord; **петь в л., не в л.** to sing in, out of tune; **запе́ть на друго́й л.** (*fig*) to change one's tune; **жить в ~у́ (с** + *i*) to live in harmony (with); **быть не в ~а́х (с** + *i*) to be at odds (with); (*coll*) **идти́, пойти́ на л.** to go well, be successful. **2** (*способ*) manner, way; **на ра́зные ~ы** in various ways; **на свой л.** in one's own way; **на ста́рый л.** in the Old Style. **3** (*mus*) (*струнного инструмента*) fret; (*гармоники*) key. **4** (*mus*) (*тональность*) mode.

ла́дан, а *m* incense; **дыша́ть на л.** (*fig, coll*) to have one foot in the grave.

ла́данк|а, и *f* amulet.

ла́|дить, жу, дишь *impf* (**с** + *i*) to get on (with), be on good terms (with); **они́ не ~дят** they don't get on.

ла́д|иться, ится *impf* (*coll*) to go well, succeed.

ла́дно *adv* (*coll*) **1** *particle* **л.!** all right! OK! **2** (*мирно*) harmoniously. **3** (*удачно*) well; all right; **всё ко́нчилось л.** everything ended happily. **4**: **л. тебе́ крича́ть** that's enough of your shouting.

ла́д|ный (~ен, ~на́, ~но) *adj* (*coll*) **1** (*хороший*) fine, excellent. **2** (*дружный*) harmonious.

ладо́н|ь, и *f* palm (*of hand*); **быть (ви́дным) как на ~и** to be clearly visible.

ладо́ши *only in phrr* **бить, ударя́ть, хло́пать в л.** to clap one's hands.

лады́ *particle* (*coll*) = **ла́дно**

лад|ья́, ьи́, *g pl* **~е́й** *f* **1** (*chess*) castle, rook. **2** (*лодка*) boat.

ла́ж|а, и *f* (*sl*) crap, garbage; **поро́ть ~у** to talk crap.

лажо́вый *adj* (*sl*) crap(py), lousy.

ла́|жу[1], дишь *see* ⇨**~дить**

ла́|жу[2], зишь *see* ⇨**~зить**

лаз, а *m* **1** (*отверстие*) hole, gap. **2** (*tech*) manhole.

лаза́нь|я, и *f* (*cul*) lasagne.

лазаре́т, а *m* (*mil*) field hospital; (*naut*) sickbay.

ла́з|ать, аю *impf* (*coll*) = **~ить**

лазе́йк|а, и *f* hole, gap; (*fig, coll*) loophole; **оста́вить себе́ ~у** to leave o.s. a loophole.

ла́зер, а *m* (*phys, tech*) laser.

ла́зер|ный *adj of* ⇨~; **л. при́нтер** laser printer.

ла́|зить, жу, зишь *impf* (*indet of* ⇨**лезть**) **1** (**на** + *a*, **по** + *d*) to climb, clamber (on to, up); **л. на сте́ну** to climb a wall; **л. по дере́вьям** to climb trees; **л. по кана́ту** to swarm up a rope. **2** (**в** + *a*) to climb (into), get (into); **л. в окно́** to get in through the window.

лазо́ревк|а, и *f* (*zool*) blue tit.

лазо́ревый *adj* (*poetical*) sky-blue, azure; **л. ка́мень** (*min*) lapis lazuli.

лазу́ревый *adj* = **лазо́ревый,** ⇨**лазу́рный**

лазу́р|ный (~ен, ~на) *adj* sky-blue, azure; **Л. Бе́рег** French Riviera.

лазу́р|ь, и *f* azure; **берли́нская л.** Prussian blue.

лазу́тчик, а *m* (*mil, obs*) spy, scout.

ла|й, я *m* bark(ing).

ла́йб|а, ы *f* (*one- or two-masted*) sailing boat (*used formerly in the Baltic Sea and the White Sea, and on the rivers Dnieper and Dniester*).

ла́йк|а[1], и *f* (*собака*) husky.

ла́йк|а[2], и *f* (*кожа*) kidskin.

ла́йк|овый *adj of* ⇨**~а[2]**; **~овые перча́тки** kid gloves.

ла́йнер, а *m* (*naut, aeron*) liner.

лак, а *m* varnish, lacquer; **л. для воло́с** hair spray.

лака́|ть, ю *impf* (*of* ⇨**вы́~**) to lap (up).

лаке́|й, я *m* footman; lackey, flunkey (*also fig, pej*).

лаке́й|ский *adj of* ⇨~; (*fig*) servile.

лаке́йств|о, а *nt* servility.

лаке́йств|овать, ую *impf* (**пе́ред** + *i*) to dance attendance (on), kowtow (to).

лакиро́в|анный *ppp of* ⇨**~ать** *and adj* varnished, lacquered; **~анная ко́жа** patent leather; **~анные ту́фли** patent leather shoes.

лакир|ова́ть, у́ю *impf* (*of* ⇨**от~**) to varnish, lacquer; (*fig, pej*) to varnish.

лакиро́вк|а, и *f* **1** (*действие*) varnishing, lacquering (*also fig, pej*). **2** (*слой лака*) varnish. **3** (*fig*) gloss, polish.

ла́кмус, а *m* (*chem*) litmus.

ла́кмус|овый *adj of* ⇨~; **~овая бума́га** litmus paper.

ла́к|овый *adj of* ⇨~; varnished, lacquered; **~овые ту́фли** patent leather shoes.

ла́ком|ить, лю, ишь *impf* (*of* ⇨**по~**) (*obs*) (+ *i*) to regale (with), treat (to).

ла́ком|иться, люсь, ишься *impf* (*of* ⇨**по~**) (+ *i*) to feast (on).

ла́комк|а, и *cg* gourmand; **быть ~ой** (*о сладкоежке*) to have a sweet tooth.

ла́комств|о, а *nt* dainty, delicacy, delicious food; (*сласти*) sweets.

ла́ком|ый (~, ~а) *adj* **1** tasty, delicious; **л. кусо́к** tasty morsel (*also fig*). **2** (*coll*) (**до** + *g*) fond (of), partial (to).

лакони́зм, а *m* laconicism; brevity.

лакони́ческий *adj* laconic.

лакони́ч|ный (~ен, ~на) *adj* = **~еский**

лакри́ц|а, ы *f* (*bot*) liquorice.

Л

лакта́ци|я, и *f* lactation.

лакто́з|а, ы *f* (*chem*) lactose.

ла́м|а¹, ы *f* (*zool*) llama.

ла́м|а², ы *m* (*relig*) lama.

ламаи́зм, а *m* (*relig*) Lamaism.

Ла-Ма́нш, а *m* the (English) Channel.

ламбреке́н, а *m* pelmet.

ла́мп|а, ы *f* **1** lamp; **рудни́чная л.** Davy lamp; **л. дневно́го све́та** fluorescent lamp. **2** (*radio*) valve; tube.

лампа́д|а, ы *f* icon lamp.

лампа́дн|ый *adj*: **~ое ма́сло** lamp oil.

лампа́с, а *m* stripe (*down side of trousers*).

ла́мп|овый *adj of* **⇒~а**

ла́мпочк|а, и *f* **1** *diminutive of* **⇒ла́мпа**. **2** (electric light) bulb; **стова́ттная/100-ва́ттная л.** 100-watt bulb. **3**: **мне э́то до ~и** (*sl*) I couldn't care less about it.

ланге́т, а *m* thin steak.

лангу́ст, а *m* (*also* **лангу́ст|а, ~ы** *f*) spiny lobster; rock lobster.

ландо́ *nt indecl* landau.

ландша́фт, а *m* landscape.

ла́ндыш, а *m* lily of the valley.

лани́т|а, ы *f* (*archaic*) cheek.

ланки́|ец, йца *m* Sri Lankan.

ланки́|йка, йки *f of* **⇒~ец**

ланки́йский *adj* (*шри-ланкийский*) Sri Lankan.

ланoли́н, а *m* (*pharm*) lanolin.

ланце́т, а *m* (*med*) lancet; **вскрыть ~ом** to lance.

ланцетови́д|ный (~ен, ~на) *adj* (*bot*) lanceolate.

ланч, а *m* lunch.

лан|ь, и *f* fallow deer; (*самка*) doe (*of fallow deer*).

Лао́с, а *m* Laos.

лао́с|ец, ца *m* Laotian.

лао́с|ка, ки *f of* **⇒~ец**

лао́сский *adj* Laotian.

ла́п|а, ы *f* **1** (*животного*) paw; (*птицы*) foot; (*fig, coll*): (*нога*) big foot; (*рука*) big hand; **попа́сть в ~ы к кому́-н.** to fall into s.o.'s clutches; **дать на ~у кому́-н.** to give a backhander; to bribe. **2** (*tech*) tenon, dovetail. **3** (*якоря*) fluke. **4** (*ветвь*) bough (*of coniferous tree*).

лапида́р|ный (~ен, ~на) *adj* lapidary, terse.

ла́п|ка, ки *f diminutive of* **⇒~а**; (*fig, coll*): **стоя́ть/ходи́ть на за́дних ~ках (пе́ред + *i*)** to dance attendance (upon).

лапла́нд|ец, ца *m* Lapp, Laplander.

Лапла́нди|я, и *f* Lapland.

лапла́нд|ка, ки *f of* **⇒~ец**

лапла́ндский *adj* Lappish, Lapp.

ла́п|оть тя, *pl* **~ти, ~те́й** *m* **1** bast shoe; **ходи́ть в ~тя́х** to wear bast shoes. **2** (*coll*) oaf, bumpkin.

ла́почк|а, и *cg* (*coll*) **1** (*в обращении*) (my) pet, darling, sweetheart. **2** (*о человеке*) sweetie; **она́ така́я л.!** she's such a sweetie!

лапт|а́, ы́ *f* **1** (*игра*) lapta (*a Russian ball game*). **2** (*бита*) lapta bat.

лапто́п, а *m* = **лэпто́п**

ла́пушк|а, и *f* (*coll*) = **ла́почка 1**

ла́пчат|ый (~, ~а) *adj* **1** (*bot*) palmate. **2** (*птица*) web-footed; **гусь л.** (*fig, coll*) cunning fellow, sly one.

лапш|а́, и́ *f* **1** noodles. **2** (*суп*) noodle soup.

лар|ёк, ька́ *m* stall.

лар|е́ц, ца́ *m* casket.

ларинги́т, а *m* laryngitis

ларингоско́п, а *m* laryngoscope.

ларинготоми́|я, и *f* laryngotomy.

ла́рчик, а *m* small casket; (*coll*): **а л. про́сто открыва́лся** the explanation was quite simple.

ла́р|ы, ов *pl* (*sg* **~, ~а** *m*): **л. и пена́ты** lares and penates.

лар|ь, я́ *m* bin.

ла́ск|а¹, и *f* **1** caress, endearment; (*in pl*) petting; **предвари́тельные ~и** foreplay. **2** (*доброе отношение*) kindness.

ла́с|ка², и, *g pl* **~ок** *f* (*zool*) weasel.

ласка́тел|ьный (~ен, ~ьна) *adj* **1** (*obs*) (*улыбка*) tender; (*тон*) flattering, ingratiating. **2** (*gram*) affectionate, expressing endearment; **~ьное и́мя** pet name.

ласка́|ть, ю *impf* to caress, fondle, pet; (*о ветре, о воде*) to caress.

ласка́|ться, юсь *impf* **1** (**к + *d***) to show affection (towards); to snuggle up to; (*о собаке*) to fawn (on). **2** (*coll*) to exchange caresses.

ла́сков|ый (~, ~а) *adj* affectionate, tender; (*fig*) gentle; **л. ве́тер** gentle wind.

лассо́ *nt indecl* lasso.

ласт, а *m* flipper.

ла́стик¹, а *m* (*ткань*) lasting.

ла́стик², а *m* (*coll*) (*для стирания написанного*) rubber (*Br*), eraser.

ла́|ститься, щусь, стишься *impf* (**к + *d***) (*coll*) to show affection (towards), fawn (on).

ластоно́г|ое, ого *nt* (*zool*) pinniped.

ла́сточк|а, и *f* **1** swallow; **берегова́я л.** sand martin; **городска́я л.** (house) martin; **пе́рвая л.** (*fig*) the first signs; **одна́ л. весны́ не де́лает** (*proverb*) one swallow does not make a summer. **2** (*в обращении*) sweetheart.

ла́тан|ый (~, ~а) *adj* (*coll*) patched.

лата́|ть, ю *impf* (*of* **⇒за~**) (*coll*) to patch.

латви́|ец, йца *m* Latvian.

латви́|йка, йки *f of* **⇒~ец**

латви́йский *adj* Latvian.

Ла́тви|я, и *f* Latvia.

ла́текс, а *m* latex.

латини́зм, а *m* Latinism.

лати́ниц|а, ы *f* Roman alphabet, Roman letters.

латиноамерика́н|ец, ца *m* Latin American.

латиноамерика́н|ка, ки *f of* **⇒~ец**

латиноамерика́нский *adj* Latin American.

лати́нск|ий *adj* Latin; **Л~ая Аме́рика** Latin America.

ла́тк|а, и *f* (*coll*) patch.

лату́к, а *m* (*bot*) lettuce.

лату́нный *adj* brass.

лату́н|ь, и *f* brass.

ла́т|ы, ~ (*no sg*) (*hist*) armour (*Br*), armor (*US*).

латы́н|ь, и *f* Latin (*language*).

латы́ш, а́, *pl* **~и́, ~е́й** *m* Latvian.

латы́ш|ка, ки *f of* **⇒~**

латы́шский *adj* Latvian.

лауреа́т, а *m* prizewinner; laureate; **л. Но́белевской пре́мии** Nobel prizewinner.

лафа́ *as pred*; (*impers; coll*): **тебе́, ему́,** *etc.* **л.** you are, he is *etc.*, in clover, having a wonderful time.

лафе́т, а *m* (*mil*) gun carriage.

ла́цкан, а, *pl* **~ы, ~ов** *m* lapel.

лачу́г|а, и *f* hovel, shack.

ла́|ять, ю, ешь *impf* to bark; (*о гончих*) to bay.

лба, лбу *etc.*, *see* **⇒ло**,

лгать, лгу, лжёшь, лгут, *past* **лгал, лгала́, лга́ло** *impf* **1** (*pf* **со~**) (*говорить неправду*) to lie; to tell lies. **2** (*pf* **на~**) (**на + *a***) (*клеветать*) to slander.

лгун, а́ *m* liar.

лгуни́шк|а, и *m* (*coll*) paltry liar.

лгу́н|ья, ьи, *g pl* **~ий** *f of* **⇒~**

лебед|а́, ы́ *f* (*bot*) goosefoot, orache.

лебед|ёнок, ёнка, *pl* **~я́та, ~я́т** *m* cygnet.

лебеди́н|ый *adj of* **⇒ле́бедь**; **~ая по́ступь** graceful gait; (*fig*) **~ая пе́сня** swansong; **~ая ше́я** swan neck; (*tech*) S-bend pipe.

лебёдк|а¹, и *f* (female) swan, pen(-swan).

лебёдк|а², и *f* (*tech*) winch, windlass.

ле́бед|ь, я, *pl* **~и, ~е́й** *m* swan, cob(-swan).

лебе|зи́ть, жу́, зи́шь *impf* (*coll*) (**пе́ред + *i***) to fawn (on).

леб|я́жий *adj of* **⇒~едь**; **л. пух** swansdown.

лев¹, льва *m* **1** (*животное*) lion; **морско́й л.** sea lion. **2** **Л.** (*созвездие*) Leo.

лев², а *m* (*денежная единица*) lev (*Bulgarian monetary unit*).

лева́к, а́ *m* **1** (*pol*) leftist. **2** (*coll*) black marketeer.

лева́цкий *adj* (*pol, pej*) ultra-left.

леве́|ть, ю *impf* (*of* **⇒по~**) (*pol*) to move to the left.

левиафа́н, а *m* leviathan.

Леви́т, а *m* (*bibl*) Leviticus.

левита́ци|я, и *f* levitation.

левко́|й, я *m* (*bot*) stock, gillyflower.

левобере́жный *adj* left-bank.

левре́тк|а, и *f* Italian greyhound.

левш|а́, и́, *i* **~о́й,** *g pl* **~е́й** *cg* left-hander.

ле́в|ый *adj* **1** left; (*со стороны левой руки*) left-hand; (*naut*) port; **л. борт** port side; **~ая сторона́** left-hand side, (*of horse, carriage, etc.*) near side; (*of material*) wrong side; (*fig*): **встать с ~ой ноги́** to get out of bed on the wrong side. **2** (*coll*) (*незаконный*) illegal, unofficial; ~ая рабóта work on the side. **3** (*pol*) left-wing; *as n* **л., ~ого** *m* left-winger; (*in pl*; *collect*) the left.

легáв|ая, ой *f*: **(длинношёрст(н)ая) л.** setter; **(короткошёрст(н)ая) л.** pointer.

легализáци|я, и *f* legalization.

легализ|úровать(ся), úрую(сь) = **~овáть(ся)**

легализ|овáть, ýю *impf and pf* to legalize.

легализ|овáться, ýюсь *impf and pf* to become legalized.

легáл|ьный (~ен, ~ьна) *adj* legal.

легáт, а *m* legate.

легáто *mus* **1** *adv* legato. **2** *n*; *nt indecl* slur.

легéнд|а, ы *f* legend; (*на карте*) key, legend.

легендáр|ный (~ен, ~на) *adj* legendary.

легиóн, а *m* legion; (*fig*) (*очень много*) plethora.

легионéр, а *m* legionary.

легúрова|нный *ppp of* ⇒**~ть** *and adj* alloy(ed).

легúр|овать, ую *impf* to alloy.

легислатýр|а, ы *f* term of office.

легитúм|ный, (~ен, ~на) *adj* (*власть*) legitimate.

лёг|кий (~ок, легкá) *adj* **1** (*на вес*) light; **л. зáвтрак** light breakfast; **~ая промы́шленность** light industry. **2** (*нетрудный*) easy; **л. слог** simple style; **у негó л. харáктер** he is easy to get on with; **~кая атлéтика** (*sport*) athletics (*Br*), track and field (*US*). **3** (*незначительный*) light; slight; **~кая простýда** slight cold; **~кое чтéние** light reading (matter); (*coll*): **~ок на поминé!** talk of the devil!; (*coll*): **у негó ~кая рукá** he brings luck; **с вáшей ~ой рукú** once you start(ed) the ball rolling; **жéнщина ~кого поведéния** woman of easy virtue.

легкó *adv* (*несильно*) lightly; (*без труда*) easily; (*слегка*) slightly; **э́то емý л. даётся** it comes easily to him; **л. коснýться** to touch lightly; *as pred* it is easy; **л. сказáть** easier said than done!

легкоатлéт, а *m* (track and field) athlete.

легкоатлетúческ|ий *adj*: **~ие соревновáния** track and field events.

легкоатлéт|ка, ки *f of* ⇒**~**

легковéри|е, я *nt* credulity, gullibility.

легковéр|ный (~ен, ~на) *adj* credulous, gullible.

легковéс, а *m* (*sport*) lightweight.

легковéс|ный (~ен, ~на) *adj* **1** lightweight; light. **2** (*fig*, *pej*) (*поверхностный*) superficial.

легковóй *adj* passenger (*conveyance*); **л. автомобúль** (motor) car.

легковýшк|а, и *f* (*coll*) car, motor (*Br*), auto (*US*).

лёгк|ое, ого *nt* (*anat*) lung; **одностороóннее/двусторóннее воспалéние ~их** single/double pneumonia.

легкомы́слен|ный (~, ~на) *adj* thoughtless; flippant, frivolous; **л. постýпок** thoughtless action.

легкомы́сли|е, я *nt* thoughtlessness; flippancy, frivolity.

легкоплáв|кий (~ок, ~ка) *adj* fusible.

лёгкост|ь, и *f* **1** (*веса*) lightness. **2** (*нетрудность*) easiness. **3** (*свобода*) ease; **с ~ью** with ease.

легóнько *adv* (*coll*) **1** (*слегка*) slightly. **2** (*мягко*) gently.

лёгочный *adj* (*med*) pulmonary.

легчá|ть, ет *impf* (*of* ⇒**по~**) **1** (*слабеть*) to lessen, abate. **2** (*impers*, + *d*) to get better; to feel better.

лéг|че *comp of* ⇒**~кий** *and* ⇒**~кó**; (*as pred*): **больнóму л.** the patient is feeling better; **мне от э́того не л.** I am none the better for it; (*coll*): **час óт часу не л.** things are getting worse by the minute; **л. на поворóтах!** mind what you say!

лёд, льда, о льдé, во/на льдý *m* ice; **л. трóнулся** (*fig*) the ice is broken.

леденé|ть, ю *impf* (*of* ⇒**за~** *and* ⇒**о~**) (*intrans*) **1** (*превращаться в лёд*) to freeze. **2** (*замерзать*) to become numb with cold; (*fig*): **кровь ~ет** (one's) blood runs cold.

леден|éц, цá *m* fruit drop; **кúслый л.** acid drop.

леден|úть, úт *impf* (*of* ⇒**о~**) (*о морозе*) to freeze (*trans*); (*fig*) (*о ужасе*) to chill.

леден|я́щий *pres participle of* ⇒**~úть** *and adj* chilling, icy.

ледерúн, а *m* leatherette.

лéди *f indecl* lady.

лéдник, а *m* **1** (*погреб*) ice house. **2** (*шкаф*) icebox; **вагóн-л.** refrigerator van.

леднúк, á *m* glacier.

ледникóвый *adj* glacial; **л. периóд** ice age; glacial period.

ледовúтый *adj*: **Сéверный Л. океáн** the Arctic Ocean.

ледóв|ый *adj* ice; **~ое плáвание** Arctic voyage; **Л~ое побóище** the Battle on the Ice (*fought on 5 April 1242 between the army of Alexander Nevsky and the Teutonic Knights*).

ледокóл, а *m* ice-breaker.

ледокóл|ьный *adj of* ⇒**~**

ледорýб, а *m* ice axe.

ледостáв, а *m* freezing-over (*of river*).

ледохóд, а *m* drifting of ice.

ледышк|а, и *f* (*coll*) piece of ice.

лед|янóй *adj* **1** *adj of* ⇒**~**; **~я́ная горá/гóрка** ice slope (*for tobogganing*). **2** (*ветер*; *взгляд*) icy; ice-cold.

лёжа *adv* lying down, in lying position.

лежáк, á *m* chaise longue, lounger.

лежáлый *adj* stale, old.

лежáнк|а, и *f* stove bench (*a shelf on which it is possible to sleep, running along the side of a Russian stove*).

леж|áть, ý, úшь *impf* (*in various senses*) to lie; (*о предметах*) to be (situated); **л. в больнúце** to be in hospital; **л. больны́м** to be laid up; **врач велéл мне л.** the doctor told me to stay in bed; **л. на бокý, на печú** (*fig*, *coll*) to idle away one's time; **л. у когó-н. на душé** to be on one's mind; **э́то ~úт у меня́ на сóвести** it lies heavy on my conscience; **у меня́ душá не ~úт (к** + *d*) I have a distaste, no appetite (for); **на нём ~úт отвéтственность за э́то** it is his responsibility.

леж|áться, úтся *impf* (+ *d*; *usu with neg*): **емý не ~áлось в постéли** he would, could not stay in bed.

лежáч|ий *adj* **1** lying, recumbent; **л. больнóй** bed patient; **~его не бьют** never hit a man when he is down. **2** (*для лежания*) for lying down.

лéжбищ|е, а *nt* breeding ground (*of certain aquatic mammals*); **л. тюлéней** seal rookery.

лежебóк|а, и *cg* (*coll*) lazybones, lie-abed.

лёжк|а, и *f* **1** (*coll*) (*долгое лежание*) lying. **2** (*coll*) (*положение*) lying position; **лежáть в ~у** to be on one's back (*of sick person*). **3** (*зверя*) lair.

лежмя́ *adv* (*coll*): **лежáть л.** to lie without getting up; to lie helpless.

лéзви|е, я *nt* blade.

лезгúнк|а, и *f* lezginka (*a Caucasian dance*).

лез|ть, у, ешь, *past* **~, ~́ла** *impf* (*of* ⇒**по~ 1**), *det of* ⇒**лáзить 1** (**на** + *a*, **по** + *d*) (*взбираться вверх*) to climb (up, on to); **л. на дéрево** to climb a tree. **2** (**в** + *a*, **под** + *a*) (*проникать*) to climb, clamber, crawl (through, into, under); **л. в окнó** to climb in the window. **3** (*тайком*) to sneak; **кудá ~́ешь?** (*coll*) where do you think you're going? **4** (**в** + *a*) (*проникать рукой*) to thrust the hand (into). **5** (**в/на** + *a*; *usu with neg*) (*быть впору*) to fit (into/onto). **6** (*сползать*) to slip out of position. **7** (*выпадать*) to fall out. **8** (*о ткани*) to come to pieces. **9** (*coll*) (*вмешиваться*) to interfere; **л. не в своё дéло** to poke one's nose into s.o. else's affairs. **10**: **л. нá стену** (*fig*, *coll*) to climb up the wall; **не л. в кармáн за слóвом** not to be at a loss for a word; **л. в буты́лку** (*coll*) to be confrontational; **л. в дрáку** to be ready to pick a fight; **л. на глазá комý-н.** (*coll*) to try to make o.s. noticed by s.o.; **л. в пéтлю** (*coll*) to stick one's neck out.

ле|й, я *m* leu (*Romanian monetary unit*).

лейбл, а *m* (*comm*, *mus*) label.

лейборúст, а *m* (*pol*) Labourite (*Br*), Laborite (*US*); labour supporter (*Br*), labor supporter (*US*).

лейборúстск|ий *adj* (*pol*) Labour (*Br*), Labor (*US*); **~ая пáртия** Labour Party (*Br*), Labor Party (*US*).

лéйк|а, и *f* **1** (*для поливки*) watering can. **2** (*coll*) (*воронка*) funnel.

лейкемú|я, и *f* (*med*) leukaemia (*Br*), leukemia (*US*).

лейкóз, а *m* = **лейкемúя**

лейкоплáстыр|ь, я *m* sticking plaster (*Br*), adhesive tape (*US*), Band-Aid (*propr*) (*US*).

лейкоцúт, а *m* (*physiol*) leucocyte.

Лéйпциг, а *m* Leipzig.

лейтенáнт, а *m* lieutenant.

лейтмотúв, а *m* leitmotif.

лекáл|о, а *nt* (*чертёжный инструмент*) French curve.

лека́рственн|ый *adj* (*растение, настой*) medicinal; **л. препара́т** medicine, drug; **~ая фо́рма** preparation.

лека́рств|о, а *nt* medicine; **л. от ка́шля** cough medicine.

ле́кар|ь, я, *pl* **~и, ~е́й** *m* (*obs or joc*) physician.

ле́ксик|а, и *f* vocabulary; (*всего языка*) lexis.

лексико́граф, а *m* lexicographer.

лексикографи́ческий *adj* lexicographical.

лексикогра́фи|я, и *f* lexicography.

лексико́лог, а *m* lexicologist.

лексиколо́ги|я, и *f* lexicology.

лексико́н, а *m* **1** (*obs*) (*словарь*) dictionary. **2** (*запас слов*) vocabulary.

лекси́ческий *adj* lexical.

ле́ктор, а *m* (*в учебном заведении*) lecturer; (*выступающий*) speaker.

лекто́ри|й, я *m* **1** (*учреждение*) centre organizing public lectures. **2** (*помещение*) lecture hall.

ле́ктор|ский *adj of* **⇒~**; *as n* **~ская, ~ской** *f* lecturers' common room.

лекцио́нный *adj of* **⇒ле́кция**; **л. зал** lecture room; **л. курс** course of lectures.

ле́кци|я, и *f* lecture; **чита́ть ~ю** to lecture, deliver a lecture.

леле́|ять, ю *impf* **1** to coddle, pamper. **2** (*fig*) to cherish, foster; **л. мечту́** to cherish a hope.

ле́мех, а, *pl* **~а́, ~о́в** (*and* **леме́х, а́,** *pl* **~и́, ~о́в**) *m* ploughshare (*Br*), plowshare (*US*).

ле́мминг, а *m* (*zool*) lemming.

лему́р, а *m* (*zool*) lemur.

лён, льна *m* (*bot*) flax.

лени́в|ец, ца *m* **1** lazybones. **2** (*zool*) sloth.

лени́в|ый (~, ~а) *adj* lazy, idle; (*походка, вид*) sluggish; (*о блюдах*) quick-to-prepare.

Ленингра́д, а *m* (*hist*) Leningrad.

ле́нин|ец, ца *m* Leninist.

ленини́зм, а *m* Leninism.

ле́нинский *adj* (*книги*) of Lenin; (*принципы, партия*) Leninist.

лен|и́ться, ю́сь, ~́ишься *impf* **1** to be lazy, idle. **2** (+ *inf*) to be too lazy (to); **он ~и́лся им писа́ть** he had been too lazy to write to them.

ле́ност|ь, и *f* laziness; sloth.

ле́нт|а, ы *f* (*украшение; орденская*) ribbon; (*магнитная*) tape; (*фильм*) film; **изоляцио́нная л.** insulating tape; **патро́нная л.** cartridge belt; **ви́ться ~ой** to twist, meander.

ле́нт|очный *adj of* **⇒~а**; **л. глист, л. червь** tapeworm; **~очная пила́** bandsaw; **л. транспортёр** conveyor belt.

лентя́|й, я *m* lazybones.

лентя́йнича|ть, ю *impf* (*coll*) to be lazy; to loaf.

ленц|а́, ы́ *f* (*coll*) disposition to laziness; **он с ~о́й** he is inclined to be lazy.

ле́нчик, а *m* saddle tree.

лен|ь, и *f* **1** laziness. **2** *as pred* (+ *d and inf; coll*) to feel too lazy (to), not to feel like; **ему́ бы́ло л. вы́ключить ра́дио** he was too lazy to turn the radio off; **на́до бы пойти́, да л.** I ought to go, but I don't feel like it; **все, кому́ не л.** anybody who wants.

леопа́рд, а *m* leopard.

леота́рд, а *m* leotard.

лепест|о́к, ка́ *m* petal.

ле́пет, а *m* babble (*also fig*).

лепе|та́ть, чу́, ~́чешь *impf* to babble.

лепёшк|а, и *f* **1** flat cake; (*fig, coll*): **разби́ться/расшиби́ться в ~у** to strain every nerve; to go through fire and water. **2** (*лекарственная*) tablet, lozenge.

леп|и́ть, лю́, ~́ишь *impf* **1** (*pf* **вы́~** *and* **с~²**) to model, fashion; to mould; **л. гнездо́** to build a nest. **2** (*pf* **на~¹**) (*coll*) (*наклеить*) to stick (on).

леп|и́ться, лю́сь, ~́ишься *impf* (**по** + *d*) to cling (to).

ле́пк|а, и *f* modelling (*Br*), modeling (*US*).

лепни́н|а, ы *f* (*collect*) moulding(s) (*Br*), molding(s) (*US*).

лепн|о́й *adj* modelled (*Br*), modeled (*US*); moulded (*Br*), molded (*US*); **~о́е украше́ние** stucco moulding (*Br*), molding (*US*).

ле́пт|а, ы *f* mite; **внести́ свою́ ~у** to do onés bit.

лес, а (у), *pl* **~а́** *m* **1** (**в ~у́**) (*большой*) forest, (*небольшой*) wood(s); **вы́йти из ~́а (и́з ~у)** to come out of the wood; **кра́сный, чёрный л.** coniferous, deciduous forest; **тропи́ческий л.** rainforest; **быть как в ~у́** (*fig, coll*) to be all at sea; **л. ру́бят — ще́пки летя́т** (*proverb*) you can't make omelettes without breaking eggs; **кто в л., к. по дрова́** (to be, *etc.*) at sixes and sevens. **2** (**в ~́е**) (*sg only; collect*) timber (*Br*), lumber (*US*).

лес|а́¹ *pl of* **⇒~**

лес|а́², о́в (*строительные*) scaffolding.

ле́са³, ле́сы, *pl* **ле́сы, лес** *f* fishing line.

лесби́йск|ий *adj* lesbian; **~ая любо́вь** lesbianism.

лесбия́нк|а, и *f* lesbian.

лесбия́нский *adj* lesbian.

ле́сенк|а, и *f* (*coll*) *diminutive of* **⇒ле́стница**; short flight of stairs; (*приставная*) short ladder.

леси́ст|ый (~, ~а) *adj* wooded.

ле́ск|а, и *f* fishing line.

лесни́к, а́ *m* forester.

лесни́честв|о, а *nt* forest area.

лесни́ч|ий, его *m* forestry officer; forest warden.

лес|но́й *adj of* **⇒~**; **л. двор, склад** timber yard; **л. институ́т** forestry institute; **л. масси́в** forest tract; **~ны́е насажде́ния** afforestation; **~на́я промы́шленность** timber industry (*Br*), lumber industry (*US*); **~но́е хозя́йство** forestry.

лесово́д, а *m* forestry specialist.

лесово́дств|о, а *nt* forestry.

лесово́з, а *m* timber ship; timber lorry.

лесозаво́д, а *m* timber mill (*Br*), lumber mill (*US*).

лесозагото́вк|а, и *f* (*usu in pl*) logging.

лесозащи́тный *adj* appertaining to the protection of the forests.

лес|о́к, ка́ *m* small wood, copse, grove.

лесоматериа́л, а *m* timber (*Br*), lumber (*US*).

лесонасажде́ни|е, я *nt* **1** (*разведение леса*) afforestation. **2** (*участок леса*) (forest) plantation.

лесопа́рк, а *m* wooded park.

лесопи́лк|а, и *f* sawmill.

лесопи́льный *adj* sawing; **л. заво́д** sawmill.

лесопи́л|ьня, ьни, *g pl* **~ен** *f* = **~ка**

лесопова́л, а *m* tree felling.

лесополос|а́, ы́ *f* woodland belt, forest belt.

лесопоса́д|ки, ок *pl* forest plantations.

лесопромы́шленник, а *m* timber merchant (*Br*), lumber merchant (*US*).

лесопромы́шленност|ь, и *f* timber industry (*Br*), lumber industry (*US*).

лесору́б, а *m* lumberjack.

лесосе́к|а, и *f* (wood)cutting area.

лесospла́в, а *m* timber rafting.

лесосте́п|ь, и *f* (*geog*) forest-steppe.

лесоту́ндр|а, ы *f* (*geog*) forest-tundra.

леспромхо́з, а *m* (*abbr of* **лесно́е промы́шленное хозя́йство**) (State) timber industry enterprise.

лёсс, а *m* (*geol*) loess.

ле́стниц|а, ы *f* stairs, staircase; (*приставная*) ladder; **пара́дная л.** front staircase; **пожа́рная л.** fire escape; **складна́я л.** steps, stepladder; **служе́бная л.** career ladder.

ле́стни|чный *adj of* **⇒~ца**; **~чная кле́тка** stairwell; **~чная площа́дка** landing.

ле́ст|ный (~ен, ~на) *adj* flattering.

лест|ь, и *f* flattery.

лёт, а, на ~у́, о ~́е *m* flight, flying; **на ~у́** in the air, on the wing; (*fig, coll*) hurriedly, in passing; **хвата́ть на ~у́** to be quick to grasp.

Ле́т|а, ы *f* (*myth*) Lethe; **ка́нуть в ~у** to sink into oblivion.

лет|а́, ~ *pl* **1** years; age; **с де́тских лет** from childhood; **мы одни́х лет** we are (of) the same age; **сре́дних лет** middle-aged; **быть в ~а́х** to be elderly, getting on (in years); **на ста́рости ~** in one's old age. **2** *g pl* (*as g pl of* **⇒год**) years; **ско́лько вам ~?** how old are you?; **ему́ бо́льше, ме́ньше сорока́ ~** he is over, under forty; **прошло́ мно́го ~** many years (have) passed.

лета́л|ьный (~ен, ~ьна) *adj* lethal, fatal.

летарги́ческий *adj* lethargic.

летарги́|я, и *f* lethargy.

лета́тельный *adj* flying; **л. аппара́т** aircraft.

лет|а́ть, а́ю *indet of* **⇒~е́ть**

лета́|ющий *adj*: **~ющая таре́лка** (*coll*) flying saucer.

ле|те́ть, чу́, ти́шь *impf* (*of* **⇒по~ 1**), *det of* **⇒лета́ть 1** to fly.

2 (*fig*) (*мчаться*) to fly; to rush, tear. **3** (*fig*, *coll*) (*падать*) to fall, drop (*intrans*); **ли́стья ~тя́т** the leaves are falling; **а́кции ~тя́т вниз** shares are plummeting. **4** (*coll*) (*нарушаться*) to be ruined.

ле́тний *adj* summer; **л. сад** pleasure garden(s).

ле́тник, а *m* (*bot*) annual.

лётн|ый *adj* flying; **~ое де́ло** flying; **~ое по́ле** airfield; **л. соста́в** aircrew.

ле́т|о, а *nt* summer; **ба́бье л.** Indian summer; (*coll*): **ско́лько ~, ско́лько зим** it's been ages!

летоисчисле́ни|е, я *nt* chronology.

ле́том *adv* in summer.

летопи́с|ец, ца *m* chronicler, annalist.

летопи́сный *adj* annalistic.

ле́топис|ь, и *f* chronicle, annals.

летосчисле́ни|е, я *nt* = **летоисчисле́ние**

лету́н, а́ *m* **1** flyer. **2** (*fig*, *coll*) (*о человеке*) rolling stone, drifter.

лету́чест|ь, и *f* (*chem*) volatility.

лету́ч|ий *adj* **1** flying; **~ая мышь** bat. **2** (*fig*) (*разговор, встреча*) fleeting; brief. **3** (*chem*) volatile.

лету́чк|а, и *f* (*coll*) **1** (*листок*) leaflet. **2** (*собрание*) emergency meeting. **3** (*отряд*) mobile unit.

Л

лётчик, а *m* pilot; **л.-испыта́тель** test pilot; **л.-истреби́тель** fighter pilot.

лётчи|ца, цы *f of* **⇨~к**

лече́бниц|а, ы *f* clinic (*usu psychiatric or veterinary*).

лече́бный *adj* **1** (*учреждение*; *средства*) medical. **2** (*свойства*; *мазь*) medicinal; **л. препара́т** medicine, drug.

лече́ни|е, я *nt* (medical) treatment; **амбулато́рное л.** outpatient treatment.

леч|и́ть, у́, ~ишь *impf* to treat (*medically*); **его́ ~ат от шо́ка** he is being treated for shock.

леч|и́ться, у́сь, ~ишься *impf* **1** (**от** + *g*) to receive, undergo (medical) treatment (for). **2** (**у** + *g*) to be s.o.'s patient.

ле|чу́[1]**, ти́шь** *see* **⇨~те́ть**

леч|у́[2]**, ~ишь** *see* **⇨~и́ть**

лечь, ля́гу, ля́жешь, ля́гут, *past* **лёг, легла́,** *imperative* **ляг, ля́гте** *pf* (*of* **⇨ложи́ться**) **1** to lie (down); **л. в посте́ль, л. спать** to go to bed; **неуже́ли де́ти ещё не легли́?** aren't the children in bed yet?; **л. в больни́цу** to go (in) to hospital; **л. в осно́ву** (+ *g*) to underlie; to be the basis of; (*naut*): **л. в дрейф** to lie to, heave to. **2** (**на** + *a*) (*обременить*) to fall (on); (*fig*): **отве́тственность ля́жет на вас** it will be your responsibility; **подозре́ние легло́ на него́** suspicion fell upon him; **л. на со́весть** to weigh on one's conscience.

ле́ш|ий, его *m* wood goblin.

лещ, а́ *m* (*fish*) bream.

лещи́н|а, ы *f* (*bot*) hazel.

лже... *comb form* pseudo-, false-, mock-.

лжесвиде́тел|ь, я *m* false witness.

лжесвиде́тель|ница, ницы *f of* **⇨~**

лжесвиде́тельств|о, а *nt* perjury.

лжесвиде́тельств|овать, ую *impf* to commit perjury.

лжеуче́ни|е, я *nt* false doctrine.

лжец, а́ *m* liar.

лжёшь *see* **⇨лгать**

лжи́вост|ь, и *f* falsity, mendacity; untruthfulness.

лжи́в|ый (~, ~а) *adj* **1** (*человек*) lying; mendacious. **2** (*улыбка*) false, deceitful.

ли (ль) 1 *interrog particle* **возмо́жно ли?** is it possible?; **придёт ли он?** is he coming? **2** *conj* whether, if; **не зна́ю, придёт ли он** I don't know whether he is coming; **посмотри́, идёт ли по́езд** go and see if the train is coming. **3**: **ли... ли** whether ... or; **сего́дня ли, за́втра ли** whether today or tomorrow.

лиа́н|а, ы *f* (*bot*) liana.

либера́л, а *m* liberal; **л.-демокра́т** Liberal Democrat.

либерализа́ци|я, и *n* liberalization.

либерали́зм, а *m* **1** liberalism. **2** (*pej*) (*излишняя терпимость*) excessive tolerance.

либерализ|ова́ть, у́ю *impf and pf* to liberalize.

либера́льнича|ть, ю *impf* (*of* **⇨с~**) (**с** + *i*; *coll*, *pej*) to be too easy-going (with).

либера́л|ьный (~ен, ~ьна) *adj* **1** liberal. **2** (*излишне терпимый*) (excessively) tolerant.

либери́|ец, йца *m* Liberian.

либери́|йка, йки *f of* **⇨~ец**

либери́йский *adj* Liberian.

Либе́ри|я, и *f* Liberia.

ли́бо *conj* or; **л. ... л.** (either) ... or.

либретти́ст, а *m* librettist.

либре́тто *nt indecl* libretto.

Лива́н, а *m* (the) Lebanon.

лива́н|ец, ца *m* Lebanese.

лива́н|ка, ки *f of* **⇨~ец**

лива́нский *adj* Lebanese.

ли́в|ень, ня *m* heavy shower, downpour; (*fig*) **л. свинца́** hail of bullets.

ли́вер, а *m* (*cul*) offal.

ли́вер|ный *adj of* **⇨~**; **~ная колбаса́** offal sausage.

ливи́|ец, йца *m* Libyan.

ливи́|йка, йки *f of* **⇨~ец**

ливи́йский *adj* Libyan.

Ли́ви|я, и *f* Libya.

ливмя́ *adv* (*coll*): **л. лить** (*of rain*) to pour, come down in torrents.

ли́в|невый *adj of* **⇨~ень**; **~невые во́ды** rainwater; **л. дождь** downpour.

ливре́|я, и *f* livery.

ли́г|а, и *f* league.

лигату́р|а[1]**, ы** *f* (*chem*) base metal (*added to precious metals to harden them*).

лигату́р|а[2]**, ы** *f* (*ling and med*) ligature.

лигни́т, а *m* (*min*) lignite.

ли́дер, а *m* leader.

ли́дерств|о, а *nt* **1** (*партии, организации*) leadership. **2** (*в состязании*) first place, lead; **занима́ть л.** to be in the lead.

лиди́р|овать, ую *impf* to lead, be in the lead.

ли|за́ть, жу́, ~жешь *impf* (*of* **⇨~зну́ть**) to lick; (*fig*, *coll*): **л. пя́тки (но́ги, ру́ки) кому́-н.** to lick s.o.'s boots.

ли|за́ться, жу́сь, ~жешься *impf* **1** (*о собаке*) to lick itself. **2** (*coll*) (*целоваться*) to neck, snog, smooch.

ли́зинг, а *m* (*econ*) leasing.

лиз|ну́ть, ну́, нёшь *inst pf of* **⇨~а́ть**

лизоблю́д, а *m* (*coll*, *pej*) lickspittle, bootlicker.

лик[1]**, а** *m* **1** (*archaic*) face, countenance. **2** (*на иконах*) representation of face. **3**: **л. луны́** face of the moon.

лик[2]**, а** *m* (*eccl*, *archaic*) assembly; **причи́слить к ~у святы́х** to canonize.

ликбе́з, а *m* (*abbr of* **ликвида́ция безгра́мотности**) (*hist*) campaign against illiteracy.

ликвида́тор, а *m* (*comm*, *etc.*) liquidator.

ликвида́ци|я, и *f* **1** (*comm*) liquidation; **л. долго́в** settlement of debts. **2** (*pol*, *etc.*) (*отмена*) liquidation; elimination, abolition.

ликвиди́р|овать, ую *impf and pf* **1** (*comm*) to liquidate, wind up. **2** (*отменять*) to liquidate; to eliminate, abolish.

ликвиди́р|оваться, уюсь *impf and pf* **1** to wind up (one's activities). **2** *passive of* **⇨~овать**

ликви́дност|ь, и *f* (*fin*) liquidity.

ликви́д|ный (~ен, ~на) *adj* (*fin*) liquid; **~ные акти́вы/сре́дства** liquid assets.

ликёр, а *m* liqueur.

ликёрово́дочный *adj*: **л. заво́д** distillery.

ликова́ни|е, я *nt* rejoicing, jubilation, exultation.

лик|ова́ть, у́ю *impf* to rejoice, exult.

лик|у́ющий *pres participle of* **⇨~ова́ть** *and adj* jubilant, exultant, triumphant.

лилипу́т, а *m* Lilliputian, midget.

ли́ли|я, и *f* lily; (*heraldry*) fleur-de-lis.

лилове́|ть, ю *impf* (*of* **⇨по~**) to turn violet.

лило́вый *adj* violet.

лима́н, а *m* estuary; (*солёное озеро*) salt marshes.

лими́т, а *m* (*норма*) quota; (**на** + *a*) (*ограничение*) limit (on); **л. на це́ны** limit on prices.

лимити́р|овать, ую *impf and pf* (*нормировать*) to establish a quota (*or* maximum) in respect of; (*ограничивать*) to limit.

лимо́н, а *m* **1** (*плод*) lemon; **он был как вы́жатый л.** he was absolutely exhausted. **2** (*дерево*) lemon tree.

лимона́д, а *m* **1** lemonade; lemon squash. **2** (*любой газированный напиток*) fizzy (*Br*), sparkling drink.

лимо́нн|ый *adj* lemon; **~ая кислота́** (*chem*) citric acid.

лимузи́н, а *m* limousine.

ли́мф|а, ы *f* (*physiol*) lymph.

лимфати́ческий *adj* (*physiol*) lymphatic (*also fig*, *obs*).

лингафо́нный *adj*: **л. кабине́т** language laboratory.

лингви́ст, а *m* linguist.
лингви́стик|а, и *f* linguistics.
лингвисти́ческий *adj* linguistic.
лине́йк|а, и *f* **1** (*на бумаге*) (ruled) line; **писа́ть по ~ам** to write on the lines; **но́тные ~и** (*mus*) staves. **2** (*инструмент*) ruler; **логарифми́ческая л.** slide rule. **3** (*строй в шеренгу*) line; parade. **4** (*comput*): **~ прокру́тки** scroll bar.
лине́йн|ый *adj* **1** (*math*) linear; **~ые ме́ры** long measures. **2** (*mil, naut*) of the line; **л. кора́бль** battleship.
ли́нз|а, ы *f* lens.
ли́ни|я, и *f* line; (*fig*): policy; **по ~и** (+ *g*) in connection with, in the sphere of; **вести́** (*coll also* **гнуть**) **свою́ ~ю** to have one's own way; **вести́ ~ю на что-н.** to direct one's efforts towards sth; **по ~и наиме́ньшего сопротивле́ния** on the line of least resistance.
линко́р, а *m* (*abbr of* **лине́йный кора́бль**) battleship.
лино́ваный *adj* lined, ruled.
лин|ова́ть, у́ю *impf* (*of* ⇒**на~**) to rule.
линогравю́р|а, ы *f* linocut.
лино́леум, а *m* linoleum.
Линч, а *m*: **зако́н ~а, суд ~а** lynch law.
линч|ева́ть, у́ю *impf and pf* to lynch.
лин|ь, я́ *m* (*zool*) tench.
ли́ньк|а, и *f* moult(ing) (*Br*), molt(ing) (*US*).
линю́ч|ий (~, ~а) *adj* (*coll*) liable to fade.
линя́лый *adj* (*coll*) faded, discoloured (*Br*), discolored (*US*).
линя́|ть, ет *impf* (*of* ⇒**по~** *and* ⇒**вы́~**) **1** (*о материи*) to fade; (*о краске*) to run. **2** (*о животных*) to moult (*Br*), molt (*US*).
ли́п|а[1], ы *f* (*дерево*) lime (tree).
ли́п|а[2], ы *f* (*sl*) (*подделка*) forgery, fake, sham.
ли́п|ка, ки *f* *diminutive of* ⇒**~а[1]**; (*coll*): **ободра́ть как ~ку** to fleece.
ли́п|кий (~ок, ~ка́, ~ко) *adj* sticky, adhesive; **л. пла́стырь** sticking plaster.
ли́п|нуть, ну, нешь, *past* **~, ~ла** *impf* (**к** + *d*) to stick (to), adhere (to).
ли́п|овый[1] *adj of* ⇒**~а[1]**
ли́повый[2] *adj* (*sl*) sham, fake, forged.
липу́чк|а, и *f* (*coll*) **1** (*липкая лента*) adhesive tape, Sellotape (*propr*). **2** (*застёжка*) Velcro (*propr*) (fastener).
ли́р|а[1], ы *f* (*музыкальный инструмент*) lyre.
ли́р|а[2], ы *f* (*денежная единица*) lira.
лиризм, а *m* lyricism.
ли́рик, а *m* lyric poet.
ли́рик|а, и *f* lyric poetry.
лири́ческий *adj* **1** (*поэзия, сопрано*) lyric. **2** (*настроение*) lyrical.
лири́ч|ный (~ен, ~на) *adj* lyrical.
лис|а́, ы́, *pl* **~ы** *f* fox; **чернобу́рая л.** silver fox.
лис|ёнок, ёнка, *pl* **~я́та, ~я́т** *m* fox cub.
ли́с|ий *adj of* ⇒**~а́**
лиси́ц|а, ы *f* fox; vixen.
лиси́чк|а, и *f* **1** *diminutive of* ⇒**лиси́ца**. **2** (*гриб*) chanterelle.
Лиссабо́н, а *m* Lisbon.
лист[1], а́, *pl* **~ья, ~ьев** *m* (*растения*) leaf.
лист[2], а́, *pl* **~ы́, ~о́в** *m* **1** (*бумаги*) sheet; **в л.** in folio; **корректу́ра в ~а́х** page proofs; **игра́ть с ~а́** (*mus*) to sight-read. **2**: **исполни́тельный л.** (*law*) writ of execution; **опро́сный л.** questionnaire; **охра́нный л.** safe conduct.
листа́|ть, ю *impf* (*coll*) to leaf through.
листв|а́, ы́ *f* (*collect*) leaves, foliage.
ли́ственниц|а, ы *f* (*bot*) larch.
ли́ственный *adj* (*bot*) deciduous.
листо́вк|а, и *f* leaflet.
лист|ово́й *adj of* ⇒**~**; **~ово́е желе́зо** sheet iron.
лист|о́к, ка́ *m* **1** *diminutive of* ⇒**~[1],[2]**. **2** (*листовка*) leaflet. **3** (*бланк*) form.
листопа́д, а *m* fall of the leaves.
лит... *comb form, abbr of* **литерату́рный**
литаври́ст, а *m* = **лита́врщик**
лита́врщик, а *m* kettledrummer.
лита́вр|ы, ~ *pl* (*sg* **~а, ~ы** *f*) kettledrum; **бить в л.** (*fig*) (*торжествовать*) to sound the trumpets.
Литв|а́, ы́ *f* Lithuania.
лите́йный *adj* founding, casting.
лите́йщик, а *m* founder, caster.
ли́тер|а, ы *f* (*printing*) type.
литера́тор, а *m* man of letters.
литерату́р|а, ы *f* literature; **худо́жественная л.** fiction.
литерату́р|ный (~ен, ~на) *adj* literary.
литературове́д, а *m* literary critic.
литературове́дени|е, я *nt* literary criticism.
литературове́дческий *adj* literary.
ли́терный *adj* marked with a letter.
ли́ти|й, я *m* (*chem*) lithium.
лито́в|ец, ца *m* Lithuanian.
лито́в|ка, ки *f of* ⇒**~ец**
лито́вский *adj* Lithuanian.
лито́граф, а *m* lithographer.
литографи́р|овать, ую *impf and pf* to lithograph.
литогра́фи|я, и *f* **1** (*оттиск*) lithograph. **2** (*искусство*) lithography.
литогра́фский *adj* lithographic.
лит|о́й *adj* cast; **~а́я сталь** cast steel.
литр, а *m* litre (*Br*), liter (*US*).
литра́ж, а́ *m* capacity (*in litres*).
литро́вый *adj* litre (*Br*), liter (*US*) (*of one litre capacity*).
литурги́ческий *adj* liturgical.
литурги́|я, и *f* liturgy.
литфа́к, а *m* (*abbr of* **литерату́рный факульте́т**) literature department.
Литфо́нд, а *m* Writers' Foundation.
лить, лью, льёшь, *past* **лил, лила́, ли́ло,** *imperative* **лей** *impf* **1** to pour (*trans and intrans*); **л. слёзы** to shed tears; **дождь льёт как из ведра́** it is raining cats and dogs; **л. во́ду на чью-н. ме́льницу** to play into s.o.'s hands. **2** (*tech*) to found, cast, mould (*Br*), mold (*US*).
лит|ьё, ья́ (*no pl*) *nt* (*tech*) **1** (*действие*) casting. **2** (*collect*) castings.
ли́|ться, льётся, *past* **~лся, ~ла́сь** *impf* **1** to flow; to stream, pour. **2** *passive of* ⇒**~ть**
лиф, а *m* bodice.
лифт, а *m* lift, elevator.
лифтёр, а *m* lift operator.
лифтёр|ша, ши *f of* ⇒**~**
ли́фчик, а *m* **1** bra. **2** (*детский*) bodice.
лиха́ч, а́ *m* **1** (*шофёр*) reckless driver; road hog. **2** (*удалец*) daredevil.
лиха́честв|о, а *nt* **1** (*шофёра*) reckless driving. **2** (*удальство*) recklessness.
лихв|а́, ы́ *f* (*coll*) interest; **отплати́ть с ~о́й** to repay with interest.
ли́х|о[1], а *nt* (*poetical*) evil, ill; **не помина́йте ~ом** (*coll*) remember me (us) kindly; **узна́ть, почём фунт ~а** (*coll*) to fall on hard times.
ли́х|о[2] *adv of* ⇒**~о́й[2]**; **л. заломи́ть ша́пку** to cock one's hat at a jaunty angle.
лих|о́й[1] (~, ~а́, ~о, ~и́) *adj* (*dialect and folk poetical*) evil; **~а́ беда́ нача́ло** (*or* **нача́ть**) (*coll*) the first step is the hardest.
лих|о́й[2] (~, ~а́, ~о, ~и́) *adj* (*coll*) dashing, spirited; jaunty.
лихора́|дить, жу, дишь *impf* **1** to be in a fever. **2** (*impers*): **меня́ ~дит** I feel feverish.
лихора́дк|а, и *f* **1** fever (*also fig*); **сенна́я л.** hay fever. **2** (*на губах*) cold sore.
лихора́доч|ный (~ен, ~на) *adj* feverish (*also fig*).
ли́хост|ь, и *f* (*coll*) spirit, mettle; swagger.
ли́хтер, а *m* (*naut*) lighter.
лицев|о́й *adj* **1** (*anat*) facial. **2** exterior; **~а́я сторона́** (*здания*) facade, front; (*материи*) right side; (*монеты*) obverse. **3**: **~а́я ру́копись** illuminated manuscript. **4** (*bookkeeping*): **л. счёт** personal account.
лицезр|е́ть, ю́, и́шь *impf* (*obs and ironical*) to behold.
лице́|й, я *m* lycée.
лице́й|ский *adj of* ⇒**~**
лицеме́р, а *m* hypocrite.
лицеме́ри|е, я *nt* hypocrisy.
лицеме́р|ить, ю, ишь *impf* to play the hypocrite.
лицеме́р|ный (~ен, ~на) *adj* hypocritical.
лицензио́нный *adj* (*econ*) (*сделка*) licensing; (*произведённый по лицензии*) licensed.
лицензи́р|овать, ую *impf and pf* (*econ*) to license.
лице́нзи|я, и *f* (*econ*) licence (*Br*), license (*US*).
лиц|о́, а́, *pl* **~а** *nt* **1** face; **черты́ ~а́** features; **сказа́ть в л. кому́-н.** to say to s.o.'s face; **знать кого́-н. в л.** to know

Л

s.o. by sight; **на нём ∼а́ нет** he looks awful; **быть к ∼у́** (+ *d*) to suit, become; (*fig*) to become, befit; **нам не к ∼у́ такие посту́пки** such actions do not become us; **∼о́м к ∼у́** face to face; **поста́вить ∼о́м к ∼у́** to confront; **они́ на одно́ л.** (*coll*) they are as like as two peas; **ра́дость была́ напи́сана у неё на ∼е́** joy was written all over her face; **показа́ть своё (настоя́щее) л.** to show one's true colours (*Br*), colors (*US*); **пе́ред ∼о́м** (+ *g*) in the face (of); **(исче́знуть) с ∼а́ земли́** (to vanish) from the face of the earth.
2 (*наружная сторона*) exterior; (*материи*) right side; (*fig*): **показа́ть това́р ∼о́м** to show sth to advantage; to make the best of sth.
3 (*человек*) person; **гражда́нское л.** civilian; **де́йствующее л.** (*theatr, literary*) character; **де́йствующие ∼а** dramatis personae; **должностно́е л.** official; **духо́вное л.** clergyman; **в ∼е́** (+ *g*) in the person (of); **невзира́я на ∼а** without respect of persons; **от ∼а́** (+ *g*) in the name (of), on behalf (of).
4 (*индивидуальный облик*) identity.

ли́чи *m & nt indecl* lychee.

личи́н|а, ы *f* mask; (*fig*) guise; **под ∼ой** (+ *g*) in the guise (of).

личи́нк|а, и *f* larva, grub; maggot.

ли́чно *adv* personally, in person.

личн|о́й *adj* face; **∼ы́е му́скулы** facial muscles; **∼о́е полоте́нце** face towel.

ли́чност|ь, и *f* **1** (*индивидуальность*) personality. **2** (*человек*) person, individual; **тёмная л.** shady character; **удостовере́ние ∼и** identity card; **установи́ть чью-н. л.** to establish s.o.'s identity. **3** (*in pl*) (*обидные замечания*) personal remarks, personalities; **переходи́ть на ∼и** to get personal.

ли́чн|ый *adj* personal; (*частный*) private; **∼ое местоиме́ние** (*gram*) personal pronoun; **∼ая охра́на** bodyguard; **л. секрета́рь** private secretary; **∼ая со́бственность** personal property; **л. соста́в** staff.

лиша́|й, я́ *m* **1** (*bot*) lichen. **2** (*med*) herpes; **опоя́сывающий л.** shingles; **стригу́щий л.** ringworm; **чешу́йчатый л.** psoriasis.

лиша́йник, а *m* (*bot*) lichen.

лиш|а́ть(ся), а́ю(сь) *impf of* ⇨**∼и́ть(ся)**

ли́ш|ек, ка *m* (*coll*) surplus; **с ∼ком** odd, and more, just over; **де́сять миль с ∼ком** ten odd miles, ten miles and a bit; **хвати́ть ∼ку** (*coll*) to have one too many.

лише́ни|е, я *nt* **1** (*действие*) deprivation; **л. гражда́нских прав** (*law*) disenfranchisement. **2** (*usu in pl*) (*недостаток*) privation, hardship.

лишён|ный (∼, лишена́) *ppp of* ⇨**лиши́ть** *and adj* (+ *g*) lacking (in), devoid (of); **он не лишён остроу́мия** he is not without wit.

лиш|и́ть, у́, и́шь *pf* (*of* ⇨**∼а́ть**) (+ *g*) to deprive (of); **л. кого́-н. насле́дства** to disinherit s.o.; **л. себя́ жи́зни** to take one's life.

лиш|и́ться, у́сь, и́шься *pf* (*of* ⇨**∼а́ться**) (+ *g*) to lose, be deprived (of); **л. зре́ния** to lose one's sight.

ли́шн|ий *adj* **1** (*избыточный*) superfluous; unnecessary; unwanted; **бы́ло бы не ∼е** (+ *inf*) it would not be out of place. **2** (*запасной*) spare, odd; **л. раз** once more; **с ∼им** (*coll*) and more, odd; **со́рок фу́нтов с ∼им** forty pounds odd.

лишь *adj and conj* only; **не хвата́ет л. одного́** one thing only is lacking; **л. то́лько** as soon as; **л. бы** if only, provided that; **л. бы он мог прие́хать** provided that he can come.

лоб, лба, о лбе́, во (на) лбу́, *pl* **лбы, лбов** *m* forehead, brow; **стреля́ть в л.** to fire point-blank; **ата́ка в л.** frontal attack; **пусти́ть себе́ пу́лю в л.** to blow one's brains out; (*coll*): **в л.** (*fig*) straight; **сказа́ть/спроси́ть в л.** to tell/ask (s.o.) straight; **на лбу́ напи́сано** writ large on one's face; **что в л., что по́ лбу** it comes to the same thing.

ло́бби *nt indecl* (*pol*) lobby.

лобби́ровани|е, я *nt* (*pol*) lobbying.

лобби́р|овать, ую *impf and pf* (*pol*) **1** (*кого*) to lobby (*s.o.*). **2** (*что*) to lobby for (*sth*).

лобби́ст, а *m* (*pol*) lobbyist.

лобза́ни|е, я *nt* (*obs*) kiss.

лобза́|ть, ю *impf* (*obs*) to kiss.

ло́бзик, а *m* fretsaw.

лобко́в|ый *adj* (*anat*) pubic; **∼ая кость** pubis.

ло́бн|ый *adj* (*anat*) frontal; **∼ое ме́сто** (*hist*) place of execution.

лобов|о́й *adj* frontal; **∼а́я ата́ка** (*mil*) frontal attack; **∼о́е стекло́** windscreen (*Br*), windshield (*US*).

лоб|о́к, ка́ *m* (*anat*) pubis.

лоботря́с, а *m* (*coll*) lazybones, idler.

лобыза́|ть, ю *impf* (*obs*) to kiss.

лов, а *m* **1** = **∼ля. 2** = **уло́в**

ловела́с, а *m* (*coll*) Lovelace, ladykiller.

лов|е́ц, ца́ *m* (*рыболов*) fisherman; (*охотник*) hunter; **л. же́мчуга** pearl diver.

лов|и́ть, лю́, ∼ишь *impf* (*of* ⇨**пойма́ть**) to (try to) catch; (*fig*) **л. ры́бу в му́тной воде́** to fish in troubled waters; **л. чей-н. взгляд** to try to catch s.o.'s eye; **л. (удо́бный) моме́нт, слу́чай** to (try to) seize an opportunity; to look for an opportunity; **л. ка́ждое сло́во** to devour every word; **л. себя́ на чём-н.** to catch o.s. at sth; **л. кого́-н. на сло́ве** to take s.o. at his word; **л. ста́нцию** (*radio*) to try to pick up a station.

ловка́ч, а́ *m* (*coll*) dodger.

ло́в|кий (∼ок, ∼ка́, ∼ко) *adj* **1 (*искусный*) adroit, dexterous, deft; **л. ход** master stroke. **2** (*хитрый*) cunning, smart.

ло́вко *adv* (*искусно*) adroitly; **он л. устро́ился** he fixed himself up with a good job; **л. сде́лано!** well done!

ло́вкост|ь, и *f* **1** (*искусность*) adroitness, dexterity, deftness; **л. рук** sleight of hand. **2** (*хитрость*) cunning, smartness.

ло́в|ля, ли, *g pl* **∼ель** *f* catching, hunting; **ры́бная л.** fishing; **л. силка́ми** snaring.

лову́шк|а, и *f* snare, trap (*also fig*).

ло́в|че (*and* **∼че́е**) *comp of* ⇨**∼кий** *and* ⇨**∼ко**

лог, а, в ∼е *or* **в ∼у́,** *pl* **∼а́, ∼о́в** *m* ravine.

логари́фм, а *m* (*math*) logarithm.

логарифми́ческ|ий *adj* (*math*) logarithmic; **∼ая лине́йка** slide rule.

ло́гик|а, и *f* logic.

логи́ческий *adj* logical.

логи́чност|ь, и *f* logicality.

логи́ч|ный (∼ен, ∼на) *adj* = **∼еский**

ло́говищ|е, а *nt* den, lair.

ло́гов|о, а *nt* = **∼ище**

логопе́д, а *m* speech therapist.

логопед|и́ческий *adj of* ⇨**∼ия**

логопе́ди|я, и *f* speech therapy.

логоти́п, а *m* (*эмблема*) logo.

ло́дк|а, и *f* boat; **подво́дная л.** submarine; **спаса́тельная л.** lifeboat; **ката́ться на ∼е** to go boating.

ло́дочк|а, и *f* *diminutive of* ⇨**ло́дка**

ло́дочник, а *m* boatman.

ло́д|очный *adj of* ⇨**∼ка**

лоды́жк|а, и *f* (*anat*) ankle bone.

ло́дырнича|ть, ю *impf* (*coll*) to loaf, idle.

ло́дыр|ь, я *m* (*coll*) loafer, idler.

ло́ж|а[1], и *f* **1** (*theatr*) box. **2** (*масонская*) lodge.

ло́ж|а[2], и *f* (*ружья*) (gun)stock.

ложби́н|а, ы *f* (*geog*) hollow, dip.

ло́ж|е, а *nt* **1** (*obs*) (*постель*) bed. **2** (*реки*) bed. **3** (*ружья*) gunstock.

ло́жечк|а[1], и *f* *diminutive of* ⇨**ло́жка**

ло́жечк|а[2], и *f*: **под ∼ой** in the pit of the stomach.

лож|и́ться, у́сь, и́шься *impf of* ⇨**лечь**

ло́жк|а, и *f* **1** spoon; **десе́ртная л.** dessertspoon; **столо́вая л.** tablespoon; **ча́йная л.** teaspoon; **в час по ча́йной ∼е** (*fig, coll*) in dribs and drabs. **2** (*количество*) spoonful; **л. дёгтя в бо́чке мёда** a fly in the ointment.

ложно... *comb form* pseudo-.

ло́жност|ь, и *f* falsity, error.

ло́ж|ный (∼ен, ∼на) *adj* false; **∼ная скро́мность** false modesty; **∼ная трево́га** false alarm.

ложь, лжи *f* lie.

лоз|а́, ы́, *pl* **∼ы** *f* **1** (*для наказания*) rod; **«волше́бная л.»** dowsing rod. **2** (*ивовая*) withy. **3** (*виноградная*) vine.

лозня́к, а́ *m* willow bush.

лозоиска́тел|ь, я *m* dowser, water diviner.

лозоиска́тельств|о, а *nt* dowsing, water divining.

ло́зунг, а *m* **1** (*призыв*) slogan. **2** (*плакат*) banner.

локализа́ци|я, и *f* localization.

локализ|ова́ть, у́ю *impf and pf* to localize.

лока́л|ьный (∼ен, ∼ьна) *adj* local; **∼ьная сеть** (*comput*) local area network (*abbr* LAN).

лока́тор, а *m* locator.

лока́ут, а *m* (*pol*) lockout.

локомоти́в, а *m* locomotive.

ло́кон, а *m* lock, curl, ringlet.

локотни́к, а́ *m* arm (*of a chair*).

ло́ко|оть, тя, *pl* **~ти, ~те́й** *m* elbow; **с про́дранными ~тя́ми** out at elbow(s); **рабо́тать ~тя́ми** (*coll*) to elbow one's way; **чу́вство ~тя** (*fig*) feeling of comradeship; **бли́зок л., да не уку́сишь** (*proverb*) so near and yet so far.

локтев|о́й *adj* (*anat*): **~а́я кость** ulna; funny bone.

лом, а, *pl* **~ы, ~о́в** *m* **1** (*инструмент*) crowbar. **2** (*sg only*; *collect*) (*ломаные предметы*) scrap, waste; **желе́зный л.** scrap iron.

лома́к|а, и *cg* (*coll*) poseur.

ло́маный *adj* broken; **л. англи́йский язы́к** broken English.

лома́|ть, ю *impf* (*of* ⇒**с~**) **1** to break. **2** (*no pf*) (*fig*): **л. себе́ го́лову (над +** *i*) to rack one's brains (over); **л. ру́ки** to wring one's hands; **л. ша́пку (пе́ред +** *i*) to bow obsequiously (to). **3** (*no pf*): **л. ка́мень** to quarry stone. **4** (*no pf*) (*о боли*) (*coll*) to rack; to cause to ache; (*impers*): **меня́ всего́ ~ло** I was aching all over.

лома́|ться, юсь *impf* **1** (*pf* **с~**) to break (*intrans*). **2** (*pf* **с~**) (*о голосе*) to crack, break. **3** (*pf* **по~**) (*coll*) (*кривляться*) to pose, put on airs.

ломба́рд, а *m* pawnshop; **заложи́ть в л.** to pawn.

ломба́рд|ный *adj of* ⇒**~**; **~ная квита́нция** pawn ticket.

ло́мберный *adj*: **л. стол** card table.

лом|и́ть, лю́, ~́ишь *impf* (*coll*) **1** (*ломать*) to break. **2** (*пробиваться*) to break through, rush. **3** (*impers*) to cause to ache; **у меня́ ~́ит спи́ну** my back aches.

лом|и́ться, лю́сь, ~́ишься *impf* **1** to be (near to) breaking; **(от +** *g*) to burst (with), be crammed (with); **ве́тви ~ятся от плодо́в** the boughs are groaning with fruit. **2** (*coll*) (*стремиться проникнуть*) to force one's way; **л. в откры́тую дверь** (*fig*) to force an open door.

ло́мк|а, и *f* breaking (*also fig*).

ло́м|кий (~ок, ~ка́, ~ко) *adj* fragile, brittle.

ломови́к, а́ *m* drayman, carter.

ломов|о́й *adj* dray, draught; **л. изво́зчик = ломови́к**; **~а́я ло́шадь** carthorse, draught horse (*Br*), draft horse (*US*); **~а́я подво́да** dray; *as n* **л., ~о́го** *m* **= ломови́к**

ломоно́с, а *m* (*bot*) clematis.

ломо́т|а, ы *f* (*coll*) ache.

лом|о́ть, тя́, *pl* **~́ти́, ~те́й** *m* hunk, chunk.

ло́мтик, а *m* slice; **ре́зать ~ами** to slice.

Ло́ндон, а *m* London.

ло́ндон|ец, ца *m* Londoner.

ло́ндон|ка, ки *f of* ⇒**~ец**

ло́ндонский *adj* London.

лонжеро́н, а *m* (*aeron*) (wing) spar.

ло́н|о, а (*no pl*) *nt* (*obs*) bosom, lap; **л. семьи́** the bosom of the family; **на ~е приро́ды** in the open air.

ло́паст|ь, и, *pl* **~и, ~е́й** *f* blade (*of propeller, oar, etc.*).

лопа́т|а, ы *f* spade, shovel.

лопа́тк|а, и *f* **1** (*лопата*) shovel; (*садовника*) trowel; (*cul*) spatula; blade (*of turbine*). **2** (*anat*) shoulder blade; (*часть туши*) shoulder; **положи́ть на о́бе лопа́тки** (*в борьбе*) to throw; (*fig*) to beat; **бежа́ть во все ~и** (*coll*) to run as fast as one's legs can carry one.

ло́па|ть, ю *impf* (*of* ⇒**с~**) (*coll*) to eat, gobble up.

ло́п|аться, аюсь *impf of* ⇒**~нуть**

ло́п|нуть, ну, нешь *pf* (*of* ⇒**~аться**) **1** (*о пузыре, шине, почке*) burst; (*о стекле*) to break, crack; (*о верёвке, струне*) to snap, break; (*fig, coll*): **чуть не л. от сме́ха** to split one's sides with laughter, burst with laughter; **моё терпе́ние ~нуло** my patience is exhausted. **2** (*fig, coll*) (*потерпеть неудачу*) to fail, be a failure; (*fin*) to go bankrupt, crash.

лопо|та́ть, чу́, ~́чешь *impf* (*coll*) to mutter, mumble.

лопоу́х|ий (~, ~а) *adj* (*coll*) lop-eared.

лопу́х, а́ *m* **1** (*bot*) burdock. **2** (*sl*) fool.

лорд, а *m* lord; **пала́та ~́ов** House of Lords.

лорд-ка́нцлер, а *m* Lord Chancellor.

лорд-мэ́р, а *m* Lord Mayor.

лорне́т, а *m* lorgnette.

лорни́р|овать, ую *impf and pf* to quiz.

Лос-А́нджелес, а *m* Los Angeles.

лоса́нджелес|ец, ца *m* (Los) Angeleno, Angelino.

лоса́нджелес|ка, ки *f of* ⇒**~ец**

лос-а́нджелесский *adj of* ⇒**Лос-Анджелес**

лоси́н|а, ы *f* **1** (*кожа*) elk skin. **2** (*in pl*; *hist*) (*штаны*) buckskin breeches. **3** (*мясо*) elk.

лос|и́ный *adj of* ⇒**~ь**

лоск, а *m* lustre (*Br*), luster (*US*), gloss, shine (*also fig*).

ло́скут, а (*no pl*) *m* (*collect*) rags, pieces.

лоску́т, а́, *pl* **~ы́, ~о́в** *and* **~ья, ~ьев** *m* rag, shred, scrap.

лоску́т|ный *adj* patchwork; **~ое одея́ло** patchwork quilt.

лосн|и́ться, ю́сь, и́шься *impf* to be glossy, shine.

лососёвый *adj* salmon (*attr*).

лососи́н|а, ы *f* salmon (flesh).

лосо́с|ь, я *m* salmon.

лос|ь, я, *pl* **~́и, ~е́й** *m* elk (*Br*), moose (*US*).

лосьо́н, а *m* lotion; (*после бритья*) aftershave.

лот[1], а *m* (*naut*) (sounding) lead, plummet.

лот[2], а *m* (*на аукционе*) lot.

лотере́|йный *adj of* ⇒**~я**; **л. биле́т** lottery ticket.

лотере́|я, и *f* lottery, raffle; **разы́грывать в ~ю** to raffle, dispose of by lottery.

лото́ *nt indecl* lotto; bingo.

лот|о́к, ка́ *m* **1** (*прилавок*) hawker's stand; (*ящик для торговли*) hawker's tray. **2** (*для ссыпания*) chute; (*для стока*) gutter; **ме́льничный л.** mill race.

ло́тос, а *m* (*bot*) lotus.

лото́чник, а *m* hawker.

лох, а *m* (*sl*) **1** (*доверчивый человек*) simpleton, dupe, gullible person. **2** (*неотёсанный человек*) country bumpkin.

лох|у́шка, у́шки *f of* **~**

лоха́нк|а, и *f* (wash)tub.

лоха́н|ь, и *f* (wash)tub.

лохма́|тить, чу, тишь *impf* (*of* ⇒**вз~**) (*coll*) to tousle.

лохма́|титься, чусь, тишься *impf* (*coll*) to become dishevelled (*Br*), disheveled (*US*).

лохма́т|ый (~, ~а) *adj* **1** (*животное*) shaggy(-haired). **2** (*человек, волосы*) dishevelled (*Br*), disheveled (*US*), tousled.

лохмо́ть|я, ев (*no sg*) rags; **в ~ях** in rags, ragged.

ло́ци|я, и *f* (*naut*) sailing directions.

ло́цман, а *m* **1** (*naut*) pilot. **2** (*рыба*) pilotfish.

лошадёнк|а, и *f* (*pej*) jade.

лошади́н|ый *adj* of horses; equine; **~ая си́ла** horsepower.

лоша́дк|а, и *f diminutive of* ⇒**ло́шадь**

лоша́дник, а *m* (*coll*) horse lover.

ло́шад|ь, и, *pl* **~и, ~е́й, ~я́м, ~ьми́, о ~я́х** *f* horse; **бегова́я, скакова́я л.** racehorse; **верхова́я л.** saddle horse; **вью́чная л.** packhorse; **заво́дская л.** stud horse; **упряжна́я л.** draught horse; **чистокро́вная л.** thoroughbred; **сади́ться на л.** to mount; **ходи́ть за ~ью** to groom a horse.

лоша́к, а́ *m* hinny.

лощён|ый *adj* (*бумага*) glossy; **~ая пря́жа** glazed yarn; (*fig*): **~ые мане́ры** polished manners.

лощи́н|а, ы *f* (*geog*) hollow, depression.

лощ|и́ть, у́, и́шь *impf* (*of* ⇒**на~**) **1** (*натирать до блеска*) to polish. **2** (*наводить глянец*) to glaze.

лоя́льност|ь, и *f* fairness; honesty; loyalty.

лоя́л|ьный (~ен, ~ьна) *adj* (*справедливый*) fair; (*честный*) honest; (*верный*) loyal (*to the State authorities*).

ЛСД *m indecl* (*abbr of* **диэтиламид лизерги́новой кислоты́**) LSD.

луб, а, *pl* **~́ья, ~́ьев** *m* (*bot*) (lime) bast.

луб|о́к[1], ка́ *m* **1** (*med*) splint. **2** (*кусок луба*) strip of bast.

луб|о́к[2], ка́ *m* **1** (*картинка*) cheap popular print. **2** (*литература*) popular literature.

луб|о́чный[1] *adj of* ⇒**~о́к[1]**

луб|о́чный[2] *adj of* ⇒**~о́к[2]**; **~о́чная карти́нка** cheap popular print.

луб|яно́й *adj of* ⇒**~**

луг, а, о ~́е, на ~у́, *pl* **~а́, ~о́в** *m* meadow; **заливно́й л.** water meadow.

луди́льщик, а *m* tinsmith.

лу|ди́ть, жу́, ~́дишь *impf* (*of* ⇒**вы́~** *and* ⇒**по~**) (*tech*) to tin.

лу́ж|а, и *f* puddle, pool; **сесть в ~у** (*fig, coll*) to get into a mess; to slip up.

лужа́йк|а, и *f* (*полянка*) (forest) glade; (*газон*) lawn; **л. для игры́ в шары́** bowling green.

Л

луже́ни|е, я *nt* (*tech*) tinning.

лужёный *adj* tinned, tinplate; **у него́ л. желу́док** ≈ he has a cast-iron stomach.

луж|о́к, ка́ *m diminutive of* ⇨**луг**

лу́з|а, ы *f* (billiard) pocket.

лук¹, а *m* (*collect*) (*растение*) onions; **голо́вка ∼а** (*a single*) onion; **зелёный л.** spring onion(s) (*Br*), scallion(s); **л.-поре́й** leek; **л.-шало́т** shallot; **шнитт-лу́к, л.-ре́занец** chives (*pl*).

лук², а *m* (*оружие*) bow; **натяну́ть л.** to bend, draw a bow.

лук|а́, и́, *pl* **∼и** *f* **1** (*реки, дороги*) bend. **2** (*седла*) pommel.

лука́в|ец, ца *m* (*coll*) crafty person; (*joc*) slyboots.

лука́в|ить, лю, ишь *impf* (*of* ⇨**с∼**) to be cunning.

лука́вств|о, а *nt* craftiness, slyness.

лука́в|ый (∼, ∼а) *adj* **1** (*хитрый*) crafty, sly, cunning. **2** (*игривый*) arch.

лу́ковиц|а, ы *f* **1** (*головка лука*) onion. **2** (*bot, anat*) bulb. **3** (*купол*) 'onion' dome.

лу́кови|чный *adj of* ⇨**∼ца**; bulbous.

лукомо́рь|е, я *nt* (*poetical*) cove, creek.

луко́ш|ко, ка, *pl* **∼ки, ∼ек** *nt* basket; punnet.

лун|а́, ы́, *pl* **∼ы** *f* moon; (**Л.**) the Moon.

лу́на-па́рк, а *m* funfair (*Br*), amusement park.

лунати́зм, а *m* sleepwalking, somnambulism.

луна́тик, а *m* sleepwalker, somnambulist.

лунати́ческий *adj* somnambulistic.

лу́нк|а, и *f* hole; (*anat*) alveolus, socket.

лу́нник¹, а *m* (*bot*) honesty (*genus Lunaria*).

лу́нник², а *m* (*ракета*) lunar probe.

лу́н|ный *adj of* ⇨**∼а́**; (*astron*) lunar; **∼ное затме́ние** lunar eclipse; **∼ная ночь** moonlit night; **л. свет** moonlight; **л. ка́мень** (*min*) moonstone.

луноxо́д, а *m* lunar rover, Moon buggy.

лун|ь, я́ *m* (*zool*) harrier; **седо́й/бе́лый, как л.** white as snow (*of hair*).

лу́п|а, ы *f* magnifying glass.

луп|и́ть¹, лю́, ∼ишь *impf* **1** (*pf* **об∼**) to peel. **2** (*pf* **с∼**) (*fig, coll*) to fleece; to take to the cleaners.

луп|и́ть², лю́, ∼ишь *impf* (*of* ⇨**от∼**) (*coll*) (*бить*) to thrash, flog.

луп|и́ться, ∼ится *impf* (*of* ⇨**об∼**) to peel (off), scale; (*coll*) (*отпадать*) to come off, chip (*of paint, plaster, etc.*).

лупогла́з|ый (∼, ∼а) *adj* (*coll*) pop-eyed, goggle-eyed.

лупц|ева́ть, у́ю *impf* (*of* ⇨**от∼**) (*coll*) to beat, flog.

луч, а́ *m* ray; beam; **рентге́новские/рентге́новы ∼и́** X-rays; **л. наде́жды** (*fig*) ray of hope.

луч|ево́й *adj* **1** *adj of* ⇨**∼**. **2** radial. **3** (*anat*): **∼ева́я кость** radius. **4** (*med*): **∼ева́я боле́знь** radiation sickness.

лучеза́р|ный (∼ен, ∼на) *adj* (*poetical*) radiant, resplendent.

лучи́н|а, ы *f* splinter, chip (*of kindling wood; also collect*).

лучи́ст|ый (∼, ∼а) *adj* radiant.

луч|и́ться, и́тся *impf* (*poetical*) to shine brightly, sparkle.

лучко́в|ый *adj* bow-shaped; **∼ая пила́** frame saw.

лу́чник, а *m* archer.

лу́чни|ца, цы *f of* ⇨**∼к**

лу́чше *adj and adv* **1** (*comp of* ⇨**хоро́ший** *and* ⇨**хорошо́**) better; **тем л.** so much the better; **л. всего́, л. всех** best of all; **как мо́жно л.** as well as possible; *as pred* it is better; **л. ли вам сего́дня?** are you better today?; **л. не спра́шивай** better not ask; **нам л. верну́ться** we had better go back. **2** *as particle* (*предпочтительнее*) rather, instead; **ты им скажи или, л., я позвоню́** you tell them, or, rather, I'll give them a ring; **дава́йте л. поговори́м об э́том** let's talk it over instead.

лу́чш|ий *adj* (*comp and superl of* ⇨**хоро́ший**) better; best; **к ∼ему** for the better; **в ∼ем слу́чае** at best; **всего́ ∼его!** all the best!

лущ|и́ть, у́, и́шь *impf* (*pf* **об∼**) (*горох*) to shell, hull, pod; (*орехи*) to crack.

Лха́с|а, ы *f* Lhasa.

лы́ж|а, и *f* ski; **го́рные ∼и** alpine skis; **бе́гать, ходи́ть на ∼ах** to ski; **навостри́ть ∼и** (*fig*) to take to one's heels; **напра́вить ∼и** (*fig*) to head (for).

лы́жник, а *m* skier.

лы́жни|ца, цы *f of* ⇨**∼к**

лы́ж|ный *adj of* ⇨**∼а**; **л. спуск** ski run.

лыжн|я́, и́ *f* ski track.

лы́к|о, а, *pl* **∼и** *nt* bast; **я не ∼ом шит** I was not born yesterday; **он ∼а не вя́жет** he's drunk to incoherence.

лысе́|ть, ю *impf* (*of* ⇨**об∼** *and* ⇨**по∼**) to go bald.

лы́син|а, ы *f* bald patch.

лысу́х|а, и *f* (*zool*) coot.

лы́с|ый (∼, ∼а́, ∼о) *adj* bald; (*гора*) bare.

ль = **ли**

льв|ёнок, ёнка, *pl* **∼я́та, ∼я́т** *m* lion cub.

льви́н|ый *adj of* ⇨**лев¹**; **∼ая до́ля** (*fig*) the lion's share; (*bot*): **л. зев, ∼ая пасть** snapdragon.

льви́ц|а, ы *f* lioness.

льв|я́та *see* ⇨**∼ёнок**

льго́т|а, ы *f* privilege; advantage.

льго́тн|ый *adj* privileged; favourable; **л. биле́т** privilege ticket, free ticket; **∼ые дни** (*comm*) days of grace; **на ∼ых усло́виях** on preferential terms.

льда *g sg of* ⇨**лёд**

льди́н|а, ы *f* block of ice, ice floe.

льди́нк|а, и *f* piece of ice.

льди́ст|ый (∼, ∼а) *adj* icy; ice-covered.

льна, льну *see* ⇨**лён**

льново́д, а *m* flax grower.

льново́дств|о, а *nt* flax growing.

льнопряде́ни|е, я *nt* flax spinning.

льнопряди́льн|ый *adj* flax-spinning; **∼ая фа́брика** flax mill.

льну́ть, льну, льнёшь *impf* (*of* ⇨**при∼**) (**к** + *d*) **1** to cling (to), stick (to). **2** (*fig, coll*) (*из чувства любви*) to make up (to); (*sl*) (*ради выгоды*) try to get in (with).

льнян|о́й *adj* **1** of flax; **∼о́е ма́сло** linseed oil; **∼о́го цве́та** flaxen. **2** (*платье*) linen; **∼а́я промы́шленность** linen industry.

льстец, а́ *m* flatterer.

льсти́в|ый (∼, ∼а) *adj* (*слова*) flattering; (*человек*) smooth-tongued.

льстить, льщу, льсти́шь *impf* (*of* ⇨**по∼**) **1** (+ *d*) to flatter; to gratify; **э́то льстит его́ самолю́бию** it flatters his self-esteem. **2** (+ *a, with refl pron only*) to delude; **л. себя́ наде́ждой** to flatter o.s. with the hope.

лью, льёшь *see* ⇨**лить**

лэйбл, а *m* = **ле́йбл** (*misspelt*).

ЛЭП *f indecl* (*abbr of* **ли́ния электропереда́чи**) power line.

лэпто́п, а *m* (*ноутбук стандартных размеров*) laptop (computer).

любвеоби́л|ьный (∼ен, ∼ьна) *adj* loving; full of love.

любе́знича|ть, ю *impf* (**с** + *i*) (*coll*) to pay compliments (to).

любе́зност|ь, и *f* **1** (*свойство*) courtesy; politeness, civility. **2** (*услуга*) kindness; **оказа́ть, сде́лать кому́-н. л.** to do s.o. a kindness. **3** (*комплимент*) compliment; **говори́ть ∼и кому́-н.** to pay s.o. compliments.

любе́з|ный (∼ен, ∼на) *adj* **1** (*вежливый*) courteous; polite; obliging. **2** (*милый*) kind, amiable; **л. чита́тель** gentle reader; **бу́дьте ∼ны...** (*polite form of request*) be so kind as ... .

люби́м|ец, ца *m* favourite (*Br*), favorite (*US*), darling.

люби́м|ица, ицы *f of* ⇨**∼ец**

люби́мчик, а *m* (*pej*) pet, blue-eyed boy.

люби́м|ый (∼, ∼а) *adj* **1** (*дорогой*) beloved, loved. **2** (*предпочитаемый*) favourite (*Br*), favorite (*US*).

люби́тел|ь, я *m* **1** (+ *g or* + *inf*) lover; **л. му́зыки** music lover; **л. соба́к** dog lover; **он л. спле́тничать** he loves gossiping. **2** (*непрофессионал*) amateur.

люби́тель|ница, ницы *f of* ⇨**∼**

люби́тельский *adj* **1** amateur; **л. спекта́кль** amateur performance; **л. теа́тр** amateur dramatics. **2** (*pej*) amateurish.

люби́тельств|о, а *nt* amateurishness.

люб|и́ть, лю́, ∼ишь *impf* **1** (*мать, родину*) to love. **2** (*читать, музыку*) to like, be fond (of). **3** (*о растениях*) (*coll*) to like; **фиа́лки ∼ят тень** violets like shade.

люб|ова́ться, у́юсь *impf* (*of* ⇨**по∼**) (+ *i*, **на** + *a*) to admire; **л. на себя́ в зе́ркало** to admire o.s. in the looking glass.

любо́вник, а *m* lover.

любо́вниц|а, ы *f* lover, mistress.

любо́вн|ый *adj* **1** love-; **∼ая исто́рия** love affair; **∼ое письмо́** love letter. **2** (*отношение*) loving.

люб|о́вь, ви́, *i* **∼о́вью** *f* (**к** + *d*) love (for, of).

любозна́тел|ьный (∼ен, ∼ьна) *adj* inquisitive.

любо́й 1 *adj* any; (*из двоих*) either; **л. ценой** at any price. **2** *as n* anyone; (*из двоих*) either.

любопы́т|ный (~ен, ~на) *adj* curious; interesting; (*impers*; + *d and inf*): **~но знать, что с ним ста́ло** it would be interesting to know what happened to him; **~но, придёт ли она́** I wonder if she will come.

любопы́тств|о, а *nt* curiosity; **пра́здное л.** idle curiosity.

любопы́тств|овать, ую *impf* (*of* ⇨**по~**) to be curious.

лю́б|ящий *pres participle active of* ⇨**~и́ть** *and adj* loving, affectionate; **л. Вас** (*в письмах*) yours affectionately.

люд, а *m* (*collect*; *coll*) people.

лю́д|и, е́й, ~ям, ~ьми́, о ~ях (*no sg*) **1** (*pl of* ⇨**челове́к**) people; **вы́биться/вы́йти в л.** to rise in the world, get on in life; **вы́вести кого́-н. в л.** to put s.o. on his feet, set s.o. up; **уйти́ в л.** to go out into the world; **на ~ях** in the presence of others, in company. **2** (*mil*) men. **3** (*кадры*) staff, people.

лю́д|ный (~ен, ~на) *adj* **1** (*район*) populous, thickly-populated. **2** (*улица*) crowded.

людое́д, а *m* **1** (*человек*) cannibal; (*животное*) maneater; **тигр-л.** man-eating tiger. **2** (*в сказках*) ogre.

людое́дств|о, а *nt* cannibalism.

людск|а́я, о́й *f* (*obs*) servants' hall.

людск|о́й *adj* **1** human; **род ~** human race. **2** (*mil*): **л. соста́в** personnel.

люк, а *m* **1** (*naut*, *aeron*) hatch, hatchway; **спаса́тельный/авари́йный л.** escape hatch. **2** (*канализационный*) manhole. **3** (*theatr*) trap; **светово́й л.** skylight. **4** (*в крыше автомобиля*) sunroof.

люкс[1], а *m* (*phys*) lux (*unit of light*).

люкс[2] *adj indecl* de luxe, luxury.

Люксембу́рг, а *m* Luxembourg.

люксембу́ргский *m* Luxembourg.

люксембу́рж|ец, ца *m* Luxembourger.

люксембу́рж|(ен)ка, (ен)ки *f of* ⇨**ец**

лю́ксовый *adj* (*coll*) plush, luxury.

лю́льк|а, и *f* cradle.

люмба́го *nt indecl* lumbago.

люминесце́нтн|ый *adj* luminescent; **~ая ла́мпа** fluorescent lamp.

люминесце́нци|я, и *f* (*phys*) luminescence.

лю́мпен, а *m* person living on the fringes of society.

люпи́н, а *m* lupin.

лю́рекс, а *m* lurex (*propr*).

лю́стр|а, ы *f* chandelier.

лютера́н|ин, ина, *pl* **~е, ~** *m* (*relig*) Lutheran.

лютера́нский *adj* (*relig*) Lutheran.

лютера́нств|о, а *nt* (*relig*) Lutheranism.

лю́тик, а *m* (*bot*) buttercup.

лю́тн|евый *adj of* ⇨**~я**

лю́т|ня, ни, *g pl* **~ен** *f* (*mus*) lute.

лю́т|ый (~, ~а́, ~о) *adj* ferocious, fierce, cruel; (*мороз*) sharp; (*ненависть*) intense.

люф|а́, ы́ *f* (*bot*) loofah.

люце́рн|а, ы *f* (*bot*) lucerne.

ля *nt indecl* (*mus*) A; **ля-дие́з** A sharp; **ля-бемо́ль** A flat.

ляг(те) *imperative of* ⇨**лечь**

ляг|а́ть, а́ю *impf* (*of* ⇨**~ну́ть**) to kick.

ляга́|ться, юсь *impf* to kick (*intrans*); (*друг друга*) to kick one another.

ляг|ну́ть, ну́, нёшь *inst pf of* ⇨**~а́ть**

ля́|гу, жешь, гут *see* ⇨**лечь**

лягуша́тник, а *m* **1** (*coll*) (*детский бассейн*) paddling pool. **2** (*sl*, *offens*) (*француз*) Frenchman; Frog (*offens*).

лягуш|а́чий (*and* **~ечий**) *adj of* ⇨**~ка**

лягу́шк|а, и *f* frog.

лягуш|о́нок, о́нка, *pl* **~а́та, ~а́т** *m* young frog.

ля́жк|а, и *f* (*coll*) thigh, haunch.

лязг, а (*no pl*) *m* clank, clang.

ля́зга|ть, ю *impf* (+ *i*) to clank, clang; **он ~л зуба́ми** his teeth were chattering; **л. це́пью** to rattle a chain.

ля́мк|а, и *f* strap; **тяну́ть ~ами, на ~ах** to tow, take in tow; **тяну́ть ~у** (*fig*, *coll*) to toil, sweat.

ляп, а *m* (*coll*) blunder, gaffe.

ля́п|ать, аю *impf* (*coll*) **1** (*pf* **на~**) to make hastily *or* any old how. **2** *impf of* ⇨**~нуть**

ля́пис-лазу́р|ь, и *f* lapis lazuli.

ля́п|нуть, ну, нешь *pf* (*of* ⇨**~ать**) (*coll*) to blurt out.

ля́псус, а *m* blunder; slip (*of tongue, pen*).

ля́сы *only in phr* (*coll*): **точи́ть л.** to chatter, talk idly.

Л

Мм

М *abbr of* **1 метро́** Metro, Underground (*Br*), Subway (*US*). **2 мужско́й (туале́т)** Gents, Gentlemen (*lavatory*).

М. (*abbr of* **Москва́**) Moscow.

м (*abbr of* **метр**) m, metre(s) (*Br*), meter(s) (*US*).

м. (*abbr of* **мину́та**) min., minute(s).

мавзоле́|й, я *m* mausoleum.

мавр, а *m* Moor.

маврета́нк|а, и *f of* **⇨мавр**

маврета́нский *adj* Moorish.

Маври́ки|й, я *m* Mauritius.

маврита́н|ец, ца *m* Mauritanian.

Маврита́ни|я, и *f* Mauritania.

маврита́н|ка, ки *f of* **⇨~ец**

маврита́нский *adj* Mauritanian.

ма́врский *adj* = **маврета́нский**

маг¹, а *m* (*чародей*) magician, wizard.

маг², а *m* (*abbr of* **магнитофо́н**) (*coll*) tape recorder.

магази́н, а *m* **1** shop; **гастрономи́ческий/продово́льственный м.** grocer's (shop) (*Br*), grocery store (*US*); **универса́льный м.** department store. **2** (*у стрелкового оружия*) magazine.

магази́н|ный *adj of* **⇨~**; **м. вор** shoplifter; **~ная коро́бка** magazine (*of firearm*).

магара́дж|а, и *m* Maharaja.

МАГАТЭ́ *nt indecl* (*abbr of* **Междунаро́дное аге́нтство по а́томной эне́ргии**) IAEA (*International Atomic Energy Agency*).

маги́сте́рский *adj of* **⇨маги́стр**

маги́стр, а *m* **1** (*лицо*) holder of a master's degree. **2** (*учёная степень*) master's degree.

магистра́л|ь, и *f* **1** (*водная, газовая*) main; (*железнодорожная*) main line. **2** (*улица*) arterial road, main road.

магистра́ль|ный *adj of* **⇨~**

магистра́т, а *m* city, town council.

магистрату́р|а, ы *f* magistracy.

маги́ческий *adj* magic(al).

ма́ги|я, и *f* magic.

магна́т, а *m* magnate, tycoon.

магне́зи|я, и *f* (*chem*) magnesia.

магнети́зм, а *m* magnetism.

магнети́ческий *adj* magnetic.

магне́то *nt indecl* (*tech*) magneto.

магнетро́н, а *m* (*phys*) magnetron.

ма́гниевый *adj* magnesium.

ма́гни|й, я *m* (*chem*) magnesium.

магни́т, а *m* magnet.

магни́тн|ый *adj* magnetic; **~ая ка́рточка** smart card, swipe card; **м. железня́к** magnetite.

магнито́л|а, ы *f* radio cassette player.

магнитоле́нт|а, ы *f* magnetic tape.

магнитоте́к|а, и *f* tape library.

магнитофо́н, а *m* tape recorder; **видеокассе́тный м.** video (cassette) recorder, VCR; **кату́шечный м.** reel-to-reel tape recorder.

магнитофо́н|ный *adj of* **⇨~**; **~ная за́пись** tape recording; **~ная ле́нта/плёнка** magnetic/audio tape.

магнитоэлектри́ческий *adj* electromagnetic.

магно́ли|я, и *f* (*bot*) magnolia.

магомета́н|ин, ина, *pl* **~е, ~** *m* (*archaic*) Muhammadan.

магомета́нств|о, а *nt* (*archaic*) Muhammadanism.

мада́м *f indecl* Madam(e).

Маде́йр|а, ы *f* Madeira.

мадемуазе́л|ь, и *f* mademoiselle.

маде́р|а, ы *f* Madeira (wine).

маджо́нг, а *m* mah-jong.

мадо́нн|а, ы *f* madonna.

мадрига́л, а *m* madrigal.

Мадри́д, а *m* Madrid.

мадья́р, а, *pl* **~ы, ~** *m* Magyar.

мадья́р|ка, ки *f of* **⇨~**

мадья́рский *adj* Magyar.

мает|а́, ы́ *f* (*coll*) trouble, bother.

мажо́р, а *m* **1** (*mus*) major key. **2** (*fig*) (*бодрое настроение*) a cheerful mood; **быть в ~е** to be in high spirits.

мажордо́м, а *m* major-domo.

мажо́рный *adj* **1** (*mus*) major. **2** (*fig*) (*бодрый*) cheerful.

ма́занк|а, и *f* (*dialect*) cottage of daubed brick or wood (*esp in southern Russia*).

ма́заный *adj* **1** (*coll*) (*грязный*) dirty, stained, soiled. **2** (*из глины*) adobe.

ма́|зать, жу, жешь *impf* **1** (*pf* **на~, по~**) (*смазывать*) to oil, grease, lubricate. **2** (*pf* **вы́~, на~, по~**) (*намазывать*) to smear (with); **м. хлеб ма́слом** to spread butter on bread, butter bread. **3** (*pf* **за~, из~**; *coll*) (*пачкать*) to soil, stain. **4** (*pf* **на~**; *coll*) (*плохо рисовать*) to daub. **5** (*pf* **про~²**; *coll*) (*не попадать*) to miss.

ма́|заться, жусь, жешься *impf* **1** (*pf* **вы́~, за~, из~**) (*пачкаться*) to soil o.s., stain o.s. **2** (*coll*) (*о предметах*) to soil, stain (*intrans*). **3** (*pf* **на~**) to make up; **она́ си́льно ~жется** (*coll*) she makes up heavily. **4** (*pf* **на~, по~**) (+ *i*) to apply (*ointment, cream, etc.*).

мазн|у́ть, у́, ёшь *pf* **1** to dab. **2** (*coll*) to hit.

мазн|я́, и́ *f* (*coll*) poor painting, daub.

маз|о́к, ка́ *m* **1** dab; (*кисти*) stroke; **класть после́дние ~ки́** (*fig*) to put the finishing touches. **2** (*med*) smear (*for microscopic examination*). **3** (*coll*) (*промах*) miss (*in shooting, football, etc.*).

мазохи́зм, а *m* (*med*) masochism.

мазохи́ст, а *m* masochist.

мазохи́ст|ка, ки *f of* **⇨мазохи́ст**

мазу́рк|а, и *f* mazurka.

мазу́т, а *m* (*tech*) fuel oil.

маз|ь, и *f* **1** (*лекарство*) ointment. **2** (*для смазки*) grease; **де́ло на ~и́** (*fig, coll*) things are going swimmingly.

маис, а *m* maize.

маис|овый *adj of* **⇨~**

ма|й, я *m* May.

ма́йк|а, и *f* sleeveless top; (*нижняя*) vest (*Br*), undershirt (*US*).

ма́йн|а, ы *f* myna(h) bird.

майо́лик|а, и *f* majolica.

майоне́з, а *m* (*cul*) mayonnaise.

майо́р, а *m* major (*mil rank*).

майора́н, а *m* (*bot*) marjoram.

Майо́рк|а, и *f* = **Мальо́рка**

майо́р|ский *adj of* **⇨~**

ма́й|ский *adj of* **⇨~**; **м. жук** may bug, cockchafer.

ма́йя *cg indecl and adj indecl* Maya.

мак, а *m* **1** (*растение*) poppy. **2** (*collect*) (*семена*) poppy-seed.

мака́к|а, и *f* (*zool*) macaque.

мака́о *m indecl* (*zool*) macaw.

макаро́нник, а *m* **1** (*запеканка*) pasta bake. **2** (*sl, offens*) (*итальянец*) Italian; wop (*offens*).

макаро́н|ный *adj of* **⇨~ы**; **~ные изде́лия** pasta.

макаро́н|ы, ~ *pl* pasta.

мак|а́ть, а́ю *impf* (*of* **⇨~ну́ть**) to dip.

македо́н|ец, ца *m* Macedonian.

Македо́ни|я, и *f* Macedonia.

македо́н|ка, ки *f of* **⇨~ец**

македо́нский *adj* Macedonian; **Алекса́ндр М.** Alexander the Great.

маке́т, а *m* model; (*книги*) dummy.

макиавелли́зм, а *m* Machiavellianism.

макиаве́ллиевский *adj* Machiavellian.

макиавеллисти́ческий *adj* Machiavellian.

макинто́ш, а *m* mackintosh.

макия́ж, а *m* make-up.

ма́клер, а *m* (*comm*) broker.

ма́клерств|о, а *nt* (*comm*) brokerage.

мак|ну́ть, ну́, нёшь *inst pf of* ⇨**~а́ть**

ма́ковк|а, и *f* **1** (*плод мака*) poppy head. **2** (*coll*) (*головы*) crown. **3** (*coll*) (*купол*) cupola.

ма́к|овый *adj of* ⇨**~**

макраме́ *nt indecl* macramé.

макре́л|ь, и *f* mackerel.

макрокома́нд|а, ы *f* (*comput*) macro.

макроко́см, а *m* macrocosm.

ма́крос, а *m* (*comput*) macro.

макроскопи́ческий *adj* macroscopic.

макроэконо́мик|а, и *f* macroeconomics.

макроэкономи́ческий *adj* macroeconomic.

ма́кси *nt indecl* maxi (*garment*); **ма́кси-ю́бка** maxi-skirt.

ма́ксим|а, ы *f* maxim.

максимали́зм, а *m* uncompromisingness.

максимали́ст, а *m* uncompromising person.

максимали́ст|ка, ки *f of* ⇨**~**

максима́л|ьный (~ен, ~ьна) *adj* maximum.

ма́ксимум, а *m* **1** maximum. **2** *as adv* at most; **м. сто рубле́й** a hundred roubles at most.

макулату́р|а, ы *f* **1** (*на переработку*) paper for recycling. **2** (*coll, pej*) (*о литературном произведении*) pulp literature.

маку́шк|а, и *f* **1** (*дерева*) top. **2** (*головы*) crown; **у нас у́шки на ~е** (*fig*) we are on our guard.

Мала́ви *nt indecl* Malawi.

малагаси́|ец, йца *m* Malagasy.

малагаси́|йка, йки *f of* ⇨**~ец**

малагаси́йский *adj* Malagasy.

мала́|ец, йца *m* Malay.

малайзи́|ец, йца *f* Malaysian.

малайзи́|йка, йки *f of* ⇨**~ец**

малайзи́йский *adj* Malaysian.

Мала́йзи|я, и *f* Malaysia.

мала́|йка, йки *f of* ⇨**~ец**

мала́йский *adj* Malay, Malayan.

Мала́й|я, и *f* Malaya.

малахи́т, а *m* (*min*) malachite.

мал|ева́ть, ю́ю, ю́ешь *impf* (*of* ⇨**на~**) (*coll*) to paint.

мале́йший *adj* (*superl of* ⇨**ма́лый**) least, slightest.

мал|ёк, ька́ *m* young fish; (*collect*) fry.

ма́леньк|ий *adj* **1** little, small; **~ие лю́ди** humble folk. **2** (*незначительный*) slight. **3** (*малолетний*) young; *as n* **м., ~ого** *m*, **~ая, ~ой** *f* the baby, the child; **~ие** the young.

мале́нько *adv* (*coll*) a little, a bit.

мале́ц, мальца́ *m* (*coll*) lad, boy.

Мали́ *nt & f indecl* Mali.

мали́|ец, йца *m* Malian.

мали́|йка, йки *f of* ⇨**~ец**

мали́йский *adj* Malian.

мали́н|а, ы (*no pl*) *f* **1** (*collect*) (*ягоды*) raspberries. **2** (*кустарник*) raspberry bush; raspberry cane. **3** (*напиток*) raspberry juice. **4** (*sl*) (*воровской притон*) (thieves') den. **5** (*fig, coll*): **у нас житьё — м.** we are in clover.

мали́нник, а (*no pl*) *m* (*collect*) raspberry canes.

мали́н|ный *adj of* ⇨**~а**

мали́новк|а, и *f* (*zool*) robin, redbreast.

мали́новый *adj* **1** (*варенье*) raspberry. **2** (*цвет*) crimson.

ма́лк|а, и *f* (*tech*) bevel (square).

ма́ло *adv* (*времени, денег*) little, not much; (*книг, людей*) few; (*недостаточно*) not enough; (*читать*) not much; **э́того ма́ло** this is not enough; **об э́том м. кто зна́ет** few (people) know about it; **я м. где быва́л** I have hardly been anywhere; **м. ли что!** what does it matter!; **м. ли что мо́жет случи́ться** anything may happen; **м. того́** moreover; **м. того́, что...** not only ..., it is not enough that ...; **м. того́, что он сам прие́хал, он привёз всех това́рищей** it was not enough that he came himself, but he had to bring all his friends.

малоблагоприя́т|ный (~ен, ~на) *adj* unfavourable (*Br*), unfavorable (*US*).

малова́ж|ный (~ен, ~на) *adj* of little importance, insignificant.

малова́т (~а, ~о) *adj* (*coll*) on the small side; **м. ро́стом** undersized.

малова́то *adv* (*coll*) not quite enough; not very much.

малове́р, а *m* sceptic (*Br*), skeptic (*US*).

малове́ри|е, я *nt* lack of faith, scepticism (*Br*), skepticism (*US*).

малове́р|ный (~ен, ~на) *adj* sceptical (*Br*), skeptical (*US*).

маловероя́т|ный (~ен, ~на) *adj* unlikely, improbable.

малове́с|ный (~ен, ~на) *adj* lightweight.

маловóд|ный (~ен, ~на) *adj* (*река, озеро*) shallow; (*земля*) dry.

маловóдь|е, я *nt* **1** (*недостаток воды*) shortage of water. **2** (*низкий уровень воды*) low water level, shallowness.

маловы́год|ный (~ен, ~на) *adj* unprofitable, unrewarding.

малогабари́т|ный (~ен, ~на) *adj* small.

малоговоря́щий *adj* not enlightening, not illuminating.

малогра́мот|ный (~ен, ~на) *adj* **1** (*плохо владеющий грамотой*) semi-literate. **2** (*специалист*) incompetent. **3** (*чертёж*) crude.

малодостове́р|ный (~ен, ~на) *adj* improbable; not well founded.

малодохо́д|ный (~ен, ~на) *adj* unprofitable.

малоду́шеств|овать, ую *impf* (*падать духом*) to lose heart; (*проявлять малодушие*) to be faint-hearted.

малоду́ши|е, я *nt* faint-heartedness.

малоду́ш|ный (~ен, ~на) *adj* faint-hearted.

маложи́р|ный (~ен, ~на) *adj* low-fat.

малозаме́т|ный (~ен, ~на) *adj* **1** barely visible, barely noticeable. **2** (*обыденный*) ordinary, undistinguished.

малоземе́ль|е, я *nt* shortage of (arable) land.

малознако́м|ый (~, ~а) *adj* little known, unfamiliar.

малозначи́тел|ьный (~ен, ~ьна) *adj* of little significance, of little importance.

малоиму́щ|ий (~, ~а) *adj* needy, indigent.

малокали́берный *adj* (*о ружье*) small-calibre (*Br*), -caliber (*US*); small-bore.

малокалори́йный *adj* low-calorie.

малокро́ви|е, я *nt* anaemia (*Br*), anemia (*US*).

малокро́в|ный (~ен, ~на) *adj* anaemic (*Br*), anemic (*US*).

малоле́тн|ий *adj* **1** young; juvenile. **2** *as n* **м., ~его** *m*, **~яя, ~ей** *f* (*ребёнок*) infant; (*подросток*) juvenile, minor.

малоле́тств|о, а *nt* infancy; nonage, minority.

малолитра́жк|а, и *f* (*coll*) compact (car); mini.

малолитра́жный *adj* of small (*cylinder*) capacity; **м. автомоби́ль** compact (car); mini.

малолю́дност|ь, и *f* scarcity of people; (*на собрании*) poor attendance.

малолю́д|ный (~ен, ~на) *adj* **1** (*улица*) not crowded, unfrequented; **~ное собра́ние** poorly attended meeting. **2** (*район*) thinly populated.

малолю́д|ье, ья *nt* = **~ность**

ма́ло-ма́льски *adv* (*coll*) in the slightest degree, at all.

малома́льский *adj* (*coll*) slightest, most insignificant.

малометра́жн|ый *adj*: **~ая кварти́ра** small flat.

маломо́ч|ный (~ен, ~на) *adj* (*econ*) having small resources; **~ные крестья́не** poor peasants.

маломо́щ|ный (~ен, ~на) *adj* **1** (*двигатель*) low-powered; weak. **2** = **маломо́чный**

малонадёж|ный (~ен, ~на) *adj* unreliable.

малонаселённый *adj* thinly/sparsely populated.

малообеспе́ченный *adj* needy, poverty-stricken.

малоопла́чиваемый *adj* (*работа*) low-paid, badly paid.

малооснова́тел|ьный (~ен, ~ьна) *adj* **1** (*слухи*) unfounded. **2** (*человек*) undependable.

малоподви́ж|ный (~ен, ~на) *adj* not mobile, slow-moving.

ма́ло-пома́лу *adv* (*coll*) little by little, bit by bit.

малопоня́т|ный (~ен, ~на) *adj* hard to understand; obscure.

малопри́был|ьный (~ен, ~ьна) *adj* barely profitable.
малоприго́д|ный (~ен, ~на) *adj* of little use.
малора́звит|ый (~, ~а) *adj* **1** (*страна, промышленность*) undeveloped; underdeveloped. **2** (*человек*) uneducated.
малоразгово́рчив|ый (~, ~а) *adj* taciturn.
малоро́сл|ый (~, ~а) *adj* undersized, stunted.
малоро́сс, а *m* (*obs*) Little Russian (*eastern Ukrainian*).
малоросси́йский *adj* (*obs*) Little Russian (*eastern Ukrainian*).
Малоро́сси|я, и *f* (*obs*) 'Little Russia', eastern Ukraine.
малосве́дущ|ий (~, ~а) *adj* ill-informed.
малосеме́|йный (~ен, ~йна) *adj* having a small family.
малоси́л|ьный (~ен, ~ьна) *adj* **1** (*слабый*) weak, feeble. **2** (*tech*) low-powered.
малосодержа́тел|ьный (~ен, ~ьна) *adj* uninteresting; (*fig*) empty, shallow.
малосо́л|ьный (~ен, ~ьна) *adj* slightly salted.
малосостоя́тел|ьный (~ен, ~ьна) *adj* unconvincing.
ма́лост|ь, и *f* (*coll*) **1** a bit; trifle. **2** *as adv* a little, a bit; **м. поспа́ть** to take a nap.
малосуще́ствен|ный (~, ~на) *adj* of small importance, immaterial.
малотира́жн|ый *adj* small-circulation; **~ое изда́ние** limited edition.
малоубеди́тел|ьный (~ен, ~ьна) *adj* unconvincing.
малоупотреби́тел|ьный (~ен, ~ьна) *adj* infrequent, rarely used.
малоуспе́ш|ный (~ен, ~на) *adj* unsuccessful.
малоформа́тный *adj* miniature.
малоце́н|ный (~ен, ~на) *adj* of little value.
малочи́сленност|ь, и *f* small number; paucity.
малочи́слен|ный (~, ~на) *adj* small (in numbers); scanty.
ма́л|ый[1] **(~, ~а́, ~о́)** *adj* little, (too) small; **м. ро́стом** short, of small stature; **м. ход!** (*naut*) slow speed (ahead)!; **эти сапоги́ мне ~ы** these boots are too small for me; **от ~а до вели́ка** young and old alike; **с ~ых лет** from childhood; *as n* **~ое, ~ого** *nt* little; **са́мое ~ое** (*coll*) at the least; **без ~ого** almost, all but; **за ~ым де́ло ста́ло** (*frequently ironical*) one small thing is lacking.
ма́л|ый[2]**, ого** *m* (*coll*) (*мужчина*) fellow, chap; (*парень*) lad.
малы́ш, а́ *m* (*coll*) child, kid; little boy.
малы́ш|ка, ки *f* child, kid (*of a girl*); little girl.
ма́льв|а, ы *f* (*bot*) mallow.
Мальо́рк|а, и *f* Majorca.
Ма́льт|а, ы *f* Malta.
мальти́|ец, йца *m* Maltese.
мальти́|йка, йки *f of* ⇒**~ец**
мальти́йский *adj* Maltese.
ма́льчик, а *m* boy.
мальчи́шеский *adj* **1** boyish. **2** (*pej*) (*детский*) childish, puerile.
мальчи́шеств|о, а *nt* boyishness; (*pej*) childishness.
мальчи́шк|а, и *m* (*coll*) (little) boy.
мальчи́шник, а *m* (*перед свадьбой*) stag party (*Br*), bachelor party (*US*).
мальчуга́н, а *m* (*coll, affectionate*) little fellow.
малю́сенький *adj* (*coll*) tiny, wee.
малю́тк|а, и *cg* baby, tot.
маля́р, а́ *m* (house) painter, decorator.
маляри́йный *adj* malarial.
маляри́|я, и *f* (*med*) malaria.
маля́р|ный *adj of* ⇒**~**; **~ная кисть** paintbrush.
ма́м|а, ы *f* mum, mummy (*Br*); mom, mommy (*US*).
мамалы́г|а, и *f* polenta.
мама́ш|а, и *f* (*coll*) mummy (*Br*), mommy (*US*).
ма́менькин *adj* mother's; **м. сыно́к** (*coll, ironical*) mother's darling.
ма́мин *adj* mother's.
мамо́на, ы *f* Mammon.
ма́монт, а *m* mammoth.
ма́монт|овый *adj of* ⇒**~**; **~овое де́рево** (*bot*) sequoia, Wellingtonia.
ма́мочк|а, и *f* (*coll*) mummy (*Br*) mommy (*US*).
мана́т|ки, ок (*no sg*) (*sl*) possessions, one's bits and pieces.
мангани́т, а *m* (*min*) manganite.
ма́нго *nt indecl* (*bot*) mango.
ма́нго|вый *adj of* ⇒**~**
ма́нгровый *adj* (*bot*) mangrove.
мангу́ст, а *m* (*zool*) mongoose.
мандари́н[1]**, а** *m* (*в Китае*) mandarin (*Chinese official*).
мандари́н[2]**, а** *m* (*дерево, плод*) mandarin, tangerine.
мандари́н|ный *adj of* ⇒**~**[2]
мандари́н|овый *adj* = **~ный**
мандари́н|ский *adj of* ⇒**~**[1]
манда́т, а *m* **1** (*документ*) warrant. **2** (*pol*) mandate; credentials.
манда́т|ный *adj of* ⇒**~**; **~ная коми́ссия** credentials committee; **~ная террито́рия** mandated territory.
мандоли́н|а, ы *f* (*mus*) mandolin.
мандолини́ст, а *m* mandolin player.
мандраго́р|а, ы *f* (*bot*) mandrake.
мандра́ж, а́ *m* (*coll*) butterflies, the jitters.
мандри́л, а *m* (*zool*) mandrill.
мане́вр, а *m* **1** manoeuvre (*Br*), maneuver (*US*); manoeuvres (*Br*), maneuvers (*US*). **2** (*in pl; railways*) shunting.
мане́вренност|ь, и *f* manoeuvrability (*Br*), maneuverability (*US*).
мане́вр|енный *adj of* ⇒**~**; **~енная война́** mobile warfare; **~енный самолёт** manoeuvrable (*Br*), maneuverable (*US*) aircraft.
маневри́р|овать, ую *impf* (*of* ⇒**с~**) **1** to manoeuvre (*Br*), maneuver (*US*). **2** (+ *i*) (*распоряжаться*) to make good use (of), use to advantage.
мане́ж, а *m* **1** riding school, manège. **2** (*цирка*) ring; **инспе́ктор ~а** ringmaster. **3**: **спорти́вный м.** sports hall. **4**: **(де́тский) м.** playpen.
манеке́н, а *m* mannequin; dummy.
манеке́нщик, а *m* male model.
манеке́нщиц|а, ы *f* model.
мане́р, а *m* (*coll*) manner; **таки́м ~ом** in this manner, in this way; **на англи́йский м.** in the English manner.
мане́р|а, ы *f* **1** manner, style; **м. вести́ себя́** way of behaving; **м. держа́ть себя́** bearing, carriage; **петь в ~е Кару́зо** to sing in the style of Caruso. **2** (*in pl*) manners; **у него́ плохи́е ~ы** he has no manners.
мане́рнича|ть, ю *impf* (*coll*) to behave affectedly.
мане́рност|ь, и *f* affectation; preciosity.
мане́р|ный (~ен, ~на) *adj* affected.
манже́т|а, ы *f* cuff.
маниака́льный *adj* maniacal; manic.
маникю́р, а *m* manicure.
маникю́рш|а, и *f* manicurist.
Мани́л|а, ы *f* Manila.
мани́льск|ий *adj*: **~ая бума́га** Manila paper.
манипули́р|овать, ую *impf* (+ *i*) to manipulate.
манипуля́ци|я, и *f* **1** manipulation. **2** (*fig*) machination, intrigue.
ман|и́ть, ю́, ~́ишь *impf* **1** (*pf* **по~**) to beckon. **2** (*pf* **вз~**) (*fig*) (*привлекать*) to attract; (*соблазнять*) to lure, allure.
манифе́ст, а *m* manifesto; proclamation.
манифеста́нт, а *m* (*pol, etc.*) demonstrator.
манифеста́нт|ка, ки *f of* ⇒**~**
манифеста́ци|я, и *f* (street) demonstration.
манифести́р|овать, ую *impf and pf* to demonstrate, take part in a demonstration.
мани́шк|а, и *f* (false) shirt front, dicky.
ма́ни|я, и *f* **1** mania; **м. вели́чия** megalomania. **2** (*fig*) passion, craze; **у неё м. противоре́чить** she has a passion for contradicting.
ма́нк|а, и *f* (*coll*) semolina.
манки́р|овать, ую *impf and pf* (+ *i*) to neglect.
ма́нн|а, ы *f* manna; **ждать** (+ *g*) **как ~ы небе́сной** to await with impatience.
ма́нн|ый *adj*: **~ая ка́ша/крупа́** semolina.
манове́ни|е, я *nt* (*obs*) beck, nod; **~ем руки́** with a wave of one's hand.
мано́метр, а *m* (*tech*) pressure gauge, manometer.
манометри́ческий *adj* (*tech*) manometric.
манса́рд|а, ы *f* attic, garret.
манти́ль|я, и *f* mantilla.
манти́сс|а, ы *f* (*math*) mantissa.

М

ма́нти|я, и *f* cloak, mantle; robe, gown.
манто́ *nt indecl* (*lady's*) fur coat.
манускри́пт, а *m* manuscript.
мануфакту́р|а, ы *f* (*obs*) **1** (*фабрика*) textile mill. **2** (*sg only; collect*) (*ткани*) textiles.
мануфакту́р|ный *adj of* ⇨**~а**
Маньчжу́ри|я, и *f* Manchuria.
манья́к, а *m* maniac.
маои́зм, а *m* Maoism.
маои́стский *adj* Maoist.
ма́ори *cg indecl* Maori (*person*); *m indecl* Maori (*language*).
маори́йский *adj* Maori.
марабу́ *nt indecl* (*zool*) marabou.
мара́зм, а *m* (*med*) marasmus; **ста́рческий м.** senility; (*fig*) decay.
мара́л, а *m* (*zool*) Siberian deer.
мараски́н, а *m* maraschino (*liqueur*).
мара́|ть, ю *impf* (*coll*) **1** (*pf* **за~**) (*пачкать*) to soil, dirty; (*fig*) to sully, stain; **м. ру́ки (о** + *a*) to soil one's hands (on). **2** (*pf* **на~**) (*плохо писать, рисовать*) to scribble. **3** (*pf* **вы́~**) (*вычёркивать*) to cross out, strike out.
мара́|ться, юсь *impf* (*coll*) (*pf* **за~**) **1** (*пачкаться*) to get dirty. **2** (*fig*) (*портить свою репутацию*) to soil one's hands. **3** *passive of* ⇨**~ть**
марафе́т, а *m* **1** (*sl, obs*) coke (= *cocaine*). **2**: **навести́ м.** to spruce *or* tidy up.
марафо́н, а *m* marathon.
марафо́н|ец, ца *m* marathon runner.
марафо́нский *adj*: **м. бег** (*sport*) marathon race.
ма́рган|ец, ца *m* (*chem*) manganese.
ма́рган|цевый *adj of* ⇨**~ец**
маргари́н, а *m* margarine.
маргари́тк|а, и *f* (*bot*) daisy.
маргина́л, а *m* person living on the fringes of society.
маргина́ли|и, й *pl* (*sg* **~я, ~и** *f*) marginalia (*sg* marginal note).
маргина́л|ьный (~ен, ~ьна) *adj* marginal.
ма́рев|о, а *nt* **1** (*мираж*) mirage. **2** (*туманная дымка*) heat haze.
маре́н|а, ы *f* (*bot*) madder.
ма́ри *indecl, pl and sg cg* = **мари́ец**
мари́|ец, йца *m* Mari.
мари́|йка, йки *f of* ⇨**~ец**
мари́йский *adj* Mari.
мари́н|а, ы *f* (*art*) seascape.
марина́д, а *m* (*соус*) marinade; (*маринованный продукт*) pickles.
марини́ст, а *m* painter of seascapes.
марино́в|анный *ppp of* ⇨**~а́ть** *and adj* (*cul*) pickled.
марин|ова́ть, у́ю *impf* **1** (*pf* **за~**) to pickle. **2** (*pf* **про~**) (*fig, coll*) to put off, shelve.
марионе́т|ка, ки *f* marionette; puppet (*also fig*); **теа́тр ~ок** puppet theatre (*Br*), theater (*US*).
марионе́т|очный *adj of* ⇨**~ка**; **~очное госуда́рство** puppet state.
марихуа́н|а, ы *f* marijuana.
ма́рк|а, и *f* **1** (*почтовая*) (postage) stamp. **2** (*денежная единица*) mark. **3** (*сорт*) brand, make; **фабри́чная м.** trademark; **како́й ма́рки?** what make? **4** (*качество*) grade, sort, brand; **това́р вы́сшей ~и** goods of the highest grade. **5** (*fig*) (*репутация*) name, reputation; **держа́ть ~у** to maintain one's reputation.
ма́ркер, а *m* marker (pen); (broad-tipped) highlighter (pen).
маркёр, а *m* marker; (*в бильярде*) (billiard) marker, billiard scorer.
ма́рке́тинг, а *m* marketing.
маркетри́ *indecl adj and nt n* (*инкрустация по дереву*) marquetry.
марки́з, а *m* (*не британский*) marquis, (*британский*) marquess.
марки́з|а[1]**, ы** *f* (*человек*) marchioness.
марки́з|а[2]**, ы** *f* (*навес*) sunblind; awning.
ма́р|кий (~ок, ~ка) *adj* easily soiled.
маркир|ова́ть, у́ю *impf and pf* to mark.
маркси́зм, а *m* Marxism.
маркси́зм-ленини́зм, а-а *m* Marxism–Leninism.
маркси́ст, а *m* Marxist.
маркси́ст|ка, ки *f of* ⇨**~**
маркси́стский *adj* Marxist.
маркси́стско-ле́нинский *adj* Marxist–Leninist.
маркше́йдер, а *m* mine surveyor.
ма́рл|евый *adj of* ⇨**~я**; **м. бинт** gauze bandage.
ма́рл|я, и *f* gauze.
мармела́д, а *m* (*конфеты*) fruit jellies.
мародёр, а *m* **1** marauder, pillager. **2** (*coll*) (*спекулянт*) profiteer.
мародёрск|ий *adj* marauding; **~ие це́ны** (*fig, coll*) exorbitant prices.
мародёрств|о, а *nt* pillage, looting.
мародёрств|овать, ую *impf* to maraud, pillage, loot.
марокка́н|ец, ца *m* Moroccan.
марокка́н|ка, ки *f of* ⇨**~ец**
марокка́нский *adj* Moroccan.
Маро́кко *nt indecl* Morocco.
ма́р|очный *adj of* ⇨**~ка**; **~очное вино́** fine wine.
Марс, а *m* (*astron, myth*) Mars.
Марсе́л|ь, я *m* Marseilles.
ма́рсел|ь, я *m* (*naut*) topsail.
Марселье́з|а, ы *f* Marseillaise.
марсиа́н|ин, ина, *pl* **~е, ~** *m* Martian.
марсиа́нский *adj of* ⇨**Марс**
март, а *m* March.
марте́н, а *m* (*tech*) open-hearth furnace.
марте́новский *adj* (*tech*) open-hearth.
мартинга́л, а *m* (*в конской упряжи*) martingale.
мартироло́г, а *m* martyrology.
ма́рт|овский *adj of* ⇨**~**
марты́шк|а, и *f* marmoset; (*fig, coll*) monkey.
марципа́н, а *m* (*кондитерское изделие*) (*из теста*) marzipan cake; (*не из теста*) marzipan sweet; (*начинка, глазурь*) marzipan.
марш[1]**, а** *m* march; **м. проте́ста** protest march; **м. голо́дных** hunger march.
марш[2] *int* (*команда*) forward!; **ша́гом м.!** quick march!; (*coll*) off you go!
марш[3]**, а** *m* (*лестница*) flight of stairs.
ма́ршал, а *m* marshal.
ма́ршал|ьский *adj of* ⇨**~**
марши́р|ова́ть, у́ю *impf* to march.
марширо́вк|а, и *f* marching.
маршру́т, а *m* route.
маршру́т|ный *adj of* ⇨**~**; **м. лист** itinerary; **м. по́езд** through goods train; **~ное такси́** fixed-route taxi, minibus.
ма́ск|а, и *f* mask; **противога́зовая м.** gas mask; (*fig*): **сбро́сить с себя́ ~у** to throw off the mask.
маскара́д, а *m* masked ball; (*fig*) masquerade.
маскара́д|ный *adj of* ⇨**~**; **м. костю́м** fancy dress.
маскир|ова́ть, у́ю *impf* (*of* ⇨**за~**) to mask, disguise; (*mil*) to camouflage.
маскир|ова́ться, у́юсь *impf* (*of* ⇨**за~**) to disguise o.s.; (*mil*) to camouflage o.s.
маскиро́вк|а, и *f* masking, disguise; (*mil*) camouflage.
Ма́слениц|а, ы *f* Shrovetide; carnival.
ма́слени|чный *adj of* ⇨**~ца**
маслёнк|а, и *f* **1** (*посуда для сливочного масла*) butter dish. **2** (*tech*) oilcan.
масл|ёнок, ёнка, *pl* **~ята, ~я́т** *m* **1** (*м. обыкновенный|поздний|жёлтый*: *с плёнчатым кольцом*) *Boletus|Suillus luteus* (*edible mushroom*). **2** (*м. зернистый|летний*: *без плёнчатого кольца*) *Boletus|Suillus granulatus* (*edible mushroom*).
ма́слен|ый *adj* **1** buttered; oiled, oily, **М~ая (неде́ля)** = **М~ица**. **2** (*fig, coll*) (*льстивый*) oily, unctuous. **3** (*fig, coll*) (*сластолюбивый*) voluptuous, sensual.
масли́н|а, ы *f* **1** (*дерево*) olive tree. **2** (*плод*) olive (*usu black one*).
ма́сл|ить, ю, ишь *impf* (*of* ⇨**на~** *and* ⇨**по~**) **1** (*мазать сливочным маслом*) to butter. **2** (*мазать растительным маслом*) to oil; (*смазывать*) to grease. **3** (*пищу*) to add butter to.
ма́сл|иться, ится *impf* **1** to leave greasy marks. **2** (*coll*) (*блестеть*) to shine; to glisten. **3** *passive of* ⇨**~ить**
ма́сличный *adj* **1** (*растение*) oil-yielding. **2** = **масли́чный** *only in phr* **М~чная гора́** Mount of Olives.
масли́|чный *adj of* ⇨**~на**; olive.
ма́с|ло, ла, *pl* **~ла́, ~ел, ~ла́м** *nt* **1** : **(сли́вочное) м.** butter. **2** (*растительное*) oil; **как по ~лу** (*fig, coll*) swimmingly. **3** (*краски*) oil (paints); **писа́ть ~лом** to paint in oils.
маслобо́йк|а, и *f* churn.
маслобо́йн|ый *adj*: **м. заво́д** = **~я**
маслобо́|йня, йни, *g pl* **~ен** *f* creamery.
маслоде́ли|е, я *nt* butter manufacturing.
маслозаво́д, а *m* creamery.
масломе́р, а *m* oil gauge; dipstick.

маслопрово́д, а *m* oil pipe, oil pipeline.

масляни́ст|ый (~, ~а) *adj* oily.

ма́сл|яный *adj of* ⇨**~о**; **~яная кислота́** (*chem*) butyric acid; **~яные кра́ски** oil paints.

масо́н, а *m* Freemason, Mason.

масо́нский *adj* Masonic.

масо́нств|о, а *nt* Freemasonry.

ма́сс|а, ы *f* **1** mass; (*in pl*; *pol*) the masses; **в (о́бщей) ~е** on the whole. **2**: **древе́сная м.** wood pulp. **3** (*coll*) (*множество*) a lot, lots.

масса́ж, а *m* massage; **то́чечный м.** shiatsu, acupressure.

массажи́ст, а *m* masseur.

массажи́стк|а, и *f* masseuse.

масси́в, а *m* (*geog*) massif, mountain mass; (*fig*) expanse; **жило́й м.** housing development; **лесно́й м.** forest tract.

масси́в|ный (~ен, ~на) *adj* massive.

масси́ровани|е, я *nt* massing, concentration.

масси́р|овать[1], ую *impf and pf* (*mil*) to mass, concentrate.

масси́р|овать[2], ую *impf and pf* to massage.

масс(-)ме́диа *pl indecl* mass media.

массови́к, а́ *m* organizer of popular cultural and recreational activities.

массо́вк|а, и *f* (*coll*) **1** (*собрание*) mass meeting. **2** (*экскурсия*) group outing. **3** (*theatr, cin*) crowd scene.

ма́ссов|ый *adj* mass; **~ые аре́сты** mass arrests; **~ое произво́дство** mass production; **м. чита́тель** general reader.

masта́к, а́ *m* (*coll*) expert, past master.

ма́стер, а, *pl* **~а́** *m* **1** (*цеха*) foreman. **2** (*ремесленник*) craftsman, skilled workman; **золоты́х дел м.** goldsmith. **3** (**на** + *a*, *or* + *inf*) (*знаток*) expert, master (at, of); (*sport*) vet(eran); **м. (по ремо́нту)** repairman; **телевизио́нный м.** TV repairman; **м. спо́рта** 'master of sports' (*holder of sports qualification*); **м. на все ру́ки** person able to turn his hand to anything.

мастер|и́ть, ю́, и́шь *impf* (*of* ⇨**с~**) (*coll*) to make, build; **мы ~и́м са́ни** we are making a sledge.

ма́стер-кла́сс, а *m* masterclass.

мастеров|о́й, о́го *m* (*obs*) workman, (factory) hand.

мастерск|а́я, о́й *f* (*столяра*) workshop; (*художника*) studio; (*на заводе*) shop; **авторемо́нтная м.** car repair garage.

мастерски́ *adv* skilfully; in masterly fashion.

мастерско́й *adj* masterly.

мастерств|о́, а́ *nt* **1** (*ремесло*) trade, craft. **2** (*умение*) skill, craftsmanship.

масти́к|а, и *f* **1** (*смола*) mastic. **2** (*замазка*) putty. **3** (*для натирания полов*) floor polish.

масти́к|овый *adj of* ⇨**~а**

масти́т, а *m* (*med*) mastitis.

масти́т|ый (~, ~а) *adj* venerable.

мастодо́нт, а *m* mastodon.

мастурба́ци|я, и *f* masturbation.

мастурби́р|овать, ую *impf* to masturbate.

маст|ь, и, *pl* **~и, ~е́й** *f* **1** (*цвет шерсти*) colour (*Br*), color (*US*). **2** (*cards*) suit; **ходи́ть в м.** to follow suit.

масшта́б, а *m* scale; **м. — де́сять киломе́тров в сантиме́тре** the scale is ten kilometres (*Br*), kilometers (*US*) to the centimetre (*Br*), centimeter (*US*); (*fig*): **в большо́м, ма́леньком ~е** on a large, small scale; **конфли́кт большо́го ~а** large-scale conflict.

масшта́бност|ь, и *f* (*fig*) (large) scale, range, dimensions.

масшта́б|ный (~ен, ~на) *adj* **1** scale; **~ная моде́ль** scale model. **2** (*большой*) large-scale.

мат[1], а *m* (*chess*) checkmate, mate; **объяви́ть м.** (+ *d*) to mate.

мат[2], а *m* (*половик*) (floor) mat, (door)mat; (*sport*) mat.

мат[3], а *m* (*coll*) *only in phr* **благи́м ~о́м** at the top of one's voice.

мат[4], а *m* (*брань*) foul language, abuse; **руга́ться ~о́м** to use foul language.

> **мат — foul language**
>
> This includes the words *еба́ть, хуй, пизда́*, and *блядь* (see the main Dictionary text) and all their numerous derivatives. In informal situations, these taboo words are very common among people with a low social status, whereas cultured, well-educated, and well-brought-up people (almost) never use them. Traditionally, it is considered unacceptable to utter any of the four words of *мат* in front of women or children, and using *мат* in public is a violation of the law. Violators are liable to a fine (of £10/$19.5 to £30/$58.5 approximately in early 2007) or, in exceptional cases, they can even be prosecuted.

матадо́р, а *m* matador.

матема́тик, а *m* mathematician.

матема́тик|а, и *f* mathematics.

математи́ческ|ий *adj* mathematical.

матереуби́йств|о, а *nt* matricide (*act*).

матереуби́йц|а, ы *cg* matricide (*agent*).

материа́л, а *m*material; (*для публикации в прессе*) copy; **гвоздево́й м.** feature (item).

материали́зм, а *m* materialism.

материализ|ова́ть(ся), у́ю(сь) *impf and pf* to materialize (*trans and intrans*).

материали́ст, а *m* materialist.

материалисти́ческий *adj* (*philos*) materialist.

материалисти́ч|ный (~ен, ~на) *adj* (*pej*) materialistic.

материа́льност|ь, и *f* materiality.

материа́льно-техни́ческий *adj* (*mil*) logistical.

материа́л|ьный (~ен, ~ьна) *adj* material; **~ьные затрудне́ния** financial difficulties; **~ьное положе́ние** economic conditions; **~ьная часть** (*tech, mil*) equipment, materiel.

матери́к, а́ *m* **1** (*континент*) continent. **2** (*суша*) mainland.

материко́вый *adj* continental.

матери́нск|ий *adj* maternal, motherly; **~ая пла́та** (*comput*) motherboard.

матери́нств|о, а *nt* (*состояние*) maternity, motherhood; (*чувство*) motherliness.

матер|и́ться, ю́сь, и́шься *impf* (*coll*) to swear.

мате́ри|я[1], и *f* **1** (*philos*) matter. **2** (*med*) matter, pus. **3** (*fig, coll*) subject, topic.

мате́ри|я[2], и *f* (*textiles*) material, cloth.

ма́терный *adj* (*coll*) obscene, abusive.

мате́рчатый *adj* (*coll*) made of cloth.

матерщи́н|а, ы *f* (*coll*) foul language.

матёр|ый (~, ~а) *adj* **1** (*достигший полной зрелости*) full-grown, mature. **2** (*опытный*) experienced, practised. **3** (*неисправимый*) inveterate, out-and-out.

ма́тк|а, и *f* **1** (*anat*) uterus, womb. **2** (*самка*) female; (*пчелиная*) queen (bee).

ма́тов|ый *adj* mat(t); **~ое стекло́** frosted glass.

ма́точн|ый *adj* (*anat*) uterine.

матра́с, а *m* mattress; **надувно́й м.** air bed, inflatable mattress.

матра́|ц = **~с**

матрёшк|а, и *f* matryoshka, (set of) nested Russian dolls.

матриарха́льный *adj* matriarchal.

матриарха́т, а *m* matriarchy.

ма́триц|а, ы *f* **1** (*printing*) matrix. **2** (*tech*) die, mould (*Br*), mold (*US*).

ма́три|чный *adj of* ⇨**~ца**; **м. при́нтер** dot matrix printer.

матро́с, а *m* sailor, seaman.

матро́ск|а[1], и *f* (*блуза*) sailor's jacket.

матро́ск|а[2], и *f* (*coll*) (*жена матроса*) sailor's wife.

ма́тушк|а, и *f* (*coll*) **1** (*мать*) mother; **~и (мой)!** (my) goodness! **2** (*жена священника*) priest's wife. **3** (*обращение*) gran(ny), ma.

матч, а *m* (*sport*) match; **междунаро́дный м.** (*cricket, rugby*) test (match); **повто́рный м.** return match.

мат|ь, *g, d, p* **~ери, ~ерью,** *pl* **~ери, ~ере́й** *f* **1** mother; **бу́дущая м.** expectant mother, mother-to-be; **м.-одино́чка** single mother. **2** (*coll*) (*фамильярное обращение к незнакомой женщине*) ≈ missus (*Br*), lady (*US*).

мать-и-ма́чех|а, и *f* (*bot*) coltsfoot.

ма́узер, а *m* Mauser (*automatic pistol or rifle*).

мафио́зи *m and pl indecl* Mafioso (*sg*), Mafiosi (*pl*).

мафио́зный *adj of* ⇨**ма́фия**

мафио́зо *m indecl* = **мафио́зи** *sg*.

ма́фи|я, и *f* Mafia.

мах, а (у) *m* (*рукой*) swing, stroke; (*колеса*) turn; (*крыла*) flap; (*coll*): **дать ~у** to make a blunder; **одни́м ~ом, с одного́ ~у** at one stroke, in a trice; **с ~у** (*coll*) rashly, without thinking.

махара́дж|а, и *m* = **магара́джа**

ма|ха́ть, шу́, ~шешь *impf* (*of* ⇨**~хну́ть 1**) (+ *i*) (*рукой*) to wave; (*веткой*) to brandish; (*хвостом*) to wag; (*крыльями*) to flap.

махи́н|а, ы *f* (*coll*) bulky and cumbersome object.

махина́тор, а *m* (*coll*) schemer, wangler.

махина́ци|я, и *f* machination, intrigue.

мах|ну́ть, ну́, нёшь *pf* **1** *pf of* ⇒**~а́ть**; **м. руко́й (на** + *a*) (*fig, coll*) to give up as a bad job. **2** (*coll*) (*поехать*) to go, travel. **3** (*coll*) (*броситься*) to rush; (*прыгнуть*) to leap.

махови́к, а́ *m* flywheel.

махов|о́й *adj* (*tech*): **~о́е колесо́** flywheel.

ма́хонький *adj* (*coll*) titchy.

махо́рк|а, и *f* makhorka (*an inferior kind of tobacco*).

махро́в|ый *adj* **1** (*bot*) double. **2** (*неисправимый*) dyed-in-the-wool, out-and-out; **~ая порногра́фия** hard-core pornography. **3** (*ткань*) terry.

мац|а́, ы́ (*no pl*) *f* matzos (*pl, Jewish biscuits for Passover*).

маче́те *m* & *nt indecl* machete.

ма́чех|а, и *f* stepmother.

ма́чт|а, ы *f* mast.

ма́чт|овый *adj of* ⇒**~а**

маши́н|а, ы *f* **1** (*механическое устройство*) machine (*also fig*); **посудомо́ечная м.** dishwasher; **стира́льная м.** washing machine. **2** (*автомобиль*) car; vehicle; **м. «ско́рой по́мощи»** ambulance; **пятидве́рная м.** hatchback; **служе́бная м.** company car.

машина́л|ьный (~ен, ~ьна) *adj* mechanical (*fig*); **м. отве́т** an automatic response.

машиниза́ци|я, и *f* mechanization.

машинизи́р|овать, ую *impf and pf* to mechanize.

машини́ст, а *m* **1** (*комбайна*) driver, operator (*workman in charge of machinery*). **2** (*локомотива*) engine driver (*Br*), engineer (*US*). **3** (*theatr*) scene-shifter.

машини́стк|а, и *f* typist; **м.-стенографи́стка** shorthand typist.

маши́н|ка, ки *f diminutive of* ⇒**~а**; **(пи́шущая) м.** typewriter.

маши́нно-тра́кторн|ый *adj*: **~ая ста́нция** (*hist*) machine and tractor station.

маши́н|ный *adj of* ⇒**~а**; **~ая гра́фика** computer graphics; **~ное обуче́ние** computer-aided learning; **~ный перево́д** machine translation; **~ный язы́к** machine language.

машинопи́сный *adj* typewritten; **м. текст** typescript.

маши́нопис|ь, и *f* **1** (*печатание*) typing. **2** (*текст*) typescript.

машинострое́ни|е, я *nt* mechanical engineering, machinery construction.

машиностро|и́тельный *adj of* ⇒**~е́ние**

машиночита́емый *adj* (*comput*) machine-readable.

маэ́стро *m indecl* maestro; master.

мая́к, а́ *m* **1** lighthouse; beacon (*also fig*). **2** (*fig*) (*человек*) leading light.

ма́ятник, а *m* pendulum.

ма́|яться, юсь, ешься *impf* (*coll*) **1** (**с** + *i*) (*трудиться*) to toil (with, over). **2** (*томиться*) to pine, suffer.

мая́ч|ить, у, ишь *impf* (*coll*) to loom (up), appear indistinctly.

мая́чник, а *m* lighthouse keeper.

м. б. (*abbr of* **мо́жет быть**) maybe, perhaps.

МБР *f indecl* (*abbr of* **межконтинента́льная баллисти́ческая раке́та**) ICBM (*intercontinental ballistic missile*).

МВД *nt indecl* (*abbr of* **Министе́рство вну́тренних дел**) Ministry of Internal Affairs; ≈ Home Office.

МВК *m indecl* (*abbr of* **механи́зм валю́тных ку́рсов**) ERM (*exchange rate mechanism*).

МВФ *m indecl* (*abbr of* **Междунаро́дный валю́тный фонд**) IMF (*International Monetary Fund*).

мг (*abbr of* **миллигра́мм**) mg, milligram(s).

мгл|а, ы *f* **1** (*туман*) haze; mist. **2** (*темнота*) gloom, darkness.

мгли́ст|ый (~, ~а) *adj* hazy.

мгнове́ни|е, я *nt* instant, moment; **в м. о́ка** in the twinkling of an eye.

мгнове́н|ный (~ен, ~на) *adj* **1** (*сразу возникающий*) instantaneous. **2** (*быстро проходящий*) momentary.

МГУ *m indecl* (*abbr of* **Моско́вский госуда́рственный университе́т**) Moscow State University.

ме́бел|ь, и *f* furniture; (*fig*): **для ~и** figurehead, fifth wheel (*said of a useless person*).

ме́бельщик, а *m* furniture-maker.

меблиро́|ванный *ppp of* ⇒**~ва́ть** *and adj* furnished.

меблир|ова́ть, у́ю *impf and pf* to furnish.

меблиро́вк|а, и *f* **1** (*действие*) furnishing. **2** (*мебель*) furniture, furnishings.

мегаба́йт, а *m* (*comput*) megabyte.

мегава́тт, а *m* megawatt.

мегаге́рц, а *g pl* **м.** *m* (*radio*) megahertz.

мегалома́ни|я, и *f* megalomania.

мегато́нн|а, ы *f* megaton.

мегафо́н, а *m* megaphone.

меге́р|а, ы *f* (*coll*) shrew, termagant.

мёд, а, о ~е, в ~у́/~е́, на ~у́ *pl* **~ы́, ~о́в** *m* **1** honey. **2** (*старинный напиток*) mead.

мед... *comb form, abbr of* **медици́нский**

медали́ст, а *m* medallist (*Br*), medalist (*US*); medal winner.

медали́ст|ка, ки *f of* ⇒**~**

меда́л|ь, и *f* medal.

медальо́н, а *m* medallion, locket.

медбра́т, а *m* male nurse.

медве́диц|а, ы *f* she-bear; (*astron*): **Больша́я М.** the Great Bear (Ursa Major); **Ма́лая М.** the Little Bear (Ursa Minor).

медве́дк|а, и *f* (*zool*) mole cricket.

медве́д|ь, я *m* bear (*also fig*); **бамбу́ковый м.** (giant) panda; **бе́лый м.** polar bear.

медвеж|а́та *pl of* ⇒**~о́нок**

медве́|жий *adj of* ⇒**~дь**; **м. у́гол** (*coll*) godforsaken place; **~жья услу́га** well-meant action having opposite effect.

медвеж|о́нок, о́нка, *pl* **~а́та, ~а́т** *m* bear cub; **плю́шевый м.** teddy (bear).

медвя́н|ый *adj* **1** (*poetical*) honeyed. **2** (*имеющий запах мёда*) smelling of honey. **3**: **~ая роса́** honeydew.

медиа́н|а, ы *f* (*math*) median.

ме́дик, а *m* **1** (*врач*) physician, doctor. **2** (*студент*) medical student.

медикаме́нт, а *m* (*usu in pl*) medicine.

мединститу́т, а *m* medical school.

медита́ци|я, и *f* meditation.

медити́р|овать, ую *impf* to meditate.

ме́диум, а *m* medium, spiritualist.

медици́н|а, ы *f* medicine.

медици́нский *adj* medical.

мед|и́чка, и́чки *f* (*coll*) *of* ⇒**~ик 2**

ме́дленно *adv* slowly.

ме́длен|ный (~/~ен, ~на) *adj* slow.

медли́тел|ьный (~ен, ~ьна) *adj* sluggish; slow.

ме́дл|ить, ю, ишь *impf* to linger; to tarry; (**с** + *i*) to be slow (in); **он ~ит с отве́том** he is a long time replying.

ме́дник, а *m* coppersmith.

ме́дно-кра́сный *adj* copper-coloured (*Br*), -colored (*US*).

меднолите́йный *adj* copper-smelting.

ме́дный *adj* **1** copper; **м. лоб** (*fig, coll*) blockhead. **2** (*chem*) cupric, cuprous; **м. купоро́с** copper sulphate, bluestone. **3** (*mus*) brass.

медо́вый *adj of* ⇒**мёд**; **м. ме́сяц** honeymoon.

медоно́сн|ый *adj*: **пчела́ ~ая** honeybee.

медосмо́тр, а *m* medical (examination), check-up; **пройти́ м.** to have a check-up.

медпу́нкт, а *m* first-aid station.

медсестр|а́, ы́ *f* (*medical*) nurse.

меду́з|а, ы *f* (*zool*) jellyfish.

медуни́ц|а, ы *f* (*bot*) lungwort.

мед|ь, и *f* **1** copper; **жёлтая м.** brass. **2** (*collect*) (*монеты*) coppers.

медя́к, а́ *m* (*coll*) copper (coin).

медя́нк|а¹, и *f* (*змея*) grass snake.

медя́нк|а², и *f* (*chem*) verdigris.

меж (*coll*) = **ме́жду**

меж... *comb form* inter-.

меж|а́, и́, *pl* **~и, ~, ~а́м** *f* boundary.

межве́домственный = **междуве́домственный**

межгородско́й *adj* intercity.

межгосуда́рственный *adj* interstate.

междоме́ти|е, я *nt* (*gram*) interjection.

междоусо́би|е, я *nt* civil strife; internecine strife (*esp in medieval Russia*).

междоусо́б|ица, ицы *f* (*obs*) = **~ие**

междоусо́бный *adj* internecine.

ме́жду *prep* + *i* (+ *g pl, obs*) **1** between; **м. де́лом** at odd moments; **м. на́ми**

(говоря́) between ourselves; between you and me; **м. про́чим** incidentally; **м. тем** meanwhile; **м. тем как** while, whereas. **2** (*среди*) among, amongst.

междуве́домственный *adj* interdepartmental.

междугоро́дний = **междугоро́дный**

междугоро́дный *adj* intercity; long-distance; **м. телефо́нный разгово́р** long-distance (*or* trunk) call.

междунаро́дный *adj* international; **М. валю́тный фонд** International Monetary Fund.

междуря́дь|е, я *nt* (*agric*) space between rows.

междуца́рстви|е, я *nt* interregnum.

межева́ни|е, я *nt* surveying, survey (*of agricultural land*).

меж|ева́ть, у́ю *impf* to survey (*agricultural land*); to establish the boundaries (of).

меж|ево́й *adj of* ⇒**~а́**; **м. знак** boundary marker.

меже́н|ь, и *f* lowest water level (*in river or lake*).

межеу́м|ок, ка *m* (*coll*) (*недалёкий человек*) person of limited intelligence.

межеу́мочный *adj* (*coll*) ill-defined; neither one thing nor another.

межконтинента́льн|ый *adj* intercontinental; **~ая баллисти́ческая раке́та** intercontinental ballistic missile.

межли́чностный *adj* interpersonal.

межнациона́льный *adj* inter-ethnic.

межплане́тный *adj* interplanetary.

межправи́тельственный *adj* intergovernmental.

межра́совый *adj* interracial.

межсезо́нь|е, я *nt* (*sport*) off season.

мезозо́|й, я *m* (*geol*) the Mesozoic (era).

мезозо́й|ский *adj* (*geol*) Mesozoic; **~ская э́ра** = **~**

мезолити́ческий *adj* (*archaeol*) Mesolithic.

мезо́н, а *m* meson.

мезони́н, а *m* attic.

мейнстри́м, а *m* (*coll*) the mainstream (*of culture, music*).

мейнфре́йм, а *m* (*comput*) mainframe.

Ме́кк|а, и *f* Mecca.

Ме́ксик|а, и *f* Mexico.

мексика́н|ец, ца *m* Mexican.

мексика́н|ка, ки *f of* ⇒**~ец**

мексика́нский *adj* Mexican.

мел, а, о ~е, в ~у́ *m* chalk.

меланези́|ец, йца *m* Melanesian.

меланези́|йка, йки *f of* ⇒**~ец**

меланези́йский *adj* Melanesian.

Мелане́зи|я, и *f* Melanesia.

меланхо́лик, а *m* melancholic.

меланхоли́ческий *adj* melancholy.

меланхоли́ч|ный (~ен, ~на) *adj* = **~еский**

меланхо́ли|я, и *f* melancholy; (*med*) melancholia.

мела́сс|а, ы *f* (*отход свеклосахарного производства*) molasses.

меле́|ть, ет *impf* (*of* ⇒**об~**) to grow shallow.

мели́зм, а *m* (*mus*) grace note.

мелиор|ати́вный *adj of* ⇒**~а́ция**

мелиора́тор, а *m* (*agric*) specialist in land improvement.

мелиора́ци|я, и *f* (*agric*) land improvement, reclamation.

мелиори́р|овать, ую *impf and pf* (*agric*) to reclaim.

мел|и́ть, ю́, и́шь *impf* (*of* ⇒**на~**) to chalk.

ме́л|кий (~ок, ~ка́, ~ко) *adj* **1** (*небольшой*) small. **2** (*неглубокий*) shallow. **3** (*дождь; песок*) fine. **4** (*fig*) (*человек*) petty, small-minded; **~кая душо́нка** petty person; **~кая со́шка** small fry.

ме́лко *adv* **1** (*некрупно*) fine, into small particles. **2** (*неглубоко*) not deep.

мелкобуржуа́з|ный (~ен, ~на) *adj* petty bourgeois.

мелково́д|ный (~ен, ~на) *adj* shallow.

мелково́дь|е, я *nt* shallow water.

мелкозерни́ст|ый (~, ~а) *adj* fine-grained.

мелкосо́бственнический *adj* relating to small property holders.

мелкот|а́, ы́ *f* (*collect; coll*) small fry.

мелкотра́вчат|ый (~, ~а) *adj* (*coll, pej*) petty, small-minded.

мелово́й *adj* **1** (*состоящий из мела*) chalk, chalky. **2** (*белый как мел*) chalky, white as chalk. **3** (*geol*) Cretaceous; **м. пери́од** the Cretaceous (period).

мелоди́ческий *adj* melodious, tuneful.

мелоди́ч|ный (~ен, ~на) *adj* = **~еский**

мело́ди|я, и *f* melody, tune.

мелодра́м|а, ы *f* melodrama.

мелодрамати́ческий *adj* melodramatic.

мел|о́к, ка́ *m* piece of chalk; **восковы́е ~ки́** wax crayons.

мелома́н, а *m* music lover.

ме́лочност|ь, и *f* pettiness, small-mindedness.

ме́лоч|ный (~ен, ~на) *adj* **1** petty, trifling. **2** (*pej*) (*человек*) petty, small-minded.

ме́лоч|ь, и, *pl* **~и, ~е́й** *f* **1** (*collect*) (*мелкие предметы*) small items; small fry; **кру́пные я́блоки мы съе́ли, оста́лась м.** we had eaten the big apples, only the small ones were left. **2** (*collect*) (*монеты*) (small) change. **3** (*in pl*) (*пустяки*) trifles, trivialities; **разме́ниваться на ~и** (*or* **по ~а́м**) to fritter away one's energies.

мел|ь, и, о ~и, на ~и́ *f* shoal; bank; **песча́ная м.** sandbank; **на ~и́** aground; (*fig*) on the rocks, high and dry; **сесть на м.** to run aground; **сиде́ть (как рак) на ~и́** (*fig, coll*) to be on the rocks.

мельк|а́ть, а́ю *impf* (*of* ⇒**~ну́ть**) **1** (*являться и исчезать*) to flash (past). **2** (*мерцать*) to twinkle. **3** (*о мыслях*) to flash.

мельк|ну́ть, ну́, нёшь *inst pf of* ⇒**~а́ть**; **у меня́ ~ну́ла мысль** I had a sudden idea.

ме́льком *adv* in passing, cursorily.

ме́льник, а *m* miller.

ме́льниц|а, ы *f* mill; **э́то вода́ на на́шу ~у** (*fig, coll*) it's grist to our mill.

ме́льни|чный *adj of* ⇒**~ца**

мельхио́р, а *m* cupro-nickel, German silver.

мельхио́р|овый *adj of* ⇒**~**

мельча́йший *superl of* ⇒**ме́лкий**

мельча́|ть, ю *impf* (*of* ⇒**из~**) **1** (*о реке*) to grow shallow. **2** (*становиться меньше*) to become small; to grow smaller. **3** (*fig*) to become petty.

ме́л|ьче *comp of* ⇒**~кий** *and* ⇒**~ко**

мельч|и́ть, у́, и́шь *impf* (*of* ⇒**из~** *and* ⇒**раз~**) to crush, crumble.

мелю, ме́лешь *see* ⇒**моло́ть**

мелюзг|а́, и́ *f* (*collect; coll*) small fry.

мембра́н|а, ы *f* (*tech*) diaphragm.

мемора́ндум, а *m* (*diplomacy*) memorandum.

мемориа́л, а *m* memorial.

мемориа́льный *adj* memorial.

мемуа́р|ы, ов (*no sg*) memoirs.

ме́н|а, ы *f* exchange, barter.

ме́неджер, а *m* manager; **м. по сбы́ту** sales manager.

ме́неджмент, а *m* management.

ме́нее *adv* (*comp of* ⇒**ма́ло**) less; **тем не м.** nonetheless.

менестре́л|ь, я *m* (*hist*) minstrel.

мензу́рк|а, и *f* (*pharm*) measuring glass.

менинги́т, а *m* (*med*) meningitis.

мени́ск, а *m* (*math, phys*) meniscus.

менов|о́й *adj* (*econ*) exchange; **~а́я торго́вля** barter.

менструа́льный *adj* menstrual.

менструа́ци|я, и *f* menstruation.

менструи́р|овать, ую *impf* to menstruate.

мент, а́ *m* (*sl*) police officer; cop (*sl*).

менталите́т, а *m* mentality.

мента́льност|ь, и *f* = **менталите́т**

менто́вк|а, и *f* (*sl*) **1** (*помещение*) police station; cop shop (*sl*), the nick (*Br sl*). **2** (*автомобиль*) (*для перевозки задержанных*) police van, patrol wagon (*US*), paddy wagon (*US sl*); (*служебный*) police car.

ментово́з, а *m* (*sl, joc*) = **менто́вка 2**

ментово́з|ка, ки *f* (*sl, joc*) = **менто́вка 2**

мент|о́вский *adj of* = **~**

менто́л, а *m* (*chem*) menthol.

ме́нтор, а *m* (*obs*) mentor.

менту́р|а, ы *f* (*sl, collect*) the fuzz.

менуэ́т, а *m* minuet.

ме́ньше *adj & adv* (*comp of* ⇒**ма́ленький** *and* ⇒**ма́ло**) smaller, less.

меньшеви́зм, а *m* (*pol*) Menshevism.

меньшеви́к, а́ *m* (*pol*) Menshevik.

меньшеви́стский *adj* (*pol*) Menshevist.

ме́ньш|ий *adj* (*comp of* ⇒**ма́ленький**, ⇒**ма́лый**) lesser, smaller; younger; **по ~ей ме́ре** at least;

са́мое ~ее at the least.

меньшинств|о́, а́, *pl* **~́а** *nt* minority; **национа́льные ~́а** ethnic/national minorities; **сексуа́льные ~́а** sexual minorities.

меньшо́й *adj* (*coll*) youngest.

меню́ *nt indecl* menu; **всплыва́ющее/выпада́ющее ~** (*comput*) pop-up/pull-down menu.

меня́ *a and g of* **⇒я**

меня́л|а, ы *m* (*coll*) money changer.

меня́льный *adj* (*comm*) money-changing.

меня́|ть, ю *impf* **1** (*no pf*) to change. **2** (+ *a and* **на** + *a*; *pf* **об~, по~**) to exchange (for).

меня́|ться, юсь *impf* **1** (*no pf*) to change; **м. в лице́** to change countenance. **2** (+ *i*; *pf* **об~, по~**) to exchange; **м. с кем-н. ко́мнатами** to exchange rooms with s.o.

ме́р|а, ы *f* measure; **вы́сшая м. наказа́ния** capital punishment; **~ы по укрепле́нию дове́рия** (*pol*) confidence-building measures; **в ~у** (+ *g*) to the extent (of); **по ~е возмо́жности, по ~е сил** as far as possible; **по ~е того́, как** as, (in proportion) as; **по кра́йней, ма́лой, ме́ньшей ~е** at least; **в ~у** fairly; **ни в ко́ей ~е** under no circumstances; **сверх ~ы, чрез ~у, не в ~у** excessively, immoderately; **знать ~у** *see* **⇒знать**[1]

ме́ргел|ь, я *m* (*geol*) marl.

мере́жк|а, и *f* hem stitch, open work.

мере́нг|а, и *f* meringue.

мере́ть, мру, мрёшь, *past* **мёр, мёрла** *impf* (*coll*) **1** (*умирать*) to die (*in large numbers*); **мрут, как му́хи** they are dying/dropping like flies. **2** (*о сердце*) to stop beating.

мере́щ|иться, усь, ишься *impf* (*of* **⇒по~**) (*coll*) **1** (+ *d*) (*казаться*) to seem (to), appear (to); **она́ мне ~ится** her image haunts me; **э́то тебе́ ~ится** you only imagine you see it. **2** (*obs*) (*смутно виднеться*) to appear dimly.

мерза́в|ец, ца *m* (*coll*) swine, creep.

мерза́в|ка, ки *f of* **⇒~ец**

ме́рз|кий (~ок, ~ка́, ~ко) *adj* disgusting, loathsome; abominable, foul.

мерзлот|а́, ы *f* frozen condition of ground; **ве́чная м.** permafrost.

мёрзлый *adj* frozen.

мёрз|нуть, ну, нешь, *past* **~, ~ла** *impf* (*of* **⇒за~**) to freeze.

ме́рзост|ь, и *f* **1** (*свойство*) vileness, loathsomeness. **2** (*мерзкая вещь*) abomination.

меридиа́н, а *m* meridian; **Гри́нвичский м.** Greenwich meridian.

мери́л|о, а *nt* standard, criterion.

ме́рин, а *m* gelding; **врёт как си́вый м.** (*coll*) he's a barefaced liar.

мерино́с, а *m* **1** (*овца*) merino (sheep). **2** (*шерсть*) merino (wool).

мерино́совый *adj* merino.

ме́р|ить, ю, ишь *impf* **1** (*pf* **с~**) to measure; **м. взгля́дом** to look up and down. **2** (*pf* **по~, при~**) (*примерять*) to try on (*clothing, footwear*).

ме́р|иться, юсь, ишься *impf* (*of* **⇒по~**) (+ *i*) to measure (against); **м. ро́стом с кем-н.** to compare heights with s.o.

ме́рк|а, и *f* **1** (*определённый размер*) measurements. **2** (*предмет для измерения*) measure; (*fig*) yardstick; **подходи́ть ко всему́ с одно́й ~ой** (*fig*) to apply the same standard to all alike.

меркантили́зм, а *m* **1** (*econ*) mercantilism. **2** (*fig*) mercenary spirit.

меркanти́л|ьный *adj* **1** mercantile. **2 (~ен, ~ьна)** (*fig, pej*) mercenary.

ме́рк|нуть, нет, *past* **~нул** *and* **~, ~ла** *impf* (*of* **⇒по~**) to grow dark, grow dim; (*fig*) to fade.

Меркýри|й, я *m* (*myth, astron*) Mercury.

мерла́н, а *m* (*рыба*) whiting.

мерлу́шк|а, и *f* lambskin.

ме́р|ный (~ен, ~на) *adj* **1** measured; rhythmical. **2** (*tech*) measuring.

мероприя́ти|е, я *nt* **1** (*мера*) measure. **2** (*событие*) event, function.

мерси́ *particle* (*joc*) ta.

мёртвен|ный (~, ~на) *adj* deathly, ghastly.

мертве́|ть, ю *impf* **1** (*pf* **о~**) (*от холода*) to grow numb. **2** (*pf* **по~**) (*от страха, горя*) to be benumbed.

мертве́ц, а́ *m* corpse, dead person.

мертве́цк|ая, ой *f* (*coll*) mortuary, morgue.

мертве́цки *adv* (*coll*) *only in phrr* **м. пьян** dead drunk; **напи́ться м.** to become dead drunk.

мертвечи́н|а, ы *f* **1** (*collect*) (*падаль*) carrion. **2** (*fig, coll*) (a) dead thing.

мертв|и́ть, лю́, и́шь *impf* to deaden.

мертворождённый *adj* stillborn.

мёртв|ый (~, мертва́, ~̈о *and* **мертво́)** *adj* dead; **ни жив ни ~** more dead than alive; **~ая зыбь** (*naut*) swell; **м. капита́л** (*fin*) dead stock, unemployed capital; **М~ое мо́ре** the Dead Sea; **~ая петля́** (*aeron*) loop; **пить ~ую** (*coll*) to drink hard; **спать ~ым сном** (*coll*) to sleep like the dead; **быть на ~ой то́чке** to be at a standstill; **~ая хва́тка** mortal grip; **м. час** quiet time (*in sanatoria, etc.*).

мертвя́к, а́ *m* (*sl*) stiff (= *corpse*).

мерца́|ть, ю *impf* to twinkle, glimmer, flicker.

ме́сив|о, а *nt* **1** (*корм*) mash. **2** (*на дороге*) slush; (*полужидкая смесь*) mush.

ме|си́ть, шу́, ~́сишь *impf* (*of* **⇒за~**) to knead; **м. грязь** (*coll, joc*) to wade through mud.

ме́сс|а, ы *f* (*relig, mus*) Mass.

мессиа́нский *adj* Messianic.

мессиа́нств|о, а *nt* Messianism.

месси́|я, и *m* (*в иудаизме*) the Messiah; **(М.)** (*Иисус Христос*) the Messiah; **(м.)** (*fig*) messiah.

места́ми *adv* here and there, in places.

месте́ч|ко[1]**, ка,** *pl* **~ки, ~ек, ~кам** *nt* (*hist*) small town (*in Ukraine, Belarus, and southern regions of Russia*).

месте́ч|ко[2]**, ка,** *pl* **~ки, ~ек, ~кам** *nt diminutive of* **⇒ме́сто**; **тёплое м.** (*coll*) cushy job.

ме|сти́, ту́, тёшь, *past* **мёл, ~ла́** *impf* **1** (*пол, двор*) to sweep; (*cop*) to sweep up. **2** (*развевать*) to whirl; (*impers*): **~тёт** there is a snowstorm.

местко́м, а *m* (*abbr of* **ме́стный комите́т**) local (trade union) committee.

ме́стност|ь, и *f* **1** (*дачная, сельская*) locality, district; area. **2** (*mil*) (*гористая, открытая*) ground, country, terrain.

ме́стный *adj* **1** local; **м. колори́т** local colour (*Br*), color (*US*). **2** (*gram*) locative.

-ме́стный *comb form* -seated, -seater.

ме́ст|о, а, *pl* **~а́, ~, ~а́м** *nt* **1** place; site; **больно́е м.** (*fig*) tender spot, sensitive point; **де́тское м.** (*anat*) afterbirth, placenta; **о́бщее м.** platitude; **пусто́е м.** blank (space); (*fig*) a nobody, a nonentity; **сла́бое м.** (*fig*) weakness, weak spot; **у́зкое м.** bottleneck; **м. де́йствия, м. происше́ствия** scene (of action); **на ~е преступле́ния** in the act, red-handed; **знать своё м.** (*fig*) to know one's place; **име́ть м.** to take place; **поста́вить на своё м., указа́ть кому́-н. его́ м.** (*fig*) to put s.o. in his place; **не находи́ть себе́ ~а** (*fig*) to fret, worry; **не к ~у** (*fig*) out of place; **по ~а́м!** to your places!; **ни с ~а!** don't move!; stay put!
2 (*в театре*) seat; (*на пароходе, поезде*) berth, seat.
3 (*свободное пространство*) space; room; **нет ~а** there is no room.
4 (*должность*) post, situation; job; **быть без ~а** to be out of work.
5 (*часть текста*) passage.
6 (*о багаже*) piece (*of luggage*).
7 (*in pl*) (*провинция*) the provinces, the country; **на ~а́х** in the provinces.

местожи́тельств|о, а *nt* (place of) residence; **без определённого ~а** of no fixed abode.

местоиме́ни|е, я *nt* (*gram*) pronoun.

местоиме́нный *adj* (*gram*) pronominal.

местонахожде́ни|е, я *nt* location, the whereabouts.

местоположе́ни|е, я *nt* site, situation, position.

местопребыва́ни|е, я *nt* abode, residence.

месторожде́ни|е, я *nt* (*geol*) deposit.

мест|ь, и *f* vengeance, revenge.

ме́сяц, а *m* **1** month; **медо́вый м.** honeymoon. **2** (*луна*) moon; **молодо́й м.** new moon.

ме́сячн|ый *adj* monthly; *as n* **~ые, ~ых** (*no sg*) (*coll*) (menstrual) period.

метаболи́зм, а *m* metabolism.

мета́лл, а *m* metal; **презре́нный м.** filthy lucre.

металли́ст, а *m* **1** metalworker. **2** (*coll, mus*) heavy metallist.

металли́ческий *adj* metal; (*звук, привкус*) metallic.

металлоиска́тел|ь, я *m* metal detector.

металлоно́с|ный (~ен, ~на) *adj* metalliferous.

металлообраба́тывающий *adj* metalworking.

металлоплави́льный *adj* smelting.

металлопрока́тный *adj* (*tech*) rolling.

металлопромы́шленност|ь, и *f* metal industry.

металлоре́жущий *adj* metal-cutting.
металлу́рг, а *m* metallurgist.
металлурги́ческий *adj* metallurgical; **м. заво́д** metal works, iron and steel works.
металлурги́|я, и *f* metallurgy.
метаморфо́з, а *m* = **~а**
метаморфо́з|а, ы *f* metamorphosis.
мета́н, а *m* (*chem*) methane.
мета́ни|е, я *nt* **1** throwing, casting, flinging. **2**: **м. икры́** spawning.
метано́л, а *m* (*chem*) methanol.
мета́тел|ь, я *m* (*sport*) thrower; **м. ди́ска** discus thrower.
мета́тельный *adj* missile; **м. снаря́д** projectile.
ме|та́ть[1], **чу́, ~́чешь** *impf* (*of* ⇨**~тну́ть**) **1** (*бросать*) to throw, cast, fling; **м. гро́мы и мо́лнии** (*fig, coll*) to rage, fulminate; **рвать и м.** (*coll*) to be in a rage; **м. жре́бий** to cast lots; **м. се́но** to stack hay. **2**: **м. икру́** to spawn. **3**: **м. банк** (*о банкомёте*) to keep the bank.
мета́|ть[2], **ю** *impf* (*of* ⇨**на~**, ⇨**с~**) (*шить*) to baste, tack; **м. пе́тли** to edge buttonholes.
ме|та́ться, чу́сь, ~́чешься *impf* (*по комнате*) to rush about; (*в постели*) to toss.
метафи́зик, а *m* metaphysician.
метафи́зик|а, и *f* metaphysics.
метафизи́ческий *adj* metaphysical.
мета́фор|а, ы *f* metaphor.
метафори́ческий *adj* metaphorical.
мете́л|ить, ю, ишь *impf* (*of* ⇨**от~**) (*sl*) to beat up, hit.
мете́л|ица, ицы *f* (*poetical*) = **~ь**
метёлк|а, и *f* **1** *diminutive of* ⇨**метла́**; **под ~у** (*fig, coll*) entirely, to the last particle. **2** (*bot*) panicle.
мете́л|ь, и *f* snowstorm; blizzard.
метео... *comb form, abbr of* **метеорологи́ческий**
метеопрогнози́ровани|е, я *nt* weather forecasting.
метео́р, а *m* **1** meteor. **2** (*судно*) hydrofoil.
метеори́т, а *m* (*astron*) meteorite.
метеори́ческий *adj* meteoric.
метео́р|ный *adj of* ⇨**~**
метеоро́лог, а *m* meteorologist; weather forecaster; (*coll*) weatherman.
метеорологи́ческ|ий *adj* meteorological; **~ая ста́нция** weather station.
метеороло́ги|я, и *f* meteorology.
метеосво́дк|а, и *f* weather report.
метеоста́нци|я, и *f* meteorological station.
метиза́ци|я, и *f* (*biol*) cross-breeding.
мети́з|ы, ов (*no sg*) (*abbr of* **металли́ческие изде́лия**) metal wares, hardware.
мети́л, а *m* (*chem*) methyl (*attr*); **броми́стый ~** methyl bromide.
мети́с, а *m* **1** (*biol*) cross-breed. **2** (*anthropology*) person of mixed race; Metis, mestizo.
ме́|тить[1], **чу, тишь** *impf* (*of* ⇨**по~**) (*ставить знак на чём-н.*) to mark.
ме́|тить[2], **чу, тишь** *impf* (*of* ⇨**на~**[2]) **1** (**в** + *a*) (*стараться попасть*) to aim at; (*fig, coll*; **в** + *nom-a pl*) to aim (at), aspire (to); **он всегда́ ~тил в профессора́** it had always been his aim to become a professor. **2** (*fig*; **в** + *a*, **на** + *a*) (*иметь в виду*) to drive (at), mean.
ме́|титься, чусь, тишься *impf of* ⇨**наме́титься 2**
ме́тк|а, и *f* **1** (*действие*) marking. **2** (*знак*) mark. **3** (*чип-передатчик*) tag; **электро́нная м.** electronic tag.
ме́т|кий (~ок, ~ка́, ~ко) *adj* well aimed, accurate; **м. стрело́к** a good shot; (*fig*): **~кое замеча́ние** apt remark.
ме́ткост|ь, и *f* marksmanship; accuracy; (*fig*) aptness.
мет|ла́, лы́, *pl* **~̈лы, ~̈ел, ~̈лам** *f* broom.
мет|ну́ть, ну́, нёшь *inst pf of* ⇨**~а́ть**[1]
ме́тод, а *m* method; **печа́тать слепы́м ~ом** to touch-type.
методи́зм, а *m* (*relig*) Methodism.
мето́дик|а, и *f* method(s), system; principles; **м. преподава́ния ру́сского языка́** methods of teaching Russian; **м. пожа́рного де́ла** principles of firefighting.
методи́ст[1], **а** *m* methodologist.
методи́ст[2], **а** *m* (*relig*) Methodist.
методи́ст|ка, ки *f of* ⇨**~**[2]
методи́ст|ский *adj of* ⇨**~**[2]
метод|и́ческий *adj* **1** methodical, systematic. **2** *adj of* ⇨**~́ика**; **м. приём** procedure.
методи́ч|ный (~ен, ~на) *adj* methodical, orderly.
методологи́ческий *adj* methodological.
методоло́ги|я, и *f* methodology.
метр, а *m* **1** (*единица длины; в стихе*) metre (*Br*), meter (*US*). **2** (*линейка такой длины*) metre (*Br*), meter (*US*) rule.
метра́ж, а́ *m* **1** (*квартиры*) metric area. **2** (*ткани*) length in metres (*Br*), meters (*US*).
метрдоте́л|ь, я *m* head waiter.
ме́трик|а, и *f* birth certificate.
метри́ческий[1] *adj* metric.
метри́ческий[2] *adj* (*literary*) metrical.
метри́ческ|ий[3] *adj*: **~ая кни́га** register of births; **~ое свиде́тельство** birth certificate.
метро́ *nt indecl* (*abbr of* **~полите́н**) **1** (*железная дорога*) underground (railway system) (*Br*); the tube (*Br*), subway (*US*). **2** (*coll*) (*станция*) metro station; tube station (*Br*), subway station (*US*).
метро... *comb form, abbr of* **метрополите́нный**
метроно́м, а *m* (*mus*) metronome.
метрополите́н, а *m* underground (railway) (*Br*), subway (*US*).
метрополите́н|ный *adj of* ⇨**~**
метропо́ли|я, и *f* mother country, centre (*of empire*).
ме|ту́, тёшь *see* ⇨**~сти́**
ме́т|че *comp of* ⇨**~кий, ~ко**
ме́тчик, а *m* (*tech*) (*инструмент*) punch, stamp.
мех[1], **а, о ~́е, в ~у́ (~е), на ~у́,** *pl* **~а́, ~о́в** *m* fur; **на ~у́** fur-lined.
мех[2], **а,** *pl* **~и́, ~о́в** *m* **1** (*in pl*) (*кузнечные*) bellows. **2** (*мешок из шкуры животного*) wineskin, waterskin.
механиза́тор, а *m* **1** (*специалист по механизации*) specialist in mechanization. **2** (*agric*) machine operator.
механиза́ци|я, и *f* mechanization.
механизи́рова|нный *ppp of* ⇨**~ть** *and adj* mechanized.
механизи́р|овать, ую *impf and pf* to mechanize.
механи́зм, а *m* mechanism, gear(ing); (*in pl*; *collect*) machinery (*also fig*).
меха́ник, а *m* mechanic.
меха́ник|а, и *f* **1** (*наука, отрасль техники*) mechanics. **2** (*fig, coll*) trick; knack; **подвести́ (** *or* **подстро́ить) ~у кому́-н.** to play a trick on s.o.
механисти́ческий *adj* (*philos*) mechanistic.
механи́ческий *adj* **1** mechanical; **м. моме́нт** momentum; **м. тка́цкий стано́к** power loom; **м. цех** machine shop. **2** (*philos*) mechanistic.
механи́ч|ный (~ен, ~на) *adj* (*fig*) mechanical, automatic.
Ме́хико *m indecl* Mexico City.
мехово́й *adj of* ⇨**мех**[1]; **м. магази́н** furrier's.
меховщи́к, а́ *m* furrier.
мецена́т, а *m* patron.
мецена́тств|о, а *nt* patronage of literature, of arts.
ме́ццо-сопра́но *indecl* (*mus*) **1** *nt* (*голос*) mezzo-soprano. **2** *f* (*певица*) mezzo-soprano.
ме́ццо-ти́нто *nt indecl* (*art*) mezzotint.
меч, а́ *m* sword; **дамо́клов м.** sword of Damocles; **скрести́ть ~и́** (*fig, rhetorical*) to cross swords.
ме́ченый *adj* marked.
мече́т|ь, и *f* mosque.
меч-ры́б|а, ы *f* swordfish.
мечт|а́, ы́ (*g pl not used*) *f* **1** dream, daydream. **2** (*предмет желаний*) dream, ambition.
мечта́ни|е, я *nt* daydreaming, reverie.
мечта́тел|ь, я *m* dreamer; daydreamer.
мечта́тель|ница, ницы *f of* ⇨**~**
мечта́тел|ьный (~ен, ~ьна) *adj* dreamy.
мечта́|ть, ю *impf* (**о** + *p*) to dream (of, about); **м. мно́го, высоко́** *etc.*, **о себе́** (*coll*) to think much of o.s.
ме́|чу, тишь *see* ⇨**~тить**[1,2]
ме|чу́, ~́чешь *see* ⇨**~та́ть**[1]
меша́лк|а, и *f* (*coll*) mixer, stirrer.
мешани́н|а, ы *f* (*coll*) jumble.
меша́|ть[1], **ю** *impf* (*of* ⇨**по~**) **1** (+ *d* + *inf*) (*препятствовать*) to prevent (from); to hinder, impede, hamper; **что ~ет вам прие́хать в Москву́?** what prevents you from coming to Moscow? **2** (+ *d*) (*беспокоить*) to disturb; **вам не ~ет, что я игра́ю на пиани́но?** does it disturb you when I play the piano?; **не ~ло бы** (+ *inf*) (*coll*) it would not hurt (to).
меша́|ть[2], **ю** *impf* **1** (*pf* **по~**) (*чай, кашу*) to stir; **м. у́голь в пе́чке** to poke

the fire; **м. в котлé** to stir the pot. **2** (*pf* **с~**) (**с** + *i*) (*вино с водой*) to mix (with), blend (with). **3** (*pf* **с~**) (*путать*) to confuse, mix up.

мешá|ться, юсь *impf* **1** (*coll*; **в** + *a*) to interfere (in), meddle (with); **не ~йтесь не в своё дéло!** mind your own business! **2** (*pf* **с~**) *passive of* **⇒~ть**[2]

мéшка|ть, ю *impf* (*coll*; **с** + *i*) to linger, dawdle, be slow.

мешковáт|ый (~, ~а) *adj* **1** (*одежда*) baggy. **2** (*человек*) awkward, clumsy.

мешковúн|а, ы *f* sacking, hessian.

мéшкот|ный (~ен, ~на) *adj* (*coll*) **1** (*человек*) sluggish, slow. **2** (*дело*) long.

меш|óк, кá *m* bag; sack; **вещевóй м.** haversack, knapsack; kitbag; **~кú под глазáми** bags under the eyes.

мешóч|ек, ка *m diminutive of* **⇒мешóк**; sac.

мещан|úн, úна, *pl* **~е, ~́** *m* **1** (*hist*) petty bourgeois. **2** (*fig*) philistine.

мещáнк|а, и *f of* **⇒мещанúн**

мещáн|ский *adj of* **⇒~úн**; (*fig*) philistine; bourgeois, narrow-minded.

мещáнств|о, а *nt* **1** (*collect*) petty bourgeoisie, lower middle class. **2** (*fig*) philistinism, narrow-mindedness.

мзд|а, ы (*no pl*) *f* (*archaic, now joc*) recompense, payment (*ironical* = *bribe*).

мздоúм|ец, ца *m* (*obs*) bribe-taker.

мздоúмств|о, а *nt* (*obs*) bribery.

ми *nt indecl* (*mus*) E.

МиГ, а *or* **Миг, а** *m* (*abbr of* **Микоя́н и Гурéвич**) 'MiG' (*aircraft*).

миг, а *m* moment, instant.

мигáлк|а, и *f* (*coll*) **1** (*коптилка*) flashing light. **2** (*на машине*) blinker.

мигáни|е, я *nt* **1** (*мерцание*) winking; twinkling. **2** (*непроизвольно*) blinking. **3** (*как знак*) winking.

миг|áть, áю *impf* (*of* **⇒~нýть**) **1** (*непроизвольно*) to blink. **2** (+ *d*) (*подавать знак*) to wink (at); (*fig*) (*мерцать*) to wink, twinkle.

миг|нýть, нý, нёшь *inst pf of* **⇒~áть**

мúгом *adv* (*coll*) in a flash; in a jiffy.

миграциóнный *adj of* **⇒мигрáция**

мигрáци|я, и *f* migration.

мигрéн|ь, и *f* migraine.

мигрúр|овать, ую *impf* to migrate.

МИД, а *m* (*abbr of* **Министéрство инострáнных дел**) Ministry of Foreign Affairs; Foreign Office (*Br*), State Department (*US*).

мúди *nt indecl* midi (*garment*); **мúди-юбка** midi-skirt.

мúди|я, и *f* mussel.

мизансцéн|а, ы *f* (*theatr*) mise en scène, staging.

мизантрóп, а *m* misanthrope.

мизантропúческий *adj* misanthropic.

мизантрóпи|я, и *f* misanthropy.

мúзéр|ный (~ен, ~на) *adj* meagre (*Br*), meager (*US*).

мизúн|ец, ца *m* (*на руке*) little finger; (*на ноге*) little toe.

микéнский *adj* Mycenaean.

Микéн|ы, ~ (*no sg*) (*hist*) Mycenae.

миколóги|я, и *f* mycology.

микро... *comb form* micro-.

микроавтóбус, а *m* minibus.

микроампéр, а *m* (*elec*) microampere.

микрóб, а *m* microbe.

микробиóлог, а *m* microbiologist.

микробиолóги|я, и *f* microbiology.

микроволнóв|ый *adj*: **~ая пéчь** microwave (oven).

микроклúмат, а *m* microclimate.

микрокомпьютер, а *m* microcomputer.

микрокóсм, а *m* microcosm.

микрóметр, а *m* (*tech*) micrometer.

микромéтри|я, и *f* (*tech*) micrometry.

микрóн, а *m* (*phys*) micron.

микроорганúзм, а *m* (*biol*) micro-organism; **разлагáемый ~ами** biodegradable.

микроплёнк|а, и *f* microfilm.

микропроцéссор, а *m* microprocessor.

микрорайóн, а *m* microrayon (*an administrative subdivision of an urban area*).

микроскóп, а *m* microscope.

микроскопúческий *adj* microscopic.

микроскопúч|ный (~ен, ~на) *adj* = **~еский**

микроскопú|я, и *f* microscopy.

микрострукту́р|а, ы *f* microstructure.

микросхéм|а, ы *f* microcircuit, microchip.

микрофúльм, а *m* microfilm.

микрофúш|а, и *f* (micro)fiche.

микрофóн, а *m* microphone.

микрохирургú|я, и *f* microsurgery.

микроэконóмик|а, и *f* microeconomics.

микроэкономúческий *adj* microeconomic.

микроэлектрóник|а, и *f* microelectronics.

микроэлемéнт, а *m* trace element.

мúксер, а *m* (*cul*) mixer, blender, liquidizer.

миксоматóз, а *m* myxomatosis.

миксту́р|а, ы *f* (liquid) medicine, mixture.

мúкшер, а *m* (*electronics*) mixer.

мúкшерский *adj*: **м. пульт** mixing desk.

микшúр|овать, ую *impf and pf* (*electronics*) to mix.

мúленький *adj* **1** (*хорошенький*) pretty; (*дорогой*) dear. **2** (*в обращении*) darling.

милитаризáци|я, и *f* militarization.

милитарúзм, а *m* militarism.

милитариз|овáть, у́ю *impf and pf* to militarize.

милитарúст, а *m* militarist.

милитаристúческий *adj* militaristic.

милиц|éйский *adj of* **⇒~́ия**

милиционéр, а *m* policeman (*in Russia*).

милúци|я, и *f* police (*in Russia*).

миллиáрд, а *m* billion (= *thousand million*).

миллиардéр, а *m* billionaire.

миллиáрдный *adj* billionth.

миллибáр, а *m* (*meteorology*) millibar.

милливóльт, а *m* (*elec*) millivolt.

миллигрáмм, а *m* milligram.

миллилúтр, а *m* millilitre (*Br*), milliliter (*US*).

миллимéтр, а *m* millimetre (*Br*), millimeter (*US*).

миллиметрóвк|а, и *f* (*coll*) graph paper.

миллиóн, а *m* million.

миллионéр, а *m* millionaire.

миллиóнный *adj* **1** millionth. **2** (*оцениваемый в миллионы*) worth millions. **3** (*исчисляемый миллионом*) million-strong.

мúл|овать, ую *impf* (*of* **⇒по~**) to pardon, spare.

мил|овáться, у́юсь *impf* (*coll*) to exchange caresses.

миловúд|ный (~ен, ~на) *adj* pretty, nice-looking.

милóрд, а *m* (mi)lord.

милосéрди|е, я *nt* mercy, charity.

милосéрд|ный (~ен, ~на) *adj* merciful, charitable.

мúлостив|ый (~, ~а) *adj* (*obs*) gracious, kind; **м. государь** (*в обращении*) sir; (*в письме*) (Dear) Sir; **~ая госудáрыня** madam; (*в письме*) (Dear) Madam.

мúлостын|я, и *f* alms.

мúлост|ь, и *f* **1** (*благодеяние*) favour (*Br*), favor (*US*); **~и прóсим!** (*coll*) welcome!; **скажú(те) на м.!** (*coll, ironical*) you don't say (so)! **2** (*доброта*) kindness; charity; **сдáться на м. победúтеля** to surrender unconditionally; **из ~и** out of charity. **3** (*obs*) (*в обращении*): **вáша м.** Your Worship.

мúлочк|а, и *f* (*coll*) dear, darling.

мúл|ый (~, ~á, ~о, ~́лы) *adj* **1** nice, sweet; lovable; **это óчень ~о с вáшей сторонú** it is very nice of you. **2** dear; *as n* **м., ~ого** *m*, **~ая, ~ой** *f* dear, darling.

мúл|я, и *f* mile.

мим, а *m* (*theatr*) mime (artist).

мúмик|а, и *f* facial expressions.

мимикрú|я, и *f* (*biol*) mimicry.

мимúст, а *m* mimic.

мимúст|ка, ки *f of* **⇒~**

мимúческий *adj* mimic.

мúмо *adv and prep* + *g* by, past; **пройтú, проéхать м.** to pass by, to pass; **м.!** miss(ed)!

мимоéздом *adv* (*coll*) in passing.

мимóз|а, ы *f* (*bot*) mimosa.

мимолёт|ный (~ен, ~на) *adj* fleeting, transient.

мимохóдом *adv* in passing; **м. упомянýть** (*fig, coll*) to mention in passing.

мин. (*abbr of* **минýта**) min., minute(s).

М

ми́н|а¹, ы *f* **1** (*mil, naut*) mine. **2** (*mil*) (*снаряд миномёта*) mortar shell, mortar bomb.

ми́н|а², ы *f* (*выражение лица*) expression, mien; **де́лать хоро́шую ~у при плохо́й игре́** to put a brave face on a sorry business.

минаре́т, а *m* minaret.

миндалеви́дн|ый *adj* almond-shaped; **~ая железа́** (*anat*) tonsil.

минда́лин|а, ы *f* **1** (*opex*) almond. **2** (*anat*) tonsil.

минда́л|ь, я́ *m* **1** (*дерево*) almond tree. **2** (*collect*) (*орехи*) almonds.

минда́ль|ный *adj of* ⇒**~**

минёр, а *m* (*mil*) minelayer.

минера́л, а *m* mineral.

минера́лк|а, и *f* (*coll*) mineral water.

минералоги́ческий *adj* mineralogical.

минерало́ги|я, и *f* mineralogy.

минера́льный *adj* mineral.

мине́т, а *m* (*coll*) blow job (*vulg sl*); **де́лать кому́-н. м.** to give s.o. a blow job.

Минздра́в, а *m* (*abbr of* **Министе́рство здравоохране́ния**) Ministry of Health.

ми́ни *nt indecl* mini (*esp a skirt or dress*).

миниатю́р|а, ы *f* (*art, mus*) miniature; (*theatr*) short piece, play.

миниатюриза́ци|я, и *f* miniaturization.

миниатюри́ст, а *m* miniature painter, miniaturist.

миниатю́р|ный (~ен, ~на) *adj* **1** *adj of* ⇒**~а**. **2** (*fig*) diminutive, tiny, dainty.

ми́ни-ди́ск, а *m* minidisc.

ми́ни-компью́тер, а *m* minicomputer.

минима́л|ьный (~ен, ~ьна) *adj* minimum; **~ьная за́работная пла́та** minimum wage.

ми́нимум, а *m* **1** minimum; **прожи́точный м.** living wage. **2** (*as adv*) at the least, at the minimum.

мини́р|овать, ую *impf and pf* (*pf also* **за~**) (*mil, naut*) to mine.

министе́рский *adj* ministerial.

министе́рств|о, а *nt* (*pol*) ministry.

мини́стр, а *m* (*pol*) minister; **м.-президе́нт, премье́р-м.** Prime Minister, premier.

ми́ни-футбо́л, а *m* ≈ five-a-side.

ми́ни-ЭВМ *f indecl* = **ми́ни-компью́тер**

ми́ни-ю́бк|а, и *f* miniskirt.

ми́нн|ый *adj* (*mil*) mine; **~ое по́ле** minefield.

мин|ова́ть, у́ю *impf and pf* **1** (*пройти/проехать мимо*) to pass (by); **~у́я подро́бности** omitting details. **2** (*pf only*) (*окончиться*) to be over, be past; **опа́сность ~ова́ла** the danger is past. **3** (*only with* **не** + *g*) (*избежать*) to escape, avoid; **не м. тебе́ тюрьмы́** you cannot escape being sent to prison.

мино́г|а, и *f* (*zool*) lamprey.

миноиска́тел|ь, я *m* (*mil*) mine-detector.

миномёт, а *m* (*mil*) mortar.

миномёт|ный *adj of* ⇒**~**

миномётчик, а *m* (*mil*) mortar man.

миноно́с|ец, ца *m* (*naut*) torpedo boat; **эска́дренный м.** destroyer.

мино́р, а *m* **1** (*mus*) minor key. **2** (*fig*) (*грустное настроение*) the blues; **быть в ~е** to have the blues, be in the dumps.

мино́рн|ый *adj* **1** (*mus*) minor. **2** (*fig*) (*грустный*) gloomy, depressed; **быть в ~ом настрое́нии** to have the blues, be in the dumps.

Минск, а *m* Minsk.

мину́вш|ий *adj* past; *as n* **~ее, ~его** *nt* the past.

ми́нус, а *m* **1** (*math*) minus. **2** (*fig, coll*) (*недостаток*) shortcoming, drawback.

минусово́й *adj* sub-zero; (*elec*) negative.

мину́т|а, ы *f* minute.

мину́т|ный *adj* **1** *adj of* ⇒**~а**; **~ная стре́лка** minute hand. **2** momentary; **~ная встре́ча** brief encounter.

мин|у́ть, ~́ет *pf* **1** (*past* **~у́л, ~у́ла**) = **минова́ть**. **2** (*past* **~́ул, ~́ула**) (+ *d*) to pass (*only in expressions of age*); **ему́ ~́уло два́дцать лет** he has turned twenty.

миока́рд, а *m* myocardium; **инфа́ркт ~а** myocardial infarction.

миопи́|я, и *f* (*med*) myopia.

миоце́н, а *m* (*geol*) the Miocene (epoch).

миоце́новый *adj* (*geol*) Miocene.

мир¹, а *m* (*согласие*) peace; **про́чный м.** lasting peace; **заключи́ть м.** to make peace; **м. вам!** peace be with you!; **иди́те с ~́ом** go in peace.

мир², а, *pl* **~ы́** *m* (*вселенная*) world (*also fig*); universe; **академи́ческий м.** academia; **живо́тный м.** fauna; **расти́тельный м.** flora; **престу́пный м.** the underworld; **не от ~́а сего́** (*coll*) other-worldly, not of this world; **си́льные ~́а сего́** (*obs, ironical*) people occupying a high position in society; **в ~у́** in the world (*opp in a monastery*); **ходи́ть по́ ~у** to beg, live by begging; **пусти́ть по́ ~у** to ruin utterly.

мир³, а *m* (*hist*) Mir (*Russian village community*).

мира́ж, а *m* mirage (*also fig*); optical illusion.

мира́кл|ь, я *m* (*literary, theatr*) miracle play.

мир|и́ть, ю́, и́шь *impf* **1** (*pf* **по~**) (*враждующих*) to reconcile. **2** (*pf* **при~**) (**с** + *i*) (*заставлять терпимо относиться*) to reconcile (to); **больша́я зарпла́та ~и́ла его́ с неприя́тными усло́виями рабо́ты** high wages reconciled him to unpleasant working conditions.

мир|и́ться, ю́сь, и́шься *impf* (**с** + *i*) **1** (*pf* **по~**) (*прекращать вражду*) to be reconciled (with), make it up (with). **2** (*pf* **при~**) (*терпимо относиться*) to reconcile o.s. (to); **м. со свои́м положе́нием** to accept the situation.

ми́р|ный (~ен, ~на) *adj* **1** *adj of* ⇒**~¹**. **2** peaceful; peaceable; **~ное сосуществова́ние** (*pol*) peaceful coexistence; **~ные жи́тели** civilian popluation.

миров|а́я, о́й *f* peaceful settlement; amicable agreement.

мировоззре́ни|е, я *nt* (world) outlook, Weltanschauung; (one's) philosophy (of life).

мир|ово́й¹ *adj of* ⇒**~²**; **~ова́я война́** world war; (*coll, joc*) (*отличный*) first-rate, first class.

мирово́й² *adj* (*obs*) conciliatory; (*hist*): **м. посре́дник** arbitrator; **м. судья́** Justice of the Peace.

мировосприя́ти|е, я *nt* perception of the world.

мирозда́ни|е, я *nt* the universe.

миролюби́вост|ь, и *f* peaceable disposition.

миролюби́в|ый (~, ~а) *adj* peaceable.

миролю́би|е, я *nt* peaceableness.

мироощуще́ни|е, я *nt* attitude, disposition.

миропома́зани|е, я *nt* (*eccl*) anointing.

миропонима́ни|е, я *nt* = **мировоззре́ние**

миросозерца́ни|е, я *nt* = **мировоззре́ние**

миротво́р|ец, ца *m* peacemaker.

ми́рр|а, ы *f* (*bot*) myrrh.

мирско́й¹ *adj* secular, lay; mundane, worldly.

мир|ско́й² *adj of* ⇒**~³**; **~ска́я схо́дка** peasants' meeting.

мирт, а *m* (*bot*) myrtle.

ми́рт|овый *adj of* ⇒**~**

ми́ск|а, и *f* basin, bowl.

мисс *f indecl* Miss.

миссионе́р, а *m* missionary.

миссионе́р|ка, ки *f of* ⇒**~**

миссионе́р|ский *adj of* ⇒**~**

миссионе́рств|о, а *nt* missionary work.

ми́ссис *f indecl* Mrs.

ми́сси|я, и *f* mission.

ми́стер, а *m* mister, Mr

мисте́ри|я, и *f* (*hist, theatr*) mystery, miracle play.

ми́стик, а *m* mystic.

ми́стик|а, и *f* mysticism; (*coll*) mystery.

мистифика́тор, а *m* hoaxer.

мистифика́ци|я, и *f* hoax, leg-pull.

мистифици́р|овать, ую *impf and pf* to hoax, mystify.

мистици́зм, а *m* mysticism.

мисти́ческий *adj* mystic(al).

мистра́л|ь, я *m* mistral (wind).

мит|ёк, ька́ *m* (*sl*) mityok, hippy artist.

мите́н|ки, ок *pl* (*sg* **~ка, ~ки** *f*) mittens.

ми́тинг, а *m* (political) mass meeting; rally.

митинг|ова́ть, у́ю *impf* (*coll*) **1** to hold a mass meeting (about). **2** (*pej*) to discuss endlessly.

митинго́вый *adj of* ⇒**ми́тинг**

миткал|е́вый *adj of* ⇒**~ь**

миткал|ь, я́ *m* (*textiles*) calico.

ми́тр|а, ы *f* (*eccl*) mitre.

митрополи́т, а *m* (*eccl*) metropolitan.

митрополи́|тский *adj* = **~чий**
митрополи́|чий *adj of* **⇒~т**
мит|ько́вый *adj of* **⇒~ёк**
миф, а *m* myth (*also fig*).
мифи́ческий *adj* mythic(al).
мифологи́ческий *adj* mythological.
мифоло́ги|я, и *f* mythology.
ми́чман, а, *pl* (*in naval usage*) **~а́, ~о́в** *m* (*naut*) **1** warrant officer. **2** (*в царской России*) midshipman.
мише́н|ь, и *f* target (*also fig*).
ми́шк|а, и *m* **1** (*медведь*) (*pet name for*) bear. **2** (*игрушка*) teddy bear.
мишур|а́, ы́ *f* **1** tinsel. **2** (*fig*) trumpery.
мишу́рный *adj* tinsel (*attr*); (*fig*) tawdry, ostentatious.
младе́н|ец, ца *m* baby, infant.
младе́нческий *adj* infantile.
младе́нчеств|о, а *nt* infancy, babyhood.
млад|о́й (~, ~а́, ~о) *adj* (*archaic or poetical*) young; **стар и ~** one and all (*without respect of age*).
младопи́сьменный *adj*: **м. язы́к** language having newly acquired a written form.
мла́дост|ь, и *f* (*archaic or poetical*) youth.
мла́дший *adj* (*comp and superl of* **⇒молодо́й**) **1** (*более молодой*) younger. **2** (*самый молодой*) the youngest. **3** (*по служебному положению*) junior; **м. лейтена́нт** second lieutenant.
млекопита́ющ|ее, его *nt* (*zool*) mammal.
мле|ть, ю *impf* (**от** + *g*) to be overcome (*with delight, fright, etc.*).
мле́чный *adj* (*archaic or poetical*) milky; **м. сок** (*bot*) latex; **М. Путь** (*astron*) the Milky Way, the Galaxy.
млн. (*abbr of* **миллио́н**) m, million(s).
млрд. (*abbr of* **миллиа́рд**) b., billion(s) (= *thousand million*).
мм (*abbr of* **миллиме́тр**) mm, millimetre(s) (*Br*), millimeter(s) (*US*).
мне *d and p of* **⇒я**
мнемо́ник|а, и *f* mnemonics; system of mnemonics.
мнемони́ческий *adj* mnemonic.
мне́ни|е, я *nt* opinion.
мни́м|ый *adj* **1** (*воображаемый*) imaginary (*also math*); **~ая величина́** imaginary quantity. **2** (*притворный*) sham, pretended; **м. больно́й** hypochondriac.
мни́тельност|ь, и *f* **1** (*ипохондрия*) hypochondria. **2** (*подозрительность*) mistrustfulness, suspiciousness.
мни́тел|ьный (~ен, ~ьна) *adj* **1** (*ипохондрический*) hypochondriac. **2** (*подозрительный*) mistrustful, suspicious.
мн|ить, ю, ишь *impf* **1** (*obs*) to think, imagine. **2**: **м. мно́го о себе́** to think a lot of o.s.
мни́т|ься, ~ся *impf* (*impers; obs or poetical*): **~ся** it seems, methinks.
мно́г|ие, их *adj and n* many; **во ~их отноше́ниях** in many respects.
мно́го *adv* (+ *g*) much; many; a lot (of); **м. вре́мени** much time; **м. лет** many years; **о́чень м. знать** to know a great deal; **м. лу́чше** much better; **ни м., ни ма́ло** (*coll*) neither more nor less.
много... *comb form* many-, poly-, multi-.
многобо́жи|е, я *nt* polytheism.
многобо́р|ец, ца *m* all-round athlete, multi-eventer.
многобо́рь|е, я *nt* multi-discipline event *or* competition.
многобра́чи|е, я *nt* polygamy.
многобра́ч|ный (~ен, ~на) *adj* polygamous.
многова́то *adv* (*coll*) a bit too much.
многовеково́й *adj* centuries-old.
многовла́сти|е, я *nt* = **многонача́лие**
многово́д|ный (~ен, ~на) *adj* (*река*) full, having high water level.
многоговоря́щий *adj* revealing, suggestive.
многогра́нник, а *m* (*math*) polyhedron.
многогра́н|ный (~ен, ~на) *adj* (*math*) polyhedral; (*fig*) many-sided; multifaceted.
многоде́т|ный (~ен, ~на) *adj* having many children.
многодне́вный *adj*: **м. путь** a journey lasting several days.
мно́г|ое, ого *nt* much, a great deal; **во ~ом** in many respects.
многожё́н|ец, ца *m* polygamist.
многожё́нств|о, а *nt* polygamy.
многозада́чный *adj*: **м. режи́м (рабо́ты)** (*comput*) multitasking.
многозначи́тельност|ь, и *f* significance.
многозначи́тел|ьный (~ен, ~ьна) *adj* significant.
многозна́ч|ный (~ен, ~на) *adj* **1** (*math*) multi-digit. **2** (*ling*) polysemous; **~ное сло́во** polysemous word, polyseme.
многокле́точный *adj* (*biol*) multicellular.
многокра́сочный *adj* polychromatic, many-coloured (*Br*), -colored (*US*).
многокра́т|ный (~ен, ~на) *adj* **1** repeated; frequent. **2** (*gram*) frequentative, iterative.
многоле́тний *adj* **1** lasting *or* living many years; of many years' standing. **2** (*bot*) perennial.
многоле́тник, а *m* (*bot*) perennial.
многоли́к|ий (~, ~а) *adj* many-sided.
многолю́д|ный (~ен, ~на) *adj* (*район*) populous; (*улица*) crowded.
многомиллиа́рдный *adj* multibillion.
многомиллио́нный *adj* multimillion; of many millions.
многому́жи|е, я *nt* polyandry.
многонациона́л|ьный (~ен, ~ьна) *adj* multinational.
многонача́ли|е, я *nt* multiple authority (*absence of clearly-defined spheres of authority*).
многоно́жк|а, и *f* (*zool*) centipede, millipede.
многообеща́ющий *adj* **1** (*ученик*) promising, hopeful. **2** (*взгляд*) significant.
многообра́зи|е, я *nt* variety, diversity.
многообра́з|ный (~ен, ~на) *adj* varied, diverse.
многопарти́йный *adj* multiparty.
многопо́ль|е, я *nt* (*agric*) crop rotation system involving seven or eight fields.
многопо́ль|ный *adj of* **⇒~е**
многора́совый *adj* multiracial.
многоречи́в|ый (~, ~а) *adj* loquacious, verbose.
многосеме́|йный (~ен, ~йна) *adj* having a large family.
многосери́йный *adj* serial.
многосло́в|ный (~ен, ~на) *adj* verbose.
многосло́жный *adj* polysyllabic.
многосло́йн|ый *adj* multilayer; **~ая фане́ра** plywood.
многосторо́н|ний (~ен, ~ня) *adj* **1** (*no short forms*) (*math*) polygonal. **2** (*договор*) multilateral. **3** (*человек*) many-sided, versatile.
многострада́л|ьный (~ен, ~ьна) *adj* long-suffering.
многоступе́нчатый *adj* (*tech*) multistage.
многотира́жк|а, и *f* (*coll*) factory newspaper; house organ.
многотира́жный *adj* published in large editions; large-circulation.
многото́мный *adj* multi-volume.
многото́чи|е, я *nt* (*printing*) ellipsis.
многотру́д|ный (~ен, ~на) *adj* arduous.
многоуважа́емый *adj* respected; (*в письме*) dear.
многоуго́льник, а *m* (*math*) polygon.
многоуго́льный *adj* (*math*) polygonal.
многоцве́т|ный (~ен, ~на) *adj* **1** multicoloured (*Br*), -colored (*US*). **2** (*printing*) polychromatic.
многоцелево́й *adj* multi-purpose.
многочи́слен|ный (~, ~на) *adj* numerous.
многочле́н, а *m* (*math*) multinomial.
многоэта́жный *adj* multi-storey (*Br*), multistory (*US*), high-rise.
мно́жественност|ь, и *f* plurality.
мно́жественн|ый *adj* plural; **~ое число́** (*gram*) plural (number).
мно́жеств|о, а *nt* a great number, a quantity; multitude; (*math*) set.
мно́жим|ое, ого *nt* (*math*) multiplicand.
мно́жител|ь, я *m* multiplier, factor.
мно́ж|ить, у, ишь *impf* **1** (*pf* **по~, у~**) (*math*) to multiply. **2** (*pf* **у~**) (*увеличивать*) to increase, augment.
мно́ж|иться, ится *impf* (*of* **⇒у~**) **1** to multiply, increase (*intrans*). **2** *passive of* **⇒~ить**
мной, мно́ю *i of* **⇒я**
мобилиза|цио́нный *adj of* **⇒~́ция**
мобилиза́ци|я, и *f* mobilization.
мобилизо́ванност|ь, и *f* complete readiness for action.

мобилизо́в|анный *ppp of* ⇒**~а́ть**; *as n* **м., ~анного** *m* mobilized soldier.

мобилиз|ова́ть, у́ю *impf and pf* (*pf also* **отмобилизова́ть**) (**на** + *a*) to mobilize (for).

моби́л|ьник, а *m* (*coll*) mobile (phone) (*Br*), cellphone.

моби́л|ьный (~ен, ~ьна) *adj* mobile; *as n* (*coll*) (*also* **м. телефо́н**) mobile (phone) (*Br*), cellphone.

моги́л|а, ы *f* grave; **свести́ в ~у** to be the death of.

моги́льник, а *m* (*archaeol*) burial ground.

моги́льный *adj* **1** *adj of* ⇒**моги́ла**. **2** sepulchral.

моги́льщик, а *m* gravedigger.

мо|гу́, ~́гут *see* ⇒**мочь**

могу́ч|ий (~, ~а) *adj* mighty, powerful.

могу́ществен|ный (~, ~на) *adj* powerful; potent.

могу́ществ|о, а *nt* power, might.

мо́д|а, ы *f* fashion, vogue; **выходи́ть из ~ы** to go out of fashion; **по после́дней ~е** in the latest fashion.

мода́льный *adj* modal.

модели́зм, а *m* modelling (*Br*), modeling (*US*).

модели́р|овать, ую *impf and pf* (*pf also* **с~**) (*одежду*) to design.

моде́л|ь, и *f* model; (*платья*) design; (*для отливки*) pattern.

моделье́р, а *m* fashion designer, couturier.

моде́ль|ный *adj* **1** *adj of* ⇒**~**. **2** fashionable.

моде́льщик, а *m* (*tech*) modeller (*Br*), modeler (*US*), pattern maker.

моде́м, а *m* (*comput*) modem.

моде́рн, а *m* modernist style; *as indecl adj* modern; **м.-бале́т** modern dance.

модерниза́ци|я, и *f* modernization; updating.

модернизи́р|овать, ую *impf and pf* to modernize; to update.

модерни́зм, а *m* (*art*) modernism.

модерниз|ова́ть, у́ю *impf and pf* = **~и́ровать**

moderни́ст, а *m* (*art*) modernist.

модерни́ст, а *m* (*art*) modernist.

моде́рно́вый *adj* (*coll*) modern; trendy, with-it.

моде́рный = **моде́рно́вый**

моджахе́д, а *m* mujahedin fighter; (*in pl*) mujahedin (*pl*).

моди́стк|а, и *f* milliner.

модифика́ци|я, и *f* modification.

модифици́р|овать, ую *impf and pf* to modify.

мо́дник, а *m* (*coll*) trendy dresser.

мо́дни|ца, цы *f of* ⇒**~к**

мо́днича|ть, ю *impf* (*coll*) to dress in the latest fashion.

мо́д|ный (~ен, ~́на́, ~но) *adj* **1** fashionable, stylish. **2** *adj of* ⇒**~а**; **м. журна́л** fashion magazine.

модули́р|овать, ую *impf* (*mus and tech*) to modulate.

мо́дул|ь, я *m* (*math*) modulus; (*tech*) module.

модуля́ци|я, и *f* (*mus and tech*) modulation.

мо́евк|а, и *f* (*zool*) kittiwake.

мо́жет *see* ⇒**мочь**

можжевёловый *adj* juniper.

можжеве́льник, а *m* (*bot*) juniper.

мо́жно *pred* (*impers* + *inf*)
1 (*возможно*) it is possible; **м. бы́ло э́то предви́деть** it could have been foreseen; **как м.** + *comp* as ... as possible; **как м. скоре́е** as soon as possible.
2 (*разрешается*) it is permissible, one may; **м. (мне/нам) идти́?** may I/we go?

моза́ик|а, и *f* mosaic; (*искусство*) mosaic work.

моза́ич|ный (~ен, ~на) *adj* (*плитка*) mosaic; (*мебель*) inlaid.

Мозамби́к, а *m* Mozambique.

мозамби́к|ец, ца *m* Mozambican.

мозамби́кский *adj* Mozambican.

мозг, а, в ~у́, *pl* **~и́, ~о́в** *m* **1** brain (*also fig*); (*fig*) nerve centre (*Br*), center (*US*); **головно́й м.** brain, cerebrum; **спинно́й м.** spinal cord. **2** (*anat*) marrow; **до ~́а косте́й** (*fig, coll*) to the core.

мо́згл|ый (~, ~а) *adj* (*coll*) dank.

мозгля́в|ый (~, ~а) *adj* (*coll*) weakly, puny.

мозгови́т|ый (~, ~а) *adj* (*coll*) brainy.

мозгов|о́й *adj* (*anat*) cerebral; (*fig*) brain; **~а́я ата́ка** brainstorming session, brainstorm.

Мо́зел|ь, я *m* the Moselle (*river*).

мозжеч|о́к, ка́ *m* (*anat*) cerebellum.

мозо́лист|ый (~, ~а) *adj* calloused.

мозо́л|ить, ю, ишь *impf* (*of* ⇒**на~**) to make calloused; **м. глаза́** (+ *d*; *fig, coll*) to plague (with one's presence).

мозо́л|ь, и *f* corn; callus, callosity; **ру́ки в ~ях** calloused hands.

мозо́ль|ный *adj of* ⇒**~**; **м. пла́стырь** corn plaster.

мой *possessive pron & adj* (*без существительного*) mine; (*при существительном*) my; *as n* **мои́, мои́х** my people; **по-мо́ему** (*по моему мнению*) in my opinion; (*так, как я считаю правильным*) as I think right.

мо́йк|а, и *f* **1** (*действие*) washing. **2** (*машина*) washer. **3** (*раковина*) sink.

мо́йщик, а *m* washer; cleaner; **м. о́кон** window cleaner; **м. посу́ды** dishwasher (*person*), washer-up.

мо́к|нуть, ну, нешь, *past* **~, ~ла** *impf* **1** (*pf* **вы́~**) (*становиться мокрым*) to become wet, become soaked. **2** (*лежать в воде*) to soak (*intrans*). **3** (*о ране*) to weep.

мокри́ц|а, ы *f* **1** (*zool*) woodlouse. **2** (*bot*) chickweed (*Stellaria media*).

мокри́ц|а, ы *f* woodlouse.

мокрова́т|ый (~, ~а) *adj* moist, damp.

мокро́т|а, ы *f* (*med*) phlegm.

мокрот|а́, ы́ *f* humidity, moistness.

мо́кр|ый (~, ~а́, ~о) *adj* wet; **м. снег** sleet; (*impers, pred*): **~о** it is wet; **у неё глаза́ на ~ом ме́сте** (*coll*) she is easily moved to tears.

мол[1]**, а** *m* mole, pier.

мол[2] (*contraction of* **мо́лвил**) (*coll*) he says (said), they say (said), *etc.* (*indicating reported speech*); **он, м., никогда́ там не́ был** he said he had never been there.

молв|а́, ы́ *f* (*obs*) rumour (*Br*), rumor (*US*), talk; **идёт м.** rumour (*Br*), rumor (*US*) has it.

мо́лв|ить, лю, ишь *pf* (*obs*) to say.

молдава́н|ин, ина, *pl* **~е, ~** *m* Moldovan.

молдава́н|ка, ки *f of* ⇒**~ин**

Молда́ви|я, и *f* Moldavia.

молда́вский *adj* Moldovan; (*язык*) Moldavian.

Молдо́в|а, ы *f* Moldova.

моле́б|ен, на *m* (*eccl*) service; public prayer.

моле́кул|а, ы *f* (*phys*) molecule.

молекуля́рный *adj* molecular.

моле́л|ьня, ьни, *g pl* **~ен** *f* chapel, meeting house.

моле́ни|е, я *nt* **1** (*действие*) praying. **2** (*мольба*) entreaty, supplication.

молески́н, а *m* (*textiles*) moleskin.

молибде́н, а *m* (*chem*) molybdenum.

молибде́н|овый *adj of* ⇒**~**

моли́тв|а, ы *f* prayer.

моли́твенник, а *m* prayer book.

моли́тв|енный *adj of* ⇒**~а**

мол|и́ть, ю́, ~́ишь *impf* (*a and* **о** + *p*) to pray (for), entreat (for), supplicate (for), beseech; **~ю́ вас о по́мощи** I beg you to help me.

мол|и́ться, ю́сь, ~́ишься *impf* **1** (*pf* **по~**; + *d*) to pray (to). **2** (*fig*; **на** + *a*) to idolize.

моллю́ск, а *m* mollusc; shellfish.

молниено́сно *adv* with lightning speed, like lightning.

молниено́с|ный (~ен, ~на) *adj* (quick as) lightning; **~ная война́** blitzkrieg.

молниеотво́д, а *m* lightning conductor.

мо́лни|я, и *f* **1** lightning.
2: **(телегра́мма-)м.** express telegram.
3: **(застёжка-)м.** zip fastener (*Br*), zipper (*US*).

молодёж|ный *adj of* ⇒**~ь**

молодёж|ь, и *f* (*collect*) youth; young people.

молоде́|ть, ю, ешь *impf* (*of* ⇒**по~**) to grow young again.

молод|е́ц, ца́ *m* fine fellow; (*о женщине*) fine girl; *as int*: **м.!** well done!

молоде́цкий *adj* (*coll*) dashing, spirited.

молоде́честв|о, а *nt* spirit, mettle.

моло|ди́ть, жу́, ди́шь *impf* to make look younger.

моло|ди́ться, жу́сь, ди́шься *impf* to try to look younger than one's age.

молодня́к, а́ *m* (*collect*) **1** (*bot*) saplings. **2** (*zool*) young animals; cubs. **3** (*coll*) the younger generation.

молодожён|ы, ов *pl* (*sg* **~, ~а** *m*) **1** newly married couple, newly-weds. **2** (*sg*) newly married man.

молод|о́й (мо́лод, ~а́, мо́лодо) *adj* **1** young; (*свойственный молодости*) youthful; **м. задо́р** youthful hot-headedness; **м. карто́фель** new potatoes; **м. ме́сяц** new moon. **2** *as n* (*coll*) **м., ~о́го** *m* bridegroom; **~а́я, ~о́й** *f* bride; **~ы́е, ~ы́х** newly married couple, newly-weds.

мо́лодост|ь, и *f* youth; youthfulness.

молодцева́т|ый (~, ~а) *adj* dashing.

моло́дчик, а *m* (*coll*) thug.

молодчи́н|а, ы *cg* (*coll*) = **молоде́ц**

мо́лод|ь, и *f* young; fry.

моложа́вост|ь, и *f* youthful appearance (*for one's years*).

моложа́в|ый (~, ~а) *adj* (*человек*) young-looking; (*вид*) youthful.

моло́|же *comp of* ⇒**~до́й**

моло́к|и, ~ (*pl*) soft roe, milt.

молок|о́, а́ (*no pl*) *nt* milk.

молокову́з, а *m* milk tanker.

молокосо́с, а *m* (*coll*) greenhorn, raw youth.

мо́лот, а *m* hammer; **кузне́чный м.** sledgehammer.

молоти́лк|а, и *f* threshing machine.

молоти́льщик, а *m* thresher.

моло|ти́ть, чу́, ~́тишь *impf* (*of* ⇒**с~**) to thresh.

молот|о́к, ка́ *m* hammer; **отбо́йный м.** pneumatic drill; **прода́ть с ~ка́** to sell by auction, auction.

молото́ч|ек, ка *m* **1** *diminutive of* ⇒**молото́к 2** (*anat*) malleus.

мо́лот|ый (~, ~а) *ppp of* ⇒**моло́ть** *and adj* ground.

моло́ть, мелю́, ме́лешь *impf* (*of* ⇒**с~**) to grind; **м. вздор** (*no pf; fig, coll*) to talk nonsense *or* rot.

молотьб|а́, ы́ *f* threshing.

молоча́|й, я *m* (*bot*) euphorbia.

моло́чн|ая, ой *f* dairy; creamery.

моло́чник[1], а *m* (*посуда*) milk jug.

моло́чник[2], а *m* (*разносчик молока*) milkman.

моло́чниц|а[1], ы *f* milk seller.

моло́чниц|а[2], ы *f* (*med*) thrush.

моло́чност|ь, и *f* (*agric*) yield (*of cow*).

моло́чн|ый *adj* **1** *adj of* ⇒**молоко́**; **м. брат** foster-brother; **~ые изде́лия** dairy products; **м. поросёнок** suck(l)ing pig; **~ое стекло́** frosted glass; **~ое хозя́йство** (*деятельность*) dairy farming; (*предприятие*) dairy farm. **2** milky; lactic; **~ая кислота́** (*chem*) lactic acid.

мо́лча *adv* silently, in silence.

молчали́в|ый (~, ~а) *adj* **1** (*человек*) taciturn, silent. **2** (*одобрение*) tacit, unspoken.

молча́ни|е, я *nt* silence.

молч|а́ть, у́, и́шь *impf* to be silent; (**о** + *p*) to keep silent (about).

молч|ко́м *adv* (*coll*) = **~́а**

молчо́к *m indecl* (*coll*) silence; **об э́том — м.!** not a word of (about) this!

мол|ь, и *f* (clothes) moth.

мольб|а́, ы́ *f* entreaty, supplication.

мольбе́рт, а *m* easel.

моля́щ|ийся, егося *m* worshipper.

моме́нт, а *m* **1** (*миг*) moment; instant; **в да́нный м.** at the present time, at the moment; **на м. прове́рки** at the time of inspection; **лови́ м.!** now's your chance!; go for it! **2** (*черта*) feature, element, factor. **3** (*phys*) moment.

момента́льно *adv* in a moment, instantly.

момента́л|ьный (~ен, ~ьна) *adj* instantaneous; **м. сни́мок** snapshot.

моме́нтами *adv* (*coll*) now and then.

Мона́ко *nt indecl* Monaco.

мона́рх, а *m* monarch.

монархи́зм, а *m* monarchism.

монархи́ст, а *m* monarchist.

монархи́ст|ка, ки *f of* ⇒**~**

монархи́ческий *adj* monarchic(al).

мона́рхи|я, и *f* monarchy.

мона́рший *adj of* ⇒**мона́рх**

монасты́рский *adj* monastic.

монасты́р|ь, я́ *m* monastery; (**же́нский**) **м.** convent, nunnery.

мона́х, а *m* monk; friar; **постри́чься в ~и** to take the monastic vows.

мона́хин|я, и *f* nun; **постри́чься в ~и** to take the veil.

мона́шенк|а, и *f* (*coll*) nun.

мона́шеский *adj* monastic; (*fig, joc*) monkish.

мона́шеств|о, а *nt* **1** (*монашеская жизнь*) monasticism. **2** (*collect*) (*монахи*) monks.

Монбла́н, а *m* Mont Blanc.

монго́л, а *m* Mongol, Mongolian.

Монго́ли|я, и *f* Mongolia.

монго́л|ка, ки *f of* ⇒**~**

монго́льский *adj* Mongolian.

монега́ск, а *m* Monégasque.

монега́сский *adj* Monégasque.

моне́т|а, ы *f* coin; **разме́нная м.** change; **плати́ть кому́-н. той же ~ой** (*fig*) to give s.o. a dose of his own medicine; **приня́ть за чи́стую ~у** (*fig, coll*) to take at face value, take in good faith.

монетари́ст, а *m* (*econ*) monetarist.

монетари́ст|ский *adj of* ⇒**~**

моне́тный *adj* monetary; **м. двор** mint.

мони́ст|о, а *nt* necklace.

монито́р, а *m* (*TV, comput*) monitor.

мо́но *nt indecl* mono.

монога́ми|я, и *f* monogamy.

монога́м|ный (~ен, ~на) *adj* monogamous.

моногра́мм|а, ы *f* monogram.

моногра́фи|я, и *f* monograph.

моно́кл|ь, я *m* monocle.

моноли́т, а *m* monolith.

моноли́тност|ь, и *f* monolithic character, solidity.

моноли́т|ный (~ен, ~на) *adj* monolithic (*also fig*; *pol*); (*fig*) solid.

моноло́г, а *m* monologue, soliloquy.

монома́н, а *m* (*med*) monomaniac.

монома́ни|я, и *f* (*med*) monomania.

монопла́н, а *m* monoplane.

монополиза́ци|я, и *f* monopolization.

монополизи́р|овать, ую *impf and pf* to monopolize.

монополи́ст, а *m* monopolist.

монополисти́ческий *adj* monopolistic.

монопо́ли|я, и *f* (*econ and fig*) monopoly.

монопо́л|ьный *adj of* ⇒**~ия**; **~ьное пра́во** exclusive rights.

монoréльсовый *adj* monorail.

моноспекта́кл|ь, я *m* one-man/-woman show.

монотеи́зм, а *m* monotheism.

монотеисти́ческий *adj* monotheistic.

моноти́п, а *m* (*printing*) Monotype (*propr*) machine (*machine that casts type letter by letter*).

моното́н|ный (~ен, ~на) *adj* monotonous.

монофони́ческий *adj* mono(phonic).

монохро́мный *adj* monochrome.

моноци́кл, а *m* unicycle.

монпансье́ *nt indecl* fruit drops.

Монреа́л|ь, я *m* Montreal.

монстр, а *m* monster.

монта́ж, а́ *m* **1** (*tech*) (*действие*) assembling, mounting, installation. **2** (*cin*) editing, montage; (*art, mus, literary*) arrangement.

монта́жник, а *m* (*на стройке*) rigger; (*на заводе*) fitter.

монта́жни|ца, цы *f of* ⇒**~к**

Мо́нте-Ка́рло *m & nt indecl* Monte Carlo.

монтёр, а *m* **1** fitter. **2** (*электромонтёр*) electrician.

монти́р|овать, ую *impf* (*of* ⇒**с~**) **1** (*tech*) to assemble, mount, fit. **2** (*cin*) to edit; (*art, mus, literary*) to arrange.

монтиро́вк|а, и *f* (*монтажный лом*) crowbar; (*у водителей*) tyre lever (*Br*), tire iron (*US*).

монуме́нт, а *m* monument.

монумента́л|ьный (~ен, ~ьна) *adj* monumental (*also fig*).

мопе́д, а *m* moped.

мопс, а *m* pug (dog).

мор, а *m* (*obs and coll*) plague, wholesale deaths, high mortality.

морализи́р|овать, ую *impf* to moralize.

морали́ст, а *m* moralist.

морали́ст|ка, ки *f of* ⇒**~**

мора́л|ь, и *f* **1** (*нормы поведения*) (code of) morals, ethics. **2** (*coll*) (*нравоучение*) moralizing; **чита́ть м.** to moralize, preach. **3** (*басни*) moral.

мора́л|ьный (~ен, ~ьна) *adj* moral; ethical.

морато́ри|й, я *m* (*law, comm*) moratorium.

морг, а *m* morgue, mortuary.

морганати́ческий *adj* morganatic.

морг|а́ть, а́ю *impf* (*of* ⇒**~ну́ть**) to blink; to wink.

морг|ну́ть, ну́, нёшь *pf of* ⇒**~а́ть**; **гла́зом не ~ну́в** (*coll*) without batting an eyelid.

мо́рд|а, ы *f* **1** snout, muzzle. **2** (*coll*) (*лицо*) mug.

мордв|а́, ы́ *f* (*collect*) the Mordva, the Mordvins.

M

мордви́н, а *m* Mordvin.
мордви́н|ка, ки *f of* ⇒~
морде́нт, а *m* (*mus*) mordent.
мордобо́|й, я *m* (*sl*) fight.
Мордо́ви|я, и *f* Mordvinia.
мордо́вский *adj* Mordvinian.
мо́р|е, я, *pl* **~я́, ~е́й** *nt*: **за́ ~ем** overseas; **из-за ~я** from overseas; **на́ ~е/на ~е** at sea; **у ~я** by the sea; **ему́ м. по коле́но** (*coll*) he's not afraid of anything.
море́н|а, ы *f* (*geol*) moraine.
море́н|ный *adj of* ⇒**~а**
морёный *adj* (*of wood*) stained.
морепла́вани|е, я *nt* navigation, seafaring.
морепла́вател|ь, я *m* navigator, seafarer.
морепла́вательный *adj* nautical, navigational.
морехо́д, а *m* seafarer.
морехо́дност|ь, и *f* seaworthiness.
морехо́дный *adj* nautical.
морехо́дств|о, а *nt* (*obs*) navigation.
морж, а́ *m* walrus; (*coll*) (*open-air*) winter bather.
моржева́ни|е, я *nt* (*open-air*) winter bathing.
морж|ева́ть, у́ю *impf* (*coll*) to bathe in the open air in winter.
моржи́х|а, и *f of* ⇒**мор**;
морж|о́вый *adj of* ⇒~
Мо́рзе *indecl* Morse; **а́збука М.** Morse code.
морзя́нк|а, и *f* (*coll*) Morse code.
мори́лк|а, и *f* (*tech*) stain.
мор|и́ть¹, ю́, и́шь *impf* **1** (*pf* **вы́~** *and* **по~**) (*уничтожать*) to exterminate. **2** (*pf* **у~**) (*изнурять*) to exhaust, wear out; **м. го́лодом** to starve.
мор|и́ть², ю́, и́шь *impf* (*дерево*) to stain; **м. дуб** to fume oak.
морко́вк|а, и *f* (*coll*) a carrot.
морко́в|ный *adj of* ⇒**~ь**
морко́в|ь, и *f* carrot; (*collect*) carrot(s).
мормо́н, а *m* (*relig*) Mormon.
моров|о́й *adj*: **~о́е пове́трие, ~а́я я́зва** plague, pestilence.
моро́жениц|а, ы *f* **1** (*прибор*) ice-cream maker. **2** (*кафе*) ice-cream parlour (*Br*), parlor (*US*).
моро́жен|ое, ого *nt* ice cream; **м. в шокола́де** choc ice.
моро́женщик, а *m* ice-cream vendor.
моро́женщи|ца, цы *f of* ⇒**~к**
моро́женый *adj* frozen; (*картофель*) frost-damaged.
моро́з, а *m* **1** frost; **у меня́ м. по ко́же подира́ет/пошёл** it makes (made) my flesh creep. **2** (*usu in pl*) intensely cold weather.
морози́лк|а, и *f* (*coll*) freezer compartment; freezer.
морози́льник, а *m* freezer.
морози́льн|ый *adj* freezing; **~ая ка́мера** deep-freeze.
морози́льщик, а *m* (*coll*) refrigerator ship.
моро́|зить, жу, зишь *impf* (*of* ⇒**по~**) **1** to freeze, congeal. **2** (*impers*): **~зит** it is freezing.
моро́зник, а *m* hellebore.
моро́зн|ый *adj* frosty; (*impers, pred*): **~о** it is freezing.
морозосто́|йкий (~ек, ~йка) *adj* (*bot*) frost-resistant.
морозоусто́йчив|ый (~, ~а) *adj* = **морозосто́йкий**
моро́к|а, и *f* (*coll, fig*) darkness, confusion; **с ним одна́ м.** you can get no sense out of him.
морос|и́ть, и́т *impf* to drizzle.
моро́ч|ить, у, ишь *impf* (*of* ⇒**за~**) (*coll*) to fool, pull the wool over the eyes of; **м. го́лову кому́-н.** to take s.o. in.
моро́шк|а, и *f* cloudberry (*Rubus chamaemorus*).
морс, а *m* fruit drink.
морск|о́й *adj* **1** sea; maritime; marine, nautical; **м. волк** (*coll*) old salt; **~а́я звезда́** starfish; **м. ёж** (*zool*) sea urchin; **м. конёк** (*zool*) sea horse; **м. пейза́ж** seascape; **м. разбо́йник** pirate; **~а́я сви́нка** guinea pig; **~а́я свинья́** porpoise. **2** naval; **~а́я пехо́та** marines; **м. флот** navy, fleet.
морти́р|а, ы *f* (*mil*) mortar.
морти́р|ный *adj of* ⇒**~а**
морфе́м|а, ы *f* (*ling*) morpheme.
мо́рфи|й, я *m* (*pharm*) morphine.
морфологи́ческий *adj* morphological.
морфоло́ги|я, и *f* morphology.
морщи́н|а, ы *f* (*на лице*) wrinkle; (*на ткани*) crease.
морщи́нист|ый (~, ~а) *adj* wrinkled.
мо́рщ|ить, у, ишь *impf* **1** (*pf* **на~**) **м. лоб** to knit one's brow. **2** (*pf* **с~**) to wrinkle, pucker; **м. гу́бы** to purse one's lips.
морщ|и́ть, и́т *impf* to crease, ruck up (*intrans*).
мо́рщ|иться, усь, ишься *impf* **1** (*pf* **на~**) to knit one's brow. **2** (*pf* **по~** *and* **с~**) (*делать гримасы*) to make a wry face, wince. **3** (*pf* **с~**) (*об одежде*) to crease, wrinkle.
моря́к, а́ *m* sailor.
Москв|а́, ы́ *f* **1** (*город*) Moscow; **М. не сра́зу стро́илась** (*proverb*) Rome wasn't built in a day. **2** (*река*) the Moskva.
москви́ч, а́ *m* Muscovite.
москви́ч|ка, ки *f of* ⇒~
моски́т, а *m* mosquito.
моски́т|ный *adj of* ⇒~; **~ная се́тка** mosquito net.
Моско́ви|я, и *f* (*hist*) Muscovy.
моско́вк|а, и *f* (*zool*) coal tit.
моско́вск|ий *adj* (of) Moscow; **М~ая Русь** (*hist*) Muscovy.
мост, ~а́, о ~́е, на ~у́, *pl* **~ы́** *m* **1** (*через реку*) bridge. **2** (*автомобиля*) axle. **3** (*линия связи*) link.
мо́стик, а *m* **1** *diminutive of* ⇒**мост**. **2**: **капита́нский м.** (*naut*) (*captain's*) bridge.
мости́льщик, а *m* paver.
мо|сти́ть, щу́, сти́шь *impf* **1** (*pf* **вы́~, за~**) (*дорогу*) to pave. **2** (*pf* **на~**) (*пол*) to lay.
мостк|и́, о́в (*no sg*) **1** (*для перехода*) planked walkway. **2** (*площадка*) wooden platform.
мостов|а́я, о́й *f* road(way), carriageway.
мост|ово́й *adj of* ⇒~
мо́ськ|а, и *f* (*coll*) pug dog.
мот, а *m* prodigal, spendthrift.
мота́льный *adj* (*tech*) winding.
мот|а́ть¹, а́ю *impf* **1** (*pf* **на~**) (*нитки, шерсть*) to wind, reel; **м. себе́ что-н. на ус** (*fig, coll*) to make a mental note of sth. **2** (*pf* **~ну́ть**) (+ *i*; *coll*) (*головой*) to shake (*head, etc.*). **3** (*coll*) (*уходить*) to make off.
мота́|ть², ю *impf* (*of* ⇒**про~**) (*coll*) (*тратить*) to squander.
мота́|ться¹, ется *impf* (*coll*) (*болтаться*) to dangle.
мота́|ться², юсь *impf* (*coll*) (*хлопотать*) to rush about.
моте́л|ь, я *m* motel.
моти́в¹, а *m* **1** (*повод*) motive. **2** (*довод*) reason; **привести́ ~ы в по́льзу предложе́ния** to adduce reasons in support of an assertion.
моти́в², а *m* **1** (*mus*) tune, motif. **2** (*fig*) motif.
мотиви́р|овать, ую *impf and pf* to give reasons (for), justify.
мотивиро́вк|а, и *f* reason(s), justification.
мот|ну́ть, ну́, нёшь *inst pf of* ⇒**~а́ть¹**
мото... *comb form, abbr of* **1 мото́рный¹**. **2 моторизо́ванный**. **3 мотоцикле́тный**
мотобо́т, а *m* motor boat.
мото́вк|а, и *f* (*coll*) *of* ⇒**мот**
мотовско́й *adj* wasteful, extravagant.
мотовств|о́, а́ *nt* wastefulness, extravagance.
мотого́н|ки, ок (*no sg*) motorcycle races.
мотого́нщик, а *m* motor cycle racer.
мотого́нщи|ца, цы *f of* ⇒**~к**
мотодро́м, а *m* motorcycle racing track.
мот|о́к, ка́ *m* skein, hank.
мотоклу́б, а *m* motorcycle club.
мотоколя́ск|а, и *f* motorized wheelchair.
мотокро́сс, а *m* motocross, scramble.
мотокроссме́н, а *m* motocross competitor.
мотопе́д, а *m* moped.
мотопехо́т|а, ы *f* motorized infantry.
мотопил|а́, ы́ *f* power saw.
мотопла́нер, а *m* powered glider.
мото́р, а *m* motor; (*автомобиля, самолёта*) engine.
моториза́ци|я, и *f* motorization.
моторизо́в|анный *ppp of* ⇒**~а́ть** *and adj* (*mil*) motorized.
моториз|ова́ть, у́ю *impf and pf* to motorize.
мотори́ст, а *m* motor mechanic.
мотори́ст|ка, ки *f of* ⇒~
мото́рк|а, и *f* (*coll*) motor boat.
мото́р|ный¹ *adj of* ⇒~; **~ная устано́вка** power plant, power unit.
мото́рный² *adj* (*physiol, psychol*) motor.
моторо́ллер, а *m* (motor) scooter.

мотоспо́рт, а *m* motorcycle racing.

мототрюка́ч, а́ *m* motorcycle stunt rider.

мотоци́кл, а *m* motorcycle.

мотоцикле|тный *adj of* ⇒**мотоци́кл**

мотоцикли́ст, а *m* motorcyclist; biker.

мотоцикли́ст|ка, ки *f of* ⇒~

мотошле́м, а *m* crash helmet.

моты́г|а, и *f* hoe, mattock.

моты́ж|ить, у, ишь *impf* to hoe.

мотыл|ёк, ька́ *m* moth.

моты́л|ь[1], **я** *m* (*личинка комара*) mosquito grub (*used to feed fish in aquaria*).

моты́л|ь[2], **я** *m* (*tech*) crank.

мох, мха *and* **мо́ха, о мхе** *and* **о мо́хе, во/на мху́,** *pl* **мхи, мхов** *m* moss.

мохе́р, а *m* mohair.

мохе́р|овый *adj of* ⇒~

мохна́т|ый (~, ~а) *adj* hairy, shaggy; **~ое полоте́нце** Turkish towel.

моцио́н, а *m* exercise; constitutional; **де́лать, соверша́ть м.** to take exercise.

моч|а́, и́ *f* urine.

моча́лк|а, и *f* bath sponge; loofah.

моча́л|о, а *nt* bast.

мочеви́н|а, ы *f* (*chem*) urea.

мочево́й *adj* urinary, uric; **м. пузы́рь** (*anat*) bladder.

мочего́нный *adj* (*med*) diuretic.

мочеиспуска́ни|е, я *nt* urination.

мочеиспуска́тельный *adj*: **м. кана́л** (*anat*) urethra.

мочёный *adj* (*яблоки*) preserved.

мочеотделе́ни|е, я *nt* urination.

мочеполово́й *adj* (*anat*) urino-genital.

мочето́чник, а *m* (*anat*) ureter.

моч|и́ть, у́, ~́ишь *impf* **1** (*pf* **на~, за~**) (*делать мокрым*) to wet, moisten. **2** (*pf* **на~, за~**) (*бельё*) to soak; (*лён*) to ret. **3** (*pf* **за~**) (*sl*) (*убивать*) to kill.

моч|и́ться, у́сь, ~́ишься *impf* (*of* ⇒**по~**) (*coll*) to urinate.

мо́чк|а[1], **и** *f* (*белья, яблок*) soaking; (*льна*) retting.

мо́чк|а[2], **и** *f* (*anat*) ear lobe.

мочь[1], **могу́, мо́жешь, мо́гут,** *past* **мог, могла́** *impf* (*of* ⇒**с~**) to be able; **мо́жет быть, быть мо́жет** perhaps, maybe; **мо́жет** (*coll*) = **мо́жет быть; не мо́жет быть!** impossible!; **как живёте-мо́жете?** (*coll*) how are you?; **мне не мо́жется** I'm not very well.

моч|ь[2], **и** *f* (*coll*) power, might; **во всю м., изо всей ~́и, что есть ~́и** with all one's might, with might and main; **~́и нет (как)** it is unendurable, unbearable; **~́и нет, как хо́лодно** it's so cold, I can stand it no longer.

моше́нник, а *m* swindler, crook.

моше́ннича|ть, ю *impf* (*of* ⇒**с~**) to swindle.

моше́ннический *adj* fraudulent, crooked.

моше́нничеств|о, а *nt* swindling; cheating.

мо́шк|а, и *f* midge.

мошк|а́, и́ *f* (*collect*) = **мошкара́**

мошкар|а́, ы́ *f* (*collect*) (swarm of) midges.

мош|на́, ны́, *pl* **~ны́, ~о́н** *f* purse, pouch.

мошо́нк|а, и *f* (*anat*) scrotum.

моще́ни|е, я *nt* paving.

мощённый *ppp of* ⇒**мости́ть**

мощёный *adj* paved.

мо́щ|и, е́й (*no sg*) (*relig*) relics.

мо́щност|ь, и *f* power; (*tech*) capacity, rating; output; **дви́гатель ~ью в сто лошади́ных сил** hundred horsepower engine.

мо́щ|ный (~ен, ~на́, ~но) *adj* powerful, mighty; (*рост*) vigorous.

мо|щу́, сти́шь *see* ⇒**~сти́ть**

мощ|ь, и *f* power, might.

мо́|ю, ешь *see* ⇒**мыть**

мо́ющ|ий *pres participle active of* ⇒**мыть** *and adj* detergent; **~ие сре́дства** detergents.

мо́ющ|ийся *adj* washable; **~иеся обо́и** washable wallpaper.

мраз|ь, и (*no pl*) *f* (*coll*) dregs, scum.

мрак, а *m* darkness, gloom (*also fig, rhetorical*); **покры́то ~́ом неизве́стности** shrouded in mystery.

мракобе́с, а *m* obscurantist.

мракобе́си|е, я *nt* obscurantism.

мра́мор, а *m* marble.

мра́морн|ый *adj* marble; (*fig*) (white as) marble; (*бумага*) marbled; **М~ое мо́ре** the Sea of Marmara.

мрачне́|ть, ю *impf* (*of* ⇒**по~**) to grow dark; to grow gloomy.

мра́ч|ный (~ен, ~на́, ~но, ~́ны) *adj* **1** dark, sombre (*Br*), somber (*US*). **2** (*fig*) gloomy, dismal.

мре́|ть, ешь *impf* (*obs*) to be dimly visible.

мсти́тел|ь, я *m* avenger.

мсти́тел|ьный (~ен, ~ьна) *adj* vindictive.

мсти́ть, мщу, мстишь *impf* (*of* ⇒**ото~**) **1** (+ *d*) to take revenge/ vengeance (on s.o.); **м. врагу́** to take (revenge) on one's enemy. **2** (**за** + *a*) to avenge; **м. за дру́га** to avenge one's friend. **3** (+ *d and* **за** + *a*) to take revenge on s.o. for sth; to avenge o.s. on s.o. for sth.

муа́р, а *m* moire, watered silk.

муа́ровый *adj* moiré.

муда́к, а́ *m* (*vulg*) prick, arsehole (*person*).

му|де́ть, ди́шь *impf* (*of* ⇒**промуде́ть**) (*vulg*) to talk balls *or* bollocks.

муди́л|а, ы *cg* (*vulg*) = **муда́к**

муди́л|о, ы *m* (*vulg*) = **муда́к**

муди́стик|а, и *f* (*vulg*) bollocks (= *nonsense*).

мудрен|е́е *comp of* ⇒**~́ый** *only in phr* (*coll*): **у́тро ве́чера м.** sleep on it.

мудрён|ый (~, ~а́) *adj* (*coll*) **1** (*загадочный*) strange, queer, odd; **не ~о́, что…** it is no wonder that … . **2** (*трудный*) difficult, abstruse, complicated.

мудре́ц, а́ *m* (*rhetorical*) sage, wise man.

мудр|и́ть, ю, и́шь *impf* (*of* ⇒**на~**) (*coll*) to complicate matters unnecessarily; **не ~и́те!** don't try to be clever!

му́дрост|ь, и *f* wisdom.

му́дрств|овать, ую *impf* (*coll*) to philosophize.

му́др|ый (~, ~а́, ~о, ~ы) *adj* wise.

муж, а *m* **1** (*pl* **~ья́, ~е́й, ~ья́м**) husband. **2** (*pl* **~и́, ~е́й, ~а́м**) (*rhetorical*) (*мужчина*) man; **госуда́рственный м.** statesman; **м. нау́ки** man of science; **учёный м.** scholar.

мужа́|ть, ю *impf* (*of* ⇒**воз~**) **1** (*становиться взрослым*) to grow up, mature. **2** (*становиться сильнее*) to gain in strength; to become stronger.

мужа́|ться, юсь *impf* to take heart, take courage; **~йтесь!** courage!

мужело́ж|ец, ца *m* sodomite.

мужело́жств|о, а *nt* sodomy.

мужен|ёк, ька́ *m* (*coll*) hubby.

мужененави́стниц|а, ы *f* misandrist, man-hater.

мужененави́стничеств|о, а *nt* misandry, hatred of men.

мужеподо́б|ный (~ен, ~на) *adj* mannish.

му́жествен|ный (~, ~на) *adj* manly, steadfast.

му́жеств|о, а *nt* courage, fortitude.

мужи́к, а́ *m* **1** (*крестьянин*) muzhik (*a Russian peasant*). **2** (*coll*) (*мужчина*) bloke (*Br*), guy, dude (*US*).

мужикова́т|ый (~, ~а) *adj* (*coll*) loutish, boorish.

мужи́|цкий *adj of* ⇒**~к**

мужск|о́й *adj* (*голос, рукопожатие*) masculine; (*пол, клетка*) male; (*туалет, платье*) men's; **м. род** (*gram*) masculine gender; **~а́я шко́ла** boys' school.

мужчи́н|а, ы *m* man.

му́з|а, ы *f* muse.

музееве́дени|е, я *nt* museum management studies.

музе́|й, я *m* museum; **м. восковы́х фигу́р** waxworks.

музе́й|ный *adj of* ⇒~

му́зык|а, и *f* music; **блатна́я м.** thieves' cant; **он испо́ртил всю ~у** he upset the apple cart.

музыка́льност|ь, и *f* musicality.

музыка́л|ьный (~ен, ~ьна) *adj* music (*attr*); musical.

музыка́нт, а *m* musician; **у́личный м.** busker.

музыкове́д, а *m* musicologist.

музыкове́дени|е, я *nt* musicology.

му́к|а, и *f* torment; torture; (*in pl*) pangs, throes; **родовы́е ~и** birth pangs.

мук|а́, и́ *f* (*пшеничная, кукурузная*) flour; (*костяная, рыбная*) meal.

мукомо́льный *adj* flour-milling.

мул, а *m* mule.

мула́т, а *m* mulatto.

мула́т|ка, ки *f of* ⇒~

мулине́ *nt indecl* stranded thread (*for embroidery*).

М

мулл|а́, ы́ *m* mullah.

му́льтик, а *m* (*coll*) = **мультфи́льм**

мультиме́диа *pl indecl* multimedia.

мультимеди́йный *adj* multimedia.

мультиплика́тор, а *m* animator, cartoonist.

мультиплика́ци|я, и *f* (film) animation.

мультфи́льм, а *m* cartoon, animation.

мультя́шк|а, и *f and cg* (*coll*) **1** (*f*) = **мультфи́льм** **2** (*cg*) (*герой мультфильма*) cartoon character.

мумифици́р|овать, ую *impf and pf* to mummify.

му́ми|я, и *f* mummy (*embalmed corpse*).

мунди́р, а *m* full dress uniform; **карто́фель в ~е** potatoes cooked in their jackets.

мундшту́к, а́ *m* **1** (*часть сигареты, трубки*) mouthpiece; (*приспособление*) cigarette holder. **2** (*mus*) mouthpiece.

муниципалите́т, а *m* municipality; town council; **зда́ние ~а** town hall.

муниципа́льн|ый *adj* municipal; **~ая кварти́ра** council flat.

мур|а́, ы́ *f* (*coll*) mess; nonsense.

мурав|е́й, ья́ *m* ant.

мураве́йник, а *m* anthill.

мура́в|ить, лю, ишь *impf* to glaze (*pottery*).

муравье́д, а *m* (*zool*) anteater.

мурав|ьи́ный *adj* **1** *adj of* ⇨**~е́й**. **2** (*chem*): **~ьи́ная кислота́** formic acid.

мура́шк|а, и *f* (*coll*) small insect; **~и по спине́ бе́гают** it gives one the creeps.

мурлы́|кать, чу, чешь *impf* **1** (*о кошке*) to purr. **2** (*coll*) (*о человеке*) to hum.

муска́т, а *m* **1** (*орех*) nutmeg. **2** (*виноград*) muscadine, muscat. **3** (*вино*) muscatel, muscat.

муска́т|ный *adj of* ⇨**~**; **м. оре́х** nutmeg.

му́скул, а *m* muscle; **у него́ ни оди́н м. не дро́гнул** (*fig*) he didn't move a muscle.

мускулату́р|а, ы *f* (*collect*) muscular system, musculature.

мускули́ст|ый (~, ~а) *adj* muscular, brawny.

му́скульный *adj* muscular.

му́скус, а *m* musk.

му́скусн|ый *adj* musky; **~ая кры́са** muskrat.

мусли́н, а *m* muslin.

мусли́н|овый *adj of* ⇨**~**

му́сл|ить, ю, ишь *impf* (*of* ⇨**на~**) (*coll*) **1** (*смачивать слюной*) to wet, moisten; **м. ни́тку** to moisten a thread (*when threading a needle*). **2** (*пачкать слюной*) to beslobber; (*пачкать руками*) to soil (*with wet or sticky hands*); **м. кни́гу** to dog-ear, soil a book.

мусо́л|ить, ю, ишь *impf* (*of* ⇨**за~**, ⇨**на~**) **1** = **му́слить**. **2** (*fig*) to spend much time (over); **м. вопро́с** to drag out a question.

му́сор, а *m* rubbish (*Br*), garbage (*US*).

му́сор|ить, ю, ишь *impf* (*of* ⇨**на~**) (*coll*) to make a mess.

му́сор|ный *adj of* ⇨**~**; **м. я́щик** dustbin (*Br*), garbage can (*US*).

мусорово́з, а *m* dustcart (*Br*), garbage truck (*US*).

мусородроби́лк|а, и *f* waste-disposal unit.

мусоропрово́д, а *m* refuse chute.

мусоросжига́тельн|ый *adj*: **~ая печь** incinerator.

мусороубо́рочн|ый *adj* pertaining to refuse collection; **~ая маши́на** = **мусорово́з**

му́сорщик, а *m* dustman (*Br*), garbage collector (*US*).

мусс, а *m* (*cul*) mousse.

мусси́р|овать, ую *impf* to exaggerate, inflate (*significance of sth*).

муссо́н, а *m* (*geog*) monsoon.

муста́нг, а *m* (*zool*) mustang.

мусульма́н|ин, ина, *pl* **~е**, **~** *m* Muslim.

мусульма́н|ка, ки *f of* ⇨**~ин**

мусульма́нский *adj* Muslim.

мусульма́нств|о, а *nt* Islam.

мута́нт, а *m* (*biol*) mutant.

мута́нтный *adj* (*biol*) mutant.

мута́ци|я, и *f* (*biol*) mutation.

му|ти́ть, чу́, ти́шь *impf* **1** (*pf* **вз~**, **за~**) (*pres also* **~́тишь** *etc.*) (*жидкость*) to cloud. **2** (*pf* **по~**) (*fig*) (*возбуждать*) to stir up, upset. **3** (*pf* **по~**) (*fig*) (*чувства*) to dull, make dull. **4** (*impers*): **меня́**, *etc.*, **~ти́т** I *etc.* feel sick.

му|ти́ться, чу́сь, ти́шься *impf* **1** (*pf* **за~**) (*pres also* **~́тишься** *etc.*) (*о жидкости*) to grow turbid. **2** (*pf* **по~**) (*fig*) to grow dull, dim. **3** (*impers*; *coll*): **у меня́ ~ти́тся в голове́** my head is going round.

мутне́|ть, ет *impf* (*of* ⇨**по~**) to grow cloudy, grow muddy; (*fig*) to grow dull.

му́тност|ь, и *f* **1** cloudiness, muddiness. **2** (*fig*) dullness.

му́т|ный (~ен, ~на́, ~но, ~ны) *adj* **1** cloudy, turbid; **в ~ной воде́ ры́бу лови́ть** (*fig*) to fish in troubled waters. **2** (*fig*) dull(ed); confused; **~ные глаза́** lacklustre (*Br*), lackluster (*US*) eyes; **~ное созна́ние** dulled consciousness.

муто́вк|а[1], и *f* whisk.

муто́вк|а[2], и *f* (*bot*) whorl.

му́тор|ный (~ен, ~на) *adj* (*coll*) dreary, sombre (*Br*), somber (*US*); **у него́ бы́ло ~но на душе́** he was in a sombre mood.

му́т|ь, и *f* **1** (*в бутылке*) sediment. **2** (*fig*) (*в голове*) murk. **3** (*coll*) (*ерунда*) nonsense, rubbish.

му́фт|а, ы *f* **1** (*для рук*) muff. **2** (*tech*) coupling; (*elec*) connecting box; **м. сцепле́ния** clutch.

му́фти|й, я *m* (*relig*) mufti.

му́х|а, и *f* fly; **кака́я м. его́ укуси́ла** (*fig, coll*) what's bitten him?; **де́лать из ~и слона́** (*fig*) to make a mountain out of a molehill; **быть под ~ой, с ~ой** (*coll*) to be three sheets in the wind.

мухл|ева́ть, ю́ю *impf* (*of* ⇨**с~**) (*coll*) to cheat, swindle.

мухоло́вк|а, и *f* **1** flypaper. **2** (*bot*) Venus flytrap, sundew. **3** (*zool*) flycatcher.

мухомо́р, а *m* (*гриб*) fly agaric (*mushroom*).

муче́ни|е, я *nt* torment, torture.

му́ченик, а *m* martyr.

му́чени|ца, цы *f of* ⇨**~к**

му́чени|ческий *adj of* ⇨**~к**; **мука́ ~ческая** excruciating torment.

му́ченичеств|о, а *nt* martyrdom.

му́ченск|ий *adj only in phr* **му́ка ~ая** (*coll*) excruciating torment.

мучи́тел|ь, я *m* torturer; tormentor.

мучи́тель|ница, ницы *f of* ⇨**~**

мучи́тел|ьный (~ен, ~ьна) *adj* excruciating; agonizing.

му́ч|ить, у, ишь *impf* (*of* ⇨**за~**, ⇨**из~**) to torment; to worry, harass.

му́ч|иться, усь, ишься *impf* (*of* ⇨**за~**, ⇨**из~**) **1** (+ *i*, **от** + *g*) *passive of* ⇨**~ить**; **м. от бо́ли** to be racked with pain. **2** (**из-за** + *g*) to worry (about), feel unhappy. **3** (**над** + *i*) to torment o.s. (over, about).

мучни́ст|ый (~, ~а) *adj* farinaceous.

мучн|о́е, о́го *nt* farinaceous foods.

мучно́й *adj of* ⇨**мука́**

му́шк|а[1], и *f* **1** *diminutive of* ⇨**му́ха**. **2** (*на лице*) beauty spot. **3** (*искусственная муха*) artificial fly; **лови́ть ры́бу на ~у** to fly-fish; **ло́вля ры́бы на ~у** fly-fishing.

му́шк|а[2], и *f* (*оружия*) foresight; **взять на ~у** to take aim (at).

мушке́т, а *m* musket.

мушкетёр, а *m* musketeer.

муштр|а́, ы́ *f* **1** (*mil*) drill. **2** (*метод воспитания*) regimentation.

муштр|ова́ть, у́ю *impf* (*of* ⇨**вы~**) to drill.

муэдзи́н, а *m* muezzin.

МФА *m indecl* (*abbr of* **междунаро́дный фонети́ческий алфави́т**) IPA (*International Phonetic Alphabet*).

мха, мху *see* ⇨**мох**

МХАТ, а *m* (*abbr of* **Моско́вский худо́жественный академи́ческий теа́тр**) Moscow Arts Theatre (*Br*), Theater (*US*).

мчать, мчу, мчишь *impf* to rush, whirl along (*trans*; *coll also intrans*).

мч|а́ться, усь, и́шься *impf* to rush, race, tear along; **м. во весь опо́р** to go at full speed; **вре́мя ~и́тся** time flies.

МЧС *m* (*abbr of* **Министе́рство по чрезвыча́йным ситуа́циям**) Ministry of Emergency Situations.

мши́ст|ый (~, ~а) *adj* mossy.

мще́ни|е, я *nt* vengeance, revenge.

мы, *a, g, p* **нас**, *d* **нам**, *i* **на́ми** *pron* we; **мы с ва́ми** you and I.

мы́ка|ться, юсь *impf* (*coll*) to roam, wander.

мы́л|ить, ю, ишь *impf* (*of* ⇨**на~**) to soap; to lather; **м. кому́-н. го́лову** (*fig, coll*) to give s.o. a dressing-down.

мы́л|иться, юсь, ишься *impf* (*of* ⇨**на~**) **1** (*о человеке*) to soap o.s. **2** (*о мыле*) to lather, form a lather.

мы́л|кий (~ок, ~ка́, ~ко) *adj* freely lathering.

мы́л|о, а, *pl* (*specialist use only*) **~а́, ~, ~а́м** *nt* **1** soap. **2** (*у лошади*) foam, lather.

М

мыловаре́ни|е, я *nt* soap-making.

мылова́р|енный *adj of* ⇒~**е́ние**; **м. заво́д** soap works.

мы́льниц|а, ы *f* (*блюдечко*) soap dish; (*коробочка*) soap box.

мы́л|ьный *adj of* ⇒~**о**; **м. ка́мень** soapstone; **~ьная о́пера** soap opera; **~ьные хло́пья** soap flakes.

мыс, а *m* (*geog*) cape, promontory.

мы́сик, а *m* **1** (*coll*) protuberance; jutting out part. **2** (*о волосах*) widow's peak.

мы́сленн|ый *adj* mental; **м. о́браз** mental image; **~ое пожела́ние** unspoken wish.

мы́слим|ый (~, ~а) *adj* conceivable, thinkable.

мысли́тел|ь, я *m* thinker.

мысли́тельный *adj* intellectual, of thought; **м. проце́сс** thought process.

мы́сл|ить, ю, ишь *impf* **1** (*думать*) to think; to reason. **2** (*представлять себе*) to conceive, imagine.

мысл|ь, и *f* (**о** + *p*) thought (of, about); (*идея*) idea; **за́дняя м.** ulterior motive; **о́браз ~е́й** way of thinking, views; **у него́ э́того и в ~ях не́ было** it never even crossed his mind; **быть с кем-н. одни́х ~е́й** to be of the same opinion as s.o.; **пода́ть м.** to suggest an idea; **собира́ться с ~я́ми** to collect one's thoughts.

мыта́р|ить, ю, ишь *impf* (*of* ⇒**за**~) (*coll*) to harass, torment, try.

мыта́р|иться, юсь, ишься *impf* (*of* ⇒**за**~) (*coll*) to be harassed; to have a hard time.

мыта́рств|о, а *nt* ordeal, hardship.

мыть, мо́ю, мо́ешь *impf* (*of* ⇒**вы́**~, ⇒**по**~) to wash.

мыть|ё, я́ *nt* washing; **не ~ём, так ка́таньем** by hook or by crook.

мы́ться, мо́юсь, мо́ешься *impf* (*of* ⇒**вы́**~, ⇒**по**~) **1** to wash (o.s.). **2** *passive of* ⇒**мыть**

мыч|а́ть, у́, и́шь *impf* **1** (*о корове*) to moo; (*о быке*) to bellow. **2** (*fig, coll*) (*о человеке*) to mumble.

мыша́ст|ый (~, ~а) *adj* mouse-coloured (*Br*), -colored (*US*), mousy.

мышело́вк|а, и *f* mousetrap.

мы́шечный *adj* muscular.

мыш|и́ный *adj of* ⇒~**ь**; **~и́ная возня́** pointless fussing over trifles.

мы́шк|а[1], **и** *f diminutive of* ⇒**мышь**

мы́шк|а[2], **и** *f* armpit; **под ~у, под ~ой** under one's arm; **взять под ~у** to put under one's arm; **нести́ под ~ой** to carry under one's arm.

мышле́ни|е, я *nt* thinking, thought.

мыш|о́нок, о́нка, *pl* **~а́та, ~а́т** young mouse.

мы́шц|а, ы *f* muscle.

мыш|ь, и, *pl* **~и, ~е́й** *f* **1** (*also comput*) mouse; **беспроводна́я м.** cordless mouse; **ла́зерная м.** laser mouse; **опти́ческая м.** optical mouse; **ша́риковая/механи́ческая м.** ball/ mechanical mouse. **2**: **лету́чая м.** bat.

мышья́к, а́ *m* (*chem, pharm*) arsenic.

мышьяко́вистый *adj* (*chem*) arsenious.

мышьяко́вый *adj* (*chem*) arsenic.

Мья́нм|а, ы *f* Myanmar (*formerly Burma*).

Мэн: о́-в М., ~а М. *m* the Isle of Man.

мэ́нский *adj* Manx; **м. язы́к** Manx (*language*).

мэр, а *m* mayor.

мэ́ри|я, и *f* **1** (*управление*) town council. **2** (*здание*) town hall.

мю́зикл, а *m* musical.

мю́зик-хо́лл, а *m* music hall.

мю́сли *pl and nt indecl* muesli.

мя́г|кий (~ок, ~ка́, ~ко) *adj* soft; (*fig*) mild, gentle; (*о приговоре*) lenient; **м. ваго́н** (*railways*) soft-(seated) carriage (*Br*), sleeping car; **м. знак** (*ling*) soft sign (*name of Russian letter* **«ь»**); **~кое кре́сло** easy chair.

мя́гко *adv* softly; (*fig*) mildly, gently; **м. выража́ясь** (*ironical*) to put it mildly, to say the least.

мягкосерде́чи|е, я *nt* soft-heartedness.

мягкосерде́ч|ный (~ен, ~на) *adj* soft-hearted.

мягкоте́л|ый (~, ~ла) *adj* soft; (*fig*) spineless.

мя́г|че *comp of* ⇒~**кий** *and* ⇒~**ко**

мягчи́тельный *adj* (*med*) emollient.

мягч|и́ть, у́, и́шь *impf* (*of* ⇒**с**~) to soften.

мяки́н|а, ы *f* chaff.

мя́киш, а *m* inside, soft part (*of loaf*).

мя́к|нуть, ну, нешь, *past* **~, ~ла** *impf* (*of* ⇒**раз**~) to soften; to become soft (*also fig*).

мя́кот|ь, и *f* **1** (*мяса*) flesh. **2** (*плода*) pulp (*of fruit*).

мя́мл|ить, ю, ишь *impf* (*coll*) **1** (*pf* **про**~) (*говорить невнятно*) to mumble. **2** (*no pf*) (*действовать нерешительно*) to vacillate; to procrastinate.

мя́мл|я, и, *g pl* **~ей** *cg* (*coll*) **1** (*невнятно говорящий*) mumbler. **2** (*нерешительный, нерасторопный человек*) ditherer, spineless person.

мяси́ст|ый (~, ~а) *adj* fleshy; meaty.

мясн|а́я, о́й *f* butcher's (shop).

мясни́к, а́ *m* butcher.

мяс|но́й *adj of* ⇒~**о**; **~ны́е консе́рвы** tinned meat.

мя́с|о, а *nt* meat; **пу́шечное м.** (*fig*) cannon fodder; **сла́дкое м.** (*cul*) sweetbread.

мясое́д, а *m* (*eccl*) season during which the eating of meat is permitted (*esp from Christmas to Shrovetide*).

мясокомбина́т, а *m* meat processing and packing factory.

мясору́бк|а, и *f* mincing machine, mincer.

мя|сти́сь, ту́сь, тёшься *impf* (*obs*) to be disturbed.

мя́т|а, ы *f* (*bot*) mint; **пе́речная м.** peppermint.

мяте́ж, а́ *m* mutiny, revolt.

мяте́жник, а *m* mutineer, rebel.

мяте́ж|ный (~ен, ~на) *adj* **1** rebellious, mutinous. **2** (*fig*) restless; stormy.

мя́тн|ый *adj* mint; **~ые леденцы́** peppermints.

мя́т|ый *ppp of* ⇒~**ь** *and adj* creased.

мять, мну, мнёшь *impf* **1** (*pf* **раз**~) (*глину*) to work up, knead. **2** (*pf* **из**~, **с**~) (*бумагу, платье*) to crumple; **м. траву́** to trample grass.

мя́ться[1], **мнётся** *impf* (*of* **из**~, **по**~, *and* **с**~) to become crumpled; to crease easily.

мя́ться[2], **мнусь, мнёшься** *impf* (*coll*) to vacillate, hesitate.

мяу́ка|ть, ю *impf* to mew, miaow.

мяч, а́ *m* ball.

мя́чик, а *m diminutive of* ⇒**мяч**

на́[1] *int (coll)* here; here you are; here, take it; **на́ кни́гу!** here, take the book!; **вот те(бе́) и на́!** well, I never!; well, how d'you like that?

на[2] *prep* **I.** + *a* **1** on (to); to; into; over, through; **положи́те кни́гу на стол** put the book on the table; **сесть на авто́бус, по́езд** to board a bus, a train; **сесть на парохо́д** to go on board; **на Украи́ну** to Ukraine; **на се́вер** to the north; **на се́вер от** (to the) north of; **на заво́д** to the factory; **на конце́рт** to a concert; **слепо́й на оди́н глаз** blind in one eye; **перевести́ на англи́йский** to translate into English; **положи́ть на му́зыку** to set to music; **сла́ва его́ греме́ла на весь мир** his fame resounded throughout the world.
2 (*о времени деятельности*) at; on; until, to (*or untranslated*); **на друго́й день, на сле́дующий день** (the) next day; **на Но́вый год** on New Year's Day; **на Рождество́** at Christmas; **на Па́сху** at Easter; **отложи́ть на бу́дущую неде́лю** to put off until the following week; **на э́тот раз** this time, for this once.
3 (*при обозначении срока*) for; **на два дня** for two days; **собра́ние назна́чено на понеде́льник** the meeting is fixed for Monday; **уро́к на за́втра** the lesson for tomorrow; (*при обозначении цели, назначения*) for; **на́ зиму** for the winter; **на чёрный день** (*fig*) for a rainy day; **на что э́то тебе́ ну́жно?** what do you want it for?; **ко́мната на двои́х** a room for two; **лес на постро́йку** building timber; **де́ньги на еду́** money for food; **учи́ться на инжене́ра** (*coll*) to study engineering; **на беду́** unfortunately.
4 (*при обозначении меры*) by (*or untranslated*); **коро́че на дюйм** shorter by an inch; **купи́ть на вес** to buy by weight; **опозда́ть на час** to be an hour late; **ста́рше на три го́да** three years older; **четы́ре ме́тра (в длину́) на два (в ширину́)** four metres (long) by two (broad); (*при умножении, делении*) **помно́жить пять на́ три** to multiply five by three; **дели́ть на́ два** to divide into two.
5 (*при обозначении стоимости*) worth (*of sth*); **ма́рок на рубль** a rouble's worth of stamps.
● **II.** + *p*
1 on, upon; in; at; **на столе́** on the table; **на бума́ге** on paper (*also fig*); **на Украи́не** in Ukraine; **на се́вере** in the north; **на заво́де** at the factory; **на конце́рте** at a concert; **на со́лнце** in the sun; **на чи́стом, во́льном во́здухе** in the open air; **на дворе́, на у́лице** out of doors; **на рабо́те** at work; **на излече́нии** undergoing medical treatment; **на вёслах** under oars; **на мо́ре** at sea; **идти́ на паруса́х** to go sailing; **игра́ть на роя́ле** to play the piano; **висе́ть на потолке́** to hang from the ceiling; **жа́рить на ма́сле** to fry; **на свои́х глаза́х** before one's eyes; **на его́ па́мяти** within his recollection; **писа́ть на неме́цком языке́** to write in German; **оши́бка на оши́бке** blunder upon blunder.
2 (*во время чего-н.*) in (*or untranslated*); during; **на э́той неде́ле** this week; **на лету́** in flight, during (the) flight; **на кани́кулах** during the holidays.
3 (*при помощи чего-н.*) on (*or untranslated*); **на ва́те** padded; **матра́ц/матра́с на пружи́нах** sprung mattress; **э́тот дви́гатель рабо́тает на не́фти** this engine runs on oil.
4 (*о транспорте*) by; **е́хать на по́езде/авто́бусе** to go by train/bus.

на... *as vbl pref* **I.** *forms pf aspect.*
● **II.** *indicates* **1** action continued to sufficiency, to point of satisfaction or exhaustion. **2** action relating to determinate quantity or number of objects.

наб. (*abbr of* **на́бережная**) embankment.

наба́в|ить, лю, ишь *pf* (*of* ⇒**~ля́ть**) to add (to), increase; **н. ша́гу** to quicken one's pace.

наба́вк|а, и *f* = **надба́вка**

набавля́|ть, ю, *impf of* ⇒**наба́вить**

набалда́шник, а *m* knob; walking stick handle.

набальзами́р|овать, ую *pf of* ⇒**бальзами́ровать**

наба́т, а *m* alarm bell, tocsin; **бить/ударя́ть (в) н.** to sound the alarm (*also fig*).

наба́т|ный *adj of* ⇒**~**

набе́г, а *m* raid; foray.

набе́га|ть, ю, *pf (coll)* to cause o.s. (*heart trouble, etc.*) by running.

набега́|ть, ю, *impf of* ⇒**набежа́ть**

набе́га|ться, юсь *pf* to tire o.s. out with running about; (*вдоволь побегать*) to have one's fill of running.

набе|гу́, жи́шь, гу́т *see* ⇒**~жа́ть**

набедоку́р|ить, ю, ишь *pf of* ⇒**бедоку́рить**

набе|жа́ть, гу́, жи́шь, гу́т *pf* (*of* ⇒**~га́ть**) **1** (**на** + *a*) to run into, smash into; (*о волнах*) to lap against.
2 (*сбежаться*) to come running (*together*). **3** (*о жидкостях*) to run into; to fill up; (*fig, coll*) (*накопиться*) to accumulate. **4** (*о ветре*) to spring up.

набекре́нь *adv* (*of hats*) aslant, tilted; **со шля́пой н.** with one's hat on one side; **у него́ мозги́ н.** (*coll, joc*) he is crack-brained, crazy.

набел|и́ть(ся), ю́(сь), ~́ишь(ся) *pf of* ⇒**бели́ть(ся) 2**

на́бело *adv* clean, without corrections and erasures; **переписа́ть н.** to make a fair copy of.

на́бережн|ая, ой *f* embankment.

набз|де́ть, ди́шь *pf of* ⇒**бздеть**

набива́|ть(ся), ю(сь) *impf of* ⇒**наби́ть(ся)**

наби́вк|а, и *f* stuffing, padding, packing.

набивно́й *adj* **1** (*матрац*) stuffed. **2** (*о ткани*) printed.

набира́|ть(ся), ю(сь) *impf of* ⇒**набра́ть(ся)**

наби́т|ый (~, ~а) *ppp of* ⇒**~ь** *and adj* packed, crowded; **зал ~ битко́м** the hall is crowded out; **н. дура́к** complete fool.

наб|и́ть[1]**, ью, ьёшь** *pf* (*of* ⇒**~ива́ть**) **1** (+ *a and i*) to stuff (with), pack (with), fill (with); **н. тру́бку** to fill one's pipe; **н. це́ну** to knock up the price; to bid up; **н. оско́мину** to set one's teeth on edge (*also fig*); **н. ру́ку на чём-н.** (*fig*) to become an expert, a dab hand (*Br*).
2 (*textiles*) to print.

наб|и́ть[2]**, ью, ьёшь** *pf* (*of* ⇒**~ива́ть**): **н. гвозде́й в сте́ну** to drive (*a number of*) nails into a wall; **н. у́ток** to bag (*a number of*) duck; **н. посу́ды** to smash (*a lot of*) crockery; **н. мо́рду кому́-н.** (*coll*) to smash s.o.'s face in.

наб|и́ться, ью́сь, ьёшься *pf* (*of* ⇒**~ива́ться**) **1** (*скопиться*) to crowd (*into a place*); **битко́м н.** to be crowded out. **2** (*coll*; + *d*) (*навязаться*) to impose o.s. (upon), inflict o.s. (upon); **н. к кому́-н. в го́сти** to invite o.s. to s.o.'s house (*etc.*).

наблюда́тел|ь, я *m* observer.

наблюда́тельност|ь, и *f* powers of observation.

наблюда́тел|ьный *adj* **1 (~ен, ~ьна)** (*внимательный*) observant. **2** (*для наблюдения*) observation (*attr*); **н. пункт** (*mil*) observation post.

наблюда́|ть, ю *impf* **1** (*следить глазами; изучать*) to observe; to watch. **2** (**за** + *i*) (*за детьми*) to take care (of), look after. **3** (**за** *and, obs,* **над** + *i*) to supervise, superintend; **н. за у́личным движе́нием** to control traffic; **н. за поря́дком** to be responsible for keeping order.

наблюда́|ться, юсь *impf* **1** (*бывать*) to exist, be found. **2** (**у** + *g*) to be under the observation of (*a doctor, etc.*).

наблюде́ни|е, я *nt* **1** observation. **2** (*надзор*) supervision, superintendence.

на́божност|ь, и *f* piety.

на́бож|ный (~ен, ~на) *adj* devout, pious.

набо́йк|а, и *f* **1** (*textiles*) (*ткань*) printed cloth. **2** (*узор*) printed pattern on cloth. **3** (*обуви*) heel.

на́бок *adv* on one side, awry.

наболе́|вший *pp of* ⇒**~ть** *and adj* sore, painful (*also fig*); **н. вопро́с** urgent question.

набол|е́ть, е́ет *pf* to become painful; (*о вопросе*) to become urgent; **на душе́ ~е́ло** (*fig*) my heart aches.

наболта́|ть, ю *pf* (*coll*) **1** (+ *a or g*) (*глупостей*) to talk a lot (*of nonsense, etc.*). **2** (**на** + *a*) (*наклеветать*) to gossip (about), talk (about); **на неё ~ли** they told a lot of lies about her.

набо́р, а *m* **1** (*рабочих*) recruitment; (*скорости, высоты*) gaining, gathering. **2** (*printing*) composition, typesetting. **3** (*комплект*) set, collection; **н. слов** mere verbiage. **4** (*украшение*) decorative plate (*on harness, belt, etc.*).

набо́рн|ая, ой *f* typesetting office.

набо́рн|ый *adj* typesetting; **~ая маши́на** typesetter (*machine*).

набо́рщик, а *m* compositor, typesetter.

набра́сыва|ть, ю *impf of* ⇒**наброса́ть** *and* ⇒**набро́сить**

набра́сыва|ться, юсь *impf of* ⇒**набро́ситься**

набра́|ть, наберу́, наберёшь, *past* **~л, ~ла́, ~ло** *pf* (*of* ⇒**набира́ть**) **1** (+ *g or a*) (*собрать*) to gather; to collect, assemble; **н. угля́** to take on coal; **н. но́мер** to dial a (*telephone*) number; **н. ско́рость** to pick up, gather speed; **н. высоту́** (*aeron*) to gain height; to climb; **н. воды́ в рот** (*fig*) to keep mum. **2** (*рабочих*) to recruit, enrol, engage. **3** (*printing*) to compose, set up.

набра́|ться, наберу́сь, наберёшься, *past* **~лся, ~ла́сь** *pf* (*of* ⇒**набира́ться**) **1** (*usu impers*) (*скопиться*) (*о людях*) to assemble, gather, collect; (*о пыли, деньгах, работе*) to accumulate; **~ло́сь мно́го наро́ду** a large crowd gathered. **2** (+ *g*) (*храбрости, сил*) to find, muster; (*знаний*) to acquire; (*coll, pej*) (*привычек*) to pick up. **3** (*coll*) (*напиться*) to get drunk.

набре|сти́, ду, дёшь, *past* **~̈л, ~ла́** *pf* **1** (**на** + *a*) (*натолкнуться*) to come across; to happen upon; **я ~̈л на интере́сную мысль** I have hit on an interesting idea. **2** (*собраться*) to collect, gather; **~ло́ мно́го наро́ду** a large crowd gathered.

наброса́|ть¹, ю *pf* (*of* ⇒**набра́сывать**) **1** (*наметить*) to sketch, outline; **н. план** to outline a plan. **2** (*записать*) to jot down.

наброса́|ть², ю *pf* (*бросить*) to throw about; to throw (*in successive instalments*).

набро́|сить, шу, сишь *pf* (*of* ⇒**набра́сывать**) to throw (on, over); **н. шаль на пле́чи** to throw a shawl over one's shoulders.

набро́|ситься, шусь, сишься *pf* (*of* ⇒**набра́сываться**) (**на** + *a*) to fall upon; to go for; **соба́ка ~силась на меня́** the dog went for me; **н. на кого́-н. с вопро́сами** to deluge s.o. with questions; (*на работу, на еду*) (*coll*) to attack, get stuck into.

набро́с|ок, ка *m* (*рисунок*) sketch; (*статьи*) draft.

набры́зга|ть, ю *pf* (+ *i or g*) to splash.

набрю́шник, а *m* abdominal band.

набрю́шный *adj* abdominal.

набух|а́ть, а́ю *impf of* ⇒**~нуть**

набу́х|нуть, ну, нешь, *past* **~, ~ла** *pf* (*of* ⇒**~а́ть**) to swell.

наб|ью́, ьёшь *see* ⇒**~и́ть**

нава́г|а, и *f* (*zool*) navaga (*a small fish of the cod family*).

наважде́ни|е, я *nt* delusion; (*призрак*) hallucination.

нава́к|сить, шу, сишь *pf of* ⇒**ва́ксить**

нава́лива|ть(ся), ю(сь) *impf of* ⇒**навали́ть(ся)**

навал|и́ть, ю́, ~́ишь *pf* (*of* ⇒**~́ивать**) (*наложить наверх*) to heap, pile; (*возложить*) to load (*also fig*); *impers*: **снегу́ ~и́ло по коле́но** the snow had piled up knee deep.

навал|и́ться, ю́сь, ~́ишься *pf* (*of* ⇒**~́иваться**) (**на** + *a*) **1** (*coll*) (*на еду, на работу*) to attack, get stuck into. **2** (*на дверь, на человека*) to lean (on, upon); to bring all one's weight to bear (on). **3** (*насыпаться*) to pile up (on); **на него́ ~и́лись забо́ты** he is inundated with worries.

нава́лом *adv* (*coll*) piled up; **фру́ктов н.** loads of fruit.

наваля́|ть, ю *pf of* ⇒**валя́ть 5**

нава́р, а *m* **1** (*жир*) grease (*on the surface of soup*); (*жидкость*) stock. **2** (*coll*) (*прибыль*) profit.

нава́рива|ть, ю *impf of* ⇒**навари́ть¹**

нава́рист|ый (~, ~а) *adj* (*жирный*) with large fat content (*of soup*); (*насыщенный*) saturated.

навар|и́ть¹, ю́, ~́ишь *pf* (*of* ⇒**~́ивать**) (*металл*) to weld on.

навар|и́ть², ю́, ~́ишь *pf* (+ *g or a*) (*супа*) to cook, make (*a quantity of*); (*стали*) to found.

навева́|ть, ю *impf of* ⇒**наве́ять**

наве́д|аться, аюсь *pf* (*of* ⇒**~ываться**) (**к** + *d*; *coll*) to call (on).

наведе́ни|е, я *nt* **1** (*орудия*) aiming; (*бинокля*) pointing. **2** (*лака, краски*) application. **3** (*порядка*) establishment; (*справок*) making; (*моста*) laying; (*fig*): **«н. мосто́в»** bridge-building.

наве|ду́, дёшь *see* ⇒**~сти́**

наве́дыва|ться, юсь, *impf of* ⇒**наве́даться**

навез|ти́¹, у́, ёшь, *past* **~̈, ~ла́** *pf* (*of* ⇒**навози́ть¹**) (**на** + *a*) (*везя, натолкнуть*) to drive (on, against).

навез|ти́², у́, ёшь, *past* **~̈, ла́** *pf* (*of* ⇒**навози́ть²**) (*привезти*) to bring (*a quantity of*).

наве́к *adv* for ever.

наве́к|и = **~**

наверб|ова́ть, у́ю *pf of* ⇒**вербова́ть**

наве́рно(е) *adv* **1** (*вводное слово*) probably, most likely; **он, н., не позвони́т** he probably won't phone. **2** (*несомненно*) for sure; certainly; **я э́то зна́ю н.** I know that for sure.

наверн|у́ть, у́, ёшь *pf* (*of* ⇒**навёртывать**) **1** (*навинтить*) to screw (on). **2** (*намотать*) to wind (round).

наверн|у́ться, у́сь, ёшься *pf* (*of* ⇒**навёртываться**) **1** (*coll*) (*подвернуться*) to turn up; (*о слезах*) to well up. **2** (*coll*) (*о человеке*) to fall (over); (*о машине*) to turn over.

наверняка́ *adv* (*coll*) **1** (*несомненно*) for sure, certainly. **2** (*безошибочно*) safely, without taking risks; **бить н.** to take no chances; **держа́ть пари́ н.** to bet on a certainty.

наверста́|ть, ю *pf* (*of* ⇒**навёрстывать**) to make up (for); **н. поте́рянное вре́мя** to make up for lost time; **н. упу́щенное** to repair an omission.

навёрстыва|ть, ю *impf of* ⇒**наверста́ть**

навер|те́ть¹, чу́, ~́тишь *pf* (*of* ⇒**~̈тывать**) (*намотать*) to wind (round), twist (round).

навер|те́ть², чу́, ~́тишь *pf* (*of* ⇒**~́чивать**) (*вертя, наделать*) to drill (*a number of*) (*holes, etc.*).

навёртыва|ть, ю *impf of* ⇒**наверну́ть** *and* ⇒**наверте́ть¹**

навёртыва|ться, юсь *impf of* ⇒**наверну́ться**

наве́рх *adv* (*вверх*) up, upward; (*по лестнице*) upstairs; (*на поверхность*) to the top.

наверху́ *adv* above; (*в верхнем этаже*) upstairs; (*fig*) (*в руководстве*) at the top.

наве́рчива|ть, ю *impf of* ⇒**наверте́ть²**

наве́с, а *m* **1** (*крыша*) roof; (*тент*) awning. **2** (*скалы*) overhang. **3** (*sport*) lob.

навеселе́ *adv* (*coll*) tipsy.

наве́|сить, шу, сишь *pf* (*of* ⇒**~шивать¹**) **1** (+ *a or g*) (*дверь, замок*) to hang; (*повесить много*) to hang (*a number of*) pictures. **2** (*sport*) to lob.

навесн|о́й *adj*: **~а́я дверь** door on hinges; **~а́я петля́** hinge.

наве|сти́¹, ду́, дёшь, *past* **~̈л, ~ла́** *pf* (*of* ⇒**наводи́ть**) (**на** + *a*) **1** (*указать направление*) to direct (at); (*орудие, прожектор*) to aim (at); **н. кого́-н. на мысль** to suggest an idea to s.o.; **н. на след** to put on the track. **2** (*лак, краску*) to apply; **н. лоск, гля́нец** to polish, gloss, glaze. **3** (*устроить, сделать*) to lay, put, make; **н. поря́док** to introduce order, establish order; **н. спра́вку** to make an inquiry; **н. ску́ку** to bore; **н. страх** to inspire fear.

наве|сти́², ду́, дёшь, *past* **~̈л, ~ла́** *pf* (*of* ⇒**наводи́ть**) (*привести*) to bring (*a quantity of*).

наве|сти́ть, щу́, сти́шь *pf* (*of* ⇒**~ща́ть**) to visit, call on.

Н

навéт, а *m* slander, calumny.
навéтренный *adj* windward.
навéчно *adv* for ever.
навéш|ать¹, аю *pf* (*of* ⇨**~ивать¹**) (+ *a or g*) (*повесить*) to hang (up), suspend.
навéш|ать², аю *pf* (*of* ⇨**~ивать²**) (*конфет*) to weigh out (*a quantity of*).
навéшива|ть¹, и *impf of* ⇨**навéсить** *and* ⇨**навéшать¹**
навéшива|ть², ю *impf of* ⇨**навéшать²**
навещá|ть, ю *impf of* ⇨**навестúть**
навé|ять¹, ю, ешь *pf* (*of* ⇨**~вáть**) (*вея, принести*) to blow; (*fig*; + *a and* **на** + *a*) to cast (on, over), plunge (into); **егó расскáз ~ял грусть на слýшателей** his story plunged the audience into sadness.
навé|ять², ю, ешь *pf* (*of* ⇨**~вáть**) (*зерна*) to winnow (*a quantity of*).
нáвзничь *adv* backwards, on one's back.
навзры́д *adv*: **плáкать н.** to sob.
навивá|ть, ю *impf of* ⇨**навúть**
навигáтор, а *m* navigator.
навигац|иóнный *adj of* ⇨**~ия**
навигáци|я, и *f* navigation.
навин|тúть, чý, тúшь *pf* (*of* ⇨**~чивать**) (**на** + *a*) to screw (on).
навúнчива|ть, ю *impf of* ⇨**навинтúть**
навис|áть, áю *impf* (*of* ⇨**~нуть**) (**на** + *a*, **над** + *i*) to hang (over), overhang; (*fig*) to impend, threaten; **над нáми ~ла опáсность** danger threatened us.
навúс|нуть, ну, нешь, *past* **~**, **~ла** *pf of* ⇨**~áть**
навúс|ший *pp active of* ⇨**~нуть** *and adj*: **~шие брóви** beetling brows.
нав|úть, ью, ьёшь, *past* **~úл, ~илá, ~úло** *pf* (*of* ⇨**~ивáть**) (+ *a or g*) **1** (*намотать*) to wind (on). **2** (*наложить*) to load, stack (*straw, hay*).
навлекá|ть, ю *impf of* ⇨**навлéчь**
навле|кý, чёшь, кýт *see* ⇨**~чь**
навлé|чь, кý, чёшь, кýт, *past* **~к, ~клá** *pf* (*of* ⇨**~кáть**) (**на** + *a*) to bring (on); **н. на себя́ гнев** to incur anger.
наво|дúть, жý, ~дишь *impf of* ⇨**навестú**
навóдк|а, и *f* (*орудия*) aiming; (*света*) directing; **прямóй ~ой** (at) point-blank (range).
наводнéни|е, я *nt* flood, flooding; (*товарами*) flooding, inundation.
наводн|úть, ю, úшь *pf* (*of* ⇨**~я́ть**) (+ *a and i*) to flood (with), inundate (with); (*fig*): **н. ры́нок дешёвыми товáрами** to flood the market with cheap goods.
наводн|я́ть, я́ю *impf of* ⇨**~úть**
навóдчик, а *m* **1** (*mil*) gun-layer. **2** (*coll*) tipper-off (*thieves' informant*).
наводя́щий *adj*: **н. вопрóс** leading question.
навó|жу, зишь *see* ⇨**~зить**
наво|жý¹, ~дишь *see* ⇨**~дúть**
наво|жý², ~зишь *see* ⇨**~зúть**
навóз, а *m* manure.
навó|зить, жу, зишь *impf* (*of* ⇨**у~**) to manure.
наво|зúть¹,², жý, ~зишь *impf of* ⇨**навезтú¹,²**
наво|зúть³, жý, ~зишь *pf* (*coll*) to get in (*a supply of*).
навóзник, а *m* dung beetle.
навóз|ный *adj of* ⇨**~**; **н. жук** dung beetle.
нáволочк|а, и *f* pillowcase, pillowslip.
навоня́|ть, ю *pf* (*coll*; + *i*) to stink (of).
наворáчива|ть, ю *impf of* ⇨**наворотúть**
навор|овáть, ýю *pf* (*coll*) to steal (*a quantity of*).
наворо|тúть, чý, ~тишь *pf* (*of* ⇨**наворáчивать**) (*coll*; + *a or g*) to heap up, pile up.
навορóчен|ный (~, ~а) *adj* (*coll*) fancy.
наворо|чý, ~тишь *see* ⇨**~тúть**
наворс|овáть, ýю *pf of* ⇨**ворсовáть**
навостр|úть, ю́, úшь *pf* (*coll*) to sharpen; **н. ýши** to prick up one's ears; **н. лы́жи** to take to one's heels.
навостр|úться, ю́сь, úшься *pf* (**в** + *p or* + *inf*; *coll*) to become good (at), become adept (at); **он ~úлся плясáть** he has become a good dancer.
навощ|úть, ý, úшь *pf of* ⇨**вощúть**
навр|áть¹, ý, ёшь, *past* **~áл, ~алá, ~áло** *pf* (*of* ⇨**врать**) (*coll*) **1** to tell lies. **2** (**в** + *p*) to make mistakes (in); **н. в расскáзе** to get the story wrong.
навр|áть², ý, ёшь *pf* (*coll*; + *a or g*) to tell (*a lot of*) (*sc. lies*); **н. вся́ких небы́лиц** to tell all manner of tales.
навре|дúть, жý, дúшь *pf* (+ *d*) to do a great deal of harm (to).
навря́д (ли) *adv* scarcely, hardly.
навсегдá *adv* for ever, for good; **раз и н.** once (and) for all.
навстрéчу *adv and prep* (+ *d*) to meet; towards; **он вы́шел н. гостя́м** he went out to meet the guests; **идтú н. комý-н.** to go to meet s.o.; (*fig*) to help, show sympathy towards; **идтú н. чьим-н. пожелáниям** to meet s.o.'s wishes.
навы́ворот *adv* (*coll*) **1** inside out, wrong side out. **2** (*fig*) the wrong way round.
нáвык, а *m* skill.
навы́кат(е) *adv*: **глазá н.** bulging eyes.
навы́лет *adv* (right) through; **пýля пробúла емý рýку н.** a bullet passed right through his arm.
навы́нос *adv* to takeaway (*Br*), to go (*US*); for consumption off the premises.
навы́пуск *adv* worn outside; **рубáха н.** shirt worn outside of trousers.
навы́тяжку *adv*: **стоя́ть н.** to stand at attention.
навью́чива|ть, ю *impf of* ⇨**навью́чить**
навью́ч|ить, у, ишь *pf* (*of* ⇨**вью́чить** *and* ⇨**~ивать**) to load (up).
навя|зáть¹, жý, ~жешь *pf* (*of* ⇨**~зывать**) **1** (**на** + *a*) (*привязать*) to tie on (to), fasten (to). **2** (*fig*; + *d and a*) (*заставить принять*) to thrust (on); to foist (on); **н. комý-н. совéт** to thrust advice on s.o.
навя|зáть², жý, ~жешь *pf* (*of* ⇨**~зывать**) (+ *a or g*) (*чулки*) to knit (*a number of*).
навяз|áть³, áет *impf of* ⇨**~нуть**
навя|зáться, жýсь, ~жешься *pf* (*of* ⇨**~зываться**) (*coll*; + *d*) to thrust o.s. (upon), intrude (upon).
навя́з|нуть, нет, *past* **~**, **~ла** *pf* (*of* ⇨**~áть**) to stick; **э́то ~ло у нас в зубáх** (*fig*) we are sick and tired of it.
навя́зчив|ый (~, ~а) *adj* **1** (*человек*) importunate; annoying. **2** (*мысль*) persistent; **~ая идéя** idée fixe, obsession.
навя́зыва|ть(ся), ю(сь) *impf of* ⇨**навязáть(ся)**
нагадá|ть, ю *pf* (*coll*; + *a or g*) to foretell, predict.
нагá|дить, жу, дишь *pf of* ⇨**гáдить**
нагáйк|а, и *f* whip.
нагáн, а *m* (Nagant) revolver.
нагáр, а *m* snuff (*charred part of candle wick*).
нагибá|ть(ся), ю(сь) *impf of* ⇨**нагнýть(ся)**
нагишóм *adv* (*coll*) stark naked.
наглá|дить, жу, дишь *pf* (*of* ⇨**~живать**) **1** (*pf only*) (*утюгом: в большом количестве*) to iron. **2** (*тщательно*) to smooth (out).
наглáжива|ть, ю *impf of* ⇨**наглáдить 2**
наглáзник, а *m* **1** eyeshade. **2** (*в упряжи*) blinker.
наглé|ть, ю *impf* (*of* ⇨**об~**) to become impudent, become insolent.
наглéц, á *m* impudent fellow, insolent fellow.
нáглост|ь, и *f* impudence, insolence, impertinence.
наглотá|ться, юсь *pf* (+ *g*) to swallow (*a large quantity of*).
нáглухо *adv* tightly, securely; **застегнýться н.** to do up all one's buttons.
нáгл|ый (~, ~á, ~о) *adj* impudent, insolent, impertinent.
нагля|дéться, жýсь, дúшься *pf* (**на** + *a*) to see enough (of); **на э́тот вид гляжý — не ~жýсь** I never tire of looking at this view.
нагля́дно *adv* clearly, graphically.
нагля́дност|ь, и *f* **1** clearness. **2** (*в обучении*) use of visual aids.
нагля́д|ный (~ен, ~на) *adj* **1** (*очевидный*) clear; graphic, obvious. **2** (*no short forms*) (*в обучении*) visual; **~ные посóбия** visual aids; **н. урóк** object lesson.
наг|нáть¹, оню́, óнишь, *past* **~нáл, ~налá, ~нáло** *pf* (*of* ⇨**~оня́ть**) **1** (*догнать*) to overtake, catch up (with). **2** (*наверстать*) to make up (for). **3** (+ *a or g*) (*fig, coll*) (*внушить*) to inspire, arouse, occasion.
наг|нáть², оню́, óнишь, *past* **~нáл, ~налá, ~нáло** *pf* (+ *a or g*) **1** (*овец*) to herd together (*a number of*). **2** (*спирта*) to distil (*Br*) distill (*US*) (*a quantity of*).

нагне|сти́, ту́, тёшь *pf* (*of* ⇨**~та́ть**) to compress, force; (*fig*) (*ситуацию*) to inflame; (*напряжение*) to heighten.

нагнета́тельн|ый *adj* (*tech*): **н. кла́пан** pressure valve; **~ая труба́** force pipe.

нагнета́|ть, ю *impf of* ⇨**нагнести́**

нагне|ту́, тёшь *see* ⇨**~сти́**

нагное́ни|е, я *nt* (*med*) festering, suppuration.

нагно|и́ться, и́тся *pf* (*med*) to fester, suppurate.

нагн|у́ть, у́, ёшь *pf* (*of* ⇨**нагиба́ть**) to bend.

нагн|у́ться, у́сь, ёшься *pf* (*of* ⇨**нагиба́ться**) to bend (down), stoop.

нагова́рива|ть, ю *impf of* ⇨**наговори́ть**[1]

наговор́, а *m* **1** (*клевета*) slander, calumny. **2** (*заклинание*) incantation.

наговор|и́ть[1], **ю, и́шь** *pf* (*of* ⇨**нагова́ривать**) **1** (*coll*; **на** + *a*) to slander, calumniate. **2**: **н. пласти́нку** to record (one's voice).

наговор|и́ть[2], **ю, и́шь** *pf* (+ *a or g*) to talk, say a lot (of); **н. чепухи́** to talk a lot of nonsense.

наговор|и́ться, ю́сь, и́шься *pf* to talk o.s. out; **они́ не мо́гут н.** they cannot talk enough.

наг|о́й (~, ~а́, ~о) *adj* (*о человеке*) naked, nude; (*о части тела*) bare.

на́голо́ *adv* bare; **остри́чь на́голо** to cut close to the skin, crop close; **с ша́шками наголо́** with drawn swords.

на́голову *adv*: **разби́ть/разгроми́ть н.** to rout, smash.

наголода́|ться, юсь *pf* to be half-starved.

нагоня́|й, я *m* (*coll*) scolding, rating.

нагоня́|ть, ю *impf of* ⇨**нагна́ть**

на-гора́ *adv* (*mining*) to the surface, to the top.

нагора́жива|ть, ю *impf of* ⇨**нагороди́ть**

нагор|а́ть, а́ет *impf of* ⇨**~е́ть**

нагор|е́ть[1], **и́т** *pf* (*of* ⇨**~а́ть**) **1** (*о свече*) to need snuffing. **2** (+ *g*) (*израсходоваться*) to be used up.

нагор|е́ть[2], **и́т** *pf* (*of* ⇨**~а́ть**) (*impers*, + *d*; *coll*): **тебе́ за э́то ~и́т** you'll get it hot for this.

наго́рн|ый *adj* **1** mountainous, hilly. **2** (*берег реки*) high. **3**: **Н~ая про́поведь** (*bibl*) Sermon on the Mount.

нагоро|ди́ть, жу́, ~́дишь *pf* (*of* ⇨**нагора́живать**) **1** (*настроить*) to build, erect (*in large quantity*). **2** (*coll*) (*навалить*) to pile up, heap up. **3** (*fig*) (*наговорить*) to talk, (*написать*) write (*a lot of nonsense*); **н. вздо́ра, чепухи́** to talk a lot of nonsense.

наго́рь|е, я *nt* tableland, plateau.

нагот|а́, ы́ *f* nakedness, nudity.

нагота́влива|ть, ю *impf of* ⇨**нагото́вить**

нагото́ве *adv* in readiness; ready to hand; **быть н.** to hold o.s. in readiness, be on call.

нагото́в|ить, лю, ишь *pf* (*of* ⇨**нагота́вливать**) (+ *a or g*) **1** (*запасти*) to lay in (*a supply of*). **2** (*приготовить*) to cook (*a large quantity of*).

награ́б|ить, лю, ишь *pf* (+ *a or g*) to amass by robbery.

награ́д|а, ы *f* **1** reward, recompense; **в ~у** as a reward. **2** (*почётный знак, орден*) award; decoration; (*в школе*) prize.

награ|ди́ть, жу́, ди́шь *pf* (*of* ⇨**~жда́ть**) (+ *a and i*) **1** to reward (with). **2** (*орденом, медалью*) to decorate (with); to award, confer; (*fig*) to endow (with); **н. кого́-н. о́рденом** to confer a decoration upon s.o., award s.o. a decoration; **приро́да ~ди́ла его́ вели́ким тала́нтом** nature has endowed him with great talent.

наград|но́й *adj of* ⇨**~́а**

наградн|ы́е, ы́х (*no sg*) bonus.

награжда́|ть, ю *impf of* ⇨**награди́ть**

награждённ|ый *ppp of* ⇨**награди́ть**; *as n* **н., ~ого** *m* recipient (*of an award*).

нагре́в, а *m* (*воды*) heating.

нагрева́ни|е, я *nt* heating.

нагрева́тел|ь, я *m* (*tech*) heater.

нагрева́тельный *adj* (*tech*) heating.

нагрева́|ть(ся), ю(сь) *impf of* ⇨**нагре́ть(ся)**

нагре́|ть, ю *pf* (*of* ⇨**~ва́ть**) **1** to warm, heat; **н. ру́ки** (*fig*) to feather one's nest. **2** (*coll*) to swindle; **они́ ~ли меня́ на пять рубле́й** they swindled me out of five roubles.

нагре́|ться, юсь *pf* (*of* ⇨**нагрева́ться**) (*стать тёплым*) to become warm; (*стать горячим*) to become hot; to warm up, heat up.

нагримир|ова́ть, у́ю *pf of* ⇨**гримирова́ть**

нагроможда́|ть, ю *impf of* ⇨**нагромозди́ть**

нагроможде́ни|е, я *nt* pile, heap.

нагромоз|ди́ть, жу́, ди́шь *pf* (*of* ⇨**громозди́ть** *and* ⇨**нагроможда́ть**) to pile up, heap up.

нагруб|и́ть, лю́, и́шь *pf of* ⇨**груби́ть**

нагру́дник, а *m* **1** (*детский*) bib. **2** (*рыцарский*) breastplate.

нагру́дн|ый *adj* chest, breast; **н. знак** badge; **н. карма́н** breast pocket; **~ые мы́шцы** chest muscles.

нагружа́|ть(ся), ю(сь) *impf of* ⇨**нагрузи́ть(ся)**

нагру|зи́ть, жу́, ~́зишь *pf* (*of* ⇨**грузи́ть 1** *and* ⇨**~жа́ть**) (+ *a and i*) **1** to load (with). **2** (*fig*) to burden (with).

нагру|зи́ться, жу́сь, ~́зишься *pf* (*of* ⇨**~жа́ться**) (+ *i*) to load o.s. (with), burden o.s. (with).

нагру́зк|а, и *f* **1** (*действие*) loading. **2** (*груз*) load. **3** (*fig*) work; commitments; **преподава́тельская н.** teaching load.

нагрязн|и́ть, ю, и́шь *pf of* ⇨**грязни́ть**

нагря́н|уть, у, ешь *pf* (*вдруг появиться*) to appear unexpectedly; (**на** + *a*) to descend (on).

нагу́л, а *m* (*agric*) fattening.

нагу́лива|ть, ю *impf of* ⇨**нагуля́ть**

нагул|я́ть, я́ю *pf* (*of* ⇨**~́ивать**) to acquire, develop (*as result of feeding, exercise, etc.*); **н. жи́ру** (*agric*) to fatten, put on weight; **н. брюшко́** (*fig, joc*) to develop a paunch; **н. аппети́т** to work up an appetite.

нагуля́|ться, юсь *pf* to have had a long walk.

над *prep* + *i* **1** (*выше*) over, above. **2** (*при обозначении предмета труда*) on; at; **рабо́тать над диссерта́цией** to be working on a dissertation; **смея́ться над** to laugh at.

над... *comb form* super-, over-.

нада|ва́ть, ю́, ёшь *pf* (*coll*) **1** (+ *d and a or g*) to give (*a large quantity of*). **2** (*побить*) (+ *d*) to thrash.

надав|и́ть[1], **лю́, ~́ишь** *pf* (*of* ⇨**~́ливать**) (**на** + *a*) (*кнопку*) to press (on).

надав|и́ть[2], **лю́, ~́ишь** *pf* (*of* ⇨**~́ливать**) (+ *a or g*) **1** (*жидкость*) to squeeze out. **2** (*coll*) (*мух*) to swat (*a quantity of*).

нада́влива|ть, ю *impf of* ⇨**надави́ть**

нада́ива|ть, ю *impf of* ⇨**надои́ть**

нада́рива|ть, ю *impf of* ⇨**надари́ть**

надар|и́ть, ю́, ~́ишь *pf* (*of* ⇨**~́ивать**) (*coll*; + *d and a or g*) to give (*a large quantity of*); **н. кому́-н. пода́рков** to shower s.o. with presents.

надба́в|ить, лю, ишь *pf* = **наба́вить**

надба́вк|а, и *f* (*повышение*) addition, increase; (*о цене*) extra charge; **н. к зарпла́те** rise (*Br*), raise (*US*) (*in wages*).

надбавля́|ть, ю *impf of* ⇨**надба́вить**

надбив|а́ть, ю *impf of* ⇨**надби́ть**

надби́т|ый *ppp of* ⇨**~ь** *and adj* cracked; chipped.

над|би́ть, обью́, обьёшь *pf* (*of* ⇨**~бива́ть**) to crack; to chip.

надвига́|ть(ся), ю(сь) *impf of* ⇨**надви́нуть(ся)**

надви́н|уть, у, ешь *pf* (*of* ⇨**надвига́ть**) to move, pull (up to, over).

надви́н|уться, усь, ешься *pf* (*of* ⇨**надвига́ться**) **1** (*приблизиться*) to approach, draw near. **2** (*о шапке*) to slip, slide down (over).

надво́дный *adj* above-water; **н. кора́бль** surface ship.

на́двое *adv* **1** in two. **2**: **ба́бушка н. сказа́ла** (*coll*) I wouldn't be too sure about that.

надво́рн|ый *adj* situated outside; **~ая постро́йка** outbuilding.

надгорта́нник, а *m* (*anat*) epiglottis.

надгро́би|е, я *nt* gravestone.

надгро́бн|ый *adj* grave; funeral, graveside; **~ый ка́мень** gravestone; **~ая на́дпись** epitaph; **~ое сло́во** graveside oration.

надгрыз|а́ть, а́ю *impf of* ⇨**~́ть**

надгры́з|ть, у́, ёшь, *past* **~, ~ла** *pf* (*of* ⇨**~а́ть**) to nibble (at).

надда|ва́ть, ю́, ёшь *impf of* ⇨**~́ть**

надда́|ть, м, шь, ст, ди́м, ди́те, ду́т, *past* **~л, ~ла́, ~ло** *pf* (*of*

Н

⇒~**ва́ть**) (*coll*; + *a or g*) to add, increase, enhance; **н. хо́ду** to increase the pace; **~й!** get a move on!

надева́|ть, ю *impf of* ⇒**наде́ть**

наде́жд|а, ы *f* hope; **в ~е на** (+ *a*) in the hope of; **пита́ть ~у (на́** + *a*) to cherish hope (of); **подава́ть ~ы** to promise well; **вся н. на** (+ *a*) (*coll*) all my/our hope is on.

надёж|ный (~ен, ~на) *adj* (*человек*) reliable, trustworthy; (*замок, фундамент*) solid, secure; (*средство*) safe.

наде́л, а *m* allotment; land holding.

наде́ла|ть, ю *pf* (+ *a or g*) **1** (*пельменей*) to make (*a quantity of*). **2** (*coll*; + *g*) (*неприятностей*) to cause (*a lot of*), (*ошибок*) to make (*a lot of*). **3** (*coll*) (*сделать что-то плохое*) to do (*sth wrong*); **что ты ~л?** what have you done?

надел|ённый *ppp of* ⇒~**и́ть**; **он ~ён больши́ми спосо́бностями** he is richly talented.

надел|и́ть, ю́, и́шь *pf* (*of* ⇒~**я́ть**) (+ *a and i*) to provide (with); (*fig*) to endow (with).

наделя́|ть, ю *impf of* ⇒**надели́ть**

наде́|ну, нешь *see* ⇒~**ть**

надёрг|ать, аю *pf* (*of* ⇒~**ивать**) (+ *a or g*) to pull, pluck (*a quantity of*).

надёргива|ть, ю *impf of* ⇒**надёргать** *and* ⇒**надёрнуть**

надерз|и́ть, *1st pers not used*, **и́шь** *pf of* ⇒**дерзи́ть**

надёр|нуть, ну, нешь *pf* (*of* ⇒~**гивать**) (**на** + *a*) to pull (on, over).

над|еру́, ерёшь *see* ⇒~**ра́ть**

наде́|ть, ну, нешь *pf* (*of* ⇒~**ва́ть**) to put on (*clothes, etc.*).

наде́|яться, юсь, ешься *impf* (*of* ⇒**по**~) **1** (**на** + *a*) (*успех*) to hope (for); **н. на лу́чшее** to hope for the best. **2** (**на** + *a*) (*друга, помощь*) to rely (on), count on. **3** (+ *inf*) to hope to.

надзе́мный *adj* (*над поверхностью*) overground; (*на поверхности*) surface.

надзира́тел|ь, я *m* overseer, supervisor; **тюре́мный н.** prison guard.

надзира́|ть, ю *impf* (**за** + *i*) to oversee, supervise.

надзо́р, а *m* **1** supervision; (*за подозреваемым*) surveillance. **2** (*collect*) (*орган*) inspectorate.

надив|и́ться, лю́сь, и́шься *pf* (*coll*; + *d or* **на** + *a*) to admire sufficiently.

надира́|ть, ю *impf of* ⇒**надра́ть**

надира́|ться, юсь *impf of* ⇒**надра́ться**

надка́лыва|ть, ю *impf of* ⇒**надколо́ть**

надколе́нн|ый *adj*: **~ая ча́шка** kneecap; (*anat*) patella.

надкол|о́ть, ю́, ~́ешь *pf* (*of* ⇒**надка́лывать**) (*полено*) to crack.

надкры́ль|е, я *nt* (*zool*) wing case.

надку|си́ть, шу́, ~́сишь *pf* (*of* ⇒~́**сывать**) to take a bite of.

надку́сыва|ть, ю *impf of* ⇒**надкуси́ть**

надла́мыва|ть(ся), ю(сь) *impf of* ⇒**надломи́ть(ся)**

надлежа́щий *adj* appropriate; fitting, proper.

надлеж|и́т, *past* **~а́ло** (*impers*, + *d and inf*) it is necessary, it is required; **вам н. яви́ться в де́сять часо́в** you are required to present yourself at ten o'clock.

надло́м, а *m* **1** crack. **2** (*fig*) breakdown; crack-up.

надлом|и́ть, лю́, ~́ишь *pf* (*of* ⇒**надла́мывать**) to break partly; to crack; (*fig*) (*ослабить*) to overtax, damage.

надлом|и́ться, лю́сь, ~́ишься *pf* (*of* ⇒**надла́мываться**) to crack (*also fig*); **здоро́вье у него́ ~и́лось** his health has failed, broken down.

надло́м|ленный *ppp of* ⇒~**и́ть** *and adj* broken (*also fig*).

надме́нност|ь, и *f* haughtiness, arrogance.

надме́н|ный (~ен, ~на) *adj* haughty, arrogant.

на́до[1] = **над**

на́до[2] + *d and inf* it is necessary; one must, one ought; (+ *a or g*) there is need of; **не н.** (*i*) (*не нужно*) one need not, (*ii*) (*нельзя*) one must not; **мне н. идти́** I must go, I ought to go; **мне н. вина́** I need some wine; **так ему́ и н.** serves him right!; **н. быть** (*coll*) probably; **н. же!** well, I never!; **что н.** (*as pred*; *coll*) excellent, great; **о́чень н.!** (*coll*) (*выражение нежелания*) no thanks!

на́до|бно (*coll*) = ~[2]

на́добност|ь, и *f* necessity, need; **име́ть н. в чём-н.** to require sth.

на́доб|ный (~ен, ~на) *adj* (*coll*) necessary, needful.

надое́д|а, ы *cg* (*coll*) pain (in the neck), nuisance.

надоеда́ла = **надое́да**

надоеда́|ть, ю *impf of* ⇒**надое́сть**

надое́длив|ый (~, ~а) *adj* annoying, boring, tiresome.

надое́|сть, м, шь, ст, ди́м, ди́те, дя́т *pf* (*of* ⇒~**да́ть**) **1** (+ *d and i*) to get on the nerves (of), (*просьбами*) to pester (with), plague (with); to bore (with); **он мне до чёртиков ~л** I'm sick to death of him. **2** (*impers*, + *d and inf*): **мне,** *etc.*, **~ло** I, *etc.*, am tired (of), sick (of); **нам ~ло гуля́ть** we are tired of walking.

надо|и́ть, ю́, и́шь *pf* (*of* ⇒**нада́ивать**) (+ *a or g*) to obtain (*a quantity of milk*).

надо́|й, я *m* (*agric*) yield (*of milk*).

на́долб|а, ы *f* stake; **противота́нковые ~ы** anti-tank obstacles.

надо́лго *adv* for a long time.

надо́мник, а *m* homeworker.

надо́мни|ца, цы *f of* ⇒~**к**

надорв|а́ть, у́, ёшь, *past* **~а́л, ~ала́, ~а́ло** *pf* (*of* ⇒**надрыва́ть**) to tear slightly; (*fig*) to (over)strain, overtax.

надорв|а́ться, у́сь, ёшься, *past* **~а́лся, ~ала́сь, ~а́ло́сь** *pf* (*of* ⇒**надрыва́ться 1**) **1** (*о бумаге*) to tear slightly (*intrans*). **2** (*о человеке*) to (over)strain o.s.; (*переутомиться*) to tire o.s. out.

надоу́м|ить, лю, ишь *pf* (*of* ⇒~**ливать**) (*coll*) to advise.

надоу́млива|ть, ю *impf of* ⇒**надоу́мить**

надпа́рыва|ть, ю *impf of* ⇒**надпоро́ть**

надпи́лива|ть, ю *impf of* ⇒**надпили́ть**

надпил|и́ть, ю́, ~́ишь *pf* (*of* ⇒~́**ивать**) to make an incision in (*by sawing*).

надпи|са́ть, шу́, ~́шешь *pf* (*of* ⇒~́**сывать**) (*книгу*) to inscribe.

надпи́сыва|ть, ю *impf of* ⇒**надписа́ть**

на́дпис|ь, и *f* inscription.

надпор|о́ть, ю́, ~́ешь *pf* (*of* ⇒**надпа́рывать**) to unstitch, unpick (*a few stitches*).

надра́|ить, ю *pf of* ⇒**дра́ить**

над|ра́ть, еру́, ерёшь, *past* **~ра́л, ~рала́, ~ра́ло** *pf* (*of* ⇒~**ира́ть**) (+ *a or g*) to tear off, strip (*a quantity of*); **н. у́ши кому́-н.** to pull s.o.'s ears.

над|ра́ться, еру́сь, ерёшься, *past* **~ра́лся, ~рала́сь, ~ра́лось** *pf* (*of* ⇒~**ира́ться**) (*coll*) to become sozzled.

надре́з, а *m* cut, incision; (*зарубка*) notch.

надре́|зать, жу, жешь *pf* (*of* ⇒~**за́ть** *and* ⇒~**зывать**) to make an incision (in).

надрез|а́ть, а́ю *impf of* ⇒~**ать**

надре́зыва|ть, ю *impf* = **надреза́ть**

надруга́тельств|о, а *nt* (**над** + *i*) outrage (upon).

надруга́|ться, юсь *pf* (**над** + *i*) to commit an outrage (against).

надры́в, а *m* **1** (*надорванное место*) slight tear, rent. **2** (*физический*) strain. **3** (*fig*) (*нервный*) breakdown; crack-up. **4** (*возбуждённость*) hysteria.

надрыва́|ть(ся), ю(сь) *impf* **1** *impf of* ⇒**надорва́ть(ся)**. **2** (*no pf*) (*стараться*) to exert o.s.; to break one's neck. **3** (*no pf*) (*кричать*) to yell, bellow. **4**: **у меня́ се́рдце ~ется** my heart bleeds.

надры́вист|ый (~, ~а) *adj* convulsive.

надры́в|ный (~ен, ~на) *adj* (*истеричный*) hysterical.

надса́д|а, ы *f* (*coll*) strain; effort.

надса|ди́ть, жу́, ~́дишь *pf* (*of* ⇒~́**живать**) (*coll*) to (over)strain.

надса|ди́ться, жу́сь, ~́дишься *pf* (*of* ⇒~́**живаться**) (*coll*) to (over)strain o.s.

надса́д|ный (~ен, ~на) *adj* (*coll*) back-breaking; heavy; **н. ка́шель** hacking cough.

надса́жива|ть(ся), ю(сь) *impf of* ⇒**надсади́ть(ся)**

надсма́трива|ть, ю *impf* (**за** + *i or* **над** + *i*) to oversee, supervise.

надсмо́тр, а *m* supervision; (*за подозреваемым*) surveillance.

надсмо́трщик, а *m* overseer, supervisor; (*тюремный*) jailer.

надсмо́трщи|ца, цы *f of* ⇒~**к**

надста́в|ить, лю, ишь *pf* (*of* ⇨**~ля́ть**) to lengthen (*garment or part of garment*).

надста́вк|а, и *f* added piece, extension.

надставля́|ть, ю *impf of* ⇨**надста́вить**

надставно́й *adj* put on.

надстра́ива|ть, ю *impf of* ⇨**надстро́ить**

надстро́|ить, ю, ишь *pf* (*of* ⇨**надстра́ивать**) **1** (*этаж*) to build on. **2** (*здание*) to raise the height (of).

надстро́йк|а, и *f* **1** (*действие*) building on; raising. **2** (*надстроенная часть*) superstructure (*also philos*).

надстро́чный *adj* superscript.

надтре́снут|ый (~, ~а) *adj* cracked (*also fig*).

надува́л|а, ы *cg* (*coll*) swindler, cheat.

надува́тельский *adj* (*coll*) swindling, underhand.

надува́тельств|о, а *nt* (*coll*) swindling, cheating.

надува́|ть(ся), ю(сь) *impf of* ⇨**наду́ть(ся)**

надувн|о́й *adj* pneumatic; **н. матра́с** air bed; **~а́я (рези́новая) ло́дка** inflatable (rubber) dinghy.

наду́ман|ный (~, ~на) *adj* far-fetched, forced.

наду́м|ать, аю *pf* (*coll*) **1** (+ *inf*) (*решить*) to decide (to). **2** (*impf* **~ывать**) (*придумать*) to think up, make up.

наду́мыва|ть, ю *impf of* ⇨**наду́мать**

наду́т|ый (~, ~а) *ppp of* ⇨**~ь** *and adj* (*coll*) **1** (*вены*) swollen. **2** (*высокомерный*) haughty; puffed up. **3** (*мрачный*) sulky. **4** (*стиль*) inflated, turgid.

наду́|ть, ю, ешь *pf* (*of* ⇨**~ва́ть**) **1** (*шар, мяч, колесо*) to inflate, blow up; (*паруса*) to puff out; **н. велосипе́дную ка́меру** to inflate, blow up a bicycle tyre; (*impers; pf only*): **в ко́мнату ве́тром ~ло пы́ли** the wind filled the room with dust; **мне ~ло в у́хо** I have earache from the draught; **н. гу́бы** (*coll*) to pout one's lips. **2** (*coll*) (*обмануть*) to dupe; to swindle.

наду́|ться, юсь, ешься *pf* (*of* ⇨**~ва́ться**) **1** (*шар, мяч, колесо*) to inflate; (*паруса*) to fill out, swell out; (*вена, почка*) to swell. **2** (*fig, coll*) (*принять важный вид*) to puff o.s. up. **3** (*fig, coll*) (*обидеться*) to pout; to sulk. **4** (*coll; + g*) (*напиться*) to swig (*a quantity of*).

наду́ш|енный *ppp of* ⇨**~и́ть** *and adj* scented, perfumed.

надуш|и́ть(ся), у́(сь), ~́ишь(ся) *pf of* ⇨**души́ть(ся)**[2]

надшива́|ть, ю *impf of* ⇨**надши́ть**

над|ши́ть, ошью́, ошьёшь *pf* (*of* ⇨**~шива́ть**) **1** (*удлинить*) to lengthen (*a garment*). **2** (*пришить*) to stitch on (to).

надым|и́ть, лю́, и́шь *pf of* ⇨**дыми́ть**

надыш|а́ться, у́сь, ~́ишься *pf* **1** (+ *i*) to breathe in, inhale. **2**: **не н.** (**на** + *a*) to dote (on, upon).

наеда́|ться, юсь *impf of* ⇨**нае́сться**

наедине́ *adv* privately, in private; **н. с** (+ *i*) alone (with); **н. с собо́й** alone, by oneself.

нае́|ду, дешь *see* ⇨**~хать**

нае́зд, а *m* **1** (*столкновение*) collision; **маши́на соверши́ла н. на пешехо́да** the car hit a pedestrian. **2** (*визит*) flying visit; **быва́ть ~ом/~ами** to pay short, infrequent visits.

нае́з|дить, жу, дишь *pf* (*of* ⇨**~жива́ть**) **1** (*проехать*) to cover, do (*driving or riding*); **мы ~дили сто миль** we covered a hundred miles. **2** (*coll*) (*приобрести*) to make (= *gain, acquire by conveying*); **н. де́сять рубле́й** to make ten roubles. **3** (*дорогу*) to use (a road) a good deal. **4** (*лошадь*) to break in.

нае́здник, а *m* horseman, rider.

нае́здни|ца, цы *f of* ⇨**~к**

нае́здничеств|о, а *nt* horsemanship.

наезжа́|ть, ю *impf* **1** (*coll*) to pay occasional visits. **2** *impf of* ⇨**нае́хать**

нае́з|женный *ppp of* ⇨**~дить** *and adj* well-trodden, beaten; worn.

нае́зжива|ть, ю *impf of* ⇨**нае́здить**

нае́з|жу, дишь *see* ⇨**~дить**

на|ём, ~́йма *m* (*рабочих, на короткий период*) hire; (*квартиры, в длительное пользование*) renting; **взять в н.** to rent; **сдать в н.** to let.

наёмник, а *m* **1** (*mil*) mercenary. **2** (*наёмный работник*) hireling; (*fig*) mercenary.

наёмный *adj* hired; rented; **н. уби́йца** hit man.

наёмщик, а *m* tenant, lessee.

нае́|сться, мся, шься, стся, ди́мся, ди́тесь, дя́тся, *past* **~лся, ~лась** *pf* (*of* ⇨**~да́ться**) **1** to eat one's fill. **2** (+ *g or i*) to eat (a large quantity of), stuff o.s. (with).

нае́|хать, ду, дешь *pf* (*of* ⇨**~зжа́ть 2**) **1** (**на** + *a*) to run (into, over), collide (with); **на нас ~хал авто́бус** a bus ran into us, hit us. **2** (*coll*) (*приехать*) to come, arrive (*unexpectedly or in numbers*). **3** (*sl*) (**на** + *a*) to go on (at), give (s.o.) a hard time.

нажа́л|оваться, уюсь *pf* (*coll*; **на** + *a*) to complain (of).

нажа́рива|ть, ю *impf of* ⇨**нажа́рить**

нажа́р|ить[1]**, ю, ишь** *pf* (*of* ⇨**~ивать**) (*coll*) (*сильно нагреть*) to overheat.

нажа́р|ить[2]**, ю, ишь** *pf* (*жаря, наготовить*) to fry, roast (*a quantity of*).

нажа́ти|е, я *nt* (*на кнопку, на рычаг*) pressure.

наж|а́ть[1]**, му́, мёшь** *pf* (*of* ⇨**~има́ть**) **1** (+ *a or* **на** + *a*) to press (on); **н. (на) кно́пку** to press the button. **2** (*fig, coll*; **на** + *a*) (*понудить*) to put pressure (upon). **3** (*fig, coll*) (*энергично приняться за что-н.*) to press on, press ahead; **~мём и вы́полним э́ту рабо́ту!** let us press on and finish this job!

наж|а́ть[2]**, ну́, нёшь** *pf* (*of* ⇨**~ина́ть**) (+ *a or g*) (*хлеба*) to reap, harvest (*a quantity of*).

нажда́к, а́ *m* emery.

нажда́|чный *adj of* ⇨**~к**; **~чная бума́га** emery paper.

наж|е́чь, гу́, жёшь, гу́т, *past* **~ёг, ~гла́** *pf* (*of* ⇨**~ига́ть**) (+ *a or g*) to burn (*a quantity of*).

нажи́в|а[1]**, ы** *f* gain, profit.

нажи́в|а[2]**, ы** *f* = **~ка**

нажива́|ть(ся), ю(сь) *impf of* ⇨**нажи́ть(ся)**

нажив|и́ть, лю́, и́шь *pf* (*of* ⇨**~ля́ть**) to bait.

нажи́вк|а, и *f* bait.

наживля́|ть, ю *impf of* ⇨**наживи́ть**

наживн|о́й *adj only in phr* **э́то де́ло ~о́е** (*coll*) it'll come (with time).

нажи|ву́, вёшь *see* ⇨**~́ть**

нажига́|ть, ю *impf of* ⇨**наже́чь**

нажи́м, а *m* **1** pressure (*also fig*); **сде́лать что-н. под ~ом** to do sth under pressure. **2** (*tech*) clamp.

нажима́|ть, ю *impf of* ⇨**нажа́ть**[1]

нажина́|ть, ю *impf of* ⇨**нажа́ть**[2]

нажира́|ться, юсь *impf of* ⇨**нажра́ться**

наж|и́ть, иву́, ивёшь, *past* **~́ил, ~ила́, ~́ило** *pf* (*of* ⇨**~ива́ть**) (*богатство*) to acquire, gain; (*fig, coll*) (*болезнь*) to contract, get.

наж|и́ться, иву́сь, ивёшься, *past* **~и́лся, ~ила́сь** *pf* (*of* ⇨**~ива́ться**) (**на** + *p*) to become rich (from), make a fortune (from).

наж|му́, мёшь *see* ⇨**~а́ть**[1]

наж|ну́, нёшь *see* ⇨**~а́ть**[2]

нажр|а́ться, у́сь, ёшься *pf* (*of* ⇨**нажира́ться**) **1** (*coll; + g or i*) (*наесться*) to gorge o.s. (with). **2** (*sl*) (*опьянеть*) to get very drunk, get sloshed.

наза́втра *adv* (*coll*) (the) next day.

наза́д *adv* **1** (*оглянуться*) back; (*катиться*) backwards; (*на прежнее место*) back; **н.!** back!; stand back! **2 (тому́) н.** ago.

назади́ *adv* (*sl*) behind.

наза́льный *adj* (*ling*) nasal.

Назаре́т, а *m* Nazareth.

назва́нива|ть, ю *impf* (*coll*) to keep ringing.

назва́ни|е, я *nt* name; **под ~ем** named; **одно́ н.** (*coll*) in name only; **ра́зве э́то о́тдых? одно́ н.** you can hardly call this rest; (*отдельное издание*) title.

назва́ный *adj* (*брат, сестра*) sworn; (*сын, дочь*) adopted; (*fig*): **он мой н. брат** he is my sworn brother.

наз|ва́ть[1]**, ову́, овёшь**, *past* **~ва́л, ~вала́, ~ва́ло** *pf* (*of* ⇨**~ыва́ть**) (+ *a and i*) to call; to name; **они́ ~ва́ли дочь Татья́ной** they have called/named their daughter Tatiana; **он ~ва́л себя́ Никола́ем** he gave his name as Nikolai.

наз|ва́ть[2]**, ову́, овёшь**, *past* **~ва́л, ~вала́, ~ва́ло** *pf* (*coll*; + *g*) (*пригласить*) to invite (*a number of*).

наз|ва́ться[1]**, ову́сь, овёшься**, *past* **~ва́лся, ~вала́сь** *pf* (*of* ⇨**~ыва́ться**) (+ *i*) **1** (*получить какое-н. имя*) to call o.s.; to be named.

Н

2 (*представиться*) to give one's name. 3 (*журналистом*) to claim to be.

наз|ва́ться², **овýсь**, **овёшься**, *past* **~ва́лся**, **~вала́сь** *pf* (*coll*) (*в гости*) to invite o.s.; (*помогать*) to volunteer.

назе́мн|ый *adj* ground, surface; **~ые войска́** (*mil*) ground troops; **~ая по́чта** surface mail.

на́земь *adv* (down) to the ground.

назида́ни|е, **я** *nt* (*literary*) edification; **сказа́ть что-н. в н. кому́-н.** to say sth for s.o.'s edification.

назида́тел|ьный (**~ен**, **~ьна**) *adj* edifying.

назло́ 1 *adv* (*сделать*) out of spite. **2** *prep* (+ *d*) (*родителям*) to spite.

назнач|а́ть, **а́ю** *impf of* **⇒~́ить**

назначе́ни|е, **я** *nt* **1** (*даты*, *места*) fixing, setting; (*фондов*) allocation. **2** (*на работу*) appointment. **3** (*med*) prescription. **4** (*цель*) purpose; **испо́льзовать что́-н. по ~ю** to use sth properly, appropriately; **отвеча́ть своему́ ~ю** to serve its purpose; **отря́д осо́бого ~я** special task force. **5**: **ме́сто ~я** destination.

назна́ч|ить, **у**, **ишь** *pf* (*of* **⇒~а́ть**) **1** (*дату*, *место*, *размер*) to fix, set, appoint; **н. день встре́чи** to fix, appoint a day for a meeting; **н. кому́-н. свида́ние** to make a date with s.o.; **н. опла́ту** to fix a rate of pay; (*фонды*) to allocate. **2** (+ *a and i*) to appoint, nominate; **его́ ~или дире́ктором** he has been appointed director. **3** (*med*) to prescribe.

Н

назо́йливост|ь, **и** *f* importunity.

назо́йлив|ый (**~**, **~а**) *adj* importunate, troublesome.

назрева́|ть, **ю** *impf* (*of* **⇒назре́ть**) **1** (*о почке*) to ripen, mature; (*о нарыве*) to gather head. **2** (*fig*) to become imminent; **кри́зис ~л** a crisis was brewing; **вопро́с назре́л** the question needs urgent discussion; **назре́ла необходи́мость чего́-н.** the need for sth had become urgent.

назре́|ть, **ю**, **ешь** *pf of* **⇒~ва́ть**

назубо́к *adv* (*coll*): **знать/вы́учить н.** to know/learn by heart.

называ́|емый *pres participle passive of* **⇒~ть**; **так н.** so-called.

называ́|ть, **ю** *impf of* **⇒назва́ть¹**; **н. ве́щи свои́ми имена́ми** to call a spade a spade.

называ́|ться, **юсь** *impf* (*of* **⇒назва́ться¹**) (*носить какое-н. наименование*, *имя*) to be called; **как ~ется э́то село́?** what is this village called? what is the name of this village?; **что ~ется** (*coll*) as they say, as it were.

наибо́лее *adv* (the) most.

наибо́льший *adj* the greatest; (*по величине*) the largest.

наи́вност|ь, **и** *f* naivety.

наи́в|ный (**~ен**, **~на**) *adj* naive; (*простой*) artless.

наивы́сш|ий *adj* the highest; **в ~ей сте́пени** to the utmost.

наи́гранн|ый 1 *ppp of* **⇒наигра́ть**. **2** *adj* (*fig*) put on, assumed; forced; **~ая весёлость** assumed gaiety.

наигра́|ть, **ю** *pf* (*of* **⇒наи́грывать**) **1** (*coll*) (*много денег*) to win, make (*by playing*). **2** (*coll*) (*мелодию*) to play casually, sketchily. **3**: **н. пласти́нку** to make a record.

наигра́|ться, **юсь** *pf* to play for a long time, for long enough.

наи́грыва|ть, **ю** *impf of* **⇒наигра́ть**

на́игрыш, **а** *m* **1** (*мелодия*) tune. **2** (*coll*) (*искусственность*) artificiality.

наизна́нку *adv* inside out; **вы́вернуть н.** to turn inside out; **вывора́чиваться н.** (*fig*, *coll*) (*стараться*) to put o.s. out; (*откровенничать*) to lay o.s. bare; to bare one's soul.

наизу́сть *adv* by heart; from memory.

наилу́чший *adj* (the) best.

наиме́нее *adv* (the) least.

наименова́ни|е, **я** *nt* name, appellation, designation; (*разновидность*) variety; **торго́вое н.** trade name.

наимен|ова́ть, **у́ю** *pf of* **⇒именова́ть**

наиме́ньший *adj* (the) least; (*по величине*) the smallest.

наискосо́к *adv* = **на́искось**

на́искось *adv* obliquely, slantwise.

найти́|е, **я** *nt* inspiration; **по ~ю** instinctively, intuitively.

наиху́дший *adj* (the) worst.

найдёныш, **а** *m* foundling.

наймит, **а** *m* hireling.

Найро́би *m indecl* Nairobi.

на|йти́¹, **йду́**, **йдёшь**, *past* **~шёл**, **~шла́** *pf* (*of* **⇒~ходи́ть**) to find; **н., что иде́я интере́сная** (*or* **н. иде́ю интере́сной**) to find the idea interesting; **как ты нашёл его́ по́сле о́тпуска?** how did you find him after his holiday?; (*открыть*) to discover; **н. себя́** to find o.s.; **н. себе́ моги́лу/смерть** (*rhetorical*) to meet one's death.

на|йти́², **йду́**, **йдёшь**, *past* **~шёл**, **~шла́** *pf* (*of* **⇒~ходи́ть**) **1** (**на** + *a*) (*натолкнуться*) to come (across, upon); (*о чувствах*) to come over; **что э́то на неё ~шло́?** what has come over her?; (*закрыть собой*) to cover. **2** (*impers*, *coll*) (*скопиться*) to gather, collect; **~шло́ мно́го наро́ду** a large crowd collected.

на|йти́сь, **йду́сь**, **йдёшься**, *past* **~шёлся**, **~шла́сь** *pf* (*of* **⇒~ходи́ться¹**) **1** (*обнаружиться*) (*после поисков*) to be found; to turn up; (*вызваться*) to volunteer. **2** (*не растеряться*) not to be at a loss; **я не ~шёлся, что сказа́ть** I was at a loss for what to say.

нака́вер|зить, **жу**, **зишь** *pf of* **⇒ка́верзить**

нака́з, **а** *m* **1** (*obs*) order; instructions. **2** (*pol*) mandate.

наказа́ни|е, **я** *nt* **1** punishment. **2** (*fig*, *coll*) nuisance; **мне с ним** (**су́щее**, **пря́мо**, **про́сто**) **н.** he is a (perfect) nuisance to me.

нака|за́ть¹, **жу́**, **~́жешь** *pf* (*of* **⇒~́зывать**) to punish.

нака|за́ть², **жу́**, **~́жешь** *pf* (*of* **⇒~́зывать**) (*coll* + *d*) (*дать заказ*) to instruct, order.

наказу́емый *adj* (*law*) punishable.

нака́зыва|ть, **ю** *impf of* **⇒наказа́ть¹,²**

нака́л, **а** *m* **1** incandescence. **2** (*fig*) tension.

накал|ённый *ppp of* **⇒~и́ть** *and adj* **1** incandescent; white-hot. **2** (*fig*) strained, tense; **~ённая междунаро́дная обстано́вка** tense international situation.

нака́лива|ть(ся), **ю(сь)** *impf of* **⇒накали́ть(ся)**

накал|и́ть, **ю́**, **и́шь** *pf* (*of* **⇒~́ивать**) to heat, incandesce; (*fig*) (*ситуацию*) to inflame.

накал|и́ться, **ю́сь**, **и́шься** *pf* (*of* **⇒~́иваться**) to glow, incandesce; (*fig*) (*обстановка*) to become inflamed; **стра́сти ~и́лись** passions were running high.

нака́лыва|ть(ся), **ю(сь)** *impf of* **⇒наколо́ть(ся)**

наканифо́л|ить, **ю**, **ишь** *pf of* **⇒канифо́лить**

накану́не 1 (*adv*) the day before. **2** (*prep* + *g*) on the eve (of); **н. Рождества́** on Christmas Eve.

нака́п|ать, **аю** *pf of* **⇒ка́пать**

нака́плива|ть(ся), **ю**, **ет(ся)** *impf* = **накопля́ть(ся)**

нака́пыва|ть, **ю** *impf of* **⇒накопа́ть**

нака́рка|ть, **ю** *pf* (*coll*) to bring down (evil) by one's own prophecies.

нака́т, **а** *m* layer (*of beams or planks*).

накат|а́ть¹, **а́ю** *pf* (*of* **⇒~́ывать**) **1** (*катая, приготовить*) to roll out; (*дорогу*) to roll smooth. **2** (*no impf*) (*coll*) (*быстро написать*) to write hurriedly; **н. письмо́** to dash off a letter.

накат|а́ть², **а́ю** *pf* (*of* **⇒~́ывать**) (+ *a or g*) (*бочек, брёвен*) to roll (*a quantity of*).

наката́|ться, **юсь** *pf* (*coll*) to have had enough (*of driving, riding*).

нака|ти́ть, **чу́**, **~́тишь** *pf* (*of* **⇒~́тывать**) (**на** + *a*) (*бочку*) to roll up (onto); (*coll*) (*о чувстве*) to come over, overwhelm; (*coll*) (*о гостях*) to descend, roll up.

нака|ти́ться, **чу́сь**, **~́тишься** *pf* (*of* **⇒нака́тываться**) to roll up.

нака́тыва|ть(ся), **ю(сь)** *impf of* **⇒наката́ть** *and* **⇒накати́ть(ся)**

накач|а́ть¹, **а́ю** *pf* (*of* **⇒~́ивать**) (*шину, камеру*) to pump up, pump full.

накача́|ть², **ю** *pf* (*of* **⇒~́ивать** *and* **⇒кача́ть 3**) (*воды*) to pump (*a quantity of*).

накача́|ть³, **ю** *pf of* (*of* **⇒кача́ть 4** *and* **⇒~́ивать**) (*coll*) to be muscly from pumping iron.

накач|а́ться¹, **а́юсь** *pf* (*of* **⇒~́иваться**) (*coll*) to become sozzled.

накача́|ться², **юсь** *pf of* **⇒кача́ться 3**

нака́чива|ть(ся), **ю(сь)** *impf of* **⇒накача́ть¹,²,³** *and* **⇒накача́ться¹**

накид|а́ть, **а́ю** *pf* (*of* **⇒~́ывать**) = **наброса́ть²**

наки́дк|а, **и** *f* **1** (*одежда*) cloak, cape, mantle. **2** (*для подушки*) pillow cover (*for daytime use*). **3** (*прибавка*) increase; extra charge.

наки́дыва|ть(ся), **ю(сь)** *impf of* **⇒накида́ть** *and* **⇒наки́нуть(ся)**

наки́|нуть, ну, нешь *pf* (*of* ⇨**~дывать**) **1** (*шаль*) to throw on, throw over. **2** (*coll*) (*прибавить*) to add.

наки́|нуться, нусь, нешься *pf* (*of* ⇨**~дываться**) (**на** + *a*) to fall (on, upon); (*на еду, на работу*) to attack, get stuck into.

накип|а́ть, а́ет *impf of* ⇨**~е́ть**

накип|е́ть, и́т *pf* (*of* ⇨**~а́ть**) to form a scum; to form a scale; (*fig, impers*) to swell, boil; **в нём ~е́ла зло́ба** he is boiling with resentment.

на́кип|ь, и *f* **1** (*пена*) scum. **2** (*осадок*) scale, deposit.

накла́дк|а, и *f* **1** (*род парика*) hairpiece. **2** (*coll*) (*ошибка*) blunder; **н. вы́шла** we made a blunder.

накладн|а́я, о́й *f* invoice, waybill.

накла́дно *adv* (*coll*) to one's disadvantage, to one's cost.

накладн|о́й *adj* **1** superimposed; **~о́е зо́лото** rolled gold; **н. карма́н** patch pocket; **~ы́е расхо́ды** overheads. **2** (*искусственный*) false; **~а́я борода́** false beard.

накла́дыва|ть, ю *impf of* ⇨**наложи́ть**

наклеве|та́ть, щу́, ~щешь *pf of* ⇨**клевета́ть**

наклёвыва|ться, ется *impf of* ⇨**наклю́нуться**

накле́ива|ть, ю *impf of* ⇨**накле́ить**

накле́|ить, ю, ишь *pf* (*of* ⇨**~ивать**) to stick on, paste on.

накле́йк|а, и *f* **1** (*действие*) sticking on, pasting on. **2** (*этикетка*) sticker.

наклепа́|ть¹, ю *pf* (*of* ⇨**наклёпывать**) to rivet.

наклеп|а́ть², лю́, ~лешь *pf of* ⇨**клепа́ть²**

наклёпк|а, и *f* (*металлическая*) stud.

наклёпыва|ть, ю *impf of* ⇨**наклепа́ть¹**

наклик|а́ть, а́ю *impf of* ⇨**~ать**

накли́|кать, чу, чешь *pf* (*of* ⇨**~ка́ть**); **н. на себя́** to bring upon o.s.; **н. беду́** (**на** + *a*) to bring disaster (upon).

накло́н, а *m* (*головы*) inclination; (*почерка*) slope, slant; (*покатая поверхность*) slope, incline.

наклоне́ни|е, я *nt* (*gram*) mood.

наклон|и́ть, ю́, ~ишь *pf* (*of* ⇨**~я́ть**) to incline, bend.

наклон|и́ться, ю́сь, ~ишься *pf* (*of* ⇨**~я́ться**) to stoop, bend.

накло́нност|ь, и *f* (**к** + *d*) inclination (towards), tendency (towards), propensity (for).

накло́нн|ый *adj* inclined, sloping; **~ая пло́скость** inclined plane; **кати́ться по ~ой пло́скости** (*fig*) to go downhill, go to the dogs (*morally*).

наклон|я́ть(ся), я́ю(сь) *impf of* ⇨**~и́ть(ся)**

наклю́н|уться, ется *pf* (*of* ⇨**наклёвываться**) **1** (*о птице*) to peck its way out of the shell. **2** (*coll*) (*появиться*) to turn up; **слу́чай ~улся** an occasion came up.

накля́узнича|ть, ю *pf of* ⇨**кля́узничать**

накова́л|ьня, ьни, *g pl* **~ен** *f* anvil.

нако́жный *adj* (*med*) skin (*attr*).

наколд|ова́ть, у́ю *pf* (*беду*) to bring about (*by sorcery*).

наколе́нник, а *m* knee pad (*worn to protect the knees*).

нако́лк|а, и *f* **1** (*украшение*) headdress (*fastened with pins*). **2** (*coll*) (*татуировка*) tattoo.

накол|о́ть¹, ю́, ~ешь *pf* (*of* ⇨**нака́лывать**) (+ *a or g*) to split (*a quantity of*); **н. дров** to chop (*a quantity of*) wood.

накол|о́ть², ю́, ~ешь *pf* (*of* ⇨**нака́лывать**) **1** to prick; **н. узо́р** to prick out a pattern. **2** (*насадить*) to pin down; **н. ба́бочку на була́вку** to pin down a butterfly. **3** (*убить*) to slaughter, kill (*a number of*).

накол|о́ться, ю́сь, ~ешься *pf* (*of* ⇨**нака́лываться**) to prick o.s.

наконе́ц *adv* at last, finally, in the end; **н.-то!** at last!, about time too!; (*ещё, кроме всего*) after all; (*выражает недовольство*) ever; **переста́ньте, н., спо́рить!** will you ever stop arguing!

наконе́чник, а *m* tip, point; **н. стрелы́** arrowhead.

наконе́чный *adj* final.

накопа́|ть, ю *pf* (*of* ⇨**нака́пывать**) (+ *a or g*) to dig up (*a number of*).

накопи́тел|ь, я *m* (*comput*) storage; **н. на ди́сках** disk drive.

накопи́тельств|о, а *nt* acquisitiveness.

накоп|и́ть, лю́, ~ишь *pf* (*of* ⇨**копи́ть**, ⇨**~ля́ть**, *and* ⇨**нака́пливать**) (+ *a or g*) to accumulate, amass.

накоп|и́ться, ~ится *pf* (*of* ⇨**копи́ться**, ⇨**~ля́ться**, *and* ⇨**нака́пливаться**) to accumulate.

накопле́ни|е, я *nt* **1** accumulation. **2** (*in pl*) (*сбережения*) savings.

накопля́|ть(ся), ю, ет(ся) *impf of* ⇨**накопи́ть(ся)**

накоп|ти́ть¹, чу́, ти́шь *pf of* ⇨**копти́ть 3**

накоп|ти́ть², чу́, ти́шь *pf* (+ *a or g*) (*рыбы*) to smoke (= *cure*) (*a quantity of*).

наколм|и́ть, лю́, ~ишь *pf of* ⇨**корми́ть**

накоротке́ *adv* (*coll*) **1** (*недолго*) briefly. **2** (**от** + *g*) close (to). **3** (*as predicate*): **быть н. с кем-н.** to be close to s.o., on good terms with s.o.

нако|си́ть, шу́, ~сишь *pf* (+ *a or g*) to mow (down) (*a quantity of*).

на́кось *see* ⇨**вы́кусить**

накра́дыва|ть, ю *impf of* ⇨**накра́сть**

накра́пыва|ть, ет *impf* (*impers or* + **дождь**) to spit (*Br*); (*всё утро*) to rain on and off; **ста́ло н.** it began to spit (*with rain*).

накра́|сить, шу, сишь *pf* (*of* ⇨**~шивать**) **1** (*ногти, губы*) to paint. **2** (*лицо*) to make up.

накра́|ситься, шусь, сишься *pf of* ⇨**кра́ситься 1**

накра́|сть, ду́, дёшь, *past* **~л** *pf* (*of* ⇨**~дывать**) (+ *a or g*) to steal (*a number of*).

накрахма́л|ить, ю, ишь *pf of* ⇨**крахма́лить**

накра́шива|ть, ю *impf of* ⇨**накра́сить**

накрен|и́ть, ю́, и́шь *pf* **1** *pf of* ⇨**крени́ть**. **2** (*impf* **~я́ть**) to tilt to one side, tilt.

накрен|и́ться, ю́сь, и́шься *pf* **1** *pf of* ⇨**крени́ться**. **2** (*impf* **~я́ться**) to tilt, list.

накрен|я́ть(ся), я́ю(сь) *impf of* ⇨**~и́ть(ся)**

на́крепко *adv* **1** fast, tight; **закры́ть н.** to shut fast. **2** (*coll*) categorically; strictly; **приказа́ть н.** to give a strict order.

на́крест *adv* crosswise; **сложи́ть ру́ки крест-н.** to cross one's arms.

накрич|а́ть, у́, и́шь *pf* (**на** + *a*) to shout (at).

накропа́|ть, ю *pf of* ⇨**кропа́ть**

накрош|и́ть, у́, ~ишь *pf* (*of* ⇨**кроши́ть**) **1** to crumble, shred (*a quantity of*). **2** (*насорить крошками*) to spill crumbs.

накр|о́ю, о́ешь *see* ⇨**~ы́ть**

накру|ти́ть, чу́, ~тишь *pf* (*of* ⇨**~чивать**) **1** (*намотать*) (**на** + *a*) to wind (around, onto). **2** (*верёвок*) to twist (*a quantity of*). **3** (*coll*) to do, say (*sth complicated or unusual*).

накру|ти́ться, чу́сь, ~тишься *pf* (*of* ⇨**~чиваться**) **1** (*намотаться*) (**на** + *a*) to wind around, twist around. **2** (*coll*) (*завиться*) to curl one's hair. **3** (*no impf*) (*измучиться*) to be exhausted.

накру́чива|ть(ся), ю(сь) *impf of* ⇨**накрути́ть(ся)**

накрыва́|ть(ся), ю(сь) *impf of* ⇨**накры́ть(ся)**

накр|ы́ть, о́ю, о́ешь *pf* (*of* ⇨**~ыва́ть**) **1** (*закрыть*) to cover; **н. (на) стол** to lay the table; **н. к у́жину** to lay supper. **2** (*fig, coll*) (*поймать*) to catch; **н. на ме́сте преступле́ния** to catch red-handed.

накр|ы́ться, о́юсь, о́ешься *pf* (*of* ⇨**~ыва́ться**) **1** (+ *i*) to cover o.s. (with). **2** (*о планах*) to fall through.

накуп|а́ть, а́ю *impf of* ⇨**~и́ть**

накуп|и́ть, лю́, ~ишь *pf* (*of* ⇨**~а́ть**) (+ *a or g*) to buy up (*a number or quantity of*).

наку́р|енный *ppp of* ⇨**~и́ть** *and adj* smoky, smoke-filled; **в. ко́мнате ~ено** the room is full of (tobacco) smoke.

накур|и́ть, ю́, ~ишь *pf* (+ *i*) to fill with smoke, with fumes.

накур|и́ться, ю́сь, ~ишься *pf* (*coll*) to smoke a lot, too much; **н. до головно́й бо́ли** to smoke so much that one gets a headache.

накуроле́|сить, шу, сишь *pf of* ⇨**куроле́сить**

наку́т|ать, аю *pf* (*of* ⇨**~ывать**) (+ *a or g and* **на** + *a*) to put on (*clothing, etc.*); **мно́го ~али на ребёнка** the child was well wrapped up.

наку́тыва|ть, ю *impf of* ⇨**наку́тать**

нал, а *m* (*coll*) cash.

нала́влива|ть, ю *impf of* ⇨**налови́ть**

налага́|ть, ю *impf of* ⇨**наложи́ть¹ 2, 4**

Н

нала́|дить, жу, дишь *pf* (*of* ⇒**~живать**) **1** (*отрегулировать*) to regulate, adjust; (*исправить*) to repair, put right. **2** (*организовать*) to set going, arrange; **н. дела́** to get things going. **3** (*mus*) (*coll*) to tune.

нала́|диться, дится *pf* (*of* ⇒**~живаться**) to go right; **рабо́та ~дилась** the work is well in hand.

нала́дчик, а *m* (*tech*) adjuster.

нала́жива|ть(ся), ю, ет(ся) *impf of* ⇒**нала́дить(ся)**

налака́|ться, юсь *pf* **1**: **н. молока́** to lap up one's fill of milk. **2** (*coll*) (*опьянеть*) to get drunk.

на|лга́ть, лгу́, лжёшь, лгу́т, *past* **~лга́л, ~лгала́, ~лга́ло** *pf* **1** to lie, tell lies. **2** (*impf* ⇒**лгать 2**) (**на** + *a*) to slander.

нале́во *adv* **1** (**от** + *g*) to the left (of); **н.!** (*mil*) left turn! **2** (*coll*) (*продавать*) on the side (= *illicitly*); **рабо́тать н.** to moonlight.

налега́|ть, ю *impf of* ⇒**нале́чь**

налегке́ *adv* **1** without luggage; **путеше́ствовать н.** to travel light. **2** (*в лёгкой одежде*) lightly clad.

належ|а́ться, у́сь, и́шься *pf* (*coll*) to have a good lie-down.

налез|а́ть, а́ю *impf of* ⇒**~́ть**[1,2]

нале́з|ть[1]**, у, ешь,** *past* **~, ~ла** *pf* (*of* ⇒**~а́ть**) (*забраться*) to get in (*in large numbers, in quantities*).

нале́з|ть[2]**, ет** *pf* (*of* ⇒**~а́ть**) **1** (*об одежде*) (**на** + *a*) to fit, go on. **2** (*о шапке*) (**на** + *a*) to slip, slide down (over).

налеп|и́ть[1]**, лю́, ~́ишь** *pf* (*of* ⇒**лепи́ть 2** *and* ⇒**~ля́ть**) to stick on.

налеп|и́ть[2]**, лю́, ~́ишь** *pf* (+ *a or g*) to model (*a number of*).

налеп|ля́ть, ля́ю *impf of* ⇒**~и́ть**[1]

налёт[1]**, а** *m* (*нападение*) raid; (*на квартиру, на магазин*) robbery, burglary; **возду́шный н.** air raid; **с ~а** (*fig*) (*не размышляя*) suddenly, without preparation; (*на ходу*) at full speed; **бить с ~а** to swoop down on.

налёт[2]**, а** *m* (*тонкий слой*) deposit; thin coating; (*на бронзе*) patina; **зубно́й н.** dental plaque; (*fig*) touch, soupçon; **с ~ом иро́нии** with a touch of irony.

налет|а́ть[1]**, а́ю** *impf of* ⇒**~е́ть**[1,2]

налет|а́ть[2]**, а́ю** *pf* to have flown (*so many hours, miles, etc.*).

нале|те́ть[1]**, чу́, ти́шь** *pf* (*of* ⇒**~та́ть**[1]) **1** (**на** + *a*) (*наброситься*) to fall (upon); (*о птице*) to swoop down (on); to fly (upon, against); (*натолкнуться*) to run (into). **2** (*о ветре, буре*) to spring up.

нале|те́ть[2]**, чу́, ти́шь** *pf* (*of* ⇒**~та́ть**[1]) (*прилететь*) to fly in, drift in (*in quantities, in large numbers*).

налётчик, а *m* burglar, robber; (*на банк*) raider.

на|ле́чь, ля́гу, ля́жешь, ля́гут, *imperative* **~ля́г,** *past* **~лёг, ~легла́** *pf* (*of* ⇒**~лега́ть**) (**на** + *a*) **1** (*прислониться*) to lean (on); **н. плечо́м на дверь** to try to force the door with one's shoulder. **2** (*направить усилия*) to apply o.s. (to), throw o.s. (into); **н. на вёсла** to ply one's oars; **н. на подчинённых** (*fig*) to come down upon one's subordinates.

налива́|ть(ся), ю(сь) *impf of* ⇒**нали́ть(ся)**

нали́вк|а, и *f* fruit liqueur; **вишнёвая н.** cherry brandy.

наливн|о́й *adj* **1**: **~о́е колесо́** overshot wheel; **~о́е су́дно** (*naut*) tanker. **2** (*созревший*) ripe; (*сочный*) juicy.

нали|за́ться, жу́сь, ~́жешься *pf* (*coll*) (*напиться*) to get sozzled.

нали́м, а *m* (*zool*) burbot.

налин|ова́ть, у́ю *pf of* ⇒**линова́ть**

налип|а́ть, а́ет *impf of* ⇒**~́нуть**

нали́п|нуть, нет, *past* **~, ~ла** *pf* (*of* ⇒**~а́ть**) (**на** + *a*) to stick (to).

налито́й *adj* **1** (*плод*) juicy, ripe. **2** (*щёки*) fleshy.

нал|и́ть, ью́, ьёшь, *past* **~́ил, ~ила́, ~́ило** *pf* (*of* ⇒**~ива́ть**) **1** (*влить*) to pour out; (*наполнить*) (+ *i*) to fill (with); **н. бо́чку водо́й** to fill a barrel with water. **2** (*пролить*) to spill.

нал|и́ться, ью́сь, ьёшься, *past* **~и́лся, ~ила́сь, ~и́ло́сь** *pf* (*of* ⇒**~ива́ться**) **1** (+ *i*) to fill (with); **н. кро́вью** to become bloodshot. **2** (*о плодах*) to ripen, become juicy.

налицо́ *adv* present, available, on hand.

нали́честв|овать, ую *impf* to be present, be on hand.

нали́чи|е, я *nt* presence; **быть, оказа́ться в ~и** to be present, be available; **при ~и** (+ *g*) in the presence (of); given.

нали́чник, а *m* **1** (*двери, окна*) casing, jambs, and lintel. **2** (*для ключа*) lock-plate.

нали́чност|ь, и *f* **1** (*деньги*) cash; **н. това́ров в магази́не** stock-in-trade. **2** (*присутствие*) presence; **быть в ~и** to be present.

нали́чн|ый *adj* on hand, available; **~ые (де́ньги)** ready money, cash; **плати́ть ~ыми** to pay in cash, pay down; **за н. расчёт** for cash.

налов|и́ть, лю́, ~́ишь *pf* (+ *a or g*) to catch (*a number of*).

наловч|и́ться, у́сь, и́шься *pf* (+ *inf*) to become proficient (in), become good (at).

нало́г, а *m* tax; **доба́вочный н.** surtax; **подохо́дный н.** income tax; **н. на доба́вленную сто́имость** value added tax, VAT; **н. на при́быль** profits tax; **не облага́емый ~ом** tax-deductible.

нало́г|овый *adj of* ⇒**~**; **~овая га́вань** tax haven; **~овая деклара́ция** tax return; **н. инспе́ктор** tax inspector; **~овое обложе́ние** taxation; **~овое убе́жище** tax haven.

налогообложе́ни|е, я *nt* taxation.

налогоплате́льщик, а *m* taxpayer.

налогоплате́льщи|ца, цы *f of* ⇒**~к**

наложе́ни|е, я *nt* imposition; **н. аре́ста** (*law*) seizure; **н. швов** (*med*) suture, stitching.

нало́ж|енный *ppp of* ⇒**~и́ть**; **~енным платежо́м** cash on delivery (*abbr* COD).

налож|и́ть[1]**, у́, ~́ишь** *pf* **1** (*impf* **накла́дывать**) (*повязку; лак*) to apply; (*положить сверху*) to put on, over. **2** (*impf* **накла́дывать, налага́ть**) (*печать, визу*) affix; **н. отпеча́ток на** + *a*. (*fig*) to have a great influence (on). **3** (*impf* **накла́дывать**) (*навалить*) to load, pack; **н. белья́ в корзи́ну** to load a basket with linen. **4** (*impf* **налага́ть**) (**на** + *a*.) (*подвергнуть*) to lay (on), impose; **н. штраф** to impose a fine; **н. аре́ст на чьё-н. иму́щество** (*law*) to seize s.o.'s property.

налож|и́ть[2]**, у́, ~́ишь** *pf* (*of* ⇒**накла́дывать**) (+ *a or g*) to put, lay (*a quantity of*).

нало́жниц|а, ы *f* (*obs*) concubine.

нало́|й, я *m* = **анало́й**

налома́|ть, ю *pf* (+ *a or g*) to break (*a quantity of*); **н. бока́ кому́-н.** (*coll*) to give s.o. a sound thrashing; **н. дров** (*coll, joc*) to commit follies.

налощ|и́ть, у́, и́шь *pf of* ⇒**лощи́ть**

нал|ью́, ьёшь *see* ⇒**~и́ть**

налюб|ова́ться, у́юсь *pf* (+ *i or* **на** + *a*) to gaze to one's heart's content (at) (*usu with neg*).

нал|я́гу, я́жешь, я́гут *see* ⇒**~е́чь**

наля́па|ть, ю *pf of* ⇒**ля́пать**

нам *d of* ⇒**мы**

намагни́|тить, чу, тишь *pf* (*of* ⇒**~чивать**) to magnetize.

намагни́чива|ть, ю *impf of* ⇒**намагни́тить**

нама́з, а *m* Muslim prayer.

нама́|зать, жу, жешь *pf of* ⇒**ма́зать 1, 2, 4** *and* ⇒**~зывать**

нама́|заться, жусь, жешься *pf* **1** (*impf* **~зываться**) (+ *i*) to rub o.s. (with). **2** *pf of* ⇒**ма́заться 3, 4**

нама́зыва|ть(ся), ю(сь) *impf of* ⇒**нама́зать(ся)**

намал|ева́ть, ю́ю, ю́ешь *pf of* ⇒**малева́ть**

намара́|ть, ю *pf of* ⇒**мара́ть 2**

намарин|ова́ть, у́ю *pf* (+ *a or g*) to pickle (*a quantity of*).

нама́слива|ть, ю *impf* = **ма́слить**

нама́сл|ить, ю, ишь *pf of* ⇒**~ивать** *and* ⇒**ма́слить**

наматра́цник, а *m* mattress cover.

нама́тывани|е, я *nt* winding, reeling.

нама́тыва|ть, ю *impf* (*of* ⇒**намота́ть**) to wind, reel.

нама́тыва|ться, ется *impf of* ⇒**намота́ть(ся)**

нама́чива|ть, ю *impf of* ⇒**намочи́ть**

наме́дни *adv* (*coll*) the other day, lately.

намёк, а *m* hint; **то́нкий н.** gentle hint; **ко́свенный н.** innuendo; **сде́лать н.** to drop a hint; **с ~ом (на** + *a*) with a suggestion (of).

намек|а́ть, а́ю *impf* (*of* ⇒**~ну́ть**) (**на** + *a*, **о** + *p*) to hint (at), allude (to).

намек|ну́ть, ну́, нёшь *pf of* ⇒**~а́ть**

намел|и́ть, ю́, и́шь *pf of* ⇒**мели́ть**

наменя́|ть, ю *pf* (+ *a or g*) to obtain (*a quantity of*) by exchange.

намерева́|ться, юсь *impf* (+ *inf*) to intend (to), mean (to).

наме́рен (~а, ~о) *adj as pred* (+ *inf*) **я н. за́втра е́хать** I intend to go tomorrow; **что вы ~ы дéлать?** what do you intend to do?

намéрени|е, я *nt* intention; purpose; **без всякого ~я** unintentionally.

намéренно *adv* intentionally, deliberately.

намéрен|ный (~, ~на) *adj* intentional, deliberate.

намерз|áть, áет *impf of* **⇨~́нуть**

намёрз|нуть, нет, нут *past* **~, ~ла** *pf* (*of* **⇨~áть**) to freeze (on); **на ступéньках ~ло мнóго льда** a lot of ice had formed on the steps.

намёрз|нуться, нусь, нешься, *past* **~ся, ~лась** *pf* (*coll*) to get frozen.

нáмертво *adv* tightly, fast.

наме|сúть, шý, ~́сишь *pf* (+ *a or g*) to knead (*a quantity of*).

наме|стú, тý, тёшь, *past* **~̈л, ~лá** *pf* (*of* **⇨~тáть¹**) (+ *a or g*) **1** (*подмести*) to sweep together (*a quantity of*). **2** (*о ветре*) to cause to drift; (*impers*): **~лó мнóго снéгу** big snowdrifts have formed.

намéстник, а *m* **1** (*заместитель*) deputy. **2** (*hist*) (*правитель*) Governor General.

намéстни|ческий *adj of* **⇨~к**

намётанный *adj*: **н. глаз** an experienced, trained eye.

наметá|ть¹, ю *impf of* **⇨намести́**

наметá|ть², ю *pf of* **⇨метáть²**

наме|тáть³, чý, ~́чешь *pf* (+ *a or g*) (*набросать*) to throw together (*a quantity of*).

наме|тáть⁴, чý, ~́чешь *pf* (*of* **⇨~́тывать**) (*coll*) (*сделать искусным*) to train; **н. глаз** to acquire a (good) eye; **н. рýку (на** + *a*) to become proficient (in).

намé|тить¹, чу, тишь *pf* (*of* **⇨~чáть¹**) (*изобразить*) to sketch, outline.

намé|тить², чу, тишь *pf* **1** (*impf* **~чáть²**) (*планировать*) to plan, project; to have in view; **н. поéздку в Россúю** to plan a visit to Russia. **2** (*impf* **~чáть²**) (*предположить*) to nominate; (*назначить*) to select; **егó ~тили председáтелем** he has been nominated for chairman; **н. здáние к разрушéнию** to designate a building for demolition. **3** *pf of* **⇨мéтить²**

намé|титься, тится *pf* **1** (*impf* **⇨~чáться**) to begin to appear; to take shape. **2** (*impf* **⇨мéтиться**) **(в** + *a*) to aim at.

намётк|а¹, и *f* **1** (*действие*) basting, tacking. **2** (*нитка*) basting thread, tacking thread.

намётк|а², и *f* (*план*) rough draft, preliminary outline.

намётыва|ть, ю *impf of* **⇨наметáть⁴**

намечá|ть¹, ю *impf of* **⇨намéтить¹**

намечá|ть², ю *impf of* **⇨намéтить²**

намечá|ться, ется *impf of* **⇨намéтиться**

намé|чу, тишь *see* **⇨~тить**

наме|чý, чешь *see* **⇨~тáть**

намеш|áть, áю *pf* (*of* **⇨~́ивать**) (+ *a or g and* **в** + *a*) to add (to), mix in(to).

намéшива|ть, ю *impf of* **⇨намешáть**

нáми *i of* **⇨мы**

намиби|ец, йца *m* Namibian.

намиби|йка, йки *f of* **⇨~ец**

намибийский *adj* Namibian.

Намúби|я, и *f* Namibia.

наминá|ть, ю *impf of* **⇨намя́ть**

намнóго *adv* much, far (*with comparatives*); **н. лýчше** much, far better; greatly, considerably (*with verbs*); **онú н. улýчшили своЮ рабóту** they improved their work greatly, considerably.

нам|нý, нёшь *see* **⇨~я́ть**

намозóл|ить, ю, ишь *pf of* **⇨мозóлить**

намок|áть, áю *impf* (*of* **⇨~́нуть**) to become wet, get wet.

намóк|нуть, ну, нешь, *past* **~, ~ла** *pf of* **⇨~áть**

намоло|тúть, чý, ~́тишь *pf* (+ *a or g*) to thresh (*a quantity of*).

нам|олóть, елю́, éлешь *pf* (+ *a or g*) to grind, mill (*a quantity of*); **н. вздóру, чепухú** (*coll*) to talk a lot of nonsense.

намóрдник, а *m* muzzle.

намóрщ|ить(ся), у(сь) ишь(ся) *pf of* **⇨мóрщить(ся)**

намо|стúть, щý, стúшь *pf of* **⇨мостúть 2**

намотá|ть, ю *pf of* **⇨мотáть¹ 1** *and* **⇨намáтывать**

намотá|ться, юсь *pf* (*of* **⇨намáтываться) 1** to be wound. **2** (*coll*) (*устать*) to get tired.

намоч|úть, ý, ~́ишь *pf* (*of* **⇨намáчивать** *and* **⇨мочúть 1, 2) 1** (*сделать мокрым*) to wet, moisten. **2** (+ *a or g*) (*приготовить мочением*) to soak, steep. **3** (*intrans*; *coll*) (*налить на пол*) to spill water (on the floor, *etc.*).

намудр|úть, ю́, úшь *pf of* **⇨мудрúть**

намýсл|ить, ю, ишь *pf of* **⇨мýслить**

намус|óлить *pf* = **~́лить**

намýсор|ить, ю, ишь *pf of* **⇨мýсорить**

намýч|иться, усь, ишься *pf* (*coll*) to wear o.s. out; to have a hard time.

намы́в, а *m* (*geol*) alluvium.

намывнóй *adj* (*geol*) alluvial.

намы́ливать(ся) *impf* = **мы́лить(ся)**

намы́л|ить(ся), ю(сь), ишь(ся) *pf of* **⇨~ивать(ся)** *and* **⇨мы́лить(ся)**

нам|ы́ть, óю, óешь *pf* (+ *a or g*) **1** (*посуды*) to wash (*a quantity of*). **2** (*о реке*) to deposit.

нам|я́ть¹, нý, нёшь *pf* (*of* **⇨~инáть**) (*давлением причинить боль*) to hurt (*by pressure or friction*); to crush; **н. комý-н. бокá, шéю** to give s.o. a sound thrashing.

нам|я́ть², нý, нёшь *pf* (+ *a or g*) **1** (*глины*) to mash (*a quantity of*). **2** (*траву*) to trample down (*a certain area of*).

нанесéни|е, я *nt* **1** (*на карту*) drawing, plotting. **2** (*причинение*) infliction. **3** (*лака, краски*) application.

нанес|тú¹, ý, ёшь, *past* **~̈, ~лá** *pf* (*of* **⇨наносúть¹**) **1** (*начертить*) **(на** + *a*) to draw, plot (*on a map etc.*). **2** (*причинить*) to cause; to inflict; **н. оскорблéние** to insult; **н. ущéрб** to inflict damage; **н. визúт** to pay a visit. **3** (*лак, краску*) to apply. **4** (+ *a and* **на** + *a*) (*натолкнуть*) to dash (against); (*impers*): **лóдку ~лó на мель** the boat struck a shoal.

нанес|тú², ý, ёшь, *past* **~, ~лá** *pf* (*of* **⇨наносúть¹**) (+ *a or g*) **1** (*принести*) to bring (*a quantity of*). **2** (*навалить*) to pile up (*a quantity of*); (*о снеге, песке*) (*usu impers*) to drift.

нанес|тú³, ёт, *past* **~лá** *pf*: **н. яúц** to lay (*a number of*) eggs.

нани|зáть, жý, ~́жешь *pf of* **⇨низáть** *and* **⇨~́зывать**

нанúзыва|ть, ю *impf* = **низáть**

нанимáтел|ь, я *m* **1** (*квартиры*) tenant. **2** (*рабочей силы*) employer.

нанимáтель|ница, ницы *f of* **⇨~**

нанимá|ть(ся), ю(сь) *impf of* **⇨нанять(ся)**

нáнк|а, и *f* (*textiles*) nankeen.

нáнк|овый *adj of* **⇨~а**

нáново *adv* (*coll*) anew, afresh.

нанóс, а *m* (*geol*) alluvium; (*песка, снега*) drift.

наносекýнд|а, ы *f* nanosecond.

нано|сúть¹, шý, ~́сишь *impf of* **⇨нанестú¹˒²**

нано|сúть², шý, ~́сишь *pf* (+ *a or g*) to bring (*a quantity of*).

нанóс|ный (~ен, ~на) *adj* **1** (*geol*) alluvial. **2** (*fig*) alien; borrowed.

нанотехнолóги|я, и *f* nanotechnology.

нанюх|аться, аюсь *pf* (*of* **⇨~иваться**) (+ *g*) **1** to smell to one's heart's content; to take snuff to one's heart's content. **2** (*до болезненного состояния*) to be intoxicated (with).

нанюхива|ться, юсь *impf of* **⇨нанюхаться**

нáн|ятый *ppp of* **⇨~я́ть**

на|ня́ть, наймý, наймёшь, *past* **~́нял, ~нялá, ~́няло** *pf* (*of* **⇨~нимáть**) (*квартиру*) to rent; (*машину, рабочих*) to hire; **н. на рабóту** to engage, take on.

на|ня́ться, наймýсь, наймёшься, *past* **~нялся́, ~нялáсь** *pf* (*of* **⇨~нимáться**) to get a job.

наобещá|ть, ю *pf* (+ *a or g*) to promise (much); **н. с три кóроба** to promise the world.

наоборóт *adv* **1** (*обратной стороной*) back to front; **прочéсть слóво н.** to read a word backwards. **2** (*не так*) the other way round; the wrong way (round); **он всё понимáет н.** he take everything the wrong way. **3** (*при противопоставлении*) on the contrary; **как раз н.** quite the contrary; **и н.** and vice versa; **я не сержýсь, а, н., рад, что вы пришлú** I am not angry; on the contrary, I am glad that you came.

наобýм *adv* (*не подумав*) without thinking; (*наудачу*) at random.

наор|áть, ý, ёшь *pf* (**на** + *a*; *coll*) to shout (at).

наóтмашь *adv* (*размахнувшись*) with the back of the hand; **удáрить н.** to strike a swinging blow.

наотре́з *adv* flatly, point-blank.

напа́да|ть, ет *pf* to fall (*in a certain quantity*); **в тече́ние но́чи ~ло мно́го сне́га** there was a heavy fall of snow during the night.

напада́|ть, ю *impf of* **⇒напа́сть**

напада́ющ|ий, его *m* (*sport*) forward.

нападе́ни|е, я *nt* **1** attack, assault. **2** (*sport, collect*) forwards, forward line.

напа́д|ки, ок, кам (*no sg*) (*verbal*) attacks; **подверга́ться ~кам** to be under attack.

напа|ду́, дёшь *see* **⇒~́сть**

напа́ива|ть[1]**, ю** *impf of* **⇒напои́ть**

напа́ива|ть[2]**, ю** *impf of* **⇒напая́ть**

напа́ко|стить, щу, стишь *pf of* **⇒па́костить**

напа́лм, а *m* (*chem; mil*) napalm.

напа́лм|овый *adj of* **⇒~**

напа́рник, а *m* fellow worker, mate.

напа́рыва|ть(ся), ю(сь) *impf of* **⇒напоро́ть(ся)**

напас|ти́сь, у́сь, ёшься, *past* **~́ся, ~ла́сь** *pf* (*coll; usu + neg*) to lay in, save up enough; **на тебя́ еды́ не ~ёшься** you are eating us out of house and home.

напа́|сть[1]**, ду́, дёшь,** *past* **~л** *pf* (*of* **⇒~да́ть**) (**на** + *a*) **1** to attack; to descend (on). **2** (*о чувстве*) to come (over); to grip, seize; **на нас ~л страх** fear seized us. **3** (*обнаружить*) to come (upon, across); **я ~л на интере́сную мысль в статье́** I came across an interesting thought in the article; **я ~л на иде́ю** an idea occurred to me.

напа́ст|ь[2]**, и** *f* (*coll*) misfortune, disaster; **что за н.!** bother!

напа́чка|ть, ю *pf of* **⇒па́чкать**

напая́|ть, ю, ешь *pf* (*of* **⇒напа́ивать**[2]) to solder (onto).

напе́в, а *m* tune, melody.

напева́|ть, ю *impf* **1** *impf of* **⇒напе́ть**. **2** (*тихо, вполголоса*) to hum; to croon.

напе́в|ный (~ен, ~на) *adj* melodious.

напека́|ть, ю *impf of* **⇒напе́чь**[1]

наперебо́й *adv* vying with one another.

наперева́с *adv* in a horizontal position.

наперего́нки *adv* racing one another; **бе́гать н.** to race (with) one another.

наперёд *adv* (*coll*) (*знать*) in advance; **за́дом н.** back to front.

напереко́р *adv and prep* (+ *d*) in defiance (of), counter (to).

наперере́з *adv* (*and prep + d*) so as to cross one's path; **бежа́ть кому́-н. н.** to run to head s.o. off.

наперереы́в *adv* = **наперебо́й**

на|пере́ть, пру́, прёшь, *past* **~пёр, ~пёрла** *pf* (*of* **⇒~пира́ть**) (*coll;* **на** + *a*) to press (against).

напере|хва́т *adv* **1** = **~ре́з**. **2** = **~бо́й**

наперечёт *adv* **1** (*помнить, знать*) through and through; every single one. **2** *as pred* (*очень немного*) very few, not many.

напе́рсник, а *m* (*obs*) confidant.

напе́рсниц|а, ы *f* (*obs*) **1** confidante. **2** (*любовница*) mistress.

напёрст|ок, ка *m* thimble.

наперстя́нк|а, и *f* (*bot*) foxglove.

напе́рч|ить, ~́у, ~и́шь *pf of* **⇒пе́рчить**

нап|е́ть, ою́, оёшь *pf* (*of* **⇒~ева́ть 1**) **1** (*песню, мелодию*) to hum, sing sketchily. **2**: **н. пласти́нку** to make a recording of one's voice. **3** (*coll;* + *d or* **в у́ши** + *d*) to give s.o. a piece of one's mind.

напеча́та|ть(ся), ю(сь) *pf of* **⇒печа́тать(ся)**

напе́|чь[1]**, чёт,** *past* **~кло́** *pf* (*of* **⇒~ка́ть**) (*impers; coll*) (*опалить*) to burn, scorch (*with the sun*); **мне го́лову ~кло́** my head got scorched.

напе́|чь[2]**, ку́, чёшь, ку́т,** *past* **~̈к, ~кла́** *pf* (+ *a or g*) (*испечь*) to bake (*a number of*).

напива́|ться, юсь *impf of* **⇒напи́ться**

напи́лива|ть, ю *impf of* **⇒напили́ть**

напил|и́ть, ю́, ~́ишь *pf* (*of* **⇒~́ивать**) (+ *a or g*) to saw (*a quantity of*).

напи́л|ок, ка *m* (*coll*) = **~ьник**

напи́льник, а *m* (*tech*) file.

напира́|ть, ю *impf* (*coll;* **на** + *a*) **1** *impf of* **⇒напере́ть**. **2** (*подчёркивать*) (**на** + *a*) to emphasize, stress. **3** (*теснить*) to push.

написа́ни|е, я *nt* **1** (*форма буквы*) way of writing (*a letter of the alphabet*). **2** (*правописание*) spelling. **3** (*статьи, книги*) writing.

напи|са́ть, шу́, ~́шешь *pf of* **⇒писа́ть**

напит|а́ть, а́ю *pf* **1** *pf of* **⇒пита́ть**. **2** (*impf* **~́ывать**) (+ *i*) (*пропитать*) to impregnate (with).

напит|а́ться, а́юсь *pf* (*of* **~́ываться**) (+ *i*) to be impregnated (with).

напи́т|ок, ка *m* drink, beverage; **тонизи́рующий н.** tonic, pick-me-up.

напи́тыва|ть(ся), ю(сь) *impf of* **⇒напита́ть(ся)**

нап|и́ться, ью́сь, ьёшься, *past* **~и́лся, ~ила́сь, ~ило́сь** *pf* (*of* **⇒~ива́ться**) **1** (+ *g*) (*утолить жажду*) to slake one's thirst (with, on); (*выпить*) to have a drink (of). **2** (*coll*) (*стать пьяным*) to get drunk.

напих|а́ть, а́ю *pf* (*of* **⇒~ивать**) (**в** + *a*) to cram (into), stuff (into).

напи́хива|ть, ю *impf of* **⇒напиха́ть**

напи́чка|ть, ю *pf of* **⇒пи́чкать**

напи|шу́, ~́шешь *see* **⇒~са́ть**

напла́|кать, чу, чешь *pf* (*coll*) to make red, swollen from crying; **кот ~кал** very little; **у нас де́нег — кот ~кал** we have very little money.

напла́|каться, чусь, чешься *pf* **1** (*поплакать много*) to cry a lot; to have a good cry. **2** (*coll*) to have trouble; **он ещё ~чется** there is trouble in store for him yet; **она́ с ним ~чется** he will give her lots of trouble.

напластова́ни|е, я *nt* (*geol*) bedding, stratification.

наплева́тельский *adj* (*coll*) devil-may-care.

напл|ева́ть, юю́, юёшь *pf* **1** (+ *g*) to spit (out). **2** (*fig, coll;* **на** + *a*) to wash one's hands (of); **н.!** to hell with it! who cares!; **н. на него́!** to hell with him!; **мне н.!** I couldn't care less!

напле|сти́, ту́, тёшь, *past* **~̈л, ~ла́** *pf* **1** (*impf* **⇒наплета́ть**) (+ *a or g*) to make by weaving (*a number of*). **2** (*pf only*) (*coll*) (*солгать*) to lie; **н. вздо́ру** (*fig, coll*) to talk a lot of nonsense; (**на** + *a, coll*) to slander.

наплета́|ть, ю *impf of* **⇒наплести́**

напле́чник, а *m* shoulder strap; (*sport*) shoulder pad.

напле́чный *adj* (worn on the) shoulder.

напло|ди́ть, жу́, ди́шь *pf* (*coll*) to produce (*in great numbers*); to breed.

напло|ди́ться, ди́тся *pf* (*coll*) to multiply; to breed.

наплы́в, а *m* **1** (*людей*) influx; (*чувств*) flood. **2** (*bot*) canker; excrescence.

наплыва́|ть, ю *impf of* **⇒наплы́ть**

наплы́|ть, ву́, вёшь, *past* **~л, ~ла́, ~ло** *pf* (*of* **⇒~ва́ть**) **1** (**на** + *a*) (*на мель*) to run (against), dash (against). **2** (*приплыв, скопиться*) to be washed up, form; **на него́ ~ли воспомина́ния** memories overwhelmed him. **3** (*о тучах*) (**на** + *a*) to drift (in front of).

напова́л *adv* outright, on the spot.

наподо́бие *prep* (+ *g*) like, resembling, in the likeness of.

напо́|енный *ppp of* **⇒~ить 1, 2**

напо|ённый *ppp of* **⇒~и́ть 3**

напо|и́ть, ю́, и́шь *pf* (*of* **⇒пои́ть** *and* **⇒напа́ивать**[1]) **1** (*дать попить*) to give to drink; to water (*an animal*). **2** (*довести до опьянения*) to make drunk. **3** (*no impf*) (*poetical*) (*наполнить*) to impregnate; to fill.

напока́з *adv* for show; **вы́ставить н.** to show off (*also fig*).

наполз|а́ть, а́ю *impf of* **⇒~ти́**

наполз|ти́[1]**, у́, ёшь,** *past* **~̈, ~ла́** *pf* (*of* **⇒~а́ть**) (**на** + *a*) to crawl (over, against).

наполз|ти́[2]**, у́, ёшь,** *past* **~̈, ~ла́** *pf* to crawl in (*in great numbers*).

наполне́ни|е, я *nt* filling.

наполни́тел|ь, я *m* (*tech*) filler.

напо́лн|ить, ю, ишь *pf* (*of* **⇒~я́ть**) (+ *i*) to fill (with).

напо́лн|иться, юсь, ишься *pf* (*of* **⇒~я́ться**) (+ *i*) to fill (with) (*intrans*)

наполн|я́ть(ся), я́ю(сь) *impf of* **⇒~ить(ся)**

наполови́ну *adv* half; **зал ещё н. пуст** the hall is still half empty; **де́лать де́ло н.** to do a thing by halves.

напо́льн|ый *adj* floor (*attr*); **~ая ла́мпа** standard lamp; **~ые часы́** grandfather clock.

напома|дить, жу, дишь *pf of* **⇒пома́дить**

напомина́ни|е, я *nt* **1** (*действие*) reminding. **2** (*что-н. напоминающее*) reminder.

напомина́|ть, ю *impf of* **⇒напо́мнить**

напо́мн|ить, ю, ишь *pf* (*of* **⇒напомина́ть**) **1** (+ *d and* **о** + *p or* + *d and a*) (*заставить вспомнить*) to remind (of); **портре́т ~ил мне о про́шлом** *or* **~ил мне про́шлое** the portrait reminded me of the past. **2** (*иметь сходство*) to remind (of), recall (= *to resemble*); **он ~ил мне моего́ де́да** he reminded me of my grandfather.

напо́р, а *m* (*воздуха, воды*) pressure (*also fig*); **под ~ом** under pressure; **с ~ом** (*coll*) vigorously.

напо́ристост|ь, и *f* energy; push, go.

напо́рист|ый (~, ~а) *adj* energetic; pushy.

напо́р|ный *adj of* **⇒~** (*tech*); **н. бак** pressure tank; **н. кла́пан** pressure valve; **н. насо́с** force pump; **~ная труба́** rising pipe, rising main.

напор|о́ть[1], ю ~ешь *pf* (*of* **⇒напа́рывать**) (*coll*) to tear, cut; **н. ру́ку на гвоздь** to cut one's hand on a nail.

напор|о́ть[2], ю, ~ешь *pf* to rip (*a quantity of*); (*coll*): **н. вздо́ру, чепухи́** to talk a lot of nonsense.

напор|о́ться, ю́сь, ~ешься *pf* (*of* **⇒напа́рываться**) (**на** + *a*) **1** (*поранить себя*) to cut o.s. (on). **2** (*столкнуться*) to run (upon, against); (*fig*) (*на неприятности*) to run (into, up against).

напо́р|тить[1], чу, тишь *pf* (+ *a or g*) (*испортить*) to spoil (*a quantity of*).

напо́р|тить[2], чу, тишь *pf* (*coll*) (+ *d*) (*навредить*) to injure, harm.

напосле́док *adv* (*coll*) in the end, finally, after all.

нап|ою́[1], оёшь *see* **⇒~е́ть**

напо|ю́[2], и́шь *see* **⇒~и́ть**

напр. (*abbr of* **наприме́р**) e.g., for example.

напра́в|ить, лю, ишь *pf* (*of* **⇒~ля́ть**) **1** (**на** + *a*) (*устремить*) to direct (to, at); **н. внима́ние (на** + *a*) to direct one's attention (to); **н. свой путь** to head (for); **н. уда́р** to aim a blow (at). **2** (*отправить*) to send; **н. заявле́ние** to send in an application; (*к врачу, к юристу*) to refer. **3** (*отточить*) to sharpen; **н. бри́тву** to set a razor. **4** (*coll*) (*организовать*) to organize.

напра́в|иться, люсь, ишься *pf* (*of* **⇒~ля́ться**) **1** (**к** + *d*, **в** + *a*, **на** + *a*) (*двинуться куда-н.*) to make (for). **2** (*coll*) (*наладиться*) to get going, get under way (*fig*).

напра́вк|а, и *f* setting (*of razor, etc.*)

направле́ни|е, я *nt* **1** (*линия, путь*) direction; **по ~ю (к** + *d*) in the direction (of), towards; **взять н. на се́вер** to make for, head for the north. **2** (*mil*) sector. **3** (*fig*) (*в экономике, в политике*) trend, tendency; **н. ума́** turn of mind; **либера́льное н.** liberal tendency; (*группировка*) movement. **4** (*документ*) order, warrant; directive; **н. в санато́рий** warrant for stay at a sanatorium.

напра́вленност|ь, и *f* direction, focus, purposefulness.

напра́в|ленный *ppp of* **⇒~ить** *and adj* **1** purposeful; unswerving. **2** (*radio*) directional.

направля́|ть, ю *impf of* **⇒напра́вить**

направля́|ться, юсь *impf of* **⇒напра́виться**; **~емся в Му́рманск** we are bound for Murmansk.

направля́ющ|ая, ей *f* (*tech*) guide.

направля́|ющий *pres participle active of* **⇒~ть** *and adj* (*tech*) guiding, guide; leading; **н. ва́лик, н. ро́лик** guide roller.

напра́во *adv* (**от** + *g*) to the right (of); **н. и нале́во** freely, indiscriminately.

напрактик|ова́ться, у́юсь *pf* (**в** + *p*; *coll*) to acquire skill (in).

напра́слин|а, ы *f* (*coll*) wrongful accusation, slander.

напра́сно *adv* **1** (*бесполезно*) vainly, in vain; to no purpose. **2** (*несправедливо*) wrong, unjustly, mistakenly; **н. вы пришли́ без де́нег** it was a mistake for you to come without money.

напра́с|ный (~ен, ~на) *adj* **1** (*бесполезный*) vain, idle; **~ная наде́жда** vain hope. **2** (*неосновательный*) unfounded. **3** (*ненужный*) needless.

напра́шива|ться, юсь *impf of* **⇒напроси́ться**; (*impf only*) to arise, suggest itself; **~ется вопро́с** the question arises.

наприме́р for example, for instance.

напрока́|зить, жу, зишь *pf of* **⇒прока́зить**

напрока́знича|ть, ю *pf of* **⇒прока́зничать**

напрока́т *adv* for hire, on hire; **взять н.** to hire, rent; **дать, отда́ть н.** to hire out, let.

напролёт *adv* through, without a break; **рабо́тать всю ночь н.** to work the whole night through.

напроло́м *adv* straight, regardless of obstacles (*also fig*).

напропалу́ю *adv* (*coll*) regardless of the consequences; all out.

напроро́ч|ить, у, ишь *pf of* **⇒проро́чить**

напро|си́ться, шу́сь, ~сишься *pf* (*of* **⇒напра́шиваться**) (*coll*) to thrust o.s. upon; (**на** + *a*) to provoke; **н. на комплиме́нты** to fish for compliments.

напро́тив *adv and prep* + *g* **1** opposite; **он живёт н. (на́шего до́ма)** he lives opposite (our house). **2** (+ *d*) (*наперекор*) in defiance (of); to contradict; **она́ всё де́лает мне н.** she does everything to spite me. **3** (*при противопоставлении*) on the contrary.

на́прочь *adv* (*coll*) completely.

нап|ру́, рёшь *see* **⇒~ере́ть**

напру́жива|ть(ся), ю(сь) *impf of* **⇒напру́жить(ся)**

напру́ж|ить, у, ишь *pf* (*of* **⇒~ивать**) (*coll*) to strain; to tense, tauten.

напру́ж|иться, усь, ишься *pf* (*of* **⇒~иваться**) (*coll*) to become tense, become taut.

напря́г, а *m* (*sl*) **1** (*состояние загруженности чем-л. и/или ощущение давления со стороны кого-л. по этому поводу*): **у него́ н. на рабо́те** he is under pressure at work; **она́ уво́лилась из-за постоя́нных ~ов на рабо́те** she resigned because of constant pressure at work. **2** (*often in pl*) (*проблема, неприятность*) problem, difficulty; **у него́ начали́сь ~и** he has got/run into difficulties; (*отсутствие взаимопонимания*): **у неё ~и с роди́телями** she can't communicate with her parents. **3** (*нехватка чего-л.*): **у них н. с деньга́ми** they are short of/on funds.

напряга́|ть(ся), ю(сь) *impf of* **⇒напря́чь(ся)**

напря|гу́, жёшь *see* **⇒~чь**

напряже́ни|е, я *nt* **1** (*затрата усилий*) effort, exertion; **рабо́тать с ~ем** to exert o.s.; (*трудное положение*) strain, tension. **2** (*phys, tech*) strain; stress; (*elec*) tension; voltage.

напряжённост|ь, и *f* tension, strain.

напряжён|ный (~, ~на) *adj* tense, strained; **~ные отноше́ния** strained relations; **~ная рабо́та** intensive work.

напрями́к *adv* **1** (*пойти*) straight. **2** (*fig*) (*сказать*) straight out, bluntly.

напряму́ю *adv* = **напрями́к**

напря́|чь, гу́, жёшь, гу́т, *past* **~г, ~гла́** *pf* (*of* **⇒~га́ть**) (*мускулы*) to tense; (*голос, слух, внимание*) to strain (*also fig*); **н. все си́лы** to strain every nerve.

напря́|чься, гу́сь, жёшься, гу́тся, *past* **~гся, ~гла́сь** *pf* (*of* **⇒~га́ться**) **1** (*о мускулах*) to become tense. **2** (*о человеке*) to exert o.s., strain o.s. **3** (*о взгляде, силах*) to be concentrated.

напуга́|ть(ся), ю(сь) *pf of* **⇒пуга́ть(ся)**

напу́др|ить(ся), ю(сь), ишь(ся) *pf of* **⇒пу́дрить(ся)**

напу́льсник, а *m* wristband.

напуска́|ть(ся), ю(сь) *impf of* **⇒напусти́ть(ся)**

напускно́й *adj* assumed, put on.

напу|сти́ть, щу́, ~стишь *pf* (*of* **⇒~ска́ть**) **1** (+ *g*) (*дыма, мух*) to let in; **н. воды́ в ва́нну** to fill a bath. **2** (*направить для нападения*) (**на** + *a*) to let loose on, set on; **н. стра́ху на кого́-н.** (*coll*) to strike fear into s.o. **3** (**на себя́** + *a*) to affect, put on; **н. на себя́ ва́жность** to assume an air of importance.

напу|сти́ться, щу́сь, ~стишься *pf* (*of* **⇒~ска́ться**) (*coll*; **на** + *a*) to fly at, go for.

напу́та|ть, ю *pf* (*coll*; **в** + *p*) to make a mess (of), make a hash (of); (*ошибиться*) to confuse, get wrong; **вы ~ли в а́дресе** you got the address wrong.

напу́тственн|ый *adj* parting, farewell; **~ое сло́во** parting words.

напу́тстви|е, я *nt* parting words, farewell speech.

напу́тств|овать, ую *impf and pf* to address (at parting); **н. до́брыми пожела́ниями** to bid farewell.

напух|а́ть, а́ет *impf of* **⇒~нуть**

напу́х|нуть, нет, *past* **~, ~ла** *pf* (*of* **⇒~а́ть**) to swell.

напу|щу́, ~стишь *see* **⇒~сти́ть**

напыж|иться, усь, ишься *pf of* **⇒пы́житься**

напыл|и́ть, ю́, и́шь *pf of* **⇒пыли́ть**

напы́щенност|ь, и *f* **1** (*надменность*) pomposity. **2** (*торжественность*) bombast.

напы́щен|ный (~, ~на) *adj* **1** (*человек*) pompous. **2** (*стиль, речь*) bombastic, high-flown.

напя́лива|ть, ю *impf of* **⇒напя́лить**

напя́л|ить, ю, ишь *pf* (*of* **⇒~ивать**) **1** (*ткань*) to stretch on. **2** (*coll*) (*одеть тесное*) to pull on, struggle into; (*одеть безвкусное*) to put on.

нар... *comb form, abbr of* **наро́дный 4**

нараба́тыва|ть, ю *impf of* **⇒нарабо́тать²**

нарабо́та|ть, ю *pf* (*of* **⇒нараба́тывать**) (+ *a or g*) (*coll*) **1** (*сделать*) to make, turn out (*a quantity of*). **2** (*заработать*) to make, earn.

нарабо́та|ться, юсь *pf* (*coll*) to have worked enough; to have tired o.s. with work.

наравне́ *adv* (**с** + *i*) **1** (*на одной линии*) on a level (with); **ма́льчик шёл н. с солда́тами** the little boy kept pace with the soldiers. **2** (*одинаково*) equally (with); on an equal footing (with); together (with).

нара́д|оваться, уюсь *pf* (+ *d or* **на** + *a*; *usu* + *neg*) to rejoice, delight enough (in); **она́ не ~уется на сы́на** she dotes on her son.

нараспа́шку *adv* (*coll*) unbuttoned; **у него́ душа́ н.** (*fig*) he wears his heart upon his sleeve.

нараспе́в *adv* in a sing-song voice; drawlingly.

нараста́ни|е, я *nt* (*процентов*) growth, accumulation; (*активности, шума*) increase.

нараст|а́ть, а́ю *impf of* **⇒~и́**

нарас|ти́, ту́, тёшь, *past* **наро́с, наросла́** *pf* (*of* **⇒~та́ть**) **1** (**на** + *p*) to grow (on), form (on); **мох наро́с на камня́х** moss has grown on the stones. **2** (*увеличиться*) to increase; (*о звуке*) to swell. **3** (*накопиться*) to accumulate.

нара|сти́ть, щу́, сти́шь *pf* (*of* **⇒~́щивать**) **1** (*мускулы*) to develop. **2** (*удлинить*) to lengthen; (*fig*) (*увеличить*) to increase, augment.

нарасхва́т *adv*: **продава́ться н.** to sell like hot cakes; **э́ту кни́гу покупа́ют н.** there is a great demand for this book.

нара́щивани|е, я *nt* increase; build-up; **н. вооруже́ний** arms build-up.

нара́щива|ть, ю *impf of* **⇒нарасти́ть**

нарва́л, а *m* (*zool*) narwhal.

нарв|а́ть¹, у́, ёшь, *past* **~а́л, ~ала́, ~а́ло** *pf* (+ *a or g*) **1** (*цветов*) to pick (*a quantity of*). **2** (*бумаги*) to tear (*a quantity of*).

нарв|а́ть², ёт, *past* **~а́л, ~ала́, ~а́ло** *pf* (*of* **⇒нарыва́ть**) (*о нарыве*) to gather, come to a head.

нарв|а́ться, у́сь, ёшься, *past* **~а́лся, ~ала́сь, ~а́ло́сь** *pf* (*of* **⇒нарыва́ться**) (*coll*; **на** + *a*) to run into, run up (against).

на́рд|ы, ов *pl* backgammon.

наре́|жу, жешь *see* **⇒~зать**

наре́з, а *m* **1** (*tech*) thread; groove (*in rifling*). **2** (*hist, econ*) lot, plot (*of land*).

наре́|зать, жу, жешь *pf* (*of* **⇒~за́ть**) **1** (+ *a or g*) (*хлеба, сыр*) to cut; to slice. **2** (*tech*) to thread; (*оружейный ствол*) to rifle. **3** (*участки*) to allot, parcel out.

нарез|а́ть, а́ю *impf of* **⇒~́ать**

наре́|заться, жусь, жешься *pf* (*of* **⇒~за́ться**) (*coll*) to get drunk.

нарез|а́ться, а́юсь *impf of* **⇒~́аться**

наре́зк|а, и *f* **1** (*действие*) cutting (into pieces), slicing. **2** (*tech*) thread; rifling.

нарезно́й *adj* (*tech*) threaded; rifled.

нарека́ни|е, я *nt* censure; reprimand.

нарека́|ть, ю *impf of* **⇒наре́чь**

наре́чи|е¹, я *nt* (*диалект*) dialect.

наре́чи|е², я *nt* (*gram*) (*часть речи*) adverb.

наре́чный *adj* adverbial.

наре́|чь, ку́, чёшь, ку́т, *past* **~̈к, ~кла́** *pf* (*of* **⇒~ка́ть**) (+ *a and i or d and a*) to name; **ма́льчика ~кли́ Серге́ем** they named the boy Sergei.

нарза́н, а *m* Narzan (*a kind of mineral water*).

нарис|ова́ть, у́ю *pf of* **⇒рисова́ть**

нарица́тельн|ый *adj* **1** (*econ*) nominal; **~ая сто́имость** nominal cost. **2** (*gram*): **и́мя ~ое** common noun.

наркоби́знес, а *m* drug trafficking.

наркодел|е́ц, ьца́ *m* drug trafficker *or* pusher.

нарко́з, а *m* **1** (*потеря чувствительности*) narcosis, anaesthesia (*Br*), anesthesia (*US*). **2** (*средство*) anaesthetic (*Br*), anesthetic (*US*); **ме́стный н.** local anaesthetic; **о́бщий н.** general anaesthetic.

нарко́лог, а *m* expert in drug and alcohol abuse.

наркологи́ческий *adj*: **н. диспансе́р** drug and alcohol abuse clinic.

нарколо́ги|я, и *f* (study of) drug and alcohol abuse.

нарко́м, а *m* (*abbr of* **наро́дный комисса́р**) (*hist*) people's commissar.

наркома́н, а *m* drug addict.

наркома́ни|я, и *f* drug addiction.

наркома́н|ка, ки *f of* **⇒~**

наркома́т, а *m* (*abbr of* **наро́дный комиссариа́т**) (*hist*) people's commissariat.

наркома́фи|я, и *f* drugs mafia.

наркосиндика́т, а *m* drugs ring.

наркотизи́р|овать, ую *impf and pf* (*med*) to anaesthetize (*Br*), anesthetize (*US*).

нарко́тик, а *m* narcotic; drug; **торго́вля ~ами** drug trafficking.

наркоти́ческ|ий *adj* narcotic; **~ие сре́дства** narcotics, drugs.

наркоторго́в|ец, ца *m* drug dealer.

наро́д, а (у) *m* (*все жители*) people; (*нация*) nation; **~ы ми́ра** nations of the world; **англи́йский н.** the English people, the people of England; **челове́к из ~а** a man of the people; **на ми́тинге бы́ло ма́ло ~у** there were not many people at the meeting; **как говоря́т в ~е** as the expression goes; as they say.

наро|ди́ть, жу́, ди́шь *pf* (+ *a or g*) (*coll*) to give birth to (*a number of*).

наро|ди́ться, жу́сь, ди́шься *pf* (*of* **⇒~жда́ться**) **1** (*coll*) to be born. **2** (*fig*) to come into being, arise.

наро́дник, а *m* (*hist*) narodnik, populist.

наро́дничес|кий *adj of* **⇒~тво**

наро́дничеств|о, а *nt* (*hist*) narodnik movement, populism.

наро́дно-освободи́тельный *adj* popular liberation.

наро́дност|ь, и *f* **1** (*немногочисленный народ*) (small) ethnic group. **2** (*sg only*) (*искусства*) national character; national traits.

народнохозя́йственный *adj* pertaining to the national economy.

наро́дн|ый *adj* **1** (*национальный*) national; **~ое хозя́йство** national economy; **н. поэ́т** national poet. **2** (*песня, искусство*) folk. **3** (*восстание, движение*) of the (*sc. common, working*) people, popular; **Н~ая во́ля** (*hist*) Narodnaya volya ('The People's Will'); **Н. фронт** Popular Front. **4** *forms part of the official designation of certain Communist and former Communist states, also of certain organs of power and offices in the former USSR*; **страны́ ~ой демокра́тии** 'the people's democracies'; **Кита́йская Н~ая Респу́блика** the People's Republic of China; **н. заседа́тель** assessor (*in courts*); **н. суд** people's court (*court of first instance*). **5** (*в почётных званиях*) people's, officially recognized; **н. арти́ст/худо́жник** people's actor/artist.

народовла́сти|е, я *nt* 'people's power', government by the people.

народонаселе́ни|е, я *nt* population.

норожда́|ться, юсь *impf of* **⇒народи́ться**

нарожде́ни|е, я *nt* birth, springing up; **н. ме́сяца** appearance of new moon.

наро́ст, а *m* **1** (*грязи*) layer. **2** (*на растении*) excrescence, growth. **3** (*на котле*) scale.

нарочи́то *adv* deliberately, intentionally.

нарочи́т|ый (~, ~а) *adj* deliberate, intentional.

наро́чно *adv* **1** (*намеренно*) on purpose, purposely; **как н.** (*coll*) to make things worse; **н. не приду́маешь** it is quite something. **2** (*coll*) (*в шутку*) for fun, pretending.

на́рочн|ый, ого *m* courier; special messenger.

нарсу́д, а *m* people's court.

на́рт|ы, ~ *pl* (*sg* **~а, ~ы** *f*) sledge (*Br*), sled (*US*) (*drawn by reindeer or dogs*).

наруб|и́ть, лю́, ~́ишь *pf* (+ *a or g*) to chop (*a quantity of*).

нару́бк|а, и *f* notch.

нару́жно *adv* outwardly.

нару́жност|ь, и *f* exterior; (outward) appearance; **н. обма́нчива** appearances are deceptive.

нару́жн|ый *adj* (*стена, дверь*) external, exterior; (*изменение*) external; (*спокойствие*) outward; (*tech*) male (*of*

Н

screw thread); **∼ое (лека́рство)** medicine for external application.

нару́жу *adv* outside, on the outside; **вы́йти н.** to come out; (*fig*) to come to light, transpire.

нарука́вник, а *m* oversleeve; armlet.

нарука́вн|ый *adj* (worn on the) sleeve; **∼ая повя́зка** armband.

нарумя́н|ить(ся), ю(сь), ишь(ся) *pf of* **⇒румя́нить(ся)**

нару́чник, а *m* (*usu in pl*) handcuff, manacle.

нару́чн|ый *adj* worn on the arm; **∼ые часы́** wristwatch.

наруш|а́ть(ся), а́ю, а́ет(ся) *impf of* **⇒∼́ить(ся)**

наруше́ни|е, я *nt* **1** (*закона, дисциплины*) breach; violation; (*обещания*) breaking; **н. прав челове́ка** violation of human rights. **2** (*покоя*) disturbance; **н. су́точного ри́тма** jet lag.

наруши́тел|ь, я *m* (*правила, закона*) transgressor, infringer.

наруши́тель|ница, ницы *f of* **⇒∼**

нару́ш|ить, у, ишь *pf* (*of* **⇒∼а́ть**) **1** (*сон, покой*) to break, disturb. **2** (*закон, обещание*) to break; **н. грани́цу** to cross a border illegally.

нару́ш|иться, ится *pf* (*of* **⇒∼а́ться**) (*сон, покой, связь*) to be broken.

нарци́сс, а *m* **1** (*белый*) narcissus; (*жёлтый*) daffodil. **2** (*человек*) narcissist.

на́р|ы, ∼ (*no sg*) plank bed; bunk.

нары́в, а *m* abscess; boil.

нарыва́|ть, ю *impf of* **⇒нарва́ть²**

нарыва́|ться, юсь *impf of* **⇒нарва́ться**

нар|ы́ть, о́ю, о́ешь *pf* (+ *a or g*) to dig (*a quantity of*).

наря́д¹, а *m* (*одежда*) attire, apparel, costume.

наря́д², а *m* **1** (*документ*) order, warrant. **2** (*mil*) detail (*group of soldiers*). **3** (*mil*) duty; **расписа́ние ∼ов** roster; duty detail, orders.

наря|ди́ть¹, жу́, ∼́дишь *pf* (*of* **⇒∼жа́ть**) **1** (**в** + *a*) to dress (in), array (in); **н. ёлку** to decorate a Christmas tree. **2** (+ *i*) to dress up (as).

наря|ди́ть², жу́, ди́шь *pf* (*of* **⇒∼жа́ть**) (*mil*) to detail, appoint; **н. в карау́л** to put on guard.

наря|ди́ться, жу́сь, ∼́дишься *and* (*coll*) **∼ди́шься** *pf* (*of* **⇒∼жа́ться**) **1** (**в** + *a*) to array o.s. (in). **2** (+ *i*) to dress up (as).

наря́дност|ь, и *f* elegance, smartness.

наря́д|ный (∼ен, ∼на) *adj* (*человек*) well dressed; elegant; (*одежда*) smart; (*комната*) well decorated.

наряду́ *adv* (**с** + *i*) side by side (with), equally (with); together (with); **де́ти н. со взро́слыми** grown-ups and children alike; **н. с э́тим** at the same time.

наряжа́|ть(ся), ю(сь) *impf of* **⇒наряди́ть(ся)**

нас *a, g, and p of* **⇒мы**

НА́СА *nt indecl* NASA (*abbr of* National Aeronautics and Space Administration).

наса|ди́ть¹, жу́, ∼́дишь *pf* (*of* **⇒∼́живать**) (+ *a or g*) **1** (*растения*) to plant (*a quantity of*). **2** (*пассажиров*) to sit (*a number of*).

наса|ди́ть², жу́, ∼́дишь *pf* (*of* **⇒∼́живать**) (*надеть*) to put; to stick, pin; **н. червяка́ на крючо́к** to fix a worm on to a hook.

наса|ди́ть³, жу́, ∼́дишь *pf* (*of* **⇒∼жда́ть**) (*fig*) to inculcate; to propagate.

наса́дк|а, и *f* **1** (*действие*) setting, fixing, putting on. **2** (*часть прибора*) attachment; **набо́р наса́док** set of attachments. **3** (*для рыбы*) bait.

насажа́|ть, ю *pf* = **насади́ть¹**

насажда́|ть, ю *impf of* **⇒насади́ть³**

насажде́ни|е, я *nt* **1** (*действие*) planting; (*fig*) propagation, dissemination. **2** (*деревья*) plantation.

наса|ждённый *ppp of* **⇒∼ди́ть³**

наса́|женный *ppp of* **⇒∼ди́ть¹,²**

наса́жива|ть, ю *impf of* **⇒насади́ть¹,²**

наса́жива|ться, юсь *impf of* **⇒насе́сть¹**

наса́лива|ть, ю *impf of* **⇒насоли́ть**

наса́сыва|ть, ю *impf of* **⇒насоса́ть**

наса́харива|ть, ю *impf of* **⇒наса́харить**

наса́хар|ить, ю, ишь *pf* (*of* **⇒∼ивать**) to sugar, sweeten (*with sugar*).

насви́стыва|ть, ю *impf* to whistle (*a tune*); (*о птицах*) to twitter.

наседа́|ть, ю *impf* (*of* **⇒насе́сть²**) (**на** + *a*) **1** (*о толпе*) to press. **2** (*о пыли*) to settle, collect.

насе́дк|а, и *f* brood-hen, sitting hen.

насека́|ть, ю *impf of* **⇒насе́чь**

насеко́м|ое, ого *nt* insect.

насекомоя́дный *adj* insectivorous.

населе́ни|е, я *nt* **1** (*люди*) population; (*города, деревни*) inhabitants. **2** (*действие*) peopling, settling.

населённост|ь, и *f* population density.

насел|ённый *ppp of* **⇒∼и́ть** *and adj* **1** (*район*) densely populated; **н. пункт** (*official designation*) locality, place. **2** (*квартира*) inhabited.

насел|и́ть, ю́, и́шь *pf* (*of* **⇒∼я́ть**) to people, settle.

насел|я́ть, я́ю *impf* **1** to inhabit. **2** *impf of* **⇒∼и́ть**

насе́ст, а *m* roost, perch.

нас|е́сть¹, я́дет, *past* **∼е́л** *pf* (*of* **⇒∼а́живаться**) to sit down (*in numbers*).

нас|е́сть², я́ду, я́дешь, *past* **∼е́л** *pf of* **⇒∼еда́ть**

насе́чк|а, и *f* **1** (*зарубка*) cut, incision; notch. **2** (*узор*) inlay.

насе́|чь, ку́, чёшь, ку́т, *past* **∼к, ∼кла́** *pf* (*of* **⇒∼ка́ть**) **1** to make incisions (in, on); to notch. **2** (*сталь, клинок*) to emboss; to damascene.

насе́|ять, ю, ешь *pf* (+ *a or g*) to sow (*a quantity of*).

наси|де́ть, жу́, ди́шь *pf* (*of* **⇒∼́живать**) **1** (*о птице*) to hatch. **2** (*coll*) (*о человеке*) to warm (*by sitting*).

наси|де́ться, жу́сь, ди́шься *pf* (*coll*) to sit long enough.

наси́|женный *ppp of* **⇒∼де́ть**; **∼женное яйцо́** fertilized egg; **∼женное ме́сто** (*fig*) familiar spot, old haunt.

наси́жива|ть, ю *impf of* **⇒насиде́ть**

наси|жу́, ди́шь *see* **⇒∼де́ть**

наси́ли|е, я *nt* (*физическое*) violence; (*принуждение*) force.

наси́л|овать, ую *impf* **1** (*принуждать*) to coerce, constrain. **2** (*pf* **из∼**) (*женщину*) to rape.

наси́лу *adv* (*coll*) with difficulty; (*едва*) hardly.

наси́льник, а *m* **1** tyrant; aggressor. **2** (*сексуальный*) rapist.

наси́льно *adv* by force, forcibly.

наси́льственн|ый *adj* (*меры*) violent; (*выселение*) forcible; **∼ая смерть** murder.

наска|за́ть, жу́, ∼́жешь *pf* (*coll*; + *a or g*) to say, talk a lot (of); **н. новосте́й** to have a lot of news to tell.

наска|ка́ть, чу́, ∼́чешь *pf* (*of* **⇒∼́кивать**) **1** (**на** + *a*) to ride up (to). **2** (*прискакать*) to ride up, gallop up.

наска́кива|ть, ю *impf of* **⇒наскака́ть** *and* **⇒наскочи́ть**

насканда́л|ить, ю, ишь *pf of* **⇒сканда́лить**

наскво́зь *adv* (*полностью*) through (and through); throughout; **промо́кнуть н.** to get wet through; (*пробить, прострелить*) through; **проби́ть стену́ н.** to make a hole through the wall; **ви́деть (знать) кого́-н. н.** (*fig*) to see through s.o.

наско́к, а *m* **1** swoop; lunge; **де́йствовать ∼ом** to act on impulse; **с ∼а** (*fig, coll*) hurriedly, on the spur of the moment. **2** (*fig, coll*) attack.

наско́лько *adv* **1** (*interrog*) how?; **н. э́то серьёзно?** how serious is it?; (*in clauses*) **я не зна́ю, н. э́то сро́чно** I don't know how urgent it is. **2** (*rel*) (*помню, знаю*) as far as; **н. мне изве́стно** as far as I know, to the best of my knowledge. **3** (*в такой степени*) so; **н. э́то трудне́е** it is so much more difficult; **н. он преуспе́л** he has been so successful.

на́скоро *adv* (*coll*) hastily, hurriedly.

наскоч|и́ть, у́, ∼́ишь *pf* (*of* **⇒наска́кивать**) (**на** + *a*) **1** (*столкнуться*) to run (against), collide (with); **н. на неприя́тность** (*fig*) to get into trouble. **2** (*fig, coll*) (*с упрёками*) to fly (at).

наскреба́|ть, ю *impf of* **⇒наскрести́**

наскре|сти́, бу́, бёшь, *past* **∼̈б, ∼бла́** *pf* (*of* **⇒∼ба́ть**) to scrape up, scrape together; (*fig*): **н. де́нег на пое́здку** to scrape up some money for a trip.

наску́ч|ить, у, ишь *pf* (+ *d*) to bore; **мне э́то ∼ило** I am sick of it.

насла|ди́ть, жу́, ди́шь *pf* (*of* **⇒∼жда́ть**) to delight, please.

насла|ди́ться, жу́сь, ди́шься *pf* (*of* **⇒∼жда́ться**) (+ *i*) to enjoy; to take

Н

pleasure (in), delight (in).

наслажда́|ть(ся), ю(сь) *impf of* **⇒наслади́ть(ся)**

наслажде́ни|е, я *nt* enjoyment, delight.

насла́ива|ться, юсь *impf of* **⇒наслои́ться**

на|сла́ть[1], шлю́, шлёшь *pf* (*of* **⇒~сыла́ть**) (*беду, болезни*) to send down.

на|сла́ть[2], шлю́, шлёшь *pf* (+ *a or g*) (*подарков*) to send (*a quantity of*).

насле́ди|е, я *nt* legacy; (*культурное*) heritage.

насле|ди́ть, жу́, ди́шь *pf* (*of* **⇒следи́ть[2]**) to leave (dirty) marks, traces.

насле́дник, а *m* heir; (*fig*) successor, inheritor.

насле́дниц|а, ы *f* heiress.

насле́дный *adj* first in the line of succession; **н. при́нц** Crown prince.

насле́довани|е, я *nt* inheritance.

насле́д|овать, ую *impf and pf* **1** (*pf also* **у~**) to inherit. **2** (+ *d*) to succeed (to).

насле́дственност|ь, и *f* heredity.

насле́дственный *adj* hereditary, inherited.

насле́дств|о, а *nt* **1** inheritance, legacy; **получи́ть в н., по ~у** to inherit. **2** (*fig*) heritage.

наслое́ни|е, я *nt* **1** (*geol*) stratification. **2** (*слой*) layer, deposit.

наслo|и́ться, ю́сь, и́шься *pf* (*of* **⇒насла́иваться**) (**на** + *a*) to be deposited (on), accumulate (on).

наслуж|и́ться, у́сь, ~ишься *pf* (*coll*) to have served for long enough.

наслу́ша|ться, юсь *pf* (+ *g*) **1** (*услышать много*) to hear (a lot of). **2** (*вдоволь послушать*) to hear enough, listen to long enough; **я не ~юсь э́тих пе́сен** I cannot hear enough of these songs.

наслы́шан (~а) *adj as pred* (**о** + *p*) familiar (with) by hearsay; **мы о вас мно́го ~ы** we have heard a lot about you.

наслы́ш|аться, усь, ишься *pf* (**о** + *p*) to have heard a lot (about).

наслы́шк|а, и *f*: **по ~е** (*coll*) by hearsay.

насма́рку *adv* (*coll*): **пойти́ н.** to come to nothing.

на́смерть *adv* to death; **сража́ться н.** to fight to the death; **испуга́ть н.** (*fig*) to frighten to death.

насмеха́|ться, юсь *impf* (**над** + *i*) to mock, ridicule.

насмеш|и́ть, у́, и́шь *pf of* **⇒смеши́ть**

насме́шк|а, и *f* jibe, taunt; (*in pl*) mockery; **сказа́ть что-н. в ~у** to say sth to hurt s.o.

насме́шлив|ый (~, ~а) *adj* **1** (*тон, улыбка*) mocking, derisive. **2** (*человек*) sarcastic.

насме́шник, а *m* (*coll*) scoffer.

насме́шни|ца, цы *f of* **⇒~к**

насме|я́ться, ю́сь, ёшься *pf* **1** (*coll*) to have a good laugh. **2** (**над** + *i*) to laugh (at); **н. над чьи́ми-н. чу́вствами** to insult s.o.'s feelings.

на́сморк, а *m* cold (*in the head*); **схвати́ть, получи́ть н.** to catch a cold.

насмотр|е́ться, ю́сь, ~ишься *pf* **1** (+ *g*) (*увидеть много*) to see a lot (of). **2** (**на** + *a*) to have looked enough (at), to see enough (of); **не н.** not to tire of looking (at).

насоба́ч|иться, усь, ишься *pf* (*coll*; + *inf*) to become adept (at), become good (at).

нас|ова́ть, у́ю, уёшь *pf* (*of* **⇒~о́вывать**) (*coll*; + *g or a*) to shove in, stuff in (*a quantity of*); **н. конфе́т в карма́ны** to stuff sweets into one's pockets.

насовсе́м *adv* (*coll*) for good.

насо́выва|ть, ю *impf of* **⇒насова́ть**

насол|и́ть, ю́, ~и́шь *pf* (*of* **⇒наса́ливать**) **1** (+ *a or g*) (*огурцов, грибов*) to salt, pickle (*a quantity of*). **2** (*coll*) (*сильно посолить*) to put much salt (into). **3** (*fig*; + *d*) (*сделать неприятность*) to spite; to do a bad turn (to).

насор|и́ть, ю́, и́шь *pf of* **⇒сори́ть**

насо́с, а *m* pump.

насос|а́ть, у́, ёшь, *pf* (*of* **⇒наса́сывать**) (+ *a or g*) **1** (*молока*) to suck (*a quantity of*). **2** (*бензина*) to pump.

насос|а́ться, у́сь, ёшься *pf* (+ *g*) to have sucked one's fill.

насо́с|ный *adj of* **⇒~**; **н. агрега́т** pumping unit; **~ная ста́нция** pumping station.

насочин|и́ть, ю́, и́шь *pf* (*coll*) (+ *a or g*) to talk a lot of nonsense; to make up (a lot of falsehoods).

на́спех *adv* hastily; carelessly.

наспле́тнича|ть, ю *pf* (*coll*) (+ *d*) to gossip (to).

наср|а́ть, у́, ёшь *pf of* **⇒сра́ть**

наст, а *m* thin crust of ice over snow.

наста|ва́ть, ёт, ю́т *impf of* **⇒~ть**

наставите́л|ьный (~ен, ~ьна) *adj* edifying, instructive; **н. то́н** didactic tone.

наста́в|ить[1], лю, ишь *pf* (*of* **⇒~ля́ть**) **1** (*платье*) to lengthen; (*кусок ткани*) to put on, add on; **н. нос кому́-н.** to fool, dupe s.o. **2** (**на** + *a*) (*нацелить*) to aim (at), point (at); **н. револьве́р на кого́-н.** to point a revolver at s.o.

наста́в|ить[2], лю, ишь *pf* (*of* **⇒~ля́ть**) (*научить*) to edify; to exhort, admonish; **н. на путь и́стинный** to set on the right path; **н. кого́-н. на ум** to bring s.o. to his senses.

наста́в|ить[3], лю, ишь *pf* (+ *a or g*) (*стульев*) to set up, place (*a quantity of*); (*синяков*) to cause.

наста́вк|а, и *f* addition.

наставле́ни|е, я *nt* **1** (*действие, совет*) exhortation, admonition. **2** (*инструкция*) directions, instructions; (*mil*) manual.

наставля́|ть, ю *impf of* **⇒наста́вить[1,2]**

наста́вник, а *m* (*воспитатель*) mentor; (*преподаватель*) teacher, instructor.

наста́вни|ческий *adj of* **⇒~к**; **н. то́н** edifying tone.

наставно́й *adj* (*рукава*) lengthened; (*труба*) added.

наста|ёт *see* **⇒~ва́ть**

наста́ива|ть, ю *impf of* **⇒настоя́ть[1,2]**

наста́ива|ться, ется *impf of* **⇒настоя́ться[2]**

наста́|ть, нет, нут *pf* (*of* **⇒~ва́ть**) (*of times or seasons*) to come, begin.

на́стежь *adv* wide open; **откры́ть н.** to open wide.

настели́ть = **настла́ть**

наст|елю́, е́лешь *see* **⇒~ла́ть**

насте́нный *adj* wall (*attr*).

настиг|а́ть, а́ю *impf of* **⇒~нуть** *and* **⇒насти́чь**

насти́гн|уть, у, ешь *pf* = **насти́чь**

насти́л, а *m* flooring; planking.

настила́|ть, ю *impf of* **⇒настла́ть**

насти́лк|а, и *f* **1** (*действие*) laying, spreading. **2** = **насти́л**

насти́льн|ый *adj* (*mil*) grazing; **н. ого́нь** grazing fire; **~ая бо́мба** anti-personnel bomb.

настира́|ть, ю *pf* (+ *a or g*) (*coll*) to wash, launder (*a quantity of*).

насти́|чь, гну, гнешь, *past* **~г, ~гла** *pf* (*of* **⇒~га́ть**) to overtake (*also fig*).

наст|ла́ть, елю́, ~е́лешь *pf* (*of* **⇒~ила́ть**) to lay, spread; **н. пол** to lay a floor; **н. соло́му** to spread straw.

насто́|й, я *m* infusion.

насто́йк|а, и *f* **1** (*спиртной напиток*) liqueur. **2** (*pharm*) tincture.

насто́йчив|ый (~, ~а) *adj* **1** (*человек*) persistent. **2** (*просьба, тон*) urgent, insistent.

насто́лько *adv* so; so much; **н., наско́лько** as much as.

насто́льно-изда́тельский *adj* desktop publishing; DTP.

насто́льн|ый *adj* **1** table, desk; desktop; **~ая полиграфи́я** desktop publishing; **~ая игра́** board game; **н. те́ннис** table tennis. **2** (*fig*) for constant reference, in constant use; **~ая кни́га** bible.

настора́жива|ть(ся), ю(сь) *impf of* **⇒насторожи́ть(ся)**

настороже́ *adv*: **быть н.** to be on one's guard; to be on the lookout.

насторожённост|ь, и *f* (*and* **насторо́женность**) wariness.

насторо|жённый (*and* **~женный**) *ppp of* **⇒~жи́ть** *and adj* guarded, suspicious, wary.

насторож|и́ть, у́, и́шь *pf* (*of* **⇒настора́живать**) to put on one's guard; **н. слух, у́ши** (**н. внима́ние** *fig only*) to prick up one's ears (*also fig*).

насторож|и́ться, у́сь, и́шься *pf* (*of* **⇒настора́живаться**) to prick up one's ears.

настоя́ни|е, я *nt* insistence; **по ~ю кого́-н.** at s.o.'s insistence.

настоя́тел|ь, я *m* (*eccl*) **1** (*монастыря*) prior, superior.

2 (*церкви*) senior priest.
настоя́тельниц|а, ы *f* (*eccl*) prioress, Mother Superior.
настоя́тел|ьный (~ен, ~ьна) *adj* **1** (*требование*) persistent; insistent; **~ьная про́сьба** urgent request. **2** (*необходимость*) urgent, pressing.
насто|я́ть¹, ю́, и́шь *pf* (*of* **⇨наста́ивать**) (**на** + *p*) to insist (on); **н. на своём** to insist on having it one's own way; **он ~я́л на том, что́бы пойти́ самому́** he insisted on going himself.
насто|я́ть², ю́, и́шь *pf* (*of* **⇨наста́ивать**) (*чай, травы*) to infuse.
насто|я́ться¹, ю́сь, и́шься *pf* (*coll*) to stand a long time.
насто|я́ться², и́тся, я́тся *pf* (*of* **⇨наста́иваться**) (*о чае, травах*) to infuse, draw, brew.
настоя́щ|ий *adj* **1** (*теперешний*) present; this; **в ~ее вре́мя** at present, now; **~ее вре́мя** (*gram*) the present tense; *as n* **~ее, ~его** *nt* the present (time); **жить ~им** to live in the present. **2** (*подлинный*) real, genuine; **н. друг** real friend. **3** (*coll*) (*совершенный*) complete, utter, absolute; **он н. дура́к** he is an absolute fool.
настрада́|ться, юсь *pf* to suffer much.
настра́ива|ть(ся), ю(сь) *impf of* **⇨настро́ить(ся)**
настра́чива|ть, ю *impf of* **⇨настрочи́ть¹**
настреля́|ть, ю *pf* (+ *a or g*) to shoot (*a quantity of*).
настри́г, а *m* (*agric*) **1** (*действие*) shearing, clipping. **2** (*настриженная шерсть*) clip.
настри́|чь, гу́, жёшь, гу́т, *past* **~г, ~гла** *pf* (+ *a or g*) (*agric*) to shear, clip (*a number of*).
на́строго *adv* (*coll*) strictly.
настрое́ни|е, я *nt* **1** (*душевное состояние*) mood, temper, humour (*Br*), humor (*US*); **припо́днятое/пода́вленное н.** high/low spirits; **челове́к ~я** a man of moods; **быть в плохо́м** *и т. п.* **~и** to be in a bad, *etc.* mood; **не в ~и** in a bad mood; **н. умо́в** state of opinion, public mood. **2** (+ *inf*) mood (for); **у меня нет ~я танцева́ть, я не в ~и танцева́ть** I am not in a mood for dancing; I don't feel like dancing.
настро́енност|ь, и *f* mood.
настро́ен|ный (~, ~на) *adj* **1** (*о настроении*): **он ~ оптимисти́чески** he is in optimistic mood. **2** (*о намерении*): **он ~ уе́хать** he intends to go away.
настро́|ить¹, ю, ишь *pf* (*of* **⇨настра́ивать**) **1** (*mus*) (*пианино, рояль*) to tune; (*скрипку, флейту*) to tune up, tune. **2** (*приёмник*) to tune; **н. приёмник на сре́днюю волну́** to tune in to medium wave. **3** (*механизм*) to tune, adjust. **4** (*fig*; **на** + *a*) to dispose (to), incline (to); to incite; **н. кого́-н. на весёлый лад** to make s.o. happy, cheer s.o. up; **н. кого́-н. (про́тив** + *g*) to incite s.o. (against).
настро́|ить², ю, ишь *pf* (+ *a or g*) (*построить*) to build (*a quantity of*).
настро́|иться, юсь, ишься *pf* (*of* **⇨настра́иваться**) (**на** + *a*) to dispose o.s. (to); (+ *inf*) to make up one's mind (to); **я ~ился е́хать в Москву́** I made up my mind to go to Moscow.
настро́|й, я *m* (*coll*) mood.
настро́йк|а, и *f* (*mus, radio*) tuning.
настро́йщик, а *m* tuner.
настропал|и́ть, ю́, и́шь *pf* (*of* **⇨~я́ть**) (*coll*) to incite, set on.
настропал|я́ть, я́ю *impf of* **⇨~и́ть**
настроч|и́ть¹, у́, и́шь *pf* (*of* **⇨настра́чивать**) (+ *a or g*) to sew (*a quantity of*).
настроч|и́ть², у́, и́шь *pf of* **⇨стро́чить 2**
настря́па|ть, ю *pf* **1** (+ *a or g*) (*еды*) to cook (*a quantity of*). **2** (*fig, coll*) (*сочинить*) to cook up.
насту́к|ать, аю *pf* (*of* **⇨~ивать**) (*coll*) to knock out, bash out (*on typewriter*).
насту́кива|ть, ю *impf of* **⇨насту́кать**
наступа́тельный *adj* (*mil*) offensive.
наступ|а́ть¹, а́ю *impf of* **⇨~и́ть¹,²**
наступа́|ть², ю *impf* (*mil*) to advance, be on the offensive; (*fig*) (*на кого-н. с просьбами, требованиями*) to harass.
наступа́|ющий¹ *pres participle active of* **⇨~ть¹** *and adj* coming.
наступа́|ющий² *pres participle active of* **⇨~ть²**; *as n* **н., ~ющего** *m* attacker.
наступ|и́ть¹, лю́, ~̃ишь *pf* (*of* **⇨~а́ть¹**) (**на** + *a*) to tread (on); **медве́дь (***or* **слон) наступи́л ему́ на у́хо** he has absolutely no ear for music.
наступ|и́ть², ~̃ит *pf* (*of* **⇨~а́ть¹**) (*о времени, состоянии*) to come, begin; (*о молчании, тишине*) to ensue; to set in; **~̃ит вре́мя, когда́...** there will come a time, when ... .
наступле́ни|е¹, я *nt* (*mil*) offensive; attack; **перейти́ в н.** to assume the offensive.
наступле́ни|е², я *nt* (*зимы*) coming, approach; onset; (*тишины*) ensuing.
насту́рци|я, и *f* (*bot*) nasturtium.
настуч|а́ть, у́, и́шь *pf of* **⇨стуча́ть 3**
насты́р|ный (~ен, ~на) *adj* (*coll*) persistent.
насул|и́ть, ю́, и́шь *pf* (+ *a or g*) (*coll*) to promise (*much*).
насу́п|ить(ся), лю(сь), ишь(ся) *pf of* **⇨су́пить(ся)** *and* **⇨~ливать(ся)**
насу́пливать(ся) = **су́пить(ся)**
насурьм|и́ть(ся), лю́(сь), и́шь(ся) *pf of* **⇨сурьми́ть(ся)**
на́сухо *adv* dry; **вы́тереть н.** to wipe dry.
насуш|и́ть, у́, ~̃ишь *pf* (+ *a or g*) to dry (*a quantity of*).
насу́щност|ь, и *f* urgency.
насу́щ|ный (~ен, ~на) *adj* vital, urgent; **хлеб н.** daily bread (*also fig*).
нас|ую́, уёшь *see* **⇨~ова́ть**
насчёт *prep* + *g* about; as regards, concerning.
насчит|а́ть, а́ю *pf* (*of* **⇨~̃ывать**) to count, number.
насчи́тыва|ть, ю *impf* **1** *impf of* **⇨насчита́ть**. **2** (*no pf*) to number (= *to contain*); **э́тот го́род ~ет свы́ше ста ты́сяч жи́телей** this city has over one hundred thousand inhabitants.
насчи́тыва|ться, ется *impf* (*impers*) to number (= *to be, be contained*); **в на́шем селе́ ~ется не бо́лее двухсо́т жи́телей** the population of our village numbers no more than two hundred; **в го́роде ~ется де́сять больни́ц** the city has ten hospitals.
насыла́|ть, ю *impf of* **⇨насла́ть¹**
насы́п|ать, лю, лешь *pf* (*of* **⇨~а́ть**) **1** (+ *a or g*) to pour (in, into); to fill (with); **н. муки́ в мешо́к** to pour flour into a bag; **н. мешо́к муко́й** to fill up a bag with flour. **2** (+ *a or g* **на** + *a*) (*посыпать*) to spread (on); **н. песку́ на доро́жку** to spread sand on the path. **3** (*холм*) to raise (*a heap or pile of sand, etc.*).
насып|а́ть, а́ю *impf of* **⇨~̃ать**
насы́пк|а, и *f* pouring (in), filling.
насыпно́й *adj* poured; piled (up); **н. холм** artificial mound.
на́сып|ь, и *f* embankment.
насы́|тить, щу, тишь *pf* (*of* **⇨~ща́ть**) **1** (*накормить*) to sate, satiate. **2** (*chem*) to saturate, impregnate.
насы́|титься, щусь, тишься *pf* (*of* **⇨~ща́ться**) **1** (*наесться*) to be full; to be sated. **2** (*chem*) to become saturated.
насыща́|ть(ся), ю(сь) *impf of* **⇨насы́тить(ся)**
насыще́ни|е, я *nt* **1** satiety, satiation. **2** (*chem*) saturation.
насы́щенност|ь, и *f* **1** saturation. **2** (*fig*) (*жизни*) richness.
насы́|щен|ный *ppp of* **⇨~тить** *and adj* **1** (**~, ~а**) saturated. **2** (**~, ~на**) (*fig*) (*содержательный*) rich.
ната́лкива|ть(ся), ю(сь) *impf of* **⇨натолкну́ть(ся)**
ната́плива|ть, ю *impf of* **⇨натопи́ть¹**
ната́птыва|ть, ю *impf of* **⇨натопта́ть**
ната́ск|анный *ppp of* **⇨~а́ть** *and adj* (*ученик*) well coached.
натаск|а́ть¹, а́ю *pf* (*of* **⇨~ивать**) (*собак*) to train; (*fig, coll*) (*учеников*) to coach, cram.
натаск|а́ть², а́ю *pf* (*of* **⇨~̃ивать**) (+ *a or g*) **1** (*принести*) to bring, lay in (*a quantity of*). **2** (*coll*) (*извлечь*) to fish out, hook (*a quantity of*).
ната́скива|ть, ю *impf of* **⇨натаска́ть** *and* **⇨натащи́ть¹**
натащ|и́ть¹, у́, ~̃ишь *pf* (*of* **⇨ната́скивать**) (*натянуть*) to pull (on, over).
натащ|и́ть², у́, ~̃ишь *pf* (+ *a or g*) (*притащить*) to bring (*a quantity of*).
натвор|и́ть, ю́, и́шь *pf* (+ *g*; *coll, pej*) to do, get up to; **н. вся́ких глу́постей** to get up to every sort of stupid trick; **что ты ~и́л!** what ever have you done?
на́те *int* (*coll, addressed to more than one person or, politely, to one*) here (you are)!; there (you are)! (= *take it!*); **тепе́рь н. вам** and now see what's happened.
натёк, а *m* **1** (*geol*) deposit. **2** (*coll*) pool (*of some liquid*).

Н

натека́|ть, ет *impf of* ⇒**нате́чь**

нате́льн|ый *adj* worn next to the skin; **~ое бельё** (*collect*) underwear.

на|тере́ть¹, тру́, трёшь, *past* **~тёр, ~тёрла** *pf* (*of* ⇒**~тира́ть**) **1** (*намазать*) to rub (in, on); **н. ру́ки вазели́ном** to rub vaseline into one's hands. **2** (*пол*) to polish. **3** (*повредить*) to rub sore; to chafe; **н. себе́ мозо́ль** to get a corn.

на|тере́ть², тру́, трёшь, *past* **~тёр, ~тёрла** *pf* (+ *a or g*) (*сыру*) to grate (*a quantity of*).

на|тере́ться, тру́сь, трёшься, *past* **~тёрся, ~тёрлась** *pf* (*of* ⇒**~тира́ться**) (+ *i*) to rub o.s. (with).

натерп|е́ться, лю́сь, ~́ишься *pf* (+ *g*; *coll*) to have endured much; to have gone through much.

натёр|тый *ppp of* ⇒**~е́ть¹,²**

нате́|чь, чёт, ку́т, *past* **~̈к, ~кла́** *pf* (*of* ⇒**~ка́ть**) (*о жидкости*) to accumulate.

натёш|иться, усь, ишься *pf* (*coll*) **1** to enjoy o.s., have a good time. **2** (**над** + *i*) to have a good laugh (at).

натира́ни|е, я *nt* **1** (*полов*) polishing. **2** (*coll*) (*вещество*) embrocation, ointment.

натира́|ть(ся), ю(сь) *impf of* ⇒**натере́ть(ся)**

на́тиск, а *m* **1** (*войск*) onslaught, charge. **2** (*fig*) pressure.

Н

нати́ска|ть, ю *pf* (+ *a or g*) (*coll*) to cram in, stuff in (*a quantity of*).

натк|а́ть, у́, ёшь, *past* **~а́л, ~ала́, ~а́ло** *pf* (+ *a or g*) to weave (*a quantity of*).

наткн|у́ть, у́, ёшь *pf* (*of* ⇒**натыка́ть**) to stick, pin.

наткн|у́ться, у́сь, ёшься *pf* (*of* ⇒**натыка́ться**) (**на** + *a*) **1** to run (against), strike; to stumble (upon); **н. на гвоздь** to run against a nail; **н. на неожи́данное сопротивле́ние** (*fig*) to meet with unexpected resistance. **2** (*fig*) to stumble (upon, across), come (across); **н. на интере́сную мысль** to stumble across an interesting idea.

НА́ТО *nt indecl* NATO, Nato (*abbr of* North Atlantic Treaty Organization — *Организа́ция Североатланти́ческого догово́ра*).

на́тов|ец, ца *m* (*coll*) (*солдат*) NATO soldier; (*чиновник*) NATO official.

на́товский *adj of* ⇒**НА́ТО**

натолкн|у́ть, у́, ёшь *pf* (*of* ⇒**ната́лкивать**) (+ *a* **на** + *a*) **1** to push (against), shove (against). **2** (*fig*) to direct, lead (into, onto); **он ~у́л меня́ на мысль** he suggested the idea to me.

натолкн|у́ться, у́сь, ёшься *pf* (*of* ⇒**ната́лкиваться**) (**на** + *a*) to run (against); (*fig*) to run across.

натол|о́чь, ку́, чёшь, ку́т, *past* **~о́к, ~кла́** *pf* (+ *a or g*) to pound, crush (*a quantity of*).

натоп|и́ть¹, лю́, ~́ишь *pf* (*of* ⇒**ната́пливать**) (*избу, печь*) to heat well, heat up.

натоп|и́ть², лю́, ~́ишь *pf* (+ *a or g*) **1** (*воску*) to melt (*a quantity of*). **2** (*молока*) to heat (*a quantity of*).

натоп|та́ть, чу́, ~́чешь *pf* (*of* ⇒**ната́птывать**) (*coll*; **в, на** + *p*) to make dirty footmarks (in, on).

наторг|ова́ть, у́ю *pf* (*coll*) **1** (+ *a or g*) (*приобрести*) to make, gain (*by commerce*). **2** (**на** + *a*) (*о выручке*) to make; **он ~ова́л на 10 000 рубле́й** he made 10,000 roubles.

наторе́|ть, ю *pf* (**в** + *p*; *coll*) to become skilled (at, in), become expert (at, in).

наточ|и́ть, у́, ~́ишь *pf of* ⇒**точи́ть¹ 1**

натоща́к *adv* on an empty stomach.

натр, а *m* (*chem*) natron; **е́дкий н.** caustic soda.

натрав|и́ть¹, лю́, ~́ишь *pf* (*of* ⇒**~́ливать**) (**на** + *a*) (*собаку*) to set (on); (*fig*) to set (against).

натрав|и́ть², лю́, ~́ишь *pf* (*of* ⇒**~ля́ть**) (*сделать изображение*) to etch.

натрав|и́ть³, лю́, ~́ишь *pf* (+ *a or g*) (*уничтожить*) to exterminate (*a quantity of*).

натра́влива|ть, ю *impf of* ⇒**натрави́ть¹**

натравля́|ть, ю, ешь *impf of* ⇒**натрави́ть²**

натрениро́ван|ный (~, ~а) *adj* trained.

натренир|ова́ть(ся), у́ю(сь) *pf of* ⇒**тренирова́ть(ся)**

на́три|евый *adj of* ⇒**~й**

на́три|й, я *m* (*chem*) sodium.

на́трое *adv* in three.

нат|ру́, рёшь *see* ⇒**~ере́ть¹,²**

натру|ди́ть, жу́, ~ди́шь *pf* (*of* ⇒**~́живать**) to tire out, overwork.

натру|ди́ться, жу́сь, ~ди́шься *pf* (*coll*) **1** (*утомиться*) to become tired out. **2** (*вдоволь потрудиться*) to have worked long enough; to have overworked.

натру́жива|ть, ю *impf of* ⇒**натруди́ть**

натряс|ти́, у́, ёшь, *past* **~́, ~ла́** *pf* (+ *a or g*) to scatter, let fall (*a quantity of*).

нату́г|а, и *f* effort, strain.

на́туго *adv* (*coll*) tightly; **ту́го-на́туго** very tightly.

нату́жива|ть(ся), ю(сь) *impf of* ⇒**нату́жить(ся)**

нату́ж|ить, у, ишь *pf* (*of* ⇒**~ивать**) (*coll*) to tense, tighten.

нату́ж|иться, усь, ишься *pf* (*of* ⇒**~иваться**) (*coll*) to exert all one's strength; to strain.

нату́ж|ный (~ен, ~на) *adj* (*coll*) strained, forced.

нату́р|а, ы *f* **1** (*характер*) nature. **2** (*натурщик*) (artist's) model, sitter. **3** (*econ*) kind; **плати́ть ~ой** to pay in kind. **4** (*естественная обстановка*) natural setting; **рисова́ть с ~ы** to paint from life.

натурализа́ци|я, и *f* naturalization.

натурали́зм, а *m* naturalism.

натурализ|ова́ть, у́ю *impf and pf* to naturalize.

натурализ|ова́ться, у́юсь *impf and pf* to become naturalized.

натурали́ст, а *m* naturalist.

натуралисти́ческий *adj* naturalistic.

натура́льност|ь, и *f* genuineness; naturalness.

натура́л|ьный (~ен, ~ьна) *adj* **1** natural; **в ~ьную величину́** life-size. **2** (*настоящий*) (*мех, кожа, кофе*) real; (*смех*) genuine. **3** (*econ*) in kind; **н. обме́н** barter.

нату́рщик, а *m* (artist's) model, sitter.

нату́рщи|ца, цы *f of* ⇒**~к**

наты́ка|ть, ю *pf* = **наткну́ть**

натыка́|ть(ся), ю(сь) *impf of* ⇒**наткну́ть(ся)**

натюрмо́рт, а *m* (*art*) still life.

натюрмо́рт|ный *adj of* ⇒**~**

натя́гива|ть(ся), ю, ет(ся) *impf of* ⇒**натяну́ть(ся)**

натяже́ни|е, я *nt* pull, tension.

натя́жк|а, и *f* **1** strained interpretation; **с ~ой** (*fig*) at a stretch. **2** = **натяже́ние**

натяжн|о́й *adj* (*tech*) tension; **~о́е приспособле́ние** tension device, stretcher; **н. ро́лик** tension pulley; **н. рыча́г** tension lever.

натя́нутост|ь, и *f* tension (*also fig*)

натя́н|утый *ppp of* ⇒**~у́ть** *and adj* **1** tight. **2** (*fig*) strained; forced; **~утые отноше́ния** strained relations; **~утое сравне́ние** far-fetched comparison.

натя|ну́ть, ну́, ~́нешь *pf* (*of* ⇒**~́гивать**) **1** (*сделать тугим*) to stretch; to draw (tight); **н. лук** to draw a bow; **н. верёвку** (*naut*) to haul a rope taut. **2** (*надеть*) to pull on; **н. ша́пку на́ у́ши** to pull a cap over one's ears.

натя|ну́ться, ~́нется, ~́нутся *pf* (*of* ⇒**~́гиваться**) to stretch (*intrans*).

науга́д *adv* at random, by guesswork.

науго́льник, а *m* (*tech*) bevel, bevel square.

науда́чу *adv* at random, by guesswork.

нау|ди́ть, жу́, ~́дишь *pf* (+ *a or g*) to hook, catch (*a number of*).

нау́к|а, и *f* **1** (*система знаний*) science; (*учение*) learning; scholarship; **есте́ственные ~и** science; **гуманита́рные ~и** arts; **обще́ственные ~и** social sciences, social studies; **прикладны́е ~и** applied science. **2** (*coll*) (*урок*) lesson; **э́то тебе́ н.!** let this be a lesson to you!

наукоёмкий *adj* high-technology, high-tech.

нау|сти́ть, щу́, сти́шь *pf* (*of* ⇒**~ща́ть**) (*obs*) to incite, egg on.

нау́ськ|ать, аю *pf* (*of* ⇒**~ивать**) (**на** + *a*) to set (*dogs on*).

нау́ськива|ть, ю *impf of* ⇒**нау́ськать**

наутёк *adv*: **бро́ситься/пусти́ться н.** (*coll*) to take to one's heels.

нау́тро *adv* next morning.

науч|и́ть, у́, ~ишь *pf* (*of* ⇒**учи́ть 1**) (+ *a and d or* + *inf*) to teach; **н. кого́-н. ру́сскому языку́** to teach s.o. Russian; **н. кого́-н. води́ть маши́ну** to teach s.o. to drive (a car).

науч|и́ться, у́сь, ~́ишься *pf* (*of* ⇒**учи́ться 1**) (+ *d or inf*) to learn.

нау́чно-иссле́довательск|ий *adj* scientific research; **~ая рабо́та** (scientific) research work.

нау́чно-фантасти́ческий *adj* science fiction.

нау́ч|ный (~ен, ~на) *adj* scientific; **н. рабо́тник** researcher; **~ная фанта́стика** science fiction.

нау́шник[1], **а** *m* **1** (*на шапке*) ear flap; (*предмет одежды*) earmuff. **2** (*для слушания*) earphone; (*in pl*) headphones.

нау́шник[2], **а** *m* (*pej*) (*доносчик*) informer, slanderer.

нау́шнича|ть, ю *impf* (+ *d and* **на** + *a*) to tell tales (to s.o. about), inform (s.o. on, about).

нау́шничеств|о, а *nt* talebearing, informing.

науща́|ть, ю *impf of* ⇒**наусти́ть**

науще́ни|е, я *nt* incitement, instigation.

нау|щу́, сти́шь *see* ⇒**~сти́ть**

нафтали́н, а *m* (*chem*) naphthalene.

нафтали́н|ный *adj of* ⇒**~**

нафтали́н|овый = **~ный**; **н. ша́рик** camphor ball, mothball.

наха́л, а *m* (*coll*) impudent/cheeky person/fellow.

наха́лк|а, и *f* (*coll*) impudent/cheeky woman.

наха́льнича|ть, ю *impf* to be impudent.

наха́л|ьный (~ен, ~ьна) *adj* impudent, cheeky.

наха́льств|о, а *nt* impudence, impertinence, effrontery; **име́ть н.** (+ *inf*) to have the cheek (to), have the face (to).

нахам|и́ть, лю́, и́шь *pf of* ⇒**хами́ть**

нахва́лива|ть, ю *impf of* ⇒**нахвали́ть**

нахвал|и́ть, ю́, ~́ишь *pf* (*of* ⇒**~́ивать**) (*coll*) to praise (highly).

нахвал|и́ться, ю́сь, ~́ишься *pf* (*coll*) **1** to boast a lot. **2** (+ *i*; *usu* + *neg*) to praise sufficiently; **я не могу́ им н.** I cannot speak too highly of him; I cannot praise him enough.

нахват|а́ть, а́ю *pf* (*of* ⇒**~ывать**) (*coll*; + *a or g*) to pick up, get hold (of); (*fig*) (*знаний*) to pick up, come by.

нахват|а́ться, а́юсь *pf* (*of* ⇒**~́ываться**) (*coll, fig*; + *g*) (*слов, привычек, знаний*) to pick up.

нахва́тыва|ть(ся), ю(сь) *impf of* ⇒**нахвата́ться**

нахлеба́|ться, юсь *pf* (*coll*; + *g*) (*молока*) to drink (*a lot of*); (*горя*) to suffer (*a lot of*)

нахле́бник, а *m* parasite, hanger-on.

нахле|ста́ть, щу́, ~́щешь *pf* (*of* ⇒**~̈стывать**) (*coll*) to whip.

нахле|ста́ться, ~щу́сь, ~́щешься *pf* (*of* ⇒**~̈стываться**) (*sl*) to get sloshed (*drunk*).

нахлёстыва|ть(ся), ю(сь) *impf of* ⇒**нахлеста́ть(ся)**

нахлобу́чива|ть, ю *impf of* ⇒**нахлобу́чить**

нахлобу́ч|ить, у, ишь *pf* (*of* ⇒**~ивать**) (*coll*) to pull down (over one's head *or* eyes).

нахлобу́чк|а, и *f* (*coll*) rating, dressing-down.

нахлы́н|уть, ет *pf* (**на** + *a*) to flow, gush (over, into); (*fig*) to surge, crowd; **~ули слёзы** tears welled (in my, her, *etc.*, eyes); **на меня́ ~ули мы́сли** thoughts crowded into my mind.

нахлы́ст, а *m* (*ловля рыбы на мушку*) fly-fishing; **лови́ть ры́бу ~ом** to fly-fish.

нахму́р|енный *ppp of* ⇒**~ить** *and adj* frowning, scowling.

нахму́р|ить(ся), ю(сь), ишь(ся) *pf of* ⇒**хму́рить(ся)**

нахо|ди́ть, жу́, ~́дишь *impf of* ⇒**найти́**[1,2]

нахо|ди́ться[1], **жу́сь, ~́дишься** *impf of* ⇒**найти́сь**

нахо|ди́ться[2], **жу́сь, ~́дишься** *impf* to be (situated); **где ~́дится ста́нция?** where is the station?; (*под наблюдением, стрессом*) to be.

нахо|ди́ться[3], **жу́сь, ~́дишься** *pf* (*coll*) (*устать от ходьбы*) to tire o.s. by walking; to have walked long enough.

нахо́д|ка, ки *f* **1** find; **бюро́ ~ок** lost property office (*Br*), lost and found (*US*). **2** (*fig*) (*подходящее*) godsend; (*приём*) device.

нахо́дчивост|ь, и *f* **1** (*человека*) resourcefulness. **2** (*ответа*) quick-wittedness.

нахо́дчив|ый (~, ~а) *adj* **1** (*человек*) resourceful. **2** (*ответ*) quick-witted.

нахожде́ни|е, я *nt* **1** (*действие*) finding. **2**: **ме́сто ~я** the whereabouts.

нахоло|ди́ть, жу́, ди́шь *pf of* ⇒**холоди́ть 1**

нахо́хл|иться, юсь, ишься *pf* (*of* ⇒**хо́хлиться**) (*fig, coll*) to bristle (up).

нахохо|та́ться, чу́сь, ~́чешься *pf* (*coll*) to have had a good laugh.

нахра́пист|ый (~, ~а) *adj* (*coll, pej*) high-handed, pushy.

нахра́пом *adv* (*coll*) high-handedly, pushily.

нацара́п|ать, аю *pf* (*of* ⇒**~ывать**) **1** to scratch. **2** (*fig, coll*) to scrawl, scribble.

нацара́пыва|ть, ю *impf of* ⇒**нацара́пать**

наце|ди́ть, жу́, ~́дишь *pf* (+ *a or g*) to strain.

наце́лен|ный (~, ~а) *adj* (**на** + *a*) striving for, aiming for.

наце́лива|ть(ся), ю(сь) *impf of* ⇒**наце́лить(ся)**

наце́л|ить, ю, ишь *pf* **1** (*impf* **це́лить** *and* **~ивать**) (*оружие*) to aim, level. **2** (*impf* **~ивать**) (*fig*) (**на** + *a*) (*на выполнение*) to aim, direct.

наце́л|иться, юсь, ишься *pf* (*of* ⇒**~иваться**) **1** (**в** + *a*) to aim (at), take aim (at). **2** (*fig*; **на** + *a*) to aim (at, for), strive (for). **3** (*fig*, + *inf*) to aim, strive (to do).

на́цело *adv* (*coll*) entirely, without remainder.

наце́нк|а, и *f* markup; surcharge.

нацеп|и́ть, лю́, ~́ишь *pf* (*of* ⇒**~ля́ть**) **1** to fasten on; to attach (*by means of hook or pin*). **2** (*coll*) (*надеть*) to put on.

нацеп|ля́ть, ля́ю *impf of* ⇒**~и́ть**

нaци́зм, а *m* Nazism.

национализа́ци|я, и *f* nationalization.

национализи́р|овать, ую *impf and pf* to nationalize.

национали́зм, а *m* nationalism.

национали́ст, а *m* nationalist.

националисти́ческий *adj* nationalist(ic).

национали́ст|ка, ки *f of* ⇒**~**

национа́льност|ь, и *f* **1** (*принадлежность к нации*) nationality. **2** (*нация*) nation.

> **национа́льность — (ethnic) nationality**
>
> In the countries of the former Soviet Union, this traditionally means a person's ethnicity rather than their legal or political status. So if a Russian native speaker refers to someone as *ру́сский по национа́льности*, they usually mean that the person is Russian by language, culture, ethnicity, and even religion (e.g. Russian Orthodox), but the person could be a citizen of any country (the US, Ukraine, Germany, etc.).

национа́льн|ый *adj* national; **~ое меньшинство́** ethnic/national minority; **~ые словари́** minority-language dictionaries.

наци́ст, а *m* Nazi.

наци́ст|ка, ки *f of* ⇒**~**

наци́стский *adj* Nazi.

на́ци|я, и *f* nation.

нацме́н, а *m* (*coll*) member of a national minority.

нацме́н|ка, ки *f of* ⇒**~**

нач... *comb form, abbr of* **1 нача́льник**. **2 нача́льствующий**

нача|ди́ть, жу́, ди́шь *pf of* ⇒**чади́ть**

нача́л|о, а *nt* **1** beginning; start; **в ~е четвёртого** soon after three (o'clock); **для ~а** to start with, for a start; **по ~у** at first; **положи́ть, дать н.** (+ *d*) to begin, commence; (*традиции, партии*) to establish.
2 (*источник*) origin, source; **вести́ н.** (**от** + *g*), **взять н.** (**в** + *p*) to originate (from, in).
3 (*in pl*) (*методы*) principle, basis; **рабо́тать на но́вых ~ах** to work on a new basis; (*принципы, основы*) basics, rudiments; **~а матема́тики** the rudiments of mathematics.
4: **быть под ~ом у кого́-н.** to be under s.o.; **отда́ть под н., под ~а** (+ *d*) to put under, place in the charge (of); **на ра́вных ~ах с кем-н.** on equal terms with s.o.
5 (*поэтическое, волевое*) nature.

> **нача́льная шко́ла — primary school, elementary school**
>
> The first three or, now usually, four years of schooling that Russian children undergo. Separate institutions of such a kind are now rare in Russia and children usually continue at the same school after their first four years.

нача́льник, а *m* head, chief; superior; **н. свя́зи** chief signal officer; **н. отде́ла** head of a department, section.

нача́льнический *adj* overbearing, imperious.

Н

нача́льн|ый *adj* **1** (*находящийся в начале*) initial, first; **~ая ско́рость** initial speed. **2** (*первоначальный*) primary, elementary; **~ая шко́ла** primary school (*Br*), elementary school (*US*).

нача́льственный *adj* overbearing, domineering.

нача́льств|о, а *nt* **1** (*collect*) (the) authorities, management. **2** (*власть начальника*) authority; **под ~ом кого́-н.** under s.o.'s authority. **3** (*coll*) (*начальник*) head, boss.

нача́льствовани|е, я *nt* command.

нача́льств|овать, ую *impf* (**над** + *i*) to command, be in command (of).

нача́льствующий *adj*: **н. соста́в** (*в армии*) command personnel; (*в учреждении*) management.

нача́тк|и, ов (*no sg*) rudiments, elements.

нач|а́ть, ну́, нёшь, *past* **~́ал, ~ала́, ~́ало** *pf* (*of* ⇨**~ина́ть**) **1** to begin, start, commence; **н. с нача́ла** to begin at the beginning; **н. всё снача́ла** to start all over again, start afresh; **он на́чал моли́твой** (*or* **с моли́твы**) he began with a prayer. **2** (*новую пачку, тетрадь*) to start.

нач|а́ться, нётся, *past* **~а́лся́, ~ала́сь** *pf* (*of* ⇨**~ина́ться**) to begin, start.

начди́в, а *m* (*abbr of* **нача́льник диви́зии**) division commander.

начека́н|ить, ю, ишь *pf* (+ *a or g*) to mint (*a quantity of*).

начеку́ *adv* on the alert, on one's guard.

начерн|и́ть, ю́, и́шь *pf of* ⇨**черни́ть 1**

на́черно *adv* roughly; **написа́ть н.** to make a rough copy.

наче́рпа|ть, ю *pf* (*of* ⇨**наче́рпывать**) (+ *a or g*) to scoop up (*a quantity of*).

наче́рпыва|ть, ю *impf of* ⇨**наче́рпать**

начерта́ни|е, я *nt* (*действие*) drawing, tracing; (*букв*) outline.

начерта́тельн|ый *adj only in phr* **~ая геоме́трия** descriptive geometry.

начерта́|ть, ю *pf* to draw, trace; (*fig*) (*путь, будущее*) to outline; (*написать*) to inscribe.

начер|ти́ть, чу́, ~́тишь *pf of* ⇨**черти́ть**[1]

начёс, а *m* **1** (*на ткани*) nap. **2** (*способ расчёсывания волос*) backcombing (*Br*), teasing (*US*).

наче|са́ть, шу́, ~́шешь *pf* (+ *a or g*) **1** to comb, card (*a quantity of*). **2** (*волосы*) to backcomb (*Br*), tease (*US*).

начёсыва|ть, ю *impf of* ⇨**начеса́ть**

начёт, а *m* (*bookkeeping*) recovery of unauthorized expenditure.

начётничеств|о, а *nt* (*pej*) dogmatism.

начётчик, а *m* dogmatist.

начина́ни|е, я *nt* undertaking, initiative.

начина́тел|ь, я *m* originator, initiator.

начина́тельный *adj* (*gram*): **н. глаго́л** inceptive *or* inchoative verb.

начина́|ть(ся), ю, ет(ся) *impf of* ⇨**нача́ть(ся)**

начина́|ющий *pres participle active of* ⇨**~ть** *and adj* (*писатель*) fledgling; *as n* **н., ~ющего** *m* beginner.

начина́я *as prep* **1** (**с** + *g*) (*о времени*) as from, starting from; (*в том числе*) starting with, including. **2** (**от** + *g*) starting with, including.

начин|и́ть[1]**, ю, и́шь** *pf* (*of* ⇨**~я́ть**) (+ *i*) (*заполнить начинкой*) to fill (with), stuff (with).

начин|и́ть[2]**, ю, ~́ишь** *pf* (+ *a or g*) **1** (*починить*) to mend (*a quantity of*). **2**: **н. карандаше́й** to sharpen (*a number of*) pencils.

начи́нк|а, и *f* (*cul*) (*курицы, утки*) stuffing; (*пирожка*) filling.

начин|я́ть, я́ю *impf of* ⇨**~и́ть**[1]

начисле́ни|е, я *nt* (*надбавка*) additional sum; extra; (*взимаемая сумма*) charge.

начи́сл|ить, ю, ишь *pf* (*of* ⇨**~я́ть**) (*bookkeeping*) (*надбавить*) to add (to s.o.'s account); (*взимать*) to charge; (*рабочие дни*) to calculate.

начисл|я́ть, я́ю *impf of* ⇨**~́ить**

начи́|стить[1]**, щу, стишь** *pf* (*of* ⇨**~ща́ть**) (*сапоги, кастрюлю*) to polish, shine (*trans*).

начи́|стить[2]**, щу, стишь** *pf* (+ *a or g*) (*овощи*) to peel (*a quantity of*).

на́чисто *adv* **1** clean, fair; **переписа́ть н.** to make a fair copy (of). **2** (*coll*) (*совсем*) completely, thoroughly; **н. отказа́ться** to refuse flatly. **3** (*coll*) (*начистоту*) openly, without equivocation.

начистоту́ *adv* (*coll*) openly, without equivocation.

начи́танност|ь, и *f* (*wide*) reading; erudition.

начи́тан|ный (~, ~на) *adj* well read, widely read.

начита́|ть, ю *pf* (*of* ⇨**начи́тывать**) (+ *a or g*) to read (*a number of*).

начита́|ться, юсь *pf* **1** (+ *g*) (*прочитать много*) to have read (*a lot of*). **2** (*почитать вдоволь*) to have read one's fill.

начи́тыва|ть, ю *impf of* ⇨**начита́ть**

начища́|ть, ю *impf of* ⇨**начи́стить**

нач|ну́, нёшь *see* ⇨**~а́ть**

начсоста́в, а *m* (*abbr of* **нача́льствующий соста́в**) division commander.

наш, ~́его, *f* **~́а, ~́ей;** *nt* **~́е, ~́его;** *pl* **~́и, ~́их** *possessive pron* & *adj* (*без существительного*) ours; (*при существительном*) our; **~́а взяла́!** (*coll*) we've won!; **~́е вам!** (*coll*) hello there!; **знай ~́их!** well done!; (**служи́ть**) **и ~́им и ва́шим** (*coll*) to run with the hare and hunt with the hounds; *as n* **~́и, ~́их** (*родственники*) our folks, relatives; (*товарищи*) our people, people on our side; **его́ счита́ют одни́м из ~́их** they regard him as one of us.

нашал|и́ть, ю́, и́шь *pf* to be naughty.

нашаты́р|ный *adj of* ⇨**~ь**; **н. спирт** liquid ammonia.

нашаты́р|ь, я́ *m* (*chem*) ammonium chloride.

нашёл *past of* ⇨**найти́**; (*coll*): **н. когда́** (+ *inf*) this is a ridiculous time (to do sth); **н. чего́ боя́ться** a ridiculous thing to be afraid of.

на́шенский *adj* (*coll*) = **наш**

нашеп|та́ть, чу́, ~́чешь *pf* (*of* ⇨**~́тывать**) **1** (+ *a or g*) to whisper (*a number of*) (*also fig*). **2** (**на** + *a*) (*наколдовать*) to put a spell (upon).

нашёптыва|ть, ю *impf of* ⇨**нашепта́ть**

наше́стви|е, я *nt* (*also fig*) invasion, descent.

на́шивать *freq of* ⇨**носи́ть**

нашива́|ть, ю *impf of* ⇨**наши́ть**

наши́вк|а, и *f* stripe, chevron.

нашивно́й *adj* sewn on.

нашинк|ова́ть, у́ю *pf of* ⇨**шинкова́ть**

наширя́|ться, юсь *pf of* ⇨**ширя́ться**

наш|и́ть, ью́, ьёшь *pf* (*of* ⇨**~ива́ть**) **1** (*пришить*) to sew on. **2** (+ *a or g*) (*сшить в каком-н. количестве*) to sew (*a quantity of*).

нашлёпа|ть, ю *pf* (*coll*) to slap; to spank.

на|шлю́, шлёшь *see* ⇨**~сла́ть**

нашпиг|ова́ть, у́ю *pf of* ⇨**шпигова́ть**

нашпи́лива|ть, ю *impf of* ⇨**нашпи́лить**

нашпи́л|ить, ю, ишь *pf* (*of* ⇨**~ивать**) (*coll*) to pin on.

нашум|е́ть, лю́, и́шь *pf* to make much noise; (*fig*) (*фильм, книга*) to cause a sensation.

нащип|а́ть, лю́, ~́лешь *pf* (+ *a or g*) to pluck, pick (*a quantity of*).

нащу́п|ать, аю *pf* (*of* ⇨**~ывать**) to find, discover (*by groping*).

нащу́пыва|ть, ю *impf* (*of* ⇨**нащу́пать**) to grope (for, after); to fumble (for, after); to feel about (for) (*also fig*); **н. по́чву** (*fig*) to feel one's way, see how the land lies.

наэлектриз|ова́ть, у́ю *pf of* ⇨**электризова́ть**

ная́беднича|ть, ю *pf of* ⇨**я́бедничать**

наяву́ *adv* waking; in reality; **гре́зить н.** to daydream.

ная́д|а, ы *f* (*myth*) naiad.

наярива|ть, ю *impf* (*coll*) (*мелодию*) to bash out; (*с азартом делать*) to go hard at sth.

НДС *m indecl* (*abbr of* **нало́г на доба́вленную сто́имость**) VAT (*Value Added Tax*).

не[1] not; **я не зна́ю** I do not know; **я не знал** I did not know; **не враг** not an enemy; **не у́мный, а глу́пый** not clever, but stupid; **я не могу́ не сказа́ть** I can't but say; I must say; **не без волне́ния** with some excitement; **не до** (+ *g*) not time for; **мне не до шу́ток** I have no time for jokes; **не…, не** neither … nor; **не то** otherwise, or else.

не[2] *separable component of prons* ⇨**не́кого** *and* ⇨**не́чего**; **мне не́ с кем разгова́ривать** I have no one to talk to; **не́ о чем бы́ло говори́ть** there was nothing to talk about.

Н

не... *pref* un-, in- (il-, im-, ir-), non-, mis-, dis-.

неавтоно́мный *adj* (*comput*) online.

неаккура́тност|ь, и *f* **1** (*небрежность*) carelessness; inaccuracy. **2** (*неточность*) unpunctuality. **3** (*неопрятность*) untidiness.

неаккура́т|ный (~ен, ~на) *adj* **1** (*небрежный*) careless; inaccurate. **2** (*неточный*) unpunctual. **3** (*неопрятный*) untidy.

неандерта́л|ец, ьца *m* (*anthropology*) Neanderthal man.

неандерта́льский *adj* (*anthropology*) Neanderthal.

неаполита́н|ец, ца *m* Neapolitan.

неаполита́н|ка, ки *f of* ⇒**~ец**

неаполита́нский *adj* Neapolitan.

Неа́пол|ь, я *m* Naples.

неаппети́т|ный (~ен, ~на) *adj* unappetizing (*also fig*).

небезопа́с|ный (~ен, ~на) *adj* unsafe, insecure.

небезоснова́тел|ьный (~ен, ~ьна) *adj* not unfounded.

небезразли́ч|ный (~ен, ~на) *adj* not indifferent.

небезрезульта́т|ный (~ен, ~на) *adj* not fruitless, not futile.

небезупре́ч|ный (~ен, ~на) *adj* not irreproachable.

небезуспе́ш|ный (~ен, ~на) *adj* not unsuccessful.

небезызве́ст|ный (~ен, ~на) *adj* not unknown; (*ironical*) notorious; **~но, что...** it is no secret that... .

небезынтере́с|ный (~ен, ~на) *adj* not without interest.

небелёный *adj* unbleached.

небережли́в|ый (~, ~а) *adj* thriftless, improvident.

неб|еса́ *pl of* ⇒**~о**

небескоры́ст|ный (~ен, ~на) *adj* not disinterested.

небе́сн|ый *adj* heavenly, celestial; **~ые свети́ла** heavenly bodies; **н. свод** firmament; **Ца́рство Н~ое** the Kingdom of Heaven; **~ого цве́та** sky-blue.

небесполе́з|ный (~ен, ~на) *adj* of some use.

неблагови́д|ный (~ен, ~на) *adj* unseemly, improper.

неблагода́рност|ь, и *f* ingratitude.

неблагода́р|ный (~ен, ~на) *adj* **1** (*человек*) ungrateful. **2** (*задача*) thankless.

неблагожела́тел|ьный (~ен, ~ьна) *adj* malevolent, ill-disposed.

неблагозву́чи|е, я *nt* disharmony, dissonance.

неблагозву́ч|ный (~ен, ~на) *adj* inharmonious, disharmonious.

неблагонадёж|ный (~ен, ~на) *adj* (*hist*) unreliable (*esp politically*).

неблагополу́чи|е, я *nt* trouble.

неблагополу́чно *adv* not successfully, not favourably (*Br*), favorably (*US*); **дела́ у них обстоя́т н.** their affairs are in a bad way, things are not turning out happily for them.

неблагополу́ч|ный (~ен, ~на) *adj* unfavourable (*Br*), unfavorable (*US*), bad; **де́ло име́ло н. исхо́д** the affair had a bad ending; (*impers*): **у нас ~но** things are going badly; we are in a bad way.

неблагопристо́йност|ь, и *f* obscenity, indecency.

неблагопристо́|йный (~ен, ~йна) *adj* obscene, indecent.

неблагоприя́т|ный (~ен, ~на) *adj* unfavourable (*Br*), unfavorable (*US*), inauspicious.

неблагоразу́м|ный (~ен, ~на) *adj* imprudent, ill-advised, unwise.

неблагоро́д|ный (~ен, ~на) *adj* ignoble, base; **н. мета́лл** base metal.

неблагоро́дств|о, а *nt* baseness.

неблагосклон́|ный (~ен, ~на) *adj* unfavourable (*Br*), unfavorable (*US*); (**к** + *d*) ill-disposed (towards).

неблагоустро́ен|ный (~, ~на) *adj* uncomfortable; badly planned.

нёбный *adj* (*ling*) palatal.

не́б|о, а, *pl* **~еса́, ~е́с, ~еса́м** *nt* sky; (*relig*) heaven; **попа́сть па́льцем в н.** (*coll*) to be wide of the mark; **жить ме́жду ~ом и землёй** not to have a roof above one's head; **под откры́тым ~ом** in the open (air); **с ~а свали́ться** (*fig, coll*) to fall from the moon; **упа́сть с ~а на зе́млю** (*fig*) to come down to earth.

нёб|о, а *nt* (*anat*) palate.

небога́т|ый (~, ~а) *adj* **1** of modest means. **2** (*fig*) modest.

небольш|о́й *adj* small; not great; **о́чень ~о́е расстоя́ние** a very short distance; **ты́сяча с ~и́м** a thousand odd; **де́ло ста́ло за ~и́м** one small thing is lacking.

небосво́д, а *m* firmament; the vault of heaven.

небоскло́н, а *m* horizon (*strictly, sky immediately over the horizon*).

небоскрёб, а *m* skyscraper.

небо́сь *adv* (*coll*) **1** (*наверно*) probably, most likely, I dare say; **ты, н., мно́го книг чита́л** I suppose you've read lots of books. **2** (*obs*) don't be afraid (= *не бойся*).

небре́жност|ь, и *f* carelessness, negligence.

небре́ж|ный (~ен, ~на) *adj* (*человек, работа*) careless; (*одежда, почерк*) untidy; (*тон, манера*) offhand.

небри́т|ый (~, ~а) *adj* unshaven.

небыва́л|ый (~, ~а) *adj* **1** (*не случавшийся прежде*) unprecedented. **2** (*вымышленный*) fantastic, imaginary. **3** (*coll*) (*неопытный*) inexperienced.

небыва́льщин|а, ы *f* (*obs coll*) = **небыли́ца**

небыли́ц|а, ы *f* (*сказка*) fable; (*выдумка*) cock and bull story.

небыти|ё, я́ *nt* non-existence.

небью́щийся *adj* unbreakable.

Нев|а́, ы́ *f* the Neva (*river*).

неважне́цкий *adj* (*coll*) indifferent, so-so.

нева́жно *adv* not too well, indifferently; **дела́ иду́т н.** things are not going too well.

нева́ж|ный (~ен, ~на́, ~но) *adj* **1** (*незначительный*) unimportant. **2** (*coll*) (*посредственный*) poor, indifferent.

невдалеке́ *adv* not far away, not far off.

невдомёк *adv* (+ *d*) (*coll*): **мне бы́ло н.** it never occurred to me, I never thought of it.

неве́дени|е, я *nt* ignorance; **пребыва́ть в блаже́нном ~и** (*ironical*) to be in a state of blissful ignorance.

неве́домо *adv* (*coll*; + **что, как, когда́, куда́** *etc.*) God knows, no one knows; **он так и появи́лся, н. отку́да** he just turned up, God knows where from.

неве́дом|ый (~, ~а) *adj* **1** unknown. **2** (*fig*) (*таинственный*) mysterious.

неве́ж|а, и *cg* boor, lout.

неве́жд|а, ы *cg* ignoramus.

неве́жествен|ный (~, ~на) *adj* ignorant.

неве́жеств|о, а *nt* **1** ignorance. **2** (*coll*) (*невежливость*) rudeness, bad manners.

неве́жливост|ь, и *f* rudeness, impoliteness, bad manners.

неве́жлив|ый (~, ~а) *adj* rude, impolite.

невезе́ни|е, я *nt* (*coll*) bad luck.

невезу́ч|ий (~, а) *adj* (*coll*) unlucky.

невели́к|ий (~, ~а́, ~о́) *adj* **1** (*небольшой*) small, short. **2** (*незначительный*) slight, insignificant.

неве́ри|е, я *nt* unbelief; lack of faith.

неве́рност|ь, и *f* **1** (*неправильность*) incorrectness. **2** (*друга*) disloyalty; (*супруга*) infidelity, unfaithfulness.

неве́р|ный (~ен, ~на́, ~но) *adj* **1** (*ошибочный*) incorrect; **~ная но́та** false note. **2** (*неуверенный*) unsteady, uncertain; **~ная похо́дка** unsteady gait; **н. слух** (*mus*) unsure ear; **Фома́ н.** (*coll*) a doubting Thomas. **3** (*друг*) faithless, disloyal; (*муж, жена*) unfaithful. **4** (*свет*) dim, flickering. **5** *as n* **н., ~ного** *m* (*relig, obs or fundamentalist*) infidel.

невероя́ти|е, я *nt now only in phr* **до ~я** incredibly.

невероя́тно *adv* incredibly, unbelievably.

невероя́тност|ь, и *f* **1** improbability. **2** incredibility; **до ~и** incredibly, to an unbelievable extent.

невероя́т|ный (~ен, ~на) *adj* **1** (*неправдоподобный*) improbable, unlikely. **2** (*чрезвычайный*) incredible, unbelievable (*also fig*); (*impers, as pred*): **~но** it is incredible, it is unbelievable; it is beyond belief.

неве́рующ|ий *adj* (*relig*) unbelieving; *as n* **н., ~его** *m*, **~ая, ~ей** *f* unbeliever.

невес|ёлый (~ел, ~ела́, ~ело) *adj* sad, gloomy, melancholy.

невесо́мост|ь, и *f* weightlessness.

невесо́м|ый (~, ~а) *adj* weightless (*also fig*).

неве́ст|а, ы *f* **1** fiancée; (*в день свадьбы*) bride. **2** (*coll*) (*неженатая девушка*) marriageable girl.

Н

невéстк|а, и *f* **1** (*жена сына*) daughter-in-law. **2** (*жена брата*) sister-in-law.

невéсть *adv* (*coll*; + **кто, что, скóлько** *etc.*) God knows, goodness knows, heaven knows.

невещéственный *adj* immaterial.

невзгóд|а, ы *f* adversity, misfortune.

невзирáя *prep* (**на** + *a*) in spite of, regardless of.

невзлюб|úть, лю, ~́ишь *pf* to take a dislike to.

невзначáй *adv* (*coll*) by chance; unexpectedly.

невзнóс, а *m* non-payment (*of fees, etc.*).

невзрáч|ный (~ен, ~на) *adj* unprepossessing, unattractive; plain.

невзыскáтел|ьный (~ен, ~ьна) *adj* modest, undemanding.

нéвидал|ь, и *f* (*coll*) wonder; **вот н.!**; **э́ка(я) н.!** (*ironical*) that's nothing.

невúдан|ный (~, ~на) *adj* unprecedented.

невидúмк|а, и *cg and f* **1** *cg* invisible being; **сдéлаться ~ой** to become invisible; **человéк-н.** invisible man; **шáпка-н.** cap of darkness. **2** *f* (*шпилька*) invisible hairpin.

невидúм|ый (~, ~а) *adj* invisible.

невúд|ный (~ен, ~на) *adj* **1** invisible. **2** (*coll*) (*незначительный*) insignificant.

невúдящ|ий *adj* unseeing; **смотрéть ~им взглядом** to look vacantly.

невúнност|ь, и *f* innocence; (*девственность*) virginity.

невúн|ный (~ен, ~на) *adj* innocent; (*девственный*) virgin(al); **~ная жéртва** innocent victim; **~ные удовóльствия** innocent pleasures.

невинóв|ный (~ен, ~на) *adj* (**в** + *p*) innocent (of); (*law*) not guilty; **признáть ~ным** to acquit.

невкýс|ный (~ен, ~́нá, ~но) *adj* unpalatable.

невменя́емост|ь, и *f* (*law*) irresponsibility.

невменя́ем|ый (~, ~а) *adj* **1** (*law*) irresponsible. **2** (*coll*) beside o.s.

невмешáтельств|о, а *m* (*pol*) non-intervention, non-interference; **полúтика ~а** (*pol*) hands-off policy.

невмоготý *adv* (*coll*; + *d*) unbearable (to, for), unendurable (to, for); **э́то мне н.** I can't stand it; this is more than I can stand; **стáло н.** it became unbearable; it became too much.

невмóчь = **невмоготý**

невнимáни|е, я *nt* **1** (*рассеянность*) inattention; carelessness. **2** (**к** + *d*) (*пренебрежение*) lack of consideration (for).

невнимáтельност|ь, и *f* inattention; (*небрежность*) thoughtlessness.

невнимáтел|ьный (~ен, ~ьна) *adj* (*рассеянный*) inattentive; (*незаботливый*) thoughtless.

невня́т|ный (~ен, ~на) *adj* indistinct, incomprehensible.

нéвод, а, *pl* **~á, ~óв** *m* seine (net).

невозбрáн|ный (~ен, ~на) *adj* (*literary*) free, unrestricted.

невозврáт|ный (~ен, ~на) *adj* irrevocable, irretrievable.

невозвращéн|ец, ца *m* (*pol*) defector.

невозвращéни|е, я *nt* failure to return.

невозвращéн|ка, ки *f of* **⇒~ец**

невоздéланн|ый *adj* uncultivated, untilled; **~ая земля́** waste land.

невоздéржанност|ь, и *f* (*в еде, потребностях*) intemperance; (*в поведении*) lack of self-restraint.

невоздéржан|ный (~, ~на) *adj* intemperate; unrestrained; **он ~ на язы́к** he has a loose tongue.

невоздéрж|ный (~ен, ~на) *adj* = **невоздéржанный**

невозмóжност|ь, и *f* impossibility; **до ~и** (*coll*) to the last degree; **за ~ью** (+ *g or inf*) owing to the impossibility (of).

невозмóж|ный (~ен, ~на) *adj* **1** impossible; (*impers, pred*): **~но** it is impossible; *as n* **~ное, ~ного** *nt* the impossible. **2** (*нестерпимый*) insufferable.

невозмутúм|ый (~, ~а) *adj* **1** (*человек*) imperturbable. **2** (*тон*) calm, unruffled.

невознаградúм|ый (~, ~а) *adj* **1** (*потеря*) irreparable. **2** (*услуга*) that can never be repaid.

невозобновля́емый *adj* non-renewable.

невóлей *adv* (*obs*) against one's will, forcibly.

невóл|ить, ю, ишь *impf* (*of* **⇒при~**) (*coll*) to force, compel.

невóльник, а *m* slave.

невóльни|ца, цы *f of* **⇒~к**

невóльничеств|о, а *nt* slavery.

невóльн|ичий *adj of* **⇒~ик**; **н. ры́нок** slave market; **н. труд** slave labour (*Br*), labor (*US*).

невóльно *adv* involuntarily; unintentionally, unwittingly.

невóльный *adj* **1** (*вздох, трепет*) involuntary; (*ложь, обида*) unintentional. **2** (*вынужденный*) forced.

невóл|я, и *f* **1** (*плен*) bondage; captivity. **2** (*coll*) (*необходимость*) necessity.

невообразúм|ый (~, ~а) *adj* unimaginable, inconceivable; **н. шум** (*fig*) unimaginable din.

невооружённ|ый *adj* unarmed; **~ым глáзом** with the naked eye.

невоспúтанност|ь, и *f* ill breeding; bad manners.

невоспúтан|ный (~, ~на) *adj* ill-bred; bad-mannered.

невоспламеня́ем|ый (~, ~а) *adj* non-flammable, non-inflammable.

невосполнúм|ый (~, ~а) *adj* irreplaceable.

невосприúмчивост|ь, и *f* **1** (*к знаниям*) lack of receptivity. **2** (*med*) immunity.

невосприúмчив|ый (~, ~а) *adj* **1** (*к знаниям*) unreceptive. **2** (*med*) (**к** + *d*) immune (to).

невострéбованный *adj* unclaimed.

невпопáд *adv* (*coll*) out of place, inopportunely; **отвечáть н.** to answer irrelevantly.

невпроворóт *adv* (*coll*) **1** (*много*) a lot, a great deal. **2** (*слишком много*) too much; **э́то нам н.** it's too hard for us.

невразумúтел|ьный (~ен, ~ьна) *adj* unintelligible, incomprehensible.

невралгúческий *adj* neuralgic.

невралгú|я, и *f* neuralgia; **н. седáлищного нéрва** sciatica.

неврастéник, а *m* neurasthenic.

неврастенú|ческий *adj of* **⇒~я**

неврастенúчк|а, и *f of* **⇒неврастéник**

неврастенúч|ный (~ен, ~на) *adj* neurasthenic (*person*).

неврастенú|я, и *f* neurasthenia.

невредúм|ый (~, ~а) *adj* unharmed, intact; **цел и ~** safe and sound.

неврúт, а *m* neuritis.

неврóз, а *m* neurosis.

неврологúческий *adj* neurological.

невролóги|я, и *f* neurology.

невропатóлог, а *m* neuropathologist.

невропатолóги|я, и *f* neuropathology.

неврóтик, а *m* neurotic.

невротúческий *adj* neurotic.

невтерпёж *adv* (+ *d*; *coll*) unbearable; **мне,** *etc.*, **стáло н.** I, *etc.*, cannot stand it any longer; **мне,** *etc.*, **н. узнáть** I, *etc.*, can't wait to find out.

невы́год|а, ы *f* **1** (*недостаток*) disadvantage. **2** (*убыток*) loss.

невы́год|ный (~ен, ~на) *adj* **1** (*положение*) disadvantageous, unfavourable (*Br*), unfavorable (*US*); **показáть себя́ с ~ной стороны́** to show o.s. at a disadvantage; **стáвить в ~ное положéние** to place at a disadvantage. **2** (*сделка*) unprofitable, unremunerative; (*impers, pred*): **~но** it does not pay.

невы́держанност|ь, и *f* **1** (*человека*) lack of self-control. **2** (*стиля*) unevenness.

невы́держан|ный (~, ~на) *adj* **1** (*человек*) lacking self-control. **2** (*о стиле*) uneven. **3** (*о сыре, вине*) unmatured.

невы́езд, а *m* constant (*usu forced*) residence in one place; **дать подпúску о ~е** to give a written undertaking not to leave a place.

невылáз|ный (~ен, ~на) *adj* such that one cannot emerge from it; **~ная грязь** a veritable quagmire; **быть в ~ных долгáх** (*fig*) to be up to the eyes in debt.

невыносúм|ый (~, ~а) *adj* unbearable, insufferable, intolerable.

невы́плат|а, ы *f* non-payment.

невыполнéни|е, я *nt* non-fulfilment; (+ *g*) failure to carry out.

невыполнúм|ый (~, ~а) *adj* impracticable; unrealizable.

невыразúм|ый (~, ~а) *adj* inexpressible, beyond expression; *as n*

~ые, ~ых (*joc, euph*) unmentionables (= *pants*).

невырази́тел|ьный (~ен, ~ьна) *adj* inexpressive, expressionless.

невы́сказанный *adj* unexpressed, unsaid.

невысо́к|ий (~, ~а́, ~о *and* **~о́, ~и** *and* **~и́)** *adj* (*забор, потолок, голос*) rather low; (*человек*) rather short; **~ого ка́чества** of poor quality; **быть ~ого мне́ния (о** + *p*) to have a low opinion (of).

невы́ход, а *m* failure to appear; **н. на рабо́ту** absence (from work).

не́г|а, и *f* **1** (*довольство*) comfort; abundance. **2** (*блаженство*) bliss, languor.

негаси́м|ый (~, ~а) *adj* (*rhetorical*) (*пламя, любовь*) eternal; (*лампада*) ever-burning.

негати́в, а *m* (*phot*) negative.

негати́в|ный (~ен, ~на) *adj* negative.

негашён|ый *adj*: **~ая и́звесть** quicklime.

не́где *adv* (+ *inf*) there is nowhere; **н. доста́ть э́ту кни́гу** this book is nowhere to be had; **я́блоку н. упа́сть** there's no room to move.

неги́б|кий (~ок, ~ка́, ~ко) *adj* inflexible.

негла́с|ный (~ен, ~на) *adj* secret.

неглиже́ *nt indecl* negligee.

неглубо́к|ий (~, ~а́) *adj* rather shallow; (*fig*) superficial.

неглу́п|ый (~, ~а́, ~о) *adj* quite intelligent; **он о́чень ~** he is no fool.

него́ *a and g of* **⇒он** *when governed by preps.*

него́дник, а *m* (*coll*) reprobate, scoundrel; ne'er-do-well.

него́дност|ь, и *f* worthlessness; **привести́ в н.** to put out of commission.

него́д|ный (~ен, ~на) *adj* **1** (*непригодный*) unfit, unsuitable. **2** (*недостойный*) worthless, good-for-nothing; **н. чек** dud cheque (*Br*), check (*US*).

негодова́ни|е, я *nt* indignation.

негод|ова́ть, у́ю *impf* (**на** + *a*, **про́тив** + *g*) to be indignant (with).

негод|у́ющий *pres participle active of* **⇒~ова́ть** *and adj* indignant.

негодя́|й, я *m* scoundrel, rascal.

негостеприи́м|ный (~ен, ~на) *adj* inhospitable.

негоциа́нт, а *m* (*obs*) merchant.

негр, а *m* **1** (*in pl*; *anthropology*) black people. **2** (*coll, offens*) black (man). **3**: **литерату́рный н.** hack writer. **4** (*coll, pej*) ((*бесправный*) *работник, занятый тяжёлым трудом*) slave (*dogsbody* (*Br*), *gofer* (*US*)).

негра́мотност|ь, и *f* illiteracy (*also fig*).

негра́мот|ный (~ен, ~на) *adj* **1** illiterate (*also fig*); *as n* **н., ~ного** *m*, **~ная, ~ной** *f* illiterate (*person*). **2** (*fig*) crude, inexpert.

негрит|ёнок, ёнка, *pl* **~я́та, ~я́т** *m* (*coll, offens*) black child.

негритя́нк|а, и *f* (*coll, offens*) black woman.

негритя́нский *adj* (*coll, offens*) black (*of person*).

негро́м|кий (~ок, ~ка́, ~ко) *adj* quiet, low.

негума́нный *adj* inhumane.

неда́вний *adj* recent.

неда́вно *adv* recently.

недалё|кий *adj* **1** (**~, ~а́, ~о** *or* **~о́**) (*место*) nearby, not far off, near; (*путешествие, прогулка, расстояние*) short; **на ~ом расстоя́нии** at a short distance; (*недавний*) recent. **2** (**~, ~а, ~о**) (*fig*) (*глуповатый*) not bright, dull-witted.

недалеко́ (*and* **недалёко**) *adv* not far, near; **за приме́ром идти́ н.** one does not have to search far for an example.

недальнови́дност|ь, и *f* short-sightedness (*fig*).

недальнови́д|ный (~ен, ~на) *adj* short-sighted (*fig*).

неда́ром *adv* not for nothing; for good reason.

недви́жимост|ь, и *f* (*law*) (immovable) property, real estate.

недви́жим|ый[1] *adj* (*не способный двигаться*) immovable; **~ое иму́щество** = **~ость**

недвижи́м|ый[2] **(~, ~а)** *adj* (*неподвижный*) motionless.

недвусмы́слен|ный (~, ~на) *adj* unequivocal, unambiguous.

недееспосо́бност|ь, и *f* **1** (*law*) incapacity. **2** inability to function.

недееспосо́б|ный (~ен, ~на) *adj* **1** (*law*) (*человек*) incapacitated. **2** (*организация*) unable to function.

недействи́тельност|ь, и *f* **1** (*law*) invalidity. **2** (*obs*) ineffectiveness.

недействи́тел|ьный (~ен, ~ьна) *adj* **1** (*law*) invalid. **2** (*obs*) ineffective, ineffectual.

неделика́т|ный (~ен, ~на) *adj* indelicate, indiscreet.

недели́мост|ь, и *f* indivisibility.

недели́м|ый (~, ~а) *adj* indivisible; **~ое число́** prime number.

неде́льный *adj* of a week's duration; **я вы́полню э́ту рабо́ту в н. срок** I will finish this work in a week's time; **н. о́тпуск** week's leave.

неде́л|я, и *f* week; **~ями** for weeks (at a time); **на э́той ~е** this week.

недержа́ни|е, я *nt only in phr* **н. мочи́** (*med*) enuresis, incontinence.

недёшево *adv* (*coll*) at a considerable price, rather dear (*also fig*).

недисциплини́рованност|ь, и *f* indiscipline.

недисциплини́рован|ный (~, ~на) *adj* undisciplined.

недобо́р, а *m* shortage.

недоброжела́тел|ь, я *m* ill-wisher.

недоброжела́тельност|ь, и *f* malevolence, ill will.

недоброжела́тел|ьный (~ен, ~ьна) *adj* malevolent, ill-disposed.

недоброжела́тель|ство, ства *nt* = **~ность**

недоброка́чественност|ь, и *f* poor quality, bad quality.

недоброка́чествен|ный (~, ~на) *adj* of poor quality, low-grade, bad.

недобросо́вестност|ь, и *f* **1** (*нечестность*) bad faith; unscrupulousness. **2** (*небрежность*) carelessness.

недобросо́вест|ный (~ен, ~на) *adj* **1** (*нечестный*) unscrupulous. **2** (*небрежный*) lacking in conscientiousness; careless.

недо́бр|ый *adj* **1** (*человек, взгляд*) unkind; unfriendly. **2** (*сон*) bad; (*намерение, чувство*) evil; **~ая весть** bad news.

недове́ри|е, я *nt* distrust; mistrust; **во́тум ~я** vote of no confidence.

недове́рчив|ый (~, ~а) *adj* distrustful; mistrustful.

недове́с, а *m* short weight.

недове́|сить, шу, сишь *pf* (*of* **⇒~шивать**) **1** (+ *g*) to give short weight (of). **2** to prove to be short weight.

недове́шива|ть, ю *impf of* **⇒недове́сить**

недово́л|ьный (~ен, ~ьна) *adj* (+ *i*) dissatisfied, discontented, displeased (with); *as n* **н., ~ьного** *m*, **~ьная, ~ьной** *f* malcontent.

недово́льств|о, а *nt* dissatisfaction, discontent, displeasure.

недога́длив|ый (~, ~а) *adj* slow(-witted).

недогля|де́ть, жу́, ди́шь *pf* **1** (*опечатки*) to overlook, miss. **2** (**за** + *i*) (*ребёнком*) to fail to keep an eye on; to not look after properly.

недоговорённост|ь, и *f* **1** (*замалчивание*) reticence. **2** (*несогласованность*) lack of agreement.

недогру́зк|а, и *f* underloading, failing to load to full capacity; (*fig*) short time (*in a factory or works*).

недода|ва́ть, ю, ёшь *impf of* **⇒~́ть**

недо|да́ть, да́м, да́шь, да́ст, дади́м, дади́те, даду́т, *past* **~́дал, ~дала́, ~́дало** *pf* (*of* **⇒~дава́ть**) to give short; to deliver short; **он ~́дал мне пятьдеся́т рубле́й** he gave me fifty roubles short.

недода́ч|а, и *f* (*денег*) deficiency in payment; (*товаров*) deficiency in supply.

недоде́лан|ный (~, ~на) *adj* unfinished.

недоде́лк|а, и *f* incompleteness.

недодерж|а́ть, у́, ~́ишь *pf* (*phot*) to underexpose.

недоде́ржк|а, и *f* (*phot*) underexposure.

недоеда́ни|е, я *nt* undernourishment, malnutrition.

недоеда́|ть, ю *impf* to be undernourished, be underfed.

недозво́лен|ный (~, ~а) *adj* illicit, unlawful.

недозре́лый *adj* (*яблоко*) unripe; (*fig*) (*человек*) immature.

недои́мк|а, и *f* arrears.

недои́мщик, а *m* person in arrears (*in paying taxes, etc.*).

недока́зан|ный (~, ~а) *adj* not proved, unproven.

Н

недоказа́тел|ьный (~ен, ~ьна) *adj* unconvincing, inadequate.

недоказу́ем|ый (~, ~а) *adj* indemonstrable.

недоко́нчен|ный (~, ~а) *adj* unfinished, incomplete.

недолга́ *only in phr* **(вот) и вся н.** (*coll*) and that is all there is to it.

недо́л|гий (~ог, ~га́, ~го) *adj* short, brief.

недо́лго *adv* **1** not long; **н. ду́мая** without hesitation. **2** (*coll*): (*легко*) **н. и** (+ *inf*) one can easily; it is easy (to), it is a simple matter (to); **тут и потону́ть н.** one could easily drown here.

недолгове́ч|ный (~ен, ~на) *adj* short-lived, ephemeral.

недолёт, а *m* (*mil*) falling short (*of bullets, shells*).

недолю́блива|ть, ю *impf* (+ *a or g*; *coll*) not to be overfond of; **они́ ~ли друг дру́га** there was no love lost between them.

недоме́р|ок, ка *m* undersized object.

недомога́ни|е, я *nt* indisposition.

недомога́|ть, ю *impf* to be indisposed, be unwell.

недомо́лвк|а, и *f* innuendo; allusion.

недомы́сли|е, я *nt* thoughtlessness, failure to think things out.

недонесе́ни|е, я *nt* failure to give information (*concerning crime committed or meditated*); **н. о преступле́нии** (*law*) misprision of felony.

недоно́с|ок, ка *m* premature baby; (*fig, pej*) blockhead.

недоно́шен|ный (~, ~а) *adj* (*med*) premature.

недооце́нива|ть, ю *impf of* **⇒недооцени́ть**

недооцен|и́ть, ю́, ~́ишь *pf* (*of* **⇒~́ивать**) to underestimate, underrate.

недооце́нк|а, и *f* underestimation.

недопеч|ённый (~ён, ~ена́ *adj* half-baked.

недополуч|а́ть, а́ю *impf of* **⇒~и́ть**

недополуч|и́ть, у́, ~ишь *pf* (*of* **⇒~а́ть**) to receive less (than one's due).

недопусти́м|ый (~, ~а) *adj* inadmissible, intolerable.

недорабо́тк|а, и *f* incompleteness.

недора́звитост|ь, и *f* underdevelopment, backwardness.

недора́звит|ый (~, ~а) *adj* underdeveloped, backward.

недоразуме́ни|е, я *nt* misunderstanding.

недо́рого *adv* not dear, cheaply.

недор|ого́й (~́ог, ~ога́, ~́ого) *adj* inexpensive; reasonable (*of price*).

недоро́д, а *m* crop failure.

не́доросл|ь, я *m* **1** (*hist*) minor. **2** (*fig, coll*) young ignoramus, young oaf.

недоса́лива|ть, ю *impf of* **⇒недосоли́ть**

недоска́занност|ь, и *f* understatement.

недослы́ш|ать, у, ишь *pf* **1** (+ *a or g*) (*не услышать всего*) to fail to hear all of. **2** (*intrans*; *coll*) (*плохо слышать*) to be hard of hearing.

недосмо́тр, а *m* oversight.

недосмотр|е́ть, ю́, ~́ишь *pf* **1** (+ *g*) to overlook, miss. **2** (**за** + *i*) not to look after properly.

недосол|и́ть, ю́, ~́ишь *pf* (*of* **⇒недоса́ливать**) to put too little salt in.

недос|па́ть, плю́, пи́шь *pf* (*of* **⇒~ыпа́ть**) not to get enough sleep.

недоста|ва́ть, ёт *impf* (*of* **⇒~́ть**) (*impers*, + *g*) to be missing, be lacking, be wanting; **ему́ ~ёт о́пыта** he lacks experience; **мне о́чень ~ва́ло вас** I missed you very much; **э́того ещё ~ва́ло!** that would be (*or* is) the last straw!

недоста́т|ок, ка *m* **1** (+ *g or* **в** + *p*) shortage (of), lack (of); **за ~ком** (+ *g*) for want (of); **име́ть н. в рабо́чей си́ле** to be short-handed. **2** (*несовершенство*) shortcoming, imperfection; defect; **н. зре́ния** defective eyesight.

недоста́точно *adv* **1** insufficiently. **2** (*pred* + *g*) (*не хватает*) not enough.

недоста́точност|ь, и *f* insufficiency; inadequacy; **витами́нная н.** vitamin deficiency.

недоста́точ|ный (~ен, ~на) *adj* insufficient; inadequate; **н. глаго́л** (*gram*) defective verb.

недоста́|ть, нет *pf of* **⇒~ва́ть**

недоста́ч|а, и *f* (*coll*) lack, shortage.

недостаю́щий *adj* missing.

недостижи́м|ый (~, ~а) *adj* unattainable.

недостове́р|ный (~ен, ~на) *adj* unreliable, apocryphal.

недосто́|йный (~ин, ~йна) *adj* unworthy.

недосту́пност|ь, и *f* inaccessibility.

недосту́п|ный (~ен, ~на) *adj* inaccessible (*also fig*); **э́то ~но моему́ понима́нию** it is beyond my comprehension.

недосу́г, а *m* (*coll*) lack of time; **придёт ли он на конце́рт? нет, ему́ н.** is he coming to the concert? No, he is busy.

недосчит|а́ться, а́юсь *pf* (*of* **⇒~́ываться**) (+ *g*) to find missing, miss; to be out (in one's accounts); **он ~а́лся десяти́ рубле́й** he found he was ten roubles short.

недосчи́тыва|ться, юсь *impf of* **⇒недосчита́ться**

недосыпа́|ть, ю *impf of* **⇒недоспа́ть**

недосяга́ем|ый (~, ~а) *adj* unattainable.

недотёп|а, ы *cg* (*coll*) duffer.

недотро́г|а, и *cg* (*coll*) touchy person.

недоумева́|ть, ю *impf* to be perplexed, be at a loss.

недоуме́ни|е, я *nt* perplexity, bewilderment; **быть в ~и** to be in a quandary.

недоуме́нный *adj* puzzled, perplexed.

недоу́м|ок, ка *m* (*coll*) halfwit, blockhead.

недоу́чк|а, и *cg* (*coll*) half-educated person.

недохва́тк|а, и *f* (*coll*) shortage.

недочелове́к, а *m* subhuman (*individual*).

недочёт, а *m* **1** (*недостача*) deficit; shortage. **2** (*usu in pl*) (*недостаток*) defect, shortcoming.

не́др|а, ~ (*no sg*) **1** depths (*of the earth*); **н. земли́** bowels of the earth; **разве́дка ~** prospecting of mineral wealth. **2** (*fig*) depths, heart.

недре́млющий *adj* vigilant, watchful.

не́друг, а *m* enemy, foe.

недружелю́б|ный (~ен, ~на) *adj* unfriendly.

недру́ж|ный (~ен, ~на) *adj* disunited; disjointed.

неду́г, а *m* ailment, disease.

неду́рно *adv* not badly, well enough; **н.!** not bad!

недур|но́й (~ён, ~на́, ~́но) *adj* **1** (*неплохой*) not bad. **2 (собо́й)** (*довольно красивый*) not bad-looking.

недю́жинный *adj* outstanding, exceptional.

неё *a and g of* **⇒она́** *when governed by preps.*

неесте́ствен|ный (~, ~на) *adj* unnatural.

нежда́нно *adv* unexpectedly; **н.-нега́данно** quite unexpectedly.

нежда́нный *adj* unexpected.

нежела́ни|е, я *nt* unwillingness.

нежела́тел|ьный (~ен, ~ьна) *adj* undesirable.

не́жели *conj* (*obs*) than.

нежена́т|ый (~) *adj* unmarried.

не́женк|а, и *cg* (*coll*) big baby; milksop.

нежив|о́й *adj* **1** (*мёртвый*) lifeless, dead; **роди́ться ~ы́м** to be stillborn. **2** (*неорганический*) inanimate, inorganic. **3** (*fig*) (*вялый*) dull, lifeless.

нежи́зн|ен|ный (~, ~на) *adj* **1** (*нереальный*) impracticable. **2** (*неправдоподобный*) weird.

нежило́й *adj* **1** (*необитаемый*) uninhabited. **2** (*негодный для жилья*) not fit for habitation; uninhabitable.

не́жит|ь[1], и *f* (*collect*) (*in Russian folklore*) the spirits (*gnomes, goblins, etc.*).

не́ж|ить[2], у, ишь *impf* to pamper, coddle; to caress.

не́ж|иться, усь, ишься *impf* to luxuriate; **н. на со́лнце** to bask in the sun.

не́жнича|ть, ю *impf* (*coll*) **1** to bill and coo, canoodle. **2** (*fig*) to be overindulgent.

не́жност|ь, и *f* **1** (*ласковость*) tenderness. **2** (*тонкость*) delicacy. **3** (*in pl*) (*нежные слова*) endearments; (*лесть*) compliments, flattery.

не́ж|ный (~ен, ~на́, ~но) *adj* **1** tender; affectionate; **~ные взгля́ды** tender glances; **н. во́зраст** tender age. **2** (*тонкий*) delicate (= *soft, fine; of colours, taste, skin, etc.*). **3** (*хрупкий*) delicate; **н. пол** the weaker sex.

незабве́н|ный (~ен, ~на) *adj* unforgettable.

незабу́дк|а, и *f* (*bot*) forget-me-not.

незабыва́емост|ь, и *f* unforgettableness, unforgettable nature.

незабыва́ем|ый (~, ~а) *adj* unforgettable.

незаве́рен|ный (~, ~на) *adj* uncertified.

незави́д|ный (~ен, ~на) *adj* unenviable.

незави́симо *adv* independently; **н. от** irrespective of.

незави́симост|ь, и *f* independence.

незави́сим|ый (~, ~а) *adj* independent.

незави́сящ|ий *only in phr* **по ~им от нас** *etc.*, **обстоя́тельствам** (*or* **причи́нам**) owing to circumstances beyond our, *etc.*, control.

незада́ч|а, и *f* (*coll*) bad luck.

незада́члив|ый (~, ~а) *adj* (*coll*) unlucky.

незадо́лго *adv* (**до** + *g*, **пе́ред** + *i*) shortly (before), not long (before).

незаконнорождённый *adj* (*obs*) illegitimate.

незако́нност|ь, и *f* illegality, unlawfulness.

незако́н|ный (~ен, ~на) *adj* illegal, unlawful; (*ребёнок*) illegitimate; **~ая жена́** common-law wife.

незакономе́р|ный (~ен, ~на) *adj* exceptional.

незако́нченност|ь, и *f* incompleteness, unfinished state.

незако́нчен|ный (~, ~на) *adj* incomplete, unfinished.

незамедли́тельно *adv* without delay.

незамедли́тел|ьный (~ен, ~ьна) *adj* immediate.

незамени́м|ый (~, ~а) *adj* **1** irreplaceable. **2** (*очень нужный*) indispensable.

незамерза́ющий *adj* non-freezing; ice-free; (*tech*) antifreeze.

незаме́тно *adv* imperceptibly; **н., что́бы ...** you cannot tell that ... .

незаме́т|ный (~ен, ~на) *adj* **1** (*следы*) imperceptible. **2** (*человек*) unremarkable.

незаму́жняя *adj* unmarried, single.

незамыслова́т|ый (~, ~а) *adj* simple, uncomplicated.

незапа́мятн|ый *adj* immemorial; **с ~ых времён** from time immemorial.

незапя́тнанный *adj* unsullied, stainless.

незарабо́танный *adj* unearned.

незара́з|ный (~ен, ~на) *adj* non-contagious.

незаслу́жен|ный (~, ~на) *adj* undeserved, unmerited.

незастро́енный *adj* undeveloped, not built over.

незате́йлив|ый (~, ~а) *adj* simple, unpretentious.

незауря́д|ный (~ен, ~на) *adj* outstanding, exceptional.

не́зачем *adv* (+ *inf*) there is no point (in), it is pointless; there is no need (to); **н. бо́льше ждать** there is no point in waiting any longer.

незва́ный *adj* uninvited.

незде́шний *adj* **1** (*coll*) not of these parts; **я н.** I am a stranger here. **2** (*неземной*) unearthly, supernatural, mysterious; **н. мир** the other world.

нездоро́в|иться, ится *impf* (*impers*, + *d*) to feel unwell.

нездоро́в|ый (~, ~а) *adj* **1** unhealthy (*also fig*). **2** *as pred* unwell, poorly.

нездоро́вь|е, я *nt* indisposition; ill health.

неземно́й *adj* unearthly.

незло́би́в|ый (~, ~а) *adj* mild, forgiving.

незлопа́мят|ный (~ен, ~на) *adj* forgiving.

незнако́м|ец, ца *m* stranger.

незнако́м|ка, ки *f of* ⇨**~ец**

незнако́м|ый (~, ~а) *adj* **1** unknown, unfamiliar. **2** (**с** + *i*) unacquainted (with).

незна́ни|е, я *nt* ignorance.

незна́чащий *adj* insignificant.

незначи́тел|ьный (~ен, ~ьна) *adj* insignificant, negligible, trivial.

незна́ющ|ий *adj* (+ *g*) ignorant (of); **н. у́стали** indefatigable; **~ая грани́ц любо́вь** love that knows no bounds.

незре́лост|ь, и *f* unripeness; (*fig*) immaturity.

незре́л|ый (~, ~а) *adj* unripe (*also fig*); (*fig*) immature.

незри́м|ый (~, ~а) *adj* invisible.

незы́блем|ый (~, ~а) *adj* unshakeable, stable.

неизбе́жност|ь, и *f* inevitability.

неизбе́ж|ный (~ен, ~на) *adj* inevitable, unavoidable; inescapable.

неизбы́в|ный (~ен, ~на) *adj* unescapable, permanent.

неизве́дан|ный (~, ~на) *adj* (*место*) unexplored; (*чувство*) new, not experienced before.

неизве́стност|ь, и *f* **1** (*отсутствие сведений*) uncertainty; **быть в ~и (о** + *p*) to be uncertain (about), be in the dark (about). **2** (*незаметное существование*) obscurity; **жить в ~и** to live in obscurity.

неизве́ст|ный (~ен, ~на) *adj* unknown; **~но где, когда́**, *etc.*, no one knows where, when, *etc.* (= *somewhere, at some time, etc.*); *as n* **н., ~ного** *m*, **~ная, ~ной** *f* unknown person; **~ное, ~ного** *nt* (*math*) unknown (quantity).

неизглади́м|ый (~, ~а) *adj* indelible.

неи́зданный *adj* unpublished.

неизлечи́м|ый (~, ~а) *adj* incurable.

неизме́н|ный (~ен, ~на) *adj* **1** (*постоянный*) invariable, immutable. **2** (*rhetorical*) (*верный*) devoted, true.

неизменя́ем|ый (~, ~а) *adj* unalterable.

неизмери́мо *adv* immeasurably.

неизмери́мост|ь, и *f* immeasurability; immensity.

неизмери́м|ый (~, ~а) *adj* immeasurable; immense.

неизрече́нный *adj* (*obs*) ineffable.

неизъясни́м|ый (~, ~а) *adj* (*трудно постигаемый*) inexplicable; (*невыразимый*) indescribable.

неиме́ни|е, я *nt* lack, want; **за ~ем лу́чшего** for want of sth better.

неимове́р|ный (~ен, ~на) *adj* incredible, unbelievable.

неиму́щий *adj* indigent, poor.

неинтере́с|ный (~ен, ~на) *adj* uninteresting.

неискорени́м|ый (~, ~а) *adj* ineradicable.

неи́скрен|ний (~ен, ~на) *adj* insincere.

неи́скренност|ь, и *f* insincerity.

неиску́с|ный (~ен, ~на) *adj* unskilful, inexpert.

неискушённост|ь, и *f* inexperience.

неискушён|ный (~, ~а) *adj* inexperienced, unsophisticated.

неисповеди́м|ый (~, ~а) *adj* (*literary*) inscrutable, incomprehensible; **~ы путі́ Госпо́дни** the Lord/God works in mysterious ways.

неисполне́ни|е, я *nt* failure to carry out, non-performance; **н. зако́на** failure to observe a law.

неисполни́м|ый (~, ~а) *adj* impracticable; unrealizable.

неиспо́рченност|ь, и *f* (*fig*) innocence.

неиспо́рчен|ный (~, ~а) *adj* (*fig*) unspoiled, innocent.

неисправи́м|ый (~, ~а) *adj* **1** (*человек*) incorrigible. **2** (*недостаток, ошибка*) irremediable, irreparable.

неиспра́вност|ь, и *f* **1** (*машины*) disrepair. **2** (*неисполнительность*) carelessness; unreliability.

неиспра́в|ный (~ен, ~на) *adj* **1** (*машина*) out of order; faulty, defective. **2** (*человек*) unreliable.

неиспы́танный *adj* untried, untested.

неиссяка́ем|ый (~, ~а) *adj* inexhaustible.

неи́стовств|о, а *nt* **1** (*буйство*) fury, frenzy. **2** (*жестокость*) brutality, savagery.

неи́стовств|овать, ую *impf* **1** (*о человеке; о буре*) to rage. **2** (*совершать зверства*) to commit brutalities.

неи́стов|ый (~, ~а) *adj* furious, frenzied; **~ые аплодисме́нты** tempestuous applause.

неистощи́м|ый (~, ~а) *adj* inexhaustible.

неистреби́м|ый (~, ~а) *adj* ineradicable; undying.

неисчерпа́ем|ый (~, ~а) *adj* inexhaustible.

неисчисли́м|ый (~, ~а) *adj* innumerable; incalculable.

ней *d, i, and p of* ⇨**она́** *when governed by preps.*

нейло́н, а *m* nylon.

нейло́новый *adj* nylon, made of nylon.

неймёт (*no other form in use*), *impf, only in proverb* **(хоть) ви́дит о́ко, да зуб н.** there's many a slip 'twixt cup and lip.

неймётся *impf* (*impers*, + *d*; *coll*): **ему́ н.** he is set on it, there is no holding him; he will not sit still.

нейро́н, а *m* (*physiol*) neuron.

нейрохиру́рг, а *m* neurosurgeon.

нейрохирурги́|я, и *f* neurosurgery.

нейтрализа́тор, а *m*: **каталити́ческий н.** catalytic converter.

нейтрализа́ци|я, и *f* neutralization.
нейтрализ|ова́ть, у́ю *impf and pf* to neutralize.
нейтралите́т, а *m* (*pol*) neutrality.
нейтра́льност|ь, и *f* neutrality.
нейтра́л|ьный (~ен, ~ьна) *adj* neutral.
нейтро́н, а *m* (*phys*) neutron.
нейтро́н|ный *adj of* ⇒**~**
неказӣст|ый (~, ~а) *adj* (*coll*) unprepossessing.
нека́чествен|ный (~, ~на) *adj* poor-quality.
неквалифици́рован|ный (~, ~на) *adj* unqualified; **н. рабо́чий** unskilled labourer (*Br*), laborer (*US*).
не́кий *pron* a certain; a kind of; **вас спра́шивал н. господи́н Па́влов** a (certain) Mr Pavlov was asking for you.
не́когда[1] *adv* once, formerly; in the old days.
не́когда[2] *adv* there is no time; **мне сего́дня н. разгова́ривать** I have no time to chat today.
не́кого, не́кому, не́кем, не́ о ком *pron* (+ *inf*) there is nobody (to); **н. вини́ть** nobody is to blame; **ей не́ с кем пойти́** she has nobody to go with (her).
неколеби́мый (*literary*) = **непоколеби́мый**
некоммуника́бельност|ь, и *f* uncommunicativeness; unsociableness.
некоммуника́бел|ьный (~ен, ~ьна) *adj* uncommunicative; unsociable.
некомпете́нт|ный (~ен, ~на) *adj* incompetent, unqualified.
некомпле́кт|ный (~ен, ~на) *adj* incomplete; not up to strength.
неконкурентоспосо́б|ный (~ен, ~на) *adj* uncompetitive.
неконституцио́н|ный (~ен, ~на) *adj* unconstitutional.
неконтроли́руемый *adj* uncontrollable.
некороно́ванный *adj* uncrowned.
некорре́ктност|ь, и *f* discourtesy, impoliteness.
некорре́кт|ный (~ен, ~на) *adj* discourteous, impolite.
не́котор|ый *pron* some; **он ~ое вре́мя не дви́гался с ме́ста** for a time he did not budge; **мы с ~ых пор живём здесь** we have been living here for some time; **~ым о́бразом** somehow, in some way; **в/до ~ой сте́пени** to some extent, to a certain extent; *as n* **~ые, ~ых** (*coll*) some; some people.
некраси́в|ый (~, ~а) *adj* **1** ugly, unattractive. **2** (*coll*) (*поведение*) unseemly, not nice.
некредитоспосо́бност|ь, и *f* insolvency.
некредитоспосо́б|ный (~ен, ~на) *adj* insolvent.
некре́п|кий (~ок, ~ка́) *adj* rather weak.
некрещёный *adj* unbaptized, not baptized, non-Christian.
некро́з, а *m* (*med*) necrosis.
некроло́г, а *m* obituary (notice).
некрома́нти|я, и *f* necromancy.
некро́пол|ь, я *m* necropolis.
некру́п|ный (~ен, ~на́, ~но) *adj* medium-sized, not large.
некста́ти *adv* (*прийти, сказать*) at the wrong moment, inopportunely; (*о замечании*) inopportune, inappropriate.
не́ктар, а *m* nectar.
не́кто *pron* someone; **н. Петро́в** one Petrov, a certain Petrov.
не́куда *adv* (+ *inf*) there is nowhere (to); **мне н. пойти́** I have nowhere to go.
некульту́рност|ь, и *f* **1** (*низкий уровень культуры*) low level of civilization; uncivilized ways. **2** (*грубость*) bad manners, boorishness.
некульту́р|ный (~ен, ~на) *adj* **1** (*нецивилизованный*) uncivilized; backward. **2** (*грубый*) rough(-mannered), boorish. **3** (*bot*) uncultivated.
некуря́щ|ий *adj* non-smoking; *as n* **н., ~его** *m*, **~ая, ~ей** *f* non-smoker; **ваго́н для ~их** non-smoking carriage.
нела́д|ный (~ен, ~на) *adj* (*coll*) wrong, bad; **у него́ ~но с го́рлом** there is sth the matter with his throat; **будь он ~ен!** blast him!
нелад|ы́, о́в (*no sg*) (*coll*) **1** (*ссоры*) discord, disagreement; **у них н.** they are having problems. **2** (*проблема*) trouble, sth wrong.
нела́сков|ый (~, ~а) *adj* reserved, unfriendly.
нелега́л, а *m* (*coll*) illegal person (*person living somewhere illegally or doing sth illegally*).
нелега́льност|ь, и *f* illegality.
нелега́л|ьный (~ен, ~ьна) *adj* illegal.
нелега́льщин|а, ы *f* (*coll*) (*деятельность*) illegal activities; (*литература*) illegal literature.
нелегити́м|ный (~ен, ~на) *adj* illegitimate.
нелёгкая (*coll*): **что за н. его́ сюда́ несёт?** what the deuce brings him here?
нелёг|кий (~ок, ~ка́) *adj* **1** (*трудный*) difficult, not easy. **2** (*тяжёлый*) heavy, not light (*also fig*).
нелéпост|ь, и *f* absurdity, nonsense.
нелéп|ый (~, ~а) *adj* absurd, ridiculous.
нелéст|ный (~ен, ~на) *adj* unflattering, uncomplimentary.
нелицеприя́т|ный (~ен, ~на) *adj* (*literary*) impartial.
нели́шний *adj* not superfluous; not out of place; **нели́шне** (*coll*) it's a good idea, it doesn't hurt, one ought; **нели́шне бы отдохну́ть** it wouldn't hurt to have a rest.
нело́в|кий (~ок, ~ка́, ~ко) *adj* **1** (*неуклюжий*) awkward; clumsy. **2** (*физически неудобный*) uncomfortable. **3** (*fig*) awkward; embarrassing; **~кое молча́ние** awkward silence; **ему́ ~ко пригласи́ть её** he feels awkward about inviting her.
нело́вко *adv* awkwardly; uncomfortably; **чу́вствовать себя́ н.** to feel ill at ease, feel awkward, feel uncomfortable.
нело́вкост|ь, и *f* **1** (*свойство*) awkwardness, clumsiness (*also fig*); **чу́вствовать н.** to feel awkward, feel uncomfortable. **2** (*поступок*) blunder, gaffe.
нелоги́чност|ь, и *f* illogicality.
нелоги́ч|ный (~ен, ~на) *adj* illogical.
нельзя́ *adv* (+ *inf*) **1** (*нет возможности*) it is impossible; **н. не призна́ть** it is impossible not to admit, one cannot but admit. **2** (*запрещается*) it is not allowed; **здесь н. кури́ть** smoking is not allowed here. **3** (*нехорошо*) one ought not, one should not; **н. ложи́ться (спать) так по́здно** you ought not to go to bed so late. **4**: **как н.** (+ *comp adv*) as ... as possible; **как н. лу́чше** in the best possible way.
нелюбе́зност|ь, и *f* ungraciousness; (*невежливость*) discourtesy.
нелюбе́з|ный (~ен, ~на) *adj* ungracious, unobliging; (*невежливый*) discourteous.
нелюби́м|ый (~, ~а) *adj* unloved.
нелюб|о́вь, ви́ *f* (**к** + *d*) dislike (for).
нелюбопы́т|ный (~ен, ~на) *adj* **1** (*человек*) incurious, lacking curiosity. **2** (*беседа*) uninteresting.
нелюди́м, а *m* unsociable person.
нелюди́м|ый (~, ~а) *adj* unsociable.
нём *p of* ⇒**он** ⇒**оно́**
нема́ло *adv* **1** (+ *g*) (*времени, денег*) not a little; a good deal of; (*людей*) quite a few. **2** (*читать, гордиться*) a good deal, quite a lot.
немалова́ж|ный (~ен, ~на) *adj* of no small importance.
нема́л|ый (~, ~а́) *adj* considerable.
неме́дленно *adv* immediately.
неме́длен|ный (~, ~на) *adj* immediate.
неме́ркнущий *adj* (*fig, rhetorical*) unfading.
неме́|ть, ю *impf* (*of* ⇒**о~**) **1** (*становиться немым*) to become dumb, grow dumb. **2** (*pf also* **за~**) (*цепенеть*) to become numb, grow numb.
не́м|ец, ца *m* German.
неме́цк|ий *adj* German; **~ая овча́рка** Alsatian (dog) (*Br*), German shepherd.
немига́ющий *adj* unwinking.
немилосе́рд|ный (~ен, ~на) *adj* merciless, unmerciful (*also fig*).
неми́лостив|ый (~, ~а) *adj* ungracious; harsh.
неми́лост|ь, и *f* disgrace, disfavour (*Br*), disfavor (*US*); **впасть в н.** to fall into disgrace.
неми́л|ый (~, ~а́, ~о) *adj* (*folk poetical*) unloved; hated.
немину́ем|ый (~, ~а) *adj* inevitable, unavoidable.
не́м|ка, ки *f of* ⇒**~ец**
немно́г|ие *adj* few, a few; *as n* **н., ~их** few.
немно́го *adv* **1** (+ *g*) (*времени, денег*) a little, some, not much; (*людей*) a few, not many. **2** (*слегка*) a little, somewhat, slightly; **я н. уста́л** I am a little tired; **н. спустя́** not long after.
немно́г|ое, ого *nt* few things, little.
немногосло́в|ный (~ен, ~на) *adj* laconic, brief, terse.

немно́жко *adv* (*coll*) a little; a trifle, a bit.

немну́щийся *adj* (*textiles*) crease-resistant; 'non-iron'.

нем|о́й (~, ~а́, ~́о) *adj* **1** unable to speak, dumb; **~а́я а́збука** sign language alphabet; *as n* **н., ~о́го** *m* mute; **~ы́е** (*collect*) mutes. **2** (*fig*) silent; **н. фильм** silent film. **3** (*ling*) mute.

не|молодо́й (~мо́лод, ~молода́, ~мо́лодо) *adj* not young, elderly.

немо́лчный *adj* (*poetical*) incessant, unceasing.

немот|а́, ы *f* dumbness; muteness.

не́моч|ь, и *f* (*coll*) illness, sickness.

не́мощ|ный (~ен, ~на) *adj* sick; feeble.

не́мощ|ь, и *f* (*coll*) sickness; feebleness.

нему́ *d of* он, оно́ *after preps.*

немудрён|ый (~, ~а́) *adj* (*coll*) simple, easy; **э́то де́ло ~ое** it is a simple matter; (*impers, as pred*): **~о́** it is no wonder.

немы́слим|ый (~, ~а) *adj* unthinkable, inconceivable.

ненави́|деть, жу, дишь *impf* to hate, detest, loathe.

ненави́стник, а *m* hater.

ненави́стни|ца, цы *f of* ⇨**~к**

ненави́ст|ный (~ен, ~на) *adj* hated; hateful.

не́навист|ь, и *f* hatred, detestation.

ненавя́зчив|ый (~, ~а) *adj* unobtrusive.

ненагля́дный *adj* (*coll*) beloved.

ненадёж|ный (~ен, ~на) *adj* (*челове́к; сведение*) unreliable, untrustworthy; (*защита; лёд*) insecure.

нена́добност|ь, и *f* uselessness; **за ~ью** as not wanted.

ненадо́лго *adv* for a short while, not for long.

ненаме́ренно *adv* unintentionally, unwittingly, accidentally.

ненаме́рен|ный (~, ~на) *adj* unintentional, accidental.

ненападе́ни|е, я *nt* non-aggression; **пакт о ~и** non-aggression pact.

ненаро́ком *adv* (*coll*) unintentionally, accidentally.

ненаруши́м|ый (~, ~а) *adj* inviolable.

ненаси́льственный *adj* non-violent.

нена́ст|ный (~ен, ~на) *adj* (*погода*) bad, foul.

ненастоя́щий *adj* (*мех*) artificial; (*деньги*) counterfeit.

нена́сть|е, я *nt* bad, foul weather.

ненасы́т|ный (~ен, ~на) *adj* insatiable (*also fig*).

ненатура́л|ьный (~ен, ~ьна) *adj* **1** (*человек, смех*) affected; not natural. **2** (*мех, шёлк*) artificial, imitation; (*свет*) artificial.

ненау́ч|ный (~ен, ~на) *adj* unscientific.

ненорма́льност|ь, и *f* abnormality.

ненорма́л|ьный (~ен, ~ьна) *adj* **1** abnormal. **2** (*сумасшедший*) mad.

нену́ж|ный (~ен, ~на́, ~но) *adj* (*мягкость*) unnecessary; (*книга, человек*) superfluous.

необду́ман|ный (~, ~на) *adj* thoughtless, precipitate.

необеспе́ченн|ый *adj* **1** without means, poor; unprovided for; **~ая жизнь** precarious existence. **2** (+ *i*) not provided (with).

необита́ем|ый (~, ~а) *adj* uninhabited; **н. о́стров** desert island.

необозри́м|ый (~, ~а) *adj* boundless, immense.

необосно́ванност|ь, и *f* groundlessness.

необосно́ван|ный (~, ~на) *adj* unfounded, groundless.

необрабо́тан|ный (~, ~а) *adj* **1** (*земля*) uncultivated, untilled. **2** (*минерал*) raw, crude. **3** (*fig*) (*статья*) unpolished; (*голос*) untrained.

необразо́ванност|ь, и *f* lack of education.

необразо́ван|ный (~, ~на) *adj* uneducated.

необрати́м|ый (~, ~а) *adj* irreversible.

необу́здан|ный (~, ~на) *adj* (*фантазия*) unbridled; (*нрав*) ungovernable.

необходи́мост|ь, и *f* necessity; **по ~и** out of necessity; **при ~и** if necessary; **това́ры пе́рвой ~и** essential goods.

необходи́м|ый (~, ~а) *adj* necessary, essential; (*impers, as pred*): **~о** it is necessary *or* imperative.

необщи́тел|ьный (~ен, ~ьна) *adj* unsociable.

необъекти́в|ный (~ен, ~на) *adj* not objective; biased.

необъясни́м|ый (~, ~а) *adj* inexplicable, unaccountable.

необъя́т|ный (~ен, ~на) *adj* immense, unbounded.

необыкнове́н|ный (~ен, ~на) *adj* unusual, uncommon.

необыча́|йный (~ен, ~йна) *adj* extraordinary, exceptional.

необы́ч|ный (~ен, ~на) *adj* unusual; **~ные ви́ды вооруже́ний** unconventional weapons.

необяза́тел|ьный (~ен, ~ьна) *adj* **1** (*предмет, курс*) not obligatory, optional. **2** (*человек*) unreliable.

неоге́н, а *m* (*geol*) the Neogene (sub-period).

неоге́новый *adj* (*geol*) Neogene; **н. пери́од** the Neogene (sub-period).

неограни́чен|ный (~, ~на) *adj* unlimited, unbounded; **~ная мона́рхия** absolute monarchy.

неоднозна́ч|ный (~ен, ~на) *adj* **1** ambiguous, equivocal. **2** (*сложный*) complex, complicated.

неоднокра́тно *adv* repeatedly.

неоднокра́т|ный (~ен, ~на) *adj* repeated.

неоднoро́дност|ь, и *f* heterogeneity.

неоднoро́д|ный (~ен, ~на) *adj* heterogeneous; dissimilar.

неодобре́ни|е, я *nt* disapproval.

неодобри́тел|ьный (~ен, ~ьна) *adj* disapproving.

неодоли́м|ый (~, ~а) *adj* (*враг, сила*) invincible; (*страсть, страх*) insuperable.

неодушевлённый *adj* inanimate.

неожи́данност|ь, и *f* **1** unexpectedness, suddenness. **2** (*событие*) surprise.

неожи́дан|ный (~, ~на) *adj* unexpected, sudden.

неоклассици́зм, а *m* neoclassicism.

неоклассиі́ческий *adj* neoclassical.

неоконча́тел|ьный (~ен, ~ьна) *adj* inconclusive.

неоко́нченный *adj* unfinished.

неоли́т, а *m* (*archaeol*) the Neolithic period.

неолити́ческий *adj* (*archaeol*) Neolithic.

неологи́зм, а *m* (*ling*) neologism; newly coined word.

нео́н, а *m* (*chem*) neon.

неонаци́ст, а *m* neo-Nazi.

неонаци́ст|ка, ки *f of* ⇨**~**

нео́н|овый *adj of* ⇨**~**; **~овая ла́мпа** neon lamp.

неопа́с|ный (~ен, ~на) *adj* (*место, путешествие*) safe; (*болезнь, собака*) harmless.

неопера́бел|ьный (~ен, ~ьна) *adj* (*med*) inoperable.

неопери́вшийся *adj* unfledged; (*fig*) callow.

неопису́ем|ый (~, ~а) *adj* indescribable.

неопла́т|ный (~ен, ~на) *adj* that cannot be repaid; **я ваш н. должни́к** (*fig*) I am eternally indebted to you.

неопо́знан|ный (~, ~а) *adj* unidentified.

неопра́вдан|ный (~, ~на) *adj* unjustified, unwarranted.

неопределённост|ь, и *f* vagueness, uncertainty.

неопределён|ный (~ен, ~на) *adj* **1** indefinite; **~ная фо́рма глаго́ла** (*gram*) infinitive; **н. арти́кль** (*gram*) indefinite article. **2** indeterminate; vague, uncertain.

неопредели́м|ый (~, ~а) *adj* indefinable.

неопроверж́им|ый (~, ~а) *adj* irrefutable.

неопря́тност|ь, и *f* slovenliness; untidiness, sloppiness.

неопря́т|ный (~ен, ~на) *adj* slovenly; untidy, sloppy.

нео́пытност|ь, и *f* inexperience.

нео́пыт|ный (~ен, ~на) *adj* inexperienced.

неорганизо́ванност|ь, и *f* lack of organization; disorganization.

неорганизо́ван|ный (~, ~на) *adj* unorganized; disorganized.

неоргани́ческий *adj* inorganic.

неордина́р|ный (~ен, ~на) *adj* unusual.

неосведомлённый *adj* ill-informed.

неосла́б|ный (~ен, ~на) *adj* unremitting, unabated.

неосмотри́тельност|ь, и *f* imprudence.

Н

неосмотри́тел|ьный (~ен, ~ьна) *adj* imprudent, incautious.
неоснова́тел|ьный (~ен, ~ьна) *adj* **1** unfounded, lacking foundation. **2** (*coll*) (*легкомысленный*) frivolous.
неоспори́мост|ь, и *f* incontestability, indisputability.
неоспори́м|ый (~, ~а) *adj* unquestionable, incontestable, indisputable.
неосторо́жност|ь, и *f* carelessness; imprudence.
неосторо́ж|ный (~ен, ~на) *adj* careless; imprudent, incautious.
неосуществи́м|ый (~, ~а) *adj* impracticable, unrealizable.
неосяза́ем|ый (~, ~а) *adj* intangible.
неотврати́мост|ь, и *f* inevitability.
неотврати́м|ый (~, ~а) *adj* inevitable.
неотвя́з|ный (~ен, ~на) *adj* importunate; obsessive.
неотвя́зчив|ый (~, ~а) *adj* importunate; obsessive.
неотдели́м|ый (~, ~а) *adj* inseparable.
неотёсан|ный (~, ~на) *adj* **1** unpolished. **2** (*fig*) (*грубый*) uncouth.
не́откуда *adv* there is nowhere; **мне н. э́то получи́ть** there is nowhere I can get it from.
неотло́жк|а, и *f* (*coll*) ambulance service; (*машина*) ambulance.
неотло́жност|ь, и *f* urgency.
неотло́ж|ный (~ен, ~на) *adj* urgent, pressing; **~ная медици́нская по́мощь** emergency medical service.
неотлу́чно *adv* constantly, permanently.
неотлу́ч|ный (~ен, ~на) *adj* ever-present; permanent.
неотрази́м|ый (~, ~а) *adj* irresistible (*also fig*); **~ые до́воды** incontrovertible arguments.
неотсту́пност|ь, и *f* persistence; importunity.
неотсту́п|ный (~ен, ~на) *adj* persistent; importunate.
неотчётлив|ый (~, ~а) *adj* vague, indistinct.
неотъе́млем|ый (~, ~а) *adj* inalienable; **~ое пра́во** inalienable right; **~ая часть** integral part.
неофаши́зм, а *m* neo-fascism.
неофаши́ст, а *m* neo-fascist.
неофаши́стский *adj* neo-fascist.
неофициа́л|ьный (~ен, ~ьна) *adj* unofficial.
неохо́т|а, ы *f* **1** reluctance. **2** (+ *d, as pred; coll*): **мне,** *etc.*, **н. идти́** I, *etc.*, have no wish to go, don't feel like going.
неохо́тно *adv* reluctantly; unwillingly.
неоцени́м|ый (~, ~а) *adj* inestimable, priceless, invaluable.
неощути́м|ый (~, ~а) *adj* imperceptible.
Непа́л, а *m* Nepal.
непа́л|ец, ьца *m* Nepalese, Nepali.
непа́л|ка, ки *fem of* ⇒**~ец**
непа́льский *adj* Nepalese, Nepali.
непа́рный *adj* odd (*not forming a pair*).
непарти́|йный (~ен, ~йна) *adj* **1** (*человек*) non-party. **2** (*поведение*) unbefitting a member of the Party.
непереводи́м|ый (~, ~а) *adj* untranslatable.
непередава́ем|ый (~, ~а) *adj* inexpressible, indescribable.
непереходный *adj* (*gram*) intransitive.
непеча́тный *adj* (*coll*) unprintable.
непи́сан|ый *adj* unwritten; **~ые пра́вила** unwritten rules.
неплатёж, а́ *m* non-payment.
неплатёжеспосо́бност|ь, и *f* (*fin*) insolvency.
неплатёжеспосо́б|ный (~ен, ~на) *adj* (*fin*) insolvent.
неплате́льщик, а *m* defaulter; person in arrears with payment (*of taxes, etc.*).
неплодоро́д|ный (~ен, ~на) *adj* barren; infertile.
непло́хо *adv* not badly, quite well.
неплох|о́й (~́, ~а́, ~́о) *adj* not bad, quite good.
непобеди́м|ый (~, ~а) *adj* invincible.
неповадно *as pred* (*impers*, + *d and inf*; *coll*): **что́бы н. бы́ло** to teach (s.o.) not (to do sth again); **мальчи́шку вы́пороли, что́бы ему́ н. бы́ло кра́сть я́блоки** they gave the boy a thrashing to teach him not to steal apples again.
непови́н|ный (~ен, ~на) *adj* innocent.
неповинове́ни|е, я *nt* insubordination, disobedience.
неповоро́тлив|ый (~, ~а) *adj* (*неуклюжий*) clumsy, awkward; (*медлительный*) sluggish, slow.
неповтори́м|ый (~, ~а) *adj* unique.
непого́д|а, ы *f* bad weather.
непогреши́мост|ь, и *f* infallibility.
непогреши́м|ый (~, ~а) *adj* infallible.
неподалёку *adv* not far off.
непода́тлив|ый (~, ~а) *adj* stubborn, intractable; unyielding, tenacious.
неподве́домствен|ный (~, ~на) *adj* (+ *d*) not subject to the authority (of), beyond the jurisdiction (of).
неподви́жност|ь, и *f* immobility.
неподви́ж|ный (~ен, ~на) *adj* motionless, immobile, immovable (*also fig*); fixed, stationary.
неподде́льност|ь, и *f* genuineness; sincerity.
неподде́л|ьный (~ен, ~ьна) *adj* genuine; unfeigned, sincere.
неподку́пност|ь, и *f* incorruptibility, integrity.
неподку́п|ный (~ен, ~на) *adj* incorruptible.
неподоба́ющий *adj* unseemly, improper.
неподража́ем|ый (~, ~а) *adj* inimitable.
неподсу́д|ный (~ен, ~на) *adj* (+ *d*) not under the jurisdiction (of).
неподходя́щий *adj* unsuitable, inappropriate.
неподчине́ни|е, я *nt* insubordination; **н. суде́бному постановле́нию** (*law*) contempt of court.
непозволи́тел|ьный (~ен, ~ьна) *adj* inadmissible, impermissible.
непознава́ем|ый (~, ~а) *adj* (*philos*) unknowable.
непокла́дист|ый (~, ~а) *adj* obstinate, uncompromising.
непоко́|йный (~ен, ~йна) *adj* (*obs, coll*) troubled; restless, disturbed.
непоколеби́м|ый (~, ~а) *adj* steadfast, unshakeable.
непоко́рност|ь, и *f* recalcitrance; unruliness.
непоко́р|ный (~ен, ~на) *adj* recalcitrant; unruly.
непокры́т|ый (~, ~а) *adj* uncovered, bare.
непола́дк|а, и *f* **1** defect, fault. **2** (*in pl*) (*нелады*) disagreement, quarrel.
неполнопра́в|ный (~ен, ~на) *adj* not possessing full rights.
неполнот|а́, ы *f* incompleteness.
неполноце́нност|ь, и *f* inferiority; **ко́мплекс ~и** inferiority complex; **психи́ческая н.** mental deficiency.
неполноце́н|ный (~ен, ~на) *adj* inferior; substandard; **у́мственно н.** mentally deficient; **физи́чески н.** physically handicapped.
непо́л|ный (~он, ~на́, ~но, ~́ны) *adj* (*ведро, корзина*) not full; (*знания, перечень*) incomplete; **с тех пор прошло́ ~ных два́дцать лет** since then not quite twenty years had passed; **~ная семья́** single-parent family; **рабо́тать ~ную неде́лю** to work part-time.
непоме́р|ный (~ен, ~на) *adj* excessive, inordinate.
непонима́ни|е, я *nt* incomprehension.
непоня́тливост|ь, и *f* slowness, dimness.
непоня́тлив|ый (~, ~а) *adj* slow (to grasp things), dim.
непоня́т|ный (~ен, ~на) *adj* unintelligible, incomprehensible; (*impers, as pred*): **~но** it is incomprehensible; **мне ~но, как он мог э́то сде́лать** I cannot understand how he could do it.
непопада́ни|е, я *nt* miss (*in shooting*).
непоправи́м|ый (~, ~а) *adj* irreparable, irremediable; irretrievable.
непоро́ч|ный (~ен, ~на) *adj* pure, chaste; **~ное зача́тие** (*relig*) the Immaculate Conception.
непоря́д|ок, ка *m* disorder; violation of order.
непоря́доч|ный (~ен, ~на) *adj* dishonourable (*Br*), dishonorable (*US*).
непосвящённый *adj* uninitiated.
непосе́д|а, ы *cg* (*coll*) fidget; rolling stone.
непосе́дливост|ь, и *f* restlessness.
непосе́длив|ый (~, ~а) *adj* fidgety, restless.

непосеще́ни|е, я *nt* (+ *g*) non-attendance (at).
непоси́л|ный (~ен, ~ьна) *adj* beyond one's strength, excessive.
непосле́довательност|ь, и *f* inconsistency; inconsequence.
непосле́довател|ный (~ен, ~ьна) *adj* inconsistent; inconsequent.
непослуша́ни|е, я *nt* disobedience.
непослу́ш|ный (~ен, ~на) *adj* disobedient, naughty.
непосре́дственност|ь, и *f* spontaneity, ingenuousness.
непосре́дствен|ный (~, ~на) *adj* **1** (*результат*) immediate, direct; **в ~ной бли́зости (от** + *g*) in the immediate vicinity (of). **2** (*fig*) (*натура*) direct; spontaneous, ingenuous.
непостижи́м|ый (~, ~а) *adj* incomprehensible, inscrutable; **уму́ ~о** it passes understanding.
непостоя́н|ный (~ен, ~на) *adj* inconstant, changeable.
непостоя́нств|о, а *nt* inconstancy.
непоти́зм, а *m* (*hist or fig literary*) nepotism.
непотопля́ем|ый (~, ~а) *adj* unsinkable.
непотре́б|ный (~ен, ~на) *adj* obscene, indecent; **~ные слова́** obscenities.
непотре́бств|о, а *nt* (*obs*) obscenity; indecent conduct.
непоча́т|ый (~, ~а) *adj* (*coll*) untouched, not begun, entire; **н. край** (+ *g*) a wealth (of), a whole host (of).
непочте́ни|е, я *nt* disrespect.
непочти́тел|ьный (~ен, ~ьна) *adj* disrespectful.
непра́вд|а, ы *f* untruth, lie; **все́ми пра́вдами и ~ами** by fair means or foul; by hook or by crook.
неправдоподо́би|е, я *nt* improbability, unlikelihood.
неправдоподо́б|ный (~ен, ~на) *adj* improbable, unlikely; implausible.
непра́вед|ный (~ен, ~на) *adj* (*rhetorical*) iniquitous, unjust.
непра́вильно *adv* incorrectly, erroneously; *in conjunction with vv frequently* = mis-; *e.g.*, **н. истолкова́ть** to misinterpret.
непра́вильност|ь, и *f* **1** (*уклонение от нормы*) irregularity; anomaly. **2** (*ошибочность*) incorrectness.
непра́вил|ьный (~ен, ~ьна) *adj* **1** (*развитие, черты, форма*) irregular; **н. глаго́л** irregular verb; **~ьная дробь** (*math*) improper fraction. **2** (*расчёт, суждение*) incorrect, erroneous, wrong, mistaken; **н. подхо́д (к де́лу)** wrong approach, wrong attitude.
неправоме́рност|ь, и *f* illegality.
неправоме́р|ный (~ен, ~на) *adj* illegal.
неправомо́чност|ь, и *f* (*law*) incompetence.
неправомо́ч|ный (~ен, ~на) *adj* (*law*) not competent; lacking the necessary authority.
неправот|а́, ы́ *f* **1** (*заблуждение*) error. **2** (*несправедливость*) wrongness; injustice.

непра́в|ый (~, ~а́, ~о) *adj* **1** (*заблуждающийся*) wrong, mistaken. **2** (*несправедливый*) unjust.
непревзойдённый *adj* unsurpassed; matchless.
непредвзя́т|ый (~, ~а) *adj* unbiased.
непредви́денный *adj* unforeseen.
непреднаме́рен|ный (~, ~на) *adj* unpremeditated.
непредсказу́емост|ь, и *f* unpredictability.
непредсказу́ем|ый (~, ~а) *adj* unpredictable.
непредубеждённый *adj* unprejudiced, unbiased.
непредумы́шленн|ый *adj* unpremeditated; **~ое уби́йство** manslaughter.
непредусмотри́тельност|ь, и *f* improvidence, short-sightedness.
непредусмотри́тел|ьный (~ен, ~ьна) *adj* improvident, short-sighted.
непрезента́бел|ьный (~ен, ~ьна) *adj* unpresentable.
непрекло́нност|ь, и *f* inflexibility; inexorability.
непрекло́н|ный (~ен, ~на) *adj* inflexible, unbending; inexorable, adamant.
непрело́ж|ный (~ен, ~на) *adj* **1** (*нерушимый*) immutable, unalterable. **2** (*неоспоримый*) indisputable.
непреме́нно *adv* **1** (*обязательно*) without fail; certainly; **они́ н. приду́т за́втра** they are sure to come tomorrow. **2** (*очень*) absolutely; **мне н. ну́жно поговори́ть с ним** it is absolutely essential that I speak to him.
непреме́н|ный (~ен, ~на) *adj* (*условие*) necessary; (*следствие*) unavoidable; (*черта*) indispensable; **н. секрета́рь** (*hist*) Permanent Secretary.
непреобори́м|ый (~, ~а) *adj* (*literary*) insuperable; irresistible.
непреодоли́м|ый (~, ~а) *adj* insuperable, insurmountable; (*желание*) irresistible; **~ая си́ла** (*law*) force majeure.
непререка́ем|ый (~, ~а) *adj* unquestionable, indisputable; **н. тон** peremptory tone.
непреры́вно *adv* uninterruptedly, continuously.
непреры́вност|ь, и *f* continuity.
непреры́в|ный (~ен, ~на) *adj* uninterrupted, unbroken; continuous.
непреста́нно *adv* incessantly, continually.
непреста́н|ный (~ен, ~на) *adj* incessant, continual.
непреходя́щий *adj* eternal.
неприве́тлив|ый (~, ~а) *adj* (*человек, взгляд*) unfriendly, ungracious; (*местность*) bleak, forbidding.
непривлека́тел|ьный (~ен, ~ьна) *adj* unattractive.
неприви́чк|а, и *f* (*coll*) want of habit; **с ~и он бы́стро захмеле́л** being unaccustomed to strong drink, he quickly became drunk.
непривы́ч|ный (~ен, ~на) *adj* unaccustomed, unwonted; unusual.

непригля́д|ный (~ен, ~на) *adj* unattractive, unsightly.
неприго́д|ный (~ен, ~на) *adj* unfit, useless; unserviceable; (*для военной службы*) ineligible.
непригоря́ющий *adj* non-stick.
неприе́млем|ый (~, ~а) *adj* unacceptable.
непри́знан|ный (~, ~а) *adj* unrecognized, unacknowledged; **~ная Туре́цкая Респу́блика Се́верного Ки́пра** the unrecognized Turkish Republic of Northern Cyprus.
неприкаса́ем|ый, ого *m* untouchable, Harijan.
неприка́янный *adj* (*coll*) restless, unable to find anything to do; **ходи́ть, броди́ть,** *etc.*, **как н.** to go about, wander about, *etc.*, like a lost soul.
неприкоснове́нност|ь, и *f* inviolability; **дипломати́ческая н.** diplomatic immunity.
неприкоснове́н|ный (~ен, ~на) *adj* inviolable; **н. запа́с** (*mil*) emergency ration, iron ration; **н. капита́л** reserve capital.
неприкра́шенный *adj* plain, unvarnished.
неприкры́т|ый *adj* undisguised; **~ая ложь** barefaced lie.
неприли́чи|е, я *nt* indecency, impropriety, unseemliness.
неприли́ч|ный (~ен, ~на) *adj* indecent, improper; unseemly, unbecoming.
непримени́м|ый (~, ~а) *adj* inapplicable.
неприме́т|ный (~ен, ~на) *adj* **1** (*разница*) imperceptible. **2** (*fig*) (*человек*) unremarkable, undistinguished.
непримири́мост|ь, и *f* irreconcilability; intransigence.
непримири́м|ый (~, ~а) *adj* (*противоречия*) irreconcilable; (*характер*) intransigent, uncompromising.
непринуждённост|ь, и *f* unconstraint; naturalness, ease.
непринуждён|ный (~, ~на) *adj* natural, relaxed; laid-back.
неприсоедине́ни|е, я *nt*: **поли́тика ~я** (*pol*) policy of non-alignment.
неприсоедини́вш|ийся *adj*: **~иеся стра́ны** non-aligned countries.
неприспосо́блен|ный (~, ~на) *adj* (**к** + *d*) unadapted (to); maladjusted.
непристо́йност|ь, и *f* obscenity; indecency.
непристо́|йный (~ен, ~йна) *adj* obscene; indecent.
непристу́п|ный (~ен, ~на) *adj* **1** (*скала*) inaccessible; (*крепость*) unassailable, impregnable. **2** (*fig*) (*начальник*) inaccessible, unapproachable.
непритво́р|ный (~ен, ~на) *adj* unfeigned, genuine.
непритяза́тел|ьный (~ен, ~ьна) *adj* **1** (*простой*) unpretentious. **2** (*довольствующийся малым*) undemanding.
неприхотли́вост|ь, и *f* **1** (*человека, вкуса*) unpretentiousness; modesty.

2 (*узора*) simplicity, plainness.

неприхотли́в|ый (~, ~а) *adj* 1 (*человек*) unpretentious; modest; (*растение, животное*) undemanding. 2 (*рисунок*) simple, plain; **~ая пи́ща** frugal meal.

непричá́ст|ный (~ен, ~на) *adj* (к + *d*) not implicated (in), not involved (in).

неприя́знен|ный (~, ~на) *adj* hostile, inimical.

неприя́зн|ь, и *f* hostility, enmity.

неприя́тел|ь, я *m* enemy; (*mil*) the enemy.

неприя́тельский *adj* hostile; (*mil*) enemy.

неприя́тност|ь, и *f* unpleasantness; trouble.

неприя́т|ный (~ен, ~на) *adj* unpleasant, disagreeable.

непробу́д|ный (~ен, ~на) *adj* from which there is no waking; **н. сон** deep sleep; **н. пья́ница** inveterate drunkard.

непроводни́к, á *m* (*phys*) non-conductor.

непрогля́д|ный (~ен, ~на) *adj* (*of darkness, fog, etc.*) impenetrable; pitch-dark.

непродолжи́тел|ьный (~ен, ~ьна) *adj* of short duration, short-lived; **в ~ьном вре́мени** shortly, in a short time.

непродукти́в|ный (~ен, ~на) *adj* unproductive.

непроду́ман|ный (~, ~на) *adj* ill-considered.

непрое́зжий *adj* impassable.

непрозра́чност|ь, и *f* opacity.

непрозра́ч|ный (~ен, ~на) *adj* opaque.

непроизводи́тел|ьный (~ен, ~ьна) *adj* (*работа*) unproductive; (*расходы*) wasteful.

непроизво́л|ьный (~ен, ~ьна) *adj* involuntary.

непроля́з|ный (~ен, ~на) *adj* (*coll*) impassable.

непромока́ем|ый (~, ~а) *adj* waterproof; **н. плащ** waterproof (coat), raincoat.

непроница́емост|ь, и *f* impenetrability; impermeability.

непроница́ем|ый (~, ~а) *adj* 1 (*мрак, ночь; тайна*) impenetrable; (*для жидкостей, газов*) impermeable; **н. для зву́ка** soundproof. 2 (*лицо*) inscrutable, impassive.

непропорциона́льност|ь, и *f* disproportion.

непропорциона́л|ьный (~ен, ~ьна) *adj* disproportionate.

непрости́тел|ьный (~ен, ~ьна) *adj* unforgivable, unpardonable, inexcusable.

непротивле́ни|е, я *nt* non-resistance.

непроходи́мо *adv* (*coll*) utterly, hopelessly.

непроходи́м|ый (~, ~а) *adj* 1 (*лес, болото*) impassable. 2 (*fig, coll*) (*совершенный*) complete, utter; **н. дура́к** utter fool.

непро́ч|ный (~ен, ~на́, ~но) *adj* fragile, flimsy; (*fig*) precarious, unstable.

непро́шеный *adj* (*coll*) uninvited; unsolicited.

непрям|о́й (~́, ~á, ~́о) *adj* 1 (*путь*) indirect; circuitous. 2 (*fig, coll*) (*человек, ответ*) evasive.

непутёвый *adj* (*coll*) good-for-nothing, useless.

непутём *adv* (*coll*) badly; **де́лать всё н.** to make a mess of everything.

непью́щий *adj* teetotal.

неработоспосо́б|ный (~ен, ~на) *adj* unable to work, disabled.

нерабо́ч|ий *adj* non-working; **~ее вре́мя** time off, free time.

нера́венств|о, а *nt* inequality, disparity.

нера́вно *particle expressing anticipation of disagreeable eventuality (coll)*; **н. опозда́ем** suppose we are late; **н. он зайдёт, а нас до́ма не бу́дет** what if he comes while we are out.

неравноду́ш|ный (~ен, ~на) *adj* (к + *d*) not indifferent (to).

неравноме́р|ный (~ен, ~на) *adj* uneven, irregular.

неравнопра́в|ный (~ен, ~на) *adj* not enjoying equal rights.

нера́в|ный (~ен, ~на́) *adj* unequal.

нераде́ни|е, я *nt* (*obs*) = **нера́дивость**

нера́дивост|ь, и *f* negligence, carelessness.

нера́див|ый (~, ~а) *adj* negligent, careless.

неразбери́х|а, и *f* (*coll*) muddle, confusion.

неразбо́рчив|ый (~, ~а) *adj* 1 (*почерк*) illegible, indecipherable. 2 (*fig*) (*читатель, вкус*) undiscriminating; not fastidious; **н. в сре́дствах** unscrupulous; **сексуа́льно н.** promiscuous.

неразвит|о́й (нера́звит, ~á, ~о) *adj* undeveloped; (*умственно*) (intellectually) backward.

нера́звитост|ь, и *f* lack of development; **у́мственная н.** backwardness.

неразга́данный *adj* unsolved.

неразгово́рчив|ый (~, ~а) *adj* taciturn, not talkative.

неразделённ|ый *adj*: **~ая любо́вь** unrequited love.

неразделим|ый (~, ~а) *adj* indivisible, inseparable.

нераздé́л|ьный (~ен, ~ьна) *adj* indivisible, inseparable; **~ьное иму́щество** (*law*) common estate.

неразличи́м|ый (~, ~а) *adj* indistinguishable; indiscernible.

неразлу́ч|ный (~ен, ~на) *adj* inseparable.

неразрешённый *adj* 1 (*вопрос*) unsolved. 2 (*книга*) prohibited, banned.

неразреши́м|ый (~, ~а) *adj* insoluble.

неразры́в|ный (~ен, ~на) *adj* indissoluble.

неразу́ми|е, я *nt* (*obs*) folly, foolishness.

неразу́м|ный (~ен, ~на) *adj* unreasonable; unwise; foolish.

нераска́янный *adj* unrepentant.

нерасположе́ни|е, я *nt* (к + *d*) dislike (for), disinclination (for, to).

нерасполо́женный *adj* (к + *d*) ill-disposed (towards); unwilling (to), disinclined (to).

нераспоряди́тел|ьный (~ен, ~ьна) *adj* inefficient, incompetent.

нераспростране́ни|е, я *nt* non-proliferation (*esp of nuclear weapons*).

нерассуди́тельност|ь, и *f* irrationality; lack of common sense.

нерассуди́тел|ьный (~ен, ~ьна) *adj* irrational, unreasoning; lacking common sense.

нерастворим|ый (~, ~а) *adj* insoluble.

нерасторжи́м|ый (~, ~а) *adj* indissoluble.

нерасторо́п|ный (~ен, ~на) *adj* sluggish, slow.

нерасчётливост|ь, и *f* 1 (*расточительность*) extravagance, wastefulness. 2 (*непредусмотрительность*) improvidence.

нерасчётлив|ый (~, ~а) *adj* 1 (*расточительный*) extravagant, wasteful. 2 (*непредусмотрительный*) improvident.

нерациона́л|ьный (~ен, ~ьна) *adj* irrational.

нерв, а *m* (*anat and fig*) nerve; **гла́вный н.** (+ *g*) (*fig*) nerve centre (*Br*), center (*US*); **де́йствовать кому́-н. на ~́ы** to get on s.o.'s nerves.

нерви́р|овать, ую *impf* to get on s.o.'s nerves, irritate.

нерви́ческий *adj* (*obs*) nervous.

не́рвнича|ть, ю *impf* to be(come) fidgety; to fret; to be(come) irritable.

нервноболь н|о́й, о́го *m* person suffering from a nervous disorder.

не́рвно-паралити́ческ|ий *adj* (*mil*): **ОВ ~ого де́йствия** nerve gas.

не́рвност|ь, и *f* irritability, edginess.

не́рв|ный (~ен, ~́на́, ~но) *adj* 1 (*болезнь, тик; походка, жест; состояние*) nervous; **~ное волокно́** nerve fibre (*Br*), fiber (*US*); **н. припа́док** fit of nerves; **~ная систе́ма** the nervous system; **н. у́зел** (*anat*) ganglion; **н. центр** (*fig*) nerve centre (*Br*), center (*US*). 2 (*человек*) nervous, highly strung. 3 (*работа*) nerve-racking.

нерво́з|ный (~ен, ~на) *adj* nervy, irritable.

нервотрёпк|а, и *f* (*coll*) rigmarole, hassle.

нереа́л|ьный (~ен, ~ьна) *adj* 1 (*местность*) unreal. 2 (*предложение*) impracticable.

нерегуля́р|ный (~ен, ~на) *adj* irregular (*also mil*).

нере́д|кий (~ок, ~ка́, ~ко) *adj* not infrequent; not uncommon.

нере́дко *adv* not infrequently, quite often.

нерезиде́нт, а *m* non-resident.

нерента́бел|ьный (~ен, ~ьна) *adj* unprofitable.

не́рест, а *m* (*zool*) spawning.

нерести́лищ|е, а *nt* spawning ground.

нереши́мост|ь, и *f* indecision.

нереши́тельност|ь, и *f* indecision; indecisiveness; **быть в ~и** to be undecided.

нереши́тел|ьный (~ен, ~ьна) *adj* indecisive, irresolute.

нержаве́йк|а, и *f* (*coll*) stainless steel.

нержаве́ющ|ий *adj* non-rusting; **~ая сталь** stainless steel.

неро́б|кий (~ок, ~ка́, ~ко) *adj* not timid; **он челове́к ~кого деся́тка** he is no coward.

неро́вност|ь, и *f* **1** (*поверхности*) unevenness, roughness. **2** (*дыхания*) irregularity. **3** (*линии*) crookedness. **4** (*характера*) instability, erraticness.

неро́в|ный (~ен, ~на́, ~но) *adj* **1** (*поверхность*) uneven, rough; **н. грунт** rough country. **2** (*пульс, дыхание*) irregular. **3** (*линия*) crooked. **4** (*характер*) unstable, erratic.

неро́вн|я, и *cg* (*coll*): **он ей н.** he is not her equal.

не́рп|а, ы *f* (*zool*) ringed seal.

нерукотво́р|ный (~ен, ~на) *adj* (*relig and poetical*) not made by hands.

неруши́м|ый (~, ~а) *adj* indestructible.

неря́х|а, и *cg* sloven; (*coll*) scruff.

неря́шеств|о, а *nt* = **неря́шливость**

неря́шливост|ь, и *f* **1** (*человека*) untidiness; scruffiness. **2** (*работы*) carelessness.

неря́шлив|ый (~, ~а) *adj* **1** (*человек*) untidy; scruffy. **2** (*работа*) careless, slipshod.

несваре́ни|е, я *nt only in phr* **н. желу́дка** indigestion.

несве́дущ|ий (~, ~а) *adj* (**в** + *p*) ignorant (about), uninformed (about).

несве́ж|ий (~, ~а́, ~е) *adj* **1** (*еда*) not fresh, stale. **2** (*fig*) (*человек*) weary, wan. **3** (*бельё; воздух*) dirty.

несвобо́дн|ый *adj*: **~ое сочета́ние** (*ling*) set phrase.

несвоевре́мен|ный (~ *and* **~ен, ~на)** *adj* inopportune, untimely, unseasonable.

несво́йствен|ный (~ен, ~на) *adj* not characteristic; **э́то ему́ ~но** it is not like him.

несвя́з|ный (~ен, ~на) *adj* disconnected, incoherent.

несгиба́ем|ый (~, ~а) *adj* unbending, inflexible.

несгово́рчив|ый (~, ~а) *adj* intractable.

несгора́емый *adj* fireproof; **н. шкаф** safe.

несде́ржан|ный (~, ~на) *adj* unrestrained.

несе́ни|е, я *nt* **1** (*обязанностей, службы*) performance, execution. **2** (*поклажи*) carrying, bearing. **3** (*потерь*) suffering. **4** (*наказания*) taking.

несерьёз|ный (~ен, ~на, ~но) *adj* **1** (*человек*) frivolous. **2** (*замечание*) flippant. **3** (*дело, рана*) trivial. **4** (*болезнь*) mild.

несессе́р, а *m* toilet case.

несказа́н|ный (~(ен), ~на) *adj* indescribable, inexpressible.

нескла́диц|а, ы *f* (*coll*) nonsense.

нескла́д|ный (~ен, ~на) *adj* **1** (*несвязный*) incoherent. **2** (*неуклюжий*) ungainly, awkward. **3** (*нелепый*) absurd.

несклоня́ем|ый (~, ~а) *adj* (*gram*) indeclinable.

не́сколько|о[1], их *num* some, several; a few; **в ~их слова́х** in a few words; **н. челове́к** several people.

не́сколько[2] *adv* somewhat, rather, slightly; **они́ н. разочаро́ваны** they are rather disillusioned.

несконча́ем|ый (~, ~а) *adj* interminable, never-ending.

нескро́мност|ь, и *f* **1** immodesty, lack of modesty. **2** indelicacy; indiscretion. **3** indiscreetness.

нескро́м|ный (~ен, ~на́, ~но) *adj* **1** (*человек*) immodest; vain. **2** (*вопрос*) indiscreet. **3** (*анекдот, жест*) indecent.

нескрыва́ем|ый (~, ~а) *adj* undisguised.

несло́ж|ный (~ен, ~на́, ~но) *adj* simple, uncomplicated.

несльі́хан|ный (~, ~на) *adj* unheard-of, unprecedented.

неслы́ш|ный (~ен, ~на) *adj* inaudible.

несменя́емост|ь, и *f* irremovability (from office).

несменя́ем|ый (~, ~а) *adj* irremovable.

несме́т|ный (~ен, ~на) *adj* countless, incalculable, infinite.

несмолка́ем|ый (~, ~а) *adj* ceaseless, unremitting.

несмотря́ *prep* (**на** + *a*) in spite of, despite; notwithstanding; **н. ни на что** in spite of everything.

несмыва́ем|ый (~, ~а) *adj* indelible, ineffaceable.

несно́с|ный (~ен, ~на) *adj* intolerable, unbearable.

несоблюде́ни|е, я *nt* non-observance.

несовершенноле́ти|е, я *nt* minority.

несовершенноле́тн|ий *adj* under-age; *as n* **н., ~его** *m*, **~яя, ~ей** *f* minor.

несоверше́н|ный (~ен, ~на) *adj* **1** imperfect, incomplete. **2** (*gram*) imperfective.

несовмести́м|ый (~, ~а) *adj* incompatible.

несогла́си|е, я *nt* **1** disagreement; **н. во мне́ниях** difference of opinion; **н. ме́жду двумя́ ве́рсиями** discrepancy between two versions. **2** (*разлад*) discord. **3** (*sg only*) (*отказ*) refusal.

несогла́с|ный (~ен, ~на) *adj* **1** (**с** + *i*) (*не разделяющий мнения*) in disagreement (with), not agreeing (with). **2** (**с** + *i*) (*несоответствующий*) inconsistent (with), incompatible (with). **3** (*о звуках*) discordant.

несогласова́ни|е, я *nt* (*gram*) non-agreement.

несогласо́ванност|ь, и *f* lack of coordination.

несогласо́ван|ный (~, ~на) *adj* uncoordinated.

несозву́ч|ный (~ен, ~на) *adj* (+ *d*) dissonant; out of tune (with).

несозна́тельност|ь, и *f* thoughtlessness; irresponsibility.

несозна́тел|ьный (~ен, ~ьна) *adj* irresponsible.

несоизмери́мост|ь, и *f* incommensurability.

несоизмери́м|ый (~, ~а) *adj* incommensurable, incommensurate.

несокруши́м|ый (~, ~а) *adj* indestructible; (*вера, воля*) unshakeable.

несоли́д|ный (~ен, ~на) *adj* unimpressive, lightweight.

несо́лоно *adv only in phr* (*coll*): **уйти́ н. хлеба́вши** to get nothing for one's pains, go away empty-handed.

несомне́нно *adv* undoubtedly, doubtless.

несомне́н|ный (~ен, ~на) *adj* undoubted, indubitable, unquestionable.

несообрази́тел|ьный (~ен, ~ьна) *adj* slow(-witted).

несообра́зност|ь, и *f* **1** (*противоречие*) incongruity, incompatibility. **2** (*глупость*) stupidity, absurdity.

несообра́з|ный (~ен, ~на) *adj* **1** (**с** + *i*) (*несоответствующий*) incongruous (with), incompatible (with). **2** (*глупый*) stupid, absurd.

несоотве́тствен|ный (~, ~на) *adj* (+ *d*) incongruous (with), not corresponding (to).

несоотве́тстви|е, я *nt* lack of correspondence, disparity.

несоразме́рност|ь, и *f* disproportion.

несоразме́р|ный (~ен, ~на) *adj* disproportionate.

несосвети́мый = **несусве́тный**

несостоя́тельност|ь, и *f* **1** (*банкротство*) insolvency, bankruptcy; (*бедность*) poverty. **2** (*необоснованность*) groundlessness.

несостоя́тел|ьный (~ен, ~ьна) *adj* **1** (*обанкротившийся*) insolvent, bankrupt; (*бедный*) poor. **2** (*необоснованный*) groundless, unsupported.

неспе́л|ый (~, ~а́, ~о) *adj* unripe.

неспе́ш|ный (~ен, ~на) *adj* unhurried.

неспоару́ч|ный (~ен, ~на) *adj* (*coll*) inconvenient, awkward.

неспоко́|йный (~ен, ~йна) *adj* (*сон, характер*) restless; (*жизнь*) troubled; (*море, погода*) rough.

неспосо́бност|ь, и *f* incapacity, inability.

неспосо́б|ный (~ен, ~на) *adj* dull, not able; (**к** + *d*, **на** + *a*) incapable (of); **она́ ~на к языка́м** she has no aptitude for languages; **н. на ложь** incapable of a lie.

Н

несправедли́вост|ь, и *f* injustice, unfairness.

несправедли́в|ый (~, ~а) *adj* **1** (*человек, суд*) unjust, unfair. **2** (*мнение*) incorrect, unfounded.

неспровоци́рованный *adj* unprovoked.

неспроста́ *adv* (*coll*) not without purpose; with an ulterior motive.

несравне́нно *adv* **1** incomparably. **2** (+ *comp*) far, by far; **н. лу́чше** far better.

несравне́н|ный (~ен, ~на) *adj* incomparable.

несравни́м|ый (~, ~а) *adj* incomparable.

нестаби́льност|ь, и *f* instability.

нестаби́л|ьный (~ен, ~ьна) *adj* unstable.

нестерпи́м|ый (~, ~а) *adj* unbearable, intolerable.

нес|ти́¹, у́, ёшь, *past* **~̈, ~ла́** *impf* (*of* **⇒по~ 1**), *det* **1** (*перемещать на себе*) to carry. **2** (*поддерживать*) to bear; to support. **3** (*fig*) (*терпеть*) to bear; to suffer; to incur; **н. убы́тки** (*fin*) to incur losses. **4** (*выполнять*) to perform; **н. дежу́рство** to be on duty. **5** (*fig*) (*причинять*) to bear, bring; **н. ги́бель** to bring destruction. **6** (*impers, coll*): **куда́ вас ~ёт?** wherever are you going? **7** (*impers, coll*; + *i*) (*пахнуть*) to stink (of), reek (of); **от него́ ~ёт чесноко́м** he reeks of garlic. **8** (*impers, coll*): **его́,** *etc.*, **~ёт** he has, *etc.*, diarrhoea (*Br*), diarrhea (*US*). **9** (*coll*) (**вздор, чепуху́,** *etc.*) to talk (nonsense).

нес|ти́², ёт, *past* **~̈, ~ла́** *impf* (*of* **⇒с~**) (*яйцо*) to lay.

нес|ти́сь¹, у́сь, ёшься, *past* **~̈ся, ~ла́сь** *impf* (*of* **⇒по~**), *det* **1** (*о человеке, машине*) to rush, tear, fly; (*по воздуху, воде*) to float, drift; (**по** + *d*, **вдоль** + *g*, **над** + *i*) to skim (along; over). **2** (*о звуке, запахе*) to spread, be diffused.

нес|ти́сь², ётся, *past* **~̈ся, ~ла́сь** *impf* (*of* **⇒с~**) (*класть яйца*) to lay (eggs) (*intrans*).

несто́|йкий (~ек, ~ка) *adj* (*chem*) unstable, non-persistent.

несто́ящий *adj* (*coll*) worthless, good-for-nothing.

нестроеви́к, а́ *m* (*mil*) non-combatant.

нестроево́й¹ *adj* (*материал, лес*) unfit for building purposes.

нестроево́й² *adj* (*mil*) (*служба, команда*) non-combatant, administrative.

нестро́|йный (~ен, ~йна́, ~йно) *adj* **1** (*человек*) clumsily built. **2** (*пение*) discordant, dissonant. **3** (*толпа*) disorderly.

несть (*obs*) there is not.

несу́н, а *m* (*coll*) pilferer.

несура́зност|ь, и *f* **1** (*глупость*) absurdity, senselessness. **2** (*неуклюжесть*) awkwardness.

несура́з|ный (~ен, ~на) *adj* **1** (*глупый*) absurd, senseless. **2** (*неуклюжий*) awkward.

несусве́т|ный (~ен, ~на) *adj* (*coll*) extreme, utter; unimaginable; **~ная чепуха́** utter nonsense.

несу́шк|а, и *f* (*coll*) laying hen, hen in lay.

несуще́ствен|ный (~, ~на) *adj* inessential, immaterial.

несу́щ|ий *pres participle active of* **⇒нести́** *and adj* (*tech*) carrying; supporting; **н. винт** rotor (*of helicopter*); **~ая пове́рхность** lifting surface; (*aeron*) airfoil.

несхо́д|ный (~ен, ~на) *adj* **1** (*непохожий*) unlike, dissimilar. **2** (*coll*) (*о цене*) unreasonable.

несчастли́в|ец, ца *m* unlucky person, an unfortunate.

несчастли́в|ый (~, ~а) *adj* **1** (*неудачный*) unfortunate, luckless. **2** (*печальный*) unhappy.

несча́ст|ный (~ен, ~на) *adj* **1** unhappy; unfortunate, unlucky; **н. слу́чай** accident. **2** *as n* **н., ~ного** *m* wretch; an unfortunate.

несча́сть|е, я *nt* **1** (*беда*) misfortune; **к ~ю** unfortunately. **2** (*несчастный случай*) accident.

несчёт|ный (~ен, ~на) *adj* innumerable, countless.

несъедо́б|ный (~ен, ~на) *adj* inedible; **н. гриб** toadstool, inedible mushroom.

нет¹ 1 (*при отрицании*) no; not; **вы его́ ви́дели? Н.** you saw him? No; **вы не ви́дели его́? Н., ви́дел** you didn't see him? Yes, I did; **н. как н.** (*coll*; *emphatic*) absolutely not, absolutely nothing; **н.-н. да и взгля́нет на меня́** he glanced at me from time to time. **2** nothing, naught; **свести́ на н.** to bring to naught; **свести́сь (сойти́) на н.** to come to naught.

нет² (+ *g*) (*не имеется*) (there) is no, (there) are no; **здесь н. собо́ра** there is no cathedral here; **у меня́ н. вре́мени** I have no time.

нетакти́ч|ный (~ен, ~на) *adj* tactless.

нетбо́л, а *m* netball.

нетвёрдо *adv* **1** (*ходить*) unsteadily, not firmly. **2** (*fig*) not definitely; **знать н.** to have a shaky knowledge of; **я н. уве́рен** I am not quite sure.

нетвёрд|ый (~, ~а́, ~о) *adj* unsteady; shaky (*also fig*).

нетерпёж, а́ *m* (*coll*) impatience.

нетерпели́в|ый (~, ~а) *adj* impatient.

нетерпе́ни|е, я *nt* impatience.

нетерпи́мост|ь, и *f* intolerance.

нетерпи́м|ый (~, ~а) *adj* **1** (*поступок*) intolerable. **2** (*человек*) intolerant.

нетле́н|ный (~ен, ~на) *adj* imperishable.

неторопли́в|ый (~, ~а) *adj* leisurely, unhurried.

нето́чност|ь, и *f* **1** (*свойство*) inaccuracy, inexactitude. **2** (*ошибка*) error, slip.

нето́ч|ный (~ен, ~̈на́, ~но, ~̈ны́) *adj* inaccurate, inexact.

нетрадицио́н|ный (~ен, ~на) *adj* unconventional.

нетре́бовател|ьный (~ен, ~ьна) *adj* not exacting, undemanding; (*скромный*) unpretentious.

нетре́зв|ый (~, ~а́, ~о) *adj* not sober, drunk; **в ~ом ви́де** in a state of intoxication.

нетривиа́л|ьный (~ен, ~ьна) *adj* not trivial; outstanding, exceptional.

нетро́нут|ый (~, ~а) *adj* (*почва, снег*) virgin; (*обед*) untouched; (*fig*) (*натура*) unsullied, virginal.

нетрудово́й *adj* **1** not derived from labour (*Br*), labor (*US*); **н. дохо́д** unearned income. **2** (*человек*) not engaged in labour (*Br*), labor (*US*).

нетрудоспосо́бност|ь, и *f* disablement, disability.

нетрудоспосо́б|ный (~ен, ~на) *adj* disabled; invalid.

не́тто *adj indecl* (*comm*) net.

не́ту (*coll*) = **нет²**

неубеди́тел|ьный (~ен, ~ьна) *adj* unconvincing.

неу́бранный *adj* **1** (*комната*) untidy. **2** (*пшеница*) unharvested.

неуваже́ни|е, я *nt* disrespect, lack of respect; (*law*): **н. к суду́** contempt of court.

неуважи́тел|ьный (~ен, ~ьна) *adj* **1** (*причина*) inadequate; not acceptable. **2** (*coll*) (*непочтительный*) disrespectful.

неуве́ренност|ь, и *f* uncertainty; **н. в себе́** lack of self-confidence.

неуве́рен|ный (~, ~на *and* (*with syntactically related word(s)*) **~а)** *adj* **1** (*человек*) lacking confidence, unsure; **н. в себе́** lacking self-confidence, unsure of o.s. **2** (*походка, движение*) uncertain.

неувяда́|емый (~ем, ~ема) *adj* = **~ющий**

неувяда́ющий *adj* (*rhetorical*) unfading, everlasting.

неувя́зк|а, и *f* (*coll*) (*в расчётах*) discrepancy; (*недоразумение*) misunderstanding.

неугаси́м|ый (~, ~а) *adj* inextinguishable, unquenchable (*also fig*).

неугомо́н|ный (~ен, ~на) *adj* (*coll*) indefatigable, irrepressible.

неуда́вшийся *adj* unsuccessful.

неуда́ч|а, и *f* failure.

неуда́члив|ый (~, ~а) *adj* unlucky.

неуда́чник, а *m* unlucky person, failure, loser.

неуда́чни|ца, цы *f of* **⇒~к**

неуда́ч|ный (~ен, ~на) *adj* unsuccessful; (*несчастливый*) unfortunate; (*плохой*) bad; **~ное выраже́ние** unfortunate expression; **~ное нача́ло** bad start.

неудержи́м|ый (~, ~а) *adj* irrepressible.

неудо́б|ный (~ен, ~на) *adj* **1** (*одежда, постель*) uncomfortable. **2** (*fig*) (*время*) inconvenient; (*положение*) awkward; embarrassing.

неудобовари́м|ый (~, ~а) *adj* indigestible (*also fig*).

неудобопроизноси́м|ый (~, ~а) *adj* unpronounceable.

неудобочита́ем|ый (~, ~а) *adj* difficult to read, obscure.

неудо́бств|о, а *nt* **1** (*постели*) discomfort. **2** (*положения*)

Н

awkwardness; embarrassment.

неудовлетворе́ни|е, я *nt* **1** non-compliance; **н. жа́лобы** failure to act on a complaint. **2** (*неудовлетворённость*) dissatisfaction.

неудовлетворённост|ь, и *f* dissatisfaction, discontent.

неудовлетворё́н|ный *adj* **1 (~, ~на)** (*человек*) dissatisfied, discontented. **2 (~, ~а́)** (*потребность*) unsatisfied.

неудовлетвори́тел|ьный (~ен, ~ьна) *adj* unsatisfactory.

неудово́льстви|е, я *nt* dissatisfaction, displeasure.

неуём|ный (~ен, ~на) *adj* (*coll*) irrepressible; **~ная печа́ль** uncontrollable grief.

неуже́ли *interrog particle* really? is it possible?; **н. он так ду́мает?** does he really think that?; **н. ты не знал, что мы здесь?** did you really not know that we were here?; surely you knew that we were here?

неужи́вчивост|ь, и *f* quarrelsome disposition.

неужи́вчив|ый (~, ~а) *adj* difficult (to get on with); quarrelsome.

не́ужто *interrog particle* (*coll*) = **неуже́ли**

неузнава́емост|ь, и *f* unrecognizability; **он похуде́л до ~и** he has lost so much weight that you would not recognize him.

неузнава́ем|ый (~, ~а) *adj* unrecognizable.

неукло́н|ный (~ен, ~на) *adj* steady, steadfast; undeviating.

неуклю́жест|ь, и *f* clumsiness, awkwardness.

неуклю́ж|ий (~, ~а, ~е) *adj* clumsy, awkward.

неукосни́тел|ьный (~ен, ~ьна) *adj* strict, rigorous.

неукроти́м|ый (~, ~а) *adj* indomitable.

неулови́м|ый (~, ~а) *adj* **1** (*человек*) elusive, difficult to catch. **2** (*fig*) (*звук*) imperceptible.

неулы́бчив|ый (~, ~а) *adj* (*coll*) unsmiling.

неуме́л|ый (~, ~а) *adj* clumsy; unskilful (*Br*), unskillful (*US*).

неуме́ни|е, я *nt* inability; lack of skill.

неуме́ренност|ь, и *f* **1** (*annemuma*) immoderation. **2** (*человека*) intemperance.

неуме́рен|ный (~ен, ~на) *adj* **1** (*annemum, восторг*) immoderate; excessive. **2** (*человек*) intemperate.

неуме́ст|ный (~ен, ~на) *adj* **1** (*шутка*) inappropriate. **2** (*факт, информация*) irrelevant.

неумёх|а, и *cg* (*coll*) wally.

неу́м|ный (~ён, ~на́) *adj* foolish; (*решение*) unwise.

неумоли́м|ый (~, ~а) *adj* implacable; inexorable.

неумолка́ем|ый (~, ~а) *adj* incessant, unceasing.

неумо́л|чный (~чен, ~чна) *adj* = **~ка́емый**

неумы́шлен|ный (~, ~на) *adj* (*убийство*) unpremeditated; (*пренебрежение*) unintentional, inadvertent.

неупла́т|а, ы *f* non-payment.

неупотреби́тел|ьный (~ен, ~ьна) *adj* not in use.

неуравнове́шен|ный (~, ~на) *adj* (*psychol*) unbalanced.

неурожа́|й, я *m* bad harvest, crop failure.

неурожа́й|ный *adj of* ⇨**~**; **н. год** lean year, bad harvest year.

неуро́чный *adj* unearthly; **прийти́ в н. час** to come at an unearthly hour.

неуря́диц|а, ы *f* (*coll*) **1** (*беспорядок*) disorder, mess. **2** (*in pl*) (*ссора*) squabbling.

неуси́дчив|ый (~, ~а) *adj* restless, not persevering.

неуспева́емост|ь, и *f* poor progress (*in studies*).

неуспева́ющий *adj* backward, not making satisfactory progress.

неуста́н|ный (~ен, ~на) *adj* tireless, unwearying.

неусто́йк|а, и *f* **1** (*law*) penalty (*for breach of contract*). **2** (*coll*) failure.

неусто́йчивост|ь, и *f* instability, unsteadiness.

неусто́йчив|ый (~, ~а) *adj* unstable, unsteady.

неустрани́м|ый (~, ~а) *adj* unremovable; **~ое препя́тствие** insurmountable obstacle.

неустраши́м|ый (~, ~а) *adj* fearless, intrepid.

неустро́ен|ный (~, ~на) *adj* unsettled; badly organized.

неустро́йств|о, а *nt* disorder.

неусту́пчив|ый (~, ~а) *adj* unyielding, uncompromising.

неусы́п|ный (~ен, ~на) *adj* tireless, indefatigable.

неутеши́тел|ьный (~ен, ~ьна) *adj* not comforting, depressing; **~ьные ве́сти** distressing news.

неуте́ш|ный (~ен, ~на) *adj* inconsolable; disconsolate.

неутоли́м|ый (~, ~а) *adj* (*жажда*) unquenchable; (*голод*) unappeasable; (*fig*) insatiable.

неутоми́м|ый (~, ~а) *adj* tireless, indefatigable.

не́уч, а *m* (*coll*) ignoramus.

неучти́вост|ь, и *f* discourtesy, impoliteness, incivility.

неучти́в|ый (~, ~а) *adj* discourteous, impolite, uncivil.

неую́т|ный (~ен, ~на) *adj* bleak, comfortless.

неуязви́м|ый (~, ~а) *adj* **1** (*позиция, человек, подводная лодка*) invulnerable. **2** (*доказательство*) unassailable.

неф, а *m* (*archit*) nave.

неформа́л, а *m* (*coll*) member of an unofficial organization.

неформа́л|ьный (~ен, ~ьна) *adj* unofficial; informal.

нефри́т[1], а *m* (*med*) nephritis.

нефри́т[2], а *m* (*min*) nephrite, jade.

нефте... *comb form* oil-, petro-.

нефтево́з, а *m* oil tanker (*truck*).

нефтедо́ллар, а *m* petrodollar.

нефтеналивн|о́й *adj* equipped for carrying oil in bulk; **~о́е су́дно** oil tanker.

нефтено́с|ный (~ен, ~на) *adj* oil-bearing.

нефтеперего́нный *adj* oil-refining.

нефтеперераба́тывающий *adj* oil-refining; **н. заво́д** oil refinery.

нефтепрово́д, а *m* oil pipeline.

нефтета́нкер, а *m* oil tanker (*ship*).

нефтехрани́лищ|е, а *nt* oil tank, oil reservoir.

нефт|ь, и *f* oil, petroleum; **сыра́я н.** crude oil.

нефтя́ник, а *m* oil (industry) worker.

нефтя́нк|а, и *f* (*coll*) **1** (*двигатель*) oil engine. **2** (*баржа*) oil barge.

нефтян|о́й *adj* oil; **~а́я вы́шка** derrick; **н. фонта́н** (oil) gusher.

нехва́тк|а, и *f* (*coll*) shortage.

нехи́т|рый (~ёр, ~ра́, ~ро́) *adj* **1** (*простодушный*) artless, guileless. **2** (*coll*) (*простой*) simple; uncomplicated.

нехоро́ш|ий (~, ~а́) *adj* bad.

нехорошо́ *adv* badly; **чу́вствовать себя́ н.** to feel unwell.

не́хотя *adv* **1** (*неохотно*) reluctantly, unwillingly. **2** (*нечаянно*) inadvertently, unintentionally.

нецелесообра́з|ный (~ен, ~на) *adj* inexpedient; pointless.

нецензу́р|ный (~ен, ~на) *adj* unprintable; **~ные слова́** swear words, obscenities.

нечаянност|ь, и *f* **1** (*свойство*) unexpectedness. **2** (*неожиданное событие*) unexpected event, surprise.

неча́янный *adj* **1** (*неожиданный*) unexpected. **2** (*случайный*) accidental; unintentional.

не́чего, не́чему, не́чем, не́ о чем 1 *pron* (+ *inf*) there is nothing (to); **мне н. чита́ть** I have nothing to read; **не́ о чем бы́ло говори́ть** there was nothing to talk about; **от н. де́лать** for want of sth better to do, to while away the time; **н. сказа́ть!** (*coll, ironical*) indeed!; well, I declare! **2** *as pred* (*impers*; + *inf*) (*незачем*) it's no good, it's no use; there is no need; **н. жа́ловаться** it's no use complaining; **н. и говори́ть, что...** it goes without saying that ... .

нечелове́ческий *adj* **1** (*усилия*) superhuman. **2** (*отношения*) inhuman.

нечести́в|ый (~, ~а) *adj* impious, profane.

нече́стност|ь, и *f* dishonesty.

нече́ст|ный (~ен, ~на́, ~но, ~ны) *adj* **1** (*человек*) dishonest. **2** (*поступок*) dishonourable (*Br*), dishonorable (*US*); **~ная игра́** (*sport*) foul play.

не́чет, а *m* (*coll*) odd number.

нечёт|кий (~ок, ~ка́) *adj* (*почерк*) illegible; (*рисунок*) indistinct; (*изложение*) unclear; (*работа*) inaccurate, slipshod.

нечётный *adj* odd.

Н

нечистопло́т|ный (~ен, ~на) *adj* **1** (*грязный*) dirty; (*неопрятный*) untidy, slovenly. **2** (*fig*) (*нечестный*) unscrupulous.

нечистот|а́, ы́, *pl* **~ы, ~** *f* **1** (*sg only*) dirtiness. **2** (*in pl*) (*отбросы*) sewage, garbage.

нечи́ст|ый (~, ~а́, ~о, ~ы́) *adj* **1** (*грязный*) unclean, dirty (*also fig*); **~ое де́ло** suspicious affair; **~ая пи́ща** (*relig*) unclean food. **2** (*с примесью чего-л.*) impure, adulterated; **~ая поро́да** impure breed; **~ое произноше́ние** defective pronunciation. **3** (*неаккуратный*) careless, inaccurate. **4** (*нечестный*) dishonourable (*Br*), dishonorable (*US*); dishonest; **быть ~ым на́ руку** to be light-fingered. **5**: **~ая си́ла** evil spirits.

не́чист|ь, и *f* (*collect; coll*) **1** (*нечистая сила*) evil spirits. **2** (*fig, pej*) (*презренные люди*) scum, vermin.

нечленоразде́л|ьный (~ен, ~ьна) *adj* inarticulate.

не́что *pron* (*nom and a cases only*) something.

нечувстви́тел|ьный (~ен, ~ьна) *adj* (**к** + *d*) insensitive (to).

нешу́точ|ный (~ен, ~на) *adj* grave, serious; **де́ло ~ное** it is no joke; it is no laughing matter.

неща́д|ный (~ен, ~на) *adj* merciless.

неэвкли́дов *adj*: **~а геоме́трия** non-Euclidean geometry.

неэконо́м|ный (~ен, ~на) *adj* uneconomical.

неэти́ч|ный (~ен, ~на) *adj* unethical.

неэффекти́в|ный (~ен, ~на) *adj* ineffective; inefficient.

нея́вк|а, и *f* non-appearance, failure to appear.

неядови́тый *adj* non-poisonous; (*chem*) non-toxic.

нея́сност|ь, и *f* vagueness, obscurity.

нея́с|ный (~ен, ~на́, ~но) *adj* vague, obscure.

нея́сыт|ь, и *f* tawny owl.

ни 1 *correlative conj* **ни… ни** neither … nor; **ни тот ни друго́й** neither (the one nor the other); **ни то ни сё** neither one thing nor the other; **ни с того́, ни с сего́** all of a sudden; **ни за что, ни про что** for no reason at all. **2** *particle* not a; **ни оди́н, ни одна́, ни одно́** not a, not one, not a single; **на у́лице не́ было ни (одно́й) души́** there was not a soul about. **3** *separable component of prons* **никако́й, никто́, ничто́** *following preps*; **ни в како́м (ни в ко́ем) слу́чае** on no account; **ни за что (на све́те!)** in no circumstances; not for the world! **4** (*particle, in comb with* **как, кто, куда́** *etc.*) = -ever; **как бы мы ни стара́лись** however hard we tried; **что бы он ни говори́л** whatever he might say.

ни́в|а, ы *f* (corn)field; **на ~е просвеще́ния** (*fig*) in the field of education.

нивели́р, а *m* (*tech*) level.

нивели́р|овать, ую *impf and pf* (*tech and fig*) to level.

нивелиро́вк|а, и *f* levelling.

нигде́ *adv* nowhere.

Ни́гер, а *m* **1** (*страна*) Niger. **2** (*река*) the Niger.

ни́гер|ец, ца *m* Nigerien.

ни́гер|ка, ки *f of* **⇒~ец**

ни́герский *adj* Nigerien.

нигери́|ец, йца *m* Nigerian.

нигери́|йка, йки *f of* **⇒~ец**

нигери́йский *adj* Nigerian.

Ниге́ри|я, и *f* Nigeria.

нигили́зм, а *m* nihilism.

нигили́ст, а *m* nihilist.

нигилисти́ческий *adj* nihilistic.

нигили́ст|ка, ки *f of* **⇒~**

нидерла́ндский *adj* Dutch, Netherlands; (*язык*) Dutch.

Нидерла́нд|ы, ов (*no sg*) the Netherlands.

нижа́йший *superl of* **⇒ни́зкий; ваш н. слуга́** your very humble servant.

ни́же 1 *comp of* **⇒ни́зкий, ни́зко**. **2** *prep* (+ *g*) *and adv* below, beneath.

нижеподписа́вшийся *adj* (the) undersigned.

нижесле́дующий *adj* following.

нижеупомя́нутый *adj* undermentioned.

ни́жн|ий *adj* lower; **~ее бельё** underclothes, underwear; **~яя пала́та** Lower Chamber, Lower House; **~яя ю́бка** slip; **н. эта́ж** ground floor (*Br*), first floor (*US*).

ни|жу́, ~жешь *see* **⇒~за́ть**

низ, а, *pl* **~ы́** *m* **1** bottom. **2** (*in pl*) (*общества*) lower classes. **3** (*in pl; mus*) low notes.

ни|за́ть, жу́, ~жешь *impf* (*of* **⇒на~**) to string, thread; **н. слова́** to speak very smoothly.

низведе́ни|е, я *nt* bringing down.

низверг|а́ть, а́ю *impf* (*of* **⇒~нуть**) to precipitate; (*fig*) to overthrow.

низверг|а́ться, а́юсь *impf* (*of* **⇒~нуться**) **1** to crash down. **2** *passive of* **⇒~а́ть**

низве́рг|нуть(ся), ну(сь), нешь(ся), *past* **~(ся)** *and* **~нул(ся), ~ла(сь),** *pf of* **⇒~а́ть(ся)**

низверже́ни|е, я *nt* overthrow.

низве|сти́, ду́, дёшь, *past* **~л, ~ла́** *pf* (*of* **⇒низводи́ть**) to bring down; (*fig*) to bring low; to reduce.

низво|ди́ть, жу́, ~дишь *impf of* **⇒низвести́**

низи́н|а, ы *f* low-lying area.

ни́з|кий (~ок, ~ка́, ~ко) *adj* **1** low; **~кого происхожде́ния** of humble origin; **быть ~кого мне́ния о** + *p* to have a low opinion of. **2** (*подлый*) base, mean; **н. посту́пок** shabby act.

низкока́чествен|ный (~, ~на) *adj* low-quality.

низкоопла́чиваем|ый (~, ~а) *adj* poorly paid.

низкопокло́нник, а *m* toady, crawler.

низкопокло́ннича|ть, ю *impf* (**пе́ред** + *i*) to grovel (before).

низкопокло́нств|о, а *nt* servility.

низкопро́б|ный (~ен, ~на) *adj* **1** (*серебро*) base, low-grade. **2** (*товар, пьеса*) inferior; trashy. **3** (*делец*) unprincipled, immoral.

низкоро́сл|ый (~, ~а) *adj* (*человек*) short; (*дерево*) undersized, stunted.

низкосо́рт|ный (~ен, ~на) *adj* low-grade; poor-quality.

низлага́|ть, ю *impf of* **⇒низложи́ть**

низложе́ни|е, я *nt* deposition, dethronement.

низлож|и́ть, у́, ~ишь *pf* (*of* **⇒низлага́ть**) to depose, dethrone.

ни́зменност|ь, и *f* **1** (*geog*) lowland (*not exceeding 200 m above sea level*). **2** (*подлость*) baseness.

ни́змен|ный (~, ~на) *adj* **1** low-lying. **2** (*подлый*) low; base, vile; **~ные инсти́нкты** basic instincts.

низово́й[1] *adj* (*geog*) lower; situated down stream.

низово́й[2] *adj* (*pol*) grass-roots.

низо́в|ье, ья, *g pl* **~ьев** *nt* the lower reaches (*of a river*).

низо|йти́, йду́, йдёшь, *past* **нисшёл, ~шла́** *pf* (*of* **⇒нисходи́ть**) (*obs*) to descend.

ни́зом *adv* (*coll*) along the bottom; **е́хать н.** to take the lower road.

ни́зост|ь, и *f* lowness; (*подлость*) baseness, meanness.

низри́н|уть, у, ешь *pf* (*rhetorical*) to throw down, overthrow.

низри́н|уться, усь, ешься *pf* (*rhetorical*) to crash down.

ни́зш|ий *superl of* **⇒ни́зкий**; lowest.

НИИ́ *m indecl* (*abbr of* **нау́чно-иссле́довательский институ́т**) research institute.

ника́к[1] *adv* (*никаким образом*) by no means, in no way; **он н. не мог узна́ть её а́дрес** in no way could he discover her address; **н. нельзя́** it is quite impossible; **н. нет** (*mil*) *respectful reply in negative to question.*

ника́к[2] *adv* (*coll*) (*кажется*) it seems, it would appear; **они́, н., уже́ пришли́** they are here already, it seems.

никак|о́й *pron* no; **не… ~о́го, ~о́й, ~и́х** no … whatever; **я не име́ю ~о́го представле́ния (поня́тия)** I have no idea, no conception; **~и́х возраже́ний!** no objections!; **учёный он н.** (*coll*) he is no scholar; **и ~и́х (гвозде́й)!** (*coll*) and that's that.

Никара́гуа *f indecl* Nicaragua.

никарагуа́н|ец, ца *m* Nicaraguan.

никарагуа́н|ка, ки *f of* **⇒~ец**

никарагуа́нский *adj* Nicaraguan.

ни́келевый *adj* nickel.

никелиро́в|анный *ppp of* **⇒~а́ть** *and adj* nickel-plated.

никелир|ова́ть, у́ю *impf and pf* to plate with nickel, nickel.

никелиро́вк|а, и *f* nickel plating.

ни́кел|ь, я *m* nickel.

ни́к|нуть, ну, нешь, *past* **~, ~ла** *impf* (*of* **⇒по~** *and* **⇒с~**) to droop, flag (*also fig*).

никогда́ *adv* never; **как н.** as never before.

нико́|й *pron*: **~им о́бразом** by no means, in no way; **ни в ко́ем слу́чае** on no account, in no circumstances.

никоти́н, а *m* nicotine.

никоти́н|ный *adj of* ⇨**~**

никоти́н|овый *adj* = **~ный**

никто́, никого́, никому́, нике́м, ни о ком *pron* nobody, no one; **там никого́ не́ было** there was nobody there; **н. друго́й** nobody else; **ни у кого́ нет э́того** no one has it.

никуда́ *adv* nowhere; **э́то н. не годи́тся** (*fig*) this won't do; it is no good at all; **н. не го́дный** good-for-nothing, worthless, useless.

никуды́ш|ный (~ен, ~на) *adj* (*coll*) = **никуда́ не го́дный**.

никчё́м|ный (~ен, ~на) *adj* (*coll*) useless, good-for-nothing.

Нил, а *m* the Nile (*river*).

ним *i of* ⇨**он**, ⇨**оно́**; *d of* ⇨**они́** *after preps*.

нима́ло *adv* not in the least, not at all.

нимб, а *m* halo, nimbus.

ни́ми *i of* ⇨**они́** *after preps*.

ни́мф|а, ы *f* nymph.

нимфе́тк|а, и *f* nymphet(te).

нимфома́ни|я, и *f* nymphomania.

нимфома́нк|а, и *f* nymphomaniac.

нио́би|й, я *m* (*chem*) niobium.

нioтку́да *adv* from nowhere; **н. не сле́дует, что...** it in no way follows that ... .

нипочё́м *adv* (*coll*) **1** (+ *d*) it is nothing (to); **э́то ему́ н.** it is child's play to him; **ему́ н. провести́ це́лую ночь за рабо́той** he thinks nothing of spending a whole night working. **2** (*очень дёшево*) for nothing, dirt-cheap; **прода́ть н.** to sell for a song. **3** (*ни за что*) never, in no circumstances.

ни́ппел|ь, я, *pl* **~я́, ~е́й** *m* (*tech*) nipple.

нирва́н|а, ы *f* nirvana.

нисколько *adv* not at all, not in the least; **ей от э́того бы́ло н. не лу́чше** she was none the better for it.

ниспада́|ть, ет *impf of* ⇨**ниспа́сть**

ниспа́|сть, ду́, дё́шь, *past* **~л, ~ла** *pf* (*of* ⇨**~да́ть**) (*obs*) to fall, drop.

ниспроверг|а́ть, а́ю *impf* (*of* ⇨**~́нуть**) to overthrow.

ниспрове́рг|нуть, ну, нешь, *past* **~** *and* **~нул, ~ла** *pf of* ⇨**~а́ть**

ниспроверже́ни|е, я *nt* overthrow.

нисхо|ди́ть, жу́, ~́дишь *impf of* ⇨**низойти́**

нисход|я́щий *pres participle active of* ⇨**~и́ть** *and adj* **1** descending; **по ~я́щей ли́нии** in the line of descent, in a descending line. **2** (*ling*) falling.

нитеви́д|ный (~ен, ~на) *adj* thread-like, filiform.

ни́тк|а, и *f* thread; **н. же́мчуга** string of pearls; **на живу́ю ~у** (*fig, coll*) hastily, anyhow; **ши́то бе́лыми ~ами** (*fig, coll*) transparent, obvious; **до (после́дней) ~и обобра́ть** (*fig, coll*) to fleece, leave without a shirt to one's back; **промо́кнуть до ~и** (*fig*) to get soaked to the skin.

ни́точк|а, и *f diminutive of* ⇨**ни́тка**; **по ~е разобра́ть** (*fig*) to analyse minutely; **ходи́ть по ~е** (*fig*) to toe the line.

нитра́т, а *m* (*chem*) nitrate.

нитри́т, а *m* (*chem*) nitrite.

нитробензо́л, а *m* (*chem*) nitrobenzene.

нитроглицери́н, а *m* (*chem*) nitroglycerine.

нитча́тк|а, и *f* **1** (*червь*) roundworm. **2** (*bot*) hair-weed, crow-silk.

ни́тчатый *adj* filiform.

нит|ь, и *f* **1** thread; **путево́дная н.** clue; **~́и дру́жбы** bonds of friendship; **проходи́ть кра́сной ~́ью** (*fig*) to run through (*of theme, motif*). **2** (*bot, elec*) filament. **3** (*med*) suture.

ни́тяный *adj* cotton.

них *a and g of* ⇨**они́** *when governed by preps*.

ниц *adv* (*obs*) face downwards; **пасть н.** to prostrate o.s., kiss the ground.

ничего́[1] *g of* ⇨**ничто́**

ничего́[2] *adv* **1** (*also* **н. себе́**) so-so; passably, not (too) badly; all right; **ко́рмят здесь н.** the food here is not too bad; **как вы чу́вствуете себя́? Н.** how do you feel? All right. **2** *as indecl adj* not (too) bad, passable, tolerable; **на́ша кварти́ра н.** our flat is not too bad; **па́рень он н.** he is not a bad chap.

нич|е́й (~ья́, ~ьё) *pron* nobody's, no one's; **~ья́ земля́** no man's land; *as n* **~ья́**, *g, d, i, p* **~ье́й**, *pl* **~ьи́, ~ьи́х, ~ьи́м** *f* (*sport*) draw, drawn game.

ниче́йный *adj* (*coll*) **1** no man's. **2** (*sport*) drawn.

ничко́м *adv* prone, face downwards.

ничто́, ничего́, ничему́, ниче́м, ни о чё́м *pron* **1** nothing; **э́то ничего́ не зна́чит** it means nothing; **ниче́м не ко́нчилось** it came to nothing; **ничего́ подо́бного!** nothing of the kind!; **э́то ничего́!** it's nothing!; it doesn't matter!; **ничего́!** (*coll*) that's all right!; never mind! **2** (*ничтожество*) a nonentity, a nobody, nothing.

ничто́же *pron*: **н. сумня́шеся** (*ironical*) without a second's hesitation.

ничто́жеств|о, а *nt* **1** (*убожество*) poverty. **2** (*человек*) a nonentity, a nobody.

ничто́жност|ь, и *f* **1** (*незначительность*) insignificance. **2** (*человек*) a nonentity, a nobody.

ничто́ж|ный (~ен, ~на) *adj* (*незначительный*) insignificant; (*человек*) paltry, worthless.

ничу́ть *adv* (*coll*) not at all, not in the least, not a bit; **н. не быва́ло** not at all.

ничь|я́, е́й *f see* ⇨**ниче́й**

ни́ш|а, и *f* niche, recess; (*archit*) alcove, bay.

нища́|ть, ю *impf* (*of* ⇨**об~**) to be reduced to beggary.

ни́щенк|а, и *f* beggar woman.

ни́щенский *adj* beggarly.

ни́щенств|о, а *nt* **1** (*действие*) begging. **2** (*нищета*) beggary.

ни́щенств|овать, ую *impf* **1** (*заниматься нищенством*) to beg, go begging. **2** (*жить в нищете*) to be destitute.

нищет|а́, ы́ *f* **1** (*крайняя бедность*) poverty (*also fig*). **2** (*collect*) (*нищие люди*) beggars; the poor.

ни́щ|ий *adj* **1** destitute; poverty-stricken; **н. ду́хом** poor in spirit. **2** *as n* **н., ~его** *m* beggar; pauper.

НКВД *m indecl* (*abbr of* **Наро́дный комиссариа́т вну́тренних дел**) (*hist*) NKVD, People's Commissariat for Internal Affairs.

НЛО *m indecl* (*abbr of* **неопо́знанный лета́ющий объе́кт**) UFO (*unidentified flying object*).

но[1] *conj* **1** but; *after concessive clause not translated or* still, nevertheless; **хотя́ он и бо́лен, но наме́рен прийти́** although he is ill, he (still) intends to come. **2** (*coll*) *as nt n* a 'but'; snag, difficulty; **тут есть одно́ «но»** there is just one snag in it.

но[2] *int* gee up!

Но́белевск|ий *adj*: **~ая пре́мия** Nobel Prize.

нова́тор, а *m* innovator.

нова́тор|ский *adj of* ⇨**~** *and* ⇨**~ство**

нова́торств|о, а *nt* innovation.

Но́в|ая Гвине́|я, ~ой ~и *f* New Guinea.

Но́в|ая Зела́нди|я, ~ой ~и *f* New Zealand.

Но́в|ая Земл|я́, ~ой, ~и́ *f* Novaya Zemlya.

Но́в|ая Шотла́нди|я, ~ой ~и *f* (*провинция Канады*) Nova Scotia.

нове́йший *superl of* ⇨**но́вый**; newest; (*последний*) latest.

нове́лл|а, ы *f* **1** novella. **2** (*law*) novel; **законода́тельная н.** novel/innovative (piece of) legislation.

новелли́ст, а *m* novella writer.

но́веньк|ий *adj* **1** new. **2** *as n* **н., ~ого** *m* new boy; **~ая, ~ой** *f* new girl.

новизн|а́, ы́ *f* novelty; newness.

нови́к, а́ *m* **1** (*hist*) (*дворянин*) young courtier. **2** (*obs*) (*новичок*) novice.

нови́нк|а, и *f* new thing, novelty; **кни́жные ~и** new books; **э́то мне в ~у** it is a new experience for me.

нович|о́к, ка́ *m* **1** (**в** + *p*) novice (at), beginner (at). **2** (*в школе*) new boy; new girl.

новобра́н|ец, ца *m* recruit.

новобра́ч|ная, ой *f* bride.

новобра́ч|ные, ых *pl* newly-weds.

новобра́ч|ный, ого *m* bridegroom.

нововведе́ни|е, я *nt* innovation.

новогвине́|ец, йца *m* Papua New Guinean.

новогвине́|йка, йки *f of* ⇨**~ец**

новогвине́йский *adj* Papua New Guinean.

нового́дн|ий *adj* New Year's; **~яя ночь** New Year's Eve.

новогре́ческий *adj*: **н. язы́к** Modern Greek.

новозаве́тный *adj* of the New Testament.

новозела́нд|ец, ца *m* New Zealander.

новозела́нд|ка, ки *f of* ⇨**~ец**

новозела́ндский *adj* New Zealand.

новоиспечё́нный *adj* (*coll, joc*) new.

новока́ин, а *m* (*pharm*) Novocaine (*propr*).

новолу́ни|е, я *nt* new moon.

новомо́д|ный (~ен, ~на) *adj* in the latest fashion, up-to-date; (*fig, pej*) newfangled.

новообразова́ни|е, я *nt* new growth; new formation; (*med*) neoplasm.

новообращённый *adj* (*relig and fig*) newly converted.

новопреста́вленный *adj* (*relig*) the late, the late-lamented.

новоприбы́вш|ий *adj* newly-arrived; *as n* **н., ~его** *m* newcomer.

новорождённ|ый *adj* newborn; *as n* **н., ~ого** *m*, **~ая, ~ой** *f* the baby; (*med*) neonate.

новосёл, а *m* (*земли*) new settler; (*дома*) new occupant.

новосе́ль|е, я *nt* **1** (*жилище*) new home. **2** (*празднование*) house-warming; **справля́ть н.** to give a house-warming party.

новостно́й *adj* news (*attr*).

новостро́йк|а, и *f* **1** (*действие*) erection of new buildings. **2** (*здание*) newly-erected building; **шко́ла-н.** new school.

но́вост|ь, и, *g pl* **~е́й** *f* **1** (*известие*) news; **э́то что ещё за ~и!; вот ещё ~и!** (*coll*) well, I like that!; did you ever! **2** = **нови́нка**

новоя́вленный *adj* (*relig or ironical*) newly brought to light.

но́вшеств|о, а *nt* innovation, novelty.

но́в|ый (~, ~а́, ~о, ~ы́) *adj* **1** new; **соверше́нно н.** brand new; **Н. год** New Year's Day; **Н. Заве́т** the New Testament; **Н. свет** the New World; **что ~ого?** what's the news?; what's new? **2** (*современный*) modern; recent; **~ая исто́рия** modern history; **~ые языки́** modern languages.

> **Но́вый год — New Year's Day**
>
> This is the favourite holiday in Russia and some other former Soviet republics, celebrated on 1 January as elsewhere in Europe. New Year's Day and 2 January are traditionally national holidays and since 2005 January 3 and 4 have also been declared holidays.

нов|ь, и *f* virgin soil.

ног|а́, и́, *a* **~у,** *pl* **~и, ~, ~а́м** *f* (*ступня*) foot; (*до ступни*) leg; **вверх ~а́ми** head over heels; **без (за́дних) ног** (*coll*) deadbeat; **в ~а́х посте́ли** at the foot of the bed; **идти́ в ~у (с + *i*)** to keep step (with), keep pace (with) (*also fig*); **идти́ н. за́ ~у** (*coll*) to amble along; **к ~е́!** (*mil*) order arms!; **положи́ть ~у на́ ~у** to cross one's legs; **сиде́ть н. на́ ~у** to sit with legs crossed; **поста́вить кого́-н. на́ ~и** (*fig*) to set s.o. on his feet; **стать на́ ~и** (*fig*) to stand on one's own feet; **жить на широ́кую/большу́ю/ба́рскую ~у** to live in (grand/great) style, live like a lord; **быть на коро́ткой ~е́ (с + *i*)** to be on good terms (with); **хрома́ть на о́бе ~и́** to be lame in both legs; (*fig, coll*) to go badly, creak; **верте́ться у кого́-н. под ~а́ми** to get under s.o.'s feet; **сбить с ног** to knock down; **встать с ле́вой ~и́** to get out of bed on the wrong side; **со всех ног** (*coll*) as fast as one's legs will carry one; **е́ле ~и унести́** to escape by the skin of one's teeth; **ног под собо́й не слы́шать (от ра́дости)** (*coll*) to be beside o.s. (*with joy*); **ног под собо́й не чу́вствовать (от уста́лости,** *etc.*) to be barely able to stand (from tiredness, *etc*); **моей ~и́ у вас не бу́дет** (*coll*) I shall not set foot in your house again; **мы — ни ~о́й туда́** (*coll*) we never go near the place; **стоя́ть одно́й ~о́й в моги́ле** to have one foot in the grave; **протяну́ть ~и** (*coll*) to turn up one's toes.

ноготк|и́, о́в *m pl* (common/pot) marigold (*genus Calendula*).

но́г|оть, тя, *pl* **~ти, ~те́й** *m* (*на руке*) (finger)nail; (*на ноге*) (toe)nail.

ног|тево́й *adj of* ⇨**~оть**

нож, а́ *m* knife; **перочи́нный н.** penknife; **разрезно́й н.** paperknife; **н.-пила́** bread knife; **садо́вый н.** pruning knife; **н. в спи́ну** (*fig*) stab in the back; **э́то мне н. о́стрый** (*fig*) for me this is sheer hell; **без ~а́ заре́зать** to do for; **быть на ~а́х (с + *i*)** to be at daggers drawn (with); **под ~о́м** under the knife (= *during a surgical operation*); **пристава́ть к кому́-н. с ~о́м к го́рлу** to pester s.o.

нож|ево́й *adj of* ⇨**~**; **н. ма́стер** cutler; **~евы́е изде́лия** cutlery.

но́жик, а *m* (small) knife.

но́жк|а, и *f* **1** *diminutive of* ⇨**нога́**; **подста́вить ~у (+ *d*)** to trip up. **2** (*мебели, утвари*) leg; (*рюмки*) stem. **3** (*bot*) stalk; (*гриба*) stem.

но́жниц|ы, ~ *pl* **1** scissors, pair of scissors; (*большие*) shears. **2** (*econ*) (*расхождение*) discrepancy.

ножно́й *adj of* ⇨**нога́**; **н. то́рмоз** foot brake.

но́ж|ны, ~ен, ~нам (*and* **нож|ны́, ~о́н, ~на́м)** *pl* sheath; scabbard.

ножо́вк|а, и *f* hacksaw.

ножо́вый = **ножево́й**

ноздрева́тост|ь, и *f* porosity.

ноздрева́т|ый (~, ~а) *adj* porous.

ноздр|я́, и́, *pl* **~и, ~е́й** *f* nostril.

нока́ут, а *m* (*sport*) knockout.

нокаути́р|овать, ую *impf and pf* (*sport*) to knock out.

нокда́ун, а *m* (*sport*) knock-down.

ноктю́рн, а *m* (*mus*) nocturne.

нолево́й = **нулево́й**

нол|ь, я́ *m* = **нуль**; **ноль-ноль** *indicates timing of event at the hour exactly*; **экспре́сс в Берли́н отправля́ется в семна́дцать н.-н.** the express for Berlin departs at 17.00 hours.

нома́д, а *m* (*hist*) nomad.

номенклату́р|а, ы *f* **1** (*совокупность названий терминов*) nomenclature. **2** (*hist*) (*работники*) nomenklatura (*in the former USSR*).

номенклату́р|ный *adj of* ⇨**~а**

но́мер, а, *pl* **~а́** *m* **1** (*телефона, машины, дома*) number; (*газеты, журнала*) number, issue. **2** (*размер*) size; **како́й н. боти́нок вы но́сите?** what size do you take in shoes? **3** (*в гостинице*) room. **4** (*концерта*) item on the programme (*Br*), program (*US*); number, turn; **со́льный н.** solo (number). **5** (*coll*) trick; **вы́кинуть н.** to play a trick.

номерно́й *adj of* ⇨**но́мер**; (*завод*) numbered (*as opp to having a name*); **н. знак** number plate (*Br*), license plate (*US*).

номер|о́к, ка́ *m* **1** (*в гардеробе*) ticket. **2** (*в гостинице*) small room.

номина́л, а *m* (*econ*) face value; **по ~у** at face value.

номина́льн|ый *adj* nominal; **~ая цена́** face value.

номина́нт, а *m* nominee.

номина́нт|ка, ки *f of* ⇨**~**

номина́ци|я, и *f* nomination.

номини́р|овать, ую *impf and pf* to nominate.

но́н|а, ы *f* (*mus*) ninth.

нонконформи́зм, а *m* nonconformism.

нонконформи́ст, а *m* nonconformist.

нонконформи́ст|ка, ки *f of* ⇨**~**

нонконформи́стский *adj* nonconformist.

нор|а́, ы́, *pl* **~ы, ~, ~ам** *f* (*зайца*) burrow, hole; (*лисы*) lair.

Норве́ги|я, и *f* Norway.

норве́ж|ец, ца *m* Norwegian.

норве́ж|ка, ки *f of* ⇨**~ец**

норве́жск|ий *adj* Norwegian; **Н~ое мо́ре** the Norwegian Sea.

норд, а *m* (*naut*) **1** (*направление*) north. **2** (*ветер*) north wind.

норд-ве́ст, а *m* (*naut*) **1** (*направление*) north-west. **2** (*ветер*) north-wester(ly wind).

норд-о́ст, а *m* (*naut*) **1** (*направление*) north-east. **2** (*ветер*) north-easter(ly wind).

но́рк|а¹, и *f diminutive of* ⇨**нора́**

но́рк|а², и *f* (*зверь*) mink.

но́рк|овый *adj of* ⇨**~а²**

но́рм|а, ы *f* **1** (*поведения*) standard, norm. **2** (*величина*) rate; **н. вы́работки** rate of output; **сверх ~ы** in excess of planned rate.

нормализа́ци|я, и *f* standardization; normalization.

нормализ|ова́ть, у́ю *impf and pf* (*орфографию*) to standardize; (*отношения*) to normalize.

норма́л|ь, и *f* (*math, phys*) normal.

норма́льно *as pred* (*coll*) it is all right, fine, OK.

норма́льност|ь, и *f* normality.

норма́л|ьный (~ен, ~ьна) *adj* normal.

норма́нд|ец, ца *m* Norman (*inhabitant of Normandy*).

Норма́нди|я, и *f* Normandy.

норма́нд|ка, ки *f of* ⇨**~ец**

Норма́ндск|ие о́стров|а́, ~их ~о́в (*no sg*) the Channel Islands.

норма́ндский *adj* Norman.

норма́нн, а *m* (*hist*) Norseman; Norman.

норма́ннский *adj* (*hist*) Norse.

нормати́в, а *m* (*econ*) norm.

нормати́в|ный (~ен, ~на) *adj* **1** *adj of* ⇨**~**; corresponding to norm. **2** (*определяющий норму*) normative.

Н

нормирова́ни|е, я *nt* **1** regulation, normalization; **н. труда́** norm-fixing, norm-setting (*in production*). **2** (*продуктов*) rationing.

нормиро́в|анный *ppp of* ⇨**~а́ть**; **н. рабо́чий день** fixed working hours; **~анное снабже́ние** rationing.

нормир|ова́ть, у́ю *impf and pf* **1** to regulate, normalize; **н. за́работную пла́ту** to fix wages. **2** (*продукты*) to ration, place on the ration.

но́ров, а *m* **1** (*coll*) (*упрямство*) obstinacy, capriciousness; **челове́к с ~ом** difficult person. **2** (*лошадей*) restiveness.

норови́ст|ый (~, ~а) *adj* (*coll*) restive; jibbing.

норов|и́ть, лю́, и́шь *impf* (*coll*) **1** (+ *inf*) to strive (to), aim (at). **2** (**в** + *nom-a*) to strive to become; **он ~и́т в писа́тели** he has literary aspirations.

нос, а, о ~́е, в/на ~у́, *pl* **~ы́** *m* **1** nose; **у меня́ идёт кровь ~́ом** (*or* **из ~́а** *or* **и́з ~у**) my nose is bleeding; **у него́ ча́сто идёт ~́ом кровь** he often has nosebleeds; **говори́ть в н.** to speak through one's nose; **~́ом к ~́у** (*coll*) face to face; **на ~у́** (*coll*) near at hand, imminent; **заруби́ э́то себе́ на ~у́!** put that in your pipe and smoke it!; **оста́вить с ~́ом** (*coll*) to dupe, make a fool of; **оста́ться с ~́ом** (*coll*) to be duped, be left looking a fool; **задра́ть н., подня́ть н.** (*coll*) to put on airs; **клева́ть ~́ом** (*coll*) to nod; **натяну́ть н. кому́-н.** (*coll*) to make a fool of s.o.; **н. вороти́ть (от** + *g*) (*coll*) to turn up one's nose (at); **пове́сить н. (на кви́нту)** (*coll*) to be crestfallen, be discouraged; **показа́ть н.** (*coll*) to cock a snook; **сова́ть н. не в своё де́ло** (*coll*) to poke one's nose into other people's affairs; **ткнуть кого́-н. ~́ом во что-н.** (*coll*) to thrust sth under s.o.'s nose; **уткну́ться ~́ом во что-н.** (*coll*) to bury o.s. in sth. **2** (*птицы*) beak. **3** (*naut*) bow, head; prow.

носа́ст|ый (~, ~а) *adj* big-nosed.

носа́т|ый (~, ~а) *adj* = **носа́стый**

но́сик, а *m* **1** *diminutive of* ⇨**нос**. **2** (*ботинка*) toe. **3** (*чайника*) spout.

носи́л|ки, ок (*no sg*) **1** (*для раненых*) stretcher. **2** (*для пассажиров*) sedan (chair).

носи́льщик, а *m* porter.

носи́тел|ь, я *m* **1** (*fig*) (*идей*) bearer; repository. **2** (*инфекции, гриппа*) carrier. **3** (*chem*) vehicle. **4** (*тока*) transmitter. **5** (*языка*) speaker.

носи́тель|ница, ницы *f of* ⇨**~ 1**

но|си́ть, шу́, ~́сишь *impf* **1** *indet of* ⇨**нести́**[1]. **2** (*indet only*) (*вещи; ребёнка*) to carry; (*большую тяжесть*) to bear (*also fig*); **н. свою́ де́вичью фами́лию** to use one's maiden name; **н. кого́-н. на рука́х** (*indet only*) to make a fuss of s.o., dote on s.o. **3** (*indet only*) (*одежду, украшения*) to wear. **4** (*indet only*) (*характер*) to have (*a certain character*), to be of (*a certain nature*).

но|си́ться, шу́сь, ~́сишься *impf* **1** *indet of* ⇨**нести́сь**; **э́то ~́сится в во́здухе** (*fig*) it is in the air, it is rumoured (*Br*), rumored (*US*). **2** (**с** + *i*) (*с человеком*) to make a fuss (of); **н. с мы́слью** to be obsessed with an idea. **3** (*intr*) (*одежда*) to wear; **э́та мате́рия хорошо́ ~́сится** this material wears well.

но́ск|а[1]**, и** *f* **1** (*вещей*) carrying; bearing. **2** (*одежды*) wearing.

но́ск|а[2]**, и** *f* (*яиц*) laying.

но́с|кий[1] **(~ок, ~ка)** *adj* (*одежда*) hard-wearing, durable.

но́ск|ий[2] *adj*: **~ая ку́рица** a good layer.

носов|о́й *adj* **1** *adj of* ⇨**нос**; **н. плато́к** (pocket) handkerchief. **2** (*ling*) nasal. **3** (*naut*) bow, fore; **~а́я часть (су́дна)** ship's bows.

носоглóтк|а, и *f* (*anat*) nasopharynx.

нос|о́к[1]**, ка́** *m* **1** (*ботинка, чулка*) toe. **2** *diminutive of* ⇨**~**

нос|о́к[2]**, ка́,** *pl* **~ки́, ~ко́в** *or* **~о́к** *m* (*чулок*) sock.

носоро́г, а *m* rhinoceros.

носо́|чный *adj of* ⇨**~к**[2]

ностальги́ческий *adj* nostalgic.

ностальги́|я, и *f* homesickness; (*о прошлом*) nostalgia.

но́т|а[1]**, ы** *f* (*mus*) **1** note. **2** (*in pl*) (*текст*) (sheet) music; **игра́ть по ~ам (без нот)** to play from music (without music); **как по ~ам** (*fig*) without a hitch, according to plan. **3** (*fig*) (*оттенок*) note.

но́т|а[2]**, ы** *f* (*diplomacy*) (diplomatic) note.

нотабе́н|а, ы *f and* **нотабе́не** *nt indecl* nota bene (*abbr* NB); **поста́вить ~у** to mark.

нотариа́льный *adj* notarial.

нота́риус, а *m* notary.

нота́ци|я[1]**, и** *f* (*coll*) (*выговор*) lecture, reprimand; **прочита́ть кому́-н. ~ю** to read s.o. a lecture.

нота́ци|я[2]**, и** *f* (*система обозначений*) notation.

но́т|ка, ки *f diminutive of* ⇨**~а**[1]

но́тн|ый *adj of* ⇨**но́та**[1]; **~ая бума́га** manuscript paper.

ноутбу́к, а *m* (*стандартных размеров*) laptop (computer); (*меньше стандартного по размерам*) notebook (computer).

но́у-ха́у *nt indecl* know-how.

ноч|ева́ть, у́ю *impf* (*of* ⇨**пере~**) to spend, pass the night.

ночёвк|а, и *f* spending the night, passing the night.

ночле́г, а *m* **1** (*место для ночёвки*) lodging for the night. **2** = **ночёвка**

ночле́жк|а, и *f* (*coll*) = **ночле́жный дом**

ночле́жник, а *m* **1** (*coll*) (*гость*) (overnight) visitor, guest. **2** (*бездомный человек*) vagrant.

ночле́|жный *adj of* ⇨**~г**; **н. дом** night shelter; dosshouse (*Br*), flophouse (*US*).

ночни́к, а́ *m* night light.

ночн|о́й *adj* night; **~а́я ба́бочка** moth; (*euph*) prostitute; **н. горшо́к** chamber pot; **н. по́езд** overnight train; **~а́я руба́шка** (*мужская*) nightshirt; (*женская*) nightdress; **н. сто́лик** bedside table (*Br*), night table (*US*); **~ы́е ту́фли** bedroom slippers; **~а́я фиа́лка** wild orchid.

ноч|ь, и, о ~́и, в ~и́, *pl* **~́и, ~е́й** *f* night; **глуха́я н.** the dead of night; **споко́йной ~и!** goodnight!; **по ~а́м** by night, at night.

но́чью *adv* by night.

но́ш|а, и, *f* burden.

ноше́ни|е, я *nt* **1** (*вещей*) carrying. **2** (*одежды*) wearing.

но́шеный *adj* second-hand.

но́щно *adv only in phr* **де́нно и н.** (*coll*) day and night.

но́|ю, ешь *see* ⇨**ныть**

но́ющ|ий *pres participle active of* ⇨**ныть**; **~ая боль** ache.

ноя́бр|ь, я́ *m* November.

ноя́брь|ский *adj of* ⇨**~**

нрав, а *m* **1** (*характер*) disposition, temper; **быть** (+ *d*) **по ~́у** to please. **2** (*in pl*) (*обычаи*) manners, customs, ways.

нра́в|иться, люсь, ишься *impf* (*of* ⇨**по~**) (+ *d*) to please; **мне, ему́,** *etc.*, **~ится** I like, he likes, *etc.*; **мне о́чень ~ится э́та пье́са** I like this play very much; **вообще́-то она́ мне ~ится** I rather like her; (*impers*): **ей не ~ится ката́ться на ло́дке** she does not like going in boats.

нра́в|ный (~ен, ~на) *adj* (*coll, obs*) irritable, bad-tempered.

нравоуче́ни|е, я *nt* **1** lecture; moral admonition. **2** (*literary*) (*в басне*) moral.

нравоучи́тел|ьный (~ен, ~ьна) *adj* (*басня*) with a moral; (*тон*) moralizing.

нра́вственност|ь, и *f* morality; morals.

нра́вствен|ный (~, ~на) *adj* moral.

н. с(т). (*abbr of* **но́вый стиль**) NS, New Style (*of calendar*).

НТР *f indecl* (*abbr of* **нау́чно-техни́ческая револю́ция**) scientific and technological revolution.

ну *int and particle* (*coll*) **1** well!; well ... then!; come on!; **ну, ну!** come, come!; come now! **2**: **(да) ну!** not really?; you don't mean to say so! **3** *выражает удивление, восхищение, негодование, иронию* well; what; why; **ну и...** what (a) ...!; here's ... (for you)!; there's ... (for you)!; **ну вот и..!** there you are, you see ...!; **ну, неуже́ли?!** what! really?; no? really?; **ну, пра́во!, ну, одна́ко же!** well, to be sure!; **ну и денёк!** what a day!; **ну и молоде́ц!** (*also ironical*) there's a good boy!; there's a clever chap!; **ну и ну!** (*coll*) well, well! **4** *выражает согласие, уступку, примирение, облегчение* well; **ну вот** (*в повествовании*) well, well then; **ну что ж, ну́ так** well then; **ну хорошо́** all right then, very well then. **5**: **ну́ как** (+ *fut*) suppose, what if; **ну́ как они́ не приду́т во́время?** suppose they don't come in time? **6** *as pred* (+ *inf*) to start; **он ну крича́ть** he started yelling. **7**: **а ну́** (+ *g*) to hell (with)!; to the deuce (with)!; **а ну́ тебя́!** to hell with you!

нувори́ш, а *m* nouveau riche.

нуг|а́, и *f* nougat.

нуди́зм, а *m* nudism, naturism.

нуди́ст, а *m* nudist, naturist.

нуди́ст|ка, ки *f of* ⇨**~**

нуди́стский *adj of* ⇨**нуди́зм** *and* ⇨**нуди́ст**; **н. пляж** nudist/naturist beach.
ну́|дить, жу, дишь *impf* (*obs, coll*) **1** (*заставлять*) to force, compel. **2** (*утомлять*) to wear out.
ну|ди́ть, жу́, ди́шь *impf* (*coll*) to wear out (*with complaints, questions, etc.*).
ну́дност|ь, и *f* tediousness.
ну́д|ный (~ен, ~на́, ~но, ~ны́) *adj* (*coll*) tedious, boring.
нужд|а́, ы́, *pl* **~ы** *f* **1** (*sg only*) (*бедность*) want, poverty. **2** (*необходимость*) need; necessity; **в слу́чае ~ы́** if necessary, if need be; **н. всему́ нау́чит** necessity is the mother of invention; **~ы́ нет, нет ~ы́** (*coll*) no matter!; never mind.
нужда́емост|ь, и (*no pl*) *f* (**в** + *p*) needs (in), requirements (in).
нужда́|ться, юсь *impf* **1** (*жить в бедности*) to be in want; to be needy, hard-up. **2** (**в** + *p*) to need, require; to be in need (of).
ну́жно (+ *d*) **1** (*impers*; + *inf or* + **что́бы**) it is necessary; (one) ought, (one) should, (one) must, (one) need(s); **н. бы́ло (бы) взять такси́** you should have taken a taxi; **н., что́бы она́ реши́лась** she ought to make up her mind. **2** (*impers*, + *a or g*; *coll*) I, *etc.*, need; **мне н. пять рубле́й** I need five roubles. **3** *see* ⇨**ну́жный**
ну́ж|ный (~ен, ~на́, ~но, ~ны́) *adj* necessary; requisite; (*pred forms* + *d*) I, *etc.*, need; **что вам ~но?** what do you need?, what do you want?; **о́чень (мне) ~но!** (*coll, ironical*) won't that be nice!; a fat lot of good that is!
ну́-ка *int* (*coll*) now then!; come on!
ну́ка|ть, ю *impf* (*coll*) to urge; to say 'come on'.
нул|ево́й *adj of* ⇨**~ь**; (*math*) zero; **н. вариа́нт** (*pol*) zero option.
нул|ь, я́ *m* **1** nought; (*о температуре*) zero; (*в играх*) nil; **своди́ться к ~ю́** (*fig*) to come to nothing, come to nought. **2** (*человек*) nonentity.
нумера́ци|я, и *f* numbering.
нумер|ова́ть, у́ю *impf* (*of* ⇨**за~**) to number.
нумизма́т, а *m* numismatist, coin collector.
нумизма́тик|а, и *f* numismatics.
нумизмати́ческий *adj* numismatic.
ну́нци|й, я *m* nuncio.
ну́те(-ка) *int* (*coll*) (*давайте-ка*) well then!; come on!
ну́три|я, и *f* (*zool*) coypu; (*мех*) nutria.
нутр|о́, а́ *nt* (*coll*) **1** (*внутренняя часть*) inside, interior; (*внутренности*) insides. **2** (*fig*) (*сущность*) core, kernel. **3** (*fig*) (*инстинкт*) instinct(s), intuition; **~о́м понима́ть** to understand intuitively; **всем ~о́м** with one's whole being; **э́то мне не по ~у́** it goes against the grain with me.
нутряно́й *adj* internal.
ныка|ть, ю *impf* (*of* ⇨**за~**) (*sl*) to hide/stash away.
ны́не *adv* **1** (*теперь*) now. **2** (*сегодня*) today.
ны́нешн|ий *adj* (*coll*) present; present-day; **н. президе́нт** the incumbent president; **~ее ле́то** this summer; **н. урожа́й** this year's harvest; **в ~ие времена́** nowadays.
ны́нче *adv* (*coll*) **1** (*сегодня*) today; **не н. за́втра** any day now. **2** (*теперь*) now.
ныр|ну́ть, ну́, нёшь *pf of* ⇨**~я́ть**
ныр|о́к[1], ка́ *m* (*coll*) dive.
ныр|о́к[2], ка́ *m* (*zool*) pochard.
ныря́льщик, а *m* diver.
ныря́льщи|ца, цы *f of* ⇨**~к**
ныр|я́ть, я́ю *impf* (*of* ⇨**~ну́ть**) to dive.
ны́тик, а *m* (*coll*) moaner, whinger.
ныть, но́ю, но́ешь *impf* **1** (*болеть*) to ache. **2** (*coll*) (*жаловаться*) to moan, whinge.
ныть|ё, я́ *nt* (*coll*) moaning, whining.
ны́чк|а, и *f* (*sl*) (small) stash (*usu money, food, cigarette(s), or sth stolen or illegal; also a secret store*); **в ~е** stashed away.
Нью-Йо́рк, а *m* New York.
Ньюфа́ундленд, а *m* (*остров*) Newfoundland; (*провинция Канады*) Newfoundland and Labrador.
ньюфа́ундленд, а *m* Newfoundland (*dog*).
н. э. (*abbr of* **на́шей э́ры**) AD; **до н. э.** (*abbr of* **до на́шей э́ры**) BC.
НЭП, а *or* **нэп, а** *m* (*abbr of* **но́вая экономи́ческая поли́тика**) (*hist*) NEP (*New Economic Policy*).
нэ́п|овский *adj of* ⇨**~**
нюа́нс, а *m* nuance, shade.
ню́ни *only in phr* **распусти́ть н.** (*coll*) to snivel, whimper.
ню́н|я, и *cg* (*coll*) sniveller, crybaby.
Ню́рнберг, а *m* Nuremberg.
нюх, а *m* scent; (*fig*) (**на** + *a*) a nose (for).
ню́хательный *adj*: **н. таба́к** snuff.
ню́ха|ть, ю *impf* (*of* ⇨**по~**) (*цветок*) to smell; (*воздух*; *наркотик*) to sniff; **н. таба́к** to take snuff; **не ~л** (+ *g*) to have no experience (of); **по́роха не ~л** (*fig*) he's still wet behind the ears.
нюхн|у́ть, у́, ёшь *inst pf* (*coll*) to take a sniff of.
ня́нч|ить, у, ишь *impf* to look after, mind.
ня́нч|иться, усь, ишься *impf* (**с** + *i*) **1** (*с внуками*) to look after, mind. **2** (*fig*) (*с лодырем*) to fuss (over).
ня́ньк|а, и *f* (*coll*) = **ня́ня**; **у семи́ ня́нек дитя́ без гла́зу** (*proverb*) too many cooks spoil the broth.
ня́н|я, и *f* **1** nanny; childminder; **приходя́щая н.** babysitter. **2** (*coll*) (*в больнице*) auxiliary nurse.

Н

Oo

о[1] **(об, обо)** *prep* **1** (+ *p*) (*указывает на предмет речи, мысли*) of, about, concerning; on; **о чём вы ду́маете?** what are you thinking about?; **ле́кция бу́дет о Пу́шкине** the lecture will be on Pushkin.
2 (+ *p*, *obs or dialect*) (*указывает на наличие чего-н.*) with, having; **стол о трёх но́жках** a table with three legs, three-legged table; **па́лка о двух конца́х** a two-edged weapon.
3 (+ *a*) (*указывает на соприкосновение, столкновение*) against; on, upon; over; **опере́ться о стéну** to lean against the wall; **споткну́ться о ка́мень** to stumble on, over a stone; **бок о́ бок** side by side; **рука́ о́б руку** hand in hand.
4 (+ *a or p*; *obs*) (*о времени*) on, at, about; **об э́ту по́ру** about his time; **о Рождестве́** about Christmas time.

о[2] *int* oh!

о. (*abbr of* **о́стров**) I., Island, Isle.

о... (*also* **об..., обо...** *and* **объ...**) *vbl pref indicating*: **1** transformation; process of becoming sth. **2** action applied to entire surface of object *or* to series of objects.

ОАЕ́ *f indecl* (*abbr of* **Организа́ция африка́нского еди́нства**) OAU (*Organization of African Unity*).

оа́зис, а *m* oasis (*also fig*).

ОАЭ́ *m pl* (*abbr of* **Объединённые Ара́бские Эмира́ты**) UAE (*United Arab Emirates*).

об *prep see* ⇒**о**[1]

об... (*also* **обо...** *and* **объ...**) *vbl pref* **1** = **о...** . **2** indicating action *or* motion about an object.

о́ба, обо́их *m and nt*; **о́бе, обе́их** *f num* both; **гляде́ть/смотре́ть в о.** (*coll*) to keep one's eyes open, be on one's guard; **обе́ими рука́ми** with both hands (*fig*, *coll*); very willingly, readily.

оба́б|иться, люсь, ишься *pf* (*coll*) **1** (*о мужчине*) to become effeminate. **2** (*о женщине*) to let o.s. go.

обагр|и́ть, ю́, и́шь *pf* (*of* ⇒**~я́ть**) to turn crimson (*trans*); **о. кро́вью** to stain with blood.

обагр|и́ться, ю́сь, и́шься *pf* (*of* ⇒**~я́ться**) to turn crimson; **о. (кро́вью)** to be stained with blood.

обагр|я́ть(ся), я́ю(сь) *impf of* ⇒**~и́ть(ся)**

обалдева́|ть, ю *impf of* ⇒**обалде́ть**

обалде́л|ый (~, ~а) *adj* (*sl*) crazed; stunned.

обалде́нный *adj* (*sl*) great, ace, brill.

обалде́|ть, ю *pf* (*of* ⇒**~ва́ть**) (*sl*) to go crazy; (*от удивления*) to be stunned.

обанкро́|титься, чусь, тишься *pf of* ⇒**банкро́титься**

обая́ни|е, я *nt* fascination, charm.

обая́тел|ьный (~ен, ~ьна) *adj* fascinating, charming.

обва́л, а *m* (*стены*) collapse; caving-in; (*камней*) rockfall; (*снежный*) avalanche.

обва́лива|ть[1]**(ся), ю(сь)** *impf of* ⇒**обвали́ть(ся)**

обва́лива|ть[2]**, ю** *impf of* ⇒**обваля́ть**

обва́лива|ться, ется *impf of* ⇒**обвали́ться**

обвал|и́ть, ю́, ~ишь *pf* (*of* ⇒**~ивать**[1]) **1** (*обрушить*) to cause to fall, cause to collapse. **2** (*завалить кругом*) to heap round; **о. избу́ камня́ми** to heap stones round a hut.

обвал|и́ться, ~ится *pf* (*of* ⇒**~иваться**) to fall, collapse, cave in.

обвал|я́ть, я́ю *pf* (*of* ⇒**~ивать**[2]) (+ *a*, **в** + *p*) to roll (in); **о. котле́ту в сухаря́х** to roll a burger in breadcrumbs.

обва́рива|ть(ся), ю(сь) *impf of* ⇒**обвари́ть(ся)**

обвар|и́ть, ю́, ~ишь *pf* (*of* ⇒**~ивать**) **1** (*овощи*) to pour boiling water over. **2** (*руку*) to scald.

обвар|и́ться, ю́сь, ~ишься *pf* (*of* ⇒**~иваться**) to scald o.s.

обвева́|ть, ю *impf of* ⇒**обве́ять**

обве|ду́, дёшь *see* ⇒**~сти́**

обвенча́|ть(ся), ю(сь) *pf of* ⇒**венча́ть 3** *and* ⇒**венча́ться 1**

оберн|у́ть, у́, ёшь *pf* (*of* ⇒**обёртывать**) (+ *i*) to wrap up (in).

обвер|те́ть, чу́, ~тишь *pf* (*of* ⇒**~тывать**) (+ *i*) to wrap up (in); **о. ше́ю ша́рфом** to wrap a scarf about one's neck.

обвёртыва|ть, ю *impf of* ⇒**оберну́ть** *and* ⇒**обверте́ть**

обве́|сить, шу, сишь *pf* (*of* ⇒**~шивать**[1]) to give short weight to; to cheat (*in weighing goods*).

обве|сти́, ду́, дёшь, *past* **~л, ~ла́** *pf* (*of* ⇒**обводи́ть**) **1** (*провести вокруг*) to lead round, take round; **о. вокру́г па́льца** (*fig*, *coll*) to twist round one's little finger. **2** (+ *i*) (*оградить*) to encircle (with); to surround (with); **о. рвом** to surround with a ditch; **о. взо́ром/глаза́ми** to look round (at), take in (*with one's eyes*). **3** (*очертить*) to outline; **о. чертёж ту́шью** to outline a sketch in ink. **4** (*sport*) to dodge; to get past.

обве́тр|енный *ppp of* ⇒**~ить** *and adj* (*скалы, лицо*) weather-beaten; (*губы*) chapped.

обве́тре|ть, ет *pf* = **обве́триться**

обве́трива|ть(ся), юсь, ет(ся) *impf of* ⇒**обве́трить(ся)**

обве́тр|ить, ит *pf* (*of* ⇒**~ивать**) to expose to the wind; (*impers*): **мне ~ило гу́бы** my lips are chapped.

обве́тр|иться, юсь, ишься *pf* (*of* ⇒**~иваться**) to become weather-beaten.

обветша́л|ый (~, ~а) *adj* dilapidated.

обветша́|ть, ю *pf of* ⇒**ветша́ть**

обве́ш|ать, аю *pf* (*of* ⇒**~ивать**[2]) (*coll*; + *i*) to hang round (with), cover (with).

обве́шива|ть[1]**, ю** *impf of* ⇒**обве́сить**

обве́шива|ть[2]**, ю** *impf of* ⇒**обве́шать**

обве́|ять, ю, ешь *pf* (*of* ⇒**~ва́ть**) **1** (+ *i*) to fan (with). **2** (*agric*) to winnow.

обвива́|ть(ся), ю(сь) *impf of* ⇒**обви́ть(ся)**

обвине́ни|е, я *nt* **1** charge, accusation; **по ~ю (в** + *p*) on a charge (of); **возвести́ на кого́-н. о. (в** + *p*) to charge s.o. (with); **вы́нести о.** to find guilty. **2** (*law*) (*collect*) the prosecution.

обвини́тел|ь, я *m* accuser; (*law*) prosecutor; **госуда́рственный о.** public prosecutor.

обвини́тельный *adj* accusatory; **о. акт** (bill of) indictment; **о. пригово́р** verdict of 'guilty'.

обвин|и́ть, ю́, и́шь *pf* (*of* ⇒**~я́ть**) **1** (**в** + *p*) to accuse (of), charge (with). **2** (*law*) to prosecute, indict.

обвиня́ем|ый, ого *m* (*law*) the accused; defendant.

обвин|я́ть, я́ю *impf of* ⇒**~и́ть**

обвис|а́ть, а́ет *impf* (*of* ⇒**~нуть**) to hang, droop; (*о человеческом теле*) to sag.

обви́сл|ый (~, ~а) *adj* (*coll*) (*усы, плечи*) drooping; (*щёки*) sagging, flabby.

обви́с|нуть, нет, *past* **~, ~ла** *pf of* ⇒**~а́ть**

обви́|ть, обовью́, обовьёшь, *past* **~л, ~ла́, ~ло** *pf* (*of* ⇒**~ва́ть**) to wind (round), entwine; **о. ше́ю рука́ми** to throw one's arms round s.o.'s neck.

обви́|ться, обовью́сь, обовьёшься, *past* **~лся, ~ла́сь** *pf* (*of* ⇒**~ва́ться**) to wind round, twine round.

об-во (*abbr of* **о́бщество**) Soc., Society.

обвóд, а *m* **1** (*ограждение*) enclosing, surrounding. **2** (*очертание*) outlining.

обво|ди́ть, жý, ~́дишь *impf of* ⇒**обвести́**

обводнéни|е, я *nt* irrigation.

обводни́тельный *adj* irrigation.

обводн|и́ть, ю́, и́шь *pf* (*of* ⇒**~я́ть**) to irrigate.

обвóдный *adj*: **о. канáл** (*tech*) bypass.

обводн|я́ть, я́ю *impf of* ⇒**~и́ть**

обволáкива|ть(ся), ю, ет(ся) *impf of* ⇒**обволóчь(ся)**

обволó|чь, кý, чёшь, кýт, *past* **~к, ~клá** *pf* (*of* ⇒**обволáкивать**) to cover; to envelop (*also fig*).

обволó|чься, чётся, кýтся, *past* **~кся, ~клáсь** *pf* (*of* ⇒**обволáкиваться**) (+ *i*; *coll*) to become covered (with), enveloped (by, in).

обворáжива|ть, ю *impf of* ⇒**обворожи́ть**

обвор|овáть, ýю *pf* (*of* ⇒**~óвывать**) (*coll*) to rob.

обворóвыва|ть, ю *impf of* ⇒**обворовáть**

обворожи́тел|ьный (~ен, ~ьна) *adj* fascinating, charming, enchanting.

обворож|и́ть, ý, и́шь *pf* (*of* ⇒**обворáживать**) to fascinate, charm, enchant.

обвя|зáть[1]**, жý, ~́жешь** *pf* (*of* ⇒**~́зывать**) to tie round; **о. верёвкой** to cord, rope; **о. гóлову платкóм** to tie a headscarf round one's head.

обвя|зáть[2]**, жý, ~́жешь** *pf* (*of* ⇒**~́зывать**) (*обметать*) to edge in chain stitch.

обвя|зáться, жýсь, ~́жешься *pf* (*of* ⇒**~́зываться**) (+ *i*) to tie round o.s.; **о. верёвкой** to tie a rope round o.s.

обвя́зыва|ть(ся), ю(сь) *impf of* ⇒**обвязáть(ся)**

обгá|дить, жу, дишь *pf* (*of* ⇒**~живать**) (*vulg*) to shit on, shit up.

обгáжива|ть, ю *impf of* ⇒**обгáдить**

обглáдыва|ть, ю *impf of* ⇒**обглодáть**

обглóд|анный *ppp of* ⇒**~áть**; **~анная кость** picked bone, bare bone.

обгло|дáть, жý, ~́жешь *pf* (*of* ⇒**обглáдывать**) to pick, gnaw round.

обговáрива|ть, ю *impf of* ⇒**обговори́ть**

обговор|и́ть, ю́, и́шь *pf* (*of* ⇒**обговáривать**) (*coll*) to discuss.

обгóн, а *m* passing, overtaking.

обгон|ю́, ~́ишь *see* ⇒**обогнáть**

обгоня́|ть, ю *impf of* ⇒**обогнáть**

обгор|áть, áю *impf of* ⇒**~éть**

обгорéл|ый (~, ~а) *adj* burnt; scorched.

обгор|éть, ю́, и́шь *pf* (*of* ⇒**~áть**) to be burnt; (*на солнце*) to get burnt.

обгрыз|áть, áю *impf of* ⇒**~́ть**

обгры́з|ть, ý, ёшь, *past* **~, ~ла** *pf* (*of* ⇒**~áть**) to gnaw, nibble at.

обда|вáть(ся), ю́(сь), ёшь(ся) *impf of* ⇒**обдáть(ся)**

обд|áть, áм, áшь, áст, ади́м, ади́те, адýт, *past* **~́ал, ~алá, ~́ало** *pf* (*of* ⇒**~авáть**) (+ *i*) **1** to pour over; **о. когó-н. кипяткóм** to pour boiling water over s.o. **2** (*fig*) to seize, cover; **о. взгля́дом презрéния** to fix with a look of scorn; **меня́ ~́ало хóлодом** (*impers*) I came over cold.

обд|áться, áмся, áшься, áстся, ади́мся, ади́тесь, адýтся, *past* **~áлся, ~алáсь** *pf* (*of* ⇒**~авáться**) (+ *i*) to pour over o.s.; **о. кипяткóм** to scald o.s.

обдéл|ать, аю *pf* (*of* ⇒**~ывать**) **1** to finish; to dress (*leather, stone, etc.*); **о. драгоцéнные кáмни** to set precious stones. **2** (*fig*) to manage, arrange; **о. тéму** (*coll*) to treat, handle a subject; **о. свои́ дели́шки** (*coll*) to manage one's affairs with profit.

обдел|и́ть, ю́, ~́ишь *pf* (*of* ⇒**~я́ть**) (+ *a and i*) to do out of one's (fair) share (of); **он ~́ил сестёр наслéдством** he did his sisters out of their share of the legacy.

обдéлыва|ть, ю *impf of* ⇒**обдéлать**

обдел|я́ть, я́ю *impf of* ⇒**~и́ть**

обдёргива|ть, ю *impf of* ⇒**обдёрнуть**

обдёр|нуть, ну, нешь *pf* (*of* ⇒**~гивать**) to adjust, pull down (*dress, skirt, etc.*).

обдер|ý, ёшь *see* ⇒**ободрáть**

обдирáл|а, ы *cg* (*sl*) swindler.

обдирáловк|а, и *f* (*sl*) rip-off (*coll*).

обдирá|ть, ю *impf of* ⇒**ободрáть**

обди́рный *adj* peeled; hulled.

обдувá|ть, ю *impf of* ⇒**обдýть**

обдýманно *adv* after careful consideration; deliberately (= *after deliberation*).

обдýманност|ь, и *f* deliberation; careful consideration.

обдýман|ный 1 (~, ~а) *ppp of* ⇒**обдýмать**. **2 (~, ~на)** *adj* well considered, carefully thought out; **с зарáнее ~ным намéрением** deliberately; (*law*) of malice prepense.

обдýм|ать, аю *pf* (*of* ⇒**~ывать**) to consider, think over.

обдýмыва|ть, ю *impf of* ⇒**обдýмать**

обдý|ть[1]**, ю, ешь** *pf* (*of* ⇒**~вáть**) (*овеять*) to blow (on, round).

обдý|ть[2]**, ю, ешь** *pf* (*of* ⇒**~вáть**) (*coll*) (*обмануть*) to cheat; to fool, dupe.

óбе *see* ⇒**óба**

обéга|ть, ю *pf* (*of* ⇒**обегáть**) **1** (*двор, город*) to run (all over, all round). **2** (*друзей*) to run round (to see); **за недéлю до отъéзда нам удалóсь о. всех знакóмых** in the week before our departure we managed to look in on all our acquaintances.

обегá|ть, ю *impf of* ⇒**обéгать** *and* ⇒**обежáть**

обéд, а *m* **1** lunch, dinner. **2** (*время*) lunchtime, dinner time (= *midday*); **пéред ~ом** before lunch, dinner; in the morning; **пóсле ~а** after lunch, dinner; in the afternoon.

обéда|ть, ю *impf* (*of* ⇒**по~**) to have lunch, dinner.

обéд|енный[1] *adj of* ⇒**~**; **~енное врéмя** lunch, dinner time; **о. переры́в** lunch hour, lunch break; **о. стол** dinner table.

обéд|енный[2] *adj of* ⇒**~ня**

обеднé|вший *pp active of* ⇒**~ть** *and adj* impoverished.

обеднé|лый (~л, ~ла) *adj* (*coll*) = **~вший**

обеднéни|е, я *nt* impoverishment.

обеднé|ть, ю *pf of* ⇒**беднéть**

обедн|и́ть, ю́, и́шь *pf* (*of* ⇒**~я́ть**) to impoverish.

обéд|ня, ни, *g pl* **~ен** *f* (*eccl*) Mass.

обедн|я́ть, я́ю *impf of* ⇒**~и́ть**

обе|жáть, гý, жи́шь, гýт *pf* (*of* ⇒**~гáть**) **1** (*дом; магазины*) to run round. **2** (*мимо*) to run (past). **3** (*sport*) to outrun, pass.

обезбóливани|е, я *nt* anaesthetization (*Br*), anesthetization (*US*).

обезбóлива|ть, ю *impf of* ⇒**обезбóлить**

обезбóлива|ющий *pres participle active of* ⇒**~ть**; **~ющее срéдство** anaesthetic (*Br*), anesthetic (*US*).

обезбóл|ить, ю, ишь *pf* (*of* ⇒**~ивать**) to anaesthetize (*Br*), anesthetize (*US*).

обезвó|дить, жу, дишь *pf* (*of* ⇒**~живать**) to dehydrate.

обезвó|женный *ppp of* ⇒**~дить** *and adj* dehydrated.

обезвóжива|ть, ю *impf of* ⇒**обезвóдить**

обезврé|дить, жу, дишь *pf* (*of* ⇒**~живать**) (*человека*) to render harmless; (*бомбу*) to defuse; (*мину*) to deactivate.

обезврéжива|ть, ю *impf of* ⇒**обезврéдить**

обезглáв|ить, лю, ишь *pf* (*of* ⇒**~ливать**) **1** to behead, decapitate. **2** (*fig*) (*лишить главы*) to deprive of a head, of a leader.

обезглáвлива|ть, ю *impf of* ⇒**обезглáвить**

обездéнеже|ть, ю *pf* (*coll*) to run short of money.

обездóл|енный *ppp of* ⇒**~ить** *and adj* unfortunate, hapless.

обездóлива|ть, ю *impf of* ⇒**обездóлить**

обездóл|ить, ю, ишь *pf* (*of* ⇒**~ивать**) to deprive of one's share.

обезжи́р|енный *ppp of* ⇒**~ить** *and adj* fat-free; skimmed.

обезжи́рива|ть, ю *impf of* ⇒**обезжи́рить**

обезжи́р|ить, ю, ишь *pf* (*of* ⇒**~ивать**) to remove fat (from); to skim.

обеззарáжива|ть, ю *impf of* ⇒**обеззарáзить**

обеззарáжива|ющий *ppp of* ⇒**~ть** *and adj* disinfectant.

обеззарá|зить, жу, зишь *pf* (*of* ⇒**~живать**) to disinfect.

обезземéл|енный *ppp of* ⇒**~ить** *and adj* landless, dispossessed.

обезземéлива|ть, ю *impf of* ⇒**обезземéлить**

обезземéл|ить, ю, ишь *pf* (*of* ⇒**~ивать**) to dispossess (of land).

обезле́сени|е, я *nt* deforestation.

обезле́си|ть, шь *pf* to deforest.

обезли́чени|е, я *nt* **1** depersonalization. **2** depriving of personal responsibility; removal of personal responsibility (from).

обезли́чива|ть, ю *impf of* **⇒обезли́чить**

обезли́ч|ить, у, ишь *pf* (*of* **⇒~ивать**) **1** (*лишить своих отличительных черт*) to deprive of individuality, depersonalize. **2** (*работу*) to do away with personal responsibility (for).

обезли́чк|а, и *f* lack of personal responsibility.

обезлю́де|ть, ет *pf* to become depopulated.

обезобра́жива|ть, ю *impf of* **⇒обезобра́зить**

обезобра́|зить, жу, зишь *pf* (*of* **⇒~живать** *and* **⇒безобра́зить**) to disfigure.

обезопа́|сить, шу, сишь *pf* (**от** + *g*) to protect (against).

обезопа́|ситься, шусь, сишься *pf* (**от** + *g*) to secure o.s., protect o.s. (against).

обезору́жива|ть, ю *impf of* **⇒обезору́жить**

обезору́ж|ить, у, ишь *pf* (*of* **⇒~ивать**) to disarm (*also fig*).

обезу́ме|ть, ю *pf* to lose one's senses, lose one's head; **о. от испу́га** to become panic-stricken.

обезья́н|а, ы *f* monkey; (*бесхвостая*) ape.

обезья́н|ий *adj of* **⇒~а**; (*zool*) simian; (*fig*) ape-like.

обезья́нник, а *m* monkey house.

обезья́нничань|е, я *nt* (*coll*) aping.

обезья́ннича|ть, ю *impf* (*of* **⇒с~**) (*coll*) to ape.

обели́ск, а *m* obelisk.

обел|и́ть, ю́, и́шь *pf* (*of* **⇒~я́ть**) to vindicate; to prove the innocence (of).

обел|и́ться, ю́сь, и́шься *pf* (*of* **⇒~я́ться**) to vindicate o.s., prove one's innocence.

обел|я́ть(ся), я́ю(сь) *impf of* **⇒~и́ть(ся)**

оберега́|ть(ся), ю(сь) *impf of* **⇒обере́чь(ся)**

обере́|чь, гу́, жёшь, гу́т, *past* **~г, ~гла́** *pf* (*of* **⇒~га́ть**) (**от** + *g*) to guard (against), protect (from).

обере́|чься, гу́сь, жёшься, гу́тся, *past* **~гся, ~гла́сь** *pf* (*of* **⇒~га́ться**) (**от** + *g*) to guard o.s. (from, against), protect o.s. (from)

оберн|у́ть, у́, ёшь *pf* (*of* **⇒обора́чивать**) **1** (*impf also* **обёртывать**) (*шарф вокруг шеи*) to wind (round), twist (round); **о. вокру́г па́льца** (*coll*) to twist round one's little finger. **2** (*impf also* **обёртывать**) (*посылку*) to wrap up. **3** (*impf also* **обёртывать**) (*повернуть*) to turn; **о. лицо́** (**к** + *d*) to turn one's face (towards); **о. в свою́ по́льзу** (*fig*) to turn to account, turn to advantage. **4** (*coll*) (*опрокинуть*) to overturn, upturn. **5** (*comm*) to turn over. **6** (*coll*) (*проделать*) to work through, go through.

оберн|у́ться, у́сь, ёшься *pf* (*of* **⇒обора́чиваться**) **1** (*impf also* **обёртываться**) (*повернуться*) to turn; **о. лицо́м** to turn one's head. **2** (*impf also* **обёртываться**) (*о делах*) to turn out; **собы́тия ~у́лись ина́че, чем мы ожида́ли** events turned out otherwise than we expected. **3** (*coll*) (*сходить, съездить туда и обратно*) to (go and) come back; **я ~у́сь за два часа́** I shall be back in two hours. **4** (*coll*) (*справиться с делами*) to manage, get by. **5** (*impf also* **обёртываться**) (*coll*) (+ *i or* **в** + *a*) (*превратиться*) to turn into, become (*also fig*); **о. вампи́ром** to turn into a vampire.

обёртк|а, и *f* wrapper; (*книги*) dust jacket, cover.

оберто́н, а *m* (*mus*) overtone.

обёрт|очный *adj of* **⇒~ка**; **~очная бума́га** wrapping paper.

обёртыва|ть(ся), ю(сь) *impf of* **⇒оберну́ть(ся)**

обескро́в|ить, лю, ишь *pf* (*of* **⇒~ливать**) to drain of blood; to bleed white; (*fig*) to render lifeless.

обескро́в|ленный *ppp of* **⇒~ить** *and adj* bloodless; (*fig*) anaemic (*Br*), anemic (*US*), lifeless.

обескро́влива|ть, ю *impf of* **⇒обескро́вить**

обескура́жива|ть, ю *impf of* **⇒обескура́жить**

обескура́ж|ить, у, ишь *pf* (*coll*) to dishearten; to dismay.

обеспа́мяте|ть, ю *pf* **1** (*лишиться памяти*) to lose one's memory. **2** (*впасть в обморок*) to lose consciousness.

обеспе́чени|е, я *nt* **1** (*мира, успеха*) securing, guaranteeing; ensuring. **2** (+ *i*) (*углём*) providing (with), provision (of, with), supplying (of, with). **3** (*гарантия*) guarantee; security (= *pledge*). **4** (*материальные средства к жизни*) security; safeguard(s); **социа́льное о.** social security. **5** (*mil*) security; protection. **6**: (*comput*) **аппара́тное о.** hardware; **програ́ммное о.** software.

обеспе́ченност|ь, и *f* **1** (+ *i*) being provided (with), provision (of, with); **о. школ уче́бниками** the provision of schools with textbooks. **2** (*материальная*) (material) security.

обеспе́ч|енный *ppp of* **⇒~ить** (**~ен, ~ена**) *and adj* (**~ен, ~енна**) well-to-do; well provided for.

обеспе́чива|ть, ю *impf of* **⇒обеспе́чить**

обеспе́ч|ить, у, ишь *pf* (*of* **⇒~ивать**) **1** (*семью; старость*) to provide for. **2** (+ *i*) (*снабдить чем-н.*) to provide (with), guarantee supply (of); **о. экспеди́цию обору́дованием** to provide an expedition with equipment. **3** (*успех*) to secure, guarantee; to ensure. **4** (**от** + *g*) (*obs*) to protect (from).

обеспло́|дить, жу, дишь *pf* (*of* **⇒~живать**) to sterilize; to render barren.

обеспло́жива|ть, ю *impf of* **⇒обеспло́дить**

обеспоко́енност|ь, и *f* worry, concern.

обеспоко́енный *adj* worried, concerned.

обеспоко́|ить, ю, ишь *pf* to bother, trouble.

обеспоко́|иться, юсь, ишься *pf* to be worried.

обесси́ле|ть, ю *pf* to grow weak, lose one's strength.

обесси́лива|ть, ю *impf of* **⇒обесси́лить**

обесси́л|ить, ю, ишь *pf* (*of* **⇒~ивать**) to weaken.

обессла́в|ить, лю, ишь *pf* (*of* **⇒бессла́вить**) to defame.

обессме́р|тить, чу, тишь *pf* to immortalize.

обессу́д|ить, *pf now only used in imperative* **не ~ь(те)** (please) don't take it amiss; (please) don't be angry.

обесцве́|тить, чу, тишь *pf* (*of* **⇒~чивать**) to decolorize, fade; (*fig*) to tone down.

обесцве́|титься, чусь, тишься *pf* (*of* **⇒~чиваться**) to fade; to become colourless (*Br*), colorless (*US*) (*also fig*).

обесцве́чива|ть(ся), ю(сь) *impf of* **⇒обесцве́тить(ся)**

обесце́нени|е, я *nt* depreciation.

обесце́н|енный *ppp of* **⇒~ить** *and adj* depreciated.

обесце́нива|ть(ся), ю, ет(ся) *impf of* **⇒обесце́нить(ся)**

обесце́н|ить, ю, ишь *pf* (*of* **⇒~ивать**) to depreciate, cheapen.

обесце́н|иться, ится *pf* (*of* **⇒~иваться**) (*intrans*) to depreciate.

обесче́|стить, щу, стишь *pf of* **⇒бесче́стить**

обе́т, а *m* (*rhetorical*) vow, promise.

обетова́нн|ый *adj*: **Земля́ ~ая** (*bibl*) the Promised Land; **земля́ ~ая** (*fig*) the promised land.

обеща́ни|е, я *nt* promise; **дать, сдержа́ть, наруши́ть о.** to give, keep, break a promise (*or* one's word).

обеща́|ть, ю *impf and pf* to promise.

обеща́|ться, юсь *impf and pf* (*coll*) to promise.

обжа́ловани|е, я *nt* appeal; **о. пригово́ра** (*law*) appealing against a sentence.

обжа́л|овать, ую *pf* (*law*) to appeal (against).

обжа́рива|ть, ю *impf of* **⇒обжа́рить**

обжа́р|ить, ю, ишь *pf* (*of* **⇒~ивать**) (*cul*) to fry on both sides, to brown all over.

обже́чь, обожгу́, обожжёшь, обожгу́т, *past* **обжёг, обожгла́** *pf* (*of* **⇒обжига́ть**) (*of* **⇒обжига́ть**) **1** to burn, scorch; **о. себе́ па́льцы** to burn one's fingers (*also fig*). **2** (*кирпич*) to fire, bake. **3** (*крапивой и т. п.*) to sting.

обже́чься, обожгу́сь, обожжёшься, обожгу́тся, *past* **обжёгся, обожгла́сь** *pf* (*of* **⇒обжига́ться**) **1** (+ *i or* **на** + *p*) to burn o.s. (on, with); **о. горя́чим ча́ем** to scald o.s. with hot tea; **о. крапи́вой** to be

О

stung by a nettle. **2** (*fig, coll*) (*потерпеть неудачу*) to burn one's fingers.

обживá|ть(ся), ю(сь) *impf of* ⇨**обжúть(ся)**

óбжиг, а *m* (*tech*) firing, baking.

обжигá|ть(ся), ю(сь) *impf of* ⇨**обжéчь(ся)**

обжирá|ться, юсь *impf of* ⇨**обожрáться**

обжит|óй (*and* **~́ый)** *ppp of* ⇨**~́ь**

обж|úть, ивý, ивёшь, *past* **~́ил, ~илá, ~́ило** *pf* (*of* ⇨**~ивáть**) (*coll*) to render habitable.

обж|úться, ивýсь, ивёшься, *past* **~ился́, ~илáсь** *pf* (*of* ⇨**~ивáться**) (*coll*) to make o.s. at home, feel at home.

обжóр|а, ы *cg* (*coll*) glutton.

обжóрлив|ый (~, ~а) *adj* gluttonous.

обжóрств|о, а *nt* gluttony.

обжýлива|ть, ю *impf of* ⇨**обжýлить**

обжýл|ить, ю, ишь *pf* (*coll*) to cheat, swindle.

обзаведéни|е, я *nt* **1** (+ *i*) (*действие*) providing o.s. (with), fitting o.s. out. **2** (*coll*) (*collect*) (*вещи*) fittings, paraphernalia.

обзаве|сти́сь, дýсь, дёшься, *past* **~́лся, ~лáсь** *pf* (*of* ⇨**обзаводúться**) (+ *i*; *coll*) to get o.s.; to set up; **о. семьёй** to start a family; **о. хозя́йством** to set up home.

обзаво|дúться, жýсь, ~́дишься *impf of* ⇨**обзавестúсь**

обзóр, а *m* **1** (*сжатое сообщение*) survey, review, overview. **2** (*mil*) field of view.

обзóр|ный *adj* giving an overall view; **~ная лéкция, ~ная статья́** survey.

обзывá|ть, ю *impf of* ⇨**обозвáть**

обивá|ть, ю *impf of* **обúть; о. (все) порóги** (*fig*) to leave no stone unturned.

обúвк|а, и *f* **1** (*действие*) upholstering. **2** (*материал*) upholstery.

обивнóй *adj* for upholstery.

обúд|а, ы *f* **1** insult; (*чувство*) offence, (sense of) grievance, resentment; **быть на когó-н. в обúде** to feel wronged by s.o., to be offended with s.o.; **затаúть ~у** to nurse a grievance; **проглотúть ~у** to swallow an insult; **не давáть себя́ в ~у** to (be able to) stick up for o.s.; **не в ~у будь скáзано** no offence meant. **2** (*coll*) (*досада*) annoying thing, nuisance; **какáя о.!** what a nuisance!

обú|деть, жу, дишь *pf* (*of* ⇨**~жáть**) **1** to offend; to hurt (the feelings of), wound. **2** (*причинить ущерб*) to hurt; to do damage (to); **мýхи не ~дит** (*fig*) he would not harm a fly. **3** (+ *i*; *following* **Бог, прирóда,** *etc.*) to stint, begrudge; **прирóда не ~дела егó талáнтом** he has plenty of natural ability.

обú|деться, жусь, дишься *pf* (*of* ⇨**~жáться**) (**на** + *a*) to take offence (at); to feel hurt (by), resent.

обúд|ный (~ен, ~на) *adj* **1** offensive; **мне ~но** I feel hurt, it pains me. **2** (*досадный*) annoying; **~но** (*impers*) it is a pity, it is a nuisance; **~но, что мы опоздáли** it is a pity that we are late.

обúдчивост|ь, и *f* touchiness, sensitivity.

обúдчив|ый (~, ~а) *adj* touchy, sensitive.

обúдчик, а *m* offender.

обúдчи|ца, цы *f of* ⇨**~к**

обижá|ть, ю *impf of* ⇨**обúдеть**

обижá|ться, юсь *impf of* ⇨**обúдеться; не ~́йтесь** don't be offended.

обú|женный *ppp of* ⇨**~деть** *and adj* offended, aggrieved; **быть ~женным** (**на** + *a*) to have a grudge (against); **у негó был о. вид** he had an aggrieved air; **о. Бóгом/прирóдой** (*joc*) not over-blessed (with talents); ill-starred.

обúли|е, я *nt* abundance, plenty.

обúл|овать, ую *impf* (+ *i*; *obs*) to abound (in).

обúл|ьный (~ен, ~ьна) *adj* abundant, plentiful; (+ *i*) rich (in); **~ьное угощéние** lavish entertainment; **о. урожáй** bumper crop; **день, о. происшéствиями** an eventful day.

обинýясь *only in phr* **не о.** (*obs*) without a moment's hesitation.

обиня́к, á *m only in phrr* **говорúть ~óм/~áми** to beat about the bush; **говорúть без ~óв** to speak plainly.

обирáл|а, ы *cg* (*coll*) extortionist.

обирáловк|а, и *f* (*sl*) rip-off (*coll*); (*клуб или бар с завышенными ценами*) clip joint.

обирá|ть, ю *impf of* ⇨**обобрáть**

обитáем|ый (~, ~а) *adj* inhabited; **~ая космúческая стáнция** manned space station.

обитáтел|ь, я *m* inhabitant.

обитá|ть, ю *impf* (**в** + *p*) to live (in).

обúтел|ь, и *f* **1** (*obs*) (*монастырь*) cloister. **2** (*joc*) (*жилище*) abode, dwelling place.

обú|ть, обобью́, обобьёшь *pf* (*of* ⇨**~вáть**) **1** (**с** + *g*) (*ударами отделить*) to knock (off, down from); **о. плоды́ с я́блони** to knock down fruit from an apple tree. **2** (+ *i*) (*покрыть*) to cover (with); **о. гвоздя́ми** to stud; **о. желéзом** to bind with iron. **3** (*coll*) (*повредить*) to wear out; **о. подóл ю́бки** to wear the hem of a skirt; **о. штукатýрку** to chip off plaster.

обихóд, а *m* **1** (*текущая жизнь*) everyday life. **2** (*употребление*) use; **пустúть в о.** to bring into (general) use; **вы́йти из ~а** to be no longer in use, fall into disuse.

обихóд|ный (~ен, ~на) *adj* everyday; **~ное выражéние** colloquial expression.

обкáлыва|ть, ю *impf of* ⇨**обколóть**

обкáп|ать, аю *pf* (*of* ⇨**~ывать**[1]) (+ *i*) to let drops (of) fall on; to cover with drops (of).

обкáпыва|ть[1]**, ю** *impf of* ⇨**обкáпать**

обкáпыва|ть[2]**, ю** *impf of* ⇨**обкопáть**

обкáрмлива|ть, ю *impf of* ⇨**обкормúть**

обкат|áть, áю *pf* (*of* ⇨**~ывать**) **1** (*coll*) (**в** + *p*) (*катая, покрыть чем-н.*) to roll. **2** (*дорогу*) to roll smooth. **3** (*новую машину*) to run in (*Br*), break in (*US*).

обкáтк|а, и *f* (*дороги*) smoothing; (*машины*) running in (*Br*), breaking in (*US*).

обкáтыва|ть, ю *impf of* ⇨**обкатáть**

обклáдк|а, и *f* facing; **о. дёрном** turfing.

обклáдыва|ть, ю *impf of* ⇨**обложúть 1, 2, 3, 5**

обклáдыва|ться, юсь *impf of* ⇨**обложúться 1**

обкол|óть, ю́, ~́ешь *pf* (*of* ⇨**обкáлывать**) **1** (*лёд*) to cut away. **2** (*руки*) to prick all over.

обкóм, а *m* (*abbr of* **областнóй комитéт**) (*hist*) regional committee.

обкопá|ть, ю *pf* (*of* ⇨**обкáпывать**[2]) (*coll*) to dig round.

обкорм|úть, лю́, ~́ишь *pf* (*of* ⇨**обкáрмливать**) to overfeed.

обкорнá|ть, ю *pf of* ⇨**корнáть**

обкрáдыва|ть, ю *impf of* ⇨**обокрáсть**

обкýр|енный *ppp of* ⇨**~úть(ся)** *and adj*; **1**: **~енные пáльцы** tobacco-stained fingers. **2** (*sl*) stoned (*from smoking marijuana etc.*).

обкýрива|ть(ся), ю(сь) *impf of* ⇨**обкурúть(ся)**

обкур|úть, ю́, ~́ишь *pf* (*of* ⇨**~́ивать**) **1**: **о. трýбку** to season a pipe. **2** (*coll*) (*комнату*) to fill, envelop with (tobacco) smoke; (*пальцы*) to stain with tobacco.

обкур|úться, ю́сь, ~́ишься *pf* (*of* ⇨**~́иваться**) **1** (*coll*) (*курить слишком много*) to smoke too much. **2** (*sl*) (*наркотиком*) to get stoned (*from smoking marijuana etc.*).

обкус|áть, áю *pf* (*of* ⇨**~́ывать**) to bite round; to nibble.

обкýсыва|ть, ю *impf of* ⇨**обкусáть**

обл. *abbr of* **1 óбласть** oblast. **2 областнóй** dialectal.

обл... *comb form, abbr of* **областнóй 1**

облáв|а, ы *f* **1** (*охота*) battue; beating up. **2** (*fig*) (*на преступников*) raid; round-up.

облагáемый *adj* taxable.

облагá|ть, ю *impf of* ⇨**обложúть 4**

облагá|ться, юсь *impf of* ⇨**обложúться**): **о. налóгом** to be liable to tax, be taxable.

облагодéтельств|овать, ую *pf* (*ironical*) to do a great favour (*Br*), favor (*US*).

облагорáжива|ть, ю *impf of* ⇨**облагорóдить**

облагорó|дить, жу, дишь *pf* (*of* ⇨**облагорáживать**) to ennoble.

обладáни|е, я *nt* possession.

обладáтел|ь, я *m* possessor.

обладá|ть, ю *impf* (+ *i*) to possess, have; **о. хорóшим здорóвьем** to enjoy good health; **о. прáвом** to have the right.

облá|зить, жу, зишь *pf* (*coll*) to climb all over.

О

о́блак|о, а, *pl* **~а́, ~о́в** *nt* cloud; **быть, носи́ться в ~а́х** (*fig*) to live in the clouds; **свали́ться с ~о́в** (*fig*) to appear from nowhere.

обла́мыва|ть(ся), ю(сь) *impf of* ⇒**облома́ть(ся)**

обла́п|ить, лю, ишь *pf* (*of* ⇒**~ливать**) (*coll*) to hug.

обла́плива|ть, ю *impf of* ⇒**обла́пить**

облапо́шива|ть, ю *impf of* ⇒**облапо́шить**

облапо́ш|ить, у, ишь *pf* (*of* ⇒**~ивать**) (*coll*) to cheat, swindle.

обласка́|ть, ю *pf* to be kind to.

областно́й *adj* **1** oblast; provincial; regional. **2** (*ling*) dialectal; regional.

о́бласт|ь, и, *g pl* **~е́й** *f* **1** (*административная единица*) oblast. **2** (*часть страны*) region; belt; **о. вечнозелёных расте́ний** evergreen belt; (*в Германии*) -land; **Ре́йнская о.** the Rhineland; **Ру́рская о.** the Ruhr (*region*). **3** (*fig*) (*отрасль*) field, sphere, realm, domain; **о. микробиоло́гии** the field of microbiology; **о. мифоло́гии** the realm of mythology.

> **о́бласть — oblast (region)**
>
> One of the six types of administrative unit into which **Росси́йская Федера́ция** is divided. Of the 86 (as of April 2007) units, 48 are oblasts.
>
> *For more details see* **автоно́мная о́бласть**

обла́тк|а, и *f* **1** (*eccl*) wafer, host. **2** (*pharm*) capsule.

облач|а́ть(ся), а́ю(сь) *impf of* ⇒**~и́ть(ся)**

облаче́ни|е, я *nt* **1** (**в** + *a*) robing (in). **2** (*eccl*) vestments, robes.

облач|и́ть, у́, и́шь *pf* (*of* ⇒**~а́ть**) (**в** + *a*) **1** (*eccl*) to robe (in). **2** (*rhetorical or coll, joc*) to deck out (in).

облач|и́ться, у́сь, и́шься *pf* (*of* ⇒**~а́ться**) **1** (*eccl*) to robe, put on robes. **2** (*rhetorical or coll, joc*) to deck o.s. out.

о́блачк|о, а, *pl* **~а́, ~о́в** *nt diminutive of* ⇒**о́блако**

о́блачност|ь, и *f* cloudiness; **переме́нная о.** overcast with sunny periods.

о́блач|ный (~ен, ~на) *adj* cloudy.

облега́|ть, ю *impf* **1** *impf of* ⇒**обле́чь**[1]. **2** (*об одежде*) to fit tightly; to cling to.

облега́|ющий *pres participle active of* ⇒**~ть** *and adj* tight-fitting.

облегч|а́ть(ся), а́ю(сь) *impf of* ⇒**~и́ть(ся)**

облегче́ни|е, я *nt* **1** (*действие*) facilitation, lightening, easing. **2** (*чувство успокоения*) relief; **вздохну́ть с ~ем** to heave a sigh of relief.

облегч|и́ть, у́, и́шь *pf* (*of* ⇒**~а́ть**) **1** (*груз, вес*) to lighten. **2** (*сделать менее трудным*) to make easier. **3** (*упростить*) to simplify. **4** (*успокоить*) to relieve; to alleviate; (*law*) to commute; **о. ду́шу** to relieve one's mind.

облегч|и́ться, у́сь, и́шься *pf* (*of* **~а́ться**) **1** (*испытать успокоение*) to be relieved, find relief. **2** (*стать более лёгким*) to become easier; to become lighter. **3** (*coll, euph*) (*освободить себе желудок*) to relieve o.s.

обледене́л|ый (~, ~а) *adj* ice-covered.

обледене́ни|е, я *nt* icing(-over); **пери́од ~я** glacial period, ice age.

обледене́|ть, ю *pf* to ice over, become covered with ice.

облез|а́ть, а́ет *impf of* ⇒**~ть**

обле́зл|ый (~, ~а) *adj* (*coll*) shabby, bare; **~ая ко́шка** mangy cat.

обле́з|ть, ет, *past* **~, ~ла** *pf* (*of* ⇒**~а́ть**) (*coll*) **1** (*о мехе*) to fall out. **2** (*о кошке*) to grow mangy. **3** (*о краске, коже*) to peel off.

облека́|ть, ю *impf of* ⇒**обле́чь**[2]

облека́|ться, юсь *impf of* ⇒**обле́чься**

обле́нива|ться, юсь *impf of* ⇒**облени́ться**

облен|и́ться, ю́сь, ~ишься *pf* (*of* ⇒**~иваться**) to grow lazy.

облеп|и́ть, лю́, ~ишь *pf* (*of* ⇒**~ля́ть**) **1** (*прилипнуть*) to stick (to); (*fig*) to cling (to); (*окружить*) to surround, throng; **нас ~и́ла ку́ча мальчи́шек** we were surrounded by a swarm of small boys. **2** (+ *a and i*) (*заклеить*) to paste all over (with), plaster (with); **о. стену объявле́ниями** to plaster a wall with notices.

облепи́х|а, и *f* (*bot*) sea buckthorn (*Hippophae rhamnoides*).

облепля́|ть, ю *impf of* ⇒**облепи́ть**

облесе́ни|е, я *nt* afforestation.

обле|си́ть, шу́, си́шь *pf* to afforest.

облет|а́ть[1]**, а́ю** *impf of* ⇒**~е́ть**

облет|а́ть[2]**, а́ю** *pf* (*of* ⇒**~ывать**) **1** to fly (all round, all over); **мы ~а́ли всю Евро́пу** we have flown all over Europe; **она́ ~а́ла всех подру́г** (*fig, coll*) she flew round to all her girlfriends. **2** (*испытать*) to test (*an aircraft*).

обле|те́ть, чу́, ти́шь *pf* (*of* ⇒**~та́ть**[1]) **1** (+ *a or* **вокру́г** + *g*) to fly (round). **2** (*о новостях*) to spread (round, all over); **за полчаса́ весть о побе́де ~те́ла весь го́род** in half an hour the news of the victory had spread round the town. **3** (*о листьях*) to fall.

облётыва|ть, ю *impf of* ⇒**облета́ть**[2]

облеч|ённый *ppp of* ⇒**~ь**[2] *and adj*: **о. вла́стью** invested with power.

обл|е́чь[1]**, я́жет,** *past* **~ёг, ~егла́** *pf* (*of* ⇒**~ега́ть 1**) (*окутать*) to cover, surround, envelop (*also fig*); **ту́чи ~егли́ го́ру** rain clouds enveloped the mountain.

обле́|чь[2]**, ку́, чёшь, ку́т,** *past* **~к, ~кла́** *pf* (*of* ⇒**~ка́ть**) (+ *a* **в** + *a or* + *a and i*) (*одеть*) to clothe (in); (*доверием, властью*) to invest (with), vest (in); (*fig*) shroud (in); **о. полномо́чиями** to invest with authority, commission; **о. та́йной** to shroud in mystery; **о. свою́ мысль непоня́тными слова́ми** to wrap one's idea in unintelligible words.

обле́|чься, ку́сь, чёшься, ку́тся, *past* **~кся, ~кла́сь** *pf* (*of* ⇒**~ка́ться**) (**в** + *a*) to clothe o.s. (in), dress o.s. (in); (*fig*) to take the form (of), assume the shape (of).

облива́ни|е, я *nt* **1** (*действие*) spilling (over), pouring (over). **2** (*водная процедура*) shower bath; sponge-down.

облива́|ть, ю *impf of* ⇒**обли́ть**

облива́|ться, юсь *impf of* ⇒**обли́ться**; **се́рдце у меня́ кро́вью ~ется** my heart bleeds.

обли́вк|а, и *f* **1** (*действие*) glazing. **2** (*глазурь*) glaze.

обливно́й *adj* glazed.

облигац|ио́нный *adj of* ⇒**~ия**

облига́ци|я, и *f* (*fin*) bond, debenture.

обли|за́ть, жу́, ~жешь *pf* (*of* ⇒**~зывать**) to lick (all over); to lick clean; **па́льчики ~жешь** (*fig, coll*) (*sc.* it is, it will be) a real treat.

обли|за́ться, жу́сь, ~жешься *pf* (*of* ⇒**~зываться**) **1** (*о человеке*) to smack one's lips (*also fig*). **2** (*о животном*) to lick itself.

обли́зыва|ть, ю *impf of* ⇒**облиза́ть**; **о. гу́бы** (*fig, coll*) to smack one's lips.

обли́зыва|ться, юсь *impf of* ⇒**облиза́ться**

о́блик, а *m* **1** (*наружность*) look, appearance. **2** (*fig*) (*характер*) cast of mind, character.

обли́ня|ть, ю *pf* (*coll*) **1** (*утратить цвет*) to fade, lose colour (*also fig*). **2** (*потерять шерсть, перья*) to moult, lose hair *or* feathers.

облип|а́ть, а́ю *impf of* ⇒**~нуть**

обли́п|нуть, ну, нешь, *past* **~, ~ла** *pf* (*of* ⇒**~а́ть**) (+ *i*) to become stuck (in, with).

о́блит|ый (~, ~а́, ~о) *and* **обли́тый (~, ~а́, ~о)** *ppp of* ⇒**обли́ть**; (*fig*; + *i*) covered (by), enveloped (in); **о. све́том луны́** bathed in moonlight.

обл|и́ть, оболью́, обольёшь, *past* **~ил, ~ила́, ~ило** *and* **~и́л, ~ила́, ~и́ло** *pf* (*of* ⇒**~ива́ть**) **1** (*ppp* **~итый**) (*намеренно*) to pour (over); (*случайно*) to spill (over); **о. ска́терть вино́м** to spill wine over the tablecloth; **о. презре́нием** (*fig*) to pour contempt (on); **о. гря́зью, о. помо́ями** (*fig, coll*) to vilify. **2** (*ppp* **~и́тый**) (*глазурью*) to glaze.

обли́|ться, оболью́сь, обольёшься, *past* **~лся, ~ла́сь** *pf* (*of* ⇒**~ва́ться**) (+ *i*) **1** to have a shower bath; to sponge down; **о. холо́дной водо́й** to have a cold shower. **2** (*случайно*) to spill over o.s.; **о. по́том** to be bathed in sweat; **о. слеза́ми** to melt into tears.

облиц|ева́ть, у́ю, у́ешь *pf* (*of* ⇒**~о́вывать**) (+ *a and i*) to face, clad (with).

облицо́вк|а, и *f* facing, cladding.

облицо́в|очный *adj of* ⇒**~ка**; **о. кирпи́ч** facing brick, decorative tile.

облицо́выва|ть, ю *impf of* ⇒**облицева́ть**

облич|а́ть, а́ю *impf* (*of* ⇒**~и́ть**) **1** (*разоблачать*) to expose, unmask, denounce. **2** (*impf only*) (*показывать*) to reveal, display, manifest; to point (to).

обличе́ни|е, я *nt* exposure, unmasking, denunciation.

обличи́тел|ь, я *m* exposer, unmasker, denouncer.
обличи́тельн|ый *adj* denunciatory; **~ая речь, ~ая статья́** diatribe, tirade.
облич|и́ть, у́, и́шь *pf of* ⇒**~а́ть**
обли́чь|е, я *nt* **1** (*coll*) (*лицо*) face. **2** (*облик*) aspect, appearance (*also fig*).
облобыза́|ть, ю *pf* (*obs, joc*) to kiss.
обложе́ни|е, я *nt* **1** (*налогом*) levying. **2** (*сбор*) levy.
облож|и́ть, у́, ~ишь *pf* **1** (*impf* **обкла́дывать**) (*положить вокруг*) to put (round); to edge; **о. больно́го поду́шками** to surround a patient with pillows. **2** (*impf* **обкла́дывать**) (*покрыть*) to cover; **о. сте́ну пли́ткой** to tile a wall; (*impers*): **круго́м ~и́ло (не́бо)** the sky is completely overcast. **3** (*impf* **обкла́дывать**) (*окружить*) to surround. **4** (*impf* **облага́ть**) to assess; **о. нало́гом** to tax. **5** (*impf* **обкла́дывать**) (*coll*) (*обругать*) to swear (at).
облож|и́ться, у́сь, ~ишься *pf* **1** (*impf* **обкла́дываться**) (*обложить себя*) (+ *i*) to put round o.s., surround o.s. (with). **2** (*покрыться*) (+ *i*) to be covered (with).
обло́жк|а, и *f* (dust) cover; (*для бумаг*) folder.
обложно́й *adj*: **о. дождь** (*coll*) incessant rain.
облока́чива|ться, юсь *impf of* ⇒**облокоти́ться**
облоко|ти́ться, чу́сь, ти́шься *pf* (*of* ⇒**облока́чиваться**) (**на** + *a*) to lean one's elbow(s) (on, against).
обло́м, а *m* **1** (*действие*) breaking off. **2** (*место*) break. **3** (*sl*) (*неудача*) failure, misfortune.
облома́|ть, ю *pf* (*of* ⇒**обла́мывать**) **1** (*ветку*) to break off, snap. **2** (*fig, coll*) (*уговорить*) to talk into, cajole.
облома́|ться, юсь *pf* (*of* ⇒**обла́мываться**) **1** (*ветка*) to break off, snap. **2** (*sl*) to fail.
облом|и́ть, лю́, ~ишь *pf* to break off.
облом|и́ться, лю́сь, ~ишься *pf* = **~а́ться**
обло́мовщин|а, ы *f* Oblomovism, lethargy, apathy.
обло́м|ок, ка *m* **1** fragment. **2** (*in pl*) debris, wreckage.
облуп|и́ть, лю́, ~ишь *pf of* ⇒**лупи́ть**[1] **1** *and* ⇒**~ливать**
облуп|и́ться, лю́сь, ~ишься *pf of* ⇒**лупи́ться** *and* ⇒**~ливаться**
облу́п|ленный *ppp of* ⇒**~и́ть** *and adj* peeling; **знать как ~ленного** (*coll*) to know inside out.
облу́плива|ть, ю *impf* (*of* ⇒**облупи́ть**) **1** to peel; (*яйца*) to shell. **2** (*fig, coll*) (*обобрать*) to fleece.
облу́плива|ться, ется *impf* (*of* ⇒**облупи́ться**) to peel (off); to come off.
облупл|я́ть(ся), я́ю, я́ет(ся) *impf* = **~ивать(ся)**
облуч|а́ть, а́ю *impf of* ⇒**~и́ть**
облуче́ни|е, я *nt* (*med*) irradiation.
облуч|и́ть, у́, и́шь *pf* (*of* ⇒**~а́ть**) to irradiate.

облуч|о́к, ка́ *m* coachman's seat.
облущ|и́ть, у́, и́шь *pf of* ⇒**лущи́ть**
облы́ж|ный (~ен, ~на) *adj* (*coll*) false.
облысе́|ть, ю, ешь *pf of* ⇒**лысе́ть**
облюб|ова́ть, у́ю *pf* (*of* ⇒**~о́вывать**) to pick, choose.
облюбо́выва|ть, ю *impf of* ⇒**облюбова́ть**
обл|я́гу, я́жешь, я́гут *see* ⇒**~е́чь**[1]
обма́|зать, жу, жешь *pf* (*of* ⇒**~зывать**) **1** (*покрыть*) to coat (with). **2** (*запачкать*) to smear (with); **о. себе́ ру́ки ма́слом** to cover one's hands with oil.
обма́|заться, жусь, жешься *pf* (*of* ⇒**~зываться**) **1** (+ *i*) (*мазать себя*) to smear o.s.; (*пачкаться*) to get o.s. covered (with). **2** *passive of* ⇒**~зать**
обма́зк|а, и *f* coating.
обма́зыва|ть(ся), ю(сь) *impf of* ⇒**обма́зать(ся)**
обма́кива|ть, ю *impf of* ⇒**обмакну́ть**
обмак|ну́ть, ну́, нёшь, *past* **~ну́л** *pf* (*of* ⇒**~ивать**) to dip.
обма́н, а *m* fraud, deception; **о. зре́ния** optical illusion; **ввести́ в о.** to deceive.
обма́нк|а, и *f* (*min*) blende; **смоляна́я о.** pitchblende.
обма́н|ный (~ен, ~на) *adj* fraudulent; **~ым путём** fraudulently.
обман|у́ть, у́, ~ешь *pf* (*of* ⇒**~ывать**) to deceive; (*мошеннически*) to cheat, swindle; (*нарушить обещание*) to fail; to let s.o. down; **о. чьё-н. дове́рие** to betray s.o.'s trust; **о. чьи-н. наде́жды** to disappoint s.o.'s hopes.
обман|у́ться, у́сь, ~ешься *pf* (*of* ⇒**~ываться**) to be deceived; **о. в свои́х ожида́ниях** to be disappointed in one's expectations.
обма́нчив|ый (~, ~а) *adj* deceptive, delusive; **вне́шность ~а** appearances are deceptive.
обма́нщик, а *m* deceiver; cheat, fraud.
обма́нщи|ца, цы *f of* ⇒**~к**
обма́нcorrespond|ть(ся), ю(сь) *impf of* ⇒**обману́ть(ся)**
обмар|а́ть, а́ю *pf* (*of* ⇒**~ывать**) (*coll*) to soil, dirty.
обма́рыва|ть, ю *impf of* ⇒**обмара́ть**
обма́тыва|ть(ся), ю(сь) *impf of* ⇒**обмота́ть(ся)**
обма́хива|ть(ся), ю(сь) *impf of* ⇒**обмахну́ть(ся)**
обмах|ну́ть, ну́, нёшь *pf* (*of* ⇒**~ивать**) **1** (*лицо*) to fan. **2** (*удалить; очистить*) to dust (off); to brush (off); **о. сор со ска́терти** to brush crumbs off the cloth; **о. стол** to dust off the table.
обмах|ну́ться, ну́сь, нёшься *pf* (*of* ⇒**~иваться**) to fan o.s.
обма́чива|ть(ся), ю(сь) *impf of* ⇒**обмочи́ть(ся)**
обмеле́ни|е, я *nt* shallowing, shoaling.
обмеле́|ть, ет *pf* (*of* ⇒**меле́ть**) **1** (*стать мелководным*) to become shallow. **2** (*naut*) (*сесть на мель*) to run aground.

обме́н, а *m* (+ *i*) exchange (of); **о. мне́ниями** exchange of opinions; **о. веще́ств** (*biol*) metabolism; **в о. (на** + *a*) in exchange (for).
обме́нива|ть(ся), ю(сь) *impf of* ⇒**обмени́ть(ся)** *and* ⇒**обменя́ть(ся)**
обмен|и́ть, ю́, ~ишь *pf* (*of* ⇒**~ивать**) (*coll*) to exchange (*accidentally or secretly*).
обмен|и́ться, ю́сь, ~ишься *pf* (*of* ⇒**~иваться**) (+ *i*) (*coll*) to exchange (*accidentally*).
обме́н|ный *adj of* ⇒**~**
обмен|я́ть, я́ю *pf* (*of* ⇒**меня́ть 2** *and* ⇒**~ивать**) (+ *a* **на** + *a*) to exchange (sth for sth).
обмен|я́ться, я́юсь *pf* (*of* ⇒**меня́ться 2** *and* ⇒**~иваться**) (+ *i*) to exchange; to swap; **о. взгля́дами** to exchange looks; **о. впечатле́ниями** to compare notes.
обме́р[1]**, а** *m* measurement.
обме́р[2]**, а** *m* false measure.
об|мере́ть, омру́, омрёшь, *past* **~мер, ~мерла́, ~мерло** *pf* (*of* ⇒**~мира́ть**) (*coll*) to faint; **о. от у́жаса** to be horror-struck; **я ~мер** my heart stood still.
обме́рива|ть, ю *impf of* ⇒**обме́рить**
обме́р|ить[1]**, ю, ишь** *pf* (*of* ⇒**~ивать**) (*измерить*) to measure.
обме́р|ить[2]**, ю, ишь** *pf* (*of* ⇒**~ивать**) (*обмануть*) to cheat in measuring; to give short measure (to).
обме|сти́, ту́, тёшь, *past* **~л, ~ла́** *pf* (*of* ⇒**~та́ть**[1]) to sweep (off); to brush (off); to dust (off).
обмета́|ть[1]**, ю** *impf of* ⇒**обмести́**
обме|та́ть[2]**, чу́, ~чешь** *pf* (*of* ⇒**~тывать**) **1** to oversew. **2** (*impers; coll*): **у меня́ ~та́ло гу́бы** my lips are cracked (with cold sores).
обмётыва|ть, ю *impf of* ⇒**обмета́ть**[2]
обмина́|ть, ю *impf of* ⇒**обмя́ть**
обмира́|ть, ю *impf of* ⇒**обмере́ть**
обмозг|ова́ть, у́ю *pf* (*of* ⇒**~о́вывать**) (*coll*) to think over, turn over (in one's mind).
обмозго́выва|ть, ю *impf of* ⇒**обмозгова́ть**
обмок|а́ть, а́ю *impf of* ⇒**~нуть**
обмо́к|нуть, ну, нешь, *past* **~, ~ла** *pf* (*of* ⇒**~а́ть**) (*coll*) to get soaking wet; to get wet all over.
обмола́чива|ть, ю *impf of* ⇒**обмолоти́ть**
обмо́лв|иться, люсь, ишься *pf* (*coll*) **1** (*оговориться*) to make a slip in speaking. **2** (+ *i*) (*сказать*) to say; to utter; **не о. ни сло́вом (о** + *p*) to say not a word (about).
обмо́лвк|а, и *f* slip of the tongue.
обмоло́т, а *m* (*agric*) threshing.
обмоло|ти́ть, чу́, ~тишь *pf* (*of* ⇒**обмола́чивать**) (*agric*) to thresh.
обмора́жива|ть(ся), ю(сь) *impf of* ⇒**обморо́зить(ся)**
обмороже́ни|е, я *nt* frostbite.

обморо́|женный *ppp of* ⇒**~зить** *and adj* frostbitten.

обморо́|зить, жу, зишь *pf* (*of* ⇒**обмора́живать**); я **~зил себе́ нос, ру́ки** *etc.* my nose is, hands are, *etc.*, frostbitten.

обморо́|зиться, жусь, зишься *pf* (*of* ⇒**обмора́живаться**) to suffer frostbite, be frostbitten.

о́бморок, а *m* fainting fit; **в глубо́ком ~е** in a dead faint; **упа́сть в о.** to faint.

обморо|чный *adj of* ⇒**~к**; **~чное состоя́ние** (*med*) syncope.

обмота́|ть, ю *pf* (*of* ⇒**обма́тывать**) (+ *a and i or a* **вокру́г** + *g*) to wind (round); **о. ше́ю ша́рфом, о. шарф вокру́г ше́и** to wind a scarf round one's neck.

обмота́|ться, юсь *pf* (*of* ⇒**обма́тываться**) **1** (+ *i*) to wrap o.s. (in). **2** *passive of* ⇒**~ть**

обмо́тк|а, и *f* (*elec*) winding.

обмо́т|ки, ок (*no sg*) puttees; leg wrappings.

обмо́т|очный *adj of* **1** ⇒**~ка**. **2** ⇒**~ки**

обмоч|и́ть, у́, ~ишь *pf* (*of* ⇒**обма́чивать**) to wet; **о. посте́ль** (*coll*) to wet the bed.

обмоч|и́ться, у́сь, ~ишься *pf* (*of* ⇒**обма́чиваться**) to wet o.s. (*also coll*).

обм|о́ю, о́ешь *see* ⇒**~ыть**

обмундирова́ни|е, я *nt* **1** (*действие*) fitting out (with uniform). **2** (*комплект форменной одежды*) uniform.

обмундир|ова́ть, у́ю *pf* (*of* ⇒**~о́вывать**) to fit out (with uniform).

обмундиро́в|ка, ки *f* = **~а́ние**

обмундиро́в|очный *adj of* ⇒**~ка**; **~очные де́ньги** uniform allowance.

обмундиро́выва|ть, ю *impf of* ⇒**обмундирова́ть**

обмыва́ни|е, я *nt* **1** bathing, washing. **2** (*coll*) celebration, drinking party.

обмыва́|ть(ся), ю(сь) *impf of* ⇒**обмы́ть(ся)**

обмы́л|ок, ка *m* (*coll*) remnant of a bar of soap.

обм|ы́ть, о́ю, о́ешь *pf* (*of* ⇒**~ыва́ть**) **1** to bathe, wash; **о. ра́ну** to bathe a wound. **2** (*coll*) (*отметить выпивкой*) to celebrate, drink to.

обм|ы́ться, о́юсь, о́ешься *pf* (*of* ⇒**~ыва́ться**) to bathe, wash.

обмяк|а́ть, а́ю *impf* (*of* ⇒**~нуть**) (*coll*) to become soft; (*fig*) to become flabby.

обмя́к|нуть, ну, нешь *past* **~, ~ла** *pf of* ⇒**~а́ть**

об|мя́ть, омну́, омнёшь *pf* (*of* ⇒**~мина́ть**) to press down; (*ногами*) to trample down.

обнагле́|ть, ю, ешь *pf of* ⇒**нагле́ть**

обнадёжива|ть, ю *impf of* ⇒**обнадёжить**

обнадёж|ить, у, ишь *pf* (*of* ⇒**~ивать**) to reassure.

обнаж|а́ть(ся), а́ю(сь) *impf of* ⇒**~и́ть(ся)**

обнаже́ни|е, я *nt* **1** baring, uncovering. **2** (*fig*) revealing. **3** (*geol*): **о. го́рной поро́ды** outcrop.

обнаж|ённый *ppp of* ⇒**~и́ть** *and adj* naked, bare; nude.

обнаж|и́ть, у́, и́шь *pf* (*of* ⇒**~а́ть**) **1** to bare, uncover; **о. го́лову** to bare one's head; **о. шпа́гу** to draw the sword. **2** (*fig*) (*раскрыть*) to lay bare, reveal.

обнаж|и́ться, у́сь, и́шься *pf* (*of* ⇒**~а́ться**) **1** to bare o.s., uncover o.s. **2** (*fig*) (*стать явным*) to be revealed.

обнаро́довани|е, я *nt* publication, promulgation.

обнаро́д|овать, ую *pf and impf* (*literary*) to publish, promulgate.

обнару́же́ни|е, я *nt* **1** displaying, revealing. **2** discovery; detection.

обнару́жива|ть(ся), ю(сь) *impf of* ⇒**обнару́жить(ся)**

обнару́ж|ить, у, ишь *pf* (*of* ⇒**~ивать**) **1** (*показать*) to display, reveal; **о. свою́ ра́дость** to betray one's joy. **2** (*найти*) to discover; to detect.

обнару́ж|иться, усь, ишься *pf* (*of* ⇒**~иваться**) **1** (*оказаться*) to be revealed; to come to light. **2** (*найтись*) to turn up, be found.

обна́шива|ть, ю *impf of* ⇒**обноси́ть**[1]

обнес|ти́[1]**, у́, ёшь,** *past* **~̈, ~ла́** *pf* (*of* ⇒**обноси́ть**[2]) (+ *i*) to enclose (with); **о. и́згородью** to fence (in); **о. пери́лами** to rail in, off.

обнес|ти́[2]**, у́, ёшь,** *past* **~̈, ~ла́** *pf* (*of* ⇒**обноси́ть**[3]) (+ *i*) to serve round; **~ли́ ли вы всех госте́й шампа́нским?** have you served all the guests with champagne?

обнес|ти́[3]**, у́, ёшь,** *past* **~̈, ~ла́** *pf* (*of* ⇒**обноси́ть**[4]) (+ *a and i*) to pass over, leave out (*in serving sth*); **меня́ ~ли́ вино́м** I have not had (= *been offered*) wine.

обнима́|ть(ся), ю(сь) *impf of* ⇒**обня́ть(ся)**

обни́мк|а, и *f only in phr* **в ~у** (*coll*) in an embrace, embracing one another, with arms around each other.

обнища́л|ый (~, ~а) *adj* impoverished; beggarly.

обнища́ни|е, я *nt* impoverishment.

обнища́|ть, ю *pf of* ⇒**нища́ть**

обнов|и́ть, лю́, и́шь *pf* (*of* ⇒**~ля́ть**) **1** (*памятник*) to renovate; (*жизнь, душу*) to revitalize; (*горечь*) to renew; (*гардероб, репертуар*) (*also comput*) to update. **2**: **о. свои́ зна́ния** (*fig*) to refresh one's knowledge; **о. свои́ си́лы** (*fig*) to regather one's strength. **3** (*coll, fig*) (*впервые употребить*) to christen; to use *or* wear for the first time.

обнов|и́ться, лю́сь, и́шься *pf* (*of* ⇒**~ля́ться**) to revive, be restored.

обно́вк|а, и *f* (*coll*) new acquisition (*usu item of clothing*).

обновле́ни|е, я *nt* renovation; revitalization; renewal; (*comput*) update; **вне́шнее о.** facelift.

обновля́|ть(ся), ю(сь) *impf of* ⇒**обнови́ть(ся)**

обно|си́ть[1]**, шу́, ~́сишь** *pf* (*of* ⇒**обна́шивать**) (*coll*) (*новые ботинки*) to wear in.

обно|си́ть[2,3,4]**, шу́, ~́сишь** *impf of* ⇒**обнести́**[1,2,3]

обно|си́ться, шу́сь, ~́сишься *pf* (*coll*) **1** (*износить свою одежду*) to have worn out all one's clothes; to be out at elbow. **2** (*стать удобным*) to become worn in, become comfortable (*of new clothes*).

обно́с|ки, ков *pl* (*sg* **~ок, ~ка** *m*) (*coll*) old clothes.

обню́х|ать, аю *pf* (*of* ⇒**~ивать**) to sniff (around).

обню́хива|ть, ю *impf of* ⇒**обню́хать**

обн|я́ть, иму́, и́мешь, *past* **~́ял, ~яла́, ~́яло** *pf* (*of* ⇒**~има́ть**) to embrace; to clasp in one's arms; (*fig*) to envelop; **он шёл, ~я́в её за та́лию** he was walking with his arm round her waist; **о. взгля́дом** to survey; **о. умо́м** (*fig*) to comprehend, take in.

обн|я́ться, иму́сь, и́мешься, *past* **~я́лся, ~яла́сь, ~яло́сь** *pf* (*of* ⇒**~има́ться**) to embrace; to hug (one another).

обо *prep* = **о**[1]

обо... *vbl pref* = **о...** *and* ⇒**об...**

обобра́|ть, оберу́, оберёшь, *past* **~л, ~ла́ ~ло** *pf* (*of* ⇒**обира́ть**) (*coll*) **1** (*собрать*) to pick, gather. **2** (*ограбить*) to rob; (*sl*) to clean out.

обобра́ться, оберу́сь, оберёшься *pf* (*coll*; + *g*): **не оберёшься** beyond count, innumerable.

обобщ|а́ть, а́ю *impf of* ⇒**~и́ть**

обобще́ни|е, я *nt* generalization.

обобществ|и́ть, лю́, и́шь *pf* (*of* ⇒**~ля́ть**) to collectivize.

обобществле́ни|е, я *nt* collectivization.

обобществля́|ть, ю *impf of* ⇒**обобществи́ть**

обобщ|и́ть, у́, и́шь *pf* (*of* ⇒**~а́ть**) to generalize (from).

обобь|ю́, ёшь *see* ⇒**оби́ть**

обовь|ю́(сь), ёшь(ся) *see* ⇒**обви́ть(ся)**

обогати́тельный *adj* (*mining tech*) concentrating; **о. аппара́т** ore separator.

обога|ти́ть, щу́, ти́шь *pf* (*of* ⇒**~ща́ть**) **1** to enrich. **2** (*mining tech*) to concentrate; **о. руду́** to concentrate ore, dress ore.

обога|ти́ться, щу́сь, ти́шься *pf* (*of* ⇒**~ща́ться**) to become rich; (+ *i*) to enrich o.s. (with).

обогаща́|ть(ся), ю(сь) *impf of* ⇒**обогати́ть(ся)**

обогаще́ни|е, я *nt* enrichment.

обогна́|ть, обгоню́, обго́нишь, *past* **~л, ~ла́, ~ло** *pf* (*of* ⇒**обгоня́ть**) to pass, overtake; (*fig*) to outstrip, outdistance.

обогн|у́ть, у́, ёшь *pf* (*of* ⇒**огиба́ть**) **1** (*обойти, объехать*) to round; to skirt. **2** (*сгибая, надеть*) to bend round; **о. о́бруч вокру́г бо́чки** to hoop a barrel.

обоготворе́ни|е, я *nt* deification, idolization.

обоготвор|и́ть, ю́, и́шь *pf* (*of* ⇒**~я́ть**) to deify, idolize.

обоготвор|я́ть, я́ю *impf of* ⇒**~и́ть**

обогре́в, а *m* (*tech*) heating.

О

обогрева́ни|е, я *nt* heating, warming.

обогрева́тел|ь, я *m* (*tech*) heater.

обогрева́|ть(ся), ю(сь) *impf of* ⇒**обогре́ть(ся)**

обогре́|ть, ю, ешь *pf* (*of* ⇒**~ва́ть**) (*помещение*) to heat; (*человека*) to warm.

обогре́|ться, юсь, ешься *pf* (*of* ⇒**~ва́ться**) to warm o.s.; (*о помещении*) to warm up.

о́бод, а, *pl* **~ья, ~ьев** *m* (*колеса, решета*) rim; (*бочки*) hoop.

обод|о́к, ка́ *m* thin rim, thin border.

ободо́|чный *adj of* ⇒**~к; ~чная кишка́** (*anat*) colon.

ободра́н|ец, ца *m* (*coll*) ragamuffin, ragged fellow.

обо́др|анный *ppp of* ⇒**~а́ть** *and adj* ragged.

ободра́ть, обдеру́, обдерёшь, *past* **ободра́л, ободрала́, ободра́ло** *pf* (*of* ⇒**обдира́ть**) **1** (*стену, прутик*) to strip; (*убитого зверя*) to skin; (*coll*) (*лицо, руку*) to scratch; **о. кору́ с де́рева** to bark a tree. **2** (*fig, coll*) to fleece.

ободре́ни|е, я *nt* encouragement, reassurance.

ободри́тел|ьный (~ен, ~ьна) *adj* encouraging, reassuring.

ободр|и́ть, ю́, и́шь *pf* (*of* ⇒**~я́ть**) to cheer up; to encourage, reassure.

ободр|и́ться, ю́сь, и́шься *pf* (*of* ⇒**~я́ться**) to cheer up, take heart.

ободр|я́ть(ся), я́ю(сь) *impf of* ⇒**~и́ть(ся)**

обо́его, обо́ему (*no nom or a*), *m and nt num* both; **обо́его по́ла** of both sexes.

обожа́ни|е, я *nt* adoration.

обожа́тел|ь, я *m* (*coll*) admirer.

обожа́тель|ница, ницы *f of* ⇒**~**

обожа́|ть, ю *impf* to adore, worship.

обож|гу́, жёшь, гу́т *see* ⇒**обже́чь**

обожд|а́ть, у́, ёшь, *past* **~а́л, ~ала́, ~а́ло** *pf* (*coll*) to wait (for a while).

обожеств|и́ть, лю́, и́шь *pf* (*of* ⇒**~ля́ть**) to deify, worship.

обожествле́ни|е, я *nt* deification, worshipping.

обожествля́|ть, ю *impf of* ⇒**обожестви́ть**

обожжённый *ppp of* ⇒**обже́чь**

обожр|а́ться, у́сь, ёшься, *past* **~а́лся, ~ала́сь** *pf* (*of* ⇒**обжира́ться**) (*coll*) to guzzle, stuff o.s.

обо́з, а *m* **1** (*повозок*) convoy. **2** (*mil*) (*unit*) transport; **быть в ~е** (*fig*) to bring up the rear.

обозва́|ть, обзову́, обзовёшь, *past* **~л, ~ла́, ~ло** *pf* (*of* ⇒**обзыва́ть**) (+ *a and i*) to call; **о. кого́-н. дурако́м** to call s.o. a fool.

обозл|ённый *ppp of* ⇒**~и́ть** *and adj* embittered.

обозл|и́ть, ю́, и́шь *pf* **1** *pf of* ⇒**зли́ть. 2** to embitter.

обозл|и́ться, ю́сь, и́шься *pf of* ⇒**зли́ться**

обозна|ва́ться, ю́сь, ёшься *impf of* ⇒**~́ться**

обозна́|ться, ю́сь, ешься *pf* (*of* ⇒**~ва́ться**) (*coll*) to take s.o. for s.o. else; to be mistaken.

обознач|а́ть, а́ю *impf* **1** (*no pf*) (*значить*) to mean. **2** (*pf* **~́ить**) (*отмечать*) to mark; **о. на ка́рте грани́цу** to mark a frontier on a map. **3** (*pf* **~́ить**) (*делать заметным*) to reveal; to emphasize.

обознач|а́ться, а́юсь *impf* (*of* ⇒**~́иться**) **1** to appear; to reveal o.s. **2** *passive of* ⇒**~а́ть 2, 3**

обозначе́ни|е, я *nt* **1** (*действие*) marking. **2** (*знак*) sign, symbol; **усло́вные ~я** conventional signs; legend (*on maps, etc.*).

обозна́ч|ить, у, ишь *pf of* ⇒**~а́ть 2, 3**

обозна́ч|иться, усь, ишься *pf of* ⇒**~а́ться**

обозрева́тел|ь, я *m* commentator; columnist; **полити́ческий о.** political correspondent (*of newspaper*).

обозрева́|ть, ю *impf of* ⇒**обозре́ть**

обозре́ни|е, я *nt* **1** (*действие*) surveying, viewing; looking round. **2** (*обзор*) survey; overview. **3** (*theatr*) revue.

обозр|е́ть, ю, и́шь *pf* (*of* ⇒**~ева́ть**) **1** to survey, view; to look round. **2** (*fig*) to survey, review.

обозри́м|ый (~, ~а) *adj* visible; **в ~ом бу́дущем** in the foreseeable future.

обо́|и, ев (*no sg*) (*also comput*) wallpaper; **окле́ить ~ями** to paper.

обой|дённый *ppp of* ⇒**~ти́**

обо́йм|а, ы, *g pl* **~** *f* (*mil*) cartridge clip.

обо́|йный *adj of* ⇒**~и**

обо|йти́, йду́, йдёшь, *past* **~шёл, ~шла́** *pf* (*of* ⇒**обходи́ть**[1]) **1** (*пройти, окружая, минуя*) to go round. **2** (*пройти по всему пространству чего-л.*) to make the round (of), go (all) round; (*о враче*) to make (go) one's round(s); **слух ~шёл весь го́род** the rumour spread all over the town. **3** (*избежать*) to avoid; to leave out; to pass over; **о. молча́нием** to pass over in silence; **о. зако́н** to get round (evade) a law; **о. затрудне́ние** to get round a difficulty. **4** (*coll, pej*) (*обмануть*) to con.

обо|йти́сь, йду́сь, йдёшься, *past* **~шёлся, ~шла́сь** *pf* (*of* ⇒**обходи́ться**) **1** (**с** + *i*) to treat; **пло́хо о. с кем-н.** to treat s.o. badly. **2** (*coll*) to cost, come to; **во ско́лько ~шёлся ваш костю́м?** how much did your suit come to? **3** (+ *i*) to manage (with, on), make do (with, on); **о. миллио́ном рубле́й** to make do with one million roubles; **без ва́шей по́мощи мы бы не ~шли́сь** without your aid we could not have managed. **4** (*закончиться*) to turn out, end; **всё ~шло́сь** everything worked out; **всё ~шло́сь благополу́чно** everything turned out all right; **как-н. ~йдётся!** things will turn out all right somehow!; things will sort themselves out!

обо́йщик, а *m* upholsterer.

о́бок *adv and prep* + *g or d* (*coll*) close by; near.

обокра́|сть, обкраду́, обкрадёшь, *past* **~л, ~ла** *pf* (*of* ⇒**обкра́дывать**) to rob.

оболва́нива|ть, ю *impf of* ⇒**оболва́нить**

оболва́н|ить, ю, ишь *pf* (*of* ⇒**~ивать**) (*coll*) to make a fool of.

обо|лга́ть, лгу́, лжёшь, *past* **~лга́л, ~лгала́, ~лга́ло** *pf* to slander.

оболо́чк|а, и *f* **1** (*скорлупа*) shell; (*tech*) casing. **2** (*anat*) membrane; **ра́дужная о.** iris; **рогова́я о.** cornea; **сли́зистая о.** mucous membrane.

обо́лтус, а *m* (*coll*) blockhead, dunce

обольсти́тел|ь, я *m* (*obs*) seducer.

обольсти́тельниц|а, ы *f* (*obs*) seductress.

обольсти́тел|ьный (~ен, ~ьна) *adj* seductive, captivating.

оболь|сти́ть, щу́, сти́шь *pf* (*of* ⇒**~ща́ть**) **1** (*увлечь*) to captivate. **2** (*соблазнить*) to seduce.

оболь|сти́ться, щу́сь, сти́шься *pf* (*of* ⇒**~ща́ться**) to be *or* labour (*Br*), labor (*US*) under a delusion; (+ *i*) to flatter o.s. (with).

обольща́|ть(ся), ю(сь) *impf of* ⇒**обольсти́ть(ся)**

обольще́ни|е, я *nt* **1** (*действие*) seduction. **2** (*соблазн*) delusion.

оболь|ю́, ёшь *see* ⇒**обли́ть**

обомле́|ть, ю, ешь *pf* (*coll*) to be stupefied.

обомн|у́, ёшь *see* ⇒**обмя́ть**

обомр|у́, ёшь *see* ⇒**обмере́ть**

обомше́л|ый (~, ~а) *adj* moss-grown.

обоня́ни|е, я *nt* (sense of) smell; **име́ть то́нкое о.** to have a fine sense of smell.

обоня́тельный *adj* (*anat*) olfactory.

обоня́|ть, ю *impf* to smell.

обора́чиваемост|ь, и *f* (*fin, econ*) turnover.

обора́чива|ть(ся), ю(сь) *impf of* ⇒**оберну́ть(ся)** *and* ⇒**обороти́ть(ся)**

оборва́н|ец, ца *m* ragamuffin.

обо́рв|анный *ppp of* ⇒**~а́ть** *and adj* torn, ragged.

оборв|а́ть, у́, ёшь, *past* **~а́л, ~ала́, ~а́ло** *pf* (*of* ⇒**обрыва́ть**) **1** (*цветы, яблоки*) to tear off, pluck. **2** (*нитку*) to break; to snap. **3** (*fig*) (*разговор; человека*) to cut short, interrupt; (*дружбу*) to break off.

оборв|а́ться, у́сь, ёшься, *past* **~а́лся, ~ала́сь** *pf* (*of* ⇒**обрыва́ться**) **1** (*о верёвке*) to break; to snap. **2** (*о человеке*) to fall; (*о вещах*) to come away. **3** (*о жизни, песне*) to be cut short, come abruptly to an end.

обо́рвыш, а *m* (*coll*) ragamuffin.

обо́рк|а, и *f* frill, flounce.

оборо́н|а, ы (*no pl*) *f* **1** defence (*Br*), defense (*US*). **2** (*mil*) defences (*Br*), defenses (*US*).

оборони́тельный *adj* defensive.

оборон|и́ть, ю́, и́шь *pf* (*of* ⇒**~я́ть**) to defend.

оборон|и́ться, ю́сь, и́шься *pf* (*of* ⇒**~я́ться**) (**от** + *g*) to defend o.s. (from).

О

оборо́н|ный *adj of* ⇒**~а; ~ная промы́шленность** defence (*Br*), defense (*US*) industry.

обороноспосо́бност|ь, и *f* defensive capability.

обороноспосо́б|ный (~ен, ~на) *adj* prepared for defence (*Br*), defense (*US*).

оборон|я́ть(ся), я́ю(сь) *impf of* ⇒**~и́ть(ся)**

оборо́т, а *m* **1** turn; (*tech*) revolution, rotation; **приня́ть дурно́й о.** (*fig*) to take a turn for the worse. **2** (*употребление*) circulation; (*fin, comm*) turnover; **ввести́, пусти́ть в о.** to put into circulation. **3** (*обратная сторона*) back; **смотри́ на ~е** please turn over. **4** (*выражение*) turn (of speech); **о. ре́чи** phrase, locution.

о́борот|ень, ня *m* werewolf.

оборо́тист|ый (~, ~а) *adj* (*coll*) resourceful.

оборо|ти́ть, чу́, ~́тишь *pf* (*of* ⇒**обора́чивать**) (*coll*) to turn.

оборо|ти́ться, чу́сь, ~́тишься *pf* (*of* ⇒**обора́чиваться**) (*coll*) **1** to turn (round). **2** (**в** + *a or* + *i*) to turn (into).

оборо́тлив|ый (~, ~а) *adj* (*coll*) resourceful.

оборо́т|ный *adj of* ⇒**~; о. капита́л** (*fin, comm*) working capital; **~ная сторона́** verso; reverse side (*also fig*); **э ~ное** *name of letter* 'э'.

обору́довани|е, я *nt* **1** (*действие*) equipping. **2** (*приборы*) equipment; **вспомога́тельное о.** (*comput*) peripherals, add-ons.

обору́д|овать, ую *impf and pf* to equip, fit out.

обоснова́ни|е, я *nt* **1** (*действие*) substantiation. **2** (*довод*) basis, ground.

обосно́ванност|ь, и *f* well-founded nature.

обосно́в|анный *ppp of* ⇒**~а́ть** *and adj* well founded, well grounded.

обосн|ова́ть, у́ю, у́ешь *pf* (*of* ⇒**~о́вывать**) to substantiate.

обосн|ова́ться, у́юсь, у́ешься *pf* (*of* ⇒**~о́вываться**) to settle.

обосно́выва|ть(ся), ю(сь) *impf of* ⇒**обоснова́ть(ся)**

обосо́б|ить, лю, ишь *pf* (*of* ⇒**~ля́ть**) to isolate.

обосо́б|иться, люсь, ишься *pf* (*of* ⇒**~ля́ться**) to stand apart, keep aloof.

обособле́ни|е, я *nt* isolation.

обосо́бленно *adv* apart; aloof; **жить о.** to live by o.s.

обосо́б|ленный *ppp of* ⇒**~ить** *and adj* isolated, solitary.

обособля́|ть(ся), ю(сь) *impf of* ⇒**обосо́бить(ся)**

обостре́ни|е, я *nt* **1** (*чувств*) sharpening, intensification. **2** (*боли*) aggravation, exacerbation; (*отношений*) straining; (*кризиса, конфликта*) worsening, deepening.

обостр|ённый *ppp of* ⇒**~и́ть** *and adj* **1** (*о чертах лица*) sharp, pointed. **2** (*об ощущениях*) of heightened sensitivity; **о. слух** a keen ear. **3** (*об отношениях*) strained, tense.

обостр|и́ть, ю́, и́шь *pf* (*of* ⇒**~я́ть**) **1** (*слух, аппетит, ощущение*) to sharpen, intensify. **2** (*боль*) to aggravate, exacerbate; (*отношения*) to strain.

обостр|и́ться, ю́сь, и́шься *pf* (*of* ⇒**~я́ться**) **1** (*о чертах лица*) to become sharp, become pointed. **2** (*об ощущениях*) to become more sensitive, become keener. **3** (*о боли*) to become aggravated, become exacerbated; (*об отношениях*) to become strained; (*о кризисе, конфликте*) to worsen, deepen.

обостр|я́ть(ся), я́ю(сь) *impf of* ⇒**~и́ть(ся)**

оботр|у́, ёшь *see* ⇒**обтере́ть**

обо́чин|а, ы *f* (*дороги*) edge, side; (*тротуара*) kerb (*Br*), curb (*US*).

обою́дност|ь, и *f* mutuality, reciprocity.

обою́д|ный (~ен, ~на) *adj* mutual, reciprocal; **по ~ному согла́сию** by mutual consent.

обоюдоо́стрый *adj* double-edged, two-edged (*also fig*).

обраба́тыва|ть, ю *impf of* ⇒**обрабо́тать**

обраба́тыва|ющий *pres participle active of* ⇒**~ть** *and adj*; **~ющая промы́шленность** manufacturing industry.

обрабо́та|ть, ю *pf* (*of* ⇒**обраба́тывать**) **1** (*кожу*) to treat, process; **о. зе́млю** to work the land; **о. ра́ну** to dress a wound. **2** (*статью; голос*) to polish, perfect. **3** (*fig, coll*) (*человека*) to work upon, win round; to brainwash.

обрабо́тк|а, и *f* **1** (*кожи*) treatment, processing; **о. земли́** cultivation of land. **2** (*статьи*) polishing. **3** (*fig, coll*) (*человека*) winning round; brainwashing.

обра́д|овать(ся), ую(сь) *pf of* ⇒**ра́довать(ся)**

о́браз¹, а *m* **1** (*вид*) shape, form; appearance; **по ~у своему́ и подо́бию** (*rhetorical or joc*) in one's own image. **2** (*представление*) image; **мы́слить ~ами** to think in images. **3** (*literary*) (*тип*) type; figure; **о. Га́млета** the Hamlet type. **4** (*порядок*) mode, manner; way; **о. жи́зни** way of life, lifestyle; **о. правле́ния** form of government; **каки́м ~ом?** how?; **таки́м ~ом** thus; **гла́вным ~ом** mainly, chiefly, largely; **ра́вным ~ом** equally.

о́браз², а, *pl* **~а́** *m* (*икона*) icon.

образ|е́ц, ца́ *nt* **1** model, pattern (*also fig*); **ста́вить в о.** to set up as a model. **2** (*товарный*) specimen, sample; (*материи*) pattern.

образи́н|а, ы *f* (*coll, pej*) ugly mug; (*как бранное слово*) scum.

о́бразност|ь, и *f* picturesqueness; (*literary*) figurativeness; imagery.

о́браз|ный (~ен, ~на) *adj* picturesque, vivid; (*literary*) figurative; employing images.

образова́ни|е¹, я *nt* (*действие*) formation; **о. слов** word formation; **о. па́ра** (*tech*) production of steam.

образова́ни|е², я *nt* (*обучение*) education.

образо́ванност|ь, и *f* education (= *educated state*).

образо́в|анный *ppp of* ⇒**~а́ть** *and adj*; **о. челове́к** an educated person.

образова́тельный *adj* educational.

образ|ова́ть¹, у́ю *impf* (*in pres tense*) *and pf* (*of* ⇒**~о́вывать**) to form; to make up.

образ|ова́ть², у́ю *pf* (*of* ⇒**~о́вывать**) (*obs*) to educate.

образ|ова́ться, у́ется *pf* (*of* ⇒**~о́вываться**) **1** to form; to arise. **2** (*coll*) to turn out well; **не беспоко́йтесь, всё ~у́ется!** don't worry, everything will be all right!

образо́выва|ть(ся), ю, ет(ся) *impf of* ⇒**образова́ть(ся)**

образу́м|ить, лю, ишь *pf* (*coll*) to bring to reason, make listen to reason.

образу́м|иться, люсь, ишься *pf* (*coll*) to come to one's senses, see reason.

образцо́в|ый *adj* model; exemplary; **~ое поведе́ние** exemplary conduct; **~ое хозя́йство** model farm.

обра́зчик, а *m* specimen, sample; (*материи*) pattern.

обра́м|ить, лю, ишь *pf* (*of* ⇒**~ля́ть**) to frame.

обрамле́ни|е, я *nt* **1** (*действие*) framing. **2** (*рамка*) frame; (*fig*) setting.

обрамля́|ть, ю, *impf of* ⇒**обра́мить**

обраста́ни|е, я *nt* **1** overgrowing. **2** (*fig*) accumulation, acquisition.

обраст|а́ть, а́ю *impf of* ⇒**~и́**

обраст|и́, у́, ёшь, *past* **обро́с, обросла́** *pf* (*of* ⇒**~а́ть**) (+ *i*) **1** (*покрыться растительностью*) to become (be) overgrown (with); **о. гря́зью** (*coll*) to be coated with mud. **2** (*fig*) (*создать вокруг себя*) to become (be) surrounded (by); to acquire, accumulate; **он обро́с нену́жной ме́белью** he has surrounded himself with superfluous items of furniture.

обрати́мост|ь, и *f* reversibility.

обрати́м|ый (~, ~а) *adj* reversible.

обра|ти́ть, щу́, ти́шь *pf* (*of* ⇒**~ща́ть**) to turn; (**в** + *a*) to turn (into); **о. внима́ние (на** + *a*) to pay attention (to), take notice (of); **о. чьё-н. внима́ние (на** + *a*) to call, draw s.o.'s attention (to); **о. на себя́ внима́ние** to attract attention (to o.s.); **о. в бе́гство** to put to flight; **о. в свою́ ве́ру** to convert (to one's faith); **о. в шу́тку** to turn into a joke.

обра|ти́ться, щу́сь, ти́шься *pf* (*of* ⇒**~ща́ться 1**) **1** to turn; **о. лицо́м к стене́** to turn (one's face) towards the wall; **о. в бе́гство** to take to flight. **2** (**к** + *d*) to turn (to), appeal (to); to apply (to); to accost; **она́ не зна́ла, к кому́ о. за по́мощью** she did not know to whom to turn for help; **о. с призы́вом к кому́-н.** to appeal to s.o.; **о. к юри́сту** to take legal advice; **о. к славянове́дению** to take up Slavonic studies. **3** (**в** + *a*) (*превратиться*) to turn (into), become; **о. в ци́ника** to become a cynic; **о. в слух** (*fig*) to be all ears; to prick up one's ears. **4** (**в** + *a*) (*relig*) to be converted (to).

обра́тно *adv* **1** back; **туда́ и о.** there and back; **пое́здка туда́ и о.** round trip; **взять о.** to take back; **идти́ о., е́хать о.** to go back; to return, retrace one's steps. **2** (*наоборот*) conversely; inversely; **о.**

пропорциона́льный inversely proportional.

обра́тн|ый *adj* **1** reverse; **~ая сторона́** reverse (side); **о. а́дрес** sender's address; **о. биле́т** return (*Br*), round-trip (*US*) ticket; **о. путь** return journey; **на о. путь** on the way back; **име́ющий ~ую си́лу** (*law*) retroactive, retrospective; **о. уда́р** backfire; **~ая связь** (*elec*) feedback. **2** (*противоположный*) opposite; **в ~ую сто́рону** in the opposite direction. **3** (*math*) inverse; **~ое отноше́ние** inverse ratio.

обраща́|ть, ю *impf of* **⇒обрати́ть**

обраща́|ться, юсь *impf* **1** *impf of* **⇒обрати́ться**. **2** (*physiol, econ, etc.*) to circulate. **3** (**с** + *i*) to treat; **пло́хо о. с кем-н.** to treat s.o. badly, maltreat s.o. **4** (**с** + *i*) (*пользоваться*) to handle, manage (*an inanimate object*); **он, по-ви́димому, не уме́ет о. с автома́том** apparently he does not know how to handle a sub-machine gun; **«о. осторо́жно!»** 'handle with care!'.

обраще́ни|е, я *nt* **1** (**к** + *d*) appeal (to), address (to). **2** (**в** + *a*) conversion (to, into); **о. в ве́ру** conversion to faith. **3** (*econ*) circulation; **изъя́ть из ~я** to withdraw from circulation; **пусти́ть в о.** to put in circulation. **4** (**с** + *i*) treatment (of); **плохо́е о.** ill-treatment. **5** (**с** + *i*) (*пользование*) handling (of), use (of).

обревиз|ова́ть, у́ю *pf of* **⇒ревизова́ть**

обре́з[1]**, а** *m* edge; **в о.** (*coll*; + *g*) only just enough; **де́нег у меня́ в о.** I have not a penny to spare.

обре́з[2]**, а** *m* sawn-off (*Br*), sawed-off (*US*) shotgun.

обреза́ни|е, я[1] *nt* (*relig*) circumcision.

обреза́ни|е, я[2] *nt* (*волос*) clipping, trimming.

обре́|зать, жу, жешь *pf* (*of* **⇒~зывать** *and* **⇒~за́ть**) **1** (*ногти*) to clip, trim; **о. кому́-н. кры́лья** (*fig*) to clip s.o.'s wings. **2** (*поранить*) to cut; **о. себе́ па́лец** to cut one's finger. **3** (*relig*) to circumcise. **4** (*coll*) (*прервать*) to cut short.

обрез|а́ть, а́ю *impf of* **⇒~ать**

обре́|заться, жусь, жешься *pf* (*of* **⇒~за́ться** *and* **⇒~зываться**) (*coll*) (*поранить себя*) to cut o.s.

обрез|а́ться, а́юсь *impf of* **⇒~́аться**

обрезно́й *adj* (*tech*) trimming.

обре́з|ок, ка *m* scrap; (*in pl*) ends; clippings.

обре́зыва|ть(ся), ю(сь) *impf of* **⇒обре́зать(ся)**

обрека́|ть, ю *impf of* **⇒обре́чь**

обре|ку́, чёшь, ку́т *see* **⇒~́чь**

обремени́тел|ьный (~ен, ~ьна) *adj* burdensome, onerous.

обремен|и́ть, ю́, и́шь *pf* (*of* **⇒~я́ть**) to burden.

обремен|я́ть, я́ю *impf of* **⇒~и́ть**

обре|сти́, ту́, тёшь (*archaic* **обрящу́, обря́щешь**) *past* **~́л, ~ла́** *pf* (*of* **⇒~та́ть**) (*rhetorical*) to find.

обрета́|ть, ю *impf of* **⇒обрести́**

обрета́|ться, юсь *impf* (*obs, coll*) to be; to pass one's time.

обрече́ни|е, я *nt* doom.

обречённост|ь, и *f* being doomed; **чу́вство ~и** feeling of doom.

обречённый *adj* doomed.

обре́|чь, ку́, чёшь, ку́т, *past* **~́к, ~кла́** *pf* (*of* **⇒~ка́ть**) (**на** + *a*) to condemn, doom (to).

обрис|ова́ть, у́ю *pf* (*of* **⇒~о́вывать**) to outline, delineate, depict (*also fig*).

обрис|ова́ться, у́ется *pf* (*of* **⇒~о́вываться**) to appear (in outline); to take shape.

обрисо́вк|а, и *f* outlining, delineation, depicting.

обрисо́выва|ть(ся), ю, ет(ся) *impf of* **⇒обрисова́ть(ся)**

обри́т|ый *ppp of* **⇒~ь** *and adj* shaven.

обр|и́ть, е́ю, е́ешь *pf* (*голову*) to shave; (*усы*) to shave off.

обр|и́ться, е́юсь, е́ешься *pf* to shave one's head.

обро́к, а *m* (*hist*) quit-rent.

оброн|и́ть, ю́, ~́ишь *pf* **1** (*ключ*) to drop (*sc. and lose*). **2** (*замечание*) to let drop, let fall.

обруб|а́ть, а́ю *impf of* **⇒~и́ть**

обруб|и́ть[1]**, лю́, ~́ишь** *pf* (*of* **⇒~а́ть**) (*сук*) to chop off; (*хвост*) to dock.

обруб|и́ть[2]**, лю́, ~́ишь** *pf* (*of* **⇒~а́ть**) (*платок*) to hem.

обру́б|ок, ка *m* stump.

обруга́|ть, ю *pf of* **⇒руга́ть 2, 3**

обрусе́л|ый (~, ~а) *adj* Russified, Russianized.

обрусе́ни|е, я *nt* Russification, Russianization.

обрусе́|ть, ю *pf* to become Russified, become Russianized.

обруси́|ть, шь *pf* to Russify, Russianize.

о́бруч, а, *pl* **~и, ~е́й** *m* (*на бочке; гимнастический*) hoop; (*для волос*) hairband.

обруча́льн|ый *adj*: **~ое кольцо́** wedding ring; **о. обря́д** betrothal.

обруч|а́ть(ся), а́ю(сь) *impf of* **⇒~и́ть(ся)**

обруче́ни|е, я *nt* betrothal.

обруч|и́ть, у́, и́шь *pf* (*of* **⇒~а́ть**) to betroth.

обруч|и́ться, у́сь, и́шься *pf* (*of* **⇒~а́ться**) (**с** + *i*) to become engaged (to).

обру́шива|ть(ся), ю(сь) *impf of* **⇒обру́шить(ся)**

обру́ш|ить, у, ишь *pf* (*of* **⇒~ивать**) to bring down, rain down.

обру́ш|иться, усь, ишься *pf* (*of* **⇒~иваться**) **1** (*о здании, крыше*) to come down, collapse, cave in. **2** (*fig*) (**на** + *a*) to come down (upon), fall (upon).

обры́в, а *m* **1** precipice. **2** (*tech*) break, rupture.

обрыва́|ть(ся), ю(сь) *impf of* **⇒оборва́ть(ся)**

обры́вист|ый (~, ~а) *adj* steep, precipitous.

обры́в|ок, ка *m* (*бумаги; разговора*) scrap; (*верёвки*) piece; (*песни, мелодии*) snatch.

обры́воч|ный (~ен, ~на) *adj* disjointed, fragmentary.

обры́зг|ать, аю *pf* (*of* **⇒~ивать**) (+ *i*) (*водой*) to besprinkle (with); (*грязью*) to splash; to bespatter (with).

обры́згива|ть, ю *impf of* **⇒обры́згать**

обры́ска|ть, ю *pf* (*coll*) to go through, hunt through.

обрю́згл|ый (~, ~а) *adj* flabby, flaccid.

обрю́зг|нуть, ну, нешь, *past* **~, ~ла** *pf* to become flabby, become flaccid.

обрю́зг|ший = **~лый**

обря́д, а *m* rite, ceremony.

обря|ди́ть, жу́, ~́дишь *pf* (*of* **⇒~жа́ть**) (*coll, joc*) (+ *i*) to get up (in).

обря|ди́ться, жу́сь, ~́ди́шься *pf* (*of* **⇒~жа́ться**) (*coll, joc*) (+ *i*) to get o.s. up (in).

обря́дност|ь, и *f* (*collect*) rites, ritual, ceremonial.

обря́довый *adj* ritual, ceremonial.

обряжа́|ть(ся), ю(сь) *impf of* **⇒обряди́ть(ся)**

обса|ди́ть, жу́, ~́дишь *pf* (*of* **⇒~́живать**) to plant round; **о. кла́дбище дере́вьями** to surround a cemetery with trees.

обса́жива|ть, ю *impf of* **⇒обсади́ть**

обса́сыва|ть, ю *impf of* **⇒обсоса́ть**

обсемен|и́ть, ю́, и́шь *pf* (*of* **⇒~я́ть**) (*agric*) to sow (*a field*).

обсемен|и́ться, и́тся *pf* (*of* **⇒~я́ться**) (*bot*) to go to seed.

обсемен|я́ть(ся), я́ю, я́ет(ся) *impf of* **⇒~и́ть(ся)**

обсервато́ри|я, и *f* observatory.

обска|ка́ть, чу́, ~́чешь *pf* (*of* **⇒~́кивать**) **1** (*проскакать вокруг*) to gallop round. **2** (*скача, обогнать*) to out-gallop; (*fig, coll*) to outdo, get the better of.

обска́кива|ть, ю *impf of* **⇒обскака́ть**

обскура́нт, а *m* obscurant, obscurantist.

обскуранти́зм, а *m* obscurantism.

обскуранти́стский *adj* obscurantist.

обсле́довани|е, я *nt* (+ *g*) (*осмотр*) inspection (of); (*исследование*) investigation (of); (*в больнице*) observation, tests.

обсле́довател|ь, я *m* inspector, investigator.

обсле́д|овать, ую *impf and pf* (*произвести осмотр*) to inspect; (*исследовать*) to investigate; **о. больно́го** to examine a patient.

обслу́живани|е, я *nt* service; (*tech*) servicing, maintenance; **бытово́е о.** consumer service; **медици́нское о.** health service.

обслу́жива|ть, ю *impf of* **⇒обслужи́ть**; **о. стано́к** to mind a machine; (*naut*): **о. ору́дия** to man the guns; **~ющий персона́л** ancillary staff.

обслуж|и́ть, у́, ~́ишь *pf* (*of* **⇒~́ивать**) to serve; **о. потреби́теля** to serve a customer.

обслюн|и́ть, ю́, и́шь *pf* (*coll*) to slobber all over.

обсос|а́ть, у́, ёшь *pf* (*of* ⇒**обса́сывать**) **1** (*леденец*) to suck round. **2** (*fig*, *coll*) to chew over.

обсо́х|нуть, ну, нешь, *past* ~, ~**ла** *pf* (*of* ⇒**обсыха́ть**) to dry (off); **у него́ молоко́ на губа́х не** ~**ло** (*fig*) he is still green.

обста́в|ить, лю, ишь *pf* (*of* ⇒~**ля́ть**) **1** (+ *i*) (*поставить что-либо вокруг*) to surround (with), encircle (with). **2** (+ *i*) (*меблировать*) to furnish (with). **3** (*fig*) (*устроить*) to arrange; to organize. **4** (*coll*) (*обогнать*) to get the better (of); (*обмануть*) to cheat.

обставля́|ть, ю *impf of* ⇒**обста́вить**

обстано́вк|а, и *f* **1** (*квартиры*) furniture; decor. **2** (*theatr*) set. **3** (*положение*) situation. **4** (*атмосфера*) atmosphere, environment.

обстир|а́ть, а́ю *pf* (*of* ⇒~**ывать**) (*coll*) to do all the washing for.

обсти́рыва|ть, ю *impf of* ⇒**обстира́ть**

обстоя́тел|ьный (~**ен,** ~**ьна)** *adj* **1** thorough, detailed. **2** (*coll*) (*человек*) thorough, reliable.

обстоя́тельств|о¹, а *nt* circumstance; **по незави́сящим от меня́** ~**ам** for reasons beyond my control; **по семе́йным** ~**ам** due to family circumstances; **ни при каки́х** ~**ах** in no circumstances; **смотря́ по** ~**ам** depending on the circumstances.

обстоя́тельств|о², а *nt* (*gram*) adverbial modifier.

обсто|я́ть, и́т *impf* to be; to get on; **как** ~**и́т де́ло?** how is it going?; **как** ~**я́т ва́ши дела́?** how are you getting on?; **всё** ~**и́т благополу́чно** all is well; everything is going all right; **вот как** ~**и́т де́ло** that is the way it is; that's how matters stand.

обстра́гива|ть, ю *impf of* ⇒**обстрога́ть**

обстра́ива|ть(ся), ю(сь) *impf of* ⇒**обстро́ить(ся)**

обстре́л, а *m* firing, fire; **артиллери́йский о.** bombardment, shelling; **попа́сть под о.** to come under fire.

обстре́лива|ть, ю *impf of* ⇒**обстреля́ть**

обстре́л|янный *ppp of* ⇒~**я́ть** *and adj* seasoned, battle-hardened (*also fig*); ~**янная пти́ца** (*coll*) old hand.

обстрел|я́ть, я́ю *pf* (*of* ⇒~́**ивать**) to fire (at, on); to bombard.

обстрога́|ть, ю *pf* (*of* ⇒**обстра́гивать**) to plane.

обстро́|ить, ю, ишь *pf* (*of* ⇒**обстра́ивать**) to build (up).

обстро́|иться, юсь, ишься *pf* (*of* ⇒**обстра́иваться**) (*coll*) **1** (*застроиться*) to be built (up). **2** (*выстроить для себя здания*) to build for o.s.

обструга́|ть, ю *pf* = **обстрога́ть**

обструкциони́зм, а *m* (*pol*) obstructionism.

обструкциони́ст, а *m* (*pol*) obstructionist.

обстру́кци|я, и *f* (*pol*) obstruction; filibustering.

обступ|а́ть, а́ю *impf of* ⇒~**и́ть**

обступ|и́ть, лю́, ~́**ишь** *pf* (*of* ⇒~**а́ть**) to surround; to cluster (round).

обсу|ди́ть, жу́, ~́**дишь** *pf* (*of* ⇒~**жда́ть**) to discuss; to consider.

обсужда́|ть, ю *impf of* ⇒**обсуди́ть**

обсужде́ни|е, я *nt* discussion.

обсу́шива|ть(ся), ю(сь) *impf of* ⇒**обсуши́ть(ся)**

обсуш|и́ть, у́, ~́**ишь** *pf* (*of* ⇒~́**ивать**) to dry (out).

обсуш|и́ться, у́сь, ~́**ишься** *pf* (*of* ⇒~́**иваться**) to dry o.s., get dry.

обсчит|а́ть, а́ю *pf* (*of* ⇒~́**ывать**) to short-change.

обсчит|а́ться, а́юсь *pf* (*of* ⇒~́**ываться**) to make a mistake (*in counting*); **вы** ~**а́лись на ты́сячу рубле́й** you were a thousand roubles out (*Br*), off (*US*).

обсчи́тыва|ть(ся), ю(сь) *impf of* ⇒**обсчита́ть(ся)**

обсып|ать, лю, лешь *pf* (*of* ⇒~**а́ть**) (+ *a and i*) to strew (with); to sprinkle (with).

обсып|а́ть, а́ю *impf of* ⇒~**ать**

обсы́п|аться, люсь, лешься *pf* = **осы́паться**

обсыха́|ть, ю *impf of* ⇒**обсо́хнуть**

обта́ива|ть, ет *impf of* ⇒**обта́ять**

обта́чива|ть, ю *impf of* ⇒**обточи́ть**

обта́|ять, ет *pf* (*of* ⇒~**ивать**) **1** (*льдина*) to melt away. **2** (*дорога*) to become clear (*of ice*).

обтека́ем|ый (~**, ~а)** *adj* **1** (*tech*) streamlined. **2** (*fig*, *coll*) evasive.

обтека́|ть, ю *impf of* ⇒**обте́чь**

обтер|е́ть, оботру́, оботрёшь, *past* ~̈, ~̈**ла** *pf* (*of* ⇒**обтира́ть**) **1** (*высушить*) to wipe; to wipe dry. **2** (+ *i*) (*натереть*) to rub all over (with).

обтер|е́ться, оботру́сь, оботрёшься, *past* ~̈**ся,** ~̈**лась** *pf* (*of* ⇒**обтира́ться**) **1** (*обтереть себя*) to wipe o.s. dry, dry o.s. **2** (*водой*) to sponge down. **3** (*coll*) (*стать потёртым*) to wear thin.

обтерп|е́ться, лю́сь, ~́**ишься** *pf* (*coll*) to become acclimatized, become accustomed.

обтёс|анный *ppp of* ⇒~**а́ть**; **гру́бо о.** rough-finished.

обте|са́ть, шу́, ~́**шешь** *pf* (*of* ⇒~̈́**сывать**) **1** (*бревно*) to trim. **2** (*fig*, *coll*) (*человека*) to teach manners (to), lick into shape.

обте|са́ться, шу́сь, ~́**шешься** *pf* (*of* ⇒~̈́**сываться**) (*coll*) to acquire (*polite*) manners, acquire polish.

обтёсыва|ть(ся), ю(сь) *impf of* ⇒**обтеса́ть(ся)**

обте́|чь, ку́, чёшь, ку́т, *past* ~̈**к,** ~**кла́** *pf* (*of* ⇒~**ка́ть**) **1** to flow round. **2** (*mil*) to bypass.

обтира́ни|е, я *nt* **1** sponge-down. **2** (*coll*) (*жидкость*) lotion.

обтира́|ть(ся), ю(сь) *impf of* ⇒**обтере́ть(ся)**

обточ|и́ть, у́, ~́**ишь** *pf* (*of* ⇒**обта́чивать**) to grind smooth; (*на станке*) to turn.

обто́чк|а, и *f* smoothing; (*на станке*) turning.

обтрёп|анный *ppp of* ⇒~**а́ть** *and adj* **1** (*одежда*) frayed. **2** (*человек*) shabby.

обтреп|а́ть, лю́, ~́**лешь** *pf* to fray.

обтреп|а́ться, лю́сь, ~́**лешься** *pf* to become frayed, fray.

обтя́гива|ть, ю *impf of* ⇒**обтяну́ть**

обтя́гивающий *adj* skin-tight, figure-hugging.

обтя́жк|а, и *f* **1** cover. **2**: **пла́тье в** ~**у** close-fitting dress.

обтя|ну́ть, ну́, ~́**нешь** *pf* (*of* ⇒~́**гивать**) **1** (+ *i*) (*мебель*) to cover (with). **2** (*фигуру*) to fit close (to).

обува́|ть(ся), ю(сь) *impf of* ⇒**обу́ть(ся)**

обу́вк|а, и *f* (*coll*) shoes.

обувн|о́й *adj of* ⇒**о́бувь**; **о. магази́н** shoe shop; ~**а́я промы́шленность** boot and shoe industry.

о́був|ь, и (*no pl*) *f* footwear; shoes.

обу́гливани|е, я *nt* carbonization.

обу́глива|ть(ся), ю(сь) *impf of* ⇒**обу́глить(ся)**

обу́гл|ить, ю, ишь *pf* (*of* ⇒~**ивать**) to char; to carbonize.

обу́гл|иться, юсь, ишься *pf* (*of* ⇒~**иваться**) to become charred, char.

обу́жива|ть, ю *impf of* ⇒**обу́зить**

обу́з|а, ы *f* burden; **быть** ~**ой для кого́-н.** to be a burden to s.o.

обузд|а́ть, а́ю *pf* (*of* ⇒~́**ывать**) (*лошадь*) to bridle; (*fig*) to restrain, control; **о. свой хара́ктер** to restrain o.s.; **о. свои́ стра́сти** to curb one's passions.

обу́здыва|ть, ю *impf of* ⇒**обузда́ть**

обу́|зить, жу, зишь *pf* (*of* ⇒~**живать**) to make too tight.

обурева́|ть, ет *impf* to grip; **его́** ~**ют сомне́ния** he is a prey to doubts.

обусла́влива|ть(ся), ю, ~**ет(ся)** *impf* (*coll*) = **обусло́вливать(ся)**

обусло́в|ить, лю, ишь *pf* (*of* ⇒~**ливать**) **1** (+ *i*) to make conditional (upon); **он** ~**ил своё согла́сие предоставле́нием маши́ны** he made his consent conditional upon the provision of a car. **2** (*явиться причиной*) to cause, bring about.

обусло́влива|ть, ю *impf of* ⇒**обусло́вить**

обусло́влива|ться, ется *impf* (+ *i*) to be conditional (upon); to depend (on); **разме́р** ~**ется тре́бованиями** the size depends on the requirements.

обу́т|ый *ppp of* ⇒~**ь**; **оде́тый и о.** clothed and shod.

обу́|ть, ю, ешь *pf* (*of* ⇒~**ва́ть**) **1**: **о. кого́-н.** to put on s.o.'s boots (shoes) for him. **2** (*coll*) (*снабдить обувью*) to provide with boots *or* shoes. **3** (*сапоги*) to put on.

обу́|ться, юсь, ешься *pf* (*of* ⇒~**ва́ться**) **1** (*надеть обувь*) to put on one's boots, shoes. **2** (*снабдить себя обувью*) to provide o.s. with boots *or* shoes.

о́бух, а *m* butt (*of an axe*); **меня́ то́чно** ~**ом по голове́** (*coll*) you could have

О

knocked me down with a feather.

обуч|а́ть(ся), а́ю(сь) *impf of* ⇨**~и́ть(ся)**

обуче́ни|е, я *nt* teaching; instruction, training; **совме́стное о. (лиц обо́его по́ла)** co-education; **о. по ме́сту рабо́ты** on-the-job *or* in-service training.

обуч|и́ть, у́, ~́ишь *pf* (*of* ⇨**учи́ть 1** *and* ⇨**~а́ть**) (*кого-н. чему-н.*) to teach (s.o. sth); to instruct, train (s.o. in).

обуч|и́ться, у́сь, ~́ишься *pf* (*of* ⇨**учи́ться 1** *and* ⇨**~а́ться**) (+ *d or* + *inf*) to learn.

обуя́|ть, ет *pf* to seize; to grip; **его́ ~л страх** fear had seized him.

обха́жива|ть, ю *impf* (*coll*) to cajole, try to get round.

обхва́т, а *m* circumference, girth; **в ~е** in circumference.

обхва|ти́ть, чу́, ~́тишь *pf* (*of* ⇨**~тывать**) to encompass (with outstretched arms); to clasp.

обхва́тыва|ть, ю *impf of* ⇨**обхвати́ть**

обхо́д, а *m* **1** (*врача, почтальона*) round; (*милиционера*) beat; **пойти́ в о.** to make one's round(s). **2** (*кружный путь*) roundabout way; bypass. **3** (*mil*) turning movement. **4** (*уклонение*) evasion, circumvention (*of law, etc.*); **в о.** (+ *g*) round, bypassing; (*минуя*) evading.

обходи́тел|ьный (~ен, ~ьна) *adj* courteous; well mannered.

обхо|ди́ть[1], жу́, ~́дишь *impf of* ⇨**обойти́**

обхо|ди́ть[2], жу́, ~́дишь *pf* (*город, друзей*) to go all round.

обхо|ди́ться, жу́сь, ~́дишься *impf of* ⇨**обойти́сь**

обходн|о́й *adj* roundabout, circuitous; **о. путь** bypass; detour; circuitous route; **~ы́м путём** in a roundabout way; **~о́е движе́ние** (*mil*) turning movement.

обхо́дный = **обходно́й**

обхо́дчик, а *m* (*railways*) trackman.

обхожде́ни|е, я *nt* manners; (**с** + *i*) treatment (of), behaviour (towards).

обче́сться, обочту́сь, обочтёшься, *past* **обчёлся, обочла́сь** *pf* (*coll*) = **обсчита́ться**; **(их) раз, два и обчёлся** (they) can be counted on the fingers of one hand.

обчи́|стить, щу, стишь *pf* (*of* ⇨**~ща́ть**) **1** to clean; to brush. **2** (*fig, coll*) (*обокрасть*) to clean out.

обчи́|ститься, щусь, стишься *pf* (*of* ⇨**~ща́ться**) to clean o.s.; to brush o.s.

обчища́|ть(ся), ю(сь) *impf of* ⇨**обчи́стить(ся)**

обша́рива|ть, ю *impf of* ⇨**обша́рить**

обша́р|ить, ю, ишь *pf* (*of* ⇨**~ивать**) to ransack.

обша́рпанный *adj* dilapidated, run-down.

обшива́|ть, ю *impf of* ⇨**обши́ть[1,2]**

обши́вк|а, и *f* **1** (*воротника*) trim. **2** (*корабля*) plating. **3** (*дома*) cladding; (*стен*) panelling (*Br*) paneling (*US*).

обши́в|очный *adj of* ⇨**~ка**

обши́р|ный (~ен, ~на) *adj* extensive (*also fig*); (*комната*) spacious; (*пространство*) vast; **у него́ ~ное знако́мство** he has a very wide circle of acquaintance.

об|ши́ть[1], ошью́, ошьёшь *pf* (*of* ⇨**~шива́ть**) **1** (*одежду*) to edge, trim. **2** (*посылку*) to sew round. **3** (*корабль*) to plate; (*дом*) to clad; (*стены*) to panel.

об|ши́ть[2], ошью́, ошьёшь *pf* (*of* ⇨**~шива́ть**) (*человека*) to make clothes for; **она́ сама́ ~ши́ла всю семью́** she has made all the family's clothes herself.

обшла́г, а́, *pl* **~а́** *m* cuff.

обща́г|а, и *f* (*coll*) = **общежи́тие 1**

обща́|ться, юсь *impf* (**с** + *i*) to associate (with), mix (with).

общевойсково|й *adj* (*mil*) common to all arms; **~е кома́ндование** combined command.

общедосту́п|ный (~ен, ~на) *adj* **1** available to all. **2** (*цены*) moderate. **3** (*книга, лекция*) accessible, popular.

общежите́йский *adj* everyday, ordinary.

общежи́ти|е, я *nt* **1** (*рабочее*) hostel; (*студенческое*) hall of residence (*Br*), dormitory (*US*). **2** (*общественный быт*) communal life; (*повседневная жизнь*) everyday life.

общеизве́ст|ный (~ен, ~на) *adj* well known, generally known; (*преступник*) notorious.

общенаро́д|ный (~ен, ~на) *adj* national; public; **о. пра́здник** public holiday.

обще́ни|е, я *nt* relations, links; **ли́чное о.** personal contact.

общеобразова́тельн|ый *adj* of general education; **~ые предме́ты** general subjects.

общепоня́т|ный (~ен, ~на) *adj* comprehensible to all.

общепри́знан|ный (~, ~а) *adj* universally recognized.

общепри́нят|ый (~, ~а) *adj* generally accepted.

общераспространённый *adj* in general use, generally found.

общесою́зный *adj* (*hist*) All-Union (*in the former USSR, common to or valid for the entire Union*).

обще́ственник, а *m* social activist; person actively engaging in public life.

обще́ственни|ца, цы *f of* ⇨**~к**

обще́ственност|ь, и *f* (*collect*) (the) public, the community; **англи́йская о.** the British public; **нау́чная о.** the scientific community.

обще́ственн|ый *adj* **1** social, public; **~ая жизнь** public life; **~ое мне́ние** public opinion; **~ые нау́ки** social sciences; **~ое пита́ние** public catering; **~ая со́бственность** public property, public ownership. **2** (*добровольный*) voluntary, unpaid; **на ~ых нача́лах** on a voluntary basis; **~ые организа́ции** voluntary organizations.

о́бществ|о, а *nt* **1** society. **2** (*компания*) company; **в ~е кого́-н.** in s.o.'s company; **попа́сть в дурно́е о.** to fall into bad company.

обществове́дени|е, я *nt* social science.

обществове́д|ческий *adj of* ⇨**~ение**

общеупотреби́тел|ьный (~ен, ~ьна) *adj* in general use.

общечелове́ческий *adj* common to all mankind.

о́бщ|ий *adj* general; common; **~ие ве́щи** communal possessions; **о. враг** common enemy; **~ее де́ло** common cause; **о. знако́мый** mutual acquaintance; **~ее ме́сто** commonplace; **~ая рабо́та** communal work; **~ее собра́ние** general meeting; **~ее согла́сие** common consent; **~ая су́мма** sum total; **наибо́льший о. дели́тель** (*math*) the greatest common divisor; **наиме́ньшее ~ее кра́тное** (*math*) the least common multiple; **в ~ем** on the whole, in general; **не име́ть ничего́ ~его** (**с** + *i*) to have nothing in common (with).

общи́н|а, ы *f* **1** (*общество*) community; (*коммуна*) commune. **2** (**о́бщин|а, ы** (*obs*)) *only in phr* **пала́та о́бщин** (*нижняя палата парламента Великобритании и Канады*) House of Commons.

общи́нн|ый *adj* communal; **~ая земля́** common (land).

общип|а́ть, лю́, ~́лешь *pf* (*of* ⇨**щипа́ть 4** *and* ⇨**~́ывать**) to pluck.

общи́пыва|ть, ю *impf of* ⇨**общипа́ть**

общи́тельност|ь, и *f* sociability.

общи́тел|ьный (~ен, ~ьна) *adj* sociable.

о́бщност|ь, и *f* commonality; **о. интере́сов** commonality of interests.

объ... *vbl pref* = **о...** *and* ⇨**об...**

объего́рива|ть, ю *impf of* ⇨**объего́рить**

объего́р|ить, ю, ишь, *pf* (*of* ⇨**~ивать**) (*coll*) to cheat, swindle.

объеда́|ть(ся), ю(сь) *impf of* ⇨**объе́сть(ся)**

объеде́ни|е, я *nt* **1** (*obs*) (*обжорство*) overeating. **2** (*coll*) sth delicious; **то́рты э́ти — пря́мо о.** these cakes are simply delicious.

объедине́ни|е, я *nt* **1** (*действие*) unification; amalgamation. **2** (*союз*) union, association.

объедин|ённый *ppp of* ⇨**~и́ть** *and adj* united; **Организа́ция Объединённых На́ций** United Nations (Organization).

объедини́тельный *adj* unifying, uniting.

объедин|и́ть, ю́, и́шь *pf* (*of* ⇨**~я́ть**) (*людей*) to unite; (*организации*) to amalgamate; **о. ресу́рсы** to pool resources; **о. уси́лия** to combine efforts.

объедин|и́ться, ю́сь, и́шься *pf* (*of* ⇨**~я́ться**) (**с** + *i*) to unite (with); amalgamate (with).

объедин|я́ть(ся), я́ю(сь) *impf of* ⇨**~и́ть(ся)**

объе́д|ки, ков *pl* (*sg* **~ок, ~ка** *m*) (*coll*) leftovers, scraps.

объе́зд, а *m* **1** (*действие*) travelling (*Br*), traveling (*US*) round, riding round, going round. **2** (*место*) detour, diversion (*Br*); **пое́хать в о.** to make a detour.

объе́з|дить[1], жу, дишь *pf* (*of* ⇨**~жа́ть[1]**) (*страну*) to travel all over;

(*друзей*) to go round visiting.

объе́з|дить², жу, дишь *pf* (*of* **⇒∼жа́ть²**) (*лошадей*) to break in.

объе́здк|а, и *f* (*лошадей*) breaking in.

объе́здчик¹, а *m* mounted patrol; **лесно́й о.** forest warden.

объе́здчик², а *m* (*лошадей*) horsebreaker.

объезжа́|ть¹, ю *impf of* **⇒объе́здить¹** *and* **⇒объе́хать**

объезжа́|ть², ю *impf of* **⇒объе́здить²**

объе́зжий *adj* roundabout, circuitous; **о. путь** detour.

объе́кт, а *m* **1** object. **2** (*mil*) objective. **3** (*предприятие*) establishment; **строи́тельный о.** building site.

объекти́в, а *m* (*optics*) lens.

объекти́вност|ь, и *f* objectivity.

объекти́в|ный (∼ен, ∼на) *adj* objective.

объе́кт|ный *adj of* **⇒∼ 1**

объе́кт|овый *adj of* **⇒∼ 3**

объём, а *m* volume (*also fig*); (*величина*) size.

объёмист|ый (∼, ∼а) *adj* (*coll*) voluminous, bulky.

объём|ный (∼ен, ∼на) *adj* **1** by volume, volumetric; (*изображение*) three-dimensional. **2** (*большой по объёму*) voluminous, bulky.

объе́|сть, м, шь, ст, ди́м, ди́те, дя́т, *past* **∼л** *pf* (*of* **⇒∼да́ть**) **1** to eat round; to nibble. **2** (*coll*): **о. кого́-н.** to eat s.o. out of house and home.

объе́|сться, мся, шься, стся, ди́мся, ди́тесь, дя́тся, *past* **∼лся** *pf* (*of* **⇒∼да́ться**) to overeat.

объе́|хать, ду, дешь *pf* (*of* **⇒∼зжа́ть¹**) **1** (*болото*) to go round, skirt. **2** (*грузовик*) to overtake, pass. **3** (*всю страну*) to travel over.

объяв|и́ть, лю́, ∼ишь *pf* (*of* **⇒∼ля́ть**) to declare, announce; **о. войну́** to declare war; **о. ко́нкурс** to announce a competition; **о. собра́ние откры́тым** to declare a meeting open; **о. вне зако́на** to outlaw.

объяв|и́ться, лю́сь, ∼ишься *pf* (*of* **⇒∼ля́ться**) **1** (*coll*) to turn up, appear. **2** (+ *i*) to announce o.s. (to be), declare o.s. (to be).

объявле́ни|е, я *nt* **1** declaration, announcement; (*вывеска*) notice; **о. войны́** declaration of war. **2** (*рекламное*) advertisement; **дать о. в газе́ту, помести́ть о. в газе́те** to put an advertisement in a paper.

объявля́|ть(ся), ю(сь) *impf of* **⇒объяви́ть(ся)**

объясне́ни|е, я *nt* explanation; **о. в любви́** declaration of love.

объясни́м|ый (∼, ∼а) *adj* explicable, explainable.

объясни́тельный *adj* explanatory.

объясн|и́ть, ю, и́шь *pf* (*of* **⇒∼я́ть**) to explain.

объясн|и́ться, ю́сь, и́шься *pf* (*of* **⇒∼я́ться**) **1** to explain o.s.; (**с** + *i*) to have a talk (with); to have it out (with); **о. в любви́** (+ *d*) to make a declaration of love (to). **2** (*найти себе объяснение*) to become clear, be explained; **тепе́рь всё ∼и́лось** everything is now clear.

объясн|я́ть, я́ю *impf of* **⇒∼и́ть**

объясн|я́ться, я́юсь *impf* **1** *impf of* **⇒∼и́ться. 2** to speak; to make o.s. understood; **уме́ете ли вы о. по-францу́зски?** can you make yourself understood in French?; **о. же́стами и зна́ками** to use sign language. **3** (+ *i*) to be explained (by), be accounted for (by); **э́тим ∼я́ется его́ стра́нное поведе́ние** that accounts for his strange behaviour.

объя́ти|е, я *nt* embrace; **с распростёртыми ∼ями** with open arms; **бро́ситься кому́-н. в ∼я** to fall into s.o.'s arms.

объя́т|ый *ppp of* **⇒∼ь**; **о. пла́менем** enveloped in flames; **о. стра́хом** terror-stricken; **о. ду́мой** wrapped in thought.

объя́|ть, обойму́, обоймёшь *pf* (*literary*) to seize, grip, come over; **у́жас ∼л его́** terror seized him.

обыва́тел|ь, я *m* **1** (*hist*) (*житель*) inhabitant, resident. **2** (*fig*) (*мещанин*) philistine.

обыва́тельский *adj* **1** (*obs*) belonging to the local inhabitants. **2** (*fig*) philistine; narrow-minded.

обыва́тельщин|а, ы *f* philistinism; narrow-mindedness.

обыгр|а́ть, а́ю *pf* (*of* **⇒∼ывать**) **1** (*соперника*) to beat (*at a game*); (*в шахматы*) to win; **о. кого́-н. на пять фу́нтов** to win five pounds from s.o. **2** (*theatr*) to use with (good) effect, play up; (*fig*) (*ошибку*) to turn to advantage, turn to account. **3** (*mus*) to break in (*an instrument by playing*).

обы́грыва|ть, ю *impf of* **⇒обыгра́ть**

обы́денност|ь, и *f* **1** (*свойство*) ordinariness. **2** (*событие*) everyday occurrence.

обы́ден|ный (∼, ∼на) *adj* ordinary; commonplace, everyday; **∼ое происше́ствие** everyday occurrence.

обыкнове́ни|е, я *nt* habit; **по ∼ю** as usual; **по своему́ ∼ю** as is his *etc.* wont; **име́ть о.** (+ *inf*) to be in the habit (of).

обыкнове́нно *adv* usually, as a rule.

обыкнове́н|ный (∼ен, ∼на) *adj* usual; ordinary; commonplace; **∼ная исто́рия** everyday occurrence; **бо́льше ∼ного** more than usual.

о́быск, а *m* search; **о́рдер на о.** search warrant.

обы|ска́ть, щу́, ∼щешь *pf* (*of* **⇒∼скивать**) to search.

обы|ска́ться, щу́сь, ∼щешься *pf* (*coll*) to carry out a search (in vain).

обы́скива|ть, ю *impf of* **⇒обыска́ть**

обы́ча|й, я *m* custom; (*law*) usage; **по ∼ю** in accordance with custom; **э́то у нас в ∼е** it is our custom.

обы́чно *adv* usually; as a rule; **как о.** as usual.

обы́ч|ный (∼ен, ∼на) *adj* usual; ordinary.

обя́занност|ь, и *f* duty; responsibility; **во́инская о.** military service; **исполня́ть ∼и дире́ктора** to act as director; **исполня́ющий ∼и дире́ктора** acting director.

обя́зан|ный (∼, ∼а) *adj* **1** (+ *inf*) obliged, bound; **он ∼ верну́ться** he is obliged to go back; it is his duty to go back. **2** (+ *d*) obliged, indebted (to); **я вам о́чень ∼** I am very much obliged to you; **она́ вам ∼а свое́й жи́знью** she owes her life to you.

обяза́тельно *adv* without fail; definitely; **я о. приду́** I shall come without fail; **он о. там бу́дет** he is sure to be there, he is bound to be there; **не о.** not necessarily.

обяза́тельност|ь, и *f* obligatoriness; binding force.

обяза́тел|ьный (∼ен, ∼ьна) *adj* **1** obligatory; compulsory; binding; **∼ьное обуче́ние** compulsory education; **∼ьное постановле́ние** binding decree. **2** (*человек*) reliable.

обяза́тельств|о, а *nt* **1** obligation; **долгово́е о.** promissory note; **взять на себя́ о.** (+ *inf*) to commit o.s. (to), undertake (to). **2** (*in pl*; *law*) liabilities.

обя|за́ть, жу́, ∼жешь *pf* (*of* **⇒∼зывать**) **1** to bind, oblige, commit; **о. кого́-н. яви́ться в определённое вре́мя** to bind s.o. to appear at a stated time. **2** to oblige; **вы меня́ о́чень ∼жете** I shall be greatly indebted to you.

обя|за́ться, жу́сь, ∼жешься *pf* (*of* **⇒∼зываться**) to bind o.s., pledge o.s., undertake.

обя́зыва|ть, ю *impf of* **⇒обяза́ть**

обя́зыва|ться, юсь *impf of* **⇒обяза́ться**; **не хочу́ ни пе́ред ке́м о.** I wish to be beholden to no one.

ОВ *nt indecl* (*abbr of* **отравля́ющее вещество́**) (*mil*) toxic chemical agent; **ОВ не́рвно-паралити́ческого де́йствия** nerve gas.

о-в (*abbr of* **о́стров**) I., Island, Isle.

о-ва (*abbr of* **острова́**) Is, Islands, Isles.

ова́л, а *m* **1** oval. **2** (*в комиксе*) balloon.

ова́л|ьный (∼ен, ∼ьна) *adj* oval.

ова́ци|я, и *f* ovation.

овдове́|вший *pp of* **⇒∼ть** *and adj* widowed.

овдове́|ть, ю *pf* to be widowed.

овева́|ть, ю *impf of* **⇒ове́ять**

о́вен, о́вна́ *m* **1** (*obs*) ram. **2** (**О.**) (*созвездие*) Aries.

ов|ёс, са́ *m* oats.

ов|е́чий *adj of* **⇒∼ца́**; **волк в ∼е́чьей шку́ре** a wolf in sheep's clothing.

ове́чк|а, и *f diminutive of* **⇒овца́**

овеществ|и́ть, лю́, и́шь *pf* (*of* **⇒∼ля́ть**) to substantiate.

овеществля́|ть, ю *impf of* **⇒овеществи́ть**

ове́я|нный *ppp of* **⇒∼ть**; **о. сла́вой** covered in glory; **о. леге́ндами** surrounded by legends.

ове́|ять, ю, ешь *pf* (*of* **⇒∼ва́ть**) (+ *i*) **1** to fan. **2** (*fig*) (*окружить*) to surround (with), cover (with).

ОВИ́Р, а *m* (*abbr of* **отде́л виз и регистра́ции**) visa and registration department.

овладева́|ть, ю *impf of* **⇒овладе́ть**

овладе́ни|е, я *nt* (+ *i*) **1** seizure. **2** (*fig*) (*усвоение*) mastery, mastering.

О

овладе́|ть, ю *pf* (*of* ⇒**~ва́ть**) (+ *i*) **1** (*взять*) to seize; to take possession (of); **о. собо́й** to get control of o.s., regain self-control; **мно́ю ~ла ра́дость** I was overcome with joy. **2** (*fig*) (*усвоить*) master.

о-во (*abbr of* **о́бщество**) Soc., Society.

о́вод, а, *pl* **~ы, ~ов** (*and* **~а́, ~о́в**) gadfly.

овощево́дств|о, а *nt* vegetable-growing.

овощехрани́лищ|е, а *nt* vegetable store.

о́вощ|и, ей *pl* (*sg* **~, ~а** *m*) vegetables.

овощно́й *adj* vegetable; **о. магази́н** greengrocer's (shop).

овра́г, а *m* ravine, gully.

овра́жист|ый (~, ~а) *adj* abounding in ravines.

овся́нк|а[1], **и** *f* (*coll*) **1** (*крупа*) oatmeal. **2** (*каша*) porridge (*Br*), oatmeal (*US*).

овся́нк|а[2], **и** *f* (*zool*) yellowhammer.

овсян|о́й *adj of* ⇒**ове́с**; **~о́е по́ле** field of oats.

овся́н|ый *adj* made of oats; oatmeal; **~ая ка́ша** (oatmeal) porridge (*Br*), oatmeal (*US*); **~ая крупа́** oatmeal.

овуля́ци|я, и *f* (*biol*) ovulation.

овц|а́, ы́, *pl* **~ы, ове́ц, ~́ам** *f* sheep; (*самка*) ewe; **заблу́дшая о.** (*fig*) lost sheep.

овцебы́к, а *m* musk ox.

овцево́д, а *m* sheep breeder.

овцево́дств|о, а *nt* sheep breeding.

ОВЧ *f indecl* (*abbr of* **о́чень высо́кая частота́**) VHF (*very high frequency*).

овча́р, а *m* shepherd.

овча́рк|а, и *f* sheepdog; **неме́цкая о.** German shepherd (*dog*), Alsatian.

овча́р|ня, ни, *g pl* **~ен** *f* sheepfold.

овчи́н|а, ы *f* sheepskin.

овчи́н|ка, ки *f diminutive of* ⇒**~а**; **ей не́бо с ~ку показа́лось** she was frightened out of her wits; **о. вы́делки не сто́ит** (*fig*) the game is not worth the candle.

овчи́нный *adj* sheepskin.

ога́р|ок, ка *m* candle end; (*in pl*) cinders.

огиба́|ть, ю *impf of* ⇒**обогну́ть**

оглавле́ни|е, я *nt* table of contents.

огла|си́ть, шу́, си́шь *pf* (*of* ⇒**~ша́ть**) **1** (*объявить*) to proclaim, announce; **о. резолю́цию** to read out a resolution; **о. жениха́ и неве́сту** to publish banns of marriage. **2** (*obs*) (*разгласить*) to divulge, make public. **3** (*наполнить громкими звуками*) to fill (*with loud cries, etc.*).

огла|си́ться, си́тся *pf* (*of* ⇒**~ша́ться**) **1** (+ *i*) to resound (with). **2** (*obs*) (*стать известным*) to become known; to be made public.

огла́ск|а, и *f* publicity; **избега́ть ~и** to shun publicity; **преда́ть ~е** to make public, make known.

оглаша́|ть(ся), ю, ет(ся) *impf of* ⇒**огласи́ть(ся)**

оглаше́ни|е, я *nt* proclaiming, publication; **не подлежи́т ~ю** confidential (*classification of document*); (*eccl*) (publication of) banns.

оглаше́нный *adj*: **как о.** (*coll*) like one possessed.

огло́б|ля, ли, *g pl* **~ель** *f* shaft.

огло́х|нуть, ну, нешь, *past* **~, ~ла** *pf of* ⇒**гло́хнуть 1**

оглуп|и́ть, лю́, ~и́шь *pf* (*of* ⇒**~ля́ть**) **1** (*сделать глупым*) to fool, make a fool of; (*обмануть*) to deceive. **2** (*исказить*) to distort; to misrepresent.

оглупля́|ть, ю *impf* **1** *impf of* ⇒**оглупи́ть**. **2** to try to fool, try to deceive.

оглуш|а́ть, а́ю *impf of* ⇒**~и́ть 2**

оглуши́тел|ьный (~ен, ~ьна) *adj* deafening.

оглуш|и́ть, у́, и́шь *pf* **1** *pf of* ⇒**глуши́ть 1**. **2** (*impf* **~а́ть**) to deafen; (*ударом*) to stun (*also fig*).

огля|де́ть, жу́, ди́шь *pf* (*of* ⇒**~́дывать**) (*человека, горизонт*) to examine, inspect; (*оглядеться*) to look around.

огля|де́ться, жу́сь, ди́шься *pf* (*of* ⇒**~дываться**) **1** (*смотреть вокруг себя*) to look around. **2** (*в новом городе*) to get used to one's surroundings; (*fig*) (*привыкнуть*) to adapt o.s., become acclimatized; **о. в темноте́** to become accustomed to the darkness.

огля́дк|а, и *f* **1** looking back; **бежа́ть без ~и** to run without turning one's head; to run as fast as one can. **2** (*внимание*) care, caution; **без ~и** (*неосторожно*) carelessly; (*решительно*) decisively, resolutely; **де́йствовать с ~ой** to act cautiously, circumspectly.

огля́дыва|ть(ся), ю(сь) *impf of* ⇒**огляде́ть(ся)** *and* ⇒**огляну́ть(ся)**

огля|ну́ть, ну́, ~́нешь *inst pf* (*of* ⇒**~́дывать**) to take a look over.

огля|ну́ться, ну́сь, ~́нешься *pf* (*of* ⇒**~́дываться**) to turn (back) to look at sth; to glance back.

огнев|о́й *adj of* ⇒**ого́нь**; (*fig*) fiery; **о. бой** (*mil*) firing; **о. вал** (*mil*) barrage; **~а́я заве́са** (*mil*) curtain (of) fire; **~а́я коро́бка** firebox; **~ы́е сре́дства** weapons; **~а́я то́чка** (*mil*) emplacement.

огнеды́шащ|ий *adj* fire-spitting; **~ая гора́** (*obs*) volcano.

огнемёт, а *m* (*mil*) flame-thrower.

о́гнен|ный (~, ~на) *adj* fiery (*also fig*).

огнеопа́с|ный (~ен, ~на) *adj* inflammable.

огнепокло́нник, а *m* fire-worshipper.

огнепокло́нничеств|о, а *nt* fire-worship.

огнеприпа́с|ы, ов (*no sg*) ammunition.

огнесто́|йкий (~ек, ~йка) *adj* fireproof, fire-resistant.

огнестре́льн|ый *adj*: **~ое ору́жие** firearm(s); **~ая ра́на** gunshot wound.

огнетуши́тел|ь, я *m* fire extinguisher.

огнеупо́р|ный (~ен, ~на) *adj* fire-resistant, fireproof; (*tech*) refractory; **~ная гли́на** fireclay; **о. кирпи́ч** firebrick.

огнеупо́р|ы, ов (*no sg*) (*tech*) refractory materials.

огни́в|о, а *nt* steel (*used formerly for striking fire from flint*).

ого́ *int* oho!

огова́рива|ть(ся), ю(сь) *impf of* ⇒**оговори́ть(ся)**

огово́р, а *m* slander.

оговор|и́ть[1], **ю́, и́шь** *pf* (*of* ⇒**огова́ривать**) (*оклеветать*) to slander.

оговор|и́ть[2], **ю́, и́шь** *pf* (*of* ⇒**огова́ривать**) **1** (*заранее условиться о чём-либо*) to stipulate (for); to fix, agree (on); **мы ~и́ли усло́вия рабо́ты** we have fixed the conditions of work. **2** (*сделать оговорку*) to spell out; to specify.

оговор|и́ться, ю́сь, и́шься *pf* (*of* ⇒**огова́риваться**) **1** (*сделать оговорку*) to make a reservation, make a proviso. **2** (*в речи*) to make a slip in speaking.

огово́р|ка, ки *f* **1** reservation, proviso; **без ~ок** without reserve; **он согласи́лся, но с не́которыми ~ками** he agreed but made certain reservations. **2** (*в речи*) slip of the tongue.

оголе́ни|е, я *nt* denudation.

огол|ённый *ppp of* ⇒**~и́ть** *and adj* bare, exposed.

огол|е́ц, ьца́ *m* (*coll*) lad, (young) fellow.

огол|и́ть, ю́, и́шь *pf* (*of* ⇒**~я́ть**) to bare; (*провод*) to strip; (*шашку*) to draw; **о. фланг** (*mil*) to expose one's flank.

огол|и́ться, ю́сь, и́шься *pf* (*of* ⇒**~я́ться**) **1** to strip (o.s.). **2** (*о проводе*) to become exposed; (*о дереве*) to become bare.

оголте́л|ый (~, ~а) *adj* (*coll*) unbridled; mad, frenzied.

огол|я́ть(ся), я́ю(сь) *impf of* ⇒**~и́ть(ся)**

огон|ёк, ька́ *m* **1** (small) light; **блужда́ющий о.** will o' the wisp; **весёлый о.** merry twinkle; **зайти́ к кому́-н. на о.** (*coll*) to drop in on s.o. (*seeing a light in the window*). **2** (*fig*) (*увлечение*) zest, spirit.

ог|о́нь, ня́ *m* **1** (*пламя*) fire (*also fig*); **говори́ть с ~нём** to speak with fervour; **меж двух ~не́й** between two fires, between the devil and the deep blue sea; **пройти́ о. и во́ду** to go through fire and water; **из ~ня́ да в по́лымя** (*fig*) out of the frying pan into the fire. **2** (*mil*) fire; firing; **отвеча́ть ~нём** to fire back. **3** (*свет*) light; **хвостово́й о.** (*aeron*) tail light; **тако́го челове́ка днём с ~нём не найдёшь** (*coll*) you will not find another like him in a month of Sundays.

огора́жива|ть(ся), ю(сь) *impf of* ⇒**огороди́ть(ся)**

огоро́д, а *m* kitchen garden, vegetable garden; **бро́сить ка́мешек в чей-н. о.** (*fig, coll*) to make disparaging remarks about s.o.

огоро|ди́ть, жу́, ~ди́шь *pf* (*of* ⇒**огора́живать**) to fence in, enclose.

огоро|ди́ться, жу́сь, ~́ди́шься *pf* (*of* ⇒**огора́живаться**) to fence o.s. in.

огоро́дник, а *m* market gardener.

огоро́дни|ца, цы *f of* ⇒**~к**

огоро́дничеств|о, а *nt* market gardening.

огоро́д|ный *adj of* ⇒~; **~ное хозя́йство** market gardening, market garden.

огоро́ш|ить, у, ишь *pf (coll)* to take aback, disconcert.

огорч|а́ть(ся), а́ю(сь) *impf of* ⇒**~и́ть(ся)**

огорче́ни|е, я *nt* distress; chagrin; **быть в ~и** to be in distress.

огорчи́тел|ьный (~ен, ~ьна) *adj* distressing.

огорч|и́ть, у́, и́шь *pf (of* ⇒**~а́ть)** to distress, upset.

огорч|и́ться, у́сь, и́шься *pf (of* ⇒**~а́ться)** to be distressed; **не ~а́йтесь!** cheer up!

огра́б|ить, лю, ишь *pf of* ⇒**гра́бить 1**

ограбле́ни|е, я *nt* robbery; *(до́ма)* burglary; **у́личное о.** mugging.

огра́д|а, ы *f (забор)* fence; *(решётка)* railings.

огра|ди́ть, жу́, ди́шь *pf (of* ⇒**~жда́ть)** **(от** + *g*) to guard (against, from), protect (against).

огра|ди́ться, жу́сь, ди́шься *pf (of* ⇒**~жда́ться)** **(от** + *g*) to defend o.s. (against); to protect o.s. (against).

огражда́|ть(ся), ю(сь) *impf of* ⇒**огради́ть(ся)**

огражде́ни|е, я *nt* barrier.

ограниче́ни|е, я *nt* limitation, restriction.

ограни́ченност|ь, и *f* limited nature; *(fig)* narrowness, narrow-mindedness.

ограни́ч|енный *ppp of* ⇒**~ить** *and adj* limited; **о. челове́к** *(fig)* narrow(-minded) person.

ограни́чива|ть(ся), ю(сь) *impf of* ⇒**ограни́чить(ся)**

ограничи́тел|ь, я *m (tech)*: **о. хо́да** catch, stop, stop piece, arresting device.

ограничи́тельный *adj* restrictive, limiting.

ограни́ч|ить, у, ишь *pf (of* ⇒**~ивать)** to limit, restrict, cut down; **о. себя́ в расхо́дах** to cut down one's expenditure.

ограни́ч|иться, усь, ишься *pf (of* ⇒**~иваться)** (+ *i*)
1 *(удовлетвориться)* to limit o.s. (to), confine o.s. (to); **он ~ился кра́ткой ре́чью** he confined himself to a short speech. **2** *(остаться в каких-л. пределах)* to be limited (to), be confined (to).

огреба́|ть, ю *impf of* ⇒**огрести́**; **о. де́ньги** *(coll)* to rake in money.

огре|сти́, бу́, бёшь, *past* **~̈б, ~бла́** *pf (of* ⇒**~ба́ть)** to rake up.

огре́|ть, ю *pf (coll)* to whack.

огре́х, а *m (coll)* fault, imperfection.

огро́м|ный (~ен, ~на) *adj* huge; vast; enormous.

огрубе́л|ый (~, ~а) *adj* coarse, hardened.

огрубе́|ть, ю *pf of* ⇒**грубе́ть**

огру́з|нуть, ну, нешь, *past* **~, ~ла** *pf (coll)* to grow stout.

огрыз|а́ться, а́юсь *impf (of* ⇒**~ну́ться)** **(на** + *a*) to snap (at).

огрыз|ну́ться, ну́сь, нёшься *pf of* ⇒**~а́ться**

огры́з|ок, ка *m (яблока, сосиски)* leftover bit; *(карандаша)* stub.

огу́лом *adv (coll)* wholesale, indiscriminately.

огу́льно *adv* without grounds; **о. обвиня́ть** to make a groundless accusation.

огу́л|ьный (~ен, ~ьна) *adj* **1** *(без разбора)* wholesale, indiscriminate; **~ьное оха́ивание** wholesale disparagement. **2** *(необоснованный)* unfounded, groundless.

огур|е́ц, ца́ *m* cucumber; **бе́шеный о.** *(bot)* squirting cucumber.

огуре́|чный *adj of* ⇒**~ц**

огу́рчик, а *m affectionate diminutive of* ⇒**огуре́ц**

о́д|а, ы *f* ode.

ода́лжива|ть, ю *impf of* ⇒**одолжи́ть**

одарённост|ь, и *f* endowments, (natural) gifts, talent.

одар|ённый *ppp of* ⇒**~и́ть** *and adj* gifted, talented.

ода́рива|ть, ю *impf of* ⇒**одари́ть**

одар|и́ть, ю́, и́шь *pf* **1** *(impf* **~̈ивать)** to give presents (to); **она́ ~и́ла всех дете́й игру́шками** she has given all the children toys. **2** *(impf* **~я́ть)** (+ *i*) to endow (with); **приро́да ~и́ла его́ разнообра́зными спосо́бностями** nature has endowed him with a variety of talents.

одар|я́ть, я́ю *impf of* ⇒**~и́ть**

одева́|ть(ся), ю(сь) *impf of* ⇒**оде́ть(ся)**

одёж|а, и *f (coll)* clothes.

оде́жд|а, ы *f* **1** clothes; clothing; **ве́рхняя о.** outer clothing, overcoat; **мужска́я о.** menswear; **фо́рменная о.** uniform. **2** *(tech) (дороги)* surfacing.

одеколо́н, а *m* eau de cologne.

одел|и́ть, ю, и́шь *pf (of* ⇒**~я́ть)** (+ *i*) to present (with).

одел|я́ть, я́ю *impf of* ⇒**~и́ть**

од|ёр, ра́ *m (coll)* old hack *(horse)*.

одёргива|ть, ю *impf of* ⇒**одёрнуть**

одеревене́лый *adj* numb; *(fig)* lifeless.

одеревене́|ть, ю *pf of* ⇒**деревене́ть**

одерж|а́ть, у́, ~̈ишь *pf (of* ⇒**~̈ивать)** to gain; **о. верх (над** + *i*) to gain the upper hand (over), prevail (over); **о. побе́ду** to gain a/the victory, carry the day.

оде́ржива|ть, ю *impf of* ⇒**одержа́ть**

одержи́м|ый (~, ~а) *adj* (+ *i*) possessed (by); afflicted (by); **о. стра́хом** consumed with fear; **о. навя́зчивой иде́ей** obsessed by an idée fixe.

одёр|нуть, ну, нешь *pf (of* ⇒**~гивать)** **1** *(рубашку, юбку)* to pull down, straighten. **2** *(fig, coll) (человека)* to call to order; to silence; to snub.

Оде́сс|а, ы *f* Odessa.

одесси́т, а *m* inhabitant of Odessa.

одесси́т|ка, ки *f of* ⇒**~**

оде́т|ый *ppp of* ⇒**~ь** *and adj* (+ *i or* **в** + *a*) dressed (in), clothed (in); with one's clothes on; **о. сне́гом** snow-clad; **хорошо́ о.** well dressed.

оде́|ть, ну, нешь *pf (of* ⇒**~ва́ть)** **1** **(в** + *a*) to dress (in), clothe (in); **о. ребёнка в брю́ки** to dress a child in trousers; (+ *i*) *(покрыть)* to cover (with), wrap (in). **2** *(снабдить одеждой)* to clothe.

оде́|ться, нусь, нешься *pf (of* ⇒**~ва́ться)** **1** to dress (o.s.); to clothe o.s.; **о. в вече́рнее пла́тье** to put on an evening dress. **2** *(покрыться)* (+ *i*) to be covered with.

одея́л|о, а *nt* blanket; coverlet; **о.-гре́лка** electric blanket; **стёганое о.** counterpane, quilt.

одея́ни|е, я *nt* garb, attire.

оди́н, одного́ *m*; **одна́, одно́й** *f*; **одно́, одного́** *nt*; *pl* **одни́, одни́х** *num and pron* **1** *(число)* one; **о. стол** one table; **одни́ но́жницы** one pair of scissors; **одно́** one thing; **одно́ де́ло..., друго́е де́ло...** it is one thing ..., another thing ...; **о. за други́м** one after the other, one by one; **одни́... други́е** some ..., (while) others; **с одно́й стороны́... с друго́й (стороны́)** on the one hand ... on the other hand; **одно́ вре́мя** at one time; **о. раз** once; **одни́м сло́вом** in a word; **о.-два** one or two; **о. из ты́сячи** one in a thousand; **в о. го́лос** with one voice, with one accord; **в о. прекра́сный день** one fine day, once upon a time; **все до одного́** all to a man; **все как о.** one and all; **о. на о.** in private; face to face; **по одному́** one by one, one at a time; in single file.
2 *(некий)* a, an; a certain; **я встре́тил одного́ моего́ бы́вшего колле́гу** I met an old colleague of mine.
3 *(без других)* alone; by o.s.; **да́йте ей сде́лать э́то одно́й** let her do it by herself; **я живу́ о.** I live alone.
4 *(без супруги)* single.
5 *(coll.) (только)* only; **он о. зна́ет доро́гу** only he *or* he alone knows the way; **она́ чита́ет одни́ детекти́вы** she reads nothing but detective stories.
6: **о., о. и тот же** the same, one and the same; **мы с ней одного́ во́зраста** she and I are the same age; **э́то одно́ и то же** it is the same thing.

одина́ково *adv* equally, alike.

одина́ковост|ь, и *f* identity *(of views, etc.)*; sameness, uniformity.

одина́ков|ый (~, ~а) *adj* **(с** + *i*) identical (with), the same (as).

одина́рный *adj* single.

одиннадцатикла́ссник, а *m* eleventh-former *(Br)*, eleventh-grader *(US)*.

одиннадцатикла́ссни|ца, цы *f of* ⇒**~к**

одиннадцатиле́тний *adj* eleven-year-old.

оди́ннадцатый *adj* eleventh.

оди́ннадцат|ь, и *num* eleven.

одино́к|ий (~, ~а) *adj* **1** solitary; lonely; lone. **2** *as n* **о., ~ого** *m* single man, bachelor; **~ая, ~ой** *f* single woman.

одино́ко *adv* lonely; **чу́вствовать себя́ о.** to feel lonely.

одино́честв|о, а *nt* solitude; loneliness.

одино́чк|а, и *cg and f* **1** *cg* lone person; **кустáрь-о.** craftsman working alone; **мать-о.** single mother; **оте́ц-о.** single father; **роди́тель-о.** single parent;

жить ~ой to live alone; в ~у alone, on one's own; по ~е one by one. **2** *f* (*coll*) one-man cell, solitary confinement.

одино́ч|ный *adj* **1** (*одного человека*) individual; one-man; **о. бой** single combat; **~ое заключе́ние** solitary confinement; **о. полёт** solo flight. **2** (*отдельный*) solitary; single; **о. вы́стрел** single shot.

одио́з|ный (~ен, ~на) *adj* odious, offensive.

одиссе́|я, и *f* (*fig*) odyssey.

одича́л|ый (~, ~а) *adj* (having gone) wild.

одича́ни|е, я *nt* running wild.

одича́|ть, ю *pf of* ⇒**дича́ть**

одна́жды *adv* once; one day; **о. у́тром (ве́чером, но́чью)** one morning (evening, night).

одна́ко 1 *adv and conj* however; but; though. **2** *int* you don't say so!; not really!

одноа́ктный *adj* (*theatr*) one-act.

однобо́к|ий (~, ~а) *adj* one-sided (*also fig*).

однобо́ртный *adj* single-breasted.

одновале́нтный *adj* (*chem*) univalent, monovalent.

одновре́ме́нно *adv* simultaneously, at the same time.

одновре́ме́нност|ь, и *f* simultaneity.

одновр|е́ме́нный (~е́ме́нен, ~е́ме́нна) *adj* simultaneous.

одногла́зк|а, и *f* (*zool*) cyclops.

одногла́зый *adj* one-eyed.

одногоди́чный *adj* one-year, of one year's duration.

одного́д|ок, ка *m* (**с** + *i*; *coll*) of the same age (as).

одного́рбый *adj*: **о. верблю́д** dromedary, Arabian camel.

однодне́вк|а, и *f* **1** (*насекомое*) insect living only one day. **2** (*coll*, *pej*) a short-lived thing.

однодне́вный *adj* one-day.

одноду́м, а *m* person with idée fixe, obsessional.

однозву́ч|ный (~ен, ~на) *adj* monotonous.

однозна́ч|ный (~ен, ~на) *adj* **1** (*тождественный*) synonymous. **2** (*ling*) monosemic, monosemous. **3** (*math*) simple; **~ное число́** simple number, digit. **4** (*fig*) (*недвусмысленный*) unambiguous; simple, straightforward.

одноимён|ный (~ен, ~на) *adj* of the same name.

однока́шник, а *m* (*coll*) schoolfellow.

однокла́ссник, а *m* classmate.

однокла́ссни|ца, цы *f of* ⇒**~к**

однокле́точный *adj* (*biol*) single-cell, unicellular.

одноклу́бник, а *m* (*coll*) fellow member of club.

одноклу́бни|ца, цы *f of* ⇒**~к**

одноколе́йный *adj* single-track.

одноко́лк|а, и *f* (*coll*) gig.

одноко́нный *adj* one-horse.

однокра́т|ный (~ен, ~на) *adj* single; (*gram*): **о. глаго́л** semelfactive verb.

одноку́рсник, а *m* (university) classmate, person in the same year of study.

одноку́рсни|ца, цы *f of* ⇒**~к**

одноле́тний *adj* **1** one-year. **2** (*bot*) annual.

одноле́тник, а *m* (*bot*) annual.

одноле́т|ок, ка *m* (**с** + *i*) (*coll*) of the same age (as).

одното́мный

однома́стный *adj* of one colour.

однома́чтовый *adj* single-masted.

одноме́стный *adj* single-seated, single-seater.

одномото́рный *adj* single-engine.

одноно́гий *adj* one-legged.

однообра́зи|е, я *nt* monotony.

однообра́зност|ь, и *f* = **однообра́зие**

однообра́з|ный (~ен, ~на) *adj* monotonous.

однопала́тный *adj* (*pol*) unicameral, single-chamber.

однопа́лубный *adj* single-deck.

одноплеме́нный *adj* of the same tribe.

однополча́н|ин, ина, *pl* **~е, ~** *m* comrade-in-arms (*one serving in same regiment*).

однопо́лый *adj* unisexual.

однопу́тный *adj* one-track.

однора́зовый *adj* (*шприц*) disposable; (*пропуск*) temporary, valid only once.

одноро́дност|ь, и *f* homogeneity, uniformity.

одноро́д|ный (~ен, ~на) *adj* **1** (*одинаковый во всех частях*) homogeneous. **2** (*похожий*) similar.

одноpу́кий *adj* one-armed.

одноря́дк|а, и *f* (*hist*) single-breasted kaftan.

односельча́н|ин, ина, *pl* **~е, ~** *m* fellow villager.

односельча́н|ка, ки *f of* ⇒**~ин**

односло́жно *adv*: **говори́ть о.** to speak in monosyllables.

односло́ж|ный *adj* **1** monosyllabic. **2 (~ен, ~на)** (*fig*) terse, abrupt.

однослóйный *adj* single-layer; one-ply, single-ply.

односпа́льн|ый *adj*: **~ая крова́ть** single bed.

одностóльн|ый *adj*: **~ое ружьё** single-barrelled gun.

односторо́нн|ий *adj* **1** (*ткань*) one-sided (*also fig*); (*разоружение, договор*) unilateral. **2** (*ток*) one-way; **~ее движе́ние** one-way traffic; **о. ум** (*fig*) one-track mind.

одноти́п|ный (~ен, ~на) *adj* of the same type, of the same kind; **о. кора́бль** sister ship.

одното́мник, а *m* single-volume edition.

одното́мный *adj* one-volume.

однофа́зный *adj* (*elec*) single-phase, monophase.

однофами́л|ец, ьца *m* (**с** + *i*) person having the same surname (as), namesake.

однофами́л|ица, ицы *f of* ⇒**~ец**

одноцве́т|ный (~ен, ~на) *adj* (*ткань*) plain; (*fig*) monochrome.

одноцили́ндровый *adj* one-cylinder.

одноча́сь|е, я *nt*: **в о.** (*coll*) suddenly, in an instant.

одноэта́жный *adj* single-storey (*Br*), single-story (*US*).

одноязы́ч|ный (~ен, ~на) *adj* monolingual.

одноя́русный *adj* single-tier; (*geol*) single-stage.

одобре́ни|е, я *nt* approval.

одобри́тел|ьный (~ен, ~ьна) *adj* approving; (*отзыв*) favourable (*Br*), favorable (*US*).

одо́бр|ить, ю, ишь *pf* (*of* ⇒**~я́ть**) to approve (of); **не о.** to disapprove (of).

одобр|я́ть, я́ю *impf of* ⇒**~́ить**

одолева́|ть, ю *impf of* ⇒**одоле́ть**

одоле́|ть, ю *pf* (*of* ⇒**~ва́ть**) **1** to overcome, conquer; **его́ ~л сон** he was overcome by sleepiness; **нас ~ло злово́ние** the stench overpowered us. **2** (*fig*) to master; to cope (with); to get through.

одолжа́|ться, юсь *impf* (+ *d or* **у** + *g*) to be obliged (to), be beholden (to).

одолже́ни|е, я *nt* favour (*Br*), favor (*US*), service; **сде́лайте мне о.** do me a favour (*Br*), favor (*US*).

одолж|и́ть, у́, и́шь *pf* (*of* ⇒**ода́лживать**) **1** (+ *d*) to lend. **2** (*coll*; **у** + *g*) to borrow (from).

одома́шнени|е, я *nt* = **одома́шнивание**

одома́шн|енный *ppp of* ⇒**~ить** *and adj* domesticated.

одома́шнивани|е, я *nt* domestication, taming.

одома́шнива|ть, ю *impf of* ⇒**одома́шнить**

одома́шн|ить, ю, ишь *pf* (*of* ⇒**~ивать**) to domesticate, tame.

одр, а́ *m* (*archaic*; *now only in certain phrr*) bed, couch; **на сме́ртном ~е́** on one's deathbed.

одревесне́ни|е, я *nt* lignification.

одряхле́|ть, ю *pf of* ⇒**дряхле́ть**

одува́нчик, а *m* (*bot*) dandelion.

оду́м|аться, аюсь *pf* (*of* ⇒**~́ываться**) to change one's mind; to think better of it.

оду́мыва|ться, юсь *impf of* ⇒**оду́маться**

одура́чива|ть, ю *impf of* ⇒**одура́чить**

одура́ч|ить, у, ишь *pf* (*of* ⇒**дура́чить** *and* ⇒**~ивать**) (*coll*) to make a fool (of), fool.

одуре́л|ый (~, ~а) *adj* (*coll*) dulled, besotted.

одуре́ни|е, я *nt* stupefaction, torpor.

одуре́|ть, ю *pf of* ⇒**дуре́ть**

одурма́нива|ть, ю *impf of* ⇒**одурма́нить**

одурма́н|ить, ю, ишь *pf* (*of* ⇒**дурма́нить** *and* ⇒**~ивать**) to stupefy; (*наркотиком*) to drug.

о́дур|ь, и *f* (*coll*) stupefaction, torpor.

одуря́|ть, ю *impf* (*coll*) to stupefy; **~ющий за́пах** heavy scent.

одутлова́т|ый (~, ~а) *adj* puffy.

одухотворённост|ь, и *f* spirituality.

О

одухотворённый *ppp of* ⇨**одухотвори́ть** *and adj* inspired; (*лицо*) spiritual.

одухотвор|и́ть, ю́, и́шь *pf* (*of* ⇨**~я́ть**) **1** to inspire; to animate. **2** (*животных, природу*) to attribute soul (to).

одухотвор|я́ть, я́ю *impf of* ⇨**~и́ть**

одушев|и́ть, лю́, и́шь *pf* (*of* ⇨**~ля́ть**) to animate.

одушев|и́ться, лю́сь, и́шься *pf* (*of* ⇨**~ля́ться**) to be animated.

одушевле́ни|е, я *nt* animation.

одушевлённый *ppp of* ⇨**одушеви́ть** *and adj* **1** (*голос*) animated. **2** (*gram*) animate.

одушевля́|ть(ся), ю(сь) *impf of* ⇨**одушеви́ть(ся)**

оды́шк|а, и *f* short breath; **страда́ть ~ой** to be short-winded.

ожереб|и́ться, лю́сь, и́шься *pf of* ⇨**жереби́ться**

ожере́ль|е, я *nt* necklace.

ожесточ|а́ть(ся), а́ю(сь) *impf of* ⇨**~и́ть(ся)**

ожесточе́ни|е, я *nt* bitterness.

ожесточённост|ь, и *f* = **ожесточе́ние**

ожесточённый *ppp of* ⇨**ожесточи́ть** *and adj* (*бой, спор*) bitter; (*человек*) embittered; hardened.

ожесточ|и́ть, у́, и́шь *pf* (*of* ⇨**~а́ть**) to embitter; to harden.

ожесточ|и́ться, у́сь, и́шься *pf* (*of* ⇨**~а́ться**) to become embittered; to become hardened.

оже́чь(ся) = **обже́чь(ся)**

оживáльный *adj* (*archit*) ogival.

ожива́|ть, ю *impf of* ⇨**ожи́ть**

ожив|и́ть, лю́, и́шь *pf* (*of* ⇨**~ля́ть**) **1** (*человека; воспоминание*) to revive. **2** (*fig*) (*общество, вечер*) to liven up, enliven; (*торговлю*) to revitalize; (*лицо, картину*) to brighten up.

ожив|и́ться, лю́сь, и́шься *pf* (*of* ⇨**~ля́ться**) **1** (*человек, разговор*) to become animated, liven (up); (*взгляд*) to brighten up. **2** (*улица*) to come to life.

оживле́ни|е, я *nt* **1** (*состояние*) animation, gusto. **2** (*действие*) reviving; enlivening.

оживлённый *ppp of* ⇨**оживи́ть** *and adj* animated; lively.

оживля́|ть(ся), ю(сь) *impf of* ⇨**оживи́ть(ся)**

оживотвор|и́ть, ю́, и́шь *pf of* ⇨**животвори́ть**

ожида́ни|е, я *nt* expectation; waiting; **обману́ть ~я** to disappoint; **в ~и** (+ *g*) pending; **быть в ~и** (*о женщине*) (*euph*) to be expecting; **сверх ~я** beyond expectation.

ожида́|ть, ю *impf* (+ *g*) to wait (for); (*предвидеть*) to expect, anticipate; **о. ребёнка** to be expecting a baby; **мы э́того не ~ли** we were not expecting that; **как я и ~л** just as I expected.

ожире́ни|е, я *nt* obesity.

ожире́|ть, ю *pf of* ⇨**жире́ть**

ож|и́ть, иву́, ивёшь, *past* **~́ил, ~ила́, ~́ило** *pf* (*of* ⇨**~ива́ть**) to come to life, revive (*also fig*).

ожо́г, а *m* burn; (*жидкостью, паром*) scald.

оз. (*abbr of* **о́зеро**) L., Lake, Loch, Lough.

озабо́|тить, чу, тишь *pf* (*of* ⇨**~чивать**) to trouble, worry, cause anxiety.

озабо́|титься, чусь, тишься *pf* (*of* ⇨**~чиваться**) (+ *i*) to attend (to); to concern o.s. (with).

озабо́ченност|ь, и *f* anxiety.

озабо́|ченный *ppp of* ⇨**~тить** *and adj* anxious, worried.

озабо́чива|ть(ся), ю(сь) *impf of* ⇨**озабо́тить(ся)**

озагла́в|ить, лю, ишь *pf* (*of* ⇨**~ливать**) to entitle; (*главу, раздел*) to head.

озагла́влива|ть, ю *impf of* ⇨**озагла́вить**

озада́ченност|ь, и *f* perplexity, puzzlement.

озада́ч|енный *ppp of* ⇨**~ить** *and adj* perplexed, puzzled.

озада́чива|ть, ю *impf of* ⇨**озада́чить**

озада́ч|ить, у, ишь *pf* (*of* ⇨**~ивать**) to perplex, puzzle, take aback.

озар|и́ть, ю́, и́шь *pf* (*of* ⇨**~я́ть**) to light up, illuminate, illumine; **улы́бка ~и́ла её лицо́** a smile lit up her face; **их ~и́ло** (*fig*) it dawned upon them.

озар|и́ться, ю́сь, и́шься *pf* (*of* ⇨**~я́ться**) (+ *i*) to light up (with); **её лицо́ ~и́лось ра́достью** her face lit up with joy.

озар|я́ть(ся), я́ю(сь) *impf of* ⇨**~и́ть(ся)**

озвере́л|ый (~, ~а) *adj* brutal; brutalized.

озвере́|ть, ю *pf of* ⇨**звере́ть**

озву́ч|енный *ppp of* ⇨**~ить**; **о. фильм** sound film.

озву́чива|ть, ю *impf of* ⇨**озву́чить**

озву́ч|ить, у, ишь *pf* (*of* ⇨**~ивать**) (*cin*) to add a soundtrack to.

оздорови́тел|ьный (~ен, ~ьна) *adj* health, sanitary; **~ьные мероприя́тия** health-improving measures; **о. ла́герь** health camp.

оздоров|и́ть, лю́, и́шь *pf* (*of* ⇨**~ля́ть**) **1** to make (more) healthy; **о. ме́стность** to improve the sanitary conditions of a locality. **2** (*fig*) (*улучшить*) to improve.

оздоровле́ни|е, я *nt* **1** making (more) healthy. **2** (*fig*) (*улучшение*) improvement.

оздоровля́|ть, ю *impf of* ⇨**оздорови́ть**

озелене́ни|е, я *nt* planting with trees and gardens; greening.

озелен|и́ть, ю́, и́шь *pf* (*of* ⇨**~я́ть**) to plant with trees and gardens; to green.

озелен|я́ть, я́ю *impf of* ⇨**~и́ть**

о́земь *adv* (*coll*) to the ground, down.

озёрный *adj of* ⇨**о́зеро**; **о. край** lakeland; **О. край** (*район на северо-западе Англии*) Lake District.

о́зер|о, а, *pl* **озёра, озёр** *nt* lake; (*в шотландских названиях*) loch; **о. Лох-Не́сс** Loch Ness; (*в ирландских и некоторых североанглийских названиях*) lough; **о. Лох-Ри́** Lough Ree.

ози́м|ый *adj* winter; **~ая культу́ра** winter crop; *as n* **~ые, ~ых** winter crops.

о́зим|ь, и *f* winter crop.

озира́|ть, ю *impf* (*obs*) to view.

озира́|ться, юсь *impf* to look round; to look back.

озло́б|ить, лю, ишь *pf* (*of* ⇨**~ля́ть**) to embitter.

озло́б|иться, люсь, ишься *pf* (*of* ⇨**~ля́ться**) to become embittered.

озлобле́ни|е, я *nt* bitterness, animosity.

озло́б|ленный *ppp of* ⇨**~ить** *and adj* embittered.

озлобля́|ть(ся), ю(сь) *impf of* ⇨**озло́бить(ся)**

ознако́м|ить, лю, ишь *pf* (*of* ⇨**~ля́ть**) (**с** + *i*) to acquaint (with).

ознако́м|иться, люсь, ишься *pf* (*of* ⇨**~ля́ться**) (**с** + *i*) to familiarize o.s. with.

ознакомля́|ть(ся), ю(сь) *impf of* ⇨**ознако́мить(ся)**

ознаменова́ни|е, я *nt* marking, commemoration; **в о.** (+ *g*) to mark, to commemorate, in commemoration (of).

ознамен|ова́ть, у́ю *pf* (*of* ⇨**~о́вывать**) to mark, commemorate; to celebrate.

ознамено́выва|ть, ю *impf of* ⇨**ознаменова́ть**

означа́|ть, ет *impf* to mean, signify, stand for; **что ~ют э́ти бу́квы?** what do these letters stand for?

озна́ченный *adj* (*obs*) the aforesaid.

озно́б, а *m* shivering; chill; **почу́вствовать о.** to feel shivery.

озноб|и́ть, лю́, и́шь *pf* (*of* ⇨**~ля́ть**) (*coll*): **я ~и́л себе́ у́ши** *etc.*, my ears, *etc.*, are frozen.

ознобля́|ть, ю *impf of* ⇨**ознobи́ть**

озоло|ти́ть, чу́, ти́шь *pf* **1** to gild. **2** (*coll*) (*обогатить*) to load with money, to pay s.o. handsomely.

озо́н, а *m* ozone.

озо́нный *adj* = **озо́новый**

озонобезвре́д|ный (~ен, ~на) *adj* ozone-friendly.

озо́н|овый *adj of* ⇨**~**; **~овая дыра́** ozone hole; **о. слой** ozone layer.

озорни́к, а́ *m* (*coll*) mischief-maker, rascal.

озорнича́|ть, ю *impf* (*of* ⇨**с~**) (*coll*) to get up to mischief.

озорно́й *adj* (*coll*) mischievous.

озорств|о́, а́ *nt* (*coll*) mischief.

озя́б|нуть, ну, нешь, *past* **~, ~ла** *pf* to be cold; **я ~!** I am frozen!

ой (*or* **ой-ой-о́й**) *int expressing surprise or pleasure* oh, (*pain*) ow, ouch!, (*recognition of a mistake*) oops!

ок. (*abbr of* **о́коло**) approx., c., circa.

оказа́ни|е, я *nt* rendering; showing.

ока|за́ть, жу́, ~́жешь *pf* (*of* ⇨**~́зывать**) to render, show; **о. влия́ние** (**на** + *a*) to influence, exert influence (upon); **о. внима́ние** (+ *d*) to pay attention (to); **о. давле́ние** (**на** + *a*) to exert pressure (upon); **о. де́йствие** (**на** + *a*) to have an effect (upon); to take

О

effect; **о. по́мощь** (+ *d*) to help, give help; **о. предпочте́ние** (+ *d*) to show preference (for), prefer; **о. соде́йствие** (+ *d*) to render assistance; **о. сопротивле́ние** (+ *d*) to offer, put up resistance (to); **о. услу́гу** (+ *d*) to do, render a service; to do a good turn; **о. честь** (+ *d*) to do an honour.

ока|за́ться, жу́сь, ~́жешься *pf* (*of* ⇒**~́зываться**) **1** to turn out (to be), prove (to be); to be found (to be); **он ~за́лся отли́чным расска́зчиком** he proved to be a first-rate storyteller; **~за́лось, что она́ всё вре́мя лгала́** it turned out that she had been telling lies all the time. **2** (*очутиться*) to find o.s.; to be found; **я ~за́лся в больни́це** I found myself in hospital; **трёх экземпля́ров не ~за́лось** three copies were missing.

ока́зи|я, и *f* **1** (*возможность*) opportunity; **посла́ть письмо́ с ~ей** to send a letter with s.o. **2** (*coll*) (*неожиданность*) unexpected happening; **что за о.!** what an odd thing!; how odd!

ока́зыва|ть(ся), ю(сь) *impf of* ⇒**оказа́ть(ся)**

окайм|и́ть, лю́, и́шь *pf* (*of* ⇒**~ля́ть**) (+ *i*) to border (with), edge (with).

окаймля́|ть, ю *impf of* ⇒**окайми́ть**

ока́лин|а, ы *f* (*tech*) slag, dross.

окамене́лост|ь, и *f* fossil.

окамене́л|ый (~, ~а) *adj* fossilized; petrified; (*fig*) fixed, motionless.

окамене́|ть, ю *pf of* ⇒**камене́ть**

окант|ова́ть, у́ю *pf of* ⇒**кантова́ть**[1]

оканто́вк|а, и *f* mount (*for pictures, etc.*).

ока́нчива|ть(ся), ю, ет(ся) *impf of* ⇒**око́нчить(ся)**

о́кань|е, я *nt* okanie (*the pronunciation of unstressed 'o' as 'o'*).

ока́пыва|ть(ся), ю(сь) *impf of* ⇒**окопа́ть(ся)**

ока́рмлива|ть, ю *impf of* ⇒**окорми́ть**

ока|ти́ть, чу́, ~́тишь *pf* (*of* ⇒**~́чивать**) to pour (over); **о. холо́дной водо́й** to pour cold water (over) (*also fig*).

ока|ти́ться, чу́сь, ~́тишься *pf* (*of* ⇒**~́чиваться**) to pour over o.s.

о́ка|ть, ю *impf* to pronounce unstressed 'o' as 'o' in Russian words.

ока́чива|ть(ся), ю(сь) *impf of* ⇒**окати́ть(ся)**

окая́нный *adj* damned, cursed.

окая́нств|о, а *nt* (*eccl*) sinfulness.

океа́н, а *m* ocean.

Океа́ни|я, и *f* Oceania (*the islands of the Pacific and adjacent seas*)

океано́граф, а *m* oceanographer.

океанографи́ческий *adj* oceanographic.

океаногра́фи|я, и *f* oceanography.

океа́нский *adj* ocean; oceanic; **о. парохо́д** ocean(-going) liner.

оки́дыва|ть, ю *impf of* ⇒**оки́нуть**

оки́|нуть, ну, нешь *pf* (*of* ⇒**~дывать**) to cast round; **о. взгля́дом/взо́ром** to take in at a glance; to glance over.

о́кис|ел, ла *m* (*chem*) oxide.

окисле́ни|е, я *nt* (*chem*) oxidation.

окисли́тел|ь, я *m* (*chem*) oxidant, oxidizer.

окисли́тельный *adj* (*chem*) oxidizing.

окисл|и́ть, ю, и́шь *pf* (*of* ⇒**~я́ть**) (*chem*) to oxidize.

окисл|и́ться, и́тся *pf* (*of* ⇒**~я́ться**) (*chem*) to oxidize.

окисл|я́ть(ся), я́ю, я́ет(ся) *impf of* ⇒**~и́ть(ся)**

о́кис|ь, и *f* (*chem*) oxide; **во́дная о.** hydroxide; **о. желе́за** ferric oxide; **о. углеро́да** carbon monoxide.

окказионали́зм, а *m* (*ling*) nonce word.

оккульти́зм, а *m* occultism.

окку́льтный *adj* occult.

оккупа́нт, а *m* invader, occupier.

оккупа|цио́нный *adj of* ⇒**~́ция**; **~цио́нная а́рмия** army of occupation.

оккупа́ци|я, и *f* (*mil*) occupation.

оккупи́р|овать, ую *impf and pf* (*mil*) to occupy.

окла́д[1]**, а** *m* (*зарплата*) salary.

окла́д[2]**, а** *m* (*иконы*) setting, framework.

окла́дист|ый (~, ~а) *adj* (*борода*) broad and thick.

оклеве|та́ть, щу́, ~́щешь *pf of* ⇒**клевета́ть**

окле́ива|ть, ю *impf of* ⇒**окле́ить**

окле́|ить, ю, ишь *pf* (*of* ⇒**~ивать**) (+ *i*) to cover (with); to paste over (with); **о. ко́мнату обо́ями** to paper a room.

окле́йк|а, и *f* gluing, pasting; **о. обо́ями** papering.

о́клик, а *m* hail, call.

оклик|а́ть, а́ю *impf of* ⇒**~нуть**

окли́к|нуть, ну, нешь *pf* (*of* ⇒**~а́ть**) to hail, call (to).

окн|о́, а́, *pl* **~́а, о́кон, ~́ам** *nt* **1** (*also comput*) window; **опускно́е о.** sash window; **слухово́е о.** dormer window; **ко́мната в три ~а́** room with three windows; **о. вы́дачи** serving hatch; **диало́говое о.** (*comput*) dialog box. **2** (*подоконник*) window sill. **3** (*fig*) (*отверстие*) gap, break.

о́к|о, а, *pl* **о́чи, оче́й** *nt* (*archaic or poetical*) eye; **в мгнове́ние ~а** in the twinkling of an eye; **о. за о.** an eye for an eye.

ок|ова́ть, у́ю, уёшь *pf* (*of* ⇒**~о́вывать**) to bind (*with metal*); (*fig*) to fetter, shackle.

око́вк|а, и *f* binding (*with metal*).

око́в|ы, ~ (*no sg*) fetters (*also fig*).

око́выва|ть, ю *impf of* ⇒**окова́ть**

окола́чива|ться, юсь *impf* (*coll*) to lounge about, kick one's heels.

околд|ова́ть, у́ю *pf* (*of* ⇒**~о́вывать**) to bewitch, entrance, enchant (*also fig*).

околдо́выва|ть, ю *impf of* ⇒**околдова́ть**

околева́|ть, ю *impf of* ⇒**околе́ть**

околе́сиц|а, ы *and* **околёсиц|а, ы** *f* (*coll*) nonsense, rubbish; **нести́ ~у** to talk nonsense.

околе́|ть, ю *pf* (*of* ⇒**~ва́ть**) to die (*of animals and pej of persons*).

око́лиц|а, ы *f* outskirts (of a village); **вы́ехать за ~у** to leave the confines of a village; **на ~е** on the outskirts.

околи́чност|ь, и *f* (*obs*) circumlocution; innuendo; **говори́ть без ~ей** to speak plainly.

о́коло *prep + g and adv* **1** (*рядом, возле*) by; (*вблизи*) close (to), near; (*вокруг*) around, about; **он сиде́л о. меня́** he was sitting by me; **никого́ нет о.** there is nobody about; **где́-н. о. (э́того ме́ста)** hereabouts, somewhere here; **(что́-н.) о. э́того, о. того́** thereabouts. **2** (*приблизительно*) about; **о. полу́ночи** about midnight; **о. шести́ ме́тров** about six metres.

околопло́дник, а *m* (*bot*) pericarp, seed vessel.

околосерде́чн|ый *adj* **~ая су́мка** (*anat*) pericardium.

околпа́чива|ть, ю *impf of* ⇒**околпа́чить**

околпа́ч|ить, у, ишь *pf* (*of* ⇒**~ивать**) (*coll*) to fool, dupe.

око́лыш, а *m* cap band (*usu of a uniform cap*).

око́льны|й *adj* roundabout; **~е пути́** devious ways; **вы́ведать ~м путём** (*fig*) to find out in a roundabout way.

окольц|ева́ть, у́ю *pf of* ⇒**кольцева́ть 2**

оконе́чност|ь, и *f* extremity.

око́нн|ый *adj of* ⇒**окно́**; **~ая ра́ма** window frame; **~ое стекло́** windowpane.

оконфу́|зить, жу, зишь *pf* (*coll*) to embarrass, confuse.

оконча́ни|е, я *nt* **1** (*завершение*) completion, conclusion; (*конец*) end; **о. сро́ка** expiration; **по ~и университе́та** on graduating; **о. сле́дует** (*note to serial article, story, etc.*) to be concluded. **2** (*gram*) ending.

оконча́тельно *adv* (*бесповоротно*) finally, definitively; (*совершенно*) completely.

оконча́тел|ьный (~ен, ~ьна) *adj* (*бесповоротный*) final, definitive; (*совершенный*) complete.

око́нч|ить, у, ишь *pf* (*of* ⇒**ока́нчивать**) to finish, end; **о. шко́лу** to leave school (*Br*), to graduate from high school (*US*); **о. университе́т** to graduate.

око́нч|иться, ится *pf* (*of* ⇒**ока́нчиваться**) to finish, end; to be over.

око́п, а *m* (*mil*) trench; entrenchment.

окопа́|ть, ю *pf* (*of* ⇒**ока́пывать**) to dig round; (*картофель*) to earth up.

окопа́|ться, юсь *pf* (*of* ⇒**ока́пываться**) **1** (*mil*) to entrench (o.s.), dig in. **2** (*fig, ironical*) to find o.s. a comfortable hideout.

око́п|ный *adj of* ⇒**~**; **~ная война́** trench warfare.

окорм|и́ть, лю́, ~́ишь *pf* (*of* ⇒**ока́рмливать**) **1** (*обкормить*) to overfeed. **2** (*отравить*) to poison with bad food.

окорна́|ть, ю *pf of* ⇒**корна́ть**

о́коро|к, ка, *pl* **~ка́** *m* ham; (*баранины, телятины*) leg.

окосе́|ть, ю *pf* (*coll*) **1** to develop a squint. **2** (*ослепнуть*) to go blind in one eye. **3** (*опьянеть*) to get drunk.

окостенева́|ть, ю *impf of* ⇨**окостене́ть**

окостене́л|ый (~, ~а) *adj* ossified (*also fig*).

окостене́|ть, ю *pf* (*of* ⇨**костене́ть** *and* ⇨**~ва́ть**) to ossify (*also fig*); (*окоченеть*) to stiffen.

око|ти́ться, чу́сь, ти́шься *pf of* ⇨**коти́ться**

окочене́л|ый (~, ~а) *adj* stiff with cold.

окочене́|ть, ю *pf of* ⇨**кочене́ть**

око́ш|ко, ка, *pl* **~ки, ~ек, ~кам** *nt diminutive of* ⇨**окно́**

окра́ин|а, ы *f* **1** (*города*) outskirts; outlying districts; (*леса, деревни*) edge. **2** (*in pl*) (*страны*) border areas.

окра́|сить, шу, сишь *pf* (*of* ⇨**~шивать**) (*стену, крышу*) to paint; (*ткань, волосы*) to dye; (*жизнь*) to colour (*Br*), color (*US*); **слегка́ о.** to tinge, tint.

окра́ск|а, и *f* **1** (*действие*) painting; dyeing. **2** (*цвет*) colouring (*Br*), coloring (*US*), coloration; **защи́тная о.** (*zool*) protective coloration. **3** (*fig*) tinge, tint; (*pol*) slant; **ирони́ческая о.** ironic tinge, touch of irony; **стилисти́ческая о.** stylistic nuance; **прида́ть чему́-н. другу́ю ~у** to put a different complexion on sth.

окра́шива|ть, ю *impf of* ⇨**окра́сить**

окре́п|нуть, ну, нешь, *past* **~, ~ла** *pf of* ⇨**кре́пнуть**

окре|сти́ть, щу́, ~́стишь *pf* **1** (*impf* **крести́ть**) to baptize, christen. **2** (*coll*; + *a and i*) to nickname; **его́ ~сти́ли «Медве́дем»** he was nicknamed 'the Bear'.

окре|сти́ться, щу́сь, ~́стишься *pf of* ⇨**крести́ться 1**

окре́стност|ь, и *f* **1** (*столицы, деревни*) environs. **2** (*окружающее пространство*) neighbourhood (*Br*), neighborhood (*US*), vicinity.

окре́стный *adj* **1** (*деревня, город*) neighbouring (*Br*), neighboring (*US*). **2** (*люди, население*) local.

окриве́|ть, ю *pf of* ⇨**криве́ть**

о́крик, а *m* shout, cry.

окри́кива|ть, ю *impf of* ⇨**окри́кнуть**

окри́к|нуть, ну, нешь *pf* (*of* ⇨**~ивать**) to hail, shout (to).

окрова́в|ить, лю, ишь *pf* (*of* ⇨**~ливать**) to stain with blood.

окрова́в|иться, люсь, ишься *pf* (*of* ⇨**~ливаться**) to become bloodstained; to be soaked in blood; to spill blood on o.s.

окрова́влен|ный (~, ~а) *adj* bloodstained; bloody.

окрова́влива|ть(ся), ю(сь) *impf of* ⇨**окрова́вить(ся)**

окровен|и́ть, ю́, и́шь *pf* (*coll*) to stain with blood.

окроп|и́ть, лю́, и́шь *pf* (*of* ⇨**кропи́ть** *and* ⇨**~ля́ть**) to sprinkle.

окропля́|ть, ю *impf of* ⇨**окропи́ть**

окро́шк|а, и *f* **1** okroshka (*a cold kvass soup with chopped vegetables (esp fresh cucumbers, spring/green onions, and cooked potatoes), hard-boiled eggs, and meat or sausage)*. **2** (*fig, coll*) (*смесь*) hodgepodge, jumble.

о́круг, а, *pl* **~а́** *m* (*in Russia and former USSR, territorial division for administrative, legal, military, etc., purposes*) okrug; region, district; circuit; **избира́тельный о.** electoral district.

окру́г|а, и *f* (*coll*) neighbourhood (*Br*), neighborhood (*US*).

округле́|ть, ю *pf of* ⇨**кругле́ть**

округл|и́ть, ю́, и́шь *pf* (*of* ⇨**~я́ть**) **1** to make round; to round (off) (*also fig*). **2** (*счёт, цифры*) to express in round numbers. **3** (*coll*) (*имение, капитал*) to increase.

округл|и́ться, ю́сь, и́шься *pf* (*of* ⇨**~я́ться**) **1** (*фигура, глаза*) to become round(ed). **2** (*счёт*) to be expressed in round numbers.

окру́глост|ь, и *f* **1** (*свойство*) roundedness. **2** (*выпуклость*) protuberance, bulge.

окру́гл|ый (~, ~а) *adj* rounded; (*лицо*) round.

округл|я́ть(ся), я́ю(сь) *impf of* ⇨**~и́ть(ся)**

окруж|а́ть, а́ю *impf of* ⇨**~и́ть**

окружа́|ющий *pres participle active of* ⇨**~ть** *and adj* surrounding; **~ющая обстано́вка** surroundings; *as n* **~ющее, ~ющего** *nt* environment; **~ющие, ~ющих** the people around/surrounding one.

окруже́ни|е, я *nt* **1** (*действие*) encirclement; **попа́сть в о.** (*mil*) to be encircled, be surrounded. **2** (*среда*) surroundings; environment; milieu; **в ~и** (+ *g*) surrounded (by), in the midst (of); **он появи́лся в ~и боле́льщиков** he appeared surrounded by fans; (*люди*) the people around/surrounding one.

окруж|и́ть, у́, и́шь *pf* (*of* ⇨**~а́ть**) to surround; to encircle; **о. кого́-н. забо́тами** to lavish attentions on s.o.

окружн|о́й *adj* **1** *adj of* ⇨**о́круг**; **о. суд** circuit court. **2** operating (situated) about a circle; **~а́я желе́зная доро́га** circle line; **~а́я доро́га** circular road.

окру́жност|ь, и *f* **1** circumference; (*замкнутая кривая*) circle; **име́ть де́сять ме́тров в ~и** to be ten metres (*Br*), meters (*US*) in circumference; **на три ми́ли в ~и** within a radius of three miles, for three miles round. **2** (*obs*) (*округа*) neighbourhood (*Br*), neighborhood (*US*).

окру|ти́ть, чу́, ~́тишь *pf* (*of* ⇨**~́чивать**) (+ *i*) to wind round.

окру́чива|ть, ю *impf of* ⇨**окрути́ть**

окрыл|и́ть, ю́, и́шь *pf* (*of* ⇨**~я́ть**) to inspire, encourage.

окрыл|я́ть, я́ю *impf of* ⇨**~и́ть**

окры́с|иться, ишься *pf* (**на** + *a*; *coll*) to snap (at).

О́ксфорд, а *m* Oxford.

о́ксфордский *adj of* ⇨**О́ксфорд**

окта́в|а, ы *f* octave.

окта́н, а *m* (*chem*) octane.

окта́нов|ый *adj* (*chem*) octane; **~ое число́** octane number, octane rating.

окта́эдр, а *m* (*math*) octahedron.

окте́т, а *m* (*mus*) octet.

октроир|овать, ую *impf and pf* to grant; to concede.

октябр|ёнок, ёнка, *pl* **~я́та, ~я́т** *m* (*hist*) (Little) Octobrist (*in former USSR, child aged 7–11 preparing for entry into Pioneers*).

октя́бр|ь, я́ *m* October (**О.**, *fig* = *Russian revolution of October 1917*).

октя́бр|ьский *adj of* ⇨**~**

окули́ст, а *m* optician, oculist.

окуля́р, а *m* eyepiece.

окун|а́ть(ся), а́ю(сь) *impf of* ⇨**~у́ть(ся)**

о́кун|евый *adj of* ⇨**~ь**

окун|у́ть, у́, ёшь, *pf* (*of* ⇨**~а́ть**) to dip; **о. ло́жку в па́току** to dip a spoon into the treacle.

окун|у́ться, у́сь, ёшься, *pf* (*of* ⇨**~а́ться**) **1** to dip (o.s.). **2** (*fig*; **в** + *a*) to plunge (into), become (utterly) absorbed (in), engrossed (in); **о. в спор** to plunge into an argument.

о́кун|ь, я, *pl* **~и, ~е́й** *m* (*zool*) perch; **морско́й о.** redfish, North Atlantic rockfish.

окупа́емост|ь, и *f* viability.

окуп|а́ть(ся), а́ю(сь) *impf of* ⇨**~и́ть(ся)**

окуп|и́ть, лю́, ~́ишь *pf* (*of* ⇨**~а́ть**) to compensate, repay, make up (for); **о. расхо́ды** to cover one's outlay.

окуп|и́ться, лю́сь, ~́ишься *pf* (*of* ⇨**~а́ться**) to be compensated, be repaid; (*fig*) to pay; to be justified, be requited, be rewarded; **затра́ченные на́ми уси́лия ~и́лись** our efforts were rewarded.

окургу́|зить, жу, зишь *pf* (*coll*) to cut too short.

оку́ривани|е, я *nt* fumigation.

оку́рива|ть, ю *impf of* ⇨**окури́ть**

окур|и́ть, ю́, ~́ишь *pf* (*of* ⇨**~́ивать**) to fumigate.

оку́р|ок, ка *m* butt.

оку́т|ать, аю *pf* (*of* ⇨**~ывать**) (+ *i*) **1** to wrap up (in). **2** (*fig*) to shroud, cloak (in); **о. та́йной** to shroud in mystery.

оку́т|аться, аюсь, *pf* (*of* ⇨**~ываться**) (+ *i*) **1** to wrap o.s. up (in). **2** (*fig*) to shroud, cloak o.s. (in); **о. та́йной** to shroud o.s. in mystery.

оку́тыва|ть(ся), ю(сь) *impf of* ⇨**оку́тать(ся)**

оку́чива|ть, ю *impf of* ⇨**оку́чить**

оку́ч|ить, у, ишь *pf* (*of* ⇨**~ивать**) (*agric*) to earth up.

ола́д|ья, ьи, *pl* **~ьи, ~ий** *f* thick pancake; **карто́фельная о.** potato (pan)cake.

олеа́ндр, а *m* oleander.

оледене́лый *adj* frozen.

оледене́|ть, ю *pf of* ⇨**ледене́ть**

оледен|и́ть, ю́, и́шь *pf of* ⇨**ледени́ть**

оленево́д, а *m* reindeer breeder.

оленево́дств|о, а *nt* reindeer breeding.

оле́н|ий *adj of* ⇒**~ь**; **~ьи рога́** antlers; **о. лиша́й/мох** (*bot*) reindeer moss.

олени́н|а, ы *f* venison.

оле́н|ь, я *m* deer; **благоро́дный о.** stag, red deer; **се́верный о.** reindeer.

оли́в|а, ы *f* (*obs*) (*дерево*) olive tree; (*плод*) olive.

оливи́н, а *m* (*min*) olivine, chrysolite.

оли́вк|а, и *f* (*плод*) olive.

оли́вков|ый *adj* **1** olive; **~ая ветвь** olive branch (*fig*); **~ое ма́сло** olive oil. **2** (*цвет*) olive-green.

олига́рх, а *m* oligarch.

олигархи́ческий *adj* oligarchical.

олига́рхи|я, и *f* oligarchy.

олигоце́н, а *m* (*geol*) the Oligocene (epoch).

олигоце́новый *adj* (*geol*) Oligocene.

Оли́мп, а *m* (Mt) Olympus (*geog and myth*).

олимпиа́д|а, ы *f* **1** (**О.**) (*Олимпийские игры*) the Olympics, the Olympic Games; (*О. как мероприятие*) Olympiad; **тридца́тая О. состои́тся в Ло́ндоне в 2012 году́** the 30th Olympiad will be held in London in 2012. **2** (*математическая и т. п.*) contest; (*международная*) Olympiad. **3** (*hist*) Olympiad.

олимпи́|ец, йца *m* (*myth and fig*) Olympian.

олимпи́йски|й[1] *adj* Olympic; **О~е и́гры** Olympic Games, Olympics.

олимпи́йск|ий[2] *adj* of Olympus; **~ое споко́йствие** (*fig*) Olympian calm.

оли́ф|а, ы *f* drying oil.

олицетворе́ни|е, я *nt* personification; embodiment.

олицетвор|ённый *ppp of* ⇒**~и́ть**; **он — ~ённая хи́трость** he is cunning personified.

олицетвор|и́ть, ю́, и́шь *pf* (*of* ⇒**~я́ть**) to personify; to embody.

олицетвор|я́ть, я́ю *impf of* ⇒**~и́ть**

о́лов|о, а *nt* tin.

оловя́нн|ый *adj* tin; **~ая посу́да** tinware; pewter; **~ая фольга́** tin foil.

о́лух, а *m* (*coll*) blockhead, oaf; **о. царя́ небе́сного** complete idiot.

о́луш|а, и *f* (*zool*): **се́верная о.** gannet.

О́льстер, а *m* Ulster.

ольх|а́, и́, *pl* **~́и** *f* alder (tree).

ольх|о́вый *adj of* ⇒**~а́**

оля́пк|а, и *f* (*zool*) dipper.

ом, а *m* (*elec*) ohm.

Ома́н, а *m* Oman.

ома́н|ец, ца *m* Omani.

ома́н|ка, ки *f of* ⇒**~ец**

ома́нский *m* Omani.

ома́р, а *m* lobster.

оме́г|а, и *f* omega; **от а́лфы до ~и** (*fig*) from A to Z, from beginning to end.

оме́л|а, ы *f* mistletoe.

омерзе́ни|е, я *nt* loathing; **внуши́ть о.** (+ *d*) to inspire loathing (in).

омерзе́|ть, ю *pf* to become loathsome; **мне э́тот пейза́ж ~л** I have come to loathe this view.

омерзи́тел|ьный (~ен, ~ьна) *adj* loathsome, disgusting; (*coll*) foul.

омертве́лост|ь, и *f* stiffness, numbness; (*med*) necrosis, mortification.

омертве́л|ый (~, ~а) *adj* stiff, numb; (*med*) necrotic; **~ая ткань** dead tissue.

омертве́ни|е, я *nt* = **омертве́лость**

омертве́|ть, ю *pf of* ⇒**мертве́ть 1**

омертв|и́ть, лю́, и́шь *pf* (*of* ⇒**~ля́ть**) **1** to deaden. **2** (*econ*) to withdraw from circulation.

омертвля́|ть, ю *impf of* ⇒**омертви́ть**

омёт, а *m* stack (of straw).

омле́т, а *m* omelette.

омме́тр, а *m* (*elec*) ohmmeter.

о́мнибус, а *m* (*obs*) (horse-drawn) omnibus.

омове́ни|е, я *nt* ablution(s).

омола́жива|ть(ся), ю(сь) *impf of* ⇒**омолоди́ть(ся)**

омоло|ди́ть, жу́, ди́шь *pf* (*of* ⇒**омола́живать**) to rejuvenate.

омоло|ди́ться, жу́сь, ди́шься *pf* (*of* ⇒**омола́живаться**) to be rejuvenated.

омоложе́ни|е, я *nt* rejuvenation.

ОМО́Н *m, decl and indecl* (*abbr of* **отря́д мили́ции осо́бого назначе́ния**) special forces unit; riot squad.

омо́ним, а *m* (*ling*) homonym.

омо́нов|ец, ца *m* member of the special force.

омоч|и́ть, у́, ~́ишь *pf* (*obs*) to wet; to moisten.

омоч|и́ться, у́сь, ~́ишься *pf* (*obs*) to become wet; to become moist.

ОМП (*abbr of* **ору́жие ма́ссового пораже́ния**) WMD (*weapons of mass destruction*).

омрач|а́ть(ся), а́ю(сь) *impf of* ⇒**~и́ть(ся)**

омрач|и́ть, у́, и́шь *pf* (*of* ⇒**~а́ть**) to darken, cloud.

омрач|и́ться, у́сь, и́шься *pf* (*of* ⇒**~а́ться**) to darken, become clouded (*also fig*).

о́мул|ь, я, *g pl* **~е́й** *m* omul (*a sea fish of the salmon family, found also in Lake Baikal*).

о́мут, а *m* **1** (*водоворот*) whirlpool; (*fig*) whirl, maelstrom. **2** (*глубокое место*) deep place (*in river or lake*); **в ти́хом ~е че́рти во́дятся** (*proverb*) still waters run deep.

омыва́|ть, ю 1 *impf of* ⇒**омы́ть**. **2** *impf* (*geog*) (*о морях*) to wash.

омыва́|ться, юсь *impf* (*geog*) to be washed.

ом|ы́ть, о́ю, о́ешь *pf* (*of* ⇒**~ыва́ть**) (*rhetorical, obs*) to wash; **о. кро́вью** to steep in blood.

он, его́, ему́, им, о нём *pron* he.

она́, её, ей, ей (е́ю), о ней *pron* she.

онани́зм, а *m* masturbation.

онани́р|овать, ую *impf* to masturbate.

онда́тр|а, ы *f* (*животное*) muskrat, musquash; (*мех*) musquash.

онда́тр|овый *adj of* ⇒**~а**

онеме́л|ый (~, ~а) *adj* **1** (*немой*) dumb. **2** (*омертвелый*) numb.

онеме́|ть, ю *pf of* ⇒**немéть**

они́, их, им, и́ми, о них *pron* they.

о́никс, а *m* onyx.

онко́лог, а *m* oncologist.

онкологи́ческий *adj* oncological.

онколо́ги|я, и *f* (*med*) oncology.

онла́йн, а *m and indecl adj* (*comput*): **в ~е** (*or* **(в режи́ме) о.**) online; **ба́нковские опера́ции в режи́ме о.** online banking.

онла́йновый *adj* (*comput*) online.

оно́, его́, ему́, им, о нём *pron* **1** it. **2** (*это*) this, that; **о. и ви́дно** that is evident. **3** *as emphatic particle* **о. коне́чно** well, of course; **вот о. что!** oh, I see!

онома́стик|а, и *f* (*ling*) onomastics.

ономасти́ческий *adj* onomastic.

онтогене́з, а *m* (*biol*) ontogenesis.

онтологи́ческий *adj* (*philos*) ontological.

онтоло́ги|я, и *f* (*philos*) ontology.

ону́ч|а, и *f* onucha (*a foot binding worn instead of a sock*).

о́ный *pron* (*obs*) that; the above-mentioned; **во вре́мя о́но** in those days; (*joc*) in days of old.

ОО́Н *f indecl* (*abbr of* **Организа́ция Объединённых На́ций**) UN (*United Nations Organization*).

оо́новский *adj* (*coll*) UN (*United Nations*).

ОО́П *f indecl* (*abbr of* **Организа́ция освобожде́ния Палести́ны**) PLO (*Palestine Liberation Organization*).

опада́|ть, ет *impf of* ⇒**опа́сть**

опада́|ющий *pres participle active of* ⇒**~ть** *and adj* (*bot*) deciduous.

опа́здыва|ть, ю *impf* **1** *impf of* ⇒**опозда́ть**. **2** (*impf only*) (*coll*) (*о часах*) to be slow.

опа́ива|ть, ю *impf of* ⇒**опои́ть**

опа́л, а *m* opal.

опа́л|а, ы *f* disgrace, disfavour (*Br*), disfavor (*US*); **быть в ~е** to be in disgrace, be out of favour (*Br*), favor (*US*).

опа́лива|ть(ся), ю(сь) *impf of* ⇒**опали́ть(ся)**

опал|и́ть, ю́, и́шь *pf* (*of* ⇒**пали́ть**[1] *and* ⇒**~́ивать**) to singe.

опал|и́ться, ю́сь, и́шься *pf* (*of* ⇒**~́иваться**) to singe o.s.

опа́ловый *adj* opal; (*цвет*) opaline.

опа́лубк|а, и *f* (*tech*) **1** (*обшивка*) casing, lining, sheathing, tubbing; **о. кры́ши** roof boarding. **2** (*форма*) concrete mould, form.

опа́лый *adj* (*coll*) sunken; emaciated.

опа́льный *adj* disgraced; in disgrace, out of favour (*Br*), favor (*US*).

опа́мят|оваться, уюсь *pf* (*coll*) to come to one's senses; to collect o.s.

опа́р|а, ы *f* **1** (*тесто*) leavened dough. **2** (*закваска*) leaven.

опарши́ве|ть, ю *pf of* ⇒**парши́веть**

опаса́|ться, юсь *impf* **1** (+ *g*) (*бояться*) to fear, be afraid (of). **2** (+ *g or inf*) (*избегать*) to beware (of); to avoid, keep off; **о. сли́шком мно́го пить** to beware of drinking to excess.

опасе́ни|е, я *nt* fear; apprehension.

опа́ск|а, и *f*: **с ~ой** (*coll*) with caution, cautiously; warily.

опа́слив|ый (~, ~а) *adj* (*coll*) cautious; wary.

опа́сност|ь, и *f* danger; peril; **вне ~и** out of danger.

опа́с|ный (~ен, ~на) *adj* dangerous, perilous.

опа́|сть, дёт *pf* (*of* ⇒**~да́ть**) **1** (*о листьях*) to fall (off). **2** (*о ветре, воде*) to subside; (*об опухоли*) to go down; (*о суфле*) to sink.

опаха́л|о, а *nt* fan.

опа|ха́ть, шу́, ~́шешь *pf* (*of* ⇒**~́хивать**[1]) to plough round.

опа́хива|ть[1], **ю** *impf of* ⇒**опаха́ть**

опа́хива|ть[2], **ю** *impf of* ⇒**опахну́ть**

опах|ну́ть, ну́, нёшь *pf* (*of* ⇒**~́ивать**[2]) to fan.

ОПЕ́К *f indecl* OPEC (*abbr of* Organization of Petroleum Exporting Countries — *Организа́ция стран – экспортёров не́фти*).

опе́к|а, и *f* **1** guardianship (*also fig*); (*над имуществом*) trusteeship; **быть под ~ой кого́-н.** to be under s.o.'s guardianship; **взять под ~у** to take into one's care; (*fig*) to take charge (of), take under one's wing; **учреди́ть ~у над кем-н.** to place s.o. in care. **2** (*collect*) (*лица*) guardians, board of guardians; **Междунаро́дная о.** International Trusteeship. **3** (*fig*) (*забота*) care.

опека́|емый *pres participle passive of* ⇒**~ть**; *as n* **о., ~емого** *m* ward.

опека́|ть, ю *impf* **1** (*сирот*) to be guardian (to), have the wardship (of). **2** (*fig*) (*младших*) to take care (of), watch (over).

опеку́н, а́ *m* (*law*) guardian; (*над имуществом*) trustee.

опеку́н|ский *adj of* ⇒**~**

опеку́нств|о, а *nt* guardianship.

опеку́н|ша, ши *f* (*coll*) *of* ⇒**~**

опён|ок, ка, *pl* **~ки, ~ков** *m* honey agaric (*mushroom*).

о́пер|а, ы *f* opera; **«мы́льная о.»** soap (opera); **из друго́й ~ы, не из той ~ы** (*coll*) quite a different matter.

опера́бел|ьный (~ен, ~ьна) *adj* (*med*) operable.

операти́вник, а *m* detective.

операти́вност|ь, и *f* energy, efficiency (*in getting things done*).

операти́в|ный *adj* **1 (~ен, ~на)** (*руководство*) energetic; efficient. **2** (*штаб, работа*) executive. **3** (*med*) operative; surgical; **~ное вмеша́тельство** surgical intervention. **4** (*mil*) operation(s), operational.

опера́тор, а *m* **1** (*оборудования*) operator. **2** (*кинооператор*) cameraman. **3** (*врач-хирург*) surgeon.

операцио́нн|ый *adj of* ⇒**опера́ция**; **~ое отделе́ние** (*in hospital*) surgical wing; **~ая систе́ма** (*comput*) operating system; **о. стол** operating table; *as n* **~ая, ~ой** *f* operating theatre (*Br*), operating room (*US*).

опера́ци|я, и *f* (*med, mil, etc.*) operation; **перенести́ ~ю** to have, undergo an operation; to be operated (upon); **сде́лать ~ю** to perform an operation.

опере|ди́ть, жу́, ди́шь *pf* (*of* ⇒**~жа́ть**) **1** (*в беге, в развитии*) to outstrip, leave behind. **2** (*успеть раньше*) to forestall.

опережа́|ть, ю *impf of* ⇒**опереди́ть**

опере́ни|е, я *nt* plumage; **хвостово́е о.** (*aeron*) tail unit.

оперённый *adj* feathered.

опере́т|очный *adj of* ⇒**~та**

опере́тт|а, ы *f* musical comedy, operetta.

опере́ть, обопру́, обопрёшь *past* **опёр, оперла́** *pf* (*of* ⇒**опира́ть**) (**о** + *a*) to lean (against).

опере́ться, обопру́сь, обопрёшься, *past* **опёрся, оперла́сь** *pf* (*of* ⇒**опира́ться**) (**на** + *a*; **о** + *a*) **1** to lean (on; against); **о. о подоко́нник** to lean against the window sill. **2** (*fig*) to rely on; to depend on.

опери́р|овать, ую *impf and pf* **1** (*med*) to operate (upon). **2** (*mil*) to operate, act. **3** (+ *i*) (*fin*) to deal (in); (*fig*) to use, handle; **о. недоста́точными да́нными** to operate with inadequate data.

опер|и́ть, ю, и́шь *pf* (*of* ⇒**~я́ть**) (*стрелу*) to feather; (*украсить*) to adorn with feathers.

опер|и́ться, ю́сь, и́шься *pf* (*of* ⇒**~я́ться**) **1** (*о птицах*) to be fledged. **2** (*fig*) to stand on one's own (two) feet.

о́перн|ый *adj* opera (*attr*); (*ария; жест*) operatic; **о. певе́ц, ~ая певи́ца** opera singer; **о. теа́тр** opera house.

опёрт|ый (~, ~а́, ~о) *ppp of* ⇒**опере́ть**

опер|ши́сь *past gerund of* ⇒**~е́ться**; **о.** (**на** + *a*) leaning (on).

опер|я́ть(ся), я́ю(сь) *impf of* ⇒**~и́ть(ся)**

опеча́л|ить(ся), ю(сь), ишь(ся) *pf of* ⇒**печа́лить(ся)**

опеча́т|ать, аю *pf* (*of* ⇒**~ывать**) to seal up.

опеча́т|ка, ки *f* misprint; **спи́сок ~ок** (list of) errata.

опеча́тыва|ть, ю *impf of* ⇒**опеча́тать**

опе́ш|ить, у, ишь *pf* (*coll*) to be taken aback.

опива́|ться, юсь *impf of* ⇒**опи́ться**

о́пи|й, я *m* opium.

о́пий|ный *adj of* ⇒**~**

опи́лива|ть, ю *impf of* ⇒**опили́ть**

опил|и́ть, ю́, ~́ишь *pf* (*of* ⇒**~́ивать**) to saw; to file.

опи́л|ки, ок (*no sg*) (*древесные*) sawdust; (*металлические*) (metal) filings.

опира́|ть(ся), ю(сь) *impf of* ⇒**опере́ть(ся)**

описа́ни|е, я *nt* description; account; **э́то не поддаётся ~ю** it is beyond description, it beggars description.

опи́с|анный *ppp of* ⇒**~а́ть** *and adj* (*math*) circumscribed.

описа́тел|ьный (~ен, ~на) *adj* descriptive.

описа́тельств|о, а *nt* (*pej*) (bare) description.

опи|са́ть, шу́, ~́шешь *pf* (*of* ⇒**~́сывать**) **1** to describe. **2** (*сделать опись*) to list, inventory; **о. иму́щество** (*law*) to distrain property. **3** (*math*) to describe, circumscribe.

опи|са́ться, шу́сь, ~́шешься *pf* to make a slip of the pen.

опи́ск|а, и *f* slip of the pen.

опи́сыва|ть, ю *impf of* ⇒**описа́ть**

о́пис|ь, и *f* list; inventory; **о. иму́щества** (*law*) distraint.

опи́|ться, обопью́сь, обопьёшься, *past* **~́лся, ~ла́сь, ~ло́сь** *pf* (*of* ⇒**~ва́ться**) (*coll*) to drink to excess, drink o.s. stupid.

о́пиум, а *m* opium.

о́пиум|ный *adj of* ⇒**~**

опла́|кать, чу, чешь *pf* (*of* ⇒**~кивать**) to mourn (over); to bewail, bemoan.

опла́кива|ть, ю *impf of* ⇒**опла́кать**

опла́т|а, ы *f* pay, payment; **почасова́я о.** payment by the hour; **сде́льная о.** piece work payment.

опла|ти́ть, чу́, ~́тишь *pf* to pay (for); **о. расхо́ды** to foot the bill; **о. счёт** to settle the account, pay the bill; **о. убы́тки** to pay damages.

опла́|ченный *ppp of* ⇒**~ти́ть**; **с ~ченным отве́том** reply-paid.

опла́чива|ть, ю *impf of* ⇒**оплати́ть**

опла́|чу, чешь *see* ⇒**~кать**

опла|чу́, ~́тишь *see* ⇒**~ти́ть**

оплёв|анный *ppp of* ⇒**~а́ть**; **как о.** as if in disgrace, feeling utterly humiliated.

опл|ева́ть, юю, юёшь *pf* (*of* ⇒**~ёвывать**) **1** (*coll*) to cover with spittle. **2** (*fig*) (*оскорбить*) to spit upon, humiliate.

оплёвыва|ть, ю *impf of* ⇒**оплева́ть**

опле|сти́, ту́, тёшь, *past* **~̈л, ~ла́** *pf* (*of* ⇒**~та́ть**) to twine (round); to braid.

оплета́|ть, ю *impf of* ⇒**оплести́**

оплеу́х|а, и *f* (*coll*) slap in the face.

опле́ч|ье, ья, *g pl* **~ий** *nt* (*obs*) shoulder(s) (*of garment*).

оплеши́ве|ть, ю *pf of* ⇒**плеши́веть**

оплодотворе́ни|е, я *nt* fertilization.

оплодотвори́тел|ь, я *m* (*bot*) fertilizer.

оплодотвор|и́ть, ю́, и́шь *pf* (*of* ⇒**~я́ть**) to fertilize.

оплодотвор|я́ть, я́ю *impf of* ⇒**~и́ть**

опломбир|ова́ть, у́ю *pf of* ⇒**пломбирова́ть**

опло́т, а *m* (*rhetorical*) stronghold, bulwark.

оплоша́|ть, ю *pf* (*coll*) to take a false step, blunder.

оплó́шност|ь, и *f* false step, blunder.

опло́ш|ный (~ен, ~на) *adj* (*obs*) **1** mistaken; **о. посту́пок** false step. **2** blundering.

оплыва́|ть, ю *impf of* ⇒**оплы́ть**

оплы́|ть[1], **вý, вёшь,** *past* **~л, ~лá, ~ло** *pf* (*of* ⇒**~вáть**) **1** (*о лице*) to become swollen, swell up. **2** (*о свече*) to gutter. **3** (*о береге*) to collapse (*as a result of a landslide*).

оплы́|ть[2], **вý, вёшь,** *past* **~л, ~лá, ~ло** *pf* (*of* ⇒**~вáть**) (*на судне*) to sail round; (*без судна*) to swim round; **о. óстров** to sail round an island; **о. óзеро** to sail round (the edge of) a lake.

опове|сти́ть, щý, сти́шь *pf* (*of* ⇒**~щáть**) to notify, inform.

оповещá|ть, ю *impf of* ⇒**оповести́ть**

оповещéни|е, я *nt* notification.

оповáн|ить, ю, ишь *pf of* ⇒**погáнить**

оподлé|ть, ю *pf of* ⇒**подлéть**

опó|ек, йка *m* calf (leather).

опóечный *adj* calf(skin).

опоздá|вший *pp active of* ⇒**~ть**; *as n* **о., ~вшего** *m* latecomer.

опоздáни|е, я *nt* lateness; delay; **без ~я** on time; **с ~ем на дéсять минýт** ten minutes late.

опоздá|ть, ю *pf* (*of* ⇒**опáздывать 1**) to be late; **о. на лéкцию** to be late for the lecture; **о. на полчасá** to be half an hour late; **о. с уплáтой налóгов** to be late in paying taxes.

опознавáни|е, я *nt* identification; **о. самолётов** aircraft recognition.

опознавáтельный *adj* distinguishing; **о. знак** landmark, (*naut*) beacon; (*на крыльях самолёта*) marking.

опозна|вáть, ю́, ёшь *impf of* ⇒**~́ть**

опознáни|е, я *nt* (*law*) identification.

опознá|ть, ю *pf* (*of* ⇒**~вáть**) to identify.

опозóрени|е, я *nt* (*law*) defamation.

опозóр|ить(ся), ю(сь), ишь(ся) *pf of* ⇒**позóрить(ся)**

опо|и́ть, ю́, и́шь *pf* (*of* ⇒**опáивать**) to give (s.o.) too much to drink.

опóйковый *adj* calf(skin).

опóк|а, и *f* (*tech*) flask, mould box, casting box, box form; **литьё в ~ах** flask casting.

оплáскива|ть, ю *impf of* ⇒**ополоскáть** *and* ⇒**ополоснýть**

ополз|áть, áю *impf of* ⇒**~ти́**[1,2]

óполз|ень, ня *m* landslide, landslip.

óполз|невый *adj of* ⇒**~ень**

ополз|ти́[1], **ý, ёшь,** *past* **~, ~лá** *pf* (*of* ⇒**~́áть**) (*проползти вокруг*) to crawl round.

ополз|ти́[2], **ёт,** *past* **~́, ~лá** *pf* (*of* ⇒**~áть**) (*осесть*) to slip.

ополо|скáть, щý, ~́щешь *pf* (*of* ⇒**оплáскивать**) = **~снýть**

ополосн|ýть, ý, ёшь, *pf* (*of* ⇒**оплáскивать**) to rinse.

ополоýме|ть, ю *pf* (*coll*) to go crazy.

ополч|áть(ся), áю(сь) *impf of* ⇒**~́и́ть(ся)**

ополчéн|ец, ца *m* militiaman; Home Guard.

ополчéни|е, я *nt* **1** militia; Home Guard. **2** (*collect; hist*) irregulars; levies.

ополч|и́ть, ý, и́шь *pf* (*of* ⇒**~áть**) (**на** + *a or* **прóтив** + *g*; *coll*) to arm (against); (*fig*) to enlist the support of (against).

ополч|и́ться, ýсь, и́шься *pf* (*of* ⇒**~áться**) (**на** + *a or* **прóтив** + *g*; *coll*) to take up arms (against); (*fig*) to be up in arms (against); to turn (against).

опóмн|иться, юсь, ишься *pf* (*прийти в сознание*) to come round; (*одуматься*) to come to one's senses.

опóр, а *m only in phr* **во весь о.** at full speed, at top speed, full tilt.

опóр|а, ы *f* support (*also fig*); (*моста*) pier; **тóчка ~ы** (*phys, tech*) fulcrum.

опорáжнива|ть, ю *impf of* ⇒**опорожни́ть**

опóр|ки, ков *pl* (*sg* **~ок, ~ка** *m*) down-at-heel shoes.

опóр|ный *adj of* ⇒**~а**; (*tech*) bearing, supporting; **о. кáмень** abutment stone; **о. пункт** (*mil*) strong point; **~ная свáя** bridge pile.

опорожн|и́ть, ю́, и́шь *pf* (*of* ⇒**опорáжнивать**) to empty; to drain (at a draught).

опорожня́|ть, ю *impf* = **опорáжнивать**

опорóс, а *m* farrow (*of sow*).

опороси́|ться, шься *pf of* ⇒**пороси́ться**

опорóч|ить, у, ишь *pf of* ⇒**порóчить**

опосрéдств|овать, ую *impf and pf* (*philos*) to mediate.

опóссум, а *m* (*zool*) opossum.

опосты́ле|ть, ю *pf* (*coll*; + *d*) to grow hateful (to), grow wearisome (to).

опохмел|и́ться, ю́сь, и́шься *pf* (*of* ⇒**~я́ться**) (*coll*) to take a hair of the dog that bit you.

опохмел|я́ться, я́юсь *impf of* ⇒**~и́ться**

опочивáл|ьня, ьни, *g pl* **~ен** *f* (*obs*) bedchamber.

опочивá|ть, ю *impf of* ⇒**опочи́ть**

опочи́|ть, ю, ешь *pf* (*of* ⇒**~вáть**) (*obs*) **1** (*заснуть*) to go to sleep. **2** (*fig, poetical*) (*умереть*) to pass to one's rest.

опошлé|ть, ю *pf of* ⇒**пошлéть**

опóшл|ить, ю, ишь *pf* (*of* ⇒**~я́ть**) to vulgarize, debase.

опошля́|ть, ю *impf of* ⇒**опóшлить**

опоя́|сать, шу, шешь *pf* (*of* ⇒**~сывать**) **1** to gird, engird(le). **2** (*fig*) (*окружить собой*) to girdle.

опоя́|саться, шусь, шешься *pf* (*of* ⇒**~сываться**) (+ *i*) to gird o.s. (with), gird on.

опоя́сыва|ть(ся), ю(сь) *impf of* ⇒**опоя́сать(ся)**

оппозиционéр, а *m* member of the opposition.

оппози|циóнный *adj of* ⇒**~́ция**

оппози́ци|я, и *f* opposition.

оппонéнт, а *m* opponent.

оппонéнт|ка, ки *f* (*coll*) *of* ⇒**оппонéнт**

оппони́р|овать, ую *impf* (+ *d*) to oppose.

оппортуни́зм, а *m* opportunism.

оппортуни́ст, а *m* opportunist.

оппортунисти́ческий *adj* opportunist.

оппортуни́ст|ка, ки *f of* ⇒**~**

оправ|а, ы *f* frame; (*очков*) frames.

оправдáни|е, я *nt* **1** justification. **2** (*извинение*) excuse. **3** (*law*) acquittal, discharge.

оправдáтельный *adj*: **о. пригово́р** verdict of 'not guilty'; **о. докумéнт** voucher.

оправд|áть, áю *pf* (*of* ⇒**~́ывать**) **1** (*показать себя достойным*) to justify, warrant; **о. ожидáния** to come up to expectations; **о. себя́** to justify o.s.; **о. расхóды** to authorize expenses. **2** (*извинить*) to excuse; **о. постýпок болéзнью** to excuse an action by reason of sickness. **3** (*law*) to acquit, discharge.

оправд|áться, áюсь *pf* (*of* ⇒**~́ываться 1**) **1** to justify o.s. **2** to be justified; **наши опасéния ~áлись** our fears have been confirmed.

опрáвдыва|ть, ю *impf of* ⇒**оправдáть**; **о. незнáнием** (*law*) to plead ignorance.

опрáвдыва|ться, юсь *impf* **1** *impf of* ⇒**оправдáться**. **2** to try to justify *or* vindicate o.s.

опрáв|ить, лю, ишь *pf* (*of* ⇒**~ля́ть**) **1** (*платье, причёску, постель*) to put in order, straighten. **2** (*вставить в оправу*) to set, mount.

опрáв|иться, люсь, ишься *pf* (*of* ⇒**~ля́ться**) **1** to put o.s. in order. **2** (**от** + *g*) to recover (from).

оправля́|ть(ся), ю(сь) *impf of* ⇒**опрáвить(ся)**

опрáстыва|ть(ся), ю *impf of* ⇒**опростáть(ся)**

опрáшива|ть, ю *impf of* ⇒**опроси́ть**

определéни|е, я *nt* **1** definition; (*chem, phys, etc.*) determination. **2** (*law*) decision. **3** (*gram*) attribute. **4** (*в кроссворде*) clue.

определён|ный (~ен, ~на) *adj* **1** (*точно установленный*) definite; fixed; **о. зáработок** fixed wage; **о. член** (*gram*) definite article. **2** (*некоторый*) certain; **в ~ных слýчаях** in certain cases.

определи́м|ый (~, ~а) *adj* definable.

определи́тел|ь, я *m* **1** (*то что определяет что-н.*) determining factor. **2** (*книга*) guide to identifying sth. **3** (*math*) determinant.

определ|и́ть, ю́, и́шь *pf* (*of* ⇒**~я́ть**) (*понятие*) to define; (*установить*) to determine; (*назначить*) to fix, appoint; **о. болéзнь** to diagnose a disease; **о. мéру наказáния** to fix a punishment; **о. расстоя́ние** to judge a distance.

определ|и́ться, ю́сь, и́шься *pf* (*of* ⇒**~я́ться**) **1** to be formed; to take shape; to be determined. **2** (*aeron*) to obtain a fix, find one's position.

определ|я́ть(ся), я́ю(сь) *impf of* ⇒**~и́ть(ся)**

опреснéни|е, я *nt* desalination.

опресн|ённый *ppp of* ⇒**~и́ть**; **~ённая водá** distilled water.

опресни́тел|ь, я *m* (water-)distiller.

опресн|и́ть, ю́, и́шь *pf* (*of* ⇒**~я́ть**) to desalinate.

опресн|я́ть, я́ю *impf of* ⇒**~и́ть**

опри́чник, а *m* (*hist*) oprichnik (*a member of the oprichnina*).

опри́чнин|а, ы *f* (*hist*) oprichnina (*a period of terror (1565–72) introduced in Russia by Ivan IV; also, the special administrative elite established by him, and the territory assigned to this élite*).

опри́чь *prep + g* (*obs*) except, save.

опро́б|овать, ую *pf* to test.

опроверг|а́ть, а́ю *impf of* ⇒**~́нуть**

опрове́рг|нуть, ну, нешь, *past* **~** *and* **~нул, ~ла** *pf* (*of* ⇒**~а́ть**) to refute, disprove.

опроверже́ни|е, я *nt* refutation; disproof; denial.

опрокидн|о́й *adj*: **грузови́к с ~ы́м я́щиком** tip-up lorry (*Br*), dump truck (*US*).

опроки́дыва|ть(ся), ю(сь) *impf of* ⇒**опроки́нуть(ся)**

опроки́|нуть, ну, нешь *pf* (*of* ⇒**~дывать**) **1** (*чашку*) to knock over; (*лодку*) to overturn. **2** (*mil*) to overthrow. **3** (*fig*) (*планы*) to upset; (*взгляды*) to refute.

опроки́|нуться, нусь, нешься *pf* (*of* ⇒**~дываться**) (*о стакане*) to fall over, topple over; (*о лодке*) to capsize.

опроме́тчив|ый (~, ~а) *adj* precipitate, hasty, rash.

о́прометью *adv* headlong.

опро́с, а *m* (*свидетелей*) questioning; **о. обще́ственного мне́ния** opinion poll.

опро|си́ть, шу́, ~́сишь *pf* (*of* ⇒**опра́шивать**) (*свидетелей*) to question; (*общественное мнение*) to canvass, survey.

опро́с|ный *adj of* ⇒**~**; **о. лист** questionnaire.

опроста́|ть, ю *pf* (*of* ⇒**опра́стывать**) (*coll*) to empty.

опроста́|ться, ется *pf* (*of* ⇒**опра́стываться**) (*coll*) to become empty.

опро|сти́ться, щу́сь, сти́шься *pf* (*of* ⇒**~ща́ться**) to adopt the 'simple life'.

опростоволо́|ситься, шусь, сишься *pf* (*coll*) to make a gaffe, blunder.

опротест|ова́ть, у́ю *pf* (*of* ⇒**~о́вывать**) **1**: **о. ве́ксель** (*fin*) to protest a bill. **2** (*law*) to appeal (against).

опротесто́выва|ть, ю *impf of* ⇒**опротестова́ть**

опроти́ве|ть, ю *pf* to become loathsome, become repulsive.

опроща́|ться, юсь *impf of* ⇒**опрости́ться**

опроще́ни|е, я *nt* adoption of the 'simple life'.

опры́ск|ать, *pf* (*of* ⇒**~ивать**) (+ *i*) to sprinkle (with); to spray (with).

опры́ск|аться, аюсь, *pf* (*of* ⇒**~иваться**) (+ *i*) to sprinkle o.s. (with); to spray o.s. (with).

опры́скивател|ь, я *m* (*садовый*) sprinkler; (*для опрыскивания краской, химикатами*) sprayer.

опры́скива|ть(ся), ю(сь) *impf of* ⇒**опры́скать(ся)**

опрыща́ве|ть, ю *pf of* ⇒**прыща́веть**

опря́тност|ь, и *f* neatness, tidiness.

опря́т|ный (~ен, ~на) *adj* neat, tidy.

опт, а *m* wholesale trade.

оптати́вный *adj* (*gram*) optative.

о́птик, а *m* specialist in optics; maker of optical instruments.

о́птик|а, и *f* **1** (*раздел физики*) optics. **2** (*collect*) optical instruments.

оптима́л|ьный (~ен, ~на) *adj* optimum, optimal.

оптими́зм, а *m* optimism.

оптими́ст, а *m* optimist.

оптимисти́ческий *adj* optimistic.

оптимисти́ч|ный (~ен, ~на) *adj* optimistic.

о́птимум, а *m* (*biol, etc.*) optimum.

опти́ческ|ий *adj* optic, optical; **~ое волокно́** optical fibre (*Br*), fiber (*US*); **о. обма́н** optical illusion.

оптови́к, а́ *m* wholesaler.

опто́вый *adj* wholesale.

о́птом *adv* wholesale; **о. и в ро́зницу** wholesale and retail.

опубликова́ни|е, я *nt* publication; **о. зако́на** promulgation of a law.

опублик|ова́ть, у́ю *pf* (*of* ⇒**публикова́ть** *and* ⇒**~о́вывать**) to publish; **о. зако́н** to promulgate a law.

опублико́выва|ть, ю *impf of* ⇒**опубликова́ть**

о́пус, а *m* (*mus*) opus.

опуска́|ть(ся), ю(сь) *impf of* ⇒**опусти́ть(ся)**

опускн|о́й *adj* movable; **~а́я дверь** trapdoor.

опусте́лый *adj* deserted.

опусте́|ть, ет *pf of* ⇒**пусте́ть**

опу|сти́ть, щу́, ~́стишь *pf* (*of* ⇒**~ска́ть**) **1** (*шторы*) to lower; to let down; **о. глаза́** to look down; **о. го́лову** (*fig*) to hang one's head; **о. ру́ки** (*fig*) to lose heart. **2** (*воротник*) to turn down. **3** (*пропустить*) to omit.

опу|сти́ться, щу́сь, ~́стишься *pf* (*of* ⇒**~ска́ться**) **1** to lower o.s.; **о. в кре́сло** to sink into a chair; **о. на коле́ни** to go down on one's knees; **у него́ ру́ки ~сти́лись** (*fig*) he has lost heart. **2** (*о солнце*) to sink, go down. **3** (*fig*) (*внешне, морально*) to let o.s. go; to go to pieces.

опустош|а́ть, а́ю *impf of* ⇒**~и́ть**

опустоше́ни|е, я *nt* devastation, ruin.

опустоши́тел|ьный (~ен, ~ьна) *adj* devastating.

опустош|и́ть, у́, и́шь *pf* (*of* ⇒**~а́ть**) to devastate, lay waste, ravage.

опу́т|ать, аю *pf* (*of* ⇒**~ывать**) to enmesh, entangle (*also fig*); (*fig*) to ensnare.

опу́тыва|ть, ю *impf of* ⇒**опу́тать**

опух|а́ть, а́ю *impf of* ⇒**~́нуть**

опу́хлый *adj* (*coll*) swollen.

опу́х|нуть, ну, нешь, *past* **~, ~ла** *pf* (*of* ⇒**~а́ть**) to swell (up).

о́пухол|ь, и *f* swelling; (*med*) tumour (*Br*), tumor (*US*); **~ мо́зга** brain tumour.

опуш|а́ть, а́ю *impf of* ⇒**~и́ть**

опуш|и́ть, у́, и́шь *pf* (*of* ⇒**~а́ть**) **1 (ме́хом)** to edge, trim (with fur). **2** (*о снеге, инее*) to powder; to cover; **бо́роду у него́ ~и́ло сне́гом** his beard was powdered with snow.

опу́шк|а[1], и *f* (*на одежде*) edging, trimming.

опу́шк|а[2], и *f* (*леса*) edge.

опуще́ни|е, я *nt* **1** lowering; letting down; **о. ма́тки** (*med*) prolapse of the uterus. **2** (*пропуск*) omission.

опу́|щенный *ppp of* ⇒**~сти́ть**; **как в во́ду о.** (*fig*) crestfallen, downcast.

опыле́ни|е, я *nt* (*bot*) pollination; **перекрёстное о.** cross-pollination.

опы́ливател|ь, я *m* (*agric*) insecticide dust sprayer.

опы́лива|ть, ю *impf of* ⇒**опыли́ть 2**

опыли́тел|ь, я *m* **1** (*bot*) pollinator. **2** (*agric*) = **опы́ливатель**

опыл|и́ть, ю, и́шь *pf* **1** (*impf* **~я́ть**) (*bot*) to pollinate. **2** (*impf* **~ивать**) (*agric*) to spray (with insecticide dust).

опыл|и́ться, и́тся *pf* (*of* ⇒**~я́ться**) (*bot*) to be pollinated.

опыл|я́ть, я́ю *impf of* ⇒**~и́ть 1**

опыл|я́ться, я́ется *impf of* ⇒**~и́ться**

о́пыт, а *m* **1** experience; **на ~е, по ~у** by experience. **2** (*эксперимент*) experiment; test, trial; (*попытка*) attempt.

о́пытник, а *m* experimenter.

о́пытност|ь, и *f* experience.

о́пыт|ный *adj* **1 (~ен, ~на)** (*человек*) experienced. **2** (*экспериментальный*) experimental; **узна́ть ~ным путём** to learn by means of experiment; **~ная ста́нция** experimental station.

опьяне́лый *adj* intoxicated.

опьяне́ни|е, я *nt* intoxication.

опьяне́|ть, ю *pf of* ⇒**пьяне́ть**

опьян|и́ть, ю́, и́шь *pf* (*of* ⇒**пьяни́ть** *and* ⇒**~я́ть**) to intoxicate, make drunk; **успе́х ~и́л его́** success has gone to his head.

опьян|я́ть, я́ю *impf of* ⇒**~и́ть**

опьяня́|ющий *pres participle active of* ⇒**~ть** *and adj* intoxicating.

опя́ть *adv* again.

опя́ть-таки *adv* (*coll*) **1** (*к тому же*) (and) what is more; **он холостя́к, о.-т. бога́тый челове́к** he is a bachelor, and what is more he is a rich man. **2** (*опять*) but again; however; **я постуча́л ещё раз, о.-т. ничего́ не послы́шалось** I knocked again, but again there was nothing to be heard.

ор, а *m* (*coll*) uproar.

ора́в|а, ы *f* (*coll*) crowd, horde.

ора́кул, а *m* oracle.

ора́л|о, а *nt* (*obs and dialect*) plough (*Br*), plow (*US*).

ора́льный *adj* oral.

орангута́н(г), а *m* orang-utan.

ора́нжевый *adj* orange (*colour*).

оранжере́|йный *adj of* ⇒**~я**; **~йное расте́ние** hothouse plant (*also fig*).

оранжере́|я, и *f* hothouse, greenhouse, conservatory.

О

ора́тор, а *m* orator, (public) speaker.

орато́ри|я, и *f* (*mus*) oratorio.

ора́тор|ский *adj of* ⇒~; **~ское иску́сство** oratory.

ора́торств|овать, ую *impf* to orate, speechify.

ор|а́ть, у́, ёшь *impf* (*coll*) to bawl, yell.

орби́т|а, ы *f* **1** (*astron and fig*) orbit; **вы́вести на ~у** to put into orbit; **о. влия́ния** sphere of influence. **2** (*anat*) eye socket; **глаза́ у него́ вы́шли из ~** (*fig*) his eyes leaped from their sockets.

орг... *comb form, abbr of* **организацио́нный**

...орг *comb form, abbr of* **организа́тор**

орга́зм, а *m* (*physiol*) orgasm, climax.

о́рган, а *m* (*biol, pol, etc.*) organ; **исполни́тельный о.** agency; **~ы вла́сти** organs of government; **половы́е ~ы** genitals.

орга́н, а *m* (*mus*) organ.

органа́йзер, а *m* personal organizer.

организа́тор, а *m* organizer.

организа́торский *adj* organizational.

организа|цио́нный *adj of* ⇒**~́ция**

организа́ци|я, и *f* organization; **О. Объединённых На́ций** United Nations Organization.

органи́зм, а *m* organism.

организо́ванност|ь, и *f* (good) organization; orderliness.

организо́ван|ный (~, ~а) *ppp of* ⇒**организова́ть** *and adj* (**~, ~на**) organized; **~ая престу́пность** organized crime.

организ|ова́ть, у́ю *impf and pf* (*pf also* **с~**) to organize.

организ|ова́ться, у́юсь *impf and pf* **1** to be organized. **2** (*в анса́мбль, звено*) to organize o.s.

органи́ст, а *m* organist.

органи́ческ|ий *adj* organic; **~ая хи́мия** organic chemistry.

органи́ч|ный (~ен, ~на) *adj* organic.

орга́н|ный *adj of* ⇒~; **о. конце́рт** concerto for organ.

о́рги|я, и *f* orgy.

оргте́хник|а, и *f* (*abbr of* **организацио́нная те́хника**) office equipment.

орд|а́, ы́, *pl* **~́ы, ~, ~́ам** *f* (*hist and fig*) horde; **Золота́я О.** the Golden Horde.

о́рден[1], а, *pl* **~а́, ~о́в** *m* (*знак отличия*) order; decoration; **о. Подвя́зки** Order of the Garter.

о́рден[2], а, *pl* **~ы, ~ов** *m* **1** (*организация*) order; **иезуи́тский о.** Society of Jesus; **масо́нский о.** Masonic Order. **2** = **о́рдер[2]**

орденоно́с|ец, ца *m* holder of an order *or* decoration.

орденоно́сный *adj* decorated with an order.

о́рден|ский *adj of* ⇒~; **~ская ле́нта** ribbon.

о́рдер[1], а, *pl* **~а́, ~о́в** *m* order, warrant; (*law*) writ; **о. на о́быск** search warrant; **о. на поку́пку** coupon; **о. на кварти́ру** authorization to an apartment.

о́рдер[2], а, *pl* **~ы, ~ов** *m* (*archit*) order; **кори́нфский о.** Corinthian order.

ордина́р|ец, ца *m* (*mil*) orderly; batman.

ордина́р|ный (~ен, ~на) *adj* ordinary.

ордина́т|а, ы *f* (*math*) ordinate.

ордина́тор, а *m* (*med*) registrar (*Br*), resident (*US*).

ординату́р|а, ы *f* (*med*) registrarship (*Br*), residency (*US*).

ордови́кский *adj* (*geol*) Ordovician; **о. пери́од** the Ordovician (period).

ор|ёл, ла́ *m* eagle; **о. или ре́шка?** heads or tails?

орео́л, а *m* halo, aureole.

оре́х, а *m* **1** (*плод*) nut; **австрали́йский о.** macadamia; **америка́нский о.** Brazil nut; **гре́цкий о.** walnut; **кита́йский о.** peanut; **коко́совый о.** coconut; **лесно́й о.** hazelnut; **муска́тный о.** nutmeg; **бу́дет тебе́ на ~и!; ему́ доста́лось/попа́ло на ~и!** (*fig*) you'll catch it!; he's caught it!; **разде́лать/отде́лать кого́-н. под о.** (*coll*) to give it s.o. hot. **2** (*дерево*) nut tree. **3** (*древесина*) walnut; **шкаф из ~а** walnut cupboard.

оре́ховк|а, и *f* (*zool*) nutcracker.

оре́х|овый *adj of* ⇒~; **~овое де́рево** nut tree; (*древесина*) walnut; **о. шокола́д** nut chocolate.

оре́ш|ек, ка *m diminutive of* ⇒**оре́х**; **черни́льный о.** nut-gall.

оре́шник, а *m* **1** (*кустарник*) (hazel) nut tree. **2** (*заросль*) hazel grove.

оригина́л, а *m* **1** original. **2** (*coll*) (*человек*) eccentric.

оригина́льнича|ть, ю *impf* (*of* ⇒**с~**) (*coll*) to put on an act, try to be clever.

оригина́льност|ь, и *f* originality.

оригина́л|ьный (~ен, ~ьна) *adj* original.

ориента́ци|я, и *f* **1** (**на** + *a*) orientation (towards). **2** (*fig*) (**в** + *p*) understanding (of), grasp (of); **у него́ хоро́шая о. в южноамерика́нских дела́х** he has a firm grasp of South American affairs.

ориенти́р, а *m* (*mil*) reference point; guiding line; **(есте́ственный) о.** landmark.

ориенти́рова|нный *ppp of* ⇒**~ть** *and adj* knowledgeable.

ориенти́р|овать, ую *impf and pf* (*pf also* ⇒**с~**) **1** to orient, orientate; (**в** + *p*) to enlighten (concerning); **он не ~овал меня́ в экономи́ческом положе́нии** he did not put me in the picture about the economic position. **2** (**на** + *a*) to direct (toward).

ориенти́р|оваться, уюсь *impf and pf* (*pf also* ⇒**с~**) **1** to orient o.s.; to find one's bearings (*also fig*); **я пло́хо ~уюсь** I have a poor sense of direction; **она́ ско́ро ~овалась в но́вой обстано́вке** (*fig*) she soon found her feet in her new surroundings. **2** (**на** + *a*) to head (for), make (for); (*fig*) to direct one's attention (to, toward); **о. на рабо́чих слу́шателей** to cater for a working-class audience.

ориентиро́вк|а, и *f* = **ориента́ция**

ориентиро́вочно *adv* tentatively; approximately; **гру́бо о.** as a rough guide.

ориентиро́воч|ный *adj* **1** position-finding. **2** (**~ен, ~на**) (*приблизительный*) tentative; rough, approximate.

орке́стр, а *m* **1** orchestra; (*духовой, джазовый*) band. **2** (*место перед сценой*) orchestra pit.

оркестра́нт, а *m* member of an orchestra *or* band.

оркестр|ова́ть, у́ю *impf and pf* to orchestrate.

оркестро́вк|а, и *f* orchestration.

оркестро́вый *adj* **1** *adj of* ⇒**орке́стр**. **2** orchestral.

Оркне́йск|ие остров|а́, ~их ~о́в (*no sg*) the Orkney Islands; the Orkneys.

орла́н, а *m* sea eagle.

орл|ёнок, ёнка, *pl* **~я́та, ~я́т** *m* eaglet.

орли́ный *adj of* ⇒**орёл**; aquiline; **о. взгляд** eagle eye; **о. нос** aquiline nose.

орли́ц|а, ы *f* female eagle.

орна́мент, а *m* ornament.

орнамента́л|ьный (~ен, ~ьна) *adj* ornamental.

орнамента́ци|я, и *f* ornamentation.

орнаменти́р|овать, ую *impf and pf* to ornament.

орнито́лог, а *m* ornithologist; **о.-люби́тель** birdwatcher.

орнитологи́ческий *adj* ornithological.

орнитоло́ги|я, и *f* ornithology.

оробе́лый *adj* timid; frightened.

оробе́|ть, ю *pf of* ⇒**робе́ть**

ороси́тельный *adj* irrigation; irrigating; **о. кана́л** irrigation canal.

оро|си́ть, шу́, си́шь *pf* (*of* ⇒**~ша́ть**) to irrigate; (*о дожде, росе*) to water; **о. слеза́ми** to wash with tears.

оро|ша́ть, ша́ю *impf of* ⇒**~си́ть**

ороше́ни|е, я *nt* irrigation; **поля́ ~я** sewage farm (*Br*), sewage plant (*US*)

ортодо́кс, а *m* conformist.

ортодокса́льност|ь, и *f* orthodoxy.

ортодокса́л|ьный (~ен, ~ьна) *adj* orthodox.

ортодо́кси|я, и *f* orthodoxy.

ортопе́д, а *m* orthopaedist (*Br*), orthopedist (*US*).

ортопеди́ческий *adj* orthopaedic (*Br*), orthopedic (*US*).

ортопе́ди|я, и *f* orthopaedics (*Br*), orthopedics (*US*).

ору́ди|е, я *nt* **1** instrument; implement; tool (*also fig*); **сельскохозя́йственные ~я** agricultural implements. **2** (*артиллерийское*) gun; **зени́тное о.** anti-aircraft gun.

оруд|и́йный *adj of* ⇒**~́ие 2**; **о. ого́нь** gunfire; **о. око́п** gun-entrenchment; **о. расчёт** gun crew.

ору́д|овать, ую *impf* (*coll*; + *i*) **1** to handle. **2** (*fig, pej*) to be active; **он там всем ~ует** he bosses the whole show.

оруже́йник, а *m* gunsmith, armourer (*Br*), armorer (*US*).

оруж|е́йный *adj of* ⇒**~́ие**; **~е́йная пала́та** armoury (*Br*), armory (*US*); **о. ма́стер** armourer (*Br*), armorer (*US*).

О

оруженóс|ец, ца *m* armour-bearer, sword-bearer; (*fig*) henchman.

ору́жи|е, я *nt* weapon; (*collect*) arms, weapons; **огнестре́льное о.** firearm(s); **стрелкóвое о.** small arms; **холóдное о.** cold steel; **к ~ю!** to arms!; **бра́ться за о.** to take up arms; **подня́ть о.** (**на** + *a*) to take up arms (against); **положи́ть о., сложи́ть о.** to lay down one's arms; **бить когó-н. егó же ~ем** (*fig*) to beat s.o. at his own game.

орфографи́ческ|ий *adj* orthographic(al); **о. корре́ктор** (*comput*) spellchecker; **~ая оши́бка** spelling mistake.

орфогра́фи|я, и *f* orthography, spelling.

орфоэпи́ческий *adj*: **о. слова́рь** pronouncing dictionary.

орфоэ́пи|я, и *f* orthoepy; (rules of) correct pronunciation.

орхиде́|я, и *f* (*bot*) orchid.

ори́син|а, ы *f* (*coll*) rod, pole.

ос|а́, ы́, *pl* **~ы** *f* wasp.

оса́д|а, ы *f* siege; **снять ~у** to raise a siege.

оса|ди́ть[1], жу́, ди́шь *pf* (*of* ⇒**~жда́ть**) to besiege, lay siege to; to beleaguer; **о. про́сьбами** to bombard with requests.

оса|ди́ть[2], жу́, ~дишь *pf* (*of* ⇒**~жда́ть**) (*chem*) to precipitate.

оса|ди́ть[3], жу́, ~дишь *pf* (*of* ⇒**~живать**) **1** to check, halt; to force back; **о. ло́шадь** to rein in a horse. **2** (*fig*): **о. когó-н.** to put s.o. in his place, take s.o. down a peg.

оса́дк|а, и *f* **1** (*о почве, стене*) set, settling. **2** (*naut*) draught; **су́дно с небольшо́й ~ой** vessel of shallow draught.

оса́д|ный *adj of* ⇒**~а**; **~ная война́** siege warfare; **~ное положе́ние** state of siege.

оса́д|ок, ка *m* **1** (*in pl*) (*атмосферные*) precipitation. **2** (*частицы*) sediment, deposition. **3** (*fig*) aftertaste; **у меня́ от э́того разгово́ра был непри́ятный о.** the conversation left an unpleasant taste in my mouth.

оса́д|очный *adj of* ⇒**~ок**; **~очные поро́ды** (*geol*) sedimentary rocks.

осажда́|ть, ю *impf of* ⇒**осади́ть[1,2]**

осажда́|ться, ется *impf* **1** (*об атмосферных осадках*) to fall. **2** (*chem*) to be precipitated; to fall out.

осаждённый *ppp of* ⇒**осади́ть[1,2]**

оса́женный *ppp of* ⇒**осади́ть[3]**

оса́жива|ть, ю *impf of* ⇒**осади́ть[3]**

оса́нист|ый (~, ~а) *adj* portly.

оса́нк|а, и *f* carriage, bearing.

оса́нн|а, ы *f* hosanna; **восклица́ть, петь ~у кому́-н.** (*fig*) to sing s.o.'s praises.

осатанева́|ть, ю *impf of* ⇒**осатане́ть**

осатане́лый *adj* (*coll*) possessed; furious.

осатане́|ть, ю, ешь *pf* (*of* ⇒**~ва́ть**) (*coll*) **1** (*прийти в бешеное состояние*) to get mad, go into a frenzy. **2** (+ *d*) (*сильно надоесть*) to drive mad.

ОСВ *nt indecl* (*abbr of* **ограниче́ние стратеги́ческих вооруже́ний**): **перегово́ры по ОСВ** SALT (*Strategic Arms Limitation Treaty*) talks.

осва́ива|ть(ся), ю(сь) *impf of* ⇒**осво́ить(ся)**

осведоми́тел|ь, я *m* informant, informer.

осведоми́тель|ница, ницы *f of* ⇒**~**

осведоми́тельн|ый *adj* informative; (*conveying*) information; **~ая рабо́та** information work, publicity work.

осве́дом|ить, лю, ишь *pf* (*of* ⇒**~ля́ть**) to inform.

осве́дом|иться, люсь, ишься *pf* (*of* ⇒**~ля́ться**) (**о** + *p*) to inquire (about).

осведомле́ни|е, я *nt* informing, notification.

осведомлённост|ь, и *f* knowledge, (possession of) information; **у негó хоро́шая о. в исла́ндских са́гах** he is very knowledgeable about the Icelandic sagas.

осведомлённый *ppp of* ⇒**осве́домить** *and* (**в** + *p*) well-informed (about), knowledgeable (about).

осведом|ля́ть(ся), ля́ю(сь) *impf of* ⇒**осве́домить(ся)**

освеж|а́ть, а́ю *impf of* ⇒**~и́ть**

освеж|ева́ть, у́ю *pf of* ⇒**свежева́ть**

освежи́тел|ьный (~ен, ~ьна) *adj* refreshing.

освеж|и́ть, у́, и́шь *pf* (*of* ⇒**~а́ть**) **1** to refresh; to freshen; **о. ко́мнату** to give a room an airing. **2** (*fig*) to refresh, revive; **о. свои́ зна́ния** to refresh one's knowledge.

Осве́нцим, а *m* Auschwitz.

освети́тел|ь, я *m* lighting technician.

освети́тельн|ый *adj* lighting, illuminating; **~ая раке́та** (*mil, etc.*) flare (*as used in flare guns*); **о. прибо́р** light.

осве|ти́ть, щу́, ти́шь *pf* (*of* ⇒**~ща́ть**) to light up; to illuminate; (*fig*) to throw light on; (*в прессе*) to cover, report.

осве|ти́ться, щу́сь, ти́шься *pf* (*of* ⇒**~ща́ться**) to light up; to brighten; **её лицо́ ~ти́лось улы́бкой** (*fig*) a smile lit up her face.

освеща́|ть(ся), ю(сь) *impf of* ⇒**освети́ть(ся)**

освеще́ни|е, я *nt* light, lighting, illumination; (*в прессе*) coverage; **иску́сственное о.** artificial light(ing); **электри́ческое о.** electric light.

освещённост|ь, и *f* (*degree of, area of*) illumination.

осве|щённый *ppp of* ⇒**~ти́ть**; **о. звёздами** starlit; **о. луно́й** moonlit; **о. свеча́ми** candlelit.

освиде́тельств|овать, ую *pf of* ⇒**свиде́тельствовать 4**

осви|ста́ть, щу́, ~щешь *pf* (*of* ⇒**~стывать**) to hiss (off), catcall; **о. актёра** to hiss an actor off the stage.

осви́стыва|ть, ю *impf of* ⇒**освиста́ть**

освободи́тел|ь, я *m* liberator.

освободи́тель|ница, ницы *f of* ⇒**~**

освободи́тельн|ый *adj* liberation, emancipation; **~ая война́** war of liberation.

освобо|ди́ть, жу́, ди́шь *pf* (*of* ⇒**~жда́ть**) **1** (*город, страну, человека*) to free, liberate; (*заключённого; животное*) to release, set free; **о. аресто́ванного** to discharge a prisoner; **о. от вое́нной слу́жбы** to exempt from military service. **2** (*от должности*) to dismiss. **3** (*квартиру*) to vacate; (*место; полку от книг*) to clear, empty.

освобо|ди́ться, жу́сь, ди́шься *pf* (*of* ⇒**~жда́ться**) **1** (**от** + *g*) to free o.s. (of, from); to become free. **2** *passive of* ⇒**~ди́ть**

освобожда́|ть(ся), ю(сь) *impf of* ⇒**освободи́ть(ся)**

освобожде́ни|е, я *nt* **1** (*города*) liberation; (*заключённого*) release. **2** (*от должности*) dismissal. **3** (*квартиры*) vacation; (*полки*) clearing.

освобо|ждённый *ppp of* ⇒**~ди́ть**; **о. от нало́га** tax-free, exempt from tax.

освое́ни|е, я *nt* assimilation, mastery, familiarization; **о. но́вой те́хники** learning to handle new machinery; **о. кра́йнего се́вера** the opening up of the Far North.

осво́|ить, ю, ишь *pf* (*of* ⇒**осва́ивать**) **1** to assimilate, master; to cope (with); to become familiar (with). **2** (*bot*) to acclimatize.

осво́|иться, юсь, ишься *pf* (*of* ⇒**осва́иваться**) **1** (**с** + *i*) to familiarize o.s. (with). **2** to feel at home; **о. в но́вой среде́** to get the feel of new surroundings.

освя|ти́ть, щу́, ти́шь *pf* **1** (*impf* **святи́ть**) (*eccl*) to consecrate; to bless, sanctify. **2** (*impf* **~ща́ть**) (*fig*) to sanctify, hallow.

освяща́|ть, ю *impf of* ⇒**освяти́ть**

освя|щённый *ppp of* ⇒**~ти́ть**; **обы́чай, о. века́ми** time-honoured custom.

ос|ево́й *adj of* ⇒**~ь**; axial.

оседа́ни|е, я *nt* **1** (*здания*) settling, subsidence; (*снега*) settling. **2** (*людей*) settlement.

оседа́|ть, ю *impf of* ⇒**осе́сть**

осёдл|анный *ppp of* ⇒**~а́ть**

оседла́|ть, ю *pf* **1** (*impf* **седла́ть**) to saddle. **2** (*mil; fig*) gain control of.

осе́длост|ь, и *f* settled (way of) life; **черта́ ~и** (*hist*) the Pale of Settlement (*area to which Jews were confined in tsarist Russia*).

осе́длый *adj* settled (*opp nomadic*).

осека́|ться, юсь *impf of* ⇒**осе́чься**

ос|ёл, ла́ *m* donkey; ass (*also fig*).

осел|о́к, ка́ *m* **1** (*для испытания*) touchstone (*also fig*). **2** (*точильный*) whetstone.

осемене́ни|е, я *nt* insemination.

осемен|и́ть, ю́, и́шь *pf* (*of* ⇒**~я́ть**) to inseminate.

осемен|я́ть, я́ю *impf of* ⇒**~и́ть**

осен|и́ть, ю́, и́шь *pf* (*of* ⇒**~я́ть**) **1** (*покрыть тенью*) to overshadow; (*fig*) to shield; **о. кресто́м** to make the

sign of the cross (over). **2** (*fig*) to dawn upon, strike; **его́ ~и́ла мысль** it dawned upon him; (*impers*): **меня́ внеза́пно ~и́ло** it suddenly occurred to me.
осен|и́ться, ю́сь, и́шься *pf* (*of* ⇒**~я́ться**) (*obs*) *passive of* ⇒**~и́ть**; **о. кресто́м** to cross o.s.
осе́нний *adj of* ⇒**о́сень**; autumnal.
о́сен|ь, и *f* autumn.
о́сенью *adv* in autumn.
осен|я́ть(ся), я́ю(сь) *impf of* ⇒**~и́ть(ся)**
осер|ди́ться, жу́сь, ~̂дишься *pf* (**на** + *a*; *obs, coll*) to become angry (with).
осерча́|ть, ю *pf of* ⇒**серча́ть**
ос|е́сть, я́ду, я́дешь, *past* **~е́л, ~е́ла** *pf* (*of* ⇒**~еда́ть**) **1** (*о здании*) to subside; (*о пыли, осадке*) to settle. **2** (*о людях*) to settle.
осети́н, а, *g pl* **о.** *m* Ossetian, Ossete.
осети́н|ка, ки *f of* ⇒**~**
осети́нский *adj* Ossetian.
осётр, а́ *m* sturgeon.
осетри́н|а, ы *f* (flesh of) sturgeon.
осетро́вый *adj of* ⇒**осётр**
осе́чк|а, и *f* misfire; **дать ~у** to misfire (*also fig*).
осе́|чься, ку́сь, чёшься, ку́тся, *past* **~кся, ~кла́сь** *pf* (*of* ⇒**~ка́ться**) (*coll*) **1** to misfire (*also fig*). **2** (*оборвать речь*) to stop short.
оси́лива|ть, ю *impf of* ⇒**оси́лить**
оси́л|ить, ю, ишь *pf* (*of* ⇒**~ивать**) **1** (*соперника*) to overpower. **2** (*coll*) to master; to manage; **о. гре́ческий алфави́т** to master the Greek alphabet; **я е́ле ~ил ещё оди́н стака́н** I was hardly able to manage another glass.
оси́н|а, ы *f* aspen.
оси́нник, а *m* aspen wood.
оси́н|овый *adj of* ⇒**~а**; **дрожа́ть как о. лист** to tremble like an aspen leaf.
ос|и́ный *adj of* ⇒**~а́**; **~и́ное гнездо́** (*fig*) hornets' nest; **потрево́жить ~и́ное гнездо́** to stir up a hornets' nest; **~и́ная та́лия** wasp waist.
оси́плый *adj* hoarse, husky.
оси́п|нуть, ну, нешь, *past* **~, ~ла** *pf* to go hoarse.
осироте́лый *adj* orphaned.
осироте́|ть, ю *pf* to become an orphan, be orphaned.
оска́л, а *m* bared teeth; grin.
оска́лива|ть(ся), ю(сь) *impf of* ⇒**оска́лить(ся)**
оска́л|ить, ю, ишь *pf* (*of* ⇒**ска́лить** *and* ⇒**~ивать**): **о. зу́бы** to bare one's teeth.
оска́л|иться, юсь, ишься *pf* (*of* ⇒**ска́литься** *and* ⇒**~иваться**) to bare one's teeth.
оскальпи́р|овать, ую *pf of* ⇒**скальпи́ровать**
оскanда́л|ить(ся), ю(сь), ишь(ся) *pf of* ⇒**сканда́лить(ся)**
О́скар, а *m* (*приз*) Oscar.
осквернéни|е, я *nt* defilement; profanation.
осквер|ни́ть, ю́, и́шь *pf* (*of* ⇒**~я́ть**) to defile; to profane.
осквер|ни́ться, ю́сь, и́шься *pf* (*of* ⇒**~я́ться**) **1** to defile o.s. **2** *passive of* ⇒**~и́ть**
осквер|ня́ть(ся), я́ю(сь) *impf of* ⇒**~и́ть(ся)**
осклá|биться, люсь, ишься *pf* to grin.
оско́л|ок, ка *m* splinter; fragment.
оско́ло|чный *adj of* ⇒**~к**; **~чная бо́мба** fragmentation bomb, anti-personnel bomb.
оско́мин|а, ы *f* bitter taste (in the mouth); **наби́ть ~у** to set the teeth on edge (*also fig*).
оскоп|и́ть, лю́, и́шь *pf* (*of* ⇒**~ля́ть**) to castrate.
оскопля́|ть, ю *impf of* ⇒**оскопи́ть**
оскорби́тельност|ь, и *f* abusiveness.
оскорби́тел|ьный (~ен, ~ьна) *adj* insulting, abusive.
оскорб|и́ть, лю́, и́шь *pf* (*of* ⇒**~ля́ть**) to insult, offend.
оскорб|и́ться, лю́сь, и́шься *pf* (*of* ⇒**~ля́ться**) to take offence; to be offended, be hurt.
оскорблéни|е, я *nt* insult; **о. дéйствием** (*law*) assault and battery; **переноси́ть ~я** to bear insults.
оскорб|лённый *ppp of* ⇒**~и́ть**; **~лённая неви́нность** outraged innocence.
оскорбля́|ть(ся), ю(сь) *impf of* ⇒**оскорби́ть(ся)**
оскудева́|ть, ю *impf of* ⇒**оскуде́ть**
оскуде́лый *adj* scarce, scanty.
оскуде́ни|е, я *nt* scarcity; impoverishment.
оскуде́|ть, ю *pf* (*of* ⇒**скуде́ть** *and* ⇒**~ва́ть**) (*о вещах*) to grow scarce; (*о стране*) to become impoverished.
ослабева́|ть, ю *impf of* ⇒**ослабе́ть**
ослабе́лый *adj* weakened, enfeebled.
ослабе́|ть, ю *pf* (*of* ⇒**слабе́ть** *and* ⇒**~ва́ть**) (*о человеке, стране, решительности*) to weaken, become weak; (*о внимании, напряжении*) to slacken; (*о шуме, ветре*) to abate.
ослá|бить, лю, ишь *pf* (*of* ⇒**~ля́ть**) **1** to weaken. **2** (*сделать менее натянутым*) to slacken, relax; to loosen; **о. внима́ние** to relax one's attention; **о. нажи́м** to slacken pressure; **о. по́яс** to loosen a belt.
ослаблéни|е, я *nt* weakening; slackening, relaxation; **о. напряже́ния** slackening of tension.
ослабля́|ть, ю *impf of* ⇒**ослá бить**
ослáб|нуть, ну, нешь, *past* **~, ~ла** *pf* = **~е́ть**
ослá|вить, лю, ишь *pf* (*of* ⇒**~ля́ть**) (*coll*) to defame, decry; to give a bad name.
ослá|виться, люсь, ишься *pf* (*of* ⇒**~ля́ться**) (*coll*) to get a bad name.
ославля́|ть(ся), ю(сь) *impf of* ⇒**ослá вить(ся)**
осл|ёнок, ёнка, *pl* **~я́та, ~я́т** *m* foal (*of ass*).
ослепи́тел|ьный (~ен, ~ьна) *adj* blinding, dazzling.
ослеп|и́ть, лю́, и́шь *pf* (*of* ⇒**~ля́ть**) to blind, dazzle (*also fig*).
ослеплéни|е, я *nt* **1** blinding, dazzling. **2** (*fig*) blindness; **дéйствовать в ~и** to act blindly.
ослепля́|ть, ю *impf of* ⇒**ослепи́ть**
ослéп|нуть, ну, нешь, *past* **~, ~ла** *pf of* ⇒**слéпнуть**
осли́злый *adj* slimy.
осли́з|нуть, нет, *past* **~, ~ла** *pf* to become slimy.
осли́ный *adj of* ⇒**осёл**; ass's; (*fig*) asinine.
осли́ц|а, ы *f* she-ass.
О́сло *m* & *nt indecl* Oslo.
осложнéни|е, я *nt* (*also med*) complication.
ослож|ни́ть, ю́, и́шь *pf* (*of* ⇒**~я́ть**) to complicate.
ослож|ни́ться, и́тся *pf* (*of* ⇒**~я́ться**) to become complicated; (*о болезни*) to develop complications.
ослож|ня́ть(ся), я́ю, я́ет(ся) *impf of* ⇒**~и́ть(ся)**
ослушáни|е, я *nt* disobedience.
ослу́ш|аться, аюсь *pf* (*of* ⇒**~иваться**) to disobey.
ослу́шива|ться, юсь *impf of* ⇒**ослу́шаться**
ослу́шник, а *m* (*obs*) disobedient person.
ослы́ш|аться, усь, ишься *pf* to mishear.
ослы́шк|а, и *f* (*coll*) mishearing.
осмáн, а *m* Ottoman.
осмáнский *adj* Ottoman.
осмáтрива|ть(ся), ю(сь) *impf of* ⇒**осмотрéть(ся)**
осмéива|ть, ю *impf of* ⇒**осмея́ть**
осмелé|ть, ю *pf of* ⇒**смелéть**
осмéлива|ться, юсь *impf of* ⇒**осмéлиться**
осмéл|иться, юсь, ишься *pf* (*of* ⇒**~иваться**) (+ *inf*) to dare; to take the liberty (of); **~юсь доложи́ть…** (*obs polite formula*) I beg to report … .
осме|я́ть, ю́, ёшь *pf* (*of* ⇒**~̂ивать**) to mock, ridicule.
о́сми|й, я *m* (*chem*) osmium.
осмол|и́ть, ю́, и́шь *pf of* ⇒**смоли́ть**
о́смос, а *m* (*phys*) osmosis.
осмо́тр, а *m* (*багажа*) examination, inspection; (*школы*) inspection; (*выставки*) looking round, visit; **медици́нский о.** medical (examination); check-up.
осмотр|е́ть, ю́, ~̂ишь *pf* (*of* ⇒**осмáтривать**) (*багаж, больного*) to examine; (*школу*) to inspect; (*выставку*) to look round, look over.
осмотр|е́ться, ю́сь, ~̂ишься *pf* (*of* ⇒**осмáтриваться**) **1** to look round. **2** (*fig*) to take one's bearings, see how the land lies.
осмотри́тельност|ь, и *f* circumspection.
осмотри́тел|ьный (~ен, ~ьна) *adj* circumspect.
осмо́трщик, а *m* inspector.
осмы́сл|енный *ppp of* ⇒**~ить** *and adj* intelligent, sensible.

осмы́слива|ть, ю *impf of* ⇨**осмы́слить**

осмы́сл|ить, ю, ишь *pf* (*of* ⇨**~ивать** *and* ⇨**~я́ть**) (*истолковать*) to interpret; (*понять*) to comprehend.

осмысл|я́ть, я́ю *impf* = **~́ивать**

осна|сти́ть, щу́, сти́шь *pf* (*of* ⇨**~ща́ть**) (*naut*) to rig; (*fig*) to fit out, equip.

осна́стк|а, и *f* (*naut*) rigging.

оснаща́|ть, ю *impf of* ⇨**оснасти́ть**

оснаще́ни|е, я *nt* **1** (*действие*) rigging; fitting out. **2** (*оборудование*) equipment.

оснащённост|ь, и *f* level of equipment.

осне́женный *adj* (*poetical*) snow-covered.

оснежённый *adj* (*poetical*) = **осне́женный**

оснеж|и́ть, и́т *pf* (*poetical*) to cover with snow.

оснеж|и́ться, и́тся *passive of* ⇨**~и́ть**

осно́в|а, ы *f* **1** (*здания*) foundation; (*fig*) basis, foundation; (*in pl*) fundamentals; **лежа́ть в ~е** (+ *g*) to be the basis (of). **2** (*gram*) stem. **3** (*textiles*) warp.

основа́ни|е, я *nt* **1** (*действие*) founding, foundation. **2** (*chem, math, etc.*) base; (*здания*) foundation; **о. горы́** foot of a mountain; **разру́шить до ~я** to raze to the ground; **изучи́ть до ~я** (*fig*) to study from A to Z. **3** (*fig*) foundation, basis; ground, reason; **на како́м ~и вы э́то утвержда́ете?** on what grounds do you assert this?; **не без ~я** not without reason; **име́ть о. предполага́ть** to have reason to suppose; **с по́лным ~ем** with good reason.

основа́тел|ь, я *m* founder.

основа́тель|ница, ницы *f of* ⇨**~**

основа́тельност|ь, и *f* soundness.

основа́тел|ьный (~ен, ~ьна) *adj* **1** (*совет, причина*) well-founded; just; **~ьная жа́лоба** reasonable complaint. **2** (*постройка*) solid, sound; (*человек*) solid; (*осмотр*) thorough; **~ьные до́воды** sound arguments. **3** (*coll*) (*вес, нагрузка*) considerable.

осн|ова́ть, ую́, уёшь *pf* (*of* ⇨**~о́вывать**) **1** (*учредить*) to found. **2** (**на** + *p*) to base (on).

осн|ова́ться, ую́сь, уёшься *pf* (*of* ⇨**~о́вываться**) **1** (*поселиться*) to settle. **2** *passive of* ⇨**~ова́ть**

основн|о́й *adj* (*причина, цель*) main; (*принцип*) fundamental, basic; **о. капита́л** (*fin*) fixed capital; **~а́я мысль** keynote; **~ы́е цвета́** primary colours; **в ~о́м** on the whole; basically.

основополо́жник, а *m* founder, initiator.

осно́выва|ть, ю *impf of* ⇨**основа́ть**

осно́выва|ться, юсь *impf* **1** *impf of* ⇨**основа́ться**. **2** *impf only* (**на** + *p*) to base o.s. (on); to be based, founded (on); **о. на дога́дках** to base o.s. on conjecture.

осо́б|а, ы *f* person, individual, personage; **ва́жная о.** (*ironical*) bigwig.

осо́бенно *adv* especially; particularly; unusually; **не о.** not very, not particularly.

осо́бенност|ь, и *f* peculiarity; **в ~и** especially, in particular, (more) particularly.

осо́бенн|ый *adj* (e)special, particular, peculiar; **ничего́ ~ого** nothing in particular; nothing much.

особня́к, а́ *m* private residence; mansion, detached house.

особняко́м *adv* by o.s.; **держа́ться о.** to keep aloof.

осо́б|ый *adj* special; particular; peculiar; **оста́ться при ~ом мне́нии** to reserve one's own opinion; **удели́ть ~ое внима́ние** (+ *d*) to give special attention (to).

о́соб|ь, и *f* individual.

осо́бь *indecl adj only in phr* **о. статья́** (*coll*) quite another matter.

осове́лый *adj* (*coll*) dazed, dreamy.

осове́|ть, ю *pf* (*coll*) to fall into a dazed, dreamy state.

осовреме́нива|ть, ю *impf of* ⇨**осовреме́нить**

осовреме́н|ить, ю, ишь *pf* (*of* ⇨**~ивать**) to bring up to date; to modernize.

осозна|ва́ть, ю́, ёшь *impf of* ⇨**~́ть**

осо́знанный *adj* deliberate; conscious.

осозна́|ть, ю *pf* (*of* ⇨**~ва́ть**) to realize.

осо́к|а, и *f* (*bot*) sedge.

осоко́р|ь, я *m* (*bot*) black poplar.

осолове́лый *adj* (*coll*) = **осове́лый**

осолове́|ть, ю, ешь *pf of* ⇨**солове́ть**

о́сп|а, ы *f* **1** smallpox; **ве́тряная о.** chickenpox; **коро́вья о.** cowpox; **чёрная о.** smallpox. **2** (*coll*) pockmarks; **лицо́ в ~е** pockmarked face.

оспа́рива|ть, ю *impf* **1** *impf of* ⇨**оспо́рить**. **2** (*impf only*) to contend (for); **он ~ет зва́ние чемпио́на ми́ра** he is contending for the title of world champion.

о́сп|енный *adj of* ⇨**~а**; **о. знак** pockmark.

о́спин|а, ы *f* pockmark.

оспоприви́вани|е, я *nt* smallpox vaccination.

оспо́р|ить, ю, ишь *pf* (*of* ⇨**оспа́ривать 1**) to dispute, question; **о. завеща́ние** to dispute a will.

осрам|и́ть(ся), лю́(сь), и́шь(ся) *pf of* ⇨**срами́ть(ся)**

ОССВ (*no sg*) *indecl* (*abbr of* **ограниче́ние и сокраще́ние стратеги́ческих вооруже́ний**): **перегово́ры по О.** START (*Strategic Arms Reduction Treaty*) talks.

ост, а *m* (*naut*) east.

оста|ва́ться, ю́сь, ёшься *impf of* ⇨**оста́ться**

оста́в|ить, лю, ишь *pf* (*of* ⇨**~ля́ть**) **1** to leave; (*покинуть*) to abandon; (*надежду*) to give up; (*перестать, бросить*) to stop, give up; **о. в поко́е** to leave alone, let alone; **о. на второ́й год** (*в школах*) to keep back; to make repeat a year; **о. госте́й ночева́ть** to ask guests to stay the night; **о. госте́й обе́дать** to ask guests to stay to dinner; **~ь(те)!** stop that!; lay off! **2** (*сохранить*) to reserve; to keep; **о. за собо́й пра́во** to reserve the right.

оставля́|ть, ю *impf of* ⇨**оста́вить**; **э́то ~ет жела́ть мно́гого/лу́чшего** it leaves much to be desired.

остальн|о́й *adj* the rest of; **в ~о́м** in other respects; *as n* **~ы́е** *pl* the others; **~о́е** *nt* the rest; **всё ~о́е** everything else.

остана́влива|ть(ся), ю(сь) *impf of* ⇨**останови́ть(ся)**

оста́нк|и, ов (*no sg*) remains.

останов|и́ть, лю́, ~́ишь *pf* (*of* ⇨**остана́вливать**) **1** to stop. **2** (*сдержать*) to stop short, restrain. **3** (**на** + *p*) (*направить*) to direct (to), concentrate (on); **о. взгляд** to rest one's gaze (on); **о. внима́ние** to concentrate one's attention (on).

останов|и́ться, лю́сь, ~́ишься *pf* (*of* ⇨**остана́вливаться**) **1** to stop; to come to a stop, come to a halt; **ни пе́ред чем не о.** (*fig*) to stop at nothing. **2** (*переночевать*) to stay, put up, (*coll*) stop; **о. у знако́мых** to stay with friends. **3** (**на** + *p*) (*fig*) (*в речи, докладе*) to dwell (on); (*о взгляде*) to settle (on), rest (on); **взор ма́льчика ~и́лся на но́вой игру́шке** the boy's gaze rested on the new toy.

остано́вк|а, и *f* **1** (*в пути, работе*) stop; (*задержка*) stoppage; **о. за ва́ми** you are holding us up; **о. за ви́зами** there is a hold-up over the visas. **2** (*автобусная*) stop; **коне́чная о.** terminus; **мне на́до прое́хать ещё одну́ ~у** I have to go one stop further.

остано́в|очный *adj of* ⇨**~ка**; **о. пункт** stop, stopping place.

оста́т|ок, ка *m* **1** remainder; rest; (*ткани*) remnant; (*in pl*) remains; (*еды*) leftovers; **распрода́жа ~ков** clearance sale. **2** (*chem*) residuum. **3** (*fin, comm*) rest, balance. **4** (*math*) remainder.

оста́то|чный *adj of* ⇨**~к**; (*chem, tech*) residual.

оста́|ться, нусь, нешься *pf* (*of* ⇨**~ва́ться**) to remain; to stay; to be left (over); **о. в долгу́** to be in debt; **о. в живы́х** to survive, come through; **о. на́ ночь** to stay the night; **о. при своём мне́нии** to remain of the same opinion; **о. на второ́й год (в том же кла́ссе)** to repeat a year; **за ним ~лось пять фу́нтов** he owes five pounds; **по́сле него́ ~лись жена́ и тро́е дете́й** he left a wife and three children; **от обе́да ничего́ не ~лось** there is nothing left over from dinner; (*impers*): **~ётся, ~лось** (+ *d*) it remains (remained), it is (was) necessary; **нам не ~лось ничего́ друго́го, как согласи́ться** we had no choice but to consent; **~лось то́лько заплати́ть** it remained only to pay.

остеклене́|ть, ю *pf of* ⇨**стеклене́ть**

остекл|и́ть, ю́, и́шь *pf* (*of* ⇨**~я́ть** *and* ⇨**стекли́ть**) to glaze.

остекл|я́ть, я́ю *impf of* ⇨**~и́ть**

Осте́нде *m indecl* Ostend.

остеоартри́т, а *m* osteoarthritis.

остеомиели́т, а *m* (*med*) osteomyelitis.

О

остеопа́т, а *m* osteopath.
остеопати́ческий *adj* osteopathic.
остеопа́ти|я, и *f* osteopathy.
остеопоро́з, а *m* (*med*) osteoporosis.
остепен|и́ть, ю́, и́шь *pf* (*of* ⇒**~я́ть**) to calm, mellow.
остепен|и́ться, ю́сь, и́шься *pf* (*of* ⇒**~я́ться**) **1** (*стать степенным*) to settle down; to mellow. **2** (*coll, joc*) (*получить учёную степень*) to get an academic degree.
остепеня́|ть(ся), ю(сь) *impf of* ⇒**остепени́ть(ся)**
остервене́лый *adj* frenzied.
остервене́ни|е, я *nt* frenzy; **рабо́тать с ~ем** to work like a maniac.
остервене́|ть, ю *pf of* ⇒**стервене́ть**
остервен|и́ться, ю́сь, и́шься *pf* to be frenzied.
остерега́|ть, ю *impf of* ⇒**остере́чь**
остерега́|ться, юсь *impf* (*of* ⇒**остере́чься**) (+ *g or inf*) to beware (of); to be careful (of); **~йтесь соба́ки!** beware of the dog!; **~йся, что́бы не упа́сть!** mind you don't fall!
остере́|чь, гу́, жёшь, гу́т, *past* **~̈г, ~гла́** *pf* (*of* ⇒**~га́ть**) to warn, caution.
остере́|чься, гу́сь, жёшься, гу́тся, *past* **~̈гся, ~гла́сь** *pf of* ⇒**~га́ться**
Ост-И́нди|я, и *f* the East Indies.
ости́ст|ый (~, ~а) *adj* (*bot*) bearded, awned.
о́стов, а *m* **1** frame, framework (*also fig*); (*корабля*) hull. **2** (*anat*) skeleton.
осто́йчивост|ь, и *f* (*naut*) stability.
осто́йчив|ый (~, ~а) *adj* (*naut*) stable.
остолбене́лый *adj* (*coll*) dumbfounded.
остолбене́|ть, ю *pf of* ⇒**столбене́ть**
остоло́п, а *m* (*coll*) blockhead.
осторо́жнича|ть, ю *impf* (*of* ⇒**по~**) (*coll*) to be overcareful.
осторо́жно *adv* carefully; cautiously; **о.!** look out! mind out!; (*на посылке*) 'with care'.
осторо́жност|ь, и *f* care; caution.
осторо́ж|ный (~ен, ~на) *adj* careful; cautious; **бу́дьте ~ны!** take care!; be careful!
осточерте́|ть, ю *pf* (+ *d*; *coll*) to bore; **мне э́то ~ло** I am fed up with it.
остраки́зм, а *m* ostracism; **подве́ргнуть ~у** to ostracize.
остра́стк|а, и *f* (*coll*) warning, caution; **для ~и** as a warning.
острига́|ть(ся), ю(сь) *impf of* ⇒**остри́чь(ся)**
остри|ё, я́ *nt* **1** (*иголки, штыка*) point; **о. клина** (*mil*) spearhead of the attack. **2** (*ножа, бритвы*) (cutting) edge; **о. кри́тики** (*fig*) the cutting edge of a criticism.
остр|и́ть[1]**, ю́, и́шь** *impf* (*делать острым*) to sharpen.
остр|и́ть[2]**, ю́, и́шь** *impf* (*of* ⇒**с~**) (*говорить остроты*) to be witty; to make witticisms, crack jokes; **о. на чужо́й счёт** to be witty at others' expense.
остри́|чь, гу́, жёшь, гу́т, *past* **~г, ~гла** *pf* (*of* ⇒**стричь 1, 2** *and* ⇒**~га́ть**) to cut; to clip.
остри́|чься, гу́сь, жёшься, гу́тся, *past* **~гся, ~глась** *pf* (*of* ⇒**стри́чься 1** *and* ⇒**~га́ться**) to cut one's hair; to have one's hair cut.
о́стров, а, *pl* **~а́** *m* island; isle.
островитя́н|ин, ина, *pl* **~е, ~** *m* islander.
островитя́н|ка, ки *f of* ⇒**~ин**
островно́й *adj* island (*attr*); insular.
остров|о́к, ка́ *m* islet; **о. безопа́сности** traffic island.
остро́г, а *m* **1** (*obs*) (*тюрьма*) jail. **2** (*hist*) (*город*) stockaded town. **3** (*hist*) (*ограда*) stockade, palisade.
острог|а́, и́ *f* fish-spear, harpoon.
остроглаз|ый (~, ~а) *adj* (*coll*) sharp-sighted, keen-eyed.
острогу́бц|ы, ев (*tech*) cutting nippers.
остроконе́ч|ный (~ен, ~на) *adj* pointed.
остроли́ст, а *m* (*bot*) (*ветви ~а — традиционное рождественское украшение в странах Запада*) holly.
острonóс|ый (~, ~а) *adj* sharp-nosed; (*fig*) pointed, tapered.
остросло́в, а *m* wit (*person*).
острсло́ви|е, я *nt* wittiness.
острсло́в|ить, лю, ишь *impf* to make witty remarks, crack jokes.
остросюже́т|ный (~ен, ~на) *adj* gripping, tense.
остро́т|а, ы *f* witticism, joke; **зла́я о.** sarcasm; **пло́ская о.** stupid joke; **то́нкая о.** subtle crack.
острот|а́, ы́ *f* (*ножа, ума*) sharpness; (*зрения, слуха*) keenness; (*ситуации; боли*) acuteness; (*запаха*) pungency; (*чувства*) poignancy.
остроуго́л|ьный (~ен, ~ьна) *adj* (*math*) acute-angled.
остроу́ми|е, я *nt* **1** wit; wittiness. **2** (*изобретательность*) ingenuity.
остроу́м|ный (~ен, ~на) *adj* **1** witty. **2** (*изобретательный*) ingenious.
о́стр|ый (остёр *and* **~, ~а́, ~о** (*in fig sense* **~о́**), **~ы** (*in fig sense* **~ы́**)) *adj* (*нож, ум*) sharp; (*нос*) pointed (*also fig*); (*ситуация; боль*) acute; (*зрение, слух*) keen; **~ое замеча́ние** pointed remark; **о. за́пах** acrid smell; **~ое зре́ние** keen eyesight; **о. интере́с** (**к** + *d*) keen interest (in); **о. недоста́ток** acute shortage; **~ое положе́ние** critical situation; **о. со́ус** piquant sauce; **о. сыр** strong cheese; **о. у́гол** (*math*) acute angle; **он остёр на язы́к** (*coll*) he has a sharp tongue.
остря́к, а́ *m* wit.
осту|ди́ть, жу́, ~̂дишь *pf* (*of* ⇒**студи́ть** *and* ⇒**~жа́ть**) to cool.
остужа́|ть, ю *impf of* ⇒**остуди́ть**
оступ|а́ться, а́юсь *impf of* ⇒**~и́ться**
оступ|и́ться, лю́сь, ~̂ишься *pf* (*of* ⇒**~а́ться**) to stumble.
остыва́|ть, ю *impf of* ⇒**осты́ть**
осты́|ть, ну, нешь *pf* (*of* ⇒**~ва́ть,** ⇒**стынуть 1,** *and* ⇒**стыть**) to get cold; (*fig*) to cool (down); **у вас чай ~л** your tea is cold.
ост|ь, и, *pl* **~и, ~̂ей** *f* (*bot*) awn, beard.
осу|ди́ть, жу́, ~̂дишь *pf* (*of* ⇒**~жда́ть**) **1** (*порицать*) to censure, condemn. **2** (*law*) (*на смерть, каторгу*) to condemn, sentence; (**за** + *a*) to convict (of). **3** (**на** + *a*) (*fig*) (*обречь*) to condemn.
осужда́|ть, ю *impf of* ⇒**осуди́ть**
осужде́ни|е, я *nt* **1** censure, condemnation. **2** (*law*) conviction.
осуждённ|ый *ppp of* ⇒**осуди́ть** *and adj* condemned; convicted; *as n* **о., ~ого** *m*, **~ая, ~ой** *f* convict.
осу́н|уться, усь, ешься *pf* (*coll*) (*о лице*) to grow thin, get pinched(-looking).
осуш|а́ть, а́ю *impf of* ⇒**~и́ть**
осуше́ни|е, я *nt* drainage.
осуш|и́тельный *adj of* ⇒**~е́ние**; **о. кана́л** drainage canal.
осуш|и́ть, у́, ~̂ишь *pf* (*of* ⇒**~а́ть**) (*болото; стакан*) to drain; (*следы дождя*) to dry; **о. глаза́** to dry one's eyes; **о. луга́** to drain meadows; **о. слёзы кому́-н.** to console s.o.; **о. стака́н пи́ва** to drain a glass of beer.
осуществи́м|ый (~, ~а) *adj* practicable, feasible.
осуществ|и́ть, лю́, и́шь *pf* (*of* ⇒**~ля́ть**) (*мечту*) to realize, bring about; (*намерение*) to carry out; (*решение*) to implement; (*контроль, руководство*) to exercise.
осуществ|и́ться, и́тся *pf* (*of* ⇒**~ля́ться**) to be fulfilled, come true; **её де́тская мечта́ ~и́лась** her childhood dream has come true.
осуществле́ни|е, я *nt* realization; accomplishment; implementation.
осуществля́|ть(ся), ю, ет(ся) *impf of* ⇒**осуществи́ть(ся)**
осцилло́граф, а *m* (*phys*) oscillograph.
осцилля́тор, а *m* (*phys*) oscillator.
осчастли́в|ить, лю, ишь *pf* (*of* ⇒**~ливать**) to make happy.
осчастли́влива|ть, ю *impf of* ⇒**осчастли́вить**
осыпа|нный *ppp of* ⇒**~ть**; **о. звёздами** star-studded, star-spangled.
осы́п|ать, лю, лешь *pf* (*of* ⇒**~а́ть**) **1** (+ *a and i*) (*покрыть*) to strew (with); to shower (on); (*fig*) to heap (on); **о. кого́-н. бра́нью** to heap abuse on s.o.; **о. поцелу́ями** to smother with kisses; **о. кого́-н. уда́рами** to rain blows on s.o. **2** (*развалить*) to pull down, knock down. **3** (*листья*) to shed.
осы́п|аться, люсь, лешься *pf* (*of* ⇒**~а́ться**) **1** (*о насыпи*) to crumble; (*о листьях*) to fall. **2** *passive of* ⇒**осы́пать**
осып|а́ть(ся), а́ю(сь) *impf of* ⇒**~̂ать(ся)**
о́сып|ь, и *f* scree.
ос|ь, и (*in some idioms and coll also* **~и́**), **в/на ~и́,** *pl* **~̂и, ~е́й** *f* **1** (*geom*) axis; **земна́я о.** axis of the equator. **2** (*колеса*) axle.
осьмино́г, а *m* (*zool*) octopus.

осяза́ем|ый (~, ~а) *adj* tangible; **~ые результа́ты** tangible results.

осяза́ние, я *nt* touch; **чу́вство ~я** a sense of touch.

осяза́тел|ьный (~ен, ~ьна) *adj* **1** tactile; **~ьные о́рганы** tactile organs. **2** (*fig*) tangible, palpable; **~ьные результа́ты** tangible results.

осяза́|ть, ю *impf* to feel.

от (ото) *prep + g* from; of; for. **1** (*указывает на исходную точку, источник чего-н.*): **от це́нтра го́рода** from the centre of the town; **от нача́ла до конца́** from beginning to end; **от Пу́шкина до Маяко́вского** from Pushkin to Mayakovsky; **от девяти́ (часо́в) до пяти́ (часо́в)** from nine (o'clock) to five (o'clock); **де́ти от пяти́ до десяти́ лет** children from five to ten (years); **це́ны от рубля́ и вы́ше** prices from a rouble upward; **бли́зко от го́рода** near the town; **на се́вер от Москвы́** to the north of Moscow; **вре́мя от вре́мени** from time to time; **день ото дня** from day to day; **от всей души́** with all one's heart; **от и́мени** (+ *g*) on behalf (of); **узна́ть от дру́га** to learn from a friend; **я получи́л письмо́ от до́чери** I have received a letter from my daughter; **сын от пре́жнего бра́ка** a son by a previous marriage. **2** (*указывает на причину чего-н.*): **вскри́кнуть от ра́дости** to cry out for joy; **дрожа́ть от стра́ха** to tremble with fear; **умере́ть от го́лода** to die of hunger; **глаза́, кра́сные от слёз** eyes red with weeping. **3** (*указывает на дату документа*): **ва́ше письмо́ от пе́рвого а́вгуста** your letter of the first of August. **4** (*указывает на целое, которому принадлежит часть*): **ключ от две́ри** door key; **пу́говица от пиджака́** coat button; **цепо́чка от часо́в** watch chain. **5** (*против*) for; against; **сре́дство от сенно́й лихора́дки** remedy for hay fever; **миксту́ра от ка́шля** cough mixture; **защища́ть глаза́ от со́лнца** to shield one's eyes from the sun; **застрахова́ть от огня́** to insure against fire.

от... (*also* **ото...** *and* **отъ...**) *vbl pref indicating* **1** completion of action *or* task assigned. **2** action *or* motion away from given point. **3** (*vv in form refl*) action of negative character.

ота́плива|ть, ю *impf of* **⇒отопи́ть**

ота́р|а, ы *f* large flock (*of sheep*).

отба́в|ить, лю, ишь *pf* (*of* **⇒~ля́ть**) to pour off.

отбавля́|ть, ю *impf of* **⇒отба́вить**; **хоть ~й** (*coll*) more than enough.

отбараба́н|ить, ю, ишь *pf* (*coll*) to rattle off.

отбега́|ть, ю *impf of* **⇒отбежа́ть**

отбе|жа́ть, гу́, жи́шь, гу́т *pf* (*of* **⇒~га́ть**) to run off.

отбе́ливател|ь, я *m* bleach.

отбе́лива|ть, ю *impf of* **⇒отбели́ть**

отбел|и́ть, ю́, ~́ишь *pf* (*of* **⇒~́ивать**) to bleach.

отбе́лк|а, и *f* bleaching.

отбива́|ть(ся), ю(сь) *impf of* **⇒отби́ть(ся)**

отбивн|о́й *adj*: **~а́я котле́та** (*cul*) chop.

отбира́|ть, ю *impf of* **⇒отобра́ть**

отби́ти|е, я *nt* repulse; repelling.

отби́|ть, отобью́, отобьёшь *pf* (*of* **⇒~ва́ть**) **1** to beat off, repel; **о. ата́ку** to beat off an attack; **о. мяч** (*sport*) to return a ball; **о. уда́р** to parry a blow. **2** (*вернуть себе силой*) to retake, recapture; (*привлечь к себе*) to win over; (*coll*): **о.** *кого/что* **у кого́-н.** to take *s.o./sth* off s.o., do s.o. out of *s.o./sth*; **о. пле́нных** to liberate prisoners; **о. покупа́телей** (*fig*) to win customers; **он ~л у това́рища его́ де́вушку** he has taken his friend's girl. **3** (*удалить*) to remove, dispel; **о. у кого́-н. охо́ту к чему́-н.** to discourage s.o. from sth, take away s.o.'s inclination for sth. **4** (*отколоть*) to break off, knock off; **о. но́сик у ча́йника** to knock the spout off a teapot. **5** (*лезвие*) to whet, sharpen. **6**: **о. такт** to beat (out) time. **7** (*повредить ударами*) to damage by blows, by knocks; **о. ру́ку нело́вким уда́ром** to hurt one's hand with a clumsy blow. **8** (*обозначить ударами*) to mark out.

отби́|ться, отобью́сь, отобьёшься *pf* (*of* **⇒~ва́ться**) **1** (**от** + *g*) to defend o.s. (against); to repel, beat off. **2** (*отстать*) to drop behind, straggle; **о. от ста́да** to stray from the herd; **о. от рук** (*coll*) to get out of hand. **3** (*отломаться*) to break off.

отбла́гове|стить, щу, стишь *pf of* **⇒бла́говестить 1**

отблагодар|и́ть, ю́, и́шь *pf* to show one's gratitude (to).

о́тблеск, а *m* reflection.

отбо́|й, я *m* **1** (*отталкивание*) repelling; **о. мяча́** (*sport*) return; **~ю нет (от** + *g*; *coll*) there is no end (of). **2** (*mil*) (*сигнал*) retreat; **о. возду́шной трево́ги** all-clear signal; **бить о.** to beat a retreat (*also fig*). **3** (*по телефону*) ringing off; **дать о.** to ring off.

отбо́й|ный *adj*: **о. молото́к** miner's pick; **пневмати́ческий о. молото́к** pneumatic drill (*for coal-cutting*).

отбомб|и́ться, лю́сь, и́шься *pf* (*coll*) to have dropped one's load (of bombs).

отбо́р, а *m* selection; **есте́ственный о.** (*biol*) natural selection.

отбо́рн|ый *adj* choice, select(ed); **~ые войска́** crack troops; **~ая ру́гань** choice swear words.

отбо́рочн|ый *adj*: **~ая коми́ссия** selection board; **~ое соревнова́ние** (*sport*) knockout competition.

отбоя́рива|ться, юсь *impf* (*of* **⇒отбоя́риться**) (*coll*) to try to escape, get out of.

отбоя́р|иться, юсь, ишься *pf* (*of* **⇒~иваться**) (*coll*; **от** + *g*) to escape (from), give the slip (to).

отбра́сыва|ть, ю *impf of* **⇒отбро́сить**

отбрива́|ть, ю *impf of* **⇒отбри́ть**

отбр|и́ть, е́ю, е́ешь *pf* (*of* **⇒~ива́ть**) (*coll*) to rebuff, rebuke.

отбро́|сить, шу, сишь *pf* (*of* **⇒отбра́сывать**) **1** to throw off; to cast away; **о. тень** to cast a shadow. **2** (*mil*) to repel. **3** (*отвергнуть*) to give up, reject, discard; **о. мысль** to give up an idea.

отбро́с|ы, ов *pl* (*sg* **~, ~а** *m*) garbage, refuse; **о. произво́дства** industrial waste; **о. о́бщества** (*fig*) dregs of society.

отбукси́р|овать, ую *pf* to tow off.

отбыва́ни|е, я *nt* serving; **о. сро́ка наказа́ния** serving of a sentence.

отбыва́|ть, ю *impf of* **⇒отбы́ть**

отбы́ти|е, я *nt* departure.

от|бы́ть[1], бу́ду, бу́дешь, *past* **~́был, ~была́, ~́было** *pf* (*of* **⇒~быва́ть**) to depart, leave.

от|бы́ть[2], бу́ду, бу́дешь, *past* **~́был, ~была́, ~́было** *pf* (*of* **⇒~быва́ть**) to serve (a period of); **о. наказа́ние** to serve one's sentence; **о. во́инскую пови́нность** to do (one's) military service.

отва́г|а, и *f* courage, bravery.

отва́|дить, жу, дишь *pf* (*of* **⇒~живать**) **1** (+ *a* **от** + *g*) to break (of), make to stop; **о. кого́-н. от пья́нства** to break s.o. of drunkenness. **2** (*отпугнуть*) to scare away, drive off.

отва́жива|ть, ю *impf of* **⇒отва́дить**

отва́ж|иться, усь, ишься *pf* (+ *inf*) to dare, venture; to have the courage (to).

отва́ж|ный (~ен, ~на) *adj* courageous, brave.

отва́л[1], а *m* **до ~а** (*coll*) to satiety; **нае́сться до ~а** to stuff o.s.

отва́л[2], а *m* (*mining*) dump; (*шлака*) slag heap.

отва́л[3], а *m* (*naut*) putting off, casting off.

отва́лива|ть(ся), ю(сь) *impf of* **⇒отвали́ть(ся)**

отвал|и́ть, ю́, ~́ишь *pf* (*of* **⇒~́ивать**) **1** (*камень*) to heave off; to push aside. **2** (*naut*) to put off, cast off. **3** (*coll*) (*деньги*) to fork out, stump up.

отвал|и́ться, ю́сь, ~́ишься *pf* (*of* **⇒~́иваться**) **1** (*штукатурка*) to fall off. **2** (*coll*) (*человек*) to lean back.

отва́льн|ая, ой *f* (*coll*) farewell party.

отва́р, а *m* broth; decoction; **ячме́нный о.** barley water.

отва́рива|ть, ю *impf of* **⇒отвари́ть**

отвар|и́ть, ю́, ~́ишь *pf* (*of* **⇒~́ивать**) to boil.

отварно́й *adj* (*cul*) boiled.

отве́д|ать, аю *pf* (*of* **⇒~ывать**) (+ *a or g*) to taste; to try.

отве|дённый *ppp of* **⇒~сти́**

отве́дыва|ть, ю *impf of* **⇒отве́дать**

отвез|ти́, у́, ёшь, *past* **~, ~ла́** *pf* (*of* **⇒отвози́ть**) (*везя, доставить*) to take; (*везя, убрать*) to take away.

отверг|а́ть, а́ю *impf of* **⇒~́нуть**

отве́рг|нуть, ну, нешь, *past* **~** *and* **~нул, ~ла** *pf* (*of* **⇒~а́ть**) to reject, turn down.

отвердева́|ть, ю *impf of* **⇒отверде́ть**

отверде́лый *adj* hardened.

отверде́|ть, ю *pf* (*of* **⇒~ва́ть**) to harden.

отве́р|женный *ppp* (*obs*) *of* **⇒~гнуть** *and adj* outcast; *as n* **~женный, ~женного** *m* outcast.

отвер|ну́ть, ну́, нёшь *pf* (*of* ⇒**~̈тывать**) **1** (*impf also* **отвора́чивать**) to turn away, turn aside; **о. лицо́** to turn one's face away; **о. одеяло** to turn down a blanket. **2** (*кран*) to turn on. **3** (*гайку*) to unscrew. **4** (*coll*) (*отломать*) to twist off; **он едва́ не ~ну́л мне ру́ку** he almost twisted my arm off.

отвер|ну́ться, ну́сь, нёшься *pf* (*of* ⇒**~̈тываться**) **1** (*impf also* **отвора́чиваться**) to turn away, turn aside; **о. от кого́-н.** (*fig*) to turn one's back upon s.o. **2** (*о кране*) to come on. **3** (*о гайке*) to come unscrewed.

отве́рсти|е, я *nt* **1** opening; (*дыра*) hole; (*в торговом/игровом автомате*) slot. **2**: **заднепрохо́дное о.** (*anat*) anus.

отвер|те́ть, чу́, ~̃тишь *pf* (*of* ⇒**~̈тывать**) (*coll*) **1** (*гайку*) to unscrew. **2** (*отломать*) to twist off.

отверт|е́ться[1], ~̃ится *pf* (*of* ⇒**~̈ываться**) to come unscrewed.

отвер|те́ться[2], чу́сь, ~̃тишься *pf* (*coll*; **от** + *g*) to get off; to get out (of), wriggle out (of); **нам удало́сь о.** we managed to get out of it.

отвёртк|а, и *f* screwdriver; **крестовая о.** Phillips (*propr*) *or* cross-head screwdriver.

отвёртыва|ть(ся), ю(сь) *impf of* ⇒**отверну́ть(ся)** *and* ⇒**отверте́ть(ся)**

отве́с, а *m* **1** (*tech*) plumb. **2** (*склон*) (*vertical*) face, slope; **по ~у** plumb, perpendicularly.

отве́|сить, шу, сишь *pf* (*of* ⇒**~шивать**) to weigh out; **о. фунт са́хару** to weigh out a pound of sugar; **о. покло́н** (+ *d*) to make a low bow (to); **о. пощёчину** (+ *d*) (*fig*, *coll*) to deal s.o. a slap in the face.

отве́сно *adv* plumb; sheer.

отве́с|ный (~ен, ~на) *adj* (*линия*) perpendicular; (*скала*) steep.

отве|сти́, ду́, дёшь, *past* **~̈л, ~ла́** *pf* (*of* ⇒**отводи́ть**) **1** (*ведя, доставить*) to lead, take, conduct; **о. ло́шадь в коню́шню** to lead a horse to the stable. **2** (*ведя, направить в сторону*) to draw aside, take aside; **о. от собла́зна** to lead out of temptation's way. **3** (*изменить направление движения чего-л.*) to deflect; **о. войска́** (*mil*) to draw off one's troops; **о. во́ду** (**из** + *g*) to drain; **о. ду́шу** to unburden one's heart; **о. обвине́ние** to justify o.s.; **о. уда́р** to parry a blow; **он не мог о. от неё глаз** he could not take his eyes off her; **о. глаза́ кому́-н.** (*fig*) to distract s.o.'s attention, pull the wool over s.o.'s eyes. **4** (*отвергнуть*) to reject. **5** (*выделить*) to allot, assign.

отве́т, а *m* **1** answer, reply, response; **держа́ть о.** to answer; **в о.** (**на** + *a*) in reply (to), in response (to). **2** (*obs except in the phrases given*) (*ответственность*) responsibility; **быть в ~е** (**за** + *a*) to be answerable (for); **призва́ть к ~у** to call to account.

ответв|и́ть, лю́, и́шь *pf* (*of* ⇒**~ля́ть**) (*tech*) to take off, tap, shunt.

ответв|и́ться, и́тся *pf* (*of* ⇒**~ля́ться**) to branch off.

ответвле́ни|е, я *nt* branch, offshoot (*also fig*).

ответв|лённый *ppp of* ⇒**~и́ть**; **~лённая цепь** (*elec*) branch circuit, derived circuit.

ответвля́|ть(ся), ю, ет(ся) *impf of* ⇒**ответви́ть(ся)**

отве́|тить, чу, тишь *pf* (*of* ⇒**~ча́ть 1**) **1** (**на** + *a*) to answer, reply (to); **о. на письмо́** to answer a letter; **о. уро́к** to repeat one's lesson. **2** (**на** + *a and i*) to answer (with), return; **о. на чьё-н. чу́вство** to return s.o.'s feelings. **3** (**за** + *a*) to answer (for), pay (for); **вы ~тите за э́ти слова!** you will pay for these words!

отве́тный *adj* given in reply; (*визит*) return; (*меры*) retaliatory.

отве́тственност|ь, и *f* responsibility; **снять о. с кого́-н.** to relieve s.o. of responsibility; **привле́чь к ~и** (**за** + *a*) to call to account, bring to book.

отве́тствен|ный (~, ~на) *adj* **1** (*человек; работа*) responsible; **о. реда́ктор** editor-in-chief; **о. рабо́тник** executive. **2** (*решающий*) crucial; **о. моме́нт** crucial point.

отве́тств|овать, ую *impf and pf* (*obs*) to answer, reply.

отве́тчик, а *m* **1** (*law*) defendant. **2** (*coll*) bearer of responsibility. **3**: **телефо́нный о.** answerphone, answering machine.

отве́тчи|ца, цы *f of* ⇒**~к**

отвеча́|ть, ю *impf* **1** *impf of* ⇒**отве́тить**. **2** (**за** + *a*) to answer (for), be answerable (for). **3** (+ *d*) to answer (to), meet, be up (to); **о. тре́бованиям** to meet requirements.

отве́шива|ть, ю *impf of* ⇒**отве́сить**

отви́лива|ть, ю *impf of* ⇒**отвильну́ть**

отвильн|у́ть, у́, ёшь *pf* (*of* ⇒**отви́ливать**) (*coll, pej*; **от** + *g*) to dodge.

отвин|ти́ть, чу́, ти́шь *pf* (*of* ⇒**~̃чивать**) to unscrew.

отвин|ти́ться, ти́тся *pf* (*of* ⇒**~̃чиваться**) to unscrew, come unscrewed.

отви́нчива|ть(ся), ю, ет(ся) *impf of* ⇒**отвинти́ть(ся)**

отвис|а́ть, а́ет *impf* (*of* ⇒**~̃нуть**) to hang down, sag.

отви|се́ться, си́тся *pf* (*coll*): **дать пла́тью о.** to hang out a dress so as to remove the creases.

отви́слы|й *adj* sagging, baggy; **с ~ми уша́ми** lop-eared.

отви́с|нуть, нет, нут, *past* **~, ~ла** *pf of* ⇒**~а́ть**

отвлека́|ть(ся), ю(сь) *impf of* ⇒**отвле́чь(ся)**

отвлече́ни|е, я *nt* **1** (*абстракция*) abstraction. **2** (*от чего-н.*) distraction; **для ~я внима́ния** to distract attention.

отвлечён|ный (~, ~на) *adj* abstract; **~ное и́мя существи́тельное** abstract noun.

отвле́|чь, ку́, чёшь, ку́т, *past* **~̈к, ~кла́** *pf* (*of* ⇒**~ка́ть**) to distract, divert; **о. чьё-н. внима́ние** to divert s.o.'s attention.

отвле́|чься, ку́сь, чёшься, ку́тся, *past* **~̈кся, ~кла́сь** *pf* (*of* ⇒**~ка́ться**) **1** to be distracted; **о. от те́мы** to digress; **его́ мы́сли ~кли́сь далеко́** his thoughts were far away. **2** (**от** + *g*) (*абстрагироваться*) to abstract o.s. (from).

отво́д, а *m* **1** (*человека, куда-н.*) leading, taking, conducting. **2** (*человека, в сторону*) taking aside; (*изменение направления*) deflection; diversion; **о. воды** draining off of water; **о. войск** withdrawal of troops; **для ~а глаз** (*coll*) as a blind. **3** (*отклонение*) rejection; (*law*) challenge; **дать о. кандида́ту** to reject a candidate. **4** (*выделение*) allotment, allocation.

отво|ди́ть, жу́, ~̃дишь *impf of* ⇒**отвести́**

отво́дк|а, и *f* **1** = **отво́д 2**. **2** (*tech*) branch pipe.

отводно́й *adj* drainage; **о. кана́л** drainage ditch; drain.

отво́д|ок, ка *m* (*hort*) cutting, layer.

отво|ева́ть[1], ю́ю, ю́ешь *pf* (*of* ⇒**~ёвывать**) (**у** + *g*) (*вернуть войной*) to win back (from), retake (from).

отво|ева́ть[2], ю́ю, ю́ешь *pf* (*coll*) **1** (*какое-н. время*) to fight, spend in fighting; **мы де́сять лет ~ева́ли** we have fought for ten years. **2** (*кончить воевать*) to finish fighting.

отвоёвыва|ть, ю *impf of* ⇒**отвоева́ть[1]**

отво|зи́ть, жу́, ~̃зишь *impf of* ⇒**отвезти́**

отвола́кива|ть, ю *impf of* ⇒**отволо́чь**

отволо́|чь, ку́, чёшь, ку́т, *past* **~к, ~кла́** *pf* (*of* ⇒**отвола́кивать**) (*coll*) to drag away, drag aside.

отвора́чива|ть(ся), ю(сь) *impf of* ⇒**отверну́ть(ся)** *and* ⇒**отвороти́ть(ся)**

отвор|и́ть, ю́, ~̃ишь *pf* (*of* ⇒**~я́ть**) to open.

отвор|и́ться, ~̃ится *pf* (*of* ⇒**~я́ться**) to open.

отворо́т, а *m* (*на пиджаке*) lapel; (*на брюках*) turn-up (*Br*), cuff (*US*); (*сапога, рукава*) cuff.

отворо|ти́ть, чу́, ~̃тишь *pf* (*of* ⇒**отвора́чивать**) to turn away, turn aside; **о. взгляд** to avert one's gaze.

отворо|ти́ться, чу́сь, ~̃тишься *pf* (*of* ⇒**отвора́чиваться**) to turn away, turn aside; **о. от кого́-н.** to look away from s.o.; (*fig*) to turn one's back on s.o.

отвор|я́ть(ся), я́ю, я́ет(ся) *impf of* ⇒**~и́ть(ся)**

отврати́тел|ьный (~ен, ~ьна) *adj* repulsive, disgusting.

отвра|ти́ть, щу́, ти́шь *pf* (*of* ⇒**~ща́ть**) to avert, stave off.

отвра́т|ный (~ен, ~на) *adj* (*coll*) = **~и́тельный**

отвра|ща́ть, ща́ю *impf of* ⇒**~ти́ть**

отвраще́ни|е, я *nt* disgust, repugnance; **внуши́ть о.** (+ *d*) to disgust, repel; **пита́ть о.** (**к** + *d*) to have an aversion (for), be repelled (by), loathe.

отвык|а́ть, а́ю *impf of* ⇒**~̃нуть**

отвы́к|нуть, ну, нешь, *past* **~, ~ла** *pf* (*of* ⇒**~а́ть**) (**от** + *g*, *or* + *inf*) (*от плохой привычки*) to break o.s. (of the habit of), give up; (*от работы, ходьбы*) to get out of the habit of, become unaccustomed to; (*от друзей, своей страны*) to become estranged from; **о. от куре́ния, о. кури́ть** to give up smoking.

отвя|за́ть, жу́, ~жешь *pf* (*of* ⇒**~зывать**) to untie, unfasten.

отвя|за́ться, жу́сь, ~жешься *pf* (*of* ⇒**~зываться**) **1** (*освободиться от привязи*) to come untied, come loose. **2** (*fig, coll*; **от** + *g*) (*отделаться*) to get rid (of), shake off, get shot (of). **3** (*fig, coll*; **от** + *g*) (*перестать надоедать*) to leave alone, leave in peace; stop nagging; **~жи́сь от меня́!** leave me alone!

отвя́зыва|ть(ся), ю(сь) *impf of* ⇒**отвяза́ть(ся)**

отгад|а́ть, а́ю *pf* (*of* ⇒**~ывать**) to guess.

отга́дк|а, и *f* answer, solution (*to a riddle*).

отга́дчик, а *m* (*coll*) guesser, diviner.

отга́дчи|ца, цы *f of* ⇒**~к**

отга́дыва|ть, ю *impf of* ⇒**отгада́ть**

отгиба́|ть(ся), ю(сь) *impf of* ⇒**отогну́ть(ся)**

отглаго́льный *adj* (*gram*) verbal.

отгла́|дить, жу, дишь *pf* (*of* ⇒**~живать**) to iron.

отгла́жива|ть, ю *impf of* ⇒**отгла́дить**

отглода́|ть, ю *pf* (*coll*) to bite off.

отгова́рива|ть(ся), ю(сь) *impf of* ⇒**отговори́ть(ся)**

отговор|и́ть, ю́, и́шь *pf* (*of* ⇒**отгова́ривать**) (**от** + *g*, *or* + *inf*) to dissuade (from); **я ~и́л его́ е́хать** I have talked him out of going.

отговор|и́ться, ю́сь, и́шься *pf* (*of* ⇒**отгова́риваться**) (+ *i*) to excuse o.s. (on the ground of); to plead; **о. нездоро́вьем** to plead ill health.

отгово́рк|а, и *f* excuse; (*предлог*) pretext.

отголо́с|ок, ка *m* echo (*also fig*).

отго́н[1]**, а** *m* (*скота*) driving (*to pasture*); **на ~е** at pasture.

отго́н[2]**, а** *m* **1** = **отго́нка**[2]. **2** (*продукт отгонки*) product of distillation.

отго́нк|а[1]**, и** *f* driving off.

отго́нк|а[2]**, и** *f* (*chem*) distillation.

отгоня́|ть, ю *impf of* ⇒**отогна́ть**

отгора́жива|ть(ся), ю(сь) *impf of* ⇒**отгороди́ть(ся)**

отгоро|ди́ть, жу́, ~и́шь *pf* (*of* ⇒**отгора́живать**) to fence off, partition off; **о. ши́рмой** to screen off.

отгоро|ди́ться, жу́сь, ~ди́шься *pf* (*of* ⇒**отгора́живаться**) to fence o.s. off; (*fig, coll*; **от** + *g*) to shut *or* cut o.s. off (from).

отго|сти́ть, щу́, сти́шь *pf* (*coll*; **у**) to stay (with).

отграни́чива|ть, ю *impf of* ⇒**отграни́чить**

отграни́ч|ить, у, ишь *pf* (*of* ⇒**~ивать**) to delimit.

отгреба́|ть, ю *impf of* ⇒**отгрести́**

отгрем|е́ть, и́т *pf* to finish rumbling.

отгре|сти́[1]**, бу́, бёшь** *past* **~б, ~бла́** *pf* (*of* ⇒**~ба́ть**) (*мусор*) to rake away.

отгре|сти́[2]**, бу́, бёшь** *past* **~б, ~бла́** *pf* (*of* ⇒**~ба́ть**) (*от берега*) to row off.

отгроха́|ть, ю *pf* (*coll*) **1** = **отгреме́ть**. **2** to build, make, organize (*sth impressive*).

отгружа́|ть, ю *impf of* ⇒**отгрузи́ть**

отгру|зи́ть, жу́, ~зи́шь *pf* (*of* ⇒**~жа́ть**) to ship, dispatch.

отгру́зк|а, и *f* shipment, dispatching.

отгрыз|а́ть, а́ю *impf of* ⇒**~ть**

отгры́з|ть, у́, ёшь, *past* **~, ~ла** *pf* (*of* ⇒**~а́ть**) to bite off, gnaw off.

отгу́л, а *m* day(s) off (*in compensation for overtime work*).

отгу́лива|ть, ю *impf of* ⇒**отгуля́ть 2**

отгул|я́ть, я́ю *pf* (*coll*) **1** (*отпуск*) to have spent, to have finished; **мы ~я́ли о́тпуск** our holidays are over. **2** (*impf* **~ивать**) to take (time) off; **о. день** to take a day off.

отда|ва́ть[1]**(ся), ю(сь), ёшь(ся)** *impf of* ⇒**отда́ть(ся)**

отда|ва́ть[2]**, ёт** *impf* (*impers* + *i*; *coll*) to taste (of); to smell (of); (*fig*) to smack (of); **от него́ ~ёт во́дкой** he reeks of vodka; **э́то ~ёт суеве́рием** this smacks of superstition.

отда|ва́ться, ю́сь, ёшься *impf of* ⇒**отда́ться**

отдав|и́ть, лю́, ~ишь *pf* to crush; **о. кому́-н. но́гу** to tread on s.o.'s foot.

отдале́ни|е, я *nt* **1** removal; (*fig*) (*от товарищей*) estrangement. **2** (*расстояние*) distance; **держа́ть в ~и** to keep at a distance.

отдалённост|ь, и *f* remoteness.

отдалён|ный (~, ~на) *adj* distant, remote; **о. ро́дственник** distant relative; **~ное схо́дство** remote likeness.

отдал|и́ть, ю́, и́шь *pf* (*of* ⇒**~я́ть**) **1** to remove; (*fig*) (*от товарищей*) to estrange, alienate. **2** (*встречу*) to postpone, put off.

отдал|и́ться, ю́сь, и́шься *pf* (*of* ⇒**~я́ться**) **1** (**от** + *g*) (*от берега*) to move away (from); (*от друзей*) to become alienated (from); (*о шуме, воспоминаниях*) to become more distant. **2** (*fig*) to digress; **о. от те́мы** to stray from the subject.

отдал|я́ть(ся), я́ю(сь) *impf of* ⇒**~и́ть(ся)**

отда́ни|е, я *nt*: **о. че́сти** (*mil*) saluting.

отда́рива|ть(ся), ю(сь) *impf of* ⇒**отдари́ть(ся)**

отдар|и́ть, ю́, и́шь *pf* (*of* ⇒**~ивать**) (*coll*) to give in return.

отдар|и́ться, ю́сь, и́шься *pf* (*of* ⇒**~иваться**) (*coll*) to make a present in return, repay a gift.

отд|а́ть, а́м, а́шь, а́ст, ади́м, ади́те, аду́т, *past* **~ал, ~ала́, ~ало** *pf* (*of* ⇒**~ава́ть**) **1** (*дать обратно*) to give back, return; **о. до́лжное кому́-н.** to render s.o. his due; **о. после́дний долг** (+ *d*) to pay the last honours; **о. себе́ отчёт** (**в** + *p*) to be aware (of), realize; **не о. себе́ отчёта** (**в** + *p*) to fail to realize. **2** (*посвятить*) to devote; **о. жизнь нау́ке** to devote one's life to scholarship. **3** (+ *a and d*, *or* + *a* **за** + *a*) (*выдать замуж*) to give in marriage (to), give away. **4** (**в** + *a*, **под** + *a*) (*вручить*) to give, put, place (= *hand over for certain purpose*); **о. кни́гу в переплёт** to have a book bound, send a book to be bound; **о. ма́льчика в шко́лу** to send a boy to school; **о. под стра́жу** to give into custody; **о. под суд** to prosecute. **5** (*in combination with certain nn*) to give; to make (*or not requiring separate translation*); **о. покло́н** (*obs*) to bow, make a bow; **о. прика́з** (+ *d*) to issue an order, give orders (to); **о. распоряже́ние** to give instructions; **о. честь** (*mil*) (+ *d*) to salute. **6** (*coll*) (*продать*) to sell, let have; **он мне э́то ~ал за бесце́нок** he let me have it for a song. **7** (*об оружии*) to kick, recoil.

отд|а́ться, а́мся, а́шься, а́стся, ади́мся, ади́тесь, аду́тся, *past* **~а́лся, ~ала́сь** *pf* (*of* ⇒**~ава́ться**) **1** (+ *d*) (*победителю*) to give o.s. up (to); (*науке*) to devote o.s. (to); (*о женщине*) to give o.s. (to). **2** (*о голосе, об эхе*) to resound; to reverberate; to ring. **3** (*о боли*) to be felt.

отда́ч|а, и *f* **1** (*книги*) return; (*долга*) payment, reimbursement. **2** (*эффективность*) efficiency, performance. **3** (*от вложенного*) return. **4** (*при выстреле*) recoil, kick. **5** (*приказа*) issuing, giving; (*чести*) (*mil*) saluting.

отдежу́р|ить, ю, ишь *pf* **1** (*завершить дежурство*) to come off duty. **2** (*какое-н. время*) to spend on duty; **о. во́семь часо́в** to have had eight hours on (duty).

отде́л, а *m* **1** department; **о. ка́дров** personnel department. **2** (*книги, журнала*) section, part.

отде́л|ать, аю *pf* (*of* ⇒**~ывать**) **1** to finish, put the finishing touches (to); to decorate; **о. пла́тье кружева́ми** to trim a dress with lace. **2** (*coll*) (*выругать*) to give a dressing down.

отде́л|аться, аюсь *pf* (*of* ⇒**~ываться**) (*coll*) **1** (**от** + *g*) to get rid (of), get shot (of). **2** (+ *i*) to escape (with), get off (with); **сча́стливо о.** to have a lucky escape; **о. цара́пиной** to get off with a scratch.

отделе́ни|е, я *nt* **1** (*действие*) separation; (*с обретением независимости*) secession; **о. це́ркви от госуда́рства** separation of church and state; secularization. **2** (*учреждение*) department, branch; **о. мили́ции** local police station; **о. свя́зи** local post office. **3** (*вместилища*) compartment, section; (*представления*) part; **о. шка́фа** pigeonhole; **маши́нное о.** (*naut*) engine room. **4** (*mil*) section.

отдел|ённый[1] *ppp of* ⇒**~и́ть**

отделённый[2] *adj of* ⇒**отделе́ние 4**; **о. команди́р** section commander.

отдели́м|ый (~, ~а) *adj* separable.

отдел|и́ть, ю́, ~ишь *pf* (*of* ⇒**~я́ть**) **1** (*отнять*) to separate. **2** (*отграничить*) to separate off; **о. перегоро́дкой** to partition off.

отдел|и́ться, ю́сь, ~ишься *pf* (*of* ⇒**~я́ться**) (*отодвинуться*) to move

О

away, separate; (*оторваться*) to get detached; to come off; (*быть отграниченным от чего-л.*) to be separated.

отде́лк|а, и *f* **1** (*действие*) finishing; trimming. **2** (*украшение*) finish, decoration; (*в комнате*) decor.

отде́лочник, а *m* (interior) decorator.

отде́лочный *adj* decorative.

отде́лыва|ть(ся), ю(сь) *impf of* **⇒отде́лать(ся)**

отде́льно *adv* separately.

отде́льност|ь, и *f*: **в ~и** taken separately, individually.

отде́льный *adj* **1** separate, (*некоторый*) individual, (*единичный*) isolated. **2** (*mil*) independent.

отдел|я́ть(ся), я́ю(сь) *impf of* **⇒~и́ть(ся)**

отдёргива|ть, ю *impf of* **⇒отдёрнуть**

отдёр|нуть, ну, нешь *pf* (*of* **⇒~гивать**) **1** (*в сторону*) to draw aside, pull aside; **о. занаве́ску** to draw back the curtain. **2** (*руку*) to pull back, withdraw.

отдира́|ть, ю *impf of* **⇒отодра́ть**

отдохн|у́ть, у́, ёшь *pf* (*of* **⇒отдыха́ть**) to rest; to have (take) a rest.

отдуба́|сить, шу, сишь *pf of* **⇒дуба́сить**

отдува́|ть, ю *impf of* **⇒отду́ть**

отдува́|ться, юсь *impf* **1** to pant, puff. **2** (*fig*, *coll*; **за** + *a*) to take the rap (for).

отду́м|ать, аю *pf* (*of* **⇒~ывать**) (*coll*) to change one's mind; **мы ~али переезжа́ть** we have changed our mind about moving.

отду́мыва|ть, ю *impf of* **⇒отду́мать**

отду́|ть, ю, ешь *pf* (*of* **⇒~ва́ть**) **1** (*удалить дуновением*) to blow away. **2** (*coll*) (*избить*) to thrash soundly.

отду́шин|а, ы *f* air hole, (air) vent; (*fig*) outlet.

отду́шник, а *m* air hole, (air) vent.

о́тдых, а *m* rest; relaxation; (*отпуск*) holiday (*Br*), vacation (*US*); **день ~а** day of rest, rest day.

отдыха́|ть, ю *impf* (*of* **⇒отдохну́ть**) to be resting; (*быть в отпуске*) to be on holiday (*Br*), vacation (*US*); (*проводить отпуск*) to holiday (*Br*), vacation (*US*).

отдыха́|ющий *pres participle of* **⇒~ть**; *as n* **о., ~ющего** *m*; **~ющая, ~ющей** *f* holidaymaker (*Br*), vacationer (*US*).

отдыш|а́ться, у́сь, ~ишься *pf* to recover one's breath.

отёк, а *m* (*med*) oedema (*Br*), edema (*US*); **о. лёгких** emphysema.

отека́|ть, ю *impf of* **⇒отёчь**

отёл, а *m* calving.

отел|и́ться, ю́сь, ~ишься *pf of* **⇒тели́ться**

оте́л|ь, я *m* hotel.

оте́ль|ный *adj of* **⇒~**

отепл|и́ть, ю́, и́шь *pf* (*of* **⇒~я́ть**) to protect against the cold.

отепл|я́ть, я́ю *impf of* **⇒~и́ть**

от|е́ц, ца́ *m* father (*also fig*); **на́ши ~цы́** (*fig*) our (fore)fathers; **О. Небе́сный** (*relig*) the heavenly Father; **о. семе́йства** (*coll*) paterfamilias.

оте́ческий *adj* fatherly, paternal.

оте́честв|енный *adj of* **⇒~о**; **~енная промы́шленность** home industry; **О~енная война́ (1812 го́да)** (*hist*) the Patriotic War (of 1812) (*against Napoleon*); **Вели́кая О~енная война́** (*hist*) the Great Patriotic War (*1941–5*).

оте́честв|о, а *nt* native land, fatherland, homeland.

оте́|чь, ку́, чёшь, ку́т, *past* **~к, ~кла́** *pf* (*of* **⇒~ка́ть**) **1** (*опухнуть*) to swell, become swollen. **2** (*о свече*) to gutter.

от|жа́ть, ожму́, ожмёшь *pf* (*of* **⇒~жима́ть**) **1** (*бельё*) to wring out. **2** (*coll*) (*толпу*) to push back.

от|же́чь, ожгу́, ожжёшь, ожгу́т, *past* **~жёг, ~ожгла́** *pf* (*of* **⇒~жига́ть**) (*tech*) to anneal.

отжива́|ть, ю *impf of* **⇒отжи́ть**

отжива́|ющий *pres participle active of* **⇒~ть** *and adj* moribund.

отжи́|вший *past participle active of* **⇒~ть** *and adj* obsolete; outmoded.

о́тжиг, а *m* (*tech*) annealing.

отжига́|ть, ю *impf of* **⇒отже́чь**

отжима́|ть, ю *impf of* **⇒отжа́ть**

от|жи́ть, живу́, живёшь, *past* **~жил, ~жила́, ~жило** *pf* (*of* **⇒~жива́ть**) to become obsolete, die out; **о. свой век** to have had one's day; to go out of fashion.

отзвон|и́ть, ю́, и́шь *pf* (*о звонаре*) to stop ringing; (*о часах*) to strike; **~и́л и с колоко́льни доло́й** (*coll*) finished and done with.

о́тзвук, а *m* echo (*also fig*).

отзвуч|а́ть, и́т *pf* (*о звуке*) to have faded away; to stop ringing.

о́тзыв, а *m* **1** (*мнение*) opinion, judgement. **2** (*рекомендация*) reference; testimonial; **дать хоро́ший о. о ко́м-н.** to give s.o. a good reference. **3** (*рецензия*) review. **4** (*mil*) reply (*to password*). **5** (*fig*) = **о́тзвук**

отзы́в, а *m* recall (*of diplomatic representative*).

отзыва́|ть, ю *impf* **1** *impf of* **⇒отозва́ть**. **2** (+ *i*) to taste (of); **о. го́речью** to have a bitter taste.

отзыва́|ться, юсь *impf* **1** *impf of* **⇒отозва́ться**. **2** (+ *i*) = **~ть**

отзы́вчив|ый (~, ~а) *adj* responsive.

оти́т, а *m* (*med*) otitis (*inflammation of the ear*).

ОТК *m indecl* (*abbr of* **отде́л техни́ческого контро́ля**) department of technical control.

отка́з, а *m* **1** refusal; **получи́ть о.** to be refused, be turned down; **до ~а** to overflowing; **по́лный до ~а** jam-packed, full to capacity. **2** (**от** + *g*) renunciation (of), giving up (of). **3** (*механизма*) failure; **де́йствовать без ~а** to run smoothly. **4** (*mus*) natural.

отка|за́ть, жу́, ~жешь *pf* (*of* **⇒~зывать**) **1** (+ *d and* **в** + *p*) to refuse, deny; **она́ ~за́ла ему́ в про́сьбе** she refused his request; **ему́ нельзя́ о. в тала́нте** there is no denying that he has talent; **не ~жите в любе́зности...** be so kind as ... . **2** (*о механизме*) to fail, break down.

отка|за́ться, жу́сь, ~жешься *pf* (*of* **⇒~зываться**) **1** (**от** + *g or* + *inf*) to refuse, decline; to turn down; **о. от предложе́ния** to turn down a proposal; **о. от свои́х слов** to retract one's words; **о. от упла́ты до́лга** to repudiate a debt; **о. служи́ть** (*fig*, *coll*) to be out of order; **мои́ часы́ ~за́лись служи́ть** my watch would not go; **не ~жу́сь** (*coll*) I don't mind if I do; **не ~за́лся бы** (*coll*) I wouldn't say no. **2** (*отречься*) to renounce, give up; (*от права*) to relinquish; (*от власти*) to abdicate; **о. от борьбы́** to give up the struggle.

отка́зни|к, а *m* refusenik.

отка́зни|ца, ~цы *f of* **⇒~к**

отка́зыва|ть(ся), ю(сь) *impf of* **⇒отказа́ть(ся)**

отка́лыва|ть(ся), ю(сь) *impf of* **⇒отколо́ть(ся)**

отка́пыва|ть, ю *impf of* **⇒откопа́ть**

отка́рмлива|ть, ю *impf of* **⇒откорми́ть**

отка́т, а *m* (*mil*) recoil.

отка|ти́ть, чу́, ~тишь *pf* (*of* **⇒~тывать**) (*бревно*) to roll away.

отка|ти́ться, чу́сь, ~тишься *pf* (*of* **⇒~тываться**) **1** (*мяч*) to roll away. **2** (*mil*; *fig*, *coll*) to roll back, be forced back.

отка́тыва|ть(ся), ю(сь) *impf of* **⇒откати́ть(ся)**

откач|а́ть, а́ю *pf* (*of* **⇒~ивать**) **1** (*воздух, воду*) to pump out. **2** (*человека*) to resuscitate.

отка́чива|ть, ю *impf of* **⇒откача́ть**

откачн|у́ть, у́, ёшь *pf* **1** to swing to one side. **2** (*fig*, *coll*; *impers*) **его́ ~у́ло от бы́вших его́ собуты́льников** he has drifted away from his former drinking companions.

откачн|у́ться, у́сь, ёшься *pf* (*coll*) **1** (*о маятнике*) to swing to one side. **2** (*о человеке*) to reel back; to slump back. **3** (*fig*; **от** + *g*) (*прервать связь*) to turn away (from).

отка́шл|ивать, иваю *impf of* **⇒~януть**

отка́шл|иваться, иваюсь *impf of* **⇒~яться**

отка́шл|януть, яну, янешь *pf* (*of* **⇒~ивать**) to hawk up.

отка́шл|яться, яюсь *pf* (*of* **⇒~иваться**) to clear one's throat.

откидно́й *adj* folding, collapsible.

отки́дыва|ть(ся), ю(сь) *impf of* **⇒отки́нуть(ся)**

отки́|нуть, ну, нешь *pf* (*of* **⇒~дывать**) **1** (*отбросить*) to throw away; to cast away (*also fig*). **2** (*отогнуть*) to turn back, fold back.

отки́|нуться, нусь, нешься *pf* (*of* **⇒~дываться**) to lean back; to recline, settle back.

откла́дыва|ть, ю *impf of* **⇒отложи́ть**

откла́нива|ться, юсь *impf of* **⇒откла́няться**

откла́н|яться, яюсь *pf* (*of* ⇒**~иваться**) (*obs*) to take one's leave.

откле́ива|ть(ся), ю, ет(ся) *impf of* ⇒**откле́ить(ся)**

откле́|ить, ю, ишь *pf* (*of* ⇒**~ивать**) to peel off.

откле́|иться, ится *pf* (*of* ⇒**~иваться**) to come unstuck.

о́тклик, а *m* **1** (*ответ на зов*) response; (*fig*) (*в печати*) review, comment. **2** (*fig*) (*эхо*) echo.

отклик|а́ться, а́юсь *impf* (*of* ⇒**~нуться**) (**на** + *a*) to answer, respond (to) (*also fig*).

откли́к|нуться, нусь, нешься *pf of* ⇒**~а́ться**

отклоне́ни|е, я *nt* **1** (*отход в сторону; от нормы*) deviation; divergence; **о. от те́мы** digression. **2** (*отказ*) declining, refusal. **3** (*phys*) deflection, declination; error; diffraction; **вероя́тное о.** probable error; **магни́тное о.** deflection of the needle; **у́гол ~я** angle of deviation.

отклон|и́ть, ю́, ~ишь *pf* (*of* ⇒**~я́ть**) **1** (*в сторону*) to deflect. **2** (*отказать*) to decline; **о. попра́вку** to vote down an amendment; **о. предложе́ние** to decline an offer. **3** (*побудить отказаться*) to discourage.

отклон|и́ться, ю́сь, ~ишься *pf* (*of* ⇒**~я́ться**) (*от курса*) to deviate; (*от удара*) to dodge; (*отодвинуться*) to move aside; **о. от те́мы** to digress.

отклоня́|ть(ся), ю(сь) *impf of* ⇒**отклони́ть(ся)**

отключ|а́ть(ся), а́ю(сь) *impf of* ⇒**~и́ть(ся)**

отключ|ённый *ppp of* ⇒**~и́ть** *and adj* (*elec*) dead; **опера́ция проводи́мая на ~ённом се́рдце** open-heart operation.

отключ|и́ть, у́, и́шь *pf* (*of* ⇒**~а́ть**) (*elec*) to cut off, disconnect; **о. телефо́нный аппара́т** to cut off a telephone.

отключ|и́ться, у́сь, и́шься *pf* (*of* ⇒**~а́ться**) **1** to become disconnected. **2** (*coll*) (*о человеке*) to switch off.

отковы́рива|ть, ю *impf of* ⇒**отковыря́ть**

отковыр|я́ть, я́ю *pf* (*of* ⇒**~ивать**) to pick off.

откозыря́|ть, ю *pf* (*coll*; + *d*) to salute.

отко́л|е *adv* = **~ь**

отколо|ти́ть, чу́, ~тишь *pf* **1** (*отбить приколоченное*) to knock off. **2** (*избить*) to beat up.

откол|о́ть, ю́, ~ешь *pf* (*of* ⇒**отка́лывать**) **1** (*отломать*) to break off; (*отбить*) to chop off; (*от семьи*) to cut off. **2** (*булавку, чепец*) to unpin. **3** (*coll, pej*): **о. глу́пость** to play a stupid trick; **о. словцо́** to make a wisecrack.

откол|о́ться, ю́сь, ~ешься *pf* (*of* ⇒**отка́лываться**) **1** (*отломаться*) to break off. **2** (*о булавке, чепце*) to come unpinned *or* undone. **3** (*fig*) (*от семьи*) to break away; to cut o.s. off.

отколошма́|тить, чу, чишь *pf of* ⇒**колошма́тить**

отколуп|а́ть, а́ю *pf* (*of* ⇒**~ывать**) (*coll*) to pick off.

отколу́пыва|ть, ю *impf of* ⇒**отколупа́ть**

отко́ль *adv* (*obs*) whence, where from.

откомандир|ова́ть, у́ю *pf* (*of* ⇒**~о́вывать**) **1** to post (*to new duties or establishment*). **2** (**за** + *i*) (*coll*) to send (*to fetch*).

откомандиро́выва|ть, ю *impf of* ⇒**откомандирова́ть**

откопа́|ть, ю *pf* (*of* ⇒**отка́пывать**) **1** to dig out; (*труп*) to exhume, disinter. **2** (*fig, coll*) (*найти*) to dig up, unearth.

отко́рм, а *m* fattening (up).

откорм|и́ть, лю́, ~ишь *pf* (*of* ⇒**отка́рмливать**) to fatten (up).

отко́рм|ленный *ppp of* ⇒**~и́ть** *and adj* fat, fatted, fattened.

отко́с, а *m* **1** (*покатый спуск*) slope, side (*of embankment etc.*); **о. холма́** hillside. **2** (*railways*) embankment; **пусти́ть по́езд под о.** to derail a train.

откреп|и́ть, лю́, и́шь *pf* (*of* ⇒**~ля́ть**) **1** (*цепь*) to unfasten, untie. **2** (*снять с учёта*) to strike off the register.

откреп|и́ться, лю́сь, и́шься *pf* (*of* ⇒**~ля́ться**) **1** (*о замке*) to become unfastened. **2** (*сняться с учёта*) to remove one's name (*from a register etc.*).

открепля́|ть(ся), ю(сь) *impf of* ⇒**открепи́ть(ся)**

откре|сти́ться, щу́сь, ~стишься *pf* (*of* ⇒**откре́щиваться**) (*coll*; **от** + *g*) to disown; to refuse to have anything to do (with).

откре́щива|ться, юсь *impf of* ⇒**открести́ться**

откровéни|е, я *nt* revelation.

открове́нничa|ть, ю *impf* (*coll*; **с** + *i*) to be excessively candid/frank (with).

открове́нност|ь, и *f* candour (*Br*), candor (*US*), frankness; (*in pl*) (*coll*) candid revelations.

открове́н|ный (~ен, ~на) *adj* **1** (*искренний*) candid, frank. **2** (*нескрываемый*) open, unconcealed; **~ная неприя́знь** unconcealed hostility. **3** (*coll*) (*о платье*) revealing.

откромса́|ть, ю *pf* (*coll*) to cut off (unevenly).

откру|ти́ть, чу́, ~тишь *pf* (*of* ⇒**~чивать**) to untwist; **о. кран** to turn off a tap.

откру|ти́ться, чу́сь, ~тишься *pf* (*of* ⇒**~чиваться**) **1** to come untwisted. **2** (*coll*; **от** + *g*) to get out (of).

откру́чива|ть(ся), ю(сь) *impf of* ⇒**открути́ть(ся)**

открыва́лк|а, и *f* (*coll*) **1** (*для банок*) can-opener. **2** (*для бутылок*) bottle opener.

открыва́|ть(ся), ю(сь) *impf of* ⇒**откры́ть(ся)**

откры́л|ок, ка *m* (*aeron*) stub wing.

откры́ти|е, я *nt* **1** (*действие*) opening. **2** (*научное*) discovery.

откры́тк|а, и *f* postcard; **о. с ви́дом** picture postcard.

откры́то *adv* openly.

откры́т|ый *ppp of* ⇒**~ь** *and adj* open; **в ~ую** (*cards and fig*) showing one's hand; **на ~ом во́здухе, под ~ым не́бом** out of doors, in the open air; **с ~ыми глаза́ми** (*fig*) with open eyes; **о. дом** (*fig*) open house; **~ое заседа́ние** public sitting; **~ое мо́ре** the open sea; **~ое письмо́** open letter; **~ое пла́тье** low-necked dress; **~ые го́рные рабо́ты** opencast mining; **~ая сце́на** open-air stage.

откр|ы́ть, о́ю, о́ешь *pf* (*of* ⇒**~ыва́ть**) **1** to open; **о. кому́-н. глаза́ на что-н.** (*fig*) to open s.o.'s eyes to sth; **о. ми́тинг** to open a meeting; **о. ого́нь** (*mil*) to open fire; **о. па́мятник** to unveil a monument; **о. счёт** to open an account. **2** (*обнажить*) to uncover, reveal (*also fig*); **о. грудь** to bare one's breast; **о. ду́шу** to lay bare one's heart; **о. ка́рты** (*fig*) to show one's hand; **о. секре́т** to reveal a secret. **3** (*обнаружить*) to discover; **о. Аме́рику** (*fig, ironical*) to retail stale news. **4** (*воду, газ*) to turn on.

откр|ы́ться, о́юсь, о́ешься *pf* (*of* ⇒**~ыва́ться**) **1** (*дверь, глаза*) to open. **2** (*обнаружиться*) to come to light, be revealed; **пе́ред на́ми ~ы́лся великоле́пный вид** a magnificent view unfolded before us. **3** (+ *d*) (*кому-н.*) to confide (in, to).

отку́да *adv* (*interrog*) where from; (*rel*) whence, from which; **о. вы?** where are you from?; **о. вы об э́том зна́ете?** how come you know about it?; **о. ни возьми́сь** (*coll*) quite unexpectedly, out of the blue.

отку́да-либо *adv* from somewhere or other.

отку́да-нибудь *adv* = **отку́да-либо**

отку́да-то *adv* from somewhere.

о́ткуп, а, *pl* **~а́** *m* (*hist*) farming (*of revenues, etc.*); **взять на о.** to farm; **отда́ть на о.** to farm out (*also fig*).

откуп|а́ть(ся), а́ю(сь) *impf of* ⇒**~и́ть(ся)**

откуп|и́ть, лю́, ~ишь *pf* (*of* ⇒**~а́ть**) to pay up.

откуп|и́ться, лю́сь, ~ишься *pf* (*of* ⇒**~а́ться**) (**от** + *g*) to pay off.

отку́порива|ть, ю *impf of* ⇒**отку́порить**

отку́пор|ить, ю, ишь *pf* (*of* ⇒**~ивать**) (*бутылку*) to uncork; (*банку*) to open.

откупщи́к, а́ *m* (*hist*) tax collector.

отку|си́ть, шу́, ~сишь *pf* (*of* ⇒**~сывать**) to bite off; (*щипцами*) to cut off.

отку́сыва|ть, ю *impf of* ⇒**откуси́ть**

отку́ша|ть, ю *pf* (*obs*) **1** (*окончить еду*) to have finished eating. **2** (*поесть*) to eat; (*попробовать*) to try (*food*); **позва́ть о.** to invite to a meal.

отла́влива|ть, ю *impf of* ⇒**отлови́ть**

отлага́тельств|о, а *nt* delay; procrastination; **де́ло не те́рпит ~а** the matter is urgent.

отлага́|ть(ся), ю(сь) *impf of* ⇒**отложи́ть(ся)**

отла́дчик, а *m* (*comput*) (*программа*) debugger.

отлакир|ова́ть, у́ю *pf of* ⇒**лакирова́ть**

отла́мыва|ть(ся), ю, ет(ся) *impf of* ⇒**отлома́ть(ся)** *and* ⇒**отломи́ть(ся)**

отлега́|ть, ю *impf of* ⇒**отле́чь**

отлеж|áть, ý, и́шь *pf* (*of* ⇒**~́ивать**): **я ~áл нóгу** my foot has gone to sleep.

отлеж|áться, ýсь, и́шься *pf* (*of* ⇒**~́иваться**) **1** (*отдохнуть*) to lie up; to rest (*in bed*). **2** (*об овощах, фруктах*) to lie, be stored (*in order to ripen*).

отлёжива|ть(ся), ю(сь) *impf of* ⇒**отлежáть(ся)**

отлеп|и́ть, лю́, ~́ишь *pf* (*of* ⇒**~ля́ть**) (*coll*) to unstick, peel off.

отлеп|и́ться, ~́ится *pf* (*of* ⇒**~ля́ться**) (*coll*) to come unstuck, peel off.

отлепля́|ть(ся), ю, ет(ся) *impf of* ⇒**отлепи́ть(ся)**

отлёт, а *m* flying away; (*самолёта*) departure; **быть на ~е** to be about to leave; **держáть на ~е** to hold in one's outstretched hand; **держáться на ~е** (*coll*) to hold o.s. aloof; **дом на ~е** house standing by itself.

отлетá|ть[1], ю *pf* **1** (*кончить летать*) to stop flying. **2** (*coll*) to have been flying (*for a given period*); **он ~л двáдцать лет** he has twenty years' flying experience.

отлет|áть[2], áю *impf of* ⇒**~éть**

отле|тéть, чý, ти́шь *pf* (*of* ⇒**~тáть[2]**) **1** (*улететь*) to fly (away, off); (*fig*) (*исчезнуть*) to fly, vanish. **2** (*о мяче*) to rebound, bounce back. **3** (*coll*) (*о пуговице*) to come off.

отл|éчь, я́жет, я́гут, *past* **~ёг, ~еглá** *pf* (*of* ⇒**~егáть**) (*о боли, тревоге*) to pass; (*coll; impers*) **у неё ~егló от сéрдца** she felt relieved.

отли́в[1], а *m* (*моря*) ebb, ebb tide.

отли́в[2], а *m* (*оттенок*) tint; **с золоты́м ~ом** shot with gold.

отливá|ть[1], ю *impf of* ⇒**отли́ть**

отливá|ть[2], ет *impf* (+ *i*) to be shot (*with a colour*).

отли́вк|а, и *f* (*tech*) **1** (*действие*) casting, founding. **2** (*изделие*) cast, ingot, moulding (*Br*), molding (*US*).

отливн|óй *adj* (*tech*) cast, founded, moulded (*Br*), molded (*US*); **~áя печь** founding furnace.

отлип|áть, áет *impf of* ⇒**~́нуть**

отли́п|нуть, нет, *past* **~, ~ла** *pf* (*of* ⇒**~áть**) (*coll*) to come off, come unstuck.

отли́ть, отолью́, отольёшь, *past* **óтлил, отлилá, óтлило** *pf* (*of* ⇒**отливáть[1]**) **1** (+ *a or g*) (*молока*) to pour off; (*выкачать*) to pump out; (*отхлынуть*) to flood back. **2** (*tech*) to cast, found.

отлич|áть, áю *impf of* ⇒**~и́ть**

отлич|áться, áюсь *impf* **1** (*pf* **~и́ться**) to distinguish o.s., excel (*also joc, ironical*). **2** (*impf only*) (**от** + *g*) to differ (from). **3** (*impf only*) (+ *i*) to be notable (for).

отли́чи|е, я *nt* **1** difference, distinction; **знак ~я** distinguishing feature; (*mil*) order, decoration; **в о. от** (+ *g*) unlike, in contrast to. **2** (*оценка*) distinction; (*заслуга*) distinguished services; **получи́ть диплóм с ~ем** to obtain a distinction.

отличи́тельный *adj* distinctive; distinguishing; **о. при́знак** distinguishing feature.

отлич|и́ть, ý, и́шь *pf* (*of* ⇒**~áть**) **1** to distinguish; **о. однó от другóго** to tell one thing from another. **2** (*выделить из числа других*) to single out.

отлич|и́ться, ýсь, и́шься *pf of* ⇒**~áться 1**

отли́чник, а *m* **1** student obtaining 'excellent' marks. **2**: **о. произвóдства** exemplary worker.

отли́чни|ца, цы *f of* ⇒**~к**

отли́чно 1 *adv* excellently; perfectly; extremely well; **о. знать** to know perfectly well; **он о. понимáет по-рýсски** he understands Russian perfectly. **2** *n; nt indecl* 'excellent' mark (*in school, etc.*).

отли́ч|ный (~ен, ~на) *adj* **1** (**от** + *g*) (*иной*) different (from). **2** (*превосходный*) excellent; perfect; extremely good; **~но!** excellent!

отлов|и́ть, лю́, ~́ишь *pf* (*of* ⇒ **отлáвливать**) to catch (*an animal*).

отлóг|ий (~, ~а) *adj* sloping.

отлóгост|ь, и *f* slope.

отлó|же *comp of* ⇒**~гий**

отложéни|е, я *nt* (*geol, med*) deposit.

отлож|и́ть, ý, ~́ишь *pf* **1** (*impf* **откла́дывать**) (*положить в сторону*) to put aside, set aside; (*сохранить*) to put away, put by; **о. на чёрный день** to put by for a rainy day. **2** (*impf* **откла́дывать** *and obs* **отлагáть**) (*отсрочить*) to put off, postpone; **о. пáртию** to adjourn a game; **о. в дóлгий я́щик** to shelve. **3** (*impf* **откла́дывать**) (*о птицах*) to lay. **4** (*impf* **откла́дывать**) (*obs*) (*лошадей*) to unharness. **5** (*impf* **отлагáть**) (*chem, geol*) to deposit.

отлож|и́ться, ýсь, ~́ишься *pf* (*of* ⇒**отлагáться**) **1** (*obs*; **от** + *g*) to detach o.s. (from); to separate (from); (*pol*) to secede. **2** (*chem, geol*) to be deposited.

отложнóй *adj*: **о. воротни́к** turndown collar.

отломá|ть(ся), ю, ет(ся) *pf* (*of* ⇒**отлáмывать(ся)**) to break off.

отлом|и́ть(ся), лю́, ~́ит(ся) *pf* = **~áть(ся)**

отлуп|и́ть, лю́, ~́ишь *pf of* ⇒**лупи́ть[2]**

отлупц|евáть, ýю *pf of* ⇒**лупцевáть**

отлуч|áть(ся), áю(сь) *impf of* ⇒**отлучи́ть(ся)**

отлучéни|е, я *nt* (*eccl and fig*) excommunication.

отлуч|и́ть, ý, и́шь *pf* (*of* ⇒**~áть**) (*obs*; **от** + *g*) to separate *or* remove (from); **о. (от цéркви)** (*eccl*) to excommunicate.

отлуч|и́ться, ýсь, и́шься *pf* (*of* ⇒**~áться**) to absent o.s.

отлýчк|а, и *f* absence; **самовóльная о.** (*mil*) absence without leave (*abbr* AWOL); **быть в ~е** to be absent/away.

отлы́нива|ть, ю *impf* (*coll*; **от** + *g*) to shirk.

отмáлчива|ться, юсь *impf of* ⇒**отмолчáться**

отмáтыва|ть, ю *impf of* ⇒**отмотáть**

отма|хáть[1], шý, ~́шешь *pf* (*of* ⇒**~́хивать**): **о. рýки** to tire one's arms by waving.

отмахá|ть[2], ю *pf* (*coll*) to cover (*a distance*); **за день мы ~ли свы́ше тридцати́ миль** in the day we covered more than thirty miles.

отмáхива|ть(ся), ю(сь) *impf of* ⇒**отмахáть[1]** *and* ⇒**отмахнýть(ся)**

отмах|нýть, нý, нёшь *pf* (*of* ⇒**~́ивать**) (*coll*) to wave away, brush off (*with one's hand*).

отмах|нýться, нýсь, нёшься *pf* (*of* ⇒**~́иваться**) (**от** + *g*) **1** = **~нýть**; **о. от комарóв** to brush mosquitoes off. **2** (*fig*) to brush aside.

отмáчива|ть, ю *impf of* ⇒**отмочи́ть**

отмеж|евáть, ýю *pf* (*of* ⇒**~ёвывать**) to mark off, draw a boundary line (between).

отмеж|евáться, ýюсь *pf* (*of* ⇒**~ёвываться**) (**от** + *g*) to dissociate o.s. (from); to refuse to acknowledge.

отмежёвыва|ть(ся), ю(сь) *impf of* ⇒**отмежевáть(ся)**

óтмел|ь, и *f* sandbank.

отмéн|а, ы *f* abolition; repeal; cancellation; **о. крепостнóго прáва** abolition of serfdom; **о. закóна** repeal of a law; **о. спектáкля** cancellation of a show.

отмен|и́ть, ю́, ~́ишь *pf* (*of* ⇒**~я́ть**) (*налог*) to abolish; (*закон*) to repeal; (*решение, приказание*) to revoke; (*заседание*) to cancel.

отмéн|ный (~ен, ~на) *adj* excellent.

отмен|я́ть, я́ю *impf of* ⇒**~и́ть**

отмер|éть, отомрёт, *past* **óтмер, ~лá, óтмерло** *pf* (*of* ⇒**отмирáть**) to die off; (*fig*) to die out, die away.

отмерз|áть, áет *impf of* ⇒**~́нуть**

отмёрз|нуть, нет, *past* **~, ~ла** *pf* (*of* ⇒**~áть**) to freeze; **рýки у меня́ ~ли** my hands are frozen.

отмéрива|ть, ю *impf of* ⇒**отмéрить**

отмéр|ить, ю, ишь *pf* (*of* ⇒**~ивать** *and* ⇒**~я́ть**) to measure off.

отмер|я́ть, я́ю *impf* = **~́ивать**

отме|сти́, тý, тёшь, *past* **~́л, ~лá** *pf* (*of* ⇒**~тáть**) to sweep aside (*also fig*).

отмéстк|а, и *f* (*coll*) revenge; **в ~у** in revenge.

отметá|ть, ю *impf of* ⇒**отмести́**

отметéл|ить, ю, ишь *pf of* ⇒**метéлить**

отмéтин|а, ы *f* mark; (*на лбу лошади*) star.

отмé|тить, чу, тишь *pf* (*of* ⇒**~чáть**) **1** (*место в книге*) to mark, note; (*присутствующих; высоту*) to make a note (of); **о. пти́чкой** to tick off. **2** (*достоинства*) to point to, mention, record; **о. чьи-н. пóдвиги** to point to s.o.'s feats. **3** (*регистрировать*) to record. **4** (*день рождения*) to celebrate.

отмé|титься, чусь, тишься *pf* (*of* ⇒**~чáться**) to sign one's name; to register.

отмéтк|а, и *f* **1** (*знак*) mark; (*запись*) note. **2** (*оценка*) mark.

отмечá|ть(ся), ю(сь) *impf of* ⇒**отмéтить(ся)**

отмирáни|е, я *nt* dying off; dying away.

отмира́|ть, ет *impf of* ⇨**отмере́ть**

отмобилиз|ова́ть, у́ю *pf of* ⇨**мобилизова́ть**

отмок|а́ть, а́ет *impf of* ⇨**~́нуть**

отмо́к|нуть, нет, *past* **~, ~ла** *pf* (*of* ⇨**~а́ть**) **1** (*стать мокрым*) to grow wet. **2** (*отделиться*) to soak off.

отмолч|а́ться, у́сь, и́шься *pf* (*of* ⇨**отма́лчиваться**) (*coll*) to keep silent, say nothing.

отмора́жива|ть, ю *impf of* ⇨**отморо́зить**

отморо́жени|е, я *nt* frostbite.

отморо́|женный *ppp of* ⇨**~зить** *and adj* frostbitten.

отморо́|зить, жу, зишь *pf* (*of* ⇨**отмора́живать**) to injure by frostbite; **я ~зил себе́ у́ши** my ears are frostbitten.

отмота́|ть, ю *pf* (*of* ⇨**отма́тывать**) to unwind.

отмоч|и́ть, у́, ~́ишь *pf* (*of* ⇨**отма́чивать**) **1** (*марку*) to soak off. **2** (*кожу*) to soak, steep. **3** (*coll*) (*глупость*) to do, say (*sth ludicrous or outrageous*).

отмсти́ть = **отомсти́ть**

отмще́ни|е, я *nt* (*obs*) vengeance.

отмыва́ни|е, я *nt*: **о. де́нег** money laundering.

отмыва́|ть(ся), ю(сь) *impf of* ⇨**отмы́ть(ся)**

отмыка́|ть(ся), ю *impf of* ⇨**отомкну́ть(ся)**

отм|ы́ть, о́ю, о́ешь *pf* (*of* ⇨**~ыва́ть**) **1** (*руки*) to wash clean. **2** (*грязь*) to wash off, wash away. **3** (*fig, coll*): **о. де́ньги** to launder money.

отм|ы́ться, о́юсь, о́ешься *pf* (*of* ⇨**~ыва́ться**) **1** (*о человеке*) to wash o.s. clean. **2** (*о руках*) to become/get clean. **3** (*о грязи*) to come out, come off.

отмы́чк|а, и *f* master key; (*воровская*) jemmy (*Br*), jimmy (*US*).

отмяк|а́ть, а́ет, *impf of* ⇨**~́нуть**

отмя́к|нуть, нет, *past* **~, ~ла** *pf* (*of* ⇨**~а́ть**) to grow soft.

отне́кива|ться, юсь *impf* (*coll*) to refuse.

отнес|ти́, у́, ёшь, *past* **~̈, ~ла́** *pf* (*of* ⇨**относи́ть**) **1** (**в** + *a*, **к** + *d*) (*доставить*) to take (to). **2** to carry away, carry off; (*impers*): **ло́дку ~ло́ тече́нием** the boat was carried away by the current; (*переместить*) to move. **3** (*coll*) (*отсечь*) to cut off. **4** (**к** + *d*) to ascribe (to), attribute (to), refer (to); **ру́копись ~ли́ к пя́тому ве́ку** the manuscript was believed to date from the fifth century; **мы ~ли́ его́ раздражи́тельность на счёт глухоты́** we put his irritability down to his deafness.

отнес|ти́сь, у́сь, ёшься, *past* **~̈ся, ~ла́сь** *pf* (*of* ⇨**относи́ться 1**) (**к** + *d*) to treat; to regard; **хорошо́ о. к кому́-н.** to treat s.o. well, be nice to s.o.; **скепти́чески о. к предположе́нию** to be sceptical about a hypothesis; **как вы ~ли́сь к его́ слова́м?** what did you think of what he said?

отникелир|ова́ть, у́ю *pf of* ⇨**никелирова́ть**

отнима́|ть(ся), ю, ет(ся) *impf of* ⇨**отня́ть(ся)**

относи́тельно 1 *adv* relatively. **2** *prep* (+ *g*) concerning, about, with regard to.

относи́тельност|ь, и *f* relativity; **тео́рия ~и Эйнште́йна** Einstein's Theory of Relativity.

относи́тел|ьный (~ен, ~ьна) *adj* relative; **~ьное местоиме́ние** (*gram*) relative pronoun.

отно|си́ть, шу́, ~́сишь *impf of* ⇨**отнести́**

отно|си́ться, шу́сь, ~́сишься *impf* **1** *impf of* ⇨**отнести́сь. 2** *impf only* (**к** + *d*) to concern, have to do (with), relate (to); **э́то к де́лу не ~́сится** that's beside the point, that is irrelevant. **3** *impf only* (**к** + *d*) to date (from); **э́тот храм ~́сится к двена́дцатому ве́ку** this church dates from the twelfth century.

отноше́ни|е, я *nt* **1** (**к** + *d*) attitude (to); treatment (of); **внима́тельное о. к ста́рым** consideration for the old; **у него́ стра́нное о. к же́нщинам** he has a strange attitude to women.
2 (*связь*) relation; respect; **име́ть о. к чему́-н.** to bear a relation to sth, have a bearing on sth; **не име́ть ~я** (**к** + *d*) to bear no relation (to), have nothing to do (with); **в ~и** (+ *g*), **по ~ю** (**к** + *d*) with respect (to), with regard (to); **в не́которых ~ях** in some respects.
3 (*in pl*) (*связи между людьми*) relations; terms; **дипломати́ческие ~я** diplomatic relations; **быть в дру́жеских ~ях** (**с** + *i*) to be on friendly terms (with); **вы́яснить ~я** (**с** + *i*) to have it out (with).
4 (*math*) ratio; **в прямо́м/обра́тном ~и** in direct/inverse ratio.
5 (*деловая бумага*) letter, memorandum.

отны́не *adv* (*rhetorical*) henceforth, henceforward.

отню́дь *adv* by no means, not at all.

отня́ти|е, я *nt* taking away; **о. руки́** amputation of an arm; **о. от груди́** weaning.

от|ня́ть, ниму́, ни́мешь, *past* **~́нял, ~няла́, ~́няло** *pf* (*of* ⇨**~нима́ть**) **1** to take (away); **о. от груди́** to wean; **о. жизнь у кого́-н.** to take s.o.'s life; **от шести́ о. три** to take away three from six; **э́то ~́няло у меня́ три часа́** it took me three hours.
2 (*ампутировать*) to amputate.

от|ня́ться, ни́мется, *past* **~ня́лся, ~няла́сь** *pf* (*of* ⇨**~нима́ться**) to be paralysed; **у него́ ~няла́сь пра́вая рука́** he has lost the power of his right arm; **у неё ~ня́лся язы́к** she has lost the power of speech.

ото *prep* = **от**

ото... *vbl pref* = **от...**

отобе́да|ть, ю *pf* to have finished dinner.

отобража́|ть, ю *impf of* ⇨**отобрази́ть**

отображе́ни|е, я *nt* reflection; representation.

отобра|зи́ть, жу́, зи́шь *pf* (*of* ⇨**~жа́ть**) to reflect; to represent.

от|обра́ть, беру́, берёшь, *past* **~обра́л, ~обрала́, ~обра́ло** *pf* (*of* ⇨**отбира́ть**) **1** (*отнять*) to take (away). **2** (*выбрать*) to select, pick out.

отовсю́ду *adv* from everywhere, from every quarter.

от|огна́ть[1], гоню́, го́нишь, *past* **~огна́л, ~огнала́, ~огна́ло** *pf* (*of* ⇨**~гоня́ть**) to drive away, chase away.

от|огна́ть[2], гоню́, го́нишь, *past* **~огна́л, ~огнала́, ~огна́ло** *pf* (*of* ⇨**~гоня́ть**) (*chem*) to distil (*Br*), distill (*US*) (off).

отогн|у́ть, у́, ёшь *pf* (*of* ⇨**отгиба́ть**) to bend back.

отогн|у́ться, у́сь, ёшься *pf* (*of* ⇨**отгиба́ться**) to bend back.

отогрева́|ть(ся), ю(сь) *impf of* ⇨**отогре́ть(ся)**

отогре́|ть, ю *pf* (*of* ⇨**~ва́ть**) to warm.

отогре́|ться, юсь *pf* (*of* ⇨**~ва́ться**) to warm o.s.

отодвига́|ть(ся), ю(сь) *impf of* ⇨**отодви́нуть(ся)**

отодви́|нуть, ну, нешь *pf* (*of* ⇨**~га́ть**) **1** to move aside. **2** (*fig, coll*) (*отсрочить*) to put off, put back.

отодви́|нуться, нусь, нешься *pf* (*of* ⇨**~га́ться**) **1** to move aside. **2** (*coll*) (*о сроке*) to be postponed.

от|одра́ть, деру́, дерёшь, *past* **~одра́л, ~одрала́, ~одра́ло** *pf* (*of* ⇨**~дира́ть**) **1** (*оторвать*) to tear off, rip off. **2** (*coll*) (*высечь*) to flog.

отож(д)еств|и́ть, лю́, и́шь *pf* (*of* ⇨**~ля́ть**) to identify.

отож(д)ествля́|ть, ю *impf of* ⇨**отож(д)естви́ть**

отожжённый *ppp of* ⇨**отже́чь** *and adj* (*tech*) annealed.

от|озва́ть, зову́, зовёшь, *past* **~озва́л, ~озвала́, ~озва́ло** *pf* (*of* ⇨**~зыва́ть**) **1** to take aside. **2** (*посла*) to recall.

от|озва́ться, зову́сь, зовёшься, *past* **~озва́лся, ~озвала́сь** *pf* (*of* ⇨**~зыва́ться**) **1** (**на** + *a*) to answer; to respond (to). **2** (**о** + *p*) to speak (of); **рецензе́нты хорошо́ ~озва́лись о его́ второ́й кни́ге** his second book was well received by (received good notices from) the reviewers. **3** (**на** + *a*) to tell (on, upon); **деторожде́ние ~озвало́сь на её здоро́вье** childbearing has told on her health.

ото|йти́, йду́, йдёшь, *past* **~шёл, ~шла́** *pf* (*of* ⇨**отходи́ть[1]**) **1** to move away; to move off; (*о поезде*) to leave, depart.
2 (*оставить свою прежнюю позицию*) to withdraw; to recede; (*mil*) to withdraw, fall back; (*fig*; **от** + *g*) to move away (from); to digress (from), diverge (from); **он далеко́ ~шёл от пре́жних взгля́дов** he has moved a long way from his earlier views.
3 (*о пятнах*) to come out; (**от** + *g*) to come away (from), come off; **обо́и ~шли́ от стены́** the paper has come off (the wall).
4 (*прийти в обычное состояние*) to recover (normal state); (*impers, coll*): **у меня́ ~шло́ от се́рдца** I felt better; I felt relieved.
5 (**к** + *d*) (*перейти в чью-л. собственность*) to pass (to), go (to).
6 (*выделиться*) to be lost (*in processing*).
7 (*obs*) (*пройти*) to pass; **ле́то ~шло́** summer was over; **о. в ве́чность**

(*rhetorical*) to pass away.

отомкн|у́ть, у́, ёшь *pf* (*of* **⇒отмыка́ть**) to unlock, unbolt.

отомкн|у́ться, ётся *pf* (*of* **⇒отмыка́ться**) to open.

отом|сти́ть, щу́, сти́шь *pf of* **⇒мстить**

отопи́тельный *adj* heating; **о. сезо́н** cold season.

отоп|и́ть, лю́, ~́ишь *pf* (*of* **⇒ота́пливать**) to heat.

отопле́ни|е, я *nt* heating.

отора́чива|ть, ю *impf of* **⇒оторочи́ть**

ото́рванност|ь, и *f* isolation; loneliness; **чу́вствовать о. от цивилиза́ции** to feel cut off from civilization.

оторв|а́ть, у́, ёшь, *past* **~а́л, ~ала́, ~а́ло** *pf* (*of* **⇒отрыва́ть**[1]) (*пуговицу*) to tear off; (*отвлечь*) to tear away (*fig*); **о. кого́-н. от рабо́ты** to tear s.o. away from his work; **с рука́ми о.** (*coll*) to seize eagerly.

оторв|а́ться, у́сь, ёшься, *past* **~а́лся, ~ала́сь** *pf* (*of* **⇒отрыва́ться**) **1** (*о пуговице*) to come off, be torn off. **2** (*aeron*): **о. от земли́** to take off. **3** (*fig*; **от** + *g*) (*от друзей*) to be cut off (from), lose touch (with); (*от соперников; от отряда*) to break away (from); **о. от проти́вника** to lose contact with the enemy. **4** (*fig*; **от** + *g*) to tear o.s. away (from); **я не мог о. от э́той кни́ги** I could not tear myself away from this book. **5** (*sl*) (*развлечься*) to relax, have a good time.

оторопе́лый *adj* (*coll*) dumbfounded.

оторопе́|ть, ю *pf* (*coll*) to be struck dumb.

о́тороп|ь, и *f* (*coll*) confusion, fright; **меня́ о. взяла́** I was dumb-founded.

отороч|и́ть, у́, и́шь *pf* (*of* **⇒отора́чивать**) to edge, trim.

оторо́чк|а, и *f* edging, trimming.

ото|сла́ть, шлю́, шлёшь *pf* (*of* **⇒отсыла́ть**) **1** to send off, dispatch; **о. де́ньги** to send a remittance. **2** (**к** + *d*) to refer (to); **о. чита́теля к предыду́щему то́му** to refer the reader to the preceding volume.

отосп|а́ться, лю́сь, и́шься, *past* **~а́лся, ~ала́сь** *pf* (*of* **⇒отсыпа́ться**[2]) to have a (good) long sleep; **о. по́сле доро́ги** to sleep off a journey.

отоше́дший *pp of* **⇒отойти́**

ото|шёл, шла́ *see* **⇒~йти́**

ото|шлю́, шлёшь *see* **⇒~сла́ть**

отоща́лый *adj* (*coll*) emaciated.

отоща́|ть, ю *pf of* **⇒тоща́ть**

отпада́|ть, ю *impf of* **⇒отпа́сть**

отпа́ива|ть[1]**, ю** *impf of* **⇒отпая́ть**

отпа́ива|ть[2]**, ю** *impf of* **⇒отпои́ть**

отпа́рива|ть, ю *impf of* **⇒отпа́рить**

отпари́р|овать, ую *pf of* **⇒пари́ровать**

отпа́р|ить, ю, ишь *pf* (*of* **⇒~ивать**) **1** to steam; **о. брю́ки** to press trousers through a damp cloth. **2** (*обои*) to steam off.

отпа́рыва|ть, ю *impf of* **⇒отпоро́ть**

отпа́|сть, ду́, дёшь, *past* **~л** *pf* (*of* **⇒~да́ть**) **1** (*отделиться*) to fall off, drop off. **2** (*fig*; **от** + *g*) to drop out (of); **мно́гие чле́ны ~ли от па́ртии** many members have dropped out of the party. **3** (*fig*) (*утратить силу*) to pass, fade; **у него́ ~ла охо́та к путеше́ствию по А́фрике** his desire to travel in Africa has passed; **вопро́с об э́том ~л** the question no longer arises.

отпа|я́ть, я́ю *pf* (*of* **⇒~́ивать**[1]) to unsolder.

отпева́ни|е, я *nt* funeral service.

отпева́|ть, ю *impf of* **⇒отпе́ть**

от|пере́ть, опру́, опрёшь, *past* **~́пер, ~перла́, ~́перло** *pf* (*of* **⇒~пира́ть**) to unlock; to open.

от|пере́ться[1]**, опрётся,** *past* **~пе́рся, ~перла́сь** *pf* (*of* **⇒~пира́ться**) to open.

от|пере́ться[2]**, опру́сь, опрёшься,** *past* **~пёрся, ~перла́сь** *pf* (*of* **⇒~пира́ться**) (*coll*; **от** + *g*) to deny; to disown.

отпе́т|ый *ppp of* **⇒~ь** *and adj* (*coll*) arrant, inveterate.

отп|е́ть, ою́, оёшь *pf* (*of* **⇒~ева́ть**) to read the funeral service (for, over).

отпеча́т|ать, аю *pf* **1** (*impf* **печа́тать**) to print (off). **2** (*impf* **~ывать**) to imprint; **о. па́льцы на стекле́** to leave fingerprints on glass; **о. следы́** to leave footprints. **3** (*impf* **~ывать**) (*помещение*) to open (up).

отпеча́т|аться, ается *pf* to leave an imprint; to be imprinted.

отпечатле́|ться, ется *pf* (*obs*) to leave its mark.

отпеча́т|ок, ка *m* imprint (*also fig*); **о. па́льца** fingerprint.

отпеча́тыва|ть(ся), ю, ет(ся) *impf of* **⇒отпеча́тать(ся)**

отпива́|ть, ю *impf of* **⇒отпи́ть**

отпи́лива|ть, ю *impf of* **⇒отпили́ть**

отпил|и́ть, ю́, ~́ишь *pf* (*of* **⇒~́ивать**) to saw off.

отпира́тельств|о, а *nt* denial, disavowal.

отпира́|ть(ся), ю(сь) *impf of* **⇒отпере́ть(ся)**

отпи|са́ть, шу́, ~́шешь *pf* (*of* **⇒~́сывать**) (*obs*) **1** (*завещать*) to bequeath, leave. **2** (*конфисковать*) to confiscate.

отпи|са́ться, шу́сь, ~́шешься *pf* (*of* **⇒~́сываться**) **1** to make a (purely) formal reply. **2** (*comput, coll*) (*от* + *g*) to unsubscribe (*from*).

отпи́ск|а, и *f* (*pej*) formal reply.

отпи́сыва|ть(ся), ю(сь) *impf of* **⇒отписа́ть(ся)**

от|пи́ть, опью́, опьёшь, *past* **~́пил, ~пила́, ~́пило** *pf* (*of* **⇒~пива́ть**) (+ *a or g*) to take a sip (of).

отпи́хива|ть(ся), ю(сь) *impf of* **⇒отпихну́ть(ся)**

отпих|ну́ть, ну́, нёшь *pf* (*of* **⇒~́ивать**) (*coll*) to push off; to shove aside.

отпих|ну́ться, ну́сь, нёшься *pf* (*of* **⇒~́иваться**) (*coll*) to push off (*esp in a boat*).

отпла́т|а, ы *f* repayment.

отпла|ти́ть, чу́, ~́тишь *pf* (*of* **⇒~́чивать**) (+ *d*) to pay back (to); repay; **о. кому́-н. той же моне́той** to pay s.o. in his own coin.

отпла́чива|ть, ю *impf of* **⇒отплати́ть**

отплёвыва|ть, ю *impf of* **⇒отплю́нуть**

отплёвыва|ться, юсь *impf* to spit (*also fig, to express disgust*).

отплёскива|ть, ю *impf of* **⇒отплесну́ть**

отплес|ну́ть, ну́, нёшь *pf* (*of* **⇒отплёскивать**) **1** (*о воде, о волне*) to splash back. **2** (*coll*) (*жидкость*) to pour off.

отплыва́|ть, ю *impf of* **⇒отплы́ть**

отплы́ти|е, я *nt* sailing, departure.

отплы́|ть, ву́, вёшь, *past* **~л, ~ла́, ~ло** *pf* (*of* **⇒~ва́ть**) (*о корабле*) to sail, set sail; (*о плывущих людях*) to swim off.

отплю́н|уть, у, ешь *pf* (*of* **⇒отплёвывать**) to spit (out), expectorate.

отпля|са́ть, шу́, ~́шешь *pf* (*of* **⇒~́сывать**) (*coll*) **1** (*гопак*) to perform. **2** (*кончить плясать*) to finish dancing.

отпля́сыва|ть, ю *impf of* **⇒отплеса́ть**

о́тповед|ь, и *f* reproof, rebuke.

отпо|и́ть, ю́, и́шь *pf* (*of* **⇒отпа́ивать**[2]) **1** (*кончить поить*) to finish watering. **2** (*вырастить*) to fatten (on liquids). **3** (*coll*; + *i*) (*вылечить*) to cure by giving to drink; **о. отра́вленного молоко́м** to give milk to s.o. suffering from poisoning.

отполз|а́ть, а́ю *impf of* **⇒~ти́**

отполз|ти́, у́, ёшь, *past* **~, ~ла́** *pf* (*of* **⇒~а́ть**) to crawl away.

отполир|ова́ть, у́ю *pf of* **⇒полирова́ть**

отпо́р, а *m* repulse; rebuff; **дать о.** (+ *d*) to repulse; **встре́тить о.** to be repulsed; to meet with a rebuff.

отпор|о́ть, ю́, ~́ешь *pf* (*of* **⇒отпа́рывать**) to rip off.

отпотева́|ть, ет *impf of* **⇒отпоте́ть**

отпоте́|ть, ет *pf* (*of* **⇒поте́ть** *and* **⇒~ва́ть**) to mist over, be covered with moisture.

отпочк|ова́ться, у́ется *pf* (*of* **⇒~о́вываться**) (*biol*) to propagate by gemmation; (*fig*) to detach o.s.

отпочко́выва|ться, ется *impf of* **⇒отпочкова́ться**

отправи́тел|ь, я *m* sender.

отправи́тель|ница, ницы *f of* **⇒~**

отпра́в|ить, лю, ишь *pf* (*of* **⇒~ля́ть**) to send; (*по почте*) to post (*Br*), mail (*US*); to send off; **о. на тот свет** to send to kingdom come; **о. есте́ственные потре́бности** to relieve nature.

отпра́в|иться, люсь, ишься *pf* (*of* **⇒~ля́ться**) to set out, set off, start; (*о поезде*) to leave, depart; **о. на боково́ю** (*coll*) to turn in, go to bed.

отпра́вк|а, и *f* sending off; (*по почте*) posting; (*товаров*) dispatch; (*поезда*) departure.

отправле́ни|е, я *nt* **1** (*действие*) sending. **2** (*почтовое, заказное*) item. **3** (*поезда*) departure. **4** (*организма*) function (*of the body*). **5** (*исполнение*) exercise, performance; **о. обя́занностей** exercise of one's duties.

отправля́|ть, ю *impf* **1** *impf of* ⇒**отпра́вить**. **2** (*impf only*) to exercise, perform (*duties, functions*).

отправля́|ться, юсь *impf* **1** *impf of* ⇒**отпра́виться**. **2** (*fig*; **от** + *g*) to proceed (from).

отправн|о́й *adj*: **о. пункт, ~а́я то́чка** starting point.

отпра́здн|овать, ую *pf of* ⇒**пра́здновать**

отпра́шива|ться, юсь *impf* (*of* ⇒**отпроси́ться**) (*просить разрешения*) to ask (for) leave.

отпресс|ова́ть, у́ю *pf of* ⇒**прессова́ть**

отпро|си́ться, шу́сь, ~́сишься *pf* (*of* ⇒**отпра́шиваться**) (*получить разрешение*) to obtain leave.

отпры́гива|ть, ю *impf of* ⇒**отпры́гнуть**

отпры́г|нуть, ну, нешь *pf* (*of* ⇒**~ивать**) (*назад*) to jump back; (*в сторону*) to jump aside.

о́тпрыск, а *m* (*bot and fig*) offshoot, scion.

отпряга́|ть, ю *impf of* ⇒**отпря́чь**

отпря́дыва|ть, ю *impf of* ⇒**отпря́нуть**

отпря́|нуть, ну, нешь *pf* (*of* ⇒**~дывать**) to recoil, start back.

отпря́|чь, гу́, жёшь, гу́т, *past* **~г, ~гла́** *pf* (*of* ⇒**~га́ть**) to unharness.

отпу́гива|ть, ю *impf of* ⇒**отпугну́ть**

отпуг|ну́ть, ну́, нёшь *pf* (*of* ⇒**~́ивать**) to frighten off, scare away.

о́тпуск, а, в ~е *or* (*coll*) **в ~у́,** *pl* **~а́, ~о́в** *m* **1** leave, holiday(s) (*Br*), vacation (*US*); (*mil*) leave, furlough; **в ~е, в ~у́** on leave; **о. без сохране́ния содержа́ния** unpaid leave; **о. по боле́зни** sick leave. **2** (*товаров*) issue, delivery, distribution.

отпуска́|ть, ю *impf of* ⇒**отпусти́ть**

отпускни́к, а́ *m* holidaymaker (*Br*), person on vacation (*US*); (*mil*) soldier on leave.

отпускн|о́й *adj* **1** *adj of* ⇒**о́тпуск 1**; **~ы́е де́ньги** holiday pay; **~о́е свиде́тельство** authorization of leave (*of absence*); (*mil*) leave pass. **2** (*econ*): **~а́я цена́** selling price.

отпу|сти́ть, щу́, ~́стишь *pf* (*of* ⇒**~ска́ть**) **1** (*позволить кому-н. уйти; перестать держать*) to let go; (*в сад, во двор*) to let out; (*освободить*) to set free; to release; (*дать отпуск*) to give leave (of absence); **~сти́ мою́ ру́ку!** let go (of) my arm!; **о. на пра́здник** to release for the holiday; **о. комплиме́нт** (*coll*) to make a compliment; **о. шу́тку** (*coll*) to crack a joke. **2** (*ослабить*) to relax, slacken; **о. по́вод ло́шади** to give a horse its head; (*impers, coll*): **боль ~сти́ло** the pain has eased. **3** (*отрастить*) to (let) grow; **о. (себе́) бо́роду** to grow a beard. **4** (*выдать*) to issue, give out; (*продать*) to serve. **5** (*назначить*) to assign, allot. **6** (*простить*) to remit; to forgive; **о. кому́-н. грехи́** (*eccl*) to give s.o. absolution.

отпуще́ни|е, я *nt* remission; **о. грехо́в** (*eccl*) absolution; **козёл ~я** (*coll*) scapegoat.

отраба́тыва|ть, ю *impf of* ⇒**отрабо́тать**

отрабо́та|нный *ppp of* ⇒**~ть** *and adj* (*tech*) worked out; waste, spent, exhaust; **о. газ** waste gas, exhaust gas.

отрабо́та|ть¹, ю *pf* (*of* ⇒**отраба́тывать**) **1** (*долг*) to work off. **2** (*какое-н. время*) to work. **3** (*придать окончательный вид*) to put the finishing touches to. **4** (*упражнение, приём*) to work through, give a workout to.

отрабо́та|ть², ю *pf* (*кончить работать*) to finish one's work.

отрабо́тк|а, и *f* working off, paying by work.

отрабо́точн|ый *adj*: **~ая систе́ма** statute labour, corvée.

отра́в|а, ы *f* poison.

отрави́тел|ь, я *m* poisoner.

отрави́тель|ница, ницы *f of* ⇒**~**

отрав|и́ть, лю́, ~́ишь *pf* (*of* ⇒**~ля́ть**) to poison (*also fig*).

отрав|и́ться, лю́сь, ~́ишься *pf* (*of* ⇒**~ля́ться**) to poison o.s.

отравле́ни|е, я *nt* poisoning.

отравля́|ть(ся), ю(сь) *impf of* ⇒**отрави́ться**

отравля́ющий *adj* toxic.

отра́д|а, ы *f* joy, delight; comfort.

отра́д|ный (~ен, ~на) *adj* gratifying, pleasing; comforting.

отража́тел|ь, я *m* reflector.

отража́тельн|ый *adj* (*tech*) reflecting, deflecting; **~ая засло́нка, о. лист, ~ая плита́** deflector (plate), baffle (plate).

отража́|ть(ся), ю(сь) *impf of* ⇒**отрази́ть(ся)**

отраже́ни|е, я *nt* **1** reflection. **2** (*нападения*) repelling; warding off.

отра|зи́ть, жу́, зи́шь *pf* (*of* ⇒**~жа́ть**) **1** to reflect (*also fig*). **2** (*нападение*) to repel; to ward off.

отра|зи́ться, жу́сь, зи́шься *pf* (*of* ⇒**~жа́ться**) **1** to be reflected. **2** (*fig*; **на** + *p*) to affect; to tell (on); **пое́здка в го́ры благоприя́тно ~зи́лась на его́ рабо́те** the mountain trip had a beneficial effect on his work.

отрапорт|ова́ть, у́ю *pf of* ⇒**рапортова́ть**

отраслево́й *adj of* ⇒**о́трасль**

о́трасл|ь, и *f* branch; **о. промы́шленности** branch of industry.

отраст|а́ть, а́ю *impf of* ⇒**~и́**

отраст|и́, у́, ёшь, *past* **отро́с, отросла́** *pf* (*of* ⇒**~а́ть**) to grow.

отра|сти́ть, щу́, сти́шь *pf* (*of* ⇒**~́щивать**) to (let) grow; **о. во́лосы** to grow one's hair long; **о. брю́хо** (*coll*) to develop a paunch.

отра́щива|ть, ю *impf of* ⇒**отрасти́ть**

отреаги́р|овать, ую *pf* (*coll*) *of* ⇒**реаги́ровать 2**

отре́бь|е, я *nt* (*collect*) rabble.

отрегули́р|овать, ую *pf of* ⇒**регули́ровать 3**

отредакти́р|овать, ую *pf of* ⇒**редакти́ровать 1**

отре́з, а *m* **1** cut; **ли́ния ~а** line of the cut. **2** (*кусок ткани*) length (*of material*); **о. на пла́тье** dress length.

отрез|а́ть, а́ю *impf of* ⇒**~́ать**

отре́|зать, жу, жешь *pf* (*of* ⇒**~за́ть**) **1** to cut off (*also fig*); **проти́вник ~зал нам отступле́ние** the enemy had cut off our retreat. **2** (*coll*) (*резко ответить*) to snap back.

отрезве́|ть, ю *pf of* ⇒**трезве́ть**

отрезви́тельный *adj* sobering (*also fig*).

отрезв|и́ть, лю́, и́шь *pf* (*of* ⇒**~ля́ть**) to sober (*also fig*).

отрезв|и́ться, лю́сь, и́шься *pf* (*of* ⇒**~ля́ться**) to become sober, sober up.

отрезвле́ни|е, я *nt* sobering (up).

отрезвля́|ть(ся), ю(сь) *impf of* ⇒**отрезви́ть(ся)**

отрезно́й *adj* detachable; **о. тало́н** tear-off coupon.

отре́з|ок, ка *m* (*ткани*) piece, cut; (*пути*) section; (*hist*) (*земли*) portion (*of land*); (*math*) segment; **о. вре́мени** stretch of time.

отрека́|ться, юсь *impf of* ⇒**отре́чься**

отрекоменд|ова́ть, у́ю *pf of* ⇒**рекомендова́ть**

отрекоменд|ова́ться, у́юсь *pf of* ⇒**рекомендова́ться**

отремонти́р|овать, ую *pf of* ⇒**ремонти́ровать**

отрепети́р|овать, ую *pf of* ⇒**репети́ровать**

отре́пь|е, я, *pl* **~я, ~ев** *nt* (*collect*) rags; **ходи́ть в о., в ~ях** to be in rags.

отрече́ни|е, я *nt* (**от** + *g*) renunciation (of); **о. от престо́ла** abdication.

отре́|чься, ку́сь, чёшься, ку́тся, *past* **~̈кся, ~кла́сь** *pf* (*of* ⇒**~ка́ться**) (**от** + *g*) to renounce, disavow, give up; **о. от престо́ла** to abdicate.

отреш|а́ть(ся), а́ю(сь) *impf of* ⇒**~и́ть(ся)**

отрешённост|ь, и *f* estrangement, aloofness.

отреш|и́ть, у́, и́шь *pf* (*of* ⇒**~а́ть**) (*literary*) (**от** + *g*) to release (from); **о. от до́лжности** to dismiss, suspend.

отреш|и́ться, у́сь, и́шься *pf* (*of* ⇒**~а́ться**) (*literary*) (**от** + *g*) to renounce, give up; **я не мог о. от мы́сли** I could not get rid of the idea.

отри́н|уть, у, ешь *pf* (*obs*) to reject.

отрица́ни|е, я *nt* denial; negation; (*ling*) negative.

отрица́тел|ьный (~ен, ~ьна) *adj* negative.

отрица́|ть, ю *impf* to deny; to disclaim; **о. вино́вность** (*law*) to plead not guilty.

отро́г, а *m* (*geog*) spur.

о́троду *adv* (*coll*): **не... о.** never in one's life; never in one's born days; **я о. не вида́л ничего́ подо́бного** I have never seen the like.

отро́дь|е, я *nt* (*coll, pej*) spawn, offspring.

отродя́сь *adv* (*coll*) = **о́троду**

о́трок, а *m* (*obs and ironical*) boy, lad; adolescent.

отроковѝц|а, ы *f* (*obs and ironical*) girl; adolescent.

отро́ст|ок, ка *m* **1** (*bot*) shoot, sprout. **2** (*tech*) branch, extension. **3** (*anat*) appendix.

о́троческий *adj* adolescent.

о́трочеств|о, а *nt* adolescence.

отруб|а́ть, а́ю *impf of* ⇒**~и́ть**

о́труб|и, е́й (*no sg*) bran.

отруб|и́ть, лю́, ~ишь *pf* (*of* ⇒**~а́ть**) **1** (*сук*) to chop off. **2** = **отре́зать 2**

о́труб|ный *adj of* ⇒**~и**

отруга́|ть, ю *pf of* ⇒**руга́ть 1, 2**

отру́гива|ться, юсь *impf* (*coll*) to return abuse.

отры́в, а *m* **1** tearing off. **2** (*fig*) alienation, isolation; loss of contact; **в ~е (от** + *g*) out of touch (with); **учи́ться без ~а от произво́дства** to study while continuing (normal) work; **о. от земли́** (*aeron*) take-off; **о. от проти́вника** (*mil*) disengagement.

отрыва́|ть[1], **ю** *impf of* ⇒**оторва́ть**

отрыва́|ть[2], **ю** *impf of* ⇒**отры́ть**

отрыва́|ться, юсь *impf of* ⇒**оторва́ться**

отры́вист|ый (~, ~а) *adj* jerky, abrupt; (*речь*) curt.

отрывно́й *adj* perforated; **о. календа́рь** tear-off calendar.

отры́в|ок, ка *m* (*разговора*) fragment; (*книги*) excerpt; passage; **о. из фи́льма** film clip.

отры́воч|ный (~ен, ~на) *adj* fragmentary, scrappy.

отры́гива|ть, ю *impf of* ⇒**отрыгну́ть**

отрыг|ну́ть, ну́, нёшь *pf* (*of* ⇒**~ивать**) (+ *a or g*) to belch.

отры́жк|а, и *f* **1** belch. **2** (*fig*) survival, throwback.

отр|ы́ть, о́ю, о́ешь *pf* (*of* ⇒**~ыва́ть**[2]) to dig up; to unearth (*also fig*).

отря́д, а *m* **1** (*mil*) detachment; (*группа*) group, party, brigade; **передово́й о.** (*fig*) vanguard. **2** (*biol*) order.

отря|ди́ть, жу́, ди́шь *pf* (*of* ⇒**~жа́ть**) to dispatch, send; (*mil*) to detail.

отряжа́|ть, ю *impf of* ⇒**отряди́ть**

отряс|а́ть, а́ю *impf of* ⇒**~ти́**

отряс|ти́, у́, ёшь, *past* **~, ~ла́** *pf* (*of* ⇒**~а́ть**) (*obs*) to shake off; **о. прах от ног свои́х** (*fig*) to shake off the dust from one's feet.

отря́хива|ть(ся), ю(сь) *impf of* ⇒**отряхну́ть(ся)**

отрях|ну́ть, ну́, нёшь *pf* (*of* ⇒**~ивать**) to shake down, shake off; **о. снег с воротника́** to shake snow off one's collar.

отрях|ну́ться, ну́сь, нёшься *pf* (*of* ⇒**~иваться**) to shake o.s. down.

отса|ди́ть, жу́, ~дишь *pf* (*of* ⇒**~живать**) **1** (*кусты*) to transplant, plant out. **2** (*человека*) to seat apart.

отса́дк|а, и *f* (*hort*) transplanting, planting out.

отса́жива|ть, ю *impf of* ⇒**отсади́ть**

отса́жива|ться, юсь *impf of* ⇒**отсе́сть**

отсалют|ова́ть, у́ю *pf of* ⇒**салютова́ть**

отса́сывани|е, я *nt* suction.

отса́сыва|ть, ю *impf of* ⇒**отсоса́ть**

о́тсвет, а *m* reflection; reflected light.

отсве́чива|ть, ю *impf* **1** to be reflected; (+ *i*) to shine (with); **фона́рь с у́лицы ~л в окне́** the light of the street lamp was reflected in the window. **2** (*coll*) (*о человеке*) to stand in the light.

отсебя́тин|а, ы *f* (*coll*) words of one's own; sth of one's own devising; (*theatr*) ad-libbing.

отсе́в, а *m* **1** (*действие*) sifting, selection. **2** (*высевки*) siftings, residue.

отсе́ива|ть(ся), ю(сь) *impf of* ⇒**отсе́ять(ся)**

отсе́к, а *m* **1** (*naut, etc.*) compartment; (*в библиотеке*) carrel. **2** (*astronautics*) module.

отсека́|ть, ю *impf of* ⇒**отсе́чь**

отсе́ле *adv* (*obs*) hence, from here.

отсел|и́ть, ю́, и́шь *pf* (*of* ⇒**~я́ть**) to move further out.

отсел|и́ться, ю́сь, и́шься *pf* (*of* ⇒**~я́ться**) to move further out.

отсе́л|ь = **~е**

отсел|я́ть(ся), я́ю(сь) *impf of* ⇒**~и́ть(ся)**

отс|е́сть, я́ду, я́дешь, *past* **~е́л** *pf* (*of* ⇒**~а́живаться**) to seat o.s. apart; (**от** + *g*) to move away (from).

отсече́ни|е, я *nt* cutting off, severance; **дать го́лову на о.** (*coll*) to stake one's life.

отсе́|чь, ку́, чёшь, ку́т, *past* **~к, ~кла́** *pf* (*of* ⇒**~ка́ть**) to cut off, chop off.

отсе́|ять, ю, ешь *pf* (*of* ⇒**~ивать**) **1** to sift, screen. **2** (*fig*) to eliminate, screen out.

отсе́|яться, юсь, ешься *pf* (*of* ⇒**~иваться**) **1** to be separated. **2** (*fig*) to fall off, fall away; **бо́льшая часть слу́шателей ~ялась** the greater part of the audience had fallen away.

отси|де́ть, жу́, ди́шь *pf* (*of* ⇒**~живать**) **1** (*просидеть*) to stay (for); to sit out; **он ~де́л де́сять лет в тюрьме́** he has done ten years (in prison). **2** (*вызвать онемение части тела*) to make numb by sitting; **я ~де́л себе́ но́гу** I have pins and needles in my leg.

отси|де́ться, жу́сь, ди́шься *pf* (*of* ⇒**~живаться**) (*coll*) to sit tight.

отси́жива|ть(ся), ю(сь) *impf of* ⇒**отсиде́ть(ся)**

отска́блива|ть, ю *impf of* ⇒**отскобли́ть**

отска|ка́ть, чу́, ~чешь *pf* (*coll*) to gallop, cover by galloping.

отска́кива|ть, ю *impf of* ⇒**отскочи́ть**

отскобл|и́ть, ю́, ~и́шь *pf* (*of* ⇒**отска́бливать**) to scratch off.

отско́к, а *m* rebound.

отскоч|и́ть, у́, ~ишь *pf* (*of* ⇒**отска́кивать**) **1** (*отпрыгнуть*) to jump aside, jump away; (*о мяче*) to rebound, bounce back. **2** (*coll*) (*отделиться*) to come off, break off.

отскреба́|ть, ю *impf of* ⇒**отскрести́**

отскре|сти́, бу́, бёшь, *past* **~б, ~бла́** *pf* (*of* ⇒**~ба́ть**) to scrape off.

отсла́ива|ть, ю *impf of* ⇒**отслои́ть**

отсла́ива|ться, ется *impf of* ⇒**отслои́ться**

отслое́ни|е, я *nt* (*geol*) exfoliation.

отсло|и́ть, ю́, и́шь *pf* (*of* ⇒**отсла́ивать**) to peel away, strip away.

отсло|и́ться, и́тся *pf* (*of* ⇒**отсла́иваться**) (*geol*) to exfoliate; to scale off.

отслу́жива|ть, ю *impf of* ⇒**отслужи́ть 2**

отслуж|и́ть, у́, ~ишь *pf* **1** (*pf* **служи́ть**) (*о человеке*) to serve; to serve one's time. **2** (*pf* **~ивать**) (*coll*) (*о вещах*) to be worn out. **3** (*pf* **служи́ть**) (*eccl*) to conduct (*a service*).

отсове́т|овать, ую *pf* (+ *d and inf*) to dissuade (from).

отсоедин|и́ть, ю́, и́шь *pf* (*of* ⇒**~я́ть**) to disconnect.

отсоединя́|ть, ю *impf of* ⇒**отсоедини́ть**

отсортир|ова́ть, у́ю *pf* (*of* ⇒**~о́вывать**) to sort (out).

отсортиро́выва|ть, ю *impf of* ⇒**отсортирова́ть**

отсос|а́ть, у́, ёшь *pf* (*of* ⇒**отса́сывать**) (+ *a or g*) to suck off; to draw off.

отсо́х|нуть, нет, *past* **~, ~ла** *pf* (*of* ⇒**отсыха́ть**) to dry up, to wither.

отсро́чива|ть, ю *impf of* ⇒**отсро́чить**

отсро́ч|ить, у, ишь *pf* (*of* ⇒**~ивать**) **1** to postpone, defer. **2** (*coll*) (*документ*) to extend (*period of validity of a document*).

отсро́чк|а, и *f* **1** postponement, deferment. **2** (*coll*) (*документа*) extension (*of period of validity of document*).

отстава́ни|е, я *nt* lag.

отста|ва́ть, ю́, ёшь *impf of* ⇒**~ть**

отста́в|ить, лю, ишь *pf* (*of* ⇒**~ля́ть**) **1** to set aside, put aside. **2**: **о.!** (*mil*) as you were!

отста́вк|а, и *f* (*mil*) retirement; (*hist*) (*с государственной службы*) resignation; **вы́йти в ~у** to retire; to resign; **пода́ть в ~у** to tender one's resignation; **в ~е** retired, in retirement.

отставля́|ть, ю *impf of* ⇒**отста́вить**

отставно́й *adj* (*mil*) retired.

отста́ива|ть, ю *impf of* ⇒**отстоя́ть**[1]

отста́ива|ться, юсь *impf of* ⇒**отстоя́ться**

отста́лост|ь, и *f* (*fig*) backwardness.

отста́лый *adj* (*fig*) backward; **у́мственно о.** mentally retarded; **физи́чески о.** physically handicapped.

отста́|ть, ну, нешь *pf* (*of* ⇒**~ва́ть**) **1** (**от** + *g*) (*оказаться позади*) to fall behind; to lag behind; (*умственно*) to be backward, be retarded; **о. в рабо́те** to be

behind in (with) one's work; **о. от кла́сса** to be behind (the rest of) one's class; **о. от ве́ка, о. от совреме́нности** to be behind the times.
2 (**от** + *g*) (*отделиться*) to become detached (from); **о. от гру́ппы** to become detached from a group; **о. от по́езда** to be left behind by the train (*sc., at a station en route*); **обо́и ~ли от стены́** the wallpaper came off.
3 (*о часах*) to be slow; **о. на полчаса́** to be half an hour slow.
4 (*coll*; **от** + *g*) (*перестать надоедать*) to leave alone; **~нь от меня́!** leave me alone!
5 (*coll*; **от** + *g*) (*прекратить общение с кем-л.*) to lose touch (with); to break (with).
6 (*coll*; **от** + *g*) (*отвыкнуть*) to give up; **о. от привы́чки** to break o.s. of a habit.

отста|ю́щий *pres participle of* **⇒~ва́ть**; *as n* **о., ~ю́щего** *m* backward pupil; **рабо́та с ~ю́щими** remedial work.

отстега́|ть, ю *pf* (*of* **⇒стега́ть**[1]) to beat, lash.

отстёгива|ть(ся), ю(сь) *impf of* **⇒отстегну́ть(ся)**

отстег|ну́ть, ну́, нёшь *pf* (*of* **⇒~ивать**) **1** (*крючок*) to unfasten, undo; (*пуговицы*) to unbutton. **2** (*sl*) (*деньги*) to pay out.

отстег|ну́ться, нётся *pf* (*of* **⇒~иваться**) to come unfastened, come undone.

отстир|а́ть, а́ю *pf* (*of* **⇒~ывать**) to wash off.

отстир|а́ться, а́ется *pf* (*of* **⇒~ываться**) to wash off, come out in the wash.

отсти́рыва|ть(ся), ю, ет(ся) *impf of* **⇒отстира́ть(ся)**

отсто́|й, я *m* sediment, deposit.

отсто́йник, а *m* settling tank.

отсто|я́ть[1]**, ю́, и́шь** *pf* (*of* **⇒отста́ивать**) (*город*) to defend; (*свои взгляды, права*) to stand up for.

отсто|я́ть[2]**, ю́, и́шь** *pf* (*простоять*) to stand through; **мы ~я́ли весь спекта́кль** we stood through the entire show.

отсто|я́ть[3]**, ю́, и́шь** *impf* (**от** + *g*) to be ... distant (from); **ста́нция ~и́т от це́нтра го́рода на два киломе́тра** the station is two kilometres (away) from the centre of the town.

отсто|я́ться, и́тся *pf* (*of* **⇒отста́иваться**) **1** (*chem*) to settle. **2** (*fig*) to settle, become stabilized.

отстрада́|ть, ю *pf* **1** (*кончить страдать*) to finish suffering. **2** (*какое-н. время*) to have suffered.

отстра́ива|ть(ся), ю(сь) *impf of* **⇒отстро́ить(ся)**

отстране́ни|е, я *nt* **1** pushing aside. **2** (*увольнение*) dismissal, discharge.

отстран|и́ть, ю́, и́шь *pf* (*of* **⇒~я́ть**) **1** (*отодвинуть*) to push aside; **о. от себя́ все забо́ты** to lay aside all one's cares. **2** (*уволить*) to dismiss, discharge.

отстран|и́ться, ю́сь, и́шься *pf* (*of* **⇒~я́ться**) (**от** + *g*) to move away (from); (*fig*) to keep out of the way (of), keep aloof (from); **о. от уда́ра** to dodge a blow; **о. от до́лжности** to relinquish a post.

отстран|я́ть(ся), я́ю(сь) *impf of* **⇒~и́ть(ся)**

отстре́лива|ть[1]**, ю** *impf of* **⇒отстрели́ть**

отстре́лива|ть[2]**, ю** *impf of* **⇒отстреля́ть**

отстре́лива|ться, юсь *impf of* **⇒отстреля́ться**[1]

отстрел|и́ть, ю́, ~ишь *pf* (*of* **⇒~ивать**[1]) (*палец*) to shoot off.

отстрел|я́ть, я́ю *pf* (*of* **⇒~ивать**[2]) (*зверя*) to shoot (*for commercial purposes, etc.*).

отстрел|я́ться[1]**, я́юсь** *pf* (*of* **⇒~иваться**) **1** (**от** + *g*) to defend o.s. (against) (by shooting). **2** (*ответить стрельбой на стрельбу*) to return fire, fire back.

отстрел|я́ться[2]**, я́юсь** *pf* (*coll*) **1** (*закончить стрельбу*) to have finished firing; to have completed a practice (shoot). **2** (*окончить какие-н. дела*) to be finished with sth (*e.g. exams*).

отстрига́|ть, ю *impf of* **⇒отстри́чь**

отстри́|женный *ppp of* **⇒~чь**

отстри́|чь, гу́, жёшь, гу́т, *past* **~г, ~гла** *pf* (*of* **⇒~га́ть**) to cut off, clip.

отстр|о́ить, о́ю, о́ишь *pf* (*of* **⇒~а́ивать**) to complete the construction of, finish building.

отстр|о́иться, о́юсь, о́ишься *pf* (*of* **⇒~а́иваться**) (*coll*) to finish building.

отсту́к|ать, аю *pf* (*of* **⇒~ивать**) (*coll*) (*ритм*) to tap out; **о. мело́дию** to bash out a tune; **о. на маши́нке** to bash out on a typewriter.

отсту́кива|ть, ю *impf of* **⇒отсту́кать**

о́тступ, а *m* (*printing*) indentation.

отступ|а́ть(ся), а́ю(сь) *impf of* **⇒~и́ть(ся)**

отступ|и́ть, лю́, ~ишь *pf* (*of* **⇒~а́ть**) **1** (*отойти назад*) to step back; to recede. **2** (*mil*) to retreat, fall back. **3** (*fig*) (*от своего*) to back down; (**от** + *g*) to go back (on); to give up; **о. от реше́ния** to go back on a decision. **4** (*fig*; **от** + *g*) (*от чего-н. установленного*) to deviate (from); **о. от обы́чая** to depart from custom; **о. от те́мы** to digress. **5** (*printing*) to indent.

отступ|и́ться, лю́сь, ~ишься *pf* (*of* **⇒~а́ться**) (*coll*; **от** + *g*) to give up, renounce; **о. от своего́ сло́ва** to go back on one's word; **они́ все ~и́лись от него́** they have all given him up.

отступле́ни|е, я *nt* **1** (*mil and fig*) retreat. **2** (*от темы*) deviation; digression.

отсту́пник, а *m* apostate.

отсту́пни|ца, цы *f of* **⇒~к**

отсту́пничеств|о, а *nt* apostasy.

отступн|о́й *adj*: **~ы́е де́ньги** (*or as n* **~о́е, ~о́го** *nt*) indemnity, compensation.

отступ|я́ *gerund of* **⇒~и́ть**; *as adv* (**от** + *g*) off, away (from); **о. два-три ме́тра** two or three metres off; **немно́го о. от до́ма** a little way away from the house.

отсу́тстви|е, я *nt* absence; (+ *g*) lack (of); **в его́ о.** in his absence; **за ~ем** (+ *g*) (*кого-н.*) in the absence (of); (*чего-н.*) for lack (of), for want (of); **находи́ться в ~и** to be absent; **блиста́ть свои́м ~ем** to be conspicuous by one's absence.

отсу́тств|овать, ую *impf* (*о человеке*) to be absent; (*о доказательстве*) to be lacking.

отсу́тств|ующий *pres participle of* **⇒~овать** *and adj* absent (*also fig*); **о. вид** blank expression; *as n* **о., ~ующего** *m* absentee.

отсчёт, а *m* reading (*on an instrument*).

отсчит|а́ть, а́ю *pf* (*of* **⇒~ывать**) to count out, count off; **о. кому́-н. пятьсо́т рубле́й** to count out five hundred roubles to s.o.

отсчи́тыва|ть, ю *impf of* **⇒отсчита́ть**

отсыла́|ть, ю *impf of* **⇒отосла́ть**

отсы́лк|а, и *f* **1** dispatch; **о. де́нег** remittance. **2** (*в тексте*) reference.

отсы́п|ать, лю, лешь *pf* (*of* **⇒~а́ть**) (+ *a or g*) to pour off; to measure off.

отсып|а́ть, а́ю *impf of* **⇒~ать**

отсы́п|аться, люсь, лешься *pf* (*of* **⇒~а́ться**[1]) to pour out.

отсып|а́ться[1]**, а́юсь** *impf of* **⇒~аться**

отсып|а́ться[2]**, а́юсь** *impf of* **⇒отоспа́ться**

отсыре́лый *adj* damp.

отсыре́|ть, ю *pf of* **⇒сыре́ть**

отсыха́|ть, ю *impf of* **⇒отсо́хнуть**

отсю́да *adv* from here; hence (*also fig*); (*fig*) from this; **о. сле́дует, что...** from this it follows that ...

Отта́в|а, ы *f* Ottawa.

отта́ива|ть, ю *impf of* **⇒оттая́ть**

отта́лкивани|е, я *nt* (*phys*) repulsion.

отта́лкива|ть(ся), ю(сь) *impf of* **⇒оттолкну́ть(ся)**

отта́лкива|ющий *pres participle active of* **⇒~ть** *and adj* repulsive, repellent.

отта́птыва|ть, ю *impf of* **⇒оттопта́ть**

оттаска́|ть, ю *pf* (*of* **⇒таска́ть 2**) to pull; **о. кого́-н. за́ волосы** to pull s.o.'s hair.

отта́скива|ть, ю *impf of* **⇒оттащи́ть**

отта́чива|ть, ю *impf of* **⇒отточи́ть**

оттащ|и́ть, у́, ~ишь *pf* (*of* **⇒отта́скивать**) to drag aside (away), pull aside (away).

отта́|ять, ю, ешь *pf* (*of* **⇒~ивать**) (*trans and intrans*) to thaw out.

оттека́|ть, ет *impf of* **⇒отте́чь**

оттен|и́ть, ю́, и́шь *pf* (*of* **⇒~я́ть**) **1** to shade (in). **2** (*fig*) to set off, make more prominent.

отте́н|ок, ка *m* (*цвета*) shade, hue; (*fig*) shade, nuance; **о. значе́ния** shade of meaning; **он говори́л с ~ком иро́нии** there was a note of irony in his voice.

оттен|я́ть, я́ю *impf of* **⇒~и́ть**

о́ттепел|ь, и *f* thaw.

оттер|е́ть, ототру́, ототрёшь, *past* **~, ~ла** *pf* (*of* **⇒оттира́ть**) **1** (*грязь*) to rub off, rub out. **2** (*руку*) to restore sensation to by rubbing. **3** (*coll*) (*оттеснить*) to press back, push aside.

оттер|е́ться, ототрётся, *past* **~ся, ~лась** *pf* (*of* ⇒**оттира́ться**) to rub out; to come out (*by rubbing*).

оттесн|и́ть, ю́, и́шь *pf* (*of* ⇒**~я́ть**) to drive back; press back; to push aside, shove aside (*also fig*); **о. проти́вника** (*mil*) to force the enemy back; **о. конкуре́нта** (*fig*) to edge a competitor out.

оттесн|я́ть, я́ю *impf of* ⇒**~и́ть**

отте́|чь, чёт, ку́т, *past* **оттёк, ~кла́** to flow away.

оттира́|ть(ся), ю, ет(ся) *impf of* ⇒**оттере́ть(ся)**

о́ттиск, а *m* **1** (*подковы*) impression. **2** (*статьи*) offprint. **3** (*корректурный*) proof.

отти́скива|ть, ю *impf of* ⇒**отти́снуть**

отти́с|нуть, ну, нешь *pf* (*of* ⇒**~кивать**) **1** (*coll*) (*оттеснить*) to push aside. **2** (*отпечатать*) to print.

оттого́ *adv* that is why; **о. мы и не могли́ прие́хать** that's why we couldn't come; **о. ... что** because; **я о. опозда́л, что мото́р не заводи́лся** I was late because the engine would not start.

отто́к, а *m* mass departure (*of specialists, sportsmen, etc.*).

отто́ле *adv* (*obs*) thence, from there.

оттолкн|у́ть, у́, ёшь *pf* (*of* ⇒**отта́лкивать**) **1** (*стул*) to push away, push aside. **2** (*fig*) (*друзей*) to antagonize, alienate.

оттолкн|у́ться, у́сь, ёшься *pf* (*of* ⇒**отта́лкиваться**) **1** (**от** + *g*) to push off (from). **2** (*fig*; **от** + *g*) to take as a starting point.

отто́л|ь = **~е**

оттома́нк|а, и *f* ottoman.

оттоп|та́ть, чу́, ~чешь *pf* (*of* ⇒**отта́птывать**) (*coll*) **1** to hurt, damage (*by much walking*). **2**: **о. кому́-н. но́гу** to tread (heavily) on s.o.'s foot.

оттопы́р|енный *ppp of* ⇒**~ить** *and adj* (*coll*) protruding, sticking out; (*карманы*) bulging.

оттопы́рива|ть(ся), ю(сь) *impf of* ⇒**оттопы́рить(ся)**

оттопы́р|ить, ю, ишь *pf* (*of* ⇒**~ивать**) (*coll*) to stick out; **о. ло́кти** to stick out one's elbows.

оттопы́р|иться, ится *pf* (*of* ⇒**~иваться** (*coll*) to protrude, stick out; (*о карманах*) to bulge.

отторг|а́ть, а́ю *impf of* ⇒**~нуть**

отто́рг|нуть, ну, нешь, *past* **~, ~ла** *pf* (*of* ⇒**~а́ть**) to tear away, seize; (*med*) to reject.

отторже́ни|е, я *nt* tearing away, seizure; (*med*) rejection (*of a transplanted organ*).

отточ|и́ть, у́, ~ишь *pf* (*of* ⇒**отта́чивать**) to sharpen; (*fig*) to hone.

оттреп|а́ть, лю́, ~плешь *pf* (*of* ⇒**оттрёпывать**) (*coll*) to punish (*by pulling by the ears or hair*).

оттрёпыва|ть, ю *impf of* ⇒**оттрепа́ть**

оттруб|и́ть, лю́, и́шь *pf* (*coll*) to slave away (*for a certain period*).

отту́да *adv* from there.

отту|зи́ть, жу́, зи́шь *pf of* ⇒**тузи́ть**

оттяга́|ть, ю *pf* (*coll*) to gain by a lawsuit.

оття́гива|ть(ся), ю(сь) *impf of* ⇒**оттяну́ть(ся)**

оття́жк|а, и *f* **1** (*coll*) (*отсрочка*) delay, procrastination. **2** (*naut*) rope, stay.

оття|ну́ть, ну́, ~нешь *pf* (*of* ⇒**~гивать**) **1** to pull, drag (away). **2** (*mil*) (*отряд*) to draw off. **3** (*coll*) (*отсрочить*) to delay; **что́бы о. вре́мя** to gain time. **4** (*карман*) to stretch, weigh down. **5** (*coll*) (*плечи*) to weigh down on, tire.

оття|ну́ться, ну́сь, ~нешься *pf* (*of* ⇒**~гиваться**) **1** (*о кармане*) to sag. **2** (*mil*) to draw off. **3** (*sl*) (*развлечься*) to relax, have a good time.

оття́п|ать, аю *pf* (*of* ⇒**~ывать**) (*coll*) to chop off.

оття́пыва|ть, ю *impf of* ⇒**оття́пать**

оту́жина|ть, ю *pf* to have finished supper.

отума́нива|ть, ю *impf of* ⇒**отума́нить**

отума́н|ить, ю, ишь *pf* (*of* ⇒**~ивать**) **1** to blur; to dim; **её глаза́ ~ило слеза́ми** her eyes were dimmed with tears. **2** (*fig*) to cloud, dull; **моё созна́ние ~ило вино́м** wine had clouded my reason.

отупе́лый *adj* (*coll*) stupefied, dulled.

отупе́ни|е, я *nt* stupefaction, dullness, torpor.

отупе́|ть, ю *pf* (*coll*) to grow dull, sink into torpor.

отутю́жива|ть, ю *impf of* ⇒**отутю́жить**

отутю́ж|ить, у, ишь *pf* (*of* ⇒**~ивать**) to iron (out).

отуч|а́ть(ся), а́ю(сь) *impf of* ⇒**~и́ть** *and* ⇒**~и́ться**[1]

оту́чива|ться, юсь *impf of* ⇒**отучи́ться**[2]

отуч|и́ть, у́, ~ишь *pf* (*of* ⇒**~а́ть**) (**от** + *g or* + *inf*) to break (of); **о. от груди́** to wean.

отуч|и́ться[1]**, у́сь, ~ишься** *pf* (*of* ⇒**~а́ться**) (**от** + *g or* + *inf*) (*отвыкнуть*) to break o.s. (of).

отуч|и́ться[2]**, у́сь, ~ишься** *pf* (*of* ⇒**~иваться**) (*кончить учиться*) to have finished one's lessons; to finish learning.

отфильтр|ова́ть, у́ю *pf* (*of* ⇒**фильтрова́ть**)

отформатир|овать, ую *pf* (*of* ⇒**формати́ровать**)

отфутбо́лива|ть, ю *impf of* ⇒**отфутбо́лить**

отфутбо́л|ить, ю, ишь *pf* (*of* ⇒**~ивать**) (*coll*) to refer (s.o.) to another person or body.

отха́жива|ть, ю *impf of* ⇒**отходи́ть**[2,3]

отха́рк|ать, аю *pf* (*of* ⇒**~ивать**) to expectorate.

отха́ркива|ть, ю *impf of* ⇒**отха́ркать**

отха́ркива|ться, юсь *impf of* ⇒**отха́ркнуться**

отха́ркива|ющий *pres participle active of* ⇒**~ть**; **~ющее (сре́дство)** (*med*) expectorant.

отха́ркн|уть, у, ешь *pf* to hawk up.

отха́рк|нуться, нусь, нешься *pf* (*of* ⇒**~иваться**) (*coll*) to clear one's throat.

отхва|ти́ть, чу́, ~тишь *pf* (*of* ⇒**~тывать**) (*coll*) **1** (*отрезать*) to snip off; (*отрубить*) to chop off; **он ~тил себе́ па́лец топоро́м** he chopped his finger off with an axe. **2** (*достать*) to get hold of.

отхва́тыва|ть, ю *impf of* ⇒**отхвати́ть**

отхлеб|ну́ть, ну́, нёшь *pf* (*of* ⇒**~ывать**) (*coll*; + *a or g*) to take a sip (of); to take a mouthful (of).

отхлёбыва|ть, ю *impf of* ⇒**отхлебну́ть**

отхле|ста́ть, щу́, ~щешь *pf* (*coll*) to give a lashing.

отхлы́н|уть, у, ешь *pf* to rush back, flood back (*also fig*).

отхо́д, а *m* **1** departure. **2** (*mil*) withdrawal. **3** (**от** + *g*) (*отклонение*) deviation (from); (*разрыв*) break (with). **4** *see* ⇒**~ы**

отхо|ди́ть[1]**, жу́, ~дишь** *impf of* ⇒**отойти́**

отхо|ди́ть[2]**, жу́, ~дишь** *pf* (*of* ⇒**отха́живать**) (*coll*) (*вылечить*) to nurse back to health.

отхо|ди́ть[3]**, жу́, ~дишь** *pf* (*of* ⇒**отха́живать**) (*coll*) **1** (*ноги*) to tire, hurt (*by walking*). **2** (*весь день*) to spend (*time*) walking. **3** (*кончить ходить*) to finish walking

отхо́дн|ая, ой *f* prayer for the dying; **справля́ть ~ую кому́-н.** (*fig*) to write s.o. off.

отхо́дчив|ый (~, ~а) *adj* not bearing grudges.

отхо́д|ы, ов (*tech*) waste (products).

отхо́ж|ий *adj*: **~ее ме́сто** (*coll*) latrine, earth closet; **о. про́мысел** (*hist*) seasonal work (*outside peasant's own village*).

отцве|сти́, ту́, тёшь, *past* **~л, ~ла́** *pf* (*of* ⇒**~та́ть**) to finish blossoming, fade (*also fig*); **она́ ~ла́** she has lost her bloom.

отцве|та́ть, та́ю *impf of* ⇒**~сти**

отце|ди́ть, жу́, ~дишь *pf* (*of* ⇒**~живать**) to strain off.

отце́жива|ть, ю *impf of* ⇒**отцеди́ть**

отцеп|и́ть, лю́, ~ишь *pf* (*of* ⇒**~ля́ть**) to unhook; to uncouple.

отцеп|и́ться, лю́сь, ~ишься *pf* (*of* ⇒**~ля́ться**) **1** to come unhooked; to come uncoupled. **2** (*fig, coll*) to leave alone; **~и́сь ты от меня́!** leave me alone!

отцепля́|ть(ся), ю(сь) *impf of* ⇒**отцепи́ть(ся)**

отцеуби́йств|о, а *nt* patricide (*act*).

отцеуби́йц|а, ы *cg* patricide (*agent*).

отцикл|ева́ть, ю́ю *pf of* ⇒**циклева́ть**

отцо́в *adj* one's father's.

отцо́вск|ий *adj* one's father's; paternal.

отцо́вств|о, а *nt* paternity.

отча́ива|ться, юсь *impf of* ⇒**отча́яться**

отча́лива|ть, ю *impf of* ⇒**отча́лить**; **~й!** (*coll*) clear off!; beat it!

отча́л|ить, ю, ишь *pf* (*of* ⇒**~ивать**) (*naut*) to cast off.

отча́сти *adv* partly.

отча́яни|е, я *nt* despair.

отча́ян|ный (~, ~на) *adj* (*положение, взор, крик*) desperate; (*смелый до безрассудности*) daring, reckless; (*coll*) (*ужасный*) terrible, awful.

отча́|яться, юсь, ешься *pf* (*of* ⇒**~иваться**) (+ *inf or* **в** + *p*) to despair (of).

о́тче (*obs*) *voc of* ⇒**оте́ц**; **О. наш** Our Father (*prayer*).

отчего́ *adv* why; **вот о.** that's why.

отчего́-либо *adv* for some reason or other.

отчего́-нибудь = **отчего́-либо**

отчего́-то *adv* for some reason.

отчека́нива|ть, ю *impf of* ⇒**отчека́нить**

отчека́н|ить, ю, ишь *pf* (*of* ⇒**чека́нить** *and* ⇒**~ивать**) **1** to coin, mint. **2** (*fig*) (*слова*) to articulate.

отчёркива|ть, ю *impf of* ⇒**отчеркну́ть**

отчерк|ну́ть, ну́, нёшь *pf* (*of* ⇒**~́ивать**) to mark off.

отчерп|ну́ть, ну́, нёшь *pf* (*of* ⇒**~́ывать**) (+ *a or g*) to ladle out.

отче́рпыва|ть, ю *impf of* ⇒**отчерпну́ть**

о́тчеств|о, а *nt* patronymic; **как его́ по ~у** what is his patronymic?

отчёт, а *m* account; **дать о.** (**в** + *p*) to give an account (of), report (on); **взять де́ньги под о.** to take money on account; **отдава́ть себе́ о.** (**в** + *p*) to be aware (of), realize.

отчётливост|ь, и *f* intelligibility, clarity, distinctness.

отчётлив|ый (~, ~а) *adj* intelligible, clear, distinct.

отчётно-вы́борн|ый *adj*: **~ое собра́ние** meeting held to hear reports and elect new officials.

отчётност|ь, и *f* **1** (*счетоводство*) bookkeeping. **2** (*документы*) accounts.

отчёт|ный *adj of* ⇒**~**; **о. год** financial year, current year; **о. докла́д** report.

отчи́зн|а, ы *f* (*poetical*) native land; fatherland.

о́тчий *adj* (*obs, poetical*) paternal.

о́тчим, а *m* stepfather.

отчисле́ни|е, я *nt* **1** (*вычет*) deduction. **2** (*увольнение*) dismissal.

отчи́сл|ить, ю, ишь *pf* (*of* ⇒**~я́ть**) **1** (*вычесть*) to deduct; **о. часть зарпла́ты в упла́ту подохо́дного нало́га** to deduct part of wages for income tax payment. **2** (*уволить*) to dismiss.

отчи́сл|иться, юсь, ишься *pf* (*of* ⇒**~я́ться**) (**от** + *g*) to leave; to resign from.

отчисл|я́ть(ся), я́ю(сь) *impf of* ⇒**~́ить(ся)**

отчи́|стить, щу, стишь *pf* (*of* ⇒**~ща́ть**) **1** (*пятно*) to clean off; to brush off. **2** (*одежду*) to clean.

отчи́|ститься, щусь, стишься *pf* (*of* ⇒**~ща́ться**) **1** (*о грязи*) to come off, come out. **2** (*об одежде*) to become clean.

отчит|а́ть, а́ю *pf* (*of* ⇒**~́ывать**) (*coll*) to tell off.

отчит|а́ться, а́юсь *pf* (*of* ⇒**~́ываться**) (**в** + *p*) to give an account (of), report (on); **о. пе́ред избира́телями** to report back to the electors.

отчи́тыва|ть(ся), ю(сь) *impf of* ⇒**отчита́ть(ся)**

отчища́|ть(ся), ю(сь) *impf of* ⇒**отчи́стить(ся)**

отчуди́ть, жу́, ди́шь *pf* (*coll*) to do sth strange.

отчужда́|ть, ю *impf* **1** (*law*) to alienate. **2** (*fig*) to alienate, estrange.

отчужде́ни|е, я *nt* **1** (*law*) alienation. **2** (*fig*) estrangement.

отчуждённост|ь, и *f* estrangement.

отшага́|ть, ю *pf* (*coll*) to walk; to tramp.

отшагн|у́ть, у́, ёшь *pf* (*coll*) (*в сторону*) to step aside; (*назад*) to step back.

отшатн|у́ться, у́сь, ёшься *pf* (*of* ⇒**отша́тываться**) (**от** + *g*) **1** (*от удара*) to start back (from); to recoil (from). **2** (*fig*) (*прекратить общение*) to give up; to break (with); **о. от дру́га** to give up a friend.

отша́тыва|ться, юсь *impf of* ⇒**отшатну́ться**

отшвы́рива|ть, ю *impf of* ⇒**отшвырну́ть**

отшвыр|ну́ть, ну́, нёшь *pf* (*of* ⇒**~́ивать**) to fling away; to throw off.

отше́льник, а *m* hermit; recluse.

отше́льни|ца, цы *f of* ⇒**~к**

отше́льни|ческий *adj of* ⇒**~к**

отше́льничеств|о, а *nt* a hermit's life, a recluse's life (*also fig, ironical*).

отши́б, а *m only in phr* **на ~е** at a distance (*from a settlement*); **жить на ~е** (*fig*) to live alone.

отшиб|а́ть, а́ю *impf of* ⇒**~и́ть**

отшиб|и́ть, у́, ёшь, *past* **~́, ~́ла** *pf* (*of* ⇒**~а́ть**) (*coll*) **1** (*отбить*) to break off; to knock off; **о. ру́чку у ча́йника** to knock the handle off a teapot; **у меня́ ~́ло па́мять** my memory has failed me. **2** (*повредить*) to hurt; **о. себе́ ру́ку** to hurt one's arm.

отши́ть, отошью́, отошьёшь *pf* (*coll*) to snub, rebuff.

отшлёп|ать, аю *pf* (*of* ⇒**шлёпать** *and* ⇒**~ывать**) (*coll*) to spank.

отшлёпыва|ть, ю *impf of* ⇒**отшлёпать**

отшлиф|ова́ть, у́ю *pf* (*of* ⇒**~о́вывать** *and* ⇒**шлифова́ть**) **1** (*tech*) to polish; to grind. **2** (*fig*) (*совершенствовать*) to polish, perfect.

отшлифо́выва|ть, ю *impf of* ⇒**отшлифова́ть**

отшпи́лива|ть(ся), ю, ет(ся) *impf of* ⇒**отшпи́лить(ся)**

отшпи́л|ить, ю, ишь *pf* (*of* ⇒**~ивать**) to unpin, unfasten.

отшпи́л|иться, ится *pf* (*of* ⇒**~иваться**) to come unpinned, come unfastened.

отштукату́р|ить, ю, ишь *pf* (*coll*) *of* ⇒**штукату́рить**

отшум|е́ть, лю́, и́шь *pf* to finish making a noise.

отшу|ти́ться, чу́сь, ~́тишься *pf* (*of* ⇒**~́чиваться**) to make a joke in reply.

отшу́чива|ться, юсь *impf of* ⇒**отшути́ться**

отщепе́н|ец, ца *m* renegade.

отщепе́н|ка, ки *f of* ⇒**~ец**

отщеп|и́ть, лю́, и́шь *pf* (*of* ⇒**~ля́ть**) to chip off.

отщепля́|ть, ю *impf of* ⇒**отщепи́ть**

отщип|а́ть, лю́, ~́лешь *pf* (*of* ⇒**~́ывать**) to pinch off, nip off.

отщи́пыва|ть, ю *impf of* ⇒**отщипа́ть**

отъ... *vbl pref* = **от...**

отъеда́|ть(ся), ю(сь) *impf of* ⇒**отъе́сть(ся)**

отъе́зд, а *m* departure; **быть в ~е** to be away.

отъе́з|дить, жу, дишь *pf* (*coll*) to have spent (*time*) in driving, riding.

отъезжа́|ть, ю *impf of* ⇒**отъе́хать**

отъезжа́|ющий *pres participle of* ⇒**~ть**; *as n* **о., ~ющего** *m* departing person.

отъе́зжий *adj* (*obs*) distant.

отъёмный *adj* removable, detachable.

отъе́|сть, м, шь, ст, ди́м, ди́те, дя́т, *past* **~л, ~ла** *pf* (*of* ⇒**~да́ть**) to bite off and eat.

отъе́|сться, мся, шься, стся, ди́мся, ди́тесь, дя́тся, *past* **~лся, ~лась** *pf* (*of* ⇒**~да́ться**) to put on weight; to feed well.

отъе́|хать, ду, дешь *pf* (*of* ⇒**~зжа́ть**) to depart.

отъя́вленный *adj* (*coll, pej*) thorough, inveterate, out-and-out.

от|ъя́ть, ыму́, ы́мешь *pf* (*obs*) = **~ня́ть**

отыгр|а́ть, а́ю *pf* (*of* ⇒**~́ывать**) to win back.

отыгр|а́ться, а́юсь *pf* (*of* ⇒**~́ываться**) **1** to win (having lost); to get back what one has lost. **2** (*fig, coll*) (*выйти из затруднительного положения*) to get out of a situation.

оты́грыва|ть(ся), ю(сь) *impf of* ⇒**отыгра́ть(ся)**

о́тыгрыш, а *m* **1** (*действие*) winning back. **2** (*то, что отыграно*) sum won back.

оты|ска́ть, щу́, ~́щешь *pf* (*of* ⇒**~́скивать 1**) to find; to track down, run to earth.

оты|ска́ться, щу́сь, ~́щешься *pf* (*of* ⇒**~́скиваться**) to turn up, appear.

оты́скива|ть, ю *impf* **1** *impf of* ⇒**отыска́ть**. **2** (*impf only*) to look for, try to find.

оты́скива|ться, юсь *impf of* ⇒**отыска́ться**

отяго|ти́ть, щу́, ти́шь *pf* (*of* ⇒**~ща́ть**) to burden.

отягоща́|ть, ю *impf of* ⇒**отяготи́ть**

О

отягч|а́ть, а́ю *impf of* ⇨**~и́ть**; **~а́ющие (вину́) обстоя́тельства** aggravating circumstances.

отягч|и́ть, у́, и́шь *pf* (*of* ⇨**~а́ть**) to aggravate.

отяжеле́|ть, ю *pf* to become heavy.

о́фис, а *m* office.

о́фис|ный *adj* office (*attr*).

офице́р, а *m* officer.

офице́р|ский *adj of* ⇨**~**; **~ское собра́ние** officers' mess.

офице́рств|о, а *nt* **1** (*collect*) the officers. **2** (*чин*) commissioned rank.

официа́льн|ый *adj* official; **~ое лицо́** an official.

официа́нт, а *m* waiter.

официа́нтк|а, и *f* waitress.

официо́з, а *m* semi-official organ (*of press*).

официо́з|ный (~ен, ~на) *adj* semi-official.

офла́йн, а *m and indecl adj* (*comput*): **в ~е** (*or* **(в режи́ме) о.**) offline.

офла́йновый *adj* (*comput*) offline.

оформи́тел|ь, я *m* designer; **о. витри́ны** window dresser; **о. спекта́кля** set designer.

оформи́тель|ница, ницы *f of* ⇨**~**

офо́рм|ить, лю, ишь *pf* (*of* ⇨**~ля́ть**) **1** to design; **о. витри́ну** to dress a window; **о. пье́су** to design the sets for a play. **2** (*узаконить*) to register officially, legalize; **о. вступле́ние в брак** to register a marriage; **о. догово́р** to draw up an agreement. **3** (*на работу*) to enrol, take on.

офо́рм|иться, люсь, ишься *pf* (*of* ⇨**~ля́ться**) **1** (*об идеях*) to take shape. **2** (*узакониться*) to be registered; to legalize one's position. **3** (*на работу*) to be taken on, join the staff.

оформле́ни|е, я *nt* **1** design; **сцени́ческое о.** staging. **2** (*узаконение*) registration, legalization.

оформля́|ть(ся), ю(сь) *impf of* ⇨**офо́рмить(ся)**

офо́рт, а *m* etching.

офса́йд, а *m* (*sport*) offside.

офсе́т, а *m* (*printing*) offset process.

офтальмо́лог, а *m* ophthalmologist.

офтальмологи́ческий *adj* ophthalmological.

офтальмоло́ги|я, и *f* ophthalmology.

офшо́рный *adj* (*fin*) offshore.

ох *int* oh!; ah!

оха́ива|ть, ю *impf of* ⇨**оха́ять**

оха́льник, а *m* (*coll*) (*озорник*) mischief-maker; (*нахал*) impudent fellow.

оха́л|ьный (~ен, ~ьна) *adj* mischievous.

о́хань|е, я *nt* (*coll*) moaning, groaning.

оха́пк|а, и *f* armful; **взять в ~у** (*coll*) to take in one's arms.

охарактериз|ова́ть, у́ю *pf of* ⇨**характеризова́ть**

о́х|ать, аю *impf* (*of* ⇨**~нуть**) (*от боли*) to moan, groan; (*от печали*) to sigh.

оха́|ять, ю *pf* (*of* ⇨**ха́ять** *and* ⇨**~ивать**) (*coll*) to criticize, pan.

охва́т, а *m* **1** scope, range. **2** (*включение*) inclusion. **3** (*mil*) outflanking, envelopment.

охва|ти́ть, чу́, ~тишь *pf* (*of* ⇨**~тывать**) **1** (*обхватить*) to envelop; to enclose; **дом ~ти́ло пла́менем** the house was enveloped in flames. **2** (*о чувстве*) to grip, seize; **их ~ти́л у́жас** they were seized with panic. **3** (+ *i*) (*coll*) (*включить*) to draw (in), involve (in); **о. молодёжь обще́ственной рабо́той** to draw young people into social work. **4** (*fig*) (*понять*) to comprehend, take in. **5** (*mil*) to outflank, envelop.

охва́тн|ый *adj*: **~ое движе́ние** (*mil*) flanking movement, enveloping movement.

охва́тыва|ть, ю *impf of* ⇨**охвати́ть**

охва́|ченный *ppp of* ⇨**~ти́ть**; **о. у́жасом** terror-stricken.

охво́стье, я *nt* (*collect*) **1** chaff, husks. **2** (*fig*) rabble.

охладева́|ть, ю *impf of* ⇨**охладе́ть**

охладе́лый *adj* (*obs*) cold; grown cold.

охладе́|ть, ю *pf* (*of* ⇨**~ва́ть**) to grow cold; (*fig*; **к** + *d*) (*к человеку*) to grow cold (towards); (*к футболу*) to lose interest (in).

охлади́тел|ь, я *m* (*tech*) cooler, refrigerator; condenser.

охлади́тельный *adj* cooling.

охла|ди́ть, жу́, ди́шь *pf* (*of* ⇨**~жда́ть**) to cool, cool off (*also fig*); **о. чей-н. пыл** to damp s.o.'s ardour.

охла|ди́ться, жу́сь, ди́шься *pf* (*of* ⇨**~жда́ться**) to become cool, cool down (*also fig*).

охлажда́|ть(ся), ю(сь) *impf of* ⇨**охлади́ть(ся)**

охлажда́|ющий *pres participle active of* ⇨**~ть** *and adj* cooling, refrigerating; **~ющая жи́дкость** coolant.

охлажде́ни|е, я *nt* **1** cooling (off); **с возду́шным ~ем** air-cooled. **2** (*fig*) coolness.

охмеле́|ть, ю *pf* (*of* ⇨**хмеле́ть**) (*coll*) to get drunk.

охмел|и́ть, ю́, и́шь *pf* (*of* ⇨**~я́ть**) to make intoxicated (*also fig*).

охмел|я́ть, я́ю *impf of* ⇨**~и́ть**

охмур|и́ть, ю́, и́шь *pf* (*of* ⇨**~я́ть**) (*coll*) to cheat, trick, deceive.

охмуря́|ть, ю *impf of* ⇨**охмури́ть**

о́х|нуть, ну, нешь *pf of* ⇨**~ать**

охоло|сти́ть, щу́, сти́шь *pf* to castrate, geld.

охора́шива|ться, юсь *impf* (*coll*) to smarten o.s. up.

охо́т|а¹, ы *f* hunt, hunting; chase; **о. с ружьём** shooting; **псо́вая о.** riding to hounds; **соколи́ная о.** falconry.

охо́т|а², ы *f* **1** (**к** + *d or* + *inf*) desire, wish, inclination; **у него́ бо́льше нет ~ы писа́ть** he no longer has any desire to write; **по свое́й ~е** of one's own accord; **что ему за о.!** what makes him do it!; **о. тебе́ спо́рить с ним!** (*coll*) what makes you argue with him! **2** (*период течки*) heat (*in female animals*).

охо́|титься, чусь, тишься *impf* (**на** + *a or* **за** + *i*) to hunt; (*fig*; **за** + *i*) to hunt for.

охо́тк|а, и *f*: **в ~у** (*coll*) with pleasure, eagerly.

охо́тник¹, а *m* hunter.

охо́тник², а *m* **1** (**до** + *g or* + *inf*) lover (of); enthusiast (for); **он большо́й о. до грибо́в** he is a great mushroom lover. **2** (*доброволец*) volunteer; **есть ли ~и пойти?** are there any volunteers to go?

охо́тнич|ий *adj* hunting; **о. биле́т** hunting permit; **~ья соба́ка** hound, gun dog; **о. расска́з** (*joc*) tall story.

охо́тно *adv* willingly, gladly, readily.

Охо́тск|ое мо́р|е, ~ого ~я *nt* the Sea of Okhotsk.

охо́ч|ий (~, ~а) *adj* (+ *inf*; *coll*) inclined (to), keen (to), having an urge (to).

о́хр|а, ы *f* ochre (*Br*), ocher (*US*).

охра́н|а, ы *f* **1** (*помещения*) guarding; (*природы*) protection; **о. труда́** health and safety measures. **2** (*группа людей*) guard; **ли́чная о.** bodyguard; **пограни́чная о.** frontier guard.

охране́ни|е, я *nt* safeguarding; protection.

охрани́тельный *adj* protective.

охран|и́ть, ю́, и́шь *pf* (*of* ⇨**~я́ть**) (*границу, помещение*) to guard; (*природу; интересы*) to protect.

охра́нк|а, и *f* (*coll*) Okhranka (*the Secret Police Department in tsarist Russia*).

охра́нник, а *m* guard.

охра́нни|ца, цы *f of* ⇨**~к**

охра́н|ный *adj of* ⇨**~а**; **~ная гра́мота, о. лист** safe conduct, pass; **~ная зо́на** (*mil*) restricted area.

охран|я́ть, я́ю *impf of* ⇨**~и́ть**

охри́плый *adj* (*coll*) hoarse.

охри́п|нуть, ну, нешь, *past* **~, ~ла** *pf* (*of* ⇨**хри́пнуть**) to become hoarse.

охроме́|ть, ю *pf* (*of* ⇨**хроме́ть**) (*coll*) to go lame.

оху́лк|а, и *only in phrr* **~и на́ руку не класть (положи́ть)** to have one's wits about one; **он ~и на́ руку не поло́жит** (*coll*) he is no fool.

оцара́па|ть, ю *pf* (*of* ⇨**цара́пать**) to scratch.

оцара́па|ться, юсь *pf* to scratch o.s.

оцело́т, а *m* (*zool*) ocelot.

оце́нива|ть, ю *impf of* ⇨**оцени́ть**

оцен|и́ть, ю́, ~ишь *pf* (*of* ⇨**~ивать**) **1** (*определить цену чего-н.*) to estimate the value of, value; (*назначить цену чему-н.*) to price; (*определить ценность, значительность чего-н.*) to evaluate, appraise. **2** (*признать достоинства чего-н.*) to appreciate; **о. что-н. по досто́инству** to appreciate sth at its true value.

оце́нк|а, и *f* **1** (*имущества*) valuation; (*работы*) evaluation, appraisal; **о. обстано́вки** (*mil*) estimate of the situation. **2** (*мнение о ценности*) appreciation; **дать настоя́щую ~у чему́-н.** to give sth a proper appreciation. **3** (*отметка*) mark, grade.

оце́н|очный *adj of* ⇨**~ка**

оце́нщик, а *m* valuer.
оце́нщи|ца, цы *f of* ⇒**~к**
оцепене́лый *adj* dazed, benumbed.
оцепене́ни|е, я *nt* stupor.
оцепене́|ть, ю *pf of* ⇒**цепене́ть**
оцеп|и́ть, лю́, ~ишь *pf* (*of* ⇒**~ля́ть**) to surround; to cordon off.
оцепле́ни|е, я *nt* **1** (*действие*) surrounding; cordoning off. **2** (*люди*) cordon.
оцепля́|ть, ю *impf of* ⇒**оцепи́ть**
оцинко́в|анный *ppp of* ⇒**~а́ть** *and adj* zinc-coated, galvanized.
оцинк|ова́ть, у́ю *pf* (*of* ⇒**~о́вывать**) to (coat with) zinc, galvanize.
оцинко́выва|ть, ю *impf of* ⇒**оцинкова́ть**
оча́г, а́ *m* **1** hearth (*also fig*); **ку́хонный о.** kitchen range; **дома́шний о.** (*fig*) hearth, home. **2** (*fig*) centre, seat; **о. войны́** seat of war; **о. землетрясе́ния** earthquake centre.
очарова́ни|е, я *nt* charm, fascination.
очарова́тел|ьный (~ен, ~ьна) *adj* charming, fascinating.
очар|ова́ть, у́ю *pf* (*of* ⇒**~о́вывать**) to charm, fascinate.
очаро́выва|ть, ю *impf of* ⇒**очарова́ть**
очеви́д|ец, ца *m* eyewitness.
очеви́дно *adv* obviously, evidently; **вы, о., не согла́сны** you obviously do not agree.
очеви́д|ный (~ен, ~на) *adj* obvious, evident.
очелове́чива|ть(ся), ю(сь) *impf of* ⇒**очелове́чить(ся)**
очелове́ч|ить, у, ишь *pf* (*of* ⇒**~ивать**) to humanize.
очелове́ч|иться, усь, ишься *pf* (*of* ⇒**~иваться**) to become human.
о́чень *adv* (*при прилагательных и наречиях*) very; (*при глаголах*) very much.
очерви́ве|ть, ю *pf of* ⇒**черви́веть**
очередни́к, а́ *m* person on the waiting list (*esp for a flat*).
очередни́|ца, цы *f of* ⇒**~к**
очередн|о́й *adj* **1** next; next in turn; **о. вопро́с** the next question; **о. вы́пуск** latest issue (*of a journal, etc.*); **~а́я зада́ча** the immediate task. **2** usual; regular; **~ы́е неприя́тности** the usual trouble; **о. о́тпуск** regular holidays.
очерёдност|ь, и *f* prescribed order.
о́черед|ь, и, *pl* **~и, ~е́й** *f* **1** turn; **пропусти́ть свою́ о.** to miss one's turn; **о. за ва́ми** it is your turn; **в свою́ о.** in one's turn; **на ~и** next (in turn); **по ~и** in turn, in order, in rotation; **в пе́рвую о.** in the first place, in the first instance; **в поря́дке ~и** when one's turn comes. **2** (*ряд*) queue (*Br*), line (*US*); **стоя́ть в ~и (за** + *i*) to queue (for) (*Br*), stand in line (for) (*US*). **3** (*mil*): **(пулемётная) о.** burst; **батаре́йная о.** (battery) salvo.
о́черк, а *m* essay, sketch, study; (*контур*) outline; **~и ру́сской исто́рии** studies in Russian history.
очёркива|ть, ю *impf of* ⇒**очеркну́ть**
очерки́ст, а *m* essayist.
очерк|ну́ть, ну́, нёшь *pf* (*of* ⇒**~̈ивать**) to place a circle round.
очерн|и́ть, ю́, и́шь *pf of* ⇒**черни́ть 2**
очерстве́лый *adj* hardened, callous.
очерстве́|ть, ю *pf of* ⇒**черстве́ть 2**
очерта́ни|е, я *nt* outline.
очер|ти́ть, чу́, ~тишь *pf* (*of* ⇒**~̈чивать**) to outline; **~тя́ го́лову** (*coll*) without thinking, headlong.
очёрчива|ть, ю *impf of* ⇒**очерти́ть**
очёс, а *m* (*collect*) = **очёски**
оче|са́ть, шу́, ~шешь *pf* (*of* ⇒**~̈сывать**) to comb out.
очёс|ки, ков *pl* (*sg* **~ок, ~ка** *m*) combings; flocks; **льняны́е о.** flax tow.
очёсыва|ть, ю *impf of* ⇒**очеса́ть**
оче́чник, а *m* spectacle case (*Br*), eyeglass case (*US*).
о́чи *pl of* ⇒**о́ко**
очи́нива|ть, ю *impf of* ⇒**очини́ть**
очин|и́ть, ю́, ~ишь *pf* (*of* ⇒**~ивать** *and* ⇒**чини́ть**[2]) to sharpen, point.
очи́нк|а, и *f* sharpening; **маши́нка для ~и карандаше́й** pencil sharpener.
очисти́тельн|ый *adj* purifying, cleansing; **о. заво́д** refinery; **~ое сре́дство** cleanser, detergent.
очи́|стить, щу, стишь *pf* (*of* ⇒**~ща́ть**) **1** (*патрон, тарелку, обувь*) to clean; (*воду, спирт*) to purify; (*совесть*) to salve, clear; (*душу*) to cleanse, purify. **2** (**от** + *g*) (*стол*) to clear (of); to free; **о. почто́вый я́щик** to clear a letterbox; **о. кише́чник** to open bowels. **3** (*картофелину, яблоко*) to peel. **4** (*coll*) (*обокрасть*) to clean out.
очи́|ститься, щусь, стишься *pf* (*of* ⇒**~ща́ться**) (**от** + *g*) to become clear (of).
очи́стк|а, и *f* **1** (*обуви*) cleaning; (*души*) cleansing, purification; (*воды*) purification; (*овощей*) peeling; **для ~и со́вести** (*coll*) to salve one's conscience. **2** (**от** + *g*) clearing, clearance (of); freeing (of).
очи́стк|и, ов (*no sg*) peelings.
очистн|о́й *adj*: **канализацио́нные ~ы́е сооруже́ния** sewage (treatment/disposal) works (*Br*), sewage (treatment) plant (*US*).
очища́|ть(ся), ю(сь) *impf of* ⇒**очи́стить(ся)**
очище́ни|е, я *nt* cleansing; purification.
очи́|щенный *ppp of* ⇒**~стить**; *as n* **~щенная, ~щенной** *f* (*coll*) vodka.
очка́рик, а *m* (*coll*) person who wears glasses.
очк|и́, о́в (*no sg*) glasses, spectacles (*Br*), eyeglasses (*US*); (*защитные*) goggles.
очк|о́[1]**, а́,** *pl* **~и́, ~о́в** *nt* **1** (*на картах или кости*) pip. **2** (*sport*) point; **дать де́сять (***or* **сто) ~о́в вперёд (кому́-н.)** to be ten (*or* a hundred) times better (than s.o.); to surpass. **3** (*отверстие*) hole; **смотрово́е о.** peephole.
очк|о́[2]**, а́** *nt*: **втере́ть кому́-н. ~и́** (*coll*) to pull the wool over s.o.'s eyes.
очковтира́тельств|о, а *nt* (*coll*) deception.
очко́|вый[1] *adj of* ⇒**~**[1]; **~вая систе́ма** points system (of scoring).
очко́в|ый[2] *adj*: **~ая змея́** cobra.
очн|у́ться, у́сь, ёшься *pf* **1** (*после сна*) to wake. **2** (*после обморока*) to come to (o.s.), regain consciousness.
о́чн|ый *adj* **1** (*opp* **зао́чный**) internal (*instruction, student, etc., as opposed to* external, extramural). **2**: **~ая ста́вка** (*law*) confrontation.
очу́вств|оваться, уюсь *pf* (*obs*) to come to (o.s.), regain consciousness.
очуме́лый *adj* (*coll*) mad, off one's head; **бежа́ть как о.** to run like mad.
очуме́|ть, ю *pf* (*coll*) to go mad, go off one's head.
очут|и́ться, ~ишься *pf* to find o.s.; to come to be; **о. в нело́вком положе́нии** to find o.s. in an awkward position; **как вы здесь ~и́лись?** how did you come to be here?
очу́ха|ться, юсь *pf* (*coll*) to come to, regain consciousness.
ошале́лый *adj* (*coll*) crazy, crazed.
ошале́|ть, ю *pf of* ⇒**шале́ть**
ошара́шива|ть, ю *impf of* ⇒**ошара́шить**
ошара́ш|ить, у, ишь *pf* (*of* ⇒**~ивать**) (*coll*) to strike dumb, flabbergast.
ошварт|ова́ть, у́ю *pf of* ⇒**швартова́ть**
оше́йник, а *m* (*animal's*) collar; **соба́чий о.** dog collar.
ошеломи́тел|ьный (~ен, ~ьна) *adj* stunning.
ошелом|и́ть, лю́, и́шь *pf* (*of* ⇒**~ля́ть**) to stun.
ошеломле́ни|е, я *nt* stupefaction.
ошеломля́|ть, ю *impf of* ⇒**ошеломи́ть**; **~ющий** stunning.
ошельм|ова́ть, у́ю *pf of* ⇒**шельмова́ть**
ошиб|а́ться, а́юсь *impf of* ⇒**~и́ться**
ошиб|и́ться, у́сь, ёшься, *past* **~ся, ~лась** *pf* (*of* ⇒**~а́ться**) to be mistaken, make a mistake, make mistakes.
оши́бк|а, и *f* mistake; error; **по ~е** by mistake.
оши́боч|ный (~ен, ~на) *adj* erroneous, mistaken.
ошива́|ться, юсь *impf* (*coll*) to hang about.
оши́ка|ть, ю *pf* (*of* ⇒**ши́кать 2**) (*coll*) to hiss off the stage.
ошмёт|ки, ков *pl* (*sg* **~ок, ~ка** *m*) (*coll*) worn-out shoes; rags.
ошпа́рива|ть, ю *impf of* ⇒**ошпа́рить**
ошпа́р|ить, ю, ишь *pf* (*of* ⇒**~ивать** *and* ⇒**шпа́рить 1**) (*coll*) to scald.
оштраф|ова́ть, у́ю *pf of* ⇒**штрафова́ть**
оштукату́р|ить, ю, ишь *pf of* ⇒**штукату́рить**
ощен|и́ться, и́тся *pf of* ⇒**щени́ться**
още́рива|ть(ся), ю(сь) *impf of* ⇒**още́рить(ся)**

O

ощéр|ить, ю, ишь *pf of* ⇒**щéрить**

ощéр|иться, юсь, ишься *pf of* ⇒**щéриться**

ощетúнива|ться, юсь *impf of* ⇒**ощетúниться**

ощетúн|иться, юсь, ишься *pf* (*of* ⇒**~иваться** *and* ⇒**щетúниться**) to bristle (*also fig*).

ощип|áть, лю́, ~́лешь *pf* (*of* ⇒**щипáть 4** *and* ⇒**~́ывать**) to pluck.

ощúпыва|ть, ю *impf of* ⇒**ощипáть**

ощу́п|ать, аю *pf* (*of* ⇒**~ывать**) to feel.

ощу́пыва|ть, ю *impf of* ⇒**ощу́пать**

óщуп|ь, и *f*: **на о.** to the touch; by touch; **идтú на о.** to grope one's way.

óщупью *adv* **1** by groping one's way; by touch; **искáть о.** to grope for; **пробрáться о.** to grope one's way. **2** (*fig*) blindly.

ощутúм|ый (~, ~а) *adj* **1** (*запах, похолодание*) perceptible, noticeable. **2** (*fig*) (*недостатки, расходы*) appreciable.

ощутúтел|ьный (~ен, ~ьна) *adj* = **ощутúмый**

ощу|тúть, щу́, тúшь *pf* (*of* ⇒**~щáть**) to feel, sense; **о. гóлод** to feel hunger; **он ~тúл её отсу́тствие** he felt her absence.

ощущá|ть, ю *impf of* ⇒**ощутúть**

ощущéни|е, я *nt* **1** (*physiol*) sensation. **2** (*страха, радости*) feeling, sense.

оягн|úться, úтся *pf of* ⇒**ягнúться**

О

П п

па *nt indecl* (*dance*) step.

паб, а *m* pub.

пабли́сити *nt indecl* publicity.

па́в|а, ы *f* peahen.

павиа́н, а *m* baboon.

павильо́н, а *m* **1** pavilion. **2** (*cin*) film studio.

павли́н, а *m* peacock.

павли́н|ий *adj of* ⇨**~**

па́вод|ок, ка *m* flood (*esp resulting from melting of snow*).

пагина́ци|я, и *f* pagination.

па́год|а, ы *f* pagoda.

па́губ|а, ы *f* ruin, destruction.

па́губ|ный (~ен, ~на) *adj* (*влияние*) pernicious; (*последствия*) fatal.

па́дал|ь, и *f* (*usu collect*) carrion.

па́дан|ец, ца *m* windfall, faller (*fallen fruit*).

па́да|ть, ю *impf* **1** (*pf* **пасть**[1] **1** *and* **упа́сть**) to fall; (*о настроении*) to sink; (*о нравах*) to decline; **баро́метр ~л** the barometer was falling; **~ет снег** it is snowing; **се́рдце у них ~ло** their spirits were sinking; **п. ду́хом** to lose heart; **п. в о́бморок** to faint; **п. от уста́лости** to be ready to drop. **2** (*pf* **пасть**[1] **1**) (*fig*; **на** + *a*) to fall (on, to); **отве́тственность ~ет на вас** the responsibility falls on you. **3** (*impf only*) (*ling*) (*об ударении*) to fall, be; **ударе́ние ~ет на пе́рвый слог** the stress is on the first syllable. **4** (*impf only*) (*о волосах, зубах*) to fall out, drop out. **5** (*pf* **пасть**[1] **1**) (*о животных*) to die.

па́да|ющий *pres participle of* ⇨**~ть** *and adj* (*phys*) incident; **~ющие звёзды** shooting stars.

паде́ж, а́ *m* (*gram*) case.

пад|ёж, ежа́ *m* murrain, cattle plague.

паде́ж|ный *adj of* ⇨**~**; **~ное оконча́ние** case ending.

паде́ни|е, я *nt* **1** fall; (*настроения*) sinking; (*нравов*) decline; **мора́льное п.** degradation. **2** (*phys*) incidence; **у́гол ~я** angle of incidence.

па́д|кий (~ок, ~ка) *adj* (**на** + *a or* **до** + *g*) having a weakness (for); susceptible (to); **п. на де́ньги** mercenary; **он ~ок до сла́дкого** he has a sweet tooth.

па́дуб, а *m* (*то же, что* ⇨**остроли́ст**) holly.

паду́ч|ий *adj* (*obs*) falling; **~ая звезда́** shooting star; **~ая (боле́знь)** epilepsy.

па́дчериц|а, ы *f* stepdaughter.

паево́й *adj of* ⇨**пай**[1]; **п. взнос** share; **п. инвестицио́нный фонд** unit trust (*Br*), mutual fund (*US*).

па|ёк, йка́ *m* ration.

паж, а́ *m* (*hist*) page.

паз, а, о ~е, в ~у́, *pl* **~ы́, ~о́в** *m* (*tech*) groove.

пазл, а *m* jigsaw puzzle.

па́зух|а, и *f* **1** bosom; **за ~ой** in one's bosom; **держа́ть ка́мень за ~ой** (*fig*) to bear a grudge; **жить как у Христа́ за ~ой** to live in clover. **2** (*anat*) sinus. **3** (*bot*) axil.

па́ин|ька, ьки, *g pl* **~ек** *cg* (*coll*) good child; **будь п.!** be a good boy (girl)!; **п.-ма́льчик** good (little) boy.

па|й[1]**, я,** *pl* **~и́, ~ёв** *m* share; **това́рищество на ~я́х** joint-stock company; **на ~я́х** (*fig*, *coll*) on an equal footing, going shares.

пай-...[2] *cg indecl* (*coll*) good child; **п.-ма́льчик** good (little) boy.

па́йк|а, и *f* solder(ing).

пайко́вый *adj of* ⇨**паёк**; rationed.

па́йщик, а *m* shareholder.

па́йщи|ца, цы *f of* ⇨**~к**

пак, а (*no pl*) *m* pack ice.

пакга́уз, а *m* warehouse; **тамо́женный п.** bonded warehouse.

паке́т, а *m* **1** (*свёрток*) parcel, package. **2** (*письмо*) (official) letter. **3** (*мешок*) (paper) bag. **4** (*comput*) package.

Пакиста́н, а *m* Pakistan.

пакиста́н|ец, ца *m* Pakistani.

пакиста́н|ка, ки *f of* ⇨**~ец**

пакиста́нский *adj* Pakistani.

па́кл|я, и *f* tow; oakum.

пак|ова́ть, у́ю *impf* (*of* ⇨**у~**) to pack.

па́ко|стить, щу, стишь *impf* (*coll*) **1** (*pf* **за~** *and* **на~**) (*пачкать*) to soil, dirty. **2** (*pf* **ис~**) (*портить*) to spoil, mess up. **3** (*pf* **на~**) (+ *d*) (*делать пакости*) to play dirty tricks (on).

па́кост|ный (~ен, ~на) *adj* nasty.

па́кост|ь, и *f* **1** (*о поступке*) dirty trick; **де́лать ~и** (+ *d*) to play dirty tricks (on). **2** (*дрянь*) filth. **3** (*о слове*) obscenity, filthy word.

пакт, а *m* pact; **п. о ненападе́нии** non-aggression pact.

паланти́н, а *m* fur tippet, stole.

пала́т|а, ы *f* **1** (*in pl*; *obs*) (*дворец*) palace. **2** (*obs*) (*комната*) chamber, hall; **Оруже́йная п.** Armoury Museum (*in Moscow*); **у него́ ума́ п.** (*coll*) he is as wise as Solomon. **3** (*в больнице*) ward. **4** (*pol*) chamber, house; **ве́рхняя/ни́жняя п.** Upper/Lower Chamber; **п. ло́рдов** House of Lords; **п. о́бщин** House of Commons. **5** (*название некоторых государственных учреждений*): **Кни́жная п.** Book Chamber (*bibliographical centre in Moscow*); **Торго́вая п.** Chamber of Commerce.

палатализа́ци|я, и *f* (*ling*) palatalization.

палатализ|ова́ть, у́ю *impf and pf* (*ling*) to palatalize.

палата́льный *adj* (*ling*) palatal.

пала́тк|а, и *f* **1** tent; (*большая*) marquee; **в ~ах** under canvas. **2** (*ларёк*) stall, booth.

пала́т|ный *adj of* ⇨**~а**; **~ная сестра́** ward sister.

пала́ч, а́ *m* executioner; (*fig*) butcher.

пала́ш, а́ *m* broadsword.

па́левый *adj* straw-coloured (*Br*), -colored (*US*), pale yellow.

палёны|й *adj* singed, scorched; **па́хнет ~м** there is a smell of burning.

палеоге́н, а *m* (*geol*) the Palaeogene (*Br*), Paleogene (*US*) (sub-period).

палеоге́новый *adj* (*geol*) Palaeogene (*Br*), Paleogene (*US*); **п. пери́од** the Palaeogene (*Br*), Paleogene (*US*) (sub-period).

палео́граф, а *m* palaeographer (*Br*), paleographer (*US*).

палеографи́ческий *adj* palaeographic (*Br*), paleographic (*US*).

палеогра́фи|я, и *f* palaeography (*Br*), paleography (*US*).

палеозо́|й, я *m* (*geol*) the Palaeozoic (*Br*), Paleozoic (*US*) (era).

палеозо́й|ский *adj* (*geol*) Palaeozoic (*Br*), Paleozoic (*US*); **~ская э́ра** = **~**

палеоли́т, а *m* (*archaeol*) Palaeolithic period (*Br*), Paleolithic period (*US*).

палеолити́ческий *adj* (*archaeol*) Palaeolithic (*Br*), Paleolithic (*US*).

палеонто́лог, а *m* palaeontologist (*Br*), paleontologist (*US*).

палеонтологи́ческий *adj* palaeontological (*Br*), paleontological (*US*).

палеонтоло́ги|я, и *f* palaeontology (*Br*), paleontology (*US*).

палеоце́н, а *m* (*geol*) the Palaeocene (*Br*), Paleocene (*US*) (epoch).

палеоце́новый *adj* (*geol*) Palaeocene (*Br*), Paleocene (*US*).

Палести́н|а, ы *f* Palestine.

палести́н|ец, ца *m* Palestinian.

палести́н|ка, ки *f of* ⇨**~ец**

палести́нский *adj* Palestinian.

па́лех, а *m* lacquerwork.

па́лехский *adj* (made in) Palekh (*place famed for its lacquerwork*).

па́л|ец, ьца *m* **1** finger; **п. ноги́** toe; **большо́й п.** thumb; **указа́тельный п.** forefinger, index (finger); **сре́дний п.** middle finger, third finger; **безымя́нный п.** fourth finger, ring finger; (*fig*): **п. о п. не уда́рить, ~ьцем не шевельну́ть** (*coll*) to not lift a finger; **ему́ ~ьца в рот не клади́** (*coll*) he is not to be trusted, he needs to be watched; **~ьцы лома́ть** to tear one's hair; **смотре́ть сквозь ~ьцы на что-н.** (*coll*) to shut one's eyes to sth; **знать что-н. как свои пять ~ьцев** (*coll*) to know sth like the back of one's hand; **обвести́ кого́-н. вокру́г ~ьца** (*coll*) to twist s.o. round one's (little) finger; **вы́сосать из ~ьца** (*coll*) to fabricate, concoct; **он ~ьцем никого́ не тро́нет** he wouldn't hurt a fly; **попа́сть ~ьцем в не́бо** (*coll*) to be wide of the mark.
2 (*tech*) pin, peg; cam, cog, tooth.

палимпсе́ст, а *m* palimpsest.

палиндро́м, а *m* palindrome.

палиса́д, а *m* **1** paling. **2** (*mil*) palisade. **3** = **палиса́дник**

палиса́дник, а *m* small front garden.

палиса́ндр, а *m* rosewood.

палиса́ндр|овый *adj of* ⇒**~**

пали́тр|а, ы *f* palette.

пал|и́ть[1]**, ю́, и́шь** *impf* **1** (*pf* **с~**) to burn, scorch. **2** (*pf* **о~**) to singe.

пал|и́ть[2]**, ю́, и́шь** *impf* (*coll*) (*стрелять*) to fire (*from gun*); **~и́!** (*word of command*) fire!

па́лиц|а, ы *f* club, cudgel.

па́лк|а, и *f* stick; **вста́вить кому́-н. ~и в колёса** to put a spoke in s.o.'s wheel; **из-под ~и** under the lash; **п. о двух конца́х** two-edged weapon; **э́то п. о двух конца́х** it cuts both ways.

паллиати́в, а *m* palliative.

паллиати́вный *adj* palliative.

пало́мник, а *m* pilgrim (*also fig*).

пало́мнича|ть, ю *impf* to go on (a) pilgrimage.

пало́мничеств|о, а *nt* pilgrimage (*also fig*).

па́лочк|а, и *f* **1** *diminutive of* ⇒**па́лка**; **бараба́нная п.** drumstick; **волше́бная п.** magic wand; **дирижёрская п.** conductor's baton; **паху́чая п.** joss stick; **ры́бная п.** fish finger. **2** (*med*) bacillus.

па́л|очный *adj of* ⇒**~ка**; **~очная дисципли́на** discipline of the rod.

па́лтус, а *m* halibut; (*в рыболовстве также, ошибочно*) turbot.

па́луб|а, ы *f* deck; **полётная п.** flight deck.

па́луб|ный *adj of* ⇒**~а**; **п. груз** deck cargo.

па́лый *adj* **1** (*dialect*) (*скот*) dead. **2** (*coll*) (*листья*) fallen.

пальб|а́, ы́ *f* firing; **пу́шечная п.** cannonade.

па́льм|а, ы *f* palm (tree).

па́льм|овый *adj of* ⇒**~а**; **~овое де́рево** boxwood.

пал|ьну́ть, ьну́, ьнёшь *inst pf* (*of* ⇒**~и́ть**[2]) to fire a shot; to discharge a volley.

пальти́ш|ко, ка, *pl* **~ки, ~ек** *nt* (*coll, pej*) *diminutive of* ⇒**пальто́**

пальто́ *nt indecl* (over)coat.

пальцеви́д|ный (~ен, ~на) *adj* finger-shaped.

па́льчик, а *m diminutive of* ⇒**па́лец**

пал|я́щий *pres participle active of* ⇒**~и́ть**[1] *and adj* burning, scorching.

пампа́с|овый *adj of* ⇒**~ы**; **~овая трава́** pampas grass.

пампа́с|ы, ов (*no sg*) (*geog*) pampas.

памфле́т, а *m* lampoon.

памфлети́ст, а *m* lampoonist.

па́мятк|а, и *f* (list of) instructions, guidelines; **п. по ухо́ду** care label.

па́мятлив|ый (~, ~а) *adj* (*coll*) having a good memory.

па́мятник, а *m* monument; (*на могиле*) tombstone; (*статуя*) statue; (*археологический*) relic; **~и пи́сьменности** ancient manuscripts.

па́мят|ный (~ен, ~на) *adj* **1** (*незабываемый*) memorable. **2** (*для напоминания*) serving to assist the memory; **~ная доска́** memorial plate, plaque; **~ная кни́жка** notebook, memorandum book.

па́мят|овать, ую *impf* (*obs*; **о** + *p*) to remember.

па́мят|ь, и *f* **1** (*also comput*) memory; **у него́ кури́ная п.** he has a memory like a sieve; **на мое́й ~и** within my memory; **говори́ть на п.** to speak from memory; **вдруг мне пришло́ на п., что...** suddenly I remembered that ...; **по ~и** from memory; **по ста́рой ~и** from force of habit.
2 (*воспоминание*) memory, recollection, remembrance; **ве́чная п. ему́!** may his memory live for ever!; **оста́вить по себе́ до́брую п.** to leave fond memories of o.s.; **в п.** (+ *g*) in memory (of); **подари́ть на п.** to give as a keepsake.
3 (*сознание*) mind, consciousness; **быть без ~и** to be unconscious; **быть от кого́-н. без ~и** (*coll*) to be head over heels in love with s.o., be crazy about s.o.
4 (*eccl*; + *g*) commemoration of death (of), feast (of).

пан, а, *pl* **~ы́** *m* (*hist*) Polish landowner; **ли́бо п., ли́бо пропа́л** (*proverb*) all or nothing.

пан... *comb form* pan-.

панаги́|я, и *f* (*eccl*) panagia (*an image worn round the neck by Orthodox bishops*).

Пана́м|а, ы *f* **1** (*страна*) Panama. **2** (*столица*) Panama City.

пана́м|а, ы *f* panama (hat).

панамерика́нский *adj* Pan-American.

пана́мский *adj* Panamanian; **П. кана́л** the Panama Channel.

панаце́|я, и *f* panacea; **п. от всех зол** (*fig*) universal panacea.

панба́рхат, а *m* panne (*dress material*).

па́нд|а, ы *f* panda.

панеги́рик, а *m* panegyric, eulogy.

панегири́ст, а *m* panegyrist, eulogist.

панегири́ческий *adj* panegyrical, eulogistic.

пане́л|ь, и *f* **1** (*тротуар*) pavement (*Br*), sidewalk (*US*). **2** (*обшивка*) panel, panelling (*Br*), paneling (*US*), wainscot(ing). **3**: **п. прибо́ров** instrument panel; dashboard; **п. инструме́нтов** (*comput*) toolbar. **4** (*comput, TV*): **пло́ская п.** flat panel.

пане́ль|ный *adj of* ⇒**~**; **~ная обши́вка** panelling (*Br*), paneling (*US*).

панибра́тский *adj* (*coll*) (over)familiar.

панибра́тств|о, а *nt* (*coll*) (undue) familiarity.

па́ник|а, и *f* panic; **впасть в ~у** to become panic-stricken, panic.

паникади́л|о, а *nt* (*eccl*) chandelier.

паникёр, а *m* panic-monger, scaremonger, alarmist.

паникёр|ский *adj of* ⇒**~**

паникёрств|о, а *nt* alarmism.

паникёрств|овать, ую *impf* (*no pf*) (*coll*) to panic.

паник|ова́ть, у́ю *impf* (*no pf*) (*coll*) to panic.

паниро́вочн|ый *adj*: **~ые сухари́** (*cul*) breadcrumbs.

панихи́д|а, ы *f* funeral service; requiem; **гражда́нская п.** civil funeral.

панихи́д|ный *adj of* ⇒**~а**; (*fig*) funereal.

пани́ческий *adj* **1** (*проникнутый паникой*) panic-stricken; **п. страх** utter terror. **2** (*выражающий панику*) alarming. **3** (*coll*) (*легко поддающийся панике*) panicky.

панк, а *m* (*also as indecl adj*) punk.

панк-... *comb form* punk-.

панк|ова́ть, у́ю *impf* (*sl*) to be a punk, live like a punk.

па́нк|овский *adj of* ⇒**~**

панкреати́ческий *adj* (*anat*) pancreatic.

панно́ *nt indecl* panel.

пано́птикум, а *m* waxworks.

пано́рам|а, ы *f* panorama.

панора́мный *adj* panoramic.

пансио́н, а *m* **1** (*hist*) (*школа*) boarding school. **2** (*obs*) (*гостиница*) boarding house. **3** (*содержание*): **по́лный п.** (full) board and lodging; **ко́мната с ~ом** room and board; **жить на ~е** to have full board and lodging, live en pension.

пансиона́т, а *m* boarding house, guest house.

пансионе́р, а *m* **1** (*hist*) (*в школе*) boarder. **2** (*obs*) (*в гостинице*) guest.

пансионе́р|ка, ки *f of* ⇒**~**

па́н|ский *adj of* ⇒**~**

панслави́зм, а *m* (*hist*) panslavism.

пантало́н|ы, ~ (*no sg*) (*obs*) **1** (*брюки*) trousers (*Br*), pants (*US*). **2** (*женские трусы*) drawers, knickers (*Br*).

пантали́к, а (у) *m* (*coll*) *only in phrr* **сбить с ~у** to confuse; **сби́ться с ~у** to become confused, be at one's wit's end.

панте́изм, а *m* pantheism.

панте́ист, а *m* pantheist.

пантеисти́ческий *adj* pantheistic.

панте́он, а *m* pantheon.

панте́р|а, ы *f* panther.

панто́граф, а *m* (*tech*) pantograph.

пантоми́м|а, ы *f* mime.

пантомими́ческий *adj* pantomimic.

пантоми́м|ный *adj* = **~и́ческий**

па́нт|ы, ов *(no sg)* antlers of young Siberian stag *(as used in preparation of medicament)*.

па́нцирный *adj* **1** armour-clad *(Br)*, armor-clad *(US)*. **2** *(zool)* testaceous.

па́нцир|ь, я *m* **1** *(hist)* coat of mail, armour *(Br)*, armor *(US)*. **2** *(zool)* shell.

панъевропе́йский *adj* Pan-European.

па́п|а[1], ы *m (coll)* dad, daddy, papa *(US)*.

па́п|а[2], ы *m*: **П. Ри́мский** (the) Pope.

папа́й|я, и *f* papaya, pawpaw.

папара́цци *cg indecl* paparazzo.

папа́х|а, и *f* papakha *(a Caucasian fur hat)*.

папа́ш|а, и *m (coll)* = **па́па**

па́перт|ь, и *f* church porch, parvis.

папи́зм, а *m* papism.

папильо́тк|а, и *f* paper or rag for curling the hair.

папиро́с|а, ы *f* cigarette *(of Russian type, with cardboard mouthpiece)*.

папиро́с|ный *adj of* **⇒~а**; **~ная бума́га** *(для папирос)* cigarette paper; *(тонкая бумага)* tissue paper.

папи́рус, а *m* papyrus.

папи́рус|ный *adj*; *of* **⇒~**

папи́ст, а *m* papist.

па́пк|а, и *f* folder, file; *(comput)* folder.

па́поротник, а *m* fern.

па́прик|а, и *f* paprika.

па́пский *adj* papal.

па́пств|о, а *nt* papacy.

Па́пуа – Но́вая Гвине́я, – Но́вой Гвине́и *f* Papua New Guinea.

па́пуа-новогвине́|ец, йца *m* Papua New Guinean.

па́пуа-новогвине́|йка, йки *f of* **⇒~ец**

па́пуа-новогвине́йский *adj* Papua New Guinean.

папуа́нский *adj* Papuan.

папуа́с, а *m* Papuan.

папуа́с|ка, ки *f of* **⇒~**

папуа́сский *adj* Papuan.

папье́-маше́ *nt indecl* papier mâché.

пар[1], а, о ~е, в ~у́, *pl* **~ы́** *m* **1** steam; **стоя́ть под ~а́ми** to be under steam, have steam up; **на всех ~а́х** *(fig)* full steam ahead, at full speed; **с лёгким ~ом!** greeting to s.o. coming out of the shower/bath. **2** *(видимое испарение)* vapour *(Br)*, vapor *(US)*. **3** *(in pl)* *(спирта, бензина)* fumes.

пар[2], а, *pl* **~ы́** *m (agric)* fallow; **находи́ться под ~ом** to lie fallow.

па́р|а, ы *f* **1** *(сапог, чулок, ножниц)* pair; *(два предмета, двое людей)* couple; **супру́жеская п.** married couple; **ходи́ть ~ами** to walk in couples; **е́хать на ~е** to drive a pair *(of horses)*; **на ~у мину́т** for a couple of minutes; **п. пустяко́в!** it's child's play!; **на ~у слов** for a few words; **она́ ему́ не п.** she is no match for him; **два сапога́ п.** *(coll, pej)* they make a pair. **2** *(костюм)* suit *(of clothes)*. **3** *(coll)* *(отметка)* a 'two' *(out of five)*.

пара́бол|а[1], ы *f (math)* parabola.

пара́бол|а[2], ы *f (притча)* parable.

параболи́ческий[1] *adj (math)* parabolic.

параболи́ческий[2] *adj* parabolical.

парагва́|ец, йца *m* Paraguayan.

Парагва́|й, я *m* Paraguay.

парагва́|йка, йки *f of* **⇒~ец**

парагва́йский *adj* Paraguayan.

пара́граф, а *m* paragraph.

пара́д, а *m* **1** *(шествие)* parade; *(mil)* review; **возду́шный п.** air display; fly-past. **2** *(coll, joc)* *(нарядная одежда)* ceremonial get-up; **быть при по́лном ~е** to be in one's best bib and tucker.

паради́гм|а, ы *f* paradigm.

пара́дно-выходн|о́й *adj*: **~а́я фо́рма** *(mil)* ceremonial walking-out dress.

пара́дност|ь, и *f* magnificence; ostentation.

пара́д|ный (~ен, ~на) *adj* **1** *(торжественный)* ceremonial; **п. костю́м** ceremonial dress; **~ная фо́рма** full dress (uniform). **2** *(пышный)* gala; **п. спекта́кль** gala night. **3** *(главный)* main, front; **~ная дверь** front door; **п. подъе́зд** main entrance; *as n* **~ная, ~ной** *f* front door.

парадо́кс, а *m* paradox.

парадокса́л|ьный (~ен, ~ьна) *adj* paradoxical.

парази́т, а *m (biol and fig)* parasite.

паразити́зм, а *m (biol and fig)* parasitism.

паразити́р|овать, ую *impf* to live as a parasite.

паразити́ческий *adj (biol and fig)* parasitic(al).

парази́тный *adj (biol)* parasitic.

парализо́ванност|ь, и *f* paralysis.

парализо́в|анный *ppp of* **⇒~а́ть** *and adj* paralysed *(also fig)*.

парализ|ова́ть, у́ю *impf and pf* to paralyse *(also fig)*.

парали́тик, а *m* paralytic.

паралити́ческий *adj* paralytic.

парали́ч, а́ *m* paralysis; **он разби́т ~о́м** he is completely paralysed.

парали́чный *adj* paralytic; **п. больно́й** paralytic.

паралла́кс, а *m (astron)* parallax.

параллелепи́пед, а *m (math)* parallelepiped.

параллели́зм, а *m* parallelism.

параллелогра́мм, а *m (math)* parallelogram.

паралле́л|ь, и *f* parallel; **провести́ п. (ме́жду + *i*)** to draw a parallel (between).

паралле́льно *adv (+ d; с + i)* **1** parallel (with). **2** *(одновременно)* simultaneously (with), at the same time (as).

паралле́л|ьный (~ен, ~ьна) *adj* parallel; **~ьные бру́сья** *(gymnastics)* parallel bars; **~ая медици́на** alternative *or* complementary medicine; **п. телефо́н** shared line, party line.

пара́метр, а *m* parameter.

паранджа́, и́ *f* yashmak.

парано́ик, а *m (med)* paranoiac.

параноя́ческий *adj (med)* paranoid; paranoiac.

парано́й|я, и *f (med)* paranoia.

паранорма́льный *adj* paranormal.

Параолимпиа́д|а, ы *f* the Paralympics.

параолимпи́йски|й *adj* Paralympic; **П~е и́гры** the Paralympics.

парапе́т, а *m* parapet.

парапсихоло́ги|я, и *f* parapsychology.

парати́ф, а *m* paratyphoid.

парафи́н, а *m* paraffin (wax).

парафи́н|овый *adj of* **⇒~**

парафи́р|овать, ую *impf and pf* *(diplomacy)* to initial.

пара́ш|а, и *f (prison sl)* **1** *(горшок)* chamber pot. **2** *(ложь)* lie.

парашю́т, а *m* parachute; **на ~е** by parachute; **прыжо́к с ~ом** parachute jump; **пры́гать с ~ом** to parachute.

парашюти́зм, а *m* parachute jumping *(as sport)*; skydiving.

парашюти́р|овать, ую *impf (of* **⇒с~)** *(aeron)* to pancake.

парашюти́ст, а *m* parachute jumper; skydiver; **п.-деса́нтник** paratrooper.

парашю́т|ный *adj of* **⇒~**; **~но-деса́нтные войска́** paratroops; **п. спорт** parachute jumping; skydiving.

пардо́н *int* (I beg your) pardon.

парен|ёк, ька́ *m* young boy, young chap.

па́рени|е, я *nt (белья)* steaming; *(веником)* beating; *(cul)* stewing.

паре́ни|е, я *nt (в небе)* floating, hovering.

па́рен|ый *adj* stewed; **деше́вле ~ой ре́пы** *(coll)* dirt-cheap; **про́ще ~ой ре́пы** *(coll)* very easy, a piece of cake.

па́р|ень, ня, *pl* **~ни, ~не́й** *m* **1** *(юноша)* boy, lad. **2** *(coll)* *(мужчина)* chap *(Br)*, fellow, guy; **свой п.** a good guy.

пари́ *nt indecl* bet; **держа́ть п., идти́ на п.** to bet, lay a bet; **держу́ п., что...** I bet that ... .

Пари́ж, а *m* Paris.

парижа́н|ин, ина, *pl* **~е, ~** *m* Parisian.

парижа́н|ка, ки *f of* **⇒~ин**; Parisienne.

пари́жский *adj* Parisian.

пари́к, а́ *m* wig.

парикма́хер, а *m* hairdresser; *(мужской)* barber.

парикма́херск|ая, ой *f* hairdresser's; hairdressing salon; *(мужская)* barber's (shop).

пари́лк|а, и *f (coll)* = **пари́льня**

пари́л|ьня, ьни, *g pl* **~ен** *f* steam room *(in baths)*.

пари́р|овать, ую *impf and pf (pf also* **от~)** to parry, counter.

парите́т, а *m* parity.

парите́т|ный *adj of* **⇒~**; **на ~ных нача́лах (с + *i*)** on a par (with), on an equal footing (with).

па́р|ить, ю, ишь *impf (no pf)* **1** *(бельё)* to steam. **2** *(в бане)* to beat about with a besom. **3** *(cul)* to stew. **4** *(impers)*: **~ит** it is sultry.

П

пар|и́ть, ю́, и́шь *impf (no pf)* to soar, swoop, hover; **п. в облака́х** *(fig)* to live in the clouds.

па́р|иться, юсь, ишься *impf* **1** *(pf* **по~**) *(в бане)* to steam, sweat. **2** *(cul)* to stew.

па́ри|я, и, *g pl* **~й** *cg* pariah, outcast.

парк, а *m* **1** *(сад)* park; **разби́ть п.** to lay out a park. **2** *(место стоянки)* yard, depot; *(mil)* park, depot; **артиллери́йский п.** ordnance depot; **трамва́йный п.** tram depot. **3** *(подвижной состав)* fleet; stock; pool; **автомоби́льный п.** fleet of motor vehicles; **ваго́нный п.** rolling stock.

па́рк|а¹, и *f (одежда)* parka.

па́рк|а², и *f (coll) (белья)* steaming.

парке́т, а *m* parquet; parquetry.

парке́т|ный *adj of* ⇒~; **п. пол** parquet floor.

парке́тчик, а *m* specialist in laying parquet floors.

па́ркинг, а *m* car park.

паркова́ни|е, я *nt* parking.

парк|ова́ть, у́ю *vt impf (of* ⇒**припаркова́ть**) to park.

парк|ова́ться, у́юсь *vi impf (of* ⇒**припаркова́ться**) to park.

парко́вк|а, и *f* parking.

парко́вочный *adj*: **п. автома́т** *or* **счётчик** parking meter.

па́рк|овый *adj of* ⇒~; **~овые культу́ры** park plants.

парла́мент, а *m* parliament.

> **Парла́мент Росси́йской Федера́ции**
> *see* **Федера́льное Собра́ние Росси́йской Федера́ции**

П

парламентари́зм, а *m* parliamentarianism.

парламента́ри|й, я *m* parliamentarian.

парламента́рный *adj* parliamentarian.

парламентёр, а *m (mil)* envoy; bearer of a flag of truce.

парламентёр|ский *adj of* ⇒~; **п. флаг** flag of truce.

парла́ментский *adj* parliamentary; **п. зако́н** Act of Parliament; **п. запро́с** interpellation.

парн|а́я, о́й *f* = **пари́льня**

парни́к, а́ *m* hotbed, polytunnel; *(из стекла)* greenhouse; **в ~е́** under glass.

парник|о́вый *adj of* ⇒~́; **~о́вые расте́ния** hothouse plants; **п. эффе́кт** greenhouse effect.

парни́шк|а, и *m (coll)* boy, lad.

парн|о́й *adj* **1** *(свежий)* fresh; **~о́е молоко́** milk fresh from the cow; **~о́е мя́со** fresh meat. **2** *(coll) (воздух)* steamy.

парнокопы́тн|ые, ~ых *pl (sg* **~ое, ~ого** *nt) (zool)* Artiodactyla, artiodactyls.

па́рн|ый *adj* pair; forming a pair; twin; **п. носо́к, п. сапо́г** *и т. п.* pair, fellow *(other one of pair of socks, boots, etc.)*; **~ая гре́бля** sculling; **~ая игра́** *(в теннис, бадминтон)* doubles game; **~ое ката́ние** *(на коньках)* pair skating.

парово́з, а *m* (steam) engine, locomotive.

парово́з|ный *adj of* ⇒~; **~ная брига́да** engine crew; **~ное депо́** engine shed.

паровозоремо́нтный *adj* engine-repair, locomotive-repair.

паров|о́й¹ *adj* **1** *adj of* ⇒**пар¹**; **~а́я маши́на** steam engine; **~а́я пра́чечная** steam laundry. **2** *(cul)* steamed.

парово́й² *adj (поле)* lying fallow.

парод|и́йный *adj of* ⇒~́**ия**

пароди́р|овать, ую *impf and pf* to parody.

пароди́ст, а *m* mimic, impressionist.

паро́ди|я, и *f* **1** *(произведение)* parody. **2** *(скетч)* skit. **3** **(на +** *a***)** *(на справедливость)* travesty, caricature.

пароксизм, а *m (med)* paroxysm.

паро́л|ь, я *m* password.

паро́м, а *m* ferry (boat); **перепра́вить на ~е** to ferry.

паро́м|ный *adj of* ⇒~

паро́мщик, а *m* ferryman.

парообра́зный *adj* vaporous.

парообразова́ни|е, я *nt (phys, tech)* steam generation, vaporization.

парораспредели́тельн|ый *adj*: **~ая коро́бка** *(tech)* steam box.

паросилов|о́й *adj*: **~а́я устано́вка** *(tech)* steam power plant.

пароструйный *adj* steam-jet; **п. инже́ктор/эже́ктор** steam injector/ ejector.

парохо́д, а *m* steamer; steamship; **колёсный п.** paddle boat *or* steamer; **океа́нский п.** ocean liner.

парохо́д|ный *adj of* ⇒~; **~ное о́бщество** steamship company.

парохо́дств|о, а *nt* **1** *(судоходство)* navigation, shipping. **2** *(предприятие)* steamship line/company.

парт... *comb form, abbr of* **парти́йный**

па́рт|а, ы *f* (school) desk; **сесть за ~у** *(fig)* to become a student, begin one's studies.

партакти́в, а *m (pol)* party activists.

партбиле́т, а *m (pol)* party(-membership) card.

партеногене́з, а *m (zool)* parthenogenesis.

парте́р, а *m (theatr)* the stalls.

парти́|ец, йца *m* party member.

партиза́н, а, *g pl* **~** *m (на войне)* partisan; *(против режима)* guerrilla.

партиза́н|ить, ю, ишь *impf (coll)* to be a partisan, fight with the partisans.

партиза́н|ский *adj* **1** *adj of* ⇒~; **~ская война́** guerrilla warfare; **~ское движе́ние** the Resistance (movement) *(e.g. against Germany during World War II)*; **п. отря́д** partisan detachment. **2** *(fig, pej)* unplanned, haphazard.

партиза́нств|о, а *nt* guerrilla warfare.

партиза́нщин|а, ы *f* **1** guerrilla warfare. **2** *(fig, pej)* unplanned work, haphazard work.

парти́йност|ь, и *f* **1** *(следование духу партии)* party spirit. **2** *(принадлежность к партии)* party membership.

парти́йн|ый *adj (pol)* **1** party; **п. биле́т** party-membership card; **п. стаж** length of party membership; **~ая яче́йка** party cell. **2** *as n* **п., ~ого** *m* party member.

партиту́р|а, ы *f (mus)* score.

па́рти|я¹, и *f (pol)* party.

па́рти|я², и *f* **1** *(группа лиц)* party, group. **2** *(в производстве)* batch; lot; *(груза)* consignment; *(отправленных товаров)* shipment. **3** *(sport)* game; set. **4** *(mus)* part. **5** *(obs) (брак)* (good) match *(marriage)*; **сде́лать хоро́шую ~ю** to make a good match.

партко́м, а *m* party committee.

партнёр, а *m* partner.

партнёрств|о, а *nt* partnership; **войти́ в п. (с +** *i***)** to go into partnership (with).

партнёр|ша, ши *f (coll) of* ⇒~

парто́рг, а *m (abbr of* **парти́йный организа́тор**) party organizer.

парторганиза́ци|я, и *f* party organization.

партста́ж, а *m* length of party membership.

партсъе́зд, а *m* party congress.

па́рус, а, *pl* **~а́** *m* sail; **идти́ под ~а́ми** to sail, be under sail; **подня́ть/ поста́вить ~а́** to make sail, set sail; **на всех ~а́х** in full sail *(also fig)*.

паруси́н|а, ы *f* canvas, sailcloth.

паруси́новый *adj* canvas.

па́русник, а *m* **1** *(судно)* sailing vessel. **2** *(спортсмен)* sailor.

па́рус|ный *adj of* ⇒~; **п. спорт** sailing.

парфо́рсн|ый *adj*: **~ая езда́** circus riding.

парфюме́р, а *m* perfumer.

парфюме́ри|я, и *f* *(промышленность)* perfumery; *(духи)* perfumes; *(косметика)* cosmetics; *(отдел духов)* perfume department; *(отдел косметики)* cosmetics department.

парфюме́р|ный *adj of* ⇒~**ия**; **п. магази́н** *(только духи)* perfumery, perfumer's shop; *(косметика)* cosmetics shop; **~ная фа́брика** perfume factory.

парч|а́, и́, *g pl* **~е́й** *f* brocade.

парч|о́вый *adj of* ⇒~**а́**

парш|а́, и́ *f* mange; *(струпья)* scab.

парши́ве|ть, ю *impf (of* ⇒**за~** *and* ⇒**о~**) to become mangy; to be covered with scabs.

парши́в|ец, ца *m (coll)* lousy fellow.

парши́в|ый (~, ~а) *adj* **1** mangy; **~ая овца́** *(fig)* black sheep. **2** *(coll) (дрянной)* rotten, lousy.

пас¹, а *m (cards)* pass; **объяви́ть п.** to pass; *as int* **я п.** (I) pass; **в э́том де́ле я п.** *(fig, coll)* I'm no good at this; this is not in my line.

пас², а *m (sport)* pass.

па́сек|а, и *f* apiary.

па́сечник, а *m* bee-keeper.

па́сквил|ь, я *m* libel, lampoon; squib.

па́сквильный *adj* libellous *(Br)*, libelous *(US)*.

пасквиля́нт, а *m* lampoonist, slanderer.

паску́д|ный (~ен, ~на) *adj (coll)* foul, filthy.

паслён, а *m* (*bot*) solanum; **п. слáдко-гóрький** bittersweet, woody nightshade; **чёрный п.** deadly nightshade.

пáсмур|ный (~ен, ~на) *adj* **1** (*день*) dull, cloudy; overcast. **2** (*fig*) (*лицо*) gloomy, sullen.

пас|овáть[1], ýю *impf* (*of* ⇒**с~**) **1** (*also pf in past tense*) (*cards*) to pass. **2** (*fig*) (*сдаваться*) to give up, give in; **п. перед трýдностями** to give in to difficulties.

пас|овáть[2], ýю *impf and pf* (*sport*) to pass.

паспартý *nt indecl* mount.

пáспорт, а, *pl* **~á** *m* **1** passport. **2** (*машины, аппарата*) registration certificate.

пáспорт|ный *adj of* ⇒**~**; **п. стол** passport office.

пасс, а *m* pass (*in hypnotism*).

пассáж, а *m* **1** (*галерея*) arcade. **2** (*mus*) passage.

пассажи́р, а *m* passenger.

пассажи́р|ка, ки *f of* ⇒**~**

пассажи́р|ский *adj of* ⇒**~**

пассáт, а *m* (*meteorology*) trade wind.

пассати́ж|и, ей *pl* (combination) pliers.

пассáт|ный *adj of* ⇒**~**; **п. вéтер** trade wind.

пасси́в, а *m* **1** (*comm*) liabilities. **2** (*gram*) passive voice.

пасси́вност|ь, и *f* passivity.

пасси́в|ный (~ен, ~на) *adj* **1** passive; **~ное избирáтельное прáво** (*pol*) eligibility. **2** (*econ*): **п. балáнс** unfavourable (*Br*), unfavorable (*US*) balance.

пáсси|я, и *f* (*obs, coll*) passion; **бы́вшая п.** old flame.

пáст|а, ы *f* paste; **зубнáя п.** toothpaste; **томáтная п.** tomato purée; (*в ручке*) ink (*in ballpoint pen*).

пáстбищ|е, а *nt* pasture.

пáстбищный *adj* pasture; grazing.

пáств|а, ы *f* (*eccl*) flock, congregation.

пастéл|ь, и *f* **1** (*collect*) (*карандаши*) pastel(s). **2** (*рисунок* **~ью**) pastel (drawing).

пастéльный *adj* (*картина*) (drawn in) pastel; (*цвет*) pastel, soft.

пастеризáци|я, и *f* pasteurization.

пастеризóв|анный *ppp of* ⇒**~áть** *and adj* pasteurized.

пастериз|овáть, ýю *impf and pf* to pasteurize.

пастернáк, а *m* parsnip.

пас|ти́, ý, ёшь, *past* **~, ~лá** *impf* (*no pf*) (*скот*) to graze, pasture; (*гусей*) to tend.

пастил|á, ы́, *pl* **~̀ы** *f* pastila (*a sort of fruit fudge*).

пас|ти́сь, ётся, *past* **~̀ся, ~лáсь** *impf* (*no pf*) to graze; to browse; (*coll, fig*) to hang about.

пáстор, а *m* (*Protestant*) minister, pastor.

пасторáл|ь, и *f* **1** (*literary*) pastoral. **2** (*mus*) pastorale.

пасторáльный *adj* pastoral, bucolic.

пáсторский *adj* pastoral.

пастýх, á *m* (*коров*) herdsman; (*овец*) shepherd.

пастý|шеский *adj of* ⇒**~х**; **п. пóсох** shepherd's crook.

пастý|ший *adj of* ⇒**~х**; **~шья сýмка** (*bot*) shepherd's purse.

пастýшк|а, и *f* shepherdess.

пастуш|óк, кá *m* **1** *affectionate diminutive of* ⇒**пастýх**. **2** (*poetical*) swain. **3** (*zool*): **водянóй п.** water rail.

пáстыр|ский *adj of* ⇒**~ь**; (*eccl*) pastoral.

пáстыр|ь, я *m* **1** (*obs*) (*пастух*) shepherd. **2** (*eccl*) pastor.

па|сть[1], дý, дёшь, *past* **~л, ~̀ла 1** *pf of* ⇒**~̀дать**. **2** (*pf only*) (*погибнуть*) to die, fall; **п. жéртвой чегó-н.** to fall victim to. **3** (*pf only*) (*о крепости, о городе*) to fall, surrender. **4**: **п. дýхом** to despair.

паст|ь[2], и *f* (*зверя*) mouth; jaws.

пастьб|á, ы́ *f* pasturage.

Пáсх|а, и *f* **1** (*в иудаизме*) Passover. **2** (*в христианстве*) Easter. **3 п.** (*cul*) paskha (*a sweet cream-cheese dish eaten at Easter*).

пасхáльн|ый *adj of* ⇒**Пáсха**; **~ое яйцó** Easter egg.

пáсын|ок, ка *m* stepson, stepchild.

пасьянс, а *m* patience (*card game*); **расклáдывать п.** to play patience.

пат[1], а *m* (*в шахматах*) stalemate.

пат[2], а *m* (*cul*) paste.

патéнт, а *m* (**на** + *a*) (*на изобретение*) patent (for); (*торговый*) licence (*Br*), license (*US*) (for); **владéлец ~а** patentee.

патентóв|анный *ppp of* ⇒**~áть** *and adj* patent; **~анное срéдство** patent medicine.

патент|овáть, ýю *impf* (*of* ⇒**за~**) to patent; to take out a patent for.

патéтик|а, и *f* (the) passionate element; emotionalism.

патети́ческий *adj* passionate; emotional.

патети́ч|ный (~ен, ~на) *adj* = **~еский**

патефóн, а *m* (*small, portable*) gramophone.

пáти́н|а, ы *f* (*archaeol, tech*) patina.

патиссóн, а *m* custard marrow (*Br*), pattypan (squash) (*US*).

пáтл|ы, ~ *pl* (*sg* **~а, ~ы** *f*) (*coll*) locks (*of hair*).

пат|овáть, ýю *impf* (*of* ⇒**за~**) (*в шахматах*) to stalemate.

пáток|а, и *f* treacle; syrup; **свéтлая п.** golden syrup; **чёрная п.** molasses.

патóлог, а *m* pathologist.

патологи́ческ|ий *adj* pathological; **~ая анатóмия** (anatomical) pathology.

патолóги|я, и *f* pathology.

патологоанáтом, а *m* (anatomical) pathologist.

пáто|чный *adj of* ⇒**~ка**; treacly.

патриáрх, а *m* (*eccl and fig*) patriarch.

патриархáльност|ь, и *f* patriarchal character.

патриархáл|ьный (~ен, ~ьна) *adj* patriarchal.

патриархáт, а *m* (*ethnology*) patriarchy.

патриархи́|я, и *f* (*eccl*) patriarchate.

патриáр|ший *adj of* ⇒**~х** (*eccl*)

патриóт, а *m* patriot.

патриоти́зм, а *m* patriotism.

патриоти́ческий *adj* patriotic.

патриоти́ч|ный (~ен, ~на) *adj* = **~еский**

патриóт|ка, ки *f of* ⇒**~**

патрициáнский *adj of* ⇒**патри́ций**

патри́ци|й, я *m* (*hist*) patrician.

патрóн[1], а *m* **1** (*покровитель*) patron. **2** (*хозяин*) boss. **3** (*святой*) patron saint.

патрóн[2], а *m* **1** (*mil*) cartridge. **2** (*tech*) chuck (*of drill, lathe*), holder. **3** (*лампочки*) socket. **4** (*образец*) (*tailor's*) pattern.

патронáж, а *m* **1** (*покровительство*) patronage. **2** (*med*) home visiting (*by health service worker*).

патронáж|ный *adj of* ⇒**~ 2**; **~ная сестрá** district nurse (*Br*), visiting nurse (*US*).

патрóнник, а *m* (*mil*) (cartridge) chamber.

патрóн|ный *adj of* ⇒**~[2]**; **~ная ги́льза** cartridge case; **~ная сýмка** cartridge pouch.

патронтáш, а *m* bandolier, ammunition belt.

пáтруб|ок, ка *m* (*tech*) branch pipe.

патрули́р|овать, ую *impf* (*no pf*) (*mil*) to patrol.

патрýл|ь, я́ *m* patrol.

патрýль|ный *adj of* ⇒**~**; *as n* **п., ~ного** *m* patrol.

патч, а *m* (*comput*) patch.

пáуз|а, ы *f* pause; interval; (*mus*) rest.

паýк, á *m* spider.

паути́н|а, ы *f* cobweb, spider's web; (*fig*) web; **п. лжи** web/tissue of lies.

паý|чий *adj of* ⇒**~к**

пáфос, а *m* **1** (+ *g*) enthusiasm (for), zeal (for). **2** (*сущность*) spirit; emotional content; **п. ромáна** the spirit of a novel.

пах, а, о ~̀е, в ~ý *m* (*anat*) groin.

пахáн, á *m* (*sl*) **1** (*отец*) father, old man. **2** (*группы*) head, boss.

пáханы|й *adj* ploughed (*Br*), plowed (*US*) (up); **~е зéмли** ploughland (*Br*), plowland (*US*).

пáхар|ь, я *m* ploughman (*Br*), plowman (*US*).

па|хáть, шý, ~̀шешь *impf* **1** (*pf* **вс~**) to plough (*Br*), plow (*US*), till. **2** (*coll*) (*работать*) to slave (away).

пáх|нуть, ну, нешь, *past* **~** *and* **~нул, ~ла** *impf* (*no pf*) (+ *i*) to smell (of); **~нет лýком** there is a smell of onions; (*fig; usu impers*) to savour (*Br*), savor (*US*) (of), smack (of); **~нет бедóй** this means trouble; **~ло ссóрой** a quarrel was in the air.

пахн|ýть, ёт *pf* (*no impf*) (+ *i*; *coll*) to puff, blow; **~ýл зáпах** a smell wafted over; (*impers*): **~ýло хóлодом** there came a cold blast; **~ýло веснóй** there was a smell of spring.

паховóй *adj* (*anat*) inguinal.

пáхот|а, ы *f* **1** (*действие*) ploughing (*Br*), plowing (*US*), tillage. **2** (*земля*) ploughland (*Br*), plowland (*US*).

П

па́хотный *adj* arable.

па́хт|а, ы *f* buttermilk; **жир ~ы** butterfat.

па́хтань|е, я *nt* **1** (*действие*) churning. **2** (*пахта*) buttermilk.

па́хта|ть, ю *impf* to churn.

паху́ч|ий (~, ~а) *adj* strong-smelling.

паца́н, а *m* (*coll*) boy, lad.

пацие́нт, а *m* patient.

пацие́нт|ка, ки *f of* ⇒~

пацифи́зм, а *m* pacifism.

пацифи́ст, а *m* pacifist.

пацифи́ст|ка, ки *f of* ⇒~

па́че *adv* (*archaic*) more; *now only in phrr* **тем п.** the more so, the more reason; **п. ча́яния** contrary to expectation; beyond expectation.

па́чк|а, и *f* **1** (*писем, газет*) bundle; (*сигарет, чая, печенья*) packet (*Br*), pack; **~ами** (*coll*) in great numbers. **2** (*балерины*) tutu.

па́чка|ть, ю *impf* (*of* ⇒**за~**, ⇒**ис~**, *and* ⇒**на~**) to dirty, soil, stain, sully (*also fig*); **п. ру́ки** (*fig*) to soil one's hands; **п. чьё-н. до́брое и́мя** to sully s.o.'s good name.

па́чка|ться, юсь *impf* (*of* ⇒**за~** *and* ⇒**ис~**) **1** (*человек*) to make o.s. dirty; to soil o.s. **2** (*вещь*) to become dirty.

па́ш|ня, ни, *g pl* **~ен** *f* arable land; ploughland (*Br*), plowland (*US*).

пашо́т, а *m*: **яйцо́-п.** poached egg.

паште́т, а *m* pâté.

паэ́ль|я, и *f* (*cul*) paella.

па́юсн|ый *adj*: **~ая икра́** pressed caviar.

пая́льник, а *m* soldering iron.

пая́льн|ый *adj* soldering; **~ая ла́мпа** blow lamp; **~ая тру́бка** blowpipe.

пая́льщик, а *m* solderer.

пая́сничань|е, я *nt* (*coll*) clowning.

пая́снича|ть, ю *impf* (*no pf*) (*coll*) to clown, play the fool.

пая́|ть, ю *impf* (*no pf*) to solder.

пая́ц, а *m* **1** (*circus*) (*клоун*) clown. **2** (*fig, pej*) clown.

ПВО *f indecl* (*abbr of* **противовозду́шная оборо́на**) (*mil*) anti-aircraft defences (*Br*), defenses (*US*).

пеа́н, а *m* paean.

пев|е́ц, ца́ *m* singer; (*fig*) celebrator.

певи́ц|а, ы *f of* ⇒**пев́ец**

певу́ч|ий (~, ~а) *adj* melodious.

пе́вч|ий 1 *adj* singing; **~ая пти́ца** songbird. **2** *as n* **п., ~его** *m* chorister.

пега́нк|а, и *f* (*zool*) shelduck.

пе́г|ий (~, ~а) *adj* skewbald.

пед... *comb form, abbr of* **педагоги́ческий**

педаго́г, а *m* teacher.

педаго́гик|а, и *f* pedagogy, pedagogics.

педагоги́ческий *adj* pedagogic(al); educational; **п. институ́т** college of education (*Br*), teachers' college (*US*).

педагоги́ч|ный (~ен, ~на) *adj* sensible, wise (*in sphere of education*).

педа́л|ь, и *f* pedal; **нажа́ть на п.** to pedal; **рабо́тать ~ью** to treadle; **нажа́ть на все ~и** (*fig, coll*) to go flat out.

педа́ль|ный *adj of* ⇒~

педа́нт, а *m* pedant.

педанти́зм, а *m* pedantry.

педанти́чност|ь, и *f* pedantry.

педанти́ч|ный (~ен, ~на) *adj* pedantic.

педа́нт|ка, ки *f of* ⇒~

педву́з, а *m* = **пединститу́т**

пе́дел|ь, я *m* (*hist*) official in charge of student discipline.

педера́ст, а *m* pederast, sodomite.

педера́сти|я, и *f* pederasty, sodomy.

педиа́тр, а *m* paediatrician (*Br*), pediatrician (*US*).

педиатри́ческий *adj* paediatric (*Br*), pediatric (*US*).

педиатри́|я, и *f* paediatrics (*Br*), pediatrics (*US*).

пе́дик, а *m* (*coll, pej*) queer, poof (*Br*).

педикю́р, а *m* pedicure.

педикю́рш|а, и *f* pedicure.

пединститу́т, а *m* = **педагоги́ческий институ́т**

педо́метр, а *m* pedometer.

педофи́л, а *m* paedophile (*Br*), pedophile (*US*); **сеть ~ов** paedophile ring.

педофили́|я, и *f* paedophilia (*Br*), pedophilia (*US*).

педофи́льский *adj* paedophiliac (*Br*), pedophiliac (*US*).

педсове́т, а *m* staff meeting (*at school*).

педучи́лищ|е, а *nt* (primary and preschool) college of education (*Br*), teachers' college (*US*).

пе́йджер, а *m* pager.

пейза́ж, а *m* **1** landscape; scenery. **2** (*картина*) landscape.

пейзажи́ст, а *m* landscape painter.

пейзажи́ст|ка, ки *f of* ⇒~

пейза́ж|ный *adj of* ⇒~; **~ная жи́вопись** landscape painting.

пе́йс|ы, ов *pl* uncut sideburns (*worn by male Orthodox Jews*), payess (*pl, US*).

пёк, пекла́ *see* ⇒**печь**[1]

пека́рн|ый *adj* baking; **~ое ремесло́** bakery trade.

пека́р|ня, ни, *g pl* **~ен** *f* bakery, bakehouse.

пе́кар|ский *adj of* ⇒**~ь**; **~ские дро́жжи** baker's yeast.

пе́кар|ь, я *m* baker.

Пеки́н, а *m* Beijing, Peking.

пеклева́нн|ый *adj* finely ground; **~ая мука́** rye flour (of the best quality); **п. хлеб** fine rye bread.

пе́кл|о, а *nt* **1** (*сильный жар*) scorching heat; **попа́сть в са́мое п.** (*fig, coll*) to get into the thick of it. **2** (*ad*) hell, hellfire.

пекти́н, а *m* (*chem*) pectin.

пеку́, пеку́т *see* ⇒**печь**[1]

пелен|а́, ы́, *pl* **~ы́, ~̈, ~а́м** *f* shroud; **с ~̈** (*obs, fig*) from the cradle; **у него́ (сло́вно) п. с глаз упа́ла** the scales fell from his eyes.

пелена́|ть, ю *impf* (*of* ⇒**за~** *and* ⇒**с~**) to swaddle.

пе́ленг, а *m* (*naut, aeron*) bearing.

пеленга́тор, а *m* (*naut, aeron*) direction finder.

пеленг|ова́ть, у́ю *impf and pf* (*naut, aeron*) to take the bearings (of).

пелён|ка, ки *f* (*usu in pl*) swaddling clothes; **с ~ок** (*fig*) from the cradle.

пелери́н|а, ы *f* cape, pelerine.

пелика́н, а *m* pelican.

пельме́н|и, ей *pl* (*sg* **~ь, ~я** *m*) (*cul*) pelmeni (*a kind of ravioli*).

пе́мз|а, ы *f* pumice (stone).

пе́н|а, ы *f* **1** (*на море*) foam; (*на бульоне*) scum; (*на пиве*) froth, head; **мы́льная п.** soapsuds; **говори́ть с ~ой у рта** (*or* **с ~ой на губа́х**) (*fig*) to foam at the mouth; **п. для ва́нны** bubble bath. **2** (*на лошади*) lather.

пена́л, а *m* pencil box.

пена́льти *m indecl* (*в футболе*) penalty (kick); **они́ вы́играли/проигра́ли по п.** they won/lost on penalties; **бить/пробива́ть п.** to take a penalty; **заби́ть (гол/мяч с) п.** to score (a goal) from a penalty; **не заби́ть п.** to miss a penalty; **назна́чить п.** to award a penalty; **перебива́ть п.** to retake a penalty; **пропусти́ть (гол/мяч) с п.** to concede a penalty.

пена́т|ы, ов (*no sg*) (*myth and fig*) penates; **верну́ться к свои́м/родны́м ~ам** to return to one's hearth and home.

пе́ни|е, я *nt* singing; **п. (птиц)** (birds') song; **п. петуха́** cock's crow.

пе́нист|ый (~, ~а) *adj* foamy; frothy.

пенитенциа́рный *adj* (*law*) penitentiary.

пе́н|ить, ю, ишь *impf* to froth (up).

пе́н|иться, ится *impf* to foam; to froth (up) (*intrans*).

пеницилли́н, а *m* penicillin.

пе́нк|а, и *f* (*на молоке*) skin; **снять ~и** (**с** + *g*) to skim; (*fig*) to take the pickings (of).

пе́нни *nt indecl* penny.

пе́н|ный *adj* = **~истый**

пенопла́ст, а *m* foam plastic.

пенопла́ст|овый *adj of* ⇒~

пеностекл|о́, а́ *nt* glass fibre (*Br*), fiber (*US*).

пеностек|о́льный *adj of* ⇒**~ло́**

пе́ночк|а, и *f* (*zool*) warbler (*Phylloscopus*).

пенс, а *m* penny.

пенсионе́р, а *m* pensioner.

пенсионе́р|ка, ки *f of* ⇒~

пенсио́нн|ый *adj of* ⇒**пе́нсия**; **~ая кни́жка** pension book; **п. во́зраст** retirement age; **п. фонд** pension fund.

пе́нси|я, и *f* pension; **он на ~и** he is retired; **вы́йти на ~ю** to retire; **его́ отпра́вили на ~ю** he was pensioned off; **п. по ста́рости** old-age pension; **п. по инвали́дности** invalidity pension.

пенсне́ *nt indecl* pince-nez.

пента́метр, а *m* (*literary*) pentameter.

пе́нтюх, а *m* (*coll*) lout, bumpkin.

пе́нчингбол, а *m* (*груша для боксирования*) punchball (*Br*), punching ball (*US*).

пень, пня *m* **1** stump; **стоя́ть как п.** (*coll*) to be rooted to the ground. **2** (*coll*) (*человек*) blockhead.

пеньк|а́, и́ *f* hemp.
пенько́вый *adj* hempen.
пеньюа́р, а *m* peignoir, negligee.
пе́н|я, и *f* fine.
пеня́|ть, ю *impf* (*of* ⇒**по~**) (+ *d or* **на** + *a*; *coll*) to blame, reproach; **~й на себя́!** you have only yourself to blame!
пе́п|ел, ла *m* ash(es); **подня́ться из ~ла** to rise from the ashes.
пепели́щ|е, а *nt* **1** site of fire. **2** (*fig*) (hearth and) home; **верну́ться на ста́рое п.** to return to one's old home.
пе́пельниц|а, ы *f* ashtray.
пе́пельно-се́рый *adj* ash-grey.
пе́пельн|ый *adj* ashy; **~ого цве́та** ash-grey.
пе́пси *f indecl* (*coll*) = **~-ко́ла**
пе́пси-ко́л|а, ы *f* Pepsi-Cola (*propr*).
пепси́н, а *m* (*physiol*) pepsin.
пепси́новый *adj* peptic.
пер. (*abbr of* **переу́лок**) Lane.
перва́ч, а *m* (*coll*) **1** (*товар*) top quality goods. **2** (*самогон*) strong home-distilled vodka.
перве́йший *adj* (*coll*) primary; very best.
пе́рвен|ец, ца *m* firstborn.
пе́рвенств|о, а *nt* first place; (*sport*) championship; **вы́играть п. ми́ра по футбо́лу** to win the world football championships.
пе́рвенств|овать, ую *impf* (*no pf*) to take first place; (**над** + *i*) to take precedence (over).
пе́рвенст|вующий *pres participle active of* ⇒**~вовать** *and adj* pre-eminent; primary.
перви́чн|ый *adj* (*главный*) primary; (*первоначальный*) initial; (*организации*) grass-root; **п. пери́од боле́зни** initial period of illness; **~ые поро́ды** (*geol*) primary rocks.
первобы́т|ный (~ен, ~на) *adj* (*ethnology and fig*) primitive; primordial; primeval.
пе́рв|ое, ого *nt* first course (*of a meal*).
первозда́нный *adj* primordial; (*geol*) primitive, primary; **п. хао́с** primordial chaos (*also fig, ironical*).
первоисто́чник, а *m* (*сведений*) primary source; (*основа*) origin.
первокла́ссник, а *m* first-former (*Br*), first-grader (*US*).
первокла́ссни|ца, цы *f of* ⇒**~к**
первокла́ссный *adj* first class, first-rate.
первоку́рсник, а *m* first-year student, freshman.
первоку́рсни|ца, цы *f of* ⇒**~к**
Первома́|й, я *m* May Day.
первома́йский *adj of* ⇒**Первома́й**
пе́рво-на́перво *adv* (*coll*) first of all.
первонача́льно *adv* originally.
первонача́л|ьный (~ен, ~ьна) *adj* **1** (*самый первый*) original. **2** (*являющийся началом*) initial; **~ьная причи́на** (*philos*) First Cause. **3** (*элементарный*) elementary. **4**: **~ьные чи́сла** (*math*) prime numbers.
первоо́браз, а *m* prototype.
первообра́зный *adj* prototypal.
первоосно́в|а, ы *f* (*philos*) first principle.
первооткрыва́тел|ь, я *m* discoverer.
первоочередн|о́й *adj* immediate; **~а́я зада́ча** immediate task.
первоочерёдн|ый = **~о́й**
первопеча́тник, а *m* printing pioneer.
первопеча́тн|ый *adj* **1** printed early, belonging to the first years of printing; **~ые кни́ги** incunabula. **2** (*издание*) first printed.
первопричи́н|а, ы *f* (*philos*) First Cause.
первопрохо́д|ец, ца *m* (*also fig, rhetorical*) pioneer; trailblazer.
первопрохо́дческий *adj* trailblazing, pioneering.
первопу́т|ок, ка *m* (*coll*) the first sledging (*of the winter*); **е́хать по ~ку** to traverse a road after the first snowfall.
перворазря́дник, а *m* (*sport*) first-rank player.
перворазря́дный *adj* first class, first-rank.
перворо́дный *adj* (*obs*) **1** firstborn. **2** (*первозданный*) primal; **п. грех** (*eccl*) original sin.
перворо́дств|о, а *nt* **1** (*law*) primogeniture. **2** (*fig*) (*первенство*) primacy.
перворождённый *adj* firstborn.
первосвяще́нник, а *m* high priest; pontiff.
первосо́рт|ный (~ен, ~на) *adj* **1** top-quality. **2** (*coll*) (*превосходный*) first class, first-rate.
первостате́|йный (~ен, ~йна) *adj* (*coll*) first-rate, first class.
первостепе́н|ный (~ен, ~на) *adj* paramount.
пе́рвост|ь, и *f*: **по ~и** (*coll*) in the beginning, at first.
первоцве́т, а *m* (*bot*) primrose.
пе́рв|ый *adj* **1** first; (*по времени*) earliest, first; **~ое (число́ ме́сяца)** the first (of the month); **~ого января́** on the first of January; **полови́на ~ого** half past twelve; **в ~ом часу́** between twelve and one; **он п. вошёл** he was the first to enter; **быть ~ым, идти́ ~ым** to come first, lead; **~ое вре́мя** at first; **~ое де́ло, ~ым де́лом** (*coll*) first of all, first thing; **не ~ой мо́лодости** not in one's first youth; **п. план** foreground; **~ая по́мощь** first aid; **п. рейс** maiden voyage; **~ая скри́пка** (*lit*) first violin; (*fig*) first fiddle, the leading role; **п. эта́ж** ground floor (*Br*), first floor (*US*); **в ~ую о́чередь** in the first place; **из ~ых рук** first-hand; **на п. взгляд, с ~ого взгля́да** at first sight; **при ~ой возмо́жности** at the first opportunity, as soon as possible; **с ~ого ра́за** from the first; **п. блин ко́мом** (*proverb*) practice makes perfect. **2** (*лучший*) best.
перга́мент, а *m* parchment.
пер|де́ть, ди́шь *impf* (*vulg*) to fart.
пере... *vbl pref indicating* **1** *action across or through sth* (trans-). **2** *repetition of action* (re-). **3** *superiority, excess, etc.* (over-, out-). **4** *extension of action to encompass many or all objects or cases of a given kind.* **5** *division into two or more parts.* **6** (*reflexives*) reciprocity of action.
переадрес|ова́ть, у́ю *pf* (*of* ⇒**~о́вывать**) to readdress; to forward.
переадресо́выва|ть, ю *impf of* ⇒**переадресова́ть**
перебази́р|овать, ую *pf* to shift; to relocate.
перебази́р|оваться, уюсь *pf* to relocate.
перебаллотиро́вк|а, и *f* second ballot.
переба́рщива|ть, ю *impf of* ⇒**переборщи́ть**
перебега́|ть, ю *impf of* ⇒**перебежа́ть**
перебе|жа́ть, гу́, жи́шь, гу́т *pf* (*of* ⇒**~га́ть**) **1** (**че́рез** + *a*) to cross (running); **п. (че́рез) у́лицу** to run across the street; **п. кому́-н. доро́гу** to cross s.o.'s path. **2** (*fig, coll*; **к** + *d*) (*к противнику*) to go over (to), desert (to).
перебе́жк|а, и *f* (*mil*) bound, rush.
перебе́жчик, а *m* deserter; (*fig*) turncoat.
перебе́жчи|ца, цы *f of* ⇒**~к**
перебе́лива|ть, ю *impf of* ⇒**перебели́ть**
перебел|и́ть, ю́, и́шь *pf* (*of* ⇒**~ивать**) **1** to whitewash again. **2** (*obs*) (*переписать начисто*) to make a fair copy (of).
перебе|си́ться, шу́сь, ~сишься *pf* **1** (*взбеситься*) to go mad, run wild. **2** (*coll*) (*успокоиться*) to settle down, having sown one's wild oats.
перебива́|ть(ся), ю(сь) *impf of* ⇒**переби́ть(ся)**[1,2]
переби́вк|а, и *f* reupholstering.
перебинт|ова́ть[1]**, у́ю** *pf* (*of* ⇒**~о́вывать**) (*поменять повязку*) to change the dressing (on), put a new dressing (on).
перебинт|ова́ть[2]**, у́ю** *pf* (*of* ⇒**~о́вывать**) (*забинтовать многих*) to dress, bandage (*all, a quantity of*).
перебинто́выва|ть, ю *impf of* ⇒**перебинтова́ть**
перебира́|ть[1]**(ся), ю(сь)** *impf of* ⇒**перебра́ть(ся)**
перебира́|ть[2]**, ю** *impf* **1** (*касаться пальцами*) to finger; **п. стру́ны** to run one's fingers over the strings. **2** (+ *i*) (*ногами, пальцами*) to move (*in turn or in a regular manner*).
переб|и́ть[1]**, ью́, ьёшь** *pf* (*of* ⇒**~ива́ть**) **1** (*мебель*) to reupholster. **2** (*подушку*) to beat up again.
переб|и́ть[2]**, ью́, ьёшь** *pf* (*of* ⇒**~ива́ть**) **1** (*говорящего*) to interrupt. **2** (*перехватить*) to intercept; **п. кому́-н. доро́гу** to cross s.o.'s path; **п. поку́пку** (*coll*) to outbid for sth. **3** (*заглушить*) to stifle, suppress; **п. аппети́т** to spoil one's appetite.
переб|и́ть[3]**, ью́, ьёшь** *pf* **1** (*убить*) to slaughter. **2** (*разбить, сломать*) to break.
переб|и́ться[1]**, ью́сь, ьёшься** *pf* (*of* ⇒**~ива́ться**) (*посуда*) to break.
переб|и́ться[2]**, ью́сь, ьёшься** *pf* (*of* ⇒**~ива́ться**) (*coll*) **1** (*с трудом прожить*) to make ends meet; **п. с**

хле́ба на квас to live from hand to mouth. **2** (*обойтись*) to survive, manage.

перебо́|й, я *m* (*перерыв*) interruption; (*задержка*) hold-up; (*двигателя*) misfire; (*сердца*) irregularity; **пульс с ~ями** irregular pulse.

перебо́йный *adj* intermittent.

переболе́|ть¹, ю *pf* (+ *i*) to have had, have been down (*with an illness*); **де́ти все ~ли ветря́нкой** the children have all been down with chickenpox.

перебол|е́ть², и́т *pf* (*о сердце, душе*) to recover.

перебо́рк|а¹, и *f* **1** sorting out. **2** (*tech*) reassembly.

перебо́рк|а², и *f* (*перегородка*) partition; (*naut*) bulkhead.

перебор|о́ть, ю́, ~́ешь *pf* (*no impf*) to overcome.

переборщ|и́ть, у́, и́шь *pf* (*of* ⇨**переба́рщивать**) (**в** + *p*; *coll*) to go too far; to overdo it; to go over the top.

перебра́нива|ться, юсь *impf* (**с** + *i*; *coll*) to have words (with).

перебран|и́ться, ю́сь, и́шься *pf* (**с** + *i*; *coll*) to quarrel (with), fall out (with).

перебра́нк|а, и *f* (*coll*) wrangle, squabble; slanging match (*Br*).

перебра́сыва|ть(ся), ю(сь) *impf of* ⇨**перебро́сить(ся)**

пере|бра́ть, беру́, берёшь, *past* **~бра́л, ~брала́, ~бра́ло** *pf* (*of* ⇨**~бира́ть¹**) **1** (*сортировать*) to sort; (*пересмотреть*) to look through. **2** (*fig*) (*в уме*) to turn over (in one's mind). **3** (*взять слишком много*) to take too much. **4** (*tech*) (*паркет, машину*) to (dismantle and) reassemble.

пере|бра́ться, беру́сь, берёшься, *past* **~бра́лся, ~брала́сь, ~бра́ло́сь** *pf* (*of* ⇨**~бира́ться**) (*coll*) **1** (*перейти*) to get over, cross. **2** (*переселиться*) to move.

перебр|оди́ть, о́дит *pf* to have fermented; to have risen.

переброса́|ть, ю *pf* to throw one after another.

перебро́|сить, шу, сишь *pf* (*of* ⇨**перебра́сывать**) **1** (*мяч*) to throw over; **п. мост че́рез ре́ку** to throw a bridge across a river. **2** (*переместить*) to transfer (*troops, etc.*).

перебро́|ситься, шусь, сишься *pf* (*of* ⇨**перебра́сываться**) **1** (+ *i*) to throw one to another; **п. не́сколькими слова́ми** (*fig*) to exchange a few words. **2** (*распространиться*) to spread. **3** (*переместиться*) to be transferred.

перебро́ск|а, и *f* transfer.

перебыва́|ть, ю *pf* to have called, have been; **он везде́ ~л** he has been all over the world.

перева́л, а *m* **1** (*действие*) passing, crossing. **2** (*geog*) (*место*) pass.

перева́л|ец, ьца *m*: **ходи́ть с ~ьцем** (*coll*) to waddle.

перева́лива|ть, ю *impf of* ⇨**перевали́ть**

перева́лива|ться¹, юсь *impf of* ⇨**перевали́ться**

перева́лива|ться², юсь *impf* (*no pf*) to waddle.

перевал|и́ть, ю́, ~́ишь *pf* (*of* ⇨**~́ивать**) **1** (*переместить*) to transfer, shift. **2** (*перейти*) to cross; (*impers*; *coll*) (*о пределе*) to be past; **~и́ло за́ полночь** it is past midnight; **ей ~и́ло за со́рок (лет)** she has turned forty; she is past forty.

перевал|и́ться, ю́сь, ~́ишься *pf* (*of* ⇨**~́иваться¹**) to roll over; **п. на пра́вый бок** to roll over on to one's right side.

перева́лк|а, и *f* **1** (*действие*) transshipment, conveyance. **2** (*место*) transshipping point.

перева́л|очный *adj of* ⇨**~ка**; **п. пункт** staging post.

перева́рива|ть, ю *impf of* ⇨**перевари́ть**; (*with neg, coll*) to be unable to stand; **я его́ не ~ю** I can't stand him.

перевар|и́ть¹, ю́, ~́ишь *pf* (*of* ⇨**~́ивать**) **1** (*заново*) to cook again; to boil again. **2** (*чрезмерно*) to overcook, overdo.

перевар|и́ть², ю́, ~́ишь *pf* (*of* ⇨**~́ивать**) to digest; **п. прочи́танное** (*fig*) to digest what one has read.

переве́д|аться, аюсь *pf* (*of* ⇨**~ываться**) (*obs*; **с** + *i*) to get even (with).

переве́дыва|ться, юсь *impf of* ⇨**переве́даться**

перевез|ти́, у́, ёшь, *past* **~̈, ~ла́** *pf* (*of* ⇨**перевози́ть**) **1** (*переместить*) (*людей через реку*) to take across, transport across. **2** (*везя, доставить*) (*детей на дачу*) to transport, take (*from A to B*).

перевери|у́ть, у́, ёшь *pf* (*of* ⇨**перевёртывать** *and* ⇨**перевора́чивать**) **1** (*с одной стороны на другую*) to turn over; (*вверх дном*) to turn upside down. **2** (*изменить*) to change radically, transform. **3** (*потрясти*) to shake, stun. **4** (*в уме*) to turn over. **5** (*привести в беспорядок*) to turn upside down.

переверн|у́ться, у́сь, ёшься *pf* (*of* ⇨**перевёртываться** *and* ⇨**перевора́чиваться**) to turn over; **он ~ётся в гробу́** (*joc*) he would turn in his grave.

перевер|те́ть, чу́, ~́тишь *pf* (*of* ⇨**~́тывать** *and* ⇨**~чивать**) (*coll*) to overwind.

перевёртыва|ть(ся), ю(сь) *impf of* ⇨**переверну́ть(ся)** *and* ⇨**переверте́ть**

переве́рчива|ть, ю *impf of* ⇨**переверте́ть**

переве́с, а *m* preponderance; advantage; **чи́сленный п.** numerical superiority; **взять п. в чем-н.** to gain the upper hand in sth.

переве́|сить¹, шу, сишь *pf* (*of* ⇨**~шивать**) (*пальто*) to hang somewhere else; **п. карти́ну с одно́й стены́ на другу́ю** to move a picture from one wall to another.

переве́|сить², шу, сишь *pf* (*of* ⇨**~шивать**) **1** (*взвесить заново*) to weigh again. **2** (*превзойти весом*) to outweigh, outbalance (*also fig*); (*fig*) (*оказаться более весомым*) to tip the scales.

переве́|ситься, шусь, сишься *pf* (*of* ⇨**~шиваться**) to lean over.

переве|сти́¹, ду́, дёшь, *past* **~̈л, ~ла́** *pf* (*of* ⇨**переводи́ть**) **1** (*ведя, переместить*) to take across; **п. дете́й че́рез у́лицу** to take children across the road. **2** (*в другое место*) to transfer, move, switch, shift; **п. на другу́ю рабо́ту** to transfer to another post; **п. де́ньги** to transfer money; **п. стре́лку** to shunt, switch; **п. стре́лку часо́в вперёд (наза́д)** to put a clock on (back). **3** (**с** + *g* **на** + *a*) to translate (from into); (**в, на** + *a*) (*в другие единицы*) to convert (to), express (as, in); **п. с ру́сского языка́ на англи́йский** to translate from Russian into English; **п. в метри́ческие ме́ры** to convert to metric units. **4** (*взгляд, разговор*) to shift; **п. разгово́р на другу́ю те́му** to change the subject. **5** (*art*) to transfer, copy. **6**: **п. дух/дыха́ние** to take breath.

переве|сти́², ду́, дёшь, *past* **~̈л, ~ла́** *pf* (*of* ⇨**переводи́ть**) (*coll*) **1** (*истребить*) to exterminate. **2** (*деньги*) to spend, use up.

переве|сти́сь¹, ду́сь, дёшься, *past* **~̈лся, ~ла́сь** *pf* (*of* ⇨**переводи́ться**) to move, be transferred.

переве|сти́сь², дётся, *past* **~̈лся, ~ла́сь** *pf* (*of* ⇨**переводи́ться**) (*coll*) **1** (*израсходоваться*) to come to an end; **де́ньги у меня́ ~ли́сь** my money was all gone. **2** (*исчезнуть*) to disappear.

переве́ш|ать¹, аю *pf* (*of* ⇨**~ивать**) (*взвесить*) to weigh (*all or a quantity of*).

переве́ш|ать², аю *pf* (*убить*) to hang (*a number of*).

переве́шива|ть, ю *impf of* ⇨**переве́сить** *and* ⇨**переве́шать¹**

переве́шива|ться, юсь *impf of* ⇨**переве́ситься**

перевива́|ть(ся), ю, ет(ся) *impf of* ⇨**переви́ть(ся)**

перевида́|ть, ю *pf* (*coll*) to have seen (*also fig*).

перевира́|ть, ю *impf of* ⇨**переврáть**

перев|и́ть¹, ью́, ьёшь, *past* **~и́л, ~ила́, ~и́ло** *pf* (*of* ⇨**~ива́ть**) (*свить заново*) to weave again.

перев|и́ть², ью́, ьёшь, *past* **~и́л, ~ила́, ~и́ло** *pf* (*of* ⇨**~ива́ть**) (+ *i*) (*вплести*) to interweave (with), intertwine (with).

перев|и́ться, ьётся, *past* **~и́лся, ~ила́сь, ~́ло́сь** *pf* (*of* ⇨**~ива́ться**) to interweave, intertwine.

перево́д¹, а *m* **1** (*в другое место*) transfer, move, switch, shift; **п. де́нег** remittance; **почто́вый п.** postal order; **п. стре́лки** shunting, switching; **п. стре́лки часо́в вперёд/наза́д** putting a clock on/back. **2** (*с одного языка на другой*) translation; (*в другие единицы*) conversion; **п. мер** conversion of measures; **синхро́нный п.** simultaneous interpreting.

перевóд[2], **а** *m* (*coll*) spending, using up; **пустóй п. дéнег** squandering, wasting.

перево|ди́ть(ся), жý(сь), ~̃дишь(ся) *impf of* ⇒**перевести́(сь)**

переводн|óй *adj of* ⇒**перевóд**[1]; **~áя бумáга** carbon paper; transfer paper; **~áя карти́нка** transfer.

перевóд|ный *adj of* ⇒**~**[1]; **п. ромáн** novel in translation; **п. бланк** postal order form.

перевóдчик, а *m* translator; (*ýстный*) interpreter.

перевóдчи|ца, цы *f of* ⇒**~к**

перевóз, а *m* **1** (*дéйствие*) transportation. **2** (*мéсто*) ferry.

перево|зи́ть, жý, ~̃зишь *impf of* ⇒**перевезти́**

перевóзк|а, и *f* transportation, conveyance.

перевóз|очный *adj of* ⇒**~ка**; **~очные срéдства** means of transportation, conveyance.

перевóзчик, а *m* **1** (*чéрез рéку*) ferryman; boatman; (*человéк, организáция, занимáющиеся перевóзкой грýзов*) carrier. **2** (*zool*) common sandpiper.

переволн|овáться, ýюсь *pf* (*coll*) to be alarmed; to suffer prolonged anxiety.

перевооруж|áть(ся), áю(сь) *impf of* ⇒**~и́ть(ся)**

перевооружéни|е, я *nt* (*áрмии*) rearmament; (*произвóдства*) re-equipment.

перевооруж|и́ть, ý, и́шь *pf* (*of* ⇒**~áть**) (*áрмию*) to rearm; (*произвóдство*) to re-equip.

перевооруж|и́ться, ýсь, и́шься *pf* (*of* ⇒**~áться**) to rearm (*intrans*).

перевопло|ти́ть, щý, ти́шь *pf* (*of* ⇒**~щáть**) to reincarnate; (*fig*) to transform.

перевопло|ти́ться, щýсь, ти́шься *pf* (*of* ⇒**~щáться**) to be reincarnated; (*fig*) to undergo a transformation.

перевоплощá|ть(ся), ю(сь) *impf of* ⇒**перевоплоти́ть(ся)**

перевоплощéни|е, я *nt* reincarnation; (*fig*) transformation.

переворáчива|ть(ся), ю(сь) *impf of* ⇒**перевернýть(ся)**

переворóт, а *m* **1** revolution; **госудáрственный п.** coup d'état; **дворцóвый п.** palace coup. **2** (*geol*) cataclysm.

перерош|и́ть, ý, и́шь *pf* (*coll*) **1** to turn (over) (*also fig*); **п. сéно** to turn hay; **п. свою́ пáмять** to search through one's memories. **2** (*fig*) (*перестрóить*) to turn upside down.

перевоспитáни|е, я *nt* re-education; rehabilitation.

перевоспит|áть, áю *pf* (*of* ⇒**~̃ывать**) to re-educate; (*престýпника*) to rehabilitate.

перевоспит|áться, áюсь *pf* (*of* ⇒**~̃ываться**) to re-educate o.s.; (*престýпник*) to be re-educated.

перевоспи́тыва|ть(ся), ю(сь) *impf of* ⇒**перевоспитáть(ся)**

перевр|áть, ý, ёшь, *past* **~áл, ~алá, ~áло** *pf* (*of* ⇒**перевирáть**) (*coll*) to garble, confuse; to misinterpret; **п. цитáту** to misquote.

перевыбирá|ть, ю *impf of* ⇒**перевы́брать**

перевы́бор|ы, ов (*no sg*) re-election.

перевы́б|рать, еру, ерешь *pf* (*of* ⇒**~ирáть**) to re-elect.

перевыполнéни|е, я *nt* overfulfilment.

перевы́полн|ить, ю, ишь *pf* (*of* ⇒**~ять**) to overfulfil (*Br*), -fulfill (*US*).

перевыполн|я́ть, я́ю *impf of* ⇒**~̃ить**

перевя|зáть[1], **жý, ~̃жешь** *pf* (*of* ⇒**~̃зывать**) **1** (*рáну*) to dress, bandage. **2** (*корóбку*) to tie up, cord.

перевя|зáть[2], **жý, ~̃жешь** *pf* (*of* ⇒**~̃зывать**) (*сви́тер*) to knit again.

перевя́зк|а, и *f* dressing, bandage.

перевя́з|очный *adj of* ⇒**~ка**; **п. материáл** dressing; **п. пункт** dressing station.

перевя́зыва|ть, ю *impf of* ⇒**перевязáть**

пéревяз|ь, и *f* **1** (*mil, hist*) shoulder belt, baldric. **2** (*med*) sling.

перегáр, а *m* (*coll*) (*вкус*) taste of alcohol; (*зáпах*) smell of alcohol; **от негó несло́ ~ом** he reeked of alcohol.

переги́б, а *m* **1** bend, twist; (*ли́ния*) fold. **2** (*fig*) (*преувеличéние*) exaggeration; (*в поли́тике, в руковóдстве*): **допусти́ть п. в чём-н.** to carry sth too far.

перегибá|ть(ся), ю(сь) *impf of* ⇒**перегнýть(ся)**

перегля́дыва|ться, юсь *impf of* ⇒**перегляну́ться**

перегля|нýться, нýсь, ~̃нешься *pf* (*of* ⇒**~̃дываться**) (**с** + *i*) to exchange glances (with).

пере|гнáть, гоню́, гóнишь, *past* **~гнáл, ~гналá, ~гнáло** *pf* (*of* ⇒**~гоня́ть**) **1** (*обогнáть*) to outdistance, leave behind; (*fig*) to overtake, surpass. **2** (*скот*) to drive (*somewhere else*; *from A to B*). **3** (*chem*) to distil (*Br*), distill (*US*).

перегнивá|ть, ет *impf of* ⇒**перегни́ть**

перегн|и́ть, иёт, *past* **~и́л, ~илá, ~и́ло** *pf* (*of* ⇒**~ивáть**) to rot through.

перегнó|й, я *m* humus.

перег|нýть, нý, нёшь *pf* (*of* ⇒**~ибáть**) to bend; (*fig, coll*) to go too far; **он ~нýл с кри́тикой** he went too far with his criticism; **п. пáлку** (*fig*) to go too far.

перег|нýться, нýсь, нёшься *pf* (*of* ⇒**~ибáться**) **1** (*о человéке*) to lean over, bend over. **2** (*о вéтви*) to bend.

переговáрива|ть, ю *impf of* ⇒**переговори́ть**[2]

переговáрива|ться, юсь *impf* (**с** + *i*) to exchange remarks (with).

переговор|и́ть[1], **ю́, и́шь** *pf* (**о** + *p*) to talk (about); to talk over, discuss; **п. по телефóну** to speak over the telephone.

переговор|и́ть[2], **ю́, и́шь** *pf* (*of* ⇒**переговáривать**) (*coll*) to out-talk.

переговóрн|ый *adj*: **~ая бýдка/каби́на** telephone booth; **п. (телефóнный) пункт** trunk call office.

переговóр|ы, ов (*no sg*) negotiations, talks; **вести́ п. (с** + *i*) to negotiate, hold talks (with); **идýт п.** negotiations are in progress.

перегóн[1], **а** *m* (*дéйствие*) driving.

перегóн[2], **а** *m* (*учáсток пути́*) stage (*between two railway stations*).

перегóнк|а, и *f* (*chem*) distillation.

перегóн|ный *adj of* ⇒**~ка**; **п. завóд** distillery.

перегоня́|ть, ю *impf of* ⇒**перегнáть**

перегорáжива|ть, ю *impf of* ⇒**перегороди́ть**

перегор|áть, áю *impf of* ⇒**~éть**

перегорéлый *adj* (*coll*) burnt out.

перегор|éть, и́т *pf* (*of* ⇒**~áть**) **1** (*о лáмпочке*) to burn out. **2** (*о бáлке*) to burn through. **3** (*о навóзе*) to rot through.

перегоро|ди́ть, жý, ~̃ди́шь *pf* (*of* ⇒**перегорáживать**) to partition off.

перегорóдк|а, и *f* **1** partition. **2** (*fig*) barrier.

перегрéв, а *m* overheating.

перегревá|ть(ся), ю(сь) *impf of* ⇒**перегрéть(ся)**

перегрé|ть, ю *pf* (*of* ⇒**~вáть**) to overheat.

перегрé|ться, юсь *pf* (*of* ⇒**~вáться**) to overheat; (*на сóлнце*) to spend too long in the sun.

перегружá|ть, ю *impf of* ⇒**перегрузи́ть**

перегрýженност|ь, и *f* **1** (*на трáнспорте*) overcrowding. **2** (*учени́ка*) strain.

перегру|зи́ть[1], **жý, ~̃зишь** *pf* (*of* ⇒**~жáть**) to overload; **п. рабóтой** to overwork.

перегру|зи́ть[2], **жý, ~̃зишь** *pf* (*of* ⇒**~жáть**) to load (*somewhere else*; *from A to B*); to trans-ship; **п. с пóезда на парохóд** to load from a train on to a ship.

перегрýзк|а[1], **и** *f* overloading; (*usu in pl*) strain, stress.

перегрýзк|а[2], **и** *f* transfer, trans-shipping.

перегруппир|овáть, ýю *pf* (*of* ⇒**~óвывать**) to regroup.

перегруппирóвк|а, и *f* regrouping.

перегруппир|óвывать, óвываю *impf of* ⇒**~овáть**

перегрызá|ть, ю *impf of* ⇒**перегры́зть**

перегры́з|ть, ý, ёшь, *past* **~, ~ла** *pf* (*of* ⇒**~áть**) to gnaw through, bite through.

перегры́з|ться, ýсь, ёшься, *past* **~ся, ~лась** *pf* (*no impf*) (**из-за** + *g*; *coll*; *of dogs*) to fight (over); (*fig*) to quarrel (over), wrangle (about).

пéред *and* **пéредо** *prep* + *i* **1** (*при обозначéнии мéста*) in front of; before; **п. дóмом** in front of the house; (*also fig*): **п. опáсностью/трýдностями** in the face of danger/difficulties. **2** (*рáньше*) before; **п. обéдом** before dinner; **п. тем, как** (*conj*) before. **3** (*в присýтствии*) in the presence of, in front of; **п. учи́телем** in front of the teacher. **4** (*в отношéнии*;

по сравнению) to; **извинúться п. кем-н.** to apologize to s.o.; **что он пéред вáми?** what is he compared with you?

перёд, пéреда, *pl* **~á, ~óв** *m* front, forepart.

переда|вáть(ся), ю, ёт(ся) *impf of* **⇒передáть(ся)**

передá|точный *adj of* **⇒~ча**; **п. вал** (*tech*) countershaft; **п. механúзм** driving gear, drive; **~точное числó** (*tech*) gear ratio.

передáтчик, а *m* transmitter.

передá|ть[1]**, м, шь, ст, дúм, дúте, дýт,** *past* **пéредал, ~лá, пéредало** *pf* (*of* **⇒~вáть**) **1** (*отдать через кого-н.*) to pass; (*вручить*) to hand; (*свои права, коллекцию*) to hand over; to transfer; **п. по наслéдству** to hand down; **п. дéло в суд** to take a matter to law, sue.
2 (*сообщить*) to tell; to communicate; **~йте емý, что я приезжáю зáвтра** tell him I shall be arriving tomorrow; (*распространить*) to transmit, convey; **п. по рáдио/телевúдению** to broadcast (on the radio/television); **п. благодáрность** to convey thanks; **п. инфéкцию** to communicate infection; **п. поручéние** to deliver a message; **п. привéт** to send one's regards; **~й(те) им (мой) привéт** give them my regards; remember me to them.
3 (*воспроизвести*) to reproduce (*a sound, a thought, etc.*).

передá|ть[2]**, м, шь, ст, дúм, дúте, дýт,** *past* **пéредал, ~лá, пéредало** *pf* (*of* **⇒~вáть**) (*больше чем нужно*) to pay too much, give too much; **вы пéредали три рубля́** you have paid three roubles too many.

передá|ться, стся, дýтся, *past* **~лся, ~лáсь** *pf* (*of* **⇒~вáться**) **1** to pass; (*о тревоге, болезни*) to be transmitted, be communicated; (*по наследству*) to be inherited; **корь ~лáсь емý от сосéдских детéй** he picked up measles from the children next door. **2** (+ *d*; *obs*) (*противнику*) to go over (to).

передáч|а, и *f* **1** (*действие*) passing; transmission; communication; transfer, transference; **без прáва ~и** not transferable; **Петрóву для ~и Ивановý** (*form of address on letter*) (Mr) Ivanov, c/o (Mr) Petrov. **2** (*больному, заключённому*) parcel. **3** (*по телевидению, по радио*) broadcast; **прямáя п.** live broadcast; (*программа*) programme (*Br*), program (*US*); **сегодня́ вéчером интерéсная п.** there's an interesting programme on tonight.
4 (*tech*) drive; gear(ing); transmission; **ремённая п.** belt drive.

передвигá|ть(ся), ю(сь) *impf of* **⇒передвúнуть(ся)**

передвижéни|е, я *nt* (*войск*) movement; (*срока*) alteration; **срéдства ~я** means of conveyance.

передвúж|ка, ки *f* **1** = **~éние**. **2** *as adj* travelling (*Br*), traveling (*US*), mobile; **библиотéка-п.** mobile library (*Br*), bookmobile (*US*); **теáтр-п.** strolling players.

передвúжник, а *m* (*art*) Peredvizhnik, Wanderer (*a member of a Russian school of realist painters of the second half of the nineteenth century*).

передвижн|óй *adj* **1** (*перегородка*) movable. **2** (*библиотека*) mobile, travelling (*Br*), traveling (*US*); **~áя вы́ставка** travelling exhibition.

передвú|нуть, ну, нешь *pf* (*of* **⇒~гáть**) to move, shift (*also fig*); **п. срóки экзáменов** to alter the date of examinations.

передвú|нуться, нусь, нешься *pf* (*of* **⇒~гáться**) to move, shift.

передéл, а *m* repartition; redistribution.

передéл|ать[1]**, аю** *pf* (*of* **⇒~ывать**) (*сделать заново*) to redo; (*сделать по-иному*) to alter; (*fig*) to refashion, recast; **п. плáтье** to alter a dress.

передéл|ать[2]**, аю** *pf* (*coll*) (*сделать*) to do; **я ~ал все делá** I have done all I had to do.

передел|úть, ю, ~ишь *pf* (*of* **⇒~я́ть**) to redivide.

передéлк|а, и *f* **1** alteration; **отдáть что-н. в ~у** to have sth altered; **попáсть в ~у** (*coll*) to get into a pretty mess; **побывáть в ~ах** (*coll*) to be in a mess. **2** (*произведения*) adaptation.

передéлыва|ть, ю *impf of* **⇒передéлать**[1]

передел|я́ть, я́ю *impf of* **⇒~úть**

передёргива|ть(ся), ю(сь) *impf of* **⇒передёрнуть(ся)**

передерж|áть[1]**, ý, ~ишь** *pf* (*of* **⇒~ивать**) **1** (*кушанье*) to overdo; to overcook. **2** (*phot*) to overexpose.

передерж|áть[2]**, ý, ~ишь** *pf* (*of* **⇒~ивать**) (*coll*): **п. экзáмен** to take an examination again.

передéржива|ть, ю *impf of* **⇒передержáть**

передéржк|а[1]**, и** *f* (*phot*) overexposure.

передéржк|а[2]**, и** *f* (*coll*) (*переэкзаменовка*) re-examination.

передéржк|а[3]**, и** *f* (*coll*) (*жульничество*) cheating (*at cards*); juggling (*with facts*).

передёр|нуть, ну, нешь *pf* (*of* **⇒~гивать**) **1** (*передвинуть*) to pull aside. **2** (*сжульничать*) to cheat (*at cards*). **3** (*fig*): **п. фáкты** to juggle with facts. **4** (*impers*): **егó ~нуло от бóли** he was convulsed with pain.

передёр|нуться, нусь, нешься *pf* (*of* **⇒~гиваться**) (*coll*) to flinch, wince.

переднеприводн|óй *adj*: **п. автомобúль** front-wheel drive vehicle.

пéредн|ий *adj* front; **~ие конéчности** forelegs; **п. край** in the front line (*also fig*); **п. план** foreground.

пéредник, а *m* apron.

пéредн|яя, ей *f* (entrance) hall, lobby.

пéредо = **пéред**

передовáя, ~óй *f* **1** (*статья*) leading article, leader; editorial. **2** (*mil*) forward position.

передовéр|ить, ю, ишь *pf* (*of* **⇒~я́ть**) (+ *d*) to transfer trust (to); (*law*) to transfer power of attorney (to); **п. договóр** to subcontract (to).

передовер|я́ть, я́ю *impf of* **⇒~ить**

передовúк, á *m* leading worker.

передовúц|а, ы *f* (*coll*) leading article, leader; editorial.

передов|óй *adj* (*отряд*) forward; (*технология*) advanced; (*взгляды*) progressive; **~áя статья́** leading article, leader; editorial.

передозирóвк|а, и *f* (*med*) overdose.

перед|óк, кá *m* front (*of carriage, etc.*).

передóм *adv* (*coll*) in front.

передóх|нуть, нет, *past* **~, ~ла** *pf* (*no impf*) (*издохнуть*) to die off (*usu of animals*).

передохн|ýть, ý, ёшь *pf* (*of* **⇒передыхáть**) (*coll*) to pause for breath, take a short rest.

передрáзнива|ть, ю *impf of* **⇒передразнúть**

передразн|úть, ю, ~ишь *pf* (*of* **⇒~ивать**) to take off, mimic.

пере|дрáться, дерýсь, дерёшься, *past* **~дрáлся, ~дралáсь, ~дралóсь** *pf* (*no impf*) (*coll*) to fight, brawl (*of many people, etc.*).

передрóг|нуть, ну, нешь, *past* **~, ~ла** *pf* (*no impf*) (*coll*) to get chilled through.

передря́г|а, и *f* (*coll*) scrape.

передýм|ать, аю *pf* (*of* **⇒~ывать**) **1** (*изменить решение*) to change one's mind. **2** (*обдумать многое*) to do a great deal of thinking.

передýмыва|ть, ю *impf of* **⇒передýмать**

передыхá|ть, ю *impf of* **⇒передохнýть**

переды́шк|а, и *f* breathing space; (*в работе*) break, breather.

переедáни|е, я *nt* overeating.

переедá|ть, ю *impf of* **⇒переéсть**

переéзд[1]**, а** *m* (*место*) crossing.

переéзд[2]**, а** *m* (*переселение*) move.

переезжá|ть, ю *impf of* **⇒переéхать**

переé|сть[1]**, м, шь, ст, дúм, дúте, дя́т,** *past* **~л** *pf* (*of* **⇒~дáть**) (*объедаться*) to overeat.

переé|сть[2]**, м, шь, ст, дúм, дúте, дя́т,** *past* **~л** *pf* (*of* **⇒~дáть**) (*разрушить*) to corrode, eat away.

переé|хать, ду, дешь *pf* (*of* **⇒~зжáть**) **1** (+ *a or* **чéрез** + *a*) (*дорогу*) to cross. **2** (*задавить*) to run over, knock down. **3** (*переселиться*) to move.

пережáрива|ть, ю *impf of* **⇒пережáрить**[1]

пережáр|ить[1]**, ю, ишь** *pf* (*of* **⇒~ивать**) (*зажарить слишком сильно*) to overdo, over-roast.

пережáр|ить[2]**, ю, ишь** *pf* (*изжарить многое*) to roast (*all or a number of*).

пережд|áть, ý, ёшь, *past* **~áл, ~алá, ~áло** *pf* (*of* **⇒пережидáть**) to wait through; **мы ~áли грозý** we waited till the storm was over.

переж|евáть, ую́, уёшь *pf* (*of* **⇒~ёвывать**) to masticate, chew.

пережёвыва|ть, ю *impf* **1** *impf of* **⇒пережевáть**. **2** (*fig*) to repeat over and over again.

пережен|úться, ~ится *pf* (*coll*) to marry; **все её брáтья ~úлись** all her brothers have married.

переж|éчь, гý, жёшь, гýт, *past* **~ёг, ~глá** *pf* (*of* **⇒~игáть**)
1 (*израсходовать сверх меры*) to burn more than one's quota (*of fuel, etc.*).
2 (*шнур*) to burn through.
3 (*испортить излишним обжиганием*) to heat to excess.
4 (*сжечь многое*) to burn.

переживáни|е, я *nt* (*события*) experience; (*душевное состояние*) feeling.

переживá|ть, ю *impf* **1** *impf of* **⇒пережи́ть. 2** (*impf only*) (**за** + *a*) (*coll*) to be upset, worry (for, on behalf of).

пережигá|ть, ю *impf of* **⇒пережéчь**

пережидá|ть, ю *impf of* **⇒переждáть**

пережит|óе, óго *nt* one's past.

пережи́т|ок, ка *m* relic, vestige, survival.

пережи́|ть, вý, вёшь, *past* **пéрежил, ~лá, пéрежило** *pf* (*of* **⇒~вáть 1**) **1** to live through; **п. жизнь** to live one's life through. **2** (*испытать*) to experience; to go through; (*выдержать*) to endure, suffer; **тяжелó п. что-н.** to take sth hard; **онá ещё не совсéм ~лá потрясéние** she has still not completely got over the shock; (*остаться в живых*) to survive; **мне оби́дно, но ничегó, ~вý** I'm upset, but I'll survive. **3** (*прожить дольше*) to outlive, survive.

перезаб|ы́ть, ýду, ýдешь *pf* (*no impf*) (*coll*) to forget.

перезагру|жáть, жáю *impf of* **⇒~зи́ть**

перезагр|узи́ть, ужý, ýзишь *pf* (*of* **⇒~ужáть**) (*comput*) to reboot.

перезаклáдыва|ть, ю *impf of* **⇒перезаложи́ть**

перезаключ|áть, áю *impf of* **⇒~и́ть**

перезаключ|и́ть, ý, и́шь *pf* (*of* **⇒~áть**) to renew; **п. договóр** to renew a contract.

перезалож|и́ть, ý, ~́ишь *pf* (*of* **⇒перезаклáдывать**) (*кольцо*) to re-pawn; (*дом*) to remortgage.

перезап|исáть, ишý, и́шешь *pf* (*of* **⇒~и́сывать**) (*comput*) to overwrite.

перезапи́сыва|ть, ю *impf of* **⇒перезаписáть**

перезаря|ди́ть, жý, ~ди́шь *pf* (*of* **⇒~жáть**) **1** (*аккумулятор*) to recharge. **2** (*револьвер, фотоаппарат*) to reload.

перезаря́дк|а, и *f* recharging; reloading.

перезаряжá|ть, ю *impf of* **⇒перезаряди́ть**

перезвáнива|ть, ю *impf of* **⇒перезвони́ть**

перезвóн, а *m* ringing, chime.

перезвон|и́ть, ю́, и́шь *pf* (*of* **⇒перезвáнивать**) to ring back (*Br*), call back (*US*).

перезим|овáть, ýю *pf* (*of* **⇒зимовáть**) to winter, pass the winter.

перезнакóм|ить, лю, ишь *pf* (*coll*; **с** + *i*) to acquaint (with), introduce (to).

перезнакóм|иться, люсь, ишься *pf* (*no impf*) (*coll*) to become acquainted (with), be introduced (to).

перезревá|ть, ю *impf of* **⇒перезрéть**

перезрéлый *adj* overripe; (*fig*) passé, past one's prime.

перезрé|ть, ю *pf* (*of* **⇒~вáть**) **1** to become overripe. **2** (*fig*) to be past one's prime.

переигр|áть[1], áю *pf* (*of* **⇒~́ывать**) **1** (*партию*) to play again. **2** (*coll*) (*изменить*) to change; to reconsider.

переигр|áть[2], áю *pf* (*of* **⇒~́ывать**) (*theatr*; *coll*) to overact, overdo.

переигр|áть[3], áю *pf* (*of* **⇒~́ывать**) (*сыграть многое*) to play, act, perform (*all or a number of*).

переигр|áть[4], áю *pf* (*of* **⇒~́ывать**) (*coll, sport*) to outplay; to beat.

переи́грыва|ть, ю *impf of* **⇒переигрáть[1,2,3,4]**

переизбирá|ть, ю *impf of* **⇒переизбрáть**

переизбрáни|е, я *nt* re-election.

переиз|брáть, берý, берёшь, *past* **~брáл, ~бралá, ~брáло** *pf* (*of* **⇒~бирáть**) to re-elect.

переизда|вáть, ю́, ёшь *impf of* **⇒~́ть**

переиздáни|е, я *nt* **1** (*действие*) republication. **2** (*книга*) new edition, reprint.

переиздá|ть, м, шь, ст, ди́м, ди́те, дýт, *past* **~л, ~лá, ~ло** *pf* (*of* **⇒~вáть**) to republish, reprint.

переимен|овáть, ýю *pf* (*of* **⇒~óвывать**) (**в** + *a*) to rename.

переименóвыва|ть, ю *impf of* **⇒переименовáть**

переи́мчив|ый (~, ~а) *adj* (*coll*) imitative.

переинáчива|ть, ю *impf of* **⇒переинáчить**

переинáч|ить, у, ишь *pf* (*of* **⇒~ивать**) to alter; to modify.

пере|йти́, йдý, йдёшь, *past* **~шёл, ~шлá** *pf* (*of* **⇒~ходи́ть**) **1** (+ *a or* **чéрез** + *a*) (*переправиться*) to cross; to get across, get over, go over; **п. грани́цу** to cross the frontier; **п. чéрез мóст** to go across a bridge.
2 (**в, на** + *a or* **к** + *d*) (*в другое место*) to pass (to); **п. в сосéднюю кóмнату** to go into the next room; **п. в наступлéние** to switch to the offensive, assume the offensive; **п. в рýки** (+ *g*) to pass into the hands (of); **п. из рук в рýки** to change hands; **п. на другýю рабóту** to change one's job; **п. на стóрону проти́вника** to go over to the enemy.
3 (**в** + *a*) (*превратиться*) to turn (into); **их ссóра ~шлá в дрáку** their quarrel turned into a fight.

перекáлива|ть, ю *impf of* **⇒перекали́ть**

перекал|и́ть, ю́, и́шь *pf* (*of* **⇒~́ивать**) (*tech*) to overtemper; (*coll*) to overheat.

перекáлыва|ть, ю *impf of* **⇒переколóть**

перекáпыва|ть, ю *impf of* **⇒перекопáть**

перекáрмлива|ть, ю *impf of* **⇒перекорми́ть**

перекáт[1], а *m* (*мелководный участок*) shoal.

перекáт[2], а *m* (*грома*) roll, peal (*of thunder*).

перекати́-пóл|е, я *nt* **1** (*bot*) baby's breath (*Gypsophila paniculata*); tumbleweed (*genus Salsola and genus Amaranthus*) (*also a generic term for many similar plants*). **2** (*fig*) (*о человеке*) rolling stone.

перека|ти́ть, чý, ~́тишь *pf* (*of* **⇒~́тывать**) (*бочку*) to roll; (*велосипед*) to wheel.

перека|ти́ться, чýсь, ~́тишься *pf* (*of* **⇒~́тываться**) to roll.

перекáтыва|ть(ся), ю(сь) *impf of* **⇒перекати́ть(ся)**

перекач|áть, áю *pf* (*of* **⇒~́ивать**) to pump over, pump across.

перекáчива|ть, ю *impf of* **⇒перекачáть**

перекáшива|ть(ся), ю, ет(ся) *impf of* **⇒перекоси́ть(ся)**

переквалификáци|я, и *f* retraining.

переквалифици́р|овать, ую *impf and pf* to retrain.

переквалифици́р|оваться, уюсь *impf and pf* to retrain.

перекид|áть, áю *pf* (*of* **⇒~́ывать**) to throw (one after another).

перекиднóй *adj*: **п. мóстик** footbridge; **п. календáрь** desk calendar.

переки́дыва|ть(ся), ю(сь) *impf of* **⇒перекидáть** *and* **⇒переки́нуть(ся)**

переки́|нуть, ну, нешь *pf* (*of* **⇒~дывать**) to throw (over).

переки́|нуться, нусь, нешься *pf* (*of* **⇒~дываться**) **1** (*быстро переместиться*) to leap (over). **2** (*огонь*) to spread. **3** (+ *i*) (*мячом*) to throw (one to another); (*словами*) to bandy, exchange.

перекипя|ти́ть, чý, ти́шь *pf* to boil again.

пéрекис|ь, и *f* (*chem*) peroxide.

переклáдин|а, ы *f* **1** (*брус*) cross-beam, crosspiece, transom. **2** (*sport*) horizontal bar.

перекладн|ы́е, ы́х *pl* (*hist*) post-chaise.

переклáдыва|ть, ю *impf of* **⇒переложи́ть**

переклéива|ть, ю *impf of* **⇒переклéить**

переклé|ить[1], ю, ишь *pf* (*of* **⇒~ивать**) (*наклеить заново*) to re-stick; to glue again.

переклé|ить[2], ю, ишь *pf* (*of* **⇒~ивать**) (*склеить многое*) to stick (*a number of*).

переклик|áться, áюсь *impf* (**с** + *i*) **1** (*pf* **~́нуться**) to call to one another. **2** (*no pf*) (*fig*) (*быть подобным*) to have sth in common (with).

перекли́к|нуться, нусь, нешься *impf of* **⇒~áться 1**

перекли́чк|а, и *f* roll-call; **дéлать ~у** to call the roll.

переключáтел|ь, я *m* (*tech*) switch.

переключ|а́ть(ся), а́ю(сь) *impf of* **⇒~и́ть(ся)**

переключе́ни|е, я *nt* switching; (*скорости*) changing (*Br*), shifting (*US*).

переключ|и́ть, у́, и́шь *pf* (*of* **⇒~а́ть**) (*tech and fig*; **на** + *a*) to switch (over to); **п. ско́рость** to change gear (*Br*), shift gears (*US*); **п. внима́ние на...** to switch one's attention to ...; **п. разгово́р на другу́ю те́му** to change the subject; **п. телеви́зор/ра́дио на другу́ю програ́мму** to switch over, change channels (*on the TV/radio*).

переключ|и́ться, у́сь, и́шься *pf* (*of* **⇒~а́ться**) (*tech and fig*; **на** + *a*) to switch (over to); **компа́ния ~и́лась на э́кспорт телеви́зоров** the company switched to the export of televisions; **внима́ние пу́блики ~и́лось на говоря́щего** attention switched to the speaker; **п. на бли́жний свет** to dip (*Br*), dim (*US*) one's headlights.

перек|ова́ть, ую́, уёшь *pf* (*of* **⇒~о́вывать**) **1** (*коня*) to reshoe. **2** (*изделие*) to reforge; **п. мечи́ на ора́ла** to beat swords into ploughshares (*Br*), plowshares (*US*) (*also fig*).

перекóвыва|ть, ю *impf of* **⇒перекова́ть**

перекол|о́ть[1], ю́, ~ешь *pf* (*of* **⇒перека́лывать**) **1** (*приколоть иначе*) to pin (*somewhere else*). **2** (*покрыть уколами*) to prick all over.

перекол|о́ть[2], ю́, ~ешь *pf* (*of* **⇒перека́лывать**) (*расколоть*) to chop, hew.

перекопа́|ть, ю *pf* (*of* **⇒перека́пывать**) **1** (*картофель*; *огород*) to dig up. **2** (*чемодан*) to rummage through. **3** (*дорогу*) to dig a ditch across.

перекорм|и́ть, лю́, ~ишь *pf* (*of* **⇒перека́рмливать**) to overfeed.

перекóр|ы, ов (*no sg*) (*coll*) squabble.

перекоря́|ться, юсь *impf* (*no pf*) (*coll*) to squabble.

перекóс, а *m* **1** (*искривление*) warping. **2** (*fig*) (*тенденциозность*) slant.

переко|си́ть[1], шу́, ~сишь *pf* (*of* **⇒перека́шивать**) (*сделать косым*) to warp; (*fig*) to distort, slant; (*impers*): **око́нную ра́му ~си́ло** the window frame has warped; **от зло́бы его́ ~си́ло** his face was distorted with malice.

переко|си́ть[2], шу́, ~сишь *pf* (*скосить многое*) to mow (*all of, a large area of*).

переко|си́ться, ~сится, ~сятся *pf* (*of* **⇒перека́шиваться**) to warp, be warped; (*fig*) to become distorted.

перекоч|ева́ть, у́ю *pf* (*of* **⇒~ёвывать**) **1** (*о таборе*) to move on. **2** (*coll*) (*перейти*) to move, migrate.

перекочёвыва|ть, ю *impf of* **⇒перекочева́ть**

перекóшен|ный (~, ~а) *adj* distorted, twisted.

перекра́ива|ть, ю *impf of* **⇒перекрои́ть**

перекра́|сить[1], шу, сишь *pf* (*of* **⇒~шивать**) (*стену*) to repaint; (*в другой цвет*) to paint another colour (*Br*), color (*US*); (*волосы*) to re-dye.

перекра́|сить[2], шу, сишь *pf* (*of* **⇒~шивать**) (*покрасить многое*) (*рамы*) to paint; (*рубашки*) to dye.

перекра́|ситься, шусь, сишься *pf* (*of* **⇒~шиваться**) **1** to change colour (*Br*), color (*US*). **2** (*fig*) to become a turncoat.

перекра́шива|ть(ся), ю(сь) *impf of* **⇒перекра́сить(ся)**

перекре|сти́ть[1], щу́, ~стишь *pf* (*of* **⇒крести́ть 3**) to make the sign of the cross over.

перекре|сти́ть[2], щу́, ~стишь *pf* (*of* **⇒~щивать**) (*расположить крест-накрест*) to criss-cross.

перекре|сти́ть[3], щу́, ~стишь *pf* (*of* **⇒~щивать**) (*coll*) (*дать новое имя*) to rechristen, rename.

перекре|сти́ться[1], щу́сь, ~стишься *pf* (*of* **⇒крести́ться 2**) (*о человеке*) to cross o.s.

перекре|сти́ться[2], ~стится *pf* (*of* **⇒~щиваться**) (*о линиях*) to cross, intersect.

перекрёстн|ый *adj* cross; **п. допро́с** cross-examination; **п. ого́нь** (*mil*) crossfire; **~ая ссы́лка** cross reference.

перекрёст|ок, ка *m* crossroads, crossing; **крича́ть на всех ~ках** (*coll*) to shout from the housetops.

перекре́щива|ть(ся), ю, ет(ся) *impf of* **⇒перекрести́ть[2,3]** *and* **⇒перекрести́ться[2]**

перекри́кива|ть, ю *impf of* **⇒перекрича́ть**

перекри|ча́ть, чу́, чи́шь *pf* (*of* **⇒~кивать**) (*шум*) to shout above; (*человека*) to shout down.

перекро|и́ть, ю́, и́шь *pf* (*of* **⇒перекра́ивать**) to cut out again; (*fig*) (*статью, план*) to rehash; to reshape; **п. ка́рту ми́ра** to redraw the map of the world.

перекру|ти́ть, чу́, ~тишь *pf* (*of* **⇒~чивать**) **1** (*крутя, испортить*) to overwind. **2** (*перевязать*) to tie. **3** (*скрутить*) to fasten.

перекру́чива|ть, ю *impf of* **⇒перекрути́ть**

перекрыва́|ть, ю *impf of* **⇒перекры́ть**

перекры́ти|е, я *nt* **1** (*archit*) ceiling; (*между этажами*) floor. **2** (*tech*) damming (of a river).

перекр|ы́ть[1], о́ю, о́ешь *pf* (*of* **⇒~ыва́ть**) (*покрыть заново*) to re-cover.

перекр|ы́ть[2], о́ю, о́ешь *pf* (*of* **⇒~ыва́ть**) **1** (*coll*) (*превзойти*) to exceed; **п. реко́рд** to break a record. **2** (*дорогу*) to close; (*воду*) to cut off; (*реку*) to dam.

перекувы́ркива|ть(ся), ю(сь) *impf of* **⇒перекувырну́ть(ся)**

перекувыр|ну́ть, ну́, нёшь *pf* (*of* **⇒~кивать**) (*coll*) to upset, overturn.

перекувыр|ну́ться, ну́сь, нёшься *pf* (*of* **⇒~киваться**) (*coll*) **1** (*упасть*) to topple over. **2** (*перевернуться кувырком*) to turn a somersault.

перекуп|а́ть, а́ю *impf of* **⇒~и́ть**

перекупа́|ться, юсь *pf* (*coll*) to bathe too long, stay in (the water) too long.

перекуп|и́ть, лю́, ~ишь *pf* (*of* **⇒~а́ть**) (*опередив других*) to buy (*sth sought by others*); (*заплатив больше*) to outbid for; (*купить всё или многое*) to buy up (*all or a lot*).

переку́пщик, а *m* second-hand dealer.

переку́р, а *m* (*coll*) smoking break; (*перерыв вообще*) break; **пойдём на п.** let's take five.

переку́рива|ть, ю *impf of* **⇒перекури́ть**

перекур|и́ть, ю, ~ишь *pf* (*of* **⇒~ивать**) (*coll*) to break for a smoke; (*передохнуть*) to take a break.

переку|си́ть, шу́, ~сишь *pf* (*of* **⇒~сывать**) **1** to bite through. **2** (*coll*) (*поесть*) to have a bite, have a snack.

переку́сыва|ть, ю *impf of* **⇒перекуси́ть**

перелага́|ть, ю *impf of* **⇒переложи́ть**

перела́мыва|ть(ся), ю, ет(ся) *impf of* **⇒переломи́ть(ся)**

перележ|а́ть, у́, и́шь *pf* to lie too long.

перелез|а́ть, а́ю *impf of* **⇒~ть**

переле́з|ть, у, ешь, *past* **~**, **~ла** *pf* (*of* **⇒~а́ть**) to climb over, get over.

переле́с|ок, ка *m* copse, coppice.

перелёт, а *m* **1** (*самолёта*) flight. **2** (*птиц*) migration. **3** (*снаряда*) shot over the target.

перелет|а́ть, а́ю *impf of* **⇒~е́ть**

переле|те́ть, чу́, ти́шь *pf* (*of* **⇒~та́ть**) **1** (+ *a or* **че́рез** + *a*) to fly over. **2** (*дальше нужного*) to fly too far; to overshoot (the mark).

перелётн|ый *adj*: **~ая пти́ца** bird of passage (*also fig*); migratory bird.

пере|ле́чь, ля́гу, ля́жешь, ля́гут, *past* **~лёг, ~легла́** *pf* (*no impf*) to lie somewhere else; to move; **п. с дива́на на крова́ть** to move from the sofa to the bed.

перели́в, а *m* (*цвета*) tint, tinge; (*цветов*) play (of colours (*Br*), colors (*US*)); (*голоса*) modulation.

перелива́ни|е, я *nt* **1** decanting, pouring. **2** (*med*) transfusion.

перелива́|ть[1], ю *impf of* **⇒перели́ть**

перелива́|ть[2], ет *impf* (*о цветах*) to play.

перелива́|ться[1], ется *impf of* **⇒перели́ться**

перелива́|ться[2], ется *impf* (*о цветах*) to play; (*о голосах*) to modulate.

перели́вчат|ый (~, ~а) *adj* iridescent; (*о голосе*) modulating; (*о шёлке*) shot.

перелист|а́ть, а́ю *pf* (*of* **⇒~ывать**) **1** to leaf through. **2** (*бегло просмотреть*) to look through, flick through.

перели́стыва|ть, ю *impf of* **⇒перелиста́ть**

перел|и́ть[1], ью́, ьёшь, *past* **~и́л, ~ила́, ~и́ло** *pf* (*of* **⇒~ива́ть**) **1** to pour (*somewhere else*; *from A into B*); to decant; **п. молоко́ из кастрю́ли в кувши́н** to pour milk from a saucepan into a jug. **2** (*med*) to transfuse; **п. кровь** (+ *d*) to administer a blood transfusion (to). **3** (*через край*) to let overflow.

перел|и́ть², **ью, ьёшь,** *past* **~и́л, ~ила́, ~и́ло** *pf* (*of* **⇒~ива́ть**) **1** (*деталь*) to recast. **2** (*литьём превратить во что-н. иное*) to melt down; **п. колокола́ на пу́шки** to melt down bells for guns.

перел|и́ться, ьётся, *past* **~и́лся, ~ила́сь** *pf* (*of* **⇒~ива́ться**) **1** (*литься в другое место*) to flow. **2** (*вылиться*) to overflow, run over.

перелиц|ева́ть, у́ю *pf* (*of* **⇒~о́вывать**) **1** (*пальто*) to turn (*to disguise wear*); to have (a garment etc.) turned. **2** (*fig*) (*придать новый вид*) to give a new face to.

перелицо́выва|ть, ю *impf of* **⇒перелицева́ть**

перелов|и́ть, лю́, ~́ишь *pf* to catch (*all or a number of*).

переложе́ни|е, я *nt* (*mus*) arrangement; **п. в стихи́** versification.

перелож|и́ть, у́, ~́ишь *pf* **1** (*impf* **перекла́дывать** *and* **перелага́ть**) to put somewhere else; to shift, move; (*fig*) to shift, transfer; **п. отве́тственность на кого́-н.** to shift the responsibility on to s.o. **2** (*impf* **перекла́дывать**) (+ *a and i*) to interlay (with); **п. посу́ду соло́мой** to interlay crockery with straw. **3** (*impf* **перекла́дывать**) (*печь*) to relay. **4** (*impf* **перелага́ть**) (**в, на** + *a*) to set (to), arrange (for); to put (into); **п. на му́зыку** to set to music; **п. в стихи́** to put into verse. **5** (*impf* **перекла́дывать**) (+ *g*) (*положить слишком много*) to put in too much; **вы ~и́ли со́ли в суп** you have put too much salt in the soup.

перело́м, а *m* **1** break, breaking; (*кости*) fracture. **2** (*fig*) (*поворотный пункт*) turning point; (*резкая перемена*) sudden change.

перелома́|ть, ю *pf* to break (*all or a number of*); (*fig, coll*) to prevail over (*s.o.*).

перелома́|ться, юсь *pf* (*coll*) to break, be broken.

перелом|и́ть, лю́, ~́ишь *pf* (*of* **⇒перела́мывать**) **1** to break in two. **2** (*fig*) to break, master; **п. себя́** to master o.s.; to restrain one's feelings; **п. кому́-н. во́лю** to break s.o.'s will; **п. ход собы́тий** to turn events around.

перелом|и́ться, ~́ится *pf* (*of* **⇒перела́мываться**) to break in two; to be fractured.

перело́м|ный *adj of* **⇒~**; **п. моме́нт** critical moment, crucial moment.

перема́|зать, жу, жешь *pf* (*of* **⇒~зывать**) (*coll*; + *i*) to smear (with), make dirty (with).

перема́|заться, жусь, жешься *pf* (*of* **⇒~зываться**) (*coll*) to besmear o.s., get dirty.

перема́зыва|ть(ся), ю(сь) *impf of* **⇒перема́зать(ся)**

перема́лыва|ть(ся), ю, ет(ся) *impf of* **⇒перемоло́ть(ся)**

перема́нива|ть, ю *impf of* **⇒перемани́ть**

переман|и́ть, ю́, ~́ишь *pf* (*of* **⇒~́ивать**) (*coll*) to entice; **п. на свою сто́рону** to win over.

перема́тыва|ть, ю *impf of* **⇒перемота́ть**

перема́хива|ть, ю *impf of* **⇒перемахну́ть**

перемах|ну́ть, ну́, нёшь *pf* (*of* **⇒~́ивать**) (*coll*) to jump over, leap over.

перемежа́|ть, ю *impf* (*no pf*) (+ *a and i* or **c** + *i*) to alternate; **он ~л угро́зы (с) обеща́ниями** he alternated threats and promises.

перемежа́|ться, ется *impf* (*no pf*) (+ *i or* **c** + *i*) to alternate; **снег ~лся (с) дождём** snow alternated with rain, it snowed and rained by turns.

перемеж|ева́ть, у́ю *pf* (*of* **⇒~ёвывать**) to resurvey.

перемежёвыва|ть, ю *impf of* **⇒перемежева́ть**

переме́н|а, ы *f* **1** change. **2** (*в школе*) break (*Br*), recess (*US*); **больша́я п.** long (*sc.* midday) break.

перемен|и́ть, ю́, ~́ишь *pf* (*of* **⇒~я́ть**) to change; **п. пози́цию** to shift one's ground (*also fig*); **п. тон** (*fig*) to change one's tune.

перемен|и́ться, ю́сь, ~́ишься *pf* (*of* **⇒~я́ться**) to change; **п. в лице́** to change countenance; **п. к кому́-н.** to change (one's attitude) towards s.o.

переме́нн|ый *adj* variable; **~ая величина́** (*math*) variable (quantity); **~ая пого́да** changeable weather; **п. ток** (*elec*) alternating current; **с ~ым успе́хом** with varying success.

переме́нчив|ый (~, ~а) *adj* (*coll*) changeable.

перемен|я́ть(ся), я́ю(сь) *impf of* **⇒~и́ть(ся)**

пере|мере́ть, мрёт, *past* **пе́ремер, ~мерла́, пе́ремерло** *pf* (*coll*) to perish.

перемерз|а́ть, а́ю *impf of* **⇒~̈нуть**

перемёрз|нуть, ну, нешь *pf* (*of* **⇒~а́ть**) (*coll*) **1** (*озябнуть*) to get chilled, freeze. **2** (*о растениях*) to be killed by the frost.

переме́рива|ть, ю *impf of* **⇒переме́рить**

переме́р|ить¹, ю, ишь *pf* (*of* **⇒~ивать**) (*измерить заново*) to remeasure.

переме́р|ить², ю, ишь *pf* (*примерить*) to try on.

переме|сти́ть, щу́, сти́шь *pf* (*of* **⇒~ща́ть**) to move (*somewhere else*); (*на другую работу*) to transfer.

переме|сти́ться, щу́сь, сти́шься *pf* (*of* **⇒~ща́ться**) to move.

переме́|тить, чу, тишь *pf* (*of* **⇒~ча́ть**) **1** (*пометить заново*) to mark again. **2** (*пометить многое*) to mark (*a quantity of*).

переметн|у́ться, у́сь, ёшься *pf* (*no impf*) **1** (*перебежать*) to dash across. **2** (*к противнику*) (*coll*) to go over, desert.

перемётн|ый *adj*: **~ая сума́** (*coll*) turncoat.

перемеч|а́ть, ю *impf of* **⇒переме́тить**

перемеш|а́ть, а́ю *pf* (*of* **⇒~́ивать**) **1** to (inter)mix, intermingle; **п. ка́рты** to shuffle cards; **п. у́гли в пе́чке** to poke the fire. **2** (*coll*) (*нарушить порядок*) to mix up; (*fig*) (*спутать*) to confuse; **он, по-ви́димому, ~а́л на́ши фами́лии** he evidently got our names mixed up.

перемеш|а́ться, а́юсь *pf* (*of* **⇒~́иваться**) to get mixed (up); **всё у него́ в голове́ ~а́лось** he has got everything mixed up.

переме́шивани|е, я *nt* mixing.

переме́шива|ть(ся), ю(сь) *impf of* **⇒перемеша́ть(ся)**

перемеща́|ть(ся), ю(сь) *impf of* **⇒перемести́ть(ся)**

перемеще́ни|е, я *nt* (*изменение положения*) transference, shift; (*движение*) movement; (*по службе*) transfer.

переме|щённый *ppp of* **⇒~сти́ть**; **~щённые ли́ца** (*pol*) displaced persons.

переми́гива|ться, юсь *impf of* **⇒перемигну́ться**

перемиг|ну́ться, ну́сь, нёшься *pf* (*of* **⇒~́иваться**) (*coll*; **с** + *i*) to wink (at); **п. ме́жду собо́й** to wink at each other.

перемина́|ться, юсь *impf* (*no pf*): **п. с ноги́ на́ ногу** (*coll*) to shift from one foot to the other.

переми́ри|е, я *nt* armistice, truce.

перемнож|а́ть, а́ю *impf of* **⇒~́ить**

перемно́ж|ить, у, ишь *pf* (*of* **⇒~а́ть**) to multiply.

перемога́|ть, ю *impf* (*coll*) **1** (*pf* **перемо́чь**) (*преодолеть*) to overcome (*an illness, etc.*). **2** (*стараться преодолеть*) to try to overcome (*an illness, etc.*).

перемога́|ться, юсь *impf* (*coll*) to try to overcome an illness; **три дня он ~лся, но в конце́ концо́в ему́ пришло́сь вы́звать врача́** he held out for three days, but in the end he had to call in the doctor.

перемок|а́ть, а́ю *impf of* **⇒~нуть**

перемо́к|нуть, ну, нешь, *past* **~, ~ла** *pf* (*of* **⇒~а́ть**) (*coll*) to get drenched.

перемо́лв|ить, лю, ишь *pf* (*no impf*): **п. сло́во (с** + *i*; *coll*) to exchange a word (with).

перемо́лв|иться, люсь, ишься *pf* (*no impf*) (+ *i*; **с** + *i*; *coll*) to exchange words (with); **п. не́сколькими слова́ми с сосе́дом** to exchange a few words with a neighbour.

перем|оло́ть, елю́, е́лешь *pf* (*of* **⇒~а́лывать**) (*кофе, зерно*) to grind, mill; (*fig*) (*разрушить*) to pulverize.

перем|оло́ться, е́лется *pf* (*of* **⇒~а́лываться**): **~е́лется — мука́ бу́дет** (*proverb*) it will all come right in the end.

перемота́|ть, ю *pf* (*of* **⇒перема́тывать**) **1** (*на что-н. другое*) to wind; to reel. **2** (*намотать заново*) to rewind.

перемо́|чь, гу́, ~́жешь *pf of* **⇒~га́ть**

перему́ч|иться, усь, ишься *pf* (*no impf*) (*coll*) to have suffered very much.

п

перемыва́|ть, ю *impf of* **⇒перемы́ть**; **п. ко́сточки кому́-н.** to gossip about s.o.

перем|ы́ть, о́ю, о́ешь *pf* (*of* **⇒~ыва́ть**) **1** (*вымыть заново*) to wash up again. **2** (*вымыть многое*) to wash (up) (*all or a quantity of*).

перемы́чк|а, и *f* (*tech*) **1** (*соединение*) crosspiece. **2** (*заграждение*) cofferdam.

перенапряга́|ть(ся), ю(сь) *impf of* **⇒перенапря́чь(ся)**

перенапряже́ни|е, я *nt* **1** overstrain. **2** (*в сети*) increased voltage, surge.

перенапря́|чь, гу́, жёшь, *past* **~г, ~гла́** *pf* (*of* **⇒~га́ть**) to overstrain.

перенапря́|чься, гу́сь, жёшься, *past* **~гся, ~гла́сь** *pf* (*of* **⇒~га́ться**) to overstrain o.s.

перенаселе́ни|е, я *nt* overpopulation.

перенаселённост|ь, и *f* overpopulation; (*квартиры*) overcrowding.

перенасел|ённый *ppp of* **⇒~и́ть** *and adj* overpopulated; (*квартира*) overcrowded.

перенасел|и́ть, ю, и́шь *pf* (*of* **⇒~я́ть**) to overpopulate.

перенасел|я́ть, я́ю *impf of* **⇒~и́ть**

перенасы́щенный *adj* (*chem*) supersaturated.

перене́рвнича|ть, ю *pf* (*coll*) to worry a lot.

перенесе́ни|е, я *nt* **1** (*в другое место*) transference. **2** (*собрания*) postponement.

перенес|ти́[1]**, у́, ёшь,** *past* **~̈, ~ла́** *pf* (*of* **⇒переноси́ть**) **1** (*через пространство*) to carry (*somewhere else*); (*поместить в другое место*) to move, transfer; **п. столи́цу в Москву́** to move the capital to Moscow. **2**: **п. сло́во** (*printing*) to carry over (*part of word*) to the next line. **3** (*отсрочить*) to put off, postpone; to carry over.

перенес|ти́[2]**, у́, ёшь,** *past* **~̈, ~ла́** *pf* (*of* **⇒переноси́ть**) (*выдержать*) to endure, bear, stand; **п. боле́знь** to have an illness; **я э́того не мог п.** I couldn't stand that.

перенес|ти́сь, у́сь, ёшься, *past* **~̈ся, ~ла́сь** *pf* (*of* **⇒переноси́ться**) to be carried, be borne; (*fig*) (*мысленно*) to be carried away.

перенима́|ть, ю *impf of* **⇒переня́ть**

перено́с, а *m* **1** transfer; moving. **2** (*printing*) hyphenation at the end of a line; word division; (*знак*) hyphen (*at the end of a line*); **знак ~а** hyphen. **3** (*заседания*) postponement.

переноси́м|ый (~, ~а) *pres participle passive of* **⇒переноси́ть** *and adj* bearable, endurable.

перено|си́ть(ся), шу́(сь), ~́сишь(ся) *impf of* **⇒перенести́(сь)**

перено́сиц|а, ы *f* bridge of the nose.

перено́ск|а, и *f* carrying over; carriage.

переносно́й = **перено́сный 1**

перено́сный *adj* **1** (*приёмник*) portable. **2** (*ling*) figurative.

перено́счик, а *m* carrier.

переноч|ева́ть, у́ю *pf* (*of* **⇒ночева́ть**) to spend the night.

перенумер|ова́ть, у́ю *pf* (*of* **⇒перенумеро́вывать**) **1** (*много*) to number (*many things*). **2** (*заново*) to renumber.

перенумеро́выва|ть, ю *impf of* **⇒перенумерова́ть**

пере|ня́ть, йму́, ймёшь, *past* **пе́ренял, ~няла́, пе́реняло** *pf* (*of* **⇒~нима́ть**) to imitate, copy; **п. о́пыт** to assimilate experience; **п. привы́чку** to adopt, pick up a habit (*from s.o. else*).

переобору́д|овать, ую *impf and pf* to re-equip; to refit.

переобремен|и́ть, ю, и́шь *pf* (*of* **⇒~я́ть**) to overburden.

переобремен|я́ть, я́ю *impf of* **⇒~и́ть**

переобува́|ть(ся), ю(сь) *impf of* **⇒переобу́ть(ся)**

переобу́|ть, ю, ешь *pf* (*of* **⇒~ва́ть**) to change s.o.'s shoes; **п. ту́фли** to change one's shoes.

переобу́|ться, юсь, ешься *pf* (*of* **⇒~ва́ться**) to change one's shoes, boots, *etc.*

переобуча́|ть, ю *impf of* **⇒переобучи́ть**

переобуче́ни|е, я *nt* retraining.

переобу|чи́ть, чу́, ~́чишь *pf* (*of* **⇒~ча́ть**) to retrain.

переодева́|ть(ся), ю(сь) *impf of* **⇒переоде́ть(ся)**

переоде́тый *adj* disguised.

переоде́|ть, ну, нешь *pf* (*of* **⇒~ва́ть**) **1** (*платье, свитер*) to change; (*ребёнка, больного*) to change s.o.'s clothes; **они́ ~ли де́вочку в наря́дное пла́тье** they changed the little girl into a party frock; **п. пла́тье** to change one's dress. **2** (+ *i or* **в** + *a*) to dress up, disguise (as, in); **п. де́вочку ма́льчиком** to dress up a little girl as a boy.

переоде́|ться, нусь, нешься *pf* (*of* **⇒~ва́ться**) **1** to change (one's clothes). **2** (+ *i or* **в** + *a*) to disguise o.s. *or* dress up (as, in); **она ~лась в ма́льчика** she disguised herself as a boy.

переориенти́р|овать, ую *impf and pf* to reorient.

переориенти́р|оваться, уюсь *impf and pf* to reorient (oneself).

переосвиде́тельств|овать, ую *impf and pf* (*med*) to re-examine.

переосмысле́ни|е, я *nt* re-examination.

переосмы́сл|ить, ю, ишь *pf* (*of* **⇒~я́ть**) to re-examine.

переосмысля́|ть, ю *impf of* **⇒переосмы́слить**

переосна|сти́ть, щу́, сти́шь *pf* (*of* **⇒переоснаща́ть**) to re-equip, refit.

переоснаща́|ть, ю *impf of* **⇒переоснасти́ть**

переоце́нива|ть, ю *impf of* **⇒переоцени́ть**

переоцен|и́ть, ю, ~́ишь *pf* (*of* **⇒~́ивать**) **1** (*оценить слишком высоко*) to overestimate, overrate. **2** (*оценить заново*) to revalue, reappraise.

переоце́нк|а, и *f* **1** overestimation. **2** revaluation, reappraisal; **п. це́нностей** reappraisal of values (*also fig*).

перепа́д, а *m* (*температур, давления*) differential, difference.

перепа́да|ть, ет *pf* (*coll*) to fall (*one after another*).

перепада́|ть, ю *impf of* **⇒перепа́сть**

перепа́ива|ть, ю *impf of* **⇒перепои́ть**

перепа́лк|а, и *f* (*coll*) exchange of fire, skirmish (*also fig*).

перепа́рхива|ть, ю *impf of* **⇒перепорхну́ть**

перепа́|сть, дёт, *past* **~л** *pf* (*of* **⇒~да́ть**) (*coll*) **1** to fall intermittently; **дождь ~дёт** there will be rain at intervals, it will be showery. **2** (*impers*; + *d*) to fall to one's lot.

перепа|ха́ть, шу́, ~́шешь *pf* (*of* **⇒~́хивать**) (*вспахать заново*) to plough (*Br*), plow (*US*) (up) again; (*вспахать целиком*) to plough (*Br*), plow (*US*) over.

перепа́хива|ть, ю *impf of* **⇒перепаха́ть**

перепа́чка|ть, ю *pf* to make all dirty.

перепа́чка|ться, юсь *pf* to make o.s. dirty (all over).

перепе́в, а *m* (*повторение*) repetition, rehash.

пе́репел, а, *pl* **~а́** *m* (*zool*) quail.

перепелен|а́ть, а́ю *pf* (*of* **⇒~̈ывать**): **п. ребёнка** to change a baby.

перепелёныва|ть, ю *impf of* **⇒перепелена́ть**

перепёлк|а, и *f* (*zool*) female quail.

перепеля́тник, а *m* sparrowhawk.

перепеча́т|ать, аю *pf* (*of* **⇒~ывать**) **1** (*старое издание*) to reprint. **2** (*рукопись*) to type (out).

перепеча́тк|а, и *f* **1** (*действие*) reprinting; **п. воспреща́ется** copyright reserved. **2** (*текст*) reprint.

перепеча́тыва|ть, ю *impf of* **⇒перепеча́тать**

перепива́|ть(ся), ю(сь) *impf of* **⇒перепи́ть(ся)**

перепи́лива|ть, ю *impf of* **⇒перепили́ть**

перепил|и́ть[1]**, ю́, ~́ишь** *pf* (*of* **⇒~́ивать**) (*пополам*) to saw in two.

перепил|и́ть[2]**, ю́, ~́ишь** *pf* (*всё, многое*) to saw (*all or a number of*).

перепи|са́ть[1]**, шу́, ~́шешь** *pf* (*of* **⇒~́сывать**) **1** (*заново*) to rewrite; **п. на́бело** to make a fair copy (of). **2** (*списать*) to copy. **3** (*сделать список*) to make a list of.

перепи|са́ть[2]**, шу́, ~́шешь** *pf* (*of* **⇒~́сывать**) (*сделать список*) to make a list (of), list; **п. всех прису́тствующих** to take the names of all those present.

перепи́ск|а, и *f* **1** (*действие*) copying. **2** (*корреспонденция*) correspondence; **быть в ~е (с** + *i*) to be in correspondence (with). **3** (*collect*) (*все* *письма*) correspondence, letters.

переписчик, а *m* copyist.

переписыва|ть, ю *impf of* **⇒переписать**

переписыва|ться, юсь *impf* (**с** + *i*) to correspond (with).

перепис|ь, и *f* **1** (*населения*) census. **2** (*имущества*) inventory.

переп|ить, ью, ьёшь, *past* **~ил, ~ила, ~ило** *pf* (*of* **⇒~ивать**) (*coll*) **1** (*выпить слишком много*) to drink excessively. **2** (*выпить больше другого*) to outdrink; to drink under the table.

переп|иться, ьюсь, ьёшься, *past* **~ился, ~илась, ~илось** *pf* (*of* **⇒~иваться**) (*coll*) to get completely drunk.

перепла́в|ить[1], лю, ишь *pf* (*of* **⇒~лять**) (*руду*) to smelt.

перепла́в|ить[2], лю, ишь *pf* (*of* **⇒~лять**) (*по воде*) to float; (*на плоту*) to raft.

переплавля|ть, ю *impf of* **⇒переплавить**

переплан|ировать, ирую *pf* (*of* **⇒~ировывать**) to replan.

перепланировк|а, и *f* replanning.

перепланировыва|ть, ю *impf of* **⇒перепланировать**

перепла́т|а, ы *f* overpayment.

перепла|тить, чу, ~тишь *pf* (*of* **⇒~чивать**) to overpay; to pay too much.

перепла́чива|ть, ю *impf of* **⇒переплатить**

переплёвыва|ть, ю *impf of* **⇒переплюнуть**

перепле|сти, ту, тёшь, *past* **~л, ~ла** *pf* (*of* **⇒~тать**) **1** (*книгу*) to bind. **2** (+ *i*) (*нити, верёвки*) to interlace (with), interknit (with). **3** (*косы*) to braid again, plait again (*Br*).

перепле|стись, тётся, *past* **~лся, ~лась** *pf* (*of* **⇒~таться**) **1** (*стебли, верёвки*) to interlace, interweave. **2** (*fig*) (*события*) to be interwoven.

переплёт, а *m* **1** (*действие*) binding; **отдать книгу в п.** to have a book bound. **2** (*обложка*) binding, book cover. **3** (*двери, окна*) transom. **4** (*coll*) (*затруднительное положение*) mess, scrape; **попасть в п.** to get into a mess, get into trouble.

переплета|ть(ся), ю, ет(ся) *impf of* **⇒переплести(сь)**

переплетени|е, я *nt* **1** (*нитей*) weave. **2** (*событий*) interweaving.

переплётн|ая, ой *f* (*also* **п. мастерская**) bindery.

переплётчик, а *m* bookbinder.

переплыва|ть, ю *impf of* **⇒переплыть**

переплы|ть, ву, вёшь, *past* **~л, ~ла, ~ло** *pf* (*of* **⇒~вать**) (*вплавь*) to swim (across); (*на пароходе*) to sail (across).

переплю́н|уть, у, ешь *pf* (*of* **⇒переплёвывать**) (*coll*) to spit further than; (*fig*) to do better than, surpass.

переподготавлива|ть, ю *impf of* **⇒переподготовить**

переподгото́в|ить, лю, ишь *pf* (*of* **⇒переподготавливать**) to retrain.

переподгото́вк|а, и *f* further training; retraining.

перепо|ить, ю, ~ишь *pf* (*of* **⇒перепаивать**) **1** (*животное*) to give too much to drink. **2** (*coll*) (*человека*) to make drunk.

перепо́|й, я *m* (*coll*) **1** excessive drinking, boozing. **2** (*после выпивки*) hangover.

переполз|ать, аю *impf of* **⇒~ти**

переполз|ти, у, ёшь, *past* **~, ~ла** *pf* (*of* **⇒~ать**) to crawl across; to creep across.

переполнени|е, я *nt* (*сосуда*) overfilling; (*автобуса*) overcrowding; (*comput*) overflow.

перепо́лн|ить, ю, ишь *pf* (*of* **⇒~ять**) (*сосуд*) to overfill; (*автобус*) to overcrowd.

перепо́лн|иться, ится *pf* (*of* **⇒~яться**) (*о сосуде*) to be overfilled; (*об автобусе*) to be overcrowded; **её сердце ~илось радостью** her heart overflowed with joy.

переполн|ять(ся), яю, яет(ся) *impf of* **⇒~ить(ся)**

переполо́х, а *m* commotion, rumpus.

переполош|ить, у, ишь *pf* (*coll*) to alarm.

переполош|иться, усь, ишься *pf* (*coll*) to be thrown into panic.

перепо́нк|а, и *f* membrane; **барабанная п.** (*anat*) eardrum, tympanum.

перепончатокрылы|й *adj* (*zool*) hymenopterous; *as n* **~е, ~х** Hymenoptera.

перепо́нчатый *adj* membraneous, membranous; (*zool*) webbed; web-footed.

перепоруч|ать, аю *impf of* **⇒~ить**

перепоруч|ить, у, ~ишь *pf* (*of* **⇒~ать**) (+ *d*) to turn over (to), reassign (to); **п. ведение дела другому защитнику** to turn over one's case to another lawyer.

перепорхн|уть, у, ёшь *pf* (*of* **⇒перепархивать**) to flutter, flit (*somewhere else; from A to B*).

перепоя́|сать, шу, шешь *pf* (*of* **⇒~сывать**) (*одежду*) to gird, belt.

перепоя́сыва|ть, ю *impf of* **⇒перепоясать**

перепра́в|а, ы *f* (*действие*) crossing; (*место*) crossing (place); (*брод*) ford.

перепра́в|ить[1], лю, ишь *pf* (*of* **⇒~лять**) **1** (*перевезти*) to convey, transport; to take across. **2** (*письмо*) to forward (*mail*).

перепра́в|ить[2], лю, ишь *pf* (*of* **⇒~лять**) (*исправить*) to correct.

перепра́в|иться, люсь, ишься *pf* (*of* **⇒~ляться**) to cross, get across; (*вплавь*) to swim across; (*на пароходе*) to sail across.

переправля|ть(ся), ю(сь) *impf of* **⇒переправить(ся)**

перепрева|ть, ю *impf of* **⇒перепреть**

перепре́|ть, ю *pf* (*of* **⇒~вать**) **1** (*гнить*) to rot. **2** (*coll*) (*о еде*) to be overdone.

перепро́б|овать, ую *pf* (*еду*) to taste (*all or a quantity of*); (*fig*) (*средства*) to try.

перепрода|вать, ю, ёшь *impf of* **⇒~ть**

перепродав|ец, ца *m* reseller.

перепрода́ж|а, и *f* resale.

перепрода́|ть, м, шь, ст, дим, дите, дут, *past* **перепро́дал, ~ла, перепро́дало** *pf* (*of* **⇒~вать**) to resell.

перепроизво́дств|о, а *nt* overproduction.

перепрыгива|ть, ю *impf of* **⇒перепрыгнуть**

перепрыг|нуть, ну, нешь *pf* (*of* **⇒~ивать**) (+ *a or* **через** + *a*) to jump (over).

перепря|гать, гаю *impf of* **⇒~чь**

перепря́жк|а, и *f* changing of horses.

перепря́|чь, гу, жёшь, гут, *past* **~г, ~гла** *pf* (*of* **⇒~гать**) (*запрячь заново*) to re-harness.

перепу́г, а (у) *m* (*coll*): **с ~у, от ~у** in one's fright.

перепуга́|ть, ю *pf* (*no impf*) to frighten, give a fright.

перепуга́|ться, юсь *pf* (*no impf*) to get a fright.

перепу́т|ать, аю *pf* (*of* **⇒~ывать**) **1** (*нити*) to entangle. **2** (*fig*) (*имена, факты*) to confuse, mix up, muddle up.

перепу́т|аться, ается *pf* (*of* **⇒~ываться**) **1** (*нити*) to get entangled. **2** (*fig*) (*мысли*) to get confused, get mixed up.

перепу́тыва|ть(ся), ю, ет(ся) *impf of* **⇒перепутать(ся)**

перепу́ть|е, я *nt* crossroads; **быть на п.** (*fig*) to be at the crossroads.

перераба́тыва|ть(ся), ю(сь) *impf of* **⇒переработать(ся)**

перерабо́та|ть[1], ю *pf* (*of* **⇒перерабатывать**) **1** (*сырьё*) to process; (*преобразовать*) to convert (to); to treat; **п. свёклу в сахар** to convert beet to sugar; **п. пищу** to digest food. **2** (*переделать*) to remake; (*fig*) (*статью*) to revise, recast, reshape.

перерабо́та|ть[2], ю *pf* (*of* **⇒перерабатывать**) to exceed fixed hours of work, work overtime; (*coll*) (*переутомиться*) to overwork.

перерабо́та|ться, юсь *pf* (*of* **⇒перерабатываться**) (*coll*) to overwork.

перерабо́тк|а[1], и *f* **1** (*сырья*) processing, treatment. **2** (*переделка*) remaking; (*вторичное использование*) recycling; (*fig*) revising, recasting, reshaping.

перерабо́тк|а[2], и *f* (*время*) overtime work.

перераспределени|е, я *nt* redistribution.

перераспредел|ить, ю, ишь *pf* (*of* **⇒~ять**) to redistribute.

перераспредел|ять, яю *impf of* **⇒~ить**

перерастани|е, я *nt* **1** outgrowing. **2** (**в** + *a*) growing (into), development (into).

перераст|ать, аю *impf of* **⇒~и**

перераст|и, у, ёшь, *past* **перерос, переросла** *pf* (*of* **⇒~ать**) **1** (*стать выше*) to outgrow, (over)top; (*превзойти*)

П

to outstrip (*in height, also fig*); **в трина́дцать лет она́ уже́ перерос́ла отца́** at thirteen she had already outgrown her father; **п. своего́ учи́теля** to outstrip one's teacher. **2** (*fig*; **в** + *a*) (*преврати́ться*) to grow (into), develop (into), turn (into). **3** (*оказа́ться по возра́сту ста́рше, чем ну́жно*) to be too old (for); **для де́тского са́да он перер́ос** he is too old for kindergarten.

перерасхо́д, а *m* **1** (*де́нег, эне́ргии*) overspending, over-expenditure. **2** (*fin*) (*в ба́нковском счёте*) overdraft.

перерасхо́д|овать, ую *pf* (*no impf*) **1** (*де́ньги, эне́ргию*) to overspend, spend to excess. **2** (*fin*) (*в ба́нковском счёте*) to overdraw.

перерасчёт, а *m* recalculation; (*в други́е едини́цы*) conversion.

перерв|а́ть, у́, ёшь, *past* **~а́л, ~ала́, ~а́ло** *pf* (*of* **⇨перерыва́ть**[1]) to break (in two), tear asunder.

перерв|а́ться, у́сь, ёшься, *past* **~а́лся, ~ала́сь, ~а́ло́сь** *pf* (*of* **⇨перерыва́ться**) to break (in two).

перерегистра́ци|я, и *f* re-registration.

перерегистри́р|овать, ую *impf and pf* to re-register.

перерегистри́р|оваться, уюсь *impf and pf* to re-register.

пере́ре́|зать[1], **жу, жешь** *pf* (*of* **⇨~за́ть** *and* **⇨~зывать**) **1** (*верёвку*) to cut (in two). **2** (*fig*) (*путь*) to cut off; **п. путь неприя́телю** to bar the enemy's way.

пере́ре́|зать[2], **жу, жешь** *pf* (*убить*) to kill, slaughter (*all or a number of*).

перерез|а́ть, а́ю *impf of* **⇨~́ать**[1]

перере́зыва|ть, ю *impf* = **перереза́ть**

перереш|а́ть[1], **а́ю** *impf of* **⇨~и́ть**

перереш|а́ть[2], **а́ю** *pf* to solve (*all or a number of problems*).

перереш|и́ть, у́, и́шь *pf* (*of* **⇨~а́ть**[1]) **1** (*реши́ть по-друго́му*) to decide, settle in a different way. **2** (*переду́мать*) to change one's mind, reconsider one's decision.

переро|ди́ть, жу́, ди́шь *pf* (*of* **⇨~жда́ть**) to regenerate.

переро|ди́ться, жу́сь, ди́шься *pf* (*of* **⇨~жда́ться**) **1** (*о челове́ке*) to be reborn. **2** (*о го́роде, ме́сте*) to be regenerated. **3** (*biol and fig*) (*измени́ться к ху́дшему*) to degenerate.

перерожда́|ть(ся), ю(сь) *impf of* **⇨перероди́ться**

перерожде́ни|е, я *nt* **1** regeneration. **2** (*к ху́дшему*) degeneration.

перерос́т|ок, ка *m* (*coll*) child who is older than the rest of the class.

переруб|а́ть, а́ю *impf of* **⇨~и́ть**

переруб|и́ть, лю́, ~́ишь *pf* (*of* **⇨~а́ть**) to chop in two.

переруга́|ться, юсь *pf* (*coll*; **с** + *i*) to fall out (with).

переру́гива|ться, юсь *impf* (*coll*; **с** + *i*) to quarrel (with), squabble (with).

переры́в, а *m* break; **обе́денный п.** lunch break; **без ~а** without a break; **с ~ами** off and on.

перерыва́|ть[1], **ю** *impf of* **⇨перерва́ть**

перерыва́|ть[2], **ю** *impf of* **⇨перерыть**

перерыва́|ться, юсь *impf of* **⇨перерва́ться**

перер|ы́ть, о́ю, о́ешь *pf* (*of* **⇨~ыва́ть**[2]) **1** (*у́лицу*) to dig up. **2** (*fig, coll*) (*ко́мнату, литерату́ру*) to rummage (*through*).

переря|ди́ть, жу́, ~́ди́шь *pf* (*of* **⇨~́живать**) (+ *i*; *coll*) to disguise (as), dress up (as).

переря|ди́ться, жу́сь, ~́ди́шься *pf* (*of* **⇨~́живаться**) (+ *i*; *coll*) to disguise o.s. *or* dress up (as).

переря́жива|ть(ся), ю(сь) *impf of* **⇨переряди́ть(ся)**

переса|ди́ть, жу́, ~́дишь *pf* (*of* **⇨~́живать**) **1** (*заста́вить пересе́сть*) to move, make s.o. change his seat; (*на друго́й по́езд*) to transfer. **2**: **п. кого́-н. че́рез что-н.** to help s.o. across sth. **3** (*bot*) to transplant. **4** (*med*) (*се́рдце*) to transplant; (*ко́жу*) to graft.

переса́дк|а, и *f* **1** (*bot*) transplantation. **2** (*med*) transplant; grafting; **опера́ция по ~е се́рдца** heart transplant operation. **3** (*перехо́д на друго́й по́езд, авто́бус*) change; **сде́лать ~у** to change (*trains, buses, etc.*).

переса́жива|ть, ю *impf of* **⇨пересади́ть**

переса́жива|ться, юсь *impf of* **⇨пересе́сть**

переса́лива|ть, ю *impf of* **⇨пересоли́ть**

переcда|ва́ть, ю́, ёшь *impf of* **⇨~́ть**

пересда́|ть, м, шь, ст, ди́м, ди́те, ду́т, *past* **~л, ~ла́, ~́ло** *pf* (*of* **⇨~ва́ть**) **1** (*помеще́ние*) to relet; to sublet. **2** (*cards*) to re-deal. **3** (*экза́мен*) to resit (*Br*), retake.

пересека́|ть(ся), ю, ет(ся) *impf of* **⇨пересе́чь(ся)**

пересе́лен|ец, ца *m* settler; **вы́нужденный п.** (*в преде́лах свое́й страны́ и́ли страны́ прожива́ния*) IDP, internally displaced person; (*вы́нужденный верну́ться на ро́дину*) displaced person.

пересе́лени|е, я *nt* **1** (*на но́вую террито́рию*) migration; resettlement. **2** (*в но́вую кварти́ру*) move (*to new place of residence*).

пересе́лен|ка, ки *f of* **⇨~ец**

пересе́лен|ческий *adj of* **⇨~ец**; **~ческая организа́ция** emigration, resettlement organization.

пересел|и́ть, ю́, и́шь *pf* (*of* **⇨~я́ть**) to move; (*на но́вую террито́рию*) to resettle.

пересел|и́ться, ю́сь, и́шься *pf* (*of* **⇨~я́ться**) to move; (*на но́вую террито́рию*) to migrate.

пересел|я́ть(ся), я́ю(сь) *impf of* **⇨~и́ть(ся)**

перес|е́сть, я́ду, я́дешь *pf* (*of* **⇨~а́живаться**) **1** (*на друго́е ме́сто*) to change one's seat. **2** (*сде́лать переса́дку*) to change (*trains, etc.*).

пересече́ни|е, я *nt* crossing, intersection; **то́чка ~я** point of intersection.

перес|ечённый *ppp of* **⇨~е́чь**; **~ечённая ме́стность** (*geog*) broken terrain; **бег по ~ечённой ме́стности** cross-country race *or* run.

пересе́|чь, ку́, чёшь, ку́т, *past* **~́к, ~кла́** *pf* (*of* **⇨~ка́ть**) **1** (*перейти́*) to cross; to traverse; **п. у́лицу** to cross the road; **п. путь неприя́телю** (*fig*) to cut the enemy off, bar the enemy's way. **2** (*го́род, ме́стность*) to cross, cut across.

пересе́|чься, чётся, ку́тся, *past* **~́кся, ~кла́сь** *pf* (*of* **⇨~ка́ться**) to cross, intersect.

переси|де́ть, жу́, ди́шь *pf* (*of* **⇨~́живать**) **1** (*coll*) to outsit; **он ~де́л всех други́х госте́й** he outstayed all the other guests. **2** (*просиде́ть сли́шком до́лго*) to sit too long.

переси́жива|ть, ю *impf of* **⇨пересиде́ть**

переси́лива|ть, ю *impf of* **⇨переси́лить**

переси́л|ить, ю, ишь *pf* (*of* **⇨~ивать**) (*челове́ка*) to overpower; (*fig*) (*уста́лость*) to overcome, master.

переска́з, а *m* **1** (*содержа́ния рома́на*) retelling, narration. **2** (*изложе́ние*) exposition.

переска|за́ть, жу́, ~́жешь *pf* (*of* **⇨~́зывать**) **1** to retell, narrate. **2** (*рассказа́ть подро́бно*) to retail, relate; **п. слу́хи** to retail rumours (*Br*), rumors (*US*).

переска́зыва|ть, ю *impf of* **⇨пересказа́ть**

переска́кива|ть, ю *impf of* **⇨перескочи́ть**

перескоч|и́ть, у́, ~́ишь *pf* (*of* **⇨переска́кивать**) **1** (+ *a or* **че́рез** + *a*) to jump (over); (*fig*) (*пропусти́ть*) to skip (over). **2** (*fig*) to skip; **п. с одно́й те́мы на другу́ю** to skip from one topic to another.

пересла|сти́ть, щу́, сти́шь *pf* (*of* **⇨~щивать**) to make too sweet, put too much sugar (into).

пере|сла́ть, шлю́, шлёшь *pf* (*of* **⇨~сыла́ть**) (*отпра́вить*) to send; (*де́ньги*) to remit; (*по друго́му а́дресу*) to forward.

пересла́щива|ть, ю *impf of* **⇨пересласти́ть**

пересма́трива|ть, ю *impf of* **⇨пересмотре́ть**

пересме́ива|ться, юсь *impf* (*coll*; **с** + *i*) to exchange smiles (with).

пересме́н|а, ы *f* period of time between shifts.

пересме́шк|а, и *f* (*coll*) mockery, banter.

пересме́шник, а *m* **1** (*coll*) mocker. **2** (*zool*) mocking bird.

пересмо́тр, а *m* **1** (*програ́ммы*) revision. **2** (*предложе́ния*) reconsideration; (*law*) review (*of a sentence*); retrial.

пересмотр|е́ть[1], **ю, ~́ишь** *pf* (*of* **⇨пересма́тривать**) **1** (*кни́гу, докуме́нт*) to look through; to go over again. **2** (*реше́ние*) to reconsider; (*law*) to review. **3** (*coll*) (*ища́ что-л.*) to go through (*in search of sth*).

П

пересмотр|е́ть², ю, ∼́ишь *pf* to have seen (*all or a quantity of*); to have gone all through.

переснима́|ть, ю *impf of* ⇒**пересня́ть**

пересн|я́ть, иму́, и́мешь, *past* **∼я́л, ∼яла́, ∼я́ло** *pf* (*of* ⇒**∼има́ть**) **1** (*фотографировать заново*) to photograph again. **2** (*копировать*) to make a copy of. **3** (*фильм*) to reshoot.

пересо́л, а *m* excess of salt.

пересол|и́ть, ю, ∼́ишь *pf* (*of* ⇒**переса́ливать**) **1** to put too much salt (into). **2** (*fig, coll*) to go too far.

пересо́х|нуть, нет, *past* **∼, ∼ла** *pf* (*of* ⇒**пересыха́ть**) (*о белье*) to dry out; (*о земле, речке*) to dry up, become parched.

пересп|а́ть, лю́, и́шь, *past* **∼а́л, ∼ала́, ∼а́ло** *pf* (*coll*) **1** (*проспать слишком долго*) to oversleep. **2** (*переночевать*) to spend the night. **3** (**с** + *i*; *euph*) to sleep (with).

переспе́лый *adj* overripe.

переспо́р|ить, ю, ишь *pf* to defeat in argument.

переспра́шива|ть, ю *impf of* ⇒**переспроси́ть¹**

переспро|си́ть¹, шу́, ∼́сишь *pf* (*of* ⇒**переспра́шивать**) (*повторить вопрос*) to ask again; (*попросить повторить*) to ask to repeat.

переспро|си́ть², шу́, ∼́сишь *pf* (*всех, многих*) to question (*all or a number of*).

пересsóр|ить, ю, ишь *pf* to set at odds.

пересо́р|иться, юсь, ишься *pf* (**с** + *i*) to quarrel (with), fall out (with).

переста|ва́ть, ю́, ёшь *impf of* ⇒**∼́ть**

переста́в|ить, лю, ишь *pf* (*of* ⇒**∼ля́ть**) to move, shift; **п. ме́бель** to rearrange the furniture; **п. слова́ во фра́зе** to transpose the words in a sentence.

переставля́|ть, ю *impf of* ⇒**переста́вить**

переста́ива|ть, ю *impf of* ⇒**перестоя́ть**

перестано́вк|а, и *f* **1** rearrangement, transposition. **2** (*math*) permutation.

перестара́|ться, юсь *pf* (*coll*) to overdo it.

переста́р|ок, ка *m* (*coll*) person over age (*for given purpose*).

переста́|ть, ну, нешь *pf* (*of* ⇒**∼ва́ть**) (+ *inf*) to stop, cease; **они́ ∼ли разгова́ривать** they stopped talking; **∼ньте!** stop it!

перестел|и́ть, ю́, ∼́ешь *pf* = **перестла́ть**

перестила́|ть, ю *impf of* ⇒**перестели́ть** *and* ⇒**перестла́ть**

перестир|а́ть¹, а́ю *pf* (*of* ⇒**∼́ывать**) (*заново*) to wash again.

перестир|а́ть², а́ю *pf* (*no impf*) (*всё, многое*) to wash (*all or a number of*).

перести́рыва|ть, ю *impf of* ⇒**перестира́ть¹**

перест|ла́ть, елю́, е́лешь *pf* (*of* ⇒**∼ила́ть**) to relay; **п. пол в ко́мнате** to re-floor a room; **п. посте́ль** to remake a bed.

престо|я́ть, ю́, и́шь *pf* (*of* ⇒**переста́ивать**) to stand too long; (*испортиться*) to go off.

перестрада́|ть, ю *pf* (*no impf*) to have suffered.

перестра́ива|ть(ся), ю(сь) *impf of* ⇒**перестро́ить(ся)**

перестрах|ова́ть, у́ю *pf* (*of* ⇒**∼о́вывать**) to reinsure.

перестрах|ова́ться, у́юсь *pf* (*of* ⇒**∼о́вываться**) **1** to reinsure o.s. **2** (*fig, pej*) to play safe.

перестрахо́вк|а, и *f* **1** reinsurance. **2** (*fig, pej*) playing safe.

перестрахо́вщик, а *m* (*pej*) adherent of policy of 'playing safe'.

перестрахо́вщи|ца, цы *f of* ⇒**∼к**

перестрахо́выва|ть(ся), ю(сь) *impf of* ⇒**перестрахова́ть(ся)**

перестре́лива|ть, ю *impf of* ⇒**перестреля́ть**

перестре́лива|ться, юсь *impf* to fire (at each other); to shoot it out.

перестре́лк|а, и *f* exchange of fire, shoot-out.

перестрел|я́ть, я́ю *pf* (*of* ⇒**∼́ивать**) **1** (*убить*) to shoot (down). **2** (*израсходовать стрельбой*) to use up, expend (*in shooting*).

перестро́|ечный *adj of* ⇒**∼йка**

перестро́|ить, ю, ишь *pf* (*of* ⇒**перестра́ивать**) **1** (*дом*) to rebuild, reconstruct. **2** (*план, работу*) to redesign, refashion, reshape; to reorganize; **п. фра́зу** to reshape a sentence. **3** (*mil*) to re-form. **4** (*mus, radio*) to retune.

перестро́|иться, юсь, ишься *pf* (*of* ⇒**перестра́иваться**) **1** to re-form; to reorganize o.s.; to restructure. **2** (*mil*) to re-form. **3** (*radio*) (**на** + *a*) to switch over (to), tune (on to); **п. на коро́ткую волну́** to switch over to short wave.

перестро́йк|а, и *f* **1** (*здания*) rebuilding, reconstruction; (*pol, econ*) perestroika. **2** (*реорганизация*) reorganization. **3** (*mil*) re-formation. **4** (*mus, radio*) retuning.

пересту́кивани|е, я *nt* communication by tapping (*in prison, etc.*).

пересту́кива|ться, юсь *impf* (**с** + *i*) to communicate (with) by tapping (*in prison, etc.*).

переступ|а́ть, а́ю *impf* **1** *impf of* ⇒**∼и́ть**. **2** (*impf only*) to move slowly; **он е́ле ∼а́л (нога́ми)** his feet would hardly carry him; **п. с ноги́ на́ ногу** to shift from one foot to the other.

переступ|и́ть, лю́, ∼́ишь *pf* (*of* ⇒**∼а́ть**) (+ *a or* **че́рез** + *a*) to step over; (*fig*) to overstep; **п. поро́г** to cross the threshold; **п. зако́н** to break the law; **п. грани́цы прили́чия** to overstep the bounds of decency.

пересу́д, а *m* (*coll*) retrial.

пересу́д|ы, ов (*no sg*) (*coll*) gossip.

пересу́шива|ть, ю *impf of* ⇒**пересуши́ть¹**

пересуш|и́ть¹, у́, ∼́ишь *pf* (*of* ⇒**∼́ивать**) (*больше, чем нужно*) to overdry.

пересуш|и́ть², у́, ∼́ишь *pf* (*no impf*) (*всё, многое*) to dry (*all or a quantity of*).

пересчёт, а *m* recount.

пересчит|а́ть¹, а́ю *pf* (*of* ⇒**∼́ывать**) **1** to recount; **п. ко́сти (рёбра) кому́-н.** (*fig, coll*) to give s.o. a drubbing. **2** (**в/на** + *a*; **в** + *p*) to convert (to), express (in terms of).

пересчит|а́ть², а́ю *pf* (*no impf*) (*многое*) to count.

пересчи́тыва|ть, ю *impf of* ⇒**пересчита́ть¹**

пересыла́|ть, ю *impf of* ⇒**пересла́ть**

пересы́лк|а, и *f* sending; forwarding; **п. де́нег** remittance; **сто́имость ∼и** postage; **п. беспла́тно** post free.

пересы́л|очный *adj of* ⇒**∼ка**; **п. пункт** transit point.

пересы́льн|ый *adj* transit; **∼ая тюрьма́** transit prison.

пересы́п|ать¹, лю, лешь *pf* (*of* ⇒**∼а́ть**) to pour (*dry substance*) into another container; **п. зерно́ в мешки́** to pour off grain into bags.

пересы́п|ать², лю, лешь *pf* (*of* ⇒**∼а́ть**) (+ *i*) **1** to powder (with). **2** (*fig*) to (inter)lard, intersperse (with); **п. речь руга́тельствами** to lard one's speech with profanities.

пересып|а́ть, а́ю *impf of* ⇒**∼́ать**

пересыха́|ть, ет *impf of* ⇒**пересо́хнуть**

перета́плива|ть, ю *impf of* ⇒**перетопи́ть¹**

перетаск|а́ть, а́ю *pf* (*of* ⇒**∼́ивать**) **1** to carry away. **2** (*fig, coll*) (*украсть*) to pinch (*Br*), to lift.

перета́скива|ть, ю *impf of* ⇒**перетаска́ть** *and* ⇒**перетащи́ть**

перетас|ова́ть, у́ю *pf* (*of* ⇒**∼о́вывать**) to reshuffle (*cards, also fig*).

перетасо́выва|ть, ю *impf of* ⇒**перетасова́ть**

перетащ|и́ть, у́, ∼́ишь *pf* (*of* ⇒**перета́скивать**) **1** (*волоча*) to drag over; (*неся*) to carry over; (*переместить*) to move, shift; **п. сунду́к на черда́к** to move a trunk into the attic. **2** (*fig, coll*) (*помочь переменить место работы, жительства*) to get (s.o.) to move (*closer to o.s., with regard to their job or to where they live*).

перетека́|ть, ю *impf of* ⇒**перете́чь**

пере|тере́ть, тру́, трёшь, *past* **∼тёр, ∼тёрла** *pf* (*of* ⇒**∼тира́ть**) **1** (*трением разделить надвое*) to wear through. **2** (*повредить трением*) to wear out, wear down. **3** (*растирая, привести в другой вид*) to grind; (*на тёрке*) to grate.

пере|тере́ться, трётся, *past* **∼тёрся, ∼тёрлась** *pf* (*of* ⇒**∼тира́ться**) to wear through.

перетерп|е́ть, лю́, ∼́ишь *pf* (*coll*) to suffer, endure.

перете́|чь, ку́, чёшь, ку́т, *past* **∼̈к, ∼кла́** *pf* (*of* ⇒**∼ка́ть**) to overflow.

перетира́|ть(ся), ю(сь) *impf of* ⇒**перетере́ть(ся)**

перето́к, а *m* flow.

перето́лк|и, ов (*no sg*) (*coll*) tittle-tattle.

перетолк|ова́ть¹, у́ю *pf* (*no impf*) (*coll*) to talk over, discuss; **на́до нам с**

тобóй об э́том п. we must talk it over.

перетолк|ова́ть², у́ю *pf* (*of* ⇒**~óвывать**) (*coll*) (*истолковать неверно*) to misinterpret.

перетолкóвыва|ть, ю *impf of* ⇒**перетолкова́ть²**

перетоп|и́ть¹, лю́, ~ишь *pf* (*of* ⇒**перетáпливать**) (*масло*) to melt.

перетоп|и́ть², лю́, ~ишь *pf* (*coll*) (*печь*) to heat; to kindle.

перетревóж|ить, у, ишь *pf* (*no impf*) (*coll*) to disturb, alarm.

перетревóж|иться, усь, ишься *pf* (*no impf*) (*coll*) to be alarmed, become anxious.

пере|тру́, трёшь, тёр, тёрла *see* ⇒**~терéть**

перетру́|сить, шу, сишь *pf* (*no impf*) (*coll*) to have a fright; to take fright.

перетряс|áть, áю *impf of* ⇒**~ти́**

перетряс|ти́, у́, ёшь, *past* **~, ~ла́** *pf* (*of* ⇒**~áть**) to shake up.

перéть, пру, прёшь, *past* **пёр, пёрла** *impf* (*coll*) **1** (*идти*) to go, make one's way. **2** (*напролом*) to push, press. **3** (*тащить*) to drag. **4** (*проявляться*) to come out; to show. **5** (*pf* **с~**) (*красть*) to steal, pinch (*Br*).

перетя́гивани|е, я *nt*: **п. канáта** (*sport*) tug of war.

перетя́гива|ть, ю *impf of* ⇒**перетяну́ть**

перетя|ну́ть¹, ну́, ~нешь *pf* (*of* ⇒**~гивать**) **1** to pull, draw (*somewhere else*; *from A to B*); **п. лóдку от однoгó бéрега к другóму** to pull the boat from one bank to the other. **2** (*fig*, *coll*) to pull over, attract; **п. на свою стóрону** to win over, gain support of. **3** (*крепко стянуть*) to tighten. **4** (*быть более тяжёлым*) to outbalance, outweigh.

перетя|ну́ть², ну́, ~нешь *pf* (*of* ⇒**~гивать**) (*натянуть заново*) to retighten.

переубе|ди́ть, ди́шь *pf* (*of* ⇒**~ждáть**) to make (*s.o.*) change his, her, *etc.* mind.

переубе|ди́ться, ди́шься *pf* (*of* ⇒**~ждáться**) to change one's mind.

переубеждá|ть(ся), ю(сь) *impf of* ⇒**переубеди́ть(ся)**

переу́л|ок, ка *m* lane, side street.

переусéрдств|овать, ую *pf* (*no impf*) (*coll*) to be over-diligent, show excess of zeal.

переустрóйств|о, а *nt* reconstruction.

переутом|и́ть, лю́, и́шь *pf* (*of* ⇒**~ля́ть**) to tire out; to overwork.

переутом|и́ться, лю́сь, и́шься *pf* (*of* ⇒**~ля́ться**) to tire o.s. out; to overwork; (*pf only*) to be run down.

переутомлéни|е, я *nt* exhaustion; overwork.

переутомля́|ть(ся), ю(сь) *impf of* ⇒**переутоми́ть(ся)**

переуч|éсть, ту́, тёшь, *past* **~ёл, ~ла́** *pf* (*of* ⇒**~и́тывать**) to take stock.

переучёт, а *m* stocktaking.

переу́чива|ть(ся), ю(сь) *impf of* ⇒**переучи́ть(ся)**

переучи́тыва|ть, ю *impf of* ⇒**переучéсть**

переуч|и́ть, у́, ~ишь *pf* (*of* ⇒**~ивать**) to teach again.

переуч|и́ться, у́сь, ~ишься *pf* (*of* ⇒**~иваться**) **1** to relearn. **2** (*coll*) (*больше, чем нужно*) to study too much.

переформати́р|овать, ую *impf and pf* (*comput*) to reformat.

переформир|ова́ть, у́ю *pf* (*of* ⇒**~óвывать**) (*mil*) to re-form.

переформирóвыва|ть, ю *impf of* ⇒**переформировáть**

перефрази́р|овать, ую *impf and pf* to paraphrase.

перефразирóвк|а, и *f* paraphrase.

перехвáлива|ть, ю *impf of* ⇒**перехвали́ть**

перехвал|и́ть, ю, ~ишь *pf* (*of* ⇒**~ивать**) to over-praise.

перехвáт, а *m* interception.

перехва|ти́ть, чу́, ~тишь *pf* (*of* ⇒**~тывать**) **1** (*задержать*) to intercept, catch; **я ~ти́л егó по дорóге на рабóту** I caught him on the way to work. **2** (*обвязать*) to tie. **3** (*coll*) (*перекусить*) to grab (*sth to eat*). **4** (*coll*) (*взять взаймы*) to borrow (*for a short time*). **5** (*coll*) (*проявить неумеренность*) to overshoot the mark.

перехвáтчик, а *m* (*aeron*) interceptor.

перехвáтыва|ть, ю *impf of* ⇒**перехвати́ть**

перехворá|ть, ю *pf* (*no impf*) (+ *i*) to have had; to have been down (with) (*sc.* an illness).

перехитр|и́ть, ю́, и́шь *pf* to outwit.

перехóд, а *m* **1** (*действие*; *место*) crossing; (*к другому состоянию, к другой системе*) transition, switch(-over); **подзéмный п.** underpass, subway. **2** (*mil*) (day's) march. **3** (*relig*) conversion.

перехо|ди́ть¹, жу́, ~дишь *impf of* ⇒**перейти́**

перехо|ди́ть², жу́, ~дишь *pf* (*no impf*) (*coll*) (*исходить*) to go all over.

перехо|ди́ть³, жу́, ~дишь *pf* (*no impf*) (*coll*) (*в играх*) to have one's turn again, make one's move again.

переходни́к, á *m* adaptor.

перехóдный *adj* **1** (*период*) transitional. **2** (*gram*) transitive. **3** (*tech*) transient.

переход|я́щий *pres participle of* ⇒**~и́ть** *and adj* **1** transient, transitory; **п. кýбок** (*sport*) challenge cup. **2** (*дождь*) intermittent. **3** (*fin*) brought forward, carried over.

пéр|ец, ца *m* pepper; **стручкóвый п.** capsicum; **задáть комý-н. ~цу** (*coll*) to give it s.o. hot.

перецарáпа|ться, юсь *pf* **1** to scratch o.s. **2** (*взаимно*) to scratch each other.

пéреч|ень, ня *m* (*список*) list; (*перечисление*) enumeration.

перечёркива|ть, ю *impf of* ⇒**перечеркну́ть**

перечерк|ну́ть, ну́, нёшь *pf* (*of* ⇒**~ивать**) to cross (out); (*fig*) (*уничтожить*) to cancel.

перечер|ти́ть, чу́, ~тишь *pf* (*of* ⇒**~чивать**) **1** (*заново*) to draw again. **2** (*скопировать*) to copy, trace.

перечéрчива|ть, ю *impf of* ⇒**перечерти́ть**

перече|сáться, ~шешься *pf* (*no impf*) (*coll*) **1** (*заново*) to do one's hair again. **2** (*иначе*) to do one's hair differently.

пере|чéсть¹, чту́, чтёшь, *past* **~чёл, ~ла́** *pf* = **~считáть²**; **их мóжно по пáльцам п.** you could count them on the fingers of one hand.

пере|чéсть², чту́, чтёшь, *past* **~чёл, ~чла́** *pf* = **~читáть**

перечи́нива|ть, ю *impf of* ⇒**перечини́ть¹**

перечин|и́ть¹, ю, ~ишь *pf* (*of* ⇒**~ивать**) (*заново*) to mend again, repair again.

перечин|и́ть², ю, ~ишь *pf* (*всё или многое*) to mend, repair (*all or a number of*).

перечислéни|е, я *nt* **1** enumeration. **2** (*fin*) transferring.

перечи́сл|ить, ю, ишь *pf* (*of* ⇒**~я́ть**) **1** to enumerate. **2** (*перевести*) to transfer; **егó ~или в запáс** he has been transferred to the reserve; **п. на текýщий счёт** (*fin*) to transfer to one's current account.

перечисл|я́ть, я́ю *impf of* ⇒**~ить**

перечит|áть¹, áю *pf* (*of* ⇒**~ывать**) (*заново*) to reread.

перечит|áть², áю *pf* (*всё или многое*) to read (*all or a quantity of*); **он ~áл все кни́ги в библиотéке** he has read all the books in the library.

перечи́тыва|ть, ю *impf of* ⇒**перечитáть¹**

перéч|ить, у, ишь *impf* (*no pf*) (+ *d*; *coll*) to contradict; to go against.

пéречниц|а, ы *f* (*для молотого перца*) pepper pot.

пéре|чный *adj of* ⇒**~ц**

перечу́вств|овать, ую *pf* (*no impf*) to feel, experience.

перешáгива|ть, ю *impf of* ⇒**перешагну́ть**

перешаг|ну́ть, ну́, нёшь *pf* (*of* ⇒**~ивать**) to step over; **п. (чéрез) порóг** to cross the threshold.

перешé|ек, йка *m* isthmus.

перешёптыва|ться, юсь *impf* to whisper to one another.

перешиб|áть, áю *impf of* ⇒**~и́ть**

перешиб|и́ть, у́, ёшь, *past* **~, ~ла** *pf* (*of* ⇒**~áть**) (*coll*) to break, fracture.

перешивá|ть, ю *impf of* ⇒**переши́ть**

переши́вк|а, и *f* alteration (*of clothes*).

переш|и́ть, ью́, ьёшь *pf* (*of* ⇒**~ивáть**) to alter; to have altered.

перещеголя́|ть, ю *pf* (*no impf*) (*coll*) to outdo, surpass.

переэкзамен|ова́ть, у́ю *pf* (*of* ⇒**~óвывать**) to re-examine.

переэкзамен|ова́ться, у́юсь *pf* (*of* ⇒**~óвываться**) to resit (*Br*), retake an examination.

переэкзаменóвк|а, и *f* resit (*Br*), repeat examination (*US*).

переэкзаменóвыва|ть(ся), ю(сь) *impf of* ⇒**переэкзаменовáть(ся)**

перигé|й, я *m* (*astron*) perigee.

п

перигéли|й, я *m* (*astron*) perihelion.

перикáрд, а *m* (*anat*) pericardium.

перúл|а, ~ (*no sg*) rail(ing); handrail; (*лестницы*) banisters.

перúметр, а *m* (*math*) perimeter.

перúн|а, ы *f* feather bed.

перúод, а *m* **1** (*also geol, astron, math*) period; **леднико́вый п.** (*geol*) ice age; glacial period. **2** (*матча по хоккею на льду*) period.

периодизáци|я, и *f* division into periods.

перио́дик|а, и *f* (*collect*) periodicals.

периоди́ческ|ий *adj* periodic(al); recurring; **~ая дробь** recurring decimal; **п. журнáл** periodical, magazine; **~ое явлéние** recurrent phenomenon.

периоди́чност|ь, и *f* periodicity.

периоди́ч|ный (~ен, ~на) *adj* periodic(al).

перипети́|я, и *f* upheaval.

перискóп, а *m* periscope.

пéристо-кучево́й *adj* (*meteorology*) cirrocumulus.

пéристы|й *adj* **1** (*zool, bot*) pinnate. **2** (*похожий на перья*) feather-like; **~е облакá** fleecy clouds; cirri.

перитони́т, а *m* (*med*) peritonitis.

перифери́йный *adj* provincial.

перифери́ческий *adj* peripheral.

перифери́|я, и *f* **1** periphery. **2** (*collect*) (*местность, удалённая от центра*) the provinces; the outlying districts. **3** (*comput*) peripherals, peripheral devices.

перифрáз|а, ы *f* periphrasis.

перифрази́р|овать, ую *impf and pf* to use a periphrasis (for).

перифрасти́ческий *adj* periphrastic.

пёрк|а, и *f* (*tech*) (drill) bit.

перкáл|ь, и *f* (*and* **~я,** *m*) (*textiles*) percale.

перколя́тор, а *m* (coffee) percolator.

перкýсси|я, и *f* (*med*) percussion.

перл, а *m* pearl (*fig*).

перламýтр, а *m* mother-of-pearl.

перламýтр|овый *adj of* **⇒~**

пéрлин|ь, я *m* (*naut*) hawser.

перлóв|ый *adj*: **~ая крупá** pearl barley.

перлюстрáци|я, и *f* censorship (*opening and inspection of correspondence*).

перлюстри́р|овать, ую *impf and pf* to censor (*correspondence*).

перманéнт, а *m* perm, permanent wave.

перманéнт|ный (~ен, ~на) *adj* permanent.

пéрмский *adj* (*geol*) Permian; **п. перúод** the Permian (period).

пéрмско-триáсовый *adj* (*geol*) Permo–Triassic.

пернáт|ый (~, ~а) *adj* feathered; *as n pl* **~ые, ~ых** birds.

пёр|нуть, ну, нешь (*inst pf of* **⇒~дéть**) (*vulg*) to fart.

пер|ó, á, *pl* **~ья, ~ьев** *nt* **1** (*птицы*) feather; **ни пýха, ни ~á!** good luck! **2** (*hist*) quill; (*стальное*) nib; **взя́ться за п.** (*fig*) to take up the pen; **владéть ~óм** to wield a skilful (*Br*), skillful (*US*) pen; **прóба ~á** (*fig*) first attempt at writing.

перочи́нный *adj*: **п. нож** penknife.

перпендикуля́р, а *m* (*math*) perpendicular.

перпендикуля́р|ный (~ен, ~на) *adj* perpendicular.

перрóн, а *m* platform (*at railway station*).

перс, а *m* Persian.

пéрс|и, ей (*no sg*) (*archaic or poetical*) breast, bosom.

перси́дский *adj* Persian.

Перси́дск|ий зали́в, ~ого ~а *m* the Persian Gulf.

пéрсик, а *m* **1** (*плод*) peach. **2** (*дерево*) peach tree.

пéрсик|овый *adj of* **⇒~**; peachy; **~овое дéрево** peach tree.

Пéрси|я, и *f* Persia.

персия́нк|а, и *f of* **⇒перс**

персóн|а, ы *f* person; **вáжная п.** (*coll*) big wig; **яви́ться собственной ~ой** (*ironical*) to appear in person; **п. грáта** persona grata; **обéд нá шесть ~** dinner for six.

персонáж, а *m* (*literary*) character; (*fig*) personage.

персонáл, а *m* personnel, staff.

персонáлия, и *f* **1** (*often ironical*) ((*знаменитый*) *человек*) person, personage, personality. **2** (*материалы о* (*знаменитом*) *человеке*) personalia, personal information (*in the form of documents, photographs, belongings, etc.*).

персонáлк|а, и *f* (*coll*) **1** (*comput*) PC, personal computer. **2** (*mainly Soviet uses*) (*что-н. выделенное персонально*): (*автомобиль госчиновника*) personal (*usu chauffeur-driven*) car (*provided to a high-ranking official*); (*автомобиль лица частной компании*) company car; (*пенсия*) merit pension.

персонáльный *adj* personal; individual; **п. компью́тер** personal computer.

персонификáци|я, и *f* personification.

персонифици́р|овать, ую *impf and pf* to personify.

перспекти́в|а, ы *f* **1** (*art*) perspective. **2** (*вид*) vista, prospect. **3** (*fig*) prospect, outlook; **что в ~е?** what is in prospect?, what are the prospects?; **имéть ~у** to have prospects, have a future (before one).

перспекти́в|ный *adj* **1** (*art*) perspective. **2** (*план*) long-term, long-range; **~ное плани́рование** (*econ*) long-term planning. **3 (~ен, ~на)** (*многообещающий*) having prospects; promising; **~ная молодáя балери́на** a promising young ballerina.

перст, á *m* (*obs*) finger; **оди́н как п.** all alone.

пéрст|ень, ня *m* ring.

Перý *f indecl* Peru.

перуáн|ец, ца *m* Peruvian.

перуáн|ка, ки *f of* **⇒~ец**

перуáнский *adj* Peruvian.

перýн|ы, ов (*no sg*) (*obs, poetical*) (*гром*) thunderbolts; (*fig*) fulminations; **метáть п.** to fulminate.

перфéкт, а *m* (*gram*) perfect (tense).

перфокáрт|а, ы *f* punched card.

перфолéнт|а, ы *f* punched tape.

перфорáтор, а *m* (*tech*) **1** (*для пробивания отверстий*) perforator; punch. **2** (*для бурения горных пород*) drill, boring machine.

перфорáци|я, и *f* (*tech*) **1** (*отверстий*) perforation, punching. **2** (*в горной породе*) drilling, boring.

перфори́р|овать, ую *impf and pf* (*tech*) **1** ((*с*)*делать множество отверстий*) to perforate, punch. **2** ((*с*)*делать скважины в горной породе*) to drill, bore.

перхá|ть, ю *impf* (*no pf*) (*coll*) to cough (*in order to clear the throat*).

перхóт|а, ы *f* (*coll*) tickling in the throat.

пéрхот|ь, и *f* dandruff.

перцóвк|а, и *f* pepper vodka.

перцóвый *adj of* **⇒пéрец**

перчáтк|а, и *f* glove; **брóсить ~у** (*fig*) to throw down the gauntlet.

перчи́нк|а, и *f* peppercorn.

пéрч|ить, ~ý, ~ишь *impf* (*of* **⇒на~** *and* **⇒по~**) to pepper.

перш|и́ть, и́т *impf* (*coll; impers*): **у меня́ в гóрле ~и́т** I have a tickle in my throat.

пёрыш|ко, ка, *pl* **~ки, ~ек, ~кам** *nt* (*coll*) *diminutive of* **⇒перó**; **лёгкий, как п.** light as a feather.

пёс, пса *m* dog; (*astron*): **созвéздие Большóго Пса** Canis Major; **созвéздие Мáлого Пса** Canis Minor; (*coll*): **п. егó/её/их** (*depending on gender and number of subject of conversation; only 3rd pers forms*) **знáет** the devil only knows.

пéсенк|а, и *f* song; **егó п. спéта** (*coll*) he is done for; he has had it.

пéсенник, а *m* **1** (*сборник*) songbook. **2** (*певец*) singer. **3** (*композитор*) songwriter.

пéс|енный *adj of* **⇒~ня**

песéт|а, ы *f* (*hist*) peseta.

пес|éц, цá *m* (*животное*) Arctic fox; (*мех*) Arctic fox fur.

пёс|ий *adj of* **⇒~**

пёсик, а *m* (*coll*) *diminutive of* **⇒пёс**; doggy.

пескáр|ь, я́ *m* gudgeon (*fish*).

пескострýйный *adj* (*tech*) sandblast.

песнопéв|ец, ца *m* (*poetical*) poet, bard.

песнопéни|е, я *nt* **1** (*eccl*) psalm; canticle. **2** (*poetical*) poetry, poesy.

песн|ь, и, *g pl* **~éй** *f* **1** (*obs*) song; **П. П~éй** (*bibl*) the Song of Songs, Song of Solomon. **2** (*literary*) canto, book.

пéс|ня, ни, *g pl* **~ен** *f* song; **дóлгая п.** (*fig, coll*) a long story; **э́та п. старá** (*coll*) it's the same old story.

пес|óк, кá *m* **1** sand; **золотóй п.** gold dust; **сáхарный п.** granulated sugar; **стрóить на ~кé** (*fig*) to build on sand. **2** (*in pl*) sands; **зыбýчие ~ки́** quicksands.

песóчник, а *m* (*zool*) sandpiper.

песóчниц|а, ы *f* sandpit (*Br*), sandbox (*US*).

песо́чн|ый *adj* **1** *adj of* ⇒**песо́к**; sandy; **~ые часы́** sandglass, hourglass. **2** (*cul*) short; **~ое пече́нье** shortbread.

пессими́зм, а *m* pessimism.

пессими́ст, а *m* pessimist.

пессимисти́ческий *adj* pessimistic.

пессимисти́ч|ный (~ен, ~на) *adj* = **~еский**

пессими́ст|ка, ки *f of* ⇒**~**

пест, а́ *m* pestle.

пе́стик[1], а *m* (*bot*) pistil.

пе́стик[2], а *m diminutive of* ⇒**пест**

пестици́д, а *m* pesticide.

пе́ст|овать, ую *impf* (*of* ⇒**вы́~**) **1** (*obs*) to nurse. **2** (*fig*) to cherish, foster.

пестр|е́ть[1], е́ет *impf* (*no pf*) **1** (*становиться пёстрым*) to become many-coloured (*Br*), many-colored (*US*). **2** (+ *i*) to be bright (with); **корабли́ ~е́ли фла́гами** the ships were bright with bunting. **3** (*виднеться*) to show colourfully (*Br*), colorfully (*US*) (*of objects of different colours*).

пестр|е́ть[2], и́т *impf* (*no pf*) **1** (*попадаться на глаза*) to strike the eye; **афи́ши ~я́т на сте́на́х** posters on the walls strike the eye. **2** (*coll*) (*быть слишком пёстрым*) to be too gaudy, be flashy. **3** (+ *i*) (*изобиловать*) to abound (in).

пестр|и́ть, ю́, и́шь *impf* (*no pf*) **1** (*делать пёстрым*) to make gaudy; to make colourful (*Br*), colorful (*US*). **2** (*impers*): **у меня́ ~и́ло в глаза́х** I was dazzled (*sc.* by the colours).

пестрот|а́, ы́ (*no pl*) *f* diversity of colours (*Br*), colors (*US*); (*fig*) mixed character.

пёстр|ый (~, ~а́, ~о and ~о́) *adj* **1** variegated, multicoloured (*Br*), multicolored (*US*). **2** (*fig, coll*) mixed; **п. соста́в населе́ния** mixed population. **3** (*fig*) florid; **п. слог** florid style.

пес|цо́вый *adj of* ⇒**~е́ц**

песча́ник, а *m* (*geol*) sandstone.

песча́нк|а, и *f* **1** (*грызун*) gerbil. **2** (*птица*) sanderling.

песча́н|ый *adj* sandy; **~ая коса́** sandbar; **п. холм** dune.

песчи́нк|а, и *f* grain of sand.

пета́рд|а, ы *f* **1** (*hist mil*) petard. **2** (*фейерверк*) banger (*Br*), firecracker (*US*).

петербу́ргский *adj* St Petersburg.

петербу́рж|ец, ца *m* St Petersburger.

пети́ци|я, и *f* petition.

петли́ц|а, ы *f* **1** (*для пуговицы*) buttonhole. **2** (*нашивка*) tab (*on uniform collar*).

пет|ля́, ли́, *a* **~лю́** (*exc when governed by* **в** *in fig use*: **в ~́лю**), *pl* **~́ли, ~́ель** *f* **1** loop; **мёртвая п.** (*aeron*) loop; **сде́лать мёртвую ~лю́** to loop the loop. **2** (*fig*) noose; **лезть в ~́лю** to put one's head in the noose. **3** (*для пуговицы*) buttonhole. **4** (*в вязании*) stitch; **спусти́ть ~лю́** to drop a stitch. **5** (*двери*) hinge; **дверь соскочи́ла с ~́ель** the door has come off its hinges.

петля́|ть, ю *impf* (*coll*) to dodge.

петру́шк|а[1], и *f* (*растение*) parsley.

петру́шк|а[2], и *m and f* **1** *m* (*кукла*) Punch. **2** *m* (*представление*) Punch and Judy show; **брось валя́ть ~у!** stop being a fool! **3** *f* (*fig, coll*) (*нечто нелепое, странное, смешное*) foolishness, absurdity; **кака́я-то п. получи́лась** an absurd thing happened.

пету́н|ия, ии *f* (*bot*) petunia.

пету́н|ья, ьи, *g pl* **~ий** *f* = **~ия**

пету́х, а́ *m* cock; **до ~о́в** before cockcrow; **встава́ть с ~а́ми** to rise with the lark; **пусти́ть ~а́** (*mus sl*) to let out a squeak (*on a high note*); **пусти́ть кра́сного ~а́** to start a fire.

пету́|ший *adj of* ⇒**~х**; **п. гре́бень** cockscomb.

петуши́ный *adj of* ⇒**пету́х**; **п. бой** cockfight(ing); **п. го́лос** (*fig*) squeaky voice.

петуш|и́ться, у́сь, и́шься *impf* (*of* ⇒**вс~**) (*coll*) to get on one's high horse.

петуш|о́к, ка́ *m* cockerel.

пе́т|ый *ppp of* ⇒**~ь**; (*coll*): **п. дура́к** perfect fool.

петь, пою́, поёшь *impf* (*of* ⇒**про~** *and* ⇒**с~[2]**) to sing; **п. ба́сом** to have a bass voice; **п. вполго́лоса** to hum; **п. другу́ю пе́сню** to sing another tune; **п. Ла́заря** (*coll, pej*) to bemoan one's fate, grumble, complain; **п. сла́ву** (+ *d*) to sing the praises (of).

пехо́т|а, ы *f* infantry; **морска́я п.** (the) marines.

пехоти́н|ец, ца *m* infantryman.

пехо́тный *adj* infantry.

печа́л|ить, ю, ишь *impf* (*of* ⇒**о~**) to grieve, sadden.

печа́л|иться, юсь, ишься *impf* (*of* ⇒**о~**) to grieve, be sad.

печа́л|ь, и *f* grief, sorrow; **(вот) не́ было ~и!** what a nuisance!; **кака́я п.!** how sad!; **не твоя́ п.** it's no concern of yours; **тебе́ что за п.?** what has that to do with you?

печа́л|ьный (~ен, ~ьна) *adj* **1** sad, doleful. **2** (*прискорбный*) bad, regrettable; **п. коне́ц** bad end; **~ьные результа́ты** unfortunate results; **оста́вить по себе́ ~ьную па́мять** to leave a bad reputation.

печа́тани|е, я *nt* printing.

печа́та|ть, ю *impf* (*of* ⇒**на~** *and* ⇒**от~ 1**) to print; (*на машинке*) to type.

печа́та|ться, юсь *impf* (*of* ⇒**на~**) **1** to have (*literary compositions, etc.*) published; **в три́дцать лет он ещё нигде́ не ~лся** at thirty he had not yet had anything published. **2** (*находиться в печати*) to be at the printer's.

печа́тк|а, и *f* signet.

печа́тник, а *m* printer.

печа́тн|ый *adj* **1** printing; **~ое де́ло** printing; **п. лист** quire, printer's sheet; **п. стано́к** printing press. **2** (*напечатанный*) printed; in the press; **~ая кни́га** printed book (*opp manuscript*). **3**: **писа́ть ~ыми бу́квами** to (write in) print; to write in block capitals.

печа́т|ь[1], и *f* (*для получения оттиска*) seal, stamp (*also fig*); **наложи́ть п. (на** + *a*) to affix a seal (to); **носи́ть п.** (+ *g*) to bear the stamp (of); **на мои́х уста́х п. молча́ния** my lips are sealed.

печа́т|ь[2], и *f* **1** (*печатание*) print(ing); **вы́йти из ~и** to come out, be published. **2** (*вид напечатанного*) print, type; **ме́лкая п.** small print; **кру́пная п.** large print; **убо́ристая п.** close print. **3** (*пресса*) (the) press; **свобо́да ~и** freedom of the press; **име́ть благоприя́тные о́тзывы в ~и** to have a good press.

пече́ни|е, я *nt* baking.

печёнк|а, и *f* **1** liver (*of animal, as food*). **2** (*coll*) liver; **сиде́ть (у кого́-н.) в ~ах** to plague (s.o.).

печёночник, а *m* (*bot*) liverwort.

печён|очный *adj of* ⇒**~ка** *and* ⇒**пе́чень**; hepatic.

печёный *adj* (*cul*) baked.

пе́чен|ь, и *f* liver.

пече́нь|е, я *nt* biscuit (*Br*), cookie (*US*).

пе́чк|а, и *f* stove; **танцева́ть от ~и** (*coll, ironical*) to begin again from the beginning.

печ|но́й *adj of* ⇒**~ь[2]**; **~а́я труба́** chimney, flue.

печь[1], пеку́, печёшь, пеку́т, *past* **пёк, пекла́** *impf* (*of* ⇒**ис~́**) to bake; **со́лнце пекло́** there was a scorching sun.

печ|ь[2], и, о ~́и, в/на ~и́, *pl* **~́и, ~е́й** *f* **1** stove; (*духовка*) oven. **2** (*tech*) furnace; (*обжиговая*) kiln; **до́менная п.** blast furnace; **кремацио́нная п.** incinerator.

пе́чься[1], печётся, пеку́тся, *past* **пёкся, пекла́сь** *impf* (*of* ⇒**ис~́**) to bake.

пе́чься[2], пеку́сь, печёшься, пеку́тся, *past* **пёкся, пекла́сь** *impf* (*no pf*) **(о** + *p*) to take care (of), look after.

пешедра́лом *adv* (*sl*) = **пешко́м**

пешехо́д, а *m* pedestrian.

пешехо́дный *adj* pedestrian; **п. мост** footbridge.

пе́ший *adj* **1** pedestrian. **2** (*mil*) unmounted, foot.

пе́шк|а, и *f* (*in chess, also fig*) pawn.

пешко́м *adv* on foot.

пеще́р|а, ы *f* cave.

пеще́р|ный *adj of* ⇒**~а**; **п. челове́к** cave-dweller, caveman.

ПЗУ *nt indecl* (*abbr of* **постоя́нное запомина́ющее устро́йство**) (*comput*) ROM (*read-only memory*).

пи *nt indecl* (*math*) pi (π).

пиани́но *nt indecl* (upright) piano.

пиани́ссимо *adv* (*mus*) pianissimo.

пиани́ст, а *m* pianist.

пиани́ст|ка, ки *f of* ⇒**~**

пиа́но *adv* (*mus*) piano.

пиано́л|а, ы *f* (*mus*) pianola.

пиа́р, а *m* PR (*Public Relations*).

пиа́стр, а *m* piastre.

пива́|ть, ю *impf* (*coll*) *freq of* ⇒**пить**

пивба́р, а *m* (*coll*) pub.

пивн|а́я, о́й *f* pub.

пив|но́й *adj of* ⇒**~́о**; **~ные дро́жжи** brewer's yeast; **~на́я кру́жка** beer mug.

пи́в|о, а *nt* beer; **с ним ~а не сва́ришь** (*fig, coll*) he's an awkward customer.

пивова́р, а *m* brewer.

пивоваре́ни|е, я *nt* brewing.
пивова́ренн|ый *adj*: **п. заво́д** brewery; **~ая промы́шленность** brewing.
пи́галиц|а, ы *f* (*zool*) lapwing, peewit; (*fig, coll*) pipsqueak.
пигме́|й, я *m* pygmy (*also fig*).
пигме́нт, а *m* pigment.
пигмента́ци|я, и *f* pigmentation.
пиджа́к, а́ *m* jacket, coat.
пиджа́|чный *adj of* ⇒**~к**; **п. костю́м, ~чная па́ра** (lounge) suit.
пи́дор, а *m* (*vulg, pej*) queer, poof (*Br*).
пиете́т, а *m* reverence.
пижа́м|а, ы *f* pyjamas.
пижо́н, а *m* (*coll*) fop; (*sl, pej*) twit.
пизд|а́, ы́, *pl not used or disputed* (*often joc*) **пёзды, пёзд** *f* (*vulg*) cunt.
пии́т, а *m* (*archaic*) poet.
пик[1]**, а** *m* (*geog*) peak; (*fig*) pinnacle.
пик[2]**, а 1** *m* peak (*of work, traffic, etc.*); **п. нагру́зки** (*elec*) peak load. **2** *adj indecl*: **часы́ п.** rush hour.
пи́к|а[1]**, и** *f* (*оружие*) pike, lance.
пи́к|а[2]**, и** *f* (*cards*) spade; **да́ма ~** the queen of spades; **пойти́ ~ой** to play a spade.
пи́к|а[3]**, и** *f only in phr* **сде́лать что-н. в ~у кому́-н.** to do a thing to spite s.o.
пика́нтност|ь, и *f* piquancy, savour, zest.
пика́нт|ный (~ен, ~на) *adj* (*coyc*) piquant, spicy; (*fig*) (*новость, анекдот*) juicy; spicy; (*женщина*) attractive, sexy.
пика́п, а *m* pickup (truck).
пике́[1] *nt indecl* (*textiles*) piqué.
пике́[2] *nt indecl* (*aeron*) dive; **перейти́ в п.** to go into a dive.
пике́|йный *adj of* ⇒**~**[1]
пике́т[1]**, а** *m* (*группа бастующих*) picket.
пике́т[2]**, а** *m* (*карточная игра*) piquet.
пикети́р|овать, ую *impf* to picket.
пике́тчик, а *m* picket.
пики́ровани|е, я *nt* (*aeron*) dive, diving.
пики́р|овать, ую *impf and pf* (*pf also* **с~**) (*aeron*) to dive, swoop.
пикир|ова́ть, у́ю *impf and pf* (*agric*) to thin out.
пики́р|оваться, уюсь *impf* (*no pf*) (**с** + *i*) to exchange insults; to squabble.
пикиро́вк|а[1]**, и** *f* (*agric*) thinning.
пикиро́вк|а[2]**, и** *f* (*coll*) squabbling.
пикиро́вщик, а *m* dive-bomber.
пики́р|ующий *pres part of* ⇒**~овать** *and adj*; **п. бомбардиро́вщик** dive-bomber.
пи́кколо *nt indecl* piccolo.
пикни́к, а́ *m* picnic.
пи́кн|уть, у, ешь *pf* (*coll*) to let out a squeak; (*fig*) to make a sound (of protest); **попро́буй то́лько п.** (*with implied threat*) one sound out of you!; **п. не сметь** to not dare utter a word.
пи́к|овый *adj* **1** *adj of* ⇒**~а**[2]; **~овая да́ма** queen of spades; **~овая масть** spades. **2** (*fig, coll*) awkward; **попа́сть в ~овое положе́ние** to get into a pretty mess; **оста́ться при ~овом интере́се** to get nothing for one's pains.
пи́ксел, а *m* (*comput*) = **пи́ксель**
пи́ксель, я *m* (*comput*) pixel.
пиктогра́мм|а, ы *f* pictogram, pictograph; (*comput*) icon.
пи́кул|и, ей (*no sg*) pickles.
пи́кш|а, и *f* haddock.
пил|а́, ы́, *pl* **~ы, ~** *f* **1** saw; **ажу́рная п.** jigsaw; **ле́нточная п.** bandsaw; **лучко́вая п.** bow saw. **2** (*fig*) (*человек*) nagger.
пила́в, а *m* (*cul*) pilaf.
пила́-ры́ба, пилы́-ры́бы *f* sawfish.
пилёный *adj* sawn; **п. лес** timber; **п. са́хар** lump sugar.
пилигри́м, а *m* pilgrim.
пили́ка|ть, ю *impf* (*coll*) to scrape (*on a fiddle, etc.*).
пил|и́ть, ю́, ~ишь *impf* **1** to saw. **2** (*fig, coll*) (*упрекать*) to nag (at).
пи́лк|а, и *f* **1** (*действие*) sawing. **2** (*ручная пила*) fretsaw. **3** (*для ногтей*) nail file.
пиломатериа́л|ы, ов (*no sg*) saw timber.
пило́н, а *m* (*archit*) pylon.
пилообра́зный *adj* serrated, notched.
пилора́м|а, ы *f* power saw bench.
пило́т, а *m* pilot; **п.-сме́ртник** suicide pilot.
пилота́ж, а *m* pilotage; **вы́сший п.** aerobatics.
пилоти́р|овать, ую *impf* to pilot; to man.
пило́тк|а, и *f* (*mil*) forage cap.
пиль *int* (*команда собаке броситься на дичь*) take! (*command to hounds*).
пи́льщик, а *m* sawyer, woodcutter.
пилю́л|я, и *f* pill (*also fig*); **проглоти́ть ~ю** (*fig*) to swallow the pill.
пиля́стр|а, ы *f* (*archit*) pilaster.
пина́|ть, ю *impf of* ⇒**пнуть**
пингви́н, а *m* penguin.
пинг-по́нг, а *m* ping-pong.
пине́тк|а, и *f* (*baby's*) bootee.
пи́ни|я, и *f* store pine.
пин|о́к, ка́ *m* (*coll*) kick.
пи́нт|а, ы *f* pint.
пинце́т, а *m* (*tech*) pincers; (*med*) tweezers.
пи́нчер, а *m* (*собака*) pinscher.
пио́н, а *m* (*bot*) peony.
пионе́р, а *m* pioneer; **(ю́ный) п.** (Young) Pioneer (*in former USSR, member of Communist children's organization*).
пионе́р|ка, ки *f of* ⇒**~**
пионе́р|ский *adj of* ⇒**~**
пиоре́|я, и *f* (*med*) pyorrhoea.
пипе́тк|а, и *f* pipette; medicine dropper.
пи-пи́ (*baby talk*): **сде́лать п.** to do a wee(-wee).
пир, а, о ~е, на ~у́, *pl* **~ы́** *m* feast, banquet; **п. горо́й, п. на весь мир** sumptuous feast.
пирами́д|а, ы *f* (*also fin*) pyramid.
пирамида́л|ьный (~ен, ~ьна) *adj* pyramidal; **п. то́поль** Lombardy poplar.
пирамидо́н, а *m* (*pharm*) pyramidon (*a medicine in tablet form, used to reduce pain and fever*).
пира́нь|я, и *f* (*zool*) piranha.
пира́т, а *m* pirate; **возду́шный п.** air pirate, skyjacker.
пира́тский *adj* (*судно*) pirate; (*обычаи*) piratical; (*издание*) pirated.
пира́тств|о, а *nt* piracy.
Пирене́|и, -ев (*no sg*) **1** (*горы*) the Pyrenees. **2** (*полуостров*) the Iberian peninsula; (*страны, расположенные на этом полуострове*) Spain and Portugal.
пирене́йский *adj* **1** (*о горах*) Pyrenean. **2** (*о полуострове, его жителях, странах*) Iberian.
пири́т, а *m* (*min*) pyrites.
пир|ова́ть, у́ю *impf* to feast, banquet.
пиро́г, а́ *m* pie; **п. с мя́сом** meat pie; **возду́шный п.** soufflé.
пиро́г|а, и *f* pirogue, canoe.
пирожко́в|ая, ой *f* snack bar.
пиро́жник, а *m* pastry cook.
пиро́жни|ца, цы *f of* ⇒**~к**
пиро́жн|ое, ого *nt* (fancy) cake, pastry.
пирож|о́к, ка́ *m* pasty (*Br*), patty, pie.
пироте́хник|а, и *f* pyrotechnics.
пиротехни́ческий *adj* pyrotechnic.
пи́рров *adj*: **~а побе́да** Pyrrhic victory.
пи́рсинг, а *m* body piercing; **п. пупка́/языка́** navel/tongue piercing.
пиру́шк|а, и *f* (*coll*) carousal; binge.
пируэ́т, а *m* pirouette.
пи́ршеств|о, а *nt* feast, banquet.
пи́ршеств|овать, ую *impf* to feast, banquet.
писа́к|а, и *m* (*coll*) scribbler, hack writer.
писа́ни|е, я *nt* **1** (*действие*) writing. **2** (*текст*) writing, screed; **(Свяще́нное) П.** Holy Scripture, Holy Writ.
пи́сан|ый *adj* written; **~ая краса́вица** a picture (of beauty); **говори́ть как по-~ому** to speak fluently.
пи́сар|ь, я, *pl* **~я́** *m* (*obs*) clerk.
писа́тел|ь, я *m* writer, author.
писа́тель|ница, ницы *f of* ⇒**~**
писа́тель|ский *adj of* ⇒**~**
пи́са|ть, ю *impf* (*of* ⇒**по~**) (*coll*) to pee, have a pee.
пи|са́ть, шу́, ~шешь *impf* (*of* ⇒**на~**) **1** to write; **п. на маши́нке** to type; **п. про́зой/стиха́ми** to write prose/verse; **п. дневни́к** to keep a diary; **п. под дикто́вку** to take dictation; **не про нас ~сано** (*coll*) (*i*) (*недоступно нашему пониманию*) it is Greek to us, (*ii*) (*предназначено не для нас*) it is not (intended, meant) for us; **~ши́ пропа́ло** it is as good as lost. **2** (+ *i*) (*красками*) to paint (in); **п. портре́ты ма́слом** to paint portraits in oils.
пи|са́ться, шу́сь, ~шешься *impf* **1** to be spelled *or* spelt; **как ~шется э́то сло́во?** how do you spell this word? **2** (*impers*; + *d*) to feel an inclination for writing; **мне сего́дня не ~шется** I don't feel like writing today.
пис|е́ц, ца́ *m* (*hist*) scribe.
писк, а *m* (*ребёнка, мыши*) squeak; (*цыплят*) cheep.

П

пискли́в|ый (~, ~а) *adj* squeaky.

пискля́в|ый (~, ~а) *adj* (*coll*) = **пискли́вый**

пи́скн|уть, у, ешь *inst pf* (*of* ⇨**пища́ть**) (*coll*) to give a squeak, cheep; **то́лько ~и у меня́!** (*with implied threat*) one squeak out of you!

писсуа́р, а *m* urinal.

пистоле́т, а *m* pistol; **п.-пулемёт** sub-machine gun.

писто́н, а *m* **1** (*в патроне*) (percussion) cap. **2** (*mus*) valve.

писчебума́жны|й *adj*: **п. магази́н** stationer's (shop); **~е принадле́жности** stationery.

пи́сч|ий *adj*: **~ая бума́га** writing paper.

письмена́, письмён, ~м (*no sg*) characters, letters; **дре́вние еги́петские п.** ancient Egyptian characters.

пи́сьменно *adv* in writing; **изложи́ть п.** to set down in writing.

пи́сьменност|ь, и *f* **1** (*литературные памятники*) literature; (*collect*) literary texts. **2** (*средства письменного общения*) the written language.

пи́сьменн|ый *adj* **1** (*для письма*) writing; **п. стол** writing table, bureau. **2** (*написанный*) written; **в ~ом ви́де, в ~ой фо́рме** in writing, in written form; **п. знак** letter; **п. экза́мен** written examination.

письм|о́, а́, *pl* **~̂а, пи́сем, ~̂ам** *nt* **1** letter; **заказно́е п.** registered letter. **2** (*умение писать*) writing; **иску́сство ~а́** art of writing. **3** (*система графических знаков*) script; (*почерк*) hand(writing); **ара́бское п.** Arabic script; **ме́лкое п.** small hand. **4** (*стиль*) style (*of painting*).

письмоно́с|ец, ца *m* postman.

пита́ни|е, я *nt* **1** (*действие*) feeding, nutrition; (*характер пищи*) diet; **уси́ленное п.** high-calorie diet; **недоста́точное п.** malnutrition; (*пища*) food. **2** (*tech*) feed, supply. **3** (*elec*) power supply.

пита́тельност|ь, и *f* nutritiousness.

пита́тел|ьный (~ен, ~ьна) *adj* **1** nourishing, nutritious; **п. крем** skin cream; **~ьная среда́** (*biol*) culture medium; (*fig*) breeding ground; **~ьное вещество́** nutrient. **2** (*tech*) feed, supply; **~ьная труба́** feed pipe, supply pipe.

пита́|ть, ю *impf* (*of* ⇨**на~**) **1** to feed; to nourish (*also fig*); **п. больно́го** to feed a patient; **п. наде́жду** to nourish the hope; **п. отвраще́ние (к** + *d*) to have an aversion (for); **п. привя́занность** to be attached (to), cultivate an attachment (to). **2** (*tech*) to supply; **п. го́род электроэне́ргией** to supply a city with electricity.

пита́|ться, юсь *impf* (+ *i*) to feed (on), live (on); **хорошо́ п.** to be well fed, eat well; **п. наде́ждами** to live on hope.

питбу́л|ь, я *m* pit bull terrier.

питбультерье́р, а *m* = **питбу́ль**

питека́нтроп, а *m* (*anthropology*) Pithecanthropus, Java man.

Пи́тер, а *m* (*coll*) St Petersburg.

пи́тер|ский *adj of* ⇨**П~**

пито́м|ец, ца *m* **1** (*воспитанник*) charge. **2** (*студент*) pupil; (*бывший студент*) alumnus.

пито́м|ица, ицы *f of* ⇨**~ец**

пито́мник, а *m* nursery (*for plants or animals; also fig*); **древе́сный п.** arboretum.

пито́н, а *m* python.

пить, пью, пьёшь, *past* **пил, пила́, пи́ло** *impf* (*of* ⇨**вы~**) to drink; **мне хо́чется п.** I am thirsty; **п. за** (+ *a*), **за здоро́вье** (+ *g*) to drink to, to the health (of); **п. го́рькую** (*coll*) to drink hard; **как п. дать** (*coll*) for sure.

пить|ё, я́ *nt* **1** (*действие*) drinking. **2** (*напиток*) drink.

питьев|о́й *adj* drinkable; **~а́я вода́** drinking water.

ПИФ, а *m* (*abbr of* **паево́й инвестицио́нный фонд**) (*fin*) unit trust (*Br*), mutual fund (*US*).

пифаго́ров *adj*: **~а теоре́ма** (*also* **теоре́ма Пифаго́ра**) Pythagoras' theorem.

пих|а́ть, а́ю *impf* (*of* ⇨**~ну́ть**) (*coll*) **1** (*толкать*) to push; shove, jostle. **2** (*запихивать*) to shove, cram; **п. ве́щи в чемода́н** to cram things into a suitcase.

пиха́|ться, юсь *impf* (*coll*) to push and shove; to jostle one another.

пих|ну́ть, ну́, нёшь *pf of* ⇨**~а́ть**

пи́хт|а, ы *f* fir (tree).

пи́хт|овый *adj of* ⇨**~а**

пи́цц|а, ы *f* pizza.

пиццери́|я, и *f* pizza parlour, pizzeria.

пиццика́то *nt indecl* (*mus*) pizzicato; *adv, adj* pizzicato.

пи́чка|ть, ю *impf* (*of* ⇨**на~**) (*coll*) to stuff, cram (*also fig*).

пичу́г|а, и *f* (*coll*) bird.

пичу́жк|а, и *f* (*coll*) = **пичу́га**

пиччика́то = **пиццика́то**

пи́шущ|ий *pres participle active of* ⇨**писа́ть** *and adj*; **п. э́ти строки́** the present writer; **~ая маши́нка** typewriter.

пи́щ|а, и (*no pl*) *f* food; **п. для ума́** food for thought.

пища́л|ь, и *f* (*hist*) (h)arquebus.

пищ|а́ть, у́, и́шь *impf* (*of* ⇨**пи́скнуть**) **1** (*о мыши, о двери*) to squeak; (*о цыплятах*) to cheep. **2** (*coll*) (*жаловаться*) to whine.

пище... *comb form, abbr of* **пищево́й**

пищеваре́ни|е, я *nt* digestion; **расстро́йство ~я** indigestion.

пищевари́тельный *adj* digestive; **п. кана́л** alimentary canal.

пищево́д, а *m* (*anat*) oesophagus (*Br*), esophagus (*US*), gullet.

пищ|ево́й *adj of* ⇨**~̂а**; **~евы́е проду́кты** foodstuffs.

пищекомбина́т, а *m* catering combine.

пи́щик, а *m* **1** (*дудочка*) pipe for luring birds. **2** (*mus*) reed.

пия́вк|а, и *f* leech.

ПК *m indecl* (*abbr of* **персона́льный компью́тер**) PC (*personal computer*).

пл. (*abbr of* **пло́щадь**) Sq., Square.

плав, а *m*: **на ~у́** afloat.

пла́вани|е, я *nt* **1** swimming; **синхро́нное п.** synchronized swimming. **2** (*на судне*) sailing; navigation; **су́дно да́льнего ~я** ocean-going ship; **отпра́виться/пусти́ться в п.** to put out to sea.

пла́вательный *adj* swimming; **п. бассе́йн** swimming pool.

пла́ва|ть, ю *impf* **1** *indet of* ⇨**плыть**. **2** (*держаться на воде*) to float.

плавба́з|а, ы *f* (*abbr of* **плаву́чая ба́за**) factory ship.

плавико́вый *adj*: **п. шпат** (*min*) fluorspar.

плави́льн|ый *adj* (*tech*) melting, smelting; **~ая печь** smelting furnace.

плави́л|ьня, ьни, *g pl* **~ен** *f* foundry, smeltery.

плави́льщик, а *m* smelter.

пла́в|ить, лю, ишь *impf* to smelt.

пла́в|иться, ится *impf* to melt; to fuse (*intrans*).

пла́вк|а, и *f* fusing; fusion.

пла́в|ки, ок (*no sg*) swimming trunks.

пла́в|кий (~ок, ~ка) *adj* fusible; **п. предохрани́тель, ~кая про́бка** (*elec*) fuse; **~кая про́волока** fuse wire.

плавле́ни|е, я *nt* melting, fusion; **то́чка ~я** melting point.

пла́вленый *adj*: **п. сыр** processed cheese.

пла́вн|и, ей (*no sg*) (*reed-covered*) flats (*on lower reaches of rivers Dnieper, Kuban, etc.*).

плавни́к, а́ *m* (*рыбы*) fin; **спинно́й п.** dorsal fin; (*дельфина, тюленя*) flipper.

пла́вност|ь, и *f* smoothness; facility.

пла́в|ный (~ен, ~на) *adj* **1** smooth; **~ная речь** flowing speech. **2** (*ling*) liquid.

плаву́нчик, а *m* (*zool*) phalarope.

плаву́чест|ь, и *f* buoyancy.

плаву́ч|ий *adj* floating; **~ая льди́на** ice floe; **п. мая́к** lightship.

плагиа́т, а *m* plagiarism.

плагиа́тор, а *m* plagiarist.

пла́зм|а, ы *f* (*biol and phys*) plasma.

пла́зм|енный *adj of* ⇨**~а**; **п. экра́н** (*TV, comput*) plasma screen.

пла́кальщик, а *m* (*hired*) mourner.

плака́льщи|ца, цы *f of* ⇨**~к**

плака́т, а *m* poster.

плакати́ст, а *m* poster artist.

плака́т|ный *adj of* ⇨**~**

пла́|кать, чу, чешь *impf* to cry, weep; **п. навзры́д** to sob; **хоть ~чь!** it is enough to make you weep!; (*о том, что пропало*): **~кал твой о́тпуск!** that's your holiday down the drain!

пла́|каться, чусь, чешься *impf* (*coll*) (**на** + *a*) to complain (of), lament; **п. на свою́ судьбу́** to bemoan one's fate.

плакир|ова́ть, у́ю *impf and pf* (*tech*) to plate.

пла́кс|а, ы *cg* (*coll*) crybaby.

плакси́в|ый (~, ~а) *adj* (*coll*) (*ребёнок*) given to crying; whining; (*голос, лицо, улыбка*) pathetic.

плаку́н-трав|а́, ы́ *f* (*bot*) purple loosestrife (*Lythrum salicaria*).

плаку́ч|ий *adj* weeping; **~ая и́ва** weeping willow.

пламене́|ть, ю *impf* (*poetical*) to flame, blaze; **п. стра́стью** to burn with passion.

пла́менност|ь, и *f* ardour (*Br*), ardor (*US*).

пла́менн|ый *adj* **1** flaming, fiery. **2** (*fig*) (*страстный*) ardent, burning.

пла́мен|ь, и *m* (*obs, poetical*) = **пла́мя**

пла́м|я, ени *nt* flame; (*яркое*) blaze; **вспы́хнуть ~енем** to burst into flame.

план, а *m* **1** (*намерение; чертёж, карта*) plan; **уче́бный п.** curriculum; **по ~́у** according to plan. **2** (*место*): **пере́дний п.** foreground; **за́дний п.** background; **кру́пный п.** close-up (*in filming*); (*fig*): **вы́двинуть на пе́рвый п.** to bring to the forefront; **отодви́нуть на за́дний п.** to put on the back burner. **3** (*fig*) (*область*) area.

пла́нер, а *m* (*aeron*) glider.

планёр, а *m* (*obs*) = **пла́нер**

планери́зм, а *m* gliding.

планери́ст, а *m* glider pilot.

пла́нер|ный *adj of* ⇒**~**; **п. спорт** gliding.

планёрный *adj* (*obs*) = **пла́нерный**

плане́т|а, ы *f* **1** planet. **2** (*Земля*) (the) planet (= *Earth*).

планета́ри|й, я *m* planetarium.

плане́т|ный *adj of* ⇒**~а**; planetary.

планиме́тр, а *m* (*surveying*) planimeter.

планиметр|и́ческий *adj* **1** *of* ⇒**~́**. **2** *of* ⇒**~́ия**

планиме́три|я, и *f* (*math*) plane geometry.

плани́ровани|е[1], я *nt* planning; **п. городо́в** town planning.

плани́ровани|е[2], я *nt* (*aeron*) gliding; glide.

плани́р|овать[1], ую *impf* (*of* ⇒**за~**) to plan.

плани́р|овать[2], ую *impf* (*of* ⇒**с~**) (*aeron*) to glide (down).

планир|ова́ть, у́ю *impf* (*of* ⇒**рас~**) to lay out (*a park, etc.*).

планиро́вк|а, и *f* laying out; layout.

планиро́вщик, а *m* planner.

пла́нк|а, и *f* lath, slat.

планкто́н, а *m* (*biol*) plankton.

планови́к, а́ *m* planner.

пла́новост|ь, и *f* planned character.

пла́нов|ый *adj* **1** planned, systematic; **~ое хозя́йство** planned economy. **2** planning (*attr*); **~ая коми́ссия** planning commission.

планоме́рност|ь, и *f* systematic character.

планоме́р|ный (~ен, ~на) *adj* systematic, planned.

планта́тор, а *m* planter.

планта́ци|я, и *f* plantation.

планше́т, а *m* **1** (*surveying*) plane table. **2** (*сумка для карт*) map case.

планше́тный *adj*: **п. графопострои́тель** flatbed plotter; **п. ска́нер** flatbed scanner.

планши́р, а *m* (*naut*) gunwale.

планши́р|ь, я *m* = **~**

пласт, а́ *m* layer; sheet; (*archit*) course; (*geol*) stratum, bed; **лежа́ть ~о́м** to lie flat on one's back.

пласта́|ть, ю *impf* to cut in layers.

пла́стик, а *m* plastic (*material*).

пла́стик|а, и *f* **1** (*collect*) the plastic arts. **2** (*движения тела*) eurhythmics. **3** (*пластичность*) gracefulness, grace.

пла́стиковый *adj* plastic.

пластили́н, а *m* plasticine (*propr*).

пласти́н|а, ы *f* plate.

пласти́нк|а, и *f* **1** plate; **(вини́ловая) п.** (vinyl) record; (*phot*) (photographic) plate. **2** (*bot*) blade. **3** (*coll*) (*зубной протез*) plate.

пласти́нчатый *adj* lamellar, lamellate.

пласти́ческ|ий *adj* plastic; **~ая ма́сса** plastic; **~ая хирурги́я** plastic surgery.

пласти́чност|ь, и *f* plasticity.

пласти́ч|ный (~ен, ~на) *adj* **1** (*материал, вещество*) plastic; pliant. **2** (*плавный*) rhythmical; fluent, flowing; (*изящный*) graceful; (*гармоничный*) harmonious; **п. жест** flowing gesture.

пластма́сс|а, ы *f* (*abbr of* **пласти́ческая ма́сса**) plastic.

пластма́сс|овый *adj of* ⇒**~а**

пласт|ова́ть, у́ю *impf* **1** (*накладовать пластами*) to lay in layers. **2** (*резать пластами*) to cut in layers.

пласту́н, а́ *m* (*hist*) dismounted Cossack.

пласту́н|ский *adj of* ⇒**~**; **переполза́ние по-~ски** (*mil*) the leopard crawl.

пла́стыр|ь, я *m* (*med*) plaster.

плат, а *m* (*obs*) = **~о́к**

пла́т|а[1], ы *f* **1** (*за труд*) pay; salary; **за́работная п.** wages. **2** (*за получение, использование чего-н.*) payment, charge; fee; **входна́я п.** entrance fee; **кварти́рная п.** rent; **п. за прое́зд** fare.

пла́т|а[2], ы *f* (*comput*) card, board; **графи́ческая п.** graphics card; **матери́нская п.** motherboard; **монта́жная п.** circuit board.

плата́н, а *m* plane (tree).

платёж, а́ *m* payment; **нало́женным ~о́м** cash on delivery.

платёжеспосо́бност|ь, и *f* solvency.

платёжеспосо́б|ный (~ен, ~на) *adj* solvent.

платёж|ный *adj of* ⇒**~**; **п. бала́нс** balance of payments; **~ная ве́домость** payroll; **п. день** pay day; **~ное поруче́ние** payment order.

плате́льщик, а *m* payer.

пла́тин|а, ы *f* (*min*) platinum.

пла́тин|овый *adj of* ⇒**~а**

пла|ти́ть, чу́, ~́тишь *impf* (*of* ⇒**за~**) **1** to pay; **п. нали́чными** to pay in cash, pay in ready money; **п. нату́рой** to pay in kind. **2** (*fig*; + *i* **за** + *a*) to pay back, return; **п. кому́-н. услу́гой за услу́гу** to make it up to s.o., return a favour (*Br*), favor (*US*).

пла|ти́ться, чу́сь, ~́тишься *impf* (*of* ⇒**по~**) (+ *i* **за** + *a*) to pay (with for); **п. жи́знью за свои́ оши́бки** to pay for one's mistakes with one's life.

пла́тн|ый *adj* **1** paid; requiring payment, chargeable; **~ая доро́га** toll road. **2** paying; (*школа*) fee-paying; (*больница*) private; **п. посети́тель** paying guest.

плато́ *nt indecl* plateau.

плат|о́к, ка́ *m* (*на плечи*) shawl; (*на голову*) headscarf; **носово́й п.** (pocket) handkerchief.

платони́ческий *adj* (*philos*) Platonic; (*fig*) platonic.

платфо́рм|а, ы *f* **1** (*перрон*) platform. **2** (*вагон*) (open) goods truck (*Br*), flatcar (*US*). **3** (*fig, pol*) platform. **4** (*comput*) platform.

пла́ть|е, я, *g pl* **~ев** *nt* **1** (*женское*) dress; (*длинное*) gown; **вече́рнее п.** evening dress. **2** (*одежда*) clothes, clothing.

плат|яно́й *adj of* ⇒**~́ье**; **п. шкаф** wardrobe; **~яна́я щётка** clothes brush.

плафо́н, а *m* **1** (*archit*) (*потолок*) plafond. **2** (*абажур*) shade (*for lamp suspended from ceiling*).

пла́х|а, и *f* block; (*hist*) executioner's block; **взойти́ на ~у** to mount the scaffold.

плац, а, о ~́е, на ~у́ *m* (*mil*) parade ground; **уче́бный п.** drill square.

плацда́рм, а *m* **1** (*mil*) bridgehead; beachhead. **2** (*pol; fig*) base.

плаце́нт|а, ы *f* (*anat*) placenta.

плацка́рт|а, ы *f* ticket for reserved seat *or* (*в спальном вагоне*) berth.

плацка́рт|ный *adj of* ⇒**~а**; **п. ваго́н** carriage with numbered reserved seats; **~ное ме́сто** reserved seat.

плац-пара́д, а *m* (*mil*) parade ground.

плач, а *m* weeping, crying; **П. Иереми́и** (*bibl*) Lamentations.

плаче́в|ный (~ен, ~на) *adj* **1** mournful, sad; **име́ть п. вид** to be a sorry sight. **2** (*fig*) lamentable, deplorable, sorry; **в ~ном состоя́нии** in a sorry state.

плашко́ут, а *m* (*naut*) lighter.

плашко́утный *adj*: **п. мост** pontoon bridge.

плашмя́ *adv* flat; prone; **лежа́ть п.** to lie flat.

плащ, а́ *m* **1** (*непромокаемое пальто*) raincoat. **2** (*накидка*) cloak.

плащ-пала́тк|а, и *f* cape (*doubling as a tent*).

плебе́|й, я *m* (*hist*) plebeian.

плебе́йский *adj* plebeian.

плебисци́т, а *m* plebiscite.

плебс, а *m* (*collect; hist*) plebs.

плев|а́, ы́ *f* (*anat*) membrane, film, coat; **де́вственная п.** hymen.

плева́тельниц|а, ы *f* spittoon.

плева́ть, плюю́, плюёшь *impf* (*of* ⇒**плю́нуть**) **1** to spit; **п. в потоло́к** (*fig, joc*) to idle, fritter away the time. **2** (**на** + *a*; *coll*) to spit (upon); to not care a rap about; **им п. на всё** they don't give a damn about anything.

плева́ться, плюю́сь, плюёшься *impf* (*coll*) to spit.

пле́вел, а *m* (*bot*) darnel; (*fig*) weed.

плев|о́к, ка́ *m* spit(tle).

пле́вр|а, ы *f* (*anat*) pleura.

плеври́т, а *m* (*med*) pleurisy.

плёв|ый *adj* (*coll*) **1** (*негодный*) worthless; rubbishy; **п. челове́к** good-for-

П

nothing. **2** (*пустяковый*) trifling, trivial; **дело ~ое** trifling matter.
плед, а *m* travelling rug (*Br*), lap robe (*US*).
плéер, а *m* (*аудиокассет, аудиодисков*) personal stereo, Walkman (*propr*); (*MP3, DVD и т. п.*) (MP3, DVD, *etc.*) player.
плейбó|й, я *m* playboy.
плéйер = **плéер**
плейстоцéн, а *m* (*geol*) the Pleistocene (epoch).
плейстоцéновый *adj* (*geol*) Pleistocene.
племеннóй *adj* **1** (*быт, языки*) tribal. **2** (*скот*) pedigree.
плéм|я, ени, *pl* **~енá, ~ён, ~енáм** *nt* tribe; **молодóе п.** the younger generation; **на плéмя** for breeding.
племя́нник, а *m* nephew.
племя́нниц|а, ы *f* niece.
плен, а, о ~е, в ~ý *m* captivity; **быть в ~ý** to be in captivity; **взять в п.** to take prisoner; **попáсть в п.** (**к** + *d*) to be taken prisoner (by).
пленáрный *adj* plenary.
пленéни|е, я *nt* (*obs*) capture; (*состояние*) captivity.
плени́тельност|ь, и *f* fascination.
плени́тел|ьный (~ен, ~ьна) *adj* captivating, charming.
плен|и́ть, ю́, и́шь *pf* (*of* **⇒~я́ть**) **1** (*obs*) (*взять в плен*) to take prisoner. **2** (*fig*) (*очаровать*) to captivate, charm.
плен|и́ться, ю́сь, и́шься *pf* (*of* **⇒~я́ться**) (+ *i*) to be captivated (by), be fascinated (by).
плёнк|а, и *f* (*тонкий слой*) film (*also phot*); (*магнитофонная*) tape.
плéнник, а *m* prisoner, captive.
плéнни|ца, цы *f of* **⇒~к**
плéнн|ый *adj* captive; *as n* **п., ~ого** *m* captive, prisoner.
плён|очный *adj of* **⇒~ка**; filmy.
плéнум, а *m* plenum, plenary session.
плен|я́ть(ся), я́ю(сь) *impf of* **⇒~и́ть(ся)**
плёс, а *m* (*участок реки*) reach (*of river*); (*водное пространство*) stretch (*of river or lake*).
плéсенный *adj* mouldy (*Br*), moldy (*US*).
плéсен|ь, и *f* mould (*Br*), mold (*US*).
плеск, а *m* splash; **п. волн** lapping of waves.
пле|скáть, щý, ~щешь *impf* (*of* **⇒~сну́ть**) to splash; (*о волнах*) to lap; **п. о бéрег** to lap against the shore; **п. на когó-н. водóй** to splash s.o. (with water).
пле|скáться, щу́сь, ~щешься *impf* to splash; (*о волнах*) to lap.
плéснев|еть, еет *impf* (*of* **⇒за~**) to grow mouldy (*Br*), moldy (*US*).
плес|ну́ть, нý, нёшь *inst pf of* **⇒~кáть**
пле|сти́, тý, тёшь, *past* **~л, ~лá** *impf* **1** (*pf* **⇒с~**) (*корзину, венок*) to weave; **п. небы́лицы** (*coll, pej*) to spin yarns; **п. паути́ну** to spin a web; **п. вздор/чепуху́** (*coll, pej*) to talk rubbish. **2** (*pf* **⇒за~**) (*волосы*) to braid, plait.
пле|сти́сь, ту́сь, тёшься, *past* **~лся, ~лáсь** *impf* (*coll*) to trudge, plod (along).
плетéни|е, я *nt* **1** braiding, plaiting; weaving; **п. словéс** (*ironical*) verbiage. **2** (*плетёная вещь*) wickerwork.
плетёнк|а, и *f* **1** (*корзина*) (wicker) basket. **2** (*хлеб*) twist (*of bread*).
плетён|ый *adj* wicker; **~ая корзи́н(к)а** wicker basket.
плет|éнь, ня́ *m* wattle fencing.
плётк|а, и *f* lash.
плет|ь, и, *pl* **~и, ~éй** *f* lash.
плечев|óй *adj* (*anat*) humeral; **~áя кость** humerus.
плéчик|и, ов (*no sg*) (*coll*) (coat) hanger.
плéчик|о, а, *pl* **~и, ~ов** *nt* **1** shoulder strap. **2** *diminutive of* **⇒плечó**
плечи́ст|ый (~, ~а) *adj* broad-shouldered.
плеч|ó, á, *pl* **~и, ~, ~áм** *nt* shoulder; **всё э́то у меня́ за ~áми** (*fig*) all that is behind me; **~óм к ~ý** shoulder to shoulder; **взять нá ~и** to shoulder; **имéть гóлову на ~áх** to have a good head on one's shoulders; **вы́нести на свои́х ~áх** to bear (the full brunt of); **э́то емý не по ~ý** he is not up to it; **с ~á** straight from the shoulder; **у меня́ (слóвно) горá с ~ свали́лась** that's a weight off my mind; **с ~ долóй!** that's done, thank goodness; **с чужóго ~á** (*of clothing*) worn, second-hand; **пожáть ~áми** to shrug one's shoulders.
плеши́ве|ть, ю *impf* (*of* **⇒о~**) to grow bald.
плеши́в|ый (~, ~а) *adj* bald.
плеши́н|а, ы *f* bald patch.
плеш|ь, и *f* bald patch.
плея́д|ы, ~ *pl* (*sg* **~а, ~ы** *f*) **1 П.** (*astron*) Pleiades. **2** (*sg*; *fig*) (*группа*) pleiad; galaxy.
пли *int* (*see* **⇒пали́ть**) (*mil*; *obs*) fire!
пли́нтус, а *m* **1** (*archit*) plinth. **2** (*между стеной и полом*) skirting board (*Br*), baseboard (*US*).
плиоцéн, а *m* (*geol*) the Pliocene (epoch).
плиоцéновый *adj* (*geol*) Pliocene.
плис, а *m* velveteen.
пли́с|овый *adj of* **⇒~**
плиссé *indecl* **1** *adj* pleated; **ю́бка п.** pleated skirt. **2** *n*; *nt* pleat(s).
плиссир|овáть, ýю *impf* (*no pf*) to pleat.
плит|á, ы́, *pl* **~ы** *f* **1** (*металлическая*) plate; (*каменная*) slab; (*для настилки полов*) flag(stone); **моги́льная п.** gravestone, tombstone; **мрáморная п.** marble slab. **2** (*печь*) stove; cooker.
пли́тк|а, и *f* **1** *diminutive of* **⇒плитá 1**; (*облицовочная*) tile, (thin) slab; **п. шоколáда** bar of chocolate. **2** (*переносной прибор для приготовления пищи*) (portable electric) hotplate.
плитня́к, á *m* flagstone.
плитотектóник|а, и *f* (*geol*) plate tectonics.
пли́т|очный *adj of* **⇒~ка**; **п. пол** tiled floor.
плов, а *m* (*cul*) pilaf.
плов|éц, цá *m* swimmer; **п. на доскé** surfer.
плову́чий *adj* = **плаву́чий**
плов|чи́ха, чи́хи *f of* **⇒~éц**
плод, á *m* **1** fruit (*also fig*); **приноси́ть п.** to bear fruit; **запрéтный п.** (*fig*) forbidden fruit. **2** (*biol*) fetus.
пло|ди́ть, жý, ди́шь *impf* (*of* **⇒рас~**) to produce, procreate; to engender (*also fig*).
пло|ди́ться, ди́тся *impf* (*of* **⇒рас~**) to multiply; to propagate.
плóдный *adj* **1** (*biol*) fertile. **2** (*оплодотворённый*) fertilized.
плодови́тост|ь, и *f* fertility, fecundity.
плодови́т|ый (~, ~а) *adj* (*животное, дерево*) prolific (*also fig*); (*почва*) fertile; (*собрание*) fruitful; **п. писáтель** prolific writer.
плодовóд, а *m* fruit grower.
плодовóдств|о, а *nt* fruit-growing.
плодовóд|ческий *adj of* **⇒~ство**
плодóв|ый *adj of* **⇒плод**; **~ое дéрево** fruit tree; **п. сад** orchard.
плодонóжк|а, и *f* (*bot*) fruit stem.
плодоно|си́ть, ~сит *impf* (*no pf*) to bear fruit.
плодонóс|ный (~ен, ~на) *adj* fruit-bearing, fruitful.
плодоóвощ|и, éй (*no sg*) fruit and vegetables.
плодоовощнóй *adj* fruit and vegetable.
плодорóди|е, я *nt* fertility.
плодорóд|ный (~ен, ~на) *adj* fertile.
плодосмéнн|ый *adj*: **~ая систéма** (*agric*) rotation of crops.
плодотвóр|ный (~ен, ~на) *adj* fruitful.
плóмб|а, ы *f* **1** (*на товарах, на дверях*) seal. **2** (*в зубе*) filling; **стáвить ~у** to fill a tooth.
пломби́р, а *m* ice cream (*usu with a high fat content*).
пломбир|овáть, ýю *impf* **1** (*pf* **о~**) (*товары*) to seal. **2** (*pf* **за~**) (*зуб*) to fill.
плóс|кий (~ок, ~кá, ~ко) *adj* **1** flat; plane; **~кая грудь** flat chest; **~кая повéрхность** plane surface. **2** (*fig*) (*пошлый*) trivial, tame; **~кая шу́тка** feeble joke.
плоскогóрь|е, я *nt* plateau; tableland.
плоскогру́д|ый (~, ~а) *adj* flat-chested.
плоскогу́бц|ы, ев (*no sg*) pliers.
плоскодóнк|а, и *f* flat-bottomed boat; punt.
плоскодóнный *adj* flat-bottomed.
плоскостнóй *adj* plane.
плоскостóпи|е, я *nt* (*med*) flat foot, flat feet.
плóскост|ь, и, *pl* **~и, ~éй** *f* **1** (*свойство*) flatness. **2** (*поверхность*) plane (*also fig*); **наклóнная п.** inclined plane; **кати́ться по наклóнной ~и** (*fig*) to go downhill. **3** (*банальность*) platitude.
плот, á, о ~é, на ~ý *m* raft.

плотв|а́, ы́ *f* (*fish*) roach.

плоти́н|а, ы *f* dam.

плотне́|ть, ю *impf* (*of* **⇒по∼**) to thicken.

пло́тник, а *m* carpenter.

пло́тнича|ть, ю *impf* to work as a carpenter.

пло́тничеств|о, а *nt* carpentry.

пло́тничный *adj* carpentry.

пло́тно *adv* **1** close(ly), tightly; **п. заколоти́ть дверь** to board up a door. **2**: **п. пое́сть** to eat heartily.

пло́тност|ь, и *f* **1** (*тумана, населения*) density (*also phys*). **2** (*человека*) solidity.

пло́т|ный (∼ен, ∼на́, ∼но, ∼́ны) *adj* **1** (*туман, население*) dense (*also phys*). **2** (*бумага*) thick, solid, strong; (*человек*) thickset, solidly built. **3** (*папка*) tightly-filled. **4** (*coll*) (*завтрак*) hearty.

плотоя́д|ный (∼ен, ∼на) *adj* **1** carnivorous. **2** (*fig*) (*сладострастный*) lustful; voluptuous.

пло́тский *adj* (*archaic*) carnal, fleshly.

пло́ттер, а *m* (*comput*) plotter.

плот|ь, и *f* flesh; **во ∼и́** in the flesh; **дья́вол во ∼и́** the devil incarnate; **п. от ∼́и** flesh of one's flesh; **п. и кровь** (one's) flesh and blood; **кра́йняя п.** (*anat*) foreskin, prepuce.

пло́хо 1 *adv* bad(ly); ill; **п. вести́ себя́** to behave badly; **п. обраща́ться (с** + *i*) to ill-treat; **чу́вствовать себя́ п.** to feel unwell; **п. па́хнуть** to smell bad; **п. ко́нчить** (*coll*) to come to a bad end. **2** *n*; *nt indecl* bad mark; **я опя́ть получи́л «п.» по а́лгебре** I have got a bad mark in algebra again.

плохова́то *adv* (*coll*) rather badly, not too well.

плохова́т|ый (∼, ∼а) *adj* (*coll*) rather bad, not too good.

плох|о́й (∼, ∼а́, ∼́о) *adj* bad; poor; **∼а́я пого́да** bad weather; **∼о́е настрое́ние** bad mood; **п. рабо́тник** a poor workman; **∼о́е пищеваре́ние** poor digestion; **с ним шу́тки ∼́и** he is not one to be trifled with; *as pred*: **ему́ о́чень ∼́о** he is in a very bad way.

плоша́|ть, ю *impf* (*of* **⇒с∼**) (*coll*) to make a mistake, slip up.

пло́шк|а, и *f* **1** (*coll*) (*сосуд*) saucer. **2** (*obs*) (*для освещения*) lampion.

площа́дк|а, и *f* **1** ground, area; **де́тская п.** children's playground; **спорти́вная п.** sports ground; **строи́тельная п.** building site; **те́ннисная п.** tennis court; **киносъёмочная п.** (film) set; **п. для игры́ в го́льф** golf course. **2** (*лестничная*) landing (*on staircase*). **3** (*в вагоне*) platform; **пусково́я п.** launch pad (*of rocket*).

площадн|о́й *adj* vulgar, coarse; **∼а́я брань** vulgar language.

пло́щад|ь, и, *pl* **∼и, ∼е́й** *f* **1** (*в городе*) square. **2** (*пространство*) area; space; **жила́я п.** living space; **посевна́я п.** area under crops. **3** (*math*) area.

пло́|ще *comp of* **⇒∼ский, ∼ско**

плуг, а, *pl* **∼и́** *m* plough (*Br*), plow (*US*).

плу́нжер, а *m* (*tech*) plunger.

плут, а́ *m* **1** (*мошенник*) cheat. **2** (*joc*) rogue.

плута́|ть, ю *impf* (*coll*) to stray.

плути́шк|а, и *m* (*coll*) little rascal, imp.

плу́тн|и, ей *pl* (*sg* **∼я, ∼и** *f*) (*coll*) tricks.

плутова́т|ый (∼, ∼а) *adj* cunning.

плут|ова́ть, у́ю *impf* (*of* **⇒с∼**) (*coll*) to cheat.

плуто́вк|а, и *f of* **⇒плут, ⇒плути́шка**

плутовско́й *adj* **1** (*мошеннический*) knavish. **2** (*coll*) (*улыбка, глазы*) roguish, mischievous. **3** (*literary*) picaresque.

плутовств|о́, а́ *nt* cheating.

плутокра́т, а́ *m* plutocrat.

плутократи́ческий *adj* plutocratic.

плутокра́ти|я, и *f* plutocracy.

плуто́ни|й, я *m* plutonium.

плы|ть, ву́, вёшь, *past* **∼л, ∼ла́, ∼́ло** *impf* (*det of* **⇒пла́вать 1**) **1** (*при помощи телодвижений: о человеке, животном, рыбе*) to swim; (*об облаках, о звуках*) to float; **п. сто́я** to tread water; **всё ∼́ло пе́ред мо́ими глаза́ми** everything was swimming before my eyes. **2** (*на судне*) to sail; **п. на вёслах** to row; **п. под паруса́ми** to sail; **п. по во́ле волн** to drift.

плюга́в|ый (∼, ∼а) *adj* (*coll*) unprepossessing; (*fig*) trivial.

плюма́ж, а *m* plume (*on hat*).

плю́н|уть, у, ешь *pf of* **⇒плева́ть**; **п. не́куда** no room to swing a cat.

плюрали́зм, а *m* (*philos* & *pol*) pluralism.

плюралисти́ческий *adj* (*philos* & *pol*) pluralistic.

плюс, а *m* **1** plus; *as connective in math expressions*: **два п. два равно́ четырём** two plus two equals four. **2** (*fig, coll*) (*преимущество*) advantage; **э́тот прое́кт не без ∼́ов** this scheme has some advantages.

плюс|на́, ны́, *pl* **∼́ны, ∼́ен, ∼́нам** *f* (*anat*) metatarsus.

плю́с|овый *adj of* **⇒∼**

плю́х|ать(ся), аю(сь) *impf of* **⇒∼нуть(ся)**

плю́х|нуть, ну, нешь *pf* (*of* **⇒∼ать**) (*coll*) to flop (down); **п. в кре́сло** to flop into an armchair.

плю́х|нуться, нусь, нешься *pf* (*of* **⇒∼аться**) = **∼нуть**

плюш, а *m* plush.

плю́ш|евый *adj of* **⇒∼**

плю́шк|а, и *f* bun.

плющ, а́ *m* ivy.

плющи́льный *adj* (*tech*) flattening, laminating; **п. стано́к** flatting mill, rolling mill.

плющ|и́ть, у, ишь *impf* (*of* **⇒с∼**) (*tech*) to flatten, laminate.

пляж, а *m* beach.

пляс, а (*no pl*) *m* (*coll*) dance.

пля|са́ть, шу́, ∼́шешь *impf* (*of* **⇒с∼**) to dance.

пля́ск|а, и *f* (*действие*) dancing; (*танец*) dance (*esp folk dance*); **п. свято́го Ви́тта** (*med*) St. Vitus's dance, chorea.

плясов|о́й *adj* dancing; *as n* **∼а́я, ∼о́й** *f* dance tune.

плясу́н, а́ *m* (*coll*) dancer; **кана́тный п.** rope dancer.

плясу́н|ья, ьи, *g pl* **ий** *f of* **⇒∼**

пневмати́ческий *adj* pneumatic.

пневмони́|я, и *f* pneumonia; **атипи́чная п.** SARS (*severe acute respiratory syndrome*).

пнуть, пну, пнёшь *inst pf* (*of* **⇒пина́ть**) (*coll*) to kick.

ПО (*abbr of* **програ́ммное обеспе́чение**) (*comput*) software.

по *prep* **I.** + *d* **1** (*на поверхности*) on; (*вдоль*) along; **идти́ по траве́** to walk on the grass; **е́хать по у́лице** to go along the street; **идти́ по следа́м** (+ *g*) to follow in the tracks (of); **хло́пнуть по спине́** to slap on the back; **по всему́/всей** all over. **2** (*в разные места*) round, about; **ходи́ть по магази́нам** to go round the shops; **размести́ть войска́ по го́роду** to quarter troops about the town. **3** (*посредством*) by, on, over; **по во́здуху** by air; **по желе́зной доро́ге** by rail; **по по́чте** by post; **по ра́дио** over the radio; **по телефо́ну** on, over the telephone; **переда́ть по ра́дио** to broadcast. **4** (*в соответствии, согласно*) according to; by; in accordance with; **по пра́ву** by right(s); **по расписа́нию** according to schedule; **жени́ться по любви́** to marry for love; **звать по и́мени** to call by first name; **рабо́тать по пла́ну** to work according to plan; **су́дя по результа́там** judging by results; **по мне** as far as I am concerned; **жить по сре́дствам** to live within one's means; **по Плато́ну** according to Plato. **5** (*в отношении*) by, in (= *in respect of*); **по профе́ссии** by profession; **по происхожде́нию он армяни́н** he is of Armenian origin; **лу́чший по ка́честву** better in quality; **това́рищ по ору́жию** comrade-in-arms; **това́рищ по шко́ле** schoolmate; **ро́дственник по ма́тери** a relative on one's mother's side. **6** (*в области*) at, on, in (= *in the field of*); **чемпио́н по ша́хматам** champion at chess, chess champion; **ле́кции по европе́йской исто́рии** lectures on European history; **специали́ст по я́дерной фи́зике** specialist in nuclear physics. **7** (*из-за*) by (reason of); on account of; from; **по боле́зни** on account of sickness; **по рассе́янности** from absent-mindedness; **его́ прости́ли по мо́лодости лет** he was pardoned by reason of his youth; **по незави́сящим от меня́ причи́нам** for reasons beyond my control. **8** (*указывает на предмет действия*) at, for (*or not translated*); **стреля́ть по проти́внику** to fire at the enemy; **охо́та по кру́пному зве́рю** big game hunting; **скуча́ть по де́тям** to miss one's children; **тоска́ по до́му/ро́дине** homesickness; **пла́кать по му́жу** to mourn (for) one's husband; **носи́ть тра́ур по кому́-н.** to be in mourning for s.o.; **по а́дресу** (+ *g*) to the address (of); **э́то по его́ а́дресу** (*fig*) this is meant for him. **9** (*указывает время*) on; in; **по понеде́льникам** on Mondays; **по**

прáздникам on holidays; **онá рабóтает по утрáм** she works (in the) mornings.
● **II.** (*в распределительном значении*)(+ *d*: **по одномý; по ты́сяче, по миллиóну, по миллиáрду;** *with other numerals* + *a*) **пó два (две), пó три, по четы́ре, по двéсти, по три́ста, по четы́реста; дáйте им по** (*sc.* **одномý) я́блоку** give them an apple each; **мы получи́ли по три фýнта** we received three pounds each; **по рублю́ штýка** one rouble each; **по дéсять рублéй штýка** ten roubles each; **пó два, пó двое** in twos, two by two.
● **III.** + *a*
1 (*до*) to, up to; **по пóяс в водé** up to the waist in water; **зáнят по гóрло** up to one's eyes in work; **пó уши в долгáх** up to one's ears in debt; **пó уши влюблён** head over heels in love; **по сегóдня** up to today; **по пéрвое мáя** up to (and including) the first of May.
2 (*following vv of motion*; *coll*) (*за*) for (= *to fetch, to get*); **идти́ пó воду** to go for water.
● **IV.** + *p*
1 (*после*) on, after; **по окончáнии рабóты** after work; **по прибы́тии** on arrival; **по рассмотрéнии** on examination.
2: **по нём** *u m. n.* as he *etc.* likes; as he *etc.* is used to.

по- + *d of adj or ending* **...ски** *forms adv indicating* **1** *manner of action, conduct, etc., as* **жить по-стáрому** to live in the old style. **2** style; **рабóтать по-товáрищески** to work in a comradely fashion. **3** *use of given language, as* **говори́ть по-рýсски** to speak Russian. **4** *accordance with opinion or wish, as* **по-мóему** in my opinion; **пусть бýдет по-вáшему** (let it be) as you wish.

по...[1] *as vbl pref* **1** *forms pf aspect.* **2** *indicates action of short duration or of incomplete character, as* **порабóтать** to do a little work; **поспáть** to have a sleep. **3** (+ *suff* **...ыва...**, **...ива...**) *indicates action repeated at intervals or of indet duration, as* **позвáнивать** to keep ringing.

по...[2] *pref modifying comp adj or adv, as* **погрóмче** a little louder.

п/о (*abbr of* **почтóвое отделéние**) PO, Post Office.

побагровé|ть, ю *pf of* ⇨**багровéть**

побáива|ться, юсь *impf* (+ *g or inf*; *coll*) to be rather afraid.

побáлива|ть, ю *impf* (*coll*) (*немного*) to ache a little; (*иногда*) to ache on and off.

по-бáрски *adv* like a lord.

побасёнк|а, и *f* (*coll*) tale, story.

побéг[1]**, а** *m* (*бегство*) flight; escape.

побéг[2]**, а** *m* (*bot*) sprout, shoot.

побéга|ть, ю *pf* to have a run.

побегýшк|и: **быть у когó-н. на ∼ах** (*coll*) to run errands for s.o.; (*fig*) to be at s.o.'s beck and call.

побéд|а, ы *f* victory; **одержáть ∼у** to gain a victory.

победи́тел|ь, я *m* victor; (*sport*) winner.

победи́тель|ница, ницы *f of* ⇨∼

побед|и́ть, и́шь *pf* (*of* ⇨**побеждáть**) (*врага*) to conquer; (*соперника*) to defeat, beat; **нáша комáнда победи́ла** our team won; (*fig*) to master, overcome.

побéдный *adj* victorious, triumphant; **п. гол** winning goal.

победонóс|ный (∼ен, ∼на) *adj* victorious, triumphant.

побе|жáть, гý, жи́шь, гýт *pf* **1** *pf of* ⇨**бежáть 1**. **2** to break into a run.

побеждá|ть, ю *impf of* ⇨**победи́ть**

побéжк|а, и *f* pace, gait.

победé|ть, ю *pf of* ⇨**белéть 1**

побел|и́ть, ю́, ∽ишь *pf of* ⇨**бели́ть 1**

побéлк|а, и *f* whitewashing.

побережный *adj* coastal.

побере́жь|е, я *nt* coast, seaboard.

поберé|чь, гý, жёшь, гýт, *past* **∽г, ∼глá** *pf* (*coll*) to look after, take care (of); **п. здорóвье** to take care of one's health; **∼ги́ мои́ вéщи до моегó возвращéния** look after my things until I come back.

поберé|чься, гýсь, жёшься, гýться, *past* **∽гся, ∼глáсь** *pf* to take care of o.s.; **∼ги́сь!** mind out!

побесéд|овать, ую *pf* to have a (little) talk, have a chat.

побеспокó|ить, ю, ишь *pf of* ⇨**беспокóить 2**; **позвóльте вас п.** may I trouble you?

побеспокó|иться, юсь, ишься *pf* **1** *pf of* ⇨**беспокóиться 2**. **2** to be rather worried.

побивá|ть, ю *impf* (*of* ⇨**поби́ть 2**) (*противника*) to beat; (*рекорд*) to break.

побирá|ться, юсь *impf* (*coll*) to beg, live by begging.

поб|и́ть, ью́, ьёшь *pf* **1** *pf of* ⇨**бить 1, 2**. **2** *pf of* ⇨**побивáть**; **п. рекóрд** to break a record. **3** (*pf only*) (*растения*) to beat down, damage; (*о морозе*) to nip. **4** (*pf only*) (*посуду*) to break, smash.

поб|и́ться, ью́сь, ьёшься *pf* (*coll*) **1** (*1st and 2nd pers not used*) (*получить повреждения*) to get damaged; (*о фруктах и овощах*) to bruise; (*о посуде, яйцах*) to break, smash. **2** (**над** + *i*; *fig*) to struggle (with) (for some time).

поблагодар|и́ть, ю́, и́шь *pf of* ⇨**благодари́ть**

поблáжк|а, и *f* indulgence; allowance(s); **дéлать ∼у** (+ *d*) to indulge, make allowance(s) (for).

побледнé|ть, ю *pf of* ⇨**бледнéть**

поблёклый *adj* faded; withered.

поблёк|нуть, ну, нешь, *past* **∼, ∼ла** *pf of* ⇨**блёкнуть**

поблёскива|ть, ю *impf* to gleam.

поблизости *adv* nearby; **п. (от** + *g*) near (to).

побож|и́ться, ýсь, и́шься *pf of* ⇨**божи́ться**

побó|и, ев (*no sg*) beating; **терпéть п.** to take a beating.

побóищ|е, а *nt* slaughter, carnage; bloody battle; **Ледóвое п.** *see* ⇨**ледóвый**

поболтá|ть, ю *pf* (*coll*) to have a chat.

по-большомý *adv*: **ходи́ть/дéлать п.** (*baby talk*) to do a poo.

побóрник, а *m* champion, upholder.

побóрни|ца, цы *f of* ⇨**∼к**

побор|óть, ю́, ∽ешь *pf* to overcome.

побóр|ы, ов *pl* (*sg* **∼, ∼а** *m*) (*obs*) (*налоги*) requisitions; (*вымогательство*) extortion.

побóчн|ый *adj* secondary; **п. эффéкт** side effect; **п. наслéдник** collateral heir; **п. продýкт** by-product; **∼ая рабóта** sideline; **п. сын** (*obs*) illegitimate son.

побо|я́ться, ю́сь, и́шься *pf* (+ *g or inf*) to be afraid.

побран|и́ть, ю́, и́шь *pf* to give a scolding, tick off.

побран|и́ться, ю́сь, и́шься *pf* (**с** + *i*; *coll*) to have a quarrel, have words (with).

побратá|ться, юсь *pf of* ⇨**брáтáться**

побрати́м, а *m* **1** (*obs*) sworn brother. **2** (*город*) twin town.

по-брáтски *adv* like a brother; fraternally.

по|брáть, берý, берёшь, *past* **∼брáл, ∼бралá, ∼брáло** *pf* (*coll*) to take (a quantity of); **чёрт ∼бери́!** damn!

побрéзга|ть, ю *pf of* ⇨**брéзгать**

побрéзг|овать, ую *pf of* ⇨**брéзговать**

побре|сти́, дý, дёшь, *past* **∽л, ∼лá** *pf* to plod.

побр|и́ть(ся), éю(сь) *pf of* ⇨**бри́ть(ся)**

побро|ди́ть[1]**, жý, ∽дишь** *pf* (*погулять*) to wander for some time.

побро|ди́ть[2]**, ∽дит** *pf* (*о пиве*) to ferment for some time.

побросá|ть, ю *pf* **1** (*бросить как попало*) to throw. **2** (*покинуть*) to desert, abandon.

побря́к|ать, аю *pf* (*of* ⇨**∼ивать**) (+ *i*; *coll*) to rattle.

побря́кива|ть, ю *impf of* ⇨**побря́кать**

побрякýшк|а, и *f* (*coll*) (*безделушка*) trinket; (*погремушка*) rattle.

побуди́тельн|ый *adj* stimulating; **∼ая причи́на** motive, incentive; **∼ые срéдства** stimulants.

побу|ди́ть[1]**, жý, ∽дишь** *pf* **1** (*попытаться разбудить*) to try to wake. **2** (*разбудить*) to wake, rouse.

побу|ди́ть[2]**, жý, ∼ди́шь** *pf* (*of* ⇨**∼ждáть**) (**к** + *d or* + *inf*) (*склонить*) to induce (to), prompt (to); **что ∼ди́ло вас уйти́?** what made you go?

побýдк|а, и *f* (*mil*) reveille.

побуждá|ть, ю *impf of* ⇨**побуди́ть**[2]

побуждéни|е, я *nt* motive; inducement; incentive; **по сóбственному ∼ю** of one's own accord.

побурé|ть, ю *pf of* ⇨**бурéть**

побывáльщин|а, ы *f* (*obs*) true story.

побывá|ть, ю *pf* **1** (*посетить*) to have been, have visited; **он ∼л всю́ду** he has been everywhere; **в прóшлом годý мы ∼ли в Норвéгии и (в) Швéции** last year we were in Norway and Sweden. **2** (*coll*) (*зайти*) to drop in, call in; **он ∼л у друзéй** he dropped in to see some friends.

П

побы́вк|а, и *f* leave, furlough; **прие́хать домо́й на ~у** to come home on leave.

по|бы́ть, бу́ду, бу́дешь, *past* **~̂был, ~была́, ~̂было** *pf* to stay (*for a short time*); **мы ~̂были в Ло́ндоне два дня** we stayed in London for two days.

пова́|дить, жу, дишь *pf* (*of* ⇒**~живать**) (*coll, pej*) to accustom; to train.

пова́|диться, жусь, дишься *pf* (+ *inf*; *coll, pej*) to get into the habit (of); to take to going (*somewhere*); **он ~дился к нам ходи́ть** he took to visiting us; **он ~дился туда́ ходи́ть** he took to going there.

пова́дк|а, и *f* (*coll*) habit.

пова́дно *only in phr* **что́бы не́ было п.** (+ *d*) (in order) to teach not to do so (again).

пова́жива|ть, ю *impf of* ⇒**пова́дить**

повал|и́ть¹, ю, ~̂ишь *pf of* ⇒**вали́ть¹ 1**

повал|и́ть², ю, ~̂ишь *pf* to begin to throng, begin to pour; **дым ~и́л из трубы́** smoke began to pour from the chimney; **снег ~и́л хло́пьями** snow began to fall in flakes.

повал|и́ться, ю́сь, ~̂ишься *pf of* ⇒**вали́ться**

пова́льно *adv* without exception.

пова́льн|ый *adj* general, mass; **п. о́быск** general search; **~ая боле́знь** epidemic.

пова́нива|ть, ет *impf* (*coll*) to smell slightly.

по́вар, а, *pl* **~а́** *m* cook; **п.-ма́стер** master chef.

пова́ренн|ый *adj* culinary; **~ая кни́га** cookery book (*Br*), cook book (*US*); **~ая соль** table salt.

повар|ёнок, ёнка, *pl* **~я́та, ~я́т** *m* (*coll*) kitchen boy.

поварёшк|а, и *f* (*coll*) ladle, strainer.

повари́х|а, и *f of* ⇒**по́вар**

пова́рнича|ть, ю *impf* (*coll*) to cook, be a cook.

пова́р|ня, ни, *g pl* **~ен** *f* (*obs*) kitchen.

поварско́й *adj of* ⇒**по́вар**

по-ва́шему *adv* **1** (*по ва́шему мне́нию*) in your opinion. **2** (*как вы хоти́те*) as you wish.

пове́д|ать, аю *pf* (*of* ⇒**~ывать**) to tell, relate; **п. та́йну** to disclose a secret.

поведе́ни|е, я *nt* behaviour (*Br*), behavior (*US*).

пове́дыва|ть, ю *impf of* ⇒**пове́дать**

повез|ти́, у́, ёшь, *past* **~̈, ~ла́** *pf of* ⇒**везти́**

повелева́|ть, ю *impf* **1** (+ *i, obs*) to command, rule. **2** (+ *d and inf*) to enjoin; **так ~ет мне со́весть** thus my conscience enjoins.

повеле́ни|е, я *nt* (*obs*) command, injunction.

повел|е́ть, ю́, и́шь *pf* to order, command.

повели́тел|ь, я *m* (*rhetorical*) sovereign, master.

повели́тельниц|а, ы *f* (*rhetorical*) sovereign, mistress, lady.

повели́тел|ьный (~ен, ~ьна) *adj* imperious, peremptory; **п. жест** imperious gesture; **п. тон** peremptory tone; **~ьное наклоне́ние** (*gram*) imperative mood, the imperative.

повенча́|ть(ся), ю(сь) *pf of* ⇒**венча́ть(ся)**

поверг|а́ть, а́ю *impf of* ⇒**~̂нуть**

пове́рг|нуть, ну, нешь, *past* **~** *and* **~нул, ~ла** *pf* (*of* ⇒**~а́ть**) **1** (*obs*) (*опроки́нуть*) to throw down, lay low; (*победи́ть*) to conquer. **2** (**в** + *a*) to plunge (into); **п. в отча́яние** to plunge into despair.

пове́р|енный *ppp of* ⇒**~ить²**; *as n* **п., ~енного** *m* **1** (*also* **~енная, ~енной** *f*) (*напе́рсник*) confidant(e). **2** (*уполномо́ченное лицо́*) attorney; **п. в дела́х** chargé d'affaires.

пове́р|ить¹, ю, ишь *pf of* ⇒**ве́рить**

пове́р|ить², ю, ишь *pf* (*of* ⇒**~я́ть**) **1** (+ *d*) to confide (to), entrust (to); **п. кому́-н. та́йну** to confide a secret to s.o. **2** (*obs*) (*прове́рить*) to check (up); to verify.

пове́рк|а, и *f* **1** check, check-up; checking up, verification; (*math*) proof. **2** (*mil*) roll-call.

повер|ну́ть, ну́, нёшь *pf* (*of* ⇒**~̈тывать**) to turn; (*fig*) to change; **п. разгово́р** to change the subject.

повер|ну́ться, ну́сь, нёшься *pf* (*of* ⇒**~̈тываться**) to turn; **п. круго́м** to turn round, turn about; **п. спино́й** (**к** + *d*) to turn one's back (upon); **п. к лу́чшему** to take a turn for the better.

пове́р|очный *adj of* ⇒**~ка**; **~очные испыта́ния** tests.

повёртыва|ть(ся), ю(сь) *impf of* ⇒**поверну́ть(ся)**

пове́рх *prep* + *g* over, above; on top of; **смотре́ть п. очко́в** to look over the top of one's spectacles.

пове́рхностност|ь, и *f* superficiality.

пове́рхност|ный *adj* **1** surface, superficial; **~ная зака́лка** (*tech*) case-hardening; **~ное натяже́ние** (*tech*) surface tension; **~ная ра́на** superficial injury; **~ное унаво́живание** (*agric*) top dressing. **2 (~ен, ~на)** (*fig*) superficial.

пове́рхност|ь, и *f* surface.

по́верху *adv* on the surface, on top.

пове́р|ье, ья, *g pl* **~ий** *nt* popular belief, superstition.

повер|я́ть, я́ю *impf of* ⇒**~̂ить**

пове́с|а, ы *m* (*coll*) rake, playboy.

повеселе́|ть, ю *pf* to cheer up, become cheerful.

по-весе́ннему *adv* as in spring.

пове́|сить(ся), шу(сь), сишь(ся) *pf of* ⇒**ве́шать(ся)¹**

пове́снича|ть, ю *impf* (*coll*) to lead a wild life.

повествова́ни|е, я *nt* narrative, narration.

повествова́тельный *adj* narrative.

повеств|ова́ть, у́ю *impf* (**о** + *p*) to narrate, recount, relate.

пове|сти́¹, ду́, дёшь, *past* **~̈л, ~ла́** *pf of* ⇒**вести́ 1**

пове|сти́², ду́, дёшь, *past* **~̈л, ~ла́** *pf* (*of* ⇒**поводи́ть¹**) (+ *i*) to move; **п. бровя́ми** to raise one's eyebrows; **он и бро́вью не ~̈л** he did not turn a hair.

пове|сти́сь, ду́сь, дёшься, *past* **~̈лся, ~ла́сь** *pf of* ⇒**вести́сь**; **уж так ~ло́сь** (*coll*) such is the custom.

пове́стк|а, и *f* notice, notification; **п. на заседа́ние** notice of meeting; **п. в суд** summons, writ, subpoena; **п. дня** agenda, order of the day; **на ~е дня** on the agenda (*also fig*).

по́вест|ь, и, *pl* **~и, ~е́й** *f* story, tale.

пове́три|е, я *nt* **1** (*obs*) (*эпиде́мия*) epidemic. **2** (*fig*) (*мо́да*) craze.

пове́шени|е, я *nt* hanging.

пове́|шенный *ppp of* ⇒**~сить**; *as n* **п., ~шенного** *m* hanged man.

пове́|ять, ет *pf* **1** (*нача́ть ве́five*) to begin to blow; (*поду́ть слегка́*) to blow softly. **2** (*impers*, + *i*) to breathe (of); (*fig*) to begin to be felt; **~яло весно́й** spring was in the air.

повздо́р|ить, ю, ишь *pf of* ⇒**вздо́рить**

повзросле́|ть, ю *pf* to grow up.

повива́льн|ый *adj* (*obs*) obstetric; **~ая ба́бка** midwife; **~ое иску́сство** midwifery.

повида́|ть, ю *pf* (*coll*) to see.

повида́|ться, юсь *pf* (*of* ⇒**вида́ться**) (*coll*) (**с** + *i*) to meet; to see one another.

по-ви́димому *adv* apparently, seemingly.

пови́дл|о, а *nt* jam.

повили́к|а, и *f* (*bot*) dodder.

повин|и́ться, ю́сь, и́шься *pf of* ⇒**вини́ться**

пови́нн|ая, ой *f* confession, acknowledgement of guilt; **принести́ ~ую** to acknowledge one's guilt, own up; **яви́ться с ~ой** to give o.s. up.

пови́нност|ь, и *f* duty, obligation; **во́инская п.** compulsory military service, conscription.

пови́н|ный (~ен, ~на) *adj* guilty.

повин|ова́ться, у́юсь *impf* (*in past tense also pf*) (+ *d*) to obey.

повинове́ни|е, я *nt* obedience.

повис|а́ть, а́ю *impf of* ⇒**~̂нуть**

пови|се́ть, шу́, си́шь *pf* to hang for a time.

пови́с|нуть, ну, нешь, *past* **~, ~ла** *pf* (*of* ⇒**~а́ть**) **1** (**на** + *p*) to hang (by). **2** (*склони́ться*) to hang down, droop; **п. в во́здухе** (*fig*) to hang in mid-air; (*о шу́тке*) to fall flat.

повиту́х|а, и *f* (*obs*) midwife.

повлажне́|ть, ю *pf of* ⇒**влажне́ть**

повле́|чь, ку́, чёшь, ку́т, *past* **~̈к, ~кла́** *pf* (**за собо́й**) to entail, bring in one's train; **п. за собо́й неприя́тные после́дствия** to have unpleasant consequences.

повлия́|ть, ю *pf of* ⇒**влия́ть**

по́вод¹, а, *pl* **~ы** *m* (**к** + *d*) occasion, cause, ground (for, of); **п. к войне́** casus belli; **дать п.** (+ *d*) to give occasion (to), give cause (for); **без вся́кого ~а** without cause; **по ~у** (+ *g*) apropos (of), as regards, concerning; **по како́му ~у?** in what connection? why?

П

по́вод[2], **а, о ~е, на ~у́,** *pl* **пово́дья, пово́дьев** *m* rein; **быть у кого́-н. на ~у́** (*fig*) to be under s.o.'s thumb.

пово|ди́ть[1], **жу́, ~́дишь** *impf of* ⇒**повести́**[2]

пово|ди́ть[2], **жу́, ~́дишь** *pf* (*человека*) to lead; (*животное*) to walk.

повод|о́к, ка́ *m* lead (*Br*), leash (*US*).

поводы́р|ь, я́ *m* leader, guide.

пово́зк|а, и *f* cart.

пово́лжский *adj* situated on the Volga.

поволо́к|а, и *f* shroud.

повора́чива|ть(ся), ю(сь) *impf of* ⇒**повороти́ть(ся)**; **~йся!, ~йтесь!** (*coll*) get a move on!, look sharp!

поворож|и́ть, у́, и́шь *pf of* ⇒**ворожи́ть**

поворо́т, а *m* turn(ing); **огни́ ~а** direction indicator lamps (*of car*); (*fig*) turning point; **п. реки́** bend in a river; **пе́рвый п. напра́во** the first turning to the right; **на ~е доро́ги** at the turn of the road; **п. к лу́чшему** turn for the better.

поворо|ти́ть(ся), чу́(сь), ~́тишь(ся) *pf of* ⇒**повора́чивать(ся)** to turn.

поворо́тливост|ь, и *f* **1** nimbleness, agility. **2** (*tech, naut*) manoeuvrability (*Br*), maneuvrability (*US*).

поворо́тлив|ый (~, ~а) *adj* **1** nimble, agile. **2** (*tech, naut*) manoeuvrable (*Br*), maneuvrable (*US*).

поворо́тн|ый *adj* rotary, rotating, revolving; (*fig*) crucial, decisive; **п. круг** turntable; **п. мост** swing bridge; **~ое сиде́нье** swivel seat; **п. моме́нт, п. пункт** turning point.

повре|ди́ть, жу́, ди́шь *pf* **1** *pf of* ⇒**вреди́ть**. **2** (*pf of* ⇒**~жда́ть**) (*испортить*) to damage; (*поранить*) to injure, hurt; **п. себе́ но́гу** to hurt one's leg.

повре|ди́ться, жу́сь, ди́шься *pf* (*of* ⇒**~жда́ться**) (*испортиться*) to be damaged; (*пораниться*) to be injured; **п. в уме́** (*coll*) to become mentally deranged.

поврежда́|ть(ся), ю(сь) *impf of* ⇒**повреди́ть(ся)**

поврежде́ни|е, я *nt* damage; injury.

повре|ждённый *ppp of* ⇒**~ди́ть**

повремен|и́ть, ю́, и́шь *pf* (*coll*) to wait a little; (**с** + *i*) to delay (over).

повреме́нн|ый *adj* **1** (*издание*) periodical. **2** (*работа*) reckoned on time basis; **~ая опла́та** payment by time (*by the hour, etc.*).

повседне́вно *adv* daily, every day.

повседне́вност|ь, и *f* daily routine.

повседне́вн|ый *adj* daily; everyday; **~ая рабо́та** daily task; **п. слу́чай** everyday occurrence; **това́ры ~ого спро́са** fast-moving consumer goods.

повсеме́стно *adv* everywhere.

повсеме́ст|ный (~ен, ~на) *adj* universal, general.

повска|ка́ть, ~́чет *pf* to jump up one after another.

повска́кива|ть, ет *pf* = **повскака́ть**

повста́н|ец, ца *m* rebel, insurgent.

повста́нческий *adj* insurgent, rebel.

повстреча́|ть, ю *pf* (*coll*) to meet, run into.

повстреча́|ться, юсь *pf* (*coll*) (+ *d* or **с** + *i*) to meet, run into; **мне ~лся знако́мый, я ~лся со знако́мым** I met an acquaintance.

повсю́ду *adv* everywhere.

повто́р, а *m* replay.

повторе́ни|е, я *nt* **1** (*действия*) repetition. **2** (*события*) recurrence. **3** (*урока*) revision.

повтори́тельный *adj* repeat; recapitulatory; **п. курс** refresher course.

повтор|и́ть, ю, и́шь *pf* (*of* ⇒**~я́ть**) **1** to repeat. **2** (*уроки*) to revise.

повтор|и́ться, ю́сь, и́шься *pf* (*of* ⇒**~я́ться**) **1** (*повторить сказанное*) to repeat o.s. **2** (*о событиях*) to reoccur; (*о болезни*) to recur.

повто́р|ный (~ен, ~на) *adj* (*визит*) second, repeated; (*заболевание*) recurring.

повтор|я́ть(ся), я́ю(сь) *impf of* ⇒**~и́ть(ся)**

повы|си́ть, шу, сишь *pf* (*of* ⇒**~ша́ть**) **1** to raise, heighten; **п. вдвое́, втрое́** to double, treble; **п. в пять раз,** *etc.* to raise fivefold, *etc.*; **п. давле́ние** to increase pressure; **п. го́лос** to raise one's voice (*also fig, in anger*); (*улучшить*) to improve; **п. кого́-н. в чьём-н. мне́нии** to raise s.o. in s.o.'s estimation. **2** (*работника*) to promote, advance; **п. кого́-н. по слу́жбе** to give s.o. promotion.

повы|си́ться, шусь, си́шься *pf* (*of* ⇒**~ша́ться**) **1** to rise; (*увеличиться*) to increase; (*улучшиться*) to improve; **п. в чьём-н. мне́нии** to rise in s.o.'s estimation; **на́ши а́кции ~сились** our shares have gone up; (*fig*) our stock has risen. **2** (*по службе*) to be promoted, receive advancement.

повыша́|ть(ся), ю(сь) *impf of* ⇒**повы́сить(ся)**

повы́ше *comp adj and adv* a little higher (up); (*о росте человека*) a little taller.

повыше́ни|е, я *nt* rise, increase; **п. по слу́жбе** advancement, promotion.

повы|шенный *ppp of* ⇒**~сить** *and adj* heightened; increased; **~шенное настро́ение** state of excitement; **~шенная температу́ра** a (raised) temperature; **~шенная чувстви́тельность** heightened sensibility.

повя|за́ть[1], **жу́, ~́жешь** *pf* (*of* ⇒**~́зывать**) to tie; **п. га́лстук** to tie a tie.

повя|за́ть[2], **жу́, ~́жешь** *pf* to do a little knitting, knit for a while.

повя|за́ть[3], **жу́, ~́жешь** *pf* (*of* ⇒**вяза́ть 4**).

повя|за́ться, жу́сь, ~́жешься *pf* (*of* ⇒**~́зываться**) (+ *i*) to tie o.s. (with); **п. (платко́м)** to tie a scarf on one's head.

повя́зк|а, и *f* **1** (*лента*) band. **2** (*бинт*) bandage.

повя́зыва|ть(ся), ю(сь) *impf of* ⇒**повяза́ть(ся)**

погада́|ть, ю *pf of* ⇒**гада́ть 1**

пога́н|ить, ю, ишь *impf* (*of* ⇒**о~**) (*coll*) to pollute, defile.

пога́н|ка, ки *f* **1** (*гриб*) toadstool. **2** (*птица*) grebe.

пога́н|ый (~, ~а) *adj* **1** foul, unclean; **п. гриб** toadstool; **~ая пи́ща** (*relig*) unclean food; **~ое ведро́** refuse pail. **2** (*coll*) (*отвратительный*) foul, vile; **~ое настрое́ние** foul mood.

по́ган|ь, и *f* (*collect; pej*) filth.

погаса́|ть, ю *impf* to go out, be extinguished.

пога|си́ть, шу́, ~́сишь *pf* (*of* ⇒**гаси́ть** *and* ⇒**~ша́ть**) to liquidate, cancel; **п. долг** to clear a debt; **п. ма́рку** to cancel a stamp.

пога́с|нуть, ну, нешь, *past* **~, ~ла** *pf of* ⇒**га́снуть**

погаша́|ть, ю *impf of* ⇒**погаси́ть**

погаше́ни|е, я *nt* (*долга*) paying off, clearing (*of a debt*).

пога́|шенный *ppp of* ⇒**~си́ть** *and adj* used (*of postage stamps, etc.*); cashed.

погиб|а́ть, а́ю *impf of* ⇒**~́нуть**

поги́бел|ь[1], **и** *f* (*obs*) (*гибель*) ruin, perdition.

поги́бел|ь[2], **и** *f* (*coll*): **согну́ться в три ~и** to be hunched up; (*fig*) to be cowed.

поги́бельный *adj* (*obs*) ruinous, fatal.

поги́б|нуть, ну, нешь, *past* **~, ~ла** *pf* (*of* ⇒**ги́бнуть** *and* ⇒**~а́ть**) to perish; (*naut and fig*) to be lost; **кора́бль ~ со всей кома́ндой** the ship was lost with all hands.

поги́б|ший *pp of* ⇒**~нуть** *and adj* lost, ruined.

погла́|дить, жу, дишь *pf of* ⇒**гла́дить**

погла́жива|ть, ю *impf* to stroke (*every so often*).

поглазе́|ть, ю *pf of* ⇒**глазе́ть**

погло|ти́ть, щу́, ~́тишь *pf* (*of* ⇒**~ща́ть**) to soak up, absorb (*also fig*); **п. во́ду** to absorb water; **п. чьё-н. внима́ние** to engross s.o.; **п. рома́н** to devour a novel.

поглоща́|ть, ю *impf of* ⇒**поглоти́ть**

поглупе́|ть, ю *pf of* ⇒**глупе́ть**

погля|де́ть, жу́, ди́шь *pf* **1** *pf of* ⇒**гляде́ть**. **2** (*взглянуть*) to have a look. **3** (*некоторое время*) to look for a while.

погля|де́ться, жу́сь, ди́шься *pf of* ⇒**гляде́ться**

погля́дыва|ть, ю *impf* **1** (**на** + *a*) to glance from time to time (at). **2** (**за** + *i*; *coll*) to keep an eye (on).

по|гна́ть, гоню́, го́нишь, *past* **~гна́л, ~гнала́, ~гна́ло** *pf* to drive; (*начать гнать*) to begin to drive.

по|гна́ться, гоню́сь, го́нишься, *past* **~гна́лся, ~гнала́сь, ~гнало́сь** *pf* (**за** + *i*) to run (after); to give chase; (*fig*) to strive (after, for); **п. за эффе́ктами** to strive for effect.

погни́|ть, ю, ёшь, *past* **~л, ~ла́, ~ло** *pf* to rot, decay.

погн|у́ть, у́, ёшь *pf* to bend.

погн|у́ться, ётся *pf* to bend (*intrans*).

погнуша́|ться, юсь *pf of* ⇒**гнуша́ться**

погова́рива|ть, ю *impf* (**о** + *p*) to talk (of); **~ют** there is talk (of); **~ют о его́ жени́тьбе** there is talk of his marrying.

поговор|и́ть, ю́, и́шь 1 *pf of* **⇒говорить 3. 2** (*pf only*) to have a talk.

погово́рк|а, и *f* saying; **войти́ в ~у** to become proverbial.

пого́д|а, ы *f* weather; **какая бы ни была́ п.** rain or shine; **э́то не де́лает ~ы** that is not what counts; **ждать у мо́ря ~ы** to wait for sth to turn up.

пого|ди́ть, жу́, ди́шь *pf* (*coll*) to wait a little; **~ди́те!** wait a moment!, one moment!; **немно́го ~дя́** a little later.

пого́д|ки, ков *pl* (*sg* **~ок, ~ка** *m*) brothers or sisters born at a year's interval; **мы с ней п.** there is a year's difference between us.

пого́дный[1] *adj* annual, yearly.

пого́д|ный[2] *adj of* **⇒~а**

пого́жий *adj* fine, lovely (*of weather*).

поголо́вно *adv* one and all; (all) to a man.

поголо́вн|ый *adj* general, universal; **п. нало́г** poll tax; **~ая пе́репись** universal census.

поголо́вь|е, я *nt* (*total*) number, head (*of livestock*).

поголубе́|ть, ю *pf of* **⇒голубе́ть**

пого́н, а, *g pl* **~** *m* (*mil*) shoulder strap.

пого́нный *adj* linear.

пого́нщик, а *m* driver; **п. му́лов** muleteer.

пого́н|я, и *f* pursuit, chase.

погоня́|ть[1]**, ю** *impf* (*торопить*) to urge on, drive (*also fig*).

погоня́|ть[2]**, ю** *pf* (*заставить бежать*) to drive (*for a certain time*).

погор|а́ть, а́ю *impf of* **⇒~е́ть**[1]

погоре́л|ец, ьца *m* person who has lost everything in a fire; fire victim.

погор|е́ть[1]**, ю́, и́шь** *pf* (*of* **⇒~а́ть**) (*coll*) **1** (*о человеке*) to lose all one's possessions in a fire. **2** (*об имуществе*) to be burnt. **3** (*провалиться*) to fail; **п. на воровстве́** to be caught thieving.

погор|е́ть[2]**, ю́, и́шь** *pf* (*некоторое время*) to burn for a while.

погоряч|и́ться, у́сь, и́шься *pf* to get heated (*fig*), get worked up.

пого́ст, а *m* (*obs*) country churchyard.

пого|сти́ть, щу́, сти́шь *pf* (**у** + *g*) to stay for a while (at, with).

погран... *comb form* frontier(-), border(-).

пограни́чник, а *m* border guard, frontier guard.

пограни́чно-пропускно́й *adj*: **п. пункт** border control post.

пограни́чн|ый *adj* (*страны*) border, frontier; (*участки*) boundary; **п. столб** border post; boundary post; **~ая стра́жа** border guards.

по́греб, а, *pl* **~а́** *m* cellar (*also fig*); **ви́нный п.** wine cellar.

погреба́льн|ый *adj* funeral; **п. звон** knell; **~ое пе́ние** dirge.

погреба́|ть, ю *impf of* **⇒погрести́**[1]

погребе́ни|е, я *nt* burial, interment.

погреб|е́ц, ца́ *m* (*obs*) provisions hamper.

погрему́шк|а, и *f* rattle.

погре|сти́[1]**, бу́, бёшь,** *past* **~̈б, ~бла́** *pf* (*of* **⇒~ба́ть**) (*похоронить*) to bury.

погре|сти́[2]**, бу́, бёшь,** *past* **~̈б, ~бла́** *pf* (*грести некоторое время*) to row a little.

погре́|ть, ю *pf* to warm.

погре́|ться, юсь *pf* to warm o.s.

погреш|а́ть, а́ю *impf of* **⇒~и́ть**

погреш|и́ть, у́, и́шь *pf* (*of* **⇒~а́ть**) (**про́тив** + *g*) to sin (against); to err.

погре́шност|ь, и *f* error, mistake.

погро|зи́ть, жу́, зи́шь *pf of* **⇒грози́ть 2**

погро|зи́ться, жу́сь, зи́шься *pf of* **⇒грози́ться**

погро́м, а *m* pogrom; (*coll*) chaos.

погро́мщик, а *m* person organizing *or* taking part in a pogrom.

погромых|а́ть, а́ю *pf* (*of* **⇒~́ивать**) to rumble intermittently.

погромы́хива|ть, ю *impf of* **⇒погромыха́ть**

погружа́|ть(ся), ю(сь) *impf of* **⇒погрузи́ть(ся)**; **~емый нагрева́тель** immersion heater.

погруже́ни|е, я *nt* submergence; immersion; (*подводной лодки*) dive, diving.

погру́|женный *and* **~жённый** *ppp of* **⇒~зи́ть**; **п. в во́ду** immersed (in water); **п. в размышле́ния** deep in thought; **п. в себя́** wrapped up in o.s.

погру|зи́ть, жу́, ~́зи́шь *pf* (*of* **⇒~жа́ть**) **1** (**~зи́шь**) (**в** + *a*) to immerse; (*в темноту*) to plunge. **2** (**~́зишь**) *pf of* **⇒грузи́ть 2**

погру|зи́ться, жу́сь, ~́зи́шься *pf* **1** (**~зи́шься**) (**в** + *a*) to sink (into), plunge (into); (*о подводной лодке*) to submerge, dive; (*fig*) to be plunged (in); to be absorbed (in), be buried (in), be lost (in); **п. в темноту́** to be plunged into darkness; **п. в чте́ние** to be absorbed in reading; **п. в размышле́ния** to be deep in thought. **2** (**~́зишься**) *pf of* **⇒грузи́ться**

погру́зк|а, и *f* loading.

погру́зочный *adj* loading; **п. жёлоб** loading chute.

погряз|а́ть, а́ю *impf of* **⇒~́нуть**

погря́з|нуть, ну, нешь, *past* **~, ~ла** *pf* (*of* **⇒~а́ть**) (**в** + *p*) to be stuck (in); to be bogged down (in); (*в разврате*) to wallow (in); **п. в долга́х** to be up to one's eyes in debt.

погуб|и́ть, лю́, ~́ишь *pf of* **⇒губи́ть**

погу́дк|а, и *f* (*coll*) tune, melody; **ста́рая п. на но́вый лад** (*fig*) the (same) old story.

погу́лива|ть, ю *impf* (*coll*) **1** (*гулять*) to walk up and down. **2** (*веселиться*) to go on the spree from time to time.

погуля́|ть, ю *pf of* **⇒гуля́ть**

погусте́|ть, ет *pf of* **⇒густе́ть**

под[1]**, а, о ~́е, на ~у́** *m* (*печи*) hearth, floor.

под[2] **(***also* **подо)** *prep* **1** (+ *a and i*) (*ниже*) under; **поста́вить п. стол** to put under the table; **находи́ться п. столо́м** to be under the table; **п. аре́стом** under arrest; **п. ви́дом** (+ *g*) in the guise (of); **п. влия́нием** (+ *g*) under the influence (of); **п. вопро́сом** open to question; **по́д гору** downhill; **п. замко́м** under lock and key; **п. землёй** underground; **быть п. ружьём** to be under arms; **взять кого́-н. по́д руку** to take s.o.'s arm; **п. руко́й** (close) at hand, to hand; **отда́ть п. суд** to prosecute; **п. усло́вием** on condition.
2 (+ *a and i*) (*около*) in the environs of, near; **жить п. Москво́й** to live near Moscow; **пое́хать на да́чу п. Москву́** to go to a dacha near Moscow.
3 (+ *a*) (*для*) for; (to serve) as; **помеще́ние под шко́лой** premises occupied by a school; **отвести́ помеще́ние п. шко́лу** to earmark premises for a school; **ба́нка п. варе́нье** jam jar; **по́ле п. пшени́цей** wheat field.
4 (+ *a*) (*о времени*) towards; on the eve of; **п. ве́чер** towards evening; **п. Но́вый год** on New Year's Eve; **ему́ п. пятьдеся́т (лет)** he is getting on for fifty.
5 (+ *a*) (*в сопровождении*) to (the accompaniment of); **танцева́ть п. му́зыку** to dance to music.
6 (+ *a*) (*наподобие*) in imitation of; **э́то сде́лано п. оре́х** it is imitation walnut; **он пи́шет п. Турге́нева** he writes in imitation of (*the style of*) Turgenev.
7 (+ *a*) (*в обмен*) on (= *in exchange for*); **п. зало́г** on security; **п. распи́ску** on receipt.
8 (+ *i*) (*при обозначении понятия*) by; **что на́до понима́ть п. э́тим выраже́нием?** what is meant by this expression?; **что п. э́тим подразумева́ется?** what is implied by this?
9 (+ *i*; *cul*) in, with; **ры́ба п. бешаме́лью** fish cooked in white sauce; **говя́дина п. хре́ном** beef with horseradish.

под...[1] (*also* **подо...** *and* **подъ...**) *as vbl pref indicates* **1** *action from beneath or affecting lower part of sth, as* **подчеркну́ть** to underline. **2** *motion upwards, as* **подня́ть** to raise. **3** *motion towards, as* **подъе́хать** to approach. **4** *action carried out or event occurring in slight degree, as* **подкра́сить** to touch up; **поджи́ть** to begin to heal up. **5** *supplementary action, as* **подрабо́тать** to earn additionally. **6** *underhand action, as* **подкупи́ть** to bribe.

под...[2] (*also* **подо...** *and* **подъ...**) *as pref of nn and adjs* under-, sub-.

подава́льщик, а *m* **1** (*официант*) waiter. **2** (*рабочий, занятый подачей чего-н.*) supplier.

подава́льщиц|а, ы *f* waitress.

пода|ва́ть(ся), ю́(сь), ёшь(ся) *impf of* **⇒пода́ть(ся)**

подав|и́ть[1]**, лю́, ~́ишь** *pf* (*of* **⇒~ля́ть**) **1** (*восстание; стон*) to suppress; to repress. **2** (*fig*) (*ослабить, угнетать*) to depress; to crush, overwhelm. **3** (*mil*) to neutralize.

подав|и́ть[2]**, лю́, ~́ишь** *pf* (*no impf*) **1** (*coll*) (*раздавить многое, многих*) to press, trample (*a quantity of*). **2** (*подвергнуть давлению в течение некоторого времени*) to press, squeeze for a time.

подав|и́ться, лю́сь, ~́ишься *pf of* **⇒дави́ться**

подавле́ни|е, я *nt* **1** suppression; repression. **2** (*mil*) neutralization.

пода́вленност|ь, и *f* depression.

пода́в|ленный *ppp of* ⇒**~и́ть** *and adj* **1** (*стон, смех*) suppressed, stifled. **2** (*человек, настроение*) depressed, dispirited.

пода́влива|ть, ю *impf* to exert slight pressure from time to time.

подавля́|ть, ю *impf of* ⇒**подави́ть**[1]

подавля́|ющий *pres participle active of* ⇒**~ть** *and adj* overwhelming.

пода́вно *adv* even more so, all the more.

пода́гр|а, ы *f* gout.

пода́грик, а *m* gout sufferer.

подагри́ческий *adj* gouty.

пода́льше *adv* (*coll*) a little farther.

подар|и́ть, ю, ~ишь *pf of* ⇒**дари́ть**

пода́р|ок, ка *m* present, gift; **получи́ть в п.** to receive as a present.

пода́рочный *adj* gift (*attr*).

пода́тел|ь, я *m* bearer (*of a letter, etc.*).

пода́тливост|ь, и *f* **1** pliancy, pliability. **2** (*fig*) (*уступчивость*) complaisance.

пода́тлив|ый (~, ~а) *adj* **1** pliant, pliable. **2** (*fig*) (*уступчивый*) complaisant.

по́дат|ь, и *f* (*hist*) tax, duty, assessment.

по|да́ть, да́м, да́шь, да́ст, дади́м, дади́те, даду́т, *past* **~дал, ~дала́, ~дало** *pf* (*of* ⇒**~дава́ть**) **1** to give; **п. го́лос** to call, make a sound; **п. го́лос за** (+ *a*) to vote for; to vote; **п. знак** to give a sign; **п. по́мощь** to lend a hand; **п. приме́р** to set an example; **п. ру́ку** (+ *d*) to offer one's hand; **п. сигна́л** to give the signal; **~да́йте ей пальто́** help her on with her coat. **2** (*еду*) to serve; **п. на стол** to serve up; **обе́д ~дан** dinner is served. **3** (*sport*): **п. мяч** to serve. **4** (*заявление, жалобу*) to serve, present, hand in; **п. апелля́цию** to appeal; **п. жа́лобу** to lodge a complaint; **п. заявле́ние** to hand in an application; **п. телегра́мму** to send a telegram; **п. в отста́вку** to tender one's resignation; **п. в суд** (**на** + *a*) to bring an action (against). **5** (*literary, theatr*) (*представить, изобразить*) to present, display.

по|да́ться, да́мся, да́шься, да́стся, дади́мся, дади́тесь, даду́тся, *past* **~да́лся, ~дала́сь** *pf* (*of* ⇒**~дава́ться**) **1** (*подвинуться*) to move; **п. наза́д** to draw back; **п. в сто́рону** to move aside. **2** (**на** + *a*; *coll*) (*отправиться*) to make (for), set out (for). **3** (*coll*) (*уступить*) to give way, yield (*also fig*).

пода́ч|а, и *f* **1** giving, presenting; **п. го́лоса** voting; **п. заявле́ния** sending in of application. **2** (*sport*) (*в теннисе, волейболе*) service, serve; (*в футболе*) pass. **3** (*tech*) feed, feeding, supply.

пода́чк|а, и *f* (*coll*) **1** (*кусок еды*) scraps. **2** (*fig*) (*человеку*) handout.

подаяни|е, я *nt* alms.

подба́в|ить, лю, ишь *pf* (*of* ⇒**~ля́ть**) (+ *a or g*) to add; **п. са́хару в ко́фе** to put (more) sugar in coffee; **п. ро́му в чай** to lace tea with rum.

подба́вк|а, и *f* (*coll*) addition.

подбавля́|ть, ю *impf of* ⇒**подба́вить**

подба́лтыва|ть, ю *impf of* ⇒**подболта́ть**

подбега́|ть, ю *impf of* ⇒**подбежа́ть**

подбе|жа́ть, гу́, жи́шь, гу́т *pf* (*of* ⇒**~га́ть**) (**к** + *d*) to run up (to), come running up (to).

подберёзовик, а *m* brown mushroom (*Boletus scaber*).

подбива́|ть, ю *impf of* ⇒**подби́ть**

подби́вк|а, и *f* **1** (*пальто*) lining. **2** (*обуви*) resoling.

подбира́|ть(ся), ю(сь) *impf of* ⇒**подобра́ть(ся)**

подби́т|ый *ppp of* ⇒**~ь**; **п. ва́той** wadded; **п. ме́хом** fur-lined; **п. глаз** black eye.

под|би́ть, обью́, обьёшь *pf* (*of* ⇒**~бива́ть**) **1** (+ *i*) (*пальто*) to line (with). **2** (*обувь*) to resole. **3** (*ушибить*) to injure; **п. кому́-н. глаз** to give s.o. a black eye. **4** (*самолёт, утку*) to shoot down. **5** (+ *inf or* **на** + *a*; *coll*) (*подстрекать*) to incite (to).

подбодр|и́ть, ю́, и́шь *pf* (*of* ⇒**~я́ть**) to cheer up.

подбодр|и́ться, ю́сь, и́шься *pf* (*of* ⇒**~я́ться**) to cheer up, take heart.

подбодр|я́ть(ся), я́ю(сь) *impf of* ⇒**~и́ть(ся)**

подболта́|ть, ю *pf* (*of* ⇒**подба́лтывать**) (+ *a or g*) to mix in, stir in; **п. молока́ в суп** to stir milk into soup.

подбо́р, а *m* **1** selection, assortment; **(как) на п.** choice, well matched. **2**: **в п.** (*printing*) run on.

подбо́рк|а, и *f* set, selection.

подборо́д|ок, ка *m* chin.

подбоче́нива|ться, юсь *impf of* ⇒**подбоче́ниться**

подбоче́нившись *adv* with one's arms akimbo, with one's hands on one's hips.

подбоче́н|иться, юсь, ишься *pf* (*of* ⇒**~иваться**) to place one's arms akimbo.

подбра́сыва|ть, ю *impf of* ⇒**подбро́сить**

подбро́|сить, шу, сишь *pf* (*of* ⇒**подбра́сывать**) **1** to throw up, toss up; **(под** + *a*) to throw (under); **п. моне́ту** to toss up. **2** (+ *a or g*) to throw in, throw on; **п. резе́рвы** (*mil*) to throw in one's reserves; **п. дров в печь** to throw more wood on the fire. **3** (*положить скрытно*) to place surreptitiously.

подва́л, а *m* **1** (*в здании*) cellar; basement. **2** (*в газете*) feuilleton.

подва́лива|ть, ю *impf of* ⇒**подвали́ть**

подвал|и́ть, ю́, ~ишь *pf* (*of* ⇒**~ивать**) **1** (*coll*) (+ *a or g*) to heap up. **2** (+ *a or g*) (*coll*) to add; (*impers*): **наро́ду ~и́ло** still more people came. **3** (*naut*; **к** + *d*) to come in (to), steam in (to).

подва́л|ьный *adj of* ⇒**~**; **п. эта́ж** basement.

подве́домствен|ный (~, ~на) *adj* (+ *d*) dependent (on), within the jurisdiction (of).

подвез|ти́, у́, ёшь, *past* **~, ~ла́** *pf* (*of* ⇒**подвози́ть**) **1** (*довезти*) to bring, take (with one); to give a lift (*on the road*). **2** (+ *a or g*) (*доставить*) to bring up, transport.

подвене́чн|ый *adj*: **~ое пла́тье** wedding dress.

подверг|а́ть(ся), а́ю(сь) *impf of* ⇒**~нуть(ся)**

подве́рг|нуть, ну, нешь, *past* **~** *and* **~нул, ~ла** *pf* (*of* ⇒**~а́ть**) (+ *d*) to subject (to); to expose (to); **п. испыта́нию** to put to the test; **п. опа́сности** to expose to danger, endanger; **п. сомне́нию** to call in question; **п. штра́фу** to fine.

подве́рг|нуться, нусь, нешься, *past* **~ся** *and* **~нулся, ~лась** *pf* (*of* ⇒**~а́ться**) (+ *d*) to undergo, be subjected to.

подве́рженност|ь, и *f* (+ *d*) susceptibility (to).

подве́ржен|ный (~, ~а) *adj* (+ *d*) (*влиянию ветров*) subject (to); (*простуде*) prone (to), susceptible (to).

подвер|ну́ть, ну́, нёшь *pf* (*of* ⇒**~тывать**) **1** (*подвинтить*) to screw up a little; **п. винт** to tighten a screw. **2** (*подоткнуть*) to tuck in, tuck up; **п. одея́ло** to tuck in a blanket; **п. брю́ки** to tuck up one's trousers. **3** (*повредить*) to twist, sprain; **п. но́гу** to sprain one's ankle.

подвер|ну́ться, ну́сь, нёшься *pf* (*of* ⇒**~тываться**) **1** to be twisted, sprained; **нога́ у меня́ ~ну́лась** I have sprained my ankle. **2** (*fig, coll*) (*попасться*) to turn up, show up; **он кста́ти ~ну́лся** he turned up just at the right moment.

подвёртыва|ть(ся), ю(сь) *impf of* ⇒**подверну́ть(ся)**

подве́|сить, шу, сишь *pf* (*of* ⇒**~шивать**) to hang up, suspend.

подве́|ситься, шусь, сишься *pf* (*of* ⇒**~шиваться**) (**на** + *p*) to hang (on to, on by), be suspended (from).

подве́ск|а, и *f* **1** (*действие*) hanging up, suspension. **2** (*украшение*) pendant.

подвесно́й *adj* hanging, suspended; overhead; **п. конве́йер** overhead conveyor; **п. мост** suspension bridge; **п. мото́р** outboard motor.

подве́с|ок, ка *m* pendant.

подве|сти́, ду́, дёшь, *past* **~л, ~ла́** *pf* (*of* ⇒**подводи́ть**) **1** (**к** + *d*) (*человека*) to lead up (to); (*поезд*) to bring up (to); (*дорогу*) to extend (to). **2** (**под** + *a*) to place (under); **п. ми́ну под мост** to mine a bridge; **п. про́чную ба́зу под свой до́воды** to place one's arguments on a sound footing. **3** (*покрасить*): **п. бро́ви** to pencil one's eyebrows; **п. глаза́** to put on eyeliner; **п. гу́бы** to put on lipstick. **4** (*сделать общий вывод*) to put together; **п. бала́нс** (+ *g*) to balance; **п. ито́ги** to reckon up; to sum up (*also fig*). **5** (*coll*) (*поставить в трудное положение*) to let down; to put in a spot. **6** (*impers*; *coll*): **у меня́ живо́т ~ло́** I'm absolutely famished.

подве́тренный *adj* leeward.

подве́шива|ть(ся), ю(сь) *impf of* ⇒**подве́сить(ся)**

подвива́|ть(ся), ю(сь) *impf of* **⇒подви́ть(ся)**

по́двиг, а *m* exploit, feat; heroic deed.

подви́га|ть, ю *pf* (+ *i*) to move a little.

подвига́|ть(ся), ю(сь) *impf of* **⇒подви́нуть(ся)**

подви́гн|уть, у, ешь *pf* (**на** + *a*) (*rhetorical, obs*) to rouse (to).

подви́д, а *m* (*biol*) subspecies.

подви́жник, а *m* **1** (*relig*) ascetic; zealot. **2** (*fig*) zealot, devotee.

подви́жничеств|о, а *nt* **1** (*relig*) asceticism. **2** (*fig*) selfless devotion (*to a cause*).

подвижн|о́й *adj* mobile; movable; (*tech*) travelling (*Br*), traveling (*US*); **п. го́спиталь** mobile hospital; **~ы́е и́гры** outdoor games; **п. масшта́б** sliding scale; **п. пра́здник** (*eccl*) movable feast; **п. соста́в** (*railways*) rolling stock.

подви́жност|ь, и *f* **1** mobility. **2** (*человека*) liveliness.

подви́ж|ный (~ен, ~на) *adj* **1** (*группа войск*) mobile. **2** (*ребёнок*) lively; **~ное лицо́** mobile features.

подвиза́|ться, юсь *impf* (*rhetorical or ironical*) to work; to pursue an occupation; **п. на юриди́ческом по́прище** to follow the law; **п. на сце́не** to tread the boards.

подвин|ти́ть, чу́, ти́шь *pf* (*of* **⇒~́чивать**) **1** to screw up, tighten. **2** (*fig, coll*) to urge, goad.

подви́|нуть, ну, нешь *pf* (*of* **⇒~га́ть**) **1** to move; to push; **~ньте стул!** pull up a chair! **2** (*fig*) (*продвинуть*) to advance, push forward.

подви́|нуться, нусь, нешься *pf* (*of* **⇒~га́ться**) **1** to move; **~ньтесь и да́йте мне сесть!** move up and let me sit down! **2** (*fig*) (*продвинуться*) to advance, progress.

подви́нчива|ть, ю *impf of* **⇒подвинти́ть**

под|ви́ть, овью́, овьёшь, *past* **~ви́л, ~вила́, ~ви́ло** *pf* (*of* **⇒~вива́ть**) to curl slightly, frizz.

под|ви́ться, овью́сь, овьёшься, *past* **~ви́лся, ~вила́сь, ~ви́лось** *pf* (*of* **⇒~вива́ться**) to curl one's hair slightly, frizz one's hair.

подвла́ст|ный (~ен, ~на) *adj* (+ *d*) subject to, under the control of.

подво́д, а *m* (*tech*) supply, feed, admission; (*elec*) lead, feeder.

подво́д|а, ы *f* cart.

подво|ди́ть, жу́, ~́дишь *impf of* **⇒подвести́**

подво́дник, а *m* (*моряк*) submariner; (*водолаз*) diver.

подводн|о́й *adj*: **~а́я труба́** (*tech*) feed pipe.

подво́дн|ый *adj* submarine; underwater; **п. ка́бель** submarine cable; **п. ка́мень** reef, rock; **~ая ло́дка** submarine; **~ое тече́ние** undercurrent.

подво́з, а *m* transport; supply.

подво|зи́ть, жу́, ~́зишь *impf of* **⇒подвезти́**

подворо́т|ня, ни, *g pl* **~ен** *f* **1** (*щель*) space between gate and ground. **2** (*доска*) board attached to bottom of gate. **3** (*проём для проезда, прохода*) gateway, passageway.

подво́х, а *m* (*coll*) dirty trick.

подвыпи|вший *pp of* **⇒~ть** *and adj* (*coll*) tipsy.

подвы́п|ить, ью, ьешь *pf* (*coll*) to become tipsy.

подвя|за́ть, жу́, ~́жешь *pf* (*of* **⇒~́зывать**) to tie up.

подвя́зк|а, и *f* (*женская*) garter; (*мужская*) suspender (*Br*), garter (*US*).

подвя́зыва|ть, ю *impf of* **⇒подвяза́ть**

подга́|дить, жу, дишь *pf* (*coll*) **1** to spoil the effect (of), make a mess (of). **2** (+ *d*) to play a dirty trick (on).

подгиба́|ть(ся), ю(сь) *impf of* **⇒подогну́ть(ся)**

подгля|де́ть, жу́, ди́шь *pf* (*of* **⇒~́дывать**) (**за** + *i*; *coll*) to peep (at); to spy (on), watch furtively.

подгля́дыва|ть, ю *impf of* **⇒подгляде́ть**

подгнива́|ть, ю *impf of* **⇒подгни́ть**

подгни́|ть, ю́, ёшь, *past* **~л, ~ла́, ~ло** *pf* (*of* **⇒~ва́ть**) to begin to rot, rot slightly.

подгова́рива|ть, ю *impf of* **⇒подговори́ть**

подговор|и́ть, ю́, и́шь *pf* (*of* **⇒подгова́ривать**) (**на** + *a or* + *inf*) to put up (to), incite (to).

подголо́вник, а *m* headrest.

подголо́с|ок, ка *m* **1** (*mus*) second part, supporting voice. **2** (*coll, pej*) yes-man.

подгоня́|ть, ю *impf of* **⇒подогна́ть**

подгор|а́ть, а́ю *impf of* **⇒~е́ть**

подгоре́лый *adj* slightly burnt.

подгор|е́ть, и́т *pf* (*of* **⇒~а́ть**) to burn slightly.

подгоро́дный *adj* situated on the outskirts of a town.

подгота́влива|ть(ся), ю(сь) *impf of* **⇒подгото́вить(ся)**

подготови́тельный *adj* preparatory.

подгото́в|ить, лю, ишь *pf* (*of* **⇒подгота́вливать** *and* **⇒~ля́ть**) (**для** + *g*, **к** + *d*) to prepare (for); **п. по́чву** (*fig*) to pave the way.

подгото́в|иться, люсь, ишься *pf* (*of* **⇒подгота́вливаться** *and* **⇒~ля́ться**) (**к** + *d*) to prepare (for), get ready (for).

подгото́вк|а, и *f* **1** (**к** + *d*) preparation (for), training (for); **артиллери́йская п.** artillery preparation, preparatory bombardment. **2** (**в** + *p or* **по** + *d*) grounding (in), schooling (in).

подгото́вленност|ь, и *f* preparedness.

подготовля́|ть(ся), ю(сь) *impf of* **⇒подгото́вить(ся)**

подгреба́|ть, ю *impf of* **⇒подгрести́**

подгре|сти́[1], бу́, бёшь, *past* **~̈б, ~бла́** *pf* (*of* **⇒~ба́ть**) (*листья*) to rake up.

подгре|сти́[2], бу́, бёшь, *past* **~̈б, ~бла́** *pf* (*of* **⇒~ба́ть**) (**к** + *d*) (*приблизиться*) to row up (to).

подгру́д|ок, ка *m* dewlap.

подгру́пп|а, ы *f* subgroup.

подгу́зник, а *m* nappy (*Br*), diaper (*US*).

подгуля́|ть, ю *pf* (*coll*) **1** to have had a little too much to drink. **2** (*joc*) (*не удаться*) to be rather poor.

подда|ва́ть(ся), ю́(сь), ёшь(ся) *impf of* **⇒подда́ть(ся)**

odда́кива|ть, ю *impf* (*of* **⇒подда́кнуть**) (+ *d*; *coll*) to say yes (to), assent (to) (*also pej*).

подда́к|нуть, ну, нешь *pf of* **⇒~ивать**

по́дданн|ый *ppp of* **⇒подда́ть**; *as n* **п., ~ого** *m, and* **~ая, ~ой** *f* subject, national.

по́дданств|о, а *nt* citizenship, nationality.

под|да́ть, да́м, да́шь, да́ст, дади́м, дади́те, даду́т, *past* **~́дал, ~дала́, ~́дало** *pf* (*of* **⇒~дава́ть**) **1** (*мяч*) to strike; (*ногой*) to kick. **2** (*в игре в шашки*) to give away. **3** (+ *g*; *coll*) (*усилить*) to add, increase; **п. жа́ру** to add fuel to the fire; **п. па́ру** to increase steam; **п. га́зу** to get a move on. **4** (*coll*) (*выпить*) to booze, tipple.

под|да́ться, да́мся, да́шься, да́стся, дади́мся, дади́тесь, даду́тся, *past* **~да́лся, ~дала́сь** *pf* (*of* **⇒~дава́ться**) **1** (+ *d*) to yield (to), give way (to), give in (to); **дверь не ~дала́сь** the door would not give; **п. искуше́нию** to yield to temptation; **не ~дава́ться описа́нию** to beggar description; **п. отча́янию** to give way to despair; **п. угро́зам** to give in to threats. **2** (*coll*) (*дать себя поймать*) to give o.s. up.

поддева́|ть, ю *impf of* **⇒подде́ть**

подде́л|ать, аю *pf* (*of* **⇒~ывать**) to forge; to counterfeit; **п. по́дпись** to forge a signature.

подде́л|аться, аюсь *pf* (*of* **⇒~ываться**) **1** (**под** + *a*) to imitate, put on. **2** (**к** + *d*; *coll*) to ingratiate o.s. (with).

подде́лк|а, и *f* forgery; counterfeit, fake; **п. под же́мчуг** imitation pearls.

подде́лывател|ь, я *m* forger; counterfeiter.

подде́лыва|ть(ся), ю(сь) *impf of* **⇒подде́лать(ся)**

подде́льн|ый *adj* forged, counterfeit; (*неискренний*) sham; **~ые драгоце́нности** imitation jewellery; **~ая моне́та** counterfeit coin; **п. па́спорт** forged passport.

поддёргива|ть, ю *impf of* **⇒поддёрнуть**

поддержа́ни|е, я *nt* maintenance; **п. ми́ра** peacekeeping; **войска́ по ~ю ми́ра** peacekeeping force.

поддерж|а́ть, у́, ~́ишь *pf* (*of* **⇒~́ивать 1**) **1** to support (*also fig*); to back, second; **мора́льно п.** to give moral support; **п. резолю́цию** to second a resolution. **2** (*не дать прекратиться*) to keep up, maintain; **п. ого́нь** to keep up the fire; **п. разгово́р** to keep up a conversation.

подде́ржива|ть, ю *impf* **1** *impf of* **⇒поддержа́ть**; **п. отноше́ния** (**с** + *i*) to keep in touch (with). **2** (*impf only*) to bear, support.

подде́ржк|а, и *f* **1** (*действие*) support; backing; seconding. **2** (*опора*) support, prop.

П

поддёр|нуть, ну, нешь *pf* (*of* ⇨**~гивать**) to pull up.

поддé|ть, ну, нешь *pf* (*of* ⇨**~вáть**) **1** (**под** + *a*; *coll*) to put on under, wear under; **~нь(те) свитер под кýртку** put a sweater on under your jacket. **2** (*зацепить*) to hook; to catch up. **3** (*fig, coll*) (*человека*) to catch out; to have a dig at s.o.

поддóн, а *m* (*для кирпичей*) pallet; (*подставка*) stand, tray.

поддóнник, а *m* saucer (*placed under flowerpot*).

поддрáзнива|ть, ю *impf of* ⇨**поддразни́ть**

поддразн|и́ть, ю́, ~́ишь *pf* (*of* ⇨**~́ивать**) (*coll*) to tease.

поддувáл|о, а *nt* damper (*of stove, furnace*).

поддувá|ть, ю *impf* **1** (*снизу, сбоку*) to blow (*from underneath*). **2** (*слегка*) to blow slightly.

по-дéдовски *adv* (*coll*) as of old.

подéйств|овать, ую *pf of* ⇨**дéйствовать 2**

подéла|ть, ю *pf* (*no impf*) (*coll*) to do; **ничегó не ~ешь** it can't be helped; **ничегó не могý с ни́ми п.!** I can't do anything with them.

подел|и́ть(ся), ю́(сь), ~́ишь(ся) *pf of* ⇨**дели́ть 2** *and* ⇨**дели́ться 3**

подéлк|а, и *f* **1** (*случайная работа*) odd job. **2** (*изделие*) handmade article; **~и из дéрева** handmade wooden articles.

поделóм *adv* (*coll*): **п. емý,** *etc.*, it serves him, *etc.*, right.

подéлыва|ть *impf* (*coll*) *only used in question* **что ~ешь? что ~ете?** how are you getting on?

подёнк|а, и *f* (*zool*) mayfly.

подённо *adv* by the day.

подённ|ый *adj* by the day; **~ая оплáта** pay by the day; **~ая рабóта** day labour (*Br*), labor (*US*).

подёнщик, а *m* day labourer (*Br*), laborer (*US*).

подёнщин|а, ы *f* day labour (*Br*), labor (*US*).

подёнщи|ца, цы *f of* ⇨**~к**

подёрг|ать, аю *pf of* ⇨**~ивать**

подёргивани|е, я *nt* twitch(ing).

подёргива|ть, ю *impf* **1** (*impf of* ⇨**подёргать**) (+ *a or* **за** + *a*) to pull (at), tug (at). **2** (*impf only*) (+ *i*) to twitch.

подёргива|ться, юсь *impf* to twitch.

подéржанный *adj* second-hand.

подерж|áть, ý, ~́ишь *pf* (*в руках*) to hold for some time; (*у себя*) to keep for some time.

подерж|áться, ýсь, ~́ишься *pf* **1** (**за** + *a*) to hold (on to) for some time. **2** (*сохраниться*) to hold (out), last.

подёрн|уть, ет *pf* to cover, coat; (*impers*): **рекý ~уло льдом** the river was coated with ice.

подёрн|уться, ется *pf* (+ *i*) to be covered (with).

подешевé|ть, ет *pf of* ⇨**дешевéть**

поджáрива|ть(ся), ю(сь) *impf of* ⇨**поджáрить(ся)**

поджáрист|ый (~, ~а) *adj* well done; crisp.

поджáр|ить, ю, ишь *pf* (*of* ⇨**~ивать**) (*на сковороде*) to fry; (*в духовке*) to roast; (*на рашпере*) to grill (slightly); **п. хлеб** to toast bread.

поджáр|иться, юсь, ишься *pf* (*of* ⇨**~иваться**) to fry, roast (slightly).

поджáр|ый (~, ~а) *adj* (*coll*) lean, wiry.

под|жáть, ожмý, ожмёшь *pf* (*of* ⇨**~жимáть**) **1** to draw in; **п. гýбы** to purse one's lips; **п. хвост** to have one's tail between one's legs (*also fig*); **сидéть ~жáв нóги** to sit cross-legged. **2** (*coll*) (*вынудить торопиться*) to force to hurry.

поджелýдочн|ый *adj*: **~ая железá** (*anat*) pancreas.

под|жéчь, ожгý, ожжёшь, ожгýт, *past* **~жёг, ~ожглá** *pf* (*of* ⇨**~жигáть**) **1** to set fire (to), set on fire. **2** (*coll*) (*еду*) to burn slightly.

поджигáтел|ь, я *m* **1** incendiary, arsonist. **2** (*fig*) instigator; **п. войны́** warmonger.

поджигáтель|ница, ницы *f of* ⇨**~**

поджигáтельский *adj* inflammatory.

поджигá|ть, ю *impf of* ⇨**поджéчь**

поджидá|ть, ю *impf* to wait (for).

поджи́л|ки, ок (*no sg*) knee tendons; **у меня́ от стрáха п. затрясли́сь** (*fig, coll*) I was shaking in my shoes.

поджимá|ть, ю *impf of* ⇨**поджáть**

поджóг, а *m* arson; arson attack.

подзаб|ы́ть, ýду, ýдешь *pf* (*coll*) to forget partially; **я ~ы́л рýсский язы́к** my Russian is a little rusty.

подзаголóв|ок, ка *m* subtitle, subheading.

подзадóрива|ть, ю *impf of* ⇨**подзадóрить**

подзадóр|ить, ю, ишь *pf* (*of* ⇨**~ивать**) (*coll*) to egg on.

подзарабóта|ть, ю *pf* (*coll*) to earn in addition.

подзаты́льник, а *m* (*coll*) clip round the ear.

подзащи́тн|ый, ого *m* (*law*) client.

подземéл|ье, ья, *g pl* **~ий** *nt* cave; (*тюрьма*) dungeon.

подзéмк|а, и *f* (*coll*) underground (railway), tube.

подзéмный *adj* underground, subterranean; **п. толчóк** earth tremor.

подзеркáльник, а *m* pier table.

подзóл, а *m* (*agric*) podzol.

подзóр, а *m* **1** carved cornice (*in Russian wooden architecture*). **2** (*покрывала*) edging, trimming.

подзóрн|ый *adj*: **~ая трубá** spyglass, telescope.

подзу|ди́ть, жý, ~́дишь *pf* (*of* ⇨**~́живать**) (*coll*) to egg on.

подзýжива|ть, ю *impf of* ⇨**подзуди́ть**

подзывá|ть, ю *impf of* ⇨**подозвáть**

поди́[1] (*coll*) = **пойди́** (*imperative of* ⇨**пойти́**); **п. сюдá!** come here!

поди́[2] (*coll*) **1** (*наверное*) probably; I dare say; I shouldn't wonder; *or translated* must (be), is sure (to be); **ты, п., устáла** you must be tired; **он, п., забы́л** he has probably forgotten. **2** (*выражение удивления*) (*also* **нá п.**); **п. ты, рáзве он э́то сказáл?** go on, he never said that?; impossible! he couldn't have said that!; **вот п. ж ты** just imagine; well, who would have thought it possible. **3** *particle* + *imperative* just try; **п. удержи́ егó** just try to stop him.

подив|и́ться, лю́сь, и́шься *pf of* ⇨**диви́ться**

подирá|ть, ет *impf*: **морóз по кóже ~ет** (*coll*) it makes one's flesh creep; it gives one the creeps.

подкáлыва|ть, ю *impf of* ⇨**подколóть**

подкáпыва|ть(ся), ю(сь) *impf of* ⇨**подкопáть(ся)**

подкараýлива|ть, ю *impf* (*of* ⇨**подкараýлить**) (*coll*) to be on the watch (for), lie in wait (for).

подкараýл|ить, ю, ишь *pf of* ⇨**подкараýливать**

подкáрмлива|ть, ю *impf of* ⇨**подкорми́ть**

подкáст, а *m* (*файл или группа файлов, доступные в формате подкастинга*) podcast (*file(s) available for use with podcasting*).

подкáстинг, а *m* (*способ распространения мультимедийных файлов через Интернет*) podcasting (*method of distributing multimedia files*).

подка|ти́ть, чý, ~́тишь *pf* (*of* ⇨**~́тывать**) **1** (*мяч*) to roll; (*велосипед*) to wheel. **2** (*coll*) (*об экипаже*) to roll up, drive up. **3** (*coll*): **у меня́ ком ~ти́л к гóрлу** I felt a lump rise in my throat.

подка|ти́ться, чýсь, ~́тишься *pf* (*of* ⇨**~́тываться**) (**под** + *a*) to roll (under).

подкáтыва|ть(ся), ю(сь) *impf of* ⇨**подкати́ть(ся)**

подкач|áть, áю *pf* (*of* ⇨**~́ивать**) (*coll*) to make a mess (of things).

подкáчива|ть, ю *impf of* ⇨**подкачáть**

подкáшива|ть(ся), ю, ет(ся) *impf of* ⇨**подкоси́ть(ся)**

подки́дыва|ть, ю *impf of* ⇨**подки́нуть**

подки́дыш, а *m* foundling, abandoned baby.

подки́|нуть, ну, нешь *pf* (*of* ⇨**~дывать**) = **подбрóсить**

подклáдк|а, и *f* lining.

подкладнó|й *adj* put under; **~е сýдно** bedpan.

подклáд|очный *adj of* ⇨**~ка**; **п. материáл** lining (material).

подклáдыва|ть, ю *impf of* ⇨**подложи́ть**

подклáсс, а *m* (*biol*) subclass.

подклéива|ть, ю *impf of* ⇨**подклéить**

подклé|ить, ю, ишь *pf* (*of* ⇨**~ивать**) **1** (**под** + *a*) to glue (under), paste (under). **2** (*починить*) to glue up, paste up.

подключ|áть(ся), áю(сь) *impf of* ⇨**~и́ть(ся)**

подключ|и́ть, у́, и́шь *pf* (*of* ⇨**~а́ть**) (**к** + *d*) **1** (*tech*) to link up (to), connect up (to). **2** (*fig*) to attach (to); to involve; **его́ ~и́ли ко второ́му ку́рсу** he has been attached to the second year; **к рабо́те ~и́ли специали́стов** specialists were involved in the work.

подключ|и́ться, у́сь, и́шься *pf* (*of* ⇨**~а́ться**) **1** (*tech*) to be connected up. **2** (*fig*) to get involved, become a participant.

подко́в|а, ы *f* (horse)shoe.

подк|ова́ть, ую́, уёшь *pf* (*of* ⇨**кова́ть 2** *and* ⇨**~о́вывать**) **1** to shoe. **2** (**в** + *p*; *fig, coll*) (*подготовить*) to ground (in), give a grounding (in).

подко́выва|ть, ю *impf of* ⇨**подкова́ть**

подковы́рива|ть, ю *impf of* ⇨**подковырну́ть**

подковыр|ну́ть, ну́, нёшь *pf* (*of* ⇨**~́ивать**) **1** to pick (*a sore, etc.*). **2** (*fig, coll*) (*человека*) to catch out.

подко́жный *adj* (*жир*) subcutaneous; (*укол*) hypodermic.

подколо́дн|ый *adj*: **змея́ ~ая** (*fig, coll*) snake in the grass.

подкол|о́ть, ю́, ~́ешь *pf* (*of* ⇨**подка́лывать**) **1** (*волосы*) to pin up. **2** (*дрова*) to chop up. **3** (*документ к делу*) to attach, append.

подкоми́сси|я, и *f* subcommittee.

подкомите́т, а *m* subcommittee.

подконтро́л|ьный (~ен, ~ьна) *adj* under control; (+ *d*) under the control of.

подко́п, а *m* **1** (*действие*) undermining. **2** (*подземный ход*) underground passage. **3** (*fig, coll*) (*происки*) intrigue(s).

подкопа́|ть, ю *pf* (*of* ⇨**подка́пывать**) **1** to dig under. **2** (*fig, coll*) to undermine.

подкопа́|ться, юсь *pf* (*of* ⇨**подка́пываться**) (**под** + *a*) **1** (*о животных*) to burrow (under). **2** (*fig, coll*) to undermine.

подкорм|и́ть, лю́, ~́ишь *pf* (*of* ⇨**подка́рмливать**) to feed up; to fatten (up).

подко́рмк|а, и *f* feeding; fattening.

подко́с, а *m* (*tech*) strut, brace, angle brace.

подко|си́ть, шу́, ~́сишь *pf* (*of* ⇨**подка́шивать**) **1** (*траву*) to cut. **2** (*о пуле, ударе*) to fell, lay low (*also fig*); **э́то оконча́тельно ~си́ло (меня́, его́,** *etc.*) that was the last straw; that was the final blow.

подкос|и́ться, ~́ится *pf* (*of* ⇨**подка́шиваться**) to give way, buckle.

подкра́дыва|ться, юсь *impf of* ⇨**подкра́сться**

подкра́|сить, шу, сишь *pf* (*of* ⇨**~шивать**) (*стену*) to tint, colour (*Br*), color (*US*); (*губы*) to touch up.

подкра́|ситься, шусь, сишься *pf* (*of* ⇨**~шиваться**) to touch up one's make-up.

подкра́|сться, ду́сь, дёшься *pf* (*of* ⇨**~дываться**) (**к** + *d*) to steal up (to), sneak up (to).

подкра́шива|ть(ся), ю(сь) *impf of* ⇨**подкра́сить(ся)**

подкреп|и́ть, лю́, и́шь *pf* (*of* ⇨**~ля́ть**) **1** (*забор*; *теорию*) to reinforce, support (*also fig*). **2** (*накормить*) to fortify (*with food and/or drink*); **п. себя́ пе́ред доро́гой** to fortify o.s. for a journey. **3** (*mil*) to reinforce.

подкреп|и́ться, лю́сь, и́шься *pf* (*of* ⇨**~ля́ться**) to fortify o.s. (*with food and/or drink*).

подкрепле́ни|е, я *nt* **1** (*забора*; *теории*) reinforcement, support. **2** (*едой, питьём*) sustenance. **3** (*mil*) reinforcement.

подкрепля́|ть(ся), ю(сь) *impf of* ⇨**подкрепи́ть(ся)**

подкузьм|и́ть, лю́, и́шь *pf* (*coll*) to do a bad turn; to do (down).

по́дкуп, а *m* bribery; corruption.

подкуп|а́ть, а́ю *impf of* ⇨**~и́ть**

подкуп|и́ть, лю́, ~́ишь *pf* (*of* ⇨**~а́ть**) **1** (*деньгами*) to bribe. **2** (*fig*) (*добротой*) to win over.

подла́|диться, жусь, дишься *pf* (*of* ⇨**~живаться**) (**к** + *d*; *coll*) **1** (*приспособиться*) to adapt o.s. (to), fit in (with). **2** (*постараться угодить*) to humour (*Br*), humor (*US*); to make up (to).

подла́жива|ться, юсь *impf of* ⇨**подла́диться**

подла́мыва|ться, ется *impf of* ⇨**подломи́ться**

по́дле *prep* + *g* by the side of, beside.

подлёдный *adj* under the ice.

подлеж|а́ть, у́, и́шь *impf* (+ *d*) to be liable (to), be subject (to); **э́тот дом ~и́т сно́су** this house is to be pulled down; **«не ~и́т оглаше́нию»** (*classification of document*) 'Confidential'; **не ~и́т сомне́нию** it is beyond doubt.

подлежа́щ|ее, его *nt* (*gram*) subject.

подлежа́|щий *pres participle active of* ⇨**~ть** *and adj* (+ *d*) liable (to), subject (to); **п. обложе́нию сбо́ром** dutiable; **не п. обложе́нию сбо́ром** duty-free; **не п. оглаше́нию** confidential; off-the-record.

подлез|а́ть, а́ю *impf of* ⇨**~́ть**

подлёз|ть, у, ешь *pf* (*of* ⇨**~а́ть**) (**под** + *a*) to crawl (under), creep (under).

подле́с|ок, ка *m* undergrowth.

подлет|а́ть, а́ю *impf of* ⇨**~е́ть**

подле|те́ть, чу́, ти́шь *pf* (*of* ⇨**~та́ть**) (**к** + *d*) to fly up (to); (*fig*) to rush up (to).

подле́|ть, ю, ешь *impf* (*of* ⇨**о~**) (*coll*) to grow mean; to become a scoundrel.

подле́ц, а́ *m* scoundrel, villain, rascal.

подле́чива|ть(ся), ю(сь) *impf of* ⇨**подлечи́ть(ся)**

подлеч|и́ть, у́, ~́ишь *pf* (*of* ⇨**~́ивать**) (*coll*) to treat.

подлеч|и́ться, у́сь, ~́ишься *pf* (*of* ⇨**~́иваться**) (*coll*) to take medical treatment.

подлива́|ть, ю *impf of* ⇨**подли́ть**

подли́вк|а, и *f* sauce; (*салатная*) dressing; (*мясная*) gravy.

подливн|о́й *adj*: **~о́е колесо́** (*tech*) undershot wheel.

подли́з|а, ы *cg* (*coll*) toady.

подли|за́ться, жу́сь, ~́жешься *pf* (*of* ⇨**~́зываться**) (**к** + *d*; *coll*) to lick s.o.'s boots; to suck up (to).

подли́зыва|ться, юсь *impf of* ⇨**подлиза́ться**

по́длинник, а *m* original (*opp copy*).

по́длинно *adv* really; genuinely; **п. хоро́ший фильм** a really good film.

по́длинност|ь, и *f* authenticity.

по́длин|ный (~ен, ~на) *adj* **1** (*не поддельный*) genuine; authentic; (*не копия*) original; **«с ~ным ве́рно»** 'certified true copy'. **2** (*истинный*) true, real; **п. учёный** a true scholar.

подлипа́ла = **подли́за**

под|ли́ть, олью́, ольёшь, *past* **~ли́л, ~лила́, ~ли́ло** *pf* (*of* ⇨**~лива́ть**) (+ *a or g* **в** + *a*) to add (to); **п. ма́сла в ого́нь** (*fig*) to add fuel to the fire.

по́длича|ть, ю *impf* to act meanly.

подло́г, а *m* forgery.

подло́дк|а, и *f* submarine; sub.

подлож|и́ть, у́, ~́ишь *pf* (*of* ⇨**подкла́дывать**) **1** (**под** + *a*) to lay under. **2** (+ *a or g*) (*добавить*) to add; **~и́те дров** put some more wood on. **3** (*скрытно*) to put furtively; **п. кому́-н. свинью́** to play a dirty trick on s.o.

подло́ж|ный (~ен, ~на) *adj* counterfeit, forged.

подлоко́тник, а *m* elbow rest; arm (*of chair*).

подлом|и́ться, ~́ится *pf* (*of* ⇨**подла́мываться**) (**под** + *i*) to break (under).

по́длост|ь, и *f* **1** (*свойство*) meanness, baseness. **2** (*поступок*) mean trick, low-down trick.

подлу́нный *adj* sublunar.

по́дл|ый (~, ~а́, ~о) *adj* mean, base, despicable.

подма́|зать, жу, жешь *pf* (*of* ⇨**~зывать**) to grease, oil; (*fig, coll*) to grease s.o.'s palm.

подма́|заться, жусь, жешься *pf* (*of* ⇨**~зываться**) (*coll*) **1** (*подкраситься*) to touch up one's make-up. **2** (**к** + *d*) (*подделаться*) to curry favour (*Br*), favor (*US*) (with), to make up (to).

подма́зыва|ть(ся), ю(сь) *impf of* ⇨**подма́зать(ся)**

подмал|ева́ть, юю, юешь *pf* (*of* ⇨**~ёвывать**) (*coll*) to tint, colour (*Br*), color (*US*); to touch up.

подмалёвыва|ть, ю *impf of* ⇨**подмалева́ть**

подманда́тн|ый *adj* (*pol*) mandated; **~ая террито́рия** mandated territory.

подма́нива|ть, ю *impf of* ⇨**подмани́ть**

подман|и́ть, ю́, ~́ишь *pf* (*of* ⇨**~́ивать**) to call (to); to beckon.

подма́слива|ть, ю *impf of* ⇨**подма́слить**

подма́сл|ить, ю, ишь *pf* (*of* ⇨**~ивать**) **1** to add butter to. **2** (*coll*) (*подкупить*) to bribe; to grease s.o.'s palm.

подмасте́рь|е, я, *g pl* **~ев** *m* apprentice.

П

подма́хива|ть, ю *impf of* **⇒подмахну́ть**

подмах|ну́ть, ну́, нёшь *pf* (*of* **⇒~́ивать**) (*coll*) to scribble a signature on.

подма́чива|ть, ю *impf of* **⇒подмочи́ть**

подме́н, а *m* substitution (*of sth false for sth real*).

подме́н|а, ы *f* = ~

подме́нива|ть, ю *impf of* **⇒подмени́ть**

подмен|и́ть, ю́, ~́ишь *pf* (*of* **⇒~́ивать** *and* **⇒~я́ть**) (+ *a and i*) to substitute (for) (*intentionally*); **кто́-то на вечери́нке ~и́л мне шля́пу** s.o. at the party took my hat (and left his instead).

подмен|я́ть, я́ю *impf of* **⇒~и́ть**

подмерз|а́ть, а́ет *impf of* **⇒~́нуть**

подмёрз|нуть, нет, *past* **~, ~ла** *pf* (*of* **⇒~а́ть**) to freeze slightly.

подме|си́ть, шу́, ~́сишь *pf* (*of* **⇒~́шивать**[1]) to add, mix in.

подме|сти́, ту́, тёшь, *past* **~́л, ~ла́** *pf* (*of* **⇒~та́ть**[1]) **1** (*место*) to sweep. **2** (*мусор*) to sweep up.

подмета́|ть[1]**, ю** *impf of* **⇒подмести́**

подме|та́ть[2]**, чу́, ~́чешь** *pf* (*of* **⇒~́тывать**) (*подшить*) to baste, tack.

подме́|тить, чу, тишь *pf* (*of* **⇒~ча́ть**) to notice.

подмётк|а, и *f* sole; **в ~и кому́-н. не годи́ться** (*coll*) to not be fit to hold a candle to s.o.

подмётыва|ть, ю *impf of* **⇒подмета́ть**[2]

подмеча́|ть, ю *impf of* **⇒подме́тить**

подмеш|а́ть, а́ю *pf* (*of* **⇒~́ивать**[2]) to stir in, mix in.

подме́шива|ть[1]**, ю** *impf of* **⇒подмеси́ть**

подме́шива|ть[2]**, ю** *impf of* **⇒подмеша́ть**

подми́гива|ть, ю *impf of* **⇒подмигну́ть**

подмиг|ну́ть, ну́, нёшь *pf* (*of* **⇒~́ивать**) (+ *d*) to wink (at).

подмина́|ть, ю *impf of* **⇒подмя́ть**

подмо́г|а, и *f* (*coll*) help, assistance.

подмок|а́ть, а́ю *impf of* **⇒~́нуть**

подмо́к|нуть, ну, нешь, *past* **~, ~ла** *pf* (*of* **⇒~а́ть**) to get slightly wet.

подмора́жива|ть, ет *impf of* **⇒подморо́зить**

подморо́женный *adj* frostbitten, frozen (slightly).

подморо́з|ить, ит *pf* (*of* **⇒подмора́живать**) to freeze; **к ве́черу ~ило** towards evening it began to freeze.

подмоско́вный *adj* (situated) near Moscow.

подмо́стк|и, ов (*no sg*) **1** (*леса*) scaffolding, staging. **2** (*theatr*) (*сцена*) stage; boards.

подмо́ч|енный *ppp of* **⇒~и́ть** *and adj* **1** (*влажный*) slightly wet, damp. **2** (*испорченный*) damaged (*also fig*); **~енная репута́ция** tarnished reputation.

подмоч|и́ть, у́, ~́ишь *pf* (*of* **⇒подма́чивать**) **1** (*намочить*) to wet slightly, damp, dampen. **2** (*испортить*) to damage.

подмыва́|ть, ю *impf* **1** *impf of* **⇒подмы́ть**. **2** (*impers*) to urge; **меня́ так и ~ет** (+ *inf*) I feel an urge (to); I can hardly keep (from).

подм|ы́ть, о́ю, о́ешь *pf* (*of* **⇒~ыва́ть**) **1** (*ребёнка*) to wash s.o.'s bottom. **2** (*берег*) to wash away, undermine.

подмы́шк|а, и *f* armpit.

под|мя́ть, омну́, омнёшь *pf* (*of* **⇒~мина́ть**) to crush.

поднадзо́р|ный (~ен, ~на) *adj* under surveillance.

поднаж|а́ть, му́, мёшь *pf* (**на** + *a*; *coll*) (*на дверь*) to press, put pressure (on); (*на отстающих*) to chivvy; **поднажми́!** hurry up!

поднату́ж|иться, усь, ишься *pf* (*coll*) to make a big effort.

подна́чива|ть, ю *impf of* **⇒подна́чить**

подна́ч|ить, у, ишь *pf* (*of* **⇒~ивать**) (*coll*) to egg on.

поднебе́сн|ая, ой *f* (*folk poetical*) the earth.

поднебе́сь|е, я *nt* (*folk poetical*) the heavens.

поднево́л|ьный (~ен, ~ьна) *adj* **1** (*человек*) dependent; subordinate; not free. **2** (*труд*) forced.

поднес|ти́, у́, ёшь, *past* **~́, ~ла́** *pf* (*of* **⇒подноси́ть**) **1** (*нести*) (**к** + *d*) to take (to), bring (to). **2** (+ *d and a*) (*подарить*) to present (with); to take (as a present); (*угостить*) to treat (to); **п. кому́-н. буке́т цвето́в** to present s.o. with a bouquet.

поднима́|ть(ся), ю(сь) *impf of* **⇒подня́ть(ся)**

поднов|и́ть, лю́, и́шь *pf* (*of* **⇒~ля́ть**) (*краску*) to freshen up, touch up; (*мебель*) to renovate.

подновля́|ть, ю *impf of* **⇒поднови́ть**

подного́тн|ая, ой *f* (*coll*) all there is to know; the ins and outs; **он зна́ет про них всю ~ую** he knows all (there is to know) about them.

подно́жи|е, я *nt* **1** (*горы, башни*) foot. **2** (*пьедестал*) pedestal.

подно́жк|а[1]**, и** *f* (*автобуса*) step, footboard.

подно́жк|а[2]**, и** *f* (*в борьбе*) back-heel; **дать кому́-н. ~у** to trip s.o. up.

подно́жн|ый *adj*: **п. корм** pasture, pasturage; **быть на ~ом корму́** to be at grass.

подно́с, а *m* tray; (*серебряный*) salver; **ча́йный п.** tea tray.

подно|си́ть, шу́, ~́сишь *impf of* **⇒поднести́**

подно́ск|а, и *f* transporting, bringing.

подно́счик, а *m* **1** carrier; **п. патро́нов** ammunition carrier. **2** (*в трактире*) innkeeper's assistant, drinks server.

подноше́ни|е, я *nt* **1** (*действие*) presenting, giving. **2** (*подарок*) present, gift; **цвето́чные ~я** floral tributes.

подня́ти|е, я *nt* (*действие по глаголу* **«подня́ть»**) raising; (*действие по глаголу* **«подня́ться»**) rising; **п. за́навеса** curtain-rise; **голосова́ть ~ем рук** to vote by show of hands.

под|ня́ть, ниму́, ни́мешь, *past* **~́нял, ~няла́, ~́няло** *pf* (*of* **⇒~нима́ть**) **1** to raise; to lift; **п. настрое́ние** (+ *g or d*) to cheer up, raise the spirits (of); **п. ору́жие** to take up arms; **п. паруса́** to set sail; **п. флаг** to hoist a flag; **п. целину́** to open up virgin lands; **п. я́корь** to weigh anchor; **п. на во́здух** to blow up; **п. на́ смех** to make a laughing stock (of). **2** (*подобрать*) to pick up; **п. пе́тли** to pick up stitches. **3** (*возбудить*) to rouse, stir up; **п. восста́ние** to stir up rebellion; **п. ссо́ру** to pick a quarrel; **п. на́ ноги** to rouse. **4** (*улучшить*) (*fig*) to improve; to enhance.

под|ня́ться, ниму́сь, ни́мешься, *past* **~ня́лся, ~няла́сь** *pf* (*of* **⇒~нима́ться**) **1** (*о температуре, ценах, солнце*) to rise; (*по лестнице*) to go up; (*встать*) to get up; **п. на́ ноги** to rise to one's feet; **п. в ата́ку** to go in to the attack; **п. в гало́п** to break into a gallop. **2** (**на** + *a*) (*гору*) to climb, ascend, go up. **3** (*возникнуть*) to arise; to break out, develop; **~няла́сь бу́ря** the storm began/started; **~ня́лся ве́тер** a wind got up; **~няла́сь ссо́ра** a quarrel arose. **4** (*econ*; *fig*) (*улучшиться*) to improve; to recover.

подо *prep* = **под**[2]

подо...[1] *as vbl pref* = **под...**[1]

подо...[2] *as pref of nn and adjs* = **под...**[2]

подоба́|ть, ет *impf* (*impers*; + *d and inf*) to become, befit.

подоба́|ющий *pres participle active of* **⇒~ть** *and adj* proper, fitting.

подо́би|е, я *nt* **1** likeness; **по своему́ о́бразу и ~ю** in one's own image. **2** (*math*) similarity.

подо́блачный *adj* under the clouds.

подо́бно *adv* (+ *d*) like; **п. тому́, как** just as.

подо́б|ный (~ен, ~на) *adj* like; similar; **~ное поведе́ние** such behaviour (*Br*), behavior (*US*); **~ные треуго́льники** (*math*) similar triangles; **я никогда́ не встреча́л ~ного дурака́** I have never met such a fool; **ничего́ ~ного!** (*coll*) nothing of the kind!; **и тому́ ~ное** (*abbr* **и т. п.**) and so on, and such like.

подобостра́сти|е, я *nt* servility.

подобостра́ст|ный (~ен, ~на) *adj* servile.

подо́бранност|ь, и *f* neatness, tidiness.

подо́бр|анный *ppp of* **⇒~а́ть** *and adj* neat, tidy.

под|обра́ть, беру́, берёшь, *past* **~обра́л, ~обрала́, ~обра́ло** *pf* (*of* **⇒~бира́ть**) **1** (*поднять*) to pick up. **2** (*ноги*) to tuck up; (*вожжи*) to take up; **п. во́лосы** to put up one's hair. **3** (*выбрать*) to select, pick; **п. дже́мпер под цвет костю́ма** to choose a jumper to match a suit.

под|обра́ться, беру́сь, берёшься, *past* **~обра́лся, ~обрала́сь, ~обра́ло́сь** *pf* (*of* **⇒~бира́ться**) **1** (*составиться, образоваться*) to get together, be formed. **2** (**к** + *d*) (*незаметно подойти*) to steal up (to), approach stealthily. **3** (*coll*) (*оправить себя*) to make o.s. tidy.

подобре́|ть, ю *pf of* ⇒**добре́ть**[1]

по-добрососе́дски: **жить п.** (**с** + *i*) to have good-neighbourly relations (with s.o.).

подобру́-поздоро́ву *adv* (*coll*) while the going is good.

под|огна́ть, гоню́, го́нишь, *past* **~огна́л, ~огнала́, ~огна́ло** *pf* (*of* ⇒**~гоня́ть**) **1** (**к** + *d*) (*приблизить*) to drive (to). **2** (*coll*) (*заставить идти быстрее*) to drive on, urge on, hurry. **3** (**к** + *d*) (*приспособить*) to adjust (to), fit (to).

под|огну́ть, огну́, огнёшь *pf* (*of* ⇒**~гиба́ть**) to tuck in; to bend under.

под|огну́ться, огну́сь, огнёшься *pf* (*of* ⇒**~гиба́ться**) to bend (under); **коле́ни у него́ ~огну́лись** his legs gave way (*from fatigue, etc.*).

подогре́в, а *m* (*tech*) heating.

подогрева́тел|ь, я *m* (*tech*) heater.

подогрева́тельный *adj* (*tech*) heating.

подогрева́|ть, ю *impf of* ⇒**подогре́ть**

подогре́|ть, ю *pf* (*of* ⇒**~ва́ть**) to warm up, heat up; (*fig*) (*возбудить*) to rouse.

пододвига́|ть, ю *impf of* ⇒**пододви́нуть**

пододви́|нуть, ну, нешь *pf* (*of* ⇒**~га́ть**) (**к** + *d*) to move up (to), push up (to).

пододея́льник, а *m* blanket cover, duvet cover.

подожд|а́ть, у́, ёшь, *past* **~а́л, ~ала́, ~а́ло** *pf* (+ *a or g*) to wait (for).

под|озва́ть, зову́, зовёшь, *past* **~озва́л, ~озвала́, ~озва́ло** *pf* (*of* ⇒**~зыва́ть**) to call over; (*жестом*) to beckon.

подозрева́|емый *pres participle passive of* ⇒**~ть** *and adj* suspected; suspect.

подозрева́|ть, ю *impf* (*no pf*) to suspect (*s.o. or that sth is the case*); **я ~ю его́ в преступле́нии** I suspect him of a crime; **я ~ю, что он соверши́л преступле́ние** I suspect that he has committed a crime.

подозре́ни|е, я *nt* suspicion; **оста́ться вне ~й** to remain above suspicion; **по ~ю** (**в** + *p*) on suspicion (of); **быть под ~ем, на ~и** to be under suspicion.

подозри́тельно *adv* suspiciously; **вести́ себя́ п.** to behave suspiciously; **смотре́ть п.** (**на** + *a*) to regard with suspicion.

подозри́тельност|ь, и *f* suspiciousness.

подозри́тел|ьный (~ен, ~ьна) *adj* suspicious.

подо|и́ть, ю́, ~и́шь *pf of* ⇒**дои́ть**

подо́йник, а *m* milk pail.

подо|йти́, йду́, йдёшь, *past* **~шёл, ~шла́** *pf* (*of* ⇒**подходи́ть**) **1** (**к** + *d*) (*приблизиться*) to approach (*also fig*); to come up (to), go up (to); **по́езд ~шёл к ста́нции** the train pulled in to the station; **джу́нгли ~шли́ к са́мому поселе́нию** the jungle came right up to the settlement; **крити́чески п. к вопро́су** to approach a question critically, adopt a critical approach to a question. **2** (*годиться*) (+ *d*) to do (for); to suit; (*по размеру*) to fit; **э́тот пиджа́к о́чень мне ~йдёт** this coat will suit me very well.

подоко́нник, а *m* window sill.

подо́л, а *m* **1** (*платья*) hem; **держа́ться за чей-н. п.** to cling to s.o.'s skirts. **2** (*горы*) (*dialect*) lower part, lower slopes; foot.

подо́лгу *adv* for a long time; for ages; for long periods of time; **они́ п. не разгова́ривали друг с дру́гом** they had long periods of not speaking to each other.

подоль|сти́ться, щу́сь, сти́шься *pf* (**к** + *d*; *coll*) to ingratiate o.s. (with).

подольща́|ться, юсь *impf of* ⇒**подольсти́ться**

по-дома́шнему *adv* simply; without ceremony.

подо́н|ки, ков *pl* (*sg* **~ок, ~ка** *m*) dregs (*also fig*); (*fig*) scum; riff-raff.

подопе́чн|ый *adj* **1** under wardship; **~ая террито́рия** (*pol*) trust territory. **2** *as n* **п., ~ого** *m*, **~ая, ~ой** *f* ward.

подоплёк|а, и *f* (*coll*) the real cause, the underlying cause.

подо́пытный *adj* experimental; **п. кро́лик** (*fig*) guinea pig.

подорв|а́ть, у́, ёшь, *past* **~а́л, ~ала́, ~а́ло** *pf* (*of* ⇒**подрыва́ть**[1]) **1** to blow up. **2** (*fig*) to undermine; to damage severely; **п. чей-н. авторите́т** to undermine s.o.'s authority; **п. здоро́вье** to damage one's health.

подорожа́|ть, ю *pf of* ⇒**дорожа́ть**

подоро́жник, а *m* **1** (*bot*) plantain. **2** (*coll*) (*пища в дорогу*) provisions taken on a journey. **3** (*obs*) (*разбойник*) highwayman. **4** (*zool*): **лапла́ндский п.** Lapland bunting.

подоро́жный *adj* roadside; **п. столб** milestone.

подоси́новик, а *m* (*bot*) orange-cap boletus (*mushroom*) (*Boletus rufus*/*aurantiacus*).

подо|сла́ть, шлю́, шлёшь *pf* (*of* ⇒**подсыла́ть**) to send, dispatch (*secretly*).

подоснова|а, ы *f* real cause, underlying cause.

подоспева́|ть, ю *impf of* ⇒**подоспе́ть**

подоспе́|ть, ю *pf* (*of* ⇒**~ва́ть**) (*coll*) to arrive, appear (in time).

под|остла́ть, стелю́, сте́лешь *pf* (*of* ⇒**~стила́ть**) (**под** + *a*) to lay (under), stretch (under).

подотде́л, а *m* section, subdivision.

подоткн|у́ть, у́, ёшь *pf* (*of* ⇒**подтыка́ть**) to tuck in, tuck up; **п. простыню́** to tuck in a sheet; **п. ю́бку** to tuck up one's skirt.

подотря́д, а *m* (*biol*) suborder.

подотчёт|ный (~ен, ~на) *adj* **1** (+ *d*) accountable (to). **2** (*fin*) on account.

подо́хн|уть, у, ешь *pf* (*of* ⇒**до́хнуть** *and* ⇒**подыха́ть**) **1** (*о животных*) to die. **2** (*coll*) (*о людях*) to peg out, kick the bucket.

подохо́дный *adj*: **п. нало́г** income tax.

подо́шв|а, ы *f* **1** (*ноги, обуви*) sole. **2** (*холма*) foot. **3** (*tech*) base.

подпада́|ть, ю *impf of* ⇒**подпа́сть**

подпа́ива|ть, ю *impf of* ⇒**подпои́ть**

подпа́лива|ть ю *impf of* ⇒**подпали́ть**

подпа́лин|а, ы *f* scorch mark; **ло́шадь с ~ой** dappled horse.

подпал|и́ть, ю́, и́шь *pf* (*of* ⇒**~ивать**) (*coll*) **1** (*немного опалить*) to singe, scorch. **2** (*поджечь*) to set on fire.

подпа́рыва|ть(ся), ю, ет(ся) *impf of* ⇒**подпоро́ть(ся)**

подпа́с|ок, ка *m* shepherd boy.

подпа́|сть, ду́, дёшь, *past* **~л** *pf* (*of* ⇒**~да́ть**) (**под** + *a*) to fall (under); **п. под чьё-н. влия́ние** to fall under s.o.'s influence.

подпева́л|а, ы *cg* (*coll*) yes-man.

подпева́|ть, ю *impf* (+ *d*) to join (in singing); (*fig*) to echo.

под|пере́ть, опру́, опрёшь, *past* **~пёр, ~пёрла** *pf* (*of* ⇒**~пира́ть**) to prop up.

подпи́лива|ть, ю *impf of* ⇒**подпили́ть**

подпил|и́ть, ю́, ~́ишь *pf* (*of* ⇒**~́ивать**) **1** (*подрезать пилой*) to saw; (*напильником*) to file. **2** (*укоротить пилой*) to saw a little off; (*напильником*) to file down.

подпи́л|ок, ка *m* file.

подпира́|ть, ю *impf of* ⇒**подпере́ть**

подписа́вш|ий, его *m* signatory.

подписа́ни|е, я *nt* signing.

подпи|са́ть, шу́, ~́шешь *pf* (*of* ⇒**~́сывать**) **1** (*поставить подпись* (*на*)) to sign. **2** (*добавить*) to add (*to sth written*); **п. ещё одно́ подстро́чное примеча́ние** to add another footnote. **3** (*включить в число подписчиков*) to subscribe; **п. кого́-н. на журна́л** to take out a magazine subscription for s.o.

подпи|са́ться, шу́сь, ~́шешься *pf* (*of* ⇒**~́сываться**) **1** (**под** + *i*) to sign; (*fig*) (*согласиться*) to subscribe (to). **2** (**на** + *a*) to subscribe (to, for); **п. на журна́л** to subscribe to a magazine.

подпи́ск|а, и *f* **1** (*на журнал*) subscription. **2** (*письменное обязательство*) written undertaking; signed statement; **дать ~у о невы́езде** to give a written undertaking not to leave a place.

подписно́й *adj* subscription (*attr*).

подпи́счик, а *m* (+ *g*) subscriber (to).

подпи́счи|ца, цы *f of* ⇒**~к**

подпи́сыва|ть(ся), ю(сь) *impf of* ⇒**подписа́ть(ся)**

по́дпис|ь, и *f* **1** signature; **поста́вить свою́ п.** (**под** + *i*) to put one's signature (to); **за ~ью** (+ *g*) signed (by). **2** (*надпись*) caption; inscription.

подплыва́|ть, ю *impf of* ⇒**подплы́ть**

подплы́|ть, ву́, вёшь, *past* **~л, ~ла́ ~ло** *pf* (*of* ⇒**~ва́ть**) **1** (**к** + *d*) (*вплавь*) to swim up (to); (*на лодке*) to sail up (to). **2** (**под** + *a*) to swim under.

подпо|и́ть, ю́, ~́ишь *pf* (*of* ⇒**подпа́ивать**) (*coll*) to make tipsy.

подполз|а́ть, а́ю *impf of* ⇒**~ти́**

подполз|ти́, у́, ёшь, *past* **~́, ~ла́** *pf* (*of* ⇒**~а́ть**) (**к** + *d*) to creep up (to); to crawl up (to); (**под** + *a*) to creep (under); to crawl (under).

подполко́вник, а *m* lieutenant colonel.

подпо́ль|е, я *nt* **1** cellar. **2** (*fig*) underground (*organization, activities*); **уйти́ в п.** to go underground.

подпо́льный *adj* underground (*also fig*).

подпо́льщик, а *m* member of an underground organization.

подпо́льщи|ца, цы *f of* ⇒**~к**

подпо́р|а, ы *f* prop, support.

подпо́рк|а, и *f* = **подпо́ра**

подпо́р|ный *adj of* ⇒**~а**; **~ная стéнка** retaining wall.

подпор|о́ть, ю́, ~́ешь *pf* (*of* ⇒**подпа́рывать**) to rip; to unpick, unstitch.

подпор|о́ться, ~́ется *pf* (*of* ⇒**подпа́рываться**) to rip; to come unpicked, come unstitched.

подпо́р|тить, чу, тишь *pf* (*coll*) to spoil slightly.

подпору́чик, а *m* (*hist*) second lieutenant.

подпо́чв|а, ы *f* subsoil, substratum.

подпо́чвенн|ый *adj* subsoil; subterranean; **~ая вода́** underground water.

подпоя́|сать, шу, шешь *pf* (*of* ⇒**~сывать**) to belt.

подпоя́|саться, шусь, шешься *pf* (*of* ⇒**~сываться**) to belt o.s.; to put on a belt.

подпоя́сыва|ть(ся), ю(сь) *impf of* ⇒**подпоя́сать(ся)**

подпра́в|ить, лю, ишь *pf* (*of* ⇒**~ля́ть**) to touch up.

подправля́|ть, ю *impf of* ⇒**подпра́вить**

подпрогра́мм|а, ы *f* (*comput*) subroutine.

подпру́г|а, и *f* girth.

подпры́гива|ть, ю *impf of* ⇒**подпры́гнуть**

подпры́г|нуть, ну, нешь *pf* (*of* ⇒**~ивать**) to leap up, jump up.

подпу́нкт, а *m* subclause.

подпуска́|ть, ю *impf of* ⇒**подпусти́ть**

подпу|сти́ть, щу́, ~́стишь *pf* (*of* ⇒**~ска́ть**) **1** (*дать приблизиться*) to allow to approach; **п. на расстоя́ние вы́стрела** to allow to come within range. **2** (+ *a or g*; *coll*) (*добавить*) to add in. **3** (*coll*) (*сказать*) to get in, put in.

подраба́тыва|ть, ю *impf of* ⇒**подрабо́тать**

подрабо́та|ть, ю *pf* (*of* ⇒**подраба́тывать**) (*coll*) **1** (*ради дополнительного заработка*) to earn additionally. **2** (*вопрос*) to work out, develop.

подра́внива|ть, ю *impf of* ⇒**подровня́ть**

подра́гива|ть, ю *impf* (*coll*) to shake, tremble intermittently.

подража́ни|е, я *nt* imitation.

подража́тел|ь, я *m* imitator.

подража́тель|ница, ницы *f of* ⇒**~**

подража́тел|ьный (~ен, ~ьна) *adj* imitative.

подража́тельств|о, а *nt* (*pej*) imitativeness.

подража́|ть, ю *impf* (*no pf*) (+ *d*) to imitate.

подразде́л, а *m* subsection.

подразделе́ни|е, я *nt* **1** subdivision. **2** (*mil*) subunit.

подраздел|и́ть, ю́, и́шь *pf* (*of* ⇒**~я́ть**) to subdivide.

подраздел|я́ть, я́ю *impf of* ⇒**~и́ть**

подразумева́|ть, ю *impf* to mean.

подразумева́|ться, ется *impf* to be implied, be meant; **что ~ется под э́тим выраже́нием?** what is meant by this expression?; **(само́ собо́й) ~ется** it is understood, it goes without saying.

подра́мник, а *m* stretcher (*frame for canvas*).

подра́м|ок, ка *m* = **~ник**

подраст|а́ть, а́ю *impf of* ⇒**~и́**; **~а́ющее поколе́ние** the rising generation.

подраст|и́, у́, ёшь, *past* **подро́с, подросла́** *pf* to grow (a little).

по|дра́ть(ся), деру́(сь), дерёшь(ся), *past* **~дра́л(ся), ~драла́(сь), ~дра́ло́(сь)** *pf of* ⇒**дра́ть(ся)**

подре́|зать, жу, жешь *pf* (*of* ⇒**~за́ть**) **1** (*волосы*) to cut; (*ногти, куст*) to clip, trim; (*деревья*) to prune, lop; **п. кому́-н. кры́лья** (*fig*) to clip s.o.'s wings. **2** (+ *g*) to cut off in addition; **п. хле́ба** to cut some more bread.

подреза́|ть, ю *impf of* ⇒**подре́зать**

подрем|а́ть, лю́, ~лешь *pf* to have a nap; to doze.

подрис|ова́ть, у́ю *pf* (*of* ⇒**~о́вывать**) **1** (*подправить*) to touch up. **2** (*добавить*) to add, put in (*on a painting, etc.*).

подрисо́выва|ть, ю *impf of* ⇒**подрисова́ть**

подро́бно *adv* minutely, in detail; at (great) length.

подро́бност|ь, и *f* detail; **вдава́ться в ~и** to go into detail; **во всех ~ях** in every detail.

подро́б|ный (~ен, ~на) *adj* detailed, minute.

подровня́|ть, ю *pf* (*of* ⇒**подра́внивать**) (*сделать более ровным*) to level; (*бороду, волосы*) to trim.

подро́ст|ок, ка *m* adolescent, teenager.

подруб|а́ть, а́ю *impf of* ⇒**~и́ть**

подруб|и́ть¹, лю́, ~́ишь *pf* (*of* ⇒**~а́ть**) to hew.

подруб|и́ть², лю́, ~́ишь *pf* (*of* ⇒**~а́ть**) to hem.

подру́г|а, и *f* (*female*) friend; **п. по шко́ле** school friend.

по-дру́жески *adv* in a friendly way; as a friend.

подруж|и́ться, у́сь, ~́ишься *pf of* (*obs*) ⇒**дружи́ться**; (**с** + *i*) to make friends (with).

подру́жк|а, и *f affectionate diminutive of* ⇒**подру́га**; **п. неве́сты** bridesmaid.

подру́лива|ть, ю *impf of* ⇒**подрули́ть**

подрул|и́ть, ю́, и́шь *pf* (*of* ⇒**~́ивать**) **1** (**к** + *d*) (*о самолёте*) to taxi up (to). **2** (*о машине*) to drive up (to).

подрумя́нива|ть(ся), ю(сь) *impf of* ⇒**подрумя́нить(ся)**

подрумя́н|ить, ю, ишь *pf* (*of* ⇒**~ивать**) **1** (*румянами*) to rouge; to touch up with rouge. **2** (*сделать румяным*) to make ruddy, make rosy; **моро́з ~ил им щёки** the frost brought a flush to their cheeks. **3** (*cul*) to brown.

подрумя́н|иться, юсь, ишься *pf* (*of* ⇒**~иваться**) **1** (*румянами*) to apply rouge, use rouge. **2** (*на морозе*) to become ruddy, become rosy; to flush, become flushed. **3** (*cul*) to brown.

подру́чн|ый *adj* **1** (*инструмент*) at hand, to hand; (*средства*) improvised, makeshift. **2** *as n* **п., ~ого** *m* assistant, mate.

подры́в, а *m* undermining; (*fig*) injury, detriment; **п. самолю́бия** a blow to one's pride; **п. здоро́вья** sapping of health; **п. торго́вли** injury to trade.

подрыва́|ть¹, ю *impf of* ⇒**подорва́ть**

подрыва́|ть², ю *impf of* ⇒**подры́ть**

подрывни́к, а́ *m* (*mil*) member of demolition squad.

подрывн|о́й *adj* blasting, demolition; (*fig*) subversive; **~а́я рабо́та** demolition work; **~а́я де́ятельность** subversive activities.

подр|ы́ть, о́ю, о́ешь *pf* (*of* ⇒**~ыва́ть²**) to undermine.

подря́д¹ *adv* in succession; running; on end; **три го́да п.** three years running; **не́сколько дней п. шёл дождь** it rained for days on end.

подря́д², а *m* contract; **по ~у** by contract; **взять п. на постро́йку плоти́ны** to contract to build a dam; **сдать п. (на** + *a*), **сдать с ~а** to put out to contract.

подря|ди́ть, жу́, ди́шь *pf* (*of* ⇒**~жа́ть**) (*coll*) to hire.

подря|ди́ться, жу́сь, ди́шься *pf* (*of* ⇒**~жа́ться**) (*coll*) to contract, undertake.

подря́д|ный *adj of* ⇒**~²**

подря́дчик, а *m* contractor.

подряжа́|ть(ся), ю(сь) *impf of* ⇒**подряди́ть(ся)**

подря́сник, а *m* cassock.

подса|ди́ть¹, жу́, ~́дишь *pf* (*of* ⇒**~́живать**) **1** (**в, на** + *a*) to help (into, on to); **п. кого́-н. на ло́шадь** to help s.o. on to a horse. **2** (**к** + *d*) to place next (to); **меня́ ~ди́ли к глухо́й да́ме** I was placed next to a deaf lady.

подса|ди́ть², жу́, ~́дишь *pf* (*of* ⇒**~́живать**) (+ *a or g*) (*растения*) to plant some more.

подсадн|о́й *adj*: **~а́я у́тка** decoy duck.

подса́жива|ть, ю *impf of* ⇒**подсади́ть**

подса́жива|ться, юсь *impf of* ⇒**подсе́сть**

подса́лива|ть, ю *impf of* ⇒**подсоли́ть**

подсве́чник, а *m* candlestick.

подсви́стыва|ть, ю *impf* (+ *d*) to whistle as accompaniment to.

подсева́|ть, ю *impf of* ⇒**подсе́ять**

подсека́|ть, ю *impf of* ⇒**подсе́чь**

подсе́кци|я, и *f* subsection.

под|се́сть, ся́ду, ся́дешь, *past* **~се́л** *pf* (*of* ⇒**~са́живаться**) (**к** + *d*) to sit down (near, next to), take a seat (near, next to).

подсе́|чь, ку́, чёшь, ку́т, *past* **~к, ~кла́** *pf* (*of* ⇒**~ка́ть**) **1** to hew; to hack (down). **2** (*fig*) (*о горе*) to lay low.

подсе́|ять, ю, ешь *pf* (*of* ⇒**~ва́ть**) (+ *a or g*) to sow (*in addition*); to undersow.

подси|де́ть, жу́, ди́шь *pf* (*of* ⇒**~̀живать**) **1** to lie in wait (for). **2** (*fig, coll*) to scheme, intrigue (against).

подси́живани|е, я *nt* (*coll*) scheming, intriguing.

подси́жива|ть, ю *impf of* ⇒**подсиде́ть**

подси́нива|ть, ю *impf of* ⇒**подсини́ть**

подсин|и́ть, ю́, и́шь *pf* (*of* ⇒**~̀ивать**) to blue, apply blueing to.

подска́блива|ть, ю *impf of* ⇒**подскобли́ть**

подска|за́ть, жу́, ~̀жешь *pf* (*of* ⇒**~̀зывать**) (+ *d and a*) **1** (*напомнить*) to prompt (s.o. with sth) (*also fig*). **2** (*решение*) to suggest. **3** (*coll*) (*сказать*) to tell.

подска́зк|а, и *f* prompting.

подска́зчик, а *m* (*coll*) prompter.

подска́зыва|ть, ю *impf of* ⇒**подсказа́ть**

подска|ка́ть, чу́, ~̀чешь *pf* (*of* ⇒**~кивать**[1]) (**к** + *d*) to come galloping up (to).

подска́кива|ть[1], **ю** *impf of* ⇒**подскака́ть**

подска́кива|ть[2], **ю** *impf of* ⇒**подскочи́ть**

подскобл|и́ть, ю́, ~̀ишь *pf* (*of* ⇒**подска́бливать**) to scrape off.

подскоч|и́ть, у́, ~̀ишь *pf* (*of* ⇒**подска́кивать**[2]) **1** (**к** + *d*) to run up (to), come running (to). **2** to jump up, leap up; **п. от ра́дости** to jump with joy; **це́ны ~или** prices soared.

подскреба́|ть, ю *impf of* ⇒**подскрести́**

подскре|сти́, бу́, бёшь, *past* **~̀б, ~бла́** *pf* (*of* ⇒**~ба́ть**) (*удалить*) to scrape; (*очистить*) to scrape clean.

подсла|сти́ть, щу́, сти́шь *pf* (*of* ⇒**~щивать**) to sweeten.

подсла́щива|ть, ю *impf of* ⇒**подсласти́ть**

подсле́дственный *adj* (*law*) under investigation.

подслеповат|ый (~, ~а) *adj* weak-sighted.

подслу́жива|ться, юсь *impf of* ⇒**подслужи́ться**

подслуж|и́ться, у́сь, ~̀ишься *pf* (*of* ⇒**~̀иваться**) (**к** + *d*; *coll*) to fawn (upon); to worm o.s. into the favour (*Br*), favor (*US*) (of).

подслу́ш|ать, аю *pf* (*of* ⇒**~ивать**) to overhear; to eavesdrop (on).

подслу́шива|ть, ю *impf of* ⇒**подслу́шать**

подсма́трива|ть, ю *impf of* ⇒**подсмотре́ть**

подсме́ива|ться, юсь *impf* (**над** + *i*) to laugh (at), make fun (of).

подсмотр|е́ть, ю́, ~̀ишь *pf* (*of* ⇒**подсма́тривать**) to spy.

подсне́жник, а *m* (*bot*) snowdrop.

подсо́бн|ый *adj* subsidiary; secondary; auxiliary; ancillary; **~ое предприя́тие** subsidiary enterprise; **п. рабо́чий** ancillary worker.

подсо́выва|ть, ю *impf of* ⇒**подсу́нуть**

подсоедин|и́ть, ю́, и́шь *pf* (*of* ⇒**~я́ть**) (*телефон*) to connect up; (*стиральную машину*) to plumb in.

подсоедин|я́ть, я́ю *impf of* ⇒**~и́ть**

подсозна́ни|е, я *nt* the subconscious.

подсозна́тел|ьный (~ен, ~ьна) *adj* subconscious.

подсол|и́ть, ю́, ~̀ишь *pf* (*of* ⇒**подса́ливать**) to add more salt (to).

подсо́лнечник, а *m* sunflower.

подсо́лнечн|ый[1] *adj of* ⇒**~ик**; **~ое ма́сло** sunflower oil.

подсо́лнечн|ый[2] *adj* in the sun; **~ая сторона́** the sunny side; *as n* **~ая, ~ой** *f* (*obs*) the universe.

подсо́лнух, а *m* (*coll*) **1** (*цветок*) sunflower. **2** (*семена*) sunflower seeds.

подсо́х|нуть, ну, нешь *pf* (*of* ⇒**подсыха́ть**) to dry out (a little).

подспо́рь|е, я *nt* (*coll*) help, support.

подспу́дн|ый *adj* latent; secret, hidden; **~ые си́лы** latent strength; **~ые мы́сли** secret thoughts.

подста́в|ить, лю, ишь *pf* (*of* ⇒**~ля́ть**) **1** (**под** + *a*) to put (under), place (under); **п. го́лову под струю́ воды́ из кра́на** to put one's head under a tap; **п. но́жку кому́-н.** to trip s.o. up (*also fig*). **2** (+ *d*) to bring up (to), put up (to); to hold up (to); **п. кому́-н. стул** to offer s.o. a seat. **3** (*fig*) to expose; **п. ферзя́ под уда́р** (*chess*) to expose one's queen; (*coll*) (*поставить кого-л. в неприятное положение*) to leave s.o. holding the baby (*Br*), bag (*US*); to set s.o. up. **4** (*math*) to substitute.

подста́вк|а, и *f* **1** stand; (*для бутылки, стакана*) coaster. **2** (*музыкального инструмента*) bridge.

подставля́|ть, ю *impf of* ⇒**подста́вить**

подставн|о́й *adj* false; **~о́е лицо́** dummy, figurehead.

подстака́нник, а *m* glass holder.

подстано́вк|а, и *f* (*math*) substitution.

подста́нци|я, и *f* substation.

подстёгива|ть, ю *impf of* ⇒**подстегну́ть**

подстег|ну́ть[1], **ну́, нёшь** *pf* (*of* ⇒**~̀ивать**) (*пристегнуть снизу*) to fasten underneath.

подстег|ну́ть[2], **ну́, нёшь** *pf* (*of* ⇒**~̀ивать**) (*коня*) to whip up, urge forward, urge on (*also fig*).

подстерега́|ть, ю *impf of* ⇒**подстере́чь**

подстере́|чь, гу́, жёшь, гу́т, *past* **~̀г, ~гла́** *pf* (*of* ⇒**~га́ть**) to be on the watch (for), lie in wait (for).

подстила́|ть, ю *impf of* ⇒**подостла́ть**

подсти́лк|а, и *f* bedding.

подстора́жива|ть, ю *impf of* ⇒**подсторожи́ть**) (*coll*) to be on the watch for.

подсторож|и́ть, у́, и́шь *pf of* ⇒**подстора́живать**

подстра́ива|ть, ю *impf of* ⇒**подстро́ить**

подстрах|ова́ть, у́ю *pf* (*of* ⇒**подстрахо́вывать**) **1** (*гимнаста*) to stand by ready to help. **2** (*fig*) to (take measures to) protect; to provide with additional insurance.

подстрахо́выва|ть, ю *impf of* ⇒**подстрахова́ть**

подстрека́тел|ь, я *m* instigator.

подстрека́тельский *adj* inflammatory.

подстрека́тельств|о, а *nt* instigation, incitement.

подстрек|а́ть, а́ю *impf of* ⇒**~ну́ть**

подстрек|ну́ть, ну́, нёшь *pf* (*of* ⇒**~а́ть**) **1** (**к** + *d*) to incite (to). **2** (*возбудить*) to excite; **п. любопы́тство** to excite one's curiosity.

подстре́лива|ть, ю *impf of* ⇒**подстрели́ть**

подстрел|и́ть, ю́, ~̀ишь *pf* (*of* ⇒**~̀ивать**) to wound (*by a shot*); to wing.

подстрига́|ть(ся), ю(сь) *impf of* ⇒**подстри́чь(ся)**

подстри|женный *ppp of* ⇒**~чь**; **ко́ротко ~женные во́лосы** (closely) cropped hair.

подстри́|чь, гу́, жёшь, гу́т, *past* **~г, ~гла** *pf* (*of* ⇒**~га́ть**) (*волосы*) to cut; (*куст*) to clip, trim; (*дерево*) to prune; **п. бо́роду** to trim one's beard; **п. газо́н** to cut the grass; to mow the lawn; **п. но́гти** to cut one's nails.

подстри́|чься, гу́сь, жёшься, гу́тся, *past* **~гся, ~гла́сь** *pf* (*of* ⇒**~га́ться**) to trim one's hair; to have a haircut.

подстро́|ить, ю, ишь *pf* (*of* ⇒**подстра́ивать**) **1** (**к** + *d*) to build on (to); **п. фли́гель к до́му** to build a wing on to a house. **2** (*скрипку*) to tune (up). **3** (*fig, coll*) to contrive; (*pej*) to arrange; **п. шу́тку** (+ *d*) to play a trick (on); **э́то де́ло ~ено** it's a put-up job.

подстро́чник, а *m* word-for-word translation.

подстро́чн|ый *adj* subscript; **п. перево́д** word-for-word translation; **~ое примеча́ние** footnote.

по́дступ, а *m* (*geog; fig*) approach; **к нему́ и ~а нет** he is quite inaccessible.

подступ|а́ть(ся), а́ю(сь) *impf of* ⇒**~и́ть(ся)**

подступ|и́ть, лю́, ~̀ишь *pf* (*of* ⇒**~а́ть**) (**к** + *d*) to approach, come up (to), come near; **слёзы ~или к её**

П

глаза́м tears came to her eyes.

подступ|и́ться, лю́сь, ~́ишься *pf (of* ⇒**~а́ться)** (к + *d*) to approach; **к нему́ не ~́ишься** he is quite inaccessible.

подсуди́м|ый, ого *m (law)* defendant; the accused.

подсу́дност|ь, и *f* jurisdiction.

подсу́д|ный (~ен, ~на) *adj* (+ *d*) within the jurisdiction (of); **~ое де́ло** case due to come before the court; *(преступление)* crime.

подсу́м|ок, ка *m (mil)* cartridge pouch.

подсу́н|уть, у, ешь *pf (of* ⇒**подсо́вывать) 1** (под + *a*) to shove (under). **2** (+ *d and a*; *coll*) to slip (into); to palm off (on, upon); **они́ мне ~ули не ту кни́гу** they palmed off the wrong book on me.

подсу́шива|ть, ю *impf of* ⇒**подсуши́ть**

подсуш|и́ть, у́, ~́ишь *pf (of* ⇒**~́ивать)** to dry a little.

подсчёт, а *m* calculation; count.

подсчит|а́ть, а́ю *pf (of* ⇒**~́ывать)** to count up, reckon up; to calculate.

подсчи́тыва|ть, ю *impf of* ⇒**подсчита́ть**

подсыла́|ть, ю *impf of* ⇒**подосла́ть**

подсы́п|ать, лю, лешь *pf (of* ⇒**~а́ть)** (+ *a or g*) to add, pour in.

подсып|а́ть, аю *impf of* ⇒**~́ать**

подсыха́|ть, ю *impf of* ⇒**подсо́хнуть**

подта́ива|ть, ет *impf of* ⇒**подта́ять**

подта́лкива|ть, ю *impf of* ⇒**подтолкну́ть**

подта́плива|ть, ю *impf of* ⇒**подтопи́ть**

подта́скива|ть, ю *impf of* ⇒**подтащи́ть**

подтас|ова́ть, у́ю *pf (of* ⇒**~о́вывать)** to shuffle unfairly; *(fig)* to juggle (with); **п. фа́кты** to juggle with facts.

подтасо́вк|а, и *f* unfair shuffling; *(fig)* juggling.

подтасо́выва|ть, ю *impf of* ⇒**подтасова́ть**

подта́чива|ть, ю *impf of* ⇒**подточи́ть**

подтащ|и́ть, у́, ~́ишь *pf (of* ⇒**подта́скивать)** (к + *d*) to drag up (to).

подта́|ять, ет *pf (of* ⇒**~ивать)** to thaw a little, melt a little.

подтверди́тельн|ый *adj* confirmatory; **посла́ть ~ое письмо́** to send a letter to confirm.

подтвер|ди́ть, жу́, ди́шь *pf (of* ⇒**~жда́ть)** to confirm; to corroborate, bear out; **п. получе́ние чего́-н.** to acknowledge receipt of sth.

подтвер|ди́ться, ди́тся *pf (of* ⇒**~жда́ться)** to be confirmed.

подтвержда́|ть(ся), ю, ет(ся) *impf of* ⇒**подтверди́ть(ся)**

подтвержде́ни|е, я *nt* confirmation; corroboration.

подтёк, а *m* bruise.

подтека́|ть, ет *impf* **1** *impf of* ⇒**подте́чь**. **2** *(impf only)* to leak; to be leaking.

подте́кст, а *m* subtext, concealed meaning; **угада́ть п.** to read between the lines.

под|тере́ть, отру́, отрёшь, *past* **~тёр, ~тёрла** *pf (of* ⇒**~тира́ть)** to wipe (up).

подте́|чь, чёт, ку́т, *past* **~̈к, ~кла́** *pf (of* ⇒**~ка́ть)** (под + *a*) to flow (under), run (under).

подтира́|ть, ю *impf of* ⇒**подтере́ть**

подтолкн|у́ть, у́, ёшь *pf (of* ⇒**подта́лкивать) 1** to push slightly; **п. ло́ктем** to nudge. **2** *(fig)* to urge on.

подтоп|и́ть, лю́, ~́ишь *pf (of* ⇒**подта́пливать)** *(coll)* to heat a little.

подточ|и́ть, у́, ~́ишь *pf (of* ⇒**подта́чивать) 1** *(сделать острее)* to sharpen slightly. **2** *(повредить, разъедая)* to eat away, gnaw; *(о воде)* to undermine *(also fig)*; **тюре́мное заключе́ние ~и́ло его́ здоро́вье** imprisonment has undermined his health.

подтру́нива|ть, ю *impf of* ⇒**подтруни́ть**

подтрун|и́ть, ю́, и́шь *pf (of* ⇒**~́ивать)** (над + *i*) to tease.

подтыка́|ть, ю *impf of* ⇒**подоткну́ть**

подтя́гива|ть(ся), ю(сь) *impf of* ⇒**подтяну́ть(ся)**

подтя́ж|ки, ек *(no sg)* braces *(Br)*, suspenders *(US)*.

подтя́нутост|ь, и *f* smartness.

подтя́н|утый *ppp of* ⇒**~у́ть** *and adj* smart.

подтя|ну́ть, ну́, ~́нешь *pf (of* ⇒**~́гивать) 1** *(пояс)* to tighten. **2** (к + *d*) *(подтащить)* to pull up (to), haul up (to); **п. ло́дку к бе́регу** to haul up a boat on shore. **3** *(mil)* to bring up, move up. **4** *(fig, coll)* *(ученика)* to take in hand, pull up, chase up.

подтя|ну́ться, ну́сь, ~́нешься *pf (of* ⇒**~́гиваться) 1** to gird o.s. more tightly; **п. по́ясом** to tighten one's belt. **2** *(на перекладине)* to pull o.s. up *(on gymnastic apparatus, etc.)*. **3** *(mil)* to move up, move in. **4** *(fig, coll)* *(об ученике)* to pull o.s. together, take o.s. in hand.

поду́ма|ть, ю *pf* **1** *pf of* ⇒**ду́мать**; **п. (то́лько), ~й(те) (то́лько)!** just think!; **~ешь, ...** *(as ironical int; coll)* ... I say!; ... what do you know?; **и не ~ю!** I wouldn't dream of it; **мо́жно п.** one might think. **2** *(немного)* to think a little, for a while.

поду́мыва|ть, ю *impf* (о + *p or* + *inf*; *coll*) to think (of, about); **п. об отъе́зде, п. уе́хать** to think of leaving.

по-дура́цки *adv (coll)* foolishly, like a fool.

подура́ч|иться, усь, ишься *pf (coll)* to fool about, play the fool.

подурне́|ть, ю *pf of* ⇒**дурне́ть**

поду́|ть, ю, ешь *pf* **1** *pf of* ⇒**дуть 1**. **2** *(начать дуть)* to begin to blow.

поду́чива|ть(ся), ю(сь) *impf of* ⇒**подучи́ть(ся)**

подуч|и́ть, у́, ~́ишь *pf (of* ⇒**~́ивать) 1** (+ *a and d*) to teach, instruct (in); **п. кого́-н. стрельбе́** to give s.o. a few lessons in shooting. **2** *(урок)* to learn. **3** *(inf; coll)* *(подговорить)* to egg on (to), put up (to).

подуч|и́ться, у́сь, ~́ишься *pf* to learn (a little more, a little better).

поду́шечк|а, и *f diminutive of* ⇒**поду́шка**; **п. для була́вок** pincushion.

подуш|и́ть, у́, ~́ишь *pf* to spray with perfume.

подуш|и́ться, у́сь, ~́ишься *pf* to put some perfume on.

поду́шк|а, и *f (в постели)* pillow; *(диванная)* cushion; **возду́шная п.** air cushion.

поду́шн|ый *adj*: **~ая по́дать** *(hist)* poll tax.

подфа́рник, а *m* sidelight *(Br)*, sidemarker light *(US)*.

подфарт|и́ть, и́т *pf of* ⇒**фарти́ть**

подхали́м, а *m* toady.

подхалима́ж, а *m (coll)* toadying, grovelling *(Br)*, groveling *(US)*.

подхали́мнича|ть, ю *impf (coll)* to toady.

подхали́мств|о, а *nt* = **подхалима́ж**

подхалту́рива|ть, ю *impf of* ⇒**подхалту́рить**

подхалту́р|ить, ю, ишь *pf (of* ⇒**~ивать)** *(coll)* to earn on the side.

подхва|ти́ть, чу́, ~́тишь *pf (of* ⇒**~́тывать)** to catch (up); to pick up; to take up; **п. су́мку** to catch up one's bag; **п. мяч** to catch a ball; **п. на́сморк** to catch, pick up a cold; **п. пе́сню** to catch up a melody, join in a song.

подхва́тыва|ть, ю *impf of* ⇒**подхвати́ть**

подхлест|ну́ть, ну́, нёшь *pf (of* ⇒**~̈ывать)** to whip up *(also fig, coll)*.

подхлёстыва|ть, ю *impf of* ⇒**подхлестну́ть**

подхо́д, а *m* approach.

подхо|ди́ть, жу́, ~́дишь *impf of* ⇒**подойти́**

подход|я́щий *pres participle of* ⇒**~и́ть** *and adj* suitable, appropriate; **п. моме́нт** the right moment.

подцеп|и́ть, лю́, ~ишь *pf (of* ⇒**~ля́ть)** to hook on, couple on; *(fig, joc)* to pick up; **п. на́сморк** to pick up a cold.

подцепля́|ть, ю *impf of* ⇒**подцепи́ть**

подча́с *adv* sometimes, at times.

подчёркива|ть, ю *impf of* ⇒**подчеркну́ть**

подчерк|ну́ть, ну́, нёшь *pf (of* ⇒**~̈ивать) 1** to underline. **2** *(fig)* to emphasize, stress.

подчине́ни|е, я *nt* **1** subordination; submission, subjection; **быть в ~и (у)** to be subordinate (to). **2** *(gram)* subordination.

подчинённост|ь, и *f* subordination.

подчин|ённый 1 *ppp of* ⇒**~и́ть**; (+ *d*) under, under the command (of). **2** *adj* subordinate; **~ённое госуда́рство** tributary state; *as n* **п., ~ённого** *m*, **~ённая, ~ённого** *f* subordinate.

подчини́тельный *adj (gram)* subordinating.

подчин|и́ть, ю́, и́шь *pf* (*of* ⇒**~я́ть**) (+ *d*) to subordinate (to), subject (to); to place under the command (of); **п. свое́й во́ле** to bend to one's will.

подчин|и́ться, ю́сь, и́шься *pf* (*of* ⇒**~я́ться**) (+ *d*) to submit (to); **п. прика́зу** to obey an order.

подчин|я́ть(ся), я́ю(сь) *impf of* ⇒**~и́ть(ся)**

подчи́|стить, щу, стишь *pf* (*of* ⇒**~ща́ть**) **1** (*вычистить*) to clean (up). **2** (*стереть*) to rub out, erase.

подчи́стк|а, и *f* **1** cleaning (up). **2** erasure.

подчисту́ю *adv* (*coll*) completely, without remainder; **мы съе́ли всё п.** we left our plates clean.

подчища́|ть, ю *impf of* ⇒**подчи́стить**

подше́фный *adj* aided, assisted; (+ *d*) under the patronage (of), sponsored (by), supported (by).

подшиб|а́ть, а́ю *impf of* ⇒**~и́ть**

подшиб|и́ть, у́, ёшь, *past* **~́, ~́ла** *pf* (*of* ⇒**~а́ть**) to knock down; **п. кому́-н. глаз** to give s.o. a black eye.

подши́б|ленный *ppp of* ⇒**~и́ть**; **п. глаз** black eye.

подшива́|ть, ю *impf of* ⇒**подши́ть**

подши́вк|а, и *f* **1** (*действие*) hemming; lining; soling. **2** (*у платья*) hem. **3** (*бумаг*) filing; **п. газе́ты** newspaper file.

подши́пник, а *m* (*tech*) bearing; **ро́ликовый п.** roller bearing; **ша́риковый п.** ball bearing.

под|ши́ть, ошью́, ошьёшь *pf* (*of* ⇒**~шива́ть**) **1** (*пришить*) to sew on, in; (*платье, платок*) to hem; (*с изнанки*) to line; (*обувь*) to sole. **2** (*бумаги*) to file.

подшта́нник|и, ов (*no sg*) (*coll*) (*men's*) drawers.

подшто́п|ать, аю *pf* (*of* ⇒**~ывать**) to darn.

подшто́пыва|ть, ю *impf of* ⇒**подшто́пать**

подшу|ти́ть, чу́, ~́тишь *pf* (*of* ⇒**~́чивать**) (**над** + *i*) to make fun of; to mock; to play a trick (on).

подшу́чива|ть, ю *impf of* ⇒**подшути́ть**

подъ...[1] *as vbl pref* = **под...**[1]

подъ...[2] *as pref of nn and adjs* = **под...**[2]

подъеда́|ть, ю *impf of* ⇒**подъе́сть**

подъе́зд, а *m* **1** (*вход*) entrance, doorway. **2** (*к реке*) approach(es).

подъезд|но́й *adj of* ⇒**~ 2**; **~на́я алле́я** drive; **~на́я доро́га** access road.

подъе́зд|ный *adj of* ⇒**~ 1**

подъезжа́|ть, ю *impf of* ⇒**подъе́хать**

подъём, а *m* **1** (*груза*) lifting; (*флага*) raising. **2** (*в гору*) ascent. **3** (*aeron*) climb. **4** (*fig*) (*рост, развитие*) development; rise; **промы́шленный п.** boom, upsurge; **круто́й п. произво́дства** a sharp rise in production; **на ~е** on the up and up. **5** (*fig*) elan; enthusiasm, animation; **говори́ть с больши́м ~ом** to speak with great animation; **лёгок на п.** quick off the mark; **тяжёл на п.** sluggish, slow to start. **6** (*ноги*) instep. **7** (*после сна*) rising time; (*mil*) reveille.

подъёмник, а *m* lift (*Br*), elevator (*US*), hoist.

подъёмн|ый *adj* **1** lifting; **п. кран** crane; **~ое окно́** sash window. **2**: **п. мост** drawbridge. **3**: **~ые (де́ньги)** relocation expenses.

подъ|е́сть, ем, е́шь е́ст, еди́м, еди́те, едя́т, *past* **~е́л** *pf* (*of* ⇒**~еда́ть**) (*coll*) to eat up, finish off.

подъе́|хать, ду, дешь *pf* (*of* ⇒**~зжа́ть**) (**к** + *d*) **1** (*приблизиться*) to drive up (to), draw up (to). **2** (*coll*) (*приехать ненадолго*) to call (on). **3** (*fig, coll*) (*подольститься*) to get round.

подыгр|а́ть, а́ю *pf* (*of* ⇒**~́ывать**) (+ *d*; *coll*) **1** (*mus*) to accompany. **2** (*theatr*) to play up (to).

подыгр|а́ться, а́юсь *pf* (*of* ⇒**~́ываться 1**) (**к** + *d*; *coll*) to get round.

поды́грыва|ть, ю *impf of* ⇒**подыгра́ть**

поды́грыва|ться, юсь *impf* **1** *impf of* ⇒**подыгра́ться**. **2** (*impf only*) to try to get round.

подыма́|ть(ся), ю(сь) *impf* (*coll*) = **поднима́ть(ся)**

поды|ска́ть, щу́, ~́щешь *pf* (*of* ⇒**~́скивать**) to seek out, find.

поды́скива|ть, ю *impf* **1** *impf of* ⇒**подыска́ть**. **2** (*impf only*) to seek, try to find.

подыто́жива|ть, ю *impf of* ⇒**подыто́жить**

подыто́ж|ить, у, ишь *pf* (*of* ⇒**~ивать** *and* ⇒**ито́жить**) to sum up.

подыха́|ть, ю *impf of* ⇒**подо́хнуть**

подыш|а́ть, у́, ~́ишь *pf* to breathe; **вы́йти п. све́жим во́здухом** to go out for a breath of fresh air.

поеда́|ть, ю *impf of* ⇒**пое́сть 3**

поеди́н|ок, ка *m* duel.

поедо́м *adv*: **п. есть кого́-н.** (*coll*) to make s.o.'s life a misery (by nagging).

по́езд, а, *pl* **~а́** *m* train; **~ом** by train; **п. да́льнего сле́дования** long-distance train; **п. прямо́го сообще́ния** through train.

пое́з|дить, жу, дишь *pf* to travel about.

пое́здк|а, и *f* trip, excursion, outing, tour; **ознакоми́тельная п.** fact-finding tour.

поездно́й *adj of* ⇒**по́езд**

поезжа́й(те): *used as imperative of* ⇒**е́хать** *and* ⇒**пое́хать**

поём|ный *adj* under water at flood times; **~ые луга́** water meadows.

по|е́сть, ем, е́шь, е́ст, еди́м, еди́те, едя́т, *past* **~е́л** *pf* (*of* ⇒**~еда́ть**) **1** (*pf only*) to eat (up). **2** (*pf only*) (*немного*) to eat a little; to take some food, have a bite. **3** (*impf* **~еда́ть**) (*о кроликах, насекомых*) to eat, devour.

пое́|хать, ду, дешь *pf* (*of* ⇒**е́хать**) to go (*in or on a vehicle or on an animal*); (*отправиться*) to set off, depart; **~хали!** (*coll*) let's go!; **ну, ~хал!** (*coll*) now he's off!

пожале́|ть, ю *pf of* ⇒**жале́ть**

пожа́л|овать, ую *pf of* ⇒**жа́ловать**; **добро́ п.!** welcome!; **~уйте** *formula of polite request*; **~уйте сюда́!** this way, please!; **~уйте в столо́вую!** dinner (supper, *etc.*) is served!

пожа́л|оваться, уюсь *pf of* ⇒**жа́ловаться**

пожа́луй *adv* perhaps; very likely; it may be; **мы, п., пое́дем** we shall very likely go; **п., ты прав** you may be right; **по мне п.** (*coll*) it's all right by me.

пожа́луйста *particle* **1** (*при просьбе*) please; **сади́тесь, п.** please sit down. **2** (*при согласии*) certainly!, by all means!, with pleasure! (*or not translated*); **мо́жно посмотре́ть э́ти сни́мки? — П.** may I look at these photos? — Certainly; **переда́йте мне, п., кни́гу. — П.** would you mind passing me the book? — There you are. **3** (*в ответ на* **«спаси́бо»**) don't mention it; not at all.

пожа́р, а *m* fire; **как на п. бежа́ть** (*coll*) to run like hell; **не на п.!** (*coll*) hold your horses!; there's no hurry!

пожа́рищ|е[1]**, а** *m* (*coll*) big fire.

пожа́рищ|е[2]**, а** *nt* (*место*) site of a fire.

пожа́рник, а *m* (*coll*) fireman.

пожа́р|ный *adj of* ⇒**~**; **~ная кома́нда** fire brigade; **~ная ле́стница** fire escape; **~ная маши́на** fire engine; **в ~ном поря́дке** (*coll, joc*) hastily, in slapdash fashion; **на вся́кий п. слу́чай** (*coll, joc*) in case of dire need; just in case; *as n* **п., ~ного** *m* fireman.

пожа́ти|е, я *nt*: **п. руки́** handshake.

по|жа́ть[1]**, жму́, жмёшь** *pf* (*of* ⇒**~жима́ть**) to press, squeeze; **п. ру́ку** (+ *d*) to shake hands (with); **п. плеча́ми** to shrug one's shoulders.

по|жа́ть[2]**, жну́, жнёшь** *pf* (*of* ⇒**~жина́ть**) to reap (*also fig*); **п. сла́ву** to win renown; **п. плоды́ чужо́го труда́** (*fig*) to reap where one has not sown; **что посе́ешь, то и ~жнёшь** (*proverb*) one must reap as one has sown.

по|жа́ться, жму́сь, жмёшься *pf* (*of* ⇒**~жима́ться**) to shrink up, huddle up.

пож|ева́ть, ую́, уёшь *pf* (*of* ⇒**~ёвывать**) to chew.

пожёвыва|ть, ю *impf of* ⇒**пожева́ть**

пожела́ни|е, я *nt* wish, desire.

пожела́|ть, ю *pf of* ⇒**жела́ть**

пожелте́лый *adj* yellowed.

пожелте́|ть, ю *pf of* ⇒**желте́ть**

пожен|и́ть, ю́, ~́ишь *pf of* ⇒**жени́ть**

пожен|и́ться, ~́имся *pf* (*used only in pl; of two people*) to get married.

поже́ртвовани|е, я *nt* donation.

поже́ртв|овать, ую *pf of* ⇒**же́ртвовать**

по|же́чь, жгу́, жжёшь, жгу́т, *past* **~жёг, ~жгла́** *pf* to burn up; to destroy by fire.

пожи́в|а, ы *f* (*coll*) gain, profit.

пожива́|ть, ю *impf*: **как (вы) ~ете?** how are you (getting on)?

пожив|и́ться, лю́сь, и́шься *pf* (+ *i*; *coll*) to live (off), profit (by); **п. на счёт друго́го** to make good at another's expense.

П

пожи́|вший *pp active of* ⇒**~ть** *and adj* (*usu pej*) experienced.

пожи́зненн|ый *adj* life(long); for life; **~ое заключе́ние** life imprisonment; **~ая ре́нта** life annuity.

пожило́й *adj* elderly.

пожима́|ть(ся), ю(сь) *impf of* ⇒**пожа́ть¹(ся)**

пожина́|ть, ю *impf of* ⇒**пожа́ть²**

пожира́|ть, ю *impf of* ⇒**пожра́ть**; **п. глаза́ми** to devour with one's eyes.

пожи́тк|и, ов (*no sg*) (*coll*) belongings; (one's) things; **со все́ми ~ами** bag and baggage.

по|жи́ть, живу́, живёшь, *past* **~́жил** *and* (*coll*) **~жи́л, ~жила́, ~́жило** *and* (*coll*) **~жи́ло** *pf* **1** to live (*for a time*); to stay; **мы ~́жили три го́да в Ки́еве** we lived for three years in Kiev. **2** (*coll*) to live it up; **~живём уви́дим** we shall see what we shall see.

пожм|у́, ёшь *see* ⇒**пожа́ть¹**

пожн|у́, ёшь *see* ⇒**пожа́ть²**

пожр|а́ть, у́, ёшь, *past* **~а́л, ~ала́, ~а́ло** *pf* (*of* ⇒**пожира́ть**) to devour.

по́з|а, ы *f* pose, attitude, posture; (*fig*) pose; **приня́ть каку́ю-н. ~у** to strike an attitude, adopt a pose; **приня́ть ~у вели́кого учёного** to pose as a great scholar; **э́то то́лько п.** it is a mere pose.

позаба́в|ить, лю, ишь *pf* to amuse a little.

позаба́в|иться, люсь, ишься *pf* to amuse o.s. a little.

позабо́|титься, чусь, тишься *pf of* ⇒**забо́титься**

позабыва́|ть, ю *impf of* ⇒**позабы́ть**

позаб|ы́ть, у́ду, у́дешь *pf* (*of* ⇒**~ыва́ть**) (+ *a or* **о** + *p*; *coll*) to forget (about).

позави́д|овать, ую *pf of* ⇒**зави́довать**

поза́втрака|ть, ю *pf of* ⇒**за́втракать**

позавчера́ *adv* the day before yesterday.

позавчера́|шний *adj of* ⇒**~**

позади́¹ *adv* (*of place*; *fig of time*) behind; **оста́вить п.** to leave behind; **наиху́дшие времена́ оста́лись п.** the worst times are past.

позади́² *prep* + *g* behind.

позаимств|овать, ую *pf of* ⇒**заимствовать**

позапро́шлый *adj* before last; **п. год** the year before last.

поза́р|иться, юсь, ишься *pf of* ⇒**за́риться**

по|зва́ть, зову́, зовёшь, *past* **~зва́л, ~звала́, ~зва́ло** *pf of* ⇒**звать 1, 2**

по-зве́рски *adv* brutally, like a beast.

позволе́ни|е, я *nt* permission; **с ва́шего ~я** with your permission; **с ~я сказа́ть** if one may say so; **э́тот, с ~я сказа́ть, вождь** (*ironical*) this apology for a leader; this, if one may so call him, leader.

позволи́тел|ьный (~ен, ~ьна) *adj* permissible.

позво́л|ить, ю, ишь *pf* (*of* ⇒**~я́ть**) (+ *d of person and inf*, + *a of inanimate object*) to allow, permit; **е́сли доктора́ ~ят мне пое́хать, я уви́жу вас в Москве́** if the doctors allow me to travel, I shall see you in Moscow; **п. себе́** (+ *inf*) to venture, take the liberty (of); (+ *a*) to be able to afford; **п. себе́ сде́лать замеча́ние** to venture a remark; **п. себе́ пое́здку в Пари́ж** to be able to afford a trip to Paris; **~ь(те)** (*i*) *polite form of request* **~ьте предста́вить до́ктора X.** allow me to introduce Doctor X., (*ii*) *expression of disagreement or objection* **~ьте, что э́то зна́чит?** excuse me, what does that mean?

позвол|я́ть, я́ю *impf of* ⇒**~́ить**

позвон|и́ть(ся), ю́(сь), и́шь(ся) *pf of* ⇒**звони́ть(ся)**

позвон|о́к, ка́ *m* (*anat*) vertebra.

позвоно́чник, а *m* (*anat*) spine, backbone.

позвоно́чн|ый *adj* (*anat*) vertebral; **п. столб** spinal column; *as n* **~ые, ~ых** (*zool*) vertebrates.

поздн|е́е *comp of* ⇒**~́ий** *and* ⇒**~́о** later.

поздне́йший *adj* (*более поздний*) later; (*самый поздний*) latest.

по́здн|ий *adj* late; **до ~ей но́чи** until late at night, late into the night; **~о** it is late.

по́здно *adv* late.

поздоро́ва|ться, юсь *pf of* ⇒**здоро́ваться**

поздорове́|ть, ю *pf of* ⇒**здорове́ть**

поздоро́в|иться, ится *pf only in phr* (*coll*): **не ~ится ему́,** *etc.* (**от** + *g*) much good will it do him, *etc.*; he, *etc.* will be in trouble.

поздрави́тел|ь, я *m* bearer of congratulations, well-wisher.

поздрави́тельн|ый *adj* congratulatory; **~ая ка́рточка** greetings card.

поздра́в|ить, лю, ишь *pf* (*of* ⇒**~ля́ть**) (**с** + *i*) to congratulate (on, upon); **п. кого́-н. с днём рожде́ния** to wish s.o. many happy returns of the day; **п. кого́-н. с Но́вым го́дом** to wish s.o. a happy New Year.

поздравле́ни|е, я *nt* congratulation, greeting(s).

поздравля́|ть, ю *impf of* ⇒**поздра́вить**

позёвыва|ть, ю *impf* (*coll*) to yawn (from time to time).

позелене́|ть, ю *pf of* ⇒**зелене́ть 1**

позелен|и́ть, ю, и́шь *pf of* ⇒**зелени́ть**

позе́мельный *adj* land; **п. нало́г** land tax.

позёмк|а, и *f* blizzard accompanied by ground wind.

позёр, а *m* poseur; pseud.

по́з|же *comp of* ⇒**~дний** *and* ⇒**~дно**; later (on).

по-зи́мнему *adv* as in winter, as for winter; **одет п.** (dressed) in winter clothes.

пози́р|овать, ую *impf* (+ *d*) to pose (for); (*fig*) to pose.

позити́в, а *m* (*phot*) positive.

позитиви́зм, а *m* (*philos*) positivism.

позитиви́ст, а *m* (*philos*) positivist.

позити́в|ный (~ен, ~на) *adj* positive.

позитро́н, а *m* (*phys*) positron, positive electron.

позицио́нн|ый *adj of* ⇒**пози́ция**; **~ая война́** trench warfare.

пози́ци|я, и *f* position; **выжида́тельная п.** wait-and-see attitude; **заня́ть ~ю** (*mil*) to take up a position; (*fig*) to take one's stand; **с ~и си́лы** from (a position of) strength.

позла|ти́ть, щу́, ти́шь *pf* (*of* ⇒**~ща́ть**) (*obs or fig*) to gild.

позлаща́|ть, ю *impf of* ⇒**позлати́ть**

позл|и́ть, ю, и́шь *pf* to tease a little.

познава́ем|ый (~, ~а) *pres participle passive of* ⇒**познава́ть** *and adj* knowable.

познава́тельный *adj* cognitive; (*обучающий*) educational; **п. проце́сс** cognition.

позна|ва́ть, ю́, ёшь *impf of* ⇒**~́ть**

позна|ва́ться, ётся *impf* (*no pf*) to become known; **друзья́ ~ю́тся в беде́** (*proverb*) a friend in need is a friend indeed.

познако́м|ить(ся), лю(сь), ишь(ся) *pf of* ⇒**знако́мить(ся)**

познако́м|ленный *ppp of* ⇒**~ить**

позна́ни|е, я *nt* **1** (*philos*) cognition; **тео́рия ~я** epistemology. **2** (*in pl*) knowledge.

позна́|ть, ю *pf* (*of* ⇒**~ва́ть**) to get to know; to become acquainted with; (*philos*) to cognize; **п. го́ре** to become acquainted with grief; to know grief; to experience grief.

позоло́т|а, ы *f* gilding, gilt.

позоло|ти́ть, чу́, ти́шь *pf of* ⇒**золоти́ть**

позо́р, а *m* shame, disgrace; **быть ~ом (для)** to be a disgrace (to); **вы́ставить на п.** to put to shame; **покры́ть себя́ ~ом** to disgrace o.s.

позо́р|ить, ю, ишь *impf* (*of* ⇒**о~**) to disgrace.

позо́р|иться, юсь, ишься *impf* (*of* ⇒**о~**) to disgrace o.s.

позо́рищ|е, а *nt* (*coll*) shameful event, disgrace.

позо́р|ный (~ен, ~на) *adj* shameful, disgraceful; ignominious; **п. столб** pillory; **поста́вить к ~ному столбу́** (*fig*) to pillory.

позуме́нт, а *m* galloon, braid; **золото́й п.** gold braid.

позы́в, а *m* urge; **п. на рво́ту** urge to be sick, (feeling of) nausea.

позыва́|ть, ет *impf* (*impers*) to feel an urge, feel a need; **меня́ ~ет на рво́ту** I feel an urge to be sick.

позывн|о́й *adj*: **п. сигна́л** (*radio*) call sign; *as n* **~ы́е, ~ы́х** call sign.

поигра́|ть, ю *pf* to have a game, play a little.

пои́грыва|ть, ю *impf* (*coll*) to play now and then.

пои́лк|а, и *f* **1** (*скота*) feeding trough; feeding bowl. **2** (*больного*) feeding vessel.

поимённо *adv* by name.

П

поимённый *adj* nominal; **п. список** list of names.

поимен|овать, ую *pf* to name, call out by name.

поимк|а, и *f* capture.

поимущественный *adj*: **п. налог** property tax.

по-иному *adv* differently, in a different way.

поинтерес|оваться, уюсь *pf* (+ *i*) to be curious (about); to display interest (in); **он ~овался узнать, кто вы** he was curious to find out who you are.

поиск, а *m* **1** (*in pl*) search (*also comput*); **в ~ах** (+ *g*) in search (of), in quest (of). **2** (*mil*) (reconnaissance) raid.

пои|скать, щу, ~щешь *pf* to look for, search for; **~щите хорошенько** have a good look.

поисков|ый *adj*: **~ая система/машина** (*comput*) search engine.

поистине *adv* indeed, in truth.

по|ить, ю, ~ишь *impf* (*of* ⇒**на~**) to give to drink; (*скот*) to water; **п. вином** to treat to wine; **п. и кормить семью** to maintain the family.

по|ищу, ищешь *see* ⇒**~искать**

пой|ду, дёшь *see* ⇒**~ти**

пойл|о, а *nt* swill, mash; **п. для свиней** pig swill.

пойм|а, ы, *g pl* **~** *f* flood plain; water meadow.

пойма|ть, ю *pf of* ⇒**ловить**

пойм|у, ёшь *see* ⇒**понять**

пойнтер, а *m* (*dog*) pointer.

пой|ти, ду, дёшь, *past* **пошёл, пошла** *pf* **1** *pf of* ⇒**идти** *and* ⇒**ходить**; **пошёл!** off you go!; **пошёл вон!** be off!; off with you!; **уж если на то пошло** if it comes to that; for that matter; **(так) не ~дёт** (*coll*) that won't work. **2** (*начать ходить*) to begin to (be able to) walk. **3** (*coll*) (*начать*) to begin. **4** (**в** + *a*) to take after; **он пошёл в отца** he takes after his father.

пока[1] *adv* for the present, for the time being; **п. что** (*coll*) in the meanwhile; **п.(-то) ещё** (*coll*) not for a while yet; **это п. всё** that is all for now; **не беспокойтесь, п.-то ещё он появится** don't worry, he won't turn up for a while yet; **ну, п.!** (*coll*) cheerio!; bye!

пока[2] *conj* **1** while; **нам надо попросить его, п. он тут** we must ask him while he is here. **2**: **п. не** until, till, before; **не надо уходить, п. она не придёт** we must not go until she comes; **п. ещё не поздно** before it's too late.

показ, а *m* (*фильма*) showing; (*эксперимента*) demonstration; (*fig*) (*жизни*) portrayal.

показани|е, я *nt* (*usu in pl*) **1** (*свидетельство*) testimony, evidence. **2** (*law*) deposition; affidavit; **давать п.** to testify, give evidence. **3** (*прибора*) reading.

показател|ь, я *m* **1** indicator; index. **2** (*math*) exponent, index.

показател|ьный (~ен, ~ьна) *adj* **1** (*характерный*) significant; instructive, revealing; **очень ~ьное заявление** a very significant pronouncement. **2** (*образцовый*) model; demonstration; **п. процесс** show trial; **п. урок** object lesson; **~ьное хозяйство** model farm. **3** (*math*) exponential.

пока|зать, жу, ~жешь *pf* (*of* ⇒**~зывать**) **1** to show; to display, reveal; **п. себя** to prove o.s. *or* one's worth; **он ~зал себя хорошим оратором** he has shown himself to be a good speaker; **п. свой знания** to display one's knowledge; **они ~зали девочку врачу** they took the little girl to the doctor; **он ~зал вид, что сердится** he feigned anger. **2** (*о приборе*) to show, register, read. **3** (**на** + *a*) to point (at, to); **п. кому-н. на дверь** (*fig, coll*) to show s.o. the door. **4** (*law*) to testify, give evidence.

пока|заться, жусь, ~жешься *pf* **1** *pf of* ⇒**казаться**. **2** (*pf of* ⇒**~зываться**) to show o.s.; to appear; to come in sight; **из-за облаков ~залась луна** the moon appeared from behind the clouds; **п. врачу** to see a doctor. **3** *passive of* ⇒**~зать**

показной *adj* (*сочувствие*) affected; (*роскошь*) ostentatious.

показух|а, и *f* (*coll*) show; **это сплошная п.** it's all put on, just for show.

показыва|ть(ся), ю(сь) *impf of* ⇒**показать(ся)**

покалыва|ть, ю *impf* to prick occasionally; (*impers*): **у меня ~ет в боку** I have occasional stabbing pains in my side.

покаляка|ть, ю *pf of* ⇒**калякать**

покамест *adv and conj* (*coll*) = **пока**

покара|ть, ю *pf of* ⇒**карать**

поката|ть[1]**, ю** *pf* to roll.

поката|ть[2]**, ю** *pf* to take for a drive; **п. детей** to take the children out.

поката|ться, юсь *pf* to go for a drive; **п. на лодке** to go out boating.

пока|тить, чу, ~тишь *pf* **1** *pf of* ⇒**катить**. **2** (*мяч*) to start (rolling), set rolling. **3** (*coll*) (*отправиться*) to set off (*by car, bicycle*).

пока|титься, чусь, ~тишься *pf* **1** *pf of* ⇒**катиться**; **п. со смеху** (*coll*) to roar with laughter. **2** (*начать катиться*) to start rolling.

покатост|ь, и *f* slope, incline; declivity.

покат|ый (~, ~а) *adj* sloping; slanting; **п. лоб** receding forehead.

покача|ть, ю *pf* to rock, swing (for a time); **п. головой** to shake one's head.

покача|ться, юсь *pf* to rock, swing (for a time); to have a swing.

покачива|ться, юсь *impf* to rock slightly; **идти ~ясь** to walk unsteadily.

покачн|уть, у, ёшь *pf* to shake.

покачн|уться, усь, ёшься *pf* **1** to sway, totter, give a lurch. **2** (*fig, coll*) (*ухудшиться*) to totter, go downhill.

покашлива|ть, ю *impf* to have a slight cough; to cough intermittently.

покашля|ть, ю *pf* to cough.

покаяни|е, я *nt* **1** (*eccl*) (*исповедь*) confession. **2** (*раскаяние*) penitence, repentance; **принести п. (в** + *p*) to repent (of).

покаян|ный (~ен, ~на) *adj* penitential.

пока|яться, юсь, ешься *pf of* ⇒**каяться**

поквартально *adv* quarterly.

поквита|ться, юсь *pf* (**с** + *i*; *coll*) to get even (with); **теперь мы с вами ~лись** now we're quits; **я ещё с ним ~юсь** I'll get even with him yet.

покер, а *m* poker (*card game*).

покер|ный *adj of* ⇒**~**

покива|ть, ю *pf* to nod (*several times*).

покида|ть, ю *impf of* ⇒**покинуть**

покинут|ый *ppp of* ⇒**~ь** *and adj* deserted; abandoned.

поки|нуть, ну, нешь *pf* (*of* ⇒**~дать**) to leave; to desert, abandon, forsake.

покладая *only in phr* **не п. рук** indefatigably.

покладист|ый (~, ~а) *adj* complaisant, obliging.

поклаж|а, и *f* (*coll*) load; luggage.

поклёп, а *m* (*coll*) slander, calumny; **возвести п. (на** + *a*) to slander, cast aspersions (on).

покли|кать, чу, чешь *pf* (*coll*) to call (to).

поклон, а *m* **1** bow; **сделать п.** to bow (*in greeting*); **класть ~ы** to bow (*in prayer*); **идти на п., идти с ~ом к кому-н.** to go cap in hand to s.o. **2** (*fig*) (*привет*) greeting; **послать ~ы** to send one's compliments, send one's kind regards.

поклонени|е, я *nt* worship.

поклон|иться, юсь, ~ишься *pf of* ⇒**кланяться**

поклонник, а *m* admirer; fan; (*relig*) worshipper.

поклонни|ца, цы *f of* ⇒**~к**

покланя|ться, юсь *impf* (+ *d*) to worship.

покля|сться, нусь, нёшься *pf of* ⇒**клясться**

поковк|а, и *f* (*tech*) forging; forged piece.

покоем *adv* (*obs*) in the shape of the letter **п**.

поко|ить, ю, ишь *impf* (*obs*) to tend, cherish.

поко|иться, юсь, ишься *impf* **1** (**на** + *p*) to rest (on, upon), repose (on, upon), be based (on, upon); **п. на догадке** to be based on conjecture. **2** (*об умерших*) to lie; **здесь ~ится прах** (+ *g*) here lies (the body of).

поко|й[1]**, я** *m* rest, peace; **вечный п.** (*fig, poetical*) eternal rest; **оставить в ~е** to leave in peace; **уйти на п., удалиться на п.** to retire.

поко|й[2]**, я** *m* (*obs*) (*комната*) room, chamber; **приёмный п.** reception ward (*in hospital*).

покойник, а *m* the deceased.

покойни|ца, цы *f of* ⇒**~к**

покойницк|ая, ой *f* mortuary.

поко|йный[1] **(~ен, ~йна)** *adj* **1** (*спокойный*) calm, quiet; **будьте ~йны** don't be alarmed; don't (you) worry. **2** (*удобный*) comfortable; restful; **~йной ночи!** good night!

покойн|ый[2] *adj* (*умерший*) (the) late; **п. король** the late king; *as n* **п., ~ого** *m*, **~ая, ~ой** *f* the deceased.

поколеб|ать, ~лю, ~лешь *pf of* ⇒**колебать**

П

поколеб|а́ться, ~люсь, ~лешься *pf* **1** *pf of* ⇨**колеба́ться**. **2** to waver (for a time), hesitate (for a time).

поколе́ни|е, я *nt* generation; **из ~я в п.** from generation to generation.

поколо|ти́ть, чу́, ~тишь *pf of* ⇨**колоти́ть 2, 3**

поколо|ти́ться, чу́сь, ~тишься *pf of* ⇨**колоти́ться 3**

поко́нч|ить, у, ишь *pf* (**с** + *i*) **1** (*завершить*) to finish off; to finish (with), be through (with), have done (with); **с э́тим ~ено** that's done with. **2** (*уничтожить*) to put an end (to); to do away (with); **п. с собо́й** to put an end to one's life; to do away with o.s.; **п. жизнь самоуби́йством** to commit suicide.

покоре́ни|е, я *nt* conquest.

покори́тел|ь, я *m* conqueror; **п. серде́ц** ladykiller.

покор|и́ть, ю́, и́шь *pf* (*of* ⇨**~я́ть**) to conquer, subdue; **п. чьё-н. се́рдце** to win s.o.'s heart.

покор|и́ться, ю́сь, и́шься *pf* (*of* ⇨**~я́ться**) (+ *d*) to submit (to); to resign o.s. (to); **п. свое́й у́части** to resign o.s. to one's lot.

покорм|и́ть(ся), лю́(сь), ~ишь(ся) *pf of* ⇨**корми́ть(ся) 1**

поко́рн|ейший *superl of* ⇨**~ый**

поко́рно *adv* humbly; submissively, obediently; **п. благодарю́** (*coll*) thank you; **благодарю́ п.** (*ironical*; *expressing refusal and/or astonishment*) thank you (very much)!

поко́рност|ь, и *f* submissiveness, obedience.

поко́р|ный (~ен, ~на) *adj* **1** (+ *d*) submissive (to), obedient; **п. судьбе́** resigned to one's fate. **2** (*in conventional expressions of politeness*; *obs*) humble, obedient; **ваш п. слуга́** your obedient servant.

покоро́б|ить(ся), лю, ит(ся) *pf of* ⇨**коро́бить(ся)**

поко́рств|овать, ую *impf* (*obs, poetical*) (+ *d*) to submit (to).

покор|я́ть(ся), я́ю(сь) *impf of* ⇨**~и́ть(ся)**

поко́с, а *m* **1** (*действие*) mowing; (*время косьбы*) haymaking. **2** (*место косьбы*) meadow(land).

покоси́|вшийся *pp of* ⇨**~ться** *and adj* rickety, ramshackle.

поко|си́ться, шу́сь, си́шься *pf of* ⇨**коси́ться**

покра́ж|а, и *f* **1** (*кража*) theft. **2** (*obs*) (*вещи*) stolen goods.

покра́п|ать, лет *pf* (*о дожде*) to spit.

покра́пыва|ть, ет *impf*; (*impers*): **~л дождь, ~ло** it was spitting (with rain) off and on.

покра́|сить(ся), шу(сь), сишь(ся) *pf of* ⇨**кра́сить 1, 2** *and* ⇨**кра́ситься 2**

покра́ск|а, и *f* painting, colouring.

покрасне́|ть, ю *pf of* ⇨**красне́ть 1,2**

покрив|и́ть(ся), лю́(сь), и́шь(ся) *pf of* ⇨**криви́ть(ся)**

покри́кива|ть, ю *impf* (**на** + *a*; *coll*) to shout (at) (*a little, for a time*).

покритик|ова́ть, у́ю *pf* (*coll*) to criticize.

Покро́в, а́ *m* (*eccl*) (Feast of) the Protection, Protective Veil (of the Virgin).

покро́в, а *m* **1** cover; covering; (*fig*) cloak, shroud, pall; **по́чвенный п.** topsoil; **сне́жный п.** blanket of snow; **под ~ом но́чи** under cover of night. **2** (*fig, obs*) protection; **взять под свой п.** to take under one's protection.

покрови́тел|ь, я *m* patron, protector.

покрови́тельниц|а, ы *f* patroness, protectress.

покрови́тельствен|ный (~, ~на) *adj* **1** protective; **~ная систе́ма** (*econ*) protectionism; **~ная окра́ска** (*zool*) protective colouring. **2** (*снисходительный*) condescending, patronizing.

покрови́тельств|о, а *nt* protection, patronage; **под ~ом** (+ *g*) under the patronage (of), under the auspices (of).

покрови́тельств|овать, ую *impf* (+ *d*) to protect, patronize.

покро́|й, я *m* cut (*of garment*); **все на оди́н п.** (*fig*) all in the same style.

покрош|и́ть, у́, ~ишь *pf* (+ *a or g*) (*хлеб*) to crumble; (*лук*) to chop.

покругле́|ть, ю *pf of* ⇨**кругле́ть**

покруж|и́ть, у́, ~и́шь *pf* (*coll*) **1** to circle several times. **2** (*плутать*) to roam, wander (*a while*).

покрупне́|ть, ю *pf of* ⇨**крупне́ть**

покрыва́л|о, а *nt* **1** (*кусок ткани*) cover; (*на кровать*) bedspread, counterpane. **2** shawl; (*вуаль*) veil. **3** (*туманное, дымное*) layer, covering, veil.

покрыва́|ть(ся), ю(сь) *impf of* ⇨**покры́ть(ся)**

покры́ти|е, я *nt* **1** covering; **п. доро́ги** road surfacing; **п. кры́ши** roofing. **2** (*возмещение*) covering, discharge, payment; **п. расхо́дов** defrayment of expenses.

покр|ы́ть, о́ю, о́ешь *pf* (*of* ⇨**крыть** *and* ⇨**~ыва́ть**) **1** to cover; **п. кры́шей** to roof; **п. кра́ской** to coat with paint; **п. ла́ком** to varnish, lacquer; **п. позо́ром** to cover with shame; **п. та́йной** to shroud in mystery. **2** (*возместить*) to meet, pay off; **п. расхо́ды** to cover expenses, defray expenses. **3** (*звуки*) to drown. **4** (*не выдать*) to shield, cover up (for); to hush up. **5** (*расстояние*) to cover.

покр|ы́ться, о́юсь, о́ешься *pf* (*of* ⇨**~ыва́ться**) (+ *i*) **1** (*накрыть себя*) to cover s.o. (with). **2** (*заполниться, усеяться*) to be, get covered (with).

покры́шк|а, и *f* **1** (*coll*) cover(ing). **2** (*автомобиля*) tyre (*Br*), tire (*US*).

поку́да *adv and conj* (*coll*) = **пока́**

покупа́тел|ь, я *m* (*дома, машины*) buyer, purchaser; (*в магазине*) customer.

покупа́тель|ница, ницы *f of* ⇨**~**

покупа́тельн|ый *adj* purchasing; **~ая спосо́бность** (*econ*) purchasing power.

покупа́тель|ский *adj of* ⇨**~**

покупа́|ть[1], ю *impf of* ⇨**купи́ть**

покупа́|ть[2], ю *pf* (*ребёнка*) to bath (*Br*), bathe (*US*).

покупа́|ться, юсь *pf* (*в море*) to bathe (*Br*), to go bathing; (*в ванне*) to take a bath.

поку́пк|а, и *f* **1** (*действие*) buying; purchasing, purchase. **2** (*вещь*) purchase; **вы́годная п.** bargain; **де́лать ~и** to go shopping.

покуп|но́й *adj* **1** bought (*opp home-made or received as a gift*). **2** = **~а́тельный**; **~на́я цена́** purchase price.

поку́рива|ть, ю *impf* (*coll*) to smoke (a little, from time to time).

покур|и́ть, ю, ~ишь *pf* **1** *pf of* ⇨**кури́ть**. **2** to have a smoke; **дава́й ~им** let's have a smoke.

покуса́|ть, ю *pf* to bite; (*о пчёлах*) to sting.

поку|си́ться, шу́сь, си́шься *pf* (*of* ⇨**~ша́ться**) (**на** + *a*) **1** (*попытаться сделать что-н.*) to attempt, make an attempt (upon); **п. на свою́ жизнь, п. на самоуби́йство** to attempt suicide. **2** (*попытаться завладеть чем-н.*) to encroach (on, upon); **п. на чьи-н. права́** to encroach on s.o.'s rights.

поку́ша|ть, ю *pf of* ⇨**ку́шать**

покуша́|ться, юсь *impf of* ⇨**покуси́ться**

покуше́ни|е, я *nt* attempt; **п. на жизнь** (+ *g*), **п. на** + *a* attempt upon the life (of).

пол[1], а, о ~е, на ~у́, *pl* **~ы́** *m* floor.

пол[2], а, *pl* **~ы, ~о́в** *m* sex; **обо́его ~а** of both sexes.

пол... *comb form, abbr of* **полови́на**; half (*as in* **полчаса́** half an hour; **полдеся́того** half past nine; **полдю́жины** half a dozen, *etc.*).

пол|а́, ы́, *pl* **~ы** *f* skirt, flap, lap; **из-под ~ы́** on the sly, under cover; **торгова́ть из-под ~ы́** to sell under the counter.

полага́|ть, ю *impf* to suppose, think; **~ют, что он умира́ет** he is believed to be dying; **на́до п.** it is to be supposed; one must suppose.

полага́|ться, юсь *impf* **1** *impf of* ⇨**положи́ться**. **2** (*impers*): **~ется** one is supposed (to); **так ~ется** it is the custom; **не ~ется** it is not done; **здесь ~ется снима́ть шля́пу** one is supposed to take off one's hat here. **3**: **~ется** (+ *d*) to be due (to); **нам э́то ~ется** it is our due; we have a right to it.

пола́|дить, жу, дишь *pf* (**с** + *i*) to come to an understanding (with); to get on (with).

пола́ком|ить(ся), лю(сь), ишь(ся) *pf of* ⇨**ла́комить(ся)**

пола́т|и, ей (*no sg*) sleeping bench (*on high raised platform in peasant hut*).

по́лб|а, ы *f* (*bot*) emmer (*species of wheat*).

полбеды́ *f indecl, as pred* (*coll*) a minor misfortune; **э́то ещё п.** it is not so very serious.

полве́ка, полуве́ка *m* half a century.

полго́да, полуго́да *m* half a year, six months; **с п., о́коло полуго́да** for about six months.

полго́ря *nt indecl* = **полбеды́**

по́лдень, полу́дня *and* **по́лдня** *m* noon, midday; **за́ полдень** past noon; **к**

полу́дню towards noon.

полднéвный *adj of* ⇒**пóлдень**

пóлдник, а *m* (afternoon) snack.

пóлдничa|ть *impf* (*coll*) to have an (afternoon) snack.

полдорóг|и *f* halfway; **встрéтиться на** ~**е** to meet halfway; **останови́ться на** ~**е** to stop halfway (*also fig*).

пóл|е, я, *pl* ~**я́,** ~**éй** *nt* **1** field; **спорти́вное п.** playing field; **п. би́твы, п. сражéния** battlefield; **п. зрéния** field of vision. **2** (*art*) ground; (*heraldry*) field. **3** (*in pl*) (*чистая полоса*) margin; **замéтки на** ~**я́х** notes in the margin. **4** (*in pl*) (*шляпы*) brim.

полевé|ть, ю *pf of* ⇒**левéть**

полёвк|а, и *f* field vole.

полевóдств|о, а *nt* field-crop cultivation.

полев|óй *adj* (*bot, mil*) field; **п. бинóкль** field glasses; **п. командúр** warlord; ~**áя мышь** field mouse; ~**ы́е услóвия** field conditions; ~**ы́е цветы́** wild flowers.

полегáни|е, я *nt* (*agric*) lodging (*of crops*).

полегá|ть, ю *impf of* ⇒**полéчь 3**

полегóньку *adv* (*coll*) by easy stages.

полегчá|ть, ет *pf of* ⇒**легчáть**; **больнóму** ~**ло** the patient is feeling better; **у меня́ на душé** ~**ло** I feel a load off my mind.

полéгче *comp of* ⇒**лёгкий** *and* ⇒**легкó 1** (*somewhat, a little*) lighter. **2** a little easier, a little less difficult; **п.!** take it easy!, ease up a bit!, not so fast!

полеж|áть, ý, и́шь *pf* to lie down (*for a while*).

полéз|ный (~ен, ~на) *adj* useful; helpful; (*пища*) wholesome, health-giving; ~**ное дéйствие** efficiency, duty (*of a machine*); ~**ная жилáя плóщадь** actual living space; **э́то лекáрство óчень** ~**но от кáшля** this medicine is very good for coughs; **чем могý быть** ~**ен?** can I help you?

полéз|ть, у, ешь, *past* ~**,** ~**ла** *pf* **1** *pf of* ⇒**лезть. 2** (*начать лезть*) to start to climb.

полемизи́р|овать, ую *impf* (**с** + *i*) to engage in polemics (with).

полéмик|а, и *f* polemic(s); dispute, controversy; **вступи́ть в** ~**у** (**с** + *i*) to enter into polemics (with).

полеми́ст, а *m* polemicist.

полеми́ческий *adj* polemic(al).

полеми́ч|ный (~ен, ~на) *adj* polemical.

полéнива|ться, юсь *impf* (*coll*) to be rather lazy.

полен|и́ться, ю́сь, ~́ишься *pf* (+ *inf*) to be too lazy to.

полéни́ц|а, ы *cg* (*folk poetical*) hero, heroine.

полéнниц|а, ы *f* (*поленьев*) pile; (*дров*) stack.

полéн|о, а, *pl* ~**ья,** ~**ьев** log.

полéсь|е, я *nt* wooded locality; woodlands.

полёт, а *m* flight; flying; **фигýрный п.** aerobatics; **вид с пти́чьего** ~**а** bird's-eye view; **п. фантáзии** flight of fancy.

полетá|ть, ю *pf* to fly (*for a while*), do some flying.

поле|тéть, чý, ти́шь *pf* **1** *pf of* ⇒**летéть. 2** (*начать лететь*) to start to fly; to fly off. **3** (*fig, coll*) (*упасть*) to fall, go headlong.

по-лéтнему *adv* as in summer, as for summer; **одéт п.** (dressed) in summer clothes.

полеч|и́ть, ý, ~́ишь *pf* to treat (*for a while*).

полеч|и́ться, ýсь, ~́ишься *pf* to undergo treatment (*for a while*).

пол|éчь, я́гу, я́жешь, я́гут, *past* ~**ёг,** ~**еглá** *pf* **1** to lie down (*in numbers*). **2** (*fig*) (*погибнуть*) to fall, be killed (*in numbers*). **3** (*impf* ~**егáть**) (*agric*) to be lodged (*of standing crops*).

пóлз|ать, аю *impf, indet of* ⇒~**ти́**

ползкóм *adv* crawling, on all fours.

полз|ти́, ý, ёшь, *past* ~**,** ~**лá** *impf* **1** to crawl, creep (along); **пóезд** ~ the train was crawling. **2** (*о жидкости*) to ooze (out). **3** (*fig, coll*) (*о слухах*) to spread. **4** (*coll*) (*о ткани*) to fray.

ползун|óк, кá *m* **1** (*coll*) child who can only crawl, not walk. **2** (*in pl, coll*) (*одежда*) rompers.

ползýч|ий *adj* creeping; ~**ие растéния** (*bot*) creepers.

поли... *comb form* poly-.

полиáндри|я, и *f* polyandry.

полиартри́т, а *m* (*med*) polyarthritis.

поли́в|а, ы *f* glaze.

поливá|ть(ся), ю(сь) *impf of* ⇒**поли́ть 1,** ⇒**поли́ться**

поливитами́н|ы, ов (*no sg*) multivitamins.

поли́вк|а, и *f* watering.

поливн|óй *adj* requiring irrigation; ~**ы́е зéмли** irrigation area.

полигáми|я, и *f* polygamy.

полиглóт, а *m* polyglot.

полигóн, а *m* (*mil*) (artillery *or* bombing) range; **испытáтельный п.** proving ground, testing area; **учéбный п.** training ground.

полиграфи́ст, а *m* printer.

полиграфи́ческий *adj* printing.

полиграфи́|я, и *f* printing.

поликли́ник|а, и *f* clinic; health centre (*Br*), center (*US*).

полиловé|ть, ю *pf of* ⇒**лиловéть**

полимéр, а *m* (*chem*) polymer.

полимеризáци|я, и *f* (*chem*) polymerization.

полинези́|ец, йца *m* Polynesian.

полинези́|йка, йки *f of* ⇒~**ец**

полинези́йский *adj* Polynesian.

Полинéзи|я, и *f* Polynesia.

полиненасы́щенн|ый *adj*: ~**ые жиры́** polyunsaturated fats.

полинóм, а *m* (*math*) polynomial.

полиня́лый *adj* faded, discoloured.

полиня́|ть, ет *pf of* ⇒**линя́ть**

полиомиели́т, а *m* (*med*) polio(myelitis).

поли́п, а *m* polyp.

полипропилéн, а *m* polypropylene.

полировáльный *adj* polishing; **п. станóк** buffing machine.

полир|овáть, ýю *impf* (*of* ⇒**от**~) to polish.

полирóвк|а, и *f* polish(ing).

полирóвочный *adj* polishing.

пóлис, а *m* policy; **страховóй п.** insurance policy.

полисеми́|я, и *f* (*ling*) polysemy.

полисмéн, а *m* policeman; constable.

полисодержáтел|ь, я *m* policyholder.

поли́стный *adj* per sheet.

полит... *comb form, abbr of* **полити́ческий**

политбюрó *nt indecl* the Politburo.

политеи́зм, а *m* polytheism.

политеи́ст, а *m* polytheist.

политеисти́ческий *adj* polytheistic.

политéхник, а *m* student of polytechnic.

политéхникум, а *m* polytechnic (school).

политехни́ческий *adj* polytechnic.

политзаключённ|ый, ого *m* political prisoner.

политизáци|я, и *f* politicization.

политизи́р|овать, ую *impf and pf* to politicize.

поли́тик, а *m* politician.

поли́тик|а, и *f* **1** policy; **п. на грáни войны́** 'brinkmanship'; **проводи́ть** ~**у** to carry out a policy. **2** (*наука*) politics; **п. си́лы** power politics.

политикáн, а *m* (*pej*) politician, intriguer.

политикáнств|о, а *nt* politicking, intrigue.

политикáнств|овать, ую *impf* to intrigue.

полити́ческ|ий *adj* political; **п. дéятель** political figure, politician; ~**ая коррéктность** political correctness; ~**ие наýки** political science; ~**ое убéжище** political asylum; ~**ая эконóмия** political economy; *as n* **п.,** ~**ого** (*coll*) political prisoner.

полити́ч|ный (~ен, ~на) *adj* (*coll*) politic.

политкаторжáн|ин, ина, *pl* ~**е,** ~ *m* political convict (*in pre-1917 Russia*).

политкаторжáн|ка, ки *f of* ⇒~**ин**

политкоррéктност|ь, и *f* political correctness.

политкоррéктный *adj* politically correct, PC.

политóлог, а *m* political scientist.

политолóги|я, и *f* political science.

политрабóтник, а *m* political worker.

политрýк, а *m* (*abbr of* **полити́ческий руководи́тель**) political instructor (*in former USSR, in units of armed forces*).

политтехнóлог, а *m* spin doctor.

политуправлéни|е, я *nt* Political Administration.

политýр|а, ы *f* polish, varnish.

политучёб|а, ы *f* political education.

пол|и́ть, ью́, ьёшь, *past* ~**и́л,** ~**илá,** ~**и́ло** *pf* **1** (*impf* ⇒~**ивáть**) (+ *a and i*) (*смочить*) to pour (on, upon); **п. что-н. водóй** to pour water on sth; **п. цветы́** to water the flowers. **2** (*no impf*) (*начать лить*) to begin to pour.

П

пол|úться, ью́сь, ьёшься, *past* **~úлся, ~илáсь** *pf* (*of* **⇒~ивáться**) **1** (+ *i*) (*полить себя*) to pour over o.s. **2** (*начать литься*) to begin to flow.

политэконóми|я, и *f* political economy.

политэмигрáнт, а *m* political refugee.

полиуретáн, а *m* polyurethane.

полифонúческий *adj* polyphonic.

полифонú|я, и *f* (*mus*) polyphony.

полихлорвинúл, а *m* PVC (*polyvinyl chloride*).

полицеймéйстер, а *m* (*hist*) chief of police.

полицéйск|ий *adj* police; **п. учáсток** police station; *as n* **п., ~ого** *m* policeman, police officer; **«лежáчий п.»** sleeping policeman (*Br*), speed bump.

полúци|я, и *f* police.

полúчн|ое, ого *nt*: **поймáть с ~ым** to catch red-handed.

полишинéл|ь, я *m* Punch(inello); **секрéт П~я** open secret.

полиэтилéн, а *m* polythene.

полиэтилéн|овый *adj of* **⇒~**

полк, á, о ~é, в ~ý *m* regiment; **нáшего ~ý прúбыло** (*coll*) our ranks have swollen.

пóлк|а¹, и *f* **1** shelf; **кнúжная п.** bookshelf. **2** (*в поезде*) berth.

пóлк|а², и *f* (*огорода*) weeding.

полкóвник, а *m* colonel.

полковóд|ец, ца *m* commander; military leader.

полковóй *adj* regimental.

пол-лúтра, полулúтра *m* half a litre (*Br*), liter (*US*).

поллютáнт, а *m* pollutant.

поллю́ци|я, и *f* (*physiol*) nocturnal emission.

полмиллиóна, полумиллиóна *m* half a million.

полминýты, полуминýты *f* half a minute.

полнéйший *adj* sheer, utter(most).

полнé|ть, ю *impf* (*of* **⇒по~**) to grow stout, put on weight.

полнёхон|ький (~ек, ~ька) *adj* (*coll*) brim-full, crammed, packed.

полн|úть, ю́, úшь *impf* (*coll*) to overfill; **э́то плáтье её ~úт** this dress makes her look fat.

пóлно¹ *adv* brim-full, full to the brim.

пóлно² *adv* (*coll*) **1** (*перестань!*) enough (of that)!; that will do!; **п. ворчáть!** stop grumbling! **2** (*что вы говорите?*) you don't mean that!; come come!

полнó *adv* (+ *g*) (*coll*) lots; **в кóмнате полнó нарóду** the room is packed with people.

полновéсност|ь, и *f* **1** full weight. **2** (*fig*) soundness.

полновéс|ный (~ен, ~на) *adj* **1** full-weight. **2** (*fig*) sound.

полновлáсти|е, я *nt* sovereignty.

полновлáст|ный (~ен, ~на) *adj* sovereign; **п. хозя́ин** sole master.

полновóд|ный (~ен, ~на) *adj* deep.

полновóдь|е, я *nt* high water.

полнозвýч|ный (~ен, ~на) *adj* sonorous.

полнокрóви|е, я *nt* (*med*) plethora.

полнокрóв|ный (~ен, ~на) *adj* **1** (*med*) plethoric. **2** (*fig*) full-blooded.

полнолýни|е, я *nt* full moon.

полнометрáжный *adj*: **п. фильм** feature-length film.

полномóчи|е, я *nt* authority, power; (*law*) proxy; **чрезвычáйные ~я** emergency powers; **срок ~й** term of office; **превышéние ~й** exceeding one's commission; **дать ~я** (+ *d*) to empower.

полномóч|ный (~ен, ~на) *adj* plenipotentiary; **п. представúтель** plenipotentiary.

полнопрáви|е, я *nt* full rights; competency.

полнопрáв|ный (~ен, ~на) *adj* enjoying full rights; **п. член** full member.

полнорóдный *adj* (*law*) full (*brother or sister*).

пóлностью *adv* fully, in full; completely.

полнот|á, ы́ (*no pl*) *f* **1** fullness, completeness; **п. влáсти** absolute power. **2** (*тучность*) stoutness, corpulence.

пóлноте *int* (*coll*) = **пóлно²**

полноцéнност|ь, и *f* full value.

полноцéн|ный (~ен, ~на) *adj* **1** (*рубль*) of full value. **2** (*fig*) (*лётчик, школа*) proper; fully fledged; (*работа*) valuable.

полнóчи *f indecl* half the (a) night.

полнóчный *adj* midnight.

пóлночь, полýночи *and* **пóлночи** *f* midnight; **зá п.** after midnight.

пóл|ный (~он, ~нá, ~нó) *adj* **1** (+ *g or i*) (*наполненный*) full (of); (*совершенный*) complete, entire, total; absolute; **~ным гóлосом** at the top of one's voice; **сказáть ~ным гóлосом** (*fig*) to say outright; **~ное затмéние** total eclipse; **п. кармáн** (+ *g*) a pocketful (of); **п. пансиóн** full board and lodging; **~ное собрáние сочинéний** complete works; **п. ход вперёд!** full speed ahead!; **идтú ~ным хóдом** to go at full speed; (*fig*) to be in full swing; **~ная чáша** (*fig*) plenty; **в ~ной мéре** fully, in full measure; **в ~ном расцвéте сил** in one's prime; **онú пришлú в ~ном состáве** they came in full force; **на ~ном ходý** at full speed. **2** (*толстый*) stout, portly; plump.

пóлным-полнó *adv* chock-full, jam-packed; **в автóбусе бы́ло п.-п нарóду** the bus was jam-packed with people.

пóло *nt indecl* (*sport*) polo; **вóдное п.** water polo.

полóв|а, ы *f* chaff.

половúк, á *m* mat; long narrow carpet, runner.

половúн|а, ы *f* half; **два с ~ой** two and a half; **п. шестóго** half past five; **в ~е девятнáдцатого вéка** in the middle of the nineteenth century; **во вторóй ~е дня** in the afternoon; **на ~е дорóги** halfway; **п. двéри** leaf of a door.

половúнк|а, и *f* **1** half. **2** (*двери*) leaf.

половúнн|ый *adj* half; **~ая нóта** (*mus*) minim (*Br*), half note (*US*); **п. оклáд** half-pay; **заплатúть за что-н. в ~ом размéре** to pay half-price for sth.

половúнчат|ый (~, ~а) *adj* **1** halved; half-and-half; **п. кирпúч** half-brick. **2** (*fig*) half-hearted; undecided; **~ое решéние** half-baked decision.

половúц|а, ы *f* floor board.

полóвник, а *m* (*coll*) ladle.

половóдь|е, я *nt* flood, high water (*at time of spring thaw*).

полов|óй¹ *adj* floor; **~áя тря́пка** floorcloth.

полов|óй² *adj* sexual; **~óе бессúлие** impotence; **~óе влечéние** sexual attraction; **~áя зрéлость** puberty; **~ы́е óрганы** genitals, sexual organs; **~áя связь** sexual intercourse.

полов|óй³, óго *m* (*obs*) waiter.

пóлог, а *m* bed curtain; **под ~ом нóчи** (*poetical*) under cover of night.

полóг|ий (~, ~а) *adj* gently sloping.

положéни|е, я *nt*
1 (*местонахождение*) position; whereabouts.
2 (*тела*) position; posture; attitude; **в сидя́чем ~и** in a sitting position.
3 (*состояние*) position; condition, state; situation; (*социальное*) status; (*обстоятельство*) circumstances; **семéйное п.** marital status; **воéнное п.** martial law; **перевестú на мúрное п.** to transfer to a peacetime footing; **осáдное п.** state of siege; **чрезвычáйное п.** state of emergency; **п. вещéй** state of affairs; **при такóм ~и дел** as things stand; **быть на высотé ~я** to be on top of the situation; **выходúть из ~я** to find a way out; **войтú в чьё-н. п.** to understand s.o.'s position; **быть в стеснённом ~и** to be in straitened circumstances; **быть в (интерéсном) ~и** (*coll, euph*) to be in the family way, be expecting.
4 (*устав*) regulations, statute; **по ~ю** according to the regulations.
5 (*тезис*) thesis; tenet; (*договора*) clause, provisions.

полóж|енный *ppp of* **⇒~úть** *and adj* agreed, determined; **в п. час** at a time agreed.

полóжено *pred* (*coll, impers*) one is supposed to, it is customary; **как п.** as is customary; **э́того дéлать не п.** one is not supposed to do that.

полóжим let us assume; **п., что вы прáвы** let us assume that you are right.

положúтельно *adv* **1** positively; favourably; **п. отвéтить** (*i*) (*утвердительно*) to answer in the affirmative, (*ii*) (*согласиться*) to agree, consent; **отнестúсь п.** (**к** + *d*) to take a favourable view (of). **2** (*coll*) positively, absolutely; **онá п. ничегó не понимáет** she understands absolutely nothing.

положúтел|ьный (~ен, ~ьна) *adj* **1** positive; **~ьная стéпень сравнéния** (*gram*) positive degree; **п. электрúческий заря́д** positive electric charge. **2** (*утвердительный*) affirmative; **п. отвéт** affirmative reply. **3** (*благоприятный*) favourable (*Br*), favorable (*US*); **п. герóй** (*literary*) positive hero; **~ьная оцéнка** favourable reception. **4** (*coll*) (*совершенный*) complete, absolute; **п. дурáк** complete fool.

полож|úть, ý, ~úшь *pf of* **⇒класть 1, 3**; **п. жизнь** to lay down

П

one's life; **п. ору́жие** to lay down one's arms.

полож|и́ться, у́сь, ~́ишься *pf* (*of* ⇒**полага́ться 1**) (**на** + *a*) to rely (upon), count (upon).

по́лоз[1], **а,** *pl* **полозья, полозьев** *m* (*саней*) (sledge) runner.

по́лоз[2], **а** *m* (*змея*) grass snake.

пол|о́к[1], **ка́** *m* (*в русской бане*) sweating shelf.

пол|о́к[2], **ка́** *m* (*obs*) (*телега*) dray.

полома́|ть, ю *pf* (*coll*) to break.

полома́|ться, юсь *pf of* ⇒**лома́ться 3**

поло́мк|а, и *f* **1** (*действие*) breakage; (*машины*) breakdown. **2** (*место*) damaged part; damage.

поломо́йк|а, и *f* (*coll*) charwoman.

поло́н, а *m* (*archaic*) captivity.

полоне́з, а *m* polonaise.

поло́ни|й, я *m* (*chem*) polonium.

полон|и́ть, ю, и́шь *pf* (*archaic*) to take captive.

полос|а́, ы, *a* **по́лосу́,** *pl* **по́лосы, поло́с, ~а́м** *f* **1** (*какого-н. цвета*) stripe; streak; **мате́рия с голубы́ми и бе́лыми ~а́ми** material in blue and white stripes. **2** (*воды, бумаги*) strip. **3** (*от удара*) weal. **4** (*область*) region; zone, belt; strip; **ниче́йная п.** no man's land; **оборони́тельная п.** defence zone; **чернозёмная п.** black-earth belt. **5** (*agric; obs*) (*участок земли*) patch, strip. **6** (*период*) period; phase; **~о́й, ~а́ми** (*as adv of time*) in patches; **п. хоро́шей пого́ды** spell of fine weather; **п. неуда́ч** run of bad luck. **7** (*printing*) (*газеты*) page.

полоса́тик, а *m* (*zool*) (*кит-п.*) rorqual.

полоса́т|ый (~, ~а) *adj* striped.

поло́ск|а, и *f diminutive of* ⇒**полоса́**; **в ~у** striped; **мате́рия в кра́сную и жёлтую ~у** material in red and yellow stripes.

полоска́ни|е, я *nt* **1** (*действие*) rinse, rinsing; (*горла*) gargling. **2** (*жидкость*) gargle.

полоска́тельниц|а, ы *f* slop basin (*Br*), slop bowl (*US*).

полоска́тельн|ый *adj*: **~ая ча́шка** slop basin (*Br*), slop bowl (*US*).

поло|ска́ть, щу́, ~́щешь *impf* (*of* ⇒**про~**) to rinse; **п. го́рло** to gargle.

поло|ска́ться, щу́сь, ~́щешься *impf* **1** (*в воде*) to paddle. **2** (*на ветру*) to flutter, flap.

полосн|у́ть, у́, ёшь *pf* (*no impf*) (*coll*) to slash.

полос|ова́ть, у́ю *impf* (*of* ⇒**ис~**) (*coll*) to flog.

по́лост|ь[1], **и,** *g pl* **~е́й** *f* (*anat*) cavity.

по́лост|ь[2], **и,** *g pl* **~е́й** *f* (*покрывало*) travelling (*Br*), traveling (*US*) rug.

полоте́н|це, ца, *g pl* **~ец** *nt* towel; **посу́дное п.** tea towel; **п. на ро́лике** roller towel.

полотёр, а *m* floor polisher.

поло́тнищ|е, а *nt* **1** (*ткани*) width; **па́рус в пять ~** sail of five panels. **2** (*пилы*) flat (part), blade.

полот|но́, на́, *pl* **~́на, ~́ен, ~́нам** *nt* **1** (*ткань*) linen; **бле́дный как п.** white as a sheet. **2** (*картина*) canvas. **3** (*дороги*) roadbed. **4** (*tech*) (*пилы*) blade.

полотня́ный *adj* linen.

пол|о́ть, ю, ~́ешь *impf* (*of* ⇒**вы́~**) to weed.

полоу́ми|е, я *nt* craziness.

полоу́м|ный (~ен, ~на) *adj* (*coll*) crazy.

полош|и́ть, у́, и́шь *impf* (*of* ⇒**вс~**) (*coll*) to claim.

полош|и́ться, у́сь, и́шься *impf* (*of* ⇒**вс~**) (*coll*) to be claimed.

полпре́д, а *m* (*abbr of* **полномо́чный представи́тель**) (ambassador) plenipotentiary.

полпути́ *m indecl*: **на п.** halfway; **верну́ться с п.** to turn back halfway; **останови́ться на п.** (*fig*) to stop halfway.

полсло́в|а, на ~е *nt*: **п. от него́ не услы́шишь** you cannot get a word out of him; **мо́жно вас на п.?** may I have a word with you?

полста́вки *pl indecl*: **на п.** part-time.

полтерге́йст, а *m* poltergeist.

полти́н|а, ы *f* (*coll*) = **~ник**; **два с ~ой** two roubles fifty kopeks.

полти́нник, а *m* **1** (*сумма*) fifty kopeks. **2** (*монета*) fifty-kopek piece.

полтора́, полу́тора *num* (*used with m and nt nouns*) one and a half; **в п. ра́за бо́льше** half as much again.

полтора́ста, полу́тораста *num* a hundred and fifty.

полтор|ы́ *num* (*used with f nouns*) = **~а́**; **п. ты́сячи** one and a half thousand.

полу... *comb form* half-, semi-, demi-.

полуба́к, а *m* (*naut*) forecastle.

полубессозна́тел|ьный (~ен, ~ьна) *adj* semi-unconscious.

полубо́г, а *m* demigod.

полуботи́н|ки, ок *pl* (*sg* **~ок, ~ка** *m*) shoes.

полува́ттный *adj* (*elec*) half-watt.

полувое́нный *adj* paramilitary.

полугла́сн|ый, ого *m* (*ling*) semivowel.

полуго́ди|е, я *nt* half-year, six months.

полугоди́чный *adj* half-yearly; six-month.

полугодова́лый *adj* six-month(s)-old.

полугодово́й *adj* half-yearly, six-monthly; **п. отчёт** half-yearly report.

полугра́мот|ный (~ен, ~на) *adj* semi-literate.

полугра́ци|я, и *f* panty girdle.

полу́денный *adj* midday.

полу|ди́ть, жу́, ~́дишь *pf of* ⇒**луди́ть**

полужёсткий *adj* (*tech*) semi-rigid.

полужив|о́й (~́, ~а́, ~́о) *adj* half dead; more dead than alive.

полузащи́т|а, ы *f* (*collect; sport*) halfbacks, midfield players.

полузащи́тник, а *m* (*sport*) halfback, midfield player; **центра́льный п.** centre half (*Br*), center half (*US*).

полуи́м|я, ени, *pl* **~ена́, ~ён, ~ена́м** *nt* (*obs, coll*) pet name.

полуке́д|ы, ов *or* **~** (*sg* **~, ~а** *m*) plimsolls (*Br*), sneakers (*US*).

полукомбинезо́н, а *m* (*рабочая одежда*) dungarees, overalls; (*для лыжных походов*) salopettes.

полукро́вк|а, и *cg* **1** (*животное*) cross-breed (*animal, usu a horse*). **2** (*coll, often pej*) (*человек*) person of mixed race (*not PC*).

полукру́г, а *m* semicircle.

полукру́глый *adj* semicircular.

полулеж|а́ть, у́, и́шь *impf* to recline.

полумгл|а́, ы́ *f* (*туман*) mist; (*неполная мгла*) half-light.

полуме́р|а, ы *f* half measure.

полумёртв|ый (~, ~а́) *adj* half-dead.

полуме́сяц, а *m* half moon; crescent.

полуме́сячный *adj* fortnight's (*Br*), half a month's (*US*).

полумра́к, а *m* semi-darkness.

полунаго́й *adj* half-naked.

полуноск|и́, о́в (*no sg*) ankle socks.

полуно́чни|к, а *m* (*coll*) nightbird.

полуно́чни|ца, ы *f of* ⇒**~к**

полуно́чнича|ть, ю *impf* (*coll*) to burn the midnight oil.

полу́но́чный *adj* midnight.

полуоборо́т, а *m* half-turn.

полуоде́т|ый (~, ~а) *adj* half-dressed, half-clothed.

полуосвещ|ённый (~ён, ~ена́) *adj* half-lit.

полуо́стров, а *m* peninsula.

полуостровно́й *adj* peninsular.

полуотворе́н|ный (~, ~а) *adj* half-open; (*дверь, окно*) ajar (*pred*).

полуоткры́т|ый (~, ~а) *adj* half-open; (*дверь, окно*) ajar (*pred*).

полупальто́ *nt indecl* short overcoat, car coat.

полуподва́льный *adj*: **п. эта́ж** semi-basement.

полупокло́н, а *m* slight bow.

полупроводни́к, а́ *m* (*phys*) semiconductor.

полупроводнико́вый *adj* transistor(ized).

полупрофессиона́л, а *m* semi-professional.

полупрофессиона́льный *adj* semi-professional.

полупья́н|ый (~, ~а́, ~о) *adj* tipsy.

полуразру́шен|ный (~, ~а) *adj* tumbledown, dilapidated.

полусапо́ж|ки, ек *pl* (*sg* **~ек, ~ка** *m*) ankle boots.

полусве́т[1], **а** *m* (*сумерки*) twilight.

полусве́т[2], **а** *m* (*общества*) demi-monde.

полусерьёз|ный (~ен, ~на) *adj* half-serious; half in joke.

полусло́в|о, а *nt*: **оборва́ть кого́-н. на ~е** to cut s.o. short; **останови́ться на ~е** to stop short, stop in the middle of a sentence; **поня́ть с ~а** to be quick on the uptake.

полусме́рт|ь, и *f*: **до ~и** (*fig, coll*) to death; **изби́ть кого́-н. до ~и** to beat s.o. within an inch of his life; **испуга́ться до ~и** to be frightened to death.

полус|о́н, на́ *m* half sleep; drowsiness; **в ∼не́** half-asleep.

полусо́нный *adj* half-asleep; dozing.

полуспу́щенный *adj*: **п. флаг** flag at half mast.

полуста́н|ок, ка *m* (*railways*) halt.

полуте́н|ь, и, о ∼и, в ∼и́ *f* penumbra.

полуто́н, а, *pl* **∼ы** *and* **∼а́** *m* **1** (*mus*) semitone. **2** (*art*) half-tint.

полу́торк|а, и *f* (*coll, hist*) thirty-hundredweight lorry (*Br*), one-and-a-half-ton truck (*US*).

полу́торн|ый *adj* of one and a half; **в ∼ом разме́ре** half as much again.

полутьм|а́, ы́ *f* semi-darkness; twilight.

полутяжёлый *adj* light heavyweight; cruiserweight (*Br*).

полууста́в, а *m* (*palaeography*) semi-uncial.

полуфабрика́т, а *m* (*изделие*) semi-finished product; (*пищевой*) semi-prepared foodstuff.

полуфина́л, а *m* semi-final.

полуфинали́ст, а *m* semi-finalist.

полуфинали́ст|ка, ки *f of* **⇒∼**

полуфина́л|ьный *adj of* **⇒∼**; **∼ьные встре́чи** semi-finals.

получасово́й *adj* (*о продолжительности*) half-hour('s); (*о повторяемости*) half-hourly.

получа́тел|ь, я *m* recipient.

получа́тель|ница, ницы *f of* **⇒∼**

получ|а́ть(ся), а́ю, а́ет(ся) *impf of* **⇒∼и́ть(ся)**

получе́ни|е, я *nt* receipt; obtaining; **распи́ска в ∼и** receipt; **по ∼и** on receipt, on receiving.

получ|и́ть, у́, ∼́ишь *pf* (*of* **⇒∼а́ть**) to get, receive, obtain; **п. на́сморк** to catch a cold; **п. обра́тно** to recover, get back; **п. призна́ние** to obtain recognition; **п. прика́з** to receive an order; **п. примене́ние** to come into use, effect; **п. удово́льствие** to derive pleasure.

получ|и́ться, ∼́ится *pf* (*of* **⇒∼а́ться**) **1** (*оказаться*) to turn out, prove, be; **результа́ты ∼ились нева́жные** the results are poor; **∼и́лось, что он был прав** it turned out that he was right; it turned out that he proved right. **2** (*coll*) (*оказаться удачным*) to work out; (*о снимке*) to come out. **3** (*coll*) (*стать кем-л.*): **из него́ ∼́ится хоро́ший нача́льник/врач/учёный** he is going to make a good boss/physician/scientist. **4** (*произойти, случиться*) to happen, occur; **∼и́лось недоразуме́ние** it came to misunderstanding; **(у нас/них) ∼и́лся сканда́л** we/they had a row/quarrel as a result.

полу́чк|а, и *f* (*coll*) **1** (*действие*) receipt. **2** (*за работу*) pay (packet), sum paid.

полу́чше *adv* (*coll*) a little better.

полуша́ри|е, я *nt* hemisphere.

полушёпот, а *m* **говори́ть ∼ом** to speak in undertones.

полуше́рст|ь, и *f* wool mixture.

полу́шк|а, и *f* (*obs*) quarter-kopek piece; **не име́ть ни ∼и** to be penniless.

полушу́б|ок, ка *m* (knee-length) sheepskin coat.

полушутя́ *adv* half in joke.

полцены́ *f indecl*: **за п.** at half price; for half its value.

полчаса́, получа́са *pl* half an hour; **ка́ждые п.** every half-hour.

по́лчищ|е, а *nt* (*войско*) horde; (*fig*) (*насекомых*) swarm.

полшага́ *m indecl* half-pace.

по́л|ый *adj* **1** hollow. **2**: **∼ая вода́** floodwater.

по́лымя *nt* (*dialect*) flame; **из огня́ да в п.** (*proverb*) out of the frying pan into the fire.

полы́н|ный *adj of* **⇒∼ь**; **∼ная во́дка** absinthe.

полы́н|ь, и *f* wormwood.

полынь|я́, ьи́, *g pl* **∼е́й** *f* polynya (*unfrozen patch of water in the midst of ice*).

полысе́|ть, ю *pf of* **⇒лысе́ть**

полыха́|ть, ет *impf* to blaze.

по́льз|а, ы *f* use; advantage, benefit, profit; **кака́я от э́того п.?** what good will it do?; what use is it?; **что ∼ы говори́ть об э́том?** what's the use of talking about it?; **извлека́ть из чего́-н. ∼у** to benefit from sth; to profit by sth; **принести́ ∼у** (+ *d*) to be of benefit (to); **для ∼ы** (+ *g*) for the benefit (of); **в ∼у** (+ *g*) in favour (*Br*), favor (*US*) (of), on behalf (of); **э́то говори́т не в ва́шу ∼у** it does not speak well for you; **2:0 в ∼у Дина́мо** (*sport*) 2–0 to Dynamo; **пойти́ на ∼у кому́-н.** to be of benefit to s.o.

по́льзовани|е, я *nt* use; **многокра́тного ∼я** reusable; **о́бщего ∼я** in general use.

по́льзовател|ь, я *m* user; **коне́чный п.** end-user.

по́льз|оваться, уюсь *impf* (+ *i*) **1** (*pf* **вос∼**) to make use (of), use, utilize. **2** (*pf* **вос∼**) (*извлекать выгоду*) to profit (by); **п. слу́чаем** to take an opportunity. **3** (*no pf*) (*обладать*) to enjoy; **п. дове́рием** (+ *g*) to enjoy the confidence (of); **п. права́ми** to enjoy rights; **п. успе́хом** to enjoy success, be a success.

по́льк|а[1]**, и** *f* (*женщина*) Pole, Polish woman.

по́льк|а[2]**, и** *f* (*танец*) polka.

по́льский *adj* Polish.

поль|сти́ть, щу́, сти́шь *pf of* **⇒льсти́ть**

По́льш|а, и *f* Poland.

полюб|и́ть, лю́, ∼́ишь *pf* to come to like, grow fond (of); (*влюбиться*) to fall in love (with).

полюб|и́ться, лю́сь, ∼́ишься *pf* (*coll*) (+ *d*) to catch the fancy (of); **она́ мне сра́зу же ∼и́лась** I was immediately attracted by her, I took an immediate liking to her.

полюб|ова́ться, у́юсь *pf of* **⇒любова́ться**; **∼у́йся/∼у́йтесь** (**на** + *a*; *coll, ironical*) just look; **∼у́йся на э́того дурака́!** just look at that fool!

полюбо́вно *adv* amicably; **реши́ть/ко́нчить де́ло п.** to come to an amicable agreement.

полюбо́в|ный (∼ен, ∼на) *adj* amicable.

полюбопы́тств|овать, ую *pf of* **⇒любопы́тствовать**

по-людски́ *adv* (*coll*) as others do; **жить п.** to live as other people do; to live like a (normal) human being.

по́люс, а *m* (*geog, phys, and fig*) pole; **Се́верный п.** the North Pole; **Ю́жный п.** the South Pole; **они́ — два ∼а** they are poles apart.

поля́к, а *m* Pole.

поля́н|а, ы *f* glade, clearing.

поляриза́ци|я, и *f* (*phys*) polarization.

поляриз|ова́ть, у́ю *impf and pf* (*phys*) to polarize.

поля́рник, а *m* polar explorer.

поля́рни|ца, цы *f of* **⇒∼к**

поля́рност|ь, и *f* (*phys*) polarity.

поля́рн|ый *adj* **1** polar, arctic; **П∼ая звезда́** the Pole/North Star; **Се́верный п. круг** the Arctic Circle; **Ю́жный п. круг** the Antarctic Circle. **2** (*fig*) polar, diametrically opposed.

пом. (*abbr of* **помо́щник**) assistant.

пом... *comb form, abbr of* **помо́щник**

помава́|ть, ю *impf* (*obs*) (+ *i*) to wave, brandish.

пома́д|а, ы *f* pomade; **губна́я п.** lipstick.

пома́|дить, жу, дишь *impf* (*of* **⇒на∼**) (*coll*) to pomade; **п. во́лосы** to grease one's hair; **п. гу́бы** to put lipstick on.

пома́дк|а, и *f* (*collect*) fruit candy; **сли́вочная п.** fudge.

пома́зани|е, я *nt* (*eccl*) anointing.

пома́занник, а *m* (*eccl*) anointed sovereign.

пома́|зать, жу, жешь *pf* **1** *pf of* **⇒ма́зать 1, 2. 2** (*eccl*) to anoint.

пома́|заться, жусь, жешься *pf of* **⇒ма́заться 4**

помаз|о́к, ка́ *m* (small) brush.

по-ма́ленькому *adv*: **ходи́ть/де́лать п.** (*baby talk*) to do a wee-wee.

помале́ньку *adv* (*coll*) **1** little by little, gradually, gently; **рабо́тать п.** to take one's time over one's work. **2** (*терпимо*) tolerably, so-so, all right; **жить п.** to live tolerably.

пома́лкива|ть, ю *impf* (*coll*) to hold one's tongue, keep quiet.

по-мальчи́шески *adv* in a boyish way, like a boy.

поман|и́ть, ю, ∼́ишь *pf of* **⇒мани́ть**

пома́рк|а, и *f* (*исправление*) correction (*by hand*); (*вычеркнутое место*) crossing-out.

пома́сл|ить, ю, ишь *pf of* **⇒ма́слить**

пома|ха́ть, шу́, ∼́шешь *pf* (+ *i*) to wave (*for a while, a few times*).

пома́хива|ть *impf* (+ *i*) to wave, brandish, swing (*from time to time*); **соба́ка ∼ла хвосто́м** the dog would wag his tail.

поме́дл|ить, ю, ишь *pf* (**с** + *i*; *coll*) to linger (over).

помел|о́, а́, *pl* **∼ья, ∼́ьев** *nt* mop; (*ведьмы*) broomstick.

поме́ньше *comp of* **⇒ма́ленький** *and* **⇒ма́ло** (*по размеру*) somewhat smaller, a little smaller; (*по количеству*) somewhat less, a little less.

поменя́|ть(ся), ю(сь) *pf of* **⇒меня́ть(ся) 2**

помера́н|ец, ца *m* **1** (*плод*) Seville *or* sour orange. **2** (*дерево*) sour orange.

помера́н|цевый *adj of* **⇒~ец**; **~цевые цветы́** orange blossom.

по|мере́ть, мру́, мрёшь, *past* **~мер, ~мерла́, ~мерло** *pf* (*of* **⇒~мира́ть**) (*coll*) to die; **п. со́ смеху** to split one's sides (with laughing).

помере́щ|иться, усь, ишься *pf of* **⇒мере́щиться**

помёрз|нуть, ну, нешь, *past* **~, ~ла** *pf* (*провести время в холоде*) to freeze; (*о растениях*) to be killed by frost.

поме́р|ить(ся), ю(сь), ишь(ся) *pf of* **⇒ме́рить(ся)**

поме́рк|нуть, ну, нешь, *past* **~, ~ла** *pf of* **⇒ме́ркнуть**

помертве́лый *adj* deathly pale; (*fig*) lifeless.

помертве́|ть, ю *pf of* **⇒мертве́ть**

поме|сти́ть, щу́, сти́шь *pf* (*of* **⇒~ща́ть**) **1** (*поселить*) to lodge, accommodate; to put up; **мы могли́ бы их п. в свобо́дную ко́мнату** we could put them into the spare room. **2** (*поставить*) to put, place; (*fin*) to invest; **п. объявле́ние в газе́те** to put an advertisement in a paper; **п. сбереже́ния в сберка́ссу** to put one's savings in a savings bank.

поме|сти́ться, щу́сь, сти́шься *pf* (*of* **⇒~ща́ться 3**) **1** (*жить*) to find room; to put up; (*о вещах*) to go in; **в э́тот я́щик мой ве́щи не ~стя́тся** my things will not go into this drawer. **2** *passive of* **⇒~сти́ть**

поме́стн|ый *adj*: **~ое дворя́нство** landed gentry.

поме́ст|ье, ья, *g pl* **~ий** *nt* estate.

по́мес|ь, и *f* **1** hybrid; cross; **п. терье́ра и овча́рки, п. терье́ра с овча́ркой** a cross between a terrier and a sheepdog. **2** (*fig*) mixture, hotchpotch.

поме́сячно *adv* by the month; monthly, each month.

поме́сячный *adj* monthly.

помёт, а *m* **1** (*кал*) dung; droppings. **2** (*выводок*) litter, brood; (*о поросятах*) farrow.

поме́т|а, ы *f* mark, note; **сде́лать ~ы на поля́х** to make notes in the margin.

поме́|тить, чу, тишь *pf* (*of* **⇒~ча́ть** *and* **⇒ме́тить**[1]) to mark; to date; **п. га́лочкой** to tick; **я ~тил письмо́ 2-м января́** I dated my letter the 2nd of January.

поме́тк|а, и *f* = **поме́та**

поме́х|а, и *f* **1** hindrance; obstacle; **быть ~ой** (+ *d*) to hinder, impede. **2** (*usu in pl*) (*radio, TV*) interference.

помеча́|ть, ю *impf of* **⇒поме́тить**

поме́шан|ный (~, ~а) *adj* **1** mad, crazy; insane; *as n* **п., ~ного** *m* madman; **~ная, ~ной** *f* madwoman. **2** (**на** + *p*; *fig, coll*) mad (on, about), crazy (about); **они́ ~ы на бри́дже** they are mad about bridge.

помеша́тельств|о, а *nt* **1** madness, craziness; lunacy, insanity. **2** (**на** + *p*; *fig, coll*) craze (for).

помеша́|ть[1,2]**, ю** *pf of* **⇒меша́ть**[1,2]

помеша́|ться, юсь *pf* **1** to go mad, go crazy. **2** (**на** + *p*; *fig, coll*) to become mad (on, about), become crazy (about).

помеща́|ть, ю *impf of* **⇒помести́ть**

помеща́|ться, юсь *impf* **1** (*impf only*) (*находиться*) to be; to be located, be situated; (*храниться*) to be housed; **где ~ется ваш кабине́т?** where is your office? **2** (*impf only*): **на э́том стадио́не ~ется се́мьдесят ты́сяч челове́к** this stadium holds seventy thousand people. **3** *impf of* **⇒помести́ться**

помеще́ни|е, я *nt* **1** (*действие*) placing, location; (*капитала*) investment. **2** (*жильё*) room, lodging, apartment; (*для учреждения*) premises; **жило́е п.** housing.

поме́щик, а *m* landowner.

поме́щи|ца, цы *f of* **⇒~к**

поме́щи|чий *adj of* **⇒~к**; **п. дом** manor house.

помза́в, а *m* (*abbr of* **помо́щник заве́дующего**) assistant manager.

помидо́р, а, *g pl* **~ов** *m* tomato.

помидо́р|ный *adj of* **⇒~**

поми́ловани|е, я *nt* (*law*) pardon, forgiveness; **про́сьба/проше́ние о ~и** appeal (for pardon).

поми́л|овать, ую *pf* (*of* **⇒ми́ловать**) to pardon, forgive; **поми́луй(те)!** for pity's/goodness sake!; **Го́споди, ~уй!** Lord, have mercy (upon us)!

поми́мо *prep* + *g* **1** (*кроме*) apart from; besides; **п. всего́ про́чего** apart from anything else; **п. други́х соображе́ний** other considerations apart. **2** (*минуя*) without the knowledge (of), unbeknown (to); **всё э́то реши́лось п. меня́** all this was decided without my knowledge.

поми́н, а *m* (*coll*) mention; **лёгок на ~е** talk of the devil; **его́ и в ~е нет** there is no trace of him.

помина́льны|й *adj*: **п. обе́д** funeral repast, wake; **~е обря́ды** funeral rites.

помина́ни|е, я *nt* (*eccl*) **1** (*молитва*) prayer (for the dead *or* for sick persons). **2** (*список*) list of names of dead and sick persons.

помина́|ть, ю *impf of* **⇒помяну́ть**; **не ~й(те) меня́ ли́хом!** remember me kindly!; **а его́ ~й, как зва́ли!** (*coll*) he just vanished into thin air.

помин|ки, ок (*no sg*) funeral repast, wake.

поминове́ни|е, я *nt* (*eccl*) prayer for the dead *and/or* for the sick; remembrance (of the dead *and/or* the sick) in prayer.

помину́тно *adv* (*coll*) continually, constantly.

помину́т|ный (~ен, ~на) *adj* **1** occurring every minute; (*fig, coll*) (*очень частый*) continual, constant. **2** (*оплата*) by the minute.

помира́|ть, ю *impf of* **⇒помере́ть**

помир|и́ть(ся), ю́(сь), и́шь(ся) *pf of* **⇒мири́ть(ся) 1**

по́мн|ить, ю, ишь *impf* (+ *a or* **о** + *p*) to remember; **не п. себя́** (**от** + *g*) to be beside o.s. (with).

по́мн|иться, ится *impf* (*impers* + *d*) I, *etc.*, remember; **мне ещё ~ится день пожа́ра** I still remember the day of the fire; **наско́лько мне ~ится** as far as I can remember; **~ится, э́то произошло́ в декабре́** as I remember, it happened in December.

помно́гу *adv* (*coll*) in plenty, in large quantities; in large numbers.

помнож|а́ть, а́ю *impf of* **⇒~ить**

помно́ж|ить, у, ишь *pf* (*of* **⇒мно́жить** *and* **⇒~а́ть**) to multiply; **п. два на́ три** to multiply two by three.

помога́|ть, ю *impf of* **⇒помо́чь**

пом|огу́, о́жешь, о́гут *see* **⇒~о́чь**

по-мо́ему *adv* **1** (*по моему мнению*) in my opinion. **2** (*как я хочу*) as I wish.

помо́|и, ев (*no sg*) slops; **обли́ть кого́-н. ~ями** (*fig, coll*) to fling mud at s.o.

помо́й|ка, ки, *g pl* **помо́ек** *f* rubbish dump (*Br*), garbage dump (*US*); (*яма*) cesspit.

помо́|йный *adj of* **⇒~и**; **~йное ведро́** slop bucket; **~йная я́ма** cesspit.

помо́л, а *m* grinding; **мука́ кру́пного/ ме́лкого ~а** coarse-ground/fine-ground flour.

помо́лв|ить, лю, ишь *pf* (+ *a* **с** + *i*, *or* + *a* **за** + *a*; *obs*) to betroth (to); **она́ ~лена с Ива́ном** *or* **за Ива́на** she is engaged to Ivan.

помо́лвк|а, и *f* betrothal, engagement.

помол|и́ться, ю́сь, ~ишься *pf of* **⇒моли́ться 1**

помолоде́|ть, ю *pf of* **⇒молоде́ть**

помолч|а́ть, у́, и́шь *pf* to be silent for a while.

помо́р, а *m* coast-dweller (*esp of Russian inhabitants of coasts of White Sea*).

помор|и́ть, ю, и́шь *pf of* **⇒мори́ть**[1]

помо́р|ка, ки *f of* **⇒~**

помо́рник, а *m* (*zool*) skua.

поморо́|зить, жу, зишь *pf of* **⇒моро́зить**

помо́р|ский *adj of* **⇒~** *and* **⇒~ье**

помо́рщ|иться, усь, ишься *pf of* **⇒мо́рщиться**

помо́рь|е, я *nt* seaboard, coastal region; **Балти́йское П.** Pomerania (*southern coast of Baltic Sea*); **Се́верное П.** White Sea Coast.

помо́ст, а *m* platform, rostrum; (*эшафот*) scaffold.

по́моч|и, ей (*no sg*) **1** leading strings; **быть, ходи́ть на ~а́х** (*fig*) to be in leading strings. **2** (*подтяжки*) braces (*Br*), suspenders (*US*).

помоч|и́ться, у́сь, ~ишься *pf of* **⇒мочи́ться**

по́моч|ь, и *f* **1** (*obs*) = **по́мощь**. **2** (*usu in pl*; *obs*) mutual aid (*afforded one another by villagers*).

помо́|чь, гу́, жешь, гут, *past* **~г, ~гла́** *pf* (*of* **⇒~га́ть**) **1** (+ *d*) to help, aid, assist; **~ги́(те) ей наде́ть пальто́** help her on with her coat. **2** (*о лекарстве*) to relieve, bring relief; **уко́лы ~гли́ от бо́ли** the injections relieved the pain.

помóщник, а *m* **1** helper. **2** (*заместитель*) assistant; **п. дирéктора** assistant director; **п. капитáна** (*naut*) mate; **п. командúра** second in command; **п. судьú** (*sport*) linesman.

помóщни|ца, цы *f of* ⇒**~к 1**

пóмощ|ь, и *f* help, assistance; **оказáть п.** to help, assist; **подáть рýку ~и** (+ *d*) to lend a hand; **позвáть на п.** to call for help; **прийтú на п.** (+ *d*) to come to the aid (of); **на п.!** help!; **с ~ью** (+ *g*), **при ~и** (+ *g*) with the help (of), by means (of); **скóрая п.** ambulance; **карéта скóрой ~и** (*obs*) ambulance; **п. на домý** home visiting (*by doctors to patients*); **пéрвая п.** first aid; **п. инострáнным госудáрствам** foreign aid.

пóмп|а[1], ы *f* (*пышность*) pomp, state.

пóмп|а[2], ы *f* (*насос*) pump.

помпéзност|ь, и *f* pomposity.

помпéз|ный (~ен, ~на) *adj* pompous.

помпóн, а *m* pompom.

помрач|áть(ся), áет(ся) *impf of* ⇒**~úть(ся)**

помрачéни|е, я *nt* darkening, obscuring.

помрач|úть, úт *pf* (*of* ⇒**~áть**) to darken, obscure, cloud.

помрач|úться, úтся *pf* (*of* ⇒**~áться**) to grow dark, become obscured, become clouded.

помрачнé|ть, ю *pf of* ⇒**мрачнéть**

помрéж, а *m* (*abbr of* **помóщник режиссёра**) (*theatr*) assistant producer; (*cin*) assistant director.

пому|тúть(ся), чý, тúшь, тúт(ся) *pf of* ⇒**мутúть(ся)**

помутнé|ть, ет *pf of* ⇒**мутнé|ть**

помýч|ить, у, ишь *pf* to make suffer, torment (*for a time*).

помýч|иться, усь, ишься *pf* to suffer (*for a while*).

помч|áть, ý, úшь *pf* **1** to begin to whirl, rush. **2** (*coll*) = **~áться**

помч|áться, ýсь, úшься *pf* to begin to rush, begin to tear along.

помыкá|ть, ю *impf* (+ *i*; *coll*) to order about.

пóмыс|ел, ла *m* (*мысль*) thought; (*намерение*) intention; **благúе ~лы** good intentions.

помы́сл|ить, ю, ишь *pf* (*of* ⇒**помышля́ть**) (**о** + *p*) to think (of, about), contemplate; **об э́том и п. мы не смéли** we dared not even dream of it.

пом|ы́ть(ся), óю(сь), óешь(ся) *pf of* ⇒**мы́ть(ся)**

помышлéни|е, я *nt* (*obs*) (*мысль*) thought; (*намерение*) intention, design.

помышля́|ть, ю *impf of* ⇒**помы́слить**

помян|ýть, ý, ~ешь *pf* (*of* ⇒**поминáть**) **1** (*упомянуть*) to mention, make mention (of); **п. добрóм когó-н.** to speak well of s.o.; **~и моё слóво** (*coll*) mark my words. **2** (*помолиться*) to pray (for), remember in one's prayers. **3** (*устроить поминки*) to give a funeral repast (for, in memory of).

помя́т|ый *ppp of* ⇒**~ь** *and adj* (*coll*) flabby, baggy.

пом|я́ть, нý, нёшь *pf* to rumple slightly; to crumple slightly.

пом|я́ться[1], нётся *pf of* ⇒**мя́ться[1]**

пом|я́ться[2], нýсь, нёшься *pf* (*coll*) (*проявить нерешительность*) to vacillate, hum and ha (*for a while*).

пона... *vbl pref indicating action performed gradually or by instalments.*

по-над *prep* + *i* (*dialect*) along, by.

понадé|яться, юсь, ешься *pf* (**на** + *a*; *coll*) to count (upon), rely (on).

понадóб|иться, люсь, ишься *pf* to be, become necessary; **éсли ~ится** if necessary.

понапрáсну *adv* (*coll*) in vain.

понаслы́шке *adv* (*coll*) by hearsay.

по-настоя́щему *adv* properly.

поначáлу *adv* (*coll*) at first, in the beginning.

по-нáшему *adv* **1** (*по нашему мнению*) in our opinion. **2** (*как мы хотим*) as we wish.

поневóле *adv* against one's will.

понедéльник, а *m* Monday.

понедéльно *adv* by the week, each week; weekly.

понедéльный *adj* weekly.

понéже *conj* (*archaic*) because, since.

понемнóгу *adv* **1** (*немного*) little, a little at a time. **2** (*постепенно*) little by little.

понемнóжку *adv* = **понемнóгу**; (*in answer to question* **как поживáете?**) (doing) all right, not bad, so-so.

понес|тú, ý, ёшь, *past* **~̈, ~лá** *pf* **1** *pf of* ⇒**нестú[1]**. **2** (*о лошадях*) to bolt.

понес|тúсь, ýсь, ёшься, *past* **~̈ся, ~лáсь** *pf* **1** *pf of* ⇒**нестúсь[1]**. **2** to rush off, tear off, dash off.

пóни *m indecl* pony.

понижá|ть(ся), ю, ет(ся) *impf of* ⇒**понúзить(ся)**

понúже *adv* rather lower; rather shorter.

понижéни|е, я *nt* fall, drop; lowering; reduction; **п. давлéния** drop in pressure; **п. зарплáты** wage-cut; **п. цен** reduction, fall in prices; **п. по слýжбе** demotion.

понú|зить, жу, зишь *pf* (*of* ⇒**~жáть**) (*голос*) to lower; (*цены*) to reduce; **п. по слýжбе** to demote.

понú|зиться, зится *pf* (*of* ⇒**~жáться**) to fall, drop, go down, be reduced.

понизóвь|е, я *nt* lower reaches.

пóнизу *adv* low; along the ground.

поникá|ть, ю *impf of* ⇒**понúкнуть**

понúк|нуть, ну, нешь, *past* **~,** **~ла** *pf* (*of* ⇒**нúкнуть** *and* ⇒**~áть**) to droop; **п. головóй** to hang one's head.

понимáни|е, я *nt* **1** understanding, comprehension; **э́то вы́ше моегó ~я** it is beyond me. **2** (*толкование*) interpretation, conception; **нóвое п. истóрии** a new interpretation of history; **в моём ~и** as I see it.

понимá|ть, ю *impf* (*of* ⇒**поня́ть**) **1** to understand; to comprehend; to realize; **~ю!** I see! **2** (*толковать*) to interpret; **неправúльно п.** to misunderstand; **как вы ~ете э́тот постýпок?** what do you make of this action? **3** (*impf only*) (+ *a or* **в** + *p*) (*знать толк*) to be a (good) judge (of), know (about); **я ничегó не ~ю в мýзыке** I know nothing about music.

по-нóвому *adv* in a new fashion; **начáть жить п.** to start life afresh, turn over a new leaf.

поножóвщин|а, ы *f* (*coll*) knife fight; knifing.

пономáр|ь, я́ *m* sexton, sacristan.

понóс, а *m* diarrhoea (*Br*), diarrhea (*US*).

поно|сúть[1], шý, ~сишь *impf* (*оскорблять*) to abuse, revile.

поно|сúть[2], шý, ~сишь *pf* **1** (*ребёнка*) to carry (*for a while*). **2** (*свитер*) to wear (*for a while*).

понóс|ный (~ен, ~на) *adj* (*obs*) abusive, defamatory.

поношéни|е, я *nt* abuse, defamation.

понó|шенный *ppp of* ⇒**~сúть[2]** *and adj* worn, shabby, threadbare; **п. вид** (*fig*) worn-out appearance.

понрáв|иться, люсь, ишься *pf of* ⇒**нрáвиться**

понтёр, а *m* (*cards*) punter.

понтóн, а *m* **1** (*судно*) pontoon. **2** (*мост*) pontoon bridge.

понтóн|ный *adj of* ⇒**~**; **~ный мост** pontoon bridge.

понудúтельный *adj* impelling, pressing; coercive.

понý|дить, жу, дишь *pf* (*of* ⇒**~ждáть**) to force, compel, coerce; **егó ~дили к решéнию** he was forced into a decision.

понуждá|ть, ю *impf of* ⇒**понýдить**

понукá|ть, ю *impf* (*coll*) to urge on, goad.

понýр|ить, ю, ишь *pf*: **п. гóлову** to hang one's head.

понýр|иться, юсь, ишься *pf* to hang one's head.

понýрый *adj* downcast.

пóнчик, а *m* doughnut (*Br*), donut (*US*).

пóнчо *nt indecl* poncho.

поны́не *adv* (*literary*) to this day, until now.

понюха|ть, ю *pf of* ⇒**нюхать**

понюшк|а, и *f*: **п. табакý** pinch of snuff; **ни за ~у табакý** (*fig, coll*) for nothing, to no purpose.

поня́ти|е, я *nt* **1** (*общая мысль*) conception. **2** (*представление*) notion, idea; **имéть п.** (**о** + *p*) to have an idea (about, of); **~я не имéю!** (*coll*) I've no idea!; I haven't a clue!; **не имéю ни малéйшего ~я!** I haven't the faintest idea! **3** (*usu in pl*) (*понимание*) notions; level (of understanding); **считáться с ~ями слýшателей** to take into account one's audience level.

понятúйный *adj* conceptual.

поня́тливост|ь, и *f* comprehension, understanding.

поня́тлив|ый (~, ~а) *adj* sharp, quick (on the uptake).

поня́тност|ь, и *f* clearness, intelligibility.

поня́т|ный (~ен, ~на) *adj* **1** (*обоснованный*) understandable; **~но,**

П

что... it is understandable that ...; it is natural that ...; **~но** (*coll*) of course, naturally; **я, ~но, не мог согласиться** of course, I could not consent; **~ное дело** (*coll*) of course, naturally.
2 (*ясный*) clear, intelligible; **~но?** (*coll*) (do you) see?; is that clear?; **~но!** (*coll*) I see!; I understand!

понят|ой, ого *m* witness (*at an official search, etc.*).

пон|ять, пойму, поймёшь, *past* **~ял, ~яла, ~яло** *pf* (*of* ⇒**~имать 1, 2**) to understand; to comprehend; (*осознать*) to realize; **п. намёк** to take a hint; **дать п.** to give to understand.

пообеда|ть, ю *pf of* ⇒**обедать**

пообеща|ть, ю *pf* (*of* ⇒**обещать**) to promise.

поодаль *adv* at some distance, a little way away.

поодиночке *adv* one at a time, one by one.

поосторожнича|ть, ю *pf of* ⇒**осторожничать**

поочерёдно *adv* in turn, by turns.

поочерёдный *adj* alternating; taken in turn.

поощрени|е, я *nt* (*действие*) encouragement; (*награда*) incentive, spur.

поощрител|ьный (~ен, ~ьна) *adj* encouraging.

поощр|ить, ю, ишь *pf* (*of* ⇒**~ять**) to encourage.

поощр|ять, яю *impf of* ⇒**~ить**

поп[1], а *m* (*coll*) (*священник*) (*Russian*) priest.

поп[2], а *m* (*в игре в городки*) pin; **поставить на ~а** (*coll*) to place upright.

поп-... *comb form* pop-.

поп|а, ы *f* (*coll*) (*baby's*) bottom.

попадани|е, я *nt* hit (*on target*); **прямое п.** direct hit.

попада|ть, ет *pf* to fall (*of a number of objects*).

попада|ть(ся), ю(сь) *impf of* ⇒**попасть(ся)**

попадь|я, и *f* (*coll*) priest's wife.

попа|ло: как п. *etc., see* ⇒**~сть 3**

поп-ансамбл|ь, я *m* pop group.

попарно *adv* in pairs, two by two.

поп-арт, а *m* pop art.

попа|сть, ду, дёшь, *past* **~л** *pf* (*of* ⇒**~дать**) **1** (**в** + *a*) to hit; **п. в цель** to hit the target; **не п. в цель** to miss; **пуля ~ла ему в лоб** the bullet hit him in the forehead.
2 (**в** + *a*) (*оказаться*) to get (to), find o.s. (in); (**на** + *a*) to hit (upon), come (upon); **п. в Лондон** to get to London; **п. на поезд** to catch a train; **п. домой** to get home; **п. в плен** to be taken prisoner; **п. кому-н. в руки** to fall into s.o.'s hands; **п. под суд** to be brought to trial; **не туда п.** to get the wrong number (*on telephone*); **п. на работу** to land a job; **п. впросак** to put one's foot into it; **п. в беду** to get into trouble, come to grief; **п. в самую точку** to hit the nail on the head; (*impers*; *coll*): **ему ~ло** he caught it (hot); **ему ~дёт!** he'll catch it!
3 (*coll*): **~ло** *gives indefinite force to certain prons and advs*: **как ~ло** anyhow; helter-skelter; **что ~ло** any old thing; **где ~ло** anywhere; **он это сделал чем ~ло** he made it with whatever came to hand.

попа|сться, дусь, дёшься, *past* **~лся** *pf* (*of* ⇒**~даться**) **1** (+ *d*) to come across; **он мне ~лся навстречу на улице** I ran into him in the street; **п. кому-н. на глаза** to catch s.o.'s eye; **что ~дётся** anything; **первый ~вшийся** the first person one happens to meet.
2 (*быть пойманным*) to be caught; (**в** + *a*) to get (into); **п. в краже** to be caught stealing; **п. с поличным** to be taken red-handed; **п. на удочку** to swallow the bait (*also fig*); **п. в беду** to get into trouble; **смотри, больше не ~дись!** don't let me catch you again!

попахива|ть, ет *impf* (*coll*) (+ *i*) to smell slightly (of).

попеня|ть, ю *pf of* ⇒**пенять**

поперёк *adv and prep* + *g* across; **положите их п.** lay them crosswise; **дерево упало п. дороги** the tree fell across the road; **стоять у кого-н. п. дороги** to be in s.o.'s way; **стать кому-н. п. горла** to stick in s.o.'s throat; **вдоль и п.** far and wide; **знать что-н. вдоль и п.** to know sth inside out.

попеременно *adv* in turn, by turns.

поперечин|а, ы *f* cross-beam, crosspiece, crossbar.

поперечник, а *m* diameter; **шесть метров в ~е** six metres in diameter, six metres across.

поперечн|ый *adj* transverse, cross-; **~ая балка** cross-beam; **п. разрез, ~ое сечение** cross section; **(каждый) встречный и п.** anybody and everybody; (every) Tom, Dick, and Harry.

поперхн|уться, усь, ёшься *pf* (+ *i*) to choke (over).

поп|ерчить, ерчу, ерчишь *pf of* ⇒**перчить**

попечени|е, я *nt* care; charge; **быть на ~и** (+ *g*) to be in the charge (of); **оставить детей на п. отца** to leave children in care of their father; **отложить п. о чём-н.** (*literary*) to cease caring about sth.

попечител|ь, я *m* guardian; (*comm*) trustee.

попечитель|ница, ницы *f of* ⇒**~**

попечительств|о, а *nt* guardianship; (*comm*) trusteeship.

поп-звезд|а, ы, *pl* **~ы, ~, ~ам** *f* pop star.

popива|ть, ю *impf* (*coll*) to have a little drink (of); **стать п.** to take to drink.

попира|ть, ю *impf of* ⇒**попрать**

пописа|ть, ю *pf of* ⇒**писать**

попискива|ть, ю *impf* to cheep, give a cheep.

пописыва|ть, ю *impf* (*coll*) to write (*from time to time*); (*ironical*) to do a bit of writing.

попито *ppp of* ⇒**попить** (*coll*); **немало было п.** a fair quantity was drunk.

по|пить, пью, пьёшь, *past* **~пил, ~пила, ~пило** *pf* to have a drink.

попк|а[1], и *m* (*coll*) (*попугай*) parrot; Polly.

попк|а[2], и *f* (*coll*) = **попа**

попкорн, а *m* popcorn.

попла́ва|ть, ю *pf* to have, take a swim.

поплав|ковый *adj of* ⇒**~ок**; **~ковая камера** float chamber (*of carburettor*); **п. кран** ballcock.

поплав|ок, ка *m* **1** float. **2** (*coll*) (*ресторан*) floating restaurant.

попла|кать, чу, чешь *pf* to cry (*a little, for a while*); to shed a few tears.

попла|титься, чусь, ~тишься *pf of* ⇒**платиться**; (+ *i*, **за** + *a*) to pay (*with, for*).

попле|стись, тусь, тёшься, *past* **~лся, ~лась** *pf* (*coll*) to push off; to drag o.s. along; **я теперь ~тусь домой** I shall push off home now.

поплин, а *m* (*textiles*) poplin.

поплин|овый *adj of* ⇒**~**

поплотне|ть, ю *pf of* ⇒**плотнеть**

попл|ыть, ыву, ывёшь, *past* **~л, ~ла, ~ло** *pf* (*о человеке*) to strike out, start swimming; (*о судне*) to set sail.

популя|сать, шу, ~шешь *pf* (*coll*) to have a bit of dancing; **ты у меня ~шешь!** (*coll*) you'll pay for this!

поп-музык|а, и *f* pop music.

попович, а *m* (*coll*) priest's son.

попов|на, ны, *g pl* **~ен** *f* (*coll*) priest's daughter.

поповник, а *m* (*bot*) marguerite, ox-eye daisy.

поповский *adj of* ⇒**поп[1]**

попойк|а, и *f* (*coll*) drinking bout.

пополам *adv* in two, in half; half-and-half; **разделить п.** to divide in two, divide in half, halve; **давайте заплатим п.** let's go halves; **виски п. с водой** whisky and water half-and-half.

пополз|ень, ня *m* (*zool*) nuthatch.

поползновени|е, я *nt* **1** feeble impulse; half-formed intention; **я имел п. высказать своё мнение, но в конце концов сдержался** I had half a mind to say what I thought but in the end I restrained myself. **2** (**на** + *a*) pretension(s) (to).

пополз|ти, у, ёшь, *past* **пополз, ~ла** *pf* to begin to crawl.

пополнени|е, я *nt* **1** replenishment; restocking; (*коллекции*) enlargement; **п. горючим** refuelling. **2** (*mil*) reinforcement.

пополне|ть, ю *pf of* ⇒**полнеть**

пополн|ить, ю, ишь *pf* (*of* ⇒**~ять**) to replenish, fill up; to restock; (*коллекцию*) to enlarge; (*mil*) to reinforce; **п. горючим** to refuel; **п. свои знания** to supplement one's knowledge.

пополн|иться, ится *pf* (*of* ⇒**~яться**) **1** to increase. **2** *passive of* ⇒**~ить**

пополн|ять(ся), яю, яет(ся) *impf of* ⇒**~ить(ся)**

пополудни *adv* in the afternoon, p.m.; **в два часа п.** at 2 p.m.

пополуночи *adv* after midnight, a.m.; **в два часа п.** at 2 a.m.

попомн|ить, ю, ишь *pf* (*coll*) **1** to remember; **~и(те) моё слово** mark my words. **2** (+ *d*) to remind; **я тебе это ~ю!** I'll get even with you!

попон|а, ы *f* horse cloth.

попотч|евать, ую *pf of* ⇒**потчевать**

П

поп-пев|е́ц, ца́ *m* pop singer.
поп-пев|и́ца, и́цы *f of* ⇒~ец
поправе́|ть, ю *pf of* ⇒**праве́ть**
поправи́м|ый (~, ~а) *adj* rectifiable, remediable.
попра́в|ить, лю, ишь *pf* (*of* ⇒~ля́ть) **1** (*починить*) to mend, repair. **2** (*ошибку, ученика*) to correct, set right, put right. **3** (*шляпу*) to adjust, set straight; **п. причёску** to tidy one's hair. **4** (*улучшить*) to improve, better; **п. своё здоро́вье** to restore one's health.
попра́в|иться, люсь, ишься *pf* (*of* ⇒~ля́ться) **1** (*исправить свою ошибку*) to correct o.s. **2** (*выздороветь*) to get better, recover; **я совсе́м ~ился** I am completely recovered. **3** (*пополнеть*) to put on weight; to look better; **он о́чень ~ился** he has put on a lot of weight; he looks much better. **4** (*о делах*) to improve.
попра́вк|а, и *f* **1** (*починка*) mending, repairing. **2** (*ошибки*) correction; amendment; **п. к резолю́ции** amendment to a resolution; **внести́ ~и в законопрое́кт** to amend a bill. **3** (*шляпы*) adjustment. **4** (*выздоровление*) recovery; **де́ло идёт на ~у** things are improving; things are on the mend.
поправле́ни|е, я *nt* **1** (*ошибки*) correction, correcting. **2** (*здоровья*) recovery; (*дел*) improvement; **он вы́ехал на Кавка́з для ~я здоро́вья** he has gone to the Caucasus for his health.
поправля́|ть(ся), ю(сь) *impf of* ⇒**попра́вить(ся)**
попра́ни|е, я *nt* trampling; (*fig*) flouting, disregarding.
попр|а́ть (*fut not used*) *pf* (*of* ⇒**попира́ть**) (*rhetorical*) (*топтать*) to trample (upon); (*fig*) (*закон*) to flout; (*права*) to disregard.
по-пре́жнему *adv* as before; as usual.
попрёк, а *m* reproach.
попрек|а́ть, а́ю *impf* (*of* ⇒~ну́ть) (+ *a and i or* + *a* **за** + *a*) to reproach (with).
попрек|ну́ть, ну́, нёшь *pf of* ⇒~а́ть
по́прищ|е, а *nt* field; profession; **вое́нное п.** soldiering; **литерату́рное п.** the world of letters; **вступи́ть на но́вое п.** to embark on a new career.
по-прия́тельски *adv* as a friend; in a friendly manner.
попро́б|овать, ую *pf of* ⇒**про́бовать**
попро|си́ть(ся), шу́(сь), ~́сишь(ся) *pf of* ⇒**проси́ть(ся)**
по́просту *adv* (*coll*) simply; **п. говоря́** to put it bluntly.
попроша́йк|а, и *cg* **1** (*coll, pej*) cadger. **2** (*obs*) (*нищий*) beggar.
попроша́йнича|ть, ю *impf* **1** (*coll, pej*) to cadge. **2** (*obs*) (*нищенствовать*) to beg.
попроша́йничеств|о, а *nt* **1** (*coll, pej*) cadging. **2** (*obs*) (*выпрашивание милостыни*) begging.
попроща́|ться, юсь *pf* (**с** + *i*) to take leave (of), say goodbye (to).
попры́гива|ть, ю *impf* (*coll*) to hop about.
попрыгу́н (*oblique cases not used*) *m* (*coll, joc*) fidget.
попрыгу́н|ья, ьи *f of* ⇒~
попры́ска|ть, ю *pf* (+ *i*) to sprinkle (with).
попры́ска|ться, юсь *pf of* ⇒**пры́скаться**
попря́|тать, чу, чешь *pf* (*coll*) to hide (*many objects*).
попря́|таться, чусь, чешься *pf* (*coll*) (*о многих*) to hide (o.s.).
попс|а́, ы *f* (*coll*) **1** popular culture; sth trendy. **2** (*mus*) pop music.
попсо́вый *adj* (*mus, coll*) pop.
попуга́|й, я *m* parrot; **волни́стый ~й** (*вид*) budgie, budgerigar.
попуга́йнича|ть, ю *impf* (*coll*) to parrot.
попуга́йчик, а *m* (*название подсемейства*) parakeet; **волни́стый п.** (*вид*) budgie, budgerigar.
попуга́|ть, ю *pf* (*coll*) to frighten a little.
попу́др|ить, ю, ишь *pf* to powder.
попу́др|иться, юсь, ишься *pf* to powder one's face.
попули́ст, а *m* populist.
попули́стский *adj* populist.
популяриза́тор, а *m* popularizer.
популяриза́ци|я, и *f* popularization.
популяризи́р|овать, ую *impf and pf* to popularize.
популяриз|ова́ть, у́ю *impf and pf* = ~и́ровать
популя́рност|ь, и *f* popularity.
популя́р|ный (~ен, ~на) *adj* popular.
популя́ци|я, и *f* population (*of plants, animals*).
попурри́ *nt indecl* (*mus*) potpourri.
попусти́тельств|о, а *nt* (*pej*) tolerance; connivance; **при ~е** (+ *g*) with the connivance (of).
попусти́тельств|овать, ую *impf* (+ *d*) (*pej*) to tolerate, put up (with); to connive (at); **почему́ она́ ~ует его́ пья́нству?** why does she put up with his drunkenness?
по-пусто́му *adv* (*coll*) in vain, to no purpose.
по́пусту *adv* (*coll*) = **по-пусто́му**
попу́та|ть, ет *pf* (*coll, joc*) to beguile; **чёрт ~л** it's the devil's work.
попу́тно *adv* on one's way; at the same time; (*fig*) in passing; incidentally; **мо́жно п. заме́тить, что...** it may be observed in passing that ... .
попу́тн|ый *adj* **1** accompanying; (*машина*) passing; **п. ве́тер** fair wind, favourable (*Br*), favorable (*US*) wind; **~ая струя́** (*naut*) backwash. **2** (*fig*) passing, incidental; **~ое замеча́ние** passing remark.
попу́тчик, а *m* fellow-traveller (*Br*), -traveler (*US*) (*also fig, pol*).
попыта́|ть, ю *pf* (+ *a or g*; *coll*) to try (out); **п. сча́стья** to try one's luck.
попыта́|ться, юсь *pf of* ⇒**пыта́ться**
попы́тк|а, и *f* attempt, try; **предприня́ть ~у** to make an attempt; **со второ́й ~и** at the second attempt.
попы́хива|ть, ю *impf* (*coll*) to let out puffs; **п. тру́бкой, п. из тру́бки** to puff away at a pipe.
попя́|тить(ся), чу(сь), тишь(ся) *pf of* ⇒**пя́тить(ся)**
попя́тн|ый *adj*: **идти́ на ~ую/п.** (*coll*) to go back on one's word, to back-pedal.
по́р|а, ы *f* pore.
пор|а́, ы́, *a* **~́у** *f* **1** time, season; **весе́нняя п.** springtime; **осе́нняя п.** autumn; **вече́рней ~о́й** of an evening; **в ~́у** at just the right time; **не в ~́у** at the wrong time; **в ту ~́у** then, at that time; **до ~ы́, до вре́мени** for the time being; **до каки́х ~?** till when?, till what time?; **до каки́х ~ вы пробу́дете здесь?** how long will you be here?; **до сих ~** till now, up to now; **на пе́рвых ~а́х** at first; **с да́вних ~** long, for a long time, for ages; **с каки́х ~?, с кото́рых ~?** since when?; **с тех ~, как...** (ever) since ...; **с э́тих ~** since then, since that time.
2 *as pred* it is time; **давно́ п.** it is high time; **п. спать!** (it is) bedtime!
порабо́та|ть, ю *pf* to do some work.
поработи́тел|ь, я *m* (*rhetorical*) enslaver.
порабо|ти́ть, щу́, ти́шь *pf* (*of* ⇒~ща́ть) (*rhetorical*) to enslave.
порабоща́|ть, ю *impf of* ⇒**поработи́ть**
порабоще́ни|е, я *nt* enslavement.
поравня́|ться, юсь *pf* (**с** + *i*) to pull alongside (of).
пораде́|ть, ю *pf of* ⇒**раде́ть 1**
пора́д|овать(ся), ую(сь) *pf of* ⇒**ра́довать(ся)**
поража́|ть(ся), ю(сь) *impf of* ⇒**порази́ть(ся)**
пораже́н|ец, ца *m* defeatist.
пораже́ни|е, я *nt* **1** (*неудача в борьбе*) defeat; **не име́ть ~й** (*sport*) to be unbeaten. **2** (*mil*) hitting (*the target, the objective*). **3** (*med*) lesion. **4**: **п. в права́х** (*law*) disfranchisement.
пораже́нческий *adj* defeatist.
пораже́нчеств|о, а *nt* defeatism.
порази́тел|ьный (~ен, ~ьна) *adj* striking; staggering, startling.
пора|зи́ть, жу́, зи́шь *pf* (*of* ⇒~жа́ть) **1** (*победить*) to defeat; to rout. **2** (*mil*) (*ударить*) to hit, strike; **п. кинжа́лом** to stab with a dagger. **3** (*med*) to affect, strike. **4** (*fig*) (*удивить*) to strike; to stagger; **меня́ ~зил её мра́чный вид** I was struck by her gloomy appearance; **нас ~зи́ли све́дения об их помо́лвке** we were staggered by the news of their engagement.
пора|зи́ться, жу́сь, зи́шься *pf* (*of* ⇒~жа́ться) to be staggered, be astounded.
по-ра́зному *adv* differently, in different ways.
порайо́нный *adj* (by) area.
пора́н|ить, ю, ишь *pf* to wound, injure, hurt (*slightly*).
пора́н|иться, юсь, ишься *pf* to injure, hurt o.s. (*slightly*).
пораст|а́ть, а́ет *impf of* ⇒~и́
пораст|и́, ёт, *past* **поро́с, поросла́** *pf* (+ *i*) to become overgrown (with).

П

порв|а́ть, у́, ёшь, *past* **~а́л, ~ала́, ~а́ло** *pf* **1** to tear slightly. **2** (*impf* **порыва́ть**) (**с** + *i*; *fig*) to break (with); to break off (with); **она́ давно́ ~ала́ с ним** she broke with him long ago; **п. дипломати́ческие отноше́ния** to break off diplomatic relations.

порв|а́ться, ётся, *past* **~а́лся, ~ала́сь, ~а́ло́сь** *pf* **1** (*о верёвке*) to break (off), snap. **2** (*об одежде*) to tear. **3** (*impf* **порыва́ться**[1]) (*fig*) to be broken (off).

поредé|ть, ет *pf of* ⇒**редéть**

поре́з, а *m* cut.

поре́|зать, жу, жешь *pf* **1** (*поранить*) to cut; **п. себе́ па́лец** to cut one's finger. **2** (+ *a or g*) (*нарезать*) to cut (*a quantity of*); **п. хле́ба** to cut some bread. **3** (+ *a or g*) (*убить*) to kill, slaughter (a number of).

поре́|заться, жусь, жешься *pf* to cut o.s.

поре́|й, я *m* leek.

порекоменд|ова́ть, у́ю *pf of* ⇒**рекомендова́ть**

пореш|и́ть, у́, и́шь *pf* **1** (*coll*) (*решить*) to make up one's mind. **2** (*obs*) (*кончить*) to decide, finish, settle; **вот мы ~и́ли де́ло** now we have settled the matter. **3** (*fig*, *coll*) (*убить*) to finish off, do away (with), do for.

поржаве́|ть, ет *pf of* ⇒**ржаве́ть**

по́ристост|ь, и *f* porosity.

по́рист|ый (~, ~а) *adj* porous.

порица́ни|е, я *nt* censure; reprimand; **досто́йный ~я** reprehensible; **вы́разить п.** (+ *d*) to censure; **вы́нести обще́ственное п.** (+ *d*) to reprimand publicly.

порица́тел|ьный (~ен, ~ьна) *adj* disapproving; reproving.

порица́|ть, ю *impf* to censure; to reprimand.

по́рк|а[1], **и** *f* unstitching, unpicking.

по́рк|а[2], **и** *f* (*coll*) flogging, thrashing; (*хлыстом*) whipping, lashing.

по́рно *nt indecl* (*coll*) porn.

порно́граф *m* pornographer.

порнографи́ческий *adj* pornographic.

порногра́фи|я, и *f* pornography.

порножурна́л, а *m* pornographic/ girlie magazine.

порномагази́н, а *m* sex shop.

порнофи́льм, а *m* porno film, blue movie.

порну́х|а, и *f* (*coll*) porn, pornography.

по́ровну *adv* equally, in equal parts; **раздели́ть п.** to divide equally, into equal parts.

поро́г, а *m* **1** threshold (*also fig*); **переступи́ть п.** to cross the threshold; **я их на п. не пущу́** they shall not darken my door; **п. бе́дности** poverty line; **стоя́ть на ~е сме́рти** to be at death's door. **2** (*geog*) rapids.

поро́д|а, ы *f* **1** (*животных*) breed; (*деревьев*) species; (*fig*) (*людей*) kind, sort, type; **коро́ва джерсе́йской ~ы** Jersey cow; **они́ как раз одно́й и той же ~ы** they are of exactly the same type. **2** (*geol*) rock; **го́рная п.** rock; (*пласт*) layer, stratum.

поро́дистост|ь, и *f* (pure) breeding.

поро́дист|ый (~, ~а) *adj* thoroughbred, pedigree.

поро|ди́ть, жу́, ди́шь *pf* (*of* ⇒**~жда́ть**) to give rise (to), spawn, engender.

породн|ённый *ppp of* ⇒**~и́ть**; **~ённые города́** twinned cities.

породн|и́ть(ся), ю́(сь), и́шь(ся) *pf of* ⇒**родни́ть(ся)**

порожда́|ть, ю *impf of* ⇒**породи́ть**

порожде́ни|е, я *nt* result, outcome.

поро́жист|ый (~, ~а) *adj* full of rapids.

поро́жний *adj* (*coll*) empty.

порожня́к, а́ *m* empty vehicles.

порожняко́вый *adj*: **п. соста́в** = **порожня́к**

порожняко́м *adv* (*coll*) empty, without a load.

по́розно *adv* separately, apart.

порозове́|ть, ю *pf of* ⇒**розове́ть**

поро́й (*and* **поро́ю**) *adv* at times, now and then.

поро́к, а *m* **1** (*человека*) vice. **2** (*вещи*) defect; flaw, blemish; **~и ре́чи** speech defects; **п. се́рдца** heart disease.

поролóн, а *m* foam rubber.

порос|ёнок, ёнка, *pl* **~я́та, ~я́т** *m* piglet; **моло́чный п.** suck(l)ing pig.

порос|и́ться, и́тся *impf* (*of* ⇒**о~**) to farrow.

по́росл|ь, и *f* verdure, shoots.

поросяти́н|а, ы *f* suck(l)ing pig (*meat*).

порос|я́чий *adj of* ⇒**~ёнок**

пор|о́ть[1], **ю́, ~ешь** *impf* (*of* ⇒**рас~**) (*платье*) to unstitch, unpick; **п. вздор, ерунду́, чушь** (*coll*) to talk nonsense; **п. горя́чку** (*coll*) to be in a (tearing) hurry.

пор|о́ть[2], **ю́, ~ешь** *impf* (*of* ⇒**вы́~**[2]) (*coll*) (*бить*) to flog, thrash; (*хлыстом*) to whip, lash.

пор|о́ться, ~ется *impf* (*of* ⇒**рас~**) to come unstitched, come undone; to rip.

по́рох, а (у), *pl* (*specialist use only*) **~а́, ~о́в** *m* gunpowder; powder; **он как п.** he is hot-blooded; **ему́ ~а не хвата́ет** (*coll*) he has not got it in him, he is not up to it; **п. да́ром тра́тить** to spend one's wits to no purpose; **держа́ть п. сухи́м** (*fig*) to keep one's powder dry; **ни синь ~а** (*coll*) not a trace; **~ом па́хнет** (*fig*) there's a smell of gunpowder in the air; there is trouble brewing.

пороховни́ц|а, ы *f* (*hist*) powder flask; **есть ещё по́рох в ~ах** he is/we are *etc.* still going strong.

порохов|о́й *adj of* ⇒**по́рох**; **~а́я бо́чка** powder keg.

поро́ч|ить, у, ишь *impf* (*of* ⇒**о~**) **1** (*признавать негодным*) to discredit; **п. чьи-н. вы́воды** to discredit s.o.'s conclusions. **2** (*бесчестить*) to bring into disrepute; to denigrate, blacken, smear; **п. чью-н. репута́цию** to blacken s.o.'s reputation.

поро́чност|ь, и *f* **1** (*безнравственность*) depravity. **2** (*неправильность*) fallaciousness.

поро́ч|ный (~ен, ~на) *adj* **1** (*безнравственный*) depraved; wanton. **2** (*неправильный*) faulty; fallacious; **п. круг** vicious circle.

поро́ш|а, и *f* newly-fallen snow.

пороши́нк|а, и *f* grain of powder

порош|и́ть, и́т *impf* (*о снеге*) to fall in powdery form; (*impers*): **~и́ло** it was snowing lightly.

порош|ко́вый *adj of* ⇒**~о́к**

порошкообра́з|ный (~ен, ~на) *adj* powdery.

порош|о́к, ка́ *m* powder; **стира́льный п.** washing powder; **стере́ть в п.** to grind into dust; (*fig*, *coll*) to make mincemeat (of).

поро́ю = **поро́й**

порт, а, о ~е, в ~у́, *pl* **~ы́, ~о́в** *m* port; (*гавань*) harbour; (*comput*) port; **вое́нный п.** naval port, naval dockyard; **возду́шный п.** airport; **морско́й п.** seaport.

порта́л, а *m* (*archit*, *comput*) portal.

порта́л|ьный *adj of* ⇒**~**; **п. кран** gantry crane.

портати́вност|ь, и *f* portability.

портати́в|ный (~ен, ~на) *adj* portable; **п. компью́тер** laptop computer; **п. телефо́н** mobile phone.

портве́йн, а *m* port (*wine*).

по́ртер, а *m* porter, stout.

по́ртик, а *m* portico.

по́р|тить, чу, тишь *impf* (*of* ⇒**ис~**) **1** (*аппетит, вечер, настроение, ребёнка*) to spoil; (*машину, здоровье, зрение*) to damage; **не ~тите себе́ не́рвы** don't take it to heart. **2** (*развращать*) to corrupt.

по́р|титься, чусь, тишься *impf* (*of* ⇒**ис~**) **1** (*о здоровье, погоде, отношениях*) to deteriorate; (*о продуктах*) to go off; (*о зубах*) to decay; to rot; **не п. от жары́** to be heatproof; **отноше́ния ста́ли п.** relations have begun to deteriorate. **2** (*о механизме*) to get out of order. **3** (*нравственно*) to become corrupt.

порт|ки́, ко́в *or* **~о́к** (*no sg*) (*coll*) = **~ы**

портмоне́ *nt indecl* (*obs*) purse.

портни́х|а, и *f* dressmaker.

портно́вский *adj* tailor's, tailoring.

портн|о́й, о́го *m* tailor.

портня́жн|ый *adj* tailor's; **~ое де́ло** tailoring.

портови́к, а́ *m* docker.

порто́вый *adj of* ⇒**порт**; **п. го́род** port; **п. рабо́чий** docker.

портпле́д, а *m* holdall (*Br*), traveling bag (*US*).

портре́т, а *m* portrait; **п. во весь рост** full-length portrait; **поясно́й п.** half-length portrait; **он — живо́й п. своего́ отца́** he is the image of his father.

портрети́ст, а *m* portrait painter, portraitist.

портрети́ст|ка, ки *f of* ⇒**~**

портре́т|ный *adj of* ⇒**~**; **~ная галере́я** portrait gallery.

портсига́р, а *m* cigarette case.

португа́л|ец, ьца *m* Portuguese.

Португа́ли|я, и *f* Portugal.

португа́л|ка, ки *f of* ⇒**~ец**

португа́льский *adj* Portuguese.
портула́к, а *m* (*bot*) purslane.
портупе́|я, и *f* (*mil*) sword belt.
портфе́л|ь, я *m* **1** briefcase; **п.-диплома́т** attaché case. **2** (*pol, comm*) portfolio; **мини́стр без ~я** Minister without Portfolio.
портше́з, а *m* sedan (chair).
порт|ы́, о́в (*no sg*) (*coll*) trousers.
портье́ *m indecl* (*hotel*) porter, doorman.
портье́р|а, ы *f* portière; (*heavy*) curtain.
портя́нк|а, и *f* foot binding; puttee.
поруб|и́ть, лю́, ~́ишь *pf* **1** (*в большом количестве*) to chop down (*all or a large number of*). **2** (*некоторое время*) to do a bit of chopping.
пору́бк|а, и *f* tree-felling, wood-chopping.
поруга́ни|е, я *nt* desecration; **отда́ть на п.** to desecrate.
пору́ганн|ый *adj* desecrated; **~ая честь** outraged honour (*Br*), honor (*US*).
поруга́|ть, ю *pf* (*coll*) to scold, swear (at).
поруга́|ться, юсь *pf* **1** to swear, curse. **2** (**с** + *i*; *coll*) to fall out (with).
пору́к|а, и *f* bail; guarantee; surety; **кругова́я п.** collective guarantee; **взять на ~и** to stand bail (for); **отпусти́ть на ~и** to release on bail.
по-ру́сски *adv* (in) Russian; **говори́ть п.** to speak Russian.
поруч|а́ть, а́ю *impf of* ⇨**~и́ть**
поруче́йник, а *m* **1** (*zool*) marsh sandpiper. **2** (*bot*) water parsnip.
поруче́н|ец, ца *m* special messenger.
поруче́ни|е, я *nt* (*задание*) errand; (*весомое*) mission, assignment; **по ~ю** (+ *g*) on the instructions (of); (*от имени*) per procurationem (pp).
по́руч|ень, ня *m* handrail.
пору́чик, а *m* (*hist*) lieutenant.
поручи́тел|ь, я *m* guarantor.
поручи́тельств|о, а *nt* guarantee; (*залог*) bail.
поруч|и́ть, у́, ~́ишь *pf* (*of* ⇨**~а́ть**) **1** (*возложить на кого-н. исполнение чего-н.*) to charge, commission; to instruct; **он ~и́л мне переда́ть вам де́ньги** he charged me to hand you the money. **2** (*вверить кого-, что-н. заботе кого-н.*) to entrust; **ма́льчика ~и́ли тата́рской ня́не** the little boy has been entrusted to the care of a Tatar nanny.
поруч|и́ться, у́сь, ~́ишься *pf of* ⇨**руча́ться**
порфи́р, а *m* (*min*) porphyry.
порфи́р|а, ы *f* (the) purple (*as monarch's robe*).
порфи́р|ный *adj* **1** *adj of* ⇨**~**. **2** (*obs*) purple.
порх|а́ть, а́ю *impf* (*of* ⇨**~ну́ть**) to flutter, fly about.
порх|ну́ть, ну́, нёшь *pf of* ⇨**~а́ть**
порцио́нный *adj* à la carte.
по́рци|я, и *f* portion; (*кушанья*) helping; **две ~и ды́ни** two portions of melon, melon for two.
по́рч|а, и *f* **1** (*продуктов*) spoiling; (*машины*) damage; **п. отноше́ний** deterioration of relations. **2** (*нравов*) corruption.
по́рш|ень, ня *m* (*tech*) (*двигателя*) piston; (*насоса*) plunger.
порш|нево́й *adj of* ⇨**~́ень**; **~нево́е кольцо́** piston ring; **п. сте́ржень** piston rod.
поры́в[1]**, а** *m* **1** (*ветра*) gust; rush. **2** (*fig*) (*чувства*) fit; upsurge; **благоро́дный п.** noble impulse; **п. гне́ва** fit of temper; **под влия́нием ~а** on an impulse, on the spur of the moment.
поры́в[2]**, а** *m* (*действие*) breaking; (*место*) break.
порыва́|ть, ю *impf of* ⇨**порва́ть 2**
порыва́|ться[1]**, ется** *impf of* ⇨**порва́ться 3**
порыва́|ться[2]**, юсь** *impf* **1** (*делать порывистые движения*) to make jerky movements. **2** (+ *inf*) (*пытаться*) to try, endeavour.
поры́висто *adv* fitfully, by fits and starts.
поры́вистост|ь, и *f* impetuosity, violence.
поры́вист|ый (~, ~а) *adj* **1** (*ветер*) gusty. **2** (*движение*) jerky. **3** (*fig*) (*характер*) impetuous, violent; (*дыхание*) fitful.
порыже́лый *adj* (*coll*) reddish-brown (*as result of fading*).
порыже́|ть, ю *pf of* ⇨**рыже́ть**
пор|ы́ться, о́юсь, о́ешься *pf* (**в** + *p*; *coll*) to rummage (in, among); **п. в па́мяти** to give one's memory a jog.
порыхле́|ть, ю *pf of* ⇨**рыхле́ть**
по-ры́царски *adv* in a chivalrous manner.
порябе́|ть, ю *pf of* ⇨**рябе́ть**
поря́дков|ый *adj* ordinal; **~ое числи́тельное** ordinal numeral.
поря́дком *adv* (*coll*) **1** (*очень*) very, really; **мне п. надое́л э́тот фильм** I found it a really boring film. **2** (*как следует*) properly, thoroughly; **он не объясни́л п., как туда́ попа́сть** he did not explain properly how to get there.
поря́д|ок, ка *m* order. **1** (*правильное состояние, расположение*) order; **привести́ в п.** to put in order; **привести́ себя́ в п.** to tidy o.s. up; **следи́ть за ~ком** to keep order; **всё в ~ке!** everything is all right!; **э́то в ~ке веще́й** it is in the order of things; **не в ~ке** out of order, not right; **к ~ку!** (*at a meeting*) order!
2 (*последовательность*) order; **алфави́тный п.** alphabetical order; **де́ло идёт свои́м ~ком** things are taking their (regular, normal) course; **по ~ку** in order, in succession; **п. дня** agenda; **стоя́ть в ~ке дня** to be on the agenda.
3 (*способ*) manner, way; procedure; **в ~ке** (+ *g*) by way (of), on the basis (of); **в администрати́вном ~ке** administratively; **в обяза́тельном ~ке** without fail; **в спе́шном ~ке** quickly; **в устано́вленном ~ке** in accordance with established procedure; **зако́нным ~ком** legally; **пресле́довать суде́бным ~ком** to prosecute; **п. вы́боров** election procedure; **п. голосова́ния** voting procedure.
4 (*mil*) (*построение*) order; **боево́й п.** battle order.
5 (*pol*) (*система, строй*) order; **ста́рый п.** the old order; **устано́вленный п.** the established order.
6 (*in pl*) (*обычаи*) customs, usages, observances.
7: **~ка** + *g* (*coll*) approximately, about, in the order of; **~ка десяти́ до́лларов** about ten dollars.
8 (*math*) order.
поря́дочно *adv* **1** decently; honestly; **они́ поступи́ли вполне́ п.** they acted perfectly decently. **2** (*coll*) (*довольно*) fairly, pretty; (*довольно много*) a fair amount; **она́ п. уста́ла** she was pretty tired; **мы п. вы́пили** we had a fair amount to drink. **3** (*coll*) (*довольно хорошо*) fairly well, quite decently; **он поёт п.** he sings quite decently.
поря́дочност|ь, и *f* decency; honesty.
поря́доч|ный (~ен, ~на) *adj* **1** (*честный*) decent; honest; **~ные лю́ди** decent folk. **2** (*coll*) (*значительный*) fair, considerable; **они́ живу́т на ~ном расстоя́нии отсю́да** they live a fair distance from here; **он — п. плут** he is pretty much of a rogue.
пос. (*abbr of* **посёлок**) settlement.
поса́д, а *m* **1** (*hist*) (*торговая часть города*) trading quarter. **2** (*obs*) (*пригород*) suburb.
поса|ди́ть, жу́, ~́дишь *pf of* ⇨**сади́ть** *and* ⇨**сажа́ть**
поса́дк|а, и *f* **1** (*семян*) planting. **2** (*на судно*) embarkation; (*на поезд, автобус*) boarding. **3** (*aeron*) landing; **вы́нужденная п.** forced landing.
поса́дочн|ый *adj* **1** planting. **2** (*aeron*) landing; **~ая площа́дка** landing ground; **~ая фа́ра** landing light. **3** (*aeron*): **п. биле́т** boarding pass.
поса́|женный *ppp of* ⇨**~ди́ть**
посажёный *adj* proxy (*for parent of bride or bridegroom at wedding ceremony*), sponsor.
поса́пыва|ть, ю *impf* (*coll*) to snuffle; (*во сне*) to breathe heavily.
поса́сыва|ть, ю *impf* (*coll*) to suck (at) (*from time to time*).
поса́хар|ить, ю, ишь *pf of* ⇨**са́харить**
посва́та|ть(ся), ю(сь) *pf of* ⇨**сва́тать(ся)**
посвеже́|ть, ю *pf of* ⇨**свеже́ть**
посве|ти́ть, чу́, ~́тишь *pf* **1** to shine for a while. **2** (+ *d*) to hold a light (for); **я тебе́ ~чу́ до угла́ переу́лка** I will light you to the corner of the lane.
посветле́|ть, ю *pf of* ⇨**светле́ть**
по́свист, а *m* whistle; whistling.
посви|ста́ть, щу́, ~́щешь *pf* to whistle (to).
посви|сте́ть, щу́, сти́шь *pf* to whistle, give a whistle.
посви́стыва|ть, ю *impf* to whistle (*softly, from time to time*).
по-сво́ему *adv* in one's own way; **де́лайте п., поступа́йте п.** have it your own way.
по-сво́йски *adv* (*coll*) **1** in one's own way; **он всегда́ поступа́ет п.** he always pleases himself. **2** (*по-родственному*) in

a familiar way, as between friends.

посвя|ти́ть, щу́, ти́шь *pf* (*of* ⇒**~ща́ть**) **1** (+ *a* **в** + *a*) to let (into); **мы вас ~ти́м в на́шу та́йну** we will let you into our secret. **2** (+ *a and d*) (*жизнь*) to devote (to), give up (to); (*книгу*) to dedicate (to); **п. себя́ нау́ке** to devote o.s. to (the cause of) learning; **он ~ти́л пе́рвую кни́гу свое́й ма́тери** he dedicated his first book to his mother. **3** (+ *a* **в** + *nom-a*) (*в сан*) to ordain, consecrate; **п. в ры́цари** to knight, confer a knighthood (upon).

посвяща́|ть, ю *impf of* ⇒**посвяти́ть**

посвяще́ни|е, я *nt* **1** (*в тайну*) initiation. **2** (*в книге*) dedication. **3** (*в сан*) ordination; consecration; **п. в ры́цари** knighting.

посе́в, а *m* **1** (*действие*) sowing. **2** (*то, что посеяно*) crops; **пло́щадь ~ов** sown area, area under crops.

посевн|о́й *adj* sowing; **~а́я пло́щадь** sown area, area under crops; *as n* **~а́я, ~о́й** *f* sowing campaign.

поседе́лый *adj* grown grey, grizzled.

поседе́|ть, ю *pf of* ⇒**седе́ть**

посейча́с *adv* (*coll*) up to now, up to the present.

поселе́н|ец, ца *m* **1** settler. **2** (*сосланный*) deportee.

поселе́ни|е, я *nt* **1** (*действие*) settling. **2** (*место*) settlement. **3** (*ссылка*) deportation; **отпра́вить на п.** to deport.

поселе́н|ка, ки *f of* ⇒**~ец**

посел|и́ть, ю́, и́шь *pf* (*of* ⇒**~я́ть**) **1** to settle; to lodge. **2** (*возбудить*) to arouse, engender; **п. вражду́ ме́жду друзья́ми** to engender enmity between friends.

посел|и́ться, ю́сь, и́шься *pf* (*of* ⇒**~я́ться**) to settle, take up residence.

посел|ко́вый *adj of* ⇒**~̂ок**

посёл|ок, ка *m* village; settlement.

посел|я́ть(ся), я́ю(сь) *impf of* ⇒**~и́ть(ся)**

посему́ *adv* (*obs*) therefore.

посеребр|ённый *ppp of* ⇒**~и́ть** *and adj* silver-plated.

посеребр|и́ть, ю́, и́шь *pf of* ⇒**серебри́ть**

посереди́не *adv and prep* + *g* in the middle (of).

посере́|ть, ю *pf of* ⇒**сере́ть**

посети́тел|ь, я *m* visitor; **ежедне́вный п. пивно́й** habitué of a bar, regular.

посети́тель|ница, ницы *f of* ⇒**~**

посети́тель|ский *adj of* ⇒**~**

посе|ти́ть, щу́, ти́шь *pf* (*of* ⇒**~ща́ть**) to visit; **п. ле́кции** to attend lectures.

посе́т|овать, ую *pf of* ⇒**се́товать**

посе́|чься, чётся, ку́тся *pf of* ⇒**се́чься**

посеща́емост|ь, и *f* attendance; **плоха́я п.** poor attendance.

посеща́|ть, ю *impf of* ⇒**посети́ть**

посеще́ни|е, я *nt* visit; (*лекций*) attendance.

посе́|ять, ю *pf of* ⇒**се́ять**

посиве́|ть, ю *pf of* ⇒**сиве́ть**

посиде́л|ки, ок (*no sg*) young people's gathering (*in the old Russian village, for recreation on winter evenings*).

поси|де́ть, жу́, ди́шь *pf* to sit (*for a while*).

поси́л|ьный (~ен, ~ьна) *adj* within one's powers, feasible; **~ьная зада́ча** feasible task; **оказа́ть ~ьную по́мощь** to do what one can to help.

посине́лый *adj* gone blue.

посине́|ть, ю *pf of* ⇒**сине́ть**

посин|и́ть, ю, и́шь *pf of* ⇒**сини́ть**

поска|ка́ть, чу́, ~̂чешь *pf of* ⇒**скака́ть 1, 2**

поскользн|у́ться, у́сь, ёшься *pf* to slip.

поско́льку *conj* **1** as far as; **п. мне изве́стно** as far as I know; **мы путеше́ствуем посто́льку, п. позволя́ют сре́дства** we travel (just) as much as we can afford. **2** (*так как*) in so far as, since; so long as; **п. вы гото́вы подписа́ть, гото́в и я** so long as you are ready to sign, I am too.

поско́нный *adj* hempen.

по́скон|ь, и *f* **1** (*bot*) male hemp plant; (*волокно*) hemp fibre (*Br*), fiber (*US*). **2** (*obs*) (*холст*) homespun hempen sacking.

поскоре́е *adv* somewhat quicker; *int* **п.!** quick!

поскрёбк|и, ов (*no sg*) scrapings, leftovers (*of food*).

поскуп|и́ться, лю́сь, и́шься *pf of* ⇒**скупи́ться**

послабле́ни|е, я *nt* indulgence; leniency.

посла́н|ец, ца *m* messenger, envoy.

посла́ни|е, я *nt* **1** (*официальное*) dispatch; (*дружеское*) message. **2** (*literary*) epistle; **П~я** (*bibl*) the Epistles.

посла́нник, а *m* envoy, minister.

по́сл|анный *ppp of* ⇒**~а́ть**; *as n* **п., ~анного** *m* messenger, envoy.

посла|сти́ть, щу́, сти́шь *pf of* ⇒**сласти́ть**

по|сла́ть, шлю́, шлёшь *pf* (*of* ⇒**~сыла́ть**) **1** to send; **п. за до́ктором** to send for the doctor; **п. по по́чте** to post; **п. приве́т** to send one's regards; **п. кого́-н. к чёрту** (*fig, coll*) to tell s.o. to go to hell. **2** (*sport, etc.*) (*подвинуть*) to move (*part of the body*).

по́сле *adv and prep* + *g* after; afterwards, later (on); (*after a neg*) since; **п. войны́** after the war; **мы с ним не вида́лись п. войны́** he and I have not seen one another since the war; **он пришёл п. всех** he came last; **п. всего́** after all, when all is said and done; **п. чего́** whereupon; **п. того́ как** after; **п. того́ как мы посмотре́ли фильм, мы пое́хали домо́й** after seeing the film we went home.

после... *comb form* post-.

послевое́нный *adj* post-war.

после́д, а *m* (*anat*) placenta.

после|ди́ть, жу́, ди́шь *pf* (**за** + *i*) to look (after), see (to) (*for a while*).

после́дк|и, ов (*no sg*) (*coll*) remnants, leftovers.

после́дн|ий *adj* **1** last; (*решение, слово*) final; **(в) ~ее вре́мя, за ~ее вре́мя** lately, of late, recently; **(в) п. раз** for the last time. **2** (*самый новый*) (the) latest; **~ие изве́стия** the latest news; **~яя мо́да** the latest fashion. **3** (*из упомянутых*) the latter. **4** (*coll*) (*самый плохой*) worst, lowest; **э́то уже́ ~ее де́ло!** it's the end!; it's the very limit!; **~яя ка́пля** the last straw; **руга́ться ~ими слова́ми** to use foul language. **5** *as n* **~ее, ~его** *nt* the last; the uttermost.

после́довател|ь, я *m* follower.

после́дователь|ница, ницы *f of* ⇒**~**

после́довательност|ь, и *f* **1** (*порядок*) succession, sequence; **п. времён** (*gram*) sequence of tenses; **в стро́гой ~и** in strict sequence. **2** (*логичность*) consistency.

после́довател|ьный (~ен, ~ьна) *adj* **1** (*следующий один за другим*) successive, consecutive. **2** (*логичный*) consistent, logical.

после́д|овать, ую *pf of* ⇒**сле́довать 1, 2, 3**

после́дстви|е, я *nt* consequence; **оста́вить жа́лобу без ~й** to take no action on a complaint.

после́дующий *adj* subsequent.

после́дыш, а *m* **1** (*coll*) (*последний ребёнок*) youngest child (*in a family*). **2** (*fig, pej*) (*последний сторонник*) belated follower.

послеза́втра *adv* the day after tomorrow.

послеза́втра|шний *adj of* ⇒**~**

послеобе́денный *adj* after-dinner.

послереволюцио́нный *adj* post-revolutionary.

послеродово́й *adj* post-natal.

послесло́ви|е, я *nt* afterword, postface; concluding remarks.

посло́виц|а, ы *f* proverb; **войти́ в ~у** to become proverbial.

посло́вичный *adj* proverbial.

послуж|и́ть[1], у́, ~̂ишь *pf of* ⇒**служи́ть**

послуж|и́ть[2], у́, ~̂ишь *pf* to serve (*for a while*).

послужно́й *adj*: **п. спи́сок** service record.

послуша́ни|е, я *nt* **1** obedience. **2** (*eccl*) work of penance; **назна́чить кому́-н. п.** to impose a penance on s.o.

послу́ша|ть(ся), ю(сь) *pf of* ⇒**слу́шать(ся)**

послу́шник, а *m* novice, lay brother.

послу́шниц|а, ы *f* novice, lay sister.

послу́ш|ный (~ен, ~на) *adj* obedient.

послы́ш|аться, ится *pf of* ⇒**слы́шаться**

послюн|и́ть, ю́, и́шь *pf of* ⇒**слюни́ть**

посма́трива|ть, ю *impf* (**на** + *a*) to look (at) from time to time.

посме́ива|ться, юсь *impf* to chuckle, laugh softly; **п. в кула́к** to laugh up one's sleeve.

посме́нно *adv* in turns, by turns; by shifts.

посме́нн|ый *adj* by turns, in shifts; **~ая рабо́та** shift work.

П

посме́ртный *adj* posthumous.

посме́|ть, ю *pf of* ⇒**сметь**

посме́шищ|е, а *nt* laughing stock.

посмея́ни|е, я *nt* (*rhetorical*) mockery, ridicule; **отда́ть кого́-н. на п.** to make a laughing stock of s.o.

посмотр|е́ть(ся), ю́(сь), ~́ишь(ся) *pf of* ⇒**смотре́ть(ся)**

поснима́|ть, ю *pf* (*coll*) **1** to take off, take away (all *or* a number of); **пора́ нам п. все рожде́ственские украше́ния** it is time we took down all the Christmas decorations. **2** (*phot*) to take some pictures; (*cin*) to do some shooting.

по-соба́чьи *adv* like a dog.

посо́би|е, я *nt* **1** (*денежная помощь*) allowance, benefit; **п. по безрабо́тице** unemployment benefit, the dole; **п. на дете́й** child benefit; **п. по боле́зни** sick benefit, sick pay; **п. по инвали́дности** disability allowance. **2** (*учебник*) textbook; (*учебный предмет*) (educational) aid; **нагля́дные ~я** visual aids; **учё́бные ~я** educational supplies; school textbooks.

пособ|и́ть, лю́, и́шь *pf* (*of* ⇒**~ля́ть**) (*coll*) (+ *d*) (*помочь*) to aid; (*облегчить*) to relieve; **п. го́рю** to assuage grief.

пособля́|ть, ю *impf of* ⇒**пособи́ть**

посо́бник, а *m* accomplice; abetter.

посо́бни|ца, цы *f of* ⇒**~к**

посо́бничеств|о, а *nt* (+ *g*) complicity (in); aiding and abetting.

посо́ве|ститься, щусь, стишься *pf of* ⇒**со́веститься**

посове́т|овать(ся), ую(сь) *pf of* ⇒**сове́товать(ся)**

посоде́йств|овать, ую *pf of* ⇒**соде́йствовать**

пос|о́л¹, ла́ *m* (*дипломатический представитель*) ambassador.

посо́л², а *m* (*действие*) salting.

посол|и́ть, ю́, ~́ишь *pf of* ⇒**соли́ть**

посолове́лый *adj* bleary, bleared.

посолове́|ть, ю *pf of* ⇒**соловеть**

посо́льс|кий *adj* **1** ambassadorial, ambassador's. **2** *adj of* ⇒**~тво**; **п. автомоби́ль** embassy car.

посо́льств|о, а *nt* embassy.

по-сосе́дски *adv* in a neighbourly way.

по́сох, а *m* **1** (*пастуха*) staff, crook. **2** (*епископа, монарха*) crozier.

посо́х|нуть, ну, нешь, *past* **~, ~ла** *pf* (*о многом*) to wither.

посош|о́к, ка́ *m* **1** *diminutive of* ⇒**по́сох**. **2** (*coll, joc*) one for the road (*final drink before departure*).

посп|а́ть, лю́, и́шь, *past* **~а́л, ~ала́, ~а́ло** *pf* to have a sleep, have a nap.

поспева́|ть¹, ет *impf of* ⇒**поспе́ть¹**

поспева́|ть², ет *impf of* ⇒**поспе́ть²**

поспе́|ть¹, ет *pf* (*of* ⇒**~ва́ть¹**) (*coll*) **1** (*созреть*) to ripen. **2** (*стать готовым*) to be done.

поспе́|ть², ю *pf* (*of* ⇒**~ва́ть²**) (*coll*) (*успеть*) to have time; (**к** + *d*, **на** + *a*) to be in time (for); (**за** + *i*) to keep up (with), keep pace (with); **~ли ли вы?** were you in time?, did you make it?; **она́ е́ле-е́ле ~ла на по́езд** she just caught the train; **мы не могли́ п. за ни́ми** we could not keep up with them.

поспеша́|ть, ю *impf* (*coll*) to hurry.

поспе́шеств|овать, ую *impf* (+ *d*; *archaic*) to help, assist.

поспеш|и́ть, у́, и́шь *pf of* ⇒**спеши́ть 1**; **~и́шь — люде́й насмеши́шь** (*proverb*) more haste, less speed.

поспе́шно *adv* in a hurry, hurriedly, hastily; **п. отступи́ть** to beat a hasty retreat; **п. уйти́** to hurry off, hurry away.

поспе́шност|ь, и *f* haste.

поспе́ш|ный (~ен, ~на) *adj* hasty, hurried.

поспле́тнича|ть, ю *pf* to have a gossip.

поспо́р|ить, ю, ишь *pf* **1** *pf of* ⇒**спо́рить**. **2** (**с** + *i*) (*побороться*) to contend (with). **3** (*заключить пари*) to bet, have a bet.

поспосо́бств|овать, ую *pf* (*coll*) *of* ⇒**спосо́бствовать**

посрам|и́ть, лю́, и́шь *pf* (*of* ⇒**~ля́ть**) to disgrace.

посрам|и́ться, лю́сь, и́шься *pf* (*of* ⇒**~ля́ться**) to disgrace o.s.

посрамле́ни|е, я *nt* disgrace.

посрамля́|ть(ся), ю(сь) *impf of* ⇒**посрами́ть(ся)**

поср|а́ть, у́, ёшь *pf of* ⇒**срать 1**

посреди́ *adv and prep* + *g* in the middle (of), in the midst (of); **п. у́лицы** in the middle of the street; **п. толпы́** in the midst of the crowd.

посреди́не *adv* = **посреди́не**

посре́дник, а *m* **1** mediator, intermediary; go-between. **2** (*comm*) middleman.

посре́днича|ть, ю *impf* to act as a go-between, mediate.

посре́днический *adj* intermediary; mediation (*attr*).

посре́дничеств|о, а *nt* mediation.

посре́дственно 1 *adv* so-so, mediocrely, not particularly well; **он игра́ет в те́ннис п.** he is mediocre/not particularly good at tennis. **2** *n*; *nt indecl* fair, satisfactory (*as examination mark*); **я сдал экза́мен по фи́зике (на) п.** I got a 'fair' in physics.

посре́дственност|ь, и *f* (*свойство, о человеке*) mediocrity.

посре́дствен|ный (~, ~на) *adj* **1** mediocre, middling. **2** (*отметка*) fair, satisfactory.

посре́дств|о, а *nt* (*obs*) mediation; **при ~е, че́рез п.** (+ *g*) by means of; thanks to.

посре́дством *prep* + *g* by means of; with the aid of.

посре́дствующий *adj* (*literary*) intermediate; connecting.

посс|а́ть, у́, ы́шь, *3rd pers pl* **~у́т** (*vulg*) *pf of* ⇒**ссать**

поссо́р|ить(ся), ю(сь), ишь(ся) *pf of* ⇒**ссо́рить(ся)**

пост¹, а́, о ~е́, на ~у́, *pl* **~ы́** *m* post; **наблюда́тельный п.** observation post; **быть на своём ~у́, стоя́ть на ~у́** to be at one's post; **занима́ть высо́кий п.** to hold a high post.

пост², а́, о ~е́ *m* **1** (**в ~е́**) (*воздержание от пищи*) fasting; (*fig, coll*) abstinence. **2** (**в ~у́**) (*eccl*) fast; **Вели́кий п.** Lent.

поста́в|ить¹, лю, ишь *pf of* ⇒**ста́вить**

поста́в|ить², лю, ишь *pf* (*of* ⇒**~ля́ть**) (*снабдить*) to supply.

поста́вк|а, и *f* supply; delivery; **ма́ссовая п.** bulk delivery.

поставля́|ть, ю *impf of* ⇒**поста́вить²**

поставщи́к, а́ *m* supplier.

постаме́нт, а *m* pedestal, base.

постана́влива|ть, ю *impf* = **постановля́ть**

постанов|и́ть, лю́, ~́ишь *pf* (*of* ⇒**постана́вливать** *and* ⇒**~ля́ть**) to decide, resolve; to decree.

постано́вк|а, и *f* **1** (*столба*) erection; (*паруса*) raising. **2** (*дела, работы*) arrangement, organization; **п. вопро́са** formulation of a question; **у неё хоро́шая п. головы́** she holds her head well; **п. го́лоса** (*mus*) voice training. **3** (*theatr*) staging, production; **вчера́ мы ви́дели «Ча́йку» Че́хова в но́вой ~е** yesterday we saw a new production of Chekhov's 'Seagull'.

постановле́ни|е, я *nt* **1** (*решение*) decision, resolution; **вы́нести п.** to pass a resolution. **2** (*распоряжение*) decree; **изда́ть п.** to issue a decree.

постановля́|ть, ю *impf of* ⇒**постанови́ть**

постано́в|очный *adj of* ⇒**~ка 3**; **~очная пье́са** play suitable for staging.

постано́вщик, а *m* (*пьесы*) producer; (*фильма*) director.

постара́|ться, юсь *pf of* ⇒**стара́ться**

постаре́|ть, ю *pf of* ⇒**старе́ть 1**

по-ста́рому *adv* **1** (*как раньше*) as before. **2** (*как в старые времена*) as of old.

постате́йный *adj* paragraph-by-paragraph.

постел|и́ть, ю́, ~́ешь *pf of* ⇒**стели́ть 1**

посте́л|ь, и *f* **1** bed; **лечь в п.** to get into bed; **лежа́ть в ~и** to be in bed; **встать с ~и** to get out of bed; **постла́ть п.** to make up a bed; **прико́ванный к ~и** bedridden. **2** (*geol, tech*) bed; bottom.

посте́ль|ный *adj of* ⇒**~**; **~ное бельё** bedclothes; **~ные принадле́жности** bedding; **п. режи́м** confinement to bed.

постепе́нно *adv* gradually, little by little.

постепе́нност|ь, и *f* gradualness; **п. разви́тия** gradual development.

постепе́н|ный (~ен, ~на) *adj* gradual.

постепе́нов|ец, ца *m* gradualist.

постепе́новщин|а, ы *f* (*pol, pej*) gradualism.

постесня́|ться, юсь *pf of* ⇒**стесня́ться**

постиг|а́ть, а́ю *impf of* ⇒**~́нуть** *and* ⇒**пости́чь**

пости́гнуть = **пости́чь**

постиже́ни|е, я *nt* comprehension, grasp.

постижи́м|ый (~, ~а) *adj* comprehensible.

постила́|ть, ю *impf of* ⇒**постла́ть**

постимпрессиони́зм, а *m* post-Impressionism.

постимпрессиони́ст, а *m* post-Impressionist.

постиндустриа́льный *adj* post-industrial.

постира́|ть, ю *pf* **1** (*coll*) to wash. **2** (*некоторое время*) to do some washing.

по|сти́ться, щу́сь, сти́шься *impf* to fast.

пости́|чь, гну, гнешь, *past* **~г** *and* (*obs*) **~гнул, ~гла** *pf* (*of* ⇒**~га́ть**) **1** (*понять*) to comprehend, grasp. **2** (*о горе, о несчастье*) to befall, strike; **их ~гло ещё одно́ несча́стье** yet another misfortune has befallen them.

посткоммунисти́ческий *adj* post-Communist.

пост|ла́ть, елю́, е́лешь *pf* (*of* ⇒**стлать** *and* ⇒**~ила́ть**) to spread, lay; **п. ковёр** to lay a carpet; **п. посте́ль** to make one's bed.

постмодерни́зм, а *m* postmodernism.

постмодерни́стский *adj* postmodern.

по́стник, а *m* (*obs*) faster, person observing fast.

по́стни|ца, цы *f of* ⇒**~к**

по́стнича|ть, ю *impf* to fast.

по́стничеств|о, а *nt* fasting.

по́ст|ный (~ен, ~на́, ~но) *adj* **1** Lenten; **п. день** (*eccl*) fast day; **п. обе́д** meatless dinner. **2** (*coll*) (*о мясе*) lean. **3** (*fig, coll, joc*) (*хмурый*) glum. **4** (*fig, coll, joc*) (*ханжеский*) pious, sanctimonious.

постов|о́й *adj of* ⇒**пост**[1]; **~а́я бу́дка** sentry box; **п. милиционе́р** militiaman on point duty; **~а́я слу́жба** sentry duty; *as n* **п., ~о́го** *m* = **п. милиционе́р**

посто́й[1], **~те** (*coll*) stop!; wait!

посто́|й[2], **я** *m* billeting, quartering; **поста́вить на п.** to billet, quarter.

посто́льку *conj* **п., поско́льку** in so far as … .

посторон|и́ться, ю́сь, ~и́шься *pf of* ⇒**сторони́ться**

посторо́нн|ий *adj* **1** (*побочный*) extraneous, outside; **~ие вопро́сы** side issues; **без ~ей по́мощи** unaided; **~ее те́ло** foreign body. **2** (*чужой*) strange; *as n* **п., ~его** *m* stranger; outsider; **«~им вход воспрещён»** 'unauthorized persons not admitted'.

постоя́л|ец, ьца *m* (*obs*) (*квартирант*) lodger; (*в гостинице*) guest.

постоя́лый *adj*: **п. двор** (*obs*) coaching inn.

постоя́нн|ая, ой *f* (*math*) constant.

постоя́нно *adv* constantly, continually.

постоя́н|ный *adj* **1** constant, continual; **п. ка́шель** continual cough; **п. посети́тель** constant visitor. **2** (*не временный*) constant; permanent, invariable; **п. а́дрес** permanent address; **~ная а́рмия** regular army; **~ная величина́** (*math*) constant; **п. жи́тель** permanent resident; **~ная рабо́та** a permanent job; **п. ток** (*elec*) direct current. **3 (~ен, ~на)** (*не изменчивый*) constant, unchanging; **она́ далеко́ не ~на во вку́сах** she is far from constant in her tastes.

постоя́нств|о, а *nt* constancy; permanency.

посто|я́ть[1], **ю, и́шь** *pf* (*некоторое время*) to stand (*for a while*).

посто|я́ть[2], **ю, и́шь** *pf* (**за** + *a*) (*защитить*) to stand up (for).

пострада́|вший *pp of* ⇒**~ть**; *as n* **п., ~вшего** *m*, **~вшая, ~вшей** *f* victim.

пострада́|ть, ю *pf of* ⇒**страда́ть 5**

постра́ничный *adj* by the page, per page.

постра́нств|овать, ую *pf* to do some travelling.

постраща́|ть, ю *pf of* ⇒**страща́ть**

постре́л, а *m* (*coll*) little imp, little rascal.

постре́лива|ть, ю *impf* to fire intermittently.

постреля́|ть, ю *pf* **1** (*некоторое время*) to do some shooting. **2** (+ *a or g*; *coll*) (*застрелить многих*) to shoot, bag (*a number of*).

пострига́|ть(ся), ю(сь) *impf of* ⇒**постри́чь(ся)**[2]

постриже́ни|е, я *nt* taking of monastic vows; (*о женщине*) taking of the veil.

постри́|чь, гу́, жёшь, гу́т, *past* **~г, ~гла** *pf* **1** (*волосы, ногти*) to cut, trim; (*человека*) to give (s.o.) a haircut. **2** (*eccl*): **п. в мона́хи/мона́хини** to make (*or* ordain) a monk/nun.

постри́|чься[1], **гу́сь, жёшься, гу́тся,** *past* **~гся, ~глась** *pf* (*of* ⇒**стри́чься 1**) to have a haircut.

постри́|чься[2], **гу́сь, жёшься, гу́тся,** *past* **~гся, ~глась** *pf* (*of* ⇒**~га́ться**) to take monastic vows; (*о женщине*) to take the veil.

построе́ни|е, я *nt* **1** construction. **2** (*mil*) formation.

постро́|ечный *adj of* ⇒**~йка**

постро́|ить(ся), ю(сь), ишь(ся) *pf of* ⇒**стро́ить(ся)**

постро́йк|а, и *f* **1** (*действие*) building, erection, construction. **2** (*здание*) building. **3** (*obs*) (*место*) building site.

постро́мк|а, и *f* trace (*part of harness*).

постро́чный *adj* by the line, per line.

постскри́птум, а *m* postscript.

посту́ка|ть, ю *pf* to knock (*for a while*).

посту́кива|ть, ю *impf* to knock (*from time to time*), tap; (*о дожде*) to patter.

постула́т, а *m* (*math, philos*) postulate.

постули́р|овать, ую *impf and pf* to postulate.

поступа́тельн|ый *adj* forward, advancing; **~ое движе́ние** forward movement; **п. ход** onward march.

поступ|а́ть(ся), а́ю(сь) *impf of* ⇒**~и́ть(ся)**

поступ|и́ть, лю́, ~ишь *pf* (*of* ⇒**~а́ть**) **1** to act; **в да́нных обстоя́тельствах он пра́вильно ~и́л** in the circumstances he acted rightly, did right; **они́ с ним пло́хо ~и́ли** they have treated him badly. **2** (**в, на** + *a*) (*зачислиться*) to enter, join; **п. в шко́лу** to go to school; **п. в университе́т** to enter the university; **п. на рабо́ту** to start work; **п. на вое́нную слу́жбу** to join up, enlist. **3** (*о посланном*) (*дойти*) to come through; to be received; **~и́ла жа́лоба** a complaint has been received, has come in; **~и́ло ли его́ заявле́ние?** has his application come through, been received?; **п. в прода́жу** to go on sale, come on the market; **п. в произво́дство** to go into production.

поступ|и́ться, лю́сь, ~ишься *pf* (*of* ⇒**~а́ться**) (+ *i*) to waive, forgo; to give up.

поступле́ни|е, я *nt* **1** (*в университет*) entering; (*в партию, клуб*) joining; **п. на вое́нную слу́жбу** enlisting, joining up. **2** (*денежное*) receipt; (*в библиотеке*) acquisition.

посту́п|ок, ка *m* action; deed; (*in pl, collect*) behaviour (*Br*), behavior (*US*).

по́ступ|ь, и *f* gait; step, tread; **ме́рная п.** measured tread.

постуч|а́ть(ся), у́(сь), и́шь(ся) *pf of* ⇒**стуча́ть(ся)**

постфа́ктум *adv* post factum, after the event.

посты|ди́ть, жу́, ди́шь *pf* (*coll*) to reprimand slightly, pull up.

посты|ди́ться, жу́сь, ди́шься *pf of* ⇒**стыди́ться**; **~ди́тесь!** you ought to be ashamed (of yourself)!

посты́д|ный (~ен, ~на) *adj* shameful.

посты́л|ый (~, ~а) *adj* (*coll*) hateful, repellent.

посу́д|а, ы *f* **1** (*collect*) crockery; **гли́няная п., фая́нсовая п.** earthenware; **ку́хонная п.** kitchen utensils; **жаропро́чная п.** bakeware; **стекля́нная п.** glassware; **фарфо́ровая п.** china; **ча́йная п.** tea service. **2** (*coll*) (*отдельный предмет*) vessel, crock.

посу́дин|а, ы *f* **1** vessel, crock. **2** (*coll*) (*лодка*) old tub.

посу|ди́ть, жу́, ~дишь *pf* to judge, consider; **~ди́ сам** judge for yourself.

посу́д|ный *adj of* ⇒**~а**; **п. магази́н** china shop; **~ное полоте́нце** dishcloth, tea towel; **п. шкаф** dresser, china cupboard.

посудомо́ечн|ый *adj*: **~ая маши́на** dishwasher, dishwashing machine.

посудомо́йк|а, и *f* **1** (*машина*) dishwasher, dishwashing machine. **2** (*работница*) dishwasher.

посу́л, а *m* **1** (*coll*) (*обещание*) promise. **2** (*obs*) (*взятка*) bribe.

посул|и́ть, ю, и́шь *pf of* ⇒**сули́ть**

посу́точно *adv* by the day, for every 24 hours.

посу́точн|ый *adj* 24-hour, round-the-clock; **у них ~ое дежу́рство** they have a 24-hour spell of duty; **~ая опла́та** pay by the day.

по́суху *adv* (*coll*) on dry land.

посчастли́в|иться, ится *pf* (*impers* + *d*) to have the luck (to); to be lucky enough (to).

посчита́|ть, ю *pf* to count (up).

посчита́|ться, юсь *pf* **1** (**с** + *i*; *coll*) to get even (with). **2** *pf of* ⇒**счита́ться**

посыла́|ть, ю *impf of* ⇒**посла́ть**

посы́лк|а[1], **и** *f* **1** (*действие*) sending. **2** (*вещь*) parcel. **3** (*in pl*) (*побегушки*) errands; **быть на ~ах** (**у** + *g*) to run errands (for).

посы́лк|а[2], **и** *f* (*philos*) premise.

посы́лочн|ый *adj* parcel; **~ая фи́рма** mail-order firm.

посы́льн|ый *adj* **1** dispatch; **~ое су́дно** dispatch boat. **2** *as n* **п., ~ого** *m* messenger.

посып|а́ть, а́ю *impf of* ⇒**~́ать**

посы́п|ать, лю, лешь *pf* (*of* ⇒**~а́ть**) (+ *i*) to strew (with); to sprinkle (with); **п. со́лью** to sprinkle with salt.

посы́п|аться, лется *pf* to begin to fall; (*fig*) to rain down.

посяга́тельств|о, а *nt* (**на** + *a*) encroachment (on, upon), infringement (of); **п. на свобо́ду** infringement of liberty.

посяг|а́ть, а́ю *impf of* ⇒**~ну́ть**

посяг|ну́ть, ну́, нёшь *pf* (*of* ⇒**~а́ть**) (**на** + *a*) to encroach (on, upon), infringe (on, upon); **п. на чью-н. жизнь** to make an attempt on s.o.'s life.

пот, а, о ~́е, в ~у́, *pl* **~ы́, ~о́в** *m* sweat, perspiration; **весь в ~у́** all of a sweat, bathed in sweat; **в ~́е лица́** by the sweat of one's brow; **~́ом и кро́вью** with blood and sweat; **труди́ться до седьмо́го/четвёртого ~́а** (*coll*) to sweat one's guts out.

потаённый *adj* = **потайно́й**

потайно́й *adj* secret; hidden.

потака́|ть, ю *impf* (*no pf*) (+ *d*; *coll*) to indulge; **п. ребёнку в капри́зах, п. капри́зам ребёнка** to indulge a child's whims.

потанц|ева́ть, у́ю *pf* to have a dance.

пота́скан|ный (~, ~на) *adj* (*coll*) **1** (*костюм*) shabby, threadbare. **2** (*fig*) (*вид*) worn, seedy.

потаску́н, а *m* (*coll*) lecher, rake.

потаску́х|а, и *f* (*coll*) strumpet, trollop.

потасо́вк|а, и *f* (*coll*) **1** (*драка*) brawl, fight. **2** (*побои*) beating, hiding; **зада́ть кому́-н. ~у** to give s.o. a hiding.

пота́чк|а, и *f* indulgence.

пота́ш, а́ *m* potash.

потащ|и́ть, у́, ~́ишь *pf* to begin to drag.

потащ|и́ться, у́сь, ~́ишься *pf* to begin slowly to make one's way.

по-тво́ему *adv* **1** (*по твоему мнению*) in your opinion. **2** (*как ты хочешь*) as you wish.

потво́рств|о, а *nt* indulgence, pandering.

потво́рств|овать, ую *impf* (+ *d*) to show indulgence (towards), pander (to).

потёк, а *m* stain; damp patch.

потём|ки, ок (*no sg*) darkness.

потемне́ни|е, я *nt* darkening; dimness.

потемне́|ть, ю *pf of* ⇒**темне́ть 1**

поте́ни|е, я *nt* sweating, perspiration.

потенциа́л, а *m* potential.

потенциа́л|ьный (~ен, ~ьна) *adj* potential.

потенцио́метр, а *m* (*elec*) potentiometer.

поте́нци|я, и *f* (*literary*) potentiality.

потепле́ни|е, я *nt* warm(er) spell.

потепле́|ть, ет *pf of* ⇒**тепле́ть**

по|тере́ть, тру́, трёшь, *past* **~тёр, ~тёрла** *pf* to rub.

по|тере́ться, тру́сь, трёшься, *past* **~тёрся, ~тёрлась** *pf of* ⇒**тере́ться**

потерпе́|вший *pp active of* ⇒**~ть**; *as n* **п., ~вшего** *m* victim; survivor; **п. от пожа́ра** fire victim; **п. кораблекруше́ние** shipwreck survivor.

потерп|е́ть, лю́, ~́ишь *pf* **1** (*проявить терпение*) to be patient (*for a while*). **2** (*стерпеть*) to tolerate, stand (for); **я не ~лю́ никако́й на́глости** I won't stand for any cheek. **3** (*impf* **терпе́ть**) (*испытать*) to suffer, undergo; **п. кораблекруше́ние** to be shipwrecked; **п. пораже́ние** to sustain a defeat, be defeated; **п. убы́тки** to suffer losses.

потёртост|ь, и *f* **1** (*место на коже*) sore spot. **2** (*поношенность*) shabbiness.

потёрт|ый (~, ~а) *ppp of* ⇒**~е́ть** *and adj* **1** (*одежда*) shabby, threadbare. **2** (*coll*) (*вид, лицо*) washed-out.

поте́р|я, и *f* loss; (*in pl*; *mil*) losses; **п. аппети́та** loss of appetite; **п. вре́мени** waste of time; **спи́сок ~ь** (*mil*) casualty list.

поте́р|янный *ppp of* ⇒**~я́ть** *and adj* (*fig*) lost; **у неё был п. вид** she had a lost expression.

потеря́|ть(ся), ю(сь) *pf of* ⇒**теря́ть(ся)**

потесн|и́ть, ю́, и́шь *pf of* ⇒**тесни́ть**

потесн|и́ться, ю́сь, и́шься *pf* to squeeze up, move closer together (*so as to make room for others*).

поте́|ть, ю *impf* **1** (*pf* **вс~**) to sweat, perspire. **2** (*pf* **за~** *and* **от~**) to mist over, steam up. **3** (*impf only*) (**над** + *i*; *fig*) to sweat (over), toil (over).

поте́ха, и *f* (*coll*) fun, amusement; **устро́ить что-н. для ~и** to do sth for fun.

поте́|чь, ку́, чёшь, ку́т, *past* **~́к, ~кла́** *pf* to begin to flow.

потеша́|ть, ю *impf* to amuse.

потеша́|ться, юсь *impf* **1** to amuse o.s. **2** (**над** + *i*) to make fun (of).

потё́ш|ить, у, ишь *pf* **1** *pf of* ⇒**тёшить**. **2** to amuse (for a while).

потё́ш|иться, усь, ишься *pf* **1** *pf of* ⇒**тёшиться**. **2** to have a bit of fun.

потё́ш|ный (~ен, ~на) *adj* (*coll*) funny, amusing.

поти́р, а *m* (*eccl*) chalice.

потира́|ть, ю *impf* to rub.

потихо́ньку *adv* (*coll*) **1** (*медленно*) slowly. **2** (*тихо*) softly, noiselessly. **3** (*тайно*) on the sly, secretly.

потли́вост|ь, и *f* disposition to sweat, perspire.

потли́в|ый (~, ~а) *adj* sweaty.

потни́к, а́ *m* saddlecloth.

по́т|ный (~ен, ~на́, ~но) *adj* **1** sweaty, damp with perspiration. **2** (*о стакане*) misted, steamed-up.

потов|о́й *adj of* ⇒**пот**; **~ы́е же́лезы** sweat glands.

потого́нн|ый *adj*: **~ое (сре́дство)** (*med*) sudorific; **~ая систе́ма труда́** slave labour (*Br*), labor (*US*).

пото́к, а *m* **1** stream; flow; **го́рный п.** mountain stream; **людско́й п.** stream of people; **п. слов** flow of words; **п. созна́ния** stream of consciousness; **лить ~и слёз** to shed floods of tears. **2** (*система производства*) production line. **3** (*учащихся*) group.

потолка́|ться, юсь *pf* (*coll*) to knock about.

потолк|ова́ть, у́ю *pf* (**с** + *i*; *coll*) to have a talk (with).

потол|о́к, ка́ *m* ceiling; **взять что-н. с ~ка́** (*joc*) to make sth up.

потолсте́|ть, ю *pf of* ⇒**толсте́ть**

пото́м *adv* (*после*) afterwards; (*позже*) later (on); (*затем*) then, after that; **мы п. придём** we shall come later; **ну, что вы сде́лали п.?** well, what did you do then?

пото́м|ок, ка *m* descendant; (*in pl*) offspring, progeny.

пото́мственный *adj* hereditary; **он п. серебряных дел ма́стер** he comes of a family of silversmiths.

пото́мств|о, а *nt* (*collect*) posterity, descendants.

потому́ 1 *adv* that is why; **я был в отпуску́, п. я и не знал об э́том** I was on leave; that is why I did not know about it. **2** *conj* **п. что; п. ..., что** because, as; **я не знал об э́том, п. что был в отпуску́** I did not know about it because I was on leave; **я п. не знал об э́том, что был в отпуску́** (*division of conj alters emphasis*) the reason I did not know about it was that I was on leave.

потон|у́ть, у́, ~́ешь *pf of* ⇒**тону́ть**

пото́п, а *m* flood, deluge; **Всеми́рный п.** (*bibl*) the Flood.

потоп|и́ть[1], **лю, ~́ишь** *pf* to heat (*for a while*).

потоп|и́ть[2], **лю́, ~́ишь** *pf* (*of* ⇒**~ля́ть** *and* ⇒**топи́ть**[3] **1**) to sink.

потопле́ни|е, я *nt* sinking.

потопля́|ть, ю *impf of* ⇒**потопи́ть**[2]

потоп|та́ть, чу́, ~́чешь *pf of* ⇒**топта́ть**

потора́плива|ть, ю *impf* (*coll*) to hurry, urge on.

потора́плива|ться, юсь *impf* (*coll*) to hurry; **~йтесь!** get a move on!

поторг|ова́ться, у́юсь *pf* (*coll*) to bargain, haggle.

потороп|и́ть(ся), лю́(сь), ~́ишь(ся) *pf of* ⇒**торопи́ть(ся)**

пото́|чный *adj of* ⇒**~к**; **~чная ли́ния** production line; **ма́ссовое ~чное произво́дство** mass production.

потра́в|а, ы *f* damage (*caused to crops by cattle*).

потрав|и́ть[1], **лю́, ~́ишь** *pf of* ⇒**трави́ть**[1]

потрав|и́ть[2], **лю́, ~́ишь** *pf of* ⇒**трави́ть**[2]

потра́|тить(ся), чу(сь), тишь(ся) *pf of* ⇒**тра́тить(ся)**

потра́ф|ить, лю, ишь *pf* (*of* ⇒**~ля́ть**) (+ *d or* **на** + *a*; *coll*) to please, satisfy; им не ~ишь there's no pleasing them.

потрафля́|ть, ю *impf of* ⇒**потра́фить**

потре́б|а, ы *f* (*obs*) need, want.

потреби́тел|ь, я *m* **1** (*лицо, организация, потребляющие продукты*) consumer, user. **2** (*pej*) user of other people.

потреби́тель|ница, ницы *f of* ⇒**~ 2**

потреби́тель|ский *adj of* ⇒**~**; **~ская коопера́ция** (*collect*) consumers' cooperatives; **~ские това́ры** consumer goods.

потреб|и́ть, лю́, и́шь *pf* (*of* ⇒**~ля́ть**) to consume, use.

потребле́ни|е, я *nt* consumption, use; **това́ры широ́кого ~я** consumer goods; **чрезме́рное п.** overconsumption.

потребля́|ть, ю *impf of* ⇒**потреби́ть**

потре́бност|ь, и *f* need, requirement; **жи́зненные ~и** the necessities of life; **физи́ческая п.** physical need; **испы́тывать п. в чём-н.** to feel a need for sth.

потре́б|ный (~ен, ~на) *adj* (*literary*) necessary, required, requisite.

потре́б|овать(ся), ую(сь) *pf of* ⇒**тре́бовать(ся)**

потревож|ить(ся), у(сь), ишь(ся) *pf of* ⇒**трево́жить(ся)**

потрёп|анный *ppp of* ⇒**~а́ть** *and adj* **1** (*рубаха, книга*) shabby; tattered. **2** (*fig*) (*вид*) worn, seedy.

потреп|а́ть(ся), лю́(сь), ~лешь(ся) *pf of* ⇒**трепа́ть(ся)**

потре́ска|ться, ется *pf of* ⇒**тре́скаться**

потре́скива|ть, ю *impf* to crackle.

потро́га|ть, ю *pf* to touch, run one's hand over; **п. па́льцем** to finger.

потрох|а́, о́в (*no sg*) giblets.

потрош|и́ть, у́, и́шь *impf* (*of* ⇒**вы́~**) to gut, clean.

потру|ди́ться, жу́сь, ~дишься *pf* **1** to take pains; to do some work. **2**: **~ди́сь, ~ди́тесь** (+ *inf*) (*official or joc injunction*) be so kind as (to); **~ди́тесь зайти́ ко мне за́втра** be so kind as to call on me tomorrow; **~ди́сь/~ди́тесь вы́йти!** kindly leave the room!

потряс|а́ть, а́ю *impf of* ⇒**~ти́**[1]

потряса́|ющий *pres participle active of* ⇒**~ть** *and adj* (*coll*) staggering, stupendous, tremendous.

потрясе́ни|е, я *nt* shock; (*социальное*) upheaval.

потряс|ти́[1]**, у́, ёшь,** *past* **~, ~ла́** *pf* (*of* ⇒**~а́ть**) **1** to shake; to rock; **п. до основа́ния** to rock to its foundations. **2** (+ *i*) (*взмахнуть*) to brandish, shake; **п. кулако́м** to shake one's fist. **3** (*fig*) (*удивить*) to shake; to stagger, stun.

потряс|ти́[2]**, у́, ёшь,** *past* **~, ~ла́** *pf* to shake (*a little, a few times*).

потря́хива|ть, ю *impf* (+ *i*) to shake (*a little, from time to time*); to jolt.

поту́г|а, и *f* **1** muscular contraction; **родовы́е ~и** birth pangs. **2** (*fig*) (*неудачная попытка*) attempt; **~и на остроу́мие** attempts to be funny.

поту́п|ить, лю, ишь *pf* (*of* ⇒**~ля́ть**) to lower, cast down; **~я взор** with downcast eyes.

потуп|и́ть, лю́, ~ишь *pf* to blunt.

поту́п|иться, люсь, ишься *pf* (*of* ⇒**~ля́ться**) to look down, cast down one's eyes.

потупля́|ть(ся), ю(сь) *impf of* ⇒**поту́пить(ся)**

по-туре́цки *adv* in Turkish; in the Turkish fashion; **сиде́ть п.** to sit cross-legged.

потускне́лый *adj* tarnished; (*fig*) lacklustre (*Br*), lackluster (*US*).

потускне́|ть, ю *pf of* ⇒**тускне́ть**

потус|ова́ться, у́юсь *pf* (*coll*) to get together, meet, hang out.

потусторо́нний *adj*: **п. мир** the other world.

потуха́ни|е, я *nt* extinction.

потух|а́ть, а́ю *impf of* ⇒**~нуть**

поту́х|нуть, ну, нешь, *past* **~, ~ла** *pf* (*of* ⇒**ту́хнуть**[1] *and* ⇒**~а́ть**) to go out; (*fig*) to be extinguished, die out.

поту́х|ший *pp active of* ⇒**~нуть** *and adj* extinct; (*fig*) lifeless, lacklustre (*Br*), lackluster (*US*); **п. вулка́н** extinct volcano.

потучне́|ть, ю *pf of* ⇒**тучне́ть**

потуш|и́ть[1]**, у́, ~ишь** *pf of* ⇒**туши́ть**[1]

потуш|и́ть[2]**, у́, ~ишь** *pf* (*мясо*) to stew (*for a while*).

по́тч|евать, ую *impf* (*of* ⇒**по~**) (+ *i*; *coll*) to regale (with), treat (to).

потяга́|ться, юсь *pf of* ⇒**тяга́ться**

потя́гива|ть, ю *impf* (*coll*) **1** (*верёвку*) to pull (at); to tug (at); **п. папиро́су** to draw at a cigarette. **2** (*пиво*) to sip.

потя́гива|ться, юсь *impf of* ⇒**потяну́ться**

потян|у́ть, у́, ~ешь *pf* to begin to pull.

потян|у́ться, у́сь, ~ешься *pf* (*of* ⇒**тяну́ться** *and* ⇒**потя́гиваться**) to stretch o.s.; (*растянуться*) to stretch out.

поу́жина|ть, ю *pf of* ⇒**у́жинать**

поумне́|ть, ю *pf of* ⇒**умне́ть**

поуро́ч|ный *adj* **1**: **~ая опла́та** piecework payment. **2** (*по урокам*) by the lesson.

поутру́ *adv* (*coll*) in the morning.

поуча́|ть, ю *impf* **1** (*obs*) (*учить*) to teach, instruct. **2** (*coll, ironical*) (*наставлять*) to preach (at), lecture.

поуче́ни|е, я *nt* (*literary*) exhortation, homily; (*coll, ironical*) preaching; sermon, sermonizing.

поучи́тел|ьный (~ен, ~ьна) *adj* instructive.

поуч|и́ть, у́, ~ишь *pf* **1** to do a bit of teaching. **2** (+ *a and d*) to give a bit of instruction (in); to give a few tips (on).

поуч|и́ться, у́сь, ~ишься *pf* to study (*for a while*); to do a bit of studying.

пофарт|и́ть, и́т *pf of* ⇒**фарти́ть**

пофор|си́ть, шу́, си́шь *pf* (+ *i*; *coll*) to show off, parade.

поха́бник, а *m* (*coll*) foul-mouthed person.

поха́бнича|ть, ю *impf* (*coll*) to use foul language, use obscenities.

поха́б|ный (~ен, ~на) *adj* (*coll*) dirty, smutty.

поха́бщин|а, ы *f* (*coll*) smut(tiness), filth.

поха́жива|ть, ю *impf* (*coll*) **1** (*ходить, не торопясь*) to pace; to stroll. **2** (*заходить*) to come, go (*from time to time*).

похвал|а́, ы́ *f* praise; **отозва́ться с ~о́й (о + *p*)** to praise, speak favourably (of).

похва́лива|ть, ю *impf* (*coll*) to praise.

похвал|и́ть(ся), ю́(сь), ~ишь(ся) *pf of* ⇒**хвали́ть(ся)**

похвальб|а́, ы́ *f* (*coll*) bragging, boasting.

похва́л|ьный (~ен, ~ьна) *adj* **1** (*заслуживающий похвалы*) praiseworthy, commendable. **2** (*содержащий похвалу*) laudatory; **~ьная гра́мота** certificate of merit.

похваля́|ться, юсь *impf* (+ *i*; *coll*) to boast (of, about), brag (about).

похва́рыва|ть, ю *impf* (*coll*) to be frequently unwell.

похва́ста|ть(ся), ю(сь) *pf of* ⇒**хва́стать(ся)**

похе́р|ить, ю, ишь *pf* (*coll*) to cross out, cancel.

похити́тел|ь, я *m* thief; kidnapper; abductor; hijacker.

похити́тель|ница, ницы *f of* ⇒**~**

похи́|тить, щу, тишь *pf* (*of* ⇒**~ща́ть**) (*вещь*) to steal; (*человека*) to kidnap; to abduct; (*самолёт*) to hijack.

похища́|ть, ю *impf of* ⇒**похи́тить**

похище́ни|е, я *nt* theft; kidnapping; abduction; hijacking.

похлёбк|а, и *f* soup, broth.

похло́па|ть, ю *pf* to slap, clap (*a few times*).

похлопо|та́ть, чу́, ~чешь *pf of* ⇒**хлопота́ть**

похме́ль|е, я *nt* hangover; **быть с ~я** to have a hangover; **в чужо́м пиру́ п.** unpleasantness suffered through no fault of one's own.

похо́д[1]**, а** *m* **1** (*mil*) march; (*naut*) cruise; **на ~е** on the march. **2** (*mil; fig*) campaign; **кресто́вый п.** (*also fig*) crusade. **3** (*прогулка*) walking tour, hike.

похо́д[2]**, а** *m* (*coll*) (*излишек*) overweight.

походата́йств|овать, ую *pf of* ⇒**хода́тайствовать**

похо|ди́ть[1]**, жу́, ~дишь** *impf* (**на** + *a*) to resemble, look like.

похо|ди́ть[2]**, жу́, ~дишь** *pf* to walk (*for a while*).

похо́дк|а, и *f* gait, walk, step.

похо́д|ный *adj of* ⇒**~**[1]; **п. го́спиталь** field hospital; **~ная крова́ть** camp bed; **~ная ку́хня** mobile kitchen, field kitchen; **~ная пе́сня** marching song; **п. поря́док** marching order; **~ная ра́ция** walkie-talkie set.

по́ходя *adv* (*coll*) **1** as one goes along; on the march; **мы е́ли п.** we ate as we went along. **2** (*fig*) (*мимоходом*) in passing; in an offhand manner.

П

похожде́ни|е, я *nt* adventure, escapade; **любо́вное п.** (love) affair.

похо́ж|ий (~, ~а) *adj* **1** resembling, alike; (**на** + *a*) like; **он ~ на де́да** he is like his grandfather; **они́ о́чень ~и друг на дру́га** they are very much alike; **э́то на неё не ~е** (*fig*) that's not like her; **э́то ни на что́ не ~е** (*fig, pej*) it's like nothing on earth; it is unheard of. **2** (*coll*): **~е** it appears, it would appear; **~е на то, что...** it looks as if ...; **он, ~е, бо́лен** it would appear he is ill.

по-хозя́йски *adv* thriftily.

похолода́ни|е, я *nt* fall of temperature, cold spell.

похолода́|ть, ет *pf of* ⇒**холода́ть 1**

похолоде́|ть, ю *pf of* ⇒**холоде́ть**

похорон|и́ть, ю́, ~́ишь *pf of* ⇒**хорони́ть**

похоро́нн|ый *adj* **1** funeral; **~ое бюро́** undertaker's. **2** (*fig, coll*) funereal.

по́хор|оны, о́н, она́м (*no sg*) funeral; burial.

по-хоро́шему *adv* in an amicable way.

похороше́|ть, ю *pf of* ⇒**хороше́ть**

похотли́вост|ь, и *f* lewdness, lasciviousness.

похотли́в|ый (~, ~а) *adj* lustful, lewd, lascivious.

похотни́к, а́ *m* (*obs, coll*) clitoris.

по́хот|ь, и *f* lust.

похохо|та́ть, чу́, ~́чешь *pf* to laugh (*a little, for a while*); to have a laugh.

похрабре́|ть, ю *pf of* ⇒**храбре́ть**

похра́пыва|ть, ю *impf* (*coll*) (*о челове́ке*) to snore (softly, gently); (*о лошади*) to snort (softly, gently).

похристо́с|оваться, уюсь *pf of* ⇒**христо́соваться**

похуде́|ть, ю *pf of* ⇒**худе́ть**

похул|и́ть, ю́, и́шь *pf* (*obs*) to scold.

поцара́па|ть, ю *pf* to scratch (slightly).

поцара́па|ться, юсь *pf* to get (slightly) scratched.

поца́рств|овать, ую *pf* to reign (*for some time*).

поцел|ова́ть(ся), у́ю(сь) *pf of* ⇒**целова́ть(ся)**

поцелу́|й, я *m* kiss.

поцеремо́н|иться, юсь, ишься *pf of* ⇒**церемо́ниться**

почасови́к, а́ *m* employee who is paid by the hour.

почасово́й *adj* by the hour.

поча́т|ок, ка *m* (*bot*) ear; spadix; **п. кукуру́зы** corn cob.

по́чв|а, ы *f* **1** soil, ground, earth. **2** (*fig*) (*осно́ва*) foundation, basis; **на ~е** (+ *g*) owing (to), because (of); **вы́бить ~у из-под чьих-н. ног** to cut the ground from under s.o.'s feet; **подгото́вить ~у** to prepare the ground, pave the way; **стоя́ть на твёрдой ~е, не теря́ть ~ы под нога́ми** to be on firm ground.

по́чв|енный *adj of* ⇒**~а**

почвове́д, а *m* soil scientist.

почвове́дени|е, я *nt* soil science.

почём[1] *interrog and rel adv* (*coll*) how much; **п. сего́дня я́блоки?** how much are apples today?; **узна́ть, п. фунт ли́ха** (*coll*) to fall upon hard times.

почём[2] *interrog adv* (*only used with parts of v* **знать** *coll*) how?; **п. знать?** who knows?; how is one to know?; **п. я зна́ю?** how should I know?

почему́ 1 *interrog and rel adv* why; **п. вы так ду́маете?** why do you think that? **2** *as conj* (and) so; which is why; **она́ простуди́лась, п. и оста́лась до́ма** she has caught a cold, which is why she has stayed at home.

почему́-либо = **почему́-нибудь**

почему́-нибудь *adv* for some reason or other.

почему́-то *adv* for some reason.

по́черк, а *m* handwriting; (*fig*) hallmark.

почерне́лый *adj* darkened.

почерне́|ть, ю *pf of* ⇒**черне́ть 1**

почерп|а́ть, а́ю *impf of* ⇒**~ну́ть**

почерп|ну́ть, ну́, нёшь *pf* (*of* ⇒**~а́ть**) **1** (+ *a or g*) (*воды*) to draw. **2** (*fig*) (*сведения*) to glean, pick up.

почерстве́|ть, ю *pf of* ⇒**черстве́ть**

поче|са́ть(ся), шу́(сь), ~́шешь(ся) *pf of* ⇒**чеса́ть(ся)**

по́чест|ь, и *f* honour (*Br*), honor (*US*); **возда́ть ~и, оказа́ть ~и** (+ *d*) to pay homage (to).

по|че́сть, чту́, чтёшь, *past* **~чёл, ~чла́** *pf* (*of* ⇒**~чита́ть**[1]) (*obs*) to consider, think; **он ~чёл свои́м до́лгом вы́ступить** he considered it his duty to speak.

почёсыва|ть, ю *impf* (*coll*) to scratch (*from time to time*).

почёт, а *m* honour (*Br*), honor (*US*); respect, esteem; **быть в ~е у кого́-н., по́льзоваться ~ом у кого́-н.** to stand high in s.o.'s esteem.

почёт|ный *adj* **1** (*по́льзующийся почётом*) honoured (*Br*), honored (*US*); **п. гость** guest of honour (*Br*), honor (*US*). **2** (*избира́емый в знак почёта*) honorary; **п. член** honorary member. **3** (**~ен, ~на**) (*явля́ющийся проявле́нием почёта; доставля́ющий почёт*) honourable (*Br*), honorable (*US*); **п. карау́л** guard of honour (*Br*), honor (*US*); **п. мир** honourable (*Br*), honorable (*US*) peace.

по́ч|ечный[1] *adj of* ⇒**~ка**[1]

по́чечн|ый[2] *adj* (*anat, med*) nephritic; renal; **~ые ка́мни** kidney stones.

почива́|ть, ю *impf* (*obs*) **1** to sleep. **2** *impf of* ⇒**почи́ть**

почи́|вший *pp of* ⇒**~ть**; *as n* **п., ~вшего** *m*, **~вшая, ~вшей** *f* the deceased.

почи́н, а *m* **1** (*инициати́ва*) initiative; **взять на себя́ п.** to take the initiative. **2** (*нача́ло*) beginning, start.

почин|и́ть, ю́, ~́ишь *pf* (*of* ⇒**чини́ть**[1] *and* (*coll*) **~я́ть**) to repair, mend.

почи́нк|а, и *f* repairing, mending; **отда́ть что́-н. в ~у** to have sth repaired, mended.

почин|я́ть, я́ю *impf* (*coll*) *of* ⇒**~и́ть**

почи́|стить(ся), щу(сь), стишь(ся) *pf of* ⇒**чи́стить(ся)**

почита́й *adv* (*coll*) **1** (*почти́*) almost. **2** (*пожа́луй*) it seems; very likely.

почита́ни|е, я *nt* **1** (*уваже́ние*) honouring (*Br*), honoring (*US*); (+ *g*) respect (for). **2** (*культ*) reverence, worship.

почита́тел|ь, я *m* admirer; worshipper.

почита́тель|ница, ницы *f of* ⇒**~**

почита́|ть[1]**, ю** *impf of* ⇒**поче́сть**

почита́|ть[2]**, ю** *impf* **1** (*уважа́ть*) to honour (*Br*), honor (*US*), respect. **2** (*как святы́ню*) to revere.

почита́|ть[3]**, ю** *pf* **1** (*немно́го*) to read (*a little, for a while*). **2** (*coll*) (*прочита́ть*) to read.

почи́тыва|ть, ю *impf* (*coll*) to read (now and then).

почи́|ть, ю, ешь *pf* (*of* ⇒**~ва́ть**) (*rhetorical*) to rest; (*fig*) to pass away; **п. на ла́врах** to rest on one's laurels.

почи́ще *adv* **1** cleaner. **2** (*fig, coll*) better; stronger, more vividly; **он вы́разился п. остальны́х** he expressed himself more vividly than the others.

по́чк|а[1]**, и** *f* (*bot*) bud.

по́чк|а[2]**, и** *f* **1** (*anat*) kidney; **иску́сственная п.** (*med*) kidney machine. **2** (*in pl; cul*) kidneys.

почкова́ни|е, я *nt* (*biol*) budding; gemmation.

по́чт|а, ы *f* **1** (*систе́ма*) post; **возду́шная п.** air mail; **электро́нная п.** email; **посла́ть по ~е** (*or* **~ой**) to send by post, post; **с у́тренней/вече́рней ~ой** by the morning/evening post; **с обра́тной ~ой** by return (of post). **2** (*пи́сьма*) (the) post, (the) mail; **пришла́ ли п.?** has the post come? **3** (*учрежде́ние*) post office.

почтальо́н, а *m* postman, postwoman (*both Br*), letter carrier (*US*).

почтальо́нк|а, и *f* (*coll*) postwoman (*Br*), letter carrier (*US*).

почта́мт, а *m* main post office (*of city or town*).

почте́ни|е, я *nt* respect, esteem; deference; **относи́ться с ~ем** (**к** + *d*) to treat with respect; **с соверше́нным ~ем** (*epistolary formula*) respectfully yours.

почте́н|ный (~ен, ~на) *adj* **1** estimable; venerable; **~ная рабо́та** estimable work; **п. во́зраст** venerable age. **2** (*fig, coll*) (*значи́тельный*) considerable.

почти́ *adv* almost, nearly; **п. ничего́** next to nothing; **п. что** = **п.**

почти́тельност|ь, и *f* respect, deference.

почти́тел|ьный (~ен, ~ьна) *adj* respectful, deferential.

по|чти́ть, чту́, чти́шь, чтя́т *or* **~чту́т** *pf* to honour (*Br*), honor (*US*).

почтови́к, а́ *m* (*coll*) postal worker.

почт|о́вый *adj of* ⇒**~́а**; **~о́вая бума́га** notepaper; **п. ваго́н** mail van (*Br*), mail car (*US*); **п. го́лубь** carrier pigeon, homing pigeon; **п. и́ндекс** postcode (*Br*), Zip code (*US*); **~о́вая ка́рточка** postcard; **~о́вая ма́рка** (postage) stamp; **~о́вое отделе́ние** post office; **~о́вые отправле́ния** things sent by post; **п. перево́д** postal order; **п. по́езд** mail train; **~о́вые расхо́ды** postage; **п. я́щик** (*i*) letterbox, postbox (*Br*), mailbox (*US*); (*comput*) mailbox; (*ii*)

= **я́щик 3** (*ii*); **е́хать на ~о́вых** (*hist*) to travel by post-chaise.

поч|ту́¹, тёшь *see* ⇒**~е́сть**

поч|ту́², ти́шь *see* ⇒**~ти́ть**

почу́вств|овать, ую *pf of* ⇒**чу́вствовать**

почу́д|иться, ится *pf of* ⇒**чу́диться**

почу́|ять, ю *pf of* ⇒**чу́ять**

пошаба́ш|ить, у, ишь *pf of* ⇒**шаба́шить**

поша́лива|ть, ю *impf* (*coll*) **1** to act up; to play up (*also fig*); **се́рдце у меня́ ~ет** I have trouble with my heart; **моя́ маши́на ~ет** my car is acting up. **2** (*fig*) (*заниматься разбоем*) to engage in robbery; **в э́том райо́не ~ют** your wallet isn't safe in these parts.

пошал|и́ть, ю́, и́шь *pf* to get up to mischief (*for a while*).

поша́р|ить, ю, ишь *pf of* ⇒**ша́рить**

пошатн|у́ть, у́, ёшь *pf* to shake (*also fig*); **п. чью-н. ве́ру** to shake s.o.'s faith; (*impers*): **меня́ ~у́ло** I was shaken.

пошатн|у́ться, у́сь, ёшься *pf* **1** to sway, totter, stagger. **2** (*fig*) to be shaken; **её здоро́вье ~у́лось** her health has suffered.

поша́тыва|ться, юсь *impf* to sway, totter, stagger.

пошеве́лива|ться, юсь *impf* (*coll*) to stir (*from time to time*); **ну, ~йся!** come on!, get a move on!

пошевел|и́ть(ся), ю́(сь), ~и́шь(ся) *pf of* ⇒**шевели́ть(ся)**

пошевельн|у́ть(ся), у́(сь), ёшь(ся) *pf* = **пошевели́ть(ся)**

по́шевн|и, ей (*no sg*) (*dialect*) (wide) sledge.

пош|ёл, ла́ *see* ⇒**пойти́**

пошеп|та́ть, чу́, ~́чешь *pf* to say in a whisper; to whimper.

пошеп|та́ться, чу́сь, ~́чешься *pf* (*coll*) to converse in whispers.

поши́б, а *m* (*coll*) manners; ways.

поши́в, а *m* = **поши́вка**

поши́вк|а, и *f* sewing.

поши́вочн|ый *adj* sewing; **~ая мастерска́я** (sewing) workshop.

пошле́|ть, ю *impf* (*of* ⇒**о~**) (*coll*) to become vulgar.

по́шлин|а, ы *f* duty; **и́мпортная п.** import duty; **э́кспортная п.** export duty; **ге́рбовая п.** stamp duty; **суде́бная п.** costs, legal expenses; **тамо́женная п.** customs duties; **обложи́ть ~ой** to impose duty (on).

по́шлин|ный *adj of* ⇒**~а**

по́шлост|ь, и *f* **1** (*свойство*) vulgarity, commonness. **2** (*замечание*) trite remark, banality; **говори́ть ~и** to utter banalities.

по́шл|ый (~, ~а́, ~о) *adj* **1** (*низкий*) vulgar; **у него́ о́чень ~ые вку́сы** he has very vulgar tastes. **2** (*банальный*) trite, banal; **~ая по́весть** banal story.

пошля́к, а́ *m* (*coll*) vulgar person.

поштучно *adv* by the piece.

пошту́чн|ый *adj* by the piece; **~ая опла́та** piecework payment.

пошум|е́ть, лю́, и́шь *pf* to make a bit of a noise.

пошу|ти́ть, чу́, ~́тишь *pf of* ⇒**шути́ть**

поща́д|а, ы *f* mercy; **без ~ы** without mercy.

поща|ди́ть, жу́, ди́шь *pf of* ⇒**щади́ть**

пощеко|та́ть, чу́, ~́чешь *pf of* ⇒**щекота́ть**

пощёлкивани|е, я *nt* clicking.

пощёлкива|ть, ю *impf* (+ *i*) to click; **п. па́льцами** to snap one's fingers.

пощёчин|а, ы *f* slap in the face (*also fig*); **дать ~у** (+ *d*) to slap in the face.

пощип|а́ть, лю́, ~́лешь *pf* **1** (+ *a or g*) (*травы*) to nibble. **2** (*coll*) (*выщипать*) to pull out, pull up. **3** (*fig, joc*) (*пограбить*) to pinch (from), rob. **4** (*fig, joc*) (*раскритиковать*) to pick holes in; to tear a strip off.

пощи́пыва|ть, ю *impf* (*coll*) (*траву*) to nibble (*from time to time*); (*о морозе*) to nip; (*impers*): **у меня́** (*or* **у него́** *u m. n.*) **в го́рле ~ет** I have (*or* he has, *etc.*) a tickle in the throat.

пощу́па|ть, ю *pf of* ⇒**щу́пать**

поэ́зи|я, и *f* poetry.

поэ́м|а, ы *f* (narrative) poem (*usu of large proportions*).

поэ́т, а *m* poet.

поэта́пный *adj* phased.

поэте́сс|а, ы *f* poetess.

поэтизи́р|овать, ую *impf and pf* to wax poetic (about).

поэ́тик|а, и *f* **1** (*теория*) poetics; theory of poetry. **2** (*стиль*) poetic style.

поэти́ческий *adj* (*in various senses*) poetic(al).

поэти́ч|ный (~ен, ~на) *adj* (*fig*) poetic(al).

поэ́тому *adv* therefore, and so.

по|ю́¹, ёшь *see* ⇒**петь**

по|ю́², ~и́шь *see* ⇒**по́ить**

появ|и́ться, лю́сь, ~и́шься *pf* (*of* ⇒**~ля́ться**) to appear.

появле́ни|е, я *nt* appearance.

появля́|ться, юсь *impf of* ⇒**появи́ться**

по́яс, а, *pl* **~а́, ~о́в** *m* **1** belt; **спаса́тельный п.** lifebelt; **заткну́ть за́ п.** (*coll*) to outdo. **2** (*талия*) waist; **кла́няться в п.** to bow from the waist; **по п.** up to the waist, waist-deep, waist-high. **3** (*geog, econ*) zone, belt.

поясне́ни|е, я *nt* explanation.

поясни́тельный *adj* explanatory.

поясн|и́ть, ю́, и́шь *pf* (*of* ⇒**~я́ть**) to explain, elucidate.

поясни́ц|а, ы *f* small of the back; **боль/простре́л в ~е** lumbago.

поясни́чный *adj* (*anat*) lumbar.

поясн|о́й *adj* **1** *adj of* ⇒**по́яс 1**; **п. ремень** (waist) belt. **2** to the waist, waist-high; **~а́я ва́нна** hip bath; **п. покло́н** bow from the waist; **п. портре́т** half-length portrait. **3** (*geog, econ*) zonal; **п. тари́ф** zonal tariff.

поясн|я́ть, я́ю *impf of* ⇒**~и́ть**

пр. *abbr of* **1 прое́зд** Passage. **2 проспе́кт** Avenue. **3 про́чее**; **и ~** etc., et cetera, and so on.

праба́б|ка, ки *f* = **~ушка**

праба́бушк|а, и *f* great-grandmother.

пра́вд|а, ы *f* **1** truth; the truth; **п.-ма́тка** (*coll*) the simple truth; **су́щая п.** the honest truth; **э́то п.** it is true; it is the truth; **по ~е сказа́ть/говоря́** to tell the truth; **ва́ша п.** you are right; **что п., то п.** there's no denying the truth; **все́ми ~ами и непра́вдами** by fair means or foul. **2** (*справедливость*) justice; **иска́ть ~ы** to seek justice. **3**: **п.?** is that so?; really?; **п. (ли)?** is it true?; **п. (ли), что он умира́ет?** is it true that he is dying?; **не п. ли?** *in interrog sentences indicates that affirmative answer is expected*; **вы погаси́ли свет, не п. ли?** you (did) put out the light, didn't you? **4** (*as concessive conj*) true; **п., я ему́ не написа́л, но я вот-во́т собира́лся позвони́ть** true I had not written to him, but I was on the point of phoning.

правди́вост|ь, и *f* **1** (*рассказа*) truth; veracity. **2** (*человека*) truthfulness; uprightness.

правди́в|ый (~, ~а) *adj* **1** true; veracious; **п. расска́з** true story. **2** (*человек*) truthful; upright; **п. отве́т** honest answer.

правдоподо́би|е, я *nt* verisimilitude; probability, likelihood; plausibility.

правдоподо́б|ный (~ен, ~на) *adj* probable, likely; plausible.

пра́ведник, а *m* righteous man; **спать сном ~а** to sleep the sleep of the just.

пра́ведн|ица, ицы *f of* ⇒**~ик**

пра́вед|ный (~ен, ~на) *adj* **1** (*благочестивый*) righteous; upright. **2** (*справедливый*) just.

правёж, а́ *m* (*hist*) flogging (*of insolvent debtor*).

праве́|ть, ю *impf* (*of* ⇒**по~**) (*pol*) to become more conservative, swing to the right.

пра́вил|о, а *nt* **1** rule; regulation; **граммати́ческие ~а** grammatical rules; **~а у́личного движе́ния** traffic regulations; **как п.** as a rule; **по всем ~ам** according to all the rules. **2** (*принцип*) rule, principle; **взять за п.** to make it a rule; **взять себе́ за п.** (+ *inf*) to make a point (of).

пра́вильно *adv* **1** (*верно*) rightly; correctly; **п. ли иду́т ва́ши часы́?** is your watch right? **2** (*регулярно*) regularly.

пра́вильност|ь, и *f* **1** (*верность*) rightness; correctness. **2** (*регулярность*) regularity.

пра́вил|ьный (~ен, ~ьна) *adj* **1** (*верный*) right, correct; **п. отве́т** the right answer; **~ьная дробь** proper fraction; **~ьно** (*as pred*) it is correct; **~ьно!** that's right! **2** (*регулярный*) regular; **~ьное движе́ние поездо́в** regular train service(s); **~ьное спряже́ние** (*gram*) regular conjugation; **~ьные черты́ лица́** regular features.

прави́тел|ь, я *m* ruler.

прави́тель|ница, ницы *f of* ⇒**~**

прави́тельственн|ый *adj* governmental; government; **~ое реше́ние** governmental decision; **~ое учрежде́ние** government establishment.

прави́тельств|о, а *nt* government.

П

пра́в|ить¹, лю, ишь *impf* (*no pf*) (+ *i*) **1** (*государством*) to rule (over), govern. **2** (*машиной*) to drive; **п. рулём** to steer.

пра́в|ить², лю, ишь *impf* (*no pf*) **1** (*исправлять*) to correct; **п. корректу́ру** (*printing*) to read, correct proofs. **2** (*бритву*) to set.

пра́вк|а, и *f* **1** (*исправление*) correcting; (*редактирование*; *also comput*) editing; **п. корректу́ры** (*printing*) proofreading. **2** (*бритвы*) setting.

правле́ни|е, я *nt* **1** (*действие*) government; **фо́рма ~я** form of government. **2** (*орган*) board, governing body; **быть чле́ном ~я** to be on the board.

пра́вленый *adj* corrected; **п. экземпля́р** fair copy.

пра́внук, а *m* great-grandson.

пра́внучк|а, и *f* great-granddaughter.

пра́в|о¹, а, *pl* **~а́** *nt* **1** (*наука*) law; **гражда́нское п.** civil law; **обы́чное п.** common law; **уголо́вное п.** criminal law; **изучи́ть п.** to study law. **2** (*свобода*) right; **(води́тельские) ~а́** driving licence (*Br*), driver's license (*US*); **п. ве́то** (right of) veto; **п. го́лоса, избира́тельное п.** the vote, suffrage; **п. убе́жища** asylum, right of sanctuary; **~а́ челове́ка** human rights; **п. на насле́дство** right of inheritance; **по ~у** by rights; **с по́лным ~ом** rightfully; **быть в ~е** (+ *inf*) to have the right (to), be entitled (to); **воспо́льзоваться свои́м ~ом (на** + *a*) to exercise one's right (to); **име́ть п. (на** + *a*) to have the right (to), be entitled (to).

пра́во² *adv* (*coll*) really; **я, п., не зна́ю, куда́ она́ де́лась** I really do not know where she has got to.

правобере́жный *adj* situated on the right bank, right-bank.

правове́д, а *m* lawyer, jurist.

правове́дени|е, я *nt* jurisprudence.

правове́рност|ь, и *f* orthodoxy.

правове́р|ный (~ен, ~на) *adj* (*relig*) **1** orthodox. **2** *as n*: **~ные** the faithful.

правов|о́й *adj* legal; lawful; **~о́е госуда́рство** (*pol*) state based on the rule of law.

правозащи́тник, а *m* human rights activist.

правозащи́тни|ца, цы *f of* ⇨**~к**

правоме́р|ный (~ен, ~на) *adj* (*действие, поступок*) lawful, rightful; (*вопрос, сомнение*) legitimate.

правомо́чи|е, я *nt* competence.

правомо́ч|ный (~ен, ~на) *adj* competent, authorized.

правонаруше́ни|е, я *nt* infringement of the law, offence, delinquency.

правонаруши́тел|ь, я *m* lawbreaker, offender; **ю́ный п.** juvenile delinquent.

правонаруши́тель|ница, ницы *f of* ⇨**~**

правоохрани́тельн|ый *adj* law-enforcement; **~ые о́рганы** law-enforcement agencies.

правописа́ни|е, я *nt* spelling, orthography.

правопоря́д|ок, ка *m* law and order.

правосла́ви|е, я *nt* (*relig*) Orthodoxy.

правосла́вн|ый *adj* (*relig*) orthodox; **~ая це́рковь** Orthodox Church; *as n* **п., ~ого** *m*, **~ая, ~ой** *f* member of the Orthodox Church.

правоспосо́бност|ь, и *f* (*law*) (legal) capacity.

правоспосо́б|ный (~ен, ~на) *adj* (*law*) capable.

правосу́ди|е, я *nt* justice.

правот|а́, ы́ *f* rightness; (*law*) innocence.

пра́в|ый¹ *adj* **1** (*по направлению*) right; right-hand; (*naut*) starboard; **п. борт** starboard side; **~ая рука́** (*fig*) right-hand man. **2** (*pol*) right-wing, right; **~ая па́ртия** party of the right.

пра́в|ый² (~, ~а́, ~о) *adj* **1** (*правильный*) right, correct; **вы не совсе́м ~ы** you are not quite right. **2** (*справедливый*) righteous, just; **~ое де́ло** a just cause. **3** (*law*) innocent, not guilty.

пра́в|ящий *pres participle active of* ⇨**~ить** *and adj* ruling; **~ящие кла́ссы** the ruling classes.

Пра́г|а, и *f* Prague.

прагмати́зм, а *m* pragmatism.

прагма́тик, а *m* pragmatist.

прагмати́ческий *adj* pragmatic.

пра́дед, а *m* **1** great-grandfather. **2** (*in pl*) ancestors, forefathers.

праде́довск|ий *adj of* ⇨**пра́дед**; **~ие времена́** ancestral times.

праде́душк|а, и *m diminutive of* ⇨**пра́дед 1**

пража́н|ин, ина, *pl* **~е, ~** *m* inhabitant of Prague.

пража́н|ка, ки *f of* ⇨**~ин**

пра́жский *adj of* ⇨**Пра́га**

пра́зднеств|о, а *nt* festival; festivities.

пра́здник, а *m* **1** (public) holiday; (*религиозный*) (religious) feast, festival; **по ~ам** on high days and holidays; **с ~ом!** happy holiday!; **бу́дет и на на́шей у́лице п.** (*fig*) our day will come. **2** (*день радости, торжества*) festive occasion; **по слу́чаю ~а** to celebrate the occasion.

пра́здничн|ый *adj* holiday; festive; **п. день** holiday; **п. наря́д** holiday attire; **~ое настрое́ние** festive mood.

пра́зднowани|е, я *nt* celebration.

пра́здн|овать, ую *impf* (*of* ⇨**от~**) to celebrate.

празднoсло́ви|е, я *nt* idle talk, empty talk.

пра́здност|ь, и *f* **1** idleness, inactivity. **2** (*разговора*) emptiness.

пра́зд|ный (~ен, ~на) *adj* **1** (*бездельный*) idle, inactive; **~ная жизнь** a life of idleness. **2** (*пустой*) idle, empty; **~ное любопы́тство** idle curiosity; **п. разгово́р** empty talk. **3** (*бесполезный*) idle, vain, useless; **~ные попы́тки** idle attempts.

пра́ктик, а *m* **1** (*работник*) practical worker; **он хоро́ший п., но слаб в теорети́ческих зна́ниях** he is a good practical worker but his theoretical knowledge is weak. **2** (*человек*) practical person.

пра́ктик|а, и *f* **1** practice; **на ~е** in practice; **вам не хвата́ет разгово́рной ~и** you need more conversational practice. **2** (*форма обучения*) practical work. **3** (*obs*) (*работа врача, юриста*) practice.

практика́нт, а *m* trainee.

практик|ова́ть, у́ю *impf* **1** to practise (*Br*), practice (*US*). **2** (*obs*) (*о враче, юристе*) to practise (*Br*), practice (*US*).

практик|ова́ться, у́юсь *impf* **1** (*pf* **на~**) (**в** + *p*) to practise (*Br*), practice (*US*); **п. в игре́ на скри́пке** to practise the violin; **п. в ру́сском языке́** to practise speaking Russian. **2** *passive of* ⇨**~ова́ть**; **э́тот приём бо́льше не ~у́ется** this method is no longer used.

пра́ктикум, а *m* practical work (*in universities, colleges*).

практи́ческ|ий *adj* practical; **~ие заня́тия** practical training; **~ая медици́на** applied medicine.

практи́чност|ь, и *f* practicality.

практи́ч|ный (~ен, ~на) *adj* practical.

прама́тер|ь, и *f* (*rhetorical*) the first mother; mother of the human race.

пра́от|ец, ца *m* forefather; **отпра́виться к ~цам** (*joc*) to be gathered to one's forefathers.

пра́порщик, а *m* **1** warrant officer. **2** (*в царской армии*) ensign.

прароди́тел|ь, я *m* primogenitor.

праславя́нский *adj* (*ling*) Common Slavonic.

прах, а (*no pl*) *m* **1** (*literary*) (*пыль*) dust, earth; **обрати́ть/пове́ргнуть в п.** to reduce to dust, to ashes; **отрясти́ п. с ног** (*fig*) to shake the dust from one's feet; **пойти́/рассы́паться ~ом** to go to rack and ruin; **п. и суета́** a hollow sham. **2** (*rhetorical*) (*умершего*) ashes, remains; **здесь поко́ится п.** (+ *g*) here lies; **мир ~у его́** may he rest in peace.

пра́чечн|ая, ой *f* laundry; **п. самообслу́живания** (*автоматическая*) launderette.

пра́чк|а, и *f* laundress.

пращ|а́, и́, *g pl* **~е́й** *f* sling (*weapon*).

пра́щур, а *m* ancestor, forefather.

пре...¹ *adj pref indicating superl degree* very, most, exceedingly.

пре...² *vbl pref indicating action in extreme degree or superior measure* sur-, over-, out- (*cf.* ⇨**пере...**).

преа́мбул|а, ы *f* preamble.

пребыва́ни|е, я *nt* stay, sojourn; **ме́сто постоя́нного ~я** permanent residence, permanent address; **п. в до́лжности, п. на посту́** tenure of office, period of office.

пребыва́|ть, ю *impf* **1** (*быть*) to be; (*жить*) to reside; **п. в отсу́тствии** to be absent. **2** (*быть в каком-н. состоянии*) to be; **п. в неве́дении** to be in the dark; **п. у вла́сти** to be in power.

превали́р|овать, ую *impf* (**над** + *i*) to prevail (over).

превенти́вный *adj* preventive.

превзо|йти́, йду́, йдёшь, *past* **~шёл, ~шла́** *pf* (*of* ⇨**превосходи́ть**) (**в** + *p or* + *i*) to surpass (in); to excel (in); **п. все**

ожида́ния to exceed all expectations; п. самого́ себя́ to surpass o.s.; п. чи́сленностью to outnumber.

превозмога́|ть, ю *impf of* ⇒превозмо́чь

превозмо́|чь, гу́, ~жешь, ~гут, *past* ~г, ~гла́ *pf (of* ⇒~га́ть) to overcome, surmount.

превознес|ти́, у́, ёшь, *past* ~, ~ла́ *pf (of* ⇒превозноси́ть) to extol.

превозно|си́ть, шу́, ~сишь *impf of* ⇒превознести́

превозно|си́ться, шу́сь, ~сишься *impf (obs)* to put on airs; to have a high opinion of o.s.

превосходи́тельств|о, а *nt (as title)* Excellency.

превосхо|ди́ть, жу́, ~дишь *impf of* ⇒превзойти́

превосхо́д|ный (~ен, ~на) *adj* **1** superb, outstanding. **2**: ~ная сте́пень *(gram)* superlative degree.

превосхо́дств|о, а *nt* superiority.

превосход|я́щий *pres participle of* ⇒~и́ть *and adj* superior.

превра|ти́ть, щу́, ти́шь *pf (of* ⇒~ща́ть) (в + *a*) *(перевести)* to turn (to, into), convert (into); п. я́рды в ме́тры to convert yards into metres; п. в ка́мень to turn to stone; п. в шу́тку to turn into a joke.

превра|ти́ться, щу́сь, ти́шься *pf (of* ⇒~ща́ться) (в + *a*) to turn (into), change (into); п. в слух to be all ears.

превра́тно *adv* wrongly; п. истолкова́ть to misinterpret; вы меня́ п. по́няли you misunderstood me.

превра́тност|ь, и *f* **1** *(ложность)* wrongness, falsity. **2** *(невзгода)* vicissitude; ~и судьбы́ vicissitudes of fate.

превра́т|ный (~ен, ~на) *adj* **1** *(ложный)* wrong, false; у него́ бы́ло ~ное поня́тие о том, что произошло́ he had a false impression of what happened. **2** *(изменчивый)* fickle, perverse; ~ная судьба́ perverse fate.

превраща́|ть(ся), ю(сь) *impf of* ⇒преврати́ть(ся)

превраще́ни|е, я *nt* transformation, conversion.

превы́|сить, шу, сишь *pf (of* ⇒~ша́ть) to exceed; п. власть, п. полномо́чия to exceed one's authority.

превыша́|ть, ю *impf of* ⇒превы́сить

превы́ше *adv* far above; п. всего́ above all.

превыше́ни|е, я *nt* exceeding; п. вла́сти exceeding one's authority; п. своего́ креди́та в ба́нке overdrawing.

прегра́д|а, ы *f* barrier; obstacle.

прегра|ди́ть, жу́, ди́шь *pf (of* ⇒~жда́ть) to bar, obstruct, block; п. путь кому́-н. to bar s.o.'s way.

преграждá|ть, ю *impf of* ⇒прегради́ть

прегреш|а́ть, а́ю *impf of* ⇒~и́ть

прегреше́ни|е, я *nt* sin, transgression.

прегреш|и́ть, у́, и́шь *pf (of* ⇒~а́ть) to sin, transgress.

пред[1], а *n (sl)* = председа́тель

пред[2] *prep* = пе́ред

пред...[1] *pref* pre-, fore-, ante-.

пред...[2] *comb form, abbr of* председа́тель

...пред *comb form, abbr of* представи́тель

преда|ва́ть(ся), ю́(сь), ёшь(ся) *impf of* ⇒преда́ть(ся)

преда́ни|е[1], я *nt (легенда)* legend.

преда́ни|е[2], я *nt (действие)* handing over, committing; п. земле́ committing to the earth; п. сме́рти putting to death; п. суду́ bringing to trial.

пре́данност|ь, и *f* devotion.

пре́дан|ный (~, а) *ppp of* ⇒преда́ть *and adj* (~, ~на) (+ *d*) devoted (to); *(делу)* dedicated (to); п. друг staunch friend; п. Вам *(epistolary formula)* yours faithfully, yours truly.

пре́данно *adv (служить)* loyally; *(смотреть)* devotedly.

преда́тел|ь, я *m* traitor.

преда́тель|ница, ницы *f of* ⇒~

преда́тельский *adj* treacherous *(also fig)*.

преда́тельств|о, а *nt* treachery, betrayal.

пре|да́ть, да́м, да́шь, да́ст, дади́м, дади́те, даду́т, *past* ~дал, ~дала́, ~дало *pf (of* ⇒~дава́ть) **1** (+ *d*) *(отдать)* to hand over (to), commit (to); п. гла́сности to make known, make public; п. забве́нию to consign to oblivion; п. земле́ to commit to the earth; п. огню́ to commit to the flames; п. суду́ to bring to trial. **2** *(изменить)* to betray.

пре|да́ться, да́мся, да́шься, да́стся, дади́мся, дади́тесь, даду́тся, *past* ~да́лся, ~дала́сь *pf (of* ⇒~дава́ться) (+ *d*) **1** *(отдаться)* to give o.s. up (to); п. отча́янию to give way to despair; п. страстя́м to abandon o.s. to one's passions. **2** *(подчиниться кому-н.)* to entrust o.s. (to); to put o.s. in the hands (of); п. врагу́ to go over to the enemy.

предба́нник, а *m (в бане)* dressing room; *(fig, coll)* hall, antechamber.

предвари́лк|а, и *f (coll)* lock-up *(place of detention before trial)*.

предвари́тельно *adv* in advance, beforehand; as a preliminary.

предвари́тел|ьный (~ен, ~ьна) *adj (замечания, работа)* preliminary; *(продажа, заказ)* advance; ~ьное заключе́ние *(law)* detention on remand; ~ьные перегово́ры preliminary talks; п. пока́з preview; ~ьная прода́жа биле́тов advance sale of tickets, advance booking; ~ьное сле́дствие *(law)* preliminary investigation, inquest; по ~ьному соглаше́нию by prior arrangement; ~ьное усло́вие precondition.

предвар|и́ть, ю́, и́шь *pf (of* ⇒~я́ть) **1** *(опередить)* to forestall, anticipate. **2** *(obs) (уведомить заранее)* to forewarn, tell beforehand.

предвар|я́ть, я́ю *impf of* ⇒~и́ть

предве́сти|е, я *nt* presage, portent.

предве́стник, а *m* forerunner, precursor; herald, harbinger; presage, portent.

предве́ч|ный (~ен) *adj (theol; epithet of God)* everlasting; existing from before time.

предвеща́|ть, ю *impf (no pf)* herald, presage, portend; ту́чи ~ли грозу́ the clouds heralded a storm; э́то не ~ет ничего́ хоро́шего it/this bodes no good.

предвзя́тост|ь, и *f* prejudice, bias.

предвзя́т|ый (~, ~а) *adj* prejudiced, biased.

предви́дени|е, я *nt* foresight; *(предсказание)* prediction.

предви́|деть, жу, дишь *impf (no pf)* to foresee; *(предсказать)* to predict.

предви́д|еться, ится *impf (no pf)* to be foreseen; to be expected.

предвку|си́ть, шу́, ~сишь *pf (of* ⇒~ша́ть) to look forward (to), anticipate (with pleasure).

предвкуша́|ть, ю *impf of* ⇒предвкуси́ть

предвкуше́ни|е, я *nt (pleasurable)* anticipation; в ~и (+ *g*) in anticipation (of).

предводи́тел|ь, я *m* leader.

предводи́тельств|о, а *nt* leadership.

предводи́тельств|овать, ую *impf* (+ *i*) to lead, be the leader (of).

предвое́нный *adj* pre-war.

предвозве|сти́ть, щу́, сти́шь *pf (of* ⇒~ща́ть) to foretell.

предвозве́стник, а *m* herald; harbinger, precursor.

предвозвеща́|ть, ю *impf of* ⇒предвозвести́ть

предвосхи́|тить, щу, тишь *pf (of* ⇒~ща́ть) to anticipate.

предвосхища́|ть, ю *impf of* ⇒предвосхи́тить

предвосхище́ни|е, я *nt* anticipation.

предвы́борн|ый *adj* (pre-)election; ~ая кампа́ния election campaign; ~ое собра́ние (pre-)election meeting.

предго́р|ье, ья, *g pl* ~ий *nt (often in pl)* foothills.

предгрозов|о́й *adj*: ~а́я мо́лния lightning before a storm.

предгро́зь|е, я *nt* time before a storm *(also fig)*.

преддве́ри|е, я *nt* threshold *(also fig)*; в ~и (+ *g*) on the threshold (of); in the period just before, in the run-up to.

преде́л, а *m* limit; bound; в ~ах (+ *g*) within, within the limits (of), within the bounds (of); за ~ами (+ *g*) outside, beyond; в ~ах го́рода within the city; в ~ах досяга́емости within reach; в ~ах го́да within the year; за ~ами страны́ outside the country; вы́йти за ~ы го́рода to go outside the city boundary; вы́йти за ~ы (+ *g*) to exceed the bounds (of); э́то за ~ами мои́х сил it is beyond my power; на ~е сил at the limit of one's strength; не́рвы на ~е my/his, *etc.* nerves are at breaking point; п. жела́ний pinnacle of (one's) desires; п. насыще́ния saturation point; п. про́чности *(tech)* breaking point; положи́ть п. (+ *d*) to put an end (to), terminate.

преде́л|ьный *adj* **1** *adj of* ⇒~; п. во́зраст age limit; ~ьная ли́ния

П

boundary line; **п. срок** time limit, deadline; **п. у́гол** critical angle. **2** (*крайний*) maximum; utmost; **~ьная ско́рость** maximum speed; **с ~ьной я́сностью** with the utmost clarity.

предержа́щ|ий *only in phr* **вла́сти ~ие** the powers that be.

предзнаменова́ни|е, я *nt* omen, augury.

предика́т, а *m* (*gram*) predicate.

предикати́вный *adj* (*gram*) predicative; **п. член** predicate.

предисло́ви|е, я *nt* preface, foreword; **без ~й** (*coll*) straight away.

предлага́|ть, ю *impf of* **⇒предложи́ть**

предлежа́ни|е, я *nt* (*med*): **я́годичное п. плода́** breech delivery/presentation.

предло́г¹, а *m* pretext; **под ~ом** (+ *g*) on the pretext (of); **он ушёл под ~ом того́, что его́ ждут** he left on the pretext that s.o. was waiting for him.

предло́г², а *m* (*gram*) preposition.

предложе́ни|е¹, я *nt* **1** (*помощи*) offer; (*идея*) suggestion, proposition; (*брака*) proposal (of marriage); **сде́лать п. кому́-н.** to propose (marriage) to s.o. **2** (*на заседании*) proposal, motion; **внести́ п.** to introduce a motion; **отклони́ть п.** to turn down a proposal. **3** (*econ*) supply; **зако́н спро́са и ~я** law of supply and demand.

предложе́ни|е², я *nt* **1** (*gram*) sentence; **гла́вное п.** main clause; **прида́точное п.** subordinate clause; **вво́дное п.** parenthesis. **2** (*philos*) proposition.

П

предлож|и́ть, у́, ~̃ишь *pf* (*of* **⇒предлага́ть**) **1** (*помощь, услуги*) to offer. **2** (*решение, проект*) to propose; to suggest; **п. резолю́цию** to move a resolution; **п. тост** to propose a toast; **п. кого́-н. в председа́тели** to propose s.o. for chairman; **п. внима́нию** to call attention (to); **мы ~и́ли ей обрати́ться к врачу́** we suggested that she should see a doctor. **3** (*задать*) to put, set; **п. вопро́с** to put a question; **п. зада́чу** to set a problem. **4** (*потребовать*) to order, require; **им ~и́ли освободи́ть кварти́ру** they have been ordered to vacate their apartment.

предло́жный *adj* (*gram*) prepositional; **п. паде́ж** prepositional case.

предме́ст|ье, ья, *g pl* **~ий** *nt* suburb.

предме́т, а *m* **1** object; (*вещь*) article, item; (*in pl*) goods; **~ы дома́шнего обихо́да** household goods; **~ы пе́рвой необходи́мости** necessities; **~ы широ́кого потребле́ния** consumer goods. **2** (*тема*) subject, topic, theme; (+ *g*) object (of); **п. насме́шек** object of ridicule; **п. спо́ра** point at issue. **3** (*в школе*) subject; **обяза́тельный п.** compulsory subject; **факультати́вный п.** optional subject. **4** (*цель*) object; **на п.** (+ *g*) with the object (of).

предме́т|ный *adj of* **⇒~**; **п. уро́к** object lesson; **п. катало́г** subject catalogue; **п. указа́тель** subject index.

предмо́стн|ый *adj*: **п. плацда́рм, ~ое укрепле́ние** bridgehead.

предназнач|а́ть, а́ю *impf of* **⇒~̃ить**

предназначе́ни|е, я *nt* **1** (*ресурсов*) earmarking. **2** (*судьба*) destiny.

предназна́ч|ить, у, ишь *pf* (*of* **⇒~а́ть**) (**для** + *g or* **на** + *a*) to destine (for), intend (for), mean (for); (*специально выделить*) to earmark (for), set aside (for); **мы ~или э́ти де́ньги для поку́пки автомоби́ля** we set aside this money to buy a car.

преднаме́ренно *adv* deliberately.

преднаме́ренност|ь, и *f* premeditation.

преднаме́рен|ный (~, ~на) *adj* premeditated; deliberate.

предначерта́ни|е, я *nt* outline, plan; **п. судьбы́** predestination.

предначе́рт|анный *ppp of* **⇒~а́ть**; **п. судьбо́й** predestined.

предначерта́|ть, ю *pf* to outline; to plan beforehand; to foreordain.

предо = **пред**

пре́д|ок, ка *m* forefather, ancestor; (*in pl*) forbears; (*in pl, sl*) parents.

предоперацио́нный *adj* (*med*) preoperative.

предопределе́ни|е, я *nt* **1** (*действие*) predetermining. **2** (*судьба*) predestination.

предопредел|и́ть, ю, и́шь *pf* (*of* **⇒~я́ть**) to predetermine; (*судьбу*) to predestine, foreordain.

предопредел|я́ть, я́ю *impf of* **⇒~и́ть**

предоста́в|ить, лю, ишь *pf* (*of* **⇒~ля́ть**) **1** (+ *d and inf*) (*дать право*) to let; to leave; **нам ~или сами́м реши́ть де́ло** we were left to decide the matter for ourselves; **п. кого́-н. самому́ себе́** to leave s.o. to his own devices, to his own resources. **2** (*дать*) to give, grant; **п. креди́т** to give credit; **п. пра́во** to concede a right; **п. возмо́жность** to afford an opportunity, give a chance; **п. кому́-н. сло́во** to call upon s.o. to speak; **они́ ~или ко́мнату в на́ше распоряже́ние** they have put a room at our disposal.

предоставля́|ть, ю *impf of* **⇒предоста́вить**

предостерега́|ть, ю *impf of* **⇒предостере́чь**

предостереже́ни|е, я *nt* warning, caution.

предостере́|чь, гу́, жёшь, гу́т, *past* **~̃г, ~гла́** *pf* (*of* **⇒~га́ть**) (**от** + *g*) to warn (against), caution (against).

предосторо́жност|ь, и *f* **1** (*осторожное поведение*) caution; **ме́ры ~и** precautionary measures, precautions. **2** (*мера*) precaution.

предосуди́тельност|ь, и *f* reprehensibility.

предосуди́тел|ьный (~ен, ~ьна) *adj* wrong, reprehensible.

предотвра|ти́ть, щу́, ти́шь *pf* (*of* **⇒~ща́ть**) to prevent, avert; to stave off; **п. войну́** to avert a war; **п. опа́сность** to stave off, avert danger.

предотвраща́|ть, ю *impf of* **⇒предотврати́ть**

предотвраще́ни|е, я *nt* prevention, averting; staving off.

предохране́ни|е, я *nt* (**от** + *g*) protection (against), preservation (from).

предохрани́тел|ь, я *m* guard, safety device; (*elec*) fuse.

предохрани́тельн|ый *adj* **1** preventive; **~ые ме́ры** precautionary measures, precautions; **~ая приви́вка** preventive inoculation. **2** (*tech*) safety; protective; **п. кла́пан** safety valve; **~ые очки́** safety goggles.

предохран|и́ть, ю́, и́шь *pf* (*of* **⇒~я́ть**) (**от** + *g*) to protect (from, against).

предохран|и́ться, ю́сь, и́шься *pf* (*of* **⇒~я́ться**) (**от** + *g*) to protect o.s. (from, against).

предохран|я́ть(ся), я́ю(сь) *impf of* **⇒~и́ть(ся)**

предписа́ни|е, я *nt* order, injunction; (*in pl*) directions, instructions; (*med*) prescription; **по ~ю врача́** on doctor's orders.

предпи|са́ть, шу́, ~̃шешь *pf* (*of* **⇒~̃сывать**) **1** (+ *d and inf*) to order, direct, instruct (to). **2** (*med*) (+ *d and a*) to prescribe (*s.o. sth*).

предпи́сыва|ть, ю *impf of* **⇒предписа́ть**

предпле́ч|ье, ья, *g pl* **~ий** *nt* (*anat*) forearm.

предплюс|на́, ны́, *pl* **~̃ны, ~̃ен** *f* (*anat*) tarsus.

предполага́емый *pres participle passive of* **⇒предполага́ть** *and adj* proposed.

предполага́|ть, ю *impf* **1** *impf of* **⇒предположи́ть**. **2** (*impf only*) (*намереваться*) to intend, propose; **мы ~ем оста́вить дете́й у ба́бушки** we propose to leave the children at their grandmother's. **3** (*impf only*) (*иметь своим условием*) to presuppose; **успе́х в э́том де́ле ~ет хоро́шую пого́ду** the success of this business presupposes good weather.

предполага́|ться, ется *impf* **1** to be planned; **сва́дьба ~лась ле́том** the wedding was planned for the summer. **2** (*impers*): **~ется** it is proposed, it is intended; **~ется проложи́ть отсю́да автостра́ду** it is proposed to build a motorway from here.

предположе́ни|е, я *nt* **1** (*допущение*) supposition, assumption. **2** (*намерение*) intention; **у меня́ есть п. жени́ться** I intend to marry.

предположи́тельно *adv* **1** hypothetically; supposedly, presumably. **2** (*in parenthesis*) (*вероятно*) probably; **мы прие́дем в Ло́ндон, п., к десяти́ часа́м** we shall be in London probably by ten o'clock.

предположи́тельный *adj* (*дата, результат*) hypothetical; (*доход*) estimated, anticipated.

предполож|и́ть, у́, ~̃ишь *pf* (*of* **⇒предполага́ть 1**) to suppose, assume; **~̃им, что он опозда́л на по́езд** (let us) suppose he missed the train.

предпо|сла́ть, шлю́, шлёшь *pf* (*of* **⇒~сыла́ть**) (+ *d and a*) to preface (with); **а́втор ~сла́л кни́ге обраще́ние к чита́телю** the author prefaced the book with an address to the reader.

предпосле́дний *adj* penultimate, last but one, next to last; one from the bottom (*on list*).

предпосыла́|ть, ю *impf of* ⇒**предпосла́ть**

предпосы́лк|а, и *f* **1** prerequisite, precondition. **2** (*philos*) premise.

предпоч|е́сть, ту́, тёшь, *past* **~ёл, ~ла́** *pf* (*of* ⇒**~ита́ть**) (+ *a and d*) to prefer; **п. говя́дину бара́нине** to prefer beef to lamb; **я ~ёл бы идти́ пешко́м** I would rather walk; (+ *inf*) to choose to; **он ~ёл уйти́** he chose to leave.

предпочита́|ть, ю *impf of* ⇒**предпоче́сть**

предпочте́ни|е, я *nt* preference; **оказа́ть п., отда́ть п.** (+ *d*) to show a preference (for), give preference.

предпочти́тельно *adv* rather, preferably; (*в основном*) mainly.

предпочти́тел|ьный (~ен, ~ьна) *adj* preferable.

предпра́здничн|ый *adj* (pre-)holiday; **~ая суета́** holiday rush.

предприи́мчивост|ь, и *f* enterprise.

предприи́мчив|ый (~, ~а) *adj* enterprising.

предпринима́тел|ь, я *m* entrepreneur; businessman.

предпринима́тель|ский *adj of* ⇒**~**; **п. капита́л** venture capital.

предпринима́тельств|о, а (*no pl*) *nt* enterprise; **свобо́дное п.** free enterprise; **ча́стное п.** private enterprise.

предпринима́|ть, ю *impf of* ⇒**предприня́ть**

предпри|ня́ть, му́, ~́мешь, *past* **~́нял, ~няла́, ~́няло** *pf* (*of* ⇒**~нима́ть**) to undertake; (*mil, etc.*) to launch; **п. ата́ку** to launch an attack; **п. шаги́** to take steps.

предприя́ти|е, я *nt* **1** (*предпринятое дело*) undertaking, enterprise; (*инициатива*) venture; **риско́ванное п.** risky undertaking, venture. **2** (*econ*) enterprise, concern, business; (*завод, фабрика*) works; **ме́лкое п.** small business; **индустриа́льное п.** (industrial) works; **совме́стное п.** joint venture.

предрасполага́|ть, ю *impf of* ⇒**предрасположи́ть**

предрасположе́ни|е, я *nt* (**к** + *d*) predisposition (to).

предрасполо́женност|ь, и *f* = **предрасположе́ние**

предрасполо́ж|енный *ppp of* ⇒**~и́ть**; (**к** + *d*) predisposed (to), prone (to); **ребёнок ~ен к просту́де** the child is prone to colds.

предрасполож|и́ть, у́, ~́ишь *pf* (*of* ⇒**предрасполага́ть**) (**к** + *d*) to predispose (to).

предрассве́тн|ый *adj* occurring before dawn; **~ая мгла** early morning mist.

предрассу́д|ок, ка *m* prejudice.

предрека́|ть, ю *impf of* ⇒**предре́чь**

предре́|чь, ку́, чёшь, ку́т, *past* **~́к, ~кла́** *pf* (*of* ⇒**~ка́ть**) to foretell.

предреш|а́ть, а́ю *impf of* ⇒**~и́ть**

предреш|и́ть, у́, и́шь *pf* (*of* ⇒**~а́ть**) **1** (*заранее решить*) to decide beforehand. **2** (*предопределить*) to predetermine.

предродово́й *adj* antenatal (*Br*), prenatal.

председа́тел|ь, я *m* (*собрания, правления*) chairman; (*общества*) president.

> **Председа́тель Прави́тельства Росси́йской Федера́ции — Prime Minister of the Russian Federation**
>
> The official (and the only correct) title of the Prime Minister of the Russian Federation. *Председа́тель Прави́тельства Росси́йской Федера́ции* is appointed by **Президе́нт Росси́йской Федера́ции** with the consent of **Госуда́рственная ду́ма** (the lower house of Russia's national parliament).

председа́тель|ский *adj of* ⇒**~**; **~ское ме́сто** the chair (*at a meeting*); **заня́ть ~ское ме́сто** to take the chair.

председа́тельств|о, а *nt* chairmanship; presidency.

председа́тельств|овать, ую *impf* to be in the chair, preside.

предсе́рди|е, я *nt* (*anat*) auricle.

предсказа́ни|е, я *nt* prediction.

предсказа́тел|ь, я *m* forecaster; soothsayer.

предска|за́ть, жу́, ~́жешь *pf* (*of* ⇒**~́зывать**) to foretell, predict.

предска́зыва|ть, ю *impf of* ⇒**предсказа́ть**

предсме́ртн|ый *adj* occurring before death; **~ое жела́ние** dying wish.

предста|ва́ть, ю́, ёшь *impf of* ⇒**~́ть**

представи́тел|ь, я *m* **1** representative; (*должностное лицо*) (+ *g*) spokesman (for); **полномо́чный п.** plenipotentiary. **2** (*bot, etc.*) specimen.

представи́тель|ница, ницы *f of* ⇒**~ 1**

представи́тельност|ь, и *f* imposingness; imposing appearance, presence.

представи́тельный[1] *adj* (*pol, law*) representative.

представи́тел|ьный[2] **(~ен, ~ьна)** *adj* (*внушительный*) imposing.

представи́тельств|о, а *nt* **1** representation, representing. **2** (*collect*) representation, representatives; **дипломати́ческое п.** diplomatic representatives; **торго́вое п.** trade mission.

предста́в|ить, лю, ишь *pf* (*of* ⇒**~ля́ть 1**) **1** (*причинить*) to present; **п. тру́дности** to offer difficulty; **п. интере́с** to be of interest. **2** (*предъявить*) to produce, submit; **п. доказа́тельства** to produce evidence. **3** (+ *a and d*) (*познакомить*) to introduce (to), present (to). **4** (**к** + *d*) to recommend (for), put forward (for); **п. кого́-н. к о́рдену** to recommend s.o. for a decoration. **5**: **п. (себе́)** to imagine; **~ь(те) себе́, кака́я э́то была́ доса́да!** (just) imagine what a nuisance that was!; **~ьте (себе́)!** just imagine! **6** (*изобразить*) to represent, display; **п. что́-то в смешно́м ви́де** to hold sth up to ridicule. **7** (*theatr*) to perform; to play.

предста́в|иться, люсь, ишься *pf* (*of* ⇒**~ля́ться**) **1** (*возникнуть*) to present itself, arise; **~ился слу́чай пое́хать в Москву́** a chance arose to go to Moscow; **я им сообщу́, как то́лько ~ится возмо́жность** I will inform them as soon as an opportunity arises. **2** (*impers* + *d*) (*показаться*) to seem (to); **э́то тебе́ то́лько ~илось** it was just your imagination. **3** (+ *d*) (*познакомиться*) to introduce o.s. (to). **4** (+ *i*) (*притвориться*) to pretend (to be); **п. больны́м** to feign sickness. **5** (*произвести впечатление*) to appear.

представле́ни|е, я *nt* **1** (*действие*) presentation; **п. про́пуска** presentation of a permit; (*для знакомства*) introduction; **п. но́вого сотру́дника** introduction of a new colleague. **2** (*заявление*) (written) declaration, statement; representation; **~я бы́ли сде́ланы всем прави́тельствам** representations have been made to all the governments. **3** (*theatr*) performance. **4** (*psychol*) representation. **5** (*понимание*) idea, notion, conception; **дать п.** (**о** + *p*) to give an idea (of); **я не име́ю ни мале́йшего ~я** I have not the faintest idea.

представля́|ть, ю *impf* **1** *impf of* ⇒**предста́вить**. **2** (*impf only*) (*страну, интересы*) to represent; **он ~ет США в ОО́Н** he represents the USA at the UN. **3** (*являться*) to represent, be, constitute; **п. угро́зу** to represent a threat. **4**: **п. собо́й** (*являться*) to represent, be; to constitute; **э́то ~ет собо́й исключе́ние** this constitutes an exception.

представля́|ться, юсь *impf of* ⇒**предста́виться**

предста́тельн|ый *adj*: **~ая железа́** (*anat*) prostate (gland).

предста́|ть, ну, нешь *pf* (*of* ⇒**~ва́ть**) (**пе́ред** + *i*) to appear (before); **п. пе́ред судо́м** to appear in court.

предсто|я́ть, и́т *impf* (+ *d*) to be in prospect (for), lie ahead (of), be at hand; to be in store (for); **~я́ла суро́вая зима́** a hard winter lay ahead; **нам ~и́т столкну́ться со мно́гими неприя́тностями** we are in for a lot of trouble; **ему́ ~и́т предста́вить диссерта́цию к пе́рвому ию́ня** he has to submit his dissertation by the first of June.

предстоя́|щий *pres participle of* ⇒**~ть** *and adj* forthcoming; impending; **~щие вы́боры** the forthcoming elections; **она́ страши́лась ~щего медици́нского осмо́тра** she was dreading the impending medical (examination).

предте́ч|а, и *cg* forerunner, precursor; **Иоа́нн П.** John the Baptist.

предубе|ди́ть, ди́шь *pf* (*of* ⇒**~жда́ть**) to prejudice, bias.

предубежда́|ть, ю *impf of* ⇒**предубеди́ть**

предубежде́ни|е, я *nt* prejudice, bias.

предубежд|ённый (~ён, ~ена́) *adj* prejudiced, biased (**про́тив** + *g* against).

П

предуве́дом|ить, лю, ишь *pf* (*of* ⇒**~ля́ть**) to inform beforehand, give advance notice; to warn, forewarn; **вам сле́довало п. их о ва́шем прие́зде** you should have informed them that you were coming.

предуведомле́ни|е, я *nt* notice in advance; warning, forewarning.

предуведомля́|ть, ю *impf of* ⇒**предуве́домить**

предугад|а́ть, а́ю *pf* (*of* ⇒**~́ывать**) to guess (in advance); (*предсказать*) to foretell.

предуга́дыва|ть, ю *impf of* ⇒**предугада́ть**

предуда́рный *adj* (*ling*) pre-tonic.

предумы́шленност|ь, и *f* premeditation.

предумы́шлен|ный (~, ~на) *adj* premeditated.

предупреди́тельност|ь, и *f* courtesy; attentiveness.

предупреди́тел|ьный *adj* **1** (*меры*) preventive, precautionary. **2** (**~ен, ~ьна**) (*человек*) courteous; attentive; obliging.

предупре|ди́ть, жу́, ди́шь *pf* (*of* ⇒**~жда́ть**) **1** (**о** + *p*) to let know beforehand (about), notify in advance (about), warn (about); to give notice (of, about); **п. об увольне́нии за неде́лю** to give a week's notice (*of dismissal*). **2** (*предотвратить*) to prevent, avert; **п. ава́рию** to prevent an accident. **3** (*опередить*) to anticipate; to forestall; **п. замеча́ние** to anticipate a remark; **я как раз э́то хоте́л сказа́ть, но вы ~ди́ли меня́** that is just what I was about to say, but you took the words out of my mouth.

предупрежда́|ть, ю *impf of* ⇒**предупреди́ть**

предупрежде́ни|е, я *nt* **1** (*извещение*) notice; notification. **2** (*предотвращение*) prevention. **3** (*просьбы*) anticipating; forestalling. **4** (*предостережение*) warning; (*взыскание*) caution; **получи́ть вы́говор с ~ем** (*law*) to be dismissed with a caution.

предусма́трива|ть, ю *impf of* ⇒**предусмотре́ть**

предусмотр|е́ть, ю́, ~́ишь *pf* (*of* ⇒**предусма́тривать**) (*предвидеть*) to envisage, foresee; (*обеспечить*) to provide (for), make provision (for); **п. все возмо́жности** to provide for every eventuality.

предусмотри́тельност|ь, и *f* foresight, prudence.

предусмотри́тел|ьный (~ен, ~ьна) *adj* prudent; far-sighted; **~ная поли́тика** far-sighted policy.

предустано́вленный *adj* (*obs*) pre-established, predetermined.

предýтренний *adj* occurring immediately before morning; **п. час** the hour before dawn.

предчу́встви|е, я *nt* presentiment; (*дурного*) foreboding, premonition.

предчу́вств|овать, ую *impf* to have a presentiment (of, about), have a premonition (of, about); **я ~овал, что вы сего́дня появи́тесь** I had a feeling that you would turn up today.

предше́ственник, а *m* predecessor; forerunner, precursor.

предше́ств|овать, ую *impf* (+ *d*) to go in front (of); to precede; **её сме́рти ~овала дли́тельная боле́знь** her death was preceded by a long illness.

предше́ствующий *adj* previous; foregoing.

предъяви́тел|ь, я *m* bearer; **п. и́ска** plaintiff.

предъяви́тель|ница, ницы *f of* ⇒**~**

предъяв|и́ть, лю́, ~́ишь *pf* (*of* ⇒**~ля́ть**) **1** to show, produce, present; **п. биле́т** to show one's ticket; **п. доказа́тельства** to produce evidence, present proofs. **2** (*law, etc.*) to bring (forward); **п. иск** (**к** + *d*) to bring a suit (against); **п. обвине́ние** (+ *d* **в** + *p*) to charge (with), bring an accusation (against of); **ему́ ~или обвине́ние в поджо́ге** he is charged with arson; **п. пра́во** (**на** + *a*) to lay claim (to); **п. тре́бование** (**к** + *d*) to lay claim (to); **п. высо́кие тре́бования** (**к** + *d*) to make big demands (of/on).

предъявле́ни|е, я *nt* **1** showing, producing, presentation; **вход разреша́ется по ~и удостовере́ния ли́чности** entry is permitted on presentation of identity card. **2** (*law, etc.*) bringing; **п. и́ска** bringing of a suit.

предъявля́|ть, ю *impf of* ⇒**предъяви́ть**

преды́дущ|ий *adj* previous, preceding; *as n* **~ее, ~его** *nt* the foregoing.

предысто́ри|я, и *f* prehistory.

пре́емник, а *m* successor.

пре́емни|ца, цы *f of* ⇒**~к**

прее́мственност|ь, и *f* succession; (*традиций, культуры*) continuity.

прее́мствен|ный (~, ~на) *adj* successive.

прее́мств|о, а *nt* succession.

пре́жде 1 *adv* (*opp* **потóм**) (*сначала*) before; first; **п. чем** *as conj* before; **на́до бы́ло ду́мать об э́том п.** you should have thought about it before; **ты до́лжен дое́сть ка́шу, п. чем взять ды́ню** you must eat up your kasha before you have any melon. **2** *adv* (*opp* **тепе́рь**) (*раньше*) formerly, in former times; before; **п. он преподава́л в интерна́те** he taught in a boarding school before. **3** *prep* + *g* before; **они́ пришли́ п. нас** they arrived before us; **п. всего́** first of all, to begin with; (*самое важное*) first and foremost.

преждевре́менно *adv* prematurely; (*умереть*) before one's time.

преждевре́менност|ь, и *f* prematurity, untimeliness.

преждевре́мен|ный (~ and ~ен, ~на) *adj* premature, untimely; **~ные ро́ды** (*med*) premature birth.

пре́жн|ий *adj* previous, former; **в ~ее вре́мя** in the old days, in former times.

презе́нт, а *m* (*obs or joc*) present.

презента́бел|ьный (~ен, ~ьна) *adj* presentable.

презента́ци|я, и *f* presentation; launch; **п. това́ра** sales presentation; **п. кни́ги** book launch.

презент|ова́ть, у́ю *impf and pf* (*obs or joc*) to present.

презервати́в, а *m* condom.

президе́нт, а *m* president.

> **Президе́нт Росси́йской Федера́ции — President of the Russian Federation**
>
> Under the current Russian Constitution of 1993, *Президе́нт Росси́йской Федера́ции* is head of the state and has very extensive powers. He or she is directly elected by the citizens of Russia for a term of four years and cannot serve more than two consecutive terms. *Президе́нт Росси́йской Федера́ции* is also Supreme Commander-in-Chief of the Armed Forces of the Russian Federation.

президе́нт|ский *adj of* ⇒**~**; **~ские вы́боры** presidential elections.

президе́нтств|о, а *nt* presidency.

прези́диум, а *m* presidium.

презира́|ть, ю *impf* **1** (*impf only*) to despise, hold in contempt. **2** (*pf* **презре́ть**) to disdain; **п. опа́сность** to scorn danger.

презре́ни|е, я *nt* disdain, contempt, scorn.

презре́н|ный (~, ~на) *adj* contemptible, despicable; **п. мета́лл** (*coll*) filthy lucre.

презр|е́ть, ю́, и́шь *pf of* ⇒**презира́ть**

презри́тел|ьный (~ен, ~ьна) *adj* contemptuous, scornful, disdainful.

презу́мпци|я, и *f* (*philos, law*) presumption; **п. невино́вности** presumption of innocence.

преиму́щественно *adv* mainly, chiefly, principally.

преиму́щественный *adj* **1** (*главный*) primary, prime, principal. **2** (*предпочтительный*) preferential, priority.

преиму́ществ|о, а *nt* **1** advantage; **име́ть п.** (**пе́ред** + *i*) to have an advantage (over); **получи́ть п.** (**пе́ред** + *i*) to gain an advantage (over); **они́ име́ют то п., что у них телефо́н** they have the advantage of being on the telephone. **2** (*предпочтение*) preference; **по ~у** for the most part, chiefly.

преиспо́дн|яя, ей *f* the nether regions, the underworld.

преиспо́лн|енный *ppp of* ⇒**~ить** *and adj* (+ *g or i*) filled (with), full (of); **п. опа́сности** fraught with danger; **п. реши́мости** firmly resolved.

преиспо́лн|ить, ю, ишь *pf* (*of* ⇒**~ять**) (+ *a and g or i*) to fill (s.o./sth with).

преиспо́лн|иться, юсь, ишься *pf* (*of* ⇒**~яться**) (+ *g or i*) to be filled (with), become full (of).

преиспо́лн|я́ть(ся), я́ю(сь) *impf of* ⇒**~ить(ся)**

прейскура́нт, а *m* price list.

преклоне́ни|е, я *nt* (**пе́ред** + *i*) admiration (for), worship (of).

преклон|и́ть, ю, и́шь *pf* (*of* ⇒**~я́ть**) to incline, bend; (*знамя*) to lower; **п. го́лову** to bow (one's head); **п. коле́на** to genuflect.

преклон|и́ться, ю́сь, и́шься *pf* (*of* ⇒**~я́ться**) (**пе́ред** + *i*) **1** to bow down (before). **2** (*fig*) to admire, worship.

преклóнный *adj*: **п. во́зраст** old age, declining years.

П

преклон|я́ть(ся), я́ю(сь) *impf of* ⇒**~и́ть(ся)**

прекосло́ви|е, я *nt* (*obs*) contradiction; **без вся́кого ~я** without contradiction.

прекосло́в|ить, лю, ишь *impf* (+ *d*) to contradict.

прекра́сно *adv* **1** excellently; (*знать, понимать*) perfectly well; **они́ п. зна́ют, что э́то запрещено́** they know perfectly well that it is forbidden. **2** *as int* excellent!; splendid!

прекрасноду́ши|е, я *nt* (*ironical*) starry-eyed idealism.

прекраснодуш|ный (~ен, ~на) *adj* (*ironical*) starry-eyed.

прекра́с|ный (~ен, ~на) *adj* **1** (*красивый*) beautiful, fine; **п. пол** the fair sex; **в оди́н п. день** one fine day, once upon a time; *as n* **~ное, ~ного** *nt* the beautiful. **2** (*отличный*) excellent, capital, first-rate.

прекра|ти́ть, щу́, ти́шь *pf* (*of* ⇒**~ща́ть**) to stop; (*положить конец*) to put a stop (to), put an end (to); (*отношения*) to break off, sever, cut off; **п. войну́** to end the war; **п. вое́нные де́йствия** to cease hostilities; **п. знако́мство (с + *i*)** to break (it off) (with); **п. обсужде́ние вопро́са** to drop the subject; **п. ого́нь** (*mil*) to cease fire; **п. платежи́** to suspend, stop payments; **п. подпи́ску** to discontinue a subscription, stop subscribing; **п. пода́чу га́за** to cut off the gas (supply); **п. рабо́ту** to down tools; **п. рабо́тать** to stop work(ing); **п. сноше́ния (с + *i*)** to sever relations (with).

прекра|ти́ться, ти́тся *pf* (*of* ⇒**~ща́ться**) to cease, end.

прекраща́|ть(ся), ю, ет(ся) *impf of* ⇒**прекрати́ть(ся)**

прекраще́ни|е, я *nt* stopping, cessation, discontinuance; **п. вое́нных де́йствий** cessation of hostilities; **п. войны́** ending of war; **п. де́ла** dismissal of a case; **п. огня́** ceasefire; **п. платеже́й** suspension of payments.

прела́т, а *m* prelate.

преле́стно *adv* (*петь, танцевать*) charmingly; **она́ п. вы́глядит** she looks lovely.

преле́ст|ный (~ен, ~на) *adj* charming, delightful, lovely.

пре́лест|ь, и *f* charm, delight; **кака́я п.!** how lovely!; **~и жи́зни в дере́вне** the delights of living in the country; **моя́ п.!** my sweetheart!

прелом|и́ть, лю́, ~ишь *pf* (*of* ⇒**~ля́ть**) **1** (*phys*) to refract. **2** (*fig*) to interpret, put a construction (upon).

прелом|и́ться, ~ится *pf* (*of* ⇒**~ля́ться**) **1** (*phys*) to be refracted. **2** (*fig*) to be interpreted; to take on a different aspect.

преломле́ни|е, я *nt* **1** (*phys*) refraction. **2** (*fig*) interpretation, construction.

преломля́|ть(ся), ю, ет(ся) *impf of* ⇒**преломи́ть(ся)**

пре́лост|ь, и *f* rottenness, mouldiness (*Br*), moldiness (*US*).

пре́л|ый (~, ~а) *adj* rotten, fusty.

прел|ь, и *f* rot, mouldiness (*Br*), moldiness (*US*), mould (*Br*), mold (*US*).

прель|сти́ть, щу́, сти́шь *pf* (*of* ⇒**~ща́ть**) **1** (*привлечь*) to attract; **он ~сти́л свои́х слу́шателей красноре́чием** he attracted his audience with his eloquence. **2** (*увлечь*) to lure, entice; **п. обеща́ниями** to lure with promises.

прель|сти́ться, щу́сь, сти́шься *pf* (*of* ⇒**~ща́ться**) (+ *i*) to be attracted (by); to be tempted (by), fall (for); **мы ~сти́лись предложе́нием пое́хать на юг** we were tempted by the offer of going to the south.

прельща́|ть(ся), ю(сь) *impf of* ⇒**прельсти́ть(ся)**

прелюбоде́|й, я *m* adulterer.

прелюбоде́й|ка, ки *f of* ⇒**~**

прелюбоде́йств|овать, ую *impf* to commit adultery.

прелюбодея́ни|е, я *nt* adultery.

прелю́ди|я, и *f* (*mus and fig*) prelude.

премиа́льн|ый *adj of* ⇒**пре́мия**; **~ая систе́ма** bonus system; *as n* (*in pl*) **~ые, ~ых** bonus.

преми́н|уть, у, ешь *pf only with neg* (+ *inf*) to not fail (to); **я не ~у зайти́ к вам** I shall not fail to call in to see you; (*не замедлить*) to be quick to.

премирова́ни|е, я *nt* (*победителя*) awarding of a prize; (*работника*) awarding of a bonus.

премиро́в|анный *ppp of* ⇒**~а́ть** *and adj* prize-winning, prize; *as n* **п., ~анного** *m* prizewinner.

премир|ова́ть, у́ю *impf and pf* (*победителя*) to award a prize (to); (*работника*) to give a bonus (to).

пре́ми|я, и *f* **1** (*победителю*) prize; (*работнику*) bonus; **Но́белевская п.** Nobel Prize; **п. О́скар** Oscar. **2** (*fin*) (*в страховании*) premium; **страхова́я п.** insurance premium.

премно́го *adv* (*obs*) very; **п. благода́рен** I am very grateful.

прему́дрост|ь, и *f* wisdom; **~и (+ *g*)** (*ironical*) subtleties (of), tricks (of).

прему́др|ый (~, ~а) *adj* (very) wise, sage.

премье́р, а *m* **1** prime minister, premier. **2** (*theatr*) leading actor, lead.

премье́р|а, ы *f* (*theatr*) premiere, opening night.

премье́р-мини́стр, а *m* prime minister, premier.

премье́р|ный *adj of* ⇒**~а**

премье́р|ский *adj of* ⇒**~**

премье́рш|а, и *f* (*theatr, coll*) leading lady, lead.

пренебрега́|ть, ю *impf of* ⇒**пренебре́чь**

пренебреже́ни|е, я *nt* **1** (*презрение*) scorn, contempt, disdain; **обнару́жить, вы́казать своё п. (к + *d*)** to show one's contempt (for). **2** (*невнимание*) neglect, disregard; **п. свои́ми обя́занностями** neglect of one's duties, dereliction of duty.

пренебрежи́тельност|ь, и *f* scorn.

пренебрежи́тел|ьный (~ен, ~ьна) *adj* scornful, disdainful.

пренебре́|чь, гу́, жёшь, гу́т, *past* **~̈г, ~гла́** *pf* (*of* ⇒**~га́ть**) (+ *i*) **1** (*презреть*) to scorn, despise; **п. опа́сностью** to scorn danger; **п. сове́том** to scorn advice. **2** (*обязанностями*) to neglect, disregard.

пре́ни|е, я *nt* rotting.

пре́ни|я, й (*no sg*) debate; **откры́ть, прекрати́ть п.** to open, close a debate.

преоблада́ни|е, я *nt* predominance.

преоблада́|ть, ет *impf* to predominate; to prevail.

преоблада́|ющий *pres participle active of* ⇒**~ть** *and adj* predominant; prevalent.

преобража́|ть(ся), ю(сь) *impf of* ⇒**преобрази́ть(ся)**

преображе́ни|е, я *nt* **1** transformation. **2** (*relig*) the Transfiguration.

преобра|зи́ть, жу́, зи́шь *pf* (*of* ⇒**~жа́ть**) to transform.

преобра|зи́ться, жу́сь, зи́шься *pf* (*of* ⇒**~жа́ться**) to be transformed.

преобразова́ни|е, я *nt* **1** (*в что-н. другое*) transformation. **2** (*реформа*) reform; reorganization.

преобразова́тел|ь, я *m* **1** (*реорганизатор*) reformer. **2** (*elec*) converter; transformer.

преобраз|ова́ть, у́ю *pf* (*of* ⇒**~о́вывать**) **1** to transform (*also phys, tech*). **2** (*реформировать*) to reform; (*реорганизовать*) to reorganize.

преобразо́выва|ть, ю *impf of* ⇒**преобразова́ть**

преодолева́|ть, ю *impf of* ⇒**преодоле́ть**

преодоле́|ть, ю *pf* (*of* ⇒**~ва́ть**) to overcome, get over; **п. препя́тствия** to surmount obstacles; **п. тру́дности** to overcome difficulties.

преодоли́м|ый (~, ~а) *adj* surmountable.

преосвяще́нств|о, а *nt*: **его́ п.** (*title of bishop*) His Grace.

препара́т, а *m* (*chem, pharm*) preparation.

препари́р|овать, ую *impf and pf* (*biol, pharm*) to prepare, make a preparation (of).

препина́ни|е, я *nt*: **зна́ки ~я** (*gram*) punctuation marks.

препира́тельств|о, а *nt* altercation, wrangling, squabbling.

препира́|ться, юсь *impf* (**с** + *i*; *coll*) to wrangle (with), squabble (with).

преподава́ни|е, я *nt* teaching, tuition, instruction.

преподава́тел|ь, я *m* teacher; (*вуза*) lecturer, instructor.

преподава́тель|ница, ницы *f* (*coll*) *of* ⇒**~**

преподава́тель|ский *adj of* ⇒**~**; **п. соста́в** teaching staff.

препода|ва́ть, ю́, ёшь *impf* to teach.

препода́|ть, м, шь, ст, ди́м, ди́те, ду́т, *past* **препо́дал, ~ла́, препо́дало** *pf* to give (*advice, a lesson, etc.*); **п. уро́к кому́-н.** to teach s.o. a lesson.

преподнесе́ни|е, я *nt* presentation.

П

преподнес|ти́, у́, ёшь, *past* **~̃, ~ла́** *pf* (*of* ⇨**преподноси́ть**) (+ *a and d*) to present (with); (*сведения*) to convey; (*сюрприз*) to give; **он ~̃ нам неприя́тную но́вость** he brought us a piece of bad news; **п. что-н. кому́-н. в гото́вом ви́де** (*fig*) to hand sth to s.o. on a plate.

преподно|си́ть, шу́, ~̃сишь *impf of* ⇨**преподнести́**

преподо́би|е, я *nt*: **его́ п.** (*title of priest*) His Reverence, the Reverend.

преподо́бный *adj* (*title of canonized monks*) Saint; Venerable.

препо́н|а, ы *f* obstacle, impediment.

препоруч|а́ть, а́ю *impf of* ⇨**~и́ть**

препоруч|и́ть, у́, ~̃ишь *pf* (*of* ⇨**~а́ть**) (*obs*) to entrust.

препоя́|сать, шу, шешь *pf* (*of* ⇨**~сывать**) (*obs*) to gird; **п. свои́ чре́сла** (*fig, rhetorical*) to gird up one's loins.

препоя́сыва|ть, ю *impf of* ⇨**препоя́сать**

препроводи́тельный *adj* accompanying (*document, etc.*).

препрово|ди́ть, жу́, ди́шь *pf* (*of* ⇨**~жда́ть**) to send, forward, dispatch.

препровожда́|ть, ю *impf of* ⇨**препроводи́ть**

препровожде́ни|е[1]**, я** *nt* (*документов*) sending, dispatching.

препровожде́ни|е[2]**, я** *nt* (*времени*) passing; **для ~я вре́мени** to pass the time.

препя́тстви|е, я *nt* **1** obstacle, impediment, hindrance; **чини́ть кому́-н. ~я** to put obstacles in s.o.'s way. **2** (*sport*) obstacle; **бег с ~ями, ска́чки с ~ями** steeplechase; **взять п.** to clear an obstacle; (*fig*) to clear a hurdle.

препя́тств|овать, ую *impf* (*of* ⇨**вос~**) (+ *d*) to hinder, impede; to stand in the way (of).

прерв|а́ть, у́, ёшь, *past* **~а́л, ~ала́, ~а́ло** *pf* (*of* ⇨**прерыва́ть**) (*прекратить*) to break off, sever; (*перебить*) to interrupt, to cut short; **п. молча́ние** to break a silence; **п. ора́тора** to interrupt a speaker; **п. на полусло́ве** to cut (s.o.) short; **п. дипломати́ческие отноше́ния** to break off diplomatic relations; **п. перегово́ры** to break off negotiations; **п. рабо́ту** to take a break; **нас ~а́ли** (*of telephone conversation*) we have been cut off.

прерв|а́ться, ётся, *past* **~а́лся, ~ала́сь, ~а́ло́сь** *pf* (*of* ⇨**прерыва́ться**) **1** (*о разговоре*) to be interrupted; (*о знакомстве*) to be broken off. **2** (*о голосе, от волнения*) to break.

пререка́ни|е, я *nt* altercation, wrangle, argument; **вступи́ть в п. с кем-н.** to start an argument with s.o.

пререка́|ться, юсь *impf* (**с** + *i*) to argue (with).

пре́ри|я, и *f* prairie.

прерогати́в|а, ы *f* prerogative.

прерыва́тел|ь, я *m* (*elec*) (circuit) breaker, cut-out.

прерыва́|ть(ся), ю, ет(ся) *impf of* ⇨**прерва́ть(ся)**

прерыва́|ющийся *pres participle of* ⇨**~ться**; **~ющимся го́лосом** with a catch in one's voice.

преры́висто *adv* in a broken way; **говори́ть п.** to speak in a faltering way; **дыша́ть п.** to gasp.

преры́вист|ый (~, ~а) *adj* (*дыхание, звук*) intermittent; (*линия*) broken, dotted.

пресви́тер, а *m* (*eccl*) presbyter.

пресвитериа́нский *adj* (*relig*) Presbyterian.

пресвитериа́нств|о, а *nt* (*relig*) Presbyterianism.

пресека́|ть(ся), ю, ет(ся) *impf of* ⇨**пресе́чь(ся)**

пресече́ни|е, я *nt* stopping, suppression.

пресе́|чь, ку́, чёшь, ку́т, *past* **~̃к, ~кла** *pf* (*of* ⇨**~ка́ть**) to cut short, stop; **п. в ко́рне** to nip in the bud.

пресе́|чься, чётся, ку́тся, *past* **~кся, ~кла́сь** *pf* (*of* ⇨**~ка́ться**) **1** (*прекратиться*) to stop. **2** (*о голосе, от волнения*) to break.

пресле́довани|е, я *nt* **1** (*погоня*) pursuit. **2** (*притеснение*) persecution, victimization; **ма́ния ~я** persecution complex. **3** (*law*): **суде́бное п.** prosecution.

пресле́дovател|ь, я *m* **1** (*тот, кто гонится за кем-н.*) pursuer. **2** (*тот, кто притесняет кого-н.*) persecutor.

пресле́дователь|ница, ницы *f of* ⇨**~**

пресле́д|овать, ую *impf* **1** (*врага, зверя*) to pursue; (*fig*) (*о мыслях, чувствах*) to haunt; **меня́ ~ует подозре́ние(, что...)** a suspicion haunts me (that). **2** (*fig*) (*интересы, замысел; женщину*) to pursue; **п. цель** to pursue an end. **3** (*притеснить*) to persecute. **4** (*law*) to prosecute.

пресловутый *adj* notorious; (*ironical*) celebrated.

пресмыка́тельств|о, а *nt* grovelling (*Br*), groveling (*US*), crawling.

пресмыка́|ться, юсь *impf* (**пе́ред** + *i*) to grovel (before), cringe (before).

пресмыка́ющ|ееся, егося *nt* reptile.

пресново́дный *adj* freshwater.

пре́с|ный (~ен, ~на́, ~но) *adj* **1** (*вода*) fresh, sweet. **2** (*хлеб*) unleavened. **3** (*пища*) flavourless (*Br*), flavorless (*US*), tasteless; (*fig*) insipid, vapid; **~ные остро́ты** feeble jokes.

преспоко́йно *adv* (*coll*) **1** (*без шума*) very quietly. **2** (*без тревоги*) calmly, coolly.

пресс, а *m* press.

пре́сс|а, ы *f* (*collect*) the press; **ло́жа ~ы** press gallery.

пресс-атташе́ *m indecl* press attaché.

пресс-бюро́ *nt indecl* press department.

пре́ссинг, а *m* (psychological) pressure.

пресс-конфере́нци|я, и *f* press conference.

пресс|ова́ть, у́ю *impf* (*of* ⇨**с~** *and* ⇨**от~**) to press, compress.

прессо́вк|а, и *f* pressing, compressing.

прессовщи́к, а́ *m* presser, press operator.

пресс-папье́ *nt indecl* **1** (*тяжелый предмет*) paperweight. **2** (*с промокательной бумагой*) blotter.

пресс-рели́з, а *m* press release.

пресс-секрета́р|ь, я *m* press secretary.

пресс-слу́жб|а, ы *f* press service.

пресс-це́нтр, а *m* press office.

преста́в|иться, люсь, ишься *pf* (*obs*) to pass away.

преста́ре́л|ый *adj* aged, old; **дом ~ых** old people's home.

прести́ж, а *m* prestige; **поте́ря ~а** loss of face; **охраня́ть свой п.** to save one's face.

прести́ж|ный (~ен, ~на) *adj* prestigious.

престо́л, а *m* **1** throne; **взойти́ на п.** to come to the throne; **отре́чься от ~а** to abdicate. **2** (*eccl*) altar; **Па́пский п.** Holy See, See of Rome.

престолонасле́ди|е, я *nt* succession to the throne.

престолонасле́дник, а *m* successor to the throne.

престо́л|ьный *adj of* ⇨**~**; **п. го́род** capital (city).

преступ|а́ть, а́ю *impf of* ⇨**~и́ть**

преступ|и́ть, лю́, ~̃ишь *pf* (*of* ⇨**~а́ть**) to transgress, trespass (against); **п. зако́н** to break the law.

преступле́ни|е, я *nt* crime, offence; **п. про́тив челове́чества** crime against humanity; (*law*) (*тяжкое*) felony; **должностно́е п.** malfeasance; **уголо́вное п.** criminal offence.

престу́пник, а *m* criminal; **вое́нный п.** war criminal.

престу́пни|ца, цы *f of* ⇨**~к**

престу́пност|ь, и *f* **1** (*свойство*) criminality. **2** (*collect*) crime; **организо́ванная п.** organized crime; **рост ~и** increase in crime.

престу́п|ный (~ен, ~на) *adj* criminal.

пресы́|тить, щу, тишь *pf* (*of* ⇨**~ща́ть**) (*obs*) (+ *i*) to satiate (with); to sate (with).

пресы́|титься, щусь, тишься *pf* (*of* ⇨**~ща́ться**) (+ *i*) to be satiated (with); to have had a surfeit (of).

пресыща́|ть(ся), ю(сь) *impf of* ⇨**пресы́тить(ся)**

пресыще́ни|е, я *nt* satiety; surfeit; **до ~я** to satiety.

пресы́щенност|ь, и *f* satiety; surfeit.

пресы́|щенный *ppp of* ⇨**~тить** *and adj* satiated; surfeited, sated, replete.

претворе́ни|е, я *nt* conversion; **п. в жизнь, в де́ло** realization, putting into practice.

претвор|и́ть, ю, и́шь *pf* (*of* ⇨**~я́ть**) **1** (*obs*) (**в** + *a*) to turn (into), change (into), convert (into). **2**: **п. в жизнь, п. в де́ло** to realize, carry out, put into practice.

претвор|и́ться, и́тся *pf* (*of* ⇨**~я́ться**) **1** (**в** + *a*) to turn (into), become. **2**: **п. в жизнь** to be realized, come true; **моя́ мечта́ ~и́лась в**

жизнь my dream has come true.

претвор|я́ть(ся), я́ю, я́ет(ся) *impf of* ⇨**~и́ть(ся)**

претенде́нт, а *m* (на + *a*) (*на престол*) pretender, claimant (to); (*на наследство*) claimant (to); (*на должность*) candidate (for); (*sport*) contender; **(гла́вный) п. на чемпио́нский ти́тул** (top) contender for the championship; **он п. на ру́ку принце́ссы** he aspires to the hand of the princess.

претенде́нт|ка, ки *f of* ⇨**~**

претенд|ова́ть, у́ю *impf* (на + *a*) (*на престол, на остроумие*) to have pretensions (to); (*на наследство*) to lay claim (to); (*на должность*) to aspire (to); **он ~у́ет на пост мини́стра иностра́нных дел** he aspires to the position of Minister of Foreign Affairs.

прете́нзи|я, и *f* **1** (*заявление прав*) claim; **заявля́ть/име́ть ~ю (на** + *a*) to claim, lay claim (to), make claims (on); **заяви́ть ~ю** to lodge a claim. **2** (*на остроумие*) pretension; **челове́к с ~ями, без ~й** a pretentious, an unpretentious person; **быть в ~и на кого́-н.** to have a grievance against s.o. **3** (*жалоба*) complaint.

претенцио́зност|ь, и *f* pretentiousness, affectation.

претенцио́з|ный (~ен, ~на) *adj* pretentious, affected.

претерпева́|ть, ю *impf of* ⇨**претерпе́ть**

претерп|е́ть, лю́, ~́ишь *pf* (*of* ⇨**~ева́ть**) (*подвергнуться*) to undergo; (*вытерпеть*) to suffer, endure; **план ~е́л измене́ния** the plan has undergone changes; **п. лише́ния** to endure privations.

прет|и́ть, и́т *impf* (+ *d*) to sicken; **э́та пи́ща мне ~и́т** I am nauseated by this food; **мне ~и́т его́ высокоме́рие** his arrogance sickens me.

преткнове́ни|е, я *nt*: **ка́мень ~я** stumbling block.

преториа́нский *adj* (*hist*) praetorian.

пре|ть, ю *impf* **1** (*pf* **со~́**) (*гнить*) to rot. **2** (*impf only*) (*становиться влажным*) to become damp. **3** (*pf* **у~́**) (*пища*) to stew.

преувеличе́ни|е, я *nt* exaggeration; overstatement.

преувели́чива|ть, ю *impf of* ⇨**преувели́чить**

преувели́ч|ить, у, ишь *pf* (*of* ⇨**~ивать**) to exaggerate; to overstate.

преуменьш|а́ть, а́ю *impf of* ⇨**~́ить**

преуменьше́ни|е, я *nt* underestimation; understatement.

преуме́ньш|ить, у, ишь *pf* (*of* ⇨**~а́ть**) (*представить меньшим*) to underestimate, minimize; (*представить менее важным*) to belittle; to understate; **п. опа́сность** to underestimate the danger; **п. чью-н. по́мощь** to belittle s.o.'s assistance.

преуспева́|ть, ю *impf* **1** *impf of* ⇨**преуспе́ть. 2** (*impf only*) to thrive, prosper, flourish.

преуспева́|ющий *pres participle active of* ⇨**~ть** *and adj* successful, prosperous.

преуспе́|ть, ю *pf* (*of* ⇨**~ва́ть 1**) (**в** + *p*) to succeed (in), be successful (in); **п. в жи́зни** to get on in life.

преуспея́ни|е, я *nt* (*obs*) success.

префе́кт, а *m* prefect.

префекту́р|а, ы *f* prefecture.

префера́нс, а *m* preference (*card game*).

пре́фикс, а *m* (*gram*) prefix.

префикса́льный *adj* (*gram*) with a prefix.

префикса́ци|я, и *f* (*gram*) prefixation.

преходя́щий *adj* transient.

прецеде́нт, а *m* precedent; **установи́ть п.** to establish, set a precedent.

прецизио́нный *adj* (*tech*) precision; **п. прибо́р** precision instrument.

при *prep* + *p* **1** (*около*) by, at; (*в присутствии*) in the presence of; **при доро́ге** by the road(side); **би́тва при Ватерло́о** the Battle of Waterloo; **письмо́ бы́ло подпи́сано при мне** the letter was signed in my presence; **не на́до так выража́ться при де́тях** you should not use such language in front of the children.
2 (*под эгидой*) attached to, affiliated to, under the auspices of (*usu not translated*); **он рабо́тает при университе́те** he is attached to the university; **при магази́не есть кафе́** there is a cafe attached to the shop.
3 (*с собой*) by, with; about, on; **у него́ не́ было при себе́ де́нег** he had no money on him; **у вас есть при себе́ перочи́нный нож?** do you have a penknife about you?
4 (*при наличии*) with; (*несмотря на*) for, notwithstanding; **при таки́х тала́нтах он далеко́ пойдёт** with such talent he will go far; **при уча́стии** (+ *g*) with the participation (of); **при жела́нии всего́ мо́жно доби́ться** where there's a will there's a way; **при всех его́ досто́инствах, он мне не нра́вится** for all his virtues, I do not like him; **при всём том** (*i*) with it all, moreover, (*ii*) for all that; **при чём тут я?** what has it to do with me?; **я тут ни при чём** it has nothing to do with me.
5 (*во время, в эпоху*) in the time of, in the days of; under (*sc.* the rule of); during; **при Ива́не Гро́зном** during the reign of, in the time of Ivan the Terrible; **при Рома́новых** under the Romanovs; **при мне бы́ло не так** in my day it was not like this.
6 (*указывает на обстоятельства*) by; **при дневно́м све́те** by daylight; **при све́те ла́мпы** by lamplight.
7 (*когда*) when; on; in case of; **при перехо́де че́рез у́лицу** when crossing the street; **при слу́чае** when the occasion arises, at convenience; **при ана́лизе** on analysis; **при маляри́и** in case of malaria; **при усло́вии(, что)** under the condition (that).
8 (*благодаря*) with; **при по́мощи рыбако́в нам удало́сь оттолкну́ть ло́дку** with the aid of the fishermen we succeeded in pushing the boat off.

при...[1] *vbl pref indicating* **1** *completion of action or motion up to given terminal point, as* **прие́хать** to arrive.
2 *action of attaching, as* **пристро́ить** to build on.
3 *direction of action towards speaker, as* **пригласи́ть** to invite.
4 *direction of action from above downward, as* **придави́ть** to press down.
5 *incompleteness or tentativeness of action, as* **приоткры́ть** to open slightly.
6 *exhaustiveness of action, as* **приучи́ть** to train.
7 (+ *suffix* **...ыва...**, **...ива...**) *accompaniment, as* **припля́сывать** to dance (to a tune).

при...[2] *as pref of nn and adjs (esp geog) indicates juxtaposition or proximity, as* **приозе́рье** lakeside; **прибре́жный, примо́рский** coastal.

приба́в|ить, лю, ишь *pf* (*of* ⇨**~ля́ть**) **1** (+ *a or g*) to add; **к пяти́ п. три** to add three to five; **п. (в ве́се)** to put on (weight); **за три ме́сяца она́ ~ила де́сять киллогра́мов** she put on ten kilos in three months. **2** (+ *g*) (*увеличить*) to increase; **п. жа́лованья** to increase a salary; **п. ша́гу** to hasten one's steps. **3** (**в** + *p*) (*одежду*) to lengthen, widen; **на́до п. в рукава́х** the sleeves need to be lengthened. **4** (*coll, fig*) (*сказать неправду*) to make sth up, exaggerate.

приба́в|иться, ится *pf* (*of* ⇨**~ля́ться**) to increase; (*о воде*) to rise; (*о луне*) to wax; **п. в ве́се** to put on weight; **день ~ился** the days are getting longer; (*impers*): **воды́ ~илось** the water has risen; **наро́ду ~илось** the crowd has grown.

приба́вк|а, и *f* **1** (*действие*) addition. **2** (*надбавка*) increase, supplement; **получи́ть ~у** to get a rise (*Br*), raise (*US*).

прибавле́ни|е, я *nt* addition; **п. семе́йства** addition to the family; **сказа́ть в п.** to say in addition, add.

прибавля́|ть(ся), ю, ет(ся) *impf of* ⇨**приба́вить(ся)**

приба́вочн|ый *adj* **1** additional. **2** (*econ*) surplus; **~ая сто́имость** surplus value.

приба́лт, а *m* (*coll*) Balt.

прибалти́йский *adj* Baltic (= *adjacent to the Baltic Sea, esp of former Soviet republics*).

Приба́лтик|а, и *f* the Baltic States (*esp the former Soviet republics*).

приба́лт|ка, ки *f* (*coll*) *of* ⇨**~**

прибамба́с, а, *pl* **~ы, ~ов** *m* (*usu in pl, sl; joc or pej*) **1** (*излишество, что-л. нефункциональное*) frill; **без ~ов** without (*or* with no) frills; no-frills (*attr use only*); (*броское, но недорогое украшение*) trinket; (*предмет модной или субкультурной одежды*) garment, item of clothing (*in pl* clothes); (*модный или субкультурный аксессуар*) accessory.
2 (*сложное или малопонятное устройство*) gizmo, fancy gadget; (*при намеренном игнорировании названия*) thingummy, thing.
3 (*наклонность*) inclination; (*странность*) eccentricity, eccentric habit; **у ка́ждого свой ~ы** everyone has their own quirks; **челове́к с ~ами** (*о поведении*) crank; (*о поведении и/или внешнем виде*) weirdo; (*помешанный на чём-л.*) freak;

П

челове́к без ~ов normal person. **4** (*выходка, шутка*) trick, prank.

прибау́тк|а, и *f* humorous catchphrase.

прибега́|ть[1]**, ю** *impf of* ⇒**прибе́гнуть**

прибега́|ть[2]**, ю** *impf of* ⇒**прибежа́ть**

прибе́г|нуть, ну, нешь, *past* ~, **~ла** *pf* (*of* ⇒**~а́ть**[1]) (**к** + *d*) to resort (to), have resort (to); **п. к си́ле** to resort to force.

прибедн|и́ться, ю́сь, и́шься *pf* (*of* ⇒**~я́ться**) (*coll*) **1** (*притвориться бедным*) to feign poverty. **2** (*преуменьшить свои успехи*) to show false modesty.

прибедн|я́ться, я́юсь *impf of* ⇒**~и́ться**

прибе|жа́ть, гу́, жи́шь, гу́т *pf* (*of* ⇒**~га́ть**[2]) (*бегом или в спешке*) to come running; **пе́рвым к фи́нишу ~жа́л Борзо́в** Borzov was the first to finish the race.

прибе́жищ|е, а *nt* refuge; **после́днее п.** (*fig*) last resort; **найти́ п.** (**в** + *p*) to take refuge (in).

прибере́га́|ть, ю *impf of* ⇒**прибере́чь**

прибере́|чь, гу́, жёшь, гу́т, *past* **~̈г, ~гла́** *pf* (*of* ⇒**~га́ть**) to save up.

прибива́|ть, ю *impf of* ⇒**приби́ть**[1]

прибира́|ть(ся), ю(сь) *impf of* ⇒**прибра́ть(ся)**

приб|и́ть[1]**, ью́, ьёшь** *pf* (*of* ⇒**~ива́ть**) **1** (*гвоздями*) to nail; **п. до́ску к стене́** to nail a board to a wall. **2** (*о дожде*) to beat down, flatten; **град ~и́л посе́вы** the hail has flattened the corn. **3** (*usu impers*) (*волной, течением*) to wash up; **труп ~и́ло к бе́регу** a body was washed ashore.

приб|и́ть[2]**, ью́, ьёшь** *pf* (*sl*) to beat up.

прибл. (*abbr of* **приблизи́тельно**) approx., approximately.

приближа́|ть, ю *impf of* ⇒**прибли́зить**

приближа́|ться, юсь *impf* **1** *impf of* ⇒**прибли́зиться**. **2** (*impf only*) (**к** + *d*) to approximate (to).

приближе́ни|е, я *nt* **1** (*действие*) approach; approaching, drawing near. **2** (*math*) approximation.

приближённост|ь, и *f* proximity.

приближённый[1] *adj* approximate, rough.

приближённ|ый[2] *adj* (**к** + *d*) close (to); **~ые к королю́ ли́ца** people close to the king; *as n* **п., ~ого** *m* retainer; (*in pl*) retinue.

приблизи́тельно *adv* approximately, roughly.

приблизи́тельност|ь, и *f* approximate nature, approximateness.

приблизи́тел|ьный (~ен, ~ьна) *adj* approximate, rough.

прибли́|зить, жу, зишь *pf* (*of* ⇒**~жа́ть**) **1** (*придвинуть ближе*) to bring nearer, move nearer; (*сделать близким*) to bring closer; **п. кни́гу к глаза́м** to bring a book nearer one's eyes. **2** (*ускорить*) to hasten, advance; **я наме́рен п. мой отъе́зд** I intend to hasten my departure.

прибли́|зиться, жусь, зишься *pf* (*of* ⇒**~жа́ться 1**) (**к** + *d*) to approach, draw near; to draw nearer (to), come nearer (to); **п. к и́стине** to approximate to the truth.

приблу́дный *adj* (*coll*; *of animals*) stray.

прибо́|й, я *m* surf, breakers.

приболе́|ть, ю, ешь *pf* (*coll*) to be unwell.

прибо́р, а *m* **1** instrument, device, apparatus, appliance. **2** (*комплект*) set; **бри́твенный п.** shaving things; **ча́йный п.** tea service. **3** (*для оборудования*) fittings; **печно́й п.** stove fittings.

прибо́р|ный *adj of* ⇒**~**; **~ная доска́** dashboard; (*aeron*) instrument panel.

приборострое́ни|е, я *nt* instrument-making.

при|бра́ть, беру́, берёшь, *past* **~бра́л, ~брала́, ~бра́ло** *pf* (*of* ⇒**~бира́ть**) **1** (*привести в порядок*) to clear up, clean up, tidy (up); **п. ко́мнату, п. в ко́мнате** to do a room; **п. на столе́** to clear the table; **п. кого́-н. к рука́м** to take s.o. in hand; **п. что-н. к рука́м** to lay one's hands on sth. **2** (*убрать*) to put away; **~бери́ игру́шки: пора́ спать!** put your toys away, it's time for bed!

при|бра́ться, беру́сь, берёшься, *past* **~бра́лся, ~брала́сь, ~бра́ло́сь** *pf* (*of* ⇒**~бира́ться**) to tidy o.s. up; to have a clear-up of one's things.

прибре́жн|ый *adj* **1** (*у берега моря*) coastal; **~ая полоса́** coastal strip. **2** (*у берега реки*) riverside.

прибре́жь|е, я *nt* littoral; coastal strip.

прибре|сти́, ду́, дёшь, *past* **~̈л, ~ла́** *pf* (*coll*) to come trudging (along).

прибыва́|ть, ю *impf of* ⇒**прибы́ть**

при́был|ь, и *f* **1** profit; **валова́я п.** gross profit; **чи́стая п.** net profit; **п. до упла́ты нало́га** pre-tax profit. **2** (*fig*) benefit, gain; **кака́я мне в э́том п.?** (*coll*) what do I get out of it? **3** (*увеличение*) increase, rise; **п. населе́ния** increase of population; **вода́ идёт на п.** the water is rising.

при́быльност|ь, и *f* profitability, lucrativeness.

при́был|ьный (~ен, ~ьна) *adj* profitable, lucrative.

прибы́ти|е, я *nt* arrival.

при|бы́ть[1]**, бу́ду, бу́дешь,** *past* **~̆был, ~была́, ~̆было** *pf* (*of* ⇒**~быва́ть**) (*прийти, приехать*) to arrive.

при|бы́ть[2]**, бу́дет,** *past* **~̆был, ~была́, ~̆было** *pf* (*of* ⇒**~быва́ть**) (*увеличиться*) to increase, grow; (*о воде*) to rise, swell; (*о луне*) to wax; **вода́ ~была́** the water has risen; **на́шего полку́ ~̆было** our numbers have grown.

прива́|дить, жу, дишь *pf* (*of* ⇒**~живать**) **1** to train (*a bird, etc., by putting out food*). **2** (**к** + *d*) (*привыкнуть*) to train, accustom (to); (*привлечь к себе*) to win over, win the trust of.

прива́жива|ть, ю *impf of* ⇒**прива́дить**

прива́л, а *m* **1** (*остановка*) halt, stop. **2** (*место остановки*) stopping place.

прива́лива|ть, ю *impf of* ⇒**привали́ть**

привал|и́ть, ю́, ~̆ишь *pf* (*of* ⇒**~̆ивать**) **1** (*прислонить*) to lean, rest; **п. дрова́ к забо́ру** to pile logs against the fence. **2** (*о судне*) to come alongside. **3** (*coll*) (*появиться, прийти*) to turn up; **на матч ~и́ло мно́го наро́ду** a lot of people turned up at the match; **сча́стье нам ~и́ло** fortune smiled on us.

прива́рива|ть, ю *impf of* ⇒**привари́ть**

привар|и́ть, ю́, ~̆ишь *pf* (*of* ⇒**~̆ивать**) (**к** + *d*) to weld on (to).

прива́рк|а, и *f* welding.

прива́т-доце́нт, а *m* (*hist*) Privatdozent /prɪ'vɑːtdɒ,tsent/ (*a freelance university lecturer*).

приватиза́тор, а *m* privatizer.

приватиза́ци|я, и *f* privatization.

приватизи́р|овать, ую *impf* & *pf* to privatize.

прива́т|ный (~ен, ~на) *adj* (*obs*) private.

приведе́ни|е, я *nt* **1** bringing; **п. к прися́ге** administration of oath, swearing in. **2** putting; **п. в движе́ние** setting in motion; **п. в исполне́ние** carrying out, putting into effect; **п. в поря́док** putting in order. **3** (*math*) reduction; **п. к о́бщему знамена́телю** reduction to a common denominator. **4** adducing; **п. приме́ров** adducing of instances.

привез|ти́, у́, ёшь, *past* **~̈, ~ла́** *pf* (*of* ⇒**привози́ть**) to bring (*not on foot*); (*товар, почту*) to deliver.

привере́длив|ый (~, ~а) *adj* fussy, finicky.

привере́дник, а *m* fussy person; finicky person.

привере́дни|ца, цы *f of* ⇒**~к**

привере́днича|ть, ю *impf* (*coll*) to be hard to please; to be fussy.

приве́ржен|ец, ца *m* adherent; follower.

приве́рженност|ь, и *f* (**к** + *d*) adherence (to); devotion (to).

приве́ржен|ный (~, ~а) *adj* (**к** + *d*) attached (to), devoted (to).

приверн|у́ть, у́, ёшь *pf* (*of* ⇒**привёртывать**) **1** (*вертя, прикрепить*) to screw tight, tighten, clamp. **2** (*вертя, убавить*) to turn down; **п. фити́ль** to turn a wick down.

привер|те́ть, чу́, ~̆тишь *pf* (*of* ⇒**~̈тывать**) to screw tight, tighten, clamp.

привёртыва|ть, ю *impf of* ⇒**привернуть** *and* ⇒**приверте́ть**

приве́|сить, шу, сишь *pf* (*of* ⇒**~шивать**) to hang up.

приве́с|ок, ка *m* (*coll*) **1** (*довесок*) makeweight. **2** (*fig*) appendage.

приве|сти́, ду́, дёшь, *past* **~̈л, ~ла́** *pf* (*of* ⇒**приводи́ть** *and* ⇒**вести 8**) **1** to bring; (*о дороге*) to lead, take; **он ~̈л с собо́й неве́сту** he has brought his fiancée (with him); **п. кого́-н. к прися́ге** to swear s.o. in; **не ~ди́ бог/госпо́дь!** God forbid!

2 (**к** + *d*; *fig*) to lead (to), bring (to), result (in); **это к добру не ~дёт** no good will come of it.
3 (**в** + *a*) to put, set (*or translated by v corresponding to n governed by* **в**); **п. в бешенство** to throw into a rage, drive mad; **п. в движение/действие** to set in motion, set going; **п. в затруднение** to cause difficulties, put in a difficult position; **п. в изумление** to astonish, astound; **п. в исполнение** to carry out, put into effect; **п. в хорошее настроение** to put in a good mood; **п. в отчаяние** to reduce to despair; **п. в порядок** to put in order, tidy (up); to arrange, fix; **п. в соответствие** (**с** + *i*) to bring into line (with); **п. в ужас** to horrify; **п. в чувство** to bring to, bring round.
4 (*слова, доказательства*) to adduce, cite; **п. пример** to give an example.

приве|стись, дётся, *past* **~лось** *pf* (*of* ⇒**приводиться**) (*impers* + *d*; *coll*) (*случиться*) to happen, chance; **мне ~лось посетить этот город до войны** I happened to visit this town before the war; (*выпасть на долю*) to fall to s.o.'s lot.

привет, а *m* greeting(s); regards; **п.!** (*coll*) hi!; (*выражает недоумение*) you're joking!; **передать/слать п.** to send one's regards; **передайте п. вашим коллегам** remember me to your colleagues, my regards to your colleagues; **п. из Москвы!** greetings from Moscow!; **он с ~ом** (*coll*) he is odd.

приветливост|ь, и *f* affability; cordiality.

приветлив|ый (~, ~а) *adj* friendly; affable; cordial.

приветственн|ый *adj* welcoming; **~ая речь** speech of welcome.

приветстви|е, я *nt* **1** greeting, salutation. **2** (*речь*) speech of welcome.

приветств|овать, ую *impf* **1** (*in past tense also pf*) to greet; to welcome. **2** (*fig*) to welcome; **п. предложение** to welcome a suggestion. **3** (*also pf*) (*mil*) to salute.

приве|шенный *ppp of* ⇒**~сить**; **у него язык хорошо ~шен** (*coll*) he has a ready tongue.

привешива|ть, ю *impf of* ⇒**привесить**

привива|ть(ся), ю, ет(ся) *impf of* ⇒**привить(ся)**

прививк|а, и *f* **1** (**от, против** + *g*; *med*) inoculation (against); vaccination. **2** (*bot*) grafting.

привидени|е, я *nt* ghost, spectre (*Br*), specter (*US*); apparition.

приви|деться, дится *pf of* ⇒**видеться 3**

привилегированност|ь, и *f* privilege(s).

привилегированный *adj* privileged.

привилеги|я, и *f* privilege; (*для ветеранов, инвалидов*) benefit.

привин|тить, чу, тишь *pf* (*of* ⇒**~чивать**) to screw on.

привинчива|ть, ю *impf of* ⇒**привинтить**

привира|ть, ю *impf of* ⇒**приврать**

привити|е, я *nt* inculcation, fostering.

прив|ить, ью, ьёшь, *past* **~ил, ~ила, ~ило** *pf* (*of* ⇒**~ивать**) (+ *a and d*) **1** (*med*) to inoculate (with); **п. кому-н. оспу** to vaccinate s.o. against smallpox. **2** (*bot*) to graft. **3** (*fig*) (*заставить усвоить*) to inculcate (in); to cultivate (in), foster (in); **п. кому-н. вкус к стихам** to inculcate in s.o. a taste for poetry.

прив|иться, ьётся, *past* **~ился, ~илась** *pf* (*of* ⇒**~иваться**) **1** (*о вакцине, черенке*) to take. **2** (*fig*) (*идеи, теория*) to find acceptance; (*мода, интерес*) to catch on; **эти взгляды ~ились не всюду** these views did not find universal acceptance.

привкус, а *m* (*посторонний вкус*) aftertaste; (*характерный вкус*) flavour (*Br*), flavor (*US*); (*fig*) trace; flavour (*Br*), flavor (*US*); **его слова имели п. наглости** his words smacked of insolence.

привлекательност|ь, и *f* attractiveness.

привлекател|ьный (~ен, ~ьна) *adj* attractive.

привлека|ть, ю *impf of* ⇒**привлечь**

привлечени|е, я *nt* **1** (*внимания, людей*) attraction. **2** (*методов*) application. **3**: **п. к суду** taking to court; **п. к ответственности** calling to account.

привле|чь, ку, чёшь, кут, *past* **~к, ~кла** *pf* (*of* ⇒**~кать**) **1** to attract; **п. внимание** to attract attention. **2** (*сделать участником*) to draw in, involve; **п. на свою сторону** to win over (*to one's side*); **п. к работе** to involve in work. **3** (*law*) to have up; **п. к суду** to take to court; to put on trial; **п. к ответственности/ответу** (**за** + *a*) to make answer (for), call to account (for).

привнес|ти, у, ёшь, *past* **~, ~ла** *pf* (*of* ⇒**привносить**) (**в** + *a*) to introduce (into); **п. элемент комизма в описание** to introduce an element of comedy into the description

привно|сить, шу, ~сишь *impf of* ⇒**привнести**

привод, а *m* (*comput, mechanics*) drive; **ремённый п.** belt drive.

привод, а *m* (*law*) taking into custody; arrest.

приво|дить(ся), жу, ~дит(ся) *impf of* ⇒**привести(сь)**

приводнени|е, я *nt* splashdown.

приводн|иться, юсь, ишься *pf* (*of* ⇒**~яться**) to land (on water), splash down.

приводн|ой *adj* (*tech*) driving, drive; **п. вал** driving shaft; **п. механизм** driving gear; **п. ремень** drive belt.

приводн|яться, яюсь *impf of* ⇒**~иться**

приво|жу[1], ~дишь *see* ⇒**~дить**

приво|жу[2], ~зишь *see* ⇒**~зить**

привоз, а *m* **1** (*действие*) bringing; (*доставка*) delivery. **2** (*coll*) (*то, что привезено*) delivery, load.

приво|зить, жу, ~зишь *impf of* ⇒**привезти**

привозной *adj* imported.

привозн|ый = **~ой**

приво|й, я *m* (*agric*) graft.

привокзальн|ый *adj* (*около вокзала*) by, near the station; (*на вокзале*) at the station; **~ое кафе** station cafe.

приволакива|ть, ю *impf of* ⇒**приволочить** *and* ⇒**приволочь**

приволакива|ться, юсь *impf of* **1** ⇒**приволочиться** *and* ⇒**приволочься**. **2** ⇒**приволокнуться**

приволокн|уться, усь, ёшься *pf* (*of* ⇒**приволакиваться**) (**за** + *i*; *coll*) to flirt (with).

приволоч|ить(ся), у(сь), ишь(ся) *pf* = **~ь(ся)**

приволо|чь, ку, чёшь, кут, *past* **~к, ~кла** *pf* (*of* ⇒**приволакивать**) (*coll*) to drag (over).

приволо|чься, кусь, чёшься, кутся, *past* **~кся, ~клась** *pf* (*of* ⇒**приволакиваться**) (*coll*) to drag o.s.

приволь|е, я *nt* **1** (*просторное место*) wide open spaces; **степное п.** the wide open steppe. **2** (*свобода*) freedom.

привольн|ый *adj* free; **~ая жизнь** free and easy life.

привораживa|ть, ю *impf of* ⇒**приворожить**

привораж|ить, у, ишь *pf* (*of* ⇒**привораживать**) to bewitch, cast a spell on; (*fig*) to bewitch, charm.

привратник, а *m* doorman, porter.

привр|ать, у, ёшь, *past* **~ал, ~ала, ~ало** *pf* (*of* ⇒**привирать**) (*coll*) to make up; to exaggerate.

привскакива|ть, ю *impf of* ⇒**привскочить**

привскоч|ить, у, ~ишь *pf* (*of* ⇒**привскакивать**) to start, jump up.

привста|вать, ю, ёшь *impf of* ⇒**~ть**

привста|ть, ну, нешь *pf* (*of* ⇒**~вать**) to half-rise.

привходящ|ий *adj*: **~ие обстоятельства** attendant circumstances.

привыкани|е, я *nt* (**к** + *d*) getting accustomed, used (to).

привык|ать, аю *impf of* ⇒**~нуть**

привык|нуть, ну, нешь, *past* **~, ~ла** *pf* (*of* ⇒**~ать**) (**к** + *d or* + *inf*) **1** (*освоиться*) to get accustomed (to), get used (to); **она скоро ~ла к новому дому** she soon got used to the new house. **2** (*получить привычку*) to get into the habit (of); **он ~ ругаться** he has got into the habit of swearing.

привычк|а, и *f* habit; **войти в ~у** to become a habit; **иметь ~у** (**к** + *d*) to be accustomed (to); to be in the habit (of); **приобрести ~у** (+ *inf*) to get into the habit (of); **он человек ~и** he is a man of habit; **сделать что-н. по ~е** to do sth out of habit.

привычност|ь, и *f* habitualness, customariness.

привыч|ный (~ен, ~на) *adj* **1** (*обычный*) habitual, usual, customary. **2** (**к** + *d*) (*привыкший*) accustomed (to), used (to); **ничего, он человек п.** it's all right, he's used to it.

привязанност|ь, и *f* **1** (**к** + *d*) (*чувство*) attachment (to); affection (for, towards). **2** (*fig*) object of affection; **ста́рая п.** old flame.

привя́з|анный *ppp of* ⇒**~а́ть** *and adj* (**к** + *d*) attached (to).

привя|за́ть, жу́, ~́жешь *pf* (*of* ⇒**~́зывать**) (**к** + *d*) **1** to tie (to), fasten (to), attach (to); **п. верёвку к забо́ру** to tie a rope to the fence; **п. соба́ку к забо́ру** to tie the dog to the fence; **п. ремни́** to fasten belts. **2** (**к себе́**; *fig*) to win over; to endear o.s. to.

привя|за́ться, жу́сь, ~́жешься *pf* (*of* ⇒**~́зываться**) (**к** + *d*) **1** to become attached (to); **она́ о́чень к вам ~за́лась** she has become very attached to you. **2** to attach o.s. (to); **на доро́ге к нам ~за́лся како́й-то ни́щий** a beggar attached himself to us on the road. **3** (*coll*) (*надоесть*) to pester, bother.

привязно́й *adj* fastened, secured; **п. ремéнь** seat belt.

привя́зчив|ый (~, ~а) *adj* **1** (*склонный к привязанности*) affectionate. **2** (*надоедливый*) annoying, bothersome.

при́вяз|ь, и *f* tie; lead, leash; tether; **на ~и** on a leash.

привя́зыва|ть(ся), ю(сь) *impf of* ⇒**привяза́ть(ся)**

приrа́р, а *m* (*coll*) burnt place (*of cooked food*).

при́гар|ь, и *f* taste of burning.

пригвожда́|ть, ю *impf of* ⇒**пригвозди́ть**

пригвоз|ди́ть, жу́, ди́шь *pf* (*of* ⇒**пригвожда́ть**) (**к** + *d*) to nail (to); (*fig*) to pin (down); **п. к ме́сту** to root to the spot.

пригиба́|ть(ся), ю(сь) *impf of* ⇒**пригну́ть(ся)**

пригла́|дить, жу, дишь *pf* (*of* ⇒**~живать**) to smooth.

пригла́жива|ть, ю *impf of* ⇒**пригла́дить**

пригласи́тельный *adj* invitation; **п. биле́т** invitation card.

пригла|си́ть, шу́, си́шь *pf* (*of* ⇒**~ша́ть**) **1** to invite, ask; **п. на обе́д** to invite, ask to dinner; **п. кого́-н. на та́нец** to ask s.o. to dance, ask s.o. for a dance; **п. в го́сти** to invite, ask round; **его́ ~си́ли на рабо́ту в но́вой шко́ле** he has been offered a job in a new school. **2** (*врача*) to call.

приглаша́|ть, ю *impf of* ⇒**пригласи́ть**

приглаше́ни|е, я *nt* **1** invitation; **по ~ю** by invitation; **разосла́ть ~я** to send out invitations. **2** (*на работу*) offer (*of employment*).

приглуш|а́ть, а́ю *impf of* ⇒**~и́ть**

приглуш|и́ть, у́, и́шь *pf* (*of* ⇒**~а́ть**) (*звук*) to muffle, deaden; (*голос, речь*) to mute; (*свет, радио*) to turn down; (*огонь*) to choke, damp; (*тоску*) to relieve.

пригля|де́ть, жу́, ди́шь *pf* (*of* ⇒**~́дывать**) (*coll*) **1** (*подыскать*) to find, look out (*Br*). **2** (**за** + *i*) to look after; **п. за детьми́** to look after children.

пригля|де́ться, жу́сь, ди́шься *pf* (*of* ⇒**~́дываться**) (*coll*) **1** (**к** + *d*) (*внимательно посмотреть*) to look closely (at), scrutinize. **2** (**к** + *d*) (*привыкнуть*) to get accustomed (to), get used (to); **п. к темноте́** to get accustomed to darkness. **3** (+ *d*) (*надоесть*) to tire, bore; **мне ~де́лись фи́льмы о войне́** I am tired of war films.

пригля́дыва|ть(ся), ю(сь) *impf of* ⇒**пригляде́ть(ся)**

приглян|у́ться, у́сь, ~́ешься *pf* (+ *d*; *coll*) to take one's fancy, attract; **она́ сра́зу ~у́лась ему́** he was attracted by her instantly.

при|гна́ть[1], гоню́, го́нишь, *past* **~гна́л, ~гнала́, ~гна́ло** *pf* (*of* ⇒**~гоня́ть**) (*гоня, доставить*) to drive.

при|гна́ть[2], гоню́, го́нишь, *past* **~гна́л, ~гнала́, ~гна́ло** *pf* (*of* ⇒**~гоня́ть**) (*приладить*) to fit, adjust.

пригн|у́ть, у́, ёшь *pf* (*of* ⇒**пригиба́ть**) to bend down, bow.

пригн|у́ться, у́сь, ёшься *pf* (*of* ⇒**пригиба́ться**) (*о человеке*) to bend down; (*о ветке*) to bend.

пригова́рива|ть[1], ю *impf* to keep saying, keep repeating (*as accompaniment to given action*).

пригова́рива|ть[2], ю *impf of* ⇒**приговори́ть**

пригово́р, а *m* (*судьи*) sentence; **вы́нести п.** to pass sentence; **отмени́ть п.** to quash a sentence; **обвини́тельный п.** guilty verdict; **оправда́тельный п.** verdict of 'not guilty'; (*присяжных*) verdict; (*fig*) (*истории*) judgement, verdict.

приговор|и́ть, ю́, и́шь *pf* (*of* ⇒**пригова́ривать[2]**) (**к** + *d*) to sentence (to), condemn (to).

приго|ди́ться, жу́сь, ди́шься *pf* (+ *d*) to prove useful (to), come in handy; to stand in good stead.

приго́дност|ь, и *f* fitness, suitability.

приго́д|ный (~ен, ~на) *adj* (**к** + *d*) fit (for), suitable (for), good (for); **ни к чему́ не п.** good-for-nothing, worthless.

приго́ж|ий (~, ~а) *adj* **1** (*folk poetical*) (*девушка*) comely. **2** (*coll*) (*погода*) fine.

приголу́б|ить, лю, ишь *pf* (*of* ⇒**голу́бить** *and* ⇒**~ливать**) to caress, fondle.

приголу́блива|ть, ю *impf of* ⇒**приголу́бить**

приго́н, а *m* driving home, bringing in.

приго́нк|а, и *f* fitting, adjusting; **п. часте́й** (*tech*) assembling.

пригоня́|ть, ю *impf of* ⇒**пригна́ть[1,2]**

пригор|а́ть, а́ет *impf of* ⇒**~е́ть**

пригоре́лый *adj* burnt.

пригор|е́ть, и́т *pf* (*of* ⇒**~а́ть**) to be burnt; **молоко́ ~е́ло** the milk is burnt.

при́город, а *m* suburb.

при́городный *adj* suburban; **п. по́езд** local train.

приго́р|ок, ка *m* hillock, knoll.

при́горш|ня, ни, *g pl* **~ен** *and* **~ней** *f* handful; **пить во́ду ~нями** to drink water from cupped hands.

пригорю́нива|ться, юсь *impf of* ⇒**пригорю́ниться**

пригорю́н|иться, юсь, ишься *pf* (*of* ⇒**~иваться**) (*coll*) to become sad.

пригота́влива|ть(ся), ю(сь) *impf* = **приготовля́ть(ся)**

приготови́тельный *adj* preparatory.

пригото́в|ить, лю, ишь *pf* (*of* ⇒**пригота́вливать** *and* ⇒**~ля́ть**) to prepare; **п. обе́д** to cook, prepare a dinner; **п. роль** to learn a part.

пригото́в|иться, люсь, ишься *pf* (*of* ⇒**пригота́вливаться** *and* ⇒**~ля́ться**) (+ *inf*) to prepare (to); (**к** + *d*) to prepare (o.s.) (for).

приготовле́ни|е, я *nt* preparation; **без ~я** extempore.

приготовля́|ть(ся), ю(сь) *impf of* ⇒**пригото́вить(ся)**

пригреба́|ть, ю *impf of* ⇒**пригрести́**

пригрева́|ть(ся), ю(сь) *impf of* ⇒**пригре́ть(ся)**

пригре́|зиться, жусь, зишься *pf of* ⇒**гре́зиться**

пригре|сти́, бу́, бёшь, *past* **~б, ~бла́** *pf* (*of* ⇒**~ба́ть**) (*coll*) **1** (*листья*) to rake up. **2** (**к** + *d*) (*приблизиться, гребя*) to row (towards).

пригре́|ть, ю, ешь *pf* (*of* ⇒**~ва́ть**) **1** to warm. **2** (*fig*) (*приютить*) to give shelter (to), take to one's care.

пригре́|ться, юсь, ешься *pf* (*of* ⇒**~ва́ться**) (*coll*) to warm o.s.; to warm up.

пригро|зи́ть, жу́, зи́шь *pf of* ⇒**грози́ть 1**

приrу́б|ить, лю, ишь *pf* to take a sip (of), taste.

прида|ва́ть, ю́, ёшь *impf of* ⇒**прида́ть**

придав|и́ть, лю́, ~́ишь *pf* (*of* ⇒**~́ливать**) to press; (*повредить*) to squash; (*fig*) (*удручить*) to weigh down on.

прида́влива|ть, ю *impf of* ⇒**придави́ть**

прида́ни|е, я *nt* giving, imparting; **для ~я хра́брости** to give courage; **для ~я зако́нной си́лы** (+ *d*; *law*) to give legal status (to); to make legal.

прида́н|ое, ого *nt* **1** (*имущество*) dowry; (*одежда*) trousseau. **2** (*для новорождённого*) layette.

прида́т|ок, ка *m* appendage, adjunct.

прида́точн|ый *adj* **1** additional, supplementary. **2** (*gram*) subordinate; **~ое предложе́ние** subordinate clause.

прида́|ть, м, шь, ст, ди́м, ди́те, ду́т, *past* **~л, ~ла́, ~ло** *pf* (*of* ⇒**~ва́ть**) **1** to add; (*mil*) to attach. **2** (*усилить*) to increase, strengthen; **п. бо́дрости** (+ *d*) to hearten, put heart (into); **п. ду́ху** (+ *d*) to inspire, encourage. **3** (+ *a and d*) (*свойство, состояние*) to give (to), impart (to); (*fig*) to attach (to); **п. вкус** to give piquancy (to); **п. лоск** to impart lustre (*Br*), luster (*US*) (to); **п. значе́ние** to attach importance (to); **п. фо́рму** to shape (to).

прида́ч|а, и *f* **1** (*действие*) adding; (*mil*) attaching. **2** (*то, что придано*) addition, supplement; **в ~у** in addition.

придвига́|ть(ся), ю(сь) *impf of* ⇒**придви́нуть(ся)**

придви́|нуть, ну, нешь *pf* (*of* ⇒**~га́ть**) to move (up), draw (up); **~нь(те) кре́сло к пе́чке** draw your chair up to the stove.

П

придви́|нуться, нусь, нешься *pf* (*of* ⇒**~га́ться**) (к + *d*) to move.
придво́рн|ый *adj* court; **п. врач** court physician; **п. шут** court jester; *as n* **п., ~ого** *m* courtier.
приде́л, а *m* (*eccl*) (*постройка*) side chapel.
приде́л|ать, аю *pf* (*of* ⇒**~ывать**) (к + *d*) to fix (to), attach (to).
приде́лыва|ть, ю *impf of* ⇒**приде́лать**
придерж|а́ть, у́, ~́ишь *pf* (*of* ⇒**~́ивать**) to hold back (*also fig*); **п. това́р** to hold back goods; **п. язы́к** to hold one's tongue.
приде́ржива|ть, ю *impf of* ⇒**придержа́ть**
приде́ржива|ться, юсь *impf* **1** (за + *a*) to hold on (to); **п. за по́ручень** to hold on to the rail. **2** (+ *g*) to hold (to), keep (to) (*also fig*); (*fig*) to stick (to), adhere (to); (*моды, советов*) to follow; **п. пра́вой стороны́** to keep to the right; **п. догово́ра** to adhere to an agreement; **п. мне́ния** to hold the opinion, be of the opinion; **п. пра́вил** to stick to, follow the rules; **п. те́мы** to stick to the subject.
приди́р|а, ы *cg* (*coll*) quibbler, fault-finder.
придира́|ться, юсь *impf of* ⇒**придра́ться**
приди́рк|а, и *f* (*coll*) quibble; (*in pl*) fault-finding, nagging, carping.
приди́рчивост|ь, и *f* captiousness.
приди́рчив|ый (~, ~а) *adj* fault-finding, carping, nagging.
придоро́жный *adj* roadside, wayside.
при|дра́ться, деру́сь, дерёшься, *past* **~дра́лся, ~драла́сь, ~дра́ло́сь** *pf* (*of* ⇒**~дира́ться**) (к + *d*) **1** (*упрекнуть*) to find fault (with), carp (at); to nag (at), pick (on); **п. к кому́-н. из-за пустяко́в** (*or* **по пустяка́м**) to find fault with s.o. over trifles. **2** (*воспользоваться как предлогом*) (*coll*) to seize (on, upon).
приду́м|ать, аю *pf* (*of* ⇒**~ывать**) **1** (*отговорку, выход*) to think of, think up; (*приспособление*) to devise, invent; (*сказку, песню*) to make up; (*музыку*) to compose, make up; **п. развлече́ние** to devise an entertainment; **он ~ал, как вы́йти из кри́зиса** he thought of how to get out of the crisis; **наконе́ц я ~ал, что де́лать** at last I have thought of what to do. **2** (*вообразить*) to imagine.
приду́мыва|ть, ю *impf of* ⇒**приду́мать**
придурковат|ый (~, ~а) *adj* (*coll*) daft, dopey.
приду́р|ок, ка *m* (*sl*) idiot, fool.
при́дур|ь, и *f*: **с ~ью** (*coll*) slightly mad, touched.
придуш|и́ть, у́, ~́ишь *pf* (*coll*) to strangle, smother.
придыха́ни|е, я *nt* (*ling*) (*в речи*) aspiration.
придыха́тельн|ый *adj* (*ling*) aspirate; *as n* **п., ~ого** *m* aspirate.
при|ду́ *see* ⇒**~йти́**
приеда́|ться, юсь *impf of* ⇒**прие́сться**
прие́зд, а *m* arrival, coming; **с ~ом!** welcome!
приезжа́|ть, ю *impf of* ⇒**прие́хать**
приезжа́ющ|ий *pres participle of* ⇒**приезжа́ть**; *as n* **п., ~его** *m*, **~ая, ~ей** *f* newcomer, (new) arrival.
прие́зж|ий *adj* newly arrived; visiting; *as n* **п., ~его** *m*, **~ая, ~ей** *f* newcomer; (*гость*) visitor.
приём, а *m* **1** (*действие*) receiving; reception; **часы́ ~а** (reception) hours, calling hours; (*врача*) surgery (hours) (*Br*), office hours (*US*).
2 (*гостей*) reception, welcome; **оказа́ть кому́-н. раду́шный п.** to accord s.o. a hearty welcome.
3 (*в партию, клуб*) admittance.
4 (*собрание приглашённых*) reception.
5 (*лекарства*) dose.
6 (*отдельное действие*) go; motion, movement; **в оди́н п.** at one go; **вы́пить стака́н в два ~а** to drain a glass in two draughts (*Br*), drafts (*US*); **испо́лнить кома́нду в три ~а** to execute a command in three movements.
7 (*способ*) method, way, mode; (*уловка*) device, trick (*also pej*); (*sport*) hold, grip; **лече́бный п.** method of treatment.
8 (*radio, TV*) reception.
приёмк|а, и *f* receipt.
прие́млемост|ь, и *f* acceptability; admissibility.
прие́млем|ый (~, ~а) *adj* acceptable; admissible.
приёмн|ая, ой *f* **1** (*для ожидания*) waiting room. **2** (*где принимают гостей*) reception room.
приёмник[1], а *m* (*радиоприёмник*) radio (set); (*для приёма сигналов*) receiver.
приёмник[2], а *m* (*учреждение*) reception centre (*Br*), center (*US*).
приёмн|ый *adj* **1** receiving; reception; **п. день** visiting day; **~ые часы́** (reception) hours; (*врача*) surgery (hours) (*Br*), office hours (*US*); **п. поко́й** casualty ward. **2** selection; entrance; **~ая коми́ссия** selection committee; **п. экза́мен** entrance examination. **3** foster, adoptive; **п. оте́ц** foster-father; **~ая мать** foster-mother; **п. сын** adopted son, foster-son.
приёмщик, а *m* examiner, inspector (*of goods at a factory*).
приёмщи|ца, цы *f of* ⇒**~к**
приёмыш, а *m* adopted child, foster-child.
при|е́сться, е́стся, едя́тся, *past* **~е́лся, ~е́лась** *pf* (*of* ⇒**~еда́ться**) (+ *d*; *coll*) to pall (on), bore; **мне ~е́лась э́та рабо́та** I am fed up with this work.
прие́|хать, ду, дешь *pf* (*of* ⇒**~зжа́ть**) to arrive, come (*not on foot*).
прижа́т|ый *ppp of* ⇒**~ь**; **быть ~ым к стене́** (*fig*) to have one's back to the wall.
приж|а́ть, му́, мёшь *pf* (*of* ⇒**~има́ть**) **1** (к + *d*) to press (to), clasp (to); **п. к земле́** to pin down; **п. к груди́** to clasp to one's bosom; **п. к стене́** (*fig*) to drive into a corner. **2** (*fig*) to press, bring pressure to bear (upon); **п. должнико́в** to press one's debtors.
приж|а́ться, му́сь, мёшься *pf* (*of* ⇒**~има́ться**) (к + *d*) (*прислониться*) to press o.s. (to, against); (*к матери*) to cuddle up (to), snuggle up (to), nestle up (to); **п. к стене́** to flatten o.s. against the wall.
при|же́чь, жгу́, жжёшь, жгу́т, *past* **~жёг, ~жгла́** *pf* (*of* ⇒**~жига́ть**) to cauterize, sear.
прижива́л|ка, ки *f of* ⇒**~щик**
прижива́льщик, а *m* hanger-on, sponger.
прижива́льщи|ца, цы *f of* ⇒**~к**
прижива́|ть(ся), ю(сь) *impf of* ⇒**прижи́ть(ся)**
прижига́ни|е, я *nt* (*med*) cauterization, searing.
прижига́|ть, ю *impf of* ⇒**приже́чь**
прижи́зненный *adj* occurring during one's lifetime.
прижима́|ть(ся), ю(сь) *impf of* ⇒**прижа́ть(ся)**
прижи́мист|ый (~, ~а) *adj* (*coll*) tight-fisted, stingy.
прижи́мк|а, и *f* (*fig, coll*) pressure; clamping down.
приж|и́ть, иву́, ивёшь, *past* **~́ил, ~ила́, ~́ило** *pf* (*of* ⇒**~ива́ть**) (*coll*) to beget (*usu of extra-marital unions*).
приж|и́ться, иву́сь, ивёшься, *past* **~и́лся, ~ила́сь** *pf* (*of* ⇒**~ива́ться**) **1** (*прожив, привыкнуть*) to settle down, get acclimatized (*Br*), acclimated (*US*). **2** (*о растениях*) to take root.
приз, а, *pl* **~ы** *m* prize; **переходя́щий п.** challenge prize; **получи́ть п.** to win a prize; **присуди́ть п.** (+ *d*) to award a prize (to).
призаду́м|аться, аюсь *pf* (*of* ⇒**~ываться**) to become thoughtful, become pensive.
призаду́мыва|ться, юсь *impf of* ⇒**призаду́маться**
приза|ня́ть, йму́, йме́шь, *past* **~́нял, ~няла́, ~́няло** *pf* (*coll*) to borrow (*a small sum*).
призва́ни|е, я *nt* (*назначение*) vocation, calling; **сле́довать своему́ ~ю** to follow one's vocation; (*склонность*) aptitude; (*музыки, театра*) mission, purpose.
при|зва́ть, зову́, зовёшь, *past* **~зва́л, ~звала́, ~зва́ло** *pf* (*of* ⇒**~зыва́ть**) (*позвать явиться*) to call, summon; (*позвать делать что-н.*) to call upon, appeal; **п. на по́мощь** to call for help; **п. на вое́нную слу́жбу** to call up (*for mil service*); **п. к поря́дку** to call to order.
при|зва́ться, зову́сь, зовёшься, *past* **~зва́лся, ~звала́сь, ~зва́ло́сь** *pf* (*of* ⇒**~зыва́ться**) (*coll*) to be called up.
при́звук, а *m* additional sound.
призе́мист|ый (~, ~а) *adj* stocky, squat; thickset.
приземле́ни|е, я *nt* (*aeron*) landing, touchdown.
приземл|и́ть, ю́, и́шь *pf* (*of* ⇒**~я́ть**) (*aeron*) to land.
приземл|и́ться, ю́сь, и́шься *pf* (*of* ⇒**~я́ться**) (*aeron*) to land, touch down.
приземля́|ть(ся), ю(сь) *impf of* ⇒**приземли́ть(ся)**
призёр, а *m* prizewinner.

П

при́зм|а, ы *f* prism; **сквозь ~у** (+ *g*; *fig*) in the light (of).

призмати́ческий *adj* prismatic.

призна|ва́ть(ся), ю(сь), ёшь(ся) *impf of* ⇒**призна́ть(ся)**

при́знак, а *m* sign; indication; **п. боле́зни** symptom; **служи́ть ~ом** (+ *g*) to be a sign (of); **обнару́живать ~и** (+ *g*) to show signs (of); **име́ются все ~и того́, что** there is every indication that; **не подава́ть ~ов жи́зни** to show no sign of life.

призна́ни|е, я *nt* **1** (*заявление*) confession, declaration; admission, acknowledgement; **нево́льное п.** involuntary admission; **п. вины́** avowal of guilt; **п. в любви́** declaration of love; **по о́бщему ~ю** by general admission. **2** (*оценка по достоинству*) recognition; **получи́ть п.** to obtain, win recognition.

при́зн|анный *ppp of* ⇒**~а́ть** *and adj* acknowledged, recognized.

призна́тельност|ь, и *f* gratitude.

призна́тел|ьный (~ен, ~ьна) *adj* grateful.

призна́|ть, ю *pf* (*of* ⇒**~ва́ть**) **1** (*узнать*) to recognize; to spot, identify; **вы меня́ не ~ли?** did you not recognize me? **2** (*law, pol*) to recognize; **п. прави́тельство** to recognize a government. **3** (*сознать*) to admit, acknowledge; **п. себя́ вино́вным** (*law*) to plead guilty; **п. свою́ оши́бку** to admit one's mistake. **4** (*считать*) to deem; **п. ну́жным** to deem (it) necessary; **п. недействи́тельным** to declare invalid; **п. (не)вино́вным** to find (not) guilty.

призна́|ться, юсь *pf* (*of* ⇒**~ва́ться**) (**в** + *p*) to confess (to); **п. в любви́** to make a declaration of love; **п. в преступле́нии** to confess to a crime.

призов|о́й *adj of* ⇒**приз**; **~ы́е де́ньги** prize money; **~о́е ме́сто** medal position.

призо́р, а *m*: **без ~а** (*coll*) untended, neglected.

при́зрак, а *m* spectre (*Br*), specter (*US*), ghost, apparition.

при́зрачност|ь, и *f* illusoriness.

при́зрач|ный (~ен, ~на) *adj* **1** spectral, ghostly. **2** (*fig*) (*мнимый*) illusory, imagined; **~ная опа́сность** imagined danger.

призрева́|ть, ю *impf of* ⇒**призре́ть**

призре́ни|е, я *nt* care, charity; **дом ~я бе́дных** almshouse, poor people's home.

призр|е́ть, ю́, ~и́шь *pf* (*of* ⇒**~ева́ть**) to support by charity.

призы́в, а *m* **1** (*просьба*) call, appeal; **откли́кнуться на чей-н. п.** to respond to s.o.'s call. **2** (*лозунг*) slogan; **первома́йские ~ы** May Day slogans. **3** (*mil*) call-up, conscription.

призыва́|ть(ся), ю(сь) *impf of* ⇒**призва́ть(ся)**

призывни́к, а́ *m* conscript.

призывно́й *adj* call-up; **п. во́зраст** call-up age.

призы́вный *adj* summoning; inviting; **п. клич** call.

при́иск, а *m* mine; **золоты́е ~и** goldfield(s).

при|иска́ть, ищу́, и́щешь *pf* (*of* ⇒**~и́скивать**) (*coll*) to find.

прии́скива|ть, ю *impf* (*coll*) **1** *impf of* ⇒**прииска́ть**. **2** (*impf only*) to look for, search for.

приисково́й *adj of* ⇒**при́иск**

при|йти́, ду́, дёшь, *past* **~шёл, ~шла́** *pf* (*of* ⇒**~ходи́ть**) to come; to arrive; **п. пе́рвым** to come first; **п. в восто́рг (от** + *g*) to go into raptures (over); **п. в у́жас** to be horrified; **п. в я́рость** to fly into a rage; **п. в го́лову кому́-н., на ум кому́-н.** to occur to s.o., strike s.o., cross one's mind; **мысль ~шла́ мне в го́лову** the idea occurred to me; **п. в себя́, п. в чу́вство** to come round, regain consciousness; (*fig*) to come to one's senses; **п. к концу́** to come to an end; **п. к соглаше́нию** to come to an agreement.

при|йти́сь, ду́сь, дёшься, *past* **~шёлся, ~шла́сь** *pf* (*of* ⇒**~ходи́ться 1**) **1** (**по** + *d*) to fit; **пальто́ ~шло́сь мне по разме́ру** the coat fitted me; **п. кому́-н. по вку́су, по нра́ву** to be to s.o.'s taste, liking. **2** (**на** + *a*; *о датах, событиях*) to fall (on); **Па́сха ~шла́сь на 28-е ма́рта** Easter fell on the 28th of March; (**по** + *d*; *попасть*): **уда́р ~шёлся по лицу́** the blow landed on my, his, *etc.* face. **3** (*impers* + *d*) (*оказаться нужным*) to have (to); **нам ~шло́сь подожда́ть ещё два часа́** we had to wait another two hours; **ей ~дётся неме́дленно верну́ться в Москву́** she will have to return to Moscow immediately. **4** (*impers* + *d*) (*выпасть на долю*) to happen (to), fall to the lot (of); **мне ~шло́сь быть ря́дом в тот моме́нт, когда́ он упа́л в о́бморок** I happened to be standing by when he fainted; **им ту́го ~шло́сь** they had a rough time; **ему́ ~шло́сь тяжело́** he had a hard time; **как ~дётся** (*coll*) anyhow; **где ~дётся** anywhere; in all sorts of places; **что ~дётся** anything; whatever comes along. **5** (*impers*; **на** + *a or* **с** + *g*; *coll*) (*причитаться*) to be owing (to, from); **на ка́ждого ~шло́сь по фу́нту** they got a pound each; **с вас ~дётся де́сять рубле́й** there is ten roubles to come from you.

прика́з, а *m* **1** order, command; **вы́полнить п.** to carry out an order; **отда́ть п.** to give an order; **по ~у** by order. **2** (*hist*) office, department.

приказа́ни|е, я *nt* (*приказ*) order, command; (*указание*) instruction.

прика|за́ть, жу́, ~́жешь *pf* (*of* ⇒**~́зывать**) (+ *d*) to order; to give orders; **он ~за́л подчинённым зако́нчить рабо́ту к ве́черу** he ordered his subordinates to finish the work by evening; **дире́ктор ~за́л соста́вить но́вый гра́фик** the director ordered a new schedule to be worked out; **генера́л ~за́л атакова́ть** the general gave orders to attack; the general ordered an attack; **п. до́лго жить** (*coll*) to pass on, depart this life; **что ~́жете?** what do you wish?, what can I do for you?; **как ~́жете** as you wish; **как ~́жете понима́ть э́то?** how am I supposed to take this?

приказ|но́й *adj* commanding; **в ~ном поря́дке** in the form of an order.

прика́зчик, а *m* (*obs*) **1** (*продавец*) salesman. **2** (*в имении*) steward.

прика́зыва|ть, ю *impf of* ⇒**приказа́ть**

прика́лыва|ть, ю *impf of* ⇒**приколо́ть**

прика́нчива|ть, ю *impf of* ⇒**прико́нчить**

прикарма́нива|ть, ю *impf of* ⇒**прикарма́нить**

прикарма́н|ить, ю, ишь *pf* (*of* ⇒**~ивать**) (*coll*) to pocket.

прика́рмлива|ть, ю *impf* **1** *impf of* ⇒**прикорми́ть**. **2** (*impf only*) (*дополнительно кормить*) to give additional food (*during the weaning period*).

прикаса́|ться, юсь *impf of* ⇒**прикосну́ться**

прика|ти́ть, чу́, ~́тишь *pf* (*of* ⇒**~́тывать**) **1** (**к** + *d*) (*бочку*) to roll up (to); (*тачку*) to wheel up (to). **2** (*coll*) (*приехать*) to roll up, turn up.

прика́тыва|ть, ю *impf of* ⇒**прикати́ть**

прики́д, а *m* (*sl*) stylish clothing, gear.

прики́дыва|ть(ся), ю(сь) *impf of* ⇒**прики́нуть(ся)**

прики́|нуть, ну, нешь *pf* (*of* ⇒**~дывать**) **1** (*добавить*) to throw in, add. **2** (*приблизительно сосчитать*) to estimate (approximately); **п. в уме́** (*fig*) to weigh (up), ponder.

прики́|нуться, нусь, нешься *pf* (*of* ⇒**~дываться**) (+ *i*; *coll*) to pretend (to be), feign; **п. больны́м** to pretend to be ill, feign illness; **он ~нулся, что не ви́дит меня́** he pretended that he could not see me.

прикла́д[1], а *m* (*ружья*) butt.

прикла́д[2], а *m* (*для шитья одежды, обуви*) trimmings.

прикладн|о́й *adj* applied; **~о́е иску́сство** applied arts; **~а́я програ́мма** (*comput*) application (program); **~а́я фи́зика** applied physics.

прикла́дыва|ть(ся), ю(сь) *impf of* ⇒**приложи́ть(ся)**

прикле́ива|ть(ся), ю(сь) *impf of* ⇒**прикле́ить(ся)**

прикле́|ить, ю, ишь *pf* (*of* ⇒**~ивать**) to stick; to glue; **п. ма́рку** to stick on a stamp; **п. афи́шу к стене́** to stick (up) a bill on a wall.

прикле́|иться, ится *pf* (*of* ⇒**~иваться**) (**к** + *d*) to stick (to), adhere (to).

приклеп|а́ть, а́ю *pf* (*of* ⇒**~́ывать**) to rivet.

приклёпыва|ть, ю *impf of* ⇒**приклепа́ть**

приклон|и́ть, ю́, ~́ишь *pf*: **п. го́лову** to lay one's head; **ему́ не́где п. го́лову** he has nowhere to lay his head.

приключ|а́ться, а́ется *impf of* ⇒**~и́ться**

приключе́ни|е, я *nt* adventure.

приключе́нческий *adj* adventure; **п. рома́н** adventure novel.

приключ|и́ться, и́тся *pf* (*of* ⇒**~а́ться**) (*coll*) to happen, occur.

прикноп|и́ть, лю́, ~и́шь *pf* to pin up (*with a drawing pin*).

прико́в|анный *ppp of* ⇒**~а́ть**; **п. к посте́ли** bedridden.

прик|ова́ть, ую́, уёшь *pf* (*of* ⇒**~о́вывать**) (**к** + *d*) **1** to chain (to). **2** (*fig*) (*взгляд*) to fix; (*внимание*) to rivet; **карти́на ~ова́ла на́ше внима́ние** our attention was riveted on the picture; **п. к себе́ всео́бщее внима́ние** to attract everybody's attention; **страх ~ова́л нас к ме́сту** fear rooted us to the spot; **боле́знь ~ова́ла его́ к посте́ли** illness confined him to his bed.

прико́выва|ть, ю *impf of* ⇒**прикова́ть**

прико́л, а *m* **1** stake; **стоя́ть на ~е** (*naut*) to be tied up, moored; **на ~е** laid up (*also fig*). **2** (*sl*) (*анекдот*) funny story, anecdote; (*выходка*) trick, strange action; **для ~а** for a laugh.

прикола́чива|ть, ю *impf of* ⇒**приколоти́ть**

приколо|ти́ть, чу́, ~тишь *pf* (*of* ⇒**прикола́чивать**) to nail, fasten with nails.

прикол|о́ть, ю́, ~ешь *pf* (*of* ⇒**прика́лывать**) **1** to pin, fasten with a pin. **2** (*coll*) (*человека*) to stab; **п. штыко́м** to bayonet.

прико́л|ьный (~ен, ~ьна) *adj* (*sl*) (*забавный*) zany, quirky; (*отличный*) amazing, brill(iant) (*Br coll*).

прикомандир|ова́ть, у́ю *pf* (*of* ⇒**~о́вывать**) (**к** + *d*) to attach (to), second (to).

прикомандиро́выва|ть, ю *impf of* ⇒**прикомандирова́ть**

прико́нч|ить, у, ишь *pf* (*of* ⇒**прика́нчивать**) (*coll*) **1** (*израсходовать*) to use up. **2** (*fig*) (*умертвить*) to finish off.

прикоп|и́ть, лю́, ~ишь *pf* (+ *a or g*; *coll*) to save (up), put by.

прико́рм, а *m* **1** (*для рыб, птиц*) lure, bait. **2** (*для детей*) additional food.

прикорм|и́ть, лю́, ~ишь *pf* (*of* ⇒**прика́рмливать**) to lure (*by putting out food*).

прико́рм|ка, ки *f* = **~**

прикорн|у́ть, у́, ёшь *pf* (*coll*) to curl up.

прикоснове́ни|е, я *nt* **1** touch; **то́чка ~я** point of contact. **2** (*obs*) concern; **я не име́ю никако́го ~я к э́тому де́лу** this affair is no concern of mine, is nothing to do with me.

прикоснове́нност|ь, и *f* (**к** + *d*) (*literary*) concern (in), involvement (in).

прикоснове́н|ный (~, ~на) *adj* (**к** + *d*) (*literary*) concerned (in), involved (in), implicated (in); **он был ~ к уби́йству** he was implicated in a murder.

прикосн|у́ться, у́сь, ёшься *pf* (*of* ⇒**прикаса́ться**) (**к** + *d*) to touch (lightly).

прикра́с|а, ы *f* (*usu in pl*) (*coll*) embellishment; **без ~** unvarnished.

прикра́|сить, шу, сишь *pf* (*of* ⇒**~шивать**) to embellish, embroider (*in speech*).

прикра́шива|ть, ю *impf of* ⇒**прикра́сить**

прикреп|и́ть, лю́, и́шь *pf* (*of* ⇒**~ля́ть**) (**к** + *d*) **1** to fasten (to); (*comput*) (*файл к письму и т. п.*) to attach (*a file etc.*) (to). **2** (*fig*) to attach (to); **п. де́тский сад к поликли́нике** to attach a kindergarten to a health centre (*Br*), center (*US*).

прикреп|и́ться, лю́сь, и́шься *pf* (*of* ⇒**~ля́ться**) (**к** + *d*) to register (at, with).

прикрепле́ни|е, я *nt* **1** (*действие*) fastening; (*also comput*) attachment. **2** (*fig*) attachment. **3** (*регистрация*) registration.

прикрепля́|ть(ся), ю(сь) *impf of* ⇒**прикрепи́ть(ся)**

прикри́кива|ть, ю *impf of* ⇒**прикри́кнуть**

прикри́к|нуть, ну, нешь *pf* (*of* ⇒**~ивать**) (**на** + *a*) to shout (at), raise one's voice (at).

прикру|ти́ть, чу́, ~тишь *pf* (*of* ⇒**~чивать**) **1** (**к** + *d*) (*привязать*) to tie (to), bind (to), fasten (to). **2** (*coll*) (*фитиль*) to turn down.

прикру́чива|ть, ю *impf of* ⇒**прикрути́ть**

прикрыва́|ть(ся), ю(сь) *impf of* ⇒**прикры́ть(ся)**

прикры́ти|е, я *nt* cover; (*конвой*) escort; (*fig*) screen, cloak; **под ~ем** (+ *g*) under cover (of); **артиллери́йское п.** artillery cover.

прикр|ы́ть, о́ю, о́ешь *pf* (*of* ⇒**~ыва́ть**) **1** (+ *i*) (*покрыть*) to cover (with); to screen; **п. кастрю́лю кры́шкой** to put the lid on a saucepan. **2** (*защитить*) to protect, shield; **п. глаза́ руко́й** to shade, shield one's eyes (with one's hand); (*о войсках*) to cover; **п. наступле́ние артилле́рией** to cover an attack with an artillery barrage. **3** (*fig*) (*скрыть*) to cover (up), conceal, screen; **п. своё неве́жество** to conceal one's ignorance. **4** (*coll*) (*ликвидировать*) to close down, wind up. **5** (*coll*) (*закрыть неплотно*) to close (*a door, etc.*) to.

прикр|ы́ться, о́юсь, о́ешься *pf* (*of* ⇒**~ыва́ться**) **1** (+ *i*) to cover o.s. (with); (*fig*) to use as a cover, take refuge (in), shelter (behind); **он ~ы́лся боле́знью** he took refuge in being ill. **2** (*coll*) (*ликвидироваться*) to close down, go out of business. **3** (*coll*) (*закрыться неплотно*) to close to.

прикуп|а́ть, а́ю *impf of* ⇒**~и́ть**

прикуп|и́ть, лю́, ~ишь *pf* (*of* ⇒**~а́ть**) (+ *a or g*) to buy (*some more*).

прику́пк|а, и *f* additional purchase.

прику́рива|ть, ю *impf of* ⇒**прикури́ть**

прикур|и́ть, ю́, ~ишь *pf* (*of* ⇒**~ивать**) (**у кого́-н.**) to get a light (*from s.o.'s cigarette*).

при́кус, а *m* bite.

прику|си́ть, шу́, ~сишь *pf* (*of* ⇒**~сывать**) to bite; **п. (себе́) язы́к** to bite one's tongue; (*fig, coll*) to hold one's tongue, keep one's mouth shut.

прику́сыва|ть, ю *impf of* ⇒**прикуси́ть**

прила́в|ок, ка *m* counter; (*на рынке*) stall; **рабо́тник ~ка** counter hand, salesman; **из-под ~ка** (*fig*) under the counter.

прилага́|емый *pres participle passive of* ⇒**~ть** *and adj* accompanying; enclosed; **п. почто́вый перево́д** the enclosed postal order.

прилага́тельн|ое *adj*: **и́мя ~ое** (*or as n* **~ое, ~ого** *nt*) adjective.

прилага́|ть, ю *impf of* ⇒**приложи́ть 2, 3**

прила́|дить, жу, дишь *pf* (*of* ⇒**~живать**) (**к** + *d*) to fit (to), adjust (to).

прила́жива|ть, ю *impf of* ⇒**прила́дить**

приласка́|ть, ю *pf* to caress, pet; (*отнестись хорошо*) to show kindness to.

приласка́|ться, юсь *pf* (**к** + *d*) to snuggle up (to).

прилгн|у́ть, у́, ёшь *pf* (*coll*) to add made-up bits (*when recounting sth*).

прилега́|ть, ет *impf* (**к** + *d*) **1** (*pf* **приле́чь**[1]) (*об одежде*) to fit closely. **2** (*no pf*) (*примыкать*) to be adjacent (to), border (upon); **сад ~ет к те́ннисному ко́рту** the garden is adjacent to the tennis court.

прилега́|ющий *pres participle of* ⇒**~ть** *and adj* **1** close-fitting, tight-fitting. **2** (**к** + *d*) adjoining, adjacent (to).

прилежа́ни|е, я *nt* diligence, assiduousness; application.

прилежа́щий *adj* (*math*) adjacent.

приле́ж|ный (~ен, ~на) *adj* diligent, assiduous.

прилеп|и́ть, лю́, ~ишь *pf* (*of* ⇒**~ля́ть**) (**к** + *d*) to stick (to, on).

прилеп|и́ться, лю́сь, ~ишься *pf* (*of* ⇒**~ля́ться**) (**к** + *d*) to stick (to, on).

прилепля́|ть(ся), ю(сь) *impf of* ⇒**прилепи́ть(ся)**

прилёт, а *m* arrival (*by air*).

прилет|а́ть, а́ю *impf of* ⇒**~е́ть**

приле|те́ть, чу́, ти́шь *pf* (*of* ⇒**~та́ть**) **1** to arrive (*by air*), fly in. **2** (*fig, coll*) (*быстро прибыть*) to fly, come flying.

при|ле́чь[1]**, ля́жет, ля́гут,** *past* **~лёг, ~легла́** *pf of* ⇒**~лега́ть**

при|ле́чь[2]**, ля́гу, ля́жешь, ля́гут,** *past* **~лёг, ~легла́** *pf* **1** (*лечь ненадолго*) to lie down, have a lie-down (*Br*). **2** (*о злаках*) to be laid flat.

прили́в, а *m* **1** rising tide; (*fig*) (*людей, денег*) influx; **волна́ ~а** tidal wave; **п. и отли́в** ebb and flow. **2** (*med*) congestion; **п. кро́ви** rush of blood; (*fig*): **п. эне́ргии, негодова́ния** surge of energy, indignation.

прилива́|ть, ет *impf of* ⇒**прили́ть**

прили́вный *adj* tidal.

прили́з|анный *ppp of* ⇒**~а́ть**; **~анные во́лосы** slicked-down hair.

прили|за́ть, жу́, ~жешь *pf* (*of* ⇒**~зывать**) **1** (*шерсть*) to lick smooth. **2** (*волосы*) to slick down.

прили́зыва|ть, ю *impf of* ⇒**прилиза́ть**

прилип|а́ть, а́ю *impf of* ⇒**~нуть**

прили́п|нуть, ну, нешь *past* **~, ~ла** *pf* (*of* ⇒**~а́ть**) (**к** + *d*) to stick (to), adhere (to); (*coll*) (*надоедать*) to

П

pester; **п. к телеви́зору** (*coll*) to be glued to the television.

прили́пчив|ый (~, ~а) *adj* (*coll*) **1** sticking, adhesive. **2** (*fig*) (*надоедливый*) boring, tiresome. **3** (*болезнь*) catching; (*мелодия*) catchy.

прили́стник, а *m* (*bot*) stipule.

при|ли́ть, льёт, *past* **~ли́л, ~лила́, ~ли́ло** *pf* (*of* **⇒~лива́ть**) (**к** + *d*) to flow (to); (*о крови*) to rush (to); **кровь ~лила́ к её щека́м** blood rushed to her cheeks.

прили́честв|овать, ует *impf* (+ *d*) to befit, become.

прили́чи|е, я *nt* decency, propriety; decorum; **соблюда́ть ~я** to observe the proprieties.

прили́ч|ный (~ен, ~на) *adj* **1** decent, proper; decorous, seemly. **2** (+ *d*; *obs*) (*подходящий*) fitting; appropriate (to). **3** (*coll*) (*достаточно хороший*) decent, fair; **~ная зарпла́та** a decent wage; (*достаточно большой*) sizeable.

приложе́ни|е, я *nt* **1** (*применение*) application; **п. нау́ки к промы́шленности** the application of science to industry. **2** (*печати*) affixing. **3** (*документов к письму*) enclosure; (*comput*) (*к электронному письму*) attachment. **4** (*к журналу, газете*) supplement. **5** (*к книге*) appendix; (*к документу*) addendum. **6** (*gram*) apposition. **7** (*comput*) (*прикладная программа*) application; (*небольшое*) applet.

прилож|и́ть, у́, ~́ишь *pf* **1** (*impf* **прикла́дывать**) (**к** + *d*) (*положить*) to put (to), hold (to); **п. ру́ку ко лбу** to put one's hand to one's head; **п. ру́ки чему́-н.** to put one's hand (to), take a hand (in); **ума́ не ~у́** (*coll*) I can't work it out; (*не знаю*) I have no idea. **2** (*impf* **прикла́дывать** *and* **прилага́ть**) (*прибавить*) to add; (*к письму*) to enclose; (*печать*) to affix. **3** (*impf* **прилага́ть**) (*использовать*) to apply; **п. си́лу** to apply force; **п. все уси́лия** to make every effort; **п. всё стара́ние** to do one's best.

прилож|и́ться, у́сь, ~́ишься *pf* (*of* **⇒прикла́дываться**) **1** (+ *i*, **к** + *d*) to put (to); **п. гла́зом к замо́чной сква́жине** to put one's eye to the keyhole; **п. (губа́ми)** to kiss. **2** (*прицелиться*) to take aim. **3** (*прибавиться*) to come; **остально́е ~́ится** the rest will come. **4** (*coll*) to drink (*a small quantity of liquor*).

прилуне́ни|е, я *nt* (*aeron*) moon landing.

прилун|и́ться, ю́сь, и́шься *pf* to land on the moon.

прильн|у́ть, у́, ёшь *pf of* **⇒льнуть**

при́м|а, ы *f* (*mus*) **1** (*ведущая партия*) lead. **2** (*тон*) tonic. **3** (*струна*) first string, top string.

при́ма-балери́на, при́мы-балери́ны *f* prima ballerina.

примадо́нн|а, ы *f* prima donna.

прима́|заться, жусь, жешься *pf* (*of* **⇒~зываться**) (**к** + *d*; *coll, pej*) to attach o.s. (to), get in (with).

прима́зыва|ться, юсь *impf of* **⇒прима́заться**

прима́нива|ть, ю *impf of* **⇒примани́ть**

приман|и́ть, ю́, ~́ишь *pf* (*of* **⇒~́ивать**) (*coll*) to lure; to entice.

прима́нк|а, и *f* bait; (*fig*) enticement, allurement.

прима́с, а *m* (*eccl*) primate.

прима́т[1], а *m* (*philos*) primacy; pre-eminence.

прима́т[2], а *m* (*zool*) primate.

прима́чива|ть, ю *impf of* **⇒примочи́ть**

примелька́|ться, юсь *pf* to become familiar; **её лицо́ мне о́чень ~лось** her face is very familiar to me.

примене́ни|е, я *nt* application; (*употребление*) use, employment; **на́ши ме́тоды получи́ли широ́кое п.** our methods have been widely adopted; **непра́вильное п.** misuse; **в ~и (к** + *d*) in application (to).

примени́мост|ь, и *f* applicability.

примени́м|ый (~, ~а) *adj* applicable.

примени́тельно *adv* (**к** + *d*) (*соответственно с*) in conformity (with); (*по отношению к*) as applied (to).

примен|и́ть, ю́, ~́ишь *pf* (*of* **⇒~я́ть**) to apply; to employ, use; **п. свои́ зна́ния** to apply one's knowledge; **п. на пра́ктике** to put into practice.

примен|и́ться, ю́сь, ~́ишься *pf* (*of* **⇒~я́ться**) (**к** + *d*) to adapt o.s. (to), conform (to).

применя́|ть(ся), ю(сь) *impf of* **⇒примени́ть(ся)**

приме́р, а *m* **1** example, instance; **привести́ п.** to give an example; **привести́ в п.** to cite as an example; **к ~у** for example. **2** (*образец*) example; model; **брать п. с кого́-н., сле́довать чьему́-н. ~у** to follow s.o.'s example; **подава́ть п.** to set an example; **показа́ть п.** to give an example, give the lead; **для ~а** as an example; **по ~у** (+ *g*) after the example (of), on the pattern (of); **не в п.** (+ *d*) unlike; (+ *comp*) far more, by far; **не в п. про́чим** unlike the others; **не в п. лу́чше** far better.

примерз|а́ть, а́ю *impf of* **⇒~́нуть**

примёрз|нуть, ну, нешь, *past* **~, ~ла** *pf* (*of* **⇒~а́ть**) (**к** + *d*) to freeze (to).

приме́р|ить, ю, ишь *pf* (*of* **⇒ме́рить 2** *and* **⇒~я́ть**) to try on.

приме́р|иться, юсь, ишься *pf* (*of* **⇒~я́ться**) (*coll*) to assess the situation before doing sth; to get into position.

приме́рк|а, и *f* trying on; fitting.

приме́рно *adv* **1** (*отлично*) in exemplary fashion; **п. вести́ себя́** to be an example. **2** (*приблизительно*) approximately, roughly.

приме́р|ный (~ен, ~на) *adj* **1** (*отличный*) exemplary, model. **2** (*приблизительный*) approximate, rough.

приме́рочн|ая, ой *f* fitting room.

пример|я́ть(ся), я́ю(сь) *impf of* **⇒~́ить(ся)**

при́мес|ь, и *f* admixture; dash; (*fig*) touch; **без ~ей** unadulterated.

приме́т|а, ы *f* (*признак*) sign, token; mark; (*суеверие*) omen; **име́ть на ~е** to have one's eye (on); **осо́бые ~ы** distinguishing marks.

примет|а́ть, а́ю *pf* (*of* **⇒~́ывать**) to tack (on), stitch (on).

приме́|тить, чу, тишь *pf* (*of* **⇒~ча́ть**) to notice.

приме́тливост|ь, и *f* power(s) of observation.

приме́тлив|ый (~, ~а) *adj* (*coll*) observant.

приме́тно *adv* perceptibly, noticeably; **он п. похуде́л** he has grown perceptibly thinner.

приме́т|ный (~ен, ~на) *adj* **1** (*след, волнение*) perceptible, noticeable. **2** (*человек, внешность*) conspicuous, prominent.

примётыва|ть, ю *impf of* **⇒примета́ть**

примеча́ни|е, я *nt* note, comment; (*сноска*) footnote.

примеча́тельност|ь, и *f* noteworthiness.

примеча́тел|ьный (~ен, ~ьна) *adj* noteworthy, notable, remarkable.

примеча́|ть, ю *impf* **1** *impf of* **⇒приме́тить**. **2** (*impf only*) (**за** + *i*; *coll*) to keep an eye (on).

примеш|а́ть, а́ю *pf* (*of* **⇒~́ивать**) (+ *a or g*) to add, admix; (*fig*) to bring.

приме́шива|ть, ю *impf of* **⇒примеша́ть**

примина́|ть, ю *impf of* **⇒примя́ть**

примире́ни|е, я *nt* reconciliation.

примире́нческий *adj* compromising.

примире́нчеств|о, а *nt* conciliatoriness, appeasement.

примири́тел|ь, я *m* conciliator, peacemaker.

примири́тел|ьный (~ен, ~ьна) *adj* conciliatory.

примир|и́ть, ю́, и́шь *pf* (*of* **⇒~я́ть** *and* **⇒мири́ть 2**) to reconcile; **п. супру́гов** to reconcile a husband and wife.

примир|и́ться, ю́сь, и́шься *pf* (*of* **⇒~я́ться** *and* **⇒мири́ться 2**) (**с** + *i*) **1** (*с кем-н.*) to be reconciled (to), make it up (with). **2** (*с чем-н.*) to reconcile o.s. (to); **п. с неудо́бствами** to reconcile o.s. to discomforts.

примир|я́ть(ся), я́ю(сь) *impf of* **⇒~и́ть(ся)**

примити́в, а *m* **1** (*art*) primitive. **2** (*вещь*) primitive artefact. **3** (*coll*) (*человек*) primitive person.

примитиви́зм, а *m* (*art*) primitivism.

примитиви́ст, а *m* (*art*) primitive.

примити́в|ный (~ен, ~на) *adj* primitive.

примкн|у́ть, у́, ёшь *pf* (*of* **⇒примыка́ть**) (**к** + *d*) **1** (*плотно придвинуть, присоединить*) to fix (to), attach (to); **п. штыки́!** fix bayonets! **2** (*fig*) (*присоединиться*) to join, attach o.s. (to); to side (with).

примо́лк|нуть, ну, нешь (*past* **~, ~ла**) *pf* (*coll*) to go quiet, fall silent.

примо́рский *adj* seaside; (*растение, климат*) maritime; **п. куро́рт** seaside resort.

примо́рь|е, я *nt* seaside.

примо|сти́ть, щу́, сти́шь *pf* (*coll*) to find room (for), stick (*in crowded or inconvenient surroundings*).

примо|сти́ться, щу́сь, сти́шься *pf* (*coll*) to find room for o.s.; to perch o.s..

примоч|и́ть, у́, ~́ишь *pf* (*of* **⇒прима́чивать**) (*больное место*) to bathe; (*смочить*) to moisten; **п. себе́ глаз** to bathe one's eye.

примо́чк|а, и *f* wash, lotion.

при́мул|а, ы *f* primula, primrose.

при́мус, а *m* Primus (*propr*) (stove).

при́мус|ный *adj of* **⇒~**

примч|а́ть, у́, и́шь *pf* (*coll*) **1** (*принести*) to bring in a hurry, hurry along with. **2** = **~а́ться**

примч|а́ться, у́сь, и́шься *pf* to come tearing along.

примыка́|ть, ю *impf* **1** *impf of* **⇒примкну́ть**. **2** (*impf only*) (**к** + *d*) to adjoin, abut (upon).

при|мя́ть, мну́, мнёшь *pf* (*of* **⇒~мина́ть**) to crush, flatten; (*ногами*) to trample down, tread down.

принадлеж|а́ть, у́, и́шь *impf* **1** (+ *d*) to belong (to); **п. по пра́ву** to belong by right. **2** (**к** + *d*) (*быть членом*) to belong (to), be a member (of); **п. к аэроклу́бу** to belong to a flying club; (*входить в состав*) to be among; to be one/some of; **симфо́нии Чайко́вского ~а́т к лу́чшим произведе́ниям мирово́й му́зыки** the symphonies of Tchaikovsky are among the best of the world's musical compositions.
3: **Герма́нии ~и́т веду́щая роль в хими́ческой промы́шленности** Germany plays a leading role in the chemical industry. **4**: **п. ки́сти/перу́** (+ *g*) to be the work of.

принадле́жност|ь, и *f* **1** (**к** + *d*) belonging (to), membership (of); **п. к ассоциа́ции** membership of an association. **2** (*in pl*) accessories; equipment; gear; **туале́тные ~и** toiletries; **канцеля́рские ~и** stationery. **3** (*свойство*) characteristic.

прина|ле́чь, ля́гу, ля́жешь, ля́гут, *past* **~лёг, ~легла́** *pf* (**на** + *a*; *coll*) **1** (*навалиться*) to rest lightly (upon). **2** (*усердно приняться*) to apply o.s. (to), go (at) with a will.

принаря|ди́ть, жу́, ~́ди́шь *pf* (*of* **⇒~жа́ть**) (*coll*) to dress up, deck out, smarten up.

принаря|ди́ться, жу́сь, ~́ди́шься *pf* (*of* **⇒~жа́ться**) (*coll*) to get dressed up; to smarten up.

принаряжа́|ть(ся), ю(сь) *impf of* **⇒принаряди́ть(ся)**

принево́лива|ть, ю *impf of* **⇒принево́лить**

принево́л|ить, ю, ишь *pf* (*of* **⇒~ивать**) (+ *inf*; *coll*) to force (to), make; **они́ ~или его́ жени́ться** they made him marry.

принес|ти́, у́, ёшь, *past* **~̈, ~ла́** *pf* (*of* **⇒приноси́ть**) **1** (*неся, доставить*) to bring (*also fig*); to fetch; **п. обра́тно** to bring back; **п. благода́рность** to express gratitude; **п. в же́ртву** to sacrifice; **п. извине́ния** to apologize; **п. кля́тву** to take an oath.
2 (*приплод, урожай*) to bear, yield; **п. результа́т** to yield/give results; **п. плоды́** to yield fruit; (*причинить*) to bring in; **п. большо́й дохо́д** to bring in big revenue, show a large return; **п. по́льзу** to be of use, be of benefit; (*о чём-н. нежелательном*): **отку́да тебя́ ~ло́ в тако́й час?** where have you come from at this hour?

принес|ти́сь, у́сь, ёшься, *past* **~̈ся, ~ла́сь** *pf* (*of* **⇒приноси́ться**) (*coll*) **1** (*о звуке, о запахе*) to be borne, carried; (*об известии*) to arrive.
2 (*стремительно прибывать*) to come tearing along.

принижа́|ть, ю *impf of* **⇒прини́зить**

приниже́ни|е, я *nt* disparagement, belittling.

прини́|женный *ppp of* **⇒~зить** *and adj* humbled, submissive.

прини́|зить, жу, зишь *pf* (*of* **⇒~жа́ть**) **1** (*унизить*) to humble, humiliate. **2** (*умалить значение*) to disparage, belittle.

приник|а́ть, а́ю *impf of* **⇒~́нуть**

прини́к|нуть, ну, нешь, *past* **~, ~ла** *pf* (*of* **⇒~а́ть**) (**к** + *d*) to press o.s. (against, to); (*прильнуть*) to nestle up (against, to); **мы ~ли к земле́** we pressed ourselves to the ground; **п. у́хом к замо́чной сква́жине** to press one's ear to the keyhole; **ребёнок ~ к ма́тери** the child nestled up to its mother.

принима́|ть, ю *impf of* **⇒приня́ть**

принима́|ться, юсь *impf of* **⇒приня́ться**

приноравлива|ть(ся), ю(сь) *impf of* **⇒приноровить(ся)**

приноров|и́ть, лю́, и́шь *pf* (*of* **⇒приноравливать**) to adapt, adjust; **п. перее́зд к ле́тним кани́кулам** to time a move to coincide with the summer holidays.

приноров|и́ться, лю́сь, и́шься *pf* (*of* **⇒прнора́вливаться**) (**к** + *d*) to adapt o.s. (to), accommodate o.s. (to).

прино|си́ть(ся), шу́(сь), ~́сишь(ся) *impf of* **⇒принести́(сь)**

приноше́ни|е, я *nt* gift, offering.

при́нтер, а *m* (*comput*) printer.

принуди́тел|ьный (~ен, ~ьна) *adj* compulsory, forced, coercive; **~ьные ме́ры** coercive measures; **~ьные рабо́ты** forced labour (*Br*), labor (*US*); **п. сбор** levy; **в ~ьном поря́дке** by order.

прину́|дить, жу, дишь *pf* (*of* **⇒~жда́ть**) to force, compel, coerce.

принужда́|ть, ю *impf of* **⇒прину́дить**

принужде́ни|е, я *nt* compulsion, coercion; **по ~ю** under duress.

принуждённост|ь, и *f* constraint; stiffness.

принуждённый *ppp of* **⇒прину́дить** *and adj* constrained, forced; **п. смех** forced laughter.

принц, а *m* prince.

принце́сс|а, ы *f* princess.

при́нцип, а *m* principle; **в ~е** in principle; **из ~а** on principle.

принципиа́льно *adv* **1** (*из принципа*) on principle; on a question of principle; **п. отказа́ться** to refuse on principle. **2** (*в принципе*) in principle. **3**: **п. отлича́ться** to differ fundamentally.

принципиа́льност|ь, и *f* adherence to principle(s).

принципиа́л|ьный (~ен, ~ьна) *adj* **1** of principle; based on, guided by principle; **п. вопро́с** question of principle; **п. челове́к** man of principle; **име́ть ~ьное значе́ние** to be a matter of principle. **2** (*в основном*) in principle; general; **они́ да́ли ~ьное согла́сие** they consented in principle.
3 (*коренной*): **~ьное разли́чие** fundamental difference.

принюх|аться, аюсь *pf* (*of* **⇒~иваться**) (*coll*) **1** (**к** + *d*) (*привыкнуть к запаху*) to get used to the smell (of). **2** (*о собаке*) to sniff.

принюхива|ться, юсь *impf of* **⇒принюхаться**

приня́ти|е, я *nt* **1** (*пищи, лекарства, решения, присяги*) taking; (*поста, позы*) taking up. **2** (*предложения, сочувствия*) acceptance. **3** (*гостей, пациентов*) receiving. **4** (*в партию*) admission, admittance; **п. гражда́нства** naturalization.

при́нят|ый *ppp of* **⇒приня́ть**; **~о** (+ *inf*) it is accepted, it is usual (*to do sth*); **не ~о** it is not done, it is not accepted.

при|ня́ть, му́, ~́мешь, *past* **~́нял, ~няла́, ~́няло** *pf* (*of* **⇒~нима́ть**) **1** to take; (*взять как дар, согласиться*) to accept; **п. ва́нну/душ** to take, have a bath/shower; **п. лека́рство** to take medicine; **п. ме́ры** to take measures; **п. ме́ры предосторо́жности** to take precautions; **п. мона́шество** to take monastic vows, become a monk; to take the veil; **п. наме́рение** to form the intention; **п. пода́рок** to accept a present; **п. прися́гу** to take the oath; **п. реше́ние** to take, reach a decision; **п. уча́стие** (**в** + *p*) to take part (in); participate (in); **п. христиа́нство** to adopt Christianity; **п. во внима́ние** to take into consideration; **не п. во внима́ние** to disregard; **п. в шу́тку** to take as a joke; **п. всерьёз** to take seriously; **п. за пра́вило** to make it a rule; **п. (бли́зко) к се́рдцу** to take to heart; **п. что-н. на себя́** to take upon o.s.
2 (*пост*) to take up; **п. но́вое назначе́ние** to take up a new appointment; **п. кома́ндование** (+ *i*) to take command (of); **п. духо́вный сан** to take holy orders; **п. дела́** (**от** + *g*) to take over duties (from).
3 (*через голосование*) to accept; **п. зако́н** to pass a law; **п. резолю́цию** to pass, adopt, carry a resolution.
4 (**в, на** + *a*) (*зачислить*) to admit (to); to accept (for); **п. в па́ртию** to admit to a party; **п. на слу́жбу** to accept for a job.
5 (*посетителей, пациентов, заказ*) to receive; **они́ ~́няли нас раду́шно** they gave us a warm welcome, a cordial reception.
6 (*приобрести*) to assume, take (on); **боле́знь ~няла́ серьёзный хара́ктер** the illness assumed a grave character; **перегово́ры ~́няли благоприя́тный оборо́т** the talks took a favourable turn.
7 (+ *a* **за** + *a*) (*счесть по ошибке*) to take (for); **я ~́нял вас за шотла́ндца** I took you for a Scotsman.

П

8 (*при родах*) to deliver (*at birth of child*); **п. ро́ды** to deliver a baby.

при|ня́ться, му́сь, ~́мешься, *past* **~нялся́, ~няла́сь** *pf* (*of* ⇒**~нима́ться**) **1** (+ *inf*) (*начать*) to begin; to start. **2** (**за** + *a*) to set (to), get down (to); **п. за рабо́ту** to set to work; **п. за чте́ние** to get down to reading; **го́сти ~няли́сь за десе́рт** the guests began their dessert. **3** (**за** + *a*; *coll*) (*за лентяя*) to take in hand. **4** (*о растениях*) to take root; (*о прививках*) to take.

приободр|и́ть, ю́, и́шь *pf* (*of* ⇒**~я́ть**) to cheer up, encourage, hearten.

приободр|и́ться, ю́сь, и́шься *pf* (*of* ⇒**~я́ться**) to cheer up.

приободр|я́ть(ся), я́ю(сь) *impf of* ⇒**~и́ть(ся)**

приобре|сти́, ту́, тёшь, *past* **~́л, ~ла́** *pf* (*of* ⇒**~та́ть**) **1** (*дом, друзей, машину*) to acquire; (*авторитет, репутацию*) to gain; **п. о́пыт** to gain experience. **2** (*свойство*) to take on, assume; **пробле́ма ~ла́ осо́бое значе́ние** the problem took on a special significance.

приобрета́|ть, ю *impf of* ⇒**приобрести́**

приобрете́ни|е, я *nt* **1** (*действие*) acquisition, acquiring. **2** (*то, что приобретено*) acquisition, gain; (*для науки*) find.

приобщ|а́ть(ся), а́ю(сь) *impf of* ⇒**~и́ть(ся)**

приобщ|и́ть, у́, и́шь *pf* (*of* ⇒**~а́ть**) **1** (**к** + *d*) (*познакомить*) to introduce (to); **п. ребёнка к иску́сству** to introduce a child to art. **2** (*присоединить*) to join, attach; **п. к де́лу** to file. **3** (*eccl*) to administer the sacrament (to).

приобщ|и́ться, у́сь, и́шься *pf* (*of* ⇒**~а́ться**) (**к** + *d*) **1** (*включиться*) to join (in), become involved (in); **п. к обще́ственной жи́зни** to join in social life. **2** (*познакомиться*) to become familiar with.

приоде́|ть, ну, нешь *pf* (*coll*) to dress up, smarten up.

приоде́|ться, нусь, нешься *pf* (*coll*) to dress up; to get dressed up; to smarten o.s. up.

прио́р, а *m* (*eccl*) prior.

приорите́т, а *m* priority.

приорите́т|ный, (~ен, ~на) *adj* most important, priority.

приоса́нива|ться, юсь *impf of* ⇒**приоса́ниться**

приоса́н|иться, юсь, ишься *pf* (*coll*) to assume a dignified air.

приостана́влива|ть(ся), ю(сь) *impf of* ⇒**приостанови́ть(ся)**

приостанов|и́ть, лю́, ~́ишь *pf* (*of* ⇒**приостана́вливать**) to halt, suspend.

приостанов|и́ться, лю́сь, ~́ишься *pf* (*of* ⇒**приостана́вливаться**) to halt, come to a halt; (*о человеке*) to pause.

приостано́вк|а, и *f* halt, suspension.

приотвор|и́ть, ю́, ~́ишь *pf* (*of* ⇒**~я́ть**) to open slightly, half-open; **п. дверь** to half-open the door, set the door ajar.

приотвор|и́ться, ~́ится *pf* (*of* ⇒**~я́ться**) to open slightly, half-open.

приотвор|я́ть(ся), я́ю, я́ет(ся) *impf of* ⇒**~и́ть(ся)**

приоткрыва́|ть(ся), ю, ет(ся) *impf of* ⇒**приоткры́ть(ся)**

приоткр|ы́ть(ся), о́ю, о́ет(ся) *pf* = **приотвори́ть(ся)**

приохо́|тить, чу, тишь *pf* (**к** + *d*; *coll*) to give a taste (for).

приохо́|титься, чусь, тишься *pf* (**к** + *d*; *coll*) to acquire a taste (for), take (to).

припада́|ть, ю *impf* **1** *impf of* ⇒**припа́сть**[1]. **2** (*impf only*) to have a slight limp; **п. на ле́вую но́гу** to have a slight limp in the left leg.

припа́д|ок, ка *m* fit; attack; **не́рвный п.** attack of nerves; **эпилепти́ческий п.** epileptic fit; **п. бе́шенства** fit of rage.

припа́дочн|ый *adj* subject to fits; **~ые явле́ния** fits; *as n* **п., ~ого** *m* person subject to fits.

припа́ива|ть, ю *impf of* ⇒**припая́ть**

припа́йк|а, и *f* soldering.

припа́рк|а, и *f* (*med*) poultice.

припарк|ова́ть, у́ю *pf* (*of* ⇒**паркова́ть**) to park (*vt*).

припарк|ова́ться, у́юсь *pf* (*of* ⇒**паркова́ться**) to park (*vi*).

припас|а́ть, а́ю *impf of* ⇒**~ти́**

припас|ти́, у́, ёшь, *past* **~́, ~ла́** *pf* (*of* ⇒**~а́ть**) (+ *a or g*; *coll*) to store, lay in (*a supply of*); **п. консе́рвов** to lay in tinned food.

припа́|сть[1]**, ду́, дёшь,** *past* **~л** *pf* (*of* ⇒**~да́ть**) (**к** + *d*) (*к земле, к груди*) to press o.s. (to); (*склониться*) to fall down (before); **п. к чьим-н. нога́м** to prostrate o.s. before s.o.; **п. у́хом** to press one's ear (to).

припа́|сть[2]**, дёт,** *past* **~л** *pf* (*coll, obs*) (*появиться*) to appear, show itself.

припа́с|ы, ов (*no sg*) stores, supplies; **боевы́е п.** ammunition; **вое́нные п.** munitions; **съестны́е п.** provisions, victuals.

припа́хива|ть, ет *impf* (*coll*) to smell.

припая́|ть, ю *pf* (*of* ⇒**припа́ивать**) (**к** + *d*) to solder (to).

припе́в, а *m* refrain.

припева́|ть, ю *impf* to hum; **жить ~ючи** (*coll*) to be in clover; to live the life of Riley.

припёк, а *m*: **на ~е** (*coll*) right in the sun, exposed to the full heat of the sun.

припёк|а, и *f*: **сбоку п.** (*coll*) superfluous, unnecessary.

припека́|ть, ет *impf* (*coll*) (*о солнце*) to be very hot, beat down.

при|пере́ть, пру́, прёшь, *past* **~пёр, ~пёрла** *pf* (*of* ⇒**~пира́ть**) **1** (**к** + *d*) to press (against); **п. стул к две́ри, п. дверь сту́лом** to put a chair against the door; **п. кого́-н. к сте́нке** (*fig, coll*) to drive s.o. into a corner. **2** (*coll*) (*дверь, окно*) to close. **3** (*coll*) (*принести*) to drag. **4** (*coll*) (*прийти*) to turn up.

при|пере́ться, пру́сь, прёшься, *past* **~пёрся, ~пёрлась** *pf* (*coll*) to turn up.

припеча́т|ать, аю *pf* (*of* ⇒**~ывать**) (*coll*) to seal; **п. сургучо́м** to apply sealing wax (to).

припеча́тыва|ть, ю *impf of* ⇒**припеча́тать**

припира́|ть, ю *impf of* ⇒**припере́ть**

припи|са́ть, шу́, ~́шешь *pf* (*of* ⇒**~́сывать**) **1** (*написать в добавление*) to add. **2** (**к** + *d*) (*причислить, записать*) to register (at). **3** (+ *d*) to attribute (to); to ascribe (to); to put down (to); **п. стихотворе́ние Пу́шкину** to attribute a poem to Pushkin; **п. неуда́чу ле́ни** to put a failure down to laziness.

припи́ск|а, и *f* **1** (*добавление*) addition; postscript; **п. к завеща́нию** (*law*) codicil. **2** (*регистрация*) registration; **порт ~и** (*naut*) port of registration.

припи́сыва|ть, ю *impf of* ⇒**приписа́ть**

припла́т|а, ы *f* additional payment; surcharge; **без вся́ких ~** no extras.

припла|ти́ть, чу́, ~́тишь *pf* (*of* ⇒**~́чивать**) to pay in addition.

припла́чива|ть, ю *impf of* ⇒**приплати́ть**

приплe|сти́, ту́, тёшь, *past* **~́л, ~ла́** *pf* (*of* ⇒**~та́ть**) **1** to plait in. **2** (*fig, coll*) to drag in; **не сле́довало п. э́то сюда́** there was no need to drag that in.

приплe|сти́сь, ту́сь, тёшься, *past* **~́лся, ~ла́сь** *pf* (*coll*) to drag o.s. along.

приплета́|ть, ю *impf of* ⇒**приплести́**

припло́д, а *m* issue, increase (*of animals*).

приплыва́|ть, ю *impf of* ⇒**приплы́ть**

приплы́|ть, ву́, вёшь, *past* **~л, ~ла́, ~ло** *pf* (*of* **~ва́ть**) (*вплавь*) to swim up; (*на лодке*) to sail up.

приплю́снут|ый *ppp of* ⇒**~ь** *and adj*: **п. нос** flat nose.

приплю́сн|уть, у, ешь *pf* (*of* ⇒**приплю́щивать**) to flatten.

приплюс|ова́ть, у́ю *pf* (*of* ⇒**~о́вывать**) (*coll*) to add on.

приплюсо́выва|ть, ю *impf of* ⇒**приплюсова́ть**

приплю́щива|ть, ю *impf of* ⇒**приплю́снуть**

припля́сыва|ть, ю *impf* to trip, skip; **идти́ ~я по тротуа́ру** to trip along the pavement.

приподнима́|ть(ся), ю(сь) *impf of* ⇒**приподня́ть(ся)**

припо́днятост|ь, и *f* elation; animation.

припо́дн|ятый *ppp of* ⇒**~я́ть** *and adj* (*оживленный*) elated; animated; (*торжественный*) elevated.

приподн|я́ть, иму́, и́мешь, *past* **~́ял, ~яла́, ~́яло** *pf* (*of* ⇒**~има́ть**) to raise slightly; to lift slightly.

приподн|я́ться, иму́сь, и́мешься, *past* **~я́лся, ~яла́сь** *pf* (*of* ⇒**~има́ться**) to raise o.s. (a little); **п. на цы́почках** to stand on tiptoe; **п. на носки́** to rise on one's toes.

П

припоздн|и́ться, ю́сь, и́шься *pf* (*coll*) to be late.

припо́|й, я *m* solder.

приполз|а́ть, а́ю *impf of* ⇒**~ти́**

приполз|ти́, у́, ёшь, *past* **~, ~ла́** *pf* (*of* ⇒**~а́ть**) to creep up, crawl up.

припомина́|ть(ся), ю, ет(ся) *impf of* ⇒**припо́мнить(ся)**

припо́м|нить, ню, нишь *pf* (*of* ⇒**~ина́ть**) **1** to remember, recollect, recall; **я не ~ню, когда́ мы встре́тились в пе́рвый раз** I do not recall when we first met. **2** (+ *d*) to remind; **я э́то тебе́ ~ню!** (*coll*) you won't forget this!; I'll get even with you for this!

припо́мн|иться, ится *pf* (*of* ⇒**припомина́ться**) **1** (*детство, прошлое*) to be remembered, recalled; to come into one's memory; **мне ~илось, что/как...** I recalled that/how .... **2** (+ *d*): **э́то тебе́ ~ится** you'll pay for this.

припра́в|а, ы *f* flavouring (*Br*), flavoring (*US*), seasoning; (*соус*) dressing; **п. к сала́ту** salad dressing.

припра́в|ить, лю, ишь *pf* (*of* ⇒**~ля́ть**) (+ *i*) to season (with), flavour (*Br*), flavor (*US*) (with); (*соусом*) to dress (with).

приправля́|ть, ю *impf of* ⇒**припра́вить**

припры́гива|ть, ю *impf* (*coll*) to hop, skip.

припря́|тать, чу, чешь *pf* (*of* ⇒**~тывать**) (*coll*) to put by, store up (*for future use*).

припря́тыва|ть, ю *impf of* ⇒**припря́тать**

припу́гива|ть, ю *impf of* ⇒**припугну́ть**

припуг|ну́ть, ну́, нёшь *pf* (*of* ⇒**~́ивать**) (*coll*) to intimidate, scare.

припу́дрива|ть(ся), ю(сь) *impf of* ⇒**припу́дрить(ся)**

припу́др|ить, ю, ишь *pf* (*of* ⇒**~ивать**) **1** to powder. **2** (*tech*) to dust.

припу́др|иться, юсь, ишься *pf* (*of* ⇒**~иваться**) to powder o.s.

при́пуск, а *m* (*tech*) allowance, margin; **п. на уса́дку** shrinkage allowance; **оста́вить п. (на + *a*)** to allow (for).

припуска́|ть, ю *impf of* ⇒**припусти́ть**

припу|сти́ть, щу́, ~́стишь *pf* (*of* ⇒**~ска́ть**) **1** (**к** + *d*) to put (to) (*for coupling or feeding*); **п. телёнка к коро́ве** to put a calf to the cow. **2** (*платье*) to let out. **3** (*coll*) (*погнать*) to urge on. **4** (*coll*) (*побежать быстрее*) to quicken one's pace. **5** (*coll*) (*о дожде*) to come down harder.

припу́т|ать, аю *pf* (*of* ⇒**~ывать**) **1** (*привязать*) to tie on, fasten. **2** (**к** + *d*; *fig, coll*) (*упомянуть некстати*; *вмешать*) to drag in (to), implicate (in).

припу́тыва|ть, ю *impf of* ⇒**припу́тать**

припух|а́ть, а́ет *impf of* ⇒**~́нуть**

припу́хлост|ь, и *f* (slight) swelling.

припу́хлый *adj* (slightly) swollen.

припу́х|нуть, нет, *past* **~, ~ла** *pf* (*of* ⇒**~а́ть**) to swell up a little.

прираба́тыва|ть, ю *impf of* ⇒**прирабо́тать**

прирабо́та|ть, ю *pf* (*of* ⇒**прираба́тывать**) to earn extra.

при́работ|ок, ка *m* extra earnings.

прира́внива|ть, ю *impf of* ⇒**приравня́ть**

приравн|я́ть, я́ю *pf* (*of* ⇒**~́ивать**) (**к** + *d*) to equate (with).

прираст|а́ть, а́ю *impf of* ⇒**~и́**

прираст|и́, у́, ёшь, *past* **приро́с, приросла́** *pf* (*of* ⇒**~а́ть**) **1** (**к** + *d*) to adhere (to); (*о пересаженной ткани, о черенке*) to take; **п. к ме́сту, п. к земле́** (*fig*) to become rooted to the spot, to the ground. **2** (*увеличиться*) to increase; (*проценты*) to accrue.

приращéни|е, я *nt* (*увеличение*) increase, increment; (*черенка*) taking.

приревн|ова́ть, у́ю *pf* to be jealous; **п. кого́-нибудь (к + *d*)** to be jealous because of s.o.'s attachment to; **она́ ~ова́ла му́жа к свое́й прия́тельнице** she was jealous of her husband's interest in her friend.

прирез|а́ть, а́ю *impf of* ⇒**~́ать²**

приpе́|зать¹, жу, жешь *pf* (*of* ⇒**~зывать**) (*coll*) (*убить*) to kill; to cut the throat (of).

прирé|зать², жу, жешь *pf* (*of* ⇒**~за́ть** *and* ⇒**~зывать**) (*добавить*) to add on; **п. уча́сток к огоро́ду** to add on a piece to a garden.

прирéз|ок, ка *m* additional piece (*of land*).

прирéзыва|ть, ю *impf of* ⇒**прирéзать**

приро́д|а, ы *f* **1** nature. **2** (*характер*) nature, character; **от ~ы** by nature, congenitally; **по ~е** by nature, naturally; **э́то в ~е веще́й** it is in the nature of things.

приро́дн|ый *adj* **1** (*созданный природой*) natural; **~ые бога́тства** natural resources; **п. газ** natural gas. **2** (*по рождению*) born; **п. англича́нин** an Englishman by birth. **3** (*врождённый*) inborn, innate; **п. ум** native wit.

природобезвре́д|ный (~ен, ~на) *adj* environment-friendly.

природове́дени|е, я *nt* natural history.

природосберега́ющий *adj* environment-friendly.

прирождённый *adj* **1** (*о способностях*) inborn, innate. **2** (*о человеке*) a born; **п. лгун** a born liar.

приро́ст, а *m* increase, growth.

прируч|а́ть, а́ю *impf of* ⇒**~и́ть**

прирученú|е, я *nt* taming; domestication.

прируч|и́ть, у́, и́шь *pf* (*of* ⇒**~а́ть**) to tame (*also fig*); to domesticate.

приса́жива|ться, юсь *impf of* ⇒**присе́сть 1**

приса́лива|ть, ю *impf of* ⇒**присоли́ть**

приса́сыва|ться, юсь *impf of* ⇒**присоса́ться**

присва́ива|ть, ю *impf of* ⇒**присво́ить**

при́свист, а *m* **1** whistle. **2** (*свистящий призвук*) sibilance, hissing in one's speech.

присви́стыва|ть, ю *impf* **1** to whistle. **2** (*говорить с присвистом*) to sibilate.

присвое́ни|е, я *nt* **1** (*власти*) appropriation; **незако́нное п.** misappropriation. **2** (*звания*) awarding, conferment.

присво́|ить, ю, ишь *pf* (*of* ⇒**присва́ивать**) **1** (*завладеть*) to appropriate; **незако́нно п. сре́дства** to misappropriate funds. **2** (+ *a and d*) (*дать*) to give, award, confer; **п. и́мя** (+ *d and g*) to name (after); **ему́ ~или сте́пень до́ктора нау́к (*or* до́кторскую сте́пень)** he has been given the degree of Doctor.

приседа́ни|е, я *nt* squatting.

приседа́|ть, ю *impf of* ⇒**присе́сть 2, 3**

присе́ст, а *m*: **в оди́н п., за оди́н п.** (*coll*) at one sitting, at a stretch.

при|се́сть, ся́ду, ся́дешь, *past* **~се́л** *pf* **1** (*impf* **~са́живаться**) (*сесть*) to sit down, take a seat. **2** (*impf* **~седа́ть**) (*на корточки*) to squat; (*от страха*) to cower. **3** (*impf* **~седа́ть**) (*сделать реверанс*) to curtsy, drop curtsies.

при́сказк|а, и *f* **1** (*к сказке*) introduction. **2** (*прибаутка*) saying.

приска|ка́ть, чу́, ~́чешь *pf* to come galloping, arrive at a gallop; (*fig, coll*) to rush, tear.

приско́рби|е, я *nt* sorrow, regret; **к моему́ ~ю** to my regret.

приско́рб|ный (~ен, ~на) *adj* regrettable, deplorable.

прискуч|ить, у, ишь *pf* (+ *d*; *coll*) to bore, tire.

при|сла́ть, шлю́, шлёшь *pf* (*of* ⇒**~сыла́ть**) to send.

присло́вь|е, я *nt* (*coll*) saying (*introduced into a speech, etc.*).

прислон|и́ть, ю́, ~́ишь *pf* (*of* ⇒**~я́ть**) (**к** + *d*) to lean (against), rest (against).

прислон|и́ться, ю́сь, и́шься *pf* (*of* ⇒**~я́ться**) (**к** + *d*) to lean (against), rest (against).

прислон|я́ть(ся), я́ю(сь) *impf of* ⇒**~и́ть(ся)**

прислу́г|а, и *f* **1** maid, servant. **2** (*collect*; *obs*) servants, domestics. **3** (*mil*) crew; **оруди́йная п.** gun crew.

прислу́жива|ть, ю *impf* (+ *d*; *obs*) to wait (upon), attend.

прислу́жива|ться, юсь *impf of* ⇒**прислужи́ться**

прислуж|и́ться, у́сь, ~́ишься *pf* (*of* ⇒**~́иваться**) (**к** + *d*; *obs*) to worm o.s. into the favour (of), fawn (upon).

прислу́жник, а *m* **1** (*obs*) (*слуга*) servant. **2** (*coll*) lickspittle; fawner.

прислу́жничеств|о, а *nt* subservience, servility.

прислу́ш|аться, аюсь *pf* (*of* ⇒**~иваться**) (**к** + *d*) **1** to listen (to). **2** (*fig*) (*принять во внимание*) to listen (to); to heed; **п. к чьему́-н. сове́ту** to listen to s.o.'s advice. **3** (*coll*) (*привыкнуть к какому-н. звуку*) to get used to the sound (of).

прислу́шива|ться, юсь *impf of* ⇒**прислу́шаться**

присма́трива|ть(ся), ю(сь) *impf of* ⇒**присмотре́ть(ся)**

присмире́|ть, ю *pf* to grow quiet, calm down.

присмир|и́ть, ю́, и́шь *pf* (*of* ⇒**~я́ть**) to quieten (*Br*), quiet (*US*).

присмир|я́ть, я́ю *impf of* ⇒**~и́ть**

присмо́тр, а *m* care; supervision; **п. за детьми́** child-minding.

присмотр|е́ть, ю́, ~ишь *pf* (*of* ⇒**присма́тривать**) **1** (**за** + *i*) to look after, keep an eye (on); **п. за ребёнком** to mind the baby. **2** (*coll*) (*подыскать*) to look for; **п. себе́ рабо́ту** to look for a job. **3** *pf only* (*найти*) to find.

присмотр|е́ться, ю́сь, ~ишься *pf* (*of* ⇒**присма́триваться**) (**к** + *d*) **1** (*внимательно посмотреть*) to look closely (at); **п. к кому́-н.** to size s.o. up. **2** (*привыкнуть*) to get accustomed (to), get used (to).

присн|и́ться, ю́сь, и́шься *pf of* ⇒**сни́ться**

приснопа́мят|ный (~ен, ~на) *adj* (*obs*) memorable, unforgettable.

при́сн|ые, ~ых *n pl* associates.

присове́т|овать, ую *pf* = **посове́товать**

присовокуп|и́ть, лю́, и́шь *pf* (*of* ⇒**~ля́ть**) to add; **п. бума́гу к де́лу** to file a paper.

присовокупля́|ть, ю *impf of* ⇒**присовокупи́ть**

присоедине́ни|е, я *nt* **1** addition. **2** (*pol*) annexation. **3** (**к** + *d*) joining, associating o.s. (with); (*к мнению*) adherence (to). **4** (*elec*) connection.

присоедин|и́ть, ю́, и́шь *pf* (*of* ⇒**~я́ть**) **1** to add; to join; (*comput*) to attach (*to an email*). **2** (*pol*) to annex. **3** (*elec*) to connect.

присоедин|и́ться, ю́сь, и́шься *pf* (*of* ⇒**~я́ться**) (**к** + *d*) **1** to join; **пора́ нам п. к остальны́м** it is time we joined the others. **2** (*согласиться*) to endorse, associate o.s. (with); **п. к мне́нию** to subscribe to an opinion.

присоедин|я́ть(ся), я́ю(сь) *impf of* ⇒**~и́ть(ся)**

присол|и́ть, ю́, ~и́шь *pf* (*of* ⇒**приса́ливать**) (*coll*) to salt, add salt (to).

присос|а́ться, у́сь, ёшься *pf* (*of* ⇒**приса́сываться**) (**к** + *d*) to stick (to), adhere to (*by suction*).

присосе́|диться, жусь, дишься *pf* (**к** + *d*; *coll*) to sit down next (to).

присо́ск|а, и *f* (*biol*) sucker.

присо́х|нуть, нет, *past* **~, ~ла** *pf* (*of* ⇒**присыха́ть**) (**к** + *d*) to adhere (*in drying*) (to); to stick (to), dry (on).

приспева́|ть, ет *impf of* ⇒**приспе́ть**

приспе́|ть, ет *pf* (*of* ⇒**~ва́ть**) (*coll*) (*о времени*) to come, draw nigh, be ripe.

приспе́шник, а *m* stooge, henchman.

приспе́шни|ца, цы *f of* ⇒**~к**

приспи́ч|ить, ит *pf* (*impers* + *d and inf*; *coll*) to be impatient (to); **им ~ило уходи́ть** they were impatient to be off.

приспоса́блива|ть(ся), ю(сь) *impf* = **приспособля́ть(ся)**

приспосо́б|ить, лю, ишь *pf* (*of* ⇒**~ля́ть**) to adapt, convert; **п. шко́лу под больни́цу** to convert a school into a hospital.

приспосо́б|иться, люсь, ишься *pf* (*of* ⇒**~ля́ться**) (**к** + *d*) to adapt o.s. (to).

приспособле́н|ец, ца *m* time-server.

приспособле́ни|е, я *nt* **1** (*действие*) adaptation, accommodation; **п. к кли́мату** acclimatization. **2** (*устройство*) device; appliance.

приспособле́н|ка, ки *f of* ⇒**~ец**

приспосо́бленност|ь, и *f* fitness, suitability.

приспособле́нческий *adj* time-serving.

приспособле́нчеств|о, а *nt* time-serving.

приспособля́емост|ь, и *f* adaptability.

приспособля́|ть(ся), ю(сь) *impf of* ⇒**приспосо́бить(ся)**

приспуска́|ть, ю *impf of* ⇒**приспусти́ть**

приспу|сти́ть, щу́, ~стишь *pf* (*of* ⇒**~ска́ть**) to lower a little; **п. флаг** to lower a flag to half mast.

приспу́|щенный *ppp of* ⇒**~сти́ть**; **~щенные фла́ги** flags at half mast.

при́став, а, *pl* **~а́** *m* (*hist*) police officer; **суде́бный п.** bailiff.

пристава́ни|е, я *nt* pestering; molestation.

приста|ва́ть, ю́, ёшь *impf of* ⇒**приста́ть**

приста́в|ить, лю, ишь *pf* (*of* ⇒**~ля́ть**) **1** (**к** + *d*) to put (to, against), lean (against); **п. ле́стницу к стене́** to put a ladder against the wall. **2** (*пришить, приделать*) to add (*a piece of material, etc.*). **3** (**к** + *d*) (*назначить для ухода*) to appoint to look after; **п. проводника́ к тури́стам** to appoint a guide to look after tourists.

приста́вк|а, и *f* attachment; (*gram*) prefix.

приставля́|ть, ю *impf of* ⇒**приста́вить**

приставн|о́й *adj* added, attached; attachable; **~а́я ле́стница** step ladder.

при́стально *adv* intently; **п. смотре́ть** (**на** + *a*) to look intently (at); to stare (at), gaze (at).

при́стал|ьный (~ен, ~ьна) *adj* fixed, intent; **п. взгляд** intent look; stare, gaze; **с ~ьным внима́нием** intently.

приста́нищ|е, а *nt* refuge, shelter.

при́стан|ь, и, *pl* **~и, ~е́й** *and* (*coll*) **~е́й** *f* **1** landing stage, jetty; pier; wharf. **2** (*fig, poetical*) haven.

приста́|ть, ну, нешь *pf* (*of* ⇒**~ва́ть**) **1** (**к** + *d*) (*прилипнуть*) to stick (to), adhere (to). **2** (**к** + *d*) (*присоединиться*) to join; to attach o.s. (to); **п. к гру́ппе экскурса́нтов** to join a party of tourists. **3** (**к** + *d*; *coll*) (*о болезни*) to be passed on (to); **к де́тям ~ла ветря́нка** the children have picked up chickenpox. **4** (**к** + *d*) (*надоесть*) to pester, bother; **п. с предложе́ниями** to pester with suggestions. **5** (**к** + *d*; *naut*) to put in (to), come alongside. **6** *pf only* (*impers* + *d*; *coll*) to befit; **не ~ло тебе́ так говори́ть** you ought not to speak like that. **7** *pf only* (+ *d*; *obs, coll*) (*прийтись к лицу*) to become, suit.

пристёгива|ть, ю *impf of* ⇒**пристегну́ть**

пристег|ну́ть, ну́, нёшь *pf* (*of* ⇒**~ивать**) **1** to fasten; to button up. **2** (*fig, coll*) (*добавить*) to drag in.

пристежн|о́й *adj* detachable; **руба́шка с ~ы́м воротничко́м** shirt with separate collar.

присто́йност|ь, и *f* decency, propriety, decorum.

присто́|йный (~ен, ~йна) *adj* decent, proper, decorous, seemly.

пристра́ива|ть(ся), ю(сь) *impf of* ⇒**пристро́ить(ся)**

пристра́сти|е, я *nt* (**к** + *d*) **1** (*склонность*) passion (for); **у неё п. к верхово́й езде́** she has a passion for riding. **2** (*предвзятость*) partiality (for, towards), bias (towards).

пристра|сти́ть, щу́, сти́шь *pf* (**к** + *d*; *coll*) to instil a passion (for); **его́ докла́д ~сти́л меня́ к исто́рии И́ндии** his talk instilled in me a passion for the history of India.

пристра|сти́ться, щу́сь, сти́шься *pf* (**к** + *d*) to develop a passion (for).

пристра́стност|ь, и *f* partiality, bias.

пристра́ст|ный (~ен, ~на) *adj* partial, biased.

пристра́чива|ть, ю *impf of* ⇒**пристрочи́ть**

пристре́лива|ть, ю *impf of* ⇒**пристрели́ть** *and* ⇒**пристреля́ть**

пристре́лива|ться, юсь *impf of* ⇒**пристреля́ться**

пристрел|и́ть, ю́, ~ишь *pf* (*of* ⇒**~ивать**) to shoot (down).

пристре́лк|а, и *f* (*mil*) adjustment (of fire), ranging; **вести́ ~у** to find the range.

пристре́льный *adj* (*mil*): **п. ого́нь** straddling fire.

пристрел|я́ть, я́ю *pf* (*of* ⇒**~ивать**) (*mil*) to adjust.

пристрел|я́ться, я́юсь *pf* (*of* ⇒**~иваться**) (*mil*) to adjust fire; to find the range.

пристро́|ить, ю, ишь *pf* (*of* ⇒**пристра́ивать**) **1** (**к** + *d*) to add (*to a building*), build on (to). **2** (*coll*) (*поместить*) to place, settle; (*устроить*) to fix up; **п. кого́-н. на слу́жбу** to settle s.o. in a job.

пристро́|иться, юсь, ишься *pf* (*of* ⇒**пристра́иваться**) **1** (*coll*) (*поместиться*) to settle o.s.; (*на работу*) to get a job, get fixed up; **он ~ился в конто́ру** he has got a job in an office. **2** (**к** + *d*; *mil*) to form up (with).

пристро́йк|а, и *f* annex, extension.

пристроч|и́ть, у́, ~и́шь *pf* (*of* ⇒**пристра́чивать**) (**к** + *d*) to sew on (to).

приструни́ва|ть, ю *impf of* ⇒**приструни́ть**

приструн|и́ть, ю, ишь *pf* (*of* ⇒**~ивать**) (*coll*) to take in hand.

п

присту́кива|ть, ю *impf of* **⇒присту́кнуть**

присту́к|нуть, ну, нешь *pf (of* **⇒~ивать) 1** *(+ i; coll)* to tap; **п. каблука́ми** to tap one's heels. **2** *(coll) (убить)* to club to death; to kill *(with a blow)*.

при́ступ, а *m* **1** *(mil)* assault, storm; **пойти́ на п.** to go in to the assault; **взять ~ом** to take by storm. **2** *(припадок)* fit, attack; **п. гне́ва** fit of temper; **п. ка́шля** fit, bout of coughing. **3** *(obs, coll)* access; **к нему́ ~у нет** he is inaccessible, unapproachable.

приступ|а́ть(ся), а́ю(сь) *impf of* **⇒~и́ть(ся)**

приступ|и́ть, лю́, ~́ишь *pf (of* **⇒~а́ть)** **(к** *+ d)* to set about, get down (to), start; **п. к де́лу** to set to work, get down to business.

приступ|и́ться, лю́сь, ~́ишься *pf (of* **⇒~а́ться)** **(к** *+ d; coll)* to approach, accost, go up (to).

присту́п|ок, ка *m (coll)* step.

присты|ди́ть, жу́, ди́шь *pf of* **⇒стыди́ть**

пристя́жк|а, и *f* **1**: **в ~е** *(о лошади)* in traces. **2** *(лошадь)* trace horse, outrunner.

пристяжн|а́я, о́й *f* trace horse, outrunner.

прису|ди́ть, жу́, ~́дишь *pf (of* **⇒~жда́ть) 1** *(+ a and* **к** *+ d or + a and d)* to sentence (to), condemn (to); **п. кого́-н. к заключе́нию** to sentence s.o. to imprisonment; **п. к штра́фу, п. штраф** *(+ d)* to fine, impose a fine (on). **2** *(+ d)* to award; to confer (on); **ему́ ~ди́ли сте́пень до́ктора** a doctorate has been conferred on him.

присужда́|ть, ю *impf of* **⇒присуди́ть**

присужде́ни|е, я *nt* awarding; conferment.

прису́тственн|ый *adj (obs)*: **п. день** working day; **~ое ме́сто** *(obs)* office, workplace.

прису́тстви|е, я *nt* presence; **в ~и дете́й** in the presence of the children, in front of the children; **п. ду́ха** presence of mind.

прису́тств|овать, ую *impf* **(на** *+ p)* to be present (at), attend.

прису́тств|ующий *pres participle active of* **⇒~овать** *and adj* present; *as n* **~ующие, ~ующих** *(pl)* those present.

прису́щ|ий (~, ~а) *adj (+ d)* inherent (in); characteristic; **~ая ей ще́дрость** her characteristic generosity.

присчит|а́ть, а́ю *pf (of* **⇒~́ывать)** to add on.

присчи́тыва|ть, ю *impf of* **⇒присчита́ть**

присыла́|ть, ю *impf of* **⇒присла́ть**

присы́лк|а, и *f* sending.

присып|а́ть, лю, лешь *pf (of* **⇒~а́ть) 1** *(+ a or g) (добавить)* to pour some more. **2** *(+ a and i) (посыпать тонким слоем)* to sprinkle (with).

присып|а́ть, а́ю *impf of* **⇒~́ать**

присы́пк|а, и *f* **1** *(действие)* sprinkling. **2** *(порошок)* powder.

присыха́|ть, ю *impf of* **⇒присо́хнуть**

прися́г|а, и *f* oath; **ло́жная п.** perjury; **дать ~у** to swear; **приня́ть ~у** to take the oath; **привести́ к ~е** to swear in, administer the oath (to); **под ~ой** on oath, under oath.

присяг|а́ть, а́ю *impf (of* **⇒~ну́ть)** **(в** *+ p)* to swear (to); to swear an oath; **п. в ве́рности** *(+ d)* to swear allegiance (to).

присяг|ну́ть, ну́, нёшь *pf of* **⇒~а́ть**

прися́жн|ый *adj* **1**: **п. пове́ренный** *(hist)* barrister; **п. заседа́тель** juror; *as n* **п., ~ого** *m* = **п. заседа́тель**; **суд ~ых** jury. **2** *(coll)* born, inveterate; **п. ворчу́н** born grumbler.

прита|и́ться, ю́сь, и́шься *pf* to hide; to conceal o.s.

прита́птыва|ть, ю *impf* **1** *impf of* **⇒притопта́ть**. **2** *impf only (coll)* to tap (with) one's heels.

прита́скива|ть, ю *impf of* **⇒притащи́ть**

притащ|и́ть, у́, ~́ишь *pf (of* **⇒прита́скивать)** to bring, drag, haul.

притащ|и́ться, у́сь, ~́ишься *pf (coll)* to drag o.s.

притвор|и́ть, ю́, ~́ишь *pf (of* **⇒~я́ть)** to set ajar; to leave not quite shut.

притвор|и́ться[1], ~́ится *pf (of* **⇒~я́ться)** *(о двери)* to be ajar, to be not quite shut.

притвор|и́ться[2], ю́сь, и́шься *pf (of* **⇒~я́ться)** *(+ i)* to pretend (to be); to feign; **п. больны́м** to pretend to be ill, feign illness; **п. безразли́чным** to feign indifference.

притво́р|ный (~ен, ~на) *adj* pretended, feigned; **~ное неве́жество** feigned ignorance; **~ные слёзы** crocodile tears.

притво́рств|о, а *nt* pretence; sham.

притво́рщик, а *m* sham, faker.

притво́рщи|ца, цы *f of* **⇒~к**

притвор|я́ть(ся), я́ю(сь) *impf of* **⇒~и́ть(ся)**

притека́|ть, ю *impf of* **⇒прите́чь**

притерп|е́ться, лю́сь, ~́ишься *pf* **(к** *+ d; coll)* to get accustomed (to), get used (to).

притёр|тый *adj*: **~тая про́бка** ground-in stopper *(of bottle)*; **~тое стекло́** ground glass.

притесне́ни|е, я *nt* oppression.

притесни́тел|ь, я *m* oppressor.

притесни́тель|ница, ницы *f of* **⇒~**

притесни́тел|ьный (~ен, ~ьна) *adj* oppressive.

притесн|и́ть, ю́, и́шь *pf (of* **⇒~я́ть)** to oppress, keep down.

притесн|я́ть, я́ю *impf of* **⇒~и́ть**

прите́|чь, чёт, ку́т, *past* **~́к, ~кла́** *pf (of* **⇒~ка́ть)** to flow in, pour in.

прити́скива|ть, ю *impf of* **⇒прити́снуть**

прити́с|нуть, ну, нешь *pf (of* **⇒~кивать)** *(coll)* to press, squeeze; **п. па́лец две́рью** to pinch one's finger in the door.

притих|а́ть, а́ю *impf of* **⇒~́нуть**

прити́х|нуть, ну, нешь, *past* **~, ~ла** *pf (of* **⇒~а́ть)** to quieten *(Br)*, quiet *(US)* down; to grow quiet.

приткн|у́ть, у́, ёшь *pf (of* **⇒притыка́ть)** *(coll)* to stick; **~и́ свои́ ве́щи куда́ хо́чешь** stick your things anywhere you like.

приткн|у́ться, у́сь, ёшься *pf (coll)* to perch o.s.; to find room for o.s.

прито́к, а *m* **1** *(geog)* tributary. **2** *(воздуха, воды, денег)* inflow; *(людей)* influx.

при́толок|а, и *f* lintel.

прито́м *conj* (and) besides; and what's more.

притом|и́ть, лю́, и́шь *pf (coll)* to tire.

притом|и́ться, лю́сь, и́шься *pf (coll)* to get tired.

прито́н, а *m* den; **воровско́й п.** den of thieves; **иго́рный п.** gambling den.

прито́п|нуть, ну, нешь *pf (of* **⇒~ывать)** to stamp one's foot; **п. каблука́ми** to tap one's heels.

притоп|та́ть, чу́, ~́чешь *pf (of* **⇒прита́птывать)** to tread down.

прито́пыва|ть, ю *impf of* **⇒прито́пнуть**

притора́чива|ть, ю *impf of* **⇒приторочи́ть**

при́торност|ь, и *f* sickly sweetness, excessive sweetness.

при́тор|ный (~ен, ~на) *adj* sickly sweet, cloying *(also fig)*; **~ная улы́бка** unctuous smile.

приторо́ч|ить, у́, и́шь *pf (of* **⇒притора́чивать)** to strap.

притра́гива|ться, юсь *impf of* **⇒притро́нуться**

притро́н|уться, усь, ешься *pf (of* **⇒притра́гиваться)** **(к** *+ d)* to touch; **они́ не ~улись к у́жину** they have not touched their supper.

притул|и́ться, ю́сь, и́шься *pf (coll)* to find room for o.s.; to find shelter.

притуп|и́ть, лю́, ~́ишь *pf (of* **⇒~ля́ть)** to blunt; *(fig)* to dull, deaden.

притуп|и́ться, ~́ится *pf (of* **⇒~ля́ться)** to become blunt; *(fig) (о памяти, зрении)* to fail.

притупля́|ть(ся), ю, ет(ся) *impf of* **⇒притупи́ть(ся)**

притуш|и́ть, у́, ~́ишь *pf (coll) (огонь)* to damp; **п. фа́ры** to dip lights.

при́тч|а, и *f* parable; **что за п.?** *(coll)* what an extraordinary thing!; **п. во язы́цех** *(joc)* the talk of the town.

притыка́|ть, ю *impf of* **⇒приткну́ть**

притяга́тельност|ь, и *f* attractiveness.

притяга́тел|ьный (~ен, ~ьна) *adj* attractive, magnetic.

притя́гива|ть, ю *impf of* **⇒притяну́ть**

притяжа́тельный *adj (gram)* possessive.

притяже́ни|е, я *nt (phys)* attraction; **зако́н земно́го ~я** law of gravity.

притяза́ни|е, я *nt* claim, pretension; **име́ть ~я (на** *+ a)* to have claims (to, on).

притяза́тел|ьный (~ен, ~ьна) *adj* demanding, exacting.

притяза́|ть, ю *impf* (**на** + *a*) to lay claim (to).

притя́н|утый *ppp of* ⇒**~уть**; **п. за́ уши, п. за́ волосы** (*fig*) far-fetched.

притя|ну́ть, ну́, ~́нешь *pf* (*of* ⇒**~́гивать**) **1** to drag (up), pull (up); **п. за́ уши, за́ волосы доказа́тельства** to adduce far-fetched arguments. **2** (*fig*) (*привлечь*) to draw, attract; **п. как магни́т** to attract like a magnet. **3** (*coll*) (*вызвать*) to summon; **п. к отве́ту** to call to account; **п. к суду́** to have up, sue.

приугото́в|ить, лю, ишь *pf* (*of* ⇒**~ля́ть**) (*obs or literary*) (*что кому*) to prepare, have in store (*for s.o.*).

приуготовля́|ть, ю *impf of* ⇒**приугото́вить**

приуда́р|ить, ю, ишь (*of* ⇒**~я́ть**) **1** (*ударить*) to deal a light blow. **2** (*coll*) (*начать делать что-н. быстрее*) to get cracking. **3** (**за** + *i*; *coll*) to go (after), pursue (= *begin courting*).

приудар|я́ть, я́ю *impf of* ⇒**~ить**

приукра́|сить, шу, сишь *pf* (*of* ⇒**~шивать**) (*coll*) (*наряд*) to adorn; (*успехи*) to exaggerate; (*рассказ*) to embellish, embroider.

приукра́шива|ть, ю *impf of* ⇒**приукра́сить**

приуменьш|а́ть, а́ю *impf of* ⇒**~́ить**

приуме́ньш|и́ть, ~у, ~ишь *pf* (*of* ⇒**~а́ть**) to diminish, lessen, reduce.

приумнож|а́ть(ся), а́ю(сь) *impf of* ⇒**~́ить(ся)**

приумноже́ни|е, я *nt* increase, augmentation.

приумно́ж|ить, у, ишь *pf* (*of* ⇒**~а́ть**) to increase, augment, multiply.

приумно́ж|иться, ится *pf* (*of* ⇒**~а́ться**) to increase, multiply.

приумо́лк|нуть, ну, нешь, *past* **~, ~ла** *pf* (*coll*) to fall silent (*for a while*).

приун|ы́ть, о́ю, о́ешь *pf* (*coll*) to become depressed, become gloomy.

приуро́чива|ть, ю *impf of* ⇒**приуро́чить**

приуро́ч|ить, у, ишь *pf* (*of* ⇒**~ивать**) (**к** + *d*) to time (for, to coincide with); **изда́ние кни́ги ~или к прибы́тию а́втора** publication of the book was timed to coincide with the author's arrival.

приуса́дебный *adj* adjoining the farm(house); **п. уча́сток** personal plot.

приути́х|нуть, ну, нешь, *past* **~, ~ла** *pf* to quieten (*Br*), quiet (*US*) down; (*о буре*) to abate; (*о ветре*) to fall, drop.

приуч|а́ть(ся), а́ю(сь) *impf of* ⇒**~и́ть(ся)**

приуч|и́ть, у́, ~́ишь *pf* (*of* ⇒**~а́ть**) (**к** + *d or* + *inf*) to train (to), school (to, in); **п. кого́-н. к дисципли́не** to inculcate discipline in s.o.

приуч|и́ться, у́сь, ~́ишься *pf* (*of* ⇒**~а́ться**) (+ *inf*) to train o.s. (to); to accustom o.s. (to).

прифран|ти́ться, чу́сь, ти́шься *pf* (*coll*) to dress up.

прифронтов|о́й *adj* (*mil, pol*) forward, front-line; **~а́я полоса́** forward area; **~ы́е госуда́рства** front-line states.

прихва́рыва|ть, ю *impf* (*coll*) to be unwell off and on.

прихвастн|у́ть, у́, ёшь *pf* (*coll*) to boast a little, brag a little.

прихва|ти́ть, чу́, ~́тишь *pf* (*of* ⇒**~́тывать**) (*coll*) **1** (*взять*) to catch up, seize up. **2** (*привязать*) to tie up, fasten. **3** (*о морозе*) to touch, nip.

прихва́тыва|ть, ю *impf of* ⇒**прихвати́ть**

прихворн|у́ть, у́, ёшь *pf* (*coll*) to be indisposed, be unwell.

при́хвост|ень, ня *m* (*coll*) hanger-on, stooge.

прихлеба́тел|ь, я *m* (*coll*) sponger.

прихлеба́тель|ница, ницы *f of* ⇒**~**

прихлеба́тельств|о, а *nt* (*coll*) sponging.

прихлебн|у́ть, у́, ёшь *pf* to take a sip.

прихлёбыва|ть, ю *impf* (*coll*) to sip.

прихло́п|нуть, ну, нешь *pf* (*of* ⇒**~ывать**) (*coll*) **1** (*дверь*) to slam. **2** (*придавить*) to squash, pinch; **п. па́лец две́рью** to pinch one's finger in the door. **3** (*sl*) (*убить*) to kill.

прихло́пыва|ть, ю *impf* **1** *impf of* ⇒**прихло́пнуть**. **2** *impf only* to clap.

прихлы́н|уть, у, ешь *pf* (**к** + *d*) to rush (towards), surge (towards); (*fig*) (*о воспоминаниях*) to come flooding back.

прихо́д[1], **а** *m* (*прибытие*) coming, arrival.

прихо́д[2], **а** *m* (*доход*) receipts; **п. и расхо́д** credit and debit.

прихо́д[3], **а** *m* (*eccl*) parish; **како́в поп, тако́в и п.** (*proverb*) like master, like man.

прихо|ди́ть, жу́, ~́дишь *impf of* ⇒**прийти́**

прихо|ди́ться, жу́сь, ~́дишься *impf* **1** *impf of* ⇒**прийти́сь**. **2** (*impf only*) (+ *d and i*) to be (*in a given degree of relationship to*); **я ей ~жу́сь дя́дей** I am her uncle.

прихо́д|ный *adj of* ⇒**~**[2]; **~ная кни́га** receipt book.

прихо́д|овать, ую *impf* (*of* ⇒**за~**) (*bookkeeping*) to enter (*in a receipt book*).

прихо́до-расхо́дн|ый *adj* credit and debit; **~ая кни́га** account book.

прихо́дский *adj* parish; **п. свяще́нник** parish priest.

приход|я́щий *pres participle active of* ⇒**~и́ть** *and adj* non-resident; **п. больно́й** outpatient; **~я́щая домрабо́тница** cleaning woman; **~я́щая ня́ня** babysitter.

прихожа́н|ин, ина, *pl* **~е** *m* parishioner.

прихожа́н|ка, ки *f of* ⇒**~ин**

прихо́ж|ая, ей *f* (entrance) hall, lobby.

прихора́шива|ться, юсь *impf* (*coll*) to spruce o.s. up.

прихотли́вост|ь, и *f* capriciousness, whimsicality.

прихотли́в|ый (~, ~а) 1 (*человек*) capricious, whimsical. **2** (*узор*) intricate.

при́хот|ь, и *f* whim, caprice, fancy.

прихра́мыва|ть, ю *impf* to limp, hobble.

прице́л, а *m* **1** (back)sight; **п. для бомбомета́ния** bomb sight; **взять на п.** to take aim (at), aim (at); (*fig*) to keep a watch on. **2** (*действие*) aiming.

прице́лива|ться, юсь *impf of* ⇒**прице́литься**

прице́л|иться, юсь, ишься *pf* (*of* ⇒**~иваться**) to take aim.

прице́л|ьный *adj of* ⇒**~**; **~ьная бомбардиро́вка** precision bombing; **~ьная ли́ния** line of sight; **п. ого́нь** aimed fire.

прице́нива|ться, юсь *impf of* ⇒**прицени́ться**

прицен|и́ться, ю́сь, ~́ишься *pf* (*of* ⇒**~́иваться**) (**к** + *d*; *coll*) to ask the price (of).

прице́п, а *m* trailer.

прицеп|и́ть, лю́, ~́ишь *pf* (*of* ⇒**~ля́ть**) (**к** + *d*) **1** to hitch (to), hook on (to); (*вагоны*) to couple (to). **2** (*coll*) (*брошку, бант*) to pin on (to), fasten (to).

прицеп|и́ться, лю́сь, ~́ишься *pf* (*of* ⇒**~ля́ться**) (**к** + *d*) **1** to stick (to), cling (to). **2** (*fig, coll*) (*пристать*) to pester; to nag (at).

прице́пк|а, и *f* **1** hitching, hooking on; coupling. **2** (*coll*) pestering; nagging.

прицепля́|ть(ся), ю(сь) *impf of* ⇒**прицепи́ть(ся)**

прицепно́й *adj*: **п. ваго́н** trailer.

прича́л, а *m* **1** (*действие*) mooring, making fast. **2** (*верёвка*) mooring line. **3** (*место*) berth, moorage; **у ~ов** at its/her moorings.

прича́лива|ть, ю *impf of* ⇒**прича́лить**

прича́л|ить, ю, ишь *pf* (*of* ⇒**~ивать**) **1** (**к** + *d*) to moor (to). **2** (*intrans*) to moor.

прича́л|ьный *adj of* ⇒**~**; **п. кана́т** mooring line.

прича́сти|е[1], **я** *nt* (*gram*) participle.

прича́сти|е[2], **я** *nt* (*eccl*) **1** communion; the Eucharist. **2** (*причащение*) making one's communion, communicating.

прича|сти́ть, щу́, сти́шь *pf* (*of* ⇒**~ща́ть**) (*eccl*) to give communion.

прича|сти́ться, щу́сь, сти́шься *pf* (*of* ⇒**~ща́ться**) (*eccl*) to receive communion.

прича́стност|ь, и *f* (**к** + *d*) connection (with); involvement (with).

прича́ст|ный[1] **(~ен, ~на)** *adj* (**к** + *d*) connected (with), involved (in); **быть ~ным** (**к** + *d*) to be connected (with), be involved (in).

прича́стный[2] *adj* (*gram*) participial.

причаща́|ть(ся), ю(сь) *impf of* ⇒**причасти́ть(ся)**

причаще́ни|е, я *nt* (*eccl*) receiving communion.

причём *conj* moreover, and (*or translated by means of participial clause*); **бы́ло о́чень темно́, п. я пло́хо ориенти́ровалась на ме́стности** it was very dark and I didn't know the area well; **мы шли бы́стро, п. (ещё) стара́лись обгоня́ть друг дру́га** we walked quickly, each trying to overtake the other.

приче|са́ть, шу́, ~́шешь *pf* (*of* ⇒**~́сывать**) to comb; **п. го́лову** to brush, comb one's hair; **п. кого́-н.** to brush, comb s.o.'s hair.

п

приче|са́ться, шу́сь, ~́шешься *pf* (*of* ⇒~́сываться) to brush, comb one's hair; (*у парикмахера*) to have one's hair done.

причёск|а, и *f* hair style, hairdo.

при|че́сть, чту́, чтёшь, *past* **~чёл, ~чла́** *pf* (*of* ⇒~**чи́тывать**) **1** (*coll*) (*присчитать*) to add on. **2** (*obs*) (*отнести к числу кого/чего-н.*) to number, reckon.

причёсыва|ть(ся), ю(сь) *impf of* ⇒**причеса́ть(ся)**

приче́тник, а *m* (*eccl*) junior deacon.

причи́н|а, ы *f* (*пожара, болезни*) cause; (*основание*) reason; **по той или ино́й ~е** for some reason or other; **по той просто́й ~е, что** for the simple reason that; **по ~е** (+ *g*) by reason (of), on account (of), owing (to), because (of).

причинда́л|ы, ов (*no sg*) (*coll*) things, gear.

причин|и́ть, ю́, и́шь *pf* (*of* ⇒~**я́ть**) to cause.

причи́нност|ь, и *f* causality.

причи́нн|ый *adj* causal, causative; **~ая связь** causation; **~ое ме́сто** (*coll*) private parts.

причин|я́ть, я́ю *impf of* ⇒~**и́ть**

причисл|и́ть, ю, ишь *pf* (*of* ⇒~**я́ть**) (**к** + *d*) **1** (*присчитать*) to add on (to). **2** (*отнести к числу кого-чего-н.*) to number (among), rank (among); **его́ ~или к са́мым вы́дающимся матема́тикам** he was ranked among the foremost mathematicians.

причисл|я́ть, я́ю *impf of* ⇒~́**ить**

причита́ни|е, я *nt* (ritual) lamentation.

причита́|ть, ю *impf* (**по** + *p*) to lament (for); to bewail.

причита́|ться, ется *impf* (+ *d*; **с** + *g*) to be due (to; from); **вам ~ется два рубля́** there is two roubles due to you, you have two roubles to come; **с вас ~ется два рубля́** you have two roubles to pay.

причи́тыва|ть, ю *impf of* ⇒**приче́сть**

причмо́кива|ть, ю *impf of* ⇒**причмо́кнуть**

причмо́к|нуть, ну, нешь *pf* (*of* ⇒~**ивать**) to smack one's lips.

причт, а *m* (*collect, eccl*) the clergy of a parish.

причу́д|а, ы *f* caprice, whim, fancy.

причу́д|иться, ится *pf of* ⇒**чу́диться**

причу́дливост|ь, и *f* **1** (*замысловатость*) fantasticality. **2** (*coll*) (*капризность*) capriciousness, whimsicality.

причу́длив|ый (~, ~а) *adj* **1** (*замысловатый*) intricate; fantastical. **2** (*coll*) (*капризный*) capricious, whimsical.

причу́дник, а *m* (*coll*) odd person.

причу́дни|ца, цы *f of* ⇒~**к**

пришварт|ова́ть, у́ю *pf* (*of* ⇒~**о́вывать**) (**к** + *d*) to moor (to), make fast (to).

пришварт|ова́ться, у́юсь *pf* (*of* ⇒~**о́вываться**) (**к** + *d*) to moor (to), tie up (at).

пришварто́выва|ть(ся), ю(сь) *impf of* ⇒**пришвартова́ть(ся)**

пришле́л|ец, ьца *m* **1** (*пришлый человек*) newcomer, stranger. **2** (*инопланетянин*) alien.

пришепётыва|ть, ю *impf* (*coll*) to lisp slightly.

пришёптыва|ть, ю *impf* (*coll*) to whisper (*while doing sth*).

прише́стви|е, я *nt* advent, coming; **до второ́го ~я** (*joc*) till doomsday.

пришиб|и́ть, у́ ёшь, *past* **~́, ~ла** *pf* (*coll*) **1** to strike dead. **2** (*fig*) (*удручить*) to crush; to dispirit.

приши́б|ленный *ppp of* ⇒~**и́ть** *and adj* (*coll*) crushed; crestfallen.

пришива́|ть, ю *impf of* ⇒**приши́ть**

пришивно́й *adj* sewn on.

приш|и́ть, ью́, ьёшь *pf* (*of* ⇒~**ива́ть**) **1** (*пуговицу*) to sew on. **2** (*доску*) to nail on. **3** (+ *a and* **к** + *d or* + *a and d*; *fig, coll*) to pin (on).

пришко́льный *adj* (adjoining a) school.

при́шлый *adj* newly arrived; strange.

пришпи́лива|ть, ю *impf of* ⇒**пришпи́лить**

пришпи́л|ить, ю, ишь *pf* (*of* ⇒~**ивать**) to pin.

пришпо́рива|ть, ю *impf of* ⇒**пришпо́рить**

пришпо́р|ить, ю, ишь *pf* (*of* ⇒~**ивать**) to spur; to put, set spurs (to).

прищёлкива|ть, ю *impf of* ⇒**прищёлкнуть**

прищёлк|нуть, ну, нешь *pf* (*of* ⇒~**ивать**): **п. кнуто́м** to crack the whip; **п. па́льцами** to snap one's fingers.

прищем|и́ть, лю́, и́шь *pf* (*of* ⇒~**ля́ть**) to pinch, catch; **п. себе па́лец две́рью** to pinch one's finger in the door.

прищемля́|ть, ю *impf of* ⇒**прищеми́ть**

прищеп|и́ть, лю́, и́шь *pf* (*of* ⇒~**ля́ть**) (*bot*) to graft.

прище́пк|а, и *f* (clothes) peg (*Br*), clothespin (*US*).

прищепля́|ть, ю *impf of* ⇒**прищепи́ть**

прищу́рива|ть(ся), ю(сь) *impf of* ⇒**прищу́рить(ся)**

прищу́р|ить, ю, ишь *pf* (*of* ⇒~**ивать**); **п. глаза́** = ~**иться**

прищу́р|иться, юсь, ишься *pf* (*of* ⇒~**иваться**) to screw up one's eyes.

прию́т, а *m* **1** shelter, refuge. **2**: **де́тский п.** orphanage.

прию|ти́ть, чу́, ти́шь *pf* to shelter, give refuge.

прию|ти́ться, чу́сь, ти́шься *pf* to take shelter.

прия́знен|ный (~, ~на) *adj* (*obs*) friendly, amicable.

прия́зн|ь, и *f* (*obs*) friendliness, goodwill.

прия́тел|ь, я *m* friend.

прия́тельниц|а, ы *f* (*female*) friend.

прия́тельский *adj* friendly, amicable.

прия́т|ный (~ен, ~на) *adj* nice, pleasant, pleasing; **п. на вид** nice-looking; (*impers, pred*): **~но** it is pleasant; it is nice; **о́чень ~но** pleased to meet you; how do you do?

при|я́ть, му́, ~́мешь *pf* (*obs*) = **~ня́ть**

про *prep* + *a* **1** (*о*) about; **мы говори́ли про вас** we were talking about you. **2** (*coll*) (*для*) for; **э́то не про нас** this is not for us. **3**: **про себя́** to o.s.; **чита́ть про себя́** to read to o.s.

про...[1] *vbl pref indicating* **1** *action through, across or past object, as* **прострели́ть** to shoot through; **прое́хать** to pass (by). **2** *overall or exhaustive action, as* **прогре́ть** to warm thoroughly. **3** *duration of action throughout given period of time, as* **просиде́ть всю ночь** to sit up all night. **4** *loss or failure, as* **проигра́ть** to lose (*a game*).

про...[2] *as pref of nn and adjs* pro-.

проанализи́р|овать, ую *pf of* ⇒**анализи́ровать**

про́б|а, ы *f* **1** (*машины*) trial, test; try-out; (*металла*) assay; (*theatr*) audition; **п. го́лоса** voice test; **п. сил** trial of strength; **взять на ~у** to take on trial; **путём ~ и оши́бок** by trial and error. **2** (*для анализа*) sample. **3** (*драгоценного металла*) standard (*measure of purity of gold*); **зо́лото 56-й ~ы** 14 carat gold; **зо́лото 96-й ~ы** pure gold, 24 carat gold. **4** (*клеймо*) hallmark.

пробавля́|ться, юсь *impf* (*coll*) to subsist (on), make do (on).

проба́лтыва|ть(ся), ю(сь) *impf of* ⇒**проболта́ть(ся)**

проба|си́ть, шу́, си́шь *pf* (*coll*) to speak in a bass, deep voice.

пробе́г, а *m* **1** (*действие*) run. **1** (*sport*) race; **лы́жный п.** ski run. **2** (*пройденное расстояние*) mileage, distance covered.

пробе́га|ть, ю *pf* (*coll*) to run about (*for a certain time*).

пробега́|ть, ю *impf of* ⇒**пробежа́ть**

пробе|жа́ть, гу́, жи́шь, гу́т *pf* (*of* ⇒~**га́ть**) **1** (*мимо*) to run past; (*через*) to run through; (*по*) to run along; **п. па́льцами по клавиату́ре** to run one's fingers over the keyboard. **2** (*преодолеть пространство*) to run; to cover; **по́езд ~жа́л шестьдеся́т миль ро́вно за час** the train covered sixty miles in exactly one hour. **3** (*fig*) (*пронестись*) to run, flit (over, down, across); **хо́лод ~жа́л по её спине́** a chill ran down her spine. **4** (*fig, coll*) (*бегло прочитать*) to look through, skim.

пробе|жа́ться, гу́сь, жи́шься, гу́тся *pf* to run, take a run.

пробе́жк|а, и *f* run, jog.

пробе́л, а *m* **1** blank, gap; **запо́лнить ~ы** to fill in the blanks. **2** (*недостаток*) deficiency, gap; **~ы в зна́ниях** gaps in one's knowledge.

пробива́|ть(ся), ю(сь) *impf of* ⇒**проби́ть(ся)**

проби́вк|а, и *f* piercing; punching.

пробивн|о́й *adj* **1** piercing, punching; **~а́я си́ла** penetrating power (*of missile*). **2** (*coll*) (*энергичный*) go-getting, pushy.

пробира́|ть(ся), ю(сь) *impf of* **⇒пробра́ть(ся)**

проби́рк|а, и *f* test tube.

проби́рн|ый *adj* testing; assaying; **п. ка́мень** touchstone; **~ое клеймо́** hallmark; **~ая пала́та** assay office.

проби́р|овать, ую *impf* to test, assay.

про|би́ть¹, бью, бьёшь, *past* **~би́л, ~би́ла, ~би́ло** *pf of* **⇒бить 8**

про|би́ть², бью, бьёшь *pf* (*of* **⇒~бива́ть**) to make a hole (in); to pierce; to punch; **п. стену** to breach a wall; **п. ши́ну** to puncture a tyre; **п. путь, доро́гу** to open the way (*also fig*); **п. себе́ доро́гу** (*fig*) to carve one's way.

про|би́ться, бьюсь, бьёшься *pf* (*of* **⇒~бива́ться**) **1** to fight one's way through; to break, strike through; **п. сквозь толпу́** to fight one's way through the crowd. **2** (*о растениях*) to appear, push up.

про́бк|а, и *f* **1** (*материал*) cork (*substance*). **2** (*для бутылок*) cork; stopper; (*в раковину*) plug; **глуп как п.** (*coll*) daft as a brush. **3** (*elec*) fuse. **4** (*fig*) (*на улице*) traffic jam; congestion.

про́бковый *adj* cork.

пробле́м|а, ы *f* problem.

проблема́тик|а, и *f* (*collect*) problems.

проблемати́чност|ь, и *f* problematical character.

проблемати́ч|ный (~ен, ~на) *adj* problematic(al).

про́блеск, а *m* flash; ray, gleam (*also fig*); **п. наде́жды** ray of hope.

пробле́скива|ть, ю *impf of* **⇒проблесну́ть**

проблес|ну́ть, ну́, нёшь *pf* (*of* **⇒~кивать**) to flash, gleam.

проблужда́|ть, ю *pf* to wander, rove, roam (*for a certain time*).

про́бный *adj* **1** trial, test; **п. ка́мень** touchstone; **п. полёт** test flight; **п. экземпля́р** specimen copy. **2** (*с клеймом пробы*) hallmarked.

про́б|овать, ую *impf* (*of* **⇒по~**) **1** (*проверять*) to test; **п. пи́щу** to taste, try food. **2** (+ *inf*) (*стараться*) to try (to), attempt (to).

прободе́ни|е, я *nt* (*med*) perforation.

пробо́ин|а, ы *f* hole.

пробо́|й, я *m* clamp, hasp.

проболе́|ть¹, ю *pf* to be ill (*for a certain time*).

пробол|е́ть², и́т *pf* to hurt (*for a certain time*).

проболта́|ть, ю *pf* (*of* **⇒проба́лтывать**) (*coll*) **1** (*с друзьями*) to chat away. **2** (*выболтать*) to blab (out).

проболта́|ться¹, юсь *pf* (*of* **⇒проба́лтываться**) (*coll*) to shoot one's mouth off, let the cat out of the bag.

проболта́|ться², юсь *pf* (*coll*) (*бездельничать*) to idle, loaf.

пробо́р, а *m* parting (*Br*), part (*US*) (*of the hair*); **прямо́й п.** middle part(ing); **косо́й п.** side part(ing).

пробормо|та́ть, чу́, ~чешь *pf of* **⇒бормота́ть**

про́бочник, а *m* (*coll*) corkscrew.

про|бра́ть, беру́, берёшь, *past* **~бра́л, ~брала́, ~бра́ло** *pf* (*of* **⇒~бира́ть**) **1** to penetrate; **моро́з ~бра́л меня́ до косте́й** I was chilled to the marrow; **их ~бра́л страх** fear had struck them. **2** (*coll*) (*выбранить*) to scold.

про|бра́ться, беру́сь, берёшься, *past* **~бра́лся, ~брала́сь, ~брало́сь** *pf* (*of* **⇒~бира́ться**) **1** (*с трудом*) to fight, force one's way. **2** (*тихо*) to steal (through, past); **п. о́щупью** to feel one's way; **п. на цы́почках** to tiptoe (through).

пробро|ди́ть, жу́, ~дишь *pf* to wander (*for a certain time*).

пробубн|и́ть, ю, и́шь *pf of* **⇒бубни́ть**

пробу|ди́ть, жу́, ~дишь *pf* (*of* **⇒буди́ть 2** *and* **⇒~жда́ть**) to wake; to awaken, rouse, arouse (*also fig*).

пробу|ди́ться, жу́сь, ~дишься *pf* (*of* **⇒~жда́ться**) to wake up, awake (*also fig*).

пробужда́|ть(ся), ю(сь) *impf of* **⇒пробуди́ть(ся)**

пробужде́ни|е, я *nt* waking up, awakening.

пробура́в|ить, лю, ишь *pf* (*of* **⇒~ливать, ⇒бура́вить**) to bore, drill, perforate.

пробура́влива|ть, ю *impf of* **⇒пробура́вить**

пробур|и́ть, ю́, и́шь *pf of* **⇒бури́ть**

пробурч|а́ть, у́, и́шь *pf of* **⇒бурча́ть**

проб|ы́ть, у́ду, у́дешь, *past* **~ы́л, ~ыла́, ~ы́ло** *pf* to stay, remain; to be (*for a certain time*); **он ~ы́л у нас неде́лю** he stayed with us for a week.

прова́йдер, а *m* Internet service provider (*abbr* ISP).

прова́л, а *m* **1** (*действие*) collapse. **2** (*geog*) gap; hole. **3** (*неудача*) failure; **п. па́мяти** failure of memory; **по́лный п.** a complete flop.

прова́лива|ть, ю *impf* **1** *impf of* **⇒провали́ть**. **2**: **~й!** (*coll*) clear off!; beat it!; hop it!

прова́лива|ться, юсь *impf of* **⇒провали́ться**

провал|и́ть, ю́, ~ишь *pf* (*of* **⇒~ивать**) **1** (*крышу*) to cause to collapse, knock down. **2** (*fig, coll*) (*дело*) to ruin, make a mess (of). **3** (*fig*) (*предложение*) to reject; **п. кандида́та на экза́мене** to fail a candidate in an examination.

провал|и́ться, ю́сь, ~ишься *pf* (*of* **⇒~иваться**) **1** to collapse, fall through; **потоло́к ~и́лся** the ceiling has come down. **2** (*fig, coll*) (*потерпеть неудачу*) to fail, fall through; (*на экзамене*) to fail. **3** (*coll*) (*исчезнуть*) to disappear, vanish; **он как сквозь зе́млю ~и́лся** he vanished into thin air.

прованса́л|ь, я *m* (*and indecl adj*) (*also* **со́ус/майоне́з п.**) mayonnaise (dressing); **капу́ста п.** pickled cabbage salad (*with pickled plums and grapes, preserved apples and cowberries (or fresh cranberries), and French dressing*).

прова́нск|ий *adj*: **~ое ма́сло** olive oil.

прова́рива|ть *impf of* **⇒провари́ть**

провар|и́ть, ю́, ~ишь *pf* (*of* **⇒~ивать**) to boil thoroughly.

прове́д|ать, аю *pf* (*of* **⇒~ывать**) (*coll*) **1** (*навестить*) to come to see, call on. **2** (**о** + *p*) (*узнать*) to find out (about), learn (of, about).

проведе́ни|е, я *nt* **1** (*человека*) leading, taking; (*судна*) piloting. **2** (*дороги*) building; (*электричества*) installation. **3** (*операции*) carrying out, through; (*заседания*) conducting; **п. кампа́нии** (*mil, pol*) conduct of a campaign; **п. в жизнь** putting into effect, implementation. **4** (*черты*) drawing.

прове́дыва|ть, ю *impf of* **⇒прове́дать**

провез|ти́, у́, ёшь, *past* **~ё́, ~ла́** *pf* (*of* **⇒провози́ть**) **1** (*везя, доставить*) to convey, transport; **п. контраба́ндой** to smuggle. **2** (*перевезти с собой*) to bring (with one).

провентили́р|овать, ую *pf of* **⇒вентили́ровать**

прове́р|енный *ppp of* **⇒~ить** *and adj* proved, of proved worth.

прове́р|ить, ю, ишь *pf* (*of* **⇒~я́ть**) **1** to check; to verify; **п. биле́ты** to examine tickets; **п. ка́ссу** to check the till; **п. тетра́ди** to correct exercise books. **2** (*на практике*) to test; **п. свои́ си́лы** to try one's strength.

прове́рк|а, и *f* **1** checking; examination; verification; check-up. **2** (*на практике*) testing.

провер|ну́ть, ну́, нёшь *pf* (*of* **⇒~тывать**) (*coll*) **1** (*доску; дыру*) to bore, drill. **2** (*мотор*) to crank. **3** (*fig*) (*сделать быстро*) to rush through (*discussion of a question, etc.*).

прове́рочн|ый *adj* checking, verifying; **~ая рабо́та** test paper.

провер|те́ть, чу́, ~тишь *pf* (*of* **⇒~тывать**) (*coll*) to bore, drill.

провёртыва|ть, ю *impf of* **⇒проверну́ть** *and* **⇒проверте́ть**

провер|я́ть, я́ю *impf of* **⇒~ить**

прове́с, а *m* sag; dip (*of wire*).

прове|сти́, ду́, дёшь, *past* **~л, ~ла́** *pf* (*of* **⇒проводи́ть¹ 1, ⇒вести́ 2, 3**) **1** (*человека*) to lead, take; (*машину*) to take; (*судно*) to pilot. **2** (*дорогу*) to build; (*электричество*) to install. **3** (*реформы, опыты*) to carry out; (*кампанию*) to carry on; (*урок, заседание*) to conduct, hold; **п. бесе́ду** to give a talk. **4** (*резолюцию, законопроект*) to carry through; to carry, pass, get through; (*решение*) to implement. **5** (*идею*) to advance, put forward. **6** (*bookkeeping*) to register; **п. по кни́гам** to book; **п. по ка́ссе** to register, ring up on the till. **7** (*черту*) to draw; **п. грани́цу** to draw a boundary line. **8** (+ *i*) (*рукой*) to pass over, run over; **она́ ~ла́ руко́й по лбу** she passed her hand over her forehead. **9** (*время*) to spend, pass; **что́бы п. вре́мя** to pass the time. **10** (*coll*) (*обмануть*) to take in, trick, fool.

прове́трива|ть(ся), ю(сь) *impf of* **⇒прове́трить(ся)**

прове́тр|ить, ю, ишь *pf (of* ⇒**~ивать**) to air; to ventilate.

прове́тр|иться, юсь, ишься *pf (of* ⇒**~иваться**) **1** *(о комнате, об одежде)* to have an airing; *(fig, coll) (о человеке)* to have a change of scene. **2** *passive of* ⇒**~ить**

провиа́нт, а *m* provisions.

Провиде́ни|е, я *nt (relig)* Providence.

прови́дени|е, я *nt* foresight.

прови́|деть, жу, дишь *impf* to foresee.

прови́д|ец, ца *m (obs and rhetorical)* seer, prophet.

прови́д|ица, ицы *f of* ⇒**~ец**

прови́зи|я, и *(no pl) f* provisions.

прови́зор, а *m* pharmacist.

провизо́р|ный (~ен, ~на) *adj* provisional; temporary.

провин|и́ться, ю́сь, и́шься *pf* (**в** + *p*) to be guilty (of); to commit an offence; **п. пе́ред кем-н.** to wrong s.o.; **в чём мы ~и́лись?** what have we done wrong?

прови́нност|ь, и *f (coll)* fault; offence.

провинциа́л, а *m* provincial *(person)*.

провинциали́зм, а *m* provincialism.

провинциа́льност|ь, и *f* provinciality.

провинциа́л|ьный (~ен, ~ьна) *adj* provincial *(also fig)*.

провинци|я, и *f* **1** *(область)* province. **2** *(удалённая местность)* the provinces; **жить в глухо́й ~и** to live in the depths of the country.

провира́|ться, юсь *impf of* ⇒**провра́ться**

провис|а́ть, а́ет *impf of* ⇒**~́нуть**

прови́с|нуть, нет *pf (of* ⇒**~а́ть**) to sag.

про́вод, а, *pl* **~а́** *m* wire, cable, lead; **заземля́ющий п.** earth (wire) *(Br)*, ground (wire) *(US)*; **п. под то́ком/напряже́нием** live wire.

проводи́мост|ь, и *f (elec)* conductivity.

прово|ди́ть[1], жу́, ~́дишь *impf* **1** *impf of* ⇒**провести́**. **2** *(impf only) (phys, elec)* to conduct.

прово|ди́ть[2], жу́, ~́дишь *pf (of* ⇒**~жа́ть**) to accompany; to see off; **п. кого́-н. домо́й** to take, see s.o. home; **п. кого́-н. до двере́й** to see s.o. to the door; **п. глаза́ми** to follow with one's eyes.

прово́дк|а, и *f* **1** *(судна)* piloting; *(машины)* taking. **2** *(дороги)* building; *(электричества)* installation. **3** *(collect; elec)* wiring, wires.

проводни́к[1], а́ *m* **1** *(провожатый)* guide. **2** *(в поезде)* conductor; guard *(Br)*.

проводни́к[2], а́ *m* **1** *(phys, elec)* conductor. **2** *(fig) (культуры, идей)* transmitter.

проводни́|ца, цы *f of* ⇒**~к[1]**

про́вод|ы, ов *(no sg)* seeing-off; send-off.

провожа́т|ый, ого *m* guide, escort.

провожа́|ть, ю *impf of* ⇒**проводи́ть[2]**

прово́з, а *m* carriage, conveyance, transport; **пла́та за п.** payment for carriage.

провозве|сти́ть, щу́, сти́шь *pf (of* ⇒**~ща́ть**) *(rhetorical)* to proclaim.

провозве́стник, а *m (rhetorical)* proclaimer.

провозве́стни|ца, цы *f of* ⇒**~к**

провозвеща́|ть, ю *impf of* ⇒**провозвести́ть**

провозгла|си́ть, шу́, си́шь *pf (of* ⇒**~ша́ть**) to proclaim; **п. тост** to propose a toast; **его́ ~си́ли королём** he was proclaimed king.

провозглаша́|ть, ю *impf of* ⇒**провозгласи́ть**

провозглаше́ни|е, я *nt* proclamation; declaration.

прово|зи́ть, жу́, ~зишь *impf of* ⇒**провезти́**

прово|зи́ться[1], жу́сь, ~зишься *pf* **1** *(coll) (играя)* to play about. **2** (**с** + *i*) *(в хлопотах)* to spend *(a certain time)* (over, in seeing to); **я ~зи́лся це́лый ме́сяц с получе́нием ви́зы** I spent a whole month over obtaining the visa.

прово|зи́ться[2], жу́сь, ~́зишься *impf passive of* ⇒**~зи́ть**

провока́тор, а *m* **1** agent provocateur. **2** *(fig)* instigator, provoker.

провокацио́нный *adj* provocative.

провока́ци|я, и *f* provocation.

про́волок|а, и *f* wire; **колю́чая п.** barbed wire.

про́волочк|а, и *f diminutive of* ⇒**про́волока**; short wire, fine wire.

проволо́чк|а, и *f (coll)* delay.

про́воло|чный *adj of* ⇒**~ка**; **~чная сеть** wire netting.

провоня́|ть, ет *pf (+ i; coll)* to stink (of).

прово́рност|ь, и *f* = **прово́рство**

прово́р|ный (~ен, ~на) *adj* **1** *(быстрый)* quick, swift, expeditious. **2** *(ловкий)* agile, nimble, adroit, dexterous.

провор|ова́ться, у́юсь *pf (coll)* to be caught stealing, embezzling.

проворо́н|ить, ю, ишь *pf (coll)* to miss, let slip, lose; **п. свою́ о́чередь** to miss one's turn.

прово́рств|о, а *nt* **1** *(быстрота)* quickness, swiftness. **2** *(ловкость)* agility, nimbleness, adroitness, dexterity.

проворч|а́ть, у́, и́шь *pf* to mutter.

провоци́р|овать, ую *impf and pf (pf also* **с~**) to provoke.

провр|а́ться, у́сь, ёшься, *past* **~а́лся, ~ала́сь, ~а́ло́сь** *pf (of* ⇒**провира́ться**) *(coll)* to give o.s. away; to slip up *(in lying)*.

провя́л|ить, ю, ишь *pf of* ⇒**вя́лить**

прогад|а́ть, а́ю *pf (of* ⇒**~́ывать**) *(coll)* to miscalculate.

прога́дыва|ть, ю *impf of* ⇒**прогада́ть**

прога́лин|а, ы *f* glade.

проги́б, а *m (tech) (действие)* sagging; *(место)* sag.

прогиба́|ть(ся), ю(сь) *impf of* ⇒**прогну́ть(ся)**

прогла́|дить[1], жу, дишь *pf (of* ⇒**~живать**) to iron (out).

прогла́|дить[2], жу, дишь *pf (некоторое время)* to iron.

прогла́жива|ть, ю *impf of* ⇒**прогла́дить[1]**

прогла́тыва|ть, ю *impf of* ⇒**проглоти́ть**; **говори́ть ~я слова́** to swallow one's words.

прогло|ти́ть, чу́, ~́тишь *pf (of* ⇒**прогла́тывать** *and* ⇒**глота́ть**) to swallow *(also fig)*; **п. язы́к** to lose one's tongue; **п. кни́гу** to devour a book; **язы́к ~́тишь** it makes your mouth water.

прогля|де́ть, жу́, ди́шь *pf (of* ⇒**~́дывать**) **1** *(просмотреть)* to look through, skim through; **п. глаза́** *(coll)* to wear one's eyes out. **2** *(pf only) (не заметить)* to overlook.

прогля́дыва|ть, ю *impf of* ⇒**прогляде́ть** *and* ⇒**прогляну́ть**

прогля|ну́ть, ~́нет *pf (of* ⇒**~́дывать**) to peep (out, through); to be perceptible; **со́лнце ~ну́ло из-за облако́в** the sun peeped out from behind the clouds; **в её взгля́де ~ну́ла тоска́** there was a touch of wistfulness in her look.

про|гна́ть, гоню́, го́нишь *past* **~гна́л, ~гнала́, ~гна́ло** *pf (of* ⇒**~гоня́ть**) **1** *(заставить уйти)* to drive away *(also fig)*; *(fig)* to banish; **п. с глаз доло́й** to banish from one's sight; **п. забо́ты** to banish care. **2** *(заставить идти)* to drive (through); **п. коро́в в по́ле** to drive the cows into the field. **3** *(coll) (с работы)* to sack, fire.

прогне́ва|ть, ю *pf (obs)* to anger.

прогне́ва|ться, юсь *pf (obs)* (**на** + *a*) to become angry (with).

прогнев|и́ть, лю́, и́шь *pf of* ⇒**гневи́ть**

прогнива́|ть, ю *impf of* ⇒**прогни́ть**

прогн|и́ть, ию́, иёшь, *past* **~и́л, ~ила́, ~и́ло** *pf (of* ⇒**~ива́ть**) to rot through.

прогно́з, а *m* prognosis; forecast; **п. пого́ды** weather forecast.

прогн|у́ть, у́, ёшь *pf (of* ⇒**прогиба́ть**) to weigh down, cause to sag.

прогн|у́ться, у́сь, ёшься *pf (of* ⇒**прогиба́ться**) to cave in, sag.

прогова́рива|ть(ся), ю(сь) *impf of* ⇒**проговори́ть(ся)**

проговор|и́ть, ю, и́шь *pf (of* ⇒**прогова́ривать**) **1** *(сказать)* to say, utter; **п. сквозь зу́бы** to mutter; **он ни сло́ва не ~и́л** he did not utter a word. **2** *(некоторое время)* to speak, talk.

проговор|и́ться, ю́сь, и́шься *pf (of* ⇒**прогова́риваться**) to shoot one's mouth off, let the cat out of the bag.

проголода́|ть, ю *pf* to starve, go hungry.

проголода́|ться, юсь *pf* to get hungry, grow hungry.

проголос|ова́ть, у́ю *pf of* ⇒**голосова́ть**

прого́н[1], а *m (archit)* **1** *(опорная балка)* purlin; *(моста)* bearer, baulk. **2** *(лестничная клетка)* stairwell.

прого́н[2], а *m (дорога)* cattle track.

прого́н[3], а *m (theatr sl)* run-through (= *first full rehearsal of play in order of scenes*).

прого́н|ный *adj of* ⇒**~ы**; **~ные (де́ньги)** *(obs)* travel allowance.

П

прого́н|ы, ов (*no sg*) (*obs*) fare (*for journey by post-chaise*).

прогоня́|ть, ю *impf of* ⇒**прогна́ть**

прогор|а́ть, а́ю *impf of* ⇒**~е́ть**[1]

прогор|е́ть[1]**, ю́, и́шь** *pf* (*of* ⇒**~а́ть**) **1** (*сгореть совсем*) to burn through; to burn to a cinder. **2** (*coll*) (*разориться*) to go bankrupt, go bust.

прогор|е́ть[2]**, ю́, и́шь** *pf* (*некоторое время*) to burn.

прого́рклый *adj* rancid.

прого́рк|нуть, нет, *past* **~, ~ла** *pf of* ⇒**го́ркнуть**

прого|сти́ть, щу́, сти́шь *pf* to stay.

програ́мм|а, ы *f* programme (*Br*), program (*US*); (*comput*) program, application; **уче́бная п.** syllabus; curriculum.

программи́р|овать, ую *impf* (*of* ⇒**за~**) to programme (*Br*), program (*US*); (*comput*) to program.

программи́ст, а *m* (computer) programmer.

программи́ст|ка, ки *f of* ⇒**~**

програ́мм|ный *adj* **1** *adj of* ⇒**~а**; **~ное обеспе́чение** (*comput*) software. **2** (*tech*) programmed (*Br*), programed (*US*); automatically operated.

прогрева́|ть(ся), ю(сь) *impf of* ⇒**прогре́ть(ся)**

прогрем|е́ть, лю́, и́шь *pf of* ⇒**греме́ть**

прогре́сс, а *m* progress.

прогресси́в|ный (~ен, ~на) *adj* progressive.

прогресси́р|овать, ую *impf* to progress, make progress; (*о болезни*) to grow progressively worse.

прогре́сси|я, и *f* (*math*) progression.

прогре́|ть, ю *pf* (*of* ⇒**~ва́ть**) to heat, warm up.

прогре́|ться, юсь *pf* (*of* ⇒**~ва́ться**) to warm up.

прогу́л, а *m* (*на работе*) absence; (*в школе*) truancy.

прогу́лива|ть, ю *impf* **1** *impf of* ⇒**прогуля́ть**[1]. **2** (*impf only*) to walk; **п. ло́шадь** to walk a horse.

прогу́лива|ться, юсь *impf* **1** *impf of* ⇒**прогуля́ться**. **2** (*impf only*) to stroll, saunter.

прогу́лк|а, и *f* **1** (*хождение*) walk; stroll. **2** (*поездка*) outing; (*в автомобиле*) drive; (*верхом*) ride.

прогу́л|очный *adj of* ⇒**~ка**; **~очная зо́на** pedestrian precinct; **~очная ло́дка** pleasure boat.

прогу́л|ьный *adj of* ⇒**~**; **~ьное вре́мя** time off work (*without good cause*).

прогу́льщик, а *m* (*на работе*) absentee; (*в школе*) truant.

прогу́льщи|ца, цы *f of* ⇒**~к**

прогуля́|ть, ю *pf* (*of* ⇒**прогу́ливать**) **1** (*на работе*) to be absent from work; (*школу*) to play truant. **2** (*пропустить*) to miss; **п. обе́д** to miss one's dinner; **п. уро́ки** to bunk off school (*Br*), play hookey (*US*). **3** *pf only* (*некоторое время*) to walk; to stroll.

прогуля́|ться, юсь *pf* (*of* ⇒**прогу́ливаться**) to take a walk, stroll.

прод... *comb form, abbr of* **продово́льственный**

прода|ва́ть, ю́, ёшь *impf of* ⇒**~́ть**

прода|ва́ться, ю́сь, ёшься *impf* **1** (*impf only*) to be on sale, be for sale; **дом ~ётся** the house is for sale; **~ётся мотоци́кл** (*formula of advertisement of sale*) 'motorcycle for sale'. **2** (*impf only*) to sell; **дёшево п.** to sell cheap, go cheap; **его́ но́вый рома́н хорошо́ ~ётся** his new novel is selling well. **3** *impf of* ⇒**~́ться**

продав|е́ц, ца́ *m* **1** seller; vendor. **2** (*в магазине*) salesman, shop assistant.

продав|и́ть, лю́, ~́ишь *pf* (*of* ⇒**~́ливать**) to break (through); to crush.

прода́влива|ть, ю *impf of* ⇒**продави́ть**

продавщи́ц|а, ы *f* **1** seller; vendor. **2** (*в магазине*) saleswoman, shop assistant.

прода́ж|а, и *f* sale; **опто́вая п.** wholesale; **п. в ро́зницу** (*or* **ро́зничная п.**) retail; **пусти́ть в ~у** to put on sale; **поступи́ть в ~у** to be on sale; **нет в ~е** out of stock; sold out; **п. по телефо́ну** telesales.

прода́жност|ь, и *f* corruptness, corruption.

прода́ж|ный *adj* **1** sale; selling; **~ная цена́** selling price. **2** (**~ен, ~на**) (*fig*) corrupt; **~ная же́нщина** prostitute.

прода́лблива|ть, ю *impf of* ⇒**продолби́ть**

прода́|ть, м, шь, ст, ди́м, ди́те, ду́т, *past* **про́дал, ~ла́, про́дало** *pf* (*of* ⇒**~ва́ть**) **1** to sell; **п. о́птом** to sell wholesale; **п. в ро́зницу** to sell retail; **п. с торго́в** to auction; **п. в креди́т** to sell on credit. **2** (*fig, pej*) to sell, sell out.

прода́|ться, мся, шься, стся, ди́мся, ди́тесь, ду́тся, *past* **~лся, ~ла́сь** *pf* (*of* ⇒**~ва́ться 3**) (*о человеке*) to sell o.s.

продвига́|ть(ся), ю(сь) *impf of* ⇒**продви́нуть(ся)**

продвиже́ни|е, я *nt* **1** advancement. **2** (*mil, fig*) progress, advance.

продви́нут|ый (~, ~а) *adj* advanced.

продви́|нуть, ну, нешь *pf* (*of* ⇒**~га́ть**) **1** to move forward, push forward. **2** (*fig*) to promote, advance; **п. по слу́жбе** to promote; **п. де́ло** to expedite a matter.

продви́|нуться, нусь, нешься *pf* (*of* ⇒**~га́ться**) **1** to advance (*also fig*); to move on, move forward; to push on; **п. вперёд** (*mil and fig*) to gain ground, make headway, make an advance. **2** (*по службе*) to be promoted.

продева́|ть, ю *impf of* ⇒**проде́ть**

продежу́р|ить, ю, ишь *pf* to be on duty (*for a certain time*).

продеклами́р|овать, ую *pf of* ⇒**деклами́ровать**

проде́л|ать, аю *pf* (*of* ⇒**~ывать**) **1** (*отверстие, проход*) to make. **2** (*работу, упражнения*) to do, perform, accomplish.

проде́лк|а, и *f* trick; prank.

проде́лыва|ть, ю *impf of* ⇒**проде́лать**

продемонстри́р|овать, ую *pf of* ⇒**демонстри́ровать**

продёргива|ть, ю *impf of* ⇒**продёрнуть**

продерж|а́ть, у́, ~́ишь *pf* (*чемодан*) to hold (*for a certain time*); (*человека*) to keep (*for a certain time*); **его́ ~а́ли два ме́сяца в больни́це** he was kept in hospital for two months.

продерж|а́ться, у́сь, ~́ишься *pf* to hold out.

продёр|нуть, ну, нешь *pf* (*of* ⇒**~гивать**) (*coll*) **1** to pass, run; **п. ни́тку в иго́лку** to thread a needle. **2** (*fig*) (*покритиковать*) to tear to shreds.

проде́|ть, ну, нешь *pf* (*of* ⇒**~ва́ть**) to pass, run; **п. ни́тку в иго́лку** to thread a needle.

продефили́р|овать, ую *pf of* ⇒**дефили́ровать**

продешев|и́ть, лю́, и́шь *pf* (*coll*) to sell too cheap.

продикт|ова́ть, у́ю *pf of* ⇒**диктова́ть**

продира́|ть(ся), ю(сь) *impf of* ⇒**продра́ть(ся)**

продлева́|ть, ю *impf of* ⇒**продли́ть**

продле́ни|е, я *nt* extension, prolongation.

продл|ённый *ppp of* ⇒**~и́ть**; **шко́ла ~ённого дня** extended-day school.

продл|и́ть, ю́, и́шь *pf* (*of* ⇒**~ева́ть**) to extend, prolong; **п. срок де́йствия ви́зы** to extend a visa.

продл|и́ться, и́тся *pf of* ⇒**дли́ться**

продма́г, а *m* (*abbr of* **продово́льственный магази́н**) grocery (store).

продово́льств|енный *adj of* ⇒**~ие**; **п. магази́н** grocery (store); **~енные райо́ны** food-producing areas; **п. склад** food store; (*mil*) ration store, ration dump; **~енная ка́рточка** ration book, ration card; **~енные това́ры** foodstuffs.

продово́льстви|е, я *nt* foodstuffs, provisions; (*mil*) rations; **но́рма ~я** ration scale.

продолб|и́ть, лю́, и́шь *pf* (*of* ⇒**прода́лбливать**) to make a hole (in), chisel through.

продолгова́т|ый (~, ~а) *adj* oblong; **п. мозг** (*anat*) medulla oblongata.

продолжа́тел|ь, я *m* continuer, successor.

продолжа́тель|ница, ницы *f of* ⇒**~**

продолж|а́ть, а́ю *impf* **1** to continue, go on; **п. свою́ рабо́ту** to continue, go on with one's work; **п. рабо́тать** to continue to work, go on working. **2** *impf of* ⇒**~́ить**

продолж|а́ться, а́ется *impf* (*of* ⇒**~́иться**) to continue, last, go on; **восста́ние ~а́ется уже́ второ́й год** the insurrection is now in its second year.

продолже́ни|е, я *nt* **1** continuation; **забо́р слу́жит ~ем стены́** the fence serves as a continuation of the wall. **2** (*рассказа*) continuation; sequel; **п. сле́дует** to be continued. **3**: **в п.** (*+ g*) in

П

the course (of), during, for, throughout; **в п. почти двух лет я ни разу её не видел** for almost two years I did not see her once.

продолжи́тельност|ь, и *f* duration, length.

продолжи́тел|ьный (~ен, ~ьна) *adj* long; prolonged, protracted.

продо́лж|ить, у, ишь *pf* (*of* ⇒**~а́ть 2**) to extend, prolong.

продо́лж|иться, ится *pf of* ⇒**~а́ться**

продо́льн|ый *adj* longitudinal; (*naut*) fore-and-aft; **~ая ось** longitudinal axis; **~ая пила́** ripsaw.

продохн|у́ть, у́, ёшь *pf* (*coll*) to breathe freely.

продразвёрстк|а, и *f* (*hist*) requisitioning of farm produce.

про|дра́ть, деру́, дерёшь, *past* **~дра́л, ~драла́, ~дра́ло** *pf* (*of* ⇒**~дира́ть**) (*coll*) to tear; to wear holes (in); **п. глаза́** to open one's eyes.

про|дра́ться, деру́сь, дерёшься, *past* **~дра́лся, ~драла́сь, ~драло́сь** *pf* (*of* ⇒**~дира́ться**) (*coll*) **1** (*разорваться*) to tear; to wear into holes; **у меня́ ло́кти ~дра́лись** my coat is out at the elbows. **2** (*протиснуться*) to squeeze through, force one's way through.

продрем|а́ть, лю́, ~лешь *pf* to doze (*for a certain time*).

продро́г|нуть, ну, нешь, *past* **~, ~ла** *pf* to be chilled to the marrow.

продубли́р|овать, ую *pf* **1** to duplicate. **2** (*theatr*) (*актёра, роль*) to understudy (*an actor, a part*).

продува́|ть, ю *impf* **1** *impf of* ⇒**проду́ть**. **2** (*impf only*) to blow (*from all sides*); **прия́тно ~л ветеро́к** there was a pleasant breeze.

продува́|ться, юсь *impf of* ⇒**проду́ться**

продувно́й *adj* (*coll*) crafty, sly.

проду́кт, а *m* **1** product; **побо́чный п.** by-product. **2** (*in pl*) produce; provisions, foodstuffs; **моло́чные ~ы** dairy produce; **натура́льные ~ы** wholefoods.

продукти́вно *adv* productively; with a good result, to good effect.

продукти́вност|ь, и *f* productivity.

продукти́в|ный (~ен, ~на) *adj* productive; (*fig*) fruitful.

продукто́вый *adj* food; **п. магази́н** grocery (store).

проду́кци|я, и *f* production, output.

продума|нный *ppp of* ⇒**~ть** *and adj* well thought-out, considered.

проду́м|ать, аю *pf* (*of* ⇒**~ывать**) (*вопрос*) to think over; (*план*) to think out.

проду́мыва|ть, ю *impf of* ⇒**проду́мать**

проду́|ть, ю, ешь *pf* (*of* ⇒**~ва́ть**) **1** to blow through; to clean by blowing. **2** (*impers + a*) to be in a draught (*Br*), draft (*US*); **придви́ньте стул, а то вас ~ет** bring your chair up, or else you will be in a draught. **3** (*coll*) (*проиграть*) to lose (*at games*).

проду́|ться, юсь, ешься *pf* (*of* ⇒**~ва́ться**) (*coll*) to lose (*at games*).

проду́шин|а, ы *f* air hole, vent.

продыря́в|ить, лю, ишь *pf* (*of* ⇒**~ливать**) to make a hole (in), pierce.

продыря́в|иться, ится *pf* (*of* ⇒**~ливаться**) to become full of holes.

продыря́влива|ть(ся), ю, ет(ся) *impf of* ⇒**продыря́вить(ся)**

продю́сер, а *m* producer.

проеда́|ть(ся), ю(сь) *impf of* ⇒**прое́сть(ся)**

прое́зд, а *m* **1** (*место*) passage, thoroughfare; **«~а нет!»** 'no thoroughfare!' **2** (*в транспорте*) trip, journey.

прое́з|дить, жу, дишь *pf* (*of* ⇒**~жа́ть**) **1** (*лошадь*) to exercise. **2** (*coll*) (*истратить*) to spend on a journey; **мы ~дили ты́сячу рубле́й** we got through a thousand roubles on the journey. **3** *pf only* to spend (*a certain time*) driving, riding, travelling (*Br*), traveling (*US*); **они́ ~дили тро́е су́ток** they had travelled for three days and nights.

прое́з|диться, жусь, дишься *pf* (*coll*) to have spent all one's money on a journey.

проездно́й *adj* travelling (*Br*), traveling (*US*); **п. биле́т** ticket.

прое́здом *adv* en route, while passing through.

проезжа́|ть, ю *impf of* ⇒**прое́здить** *and* ⇒**прое́хать**

прое́зж|ий *adj*: **~ая доро́га** thoroughfare, public road; **~ие лю́ди** passers-by; *as n* **п., ~его** *m* passer-by.

прое́кт, а *m* **1** (*здания*) design. **2** (*предварительный текст*) draft; **п. догово́ра** draft treaty. **3** (*замысел*) plan, project.

проекти́ровани|е, я *nt* designing; **автоматизи́рованное п.** CAD, computer-aided design.

проекти́р|овать[1], ую *impf* **1** (*pf* **с~**) to design; **п. теа́тр** to design a theatre (*Br*), theater (*US*). **2** (*pf* **за~**) (*fig*) to plan; **мы ~уем уе́хать весно́й** we plan to go away in the spring.

проекти́р|овать[2], ую *impf* (*math*) to project.

проектиро́вк|а, и *f* = **проекти́рование**

проектиро́вщик, а *m* designer.

проектиро́вщи|ца, цы *f of* ⇒**~к**

прое́ктн|ый *adj* **1** planning, designing; **~ое бюро́** planning office. **2** (*предусмотренный*) planned; **~ая мо́щность** (*tech*) rated capacity.

прое́ктор, а *m* projector.

проекцио́нный *adj*: **п. фона́рь** projector.

прое́кци|я, и *f* **1** (*math*) projection. **2** (*на экран*) projection.

проём, а *m* (*archit*) aperture; embrasure; **дверно́й п.** doorway.

прое́|сть, м, шь, ст, ди́м, ди́те, дя́т, *past* **~л** *pf* (*of* ⇒**~да́ть**) **1** to eat through. **2** (*coll*) (*деньги*) to spend on food.

прое́|сться, мся, шься, стся, ди́мся, ди́тесь, дя́тся, *past* **~лся** *pf* (*of* ⇒**~да́ться**) (*coll*) to spend all one's money on food.

прое́|хать, ду, дешь *pf* (*of* ⇒**~зжа́ть**) **1** (*на транспорте*) to pass (by, through); to drive (by, through), ride (by, through). **2** (*по ошибке*) to pass, go past. **3** (*расстояние*) to go, do, make, cover.

прое́|хаться, дусь, дешься *pf* (*coll*) to go for a drive, ride.

проеци́р|овать, ую *impf and pf* (*изображение*) to project.

прожа́р|енный *ppp of* ⇒**~ить** *and adj* (*cul*) well done.

прожа́рива|ть(ся), ю, ет(ся) *impf of* ⇒**прожа́рить(ся)**

прожа́р|ить, ю, ишь *pf* (*of* ⇒**~ивать**) to fry, roast thoroughly.

прожа́р|иться, ится *pf* (*of* ⇒**~иваться**) to fry, roast thoroughly.

прожд|а́ть, у́, ёшь, *past* **~а́л, ~ала́, ~а́ло** *pf* (+ *a or g*) to wait (for), spend (*a certain time*) waiting (for).

прож|ева́ть, ую́, уёшь *pf* (*of* ⇒**~ёвывать**) to chew well.

прожёвыва|ть, ю *impf of* ⇒**прожева́ть**

проже́кт, а *m* **1** (*obs*) = **прое́кт**. **2** (*ironical*) (hair-brained) scheme.

прожектёр, а *m* (*ironical*) schemer.

прожектёрств|о, а *nt* (*ironical*) (hair-brained) scheming.

проже́ктор, а, *pl* **~ы** *and* **~а́** *m* searchlight, floodlight.

проже́ктор|ный *adj of* ⇒**~**

про|же́чь, жгу́, жжёшь, жгу́т, *past* **~жёг, ~жгла́** *pf* (*of* ⇒**~жига́ть**) **1** (*огнём, кислотой*) to burn a hole in. **2** (*лампу*) to burn, leave alight (*for a certain time*).

про|жжённый *ppp of* ⇒**~же́чь** *and adj* (*coll*) out-and-out.

прожива́ни|е, я *nt* residence, stay.

прожива́|ть, ю *impf* **1** (*иметь жилище*) to live, reside. **2** *impf of* ⇒**прожи́ть**

прожива́|ться, юсь *impf of* ⇒**прожи́ться**

прожига́тел|ь, я *m*: **п. жи́зни** fast liver.

прожига́тель|ница, ницы *f of* ⇒**~**

прожига́|ть[1], ю *impf of* ⇒**проже́чь**

прожига́|ть[2], ю *impf*: **п. жизнь** to lead a fast life.

прожи́лк|а, и *f* vein.

прожи́ти|е, я *nt*: **на п.** to live on; **хвата́ет ли у них де́нег на п.?** have they enough to live on?

прожи́точный *adj* sufficient to live on; **п. ми́нимум** living wage, subsistence wage.

про|жи́ть, живу́, живёшь, *past* **~жил, ~жила́, ~жило** *pf* (*of* ⇒**~жива́ть 2**) **1** (*пробыть живым*) to live; **он ~жил сто лет** he lived to be a hundred (*years of age*). **2** (*провести*) to spend; **мы ~жили ме́сяц а́вгуст на берегу́ мо́ря** we spent the month of August at the seaside. **3** (*истратить*) to spend, run through (*money*).

про|жи́ться, живу́сь, живёшься, *past* **~жи́лся, ~жила́сь** *pf* (*of* ⇒**~жива́ться**) (*coll*) to have spent all one's money.

прожо́рливост|ь, и *f* voracity, gluttony.

прожо́рлив|ый (~, ~а) *adj* voracious, gluttonous.

прожужж|а́ть, у́, и́шь *pf* to buzz, drone, hum; **п. у́ши кому́-н.** (*coll*) to drone on at s.o.

про́з|а, ы *f* prose; **п. жи́зни** the prosaic side of life.

прозаи́зм, а *m* prosaic expression (*in poetry*).

проза́ик, а *m* prose writer, prosaist.

прозаи́ческий *adj* **1** (*произведение*) prose. **2** (*вкус, жизнь*) prosaic; matter-of-fact.

прозаи́чност|ь, и *f* prosaicness.

прозаи́ч|ный (~ен, ~на) *adj* prosaic; humdrum.

проза́кладыва|ть, ю *impf and pf* (*coll*) to stake, wager.

прозва́ни|е, я *nt* nickname; **по ~ю** nicknamed.

про|зва́ть, зову́, зовёшь, *past* **~зва́л, ~звала́, ~зва́ло** *pf* (*of* **⇒~зыва́ть**) (+ *a and i*) to nickname.

про́звищ|е, а *nt* nickname.

прозвон|и́ть, ю, и́шь *pf* **1** (*издать звон*) to ring out, peal. **2** (*объявить звоном*) to announce by ringing; **~и́ли обе́д** the bell (gong, *etc.*) went for dinner.

прозвуч|а́ть, и́т *pf of* **⇒звуча́ть**

прозева́|ть, ю *pf of* **⇒зева́ть 3**; (*coll*) to miss.

прозе́ктор, а *m* prosector, dissector.

прозели́т, а *m* proselyte.

прозели́т|ка, ки *f of* **⇒~**

прозим|ова́ть, у́ю *pf of* **⇒зимова́ть**

прозна́|ть, ю *pf* (+ *a or* **о** + *p*; *coll*) to find out (about).

прозоде́жд|а, ы *f* (*abbr of* **произво́дственная оде́жда**) working clothes; overalls.

прозонди́р|овать, ую *pf of* **⇒зонди́ровать**

прозорли́вост|ь, и *f* sagacity, perspicacity, intuition.

прозорли́в|ый (~, ~а) *adj* sagacious, perspicacious.

прозра́чност|ь, и *f* transparency.

прозра́ч|ный (~ен, ~на) *adj* transparent (*also fig*); (*вода, воздух*) clear, pellucid; (*ткань, одежда*) see-through, transparent; **п. намёк** transparent hint.

прозрева́|ть, ю *impf of* **⇒прозре́ть**

прозре́ни|е, я *nt* **1** recovery of sight. **2** (*fig*) insight.

прозре́|ть, ю, ешь *pf* (*of* **⇒прозрева́ть**) **1** to recover one's sight. **2** (*fig*) to see the light.

прозыва́|ть, ю *impf of* **⇒прозва́ть**

прозыва́|ться, юсь *impf* to be nicknamed.

прозяба́ни|е, я *nt* vegetative, miserable existence.

прозяба́|ть, ю *impf* (*о человеке*) to vegetate; to drag out a miserable existence.

прозя́б|нуть, ну, нешь, *past* **~, ~ла** *pf* (*coll*) to be chilled.

проигнори́р|овать, ую *pf* to ignore.

проигр|а́ть, а́ю *pf* (*of* **⇒~́ывать**) **1** (*потерпеть неудачу*) to lose; **п. суде́бный проце́сс** to lose a case; **мы ничего́ не ~а́ли, прие́хав авто́бусом** we lost nothing in coming by bus. **2** (*сыграть*) to play (through, over); **п. конце́рт** to play through a concerto. **3** (*pf only*) (*некоторое время*) to play.

проигр|а́ться, а́юсь *pf* (*of* **⇒~́ываться**) to lose all one's money (*at gambling*).

проигрыва́тел|ь, я *m* record player; **п. компа́кт-ди́сков** CD player.

прои́грыва|ть(ся), ю(сь) *impf of* **⇒проигра́ть(ся)**

про́игрыш, а *m* loss; **оста́ться в ~е** to be the loser, come off loser.

произведе́ни|е, я *nt* **1** (*искусства, литературы*) work; **и́збранные ~я Л. Н. Толсто́го** selected works of L. N. Tolstoy. **2** (*math*) product.

произве|сти́, ду́, дёшь, *past* **~́л, ~ла́** *pf* (*of* **⇒производи́ть 1**) **1** (*сделать*) to make; (*ремонт, опыты*) to carry out; **п. вы́стрел** to fire a shot; **п. смотр** (+ *d*) to review. **2** (*родить*) to give birth (to); **п. на свет** to bring into the world. **3** (*вызвать*) to cause, produce; **п. впечатле́ние (на** + *a*) to create an impression (on, upon); **п. сенса́цию** to cause a sensation. **4** (**в** + *nom-a*) to promote (to, to the rank of); **его́ ~ли́ в подполко́вники** he has been promoted (to the rank of) lieutenant colonel.

производи́тел|ь, я *m* **1** producer; **ме́лкие ~и** small producers. **2** (*самец*) sire; **жеребе́ц-п.** stud horse; **бык-п.** breeding bull. **3**: **п. рабо́т** clerk of the works (*Br*), construction superintendent (*US*).

производи́тельност|ь, и *f* productivity.

производи́тел|ьный (~ен, ~ьна) *adj* productive.

произво|ди́ть, жу́, ~́дишь *impf* **1** *impf of* **⇒произвести́**. **2** (*impf only*) (*изготовлять*) to produce.

произво́дн|ый *adj* derivative, derived; **~ое сло́во** derivative; *as n* **~ая, ~ой** *f* (*math*) derivative.

произво́дственник, а *m* production worker.

произво́дственни|ца, цы *f of* **⇒~к**

произво́дств|енный *adj of* **⇒~о**; production; industrial.

произво́дств|о, а *nt* **1** (*товаров*) production, manufacture; **сре́дства ~а** means of production; **япо́нского ~а** Japanese-made. **2** (*завод*) factory, works. **3** (*ремонта, опыта*) carrying-out. **4** (**в** + *nom-a*) promotion (to, to the rank of).

производ|я́щий *pres participle active of* **⇒~и́ть** *and adj* (*econ*) producing, producer.

произво́л, а *m* **1** (*необоснованность*) arbitrariness. **2** (*своеволие*) arbitrary rule.

произво́льно *adv* **1** (*необоснованно*) arbitrarily. **2** (*по желанию*) at will.

произво́льност|ь, и *f* arbitrariness.

произво́л|ьный (~ен, ~ьна) *adj* arbitrary.

произнесе́ни|е, я *nt* pronouncing; utterance, delivery.

произнес|ти́, у́, ёшь, *past* **~́, ~ла́** *pf* (*of* **⇒произноси́ть**) **1** (*выговорить*) to pronounce; to articulate. **2** (*сказать*) to pronounce, say, utter; **п. пригово́р** to pronounce sentence; **п. речь** to deliver a speech; **он не ~́ ни сло́ва** he did not utter a word.

произноси́тельный *adj* pronunciation.

произно|си́ть, шу́, ~́сишь *impf of* **⇒произнести́**

произноше́ни|е, я *nt* pronunciation.

произо|йти́, йду́, йдёшь, *past* **~шёл, ~шла́** *pf* (*of* **⇒происходи́ть 1**) **1** (*случиться*) to happen, occur, take place. **2** (**от, из-за** + *g*) (*по причине*) to arise (from), result (from); **ава́рия ~шла́ от небре́жности** the crash resulted from carelessness. **3** (**из, от** + *g*) (*родиться*) to come (from, of), be descended (from).

произраста́ни|е, я *nt* growth.

произраст|а́ть, а́ет *impf of* **⇒~и́**

произраст|и́, ёт, *past* **произро́с, произросла́** *pf* (*of* **⇒~а́ть**) to grow, spring up.

проиллюстри́р|овать, ую *pf* (*of* **⇒иллюстри́ровать**) to illustrate.

проинструкти́р|овать, ую *pf* (*of* **⇒инструкти́ровать**) to instruct, give instructions (to).

проинтервьюи́р|овать, ую *pf* (*of* **⇒интервьюи́ровать**) to interview.

проинформи́р|овать, ую *pf* (*of* **⇒информи́ровать**) to inform.

прои|ска́ть, щу́, ~́щешь *pf* to look (for), spend (*a certain time*) in search (of).

про́иск|и, ов (*no sg*) intrigues; machinations.

проистека́|ть, ю *impf of* **⇒происте́чь**

происте́|чь, ку́, чёшь, ку́т, *past* **~́к, ~кла́** *pf* (*of* **⇒~ка́ть**) (**из, от** + *g*) to spring (from), result (from).

происхо|ди́ть, жу́, ~́дишь *impf* **1** *impf of* **⇒произойти́**. **2** (*impf only*) to go on, be going on; **что тут ~́дит?** what is going on here?

происхожде́ни|е, я *nt* origin; (*по рождению*) birth; **п. ви́дов** (*biol*) origin of species; **по ~ю он армяни́н** he is (an) Armenian by birth.

происше́стви|е, я *nt* event, incident, happening, occurrence; (*авария*) accident.

пройдо́х|а, и *cg* (*coll*) scoundrel, rascal.

про́йм|а, ы *f* armhole.

про|йти́, йду́, йдёшь, *past* **~шёл, ~шла́** *pf* (*of* **⇒~ходи́ть[1] 1**) **1** (*передвинуться*) to pass (by, through); to go (by, through); **п. ми́мо** to pass by, go by, go past; (+ *g*; *fig*) to overlook, disregard; **п. торже́ственным ма́ршем** to march past; **п. по мосту́** to cross a bridge; **п. в жизнь** to be put into effect. **2** (*по ошибке*) to pass, go past. **3** (*расстояние*) to go, do, cover; **п. две ты́сячи миль за неде́лю** to do two thousand miles in a week. **4** (*о новостях, слухах*) to travel, spread. **5** (*о дожде, снеге*) to fall. **6** (*о времени*) to pass, elapse, go, go by; **~шёл це́лый год** a whole year had passed.

П

7 (*миновать*) to be over; (*прекратиться*) to pass (off), stop, let up; **~шло́ ле́то** summer was over; **боль ~шла́** the pain passed (off); **дождь ~шёл** the rain stopped.
8 (+ *a or* **че́рез** + *a*) to pass, go through, get through; **пье́са не ~шла́ че́рез цензу́ру** the play did not pass the censorship.
9 (*завершиться*) to go, go off; **как ~шёл ваш докла́д?** how did your lecture go?; **заседа́ние ~шло́ уда́чно** the meeting went off successfully.
10 (**в** + *nom-a*) (*оказаться в числе принятых*) to become, be made; to be taken (on); **она́ ~шла́ в штат** she has been taken on the staff.
11 (*курсы*) to do, take; **п. хи́мию** to do chemistry; **мы уже́ ~шли́ вое́нную слу́жбу** we have already done military service; **п. курс лече́ния** to take a course of treatment.

про|йти́сь, йду́сь, йдёшься, *past* **~шёлся, ~шла́сь** *pf* (*of* **⇒~ха́живаться**) **1** to walk, stroll; (*прогуляться*) to take a stroll; **п. по ко́мнате** to pace up and down the room. **2** (*coll*) (*сплясать*) to dance. **3** (**по** + *d*; *coll*) to run (over), go (over); **п. по кла́вишам** to run one's fingers over the keys. **4**: **п. на чей-н. счёт, п. по чьему́-н. а́дресу** (*coll*) to give s.o. a bad write-up.

прок, а (у) *m* (*coll*) use, benefit; **что в э́том ~у?** what is the good of it?

прокажённ|ый *adj* leprous; *as n* **п., ~ого** *m*, **~ая, ~ой** *f* leper.

прока́з|а[1], ы *f* (*болезнь*) leprosy.

прока́з|а[2], ы *f* (*шалость*) mischief, prank, trick.

прока́|зить, жу, зишь *impf* (*of* **⇒на~**) (*coll*) to be up to mischief, play pranks.

прока́злив|ый (~, ~а) *adj* mischievous.

прока́зник, а *m* mischief-maker; prankster.

прока́знича|ть, ю *impf* (*of* **⇒на~**) = **прока́зить**

прока́лива|ть, ю *impf of* **⇒прокали́ть**

прокал|и́ть, ю́, и́шь *pf* (*of* **⇒~́ивать**) (*tech*) to temper, anneal; to calcine, fire.

прока́лк|а, и *f* (*tech*) tempering.

прока́лыва|ть, ю *impf of* **⇒проколо́ть**

проканител|ить(ся), ю(сь), ишь(ся) *pf of* **⇒кани́телить(ся)**

прока́пчива|ть, ю *impf of* **⇒прокопти́ть**

прока́пыва|ть, ю *impf of* **⇒прокопа́ть**

прокарау́л|ить, ю, ишь *pf* **1** (*coll*) (*упустить*) to let slip, let go while on guard; **он ~ил аресто́ванного** he let the prisoner escape. **2** (*некоторое время*) to be on guard.

прока́т[1], а *m* (*tech*) **1** (*действие*) rolling. **2** (*изделия*) rolled iron.

прока́т[2], а *m* (*аренда*) hire.

прокат|а́ть[1], а́ю *pf* (*of* **⇒~́ывать**) **1** (*бельё*) to spread flat with a roller. **2** (*tech*) (*сталь*) to roll, laminate.

прокат|а́ть[2], а́ю *pf* (*детей*) to take out (*for a drive, etc.*) (*for a certain time*).

прокат|а́ться[1], а́юсь *pf* (*of* **⇒~́ываться**) (*tech*) to roll out.

прокат|а́ться[2], а́юсь *pf* to go out (*for a drive, etc.*) (*for a certain time*).

прока|ти́ть, чу́, ~́тишь *pf* (*of* **⇒~́тывать**) **1** (*для развлечения*) to take out; to take for a drive, ride. **2** (*мяч*) to roll. **3** (*проехать*) to roll by, past. **4** (*coll*) (*критиковать*) to criticize.

прока|ти́ться, чу́сь, ~́тишься *pf* (*of* **⇒~́тываться**) **1** (*о мяче*) to roll (*also fig, of thunder, etc.*). **2** (*для развлечения*) to go for a drive, go for a spin.

прока́тк|а, и *f* (*tech*) rolling, lamination.

прока́тн|ый[1] *adj* (*tech*) rolling; **~ое желе́зо** rolled iron; **п. стан** rolling mill.

прока́тный[2] *adj* (*автомобиль*) hired, let out on hire.

прока́тчик, а *m* rolling mill operative.

прока́тыва|ть(ся), ю(сь) *impf of* **⇒прокати́ть(ся)[1]** *and* **⇒прокати́ть(ся)**

прока́шлива|ть(ся), ю(сь) *impf of* **⇒прока́шлять(ся)**

прока́шл|ять, яю *pf* **1** (*кашлять*) to cough. **2** (*impf* **~ивать**) (*откашлянуть*) to cough up.

прока́шл|яться, яюсь *pf* (*of* **⇒~иваться**) to clear one's throat.

прокип|е́ть, и́т *pf* to boil thoroughly.

прокипя|ти́ть, чу́, ти́шь *pf* to boil thoroughly.

прокис|а́ть, а́ет *impf of* **⇒~́нуть**

прокис|нуть, нет *pf* (*of* **⇒~а́ть**) to turn (sour).

прокла́дк|а, и *f* **1** (*действие*) laying; building, construction; **п. доро́ги** road building; **п. трубопрово́да** pipe laying. **2** (*tech*) (*деталь*) washer, gasket; packing, padding. **3** (*coll*) (*гигиеническая*) sanitary towel.

прокладн|о́й *adj* packing; **кни́га с ~ы́ми листа́ми** book with blank sheets (*for notes*).

прокла́дыва|ть, ю *impf of* **⇒проложи́ть**

проклама́ци|я, и *f* (political) leaflet.

прокламир|овать, ую *impf and pf* to proclaim.

прокле́ива|ть, ю *impf of* **⇒прокле́ить**

прокле́|ить, ю, ишь *pf* (*of* **⇒~ивать**) to paste, glue; (*бумагу, холст*) to size.

проклина́|ть, ю *impf* **1** *impf of* **⇒прокля́сть**. **2** (*coll*) to curse, swear at.

прокл|я́сть, яну́, янёшь, *past* **~́ял, ~яла́, ~́яло** *pf* (*of* **⇒~ина́ть**) to curse, damn.

прокля́ти|е, я *nt* **1** (*осуждение*) damnation; **преда́ть ~ю** to consign to perdition. **2** (*слово, выражение*) curse. **3** *as int* **п.!** damn it!; damnation!

про́кл|ятый *ppp of* **⇒~я́сть**; **будь я ~ят, е́сли…** I'll be damned if …; **будь он ~ят!** damn him!

прокля́тый *adj* damned; cursed.

проковы́рива|ть, ю *impf of* **⇒проковыря́ть**

проковыр|я́ть, я́ю *pf* (*of* **⇒~́ивать**) to pick a hole (in).

проко́л, а *m* **1** (*в шине*) puncture. **2** (*на билете; на ухе*) hole. **3** (*действие*) (*шины*) puncturing; (*ушей*) piercing. **4** (*coll*) (*неудача*) failure; (*оплошность*) blunder.

прокол|о́ть, ю́, ~́ешь *pf* (*of* **⇒прока́лывать**) **1** (*шину*) to puncture. **2** (*уши*) to pierce. **3** (*дыру*) to pierce, prick.

прокомменти́р|овать, ую *pf* to comment (upon).

прокомпости́р|овать, ую *pf of* **⇒компости́ровать**

проконспекти́р|овать, ую *pf of* **⇒конспекти́ровать**

проконсульти́р|овать(ся), ую(сь) *pf of* **⇒консульти́ровать(ся)**

проконтроли́р|овать, ую *pf of* **⇒контроли́ровать**

прокопа́|ть, ю *pf* (*of* **⇒прока́пывать**) **1** (*канаву*) to dig. **2** (*холм*) to dig through.

прокопа́|ться, юсь *pf* (*coll, pej*) to dawdle, mess about (*for a certain time*).

прокопте́лый *adj* (*coll*) sooty, soot-covered.

прокоп|ти́ть, чу́, ти́шь *pf* (*of* **⇒прока́пчивать**) **1** (*пищу*) to smoke, cure in smoke. **2** (*coll*) (*стены*) to foul with smoke, soot.

прокóрм, а *m* nourishment, sustenance.

прокорм|и́ть(ся), лю́(сь), ~́ишь(ся) *pf of* **⇒корми́ть(ся) 2**

прокорректи́р|овать, ую *pf of* **⇒корректи́ровать**

проко́с, а *m* swathe.

прокра́дыва|ться, юсь *impf of* **⇒прокра́сться**

прокра́|сить, шу, сишь *pf* (*of* **⇒~шивать**) to paint, cover with paint.

прокра́|сться, ду́сь, дёшься *pf* (*of* **⇒~дываться**) to steal; **п. ми́мо** to steal by, past.

прокра́шива|ть, ю *impf of* **⇒прокра́сить**

прокрич|а́ть, у́, и́шь *pf* **1** to shout, cry; to give a shout, raise a cry. **2** (**о** + *p*; *coll*) to trumpet.

прокру|ти́ть, чу́, ~́тишь *pf* (*of* **⇒прокру́чивать**) (*coll*) **1** (*пластинку, запись*) to play. **2** (*мысленно*) to turn over.

прокру́чива|ть, ю *impf of* **⇒прокрути́ть**

прокурату́р|а, ы *f* office of public prosecutor.

проку́рива|ть, ю *impf of* **⇒прокури́ть**

прокур|и́ть, ю́, ~́ишь *pf* (*of* **⇒~́ивать**) (*coll*) **1** (*деньги*) to spend on smoking. **2** (*комнату*) to fill with tobacco smoke.

прокуро́р, а *m* public prosecutor; counsel for the prosecution (*in criminal cases*); **речь ~а** speech for the prosecution.

прокуро́р|ский *adj of* **⇒~**

проку́с, а *m* bite.

проку|си́ть, шу́, ~́сишь *pf* (*of* **⇒~́сывать**) to bite through.

прокýсыва|ть, ю *impf of* ⇒**прокусúть**

проку|тúть, чý, ~тишь *pf* (*of* ⇒**~чивать**) (*coll*) **1** (*истратить*) to squander, dissipate. **2** (*провести в кутежах*) to revel.

проку|тúться, чýсь, ~тишься *pf* (*of* ⇒**~чиваться**) (*coll*) to dissipate one's money.

прокýчива|ть(ся), ю(сь) *impf of* ⇒**прокутúть(ся)**

пролагá|ть, ю *impf of* ⇒**проложúть**

проláз|а, ы *cg* (*coll*) scoundrel, rascal.

проламыва|ть(ся), ю, ет(ся) *impf of* ⇒**проломáть(ся)** *and* ⇒**проломúть(ся)**

пролегá|ть, ет *impf* to lie, run; **дорóга ~ла вдоль бéрега канáла** the path lay by the canal.

пролеж|áть, ý, úшь *pf* (*of* ⇒**~ивать**) to lie; to spend (*a certain time*) lying; **онá всю зúму ~áла в постéли** she spent the whole winter in bed; **посы́лка недéлю ~áла на пóчте** the parcel lay for a week in the post office.

прóлеж|ень, ня *m* (*med*) bedsore.

пролёжива|ть, ю *impf of* ⇒**пролежáть**

пролез|áть, áю *impf of* ⇒**~ть**

пролéз|ть, у, ешь, *past* **~, ~ла** *pf* (*of* ⇒**~áть**) **1** (*проникнуть куда-н.*) to get through, climb through. **2** (**в** + *a*; *fig, coll, pej*) (*хитростью*) to worm o.s. (into, on to); **он ~ в члéны комитéта** he has wormed his way on to the committee.

пролёт[1]**, а** *m* (*птицы, самолёта*) flight.

пролёт[2]**, а** *m* **1** (*открытое пространство*) open space. **2** (*archit*) (*между опорами*) bay; **п. мостá** span. **3** (*лестницы*) stairwell. **4** (*coll*) (*между железнодорожными станциями*) stage.

пролетариáт, а *m* proletariat.

пролетáри|й, я *m* proletarian; **~и всех стран, соединя́йтесь!** workers of the world, unite!

пролетáрский *adj* proletarian.

пролет|áть[1]**, áю** *impf of* ⇒**~éть**

пролет|áть[2]**, áю** *pf* to fly (*for a certain time*).

проле|тéть, чý, тúшь *pf* (*of* ⇒**~тáть**[1]) **1** (*какое-н. расстояние*) to fly, cover. **2** (*мимо*) to fly (by, through, past) (*also fig*); **канúкулы ~тéли** the holidays flew by. **3** (*fig*) (*мелькнуть*) to flash, flit; **у неё в головé ~тéла мысль** a thought flashed through her mind. **4**: **п. как фанéра над Парúжем** (*coll*) to fail; to miss an opportunity.

пролётк|а, и *f* droshky, (horse) cab.

пролётн|ый *adj*: **~ая птúца** bird of passage.

прол|éчь, я́жет, я́гут, *past* **~ёг, ~еглá** *pf* (*of* ⇒**пролегáть**) to lie, run, stretch; **дорóга ~еглá по рекé** the road lay by the river.

прolúв, а *m* (*geog*) strait, sound.

проливá|ть, ю *impf of* ⇒**пролúть**

проливнóй *adj*: **п. дождь** pouring rain; **шёл п. дождь** it was pouring.

пролúти|е, я *nt* shedding; **п. крóви** bloodshed.

прол|úть, ью́, ьёшь, *past* **~úл, ~илá, ~úло** *pf* (*of* ⇒**~ивáть**) to spill, shed; **п. чью-н. кровь** to shed s.o.'s blood; **п. слёзы (по** + *d or p*, **о** + *p*) to shed tears (over); **п. свет (на** + *a*; *fig*) to shed light (on).

прológ, а *m* prologue (*Br*), prolog (*US*).

пролож; úть, ý, ~ишь *pf* (*of* ⇒**проклáдывать**) **1** (*impf also* **пролагáть**) to lay; to build, construct; **п. дорóгу** to build a road; (*fig*) to pave the way; **п. себé дорóгу чéрез толпý** to hack one's way through the crowd; **п. путь** (*fig*) to pave the way; **п. нóвые путú** (*fig*) to blaze new trails. **2** (**мéжду** + *i or* + *a and i*) to interlay; to insert (between); **п. кнúгу бéлыми листáми** to interleave a book.

пролóм, а *m* **1** (*действие*) breaking; breach, break; (*отверстие*) break; gap. **2** (*med*) fracture.

проломá|ть, ю *pf* (*of* ⇒**проламывать**) to break (through); **п. лёд** to break the ice.

проломá|ться, ется *pf* (*of* ⇒**проламываться**) to break.

пролом|úть, лю́, ~ишь *pf* (*of* ⇒**проламывать**) to break (through); **п. ды́рý** to make a hole; **п. чéреп** to fracture one's skull.

пролом|úться, ~ится *pf* (*of* ⇒**проламываться**) to break, give way; **осторóжно, лёд ~úлся** look out! the ice has given way.

пролонгáци|я, и *f* prolongation.

пролонгúр|овать, ую *impf and pf* to prolong.

пром... *comb form, abbr of* **промы́шленный**

промá|зать[1]**, жу, жешь** *pf* (*of* ⇒**~зывать**) to smear thoroughly; to oil thoroughly.

промá|зать[2]**, жу, жешь** *pf of* ⇒**мáзать 5**

промáзыва|ть, ю *impf of* ⇒**промáзать**[1]

промáргива|ть, ю *impf of* ⇒**проморгáть**

промарин|овáть, ýю *pf* (*of* ⇒**мариновáть**) (*coll*) to delay, hold up, shelve.

промáсл|енный *ppp of* ⇒**~ить** *and adj* oiled, greased; oily, greasy; **~енная бумáга** oil paper.

промáслива|ть, ю *impf of* ⇒**промáслить**

промáсл|ить, ю, ишь *pf* (*of* ⇒**~ивать**) to oil, treat with oil, grease.

промáтыва|ть(ся), ю(сь) *impf of* ⇒**промотáть(ся)**

прóмах, а *m* miss; (*fig*) slip, blunder; **дать п.** to be unlucky; **он мáлый не п.** (*coll*) he's nobody's fool.

промáхива|ться, юсь *impf of* ⇒**промахнýться**

промах|нýться, нýсь, нёшься *pf* (*of* ⇒**~иваться**) to miss; (*fig, coll*) to (make a) blunder.

промáчива|ть, ю *impf of* ⇒**промочúть**

промедлéни|е, я *nt* delay; procrastination.

промéдл|ить, ю, ишь *pf* to delay; to procrastinate.

промéж *prep* (+ *g or i*) (*coll*) between; among; **п. нас** between ourselves.

промéжност|ь, и *f* (*anat*) perineum.

промежýт|ок, ка *m* (*между событий*) interval; (*между предметами*) space; **п. врéмени** period, stretch of time.

промежýточный *adj* (*положение*) intermediate; (*период*) intervening.

промелькн|ýть, ý, ёшь *pf* **1** to flash; (*о времени*) to fly by; **п. в головé** to flash through one's mind. **2** (*появиться*) to be faintly perceptible; **в егó словáх ~ýло разочаровáние** there was a shade of disappointment in his words.

промéнива|ть, ю *impf of* ⇒**променя́ть**

промен|я́ть, я́ю *pf* (*of* ⇒**~ивать**) (**на** + *a*) to exchange, swap (for); to trade (for), barter (for).

промéр, а *m* **1** measurement. **2** (*ошибка*) error in measurement.

промерз|áть, áю *impf of* ⇒**~нуть**

промёрзлый *adj* frozen.

промёрз|нуть, ну, нешь, *past* **~, ~ла** *pf* (*of* ⇒**~áть**) to freeze through.

промéрива|ть, ю *impf of* ⇒**промéрить**

промéр|ить, ю, ишь *pf* (*of* ⇒**~ивать** *and* ⇒**~я́ть**) **1** to measure. **2** (*pf only*) (*ошибаться*) to make an error in measurement.

промер|я́ть, я́ю *impf* = **~ивать**

проме|сúть, шý, ~сишь *pf* (*of* ⇒**~шивать**) to knead well, thoroughly.

промéшива|ть, ю *impf of* ⇒**промесúть**

промéшка|ть, ю *pf* (*coll*) to linger, dawdle.

проминá|ть(ся), ю(сь) *impf of* ⇒**промя́ть(ся)**

промкомбинáт, а *m* industrial combine.

промóзглый *adj* dank.

промóин|а, ы *f* pool, gully (*formed by flood, rain, etc.*).

промокáтельн|ый *adj*: **~ая бумáга** blotting paper.

промок|áть[1]**, áю** *impf* **1** *impf of* ⇒**~нуть. 2** (*impf only*) to let water through, not be waterproof; **э́ти ботúнки ~áют** these boots are not waterproof.

промок|áть[2]**, áю** *impf of* ⇒**~нýть**

промокáшк|а, и *f* (*coll*) blotting paper.

промóк|нуть, ну, нешь *pf* (*of* ⇒**~áть**[1] **1**) to get soaked, get drenched; **п. до костéй** to get soaked to the skin.

промок|нýть, ну, нёшь *pf* (*of* ⇒**~áть**[2]) (*coll*) to blot.

промóлв|ить, лю, ишь *pf* to say, utter.

промолч|áть, ý, úшь *pf* to keep silent, say nothing.

проморгá|ть, ю *pf* (*of* ⇒**промáргивать**) (*coll*) to miss, overlook; **п. удóбный слýчай** to miss an opportunity, let a chance slip.

промор|úть, ю́, úшь *pf* (*coll*) **1** (**гóлодом**) to starve (*for a certain* *time*). **2** (*подвергнуть лишениям*) to impose privations (upon) (*for a certain time*).

промота́|ть, ю *pf* (*of* ⇒**мота́ть²** *and* ⇒**прома́тывать**) to squander.

промота́|ться, юсь *pf* (*of* ⇒**прома́тываться**) (*coll*) to squander one's money.

промо́утер, а *m* promoter.

промо́ушен, а *m* promotion.

промоч|и́ть, у́, ~́ишь *pf* (*of* ⇒**прома́чивать**) to get wet (through); to soak, drench; **п. но́ги** to get one's feet wet; **п. го́рло** (*coll*) to wet one's whistle.

промтова́р|ный *adj of* ⇒**~ы**; **п. магази́н** shop selling manufactured goods.

промтова́р|ы, ов (*no sg*) manufactured goods.

прому|де́ть, жу́, ди́шь *pf of* ⇒**муде́ть**

промч|а́ться, у́сь, и́шься *pf* **1** to tear (by, past, through); **п. стрело́й** to dart (by, past), flash (by, past). **2** (*о времени*) to fly (by).

промыва́ни|е, я *nt* washing (out); (*med*) bathing, irrigation; **п. мозго́в** brainwashing.

промыва́|ть, ю *impf of* ⇒**промы́ть**

промы́вк|а, и *f* washing.

про́мыс|ел, ла *m* **1** (*охота*) hunting, catching; **охо́тничий п.** hunting; game-shooting; **пушно́й п.** trapping; **ры́бный п.** fishing. **2** (*занятие*) trade, business; **го́рный п.** mining; **куста́рный п.** cottage industry; **пушно́й п.** fur trade. **3** (*in pl*) (*предприятие*) fields, mines; **нефтяны́е ~лы** oilfields; **соляны́е ~лы** salt mines.

про́мысл, а *m* (*relig*) Providence.

промы́сл|ить, ю, ишь *pf* (*of* ⇒**промышля́ть**) (*coll*) to get, come by.

промысло́в|ый *adj* **1** *adj of* ⇒**про́мысел 1**; **~ые пти́цы** game birds. **2** *adj of* ⇒**про́мысел 2, 3**; **~ая коопера́ция** producers' cooperative; **п. нало́г** business tax; **~ая ры́ба** marketable fish.

пром|ы́ть, о́ю, о́ешь *pf* (*of* ⇒**~ыва́ть**) **1** to wash well, thoroughly; **п. мозги́** (+ *d*, *fig*) to brainwash. **2** (*med*) to bathe. **3** (*tech*) to wash; **п. зо́лото** to pan out gold.

промы́шленник, а *m* manufacturer, industrialist.

промы́шленност|ь, и *f* industry.

промы́шленный *adj* industrial.

промышля́|ть, ю *impf* **1** *impf of* ⇒**промы́слить**. **2** (+ *i*) to earn one's living (by).

промя́мл|ить, ю, ишь *pf of* ⇒**мя́млить 1**

про|мя́ть, мну́, мнёшь *pf* (*of* ⇒**~мина́ть**) **1** to crush. **2** (*coll*) (*лошадь, собаку*) to limber up; **п. но́ги** to stretch one's legs.

про|мя́ться, мну́сь, мнёшься *pf* (*of* ⇒**~мина́ться**) (*coll*) to stretch one's legs.

прона́шива|ть(ся), ю, ет(ся) *impf of* ⇒**проноси́ть(ся)¹**

пронес|ти́, у́, ёшь, *past* **~́, ~ла́** *pf* (*of* ⇒**проноси́ть³**) **1** to carry (by, past, through). **2**: **~ло́!** (*coll*) the danger is over!

пронес|ти́сь, у́сь, ёшься, *past* **~́ся, ~ла́сь** *pf* (*of* ⇒**проноси́ться²**) **1** to rush (by, past, through); (*об облаках*) to scud (past). **2** (*о времени*) to fly by. **3** (*о слухах*) to spread.

пронз|а́ть, а́ю *impf of* ⇒**~и́ть**

пронзи́тел|ьный (~ен, ~ьна) *adj* piercing.

прон|зи́ть, жу́, зи́шь *pf* (*of* ⇒**~за́ть**) to pierce.

прони|за́ть, жу́, ~́жешь *pf* (*of* ⇒**~́зывать**) to pierce; to permeate, penetrate; (*fig*) to run through; **свет ~за́л темноту́** the light pierced the darkness; **одна́ иде́я ~за́ла все его́ произведе́ния** one idea ran through all his works.

прони́зыва|ть, ю *impf of* ⇒**прониза́ть**

прони́зыва|ющий *pres participle active of* ⇒**~ть** *and adj* piercing.

проник|а́ть, а́ю *impf of* ⇒**~нуть**

проникнове́ни|е, я *nt* **1** penetration. **2** = **проникнове́нность**

проникнове́нност|ь, и *f* feeling; heartfelt conviction; **говори́ть с ~ью** to speak with feeling.

проникнове́н|ный (~ен, ~на) *adj* full of feeling; heartfelt.

прони́кнут|ый (~, ~а) *adj* (+ *i*) imbued (with), full (of).

прони́к|нуть, ну, нешь, *past* **~, ~ла** *pf* (*of* ⇒**~а́ть**) (**в** + *a*) to penetrate (*also fig*); (**че́рез** + *a*) to percolate (through); **п. в чьи-н. наме́рения** to fathom s.o.'s designs; **п. в суть де́ла** to get to the bottom of the matter.

понима́|ть, ю *impf of* ⇒**проня́ть**

проница́емост|ь, и *f* permeability.

проница́ем|ый (~, ~а) *adj* permeable.

проница́тельност|ь, и *f* penetration; perspicacity; insight, shrewdness.

проница́тел|ьный (~ен, ~ьна) *adj* perspicacious; shrewd; penetrating, piercing; **п. взор** penetrating gaze.

проница́|ть, ю *impf* (*obs*) to penetrate.

проно|си́ть¹, шу́, ~́сишь *pf* (*of* ⇒**прона́шивать**) (*износить до дыр*) to wear out, wear to shreds.

проно|си́ть², шу́, ~́сишь *pf* (*некоторое время*) to wear (*for a certain time*).

проно|си́ть³, шу́, ~́сишь *impf of* ⇒**пронести́**

проно|си́ться¹, ~́сится *pf* (*of* ⇒**прона́шиваться**) to wear through, wear to shreds.

проно|си́ться², шу́сь, ~́сишься *impf of* ⇒**пронести́сь**

проны́р|а, ы *cg* (*coll*) string-puller.

проны́рлив|ый (~, ~а) *adj* wily, sharp.

пронюх|ать, аю *pf* (*of* ⇒**~ивать**) (*coll*) to smell out, nose out, get wind (of).

пронюхива|ть, ю *impf of* ⇒**пронюхать**

про|ня́ть, йму́, йме́шь, *past* **~́нял, ~няла́, ~́няло** *pf* (*of* ⇒**~нима́ть**) (*coll*) **1** to penetrate. **2** (*fig*) to get at; **его́ ниче́м не ~йме́шь** you can't get through to him.

про́образ, а *m* prototype.

пропага́нд|а, ы *f* propaganda; promotion, advocacy.

пропаганди́р|овать, ую *impf* to propagandize; to advocate.

пропаганди́ст, а *m* propagandist.

пропаганди́ст|ка, ки *f of* ⇒**~**

пропаганди́ст|ский *adj of* ⇒**~**

пропада́|ть, ю *impf of* ⇒**пропа́сть**

пропа́ж|а, и *f* **1** (*исчезновение*) loss. **2** (*предмет*) lost object, missing object.

пропа́лыва|ть, ю *impf of* ⇒**прополо́ть**

пропа́н, а *m* propane.

про́паст|ь, и *f* **1** precipice (*also fig*); abyss; **на краю́ ~и** (*fig*) on the brink of disaster. **2** (*coll*) (*множество*) a mass (of), masses (of); **у него́ п. де́нег** he has masses of money.

пропа́|сть, ду́, дёшь, *past* **~л** *pf* (*of* ⇒**~да́ть**) **1** (*потеряться*) to be missing; to be lost; **п. бе́з вести** (*mil*) to be missing; **пиши́ ~ло** (*coll*) it is as good as lost. **2** (*исчезнуть*) to disappear, vanish; **куда́ вы ~ли?** where did you vanish to? **3** (*погибнуть*) to be lost, be done for; (*о цветах*) to die; **тепе́рь мы ~ли!** now we're done for!; **~ди́ про́падом!** (*coll*) to hell with it! **4** (*пройти бесполезно*) to be wasted; **п. да́ром** to go to waste.

пропа|ха́ть¹, шу́, ~́шешь *pf* (*of* ⇒**~́хивать**) **1** to plough (*Br*), plow (*US*). **2** (*fig, coll*) to plough (*Br*), plow (*US*) through.

пропа|ха́ть², шу́, ~́шешь *pf* (*некоторое время*) to plough (*Br*), plow (*US*).

пропа́хива|ть, ю *impf of* ⇒**пропаха́ть¹**

пропа́х|нуть, ну, нешь, *past* **~, ~ла** *pf* to become permeated with the smell (of).

пропа́шк|а, и *f* (*agric*) tilling between rows.

пропашн|о́й *adj*: **~ы́е культу́ры** crops requiring tilling between rows.

пропа́щ|ий *adj* (*coll*) **1** (*безнадёжный*) hopeless; good-for-nothing; **он п. челове́к** he's a hopeless case; **э́то ~ее де́ло** it's a lost cause. **2** (*потерянный*) lost.

пропека́|ть(ся), ю, ет(ся) *impf of* ⇒**пропе́чь(ся)**

пропе́ллер, а *m* propeller.

проп|е́ть¹, о́ю, оёшь *pf* **1** *pf of* ⇒**петь**. **2**: **п. го́лос** (*coll*) to lose one's voice (*from singing*); to sing o.s. hoarse.

проп|е́ть², о́ю, оёшь *pf* (*некоторое время*) to sing; **п. не́сколько нот** to sing a few notes.

пропеча́т|ать, аю *pf* (*of* ⇒**~ывать**) (*coll*) (*огласить в печати*) to expose (*in the press*).

пропеча́тыва|ть, ю *impf of* ⇒**пропеча́тать**

пропе́|чь, ку́, чёшь, ку́т, *past* **~̈к, ~кла́** *pf* (*of* ⇒**~ка́ть**) to bake well, thoroughly.

пропе́|чься, чётся, ку́тся *past* **~̈кся, ~кла́сь** *pf* (*of* ⇒**~ка́ться**) to

П

bake well, get baked through.

пропива́|ть(ся), ю(сь) *impf of* **⇒пропи́ть(ся)**

пропи́л, а *m* (saw) kerf, slit, notch.

пропи́лива|ть, ю *impf of* **⇒пропили́ть**

пропил|и́ть, ю́, ~́ишь *pf* (*of* **⇒~́ивать**) to saw through.

пропи|са́ть, шу́, ~́шешь *pf* (*of* **⇒~́сывать**) **1** (*лекарство*) to prescribe. **2** (*жильца*) to register; **п. па́спорт** to stamp a passport. **3** (+ *d*; *coll*) (*наказать*) to give it hot, tear off a strip. **4** (*некоторое время*) to write.

пропи|са́ться, шу́сь, ~́шешься *pf* (*of* **⇒~́сываться**) to register (*intrans*).

пропи́ск|а, и *f* **1** (*регистрация*) registration; **п. па́спорта** stamping of a passport. **2** (*отметка в паспорте*) residence permit.

прописн|о́й *adj* **1** (*буква*) capital; **писа́ться с п. бу́квы** to be written with a capital letter. **2** (*тривиальный*) commonplace, trivial; **~а́я и́стина** truism.

пропи́сыва|ть(ся), ю(сь) *impf of* **⇒прописа́ть(ся)**

про́пис|ь, и *f* **1** (*usu in pl*) (*образцы письма*) sample(s) of writing. **2** (*fig, pej*) (*банальность*) platitude.

про́писью *adv* in words, in full.

пропита́ни|е, я *nt* subsistence, sustenance; **зарабо́тать себе́ на п.** to earn one's living.

пропит|а́ть, а́ю *pf* (*of* **⇒~́ывать**) **1** (*прокормить*) to keep, provide (for). **2** (+ *i*) to impregnate (with), steep (in); **п. ма́слом** to oil.

пропит|а́ться, а́юсь *pf* (*of* **⇒~́ываться**) (+ *i*) to become saturated (with).

пропи́тк|а, и *f* (*tech*) impregnation.

пропи́тыва|ть(ся), ю(сь) *impf of* **⇒пропита́ть(ся)**

про|пи́ть, пью, пьёшь, *past* **~́пил, ~пила́, ~́пило** *pf* (*of* **⇒~пива́ть**) **1** (*деньги*) to spend on drink, squander on drink. **2** (*coll*) (*талант*) to ruin (*through excessive drinking*).

про|пи́ться, пью́сь, пьёшься, *past* **~пи́лся, ~пила́сь, ~пи́ло́сь** *pf* (*of* **⇒~пива́ться**) (*coll*) to ruin o.s. (*through excessive drinking*).

пропих|а́ться, а́юсь *pf* = **~ну́ться**

пропи́хива|ть(ся), ю(сь) *impf of* **⇒пропихну́ть(ся)**

пропих|ну́ть, ну́, нёшь *pf* (*of* **⇒~́ивать**) (*coll*) to shove through, force through.

пропих|ну́ться, ну́сь, нёшься *pf* (*of* **⇒~́иваться**) (*coll*) to shove, force one's way through.

пропла́ва|ть, ю *pf* (*вплавь*) to swim (*for a certain time*); (*на судне*) to sail (*for a certain time*).

пропла́|кать, чу, чешь *pf* to cry, weep (*for a certain time*); **п. глаза́** (*coll*) to cry one's eyes out.

проплыва́|ть, ю *impf of* **⇒проплы́ть**

проплы́|ть, ву́, вёшь, *past* **~л, ~ла́, ~ло** *pf* (*of* **⇒~ва́ть**) **1** (*вплавь*) to swim (by, past, through); (*на судне*) to sail (by, past, through); (*о предмете*) to float, drift (by, past, through); (*fig, joc*) (*пройти*) to sail (by, past). **2** (*расстояние*) to cover (*a certain distance*).

пропове́дник, а *m* **1** preacher. **2** (+ *g*; *fig*) advocate (of).

пропове́д|овать, ую *impf* **1** to preach. **2** (*fig*) to advocate, propagate.

про́поведь, и *f* **1** sermon; homily. **2** (+ *g*; *fig*) advocacy (of), propagation (of).

пропо́йный *adj* (*coll*) drunken, besotted.

пропо́йц|а, ы *m* (*coll*) drunkard.

пропола́скива|ть, ю *impf of* **⇒прополоска́ть**

прополз|а́ть, а́ю *impf of* **⇒~ти́**

прополз|ти́, у́, ёшь, *past* **~, ~ла́** *pf* (*of* **⇒~а́ть**) to creep, crawl (by, past, through).

propо́лис, а *m* propolis.

прополк|а, и *f* weeding.

прополо|ска́ть, щу́, ~́щешь *pf* (*of* **⇒полоска́ть** *and* **⇒пропола́скивать**) to rinse, swill; **п. го́рло** to gargle.

пропол|о́ть, ю́, ~́ешь *pf* (*of* **⇒пропа́лывать**) to weed.

пропорциона́льност|ь, и *f* proportionality; (*соразмерность*) proportion; **обра́тная п.** inverse proportion.

пропорциона́л|ьный (~ен, ~ьна) *adj* **1** proportional; proportionate; **~ьное представи́тельство** proportional representation. **2** (*обладающий правильными пропорциями*) well proportioned.

пропо́рци|я, и *f* proportion.

пропоте́лый *adj* sweat-soaked.

пропоте́|ть, ю *pf* **1** (*сильно вспотеть*) to sweat profusely. **2** (*пропитаться потом*) to be soaked in sweat.

про́пуск, а *m* **1** (*no pl*) (*действие*) admission. **2** (*pl* **~и** *and* **~а́**) (*документ*) pass, permit. **3** (*pl* **~а́**) (*mil*) password. **4** (*pl* **~и**) (+ *g*) (*непосещение*) non-attendance (at), absence (from). **5** (*pl* **~и**) (*пустое место*) blank, gap.

пропуска́|ть, ю *impf* **1** *impf of* **⇒пропусти́ть**. **2** (*impf only*) to let pass; **п. во́ду** to leak; **не п. воды** to be waterproof; **э́та бума́га ~ет черни́ла** this paper absorbs ink.

пропускн|о́й *adj*: **п. пункт** checkpoint; **~а́я спосо́бность** capacity; (*comput*) bandwidth.

пропу|сти́ть, щу́, ~́стишь *pf* (*of* **⇒~ска́ть 1**) **1** (*дать пройти*) to let pass, let through; to make way (for); (*впустить*) to let in, admit; (*обслужить*) to put through, deal with; **п. на перро́н** to let on to the platform; **вы́ставка ~сти́ла пять миллио́нов посети́телей** the exhibition had five million visitors. **2** (**че́рез** + *a*) to run (through), pass (through); **п. че́рез фильтр** to filter. **3** (*при чтении, письме*) to omit, leave out; to skip. **4** (*не явиться*) to miss; **п. ле́кцию** to miss a lecture; (*упустить*) to miss, let slip; **п. удо́бный слу́чай** to miss an opportunity. **5** (*coll*) (*выпить*) to drink.

пропылесо́с|ить, ишь *pf of* **⇒пылесо́сить**

пропых|те́ть, чу́, ти́шь *pf of* **⇒пыхте́ть**

про́ра́б, а *m* (*abbr of* **производи́тель рабо́т**) clerk of the works (*Br*), construction superintendent (*US*).

праба́тыва|ть, ю *impf of* **⇒прорабо́тать[1]**

прорабо́та|ть[1], ю *pf* (*of* **⇒праба́тывать**) (*coll*) **1** (*изучить*) to work (at), study. **2** (*критиковать*) to pick holes (in).

прорабо́та|ть[2], ю *pf* (*некоторое время*) to work.

прорабо́тк|а, и *f* **1** (*изучение*) study, studying. **2** (*критика*) panning.

прораста́ни|е, я *nt* germination; sprouting.

прораст|а́ть, а́ет *impf of* **⇒~и́**

прораст|и́, ёт, *past* **проро́с, проросла́** *pf* (*of* **⇒~а́ть**) to germinate, sprout, shoot (*of plant*).

про́рв|а, ы *f* (*coll*) **1** (+ *g*) (*много*) masses (of), heaps (of). **2** (*обжора*) glutton.

прорв|а́ть, у́, ёшь, *past* **~а́л, ~ала́, ~а́ло** *pf* (*of* **⇒прорыва́ть[1]**) **1** to break through; to tear, make a hole (in); **п. блока́ду** to run the blockade; **п. ли́нию оборо́ны проти́вника** to break through the enemy's defence line; (*impers*): **плоти́ну ~а́ло** the dam has burst; **я ~а́л носо́к** I have a hole in my sock. **2** (*impers*; *coll*) to lose patience.

прорв|а́ться, у́сь, ёшься, *past* **~а́лся, ~ала́сь, ~а́ло́сь** *pf* (*of* **⇒прорыва́ться**) **1** (*сломаться*) to break, burst (open). **2** (*разорваться*) to tear. **3** (*силой проложить себе путь*) to break (out, through); to force one's way (through).

прореаги́р|овать, ую *pf of* **⇒реаги́ровать 2**

проре|ди́ть, жу́, ди́шь *pf* (*of* **⇒~́живать**) (*agric*) to thin out.

проре́жива|ть, ю *impf of* **⇒прореди́ть**

проре́з, а *m* cut; slit, notch; **ме́лкий п.** nick.

проре́|зать, жу, жешь *pf* (*of* **⇒~зывать** *and* **⇒~за́ть**) to cut through (*also fig*).

проре́|заться, жется *pf* (*of* **⇒ре́заться**, **⇒~зываться**, *and* **⇒~за́ться**) (*о зубах*) to cut, come through; **у неё уже́ ~зались зу́бы** she has already cut her teeth.

прорез|а́ть(ся), а́ю, а́ет(ся) *impf of* **⇒~́ать(ся)**

прорези́нива|ть, ю *impf of* **⇒прорези́нить**

прорези́н|ить, ю, ишь *pf* (*of* **⇒~ивать**) to rubberize.

проре́зыва|ть(ся), ю(сь) *impf of* **⇒проре́зать(ся)**

про́рез|ь, и *f* opening, aperture.

прое́ктор, а *m* pro-rector, vice-principal (*of university*).

прорепети́р|овать, ую *impf of* **⇒репети́ровать**

проре́х|а, и *f* **1** (*дыра*) tear. **2** (*у брюк*) flies. **3** (*fig, coll*) (*недостаток*) gap, deficiency.

прорецензи́р|овать, ую *pf of* **⇒рецензи́ровать**

проржаве́|ть, ет *pf* to rust through.

прорица́ни|е, я *nt* soothsaying, prophecy.

прорица́тел|ь, я *m* soothsayer, prophet.

прорица́|ть, ю *impf* to prophesy.

проро́к, а *m* prophet.

пророн|и́ть, ю́, ^∼ишь *pf* to utter; **он не ∼и́л ни зву́ка** he did not utter a sound.

проро́ческий *adj* prophetic, oracular.

проро́честв|о, а *nt* prophecy.

проро́честв|овать, ую *impf* (**о** + *p*) to prophesy.

проро́ч|ить, у, ишь *impf* (*of* **⇒на∼**) to prophesy, predict.

проруб|а́ть, а́ю *impf of* **⇒∼и́ть**

проруб|и́ть, лю́, ^∼ишь *pf* (*of* **⇒∼а́ть**) to hack through, cut through.

про́руб|ь, и *f* ice hole.

проро́ух|а, и *f* (*coll*) blunder, mistake.

проры́в, а *m* **1** break; (*mil*) breakthrough, breach. **2** (*fig*) (*нарушение хода работы*) hitch, hold-up; **по́лный п.** breakdown.

прорыва́|ть¹, ю *impf of* **⇒прорва́ть**

прорыва́|ть², ю *impf of* **⇒проры́ть**

прорыва́|ться¹, юсь *impf of* **⇒прорва́ться**

прорыва́|ться², юсь *impf of* **⇒проры́ться**

пророр|ы́ть, о́ю, о́ешь *pf* (*of* **⇒∼ыва́ть²**) to dig through.

прор|ы́ться, о́юсь, о́ешься *pf* (*of* **⇒∼ыва́ться²**) to dig one's way through, burrow through.

проса|ди́ть¹, жу́, ^∼дишь *pf* (*of* **⇒^∼живать**) (+ *i*; *coll*) (*проколоть*) to stick (into); **п. но́гу гвоздём** to get a nail stuck in one's foot.

проса|ди́ть², жу́, ^∼дишь *pf* (*of* **⇒^∼живать**) (*coll*) (*деньги*) to squander, lose.

проса́жива|ть, ю *impf of* **⇒просади́ть**

проса́лива|ть¹, ю *impf of* **⇒проса́лить**

проса́лива|ть², ю *impf of* **⇒просоли́ть**

проса́л|ить, ю, ишь *pf* (*of* **⇒∼ивать¹**) to grease.

проса́чивани|е, я *nt* **1** percolation; oozing, exudation. **2** (*fig*) (*наружу*) leakage; (*внутрь*) infiltration.

проса́чива|ться, ется *impf of* **⇒просочи́ться**

просва́та|ть, ю *pf* (*о родителях невесты*) to promise in marriage.

просве́рлива|ть, ю *impf of* **⇒просверли́ть**

просверл|и́ть, ю́, и́шь *pf* (*of* **⇒^∼ивать**) (*дыру*) to drill, bore; (*доску*) to drill through, bore through.

просве́т, а *m* **1** shaft of light; (*fig*) ray of hope. **2** (*archit*) light; aperture, opening.

просвети́тел|ь, я *m* **1** educator, teacher. **2** (*hist*) representative of the Enlightenment.

просвети́тель|ница, ницы *f of* **⇒∼**

просвети́тельн|ый *adj* educational; **∼ая филосо́фия** (*hist*) philosophy of the Enlightenment.

просвети́тель|ский *adj of* **⇒∼**

просвети́тельств|о, а *nt* enlightenment.

просве|ти́ть¹, щу́, ти́шь *pf* (*of* **⇒∼ща́ть**) to educate; to enlighten.

просве|ти́ть², чу́, ^∼тишь *pf* (*of* **⇒^∼чивать¹**) (*med*) to X-ray.

просветле́ни|е, я *nt* **1** (*погоды*) clearing up, brightening up. **2** (*fig*) lucid moment.

просветл|ённый *ppp of* **⇒∼и́ть** *and adj* (*fig*) clear, lucid.

просветле́|ть, ю *pf* **1** (*о погоде*) to clear up, brighten up. **2** (*fig*) to brighten; **п. от ра́дости** to light up with joy. **3** (*fig*) (*о сознании*) to become lucid.

просветл|и́ть, ю́, и́шь *pf* (*of* **⇒∼я́ть**) to clarify.

просветл|я́ть, я́ю *impf of* **⇒∼и́ть**

просве́чива|ть¹, ю *impf of* **⇒просвети́ть²**

просве́чива|ть², ю *impf* **1** (*быть прозрачным*) to be translucent. **2** (**че́рез, сквозь** + *a*) (*быть видным*) to be visible (through), show (through), appear (through); (*о солнце*) to shine (through); **шрам ∼л че́рез её чуло́к** the scar showed through her stocking.

просвеща́|ть, ю *impf of* **⇒просвети́ть¹**

просвеще́ни|е, я *nt* **1** (*образование*) education; **наро́дное п.** public education. **2** enlightenment; **эпо́ха П∼я** (*hist*) the Age of the Enlightenment.

просвещённост|ь, и *f* enlightenment, culture.

просве|щённый *ppp of* **⇒∼ти́ть¹** *and adj* enlightened; educated, cultured; **∼щённое мне́ние** expert opinion; **п. челове́к** educated person.

просвир|а́, ы́, *pl* **про́свиры, про́свир, про́свирам** *f* (*eccl*) (communion) bread; host.

просви́р|ня, ни, *g pl* **∼ен** *f* woman baking communion bread.

просвирня́к, а́ *m* (*bot*) marsh mallow.

просви|сте́ть, щу́, сти́шь *pf* **1** to whistle; **п. мело́дию** to whistle a tune. **2** (*о пуле*) to whistle (by, past).

про́сед|ь, и *f* streak(s) of grey.

просе́ива|ть, ю *impf of* **⇒просе́ять**

про́сек|а, и *f* cutting (*in a forest*).

просёл|ок, ка *m* country road, cart track.

просе́|ять, ю, ешь *pf* (*of* **⇒∼ивать**) to sift; **∼янный игро́к** (*sport*) seed.

просигнализи́р|овать, ую *pf of* **⇒сигнализи́ровать**

просигна́л|ить, ю, ишь *pf of* **⇒сигна́лить**

проси|де́ть¹, жу́, ди́шь *pf* (*of* **⇒^∼живать**) to sit (*for a certain time*); **п. ночь у посте́ли больно́го** to sit up all night with a patient.

проси|де́ть², жу́, ди́шь *pf* (*of* **⇒^∼живать**) (*брюки*) to wear out the seat (of); to wear into holes (*by sitting*).

проси́жива|ть, ю *impf of* **⇒просиде́ть**

про́син|ь, и *f* (*coll*) bluish tint.

проси́тел|ь, я *m* applicant; petitioner.

проси́тель|ница, ницы *f of* **⇒∼**

проси́тельный *adj* pleading.

про|си́ть, шу́, ^∼сишь *impf* (*of* **⇒по∼**) **1** (+ *a of person asked*; + *a or g of thing sought, or* **о** + *p*) to ask (for), beg; **∼шу́ (вас)** please; **п. кого́-н. о по́мощи** to ask s.o. for help, ask s.o.'s assistance; **п. вре́мени на размышле́ние** to ask for time to think (sth) over; **п. разреше́ния** to ask permission; **п. сове́та** to ask (for) advice; **п. извине́ния у кого́-н.** to apologize to s.o. **2** (**за** + *a*) (*вступаться*) to intercede (for). **3** (*приглашать*) to invite; **вас ^∼сят к столу́** please take your places at the table; **«^∼сят не кури́ть»** 'no smoking'.

про|си́ться, шу́сь, ^∼сишься *impf* (*of* **⇒по∼**) **1** (+ *inf or* **в** + *a*, **на** + *a*) to ask (for); to apply (for); **п. в о́тпуск** to apply for leave. **2** (*fig, coll*) to ask (for); **п. с языка́** to be on the tip of one's tongue; **зака́т так и ∼си́лся на карти́ну** the sunset was just asking to be painted.

просия́|ть, ю *pf* **1** (*о солнце*) to begin to shine. **2** (**от** + *g*) to beam (with), light up (with); **она́ ∼ла от сча́стья** she beamed with joy; **лицо́ у него́ ∼ло** his face lit up.

проска|ка́ть, чу́, ^∼чешь *pf* to gallop (by, past, through).

проска́кива|ть, ю *impf of* **⇒проскочи́ть**

проска́льзыва|ть, ю *impf of* **⇒проскользну́ть**

просквоз|и́ть, и́т *pf* (*impers*; *coll*): **меня́,** *etc.*, **∼и́ло** I, *etc.*, have caught cold from being in a draught (*Br*), draft (*US*).

просклоня́|ть, ю *pf of* **⇒склоня́ть²**

проскользн|у́ть, у́, ёшь *pf* (*of* **⇒проска́льзывать**) (*coll*) to slip in, creep in (*also fig*); **∼у́ло мно́го оши́бок** many errors have crept in.

проскоч|и́ть, у́, ^∼ишь *pf* (*of* **⇒проска́кивать**) **1** (*пробежать*) to rush by, tear by. **2** (**че́рез** + *a*) to slip (through). **3** (**сквозь** + *a*, **ме́жду** + *i*) to fall (through, between); **п. ме́жду па́льцами** to fall through one's fingers. **4** (*fig, coll*) to slip in, creep in; **∼и́ло не́сколько оши́бок** a few errors crept in. **5** (*не остановиться, где нужно*) to overshoot.

проскрип|е́ть, лю́, и́шь *pf* **1** *pf of* **⇒скрипе́ть. 2** (*coll*) to creak along.

проскурня́к, а́ *m* (*bot*) marsh mallow.

проскуча́|ть, ю *pf* to have a dull, boring time; **мы ∼ли всю неде́лю** we had a dull week.

просла́б|ить, ит *pf of* **⇒сла́бить**

просла́в|ить, лю, ишь *pf* (*of* **⇒∼ля́ть**) to glorify; to bring glory (to); to make famous.

просла́в|иться, люсь, ишься *pf* (*of* **⇒∼ля́ться**) (+ *i*) to become famous (for); **он ∼ился остро́тами** he became famous for his witticisms.

П

прославле́ни|е, я *nt* glorification.

просла́в|ленный *ppp of* ⇒**~ить** *and adj* renowned, celebrated.

прославля́|ть(ся), ю(сь) *impf of* ⇒**просла́вить(ся)**

просла́ива|ть, ю *impf of* ⇒**прослои́ть**

просле|ди́ть, жу́, ди́шь *pf* (*of* ⇒**~́живать**) **1** (*выследить*) to track (down). **2** (*исследовать*) to trace (through); to trace back, retrace; **п. разви́тие па́пства** to trace the development of the papacy.

просле́д|овать, ую *pf* to proceed, go in state.

просле́жива|ть, ю *impf of* ⇒**проследи́ть**

просле|зи́ться, жу́сь, зи́шься *pf* to shed a few tears.

просло|и́ть, ю́, и́шь *pf* (*of* ⇒**просла́ивать**) (+ *i*) to interlay (with), sandwich (with).

просло́йк|а, и *f* **1** layer, stratum (*also fig*). **2** (*geol*) seam, streak.

прослуж|и́ть, у́, ~ишь *pf* **1** to work, serve (*for a certain time*); **он ~ил три го́да на Да́льнем Восто́ке** he served for three years in the Far East. **2** (*пробыть в употреблении*) to last (*for a certain time*); **э́то пальто́ ~́ит мне ещё оди́н год** this coat will last me another year.

прослу́ш|ать, аю *pf* **1** (*impf* **слу́шать 3**) to hear (through); **п. курс ле́кций** to attend a course of lectures. **2** (*impf* **~ивать**) (*med*) to listen to; **п. чьё-н. се́рдце** to listen to s.o.'s heart. **3** (*impf* **~ивать**) (*coll*) to miss, not to catch; **прости́те, я ~ал, что вы сказа́ли** I am sorry, I did not catch what you said.

прослу́шивани|е, я *nt* audition.

прослу́шива|ть, ю *impf of* ⇒**прослу́шать 2, 3**

прослы́|ть, ву́, вёшь, *past* **~л, ~ла́, ~́ло** *pf* (+ *i*) to pass (for), be reputed.

прослы́ш|ать, у, ишь *pf* (*coll*) to find out, hear; **я то́лько что ~ал о ва́шем несча́стном слу́чае** I have only just heard about your accident.

просма́лива|ть, ю *impf of* ⇒**просмоли́ть**

просма́трива|ть, ю *impf of* ⇒**просмотре́ть**

просмол|и́ть, ю́, и́шь *pf* (*of* ⇒**просма́ливать**) to tar; to coat with tar.

просмо́тр, а *m* **1** survey; view, viewing; **п. докуме́нтов** examination of papers; **закры́тый п.** private view; **предвари́тельный п.** preview. **2** (*ошибка*) oversight.

просмотр|е́ть, ю́, ~́ишь *pf* (*of* ⇒**просма́тривать**) **1** to survey; to view. **2** (*читая*) to look over, look through; (*бегло*) to glance over, glance through; **п. ру́копись** to glance through a manuscript. **3** (*пропустить*) to overlook, miss.

прос|ну́ться, ну́сь, нёшься *pf* (*of* ⇒**~ыпа́ться**[1]) to wake up, awake.

про́с|о, а *nt* millet.

просо́выва|ть(ся), ю(сь) *impf of* ⇒**просу́нуть(ся)**

просоди́ческий *adj* (*literary*) prosodic.

просо́ди|я, и *f* (*literary*) prosody.

просол|и́ть, ю́, ~ишь *pf* (*of* ⇒**проса́ливать**[2]) to salt; **п. мя́со** to corn meat.

просо́х|нуть, ну, нешь, *past* **~, ~ла** *pf* (*of* ⇒**просыха́ть**) to get dry, dry out.

просоч|и́ться, и́тся *pf* (*of* ⇒**проса́чиваться**) **1** to percolate; to filter; to leak; to seep out. **2** (*fig*) to filter through; to leak out; **~и́лись све́дения о пораже́нии** news of the defeat filtered through.

просп|а́ть[1]**, лю́, и́шь**, *past* **~а́л, ~ала́, ~а́ло** *pf* (*of* ⇒**просыпа́ть**[2]) **1** (*не проснуться вовремя*) to oversleep. **2** (*пропустить*) to miss, pass (*due to being asleep*).

просп|а́ть[2]**, лю́, и́шь**, *past* **~а́л, ~ала́, ~а́ло** *pf* (*некоторое время*) to sleep (*for a certain time*).

просп|а́ться, лю́сь, и́шься, *past* **~а́лся, ~ала́сь, ~а́лось** *pf* (*coll*) to sleep it off (*sc. one's drunkenness*).

проспе́кт[1]**, а** *m* (*улица*) avenue.

проспе́кт[2]**, а** *m* **1** (*справочное издание*) brochure, prospectus. **2** (*план*) outline, résumé.

проспо́рива|ть, ю *impf of* ⇒**проспо́рить**[1]

проспо́р|ить[1]**, ю, ишь** *pf* (*of* ⇒**~ивать**) (*деньги*) to lose (*in a bet*).

проспо́р|ить[2]**, ю, ишь** *pf* (*некоторое время*) to argue.

проспряга́|ть, ю *pf of* ⇒**спряга́ть**

просро́ч|енный *ppp of* ⇒**~ить** *and adj* overdue.

просро́чива|ть, ю *impf of* ⇒**просро́чить**

просро́ч|ить, у, ишь *pf* (*of* ⇒**~ивать**) to exceed the time limit; **п. о́тпуск** to overstay one's leave; **п. платёж** to fail to pay in time.

просро́чк|а, и *f* delay; expiry of a time limit.

проста́в|ить, лю, ишь *pf* (*of* ⇒**~ля́ть**) to put down (*in writing*); to state, fill in; **п. да́ту (в, на** + *p*) to date.

проставля́|ть, ю *impf of* ⇒**проста́вить**

простагланди́н, а *m* prostaglandin.

проста́ива|ть, ю *impf of* ⇒**простоя́ть**

проста́к, а́ *m* simpleton.

проста́т|а, ы *f* (*anat*) prostate (gland).

простег|а́ть, а́ю *pf* (*of* ⇒**~́ивать**) to quilt.

простёгива|ть, ю *impf of* ⇒**простега́ть**

простéйш|ий *superl of* ⇒**просто́й**; (*in pl as n* **~ие, ~их**) (*zool*) protozoa.

простён|ок, ка *m* (*archit*) pier.

про́стенький *adj* (*coll*) quite simple; plain, unpretentious.

прос|тере́ть, тру́, трёшь, *past* **~тёр, ~тёрла** *pf* (*of* ⇒**~тира́ть**[1]) **1** to extend, hold out, reach out; **п. ру́ку** to hold out one's hand. **2** (*fig*) to raise, stretch; **они́ сли́шком далеко́ ~тёрли свои́ тре́бования** they raised their demands too high.

прос|тере́ться, трётся, *past* **~тёрся, ~тёрлась** *pf* (*of* ⇒**~тира́ться**) to stretch, extend; **п. на со́тни миль** to stretch for hundreds of miles.

простира́|ть[1]**, ю** *impf of* ⇒**простере́ть**

простира́|ть[2]**, ю** *pf* (*некоторое время*) to wash.

простир|а́ть[3]**, а́ю** *pf* (*of* ⇒**~ывать**) (*coll*) (*хорошо выстирать*) to wash well, thoroughly.

простира́|ться, ется *impf of* ⇒**простере́ться**

простирн|у́ть, у́, ёшь *pf* (*coll*) to give a wash.

прости́рыва|ть, ю *impf of* ⇒**простира́ть**[3]

прости́тел|ьный (~ен, ~ьна) *adj* pardonable, excusable.

проституи́р|овать, ую *impf and pf* to prostitute.

проститу́тк|а, и *f* prostitute.

проститу́ци|я, и *f* prostitution.

про|сти́ть, щу́, сти́шь *pf* (*of* ⇒**~ща́ть**) **1** to forgive, pardon; **п. грехи́** to forgive sins; **~сти́те (меня́)!** excuse me!; I beg your pardon! **2** (*долг*) to remit; **п. долг кому́-н.** to remit s.o.'s debt. **3**: **~сти́(те)!** (*obs*) goodbye!

про|сти́ться, щу́сь, сти́шься *pf* (*of* ⇒**~ща́ться**) (**с** + *i*) to say goodbye (to), bid farewell (to).

про́сто *adv* simply; **п. по привы́чке** purely out of habit; **п. так** for no particular reason; **э́то п. невероя́тно** it is simply incredible; **я п. не зна́ю** I really don't know.

простова́тост|ь, и *f* simplicity, simple-mindedness.

простова́т|ый (~, ~а) *adj* simple, simple-minded.

простоволо́с|ый (~, ~а) *adj* bareheaded.

простоду́ши|е, я *nt* simple-heartedness; ingenuousness, artlessness.

простоду́ш|ный (~ен, ~на) *adj* simple-hearted; ingenuous, artless.

прост|о́й[1] **(~, ~а́, ~́о, ~ы)** *adj* **1** (*нетрудный*) simple; easy; **вам ~́о критикова́ть** it is easy for you (*or* all very well) for you to criticize. **2** (*однородный*) simple (= *unitary*); **~о́е предложе́ние** (*gram*) simple sentence; **~о́е число́** (*math*) prime number. **3** (*обыкновенный*) simple; ordinary; **~ы́м гла́зом** with the naked eye; **п. наро́д** the common people. **4** (*без претензий*) simple, plain; unaffected, unpretentious; **~ы́е лю́ди** ordinary people; homely people; **~ы́е мане́ры** unaffected manners; **п. о́браз жи́зни** plain living. **5** (*не более как*) mere; **~о́е любопы́тство** mere curiosity; **п. сме́ртный** a mere mortal; **по той ~о́й причи́не, что** for the simple reason that.

просто́|й[2]**, я** *m* down time, idle time; stoppage; **пла́та за п.** demurrage.

простоква́ш|а, и *f* thick soured milk.

простолюди́н, а *m* man of the common people.

про́сто-на́просто *adv* (*coll*) simply.

простонаро́д|ный (~ен, ~на) *adj* of the common people.

простонаро́дь|е, я *nt* the common people.

простон|а́ть, у́, ~́ешь *pf* **1** (*издать стон*) to groan. **2** (*некоторое время*) to groan (*for a certain time*).

просто́р, а *m* **1** (*пространство*) spaciousness; space, expanse; **степны́е ~ы** the expanses of the steppe(s). **2** (*свобода*) freedom, scope.

просторе́чи|е, я *nt* popular speech; **в ~и** in common parlance.

просторе́ч|ный (~ен, ~на) *adj of* **⇒~ие**

просто́р|ный (~ен, ~на) *adj* spacious, roomy; (*об одежде*) loose-fitting.

простосерде́чи|е, я *nt* simple-heartedness.

простосерде́ч|ный (~ен, ~на) *adj* simple-hearted.

простот|а́, ы́ *f* simplicity.

простофи́л|я, и *cg* (*coll*) duffer, ninny.

просто|я́ть, ю́, и́шь *pf* (*of* **⇒проста́ивать**) **1** (*некоторое время*) to stay, stand; **по́езд ~я́л на запасно́м пути́ всю ночь** the train stood in a siding all night. **2** (*бездействовать*) to stand idle, lie idle. **3** (*о здании*) to stand, last.

простра́н|ный (~ен, ~на) *adj* **1** (*обширный*) extensive, vast. **2** (*многословный*) verbose.

простра́нственный *adj* spatial.

простра́нств|о, а *nt* space; (*неограниченная протяжённость*) expanse; **возду́шное п.** air space; **безвозду́шное п.** (*phys*) vacuum; **пусто́е п.** void; **боя́знь ~а** (*med*) agoraphobia.

простра́ци|я, и *f* prostration.

простра́чива|ть, ю *impf of* **⇒прострочи́ть**

простре́л, а *m* **1** (*coll*) *боль*) lower-back pain, lumbago. **2** (*football*) low cross.

простре́лива|ть, ю *impf* **1** *impf of* **⇒простре́ли́ть. 2** *impf only* (*mil*) to rake, sweep with fire.

простре́лива|ться, юсь *impf* (*mil*) to be exposed to fire.

прострел|и́ть, ю́, ~́ишь *pf* (*of* **⇒~́ивать**) **1** (*выстрелом пробить насквозь*) to shoot through. **2** (*football*) to cross low.

простроч|и́ть, у́, ~́ишь *pf* (*of* **⇒простра́чивать, ⇒строчи́ть**) to stitch; to backstitch.

просту́д|а, ы *f* (chest) cold; **схвати́ть/подхвати́ть ~у** (*coll*) to catch (a) cold.

просту|ди́ть, жу́, ~́дишь *pf* (*of* **⇒~жа́ть**) to let catch cold; **п. себе́ го́рло** to get a sore throat.

просту|ди́ться, жу́сь, ~́дишься *pf* (*of* **⇒~жа́ться**) to catch (a) cold.

просту́дный *adj* catarrhal.

простужа́|ть(ся), ю(сь) *impf of* **⇒простуди́ть(ся)**

просту́|женный *ppp of* **⇒~ди́ть** *and adj*: **я вновь ~жен** I have caught another cold.

просту́к|ать, аю *pf* (*of* **⇒~ивать**) (*med*) to tap.

просту́кива|ть, ю *impf of* **⇒просту́кать**

проступ|а́ть, а́ет *impf of* **⇒~и́ть**

проступ|и́ть, ~́ит *pf* (*of* **⇒~а́ть**) to appear, show through, come through; **сыры́е пя́тна ~и́ли на сте́на́х** damp patches have appeared on the walls; **пот ~и́л у него́ на лбу** perspiration stood out on his forehead.

просту́п|ок, ка *m* misdeed; (*law*) misdemeanour (*Br*), misdemeanor (*US*).

простыва́|ть, ю *impf of* **⇒просты́ть**

просты́н|ный *adj of* **⇒~я́**; **~ное полотно́** sheeting.

простын|я́, и́, *pl* **про́стыни, ~е́й/~́ь, ~я́м** *f* sheet.

просты́|ть, ну, нешь *pf* (*of* **⇒~ва́ть**) **1** to get cold; to cool; **и след ~л** (+ *g*; *coll*) not a trace (of). **2** (*coll*) (*простудиться*) to catch cold.

просу́н|уть, у, ешь *pf* (*of* **⇒просо́вывать**) (**в** + *a*) to push (through, in), shove (through, in), thrust (through, in).

просу́н|уться, усь, ешься *pf* (*of* **⇒просо́вываться**) to push through, force one's way through.

просу́шива|ть(ся), ю(сь) *impf of* **⇒просуши́ть(ся)**

просуш|и́ть, у́, ~ишь *pf* (*of* **⇒~́ивать**) to dry thoroughly, properly.

просуш|и́ться, у́сь, ~́ишься *pf* (*of* **⇒~́иваться**) to (get) dry.

просу́шк|а, и *f* drying.

просуществ|ова́ть, у́ю *pf* (*прожить*) to exist; (*продлиться*) to last, endure.

просфор|а́, ы́, *pl* **про́сфоры, просфо́р, просфора́м** *f* (*eccl*) (communion) bread; host.

просце́ниум, а *m* (*theatr*) proscenium.

просчёт, а *m* **1** (*действие*) counting (up), reckoning (up). **2** (*ошибка*) error (*in counting, reckoning*).

просчит|а́ть, а́ю *pf* (*of* **⇒~ывать**) **1** (*подсчитать*) to count (up), reckon (up). **2** (*ошибиться*) to miscount; **вы ~а́ли пятьдеся́т рубле́й** you have given fifty roubles too much.

просчит|а́ться, а́юсь *pf* (*of* **⇒~́ываться**) **1** (*при счёте*) to miscount; **мы ~а́лись на два́дцать рубле́й** we are out by twenty roubles. **2** (*fig*) to miscalculate.

просчи́тыва|ть(ся), ю(сь) *impf of* **⇒просчита́ть(ся)**

про́сып, а *m*: **без ~у** (*coll*) without waking, without stirring.

просы́п|ать, лю, лешь *pf* (*of* **⇒~а́ть**[1]) to spill.

просып|а́ть[1]**, а́ю** *impf of* **⇒~́ать**

просып|а́ть[2]**, а́ю** *impf of* **⇒проспа́ть**[1]

просы́п|аться, лется *pf* (*of* **⇒~а́ться**[2]) to spill, get spilled.

просып|а́ться[1]**, а́юсь** *impf of* **⇒просну́ться**

просып|а́ться[2]**, а́ется** *impf of* **⇒~́аться**

просыха́|ть, ю *impf of* **⇒просо́хнуть**

про́сьб|а, ы *f* request; **обраща́ться с ~ой** to make a request; **у меня́ к вам п.** I have a favour (*Br*), favor (*US*) to ask you; **по мое́й ~е** at my request; **«п. не кури́ть!»** 'no smoking, please!'

просяно́й *adj* millet.

прота́лин|а, ы *f* thawed patch (*of earth*).

прота́лкива|ть, ю *impf of* **⇒протолкну́ть**

прота́лкива|ться, юсь *impf of* **⇒протолка́ться** *and* **⇒протолкну́ться**

протанц|ева́ть, у́ю *pf* **1** to dance; **п. вальс** to dance a waltz, do a waltz. **2** (*некоторое время*) to dance.

прота́плива|ть, ю *impf of* **⇒протопи́ть**

прота́птыва|ть, ю *impf of* **⇒протопта́ть**

протара́н|ить, ю, ишь *pf* (*of* **⇒тара́нить**) **1** (*mil*) to ram. **2** (*fig*) to break through, smash.

прота́скива|ть, ю *impf of* **⇒протащи́ть**

прота́чива|ть, ю *impf of* **⇒проточи́ть**

протащ|и́ть, у́, ~́ишь *pf* (*of* **⇒прота́скивать**) **1** to pull (through, along), drag (through, along), trail. **2** (*coll, pej*) (*обманным путём*) to push through. **3** (*coll*) (*подвергнуть критике*) to criticize severely, tear to pieces.

прота́|ять, ю, ешь *pf* to thaw through.

протеже́ *cg indecl* protégé (*fem* protégée).

протежи́р|овать, ую *impf* (+ *d*) to favour (*Br*), favor (*US*); to pull strings (for).

проте́з, а *m* prosthesis; artificial limb; **зубно́й п.** false tooth, denture.

протези́р|овать, ую *impf and pf* to equip with a prosthetic appliance; to make a prosthetic appliance.

проте́зн|ый *adj* prosthetic; **~ая мастерска́я** orthopaedic (*Br*), orthopedic (*US*) workshop.

протеи́н, а *m* (*chem*) protein.

протека́|ть, ю *impf* **1** *impf of* **⇒проте́чь. 2** (*impf only*) (*о реке, струе*) to flow, run. **3** (*impf only*) (*о крыше*) to leak, be leaky.

проте́ктор, а *m* **1** (*obs*) (*покровитель*) protector, patron. **2** (*tech*) (*покрышки*) tread (*of pneumatic tyre*).

протектора́т, а *m* protectorate.

протекциони́зм, а *m* **1** (*pol, econ*) protectionism. **2** (*coll*) favouritism (*Br*), favoritism (*US*).

протекциони́ст, а *m* protectionist.

проте́кци|я, и *f* patronage, influence; **оказа́ть кому́-н. ~ю** to use one's influence on s.o.'s behalf, pull strings for s.o.

про|тере́ть, тру́, трёшь, *past* **~тёр, ~тёрла** *pf* (*of* **⇒~тира́ть**) **1** (*одежду*) to rub a hole (in); to wear into holes. **2** (*через сито*) to rub through, grate. **3** (*окна*) to rub over, wipe over. **4**: **п. глаза́** (*coll*) to rub one's eyes.

про|тере́ться, трётся, *past* **~тёрся, ~тёрлась** *pf* (*of*

П

⇨~тира́ться) to wear through, wear into holes.

протерозо́|й, я *m* (*geol*) the Proterozoic (aeon/eon).

протерозо́й|ский *adj* (*geol*) Proterozoic; **п. эо́н** = ~

протерп|е́ть, лю́, ~́ишь *pf* to wait, last out; to endure.

протесн|и́ться, ю́сь, и́шься *pf* to push one's way (through), elbow one's way (through), barge (through).

проте́ст, а *m* **1** protest; **заяви́ть п.** to make a protest. **2** (*law*) objection.

протеста́нт[1], а *m* protester, objector.

протеста́нт[2], а *m* (*relig*) Protestant.

протестанти́зм, а *m* = **протеста́нтство**

протеста́нт|ка, ки *f of* ⇨~

протеста́нтский *adj* (*relig*) Protestant.

протеста́нтств|о, а *nt* (*relig*) Protestantism.

протести́р|овать, ую *pf* to test.

протест|ова́ть, у́ю *impf* (**про́тив** + *g*) to protest (against).

проте́чк|а, и *f* leak.

проте́|чь, чёт, ку́т, *past* ~́к, ~кла́ *pf* (*of* ⇨~**ка́ть**) **1** to ooze, seep. **2** (*о времени*) to elapse, pass; **кани́кулы бы́стро ~кли́** the holidays flew by. **3** (*о болезни*) to take its course.

про́тив *prep* + *g* **1** against; **п. тече́ния** against the current; **за и п.** for and against, pro and con; **име́ть что-н. п.** to have sth against; to mind, object; **вы ничего́ не име́ете п. того́, что я курю́?** do you mind my smoking?; **вы ничего́ не бу́дете име́ть п., е́сли я закурю́?** will you mind if I smoke? **2** (*прямо перед*) opposite; facing; **друг п. дру́га** facing one another; **останови́тесь, пожа́луйста, п. це́ркви** please stop opposite the church. **3** (*вопреки*) contrary to; **п. на́ших ожида́ний** contrary to our expectations. **4** (*coll*) (*по сравнению*) as against; according to; **в э́том году́ п. про́шлого** this year as against last (year).

про́тив|ень, ня *m* (*неглубокий*) baking sheet, baking tray; (*глубокий*) roasting pan.

проти́в|иться, люсь, ишься *impf* (*of* ⇨**вос**~) (+ *d*) to oppose; to resist, stand up (against).

проти́вник, а *m* **1** opponent, adversary; **п. коммуни́зма** anti-communist. **2** (*collect; mil*) the enemy.

проти́вно[1] *adv* in a disgusting way.

проти́вно[2] *prep* + *d* against; contrary to; **поступа́ть п. свое́й со́вести** to go against one's conscience.

проти́вн|ый[1] *adj* **1** (*противоположный*) opposite; contrary; ~**ое мне́ние** a contrary opinion; **в** ~**ом слу́чае** otherwise; **доказа́тельство от** ~**ого** the rule of contraries. **2** (*враждебный*) opposing, opposed; ~**ые сто́роны** opposing sides.

проти́в|ный[2] (~ен, ~на) *adj* (*отвратительный*) nasty, disgusting; **п. за́пах** nasty smell; **он мне ~ен** I find him offensive.

противо... *comb form* anti-, contra-, counter-.

противоалкого́льный *adj* temperance; **п. зако́н** prohibition.

противобо́рств|о, а *nt* struggle; (*pol*) confrontation.

противобо́рств|овать, ую *impf* (+ *d*) to oppose; to fight (against).

противове́с, а *m* (*tech and fig*) counterbalance, counterpoise.

противови́русный *adj* **1** (*med, pharm*) antiviral. **2** (*comput, rare*) antivirus (*attr*).

противовозду́шн|ый *adj* anti-aircraft; ~**ая оборо́на** air defence (*Br*), defense (*US*).

противога́з, а *m* gas mask.

противоде́йстви|е, я *nt* opposition, counteraction.

противоде́йств|овать, ую *impf* (+ *d*) to oppose, counteract.

противоесте́ствен|ный (~, ~на) *adj* unnatural.

противозако́нност|ь, и *f* illegality.

противозако́н|ный (~ен, ~на) *adj* unlawful; (*law*) illegal.

противозача́точн|ый *adj* contraceptive; ~**ое сре́дство** contraceptive.

противолежа́щий *adj* (*math*) opposite; **п. у́гол** alternate angle.

противоло́дочный *adj* (*naut*) anti-submarine.

противообще́ственный *adj* antisocial.

противопехо́тн|ый *adj* (*mil*): ~**ая ми́на** anti-personnel mine.

противоподло́дочный *adj* (*naut*) anti-submarine.

противопожа́рн|ый *adj* anti-fire; ~**ая дверь** fire door; ~**ые ме́ры** fire-prevention measures; ~**ая слу́жба** fire service.

противопоказа́ни|е, я *nt* **1** (*law*) contradictory evidence. **2** (*med*) contraindication.

противопока́занный *adj* (*med*) contraindicated.

противополага́|ть, ю *impf of* ⇨**противоположи́ть**

противоположе́ни|е, я *nt* opposition.

противополож|и́ть, у́, ~́ишь *pf* (*of* ⇨**противополага́ть**) (+ *d*) to contrast (with).

противополо́жност|ь, и *f* **1** (*несходство*) opposition; contrast; **в п.** (+ *d*) as opposed (to), by contrast (with). **2** (*что-н. противоположное*) opposite, antithesis; **по́лная п.** complete antithesis; **пряма́я п.** exact opposite.

противополо́ж|ный (~ен, ~на) *adj* **1** (*берег*) opposite. **2** (*мнение*) opposed, contrary; **диаметра́льно п.** diametrically opposed.

противопоста́в|ить, лю, ишь *pf* (*of* ⇨~**ля́ть**) (+ *d*) **1** (*направить против*) to oppose (with), counter (with); **си́ле п. си́лу** to oppose force with force. **2** (*сравнить*) to contrast (with), set off (against).

противопоставле́ни|е, я *nt* (+ *d*) **1** (*направление против*) opposition (to). **2** (*сравнение*) contrasting (with), setting off (against).

противопоставля́|ть, ю *impf of* ⇨**противопоста́вить**

противоправи́тельственный *adj* anti-government(al).

противопра́в|ный (~ен, ~на) *adj* unlawful, illegal.

противораке́тн|ый *adj* (*mil*) anti-missile; ~**ая раке́та** anti-missile missile.

противоречи́вост|ь, и *f* contradictoriness; discrepancy.

противоречи́в|ый (~, ~а) *adj* contradictory; discrepant, conflicting; ~**ые сообще́ния** conflicting reports.

противоре́чи|е, я *nt* **1** (*несоответствие*) contradiction; inconsistency; ~**я в показа́ниях** contradictions in evidence. **2** (*возражение*) contrariness; defiance; **дух ~я** spirit of defiance, contrariness. **3** (*конфликт*) conflict, clash; **находи́ться в ~и (с** + *i*) to be at variance (with), conflict (with).

противоре́ч|ить, у, ишь *impf* (+ *d*) **1** (*возражать*) to contradict; **он всё ~ил ма́тери** he was always contradicting his mother. **2** (*несоответствовать*) to be at variance (with), conflict (with), be contrary (to); **э́то ~ит действи́тельности** it is contrary to the facts; **их показа́ния ~ат друг дру́гу** their evidence is conflicting.

противосамолётный *adj* (*mil*) anti-aircraft.

противостолбня́чный *adj* (*med*) anti-tetanus.

противостоя́ни|е, я *nt* **1** (*astron*) opposition. **2** (*pol*) confrontation.

противосто|я́ть, ю́, и́шь *impf* (+ *d*) **1** (*сопротивляться*) to resist, withstand. **2** (*различаться по сути*) to be at variance. **3** (*astron*) to be in opposition.

противота́нковый *adj* anti-tank.

противото́к, а *m* (*tech*) countercurrent, counterflow.

противоуго́нный *adj* anti-theft.

противохими́ческий *adj* (*mil*) anti-gas.

противоцинго́тный *adj* (*med*) antiscorbutic.

противошу́м|ы, ов (*no sg*) ear defenders.

противоя́ди|е, я *nt* antidote.

протира́|ть(ся), ю, ет(ся) *impf of* ⇨**протере́ть(ся)**

проти́рк|а, и *f* cleaning rag.

проти́ск|аться, аюсь *pf* (*of* ⇨~**иваться**) to push one's way through, elbow one's way through.

проти́скива|ть, ю *impf of* ⇨**проти́снуть**

проти́скива|ться, юсь *impf of* ⇨**проти́скаться**

проти́с|нуть, ну, нешь *pf* (*of* ⇨~**кивать**) to push through, shove through.

проти́с|нуться, нусь, нешься *pf* = ~**каться**

проткн|у́ть, у́, ёшь *pf* (*of* ⇨**протыка́ть**) to pierce.

протодья́кон, а *m* (*eccl*) archdeacon.

протозо́а *pl indecl* (*zool*) Protozoa.

протоиере́|й, я *m* (*eccl*) archpriest.

протоисто́ри|я, и *f* prehistory.

прото́к, а *m* **1** channel. **2** (*anat*) duct.

протоко́л, а *m* **1** (*заседания*) minutes; report; **вести́ п.** to take the minutes; **занести́ в п.** to enter in the minutes. **2** (*law*) statement; charge sheet; **п. дозна́ния, п. допро́са** examination record; **соста́вить п.** to draw up a report. **3** (*diplomacy, comput*) protocol.

протоколи́р|овать, ую *impf and pf* (*pf also* **за~**) to minute; to record.

протоко́л|ьный *adj of* ⇒**~**

протолка́|ться, юсь *pf* (*of* ⇒**прота́лкиваться**) (*coll*) to force, jostle one's way (through).

протолкн|у́ть, у́, ёшь *pf* (*of* ⇒**прота́лкивать**) to push through, press through; (*fig*): **п. де́ло** to push a matter forward.

протолкн|у́ться, у́сь, ёшься *pf* = **протолка́ться**

прото́н, а *m* (*phys*) proton.

прото́н|ный *adj of* ⇒**~**

протоп|и́ть, лю́, ~́ишь *pf* (*of* ⇒**прота́пливать**) to heat thoroughly.

протопла́зм|а, ы *f* (*biol*) protoplasm.

протопо́п, а *m* (*obs*) archpriest.

протоп|та́ть, чу́, ~́чешь *pf* (*of* ⇒**прота́птывать**) **1** to beat, make (*by walking*); **п. тропи́нку** to make a path. **2** (*обувь*) to wear out.

проторг|ова́ть, у́ю *pf* (*coll*) to lose (*in trading*).

проторг|ова́ться, у́юсь *pf* (*coll*) to suffer losses (*in trading*); (*разориться*) to be ruined.

протор|ённый *ppp of* ⇒**~и́ть** *and adj* well trodden; **~ённая доро́жка** beaten track.

про́тор|и, ей (*no sg*) (*obs*) expenses.

протор|и́ть, ю́, и́шь *pf* (*of* ⇒**~я́ть**) to beat; **п. путь** to blaze a trail.

протор|я́ть, я́ю *impf of* ⇒**~и́ть**

прототи́п, а *m* prototype.

прото́ч|енный *ppp of* ⇒**~и́ть**; **п. червя́ми** worm-eaten.

проточ|и́ть, у́, ~ишь *pf* (*of* ⇒**прота́чивать**) **1** (*о насекомых*) to gnaw through, eat through. **2** (*о текучей воде*) to wash. **3** (*на токарном станке*) to turn.

прото́чн|ый *adj* flowing, running; **~ая вода́** running water; **п. пруд** pond fed by springs.

протра́в|а, ы *f* (*chem*) mordant.

протра́л|ить, ю, ишь *pf of* ⇒**тра́лить**

протрезве́|ть, ю *pf of* ⇒**трезве́ть**

протрезв|и́ть, лю́, и́шь *pf* (*of* ⇒**~ля́ть**) to sober (*s.o.*) up.

протрезв|и́ться, лю́сь, и́шься *pf* (*of* ⇒**~ля́ться**) to sober up.

протрезвля́|ть(ся), ю(сь) *impf of* ⇒**протрезви́ть(ся)**

протубера́н|ец, ца *m* (*astron*) solar flare.

протур|и́ть, ю́, ~и́шь *pf* (*coll*) to drive away, chuck out.

протух|а́ть, а́ет *impf of* ⇒**~́нуть**

прот́ух|нуть, нет, *past* **~, ~ла** *pf* (*of* ⇒**~а́ть**) (*мясо, рыба*) to go bad.

прот́ух|ший *pp active of* ⇒**~нуть** *and adj* rotten; bad.

протыка́|ть, ю *impf of* ⇒**проткну́ть**

протя́гива|ть(ся), ю(сь) *impf of* ⇒**протяну́ть(ся)**

протяже́ни|е, я *nt* **1** extent; (*пространство*) expanse, area; **на большо́м ~и** over a wide area; **на всём ~и** (+ *g*) along the whole length (of), all along. **2**: **на ~и** (+ *g*) during, for the duration (of).

протяжённост|ь, и *f* extent, length.

протяжён|ный (~, ~на) *adj* extensive.

протя́жност|ь, и *f* slowness; **п. ре́чи** drawl.

протя́ж|ный (~ен, ~на) *adj* long drawn-out; **~ное произноше́ние** drawl.

прот|яну́ть, яну́, я́нешь *pf* (*of* ⇒**~я́гивать**) **1** (*верёвку*) to stretch; (*линию связи*) to extend. **2** (*руки, ноги*) to stretch out; (*газету, книгу*) to hold out; **п. ру́ку по́мощи** to extend a helping hand; **п. но́ги** (*fig, coll*) to turn up one's toes. **3** (*дело*) to protract. **4** (*звуки, слова*) to drawl out. **5** (*pf only*) (*прожить*) to last; **больно́й до́лго не ~я́нет** the patient won't last long.

протя|ну́ться, ну́сь, ~́нешься *pf* (*of* ⇒**~́гиваться**) **1** (*о руках*) to stretch out; to reach out; **п. на дива́не** to stretch out on the sofa. **2** (*о дороге, о пространстве*) to extend, stretch, reach. **3** (*pf only*) (*продлиться*) to last, go on.

прору́л|ок, ка *m* (*coll*) lane.

проу́чива|ть, ю *impf of* ⇒**проучи́ть**[1]

проуч|и́ть[1]**, у́, ~ишь** *pf* (*of* ⇒**~́ивать**) (*coll*) (*наказать*) to teach (a lesson); **я его́ ~у́!** I'll teach him!

проуч|и́ть[2]**, у́, ~ишь** *pf* (*некоторое время*) (*уроки*) to study, learn up (*for a certain time*); (*детей*) to teach (*for a certain time*).

проуч|и́ться, у́сь, ~ишься *pf* to spend (*a certain time*) in study.

проф... *comb form, abbr of* **1 профессиона́льный**. **2 профсою́зный**

профа́н, а *m* ignoramus; (*неспециалист*) layman.

профана́ци|я, и *f* profanation.

профани́р|овать, ую *impf and pf* to profane.

профессиона́л, а *m* professional.

профессионали́зм, а *m* professionalism.

профессиона́льн|ый *adj* **1** professional, occupational; **п. диплома́т** career diplomat; **~ое заболева́ние** occupational disease; **~ое образова́ние** vocational training; **~ая ориента́ция** career guidance; **п. риск** occupational hazard; **п. секре́т** trade secret; **п. сою́з** trade union. **2** (*компетентный*) professional (*opp amateur*).

профе́сси|я, и *f* profession, occupation, trade; **по ~и** by profession, by trade.

профе́ссор, а, *pl* **~а́** *m* professor.

профе́ссорск|ий *adj* **1** professorial. **2** *as n* **~ая, ~ой** *f* staff common room.

профе́ссорств|о, а *nt* professorship, chair.

профессу́р|а, ы *f* **1** professorship, chair. **2** (*collect*) the professors.

профила́ктик|а, и *f* **1** (*med*) prophylaxis. **2** (*collect*) preventive measures, precautions.

профилакти́ческий *adj* **1** (*med*) prophylactic. **2** preventive, precautionary.

профилакто́ри|й, я *m* sanatorium, health farm.

про́фил|ь, я *m* **1** (*вид сбоку*) profile; side view; **в п.** in profile. **2** (*сечение*) section; **попере́чный п.** cross section. **3** (*специфический характер*) type; **шко́лы ра́зного ~я** schools of various types.

про́филь|ный *adj of* ⇒**~**; **~ное желе́зо** section iron; **п. резе́ц, п. фре́зер** (*tech*) profile cutter, forming tool.

профильтр|ова́ть, у́ю *pf of* ⇒**фильтрова́ть**

профин|ти́ть, чу́, ти́шь *pf* (*coll*) to squander.

профи́т, а *m* (*coll*) benefit.

профитро́л|ь, я *m* (*cul*) profiterole.

профко́м, а *m* (*abbr of* **профсою́зный комите́т**) trade-union committee.

профконсульта́нт, а *m* careers adviser.

профо́рг, а *m* (*abbr of* **профсою́зный организа́тор**) trade-union organizer.

профо́рм|а, ы *f* form, formality; **чи́стая п.** pure, mere formality; **для ~ы, ра́ди ~ы** for form's sake, as a matter of form.

профсою́з, а *m* trade union.

профсою́зный *adj* trade-union.

проха́жива|ться, юсь *impf of* ⇒**пройти́сь**

прохва|ти́ть, чу́, ~́тишь *pf* (*of* ⇒**~́тывать**) (*coll*) **1** (*о холоде, о ветре*) to penetrate; **меня́ ~ти́ло на сквозняке́** I caught a chill from being in a draught (*Br*), draft (*US*). **2** (*прокусить*) to bite through. **3** (*fig*) (*раскритиковать*) to tear to pieces.

прохва́тыва|ть, ю *impf of* ⇒**прохвати́ть**

прохвора́|ть, ю *pf* (*coll*) to be ill (*for a certain time*); to be laid up (*for a certain time*).

прохво́ст, а *m* (*coll*) scoundrel.

прохла́д|а, ы *f* coolness.

прохла́д|ец, ца *m* = **~ца**

прохладительн|ый *adj* refreshing, cooling; **~ые напи́тки** soft drinks.

прохла|ди́ться, жу́сь, ди́шься *pf* (*coll*) to cool off.

прохла́д|ный (~ен, ~на) *adj* **1** cool; (*impers, pred*): **~но** it is cool. **2** (*fig*) cool; **отноше́ния у них ста́ли ~ными** there has been a cooling-off between them.

прохла́д|ца, цы *f*: **с ~цей** (*coll*) (*без усердия; вяло*) without making much effort; listlessly; (*равнодушно*) coolly.

прохлажда́|ться, юсь *impf* (*coll*) to take it easy.

прохо́д, а *m* **1** (*действие*) passage; **пра́во ~а** right of way; **не дава́ть ~а**

П

(+ *d*) to give no peace, pester; **мне от него́ ~а нет** I cannot get rid of him, shake him off. **2** (*место*) passageway; (*между рядами*) gangway, aisle; **кры́тый п.** covered way. **3** (*anat*) duct; **за́дний п.** anus.

проходи́м|ец, ца *m* rogue, rascal.

проходи́м|ка, ки *f of* ⇒**~ец**

проходи́мост|ь, и *f* **1** (*о дорогах*) passableness. **2** (*об автомобиле*) cross-country ability.

проходи́м|ый (~, ~а) *adj* passable.

прохо|ди́ть[1], жу́, ~́дишь *impf* **1** *impf of* ⇒**пройти́**. **2** (*impf only*) (**че́рез** + *a*) to lie (through), go (through), pass (through); **кана́л ~́дит че́рез джу́нгли** the canal passes through jungle.

прохо|ди́ть[2], жу́, ~́дишь *pf* (*некоторое время*) to walk; **мы ~ди́ли весь день** we have spent the whole day walking.

прохо́дк|а, и *f* (*mining*) working; sinking (*of shaft*); drift.

проходн|о́й *adj of* ⇒**прохо́д**; passage; **п. балл** pass mark; **~а́я бу́дка** entrance checkpoint, entrance lodge; **~а́я ко́мната** intercommunicating room.

прохо́дчик, а *m* (*mining*) shaft sinker; drifter.

прохожде́ни|е, я *nt* passing, passage; **п. торже́ственным ма́ршем** (*mil*) march past.

прохо́ж|ий *adj* passing, in transit; *as n* **п., ~его** *m*, **~ая, ~ей** *f* passer-by.

процвета́ни|е, я *nt* prosperity, well-being; flourishing.

процвета́|ть, ю *impf* to prosper, flourish, thrive.

проце|ди́ть, жу́, ~́дишь *pf* (*of* ⇒**~́живать**) **1** to filter, strain. **2**: **п. сквозь зу́бы** to say through clenched teeth.

процеду́р|а, ы *f* **1** procedure. **2** (*usu in pl*; *med*) treatment.

процеду́рный *adj* procedural.

процéжива|ть, ю *impf of* ⇒**процеди́ть**

проце́нт, а *m* **1** percentage; per cent; **сто ~ов** one hundred per cent; **рабо́тать на ~ах** to work on a percentage basis. **2** (*доход с капитала*) interest; **разме́р ~а** rate of interest; **просты́е/сло́жные ~ы** (*math*) simple/compound interest.

проце́нт|ный *adj of* ⇒**~**; interest-bearing; **~ное отноше́ние** percentage; **~ные облига́ции** interest-bearing bonds.

проце́сс, а *m* **1** process. **2** (*law*) trial; legal action, legal proceedings; lawsuit. **3** (*med*) active condition; **п. в лёгких** active pulmonary tuberculosis.

проце́сси|я, и *f* procession.

проце́ссор, а *m* (*comput*) processor; **центра́льный п.** central processing unit (*abbr* CPU).

процессуа́льн|ый *adj of* ⇒**проце́сс 2**; **~ые но́рмы** legal procedure.

процити́р|овать, ую *pf of* ⇒**цити́ровать**

про́черк, а *m* dash, line.

прочёркива|ть, ю *impf of* ⇒**прочеркну́ть**

прочерк|ну́ть, ну́, нёшь *pf* (*of* ⇒**~́ивать**) to strike through, draw a line through.

прочер|ти́ть, чу́, ~́тишь *pf* (*of* ⇒**~́чивать**) to draw.

прочёрчива|ть, ю *impf of* ⇒**прочерти́ть**

проче|са́ть, шу́, ~́шешь *pf* (*of* ⇒**~́сывать**) **1** to comb out thoroughly. **2** (*mil*; *fig*) to comb.

прочёск|а, и *f* screening (*as a security measure*).

про|че́сть, чту́, чтёшь, *past* **~чёл, ~чла́** *pf* = **~чита́ть**

прочёсыва|ть, ю *impf of* ⇒**прочеса́ть**

прочёт, а *m* (*coll*) error (*in counting*).

про́ч|ий *adj* other; **и ~ее** (*abbr* **и пр., и проч.**) et cetera, and so on; **~ие** (the) others; **ме́жду ~им** by the way; **поми́мо (всего́) ~его** in addition.

прочи́|стить, щу, стишь *pf* (*of* ⇒**~ща́ть**) to clean out.

прочита́|ть[1], ю *pf of* ⇒**чита́ть**

прочита́|ть[2], ю *pf* (*некоторое время*) to read.

прочи́тыва|ть, ю *impf* (*coll*) to read through, peruse.

про́ч|ить, у, ишь *impf* (**в** + *a*) to intend (for), destine (for); **его́ ~или в свяще́нники** he was intended for the church.

прочища́|ть, ю *impf of* ⇒**прочи́стить**

про́чно *adv* firmly, soundly, solidly, well.

про́чност|ь, и *f* firmness, soundness, stability, solidity; durability; strength; **п. на уда́р** (*tech*) shock resistance; **запа́с ~и, коэффицие́нт ~и** safety factor, safety margin.

про́ч|ный (~ен, ~на́, ~но, ~́ны) *adj* firm, sound, stable, solid; durable, lasting; **~ные зна́ния** sound knowledge; **~ная кра́ска** fast dye; **~ное сча́стье** lasting happiness; **~ная ткань** durable fabric.

прочте́ни|е, я *nt* **1** reading; perusal; **по ~и** (+ *g*) on reading. **2** (*истолкование*) interpretation, reading.

прочу́вствова|нный *ppp of* ⇒**~ть** *and adj* full of emotion; heartfelt.

прочу́вств|овать, ую *pf* to feel deeply, acutely, keenly; **п. свою́ роль** to get the feel of one's part.

прочь *adv* **1** away, off; **(поди́) п.!** go away!; be off!; **(пошёл) п. отсю́да!** get out of here!; **п. с глаз мои́х!** get out of my sight!; **п. с доро́ги!** (get) out of the way!, make way!; **ру́ки п.!** hands off! **2** *as pred* averse (to); **не п.** (+ *inf*; *coll*) to have no objection (to); to be not averse (to); **я не п. пойти́ туда́** I have no objection to (*or* I wouldn't mind) going there; **он не п. пропусти́ть стака́нчик** he is not averse to taking a drop.

прошвыр|ну́ться, ну́сь, нёшься *pf* (*coll*) to go for a stroll.

проше́дш|ий *pp active of* ⇒**пройти́** *and adj* past; last; **~им ле́том** last summer; **~ее вре́мя** (*gram*) past tense; *as n* **~ее, ~его** *nt* the past.

проше́ни|е, я *nt* application, petition; **пода́ть п.** to submit an application, forward a petition.

прошеп|та́ть, чу́, ~́чешь *pf of* ⇒**шепта́ть**

проше́стви|е, я *nt*: **по ~и** (+ *g*) after the lapse (of), after the expiry (of).

прошиб|а́ть, а́ю *impf of* ⇒**~и́ть**

прошиб|и́ть, у́, ёшь, *past* **~́, ~́ла** *pf* (*of* ⇒**~а́ть**) (*coll*) **1** to break through. **2**: **его́ ~́ пот** he broke into a sweat; **её ~́ла слеза́** she shed a tear.

прошива́|ть, ю *impf of* ⇒**проши́ть**

проши́вк|а, и *f* lace trim.

прош|и́ть, ью́, ьёшь *pf* (*of* ⇒**~ива́ть**) **1** (*пришить*) to sew, stitch (on); (*некоторое время*) to sew (*for a certain time*). **2** (*coll*) (*прострелить*) to pelt, pepper.

прошлого́дний *adj* last year's; of last year.

про́шл|ый *adj* **1** (*происходивший ранее*) past; former; **э́то де́ло ~ое** it's a thing of the past; *as n* **~ое, ~ого** *nt* the past; **далёкое ~ое** the distant past; **отойти́ в ~ое** to become a thing of the past. **2** (*предшествовавший настоящему*) last; **в ~ом году́** last year; **на ~ой неде́ле** last week.

прошмы́гива|ть, ю *impf of* ⇒**прошмыгну́ть**

прошмыг|ну́ть, ну́, нёшь *pf* (*of* ⇒**~́ивать**) (*coll*) (*человек*) to slip (by, past, through); (*животное*) to scurry past.

прошнур|ова́ть, у́ю *pf of* ⇒**шнурова́ть 2**

прошпакл|ева́ть, ю́ю, ю́ешь *pf* (*of* ⇒**~ёвывать**) to putty; (*naut*) to caulk.

прошпаклёвыва|ть, ю *impf of* ⇒**прошпаклева́ть**

проштра́ф|иться, люсь, ишься *pf* (*coll*) to be at fault.

проштуди́р|овать, ую *pf of* ⇒**штуди́ровать**

прошум|е́ть, лю́, и́шь *pf* **1** to roar past. **2** (*fig*) to become famous.

проща́й(те) goodbye!; farewell!

проща́льн|ый *adj* farewell, parting; **~ая пиру́шка** farewell party; **~ые слова́** parting words.

проща́ни|е, я *nt* farewell; parting, leave-taking; **на п.** at parting.

проща́|ть(ся), ю(сь) *impf of* ⇒**прости́ть(ся)**

про́ще *comp of* ⇒**просто́й** *and* ⇒**про́сто**; simpler; plainer; easier.

прощелы́г|а, и *cg* (*coll*) rogue.

проще́ни|е, я *nt* forgiveness; (*преступника*) pardon; (*грехов*) absolution; **проси́ть ~я у кого́-н.** to ask s.o.'s pardon; **прошу́ ~я!** I beg your pardon!; (I am) sorry!

прощён|ый *adj*: **~ое воскресе́нье** last Sunday before Lent.

прощу́п|ать, аю *pf* (*of* ⇒**~ывать**) **1** to feel; to detect (*by feeling*). **2** (*fig*, *coll*) to size up, suss out.

прощу́пыва|ть, ю *impf of* ⇒**прощу́пать**

проэкзамен|ова́ть(ся), у́ю(сь) *pf of* ⇒**экзаменова́ть(ся)**

проявител|ь, я *m* (*phot*) developer.

прояв|и́ть, лю́, ~́ишь *pf* (*of* ⇒**~ля́ть**) **1** to show, display; **п. забо́ту** (**о** + *p*) to show concern (for, about); **п. интере́с** (**к** + *d*) to show interest (in); **п. себя́** to show one's worth; **п. себя́** (+ *i*) to show o.s., prove (to be); **он ~и́л себя́ пре́данным колле́гой** he proved to be a loyal colleague. **2** (*phot*) to develop.

прояв|и́ться, ~́ится *pf* (*of* ⇒**~ля́ться**) **1** (*обнаружиться*) to show (itself), reveal itself, manifest itself. **2** (*phot*) to be developed.

проявле́ни|е, я *nt* display, manifestation; **при пе́рвом ~и** (+ *g*) at the first sign(s) of.

проявля́|ть(ся), ю, ет(ся) *impf of* ⇒**прояви́ть(ся)**

проясне́|ть, ет *pf* (*о небе*) to clear; (*impers*): **~ло** it cleared up.

проясне́|ть, ет *pf* **1** to brighten (up); **лицо́ ма́льчика вдруг ~ло** the boy's face suddenly brightened up. **2** (*о мыслях, о положении*) to become clear.

проясн|и́ть, ю́, и́шь *pf* (*of* ⇒**~я́ть**) **1** (*мысли, положение*) to clarify. **2** (*голову*) to clear. **3** (*душу, лицо*) to brighten up.

проясн|и́ться, и́тся *pf* (*of* ⇒**~я́ться**) **1** (*о погоде*) to clear (up); **днём ~и́лось** in the afternoon it cleared up. **2** (*о мыслях, о положении*) to become clear.

проясн|я́ть, я́ю *impf of* ⇒**~и́ть**

проясн|я́ться, я́ется *impf of* ⇒**~и́ться**

пруд, а́, в ~у́, *pl* **~ы́** *m* pond.

пру|ди́ть, жу́, ~́ди́шь *impf* (*of* ⇒**за~**) to dam (up); **хоть пруд ~ди́** (*coll*) in abundance; **де́нег у них — хоть пруд ~ди́** they are rolling in money.

пружи́н|а, ы *f* spring; **гла́вная п.** mainspring (*also fig*); **п.-волосо́к** hairspring.

пружи́нистост|ь, и *f* springiness, elasticity.

пружи́нист|ый (~, ~а) *adj* springy, elastic.

пружи́н|ить, ю, ишь *impf* **1** (*trans*) to tense. **2** (*intrans*) to be elastic, possess spring; **хорошо́ п.** to be well sprung.

пружи́нк|а, и *f* **1** (*часов*) mainspring; hairspring. **2** (*противозачаточное средство*) loop, coil.

пружи́н|ный *adj of* ⇒**~а**; **~ные весы́** spring balance; **п. матра́ц** spring mattress.

руса́к, а́ *m* (*coll*) cockroach.

прусса́к, а́ *m* Prussian.

прусса́|чка, чки *f of* ⇒**~к**

Пру́сси|я, и *f* Prussia.

пру́сский *adj* Prussian.

прут, а́ *m* **1** (*pl* **~́ья, ~́ьев**) twig; switch; **и́вовый п.** withy. **2** (*pl* **~ы́, ~о́в**) (*tech*) bar.

пру́тик, а *m diminutive of* ⇒**прут**; **волше́бный п.** dowsing rod.

пры́гал|ка, ки (*also in pl* **~ки, ~ок**) *f* (*coll*) skipping rope (*Br*), jump rope (*US*).

пры́гани|е, я *nt* jumping, leaping; skipping.

пры́г|ать, аю *impf* (*of* ⇒**~нуть**) **1** to jump, leap, spring; to bound; **п. на одно́й ноге́** to hop on one leg; **п. со скака́лкой** to skip; **п. от ра́дости** to jump with, for joy. **2** (*о мяче*) to bounce.

пры́г|нуть, ну, нешь *inst pf of* ⇒**~ать**

прыгу́н, а́ *m* (*sport*) jumper; **п. в во́ду** diver; **п. в длину́** long jumper.

прыгу́н|ья, ьи, *g pl* **~ий** *f of* ⇒**~**

прыжко́в|ый *adj*: **~ая вы́шка** diving board.

прыж|о́к, ка́ *m* **1** jump, leap, spring. **2** (*sport*) jump; **~ки́** jumping; **акробати́ческие ~ки́** tumbling; **~ки́ на бату́те** trampolining; **~ки́ в во́ду** diving; **~ки́ с парашю́том** parachute jumping, skydiving; **п. в высоту́** high jump; **п. в длину́** long jump; **п. с упо́ром** vault(ing); **п. с шесто́м** pole vault; **п. с ме́ста** standing jump; **п. с разбе́га** running jump.

пры́ска|ть, ю *impf of* ⇒**пры́снуть**

пры́ска|ться, юсь *impf* (*of* ⇒**по~**) (+ *i*; *coll*) to (be)sprinkle *or* spray o.s. (with).

пры́с|нуть, ну, нешь *pf* (*of* ⇒**~кать**) (*coll*) **1** (+ *i*) to sprinkle (with); to spray (with). **2** (*политься струёй*) to spurt, gush; **п. (со́ смеху)** (*fig*) to burst out laughing.

пры́т|кий (~ок, ~ка́, ~ко) *adj* quick, lively, sharp.

прыт|ь, и *f* (*coll*) **1** (*быстрота*) speed; **во всю п.** at full speed. **2** (*подвижность*) energy, liveliness; **отку́да у него́ така́я п.?** where does he get his energy from?

прыщ, а́ *m* pimple, spot; **лицо́ в ~а́х** pimply, spotty face.

прыща́ве|ть, ю *impf* (*of* ⇒**о~**) to become covered in pimples, spots.

прыща́в|ый (~, ~а) *adj* pimply, spotty.

прыщева́т|ый (~, ~а) *adj* a bit pimply, spotty.

прюне́л|евый *adj of* ⇒**~ь**

прюне́л|ь, и *f* (*textiles*) prunella.

пря́да|ть, ю *impf* (*obs or dialect*): **п. уша́ми** (*of, or in the manner of, a horse*) to move its ears.

пряде́ни|е, я *nt* spinning.

пря́деный *adj* spun.

пряди́льный *adj* spinning; **п. стано́к** spinning loom.

пряди́л|ьня, ьни, *g pl* **~ен** *f* (*obs*) spinning mill.

пряди́льщик, а *m* spinner.

пряди́льщи|ца, цы *f of* ⇒**~к**

пряд|ь, и *f* **1** (*пучок волос*) lock (*of hair*). **2** (*нить*) strand.

пря́ж|а, и (*no pl*) *f* yarn; **шерстяна́я п.** woollen (*Br*), woolen (*US*) yarn.

пря́жк|а, и *f* buckle.

пря́лк|а, и *f* spinning wheel.

прям|а́я, о́й *f* **1** straight line; **провести́ ~у́ю** to draw a straight line; **расстоя́ние по ~о́й** distance as the crow flies. **2** (*sport*) straight; **фи́нишная п.** home straight.

прямизн|а́, ы́ *f* straightness.

прямико́м *adv* (*coll*) straight.

пря́мо *adv* **1** straight (on); **иди́те п.!** (go) straight on!; **держа́ться п.** to hold o.s. straight *or* erect. **2** (*непосредственно*) straight, directly; **п. к де́лу** to the point; **попа́сть п. в цель** to hit the bull's eye (*also fig*); **смотре́ть п. в глаза́ кому́-н.** to look s.o. straight in the face. **3** (*fig*) (*откровенно*) straight; frankly, openly; **сказа́ть что-н. кому́-н. п. в лицо** to say sth to s.o.'s face; **мы ему́ п. сказа́ли, что э́то ему́ не уда́стся** we told him straight that he would not succeed. **4** (*coll*) (*совершенно*) real; really; **он п. идио́т** he is a real idiot; **я п. не зна́ю, что с ней ста́ло** I really don't know what has become of her.

прямоду́ши|е, я *nt* directness, straightforwardness.

прямоду́ш|ный (~ен, ~на) *adj* direct, straightforward.

прям|о́й (~, ~а́, ~́о, ~ы) *adj* **1** (*без изгибов*) straight; (*вертикальный*) upright, erect; **~а́я кишка́** (*anat*) rectum; **п. пробо́р** parting in the middle; **п. уго́л** (*math*) right angle; **п. у́зел** reef knot. **2** (*без промежуточных пунктов*) through; direct; **по́езд ~о́го сообще́ния** through train; **~а́я ли́ния** direct (*telephone*) line. **3** (*непосредственный*) direct; **~ы́е вы́боры** direct elections; **~о́е дополне́ние** (*gram*) direct object; **п. нало́г** direct tax; **п. насле́дник** heir in a direct line; **п. нача́льник** immediate superior; **~о́е попада́ние** (*mil*) direct hit; **~а́я противополо́жность** direct opposite; **~а́я речь** (*gram*) direct speech; **п. смысл сло́ва** the literal sense of a word. **4** (*откровенный*) straightforward, frank. **5** (*coll*) (*верный*) real; **п. убы́ток** sheer loss; **п. расчёт пойти́ самому́** it is really worth while going o.s.

прямолине́йност|ь, и *f* straightforwardness.

прямолине́|йный (~ен, ~на) *adj* **1** rectilinear. **2** (*fig*) straightforward; direct.

прямот|а́, ы́ *f* straightforwardness; plain dealing.

прямоуго́льник, а *m* (*math*) rectangle.

прямоуго́льный *adj* right-angled; rectangular; **п. треуго́льник** right-angled triangle.

пря́ник, а *m* spice cake; gingerbread; **медо́вый п.** honey cake.

пря́ни|чный *adj of* ⇒**~к**

пря́ност|ь, и *f* spice.

пря́|нуть, ну, нешь *pf* (*obs*) to jump aside.

пря́ный *adj* spicy (*also fig*); (*запах*) heady.

пря|сть[1], ду́, дёшь, *past* **~л, ~ла́, ~́ло** *impf* (*of* ⇒**с~**) to spin.

пря|сть[2], ду́, дёшь, *past* **~л, ~ла́, ~́ло** *impf* = **~́дать**

пря́|тать, чу, чешь *impf* (*of* ⇒**с~**) to hide, conceal.

пря́|таться, чусь, чешься *impf* (*of* ⇒**с~**) to hide; to conceal o.s.; to take refuge.

пря́т|ки, ок (*no sg*) hide-and-seek; **игра́ть в п.** to play hide-and-seek.

П

пря́х|а, и *f* spinner.

псалмопе́в|ец, ца *m* psalmodist.

псал|о́м, ма́ *m* psalm.

псало́мщик, а *m* (*eccl*) (psalm-)reader; sexton.

Псалти́р|ь, и *f and* (*coll*) **П., ~я́** *m* (*eccl*) = **Псалты́рь**

псалты́р|ь, и *f and* (*coll*) **п., ~я́** *m* (*eccl*) (*экземпляр книги*) psalter; (**П.** *or* **Псалти́рь** (*both f eccl or m coll*)) (*часть Библии*) the psalter (*the Book of Psalms*).

пса́р|ня, ни, *g pl* **~ен** *f* kennel.

псар|ь, я́ *m* huntsman (*person in charge of hounds*).

псевдо... *comb form* pseudo-.

псевдогеро́ический *adj* (*literary*) mock-heroic.

псевдони́м, а *m* pseudonym; (*comput.*) alias.

пси́н|а, ы *f* (*coll*) **1** (*мясо*) dog's flesh. **2** (*запах*) doggy smell. **3** (*пёс*) dog.

пси́ный *adj* dog's; doggy.

псих, а *m* (*coll*) loony, nutcase.

психбольни́ц|а, ы *f* mental hospital.

психиа́тр, а *m* psychiatrist.

психиатри́ческий *adj* psychiatric.

психиатри́|я, и *f* psychiatry.

пси́хик|а, и *f* state of mind; psyche; **нездоро́вая п.** unhealthy state of mind; **вре́дно де́йствовать на ~у** to have a harmful effect on the psyche.

психи́чески *adv* mentally, psychically, psychologically; **п. больно́й** mentally ill; *as n* **п. больно́й, п. больно́го** *m*, **п. больна́я, п. больно́й** *f* mental patient.

психи́ческ|ий *adj* mental; **~ая боле́знь** mental illness.

психоана́лиз, а *m* psychoanalysis.

психоанали́тик, а *m* psychoanalyst.

психоаналити́ческий *adj* psychoanalytic(al).

псих|ова́ть, у́ю *impf* (*coll*) to be hysterical; to go mad.

психо́з, а *m* (*med*) psychosis; **вое́нный п.** war hysteria.

психолингви́стик|а, и *f* psycholinguistics.

психо́лог, а *m* psychologist.

психологи́ческий *adj* psychological.

психоло́ги|я, и *f* psychology.

психоневро́з, а *m* (*med*) psychoneurosis.

психопа́т, а *m* psychopath; (*coll*) lunatic.

психопатологи́ческий *adj* psychopathological.

психопатоло́ги|я, и *f* psychopathology.

психосомати́ческий *adj* psychosomatic.

психотерапе́вт, а *m* psychotherapist.

психотерапевти́ческий *adj* psychotherapeutic.

психотерапи́|я, и *f* psychotherapy.

психоти́ческий *adj* psychotic.

психофизиоло́ги|я, и *f* psychophysiology.

психофизи́ческий *adj* psychophysical.

психу́шк|а, и *f* (*coll*) loony bin.

псо́в|ый *adj*: **~ая охо́та** the chase, hunting (*with hounds*).

псориа́з, а *m* psoriasis.

пта́шк|а, и *f* little bird; birdie; **ра́нняя п.** (*fig*) early bird.

птен|е́ц, ца́ *m* chick; fledgling (*also fig*).

птерода́ктил|ь, я *m* pterodactyl.

пти́ц|а, ы *f* bird; **боло́тная п.** wader; **дома́шняя п.** (*collect*) poultry; **хи́щные ~ы** birds of prey; **ва́жная п.** (*fig, coll*) big noise.

птицево́д, а *m* poultry farmer, poultry breeder.

птицево́дств|о, а *nt* poultry farming, poultry keeping.

птицево́дческий *adj* poultry-farming, poultry-keeping.

птицело́в, а *m* fowler.

птицело́вств|о, а *nt* fowling.

птицефе́рм|а, ы *f* poultry farm.

пти́ч|ий *adj of* ⇒**пти́ца**; **п. двор** poultry yard; **вид с ~ьего полёта** bird's-eye view; **жить на ~ьих права́х** to live precariously without any rights.

пти́чк|а[1]**, и** *f diminutive of* ⇒**пти́ца**

пти́чк|а[2]**, и** *f* tick; **ста́вить ~у** to tick.

пти́чник[1]**, а** *m* (*помещение*) poultry yard, hen-run; henhouse.

пти́чник[2]**, а** *m* (*работник*) poultryman.

пти́чниц|а, ы *f* poultrywoman.

ПТУ *nt indecl* (*abbr of* **профессиона́льно-техни́ческое учи́лище**) vocational technical school.

пуа́нт, а *m* ballet shoe; **на ~ах** on the tips of the toes (*also fig*).

пу́блик|а, и *f* (*collect*) (the) public; (*зрители, слушатели*) (the) audience.

публика́ци|я, и *f* **1** (*действие*) publication. **2** (*объявление*) advertisement, notice; **помести́ть ~ю в газе́те** to place an advertisement in a newspaper; **п. о сме́рти** obituary notice.

публик|ова́ть, у́ю *impf* (*of* ⇒**о~**) to publish.

публици́ст, а *m* publicist; commentator on current affairs.

публици́стик|а, и *f* socio-political journalism.

публицисти́ческий *adj* publicistic.

публи́чк|а, и *f* (*coll*) public library.

публи́чно *adv* publicly; in public; openly.

публи́чност|ь, и *f* publicity.

публи́чн|ый *adj* public; **~ая библиоте́ка** public library; **п. дом** brothel.

пу́гал|о, а *nt* scarecrow.

пу́ган|ый *adj* (*coll*) scared; **~ая воро́на (и) куста́ бои́тся** (*proverb*) once bitten twice shy.

пуга́|ть, ю *impf* (*of* ⇒**ис~**, ⇒**на~**) **1** to frighten, scare. **2** (+ *i*) to threaten (with).

пуга́|ться, юсь *impf* (*of* ⇒**ис~**, ⇒**на~**) (+ *g*) to be frightened (of), be scared (of); to take fright (at); (*о лошади*) to shy (at).

пуга́ч, а́ *m* **1** toy pistol. **2** (*zool*) screech owl.

пугли́вост|ь, и *f* fearfulness, timidity.

пугли́в|ый (~, ~а) *adj* fearful, timid.

пугн|у́ть, у́, ёшь *pf* to give a fright, give a scare.

пу́говиц|а, ы *f* button.

пу́гови|чный *adj of* ⇒**~ца**

пу́говк|а, и *f* (*small*) button.

пуд, а, *pl* **~ы, ~о́в** *m* pood (*an old Russian measure of weight, eqv to 16.38 kg*).

пу́дел|ь, я, *pl* **~и, ~ей** *or* **~я́, ~е́й** *m* poodle.

пу́динг, а *m* pudding.

пудлинг|ова́ть, у́ю *impf and pf* (*tech*) to puddle.

пудо́вый *adj* one pood in weight (*16.38 kg*).

пу́др|а, ы *f* powder; **са́харная п.** icing sugar (*Br*), powdered sugar (*US*).

пу́дрениц|а, ы *f* powder compact.

пу́дреный *adj* powdered.

пу́др|ить, ю, ишь *impf* (*of* ⇒**на~**) to powder.

пу́др|иться, юсь, ишься *impf* (*of* ⇒**на~**) to use powder, powder one's face.

пуза́н, а́ *m* (*coll*) person with a paunch, pot-bellied person.

пуза́т|ый (~, ~а) *adj* (*coll*) pot-bellied.

пу́з|о, а *nt* (*coll*) belly, paunch.

пузыр|ёк, ька́ *m* **1** (*бутылочка*) vial. **2** (*пузырь*) bubble.

пуз|ы́риться, ы́рится *impf* (*coll*) **1** to bubble; to effervesce. **2** (*об одежде*) to blow up; to bulge out.

пузы́рник, а *m* (*bot*) senna pod.

пузы́рчат|ый (~, ~а) *adj* (*coll*) covered with bubbles.

пузы́р|ь, я́ *m* **1** (*шарик*) bubble; **мы́льный п.** soap bubble; **пуска́ть мы́льные ~и́** to blow bubbles. **2** (*волдырь*) blister. **3** (*anat*) bladder; **жёлчный п.** gall bladder; **мочево́й п.** (urinary) bladder. **4** (*мешок*) bag.

пук, а, *pl* **~и́** *m* (*цветов*) bunch; (*бумаги, соломы, прутьев*) bundle; (*волос*) tuft.

пу́к|ать, аю *impf* (*of* ⇒**~нуть**) (*coll*) to fart.

пу́к|нуть, ну, нешь *pf of* ⇒**~ать**

пул|ево́й *adj of* ⇒**~́я**

пулемёт, а *m* machine gun.

пулемёт|ный *adj of* ⇒**~**

пулемётчик, а *m* machine-gunner.

пуленепробива́емый *adj* bulletproof.

пулесто́йкий *adj* bulletproof.

пуло́вер, а *m* pullover.

пульвериза́тор, а *m* atomizer, sprayer.

пульвериза́ци|я, и *f* spraying.

пу́льк|а[1]**, и** *f diminutive of* ⇒**пу́ля**

пу́льк|а[2]**, и** *f* (*cards*) pool.

пу́льп|а, ы *f* (*anat*) pulp.

пульс, а *m* pulse; **счита́ть п.** to take the pulse.

пульса́р, а *m* pulsar.

пульса́ци|я, и *f* pulsation, pulse.

пульси́р|овать, ую *impf* to pulsate; (*о боли*) to throb.

пульт, а *m* **1** (*пюпитр*) desk, stand; **дирижёрский п.** conductor's stand. **2** (*диспетчерский*) control panel; **п. ДУ, п. дистанцио́нного управле́ния** (*TV, etc.*) remote control.

пу́л|я, и *f* bullet; **лить, отлива́ть ~и** (*fig, coll*) to tell lies.

пуля́рк|а, и *f* fatted fowl.

пу́м|а, ы *f* puma, cougar (*US*).

пуни́ческий *adj* (*hist*) Punic.

пункт, а *m* **1** point; spot; **населённый п.** inhabited area; **исхо́дный п., нача́льный п.** starting point; **коне́чный п.** terminus, terminal; **кульминацио́нный п.** culmination, climax. **2** (*организационный центр*) station, centre (*Br*), center (*US*); post, point; **медици́нский п.** first-aid station; **наблюда́тельный п.** observation post, point; **перегово́рный п.** (*collect*) public (telephone) callboxes; **призывно́й п.** recruiting centre (*Br*), center (*US*). **3** (*документа*) point; paragraph, item; **по ~а́м** point by point; **соглаше́ние из трёх ~о́в** a three-point agreement. **4** (*printing*) full point.

пу́нктик, а *m* (*coll*) **1** *diminutive of* ⇒**пункт**. **2** (*fig*) eccentricity, peculiarity; **он — челове́к с ~ом** he is a bit odd.

пункти́р, а *m* dotted line.

пункти́рн|ый *adj*: **~ая ли́ния** dotted line.

пунктуа́льност|ь, и *f* punctuality.

пунктуа́л|ьный (~ен, ~ьна) *adj* punctual.

пунктуа́ци|я, и *f* punctuation.

пу́нкци|я, и *f* (*med*) puncture.

пу́ночк|а, и *f* (*zool*) snow bunting.

пунсо́н, а *m* (*tech*) punch, die, stamp.

пунцо́вый *adj* crimson.

пунш, а *m* punch (*drink*).

пуп, а́ *m* (*coll*) belly button, navel; **п. земли́** the hub of the universe.

пупа́вк|а, и *f* stinking mayweed.

пупови́н|а, ы *f* (*anat*) umbilical cord.

пуп|о́к, ка́ *m* **1** navel. **2** (*у птиц*) gizzard.

пупо́чный *adj* (*anat*) umbilical.

пупс, а *m* (*coll*) baby doll.

пупыры́ш|ек, ка *m* (*coll*) pimple.

пург|а́, и́ (*no pl*) *f* snowstorm, blizzard.

пури́зм, а *m* purism.

пури́ст, а *m* purist.

пури́ст|ка, ки *f of* ⇒**~**

пурита́н|ин, ина, *pl* **~е, ~** *m* puritan.

пурита́н|ка, ки *f of* ⇒**~ин**

пурита́нский *adj* puritan; (*fig*) puritanical.

пурита́нств|о, а *nt* puritanism.

пу́рпур, а *m* purple.

пурпу́рный *adj* purple.

пурпу́р|овый *adj* = **~ный**

пуск, а *m* starting (up); setting in motion.

пуска́й *particle and conj* (*coll*) = **пусть**

пуска́|ть(ся), ю(сь) *impf of* ⇒**пусти́ть(ся)**

пусков|о́й *adj* starting; **п. пери́од** initial phase (*of working of factory, etc.*); **~а́я рукоя́тка** starting crank; **~о́е устро́йство** starter; **~а́я площа́дка** (rocket) launching platform.

пустельг|а́, и́ *f and cg* **1** *f* (*zool*) kestrel. **2** *cg* (*coll*) good-for-nothing.

пусте́|ть, ет *impf* (*of* ⇒**о~**) to (become) empty; to become deserted.

пу|сти́ть, щу́, ~́стишь *pf* (*of* ⇒**~ска́ть**) **1** (*дать свободу*) to let go; **п. на во́лю** to set free; **п. кро́вь кому́-н.** to bleed s.o. **2** (*разрешить идти*) to let; to allow, permit; **п. кого́-н. в о́тпуск** to let s.o. go on leave; **нас не ~сти́ли в пала́ту** they would not let us into the ward; **~сти́те соба́ку на двор** let the dog out. **3** (*разрешить войти*) to let in, allow to enter; **не п.** to keep out. **4** (*привести в движение*) to start, set in motion, set going; to set working; **п. во́ду** to turn on water; **п. заво́д** to start up a factory; **п. слух** to start a rumour (*Br*), rumor (*US*); **п. фейерве́рк** to let off fireworks; **п. часы́** to start a clock. **5** (*заставить или дать возможность двигаться*) to set, put; to send; **п. себе́ пу́лю в лоб** to blow out one's brains, put a bullet through one's head; **п. в обраще́ние** to put in circulation; **п. ло́шадь во весь опо́р** to give a horse his head; **п. в прода́жу** to offer for sale; **п. в произво́дство** to put in production; **п. в ход** to start, launch, set going, set in train; **п. в ход все сре́дства** to move heaven and earth; **п. кора́бль ко дну** to send a ship to the bottom; **п. по́ миру** to ruin utterly. **6** (+ *a or i*) (*бросить*) to throw; **п. ка́мнем в окно́** to throw a stone at a window; **п. пыль в глаза́** to cut a dash, show off. **7** (*bot*) to put forth, put out; **п. ко́рни** to take root (*also fig*); **п. ростки́** to shoot, sprout.

пу|сти́ться, щу́сь, ~́стишься *pf* (*of* ⇒**~ска́ться**) (**в** + *a or* + *inf*; *coll*) **1** (*отправиться*) to set out, start; **п. в путь** to set out, get on the way. **2** (*начать*) to begin, start; to set to; **п. в оправда́ния** to start making excuses; **п. в пляс** to break into a dance.

пустобрёх, а *m* (*coll*) chatterbox, windbag.

пустова́т|ый (~, ~а) *adj* **1** (*помещение*) rather empty. **2** (*роман*) fatuous.

пуст|ова́ть, у́ю *impf* to be empty, stand empty; (*о земле*) to lie fallow.

пустоголо́в|ый (~, ~а) *adj* empty-headed.

пустозво́н, а *m* (*coll*) windbag.

пустозво́н|ить, ю, ишь *impf* (*coll*) to engage in idle talk.

пустозво́нств|о, а *nt* (*coll*) idle talk.

пуст|о́й (~, ~а́, ~́о, ~ы́) *adj* **1** empty; **п. взгляд** vacant look; **~о́е ме́сто** blank space; **на п. желу́док** on an empty stomach; **с ~ы́ми рука́ми** empty-handed. **2** (*fig*) (*несерьёзный*) idle; shallow; frivolous; **~а́я болтовня́** idle talk; **п. челове́к** shallow person. **3** (*fig*) (*напрасный*) vain, ungrounded; **~а́я зате́я** vain enterprise; **~ы́е мечты́** castles in the air; **~а́я отгово́рка** lame excuse; **~ы́е слова́** mere words; **~ы́е угро́зы** empty threats, bluster.

пустоме́л|я, и *cg* (*coll*) idle talker, windbag.

пустопоро́жний *adj* (*coll*) empty, vacant.

пустосло́в, а *m* (*coll*) windbag.

пустосло́ви|е, я *nt* (*coll*) idle talk, verbiage.

пустосло́в|ить, лю, ишь *impf* (*coll*) to engage in idle talk.

пустот|а́, ы́, *pl* **~́ы** *f* **1** emptiness; void; (*phys*) vacuum. **2** (*fig*) emptiness, shallowness. **3** (*полое место*) cavity.

пустоте́лый *adj* hollow.

пустоцве́т, а *m* barren flower (*also fig*).

пу́стош|ь, и *f* waste (plot of) land, waste ground.

пусты́нник, а *m* hermit.

пусты́нни|ца, цы *f of* ⇒**~к**

пусты́н|ный (~ен, ~на) *adj* **1** (*необитаемый*) uninhabited; **п. о́стров** desert island. **2** (*безлюдный*) deserted.

пу́стын|ь, и *f* hermitage, monastery.

пусты́н|я, и *f* desert, wilderness.

пусты́р|ь, я́ *m* wasteland, vacant plot (of land).

пусты́шк|а, и *f* (*coll*) **1** (*у младенца*) dummy (*Br*), pacifier (*US*). **2** (*fig*) shallow person.

пусть 1 *particle* let; **п. бу́дет так!** so be it!; **п. она́ сама́ реши́т** let her decide herself; **п.** *x* **ра́вен 3** (*math*) let $x = 3$. **2** *as conj* though, even if; **п. им бу́дет проти́вно, но я до́лжен вы́сказать своё мне́ние** even if they hate it, I must express my opinion. **3** *particle* (*coll*) (*ладно*) all right, very well.

пустя́к, а́ *m* (*coll*) trifle; **спо́рить из-за ~о́в** to split hairs; **па́ра ~о́в!** (*coll*) child's play!; **~и́!** (*i*) (*ничего*) it's nothing!; never mind!; (*ii*) (*вздор*) nonsense!; rubbish!

пустяко́вый *adj* trifling, trivial.

пустя́чный *adj* = **пустяко́вый**

путан|а, ы *f* (*coll*) tart, whore.

пу́таник, а *m* muddle-head (*person*).

пу́таниц|а, ы *f* muddle, confusion; mess, tangle.

пу́таный *adj* **1** (*объяснение*) muddled, confused; confusing. **2** (*coll*) (*человек*) muddle-headed. **3** (*нитки*) tangled.

пу́та|ть, ю *impf* (*of* ⇒**с~**, ⇒**за~**) **1** (*нитки*) to tangle. **2** (*сбивать с толку*) to confuse, muddle; **он всё ~л слу́шателей примене́нием анало́гий** he always muddled his audience by his use of analogy. **3** (*смешивать*) to confuse, mix up; **ты (всё) ещё ~ешь на́ши имена́** you are still mixing our names up. **4** (*pf* **в~**) (**в** + *a*; *coll*) (*вовлекать*) to implicate (in), mix up (in).

пу́та|ться, юсь *impf* (*of* ⇒**с~**, ⇒**за~**) **1** (*о нитках*) to get tangled. **2** (*о мыслях*) to get confused. **3** (*сбиваться с толку*) to get mixed up, get muddled; **п. в расска́зе** to give a muddled account. **4** (*pf* **в~**) (**в** + *a*; *coll*) (*вовлекаться*) to get mixed up (in); **п. в тёмные дели́шки** to get mixed up in shady business. **5** *impf only* (*coll*) (*болтаться*) to mooch about. **6** (**с** + *i*; *coll*) (*общаться*) to get mixed up (with); (*находиться в любовных отношениях*) to carry on (with).

путёвк|а, и *f* **1** (*удостоверение*) pass, authorization; **пода́ть зая́вку на ~у в санато́рий** to apply for a place in a sanatorium; **п. в жизнь** a start in life. **2** place on a package holiday; **я купи́л ~у в Ита́лию** I have booked a package

П

holiday to Italy. **3** (*водителя транспорта*) schedule of duties.

путеводи́тел|ь, я *m* guide, guidebook.

путево́дн|ый *adj* guiding; **~ая звезда́** guiding star; (*fig*) lodestar; **~ая нить** guiding light.

путев|о́й *adj* travelling, itinerary; **~ы́е заме́тки** travel notes; **~а́я ка́рта** roadmap; **п. обхо́дчик/сто́рож** (*railways*) trackman; **~а́я ско́рость** (*aeron*) ground speed.

путе́|ец, йца *m* (*coll*) railway engineer.

путём[1] *prep* (+ *g*) by means of, by dint of.

путём[2] *adv* (*coll*) (*как следует*) properly; coherently; **он ничего́ п. не уме́ет объясни́ть** he cannot explain anything coherently.

путеобхо́дчик, а *m* (*railways*) trackman.

путепрово́д, а *m* (*над дорогой*) overpass, flyover; (*под дорогой*) underpass.

путеше́ственник, а *m* traveller (*Br*), traveler (*US*).

путеше́ственни|ца, цы *f of* ⇒**~к**

путеше́стви|е, я *nt* **1** journey; trip; (*морской*) voyage; cruise. **2** (*in pl; literary*) travels.

путеше́ств|овать, ую *impf* to travel, go on travels; (*по морю*) to voyage; **п. по Интерне́ту** to surf the Internet.

пути́н|а, ы *f* fishing season.

пу́тлищ|е, а *nt* stirrup strap.

пу́тник, а *m* traveller (*Br*), traveler (*US*).

пу́тни|ца, цы *f of* ⇒**~к**

пу́тн|ый *adj* (*coll*) sensible; **из него́ ничего́ ~ого не вы́йдет** you'll never make a man of him.

путч, а *m* (*pol*) putsch.

пу́ты, пут (*no sg*) **1** hobbles. **2** (*fig*) fetters, chains.

пут|ь, и́, *i* **ём, о ~и́,** *pl* **~и́, ~е́й, ~я́м** *m* **1** (*дорога*) way, track, path; (*aeron*) track; (*astron*) race; (*fig*) road, course; **во́дный п.** waterway; **морски́е ~и́** shipping routes, sea lanes; **~и́ сообще́ния** communications; **жи́зненный п.** (*fig*) life; **на пра́вильном ~и́** on the right track; **сби́ться с (ве́рного) ~и́** to lose one's way; (*fig*) to go astray. **2** (*railways*) track; **запа́сный п.** siding. **3** (*путешествие*) journey; voyage; **в ~и́** on one's way, en route; **в четырёх днях ~и́ (от** + *g*) four days' journey (from); **на обра́тном ~и́** on the way back; **по ~и́** on the way; **нам с ва́ми по ~и́** we are going the same way; **держа́ть п. (на** + *a*) to head (for), make (for); **счастли́вого ~и́!** bon voyage! **4** (*in pl; anat*) passage, duct; **дыха́тельные ~и́** respiratory tract. **5** (*fig*) (*средство*) way, means; **каки́м ~ём?** how?, in what way?; **ми́рным ~ём** amicably, peaceably; **око́льным ~ём, око́льными ~я́ми** in, by a roundabout way; **найти́ ~и́ и сре́дства** to find ways and means; **пойти́ по ~и́** (+ *g*) to take the path (of). **6** (*coll*) (*польза*) use, benefit; **без ~и́** in vain, uselessly.

пуф, а *m* pouf(fe).

пух, а, о ~е, в ~у́ *m* down; fluff; **в п. и прах** (*coll*) completely, utterly; **разряди́ться в п. и прах** to put on all one's finery; **разби́ть в п. и прах** to put to complete rout; **ни ~а ни пера́!** (*coll*) good luck!

пу́хл|ый (~, ~а́, ~о) *adj* (*человек*) chubby, plump; (*книга, досье*) fat.

пухля́к, а́ *m* (*zool*) willow tit.

пу́х|нуть, ну, нешь, *past* **~, ~ла** *impf* to swell.

пухови́к, а́ *m* feather bed.

пухо́вк|а, и *f* powder puff.

пухо́вый *adj* downy; (*платок*) angora; (*подушка*) down.

пучегла́з|ый (~, ~а) *adj* goggle-eyed.

пучи́н|а, ы *f* gulf, abyss (*also fig*); (*морская бездна*) the deep.

пу́ч|ить, у, ишь *impf* (*coll*) **1** (*pf* **вс~**) to become swollen; (*impers*): **у него́ живо́т ~ит** he is troubled with wind. **2** (*pf* **вы́~**): **п. глаза́** to goggle.

пуч|о́к, ка́ *m* **1** (*газет, верёвки*) bundle; (*цветов*) bunch. **2** (*coll*) (*причёска*) bun.

пу́ш|ечный *adj of* ⇒**~ка**[1]; **п. ого́нь** gunfire, cannon fire; **~ечное мя́со** cannon fodder.

пуши́нк|а, и *f* bit of fluff; **п. сне́га** snowflake.

пуши́ст|ый (~, ~а) *adj* fluffy, downy.

пуш|и́ть, у́, и́шь *impf* (*of* ⇒**рас~**) **1** to fluff up. **2** (*coll*) (*ругать*) to swear at.

пу́шк|а[1]**, и** *f* **1** gun, cannon; **стреля́ть из пу́шек по воробья́м** (*proverb*) to use a sledgehammer to crack a nut. **2** (*sl*) (*пистолет*) gun, shooter.

пу́шк|а[2]**, и** *f* (*coll*): **на ~у** (*i*) (*обманным путём*) by a trick; (*ii*) (*бесплатно*) for nothing.

пушка́р|ь, я́ *m* (*obs, coll*) gunner.

пушни́н|а, ы *f* (*collect*) furs.

пушно́й *adj* **1** (*животное*) fur-bearing; **п. зверь** (*collect*) fur-bearing animals. **2** fur (*attr*); **п. про́мысел** fur trade; **п. това́р** furs.

пуш|о́к, ка́ *m* fluff.

пу́щ|а, и *f* dense forest, virgin forest.

пу́ще *adv* (*coll*) more; **п. всего́** most of all.

пу́щ|ий *adj only in phr* **для ~ей ва́жности** for greater show.

пуэрторика́н|ец, ца *m* Puerto Rican.

пуэрторика́н|ка, ки *f of* ⇒**~ец**

пуэ́рто-рика́нский *adj* Puerto Rican.

Пуэ́рто-Ри́ко *nt indecl* Puerto Rico.

ПХВ *m indecl* (*abbr*) = **полихлорвини́л**

Пхенья́н, а *m* Pyongyang.

пчел|а́, ы́, *pl* **~ы** *f* bee; **рабо́чая п.** worker bee.

пчел|и́ный *adj of* ⇒**~а́**; **п. воск** beeswax; **~и́ная ма́тка** queen bee; **п. рой** swarm of bees; **п. у́лей** beehive.

пчелово́д, а *m* bee-keeper, apiarist.

пчелово́дств|о, а *nt* bee-keeping, apiculture.

пчелово́дческий *adj* bee-keeping.

пче́льник, а *m* apiary.

пшени́ц|а, ы *f* wheat; **ярова́я п.** spring wheat; **ози́мая п.** winter wheat.

пшени́чный *adj* wheat(en).

пшён|ный *adj of* ⇒**~о́**

пшен|о́, а́ *nt* millet.

пшик, а *m* (*coll*) nothing; **оста́лся оди́н п.** nothing was left.

пыж, а́ *m* (*hunting*) wad (*for keeping powder and shot in place in a cartridge*).

пы́жик, а *m* (*телёнок*) young deer; (*мех*) fur of young deer.

пы́жиковый *adj* deerskin.

пыж|иться, усь, ишься *impf* (*of* ⇒**на~**) (*coll*) **1** (*важничать*) to be puffed up, strut. **2** (*стараться*) to go all out.

пыл, а, о ~е, в ~у́ *m* **1** (*coll*) heat; **пирожки́ с ~у** hot pasties. **2** (*fig*) heat, ardour (*Br*), ardor (*US*); **ю́ный п.** youthful ardour; **в ~у́ сраже́ния** in the heat of the battle.

пыла́|ть, ю *impf* **1** to blaze, flame. **2** (*о лице*) to glow. **3** (+ *i; fig*) to burn (with); **п. стра́стью** to be afire with passion.

пылесо́с, а *m* vacuum cleaner, Hoover (*propr*).

пылесо́с|ить, ишь *impf* (*of* ⇒**про~**) to vacuum(-clean), hoover.

пыли́нк|а, и *f* speck of dust.

пыл|и́ть, ю́, и́шь *impf* **1** (*pf* **на~**) to raise dust. **2** (*pf* **за~**) to cover with dust, make dusty.

пыл|и́ться, ю́сь, и́шься *impf* (*of* ⇒**за~**) to get dusty, get covered with dust; to gather dust (*also fig*).

пы́л|кий (~ок, ~ка́, ~ко) *adj* (*желание, речь*) ardent, passionate; (*воображение*) fervid.

пы́лкост|ь, и *f* ardour, (*Br*), ardor (*US*), passion.

пыл|ь, и, о ~и, в ~и́ *f* dust; **водяна́я п.** spray; **у́гольная п.** coal dust; slack; **смести́ п. (с** + *g*) to dust.

пы́льник[1]**, а** *m* (*bot*) anther.

пы́льник[2]**, а** *m* (*пальто*) dustcoat.

пы́л|ьный (~ен, ~ьна́, ~ьно) *adj* **1** dusty; **~ная тря́пка** (*coll*) duster. **2**: **п. котёл** (*agric*) dust bowl.

пыльц|а́, ы́ *f* (*bot*) pollen.

пыре́|й, я *m* (*bot*) couch grass.

пырн|у́ть, у́, ёшь *pf* (*coll*) to jab; **п. ножо́м** to thrust a knife (into); **п. рога́ми** to butt.

пыта́|ть, ю *impf* **1** to torture (*also fig*); (*fig*) to torment. **2** (*coll*) (*пробовать*) to try; **п. сча́стье** to try one's luck.

пыта́|ться, юсь *impf* (*of* ⇒**по~**) to try, attempt.

пы́тк|а, и *f* torture, torment (*also fig*); **ору́дие ~и** instrument of torture.

пытли́вост|ь, и *f* inquisitiveness.

пытли́в|ый (~, ~а) *adj* inquisitive.

пы́|хать, шу, шешь *impf* **1** (**жа́ром**) to blaze. **2** (*fig*): **п. гне́вом** to blaze with anger; **п. здоро́вьем** to be a picture of health.

пых|те́ть, чу́, ти́шь *impf* **1** to puff, pant. **2** (*coll*) (**над** + *i*) to sweat (over).

пы́шк|а, и *f* **1** doughnut (*Br*), donut (*US*). **2** (*fig, coll*) (*ребёнок*) chubby child; (*женщина*) plump woman.

пы́шност|ь, и *f* **1** splendour (*Br*), splendor (*US*), magnificence. **2** (*волос*) luxuriance; (*теста*) lightness.

пыш|ный (~ен, ~на́, ~но) *adj* **1** (*великолепный*) splendid, magnificent. **2** (*пушистый*) fluffy; light; luxuriant; **~ные во́лосы** fluffy hair; **п. пиро́г** light pie; **~ные рукава́** puffed sleeves.

пьедеста́л, а *m* **1** pedestal (*also fig*); **вознести́ на п.** (*fig*) to place on a pedestal. **2** (*победителя*) rostrum.

пье́кс|ы, ~ (*sg* **~а, ~ы** *f*) ski boots.

пье́с|а, ы *f* **1** (*theatr*) play. **2** (*mus*) piece.

пьяне́|ть, ю, ешь *impf* (*of* **⇒о~**) to get drunk, get intoxicated.

пьян|и́ть, ю́, и́шь *impf* (*of* **⇒о~**) to make drunk, intoxicate; (*fig*) to intoxicate.

пья́ниц|а, ы *cg* drunkard; **го́рький п.** hard drinker.

пья́нк|а, и *f* (*coll*) drinking bout, binge, booze-up.

пья́нств|о, а *nt* drunkenness.

пья́нств|овать, ую *impf* to drink heavily.

пья́н|ый (~, ~а́, ~о, ~ы) *adj* drunk; drunken; intoxicated; **по ~ой ла́вочке, с ~ых глаз** (*coll*) one over the eight; *as n* **п., ~ого** *m* (a) drunk.

пэр, а *m* peer.

пюпи́тр, а *m* lectern; **но́тный п.** music stand.

пюре́ *nt indecl* (*cul*) purée; **карто́фельное п.** mashed potatoes.

пяд|ь, и, *pl* **~и, ~е́й** *f* span; **ни ~и не уступи́ть** (*fig*) not to yield an inch; **будь он семи́ ~ей во лбу** (*fig*) be he a Solomon.

пя́л|ить, ю, ишь *impf*: **п. глаза́ (на** + *a*; *coll*) to stare (at).

пя́л|ьцы, ец (*no sg*) tambour; (*для кружева*) lace frame.

пяст|ь, и *f* (*anat*) metacarpus.

пят|а́, ы́, *pl* **~ы, ~, ~а́м** *f* **1** (*obs*) heel; **ахилле́сова п.** Achilles' heel; **ходи́ть за кем-н. по ~а́м** to follow on s.o.'s heels; **под ~о́й** (+ *g*; *fig*) under the heel (of); **с/от головы́ до́ ~** from top to toe, all over, altogether. **2** (*tech*) abutment.

пята́к, а́ *m* (*coll*) five-kope(c)k piece.

пятач|о́к[1], ка́ *m* (*coll*) **1 = пята́к 2** small (round) area; **аэродро́м с п.** pocket handkerchief aerodrome.

пятач|о́к[2], ка́ *m* (*coll*) (*у свиньи*) snout.

пятёрк|а, и *f* **1** (*цифра*) five. **2** (*отметка*) five, 'A' (*highest mark in Russian educational marking system*). **3** (*coll*) (*пятирублёвая монета*) five-rouble coin. **4** (*cards*) five. **5** (*coll*) (*автобус, трамвай*) No. 5 (*bus, tram, etc.*). **6** (*coll*) group of five (*people, objects*).

пятерн|я́, и́, *g pl* **~е́й** *f* (*coll*) hand.

пя́тер|о, ы́х *num* (*collect*) five.

пятиалты́нн|ый, ого *m* (*hist*) fifteen-kope(c)k piece.

пятибо́р|ец, ца *m* pentathlete.

пятибо́рь|е, я *nt* (*sport*) pentathlon.

пятигра́нник, а *m* (*math*) pentahedron.

пятигра́нный *adj* (*math*) pentahedral.

пятидве́рн|ый *adj*: **~ая маши́на** hatchback.

пятидесятиле́ти|е, я *nt* **1** (*срок*) fifty years. **2** (*годовщина*) fiftieth anniversary; (*день рождения*) fiftieth birthday.

пятидесятиле́тний *adj* **1** (*срок*) fifty-year, of fifty years. **2** (*человек*) fifty-year-old.

пятидеся́тник, а *m* (*relig*) Pentecostalist.

Пятидеся́тниц|а, ы *f* (*eccl*) Pentecost.

пятидеся́тни|ца, цы *f of* **⇒~к**

пятидеся́т|ый *adj* fiftieth; **~ые го́ды** the fifties.

пятидне́вк|а, и *f* five-day period; five-day week.

пятизвёздочный *adj* five-star.

пятикла́ссник, а *m* fifth-former (*Br*), fifth-grader (*US*).

пятикла́ссни|ца, цы *f of* **⇒~к**

Пятикни́жи|е, я *nt* (*eccl, literary*) Pentateuch.

пятико́нечн|ый *adj*: **~ая звезда́** five-pointed star.

пятикра́тный *adj* fivefold.

пятиле́ти|е, я *nt* **1** (*срок*) five years. **2** (*годовщина*) fifth anniversary.

пятиле́тк|а, и *f* (*econ*) Five-Year Plan.

пятиле́тний *adj* **1** (*срок*) five-year; **п. план** (*econ*) Five-Year Plan. **2** (*ребёнок*) five-year-old.

пятисотле́ти|е, я *nt* **1** (*срок*) five centuries. **2** (*годовщина*) quincentenary.

пятисо́тый *adj* five-hundredth.

пя́|тить, чу, тишь *impf* (*of* **⇒по~**) to back, move back.

пя́|титься, чусь, тишься *impf* (*of* **⇒по~**) to back, move backward(s); (*о лошади*) to jib.

пятиуго́льник, а *m* (*math*) pentagon.

пятиуго́льный *adj* pentagonal.

пятиэта́жный *adj* five-storied.

пя́тк|а, и *f* heel (*also of sock or stocking*); **лиза́ть кому́-н. ~и** to lick s.o.'s boots; **показа́ть ~и** to show a clean pair of heels; **у меня́ душа́ в ~и ушла́** my heart sank to my boots.

пятнадцатиле́тний *adj* **1** (*срок*) fifteen-year. **2** (*мальчик*) fifteen-year-old.

пятна́дцатый *adj* fifteenth.

пятна́дцат|ь, и *num* fifteen.

пятна́|ть, ю *impf* (*of* **⇒за~**) **1** to spot, stain; (*fig*) to stain, blemish. **2** (*coll*) (*играя в пятнашки*) to catch (*at tag*).

пятна́ш|ки, ек (*no sg*) (*coll*) (*children's game*) tag.

пятни́ст|ый (~, ~а) *adj* spotted, dappled; **п. оле́нь** spotted deer.

пя́тниц|а, ы *f* Friday; **по ~ам** on Fridays, every Friday; **у него́ семь ~ на неде́ле** he keeps changing his mind.

пят|но́, на́, *pl* **~на, ~ен, ~нам** *nt* **1** (*место иной окраски*) spot; patch; (*запачканное место*) stain; **роди́мое п.** birthmark; **со́лнечные ~на** (*astron*) sunspots. **2** (*fig*) blot, stain; blemish.

пя́тныш|ко, ка, *pl* **~ки, ~ек, ~кам** *nt* speck.

пят|о́к, ка́ *m* (+ *g*; *coll*) five (*similar objects*).

пя́т|ый *adj* fifth; **глава́ ~ая** chapter five; **п. но́мер** number five, size five; **~ое число́ (ме́сяца)** the fifth (*day of the month*); **в ~ом часу́** after four (o'clock).

пят|ь, и́, *i* **ью** *num* five.

пятьдеся́т, пяти́десяти, *i* **пятью́десятью** *num* fifty.

пятьсо́т, пятисо́т, пятиста́м, пятьюста́ми, о пятиста́х *num* five hundred.

пя́тью *adv* five times; **п. шесть** five times six.

Pp

р. *abbr of* **1 река** R., River. **2 рубль** r., rouble(s).

раб, á *m* slave (*also fig*).

раб... *comb form, abbr of* **рабочий** *adj* **1**

раб|á, ы *f* (*female*) slave.

раблезиáнский *adj* (*literary*) Rabelaisian.

рабовладéл|ец, ьца *m* slave owner.

рабовладéльческий *adj* slave-owning.

раболéпи|е, я *nt* servility.

раболéп|ный (~ен, ~на) *adj* servile.

раболéпств|о, а *nt* servility.

раболéпств|овать, ую *impf* (**пéред** + *i*) to fawn (on), kowtow (to).

рабóт|а, ы *f* **1** (*действие*) work, working; (*функционирование*) functioning, running; **обеспéчить нормáльную ~у** (+ *g*) to ensure normal functioning (of).
2 (*занятие, труд*) work; labour (*Br*), labor (*US*); **домáшняя р.** homework; **принудúтельные ~ы** forced labour (*Br*), labor (*US*); **сельскохозя́йственные ~ы** agricultural work; **совмéстная р.** collaboration; **взять в ~у** (*coll*) to take to task.
3 (*как источник заработка*) work, job; **постоя́нная р.** regular work; **случáйная р.** casual work, odd job(s); **искáть ~у** to look for a job; **снять с ~ы** to lay off, dismiss; **быть без ~ы, не имéть ~ы** to be out of work.
4 (*качество работы*) work, workmanship.

рабóта|ть, ю *impf* **1** (**на** + *a*; **над** + *i*) to work (for; on); **врéмя ~ет на нас** time is on our side; **он ~ет над нóвым ромáном** he is working on a new novel.
2 (*функционировать*) to work, run, function; **не р.** not to work, be out of order; **р. на нéфти** to run on oil.
3 (*быть открытым*) to be open; **галерéя не ~ет по воскресéньям** the gallery is not open on Sundays. **4** (+ *i*) (*управлять*) to work, operate; **р. вёслами** to ply the oars; **р. рычагóм** to operate a lever.

рабóта|ться, ется *impf* (*impers*; *coll*): **сегóдня хорошó ~ется** work is going well today; **вчерá мне не ~лось** I didn't feel like working yesterday.

рабóтник, а *m* worker; (*учреждения*) employee; **наýчный р.** researcher; **р. искýсства** person working in the arts; **р. физúческого трудá** manual worker.

рабóтниц|а, ы *f* (*female*) worker; (*учреждения*) (*female*) employee; **домáшняя р.** (house)maid; home help.

рабóтный *adj*: **р. дом** (*obs*) workhouse.

работодáтел|ь, я *m* employer.

работомáн, а *m* workaholic.

работомáн|ка, ки *f of* ⇒**~**

работоргóв|ец, ца *m* slave trader, slaver.

работоргóвл|я, и *f* slave trade.

работоспосóбност|ь, и *f* ability to work; capacity for work.

работоспосóб|ный (~ен, ~на) *adj* **1** (*могущий работать*) able to work, able-bodied. **2** (*способный много работать*) able to work hard, hard-working.

работя́г|а, и *cg* (*coll*) hard worker; slogger.

работя́щий *adj* (*coll*) hard-working, industrious.

рабóч|ий¹, его *m* worker; workman; **~ие** (*collect*; *as social class*) the workers; **сезóнный р.** seasonal worker; **р. от станкá** factory worker.

рабóч|ий² *adj* **1** (*относящийся к рабочим*) workers', working-class; **~ее движéние** working-class movement; **р. класс** the working class; **р. пóезд** workmen's train.
2 (*выполняющий работу*) work, working; **~ая лóшадь** draught horse (*Br*), draft horse (*US*); **р. муравéй** worker ant; **~ая пчелá** worker bee; **~ие рýки** hands; **~ая сúла** manpower; **р. скот** draught animals.
3 (*предназначенный для работы*) working; **~ее врéмя** working time, working hours; **р. день** working day (*Br*), workday (*US*); **р. костю́м, ~ее плáтье** working clothes; **~ее мéсто** (*i*) (*помещение*) working place, workplace, (*ii*) (*пост*) job; **~ая стáнция** (*comput*) work station; **р. стол** (*also comput*) desktop.
4: **в ~ем поря́дке** while working, without breaking off from work.

рáб|ский *adj* **1** *adj of* ⇒**~**; **р. труд** slave labour (*Br*), labor (*US*). **2** (*fig*) (*раболепный*) servile.

рáбств|о, а *nt* slavery, servitude.

рабфáк, а *m* (*hist*) (*abbr of* **рабóчий факультéт**) 'rabfak'; workers' school (*an educational establishment in existence during the first years after the Russian Revolution, set up to prepare workers and peasants for higher education*).

рабы́н|я, и, *g pl* **~ь** *f* (*female*) slave.

раввúн, а *m* rabbi.

равендýк, а *m* (*textiles*) duck.

рáвенств|о, а *nt* equality; parity; **знак ~а** (*math*) equals sign.

равиóл|и, ей *m pl* ravioli.

равнéни|е, я *nt* **1** dressing, alignment; **р. налéво!/напрáво!** (*mil words of command*) eyes left!/right! **2** (**на** + *a*) emulation (of).

равнúн|а, ы *f* plain.

равнúн|ный *adj of* ⇒**~а**; **р. жúтель** plainsman; **~ная мéстность** flat country.

равнó¹ *adv* **1** alike, in like manner. **2** *as conj* **р. как (и), (а) р. и** as well as; and also; (*after neg*) nor; **золотóй браслéт, р. как и другúе её драгоцéнности, пропáл** a gold bracelet, as well as other jewellery of hers, had disappeared.

равнó² *nt pred form of* ⇒**рáвный 1** (*math*) make(s), equals, is; **три плюс три р. шестú** three plus three equals six. **2**: **всё р.** it is all the same, it makes no difference; *as adv* all the same; **всё р., что** it is just the same as, it is equivalent to; **мне всё р.** I don't mind; it's all the same, all one to me; **я всё р. вам позвоню́** I will ring you all the same; **не всё ли р.?** what difference does it make?

равно... *comb form* equi-, iso-.

равнобéдренный *adj* (*math*) isosceles.

равновелúк|ий (~, ~а) *adj* (*math*) equivalent; **~ие треугóльники** equivalent triangles.

равновéси|е, я *nt* equilibrium (*also fig*); balance; **душéвное р.** mental equilibrium; **политúческое р.** balance of power; **вы́вести из ~я** to disturb the equilibrium (of), upset the balance (of); **привестú в р.** to balance; **сохранять р.** to keep one's balance.

равнодéйствующ|ая, ей *f* (*math, phys*) resultant (force).

равнодéнстви|е, я *nt* equinox; **весéннее, осéннее р.** spring, autumn equinox.

равнодýши|е, я *nt* indifference.

равнодýш|ный (~ен, ~на) *adj* (**к** + *d*) indifferent (to).

равнознáч|ный (~ен, ~на) *adj* equivalent.

равномéрност|ь, и *f* evenness; uniformity.

равномéр|ный (~ен, ~на) *adj* even; uniform; **~ная скóрость** uniform speed.

равноправи|е, я *nt* (possession of) equal rights; equality.

равноправ|ный (~ен, ~на) *adj* possessing, enjoying equal rights; equal.

равносúл|ьный (~ен, ~ьна) *adj* **1** of equal strength; equally matched. **2** (+ *d*) equal (to), equivalent (to), tantamount (to); э́то ~ьно изме́не it is tantamount to treachery; it amounts to treachery.

равносторо́нний *adj* (*math*) equilateral.

равноце́н|ный (~ен, ~на) *adj* of equal value, of equal worth; equivalent.

ра́в|ный (~ен, ~на́) *adj* equal; **~ным о́бразом** equally, likewise; **при про́чих ~ных усло́виях** other things being equal; **ему́ нет ~ных** he has no equal.

равня́|ть, ю *impf* (*of* ⇒**с~**) **1** (*делать равным*) to make equal; **р. счёт** (*sport*) to equalize. **2** (**с** + *i*; *coll*) to compare (with), equate (with).

равня́|ться, юсь *impf* **1** (**по** + *d*) (*mil*) to dress; **~йсь!** (*word of command*) eyes right!; **р. в заты́лок** to cover off. **2** (**с** + *i*; *coll*) to compete (with), compare (with), match. **3** (*impf only*) (+ *d*) to equal, be equal (to); (*fig*) to be equivalent (to), be tantamount (to), amount (to); **два́жды пять ~ется десяти́** twice five is ten.

рагу́ *nt indecl* (*cul*) ragout; **кита́йское р.** chop suey.

рад (~а, ~о) *pred adj* (+ *d*; + *inf*; **что**) glad (of; to; that); **я был о́чень р. слу́чаю поговори́ть с ни́ми** I was very glad of the opportunity to talk to them; **(о́чень) р. познако́миться с ва́ми!** pleased to meet you!; **и не р., сам не р.** (*coll*) I, *etc.*, regret it; I, *etc.*, am sorry; **и не р., что пошёл** I'm sorry I went; **р. не р.** (*coll*) willy-nilly; like it or not; **р.-радёшенек** (*coll*) pleased as Punch, chuffed.

ра́д|а, ы *f* rada (= *council*; *popular assembly in Ukraine, Belarus, Lithuania, and Poland at various times in history*); **Верхо́вная р.** (*Украины*) the Verkhovna Rada (*modern unicameral parliament of Ukraine*); (*hist, the Ukrainian for* **Верхо́вный Сове́т**) the Supreme Soviet (*in the Soviet Ukraine*).

рада́р, а *m* radar.

рада́р|ный *adj of* ⇒**~**

раде́ни|е, я *nt* (*coll*) zeal.

раде́|ть, ю, ешь *impf* (*obs*) **1** (*pf* **по~**) (+ *d*) to oblige; (**о** + *p*) to be concerned (about). **2** *impf only* (*relig*; *of some Russian sects*) to carry out rites.

ра́дж|а, ~́й *m* raja.

ра́ди *prep* + *g* for the sake of; **чего́ р.?** what for?; **шу́тки р.** for fun; **р. бо́га** (*coll*) for God's sake, for goodness' sake.

радиа́льный *adj* (*math, tech*) radial.

радиа́тор, а *m* radiator.

радиацио́нный *adj* radiation.

радиа́ци|я, и *f* radiation.

ра́диевый *adj* radium.

ра́ди|й, я *m* (*chem*) radium.

радика́л[1], а *m* (*math, chem*) radical.

радика́л[2], а *m* (*pol*) radical.

радикали́зм, а *m* (*pol*) radicalism.

радика́льност|ь, и *f* **1** (*pol*) radicalism. **2** (*решительность*) radical nature, drastic nature, sweeping character.

радика́л|ьный (~ен, ~ьна) *adj* **1** (*pol*) radical. **2** (*решительный*) radical, drastic, sweeping; **~ьные измене́ния** sweeping changes; **~ьные ме́ры** drastic measures; **~ьное сре́дство** drastic remedy.

радикули́т, а *m* radiculitis; back pain.

ра́дио *nt indecl* **1** (*средство связи*) radio; **по р.** by radio, over the air; **переда́ть по р.** to broadcast; **слу́шать р.** to listen in. **2** (*радиоприёмник*) radio.

радио... *comb form* radio-.

радиоакти́вност|ь, и *f* (*chem, phys*) radioactivity.

радиоакти́в|ный (~ен, ~на) *adj* (*chem, phys*) radioactive.

радиобесе́д|а, ы *f* phone-in.

радиобиоло́ги|я, и *f* radiobiology.

радиовеща́ни|е, я *nt* broadcasting.

радиовеща́тельн|ый *adj* broadcasting; **~ая ста́нция** broadcasting station, transmitter.

радиоволн|а́, ы, *pl* **~́ы, ~а́м** *f* radio wave.

радиогра́мм|а, ы *f* radio-telegram.

радио́граф, а *m* radiographer.

радиографи́ческий *adj* radiographic.

радиогра́фи|я, и *f* radiography.

радиожурнали́ст, а *m* (*radio*) broadcaster.

радиожурнали́ст|ка, ки *f of* ⇒**~**

радиозо́нд, а *m* radiosonde.

радио́л|а, ы *f* radiogram (*Br*), radio phonograph (*US*).

радио́лог, а *m* radiologist.

радиологи́ческ|ий *adj* radiological; **~ая устано́вка** radiological unit.

радиоло́ги|я, и *f* radiology.

радиолока́тор, а *m* radar set.

радиолок|ацио́нный *adj of* ⇒**~а́ция**

радиолока́ци|я, и *f* radar.

радиолю́бител|ь, я *m* radio enthusiast, 'ham'.

радиома́чт|а, ы *f* radio mast.

радиомая́к, а́ *m* radio beacon.

радиомо́ст, а *and* **~а́**, *pl* **~ы** *m* satellite (radio) link-up.

радиопеленга́тор, а *m* radio direction finder.

радиопеленга́ци|я, и *f* radio direction-finding.

радиопереда́тчик, а *m* (radio) transmitter.

радиопереда́ча, и *f* radio transmission, broadcast.

радиоперехва́т, а *m* radio interception.

радиопостано́вк|а, и *f* radio show.

радиоприёмник, а *m* radio (set).

радиору́бк|а, и *f* (*naut, aeron*) radio room, radio cabin.

радиосвя́з|ь, и *f* radio communication.

радиосе́т|ь, и *f* radio network.

радиосигна́л, а *m* radio signal.

радиослу́шател|ь, я *m* (radio) listener.

радиоста́нци|я, и *f* radio station.

радиотелегра́ф, а *m* radio telegraph.

радиотелеграфи́|я, и *f* radio-telegraphy.

радиотелефо́н, а *m* radio-telephone.

радиотерапи́|я, и *f* radiotherapy.

радиоте́хник, а *m* radio mechanic.

радиоте́хник|а, и *f* radio engineering.

радио|техни́ческий *adj of* ⇒**~те́хника**

радиотрансляцио́нный *adj* broadcasting.

радиоуглеро́дный *adj*: **р. ана́лиз** carbon dating.

радиоу́з|ел, ла́ *m* radio relay centre.

радиоуправля́емый *adj* radio-controlled, remote-controlled.

радиофици́р|овать, ую *impf and pf* to install radio (in), equip with radio.

радиохими́ческий *adj* radiochemical.

радиохи́ми|я, и *f* radiochemistry.

ради́р|овать, ую *impf and pf* to radio.

ради́ст, а *m* radio operator.

ради́ст|ка, ки *f of* ⇒**~**

ра́диус, а *m* radius; **р. де́йствия** range.

ра́д|овать, ую *impf* (*of* ⇒**об~**, ⇒**по~**) to gladden, make happy.

ра́д|оваться, уюсь *impf* (*of* ⇒**об~**, ⇒**по~**) (+ *d*) to be glad (at), be happy (at), rejoice (in).

ра́дост|ный (~ен, ~на) *adj* glad, joyous, joyful; **~ное изве́стие** glad tidings, good news.

ра́дост|ь, и *f* gladness, joy; **к всео́бщей ~и** to everybody's delight; **р. жи́зни** joie de vivre; **не чу́вствовать себя́ от ~и** to be beside o.s. with joy; **на ~ях** (+ *g*, *coll*) in celebration (of), to celebrate; **с ~ью** with pleasure, gladly; **моя́ р., р. моя́** my darling.

ра́дуг|а, и *f* rainbow.

ра́дужно *adv* cheerfully; **р. смотре́ть (на** + *a*) to look on the bright side (of).

ра́дужн|ый *adj* **1** (*переливчатый*) iridescent, opalescent; **~ая оболо́чка (гла́за)** (*anat*) iris. **2** (*светлый, радостный*) cheerful; optimistic; **~ые наде́жды** high hopes; **~ое настрое́ние** high spirits.

раду́ши|е, я *nt* cordiality.

раду́ш|ный (~ен, ~на) *adj* cordial.

ра|ёк, йка́ *m* (*theatr*; *obs*) gallery; the gods.

раж, а *m* (*coll*) rage, passion; **войти́/прийти́ в р.** to fly into a rage.

раз[1], а, *pl* **~ы́, ~, ~а́м** *m* **1** time; occasion; **оди́н р., ка́к-то р.** once; **два ~́а** twice; **мно́го р.** many times; **ещё р.** once again, once more; **не р.** more than once; time and again; **ни ~́у** not once, never; **р. и навсегда́** once and for all; **р. в день** once a day; **вся́кий р.** every time, each time; **вся́кий р., когда́** whenever; **ино́й р.** sometimes, now and again; **во второ́й р.** for the second time; **в друго́й р.** another time, some other time; **в са́мый р.** (*coll*) at the right moment; just right; **р. за ~́ом** time after time; **на э́тот р.** this time, on this occasion, for (this) once; **с пе́рвого ~́а** from the very first; **вот тебе́ (и) р.!** (*coll*) well, I never!; **как р.** just, exactly; **как р. то** the very thing.

Р

2 (*num*) one.

раз² *adv* once, one day.

раз³ *conj* if; since; **р. вы бу́дете во Фра́нции, не смо́жете ли вы прие́хать и сюда́?** if you are going to be in France, can't you come here too?

раз¹... (*also* **разо..., разъ...,** *and* **рас...**) *vbl pref indicating* **1** *division into parts* (dis-, un-). **2** *distribution, direction of action in different directions* (dis-). **3** *action in reverse* (un-). **4** *termination of action or state.* **5** *intensification of action.*

раз²... (*also* **разо..., разъ...,** *and* **рас...**) (*coll*) *adj pref indicating high degree of a quality.*

разбави́тел|ь, я *m* thinner.

разба́в|ить, лю, ишь *pf* (*of* ⇒**~ля́ть**) to dilute.

разбавля́|ть, ю *impf of* ⇒**разба́вить**

разбаза́рива|ть, ю *impf of* ⇒**разбаза́рить**

разбаза́р|ить, ю, ишь *pf* (*of* ⇒**~ивать**) (*coll*) to squander.

разба́лива|ться, юсь *impf of* ⇒**разболе́ться**

разба́лтыва|ть(ся), ю(сь) *impf of* ⇒**разболта́ть(ся)**

разбе́г, а *m* run, running start; **пры́гнуть с ~а** to take a running jump; **прыжо́к с ~а** running jump; **р. при взлёте** (*aeron*) take-off run.

разбега́|ться, юсь *impf of* ⇒**разбежа́ться**

разбе|жа́ться, гу́сь, жи́шься, гу́тся *pf* (*of* ⇒**~га́ться**) **1** (*взять разбег*) to take a run, run up. **2** (*в разные стороны*) to scatter, disperse. **3** (*о мыслях*) to be scattered; **глаза́ у меня́ ~жа́лись** I was dazzled.

разбере|ди́ть, жу́, ди́шь *pf of* ⇒**береди́ть**

разбива́|ть(ся), ю(сь) *impf of* ⇒**разби́ть(ся)**

разби́вк|а, и *f* **1** (*парка*) laying out. **2** (*людей*) arranging.

разбинт|ова́ть, у́ю *pf* (*of* ⇒**~о́вывать**) to remove a bandage (from).

разбинто́выва|ть, ю *impf of* ⇒**разбинтова́ть**

разбира́тельств|о, а *nt* (*law*) examination, investigation; **суде́бное р.** court examination.

разбира́|ть, ю *impf* **1** *impf of* ⇒**разобра́ть**. **2** (*impf only*) to be fastidious; **не ~я** indiscriminately.

разбира́|ться, юсь *impf of* ⇒**разобра́ться**

разбитно́й *adj* (*coll*) bright, sprightly; sharp.

разби́т|ый *ppp of* ⇒**~ь** *and adj* (*coll*) jaded, down.

раз|би́ть, обью́, обьёшь *pf* (*of* ⇒**~бива́ть**) **1** (*impf also* ⇒**бить 6**) (*окно, чашку*) to break, smash; **р. вдре́безги** to smash to smithereens. **2** (*разделить*) to divide (up); to break up; **р. на гру́ппы** to divide up into groups. **3** (*расположить*) to lay out, mark out; **р. ла́герь** to pitch a camp. **4** (*повредить*) to damage severely, hurt badly; to fracture; **р. кому́-н. нос в кровь** to make s.o.'s nose bleed. **5** (*победить*) to beat, defeat, smash (*also fig*); **р. чьи-н. до́воды** to destroy s.o.'s arguments.

раз|би́ться, обью́сь, обьёшься *pf* (*of* ⇒**~бива́ться**) **1** (*расколоться*) to break, get broken, get smashed. **2** (*разделиться*) to divide; to break up. **3** (*пораниться*) to hurt o.s. badly; to smash o.s. up.

разблоки́р|овать, ую *pf* to unblock.

разбогате́|ть, ю, ешь *pf of* ⇒**богате́ть**

разбо́|й, я *m* robbery; **морско́й р.** piracy.

разбо́йник, а *m* **1** robber; **морско́й р.** pirate; **р. с большо́й доро́ги** highwayman. **2** (*шалун*) scamp; scallywag.

разбо́йни|ца, цы *f of* ⇒**~к**

разбо́йнича|ть, ю *impf* to rob, plunder.

разбо́йни|чий *adj of* ⇒**~к**; **р. прито́н** den of thieves.

разболе́|ться¹, юсь, ешься *pf* (*of* ⇒**разба́ливаться**) (*coll*) to become ill; **он совсе́м ~лся** his health has completely cracked.

разбол|е́ться², и́тся *pf* (*of* ⇒**разба́ливаться**) to begin to ache badly.

разбо́лт|анный *ppp of* ⇒**~а́ть¹** *and adj* (*fig*) disorderly.

разболта́|ть¹, ю *pf* (*of* ⇒**разба́лтывать**) **1** (*размешать*) to mix in. **2** (*ослабить*) to loosen.

разболта́|ть², ю *pf* (*of* ⇒**разба́лтывать**) (*coll*) (*секрет*) to blab out, give away.

разболта́|ться, юсь *pf* (*of* ⇒**разба́лтываться**) **1** (*о муке*) to mix in (*as result of stirring*). **2** (*о гайке*) to come loose, work loose. **3** (*fig*) (*об ученике*) to get out of hand; to come unstuck.

разбомб|и́ть, лю́, и́шь *pf* (*no impf*) to destroy by bombing.

разбо́р, а *m* **1** (*механизма*) stripping, dismantling. **2** (*бумаг, вещей*) sorting out. **3**: **р. де́ла** (*law*) investigation (*of a case*). **4** (*gram*) parsing; analysis. **5** (*статья*) critique. **6** (*выбор*) selectiveness; **без ~у** indiscriminately, promiscuously; **с ~ом** discriminatingly, fastidiously. **7** (*obs*) (*сорт, качество*) sort, quality; **пе́рвого/второ́го ~а** (of the) first/second quality.

разбо́рк|а, и *f* **1** (*бумаг*) sorting out. **2** (*механизма*) stripping, dismantling. **3** (*coll*) (*ссора*) quarrel, fight, argument.

разбо́рный *adj* collapsible.

разбо́рчивост|ь, и *f* **1** (*требовательность*) fastidiousness; scrupulousness. **2** (*чёткость*) legibility.

разбо́рчив|ый (~, ~а) *adj* **1** (*требовательный*) fastidious, exacting; discriminating; scrupulous. **2** (*чёткий*) legible.

разбран|и́ть, ю́, и́шь *pf* (*coll*) (*человека*) to reprimand; (*работу*) to slam.

разбран|и́ться, ю́сь, и́шься *pf* (**с** + *i*; *coll*) to fall out (with); to quarrel (with), squabble (with).

разбра́сыва|ть, ю *impf of* ⇒**разброса́ть**

разбра́сыва|ться, юсь *impf* **1** *impf of* ⇒**разброса́ться**. **2** (*fig*) to dissipate one's energies; to try to do too much at once.

разбреда́|ться, юсь *impf of* ⇒**разбрести́сь**

разбре|сти́сь, ду́сь, дёшься, *past* **~лся, ~ла́сь** *pf* (*of* ⇒**~да́ться**) to disperse; **р. по дома́м** to disperse and go home.

разбро́д, а *m* disorder.

разброни́р|овать, ую *pf* to cancel reservation (of).

разбро́санност|ь, и *f* **1** sparseness; scattered nature. **2** (*fig*) disconnectedness, incoherence.

разбро́с|анный *ppp of* ⇒**~а́ть** *and adj* **1** sparse, scattered; straggling. **2** (*fig*) disconnected, incoherent.

разброса́|ть, ю *pf* (*of* ⇒**разбра́сывать**) to throw about; to scatter, spread, strew; **р. наво́з** to spread manure; **р. де́ньги на ве́тер** to squander one's money.

разброса́|ться, юсь *pf* (*of* ⇒**разбра́сываться**) (*о больном*) to throw o.s. about.

разбры́зг|ать, аю *pf* (*of* ⇒**~ивать**) to splash; to spray.

разбры́згивател|ь, я *m* sprinkler.

разбры́згива|ть, ю *impf of* ⇒**разбры́згать**

разбу|ди́ть, жу́, ~дишь *pf of* ⇒**буди́ть 1**

разбух|а́ть, а́ет *impf of* ⇒**~нуть**

разбу́х|нуть, нет, *past* **~, ~ла** *pf* (*of* ⇒**~а́ть**) to swell (*also fig*).

разбуш|ева́ться, у́юсь *pf* **1** (*о буре*) to rage; to blow up; (*о море*) to run high. **2** (*coll*) (*о человеке*) to fly into a rage.

разбуя́н|иться, юсь, ишься *pf* (*coll*) to fly into a rage.

разва́жнича|ться, юсь *pf* (*coll*) to put on airs.

разва́л, а *m* **1** (*распад*) breakdown, disintegration; (*беспорядок*) disorder. **2** (*рынок*) flea market, open-air bazaar.

разва́л|ец, ьца *m* = **~ьца**

разва́лива|ть(ся), ю(сь) *impf of* ⇒**развали́ть(ся)**

разва́лин|а, ы *f* **1** (*in pl*) ruins; **лежа́ть в ~ах** to be in ruins; **преврати́ть в ~ы** to reduce to ruins. **2** (*fig, coll*) (*о человеке*) wreck, ruin.

развал|и́ть, ю́, ~ишь *pf* (*of* ⇒**~ивать**) **1** to pull down (*a building, etc.*). **2** (*fig*) (*хозяйство*) to ruin.

развал|и́ться, ю́сь, ~ишься *pf* (*of* ⇒**~иваться**) **1** (*распасться*) to fall down, collapse. **2** (*fig*) (*прийти в упадок*) to go to pieces, fall to pieces, break down. **3** (*coll*) (*сидеть, раскинувшись*) to lounge, sprawl.

разва́льц|а, ы *f* (*coll*): **ходи́ть с ~ей** to shamble; **рабо́тать с ~ей** to go slow.

развалю́х|а, и *f* (*coll*) ruin, wreck.

разва́рива|ть(ся), ю, ет(ся) *impf of* ⇒**развари́ть(ся)**

развар|и́ть, ю́, ~ишь *pf* (*of* ⇒**~ивать**) to boil soft.

развар|и́ться, ~ится *pf* (*of* ⇒**~иваться**) to be boiled soft; **р. в**

ка́шу to be boiled to a pulp.

разварно́й *adj* boiled.

ра́зве 1 *interrog particle, neutral or indicating that neg answer is expected*; + *neg indicates that affirmative answer is expected* **р. они́ все поместя́тся в э́той маши́не?** will they (really) all get in this car?; **р. ты не знал, что он ру́сский?** didn't you know that he is Russian?; surely you knew that he is Russian?
2 *interrog particle, expressing hesitation about course of action to be followed* (+ *inf*; *coll*) (= *может быть, нужно ли*) **р. отложи́ть нам пое́здку?** perhaps we had better postpone the trip?
3 р. (что/то́лько) *as adv* only; perhaps; *as conj* except that, only; **кро́ме р.** (+ *g*) except perhaps, with the possible exception (of); **он выглядит так же, как всегда́, р. что похуде́л** he looks the same as ever, except that he has lost weight.
4 *conj* (*coll*) (*если не*) unless.

развева́|ть, ет *impf* **1** (*дым, дождь*) to blow about. **2** (*флаги*) to make flutter.

развева́|ться, ется *impf* (*флаг*) to flutter; (*волосы, плащ*) to blow about.

разве́д... *comb form, abbr of* **разве́дывательный**

разве́д|ать, аю *pf* (*of* ⇒**~ывать**) **1** (*coll*) to find out (about), ascertain. **2** (*mil*) to reconnoitre (*Br*), reconnoiter (*US*). **3** (*geol*) to prospect (for); (*pf only*) to locate; **р. нефть** to prospect for oil.

разведе́ни|е[1], я *nt* (*скота*) breeding, rearing; (*сада*) cultivation; (*костра*) making.

разведе́ни|е[2], я *nt* (*моста*) opening; (*сока*) dilution.

разведённ|ый *ppp of* ⇒**развести́** *and adj* divorced; *as n* **р., ~ого** *m*, **~ая, ~ой** *f* divorcee.

разве́дк|а, и *f* **1** (*geol, etc.*) prospecting. **2** (*mil*) (*для получения сведений*) reconnaissance. **3** (*mil*) (*войсковая группа*) reconnaissance party. **4** (*pol*) secret service, intelligence service.

разве́дочн|ый *adj* (*geol*) prospecting, exploratory; **~ая сква́жина** test well.

разве́дчик[1], а *m* **1** (*mil*) scout. **2** (*pol*) secret service agent; intelligence officer. **3** (*geol*) (*also* **геолого~**) prospector.

разве́дчик[2], а *m* (*самолёт*) reconnaissance aircraft.

разве́дчиц|а, ы *f* **1** (*mil*) (*female*) scout. **2** (*pol*) (*female*) intelligence officer.

разве́дывательный *adj* **1** (*mil*) reconnaissance; **р. бой** probing attack; reconnaissance in force; **р. дозо́р** reconnaissance patrol; **р. отря́д** reconnaissance detachment. **2** (*pol*) intelligence; **р. отде́л** intelligence section.

разве́дыва|ть, ю *impf of* ⇒**разве́дать**

развез|ти́[1], у́, ёшь, *past* **~̈, ~ла́** *pf* (*of* ⇒**развози́ть**) (*доставить*) to convey, deliver.

развез|ти́[2], у́, ёшь, *past* **~̈, ~ла́** *pf* (*of* ⇒**развози́ть**) (*coll*) **1** (*изнурить*) to exhaust, wear out; (*impers*): **от жары́ нас ~ло́** we were exhausted from the heat. **2** (*сделать непригодным для езды*) to make impassable, make unfit for traffic; (*impers*): **доро́гу ~ло́ от дожде́й** the road was made impassable by rain.

разве́ива|ть(ся), ю(сь) *impf of* ⇒**разве́ять(ся)**

развенч|а́ть, а́ю *pf* (*of* ⇒**~̈ивать**) **1** (*царя*) to dethrone. **2** (*fig*) (*кумир*) to debunk.

разве́нчива|ть, ю *impf of* ⇒**развенча́ть**

развере|ди́ть, жу́, ди́шь *pf of* ⇒**вереди́ть**

развер3|а́ть(ся), а́ю(сь) *impf of* ⇒**~̈нуть(ся)**

разве́рз|нуть, ну, нешь, *past* **~, ~ла** *pf* (*of* ⇒**~а́ть**) (*obs, poetical*) to open wide.

разве́рз|нуться, нусь, нешься, *past* **~ся, ~лась** *pf* (*of* ⇒**~а́ться**) (*obs, poetical*) to open wide, yawn, gape.

развёрн|утый *ppp of* ⇒**~у́ть** *and adj* **1** (*предпринятый в широких масштабах*) extensive, large-scale. **2** (*подробный*) detailed; **~утая програ́мма** detailed, comprehensive programme (*Br*), program (*US*). **3** (*mil*) deployed.

развер|ну́ть, ну́, нёшь *pf* (*of* ⇒**~̈тывать** *and* ⇒**развора́чивать**) **1** (*бумагу*) to unfold; (*ковёр*) to unroll; (*свёрток*) to unwrap; (*знамя*) to unfurl. **2** (*mil*) (*перестроить*) to deploy. **3** (*fig*) (*проявить*) to show, display. **4** (*fig*) (*стройку, торговлю, работу*) to develop; to expand; **р. аргумента́цию** to develop a line of argument; **р. торго́влю** to expand trade. **5** (*машину*) to turn (around). **6** (*выставку*) to set up.

развер|ну́ться, ну́сь, нёшься *pf* (*of* ⇒**~̈тываться** *and* ⇒**развора́чиваться**) **1** (*о бумаге*) to come unfolded; (*о ковре*) to come unrolled; (*о свёртке*) to come undone. **2** (*mil*) (*перестроиться*) to deploy. **3** (*fig*) (*проявиться*) to show *or* display o.s. **4** (*fig*) (*о стройке, торговле, работе*) to develop; to spread; to expand. **5** (*о машине*) to turn (around). **6** (*о виде*) to open up.

разверст|а́ть, а́ю *pf* (*of* ⇒**~̈ывать**) to distribute, allot.

развёрстк|а, и *f* allotment, apportionment.

развёрстыва|ть, ю *impf of* ⇒**разверста́ть**

разве́р|стый *ppp of* ⇒**~знуть** *and adj* (*obs, poetical*) open, yawning, gaping; **~стая пасть** gaping maw.

развер|те́ть, чу́, ~̈тишь *pf* (*of* ⇒**~̈чивать**) **1** (*винт*) to unscrew. **2** (*tech*) (*дыру*) to ream. **3** (*колесо*) to turn, set in motion.

развёртк|а[1], и *f* **1** (*math*) development. **2** (*tech*) reaming. **3** (*electronics*) scanning.

развёртк|а[2], и *f* (*tech*) (*инструмент*) reamer.

развёртывани|е, я *nt* **1** unfolding; unrolling; unwrapping. **2** (*mil*) deployment. **3** (*fig*) development, expansion.

развёртыва|ть(ся), ю(сь) *impf of* ⇒**разверну́ть(ся)**

разве́рчива|ть, ю *impf of* ⇒**разверте́ть**

разве́с, а *m* weighing out.

развесел|и́ть, ю́, и́шь *pf of* ⇒**весели́ть**

развесел|и́ться, ю́сь, и́шься *pf* to cheer up.

развесёлый *adj* (*coll*) merry, gay.

развéсист|ый (~, ~а) *adj* branchy; **р. кашта́н** spreading chestnut.

разве́|сить[1], шу, сишь *pf* (*of* ⇒**~шивать**) (*муку*) to weigh out.

разве́|сить[2], шу, сишь *pf* (*of* ⇒**~шивать**) **1** (*картины*) to hang. **2** (*ветви*) to spread; **р. у́ши** (*fig, coll*) to listen open-mouthed.

разве́|сить[3], шу, сишь *pf* (*of* ⇒**~шивать**) (*бельё*) to hang out.

разве́ск|а, и *f* **1** = **разве́с**. **2** (*картин*) hanging.

развесно́й *adj* sold by weight.

разве|сти́[1], ду́, дёшь, *past* **~̈л, ~ла́** *pf* (*of* ⇒**разводи́ть**) **1** (*ведя, доставить*) to take, conduct; **р. дете́й по дома́м** to take the children to their homes. **2** (*в разные стороны*) to part, separate; **р. мост** to raise a bridge, swing a bridge open; **р. рука́ми** to throw out one's hands, shrug one's shoulders. **3** (*супругов*) to divorce. **4** (*сок*) to dilute; (*порошок*) to dissolve.

разве|сти́[2], ду́, дёшь, *past* **~̈л, ~ла́** *pf* (*of* ⇒**разводи́ть**) **1** (*животных*) to breed, rear; (*сад*) to cultivate; **р. парк** to lay out a park. **2** (*разжечь*) to start; **р. костёр** to make a campfire; **р. ого́нь** to light a fire; **р. пары́** to get up steam. **3** (*fig, coll; pej*) to start; **р. чепуху́** to start talking nonsense.

разве|сти́сь[1], ду́сь, дёшься, *past* **~̈лся, ~ла́сь** *pf* (*of* ⇒**разводи́ться**) (**с** + *i*) to divorce, get divorced (from).

разве|сти́сь[2], дётся, *past* **~̈лся, ~ла́сь** *pf* (*of* ⇒**разводи́ться**) (*о животных*) to breed, multiply.

разветв|и́ться, и́тся *pf* (*of* ⇒**~ля́ться**) to branch; to fork.

разветвле́ни|е, я *nt* **1** (*действие*) branching; forking. **2** (*место*) branch; fork (*of road, etc.*).

разветвля́|ться, ется *impf of* ⇒**разветви́ться**

разве́ш|ать, аю *pf* (*of* ⇒**~ивать**) to hang.

разве́шива|ть, ю *impf of* ⇒**разве́сить** *and* ⇒**разве́шать**

разве́|ять, ю, ешь *pf* (*of* ⇒**~ивать**) to scatter, disperse; (*fig*) (*грусть, сомнения*) to dispel; **р. миф** to shatter a myth.

разве́|яться, юсь, ешься *pf* (*of* ⇒**~иваться**) **1** (*о тумане*) to disperse; (*fig*) (*о тоске*) to be dispelled. **2** (*coll*) (*о человеке*) to relax.

развива́|ть(ся), ю(сь) *impf of* ⇒**разви́ть(ся)**

разви́лин|а, ы *f* fork.

разви́лист|ый (~, ~а) *adj* forked.

развин|ти́ть, чу́, ти́шь *pf* (*of* ⇒**~̈чивать**) to unscrew.

развин|ти́ться, чу́сь, ти́шься *pf* (*of* ⇒**~̈чиваться**) **1** to come unscrewed. **2** (*fig*) to come unstuck.

разви́нченност|ь, и *f* (*coll*) unbalance.

разви́н|ченный *ppp of* ⇒**~ти́ть** *and adj* (*coll*) **1** (*человек*) unbalanced, unnerved. **2** (*походка*) unsteady, lurching.

разви́нчива|ть(ся), ю(сь) *impf of* ⇒**развинти́ть(ся)**

разви́ти|е, я *nt* development; evolution.

развит|о́й (ра́звит, ~а́, ра́звито) *adj* **1** developed. **2** (*умственно*) (intellectually) mature; adult.

разви́т|ый (~, ~а́, ~о) *ppp of* ⇒**~ь**

раз|ви́ть[1]**, овью́, овьёшь,** *past* **~ви́л, ~вила́, ~ви́ло** *pf* (*of* ⇒**~вива́ть**) (*верёвку*) to unwind, untwist.

раз|ви́ть[2]**, овью́, овьёшь,** *past* **~ви́л, ~вила́, ~ви́ло** *pf* (*of* ⇒**~вива́ть**) (*усилить*) to develop; **р. мускулату́ру** to develop one's muscles; **р. мысль** to develop an idea; **р. ско́рость** to gather speed.

раз|ви́ться[1]**, овью́сь, овьёшься,** *past* **~ви́лся, ~вила́сь** *pf* (*of* ⇒**~вива́ться**) (*о верёвке*) to untwist; (*о волосах*) to lose its curl.

раз|ви́ться[2]**, овью́сь, овьёшься,** *past* **~ви́лся, ~вила́сь** *pf* (*of* ⇒**~вива́ться**) (*о мускулах, о таланте, об индустрии*) to develop.

развлека́тел|ьный (~ен, ~ьна) *adj* entertaining; **~ьное чте́ние** light reading.

развлека́|ть(ся), ю(сь) *impf of* ⇒**развле́чь(ся)**

развлече́ни|е, я *nt* entertainment; amusement.

развле́|чь, ку́, чёшь, ку́т, *past* **~̈к, ~кла́** *pf* (*of* ⇒**~ка́ть**) **1** (*повеселить*) to entertain, amuse. **2** (*отвлечь*) to divert.

развле́|чься, ку́сь, чёшься, ку́тся, *past* **~̈кся, ~кла́сь** *pf* (*of* ⇒**~ка́ться**) **1** (*повеселиться*) to have a good time; to amuse o.s. **2** (*отвлечься*) to be diverted, be distracted.

разво́д[1]**, а** *m* divorce; **дать р. кому́-н.** to give s.o. a divorce; **проце́сс о ~е** divorce proceedings; **они́ в ~е** they are divorced.

разво́д[2]**, а** *m* (*mil*): **р. карау́лов** guard mounting; **р. часовы́х** posting of sentries.

разво́д[3]**, а** *m* (*животных*) breeding.

разво|ди́ть(ся), жу́(сь), ~́дишь(ся) *impf of* ⇒**развести́(сь)**

разво́дк|а, и *f* separation; **р. моста́** raising of a bridge; **р. пилы́** saw setting.

разводно́й *adj*: **р. ключ** adjustable spanner, monkey wrench; **р. мост** drawbridge.

разво́д|ы, ов (*no sg*) **1** (*узор*) design, pattern. **2** (*пятна*) stains; **черни́льные р.** ink stains.

разво́дь|е, я, *g pl* **~ев** *nt* patch of ice-free water.

разво|ева́ться, ю́юсь, ю́ешься *pf* (*coll*) to bluster.

разво́з, а *m* conveyance.

разво|зи́ть, жу́, ~́зишь *impf of* ⇒**развезти́**

разво|зи́ться, жу́сь, ~́зишься *pf* (*coll*) to kick up a din.

разво́зк|а, и *f* conveying; delivery.

разволн|ова́ть, у́ю *pf* to excite, agitate.

разволн|ова́ться, у́юсь *pf* to get excited, get agitated.

развора́чива|ть, ю *impf of* ⇒**разверну́ть** *and* ⇒**разворoти́ть**

развора́чива|ться, юсь *impf of* ⇒**разверну́ться**

развор|ова́ть, у́ю *pf* (*of* ⇒**~о́вывать**) to loot, clean out.

разворо́выва|ть, ю *impf of* ⇒**разворова́ть**

разворо́т, а *m* **1** (*машины*) U-turn. **2** (*coll*) (*развитие*) development; **р. торго́вли** growth of trade. **3** (*в книге*) double page, centrefold (*Br*), centerfold (*US*).

разворо|ти́ть, чу́, ~́тишь *pf* (*of* ⇒**развора́чивать**) **1** (*кучу*) to destroy; (*привести в беспорядок*) to turn upside down. **2** (*разломать*) to smash up, break up.

разворош|и́ть, у́, и́шь *pf* to turn upside down, scatter.

развра́т, а *m* (*половой*) debauchery, dissipation; (*духовный*) corruption, depravity.

разврати́тел|ь, я *m* debaucher, seducer, corrupter.

развра|ти́ть, щу́, ти́шь *pf* (*of* ⇒**~ща́ть**) **1** to debauch, corrupt. **2** (*fig*) (*духовно*) to corrupt.

развра|ти́ться, щу́сь, ти́шься *pf* (*of* ⇒**~ща́ться**) to give o.s. up to debauchery; (*духовно*) to become corrupted.

развра́тник, а *m* debauchee, profligate, libertine.

развра́тни|ца, цы *f of* ⇒**~к**

развра́тнича|ть, ю *impf* to lead a depraved life.

развра́тност|ь, и *f* depravity, profligacy; corruptness.

развра́т|ный (~ен, ~на) *adj* debauched, depraved; corrupt.

развраща́|ть(ся), ю(сь) *impf of* ⇒**разврати́ть(ся)**

развращённост|ь, и *f* corruptness, depravity.

развра|щённый *ppp of* ⇒**~ти́ть** *and adj* corrupt; depraved.

развью́чива|ть, ю *impf of* ⇒**развью́чить**

развью́ч|ить, у, ишь *pf* (*of* ⇒**~ивать**) to unload, unburden.

развя|за́ть, жу́, ~́жешь *pf* (*of* ⇒**~́зывать**) to untie, undo; to unleash; **р. кому́-н. ру́ки** to untie s.o.'s hands (*also fig*); **р. войну́** to unleash war.

развя|за́ться, жу́сь, ~́жешься *pf* (*of* ⇒**~́зываться**) **1** to come untied, come undone; **у него́ ~за́лся язы́к** (*fig*) his tongue has been loosened. **2** (**с** + *i*; *fig*) to have done (with), be through (with).

развя́зк|а, и *f* **1** (*literary*) denouement. **2** (*завершение*) outcome, upshot; **счастли́вая р.** happy ending; **де́ло идёт к ~е** things are coming to a head. **3**: **кольцева́я (тра́нспортная) р.** (traffic) roundabout.

развя́з|ный (~ен, ~на) *adj* (unduly) familiar; free and easy.

развя́зыва|ть(ся), ю(сь) *impf of* ⇒**развяза́ть(ся)**

разгад|а́ть, а́ю *pf* (*of* ⇒**~́ывать**) (*тайну, замысел*) to guess; (*загадку*) to solve; (*сны*) to interpret; (*шифр*) to break; (*человека*) to figure out.

разга́дк|а, и *f* solution (*of a riddle, etc.*).

разга́дыва|ть, ю *impf of* ⇒**разгада́ть**

разга́р, а *m*: **в ~е** (+ *g*) at the height (of); **в по́лном ~е** in full swing; **в ~е бо́я** in the heat of the battle; **р. сезо́на** peak season.

разгиба́|ть(ся), ю(сь) *impf of* ⇒**разогну́ть(ся)**; **не ~я спины́** without a let-up.

разгильдя́|й, я *m* (*coll*) sloven; sloppy individual.

разгильдя́йнича|ть, ю *impf* (*coll*) to be slovenly, be sloppy; to be slipshod.

разглаго́льствовани|е, я *nt* (*coll*) big talk.

разглаго́льств|овать, ую *impf* (*coll*) to hold forth; to talk big.

разгла́|дить, жу, дишь *pf* (*of* ⇒**~живать**) to smooth out; to iron out, press.

разгла́|диться, дится *pf* (*of* ⇒**~живаться**) (*платье*) to become smoothed out; (*морщины*) to drop out.

разгла́жива|ть(ся), ю, ет(ся) *impf of* ⇒**разгла́дить(ся)**

разгла|си́ть, шу́, си́шь *pf* (*of* ⇒**~ша́ть**) **1** to divulge, give away, let out. **2** (**о** + *p*; *coll*) to trumpet, broadcast.

разглаша́|ть, ю *impf of* ⇒**разгласи́ть**

разглаше́ни|е, я *nt* divulging, (unauthorized) disclosure.

разгля|де́ть, жу́, ди́шь *pf* to make out, discern.

разгля́дыва|ть, ю *impf* to examine closely, scrutinize.

разгне́ва|ть, ю *pf* (*obs*) to anger, incense.

разгне́ва|ться, юсь *pf of* ⇒**гне́ваться**

разгова́рива|ть, ю *impf* (**с** + *i*) to talk (to, with), speak (to, with), converse (with); **переста́ньте р.!** stop talking!; **они́ друг с дру́гом не ~ют** they are not on speaking terms.

разгов|е́ться, е́юсь, е́ешься *pf* (*of* ⇒**~ля́ться**) to break a (period of) fast.

разговля́|ться, юсь *impf of* ⇒**разгове́ться**

разгово́р, а *m* **1** talk, conversation; **перемени́ть р.** to change the subject; **об э́том и ~а быть не мо́жет** there can be no question about it; **без ~ов!** and no argument! **2** (*in pl*; *coll*) (*толки*) gossip.

разговор|и́ть, ю, и́шь *pf* (*coll*) to dissuade.

разговор|и́ться, ю́сь, и́шься *pf* **1** (**с** + *i*) to get into conversation (with). **2** (*увлечься разговором*) to warm to one's theme.

разгово́рник, а *m* phrase book.

разгово́р|ный *adj* **1** colloquial; **р. язы́к** spoken language. **2**: **~ная каби́на**

telephone booth (*in post office*); **р. урок** conversation class.

разговорчивост|ь, и *f* talkativeness.

разговорчив|ый (~, ~а) *adj* talkative.

разгон, а *m* **1** (*толпы*) dispersal; dissolution; **р. собрания** breaking up of a meeting. **2**: **быть в ~е** (*coll*) to be out. **3** (*sport*) run, running start; **прыжок с ~а** running jump. **4** (*расстояние*) distance. **5** (*машины*) acceleration. **6** (*coll*) (*выговор*) scolding.

разгонист|ый (~, ~а) *adj* (*coll*) spaced-out.

разгоня|ть(ся), ю(сь) *impf of* **⇒разогнать(ся)**

разгоражива|ть, ю *impf of* **⇒разгородить**

разгор|аться, ается *impf of* **⇒~еться**

разгор|еться, ится *pf* (*of* **⇒~аться**) **1** (*об огне*) to flare up. **2** (*fig*) (*о битве*) to flare up; **~елся спор** a heated argument developed; **страсти ~елись** feeling ran high, passions rose. **3** (*fig*) (*о щеках*) to flush.

разгоро|дить, жу, ~дишь *pf* (*of* **⇒разгораживать**) to partition off.

разгоряч|ить, у, ишь *pf of* **⇒горячить**

разгоряч|иться, усь, ишься *pf* (*of* **⇒горячиться**) (**от** + *g*) to be flushed (with); **р. от вина** to be flushed with wine.

разграб|ить, лю, ишь *pf of* **⇒грабить 2**

разграблени|е, я *nt* plunder, pillage.

разграничени|е, я *nt* **1** (*размежевание*) demarcation, delimitation. **2** (*определение*) differentiation.

разграничива|ть, ю *impf of* **⇒разграничить**

разграничительн|ый *adj*: **~ая линия** line of demarcation, dividing line.

разграничь|ить, у, ишь *pf* (*of* **⇒~ивать**) **1** (*размежевать*) to delimit, demarcate. **2** (*точно определить*) to differentiate, distinguish.

разграф|ить, лю, ишь *pf* (*of* **⇒графить** *and* **⇒~лять**) to rule (*in squares, columns, etc.*).

разграфля|ть, ю *impf of* **⇒разграфить**

разгреба|ть, ю *impf of* **⇒разгрести**

разгре|сти, бу, бёшь, *past* **~ёб, ~бла** *pf* (*of* **⇒~бать**) to rake (aside, away); to shovel (aside, away).

разгром, а *m* **1** (*неприятеля*) crushing defeat, rout. **2** (*coll*) (*беспорядок*) havoc, devastation; **картина ~а** scene of devastation; **в квартире был полный р.** there was complete chaos in the flat.

разгром|ить, лю, ишь *pf of* **⇒громить**

разгружа|ть(ся), ю(сь) *impf of* **⇒разгрузить(ся)**

разгру|зить, жу, ~зишь *pf* (*of* **⇒~жать**) **1** to unload. **2** (**от** + *g*; *fig*, *coll*) to relieve (of); **р. от добавочных обязанностей** to relieve of extra commitments.

разгру|зиться, жусь, ~зишься *pf* (*of* **⇒~жаться**) **1** to unload. **2** (**от** + *g*; *fig*, *coll*) to be relieved (of).

разгрузк|а, и *f* **1** unloading. **2** (*fig*, *coll*) relieving.

разгрузочн|ый *adj* unloading; **р. день** dieting day, day of fasting; **~ые работы** unloading operations.

разгруппир|овать, ую *pf* (*of* **⇒~овывать**) to divide into groups, group.

разгруппировыва|ть, ю *impf of* **⇒разгруппировать**

разгрыза|ть, ю *impf of* **⇒разгрызть**

разгрыз|ть, у, ёшь, *past* **~, ~ла** *pf* (*of* **⇒~ать**) to crack (*with one's teeth*); **р. орех** to crack a nut.

разгул, а *m* **1** revelry. **2** (+ *g*; *fig*) wave (of); outburst (of); **р. антисемитизма** a wave of anti-Semitism.

разгулива|ть, ю *impf* **1** to stroll about, walk about. **2** *impf of* **⇒разгулять**

разгулива|ться, юсь *impf of* **⇒разгуляться**

разгуль|е, я *nt* (*coll*) merrymaking.

разгул|ьный (~ен, ~ьна) *adj* (*coll*) wild, fast; **вести ~ьную жизнь** to lead a wild life.

разгул|ять, яю *pf* (*of* **⇒~ивать**) (*coll*) **1** (*развлечь*) to amuse so as to keep awake. **2** (*отогнать*) to dispel; **р. чью-н. хандру** to dispel s.o.'s gloom.

разгул|яться, яюсь *pf* (*of* **⇒~иваться**) (*coll*) **1** to spread o.s.; to let o.s. go, live it up; (*fig*) (*о ветре*) to get up. **2** (*о ребёнке*) to wake up, stop feeling sleepy. **3** (*о погоде*) to clear up, improve; **день ~ялся** it has turned out a fine day.

разда|вать(ся), ю(сь), ёшь(ся) *impf of* **⇒раздать(ся)**[1,2]

раздав|ить, лю, ~ишь *pf* (*of* **⇒~ливать**) **1** (*насекомых*) to crush, squash; (*о машине*) to run over. **2** (*fig*) to crush, overwhelm. **3** (*coll*) (*выпить*) to down, sink (*alcoholic beverages*).

раздавлива|ть, ю *impf of* **⇒раздавить**

раздарива|ть, ю *impf of* **⇒раздарить**

раздар|ить, ю, ~ишь *pf* (*of* **⇒~ивать**) (+ *d*) to give away (to), make a present of (*many things*).

раздаточн|ый *adj* distributing, distribution; **~ая ведомость** list of those due to receive (*gifts, money, etc.*); **р. пункт** distribution centre (*Br*), center (*US*).

раздатчик, а *m* distributor, dispenser.

раздатчи|ца, цы *f of* **⇒~к**

разда|ть[1], м, шь, ст, дим, дите, дут, *past* **~л, ~ла, ~ло** *or* **роздал, ~ла, роздало** *pf* (*of* **⇒~вать**) to distribute, give out, serve out, dispense; **р. милостыню** to dispense charity; **р. книги** to give out books.

разда|ть[2], м, шь, ст, дим, дите, дут, *past* **~л, ~ла, ~ло** *or* **роздал, ~ла, роздало** *pf* (*of* **⇒~вать**) (*coll*) (*обувь*) to stretch; (*одежду*) to enlarge, widen, let out.

разда|ться[1], стся, дутся, *past* **~лся, ~лась, ~лось** *pf* (*of* **⇒~ваться**) to be heard; to resound; to ring (out); **~лся выстрел** a shot rang out; **~лся стук (в дверь)** a knock at the door was heard.

разда|ться[2], мся, шься, стся, димся, дитесь, дутся, *past* **~лся, ~лась, ~лось** *pf* (*of* **⇒~ваться**) (*coll*) **1** (*расступиться*) to make way. **2** (*растянуться*) to stretch, expand. **3** (*потолстеть*) to put on weight.

раздач|а, и *f* distribution.

раздваива|ть(ся), ю(сь) *impf of* **⇒раздвоить(ся)**

раздвига|ть(ся), ю, ет(ся) *impf of* **⇒раздвинуть(ся)**

раздвижной *adj* expanding; sliding; **р. занавес** (*theatr*) draw curtain; **р. стол** leaf table, expanding table.

раздви|нуть, ну, нешь *pf* (*of* **⇒~гать**) to move apart, slide apart; **р. занавески** to draw back the curtains; **р. стол** to extend a table.

раздви|нуться, нется *pf* (*of* **⇒~гаться**) to move apart, slide apart; **занавес ~нулся** the curtain was drawn back; (*в театре*) the curtain rose; **толпа ~нулась** the crowd made way.

раздвоени|е, я *nt* division into two; bifurcation; **р. личности** (*med*) split personality.

раздво|енный (*and* **раздвоённый)** *ppp of* **⇒~ить** *and adj* forked; bifurcated; **~енное копыто** cloven hoof; **~енное сознание** split mind.

раздво|ить, ю, ишь *pf* (*of* **⇒раздваивать**) to divide into two; to bisect.

раздво|иться, юсь, ишься *pf* (*of* **⇒раздваиваться**) to bifurcate, fork, split, become double.

раздевалк|а, и *f* (*coll*) **1** (*гардероб*) cloakroom. **2** (*в банях*) changing room.

раздевальный *adj* (*for*) undressing.

раздевал|ьня, ьни, *g pl* **~ен** *f* = **~ка**

раздевани|е, я *nt* undressing.

раздева|ть(ся), ю(сь) *impf of* **⇒раздеть(ся)**

раздел, а *m* **1** (*имущества*) division; (*земли*) allotment. **2** (*часть*) section, part (*of book, etc.*).

раздел|ать, аю *pf* (*of* **⇒~ывать**) **1** (*тушу*) to dress, prepare; **р. грядки** to prepare (flower) beds (*for sowing*); **р. под дуб** to grain in imitation of oak; **р. кого-н. под орех** (*coll*) to give it s.o. hot. **2** (*coll*) (*избить*) to beat up.

раздел|аться, аюсь *pf* (*of* **⇒~ываться**) (**с** + *i*) **1** (*с поручениями*) to be through (with); (*с кредиторами*) to settle (accounts) (with); **р. с долгами** to pay off debts. **2** (*fig*) (*расправиться*) to settle accounts (with), get even (with), make short work of.

разделени|е, я *nt* division; **р. труда** division of labour.

разделим|ый (~, ~а) *adj* divisible.

разделительн|ый *adj* **1** dividing, separating; **~ая черта** dividing line. **2** (*gram*) disjunctive; distributive; partitive; **р. союз** disjunctive conjunction; **~ое местоимение** distributive pronoun; **родительный р.**

падеж partitive genitive.

раздел|ить, ю, ~ишь *pf* (*of* ⇒**~ять**) **1** (*impf usu* **делить**) (*деньги*) to divide. **2** (*разъединить*) to separate, part. **3** (*мнение, убеждение*) to share.

раздел|иться, ~ится *pf* (*of* ⇒**~яться**) **1** (*impf also* **делиться**) (**на** + *a*) to divide (into); to be divided; **нам придётся р. на две группы** we shall have to divide into two groups; **мнения ~ились** opinions were divided. **2** (*прекратить совместную жизнь*) to separate, part company. **3** *pf only* (**на** + *a*) to be divisible (by); **число сорок девять ~ится на семь** forty-nine is divisible by seven.

разделыва|ть(ся), ю(сь) *impf of* ⇒**разделать(ся)**

раздельн|ый *adj* **1** (*отдельный*) separate; **~ое обучение** separate education for boys and girls. **2** (*отчётливый*) clear, distinct.

раздел|ять, яю *impf of* ⇒**~ить**

раздел|яться, яет(ся) *impf of* ⇒**~иться**

раздёрг|ать, аю *pf* (*of* ⇒**~ивать**) (*coll*) to tear up.

раздёргива|ть, ю *impf of* ⇒**раздёргать** *and* ⇒**раздёрнуть**

раздёр|нуть, ну, нешь *pf* (*of* ⇒**~гивать**) to draw apart, pull apart; **р. занавески** to draw back the curtains.

раздет|ый *ppp of* ⇒**~ь** *and adj* **1** unclothed, undressed. **2** (*плохо одетый*) poorly clothed, ill-clad.

разде|ть, ну, нешь *pf* (*of* ⇒**~вать**) to undress; **его ~ли на улице** he was robbed of his clothes in the street.

разде|ться, нусь, нешься *pf* (*of* ⇒**~ваться**) to undress, get undressed; (*снять пальто, шапку*) to take off one's things.

раздира|ть, ю *impf* **1** *impf of* ⇒**разодрать**. **2** (*impf only*) (*fig*) to rend, tear, lacerate, harrow.

раздира|ться, ет(ся) *impf of* ⇒**разодраться**

раздира|ющий *pres participle active of* ⇒**~ть** *and adj*; **р. (душу)** heart-rending, heartbreaking, harrowing.

раздобре|ть, ю *pf of* ⇒**добреть**[2]

раздобр|иться, юсь, ишься *pf* (*coll*) to become generous, become kind.

раздобыва|ть, ю *impf of* ⇒**раздобыть**

раздо|быть, буду, будешь, *past* **~был** *pf* (*of* ⇒**~бывать**) (*coll*) get, procure, get hold of.

раздоль|е, я *nt* **1** (*простор*) expanse. **2** (*fig*) (*свобода*) freedom; **им р.** they are quite free to do as they please.

раздол|ьный (~ен, ~ьна) *adj* free.

раздор, а *m* discord, dissension; **яблоко ~а** bone of contention; **сеять р.** to breed strife.

раздосад|овать, ую *pf* to vex.

раздраж|ать(ся), аю(сь) *impf of* ⇒**~ить(ся)**

раздража|ющий *pres participle active of* ⇒**~ть** *and adj* irritating, annoying; *as n* **~ющее, ~ющего** *nt* irritant.

раздражени|е, я *nt* irritation.

раздражител|ь, я *m* (*med*) irritant.

раздражительност|ь, и *f* irritability; shortness of temper.

раздражител|ьный (~ен, ~ьна) *adj* irritable; short-tempered.

раздраж|ить, у, ишь *pf* (*of* ⇒**~ать**) **1** to irritate, annoy. **2** (*med*) to irritate.

раздраж|иться, усь, ишься *pf* (*of* ⇒**~аться**) **1** to get irritated, get annoyed. **2** (*med*) to become inflamed.

раздразн|ить, ю, ~ишь *pf* **1** (*рассердить*) to tease. **2** (*возбудить*) to stimulate; **р. чей-н. аппетит** to whet s.o.'s appetite.

раздраконива|ть, ю *impf of* ⇒**раздраконить**

раздракон|ить, ю, ишь *pf* (*of* ⇒**~ивать**) (*coll*) to scold, chastise severely.

раздроб|ить, лю, ишь *pf* **1** *pf of* ⇒**дробить**. **2** (*impf* **~лять**) (**в** + *a*; *math*) to turn (into), reduce (to); **р. граммы в сантиграммы** to turn grams into centigrams.

раздроб|иться, ится *pf of* ⇒**дробиться**

раздроблени|е, я *nt* **1** breaking, smashing to pieces. **2** (*math*) reduction.

раздроб|ленный (*and* раздроблённый) *ppp of* ⇒**~ить** *and adj* (*fig*) fragmented.

раздробля|ть, ю *impf of* ⇒**раздробить**

раздруж|иться, усь, ишься *pf* (*coll*) to break it off (with), to break off friendly relations (with).

раздувальный *adj*: **р. мех** (*tech*) bellows.

раздува|ть(ся), ю(сь) *impf of* ⇒**раздуть(ся)**

раздум|ать, аю *pf* (*of* ⇒**~ывать 1**) to change one's mind; (+ *inf*) to decide not (to); **я ~ал подавать заявление на это место** I decided not to apply for that job; I changed my mind about applying for that job.

раздум|аться, аюсь *pf* (**о** + *p*; *coll*) to be absorbed in thinking (about).

раздумыва|ть, ю *impf* **1** *impf of* ⇒**раздумать**. **2** (*impf only*) (**о** + *p*) to ponder (on, over), consider; **я давно ~ю, купить машину или нет** for a long time I have been considering whether or not to buy a car; **не ~я** without a moment's thought.

раздумь|е, я *nt* **1** meditation; thought, thoughtful mood; **в глубоком р.** deep in thought. **2** hesitation; **меня взяло р.** I can't make up my mind.

раздут|ый *ppp of* ⇒**~ь** *and adj* (*fig, coll*) exaggerated; inflated; excessive.

разду|ть, ю, ешь *pf* (*of* ⇒**~вать**) **1** (*разжечь*) to blow; to fan; **р. пламя** (*fig*) to fan the flames. **2** (*надуть*) to blow (out); **р. щёки** to blow out one's cheeks; (*impers*): **у него ~ло щёку** his cheek is swollen. **3** (*fig, coll*) (*преувеличить*) to exaggerate; to inflate, swell; **р. потери** to exaggerate losses. **4** (*развеять*) to blow about; (*impers*): **~ло бумаги по полу** the papers had blown all over the floor.

разду|ться, юсь, ешься *pf* (*of* ⇒**~ваться**) to swell.

раздуш|ить, у, ~ишь *pf* (*coll*) to drench in perfume.

разева|ть, ю *impf of* ⇒**разинуть**

разжалоб|ить, лю, ишь *pf* to move (to pity).

разжалоб|иться, люсь, ишься *pf* to be moved to pity.

разжаловани|е, я *nt* demotion.

разжал|овать, ую *pf* (*mil*) to demote; **р. в солдаты** to reduce to the ranks.

раз|жать, ожму, ожмёшь *pf* (*of* ⇒**~жимать**) (*руки*) to unclasp; (*пружину*) to release; (*кулак, зубы*) to unclench.

раз|жаться, ожмётся *pf* (*of* ⇒**~жиматься**) (*о пружине*) to come loose; (*о кулаке, губах*) to relax.

разж|евать, ую, уёшь *pf* (*of* ⇒**~ёвывать**) **1** to chew. **2** (*fig, coll*) (*разъяснить*) to spell out.

разжёвыва|ть, ю *impf of* ⇒**разжевать**

раз|жечь, ожгу, ожжёшь, ожгут, *past* **~жёг, ~ожгла** *pf* (*of* ⇒**~жигать**) **1** (*заставить гореть*) to kindle. **2** (*fig*) to kindle, rouse, stir up; **р. страсти** to arouse passion.

раз|жечься, ожжётся, ожгутся, *past* **~жёгся, ~ожглась** *pf* (*of* ⇒**~жигаться**) **1** (*начать гореть*) to begin to burn. **2** (*fig*) to be kindled, aroused.

разжив|а, ы *f* (*coll*) gain, profit.

разжива|ться, юсь *impf of* ⇒**разжиться**

разжигани|е, я *nt* kindling (*also fig*).

разжига|ть(ся), ю, ет(ся) *impf of* ⇒**разжечь(ся)**

разжи|дить, жу, дишь *pf* (*of* ⇒**~жать**) to dilute, thin.

разжижа|ть, ю *impf of* ⇒**разжидить**

разжижени|е, я *nt* dilution, thinning.

разжима|ть(ся), ю, ет(ся) *impf of* ⇒**разжать(ся)**

разжире|ть, ю *pf of* ⇒**жиреть**

разж|иться, ивусь, ивёшься, *past* **~ился, ~илась** *pf* (*of* ⇒**~иваться**) (*coll*) **1** (*разбогатеть*) to get rich. **2** (+ *i*) (*раздобыть*) to come by, get hold of.

раззавод, а *m*: **на р.** (*sl*) for breeding.

раззадорива|ть(ся), ю(сь) *impf of* ⇒**раззадорить(ся)**

раззадор|ить, ю, ишь *pf* (*of* ⇒**~ивать**) (*coll*) to stir up, excite.

раззадор|иться, юсь, ишься *pf* (*of* ⇒**~иваться**) (*coll*) to get excited, get worked up.

раззванива|ть, ю *impf of* ⇒**раззвонить**

раззвон|ить, ю, ишь *pf* (*of* ⇒**раззванивать**) (**о** + *p*; *coll*) to trumpet, proclaim (from the housetops).

раззнаком|ить, лю, ишь *pf* to alienate.

раззнаком|иться, люсь, ишься *pf* (**с** + *i*) to break off one's acquaintance (with), break (with).

раззуд|еться, ится *pf* (*coll*) to begin to itch (*also fig*).

раззяв|а, ы *cg* = **разиня**

рази́н|уть, у, ешь *pf* (*of* ⇒**разева́ть**) (*coll*) to open wide (*the mouth*); to gape; **слу́шать ~ув рот** to listen open-mouthed.

рази́н|я, и *cg* (*coll, pej*) scatterbrain.

рази́тел|ьный (~ен, ~ьна) *adj* striking.

ра|зи́ть[1], **жу́, зи́шь** *impf* (*literary*) (*бить*) to strike, hit.

раз|и́ть[2], **и́т** *impf* (*impers + i; coll*) (*пахнуть*) to reek (of), stink (of); **из ко́мнаты ~и́ло чесноко́м** the room reeked of garlic.

разлага́|ть(ся), ю(сь) *impf of* ⇒**разложи́ть(ся)**[2]

разла́д, а *m* **1** (*в работе*) disorder. **2** (*раздор*) discord, dissension.

разла́|дить, жу, дишь *pf* (*of* ⇒**~живать**) (*механизм*) to put out of commission; (*coll*) to mess up.

разла́|диться, дится *pf* (*of* ⇒**~живаться**) (*о механизме*) to get out of order; (*coll*) to go wrong.

разла́жива|ть(ся), ю, ет(ся) *impf of* ⇒**разла́дить(ся)**

разла́ком|ить, лю, ишь *pf* (+ *i*; *coll*) to give s.o. a taste (for).

разла́ком|иться, люсь, ишься *pf* (+ *i*; *coll*) to get a taste (for).

разла́мыва|ть(ся), ю, ет(ся) *impf of* ⇒**разлома́ть(ся)** *and* ⇒**разломи́ть(ся)**

разлёжива|ться, юсь *impf* (*coll, pej*) to lie about.

разлез|а́ться, а́ется *impf of* ⇒**~́ться**

разле́з|ться, ется, *past* **~ся, ~лась** *pf* (*of* ⇒**~а́ться**) (*coll*) to come to pieces; to fall apart.

разле́нива|ться, юсь *impf of* ⇒**разлени́ться**

разлен|и́ться, ю́сь, ~́ишься *pf* (*of* ⇒**~́иваться**) (*coll*) to become sunk in sloth.

разлеп|и́ть, лю́, ~́ишь *pf* (*of* ⇒**~ля́ть**) to unstick.

разлеп|и́ться, ~́ится *pf* (*of* ⇒**~ля́ться**) to come unstuck.

разлепля́|ть(ся), ю, ет(ся) *impf of* ⇒**разлепи́ть(ся)**

разлёт, а *m* flying away, departure.

разлет|а́ться, а́юсь *impf of* ⇒**~е́ться**

разле|те́ться, чу́сь, ти́шься *pf* (*of* ⇒**~та́ться**) **1** (*о птицах*) to fly away; to scatter (*in the air*); (*о людях*) to scatter. **2** (*coll*) (*разбиться*) to smash, shatter. **3** (*fig, coll*) (*исчезнуть*) to vanish, be shattered; **её мечты ~те́лись** her dreams were shattered. **4** (*coll*) (*набрать скорость*) to speed up. **5** (*о новостях*) to spread. **6** (*coll, pej*) (*прийти спешно*) to come rushing (*with a request or suggestion*).

разл|е́чься, я́гусь, я́жешься, *past* **~ёгся, ~егла́сь** *pf* (*coll*) to sprawl; to stretch o.s. out.

разли́в, а *m* **1** (*вина*) bottling. **2** (*реки*) flood; overflow.

разлива́ни|е, я *nt* pouring out.

разлива́нн|ый *adj only in phr* **~ое мо́ре** (*joc*) oceans, lashings (*usu of alcoholic beverages*).

разлива́тельн|ый *adj*: **~ая ло́жка** ladle.

разлива́|ть(ся), ю, ет(ся) *impf of* ⇒**разли́ть(ся)**

разли́вк|а, и *f* **1** bottling. **2** (*tech*) teeming, casting.

разливно́й *adj* (*пиво*) on tap; draught (*Br*), draft (*US*).

разлин|ова́ть, у́ю *pf* (*of* ⇒**~о́вывать**) to rule (*paper, etc.*).

разлино́выва|ть, ю *impf of* ⇒**разлинова́ть**

разли́ти|е, я *nt* (*вина*) pouring out; (*по бутылкам*) bottling; (*реки*) overflowing; (*распространение*) broadcasting; **р. жёлчи** (*med*) bilious attack.

раз|ли́ть, олью́, ольёшь, *past* **~ли́л, ~лила́, ~ли́ло** *pf* (*of* ⇒**~лива́ть**) **1** (*налить*) to pour out; **р. по буты́лкам** to bottle; **р. чай** to pour out tea. **2** (*пролить*) to spill; **р. водо́й** to pour water (over), douse, drench; **их водо́й не ~ольёшь** (*coll*) they are thick as thieves. **3** (*fig*) (*распространить*) to spread, broadcast.

раз|ли́ться, олье́тся, *past* **~ли́лся, ~лила́сь** *pf* (*of* ⇒**~лива́ться**) **1** (*пролиться*) to spill; **суп ~ли́лся по ска́терти** the soup has spilled over the tablecloth. **2** (*о реке*) to overflow. **3** (*med*): **у него́ ~ила́сь жёлчь** he had a bilious attack. **4** (*fig*) (*распространиться*) to spread; **по её лицу́ ~лила́сь улы́бка** a smile spread across her face.

различ|а́ть, а́ю *impf of* ⇒**~и́ть**

различа́|ться, юсь *impf* to differ.

разли́чи|е, я *nt* distinction; difference; **де́лать р. (ме́жду** + *i*) to make distinctions (between); **без ~я** without distinction.

различи́тельный *adj* distinctive; **р. при́знак** distinguishing feature.

различ|и́ть, у́, и́шь *pf* (*of* ⇒**~а́ть**) **1** (*установить различие*) to distinguish; to tell the difference (between). **2** (*воспринять*) to discern, make out.

разли́ч|ный (~ен, ~на) *adj* **1** (*несходный*) different; **у нас бы́ли ~ные мне́ния** our opinions differed. **2** (*разнообразный*) various, diverse; **~ные лю́ди** all manner of people; **по ~ным соображе́ниям** for various reasons.

разложе́ни|е, я *nt* **1** (*на составные части*) breaking down; (*math*) expansion; (*phys*) resolution. **2** (*гниение*) decomposition, decay; putrefaction. **3** (*fig*) (*деморализация*) demoralization; disintegration.

разложи́|вшийся *pp active of* ⇒**~ться** *and adj* **1** decomposed, decayed. **2** (*fig*) (*морально*) demoralized.

разлож|и́ть[1], **у́, ~́ишь** *pf* (*of* ⇒**раскла́дывать**) **1** (*положить по разным местам*) to put; **р. свои́ ве́щи по я́щикам** to put one's things in their respective drawers. **2** (*в определённом порядке*) to lay out, to spread (out); **р. ого́нь** to make a fire; **р. ска́терть** to spread a tablecloth; **р. складну́ю крова́ть** to put up a camp bed. **3** (*распределить*) to distribute, apportion; **р. при́быль** to distribute, share out profits.

разлож|и́ть[2], **у́, ~́ишь** *pf* (*of* ⇒**разлага́ть**) **1** (*на составные части*) to break down; (*math*) to expand; (*phys*) to resolve; **р. вещество́ на составны́е ча́сти** to break a substance down into its component parts. **2** (*fig*) (*деморализовать*) to break down, demoralize.

разлож|и́ться[1], **у́сь, ~́ишься** *pf* (*of* ⇒**раскла́дываться**) (*coll*) (*разместить свои вещи*) to lay one's things out.

разлож|и́ться[2], **у́сь, ~́ишься** *pf* (*of* ⇒**разлага́ться**) **1** (*chem*) to decompose; (*math*) to expand. **2** (*сгнить*) to decompose, rot, decay; **труп уже́ ~и́лся** the body has already decomposed. **3** (*fig*) (*деморализоваться*) to become demoralized; to crack up, go to pieces.

разло́м, а *m* **1** (*действие*) breaking. **2** (*место*) break.

разлома́|ть, ю *pf* (*of* ⇒**разла́мывать**) to break (in pieces); **р. дом** to pull down a house.

разлома́|ться, ется *pf* (*of* ⇒**разла́мываться**) to break (in pieces); to break up.

разлом|и́ть, лю́, ~́ишь *pf* (*of* ⇒**разла́мывать**) **1** to break (in pieces). **2** (*impers; coll*): **меня́ всего́ ~и́ло** every bone in my body aches.

разлом|и́ться, ~́ится *pf* (*of* ⇒**разла́мываться**) to break in pieces.

разлу́к|а, и *f* **1** separation; **жить в ~е (с** + *i*) to live apart (from), be separated (from). **2** (*расставание*) parting; **час ~и** hour of parting.

разлуч|а́ть(ся), а́ю(сь) *impf of* ⇒**~и́ть(ся)**

разлуч|и́ть, у́, и́шь *pf* (*of* ⇒**~а́ть**) (+ *a and* **с** + *i*) to separate (from), part (from).

разлуч|и́ться, у́сь, и́шься *pf* (*of* ⇒**~а́ться**) (**с** + *i*) to separate, part (from).

разлюб|и́ть, лю́, ~́ишь *pf* (*человека*) to cease to love, stop loving; (*гулять; Москву*) to cease to like.

размагни́|тить, чу, тишь *pf* (*of* ⇒**~чивать**) (*tech*) to demagnetize.

размагни́|титься, чусь, тишься *pf* (*of* ⇒**~чиваться**) **1** (*tech*) to become demagnetized. **2** (*fig, coll*) to lose one's grip; to become unbalanced.

размагни́чива|ть(ся), ю(сь) *impf of* ⇒**размагни́тить(ся)**

разма́|зать, жу, жешь *pf* (*of* ⇒**~зывать**) **1** to spread, smear; **р. варе́нье по всему́ лицу́** to get jam all over one's face. **2** (*coll*) (*доклад*) to pad out.

разма́|заться, жется *pf* (*of* ⇒**~зываться**) to spread; to get smeared.

размазн|я́, и́, *g pl* **~е́й** *f and cg* (*coll*) **1** *f* gruel; (*fig*) slush. **2** *cg* (*fig*) (*человек*) ninny, wishy-washy person.

разма́зыва|ть(ся), ю, ет(ся) *impf of* ⇒**разма́зать(ся)**

размал|ева́ть, ю́ю, ю́ешь *pf* (*of* ⇒**~ёвывать**) (*coll*) to daub.

размалёвыва|ть, ю *impf of* ⇒**размалева́ть**

разма́лыва|ть, ю *impf of* ⇒**размоло́ть**

Р

размáрива|ть(ся), ю(сь) *impf of* ⇒**разморúть(ся)**

размáтыва|ть(ся), ю, ет(ся) *impf of* ⇒**размотáть(ся)**

размáх, а *m* **1** (*сила взмаха*) sweep; **со всегó ~у** with all one's might; **удáрить с ~у** to strike with all one's might. **2** (*рук, крыльев*) span; **р. кры́льев** (*aeron*) wingspan, wingspread. **3** (*tech*) (*величина колебания*) swing, amplitude (*of pendulum*). **4** (*fig*) scope, range; **ширóкий р.** grand scale; **они́ живýт с ~ом** they live in style, they do things in a big way.

размáхива|ть, ю *impf* (+ *i*) to swing; to brandish; **р. рукáми** to gesticulate.

размáхива|ться, юсь *impf of* ⇒**размахнýться**

размах|нýться, нýсь, нёшься *pf* (*of* ⇒**~иваться**) **1** to swing one's arm (*to strike or as if to strike*). **2** (*fig, coll*) to do things in a big way.

размáчива|ть, ю *impf of* ⇒**размочúть**

размáшист|ый (~, ~а) *adj* sweeping; **р. жест** sweeping gesture; **р. пóчерк** bold hand.

размежевáни|е, я *nt* demarcation, delimitation.

размеж|евáть, ýю, ýешь *pf* (*of* ⇒**~ёвывать**) to divide out, delimit (*also fig*); **р. сфéры влия́ния** to delimit spheres of influence.

размеж|евáться, ýюсь, ýешься *pf* (*of* ⇒**~ёвываться**) **1** to fix the boundaries; (*fig*) to delimit the functions, spheres of action. **2** (*fig*) (*с идейными противниками*) to dissociate oneself (*from*).

размежёвыва|ть(ся), ю(сь) *impf of* ⇒**размежевáть(ся)**

размельч|áть, áю *impf of* ⇒**~úть**

размельч|úть, ý, úшь *pf* (*of* ⇒**~áть**) to divide into particles; to pulverize.

размéн, а *m* exchange; **р. дéнег** changing of money.

размéнива|ть(ся), ю(сь) *impf of* ⇒**разменя́ть(ся)**

размéнн|ый *adj*: **~ая монéта** small change.

размен|я́ть, я́ю *pf* (*of* ⇒**~ивать**) to change; **р. сторублёвку** to change a hundred-rouble note.

размен|я́ться, я́юсь *pf* (*of* ⇒**~иваться**) (*coll*) **1** (+ *i*) to exchange; **р. пéшками** (*in chess*) to exchange pawns. **2** (*fig*) (**на мéлочи, по мелочáм**) to dissipate one's talents.

размéр, а *m* **1** (*масштаб*) dimensions; **ворóнка ~ом в дéсять квадрáтных мéтров** a crater measuring ten square metres. **2** (*одежды, обуви*) size (+ *g*: in); (*in pl*) measurements; **какóй ваш р. (óбуви)?** what size do you take (in shoes)? **3** (*зарплаты, процентов*) rate, amount; **получáть зарплáту в ~е ты́сячи рублéй в день** to be paid at the rate of a thousand roubles per day. **4** (*степень*) scale, extent; (*in pl*) proportions; **в ширóких ~ах** on a large scale; **увели́читься до огрóмных ~ов** to assume enormous proportions. **5** (*ритм стиха, музыки*) rhythm.

размéренн|ый *adj* measured; **~ая похóдка** measured tread.

размéр|ить, ю, ишь *pf* (*of* ⇒**~я́ть**) to measure off.

размер|я́ть, я́ю *impf of* ⇒**~ить**

разме|сúть, шý, ~сишь *pf* (*of* ⇒**~шивать**) to knead.

разме|стú, тý, тёшь, *past* **~л, ~лá** *pf* (*of* ⇒**~тáть**[1]) **1** (*дорожку*) to sweep clean. **2** (*снег*) to shovel, sweep away.

разме|стúть, щý, стúшь *pf* (*of* ⇒**~щáть**) **1** (*поместить по местам*) to place, accommodate; **р. делегáтов по гостúницам** to accommodate the delegates in hotels; **р. войскá по квартúрам** to quarter troops. **2** (*распределить между многими*) to distribute.

разме|стúться, щýсь, стúшься *pf* (*of* ⇒**~щáться**) **1** (*занять места*) to take one's seat. **2** (*поместиться*) to be housed, located.

размета|ть[1]**, ю** *impf of* ⇒**размести́**

разме|тáть[2]**, чý, ~чешь** *pf* (*of* ⇒**~тывать**) to scatter, disperse.

разме|тáться, чýсь, ~чешься *pf* **1** (*coll*) (*в бреду*) to toss. **2** (*на диване*) to sprawl.

размé|тить, чу, тишь *pf* (*of* ⇒**~чáть**) to mark.

размётыва|ть, ю *impf of* ⇒**разметáть**[2]

размечá|ть, ю *impf of* ⇒**размéтить**

размеш|áть, áю *pf* (*of* ⇒**~ивать**) to stir.

размéшива|ть, ю *impf of* ⇒**размесúть** *and* ⇒**размешáть**

размещá|ть(ся), ю(сь) *impf of* ⇒**разместúть(ся)**

размещéни|е, я *nt* **1** (*по местам*) placing, accommodation; (*между многими*) distribution, allocation; **р. войск по квартúрам** quartering, billeting of troops; **р. вооружённых сил** stationing of armed forces; **р. промы́шленности** location of industry. **2** (*fin*) (*капитала*) placing, investment.

разминá|ть(ся), ю(сь) *impf of* ⇒**размя́ть(ся)**

размини́ровани|е, я *nt* (*mil*) mine clearing.

размини́р|овать, ую *pf* to clear of mines.

размúнк|а, и *f* (*sport*) limbering-up; warm-up.

размин|ýться, ýсь, ёшься *pf* (*coll*) **1** (**с** + *i*) to pass (*without meeting*); to miss; **мы, должнó быть, ~ýлись с ним на дорóге** we must have passed one another on the road. **2** (*о письмах*) to cross. **3** (*обойти, объехать*) to (be able to) pass; **на э́том учáстке дорóги машúнам нельзя́ р.** it is impossible for cars to pass on this part of the road.

размнож|áть(ся), áю, áет(ся) *impf of* ⇒**~ить(ся)**

размножéни|е, я *nt* **1** duplicating; photocopying. **2** (*biol*) reproduction, propagation.

размнóж|ить, у, ишь *pf* (*of* ⇒**~áть**) **1** (*распечатать в многих экземплярах*) to duplicate; to photocopy. **2** (*животных*) to breed, rear.

размнóж|иться, ится *pf* (*of* ⇒**~áться**) (*biol*) to reproduce; to breed.

размозж|úть, ý, úшь *pf* to smash.

размок|áть, áет *impf of* ⇒**~нуть**

размóк|нуть, нет, *past* **~, ~ла** *pf* (*of* ⇒**~áть**) to get soaked; to get sodden.

размóл, а *m* **1** grinding. **2**: **мукá крýпного, мéлкого ~а** coarse-ground flour; finely ground flour.

размóлвк|а, и *f* tiff, disagreement.

раз|молóть, мелю́, мéлешь *pf* (*of* ⇒**размáлывать**) to grind.

разморáжива|ть(ся), ю, ет(ся) *impf of* ⇒**разморóзить(ся)**

размор|úть, úт *pf* (*of* ⇒**размáривать**) (*coll*) to exhaust; (*impers*): **её ~úло на сóлнце** the sun wore her out.

размор|úться, ю́сь, úшься *pf* (*of* ⇒**размáриваться**) (*coll*) to be worn out.

размoрó|зить, жу, зишь *pf* (*of* ⇒**разморáживать**) to defrost.

разморó|зиться, ится *pf* (*of* ⇒**разморáживаться**) to defrost.

размотá|ть, ю *pf* (*of* ⇒**размáтывать**) to unwind, uncoil, unreel.

размотá|ться, ется *pf* (*of* ⇒**размáтываться**) to unwind, uncoil, unreel; to come unwound.

размоч|úть, ý, ~ишь *pf* (*of* ⇒**размáчивать**) to soak, steep.

размы́в, а *m* washing away, erosion.

размывá|ть, ю *impf of* ⇒**размы́ть**

размыкáни|е, я *nt* (*elec*) breaking, break, disconnection.

размы́ка|ть, ю *pf* (*of* ⇒**размы́кивать**) (*coll*) to shake off; **р. гóре** (*poetical*) to shake off one's grief.

размыкá|ть, ю *impf of* ⇒**разомкнýть**

размы́кива|ть, ю *impf of* ⇒**размы́кать**

размы́сл|ить, ю, ишь *pf* (*of* ⇒**размышля́ть**) (**о** + *p*) to reflect (on, upon), meditate (on, upon), ponder (over).

разм|ы́ть, óю, óешь *pf* (*of* ⇒**~ывáть**) to wash away; (*geol*) to erode.

размышлéни|е, я *nt* reflection, meditation, thought; **по зрéлом ~и** on second thoughts, on reflection; **быть погружённым в ~я** to be lost in thought.

размышля́|ть, ю *impf of* ⇒**размы́слить**

размягч|áть(ся), áю(сь) *impf of* ⇒**~úть(ся)**

размягчéни|е, я *nt* softening.

размягч|úть, ý, úшь *pf* (*of* ⇒**~áть**) to soften.

размягч|úться, ýсь, úшься *pf* (*of* ⇒**~áться**) to soften, grow soft.

размя́к|нуть, ну, нешь, *past* **~, ~ла** *pf of* ⇒**мя́кнуть**

раз|мя́ть, омнý, омнёшь *pf* (*of* ⇒**мять 1** *and* ⇒**~минáть**) **1** (*глину*) to knead; (*картошку*) to mash. **2**: **р. нóги** (*coll*) to stretch one's legs.

раз|мя́ться, омнýсь, омнёшься *pf* (*of* ⇒**~минáться**) **1** to grow soft (*as result of kneading*). **2** (*coll*) to stretch one's legs; (*sport*) to limber up, loosen up.

разна́шива|ть(ся), ю, ет(ся) *impf of* **⇨разноси́ть(ся)[1]**

разне́жива|ть(ся), ю(сь) *impf of* **⇨разне́жить(ся)**

разне́ж|ить, у, ишь *pf* (*of* **⇨~ивать**) (*coll*) **1** (*избаловать*) to spoil, pamper. **2** (*заставить расчувствоваться*) to appeal to the tender feelings (of).

разне́ж|иться, усь, ишься *pf* (*of* **⇨~иваться**) (*coll, pej*) **1** (*избаловаться*) to become spoilt. **2** (*предаться неге*) to grow lazy, soft. **3** (*расчувствоваться*) to go soft.

разнемо́|чься, гу́сь, ~жешься, ~гутся, *past* **~гся, ~гла́сь** *pf* (*coll*) to become ill, be taken ill.

разне́рвнича|ться, юсь *pf* (*coll*) to become very nervous.

разнес|ти́, у́, ёшь, *past* **~̀, ~ла́** *pf* (*of* **⇨разноси́ть[2]**) **1** to carry, convey; to take round; **р. газе́ты** to deliver newspapers; **р. слух** to spread a rumour. **2** (*записать*) to enter, note down; **р. цита́ты на ка́рточки** to note down quotations on cards. **3** (*coll*) (*разбить*) to smash, break up. **4** (*рассеять*) to scatter, disperse. **5** (*coll*) (*раздуть*) to cause to swell; (*impers*): **его́ щёку ~ло́** his cheek is swollen. **6** (*fig, coll*) (*разбранить*) to slam.

разнес|ти́сь, ётся, *past* **~̀ся, ~ла́сь** *pf* (*of* **⇨разноси́ться[2]**) **1** (*о слухах*) to spread. **2** (*о звуках*) to resound.

разнима́|ть, ю *impf of* **⇨разня́ть**

ра́зн|иться, юсь, ишься *impf* to differ.

ра́зниц|а, ы *f* difference; disparity; **без ~ы** (*sl*) it makes no difference; **кака́я р.?** (*coll*) what difference does it make?

разнобо́|й, я *m* lack of coordination; difference, disagreement.

разнове́с, а *m* (*collect*) set of weights.

разнови́дност|ь, и *f* variety.

разновреме́н|ный (~ен, ~на) *adj* taking place at different times.

разногла́си|е, я *nt* **1** (*во мнениях*) difference, disagreement; **~я во взгля́дах** difference of opinion. **2** (*противоречие*) discrepancy; **р. в показа́ниях** conflicting evidence.

разноголо́сиц|а, ы *f* discordance, dissonance (*also fig, coll*); **р. во мне́ниях** dissent.

разноголо́с|ый (~, ~а) *adj* discordant.

разнокали́бер|ный (~ен, ~на) *adj* **1** (*mil*) of different calibres. **2** (*fig, coll*) mixed, heterogeneous.

разнома́ст|ный (~ен, ~на) *adj* **1** (*разного цвета*) of different colours. **2** (*cards*) of different suits.

разномы́сли|е, я *nt* (*literary*) difference of opinion(s).

разнообра́зи|е, я *nt* variety, diversity; **для ~я** for a change.

разнообра́|зить, жу, зишь *impf* to vary, diversify.

разнообра́зност|ь, и *f* = **разнообра́зие**

разнообра́з|ный (~ен, ~на) *adj* various, varied, diverse.

разноплеме́нный *adj* (*obs*) of different races, tribes.

разнорабо́ч|ий, его *m* unskilled labourer (*Br*), laborer (*US*).

разноречи́в|ый (~, ~а) *adj* contradictory, conflicting.

разноре́чи|е, я *nt* (*literary*) contradiction.

разноро́дност|ь, и *f* heterogeneity.

разноро́д|ный (~ен, ~на) *adj* heterogeneous.

разно́с, а *m* **1** carrying; delivery (*of mail, etc.*). **2** (*fig, coll*) (*внушение*) dressing-down.

разно|си́ть[1], шу́, ~̀сишь *pf* (*of* **⇨разна́шивать**) to wear in (*footwear*).

разно|си́ть[2], шу́, ~̀сишь *impf of* **⇨разнести́**

разно|си́ться[1], ~̀сится *pf* (*of* **⇨разна́шиваться**) (*об обуви*) to become comfortable.

разно|си́ться[2], ~̀сится *impf of* **⇨разнести́сь**

разно́ск|а, и *f* delivery.

разносклоня́емый *adj* (*gram*) irregularly declined.

разно́сн|ый[1] *adj*: **~ая кни́га** delivery book; **~ая торго́вля** street trading.

разно́сн|ый[2] *adj* (*coll*) (*ругательный*) abusive; **~ая реце́нзия** scathing review; **~ые слова́** swear words.

разносо́л, а *m* (*cul*) **1** (*obs*) (*маринад*) pickle(s). **2** (*in pl; coll*) (*изысканная еда*) dainties, delicacies.

разноспряга́емый *adj* (*gram*) irregularly conjugated.

разносторо́н|ний *adj* **1** (*math*) scalene. **2 (~ен, ~ня)** (*fig*) many-sided; versatile; **~нее образова́ние** all-round education.

разносторо́нност|ь, и *f* versatility.

ра́зност|ь, и *f* **1** (*math*) difference. **2** difference, diversity; **ра́зные ~и** (*coll*) this and that.

разно́счик, а *m* (*газет, телеграмм*) delivery man; (*новостей*) bearer; (*инфекции*) carrier; (*торговец*) pedlar, hawker.

разноти́п|ный (~ен, ~на) *adj* of different types, diverse.

разнохара́ктер|ный (~ен, ~на) *adj* diverse, varied.

разноцве́т|ный (~ен, ~на) *adj* of different colours (*Br*), colors (*US*); multicoloured (*Br*), multicolored (*US*).

разночи́н|ец, ца *m* (*hist*) raznochinets (*in the 19th century, a Russian intellectual not of gentle birth*).

разночи́н|ный *adj of* **⇨~ец**

разночте́ни|е, я *nt* (*philology*) variant reading.

разношёрст|ный (~ен, ~на) *adj* **1** (*животные*) of different colours (*Br*), colors (*US*). **2** (*fig, coll*) mixed; ill-assorted.

разноязы́ч|ный (~ен, ~на) *adj* polyglot.

разну́зд|анный *ppp of* **⇨~а́ть** *and adj* unbridled, unruly.

разнузд|а́ть, а́ю *pf* (*of* **⇨~ывать**) to unbridle.

разну́здыва|ть, ю *impf of* **⇨разнузда́ть**

ра́зн|ый *adj* **1** (*взгляды*) different, differing. **2** (*разнообразный*) various, diverse; **~ого ро́да** of various kinds; *as n* **~ое, ~ого** *nt* (*на повестке дня*) any other business.

разню́х|ать, аю *pf* (*of* **⇨~ивать**) (*coll*) to smell out (*also fig*); (*fig*) to nose out, ferret out.

разню́хива|ть, ю *impf of* **⇨разню́хать**

раз|ня́ть, ниму́, ни́мешь, *past* **~нял, ~няла́, ~ня́ло** *pf* (*of* **⇨~нима́ть**) **1** (*на составные части*) to take to pieces, dismantle. **2** (*драчунов*) to part, separate. **3** (*пальцы, руки*) to unclench.

разо... *vbl pref* = **раз...**

разоби́|деть, жу, дишь *pf* (*coll*) to offend greatly.

разоби́|деться, жусь, дишься *pf* (*coll*) to take offence.

разоблач|а́ть(ся), а́ю(сь) *impf of* **⇨~и́ть(ся)**

разоблаче́ни|е, я *nt* exposure, unmasking.

разоблачи́тел|ь, я *m* unmasker.

разоблач|и́ть, у́, и́шь *pf* (*of* **⇨~а́ть**) **1** (*eccl or joc*) to disrobe, divest. **2** (*fig*) to expose, unmask.

разоблач|и́ться, у́сь, и́шься *pf* (*of* **⇨~а́ться**) **1** (*eccl or joc*) to disrobe. **2** (*fig*) to be exposed, be unmasked.

раз|обра́ть, беру́, берёшь, *past* **~обра́л, ~обрала́, ~обра́ло** *pf* (*of* **⇨~бира́ть**) **1** (*механизм*) to take to pieces, dismantle; **р. дом** to pull down a house. **2** (*раскупить*) to buy up; (*взять*) to take. **3** (*привести в порядок*) to sort out. **4** (*ссору, дело*) to investigate, look into. **5** (*gram*) to parse; to analyse (*Br*), analyze (*US*). **6** (*понять*) to make out, understand; **я не могу́ р. его́ по́черк** I cannot make out his handwriting; **мы не мо́жем р., в чём де́ло** we cannot understand what it is all about. **7** (*fig, coll*) (*охватить*) to fill (with), seize (with); **её ~обрала́ ре́вность** she was filled with jealousy; **его́ ~обра́ло** he was drunk.

раз|обра́ться, беру́сь, берёшься, *past* **~обра́лся, ~обрала́сь** *pf* (*of* **⇨~бира́ться**) **1** (**в** + *p or coll* **с** + *i*) (*исследовать*) to investigate, look into; (*понимать*) to understand; **р. в пчелово́дстве** to know about bee-keeping; **я в нём не ~обра́лся** I could not make him out. **2** (*coll*) (*после поездки*) to sort out one's things.

разобщ|а́ть(ся), а́ю(сь) *impf of* **⇨~и́ть(ся)**

разобще́ни|е, я *nt* separation.

разобщённо *adv* apart, separately; **де́йствовать р.** to act independently.

разобщ|и́ть, у́, и́шь *pf* (*of* **⇨~а́ть**) **1** to separate; (*fig*) to estrange, alienate. **2** (*tech*) to disconnect, uncouple, disengage.

Р

разобщ|и́ться, у́сь, и́шься *pf* (*of* ⇒**~а́ться**) (*tech*) to become disconnected.

ра́зов|ый *adj* valid for one occasion (only); **~ого по́льзования** disposable.

раз|огна́ть, гоню́, го́нишь, *past* **~огна́л, ~огнала́, ~огна́ло** *pf* (*of* ⇒**~гоня́ть**) **1** to drive away; to disperse; (*fig*) to dispel; **р. демонстра́цию** to break up a demonstration; **р. го́ре** to dispel grief. **2** (*coll*) (*автомобиль*) to drive at high speed, race.

раз|огна́ться, гоню́сь, го́нишься, *past* **~огна́лся, ~огнала́сь, ~огна́ло́сь** *pf* (*of* ⇒**~гоня́ться**) to gather speed; to gather momentum.

разогн|у́ть, у́, ёшь *pf* (*of* ⇒**разгиба́ть**) to unbend, straighten; **р. спи́ну** to straighten one's back.

разогн|у́ться, у́сь, ёшься *pf* (*of* ⇒**разгиба́ться**) to straighten o.s. up.

разогре́в, а *m* (*tech*) initial heating; firing (*of furnace*).

разогрева́ни|е, я *nt* warming-up.

разогрева́|ть(ся), ю(сь) *impf of* ⇒**разогре́ть(ся)**

разогре́|ть, ю *pf* (*of* ⇒**~ва́ть**) to warm up.

разогре́|ться, юсь *pf* (*of* ⇒**~ва́ться**) to warm up, grow warm.

разоде́т|ый *ppp of* ⇒**~ь** *and adj* dressed up; **весь р.** all dressed up, in one's best bib and tucker.

разоде́|ть, ну, нешь *pf* (*coll*) to dress up.

разоде́|ться, нусь, нешься *pf* (*coll*) to dress up; **р. в пух и прах** to be dressed to kill.

разодолж|а́ть, а́ю *impf of* ⇒**~и́ть**

разодолж|и́ть, у́, и́шь *pf* (*of* ⇒**~а́ть**) (*coll*) to give a nasty surprise.

раз|одра́ть, деру́, дерёшь, *past* **~одра́л, ~одрала́, ~одра́ло** *pf* (*of* ⇒**~дира́ть** *and* ⇒**драть 1**) to tear up, to tear to pieces.

раз|одра́ться, дерётся, *past* **~одра́лся, ~одрала́сь, ~одра́ло́сь** *pf* (*of* ⇒**~дира́ться**) (*coll*) to tear.

разозл|и́ть, ю́, и́шь *pf* (*of* ⇒**злить**) to make angry, enrage.

разозл|и́ться, ю́сь, и́шься *pf* (*of* ⇒**зли́ться**) to get angry, get in a rage.

раз|ойти́сь, ойду́сь, ойдёшься, *past* **~ошёлся, ~ошла́сь** *pf* (*of* ⇒**расходи́ться**) **1** (*уйти*) to go away; (*рассеяться*) to disperse; **толпа́ ~ошла́сь** the crowd broke up; **ту́чи ~ошли́сь** the clouds dispersed. **2** (**с** + *i*) (*расстаться*) to part (from); (*о супругах*) to separate (from); **мы ~ошли́сь друзья́ми** we parted friends; **он ~ошёлся с жено́й** he has separated from his wife. **3** (*о линиях, о дорогах*) to branch off, diverge; (*о лучах*) to radiate. **4** (*разминуться*) to pass (*without meeting*). **5** (**с** + *i*) (*обнаружить разногласие*) to be at variance (with), conflict (with); **р. во мне́нии с кем-н.** to disagree with s.o. **6** (*раствориться*) to dissolve; (*растаять*) to melt. **7** (*распродаться*) to be sold out; (*о деньгах*) to be spent; (*о запасах*) to be used up. **8** (*coll*) (*приобрести скорость*) to gather speed. **9** (*coll*) (*дать волю себе*) to get going, get worked up; **бу́ря ~ошла́сь** the storm raged. **10** (*разъединиться*) to come apart.

раз|о́к, ка́ *m* (*coll*) *diminutive of* ⇒**~**; **ещё р.** once more; **р. друго́й** once or twice.

ра́зом *adv* (*coll*) at once, at one go.

разомкн|у́ть, у́, ёшь *pf* (*of* ⇒**размыка́ть**) to open, unfasten; (*tech*) to break, disconnect.

разомле́|ть, ю *pf* (*coll*) to languish, grow languid.

разонра́в|иться, люсь, ишься *pf* (*coll*; + *d*) to cease to please, lose its attraction (for).

разoпрева́|ть, ю *impf of* ⇒**разопре́ть**

разопре́|ть, ю *pf* (*of* ⇒**~ва́ть**) **1** (*о еде*) to become soft (*in cooking*). **2** (*coll*) (*о человеке*) to be worn out, done in (*from heat*).

разо́р, а *m* (*coll*) ruin, destruction.

разор|а́ться, у́сь, ёшься *pf* (*coll*) to start shouting.

разорв|а́ть, у́, ёшь, *past* **~а́л, ~ала́, ~а́ло** *pf* (*of* ⇒**разрыва́ть**[1]) **1** (*письмо*) to tear up; (*пакет, конверт*) to tear open; (*одежду*) to tear. **2** (*impers*) (*взорвать*) to blow up, burst; **котёл ~а́ло** the boiler has burst. **3** (*fig*) (*прекратить*) to break (off), sever; **р. дипломати́ческие отноше́ния** to break off diplomatic relations.

разорв|а́ться, у́сь, ёшься, *past* **~а́лся, ~ала́сь, ~а́ло́сь** *pf* (*of* ⇒**разрыва́ться**) **1** (*о верёвке*) to break, snap; (*об одежде*) to tear, become torn. **2** (*взорваться*) to blow up; to explode. **3** (*об отношениях*) to be broken off, severed. **4** (*coll; usu + neg*) to be everywhere at once; **я не могу́ р.** I can't be everywhere at once; **хоть ~и́сь!** however hard I try/tried!

разоре́ни|е, я *nt* (*города*) destruction, ravage; (*народа*) ruin.

разори́тел|ь, я *m* destroyer.

разори́тель|ница, ницы *f of* ⇒**~**

разори́тел|ьный (~ен, ~ьна) *adj* ruinous; wasteful.

разор|и́ть, ю́, и́шь *pf* (*of* ⇒**~я́ть**) **1** (*опустошить*) to destroy, ravage. **2** (*довести до нищеты*) to ruin, bring to ruin.

разор|и́ться, ю́сь, и́шься *pf* (*of* ⇒**~я́ться**[1]) **1** (*прийти в упадок*) to be ruined. **2** (*впасть в нищету*) to go broke, ruin o.s. **3** (*coll*) (**на** + *a*) to spend all one's money (on).

разоруж|а́ть(ся), а́ю(сь) *impf of* ⇒**~и́ть(ся)**

разоруже́ни|е, я *nt* (*действие*) disarming; (*политика*) disarmament.

разоруж|и́ть, у́, и́шь *pf* (*of* ⇒**~а́ть**) to disarm.

разоруж|и́ться, у́сь, и́шься *pf* (*of* ⇒**~а́ться**) to disarm.

разор|я́ть(ся)[1]**, я́ю(сь)** *impf of* ⇒**~и́ть(ся)**

разоря́|ться[2]**, юсь** *impf* (*coll, pej*) (*много говорить*) to rant.

разо|сла́ть, шлю́, шлёшь *pf* (*of* ⇒**рассыла́ть**) to send out.

разосп|а́ться, лю́сь, и́шься, *past* **~а́лся, ~ала́сь, ~а́ло́сь** *pf* (*coll*) to be fast asleep.

разостла́ть, расстелю́, расте́лешь *pf* = **расстели́ть**

разостла́ться, рассте́лется *pf* = **расстели́ться**

разохо́|тить, чу, тишь *pf* (**к** + *d*, **на** + *a*; *coll*) to stimulate (to), arouse an inclination (to, for).

разохо́|титься, чусь, тишься *pf* (+ *inf*; *coll*) to take a liking (to), feel an inclination (for); **сперва́ он не хоте́л танцева́ть, а тепе́рь ~тился** he did not want to dance at first, but now he is keen to.

разочарова́ни|е, я *nt* disappointment.

разочаро́в|анный *ppp of* ⇒**~а́ть** *and adj* disappointed; (**в** + *prep*) disillusioned (with).

разочар|ова́ть, у́ю *pf* (*of* ⇒**~о́вывать**) to disappoint.

разочар|ова́ться, у́юсь *pf* (*of* ⇒**~о́вываться**) (**в** + *p*) to be disappointed (in s.o., with sth).

разочаро́выва|ть(ся), ю(сь) *impf of* ⇒**разочарова́ть(ся)**

разраба́тыва|ть, ю *impf of* ⇒**разрабо́тать**

разрабо́та|ть, ю *pf* (*of* ⇒**разраба́тывать**) **1** (*agric*) to cultivate. **2** (*mining*) to work, exploit. **3** (*подготовить*) to work out, work up; to develop; to elaborate; **р. ме́тоды** to devise methods; **р. план** to work out a plan.

разрабо́тк|а, и *f* **1** (*agric*) cultivation. **2** (*mining*) working, exploitation; **откры́тая р.** opencast mining. **3**: **нефтяна́я р.** oilfield; **р. гра́вия** gravel pit; **р. сла́нца** slate quarry. **4** (*проекта*) working out, working up; elaboration.

разра́внива|ть, ю *impf of* ⇒**разровня́ть**

разража́|ться, юсь *impf of* ⇒**разрази́ться**

разра|зи́ться, жу́сь, зи́шься *pf* (*of* ⇒**~жа́ться**) (*о грозе, о катастрофе*) to break out, burst out; **р. слеза́ми** to burst into tears; **р. сме́хом** to burst out laughing.

разраст|а́ться, а́ется *impf of* ⇒**~и́сь**

разраст|и́сь, ётся, *past* **разро́сся, разросла́сь** *pf* (*of* ⇒**~а́ться**) to grow; to spread; **де́ло разросло́сь** the business has grown; **сире́нь разросла́сь** the lilac has spread.

разрев|е́ться, у́сь, ёшься *pf* (*coll*) to start howling.

разре|ди́ть, жу́, ди́шь *pf* (*of* ⇒**~жа́ть**) **1** (*рассаду*) to thin out, weed out. **2** (*воздух*) to rarefy.

разрежа́|ть, ю *impf of* ⇒**разреди́ть**

разре|жённый *ppp of* ⇒**~ди́ть** *and adj* rarefied.

разре́з, а *m* **1** (*отверстие*) cut; slit; **ю́бка с ~ом** slit skirt. **2** (*сечение*) section; **попере́чный р.** cross section; **р. глаз** shape of one's eyes. **3** (*fig, coll*) (*точка зрения*) point of view; **в ~е** (+ *g*) from the point of view (of), in the context (of).

разре́|зать, жу, жешь *pf* (*of* ⇒**~за́ть**) to cut; to slit.

разрез|а́ть, а́ю *impf of* ⇒**~́ать**

разрезн|о́й *adj* **1** cutting; **р. нож** paperknife; **~а́я пила́** rip saw. **2** (*имеющий разрезы*) slit, with slits.

разреш|а́ть, а́ю *impf of* ⇒**~и́ть**

разреш|а́ться, а́юсь *impf* **1** *impf of* ⇒**~и́ться**. **2** (*impf only*) to be allowed; **здесь кури́ть не ~а́ется** no smoking (is allowed here).

разреше́ни|е, я *nt* **1** (*право*) permission; **с ва́шего ~я** with your permission, by your leave. **2** (*документ*) permit, authorization; **р. на въезд** entry permit. **3** (*проблемы*) solution. **4** (*спора*) settlement. **5** (*tech*) (*степень детализации*) resolution.

разреши́м|ый (~, ~а) *adj* solvable.

разреш|и́ть, у́, и́шь *pf* (*of* ⇒**~а́ть**) **1** (+ *d*) to allow, permit; **~и́те пройти́** allow me to pass; do you mind letting me pass? **2** (*книгу, фильм*) to authorize; **р. кни́гу к печа́ти** to authorize the printing of a book. **3** (*проблему*) to solve. **4** (*конфликт*) to settle; **р. сомне́ния** to resolve doubts.

разреш|и́ться, у́сь, и́шься *pf* (*of* ⇒**~а́ться 1**) **1** (*о проблеме*) to be solved. **2** (*о конфликте*) to be settled. **3 (от бре́мени)** (+ *i*; *obs*) to be delivered (of); **она́ ~и́лась де́вочкой** she was delivered of a girl.

разрис|ова́ть, у́ю *pf* (*of* ⇒**~о́вывать**) to cover with drawings.

разрисо́выва|ть, ю *impf of* ⇒**разрисова́ть**

разровня́|ть, ю *pf* (*of* ⇒**разра́внивать**) to level.

разро́знен|ный (~, ~на) *adj* **1** (*лишенный единства*) uncoordinated. **2**: **р. компле́кт** incomplete set; **~ные тома́** odd volumes.

разро́знива|ть, ю *impf of* ⇒**разро́знить**

разро́зн|ить, ю, ишь *pf* (*of* ⇒**~ивать**) to break a set (of).

разруб|а́ть, а́ю *impf of* ⇒**~и́ть**

разруб|и́ть, лю́, ~́ишь *pf* (*of* ⇒**~а́ть**) to cut, cleave; **р. го́рдиев у́зел** to cut the Gordian knot.

разруга́|ть, ю *pf* (*coll*) (*человека*) to reprimand; (*работу*) to slam.

разруга́|ться, юсь *pf* (**с** + *i*; *coll*) to quarrel (with).

разрумя́нива|ть(ся), ю(сь) *impf of* ⇒**разрумя́нить(ся)**

разрумя́н|ить, ю, ишь *pf* (*of* ⇒**~ивать**) **1** (*покрыть румянами*) to rouge. **2** (*покрыть румянцем*) to flush, redden; **моро́з ~ил её щёки** the frost brought a flush to her cheeks.

разрумя́н|иться, юсь, ишься *pf* (*of* ⇒**~иваться**) **1** (*покрыться румянами*) to put rouge on. **2** (*покрыться румянцем*) to blush; to be flushed.

разру́х|а, и *f* ruin, collapse.

разруш|а́ть(ся), а́ю, а́ет(ся) *impf of* ⇒**~́ить(ся)**

разруше́ни|е, я *nt* destruction; (*in pl*) havoc.

разруши́тел|ьный (~ен, ~ьна) *adj* destructive.

разру́ш|ить, у, ишь *pf* (*of* ⇒**~а́ть**) **1** to destroy; to ruin. **2** (*fig*) to ruin, frustrate; **р. чьи-н. наде́жды** to ruin s.o.'s hopes.

разру́ш|иться, ится *pf* (*of* ⇒**~а́ться**) to go to ruin, be destroyed, collapse.

разры́в, а *m* **1** (*пространство*) break; gap; (*прореха*) tear; (*отношений*) breaking, severance; (*с кем-н.*) break-up; (*несоответствие*) gap; **р. ме́жду поколе́ниями** generation gap. **2** (*снаряда*) burst, explosion.

разрыва́|ть[1], ю *impf of* ⇒**разорва́ть**

разрыва́|ть[2], ю *impf of* ⇒**разры́ть**

разрыва́|ться, юсь *impf of* ⇒**разорва́ться**

разрывно́й *adj* explosive.

разр|ы́ть, о́ю, о́ешь *pf* (*of* ⇒**~ыва́ть²**) **1** to dig up. **2** (*fig, coll*) (*раскидать*) to turn upside-down, rummage through.

разрыхле́ни|е, я *nt* loosening.

разрыхли́тел|ь, я *m* baking powder, soda.

разрыхл|и́ть, ю́, и́шь *pf* (*of* ⇒**~я́ть**) to loosen; to hoe.

разрыхл|я́ть, я́ю *impf of* ⇒**~и́ть**

разря́д[1], а *m* (*электричества*) discharge.

разря́д[2], а *m* (*категория*) category, sort; (*в профессии, в спорте*) rank, class; **пе́рвого ~а** first class.

разря|ди́ть[1], жу́, ~́дишь *pf* (*of* ⇒**~жа́ть**) (*coll*) (*нарядно одеть*) to dress up.

разря|ди́ть[2], жу́, ди́шь *pf* (*of* ⇒**~жа́ть**) **1** (*elec*) to discharge; **р. атмосфе́ру** (*fig*) to clear the air. **2** (*ружьё*) to unload; (*стреляя*) to discharge.

разря|ди́ться[1], жу́сь, ~́дишься *pf* (*of* ⇒**~жа́ться**) (*нарядно одеться*) to dress up.

разря|ди́ться[2], ди́тся *pf* (*of* ⇒**~жа́ться**) **1** (*elec*) to run down; (*fig*) to clear, ease; **атмосфе́ра ~ди́лась** the atmosphere has become less tense. **2** (*об оружии*) to be unloaded; (*стреляя*) to be discharged.

разря́дк|а, и *f* **1** (*электричества*) discharging; (*ружья*) unloading; **р. напряжённости** (*pol*) lessening of tension, détente. **2** (*printing*) letter spacing.

разря́дник, а *m* sportsman with an official ranking.

разря́дниц|а, ы *f* sportswoman with an official ranking.

разряжа́|ть(ся), ю(сь) *impf of* ⇒**разряди́ть(ся)**

разубе|ди́ть, жу́, ди́шь *pf* (*of* ⇒**~жда́ть**) (**в** + *p*) to dissuade (from).

разубе|ди́ться, жу́сь, ди́шься *pf* (*of* ⇒**~жда́ться**) (**в** + *p*) to change one's mind (about).

разубежда́|ть(ся), ю(сь) *impf of* ⇒**разубеди́ть(ся)**

разува́|ть(ся), ю(сь) *impf of* ⇒**разу́ть(ся)**

разувере́ни|е, я *nt* dissuasion.

разуве́р|ить, ю, ишь *pf* (*of* ⇒**~я́ть**) (**в** + *p*) to cause s.o. to lose faith, stop believing (in); to persuade to the contrary; **он меня́ ~ил в том, что э́того мо́жно доби́ться** he persuaded me that it could not be achieved.

разуве́р|иться, юсь, ишься *pf* (*of* ⇒**~я́ться**) (**в** + *p*) to lose faith (in).

разуверя́|ть(ся), ю(сь) *impf of* ⇒**разуве́рить(ся)**

разузна|ва́ть, ю, ёшь *impf* **1** *impf of* ⇒**разузна́ть**. **2** (*impf only*) to make inquiries (about).

разузна́|ть, ю *pf* (*of* ⇒**~ва́ть 1**) to find out.

разукра́|сить, шу, сишь *pf* (*of* ⇒**~шивать**) to adorn; to decorate; to embellish.

разукра́|ситься, шусь, сишься *pf* (*of* ⇒**~шиваться**) to adorn *or* decorate o.s.

разукра́шива|ть(ся), ю(сь) *impf of* ⇒**разукра́сить(ся)**

разукрупн|и́ть, ю́, и́шь *pf* (*of* ⇒**~я́ть**) to break up into smaller units.

разукрупн|я́ть, я́ю, я́ет *impf of* ⇒**~и́ть**

ра́зум, а *m* reason; (*интеллект*) intellect; **у него́ ум за р. зашёл** (*coll*) he is, was at his wit's end.

разуме́ни|е, я *nt* **1** (*obs*) (*понимание*) understanding. **2** (*мнение*) opinion, viewpoint; **по моему́ ~ю** to my mind, as I see it.

разуме́|ть, ю *impf* **1** (*obs*) (*понимать*) to understand. **2** (**под** + *i*) (*подразумевать*) to understand (by), mean (by).

разуме́|ться, ется *impf* (**под** + *i*) to be understood (by), be meant (by); **под э́тим ~ется...** by this is meant ...; **(са́мо собо́й) ~ется** it stands to reason; it goes without saying, of course; **он, ~ется, не знал, что вы уже́ пришли́** he, of course, did not know that you were already here.

разу́мник, а *m* (*coll*) clever chap, clever boy.

разу́мниц|а, ы *f* (*coll*) clever girl.

разу́м|ный (~ен, ~на) *adj* **1** (*существо*) rational, intelligent. **2** (*парень*) intelligent, clever. **3** (*поступок*) reasonable; **э́то (вполне́) ~но** it is (perfectly) reasonable.

разу́|ть, ю, ешь *pf* (*of* ⇒**~ва́ть**); **р. кого́-н.** to take s.o.'s shoes off.

разу́|ться, юсь, ешься *pf* (*of* ⇒**~ва́ться**) to take one's shoes off.

разу́чива|ть(ся), ю(сь) *impf of* ⇒**разучи́ть(ся)**

разуч|и́ть, у́, ~ишь *pf* (*of* ⇒**~ивать**) to learn (up); **р. роль** to learn, study one's part.

разуч|и́ться, у́сь, ~́ишься *pf* (*of* ⇒**~́иваться**) (+ *inf*) to forget (how to), lose the art (of); **я ~и́лся ходи́ть на лы́жах** I have forgotten how to ski.

разъ... *vbl pref* = **раз...**

разъеда́|ть(ся), ю(сь) *impf of* ⇒**разъе́сть(ся)**

разъединéни|е, я *nt* **1** separation. **2** (*elec*) disconnection, breaking.

разъедин|úть, ю́, úшь *pf* (*of* ⇒**~я́ть**) **1** (*друзей*) to separate. **2** (*elec*) to disconnect, break; **нас ~úли** we were cut off (*on telephone*).

разъедин|úться, ю́сь, úшься *pf* (*of* ⇒**~я́ться**) to separate, part; (*о проводах*) to come apart, be disconnected; (*о людях*) to become disunited, estranged.

разъедин|я́ть(ся), я́ю(сь) *impf of* ⇒**~úть(ся)**

разъéзд, а *m* **1** (*людей*) departure. **2** (*in pl*) (*поездки*) travels. **3** (*mil*) mounted patrol. **4** (*railways*) siding.

разъездн|óй *adj*: **~ы́е дéньги** travelling expenses; **р. путь** (*railways*) siding.

разъезжá|ть, ю *impf* to drive (about, around), ride (about, around); to travel; **р. по делáм** to travel about on business.

разъезжá|ться, юсь *impf of* ⇒**разъéхаться**

разъé|сть, ст, дя́т, *past* **~л** *pf* (*of* ⇒**~дáть**) to eat away; to corrode (*also fig*); **егó ~ли сомнéния** he was consumed with doubts.

разъé|сться, мся, шься, стся, ди́мся, ди́тесь, дя́тся, *past* **~лся** *pf* (*of* ⇒**~дáться**) (*coll*) to get fat (*from good living*).

разъé|хаться, дусь, дешься *pf* (*of* ⇒**~зжáться**) **1** (*уехать*) to depart; to disperse. **2** (*о супругах*) to separate, cease living together. **3** (*о машинах*) to (be able to) pass. **4** (*разминуться*) to pass one another (*without meeting*); to miss one another. **5** (*coll*) (*о лыжах*) to slide apart. **6** (*coll*) (*об одежде*) to fall to pieces, fall apart.

Р

разъяр|úть, ю́, úшь *pf* (*of* ⇒**~я́ть**) to infuriate.

разъяр|úться, ю́сь, úшься *pf* (*of* ⇒**~я́ться**) to fly into a rage.

разъяр|я́ть(ся), я́ю(сь) *impf of* ⇒**~úть(ся)**

разъяснéни|е, я *nt* explanation.

разъясни́тельный *adj* explanatory.

разъясн|úть, ю́, úшь *pf* (*of* ⇒**~я́ть**) to explain.

разъясн|úться, úтся *pf* (*of* ⇒**~я́ться**) to become clear, be cleared up; (*о погоде*) to become clear, clear up.

разъясн|я́ть(ся), я́ю, я́ет(ся) *impf of* ⇒**~úть(ся)**

разыгр|áть, áю *pf* (*of* ⇒**~́ывать**) **1** (*исполнить*) to play (through); to perform; **р. дуракá** to play the fool. **2** (*игру, карту*) to play. **3** (*в лотерее*) to raffle. **4** (*coll*) (*одурачить*) to play a trick (on).

разыгр|áться, áюсь *pf* (*of* ⇒**~́ываться**) **1** (*увлечься игрой*) to be carried away by a game, by play. **2** (*о музыканте, об актёре*) to warm up. **3** (*о ветре, буре*) to get up; (*о чувствах*) to run high.

разы́грыва|ть(ся), ю(сь) *impf of* ⇒**разыгрáть(ся) 2, 3**

разыскáни|е, я *nt* **1** finding, searching out. **2** (*исследование*) (piece of) research.

разы|скáть, щу́, ~́щешь *pf* to find (after searching).

разы|скáться, щу́сь, ~́щешься *pf* (*найтись*) to turn up, be found.

разы́скива|ть, ю *impf* to hunt, search for.

разы́скива|ться, юсь *impf* to be searched, hunted for; **р. поли́цией** to be wanted by the police.

ра|й, я, о ~́е, в ~ю́ *m* paradise.

рай... *comb form, abbr of* **райóнный**

райкóм, а *m* (*abbr of* **райóнный комитéт**) district committee.

райóн, а *m* **1** region. **2** (*административная единица*) district.

райóн|ный *adj of* ⇒**~**

рáй|ский *adj of* ⇒**~**; (*fig*) heavenly; **~ская пти́ца** bird of paradise.

райсовéт, а *m* district soviet (*council*).

рак, а *m* **1** (*zool*) (*речной*) crayfish (*Br*), crawfish (*US*); (*морской*) spiny lobster; **крáсный как р.** red as a lobster. **2** (*med*) cancer; (*bot*) canker. **3 Р.** (*astrol, astron*) Crab, Cancer; **трóпик Р~́а** (*geog*) Tropic of Cancer.

рáк|а, и *f* (*eccl*) shrine (*of a saint*).

ракéт|а[1]**, ы** *f* **1** (*для сигналов; фейерверк; космическая*) rocket; **пусти́ть ~у** to let off a rocket. **2** (*mil*) rocket, ballistic missile; **зени́тная р.** surface-to-air missile; **крылáтая р.** cruise missile; **межконтинентáльная р.** intercontinental ballistic missile (ICBM). **3** (*космическая*) rocket; **р.-носи́тель** (*f, 2nd part decl as m*) launch vehicle. **4** (*coll*) (*судно*) hydrofoil.

ракéт|а[2]**, ы** *f* = **~ка**

ракéт|ка, ки *f* (*sport*) racket.

ракéтниц|а, ы *f* rocket projector; Very pistol, signal pistol.

ракéтный *adj* rocket(-powered); missile.

ракетодрóм, а *m* rocket launch site.

ракéтчик, а *m* missile specialist.

раки́т|а, ы *f* (*bot*) crack willow.

раки́тник, а *m* (*куст*) broom; (*заросль*) broom plantation.

рáковин|а, ы *f* **1** (*моллюска*) shell; **ушнáя р.** (*anat*) aural cavity. **2** (*для умывания*) sink; washbasin; **усáдочная р.** air hole, blow hole.

рáк|овый *adj of* ⇒**~**; (*med*) cancerous.

ракообрáзн|ые, ых *pl* (*sg* **~ое, ~ого** *nt*) (*zool*) Crustacea.

ракýрс, а *m* (*art*) foreshortening; **в ~е** foreshortened.

ракýшечник, а *m* (*geol*) coquina, shell rock.

ракýшк|а, и *f* shell; seashell.

рáлли *nt indecl* rally.

ралли́ст, а *m* rallyist, rally driver.

рáм|а, ы *f* **1** frame; **окóнная р.** window frame, sash; **встáвить в ~у** to frame. **2** (*машины*) chassis.

Рамадáн, а *m* = **Рамазáн**

Рамазáн, а *m* (*relig*) Ramadan.

рам|енá, éн, енáм (*no sg*) (*archaic or poetical*) shoulders.

рáмк|а, и *f* frame; (*текста*) border; **объявлéние о смéрти в трáурной ~е** black-bordered obituary announcement.

рáм|ки, ок (*no sg*) framework; limits; **в ~ках** (+ *g*) within the framework (of), within the limits (of); **вы́йти за р.** (+ *g*) to exceed the limits (of).

рáмп|а, ы *f* (*theatr*) footlights.

РАН *f indecl* (*abbr of* **Росси́йская акадéмия наýк**) Russian Academy of Sciences.

рáн|а, ы *f* wound.

ранг, а *m* class, rank.

рангóут, а *m* (*naut*) masts and spars.

рангóут|ный *adj of* ⇒**~**; **~ное дéрево** (*naut*) spar.

рáнее *adv* = **рáньше**

ранéни|е, я *nt* **1** (*действие*) wounding; injuring. **2** (*рана*) wound; injury.

рáнен|ый *adj* wounded; injured; *as n* **р., ~ого** *m* injured man; wounded man; casualty; (*in pl*) the injured; the wounded.

рáн|ец, ца *m* (*походный, солдатский*) knapsack, pack; (*ученический*) satchel.

ранжи́р, а *m*: **по ~у** in order of size.

рани́м|ый (~, а) *adj* vulnerable.

рáн|ить, ю, ишь *impf and pf* to wound; to injure.

рáнн|ий *adj* early; **~им ýтром** early in the morning; **~яя пти́чка** (*fig*) early bird; **с ~его дéтства** from early childhood; **с ~их лет** from (one's) earliest years.

рáно[1] *pred* it is early; **ещё р. ложи́ться спать** it is too early for bed.

рáно[2] *adv* early; **р. и́ли пóздно** sooner or later.

рант, а, о ~́е, на ~ý *m* welt; **сапоги́ на ~ý** welted boots.

рантьé *m indecl* rentier.

рáнчо *nt indecl* ranch.

ран|ь, и *f* (*coll*) early hour; **кудá ты направля́ешься в такýю р.?** where are you bound for at this ungodly hour?

рáньше *adv* **1** earlier; **как мóжно р.** as early as possible; as soon as possible. **2** (+ *g*) (*прежде*) before; **до Лóндона он р. вéчера не доéдет** he will not reach London before evening. **3** (*сперва, сначала*) first (of all). **4** (*прежде*) before, formerly; **р. мы жи́ли в дерéвне** we used to live in the country.

рапи́р|а, ы *f* foil.

рáпорт, а *m* report.

рапорт|овáть, ýю *impf and pf* (*pf also* ⇒**отрапортовáть**) to report.

рапс, а *m* (*bot*) rape.

рапсóди|я, и *f* (*mus*) rhapsody.

раритéт, а *m* rarity, curiosity.

рас... *vbl pref* = **раз...**

рáс|а, ы *f* race.

раси́зм, а *m* racism.

раси́ст, а *m* racist.

раси́ст|ка, ки *f of* ⇒**~**

раси́стский *adj* racist.

раскáива|ться, юсь *impf of* ⇒**раскáяться**

раскал|ённый *ppp of* ⇒**~и́ть** *and adj* scorching, burning hot; **р. добелá** white-hot; **р. дóкраснá** red-hot.

раскал|и́ть, ю́, и́шь *pf* (*of* ⇒**~я́ть**) to bring to a great heat; **р. добелá** to make white-hot; **р. докраснá** to make red-hot.

раскал|и́ться, ю́сь, и́шься *pf* (*of* ⇒**~я́ться**) to glow, become hot; **р.**

добела́ to become white-hot; **р. докрасна́** to become red-hot.

раска́лыва|ть(ся), ю(сь) *impf of* ⇒**расколо́ть 2** *and* ⇒**расколо́ться**

раскал|я́ть(ся), я́ю(сь) *impf of* ⇒**~и́ть(ся)**

раска́пыва|ть, ю *impf of* ⇒**раскопа́ть**

раска́рмлива|ть, ю *impf of* ⇒**раскорми́ть**

раска́т, а *m* roll, peal; **р. гро́ма** peal of thunder.

раскат|а́ть, а́ю *pf (of* ⇒**~́ывать)** **1** *(ковёр)* to unroll. **2** *(тесто)* to roll (out); *(дорогу)* to smooth out; to level.

раскат|а́ться, а́юсь *pf (of* ⇒**~́ываться)** **1** *(о ковре)* to unroll. **2** *(о тесте)* to roll out.

раска́тист|ый (~, ~a) *adj (гром)* rolling, booming; **р. смех** peal(s) of laughter.

раска|ти́ть, чу́, ~́тишь *pf (of* ⇒**~́тывать)** **1** *(придать скорость)* to set rolling. **2** *(в разные стороны)* to roll away.

раска|ти́ться, чу́сь, ~́тишься *pf (of* ⇒**~́тываться)** **1** *(приобрести скорость)* to gather momentum. **2** *(в разные стороны)* to roll away.

раска́тыва|ть, ю *impf* **1** *impf of* ⇒**раската́ть** *and* ⇒**раскати́ть**. **2** *(coll) (ездить много)* to drive (about, around), ride (about, around).

раска́тыва|ться, юсь *impf of* ⇒**раската́ться** *and* ⇒**раскати́ться**

раскач|а́ть, а́ю *pf (of* ⇒**~́ивать)** **1** *(качели)* to swing; to rock. **2** *(расшатать)* to loosen, shake loose. **3** *(fig, coll) (заставить действовать)* to shake up, stir up.

раскач|а́ться, а́юсь *pf (of* ⇒**~́иваться)** **1** *(на качелях)* to swing (back and forth); *(о лодке)* to rock. **2** *(расшататься)* to shake loose. **3** *(fig, coll) (начать действовать)* to bestir o.s.

раска́чива|ть(ся), ю(сь) *impf of* ⇒**раскача́ть(ся)**

раска́шля|ться, юсь *pf* to have a fit of coughing.

раска́яни|е, я *nt* repentance.

раска́|яться, юсь *pf (of* ⇒**~иваться)** **(в + *p*)** to repent (of).

расквартирова́ни|е, я *nt* quartering, billeting.

расквартир|ова́ть, у́ю *pf (of* ⇒**~о́вывать)** to quarter, billet.

расквартиро́выва|ть, ю *impf of* ⇒**расквартирова́ть**

расква́|сить, шу, сишь *pf (of* ⇒**~шивать)** *(coll)* to punch *(and draw blood from)*; **р. кому́-н. нос** to give s.o. a bloody nose.

расква́шива|ть, ю *impf of* ⇒**расква́сить**

расквита́|ться, юсь *pf* **(с + *i*;** *coll)* to settle accounts (with) *(also fig)*; *(fig)* to get even (with).

раскид|а́ть, а́ю *pf (of* ⇒**~́ывать)** to scatter.

раски́дист|ый (~, ~a) *adj* branchy, spreading.

раскидно́й *adj* folding.

раски́дыва|ть, ю *impf of* ⇒**раскида́ть** *and* ⇒**раски́нуть**

раски́дыва|ться, юсь *impf of* ⇒**раски́нуться**

раски́|нуть, ну, нешь *pf (of* ⇒**~дывать)** **1** *(руки)* to stretch (out). **2** *(ковёр)* to spread (out); *(лагерь)* to set up; *(палатку)* to pitch. **3**: **р. умо́м** to consider, think over.

раски́|нуться, нусь, нешься *pf (of* ⇒**~дываться)** **1** to spread out, stretch out. **2** *(coll)* to sprawl.

раскис|а́ть, а́ю *impf of* ⇒**~́нуть**

раски́с|нуть, ну, нешь *pf,* *past* **~,** **~ла** *pf (of* ⇒**~а́ть)** **1** *(о тесте)* to rise *(from fermentation)*. **2** *(fig, coll) (стать вялым)* to become limp.

раскла́д, а *m (расположение)* disposition, arrangement; *(сил, средств)* apportionment; *(положение дел)* state of affairs.

раскла́дк|а, и *f* **1** *(вещей)* laying out, arrangement. **2** *(огня)* making; *(кровати, матраса)* unfolding, laying out *(ready for use)*. **3** *(распределение)* apportionment. **4** *(comput)*: **р. клавиату́ры** keyboard layout.

раскладн|о́й *adj* folding; **~а́я крова́ть** camp bed *(Br)*, cot *(US)*.

раскладу́шк|а, и *f (coll)* **1** *(лёгкая кровать)* camp bed *(Br)*, cot *(US)*. **2** *(тип корпуса телефона)* flip phone, clamshell phone.

раскла́дыва|ть(ся), ю(сь) *impf of* ⇒**разложи́ть(ся)**[1]

раскла́нива|ться, юсь *impf of* ⇒**раскла́няться**

раскла́н|яться, яюсь *pf (of* ⇒**~иваться)** **1** to exchange bows *(on meeting or leave-taking)*. **2** *(об актёре)* to take a bow.

раскле́ива|ть(ся), ю(сь) *impf of* ⇒**раскле́ить(ся)**

раскле́|ить, ю, ишь *pf (of* ⇒**~ивать)** **1** *(конверт)* to unstick. **2** *(афиши)* to stick, paste *(in various places)*.

раскле́|иться, юсь, ишься *pf (of* ⇒**~иваться)** **1** to come unstuck. **2** *(fig, coll) (о деле)* to fall through, fail to come off. **3** *(fig, coll) (о человеке)* to be off colour; **он совсе́м ~ился** he has gone to pieces.

раскле́йк|а, и *f (афиш)* sticking, pasting.

раскле́йщик, а *m* billsticker.

раскле́йщи|ца, цы *f of* ⇒**~к**

расклеп|а́ть, а́ю *pf (of* ⇒**~́ывать)** **1** *(конструкцию)* to unrivet, unclench. **2** *(заклёпку)* to hammer out, flatten.

расклёпыва|ть, ю *impf of* ⇒**расклепа́ть**

раско́ванный *adj* relaxed, uninhibited.

раск|ова́ть, ую́, уёшь *pf (of* ⇒**~о́вывать)** **1** *(человека)* to unchain, unfetter; *(лошадь)* to unshoe. **2** *(железо)* to hammer out, flatten.

раск|ова́ться, уюсь, уёшься *pf (of* ⇒**~о́вываться)** **1** *(о лошади)* to cast a shoe. **2** *(о человеке)* to free o.s. *(from fetters)*.

раско́выва|ть(ся), ю(сь) *impf of* ⇒**раскова́ть(ся)**

расковы́рива|ть, ю *impf of* ⇒**расковыря́ть**

расковыр|я́ть, я́ю *pf (of* ⇒**~́ивать)** to pick at.

раско́ка|ть, ю *pf (coll)* to drop and break.

раско́л, а *m* **1** *(relig, hist)* schism, dissent. **2** *(pol, etc.)* split, division.

расколя́чива|ть, ю *impf of* ⇒**расколоти́ть**

расколо|ти́ть, чу́, ~́тишь *pf (of* ⇒**раскола́чивать** *and* ⇒**колоти́ть** **3)** *(coll)* to smash, break.

раскол|о́ть, ю́, ~́ешь *pf* **1** *pf of* ⇒**коло́ть**[1]. **2** *(impf* **раска́лывать)** *(fig)* to disrupt, break up.

раскол|о́ться, ю́сь, ~́ешься *pf (of* ⇒**раска́лываться)** to split *(also fig)*.

раско́льник, а *m* **1** *(relig, hist)* schismatic, dissenter. **2** *(pol; fig)* splitter.

раско́льническ|ий *adj* **1** *(relig, hist)* schismatic, dissenting. **2**: **~ая та́ктика** *(pol)* splitting tactics.

раскопа́|ть, ю *pf (of* ⇒**раска́пывать)** to dig up, unearth *(also fig)*; *(archaeol)* to excavate.

раско́пк|а, и *f (действие)* digging up; *(in pl; archaeol)* excavations.

раскорм|и́ть, лю́, ~́ишь *pf (of* ⇒**раска́рмливать)** to fatten.

раскорч|ева́ть, у́ю *pf (of* ⇒**~ёвывать)** to uproot.

раскорчёвыва|ть, ю *impf of* ⇒**раскорчева́ть**

раскоря́к|а, и *cg (coll)* bow-legged person.

раско́сый *adj (глаза)* slanting.

раскоше́лива|ться, юсь *impf of* ⇒**раскоше́литься**

раскоше́л|иться, юсь, ишься *pf (of* ⇒**~иваться)** *(coll)* to loosen one's purse strings; to fork out.

раскра́дыва|ть, ю *impf of* ⇒**раскра́сть**

раскра́ива|ть, ю *impf of* ⇒**раскрои́ть**

раскра́|сить, шу, сишь *pf (of* ⇒**~шивать)** to paint, colour *(Br)*, color *(US)*.

раскра́ск|а, и *f* **1** *(действие)* painting, colouring *(Br)*, coloring *(US)*. **2** *(расцветка)* colours *(Br)*, colors *(US)*, colour scheme *(Br)*, color scheme *(US)*.

раскрасне́|ться, юсь *pf* to flush, go red (in the face).

раскра́|сть, ду́, дёшь, *past* **~л** *pf (of* ⇒**~дывать)** to loot, clean out.

раскра́шива|ть, ю *impf of* ⇒**раскра́сить**

раскрепо|сти́ть, щу́, сти́шь *pf (of* ⇒**~ща́ть)** to set free, liberate, emancipate.

раскрепо|сти́ться, щу́сь, сти́шься *pf (of* ⇒**~ща́ться)** to free or liberate o.s.

раскрепоща́|ть(ся), ю(сь) *impf of* ⇒**раскрепости́ть(ся)**

раскрепоще́ни|е, я *nt* liberation, emancipation; **р. же́нщины** emancipation of women.

раскритик|ова́ть, у́ю *pf* to criticize severely, slam.

раскрич|а́ться, у́сь, и́шься *pf* **1** to start shouting, start crying. **2** (**на** + *a*) to shout (at).

раскро|и́ть, ю́, и́шь *pf* (*of* ⇒**раскра́ивать**) **1** (*ткань*) to cut out. **2** (*fig*, *coll*) to cut open; **р. кому́-н. че́реп** to split s.o.'s skull.

раскрош|и́ть(ся), у́, ~ит(ся) *pf of* ⇒**кроши́ть 1** *and* ⇒**кроши́ться**

раскру|ти́ть, чу́, ~тишь *pf* (*of* ⇒**~чивать**) **1** (*развить*) to untwist, untwine, undo. **2** (*колесо*) to spin, rotate.

раскру|ти́ться, чу́сь, ~тишься *pf* (*of* ⇒**~чиваться**) **1** (*развиться*) to come untwisted, come undone. **2** (*начать крутиться*) to start spinning, rotating.

раскру́чива|ть(ся), ю(сь) *impf of* ⇒**раскрути́ть(ся)**

раскрыва́|ть(ся), ю(сь) *impf of* ⇒**раскры́ть(ся)**

раскры́ти|е, я *nt* **1** opening. **2** (*обнаружение*) exposure, disclosing.

раскр|ы́ть, о́ю, о́ешь *pf* (*of* ⇒**~ыва́ть**) **1** (*открыть*) to open (wide); **р. зо́нтик** to put up an umbrella; **р. кни́гу** to open a book; **р. ско́бки** to open brackets. **2** (*сделать видным*) to expose, bare. **3** (*обнаружить*) to reveal, disclose, lay bare; (*найти*) to discover; **р. секре́т** to disclose a secret; **р. свои́ ка́рты** (*fig*) to show one's cards *or* one's hand.

раскр|ы́ться, о́юсь, о́ешься *pf* (*of* ⇒**~ыва́ться**) **1** to open. **2** (*раскрыть себя*) to uncover o.s. **3** (*обнаружиться*) to come out; to come to light.

раскуда́х|таться, чусь, чешься *pf* (*coll*) to set up a cackling.

раскула́чивани|е, я *nt* dispossession of the kulaks.

раскула́чива|ть, ю *impf of* ⇒**раскула́чить**

раскула́ч|ить, у, ишь *pf* (*of* ⇒**~ивать**) to dispossess (*a kulak*).

раскуме́ка|ть, ю *pf* (*coll*) to learn, find out.

раскуп|а́ть, а́ю *impf of* ⇒**~и́ть**

раскуп|и́ть, лю́, ~ишь *pf* (*of* ⇒**~а́ть**) to buy up.

раску́порива|ть, ю, ет *impf of* ⇒**раску́порить**

раску́пор|ить, ю, ишь *pf* (*of* ⇒**~ивать**) to uncork, open.

раску́рива|ть(ся), ю, ет(ся) *impf of* ⇒**раскури́ть(ся)**

раскур|и́ть, ю́, ~ишь *pf* (*of* ⇒**~ивать**) **1** (*заставить куриться*) to puff at (*a pipe or cigarette*). **2** (*зажечь*) to light up.

раскур|и́ться, ю́сь, ~ишься *pf* (*of* ⇒**~иваться**) **1** (*о трубке, сигарете*) to draw. **2** *pf only* (*coll*) (*начать курить много*) to start smoking away.

раску|си́ть, шу́, ~сишь *pf* (*of* ⇒**~сывать**) **1** (*конфету*) to bite into. **2** (*pf only*) (*coll*) (*узнать, понять*) to suss out.

раску́сыва|ть, ю *impf of* ⇒**раскуси́ть**

раску́т|ать, аю *pf* (*of* ⇒**~ывать**) to unwrap.

раску́т|аться, аюсь *pf* (*of* ⇒**~ываться**) to unwrap o.s.

раску|ти́ться, чу́сь, ~тишься *pf* (*coll*) to take to going on drinking bouts.

раску́тыва|ть(ся), ю(сь) *impf of* ⇒**раску́тать(ся)**

ра́совый *adj* racial.

распа́д, а *m* **1** disintegration, break-up; (*fig*) collapse. **2** (*chem*) decomposition.

распада́|ться, ется *impf of* ⇒**распа́сться**

распа́ива|ть(ся), ю(сь), ет(ся) *impf of* ⇒**распая́ть(ся)**

распак|ова́ть, у́ю *pf* (*of* ⇒**~о́вывать**) to unpack.

распак|ова́ться, у́юсь *pf* (*of* ⇒**~о́вываться**) **1** (*о посылке*) to come undone. **2** (*coll*) to unpack (one's things).

распако́выва|ть(ся), ю(сь) *impf of* ⇒**распакова́ть(ся)**

распал|и́ть, ю́, и́шь *pf* (*of* ⇒**~я́ть**) **1** to make burning hot. **2** (*fig*) to inflame; **р. гне́вом** to incense.

распал|и́ться, ю́сь, и́шься *pf* (*of* ⇒**~я́ться**) **1** to get burning hot. **2** (+ *i*; *fig*) to burn (with); **р. гне́вом** to be incensed.

распал|я́ть(ся), я́ю(сь) *impf of* ⇒**~и́ть(ся)**

распа́рива|ть(ся), ю(сь) *impf of* ⇒**распа́рить(ся)**

распа́р|ить, ю, ишь *pf* (*of* ⇒**~ивать**) **1** (*кожу*) to steam out; (*овощи*) to stew well. **2** (*coll*) (*разогреть до пота*) to cause to sweat.

распа́р|иться, юсь, ишься *pf* (*of* ⇒**~иваться**) **1** (*о коже*) to steam out; (*об овощах*) to be well stewed. **2** (*разогреться до пота*) to break into a sweat.

распа́рыва|ть(ся), ю, ет(ся) *impf of* ⇒**распоро́ть(ся)**

распа́|сться, дётся, *past* **~лся** *pf* (*of* ⇒**~да́ться**) **1** to disintegrate, fall to pieces; (*fig*) to break up; to collapse; **коали́ция ~лась** the coalition broke up. **2** (*chem*) to decompose.

распа|ха́ть, шу́, ~шешь *pf* (*of* ⇒**~хивать**) to plough up (*Br*), plow up (*US*).

распа́хива|ть, ю *impf of* ⇒**распаха́ть** *and* ⇒**распахну́ть**

распа́хива|ться, юсь *impf of* ⇒**распахну́ться**

распах|ну́ть, ну́, нёшь *pf* (*of* ⇒**~ивать**) to open wide; to fling open, throw open; **широко́ р. две́ри** (+ *d*) to open wide the doors (to) (*also fig*).

распах|ну́ться, ну́сь, нёшься *pf* (*of* ⇒**~иваться**) **1** (*о двери, об окне*) to fly open, swing open. **2** (*распахнуть полы своей одежды*) to throw open one's coat. **3** (*о полях*) to open up, out.

распа́шк|а, и *f* ploughing up (*Br*), plowing up (*US*).

распашн|о́й *adj* (*dialect*) for ploughing up (*Br*), plowing up (*US*); **~а́я земля́** ploughland (*Br*), plowland (*US*).

распашо́нк|а, и *f* (*baby's*) vest (*Br*), undershirt (*US*).

распа|я́ть, я́ю *pf* (*of* ⇒**~ивать**) to unsolder.

распа|я́ться, я́ется *pf* (*of* ⇒**~иваться**) to come unsoldered.

распева́|ть, ю *impf* **1** *impf of* ⇒**распе́ть**. **2** to sing (*loudly, gaily*).

распека́|ть, ю *impf of* ⇒**распе́чь**

распелен|а́ть, а́ю *pf* (*of* ⇒**~ывать**) to unswaddle.

распелёныва|ть, ю *impf of* ⇒**распелена́ть**

распере́ть, разопру́, разопрёшь, *past* **распёр, распёрла** *pf* (*of* ⇒**распира́ть**) (*coll*) to burst open, cause to burst.

распетуш|и́ться, у́сь, и́шься *pf* (*coll*) to get into a temper; to have one's hackles up.

расп|е́ть, ою́, оёшь *pf* (*of* ⇒**~ева́ть**) (*mus*) **1** (*пропеть*) to sing through. **2** (*голос*) to practise.

расп|е́ться, ою́сь, оёшься *pf* (*coll*) **1** (*начать петь свободно*) to warm up. **2** (*начав петь, увлечься*) to sing away.

распеча́т|ать, аю *pf* (*of* ⇒**~ывать**) **1** (*вскрыть*) to unseal; **р. письмо́** to open a letter. **2** (*напечатать во многих экземплярах*) to print off. **3** (*comput*) to print (out).

распеча́т|аться, ается *pf* (*of* ⇒**~ываться**) to come unsealed, to come open.

распеча́тк|а, и *f* printout; (*действие*) printing out.

распеча́тыва|ть(ся), ю, ет(ся) *impf of* ⇒**распеча́тать(ся)**

распе́|чь, ку́, чёшь, ку́т, *past* **~ёк, ~кла́** *pf* (*of* ⇒**~ка́ть**) (*coll*) to tell off.

распива́|ть, ю *impf of* ⇒**распи́ть**

распи́вочно *adv*: **прода́жа питья́ р.** sale of liquor for consumption on the premises.

распи́л, а *m* saw cut.

распи́лива|ть, ю *impf of* ⇒**распили́ть**

распил|и́ть, ю́, ~ишь *pf* (*of* ⇒**~ивать**) to saw up.

распи́лк|а, и *f* sawing.

распило́вк|а, и *f* = **распи́лка**

распина́|ть, ю *impf of* ⇒**распя́ть**

распина́|ться, юсь *impf* (*coll*) (**за кого́-н.** *or* **пе́ред кем-н.**) to put o.s. out (*sc. on s.o.'s behalf*).

распира́|ть, ю *impf of* ⇒**распере́ть**

расписа́ни|е, я *nt* timetable, schedule.

распи|са́ть, шу́, ~шешь *pf* (*of* ⇒**~сывать**) **1** (*сведения*) to enter; to note down; **р. счета́ по кни́гам** to enter bills in the account book. **2** (*распределить*) to assign, allot. **3** (*разрисовать*) to paint. **4** (*fig, coll*) (*изобразить*) to paint a picture (of).

распи|са́ться, шу́сь, ~шешься *pf* (*of* ⇒**~сываться**) **1** to sign (one's name); (**в** + *p*) to sign (for); **р. в получе́нии заказно́го письма́** to sign for a registered letter. **2** (*coll*) (*регистрировать брак*) to register one's marriage. **3** (**в** + *p*; *fig*) (*признаться*) to acknowledge, testify (to); **р. в со́бственном неве́жестве** to acknowledge one's own ignorance.

распи́ск|а, и *f* receipt; **р. в получе́нии** (+ *g*) receipt (for); **сдать**

р

письмо́ под ~у to make s.o. sign for a letter.

расписно́й *adj* painted, decorated.

распи́сыва|ть(ся), ю(сь) *impf of* ⇒**расписа́ть(ся)**

рас|пи́ть, разопью́, разопьёшь, *past* **~пи́л, ~пила́, ~пи́ло** *pf* (*of* ⇒**~пива́ть**) (*coll*) to drink (*together with s.o.*); **р. буты́лку (с кем-н.)** to split a bottle (with s.o.).

распих|а́ть, а́ю *pf* (*of* ⇒**~́ивать**) (*coll*) **1** (*растолкать*) to push aside. **2** (*рассовать*) to shove; **р. я́блоки по карма́нам** to stuff apples into one's pockets.

распи́хива|ть, ю *impf of* ⇒**распиха́ть**

распла́в|ить, лю, ишь *pf* (*of* ⇒**~ля́ть**) to melt, fuse.

распла́в|иться, ится *pf* (*of* ⇒**~ля́ться**) to melt, fuse.

расплавле́ни|е, я *nt* melting, fusion.

расплавля́|ть(ся), ю, ет(ся) *impf of* ⇒**распла́вить(ся)**

распла́|каться, чусь, чешься *pf* to burst into tears.

распланир|ова́ть, у́ю *pf of* ⇒**планирова́ть**

распласт|а́ть, а́ю *pf* (*of* ⇒**~́ывать**) **1** (*разделить в пласты*) to split, divide into layers. **2** (*широко раскрыть*) to spread; **р. кры́лья** to spread one's wings.

распласт|а́ться, а́юсь *pf* (*of* ⇒**~́ываться**) to sprawl.

распла́стыва|ть(ся), ю(сь) *impf of* ⇒**распласта́ть(ся)**

распла́т|а, ы *f* payment; (*fig*) retribution; **час ~ы** day of reckoning.

распла|ти́ться, чу́сь, ~́тишься *pf* (*of* ⇒**~́чиваться**) **1** (**с** + *i*) to pay off; to settle accounts (with), get even (with) (*also fig*); **р. с долга́ми** to pay off one's debts; **р. по ста́рым счета́м** to pay off old scores. **2** (**за** + *a*; *fig*) to pay (for).

распла́чива|ться, юсь *impf of* ⇒**расплати́ться**

распле|ска́ть, щу́, ~́щешь *pf* (*of* ⇒**~́скивать**) to spill.

распле|ска́ться, ~́щется *pf* (*of* ⇒**~́скиваться**) to spill.

расплёскива|ть(ся), ю, ет(ся) *impf of* ⇒**расплеска́ть(ся)**

распле|сти́, ту́, тёшь, *past* **~́л, ~ла́** *pf* (*of* ⇒**~та́ть**) (*верёвку*) to untwine, untwist; (*косу*) to undo.

распле|сти́сь, тётся, *past* **~́лся, ~ла́сь** *pf* (*of* ⇒**~та́ться**) (*о верёвке*) to untwine, untwist; (*о косе*) to come undone.

расплета́|ть(ся), ю, ет(ся) *impf of* ⇒**расплести́(сь)**

распло|ди́ть(ся), жу́, ди́т(ся) *pf of* ⇒**плоди́ть(ся)**

расплыва́|ться, ется *impf of* ⇒**расплы́ться**

расплы́вчат|ый (~, ~а) *adj* (*рисунок*) blurred, indistinct; (*ответ*) vague.

расплы́|ться, вётся, *past* **~лся, ~ла́сь** *pf* (*of* ⇒**~ва́ться**) **1** (*о жидкости*) to run; **черни́ла ~лись** the ink has run; (*о фигурах*) to become blurred; (*о массе*) to disperse; (*уплыть*) to swim off. **2** (*coll*) (*потолстеть*) to spread; to run to fat; **р. в улы́бку** to break into a smile.

расплю́щива|ть(ся), ю, ет(ся) *impf of* ⇒**расплю́щить(ся)**

расплю́щ|ить, у, ишь *pf* (*of* ⇒**~ивать**) to flatten out, hammer out.

расплю́щ|иться, ится *pf* (*of* ⇒**~иваться**) to become flat.

распознава́|емый *pres participle passive of* ⇒**~ть** *and adj* recognizable, identifiable.

распознава́ни|е, я *nt* recognition, identification.

распозна|ва́ть, ю́, ёшь *impf of* ⇒**~́ть**

распозна́|ть, ю, ешь *pf* (*of* ⇒**~ва́ть**) to recognize, identify; **р. боле́знь** to diagnose an illness.

располага́|ть[1], ю *impf* (+ *i*) to have at one's disposal, have available; **р. вре́менем** to have time available; **р. больши́ми сре́дствами** to dispose of ample means.

располага́|ть[2], ю *impf of* ⇒**расположи́ть**

располага́|ться, юсь *impf of* ⇒**расположи́ться[1]**

располага́|ющий 1 *pres participle active of* ⇒**~ть[1]**. **2** *pres participle active of* ⇒**~ть[2]** *and adj* pleasant, prepossessing.

располз|а́ться, а́юсь *impf of* ⇒**~ти́сь**

располз|ти́сь, у́сь, ёшься, *past* **~́ся, ~ла́сь** *pf* (*of* ⇒**~а́ться**) **1** to crawl (away). **2** (*coll*) (*об одежде*) to come unravelled; to tear, give at the seams. **3** (*coll*) (*расплыться*) to become blurred.

расположе́ни|е, я *nt* **1** (*предметов*) disposition, arrangement; **р. по кварти́рам** (*mil*) billeting. **2** (*местоположение*) situation, location; **р. на ме́стности** (*mil*) location on the ground. **3** (*симпатия*) favour (*Br*), favor (*US*); sympathies; **по́льзоваться чьим-н. ~ем** to enjoy s.o.'s favour (*Br*), favor (*US*), to be liked by s.o.; **чу́вствовать к кому́-н. р.** to be favourably (*Br*), favorably (*US*) disposed towards s.o. **4** (**к** + *d*) (*наклонность*) disposition (to), inclination (to, for); tendency (to), penchant (for); **у неё р. к бронхи́ту** she has a tendency to bronchitis. **5**: **р. (ду́ха)** disposition, mood, humour (*Br*), humor (*US*); **быть в плохо́м ~и ду́ха** to be in a bad mood; **у меня́ нет ~я танцева́ть** I am not in the mood for dancing.

располо́жен|ный (~, ~а) *ppp of* ⇒**расположи́ть** *and pred adj* **1** (**к** + *d*) (*питающий чувство симпатии*) well disposed (to, towards). **2** (**к** + *d or* + *inf*) (*склонный*) disposed (to), inclined (to); in the mood (for); **я не о́чень ~ сего́дня рабо́тать** I don't feel much like working today.

располож|и́ть, у́, ~́ишь *pf* (*of* ⇒**располага́ть[2]**) **1** (*разместить*) to dispose, arrange, set out; **р. свои́ войска́** to station one's troops. **2** (*вызвать симпатию в ком-н.*) to win over, gain; **р. кого́-н. к себе́, в свою́ по́льзу** to gain s.o.'s favour (*Br*), favor (*US*).

располож|и́ться[1], у́сь, ~́ишься *pf* (*of* ⇒**располага́ться**) (*разместиться*) to take up position; to settle *or* compose o.s.; to make o.s. comfortable; **р. спать** to settle o.s. to sleep.

располож|и́ться[2], у́сь, ~́ишься *pf* (+ *inf*; *obs*) (*собраться*) to resolve, make up one's mind.

распо́рк|а, и *f* (*tech*) (*поперечина*) crossbar; (*стойка*) strut; (*проставочный элемент*) spreader bar.

распор|о́ть, ю, ~́ешь *pf* (*of* ⇒**поро́ть[1]** *and* ⇒**распа́рывать**) to unstitch, unpick.

распор|о́ться, ~́ется *pf* (*of* ⇒**поро́ться** *and* ⇒**распа́рываться**) to come unstitched, come undone.

распоряди́тел|ь, я *m* (*руководитель*) manager; (*вечера*) master of ceremonies.

распоряди́тель|ница, ницы *f of* ⇒**~**

распоряди́тельност|ь, и *f* good management; efficiency; **отсу́тствие ~и** mismanagement.

распоряди́тел|ьный (~ен, ~ьна) *adj* capable; efficient; **р. челове́к** a good organizer.

распоря|ди́ться, жу́сь, ди́шься *pf* (*of* ⇒**~жа́ться 1**) **1** (**о** + *p or* + *inf*) to order; to see (that); **я ~жу́сь, что́бы вам возмести́ли расхо́ды** I will see that you are reimbursed for the expenses. **2** (+ *i*) to manage; to deal (with); **разреши́ть кому́-н. р. по своему усмотре́нию** to give s.o. a free hand; **как р. э́тими деньга́ми?** what is to be done with this money?

распоря́д|ок, ка *m* order; routine; **пра́вила вну́треннего ~ка** (*в учреждении, на фабрике и т. д.*) (office, factory, *etc.*) regulations.

распоряжа́|ться, юсь *impf* **1** *impf of* ⇒**распоряди́ться**. **2** (*impf only*) to give orders, be in charge; **р. как у себя́ до́ма** to behave as though the place belongs to one.

распоряже́ни|е, я *nt* **1** (*приказ*) order; instruction, direction; **до осо́бого ~я** until further notice. **2**: **име́ть в своём ~и** to have at one's disposal.

распоя́|сать, шу, шешь *pf* (*of* ⇒**~сывать**) to ungird.

распоя́|саться, шусь, шешься *pf* (*of* ⇒**~сываться**) **1** to take off one's belt; to ungird o.s. **2** (*fig, coll, pej*) (*стать распущенным*) to throw aside all restraint; to let o.s. go.

распоя́сыва|ть(ся), ю(сь) *impf of* ⇒**распоя́сать(ся)**

распра́в|а, ы *f* harsh punishment; reprisal; **крова́вая р.** massacre; **кула́чная р.** law of the jungle; **коро́ткая р.** short shrift; **у нас с ни́ми р. коротка́** we'll give them short shrift.

распра́в|ить, лю, ишь *pf* (*of* ⇒**~ля́ть**) **1** (*выпрямить*) to straighten; to smooth out; **р. морщи́ны** to smooth out wrinkles. **2** (*вытянуть*) to spread, stretch; **р. кры́лья** to spread one's wings (*also fig*).

Р

распра́в|иться[1], **ится** *pf* (*of* ⇒**~ля́ться**) (*выпрямиться*) to get smoothed out.

распра́в|иться[2], **люсь, ишься** *pf* (*of* ⇒**~ля́ться**) (**с** + *i*) (*произвести расправу*) to deal (with); **р. без суда́** to take the law into one's own hands; (*распорядиться*) to deal with, dispose of.

расправля́|ть(ся), ю(сь) *impf of* ⇒**распра́вить(ся)**

распределе́ни|е, я *nt* distribution; allocation, assignment; **р. нало́гов** assessment of taxes.

распредели́тел|ь, я *m* **1** (*человек*) distributor. **2** (*устройство*) regulator; **р. зажига́ния** distributor. **3** (*учреждение*) distribution centre (*Br*), center (*US*).

распредели́тельн|ый *adj* distributive, distributing; **~ая доска́, р. щит** (*tech*) switchboard; **р. щит(о́к) (с предохрани́телями/про́бками)** (*elec*) fuse box; **р. вал** (*tech*) camshaft; **~ая коро́бка** (*elec*) switch box, junction box.

распредел|и́ть, ю́, и́шь *pf* (*of* ⇒**~я́ть**) to distribute; to allocate, assign; **р. своё вре́мя** to allocate one's time.

распредел|и́ться, и́тся *pf* (*of* ⇒**~я́ться**) to divide up, split up.

распредел|я́ть(ся), я́ю, я́ет(ся) *impf of* ⇒**~и́ть(ся)**

распрекра́с|ный (~ен, ~на) *adj* (*coll*) beautiful, fine, splendid.

распрода|ва́ть, ю́, ёшь *impf of* ⇒**~́ть**

распрода́ж|а, и *f* sale; clearance sale.

распрода́ж|ный *adj of* ⇒**~а**

распрода́|ть, м, шь, ст, ди́м, ди́те, ду́т, *past* **распро́дал, ~ла́, распро́дало** *pf* (*of* ⇒**~ва́ть**) (*землю, вещи*) to sell off; (*билеты*) to sell out of; **биле́ты распро́даны** all the tickets are sold.

распростер|е́ть, *fut tense not used, past* **~̈, ~̈ла** *pf* (*of* ⇒**распростира́ть**) to stretch out, extend.

распростер|е́ться, *fut tense not used, past* **~̈ся, ~̈лась** *pf* (*of* ⇒**распростира́ться**) **1** to stretch o.s. out; to prostrate o.s. **2** (*fig*) to spread.

распростёр|тый *ppp of* ⇒**~е́ть** *and adj* **1** (*руки*) outstretched; **встре́тить с ~тыми объя́тиями** to receive with outstretched arms. **2** (*тело*) prostrate, prone.

распростира́|ть(ся), ю(сь) *impf of* ⇒**распростере́ть(ся)**

распро|сти́ться, щу́сь, сти́шься *pf* (**с** + *i*) to say goodbye to; **р. с мечто́й** to bid farewell to one's dream(s).

распростране́ни|е, я *nt* (*слухов, заразы*) spreading; (*знания, идей*) dissemination; (*владений*) expansion; (*оружия*) proliferation; (*товаров*) distribution; **име́ть большо́е р.** to be widely practised (*Br*), practiced (*US*).

распространённост|ь, и *f* prevalence.

распростран|ённый *ppp of* ⇒**~и́ть** *and adj* (*мнение*) widespread, prevalent; (*растение*) common.

распространи́тел|ь, я *m* (*слухов, знаний*) spreader, disseminator; (*книг, газет*) distributor.

распространи́тель|ница, ницы *f of* ⇒**~**

распространи́тельн|ый *adj* extended; (excessively) wide; **~ое толкова́ние зако́на** a wide interpretation of a law.

распростран|и́ть, ю́, и́шь *pf* (*of* ⇒**~я́ть**) **1** (*слухи, заразу*) to spread; (*знания, информацию*) to disseminate; (*товары, книги*) to distribute; (*письмо, меморандум*) to circulate; (*владения*) to increase. **2** (*расширить*) to extend; **р. де́йствие зако́на на всех** to extend the application of a law to all. **3** (*запах*) to give off.

распростран|и́ться, ю́сь, и́шься *pf* (*of* ⇒**~я́ться**) **1** (*огонь, слухи, запах*) to spread; (*стать больше*) to extend; (*о законе*) to apply. **2** (**о** + *p*; *coll*) to enlarge (on), expatiate (on).

распростран|я́ть(ся), я́ю(сь) *impf of* ⇒**~и́ть(ся)**

распроща́|ться, юсь *pf* (**с** + *i*; *coll*) = **распрости́ться**

ра́спр|я, и, *g pl* **~ей** *f* feud, quarrel.

распряга́|ть(ся), ю(сь) *impf of* ⇒**распря́чь(ся)**

распрям|и́ть, лю́, и́шь *pf* (*of* ⇒**~ля́ть**) (*проволоку*) to straighten, unbend; (*спину*) to straighten.

распрям|и́ться, лю́сь, и́шься *pf* (*of* ⇒**~ля́ться**) **1** to straighten o.s. up. **2** (*fig*) (*стать увереннее*) to become more confident.

распрямля́|ть(ся), ю(сь) *impf of* ⇒**распрями́ть(ся)**

распря́|чь, гу́, жёшь, гу́т, *past* **~г, ~гла́** *pf* (*of* ⇒**~га́ть**) to unharness.

распря́|чься, жётся, гу́тся, *past* **~гся, ~гла́сь** *pf* (*of* ⇒**~га́ться**) to get unharnessed.

распуг|а́ть, а́ю *pf* (*of* ⇒**~́ивать**) (*coll*) to scare away, frighten away.

распу́гива|ть, ю *impf of* ⇒**распуга́ть**

распуска́|ть(ся), ю(сь) *impf of* ⇒**распусти́ть(ся)**

распу|сти́ть, щу́, ~стишь *pf* (*of* ⇒**~ска́ть**) **1** (*учеников*) to dismiss; (*расформировать*) to disband; **р. парла́мент** to dissolve parliament. **2** (*ремень, узел галстука*) to loosen, let out; **р. во́лосы** to let one's hair down; **р. знамёна** to unfurl banners; **р. паруса́** to set sail. **3** (*fig, coll*) (*избаловать*) to allow to get out of hand; to spoil. **4** (*растворить*) to dissolve; (*растопить*) to melt. **5** (*coll*) (*слухи*) to spread, put out. **6** (*свитер*) to unpick.

распу|сти́ться, щу́сь, ~́стишься *pf* (*of* ⇒**~ска́ться**) **1** (*bot*) to open, blossom out, come out. **2** (*о завязках*) to come undone. **3** (*fig, coll*) (*о детях*) to become undisciplined, get out of hand, let o.s. go. **4** (*раствориться*) to dissolve; (*растопиться*) to melt.

распу́т|ать, аю *pf* (*of* ⇒**~ывать**) **1** (*узел*) to untangle, disentangle; to unravel. **2** (*животное*) to untie, loose. **3** (*fig*) (*сложный вопрос*) to disentangle, unravel; to puzzle out.

распу́т|аться, аюсь *pf* (*of* ⇒**~ываться**) **1** to get disentangled, come undone. **2** (*fig, coll*) to get disentangled, be cleared up. **3** (**с** + *i*; *coll*) to rid o.s. (of), shake off.

распу́тиц|а, ы *f* time (*during spring and autumn*) of bad roads.

распу́тник, а *m* profligate, libertine.

распу́тни|ца, цы *f of* ⇒**~к**

распу́тнича|ть, ю *impf* to lead a dissolute life.

распу́т|ный (~ен, ~на) *adj* dissolute, dissipated, debauched.

распу́тств|о, а *nt* dissipation, debauchery, profligacy.

распу́тыва|ть(ся), ю(сь) *impf of* ⇒**распу́тать(ся)**

распу́ть|е, я *nt* crossroads; **быть на р.** (*fig*) to be at the crossroads, be at the parting of the ways.

распух|а́ть, а́ю *impf of* ⇒**~́нуть**

распу́х|нуть, ну, нешь, *past* **~, ~ла** *pf* (*of* ⇒**~а́ть**) **1** (*о пальце*) to swell up. **2** (*о папке*) to bulge. **3** (*fig, coll*) (*о штатах*) to swell in numbers, become inflated.

распуш|и́ть, у́, и́шь *pf of* ⇒**пуши́ть**

распу́щенност|ь, и *f* **1** (*недисциплинированность*) lack of discipline. **2** (*безнравственность*) dissoluteness, dissipation.

распу́|щенный *ppp of* ⇒**~сти́ть** *and adj* **1** (*недисциплинированный*) undisciplined; **р. ребёнок** spoiled child. **2** (*безнравственный*) dissolute, dissipated.

распыле́ни|е, я *nt* **1** (*краски*) spraying. **2** (*энергии*) scattering; **р. средств** dissipation of resources.

распыли́тел|ь, я *m* spray(er).

распыл|и́ть, ю, и́шь *pf* (*of* ⇒**~я́ть**) **1** (*краску*) to spray. **2** (*fig*) to scatter; **р. си́лы** to scatter one's forces.

распыл|и́ться, и́тся *pf* (*of* ⇒**~я́ться**) to disperse, to get scattered.

распыл|я́ть(ся), я́ю, ет(ся) *impf of* ⇒**~и́ть(ся)**

распя́лива|ть, ю *impf of* ⇒**распя́лить**

распя́л|ить, ю, ишь *pf* (*of* ⇒**~ивать**) to stretch (*on a frame*).

распя́ти|е, я *nt* **1** (*действие*) crucifixion. **2** (*крест*) cross, crucifix.

расп|я́ть, ну́, нёшь *pf* (*of* ⇒**~ина́ть**) to crucify.

расса́д|а, ы (*no pl*) *f* seedlings.

расса|ди́ть, жу́, ~́дишь *pf* (*of* ⇒**~́живать**) **1** (*гостей*) to seat, offer seats. **2** (*посадить порознь*) to separate, seat separately. **3** (*растения*) to transplant, plant out.

расса́дк|а, и *f* transplanting, planting out.

расса́дник, а *m* **1** seed plot. **2** (*fig*) (*коррупции, инфекции*) hotbed, breeding ground.

расса́жива|ть, ю *impf of* ⇒**рассади́ть**

расса́жива|ться, юсь *impf of* ⇒**рассе́сться**[1]

расса́сыва|ться, юсь *impf of* ⇒**рассоса́ться**

рассве|сти́, тёт, *past* **~ло́** *pf* (*of* **⇒~та́ть**) to dawn; **уже́ ~ло́** it was already light.

рассве́т, а *m* dawn, daybreak; (*fig*) (*начало*) dawn.

рассвета́|ть, ет *impf of* **⇒рассвести́**; **~ет** day is breaking.

рассвирепе́|ть, ю *pf* (*of* **⇒свирепе́ть**) to become savage; to turn nasty.

рассeда́|ться, ется *impf of* **⇒рассе́сться**[2]

рассeдл|а́ть, а́ю *pf* (*of* **⇒~ывать**) to unsaddle.

рассёдлыва|ть, ю *impf of* **⇒рассeдла́ть**

рассе́ивани|е, я *nt* dispersion; dispersal, scattering.

рассе́ива|ть(ся), ю(сь) *impf of* **⇒рассе́ять(ся)**

рассека́|ть, ю *impf of* **⇒рассе́чь**

рассекре́|тить, чу, тишь *pf* (*of* **⇒~чивать**) to declassify.

рассекре́чива|ть, ю *impf of* **⇒рассекре́тить**

расселе́ни|е, я *nt* **1** settling (*in a new place*). **2** (*порознь*) separation; settling apart.

рассе́лин|а, ы *f* cleft, fissure.

рассел|и́ть, ю́, и́шь *pf* (*of* **⇒~я́ть**) **1** to settle (*in a new place*). **2** (*порознь*) to separate; to settle apart.

рассел|и́ться, ю́сь, и́шься *pf* (*of* **⇒~я́ться**) **1** to settle (*in a new place*). **2** (*порознь*) to separate, settle separately.

рассел|я́ть(ся), я́ю(сь) *impf of* **⇒~и́ть(ся)**

рассер|ди́ть, жу́, ~дишь *pf* to anger, make angry.

рассер|ди́ться, жу́сь, ~дишься *pf* (**на** + *a*) to get, become angry (with).

рассе́р|женный *ppp of* **⇒~ди́ть** *and adj* angry.

рассерча́|ть, ю *pf* (*coll*) to get angry.

рас|се́сться[1]**, ся́дусь, ся́дешься,** *past* **~се́лся** *pf* (*of* **⇒~са́живаться**) **1** to take one's seat. **2** (*coll*) (*развалиться*) to sprawl.

рас|се́сться[2]**, ся́дется,** *past* **~се́лся** *pf* (*of* **⇒~седа́ться**) to crack.

рассе́|чь, ку́, чёшь, ку́т, *past* **~к, ~кла́** *pf* (*of* **⇒~ка́ть**) **1** (*разрубить*) to cut through; (*волну, небо*) to cleave. **2** (*поранить*) to cut (badly); **я ~к себе́ па́лец** I have cut my finger (badly).

рассе́яни|е, я *nt* diffusion; dispersion; **р. тепла́** (*phys*) dissipation of heat; **р. све́та** (*phys*) diffusion of light.

рассе́янно *adv* absent-mindedly; (*смотреть*) vacantly.

рассе́янност|ь, и *f* **1** (*разбросанность*) diffusion; dispersion; dissipation. **2** (*невнимательность*) absent-mindedness, distraction.

рассе́я|нный *ppp of* **⇒~ть** *and adj* **1** diffused; dissipated; **р. свет** (*phys*) diffused light. **2** scattered, dispersed; **~нное населе́ние** scattered population. **3** (*невнимательный*) absent-minded; **р. взгляд** vacant look.

рассе́|ять, ю, ешь *pf* (*of* **⇒~ивать**) **1** (*семена*) to sow broadcast, scatter. **2** (*fig*) (*население*) to place (about), establish (about), dot (about). **3** (*неприятеля, толпу*) to disperse, scatter; (*fig*) (*слухи; сомнения*) to dispel; (*горе, тоску*) to alleviate; (*человека*) to distract, cheer up.

рассе́|яться, юсь, ешься *pf* (*of* **⇒~иваться**) **1** to disperse; (*в беспорядке*) to scatter; (*о неприятном чувстве*) to pass; **толпа́ ~ялась** the crowd dispersed; **тума́н ~ялся** the fog cleared; **её го́ре ~ялось** her grief passed; **р. как дым** to vanish into thin air, into smoke. **2** (*развлечься*) to divert o.s., distract o.s.; **ему́ на́до р.** he needs a break.

расси|де́ться, жу́сь, ди́шься *pf* (*of* **⇒~живаться**) (*coll*) to sit for a long time; to sit around.

расси́жива|ться, юсь *impf of* **⇒рассиде́ться**

расска́з, а *m* **1** story. **2** (*очевидца*) account.

расска|за́ть, жу́, ~жешь *pf* (*of* **⇒~зывать**) **1** (+ *a and d*) to tell, relate (*sth to s.o.*). **2** (**о** + *p*) to tell of; **р. о де́тстве** to tell of one's childhood. **3**: **р., как всё произошло́** to tell how it all happened.

расска́зчик, а *m* storyteller, narrator.

расска́зчи|ца, цы *f of* **⇒~к**

расска́зыва|ть, ю *impf of* **⇒рассказа́ть**

расслабева́|ть, ю *impf of* **⇒расслабе́ть**

расслабе́|ть, ю *pf* (*of* **⇒~ва́ть**) to grow weak; to tire.

рассла́б|ить, лю, ишь *pf* (*of* **⇒~ля́ть**) **1** (*пояс, воротничок*) to loosen. **2** (*мышцы*) to relax.

рассла́б|иться, люсь, ишься *pf* (*of* **⇒~ля́ться**) to relax.

рассла́б|ленный *ppp of* **⇒~ить** *and adj* (*голос, организм*) weak; (*спокойный*) relaxed.

расслабля́|ть(ся), ю(сь) *impf of* **⇒рассла́бить(ся)**

рассла́б|нуть, ну, нешь, *past* **~, ~ла** *pf* (*coll*) = **~е́ть**

рассла́в|ить, лю, ишь *pf* (*of* **⇒~ля́ть**) (*coll*) **1** (*obs*) (*расхвалить*) to praise to the skies. **2** (*рассказать многим*) to shout from the housetops.

расславля́|ть, ю *impf of* **⇒рассла́вить**

рассла́ива|ть(ся), ю, ет(ся) *impf of* **⇒расслои́ть(ся)**

рассле́довани|е, я *nt* investigation; (*law*) inquiry; **провести́ р.** (+ *g*) to hold an inquiry (into); **обще́ственное р.** public inquiry.

рассле́д|овать, ую *impf and pf* to investigate.

расслое́ни|е, я *nt* stratification (*also fig*); (*отслоение*) exfoliation.

рассло|и́ть, ю́, и́шь *pf* (*of* **⇒рассла́ивать**) to divide into layers, stratify (*also fig*).

рассло|и́ться, и́тся *pf* (*of* **⇒рассла́иваться**) to become stratified (*also fig*); (*отслоиться*) to exfoliate, flake off.

рассло́йк|а, и *f* **1** stratification. **2** (*geol*) stratum.

расслу́ша|ть, ю *pf* (*obs*) = **расслы́шать**

расслы́ш|ать, у, ишь *pf* to catch; **я не ~ал вас** I didn't catch what you said.

рассма́тривани|е, я *nt* (*картины*) examination, inspection.

рассма́трива|ть, ю *impf* **1** *impf of* **⇒рассмотре́ть**. **2** (*impf only*) (*считать*) to regard (as), consider; **мы ~ем э́то как обма́н** we regard it as a fraud. **3** (*impf only*) (*внимательно смотреть*) to scrutinize, examine.

рассмеш|и́ть, у́, и́шь *pf* to make laugh.

рассме|я́ться, ю́сь, ёшься *pf* to burst out laughing.

рассмотре́ни|е, я *nt* examination, scrutiny; (*обсуждение*) consideration; **предста́вить на р.** to submit for consideration; **быть на ~и** to be under consideration.

рассмотр|е́ть, ю́, ~ишь *pf* (*of* **⇒рассма́тривать 1**) **1** (*различить*) to discern, make out; **мы с трудо́м ~е́ли на́дпись на па́мятнике** we had difficulty in making out the inscription on the monument. **2** (*обсудить*) to examine, consider; **р. заявле́ние** to consider an application.

расс|ова́ть, ую́, уёшь *pf* (*of* **⇒~о́вывать**) (*coll*) to shove, stuff; **р. свои́ ве́щи по чемода́нам** to stuff one's things into suitcases.

рассо́выва|ть, ю *impf of* **⇒рассова́ть**

рассо́л, а *m* brine.

рассо́льник, а *m* rassolnik (*a meat or fish soup with pickled cucumbers*).

рассо́р|ить, ю, ишь *pf* to set at loggerheads.

рассор|и́ть, ю́, и́шь *pf* (*coll*) to drop (over); **р. оку́рки по́ полу** to litter the floor with cigarette butts.

рассо́р|иться, юсь, ишься *pf* (**с** + *i*) to fall out (with).

рассортир|ова́ть, у́ю *pf* (*of* **⇒~о́вывать**) to sort out; (*по ассортименту*) to classify; (*по качеству*) to grade, sort.

рассортиро́вк|а, и *f* sorting out; classification; grading.

рассортиро́выва|ть, ю *impf of* **⇒рассортирова́ть**

рассос|а́ться, ётся *pf* (*of* **⇒расса́сываться**) (*об опухоли*) to go down; (*о толпе*) to disperse.

рассо́х|нуться, нется, *past* **~ся, ~лась** *pf* (*of* **⇒рассыха́ться**) to crack.

расспра́шива|ть, ю *impf of* **⇒расспроси́ть**

расспро́с, а *m* (*действие*) questioning; (*in pl*) (*вопросы*) questions; **надое́сть ~ами** to pester with questions.

расспро|си́ть, шу́, ~сишь *pf* (*of* **⇒расспра́шивать**) to question; (**о** + *p*) (*узнать, спрашивая*) to find out.

рассредото́чени|е, я *nt* (*mil*) dispersion, dispersal.

рассредото́чива|ть, ю *impf of* **⇒рассредото́чить**

рассредото́ч|ить, у, ишь *pf* (*of* **⇒~ивать**) (*mil*) to disperse.

Р

рассро́чива|ть, ю *impf of* ⇒**рассро́чить**

рассро́ч|ить, у, ишь *pf* (*of* ⇒**~ивать**) to spread (*over a period*); **р. изда́ние энциклопе́дии на де́сять лет** to spread the publication of an encyclopedia over ten years.

рассро́чк|а, и *f* instalment system; **в ~у** by/in instalments; **купи́ть с ~ой платежа́** to purchase by instalments.

расстава́ни|е, я *nt* parting; **при ~и** on parting.

расста|ва́ться, ю́сь, ёшься *impf of* ⇒**расста́ться**

расста́в|ить, лю, ишь *pf* (*of* ⇒**~ля́ть**) **1** (*разместить*) (*книги, мебель*) to place, arrange; (*кадры, работников*) to place, position; **р. часовы́х** to post sentries; (*запятые*) to put, add. **2** (*раздвинуть*) to move apart; **р. но́ги** to stand with one's legs apart. **3** (*одежду*) to let out.

расста́вк|а, и *f* (*одежды*) letting out.

расставля́|ть, ю *impf of* ⇒**расста́вить**

расстано́вк|а, и *f* **1** (*действие*) placing, arrangement; **р. зна́ков препина́ния** punctuation. **2** (*пауза*) pause; spacing; **говори́ть с ~ой** to speak slowly and deliberately.

расста́|ться, нусь, нешься *pf* (*of* ⇒**~ва́ться**) (**с** + *i*) **1** to part (with); **я ~лся с ней** I parted with her; **~немся друзья́ми** let us part friends; **я ~лся с родны́м го́родом мно́го лет наза́д** I left my home town many years ago. **2** (*с мечтой, с мыслью*) to give up. **3** (*уволить*) to part company (with).

расстега́|й, я *m* open-topped pasty.

расстёгива|ть(ся), ю(сь) *impf of* ⇒**расстегну́ть(ся)**

расстег|ну́ть, ну́, нёшь *pf* (*of* ⇒**~̂ивать**) to undo, unfasten.

расстег|ну́ться, ну́сь, нёшься *pf* (*of* ⇒**~̂иваться**) **1** (*об одежде, о предмете*) to come undone, become unfastened. **2** (*о человеке*) to undo one's (*пальто, пиджак*) coat, (*рубашку*) shirt, *etc.*; to undo one's buttons.

расстел|и́ть, ю́, ~̂ешь *pf* (*of* ⇒**расстила́ть**) to spread (out), to lay (out).

расстел|и́ться, ~̂ется *pf* (*of* ⇒**расстила́ться**) to spread.

расстила́|ть, ю *impf of* ⇒**расстели́ть** *and* ⇒**разостла́ть**

расстила́|ться, ется *impf* **1** *impf of* ⇒**расстели́ться** *and* ⇒**разостла́ться**. **2** *impf only* to extend, unfold; **пе́ред на́шими глаза́ми ~лась вели́чественная панора́ма гор** before our eyes unfolded a magnificent mountain panorama.

расстоя́ни|е, я *nt* distance; **на ~и** (*видеть*) at a distance; (*управлять*) from a distance; **на бли́зком ~и (от** + *g*) at a short distance (from), a short way away (from); **на далёком ~и** in the far distance, a great way off; **они́ живу́т на ~и двух миль от ближа́йшего го́рода** they live two miles from the nearest town; **держа́ть кого́-н. на ~и** to keep s.o. at arm's length; **держа́ться на ~и** to keep one's distance.

расстра́ива|ть(ся), ю(сь) *impf of* ⇒**расстро́ить(ся)**

расстре́л, а *m* **1** (*казнь*) execution (*by firing squad*); **приговори́ть к ~у** to sentence to be shot. **2** (*обстрел*) (+ *g*) shooting at; firing at, on.

расстре́лива|ть, ю *impf of* ⇒**расстреля́ть**

расстре́льн|ый *adj*: **~ая кома́нда** firing squad.

расстрел|я́ть, я́ю *pf* (*of* ⇒**~̂ивать**) **1** (*убить*) to shoot, execute by shooting. **2** (*танки*) to shoot at; (*демонстрацию*) to open fire on. **3** (*снаряды*) to use up (*in firing*).

расстри́г|а, и *m* unfrocked priest, unfrocked monk.

расстрига́|ть, ю *impf of* ⇒**расстри́чь**

расстри́|чь, гу́, жёшь, гу́т, *past* **~г, ~гла** *pf* (*of* ⇒**~га́ть**) (*eccl*) to unfrock.

расстро́|енный *ppp of* ⇒**~ить** *and adj* (*ряды*) disordered; (*здоровье*) damaged, weak; (*нервы*) shattered; (*человек, вид*) upset; (*рояль*) out of tune.

расстро́|ить, ю, ишь *pf* (*of* ⇒**расстра́ивать**) **1** (*ряды*) to throw into disorder; (*здоровье, хозяйство*) to damage; (*планы*) to upset. **2** (*человека; желудок*) to upset. **3** (*mus*) to put out of tune.

расстро́|иться, юсь, ишься *pf* (*of* ⇒**расстра́иваться**) **1** (*о рядах*) to fall into disarray; (*о здоровье, хозяйстве*) to be damaged; (*о планах*) to fall through. **2** (**из-за** + *g*) (*о человеке*) to be upset (over, about). **3** (*mus*) to become out of tune.

расстро́йств|о, а *nt* **1** disorder; confusion; **р. желу́дка** stomach upset; (*coll*) stomach upset; **р. пищеваре́ния** indigestion; **не́рвное р.** nervous breakdown; **р. ре́чи** speech defect; **внести́ р. (в** + *a*), **привести́ в р.** to throw into confusion, disorganize; **дела́ пришли́ в р.** things are in disarray. **2** (*coll*) upset; **привести́ в р.** to upset; **быть в ~е** to be upset.

расступ|а́ться, а́ется *impf of* ⇒**~и́ться**

расступ|и́ться, ~̂ится *pf* (*of* ⇒**~а́ться**) to part, make way; **толпа́ ~и́лась** the crowd parted.

расстыко́вк|а, и *f* (*of space vehicles*) undocking.

рассуди́тельност|ь, и *f* reasonableness; good sense.

рассуди́тел|ьный (~ен, ~ьна) *adj* reasonable; sensible.

рассу|ди́ть, жу́, ~̂дишь *pf* **1** (*людей*) to judge (between), arbitrate (between); **~ди́те нас** be our judge; settle our dispute; **р. спор** to settle a dispute. **2** (*решить*) to decide; **мы ~ди́ли, что пришло́ вре́мя верну́ться домо́й** we decided that the time had come to return home.

рассу́д|ок, ка *m* **1** (*способность*) reason; intellect; **го́лос ~ка** the voice of reason; **в по́лном ~ке** in full possession of one's faculties; **лиши́ться ~ка** to lose one's reason, go out of one's mind. **2** (*здравый смысл*) common sense, good sense.

рассу́доч|ный (~ен, ~на) *adj* rational.

рассужда́|ть, ю *impf* **1** (*мыслить*) to reason. **2** (**о** + *p*, **на** + *a*) (*обсуждать*) to discuss, debate; to argue (about); **р. на каку́ю-н. те́му** to discuss a topic.

рассужде́ни|е, я *nt* **1** (*процесс*) reasoning. **2** (*usu in pl*) (*обсуждение*) discussion, debate; argument; **без ~й** without argument, without arguing.

рассусо́лива|ть, ю *impf* (*coll*) (**о** + *p*) to go on, yak on (about).

рассу́чива|ть(ся), ю, ет(ся) *impf of* ⇒**рассучи́ть(ся)**

рассуч|и́ть, у́, ~̂ишь *pf* (*of* ⇒**~̂ивать**) to untwist; to undo; **р. рукава́** to roll one's sleeves down.

рассуч|и́ться, ~̂ится *pf* (*of* ⇒**~̂иваться**) to untwist; to come undone.

рассчи́т|анный *ppp of* ⇒**~а́ть** *and adj* **1** calculated, deliberate; **~анная гру́бость** calculated rudeness. **2** (**на** + *a*) intended (for), meant (for), designed (for); **кни́га, ~анная на широ́кого чита́теля** a book intended for the general public.

рассчит|а́ть, а́ю *pf* (*of* ⇒**~̂ывать** **1**) **1** (*стоимость, расходы*) to calculate; **он не ~а́л свои́х сил** he miscalculated his strength. **2** (*уволить*) to dismiss, sack. **3** (*действия, поездку*) to plan.

рассчит|а́ться, а́юсь *pf* (*of* ⇒**~̂ываться**) (**с** + *i*) to settle accounts (with); (*fig*) to settle scores (with).

рассчи́тыва|ть, ю *impf* **1** *impf of* ⇒**рассчита́ть** *and* ⇒**расче́сть**. **2** (*impf only*) (**на** + *a*) (*предполагать*) to count (on, upon), reckon (on, upon); (+ *inf*) to expect (to), hope (to); **р. на многочи́сленную пу́блику** to count on a large attendance; **мы ~ли зако́нчить рабо́ту в э́том году́** we were hoping to finish the work this year. **3** (*impf only*) (**на** + *a*) (*полагаться*) to count (on, upon), rely (on, upon), depend (upon).

рассчи́тыва|ться, юсь *impf of* ⇒**рассчита́ться** *and* ⇒**расче́сться**

рассыла́|ть, ю *impf of* ⇒**разосла́ть**

рассы́лк|а, и *f* distribution, dispatch; (*по электронной почте*) mailing.

рассы́льн|ый *adj*: **~ая кни́га** delivery book; *as n* **р., ~ого** *m* (*для почты*) courier, delivery man; (*для поручений*) errand boy.

рассы́п|ать, лю, лешь *pf* (*of* ⇒**~а́ть**) (*невольно*) to spill; (*разбросать*) to strew, scatter; (*распределить*) to distribute (*by pouring*).

рассы́п|аться, люсь, лешься *pf* (*of* ⇒**~а́ться**) **1** (*о муке, о сахаре*) to spill; **моне́ты ~ались по́ полу** the coins spilt onto the floor; (*о толпе*) to scatter; (*о домах*) to be scattered; **во́лосы ~ались по её плеча́м** her hair fell loose over her shoulders. **2** (*о команде*) to spread out. **3** (*о стене, о хлебе*) to crumble; to disintegrate (*also fig*). **4** (*coll*) (**в** + *p*) to be profuse (in); **р. в благода́рностях** to be profuse in the expression of thanks; **р. в похвала́х** (+ *d*) to shower praises (upon).

рассып|а́ть(ся), а́ю(сь) *impf of* ⇒**~̂ать(ся)**

р

рассыпн|о́й *adj* **1** (sold) loose; **~ы́е папиро́сы** cigarettes sold loose. **2**: **р. строй** (*mil*) extended order.

рассы́пчат|ый (~, ~а) *adj* (*почва*) friable; (*каша*) fluffy; (*тесто, печенье*) crumbly.

рассыха́|ться, ется *impf of* ⇨**рассо́хнуться**

раста́лкива|ть, ю *impf of* ⇨**растолка́ть**

раста́плива|ть(ся), ю, ет(ся) *impf of* ⇨**растопи́ть(ся)**[1,2]

раста́птыва|ть, ю *impf of* ⇨**растопта́ть**

растаск|а́ть, а́ю *pf* (*of* ⇨**~́ивать**) **1** (*унести по частям*) to take away, remove (*little by little, bit by bit*). **2** (*украсть*) to pilfer, filch.

раста́скива|ть, ю *impf of* ⇨**растаска́ть** *and* ⇨**растащи́ть**

растас|ова́ть, у́ю *pf* (*of* ⇨**~о́вывать**) to shuffle (*cards*).

растасо́выва|ть, ю *impf of* ⇨**растасова́ть**

растафа́ри *cg & adj indecl* Rastafarian; Rasta.

раста́чива|ть, ю *impf of* ⇨**расточи́ть**[2]

растащ|и́ть, у́, ~́ишь *pf* (*of* ⇨**раста́скивать**) **1** (*дерущихся*) to part, separate, drag apart. **2** = **растаска́ть**

раста́|ять, ю, ешь *pf of* ⇨**та́ять**

раство́р[1], **а** *m* (extent of) opening, span; **р. две́ри** doorway; **р. ци́ркуля** spread of a pair of compasses.

раство́р[2], **а** *m* **1** (*chem*) solution. **2** (*tech*) (*строительный*) mortar; **заливо́чный р.** grout.

растворе́ни|е, я *nt* dissolving; dissolution.

раствори́мост|ь, и *f* (*chem*) solubility.

раствори́м|ый (~, ~а) *adj* (*chem*) soluble; **р. ко́фе** instant coffee.

раствори́тел|ь, я *m* (*chem*) solvent.

раствор|и́ть[1], **ю́, ~́ишь** *pf* (*of* ⇨**~я́ть**) (*окно*) to open.

раствор|и́ть[2], **ю́, и́шь** *pf* (*of* ⇨**~я́ть**) (*соль*) to dissolve.

раствор|и́ться[1], **~́ится** *pf* (*of* ⇨**~я́ться**) (*об окне*) to open.

раствор|и́ться[2], **и́тся** *pf* (*of* ⇨**~я́ться**) (*о соли*) to dissolve; (*fig*) (*исчезнуть*) to vanish.

раствор|я́ть(ся), я́ю, я́ет(ся) *impf of* ⇨**~и́ть(ся)**

растека́|ться, юсь 1 *impf of* ⇨**расте́чься**. **2** (*no pf*) (*coll*) (*говорить*) to go on, talk at length.

расте́ни|е, я *nt* plant; **одноле́тнее р.** annual; **многоле́тнее р.** perennial; **ползу́чее р.** creeper.

растениево́д, а *m* horticultur(al)ist, plant grower/breeder.

растениево́дств|о, а *nt* horticulture, plant growing/breeding.

растере́ть, разотру́, разотрёшь, *past* **растёр, растёрла** *pf* (*of* ⇨**растира́ть**) **1** to grind; **р. в порошо́к** to grind to powder. **2** (**по** + *d*) (*мазь*) to rub (over), spread (over). **3** (*тело*) to rub, massage.

растере́ться, разотру́сь, разотрёшься, *past* **растёрся, растёрлась** *pf* (*of* ⇨**растира́ться**) **1** (*о зёрнах*) to become powdered, turn into powder. **2** (+ *i*) (*обтереть себя*) to rub o.s. briskly (with).

растерз|а́нный *ppp of* ⇨**~а́ть** *and adj* dishevelled.

растерз|а́ть, а́ю *pf* (*of* ⇨**~́ывать**) **1** (*умертвить*) to tear to pieces. **2** (*fig, poetical*) (*измучить*) to lacerate; to harrow.

расте́рзыва|ть, ю *impf of* ⇨**растерза́ть**

расте́рива|ть(ся), ю(сь) *impf of* ⇨**растеря́ть(ся)**

расте́рянност|ь, и *f* confusion, bewilderment, dismay; **он стоя́л в ~и** he stood there looking bewildered.

расте́р|янный *ppp of* ⇨**~я́ть** *and adj* confused, bewildered, dismayed.

растер|я́ть, я́ю *pf* (*of* ⇨**~́ивать**) to lose (*little by little*).

растер|я́ться, я́юсь *pf* (*of* ⇨**~́иваться**) **1** (*пропасть*) to get lost, go missing. **2** (*утратить самообладание*) to lose one's head, nerve; **он не ~я́лся пе́ред лицо́м опа́сности** he kept his head in the face of danger.

расте́|чься, чётся, ку́тся, *past* **~́кся, ~кла́сь** *pf* (*of* ⇨**~ка́ться**) **1** (*о воде*) to spill; (*о краске*) to run. **2** (*fig*) (*об улыбке, о толпе, о синяке*) to spread.

раст|и́, у́, ёшь, *past* **рос, росла́** *impf* (*of* ⇨**вы́~**) **1** (*biol, bot*) to grow; (*о детях*) to grow up; **он рос на Украи́не** he grew up in (the) Ukraine. **2** (*увеличиваться*) to grow, increase. **3** (*совершенствоваться*) to advance, develop; (*о специалисте*) to grow in stature.

растира́ни|е, я *nt* **1** grinding. **2** (*med*) massage.

растира́|ть(ся), ю(сь) *impf of* ⇨**растере́ть(ся)**

расти́скива|ть, ю *impf of* **расти́снуть**

расти́с|нуть, ну, нешь *pf* (*of* ⇨**~кивать**) (*coll*) to unclench.

расти́тельност|ь, и *f* **1** (*растения*) vegetation. **2** (*волосы*) hair (*on face or body*).

расти́тельн|ый *adj* vegetable; **~ое ма́сло** vegetable oil; **жить ~ой жи́знью** (*fig, ironical*) to vegetate.

ра|сти́ть, щу́, сти́шь *impf* **1** (*детей*) to raise, bring up; (*кадры*) to nurture. **2** (*цветы*) to grow, cultivate; (*животных*) to rear; **р. бо́роду** to grow a beard. **3** (*талант*) to cultivate, nurture.

растлева́|ть, ю *impf of* ⇨**растли́ть**

растле́ни|е, я *nt* **1** (*малолетних*) defilement (*of minors*). **2** (*моральное*) corruption, depravity.

растле́н|ный (~, ~на) *adj* corrupt, depraved.

растлён|ный (~, растлена́) *ppp of* ⇨**растли́ть**

растли́тел|ь, я *m*: **р. малоле́тних (дете́й)** child molester.

растл|и́ть, ю́, и́шь *pf* (*of* ⇨**~ева́ть**) **1** (*малолетних*) to defile (*minors*). **2** (*морально*) to corrupt, deprave.

растолка́|ть, ю *pf* (*of* ⇨**раста́лкивать**) **1** (*толпу*) to push asunder, apart. **2** (*спящего*) to shake (*in order to awaken*).

растолкн|у́ть, у́, ёшь *pf* (*coll*) to push asunder, part forcibly.

растолк|ова́ть, у́ю *pf* (*of* ⇨**~о́вывать**) to explain.

растолко́выва|ть, ю *impf of* ⇨**растолкова́ть**

растол|о́чь, ку́, чёшь, ку́т, *past* **~о́к, ~окла́** *pf of* ⇨**толо́чь**

растолсте́|ть, ю *pf* to put on weight.

растоп|и́ть[1], **лю́, ~́ишь** *pf* (*of* ⇨**раста́пливать**) (*печь*) to light.

растоп|и́ть[2], **лю́, ~́ишь** *pf* (*of* ⇨**раста́пливать**) (*сало, лёд*) to melt.

растоп|и́ться[1], **~́ится** *pf* (*of* ⇨**раста́пливаться**) (*о печи*) to begin to burn.

растоп|и́ться[2], **~́ится** *pf* (*of* ⇨**раста́пливаться**) (*о сале*) to melt.

расто́пк|а, и *f* **1** (*печи*) lighting, kindling. **2** (*collect*) (*сучья*) kindling (wood).

растоп|та́ть, чу́, ~́чешь *pf* (*of* ⇨**раста́птывать**) to trample, stamp (on), crush (*also fig*).

растопы́рива|ть, ю *impf of* ⇨**растопы́рить**

растопы́р|ить, ю, ишь *pf* (*of* ⇨**~ивать**) (*coll*) to spread wide, open wide.

расторг|а́ть, а́ю *impf of* ⇨**~́нуть**

расто́рг|нуть, ну, нешь, *past* **~, ~ла** *pf* (*of* ⇨**~а́ть**) (*контракт, договор*) to dissolve, annul, abrogate; **р. брак** to dissolve a marriage.

расторже́ни|е, я *nt* dissolution, annulment, abrogation.

растормош|и́ть, у́, и́шь *pf* (*coll*) **1** (*спящего*) to shake (*in order to awaken*). **2** (*fig*) to stir, rouse to activity.

расторо́п|ный (~ен, ~на) *adj* (*coll*) (*быстрый, ловкий*) quick, prompt, smart; (*деловой*) efficient.

расточ|а́ть, а́ю *pf* (*of* ⇨**~и́ть**[1]) **1** (*тратить*) to waste, squander, dissipate. **2** (*fig*) to lavish, shower; **р. похвалы́** (+ *d*) to lavish praises (on, upon).

расточи́тел|ь, я *m* squanderer, spendthrift.

расточи́тель|ница, ницы *f of* ⇨**~**

расточи́тел|ьный (~ен, ~ьна) *adj* extravagant, wasteful.

расточи́тельств|о, а *nt* squandering.

расточ|и́ть[1], **у́, и́шь** *pf* (*of* ⇨**~а́ть**)

расточ|и́ть[2], **у́, ~́ишь** *pf* (*of* ⇨**раста́чивать**) (*tech*) to bore (out).

расто́чк|а, и *f* (*tech*) boring.

растрав|и́ть, лю́, ~ишь *pf* (*of* ⇨**~ля́ть**) to irritate; **р. ра́ну** (*fig*) to rub salt in a wound; **р. ста́рое го́ре** (*fig*) to reopen an old wound.

растравля́|ть, ю *impf of* ⇨**растрави́ть**

растранжи́р|ить, ю, ишь *pf of* ⇨**транжи́рить**

растра́т|а, ы *f* **1** (*денег, времени*) waste, squandering. **2** (*незаконная*) embezzlement. **3** (*растраченная сумма*) loss.

растра́|тить, чу, тишь *pf* (*of* ⇒**~чивать**) **1** to waste, squander. **2** (*незаконно*) to embezzle.

растра́тчик, а *m* embezzler.

растра́тчи|ца, цы *f of* ⇒**~к**

растра́чива|ть, ю *impf of* ⇒**растра́тить**

растрево́ж|ить, у, ишь *pf* to alarm, agitate.

растрево́ж|иться, усь, ишься *pf* to get the wind up.

растрезво́н|ить, ю, ишь *pf* (**о** + *p*) (*coll*) to proclaim.

растрёп|а, ы *cg* (*coll*) sloven, scruff.

растрёп|анный *ppp of* ⇒**~а́ть** *and adj* (*волосы*) dishevelled; (*книга*) tattered; **быть в ~анных чу́вствах** (*coll*) to be agitated, worried.

растреп|а́ть, лю́, ~лешь *pf* **1** (*волосы*) to mess up, tousle. **2** (*книгу*) to tatter, tear.

растреп|а́ться, ~лется *pf* **1** (*о волосах*) to get messed up, get dishevelled. **2** (*о книге*) to get tattered, get torn.

растре́ск|аться, ается *pf* (*of* ⇒**~иваться**) (*о земле*) to crack; (*о коже*) to chap.

растре́скива|ться, ется *impf of* ⇒**растре́скаться**

растро́га|ть, ю *pf* to move, touch; **р. кого́-н. до слёз** to move s.o. to tears.

растро́га|ться, юсь *pf* to be (deeply) moved, touched.

растру́б, а *m* funnel-shaped opening; (*музыкального инструмента*) bell; **брю́ки с ~ами** bell-bottomed trousers.

раструб|и́ть, лю́, и́шь *pf* (+ *a or* **о** + *p*; *coll*) to trumpet.

растряс|ти́, у́, ёшь, *past* **~**, **~ла́** *pf* **1** (*сено*) to strew. **2** (*coll*) (*спящего*) to shake (*in order to awaken*). **3** (*impers*) (*в машине*) to jolt about; **в маши́не нас ~ло́** we were jolted about in the car.

растуш|ева́ть, у́ю, у́ешь *pf* (*of* ⇒**~ёвывать**) to shade.

растушёвк|а, и *f* **1** (*действие*) shading. **2** (*палочка*) stump (*for softening pencil marks, etc., in drawing*).

растушёвыва|ть, ю *impf of* ⇒**растушева́ть**

растя́гива|ть(ся), ю(сь) *impf of* ⇒**растяну́ть(ся)**

растяже́ни|е, я *nt* (*med*) strain, sprain.

растяжи́мост|ь, и *f* tensile strength.

растяжи́м|ый (~, ~а) *adj* tensile; **~ое поня́тие** loose concept.

растя́жк|а, и *f* stretching, extension.

растя́нутост|ь, и *f* long-windedness.

растя́н|утый *ppp of* ⇒**~у́ть** *and adj* long-winded.

растя|ну́ть, ну́, ~нешь *pf* (*of* ⇒**~гивать**) **1** (*ковёр, скатерть*) to stretch, spread (out); (*лишить упругости*) to stretch; (*платежи*) to spread. **2** (*med*) to strain, sprain; **р. мы́шцу** to pull a muscle; **р. свя́зку** to strain a ligament. **3** (*сделать слишком длинным*) to stretch out; (*fig*) to protract, drag out; **р. расска́з** to drag out, spin out a story; **р. слова́** to drawl; (*встречу, удовольствие*) to prolong.

растя|ну́ться, ну́сь, ~нешься *pf* (*of* ⇒**~гиваться**) **1** to stretch (out); (*стать менее упругим*) to be stretched. **2** (*стать слишком длинным*) to stretch too far; (*fig*) (*работа, собрание*) to drag on; **обсужде́ние его́ докла́да ~ну́лось на полтора́ часа́** discussion of his lecture dragged on for an hour and a half. **3** (*лечь*) to stretch o.s. out, sprawl.

растя́п|а, ы *cg* (*coll*) bungler.

расфас|ова́ть, у́ю *pf* (*of* ⇒**~о́вывать**) to pack up, pre-pack.

расфасо́вк|а, и *f* packing, pre-packing.

расфасо́выва|ть, ю *impf of* ⇒**расфасова́ть**

расформирова́ни|е, я *nt* breaking up; (*mil*) disbandment.

расформир|ова́ть, у́ю *pf* (*of* ⇒**~о́вывать**) (*отдел, организацию*) to break up; (*mil*) to disband.

расформиро́выва|ть, ю *impf of* ⇒**расформирова́ть**

расфран|ти́ться, чу́сь, ти́шься *pf* (*coll*) to dress up.

расфуфы́рен|ный (~, ~а) *adj* (*coll*) overdressed.

расфуфы́р|иться, юсь, ишься *pf* (*coll, pej*) to dress flashily.

расха́жива|ть, ю *impf* to walk, pace; **р. по ко́мнате** to pace up and down a room.

расхва́лива|ть, ю *impf of* ⇒**расхвали́ть**

расхвал|и́ть, ю́, ~ишь *pf* (*of* ⇒**~ивать**) to lavish, shower praise (on, upon).

расхва́рыва|ться, юсь *impf of* ⇒**расхвора́ться**

расхва́ста|ться, юсь *pf* (**о** + *p*; *coll*) to boast extravagantly (of, about).

расхват|а́ть, а́ю *pf* (*of* ⇒**~ывать**) to snatch, seize; (*товар*) to snap up.

расхва́тыва|ть, ю *impf of* ⇒**расхвата́ть**

расхвора́|ться, юсь *pf* (*of* ⇒**расхва́рываться**) (*coll*) to fall ill.

расхити́тел|ь, я *m* embezzler.

расхити́тель|ница, ницы *f of* ⇒**~**

расхи́|тить, щу, тишь *pf* (*of* ⇒**~ща́ть**) to embezzle, misappropriate.

расхища́|ть, ю *impf of* ⇒**расхи́тить**

расхище́ни|е, я *nt* embezzlement, misappropriation.

расхлеб|а́ть, а́ю *pf* (*of* ⇒**~ывать**) (*coll*) **1** to eat up (*without leaving anything*). **2** (*fig*) (*путаницу, дело*) to disentangle.

расхлёбыва|ть, ю *impf of* ⇒**расхлеба́ть**; **завари́л ка́шу, тепе́рь сам и ~й** (*coll*) you got yourself into this mess, now get yourself out of it.

расхля́банност|ь, и *f* (*coll*) **1** looseness; instability. **2** (*fig*) slackness; laxity, lack of discipline.

расхля́бан|ный (~, ~на) *adj* (*coll*) **1** (*дверь*) loose; (*движение, походка*) unstable. **2** (*fig*) (*человек, поведение*) lax, undisciplined.

расхля́ба|ться, юсь *pf* (*coll*) **1** (*о колесе, гайке*) to come loose, work loose. **2** (*fig*) (*о человеке, армии*) to go to pieces.

расхо́д, а *m* **1** (*затрата*) expense; (*in pl*) expenses, outlay, cost; **госуда́рственные ~ы** public expenditure; **доро́жные ~ы** travel expenses; **накладны́е ~ы** overhead expenses, overheads; **де́ньги на карма́нные ~ы** pocket money. **2** (*энергии*) consumption; **р. горю́чего** fuel consumption. **3** (*в бухгалтерии*) expenditure, outlay; **прихо́д и р.** income and expenditure; **списа́ть в р.** to write off; (*fig, coll*) (*уничтожить*) to liquidate. **4**: **вы́вести/пусти́ть в р.** (*coll*) (*расстрелять*) to shoot.

расхо|ди́ться, жу́сь, ~дишься *impf of* ⇒**разойти́сь**

расхо́д|ный *adj of* ⇒**~**; **~ная кни́га** expenses book.

расхо́довани|е, я *nt* (*денег*) spending, expenditure; (*потребление*) consumption; (*ресурсов*) use.

расхо́д|овать, ую *impf* (*of* ⇒**из~**) **1** (*деньги, время*) to spend, expend. **2** (*ресурсы*) to use (up), consume; **маши́на ~ует мно́го бензи́на** the car uses a lot of petrol (*Br*), gas (*US*).

расхо́д|оваться, уюсь *impf* (*of* ⇒**из~**) **1** (*coll*) (*тратить деньги*) to spend; to lay out money. **2** (*потребляться*) to be used (up), consumed.

расхожде́ни|е, я *nt* (*лучей, дорог*) divergence; (*идейное*) difference; **р. во мне́ниях** difference of opinion; (*в тексте*) discrepancy.

расхо́жий *adj* **1** (*coll*) (*товар*) in great demand. **2** (*coll*) (*одежда*) everyday. **3** (*истина, представление*) trite, commonplace.

расхола́жива|ть, ю *impf of* ⇒**расхолоди́ть**

расхоло|ди́ть, жу́, ди́шь *pf* (*of* ⇒**расхола́живать**) (*человека*) to damp the enthusiasm of; (*пыл, энтузиазм*) to damp.

расхо|те́ть, чу́, ~чешь, ти́м, ти́те, тя́т *pf* (+ *g or a or inf*; *coll*) to no longer want; **я ~те́л ча́ю/суп** I no longer want any tea/soup; **я ~те́л спать** I am no longer sleepy.

расхо|те́ться, ~чется *pf* (*impers* + *d*; *coll*) to no longer want; **мне ~те́лось есть** I no longer want to eat; **мне ~те́лось ча́ю** I no longer want any tea.

расхохо|та́ться, чу́сь, ~чешься *pf* to burst out laughing; to start roaring with laughter.

расхрабр|и́ться, ю́сь, и́шься *pf* (*coll*) to screw up one's courage, pluck up courage.

расцара́п|ать, аю *pf* (*of* ⇒**~ывать**) to scratch (all over).

расцара́п|аться, аюсь *pf* (*of* ⇒**~ываться**) to scratch o.s.

расцара́пыва|ть(ся), ю(сь) *impf of* ⇒**расцара́пать(ся)**

расцве|сти́, ту́, тёшь, *past* **~л**, **~ла́** *pf* (*of* ⇒**~та́ть**) (*цветок, девушка*) to bloom; to blossom (out) (*also*

Р

fig); (*наука, искусство*) to flourish; **не дать чемý-н. р.** (*fig*) to nip sth in the bud; (*повеселеть*) to become radiant; **егó лицó ~лó улы́бкой** his face was wreathed in smiles.

расцвéт, а *m* bloom, blossoming (out); (*науки*) flourishing; flowering, heyday; **в ~е сил** in one's prime, in one's heyday.

расцветá|ть, ю *impf of* ⇒**расцвести́**

расцве|ти́ть, чý, ти́шь *pf* (*of* ⇒**~́чивать**) **1** (*раскрасить*) to paint in bright colours (*Br*), colors (*US*). **2** (*украсить*) to deck, adorn.

расцвéтк|а, и *f* colour (*Br*), color (*US*) scheme; colours (*Br*), colors (*US*).

расцвéчива|ть, ю *impf of* ⇒**расцвети́ть**

расцел|ова́ть, ýю *pf* to smother with kisses.

расцел|ова́ться, ýюсь *pf* to exchange kisses.

расцéнива|ть, ю *impf of* ⇒**расцени́ть**

расцéнива|ться, ется *impf* **1** to be regarded. **2** (*товар*) to be priced.

расцен|и́ть, ю́, ~́ишь *pf* (*of* ⇒**~́ивать**) **1** (*определить стоимость*) to assess, value; (*определить цену*) to price. **2** (*fig*) (*талант*) to rate, assess; (*поступок, слова*) to regard; **егó речь ~и́ли как провокáцию** his speech was regarded as provocation; **вы непрáвильно ~и́ли мои́ словá** you misinterpreted my words.

расцéнк|а, и *f* **1** (*действие*) valuation. **2** (*usu in pl*) (*цена*) tariff, rates. **3** (*ведомость*) cost sheet.

расцéнщик, а *m* appraiser, valuer.

расцеп|и́ть, лю́, ~́ишь *pf* (*of* ⇒**~ля́ть**) (*вагоны*) to uncouple, unhook; (*драчунов*) to separate.

расцеп|и́ться, ~́ится *pf* (*of* ⇒**~ля́ться**) to come uncoupled, come unhooked.

расцеплéни|е, я *nt* uncoupling, unhooking; disengaging.

расцепля́|ть(ся), ю, ет(ся) *impf of* ⇒**расцепи́ть(ся)**

расчер|ти́ть, чý, ~́тишь *pf* (*of* ⇒**~́чивать**) to rule, line.

расчéрчива|ть, ю *impf of* ⇒**расчерти́ть**

расче|сáть, шý, ~́шешь *pf* (*of* ⇒**~́сывать**) **1** (*волосы*) to comb; (*лён, шерсть*) to card. **2** (*руку*) to scratch.

расче|сáться, шýсь, ~́шешься *pf* (*of* ⇒**~́сываться**) (*coll*) **1** (*расчесать волосы*) to comb one's hair. **2** (*расцарапаться*) to scratch o.s.

расчёск|а, и *f* **1** (*действие*) combing. **2** (*гребёнка*) comb.

расчéсть, разочтý, разочтёшь, *past* **расчёл, разочлá** *pf* (*of* ⇒**рассчи́тывать 1**) (*coll*) **1** (*стоимость, расходы*) to calculate. **2** (*уволить*) to dismiss, sack.

расчéсться, разочтýсь, разочтёшься, *past* **расчёлся, разочлáсь** *pf* (*of* ⇒**рассчи́тываться**) (*coll*) (**с** + *i*) to settle accounts (with).

расчёсыва|ть(ся), ю(сь) *impf of* ⇒**расчесáть(ся)**

расчёт[1], **а** *m* **1** (*стоимости*) calculation; (*смета*) statement; (*приблизительный*) estimate, reckoning; **из ~а** on the basis (of), at a rate (of); **из ~а три процéнта годовы́х** at three per cent per annum; **приня́ть в р.** to take into account, consideration; **по мои́м ~ам** by my reckoning; **э́то не входи́ло в мой ~ы** I had not reckoned with that; **ошиби́ться в свои́х ~ах** to miscalculate; **в ~е на** (+ *a*) hoping for, reckoning on; **в ~е** + *inf* hoping to. **2** (*coll*) (*выгода*) gain, advantage; **нет ~а** (+ *inf*) it is not worth while, there is no point. **3** (**с** + *i*) settling (with); (*оплата*) payment; **нали́чный р.** cash payment; **бáнковские ~ы** bank transactions; **быть в ~е** (**с** + *i*) to be quits (with), be even (with); **производи́ть ~ы** (**с** + *i*) to settle accounts (with). **4** (*бережливость*) thrift, economy. **5** (*увольнение*) dismissal, discharge; **дать р.** (+ *d*) to dismiss, sack; **взять р.** to hand in one's notice.

расчёт[2], **а** *m* (*mil*) crew; **орýди́йный р.** gun crew.

расчётливост|ь, и *f* thrift.

расчётлив|ый (~, ~а) *adj* thrifty; careful.

расчётн|ый *adj* **1** calculation, computation; **~ая оши́бка** error in computation; **~ая табли́ца** calculation table. **2** pay, accounts; **р. день** pay day; **~ая кни́жка** pay-book; **р. отдéл** accounts department. **3** (*tech*) rated, designed; **~ая мóщность** rated capacity; **~ая скóрость** rated speed.

расчисл|и́ть, ю, ишь *pf* (*of* ⇒**~я́ть**) to calculate, reckon.

расчисл|я́ть, я́ю *impf of* ⇒**~и́ть**

расчи́|стить, щу, стишь *pf* (*of* ⇒**~щáть**) to clear; **р. путь/дорóгу** (*fig*) to pave the way.

расчи́|ститься, стится *pf* (*of* ⇒**~щáться**) (*о небе*) to clear.

расчи́стк|а, и *f* clearing.

расчихá|ться, юсь *pf* to sneeze repeatedly.

расчищá|ть(ся), ю, ет(ся) *impf of* ⇒**расчи́стить(ся)**

расчленéни|е, я *nt* breaking up, division.

расчлен|и́ть, ю́, и́шь *pf* (*of* ⇒**~я́ть**) to break up, divide.

расчлен|я́ть, я́ю *impf of* ⇒**~и́ть**

расчýвств|оваться, уюсь *pf* (*coll*) to be deeply moved.

расчýха|ть, ю *pf* (*coll*) to nose out; (*fig*) to sense; **он ~л, в чём дéло** he sensed what was the matter.

расшал|и́ться, ю́сь, и́шься *pf* to get up to mischief, start playing about.

расшáрк|аться, аюсь *pf* (*of* ⇒**~иваться**) to bow, scraping one's feet; (*fig, coll*) (**перед** + *i*) to bow and scrape (before).

расшáркива|ться, юсь *impf of* ⇒**расшáркаться**

расшáт|анный *ppp of* ⇒**~áть** *and adj* shaky; rickety; tottering; **~анные нéрвы** shattered nerves.

расшат|áть, áю *pf* (*of* ⇒**~́ывать**) **1** to shake loose; to make rickety. **2** (*fig*) (*дисциплину*) to undermine, impair; (*хозяйство*) to cripple; (*нервы, здоровье*) to damage.

расшат|áться, áется *pf* (*of* ⇒**~́ываться**) **1** to get loose; to become rickety. **2** (*fig*) (*дисциплина*) to be undermined; (*хозяйство*) to be crippled; (*нервы, здоровье*) to go to pieces, crack up.

расшáтыва|ть(ся), ю, ет(ся) *impf of* ⇒**расшатáть(ся)**

расшвы́рива|ть, ю *impf of* ⇒**расшвыря́ть**

расшвыр|я́ть, я́ю *pf* (*of* ⇒**~́ивать**) (*вещи; деньги*) to throw about, throw around.

расшевéлива|ть, ю *impf of* ⇒**расшевели́ть**

расшевел|и́ть, ю́, и́шь *pf* (*of* ⇒**~́ивать**) to stir, shake; (*fig*) (*стимулировать*) to stir, rouse.

расшевел|и́ться, ю́сь, и́шься *pf* to begin to stir; (*fig*) (*человек*) to rouse o.s.; (*чувства*) to be aroused.

расшиб|áть(ся), áю(сь) *impf of* ⇒**расшиби́ть(ся)**

расшиб|и́ть, ý, ёшь, *past* **~́, ~́ла** *pf* (*of* ⇒**~áть**) **1** (*ушибить*) to hurt; to knock, stub; **р. пáлец ноги́ о кáмень** to stub one's toe on a rock. **2** (*coll*) (*разбить*) to break up, smash to pieces.

расшиб|и́ться, ýсь, ёшься, *past* **~́ся, ~́лась** *pf* (*of* ⇒**~áться**) **1** to hurt o.s., knock o.s. **2** (*coll*) (*для приятеля*) to put o.s. out.

расшивá|ть, ю *impf of* ⇒**расши́ть**

расшивнóй *adj* embroidered.

расширéни|е, я *nt* **1** (*отверстия*) widening; (*кругозора, знаний*) broadening. **2** (*производства*) expansion. **3** (*med*) dilation, dilatation; **р. вен** varicose veins. **4** (*comput*) (*файла*) extension; **плáта ~я** expansion card (*graphics card, sound card, etc.*).

расши́р|енный *ppp of* ⇒**~ить** *and adj* (*отверстие*) widened; (*программа*) broadened, more extensive; (*заседание*) expanded; (*зрачки*) dilated.

расшири́тельн|ый *adj* broad, extended; **~ое толковáние** broad interpretation.

расши́р|ить, ю, ишь *pf* (*of* ⇒**~я́ть**) (*отверстие*) to widen; (*производство*) to expand; (*кругозор, знания*) to broaden; (*сферу влияния*) to extend.

расши́р|иться, ится *pf* (*of* ⇒**~я́ться**) (*об отверстии*) to widen; (*о производстве, о знаниях*) to expand; (*о кругозоре*) to broaden; (*о зрачках*) to dilate.

расшир|я́ть(ся), я́ю, я́ет(ся) *impf of* ⇒**~́ить(ся)**

расши́ть[1], **разошью́, разошьёшь** *pf* (*of* ⇒**расшивáть**) (*украсить*) to embroider.

расши́ть[2], **разошью́, разошьёшь** *pf* (*of* ⇒**расшивáть**) (*распороть*) to undo, unpick.

расшифр|ова́ть, ýю *pf* (*of* ⇒**~óвывать**) to decipher, decode; (*fig*) (*угадать смысл*) to interpret; to figure out.

расшифрóвк|а, и *f* deciphering, decoding; (*fig*) interpretation.

Р

расшифро́вщик, а *m* code breaker.
расшифро́вщи|ца, цы *f of* ⇒**~к**
расшифро́выва|ть, ю *impf of* ⇒**расшифрова́ть**
расшнур|ова́ть, у́ю *pf* (*of* ⇒**~о́вывать**) to unlace.
расшнур|ова́ться, у́юсь *pf* (*of* ⇒**~о́вываться**) **1** (*о ботинках*) to come unlaced, come undone. **2** (*о человеке*) to unlace o.s. (*from a corset, etc.*).
расшнуро́выва|ть(ся), ю(сь) *impf of* ⇒**расшнурова́ть(ся)**
расшум|е́ться, лю́сь, и́шься *pf* (*coll*) to get noisy, kick up a din.
расще́др|иться, юсь, ишься *pf* (*coll, also ironical*) to have a fit of generosity.
расще́лин|а, ы *f* cleft, crevice.
расщёлкива|ть, ю *impf of* ⇒**расщёлкнуть**
расщёлк|нуть, ну, нешь *pf* (*of* ⇒**~ивать**) to crack open.
расще́п, а *m* split.
расщеп|и́ть, лю́, и́шь *pf* (*of* ⇒**~ля́ть**) **1** (*доску*) to split, splinter. **2** (*атом*) to split; (*вещество*) to decompose.
расщеп|и́ться, и́тся *pf* (*of* ⇒**~ля́ться**) **1** to split, splinter. **2** (*атом*) to split; (*вещество*) to decompose.
расщепле́ни|е, я *nt* **1** splitting, splintering. **2** (*phys*) splitting, fission; (*chem*) decomposition; **р. ядра́** nuclear fission.
расщепля́|ть(ся), ю, ет(ся) *impf of* ⇒**расщепи́ть(ся)**
расщепля́|ющийся *pres participle of* ⇒**~ться** *and adj* (*phys*) fissile, fissionable.
ратифика́ци|я, и *f* ratification.
ратифици́р|овать, ую *impf and pf* to ratify.
ра́тник, а *m* **1** (*archaic*) (*воин*) warrior. **2** (*obs*) (*солдат государственного ополчения*) militiaman.
ра́тный *adj* (*poetical*) military, warlike; **р. по́двиг** feat of arms.
ра́т|овать, ую *impf* (**за** + *a*) to fight (for), advocate; (**про́тив** + *g*) to fight (against), inveigh (against).
ра́туш|а, и *f* **1** (*здание*) town hall. **2** (*орган*) town council.
рат|ь, и *f* (*archaic or poetical*) **1** (*войско*) host, army. **2** (*война*) war; (*битва*) battle; **идти́ на р.** to go into battle.
ра́унд, а *m* (*sport*) round; (*переговоров*) series, round.
ра́ут, а *m* reception.
рафина́д, а *m* lump sugar.
рафина́д|ный *adj of* ⇒**~**; **р. заво́д** sugar refinery.
рафини́ровани|е, я *nt* refinement, refining, purification.
рафини́рованност|ь, и *f* refinement.
рафини́рован|ный (~, ~а) *adj* refined.
рафини́р|овать, ую *impf and pf* to refine.
раха́т-луку́м, а *m* Turkish delight.
рахи́т, а *m* (*med*) rickets.
рахи́тик, а *m* person suffering from rickets.
рахити́|чка, чки *f of* ⇒**рахи́тик**
рахити́чный *adj* (*med*) suffering from rickets, rickety.
рацио́н, а *m* ration.
рационализа́тор, а *m* rationalizer.
рационализа́тор|ский *adj of* ⇒**~**; **~ское предложе́ние** proposal for improving production methods.
рационализа́ци|я, и *f* rationalization, improvement.
рационализи́р|овать, ую *impf and pf* to rationalize, improve.
рационали́зм, а *m* (*philos*) rationalism.
рационали́ст, а *m* rationalist.
рационалисти́ческий *adj* rationalistic.
рационалисти́ч|ный (~ен, ~на) *adj* rational.
рациона́льно *adv* (*мыслить, поступать*) rationally; (*вести хозяйство*) efficiently; **р. испо́льзовать** to make efficient use (of).
рациона́л|ьный (~ен, ~ьна) *adj* **1** (*поступок*) rational; (*использование средств*) efficient; **~ьная дие́та** balanced diet; **~ьное пита́ние** sound nutrition. **2** (*math*) rational.
ра́ци|я, и *f* (*на корабле, в здании*) radio set; (*небольшая переносная*) walkie-talkie.
ра́чий *adj of* ⇒**рак**; **ра́чьи глаза́** goggle eyes.
рачи́тельност|ь, и *f* (*старательность*) assiduity; (*бережность*) prudence.
рачи́тел|ьный (~ен, ~ьна) *adj* (*старательный*) assiduous; (*бережный*) prudent.
рач|о́к, ка́ *m* **1** *diminutive of* ⇒**рак** **2** (*in pl*) ostracods.
ра́шпил|ь, я *m* (*tech*) rasp, rasp file.
рван|у́ть, у́, ёшь *pf* **1** (*дёрнуть резко*) to jerk; to tug (at); **р. кого́-н. за рука́в** to tug s.o. by the sleeve. **2** (*машина*) to start (with a jerk); **вдруг ~у́л ве́тер** suddenly a wind got up. **3** (*coll*) (*помчаться*) to dash off, shoot off. **4** (*coll*) (*начать*) to begin; **орке́стр ~у́л марш** the orchestra struck up a march. **5** (*coll*) (*взорвать*) to explode, blow up; **~у́ло в сосе́днем до́ме** there was an explosion in the next house.
рван|у́ться, у́сь, ёшься *pf* to rush, dash, dart.
рва́н|ый *adj* torn; lacerated; **~ые башмаки́** broken shoes; **~ая ра́на** (*med*) laceration.
рван|ь, и (*no pl*) *f* **1** (*одежда*) rags. **2** (*coll*) (*человек*) scoundrel, scamp; (*collect*) riff-raff.
рвать[1], **рву, рвёшь,** *past* **рвал, рвала́, рва́ло** *impf* **1** (*одежду*) to tear (up); to rip; **р. в клочки́** to tear to pieces; **р. на ча́сти** (*предмет*) to tear to pieces; (*человека*) to overburden; **р. письмо́** to tear up a letter; **р. на себе́ во́лосы** to tear one's hair; **р. и мета́ть** to rant and rave. **2** (*выдёргивать*) to pull out, tear out; **р. зу́бы** to pull out teeth; **р. из рук у кого́-н.** to snatch out of s.o.'s hands; **р. с ко́рнем** to uproot. **3** (*брать*) to pick, pluck; **р. цветы́** to pick flowers. **4** (*взрывать*) to blow up. **5** (*fig*) (*прекратить*) to break off, sever; **р. отноше́ния с кем-н.** to break off relations with s.o.
рвать[2], **рвёт,** *past* **рва́ло** *impf* (*of* ⇒**вы́рвать**[2]) (*impers; coll*) to vomit, throw up, be sick.
рва́|ться[1], **рвётся,** *past* **~лся, ~ла́сь, ~ло́сь** *impf* **1** (*об одежде*) to break; to tear; (*об отношениях*) to break up, be severed. **2** (*взрываться*) to burst, explode. **3** (*о сердце*) to break.
рва́|ться[2], **рвусь, рвёшься,** *past* **~лся, ~ла́сь, ~ло́сь** *impf* (*стремиться*) to strain (to, at); to be bursting (to); **р. в бой** to be bursting to go into action; **р. в дра́ку** to be spoiling for a fight; **р. в президе́нты** to strive to be president; **р. к вла́сти** to be hungry for power; **р. на свобо́ду** to be dying to be free; **р. с при́вязи** to strain at the leash.
рвач, а́ *m* (*coll*) self-seeker, grabber.
рва́ческий *adj* (*coll*) self-seeking, grabbing.
рва́честв|о, а *nt* (*coll*) self-seeking, grabbing.
рве́ни|е, я *nt* zeal, enthusiasm.
рво́т|а, ы *f* **1** (*действие*) vomiting. **2** (*масса*) vomit.
рво́тн|ый *adj* emetic; **~ое сре́дство** (*also as n* **~ое, ~ого** *nt*) emetic.
рде|ть, ю *impf* (*of sth red*) to glow.
ре *nt indecl* (*mus*) D.
реабилитацио́нный *adj* rehabilitation.
реабилита́ци|я, и *f* rehabilitation.
реабилити́р|овать, ую *impf and pf* to rehabilitate.
реабилити́р|оваться, уюсь *impf and pf* **1** to vindicate o.s. **2** *passive of* ⇒**~овать**
реаге́нт, а *m* (*chem*) reagent.
реаги́р|овать, ую *impf* (**на** + *a*) **1** (*на свет*) to react (to). **2** (*pf* **от~, про~**) (*на критику*) to react (to), respond (to).
реакти́в, а *m* (*chem*) reagent.
реакти́вност|ь, и *f* (*physiol*) reactivity.
реакти́вный *adj* **1** (*chem, phys*) reactive. **2** (*tech, aeron*) jet(-propelled); **р. дви́гатель** jet engine; **р. самолёт** jet-propelled aircraft, jet.
реа́ктор, а *m* (*phys, tech*) reactor; **р.-размножи́тель** breeder reactor, breeder plant.
реакционе́р, а *m* (*pol*) reactionary.
реакцио́н|ный (~ен, ~на) *adj* (*pol*) reactionary.
реа́кци|я, и *f* (*chem, phys, pol; fig*) reaction; (*pol, collect*) reactionaries.
реализа́ци|я, и *f* (*планов*) realization; (*договора*) implementation; (*товаров*) sale, disposal.
реали́зм, а *m* (*in various senses*) realism.
реализо́ван|ный (~, ~а) *adj* (*товар*) sold.
реализ|ова́ть, у́ю *impf and pf* (*pf also* ⇒**~о́вывать**) (*планы*) to realize;

(*договор*) to implement; (*товар*) to sell, dispose of; **р. це́нные бума́ги** to realize securities.

реализо́выва|ть, ю *impf of* **⇨реализова́ть**

реализу́емый *adj* (*товар*) marketable, saleable.

реали́ст, а *m* realist.

реалисти́ческий *adj* **1** (*искусство*) realist. **2** (*взгляд*) realistic.

реалисти́ч|ный (~ен, ~на) *adj* = **~еский 2**

реали́ст|ка, ки *f of* **⇨~**

реа́ли|я, и *f* realia.

реа́льност|ь, и *f* **1** (*действительность*) reality. **2** (*осуществимость*) practicability, feasibility.

реа́л|ьный (~ен, ~ьна) *adj* **1** (*действительный*) real; **~ьная действи́тельность** reality. **2** (*осуществимый*) practicable, feasible, workable; **р. план** workable plan. **3** (*практический*) realistic; practical; **вести́ ~ьную поли́тику** to pursue a realistic policy.

реанимацио́нн|ый *adj*: **~ое отделе́ние** intensive care unit, resuscitation unit.

реанима́ци|я, и *f* resuscitation.

реани́мир|овать, ую *impf and pf* **1** (*человека*) to resuscitate. **2** (*fig*) to revive.

ребён|ок, ка, *pl* **ребя́та, ребя́т** *and* **де́ти, дете́й** *m* child; (*младенец*) infant; **грудно́й р.** baby.

рёберный *adj* (*anat*) costal.

ребо́рд|а, ы *f* flange.

ребри́ст|ый (~, ~а) *adj* **1** having prominent ribs. **2** (*tech*) ribbed.

ребр|о́, а́, *pl* **~̈а, рёбер, ~̈ам** *nt* **1** (*anat, tech*) rib; **пересчита́ть кому́-н. ~̈а** (*coll*) to give s.o. a drubbing. **2** (*край*) edge; **поста́вить ~о́м** to place edgeways, place on its side; **поста́вить вопро́с ~о́м** to put a question point-blank.

ре́бус, а *m* rebus; (*fig*) riddle.

ребя́та, ребя́т (*pl*) **1** (*sg* **ребёнок** *m*) children. **2** (*coll*) (*парни*) boys, lads.

ребяти́ш|ки, ек, кам (*no sg*) (*coll*) children, kids.

ребя́ческий *adj* **1** of a child, childish. **2** (*fig*) (*поступок*) childish, infantile, puerile.

ребя́честв|о, а *nt* childishness.

ребя́чий *adj* (*coll*) (*поступок*) childish.

ребя́ч|иться, усь, ишься *impf* (*coll*) to behave like a child, behave childishly.

рёв, а *m* **1** roar; bellow, howl; **р. ве́тра** the howling of the wind. **2** (*coll*) (*плач*) howl (*of a child, etc.*); **подня́ть р.** to raise a howl.

рев... *comb form, abbr of* **революцио́нный**

ревальва́ци|я, и *f* revaluation.

ревальви́р|овать, ую *impf and pf* to revalue.

рева́нш, а *m* revenge; (*sport*) return match.

реванши́зм, а *m* (*pol*) revanchism.

реванши́ст, а *m* (*pol*) revanchist, revenge-seeker.

реве́н|ный *adj of* **⇨~ь**

реве́н|ь, я́ *m* rhubarb.

ревера́нс, а *m* curtsy; **сде́лать р.** to curtsy; (*fig*) (*usu in pl*): **де́лать ~ы кому́-н.** to bow and scrape to s.o.

реверберá́ци|я, и *f* (*tech*) reverberation.

рев|е́ть, у́, ёшь *impf* **1** to roar; to bellow, howl. **2** (*coll*) (*плакать*) to howl; **ревмя́ р.** to set up a fearful howl.

ревизиони́зм, а *m* (*pol*) revisionism.

ревизиони́ст, а *m* (*pol*) revisionist.

ревизио́нн|ый *adj*: **~ая коми́ссия** inspection commission; auditing commission.

реви́зи|я, и *f* **1** (*учреждения*) inspection; (*бухгалтерская*) audit. **2** (*взглядов*) revision.

ревиз|ова́ть, у́ю *impf and pf* **1** (*pf also* **об~**) (*учреждение*) to inspect; (*финансы*) to audit. **2** (*взгляды*) to revise.

ревизо́р, а *m* inspector; (*финансов*) auditor.

ревмати́зм, а *m* rheumatism; **суставно́й р.** rheumatic fever.

ревма́тик, а *m* rheumatic.

ревмати́ческий *adj* rheumatic.

ревмато́идный *adj* rheumatoid; **р. артри́т** rheumatoid arthritis.

ревмато́лог, а *m* rheumatologist.

ревматологи́ческий *adj* rheumatological.

ревматоло́ги|я, и *f* rheumatology.

рев|мя́ *see* **⇨~е́ть**

ревни́в|ец, ца *m* jealous person.

ревни́в|ица, ицы *f of* **⇨~ец**

ревни́в|ый (~, ~а) *adj* jealous.

ревни́тел|ь, я *m* (+ *g*) enthusiastic supporter (of), zealot.

ревни́тель|ница, ницы *f of* **⇨~**

ревн|ова́ть, у́ю *impf* to be jealous; **р. кого́-н. (к** + *d*) to be jealous because of s.o.'s attachment (to), begrudge s.o.'s attachment (to); **она́ ~ова́ла му́жа к его́ рабо́те** she was jealous of her husband's work.

ре́вност|ный (~ен, ~на) *adj* zealous, fervent.

ре́вност|ь, и *f* **1** jealousy. **2** (*obs*) zeal, fervour (*Br*), fervor (*US*).

револьве́р, а *m* revolver.

револьве́р|ный *adj* **1** *adj of* **⇨~**. **2** (*tech*): **р. стано́к** capstan lathe.

револьве́рщик, а *m* capstan, lathe operator.

революционе́р, а *m* revolutionary.

революционе́р|ка, ки *f of* **⇨~**

революционизи́р|овать, ую *impf and pf* **1** (*людей*) to spread revolutionary ideas (among, in). **2** (*производство*) to revolutionize.

революционизи́р|оваться, уюсь *impf and pf* **1** (*о людях*) to become imbued with revolutionary ideas. **2** (*о технике*) to be revolutionized.

революцио́н|ный (~ен, ~на) *adj* revolutionary.

револю́ци|я, и *f* (*pol and fig*) revolution.

реву́н, а́ *m* (*zool; coll*) howler.

ревю́ *nt indecl* revue.

рега́ли|и, й *pl* (*sg* **~я, ~и** *f*) regalia.

рега́т|а, ы *f* regatta.

ре́гби *nt indecl* rugby (football), (*р.-15 also*) rugger (*Br coll*); **р.-15** (*also* **«большо́е» р.**) rugby union; **р.-13** rugby league; **р.-7** rugby (union/league) sevens.

рег|би́йный *adj of* **⇨~би**

регби́ст, а *m* rugby player.

регби́ст|ка, ки *f of* **⇨~**

ре́ггей *m indecl* = **ре́гги**

ре́гги *m indecl* reggae.

регенерати́вный *adj* (*tech*) regenerative.

регенера́ци|я, и *f* (*tech*) regeneration.

ре́гент, а *m* **1** regent. **2** (*mus*) precentor.

ре́гентств|о, а *nt* regency.

регио́н, а *m* region, area.

региона́льный *adj* regional.

реги́стр, а *m* register.

регистра́тор, а *m* registrar; (*в поликлинике, гостинице*) receptionist.

регистрату́р|а, ы *f* records office, registry; (*в поликлинике*) reception desk.

регистра́ци|я, и *f* registration; (*в гостинице*) reception desk.

регистри́р|овать, ую *impf and pf* (*pf also* **за~**) to register, record.

регистри́р|оваться, уюсь *impf and pf* (*pf also* **за~**) **1** to register (o.s.). **2** (*пожениться*) to register one's marriage. **3** *passive of* **⇨~овать**

регла́мент, а *m* **1** (*правила*) regulations; standing orders. **2** (*время для речи*) time limit.

регламента́ци|я, и *f* regulation.

регламенти́р|овать, ую *impf and pf* to regulate.

регла́н, а *m* raglan (*coat*).

регресси́в|ный (~ен, ~на) *adj* regressive.

регресси́р|овать, ую *impf* to regress.

регули́ровани|е, я *nt* (*движения, цен*) regulation, control.

регули́р|овать, ую *impf* **1** (*движение, цены*) to regulate; to control. **2** (*pf* **у~**) (*отношения*) to normalize. **3** (*pf* **от~**) to adjust; **р. мото́р** to tune an engine.

регулиро́вк|а, и *f* adjustment.

регулиро́вщик, а *m* traffic controller; (*механизмов*) control man, regulator.

регулиро́вщи|ца, цы *f of* **⇨~к**

регуля́рност|ь, и *f* regularity.

регуля́р|ный (~ен, ~на) *adj* regular; **~ные войска́** regular troops, regulars.

регуля́тор, а *m* (*tech*) regulator; (*in pl*) controls (*on TV, etc.*).

ред. *abbr of* **1 реда́ктор** Ed., Editor. **2 реда́кция** Editorial Office.

ред... *comb form, abbr of* **редакцио́нный**

редакти́ровани|е, я *nt* editing; **р. те́кста** (*за компьютером*) word processing.

Р

редакти́р|овать, ую *impf* **1** (*pf* **от~**) (*рукопись*) to edit. **2** (*impf only*) (*журнал*) to be editor of; to edit. **3** (*pf* **с~**) (*формулировать*) to word.
реда́ктор, а *m* **1** editor; **гла́вный р.** editor-in-chief. **2**: **те́кстовый р.** (*программа*) word processor.
реда́кторский *adj* editorial.
реда́кторств|о, а *nt* editorship.
редакцио́нн|ый *adj* editorial, editing; **~ая колле́гия** editorial board; **~ая коми́ссия** drafting committee; **~ая статья́** editorial.
реда́кци|я, и *f* **1** (*работники*) editorial staff. **2** (*учреждение*) editorial office. **3** (*действие*) editing; **под ~ей** (+ *g*) edited (by). **4** (*формулировка*) wording. **5** (*вариант текста*) edition.
реде́|ть, ю *impf* (*of* ⇒**по~**) to thin, thin out; **~ющие во́лосы** thinning hair.
реди́с, а (*no pl*) *m* (*collect*) radish(es).
реди́ск|а, и *f* (single) radish; (*collect*) radishes.
ре́д|кий (~ок, ~ка́, ~ко) *adj* **1** (*негустой*) thin, sparse; **~кие во́лосы** thin hair; **~кие зу́бы** widely spaced teeth; **р. лес** sparse wood. **2** (*необычный*) rare; uncommon, unusual; **~кая кни́га** rare book; **~кая красота́** rare beauty; **он — р. подража́тель** he is a rare mimic; **он челове́к ~кой доброты́** he is an unusually kind man; (*далеко не всякий*): **р. челове́к мо́жет э́то сде́лать** not many people can do that. **3** (*гость, письмо*) occasional.
ре́дко *adv* **1** (*не густо*) sparsely; far apart. **2** (*не часто*) rarely, seldom.
редколле́ги|я, и *f* editorial board.
ре́дкост|ный (~ен, ~на) *adj* rare; uncommon, exceptional.
ре́дкост|ь, и *f* **1** (*населения*) thinness, sparseness. **2** (*книги*) rarity; **на р.** uncommonly; **на р. проница́тельный челове́к** a person of rare discernment; **не р., что** not uncommonly; **не р., что он проси́живает ночь за кни́гой** it is not unusual for him to sit up all night reading. **3** (*редкая вещь*) rarity, curiosity.
реду́ктор, а *m* **1** (*tech*) reducing gear. **2** (*chem*) reducing agent.
реду́кци|я, и *f* reduction.
реду́т, а *m* (*mil, hist*) redoubt.
ре́дьк|а, и *f* radish(es); **надое́ло мне э́то ху́же го́рькой ~и** I am sick and tired of it.
рее́стр, а *m* list, roll, register.
ре́|же *comp of* ⇒**~дкий** *and* ⇒**~дко**
режи́м, а *m* **1** (*pol*) regime. **2** (*распорядок*) routine; procedure; (*med*) regimen; (*станка*) mode of operation; **шко́льный р.** school routine; **р. пита́ния** diet; **р. безопа́сности** safety measures; **р. рабо́ты** mode of operation; **р. эконо́мии** policy of economy; **рабо́чий р.** operational conditions. **3** (*условия*) conditions; (*tech*) operating conditions.
режи́мный *adj* (*предприятие*) secret, classified; (*требования*) routine; (*показатели*) operational.
режиссёр, а *m* (*в театре*) producer; (*в кино*) director.
режиссёр|ский *adj of* ⇒**~**
режисси́р|овать, ую *impf* (*в театре*) to produce, stage; (*в кино*) to direct.
режиссу́р|а, ы *f* **1** (*деятельность, профессия*) producing, directing; profession of producer. **2** (*трактовка*) production, direction. **3** (*collect*) (*режиссёры*) producers, directors.
ре́жущ|ий *pres participle active of* ⇒**ре́зать** *and adj* cutting, sharp; **~ая кро́мка** cutting edge, blade; **р. уда́р** slash.
реза́к, а́ *m* **1** (*нож*) chopper; poleaxe. **2** (*режущая часть машины*) cutter.
ре́зан|ый *adj* **1** cut; **р. хлеб** cut loaf. **2** (*sport*) slice, sliced; **р. уда́р** slice.
ре́|зать, жу, жешь *impf* **1** (*impf only*) (*хлеб*) to cut; to slice. **2** (*impf only*) (*med*) to operate, open. **3** (*impf only*) to cut (= *to have the power of cutting*); **э́ти но́жницы бо́льше не ~жут** these scissors do not cut any longer. **4** (*pf* **за~**) (*убивать*) to kill; to slaughter; (*ножом*) to knife. **5** (*impf only*) (**по** + *d*) (*делать изображения*) to carve (on), engrave (on). **6** (*impf only*) (*причинять боль*) to cut (into); to cause sharp pain; **реме́нь ~зал ему́ плечо́** the strap was cutting into his shoulder; **р. глаза́** to irritate the eyes; **р. слух** to grate upon the ears. **7** (*coll*) (*говорить прямо*) to speak bluntly; **р. пра́вду в глаза́** to speak the truth boldly. **8** (*pf* **с~**) (*school/university sl*) (*студента*) to fail. **9** (*pf* **с~**) (*sport*) (*направлять* (*мяч*) *далеко от цели*)to slice, cut, chop.
ре́|заться, жусь, жешься *impf* **1** (*pf* **про~**) (*о зубах*) to come through; **у ребёнка уже́ ~жутся зу́бы** the child is already teething. **2** *impf only* (*coll*) (**в** + *a*) (*играть*) to play furiously.
резв|и́ться, лю́сь, и́шься *impf* to gambol, romp.
ре́звост|ь, и *f* **1** playfulness, friskiness. **2** (*лошади*) speed.
ре́зв|ый (~, ~а́, ~о) *adj* **1** playful, frisky. **2** (*лошадь*) fast.
резед|а́, ы́ *f* (*bot*) mignonette.
резе́рв, а *m* (*mil, etc.*) reserve(s); **име́ть в ~е** to have in reserve; **перевести́ в р.** (*mil*) to transfer to the reserve.
резерва́ци|я, и *f* reservation.
резерви́р|овать, ую *impf and pf* (*pf also* **за~**) to reserve, book.
резерви́ст, а *m* (*mil*) reservist.
резе́рвн|ый *adj* (*mil and fin*) reserve; (*comput*) backup; **~ая ко́пия** backup copy.
резервуа́р, а *m* reservoir, tank.
рез|е́ц, ца́ *m* **1** (*tech*) cutter; cutting tool; (*скульптора*) chisel. **2** (*зуб*) incisor.
резиде́нт, а *m* (*diplomacy, etc.*) **1** (*шпион*) secret agent (*operating in a foreign country*). **2** (*hist*) (*представитель колониальной державы*) resident.
резиде́нци|я, и *f* residence.
рези́н|а, ы *f* (india) rubber.
рези́нк|а, и *f* **1** (*ластик*) rubber (*Br*), eraser (*US*). **2** (*тесёмка*) (piece of) elastic. **3** (*вид вязки*) ribbing; **чулки́ в ~у** ribbed stockings. **4** (*coll*) (*подвязка*) suspender (*Br*), garter (*US*). **5** (*жвачка*) chewing gum.
рези́нов|ый *adj* rubber; **~ая промы́шленность** rubber industry; **~ая тесьма́, ле́нта** rubber band, elastic band.
рези́стор, а *m* resistor.
ре́зк|а, и *f* cutting.
ре́з|кий (~ок, ~ка́, ~ко) *adj* (*ветер, слова, увеличение, движение, черты лица*) sharp; (*голос, свет, критика*) harsh; (*изменение, манера*) abrupt; **р. за́пах** strong smell.
ре́зкост|ь, и *f* **1** (*свойство*) sharpness; harshness; abruptness. **2** (*usu in pl*) sharp words, harsh words; **наговори́ть ~ей** to use harsh words.
резн|о́й *adj* carved, fretted; **~а́я рабо́та** (*archit*) carving, fretwork.
резн|я́, и́ *f* slaughter, butchery, carnage.
резолюти́вн|ый *adj* containing conclusions, containing a resolution; **в ~ой фо́рме** in the form of a resolution.
резолю́ци|я, и *f* **1** (*решение*) resolution; **вы́нести, приня́ть ~ю** to pass, carry a resolution. **2** (*на документе*) instructions; **наложи́ть ~ю** to append instructions.
резо́н, а *m* (*coll*) reason, sense; **в э́том есть свой р.** there is a reason for (*or* some sense in) this; **нет ~а так поступа́ть** there's no reason to behave like that.
резона́нс, а *m* **1** (*phys*) resonance. **2** (*fig*) echo, response; **выступле́ние име́ло широ́кий обще́ственный р.** the speech evoked a wide public response.
резонёр, а *m* moralizer.
резонёрств|овать, ую *impf* to moralize.
резони́р|овать, ую *impf* (*о звуках*) to resound; (*о зале, о стенах*) to resonate; to be resonant.
резо́н|ный (~ен, ~на) *adj* reasonable.
результа́т, а *m* result; outcome; **дать ~ы** to yield results; **в ~е** (*в итоге*) in the end; (+ *g*) (*вследствие*) as a result (of).
результати́вный *adj* successful.
ре́зус, а *m* **1** (*обезьяна*) rhesus monkey. **2** (*coll*) rhesus factor.
ре́зус-фа́ктор, а *m* rhesus factor.
ре́з|че *comp of* ⇒**~кий**
ре́зчик, а *m* engraver, carver.
ре́зчи|ца, цы *f of* ⇒**~к**
рез|ь, и *f* (*в глазах*) sharp pain; (*в животе*) colic.
резьб|а́, ы *f* **1** (*действие; рисунок*) carving. **2** (*tech*) (*винта*) thread.
резюме́ *nt indecl* summary, résumé; (*соискателя работы*) CV, résumé (*US*).
резюми́р|овать, ую *impf and pf* to sum up, summarize.
ре|й, я *m* (*naut*) yard.
рейд[1], а *m* (*naut*) road(s), roadstead; **стоя́ть на ~е** to lie at anchor.
рейд[2], а *m* **1** (*mil*) raid. **2** (*fig*) (*милицейский, полицейский*) raid; (*проверка*) spot check.
ре́йк|а, и *f* **1** (*плоская*) lath; (*бордюрная, стыковая*) strip.

2: зубча́тая р. (*tech*) rack. **3** (*геодезическая*) rod, pole.

Рейкья́вик, а *m* Reykjavik.

Рейн, а *m* the Rhine (*river*).

рейнве́йн, а *m* hock.

рейс, а *m* (*автобуса*) trip, run; (*парохода*) voyage, passage; (*самолёта*) flight; **но́мер ~а** flight number; **да́льний р.** long-haul flight; **ча́ртерный р.** charter flight; **пе́рвый р.** maiden voyage.

ре́йсовый *adj* (*автобус*) regular, operating on a set route.

рейсфе́дер, а *m* mapping pen.

рейши́н|а, ы *f* T-square.

ре́йтинг, а *m* (*популярность*) rating; (*классификация*) classification.

рейту́з|ы, ~ (*no sg*) **1** (*для верховой езды*) (riding) breeches. **2** (*трикотажные штаны*) leggings.

рейх, а *m* Reich; **Тре́тий р.** Third Reich.

рек|а́, и́, *a* **~́у**, *pl* **~́и** *f* river (*also fig*); **ли́ться,** *etc.*, **~о́й** (*fig*) to pour, flood.

ре́квием, а *m* (*eccl and mus*) requiem.

реквизи́р|овать, ую *impf and pf* to requisition.

реквизи́т, а *m* (*theatr*) props.

реквизи́тор, а *m* (*theatr*) property man.

реквизи́ци|я, и *f* requisition, commandeering.

рекла́м|а, ы *f* **1** (*товара, события*) advertising, publicity; **крикли́вая р.** hype. **2** (*объявление, телевизионная*) advertisement.

реклама́ци|я, и *f* claim for replacement (*of defective goods, etc.*).

реклами́ровани|е, я *nt* advertising, publicizing, publicity; **кампа́ния по ~ю** advertising/publicity campaign.

реклами́р|овать, ую *impf and pf* to advertise, publicize.

реклами́ст, а *m* adman; (*создатель текста*) composer of advertisements, copywriter.

рекла́мный *adj* (*агентство, кампания*) advertising; (*оповещательный*) publicity.

рекламода́тел|ь, я *m* advertiser.

рекогносци́р|овать, ую *impf and pf* (*mil*) to reconnoitre.

рекогносциро́вк|а, и *f* (*mil*) reconnaissance; reconnoitring.

рекогносциро́вочный *adj* reconnaissance.

рекоменда́тельн|ый *adj*: **р. о́тзыв** recommendation, testimonial; **~ое письмо́** letter of recommendation; **р. спи́сок книг** list of recommended books.

рекоменда́ци|я, и *f* recommendation.

рекоменд|ова́ть, у́ю *impf and pf* **1** (*pf also* **по~** *and* **от~**) (*предложить принять*) to recommend. **2** (*pf also* **по~**) (+ *d* + *inf*) (*советовать*) to recommend, advise; **я вам ~у́ю сходи́ть к врачу́** I recommend you to see a doctor. **3** (*pf also* **от~**) (*obs*) (*представить*) to introduce.

рекоменд|ова́ться, у́юсь *impf and pf* **1** (*pf also* **от~**) (*при знакомстве*) to introduce o.s. **2** *passive of* ⇒**~ова́ть**; **не ~у́ется** it is not recommended; it is not advisable.

реконструи́р|овать, ую *impf and pf* to reconstruct.

реконстру́кци|я, и *f* reconstruction.

реко́рд, а *m* record; **поби́ть р.** to break a record; **установи́ть р.** to set up, establish a record.

рекорди́ст, а *m* (*agric*) champion.

реко́рдный *adj* record, record-breaking.

рекордсме́н, а *m* record holder; record breaker; **р. ми́ра** world record holder.

рекордсме́н|ка, ки *f of* ⇒**~**

ре́крут, а *m* (*hist*) recruit (*in the army*).

рекру́т|ский *adj of* ⇒**~**; **р. набо́р** recruiting, recruitment (*into the army*).

ректифика́ци|я, и *f* (*tech*) rectification.

ректифици́р|овать, ую *impf and pf* (*tech*) to rectify.

ре́ктор, а *m* principal.

ректора́т, а *m* principal's office.

реле́ *nt indecl* (*tech*) relay.

религиове́дени|е, я *nt* religious studies.

религио́зност|ь, и *f* (*обряда, учения*) religiosity; (*набожность*) piety, piousness.

религио́з|ный *adj* **1** of religion, religious; **р. обря́д** religious ceremony; **~ное уче́ние** religious instruction. **2** (**~ен, ~на**) (*человек*) religious; pious.

рели́ги|я, и *f* religion.

рели́кви|я, и *f* relic; (*семейная*) heirloom.

рели́кт, а *m* relic; survival.

рели́кт|овый *adj of* ⇒**~**; surviving.

релье́ф, а *m* (*art and geol*) relief.

релье́фно *adv* in relief; (*выраженный*) clearly; **р.-то́чечный шрифт** Braille (script).

релье́ф|ный (~ен, ~на) *adj* relief, raised; (*ткань, обои*) embossed; **~ная ка́рта** relief map; (*fig*) (*отчётливый*) clear-cut.

рельс, а *m* rail; **сойти́ с ~́ов** to be derailed, go off the rails; **поста́вить на ~́ы** (*fig*) to launch; **на ~ы** (+ *g*) towards; **перейти́ на ~ы приватиза́ции** to move towards privatization.

ре́льс|овый *adj of* ⇒**~**; **р. путь** railway, track.

релятиви́зм, а *m* (*philos*) relativism.

рема́рк|а, и *f* **1** (*theatr*) stage direction. **2** (*obs*) (*отметка*) remark, note.

ремённ|ый *adj* belt; **~ая переда́ча** (*tech*) belt drive.

рем|е́нь, ня́ *m* (*пояс*) belt; (*для багажа*) strap; **р. безопа́сности** seat belt; **приводно́й р.** drive belt.

реме́сленник, а *m* **1** artisan, craftsman. **2** (*fig, pej*) hack. **3** (*ученик ремесленного училища*) pupil of vocational school.

реме́сленни|ца, цы *f of* ⇒**~к**

реме́сленнический *adj* (*pej*) hack-working, mechanical.

реме́сленничеств|о, а *nt* **1** workmanship, craftsmanship. **2** (*fig, pej*) hackwork.

реме́сленн|ый *adj* **1** handicraft; trade; **~ое учи́лище** vocational school. **2** (*fig, pej*) mechanical.

ремес|ло́, ла́, *pl* **~́ла, ~́ел** *nt* **1** handicraft; trade. **2** (*coll*) (*профессия*) profession, trade.

ремеш|о́к, ка́ *m* (small) strap.

реми́з, а *m* (*cards*) fine; **поста́вить р.** to pay a fine.

реми́кс, а *m* remix (*in sound recording*); **сде́лать р.** (+ *g*) to remix (*a recording*).

ремилитариза́ци|я, ую *f* remilitarization.

ремилитаризи́р|овать, ую *impf and pf* to remilitarize.

ремилитариз|ова́ть, у́ю *impf and pf* to remilitarize.

реминисце́нци|я, и *f* reminiscence; (*отголосок*) echo.

реми́сси|я, и *f* (*med, comm*) remission.

ремо́нт, а *m* repair(s); maintenance; (*здания*) refurbishment; (*мелкий*) redecoration; **капита́льный р.** overhaul, refit, major refurbishment, repairs; **космети́ческий р.** facelift; **теку́щий р.** maintenance, routine repairs; **закры́т на р.** closed for repairs; **в ~е** under repair; **р. о́буви** shoe repair.

ремонти́р|овать, ую *impf and pf* (*pf also* **от~**) (*чинить*) to repair; (*квартиру*) to refurbish, redecorate.

ремо́нтник, а *m* repair man.

ремо́нт|ный *adj of* ⇒**~**; **~ная мастерска́я** repair shop; **р. рабо́чий** repair man; **~ные рабо́ты** repair/maintenance work.

ренега́т, а *m* renegade.

ренега́тств|о, а *nt* desertion; apostasy.

Ренесса́нс, а *m* renaissance.

ренкло́д, а *m* greengage.

renова́ци|я, и *f* renovation.

ре́нт|а, ы *f* **1** rent; **земе́льная р.** ground rent. **2** (*проценты*) income (*from investments, etc.*); **ежего́дная р.** annuity.

рента́бельност|ь, и *f* profitability.

рента́бел|ьный (~ен, ~ьна) *adj* profitable, paying.

рентге́н, а *m* (*просвечивание*) X-ray treatment, X-rays.

рентгениза́ци|я, и *f* X-raying.

рентгенизи́р|овать, ую *impf and pf* to X-ray.

рентге́нов *adj*: **~ы лучи́** X-rays.

рентге́новск|ий *adj* X-ray; **~ие лучи́** X-rays; **р. сни́мок** X-ray photograph.

рентгеногра́мм|а, ы *f* X-ray (photograph).

рентгеногра́фи|я, и *f* radiography.

рентгено́лог, а *m* radiologist.

рентгеноло́ги|я, и *f* radiology.

рентгенотерапи́|я, и *f* X-ray therapy.

Реомю́р, а *m* Réaumur; **10° по ~у** 10° Réaumur.

реорганиза́ци|я, и *f* reorganization.

реорганиз|ова́ть, у́ю *impf and pf* to reorganize.

Р

реостáт, а *m* (*elec*) rheostat.
рéп|а, ы *f* turnip; **дешéвле пáреной ~ы** (*coll*) dirt cheap; **прóще пáреной ~ы** (*coll*) very easy, a piece of cake.
репар|ациóнный *adj of* ⇒**~áция**
репарáци|я, и *f* reparation.
репатриáнт, а *m* repatriate.
репатриáнт|ка, ки *f of* ⇒**~**
репатриáци|я, и *f* repatriation.
репатриúр|овать, ую *impf and pf* to repatriate.
реп|éй, ья́ *m* (*coll*) = **репéйник**
репéйник, а *m* **1** (*bot*) (*растение*) burdock; (*соцветие*) burdock flower, burr. **2** (*липучка*) Velcro.
репеллéнт, а *m* insect repellent.
репéр, а *m* (*surveying*) benchmark.
репертуáр, а *m* (*theatr and fig*) repertoire; **он в своём ~е** he is in his element.
репетúр|овать, ую *impf* **1** (*pf* **от~, про~,** *and* **с~**) (*theatr*) to rehearse. **2** *impf only* (*ученика*) to coach.
репетúтор, а *m* tutor, coach.
репетициóнный *adj* rehearsal.
репетúци|я, и *f* rehearsal; **генерáльная р.** dress rehearsal.
рéплик|а, и *f* **1** (*возражение*) retort; (*ответ*) reply; (*враждебная*) heckling comment. **2** (*theatr*) cue; **подáть ~у** to give the cue.
реполóв, а *m* (*zool*) linnet.
репортáж, а *m* (*деятельность*) reporting; (*сообщение*) report; **р. с мéста собы́тий** on-the-spot report.
репортёр, а *m* reporter.
репрессúв|ный (~ен, ~на) *adj* repressive.
репрессúр|овать, ую *impf and pf* to subject to repression.
репрéсси|я, и *f* (*usu in pl*) punitive measure.
репрúнт, а *m* reprint.
репрúнтн|ый *adj*: **~ое издáние** reprint.
репрогрáфи|я, и *f* reprography.
репрóдуктор, а *m* loudspeaker.
репродýкци|я, и *f* reproduction (*of a picture, etc.*).
репс, а *m* (*textiles*) rep.
рептúли|я, и *f* **1** reptile. **2** (*pej*) (*о человеке*) grovelling person.
репутáци|я, и *f* reputation; **пóльзоваться хорóшей ~ей** to have a good reputation; **пóльзоваться ~ей** (+ *g*) to have a reputation (for).
рéпчатый *adj* (*сходный по форме с репой*) turnip-shaped; **р. лук** (common) onion.
ресни́ц|а, ы *f* eyelash.
ресни́чк|а, и *f* **1** *diminutive of* ⇒**ресни́ца**. **2** (*in pl*) (*biol*) cilia.
ресни́чный *adj* (*biol*) ciliary.
респектáбельност|ь, и *f* respectability.
респектáбел|ьный (~ен, ~ьна) *adj* respectable.
респирáтор, а *m* respirator.
респондéнт, а *m* respondent.
респýблик|а, и *f* republic.

> **респýблика — republic**
>
> One of the six types of administrative unit into which **Российская Федерáция** is divided. Of the 86 (as of April 2007) units, 21 are republics. Unlike **автонóмная óбласть, автонóмный óкруг, гóрод федерáльного значéния, край,** and **óбласть**, each of the 21 republics has its own constitution (other constituent units have only charters (Russian *устáв*)), and is entitled to introduce its own official language(s) (*госудáрственный язы́к*) in addition to Russian.
>
> *For more details see* **автонóмная óбласть**

республикáн|ец, ца *m* republican.
республикáн|ка, ки *f of* ⇒**~ец**
республикáнский *adj* **1** republican. **2** (*hist*) of (situated in, *etc.*) a constituent republic of the former USSR.
рессóр|а, ы *f* spring (*of vehicle*).
рессóрный *adj* spring; (*снабжённый рессорами*) sprung.
реставрáтор, а *m* restorer.
реставрáци|я, и *f* restoration.
реставрúр|овать, ую *impf and pf* to restore.
ресторáн, а *m* restaurant; **р. бы́строго обслýживания** fast-food restaurant.
ресýрс, а *m* (*usu in pl*) resource; **дéнежные ~ы** financial resources; **послéдний р.** the last resort; **прирóдные ~ы** natural resources.
ретúвост|ь, и *f* zeal, eagerness.
ретúв|ый (~, ~а) *adj* (*coll*) zealous, eager.
ретúн|а, ы *f* (*anat*) retina.
ретир|овáться, ýюсь *impf and pf* (*coll*) to retire, withdraw.
ретóрт|а, ы *f* (*chem*) retort.
ретрогрáд, а *m* reactionary.
ретрогрáд|ный (~ен, ~на) *adj* reactionary.
ретроспектúв|а, ы *f* retrospective.
ретроспектúв|ный (~ен, ~на) *adj* retrospective; **р. взгляд** backward glance.
ретушёр, а *m* retoucher.
ретушúр|овать, ую *impf and pf* (*pf also* **от~**) to retouch.
рéтуш|ь, и *f* retouching.
реферáт, а *m* **1** (*книги, статьи*) synopsis, abstract. **2** (*доклад*) paper, essay.
реферéндум, а *m* referendum.
референт, а *m* **1** (*диссертации, книги*) reader, reviewer. **2** (*консультант*) adviser.
рéфери *m indecl* referee.
реферúр|овать, ую *impf and pf* to abstract, summarize.
рефлéкс, а *m* reflex; **услóвный р., безуслóвный р.** conditioned, unconditioned reflex.
рефлéкси|я, и *f* reflection; introspection.
рефлексолóги|я, и *f* reflexology.
рефлексотерапéвт, а *m* reflexologist.
рефлексотерапú|я, и *f* reflexology.
рефлектúв|ный (~ен, ~на) *adj* (*physiol*) reflex.
рефлéктор, а *m* reflector.
рефлéкторный *adj* (*physiol, astron*) reflex.
рефóрм|а, ы *f* reform; **проводúть ~ы** to implement reforms.
реформáтор, а *m* reformer.
реформáторский *adj* reformative, reformatory.
реформáтск|ий *adj of* ⇒**Реформáция**; **~ая цéрковь** Reformed Church.
Реформáци|я, и *f* (*hist*) Reformation.
реформúр|овать, ую *impf and pf* to reform.
реформúст, а *m* (*pol*) reformist.
рефрáктор, а *m* (*phys, astron*) refractor.
рефрáкци|я, и *f* (*phys, astron*) refraction.
рефрéн, а *m* (*literary*) refrain.
рефрижерáтор, а *m* (*грузовик*) refrigerated lorry (*Br*), truck (*US*); (*судно*) refrigerated ship.
рехн|ýться, ýсь, ёшься *pf* (*coll*) to go mad, go off one's head.
рецензéнт, а *m* reviewer.
рецензúр|овать, ую *impf* (*of* ⇒**про~**) to review.
рецéнзи|я, и *f* review; **р. на кнúгу, р. о кнúге** book review.
рецéпт, а *m* **1** (*med*) prescription; **вы́писать р.** to write a prescription. **2** (*cul*) recipe.
рецидúв, а *m* **1** (*med, etc.*) recurrence; relapse. **2** (*law*) repetition (*of offence*).
рецидивúзм, а *m* (*law*) recidivism.
рецидивúст, а *m* (*law*) recidivist.
рецидивúст|ка, ки *f of* ⇒**~**
рециркулúр|овать, ую *impf and pf* to recycle.
рециркуля́ци|я, и *f* recycling.
речевóй *adj* speech; vocal; **р. аппарáт** vocal organs.
речéни|е, я *nt* (*obs*) set phrase; saying.
речúст|ый (~, ~а) *adj* voluble, garrulous.
речитатúв, а *m* (*mus*) recitative.
рéчк|а, и *f* small river; rivulet.
речн|óй *adj* river; fluvial; **~ы́е путú сообщéния** inland waterways; **~óе судохóдство** river navigation; **р. трамвáй** river bus, water bus.
реч|ь, и *f* **1** (*способность*) speech; **дар ~и** faculty of speech, gift of speech. **2** (*произношение*) enunciation, speech, way of speaking; **гортáнная р.** guttural speech; **отчётливая р.** distinct enunciation. **3** (*стиль языка*) language; **деловáя р.** business language. **4** (*разговор*) conversation, talk; **о чём шла р.?** what were they/we/you talking about?, what was it all about?; **р. идёт о том, где/как/когдá** *etc.* the question is where/how/when *etc.*; **не об э́том р.** that is not the point; **об э́том не мóжет быть и ~и** that is out of the question; **завестú р. (о + *p*)** to lead, turn the conversation (towards); **о чём р.!** (*coll*) of course!, sure!

5 (*выступление*) speech; address; **вступительная р.** opening address; **торжественная р.** oration; **выступить с ~ью** to make a speech.
6 (*gram*) speech; **прямая р.** direct speech; **косвенная р.** indirect speech; **части ~и** parts of speech.

реш|ать(ся), аю(сь) *impf of* ⇨**~ить(ся)**

реша|ющий *pres participle active of* ⇨**~ть** *and adj* decisive, deciding; **р. голос** casting vote; **р. фактор** decisive factor.

решени|е, я *nt* **1** decision; **прийти к ~ю** to come to a decision; **принять р.** to take a decision, make up one's mind. **2** (*суда, дирекции*) judg(e)ment; decision, verdict; **вынести р.** to deliver a judg(e)ment; to pass a resolution; **отменить р.** to revoke a decision; (*law*) to quash a sentence. **3** (*задачи*) solving; (*к задаче*) solution; answer; (*проблемы*) solution.

решётк|а, и *f* **1** grating; (*оконная*) grille, railing; (*ограда*) railings; (*садовая*) trellis; (*перед камином*) fireguard; (*радиатора*) grille; **за ~ой** (*fig, coll*) behind bars (=*in prison*); **посадить за ~у** to put behind bars. **2** (*в камине*) (fire) grate. **3** (*в духовке*) rack, shelf. **4** (*obs*) (*решка*) tail (*of coin*). **5**: **кристаллическая р.** crystal lattice.

решет|о, а, *pl* **~а** *nt* sieve; **голова как р.** a head like a sieve; **чудеса в ~е!** (*coll*) what a remarkable thing!

решётчатый (*and* **решетчатый**) *adj* lattice, latticed.

решимост|ь, и *f* resolution, resoluteness.

решительно *adv* **1** (*твёрдо*) resolutely. **2** (*категорически*) decidedly, definitely; **р. отказаться** to refuse flatly; **я р. против этого проекта** I am definitely opposed to this scheme. **3** (*абсолютно*) absolutely; **это мне р. всё равно** it makes absolutely no difference to me.

решительност|ь, и *f* resolution, determination.

решител|ьный (~ен, ~ьна) *adj* **1** (*твёрдый*) resolute, determined; decided; firm; **р. вид** resolute air; **~ьные меры** strong measures, drastic measures; **р. тон** firm tone. **2** (*решающий*) decisive; crucial; **р. момент** crucial point; **~ьная победа** sweeping victory. **3** (*coll*) (*явный*) absolute, blatant; **р. дурак** absolute fool.

реш|ить, у, ишь *pf* (*of* ⇨**~ать**) **1** (+ *inf or* + *a*) to decide; **он ~ил уехать** he decided to go away; **р. дело в чью-н. пользу** to decide a case in s.o.'s favour (*Br*), favor (*US*); **р. чью-н. участь** to decide s.o.'s fate. **2** (*найти ответ*) to solve; to settle; **р. задачу** to solve a problem; to accomplish a task.

реш|иться, усь, ишься *pf* (*of* ⇨**~аться**) **1** (**на** + *a or* + *inf*) to make up one's mind (to), decide (to), resolve (to); to bring o.s. (to). **2** (*получить решение*) to be resolved; **спор ~ился в его пользу** the argument was resolved in his favour (*Br*), favor (*US*).

решк|а, и *f* (*coll*) tail (*of coin*); **орёл или р.?** heads or tails?

ре|я, и *f* = **рей**

ре|ять, ет *impf* **1** (*о птице*) to soar, hover. **2** (*о флаге*) to flutter.

ржаве|ть, ет *impf* (*of* ⇨**за~** *and* ⇨**по~**) to rust.

ржавост|ь, и *f* rustiness.

ржавчин|а, ы *f* **1** rust. **2** (*bot*) mildew.

ржавый *adj* rusty.

ржани|е, я *nt* neighing.

ржанк|а, и *f* (*zool*) plover.

ржаной *adj* rye.

рж|ать, у, ёшь *impf* to neigh; (*coll*) laugh loudly.

РИА *nt indecl* (*abbr of* **Российское информационное агентство**) Russian News Agency.

риал, а *m* riyal (*Saudi Arabian currency unit*).

Ривьер|а, ы *f* the Riviera.

Риг|а, и *f* Riga.

риг|а, и *f* threshing barn.

ридикюл|ь, я *m* (*obs*) handbag.

риелтор, а *m* estate agent, (*Br also*) house agent, (*US also*) realtor.

риз|а, ы *f* **1** (*eccl*) chasuble. **2** (*на иконах*) riza (*elaborate metal cover with openings cut to show faces, hands, etc. of figures*). **3** (*obs, poetical*) (*платье*) garments.

ризниц|а, ы *f* (*eccl*) vestry, sacristy.

рикошет, а *m* ricochet, rebound; **~ом** on the rebound (*also fig*).

рикошетир|овать, ую *impf* to ricochet.

рикш|а, и *f* rickshaw.

Рим, а *m* Rome.

римлян|ин, ина, *pl* **~е, ~** *m* Roman.

римлян|ка, ки *f of* ⇨**~ин**

римск|ий *adj* Roman; **Папа Р.** the Pope; **р. нос** Roman nose; **~ое право** Roman law; **~ая свеча** Roman candle; **~ие цифры** Roman numerals.

ринг, а *m* (*sport*) ring.

рин|уться, усь, ешься *pf* to dash, dart.

Рио-де-Жанейро *m indecl* Rio de Janeiro.

рис, а *m* rice.

рис. (*abbr of* **рисунок**) fig., figure.

риск, а *m* risk; **на свой (страх и) р.** at one's own risk, at one's peril; **с ~ом (для** + *g*) at the risk (of); **пойти на р.** to run risks, take chances; **р. — благородное дело** (*proverb*) nothing venture, nothing gain.

рискн|уть, у, ёшь *pf* (+ *inf*) to take the risk (of), venture (to).

рискованност|ь, и *f* riskiness.

рискован|ный (~, ~на) *adj* **1** risky; **~ное предприятие** risky venture. **2** (*шутка, тема*) risqué.

риск|овать, ую *impf* **1** to run risks, take chances. **2** (+ *i*) to risk; (+ *inf*) to risk, take the risk (of); **р. головой** to risk one's neck; **ничем не р.** to run no risk; **р. опоздать на поезд** to risk missing the train.

рисовальный *adj* drawing.

рисовальщик, а *m* graphic artist; **я очень плохой р.** I am no good at drawing.

рисовани|е, я *nt* (*карандашом*) drawing; (*красками*) painting.

рис|овать, ую *impf* (*of* ⇨**на~**) **1** (*карандашом*) to draw; (*красками*) to paint; **р. с натуры** to draw, paint from life. **2** (*fig*) (*описывать*) to depict, paint, portray.

рис|оваться, уюсь *impf* **1** (*виднеться*) to be silhouetted; to appear. **2** (*pej*) (*красоваться*) to pose, show off.

рисовк|а, и *f* (*pej*) posing, showing off.

рисов|ый *adj* rice; **~ая каша** rice pudding.

ристалищ|е, а *nt* (*obs*) stadium; hippodrome.

рисун|ок, ка *m* (*изображение*) drawing; (*в книге*) illustration; (*в научной статье*) figure; (*на ткани*) pattern, design; (*контур*) outline; **акварельный р.** watercolour (*Br*), watercolor (*US*).

ритм, а *m* (*музыки, сердца*) rhythm; (*работы, жизни*) pace.

ритмик|а, и *f* **1** (*literary*) rhythm system. **2** (*движения*) eurhythmics.

ритмическ|ий *adj* rhythmic(al); **~ая гимнастика** eurhythmics.

ритмичност|ь, и *f* rhythm.

ритмич|ный (~ен, ~на) *adj* rhythmic(al); **~ная работа** smooth functioning.

риторик|а, и *f* rhetoric.

риторический *adj* rhetorical.

ритуал, а *m* ritual.

ритуальный *adj* ritual.

риф, а *m* reef; **коралловый р.** coral reef.

рифлён|ый *adj* (*tech*) grooved, fluted, corrugated; **~ое железо** corrugated iron.

рифм|а, ы *f* rhyme.

рифм|овать, ую *impf* **1** *no pf* (*рифмоваться*) to rhyme. **2** (*pf* ⇨**за~** *and* ⇨**с~**) (*слова*) to select in order to make rhyme.

рифм|оваться, уюсь *impf* to rhyme.

рифмовк|а, и *f* rhyming, rhyme system.

рифмоплёт, а *m* (*pej*) rhymester.

рифф, а *m* (*mus*) riff.

риэлтор, а *m* = **риелтор**

риял, а *m* = **риал**

р-н (*abbr of* **район**) rayon (*district*).

роб|а, ы *f* working clothes, overalls.

роббер, а *m* (*cards*) rubber.

робе|ть, ю *impf* (*of* ⇨**о~**) to be shy, timid; (*пугаться*) to be afraid, to quail.

роб|кий (~ок, ~ка, ~ко) *adj* timid, shy.

робост|ь, и *f* timidity, shyness.

робот, а *m* robot.

роботизаци|я, и *f* robotization.

роботизир|овать, ую *impf and pf* to robotize.

робототехник|а, и *f* robotics.

робче *comp of* ⇨**робкий**

ров, рва, о рве, во рву *m* ditch; **крепостной р.** moat.

ровесник, а *m* person of the same age; **мы с ним ~и** we are of the same age; **р. революции** person born in the same year as the revolution.

ровесни|ца, цы *f of* ⇨**~к**

Р

ро́вно *adv* **1** (*равномерно*) regularly, evenly; **он к ней не р. ды́шит** (*coll*) he fancies her. **2** (*точно*) exactly; **р. пять рубле́й** five roubles exactly; (*о времени*) sharp; **р. в час** at one o'clock sharp. **3** (*coll*) (*совсем*) absolutely; **она́ р. ничего́ не зна́ет** she knows absolutely nothing. **4** (*as conj*) (*coll*) (*как будто, словно*) exactly like, just like.

ро́вност|ь, и *f* (*пульса, дыхания*) regularity; (*дороги*) evenness; (*линии*) straightness; (*характера*) stability.

ро́в|ный (~ен, ~на́, ~но) *adj* **1** (*дорога, поверхность*) flat, even, level; (*линия*) straight. **2** (*пульс*) regular; (*шаг, голос*) even; (*характер*) equable, stable. **3** (*одинаковый*) equal; **р. счёт** even account, exact money; **для ~ного счёта** to make it even; to bring to a round figure; **~ным счётом** exactly; **~ным счётом ничего́** (*coll*) absolutely nothing.

ро́вня, ро́вни *cg* equal, match; **он ей не р.** he is not her equal, he is no match for her.

ровня́|ть, ю *impf* (*of* ⇨**с~**) to even, level.

рог, а, *pl* **~а́, ~о́в** *m* **1** horn; (*олений*) antler; **р. изоби́лия** horn of plenty, cornucopia; **брать быка́ за ~а́** (*coll*) to take the bull by the horns; **наста́вить ~а́** (+ *d*; *coll*) to cuckold; **согну́ть в бара́ний р.** (*coll*) to make knuckle under. **2** (*музыкальный инструмент*) bugle, horn; **альпи́йский р.** alpenhorn; **охо́тничий р.** hunting horn.

рога́лик, а *m* crescent-shaped roll, croissant.

рога́ст|ый (~, ~а) *adj* (*coll*) large-horned.

рога́тин|а, ы *f* **1** (*hist*) (*средневековое русское боевое оружие в виде обоюдоострого лезвия на длинном древке*) ≈ spear; (*obs*) (*позднее: аналогичное оружие для охоты на медведя*) bear spear (*hunting weapon*). **2** (*длинная палка с развилиной на конце*) long stick with a forked end (*as used on farms, etc.*).

рога́тк|а, и *f* **1** (*на дороге*) roadblock; (*fig*) obstacle; **ста́вить кому́-н. ~и** to put obstacles in s.o.'s way. **2** (*для стрельбы*) slingshot, catapult (*Br*).

рога́т|ый (~, ~а) *adj* **1** horned; **кру́пный р. скот** cattle; **ме́лкий р. скот** small cattle, sheep and goats. **2** (*coll*) (*муж*) cuckolded.

рога́ч, а́ *m* **1** (*олень*) stag. **2** (*жук*) stag beetle.

рогови́ц|а, ы *f* (*anat*) cornea.

рогов|о́й *adj* horn; horny; **~ы́е очки́** horn-rimmed spectacles; **~а́я оболо́чка глаза** (*anat*) cornea.

рого́ж|а, и *f* bast, matting.

рого́з, а *m* (*bot*) reed mace.

рогоно́с|ец, ца *m* (*coll, joc*) cuckold.

род, а, о ~е, в ~у́ *m* **1** (*pl* **~ы́, ~о́в**) family, kin, clan; **челове́ческий р.** mankind, human race; **без ~у, без пле́мени** without kith or kin. **2** (*pl* **~ы́, ~о́в**) (*происхождение*) birth, origin, stock; (*поколение*) generation; **он ~ом из Ирла́ндии** he is an Irishman by birth, a native of Ireland; **из ~а в р.** from generation to generation; **ему́ на ~у́ напи́сано** (+ *inf*) he was preordained (to); **ей де́сять лет от ~у** she is ten years of age. **3** (*pl* **~ы, ~о́в**) (*biol*) genus. **4** (*pl* **~а́, ~о́в**) (*mun*) sort, kind; **р. во́йск** arm of the service; **вся́кого ~а** of all kinds, all kind of; **тако́го ~а** of such a kind, such; **в э́том ~е** of this sort; **что-то в э́том ~е** sth of the kind; sth to that effect; **в не́котором ~е** in some sort, to some extent; **в своём ~е** in one's own way; **своего́ ~а** a kind of; in one's own way; **он своего́ ~а ге́ний** he is a genius in his own way. **5** (*pl* **~ы, ~о́в**) (*gram*) gender; **же́нский р.** feminine (gender); **мужско́й р.** masculine (gender); **сре́дний р.** neuter (gender).

роддо́м, а *m* (*abbr of* **роди́льный дом**) maternity hospital.

роде́о *nt indecl* rodeo.

роди́льниц|а, ы *f* woman recently confined.

роди́льн|ый *adj*: **р. дом** maternity hospital; **~ое отделе́ние** maternity unit.

роди́м|ый *adj* **1** (*город*) native. **2**: **~ое пятно́** birthmark.

ро́дин|а, ы *f* native land; home, homeland; **верну́ться на ~у** to return home; **тоска́ по ~е** homesickness; **Испа́ния — р. флaméнко** Spain is the home of the flamenco.

ро́динк|а, и *f* birthmark.

роди́тел|и, ей (*no sg*) parents.

роди́тел|ь, я *m* (*coll*) father.

роди́тельниц|а, ы *f* (*coll*) mother.

роди́тельн|ый *adj* (*gram*) genitive; **в ~ом падеже́** in the genitive (case).

роди́тельский *adj* parental, parents'; paternal; **р. комите́т** parents' committee.

ро|ди́ть, жу́, ди́шь, *past* **~ди́л, ~ди́ла** (*impf*)/**~дила́** (*pf*), **~ди́ло** *impf and pf* **1** (*impf also* **рожа́ть**) to bear, give birth (to); **в чём мать ~дила́** (*joc*) in one's birthday suit. **2** (*impf also* **рожда́ть**) (*fig*) to give birth, rise (to); (*о почве*) to yield.

ро|ди́ться, жу́сь, ди́шься, *past* **~ди́лся** (*pf also* **~дился́**), **~ди́лась** (*impf*)/**~дила́сь** (*pf*), **~ди́лось** (*impf*)/**~дило́сь** (*pf*) *impf and pf* **1** (*impf also* **рожда́ться**) to be born; **р. преподава́телем** to be a born teacher; (**у** + *g*): **у неё ~дила́сь дочь** she had a daughter; **от пе́рвой жены́ у него́ ~ди́лся сын** he had a son by his first wife. **2** (*impf also* **рожда́ться**) (*fig*) (*мысль, план, город*) to arise, come into being. **3** (*произрастать*) to spring up, thrive; **в про́шлом году́ кукуру́за у нас ~дила́сь** (*pf*) **хорошо́** we had a good maize crop last year; **в после́дние го́ды кукуру́за у нас ~ди́лась** (*impf*) **хорошо́** we have had a good maize crop in recent years.

ро́дич, а *m* (*coll*) relation, relative.

родни́к, а́ *m* spring; (*fig*) (*сил, вдохновения*) source.

роднико́в|ый *adj of* ⇨**родни́к**; **~ая вода́** spring water.

родн|и́ть, ю́, и́шь *impf* (*of* ⇨**по~**) to make related, link.

родн|и́ться, ю́сь, и́шься *impf* (*of* ⇨**по~**) (**с** + *i*) to become related (with).

родничо|о́к[1]**, ка́** *m diminutive of* ⇨**родни́к**

роднич|о́к[2]**, ка́** *m* (*anat*) fontanel(le).

родн|о́й *adj* **1** (*мать, брат, дядя*) related by blood; natural; **р. брат** one's brother (*opp cousin, etc.*); *as n* **~ы́е, ~ы́х** relations, relatives. **2** (*отечественный*) native; home; **~а́я страна́, ~а́я земля́** native land; **р. го́род** home town; **р. дом** one's own home; **р. язы́к** mother tongue. **3** (*в обращении*) (my) dear.

родн|я́, и́ *f* **1** (*collect*) (*родственники*) relatives, kinsfolk. **2** (*coll*) (*родственник*) relative.

родови́тост|ь, и *f* noble birth; high birth.

родови́т|ый (~, ~а) *adj* of noble birth; high-born.

родов|о́й[1] *adj* **1** (*ethnology*) clan. **2** (*наследственный*) ancestral; **~о́е име́ние, ~о́е иму́щество** patrimony. **3** (*biol*) generic. **4** (*gram*) gender.

родов|о́й[2] *adj* birth, labour; **~ы́е схва́тки** contractions.

родовспомога́тельн|ый *adj*: **~ое учрежде́ние** maternity home.

родовспоможе́ни|е, я *nt* maternity care.

рододе́ндрон, а *m* (*bot*) rhododendron.

родонача́льник, а *m* ancestor, forefather; (*fig*) (*литературы*) father.

Ро́дос, а *m* Rhodes.

родосло́вн|ая, ой *f* genealogy, pedigree.

родосло́вн|ый *adj* genealogical; **~ое де́рево** family tree.

ро́дственник, а *m* relation, relative; **ближа́йший р.** next of kin; **бли́зкий р.** close relative; **да́льний р.** distant relative.

ро́дственни|ца, цы *f of* ⇨**~к**

ро́дственност|ь, и *f* **1** (*языков, народов, культур*) connection, tie. **2** (*характеров*) familiarity, intimacy.

ро́дствен|ный (~ and ~ен, ~на) *adj* **1** kindred, related; **~ные отноше́ния** blood relations; **~ные свя́зи** kinship ties. **2** (*близкий*) kindred, related, allied; **~ные наро́ды** related peoples; **~ные языки́** cognate languages. **3** (*свойственный родственникам*) familiar, intimate.

родств|о́, а́ *nt* **1** relationship, kinship (*also fig*); **кро́вное р.** blood tie, consanguinity; **быть в ~е́** (**с** + *i*) to be related (to). **2** (*collect, obs*) (*родственники*) relations, relatives.

ро́д|ы, ов (*no sg*) birth; childbirth; **в ~ах** in labour (*Br*), labor (*US*); **стимуля́ция ~ов** induction (of labour).

ро́ж|а[1]**, и** *f* (*coll*) mug (= *face*); **ко́рчить, стро́ить ~и** to make faces.

ро́ж|а[2]**, и** *f* (*med*) erysipelas.

рожа́|ть, ю *impf of* ⇨**роди́ть 1**

рожда́емост|ь, и *f* birth rate.

рожда́|ть(ся), ю(сь) *impf of* ⇨**роди́ть(ся)**

рожде́ни|е, я *nt* birth; **день ~я** birthday; **ме́сто ~я** birthplace; **глухо́й от ~я** deaf from birth; **по ~ю** by birth.

рождённый *ppp of* ⇨**роди́ть**; (+ *inf*) born (to), destined (to).

рожде́ственск|ий *adj* Christmas; **р. дед** Father Christmas, Santa Claus; **р. день** Christmas Day; **~ая ёлка** Christmas tree; **р. обе́д** Christmas dinner; **~ое песнопе́ние** carol singing; **~ая пе́сня** carol; **р. пиро́г** Christmas cake; **р. пост** Advent; **р. пу́динг** Christmas pudding; **р. соче́льник** Christmas Eve.

Рождеств|о́, а́ *nt* (*праздник*) Christmas; **на Р.** at Christmas (time); **под Р.** on Christmas Eve; (*само рождение*) Nativity.

Рождество́ — Christmas

Members of the Orthodox Church celebrate this festival on 7 January and it is a national holiday in Russia. The Russian Orthodox Church still uses the Julian calendar in which 7 January corresponds to 25 December in the Gregorian calendar.

роже́ни́ц|а, ы *f* woman in childbirth.

роже́чник, а *m* horn player; bugler.

рож|о́к, ка́ *m* **1** (*животного*) small horn. **2** (*mus*) horn; bugle; **англи́йский р.** cor anglais. **3** (*для тугоухих*) ear trumpet. **4** (*для младенца*) feeding bottle. **5** (*газовый*) (gas) burner, (gas) jet. **6** (*для одевания обуви*) shoehorn.

рож|о́н, на́ *m*: **лезть/идти́ на р.** (*coll*) to kick against the pricks; **про́тив ~на́ пере́ть** (*coll*) to swim against the tide; **како́го ещё ~на́ на́до?** (*coll*) what the hell more do you need?

рожь, ржи *f* rye.

ро́з|а, ы *f* **1** (*цветок*) rose; (*растение*) rose tree, rose bush. **2** (*archit*) rose window. **3**: **р. ветро́в** wind rose.

роза́ри|й, я *m* rosarium, rose garden.

ро́звальн|и, ей (*no sg*) rozvalni (*a low, wide sledge*).

ро́з|га, ги, *g pl* **~ог** *f* birch (rod); **наказа́ть ~гой** to birch.

ро́зговень|е, я *nt* (*eccl*) first meal after fast.

ро́здых, а *m* (*coll*) pause (*from work*), breather.

розе́тк|а, и *f* **1** (*украшение*) rosette. **2** (*elec*) socket; electric outlet. **3** (*для варенья*) jam dish. **4** (*на свечке*) candle ring (*ring on candlestick to collect wax*). **5** (*archit*) rose window.

розмари́н, а *m* (*bot*) rosemary.

ро́зниц|а, ы *f* retail; **торгова́ть в ~у** to engage in retail trade; to retail.

ро́зничн|ый *adj* retail; **р. торго́вец** retailer; **~ая цена́** retail price.

ро́зно *adv* (*coll*) apart, separately.

рознь|ь, и *f* **1** difference; **челове́к челове́ку р.** there are no two people alike; there are people and people. **2** (*вражда*) disagreement, dissension.

розова́т|ый (~, ~а) *adj* pinkish.

розове́|ть, ю *impf* (*of* ⇒**по~**) to turn pink.

розовощёкий *adj* pink-cheeked, rosy-cheeked.

ро́зов|ый (~, ~а) *adj* **1** *adj of* ⇒**ро́за**; **~ое де́рево** rosewood; **р. куст** rose bush. **2** (*цвет*) pink, rose-coloured (*Br*), -colored (*US*). **3** (*fig*) rosy; **смотре́ть на что-н. сквозь ~ые очки́** to view sth through rose-coloured spectacles (*Br*), rose-colored glasses (*US*).

ро́зыгрыш, а *m* **1** (*лотереи*) drawing. **2** (*sport*) (*решающая партия*) playing off (*of a cup tie, etc.*). **3** (*sport*) (*ничья*) draw, drawn game. **4** (*шутка*) practical joke.

ро́зыск, а *m* **1** (*разыскивание*) search. **2** (*law*) (*дознание*) inquiry; **Уголо́вный р.** Criminal Investigation Department (*Br*), Federal Bureau of Investigation (*US*).

ро|и́ться, и́тся *impf* to swarm; (*fig*) (*о мыслях*) to crowd.

рой, ро́я, *pl* **рои́** *m* (*пчёл, комаров*) swarm.

рок[1]**, а** *m* (*судьба*) fate.

рок[2]**, а** *m* (*mus*) rock; **тяжёлый р.** hard rock.

рок- *comb form* rock.

рок-гру́пп|а, ы *f* rock band.

ро́кер, а *m* (*coll*) rocker.

рок-звезд|а́, ы́ *pl* **~ы, ~, ~ам** *f* rock star.

рокир|ова́ть(ся), у́ю(сь) *impf and pf* (*chess*) to castle.

рокиро́вк|а, и *f* (*chess*) castling.

рок-му́зык|а, и *f* rock music.

рок-музыка́нт, а *m* rock musician.

рок-н-ро́лл, а *m* rock 'n' roll.

роков|о́й *adj* **1** fateful; fated; **~а́я же́нщина** femme fatale. **2** (*имеющий тяжёлые последствия*) fatal.

рококо́ *nt indecl* rococo.

рок-о́пер|а, ы *f* rock opera.

ро́кот, а *m* roar, rumble.

роко|та́ть, чу́, ~чешь *impf* to roar, rumble.

ро́лик, а *m* **1** roller, castor. **2** (*elec*) (porcelain) cleat. **3** (*in pl*) (*коньки*) roller skates. **4**: **рекла́мный р.** (*cin*) advertisement; (*фильма*) trailer. **5** (*бумаги, плёнки*) roll.

ро́лик|овый *adj of* ⇒**~**; **~овая доска́** skateboard; **~овые коньки́** roller skates; **р. подши́пник** roller bearing.

роликодро́м, а *m* roller-skating rink.

ро́лкер, а *m* ro-ro (*roll-on roll-off*) ship.

ро́ллер, а *m* scooter.

роллердро́м, а *m* roller-skating rink.

ро́ллинг, а *m* **1** (*доска*) skateboard. **2** (*спорт*) skateboarding.

рол|ь, и, *pl* **~и, ~е́й** *f* (*theatr*) role (*also fig*); (*текст*) part; **в ~и** (+ *g*) in the role (of); **игра́ть р.** (+ *g*) to take the part (of), play, act; (*fig*) to matter, count, be of importance; **э́то не игра́ет ~и** it is of no importance, it does not count; **войти́ в р.** to get into the part; **поменя́ться ~я́ми с ке́м-н.** to swap places with s.o.; **р. второ́го пла́на** support role.

ром, а *m* rum.

рома́н, а *m* **1** novel. **2** (*coll*) (*любовная связь*) love affair; romance.

романи́ст[1]**, а** *m* novelist.

романи́ст[2]**, а** *m* Romance philologist.

романи́ст|ка, ки *f of* ⇒**~**[1,2]

рома́нс, а *m* (*mus*) romance.

рома́нск|ий *adj* Romance; **р. стиль** (*archit*) Romanesque; **~ие языки́** Romance languages.

романти́зм, а *m* romanticism.

рома́нтик, а *m* (*мечтатель*) romantic; (*художник, писатель*) romanticist.

рома́нтик|а, и *f* romance.

романти́ческий *adj* romantic.

романти́чност|ь, и *f* romantic quality, nature.

романти́ч|ный (~ен, ~на) *adj* = **~еский**

рома́шк|а, и *f* (*bot and pharm*) camomile.

рома́шк|овый *adj of* ⇒**~а**; **р. чай** camomile tea.

ромб, а *m* (*math*) rhomb(us); (*mil*) diamond formation.

ромби́ческий *adj* (*math*) rhombic.

роме́йский *adj* (*hist*) Romaic, of East Rome.

ро́мовый *adj of* ⇒**ром**

ромште́кс, а *m* rump steak.

Ро́н|а, ы *f* the Rhône (*river*).

ро́ндо *nt indecl* (*mus*) rondo.

рондо́ *nt indecl* (*literary*) rondeau, rondel.

роня́|ть, ю *impf* (*of* ⇒**урони́ть**) **1** (*из рук*) to drop; (*голову, руки*) to let fall; (*книгу с полки*) to knock off; (*слова, замечания*) to say casually; **р. слёзы** to shed tears. **2** (*impf only*) (*лишаться*) to shed; **р. ли́стья** to shed its leaves; **р. опере́ние** to moult. **3** (*fig*) (*унижать*) to discredit; **р. себя́ в обще́ственном мне́нии** to drop in public estimation; **р. себя́ в чьих-н. глаза́х** to discredit o.s. in s.o.'s eyes; (*авторитет*) to lose.

ро́пот, а *m* murmur, grumble.

роп|та́ть, щу́, ~щешь *impf* (**на** + *a*) to murmur, grumble (about).

рос, ~ла́ *see* ⇒**расти́**

рос|а́, ы́, *pl* **~ы** *f* dew.

роси́нк|а, и *f* dewdrop.

роси́ст|ый (~, ~а) *adj* dewy.

роско́шеств|о, а *nt* **1** (*пристрастие*) extravagant taste. **2** (*излишество*) extravagance.

роско́шеств|овать, ую *impf* to luxuriate, live in luxury.

роско́ш|ный (~ен, ~на) *adj* **1** luxurious, sumptuous. **2** (*coll*) (*замечательный*) luxuriant, splendid.

ро́скош|ь, и *f* **1** (*излишества*) luxury; **жить в ~и** to live in luxury. **2** (*великолепие*) splendour (*Br*), splendor (*US*). **3** (*природы*) luxuriance.

ро́слый *adj* tall, strapping.

ро́сный[1] *adj*: **р. ла́дан** benzoin, Benjamin.

ро́с|ный[2] *adj of* ⇒**~а́**

росома́х|а, и *f* (*zool*) wolverine.

ро́спис|ь, и *f* **1** (*перечень*) list, inventory. **2** (*живопись*) painting; **р. стен** wall painting(s), mural(s).

ро́спуск, а *m* dismissal; (*mil*) disbandment; **р. парла́мента** dissolution of Parliament; **р. на кани́кулы** breaking up for the holidays.

Российская Федерация, Россия — the Russian Federation, Russia

Russia is a federal state consisting of 86 (as of April 2007) political (constituent) units (Russian **субъекты Федерации**). They are:

— 21 republics (Russian **республика**) ((*the Republic of*) *Adygea, the Republic of Altai, the Republic of Bashkortostan, the Republic of Buryatia, the Chechen Republic, the Chuvash Republic* (also *Chuvashia*), *the Republic of Dagestan, the Ingush Republic, the Kabarda-Balkar Republic, the Republic of Kalmykia, the Karachay-Cherkess Republic, the Republic of Karelia, the Republic of Khakassia, the Republic of Komi, the Republic of Mari El, the Republic of Mordovia, the Republic of North Ossetia Alania, the Republic of Sakha* (also *Yakutia*), *the Republic of Tatarstan* (also *Tatarstan*), *the Republic of Tuva* (Russian *Tyva*), and *the Udmurt Republic*;

— 7 (6 until 1 December 2005, 8 from 1 July 2007) krais (Russian **край**) (*Altai Krai, Kamchatka Krai* (from 1 July 2007, to be formed by the unification of *Kamchatka Oblast* and *Koryak Autonomous Okrug*), *Khabarovsk Krai, Krasnodar Krai, Krasnoyarsk Krai, Perm Krai* (since 1 December 2005, formed by the unification of *Perm Oblast* and *Komi-Permyak Autonomous Okrug*), *Primorskiy Krai*, and *Stavropol Krai*);

— 48 (49 until 1 December 2005, 47 from 1 July 2007) oblasts (Russian **область**) (*Amur Oblast, Arkhangelsk Oblast, Astrakhan Oblast, Belgorod Oblast, Bryansk Oblast, Chelyabinsk Oblast, Chita Oblast, Irkutsk Oblast, Ivanovo Oblast, Kaliningrad Oblast, Kaluga Oblast, Kamchatka Oblast* (until 1 July 2007), *Kemerovo Oblast, Kirov Oblast, Kostroma Oblast, Kurgan Oblast, Kursk Oblast, Leningrad Oblast, Lipetsk Oblast, Magadan Oblast, Moscow Oblast, Murmansk Oblast, Nizhniy Novgorod Oblast, Novgorod Oblast, Novosibirsk Oblast, Omsk Oblast, Orel Oblast, Orenburg Oblast, Penza Oblast, Perm Oblast* (until 1 December 2005), *Pskov Oblast, Rostov Oblast, Ryazan Oblast, Sakhalin Oblast, Samara Oblast, Saratov Oblast, Sverdlovsk Oblast, Smolensk Oblast, Tambov Oblast, Tver Oblast, Tomsk Oblast, Tula Oblast, Tyumen Oblast, Ulyanovsk Oblast, Vladimir Oblast, Volgograd Oblast, Vologda Oblast, Voronezh Oblast, and Yaroslavl Oblast*);

— 2 cities with federal status (Russian **город федерального значения**) (*Moscow* and *St Petersburg*);

— 1 autonomous oblast (Russian **автономная область**) (*Jewish Autonomous Oblast*);

— 7 (10 until 1 December 2005, 9 until 1 January 2007, 6 from 1 July 2007) autonomous okrugs (Russian **автономный округ**) (*Agin-Buryat Autonomous Okrug, Chukot Autonomous Okrug, Evenki Autonomous Okrug* (until 1 January 2007, incorporated into *Krasnoyarsk Krai*), *Knanty-Mansi Yugra Autonomous Okrug, Komi-Permyak Autonomous Okrug* (until 1 December 2005), *Koryak Autonomous Okrug* (until 1 July 2007), *Nenets Autonomous Okrug, Taymyr* (*Dolgano-Nenets*) *Autonomous Okrug* (until 1 ▸▸▸

▸▸▸ January 2007, incorporated into *Krasnoyarsk Krai*), *Ust-Ordyn-Buryat Autonomous Okrug*, and *Yamalo-Nenets Autonomous Okrug*).

Under the current Russian Constitution of 1993, both names — *Россия* and *Российская Федерация* — can be used as an official name of the country.

российский *adj* Russian.

Росси|я, и *f* Russia.

Россия — Russia

see **Российская Федерация**

россиян|ин, а, *pl* **~е, ~** *m* (*русский*) Russian; (*гражданин России*) Russian citizen.

россиян|ка, ки *f of* **⇨~ин**

россказн|и, ей (*no sg*) (*coll*) old wives' tale.

россып|ь, и *f* **1** scattering; **грузить зерно ~ью** to load grain loose. **2** (*in pl; min*) deposit, placer.

рост, а *m* **1** (*растений, городов, индустрии*) growth; (*fig*) (*цен, преступности*) increase, rise. **2** (*вышина*) height, stature; **~ом** in height; **он ~ом с вас** he is (of) your height; **высокого ~а** tall; **во весь р.** full length; (*fig*) in all its magnitude; **встать во весь р.** to stand upright, stand up straight; **это пальто мне не по ~у** this coat does not fit me. **3** (*одежды*) length. **4** (*прибыль*) interest; **отдавать деньги на р.** to lend money at interest.

ростбиф, а *m* roast beef.

ростовщик, а *m* usurer, moneylender.

ростовщи|ца, цы *f of* **⇨~к**

ростовщический *adj* usurious; (*грабительский*) predatory.

ростовщичеств|о, а *nt* usury, moneylending.

рост|ок, ка *m* shoot; **пустить ~ки** to sprout; (*in pl, + g*) beginnings (of).

росчерк, а *m* flourish; **одним ~ом пера** with a stroke of the pen.

росянк|а, и *f* (*bot*) sundew.

рот, рта, о рте, во рту *m* mouth; **не брать в р.** (+ *g*) not to touch; **зажать, заткнуть р. кому-н.** (*coll*) to stop s.o.'s mouth, shut s.o. up; **смотреть в кому-н. р.** (*coll*) to hang on s.o.'s words; **говорить, не закрывая рта** to talk non-stop.

рот|а, ы *f* (*mil*) company.

ротапринт, а *m* offset duplicator.

ротатор, а *m* duplicator, duplicating machine.

ротационн|ый *adj*: **~ая машина** (*printing*) rotary press.

ротаци|я, и *f* **1** = **~онная машина**. **2** rotation.

ротвейлер, а *m* Rottweiler.

ротмистр, а *m* (*mil*) captain (*of cavalry in tsarist Russian army*).

рот|ный *adj of* **⇨~а**; *as n* **р., ~ного** *m* company commander.

ротозе|й, я *m* (*coll*) (*разиня*) scatterbrain; (*зевака*) idler.

ротозейств|о, а *nt* (*coll*) idleness.

ротонд|а, ы *f* **1** (*archit*) rotunda. **2** (*накидка*) cloak.

ротор, а *m* (*tech*) rotor.

рохл|я, и, *g pl* **~ей** *cg* (*coll*) dawdler.

рощ|а, и *f* small wood, grove.

рощиц|а, ы *f diminutive of* **⇨роща**

роялист, а *m* royalist.

роялист|ка, ки *f of* **⇨~**

роялистский *adj* royalist.

роял|ь, я *m* piano; grand piano; **кабинетный р.** baby grand; **играть на ~е** to play the piano.

РСФСР *f indecl* (*abbr of* **Российская Советская Федеративная Социалистическая Республика**) (*hist*) RSFSR (*Russian Soviet Federal Socialist Republic*).

РТС *f indecl* (*abbr of* **ремонтно-техническая станция**) (*agric*) repairs and engineering station.

ртутн|ый *adj* mercury.

ртут|ь, и *f* mercury.

рубак|а, и *m* (*coll*) fine swordsman.

рубан|ок, ка *m* (*tech*) plane.

рубах|а, и *f* shirt; **р.-парень** (*coll*) straightforward fellow.

рубашк|а, и *f* **1** shirt; **нижняя р., нательная р.** (*мужская*) undershirt; (*женская*) full-length slip; **ночная р.** (*мужская*) nightshirt; (*женская*) nightdress; **родиться в ~е** to be born with a silver spoon in one's mouth; **своя р. ближе к телу** (*proverb*) charity begins at home. **2** (*игральной карты*) back.

рубеж, а *m* **1** boundary, border(line); **уехать за р.** to go abroad; **жить за ~ом** to live abroad; **р. веков** turn of the century. **2** (*mil*) line; **р. атаки** assault position.

руб|ец[1], ца *m* **1** (*от ран*) scar. **2** (*шов*) hem, seam.

руб|ец[2], ца *m* (*cul*) tripe.

рубильник, а *m* **1** (*elec*) knife switch. **2** (*sl*) (*большой нос*) big nose, hooter.

рубин, а *m* ruby.

рубиновый *adj* ruby.

руб|ить, лю, ~ишь *impf* **1** (*дерево*) to fell. **2** (*дрова*) to chop. **3** (*cul*) to mince, chop up. **4** (*строить из брёвен*) to put up, erect. **5** (*уголь*) to mine, extract. **6** (*coll*) (*говорить*) to say bluntly.

руб|иться, люсь, ~ишься *impf* to fight (with cold steel).

рубищ|е, а (*no pl*) *nt* rags, tatters.

рубк|а[1], и *f* **1** (*дерева*) felling. **2** (*дров*) chopping. **3** (*cul*) mincing, chopping up. **4** (*избы*) erection.

рубк|а[2], и *f* (*naut*) deck house; **боевая р.** conning tower; **рулевая р.** wheelhouse.

рублёвк|а, и *f* (*coll*) one-rouble note.

рубл|ёвый *adj* **1** *adj of* **⇨~ь**. **2** one rouble (*in price*); (*coll*) (*дешёвый*) cheap.

рублен|ый *adj* **1** minced, chopped; **~ая капуста** chopped cabbage; **~ое мясо** minced meat, hash; **~ые котлеты** rissoles. **2** (*бревенчатый*) of logs; **~ая изба** log hut, log cabin.

рубл|ь, я *m* rouble; **билет стоит двадцать ~ей** a ticket costs twenty roubles; **за р.** for one rouble; **сыру на сто ~ей** a hundred roubles' worth of cheese.

ру́брик|а, и *f* **1** (*заголовок*) rubric, heading. **2** (*раздел*) column.

рубц|ева́ться, у́ется *impf* (*of* ⇒**за**∼) to form a scar.

ру́бчат|ый (∼, ∼а) *adj* ribbed.

ру́бчик, а *m* **1** *diminutive of* ⇒**рубе́ц**[1]. **2** (*на ткани*) rib.

ру́ган|ь, и *f* (*непристойная*) bad language, swearing, abuse; (*ссора*) row.

руга́тельн|ый *adj* abusive; **∼ые слова́** bad language, swear words.

руга́тельств|о, а *nt* abuse; (*непристойное*) swear word.

руга́|ть, ю *impf* **1** (*pf* **от∼** *or* **вы́∼**) (*отчитывать*) to scold, tell off. **2** (*of* **об∼, от∼**, *also* **вы́∼, из∼**) (*бранить*) to curse, swear (at), abuse. **3** (*of* **об∼**) (*критиковать*) to tear to pieces.

руга́|ться, юсь *impf* **1** (*pf* **вы́∼**) to curse, swear, use bad language; **р. как изво́зчик** to swear like a trooper. **2** (**с** + *i*) (*ссориться*) to quarrel (with), have a row (with).

ругн|у́ть(ся), у́(сь), ёшь(ся) *pf* to swear.

руд|а́, ы́, *pl* **́∼ы** *f* ore; **желе́зная р.** iron ore.

рудбе́ки|я, и *f* (*bot*) rudbeckia; **р.волоси́стая** black-eyed Susan.

рудиме́нт, а *m* rudiment.

рудимента́р|ный (∼ен, ∼на) *adj* rudimentary.

рудни́к, а́ *m* mine, pit.

руднико́вый *adj of* ⇒**рудни́к**

рудни́|чный *adj of* ⇒**∼к**; **р. газ** firedamp; **∼чная сто́йка** pit prop; **∼чная ла́мпа** miner's lamp.

ру́д|ный *adj of* ⇒**∼а́**; **∼ная жи́ла** vein.

рудоко́п, а *m* miner.

рудоно́с|ный (∼ен, ∼на) *adj* ore-bearing.

руже́йник, а *m* gunsmith.

руже́йн|ый *adj of* ⇒**ружьё**; **р. вы́стрел** rifle shot; **р. ма́стер** armourer (*Br*), armorer (*US*), gunsmith.

руж|ьё, ья́, *pl* **́∼ья, ́∼ей, ́∼ьям** *nt* (hand)gun, rifle; **дробово́е р.** shotgun; **противота́нковое р.** anti-tank rifle; **стать в р.** to fall in; **в р.!** (*mil command*) to arms!; **быть под ∼ьём** to be under arms; **призва́ть под р.** to call to arms.

руи́н|а, ы *f* (*usu in pl*) ruin; **восста́ть из ∼** to rise from the ashes.

рук|а́, и́, *a* **́∼у,** *pl* **́∼и, ∼, ∼а́м** *f*

● **I. 1** (*кисть*) hand; (*от кисти до плеча*) arm; **пожа́ть ́∼у** (+ *d*) to shake hands (with); **́∼и вверх!** hands up!; **∼а́ми не тро́гать!** please, do not touch!; **вести́ за́ ∼у** to lead by the hand; **взя́ться за́ ∼и** to join hands, link arms; **взять на́ ∼и** to take in one's arms; **держа́ть на ∼а́х** to hold in one's arms; **р. о́б ∼у** hand in hand; **написа́ть от ∼и́** to write out by hand; **взять кого́-н. по́д ∼у** to take s.o.'s arm; **идти́ с кем-н. по́д ∼у** to walk arm in arm with s.o.
2 (*почерк*) hand, handwriting; (*подпись*) signature; **приложи́ть ́∼у** (*obs*) to affix one's signature.
3 (*сторона*) side; **с ле́вой ∼и́** on the left, to the left; **по пра́вую ́∼у** on the right, to the right.
4 (*in pl*) (*владение*) hands (*fig = power, possession*); **взять в свой ́∼и** to take into one's own hands; **взять (себя́) в ́∼и** to take (o.s.) in hand; **держа́ть в свои́х ∼а́х** to have in one's clutches; **попа́сться в ́∼и кому́-н.** to fall into s.o.'s hands; **прибра́ть к ∼а́м** to appropriate; **быть в хоро́ших ∼а́х** to be in good hands; **свобо́да ∼** a free hand; **в со́бственные ́∼и** (*на конверте*) 'personal'.
5 (*fig*) hand (*of person giving or receiving proposal of marriage*); **проси́ть ∼и́ у кого́-н.** to ask s.o.'s hand in marriage.
6 (*fig*) (*источник*) hand; source, authority; **из пе́рвых, вторы́х ∼** at first, second hand; **узна́ть из ве́рных ∼** to have on good authority.

● **II.** (*fig; in various senses*) hand; **переда́ть де́ло в чьи-н. ́∼и** to put a matter in s.o.'s hands; **сон в ́∼у** the dream has come true; **из ∼ вон (пло́хо)** (*coll*) thoroughly bad, quite useless; **вы́дать на́ ∼и** to hand out; **име́ть на ∼а́х** to have on one's hands; **умере́ть на чьих-н. ∼а́х** to die in s.o.'s arms; **ма́стер на все ́∼и** Jack of all trades; **э́то бу́дет им на́ ∼у** that will serve their purpose; it will be playing into their hands; **на́ ∼у нечи́ст** (*coll*) dishonest, underhand; **на ско́рую ́∼у** offhand; **дать кому́-н. по ∼а́м** (*coll*) to give a rap over the knuckles; **уда́рить по ∼а́м** to strike a bargain; **по ∼а́м!** it's a bargain!, done!; **говори́ть кому́-н. по́д ∼у** to distract s.o. by talking; **под ∼о́й** at hand, to hand; **под пья́ную ́∼у** under the influence (of drink); **с ∼ доло́й** off one's hands; **сбыть с ∼** to get off one's hands; **э́то тебе́ не сойдёт с ∼** (*coll*) you won't get away with it; **греть ́∼и (на** + *p*) to make a good thing (out of); **э́то де́ло чужи́х ∼** this is s.o. else's doing; **как ∼о́й сня́ло** it has vanished as if by magic; **махну́ть ∼о́й (на** + *a*) to give up as lost; **наби́ть ∼у** to get one's hand in; **наложи́ть на себя́ ́∼и** to lay hands on o.s.; **не поднима́ется р.** (+ *inf*) one cannot bring o.s. (to); **приложи́ть ́∼у (к** + *d*) to put one's hand (to), take a hand (in); **развяза́ть ́∼и** (+ *d*) to give a free hand; **р. у него́ не дро́гнет** (+ *inf*) he will not scruple (to); **́∼и у меня́ не дохо́дят до э́того** I've no time to do it; **́∼и прочь!** hands off!; **∼о́й пода́ть** a stone's throw away; **умы́ть ́∼и (в** + *p*) to wash one's hands (of); **у меня́ ́∼и че́шутся** (+ *inf*) I'm itching (to).

рука́в, а́, *pl* **∼а́** *m* **1** (*одежды*) sleeve; **спустя́ ∼а́** (*coll*) in a slipshod manner. **2** (*реки*) branch, arm. **3** (*tech*) (*шланг*) hose; **пожа́рный р.** fire hose.

рукави́ц|а, ы *f* (*меховая*) mitten; (*рабочая*) gauntlet; **держа́ть в ежо́вых ∼ах** to rule with a rod of iron.

рука́вчик, а *m* **1** *diminutive of* ⇒**рука́в**. **2** (*obs*) (*манжета*) cuff.

руководи́тел|ь, я *m* **1** (*учреждения, отдела*) head, manager; (*делегации, похода, восстания*) leader; **р. вы́сшего ра́нга** senior executive; **р. прое́кта** project manager; **кла́ссный р.** (*в школе*) form monitor. **2** (*воспитатель*) instructor; guide; **нау́чный р.** supervisor (of studies).

руководи́тель|ница, ницы *f* (*coll*) *of* ⇒**∼**

руково|ди́ть, жу́, ди́шь *impf* (+ *i*) (*учреждением, отделом*) to be in charge of; to manage; (*походом, восстанием*) to lead; (*кружком, клубом*) to run; (*аспирантами*) to supervise; (*побуждать*) to govern; **его́ де́йствиями ∼ди́т эгои́зм** his actions are governed by self-interest.

руково|ди́ться, ди́тся *impf* (+ *i*) to follow; to be guided (by).

руково́дств|о, а *nt* **1** (*действие*) leadership; guidance; management. **2** (*то, чему следуют*) guiding principle, guide; **р. к де́йствию** guide to action. **3** (*книга*) handbook, guide, manual; **р. по эксплуата́ции** instructions for use; user guide. **4** (*collect*) (*руководители*) (the) leadership, leaders; governing body.

руково́дств|оваться, уюсь *impf* (+ *i*) to follow; to be guided (by).

руковод|я́щий *pres participle active of* ⇒**∼и́ть** *and adj* leading; guiding; managing; (*старший*) high-level, senior; **р. рабо́тник** executive; **р. комите́т** steering committee.

рукоде́ли|е, я *nt* **1** needlework. **2** (*in pl*) handmade wares.

рукоде́льниц|а, ы *f* needlewoman.

рукоде́льнича|ть, ю *impf* to do needlework.

рукомо́йник, а *m* washstand.

рукопа́шн|ая, ой *f* hand-to-hand fight(ing).

рукопа́шный *adj* hand-to-hand.

рукопи́сный *adj* (*текст*) handwritten; (*фонд*) manuscript; **р. па́мятник** written document.

ру́копис|ь, и *f* manuscript.

рукоплеска́ни|е, я *nt* applause, clapping.

рукопле|ска́ть, щу́, ́∼щешь *impf* (+ *d*) to applaud, clap.

рукопожа́ти|е, я *nt* handshake.

рукотво́р|ный (∼ен, ∼на) *adj* man-made, artificial.

рукоя́тк|а, и *f* handle.

рула́д|а, ы *f* (*mus*) roulade, run.

рулев|о́й *adj of* ⇒**руль**; **∼о́е колесо́** steering wheel; **∼а́я коло́нка** steering column; **р. механи́зм, ∼о́е устро́йство** steering gear; *as n* **р., ∼о́го** *m* **1** (*на судне*) helmsman. **2** (*sport*) cox(swain).

рулёжк|а, и *f* (*aeron*) taxiing.

руле́т, а *m* (*cul*) **1** (*пирог*) roll; **мясно́й р.** meat loaf. **2** (*окорок без кости*) boned gammon.

руле́тк|а, и *f* **1** (*для измерения*) tape measure. **2** (*игра*) roulette.

рул|и́ть, ю́, и́шь *impf* (*в машине, в лодке*) to steer; (*двигаться*) to taxi; to drive.

руло́н, а *m* roll.

рул|ь, я́ *m* (*судна*) rudder; helm (*also fig*); (*автомобиля*) (steering) wheel; (*велосипеда*) handlebars; **стать за р.** to take the helm; **стоя́ть у ∼я́** (*fig*) to be at the helm.

румб, а *m* (*naut*) (compass) point.

ру́мпел|ь, я *m* (*naut*) tiller.

румы́н, а *m* Romanian.

Румы́ни|я, и *f* Romania.

румы́н|ка, ки *f of* ⇒**∼**

Р

румы́нский *adj* Romanian.
румя́н|а, ~ *(no sg)* rouge; blusher.
румя́н|ец, ца *m* (high) colour; flush; blush.
румя́н|ить, ю, ишь *impf* **1** (*pf* **раз~**) to redden (*also fig*); to cause to glow. **2** (*pf* **на~**) to rouge.
румя́н|иться, юсь, ишься *impf* **1** (*pf* **раз~**) to redden; to glow; to flush. **2** (*pf* **на~**) to use rouge.
румя́н|ый (~, ~а) *adj* rosy, ruddy.
ру́н|а, ы *f* (*philology*) rune.
руни́ческий *adj* (*philology*) runic.
рун|о́, а́, *pl* **~а** *nt* fleece; **золото́е р.** (*myth*) the Golden Fleece.
ру́пи|я, и *f* rupee.
ру́пор, а *m* megaphone; loud hailer; (*fig*) (*партии*) mouthpiece.
руса́к[1], а́ *m* (*заяц*) (grey) hare.
руса́к[2], а́ *m* (*coll*) (*русский*) Russian.
руса́лк|а, и *f* mermaid.
руса́чк|а, и *f of* ⇒**руса́к²**
руси́зм, а *m* (*ling*) Russianism.
руси́ст, а *m* Russianist.
руси́стик|а, и *f* Russian studies.
руси́ст|ка, ки *f of* ⇒**~**
русифика́тор, а *m* Russifier, Russianizer.
русифика́ци|я, и *f* Russification, Russianization.
русифици́р|овать, ую *impf and pf* to Russify, Russianize.
ру́сл|о, а, *g pl* **ру́сел** *and* **~** *nt* **1** (river) bed, channel; **измени́ть р. реки́** to change the course of a river. **2** (*fig*) (*направление*) channel, course; **мой дела́ пошли́ по но́вому ~у** my affairs have taken a new turn; **войти́ в обы́чное р.** to resume the normal course; **в ~е** (+ *g*) within the context of, in keeping with.
русоволо́с|ый (~, ~а) *adj* having light-brown hair.
русофи́л, а *m* Russophile.
русофи́л|ка, ки *f* (*coll*) *of* ⇒**~**
русофо́би|я, и *f* Russophobia.
ру́сск|ая, ой *f* **1** *f of* ⇒**~ий** *as n.* **2** russkaya (*a Russian folk dance*).
ру́сск|ий *adj* Russian (*also as n* **р., ~ого** *m*).
ру́с|ый (~, ~а) *adj* light-brown.
Ру́с|ь, и́ *f* (*hist or rhetorical*) Rus, Russia.
руте́ни|й, я *m* (*chem*) ruthenium.
рути́н|а, ы *f* (*pej*) routine; rut.
рутинёр, а *m* slave to routine, person in a rut.
рутинёр|ский *adj of* ⇒**~**; **~ские взгля́ды** rigid views.
рути́н|ный *adj of* ⇒**~а**
Ру́ф|ь, и *f* (*bibl*) Ruth.
ру́хлядь, и *f* (*collect*; *coll*) junk.
ру́хн|уть, у, ешь *pf* to crash down, tumble down, collapse; (*fig*) (*планы, мечты*) to collapse, fall through.
руча́тельств|о, а *nt* guarantee; **с ~ом** guaranteed.
руча́|ться, юсь *impf* (*of* ⇒**поручи́ться**) (**за** + *a*) to guarantee; to answer (for), vouch (for); **р. голово́й** (**за** + *a*) to stake one's life (on); **я не могу́ за него́ р.** I cannot vouch for him.
руче|ёк, йка́ *m diminutive of* ⇒**ручей**
руч|е́й, ья *m* brook, stream; **~ьи́ слёз** floods of tears.
ру́чк|а, и *f* **1** *diminutive of* ⇒**рука́**. **2** (*двери, чайника*) handle; (*кресла, дивана*) arm; **р. две́ри** door handle, doorknob; **дойти́ до ~и** (*fig, coll*) to reach the end of one's tether. **3** (*для письма*) pen; **автомати́ческая р.** fountain pen; **ша́риковая р.** ballpoint pen.
ручн|о́й *adj* **1** hand; (*управление*) manual; **~а́я грана́та** hand grenade; **~а́я кладь** hand luggage; **~а́я пила́** handsaw; **~о́е полоте́нце** hand towel; **~а́я рабо́та** handwork; **~о́й рабо́ты** handmade; **~а́я теле́жка** handcart; **р. труд** manual labour; **~ы́е часы́** wrist watch. **2** (*зверь, птица*) tame.
ру́ш|ить, у, ишь *impf* (*здание*) to pull down; (*семью*) to wreck.
ру́ш|иться, ится *impf and pf* to fall down, collapse; (*fig*) (*планы, надежды*) to collapse.
РФ *f indecl* (*abbr of* **Росси́йская Федера́ция**) Russian Federation.
ры́б|а, ы *f* fish; (*in pl*; *astron*) Pisces; **ни р. ни мя́со** neither fish nor fowl; **чу́вствовать себя́ как р. в воде́** to feel in one's element; **как р. об лёд би́ться** (*fig*) to try to find a way out of a difficult situation.
рыба́к, а́ *m* fisherman.
рыба́лк|а, и *f* fishing; fishing trip; **идти́ на ~у** to go fishing.
ры́ба́р|ь, ры́баря *and* **~я́** *m* (*obs*) = **рыба́к**
рыба́|цкий *adj of* ⇒**~к**; **р. посёлок** fishing village.
рыба́|чий *adj of* ⇒**~к**; **~чья ло́дка** fishing boat.
рыба́ч|ить, у, ишь *impf* to fish.
рыба́чк|а, и *f* **1** fisherwoman. **2** (*жена рыбака*) fisherman's wife.
рыбёшк|а, и *f* (*coll*) small fry.
ры́бий *adj* fish; **р. жир** cod liver oil.
ры́бин|а, ы *f* (*coll*) big fish.
рыбнадзо́р, а *m* fishing patrol.
ры́бн|ый *adj* fish; **~ые консе́рвы** tinned fish; **~ая ло́вля** fishing; **р. магази́н** fish shop, fishmonger's; **р. садо́к** fish pond.
рыбово́д, а *m* fish breeder.
рыбово́дств|о, а *nt* fish breeding.
рыбово́дческ|ий *adj*: **~ое хозя́йство, ~ая фе́рма** fish farm.
рыбозаво́д, а *m* fish factory; **плаву́чий р.** fish factory ship.
рыбоконсе́рвный *adj*: **р. заво́д** fish cannery.
рыболо́в, а *m* fisherman; angler.
рыболове́цкий *adj* fishing.
рыболо́вн|ый *adj* fishing; **~ые принадле́жности, ~ая снасть** fishing tackle; **р. райо́н** fishing ground, fishery; **р. надзо́р** fishing patrol.
рыболо́вств|о, а *nt* fishing (*as branch of economy*).
рыбопитомник, а *m* fish hatchery.
рыбопромы́шленност|ь, и *f* fishing industry.
рыборазво́дн|ый *adj*: **~ый садо́к** fish pond; **~ое хозя́йство, ~ая фе́рма** fish farm.
рыботорго́в|ец, ца *m* fishmonger.
рыботорго́вк|а, и *f* fishwife.
рыбхо́з, а *m* (*abbr of* **рыбово́дческое/рыборазво́дное хозя́йство**) fish farm.
рыбфе́рм|а, ы *f* (*abbr of* **рыбово́дческая/рыборазво́дная фе́рма**) = **рыбхо́з**
рыв|о́к, ка́ *m* **1** (*резкое движение*) jerk. **2** (*бегуна*) dash, spurt; (*в тяжёлой атлетике*) snatch. **3** (*в работе*) push, spurt.
рыга́нь|е, я *nt* belching.
рыг|а́ть, а́ю *impf* (*of* ⇒**~ну́ть**) to belch.
рыг|ну́ть, ну́, нёшь *inst pf of* ⇒**~а́ть**
рыда́ни|е, я *nt* sobbing.
рыда́|ть, ю *impf* to sob.
рыдва́н, а *m* (*hist*) large coach.
рыжева́т|ый (~, ~а) *adj* reddish; rust-coloured.
рыжеволо́с|ый (~, ~а) *adj* red-haired, ginger-haired.
рыже́|ть, ю *impf* (*of* ⇒**по~**) to turn reddish.
ры́ж|ий (~, ~а́, ~е) *adj* **1** (*волосы*) red, ginger; (*человек*) red-haired, ginger-haired; (*лошадь*) chestnut. **2** *as n* **р., ~его** *m* (*coll*) circus clown.
ры́жик, а *m* saffron milk cap (*Lactarius deliciosus*) (*mushroom*).
рык, а *m* roar.
рыка́|ть, ю *impf* to roar.
ры́л|о, а *nt* **1** snout (*of pig, etc.*). **2** (*coll*) (*лицо*) mug.
ры́ль|це, ьца, *g pl* **~ец** *nt* **1** *diminutive of* ⇒**~о**; **у него́ р. в пуху́** he has been at the jam pot. **2** (*bot*) stigma.
ры́нд|а[1], ы *m* (*hist*) rynda (*a bodyguard of the tsar in the 15th–17th c.*).
ры́нд|а[2], ы *f* ship's bell.
ры́н|ок, ка *m* **1** market(place). **2** (*econ*) market; **вне́шний р.** foreign market; **вну́тренний р.** domestic, internal market; **де́нежный р.** money market; **на ~ке** on the market.
ры́но|чный *adj of* ⇒**~к**; **р. день** market day; **~чная эконо́мика** market economy; **по ~чной цене́** at the market price.
рыса́к, а́ *m* trotter (*horse*).
ры́с|ий *adj* lynx; **~ьи глаза́** (*fig*) lynx eyes.
рыси́ст|ый *adj*: **~ые испыта́ния** trotting races; **~ая ло́шадь** trotter.
рыс|и́ть, и́шь *impf* to trot.
ры́|скать, щу, щешь *impf* **1** (**по** + *d*) (*в поисках*) to scour, ransack; **р. по карма́нам** to ransack one's pockets. **2** (*блуждать*) to rove, roam; **р. глаза́ми** to let one's eyes roam.
рысц|а́, ы́ *f* jogtrot; **е́хать ~о́й** to go at a jogtrot.
рыс|ь[1], и, о ~и, на ~и́ *f* (*бег*) trot; **на ~я́х** at a trot.
ры́с|ь[2], и *f* (*животное*) lynx.
ры́сью *adv* at a trot.

ры́твин|а, ы *f* rut, groove.

рыть, ро́ю, ро́ешь *impf* **1** (*яму, окопы*) to dig; (*картошку*) to dig up; **р. зе́млю копы́том** to paw the ground (*also fig*). **2** (*в поисках*) to rummage, root about (in).

рыть|ё, я́ *nt* digging.

ры́ться, ро́юсь, ро́ешься *impf* (**в** + *p*) (*в земле*) to dig (in); (*fig*) (*в мусоре, в чемодане*) to rummage (in); (*в книгах*) to root about (in).

рыхле́|ть, ю *impf* (*of* ⇒**по~**) to become friable, crumbly.

рыхл|и́ть, ю́, и́шь *impf* (*of* ⇒**вз~**) to break up, loosen; to make friable, crumbly.

ры́хл|ый (~, ~а́, ~о) *adj* **1** (*почва, камень*) friable, crumbly; (*снег*) loose. **2** (*fig*) (*стиль*) loose. **3** (*fig*) (*человек*) podgy (*Br*), pudgy (*US*).

ры́цар|ский *adj* **1** *adj of* ⇒**~ь**; **р. поеди́нок** joust; **р. рома́н** tale of chivalry. **2** (*fig*) chivalrous.

ры́царств|о, а *nt* **1** (*collect*; *hist*) knights. **2** (*звание*) knighthood; **получи́ть р.** to receive a knighthood. **3** (*fig*) (*благородство*) chivalry.

ры́цар|ь, я *m* knight; **стра́нствующий р.** knight errant.

рыча́г, а́ *m* lever; (*fig*) (*средство*) lever, means.

рыча́ни|е, я *nt* growl, snarl.

рыч|а́ть, у́, и́шь *impf* to growl, snarl.

рья́ност|ь, и *f* zeal.

рья́н|ый (~, ~а) *adj* zealous.

рэ́кет, а *m* racket.

рэкети́р, а *m* racketeer.

рэп, а *m* rap (music).

рэп-му́зык|а, и *f* rap music.

рэ́п(п)ер, а *m* rapper.

рюкза́к, а́ *m* rucksack; backpack.

рюкза́чник, а *m* backpacker.

рю́мк|а, и *f* (small) glass.

рю́мочк|а, и *f diminutive of* ⇒**рю́мка**

рю́шк|а, и *f* frill.

рябе́|ть, ет, ют *impf* (*pf* **по~**) (*о поверхности*) to become ruffled; (*о листьях*) to become speckled.

ряби́н|а[1], ы *f* **1** (*дерево*) rowan tree, mountain ash. **2** (*ягода*) rowan berry.

ряби́н|а[2], ы *f* (*coll*) pockmark.

ряби́нник, а *m* (*zool*) fieldfare.

ряби́новк|а, и *f* rowanberry liqueur.

ряби́н|овый *adj of* ⇒**~а**

ряб|и́ть, и́т *impf* **1** to ripple. **2** (*impers*): **у меня́ ~и́т в глаза́х** I am dazzled.

ряб|о́й (~, ~а́, ~́о, ~́ы) *adj* **1** (*лицо*) pockmarked. **2** (*курица*) speckled.

ря́бчик, а *m* (*zool*) hazel grouse.

ряб|ь, и *f* **1** (*на воде*) ripple(s). **2** (*в глазах*) stars.

ря́вк|ать, аю *impf* (*of* ⇒**~нуть**) (**на** + *a*; *coll*) to bellow (at), bark (at).

ря́вк|нуть, ну, нешь *pf of* ⇒**~ать**

ряд, а, в ~́е *and* **в ~у́**, *pl* **~ы́, ~о́в** *m* **1** (*предметов, лиц*) row; **пе́рвый р., после́дний р.** (*theatr*) front row, back row; **р. за ~́ом** row upon row; **из ~́а вон выходя́щий** outstanding, extraordinary; **стоя́ть в одно́м ~у́** (**с** + *i*) to rank (with). **2** (*в армии, в партии*) file, rank; **в ~а́х а́рмии** in the ranks of the army; **в пе́рвых ~а́х** in the first ranks; (*fig*) in the forefront. **3** (*серия*) series (*also math*); (*совокупность*) number; **в це́лом ~́е слу́чаев** in a number of cases. **4** (*торговых палаток*) stalls (*set out in a row*).

ря|ди́ть, жу́, ~́дишь *impf* (+ *i*) to dress up (as), get up (as).

ря|ди́ться, жу́сь, ~́дишься *impf* **1** (*coll*) (*одеваться нарядно*) to dress up. **2** (+ *i*) (*одеваться в маскарадный костюм*) to dress up (as), disguise o.s. (as).

рядко́м *adv* = **ря́дом**

рядов|о́й *adj* **1** (*член, работник*; *случай*) ordinary, common. **2** (*mil*): **р. соста́в** rank and file; men, other ranks; *as n* **р., ~о́го** *m* private (soldier).

ря́дом *adv* **1** alongside; (*о двух людях*) side by side; (**с** + *i*) (*около*) next to; (*в сравнении с*) compared with; **он сиди́т р. с премье́р-мини́стром** he is sitting next to the Prime Minister. **2** (*поблизости*) near, close by, next door; **э́то совсе́м р.** it is quite near, close; **он жил р. с па́рком** he lived next door to the park.

ря́дышком *adv* (*coll*) = **ря́дом**

ря́женк|а, и *f* type of plain yogurt.

ря́жен|ый *adj* in fancy dress; *as n* **р., ~ого** *m*; **~ая, ~ой** *f* person in fancy dress.

ря́с|а, ы *f* cassock.

ря́ск|а, и *f* (*bot*) duckweed.

ря́шк|а, и *f* (*coll*) mug (= *face*).

Cc

С (*abbr of* **се́вер**) N, North.

с *prep*

● I. + *g* **1** from; off; **с ю́го-восто́ка** from the south-east; **с Кавка́за** from the Caucasus; **с головы́ до ног** from head to foot; **с пе́рвого взгля́да** at first sight; **по́шлина с табака́** duty from tobacco; **перево́д с ру́сского** translation from Russian; **верну́ться с рабо́ты** to return from work; **убра́ть посу́ду со стола́** to clear the things from the table; **упа́сть с ками́нной по́лки** to fall off the mantelpiece; **уста́ть с доро́ги** to be tired after a journey; **взять приме́р с кого́-н.** to follow s.o.'s example; **ско́лько с меня́?** how much do I owe?
2 (*по причине*) for, from, with; **с ра́дости** for joy; **со стыда́** for shame, with shame.
3 on, from; **с ле́вой стороны́ от желе́зной доро́ги** on the left-hand side of the railway; **с одно́й стороны́** on the one hand; **с друго́й стороны́** on the other hand; **с како́й то́чки зре́ния?** from what point of view?
4 (*на основании*) with; **с разреше́ния дире́ктора шко́лы** with the headmaster's permission; **с ва́шего согла́сия** with your consent.
5 (*посредством*) by, with; **взять с бо́ю** to take by storm; **писа́ть с большо́й бу́квы** to write with a capital letter.
6 (*о времени*) from, since; as from; **с девяти́ (часо́в) до пяти́** from nine (o'clock) till five; **с де́тства** from childhood; **с утра́** since morning; **мы с ней не ви́делись с января́** I have not seen her since January; **они́ бу́дут в Москве́ с двадца́того числа́** they will be in Moscow from the twentieth; **с 1850 по 1900** from 1850 to 1900.

● II. + *a* (*приблизительно*): **с год** about a year; **с ми́лю** about a mile; **с пятиэта́жный дом** the size of a five-storey house; **на́ша до́чка ро́стом с ва́шу** our daughter is about the same height as yours; **Ма́льчик-с-па́льчик** (*сказочный персонаж*) Tom Thumb.

● III. + *i*
1 with; and; **с удово́льствием** with pleasure; **мы с ва́ми** you and I; **он с сестро́й** he and his sister.
2 (*указывает на наличие чего-л.*): **хлеб с ма́слом** bread and butter; **челове́к со стра́нностями** peculiar person.
3 (*посредством*) by, on; **получи́ть с пе́рвой по́чтой** to receive by first post; **я прие́хал с пе́рвым по́ездом** I came on the first train.
4 (*при наступлении чего-л.*) with; **с года́ми** with the years; **с ка́ждым днём** every day.
5 (*относительно*) with (*or not translated*); **как у вас дела́ с рабо́той?** how is the work going?; **что с ва́ми?** what is the matter with you?; what's up?; **у неё пло́хо с се́рдцем** her heart is bad; **как у вас с деньга́ми?** how are you off for money?

с. *abbr of* **село́** village.

с... (*also* **со...** *and* **съ...**) *vbl pref indicating* **1** *unification, movement from various sides to a point, as* **свари́ть** (*металл*) to weld. **2** *movement or action made in a downward direction, as* **спусти́ться** to descend. **3** *removal of sth from somewhere, as* **сорва́ть** to tear off.

саа́ми *cg and pl indecl* Sami, Lapp, Laplander; **(язы́к) с.** Lapp, Lappish.

саа́мский *adj* Sami, Lappish.

Саа́р, а *m* the Saar (*river*).

сабанту́|й, я *m* **1** (*праздник у татар и башкир*) Sabantuy (*Tatar and Bashkir spring folk festival*). **2** (*joc*) (*шумное веселье*) noisy merrymaking; (*шумное застолье*) noisy feast.

са́бельный *adj* sabre (*Br*), saber (*US*).

са́б|ля, ли, *g pl* **~ель** *f* sabre (*Br*), saber (*US*).

сабо́ *pl and nt indecl* clog.

сабота́ж, а *m* sabotage.

сабота́жник, а *m* saboteur.

сабота́жни|ца, цы *f of* **⇨~к**

сабота́жнича|ть, ю *impf* (*coll*) to engage in sabotage.

саботи́р|овать, ую *impf and pf* to sabotage.

са́ван, а *m* shroud, cerement; **сне́жный с.** blanket of snow.

сава́нн|а, ы *f* (*geog*) savannah.

савра́сый *adj* (*о лошади*) light bay.

са́г|а, и *f* saga.

сагити́р|овать, ую *pf of* **⇨агити́ровать 2**

са́го *nt indecl* (*bot*) sago.

са́го|вый *adj of* **⇨~**; **~вая ка́ша** sago pudding.

сад, а, о ~е, в ~у́, *pl* **~ы́** *m* garden; **фрукто́вый с.** orchard; **зоологи́ческий с.** zoological gardens, zoo; **де́тский с.** kindergarten.

сада|ну́ть, ну́, нёшь *pf* (*coll*) to hit.

сади́зм, а *m* sadism.

са́дик, а *m* **1** (*small*) garden. **2** (*coll*) (*детский сад*) kindergarten.

сади́ст, а *m* sadist.

сади́ст|ка, ки *f of* **⇨~**

сади́стский *adj* sadistic.

са|ди́ть[1], жу́, ~дишь *impf* (*of* **⇨по~**) (*coll*) (*лук, огород*) to plant.

са|ди́ть[2], жу́, ~дишь *impf* (*coll*) (*употребляется вместо любого глагола для обозначения быстрого или энергичного действия*): **он ~ит по доро́ге** he dashes along the road.

са|ди́ться, жу́сь, ди́шься *impf* (*of* **⇨сесть**); **~ди́(те)сь!** (*polite request*) take a seat!

са́дн|ить, ит *impf* (*impers*; *coll*) to smart, burn.

садо́вник, а *m* gardener.

садо́вни|ца, цы *f of* **⇨~к**

садово́д, а *m* (*любитель*) gardener; (*специалист*) horticulturist.

садово́дств|о, а *nt* (*хобби*) gardening; (*наука*) horticulture.

садово́дческий *adj* horticultural.

сад|о́вый *adj* **1** *adj of* **⇨~**. **2** (*культурный*) garden, cultivated.

сад|о́к, ка́ *m* place for keeping live creatures; **кро́личий с.** rabbit hutch; **ры́бный с.** fish pond.

садомазохи́зм, а *m* sadomasochism.

са́ж|а, и *f* soot.

сажа́|ть, ю *impf* (*of* **⇨посади́ть**) **1** (*цветы*) to plant. **2** (*гостя*) to seat; (*помещать*) to set, put; (*предлагать сесть*) to offer a seat; **с. хлеб в печь** to put bread into the oven; **с. в тюрьму́** to put into prison, imprison, jail; **с. ку́рицу на я́йца** to set a hen on eggs; **с. под аре́ст** to put under arrest.

са́жен|ец, ца *m* seedling; sapling.

сажён|ки, ок (*no sg*) overarm stroke (*in swimming*).

саже́нный (*and* **сажённый)** *adj* (*coll*) huge, enormous.

са́женый *adj* planted.

са́жен|ь, и, *pl* **~и, ~** *and* **сажене́й** *f* sazhen (*an old Russian measure of length, equivalent to 2.13 metres*); **морска́я с.** Russian fathom (*1.83 metres*).

саже́н|ь, и *f* = **са́жень**

саза́н, а *m* wild carp (*Cyprinus carpo*).

Сайго́н, а *m* Saigon.

са́йк|а, и *f* (*bread*) roll.

сайт, а *m* (*comput*) (web)site.

саквоя́ж, а *m* travelling bag (*Br*), traveling bag (*US*).

саке́ *nt indecl* sake (*Japanese alcoholic drink*).

са́кл|я, и, *g pl* **~ей** *f* saklya (*a Caucasian mountain hut*).

сакремента́л|ьный (~ен, ~ьна) *adj* sacramental; sacred.

С

сакс, а *m* (*hist*) Saxon.
саксау́л, а *m* (*bot*) saxaul.
саксо́н|ец, ца *m* Saxon.
Саксо́ни|я, и *f* Saxony.
саксо́н|ка, ки *f of* ⇨**~ец**
саксо́нский *adj* Saxon.
саксофо́н, а *m* saxophone.
саксофони́ст, а *m* saxophonist.
саксофони́ст|ка, ки *f of* ⇨**~**
са́кур|а, ы *f* Japanese flowering cherry.
сала́з|ки, ок (*no sg*) hand sled, toboggan.
салама́ндр|а, ы *f* salamander.
сала́т, а *m* **1** (*растение*) lettuce. **2** (*кушанье*) salad.
сала́тник, а *m* salad dish, salad bowl.
сала́тниц|а, ы *f* = **сала́тник**
сала́т|ный *adj of* ⇨**~**; **~ного цве́та** light green.
са́линг, а *m* (*naut*) crosstrees.
са́л|ить, ю, ишь *impf* to grease.
са́л|ки, ок *pl* (*sg* **~ка, ~ки** *f*) (*игра*) tag, touch.
са́л|о, а *nt* **1** fat; (*топлёное свиное*) lard; (*нутряное*) suet; **ко́жное с.** sebum. **2** (*для свечей*) tallow. **3** (*мелкий лёд*) thin broken ice.
сало́н, а *m* **1** (*для выставок; магазин*) salon; **автомоби́льный с.** motor car showroom; **да́мский с.** beauty parlour (*Br*), parlor (*US*). **2** (*самолёта, автобуса*) passenger section. **3** (*в отеле*) lounge; (*на пароходе*) saloon.
сало́н-ваго́н, а *m* saloon car (*Br*), parlor car (*US*) (*railway carriage*).
сало́н|ный *adj of* ⇨**~**; **~ные бесе́ды** small talk; **~ное воспита́ние** high society upbringing.
сало́п, а *m* (*obs*) (*woman's*) coat.
салфе́тк|а, и *f* napkin.
Сальвадо́р, а *m* El Salvador.
сальвадо́р|ец, ца *m* Salvadorean.
сальвадо́р|ка, ки *f of* ⇨**~ец**
сальвадо́рский *adj* Salvadorean.
са́льдо *nt indecl* (*book-keeping*) balance.
сальмоне́лл|а, ы *f* salmonella.
са́льник, а *m* **1** (*anat*) omentum. **2** (*tech*) stuffing box, (packing) gland.
са́льност|ь, и *f* obscenity, bawdiness.
са́л|ьный (~ен, ~ьна) *adj* **1** tallow; **~ьная свеча́** tallow candle. **2** (*anat*) sebaceous; **~ьная железа́** sebaceous gland. **3** (*жирный*) greasy. **4** (*непристойный*) obscene, bawdy.
са́льто(-морта́ле) *nt indecl* somersault.
салю́т, а *m* salute.
салют|ова́ть, у́ю *impf and pf* (*pf also* **от~**) (+ *d*) to salute.
саля́ми *f indecl* salami.
сам[1], самого́ *m*; **сама́, само́й,** *a* **саму́ (***and* **самоё)** *f*; **~о́, самого́** *nt*; *pl* **са́ми, сами́х** *refl pron* (*я*) myself, (*ты, вы*) yourself, (*он*) himself, *etc.*; **с. по себе́** in itself, per se; (*без помощи*) by o.s., unassisted; **с. собо́й** of itself, of its own accord; **он с. не свой** he is not himself; **с. себе́ хозя́ин** one's own master; **она́ — сама́ доброта́** she is kindness itself.
сам[2], самого́ *m* (*coll*) (*глава*) boss, chief.
сама́н, а *m* adobe.
сама́н|ный *adj of* ⇨**~**; **с. кирпи́ч** adobe (brick).
самаритя́н|ин, ина, *pl* **~е, ~** *m* (*bibl, hist*) Samaritan.
са́мб|а, ы *f* samba.
са́мбо *nt indecl* (*abbr of* **самооборо́на без ору́жия**) unarmed combat.
самбу́к, а *m* (*cul*) mousse.
сам|е́ц, ца́ *m* male (*of species*).
самизда́т, а *m* (*coll*) samizdat.
са́мк|а, и *f* female (*of species*).
са́ммит, а *m* (*pol*) summit (meeting).
само... *comb form* self-, auto-.
Само́а *nt indecl* Samoa.
самоана́лиз, а *m* self-analysis, introspection.
самоа́н|ец, ца *m* Samoan.
самоа́н|ка, ки *f of* ⇨**~ец**
самоа́нский *adj* Samoan.
самобичева́ни|е, я *nt* **1** self-flagellation. **2** (*fig*) self-reproach.
самобы́тност|ь, и *f* originality.
самобы́т|ный (~ен, на) *adj* original.
самова́р, а *m* samovar.
самовла́сти|е, я *nt* absolute power, despotism.
самовла́ст|ный (~ен, ~на) *adj* despotic, autocratic.
самовлюблённост|ь, и *f* narcissism.
самовлюблённый *adj* narcissistic.
самовнуше́ни|е, я *nt* auto-suggestion.
самовозгора́ни|е, я *nt* spontaneous combustion.
самовозгора́|ться, ется *impf* to ignite spontaneously.
самово́ли|е, я *nt* licence.
самово́лк|а, и *f* (*coll*) absence without leave.
самово́л|ьный (~ен, ~ьна) *adj* **1** (*человек*) wilful, self-willed. **2** (*отсутствие*) unauthorized; **~ьная отлу́чка** (*mil*) absence without leave.
самовоспламене́ни|е, я *nt* spontaneous ignition.
самовосхвале́ни|е, я *nt* self-glorification.
самого́н, а *m* home-made vodka, hooch, moonshine (*US*).
самого́н|ка, ки *f* = **~**
самодви́жущийся *adj* self-propelled.
самоде́йствующий *adj* self-acting, automatic.
самоде́лк|а, и *f* (*coll*) home-made product.
самоде́льный *adj* home-made.
самоде́льщик, а *m* (*coll*) do-it-yourselfer, DIY enthusiast.
самодержа́ви|е, я *nt* autocracy.
самодержа́в|ный (~ен, ~на) *adj* autocratic.
самоде́рж|ец, ца *m* autocrat.
самоде́рж|ица, ицы *f of* ⇨**~ец**
самоде́ятельност|ь, и *f* **1** initiative, spontaneous action. **2** (*художественная деятельность*) amateur activities (*theatricals, music, etc.*); **ве́чер ~и** amateurs' night.
самоде́ятел|ьный (~ен, ~ьна) *adj* **1** independent. **2** (*не профессиональный*) amateur. **3** (*econ*) self-employed.
самодисципли́н|а, ы *f* self-discipline.
самодовле́ющий *adj* self-sufficient.
самодово́л|ьный (~ен, ~ьна) *adj* self-satisfied, smug, complacent.
самодово́льств|о, а *nt* self-satisfaction, smugness, complacency.
самодоста́точ|ный (~ен, ~на) *adj* self-sufficient.
самоду́р, а *m* petty tyrant.
самоду́рств|о, а *nt* petty tyranny.
самозабве́ни|е, я *nt* selflessness.
самозабве́н|ный (~ен, ~на) *adj* selfless.
самозаводя́щийся *adj* self-winding.
самозарожде́ни|е, я *nt* (*biol*) spontaneous generation.
самозаря́дный *adj* self-loading.
самозащи́т|а, ы *f* self-defence (*Br*), self-defense (*US*).
самозва́н|ец, ца *m* impostor, pretender.
самозва́н|ка, ки *f of* ⇨**~ец**
самозва́нный *adj* false, self-styled.
самозва́нств|о, а *nt* imposture.
самока́т, а *m* (*child's*) scooter.
самоконтро́л|ь, я *m* self-control.
самокопа́ни|е, я *nt* (*coll*) self-analysis.
самокри́тик|а, и *f* self-criticism.
самокрити́ч|ный (~ен, ~на) *adj* self-critical.
самокру́тк|а, и *f* (*coll*) roll-up (*Br*), roll-your-own.
самолёт, а *m* (aero)plane (*Br*), (air)plane (*US*); aircraft.
самолёт|ный *adj of* ⇨**~**
самолётострое́ни|е, я *nt* aircraft construction.
самоли́чно *adv* (*coll*) oneself; **сде́лать что-н. с.** to do sth by o.s.; **я с. э́то ви́дел** I saw it with my own eyes.
самоли́ч|ный (~ен, ~на) *adj* (*coll*) personal; **~ное прису́тствие** attendance in person.
самолюби́в|ый (~, ~а) *adj* proud, haughty.
самолю́би|е, я *nt* pride, self-esteem; **ло́жное с.** false pride.
самомне́ни|е, я *nt* conceit, self-importance; **он с больши́м ~ем** he has a high opinion of himself.
самонаблюде́ни|е, я *nt* (*psychol*) introspection.
самонаводя́щийся *adj* (*mil*) (*снаряд*) homing; (*бомба*) smart.
самонаде́янност|ь, и *f* conceit, arrogance.
самонаде́ян|ный (~, ~на) *adj* conceited, arrogant.
самоназва́ни|е, я *nt* native name, own name; **рома́ — с. цыга́н** 'Roma'/'Romany' is the gypsies' own name for themselves.

самообвинéни|е, я *nt* self-accusation.
самообладáни|е, я *nt* self-control, self-possession, composure.
самообмáн, а *m* self-deception.
самообольщéни|е, я *nt* self-deception; **пребывáть в ~и** to live in a fool's paradise.
самооборóн|а, ы *f* self-defence (*Br*), self-defense (*US*).
самообразовáни|е, я *nt* self-education.
самообслýживани|е, я *nt* self-service.
самоокупáемост|ь, и *f* (*econ*) self-sufficiency, ability to pay its way (*without subsidy*).
самоокупáющийся *adj* (*econ*) self-sufficient, paying its way.
самооплодотворéни|е, я *nt* (*biol*) self-fertilization.
самоопределéни|е, я *nt* self-determination.
самоопредел| úться, ю́сь, úшься *pf* (*of* ⇒**~я́ться**) (*also pol*) to define one's position.
самоопредел|я́ться, я́юсь *impf of* ⇒**~úться**
самоопрокúдывающийся *adj* self-tipping; **с. грузовúк** dumper truck (*Br*), dump truck (*US*).
самоопылéни|е, я *nt* (*bot*) self-fertilization.
самоотвержéни|е, я *nt* = **самоотвéрженность**
самоотвéрженност|ь, и *f* selflessness.
самоотвéржен|ный (~, ~на) *adj* selfless, self-sacrificing.
самоотвóд, а *m* withdrawal (*of candidature*), refusal to accept (*nomination for an office, etc.*).
самоотречéни|е, я *nt* self-denial, (self-)abnegation.
самооцéнк|а, и *f* self-appraisal.
самоочевúд|ный (~ен, ~на) *adj* self-evident.
самопúс|ец, ца *m*: **бортовóй с.** (*aeron*) flight recorder.
самопожéртвовани|е, я *nt* self-sacrifice.
самопознáни|е, я *nt* (*philos*) self-knowledge.
самопроизвóльност|ь, и *f* spontaneity
самопроизвóл|ьный (~ен, ~ьна) *adj* spontaneous.
самопря́лк|а, и *f* (treadle) spinning wheel.
саморазгружáющ|ийся *adj* self-unloading; **~аяся бáржа** hopper(-barge).
саморазоблачéни|е, я *nt* self-exposure.
саморегулúрующий *adj* self-regulating.
самореклáм|а, ы *f* self-advertisement.
саморóд|ный (~ен, ~на) *adj* (*min*) native, virgin; (*талант*) natural.
саморóд|ок, ка *m* **1** (*min*) nugget. **2** (*человек*) naturally talented person; a natural; **композúтор-с.** born composer, natural composer.
самосáд, а *m* home-grown tobacco.
самосáдочн|ый *adj*: **~ая соль** lake salt; **~ое óзеро** salt lake.
самосвáл, а *m* dump truck.
самосожжéни|е, я *nt* self-immolation.
самосознáни|е, я *nt* self-awareness; **клáссовое с.** class consciousness.
самосохранéни|е, я *nt* self-preservation.
самостúйник, а *m* Ukrainian nationalist (*formerly also* separatist).
самостú|йный (~ен, ~йна) *adj* (*Ukrainian*) independent.
самостоя́тельно *adv* independently; on one's own.
самостоя́тельност|ь, и *f* independence.
самостоя́тел|ьный (~ен, ~ьна) *adj* independent.
самострéл[1], а *m* (*hist*) arbalest, crossbow.
самострéл[2], а *m* **1** (*действие*) self-infliction of a wound (*designed to escape onerous military duty, etc.*). **2** (*coll*) (*солдат*) soldier with self-inflicted wound.
самосýд, а *m* lynch law, mob law.
самотёк, а *m* drift (*also fig*); **пустúть дéло на с.** to let things slide.
самотёком *adv* **1** (*tech*) by gravity. **2** (*стихийно*) haphazard; of its own accord; **идтú с.** to drift.
самоубúйственный *adj* suicidal (*also fig*).
самоубúйств|о, а *nt* suicide; **покóнчить жизнь ~ом** to commit suicide.
самоубúйц|а, ы *cg* suicide (*victim*).
самоуважéни|е, я *nt* self-esteem.
самоувéренност|ь, и *f* self-confidence, self-assurance.
самоувéрен|ный (~, ~на) *adj* self-confident, self-assured.
самоуни(чи)жéни|е, я *nt* self-abasement, self-disparagement.
самоуправлéни|е, я *nt* self-government; **мéстное с.** local government.
самоуправля́ющийся *adj* self-governing.
самоупрáвно *adv* arbitrarily; **поступáть с.** to take the law into one's own hands.
самоупрáв|ный (~ен, ~на) *adj* arbitrary.
самоупрáвств|о, а *nt* arbitrariness.
самоуспокоéни|е, я *nt* complacency.
самоуспокóенност|ь, и *f* = **самоуспокоéние**
самоустанáвливающийся *adj* (*tech*) self-adjusting, self-aligning.
самоустран|úться, ю́сь, úшься *pf* (*of* ⇒**~я́ться**) (**от** + *g*) to get out (of), dodge.
самоустран|я́ться, я́юсь *impf* **1** *impf of* ⇒**~úться**. **2** *impf only* (**от** + *g*) to try to get out (of), try to dodge.
самоучúтел|ь, я *m* manual for self-tuition; **с. англúйского языкá** teach-yourself English book.
самоýчк|а, и *cg* self-taught person.
самохвáльств|о, а *nt* self-advertisement.
самохóдный *adj* self-propelled.
самоцвéт, а *m* semi-precious stone, gem.
самоцвéт|ный *adj*: **с. кáмень** = **~**
самоцéл|ь, и *f* end in itself.
самочúн|ный (~ен, ~на) *adj* arbitrary, unauthorized.
самочýвстви|е, я *nt* general state; **у негó плохóе с.** he feels bad; **как вáше с.?** how are you (keeping)?
самурá|й, я *m* samurai.
самшúт, а *m* box (tree).
сáм|ый *pron* **1** (*in conjunction with nn, esp denoting points of time or place, and with* **тот** *and* **э́тот**) the very, right; **в ~ое врéмя** at the right time; **с ~ого начáла** from the very outset, right from the start; **с ~ого утрá** ever since the morning, since first thing; **в ~ом углý** right in the corner; **до ~ого вéрха** to the very top, right to the top; **до ~ого Владивостóка** right to, all the way to Vladivostok; **в с. раз** (*coll*) just right; **в~ом дéле** indeed; **в ~ом дéле?** indeed?, really?; **на ~ом дéле** actually, in (actual) fact; **тот с. человéк, котóрый...** the very man who ...; **на э́том ~ом мéсте** on this very spot. **2**: **тот же с.(, котóрый/что); такóй же с.(, как)** the same (as); **э́тот же с.** the same.
3 *forms superl of adjs; also expresses superl in conjunction with certain nn denoting degree of quantity or quality*; **с. глýпый** the stupidest, the most stupid; **~ые пустякú** the merest trifles; **погодúте ~ую мáлость!** wait just one moment!; just a second!
сан, а *m* rank; office; **высóкий с.** high office; **духóвный с.** holy orders, the cloth; **быть посвящённым в духóвный с.** to be ordained.
сан... *comb form, abbr of* **санитáрный**
санатóри|й, я *m* sanatorium.
санатóр|ный *adj of* ⇒**~ий**; **с. режúм** sanatorium regimen.
сангвúник, а *m* sanguine person.
сангвинúческий *adj* sanguine.
сандáл, а *m* sandalwood tree.
сандалéт|ы, ~ (*no sg*) sandals.
сандáли|я, и *f* sandal.
сандáловый *adj* sandalwood.
сáн|и, éй (*no sg*) sledge (*Br*), sled (*US*); sleigh; **éхать в/на ~я́х** to drive in a sleigh; (*спортивные*) toboggan.
санитáр, а *m* hospital orderly; (*mil*) medical orderly.
санитарú|я, и *f* sanitation.
санитáр|ка, ки *f of* ⇒**~**
санитáрн|ый *adj* **1** (*связанный с медицинской службой*) medical; hospital; **~ая полевáя сýмка** (*mil*) first-aid kit; **с. самолёт** ambulance plane; **~ая слýжба** health service, medical service; **~ое сýдно** hospital ship; **~ая часть** (*mil*) medical unit. **2** (*связанный с санитарией*) sanitary; sanitation; **с. врач** sanitary inspector; **с. день** cleaning day; **~ые прáвила**

С

sanitary regulations; **с. у́зел** lavatory; sanitary unit.

са́н|ки, ок (*no sg*) **1** = **~и. 2** (*детские*) toboggan.

Санкт-Петербу́рг, а *m* St Petersburg.

санкт-петербу́ргский *adj* St Petersburg.

санкциони́р|овать, ую *impf and pf* to sanction.

са́нкци|я, и *f* **1** sanction, approval. **2** (*in pl*) (*pol, econ*) sanctions.

са́н|ный *adj of* **⇒~и**; **с. путь** sleigh road.

санови́т|ый (~, ~а) *adj* **1** (*человек*) high-ranking. **2** (*внешность*) imposing.

сано́вник, а *m* dignitary, high official.

сано́в|ный (~ен, ~на) *adj* high-ranking.

санскри́т, а *m* Sanskrit.

санскри́тский *adj* Sanskrit.

Са́нта-Кла́ус, Са́нта-Кла́уса *m* Santa Claus.

санте́хник, а *m* plumber.

санте́хник|а, и *f* plumbing equipment.

сантигра́мм, а *m* centigram.

сантили́тр, а *m* centilitre (*Br*), centiliter (*US*).

санти́м, а *m* centime.

сантиме́нт|ы, ов (*no sg*) (*coll*) sentimentality; **развести́ с.** to sentimentalize.

сантиме́тр, а *m* **1** centimetre (*Br*), centimeter (*US*). **2** (*coll*) (*лента*) tape measure.

сану́з|ел, ла́ *m see* **⇒санита́рный**

Сан-Франци́ско *m indecl* San Francisco.

сап[1]**, а** *m* (*med*) glanders.

сап[2]**, а** *m* (*coll*) stertorous breathing.

са́п|а, ы *f* (*mil*) sap; **ти́хой ~ой** (*coll*) on the sly, on the quiet.

сапёр, а *m* (*mil*) sapper.

сапёр|ный *adj of* **⇒~**; **~ные рабо́ты** field engineering.

сапо́г, а́, *g pl* **с.** *m* boot.

сапо́жник, а *m* shoemaker, cobbler.

сапо́жн|ый *adj* boot, shoe; **~ая ва́кса, с. крем** shoe polish; **~ое ремесло́** shoemaking.

сапфи́р, а *m* sapphire.

сараба́нд|а, ы *f* (*mus*) saraband.

Сара́ев|о, а *nt* Sarajevo.

сара́|й, я *m* **1** (*для дров, животных*) shed; (*для сена*) barn; **каре́тный с.** coach house. **2** (*fig, coll*) (*о комнате*) tip.

саранч|а́, и (*no pl*) *f* locust(s).

сарафа́н, а *m* (*национальная женская одежда*) sarafan (*a peasant women's sleeveless dress, buttoning in front*); (*платье*) pinafore dress (*Br*), jumper (*US*).

сараци́н, а, *g pl* **с.** *m* (*hist*) Saracen.

Сарга́ссов|о мо́р|е, ~а ~я *nt* the Sargasso Sea.

сарде́льк|а, и *f* (*fat*) sausage (*of frankfurter type*).

сарди́н|а, ы *f* sardine, pilchard.

сарди́н|ец, ца *m* Sardinian.

Сарди́ни|я, и *f* Sardinia.

сарди́н|ка, ки *f* = **~а**

сарди́нский *adj* Sardinian.

сардони́ческий *adj* sardonic.

са́рж|а, и *f* (*textiles*) serge.

сарка́зм, а *m* sarcasm.

саркасти́ческий *adj* sarcastic.

саркофа́г, а *m* sarcophagus.

сары́ч, а́ *m* (*zool*) buzzard.

Сата́н|а, ы́ *m* Satan; **(с.)** (*о человеке*) devil, beast.

сатани́зм, а *m* satanism.

сатани́нский *adj* satanic.

сатани́ст, а *m* satanist.

сателли́т, а *m* (*astron; fig*) satellite.

сати́н, а *m* (*textiles*) sateen.

сатине́т, а *m* (*textiles*) satinet(te).

сатини́р|овать, ую *impf and pf* to satin.

сати́н|овый *adj of* **⇒~**

сати́р, а *m* (*myth*) satyr.

сати́р|а, ы *f* satire.

сати́рик, а *m* satirist.

сатири́ческий *adj* satirical.

сатра́п, а *m* satrap.

сатура́тор, а *m* soda fountain.

сатурна́л|ии, ий (*no sg*) (*hist*) saturnalia.

сау́дов|ец, ца *m* Saudi.

сау́дов|ка, ки *f of* **⇒~ец**

Сау́довск|ая Ара́ви|я, ~ой ~и *f* Saudi Arabia.

сау́довский *adj* Saudi.

са́ун|а, ы *f* sauna.

саундтре́к, а *m* soundtrack.

сафа́ри *nt indecl* safari; **«с.» зоопа́рк** safari park.

сафья́н, а *m* morocco (leather).

сафья́новый *adj* morocco (leather).

Сахали́н, а *m* Sakhalin.

са́хар, а (у) *m* sugar.

Саха́р|а, ы *f* the Sahara (*desert*); **За́падная С.** (*непризнанное государство*) Western Sahara.

сахари́н, а *m* saccharin(e).

са́харист|ый (~, ~а) *adj* sugary; saccharine.

са́хар|ить, ю, ишь *impf* (*of* **⇒по~**) to sugar, sweeten.

са́харниц|а, ы *f* sugar basin.

са́хар|ный *adj of* **⇒~**; (*fig*) sugary; **~ная боле́знь** (*med*) diabetes; **~ная глазу́рь** icing; **~ная голова́** sugarloaf; **с. заво́д** sugar refinery; **с. песо́к** granulated sugar; caster sugar; **~ная пу́дра** icing sugar; **~ная свёкла** sugar beet; **с. тростни́к** sugar cane.

сахаро́з|а, ы *f* (*chem*) sucrose.

сачк|ова́ть, у́ю *impf* (*coll*) to loaf.

сач|о́к[1]**, ка́** *m* net; **с. для ры́бы** landing net; **с. для ба́бочек** butterfly net.

сач|о́к[2]**, ка́** *m* (*coll*) (*бездельник*) loafer.

СБ 1 (*abbr of* **сберега́тельный банк**) savings bank. **2** (*abbr of* **слу́жба безопа́сности**) security (*a department of a company or organization*). **3** (*abbr of* **Сове́т Безопа́сности**) Security Council; **СБ ОО́Н** UN Security Council.

сба́в|ить, лю, ишь *pf* (*of* **⇒~ля́ть**) (**с** + *g*) to reduce; **с. в ве́се** to lose weight; **с. спе́си кому́-н.** (*coll*) to take s.o. down a peg.

сбавля́|ть, ю *impf of* **⇒сба́вить**

сбаланси́рованност|ь, и *f* balance.

сбаланси́р|овать, ую *pf of* **⇒баланси́ровать 2, 3**

сба́лтыва|ть, ю *impf of* **⇒сболта́ть**

сбе́га|ть, ю *pf* (**за** + *i*; *coll*) to run (for), run to fetch; **~й за до́ктором!** run for a doctor!

сбега́|ть(ся), ю, ет(ся) *impf of* **⇒сбежа́ть(ся)**

сбе|жа́ть, гу́, жи́шь, гу́т *pf* (*of* **⇒~га́ть**) **1** (**с** + *g*) (*спуститься*) to run down (from); **с. с ле́стницы** to run downstairs. **2** (*убежать*) to run away. **3** (**с** + *g*; *fig*) (*исчезнуть*) to disappear, vanish; **хму́рое выраже́ние ~жа́ло с его́ лица́** the frown vanished from his face.

сбе|жа́ться, жи́тся, гу́тся *pf* (*of* **⇒~га́ться**) to come running; to gather, collect.

сбер... *comb form, abbr of* **сберега́тельный**

сберба́нк, а *m* (*coll*) savings bank.

сберега́тельн|ый *adj*: **~ый банк** savings bank; **~ая кни́жка** savings-bank book.

сберега́|ть, ю *impf of* **⇒сбере́чь**

сбереже́ни|е, я *nt* **1** (*действие*) (*денег*) saving; (*здоровья*) preservation; (*оружия*) care. **2** (*in pl*) (*деньги*) savings.

сбере́|чь, гу́, жёшь, гу́т, *past* **~̈г, ~гла́** *pf* (*of* **⇒~га́ть**) **1** (*время*) to save; (*семью*) to protect, look after; (*здоровье*) to preserve. **2** (*деньги*) to save, save up.

сберка́сс|а, ы *f* (*coll, hist*) (branch of the) savings bank.

сберкни́жк|а, и *f* (*coll*) savings-bank book.

сбива́лк|а, и *f* (*coll, cul*) (egg) whisk.

сбива́|ть, ю *impf of* **⇒сбить**

сбива́|ться, юсь *impf* **1** *impf of* **⇒сби́ться**. **2** (*impf only*) (**на** + *a*) to resemble; to remind one (of).

сби́вчивост|ь, и *f* inconsistency, contradictoriness.

сби́вчив|ый (~, ~а) *adj* inconsistent, contradictory.

сби́т|ый *ppp of* **⇒~ь** *and adj*: **~ые сли́вки** whipped cream.

сбить, собью́, собьёшь *pf* (*of* **⇒сбива́ть**) **1** (*ударом*) to bring down, knock down; (*с чего-л.*) to knock off, dislodge; (*птицу, самолёт*) to bring down, shoot down; **с. проти́вника с пози́ций** to dislodge the enemy from his positions; (*цену, температуру*) to bring down; **с. спесь с кого́-н.** to bring s.o. down a peg. **2** (*запутать*) to put out; to distract; to deflect; **с. с та́кта** to throw out of time; **с. кого́-н. с то́лку** to confuse s.o.; **с. кого́-н. с доро́ги** to misdirect s.o.; **с. кого́-н. с пути́ и́стинного** (*fig*) to lead s.o. astray.

С

3 (*каблуки, туфли*) to wear down. **4** (*составить*) to knock together; **с. ящик из досок** to knock together a box out of planks. **5** (*impf also* **бить**) (*масло*) to churn; (*сливки*) to beat up, whip, whisk.

сбиться, собьюсь, собьёшься *pf* (*of* ⇨**сбиваться 1**) **1** (*сдвинуться с места*) to be dislodged; to slip; **у тебя шляпа сбилась набок** your hat is crooked, skew-whiff; **с. с ног** (*coll*) to be run off one's feet. **2** (*ошибиться*) to go wrong; **с. в вычислениях** to be out in one's calculations; **с. в показаниях** to be inconsistent in one's testimony; **с. с дороги, с. с пути** to lose one's way; to go astray (*also fig*); **с. со счёта** to lose count; **с. с такта** to get out of time. **3** (*об обуви*) to become worn down. **4**: **с. в кучу, с. толпой** to bunch, huddle.

сближа|ть(ся), ю(сь) *impf of* ⇨**сблизить(ся)**

сближение, я *nt* **1** (*pol*) rapprochement. **2** (*mil*) approach, closing in. **3** (*дружба*) intimacy.

сбли|зить, жу, зишь *pf* (*of* ⇨**~жать**) to bring together, draw together.

сбли|зиться, жусь, зишься *pf* (*of* ⇨**~жаться**) **1** (*об интересах*) to converge. **2** (**с** + *i*) (*о людях*) to become close friends (with). **3** (*mil*) to approach, close in.

сбо|й¹, я *m* (*collect*) head, legs, and entrails.

сбо|й², я *m* (*перебой*) interruption; malfunction.

сбоку *adv* from one side; on one side; **вид с.** side view; **смотреть на кого-н. с.** to look sideways at s.o.

сболта|ть, ю *pf* (*of* ⇨**сбалтывать**) to stir up, shake up, mix up; **с. лекарство** to shake (a bottle of) medicine.

сболтн|уть, у, ёшь *pf* (*coll*) to blurt out, let out.

сбор, а *m* **1** (*действие*) collection; **с. урожая** harvest; **с. налогов** tax collection. **2** (*деньги*) dues; duty; (*выручка*) takings, returns; **гербовый с.** stamp duty; **портовый с.** harbour (*Br*), harbor (*US*) dues; **таможенный с.** customs duty; **полный с.** (*theatr*) full house; **делать хорошие ~ы** (*theatr*) to play to full houses, get good box-office returns. **3** (*встреча*) assembly, gathering; **быть в ~е** to be assembled, be in session. **4** (*mil*) assembly (= *signal to assemble*). **5** (*in pl*) (*приготовления*) preparations.

сборищ|е, а *nt* assemblage, mob.

сборк|а, и *f* **1** (*tech*) assembling, assembly, erection. **2** (*на платье*) gather; **в ~ах, со ~ами** with gathers.

сборник, а *m* collection; (*литературных произведений*) anthology.

сборн|ый *adj* **1** (*дом*) prefabricated; (*мебель*) in kit form. **2** (*из разнородных частей*) mixed, combined; **~ая команда** (*sport*) combined team, representative team. **3** (*mil*) assembly; **с. пункт** assembly point.

сборочный *adj* (*tech*) assembly; **с. конвейер** assembly belt; **с. цех** assembly shop.

сборчатый *adj* gathered, with gathers.

сборщик, а *m* **1** collector; **с. налогов** tax collector. **2** (*tech*) assembler, fitter.

сбрасыва|ть(ся), ю(сь) *impf of* ⇨**сбросить(ся)**

сбренд|ить, ишь *pf* (*coll*) **1** (*струсить*) to get scared. **2** (*потерять рассудок*) to lose one's mind; to go mad.

сбрива|ть, ю *impf of* ⇨**сбрить**

сбрить, сбрею, сбреешь *pf* (*of* ⇨**сбривать**) to shave off.

сброд, а (*no pl*) *m* (*collect*) riff-raff, rabble.

сбродн|ый *adj* (*coll*) assembled by chance; **~ая компания** motley collection of people.

сброс, а *m* **1** (*tech*) overflow disposal (system). **2** (*бомб*) dropping; (*температуры*) reduction.

сбро|сить, шу, сишь *pf* (*of* ⇨**сбрасывать**) **1** (*бросить вниз*) to throw down; to drop; **с. бомбы** to drop bombs; **с. на парашюте** to drop by parachute. **2** (*скинуть*) to throw off (*also fig*); (*кожу, листья*) to shed; **с. (с себя) одеяло** to throw off a blanket; **с. иго** to throw off the yoke; (*свергнуть*) to overthrow. **3** (*сбавить*) to reduce. **4** (*карты*) to throw away, discard.

сбро|ситься, шусь, сишься *pf* (*of* ⇨**сбрасываться**) (**с** + *g*) to leap (off, from).

сброшюр|овать, ую *pf of* ⇨**брошюровать**

сбру|я, и *f* (*collect*) harness.

сбыва|ть(ся), ю, ет(ся) *impf of* ⇨**сбыть(ся)**

сбыт, а (*no pl*) *m* (*econ, comm*) sale; **рынок ~а** (seller's) market; **хороший с.** good sales.

сбытовой *adj* (*econ, comm*) selling, marketing.

сбытчик, а *m*: **с. наркотиков** drug dealer *or* trafficker.

сбыть¹, сбуду, сбудешь, *past* **сбыл, сбыла, сбыло** *pf* (*of* ⇨**сбывать**) **1** (*продать*) to sell, market. **2** (*coll*) (*избавиться*) to get rid (of), rid o.s. (of); (*comm*) to dump; **с. с рук** to get off one's hands.

сбыть², сбудет, *past* **сбыл, сбыла, сбыло** *pf* (*of* ⇨**сбывать**) (*о поднявшейся воде*) to fall.

сбыться, сбудется, *past* **сбылся, сбылась** *pf* (*of* ⇨**сбываться**) to come true, be realized.

СВ *pl indecl* (*abbr of* **средние волны**) MW (*medium wave*).

св. (*abbr of* **святой**) St, Saint.

свадебный *adj* wedding; **с. подарок** wedding present.

свад|ьба, ьбы, *g pl* **~еб** *f* wedding; **справлять ~ьбу** to celebrate a wedding.

сваебойн|ый *adj* piledriving; **~ая машина** piledriver.

свази *m indecl* Swazi (*language*).

Свазиленд, а *m* Swaziland.

свазиленд|ец, ца *m* Swazi (*man*).

свазиленд|ка, ки *f of* ⇨**~ец**

свазилендский *adj* Swazi.

свайн|ый *adj* pile; **~ые постройки** pile dwellings.

сваливa|ть(ся), ю(сь) *impf of* **свалить(ся)**

свал|ить¹, ю, ~ишь *pf* (*of* ⇨**валить¹** *and* ⇨**~ивать**) **1** (*ударом*) to throw down, bring down; (*coll*) (*свергнуть*) to overthrow; (*coll*) (*о болезни*) to lay low. **2** (*дрова, уголь*) to heap up, pile up; **с. вину (на** + *a*) to dump the blame (on).

свал|ить², ~ит *pf* (*coll*) (*уменьшиться*) to sink, drop, fall, abate.

свал|иться, юсь, ~ишься *pf* (*of* ⇨**валиться** *and* ⇨**~иваться**) to fall (down), collapse; **с. как снег на голову** to come like a bolt from the blue.

свалк|а, и *f* **1** (*для мусора*) dump; scrap heap. **2** (*coll*) (*драка*) scuffle, fight; **общая с.** free-for-all, melee.

сваля|ть, ю *pf of* ⇨**валять 3, 4**

сваля|ться, ется *pf* to get tangled.

сварган|ить, ю, ишь *pf of* ⇨**варгаить**

сварива|ть(ся), ю, ет(ся) *impf of* ⇨**сварить(ся)**

свар|ить, ю, ~ишь *pf* **1** *pf of* ⇨**варить**. **2** (*impf* **~ивать**) (*tech*) to weld.

свар|иться, ~ится *pf* **1** *pf of* ⇨**вариться**. **2** (*impf* **~иваться**) (*tech*) to weld (together).

сварк|а, и *f* (*tech*) welding; **точечная с.** spot welding.

сварлив|ый (~, ~а) *adj* quarrelsome, shrewish.

сварной *adj* (*tech*) welded; **с. шов** welded joint.

сварочн|ый *adj* (*tech*) welding; **~ая горелка** welding torch, burner; **~ая сталь** wrought iron.

сварщик, а *m* welder.

свастик|а, и *f* swastika.

сват, а *m* **1** matchmaker. **2** (*отец зятя*) son-in-law's father; (*отец невестки*) daughter-in-law's father.

свата|ть, ю *impf* (*of* ⇨**по~**) **1** (*pf also* **со~**) (+ *a and d*) to propose as husband; (*also* + *a and* **за** + *a*) to propose as wife; to (try to) marry off (to); to (try to) arrange a match (between); **ему, за него ~ют вдову** they are trying to arrange a match for him with a widow; they are trying to marry him off to a widow. **2** (*просить согласие на брак*) to ask in marriage.

свата|ться, юсь *impf* (*of* ⇨**по~**) (**к** + *d or* **за** + *a*) to court; to ask, seek in marriage.

свать|я, и *f* (*мать зятя*) son-in-law's mother; (*мать невестки*) daughter-in-law's mother.

свах|а, и *f* matchmaker.

сва|я, и *f* pile.

сведени|е, я *nt* **1** (*известие*) piece of information; (*in pl*) information, intelligence; **по полученным ~ям** according to information received. **2** (*знание*) knowledge; attention, consideration, notice; **дойти до чьего-н. ~я** to come to s.o.'s notice; **довести до чьего-н. ~я** to bring to s.o.'s notice, inform s.o.; **принять к ~ю** to take into consideration. **3** (*in pl*) (*познания*) knowledge; **у него́ обши́рные ~я по исто́рии Росси́и** he is very knowledgeable about the history of Russia.

сведе́ни|е, я *nt* **1** (*расходов*) reduction; **с. счётов** settling of accounts. **2** (*пятна*) removal. **3** (*соединение*) bringing together. **4** (*med*) contraction, cramp. **5** (*electronics*) mixing (*in sound recording*).

све́дущ|ий (~, ~а) *adj* (**в** + *p*) knowledgeable (about); (well-)versed (in).

свеж|ева́ть, у́ю *impf* (*of* ⇨**о~**) to skin, dress.

свежезаморо́женный *adj* fresh-frozen.

свежеиспечённый *adj* newly-baked.

све́жест|ь, и *f* freshness; (*прохлада*) coolness; **не пе́рвой ~и** (*coll*) past its (*fig, joc*; one's) best.

свеже́|ть, ю *impf* (*of* ⇨**по~**) **1** to become cooler; (*о ветре*) to freshen (up), blow up. **2** (*о человеке*) to freshen up, acquire a glow of health.

све́ж|ий (~, ~а́, ~о́, ~и́) *adj* fresh; **~ее бельё** clean underclothes; **с. ве́тер** fresh breeze; **на ~ем во́здухе** in the fresh air; **~ие но́вости** recent news; **со ~ими си́лами** with renewed strength; **с. цвет лица́** fresh complexion; **~о́ в па́мяти** fresh in one's memory; (*impers, as pred*): **~о́** it is fresh, it is blowing up.

свез|ти́, у́, ёшь, *past* **~̈, ~ла́** *pf* (*of* ⇨**свози́ть**[1]) **1** (*отвезти*) to take, convey; **его́ ~ли́ в больни́цу** he has been taken to hospital. **2** (*вниз*) to take down. **3** (*увезти*) to take away, clear away.

свёкл|а, ы *f* beet, beetroot (*Br*); **кормова́я с.** mangel-wurzel; **са́харная с.** sugar beet, white beet; **столо́вая с.** red beet.

свеклови́ц|а, ы *f* sugar beet.

свеклови́|чный *adj of* ⇨**~ца**; **с. са́хар** beet sugar.

свеклоса́харный *adj* sugar beet; beet sugar.

свеко́льник, а *m* **1** (*cyn*) beetroot soup. **2** (*ботва*) beet tops.

свеко́льный *adj of* ⇨**свёкла**

свёк|ор, ра *m* father-in-law (*husband's father*).

свекро́в|ь, и *f* mother-in-law (*husband's mother*).

сверб|ёж, ежа́ *m* (*coll*) itch, irritation.

сверб|е́ть, и́т *impf* (*coll*) to itch, irritate.

сверг|а́ть, а́ю *impf of* ⇨**~̈нуть**

све́рг|нуть, ну, нешь, *past* **~** *and* **~нул, ~ла** *pf* (*of* ⇨**~а́ть**) to throw down, overthrow; **с. с престо́ла** to dethrone.

сверже́ни|е, я *nt* overthrow.

све́р|зиться, жусь, зишься *pf* (**с** + *g*; *coll*) to tumble (off, from).

све́р|ить, ю, ишь *pf* (*of* ⇨**~я́ть**) (+ *a* **с** + *i*) to check (sth against sth).

све́р|иться, юсь, ишься *pf* (*of* ⇨**~я́ться**) (**с** + *i*) to check (with).

све́рк|а, и *f* collation.

сверка́ни|е, я *nt* sparkling; glitter; glare; (*молнии*) flashing.

сверка́|ть, ю *impf* to sparkle; to glitter; to gleam; (*о молнии*) to flash.

сверкн|у́ть, у́, ёшь *inst pf* to flash (*also fig*); **у меня́ в голове́ ~у́ла мысль** a thought flashed through my mind.

сверли́льный *adj* (*tech*) boring, drilling; **с. стано́к** boring machine, drilling machine, drill.

сверл|и́ть, ю́, и́шь *impf* **1** (*tech*) to bore, drill; **с. зуб** to drill a tooth. **2** (*о насекомых*) to bore through. **3** (*fig*) (*о мыслях*) to nag (at), gnaw (at); **у меня́ ~и́т в у́хе** I have a nagging earache.

сверл|о́, а́, *pl* **~̈а, ~̈** *nt* (*tech*) (*инструмент*) drill; (*наконечник*) drill bit.

сверл|я́щий *pres participle active of* ⇨**~и́ть** *and adj*; **~я́щая боль** nagging, gnawing pain.

сверн|у́ть, у́, ёшь *pf* (*of* ⇨**свёртывать**) **1** to roll (up); **с. ковёр** to roll up the carpet; **с. сигаре́ту** to roll a cigarette; **с. паруса́** to furl sails; **с. ше́ю кому́-н.** to wring s.o.'s neck. **2** (*fig*) (*сократить*) to reduce, contract, cut down. **3** (*повернуть*) to turn; **с. нале́во** to turn to the left; **с. с доро́ги** to turn off the road.

сверн|у́ться, у́сь, ёшься *pf* (*of* ⇨**свёртываться**) **1** to roll up, curl up; to coil up; **с. клубко́м** to roll o.s. up into a ball. **2** (*о молоке*) to curdle; (*о крови*) to coagulate, clot. **3** (*fig*) (*сократиться*) to contract.

сверста́|ть, ю *pf of* ⇨**верста́ть**

све́рстник, а *m* person of the same age; contemporary, peer; **они́ ~и** they are the same age.

све́рстни|ца, цы *f of* ⇨**~к**

сверт|ок, ка *m* package, parcel, bundle.

свёртывани|е, я *nt* **1** rolling (up). **2** (*молока*) curdling; (*крови*) coagulation. **3** (*fig*) (*сокращение*) reduction, cutting down; **с. произво́дства** production cuts.

свёртыва|ть(ся), ю(сь) *impf of* ⇨**сверну́ть(ся)**

сверх *prep* + *g* **1** (*пиджака*) over, on top of; (*книги*) on top of. **2** (*нормы*) above, beyond; over and above; in excess of; **с. пла́на** in excess of the plan; **с. сил** beyond one's strength; **с. (вся́кого) ожида́ния** beyond (all) expectation; **с. всего́** on top of everything else; **с. того́** moreover, besides.

сверх... *comb form* super-, supra-, extra-, over-, preter-.

сверхдержа́в|а, ы *f* superpower.

сверхзвуково́й *adj* (*phys, aeron*) supersonic.

сверхмагистра́л|ь, и *f*: **информацио́нная с.** information superhighway.

сверхмо́щный *adj* (*tech*) superpower, extra high-power.

сверхно́в|ый *adj*: **~ая звезда́** (*astron*) supernova.

сверхпла́новый *adj* over and above the plan.

сверхпри́был|ь, и *f* excess profit.

сверхпроводи́мост|ь, и *f* (*phys*) superconductivity.

сверхпроводни́к, а́ *m* (*phys*) superconductor.

сверхскоростно́й *adj* super-high-speed.

сверхсме́тный *adj* above-estimate, extra-budget.

сверхсро́чник, а *m* = **сверхсрочнослу́жащий**

сверхсрочнослу́жащ|ий, его *m* (*mil*) man re-engaging after completion of statutory military service.

сверхсро́чн|ый *adj* (*mil*): **~ая слу́жба** additional service (*voluntarily undertaken after completion of statutory period*).

све́рху *adv* **1** from above (*also fig*); from the top; **с. до́низу** from top to bottom; **смотре́ть на кого́-н. с. вниз** (*fig*) to look down on s.o. **2** (*на поверхности*) on the surface; on the top.

сверхуро́чн|ый *adj* overtime; **~ая рабо́та** overtime; *as n* **~ые, ~ых** (*payment for*) overtime.

сверхчелове́к, а *m* superman.

сверхчелове́ческий *adj* superhuman.

сверхчувстви́тел|ьный (~ен, ~ьна) *adj* supersensitive.

сверхшта́тный *adj* supernumerary.

сверхъесте́ствен|ный (~, ~на) *adj* supernatural.

сверч|о́к, ка́ *m* (*zool*) cricket; **всяк с. знай свой шесто́к** (*proverb*) the cobbler should stick to his last.

сверша́|ть(сь), ю, ет(ся) *impf* = **соверша́ть(ся)**

сверш|и́ть(ся), у́, и́т(ся) *pf* = **соверши́ть(ся)**

свер|я́ть(ся), я́ю(сь) *impf of* ⇨**~̈ить(ся)**

свес, а *m* overhang.

све́|сить, шу, сишь *pf* (*of* ⇨**~шивать**) **1** to let down, lower; **сиде́ть, ~сив но́ги** to sit with one's legs dangling. **2** (*coll*) (*взвесить*) to weigh.

све́|ситься, шусь, сишься *pf* (*of* ⇨**~шиваться**) to lean over; to hang over; (*о ветвях*) to overhang; **с. че́рез пери́ла** to lean over the banisters.

све|сти́, ду́, дёшь, *past* **~̈л, ~ла́** *pf* (*of* ⇨**своди́ть**[1]) **1** (*отвести*) to take; **с. дете́й в шко́лу** to take the children to school; **с. в моги́лу** to be the death (of). **2** (**с** + *g*) (*спустить сверху вниз*) to take down (from, off); **с. кого́-н. с пьедеста́ла** to take s.o. off his pedestal; **с. с ума́** to drive mad. **3** (*удалить*) to take away; to lead off; **с. коро́ву с доро́ги** to take a cow off the road; **с. разгово́р на другу́ю те́му** to lead the conversation onto a different subject. **4** (*вывести*) to remove; **с. пятно́** to remove, get out a stain. **5** (*соединить; собрать*) to bring together; to put together; to unite; **с. ста́рых друзе́й** to bring old friends together; **судьба́ ~ла́ их** fate threw them together; **с. да́нные в табли́цу** to tabulate data; **с. концы́ с конца́ми** to make (both) ends meet. **6**: **с. дру́жбу (с** + *i*), **с. знако́мство (с** + *i*) (*coll*) to make friends (with). **7** (**к** + *d or* **на** + *a*) (*довести*) to reduce (to), bring (to); **с. на нет** to bring to naught; **с. к са́мому необходи́мому** to

С

reduce to the barest essentials; **с. расска́з к немно́гим слова́м** to condense a story to a few words. **8** (*рисунок*) to trace, transfer. **9** (*о судороге*) to cramp, convulse; **у меня́ ~ло́ но́гу** I have cramp in my foot. **10** (*в процессе звукозаписи*) to mix (*in sound recording*).

све|сти́сь, дётся, *past* **~̈лся, ~ла́сь** *pf* (*of* ⇒**своди́ться**) (**к** + *d*) to come (to), reduce (to); **с. на нет** to come to naught.

свет[1], а *m* **1** light (*also fig*); **лу́нный с.** moonlight; **заже́чь с.** to turn the light on; **в ~́е** (+ *g*) in the light (of); **предста́вить в невы́годном ~́е** to represent in an unfavourable (*Br*), unfavorable (*US*) light; **на ~у́** in the light; **при ~́е** (+ *g*) by the light (of); **стоя́ть про́тив ~́а** to stand in the light. **2** (*рассвет*) daybreak; **чем с.** first thing (in the morning); **чуть с.** at first light; **ни с., ни заря́** before dawn; (*ironical*) at the crack of dawn.

свет[2], а *m* **1** (*мир*) world (*also fig*); **Ста́рый, Но́вый С.** the Old, the New World; **тот с.** the next world; **коне́ц ~́а** doomsday, the end of the world; **стра́ны ~́а** the cardinal points (*of the compass*); **произвести́ на с.** to bring into the world; **(по)яви́ться на с.** to come into the world; **вы́пустить в с.** to bring out (= *to publish*); **ни за что на ~́е** not for the world; **на чём с. стои́т** like hell; for all one is, was worth. **2** (*высшее общество*) society; **вы́сший с.** high society; **мо́дный с.** the smart set.

света́|ть, ет *impf* (*impers*): **~ет** it is dawning, it is getting light, day is breaking.

светёлк|а, и *f* (*obs*) small but very light upstairs room.

свети́л|о, а *nt* luminary (*also fig*); **небе́сные ~а** heavenly bodies.

свети́льник, а *m* lamp.

све|ти́ть, чу́, ~́тишь *impf* **1** (*излучать свет*) to shine. **2** (+ *d*) to light the way (for); to shine a light (for).

све|ти́ться, чу́сь, ~́тишься *impf* to shine, gleam; **в окне́ ~́тится огонёк** there is a light in the window.

светле́йший *adj* (*obs*) (his, her) Highness.

светле́|ть, ю *impf* (*of* ⇒**по~**) to brighten (*also fig*); (*о погоде*) to clear up, brighten up.

светли́ц|а, ы *f* (*obs*) front room.

све́тло-... *comb form* (*with names of colours*) light-; **с.-зелёный** light-green.

светловоло́с|ый (~, ~а) *adj* light-haired.

светлоко́ж|ий (~, ~а) *adj* light-skinned.

све́тлост|ь, и *f* **1** brightness (*also fig*); lightness. **2**: **его́,** *etc.*, **с.** (*title of dukes and princes*) his, *etc.*, Grace.

све́т|лый (~ел, ~ла́, ~ло, ~лы *and* (*in pred use*) **~ло́, ~лы́)** *adj* **1** (*комната, волосы, краски*) light; (*день*) bright; **на у́лице ~ло́** it is daylight. **2** (*fig*) (*радостный*) bright, radiant, joyous; pure, unclouded; **~лое бу́дущее** bright future; **~лой па́мяти** of blessed memory. **3** (*fig*) (*проницательный*) lucid, clear; **он — ~лая голова́** he has a lucid mind; **~лые мину́ты** lucid intervals. **4** (*eccl*) Easter; **С~лая неде́ля** Easter week.

светля́к, а́ *m* glow-worm; firefly.

светов|о́й *adj of* ⇒**свет[1]**; **~а́я волна́** light wave; **~а́я рекла́ма** illuminated signs; **с. эффе́кт** (*theatr*) lighting effect.

светодио́д, а *m* light-emitting diode, LED.

светоза́р|ный (~ен, ~на) *adj* (*poetical*) bright.

светозвукоспекта́кл|ь, я *m* son et lumière.

светокопирова́льный *adj* photocopying.

светоко́пи|я, и *f* photocopy.

светомаскиро́вк|а, и *f* blackout.

светонепроница́емый *adj* lightproof.

светопреставле́ни|е, я *nt* **1** the end of the world, doomsday. **2** (*fig, coll*) chaos.

светосигнализа́ци|я, и *f* (*mil*) lamp signalling (*Br*), signaling (*US*).

светоте́н|ь, и *f* (*art*) chiaroscuro.

светоте́хник|а, и *f* lighting engineering.

светофи́льтр, а *m* light filter.

светофо́р, а *m* traffic lights.

све́точ, а *m* **1** (*obs*) torch, lamp. **2** (*fig*) leading light, luminary; torch-bearer.

светочувстви́тельност|ь, и *f* photosensitivity; (*плёнки*) speed.

светочувстви́тел|ьный (~ен, ~ьна) *adj* photosensitive.

све́тск|ий *adj* **1** society, fashionable; **~ая жизнь** high life; **с. челове́к** man of the world. **2** (*манеры*) refined. **3** (*не церковный*) temporal, lay, secular; worldly; **~ая власть** temporal power.

све́тскост|ь, и *f* good manners, good breeding.

свет|я́щийся *pres participle of* ⇒**~и́ться** *and adj* luminous, luminescent.

свеч|а́, и, *i* **~о́й,** *pl* **~́и, ~е́й, ~а́м** *f* **1** candle. **2**: **зажига́тельная с., запа́льная с.** spark plug. **3** (*единица*) candlepower; **ла́мпочка в пятьдеся́т ~е́й** lamp of fifty candlepower. **4** (*sport*) lob. **5** (*med*) suppository.

свече́ни|е, я *nt* luminescence, fluorescence; phosphorescence.

све́чк|а, и *f* **1** candle. **2** (*sport*) lob. **3** (*med*) suppository.

свеч|но́й *adj of* ⇒**~а́**; **с. ога́рок** candle end.

све́ша|ть, ю *pf* to weigh.

све́ша|ться, юсь *pf of* ⇒**ве́шаться[2]**

све́шива|ть(ся), ю(сь) *impf of* ⇒**све́сить(ся)**

свива́льник, а *m* (*obs*) swaddling clothes.

свива́|ть, ю *impf* **1** *impf of* ⇒**свить**. **2** *impf only* (*obs*) (*ребёнка*) to swaddle.

свида́ни|е, я *nt* meeting; (*деловое*) appointment; (*влюблённых*) date; **назна́чить с.** (**на** + *a*) to arrange a meeting (for), make an appointment (for), make a date (for); **до ~я!** goodbye!; **до ско́рого ~я!** see you soon!

свиде́тел|ь, я *m* witness; **с. обвине́ния, защи́ты** witness for the prosecution, for the defence (*Br*), defense (*US*); **с. Иего́вы** Jehovah's Witness.

свиде́тель|ница, ницы *f of* ⇒**~**

свиде́тель|ский *adj of* ⇒**~**

свиде́тельств|о, а *nt* **1** evidence. **2** (*документ*) certificate; **с. о бра́ке** marriage certificate.

свиде́тельств|овать, ую *impf* **1** (**о** + *p or* + *a or* + **что**) (*law*) to give evidence (concerning); to testify. **2** (**о** + *p*) (*подтверждать, доказывать*) to show, attest to, be evidence (of); **э́то письмо́ ~ует о его́ беста́ктности** this letter is evidence of his tactlessness. **3** (*pf* **за~**) (*удостоверять подлинность*) to witness; to attest, certify; **с. ко́пию** to certify a copy; **с. по́дпись** to witness a signature. **4** (*pf* **о~**) (*осматривать*) to examine, inspect; **с. больно́го** to examine a patient.

сви́|деться, жусь, дишься *pf* (**с** + *i; coll*) to meet; to see one another.

свина́рк|а, и *f* pig tender.

свина́рник, а *m* pigsty.

свина́р|ня, ни, *g pl* **~ен** *f* = **~ник**

свин|е́ц, ца́ *m* lead.

свини́н|а, ы *f* pork.

сви́н|ка[1], ки *f diminutive of* ⇒**~ья́**; **морска́я с.** guinea pig.

сви́нк|а[2], и *f* (*med*) mumps.

свиново́д, а *m* pig breeder.

свиново́дств|о, а *nt* pig-breeding.

свиново́д|ческий *adj of* ⇒**~ство**

свин|о́й *adj of* ⇒**~ья́**; **~а́я ко́жа** pigskin; **~а́я котле́та** pork chop; **~о́е са́ло** lard.

свинома́тк|а, и *f* sow.

свинопа́с, а *m* (*obs*) swineherd.

свинофе́рм|а, ы *f* pig farm, piggery.

сви́нский *adj* (*coll*) (*подлый*) swinish; (*грязный*) filthy.

сви́нств|о, а *nt* (*coll*) (*подлость*) swinishness; (*поступок*) swinish trick; (*грязь*) filth.

свин|ти́ть, чу́, ти́шь *pf* (*of* ⇒**~́чивать**) **1** (*соединить*) to screw together. **2** (*гайку*) to unscrew.

сви́нтус, а *m* (*coll, joc*) swine, rogue.

свинцо́в|ый *adj* lead; (*цвета свинца*) leaden; **~ые бели́ла** white lead; **с. блеск** (*min*) galena; **~ая дробь** lead shot; **~ое отравле́ние** lead poisoning; **с. су́рик** red lead.

сви́нчива|ть, ю *impf of* ⇒**свинти́ть**

свин|ья́, ьи́, *pl* **~́ьи, ~е́й, ~́ьям** *f* **1** pig; (*самка*) sow; **морска́я с.** porpoise. **2** (*fig, pej*) (*человек*) swine; **подложи́ть ~ью́** (+ *d; coll*) to play a dirty trick (on).

свире́л|ь, и *f* (reed) pipe.

свирепе́|ть, ю *impf* to grow fierce, grow savage.

свире́пост|ь, и *f* fierceness, ferocity.

свире́пств|овать, ую *impf* to rage.

свире́п|ый (~, ~а) *adj* fierce, ferocious.

свиристе́л|ь, я *m* (*zool*) waxwing.

свис|а́ть, а́ю *impf* (*of* ⇒**~́нуть**) to hang down.

сви́с|нуть, ну, нешь, *past* **~, ~ла** *pf of* ⇒**~а́ть**

С

свист, а *m* whistle; whistling.

сви|ста́ть, щу́, ~́щешь *impf* to whistle; **с. в свисто́к** to blow a whistle; **с. всех наве́рх** (*naut*) to pipe all hands on deck.

сви|сте́ть, щу́, сти́шь *impf* to whistle; **ищи́ ~щи́** (*coll*) you can whistle for it.

сви́стн|уть, у, ешь *pf* **1** to give a whistle. **2** (*coll*) (*ударить*) to slap, smack. **3** (*coll*) (*украсть*) to steal, snatch.

свист|о́к, ка́ *m* whistle.

свистопля́ск|а, и *f* (*coll*) pandemonium, bedlam.

свисту́льк|а, и *f* tin whistle.

свисту́н, а́ *m* whistler.

сви́т|а, ы *f* suite, retinue.

сви́тер, а *m* sweater.

сви́т|ок, ка *m* roll, scroll.

свить, совью́, совьёшь, *past* **свил, свила́, сви́ло** *pf* (*of* **⇒вить** *and* **⇒свива́ть**) to twist, wind.

сви́ться, совьётся, *past* **сви́лся, свила́сь** *pf* (*of* **⇒ви́ться**) to roll up, curl up, coil.

свихн|у́ть, у́, ёшь *pf* to dislocate, sprain; **с. себе́ ше́ю** (*fig, coll*) to come a cropper; **с. с ума́** to go off one's head.

свихн|у́ться, у́сь, ёшься *pf* (*coll*) **1** (*помешаться*) to go off one's head. **2**: **с. с пути́** to go astray, go off the rails.

свищ, а́ *m* **1** (*в дереве*) knot hole. **2** (*med*) fistula.

свия́з|ь, и *f* (*zool*) wigeon.

свобо́д|а, ы *f* freedom, liberty; **с. во́ли** free will; **с. рук** a free hand; **с. сло́ва** freedom of speech; **с. собра́ний** freedom of assembly; **с. со́вести** liberty of conscience; **с. торго́вли** free trade; **вы́пустить на ~у** to set free; **предоста́вить по́лную ~у де́йствий** (+ *d*) to give a free hand; **на ~е** (*i*) (*на досуге*) at leisure, (*ii*) (*о преступнике*) at large.

свобо́дно *adv* **1** (*без принуждения*) freely; (*с лёгкостью*) easily, with ease; **дыша́ть с.** to breathe freely; **она́ с. говори́т на пяти́ языка́х** she speaks five languages fluently. **2** (*просторно*) loose, loosely.

свобо́д|ный (~ен, ~на) *adj* **1** free. **2** (*без помех*) free; easy; **с. до́ступ** easy access; **с. уда́р** (*sport*) free kick; **с. от недоста́тков** free from defects. **3** (*не занятый*) free; (*номер*) vacant; (*место*) spare; **~ное вре́мя** free time, time off; spare time; **~ное ме́сто** vacant seat, spare seat; **вы ~ны сего́дня ве́чером?** will you be free this evening? **4** (*поведение*) free (and easy). **5** (*одежда*) loose, loose-fitting; flowing. **6** (*chem*) free, uncombined.

свободолюби́в|ый (~, ~а) *adj* freedom-loving.

свободолю́би|е, я *nt* love of freedom.

свободомы́сли|е, я *nt* freethinking.

свободомы́слящ|ий *adj* freethinking; *as n* **с., ~его** *m* freethinker.

свод[1]**, а** *m* code; (*документов*) collection; **с. зако́нов** code of laws.

свод[2]**, а** *m* (*перекрытие*) arch, vault; **небе́сный с.** the firmament, the vault of heaven.

сво|ди́ть[1]**, жу́, ~́дишь** *impf of* **⇒свести́**

сво|ди́ть[2]**, жу́, ~́дишь** *pf* (*отвести и привести обратно*) to take (*and bring back*); **мы ~ди́ли дете́й в кино́** we took the children to the cinema.

сво|ди́ться, ~́дится *impf of* **⇒свести́сь**

сво́дк|а, и *f* summary; report; **с. пого́ды** weather forecast, weather report.

сво́дник, а *m* procurer, pimp.

сво́дниц|а, ы *f* procuress.

сво́днича|ть, ю *impf* to procure, pimp.

сво́дничеств|о, а *nt* procuring, pimping.

сво́дн|ый *adj* **1** combined; collated; **~ая афи́ша теа́тров** theatre (*Br*), theater (*US*) guide (*bill listing all current productions*); **с. отря́д** (*mil*) combined force; **~ая табли́ца** summary table, index. **2** step-; **с. брат** stepbrother.

сво́дн|я, и *f* (*coll*) procuress.

сво́дчатый *adj* arched, vaulted.

своевла́ст|ный (~ен, ~на) *adj* self-willed, wilful.

своево́ли|е, я *nt* self-will, wilfulness.

своево́льнича|ть, ю *impf* to be self-willed, be wilful.

своево́л|ьный (~ен, ~ьна) *adj* self-willed, wilful.

своевре́менно *adv* in good time; opportunely.

своевре́мен|ный (~ and ~ен, ~на) *adj* timely, opportune.

своекоры́сти|е, я *nt* self-interest.

своекоры́ст|ный (~ен, ~на) *adj* self-seeking.

своенра́ви|е, я *nt* wilfulness, capriciousness.

своенра́в|ный (~ен, ~на) *adj* wilful, capricious.

своеобра́зи|е, я *nt* originality; distinctiveness.

своеобра́з|ный (~ен, ~на) *adj* original; peculiar, distinctive.

сво|зи́ть[1]**, жу́, ~́зишь** *impf of* **⇒свезти́**

сво|зи́ть[2]**, жу́, ~́зишь** *pf* (*отвезти и привезти обратно*) to take (*and bring back*); **мы ~зи́ли дете́й в цирк** we took the children to the circus.

свой *possessive adj* one's (my, your, his, *etc., in accordance with subject of sentence or clause*), one's own; **у них с. дом** they have a house of their own; **своё варе́нье** one's own, home-made jam; **свой войска́** friendly troops; **кри́кнуть не свои́м го́лосом** to give a frenzied scream; **умере́ть свое́й сме́ртью** to die a natural death; **в своё вре́мя** (*i*) at one time, in my, his, *etc.*, time, (*ii*) (*своевременно*) in due time, in due course; **в своём ро́де** in one's own way; **он не в своём уме́** he is not right in the head; **на свои́х (на) двои́х** on Shanks' mare, pony; **она́ сама́ не своя́** she is not herself; **он у нас с. челове́к** he's one of us; *as n* **свои́** one's (own) people; **своё** one's own; **доби́ться своего́** to get one's own way; **получи́ть своё** to get one's own back.

сво́йственник, а *m* relation (*or* relative) by marriage; **он мне с.** he is related to me by marriage.

сво́йственни|ца, цы *f of* **⇒~к**

сво́йствен|ный (~ and ~ен, ~на) *adj* (+ *d*) characteristic (of).

сво́йств|о, а *nt* property, attribute, characteristic.

свойств|о́, а *nt* relationship by marriage; **быть в ~е́ с кем-н.** to be related to s.o. by marriage.

свола́кива|ть, ю *impf of* **⇒своло́чь**

сволочно́й *adj* (*coll*) worthless, rubbishy.

сво́лоч|ь, и, *g pl* **~е́й** *f* (*coll*) **1** (*негодяй*) scum, swine. **2** (*collect*) riff-raff, dregs.

своло́|чь, ку́, чёшь, ку́т, *past* **~к, ~кла́** *pf* (*of* **⇒свола́кивать**) (*coll*) **1** to drag (off, down). **2** (*fig*) (*украсть*) to steal.

сво́р|а, ы *f* **1** (*ремень*) leash. **2** (*пара*) pair (*of greyhounds*). **3** (*collect*) pack (*of hounds*); (*fig*) (*шайка*) gang.

свора́чива|ть, ю *impf of* **⇒сверну́ть** *and* **⇒свороти́ть**

свор|ова́ть, у́ю *coll pf of* **⇒ворова́ть**

сворo|ти́ть, чу́, ~́тишь *pf* (*of* **⇒свора́чивать**) (*coll*) **1** (*сдвинуть*) to dislodge, displace, shift. **2** (*свернуть*) to turn, swing (*also trans*); **с. с доро́ги** to turn off the road; **с. с ума́** to go off one's head. **3** (*свихнуть*) to twist, dislocate; to break.

своя́к, а́ *m* brother-in-law (*husband of wife's sister*).

своя́чениц|а, ы *f* sister-in-law (*wife's sister*).

СВЧ-печ|ь, и, *pl* **~и, ~е́й** *f* (*abbr of* **сверхвысокочасто́тная печь**) microwave (oven).

свык|а́ться, а́юсь *impf of* **⇒~нуться**

сви́к|нуться, нусь, нешься, *past* **~ся, ~лась** *pf* (*of* **⇒~а́ться**) (**с** + *i*) to get used (to).

свысока́ *adv* condescendingly; **обраща́ться с кем-н. с.** to talk down to, patronize s.o.

свы́ше 1 *adv* from above; (*relig*) from on high. **2** *prep* + *g* (*более*) over, more than; (*вне*) beyond; **с. ты́сячи самолётов уча́ствовало в налёте** over a thousand planes took part in the raid; **э́то с. мои́х сил** it is beyond me.

свя́з|анный *ppp of* **⇒~а́ть** *and adj* constrained; **~анная речь** halting utterance.

свя|за́ть, жу́, ~́жешь *pf* (*of* **⇒вяза́ть 1, 2** *and* **⇒~́зывать**) **1** to tie; to bind (*also fig*); **с. по рука́м и нога́м** to bind hand and foot (*also fig*); **с. свою́ судьбу́** (**с** + *i*) to throw in one's lot (with). **2** (*fig*) (*соединить*) to connect, link; **быть (те́сно) ~́занным** (**с** + *i*) to be (closely) connected (with), be bound up (with), be tied up (with). **3**: **быть ~́занным** (**с** + *i*; *fig*) (*повлечь*) to involve, entail; **э́то предприя́тие бу́дет ~́зано с огро́мными расхо́дами** this undertaking will involve huge expense. **4** (*установить связь*) to link, associate; **некоторые ~зáли эпидéмию с. плохи́м водоснабжéнием** some connected the epidemic with the bad water supply.

свя|зáться, жу́сь, ~́жешься *pf* (*of* ⇨**~́зываться 1**) (**с** + *i*) **1** to get in touch (with), communicate (with). **2** (*coll, pej*) to get involved (with), get mixed up (with).

связи́ст, а *m* **1** (*mil*) signaller (*Br*), signaler (*US*). **2** (*работник связи*) postal *and/or* telecommunications worker.

связи́ст|ка, ки *f of* ⇨**~**

свя́зк|а, и *f* **1** (*ключей*) bunch; (*книг, бумаг*) bundle. **2** (*anat*) cord; ligament; **голосовы́е ~и** vocal cords. **3** (*gram*) copula.

связн|óй *adj* (*mil*) liaison, communication; **с. самолёт** liaison aircraft; **~áя собáка** messenger dog; *as n* **с., ~óго** *m* messenger, runner, orderly.

свя́з|ный (~ен, ~на) *adj* connected, coherent.

связу́ющий *adj* connecting, linking.

свя́зыва|ть, ю *impf of* ⇨**связáть**

свя́зыва|ться, юсь *impf* **1** *impf of* ⇨**связáться. 2** (*impf only*) (**с** + *i*) to have to do (with); **не ~йся с ни́ми** don't have anything to do with them.

связ|ь, и, о ~́и, в ~́и́ *f*
1 (*отношение*) connection; **в свя́зи с** (+ *i*) (*вследствие*) due to; owing to; (*по поводу*) in connection with; **в свя́зи с э́тим** in this connection.
2 (*тесное общение*) link, tie, bond; **дру́жеские ~́и** friendly relations, ties of friendship; **потеря́ть с.** (**с** + *i*) to lose touch (with).
3 (*любовная*) liaison, relationship.
4 (*in pl*) (*близкое знакомство*) connections, contacts; **у него́ мно́го ~́ей в Москвé** he has many influential connections in Moscow.
5 (*сообщение*) communication; **возду́шная с.** aerial communication; **с. по рáдио** radio communication; **с. вóздухом** (*mil*) ground-air communication.
6 (*sg only*) (*почта, телефон*) (postal and tele)communications; **Министéрство ~́и** Ministry of Communications; **отделéние ~́и** (branch) post office; **рабóтник ~́и** postal worker.
7 (*tech*) tie, stay, brace, strut; (*elec*) coupling.

святéйшеств|о, а *nt*: **Егó С.** (*title of Patriarchs and of the Pope*) His Holiness.

святéйший *adj* most holy (*pertaining to the Patriarchs and synod of the Orthodox Church, also to the Pope*); **С. Патриáрх** His Holiness the Patriarch.

святи́лищ|е, а *nt* sanctuary.

святи́тел|ь, я *m* prelate.

свя|ти́ть, чу́, ти́шь *impf* (*of* ⇨**о~ 1**) to consecrate; to bless.

Свя́т|ки, ок (*no sg*) Christmas (tide), Yuletide.

свя́то *adv* piously; religiously; **с. берéчь** to treasure; **с. чтить** to hold sacred.

свят|óй (~, ~á, ~́о) *adj*
1 (*священный*) holy; sacred (*also fig*); **~áя водá** holy water; **с. долг** sacred duty; **С. Дух** the Holy Ghost, the Holy Spirit; **С~áя недéля** Holy Week.
2 (*человек*) saintly. **3** (*чувства*) pious.
4 *preceding name, or as n* **с., ~óго** *m*, **~áя, ~óй** *f* saint; **причи́слить к ли́ку ~ы́х** (*eccl*) to canonize.

свя́тост|ь, и *f* holiness; sanctity.

святотáт|ец, ца *m* person committing sacrilege.

святотáтственный *adj* sacrilegious.

святотáтств|о, а *nt* sacrilege.

святотáтств|овать, ую *impf* to commit sacrilege.

свя́т|очный *adj of* ⇨**~ки**; **с. расскáз** Christmas tale.

святóш|а, и *cg* sanctimonious person.

свя́тц|ы, ев (*no sg*) (church) calendar.

святы́н|я, и *f* **1** (*eccl*) (*предмет*) object of worship; (*место*) sacred place. **2** (*fig*) (*предмет*) sacred object.

свящéнник, а *m* (*православный*) priest (*of Orthodox Church*); clergyman.

свящéннический *adj* priestly.

священнодéйстви|е, я *nt* **1** religious rite. **2** (*fig*) solemn performance (of ceremony, duties, *etc.*).

священнодéйств|овать, ую *impf* **1** to perform a religious rite. **2** (*fig*) to do sth with solemnity, with pomp.

священнослужи́тел|ь, я *m* clergyman (*priest or deacon*).

свящéн|ный (~ен, ~на) *adj* holy; sacred (*also fig*); **С~ное Писáние** Holy Writ, Scripture.

свящéнств|о, а *nt* priesthood (*also collect*).

с. г. (*abbr of* **сегó гóда**) of this year.

сгиб, а *m* **1** bend. **2** (*anat*) flexion.

сгибáем|ый (~, ~а) *adj* flexible, pliable.

сгибá|ть(ся), ю(сь) *impf of* ⇨**согну́ть(ся)**

сги́н|уть, у, ешь *pf* (*coll*) to disappear, vanish.

сглá|дить, жу, дишь *pf* (*of* ⇨**~живать**) **1** (*выровнять*) to smooth out. **2** (*fig*) (*смягчить*) to smooth over, soften.

сглá|диться, дится *pf* (*of* ⇨**~живаться**) **1** (*выровняться*) to become smooth. **2** (*fig*) (*смягчиться*) to be smoothed over, be softened.

сглáжива|ть(ся), ю, ет(ся) *impf of* ⇨**сглáдить(ся)**

сглаз, а (у) *m* (*coll*) the evil eye.

сглá|зить, жу, зишь *pf* to put the evil eye (on, upon); (*fig, coll*) to jinx; **чтóбы не с.!** touch wood!

сглуп|и́ть, лю, и́шь *pf of* ⇨**глупи́ть**

сгнивá|ть, ю *impf of* ⇨**сгнить**

сгни|ть, ю́, ёшь *pf* (*of* ⇨**гнить** *and* ⇨**~вáть**) to rot, decay.

сгно|и́ть, ю, и́шь *pf of* ⇨**гнои́ть**

сговáрива|ть(ся), ю(сь) *impf of* ⇨**сговори́ть(ся)**

сгóвор, а *m* **1** (*usu pej*) (*соглашение*) agreement, compact, deal. **2** (*obs*) (*помолвка*) betrothal.

сговор|и́ть, ю́, и́шь *pf* (*of* ⇨**сговáривать**) (*obs; coll*) to give consent to the marriage (of); to betroth.

сговор|и́ться, ю́сь, и́шься *pf* (*of* ⇨**сговáриваться**) (**с** + *i*) **1** to arrange (with); **мы ~и́лись встрéтиться с ни́ми при вхóде в парк** we arranged to meet them at the entrance to the park. **2** (*достигнуть взаимного понимания в беседе*) to come to an arrangement (with), reach an understanding (with).

сговóрчивост|ь, и *f* compliance, tractability.

сговóрчив|ый, (~, ~а) *adj* compliant, tractable.

сгон, а *m* driving; herding, rounding-up.

сгóнк|а, и *f* rafting, floating.

сгóнщик, а *m* **1** (*коров*) herdsman, drover. **2** (*леса*) (timber) rafter.

сгоня́|ть, ю *impf of* ⇨**согнáть**

сгорáни|е, я *nt* combustion; **двигатель вну́треннего ~я** internal-combustion engine.

сгор|áть, áю *impf* **1** *impf of* ⇨**~éть. 2** (**от** + *g*; *fig*) to be dying (of); **с. от стыдá, любопы́тства** to be dying of shame, curiosity.

сгóрб|ить(ся), лю(сь), ишь(ся) *pf of* ⇨**гóрбить(ся)**

сгóрблен|ный (~, ~а) *adj* crooked, bent; hunchbacked.

сгор|éть, ю́, и́шь *pf* (*of* ⇨**~áть 1**) **1** to burn down; to be burnt out, down; **наш дом ~éл** our house was burnt down. **2** (*о топливе*) to be consumed, be used up. **3** (*fig, coll*) (*потерять силы*) to burn o.s. out.

сгорячá *adv* in the heat of the moment; in a fit of temper.

сгребá|ть, ю *impf of* ⇨**сгрести́**

сгре|сти́, бу́, бёшь, *past* **~̈б, ~блá** *pf* (*of* ⇨**~бáть**) **1** (*собрать*) to rake up, rake together. **2** (**с** + *g*) (*скинуть*) to shovel (off, from); **с. снег с кры́ши** to shovel snow off the roof.

сгруд|и́ться, и́тся *pf* (*coll*) to crowd, mill, bunch.

сгружá|ть, ю *impf of* ⇨**сгрузи́ть**

сгру|зи́ть, жу́, ~́зишь *pf* (*of* ⇨**~жáть**) to unload.

сгруппир|овáть(ся), у́ю(сь) *pf of* ⇨**группировáть(ся)**

сгрызá|ть, ю *impf of* ⇨**сгры́зть**

сгрыз|ть, у́, ёшь, *past* **~, ~́ла** *pf* (*of* ⇨**~áть**) to chew (up).

сгуб|и́ть, лю́, ~́ишь *pf* (*coll*) to ruin.

сгу|сти́ть, щу́, сти́шь *pf* (*of* ⇨**~щáть**) to thicken; (*конденсировать*) to condense; **с. крáски** (*fig*) to lay it on thick.

сгу|сти́ться, сти́тся *pf* (*of* ⇨**~щáться**) to thicken; (*конденсироваться*) to condense; (*о крови*) to clot.

сгу́ст|ок, ка *m* clot; **с. крóви** clot of blood.

сгущá|ть(ся), ю, ет(ся) *impf of* ⇨**сгусти́ть(ся)**

сгущéни|е, я *nt* thickening; (*конденсация*) condensation; (*крови*) clotting.

сгу|щённый *ppp of* ⇨**~сти́ть** *and adj*; **~щённое молокó** condensed milk.

сдáбрива|ть, ю *impf of* ⇨**сдóбрить**

сда|вáть, ю́, ёшь *impf of* ⇨**сдать**; **с. экзáмен** to take, sit an examination.

сда|ва́ться[1], **ю́сь, ёшься** *impf of* **⇨~́ться**[1]

сда|ва́ться[2], **ётся** *impf* (*impers, coll*) it seems; **мне ~ётся** it seems to me; I think.

сдав|и́ть, лю́, ~́ишь *pf* (*of* **⇨~́ливать**) to squeeze.

сда́влива|ть, ю *impf of* **⇨сдави́ть**

сда́точн|ый *adj* delivery; **с. пункт** delivery point.

сда́тчик, а *m* deliverer.

сдать, сдам, сдашь, сдаст, сдади́м, сдади́те, сдаду́т, *past* **сдал, сдала́, сда́ло** *pf* (*of* **⇨сдава́ть**) **1** (*передать*) to hand over, pass; **с. дела́ прее́мнику** to hand over to one's successor; **с. бага́ж на хране́ние** to deposit one's luggage; **с. в архи́в** to deposit in the archives. **2** (*отдать внаём*) to let, let out, hire out; **с. в аре́нду** to lease. **3** (*возвратить*) to give change; **с. пятьдеся́т копе́ек** to give fifty kopeks change. **4** (*уступить*) to surrender, yield, give up; **с. пе́рвенство** (*sport*) to yield first place. **5** (*экзамен*) to pass (*an examination, examination subject, etc.*); **он сдал то́лько латы́нь** he only passed in Latin. **6** (*карты*) to deal (*cards*). **7** (*coll*) (*о моторе, сердце*) to give out; (*о морозе*) to abate; (*о старике, здоровье*) to become weaker.

сда́|ться[1], **мся, шься, стся, дади́мся, дади́тесь, даду́тся,** *past* **~лся, ~ла́сь** *pf* (*of* **⇨~ва́ться**[1]) to surrender, yield; (*chess*) to resign; **с. на про́сьбы** to yield to entreaties.

сда́|ться[2], *not used in fut,* **~лся, ~ла́сь** *pf* (*coll*) (*понадобиться*) to be necessary; **на что нам ~ли́сь их сове́ты?** what need had we of advice from them?

сда́ч|а, и *f* **1** (*багажа*) handing over. **2** (*квартиры*) letting out, hiring out; **с. в аре́нду** leasing. **3** (*города*) surrender. **4** (*деньги*) change; **три рубля́ ~и** three roubles change; **с. с рубля́** change from one rouble; **дать ~и** (+ *d*; *fig, coll*) to give as good as one got. **5** (*cards*) deal; **ва́ша с.** it is your deal.

сдва́ива|ть, ю *impf of* **⇨сдвои́ть**

сдвиг, а *m* **1** displacement; (*geol*) fault. **2** (*fig*) (*улучшение*) change (for the better), improvement.

сдвига́|ть(ся), ю(сь) *impf of* **⇨сдви́нуть(ся)**

сдви́нут|ый *ppp of* **⇨~ь** *and adj*; (*sl*) (*сумасшедший*) crazy; **с. по фа́зе** (*elec*) out of phase; (*sl*) crazy.

сдви́|нуть, ну, нешь *pf* (*of* **⇨~га́ть**) **1** to shift, move, displace; **его́ с ме́ста не ~нешь** he won't budge; **с. с ме́ста** (*fig*) to get moving, set in motion. **2** (*соединить*) to move together, bring together; **с. бро́ви** to knit one's brows.

сдви́|нуться, нусь, нешься *pf* (*of* **⇨~га́ться**) **1** to move, budge; **с. с ме́ста** (*fig*) to progress; **де́ло не ~нулось с ме́ста** no headway has been made. **2** (*вместе*) to come together. **3** (*sl*) to go mad, crazy.

сдво|и́ть, ю, и́шь *pf* (*of* **⇨сдва́ивать**) to double.

сде́ла|ть(ся), ю(сь) *pf of* **⇨де́лать(ся)**

сде́лк|а, и *f* transaction, deal, bargain; **войти́ в ~у** (**с** + *i*) to strike a bargain (with).

сде́льно *adv* by the job.

сде́льн|ый *adj* piecework; **~ая опла́та** payment by the piece, by the job; **~ая рабо́та** piecework.

сде́льщик, а *m* pieceworker.

сде́льщин|а, ы *f* (*coll*) piecework.

сде́льщи|ца, цы *f of* **⇨~к**

сдёргива|ть, ю *impf of* **⇨сдёрнуть**

сде́ржанно *adv* with restraint, with reserve.

сде́ржанност|ь, и *f* restraint, reserve.

сде́ржан|ный *ppp of* **⇨сдержа́ть** *and* (**~, ~на**) *adj* restrained, reserved.

сдерж|а́ть, у́, ~́ишь *pf* (*of* **⇨~́ивать**) **1** to hold (back); (*неприятеля*) to hold in check, contain. **2** (*fig*) (*чувства*) to keep back, restrain; **с. слёзы** to suppress tears. **3** (*обещание*) to keep; **с. сло́во** to keep one's word.

сдерж|а́ться, у́сь, ~́ишься *pf* (*of* **⇨~́иваться**) to restrain o.s., contain o.s.; to check o.s.

сде́ржива|ть(ся), ю(сь) *impf of* **⇨сдержа́ть(ся)**

сдёр|нуть, ну, нешь *pf* (*of* **⇨~гивать**) to pull off.

сдира́|ть, ю *impf of* **⇨содра́ть**

сдо́б|а, ы *f* **1** (*cul*) fat, sugar, eggs, *etc.* (*used in making dough*). **2** (*collect*) (*изделия*) (fancy) buns.

сдо́бный *adj* (*cul*) rich.

сдо́бр|ить, ю, ишь *pf* (*of* **⇨сда́бривать**) (+ *i*) to flavour (*Br*), flavor (*US*) (with), spice (with).

сдоброва́ть *only in phr* **ему́** *etc.*, **не с.** (*coll*) it will be a bad look out for him, *etc.*

сдо́хн|уть, у, ешь *pf.* (*of* **⇨сдыха́ть** *and* **⇨до́хнуть**) **1** (*coll*) (*о животных*) to die. **2** (*vulg sl, pej*) (*о людях*) to peg out, kick the bucket.

сдре́йф|ить, лю, ишь *pf of* **⇨дре́йфить**

сдруж|и́ть, у́, и́шь *pf* to bring together, unite in friendship.

сдруж|и́ться, у́сь, и́шься *pf* (**с** + *i*) to become friends (with).

сдубли́р|овать, ую *pf* (*theatr*) (*актёра, роль*) to understudy (*an actor, a part*).

сдува́|ть, ю *impf of* **⇨сдуть**

сду́ру *adv* (*coll*) stupidly; **он с. забы́л ключ до́ма** he stupidly left his key at home.

сду|ть, ~́ю, ~́ешь *pf* (*of* **⇨~ва́ть**) **1** to blow away, blow off. **2** (**с** + *g or* **у** + *g*; *school sl*) (*списать*) to crib (from).

сдыха́|ть, ю *impf of* **⇨сдо́хнуть**

сё, сего́ *pron* this (*archaic except in certain set phrr; see* **⇨тот**).

сеа́нс, а *m* **1** (*представление*) performance, showing. **2** (*портретиста*) sitting; **написа́ть чей-н. портре́т в двена́дцать ~ов** to paint s.o.'s portrait in twelve sittings.

СЕА́ТО *nt indecl* SEATO (*abbr of* South-East Asia Treaty Organization — *Организа́ция догово́ра Ю́го-Восто́чной А́зии*).

себе́[1] *see* **⇨себя́**

себе́[2] *particle* (*coll*) *modifying v or pron and usu containing hint of reproach*; **а они́ с. молча́ли** and they just kept their mouths shut; **ничего́ с.** not bad; **так с.** so-so.

себесто́имост|ь, и *f* (*econ*) cost (*of manufacture*); cost price; **прода́ть по ~и** to sell at cost price.

себя́, себе́, собо́й (собо́ю), о себе́ *refl pron* oneself; (*я*) myself, (*ты, вы*) yourself, (*он*) himself, *etc.*; **собо́ю** in appearance; **хоро́ш собо́ю** nice-looking; **прийти́ в с.** (**от** + *g*) to get over; to come to one's senses; **не в себе́** not o.s.; **от с.** (*i*) away from o.s., outwards, (*ii*) (*лично, от своего имени*) for o.s., on one's own behalf; **рабо́та по себе́** work that suits one; **ка́к-то не по себе́** not quite o.s.; **он о́чень себе́ на уме́** he is very crafty; **чита́ть про с.** to read to o.s.; **у с.** at home, at one's (own) place.

себялю́б|ец, ца *m* egoist.

себялюби́в|ый (~, ~а) *adj* egoistical, selfish.

себялю́би|е, я *nt* self-love, egoism.

сев, а *m* sowing.

се́вер, а *m* north.

се́вернее *adv* (+ *g*) to the north (of).

се́верн|ый *adj* north, northern; (*направление, ветер*) northerly; **С~ое мо́ре** the North Sea; **с. оле́нь** reindeer; **С. по́люс** the North Pole; **С. Ледови́тый океа́н** the Arctic Ocean; **С. поля́рный круг** the Arctic Circle; **~ое сия́ние** Northern Lights, aurora borealis.

североамерика́н|ец, ца *m* North American.

североамерика́н|ка, ки *f of* **⇨~ец**

североамерика́нский *adj* North American.

се́веро-восто́к, а *m* north-east.

се́веро-восто́чный *adj* north-east, north-eastern.

се́веро-за́пад, а *m* north-west.

се́веро-за́падный *adj* north-west, north-western.

североирла́ндский *adj* Northern Irish.

северя́н|ин, ина, *pl* **~е, ~** *m* northerner.

севооборо́т, а *m* rotation of crops.

севрю́г|а, и *f* stellate sturgeon (*Acipenser stellatus*).

сегме́нт, а *m* segment.

сегмента́ци|я, и *f* segmentation.

сего́дня *adv* today; **с. ве́чером** this evening, tonight; **не с.-за́втра** any day now.

сего́дня|шний *adj of* **⇨~**; **с. день** today; **~шняя газе́та** today's paper.

сегрега́ци|я, и *f* segregation.

седа́лищ|е, а *nt* (*anat*) seat, buttocks.

седа́лищн|ый *adj* (*anat*) sciatic; **воспале́ние ~ого не́рва** (*med*) sciatica.

седе́льник, а *m* saddler.

седе́льн|ый *adj of* **⇨седло́**; **~ая лука́** saddle bow.

С

седе́|ть, ю *impf* (*of* ⇒**по~**) to go grey (*Br*), gray (*US*).

седе́|ющий *pres participle active of* ⇒**~ть** *and adj* grizzled, greying (*Br*), graying (*US*).

седи́л|ь, я *m* cedilla.

седин|а́, ы́, *pl* **~́ы, ~́** *f* **1** grey (*Br*), gray (*US*) hair(s). **2** (*в мехе*) grey (*Br*), gray (*US*) streak.

седла́|ть, ю *impf* (*of* ⇒**о~**) to saddle.

сед|ло́, ла́, *pl* **~́ла, ~́ел** *nt* saddle.

седлови́н|а, ы *f* **1** (*в спине животного*) arch, saddle. **2** (*geog*) col, saddle.

седоборо́д|ый (~) *adj* grey-bearded (*Br*), gray-bearded (*US*).

седовла́с|ый (~, ~а) *adj* grey-haired (*Br*), gray-haired (*US*).

седоволо́с|ый (~, ~а) *adj* = **седовла́сый**

сед|о́й (~, ~а́, ~́о, ~́ы~) *adj* (*волосы*) grey (*Br*), gray (*US*); (*человек*) grey-haired (*Br*), gray-haired (*US*); (*fig*): **~а́я старина́** hoary antiquity.

седо́к, а *m* **1** (*пассажир*) fare. **2** (*всадник*) rider, horseman.

седьм|о́й *adj* seventh; **быть на ~о́м не́бе** to be in the seventh heaven; **одна́ ~а́я** one seventh.

сеза́м, а *m* (*bot*) sesame; **с., откро́йся!** open sesame!

сезо́н, а *m* season.

сезо́нник, а *m* seasonal worker.

сезо́нни|ца, цы *f of* ⇒**~к**

сезо́нн|ый *adj* seasonal; **с. биле́т** season ticket; **~ые рабо́ты** seasonal work.

сей *m*, **сия́** *f*, **сие́** *nt*, *pl* **сии́** *pron* this; **сию́ мину́ту** this (very) minute; at once, instantly; **сего́ го́да** of this year; **сего́ ме́сяца** (*abbr* **с. м.**) of this month; **ва́ше письмо́ от 16-го с. м.** your letter of the 16th inst.; **до сих пор** up to now, till now, hitherto; **на с. раз** this time, for this once; **по с. день** to this day; **под сим ка́мнем поко́ится** here lies; **при сём прилага́ется** (there is) enclosed herewith; please find enclosed.

сейм, а *m* the Sejm (*the lower house of parliament in Poland*); (*hist*) the diet (*a legislative assembly in some eastern European countries*).

сейсми́ческий *adj* seismic.

сейсмо́граф, а *m* seismograph.

сейсмогра́фи|я, и *f* seismography.

сейсмо́лог, а *m* seismologist.

сейсмологи́ческий *adj* seismological.

сейсмоло́ги|я, и *f* seismology.

сейсмо́метр, а *m* seismometer.

сейсмоопа́с|ный (~ен, ~на) *adj* earthquake-prone.

сейсмосто́|йкий (~ек, ~йка) *adj* earthquake-proof.

сейф, а *m* safe.

сейча́с *adv* **1** (*теперь*) (right) now, at present, at the (present) moment; **они́ с. в Аме́рике** they are in America at present. **2** (*coll*) (*только что*) just, just now; **она́ с. была́ здесь** she was here just now. **3** (*очень скоро*) presently, soon; **с. же** at once, immediately; **с.!** in a minute!; half a minute! **4** (*coll*) (*сразу, с первого взгляда*) straight away, immediately; **с. ви́дно** it is immediately obvious. **5** (*coll*) (*usu* **с. же**) (*непосредственно*) immediately; **с. же за до́мом** immediately behind the house.

Сейше́льск|ие остров|а́, ~их ~о́в (*no sg*) (*архипелаг*) the Seychelles (*islands*); (**С. О.**) (*государство*) (the) Seychelles (*country*).

сек. (*abbr of* **секу́нда**) sec., second(s).

сека́тор, а *m* secateurs.

секвести́р|овать, ую *impf and pf* = **секвестрова́ть**

секве́стр, а *m* (*law*) sequestration; **наложи́ть с.** (**на** + *a*) to sequestrate.

секвестр|ова́ть, у́ю *impf and pf* (*law*) to sequestrate.

секи́р|а, ы *f* axe (*Br*), ax (*US*).

секре́т[1], **а** *m* secret; **по ~у** confidentially, in confidence; **под больши́м ~ом** in strict confidence; **с. Полишине́ля** open secret.

секре́т[2], **а** *m* (*physiol*) secretion.

секретариа́т, а *m* secretariat.

секрета́рский *adj* secretarial; secretary's.

секрета́рств|овать, ую *impf* to be a secretary, act as secretary.

секрета́р|ша, ши *f* (*coll*) *f of* ⇒**~ь**

секрета́р|ь, я *m* secretary; **ли́чный с.** private secretary, personal secretary; **генера́льный с.** secretary general; **непреме́нный с.** (*hist*) Permanent Secretary.

секре́тнича|ть, ю *impf* (*coll*) **1** (*держать что-н. в секрете*) to be secretive; to keep things secret. **2** (*разговаривать по секрету*) to converse in confidential tones.

секре́тно *adv* secretly, in secret; (*надпись*) 'secret', 'confidential'; **соверше́нно с.** top secret.

секре́тност|ь, и *f* secrecy.

секре́т|ный (~ен, ~на) *adj* secret; confidential; **с. замо́к** combination lock; **с. сотру́дник** secret agent, undercover agent.

секре́ци|я, и *f* (*physiol*) secretion.

секс, а *m* sex; **с. вне бра́ка** extramarital sex.

сексапи́льност|ь, и *f* sex appeal.

сексапи́л|ьный (~ен, ~ьна) *adj* sexy.

секси́зм, а *m* sexism.

секси́стский *adj* sexist.

сексо́лог, а *m* sexologist.

сексоло́ги|я, и *f* sexology.

сексо́т, а *m* (*abbr of* **секре́тный сотру́дник**) secret agent, undercover agent.

се́кст|а, ы *f* (*mus*) sixth.

секста́нт, а *m* sextant.

сексте́т, а *m* (*mus*) sextet.

сексуа́льност|ь, и *f* sexuality.

сексуа́л|ьный (~ен, ~ьна) *adj* sexual; (*эротичный*) sexy; **~ьное воспита́ние** sex education; **~ьное домога́тельство** sexual harassment; **~ьная жизнь** sex life.

се́кт|а, ы *f* sect.

секта́нт, а *m* sectarian; member of a sect.

секта́нтский *adj* sectarian.

секта́нтств|о, а *nt* sectarianism.

се́ктор, а, *pl* **~ы, ~ов** *and* **~а́, ~о́в** *m* **1** (*math, mil*) sector; **с. Га́за** the Gaza Strip. **2** (*отдел*) section, department; (*econ*) sector; **госуда́рственный с. хозя́йства** state(-owned) sector of economy.

секуляриза́ци|я, и *f* secularization.

секуляриз|ова́ть, у́ю *impf and pf* to secularize.

секу́нд|а, ы *f* **1** (*единица времени*) second; **одну́ ~у!** just a moment! **2** (*mus, math*) second.

секунда́нт, а *m* (*in a duel or in boxing*) second.

секу́нд|ный *adj of* ⇒**~а**; **~ная стре́лка** second hand.

секундоме́р, а *m* stopwatch.

секцио́нн|ая, ой *f* dissection room.

секцио́нный *adj* sectional; modular.

се́кци|я, и *f* section.

селадо́н, а *m* (*obs*) ladies' man, womanizer.

сел|ево́й *adj of* ⇒**~ь**

селёдк|а, и *f* herring.

селёдочниц|а, ы *f* herring dish.

селёд|очный *adj of* ⇒**~ка**

селезёнк|а, и *f* (*physiol*) spleen.

се́лез|ень, ня *m* drake.

селекти́вност|ь, и *f* selectiveness; (*electronics*) selectivity.

селе́ктор, а *m* intercom.

селекционе́р, а *m.* **1** (*agric*) breeder. **2** (*sport*) scout.

селе́кци|я, и *f* **1** (*agric*) selective breeding. **2** (*sport*) selection.

селе́н, а *adj* (*chem*) selenium.

селе́ни|е, я *nt* settlement.

селе́новый *adj* (*chem*) selenium, selenic.

сели́тр|а, ы *f* (*chem*) saltpetre (*Br*), saltpeter (*US*); **кали́йная с.** potassium nitrate.

сели́тр|яный *adj of* ⇒**~а**; **~яная кислота́** nitric acid.

сел|и́ть, ю́, и́шь *impf* (*of* ⇒**по~**) to settle.

сел|и́ться, ю́сь, и́шься *impf* (*of* ⇒**по~**) to settle.

сел|о́, а́, *pl* **~́а** *nt* village; **на ~е́** (*collect*) in the country; **ни к ~у́, не к го́роду** (*coll*) for no reason at all; neither here nor there.

сел|ь, я *m* (seasonal) mountain torrent.

сель... *comb form, abbr of* **се́льский**

сельдере́|й, я *m* celery.

сельд|ь, и, *pl* **~́и, ~е́й** *f* herring; **как ~́и в бо́чке** (*coll*) like sardines.

селько́р, а *m* (*abbr of* **се́льский корреспонде́нт**) rural correspondent.

сельпо́ *nt indecl* (*abbr of* **се́льское потреби́тельское о́бщество**) village (general) store, village shop.

се́льск|ий *adj* **1** (*не городской*) country, rural; **~ая ме́стность** rural area; countryside; **~ое хозя́йство** agriculture, farming. **2** (*школа, улица*) village.

сельскохозя́йственный *adj* agricultural, farming.

сельсове́т, а *m* village soviet.
селян|и́н, и́на, *pl* **~́е, ~́** *m* peasant, villager.
селя́н|ка¹, ки *f of* ⇨**~и́н**
селя́нк|а², и *f* (*cul*) hotpot; **сбо́рная с.** (*fig*) hotchpotch (*Br*), hodgepodge (*US*).
сема́нтик|а, и *f* **1** (*наука*) semantics. **2** (*значения слова*) meanings.
семанти́ческий *adj* semantic.
семафо́р, а *m* semaphore.
сёмг|а, и *f* salmon.
семе́йн|ый *adj* **1** family; domestic; **с. ве́чер** family party; **по ~ым обстоя́тельствам** for domestic reasons; **о́тпуск по ~ым обстоя́тельствам** (*mil*) compassionate leave. **2** (*имеющий семью*) having a family; **с. челове́к** family man.
семе́йственност|ь, и *f* **1** attachment to family life. **2** (*pej*) nepotism.
семе́йственн|ый *adj* **1** attached to family life. **2** (*fig, pej*) nepotistic; **~ые отноше́ния** nepotism.
семе́йств|о, а *nt* family.
семена́ *see* ⇨**се́мя**
семен|и́ть, ю́, и́шь *impf* to mince (*of gait*).
семен|и́ться, и́тся *impf* (*agric*) to seed.
семенни́к, а́ *m* **1** (*biol*) testicle. **2** (*bot*) pericarp.
семенн|о́й *adj* **1** seed; **с. карто́фель** seed potato. **2** (*biol*) seminal; **~а́я нить** spermatozoon.
семенево́дств|о, а *n* seed-growing.
семенево́д|ческий *adj of* ⇨**~ство**
семёрк|а, и *f* **1** (*цифра, игральная карта*) seven. **2** (*coll*) (*автобус, трамвай*) No. 7 (*bus, tram, etc.*). **3** (*группа из семерых*) (group of) seven; **«Больша́я с.»** the seven economically most developed nations, Group of Seven (*abbr* G7).
се́мер|о, ы́х *num* (*collect*) seven.
семе́стр, а *m* term (*Br*), semester (*US*).
се́меч|ко, ка, *pl* **~ки, ~ек** *nt* **1** *diminutive of* ⇨**се́мя**. **2** (*in pl*) (*подсолнечника*) sunflower seeds; (*тыквенные*) pumpkin seeds.
семидесятиле́ти|е, я *nt* **1** (*срок*) seventy years. **2** (*годовщина*) seventieth anniversary; (*день рождения*) seventieth birthday.
семидесятиле́тний *adj* **1** (*срок*) seventy-year, of seventy years. **2** (*человек*) seventy-year-old.
семидеся́т|ый *adj* seventieth; **~ые го́ды** the seventies.
семикла́ссник, а *m* seventh-form (*Br*), seventh-grade (*US*) pupil.
семикла́ссни|ца, цы *f of* ⇨**~к**
семикра́тный *adj* sevenfold.
семиле́ти|е, я *nt* **1** (*срок*) seven years; seven-year period. **2** (*годовщина*) seventh anniversary.
семиле́тк|а, и *f* **1** (*hist*) (*школа*) seven-year school. **2** (*econ*) seven-year plan.
семиле́тний *adj* **1** (*срок*) seven-year. **2** (*ребёнок*) seven-year-old.
семина́р, а *m* seminar.
семинари́ст, а *m* seminarist.
семина́ри|я, и *f* seminary, training college; **духо́вная с.** theological college.
семина́р|ский *adj of* ⇨**~** *and* ⇨**~ия**
семисо́тый *adj* seven-hundredth.
семи́т, а *m* Semite.
семити́ческий *adj* Semitic.
семито́лог, а *m* specialist in Semitic languages and cultures.
семитоло́ги|я, и *f* study of Semitic languages and cultures.
семи́т|ский = **~и́ческий**
семиуго́льник *m* (*math*) heptagon.
семиуго́льный *adj* heptagonal.
семнадцатиле́тний *adj* **1** (*срок*) seventeen-year. **2** (*юноша*) seventeen-year-old.
семна́дцатый *adj* seventeenth.
семна́дцат|ь, и *num* seventeen.
сёмужий *adj* salmon.
сем|ь, и́, *i* **~ью́** *num* seven.
се́мьдесят, семи́десяти, *i* **семью́десятью** *num* seventy.
семьсо́т, семисо́т, семиста́м, семьюста́ми, о семиста́х *num* seven hundred.
се́мью *adv* seven times.
сем|ья́, ьи́, *pl* **~́ьи, ~е́й, ~́ьям** *f* family.
семьяни́н, а, *pl* **~ы** *m* family man.
се́м|я, ени, *pl* **~ена́, ~я́н, ~ена́м** *nt* **1** (*bot and fig*) seed; **пойти́ в ~ена́** to go to seed, run to seed; **~ена́ раздо́ра** seeds of discord. **2** (*сперма*) semen, sperm.
семядо́л|я, и, *g pl* **~ей** *f* (*bot*) seed lobe, cotyledon.
семяизверже́ни|е, я *nt* (*physiol*) ejaculation.
семяизлия́ни|е, я *nt* (*physiol*) = **семяизверже́ние**
семяпо́чк|а, и *f* (*bot*) seed bud.
Се́н|а, ы *f* the Seine (*river*).
сена́т, а *m* senate.
сена́тор, а *m* senator.
сена́торский *adj* senatorial.
сена́т|ский *adj of* ⇨**~**
сенберна́р, а *m* St Bernard (*dog*).
Сенега́л, а *m* Senegal.
сенега́л|ец, ьца *m* Senegalese.
сенега́л|ка, ки *f of* ⇨**~ец**
сенега́льский *adj* Senegalese.
се́н|и, е́й (*no sg*) (entrance) hall, vestibule.
сенни́к, а́ *m* hay mattress.
сенн|о́й¹ *adj* hay; **~а́я лихора́дка** hay fever.
сен|но́й² *adj of* ⇨**~́и**; **~на́я де́вушка** (*obs*) maid.
се́н|о, а *nt* hay.
сенова́л, а *m* hayloft, mow.
сеноко́с, а *m* **1** (*действие*) haymaking. **2** (*время*) haymaking. **3** (*место*) hayfield.
сенокоси́лк|а, и *f* (hay-)mowing machine.
сеноко́сный *adj* haymaking.
сеноубо́рк|а, и *f* hay harvesting, haymaking.
сенсацио́н|ный (~ен, ~на) *adj* sensational.
сенса́ци|я, и *f* sensation.
сенсо́рный *adj* (*physiol*) sensory.
сентенцио́зный *adj* sententious.
сенте́нци|я, и *f* maxim.
сентиментали́зм *m* sentimentalism.
сентиментали́ст, а *m* sentimentalist.
сентимента́льнича|ть, ю *impf* **1** (*быть сентиментальным*) to be sentimental, sentimentalize. **2** (**с** + *i*) (*обращаться с кем-н. чересчур мягко*) to be soft (with).
сентимента́льност|ь, и *f* sentimentality.
сентимента́л|ьный (~ен, ~ьна) *adj* sentimental.
сентя́бр|ь, я́ *m* September.
сентя́бр|ский *adj of* ⇨**~**
се́н|цы, цев (*no sg*) *diminutive of* ⇨**~и**
сен|ь, и, о ~́и, в ~и́ *f* (*obs or poetical*) canopy; **под ~́ью** (+ *g*) under the protection (of).
сеньо́р, а *m* señor.
сеньо́р|а, ы *f* señora.
сеньори́т|а, ы *f* señorita.
сепарати́в|ный (~, ~на) *adj* (*pol*) separatist.
сепарати́зм, а *m* (*pol*) separatism.
сепарати́ст, а *m* (*pol*) separatist.
сепара́тный *adj* (*pol*) separate; **с. ми́рный догово́р** separate peace treaty.
сепара́тор, а *m* (*agric*) separator.
се́пи|я, и *f* **1** (*краска*) sepia. **2** (*рисунок*) sepia drawing; (*фотография*) sepia photograph.
се́псис, а *m* (*med*) septicaemia (*Br*), septicemia (*US*).
септе́т, а *m* (*mus*) septet.
септи́ческий *adj* (*med*) septic.
се́р|а, ы *f* **1** (*chem*) sulphur (*Br*), sulfur (*US*). **2** (*в ушах*) earwax.
сера́л|ь, я *m* seraglio.
серб, а *m* Serb, Serbian.
Се́рби|я, и *f* Serbia.
се́рб|ка, ки *f of* ⇨**~**
сербохорва́тский *adj* = **сербскохорва́тский**
се́рбский *adj* Serb, Serbian.
сербскохорва́тский *adj* Serbo-Croat(ian); **с. язы́к** Serbo-Croat(ian).
серва́нт, а *m* sideboard.
се́рвер, а *m* (*comput*) server.
серви́з, а *m* service, set; **столо́вый с.** dinner service.
сервир|ова́ть, у́ю *impf and pf* **1**: **с. стол** to lay a table. **2** to serve; **с. за́втрак** to serve breakfast.
сервиро́вк|а, и *f* **1** (*действие*) laying. **2** (*collect*) table appointments (*crockery and table linen*).
се́рвис, а *m* (consumer) service; (*comput*) tools.
сервомото́р, а *m* (*tech*) servomotor.
серде́чник¹, а *m* (*tech*) core.
серде́чник², а *m* (*coll*) **1** (*врач*) heart specialist. **2** (*больной*) sufferer from heart disease.

С

сердéчно-сосу́дистый *adj* cardiovascular.

сердéчност|ь, и *f* (*приёма*) cordiality; (*человека*) warmth.

сердéч|ный (~ен, ~на) *adj* **1** of the heart (*also fig*); (*anat*) cardiac; **~ная болéзнь** heart disease; **с. припáдок** heart attack. **2** (*приём*) cordial; (*благодарность*) heartfelt, sincere; **~ное соглáсие** (*hist*) entente cordiale. **3** (*человек*) warm, warm-hearted.

серди́т|ый (~, ~а) *adj* (**на** + *a*) angry (with, at, about), cross (with, about); irate.

сер|ди́ть, жу́, ~́дишь *impf* (*of* ⇒**рас~**) to anger, make angry.

сер|ди́ться, жу́сь, ~́дишься *impf* (*of* ⇒**рас~**) (**на** + *a*) to be angry (with, at, about), be cross (with, about).

сердобóли|е, я *nt* soft-heartedness.

сердобóльнича|ть, ю *impf* (*coll, ironical*) to be (too) soft-hearted.

сердобóл|ьный (~ен, ~ьна) *adj* (*coll*) soft-hearted.

сердоли́к, а *m* (*min*) carnelian.

сéрд|це, ца, *pl* **~цá, ~éц** *nt* heart; **золотóе с.** heart of gold; **в ~цáх** in (a fit of) temper; **с глаз долóй, из ~ца вон** (*proverb*) out of sight, out of mind; **приня́ть (бли́зко) к ~цу** to take to heart; **от всегó ~ца** from the bottom of one's heart, wholeheartedly; **у меня́ отлеглó от ~ца** I felt relieved; **пó ~цу** (*coll*) to one's liking; after one's own heart; **с. замирáнием ~ца** with a sinking heart; **имéть с. (на** + *a*; *coll*) to be cross (with); **с. боли́т** (+ *inf*) it pains one, one's heart bleeds; **у негó не лежи́т с. (к** + *d*) he has no inclination (to, for).

сердцебиéни|е, я *nt* palpitation; (*med*) tachycardia.

сердцевéд, а *m* (*literary*) student of human nature, reader of the human heart.

сердцеви́д|ный (~ен, ~на) *adj* heart-shaped.

сердцеви́н|а, ы *f* (*плода, стебля*) core; (*событий*) heart.

сердцеéд, а *m* (*coll*) ladykiller.

серéбреник, а *m* = **срéбреник**

серебрёный *adj* silver-plated.

серебри́ст|ый (~, ~а) *adj* silvery; **с. тóполь** silver poplar.

серебр|и́ть, ю́, и́шь *impf* (*of* ⇒**по~**) **1** (*покрыть серебром*) to silver, silver-plate. **2** (*окрашивать в серебристый цвет*) to turn silver.

серебр|и́ться, и́тся *impf* **1** (*становиться серебристым*) to turn silver, become silvery. **2** (*видне́ться*) to show silver.

серебр|ó, á *nt* **1** silver. **2** (*collect*) silver; **столóвое с.** silver, plate; **сдáча ~óм** change in silver.

сереброно́с|ный (~ен, ~на) *adj* argentiferous.

серéбряник, а *m* silversmith.

серéбряный *adj* silver.

середи́н|а, ы *f* middle, midst; **золотáя с.** the golden mean.

середи́нный *adj* middle.

серёдк|а, и *f* (*coll*) middle, centre (*Br*), center (*US*); **с. на полови́нку** neither one thing nor another.

середня́к, á *m* **1** peasant of average means (*classified as intermediate between* **кулáк** *and* **бедня́к**). **2** (*fig, coll*) middling person, undistinguished person.

серёжк|а, и *f* **1** earring. **2** (*bot*) catkin.

серенáд|а, ы *f* serenade.

серé|ть, ю *impf* **1** (*pf* **по~**) (*становиться серым*) to turn grey, go grey (*Br*), gray (*US*). **2** (*impf only*) (*виднеться*) to show grey (*Br*), gray (*US*).

сержáнт, а *m* sergeant.

сериáл, а *m* serial.

сери́йный *adj* (*tech, econ*) serial.

сери́йный *adj* serial; **с. нóмер** serial number; **с. уби́йца** serial killer.

сéри|я, и *f* series; (*часть фильма*) part, episode; **кинофи́льм в нéскольких ~ях** film in several parts.

сермя́г|а, и *f* sermyaga (*a coarse, undyed cloth or a caftan of this material*).

сéрн|а, ы *f* (*zool*) chamois.

серни́стый *adj* (*chem*) sulphureous (*Br*), sulfureous (*US*); sulphide (*Br*), sulfide (*US*) (of); **с. аммóний** ammonium sulphide (*Br*), sulfide (*US*).

сернoки́сл|ый *adj* (*chem*) sulphate (*Br*), sulfate (*US*) (of); **~ая соль** sulphate (*Br*), sulfate (*US*).

сéрн|ый *adj* sulphuric (*Br*), sulfuric (*US*); **~ая кислотá** sulphuric acid; **с. цвет** flowers of sulphur (*Br*), sulfur (*US*).

серовáт|ый (~, ~а) *adj* greyish (*Br*), grayish (*US*).

сероводорóд, а *m* (*chem*) hydrogen sulphide (*Br*), sulfide (*US*).

сероглáз|ый (~, ~а) *adj* grey-eyed (*Br*), gray-eyed (*US*).

серп, á *m* sickle; **~ и мóлот** hammer and sickle; **с. луны́** crescent moon.

серпанти́н, а *m* **1** (*бумажная лента*) paper streamer. **2** (*дорога*) winding mountain road.

серпенти́н, а *m* (*min*) serpentine.

серпови́дный *adj* crescent(-shaped).

сертификáт, а *m* certificate.

сéрум, а *m* (*med*) serum.

сёрфинг, а *m* surfing.

сёрфинги́ст, а *m* surfer.

сёрфинги́ст|ка, ки *f of* ⇒**~**

серчá|ть, ю *impf* (*of* ⇒**о~**) (*coll*) to be angry, be cross.

сéр|ый (~, ~á, ~о) *adj* **1** grey (*Br*), gray (*US*). **2** (*fig*) (*бесцветный*) grey (*Br*), gray (*US*); dull; drab; **с. день** grey day. **3** (*fig, coll*) (*необразованный*) dull, dim.

серьг|á, и́, *pl* **~́и, серёг, ~áм** *f* earring.

серьёзно *adv* seriously; **с.?** seriously?; really?

серьёзност|ь, и *f* seriousness.

серьёз|ный (~ен, ~на) *adj* serious.

сессиóнный *adj* sessional.

сéсси|я, и *f* session, sitting.

сестр|á, ы́, *pl* **~́ы, сестёр, ~́ам** *f* **1** sister; **двою́родная с.** (first) cousin. **2**: **медици́нская с.** nurse.

сестрёнк|а, и *f* little sister.

сéстрин *adj* sister's.

сестри́ц|а, ы *f* *affectionate form of* ⇒**сестрá**

сесть[1]**, ся́ду, ся́дешь,** *past* **сел, сéла** *pf* (*of* ⇒**сади́ться**) **1** to sit down; **с. за стол** to sit down to table; **с. обéдать** to sit down to dinner; **с. в вáнну** to get into the bath; **с. рабóтать** to get down to work; **с. в калóшу, с. в лу́жу** (*coll*) to get into a mess, into a fix. **2** (**в, на** + *a*) to board, take; **с. на пóезд** to board a train; **с. на лóшадь** to mount a horse. **3** (*о птице*) to alight, settle, perch; (*о самолёте*) to land. **4** (*о солнце, луне*) to set. **5**: **с. в тюрьму́** to go to prison, jail.

сесть[2]**, ся́дет,** *past* **сел** *pf* (*of* ⇒**сади́ться**) (*о ткани*) to shrink.

сет, а *m* (*sport*) set.

сетбóл, а *m* (*tennis*) set point.

сетевóй *adj* net, netting, mesh; (*comput*) network; Internet.

сéтк|а, и *f* **1** net; (*для багажа*) (luggage) rack. **2** (*coll*) (*сумка*) string bag. **3** (*geog*) grid; (*collect*) coordinates. **4** (*radio*) grid. **5** (*тарифная*) scale (*of charges, etc.*).

сéт|овать, ую *impf* (*of* ⇒**по~**) **1** (**на** + *a*) to complain (of). **2** (**о** + *p*) to lament, mourn.

сéточный *adj* **1** net. **2** (*radio*) grid.

сéттер, а *m* setter (*dog*).

сетчáтк|а, и *f* (*anat*) retina.

сéтчат|ый *adj* netted, network; reticular; **~ая мáйка** string vest; **~ая оболóчка глáза** (*anat*) retina.

сет|ь, и, о ~́и, в ~и́ *and* **~́и,** *pl* **~́и, ~éй** *f* **1** net (*also fig*); **расстáвить ~́и комý-н.** to set a trap for s.o. **2** (*система*) network; system; **локáльная с.** (*comput*) local area network, LAN. **3** (**Сеть**) the Net (*Internet*).

Сеу́л, а *m* Seoul.

сéч|а, и *f* (*obs*) battle.

сечéни|е, я *nt* section; **кéсарево с.** Caesarean (*Br*), Cesarean (*US*) (section); **поперéчное с.** cross section.

сéчк|а, и *f* **1** (*нож*) chopper, vegetable knife. **2** (*нарубленная солома*) chopped straw, chaff.

сечь, секу́, сечёшь, секу́т, *past* **сёк, секлá** *impf* **1** (*impf only*) (*рубить на части*) to cut to pieces. **2** (*pf* **вы́~**) (*бить*) to beat, flog.

сé|чься, чётся, ку́тся, *past* **сёкся, секлáсь** *impf* (*of* ⇒**по~**) (*о волосах*) to split; (*о тканях*) to cut.

сéялк|а, и *f* (*agric*) sowing-machine, seed drill.

сéяльщик, а *m* sower.

сéян|ец, ца *m* seedling.

сéятел|ь, я *m* sower (*also fig, rhetorical*); (*fig*) disseminator.

сé|ять, ю, ешь *impf* (*of* ⇒**по~**) to sow (*also fig*); **с. семенá раздóра** to sow the seeds of dissension.

сжáл|иться, юсь, ишься *pf* (**над** + *i*) to take pity (on).

сжáти|е, я *nt* **1** pressure; (*рукой*) grasp, grip. **2** (*жидкости, газа*) compression; **кáмера ~я** compression chamber.

С

сжа́тост|ь, и *f* **1** (*жидкости, газа*) compression. **2** (*краткость*) conciseness.

сжа́т|ый *ppp of* ⇒~ь[1] *and* ⇒~ь[2] *and adj* **1** compressed (*air, gas*). **2** (*fig*) condensed, concise.

сжать[1], сожму́, сожмёшь *pf* (*of* ⇒**сжима́ть**) to squeeze; (*жидкость, газ*) to compress (*also fig*); (*чью-н. руку*) to grip; **с. гу́бы** to purse one's lips; **с. зу́бы** to grit one's teeth; **с. кулаки́** to clench one's fists; **с. в объя́тиях** to hug; **с. изложе́ние** to compress an exposition.

сжать[2], сожну́, сожнёшь *pf of* ⇒**жать**[2]

сжа́|ться, сожму́сь, сожмёшься *pf* (*of* ⇒**сжима́ться**) **1** (*о пальцах, зубах*) to tighten, clench. **2** (*о теле*) to contract; **её душа́ ~лась** her heart sank.

сж|ева́ть, ую́, уёшь *pf* to chew up.

сжечь, сожгу́, сожжёшь, сожгу́т, *past* **сжёг, сожгла́** *pf* (*of* ⇒**жечь 1** *and* ⇒**сжига́ть**) to burn (up, down); (*в крематории*) to cremate; **с. свои́ корабли́** (*fig*) to burn one's boats.

сжива́|ть(ся), ю(сь) *impf of* ⇒**сжи́ть(ся)**

сжига́|ть, ю *impf of* ⇒**сжечь**

сжи|ди́ть, жу́, ди́шь *pf* (*of* ⇒~**жа́ть**) (*chem*) to liquefy.

сжижа́|ть, ю *impf of* ⇒**сжиди́ть**

сжиже́ни|е, я *nt* (*chem*) liquefaction.

сжи́женный *adj* (*chem*) liquefied.

сжима́емост|ь, и *f* compressibility, condensability.

сжима́|ть(ся), ю(сь) *impf of* ⇒**сжа́ть**[1]**(ся)**

сжи|ть, ву́, вёшь, *past* **~л, ~ла́, ~́ло** *pf* (*of* ⇒~**ва́ть**) (*coll*) to force out; **с. со́ свету** to be the death (of).

сжи́|ться, ву́сь, вёшься, *past* **~лся, ~ла́сь** *pf* (*of* ⇒~**ва́ться**) (**с** + *i*) to get used (to), get accustomed (to); **с. с ро́лью** (*theatr*) to get inside a part; to live a part.

сжу́льнича|ть, ю *pf of* ⇒**жу́льничать**

сза́ди *adv and prep* + *g* **1** *adv* from behind; behind; from the end; from the rear; **вид с.** rear view; **тре́тий ваго́н с.** the third coach from the rear. **2** *prep* + *g* behind.

сзыва́|ть, ю *impf of* ⇒**созва́ть**

си *nt indecl* (*mus*) B.

сиа́мский *adj* Siamese.

сибари́т, а *m* sybarite.

сибари́тский *adj* sybaritic.

сибари́тств|овать, ую *impf* to lead the life of a sybarite.

сиби́рск|ий *adj* Siberian; **~ая ко́шка** Persian cat; **~ая я́зва** (*med*) anthrax.

Сиби́р|ь, и *f* Siberia.

сибиря́к, а́ *m* Siberian.

сибиря́|чка, чки *f of* ⇒~**к**

сиве́|ть, ю *impf* (*of* ⇒**по~**) to turn grey (*Br*), gray (*US*).

си́вк|а, и *f* dark grey (*Br*), gray (*US*) (horse).

сивола́п|ый (~, ~а) *adj* (*coll*) rough, clumsy.

сиву́х|а, и *f* impure vodka.

сиву́ч, а́ *m* (*zool*) Steller's sea lion.

си́в|ый (~, ~а́, ~́о) *adj* **1** (*лошадь*) grey (*Br*), gray (*US*). **2** (*волосы*) grey (*Br*), gray (*US*); (*седеющий*) greying (*Br*), graying (*US*).

сиг, а́ *m* whitefish.

сиган|у́ть, у́, ёшь *pf* (*coll*) to leap.

сига́р|а, ы *f* cigar.

сигаре́т|а, ы *f* cigarette.

сигаре́т|ный *adj of* ⇒~**а**

сига́р|ный *adj of* ⇒~**а**

сигна́л, а *m* signal; **пожа́рный с.** fire alarm; **с. бе́дствия** distress signal; **с. на трубе́** trumpet call.

сигнализа́тор, а *m* (*tech*) signalling (*Br*), signaling (*US*) apparatus.

сигнализа́ци|я, и *f* **1** (*действие*) signalling (*Br*), signaling (*US*). **2** (*устройство*) alarm system. **3** (*система*) signalling (*Br*), signaling (*US*) system.

сигнализи́р|овать, ую *impf and pf* **1** (*pf also* **про~**) to signal. **2** (+ *a or* **о** + *p*; *fig*) to give warning (of).

сигна́л|ить, ю, ишь *impf* (*of* ⇒**про~**) (*coll*) to signal.

сигна́л|ьный *adj of* ⇒~; **~ьная бу́дка** signal box.

сигна́льщик, а *m* signalman.

сигнату́р|а, ы *f* **1** (*pharm*) label. **2** (*printing*) signature.

сиде́лк|а, и *f* (sick) nurse.

сиде́ни|е, я *nt* sitting.

си́д|ень, ня *m* (*coll*) stay-at-home; **сиде́ть ~нем** to be a stay-at-home.

сиде́нь|е, я *nt* seat.

си|де́ть, жу́, ди́шь *impf* **1** to sit; **с., поджа́в но́ги** to sit cross-legged; **с. верхо́м** to be on horseback; **с. на ко́рточках** to squat; **с. у мо́ря, ждать пого́ды** (*coll*) to wait for sth to turn up; **вот где ~ди́т кто-н., что-н.** (*coll*) that's where all the trouble lies. **2** (*находиться*) to be; **с. (в тюрьме́)** to be in prison; **с. под аре́стом** to be under arrest; **с. без де́ла** to have nothing to do; **с. за кни́гой** to be (engaged in) reading; **с. на игле́** to do drugs. **3** (**на** + *p*) (*об одежде*) to fit, sit (on).

сид|е́ться, и́тся *impf* (*impers* + *d*): **ему́,** *etc.*, **не ~и́тся до́ма** he, *etc.*, can't bear staying at home; **ей не ~и́тся на ме́сте** she can't keep still.

Си́дне|й, я *m* Sydney.

сидр, а *m* cider.

сидя́ч|ий *adj* **1** sitting; **в ~ей по́зе** in a sitting posture. **2** (*fig*) sedentary; **с. о́браз жи́зни** sedentary life.

сие́ *see* ⇒**сей**

сие́н|а, ы *f* sienna; **жжёная с.** burnt sienna.

сизиги́йный *adj*: **с. прили́в** spring tide.

сизи́фов *adj*: **~ труд** labour of Sisyphus.

си́з|ый (~, ~а́, ~́о) *adj* blue-grey (*Br*), blue-gray (*US*).

си́квел, а *m* (+ *g or* **к** + *d*) sequel (to).

сикомо́р, а *m* (*bot*) sycamore.

сикх, а *m* Sikh.

си́кхский *adj* Sikh.

си́л|а, ы *f* **1** strength, force; **в ~у** (+ *g*) on the strength (of), by virtue (of), because (of); **быть в ~ах** (+ *inf*) to be able to, have the strength (to); **изо все́х ~, что есть ~ы** with all one's might; **крича́ть изо всех ~** to shout at the top of one's voice; **от ~ы** (*coll*) at most; **сверх ~, свы́ше ~, не по ~ам** beyond one's power(s); outside one's competence; **че́рез ~у** with the greatest of effort; **рабо́тать че́рез ~у** to work only with the greatest of effort; to force o.s. to work; **~ой** by force; **с по́мощью гру́бой ~ы** by brute force; **свои́ми ~ами** unaided; **~ою** (+ *g or* **в** + *a*) to the strength (of); **с. во́ли** willpower; **с. ду́ха** strength of mind; **с. привы́чки** force of habit; **в ~у привы́чки** by force of habit. **2** (*phys, tech*) force, power; **лошади́ная с.** horsepower; **подъёмная с.** (*aeron*) lift; **с. све́та в свеча́х** candlepower; **с. тя́ги** tractive force; **с. тя́жести, с. притяже́ния** force of gravity. **3** (*law and fig*) force; **име́ющий ~у** valid; **в ~е** in force, valid; **войти́, вступи́ть в ~у** to come into force, take effect; **оста́ться в ~е** to remain valid; (*fig*) to hold good. **4** (*in pl*; *mil*) forces; **вооружённые ~ы** armed forces; **вое́нно-возду́шные ~ы** air force(s); **сухопу́тные ~ы** land forces, ground forces. **5** (*coll*) (*смысл*) point, essence; **с. в том, что** the crux of the matter is that. **6** (*coll*) (*большое количество*) quantity, multitude.

сила́ч, а́ *m* strong man.

силика́т, а *m* (*min*) silicate.

силико́н, а *m* silicone.

си́л|иться, юсь, ишься *impf* to try very hard, make efforts.

силко́м *adv* (*coll*) by (main) force.

силлаби́ческий *adj* (*literary*) syllabic.

Си́лли: о́стров|а́ С., ~о́в С. (*no sg*) the Scilly Isles, the Isles of Scilly.

силлоги́зм, а *m* (*philos*) syllogism.

силови́к, а́ *m* (*coll*) member of the top brass (*in the army, police, etc.*); (*in pl*) (*руководители министерств и ведомств*) the top brass (*in the army, police, etc.*); (*представители силовых структур*) security forces personnel.

силов|о́й *adj* power; **~о́е по́ле** (*phys*) field of force; **с. про́вод** (*elec*) powerline; **~а́я ста́нция** power station; **~а́я устано́вка** power plant; **~ы́е ве́домства** (defence and) law enforcement agencies; **~ы́е ме́ры/ме́тоды** coercive measures/methods; **~ы́е структу́ры** (defence and) law enforcement agencies; security forces.

си́лой *adv* (*coll*) by force.

сил|о́к, ка́ *m* snare.

силоме́р, а *m* dynamometer.

си́лос, а *m* (*agric*) **1** (*сооружение*) silo. **2** (*корм*) silage.

силосова́ни|е, я *nt* siloing.

силос|ова́ть, у́ю *impf and pf* to silo.

силури́йский *adj* (*geol*) Silurian; **с. пери́од** the Silurian (period).

силуэ́т, а *m* silhouette.

С

си́льно *adv* **1** strongly; violently; **с. сказа́но** that's going too far; that's putting it too strongly. **2** (*очень*) very much, greatly; badly; **с. нужда́ться в чём-н.** to want sth badly.

сильноде́йствующий *adj* (*лекарство, яд*) potent, virulent; (*средство*) drastic.

си́л|ьный (~ён, ~ьна́, ~ьно, ~ьны́) *adj* strong; powerful; **~ьная во́ля** strong will; **с. до́вод** powerful argument; **с. дождь** heavy rain; **~ьное жела́ние** intense desire; **с. за́пах** strong smell; **с. моро́з** hard frost; **он не ~ён в языка́х** he is not good at languages; **~ьные ми́ра сего́** (*ironical*) influential, powerful people.

сильф, а *m* (*myth*) sylph.

сильфи́д|а, ы *f* (*myth and fig*) sylph.

симбио́з, а *m* (*biol*) symbiosis.

си́мвол, а *m* symbol; **с. ве́ры** (*relig*) creed.

символиза́ци|я, и *f* symbolization.

символизи́р|овать, ую *impf* to symbolize.

символи́зм, а *m* symbolism.

симво́лик|а, и *f* symbolism.

символи́ст, а *m* symbolist.

символи́ст|ка, ки *f of* ⇨**~**

символи́ст|ский *adj of* ⇨**~**

символи́ческий *adj* symbolic(al).

символи́чност|ь, и *f* symbolical character.

символи́ч|ный (~ен, ~на) *adj* = **~еский**

сим-ка́рт|а, ы *f* SIM (card).

симметри́ческий *adj* symmetrical.

симметри́чност|ь, и *f* symmetry.

симметри́ч|ный (~ен, ~на) *adj* = **~еский**

симме́три|я, и *f* symmetry.

симпатизи́р|овать, ую *impf* (+ *d*) **1** (*сочувствовать*) to be in sympathy (with), sympathize (with). **2** (*хорошо относиться*) to like, be fond of.

симпати́ческ|ий *adj* (*physiol, etc.*) sympathetic; **~ая не́рвная систе́ма** sympathetic nervous system; **~ие черни́ла** invisible ink.

симпати́ч|ный (~ен, ~на) *adj* (*человек*) nice, pleasant; (*лицо, голос, город*) attractive, pleasant.

симпа́ти|я, и *f* (**к** + *d*) liking, fondness (for); **чу́вствовать ~ю к кому́-н.** to take a liking to s.o., be drawn to s.o.

симпо́зиум, а *m* symposium.

симпто́м, а *m* symptom.

симптомати́ческий *adj* **1** symptomatic. **2** (*med*) eliminating symptoms, palliative.

симптомати́ч|ный (~ен, ~на) *adj* = **~еский**

симули́р|овать, ую *impf and pf* to simulate, fake, sham.

симуля́нт, а *m* faker; (*болезни*) malingerer.

симуля́ци|я, и *f* simulation.

симфони́ческий *adj* symphonic; **с. орке́стр** symphony orchestra.

симфо́ни|я, и *f* symphony.

синаго́г|а, и *f* synagogue.

Сина́|й, я *m* Sinai.

синга́л, а *m* Sin(g)halese.

синга́л|ец, ца *m* = **~**

синга́л|ка, ки *f of* ⇨**~**

синга́льский *adj* Sinhalese.

Сингапу́р, а *m* Singapore.

сингапу́р|ец, ца *m* Singaporean.

сингапу́р|ка, ки *f of* ⇨**~ец**

сингапу́рский *adj* Singaporean.

синдика́т, а *m* (*econ*) syndicate.

синдици́р|овать, ую *impf and pf* (*econ*) to syndicate.

синдро́м, а *m* (*med*) syndrome.

синев|а́, ы́ *f* blue; **с. небе́с** the blue of the sky; **с. под глаза́ми** dark patches under the eyes.

синева́т|ый (~, ~а) *adj* bluish.

синегла́з|ый (~, ~а) *adj* blue-eyed.

сине́кдох|а, и *f* (*literary*) synecdoche.

синеку́р|а, ы *f* sinecure.

сине́л|ь, и *f* chenille.

сине́|ть, ю *impf* **1** (*pf* **по~**) (*становиться синим*) to turn blue, become blue. **2** (*impf only*) (*видеться*) to show blue.

си́н|ий (~ь, ~я́, ~е) *adj* (dark) blue; **с. чуло́к** (*fig*) bluestocking.

сини́льн|ый *adj*: **~ая кислота́** (*chem*) prussic acid.

син|и́ть, ю́, и́шь *impf* (*of* ⇨**по~**) **1** (*красить*) to paint blue. **2** (*бельё*) to blue.

сини́ц|а, ы *f* tit (*bird*).

синкли́т, а *m* (*joc*) council, synod.

синко́п|а, ы *f* **1** (*mus*) syncopation. **2** (*ling*) syncope.

синкопи́р|овать, ую *impf and pf* (*mus, ling*) to syncopate.

синкрети́зм, а *m* syncretism.

сино́д, а *m* synod.

синода́льный *adj* synodal.

сино́лог, а *m* sinologist.

синоло́ги|я, и *f* sinology.

сино́ним, а *m* synonym.

синоними́ческий *adj* synonymous.

синоними́ч|ный (~ен, ~на) *adj* synonymous.

синоними́|я, и *f* synonymy.

сино́птик, а *m* weather forecaster.

сино́птик|а, и *f* weather forecasting.

синопти́ческ|ий *adj* synoptic; **~ая ка́рта** weather chart.

си́нтаксис, а *m* syntax.

синтакси́ческий *adj* syntactical.

си́нтез, а *m* synthesis.

синтеза́тор, а *m* synthesizer.

синтези́р|овать, ую *impf and pf* to synthesize.

синте́тик|а, и *f* (*collect*) synthetic, synthetics.

синтети́ческий *adj* synthetic.

си́нус[1], а *m* (*math*) sine.

си́нус[2], а *m* (*anat*) sinus.

синусо́ид|а, ы *f* (*math*) sinusoid.

синхрониза́ци|я, и *f* synchronization.

синхронизи́р|овать, ую *impf and pf* to synchronize.

синхрони́зм, а *m* synchronism.

синхрони́ст, а *m* simultaneous interpreter.

синхрони́ческий *adj* synchronic.

синхрони́|я, и *f* synchrony.

синхро́нн|ый *adj* synchronous; (*перевод*) simultaneous; **~ое пла́вание** synchronized swimming.

син|ь, и *f* blue.

синьг|а́, и́ *f* (*zool*) common scoter.

си́ньк|а, и *f* **1** (*для подкрашивания*) blue, blueing. **2** (*чертёж*) blueprint.

синьо́р, а *m* signor.

синьо́р|а, ы *f* signora.

синьори́н|а, ы *f* signorina.

синю́х|а, и *f* (*med*) cyanosis.

синя́к, а́ *m* bruise; **с. под гла́зом** black eye; **~и́ под глаза́ми** shadows, dark patches under the eyes; **изби́ть до ~о́в** to beat black and blue.

сиони́зм, а *m* Zionism.

сиони́ст, а *m* Zionist.

сиони́ст|ка, ки *f of* ⇨**~**

сиони́стский *adj* Zionist.

сип|е́ть, лю́, и́шь *impf* **1** to speak in a hoarse voice. **2** (*impers*) to be hoarse; **у него́ в го́рле ~и́т** he is hoarse.

си́пл|ый (~, ~а) *adj* hoarse, husky.

си́пн|уть, у, ешь, *past* **сип** *and* **~ул, си́пла** *impf* (*coll*) to become hoarse.

сипу́х|а, и *f* (*zool*) barn owl.

сире́н|а, ы *f* siren.

сире́невый *adj* lilac; lilac-coloured.

сире́н|ь, и *f* lilac.

си́речь *particle* (*archaic*) that is to say.

сири́|ец, йца *m* Syrian.

сири́|йка, йки *f of* ⇨**~ец**

сири́йский *adj* Syrian.

Си́ри|я, и *f* Syria.

сиро́кко *m indecl* sirocco (*сухой ветер*).

сиро́п, а *m* syrup.

сирот|а́, ы́, *pl* **~́ы** *cg* orphan; **каза́нская с.** (*fig, coll*) person with hard-luck story.

сироте́|ть, ю *impf* to be orphaned.

сиротли́в|ый (~, ~а) *adj* lonely.

сиро́т|ский *adj of* ⇨**~а́**; **с. дом** orphanage; **~ская зима́** mild winter.

сиро́тств|о, а *nt* orphanhood.

си́р|ый (~, ~а́, ~о) *adj* (*obs*) **1** orphaned. **2** (*fig*) (*одинокий*) lonely.

систе́м|а, ы *f* **1** system; **стать ~ой, войти́ в ~у** to become the rule; to become customary. **2** (*mun*) type; **пулемёт но́вой ~ы** machine gun of a new type.

систематиза́ци|я, и *f* systematization.

систематизи́р|овать, ую *impf and pf* to systematize, order.

система́тик|а, и *f* **1** systematization. **2** (*biol*) taxonomy.

системати́ческий *adj* **1** systematic; methodical. **2** (*регулярный*) regular.

системати́чност|ь, и *f* systematic character; system.

системати́ч|ный (~ен, ~на) *adj* systematic; methodical.

С

систе́м|ный *adj of* ⇒~**а**; **с. ана́лиз/анали́тик** systems analysis/analyst; **с. диск** system disk.

си́стол|а, ы *f (med)* systole.

си́с|ька, ьки, *g pl* ~**ек** *f (coll) (сосок)* nipple, tit; *(грудь)* tit.

си́т|ец, ца *m* cotton (print); calico (print); chintz.

си́теч|ко, ка, *pl* ~**ки,** ~**ек** *nt diminutive of* ⇒**си́то**; **ча́йное с.** tea strainer.

си́тник[1], а *m (хлеб)* loaf made of sifted flour.

си́тник[2], а *m (bot)* rush.

си́т|о, а *nt* sieve.

ситро́ *nt indecl* fruit-flavoured *(Br)*, -flavored *(US)* mineral water.

ситуа́ци|я, и *f* situation.

си́т|цевый *adj of* ⇒~**ец**

си́филис, а *m (med)* syphilis.

сифили́тик, а *m* syphilitic.

сифилити́ческий *adj* syphilitic.

сифо́н, а *m* siphon.

сицили́|ец, йца *m* Sicilian.

сицили́|йка, йки *f of* ⇒~**ец**

сицили́йский *adj* Sicilian.

Сици́ли|я, и *f* Sicily.

сиюмину́т|ный (~ен, ~на) *adj* present, current.

сия́ни|е, я *nt* radiance; **се́верное с.** Northern Lights, Aurora Borealis.

сия́тельств|о, а *nt*: **его́,** *etc.*, **с.** *(title of princes and counts)* his, *etc.*, Highness.

сия́|ть, ю *impf (о солнце)* to shine; *(о человеке, от радости)* to beam; *(о лице, о красивой женщине)* to be radiant.

скабрёзност|ь, и *f* obscenity; **говори́ть ~и** to use obscene language.

скабрёз|ный (~ен, ~на) *adj* indecent, obscene.

сказ, а *m* **1** *(coll) (рассказ)* tale; **вот тебе́ и весь с.** *(coll)* that's the long and the short of it. **2** *(в литературоведении)* skaz (= *first-person narrative*).

сказа́ни|е, я *nt* story, tale, legend.

сказан|у́ть, у́, ёшь *pf (coll)* to blurt (out); **ну и ~у́л словцо́!** that's a fine thing to say!

ска|за́ть, жу́, ~́жешь *pf of* ⇒**говори́ть 2**; **~жи́(те)!** *(coll, ironical)* I say!; **как с.** how shall I put it?; **как с.!** it depends; **лу́чше с., верне́е с., точне́е с.** or rather; **не́чего с.!** well, I never!; **~́зано — сде́лано** *(coll)* no sooner said than done; **ничего́ не ~́жешь: он прав** there is no denying it, he is right.

ска|за́ться[1], жу́сь, ~́жешься *pf (of* ⇒**~́зываться)** *(coll)* **1** *(+ d) (предупредить)* to inform; to give notice, give warning; **они́ уе́хали не ~за́вшись** they went away without (giving) warning. **2** *(+ i) (назваться)* to proclaim o.s.; **с. больны́м** to plead illness.

ска|за́ться[2], ~́жется *pf (of* ⇒**~́зываться) 1 (на** *+ p)* to tell (on); **бомбёжка ~за́лась на её не́рвах** the bombing told on her nerves. **2 (в** *+ p)* to be manifest (in); to be seen (in).

сказíтел|ь, я *m* folk tale narrator, storyteller.

ска́зк|а, и *f* **1** fairy tale. **2** *(coll) (ложь)* (tall) story, fib.

ска́зочник, а *m* storyteller.

ска́зочни|ца, цы *f of* ⇒~**к**

ска́зочн|ый *adj* fairy tale; *(необычайный)* fabulous, fantastic; **~ая страна́** fairyland; **~ое бога́тство** fabulous wealth.

сказу́ем|ое, ого *nt (gram)* predicate.

ска́зыва|ться, юсь *impf of* ⇒**сказа́ться[1,2]**

скак *m only found in p sg*: **на всём ~у́** at full tilt.

скака́лк|а, и *f* skipping rope *(Br)*, jump rope *(US)*.

ска|ка́ть, чу́, ~́чешь *impf* **1** *(pf* **по~)** to skip, jump; **с. на одно́й ноге́** to hop. **2** *(pf* **по~)** *(о лошади, о всаднике)* to gallop. **3** *(coll) (резко изменяться)* to fluctuate.

скаков|о́й *adj* race, racing; **с. круг, ~а́я доро́жка** racecourse; **~а́я ло́шадь** racehorse.

скаку́н, а́ *m* racehorse.

скал|а́, ы́, *pl* **~́ы** *f* rock face, crag; **(отве́сная) с.** cliff; **подво́дная с.** reef.

скаламбу́р|ить, ю, ишь *pf of* ⇒**каламбу́рить**

скали́ст|ый (~, ~а) *adj* rocky.

ска́л|ить, ю, ишь *impf (of* ⇒**о~)**; **с. зу́бы** to show one's teeth, bare one's teeth; *(impf only) (fig pej)* to grin, laugh.

ска́л|иться, юсь, ишься *impf of* ⇒**о~**

ска́лк|а, и *f* **1** *(cul)* rolling pin. **2** *(для белья)* roller *(for ironing linen)*.

скалола́з, а *m* rock climber.

скалола́зани|е, я *nt* rock climbing.

скалола́з|ка, ки *f of* ⇒~

ска́лыва|ть, ю *impf of* ⇒**сколо́ть**

скальки́р|овать, ую *pf of* ⇒**кальки́ровать**

скалькули́р|овать, ую *pf of* ⇒**калькули́ровать**

ска́льн|ый *adj (geol)* rock, rocky; **~ые рабо́ты** rock excavations.

скальп, а *m* scalp.

ска́льпел|ь, я *m* scalpel.

скальпи́р|овать, ую *impf and pf (pf also* **о~)** to scalp.

скаме́ечк|а, и *f* small bench; **с. для ног** footstool.

скаме́йк|а, и *f* bench.

скам|ья́, ьи́, *pl* **~ьи́, ~е́й** *f* bench; **с. подсуди́мых** *(law)* the dock; **на шко́льной ~ье́** during one's schooldays; **со шко́льной ~ьи́** straight from school.

сканда́л, а *m* **1** scandal. **2** *(ссора)* row, (rowdy) scene.

скандализи́р|овать, ую *impf and pf* to scandalize.

скандали́ст, а *m* troublemaker; rowdy.

сканда́л|ить, ю, ишь *impf* **1** *(pf* **на~)** *(coll) (безобразничать)* to brawl; to start a row. **2** *(pf* **о~)** *(позорить)* to disgrace.

сканда́л|иться, юсь, ишься *impf (of* ⇒**о~)** to disgrace o.s.

сканда́л|ьный (~ен, ~ьна) *adj* **1** *(поведение)* scandalous. **2** *(coll) (человек)* rowdy, quarrelsome. **3** scandal; **~ьная хро́ника** scandal column, page *(of newspaper)*.

скандина́в, а *m* Scandinavian.

Скандина́ви|я, и *f* Scandinavia.

скандина́в|ка, ки *f of* ⇒~

скандина́вский *adj* Scandinavian.

сканди́ровани|е, я *nt (literary)* scansion.

сканди́р|овать, ую *impf and pf* **1** *(стихи)* to declaim, recite *(stressing individual syllables of words)*. **2** *(о толпе)* to chant.

ска́нер, а *m (comput, med)* scanner.

скани́р|овать, ую *impf and pf (med, comput)* to scan.

ска́плива|ть(ся), ю, ет(ся) *impf of* ⇒**скопи́ть(ся)**

скапу́|ститься, щусь, стишься *pf (sl)* to croak, peg out *(Br)*.

ска́пыва|ть, ю *impf (of* ⇒**скопа́ть)** to shovel away, level with a spade.

скарабе́|й, я *m (жук)* scarab.

скарб, а *m (coll)* belongings; (one's) things; **со всем ~́ом** bag and baggage.

ска́ред, а *m (coll)* = **~а**

ска́ред|а, ы *cg (coll)* stingy person, miser.

ска́реднича|ть, ю *impf (coll)* to be stingy.

ска́ред|ный (~ен, ~на) *adj (coll)* stingy, miserly.

скарифици́р|овать, ую *impf (agric)* to scarify.

скарлати́н|а, ы *f (med)* scarlet fever.

ска́рмлива|ть, ю *impf of* ⇒**скорми́ть**

скат[1], а *m (склон)* slope, incline; *(крыши)* pitch.

скат[2], а *m (tech) (колесо)* wheel; *(ось)* axle.

скат[3], а *m (zool)* ray, skate.

скат|а́ть, а́ю *pf (of* ⇒**~́ывать)** to roll (up).

ска́терт|ь, и, *pl* **~и, ~е́й** *f* tablecloth; **~ью доро́га!** *(coll)* good riddance!

ска|ти́ть, чу́, ~тишь *pf (of* ⇒**~́тывать)** to roll down.

ска|ти́ться, чу́сь, ~тишься *pf (of* ⇒**~́тываться)** to roll down; **с. на лы́жах** to ski down; *(fig, pej)* to slip, slide.

ска́тк|а, и *f* **1** *(mil)* greatcoat roll. **2** *(действие)* rolling.

ска́тыва|ть, ю *impf of* ⇒**скат́ать** *and* ⇒**скати́ть**

ска́тыва|ться, юсь *impf of* ⇒**скати́ться**

ска́ут, а *m* (Boy) Scout.

скафа́ндр, а *m* protective suit; *(водолаза)* diving suit; *(космонавта)* spacesuit.

ска́чк|а, и *f* **1** gallop, galloping. **2** *(in pl) (состязание)* horse race; race meeting, the races; **~и с препя́тствиями** steeplechase.

скачкообра́з|ный (~ен, ~на) *adj* spasmodic; uneven.

скач|о́к, ка́ *m* **1** jump, leap, bound; **~ка́ми** by leaps. **2** *(fig) (цен, температуры)* leap.

С

ска́шива|ть, ю *impf of* ⇨**скоси́ть**

ска́щива|ть, ю *impf of* ⇨**скости́ть**

СКВ *f indecl* (*abbr of* **свобо́дно конверти́руемая валю́та**) hard currency, freely convertible currency.

сква́жин|а, ы *f* slit, chink; **бурова́я с.** (*tech*) borehole; **замо́чная с.** keyhole; **нефтяна́я с.** oil well.

сква́жист|ый (~, ~а) *adj* porous.

скваль́г|а, и *cg* (*coll*) miser, skinflint.

сквер, а *m* (*small*) public garden.

скве́рн|а, ы (*no pl*) *f* (*collect*; *obs*) pollution; filth.

скве́рно *adv* badly; **с. чу́вствовать себя́** to feel bad, feel unwell; **с. поступи́ть с кем-н.** to treat s.o. badly.

скверносло́в, а *m* foul-mouthed person.

скверносло́ви|е, я *nt* foul language.

скверносло́в|ить, лю, ишь *impf* to use foul language.

скве́р|ный (~ен, ~на́, ~но) *adj* (*человек, поступок*) nasty; (*погода, настроение*) foul, awful; (*impers*): **мне ~но** I feel awful.

сквита́|ться, юсь *pf* (**с** + *i*; *coll*) to settle accounts (with).

сквоз|и́ть, и́т *impf* **1** (*impers*): **~и́т** there is a draught (*Br*), draft (*US*). **2** (*obs*) (*пропускать свет*) to be transparent, show light through. **3** (*виднеться*) to show through, be seen through (*also fig*); **синева́ небе́с ~и́ла меж ветвя́ми** the blue of the sky could be seen through the branches; **в его́ слова́х ~и́ла жа́лость к себе́** there was a hint of self-pity in his words.

сквозн|о́й *adj* **1** through; **с. ве́тер** draught (*Br*), draft (*US*); **~о́е движе́ние** through traffic; **с. по́езд** through train. **2** (*рана, отверстие*) going right through. **3** (*просвечивающий*) transparent.

сквозня́к, а́ *m* draught (*Br*), draft (*US*).

сквозь *prep* + *a* through.

сквор|е́ц, ца́ *m* starling.

скворе́чник, а *m* nesting box (*for starlings*).

скворе́ч|ница, ницы *f* = **~ник**

скворе́ч|ня, ни, *g pl* **~ен** *f* = **~ник**

сквош, а *m* (*sport*) squash.

скейтбо́рд, а *m* skateboard.

скейтбо́рдинг, а *m* skateboarding.

скеле́т, а *m* skeleton.

ске́псис, а *m* scepticism (*Br*), skepticism (*US*).

ске́птик, а *m* sceptic (*Br*), skeptic (*US*).

скептици́зм, а *m* scepticism (*Br*), skepticism (*US*).

скепти́ческий *adj* sceptical (*Br*), skeptical (*US*).

ске́рцо *nt indecl* (*mus*) scherzo.

ске́тинг-ринг, а *m* (*obs*) = **ске́тинг-ри́нк**

ске́тинг-ри́нк, а *m* (*obs*) roller-skating rink.

скетч, а *m* (*theatr*) sketch.

скид|а́ть¹, а́ю *impf* (*coll*) (*одежду*) to throw off.

скид|а́ть², а́ю *pf* (*of* ⇨**~́ывать²**) (*coll*) to throw together, into a pile (*multiple objects*).

ски́дк|а, и *f* **1** reduction, discount; **со ~ой** (**в** + *a*) with a reduction (of), at a discount (of). **2** (**на** + *a*; *fig*) allowance(s) (for); **сде́лать ~у на во́зраст** to make allowances for age.

ски́дыва|ть¹, ю *impf of* ⇨**ски́нуть**

ски́дыва|ть², ю *impf of* ⇨**скида́ть²**

ски́|нуть, ну, нешь *pf* (*of* ⇨**~́дывать¹**) (*coll*) **1** (*одежду*) to throw off, cast off; (*снег с крыши*) to throw down. **2** (*с цены*) to knock off (*from price*).

скинхе́д, а *m* skinhead.

ски́петр, а *m* sceptre (*Br*), scepter (*US*).

скипида́р, а *m* turpentine.

скипида́р|ный *adj of* ⇨**~**

скирд, а́, *pl* **~ы́** *m* stack, rick.

скирд|а́, ы́, *pl* **~́ы, ~, ~а́м** *f* = **~**

скирд|ова́ть, у́ю *impf* (*of* ⇨**за~**) to stack.

скис|а́ть, а́ю *impf of* ⇨**~́нуть**

ски́с|нуть, ну, нешь, *past* **~, ~ла** *pf* (*of* ⇨**~а́ть**) to go sour, turn sour; (*fig*) to lose heart.

скит, а́, о ~е́, в ~у́ *m* (*small and secluded*) monastery.

скита́л|ец, ьца *m* wanderer.

скита́л|ица, ицы *f of* ⇨**~ец**

скита́льческий *adj* wandering.

скита́|ться, юсь *impf* to wander.

скиф¹, а *m* (*hist*) Scythian.

скиф², а *m* skiff.

ски́фский *adj* (*hist*) Scythian.

склад¹, а *m* **1** (*место*) storehouse; (*mil*) depot; **тамо́женный с.** bonded warehouse; **това́рный с.** warehouse. **2** (*запас*) store; **с. боеприпа́сов** (*mil*) ammunition dump.

склад², а *m* **1** (*образ*) way; **с. ума́** cast of mind, mentality. **2** (*coll*): **ни ~́у, ни ла́ду** neither rhyme nor reason.

склад³, а, *pl* **~ы́** *m* (*слог*) syllable; **чита́ть по ~а́м** to read haltingly, spell out.

скла́д|ень, ня *m* hinged icon.

склади́р|овать, ую *impf and pf* to store.

скла́дк|а, и *f* **1** pleat, tuck; crease; **ю́бка в ~у** pleated skirt; **с. на брю́ках** trouser crease. **2** (*на коже*) wrinkle.

скла́дно *adv* smoothly, coherently.

складн|о́й *adj* folding, collapsible; **~а́я крова́ть** camp bed (*Br*), cot (*US*); **с. нож** penknife.

скла́д|ный (~ен, ~на́, ~но) *adj* **1** (*coll*) (*статный*) well-built. **2** (*coll*) (*хорошо сделанный*) well-made. **3** (*речь*) well-rounded, coherent; **с. расска́з** well put-together story.

скла́дочн|ый *adj* storage; **~ое ме́сто** storeroom.

склад|ско́й *adj* = **~́очный**

скла́дчатый *adj* (*geol*) plicated, folded.

скла́дчин|а, ы *f* clubbing, pooling; **устро́ить ~у** to club together; **купи́ть автомоби́ль в ~у** to club together to buy a car.

скла́дыва|ть(ся), ю(сь) *impf of* ⇨**сложи́ть(ся)**

скле́ива|ть(ся), ю, ет(ся) *impf of* ⇨**скле́ить(ся)**

скле́|ить, ю, ишь *pf* (*of* ⇨**~ивать** *and* ⇨**кле́ить**) to stick together; to glue together.

скле́|иться, ится *pf* (*of* ⇨**~иваться**) to stick together (*intrans*).

скле́йк|а, и *f* gluing together.

склеп, а *m* burial vault, crypt.

склеп|а́ть, а́ю *pf* (*of* ⇨**~́ывать**) to rivet.

склёпк|а, и *f* riveting.

склёпыва|ть, ю *impf of* ⇨**склепа́ть**

склеро́з, а *m* (*med*) sclerosis; **рассе́янный с.** multiple sclerosis.

склероти́ческий *adj* (*med*) sclerotic.

скли́|кать, чу, чешь *pf of* ⇨**~ка́ть**

склик|а́ть, а́ю *impf* (*of* ⇨**~́ать**) (*coll*) to call together.

скло́к|а, и *f* squabble; row.

склон, а *m* slope; **на ~е лет** in one's declining years.

склоне́ни|е, я *nt* **1** (*math*) inclination; (*astron*) declination. **2** (*gram*) declension.

склон|и́ть, ю́, ~́ишь *pf* (*of* ⇨**~я́ть¹**) **1** to incline, bend, bow; **с. го́лову (пе́ред** + *i*) (*fig*) to bow one's head (to, before). **2** (*fig*) (*убедить*) to talk (*s.o.*) over; to win over.

склон|и́ться, ю́сь, ~́ишься *pf* (*of* ⇨**~я́ться¹**) **1** to bend, bow. **2** (**к** + *d*; *fig*) to give in (to), yield (to).

скло́нност|ь, и *f* (**к** + *d*) (*к музыке, живописи*) aptitude (for); (*к полноте, меланхолии*) susceptibility (to), tendency (towards); (*к театру, к пиву*) liking, penchant (for).

скло́н|ный (~ен, ~на) *adj* (**к** + *d*) (*к болезни*) prone, susceptible (to); (+ *inf*) inclined (to); **он ~ен к му́зыке** he has an aptitude for music.

склоня́|емый *pres participle passive of* ⇨**~ть²** *and adj* (*gram*) declinable.

склон|я́ть¹, я́ю *impf of* ⇨**~и́ть**

склон|я́ть², я́ю *impf* (*of* ⇨**про~**) (*gram*) to decline.

склон|я́ться¹, я́юсь *impf of* ⇨**~и́ться**

склон|я́ться², я́ется *impf* (*gram*) to be declined.

скло́чник, а *m* (*coll*) squabbler, troublemaker.

скло́чни|ца, цы *f of* ⇨**~к**

скло́чнича|ть, ю *impf* (*coll*) to squabble; to cause rows.

скло́ч|ный (~ен, ~на) *adj* (*coll*) troublesome, argumentative.

скля́нк|а, и *f* **1** (*сосуд*) phial; bottle. **2** (*naut*) bell (= *one half-hour*); **шесть скля́нок** six bells.

скоб|а́, ы́, *pl* **~́ы, ~, ~а́м** *f* (*зажим*) clamp; (*изогнутая железная полоса*) staple.

ско́бел|ь, я *m* adze, scraper (knife), drawing knife.

ско́бк|а, и *f* **1** *diminutive of* ⇨**скоба́**. **2** (*знак*) bracket; *pl* brackets, parentheses; **в ~ах** in brackets; (*fig*) in parenthesis, by the way, incidentally.

скобл|и́ть, ю́, и́шь *impf* to scrape; (*доску*) to plane.

скóбочн|ый *adj of* ⇒**скобá** *and* ⇒**скóбка**; ~**ая машúна** stapler, stapling machine.
скобян|óй *adj*: **с. товáр**, ~**ые издéлия** hardware.
скóв|анный 1 *ppp of* ⇒~**áть**; **с. льдáми** ice-bound. **2** *adj* (*движения, мысль*) constrained.
ск|овáть, ую́, уёшь *pf* (*of* ⇒**скóвывать**) **1** (*выковать*) to forge, hammer out. **2** (*соединить*) to weld together. **3** (*заковать*) to chain; to fetter (*also fig*). **4** (*mil; fig*) to pin down. **5** (*о морозе, о льде*) to lock; **морóз** ~**овáл рéку** the river was frozen over.
сковород|á, ы́, *pl* **скóвороды, сковорóд,** ~**áм** *f* frying pan.
сковорóдк|а, и *f* (*coll*) frying pan.
скóвыва|ть, ю *impf of* ⇒**сковáть**
сковы́рива|ть, ю *impf of* ⇒**сковырнýть**
сковыр|нýть, нý, нёшь *pf* (*of* ⇒~**ивать**) **1** to pick off, scratch off. **2** (*coll*) (*свалить*) to knock over.
скок, а *m* gallop; **во весь с.** at full gallop, at full tilt.
сколáчива|ть, ю *impf of* ⇒**сколотúть**
chip.**скóл|ок, ка** *m* **1 2** (*fig*) (*подобие*) copy.
сколо|тúть, чý, ~**тишь** *pf* (*of* ⇒**сколáчивать**) **1** (*соединить*) to knock together; (*изготовить*) to knock up. **2** (*fig, coll*) (*набрать*) to get together; to scrape together.
скол|óть[1], ю, ~**ешь** *pf* (*of* ⇒**скáлывать**) (*снять*) to split off, chop off, knock off.
скол|óть[2], ю, ~**ешь** *pf* (*of* ⇒**скáлывать**) (*соединить*) to pin together.
сколь *adv* how.
скольжéни|е, я *nt* sliding, slipping.
сколь|зúть, жý, зúшь *impf* (*плавно двигаться*) to slide; to glide; (*терять устойчивость*) to slip; **с. глазáми** (**по** + *d*) to cast one's eye (over).
скóльз|кий (~**ок,** ~**кá,** ~**ко**) *adj* slippery (*also fig*); (*fig*) tricky; sensitive, delicate, treacherous.
скользн|ýть, ý, ёшь *pf* to slide, slip; **с. в дверь** to slip through the door.
скольз|я́щий *pres participle active of* ⇒~**úть** *and adj* sliding; ~**я́щая шкалá** sliding scale; **с. ýзел** slip knot.
скóлько *interrog and rel adv* **1** (*денег, хлеба*) how much; (*книг, человек*) how many; **с. стóит?** how much does it cost?; **с. вам лет?** how old are you?; **с. врéмени?** what time is it?; **с. лет, с. зим!** (*coll*) it's been ages (since we met)! **2** = **наскóлько**
скóлько-нибудь *adv* any; **есть у вас при себé с.-н. дéнег?** have you any money on you?
скомáнд|овать, ую *pf of* ⇒**комáндовать 1**
скомбинúр|овать, ую *pf of* ⇒**комбинúровать**
скóмка|ть, ю *pf of* ⇒**кóмкать**
скоморóх, а *m* **1** (*hist*) skomorokh (*a wandering minstrel-cum-clown*). **2** (*fig*) buffoon, clown.
скоморóшеств|о, а *nt* buffoonery.
скоморóшнича|ть, ю *impf* to play the buffoon.
скомпилúр|овать, ую *pf of* ⇒**компилúровать**
скомпон|овáть, ýю *pf of* ⇒**компоновáть**
скомпрометúр|овать, ую *pf of* ⇒**компрометúровать**
сконструúр|овать, ую *pf of* ⇒**конструúровать**
сконфý|женный *ppp of* ⇒~**зить** *and adj* confused, embarrassed, disconcerted.
сконфý|зить(ся), жу(сь), зишь(ся) *pf of* ⇒**конфýзить(ся)**
сконцентрúр|овать(ся), ую(сь) *pf of* ⇒**концентрúровать(ся)**
скончá|ться, юсь *pf* to pass away (= *to die*).
скооперúр|овать(ся), ую(сь) *pf of* ⇒**кооперúровать(ся)**
скоп, а *m* (*obs*) pile, accumulation.
скоп|á, ы́ *f* (*zool*) osprey.
скопá|ть, ю *pf of* ⇒**скáпывать**
скоп|éц, цá *m* eunuch.
скопидóм, а *m* (*coll*) hoarder, miser.
скопидóмнича|ть, ю *impf* (*coll*) to be a hoarder, miser.
скопидóмств|о, а *nt* (*coll*) hoarding; miserliness.
скопúр|овать, ую *pf of* ⇒**копúровать**
скоп|úть[1], лю́, ~**ишь** *pf* (*of* ⇒**скáпливать**) (+ *a or g*) (*накопить*) to save (up); to amass, pile up.
скоп|úть[2], лю́, úшь *impf* (*кастрировать*) to castrate.
скоп|úться, ~**ится** *pf* (*of* ⇒**скáпливаться**) **1** to accumulate, pile up. **2** (*о людях*) to gather, collect.
скóпищ|е, а *nt* (*pej*) crowd, throng.
скоплéни|е, я *nt* **1** (*действие*) accumulation. **2** (*народа*) crowd; (*предметов*) accumulation, mass.
скопн|úть, ю́, úшь *pf of* ⇒**копнúть**
скóпом *adv* (*coll*) in a crowd, in a group, en masse.
скорб|éть, лю́, úшь *impf* (**о** + *p*) to grieve (for, over), mourn (for, over), lament.
скóрб|ный (~**ен,** ~**на**) *adj* sorrowful, mournful.
скорб|ь, и, *pl* ~**и,** ~**éй** *f* sorrow, grief.
скор|éе (*and* ~**éй**) **1** *comp of* ⇒~**ый** *and* ⇒~**о**; **как мóжно с.** as soon as possible. **2** *adv* rather, sooner; **с. всегó** most likely, most probably.
скорёж|иться, усь, ишься *pf of* ⇒**корёжиться**
скорлуп|á, ы́, *pl* ~**ы** *f* shell; **с. орéха** nutshell; **замкнýться в свою́** ~**ý** to withdraw into one's shell.
скорм|úть, лю́, ~**ишь** *pf* (*of* ⇒**скáрмливать**) (+ *d*) to feed (to).
скорня́жн|ый *adj*: ~**ое дéло** furriery; **с. товáр** furs.
скорня́к, á *m* furrier.
скóро *adv* **1** (*быстро*) quickly, fast. **2** (*вскоре*) soon; **с. веснá!** it will soon be spring!; **как с., коль с.** as soon as, as long as.
скорóб|иться, люсь, ишься *pf of* ⇒**корóбиться**
скороговóрк|а, и *f* **1** (*быстрая речь*) rapid speech, patter. **2** (*придуманная фраза*) tongue-twister.
скорóм|ный (~**ен,** ~**на**) *adj* **1** (*пища*) forbidden to be consumed during fast; ~**ное мáсло** animal fat. **2** (*непристойный*) lewd.
скоропалúтел|ьный (~**ен,** ~**ьна**) *adj* (*coll*) hasty, rash.
скоропúсный *adj* cursive.
скóропис|ь, и *f* cursive (hand).
скороподъёмност|ь, и *f* (*aeron*) rate of climb.
скоропóртящийся *adj* perishable.
скоропостúжн|ый *adj*: ~**ая смерть** sudden death.
скоропреходя́щий *adj* transient, transitory.
скороспéл|ый (~, ~**а**) *adj* **1** early; fast-ripening. **2** (*fig, coll*) (*непродуманный*) premature; hasty; **с. вы́вод** hasty conclusion.
скоростнúк, á *m* high-speed worker.
скоростнóй *adj* high-speed; **с. автóбус** express bus.
скорострéльный *adj* rapid-firing.
скóрост|ь, и, *pl* ~**и,** ~**éй** *f* **1** speed; velocity; rate; **дозвóленная с. (езды́)** speed limit; **со** ~**ью три́дцать миль в час** at thirty miles per hour; **с. подъёма** (*aeron*) rate of climb; **с. свéта** velocity of light. **2**: **корóбка** ~**éй** (*tech*) gearbox; **перейтú на другýю с.** to change gear.
скоросшивáтел|ь, я *m* binder, file; (*на кольцах*) ring binder.
скоротá|ть, ю *pf of* ⇒**коротáть**
скоротéч|ный (~**ен,** ~**на**) *adj* transient, short-lived.
скорохóд, а *m* **1** fast runner; **конькобéжец-с.** high-speed skater. **2** (*obs*) (*слуга*) footman.
скорпиóн, а *m* scorpion; **С.** Scorpio (*sign of zodiac*).
скóрч|ить, у, ишь *pf of* ⇒**кóрчить**
скóр|ый (~, ~**á,** ~**о**) *adj* **1** (*быстрый*) quick, fast; rapid; **с. пóезд** fast train; ~**ая пóмощь** ambulance (service); **на** ~**ую рýку** offhand, in rough-and-ready fashion. **2** (*близкий по времени*) near, forthcoming, impending; **в** ~**ом бýдущем** in the near future; **в** ~**ом врéмени** shortly, before long; **до** ~**ого (свидáния)!** see you soon!
скос[1], а *m* (*agric*) mowing.
скос[2], а *m* **1** (*горы, берега*) slope. **2** (*предмета*) slant, bevel.
ско|сúть[1], шý, ~**сишь** *pf* (*of* ⇒**косúть[1]** *and* ⇒**скáшивать**) (*agric*) to mow.
ско|сúть[2], шý, сúшь *pf* (*of* ⇒**косúть[2] 1, 2** *and* ⇒**скáшивать**) (*глаза при косоглазии*) to squint; (*рот, глаза*) to twist, slant.
ско|стúть, щý, стúшь *pf* (*of* ⇒**скáщивать**) (*coll*) to knock off; **с. три рубля́ с цены́** to knock three roubles off the price.
скот, á *m* **1** (*collect*) cattle; livestock. **2** (*fig, coll*) (*грубый человек*) swine, beast.

С

скоти́н|а, ы *f* **1** (*collect*) cattle; livestock. **2** (*also m*) (*fig, coll*) (*грубый человек*) swine, beast.

ско́тник, а *m* herdsman; cowman.

ско́т|ный *adj of* ⇒~; **с. двор** cattle yard.

скотобо́|йня, йни, *g pl* ~**ен** *f* slaughterhouse.

скотово́д, а *m* cattle breeder.

скотово́дств|о, а *nt* cattle-breeding, cattle-raising.

скотово́дческий *adj* cattle-breeding.

скотоло́жств|о, а *nt* bestiality.

скотопромы́шленник, а *m* cattle dealer.

скотопромы́шленност|ь, и *f* cattle dealing, cattle trade.

скотопромы́шленн|ый *adj of* ⇒~**ость**

ско́тский *adj* brutal, brutish, bestial.

ско́тств|о, а *nt* brutality, brutishness, bestiality.

скотч[1]**, а** *m* (*coll*) adhesive tape; Sellotape (*Br, propr*); Scotch tape (*US, propr*).

скотч[2]**, а** *m* (*виски*) Scotch (whisky).

скра́дыва|ть, ю *impf* to conceal.

скра́|сить, шу, сишь *pf* (*of* ⇒~**шивать**) (*fig*) to relieve; **он мно́го чита́л, что́бы с. своё одино́чество** he read a lot to relieve his loneliness.

скра́шива|ть, ю *impf of* ⇒**скра́сить**

скребни́ц|а, ы *f* curry comb.

скреб|о́к, ка́ *m* scraper.

скре́жет, а *m* (*металла*) grating, scraping; (*зубов*) gnashing.

скреже|та́ть, щу́, ́~щешь *impf* (*о металле*) to grate, scrape; **с. (зуба́ми)** to gnash one's teeth.

скре́п|а, ы *f* **1** (*tech*) tie, clamp, brace. **2** (*подпись*) countersignature.

скре́пер, а *m* (*tech*) earth-moving machine.

скреп|и́ть, лю́, и́шь *pf* (*of* ⇒~**ля́ть**) **1** (*соединить*) to fasten (together); (*tech*) to clamp, brace; (*дружбу*) to cement; ~**я́ се́рдце** reluctantly, grudgingly. **2** (*удостоверить*) to countersign, ratify.

скре́пк|а, и *f* paper clip.

скрепле́ни|е, я *nt* **1** (*действие*) fastening; (*tech*) clamping. **2** (*tech*) (*скрепа*) tie, clamp.

скрепля́|ть, ю *impf of* ⇒**скрепи́ть**

скре|сти́, бу́, бёшь, *past* ́~**б,** ~**бла́** *impf* **1** (*о кошке, ногтями*) to scratch, claw; (*дерево*) to sand; (*кастрюлю*) to scour. **2** (*impers*; *fig, coll*) to nag; **у неё** ~**бло́ на се́рдце** she felt a nagging anxiety.

скре|сти́сь, бу́сь, бёшься, *past* ́~**бся,** ~**бла́сь** *impf* to scratch, make a scratching noise.

скре|сти́ть, щу́, сти́шь *pf* (*of* ⇒́~**щивать**) **1** to cross; **с. мечи, с. шпа́ги (с** + *i*) to cross swords (with) (*also fig*). **2** (*biol*) to cross, interbreed.

скрест|и́ться, и́тся *pf* (*of* ⇒**скре́щиваться**) **1** to cross; (*fig*) to clash. **2** (*biol*) to cross, interbreed.

скреще́ни|е, я *nt* crossing; intersection.

скре́щивани|е, я *nt* **1** crossing. **2** (*biol*) crossing, interbreeding.

скре́щива|ть(ся), ю, ет(ся) *impf of* ⇒**скрести́ть(ся)**

скрив|и́ть(ся), лю(сь), и́шь(ся) *pf of* ⇒**криви́ть(ся)**

скрижа́л|ь, и *f* tablet, table (*with sacred text inscribed upon it*); ~**и** (*fig, archaic*) annals.

скрип, а *m* (*двери*) squeak, creak; (*снега*) crunch.

скрипа́ч, а́ *m* violinist.

скрипа́ч|ка, ки *f of* ⇒~

скрип|е́ть, лю́, и́шь *impf* **1** (*о двери*) to squeak, creak; (*о снеге*) to crunch. **2** (*coll, joc*) to scrape by.

скрипи́чный *adj* violin; **с. ма́стер** violin maker; **с. ключ** treble clef, G clef; **с. конце́рт** violin concerto.

скри́пк|а, и *f* violin; **пе́рвая с.** first violin; (*fig, coll*) first fiddle.

скри́пн|уть, у, ешь *inst pf* to squeak, creak.

скрипу́чий *adj* (*coll*) squeaky, creaking; **с. го́лос** rasping voice; **с. снег** crunching snow.

скро|и́ть, ю́, и́шь *pf of* ⇒**крои́ть**

скро́мник, а *m* modest person.

скро́мни|ца, цы *f of* ⇒~**к**

скро́мнича|ть, ю *impf* to be overmodest.

скро́мност|ь, и *f* modesty.

скро́м|ный (~**ен,** ~**на́,** ~**но)** *adj* modest; **по моему́** ~**ному мне́нию** in my humble opinion.

скрупулёзност|ь, и *f* scrupulousness.

скрупулёз|ный (~**ен,** ~**на)** *adj* scrupulous.

скру|ти́ть, чу́, ́~тишь *pf* (*of* ⇒**крути́ть 1, 2** *and* ⇒́~**чивать**) **1** (*верёвки*) to twist (together); (*папиросу*) to roll. **2** (*руки*) to bind, tie up. **3** (*о болезни, о жизни*) to lay low, bring down.

скру́чива|ть, ю *impf of* ⇒**скрути́ть**

скрыва́|ть, ю *impf of* ⇒**скрыть**

скрыва́|ться, юсь *impf* **1** *impf of* ⇒**скры́ться**. **2** (*impf only*) to lie in hiding; to lie low.

скры́тнича|ть, ю *impf* (*coll*) to be secretive.

скры́т|ный (~**ен,** ~**на)** *adj* secretive.

скры́т|ый *ppp of* ⇒~**ь** *and adj* secret, concealed; **с. смысл** hidden meaning; ~**ая теплота́** (*phys*) latent heat.

скр|ыть, о́ю, о́ешь *pf* (*of* ⇒~**ыва́ть**) (**от** + *g*) to hide (from), conceal (from).

скр|ы́ться, о́юсь, о́ешься *pf* (*of* ⇒~**ыва́ться 1**) (**от** + *g*) **1** (*спрятаться*) to hide (o.s.) (from); (*о преступнике*) to go into hiding. **2** (*удалиться*) to steal away (from), escape, give the slip. **3** (*исчезнуть*) to disappear, vanish.

скрю́ч|ить, у, ишь *pf of* ⇒**крю́чить**

скрю́ч|иться, усь, ишься *pf* to bend (*intrans*); (*о человеке*) to hunch o.s. up.

скря́г|а, и *cg* miser, skinflint.

скря́жнича|ть, ю *impf* (*coll*) to be a miser.

скуде́|ть, ю *impf* (*of* ⇒**о**~) to grow scanty, run short; (+ *i*) to be short (of).

ску́д|ный (~**ен,** ~**на́,** ~**но)** *adj* **1** (*средства, обед*) meagre (*Br*), meager (*US*); (*урожай*) poor; (*знания, сведения*) scanty; (*растительность*) sparse. **2** (+ *i*) (*бедный*) poor (in).

ску́дост|ь, и *f* scarcity; poverty.

скудоу́ми|е, я *nt* feeble-mindedness.

скудоу́м|ный (~**ен,** ~**на)** *adj* feeble-minded.

ску́к|а, и *f* boredom, tedium; **кака́я с.!** what a bore!

скул|а́, ы́, *pl* ́~**ы** *f* cheekbone.

скула́ст|ый (~**,** ~**а)** *adj* with high cheekbones.

скул|и́ть, ю́, и́шь *impf* to whine, whimper (*also fig*).

скулово́й *adj* (*anat*) malar.

ску́льптор, а *m* sculptor.

скульпту́р|а, ы *f* sculpture.

скульпту́рный *adj* sculptural; (*fig*) statuesque.

ску́мбри|я, и *f* mackerel.

скунс, а *m* skunk.

скуп|а́ть, а́ю *impf of* ⇒~**и́ть**

скуперд|я́й, я *m* (*coll*) miser, skinflint.

скуп|е́ц, ца́ *m* miser, skinflint.

скуп|и́ть, лю́, ́~ишь *pf* (*of* ⇒~**а́ть**) to buy up.

скуп|и́ться, лю́сь, и́шься *impf* (*of* ⇒**по**~) (+ *inf or* **на** + *a*) to stint, grudge, skimp; to be sparing (of); **с. на де́ньги** to be close-fisted; **не с. на похвалы́** not to stint one's praise.

ску́пк|а, и *f* buying up.

скуп|но́й *adj of* ⇒́~**ка**

ску́по *adv* sparingly.

скуп|о́й (~**,** ~**а́,** ~**о,** ́~**ы)** *adj* **1** stingy, miserly; **с. на слова́** sparing of words. **2** (*fig*) (*недостаточный*) inadequate; **с. свет** inadequate illumination.

ску́пост|ь, и *f* stinginess, miserliness.

ску́п|очный *adj of* ⇒~**ка**; **с. магази́н** second-hand shop.

ску́пщик, а *m* buyer(-up).

ску́тер, а, *pl* ~**а** *m* outboard-motor boat.

скуфе́йк|а, и *f diminutive of* ⇒**скуфья́**

скуфь|я́, и́ *f* (*clerical*) skullcap.

скуча́|ть, ю *impf* **1** to be bored. **2** (**по** + *d*) to miss, yearn (for).

ску́ченност|ь, и *f* density, congestion; **с. населе́ния** overcrowding.

ску́ченный *adj* dense, congested.

ску́чива|ть(ся), ю, ет(ся) *impf of* ⇒**ску́чить(ся)**

ску́ч|ить, у, ишь *pf* (*of* ⇒~**ивать**) to crowd (together).

ску́ч|иться, ится *pf* (*of* ⇒~**иваться**) to flock, cluster; to crowd together.

ску́ч|ный (~**ен,** ~**на́,** ~**но)** *adj* **1** (*книга*) boring, tedious, dull. **2** (*человек, взгляд*) bored; *as pred* **мне,** *etc.*, ~**но** I, *etc.*, am bored.

ску́ша|ть, ю *pf of* ⇒**ку́шать**

С

слабе́|ть, ю *impf* (*of* ⇒**о~**) (*о человеке*) to weaken, grow weak(er); (*о ветре*) to slacken, drop; (*о канате*) to slacken.

слабин|а́, ы́ (*no pl*) *f* **1** (*в верёвке*) slack. **2** (*coll*) (*слабость*) weak spot, weak point.

слаби́тельн|ый *adj* (*med*) laxative; *as n* **~ое, ~ого** *nt* laxative.

сла́б|ить, ит *impf* (*of* ⇒**про~**) **1** (*impers*): **его́ ~ит** he has diarrhoea (*Br*), diarrhea (*US*). **2** (*о лекарстве*) to purge, act as a laxative.

сла́б|нуть, ну, нешь, *past* **~, ~ла** *impf* (*of* ⇒**о~**) (*coll*) **1** (*о человеке, о здоровье*) to weaken, grow weak(er). **2** (*о канате*) to slacken, become slack.

слабоалкого́льный *adj* low-alcohol.

слабово́ли|е, я *nt* weak will.

слабово́л|ьный (~ен, ~ьна) *adj* weak-willed.

слабогру́д|ый (~, ~а) *adj* weak-chested.

слабоду́ши|е, я *nt* faint-heartedness.

слабоду́ш|ный (~ен, ~на) *adj* faint-hearted.

слабоне́рв|ный (~ен, ~на) *adj* having weak nerves; nervous.

слабора́звитый *adj* (*econ*) underdeveloped.

слабоси́ли|е, я *nt* weakness, feebleness, debility.

слабоси́л|ьный (~ен, ~ьна) *adj* **1** weak, feeble. **2** (*tech*) low-powered.

сла́бост|ь, и *f* **1** weakness, feebleness. **2** (**к** + *d*) (*наклонность*) weakness (for).

слабото́чный *adj* (*tech, elec*) low-current.

слабоу́ми|е, я *nt* mental handicap; **ста́рческое с.** senile dementia.

слабоу́м|ный (~ен, ~на) *adj* mentally handicapped.

слабохара́ктер|ный (~ен, ~на) *adj* weak, weak-willed.

сла́б|ый (~, ~а́, ~о) *adj* (*человек, характер, зрение, воля*) weak; (*голос*) feeble; (*верёвка*) slack, loose; (*ветер, боль, надежда*) slight; (*ученик, знания*) weak, poor; (*ребёнок, здоровье*) delicate; **~ое ме́сто** weak point; **с. пол** the weaker sex.

сла́в|а, ы *f* **1** glory; fame; **во ~у** (+ *g*) to the glory (of); **на ~у** (*coll*) wonderfully well, excellently; (*as int*, + *d*) hurrah (for)!; **с. бо́гу** thank God, thank goodness. **2** (*репутация*) name, reputation; **до́брая с.** good name; **дурна́я с.** infamy. **3** (*coll*) (*слухи*) rumour (*Br*), rumor (*US*).

слави́ст, а *m* Slavist.

слави́стик|а, и *f* Slavonic studies.

слави́ст|ка, ки *f of* ⇒**~**

сла́в|ить, лю, ишь *impf* to glorify, sing the praises (of).

сла́в|иться, люсь, ишься *impf* (+ *i*) to be famous (for), be renowned (for); to have a reputation (for).

сла́вк|а, и *f* (*zool*) warbler.

сла́в|ный (~ен, ~на́, ~но) *adj* **1** glorious; famous, renowned. **2** (*coll*) splendid; lovely; **с. ма́лый** nice chap.

славосло́ви|е, я *nt* glorification, eulogy.

славосло́в|ить, лю, ишь *impf* to eulogize, extol.

славяни́зм, а *m* (*ling*) **1** (*в неславянском языке*) Slavism, Slavicism. **2** (*в русском языке*) Slavonicism (*a word derived from Church Slavonic*).

славян|и́н, и́на, *pl* **~е, ~** *m* Slav.

славя́н|ка, ки *f of* ⇒**~и́н**

славянове́дени|е, я *nt* Slavonic studies.

славянофи́л, а *m* Slavophil(e).

славянофи́л|ьский *adj of* ⇒**~** *and* ⇒**~ьство**

славянофи́льств|о, а *nt* Slavophilism.

славя́нский *adj* Slavonic; Slavic; Slav.

слага́ем|ое, ого *nt* **1** (*math*) item. **2** (*fig*) component.

слага́|ть, ю *impf of* ⇒**сложи́ть[1] 4** *and* ⇒**сложи́ть[2] 2**

слад, а (у) *m, now only in phr* **с ним,** *etc.*, **~у нет** (*coll*) he, *etc.*, is unmanageable, is out of hand.

сла́ден|ький (~ек, ~ька) *adj* (*coll*) sweetish; (*fig*) sugary, honeyed; **~ькая улы́бка** sugary smile.

сла́|дить, жу, дишь *pf* (*of* ⇒**~живать**) **1** (*coll*) (*устроить*) to arrange. **2** (**с** + *i*) (*справиться*) to cope (with), handle; **он про́сто не мог с. с подчинёнными** he simply did not know how to handle his subordinates.

сла́д|кий (~ок, ~ка́, ~ко) *adj* **1** sweet (*also fig*); **~кое мя́со** (*cul*) sweetbread; *as n* **~кое, ~кого** *nt* dessert. **2** (*fig, pej*) sugary, honeyed.

сладкое́жк|а, и *cg* (*coll*) (person with a) sweet tooth.

сладкозву́ч|ный (~ен, ~на) *adj* (*obs*) mellifluous.

сладкоречи́в|ый (~, ~а) *adj* smooth-tongued.

сла́дост|ный (~ен, ~на) *adj* sweet, delightful.

сладостра́сти|е, я *nt* sensuality, voluptuousness.

сладостра́стник, а *m* voluptuary.

сладостра́ст|ный (~ен, ~на) *adj* sensual, voluptuous.

сла́дост|ь, и *f* **1** sweetness. **2** (*in pl*) (*кондитерские изделия*) sweets, sweetmeats.

сла́женност|ь, и *f* coordination, harmony, order.

сла́|женный *ppp of* ⇒**~дить** *and adj* (well-)coordinated, harmonious, orderly.

сла́жива|ть, ю *impf of* ⇒**сла́дить**

сла́|зить, жу, зишь *pf* (*coll*) to go, climb; **с. в подва́л за дрова́ми** to go down to the cellar for logs.

слайд, а *m* slide, transparency.

сла́йдер, а *m* (*тип корпуса телефона*) slider, slide phone.

слайд-прое́ктор, а *m* slide projector.

сла́лом, а *m* (*sport*) slalom.

сла́н|ец, ца *m* (*min*) shale, schist; slate.

сла́нцевый *adj* schistose; slate, slaty; shale; **с. пласт** schist.

сластён|а, ы *cg* (*coll*) = **сладкое́жка**

сла|сти́ть, щу́, сти́шь *impf* (*of* ⇒**по~**) to sweeten.

сластолю́б|ец, ца *m* voluptuary.

сластолюби́в|ый (~, ~а) *adj* sensual, voluptuous.

сластолюби|е, я *nt* sensuality, voluptuousness.

сласт|ь, и, *pl* **~и, ~е́й** *f* **1** (*in pl*) (*кондитерские изделия*) sweets, sweetmeats. **2** (*fig*) (*удовольствие*) delight, pleasure; **что за с. гуля́ть одному́?** what fun is there in going out alone?

слать, шлю, шлёшь *impf* to send.

слаща́в|ый (~, ~а) *adj* (*lit and fig*) sugary, sickly-sweet.

сла́ще *comp of* ⇒**сла́дкий**

сле́ва *adv* (**от** + *g*) on the left (of), to the left (of); **с. напра́во** from left to right.

слег|а́, и́, *pl* **~и, ~, ~а́м** *f* beam.

слегка́ *adv* lightly, gently; (*немного*) slightly; **с. суту́литься** to stoop slightly; **с. гла́дить** to stroke gently.

след, а, *pl* **~ы́** *m* **1** (*отпечаток*) track; (*ноги*) footprint, footstep; **верну́ться по свои́м ~а́м** to retrace one's steps; **замести́ свой ~ы́** to cover up one's tracks; **идти́ по чьим-н. ~а́м** (*fig*) to follow in s.o.'s footsteps; **напа́сть на чей-н. с.** to get on s.o.'s trail. **2** (*fig*) (*признак*) trace, sign, vestige; **~а нет его́** there is no trace of it; **~ы́ о́спы** pockmarks.

сле|ди́ть[1], жу́, ди́шь *impf* (**за** + *i*) **1** (*смотреть*) to watch; to follow; **с. (глаза́ми) за полётом мяча́** to follow (with one's eyes) the flight of a ball. **2** (*fig*) to follow; to keep up (with); **с. за междунаро́дными собы́тиями** to keep up with international affairs. **3** (*заботиться*) to look after; to keep an eye (on); **с. за детьми́** to look after children; **с. за поря́дком** to keep order; **с. за тем, что́бы** to see to it that.

сле|ди́ть[2], жу́, ди́шь *impf* (*of* ⇒**на~**) (**на** + *p*) (*оставлять следы*) to mark; to leave traces (on), leave footprints (on).

сле́довани|е, я *nt* movement, proceeding; **по́езд да́льнего ~я** long-distance train; **во вре́мя ~я по́езда** while the train is moving; **на всём пути́ ~я** all along the line, throughout the entire journey.

сле́довател|ь, я *m* investigator.

сле́довательно *conj* consequently, therefore, hence.

сле́д|овать[1], ую *impf* (*of* ⇒**по~**) **1** (**за** + *i*) to follow, go after; **с. за кем-н. по пята́м** to follow hard on s.o.'s heels. **2** (+ *d*) (*поступать подобно кому-н.*) to follow; **с. отцу́** to follow in one's father's footsteps. **3** (+ *d*) (*поступать согласно чему-н.*) to follow; to comply (with); **с. пра́вилам** to conform to the rules; **с. при́хоти** to follow a whim. **4** (*impf only*) (**до** + *g*, **в** + *a*) (*отправляться*) to be bound (for); **э́тот по́езд ~ует в Варша́ву** this train is (bound) for Warsaw. **5** (*impf only*) (*быть следствием*) to follow; to result; **из э́того ~ует, что мы оши́блись** it follows from this that we were mistaken.

сле́д|овать[2], ует *impf* (*impers*) **1** (+ *d and inf*) (*нужно, должно*) ought, should; **вам ~ует обрати́ться к ре́ктору** you should approach the rector; **не ~ует забыва́ть** it should not be forgotten;

куда́ ~ует to the proper quarter; **как и ~овало ожида́ть** as was to be expected; **как ~ует** as it should be, properly, well and truly. **2** (+ *d and* **c** + *g*) (*причитаться*) to be owed, be owing; **ско́лько вам ~ует с меня́?** how much do I owe you?; **с вас ~ует де́сять рубле́й** you have ten roubles to pay.

сле́дом *adv* (**за** + *i*) immediately (after, behind); **идти́ с. за кем-н.** to follow s.o. close(ly).

следопы́т, а *m* pathfinder, tracker.

сле́дств|енный *adj of* ⇒**~ие**; investigatory; **~енная коми́ссия** committee of inquiry.

сле́дстви|е[1], **я** *nt* (*результат*) consequence, result; **причи́на и с.** cause and effect.

сле́дстви|е[2], **я** *nt* (*law*) (*расследование*) investigation; **суде́бное с.** inquest.

сле́дуем|ый *adj* (+ *d*) due (to); **отда́ть ка́ждому ~ое** to give each his due.

сле́д|ующий *pres participle active of* ⇒**~овать** *and adj* following, next; **на с. день** next day; **на ~ующей неде́ле** next week.

слеж|а́ться, и́тся *pf* (*of* ⇒**~́иваться**) (*о земле, о снеге*) to become compressed; (*об одежде*) to become creased.

слёжива|ться, ется *impf of* ⇒**слежа́ться**

сле́жк|а, и *f* surveillance; shadowing; **установи́ть ~у за кем-н.** to have s.o. shadowed.

слез|а́, ы́, *pl* **~̈ы, ~̈, ~а́м** *f* tear; **крокоди́ловы ~̈ы** crocodile tears; **довести́ до ~̈** to reduce to tears; **э́то до ~̈ оби́дно** it is enough to make one weep.

слеза́|ть, ю *impf of* ⇒**слезть**

слез|и́ться, и́тся *impf* to water; **её глаза́ ~и́лись** her eyes were watering.

слезли́в|ый (~, ~а) *adj* **1** (*человек*) given to crying. **2** (*голос*) tearful.

слёзно *adv* (*coll*) tearfully, with tears in one's eyes; (*fig*) humbly, plaintively.

слёзн|ый *adj* **1** (*anat*) lacrimal; **с. прото́к** tear duct. **2** (*fig, coll*) humble, plaintive; **~ая про́сьба** humble petition.

слезоточи́в|ый (~, ~а) *adj* **1** (*глаза*) tearful; (*coll*) (*человек*) tearful, given to crying. **2** (*вызывающий слезотечение*) lachrymatory; **с. газ** tear gas.

слезоточ|и́ть, и́т, а́т *impf* (*о глазах*) to secrete tears.

слез|ть, у, ешь, *past* **~́, ~́ла** *pf* (*of* ⇒**~а́ть**) (**с** + *g*) **1** (*с дерева*) to come down (from), get down (from); (*с лошади, велосипеда*) to get off; to dismount (from). **2** (*coll*) (*с автобуса, трамвая*) to get off. **3** (*coll*) (*о краске, коже*) to come off, peel.

сленг, а *m* slang.

слеп|е́нь, ня́ *m* gadfly, horsefly.

слеп|е́ц, ца́ *m* blind man.

слеп|и́ть[1], **лю́, и́шь** *impf* to blind; to dazzle.

слеп|и́ть[2], **лю́, ~́ишь** *pf of* ⇒**лепи́ть 1**

слеп|и́ть[3], **лю́, ~́ишь** *pf* (*of* ⇒**~ля́ть**) **1** (*соединить*) to stick together. **2** (*изготовить*) to make by sticking together.

слеп|и́ться, ~́ится *pf* (*of* ⇒**~ля́ться**) to stick together.

слепля́|ть(ся), ю, ет(ся) *impf of* ⇒**слепи́ть**[3]**(ся)**

сле́п|нуть, ну, нешь, *past* **~, ~ла** *and* **~́нул, ~́нула** *impf* (*of* ⇒**осле́пнуть**) to go blind.

сле́по *adv* blindly.

слеп|о́й (~, ~а́, ~́о) *adj* blind (*also fig*); **с. на оди́н глаз** blind in one eye; **~а́я кишка́** blind gut, caecum (*Br*), cecum (*US*); **с. ме́тод маши́нописи** touch-typing; *as n* **с., ~о́го** *m*; **~а́я, ~о́й** *f* blind person; (*pl, collect*) the blind.

сле́п|ок, ка *m* cast, copy.

слепот|а́, ы́ *f* blindness (*also fig*).

слепы́ш, а́ *m* mole rat.

слеса́рн|ый *adj* metalwork, metal worker's; **~ое де́ло** metal work; **~ая (мастерска́я)** metal workshop.

сле́сар|ь, я, *pl* **~и, ~ей** *and* (*coll*) **~я́, ~е́й** *m* metal worker; (*специалист по замкам*) locksmith; (*специалист по починке*) repair man.

слёт, а *m* **1** (*птиц*) flying together. **2** (*собрание*) gathering, meeting; rally.

слета́|ть[1], **ю** *pf* **1** to fly (*there and back*). **2** (*fig, coll*) (*сбегать*) to dash, nip.

слет|а́ть[2], **а́ю** *impf of* ⇒**~е́ть**

слет|а́ться, а́юсь *impf of* ⇒**~е́ться**

сле|те́ть, чу́, ти́шь *pf* (*of* ⇒**~та́ть**[2]) (**с** + *g*). **1** (*вниз*) to fly down (from). **2** (*coll*) (*упасть*) to fall down, fall off; **с. с ло́шади** to fall from a horse. **3** (*улететь*) to fly away.

слет|е́ться, и́тся *pf* (*of* ⇒**~а́ться**) to fly together; (*о птицах*) to congregate.

слечь, сля́гу, сля́жешь, *past* **слёг, слегла́** *pf* to take to one's bed.

сли́бера́льнича|ть, ю *pf of* ⇒**либера́льничать**

слив, а *m* **1** (*действие*) discharge. **2** (*устройство*) drain.

сли́в|а, ы *f* **1** (*плод*) plum. **2** (*дерево*) plum tree.

слива́|ть(ся), ю(сь) *impf of* ⇒**сли́ть(ся)**

сли́в|ки, ок (*no sg*) cream (*also fig*); **с. о́бщества** the cream of society.

сливн|о́й *adj* overflow, waste; **~́ая труба́** overflow pipe.

сли́в|овый *adj of* ⇒**~а**; **с. джем** plum jam.

сли́вочник, а *m* cream jug.

сли́вочн|ый *adj* cream; creamy; **~ое ма́сло** butter; **~ое моро́женое** vanilla ice cream.

сливя́нк|а, и *f* plum brandy.

сли|за́ть, жу́, ~́жешь *pf* (*of* ⇒**~́зывать**) to lick off.

сли́зист|ый (~, ~а) *adj* **1** slimy. **2** (*anat*) mucous; **~ая оболо́чка** (*anat*) mucous membrane.

слизня́к, а́ *m* **1** slug. **2** (*pej, coll*) (*о человеке*) pathetic person.

сли́зыва|ть, ю *impf of* ⇒**слиза́ть**

слиз|ь, и *f* **1** slime. **2** (*anat*) mucus.

слиня́|ть, ет *pf* **1** (*о животных, о птицах*) to moult (*Br*), molt (*US*). **2** (*coll*) (*о красках*) to fade; (*fig*) (*о человеке*) to slip away, disappear.

слип|а́ться, а́ется *impf of* ⇒**~́нуться**

сли́п|нуться, нется, *past* **~ся, ~лась** *pf* (*of* ⇒**~а́ться**) to stick together.

сли́тно *adv* together; (*о написании слов*) as one word.

сли́тн|ый *adj* united, continuous; **~ое написа́ние слов** omission of hyphen from words.

сли́т|ок, ка *m* ingot, bar; **зо́лото в ~ках** gold bullion.

слить, солью́, сольёшь, *past* **слил, слила́, сли́ло** *pf* (*of* ⇒**слива́ть**) **1** (*вылить*) to pour out; (*отлить*) to pour off. **2** (*вместе*) to pour together; (*fig*) to merge, amalgamate; **с. два конце́рна** to amalgamate two concerns.

сли́ться, солью́сь, сольёшься, *past* **сли́лся, слила́сь** *pf* (*of* ⇒**слива́ться**) **1** (*о ручьях*) to flow together. **2** (*fig*) (*о голосах*) to blend, mingle; (*о концернах*) to merge, amalgamate.

слич|а́ть, а́ю *impf of* ⇒**~и́ть**

сличе́ни|е, я *nt* checking.

сличи́тельн|ый *adj* checking; **~ая ве́домость** checklist.

слич|и́ть, у́, и́шь *pf* (*of* ⇒**~а́ть**) (**с** + *i*) to check (with, against).

сли́шком *adv* too; (*перед глаголами*) too much; **э́то с.!** this is too much!

слия́ни|е, я *nt* **1** (*рек*) confluence. **2** (*fig*) (*голосов*) blending; merging; (*концернов*) amalgamation, merger.

слобод|а́, ы́, *pl* **сло́боды, слобо́д, ~а́м** *f* **1** (*hist*) sloboda (*a settlement exempted from normal state obligations*). **2** (*obs*) (*пригород*) suburb.

слова́к, а *m* Slovak.

Слова́ки|я, и *f* Slovakia.

слова́рный *adj* **1** lexical; **с. соста́в языка́** vocabulary; **с. фонд** word stock. **2** (*статья, работа*) lexicographic(al), dictionary.

слова́р|ь, я́ *m* **1** (*книга*) dictionary; (*глоссарий*) glossary, vocabulary (*to particular text*). **2** (*collect*) (*запас слов*) vocabulary.

слова́цкий *adj* Slovak, Slovakian.

слова́|чка, чки *f of* ⇒**~к**

слове́н|е, ~ (*no sg*) (*obs*) the Slavs.

слове́н|ец, ца *m* Slovene.

Слове́ни|я, и *f* Slovenia.

слове́н|ка, ки *f of* ⇒**~ец**

слове́нский *adj* Slovene, Slovenian.

слове́сник, а *m* **1** (*филолог*) philologist. **2** (*преподаватель*) language and literature teacher.

слове́сност|ь, и *f* literature.

слове́сный *adj* verbal, oral; **с. прика́з** verbal order.

слове́ч|ко, ка, *pl* **~ки, ~ек** *nt,* (*coll*) *diminutive of* ⇒**сло́во**; **мо́дное с.** buzzword; **замо́лвить с. за кого́-н.** to put in a word for s.o.

сло́вник, а *m* word list (*for inclusion in a dictionary*).

сло́вно *conj* **1** (*как будто*) as if. **2** (*как*) like, as.

сло́в|о, а, *pl* **~á** *nt* **1** word; **други́ми ~а́ми** in other words; **одни́м ~ом** in a word; **с. в с.** word for word; **с. за́ с.** little by little; **к ~у (пришло́сь, сказа́ть)** by the way; **на ~а́х** (*i*) (*устно*) by word of mouth, (*ii*) (*только в разговоре*) empty words; **ве́рить на́ с. кому́-н. в чём-н.** to take s.o.'s word for sth; **челове́к ~а** a man of his word; **сдержа́ть с.** to keep one's word; **игра́ ~** play on words; **~ нет** (*coll*) it goes without saying; **~ нет, как тут ду́рно па́хнет** there is an indescribably nasty smell here. **2** (*речь*) speech, speaking; **дар ~а** talent for speaking; **свобо́да ~а** freedom of speech. **3** (*выступление*) speech, address; **заключи́тельное с.** concluding remarks; **надгро́бное с.** funeral oration; **дать, предоста́вить с.** (+ *d*) to give the floor, to call upon to speak. **4** (*literary*; *hist*) (*рассказ*) lay, tale.

living словоблу́ди|е, я *nt* (mere) verbiage, phrasemongering.

словоизверже́ни|е, я *nt* (*literary*, *ironical*) spate of words.

словоизмене́ни|е, я *nt* (*ling*) inflection.

сло́вом *adv* in a word, in short.

словообразова́ни|е, я *nt* (*ling*) word formation.

словообразова́тельный *adj* word-forming.

словоохо́тливост|ь, и *f* talkativeness, loquacity.

словоохо́тлив|ый (~, ~а) *adj* talkative, loquacious.

словопре́ни|е, я *nt* (*obs*) debate.

словопроизво́дный *adj* (*ling*) productive.

словопроизво́дств|о, а *nt* (*ling*) derivation.

словосочета́ни|е, я *nt* combination of words; **усто́йчивое с.** set phrase.

словоупотребле́ни|е, я *nt* use of words, usage.

словц|о́, а́ *nt* (*coll*) word; **для кра́сного ~а́** for effect.

слог[1], а, *pl* **~и, ~о́в** *m* syllable.

слог[2], а *m* (*стиль*) style.

сло́ган, а *m* slogan.

слогово́й *adj* syllabic.

слое́ни|е, я *nt* stratification.

слоён|ый *adj*: **~ое те́сто** puff pastry.

сложе́ни|е, я *nt* **1** (*чисел*) adding; (*песни*) composition; (*math*) addition. **2** (*телосложение*) build, physique.

сло́ж|енный *ppp of* **⇨~и́ть**

сложён|ный (~, ~á) *adj* formed, built; **хорошо́ с.** well built.

сложи́|вшийся *pp of* **⇨~ться**; **вполне́ с.** fully developed, fully formed; **в ~вшейся ситуа́ции** under the present circumstances.

слож|и́ть[1], у́, ~ишь *pf* **1** (*impf* **скла́дывать**) (*положить вместе*) to put (together), lay (together); (*в кучу*) to pile, heap, stack; **с. свои́ ве́щи в сунду́к** to pack one's things in a trunk. **2** (*impf* **скла́дывать**) (*числа*) to add (up). **3** (*impf* **скла́дывать**) (*лист, платье*) to fold (up); **с. вдво́е** to fold in two; **с. ру́ки** to give up the struggle; **~á ру́ки** with arms folded; (*fig*) idle. **4** (*impf* **слага́ть**) (*сочинить*) to make up, compose. **5** *pf of* **⇨класть 2**

слож|и́ть[2], у́, ~ишь *pf* **1** (*impf* **скла́дывать**) (*сняв, положить*) to take off, put down, set down; **с. груз** to set down a load. **2** (*impf* **слага́ть**) (**с** + *g*; *fig*) to relieve o.s. (of); **с. го́лову** (*rhetorical*) to lay down one's life; **с. ору́жие** to lay down one's arms; **с. с себя́ обя́занности** to resign.

слож|и́ться[1], у́сь, ~ишься *pf* (*of* **⇨скла́дываться**) (**с** + *i*) to club together (with); to pool one's resources.

слож|и́ться[2], ~ится *pf* (*of* **⇨скла́дываться**) (*о характере*; *об убеждении*) to form; (*об обстоятельствах*) to turn out; (*о ситуации*) to arise.

сложноподчинённ|ый *adj*: **~ое предложе́ние** (*gram*) complex sentence.

сложносочинённ|ый *adj*: **~ое предложе́ние** (*gram*) compound sentence.

сло́жност|ь, и *f* complication; complexity; **в о́бщей ~и** all in all.

сло́ж|ный (~ен, ~на́, ~но, ~ны) *adj* **1** (*составной*) compound; complex; **~ное предложе́ние** (*gram*) complex sentence; **~ные проце́нты** compound interest; **~ное сло́во** compound (word); **~ное число́** complex number. **2** (*трудный*) complicated, complex; (*узор, композиция*) intricate.

слои́ст|ый (~, ~а) *adj* stratified; **~ые облака́** stratus.

сло|й, я, *pl* **~и́** *m* layer; stratum (*also fig*); **все ~и́ населе́ния** all sections of the population.

сло́йк|а, и *f* (*булочка*) puff.

слом, а *m* demolition, breaking up; **пойти́ на с.** to be scrapped.

слома́|ть(ся), ю, ет(ся) *pf of* **⇨лома́ть 1** *and* **⇨лома́ться 1, 2**

слом|и́ть, лю́, ~ишь *pf* to break, smash; (*fig*) to overcome; **~я́ го́лову** (*coll*) like mad, at breakneck speed.

слом|и́ться, лю́сь, ~ишься *pf* to break.

слон, а́ *m* **1** elephant; **де́лать из му́хи ~а́** to make a mountain out of a molehill; **с. в посу́дной ла́вке** a bull in a china shop; **~а́ не приме́тить** to miss the point. **2** (*в шахматах*) bishop (*chess*).

слон|ёнок, ёнка, *pl* **~я́та, ~я́т** *m* elephant calf.

слони́х|а, и *f* she-elephant, cow-elephant.

слоно́вост|ь, и *f* (*med*) elephantiasis.

слоно́в|ый *adj of* **⇨слон**; elephantine; **~ая боле́знь = ~ость**; **~ая кость** ivory.

слоня́|ться, юсь *impf* (*coll*) to loiter about, mooch about (*Br*).

слопа́|ть, ю *pf of* **⇨лопа́ть**

слуг|а́, и́, *pl* **~и, ~** *m* servant.

служа́к|а, и *m* (*coll*) campaigner; old hand, veteran.

служа́нк|а, и *f* maid.

слу́жащ|ий, его *m* office worker, white-collar worker.

слу́жб|а, ы *f* **1** service; (*работа*) work; employment; **действи́тельная с.** (*mil*) active service; **идти́ на ~у** to go to work; **быть на ~е у кого́-н.** to work for s.o.; **по дела́м ~ы** on official business; **не в ~у, а в дру́жбу** (*coll*) as a favour (*Br*), favor (*US*). **2** (*специальная область работы*) (special) service; **с. безопа́сности** security; **сотру́дник ~ы безопа́сности** security guard; **с. пути́** (*railways*) track maintenance; **~ы ты́ла** (*mil*) supply services. **3** (*eccl*) (*богослужение*) church service.

служе́бн|ый *adj* **1** *adj of* **⇨слу́жба**; office; official; work; **с. автомоби́ль** company car; **~ое вре́мя** office hours; **~ое де́ло** official business; **~ая пое́здка** business trip; **в ~ом поря́дке** in the line of duty; **с. путь** official channels; **с. стаж** length of service; **~ая характери́стика** service record. **2** (*вспомогательный*) auxiliary; secondary; **~ое сло́во** (*gram*) connective word.

служе́ни|е, я *nt* service, serving.

служи́тел|ь, я *m* **1** (*obs*) (*слуга*) servant. **2** (*в музее*) attendant. **3**: **с. ку́льта** priest, minister.

служи́тель|ница, ницы *f of* **⇨~ 1, 2**

служ|и́ть, у́, ~ишь *impf* (*of* **⇨по~**) **1** (+ *d*) to serve, devote o.s. (to). **2** (*no pf*) (+ *i*) (*работать*) to serve (as); to work (as), be employed (as), be; **с. в а́рмии** to serve in the army. **3** (+ *i or* **для** + *g*) (*функционировать*) to serve (for), do (for), be used (for); **гости́ная ~ит нам и спа́льней** our sitting room serves also as a bedroom; **с. доказа́тельством** (+ *g*) to serve as evidence (of). **4** (*быть полезным*) to be in use, do duty, serve; **мой ста́рый плащ ещё ~ит** my old mac(k)intosh is still in use. **5** (*pf* **от~**) (*eccl*) to celebrate; to conduct, officiate (at); **с. обе́дню** to celebrate mass. **6** (*no pf*) (*о собаке*) to (sit up and) beg.

слу́жк|а, и *m* (*eccl*) lay brother.

слука́в|ить, лю, ишь *pf of* **⇨лука́вить**

слуп|и́ть, лю́, ~ишь *pf of* **⇨лупи́ть**

слух, а *m* **1** hearing; (*mus*) ear; **абсолю́тный с.** perfect (*or* absolute) pitch; **игра́ть на с., по ~у** to play by ear; **она́ вся обрати́лась в с.** she was all ears. **2** (*известие*) rumour (*Br*), rumor (*US*); **прошёл с., что** it was rumoured (*Br*), rumored (*US*) that; **ни ~у ни ду́ху (о** + *p*) (*coll*) not a word has been heard (of).

слуха́ч, а́ *m* monitor.

слухов|о́й *adj* acoustic, auditory, aural; **с. аппара́т** hearing aid; **с. нерв** (*anat*) auditory nerve; **~о́е окно́** dormer (window); **с. рожо́к, ~а́я тру́бка** ear trumpet.

слу́ча|й, я *m* **1** case; **во вся́ком ~е** in any case, anyhow, anyway; **ни в ко́ем ~е** in no circumstances; **в лу́чшем, ху́дшем ~е** at best, at worst; **в проти́вном ~е** otherwise; **в тако́м ~е** in that case; **в ~е чего́** (*coll*) if anything crops up; **на вся́кий с.** to be on the safe side, just in case; **на кра́йний с.** in case of special emergency; **по ~ю** (+ *g*) by reason (of), on account (of), on the occasion (of). **2** (*происшествие*) event, incident,

С

occurrence; **несча́стный с.** accident. **3** (*возможность*) opportunity, occasion, chance; **упусти́ть удо́бный с.** to miss an opportunity; **при ~е** when an opportunity presents itself; **от ~я к ~ю** occasionally. **4** (*случайность*) chance.

случа́йно *adv* **1** by chance, by accident, accidentally; **я с. подслу́шал их разгово́р** I happened to overhear their conversation. **2** (*как вводное слово*) by any chance; **вы, с., не ви́дели моего́ зо́нтика?** have you by any chance seen my umbrella?

случа́йност|ь, и *f* chance; **по счастли́вой ~и** by a lucky chance, by sheer luck.

случа́|йный (~ен, ~йна) *adj* **1** (*ошибка*) accidental; (*встреча, разговор*) chance; (*гость, удача*) unexpected. **2** (*расходы, поручения*) incidental; **с. за́работок** casual earnings.

случ|а́ть, а́ю *impf of* **⇒~и́ть**

случ|а́ться, а́ется *impf of* **⇒~и́ться**

случ|и́ть, у́, и́шь *pf* (*of* **⇒~а́ть**) (**с** + *i*) to pair (with), mate (with).

случ|и́ться[1], **и́тся** *pf* (*of* **⇒~а́ться**) to pair, mate.

случ|и́ться[2], **и́тся** *pf* (*of* **⇒~а́ться**) **1** (*произойти*) to happen, come about; **что бы ни ~и́лось** whatever happens, come what may. **2** (*impers*; + *d and inf*) to happen; **мне ~и́лось попа́сть в Москву́** I happened to find myself in Moscow. **3** (*coll*) (*оказаться*) to turn up, show up; **у меня́ как раз ~и́лось пять рубле́й** I happened to have just five roubles on me.

слу́чк|а, и *f* pairing, mating.

слу́шани|е, я *nt* **1** hearing; **с. ле́кции** attendance at a lecture. **2** (*law*) hearing.

слу́шател|ь, я *m* **1** listener; (*in pl*; *collect*) audience. **2** (*студент*) student.

слуша́тель|ница, ницы *f of* **⇒~**

слу́ша|ть, ю *impf* **1** (*pf* **по~** *and* (*if carefully*) **про~**) (*музыку, радио*) to listen (to); **с. ле́кцию** to attend a lecture. **2** (*pf* **по~**): **~й(те)!** (*coll*) listen!, look here!; (*no pf*): **~ю!** at your service!; very good!; (*по телефону*) hello! **3** (*pf* **про~**) (*изучать, посещая что-л.*) to attend lectures (on), go to lectures (on). **4** (*pf* **вы́~**) (*сердце, лёгкие*) to listen to s.o.'s heart and lungs (*with a stethoscope*). **5** (*pf* **по~**) (*слушаться*) to listen (to), obey. **6** (*impf only or, in some contexts, pf* **за~**) (*law*) to hear.

слу́ша|ться, юсь *impf* (*of* **⇒по~**) **1** (*человек — человека*) to listen (to), obey; (*части тела и управляемые механизмы — человека*) to obey; (*no pf*): **~юсь!** (*mil*) yes, sir! (*indicating readiness to carry out order*). **2** (*советов*) to follow, heed, listen to. **3** (*impf only*) (*law*) to be heard.

слы|ть, ву́, вёшь, *past* **~л, ~ла́, ~́ло** *impf* (*of* **⇒про~**) (+ *i or* **за** + *a*) to have a reputation (for), be said (to); **он ~вёт безде́льником, он ~вёт за безде́льника** he has a reputation for being an idler.

слыха́ть *no pres, impf* **1** to hear; **что у вас с.?** (*coll*) tell us what you have been up to!; **ничего́ не с.** nothing can be heard. **2** *as adv* (*coll*) apparently, it seems; **ты, с., пи́шешь но́вый рома́н** we hear you are writing a new novel.

слы́ш|ать, у, ишь *impf* (*of* **⇒у~**) **1** to hear; **~ишь, ~ите** (*coll*) do you hear? (*emphasizing command or direction*). **2** (*impf only*) (*обладать слухом*) to have the sense of hearing; **не с.** to be hard of hearing. **3** (*coll*) (*замечать*) to notice; to feel, sense; **с. за́пах** (*coll*) to smell.

слы́ш|аться, ится *impf* (*of* **⇒по~**) to be heard; to be audible.

слы́шимост|ь, и *f* audibility.

слы́шим|ый (~, ~а) *adj* audible.

слы́шно[1] *adv* audibly.

слы́шно[2] *as pred, impers* **1** one can hear; **бы́ло с., как она́ рыда́ла** one could hear her sobbing; **нам никого́ не́ бы́ло с.** we could not hear anyone. **2** (*coll*): **что с.?** what news?, any news?; **о них ничего́ не с.** nothing has been heard of them. **3** (*coll*) it is said, they say; **она́, с., бере́менна** they say she is pregnant.

слы́ш|ный (~ен, ~на́, ~но, ~́ны) *adj* audible.

слю́биться *see* **⇒стерпе́ться**

слюд|а́, ы́ *f* mica.

слюдяно́й *adj* mica.

слюн|а́, ы́ *f* saliva.

слю́н|и, е́й (*no sg*) (*coll*) slobber, spittle; **пусти́ть с.** to slobber, dribble; **распусти́ть с.** (*coll*) (*проявить нерешительность*) to dither; (*расплакаться*) to burst into tears.

слюн|и́ть, ю́, и́шь *impf* **1** (*pf* **по~**) (*папиросу*) to lick. **2** (*pf* **за~**) (*пачкать*) to slobber over.

слю́н|ки, ок (*no sg*) *diminutive of* **⇒~и**; **от э́того с. теку́т** it makes one's mouth water.

слюноотделе́ни|е, я *nt* salivation.

слюнтя́|й, я *m* (*coll*) ditherer; crybaby, whinger.

слюня́в|ить, лю, ишь *impf* (*coll*) = **слюни́ть**

слюня́вчик, а *m* (*baby's*) bib.

слюня́вый *adj* (*coll*) **1** (*ребёнок*) dribbling. **2** (*покрытый слюнями*) saliva-covered.

сля́кот|ный (~ен, ~на) *adj* slushy.

сля́кот|ь, и *f* slush.

см (*abbr of* **сантиме́тр**) cm, centimetre(s) (*Br*), centimeter(s) (*US*).

с. м. (*abbr of* **сего́ ме́сяца**) (*comm*) inst. (= *of the current month*).

см. (*abbr of* **смотри́**) see, *vide*.

сма́|зать, жу, жешь *pf* (*of* **⇒~зывать**) **1** to lubricate; to grease; **с. йо́дом** to paint with iodine. **2** (*fig, coll*) (*дать взятку*) to grease the palm (of), grease the wheels (of). **3** (*размазать*) to smudge; (*стереть*) to rub off. **4** (*fig, coll*) (*лишить чёткости*) to slur (over). **5** (*fig, coll*) (*ударить*) to bash.

сма́|заться, жусь, жешься *pf* (*of* **⇒~зываться**) **1** to grease o.s. **2** (*о краске*) to become smudged; to come off.

сма́зк|а, и *f* **1** (*действие*) lubrication; greasing. **2** (*вещество*) lubricant; grease.

смазли́в|ый (~, ~а) *adj* (*coll*) pretty.

сма́зочный *adj* lubricating.

сма́зчик, а *m* greaser.

сма́зывани|е, я *nt* **1** lubrication; greasing. **2** (*fig*) slurring over.

сма́зыва|ть(ся), ю(сь) *impf of* **⇒смаза́ть(ся)**

сма́йл(ик), а *m* (*comput*) smiley.

смак, а *m* (*coll*) relish (*also fig*); **со ~́ом** with relish, with gusto.

смак|ова́ть, у́ю *impf* (*coll*) to savour (*Br*), savor (*US*); to eat, drink with relish; to relish (*also fig*).

сманеври́р|овать, ую *pf of* **⇒маневри́ровать**

сма́нива|ть, ю *impf of* **⇒смани́ть**

сман|и́ть, ю́, ~́ишь *pf* (*of* **⇒~́ивать**) to entice, lure.

смартфо́н, а *m* mobile phone with advanced handheld PC capabilities (*as opposed to коммуника́тор, a handheld PC (PDA) with advanced mobile phone capabilities*).

смастер|и́ть, ю́, и́шь *pf of* **⇒мастери́ть**

сма́тыва|ть, ю *impf of* **⇒смота́ть**

сма́тыва|ться, юсь *impf of* **⇒смота́ться**

сма́хива|ть[1], **ю** *impf of* **⇒смахну́ть**

сма́хива|ть[2], **ю** *impf* (**на** + *a*; *coll*) to look like, resemble.

смах|ну́ть, ну́, нёшь *pf* (*of* **⇒~́ивать**[1]) to brush (away, off), flick (away, off); **с. пыль** (**с** + *g*) to dust.

сма́чива|ть, ю *impf of* **⇒смочи́ть**

сма́ч|ный (~ен, ~на́, ~но) *adj* (*coll*) **1** tasty. **2** (*fig, pej*) fruity; **~ная ру́гань** colourful (*Br*), colorful (*US*) language.

смеж|а́ть, а́ю *impf of* **⇒~и́ть**

смеж|и́ть, у́, и́шь *pf* (*of* **⇒~а́ть**) (*obs or poetical*): **с. глаза́** to close one's eyes.

сме́жник, а *m* factory producing parts for use by another.

сме́жност|ь, и *f* contiguity.

сме́ж|ный (~ен, ~на) *adj* (*комнаты, участки*) adjacent, adjoining; (*профессии, понятия*) related; **с. у́гол** (*math*) adjacent angle.

смека́лист|ый (~, ~а) *adj* (*coll*) sharp, sharp-/keen-witted.

смека́лк|а, и *f* (*coll*) native wit; nous; sharpness.

смек|а́ть, а́ю *impf* (*of* **⇒~ну́ть**) (*coll*) to see the point (of), grasp; **~а́ешь, в чём де́ло?** do you get it?

смек|ну́ть, ну́, нёшь *pf of* **⇒~а́ть**

смеле́|ть, ю *impf* (*of* **⇒о~**) to grow bold(er).

сме́ло *adv* **1** boldly. **2** (*с полной уверенностью*) confidently; **я могу́ с. сказа́ть** I can safely say.

сме́лост|ь, и *f* boldness, audacity; **взять на себя́ с.** (+ *inf*) to take the liberty (of), make bold (to).

сме́л|ый (~, ~а́, ~о, ~́ы) *adj* bold, audacious, daring.

смельча́к, а́ *m* (*coll*) bold spirit; daredevil.

сме́н|а, ы *f* **1** (*действие*) changing, change; (*замена*) replacement; **с. карау́ла** changing of the guard; **идти́**

С

на ~у (+ *d*) to come to take the place (of), come to relieve. **2** (*collect*) replacements; successors; (*mil*) relief; **гото́вить себе́ ~у** to prepare successors (*to take one's place, to take over*). **3** (*на заводе*) shift; **у́тренняя, дневна́я, вече́рняя с.** morning, day, night shift; **рабо́тать в три ~ы** to work in three shifts, work a three-shift system. **4** (*белья*) change.

смен|и́ть, ю́, ~́ишь *pf* (*of* **⇒~я́ть**[1]) **1** to change; (*работника*) to replace; (*mil*) to relieve; **с. бельё** to change linen; **с. заве́дующего** to replace the manager; **с. карау́л** to relieve the guard; **с. ши́ны** to change tyres (*Br*), tires (*US*); **с. гнев на ми́лость** to temper justice with mercy. **2** (*заместить*) to replace, relieve, succeed (s.o.).

смен|и́ться, ю́сь, ~́ишься *pf* (*of* **⇒~я́ться**) **1** to hand over; (*mil*) to be relieved; **с. с дежу́рства** to go off duty. **2** (+ *i*) to give way (to); **дневно́й зно́й ~и́лся прохла́дой ве́чера** the day's heat gave way to the coolness of evening.

сме́нност|ь, и *f* shift system, shift work.

сме́нн|ый *adj* **1** shift; **с. ма́стер** shift foreman; **~ая рабо́та** shift work. **2** (*tech*) changeable; **~ое колесо́** spare wheel.

сме́нщик, а *m* relief (worker); (*in pl, collect*) new shift.

сменя́|емый *pres participle passive of* **⇒~ть**[1] *and adj* removable, changeable.

смен|я́ть[1]**, я́ю** *impf of* **⇒~и́ть**

смен|я́ть[2]**, я́ю** *pf* (**на** + *a*; *coll*) to exchange (for).

смен|я́ться, я́юсь *impf of* **⇒смени́ться**

смер|де́ть, жу́, ди́шь *impf* to stink.

смерз|а́ться, а́ется *impf of* **⇒~́нуться**

смёрз|нуться, нется, *past* **~ся, ~лась** *pf* (*of* **⇒~а́ться**) to freeze together.

сме́р|ить, ю, ишь *pf* (*coll*) to measure; **с. взгля́дом** to look (s.o.) up and down, measure at a glance.

смерк|а́ться, а́ется *impf* (*of* **⇒~́нуться**) to get dark; **~а́лось** it was getting dark, twilight was falling.

сме́рк|нуться, нется *pf of* **⇒~а́ться**

смерте́льно *adv* **1** mortally; **с. ра́ненный** mortally wounded. **2** (*coll*) (*очень*) extremely, terribly; **с. уста́ть** to be dead tired.

смерте́л|ьный (~ен, ~ьна) *adj* **1** (*борьба, враг*) mortal, deadly; **~ьная ра́на** fatal (*or* mortal) wound; **с. слу́чай** fatality; **с. уда́р** mortal blow. **2** (*coll, fig*) (*сильный, крайний*) deadly, extreme.

сме́ртник, а *m* **1** (*заключённый*) prisoner sentenced to death. **2** (*also* **террори́ст-с.**) suicide bomber.

сме́ртни|ца, цы *f of* **⇒~к**

сме́ртност|ь, и *f* mortality, death rate.

сме́рт|ный (~ен, ~на) *adj* **1** mortal; *as n* **с., ~ного** *m* mortal; **просто́й с.** ordinary mortal. **2** deadly, death; **с. бой** mortal combat, fight to the death; **семь ~ных грехо́в** (*literary*) the seven deadly sins; **~ная казнь** capital punishment, death penalty; **с. пригово́р** death sentence; **с. час** last hour(s). **3** (*coll, fig*) (*сильный крайний*) deadly, extreme.

смертоно́с|ный (~ен, ~на) *adj* mortal, fatal, lethal; **с. уда́р** mortal blow.

смертоуби́йств|о, а *nt* (*obs*) murder.

смерт|ь, и, *pl* **~́и, ~е́й** *f* **1** death; **умере́ть голо́дной ~́ью** to starve to death; **умере́ть свое́й ~́ью** to die a natural death; **до́ ~и** (*fig, coll*) to death; **я уста́л до́ сме́рти** I'm dead tired; **боро́ться не на жизнь, а на с.** to fight to the death; **быть при́ ~и** to be dying; **двум ~я́м не быва́ть, одно́й не минова́ть** you only die once. **2**: **с. как** *as adv* (*coll*) awfully, terribly; **ему́,** *etc.*, **с. как хо́чется** (+ *inf*) he, *etc.*, is dying (for).

смерч, а *m* tornado, whirlwind.

смеси́тел|ь, я *m* mixer; (*кран*) mixer tap (*Br*).

сме|сти́, ту́, тёшь, *past* **~́л, ~ла́** *pf* (*of* **⇒~та́ть**[2]) **1** to sweep off, sweep away; **с. кро́шки со стола́** to sweep crumbs off the table; **с. с лица́ земли́** to wipe off the face of the earth. **2** (*метя, собрать*) to sweep into, together.

сме|сти́ть, щу́, сти́шь *pf* (*of* **⇒~ща́ть**) **1** to displace, remove; to shift, move. **2** (*fig*) (*уволить*) to remove, dismiss.

сме|сти́ться, щу́сь, сти́шься *pf* (*of* **⇒~ща́ться**) to change position, become displaced.

смес|ь, и *f* mixture; (*продукт*) blend.

сме́т|а, ы *f* (*fin*) estimate.

смета́н|а, ы *f* sour cream.

смет|а́ть[1]**, а́ю** *pf* (*of* **⇒мета́ть** *and* **⇒~́ывать**) to tack (together).

смета́|ть[2]**, ю** *pf of* **⇒смести́**

смётк|а, и *f* (*coll*) quick-wittedness; gumption.

сме́тлив|ый (~, ~а) *adj* quick (on the uptake).

сме́т|ный *adj of* **⇒~а; ~ные ассигно́вки** budget allowances.

смётыва|ть, ю *impf of* **⇒смета́ть**[1]

сме|ть, ю *impf* (*of* **⇒по~**) to dare; to make bold; **не ~й(те)!** don't you dare!

смех, а (у) *m* laughter; laugh; **разрази́ться ~́ом** to burst out laughing; **без ~́у** joking apart, in earnest; **в с., на́ с., ~́а ра́ди** for a joke, for fun, in jest; **и с. и грех** you can see the funny side of it; **нам не до ~́у** we are in no mood for laughter.

смехот|а́, ы́ *f* (*coll*) matter for laughter; **э́то пря́мо с.!** this is simply ludicrous!

смехотво́р|ный (~ен, ~на) *adj* laughable, ludicrous.

сме́ш|анный *ppp of* **⇒~а́ть** *and adj* mixed; combined; **~анное акционе́рное о́бщество** joint-stock company; **телефо́н ~анного по́льзования** party line; **~анная поро́да** cross-breed.

смеш|а́ть, а́ю *pf* (*of* **⇒меша́ть**[2] **2, 3** *and* **⇒~́ивать**) **1** (**с** + *i*) (*соединить*) to mix (with), blend (with). **2** (*перепутать, путать*) to mix up.

смеш|а́ться, а́юсь *pf* (*of* **⇒~́иваться**) **1** (*о красках*) to mix, blend; to mingle; **с. с толпо́й** to mingle in the crowd. **2** (*прийти в беспорядок; перепутаться*) to become confused, get mixed up.

смеше́ни|е, я *nt* **1** (*смесь*) mixture. **2** (*путаница*) confusion, mixing up; **с. поня́тий** confusion of ideas.

сме́шива|ть(ся), ю(сь) *impf of* **⇒смеша́ть(ся)**

смеш|и́ть, у́, и́шь *impf* (*of* **⇒на~**) to make (s.o.) laugh.

смеш|но́й (~о́н, ~на́) *adj* **1** funny; *as pred*: **~но́** it is funny; **вам ~но́?** do you find it funny? **2** (*нелепый*) absurd, ridiculous, ludicrous; **до ~но́го** to the point of absurdity.

смеш|о́к, ка́ *m* (*coll*) chuckle; giggle.

смеща́|ть(ся), ю(сь) *impf of* **⇒смести́ть(ся)**

смеще́ни|е, я *nt* **1** displacement; shift, removal. **2** (*увольнение*) dismissal.

сме|я́ться, ю́сь, ёшься *impf* **1** to laugh; **с. шу́тке** to laugh at a joke; **хорошо́ ~ётся тот, кто ~ётся после́дним** he who laughs last laughs longest. **2** (**над** + *i*) to laugh (at), mock (at), make fun (of). **3** (*coll*) (*говорить в шутку*) to joke, say in jest.

СМИ *pl indecl* (*abbr of* **сре́дства ма́ссовой информа́ции**) mass media.

сми́л|оваться, уюсь *pf* to have mercy, take pity.

смире́ни|е, я *nt* humbleness, humility, meekness.

смире́нник, а *m* humble person, meek person.

смире́нност|ь, и *f* humility.

смире́н|ный (~, ~на) *adj* humble, meek.

смири́тельн|ый *adj*: **~ая руба́шка** straitjacket.

смир|и́ть, ю́, и́шь *pf* (*of* **⇒~я́ть**) to restrain, subdue.

смир|и́ться, ю́сь, и́шься *pf* (*of* **⇒~я́ться**) to submit; to resign o.s.

сми́рно *adv* quietly; **с.!** (*mil word of command*) attention!

сми́р|ный (~ен, ~на́, ~но) *adj* quiet; submissive.

смир|я́ть(ся), я́ю(сь) *impf of* **⇒~и́ть(ся)**

см. на об. (*abbr of* **смотри́ на оборо́те**) PTO (= *please turn over*), see over.

смог, а *m* smog.

смодели́р|овать, ую *pf of* **⇒модели́ровать**

смо́кв|а, ы *f* fig.

смо́кинг, а *m* dinner jacket.

смоко́вниц|а, ы *f* fig tree.

смол|а́, ы́, *pl* **~́ы** *f* resin; (*дёготь*) pitch, tar.

смолёный *adj* resined; tarred, pitched.

смоли́ст|ый (~, ~а) *adj* resinous.

смол|и́ть, ю́, и́шь *impf* (*of* **⇒вы~** *and* **⇒о~**) to resin; to tar, pitch.

смолк|а́ть, а́ю *impf of* **⇒~́нуть**

смо́лк|нуть, ну, нешь, *past* **~, ~ла** *pf* (*of* **⇒~а́ть**) (*о голосе, о человеке*) to fall silent; (*о шуме*) to cease.

смо́лоду *adv* from, in one's youth.

смоло|ти́ть, чу́, ~́тишь *pf of* **⇒молоти́ть**

смоло́ть, смелю́, сме́лешь *pf of* ⇨**моло́ть**

смолч|а́ть, у́, и́шь *pf* to hold one's tongue.

смоль *only in phr* **чёрный как с.** jet-black.

смол|яно́й *adj of* ⇨**~а́**; (*волосы*) jet-black.

смонти́р|овать, ую *pf of* ⇨**монти́ровать**

сморгн|у́ть, у́, ёшь *pf* (*coll*): **гла́зом не с.** not to bat an eyelid.

сморка́|ть, ю *impf* (*of* ⇨**вы́~**): **с. нос** to blow one's nose.

сморка́|ться, юсь *impf* (*of* ⇨**вы́~**) to blow one's nose.

сморо́дин|а, ы (*no pl*) *f* **1** (*кустарник*) currant bush. **2** (*collect*) (*ягоды*) currants; **бе́лая с., кра́сная с., чёрная с.** white currants, redcurrants, blackcurrants; **я́года ~ы** (*белой*) a white currant; (*красной*) a redcurrant; (*чёрной*) a blackcurrant.

сморо́дин|ный *adj of* ⇨**~а**; **с. джем/куст/чай** currant jam/bush/tea.

сморо́дин|овый *adj of* ⇨**~а**; **с. джем/куст/чай** currant jam/bush/tea.

сморо́|зить, жу, зишь *pf* (*coll*) to blurt out.

сморч|о́к, ка́ *m* morel (*mushroom*).

смо́рщен|ный (~, ~а) *ppp of* ⇨**смо́рщить** *and adj* wrinkled.

смо́рщ|ить(ся), у(сь), ишь(ся) *pf of* ⇨**мо́рщить(ся)**

смота́|ть, ю *pf* (*of* ⇨**сма́тывать**) to wind, reel; (*coll*): **с. у́дочки** to take to one's heels, make off.

смота́|ться, юсь *pf* (*of* ⇨**сма́тываться**) (*coll*) **1** (*сходить*) to dash (there and back). **2** (*убраться*) to take to one's heels, make off.

смотр, а *m* **1** (**на ~у́**, *pl* **~ы́**) review, inspection; **произвести́ с.** (+ *d*) to review, inspect. **2** (**на ~́е**, *pl* **~́ы**) (*публичный показ*) public showing.

смотр|е́ть, ю́, ~́ишь *impf* (*of* ⇨**по~**) **1** (**на** + *a*, **в** + *a*) to look (at); **с. в окно́** to look out of the window; **с. в глаза́, в лицо́** (+ *d*) to look in the face; **с. сквозь па́льцы** (**на** + *a*; *coll*) to turn a blind eye (to).
2 (*фильм, пьесу*) to see; (*фильм, телевидение*) to watch; (*книгу, журнал*) to look through.
3 (*больного*) to examine; (*войска*) to review, inspect.
4 (**за** + *i*) to look (after); to be in charge (of), supervise; **с. за поря́дком** to keep order.
5 (**на** + *a*; *coll*) to follow the example (of).
6 *impf only* (**в** + *a*, **на** + *a*) to look (on to, over); **о́кна в мое́й ко́мнате ~́ят в сад** my windows look on to the garden.
7 *impf only* (+ *i*; *coll*) to look (like); **он ~́ит простако́м** he looks a simple fellow.
8: **~и́(те)!** mind!, take care!; **~и́те не опозда́йте!** mind you are not late!; **~и́те, что́бы на́шим гостя́м бы́ло удо́бно** see that our guests are comfortable.
9: **~я́ (где, как,** *etc.*) it depends (where, how, *etc.*); **~я́ (по** + *d*) depending (on), in accordance (with).

смотр|е́ться, ю́сь, ~́ишься *impf* (*of* ⇨**по~**) **1** to look at o.s.; **с. в зе́ркало** to look at o.s. in the mirror. **2** (*no pf*) (*coll*) (*хорошо выглядеть*) to look good.

смотри́тел|ь, я *m* supervisor; (*в музее*) keeper, custodian.

смотри́тель|ница, ницы *f of* ⇨**~**

смотров|о́й *adj* **1** (*mil*) review. **2**: **~о́е окно́** inspection window; **~о́е отве́рстие** sighting aperture (*of gun sight*); **~а́я щель** vision slit (*in tank*).

смоч|и́ть, у́, ~́ишь *pf* (*of* ⇨**сма́чивать**) to damp, wet, moisten.

смо|чь, гу́, ~́жешь, *past* **~г, ~гла́** *pf of* ⇨**мочь**[1]

смоше́ннича|ть, ю *pf of* ⇨**моше́нничать**

смрад, а *m* stink, stench.

смра́д|ный (~ен, ~на) *adj* stinking.

смуглоли́ц|ый (~, ~а) *adj* dark-complexioned.

сму́гл|ый (~, ~а́, ~о, ~́ы) *adj* dark-complexioned.

сму́т|а, ы *f* (*obs*) disturbance, sedition; **се́ять ~у** to sow discord.

сму|ти́ть, щу́, ти́шь *pf* (*of* ⇨**~ща́ть**) **1** (*поставить в неловкое положение*) to embarrass, confuse.
2 (*взволновать*) to disturb, trouble; **с. чей-н. поко́й** to disturb s.o.'s peace and quiet.

сму|ти́ться, щу́сь, ти́шься *pf* (*of* ⇨**~ща́ться**) to be embarrassed, be confused.

сму́т|ный (~ен, ~́на́, ~но) *adj* **1** (*неопределённый*) vague; confused; **~ные воспомина́ния** dim recollections. **2** (*беспокойный*) disturbed, troubled; **С~ное вре́мя** (*hist*) Time of Troubles (*1605–13*).

смутья́н, а *m* (*coll*) troublemaker.

смухл|ева́ть, юю *pf of* ⇨**мухлева́ть**

сму́шк|а, и *f* astrakhan.

сму́шковый *adj* astrakhan.

смуща́|ть(ся), ю(сь) *impf of* ⇨**смути́ть(ся)**

смуще́ни|е, я *nt* embarrassment, confusion.

сму|щённый *ppp of* ⇨**~ти́ть** *and adj* embarrassed, confused.

смыва́|ть(ся), ю(сь) *impf of* ⇨**смы́ть(ся)**

смыка́|ть(ся), ю(сь) *impf of* ⇨**сомкну́ть(ся)**

смысл, а *m* **1** sense, meaning; **прямо́й, перено́сный с.** literal, metaphorical sense; **в изве́стном ~́е** in a sense; **в по́лном ~́е сло́ва** in the true sense of the word; **в ~́е** (+ *g*) as regards. **2** (*цель, разумное основание*) sense, point; **име́ть с.** to make sense; **нет никако́го ~а** (+ *inf*) there is no sense (in), there is no point (in). **3** (*разум*) (good) sense; **здра́вый с.** common sense.

смысл|ить, ю, ишь *impf* (**в** + *p*; *coll*) to understand.

смыслов|о́й *adj of* ⇨**смысл**; **~ы́е отте́нки** shades of meaning.

смыть, смо́ю, смо́ешь *pf* (*of* ⇨**смыва́ть**) **1** (*удалить*) to wash off; (*fig*) (*позор*) to clear, wipe out. **2** (*унести водой*) to wash away.

смы́ться, смо́юсь, смо́ешься *pf* (*of* ⇨**смыва́ться**) **1** to wash off, come off. **2** (*fig, coll*) (*уйти*) to slip away.

смы́чк|а, и *f* union; linking.

смыч|ко́вый *adj of* ⇨**~о́к**

смыч|о́к, ка́ *m* (*mus*) bow.

смышлён|ый (~, ~а) *adj* (*coll*) clever, bright.

смягч|а́ть(ся), а́ю(сь) *impf of* ⇨**~и́ть(ся)**

смягча́|ющий *pres participle active of* ⇨**~ть**; **~ющие вину́ обстоя́тельства** extenuating circumstances.

смягче́ни|е, я *nt* **1** (*кожи, тона*) softening. **2** (*человека*) mollification; (*наказания*) mitigation; (*боли*) alleviation; (*вины*) extenuation. **3** (*ling*) palatalization.

смягч|и́ть, у́, и́шь *pf* (*of* ⇨**~а́ть**) **1** (*impf also* **мягчи́ть**) (*кожу, тон*) to soften. **2** (*человека*) to mollify; (*боль*) to ease, alleviate; (*гнев*) to assuage; (*наказание*) to mitigate. **3** (*ling*) to palatalize.

смягч|и́ться, у́сь, и́шься *pf* (*of* ⇨**~а́ться**) **1** (*о коже, тоне, взгляде*) to soften, become softer. **2** (*о человеке*) to be mollified; (*о боли, ветре, холоде, ситуации*) to ease (off).

смяте́ни|е, я *nt* confusion, disarray; commotion.

смяте́н|ный (~, ~на) *adj* (*obs*) troubled, perturbed.

смять, сомну́, сомнёшь *pf* (*of* ⇨**мять 2**) **1** to crumple; to rumple; **с. пла́тье** to crush a dress. **2** (*mil*) to crush.

смя́ться, сомнётся *pf* (*of* ⇨**мя́ться**[1]) to get creased; to get crumpled.

снаб|ди́ть, жу́, ди́шь *pf* (*of* ⇨**~жа́ть**) (+ *i*) to supply (with), furnish (with), provide (with).

снабжа́|ть, ю *impf of* ⇨**снабди́ть**

снабже́н|ец, ца *m* supplier, provider.

снабже́ни|е, я *nt* supply, supplying, provision.

снабже́н|ческий *adj of* ⇨**~ие**

сна́добь|е, ья, *g pl* **~ий** *nt* (*coll*) drug.

сна́йпер, а *m* sniper; (*sport*) sharpshooter.

снару́жи *adv* on the outside; from (the) outside.

снаря́д, а *m* **1** (*mil*) projectile, missile; shell; **управля́емый с.** guided missile. **2** (*прибор*) contrivance, machine, gadget; **гимнасти́ческие ~ы** gymnastic apparatus.

снаря|ди́ть, жу́, ди́шь *pf* (*of* ⇨**~жа́ть**) to equip, fit out.

снаря|ди́ться, жу́сь, ди́шься *pf* (*of* ⇨**~жа́ться**) to equip o.s., get ready.

снаря́дн|ый *adj* **1** (*mil*) shell; ammunition. **2**: **~ая гимна́стика** (*sport*) apparatus work.

снаряжа́|ть(ся), ю(сь) *impf of* ⇨**снаряди́ть(ся)**

снаряже́ни|е, я *nt* equipment, outfit; **ко́нское с.** harness.

снаст|ь, и, *pl* **~и, ~ей** *f* **1** (*collect*) tackle, gear. **2** (*usu in pl*) (*на судне*) rigging.

снача́ла *adv* **1** (*прежде*) at first, at the beginning. **2** (*снова*) all over again.

сна́шива|ть, ю *impf of* ⇒**сноси́ть**[1]

СНГ *nt indecl* (*abbr of* **Содру́жество Незави́симых Госуда́рств**) CIS (*Commonwealth of Independent States*).

> **СНГ**
> *see* **Содру́жество Незави́симых Госуда́рств**

снег, а, о ~е, в/на ~у́, *pl* **~а́** *m* snow; **идёт с.** it's snowing; **мо́крый с.** sleet; **как с. на́ го́лову** like a bolt from the blue.

снеги́р|ь, я́ *m* bullfinch.

снегов|о́й *adj* snow; **~а́я ли́ния** snowline.

снегозадержа́ни|е, я *nt* (*agric*) retention of snow on fields (*as protection against drought and frost*).

снегозащи́тн|ый *adj*: **~ое огражде́ние, с. щит** snow fence.

снегоочисти́тел|ь, я *m* (*машина*) snowplough (*Br*), snowplow (*US*).

снегопа́д, а *m* snowfall.

снегосту́п|ы, ов *pl* (*sport*) snowshoes.

снегота́ялк|а, и *f* snow-melter.

снегоубо́рочн|ый *adj* snow-removal; **~ая маши́на** snowplough (*Br*), snowplow (*US*).

снегохо́д, а *m* snowmobile.

Снегу́рочк|а, и *f* (*folklore*) Snow Maiden.

снеда́|ть, ет *impf* (*literary*) to consume, gnaw.

снед|ь, и *f* (*coll*) food.

снежи́нк|а, и *f* snowflake.

сне́жн|ый *adj* snow; snowy; **~ая ба́ба** snowman; **с. зано́с, с. сугро́б** snowdrift; **~ая зима́** snowy winter.

снеж|о́к, ка́ *m* **1** light snow. **2** (*комок*) snowball; **игра́ть в ~ки́** to have a snowball fight.

снес|ти́[1]**, у́, ёшь,** *past* **~, ~ла́** *pf* (*of* ⇒**сноси́ть**[3]) **1** (*отнести*) to take; **с. письмо́ на по́чту** to take a letter to the post. **2** (*вниз*) to fetch down, bring down; **с. сунду́к с чердака́** to fetch down a trunk from the attic. **3** (*usu impers*) (*о воде*) to carry away; (*о ветре*) to blow off, take off; **урага́ном ~ло́ кры́шу** a hurricane took the roof off. **4** (*разрушить*) to demolish, take down, pull down. **5** (*срезать*) to cut off, chop off; **с. го́лову кому́-н.** to chop s.o.'s head off. **6** (*cards*) to throw away.

снес|ти́[2]**, у́, ёшь** *pf* (*of* ⇒**сноси́ть**[3]) (*в одно место*) to bring together, pile up.

снес|ти́[3]**, у́, ёшь** *pf* (*of* ⇒**сноси́ть**[3]) (*стерпеть*) to bear, endure, suffer, stand, put up (with).

снес|ти́[4]**, у́, ёшь** *pf* (*of* ⇒**нести́**[2]) (*яйцо*) to lay (eggs).

снес|ти́сь[1]**, у́сь, ёшься,** *past* **~ся, ~ла́сь** *pf* (*of* ⇒**сноси́ться**) (**с** + *i*) to communicate (with).

снес|ти́сь[2]**, ётся** *pf of* ⇒**нести́сь**[2]

снет|о́к, ка́ *m* (*fish*) smelt, sparling.

снижа́|ть(ся), ю(сь) *impf of* ⇒**сни́зить(ся)**

сниже́ни|е, я *nt* **1** lowering, reduction; **с. зарпла́ты** wage cut. **2** (*aeron*) descent.

сни́|зить, жу, зишь *pf* (*of* ⇒**~жа́ть**) **1** (*спустить ниже*) to bring down, lower. **2** (*цены*) to bring down, lower, reduce; **с. себесто́имость** to cut production costs; **с. по до́лжности** to reduce, demote.

сни́|зиться, жусь, зишься *pf* (*of* ⇒**~жа́ться**) **1** (*спуститься ниже*) to descend, come down. **2** (*температура*) to fall, sink, come down; **це́ны ~зились** prices have come down.

снизо|йти́, йду́, йдёшь, *past* **~шёл, ~шла́** *pf* (*of* ⇒**снисходи́ть**) (**к** + *d*) to condescend (to); **с. к чьей-н. про́сьбе** to deign to grant s.o.'s request.

сни́зу *adv* from below (*pol; also fig*); from the bottom; **с. вверх** upwards; **с. до́верху** from top to bottom; (*внизу*) at, on the bottom.

сни́к|нуть, ну, нешь *pf of* ⇒**ни́кнуть**

снима́|ть(ся), ю(сь) *impf of* ⇒**снять(ся)**

сни́м|ок, ка *m* photograph, photo.

сни|ска́ть, щу́, ~щешь *pf* (*of* ⇒**сни́скивать**) (*obs*) to gain, get, win.

сни́скива|ть, ю *impf of* ⇒**сниска́ть**

снисходи́тельност|ь, и *f* **1** (*высокомерность*) condescension. **2** (*терпимость*) indulgence, tolerance, leniency.

снисходи́тел|ьный (~ен, ~ьна) *adj* **1** (*высокомерный*) condescending. **2** (*не строгий*) indulgent, tolerant, lenient.

снисхо|ди́ть, жу́, ~дишь *impf of* ⇒**снизойти́**

снисхожде́ни|е, я *nt* indulgence, leniency.

сни́|ться, снюсь, сни́шься *impf* (*of* ⇒**при~**) (+ *d*) to dream; **ей ~лось, что** she dreamed that; **мне ~лся лев** I dreamed about a lion.

сноб, а *m* snob.

снобизм, а *m* snobbery.

сно́ва *adv* again, anew, afresh.

снова́ть, сную́, снуёшь *impf* to scurry about, dash about.

сновиде́ни|е, я *nt* dream.

сногсшиба́тел|ьный (~ен, ~ьна) *adj* (*coll, joc*) stunning.

сноп, а́ *m* sheaf; **с. луче́й** shaft of light.

сноповяза́лк|а, и *f* (*agric*) binder.

снорови́ст|ый (~, ~а) *adj* (*coll*) quick, smart, clever.

снор́овк|а, и *f* skill, knack.

снос[1]**, а** *m* **1** demolition, pulling down; **дом предназна́чен на с.** the house is to be pulled down. **2** (*корабля*) drift.

снос[2]**, а (у)** *m*: **тако́й мате́рии ~у нет** this material won't wear out; **не знать ~у** to wear well.

сно́с|и: быть на ~я́х (*coll*) (*о беременной женщине*) to be near her time.

сно|си́ть[1]**, шу́, ~сишь** *pf* (*of* ⇒**сна́шивать**) to wear out.

сно|си́ть[2]**, шу́, ~сишь** *pf* (*coll*) (*снести и принести обратно*) to take (*and bring back*).

сно|си́ть[3]**, шу́, ~сишь** *impf of* ⇒**снести́**[1,2,3]

сно|си́ться, шу́сь, ~сишься *impf of* ⇒**снести́сь**[1]

сно́ск|а, и *f* footnote.

сно́сно *adv* (*coll*) tolerably, so-so.

сно́с|ный (~ен, ~на) *adj* (*coll*) tolerable; fair, reasonable.

снотво́р|ный *adj* soporific (*also fig*); **~ное сре́дство** soporific; *as n* **~ное, ~ного** *nt* sleeping pill.

сноубо́рд, а *m* snowboard.

сноубо́рдинг, а *m* snowboarding.

снох|а́, и́, *pl* **~и** *f* daughter-in-law.

сноше́ни|е, я *nt* (*usu in pl*) relations, dealings; (*половой акт*) (sexual) intercourse; **дипломати́ческие ~я** diplomatic relations.

сну|ю́, ёшь *see* ⇒**снова́ть**

сню́ха|ться, юсь *pf* (*coll*) **1** to get to know one another by scent. **2** (*coll, pej*) (*вступить в тайный сговор*) to come to terms, come to an understanding; (*вступить в любовную связь*) to have an affair.

сня́ти|е, я *nt* **1** (*вниз*) taking down; **с. урожа́я** gathering in the harvest. **2** (*удаление, устранение*) removal; **с. запре́та** lifting of a ban; **с. с рабо́ты** dismissal, the sack. **3** (*изготовление*) taking, making; **с. ко́пии** copying.

снят|о́й *adj*: **~о́е молоко́** skimmed milk.

сня|ть, сниму́, сни́мешь, *past* **~л, ~ла́, ~ло** *pf* (*of* ⇒**снима́ть**) **1** (*одежду, крышку*) to take off; (*вниз*) to take down; **с. шля́пу** to take one's hat off; **с. карти́ну** to take down a picture; **с. кора́бль с ме́ли** to refloat a ship; **с. урожа́й** to gather in the harvest; **с. оса́ду** to raise a siege; **с. с себя́** to divest o.s. (of); **с. с себя́ отве́тственность** to decline responsibility. **2** (*устранить, отменить*) to remove; to withdraw, cancel; **с. запре́т** to lift a ban; **с. предложе́ние** to withdraw a motion; **с. с рабо́ты** to discharge, sack; **с. с учёта** to strike off the register; **с. с фро́нта** to withdraw from the front. **3** (*mil*) (*выстрелом*) to pick off. **4** (*изготовить*) to take, make; to photograph, make a photograph (of); **с. ко́пию** (**с** + *g*) to copy, make a copy (of); **с. ме́рку с кого́-н.** to take s.o.'s measurements; **с. план** to make a plan; **с. фильм** to shoot a film. **5** (*взять внаём*) to take, rent (*a house, etc.*); **с. в аре́нду** to take on lease. **6** (*sl*) (*девушку*) to pick up, pull. **7** (*cards*) to cut.

сня́|ться, сниму́сь, сни́мешься, *past* **~лся, ~ла́сь** *pf* (*of* ⇒**снима́ться**) **1** (*отделиться*) to come off. **2** (*отправиться*) to move off; **с. с я́коря** to weigh anchor; to get under way (*also fig*). **3** (*фотографироваться*) to have one's photograph taken. **4** (*сыграть роль в фильме*) to play a part in a film.

со *prep* = **с**

со... *vbl pref* = **с...**

соа́втор, а *m* co-author.

соа́вторств|о, а *nt* co-authorship.

С

собáк|а, и *f* **1** dog; **морскáя с.** dogfish; **охóтничья с.** gun dog, hound; **с.-поводы́рь** guide dog; **служéбная с.** guard dog, patrol dog; **с.-ищéйка** bloodhound; **с. на сéне** dog in the manger; **устáть как с.** (*coll*) to be dog-tired; **вот где с. зары́та!** so that's what it's all about!; **как ~ нерéзанных** (+ *g*; *coll*) any amount (of); **~у съесть (на** + *p*; *coll*) to know inside out. **2** (*comput*) @ sign (*as used in email addresses*) (*читается* 'at').

собаковóд, а *m* dog-breeder.

собаковóдств|о, а *nt* dog-breeding.

собá|чий *adj of* ⇒**~ка**; canine; **~чья жизнь** dog's life; **с. хóлод** intense cold.

собáчк|а¹, и *f* little dog, doggy.

собáчк|а², и *f* **1** (*ружья*) trigger. **2** (*tech*) catch, trip; (*храповика*) pawl.

собáчник, а *m* (*coll, often disapproving*) dog lover.

собезья́ннича|ть, ю *pf of* ⇒**обезья́нничать**

СОБÉС, а *or* **собéс, а** *m* (*abbr of* **(отдéл) социáльного обеспéчения**) **1** social security. **2** (*учреждение*) social security department (*of local authority*).

собесéдник, а *m* interlocutor; **он — забáвный с.** he is amusing company.

собесéдни|ца, цы *f of* ⇒**~к**

собесéдовани|е, я *nt* conversation, discussion.

собирáтел|ь, я *m* collector.

собирáтель|ница, ницы *f of* ⇒**~**

собирáтельный *adj* (*gram*) collective.

собирáтельств|о, а *nt* collecting.

собирá|ть, ю *impf of* ⇒**собрáть**

собирá|ться, юсь *impf* **1** *impf of* ⇒**собрáться**. **2** (+ *inf*) to intend (to), be about (to), be going (to); **я ~лся позвони́ть вам** I was going to ring you up.

собкóр, а *m* (*abbr of* **сóбственный корреспондéнт**) own correspondent.

соблаговол|и́ть, ю, и́шь *pf* (+ *inf*; *obs or joc*) to deign (to), condescend (to).

соблáзн, а *m* temptation.

соблазни́тел|ь, я *m* **1** tempter. **2** (*обольститель*) seducer.

соблазни́тельниц|а, ы *f* temptress.

соблазни́тел|ьный (~ен, ~ьна) *adj* tempting; alluring; (*женщина*) seductive.

соблазн|и́ть, ю, и́шь *pf* (*of* ⇒**~я́ть**) **1** (*прельстить*) to tempt. **2** (*обольстить*) to seduce.

соблазн|я́ть, я́ю *impf of* ⇒**~и́ть**

соблюдá|ть, ю *impf of* ⇒**соблюсти́**

соблюдéни|е, я *nt* observance; maintenance; **с. обы́чая** observance of a custom; **с. поря́дка** maintenance of order.

соблю|сти́, дý, дёшь, *past* **~л, ~лá** *pf* (*of* ⇒**~дáть**) (*диету*) to keep (to), stick to; (*порядок*) to maintain; to observe; **с. закóн** to observe a law; **с. срóки** to keep to schedule.

собóй *see* ⇒**себя́**

соболéзновани|е, я *nt* sympathy; (*in pl*) condolences.

соболéзн|овать, ую *impf* (+ *d*) to sympathize (with), commiserate (with).

собóл|ий, ья, ье *adj of* ⇒**сóболь**; **с. мех** sable.

соболи́ный *adj* sable.

сóбол|ь, я, *pl* (*furs*) **~я́, ~éй** *and* (*animals*) **~и, ~ей** *m* sable; (*мех*) sable (fur).

собóр, а *m* **1** (*hist or eccl*) (*съезд*) council, synod, assembly; **Вселéнский с.** ecumenical council; **Зéмский с.** Assembly of the Land (*in Muscovite Russia*). **2** (*церковь*) cathedral.

собóрност|ь, и *f* collectivism; (*eccl, philos*) conciliarism.

собóр|ный *adj of* ⇒**~**

собóровани|е, я *nt* (*eccl*) extreme unction.

собóр|овать, ую *impf and pf* (*eccl*) to administer extreme unction (to), anoint.

собóр|оваться, уюсь *impf and pf* (*eccl*) to receive extreme unction.

собóю = собóй; *see* ⇒**себя́**

собрáни|е, я *nt* **1** (*заседание*) meeting, gathering; **óбщее с.** general meeting; **с. правлéния** board meeting. **2** (*государственный орган*) assembly; **учреди́тельное с.** constituent assembly. **3** (*коллекция*) collection; **с. закóнов** code (of laws); **с. сочинéний** collected works.

сóбр|анный *ppp of* ⇒**~áть** *and adj*; **с. человéк** self-disciplined person.

собрáт, а, *pl* **~ья, ~ьев** *m* colleague; **с. по орýжию** brother-in-arms.

собр|áть, соберý, соберёшь, *past* **~áл, ~лá, ~áло** *pf* (*of* ⇒**собирáть**) **1** (*сведения*) to gather; (*книги, деньги*) to collect; (*цветы*) to pick. **2** (*людей*) to assemble, muster; to convene; **с. войскá** to muster troops; **с. всё своё мýжество** to muster up one's courage; **с. послéдние си́лы** to make a last effort. **3** (*tech*) (*радиоприёмник*) to assemble. **4** (*голоса*) to obtain, poll (*stated number or percentage of votes*). **5** (*приготовить*) to prepare, make ready, equip; **с. когó-н. в дорóгу** to equip s.o. for a journey; **с. на стол** to lay the table. **6** (*платье*) to gather, take in.

собр|áться, соберýсь, соберёшься, *past* **~áлся, ~алáсь, ~áлóсь** *pf* (*of* ⇒**собирáться 1**) **1** (*сойтись*) to gather, assemble, muster; to be amassed. **2 (в** + *a*) (*приготовиться*) to prepare (for), make ready (for); **с. в гóсти** to get ready to go away (*to visit s.o.*). **3** (+ *inf*) (*решить*) to intend (to), be about (to), be going (to). **4 (с** + *i*, *fig*) (*сосредоточиться*) to collect; **с. с дýхом** to pluck up one's courage; **с. с мы́слями** to collect one's thoughts; **с. с си́лами** to summon up one's strength, brace o.s. **5**: **с. в комóк** to hunch up.

сóбственник, а *m* owner, proprietor; **земéльный с.** landowner.

сóбственни|ца, цы *f of* ⇒**~к**

сóбственнический *adj* possessive.

сóбственно 1 *adv* strictly; **с. говоря́** strictly speaking, as a matter of fact. **2** *particle* proper; **егó не интересýет с. медици́на** he is not interested in medicine proper.

собственнорýчно *adv* with one's own hand.

собственнорýчн|ый *adj* done, made, written with one's own hand(s); **~ая пóдпись** autograph.

сóбственност|ь, и *f* **1** (*имущество*) property. **2** (*владение*) possession, ownership; **приобрести́ в с.** to become the owner (of).

сóбственн|ый *adj* **1** (*дом*) (one's) own; **~ыми глазáми** with one's own eyes; **в ~ые рýки** (*inscription on envelope, etc.*) 'personal'; **чýвство ~ого достóинства** self-respect; **~ой персóной** in person; **и́мя ~ое** (*gram*) proper noun. **2** (*настоящий*) true, proper; **в ~ом смы́сле** in the true sense. **3** (*tech*) natural; internal; **~ое сопротивлéние** internal resistance; **~ая скóрость** actual speed.

собуты́льник, а *m* (*coll*) drinking companion.

собы́ти|е, я *nt* event; **текýщие ~я** current affairs.

сов... *comb form, abbr of* **совéтский**

сов|á, ы́, *pl* **~́ы** *f* owl; (*fig*) night owl.

совáть, сую́, суёшь *impf* (*of* ⇒**сýнуть**) to shove, thrust, poke; **с. рýки в кармáны** to stick one's hands in one's pockets; **с. нос (в** + *a*) (*coll*) to poke one's nose (into), pry (into).

совáться, сую́сь, суёшься *impf* (*of* ⇒**сýнуться**) (*coll*) **1** to push, strain. **2 (в** + *a*; *fig*) (*в чужие дела*) to butt (in); (*с советами*) to poke one's nose (into).

сов|ёнок, ёнка, *pl* **~я́та, ~я́т** *m* owlet.

соверш|áть(ся), áю, áет(ся) *impf of* ⇒**~и́ть(ся)**

совершéни|е, я *nt* (*подвига*) accomplishment; (*преступления*) perpetration; (*сделки*) conclusion.

совершéнно *adv* **1** (*превосходно*) perfectly. **2** (*совсем*) absolutely, utterly, completely, totally, perfectly; **с. вéрно!** quite right!; perfectly true!

совершеннолéти|е, я *nt* majority; **дости́гнуть ~я** to come of age, attain one's majority.

совершеннолéтний *adj* of age.

совершéн|ный¹ (~ен, ~на) *adj* **1** (*превосходный*) perfect. **2** (*coll*) (*полный*) absolute, utter, complete, total, perfect; **с. идиóт** absolute idiot.

совершéнный² *adj* (*gram*) perfective.

совершéнств|о, а *nt* perfection; **в ~е** perfectly, to perfection.

совершéнств|овать, ую *impf* (*of* ⇒**у~**) to perfect; to develop, improve.

совершéнств|оваться, уюсь *impf* (*of* ⇒**у~**) **(в** + *p*) to perfect o.s. (in); to improve.

соверш|и́ть, ý, и́шь *pf* (*of* ⇒**~áть**) **1** (*подвиг*) to accomplish, carry out; to perform; (*преступление*) to commit; **с. оши́бку** to make a mistake. **2** (*заключить*) to complete, conclude; **с. сдéлку** to complete a transaction, make a deal.

соверш|и́ться, и́тся *pf* (*of* ⇒**~áться**) (*literary*) **1** (*о событии*) to happen. **2** (*о подвиге*) to be accomplished; (*о сделке*) to be completed.

сóве|стить, щу, стишь *impf* to shame, put to shame.

со́ве|ститься, щусь, стишься *impf* (*of* ⇒**по**~) (+ *g or inf*; *obs*) to be ashamed (of).

со́вестлив|ый (~, ~а) *adj* conscientious.

со́вестно *as pred* (+ *d and inf*) to be ashamed; **ему́ бы́ло с.** he was ashamed; **как вам не с.!** you ought to be ashamed of yourself!

со́вест|ь, и *f* conscience; **чи́стая, нечи́стая с.** clear, guilty conscience; **на ~и** on one's conscience; **со споко́йной ~ью** with a clear conscience; **по ~и (говоря́)** to be honest; **свобо́да ~и** freedom of worship; **рабо́тать на ~** to work conscientiously.

сове́т, а *m* **1** advice; **проси́ть ~а** to ask for advice; (*law*) opinion. **2** (*совместное обсуждение*) discussion, council, conference; **вое́нный с.** council of war. **3** (*hist*) (*орган управления в СССР*) soviet. **4** (*административный орган*) council; **С. безопа́сности** Security Council; **С. Безопа́сности ОО́Н** UN Security Council. **5** (*obs*) (*согласие, дружба*) harmony, friendship.

сове́тник, а *m* **1** adviser. **2** (*должность*) councillor.

сове́т|овать, ую *impf* (*of* ⇒**по**~) (+ *d*) to advise.

сове́т|оваться, уюсь *impf* (*of* ⇒**по**~) (**с** + *i*) to consult, ask advice (of), seek advice (from).

сове́тск|ий *adj* (*hist*) Soviet; **~ая власть** Soviet rule *or* power; **с. наро́д** the Soviet people.

Сове́тск|ий Сою́з, ~ого ~а *m* the Soviet Union.

> **Сове́т Федера́ции — the Council of the Federation**
>
> The upper house of **Федера́льное Собра́ние Росси́йской Федера́ции** (the bicameral parliament of the Russian Federation). Each of the 86 (as of April 2007) constituent units of **Росси́йская Федера́ция** has two representatives in *Сове́т Федера́ции*.

сове́тчик, а *m* adviser, counsellor.

совеща́ни|е, я *nt* conference, meeting; **с. на верха́х** summit conference.

совеща́тельный *adj* consultative, deliberative.

совеща́|ться, юсь *impf* **1** (**о** + *p*) to deliberate (on, about). **2** (**с** + *i*) to confer (with), consult.

сов|и́ный *adj of* ⇒**~а́**; owlish.

совко́вый *adj* (*sl*, *pej*) Soviet.

совлада́|ть, ю *pf* (**с** + *i*; *coll*) to control; **с. с собо́й** to control o.s.

совладе́л|ец, ьца *m* joint owner, joint proprietor.

совладе́л|ица, ицы *f of* ⇒**~ец**

совладе́ни|е, я *nt* joint ownership.

совмести́мост|ь, и *f* compatibility.

совмести́м|ый (~, ~а) *adj* compatible.

совмести́тел|ь, я *m* person having more than one job.

совмести́тельств|о, а *nt* having more than one job; **рабо́тать по ~у** to have more than one job.

совме|сти́ть, щу́, сти́шь *pf* (*of* ⇒**~ща́ть**[2]) to combine.

совме|сти́ться, сти́тся *pf* (*of* ⇒**~ща́ться**) **1** (*совпасть*) to coincide. **2** (*оказаться одновременно существующим*) to be combined, combine.

совме́стно *adv* in common, jointly.

совме́стн|ый *adj* joint, combined; **~ые де́йствия** concerted action; **~ое обуче́ние** co-education; **~ое предприя́тие** joint venture; **~ая рабо́та** teamwork.

совмеща́|ть[1], **ю** *impf* to have more than one job.

совмеща́|ть[2]**(ся), ю, ет(ся)** *impf of* ⇒**совмести́ть(ся)**

совмеще́ни|е, я *nt* combining.

Совми́н, а *m* (*abbr of* **Сове́т мини́стров**) (*coll*) Council of Ministers.

> **Сово́к, сово́к (*often written in inverted commas*)**
>
> The former Soviet Union in a pejorative or ironical sense. The term *сово́к* can also mean **1** a typical Soviet citizen; **2** the Soviet system as a whole; **3** the Soviet ideology, lifestyle, etc.; **4** a person of antiquated ideas living in modern Russia or any of the former Soviet republics.

сов|о́к, ка́ *m* **1** shovel, scoop; **садо́вый с.** trowel; **с. для му́сора** dustpan. **2** (*sl*) person with Soviet mentality.

совокуп|и́ть, лю́, и́шь *pf* (*of* ⇒**~ля́ть**) to combine, unite.

совокуп|и́ться, лю́сь, и́шься *pf* (*of* ⇒**~ля́ться**) (**с** + *i*) to copulate (with).

совокупле́ни|е, я *nt* copulation.

совокупля́|ть(ся), ю(сь) *impf of* ⇒**совокупи́ть(ся)**

совоку́пно *adv* in common, jointly.

совоку́пност|ь, и *f* aggregate, sum total; totality; **в ~и** in the aggregate; **по ~и** (+ *g*) on the basis (of).

совоку́п|ный (~ен, ~на) *adj* joint, combined, aggregate; **~ные уси́лия** combined efforts.

совпада́|ть, ю *impf of* ⇒**совпа́сть**

совпаде́ни|е, я *nt* coincidence.

совпа́|сть, ду́, дёшь, *past* **~л** *pf* (*of* ⇒**~да́ть**) **1** (**с** + *i*) (*произойти одновременно*) to coincide (with); **части́чно с.** to overlap. **2** (*оказаться общим*) to agree, concur, tally; **их показа́ния не ~да́ли** their evidence did not agree.

совратите́л|ь, я *m* corrupter; (*женщин*) seducer.

совра|ти́ть, щу́, ти́шь *pf* (*of* ⇒**~ща́ть**) (*соблазнить*) to lead astray; (*женщину*) to seduce; (*ребёнка*) to (sexually) abuse.

совра|ти́ться, щусь, ти́шься *pf* (*of* ⇒**~ща́ться**) to go astray.

совр|а́ть, у́, ёшь, *past* **~а́л, ~ала́, ~а́ло** *pf of* ⇒**врать**

совраща́|ть(ся), ю(сь) *impf of* ⇒**соврати́ть(ся)**

совраще́ни|е, я *nt* corrupting; (*женщины*) seducing, seduction; (*ребёнка*) (sexual) abuse; **с. малоле́тних** child (sexual) abuse.

совреме́нник, а *m* contemporary.

совреме́нни|ца, цы *f of* ⇒**~к**

совреме́нност|ь, и *f* **1** (*актуальность*) contemporaneity. **2** (*современная эпоха*) the present (time).

совреме́н|ный (~ен, ~на) *adj* **1** (+ *d*) (*относящийся к одному времени*) contemporaneous (with), of the time (of); **~ные Ива́ну Гро́зному поня́тия** ideas of the time of Ivan the Terrible. **2** (*относящийся к настоящему времени*) contemporary, present-day; (*человек*) modern; (*техника*) up-to-date, state-of-the-art; **~ная англи́йская литерату́ра** modern English literature.

совсе́м *adv* quite, entirely, completely; **с. не** not at all, not in the least; **с. не то** nothing of the kind.

совхо́з, а *m* sovkhoz, State farm.

совхо́з|ный *adj of* ⇒**~**

согбе́н|ный (~, ~на) *adj* (*obs*) bent, stooping.

согла́си|е, я *nt* **1** (*разрешение*) consent; **с ва́шего ~я** with your consent; **дать своё с.** to give one's consent. **2** (*единомыслие*) agreement; **в ~и** (**с** + *i*) in accordance (with); **прийти́ к ~ю** to come to an agreement. **3** (*единодушие*) harmony.

согласи́тельн|ый *adj* conciliatory; **~ая коми́ссия** conciliation commission.

согла|си́ть, шу́, си́шь *pf* (*of* ⇒**~ша́ть**) to reconcile.

согла|си́ться, шу́сь, си́шься *pf* (*of* ⇒**~ша́ться**) **1** (**на** + *a or* + *inf*) to consent (to), agree (to). **2** (**с** + *i*) to agree (with).

согла́сно *adv* **1** (*жить, петь*) in harmony. **2** *as prep* (+ *d or* **с** + *i*) in accordance (with); according (to); **с. догово́ру** in accordance with the treaty.

согла́сност|ь, и *f* harmony, harmoniousness.

согла́с|ный[1] **(~ен, ~на)** *adj* **1** (**на** + *a*) agreeable (to); **они́ не́ бы́ли ~ны на на́ши усло́вия** they would not agree to our conditions. **2** (**с** + *i*) in agreement (with), concordant (with); **быть ~ным** to agree (with); **~ен, ~на, ~ны?** do you agree? **3** (*хор, пение*) harmonious.

согла́сн|ый[2] *adj* (*gram*) consonant(al); *as n* **с., ~ого** *m* consonant.

согласова́ни|е, я *nt* **1** (*действий*) coordination; (*разрешение*) agreement. **2** (*gram*) agreement; **с. времён** sequence of tenses.

согласо́ванност|ь, и *f* coordination; **с. во вре́мени** synchronization.

согласо́в|анный *ppp of* ⇒**~а́ть** *and adj* coordinated; **~анные де́йствия** concerted action; **с. текст** agreed text.

соглас|ова́ть, у́ю *pf* (*of* ⇒**~о́вывать**) (**с** + *i*) **1** to coordinate (with). **2**: **с. что-н. с кем-н.** to agree sth with s.o., to come to an agreement with s.o. about sth. **3** (*gram*) to make agree (with).

соглас|ова́ться, у́ется *impf and pf* (**с** + *i*) **1** to accord (with); to conform (to). **2** (*gram*) to agree (with).

согласо́выва|ть, ю *impf of* ⇒**согласова́ть**

соглаша́тел|ь, я *m* (*pol*; *pej*) compromiser; appeaser.

С

соглаша́тель|ский *adj of* ⇒**~**; **~ская поли́тика** policy of compromise, appeasement policy.

соглаша́тельств|о, а *nt* (*pol; pej*) compromise, appeasement.

соглаша́|ть(ся), ю(сь) *impf of* ⇒**согласи́ть(ся)**

соглаше́ни|е, я *nt* **1** (*договорённость*) agreement, understanding. **2** (*договор*) agreement; **заключи́ть с.** to conclude an agreement.

соглядáта|й, я *m* (*obs*) spy.

согна́|ть[1], **сгоню́, сго́нишь**, *past* **~л, ~ла́, ~ло** *pf* (*of* ⇒**сгоня́ть**) (*удалить*) to drive away.

согна́|ть[2], **сгоню́, сго́нишь**, *past* **~л, ~ла́, ~ло** *pf* (*of* ⇒**сгоня́ть**) (*собрать*) to drive together, round up.

согн|у́ть, у́, ёшь *pf* (*of* ⇒**гнуть** *and* ⇒**сгиба́ть**) to bend, curve, crook.

согн|у́ться, у́сь, ёшься *pf* (*of* ⇒**гну́ться** *and* ⇒**сгиба́ться**) to bend, bow (down).

согражда́ни́н, а, *pl* **сограждане, согра́ждан** *m* fellow citizen.

согрева́ни|е, я *nt* warming, heating.

согрева́|ть(ся), ю(сь) *impf of* ⇒**согре́ть(ся)**

согре́|ть, ю *pf* (*of* ⇒**~ва́ть**) to warm, heat.

согре́|ться, юсь *pf* (*of* ⇒**~ва́ться**) to get warm; to warm o.s.

согреше́ни|е, я *nt* sin, trespass.

согреш|и́ть, у́, и́шь *pf* (*of* ⇒**греши́ть 1**) (**про́тив** + *g*) to sin (against), trespass (against).

со́д|а, ы *f* soda, sodium carbonate; **питьева́я с.** baking soda.

соде́йстви|е, я *nt* assistance, help.

соде́йств|овать, ую *impf and pf* (*pf also* **по~**) (+ *d*) to assist; to further; to contribute (to); **с. успе́ху предприя́тия** to contribute to the success of an undertaking.

содержа́ни|е, я *nt* **1** (*семьи*) maintenance, upkeep; **(де́нежное) с.** allowance, financial support; **с. под аре́стом** custody. **2** (*зарплата*) pay. **3** (*содержимое*) content; **куби́ческое с.** volume; **с больши́м ~ем** (+ *g*) rich (in). **4** (*сущность*) matter, substance; content; **фо́рма и с.** form and content. **5** (*фабула*) content(s); plot (*of a novel, etc.*). **6** (*оглавление*) table of contents.

содержа́нк|а, и *f* (*obs*) kept woman.

содержа́тел|ь, я *m* (*obs*) owner, landlord.

содержа́тель|ница, ницы *f of* ⇒**~**

содержа́тел|ьный (~ен, ~ьна) *adj* rich in content; **~ьное письмо́** interesting letter.

содерж|а́ть, у́, ~ишь *impf* **1** (*семью*) to keep, maintain, support. **2** (*магазин*) to keep, have. **3** (**в** + *p*) to keep (*in a given state*); **с. в испра́вности** to keep going, in working order; **с. в поря́дке** to keep in order; **с. под аре́стом** to keep under arrest. **4** (*иметь в себе*) to contain; **его́ перево́д ~ит мно́го оши́бок** his translation contains many mistakes.

содерж|а́ться, у́сь, ~ишься *impf* **1** (*обеспечиваться*) to be kept, be maintained. **2** (*находиться*) to be kept, be; **с. под аре́стом** to be under arrest. **3** (**в** + *p*) (*заключаться*) to be contained (by); **в э́той руде́ ~ится ура́н** this ore contains uranium.

содержи́м|ое, ого *nt* contents.

соде́|ять, ю, ешь *pf* (*obs or rhetorical*) to commit, carry out.

соде́|яться, ется *pf* (*obs or joc*) to happen.

со́дов|ый *adj* soda; **~ая (вода́)** soda (water).

Содо́м, а *m* (*bibl*) Sodom; **(с.)** (*coll*) uproar, row; **подня́ть с.** to raise hell.

содоми́|я, и *f* sodomy.

содра́|ть, сдеру́, сдерёшь, *past* **~л, ~ла́, ~ло** *pf* (*of* ⇒**сдира́ть** *and* ⇒**драть 2**) **1** to tear off, strip off; **с. ко́жу** (**с** + *g*) to skin, flay. **2** (*fig, coll*) to fleece.

содрога́ни|е, я *nt* shudder.

содрог|а́ться, а́юсь *impf of* ⇒**~ну́ться**

содрог|ну́ться, ну́сь, нёшься *pf* (*of* ⇒**~а́ться**) to shudder, shake, quake.

содру́жеств|о, а *nt* **1** (*дружба*) concord; **рабо́тать в те́сном ~е** (**с** + *i*) to work in close cooperation (with). **2** (*объединение*) community, commonwealth; **Брита́нское С. на́ций** the British Commonwealth.

> **Содру́жество Незави́симых Госуда́рств, СНГ — the Commonwealth of Independent States, CIS**
>
> The political alliance of 12 former Soviet republics (Armenia, Azerbaijan, Belarus, Georgia, Kazakhstan, Kyrgyzstan, Moldova, Russia, Tajikistan, Turkmenistan, Ukraine, and Uzbekistan).

со́евый *adj* soya; **с. тво́ро́г** tofu.

соедине́ни|е, я *nt* **1** joining, combination. **2** (*tech*) joint. **3** (*chem*) compound. **4** (*mil*) formation.

Соединённ|ое Короле́вств|о (Великобрита́нии и Се́верной Ирла́ндии), ~ого ~а (В. и С. И.) *nt* United Kingdom (of Great Britain and Northern Ireland).

Соединённ|ые Шта́т|ы (Аме́рики), ~ых ~ов (А.) (*no sg*) United States (of America).

соедин|ённый *ppp of* ⇒**~и́ть** *and adj* united, joint.

соедини́тельн|ый *adj* connecting; **~ая коро́бка** (*elec*) junction box; **~ые ско́бки** (*printing*) brace; **с. сою́з** (*gram*) copulative conjunction; **~ая ткань** (*biol*) connective tissue; **~ая тя́га** coupling rod.

соедин|и́ть, ю́, и́шь *pf* (*of* ⇒**~я́ть**) **1** (*объединить*) to join, unite. **2** (*присоединить*) to connect, link; **с. (по телефо́ну)** to put through. **3** (*chem*) to combine.

соедин|и́ться, ю́сь, и́шься *pf* (*of* ⇒**~я́ться**) **1** to join, unite. **2** (*chem*) to combine. **3** *passive of* ⇒**~и́ть**

соедин|я́ть(ся), я́ю(сь) *impf of* ⇒**~и́ть(ся)**

сожале́ни|е, я *nt* **1** (**о** + *p*) regret (for); **к ~ю** unfortunately. **2** (**к** + *d*) pity (for).

сожале́|ть, ю *impf* (**о** + *p or* + **что**) to regret, deplore.

сожже́ни|е, я *nt* burning; **с. на костре́** burning at the stake; **преда́ть ~ю** to commit to the flames.

сожи́тел|ь, я *m* **1** (*по квартире*) flatmate (*Br*), room-mate (*US*). **2** (*любовник*) lover.

сожи́тель|ница, ницы *f of* ⇒**~**

сожи́тельств|о, а *nt* **1** living together, lodging together. **2** (*fig*) (*интимные отношения*) sexual relations.

сожи́тельств|овать, ую *impf* (**с** + *i*) **1** to live (with), lodge (with); to live together. **2** (*fig*) to have a sexual relationship (with).

сожр|а́ть, у́, ёшь, *past* **~а́л, ~ала́, ~а́ло** *pf of* ⇒**жрать**

созва́нива|ться, юсь *impf of* ⇒**созвони́ться**

созва́|ть, созову́, созовёшь, *past* **~л, ~ла́, ~ло** *pf* **1** (*impf* **созыва́ть** *and* **сзыва́ть**) (*гостей*) to gather; to invite. **2** (*impf* **созыва́ть**) (*людей на совет*) to call (together), summon; (*митинг, парламент*) to convoke, convene.

созве́зди|е, я *nt* constellation.

созвон|и́ться, ю́сь, и́шься *pf* (*of* ⇒**созва́ниваться**) (**с** + *i*; *coll*) to speak on the telephone (to).

созву́чи|е, я *nt* **1** (*mus*) accord, consonance. **2** (*literary*) assonance.

созву́ч|ный (~ен, ~на) *adj* **1** harmonious. **2** (+ *d*) consonant (with), in keeping (with); **произведе́ние, созву́чное эпо́хе** a work in keeping with the times.

созда|ва́ть(ся), ю́, ёт(ся) *impf of* ⇒**~ть(ся)**

созда́ни|е, я *nt* **1** (*действие*) creation, making. **2** (*произведение*) creation, work. **3** (*существо*) creature.

созда́тел|ь, я *m* **1** creator; (*организации*) founder; (*теории*) originator. **2**: **С.** (*Бог*) the Creator.

созда́тель|ница, ницы *f of* ⇒**~ 1**

созда́|ть, м, шь, ст, ди́м, ди́те, ду́т, *past* **со́здал, ~ла́, со́здало** *pf* (*of* ⇒**~ва́ть**) to create; (*организацию*) to found; (*теорию*) to originate; **с. впечатле́ние** to give the impression; **с. иллю́зию** to create an illusion.

созда́|ться, стся, ду́тся, *past* **~лся, ~ла́сь, ~ло́сь** *and* **~лось** *pf* (*of* ⇒**~ва́ться**) to be created; to arise; **созда́ло́сь неприя́тное положе́ние** a disagreeable situation arose; **у нас созда́ло́сь впечатле́ние, что** we gained the impression that.

созерца́ни|е, я *nt* contemplation.

созерца́тел|ь, я *m* contemplative person; observer.

созерца́тел|ьный (~ен, ~ьна) *adj* contemplative.

созерца́|ть, ю *impf* to contemplate.

созида́ни|е, я *nt* creation.

созида́тел|ь, я *m* creator.

созида́тел|ьный (~ен, ~ьна) *adj* creative, constructive.

созида́|ть, ю *impf* (*no pf*) to build up.

созна|ва́ть, ю́, ёшь *impf* **1** *impf of* ⇒**~ть**. **2** to be conscious (of), realize; **я́сно с.** to be alive (to).

созна|ва́ться, ю́сь, ёшься *impf of* ⇒**~́ться**

созна́ни|е, я *nt* **1** consciousness; **кла́ссовое с.** class consciousness; **потеря́ть с.** to lose consciousness; **прийти́ в с.** to regain, recover consciousness. **2** (*ошибки, вины*) recognition, acknowledgement; **с. до́лга** sense of duty.

созна́тельност|ь, и *f* **1** awareness. **2** (*намеренность*) deliberateness.

созна́тел|ьный (~ен, ~ьна) *adj* **1** conscious. **2** (*отношение*) intelligent. **3** (*намеренный*) deliberate.

созна́|ть, ю *pf* (*of* ⇒**~ва́ть 1**) to recognize, acknowledge; **с. свою́ оши́бку** to recognize one's mistake.

созна́|ться, ю́сь *pf* (*of* ⇒**~ва́ться**) (**в** + *p*) (*в ошибке*) to admit (to); (*в преступлении*) to confess (to); (*law*) to plead guilty; **нельзя́ не с.** it must be admitted.

созорнича́|ть, ю *pf of* ⇒**озорнича́ть**

созрева́|ть, ю *impf of* ⇒**созре́ть**

созре́|ть, ю *pf* (*of* ⇒**зреть**[1] *and* ⇒**~ва́ть**) (*о плоде*) to ripen; (*о человеке*) to mature (*also fig*); (*о плане*) to develop, mature.

созы́в, а *m* calling, summoning.

созыва́|ть, ю *impf of* ⇒**созва́ть**

соизво́л|ить, ю, ишь *pf* (*of* ⇒**~я́ть**) (+ *inf*; *obs or joc*) to deign (to), be pleased (to).

соизвол|я́ть, я́ю *impf of* ⇒**~́ить**

соизмери́мост|ь, и *f* commensurability.

соизмери́м|ый (~, ~а) *adj* commensurable.

соиска́ни|е, я *nt* gaining; **диссерта́ция на с. до́кторской сте́пени** doctoral dissertation.

соиска́тел|ь, я *m* (+ *g*) candidate (for).

со́йк|а, и, *g pl* **со́ек** *f* (*zool*) jay.

со|йти́[1]**, йду́, йдёшь,** *past* **~шёл, ~шла́** *pf* (*of* ⇒**сходи́ть**[1]) **1** (*с лестницы, горы*) to go down, come down; (*с автобуса, поезда*) to get off; **с. с ло́шади** to dismount; **с. на не́т** to come to naught. **2** (*покинуть, уйти*) to leave; **с. с доро́ги** to get out of the way, step aside; **с. с ре́льсов** to come off the rails; **снег ~шёл** the snow has melted; **с. с ума́** to go mad, go off one's head. **3** (*о краске, о коже*) to come off.

со|йти́[2]**, йду́, йдёшь,** *past* **~шёл, ~шла́** *pf* (*of* ⇒**сходи́ть**[1]) **1** (**за** + *a*) to pass (for), be taken (for). **2** (*coll*) (*пройти удачно*) to pass, go off; **~шло́ благополу́чно** it went off all right; **~йдёт и так** it will do as it is; **э́то ~шло́ ему́ с рук** he got away with it.

со|йти́сь, йду́сь, йдёшься, *past* **~шёлся, ~шла́сь** *pf* (*of* ⇒**сходи́ться**) **1** (*встретиться*) to meet; to come together, gather. **2** (**с** + *i*) (*подружиться*) to meet, take up (with), become friends (with); (*вступить в сожительство*) to become (*sexually*) intimate (with). **3** (+ *i*, **в** + *p or* **на** + *p*) (*договориться*) to agree (about); **с. в цене́** to agree about a price; **они́ не ~шли́сь хара́ктерами** they could not get on. **4** (*совпасть*) to agree, tally; **счета́ не ~шли́сь** the figures did not tally.

сок, а (у), о ~́е, в ~́е *and* **~у́** *m* juice; (*coll*): **в (по́лном) ~у́** in the prime of life; **вари́ться в со́бственном ~у́** to keep o.s. to o.s.

соковыжима́лк|а, и *f* juicer.

со́кол, а *m* falcon (*also fig, rhetorical; of air aces*); **гол как соко́л** (*coll*) as poor as a church mouse.

соколи́н|ый *adj of* ⇒**со́кол**; **~ая охо́та** falconry.

соко́льник, а *m* (*hist*) falconer.

сократи́м|ый (~, ~а) *adj* **1** (*math*) able to be cancelled. **2** (*physiol*) contractile.

сокра|ти́ть, щу́, ти́шь *pf* (*of* ⇒**~ща́ть**) **1** (*статью, путь, рабочий день*) to shorten. **2** (*расходы, штаты*) to reduce, cut down. **3** (*coll*) (*уволить*) to dismiss, discharge, lay off. **4** (*math*) to cancel.

сокра|ти́ться, ти́тся *pf* (*of* ⇒**~ща́ться**) **1** (*о днях*) to grow shorter. **2** (*о расходах*) to decrease. **3** (**на** + *a*; *math*) to be cancelled (by). **4** (*physiol*) (*о мышцах*) to contract.

сокраща́|ть(ся), ю, ет(ся) *impf of* ⇒**сократи́ть(ся)**

сокраще́ни|е, я *nt* **1** (*рабочего дня*) shortening. **2** (*статьи*) abridgement; **с ~ями** abridged. **3** (*слова*) abbreviation. **4** (*штатов, вооружений*) reduction, cutting down. **5** (*math*) cancellation. **6** (*physiol*) contraction.

сокращённо *adv* briefly; in abbreviated form.

сокра|щённый *ppp of* ⇒**~ти́ть** *and adj* brief; **~щённое сло́во** abbreviation, contraction.

сокрове́нност|ь, и *f* secrecy.

сокрове́н|ный (~, ~на) *adj* secret, concealed; **~ные мы́сли** innermost thoughts.

сокро́вищ|е, а *nt* treasure; **ни за каки́е ~а** not for the world.

сокро́вищниц|а, ы *f* treasure house, treasure trove (*also fig*).

сокруш|а́ть, а́ю *impf of* ⇒**~и́ть**

сокруша́|ться, юсь *impf* (**о** + *p*) to grieve (for, over); to be distressed (about).

сокруше́ни|е, я *nt* **1** smashing, shattering. **2** (*obs*) (*печаль*) grief, distress.

сокруш|ённый *ppp of* ⇒**~и́ть** *and adj* grief-stricken.

сокруши́тел|ьный (~ен, ~ьна) *adj* shattering; **нанести́ с. уда́р** (+ *d*) to deal a crippling blow.

сокруш|и́ть, у́, и́шь *pf* (*of* ⇒**~а́ть**) **1** (*уничтожить*) to shatter, smash. **2** (*fig*) (*привести в отчаяние*) to shatter; to distress.

сокры́ти|е, я *nt* concealment; **с. кра́деного** receiving of stolen goods.

сокр|ы́ть, о́ю, о́ешь *pf* (*obs*) to hide, conceal, cover up.

соку́рсник, а *m* classmate.

соку́рсни|ца, цы *f of* ⇒**~к**

со|лга́ть, лгу́, лжёшь, лгу́т, *past* **~лга́л, ~лгала́, ~лга́ло** *pf of* ⇒**лгать 1**

солда́т, а, *g pl* **~** *m* soldier; **служи́ть в ~ах** (*obs*) to soldier, be a soldier.

солда́тик, а *m* **1** *diminutive of* ⇒**солда́т**. **2** toy soldier; **игра́ть в ~и** to play soldiers.

солда́тк|а, и *f* soldier's wife.

солда́т|ский *adj of* ⇒**~**

солда́тчин|а, ы *f* (*obs*) military service.

солдафо́н, а *m* (*coll, pej*) crude, loud-mouthed soldier.

солеваре́ни|е, я *nt* salt production.

солева́р|енный (*and* **~ный)** *adj of* ⇒**~е́ние**; **с. заво́д** salt works.

солева́р|ня, ни, *g pl* **~ен** *f* salt-works.

соле́ни|е, я *nt* salting; pickling.

солено́ид, а *m* (*elec*) solenoid.

солён|ый *adj* **1** salt; **~ое о́зеро** salt lake. **2** (**со́лон, солона́, со́лоно**) (*сун*) salty; **у меня́ во рту́ со́лоно** I have a salt taste in my mouth. **3** (*консервированный*) salted; pickled; **с. огуре́ц** pickled cucumber; *as n* **~ое, ~ого** *nt* salty food. **4** (*fig, coll*) (*непристойный*) salty, spicy; **с. анекдо́т** spicy story. **5** (*short forms only*) (*fig*): **ему́ со́лоно пришло́сь** he got it hot; **верну́ться не со́лоно хлеба́вши** to come home empty-handed.

соле́нь|е, я *nt* salted food(s); pickles.

солеци́зм, а *m* (*ling*) solecism.

солидариза́ци|я, и *f* making common cause.

солидаризи́р|оваться, уюсь *impf and pf* (**с** + *i*) to express one's solidarity (with), make common cause (with), identify o.s. (with).

солида́рност|ь, и *f* solidarity; **из ~и** (**с** + *i*) in sympathy (with).

солида́р|ный (~ен, ~на) *adj* (**с** + *i*) at one (with), in sympathy (with).

соли́д|ный (~ен, ~на) *adj* **1** (*прочный*) solid, strong, sound; **~ные зна́ния** sound knowledge. **2** (*серьёзный*) solid, sound; (*надёжный*) reliable, respectable; **с. челове́к** a solid man; **с. журна́л** respectable magazine. **3** (*coll*) (*значительный*) respectable, sizeable; **~ная су́мма** tidy sum. **4** (*немолодой*) middle-aged; **челове́к ~ных лет** a middle-aged man.

солипси́зм, а *m* solipsism.

солипси́ст, а *m* solipsist.

солипси́ческий *adj* solipsistic.

соли́р|овать, ую *impf and pf* to solo, perform a solo; to be a soloist.

соли́ст, а *m* soloist.

соли́ст|ка, ки *f of* ⇒**~**

солите́р, а *m* (*min*) solitaire (diamond).

солитёр, а *m* tapeworm.

сол|и́ть, ю́, ~́ишь *impf* (*of* ⇒**по~**) **1** (*суп*) to salt. **2** (*огурцы*) to pickle; **с. мя́со** to corn meat.

со́лк|а, и *f* salting; pickling.

со́лнечн|ый *adj* **1** sun; solar; **~ое затме́ние** solar eclipse; **с. луч** sunbeam; **~ая пане́ль** solar panel; **~ые пя́тна** (*astron*) sunspots; **с. свет** sunlight, sunshine; **С~ая систе́ма** solar system; **~ое сплете́ние** (*anat*) solar plexus; **с. уда́р** (*med*) sunstroke; **~ые часы́** sundial. **2** (*день, погода*) sunny.

со́лнц|е, а *nt* sun; **на с.** in the sun; **гре́ться на с.** to sun o.s., bask in the sun.

С

солнцезащи́тн|ый *adj*: **с. крем** suncream; **~ые очки́** sunglasses.
солнцепёк, а *m*: **на ~е** right in the sun, in the full blaze of the sun.
солнцестоя́ни|е, я *nt* solstice.
со́ло 1 *adv* solo. **2** *n*; *nt indecl* solo.
солов|е́й, ья́ *m* nightingale.
солове́|ть, ю, ешь *impf* (*of* ⇨**о~**) (*coll*) to become drowsy.
соло́вый *adj* light bay.
солов|ьи́ный *adj of* ⇨**~е́й**
со́лод, а *m* malt.
соло́дк|а, и *f* liquorice.
солодо́венный *adj*: **с. заво́д** malthouse.
солодо́вый *adj of* ⇨**со́лод**
соло́м|а, ы *f* straw; (*для крыши*) thatch; **крыть ~ой** to thatch.
соло́менн|ый *adj* **1** straw; **~ая вдова́** grass widow; **~ая кры́ша** thatch, thatched roof; **~ая шля́па** straw hat. **2** (*светло-жёлтый*) straw-coloured (*Br*), -colored (*US*).
соло́минк|а, и *f* straw; **хвата́ться за ~у** to catch, clutch at straws.
соло́мк|а, и *f* **1** *diminutive of* ⇨**соло́ма**. **2** (*collect*) (*для спичек*) matchwood. **3** (*collect*) (*печенье*) sticklike biscuits.
соломоре́зк|а, и *f* (*agric*) chaff-cutter.
солони́н|а, ы *f* salted beef, corned beef.
соло́нк|а, и *f* salt cellar.
со́лоно *see* ⇨**солёный**
солонча́к, а́ *m* salt marsh.
сол|ь[1], и, *pl* **~и, ~е́й** *f* **1** salt; **го́рькая с.** Epsom salts; **ка́менная с.** rock salt. **2** (*fig*) (*рассказа*) point; **с. земли́** the salt of the earth; **вот в чём вся с.** that's the whole point; **мно́го ~и съесть (с кем-н.)** to spend a long time together (with s.o.).
соль[2] *nt indecl* (*mus*) G; **с.-дие́з** G sharp; **ключ с.** treble clef, G clef.
со́л|ьный 1 *adj of* ⇨**~о**; **с. но́мер** solo; **~ьная па́ртия** solo part. **2** *adj of* ⇨**~ь[2]**; **с. ключ** treble clef.
сольфе́джио *nt indecl* (*mus*) solfeggio, sol-fa.
соля́нк|а, ~и *f* solyanka (*a sharp-tasting Russian soup of vegetables and meat or fish*).
солян|о́й *adj* salt, saline; **~ые ко́пи** salt mines; **с. раство́р** saline solution, brine.
солянокислый *adj* (*chem*) hydrochloric acid (*attr*).
соля́н|ый *adj* (*chem*): **~ая кислота́** hydrochloric acid.
соля́ри|й, я *m* solarium.
сом, а́ *m* catfish.
Сомали́ *nt indecl* Somalia.
сомали́ *m indecl* Somali (*language*).
сомали́|ец, йца *m* Somali.
сомали́|йка, йки *f of* ⇨**~ец**
сомалийский *adj* Somali.
сомати́ческий *adj* somatic.
со́мкн|утый *ppp of* ⇨**~у́ть** *and adj*; **с. строй** (*mil*) close order.
сомкн|у́ть, у́, ёшь *pf* (*of* ⇨**смыка́ть**) to close; **с. глаза́** to close one's eyes; **с. ряды́** (*mil*) to close the ranks.
сомкн|у́ться, ётся *pf* (*of* ⇨**смыка́ться**) to close (up).
сомна́мбул|а, ы *cg* sleepwalker, somnambulist.
сомнамбули́зм, а *m* sleepwalking, somnambulism.
сомнева́|ться, юсь *impf* **1** (**в** + *p*) to doubt; to question; **я не ~юсь в его́ че́стности** I do not question his integrity. **2** to worry; **мо́жете не с.** you need not worry.
сомне́ни|е, я *nt* doubt; uncertainty; **без ~я, вне (вся́кого) ~я** without (any) doubt, beyond doubt.
сомни́тел|ьный (~ен, ~ьна) *adj* **1** (*непроверенный*) doubtful, questionable; **~ьно** it is doubtful, it is open to question. **2** (*подозрительный*) dubious; equivocal; **с. комплиме́нт** dubious compliment; **~ьные дела́** shady dealings.
сомно́жител|ь, я *m* (*math*) factor.
сон, сна *m* **1** sleep; **ве́чный с.** (*fig*) eternal rest; **во сне, сквозь с.** in one's sleep; **со сна** half awake; **у меня́ сна ни в одно́м глазу́ нет** (*coll*) I am not in the least sleepy. **2** (*сновидение*) dream; **ви́деть во сне** to dream, have a dream (about).
сона́т|а, ы *f* (*mus*) sonata.
сонати́н|а, ы *f* (*mus*) sonatina.
соне́т, а *m* sonnet.
сонли́вост|ь, и *f* sleepiness, drowsiness.
сонли́в|ый (~, ~а) *adj* sleepy, drowsy.
сонм, а *m* (*archaic or joc*) assembly, throng.
со́нмищ|е, а *nt* = **сонм**
со́нник, а *m* book of dream interpretations.
со́нн|ый *adj* **1** sleepy, drowsy (*also fig*); **~ая арте́рия** (*anat*) carotid artery; **~ая боле́знь** (*med*) (*i*) sleeping sickness (*morbus dormitivus*), (*ii*) sleepy sickness (*Br*), sleeping sickness (*US*) (*encephalitis lethargica*); **~ое ца́рство** the land of Nod. **2** (*снотворный*) sleeping, soporific; **~ые ка́пли** sleeping draught (*Br*), sleeping draft (*US*).
соно́рный *adj* (*ling*) sonant.
со́н|я, и *f and cg* **1** *f* (*грызун*) dormouse. **2** *cg* (*coll*) (*человек*) sleepyhead.
сообража́|ть, ю *impf* **1** *impf of* ⇨**сообрази́ть**. **2** (*impf only*): **хорошо́, пло́хо с.** to be quick, slow on the uptake.
соображе́ни|е, я *nt* **1** (*суждение*) consideration, thought; **приня́ть в с.** to take into consideration. **2** (*понимание*) understanding, grasp. **3** (*причина*) consideration, reason; (*мысль*) notion, idea; **по фина́нсовым ~ям** for financial reasons; **вы́сказать свой ~я** to express one's views.
сообрази́тельност|ь, и *f* quickness, quick-wittedness.
сообрази́тел|ьный (~ен, ~ьна) *adj* quick-witted, quick, sharp, bright.
сообра|зи́ть, жу́, зи́шь *pf* (*of* ⇨**~жа́ть 1**) **1** (*взвесить*) to consider, ponder, think out; to weigh (the pros and cons of). **2** (*понять*) to understand, grasp. **3** (*coll*) (*устроить*) to think up, arrange.
сообра́зно *adv* (**с** + *i*) in conformity (with).
сообра́зност|ь, и *f* conformity.
сообра́з|ный (~ен, ~на) *adj* (**с** + *i*) in conformity (with); **э́то ни с чем не ~но** it makes no sense at all.
сообраз|ова́ть, у́ю *impf and pf* (**с** + *i*) to make conform (to), adapt (to); **с. расхо́ды с дохо́дами** to adapt expenditure to income.
сообраз|ова́ться, у́юсь *impf and pf* (**с** + *i*) to conform (to), adapt o.s. (to).
сообща́ *adv* together, jointly.
сообщ|а́ть, а́ю *impf of* ⇨**~и́ть**
сообщ|а́ться, а́юсь *impf* **1** *impf of* ⇨**~и́ться**. **2** *impf only* (**с** + *i*) to communicate (with), be in communication (with).
сообще́ни|е, я *nt* **1** (*известие*) communication, report; **сро́чное** *or* **э́кстренное с.** news flash; **по после́дним ~ям** according to latest reports. **2** (*связь*) communication; **прямо́е с.** through connection; **пути́ ~я** communications (*rail, road, canal, etc.*).
соо́бществ|о, а *nt* (*международное, мировое*) community; **в ~е** (**с** + *i*) in association (with), together (with).
сообщ|и́ть, у́, и́шь *pf* (*of* ⇨**~а́ть**) **1** (+ *a or* **о** + *p*) (*уведомить*) to communicate, report, inform, announce; **с. после́дние изве́стия** to report the latest news. **2** (*придать*) to impart; **с. материа́лу огнеупо́рность** to make a material fireproof.
сообщ|и́ться, и́тся *pf* (*of* ⇨**~а́ться**) to be communicated.
соо́бщник, а *m* accomplice; partner (*in crime*); (*law*) accessory.
соо́бщни|ца, цы *f of* ⇨**~к**
соо́бщничеств|о, а *nt* complicity.
соору|ди́ть, жу́, ди́шь *pf* (*of* ⇨**~жа́ть**) **1** to build, erect. **2** (*coll*) (*ужин, шалаш*) to make hastily; to knock up (*Br*).
сооружа́|ть, ю *impf of* ⇨**сооруди́ть**
сооруже́ни|е, я *nt* **1** (*действие*) building, erection. **2** (*постройка*) building, structure; **вое́нные ~я** military installations.
соотве́тственно *adv* **1** accordingly. **2** (+ *d or* **с** + *i*) according (to), in accordance (with), in conformity (with).
соотве́тствен|ный (~, ~на) *adj* (+ *d*) corresponding (to).
соотве́тстви|е, я *nt* accordance, conformity, correspondence; **в ~и** (**с** + *i*) in accordance (with); **привести́ в с.** (**с** + *i*) to bring into line (with).
соотве́тств|овать, ую *impf* (+ *d*) to correspond (to, with), conform (to); **с. действи́тельности** to correspond to the facts; **с. тре́бованиям** to meet the requirements; **с. це́ли** to answer the purpose.
соотве́тств|ующий *pres participle active of* ⇨**~овать** *and adj* **1** (+ *d*) corresponding (to). **2** (*подходящий*) proper, appropriate; **поступа́ть**

С

~ующим óбразом to act accordingly.

соотéчественник, а *m* compatriot, fellow countryman.

соотéчественниц|а, ы *f* compatriot, fellow countrywoman.

соотнес|ти́, ý, ёшь, *past* ~̈, **~лá** *pf* (*of* ⇒**соотноси́ть**) to correlate.

соотноси́тел|ьный (~ен, ~ьна) *adj* correlative.

соотно|си́ть, шý, ~̃сишь *impf of* ⇒**соотнести́**

соотно|си́ться, ~̃сится *impf* to correspond.

соотношéни|е, я *nt* correlation, ratio; **с. сил** correlation of forces, alignment of forces.

сопéрник, а *m* rival.

сопéрни|ца, цы *f of* ⇒**~к**

сопéрнича|ть, ю *impf* to be rivals; (**с** + *i*) to compete (with), vie (with).

сопéрничеств|о, а *nt* rivalry.

соп|éть, лю́, и́шь *impf* to breathe heavily and noisily through the nose.

сóпк|а, и *f* **1** (*гора*) hill. **2** (*на Дальнем Востоке, вулкан*) volcano.

соплемéнник, а *m* fellow tribesman.

соплемéнниц|а, ы *f* fellow tribeswoman.

соплúв|ый (~, ~а) *adj* (*coll*) snotty.

соп|лó, лá, *pl* **~̃ла, ~̃ел** *and* **~л** *nt* (*tech*) nozzle.

сопл|я́, и́, *pl* **~̃и, ~̃éй** *f* **1** (nose) drip; (*in pl*) snivel, snot. **2** (*coll, pej*) = **сопля́к**

сопля́к, á *m* (*coll, pej*) milksop.

сопостави́м|ый (~, ~а) *adj* comparable.

сопостáв|ить, лю, ишь *pf* (*of* ⇒**~ля́ть**) (**с** + *i*) to compare (with).

сопоставлéни|е, я *nt* comparison.

сопоставля́|ть, ю *impf of* ⇒**сопостáвить**

сопрáно *indecl* (*mus*) **1** *nt* (*голос*) soprano (*voice*). **2** *f* (*певица*) soprano (*singer*).

сопредéл|ьный (~ен, ~ьна) *adj* neighbouring (*Br*), neighboring (*US*); contiguous; (*fig*) (*родственный*) related.

сопрé|ть, ю *pf of* ⇒**преть**

соприкасá|ться, юсь *impf* (*of* ⇒**соприкоснýться**) (**с** + *i*) **1** to adjoin, be contiguous (to). **2** (*fig*) (*общаться*) to come into contact (with).

соприкосновéни|е, я *nt* contiguity; (*mil and fig*) contact; **имéть с.** (**с** + *i*) to come into contact (with).

соприкосн|ýться, ýсь, ёшься *pf of* ⇒**соприкасáться**

сопричáстност|ь, и *f* complicity, participation.

сопричáст|ный (~ен, ~на) *adj*: **быть с.** (**к** + *d*) to be implicated (in), be a participant (in).

сопроводи́тел|ь, я *m* escort.

сопроводи́тельн|ый *adj* accompanying; **~ое письмó** covering letter.

сопрово|ди́ть, жý, ди́шь *pf of* ⇒**~ждáть**

сопровождá|ть, ю *impf* (*of* ⇒**сопроводи́ть**) to accompany.

сопровождá|ться, ется *impf* (+ *i*) to be accompanied (by).

сопровождéни|е, я *nt* **1** (*действие*) accompanying, escort; **в ~и** (+ *g*) accompanied (by); escorted (by). **2** (*mus*) accompaniment; **звуковóе с.** soundtrack.

сопротивлéни|е, я *nt* resistance, opposition; (*phys, tech*) strength; (*elec*) resistance, impedance; **оказáть с.** to put up resistance; **идти́ по ли́нии наимéньшего ~я** to take the line of least resistance.

сопротивля́емост|ь, и *f* capacity to resist; (*elec*) resistivity.

сопротивля́|ться, юсь *impf* (+ *d*) to resist, oppose.

сопряжён|ный (~, ~á) *adj* (**с** + *i*) linked (with), attended (by), entailing; **ваш проéкт ~ с бóльшим ри́ском** your scheme entails great risk.

сопýтств|овать, ую *impf* (+ *d*) to accompany; **~ующие обстоя́тельства** attendant circumstances, concomitants.

сор, а *m* litter, rubbish; **не выноси́ть ~̃а из избы́** not to wash one's dirty linen in public.

соразмéр|ить, ю, ишь *pf* (*of* ⇒**~я́ть**) (**с** + *i*) to make commensurate (with), balance (with).

соразмéрност|ь, и *f* proportionality.

соразмéр|ный (~ен, ~на) *adj* proportionate.

соразмер|я́ть, я́ю *impf of* ⇒**~̃ить**

сорáтник, а *m* comrade-in-arms.

сорван|éц, цá *m* (*coll*) (*о ребёнке*) a terror; (*о девочке*) tomboy.

сорв|áть, ý, ёшь, *past* **~áл, ~алá, ~áло** *pf* (*of* ⇒**срывáть**) **1** (*отделить*) to tear off, break off, tear away, tear down; (*цветок*) to pick, pluck; **с. вéтку** to break off a branch. **2** (*coll*) (*добиться*) to get, extract; **с. с когó-н. улы́бку** to get a smile out of s.o. **3** (**на** + *p*) (*выместить*) to vent (upon); **с. гнев на ком-н.** to vent one's anger upon s.o. **4** (*нарушить*) to wreck, ruin, spoil; **с. забастóвку** to break a strike; **с. банк** (*cards*) to break the bank.

сорв|áться, ýсь, ёшься, *past* **~áлся, ~алáсь, ~áлóсь** *pf* (*of* ⇒**срывáться**) **1** (*освободиться*) to break away, break loose; **с. с пéтель** to come off its hinges; **с. с мéста** (*coll*) to dart off; **с. с языкá** to escape one's lips. **2** (*упасть*) to fall, come down; **с. с колокóльни** to fall from the belfry. **3** (*coll*) (*не удаться*) to fall through.

сорвиголов|á, ы́, *pl* **сорвигóловы, сорвиголóв, сорвиголовáм** *cg* (*coll*) daredevil; desperado.

сорганиз|овáть, ýю *pf of* ⇒**организовáть**

сóрго *nt indecl* (*bot*) sorghum.

соревновáни|е, я *nt* **1** (*sport*) competition, contest; event; **комáндное с.** team event; **отбóрочные ~я** elimination contests; **с. на пéрвенство ми́ра** world championship. **2** (*действие*) competition.

соревн|овáться, ýюсь *impf* (**с** + *i*) to compete (with, against).

соревн|ýющийся *pres participle of* ⇒**~овáться**; *as n* **с., ~ýющегося** *m* competitor, contender.

соригинáльнича|ть, ю *pf of* ⇒**оригинáльничать**

сори́нк|а, и *f* mote; speck of dust.

сор|и́ть, ю́, и́шь *impf* (*of* ⇒**на~**) (+ *a or i*) to drop litter; to make a mess; **с. в кóмнате окýрками** to litter a room with cigarette butts; **с. деньгáми** to throw one's money about.

сóрн|ый *adj* **1** *adj of* ⇒**сор**; **~ое ведрó** refuse pail. **2**: **~ая травá** weed; (*collect*) weeds.

сорня́к, á *m* weed.

сорóдич, а *m* **1** (*родственник*) relative. **2** (*соотечественник*) fellow countryman (*fem* fellow countrywoman).

сóрок, *all other cases* **á** *num* forty; **с. ~óв** (*coll, obs*) a multitude, a great number.

сорóк|а, и *f* magpie; **с. на хвостé принеслá** a little bird told me, us, *etc.*

сорокалéти|е, я *nt* **1** (*срок*) forty years. **2** (*годовщина*) fortieth anniversary; (*день рождения*) fortieth birthday.

сорокалéтний *adj* **1** (*срок*) forty-year, of forty years. **2** (*человек*) forty-year-old.

сороков|óй *adj* fortieth; **~ые гóды** the forties.

сороконóжк|а, и *f* centipede.

сорокопя́тк|а, и *f* (*coll*) single (record).

сорóчк|а, и *f* **1** shirt; blouse; (*нижняя*) camisole; **ночнáя с.** (*мужская*) nightshirt; (*женская*) nightdress. **2** (*игральной карты*) reverse. **3** (*med*) caul; **роди́ться в ~е** to be born with a silver spoon in one's mouth.

сорт, а, *pl* **~á** *m* **1** (*качество*) grade, quality; **вы́сший с.** best quality; **пéрвого ~̃а** first grade, first-rate. **2** (*разновидность*) sort, kind, variety.

сорти́р, а *m* (*coll*) loo.

сортир|овáть, ýю *impf* (*товар, уголь*) to sort, grade; (*корреспонденцию*) to sort; (*comput*) to sort.

сортирóвк|а, и *f* sorting, grading.

сортирóвочн|ый *adj* sorting; *as n* **~ая, ~ой** *f* marshalling (*Br*), marshaling (*US*) yard.

сортирóвщик, а *m* sorter.

сортирóвщи|ца, цы *f of* ⇒**~к**

сóртност|ь, и *f* grade, quality.

сóртный *adj* (*specialist use only*) high-quality.

сортовóй *adj* high-grade, high-quality.

сосáни|е, я *nt* sucking.

сосáтельный *adj* sucking.

сос|áть, ý, ёшь *impf* to suck.

сосвáта|ть, ю *pf of* ⇒**свáтать**

сосéд, а, *pl* **~и, ~ей** *m* neighbour (*Br*), neighbor (*US*); **с. по кварти́ре** flatmate (*Br*), room-mate (*US*); **с. по купé** (*railways*) fellow passenger.

сосéд|ить, ишь *impf* (**с** + *i*) to be adjacent (to), adjoin.

сосéд|ка, ки *f of* ⇒**~**

сосéдн|ий *adj* neighbouring (*Br*), neighboring (*US*); adjacent, next; **с. дом** the house next door; **~яя кóмната** the next room.

С

сосе́д|ский *adj of* ⇨~

сосе́дств|о, а *nt* neighbourhood (*Br*), neighborhood (*US*); vicinity; **по ~у** (+ *g*) near, in the vicinity (of).

соси́ск|а, и *f* thin sausage; (*тонкая, копчёная; в хот-доге*) frankfurter.

со́ск|а, и *f* **1** (*пустышка*) dummy. **2** (*на бутылке*) teat.

соска́блива|ть, ю *impf of* ⇨**соскобли́ть**

соска́кива|ть, ю *impf of* ⇨**соскочи́ть**

соска́льзыва|ть, ю *impf of* ⇨**соскользну́ть**

соскобл|и́ть, ю́, ~́ишь *pf* (*of* ⇨**соска́бливать**) to scrape off.

соско́к, а *m* jump (down).

соскользн|у́ть, у́, ёшь *pf* (*of* ⇨**соска́льзывать**) (*упасть*) to slip off, slide off; (*с горы*) to slide down.

соскоч|и́ть, у́, ~́ишь *pf* (*of* ⇨**соска́кивать**) **1** (*с трамвая, коня*) to jump off, leap off; (*с дерева*) to jump down, leap down; **с. с крова́ти** to jump out of bed. **2** (*упасть*) to come off; **с. с пе́тель** to come off its hinges. **3** (**с** + *g*; *coll*) (*исчезнуть*) to disappear (from), leave; **хмель ~и́л с него́** he sobered up.

соскреба́|ть, ю *impf of* ⇨**соскрести́**

соскре|сти́, бу́, бёшь, *past* **~̈б, ~бла́** *pf* (*of* ⇨**~ба́ть**) to scrape away, off.

соску́ч|иться, усь, ишься *pf* **1** (*почувствовать скуку*) to become bored. **2** (**по** + *d*) to miss; (*по родине, по городу*) to be homesick (for); **с. по дере́вне** to miss the country; **с. по друзья́м** to miss one's friends.

сослага́тельный *adj* (*gram*) subjunctive.

со|сла́ть, шлю́, шлёшь *pf* (*of* ⇨**ссыла́ть**) to exile, banish.

со|сла́ться, шлю́сь, шлёшься *pf* (*of* ⇨**ссыла́ться**) (**на** + *a*) **1** (*указать*) to refer (to), allude (to); (*процитировать*) to cite, quote. **2** (*оправдаться*) to plead; **с. на недомога́ние** to plead indisposition.

со́слепа *adv* (*coll*) due to poor sight.

со́слеп|у *adv* = **~а**

сосло́ви|е, я *nt* (social) class; **дворя́нское с.** the nobility; **духо́вное с.** the clergy; **купе́ческое с.** the merchants.

сосло́в|ный *adj of* ⇨**~ие**; **с. предрассу́док** class prejudice.

сослужи́в|ец, ца *m* colleague, fellow employee.

сослужи́в|ица, ицы *f of* ⇨**~ец**

сослуж|и́ть, у́, ~́ишь *pf*: **с. кому́-н. слу́жбу** to do s.o. a good turn; (*о вещи*) to stand s.o. in good stead.

сосн|а́, ы, *pl* **~́ы, со́сен** *f* pine (tree).

сосно́вый *adj* pine.

сосн|у́ть, у́, ёшь *pf* (*coll*) to have, take a nap.

сосня́к, а́ *m* pine forest.

сос|о́к, ка́ *m* nipple.

сосредото́чени|е, я *nt* (*mil, etc.*) concentration.

сосредото́ченност|ь, и *f* (degree of) concentration.

сосредото́ч|енный *ppp of* ⇨**~ить** *and adj* concentrated; **с. взгляд** fixed stare; **~енное внима́ние** rapt attention.

сосредото́чива|ть(ся), ю(сь) *impf of* ⇨**сосредото́чить(ся)**

сосредото́ч|ить, у, ишь *pf* (*of* ⇨**~ивать**) to concentrate; to focus; **с. внима́ние** (**на** + *p*) to concentrate one's attention (on, upon).

сосредото́ч|иться, усь, ишься *pf* (*of* ⇨**~иваться**) **1** (**на** + *p*) to concentrate (on, upon). **2** *passive of* ⇨**~ить**

соста́в, а *m* **1** (*вещества*) composition, make-up; structure; **социа́льный с.** social structure; **хими́ческий с.** (*i*) (*совокупность частей*) chemical composition, (*ii*) (*само соединение*) chemical compound; **входи́ть в с.** (+ *g*) to form part (of); **с. преступле́ния** (*law*) corpus delicti. **2** (*коллектив людей*) staff, personnel; **ли́чный с.** personnel; **нали́чный с.** available personnel; **с. (актёров)** cast; (*mil*) effectives; **офице́рский с.** the officers; **в по́лном ~е** with its full complement; in, at full strength; **в ~е** (+ *g*) numbering, consisting (of), amounting (to); **делега́ция в ~е тридцати́ челове́к** a delegation of thirty (persons); **входи́ть в с.** (+ *g*) to be a member (of); **войти́ в с.** (+ *g*) to become a member (of). **3** (*поезд*) train; **подвижно́й с.** rolling stock.

состави́тел|ь, я *m* compiler, author.

состави́тель|ница, ницы *f of* ⇨~

соста́в|ить[1], лю, ишь *pf* (*of* ⇨**~ля́ть**) **1** (*собрать, соединить*) to put together; **с. посу́ду** to stack crockery. **2** (*список, проект*) to make, draw up; to compile; to form, construct; **с. библиоте́ку** to form a library; **с. мне́ние** to form an opinion; **с. предложе́ние** to construct a sentence; **с. слова́рь** to compile a dictionary. **3** (*являться*) to be, constitute, make; **э́то не ~ит большо́го труда́** this will not constitute a lot of work. **4** (*образовать*) to form, make, amount to, total; **с. в сре́днем** to average; **расхо́ды ~или пятьсо́т фу́нтов** expenditure amounted to five hundred pounds. **5**: **с. себе́** to make (for o.s.); **с. себе́ и́мя** to make a name for o.s.

соста́в|ить[2], лю, ишь *pf* (*of* ⇨**~ля́ть**) (*сверху вниз*) to take down, put down; **с. я́щики на́ пол** to put the drawers down on the floor.

соста́в|иться, ится *pf* (*of* ⇨**~ля́ться**) to form, be formed, come into being.

составля́|ть(ся), ю, ет(ся) *impf of* ⇨**соста́вить(ся)**

составн|о́й *adj* **1** (*составленный из некоторых частей*) compound, composite; **~а́я кни́жная по́лка** sectional bookshelf. **2** (*входящий в состав чего-н.*) component; **~а́я часть** component, constituent.

состар|ить(ся), ю(сь) *pf of* ⇨**ста́рить(ся)**

состоя́ни|е, я *nt* **1** state, condition; position; **в хоро́шем, плохо́м ~и** in good, bad condition; **быть в ~и войны́** (**с** + *i*) to be at war (with); **быть в ~и** (+ *inf*) to be able (to), be in a position (to). **2** (*obs*) (*социальное положение*) status; **гражда́нское с.** civil status. **3** (*имущество*) fortune; **нажи́ть с.** to make a fortune.

состоя́тельност|ь[1], и *f* (*богатство*) wealth.

состоя́тельност|ь[2], и *f* (*обоснованность*) justifiability, strength (*of an argument, etc.*).

состоя́тел|ьный[1] (~ен, ~ьна) *adj* (*богатый*) well-off.

состоя́тел|ьный[2] (~ен, ~ьна) *adj* (*обоснованный*) well grounded.

состо|я́ть, ю́, и́шь *impf* **1** (**из** + *g*) to consist (of), comprise, be made up (of); **кварти́ра ~и́т из трёх ко́мнат** the flat consists of three rooms. **2** (**в** + *p*) to consist (in), lie (in), be; **ра́зница ~и́т в том, что...** the difference is that ... . **3** (*быть*) to be; **с. в па́ртии** to be a member of a party; **с. чле́ном о́бщества** to be a member of a society; **с. под судо́м** to be awaiting trial; **с. при посо́льстве** to be attached to the embassy.

состо|я́ться, и́тся *pf* to take place; **визи́т не ~я́лся** the visit did not take place.

сострагива|ть, ю *impf of* ⇨**строга́ть**

сострада́ни|е, я *nt* compassion, sympathy.

сострада́тел|ьный (~ен, ~ьна) *adj* compassionate, sympathetic.

сострада́|ть, ю *impf* (+ *d*; *obs*) to feel pity (for).

сострига́|ть, ю *impf of* ⇨**состри́чь**

остр|и́ть, ю́, и́шь *pf of* ⇨**остри́ть**

состри́|чь, гу́, жёшь, гу́т, *past* **~г, ~гла** *pf* (*of* ⇨**~га́ть**) to shear, clip off.

сострога́|ть, ю *pf* (*of* ⇨**сostrа́гивать**) to plane off.

состро́|ить, ю, ишь *pf of* ⇨**стро́ить 4**; **с. грима́су, с. ро́жу** (*coll*) to make a face.

состря́па|ть, ю *pf of* ⇨**стря́пать**

состык|ова́ть(ся), у́ю, у́ет(ся) *pf of* ⇨**стыкова́ть(ся)**

состяза́ни|е, я *nt* competition, contest; match; **с. в пла́вании** swimming contest; **с. по фехтова́нию** fencing match; **с. в остроу́мии** battle of wits.

состяза́|ться, юсь *impf* (**с** + *i*) to compete (with).

сосу́д, а *m* vessel.

сосу́дистый *adj* (*anat, biol*) vascular.

сосу́льк|а, и *f* icicle.

сосуществова́ни|е, я *nt* coexistence.

сосуществ|ова́ть, у́ю *impf* to coexist.

сос|у́щий *pres participle active of* ⇨**~а́ть** *and adj* (*zool*) suctorial.

сосчита́|ть, ю *pf of* ⇨**счита́ть**

сосчита́|ться, юсь *pf* (**с** + *i*) (*coll*) to settle accounts (with), get even (with) (*also fig*).

сотворе́ни|е, я *nt* creation, making; **с. ми́ра** the creation of the world.

сотвор|и́ть, ю́, и́шь *pf of* ⇨**твори́ть**

С

со́тенн|ая, ой *f* (*coll*) hundred-rouble note.

со́тенный *adj* (*coll*) worth a hundred roubles.

со́т|ка, ки *f* (*coll*) **1** (*100 кв. м*) 100 square metres (*0.01 hectare*); **шесть ~ок** (*сад*) (small) garden plot; (*огород*) (small) vegetable (garden) plot (*of a standard size in Russia, often 0.06 hectare*). **2** (*сто частей какой-л. меры*) (one) hundred (*usu not followed by a* (*metric*) *unit*); **с. во́дки** a hundred grams of vodka.

сотк|а́ть, у́, ёшь, *past* **~а́л, ~ала́, ~а́ло** *pf of* **⇒тка́ть**

со́тник, а *m* (*hist*) sotnik (*a lieutenant of Cossack troops*).

со́т|ня, ни, *g pl* **~ен** *f* **1** (*сто*) a hundred (*esp a hundred roubles*). **2** (*hist*) sotnya, company (*mil unit, originally of a hundred men*); **каза́чья с.** Cossack squadron.

сотова́рищ, а *m* associate, partner.

сотови́д|ный (~ен, ~на) *adj* honeycomb.

со́т|овый *adj* **1** *adj of* **⇒~ы**; **с. мёд** comb honey. **2** (*tech*) honeycomb; **с. телефо́н** cellphone, mobile phone (*Br*).

сотрапе́зник, а *m* (*literary*) table companion.

сотру́дник, а *m* **1** (*коллега*) colleague. **2** (*служащий*) employee, worker; **нау́чный с.** research assistant; **с. посо́льства** embassy official. **3** (*газеты, журнала*) contributor.

сотру́дни|ца, цы *f of* **⇒~к**

сотру́днича|ть, ю *impf* **1** (**с** + *i*) to work (with). **2** (**в** + *p*) to contribute (to); **с. в газе́те** to contribute to a newspaper; to work on a newspaper.

сотру́дничеств|о, а *nt* collaboration, cooperation.

сотряс|а́ть(ся), а́ю(сь) *impf of* **⇒~ти́(сь)**

сотрясе́ни|е, я *nt* shaking; **с. мо́зга** (*med*) concussion.

сотряс|ти́, у́, ёшь, *past* **~́, ~ла́** *pf* (*of* **⇒~а́ть**) to shake.

сотряс|ти́сь, у́сь, ёшься, *past* **~́ся, ла́сь** *pf* (*of* **⇒~а́ться**) to shake, tremble.

со́т|ы, ов (*no sg*) honeycombs; **мёд в ~ах** honey in combs.

со́т|ый *adj* hundredth; **с. год** the year one hundred; *as n* **~ая, ~ой** *f* (a) hundredth.

со́ул, а *m*: (**му́зыка**) **с.** soul music.

соумы́шленник, а *m* accomplice.

со́ус, а *m* sauce; (*мясной*) gravy; (*к салату*) dressing.

со́усник, а *m* sauce boat, gravy boat.

соуча́ств|овать, ую *impf* (**в** + *p*) to participate (in), take part (in).

соуча́сти|е, я *nt* complicity.

соуча́стник, а *m* accomplice; **с. преступле́ния, с. в преступле́нии** (*law*) accessory to a crime.

соуча́стни|ца, цы *f of* **⇒~к**

соучени́к, а́ *m* schoolmate, schoolfellow.

соучени́|ца, цы *f of* **⇒~к**

соф|а́, ы́, *pl* **~́ы** *f* sofa.

софи́зм, а *m* sophism, sophistry.

софи́ст, а *m* sophist.

софи́стик|а, и *f* sophistry.

софисти́ческий *adj* sophistic(al).

Софи́|я, и *f* Sofia.

сох|а́, и́, *pl* **~́и** *f* (*wooden*) plough (*Br*), plow (*US*).

соха́т|ый (~, ~а) *adj* (*dialect*) with branching antlers; *as n* **с., ~ого** *m* elk, moose.

со́х|нуть, ну, нёшь, *past* **~, ~ла** *impf* **1** (*о белье*) to dry, get dry; (*о губах*) to become parched. **2** (*вянуть*) to wither; (*fig, coll*) (*от любви*) to pine. **3** (*coll*) (*худеть*) to get thin.

сохране́ни|е, я *nt* **1** preservation; conservation; (*попечение*) care, custody; **отда́ть кому́-н. на с.** to give into s.o.'s charge. **2** (*права*) retention; **о́тпуск с ~ем содержа́ния** holiday(s) with pay.

сохран|и́ть, ю́, и́шь *pf* (*of* **⇒~я́ть**) **1** (*беречь*) to preserve, keep; to keep safe; **с. ве́рность** (+ *d*) to remain faithful, loyal (to); **с. на па́мять** to keep as a souvenir. **2** (*не потерять*) to keep, retain, reserve; **с. хладнокро́вие** to keep cool; **с. за собо́й пра́во** to reserve the right; (*comput*) to save.

сохран|и́ться, ю́сь, и́шься *pf* (*of* **⇒~я́ться**) **1** to remain (intact); to last out, hold out; **он хорошо́ ~и́лся** he is well preserved. **2** *passive of* **⇒~и́ть**

сохра́нно *adv* safely, intact.

сохра́нност|ь, и *f* safety, undamaged state; **в ~и** safe, intact.

сохра́н|ный (~ен, ~на) *adj* safe; undamaged.

сохраня́емост|ь, и *f* shelf life.

сохран|я́ть(ся), я́ю(сь) *impf of* **⇒~и́ть(ся)**

соц... *comb form, abbr of*
1 социа́льный.
2 социалисти́ческий

соцбло́к, а *m* (*hist*) Eastern bloc.

соцве́ти|е, я *nt* (*bot*) inflorescence.

социа́л-демокра́т, а *m* social democrat.

социа́л-демократи́ческий *adj* social democratic.

социа́л-демокра́ти|я, и *f* social democracy.

социализа́ци|я, и *f* socialization.

социализи́р|овать, ую *impf and pf* to socialize.

социали́зм, а *m* socialism.

социали́ст, а *m* socialist.

социалисти́ческий *adj* socialist.

социали́ст|ка, ки *f of* **⇒~**

социали́ст-революционе́р, а *m* (*hist*) socialist revolutionary.

социа́льно-бытово́й *adj* social, welfare.

социа́льно-экономи́ческий *adj* socio-economic.

социа́льн|ый *adj* social; **~ое обеспе́чение** social security; **~ое положе́ние** social status.

социо́лог, а *m* sociologist.

социологи́ческий *adj* sociological.

социоло́ги|я, и *f* sociology.

соцреали́зм, а *m* socialist realism.

соцстра́х, а *m* (*abbr of* **социа́льное страхова́ние**) social insurance.

соч. (*abbr of* **сочине́ние** *or* **сочине́ния**) work(s) (*of creative artist*).

соче́льник, а *m* (*eccl*): **Рожде́ственский с.** Christmas Eve; **Креще́нский с.** Twelfth Night, eve of the Epiphany.

сочета́ни|е, я *nt* combination.

сочета́|ть, ю *impf and pf* (**с** + *i*) to combine (with).

сочета́|ться, юсь *impf and pf* **1** to combine; **в ней ~лся ум с красото́й** she combined intelligence and good looks. **2** (**с** + *i*) (*гармонировать*) to harmonize (with), go (with); to match. **3** (**с** + *i*) (*obs*): **с. бра́ком** to contract matrimony.

сочине́ни|е, я *nt* **1** (*действие*) composing. **2** (*произведение*) work; **и́збранные ~я Го́голя** selected works of Gogol. **3** (*школьное*) composition, essay.

сочини́тел|ь, я *m* **1** (*obs*) (*писатель*) writer, author. **2** (*coll*) (*выдумщик*) storyteller, fabricator.

сочини́тельный *adj* (*gram*) coordinating.

сочини́тельств|о, а *nt* **1** (*obs*) writing. **2** (*pej*) scribbling, hack-writing. **3** (*coll*) (*выдумывание*) fabrication.

сочин|и́ть, ю́, и́шь *pf* (*of* **⇒~я́ть**) **1** (*создать*) to compose (*a literary or mus work*); to write. **2** (*выдумать*) to make up, fabricate.

сочин|я́ть, я́ю *impf of* **⇒~и́ть**

соч|и́ть, у́, и́шь *impf* to ooze (out), exude.

соч|и́ться, и́тся *impf* to ooze (out), exude; **с. кро́вью** to bleed.

сочлене́ни|е, я *nt* (*anat and tech*) articulation, joint, coupling.

сочлен|и́ть, ю́, и́шь *pf* (*of* **⇒~я́ть**) to join.

сочлен|я́ть, я́ю *impf of* **⇒~и́ть**

со́чност|ь, и *f* juiciness, succulence.

со́ч|ный (~ен, ~на́, ~но) *adj* **1** juicy (*also fig*); succulent. **2** (*fig*) (*краски*) rich; (*зелень*) lush; **с. го́лос** fruity voice; **~ная расти́тельность** lush vegetation.

сочу́вствен|ный (~, ~на) *adj* sympathetic.

сочу́встви|е, я *nt* sympathy; **вы́звать с.** to gain sympathy.

сочу́вств|овать, ую *impf* (+ *d*) to sympathize (with), feel (for).

сочу́вств|ующий *pres participle active of* **⇒~овать** *and adj* sympathetic; *as n* **с., ~ующего** *m* sympathizer.

со́шк|а, и *f* **1** *diminutive of* **⇒соха́**; **ме́лкая с.** (*coll*) small fry. **2** (*mil*) bipod.

сошни́к, а́ *m* ploughshare (*Br*), plowshare (*US*).

сощу́рива|ть(ся), ю(сь) *impf of* **⇒сощу́рить(ся)**

сощу́р|ить, ю, ишь *pf* (*of* **⇒щу́рить** *and* **⇒~ивать**); **с. глаза́** to screw up one's eyes.

сощу́р|иться, юсь, ишься *pf* (*of* **⇒щу́риться** *and* **⇒~иваться**) to screw up one's eyes.

сою́з[1]**, а** *m* **1** (*единение*) alliance, union; (*соглашение*) agreement; **заключи́ть с.** (**с** + *i*) to conclude an alliance (with). **2** (*организация*) union;

league; **профессиона́льный с.** trade union; **Сове́тский С.** the Soviet Union.

сою́з², а *m (gram)* conjunction.

сою́зк|а, и *f* vamp (*of footwear*).

сою́зник, а *m* ally.

сою́зни|ца, цы *f of* ⇒**~к**

сою́знический *adj* ally's.

сою́зн|ый¹ *adj* **1** allied; **~ые держа́вы** allied powers; *(hist)* the Allies. **2** *(hist) (бывшего СССР)* Union; **~ое гражда́нство** citizenship of the USSR.

сою́з|ный² *adj of* ⇒**~²**

со́|я, и *f* soya bean.

спаге́тти *nt and pl indecl* spaghetti.

спад, а *m* **1** *(econ)* slump, recession. **2** *(ветра, шума)* abatement; **пойти́ на с.** to begin to abate.

спада́|ть, ет *impf of* ⇒**спасть**

спазм, а *m* spasm.

спа́зм|а, ы *f* = **~**

спа́ива|ть¹, ю *impf of* ⇒**спои́ть**

спа́ива|ть², ю *impf of* ⇒**спая́ть**

спа|й, я *m (tech)* (soldered) joint.

спа́йк|а, и *f* **1** *(действие)* soldering; *(место соединения)* soldered joint. **2** *(fig)* cohesion; union.

спал|и́ть, ю́, и́шь *pf of* ⇒**пали́ть¹**

спа́льник, а *m (coll)* sleeping bag.

спа́льн|ый *adj* sleeping; **с. ваго́н** sleeping car; **~ое ме́сто** berth, bunk; **с. мешо́к** sleeping bag.

спа́л|ьня, ьни, *g pl* **~ен** *f* **1** *(комната)* bedroom. **2** *(мебель)* bedroom suite.

спам, а *m (comput)* spam.

спа́мер, а *m (comput)* spammer.

спань|ё, я́ *nt (coll)* sleep(ing).

спарашюти́р|овать, ую *pf of* ⇒**парашюти́ровать**

спа́р|енный *ppp of* ⇒**~ить** *and adj* paired, coupled; **~енная устано́вка** *(mil)* combination gun mount.

спа́рж|а, и *f* asparagus.

спа́рива|ть(ся), ю(сь) *impf of* ⇒**спа́рить(ся)**

спа́р|ить, ю, ишь *pf (of* ⇒**~ивать)** **1** *(соединить)* to couple, link, connect. **2** *(животных)* to mate.

спа́р|иться, юсь, ишься *pf (of* ⇒**~иваться)** **1** *(о животных)* to mate. **2** *(о рабочих)* to pair off *(to work together)*.

Спа́рт|а, ы *f* Sparta.

спартакиа́д|а, ы *f* sports and/or athletics meeting.

спарта́н|ец, ца *m* Spartan.

спарта́н|ка, ки *f of* ⇒**~ец**

спарта́нский *adj* Spartan.

спа́рхива|ть, ю *impf of* ⇒**спорхну́ть**

спа́рыва|ть, ю *impf of* ⇒**споро́ть**

Спас, а *m (relig)* the Saviour *(Br)*, Savior *(US)*.

спаса́ни|е, я *nt* rescuing, life-saving.

спаса́тел|ь, я *m* **1** *(человек)* lifeguard; rescuer; *(in pl)* rescue party *or* team. **2** *(судно)* lifeboat.

спаса́тельн|ый *adj* rescue, life-saving; **с. круг/по́яс** lifebelt; **~ая ло́дка** lifeboat.

спаса́|ть(ся), ю(сь) *impf of* ⇒**спасти́(сь)**

спасе́ни|е, я *nt* **1** *(действие)* rescuing, saving. **2** *(возможность спастись)* rescue, escape; *(relig)* salvation.

спаси́бо *particle* thanks; thank you; **с. и на том** that's sth at least, we must be thankful for small mercies; *as n* thanks; **большо́е вам с.** thank you very much, many thanks; **сде́лать что-н. за (одно́) с.** *(coll)* to do sth for love.

спаси́тел|ь, я *m* **1** rescuer. **2**: **С.** *(relig)* the Saviour *(Br)*, the Savior *(US)*.

спаси́тел|ьный (~ен, ~ьна) *adj* saving; **с. вы́ход, ~ьное сре́дство** means of escape.

спас|ова́ть, у́ю *pf of* ⇒**пасова́ть¹**

спас|ти́, у́, ёшь, *past* **~, ~ла́** *pf (of* ⇒**~а́ть)** to save; to rescue; **с. положе́ние** to save the situation.

спас|ти́сь, у́сь, ёшься, *past* **~ся, ~ла́сь** *pf (of* ⇒**~а́ться)** **1** to save o.s., escape. **2** *(relig)* to be saved, save one's soul.

спа|сть, дёт, *past* **~л** *pf (of* ⇒**~да́ть)** **1** **(с** + *i*) *(упасть вниз)* to fall down (from); **с. с го́лоса** *(coll)* to lose one's voice; **с. с те́ла** *(coll)* to lose weight. **2** *(о ветре, шуме, жаре)* to abate; *(о температуре)* fall.

спа|ть, сплю, спишь, *past* **~л, ~ла́, ~ло** *impf* to sleep, be asleep; **с. мёртвым сном** to be fast asleep; **лечь с.** to go to bed; **пора́ с.** it is bedtime; **с. и ви́деть** to dream (of); **с. с** (+ *i*) to sleep with *(euph)*.

спа́|ться, спи́тся, *past* **~ло́сь** *impf (impers,* + *d)*: **мне не спи́тся** I cannot sleep; **ей пло́хо ~ло́сь** she did not sleep well.

спа́янност|ь, и *f* cohesion, unity.

спа|я́ть, я́ю *pf (of* ⇒**~ивать²)** **1** to solder together, weld. **2** *(fig) (коллектив)* to weld together, unite.

СПб. *(abbr of* **Санкт-Петербу́рг)** St Petersburg.

спева́|ться, юсь *impf of* ⇒**спе́ться**

спе́вк|а, и *f* (choir) practice, rehearsal.

спека́|ться, юсь *impf of* ⇒**спе́чься**

спекта́кл|ь, я *m (theatr)* performance; show.

спектр, а *m* spectrum.

спектра́льный *adj (phys)* spectral, spectrum.

спектроско́п, а *m (phys)* spectroscope.

спектроскопи́|я, и *f (phys)* spectroscopy.

спекули́р|овать, ую *impf* **1** (+ *i or* **на** + *p*) to speculate (in); to profiteer (in). **2** **(на** + *p; fig)* to exploit; to profit (by).

спекуля́нт, а *m* speculator, profiteer.

спекуляти́вный *adj* speculative.

спекуля́ци|я¹, и *f* **1** (+ *i, or* **на** + *p*) speculation (in); profiteering; **с. на иностра́нной валю́те** speculation in foreign currency. **2** **(на** + *p; fig)* exploitation (of).

спекуля́ци|я², и *f (philos)* speculation.

спелена́|ть, ю *pf of* ⇒**пелена́ть**

спелео́лог, а *m* **1** speleologist. **2**: **(спортсме́н-)с.** caver, potholer.

спелеологи́ческий *adj* speleological.

спелеоло́ги|я, и *f* speleology; potholing.

спе́л|ый (~, ~а́, ~о) *adj* ripe.

сперва́ *adv (coll)* at first; first.

спе́реди *adv and prep* + *g* in front (of); at the front, from the front.

спер|е́ть¹, сопрёт, *past* **~, ~ла** *pf (of* ⇒**спира́ть)** *(coll)* to press; **у меня́ дыха́нье ~ло** it took my breath away.

спер|е́ть², сопру́, сопрёшь, *past* **~, ~ла** *pf (of* ⇒**пере́ть 5)** *(coll)* to filch, pinch.

спе́рм|а, ы *f* sperm.

сперматозо́ид, а *m (biol)* spermatozoon.

спермаце́т, а *m (pharm)* spermaceti.

спёр|тый *ppp of* ⇒**~е́ть¹** *and adj* close, stuffy.

спеси́вост|ь, и *f* arrogance, conceit, haughtiness, loftiness.

спеси́в|ый (~, ~а) *adj* arrogant, conceited, haughty.

спес|ь, и *f* arrogance, conceit, haughtiness; **сбить с. с кого́-н.** to take s.o. down a peg.

спе|ть¹, ет *impf* to ripen.

спеть², спою́, споёшь *pf of* ⇒**петь**

спе́ться, спою́сь, споёшься *pf* **1** *(impf* **спева́ться)** *(о хоре)* to achieve a unified sound. **2** *pf only (coll) (достичь согласия)* to get on, agree, see eye to eye.

спех, а (у) *m (coll)* hurry; **что за с.?** what's the hurry?; **мне не к ~у** I'm in no hurry.

спец, а́ *m (coll)* = **специали́ст**

спец... *comb form, abbr of* **специа́льный**

специализа́ци|я, и *f* specialization.

специализи́рова|нный *ppp of* ⇒**~ть** *and adj* specialized.

специализи́р|овать, ую *impf and pf* to assign a specialization (to); to earmark for a special role.

специализи́р|оваться, уюсь *impf and pf* **(в** + *p or* **по** + *d)* to specialize (in).

специали́ст, а *m* **(в** + *p or* **по** + *d)* specialist (in), expert (in).

специали́ст|ка, ки *f of* ⇒**~**

специа́льно *adv* specially, especially.

специа́льност|ь, и *f* **1** speciality, special interest. **2** *(профессия)* profession.

специа́л|ьный *adj* **1** special; **с. корреспонде́нт** special correspondent; **со ~ьной це́лью** with the express purpose. **2 (~ен, ~ьна)** specialist; **~ьное образова́ние** specialist education; **с. те́рмин** technical term.

специ́фик|а, и *f* specific character.

специфика́ци|я, и *f* specification.

специфици́р|овать, ую *impf and pf* to specify.

специфи́ческий *adj* specific.

спе́ци|я, и *f* spice.

спецко́р, а *m (abbr of* **специа́льный корреспонде́нт)** special correspondent.

спецку́рс, а *m* special course.

С

спецна́з, а *m* (*abbr of* **отря́д специа́льного назначе́ния**) special unit.

спецна́зов|ец, ца *m* member of special unit.

спецо́вк|а, и *f* (*coll*) = **спецоде́жда**

спецоде́жд|а, ы *f* working clothes, overalls.

спецслу́жб|а, ы *f* (*usu in pl*) special force.

спецхра́н, а *m* (*abbr of* **специа́льное храни́лище**) restricted-access collection (*of politically sensitive materials*).

спецшко́л|а, ы *f* special school.

спецэффе́кт, а *m* special effect.

спе́|ться, чётся, ку́тся, *past* **~кся, ~кла́сь** *pf* (*of* ⇨**~ка́ться**) **1** (*о крови*) to coagulate. **2** (*об угле*) to cake, clinker.

спе́шива|ть(ся), ю(сь) *impf of* ⇨**спе́шить(ся)**

спе́ш|ить, у, ишь *pf* (*of* ⇨**~ивать**) to dismount.

спеш|и́ть, у́, и́шь *impf* (*of* ⇨**по~**) **1** to hurry, be in a hurry; to make haste; (**с** + *i*) to hurry up (with); **с. домо́й** to be in a hurry to get home; **де́лать не ~á** to do in leisurely style, take one's time over. **2** (*no pf*) (*о часах*) to be fast.

спе́ш|иться, усь, ишься *pf* (*of* ⇨**~иваться**) to dismount.

спе́шк|а, и *f* (*coll*) hurry, rush.

спе́шност|ь, и *f* hurry, haste.

спе́ш|ный (~ен, ~на) *adj* urgent, pressing; **с. зака́з** rush order; **~ное письмо́** express letter; **~ная по́чта** express delivery.

спива́|ться, юсь *impf of* ⇨**спи́ться**

СПИД, а *m* (*abbr of* **синдро́м приобретённого иммунодефици́та**) (*med*) Aids (*acquired immune deficiency syndrome*).

спидве́|й, я *m* speedway (racing).

спидо́метр, а *m* speedometer.

спи́кер, а *m* (*parl*) speaker.

спики́р|овать, ую *pf of* ⇨**пики́ровать**

спи́лива|ть, ю *impf of* ⇨**спили́ть**

спил|и́ть, ю́, ~ишь *pf* (*of* ⇨**~ивать**) (*дерево*) to saw down; (*сук, верхушку*) to saw off.

спин|а́, ы́, *a* **~у,** *pl* **~ы** *f* back; **за ~о́й у кого́-н.** (*fig*) behind s.o.'s back; **гнуть ~у (пе́ред** + *i*) to cringe (to), kowtow (to); **нож в ~у, уда́р в ~у** (*fig*) stab in the back; **узна́ть на со́бственной ~е́** to learn from (one's own) bitter experience.

спи́нк|а, и *f* **1** *diminutive of* ⇨**спина́**. **2** back (*of article of furniture or clothing*).

спи́ннинг, а *m* (*sport*) **1** (*техника*) spinning (*fishing technique*). **2** (*снасть*) spinner.

спинно́й *adj* spinal; **с. мозг** spinal cord; **с. хребе́т** spinal column.

спинномозгов|о́й *adj*: **~а́я жи́дкость** (*anat*) spinal fluid.

спира́л|ь, и *f* spiral; (*противозачаточное средство*) coil.

спира́льный *adj* spiral, helical.

спира́|ть, ет *impf of* ⇨**спере́ть**[1]

спири́т, а *m* spiritualist.

спири́т|ка, ки *f of* ⇨**~**

спирити́зм, а *m* spiritualism.

спирити́ческий *adj* spiritualistic; **с. сеа́нс** seance.

спирт, а *m* alcohol, spirit(s); **безво́дный с.** absolute alcohol; **древе́сный с.** wood alcohol.

спиртн|о́й *adj* alcoholic, spirituous; **~ы́е напи́тки** alcoholic drinks, spirits; *as n* **~о́е, ~о́го** *nt* = **~ы́е напи́тки.**

спирто́вк|а, и *f* spirit lamp.

спиртово́й *adj* alcoholic, spirituous; **с. заво́д** distillery.

спи|са́ть, шу́, ~шешь *pf* (*of* ⇨**~сывать**) **1** (**с** + *i*) to copy from. **2** (**у** + *g*) to copy (off), crib (off). **3** (*оборудование*) to write off. **4**: **с. с корабля́** (*naut*) to discharge (*from a ship*).

спи|са́ться, шу́сь, ~шешься *pf* (*of* ⇨**~сываться**) (**с** + *i*) **1** to write to; to exchange letters (with). **2**: **с. с корабля́** (*naut*) to leave ship.

спи́с|ок, ка *m* **1** (*рукописная копия*) manuscript copy. **2** (*письменный перечень*) list; roll; **с. избира́телей** electoral roll; **с. уби́тых и ра́неных** casualty list; **с. ли́чного соста́ва** (*mil*) muster roll. **3**: **послужно́й с.** service record.

спи́сыва|ть(ся), ю(сь) *impf of* ⇨**списа́ть(ся)**

спито́й *adj* (*coll*; *of hot beverages*) weak.

спи́|ться, сопью́сь, сопьёшься, *past* **~лся, ~ла́сь** *pf* (*of* ⇨**~ва́ться**) to become a drunkard, take to drink.

спи́хива|ть, ю *impf of* ⇨**спихну́ть**

спих|ну́ть, ну́, нёшь *pf* (*of* ⇨**~ивать**) to push aside, shove aside; (*вниз*) to push down.

спи́ц|а, ы *f* **1** (*для вязания*) knitting needle. **2** (*колеса*) spoke; **после́дняя с. в колесни́це** minor cog in the machine.

спич, а *m* speech, address.

спи́чечниц|а, ы *f* **1** (*футляр*) matchbox case. **2** (*подставка*) matchbox stand.

спи́ч|ечный *adj of* ⇨**~ка**; **~ечная коро́бка** matchbox.

спи́чк|а, и *f* match.

сплав[1]**, а** *m* (*tech*) alloy.

сплав[2]**, а** *m* (*леса*) (timber) floating.

спла́в|ить[1]**, лю, ишь** *pf* (*of* ⇨**~ля́ть**) (*tech*) to alloy, melt, fuse.

спла́в|ить[2]**, лю, ишь** *pf* (*of* ⇨**~ля́ть**) **1** (*лес*) to float (*timber*); to raft. **2** (*coll*) (*избавиться*) to get rid of.

спла́в|иться, ится *pf* (*of* ⇨**~ля́ться**) to fuse together, coalesce.

спла́вщик, а *m* (*леса*) (timber) rafter.

сплавля́|ть(ся), ю, ет(ся) *impf of* ⇨**спла́вить(ся)**

сплани́р|овать, ую *pf of* ⇨**плани́ровать**[2]

спла́чива|ть(ся), ю(сь) *impf of* ⇨**сплоти́ть(ся)**

сплёвыва|ть, ю *impf of* ⇨**сплю́нуть**

сплёскива|ть, ю *impf of* ⇨**сплесну́ть**

сплес|ну́ть, ну́, нёшь *pf* (*of* ⇨**~кивать**) to splash (down).

спле|сти́, ту́, тёшь, *past* **~л, ~ла́** *pf* (*of* ⇨**плести́ 1** *and* ⇨**~та́ть**) to weave, interlace.

сплета́|ть, ю *impf of* ⇨**сплести́**

сплете́ни|е, я *nt* **1** interlacing; **с. лжи** tissue of lies; **с. обстоя́тельств** combination of circumstances. **2** (*anat*) plexus.

спле́тник, а *m* gossip, scandalmonger.

спле́тниц|а, ы *f of* ⇨**спле́тник**

спле́тнича|ть, ю *impf* to gossip.

спле́т|ня, ни, *g pl* **~ен** *f* gossip; piece of scandal.

сплеча́ *adv* **1** (*ударить*) straight from the shoulder. **2** (*fig, coll*) (*решать*) on the spur of the moment.

спло|ти́ть, чу́, ти́шь *pf* (*of* ⇨**спла́чивать**) **1** to join. **2** (*fig*) to unite, rally; **с. ряды́** to close the ranks.

спло|ти́ться, чу́сь, ти́шься *pf* (*of* ⇨**спла́чиваться**) to unite, rally; to close the ranks.

сплох|ова́ть, у́ю *pf* (*coll*) to make a blunder.

сплочённост|ь, и *f* cohesion, unity.

спло|чённый *ppp of* ⇨**~ти́ть** *and adj* **1** (*сомкнутый друг с другом*) unbroken. **2** (*единодушный*) united, firm; **~чённые ряды́** serried ranks.

сплоша́|ть, ю *pf of* ⇨**плоша́ть**

сплошн|о́й *adj* **1** unbroken, continuous; **с. лес** dense forest; **~а́я ма́сса** solid mass. **2** (*всеобщий*) complete. **3** (*coll*) (*чрезвычайный*) sheer, complete and utter; **с. восто́рг** sheer joy; **~а́я чепуха́** utter rubbish.

сплошь *adv* **1** (*по всей поверхности*) all over; **её но́ги бы́ли с. покры́ты комари́ными уку́сами** her legs were covered all over with gnat bites; **с. и/да ря́дом** (*coll*) nearly always; pretty often. **2** (*coll*) (*целиком*) completely, entirely; (*без исключения*) without exception; (*исключительно*) only, exclusively.

сплут|ова́ть, у́ю *pf of* ⇨**плутова́ть**

сплыва́|ть(ся), ет(ся) *impf of* ⇨**сплы́ть(ся)**

сплы|ть, вёт, *past* **~л, ~ла́, ~ло** *pf* (*of* ⇨**~ва́ть**) (*coll*) **1** (*уплыть*) to be carried away (*by a current of water, by a flood*); **бы́ло да ~ло** it was a short-lived joy; it's all over. **2** (*стечь*) to overflow, run over.

сплы́|ться, вётся, *past* **~лся, ~ла́сь** *pf* (*of* ⇨**~ва́ться**) (*coll*) to run (together), merge, blend.

сплю́н|уть, у, ешь *pf* (*of* ⇨**сплёвывать**) **1** (*плюнуть*) to spit. **2** (*coll*) (*косточку*) to spit out.

сплю́сн|уть, у, ешь *pf* = **сплю́щить**

сплю́щива|ть(ся), ю, ет(ся) *impf of* ⇨**сплю́щить(ся)**

сплю́щ|ить, у, ишь *pf* (*of* ⇨**плю́щить** *and* ⇨**~ивать**) to flatten.

сплю́щ|иться, ится *pf* (*of* ⇨**~иваться**) to become flat.

спля|са́ть, шу́, ~шешь *pf of* ⇨**пляса́ть**

сподви́жник, а *m* (*rhetorical*) associate; comrade-in-arms.

С

сподо́б|ить, ит *pf* (*impers* + *inf*; *obs or joc*) to manage (to), come (to); **как э́то тебя́ ~ило упа́сть в реку́?** how did you manage to fall in the river?

сподо́б|иться, люсь, ишься *pf* (+ *g or* + *inf*; *coll, joc*) to have the honour (*Br*), honor (*US*) (of, to).

сподру́ч|ный (~ен, ~на) *adj* (*coll*) easy; convenient, handy.

спозара́нку *adv* (*coll*) very early (in the morning).

спо|и́ть, ю́, и́шь *pf* (*of* ⇒**спа́ивать**[1]) (*coll*) **1** (*дать выпить*) to give to drink. **2** (*поить до опьянения*) to get drunk; (*сделать пьяницей*) to make a drunkard (of).

споко́|йный (~ен, ~йна) *adj* **1** quiet; calm, tranquil; **~йное мо́ре** calm sea; **с. о́браз жи́зни** quiet life; **~йная со́весть** clear conscience; **~йная улы́бка** serene smile; **бу́дьте ~йны!** don't worry!, rest assured!; **~йной но́чи!** good night! **2** (*человек*) quiet, composed. **3** (*кресло, обувь*) comfortable.

споко́йстви|е, я *nt* **1** (*покой*) quiet, tranquillity; calm. **2** (*порядок*) order; **наруше́ние обще́ственного ~я** breach of the peace. **3** (*душевное*) composure, serenity; **с. ду́ха** peace of mind.

споко́н: **с. ве́ку/веко́в** (*coll*) from time immemorial.

спола́скива|ть, ю *impf of* ⇒**сполосну́ть**

сполз|а́ть, а́ю *impf of* ⇒**~ти́**

сполз|ти́, у́, ёшь, *past* **~, ~ла́** *pf* (*of* ⇒**~а́ть**) **1** (**с** + *g*) to climb down (from). **2** (*о шапке*) to slip down. **3** (**в** + *a*, **к** + *d*; *fig, coll*) (*оказаться на ложном пути*) to slip (into).

сполна́ *adv* completely, in full; **де́ньги полу́чены с.** 'money received in full'.

сполосн|у́ть, у́, ёшь *pf* (*of* ⇒**спола́скивать**) to rinse (out).

споло́х|и, ов (*no sg*) (*dialect*) **1** (*северное сияние*) Northern Lights. **2** (*зарница*) lightning.

сponде́|й, я *m* (*literary*) spondee.

спонси́р|овать, ую *impf and pf* to sponsor.

спо́нсор, а *m* sponsor, backer.

спо́нсорств|о, а *nt* sponsorship.

сponта́нност|ь, и *f* spontaneity.

спонта́н|ный (~ен, ~на) *adj* spontaneous.

спор, а *m* **1** argument; controversy; debate; **затя́ть с.** to start an argument; **~у нет** undoubtedly; there's no denying. **2** (*law*) dispute.

спо́р|а, ы *f* (*biol*) spore.

споради́ческий *adj* sporadic.

спо́р|ить, ю, ишь *impf* (*of* ⇒**по~ 1**) (**о** + *p*) **1** to argue (about); to dispute (about), debate; **о вку́сах не ~ят** tastes differ. **2** (*law*) (**о** + *p*, **за** + *a*) to dispute; **с. о насле́дстве** to dispute a legacy. **3** (*держать пари*) to bet (on), have a bet (on).

спо́р|иться, и́тся *impf* (*coll*) to succeed, go well; **у него́ всё ~и́тся** he never puts a foot wrong.

спо́р|ный (~ен, ~на) *adj* debatable, questionable; disputed, at issue; **с. вопро́с** moot point, vexed question; **~ное насле́дство** disputed legacy.

спор|о́ть, ю́, ~ешь *pf* (*of* ⇒**спа́рывать**) to unstitch, take off (*by cutting stitches*).

спорт, а *m* sport; **автомоби́льный с.** motor sports; **ко́нный с.** equestrianism.

спортза́л, а *m* sports hall.

спорти́вн|ый *adj* (*инвентарь, комментатор*) sports; (*человек, фигура*) sporty; (*одежда*) casual; **с. зал** gymnasium; **с. ко́мплекс** sports centre (*Br*), center (*US*); **~ая площа́дка** sports ground, playing field; **~ое по́ле** playing field; **из ~ого интере́са** (*pej*) just for the sake of it.

спортсме́н, а *m* sportsman, athlete.

спортсме́нк|а, и *f* sportswoman, athlete.

спорхн|у́ть, у́, ёшь *pf* (*of* ⇒**спа́рхивать**) to flutter off; to flutter away.

спо́рщик, а *m* debater, wrangler.

спо́рщи|ца, цы *f of* ⇒**~к**

спо́р|ый (~, ~а́, ~о) *adj* (*coll*) successful; **~ая рабо́та** good work.

спорынь|я́, и́ *f* (*bot*) ergot, spur.

спо́соб, а *m* way, method; means; **таки́м ~ом** in this way; **сле́дующим ~ом** as follows.

спосо́бност|ь, и *f* **1** (*usu in pl*; **к** + *d*) (*талант*) ability (for), talent (for), aptitude (for); **челове́к с больши́ми ~ями** person of great abilities; **с. к языка́м** talent for languages, linguistic ability. **2** (*возможность*) capacity; **покупа́тельная с.** purchasing power; **пропускна́я с.** capacity; (*comput*) bandwidth.

спосо́б|ный (~ен, ~на) *adj* **1** (*талантливый*) able, talented, clever; **с. к матема́тике** good at mathematics. **2** (**на** + *a or* + *inf*) capable (of), able (to); **они́ ~ны на всё** they are capable of anything.

спосо́бств|овать, ую *impf* (*of* ⇒**по~**) (+ *d*) **1** (*помогать*) to assist. **2** (*делать возможным*) to be conducive (to), further, promote.

споткн|у́ться, у́сь, ёшься *pf* (*of* ⇒**спотыка́ться**) **1** (**о** + *a*) to stumble (against, over). **2** (**на** + *p or* **о** + *a*; *fig, coll*) to get stuck (on). **3** (*coll*) (*оступиться*) to slip up.

спотыка́|ться, юсь *impf of* ⇒**споткну́ться**

спохва|ти́ться, чу́сь, ~тишься *pf* (*of* ⇒**~тываться**) (*coll*) to remember suddenly, think suddenly.

спохва́тыва|ться, юсь *impf of* ⇒**спохвати́ться**

спра́ва *adv* (**от** + *g*) on the right (of), to the right (of).

справедли́вост|ь, и *f* **1** justice; fairness; **по ~и говоря́** in (all) fairness, by rights; **отда́ть с.** (+ *d*) to do justice (to); **поступа́ть по ~и** to act fairly. **2** (*правильность*) truth, correctness.

справедли́в|ый (~, ~а) *adj* **1** just; fair; **с. судья́** impartial judge; **~ая война́** just war. **2** (*правильный*) justified, true, correct; **на́ши подозре́ния оказа́лись ~ыми** our suspicions proved to be justified.

спра́в|ить[1]**, лю, ишь** *pf* (*of* ⇒**~ля́ть**) (*coll*) (*день рождения и т. п.*) to celebrate; **с. сва́дьбу** to celebrate one's wedding.

спра́в|ить[2]**, лю, ишь** *pf* (*of* ⇒**~ля́ть**) (*себе́*; *coll*) (*приобрести*) to get, procure, acquire.

спра́в|иться[1]**, люсь, ишься** *pf* (*of* ⇒**~ля́ться**) (**с** + *i*) **1** (*с работой, детьми*) to cope (with), manage. **2** (*с противником*) to deal (with), get the better (of); **я с ним ~люсь!** I'll deal with him! **3** (*с волнением, со страхом*) to control.

спра́в|иться[2]**, люсь, ишься** *pf* (*of* ⇒**~ля́ться**) (**о** + *p*) to ask (about), inquire (about); **с. в словаре́** to consult a dictionary.

спра́вк|а, и *f* **1** (*сведение*) information; **навести́ ~у** (**о** + *p*) to inquire (about); **обрати́ться за ~ой** to apply for information. **2** (*документ*) certificate; **с. с ме́ста рабо́ты** document confirming that one works at a place. **3** (*comput*) help.

справля́|ть(ся), ю(сь) *impf of* ⇒**спра́вить(ся)**

спра́в|ный (~ен, ~на) *adj* (*coll*) in good condition.

спра́вочник, а *m* reference book, handbook, guide; **телефо́нный с.** telephone directory.

спра́вочн|ый *adj* inquiry, information; **~ая** directory enquiries (*Br*), directory assistance (*US*); **~ое бюро́, с. стол** inquiries office, information bureau; **~ая кни́га** = **~ик**

спра́шива|ть, ю *impf of* ⇒**спроси́ть**

спра́шива|ться, юсь *impf* **1** *impf of* ⇒**спроси́ться**. **2** *impf only* **~ется** the question is, arises.

спресс|ова́ть, у́ю *pf of* ⇒**прессова́ть**

спринт, а *m* (*sport*) sprint.

спри́нтер, а *m* (*sport*) sprinter.

спринц|ева́ть, у́ю *impf* to syringe.

спринцо́вк|а, и *f* **1** (*действие*) syringing. **2** (*прибор*) syringe.

спрова́|дить, жу, дишь *pf* (*of* ⇒**~живать**) (*coll*) to show out, show the door, send on his way.

спрова́жива|ть, ю *impf of* ⇒**спрова́дить**

спровоци́р|овать, ую *pf of* ⇒**провоци́ровать**

спроекти́р|овать, ую *pf of* ⇒**проекти́ровать**[1]

спрос, а *m* **1** (*econ*) demand; (**на** + *a*) demand (for), run (on); **с. и предложе́ние** supply and demand; **по́льзоваться больши́м ~ом** to be much in demand. **2** (**с** + *g*) demands on; **с него́ нет ~у** nobody expects anything from him. **3**: **без ~а/~у** (*coll*) without permission.

спро|си́ть, шу́, ~сишь *pf* (*of* ⇒**спра́шивать**) **1** (**о** + *p*) (*осведомиться*) to ask (about), inquire (about); **с. доро́гу** to ask the way. **2** (+ *a or g*) (*попросить*) to ask (for); (*пожелать видеть*) to ask to see, desire to speak (to); **с. сове́та** to ask (for) advice; **~си́те хозя́йку** ask to see the landlady. **3** (**с** + *g*) (*призвать к ответу*) to make answer (for), make responsible (for). **4** (**с** + *g*) (*потребовать*) to demand (from).

спро|си́ться, шу́сь, ~́сишься *pf* (*of* ⇒**спра́шиваться**) **1** (+ *g or* **у** + *g*) to ask permission (of). **2** (*impers*): **~́сится с него́,** *etc.*, he, *etc.*, will be answerable.

спросо́нок *adv* (*coll*) being only half-awake.

спросо́н|ья *adv* (*coll*) = **~ок**

проста́ *adv* (*coll*) without reflection; off the reel.

спрут, а *m* octopus.

спры́гива|ть, ю *impf of* ⇒**спры́гнуть**

спры́г|нуть, ну, нешь *pf* (*of* ⇒**~ивать**) (**с** + *g*) to jump off; to jump down (from).

спры́скива|ть, ю *impf of* ⇒**спры́снуть**

спры́с|нуть, ну, нешь *pf* (*of* ⇒**~кивать**) **1** to sprinkle. **2** (*coll*) (*отпраздновать*) to celebrate, drink (to).

спряга́|ть[1]**, ю** *impf* (*of* ⇒**про~**) (*gram*) to conjugate.

спряга́|ть[2]**, ю** *impf of* ⇒**спрячь**

спряга́|ться, ется *impf* (*gram*) to conjugate, be conjugated.

спряже́ни|е, я *nt* (*gram*) conjugation.

спря|сть, ду́, дёшь, *past* **~л, ~́ла́, ~́ло** *pf of* ⇒**прясть**

спря́|тать(ся), чу(сь), чешь(ся) *pf of* ⇒**пря́тать(ся)**

спря|чь, гу́, жёшь, гу́т, *past* **~г, ~гла́** *pf* (*of* ⇒**~га́ть**) to harness together.

спу́гива|ть, ю *impf of* ⇒**спугну́ть**

спуг|ну́ть, ну́, нёшь *pf* (*of* ⇒**~́ивать**) to frighten off, scare off.

спуд, а *m* (*archaic*) bushel; *now only used in phrr* (*i*) **под ~́ом** under a bushel; **держа́ть под ~́ом** (*fig*) to hide under a bushel, keep back; (*ii*) **из-под ~́а** from hiding; **вы́тащить/извле́чь из-под ~́а** to put to use.

спуск, а *m* **1** (*флага*) lowering; **с. корабля́** launch(ing). **2** (*с высоты*) descent, descending. **3** (*воды*) release; draining. **4** (*откос*) slope, descent. **5** (*оружия*) trigger. **6** (*coll*) (*пощада*) quarter; **не дава́ть ~́у** (+ *d*) to give no quarter, not let off.

спуска́|ть, ю *impf of* ⇒**спусти́ть**; **не с. глаз** (**с** + *g*) not to take one's eyes (off); not to let out of one's sight.

спуска́|ться, юсь *impf of* ⇒**спусти́ться**

спускн|о́й *adj* drain; **~а́я труба** drainpipe.

спусково́й *adj* trigger; **с. крючо́к** trigger; **с. механи́зм** trigger mechanism.

спу|сти́ть, щу́, ~́стишь *pf* (*of* ⇒**~ска́ть**) **1** (*флаг, занавеску*) to let down, lower; **с. кора́бль (на́ воду)** to launch a ship; **~стя́ рукава́** (*coll*) in a slipshod fashion, carelessly; **с. с ле́стницы** (*fig, coll*) to kick downstairs. **2** (*освободить*) to let go, let loose, release; **с. куро́к** to pull, release the trigger; **с. затво́р** (*phot*) to release the shutter; **с. петлю́** to drop a stitch; **с. соба́ку с при́вязи** to unleash a dog. **3** (*воду, воздух*) to let out; **с. во́ду в туале́те** to flush a lavatory. **4** (*директиву, указание*) to send down, send out. **5** (*о шине*) to go down. **6** (*coll*) (*простить*) to pardon, let off, let go. **7** (*coll*) (*потерять в весе*) to lose (*weight*). **8** (*coll*) (*деньги*) to throw away, squander.

спу|сти́ться, щу́сь, ~́стишься *pf* (*of* ⇒**~ска́ться**) to descend; to come down, go down; (*вниз по течению*) to go downstream; (*о мраке*) to fall; **с. (вниз) по ле́стнице** to go/come downstairs; **~сти́лась мгла** a mist came down; **на её чулке́ ~сти́лась петля́** she has laddered her stocking.

спустя́ *prep* + *a* after; later; **с. год** after a year, a year later.

спу́та|ть(ся), ю(сь) *pf of* ⇒**пу́тать(ся)**

спу́тник, а *m* **1** (*человек*) (travelling (*Br*), traveling (*US*)) companion; **с. жи́зни** husband. **2** (*обстоятельство*) concomitant. **3** (*astron*) satellite; **с. свя́зи** communications satellite; **иску́сственный с. Земли́** artificial earth satellite, sputnik.

спу́тников|ый *adj*: **~ая навига́ция** satellite navigation, satnav; **~ая связь** satellite link; **~ое телеви́дение** satellite television.

спу́тни|ца, цы *f of* ⇒**~к 1**; **с. жи́зни** wife.

спу́щенный *ppp of* ⇒**спусти́ть** *and adj* (*of a flag*) at half mast.

спья́на *adv* in a state of drunkenness, in one's cups.

спья́н|у *adv* = **~а**

спя́|тить, чу, тишь *pf*: **с. (с ума́)** (*coll*) to go nuts, go off one's rocker.

спя́чк|а, и *f* **1** (*животных*) hibernation. **2** (*coll*) (*сонливое состояние*) sleepiness, lethargy.

ср. (*abbr of* **сравни́**) cf., compare.

сраба́тыва|ть(ся), ю(сь) *impf of* ⇒**срабо́тать(ся)**

срабо́танност|ь[1]**, и** *f* (*согласованность*) harmony in work, harmonious teamwork.

срабо́танност|ь[2]**, и** *f* (*изношенность*) wear.

срабо́танный *adj* (*износившийся*) worn (out).

срабо́та|ть, ю *pf* (*of* ⇒**сраба́тывать**) **1** (*машина, сигнализация*) to work. **2** (*coll*) (*изготовить*) to make.

срабо́та|ться[1]**, юсь** *pf* (*of* ⇒**сраба́тываться**) (*коллектив*) to achieve harmony in work, work well together.

срабо́та|ться[2]**, ется** *pf* (*of* ⇒**сраба́тываться**) (*износиться*) to wear out.

сравне́ни|е, я *nt* **1** comparison; **по ~ю, в ~и** (**с** + *i*) by, in comparison (with), compared (with); **вне ~я** beyond comparison; **не идёт (ни) в (како́е) с.** (**с** + *i*) it cannot be compared (with). **2** (*literary*) simile.

сра́внива|ть, ю *impf of* ⇒**сравни́ть** *and* ⇒**сравня́ть**

сравни́тельно *adv* **1** (**с** + *i*) by, in comparison (with). **2**: **с. недорого́й/хоро́ший** comparatively cheap/good.

сравни́тельн|ый *adj* comparative; **~ая сте́пень** (*gram*) comparative (degree).

сравн|и́ть, ю, и́шь *pf* (*of* ⇒**~́ивать**) (**с** + *i*) to compare (to, with); (*уподобить*) to liken (to).

сравн|и́ться, ю́сь, и́шься *pf* (**с** + *i*) to compare (with); come up (to), touch.

сравн|я́ть, я́ю *pf* (*of* ⇒**равня́ть** *and* ⇒**~́ивать**) to make even; **с. счёт** (*sport*) to equalize, bring the score level.

сравня́|ться, юсь *pf* (**с** + *i*) to become equal (with).

сража́|ть, ю *impf of* ⇒**срази́ть**

сража́|ться, юсь *impf* (*of* ⇒**срази́ться**) **1** (**с** + *i*) to fight; to join battle (with). **2** (**в** + *a*) (*coll*) to play.

сраже́ни|е, я *nt* battle, engagement.

сра|зи́ть, жу́, зи́шь *pf* (*of* ⇒**~жа́ть**) **1** (*убить*) to slay. **2** (*fig*) to overwhelm, crush; **её ~зи́ла весть о катастро́фе** she was crushed by the news of the disaster.

сра|зи́ться, жу́сь, зи́шься *pf of* ⇒**~жа́ться**

сра́зу *adv* **1** (*в один приём*) (all) at once. **2** (*немедленно*) straight away, immediately. **3** (*рядом*) right, just; **с. за до́мом** right behind the house.

срам, а *m* (*coll*) shame; **како́й с.!** for shame!

срам|и́ть, лю́, и́шь *impf* (*of* ⇒**о~**) (*coll*) to shame, put to shame.

срам|и́ться, лю́сь, и́шься *impf* (*of* ⇒**о~**) (*coll*) to disgrace o.s.

срамни́к, а́ *m* (*coll*) shameless person.

срамни́|ца, цы *f of* ⇒**~к**

срамно́й *adj* (*coll*) indecent.

срамот|а́, ы *f* (*coll*) shame.

сраста́ни|е, я *nt* (*костей*) knitting.

сраст|а́ться, а́ется *impf of* ⇒**~и́сь**

сраст|и́сь, ётся, *past* **сро́сся, сросла́сь** *pf* (*of* ⇒**~а́ться**) **1** (*о корнях*) to grow together; (*о костях*) to knit. **2** (*fig*) (**с** + *i*) (*соединиться*) to merge (with); (*привыкнуть*) to get used to.

сра|сти́ть, щу́, сти́шь *pf* (*of* ⇒**~́щивать**) **1** (*заставить срастись*) to join. **2** (*концы канатов*) to splice.

ср|ать, у, ёшь *impf* (*vulg*) **1** (*pf* **на~** *and* **по~**) (*lit*) (**на** + *a*) to shit (on). **2** (*pf* **на~**) (*fig*) (**на** + *a*) not to give a shit (about); **~ал он на тебя́; с. он хоте́л на тебя́** he doesn't give a shit about you.

сраще́ни|е, я *nt* (*костей*) knitting.

сра́щивани|е, я *nt* **1** joining; splicing. **2** (*fig*) fusion, merging.

сра́щива|ть, ю *impf of* ⇒**срасти́ть**

сре́бреник, а *m* silver coin, piece of silver; **прода́ть за три́дцать ~ов** to sell for thirty pieces of silver.

сребролю́б|ец, ца *m* (*obs*) money-grubber.

сребролю́би|е, я *nt* (*obs*) greed for money.

сребронó́с|ный (~ен, ~на) *adj* argentiferous.

сред|а́[1], **ы́,** *a* **~у́,** *pl* **~́ы** *f* **1** (*природная*) environment, surroundings; **окружа́ющая с.** the environment; (*социальная*) environment, milieu; **худо́жественная с.** artistic circles, milieu; (*biol*) habitat; **в ~е́** (+ *g*) among; **в на́шей ~е́** in our midst, among us. **2** (*phys, chem*) medium.

сред|а́[2], **ы́,** *a* **~́у,** *pl* **~ы,** *d* **~а́м** *f* (*день недели*) Wednesday; **в ~́у** on Wednesday.

средакти́р|овать, ую *pf of* **⇒редакти́ровать**

среди́ *prep* + *g* **1** (*в числе*) among; amidst; **с. них** among them, in their midst. **2** (*посредине*) in the middle (of); **с. бе́ла дня** in broad daylight.

Средизе́мн|ое мо́р|е, ~ого ~я *nt* the Mediterranean (Sea).

средиземномо́рский *adj* Mediterranean.

среди́н|а, ы *f* middle.

среди́нный *adj* middle.

сре́дне *adv* (*coll*) middling, so-so.

среднеазиа́тский *adj* central Asian.

среднеангли́йский *adj*: **с. язы́к** Middle English.

средневеко́вый *adj* medieval.

Средневеко́вь|е, я *nt* the Middle Ages.

среднево́лновый *adj* medium-wave.

среднегодово́й *adj* average annual.

среднеме́сячный *adj* average monthly.

среднесу́точный *adj* average daily.

сре́дн|ий *adj* **1** (*комната, ряд*) middle; (*рост*) medium; **С~ие века́** the Middle Ages; **~их лет** middle-aged; **с. па́лец** middle finger; **~его ро́ста** of medium height. **2** (*в среднем*) mean, average; **~ее вре́мя** mean time; **с. за́работок** average earnings; **~яя оши́бка** standard deviation; *as n* **~ее, ~его** *nt* mean, average; **в ~ем** on average; **вы́ше ~его** above (the) average. **3** (*посредственный*) middling, average; **~ие спосо́бности** average abilities; **ни́же ~его** below average. **4** (*школа, образование*) secondary. **5**: **с. род** (*gram*) neuter (gender).

> **сре́дняя общеобразова́тельная шко́ла — secondary school**
>
> Russian children go to this school until they are 15 so as to get *основно́е о́бщее образова́ние* and **аттеста́т об основно́м о́бщем образова́нии,** or until they are 17 so as to get *сре́днее (по́лное) о́бщее образова́ние* and **аттеста́т о сре́днем (по́лном) о́бщем образова́нии.**

средосте́ни|е, я *nt* **1** (*anat*) mediastinum. **2** (*fig*) (*преграда*) partition, barrier.

средото́чи|е, я *nt* focus, centre (*Br*), center (*US*) point.

сре́дств|о, а *nt* **1** means; facilities; **~а ма́ссовой информа́ции** mass media; **~а передвиже́ния** means of conveyance; **~а сообще́ния** means of communication; **пусти́ть в ход все ~а** to move heaven and earth. **2** (**от** + *g*) remedy (for); **с. от ка́шля** cough medicine, sth for a cough; **с. от насеко́мых** insect repellent; **с. от поте́ния** antiperspirant. **3** (*in pl*) (*деньги, капитал*) resources; funds; **~а к существова́нию** livelihood. **4** (*in pl*) (*состояние*) means; **челове́к со ~ами** man of means; **жить не по ~ам** to live beyond one's means.

средь *prep* + *g* = **среди́**

срез, а *m* **1** (*место ~а*) cut. **2** (*для исследования под микроскопом*) microscopic section. **3** (*tech*) shear, shearing. **4** (*also* **~́ка**) (*sport*) (*неточный удар*) slice, slicing.

сре́|зать, жу, жешь *pf* (*of* **⇒~за́ть**) **1** (*ветку*) to cut off; **с. у́гол** (*fig*) to cut off a corner. **2** (*coll*) (*кредиты, фонды*) to cut, reduce. **3** (*coll*) (*резко прервать говорящего*) to cut short. **4** (*impf also* **ре́зать**) (*school/university sl*) (*студента на экзамене*) to fail. **5** (*impf also* **ре́зать**) (*sport*) (*направить* (*мяч*) *далеко от цели*) to slice, cut, chop.

среза́|ть, ю *impf of* **⇒сре́зать**

сре́|заться, жусь, жешься *pf* (*of* **⇒~за́ться**) (*school/university sl*) to fail.

среза́|ться, юсь *impf of* **⇒сре́заться**

срепети́р|овать, ую *pf of* **⇒репети́ровать**

сре́тени|е, я *nt* **1** (*archaic or poetical*) meeting. **2**: **С.** (*eccl*) Candlemas Day; Feast of the Purification.

срис|ова́ть, у́ю *pf* (*of* **⇒~о́вывать**) to copy.

срисо́выва|ть, ю *impf of* **⇒срисова́ть**

срифм|ова́ть, у́ю *pf of* **⇒рифмова́ть 2**

сровня́|ть, ю *pf of* **⇒ровня́ть**; **с. с землёй** to raze to the ground.

сродни́ *adv* akin; **быть, приходи́ться с.** (+ *d*) to be akin, related (to).

сродн|и́ть, ю́, и́шь *pf* (**с** + *i*) to bring close (to).

сродн|и́ться, ю́сь, и́шься *pf* (**с** + *i*) (*сблизиться*) to become close (to); (*свыкнуться*) to get used (to).

сро́д|ный (~ен, ~на) *adj* (+ *d or* **с** + *i*) related (to); similar (to).

сродств|о́, а́ *nt* relationship, affinity.

сро́ду *adj* (*coll*) in one's life; never.

срок, а (у) *m* **1** (*промежуток времени*) time, period; term; **ме́сячный с.** period of one month; **в кратча́йший с.** in the shortest possible time; **с. де́йствия** period of validity; **с. полномо́чий** term of office; **с. рабо́ты** life (*of machine, etc.*); **продли́ть с. ви́зы** to extend a visa; **~́ом на** (+ *a*) for a period of; **~́ом до трёх ме́сяцев** within three months; **да́й(те) с.** (*coll*) wait a minute!, give us time!; **ни о́тдыху, ни ~́у не дава́ть** (+ *d*) to give no peace. **2** (*дата*) date; **кра́йний с.** closing date; **с. платежа́** date of payment; **с. хране́ния** shelf life; **пропусти́ть с. платежа́** to fail to pay by the date fixed; **в ука́занный с., к устано́вленному ~́у** by the date fixed, by a specified date; **в с., к ~́у** in time, to time.

сро́чно *adv* urgently; quickly.

сро́чност|ь, и *f* urgency; hurry; **что за с.?** what's the hurry?

сро́ч|ный (~ен, ~на́, ~но) *adj* **1** (*сообщение, заказ*) urgent. **2** (*ссуда, вклад*) fixed-term; for a fixed period; **~ная слу́жба** (*mil*) service for a fixed period.

сруб, а *m* **1** felling; **на с.** for timber. **2** (*избы, колодца*) frame(work), shell.

сруб|а́ть, а́ю *impf of* **⇒~и́ть**

сруб|и́ть, лю́, ~́ишь *pf* (*of* **⇒~а́ть**) **1** (*рубить*) to fell, cut down. **2** (*построить*) to build (*of logs*).

срыв, а *m* **1** (*плана, работы*) disruption; **с. перегово́ров** breakdown of talks; **с. рабо́ты** stoppage. **2** (*со скалы*) fall. **3** (*неудача*) failure. **4** (*обрыв*) precipice.

срыва́|ть[1], **ю** *impf of* **⇒сорва́ть**

срыва́|ть[2], **ю** *impf of* **⇒срыть**

срыва́|ться, юсь *impf of* **⇒сорва́ться**

срыть, сро́ю, сро́ешь *pf* (*of* **⇒срыва́ть**[2]) to raze, level to the ground.

сря́ду *adv* (*coll*) running; **два ра́за с.** twice running.

сса́дин|а, ы *f* scratch, abrasion.

сса|ди́ть[1], **жу́, ~́дишь** *pf* (*of* **⇒~́живать**) (*coll*) (*поцарапать*) to scratch.

сса|ди́ть[2], **жу́, ~́дишь** *pf* (*of* **⇒~́живать**) **1** (*помочь сойти*) to help down; **с. кого́-н. с ло́шади** to help s.o. down from a horse. **2** (*заставить выйти*) to put off, make get off (*from public transport*).

сса́жива|ть, ю *impf of* **⇒ссади́ть**

сс|ать, у, ышь, *3rd pers pl* **ут** *impf* (*of* **⇒посса́ть**) (*vulg*) to piss.

ссо́р|а, ы *f* **1** quarrel; **они́ в ~е (друг с дру́гом)** they have fallen out; **она́ в ~е с сестро́й** she's fallen out with her sister. **2** (*перебранка*) slanging match.

ссо́р|ить, ю, ишь *impf* (*of* **⇒по~**) to cause to quarrel, cause to fall out.

ссо́р|иться, юсь, ишься *impf* (*of* **⇒по~**) (**с** + *i*) to quarrel (with), fall out (with).

ссо́х|нуться, нется, *past* **~ся, ~лась** *pf* (*of* **⇒ссыха́ться**) **1** (*сжаться*) to shrink, shrivel, warp. **2** (*затвердеть*) to harden out, dry out.

ССР *f indecl* (*abbr of* **Сове́тская Социалисти́ческая Респу́блика**) (*hist*) Soviet Socialist Republic.

СССР *m indecl* (*abbr of* **Сою́з Сове́тских Социалисти́ческих Респу́блик**) (*hist*) USSR (*Union of Soviet Socialist Republics*).

ссу́д|а, ы *f* loan; **ба́нковская с.** bank loan; **беспроце́нтная с.** interest-free loan; **с. под зало́г** secured loan.

ссу|ди́ть, жу́, ~́дишь *pf* (*of* **⇒~жа́ть**) (+ *a and i or* + *d and a*) to lend, loan.

ссу́д|ный *adj of* **⇒~а**; **с. проце́нт** interest on a loan.

ссужа́|ть, ю *impf of* **⇒ссуди́ть**

ссуту́л|ить(ся), ю(сь), ишь(ся) *pf of* **⇒суту́лить(ся)**

ссуч|и́ть, у́, ~́ишь *pf of* **⇒сучи́ть**

ссыла́|ть(ся), ю(сь) *impf of* **⇒сосла́ть(ся)**

ссы́лк|а[1], **и** *f* exile, banishment.

ссы́лк|а[2], **и** *f* (**на** + *a*) (*указание*) reference (to); (*comput*) link.

С

ссы́л|очный *adj of* ⇨**~ка²**; **~очное примеча́ние** reference note.
ссы́льн|ый, ого *m* exile.
ссы́п|ать, лю, лешь *pf* (*of* ⇨**~а́ть**) to pour.
ссып|а́ть, а́ю *impf of* ⇨**~ать**
ссыпно́й *adj*: **с. пункт** grain-collecting station.
ссыха́|ться, ется *impf of* ⇨**ссо́хнуться**
ст. *abbr of* **1 статья́** Art., Article (*of law, etc.*). **2 столе́тие** c., century.
стабилиза́тор, а *m* (*tech*) stabilizer; (*aeron*) tailplane.
стабилиза́ци|я, и *f* stabilization.
стабилизи́р|овать, ую *impf and pf* to stabilize.
стабилизи́р|оваться, уется *impf and pf* to become stable.
стабилиз|ова́ть(ся), у́ю, у́ет(ся) *impf and pf* = **~и́ровать(ся)**
стаби́льност|ь, и *f* stability.
стаби́л|ьный (~ен, ~ьна) *adj* stable, firm; **с. уче́бник** standard textbook.
ста́в|ень, ня, *g pl* **~ней** *m* shutter (*on window*).
ста́в|ить, лю, ишь *impf* (*of* ⇨**по~¹**) **1** (*помещать*) to put, place, set; (*что-н. вертикальное*) to stand; **с. цветы́ в ва́зу** to put flowers in a vase; **с. буты́лки в ряд** to stand bottles in a row; **с. диа́гноз** to diagnose; **с. реко́рд** to set up, create a record; **с. то́чку** to put a full stop; **с. часы́** to set a clock; **с. самова́р** to put a samovar on; **с. в заслу́гу что-н. кому́-н.** to credit s.o. with sth; **с. в изве́стность** to notify; **с. под вопро́с** to call into question; **с. в вину́ что-н. кому́-н.** to accuse s.o. of sth; **с. в упрёк что-н. кому́-н.** to reproach s.o. for sth; **с. кого́-н. в нело́вкое положе́ние** to put s.o. in an awkward position; **с. в тупи́к** to nonplus; **с. за пра́вило** to make it a rule; **с. кого́-н. на ме́сто** to put s.o. in his place; **его́ ни во что не ста́вят** he is not respected.
2 (*сооружать*) to put up, erect; (*устанавливать*) to install; **с. па́мятник** to erect a monument; **с. телефо́н** to install the telephone.
3 (*назначать*) to put in, install; **с. но́вого гла́вного инжене́ра** to put in a new chief engineer.
4 (*накладывать*) to apply, put on; **с. горчи́чник** to apply a mustard plaster; **с. кому́-н. термо́метр** to take s.o.'s temperature.
5 (*вопрос, проблему*) to put, present; (*пьесу*) to put on, stage.
6 (**на** + *a*) (*в игре*) to place, stake (*money on*); **с. на ло́шадь** to back a horse.
ста́вк|а¹, и *f* **1** (*fin*) rate; **с. зарпла́ты** wage rate; **~и нало́га** tax rates; **проце́нтная с.** interest rate. **2** (*в играх*) stake; **де́лать ~у (на** + *a*) to stake (on); (*fig*) to count (on), gamble (on).
ста́вк|а², и *f* (*mil*) headquarters; **с. главнокома́ндующего** General Headquarters.
ста́вк|а³, и *f*: **о́чная с.** (*law*) confrontation.
ста́вленник, а *m* protégé.
ста́вленни|ца, цы *f* protégée.
ста́в|ня, ни, *g pl* **~ен** *f* = **ста́вень**

стагна́ци|я, и *f* (*econ*) stagnation.
стадиа́льный *adj* taking place by stages.
стадио́н, а *m* stadium.
ста́ди|я, и *f* stage.
ста́дност|ь, и *f* herd instinct, gregariousness.
ста́дный *adj* (*животное*) gregarious; **с. инсти́нкт** herd instinct.
ста́д|о, а, *pl* **~а́** *nt* herd; flock.
стаж, а *m* **1** (*трудовой*) length of service. **2**: (**испыта́тельный**) **с.** probation; **проходи́ть с.** to work on probation.
стажёр, а *m* **1** (*проходящий испытательный срок*) probationer. **2** (*студент*) student (*on a special course not leading to a degree*); exchange student.
стажир|ова́ть, ~у́ю *impf* = **~ова́ться**
стажир|ова́ться, ~у́юсь *impf* **1** (*проходить испытательный срок*) to work on probation. **2** (*о студенте*) to attend a special course; to be an exchange student.
стажиро́вк|а, и *f* **1** (*испытательный срок*) probationary period. **2** (*студента*) period as a stazher; period as an exchange student.
ста́ива|ть, ю *impf of* ⇨**стая́ть**
ста́йер, а *m* (*sport*) long-distance runner.
стака́н, а *m* glass, tumbler; (*пластмассовый*) beaker; **бума́жный с.** paper cup.
стакка́то (*mus*) *nt indecl* & *adv* staccato.
сталагми́т, а *m* stalagmite.
сталакти́т, а *m* stalactite.
сталева́р, а *m* steel founder.
сталелите́йный *adj*: **с. заво́д** steel mill, steel works.
сталелите́йщик, а *m* steel founder.
сталепрока́тный *adj*: **с. заво́д, с. стан** steel-rolling mill.
сталини́зм, а *m* Stalinism.
сталини́ст, а *m* Stalinist.
сталини́ст|ка, ки *f of* ⇨**~**
ста́линск|ий *adj* Stalin's, of Stalin; **С~ая пре́мия** (*hist*) Stalin Prize.
ста́лкива|ть(ся), ю(сь) *impf of* ⇨**столкну́ть(ся)**
ста́ло быть *see* ⇨**стать² ⇨5**
стал|ь, и *f* steel; **нержаве́ющая с.** stainless steel.
стальн|о́й *adj* steel; **~о́го цве́та** steel-blue; **с. взгляд** cold, unfriendly look; **~а́я во́ля** iron will; **с. го́лос** firm voice; **~ы́е не́рвы** nerves of steel.
Стамбу́л, а *m* Istanbul.
стаме́ск|а, и *f* (*tech*) chisel.
стан¹, а *m* (*человека*) figure, torso.
стан², а *m* (*лагерь*) camp (*also fig*); **в ~́е врага́** in the enemy's camp.
стан³, а *m* (*tech*) mill; **прока́тный с.** steel-rolling mill.
станда́рт, а *m* **1** standard; **по ~у** according to the standard; **отвеча́ть/соотве́тствовать ~у** to conform to a standard. **2** (*fig*) (*шаблон*) cliché, stereotype.

стандартиза́ци|я, и *f* **1** standardization. **2** (*fig*) (*личности*) stereotyping.
стандартиз|ова́ть, у́ю *impf and pf* to standardize.
станда́рт|ный (~ен, ~на) *adj* standard.
стани́н|а, ы *f* (*tech*) mounting, bed (plate).
станио́л|ь, я *m* tin foil.
стани́ц|а¹, ы *f* (*селение*) stanitsa (*a large Cossack village*).
стани́ц|а², ы *f* (*obs*) (*стая*) flock.
станко́в|ый *adj* **1** *adj of* ⇨**стано́к**; **с. пулемёт** (*mil*) heavy machine gun. **2**: **~ая жи́вопись** easel (*opp mural*) painting.
станкострое́ни|е, я *nt* machine-tool construction.
станов|и́ться, лю́сь, ~ишься *impf of* ⇨**стать**
стано́вищ|е, а *nt* stopping place.
становле́ни|е, я *nt* (*идей, характера, государства*) formation; **в проце́ссе ~я** in the making.
станово́й *adj*: **с. хребе́т** (*fig*) backbone.
стан|о́к¹, ка́ *m* **1** (*tech*) machine tool, machine; **печа́тный с.** printing press; **столя́рный с.** joiner's bench; **тка́цкий с.** loom; **тока́рный с.** lathe; **сверли́льный с.** drill, drilling machine. **2** (*mil*) mount, mounting. **3** (*для холста*) frame; (*балетный*) barre.
стан|о́к², ка́ *m* (*стойло*) stall (*for one horse*).
стано́чник, а *m* machine operator, machine minder.
стано́чни|ца, цы *f of* ⇨**~к**
станс, а *m* (*poetry*) stanza.
станцио́нный *adj of* ⇨**ста́нция**; **с. зал** waiting room.
ста́нци|я, и *f* station; **авто́бусная с.** bus station; **гидроэлектри́ческая с.** hydroelectric power station; **железнодоро́жная с.** railway (*Br*), railroad (*US*) station; **телефо́нная с.** telephone exchange; **с. метро́** underground (*Br*), subway (*US*) station.
ста́пел|ь, я, *pl* **~я́** *and* **~и** *m* (*naut*) slipway, slip(s), stocks; **на ~е, на ~ях** on the stocks.
ста́плива|ть, ю *impf of* ⇨**стопи́ть**
ста́птыва|ть(ся), ю, ет(ся) *impf of* ⇨**стопта́ть(ся)**
стара́ни|е, я *nt* (*усилие*) effort; (*прилежание*) diligence; **приложи́ть с.** to make an effort; **приложи́ть все ~я** to do one's best; **при всём ~и не смогу́ прийти́** however hard I try I won't be able to come.
стара́тел|ь, я *m* gold prospector, gold-digger.
стара́тельност|ь, и *f* application, assiduity, diligence.
стара́тел|ьный (~ен, ~ьна) *adj* assiduous, diligent.
стара́|ться, юсь *impf* (*of* ⇨**по~**) **1** (*усердствовать*) to try; to apply o.s.; **с. изо всех сил** to do one's utmost. **2** (+ *inf*) (*стремиться*) to try, endeavour; **я ~юсь помо́чь ему́** I'm trying to help him.
стар|е́е *comp of* ⇨**~ый**

С

старе́йшин|а, ы *m* (*hist, ethnology*) elder.

старе́ни|е, я *nt* ageing.

старе́|ть, ю *impf* **1** (*pf* **по~**) (*человек*) to grow old, age. **2** (*pf* **у~**) (*идея, машина*) to become obsolete.

ста́р|ец, ца *m* **1** (*старик*) elder; (venerable) old man. **2** (*монах*) elderly monk.

стари́к, а́ *m* old man; **глубо́кий с.** very old man; **~и́** old people.

старика́н, а *m* (*coll*) old fellow.

старико́вский *adj* (*фигура*) old man's; (*привычки*) old people's.

стари́н|а[1], **ы** *f* **1** antiquity, olden times; **в ~у́** in olden times, in days of old; **предме́т ~ы́** antique; **тряхну́ть ~о́й** to do sth like in the good old days. **2** (*collect*) (*предметы*) antiques.

стари́н|а́[2], **ы́** *m* (*coll*) (*старик*) old fellow, old chap (*Br*).

стари́нк|а *f* (*coll*) old fashion, old custom(s); **по ~е** in the old fashion, in the old way.

стари́нный *adj* **1** (*книга, обычай*) ancient, old; (*мебель, фарфор*) antique. **2** (*друг*) old, of long standing.

ста́р|ить, ю, ишь *impf* (*of* ⇒**со~**) to age.

ста́р|иться, юсь, ишься *impf* (*of* ⇒**со~**) to age; to grow old.

ста́риц|а[1], **ы** *f* (*реки*) old bed.

ста́риц|а[2], **ы** *f* (*монахиня*) elderly nun.

стари́ч|о́к, ка́ *m* little old man.

старове́р, а *m* (*relig*) Old Believer.

старове́р|ка, ки *f of* ⇒**~**

старове́р|ский *adj of* ⇒**~**

старове́рств|о, а *nt* Old Belief.

староdáвний *adj* ancient.

старожи́л, а *m* old inhabitant, old resident.

старозаве́т|ный (~ен, ~на) *adj* **1** (*человек*) old-fashioned, conservative; (*предание*) ancient. **2** (*pej*) (*взгляды*) old, antiquated.

старомо́д|ный (~ен, ~на) *adj* old-fashioned; out-of-date.

старообра́з|ный (~ен, на) *adj* old-looking.

старообря́д|ец, ца *m* (*relig*) Old Believer.

старообря́д|ческий *adj of* ⇒**~ец** *and* ⇒**~чество**

старообря́дчеств|о, а *nt* (*relig*) Old Belief.

старору́сский *adj* old Russian.

старосве́тский *adj* old-world; old-fashioned.

старославя́нский *adj* (*ling*) Old Church Slavonic.

ста́рост|а, ы *m* head; **се́льский с.** (*hist*) village headman, elder; **церко́вный с.** churchwarden; **с. кла́сса** (*in school*) form prefect, monitor.

ста́рост|ь, и *f* old age; **на ~и лет, под с.** in one's old age.

старт, а *m* **1** (*sport, fig*) start; **взять с.** (*спортсмен*) to start; (*начать делать*) to begin, commence; **дать с.** to start; **на с.!** on your marks! **2** (*aeron*) take-off.

ста́ртер, а *m* (*tech*) starter.

стартёр, а *m* (*sport*) starter.

старт|ова́ть, у́ю *impf and pf* **1** (*sport*) to start. **2** (*aeron*) to take off. **3** (*отправляться*) to start out, set out; to depart. **4** (*начинаться*) to begin, commence.

ста́ртовый *adj* starting.

стару́х|а, и *f* old woman, old lady; **глубо́кая с.** very old woman.

стару́|шечий *adj of* ⇒**~ха**; old-womanish.

стару́шк|а, и *f* (little) old lady, old woman.

ста́рческий *adj* old person's; **с. во́зраст** old age; **с. мара́зм** senility.

ста́рше *comp of* ⇒**ста́рый**; (*взрослее*): **она́ с. меня́ на три го́да** she is three years older than me; (*по служебному положению*): **он ста́рше меня́ по зва́нию** he is senior to me in rank.

старшекла́ссник, а *m* senior (pupil).

старшекла́ссни|ца, цы *f of* ⇒**~к**

старшеку́рсник, а *m* senior student.

старшеку́рсни|ца, цы *f of* ⇒**~к**

ста́рш|ий *adj* **1** (*более старый*) elder, older; **с. брат** older brother; **~ее поколе́ние** older generation; *as n* **~ие, ~их** (one's) elders, grown-ups; **слу́шаться ~их** to obey one's elders. **2** (*самый старый*) oldest, eldest. **3** (*по служебному положению*) senior, superior; (*в названиях*) chief, head; **с. врач** head physician; **~ая медсестра́** senior nurse, sister (*Br*); *as n* **с., ~его** *m* chief; (*mil*) man in charge. **4** (*высший*) senior, upper, higher; **~ая ка́рта** higher card; **с. класс** (*in school*) higher form (*Br*), senior grade (*US*).

старшин|а́, ы́, *pl* **~́ы, ~́m** **1** (*mil*) sergeant major; (*naut*) petty officer. **2** (*hist*) leader, senior representative; **с. прися́жных заседа́телей** foreman of the jury.

старшинств|о́, а́ *nt* seniority; **по ~у́** by seniority.

ста́р|ый (~, ~а́, ~́о) *adj* old; **с. стиль** the Old Style (*of the Julian calendar*); **~ая де́ва** old maid, spinster; **по ~ой па́мяти** for old times' sake; from force of habit; *as n* **~ые, ~ых** the old, old people; **~ое, ~ого** *nt* the old, the past.

старь|ё, я́ *nt* (*collect; coll*) old things, old clothes; (*давно известное*) old stuff; (*старики*) old people.

старьёвщик, а *m* old-clothes dealer; junk dealer.

ста́скива|ть, ю *impf of* ⇒**стащи́ть**

стас|ова́ть, у́ю *pf of* ⇒**тасова́ть**

ста́тик|а, и *f* **1** statics. **2** (*неподвижность*) stasis.

стати́ст, а *m* (*theatr*) extra.

стати́стик, а *m* statistician.

стати́стик|а, и *f* statistics.

статисти́ческий *adj* statistical.

стати́ческий *adj* static.

ста́т|ный (~ен, ~на) *adj* stately.

ста́тор, а *m* (*tech*) stator.

ста́точн|ый *adj*: **~ое ли де́ло?** (*obs*) is it possible?

статс-да́м|а, ы *f* (*hist*) lady-in-waiting.

ста́тский *adj* **1** (*obs*) = **шта́тский**. **2** (*hist; as part of titles of ranks in tsarist Russian civil service*) State; **с. сове́тник** Councillor of State.

статс-секрета́р|ь, я́ *m* (*должностное лицо*) Secretary of State.

ста́тус, а *m* status.

ста́тус-кво́ *m & nt indecl* status quo.

стату́т, а *m* statute.

статуэ́тк|а, и *f* statuette, figurine.

ста́ту|я, и *f* statue.

стать[1], **ста́ну, ста́нешь** *pf* (*of* ⇒**станови́ться**) **1** (*встать*) to stand; **с. на коле́ни** to kneel; **с. в о́чередь** to queue (up) (*Br*), stand in line (*US*); **с. на о́чередь** to join the waiting list; **с. в по́зу** to strike an attitude; **с. на цы́почки** to stand on tiptoe; (*поддержать*) to stand up for; **с. на чью-н. сто́рону** to take s.o.'s side, stand up for s.o.; **с. на защи́ту угнетённых** to stand up for the oppressed. **2** (*расположиться*) to take up position; **с. ла́герем** to camp, encamp; **с. в карау́л** to mount guard; **с. на рабо́ту** to start work; **с. на я́корь** to anchor. **3** (*остановиться*) to stop, come to a halt; **мой часы́ ста́ли** my watch has stopped; **река́ ста́ла** the river has frozen over; **за чем ста́ло де́ло?** (*coll*) what's holding things up? **4** (**в** + *a*; *coll*) (*стоить*) to cost; **телеви́зор стал в 20 000 рубле́й** the television cost 20,000 roubles; **во что бы то ни ста́ло** at any price, at all costs.

стать[2], **ста́ну, ста́нешь** *pf* (*of* ⇒**станови́ться**) **1** (+ *inf*) (*начать*) to begin (to), start; **она́ ста́ла говори́ть** she began talking. **2** (+ *i*) (*сделаться*) to become, get, grow; **он стал машини́стом** he became an engine driver; **ста́ло темно́** it got dark; **ей ста́ло лу́чше** she was better; she had got better; **мне ста́ло интере́сно/стра́шно** I became interested/afraid; **мне ста́ло тру́дно** it got difficult for me. **3** (**с** + *i*) (*случиться*) to become (of), happen (to); **что с ни́ми ста́ло?** what has become of them? **4**: **не с.** (*impers* + *g*) (*умереть*) to die; **её отца́ давно́ не ста́ло** her father passed away long ago; (*исчезнуть*) to disappear, go; **дере́вьев не ста́ло** all the trees have gone; **сил не ста́ло у него́** all his energy has gone. **5**: **ста́ло быть** (*coll*) consequently, therefore. **6** (*impers; coll*) (*хватать*) to suffice; **с него́ э́то ста́нет** it is what one might expect of him.

стат|ь[3], **и,** *pl* **~́и, ~е́й** *f* **1** (*телосложение*) figure, build; (*in pl*) (*лошади*) points. **2** (*характер*) character, type; **быть под с.** (+ *d*) to be (well) matched (with).

стат|ь[4], **и** *f* (*obs*) (*надобность*) need, necessity; **с како́й ~́и?** why?, whatever for?

ста́|ться, нется *pf* (*coll*) to happen, become; **что с на́ми ~нется?** what will become of us?; **вполне́ мо́жет с.** it is quite possible; **с него́ ~нется** it is what one might expect from him.

стат|ья́, ьи́, *g pl* **~е́й** *f* **1** (*газетная, научная*) article; **передова́я с.** leading article, leader, editorial. **2** (*закона, договора*) clause; (*финансового *документа*) item; (*в словаре*) entry; **расхóдная с.** debit item. **3** (*coll*) (*дело*) matter, job; **э́то осóбая с.** this is a separate matter; **по всем ~ья́м** (*coll*) in all respects; completely. **4** (*naut*) class, rating; **матрóс пéрвой ~ьй** able seaman. **5** (*in pl*) (*лошади*) points. **6** (*coll*) (*наказание*) conviction.

стафилокóкк, а *m* (*med, biol*) staphylococcus.

стахáнов|ец, ца *m* (*hist*) Stakhanovite.

стахáнов|ка, ки *f of* ⇒**~ец**

стахáновский *adj* (*hist*) Stakhanovite.

стационáр, а *m* permanent establishment; (*лечебный*) hospital.

стационáрн|ый *adj* **1** stationary; **с. объéкт** (*mil*) stationary target. **2** permanent, fixed; **~ая библиотéка** permanent library. **3** (*больничный*) hospital; **с. больнóй** inpatient; **~ое лечéние** hospitalization.

стáчечник, а *m* striker.

стáчечни|ца, цы *f of* ⇒**~к**

стáч|ечный *adj of* ⇒**~ка**

стáчива|ть, ю *impf of* ⇒**сточи́ть**

стáчк|а, и *f* (*забастовка*) strike.

стащ|и́ть, ý, ~́ишь *pf* (*of* ⇒**стáскивать**) **1** (*сапоги*) to pull off; (*тащa, доставить*) to drag. **2** (*coll*) (*украсть*) to pinch (*Br*), swipe.

стá|я, и *f* (*птиц*) flock; (*рыб*) school, shoal; (*волков*) pack.

стá|ять, ет *pf* (*of* ⇒**~ивать**) to melt.

ствол, á *m* **1** (*дерева*) trunk. **2** (*оружия*) barrel; (*coll*) (*само оружие*) gun. **3** (*mining*) shaft.

ствол|овóй *adj of* ⇒**~**; **~овáя клéтка** (*biol*) stem cell.

створ, а *m* = **~ка**

ствóрк|а, и *f* (*двери, зеркала*) leaf, fold; (*ворот, ставней*) half, side.

створó́ж|иться, ится *pf* to curdle.

ствóрчатый *adj* (*дверь*) folding; (*раковина*) valved.

стеари́н, а *m* stearin.

стеари́н|овый *adj of* ⇒**~**; **~овая свечá** stearin candle.

стéб|ель, ля, *pl* **~ли, ~лéй** *m* stem, stalk.

стёганк|а, и *f* (*coll*) quilted jacket.

стёган|ый *adj* quilted; **~ое одея́ло** quilt.

стегá|ть[1], ю *impf* (*of* ⇒**от~** *and* ⇒**стегнýть**) (*хлестать*) to whip, lash.

стегá|ть[2], ю *impf* (*of* ⇒**вы́~**) (*одеяло*) to quilt.

стег|нýть, нý, нёшь *pf of* ⇒**~áть[1]**

стёжк|а[1], и *f* (*действие*) quilting; (*шов*) stitch.

стёжк|а[2], и *f* (*coll*) (*дорожка*) path.

стеж|óк, кá *m* stitch.

стез|я́, и́, *g pl* **~éй** *f* (*rhetorical*) path, way.

стекá|ть(ся), ет(ся) *impf of* ⇒**стéчь(ся)**

стеклене́|ть, ет *impf* (*of* ⇒**о~**) to become glassy; (*fig*) (*о глазах*) to glaze over.

стекл|и́ть, ю́, и́шь *impf* (*of* **за~**, **о~**) to glaze.

стек|лó, лá, *pl* **~́ла, ~́ол** *nt* glass; (*collect*) glassware; **окóнное с.** windowpane; **лобовóе/ветровóе с.** windscreen (*Br*), windshield (*US*); **~́ла для очкóв** lenses (*for spectacles*).

стекловáт|а, ы *f* glass wool.

стеклови́д|ный (~ен, ~на) *adj* glassy; vitreous.

стекловолокн|ó, á *nt* fibreglass (*Br*), fiberglass (*US*).

стеклодýв, а *m* glass-blower.

стеклодýвный *adj* glass-blowing.

стеклоочисти́тел|ь, я *m* windscreen (*Br*), windshield (*US*) wiper.

стеклорéз, а *m* (*инструмент*) glass cutter.

стеклотáр|а, ы *f* glass containers.

стёклыш|ко, ка, *pl* **~ки, ~ек, ~кам** *nt* **1** *diminutive of* ⇒**стеклó**. **2** (*кусочек стекла*) piece of glass. **3**: **как с.** (*безупречно чист*) squeaky clean; (*трезвый*) sober.

стекля́нн|ый *adj* **1** glass; **~ая бумáга** glasspaper; **~ые издéлия** glassware; (*окно, дверь*) glazed; **~ое волокнó** fibreglass (*Br*), fiberglass (*US*). **2** (*fig*) (*взгляд, глаза*) glassy.

стекля́рус, а *m* (*collect*) bugles (*tube-shaped glass beads*).

стекля́шк|а, и *f* (*coll*) piece of glass.

стекóльный *adj* glass; **с. завод** glassworks, glass factory.

стекóльщик, а *m* glazier.

стéл|а, ы *f* obelisk.

стел|и́ть, ю́, ~́ешь *impf* **1** (*pf* **по~**) to spread; **с. постéль** to make a bed; **с. скáтерть** to lay a tablecloth. **2** (*pf* **на~**) (*паркет, пол*) to lay.

стел|и́ться, ю́сь, ~́ешься *impf* **1** (*распространяться*) to spread, creep. **2** (*pf* **по~**) (*стелить себе постель*) to make one's bed, get ready for bed.

стеллáж, á *m* **1** (*полки*) shelves. **2** (*для лыж, для вёсел*) rack, stand.

стéльк|а, и *f* insole, sock; **пьян в ~у, пьян как с.** (*coll*) drunk as a lord.

стéльная *adj*: **с. корóва** in-calf cow.

стемнé|ть, ет *pf of* ⇒**темнéть 2**

стен|á, ы́, *a* **~́у**, *pl* **~́ы**, *d* **~áм** *f* wall (*also fig*); **жить с. в ~́у (с + *i*)** to live right on top (of); **жить/сидéть в четырёх ~áх** to sit at home, be isolated; **в ~áх (+ *g*)** inside, within the precincts (of); **как об ~́у горóх** (*coll*) pointless, useless.

стенá|ть, ю *impf* (*obs*) to groan, moan.

стенгазéт|а, ы *f* (*abbr of* **стéнная газéта**) wall newspaper.

стенд, а *m* **1** (*на выставке*) stand (*Br*), booth (*US*). **2** (*для испытаний*) test bed. **3** (*для стрельбы*) rifle range.

стéнк|а, и *f* **1** (*стена*) wall; **гимнасти́ческая с.** wallbars. **2** (*ящика, кастрюли*) side; (*желудка*) wall. **3** (*мебель*) wall unit. **4**: **стáвить к ~е** (*coll*) to shoot (*execute*).

стенн|óй *adj* wall; **~áя жи́вопись** mural painting.

стенобитный *adj*: **с. тарáн** battering ram.

стеногрáмм|а, ы *f* shorthand report.

стенóграф, а *m* stenographer.

стенографи́р|овать, ую *impf and pf* (*pf also* **за~**) to take down in shorthand.

стенографи́ст, а *m* = **стенóграф**

стенографи́ст|ка, ки *f of* ⇒**~**

стенографи́ческий *adj* stenographic, shorthand.

стенографи́|я, и *f* stenography, shorthand.

стенокарди́|я, и *f* angina (pectoris).

стенопи́с|ец, ца *m* mural painter.

стéнопис|ь, и *f* mural (painting).

стéньг|а, и *f* (*naut*) topmast.

степéн|ный (~ен, ~на) *adj* **1** staid, steady. **2** (*coll*) (*немолодой*) middle-aged.

стéпен|ь, и, *g pl* **~éй** *f* **1** degree, extent; **в вы́сшей ~и** in the highest degree; **до извéстной ~и, до нéкоторой ~и** to some extent, to a certain extent; **~и сравнéния** (*gram*) degrees of comparison; **ожóг пéрвой ~и** first-degree burn. **2** (*math*) power; **возвести́ в трéтью с.** to raise to the third power. **3** (*звание*) (academic) degree; (*разряд*) class; **диплóм пéрвой ~и** first-class degree; **с. бакалáвра** bachelor's degree; **(учёная) с. дóктора наýк** doctorate.

стéплер, а *m* stapler.

степ|нóй *adj of* ⇒**~ь**

степ|ь, и, о ~́и, в ~и́, *pl* **~́и, ~éй** *f* steppe.

стéрв|а, ы *f* (*vulg*; *as term of abuse*) bastard, shit; (*о женщине*) bitch.

стервенé|ть, ю *impf* (*of* ⇒**о~**) (*coll*) to get mad.

стерв|éц, ецá *m* = **~́а**

стервя́тник, а *m* carrion crow.

стéрео *nt indecl* & *adj indecl*(*coll*) **1** *n* (*плеер, кассетник*) stereo (*record player, cassette player*) **2** *n* = **~зáпись**. **3** *adj* (**~***фонический*) stereo(phonic). **4** *adj* (**~***скопический*) stereo(scopic).

стерео... *comb form* stereo-.

стереозáпис|ь, и *f* (*процесс*) stereo recording; (*продукт*) stereo record(ing).

стереозвучáни|е, я *nt* stereo (sound).

стереокинó *nt indecl* stereoscopic cinema.

стереомéтри|я, и *f* stereometry, solid geometry.

стереосистéм|а, ы *f* stereo (system).

стереоскóп, а *m* stereoscope.

стереоскопи́ческий *adj* stereoscopic.

стереоти́п, а *m* stereotype.

стереоти́пн|ый *adj* **1** (*копия, издание*) stereotype. **2** (*fig*) (*ответ, поведение*) stereotypical, stereotyped; **~ая фрáза** stock phrase.

стереофони́ческий *adj* stereophonic.

стереохи́ми|я, и *f* stereochemistry.

стер|éть, сотрý, сотрёшь, *past* **~́, ~́ла** *pf* (*of* ⇒**стирáть[1]**) **1** (*рисунок*) to rub out, erase; (*кассету, перезаписываемый диск*) to erase; (*comput*) to delete; (*пыль, пот*) to wipe off; **с. с лицá земли́** to wipe off the face of the earth. **2** (*ногу*) to rub sore. **3** (*в*

С

порошок) to grind (down).

стер|е́ться, сотрётся, *past* **~ся, ~лась** *pf* (*of* ⇒**стира́ться**[1]) **1** (*о надписи, краске*) to rub off; (*fig*) (*забыться*) to fade; **с. в па́мяти** to fade from one's memory. **2** (*о подошвах, пальцах*) to become worn down.

стере́|чь, гу́, жёшь, гу́т, *past* **~г, ~гла́** *impf* **1** (*вещи, стадо*) to guard, watch (over). **2** (*ждать появления*) to lie in wait (for).

сте́рж|ень, ня *m* **1** (*tech*) pivot; shank, rod; **поршнево́й с.** piston rod. **2** (*fig*) (*основа*) core.

стержнево́й *adj* pivoted; **с. вопро́с** key question.

стерилиза́тор, а *m* sterilizer.

стерилиза́ци|я, и *f* sterilization.

стерилиз|ова́ть, у́ю *impf and pf* to sterilize.

стери́льност|ь, и *f* sterility.

стери́л|ьный (~ен, ~ьна) *adj* sterile; (*не загрязнённый*) germ-free.

сте́рлинг, а *m* (*fin*) sterling; **фунт ~ов** pound sterling.

сте́рлинг|овый *adj of* ⇒**~**; **~ая зо́на** sterling area.

сте́рляд|ь, и *f* (*zool*) sterlet.

стерн|ь, и *f* **1** (*жнивьё*) harvest field. **2** (*collect*) (*остатки стеблей*) stubble.

стерн|я́, и́ *f* = **~ь**

стеро́ид, а *m* steroid.

стерп|е́ть, лю́, ~ишь *pf* to bear, suffer, endure.

стерп|е́ться, лю́сь, ~ишься *pf* (с + *i*; *coll*) to get used (to), accept; **~ится — слю́бится** you will like it when you get used to it.

стёр|тый *ppp of* ⇒**~е́ть** *and adj* (*надпись, монета*) worn, faded; (*fig*) (*очертание*) faint; (*фраза*) hackneyed.

сте|са́ть, шу́, ~ешь *pf* (*of* ⇒**стёсывать**) **1** (*удалить*) to plane off. **2** (*обровнять*) to plane.

стесне́ни|е, я *nt* (*ограничение*) constraint; (*смущение*) shyness, timidness; **без(о) вся́ких ~й** quite uninhibitedly.

стесн|ённый *ppp of* ⇒**~и́ть** *and adj* **~ённые обстоя́тельства** straitened circumstances; **~ённое дыха́ние** constricted, laboured (*Br*), labored (*US*) breathing; **со ~ённым се́рдцем** with a heavy heart.

стесни́тельност|ь, и *f* (*застенчивость*) shyness; awkwardness.

стесни́тел|ьный (~ен, ~ьна) *adj* **1** (*застенчивый*) shy; awkward. **2** (*obs*) (*условия*) straitened.

стесн|и́ть, ю́, и́шь *pf* (*of* ⇒**~я́ть**) **1** (*в расходах, в поведении, свободу*) to constrain; (*проход*) to hamper; (*в поведении*) to inhibit. **2** (*горло, грудь*) to constrict. **3** (*потеснить*) to inconvenience.

стесн|и́ться, ю́сь, и́шься *pf* (*of* ⇒**тесни́ться**) **1** (*о людях*) to crowd together. **2** (*о дыхании*) to become constricted; (*impers*): **~и́лось в груди́** his/her, *etc.* chest became constricted.

стесн|я́ть, я́ю *impf of* ⇒**~и́ть**

стесня́|ться, юсь *impf* (*of* ⇒**по~**) (+ *inf*) to feel too shy (to), be ashamed (to); (+ *g*) to feel shy (before, of); **не ~йтесь!** don't be shy!; **не с. в сре́дствах** to use any means possible; **не с. в выраже́ниях** to not mince one's words; **ниче́м не с.** to stop at nothing.

стёсыва|ть, ю *impf of* ⇒**стеса́ть**

стетоско́п, а *m* (*med*) stethoscope.

стече́ни|е, я *nt* (*рек*) confluence; **с. наро́да** assembly, gathering; **при большо́м ~и наро́да** with lots of people present; **с. обстоя́тельств** coincidence.

сте|чь, чёт, ку́т, *past* **~к, ~кла́** *pf* (*of* ⇒**~ка́ть**) to flow down.

сте́|чься, чётся, ку́тся, *past* **~кся, ~кла́сь** *pf* (*of* ⇒**~ка́ться**) to flow together; (*о людях*) to gather, assemble.

сти́бр|ить, ю, ишь *pf* (*sl*) to pinch (*Br*), snaffle.

стивидо́р, а *m* (*naut*) stevedore.

стил|ево́й *adj of* ⇒**~ь**; **~евы́е катего́рии** stylistic categories.

стиле́т, а *m* (*кинжал*) stiletto (*dagger*).

стилиза́ци|я, и *f* stylization.

стилиз|ова́ть, у́ю *impf and pf* to stylize.

стили́ст, а *m* **1** (*мастер стиля*) stylist. **2** (*гримёр*) make-up artist.

стили́стик|а, и *f* (*study of*) style, stylistics.

стилисти́ческий *adj* stylistic.

стил|ь, я *m* style; **но́вый с.** New Style (*Gregorian calendar*); **ста́рый с.** Old Style (*Julian calendar*); **он в своём ~е** he is his usual self.

сти́л|ьный (~ен, ~ьна) *adj* stylish; **~ьная ме́бель** period furniture.

стиля́г|а, и *cg* slave to fashion.

сти́мул, а *m* incentive, stimulus.

стимули́ровани|е, я *nt* stimulation, encouragement.

стимули́р|овать, ую *impf and pf* to stimulate, encourage.

стимуля́ци|я, и *f* stimulation; **с. ро́дов** (*med*) induction.

стипендиа́т, а *m* grant-aided student, scholarship holder.

стипе́нди|я, и *f* grant, scholarship.

стипль-чéз, а *m* steeplechase.

стира́льн|ый *adj* washing; **~ая маши́на** washing machine; **с. порошо́к** washing powder.

стира́|ть[1]**, ю** *impf of* ⇒**стере́ть**

стира́|ть[2]**, ю** *impf* (*of* ⇒**вы́~**) to wash, launder.

стира́|ться[1]**, ется** *impf of* ⇒**стере́ться**

стира́|ться[2]**, ется** *impf* to wash; **хорошо́ с.** to wash well.

сти́рк|а, и *f* washing, laundering; **отда́ть в ~у** to send to the wash, send to the laundry.

сти́скива|ть, ю *impf of* ⇒**сти́снуть**

сти́с|нуть, ну, нешь *pf* (*of* ⇒**~кивать**) to squeeze; **с. зу́бы** to clench one's teeth; **с. в объя́тиях** to hug.

стих[1]**, а́** *m* **1** verse. **2** (*in pl*) verses; poetry.

стих[2] *m indecl* (*coll*) (*настроение*) mood; **на него́ угрю́мый с. нашёл** he was in a gloomy mood.

стих[3] *see* ⇒**~нуть**

стиха́р|ь, я́ *m* (*eccl*) surplice.

стих|а́ть, а́ю *impf of* ⇒**~нуть**

стихи́йност|ь, и *f* spontaneity.

стихи́|йный (~ен, ~йна) *adj* **1** elemental; **~йное бе́дствие** natural disaster. **2** (*fig*) (*протест*) spontaneous, uncontrolled.

стихи́|я, и *f* element; **борьба́ со ~ями** struggle with the elements; **быть в свое́й ~и** to be in one's element; (*fig*) (*общественной жизни*) natural force.

сти́х|нуть, ну, нешь, *past* **~, ~ла** *pf* (*of* ⇒**~а́ть**) (*шум, ветер, дождь*) to abate, subside, die down; (*человек*) to calm down.

стихоплёт, а *m* (*coll*) rhymester, versifier.

стихосложе́ни|е, я *nt* versification; (*размер*) metre (*Br*), meter (*US*).

стихотворе́ни|е, я *nt* poem.

стихотво́р|ец, ца *m* poet.

стихотво́рный *adj* in verse form; **с. разме́р** metre (*Br*), meter (*US*).

стихотво́рчеств|о, а *nt* poetry-writing.

стиш|о́к, ка́ *m* (*coll*) verse, rhyme.

стлать, стелю́, сте́лешь *impf* (*of* ⇒**по~**) = **стели́ть**

стла́ться, сте́лется *impf* = **стели́ться 1**

сто, ста, *pl* (*no nom & a*) **сот, стам, ста́ми, стах** *num* hundred; **не́сколько сот рубле́й** several hundred roubles; **на все с.** (*coll*) in first-rate fashion; **я с. раз тебе́ говори́л** (*coll*) I've told you a hundred times.

стог, а, в (на) ~у́ *and* **в (на) ~е,** *pl* **~а́** *m* (*of hay, straw*) stack, rick; **с. се́на** haystack, hayrick.

стоеро́сов|ый *adj only in phrr* (*coll*): **дуби́на ~ая!, дура́к/болва́н с.!** damned fool!

сто́ик, а *m* (*philos and fig*) stoic.

сто́имост|ь, и *f* **1** (*цена*) cost; **с. перево́зки** carriage; **с. прое́зда** fare; **с. по по́чте** postage; **с. жи́зни** cost of living; **о́бщей ~ью в** (+ *a*) to a total value of. **2** (*econ*) (*ценность*) value; **доба́вленная с.** added value; **менова́я с.** exchange value; **номина́льная с.** face value; **приба́вочная с.** surplus value.

сто́|ить, ю, ишь *impf* **1** to cost (*also fig*); **ско́лько ~ит э́то пла́тье?** how much is this dress?; **до́рого с.** to cost dear; **э́то ему́ ничего́ не ~ило** it cost him nothing. **2** (+ *g*) (*заслуживать*) to be worth; to deserve; **он её не ~ит** he doesn't deserve her; **чего́ ~ят его́ обеща́ния?** his promises are worth nothing; **чего́ ~ит его́ после́дний фильм!** his last film was very good!; (*impers*): **~ит** it is worth while; **~ит посмотре́ть э́тот фильм** this film is worth seeing; **об э́том ~ит поду́мать** it's worth thinking about; **не ~ит того́** (*coll*) it is not worth while; **не ~ит (благода́рности)** don't mention it, you're welcome. **3**: **~ит то́лько** (*impers* + *inf*) one has only (to); **~ит то́лько упомяну́ть её и́мя, (как) он вы́йдет из себя́** you have only to mention her name for him to fly off the handle.

стоици́зм, а *m* (*philos and fig*) stoicism.

стои́ческий *adj* (*philos*) stoic; (*fig*) stoical.

сто́йбищ|е, а *nt* nomad camp; (*животных*) stopping place, resting place.

сто́йк|а, и *f* **1** (*прилавок в магазине*) counter; (*в кафе, баре*) counter, bar; **с. регистра́ции** check-in desk (*Br*), check-in counter (*US*). **2** (*sport*) stand, stance; **с. на рука́х** handstand; **стоя́ть по ~е во́льно** to stand at ease; **стоя́ть по ~е сми́рно** to stand to attention. **3** (*tech*) support, prop; (*ворот*) bar; (*для CD, DVD и т. п.*) (CD, DVD, *etc.*) rack; (*под аудиовидеоаппаратуру*) (AV) stand/rack; (*под телевизор*) (TV) stand. **4** (*hunting*) set; **сде́лать ~у** to point (*of a dog*). **5** (*воротник*) stand-up collar.

сто́|йкий (~ек, ~йка́, ~йко) *adj* **1** firm, stable; (*chem*) stable; (*запах*) persistent. **2** (*fig*) (*характер*) stable; steadfast, staunch, steady.

сто́йкост|ь, и *f* **1** (*постоянство качеств*) stability; (*в воздействию*) resistance; (*к износу*) durability. **2** (*fig*) (*характера*) steadfastness, staunchness, firmness.

сто́йл|о, а *nt* stall.

сто́йло|вый *adj of* ⇒**~**; **~вое содержа́ние скота́** keeping cattle stalled.

стоймя́ *adv* upright.

сток, а *m* **1** (*действие*) flow; drainage, outflow. **2** (*место, устройство*) drain, gutter; sewer.

Стокго́льм, а *m* Stockholm.

стокра́т *adv* a hundred times.

стокра́тный *adj* hundredfold.

стол, а́ *m* **1** (*предмет мебели*) table; **пи́сьменный с.** desk; **сесть за с.** to sit down to table; **за ~о́м** at table. **2** (*питание*) board; (*кухня*) cooking, cuisine; **ры́бный с.** fish diet; **«шве́дский» с.** smorgasbord; **с. и кварти́ра** board and lodging. **3** (*отделение*) department; office; **с. нахо́док** lost property office. **4** (*hist*) (*престол*) throne.

столб, а́ *m* post, pole, pillar, column; **телегра́фный с.** telegraph pole; (*fig*) (*дыма, пыли*) cloud; **стоя́ть ~о́м** (*coll*) to stand rooted to the ground.

столбене́|ть, ю *impf* (*of* ⇒**о~**) (*coll*) to be rooted to the ground.

столб|е́ц, ца́ *m* **1** (*в газете, словаре*) column. **2** (*in pl*) (*свиток*) parchment roll.

сто́лбик, а *m* **1** *diminutive of* ⇒**столб**; (*в газете*) column; **рту́тный с.** mercury column. **2** (*bot*) style.

столбня́к, а́ *m* **1** (*med*) tetanus. **2** (*coll*) stupor; **на неё нашёл с.** she was in a stupor.

столбов|о́й *adj of* ⇒**столб**; (*hist*) hereditary; (*fig, coll*) main, chief; **~а́я доро́га** high road, highway (*also fig*).

столе́ти|е, я *nt* **1** (*век*) century. **2** (*годовщина*) centenary.

столе́тн|ий *adj* **1** hundred-year; **С~яя война́** (*1337—1453, между Англией и Францией*) the Hundred Years' War. **2** (*дуб, старец*) hundred-year-old; **~яя годовщи́на** centenary.

столе́тник, а *m* (*bot*) agave.

сто́л|ик, а *m diminutive of* ⇒**~ 1**; **ни́зкий с.** coffee table.

столи́ц|а, ы *f* capital; metropolis.

столи́|чный *adj of* ⇒**~ца**; **с. го́род** capital (city).

столкнове́ни|е, я *nt* (*автомобилей*) collision; (*mil and fig*) clash; **вооружённое с.** armed conflict, hostilities; **с. интере́сов** clash of interests.

столкн|у́ть, у́, ёшь *pf* (*of* ⇒**ста́лкивать**) **1** (*сбросить, сдвинуть*) to push off; **с. ло́дку в во́ду** to push a boat off (into the water). **2** (*сблизить*) to cause to collide; to knock together. **3** (*о случае, обстоятельствах*) to bring together.

столкн|у́ться, у́сь, ёшься *pf* (*of* ⇒**ста́лкиваться**) (**с** + *i*) **1** to collide (with) (*also fig*); (*вступить в конфликт*) to clash (with), conflict (with). **2** (*fig*) (*встретиться*) to run (into), bump (into); **с. со ста́рым ученико́м** to bump into an old pupil; (*с трудностями, равнодушием*) to encounter.

столк|ова́ться, у́юсь *pf* (*of* ⇒**~о́вываться**) (**с** + *i*; *coll*) to come to an agreement (with).

столко́выва|ться, юсь *impf of* ⇒**столкова́ться**

стол|ова́ться, у́юсь *impf* to have meals.

столо́в|ая, ой *f* (*в доме*) dining room; (*в армии*) mess; (*на работе*) canteen, cafeteria; (*общественная*) cafeteria.

столо́в|ый *adj* table; **~ое вино́** table wine; **~ая ло́жка** tablespoon; **с. прибо́р** cover; **~ое серебро́** (*collect*) silver, plate; **с. серви́з** dinner service; **~ая соль** table salt.

столонача́льник, а *m* head of a 'desk' (*in civil service*).

стол|о́чь, ку́, чёшь, ку́т, *past* **~о́к, ~кла́** *pf* (*of* ⇒**толо́чь**) to pound, grind.

столп, а́ *m* (*archaic or fig*) pillar, column; **~ы́ о́бщества** pillars of society.

столп|и́ться, и́тся *pf* to crowd.

столпотворе́ни|е, я *nt* chaos, pandemonium.

столь *adv* so; **э́то не с. ва́жно** it is of no particular importance.

сто́лько *adv* (*с неисчисляемыми*) so much; (*с исчисляемыми*) so many; **с. любви́/де́нег** so much love/money; **с. домо́в** so many houses; **нельзя́ с. рабо́тать** you should not work so much; **с. ..., ско́лько** as much ... as; **не с. ..., ско́лько** not so much ... as.

сто́лько-то *adv* (*о неисчисляемом количестве*) so much; (*об исчисляемом количестве*) so many.

столя́р, а́ *m* joiner (*Br*), cabinetmaker.

столя́рнича|ть, ю *impf* to do carpentry.

столя́рн|ый *adj* joiner's; **~ое де́ло** joinery.

стомато́лог, а *m* dental surgeon.

стоматологи́ческий *adj* dental.

стоматоло́ги|я, и *f* dentistry.

стометро́вк|а, и *f* (*sport*) (*coll*) the hundred metres (*Br*), meters (*US*).

стон, а *m* moan, groan.

стон|а́ть, у́, ~ешь *impf* to moan, groan (*also fig*).

стоп *int* stop!; **сигна́л с.** stop signal.

стоп|а́[1], ы́ *f* **1** (*pl* **~ы́**) (*ноги*) foot (*also fig*); **напра́вить свои́ ~ы́** to direct, bend one's steps; **идти́ по чьим-н. ~а́м** to follow in s.o.'s footsteps. **2** (*pl* **~ы**) (*единица стиха*) foot (*prosody*).

стоп|а́[2], ы́, *pl* **~ы** *f* **1** (*единица счёта бумаги*) ream. **2** (*куча*) pile, heap.

стоп|и́ть, лю́, ~ишь *pf* (*of* ⇒**ста́пливать**) to use up (*fuel, by burning*).

сто́пк|а[1], и *f* (*куча*) pile, heap.

сто́пк|а[2], и *f* (*стаканчик*) small glass.

стоп-ка́др, а *m* (*пауза*) freeze-frame; (*снимок*) still (picture/image), snapshot.

стоп-кра́н, а *m* emergency cord (*on train*).

сто́пор, а *m* (*tech*) stop, catch, locking device.

сто́пор|ить, ю, ишь *impf* (*tech*) to stop; (*fig, coll*) to bring to a standstill, halt.

сто́пор|иться, ится *impf* (*coll*) to come to a standstill, halt.

сто́пор|ный *adj of* ⇒**~**; **с. кран** stopcock; **с. механи́зм** stop gear, locking device.

стопроце́нтный *adj* hundred per cent.

стоп-сигна́л, а *m* brake light (*on car*).

сто́п-сло́в|о, а, *pl* **~а́** (*comput*) *nt* stopword.

стоп|та́ть, чу́, ~чешь *pf* (*of* ⇒**ста́птывать**) **1** (*обувь*) to wear down. **2** (*coll*) (*вытоптать*) to trample.

стоп|та́ться, ~чется *pf* (*of* ⇒**ста́птываться**) to wear down, be worn down (*of footwear*).

сторг|ова́ть(ся), у́ю(сь) *pf of* ⇒**торгова́ть(ся)**

стори́цею *adv* (*obs*) a hundredfold; **возда́ть с.** (+ *d*) to repay with interest; to reward handsomely.

сто́рож, а, *pl* **~а́, ~е́й** *m* watchman, guard.

сторожев|о́й *adj* watch; **~а́я бу́дка** sentry box; **~а́я вы́шка** watchtower; **с. кора́бль** escort vessel; **с. пост** sentry post; **~а́я соба́ка** watchdog.

сторож|и́ть, у́, и́шь *impf* **1** (*дом, стадо*) to guard, watch, keep watch (over). **2** (*зверя*) to lie in wait (for).

сторо́жк|а, и *f* lodge.

сторон|а́, ы́, *a* **сто́рону,** *pl* **сто́роны, сторо́н, ~а́м** *f* **1** side; (*направление*) direction; **в сто́рону** (+ *g*) in the direction of; **со ~ы́** (+ *g*) from the direction of; **в сто́рону** (*theatr*) aside; **шу́тки в сто́рону** (*coll*) joking aside; **в сто́рону, в ~е́** aside; **держа́ться в ~е́** to keep aloof; **на ~е́** (*coll*) (*в другом месте*) elsewhere, not on the spot; **продава́ть на́ сторону** to sell on the black market; **по ту сто́рону** (+ *g*) across, on the other side (of); **пра́вая/ле́вая с.** right/left (hand) side; **с пра́вой/ле́вой ~ы́** on the right/left (hand) side; **с мое́й ~ы́** for my part; **э́то о́чень любе́зно с ва́шей ~ы́** it is very

kind of you; **наблюда́ть со ~ы́** to observe from the outside; **со ~ы́** (+ *g*) (*indicating line of descent*) on the side of; **дед со ~ы́ ма́тери** maternal grandfather; **с одно́й ~ы́..., с друго́й ~ы́** on the one hand ..., on the other hand; **узна́ть ~о́й** to find out indirectly.
2 (*в споре*) side, party; **вы на чьей ~е́?** whose side are you on?; **взять чью-н. сто́рону** to take s.o.'s part, side with s.o.; **вражду́ющие сто́роны** warring parties; **тре́тья с.** third party.
3 (*страна*) land, place; parts; **на чужо́й ~е́** in foreign parts.
4 (*элемент, свойство*) aspect, side; **с како́й бы ~ы́ ни посмотре́ть** whichever way you look at it.

сторон|и́ться, ю́сь, ~́ишься *impf* (*of* **⇒по~**) **1** to stand aside, make way. **2** *no pf* (+ *g*) (*избегать*) to shun, avoid.

сторо́нний *adj* **1** (*посторонний*) strange, foreign; **с. наблюда́тель** detached observer. **2** (*влияние, взгляд*) outside.

сторо́нник, а *m* supporter, advocate; **с. ми́ра** peace campaigner.

сторо́нни|ца, цы *f of* **⇒~к**

стоск|ова́ться, у́юсь *pf* (**по** + *p or* **о** + *p*) to miss, pine (for), yearn (for).

сточ|и́ть, у́, ~́ишь *pf* (*of* **⇒ста́чивать**) to grind off.

сто́чн|ый *adj* sewage, drainage; **~ые во́ды** sewage; **~ая труба́** drainpipe.

стошн|и́ть, и́т *pf* (*impers*) to be sick, vomit; **меня́ ~и́ло** I was sick.

сто́я *adv* standing up.

стоя́к, а́ *m* **1** (*брус*) post, upright. **2** (*водопроводный*) vertical pipe, rising pipe. **3** (*печной*) chimney.

стоя́лый *adj* (*вода*) stagnant; (*воздух*) stale; (*конь*) old.

стоя́ни|е, я *nt* standing.

стоя́нк|а, и *f* **1** (*остановка*) stop; (*автомобилей*) parking; **«с. запрещена́!»** 'no parking!'; **во вре́мя ~и (по́езда) на ста́нции** while the train is standing at a station. **2** (*место остановки*) stopping place; (*автомобилей*) parking area; (*судов*) moorage; **автомоби́льная с.** car park (*Br*), parking lot (*US*); **с. такси́** taxi rank. **3** (*archaeol*) site.

сто|я́ть, ю́, и́шь *impf* **1** to stand; **с. в о́череди** to stand in a queue; **с. на коле́нях** to kneel; **с. на четвере́ньках** to be on all fours; **кре́пко с. на нога́х** (*fig*) to stand firm.
2 (*находиться*) to be, be situated, lie; **село́ ~и́т на возвы́шенности** the village is situated on rising ground; **стака́ны ~я́т в шкафу́** the glasses are in the cupboard; **кни́ги ~я́т на по́лке** the books are on the shelf; **ча́йник ~и́т на плите́** the kettle is on the stove; **с. во главе́** (+ *g*) to be at the head (of), head; **с. на я́коре** to be at anchor; **с. у вла́сти** to be in power, be in office; **с. у руля́** to be at the helm.
3 (*быть*) to be; to continue; **~и́т моро́з** there is a frost; **~я́ла хоро́шая пого́да** the weather continued fine; **~я́ло нача́ло декабря́** it was the beginning of December; **а́кции ~я́т высоко́** shares continue high.
4 (*жить*) to stay, put up; (*mil*) to be stationed; **с. ла́герем** to be encamped.
5 (**за** + *a*) (*защищать*) to stand up (for); (**на** + *p*) (*настаивать*) to insist (on); **с. на своём** to refuse to give in; **с. на чьей-н. то́чке зре́ния** to share s.o.'s point of view.
6 (*не двигаться*) to have stopped; to have come to a halt, come to a standstill; **мои́ часы́ ~я́т** my watch has stopped; **рабо́та ~и́т** work has come to a standstill; **~й(те)!** stop!; halt!
7 (*не портиться*) to keep; **о́вощи ~я́т неде́лю** vegetables keep for a week.

стоя́ч|ий *adj* **1** standing; upright; **с. воротничо́к** stand-up collar; **~ая ла́мпа** standard lamp; **~ая труба́** standpipe. **2** (*вода, воздух*) stagnant.

сто́|ящий *pres participle active of* **⇒~ить** *and adj* (*человек*) deserving, worthy; (*дело, книга, предложение*) worthwhile.

стр. *abbr of* **1 страни́ца** p, page. **2 страни́цы** pp., pages.

страв|и́ть, лю́, ~́ишь *pf* (*of* **⇒~́ливать** *and* **⇒~ля́ть**) (*натравить*) to set on (*to fight*).

стра́влива|ть, ю *impf of* **⇒страви́ть**

стравля́|ть, ю *impf* = **стра́вливать**

страги́ва|ть(ся), ю(сь) *impf of* **⇒стро́нуть(ся)**

страд|а́, ы́, *pl* **~́ы** *f* hard work at harvest time; (*fig*) toil, hard work.

страда́л|ец, ьца *m* sufferer.

страда́л|ица, ицы *f of* **⇒~ец**

страда́льческ|ий *adj* full of suffering; **с. вид** an air of suffering, a martyr's air; **~ая жизнь** life of suffering.

страда́ни|е, я *nt* suffering.

страда́тельный *adj* (*gram*) passive; **с. зало́г** passive voice; **~ое прича́стие** passive participle.

страда́|ть, ю *and* (*archaic*) **стра́жду, ~ешь** *and* (*archaic*) **стра́ждешь** *impf* **1** (*impf only*) (+ *i*) to suffer (from); to be subject (to); **с. бессо́нницей** to suffer from insomnia; **она́ мно́го ~ла** she suffered a lot.
2 (*impf only*) (**от** + *g*) to suffer (from), be in pain (with); **с. от зубно́й бо́ли** to have (a) toothache; **с. от любви́** to be in love.
3 (*impf only*) **с. за кого́-н.** (*сочувствовать*) to feel for s.o.
4 (*impf only*) (**по** + *d*; *coll*) (*тосковать*) to miss; to long (for), pine (for).
5 (*pf* **по~**) to suffer; **с. за ве́ру** to suffer for one's faith; **с. от за́сухи** to suffer from the drought; **с. по свое́й вине́** to suffer through one's own fault.
6 (*impf only*) (*быть плохим*) to be weak, be poor; **у неё ~ет па́мять** she has a poor memory.

стра́д|ный *adj of* **⇒~а́**; **~ная пора́** busy period.

страж, а *m* **1** (*rhetorical*) guard, custodian; **с. поря́дка** (*ironical*) arm of the law. **2**: **с. ми́ра** peacekeeper.

стра́ж|а, и *f* guard, watch; **быть, стоя́ть на ~е** (+ *g*) to guard; **под ~ей** under arrest, in custody; **взять, заключи́ть под ~у** to take into custody.

стра́ждущ|ий *pres participle active* (*obs*) *of* **⇒страда́ть**; **~ее челове́чество** suffering humanity.

стра́жник, а *m* **1** (*hist*) (*полицейский*) police constable (*in rural areas*). **2** (*obs*): **берегово́й с.** coastguard; **лесно́й с.** forest warden.

страз, а *m* paste (*jewel*).

стран|а́, ы́, *pl* **~́ы** *f* **1** country; land. **2**: **с. све́та** cardinal point (*of compass*).

страни́ц|а, ы *f* page (*also comput, fig, rhetorical*); (*истории, жизни*) chapter.

страни́чк|а, и *f* = **страни́ца**

стра́нник, а *m* wanderer (*esp* religious pilgrim).

стра́нниц|а, ы *f of* **⇒стра́нник**

стра́нно *adv* **1** strangely, in a strange way. **2** *as pred* (*необычно*) it is strange; (*непонятно*) funny, odd, queer; **как э́то ни с.** strangely enough; **мне э́то с.** I find it strange; **(мне) с., что** I find it strange that.

стра́нност|ь, и *f* **1** strangeness. **2** (*странная манера*) oddity, eccentricity; **за ним води́лись ~и** he was an odd person.

стра́н|ный (~ен, ~́на́, ~но) *adj* (*необычный*) strange; (*непонятный*) funny, odd; **~ное де́ло** (*как вводное слово*) funnily enough, strangely enough; **~ное де́ло!** that's strange!, that's funny!

странове́дени|е, я *nt* regional studies.

стра́нстви|е, я *nt* wandering, travelling (*Br*), traveling (*US*).

стра́нствовани|е, я *nt* wandering, travelling (*Br*), traveling (*US*).

стра́нств|овать, ую *impf* to wander, travel; **с. по све́ту** to wander the earth; to travel the world.

стра́нств|ующий *pres participle active of* **⇒~овать** *and adj*; **с. актёр** strolling player; **с. ры́царь** knight errant; **с. цирк** travelling (*Br*), traveling (*US*) circus.

Стра́сбург, а *m* Strasbourg.

стра́стно *adv* passionately.

страстн|о́й *adj* of Holy Week; **С~а́я неде́ля** Holy Week; **С~а́я пя́тница** Good Friday; **С. четве́рг** Maundy Thursday.

стра́стност|ь, и *f* passion.

стра́ст|ный (~ен, ~на) *adj* (*речь, поцелуй, человек*) passionate; (*сторонник, поклонник*) ardent.

страстоцве́т, а *m* passion flower.

страст|ь[1], и, *g pl* **~е́й** *f* **1** (**к** + *d*) passion (for); **до ~́и** (*coll*) passionately; **со ~́ью** with passion, fervour (*Br*), fervor (*US*); **~и кипя́т** passions are running high. **2**: **~́и Христо́вы** (*relig*) the Passion; **Стра́сти по Матфе́ю** (*title of oratorio*) St Matthew Passion. **3** (*coll*) (*ужас*) horror; **расска́зывать (про) вся́кие ~́и** to recount all manner of horrors.

страсть[2] *adv* (*coll*) **1**: **с. (как/како́й)** (*очень*) awfully, frightfully; **мне с. как хо́чется уви́деть э́тот фильм** I want awfully to see this film. **2** *as pred* (*очень много*) an awful lot, a terrific number; **де́нег у него́ — с.** he's got an awful lot of money.

стратаге́м|а, ы *f* stratagem.

страте́г, а *m* strategist.

стратеги́ческий *adj* strategic.

страте́ги|я, и *f* strategy.

стратифика́ци|я, и *f* stratification.

С

стратосфе́р|а, ы *f* stratosphere.

стратосфе́рный *adj* stratospheric.

стра́ус, а *m* (*африканский*) ostrich.

страус|и́ный *adj of* ⇒~; **~и́ное перо́** ostrich feather.

стра́ус|овый *adj* = **~и́ный**

страх¹, а *m* **1** fear; (*сильный*) terror; **с. наказа́ния** fear of punishment; **с. за ребёнка** fear for one's child; **не знать ~а** to know no fear; **со ~у** from fear; **с. Бо́жий** the fear of God; **с. пе́ред неизве́стностью** fear of the unknown; **под ~ом сме́рти** on pain of death. **2** (*in pl*) (*ужасные события*) terrors. **3** (*ответственность*) risk, responsibility; **на свой с. (и риск)** at one's own risk.

страх² *adv* (*coll*): **с. (как)** (*очень*) terribly; **им с. (как) хо́чется побыва́ть во Фра́нции** they want terribly to go to France.

страх... *comb form, abbr of* **страхово́й**

страхка́сс|а, ы *f* insurance office.

страхова́ни|е, я *nt* insurance; **с. автомоби́ля** motor insurance; **госуда́рственное с.** National Insurance; **с. жи́зни** life insurance; **с. от огня́** fire insurance; **с. от несча́стных слу́чаев** personal accident insurance.

страхова́тел|ь, я *m* the insured (*person, etc.*).

страх|ова́ть, у́ю *impf* (*of* **за~**) (**от** + *g*) to insure (against); **с. себя́ (от** + *g*, *fig*) to insure (against), safeguard o.s. (against).

страх|ова́ться, у́юсь *impf* (*of* ⇒**за~**) (**от** + *g*) to insure o.s. (against) (*also fig*).

страхо́вк|а, и *f* **1** insurance. **2** (*fig, coll*): **для ~и** as a safeguard.

страхово́й *adj* insurance; **с. по́лис** insurance policy.

страхо́вщик, а *m* insurer.

страши́л|а, ы *cg* = **страши́лище**

страши́лищ|е, а *m and nt* fright (*object inspiring fear*); (*coll*) (*некрасивый человек*) monster; scarecrow.

страш|и́ть, у́, и́шь *impf* to frighten, scare.

страш|и́ться, у́сь, и́шься *impf* (+ *g*) to be afraid (of), fear.

стра́шно *adv* **1** terribly, awfully; **с. испуга́ться** to get a terrible fright; **с. обра́доваться** to be awfully glad; **мне с. хо́чется пое́хать** I am terribly keen to go. **2** *as pred* it is terrible; it is terrifying; **мне с.** I am terrified; **мне с.** (+ *inf*) I am terrified to do sth; **с. поду́мать, что...** it is awful to think that ...; **с. поду́мать!** it is an awful thought!

стра́ш|ный (~ен, ~на́, ~но) *adj* (*очень плохой*) terrible, awful, dreadful; (*вызывающий страх*) terrifying, frightening; **с. расска́з** terrifying story; **с. сон** bad dream; **с. беспоря́док** (*coll*) awful, dreadful mess; **с. шум** (*coll*) awful din; **С. суд** the Day of Judgement, Doomsday; **ничего́ ~ного** it doesn't matter.

страща́|ть, ю *impf* (*of* ⇒**по~**) (*coll*) to frighten, scare.

стре́ж|ень, ня *m* channel, main stream (*of river*).

стрека́ч, а́ *m now only in phr* **(за)да́ть ~а́** (*coll*) to take to one's heels, run for it.

стреко́з|а́, ы́, *pl* **~ы** *f* **1** dragonfly. **2** (*coll*) (*ребёнок*) fidget (*usu of a girl*).

стре́кот, а *m* (*кузнечиков*) chirr; (*fig*) rattle, chatter (*of machine guns, etc.*).

стрекота́ни|е, я *nt* chirring; (*fig*) rattle, chatter.

стреко|та́ть, чу́, ~чешь *impf* (*о кузнечиках*) to chirr; (*fig*) (*болтать*) to rattle, chatter.

стрел|а́, ы́, *pl* **~ы** *f* **1** arrow (*also fig*); (*fig*) shaft, dart; **пусти́ть ~у́** to shoot an arrow; **мча́ться ~о́й** to fly like an arrow. **2** (*bot*) shaft. **3** (*крана*) arm. **4** (*поезд*) express (train). **5**: **с. моста́** cantilever.

стрел|е́ц, ьца́ *m* **1 С.** (*astron*) Sagittarius (*constellation*). **2** (*hist*) strelitz (*a member of a military corps in Muscovite Russia in the 16th and 17th centuries*).

стре́лк|а, и *f* **1** pointer, indicator; (*часов*) hand; (*компаса*) needle. **2** (*знак*) arrow (*on diagram, etc.*). **3** (*railways*) point(s) (*Br*), switch (*US*); **перевести́ ~у** to change the points; (*fig, sl*) **перевести́ ~и на** (+ *a*) to lump the blame on. **4** (*geog*) spit. **5** (*стебель*) shoot, blade (*of grass, etc.*). **6** (*sl*) (*назначенная встреча*) meeting, appointment.

стрелко́в|ый *adj* **1** rifle, shooting; **~ое мастерство́** marksmanship; **~ое ору́жие** small arms; **с. спорт** shooting; **с. тир** rifle range. **2** (*mil*) rifle, infantry; **с. батальо́н** infantry battalion; **~ые войска́** infantry.

стреловид|ный (~ен, ~на) *adj* arrow-shaped.

стрел|о́к, ка́ *m* **1** shot; **иску́сный с., отли́чный с.** good shot. **2** (*mil*) rifleman; (*в самолёте, в танке*) gunner.

стре́лочник, а *m* (*railways*) signalman, (*US*) switchman; **с. винова́т** (*ironical*) the little man is always blamed.

стре́лочниц|а, ы *f of* ⇒**стре́лочник**

стре́л|очный *adj of* ⇒**~ка 3**

стрельб|а́, ы́, *pl* **~ы** *f* shooting, firing; **руже́йная с.** small arms fire; **уче́бная с.** firing practice.

стре́льбищ|е, а *nt* shooting range, target range.

стрельн|у́ть, у́, ёшь *inst pf* **1** to fire a shot. **2** (*impers*): **у меня́ ~у́ло в у́хе** I had a stab of pain in my ear. **3** (*coll*) (*убегать*) to rush away. **4** (*coll*) (*сигарету*) to cadge (*Br*), bum (*US*).

стре́льчат|ый *adj* **1** (*archit*) lancet. **2** arched, pointed; **~ые бро́ви** arched eyebrows.

стре́лян|ый *adj* **1** (*дичь*) shot (*opp killed by strangling*). **2** (*солдат*) who has been under fire; **с. воробе́й, ~ая пти́ца** (*coll*) old hand. **3** (*гильза*) used, fired, spent.

стреля́|ть, ю *impf* **1** (**в** + *a or* **по** + *d*) to shoot (at), fire (at); **хорошо́ с.** to be a good shot; **с. из револьве́ра/ружья** to fire a revolver/gun; **с. в цель** to shoot at a target; **с. по самолёту** to fire at an aeroplane (*Br*), airplane (*US*); **с. глаза́ми** (*coll*) to shoot glances (at); to make eyes (at). **2** (*убивать*) to shoot; **с. куропа́ток** to go partridge-shooting. **3** (*coll*) (*сигарету*) to cadge (*Br*), bum (*US*). **4** (*impers*) (*о боли*) to have a shooting pain. **5** (*мотор, дрова*) to crack.

стреля́|ться, юсь *impf* **1** (*самоубийца*) to shoot o.s. **2** (**с** + *i*) (*на дуэли*) to fight a duel (with firearms) (with).

стремгла́в *adv* headlong.

стрем|енно́й *adj* = **~я́нный**

стреми́тел|ьный (~ен, ~ьна) *adj* (*полёт, бег*) swift, headlong; (*рост, развитие*) rapid; (*человек*) energetic; (*ручей, поток*) fast-flowing.

стрем|и́ться, лю́сь, и́шься *impf* **1** (*устремиться*) to rush. **2** (**к** + *d*) (*добиваться*) to strive (for), seek, aspire (to); (+ *inf*) to strive (to), try (to); **с. к соверше́нству** to strive for perfection. **3** (**в, на** + *a*) (*желать попасть*) to want to go (to); **с. в Росси́ю** (*or* **на ро́дину**, *or* **в университе́т**) to want to go to Russia (*or* to one's homeland, *or* to university).

стремле́ни|е, я *nt* (**к** + *d*) striving (for), aspiration (to).

стремни́н|а, ы *f* **1** (*в реке*) rapids. **2** (*obs*) (*обрыв*) precipice.

стремни́ст|ый (~, ~а) *adj* (*obs*) steep, precipitous.

стрёмный *adj* (*sl*) dodgy, dangerous.

стре́м|я, *g, d and p* **~ени**, *i* **~енем**, *pl* **~ена́, ~я́н, ~ена́м** *nt* stirrup.

стремя́нк|а, и *f* stepladder, steps.

стремя́нн|ый *adj of* ⇒**стре́мя**; *as n* (*hist*) **с., ~ого** *m* groom.

стрено́ж|ить, у, ишь *pf of* ⇒**трено́жить**

стре́пет, а *m* (*zool*) little bustard.

стрептоко́кк, а *m* (*biol, med*) streptococcus.

стрептоко́кк|овый *adj of* ⇒**~**

стрептомици́н, а *m* (*med*) streptomycin.

стресс, а *m* (*psychol*) stress.

стре́ссовый *adj* (*положение*) stressful; (*состояние*) stressed.

стретч, а *m* (*and indecl adj*) (*эластичная ткань*) stretch fabric; **джи́нсы с.** stretch jeans.

стрех|а́, и́, *pl* **~и** *f* eaves.

стрига́льн|ый *adj*: **~ая маши́на** (*textiles*) cloth-shearing machine.

стрига́льщик, а *m* (*textiles and agric*) shearer.

стрига́льщиц|а, ы *f of* ⇒**стрига́льщик**

стригу́н, а́ *m* yearling (foal).

стригун|о́к, ка́ *m* = **стригу́н**

стригу́щий *pres participle active of* ⇒**стричь**; **с. лиша́й** (*med*) ringworm.

стриж, а́ *m* (*zool*) swift.

стри́женый *adj* **1** (*человек*) short-haired, close-cropped. **2** (*волосы*) short; (*овец*) sheared; (*дерево*) clipped.

стри́жк|а, и *f* **1** (*действие*) hair-cutting; shearing; clipping. **2** (*причёска*) haircut, hairstyle.

стрипти́з, а *m* striptease.

стриптизёр, а *m* (*male*) stripper.

стриптизёр|ка, ки *and* **~ша, ~ши** *f* (*female*) stripper.

стрихни́н, а *m* (*med*) strychnine.

стри|чь, гу́, жёшь, гу́т, *past* **~г, ~́гла** *impf* **1** (*pf* **⇒о~** *and* **⇒по~**) (*волосы, ногти, кусты*) to cut, clip. **2** (*pf* **⇒о~** *and* **⇒по~**) (*овец*) to shear; (*пуделя*) to clip. **3** (*pf* **⇒по~**) (*человека*): **с. кого́-н.** to cut s.o.'s hair; to give s.o. a haircut. **4** (*no pf*): **с. всех под одну́ гребёнку** to treat all alike; **с. купо́ны** to live on interest from one's investments.

стри́|чься, гу́сь, жёшься, гу́тся, *past* **~гся, ~глась** *impf* **1** (*pf* **⇒по~** *and* **⇒о~**) to cut one's hair; to have one's hair cut. **2** (*no pf*) (*носить короткие волосы*) to wear one's hair short.

стробоско́п, а *m* (*phys*) stroboscope.

стробоскопи́ческий *adj* stroboscopic.

строга́л|ь, я́ *m* (*coll*) = **~ьщик**

строга́льный *adj* (*tech*): **с. стано́к** planing machine.

строга́льщик, а *m* plane operator, planer.

строга́|ть, ю *impf* (*of* **⇒вы́~**) (*tech*) to plane, shave.

стро́г|ий (~, ~á, ~о) *adj* (*начальник, правила, диета*) strict; (*наказание, причёска*) severe; **~ие ме́ры** strong measures; **с. пригово́р** severe sentence; **под ~им секре́том** in strict confidence; **в ~ом смы́сле сло́ва** in the strict sense of the word; **с. стиль** severe, austere style; **~ие черты́ лица́** regular features.

стро́го *adv* strictly; severely; **с. говоря́** strictly speaking; **«с. воспреща́ется»** 'strictly forbidden'.

стро́го-на́строго *adv* (*coll*) very strictly.

стро́гост|ь, и *f* **1** strictness; severity. **2** (*in pl, coll*) (*меры*) strong measures.

строеви́к, а́ *m* combatant soldier.

строево́й[1] *adj* (*употребляемый на постройки*) building; **с. лес** timber forest; (*collect*) timber.

строев|о́й[2] *adj* (*mil*) **1** combatant, line; **с. офице́р** officer serving in line; **~а́я слу́жба** (front-)line service, combatant service; **~а́я часть** line unit. **2** drill; **~а́я подгото́вка** drill; **с. шаг** goose-step.

строе́ни|е, я *nt* **1** (*здание*) building, structure. **2** (*структура*) structure, composition.

строжа́йший *superl of* **⇒стро́гий**

стро́же *comp of* **⇒стро́гий** *and* **⇒стро́го**

строи́тел|ь, я *m* **1** builder, constructor. **2** (*fig*) creator.

строи́тельн|ый *adj* building, construction; **~ая брига́да** construction team; **~ая площа́дка** building site; **с. раство́р** lime mortar.

строи́тельств|о, а *nt* **1** (*процесс*) building, construction (*also fig*); **доро́жное с.** road-building; **жили́щное с.** house-building; **хозя́йственное с.** building up of the economy. **2** (*место*) building site, construction project. **3** (*fig*) (*организация*) organization, structuring.

стро́|ить, ю, ишь *impf* **1** (*pf* **по~**) (*здание, дорогу, мост, плотину*) to build, construct; (*корабль, танк*) to build. **2** (*pf* **по~**) (*новую жизнь, общество, счастье*) to create, build. **3** (*pf* **по~**) (*фигуры, фразы, мысли*) to construct; to formulate; **с. многоуго́льник** to construct a polygon; **с. у́гол** to plot an angle; **с. фра́зу** to construct a sentence; **с. мысль** to formulate a thought. **4** (*pf* **со~**) (*in phrr denoting facial expressions, etc.*) to make; **с. гла́зки** to make eyes; **с. грима́сы/ро́жу** to make/pull faces; **с. из себя́ дурака́** to make a fool of o.s. **5** (*pf* **по~**) (**на** + *p*) (*обосновывать*) to base (on); **с. расчёт на** (+ *p*) to base one's calculations on; **с. отноше́ния на дове́рии** to base relations on trust. **6** (*pf* **по~**) (*планы, догадки*) to make; **с. гипоте́зу** to advance a hypothesis. **7** (*pf* **по~**) (*ставить строй*) to draw up, form (up).

стро́|иться, юсь, ишься *impf* (*of* **⇒по~**) **1** (*строить себе дом*) to build (*a house, etc.*) for o.s. **2** (*mil*) to draw up, form up; **~йся!** (*mil*) fall in! **3** *passive of* **⇒~ить**

стро|й[1]**, я, о ~́е, в ~́е~** *pl* **~́и, ~́ев** *m* **1** (*система*) system, order; **обще́ственный с.** social system; **феода́льный с.** feudal system. **2** (*предложения, языка*) structure. **3** (*mus*) pitch.

стро|й[2]**, ~́я, о ~́е, в ~ю́,** *pl* **~и́, ~ёв** *m* **1** (*mil, naut, aeron*) (*порядок*) formation; **со́мкнутый с.** close order; **расчленённый с.** deployed formation; **с. фро́нта** (*naut*) line abreast; **в ко́нном ~ю́** mounted; **в пе́шем ~ю́** dismounted. **2** (*mil*) (*шеренга, часть*) unit in formation; **пе́ред ~́ем** in front of the ranks. **3** (*mil and fig*) (*действующий состав*) service, commission; **ввести́ в с.** to put into commission; (*машину*) to put into operation; **вы́вести из ~́я** to disable; to put out of action; **вступи́ть в с.** to come into service, come into operation; **вы́йти из ~́я** to be disabled; to become unserviceable; (*машина*) to break down; **оста́ться в ~ю́** (*mil*) to remain in the ranks; (*fig*) to remain at one's post.

строй... *comb form, abbr of* **строи́тельный**

стро́йк|а, и *f* **1** (*действие*) building, construction. **2** (*место*) building site.

стройматериа́л|ы, ов *m pl* building materials.

стро́йност|ь, и *f* **1** (*фигуры*) proportion. **2** (*пения*) harmony; (*доклада*) balance; (*рядов*) order.

стро́|йный (~ен, ~йна́, ~йно, ~́йны) *adj* **1** (*фигура*) well-proportioned; shapely. **2** (*пение*) harmonious; (*ряды*) orderly; (*фраза, доклад*) well-constructed.

строк|а́, и́, *pl* **~и, ~, ~а́м** *f* line; (*comput*) string; **с. в ~у́** line by line; **нача́ть с кра́сной/но́вой ~и́** to begin a new paragraph; **чита́ть ме́жду ~** to read between the lines.

стро́н|уть, у, ешь *pf* (*of* **⇒страгивать**) (*coll*) to move out, shift.

стро́н|уться, усь, ешься *pf* (*of* **⇒стра́гиваться**) (*coll*) to start moving.

стро́нци|й, я *m* (*chem*) strontium.

строп, а *m* sling (rope); (*парашюта*) shroud (line).

строп|а́, ы *f* = **~**

стропи́л|о, а *nt* rafter, beam.

стропти́в|ец, ца *m* obstinate person.

стропти́вост|ь, и *f* obstinacy.

стропти́в|ый (~, ~а) *adj* obstinate.

строф|а́, ы́, *pl* **~́ы, ~, ~а́м** *f* (*literary*) stanza, verse.

строфи́ческий *adj* (*literary*) strophic.

строчёный *adj* stitched.

строч|и́ть, у́, ~́ишь *impf* **1** (*pf* **про~**) (*шить*) to stitch. **2** (*pf* **на~**) (*coll*) (*писать*) to scribble, dash off. **3** *no pf* (*coll*) (*стрелять*) to bang away (*with automatic weapons*).

стро́чк|а[1]**, и** *f* (*шов*) stitch.

стро́чк|а[2]**, и** *f* = **строка́**

строчн|о́й *adj*: **~а́я бу́ква** small letter, lower-case letter; **писа́ть со ~о́й бу́квы** to write a small letter.

струбци́н|а, ы *f* (*tech*) (screw) clamp, cramp.

струга́|ть, ю *impf* (*of* **⇒вы́~**) = **строга́ть**

струг, а *m* (*tech*) plane.

стру́жк|а, и *f* shaving, filing; **снять ~у с кого́-н.** (*sl*) to tear s.o. off a strip.

стру|и́ть, и́т *impf* to pour, shed.

стру|и́ться, и́тся *impf* to stream, flow.

стру́йный *adj*: **с. при́нтер** inkjet printer.

структу́р|а, ы *f* structure; **вла́стные ~ы** power structures.

структурали́зм, а *m* structuralism.

структурали́ст, а *m* structuralist.

структу́рный *adj* structural.

струн|а́, ы́, *pl* **~́ы** *f* **1** (*скрипки, ракетки*) string. **2** (*черта*): **сла́бая с.** weak point; **чувстви́тельная с.** sensitive spot.

стру́н|ка, ки *f diminutive of* **⇒~а́**; **вы́тянуться в ~ку, стать в ~ку** to stand at attention; **ходи́ть по ~ке (у** + *g*, **пе́ред** + *i*) to be at the beck and call (of), dance attendance (on).

стру́нник, а *m* string player.

стру́нный *adj* (*mus*): **с. инструме́нт** stringed instrument; **с. орке́стр** string orchestra.

струп, а, *pl* **~́ья, ~́ьев** *m* scab.

стру́|сить, шу, сишь *pf of* **⇒тру́сить**

стручко́в|ый *adj* leguminous; **~ая фасо́ль** runner beans (*Br*), string beans; **с. пе́рец** chilli pepper, capsicum; **с. горо́шек** peas in the pod.

струч|о́к, ка́ *m* pod.

стру|я́, и́, *pl* **~́и** *f* **1** (*воды*) jet, spurt, stream; (*света*) stream; (*воздуха*) stream, current; **бить ~ёй** to spurt. **2** (*fig*) spirit; impetus; **внести́ све́жую ~ю́ в рабо́ту** to give the work fresh impetus; **попа́сть в ~ю́** (*coll*) to fit in.

стря́па|ть, ю *impf* (*of* **⇒со~**) (*coll*) to cook; (*fig*) (*сочинять*) to cook up, concoct.

стряпн|я́, и́ *f* (*coll*) cooking; (*fig, pej*) concoction.

стряпу́х|а, и *f* (*coll*) cook.

стряс|а́ть, а́ю *impf of* ⇒**~ти́**

стряс|ти́, у́, ёшь, *past* **~, ~ла́** *pf* (*of* ⇒**~а́ть**) to shake off.

стряс|ти́сь, ётся, *past* **~ся, ~ла́сь** *pf* (**с** + *i*; *coll*) to befall; **беда́ ~ла́сь с на́ми** a disaster befell us; **что с тобо́й ~ло́сь?** what's the matter with you?

стря́хива|ть, ю *impf of* ⇒**стряхну́ть**

стрях|ну́ть, ну́, нёшь *pf* (*of* ⇒**~ивать**) to shake off.

ст. ст. (*abbr of* **ста́рый стиль**) OS, Old Style (*of calendar*).

студене́|ть, ет *impf* to thicken, gel; (*coll*) (*вода*) to freeze.

студени́ст|ый (~, ~а) *adj* jelly-like.

студе́нт, а *m* student, undergraduate; **с.-ме́дик** medical student; **с.-юри́ст** law student.

студе́нт|ка, ки *f of* ⇒**~**

студе́нческ|ий *adj of* ⇒**студе́нт**; **с. биле́т** student card; **~ое общежи́тие** student hostel (*Br*), student dormitory (*US*).

студе́нчеств|о, а *nt* **1** (*collect*) (*студенты*) students. **2** (*время*) student days.

студён|ый (~, ~а) *adj* (*coll*) very cold, freezing.

сту́д|ень, ня *m* galantine; aspic.

студи́|ец, йца *m* (*coll*) student (*of art school, drama school, music school, etc.*).

студи́|йка, йки *f of* ⇒**~ец**

студи́йный *adj of* ⇒**сту́дия**

сту|ди́ть, жу́, ~дишь *impf* (*of* ⇒**о~**) to cool.

сту́ди|я, и *f* **1** (*живописца; телестудия*) studio; **с. звукоза́писи** recording studio. **2** (*школа*) (*art, drama, music, etc.*) school.

сту́ж|а, и *f* severe cold, hard frost.

стук[1], а *m* (*в дверь*) knock; (*сердца*) thump; (*пишущей машинки*) clatter; (*падающего предмета*) thud; **с. в дверь** knock at the door; **с. колёс** rumble of wheels; **входи́ть без ~а** to enter without knocking.

стук[2] (*coll*) *as pred* = **~нул**

сту́к|ать(ся), аю(сь) *impf of* ⇒**~нуть(ся)**

стука́ч, а́ *m* (*sl*) stool pigeon (= *informer*).

сту́к|нуть, ну, нешь *pf* (*of* ⇒**~ать**) **1** (**в** + *a or* **по** + *d*) to knock; to bang; **с. в дверь** to knock, bang at (on) the door; **с. кулако́м по́ столу** to bang one's fist on the table. **2** (*ударить*) to bang, hit, strike; **с. кого́-н. по спине́** to bang s.o. on the back; **часы́ ~нули де́сять** (*coll*) the clock struck ten. **3** (*coll*) (*убить*) to kill. **4** (*coll*) (*наступить*) to begin; **~нул но́вый год** the new year began. **5** *pf only* (*impers* + *d*; *coll*) (*исполниться*): **ему́ ско́ро ~нет пятьдеся́т** he will soon hit fifty. **6** (*coll*): **ему́ вдруг ~нуло в го́лову, что…** it suddenly occurred to him that … **7** (*coll*) (**на** + *a*) (*донести*) to denounce.

сту́к|нуться, нусь, нешься *pf* (*of* ⇒**~аться**) (**о** + *a*) to bang o.s. (against), bump o.s. (against).

стукотн|я́, и́ *f* (*coll*) knocking, banging, tapping.

стул, а, *pl* **~ья, ~ьев** *m* **1** chair; **сиде́ть ме́жду двух ~ьев** to fall between two stools. **2** (*med*) stool.

стульча́к, а́ *m* (lavatory) seat.

сту́льчик, а *m* small chair.

сту́п|а, ы *f* mortar.

ступ|а́ть, а́ю *impf of* ⇒**~и́ть**; **~а́й(те) сюда́!** come here!; **~а́й(те)!** be off!, clear out!

ступе́нчатый *adj* stepped, graduated, graded; (*процесс*) gradual.

ступ|е́нь, е́ни *f* **1** (*g pl* **~е́ней**) (*лестницы*) step; (*стремянки*) rung. **2** (*g pl* **~ене́й**) (*этап*) stage; (*разряд*) grade; (*уровень*) level; (*mus*) degree (*of scale*); (*ракеты*) stage.

ступе́нь|ка, ки *f* = **~ 1**

ступ|и́ть, лю́, ~ишь *pf* (*of* ⇒**~а́ть**) to step; to tread; **тяжело́ с.** to tread heavily; **с. че́рез поро́г** to cross the threshold.

ступи́ц|а, ы *f* hub (*of a wheel*).

сту́пк|а, и *f* small mortar.

ступн|я́, и́, *pl* **~и́, ~е́й** *f* **1** (*стопа*) foot. **2** (*подошва*) sole.

сту́пор, а *m* stupor.

стуч|а́ть, у́, и́шь *impf* **1** (*pf* **по~**) to knock; to bang; to rap; (*о зубах*) to chatter. **2** (*no pf*) (*сердце*) to thump, pound; *impers*: **(у неё) ~а́ло в голове́** her head was throbbing. **3** (*pf* **на~**) (*sl*) (**на** + *a*) (*доносить*) to report (*s.o.*).

стуч|а́ться, у́сь, и́шься *impf* (*of* ⇒**по~**) (**в** + *a*) to knock (at); **с. в дверь** to knock at the door (*also fig*); **с. к сосе́ду** to knock at a neighbour's (*Br*), neighbor's (*US*) door.

стуш|ева́ться[1], у́юсь *pf* (*of* ⇒**~ёвываться**) **1** (*сделаться менее отчётливым*) to fade away, shade off. **2** (*coll*) (*незаметно удалиться*) to retire into the background; to efface o.s.

стуш|ева́ться[2], у́юсь *pf of* ⇒**тушева́ться**

стушёвыва|ться, юсь *impf of* ⇒**стушева́ться[1]**

стыд, а́ *m* shame; **к на́шему ~у́** to our shame; **у него́ ни ~а́, ни со́вести** he knows no shame.

сты|ди́ть, жу́, ди́шь *impf* (*of* ⇒**при~**) to shame, put to shame.

сты|ди́ться, жу́сь, ди́шься *impf* (*of* ⇒**по~**) (+ *g*) to be ashamed (of); (+ *inf*) to be ashamed (to); **~ди́сь!** you should be ashamed of yourself!

стыдли́в|ый (~, ~а) *adj* bashful.

сты́дно *as pred* it is a shame; **ему́,** *etc.*, **с.** he, *etc.*, is ashamed; **как тебе́ не с.!** you ought to be ashamed of yourself!

сты́дный *adj* shameful.

стык, а *m* **1** (*tech*) joint, junction. **2** (*fig*) junction, meeting point; **с. доро́г** road junction; **на ~е двух веко́в** at the turn of the century.

стык|ова́ть, у́ю *impf* (*of* ⇒**со~**) (*tech*) to join.

стык|ова́ться, у́ется *impf* (*of* ⇒**со~**) (*tech*) to join (*intrans*); (*о космических кораблях*) to dock.

стыко́вк|а, и *f* (*космических кораблей*) docking.

стыков|о́й *adj of* ⇒**стык 1**; (*railways*): **~а́я накла́дка** fishplate; **~о́е соедине́ние, с. шов** butt weld, butt joint.

сты́н|уть, у, ешь, *past* **стыл, сты́ла** *impf* **1** (*pf* **о~**) (*становиться холодным*) to cool, get cool. **2** (*мёрзнуть*) to become frozen over. **3** (*fig*): **кровь ~ет в жи́лах** one's blood runs cold.

стыть = **сты́нуть**

сты́чк|а, и *f* **1** (*бой*) skirmish. **2** (*coll*) (*ссора*) squabble.

стю́ард, а *m* steward.

стюарде́сс|а, ы *f* stewardess.

стяг, а *m* (*rhetorical*) banner.

стя́гива|ть(ся), ю(сь) *impf of* ⇒**стяну́ть(ся)**

стяжа́тел|ь, я *m* money-grubber.

стяжа́тель|ница, ницы *f of* ⇒**~**

стяжа́тел|ьный (~ен, ~ьна) *adj* greedy, grasping.

стяжа́|ть, ю *impf and pf* **1** (*приобретать*) to gain, win. **2** (*impf only*) (*добиваться*) to seek, court; **с. сла́ву** to court fame.

стя|ну́ть[1], ну́, ~нешь *pf* (*of* ⇒**~гивать**) **1** to tighten; **с. на себе́ по́яс** to tighten one's belt. **2** (*войска, силы*) to gather, assemble (*trans*). **3** (*impers, coll*) to have cramp; **у меня́ ~ну́ло но́гу** I have cramp in my leg.

стя|ну́ть[2], ну́, ~нешь *pf* (*of* ⇒**~гивать**) **1** (*перчатки, сапоги*) to pull off; **с. чемода́н с маши́ны** to pull the suitcase out of the car. **2** (*pf only*) (*coll*) (*украсть*) to pinch (*Br*), steal.

стя|ну́ться, ну́сь, ~нешься *pf* (*of* ⇒**~гиваться**) **1** to tighten (*intrans*). **2** (*coll*) (*туго подпоясаться*) to gird o.s. tightly. **3** (*войска, демонстранты*) to gather, assemble (*intrans*).

суахи́ли *m indecl* Swahili (*language, people*).

субаре́нд|а, ы *f* sublease.

субарендато́р, а *m* subtenant.

суббо́т|а, ы *f* Saturday; **Вели́кая с.** Holy Saturday.

суббо́т|ний *adj of* ⇒**~а**; **в ~ние и воскре́сные дни** at weekends.

суббо́тник, а *m* subbotnik (*in the former USSR, voluntary unpaid work on days off, originally esp on Saturdays*).

суббо́тник — subbotnik

A Soviet invention, consisting of a day of unpaid work, originally on Saturdays (its name derives from *суббо́та* 'Saturday'). The first one took place on 12 April 1919 in the locomotive depot of a Moscow railway station called Moskva-Sortirovochnaya, while the first mass *суббо́тник* was held on 10 May 1919 on the Moscow–Kazan railway. They were a quasi-voluntary show of socially useful work. Nowadays the word is still used to denote some kinds of unpaid work such as cleaning areas of communal use, both indoors and outdoors. When performed on Sundays it is also called *воскре́сник*.

субве́нци|я, и *f* grant, subsidy, subvention.

субконтине́нт, а *m* subcontinent.

сублима́т, а *m* (*chem*) sublimate.

С

сублима́ци|я, и *f* (*chem, psychol*) sublimation.

сублими́р|овать, ую *impf and pf* (*chem, psychol*) to sublimate.

субмари́н|а, ы *f* (*naut*) submarine.

субордина́ци|я, и *f* (system of) seniority; subordination.

субподря́д, а *m* subcontract.

субподря́дчик, а *m* subcontractor.

субсиди́р|овать, ую *impf and pf* to subsidize.

субси́ди|я, и *f* subsidy.

субста́нци|я, и *f* (*philos*) substance.

субстра́т, а *m* substratum.

субти́льност|ь, и *f* delicateness; frailty.

субти́л|ьный (∼ен, ∼ьна) *adj* (*coll*) delicate; frail.

субти́тр, а *m* (*usu in pl*) subtitle (*in film*).

субтро́пик|и, ов (*no sg*) subtropics.

субтропи́ческий *adj* subtropical.

субъе́кт, а *m* **1** (*philos, gram*) subject; (*philos*) the self, the ego. **2** (*med, law*) subject. **3** (*coll*) (*человек*) fellow, character, type; **подозри́тельный с.** suspicious character.

субъективи́зм, а *m* **1** (*philos*) subjectivism. **2** (*субъективность*) subjectivity.

субъективи́ст, а *m* (*philos*) subjectivist.

субъекти́вност|ь, и *f* subjectivity.

субъекти́в|ный (∼ен, ∼на) *adj* subjective.

субъе́кт|ный *adj of* ⇒**∼**

сувени́р, а *m* souvenir.

суверé н, а *m* (*pol, law*) sovereign.

суверените́т, а *m* (*pol, law*) sovereignty.

сувере́нный *adj* (*pol, law*) sovereign.

сугли́нистый *adj* loamy.

сугли́н|ок, ка *m* loam, loamy soil.

сугро́б, а *m* snowdrift.

сугу́бо *adv* especially, particularly.

сугу́б|ый (∼, ∼а) *adj* **1** (*obs*) (*двойной*) double, twofold. **2** (*особенный*) especial, particular.

суд, а́ *m* **1** court, law court; **зал ∼а́** courtroom; **заседа́ние ∼а́** sitting of the court; **на ∼е́** in court. **2** (*разбирательство*) trial, legal proceedings; **вы́звать в с.** to summons, subpoena; **пода́ть в с. на кого́-н.** to bring an action against s.o.; **отда́ть под с., преда́ть ∼у́** to prosecute; **быть под ∼о́м** to be on trial; **на тебя́ и ∼а́ нет** no one can blame you; **с. присяжных** jury. **3** (*collect*) (*судьи*) the judges; the bench. **4** (*мнение*) judgement, verdict; **с. исто́рии** verdict of history; **на нет и ∼а́ нет** if you can't (do it), you can't (do it); if it can't be done, it can't be done.

суда́к, а́ *m* pikeperch (*fish*).

Суда́н, а *m* (the) Sudan.

суда́н|ец, ца *m* Sudanese.

суда́н|ка, ки *f of* ⇒**∼ец**

суда́нский *adj* Sudanese.

суда́рын|я, и *f* (*obs; mode of address*) madam, ma'am.

су́дар|ь, я *m* (*obs; mode of address*) sir.

суда́ч|ить, у, ишь *impf* (*coll*) to gossip, tittle-tattle.

суде́бник, а *m* (*hist*) code of laws.

суде́бн|ый *adj* judicial; legal; (*медицина, психиатрия*) forensic; **∼ые издéржки/расхо́ды** (*legal*) costs; **с. исполни́тель** bailiff, officer of the court; **∼ая медици́на** forensic medicine; **∼ая оши́бка** miscarriage of justice; **∼ое разбира́тельство** legal proceedings, hearing of a case; **∼ое реше́ние** court decision, court order; **с. сле́дователь** investigator; coroner; **∼ое сле́дствие** investigation in court, inquest.

суде́йск|ий *adj* **1** (*law*) judge's; **∼ая колле́гия** the bench. **2** (*sport*) referee's, umpire's; **с. свисто́к** referee's whistle.

суде́йств|о, а *nt* (*sport*) refereeing, umpiring.

суди́лищ|е, а *nt* (*pej*) mock trial.

суди́мост|ь, и *f* (*law*) conviction(s); **снять с кого́-н. с.** to expunge s.o.'s previous convictions.

су|ди́ть, жу́, ∽дишь *impf* **1** (**о** + *p*) (*составлять мнение*) to judge; to form an opinion (about, on); **наско́лько мы могли́ с.** as far as we could judge; **∼ди́те са́ми** judge for yourself; **∽дя** (**по** + *d*) judging (by), to judge (from); **∽дя по всему́** to all appearances. **2** (*law*) (**за** + *a*) (*преступника*) to try (for). **3** (*осуждать*) to judge, pass judgement (upon); **не ∼ди́те их стро́го** don't be hard on them. **4** (*sport*) to referee; (*в крикете, теннисе*) to umpire. **5** (*also pf*) (*предназначать*) to predestine, preordain; **но Бог ∼ди́л ино́е** but God decreed a different fate.

су|ди́ться, жу́сь, ∽дишься *impf* (**с** + *i*) to sue.

су́д|но[1], **на,** *pl* **∼а́, ∼о́в** *nt* vessel; **с. на возду́шной поду́шке** hovercraft; **с. на подво́дных кры́льях** hydrofoil.

су́д|но[2], **на,** *pl* **∼на, ∼ен** *nt* chamber pot; **подкладно́е с.** bedpan.

су́дный *adj* (*obs*) **1** court; judicial. **2**: **С. день** (*relig*) Day of Judgement.

судове́рф|ь, и *f* shipyard.

судовладе́л|ец, ьца *m* shipowner.

судоводи́тел|ь, я *m* navigator.

судовожде́ни|е, я *nt* navigation.

судов|о́й *adj* ship's; marine; **с. журна́л** logbook; **∼а́я кома́нда** ship's crew; **∼о́е свиде́тельство** ship's certificate of registry.

судоговоре́ни|е, я *nt* (*law*) pleading(s).

суд|о́к, ка́ *m* **1** (*соусник*) sauce boat, gravy boat. **2** (*для уксуса, перца*) cruet (stand). **3** (*usu in pl*) (*для переноски пищи*) set of dishes.

судомо́йк|а, и *f* scullery maid, washer-up.

судопроизво́дств|о, а *nt* legal proceedings; **арбитра́жное с.** arbitration proceedings.

судоремо́нт, а *m* ship repair.

судоремо́нт|ный *adj of* ⇒**∼**

су́дорог|а, и *f* cramp, convulsion, spasm.

су́дорож|ный (∼ен, ∼на) *adj* convulsive; (*сборы*) frantic.

судострое́ни|е, я *nt* shipbuilding.

судострои́тел|ь, я *m* shipbuilder, shipwright.

судострои́тельный *adj* shipbuilding.

судоустро́йств|о, а *nt* judicial system.

судохо́д|ный (∼ен, ∼на) *adj* **1** navigable; **с. кана́л** shipping canal. **2**: **∼ная компа́ния** shipping company.

судохо́дств|о, а *nt* navigation, shipping.

суд|ьба́, ьбы́, *pl* **∽ьбы, ∽еб, ∽ьбам** *f* fate, fortune; (*будущее*) destiny; (*история существования*) story; **благодари́ть ∼ьбу́** to thank one's lucky stars; **искуша́ть ∼ьбу́** to tempt fate; **избра́нник ∼ьбы́** fortunate person; **каки́ми ∼ьба́ми?** (*coll*) fancy meeting you here!; how did you get here?; **не с. нам** (+ *inf*) we are not fated (to).

судьби́н|а, ы *f* (*folk poetical*) fate, lot.

суд|ья́, ьи́, *pl* **∼ьи, ∽е́й, ∽ьям** *m* (*also f, coll, of woman*) **1** judge; **трете́йский с.** arbitrator; **я вам не с.** who am I to judge you? **2** (*sport*) referee; (*в крикете, теннисе*) umpire; **с. на ли́нии** linesman.

су́д|я *see* ⇒**∼и́ть 1**

суд|я́ *gerund of* ⇒**∼и́ть**

суеве́ри|е, я *nt* superstition.

суеве́р|ный (∼ен, ∼на) *adj* superstitious.

суесло́ви|е, я *nt* (*obs*) idle talk.

сует|а́, ы́ *f* **1** (*тщетность*) vanity; **с. суе́т** vanity of vanities. **2** (*хлопоты*) bustle, fuss.

сует|и́ться, чу́сь, ти́шься *impf* to bustle, fuss.

суетли́в|ый (∼, ∼а) *adj* fussy, bustling.

су́етност|ь, и *f* vanity.

су́ет|ный (∼ен, ∼на) *adj* vain, empty.

суетн|я́, и́ *f* (*coll*) fuss, bustle.

сужде́ни|е, я *nt* (*мнение*) opinion; (*в логике*) judgement.

суждён|ный (∼, ∼а́) *ppp of* ⇒**суди́ть**; **нам бы́ло ∼о́ встре́титься** we were fated to meet.

су́жен|ая, ой *f* (*folk poetical*) intended (*bride*).

су́жен|ый, ого *m* (*folk poetical*) intended (*bridegroom*).

су́жива|ть(ся), ю, ет(ся) *impf of* ⇒**су́зить(ся)**

су́|зить, жу, зишь *pf* (*of* ⇒**∼живать**) to narrow (*trans*); (*платье*) to take in.

су́|зиться, зится *pf* (*of* ⇒**∼живаться**) to narrow (*intrans*), get narrow; to taper.

суици́д, а *m* suicide.

сук, а́, о ∼е́, на ∼у́, *pl* **∼и́, ∼о́в** *and* **су́чья, су́чьев** *m* **1** bough; **руби́ть с., на кото́ром сиди́шь** to be your own worst enemy. **2** (*в бревне, в доске*) knot.

су́к|а, и *f* bitch (*also as term of abuse*).

су́к|ин *adj of* ⇒**∼а**; **с. сын** (*as term of abuse*) son of a bitch.

сук|но́, на́, *pl* **∽на, ∽он** *nt* (heavy, coarse) cloth; **положи́ть под с.** (*fig*) to shelve.

с

сукнова́льн|ый *adj* fulling; **~ая глина** fuller's earth.

сукова́т|ый (~, ~а) *adj* with many twigs; (*of planks*) knotty.

суко́нк|а, и *f* piece of cloth, rag.

суко́нн|ый *adj* **1** cloth; **~ая фабрика** cloth mill. **2** (*fig*) (*язык, речь*) dull, hackneyed, clichéd.

су́кровиц|а, ы *f* **1** (*physiol*) lymph, serum. **2** (*в язве, в нарыве*) pus.

сул|и́ть, ю́, и́шь *impf* (*of* ⇒**по~**) to promise; **с. золоты́е го́ры** to promise the earth; **э́то не ~и́т ничего́ хоро́шего** this does not bode well.

султа́н¹, а *m* (*титул*) sultan.

султа́н², а *m* (*перьев; огня*) plume.

султана́т, а *m* sultanate; **С. Ома́н** the Sultanate of Oman.

султа́н|ский *adj of* ⇒**~¹**

сульфа́т, а *m* (*chem*) sulphate (*Br*), sulfate (*US*).

сульфи́д, а *m* (*chem*) sulphide (*Br*), sulfide (*US*).

сум|а́, ы́ *f* bag, pouch; **ходи́ть с ~о́й** to beg, go a-begging.

сумасбро́д, а *m* madcap.

сумасбро́|дить, жу, дишь *impf* (*coll*) to behave wildly, extravagantly.

сумасбро́д|ка, ки *f of* ⇒**~**

сумасбро́днича|ть, ю *impf* (*coll*) = **сумасбро́дить**

сумасбро́д|ный (~ен, ~на) *adj* wild, extravagant.

сумасбро́дств|о, а *nt* wild, extravagant behaviour (*Br*), behavior (*US*).

сумасше́дш|ий *adj* **1** mad; *as n* **с., ~его** *m* madman, lunatic; **~ая, ~ей** *f* madwoman, lunatic; **бу́йный с.** raving, violent lunatic; **объяви́ть кого́-н. ~им** to certify s.o. **2**: **с. дом** (*coll*) lunatic asylum, madhouse. **3** (*fig*) mad, lunatic; **~ая ско́рость** lunatic speed; **э́то бу́дет сто́ить ~их де́нег** it will cost the earth.

сумасше́стви|е, я *nt* madness, lunacy; **до ~я** (*coll*) extremely, terribly; **я уста́л до ~я** I'm terribly tired.

сумасше́ств|овать, ую *impf* (*coll*) to act like a madman.

сумато́х|а, и *f* confusion, chaos, turmoil.

сумато́шлив|ый (~, ~а) *adj* (*coll*) given to fussing, fussy.

сумато́ш|ный (~ен, ~на) *adj* (*человек*) fussy; (*день, подготовка*) chaotic.

Сума́тр|а, ы *f* Sumatra.

суматра́нский *adj* Sumatran.

сумбу́р, а *m* confusion, chaos.

сумбу́р|ный (~ен, ~на) *adj* confused, chaotic.

су́меречный *adj* twilight, dusk.

су́мер|ки, ек (*no sg*) twilight, dusk.

су́мернича|ть, ю *impf* (*coll*) to sit in the twilight.

суме́|ть, ю *pf* (+ *inf*) to be able (to), manage (to).

су́мк|а, и *f* **1** bag; **хозя́йственная с.** shopping bag. **2** (*biol*) pouch.

су́мм|а, ы *f* sum; **кру́пные ~ы** large sums (of money); **о́бщая/по́лная с.** sum total; (*количество*) amount; **с. к получе́нию** amount due; **с. к перено́су** amount carried forward; **в ~е** all in all.

сумма́р|ный (~ен, ~на) *adj* **1** (*количество*) total. **2** (*обзор*) summary.

сумми́р|овать, ую *impf and pf* **1** (*складывать*) to add up. **2** (*обобщить*) to summarize; to sum up.

су́мнича|ть, ю *pf of* ⇒**у́мничать**

сумня́ся, сумня́шеся *see* ⇒**ничто́же**

су́мочк|а, и *f* (*дамская*) handbag.

су́мрак, а *m* dusk, twilight.

су́мрач|ный (~ен, ~на) *adj* gloomy (*also fig*).

су́мчатый *adj* (*zool*) marsupial.

сумя́тиц|а, ы *f* confusion, chaos.

сунду́к, а́ *m* trunk, box, chest.

сунни́т, а *m* Sunni; **мусульма́нин-с.** Sunni Muslim.

сунни́тский *adj* Sunnite.

су́н|уть(ся), у(сь), ешь(ся) *pf of* ⇒**сова́ть(ся)**

суп, а, *pl* **~ы** *m* soup.

суперарби́тр, а *m* (*law*) chief arbitrator.

суперзвезд|а́, ы́, *pl* **~̈ы, ~̈, ~̈ам** *f* superstar.

суперма́ркет, а *m* supermarket.

суперме́н, а *m* superman.

супермоде́л|ь, и *f* supermodel.

суперобло́жк|а, и *f* dust cover, jacket (*of book*).

суперфосфа́т, а *m* (*chem*) superphosphate.

су́пес|ь, и *f* sandy soil, sandy loam.

су́п|ить, лю, ишь *impf* (*of* ⇒**на~**): **с. бро́ви** to knit one's brows, frown.

су́п|иться, люсь, ишься *impf* (*of* ⇒**на~**) = **су́пить бро́ви**

су́пниц|а, ы *f* soup tureen.

супов|о́й *adj of* ⇒**суп**; **~а́я ло́жка** soup ladle; **~а́я ми́ска** soup plate, bowl.

супоста́т, а *m* (*archaic, or rhetorical*) adversary, foe.

супроти́в (*coll*) **1** *prep* + *g* against. **2** *adv and prep* + *g* opposite.

супроти́в|ный *adj* (*coll*): **~ная стена́** the opposite wall, the wall opposite.

супру́г, а *m* **1** husband, spouse. **2** (*in pl*) (*муж и жена*) husband and wife, married couple.

супру́г|а, и *f* wife, spouse.

супру́жеский *adj* (*чета, жизнь*) married; (*верность, счастье*) marital.

супру́жеств|о, а *nt* matrimony, wedlock.

супру́жник, а *m* (*coll*) husband, hubby.

супружни́ц|а, ы *f* (*coll*) wife.

сургу́ч, а́ *m* sealing wax.

сурди́нк|а, и *f* (*mus*) mute; **под ~у** (*coll*) (*тайком*) on the quiet; (*тихо*) quietly.

суре́пиц|а, ы *f* (*bot*) **1** rape. **2** (*сорное растение*) charlock.

суре́пк|а, и *f* = **суре́пица 2**

суре́п|ный *adj of* ⇒**~ица**; **~ное ма́сло** rape oil.

су́рик, а *m* (*chem*) red lead.

суро́вост|ь, и *f* severity, sternness.

суро́в|ый (~, ~а) *adj* **1** (*взгляд, критика*) severe, stern; (*зима, жизнь, приговор*) harsh; (*красота, воспитание*) austere. **2** (*ткань*) coarse.

сур|о́к, ка́ *m* marmot; **спать как с.** to sleep like a log.

суррога́т, а *m* surrogate, substitute.

суррога́тн|ый *adj* surrogate, substitute, ersatz; **~ая мать** surrogate mother.

сурьм|а́, ы́ *f* (*chem*) antimony.

сурьм|и́ть, лю́, и́шь *impf* (*of* ⇒**на~**) (*obs*) to dye, darken (*hair, eyebrows, etc.*).

сурьм|и́ться, лю́сь, и́шься *impf* (*of* ⇒**на~**) (*obs*) to dye, darken one's hair, eyebrows, *etc.*

суса́льн|ый *adj* **1** tinsel; **~ое зо́лото** gold leaf. **2** (*fig, coll*) (*слащавый*) sugary.

су́слик, а *m* (*zool*) ground squirrel, gopher (*US*).

су́сл|о, а *nt* **1**: **виногра́дное с.** must; **пивно́е с.** wort. **2** (*сок винограда*) grape juice.

суспе́нзи|я, и *f* (*chem*) suspension.

суспензо́ри|й, я *m* (*sport*) jockstrap.

суста́в, а *m* (*anat*) joint.

суставно́й *adj of* ⇒**суста́в**

сута́н|а, ы *f* soutane.

сутенёр, а *m* pimp, ponce.

су́т|ки, ок (*no sg*) twenty-four hours; twenty-four-hour period; **це́лые с.** for days and nights.

су́толок|а, и *f* commotion, hubbub; **предпра́здничная с.** pre-holiday rush.

су́точн|ый *adj* twenty-four-hour; daily; round-the-clock; **~ые де́ньги** per diem subsistence allowance; *as n* **~ые, ~ых** = **~ые де́ньги**

суту́л|ить, ю, ишь *impf* (*of* ⇒**с~**) to stoop.

суту́л|иться, юсь, ишься *impf* (*of* ⇒**с~**) to stoop.

суту́лост|ь, и *f*: **с. фигу́ры** round shoulders, stoop.

суту́л|ый (~, ~а) *adj* round-shouldered, stooping.

сут|ь¹, и *f* essence; **с. де́ла** the heart, crux of the matter; **вни́кнуть в с. вопро́са** to get to the heart of the matter; **по ~̈и де́ла** as a matter of fact, in point of fact.

сут|ь² (*archaic*) **1** *3rd pers pl pres of* ⇒**быть** is, are; **э́то не с. ва́жно** this is not so important. **2** (*перед перечислением; следующие*) are as follows.

сутя́г|а, и *cg* (*coll, obs*) = **сутя́жник**

сутя́жник, а *m* litigious person.

сутя́жнича|ть, ю *impf* to engage in (malicious) litigation.

сутя́жничеств|о, а *nt* malicious litigation.

сутя́жн|ый *adj* litigious; **~ое де́ло** malicious litigation.

суфле́ *nt indecl* (*cul*) soufflé.

суфлёр, а *m* (*theatr*) prompter.

суфлёр|ский *adj of* ⇒**~**; **~ская бу́дка** prompt box.

суфли́р|овать, ую *impf* (+ *d*) (*theatr*) to prompt.

суфражи́зм, а *m* suffragette movement.
суфражи́стк|а, и *f* suffragette.
су́ффикс, а *m* (*gram*) suffix.
суха́рниц|а, ы *f* biscuit dish.
суха́р|ь, я́ *m* **1** (*хлебный*)rusk. **2** (*fig, coll*) cold, detached, unemotional person.
сух|а́я, о́й *f* (*sport*) whitewash (*Br*), shutout (*US*) (*game in which loser fails to score a single point*); **сде́лать ~у́ю кому́-н.** to whitewash s.o. (*Br*), shut s.o. out (*US*).
су́хо *adv* **1** coldly; **нас при́няли с.** we were received coldly. **2** *as pred* it is dry; **на у́лице с.** it is dry out of doors; **у меня́ в го́рле с.** my throat is parched.
сухова́т|ый (~, ~а) *adj* dryish.
сухове́|й, я *m* hot dry wind.
сухогру́з, а *m* bulk carrier.
сухогру́зн|ый *adj*: **~ое су́дно** bulk carrier.
сухожи́ли|е, я *nt* (*anat*) tendon, sinew.
сух|о́й (~, ~а́, ~о) *adj* **1** dry; **~ие дрова́** dry firewood; **~о́е ру́сло реки́** dried-up river bed; **~и́м путём** by land, overland; **вы́йти ~и́м из воды́** to come out unscathed.
2 (*хлеб*) dry; (*фрукты*) dried; **~о́е молоко́** dried milk.
3 (*кожа*) dried-up; (*рука*) withered; (*худощавый*) lean.
4 (*без влаги, жидкости*) dry; **с. док** dry dock; **с. ка́шель** dry cough; **с. лёд** dry ice; **~а́я мо́лния** summer lightning; **с. элеме́нт** (*elec*) dry pile.
5 (*fig*) (*скучный*) dry; (*не выразительный*) dreary.
6 (*fig*) (*холодный*) chilly, cold; **с. приём** chilly reception.
7 (*sport*): **с. счёт** = **суха́я**.
8: **с. зако́н** prohibition.
сухомя́тк|а, и *f* (*coll*) dry food (*without any beverage*).
сухопа́р|ый (~, ~а) *adj* (*coll*) lean, spare.
сухопу́тн|ый *adj* land (*opp marine, air*); **~ые си́лы** (*mil*) ground forces.
сухосто́|й, я *m* (*collect*) dead standing trees.
су́хост|ь, и *f* **1** dryness; (*почвы*) aridity. **2** (*fig*) chilliness, coldness.
сухот|а́, ы́ *f* **1** (*ощущение сухости*) dryness; **у меня́ в го́рле с.** my throat is parched. **2** (*сушь*) dry spell (*of weather*). **3** (*folk poetical*; *dialect*) (*тоска*) longing, yearning.
сухофру́кт|ы, ов (*no sg*) dried fruits.
сухоща́в|ый (~, ~а) *adj* lean.
сухоя́дени|е, я *nt* dry food.
сучёный *adj* twisted.
суч|и́ть, у́, ~ишь *impf* (*of* ⇨**с~**) **1** to twist, spin. **2** (*cul*) to roll out (*dough*).
су́чк|а, и *f* = **су́ка**
сучкова́т|ый (~, ~а) *adj* knotty; gnarled.
суч|о́к, ка́ *m* **1** (*ветка*) twig. **2** (*в древесине*) knot (*in wood*); **без ~ка́, без задо́ринки** (*coll*) without a hitch.
су́ш|а, и *f* (dry) land (*opp sea*); **по ~е** by land.
су́ше *comp of* ⇨**сухо́й** *and* ⇨**су́хо**
суше́ни|е, я *nt* drying.
сушёный *adj* dried.
суши́лк|а, и *f* **1** (*устройство*) drying apparatus, dryer; **напо́льная с.** clothes horse. **2** (*помещение*) drying room. **3** (*cul*) drying rack.
суши́льный *adj* (*tech*) drying.
суши́л|ьня, ьни, *g pl* **~ен** *f* drying room.
суш|и́ть, у́, ~ишь *impf* (*of* ⇨**вы́~**) to dry (out); (*fig*) (*изводить*) to waste, eat away; (*делать суровым*) to harden.
суш|и́ться, у́сь, ~ишься *impf* (*of* ⇨**вы́~**) to dry (out); (*человек*) to get dry.
су́шк|а, и *f* **1** drying. **2** (*cul*) dry (*ring-shaped*) cracker.
суш|ь, и *f* **1** (*пора*) dry spell (*of weather*). **2** (*место на земле*) dry place. **3** (*хворост*) dry twigs.
суще́ствен|ный (~, ~на) *adj* (*черта, разница*) essential; (*роль, значение*) vital; (*крупный*) substantial; (*вопрос*) important; **~ная попра́вка** important amendment.
существи́тельн|ое *adj*: **и́мя с.** (*or as n* **с., ~ого** *nt*) noun, substantive; **с. мужско́го/же́нского/сре́днего ро́да** masculine/feminine/neuter noun.
существ|о́, а́ *nt* **1** (*сущность*) essence; **по ~у́** (*говоря*) in essence, essentially; **говори́ть по ~у́** to speak to the point; **не по ~у́** off the point, beside the point; **всё моё с.** my whole being. **2** (*живая особь*) being, creature; **люби́мое с.** loved one.
существова́ни|е, я *nt* existence; **сре́дства к ~ю** livelihood; **отрави́ть кому́-н. (всё) с.** to make s.o.'s life a misery; **прекрати́ть с.** to cease to exist; **борьба́ за с.** struggle for survival.
существ|ова́ть, у́ю *impf* to exist; (+ *i or* **на** + *a*) to live on; **он ~у́ет на случа́йные зарабо́тки** he lives on casual earnings; **он ~у́ет уро́ками** he lives by giving lessons.
су́щ|ий *adj* **1** (*obs*) (*существующий*) existing. **2** (*coll*) (*правда*) absolute; utter; **с. ад** absolute hell; **~ая ерунда́** utter rubbish; **э́то/он ~ее наказа́ние** it/he is the bane of my life.
су́щност|ь, и *f* essence; **в ~и (говоря́)** in essence, essentially.
Суэ́ц, а *m* Suez.
Суэ́цк|ий кана́л, ~ого ~а *m* the Suez Canal.
сфабрик|ова́ть, у́ю *pf of* ⇨**фабрикова́ть**
сфа́гнум, а *m* (*bot*) sphagnum, bog moss.
сфальц|ева́ть, у́ю *pf of* ⇨**фальцева́ть**
сфальши́в|ить, лю, ишь *pf of* ⇨**фальши́вить**
сфантази́р|овать, ую *pf of* ⇨**фантази́ровать**
сфе́р|а, ы *f* **1** sphere; **с. влия́ния** (*pol*) sphere of influence; **вы́сшие ~ы** highest circles. **2** (*mil*) zone, area; **с. огня́** zone of fire.
сфери́ческий *adj* spherical.
сферо́ид, а *m* (*math*) spheroid.
сфероида́льный *adj* (*math*) spheroidal.
сфинкс, а *m* sphinx.
сфи́нктер, а *m* (*anat*) sphincter.
сфокуси́р|овать(ся), ую(сь) *pf of* ⇨**фокуси́ровать(ся)**
сформир|ова́ть(ся), у́ю(сь) *pf of* ⇨**формирова́ть(ся)**
сформ|ова́ть, у́ю *pf of* ⇨**формова́ть**
сформули́р|овать, ую *pf of* ⇨**формули́ровать**
сфотографи́р|овать(ся), ую(сь) *pf of* ⇨**фотографи́ровать(ся)**
с.-х. *and* **с/х** (*abbr of* **сельскохозя́йственный**) agricultural.
схва|ти́ть, чу́, ~тишь *pf* **1** *pf of* ⇨**хвата́ть**[1] **1**. **2** (*pf only*) (*coll*) (*простуду*) to catch. **3** (*impf* **~тывать**) (*coll*) (*мысль*) to grasp, comprehend; **с. смысл** to grasp the meaning, catch on. **4** (*impf* **~тывать**) (*tech*) (*скрепить*) to clamp together. **5** *no impf* (*в рисунке, фотографии*) to capture; **он ~ти́л настрое́ние** he captured the mood.
схва|ти́ться, чу́сь, ~тишься *pf* **1** *pf of* ⇨**хвата́ться**. **2** (*impf* **~тываться**) (**с** + *i*) to grapple (with), come to grips (with) (*also fig*).
схва́тк|а, и *f* skirmish, fight; (*в спорте*) fight; (*в споре*) clash; **рукопа́шная с.** hand-to-hand fight.
схва́т|ки, ок (*no sg*) contractions (*of muscles*); spasms; **родовы́е с.** labour (*Br*), labor (*US*).
схва́тыва|ть(ся), ю(сь) *impf of* ⇨**схвати́ть 3, 4** *and* ⇨**схвати́ться 2**
схе́м|а, ы *f* **1** (*чертёж*) diagram, chart; **с. метро́** metro map. **2** (*сочинения*) sketch, outline, plan; **с. рома́на** plan of a novel. **3** (*elec, radio*) circuit.
схематизи́р|овать, ую *impf and pf* to present in sketchy form, (over)simplify.
схемати́зм, а *m* sketchiness, (over)simplification.
схемати́ческий *adj* **1** (*изображение*) diagrammatic, schematic. **2** (*изложение*) sketchy, (over)simplified.
схемати́ч|ный (~ен, ~на) *adj* sketchy, (over)simplified.
схи́зм|а, ы *f* (*eccl*) schism.
схи́м|а, ы *f* (*eccl*) schema (*strictest monastic rule in Orthodox Church*).
схи́мник, а *m* (*eccl*) monk having taken vows of schema.
схи́мниц|а, ы *f* (*eccl*) nun having taken vows of schema.
схитр|и́ть, ю́, и́шь *pf of* ⇨**хитри́ть**
схлестн|у́ться, у́сь, ёшься *pf* (*coll*) (*в споре*) to clash, lock together.
схлоп|ота́ть, очу́, о́чешь *pf* (*coll*) to get.
схлы́н|уть, ет *pf* **1** (*о волнах*) to break and flow back. **2** (*о толпе*) to break up; to dwindle. **3** (*о чувствах*) to subside.
сход[1]**, а** *m* **1** (*с автобуса*) coming off, alighting. **2** (*с горы*) descent.
сход[2]**, а** *m* (*собрание*) gathering, assembly.
схо|ди́ть[1]**, жу́, ~дишь** *impf of* ⇨**сойти́**
схо|ди́ть[2]**, жу́, ~дишь** *pf* to go (*and come back*); (**за** + *i*) to go to fetch; **с.**

С

посмотре́ть to go to see; **~ди́ за врачо́м!** go and fetch a doctor!

схо|ди́ться, жу́сь, ~́дишься *impf of* **⇒сойти́сь**

схо́дк|а, и *f* gathering, assembly.

схо́дн|и, ей *pl* (*sg* **~я, ~и** *f*) gangway, gangplank.

схо́д|ный (~ен, ~на) *adj* **1** (**с** + *i*) (*похожий*) similar (to). **2** (*coll*) (*цена*) reasonable, fair.

схо́дств|о, а *nt* likeness, similarity, resemblance; **вне́шнее с.** similarity in appearance.

схо́дств|овать, ую *impf* (**с** + *i*; *obs*) to resemble.

схо́жест|ь, и *f* (*coll*) likeness, similarity.

схо́ж|ий (~, ~а) *adj* (*coll*) (**с** + *i*) similar (to).

схола́стик|а, и *f* scholasticism.

схоласти́ческий *adj* scholastic (*of scholasticism*).

схорон|и́ть(ся), ю́(сь), ~́ишь(ся) *pf of* **⇒хорони́ть(ся)**

схрон, а *m* **1** (*coll and journalism*) (*тайное хранилище*) (criminals'/rebels') secret store, cache (*of arms, drugs, food, etc.*), hid(e)y-hole (*coll*). **2** (*sl*) (*убежище преступника, повстанца и т. п.*) (*criminals'/rebels'*) hideout, hid(e)y-hole (*coll*); (*obs*) (*землянка беглых заключённых*) forest dugout (*used by escaped convicts*).

сца́па|ть, ю *pf* (*coll*) to grab, catch hold (of).

сцара́п|ать, аю *pf* (*of* **⇒~ывать**) to scratch off.

сцара́пыва|ть, ю *impf of* **⇒сцара́пать**

сце|ди́ть, жу́, ~́дишь *pf* (*of* **⇒~́живать**) to pour off, decant; (*через сито, марлю*) to strain off.

сце́жива|ть, ю *impf of* **⇒сцеди́ть**

сцементи́р|овать, ую *pf of* **⇒цементи́ровать**

сце́н|а, ы *f* **1** (*подмостки*) stage (*also fig*); **ста́вить на ~е** to stage; **сойти́ со ~ы** to go off the scene, make one's exit (*also fig*). **2** (*эпизод, происшествие*) scene. **3** (*coll*) scene; **устро́ить ~у** to make a scene.

сцена́ри|й, я *m* **1** (*фильма, передачи*) scenario, script.
2 (*детальный план*) plan, programme (*Br*), program (*US*). **3** (*fig*) (*вариант*) scenario.

сценари́ст, а *m* scriptwriter.

сценари́ст|ка, ки *f of* **⇒~**

сцени́ческ|ий *adj* stage; **~ое иску́сство** dramatic art; **~ая рема́рка** stage direction.

сцени́ч|ный (~ен, ~на) *adj* suitable for the theatre (*Br*), theater (*US*), effective on the stage.

сце́нк|а, и *f* **1** *diminutive of* **⇒сце́на**. **2** (*из жизни*) scene.

сцено́граф, а *m* (*theatr*) set designer.

сценогра́фи|я, и *f* set design.

сцеп, а *m* **1** (*приспособление*) coupling; drawbar. **2** (*несколько машин, сцепленных вместе*) chain (*of two or more goods trucks, etc., coupled together*).

сцеп|и́ть, лю́, ~́ишь *pf* (*of* **⇒~ля́ть**) **1** (*вагоны, кузова*) to couple. **2** (*пальцы*) to clasp.

сцеп|и́ться, лю́сь, ~́ишься *pf* (*of* **⇒~ля́ться**) **1** (*вагоны, детали*) to be coupled; (*ветки*) to be intertwined; to intertwine; (*частицы*) to stick together. **2** (**с** + *i*; *coll*) (*начать драться*) to grapple (with).

сце́пк|а, и *f* (*действие*) coupling.

сцепле́ни|е, я *nt* **1** (*действие*) coupling. **2** (*tech*) clutch; (*клеток, вещества*) cohesion; **выключе́ние ~я** clutch release. **3** (*fig*) (*совокупность*) accumulation; **с. обстоя́тельств** chain of events.

сцепля́|ть(ся), ю(сь) *impf of* **⇒сцепи́ть(ся)**

сцепно́й *adj* (*tech*) coupling.

сце́пщик, а *m* (*railways*) shunter.

сча́лива|ть, ю *impf of* **⇒сча́лить**

сча́л|ить, ю, ишь *pf* (*of* **⇒~ивать**) to lash together.

счастли́в|ец, ца *m* lucky man.

счастли́виц|а, ы *f* lucky woman.

счастли́вчик, а *m* (*coll*) = **счастли́вец**

сча́стливо *adv* (*жить, улыбаться*) happily; **с. отде́латься (от** + *g*) to have a lucky escape (from); **счастли́во (остава́ться)!** good luck!

счаст|ли́вый (~́лив, ~́лива) *adj* **1** (*лицо, детство, человек*) happy; **с. коне́ц** happy end. **2** (*игрок, случай, день*) lucky; **у неё ~ли́вая рука́** she brings luck. **3**: **~ли́вого пути́!** bon voyage!

сча́сть|е, я *nt* **1** (*чувство*) happiness; **жела́ю вам с.** I wish you happiness.
2 (*удача*) luck, good fortune; **к ~ю, на с., по ~ю** luckily, fortunately; **на на́ше с.** luckily for us; **попыта́ть ~я** to try one's luck; **име́ть с.** (+ *inf*) to have the good fortune to; (*как формула вежливости*) to be honoured (*Br*), honored (*US*) to; **твоё с.(, что)** you were lucky (that); **како́е с., что...** how fortunate that ... .

сче́сть, сочту́, сочтёшь, *past* **счёл, сочла́** *impf of* **⇒счита́ть**[1]; **не с.** (+ *g*) countless (numbers of); **у него́ друзе́й не с.** he has countless (numbers of) friends; **там бы́ло люде́й не с.** there were countless (numbers of) people there.

сче́сться, сочту́сь, сочтёшься, *past* **счёлся, сочла́сь** *impf of* **⇒счита́ться**[1]

счёт, а (у), *pl* **~ы** *and* **счета́** *m* **1** (*sg only*) (*действие*) counting, calculation, reckoning; **вести́ с.** (+ *d*) to keep count (of); **потеря́ть с.** (+ *d*) to lose count (of); **он не в с.** he does not count; **в два ~а** in a jiffy, in a trice; **без ~у, ~у нет** countless.
2 (*sg only*) (*sport*) score; **со ~ом 2:1** with a score of 2–1.
3 (*pl* **счета́**) (*в ресторане, за газ, за телефон*) bill; (*накладная*) invoice; **пода́ть с.** to present a bill; **уплати́ть по ~у** to pay the bill.
4 (*pl* **счета́**) (*в банке*) account; **откры́ть с.** to open an account; **за с.** (+ *g*) at the expense (of); **на с.** on account; **на с.** (+ *g*) to the account (of).
5 (*sg only*) (*fig*) account, expense; **в с.** (+ *g*) on the strength (of); **в коне́чном ~е, в после́днем ~е** in the end; **за с.** (+ *g*) at the expense (of); owing (to); **на свой с.** on one's own account; **приня́ть на свой с.** to take (sth) personally; **на чужо́й с.** at others' expense; **на э́тот с.** in this respect; **быть на хоро́шем/дурно́м счету́** to be in good/bad (repute); to stand well/badly; **име́ть на своём счету́** to have to one's credit; **отнести́ на с.** (+ *g*) to put (sth) down to.
6 ~ы (*pl only*) (*fig*) (*взаимные претензии*) accounts, score(s); **ста́рые ~ы** old scores; **свести́ ~ы (с** + *i*) to settle a score (with), get even (with); **сбро́сить со счето́в** to ignore.
7 *see* **⇒~ы**[1]

счётн|ый *adj* **1** (*служащий для счёта*) counting, calculating; **~ая коми́ссия** vote counting committee; **~ая лине́йка** slide rule; **~ая маши́на** calculator, calculating machine.
2 (*относящийся к счетоводству*) accounts, accounting; **Счётная пала́та** National Audit Office; **с. рабо́тник** accounts clerk; **~ая часть** accounts department.

счетово́д, а *m* accountant; accounts clerk.

счетово́дн|ый *adj* accounting; **~ая кни́га** account book.

счетово́дств|о, а *nt* accounting.

счётчик[1]**, а** *m* (*человек*) counter.

счётчик[2]**, а** *m* (*прибор*) meter; counter; **га́зовый с.** gas meter; **с. километра́жа** milometer (*Br*), odometer (*US*); **с. магни́тной ле́нты** tape counter.

счётчиц|а, ы *f of* **⇒счётчик**[1]

счёт|ы[1]**, ов** (*no sg*) abacus.

счёт|ы[2] *see* **⇒~ 6**

счисле́ни|е, я *nt* **1** counting; **систе́ма ~я** (*math*) scale of notation.
2: **с. пути́** (*naut*) dead reckoning.

счи́|стить, щу, стишь *pf* (*of* **⇒~ща́ть**) to clean off.

счи́|ститься, стится *pf* (*of* **⇒~ща́ться**) (*о грязи*) to come off.

счита́лк|а, и *f* counting rhyme.

счи́тан|ный (~, ~а) *adj* a few; **остаю́тся ~ные дни (до** + *g*) one can count the days (until); there are only a few days left (until); **~ное коли́чество** (*денег*) very little; (*предметов*) very few.

счита́|ть[1]**, ю** *impf* (*of* **⇒сче́сть**) **1** (*pf also* **со~**) to count; **с. де́ньги** to count money; **с. на па́льцах** to count on one's fingers; **с. до ста** to count up to a hundred; **с. дни, мину́ты** to count the days, minutes; **не ~я** not counting.
2 (+ *i or* **за** + *a*) to count, consider, think; to regard (as); **я ~ю его́ надёжным челове́ком** I consider him a reliable person; **с. необходи́мым/ну́жным, с. за ну́жное** to consider it necessary; **с. за сча́стье** to count it one's good fortune; **с. кого́-н. отве́тственным** to hold s.o. responsible.
3 (что) to consider (that), hold (that); **они́ ~ют, что я не в состоя́нии об э́том суди́ть** they consider that I am not in a position to be a judge of this; **я ~ю, что он интере́сный челове́к** I consider him an interesting person; I regard him as an interesting person.

счит|а́ть[2]**, а́ю** *pf* (*of* **⇒~́ывать**) (**с** + *i*) (*сверить*) to compare (with), check (against); (*показания прибора*) to read; (*comput*) to read.

считá|ться¹, юсь *impf* (*of* ⇨**счéсться**) (**с** + *i*) (*расплачиваться*) to settle accounts (with) (*also fig*).

считá|ться², юсь *impf* (*no pf*) **1** (+ *i*) to be considered, be thought, be reputed; to be regarded (as); **он ~ется первоклáссным специали́стом** he is considered a first-rate specialist; **~ется, что…** it is considered that … . **2** (**с** + *i*) (*принимать в расчёт*) to consider, take into consideration; to take into account, reckon (with); **он всегдá ~лся с моим мнéнием** he always took my opinion into consideration; **он ~ется со свои́ми коллéгами** he has consideration for his colleagues; **он ни с кем не ~ется** he has no consideration for anyone; **с шéфом ещё нáдо с.** the boss has still to be reckoned with.

сви́тк|а, и *f* **1** comparison, checking; **с. грáнок с ру́кописью** comparison of proofs with manuscript. **2** (*theatr*) reading (*of a part in a play*).

счи́тыва|ть, ю *impf of* ⇨**считáть²**

счищá|ть(ся), ю(сь) *impf of* ⇨**счи́стить(ся)**

США (*no sg*) *indecl* (*abbr of* **Соединённые Штáты Амéрики**) USA (*United States of America*).

сшиб|áть(ся), áю(сь) *impf of* ⇨**~и́ть(ся)**

сшиб|и́ть, у́, ёшь, *past* **~, ~́ла** *pf* (*of* ⇨**~áть**) (*coll*) to knock off; **с. с ног** to knock down, knock over; **с. с когó-н. спесь** to take s.o. down a peg.

сшиб|и́ться, у́сь, ёшься, *past* **~́ся, ~́лась** *pf* (*of* ⇨**~áться**) (*coll*) to collide; to come to blows.

сшивá|ть, ю *impf of* ⇨**сшить 2**

сшить, сошью́, сошьёшь *pf* **1** *pf of* ⇨**шить**. **2** (*impf* **сшивáть**) to sew together; (*med*) to suture.

съ... *vbl pref* = **с...**

съедá|ть, ю *impf* (*of* ⇨**съесть**) to eat (up).

съедéни|е, я *nt, only in phr* **отдáть на с.** (+ *d*) (*fig*) to put at the mercy (of).

съедóб|ный (~ен, ~на) *adj* edible.

съёжива|ться, юсь *impf of* ⇨**съёжиться**

съёж|иться, усь, ишься *pf* (*of* ⇨**ёжиться** *and* ⇨**~иваться**) (*в комо(че)к; от холода*) to huddle up; (*о листьях, лице*) to shrivel up; (*о ткани*) to shrink.

съезд¹, а *m* **1** (*собрание*) congress; conference, convention. **2** (*прибытие*) arrival, gathering.

съезд², а *m* (*спуск*) descent.

съéз|дить, жу, дишь *pf* **1** to go (*and come back*); **как (ты) ~дила?** how was your trip? **2** (*coll*) (+ *d*) (*ударить*) to bash.

съéздовский *adj* congress.

съезжá|ть(ся), ю(сь) *impf of* ⇨**съéхать(ся)**

съéзж|ая, ей *f* (*obs*) cell (*in police station*).

съéзж|ий *adj* (*obs*) of assembly; **~ая изба́** assembly house.

съел *see* ⇨**съесть**

съём, а *m* removal.

съёмк|а, и *f* **1** (*местности*) survey, surveying; plotting. **2** (*usu in pl*) (*фильма*) shooting. **3** (*копии, плана*) making. **4** (*удаление*) removal.

съёмный *adj* detachable, removable.

съём|очный *adj of* ⇨**~ка**; **~очная грýппа** film crew; **~очная площáдка** filmset; **~очные рабóты** surveying.

съёмщик, а *m* tenant.

съёмщиц|а, ы *f of* ⇨**съёмщик**

съестн|óй *adj* food; **~ы́е припáсы** food supplies, provisions; *as n* **~óе, ~óго** *nt* food.

съе|сть, м, шь, ст, ди́м, ди́те, дя́т, *past* **~л, ~́ла** *pf of* ⇨**есть¹** *and* ⇨**~дáть**; **с. собáку (на** + *p*; *coll*) to have at one's fingertips, know inside out.

съé|хать, ду, дешь *pf* (*of* ⇨**~зжáть**) **1** (*спуститься*) to go down, come down. **2**: **с. нá берег** (*naut*) to go ashore. **3** (*с квартиры*) to move out. **4** (*fig, coll*) (*двинуться с места*) to come down, slip; **у тебя́ гáлстук ~хал нáбок** your tie is on one side. **5** (*свернуть*) to turn.

съé|хаться, дусь, дешься *pf* (*of* ⇨**~зжáться**) **1** (*встретиться*) to meet. **2** (*собраться*) to arrive, gather, assemble.

съехи́днича|ть, ю *pf of* ⇨**ехи́дничать**

съязв|и́ть, лю́, и́шь *pf of* ⇨**язви́ть**

сы́вороткa, и *f* **1** whey. **2** (*biol, med*) serum.

сы́гранност|ь, и *f* teamwork.

сыгрá|ть, ю *pf of* ⇨**игрáть 1**; **с. шýтку (с** + *i*) to play a practical joke (on).

сыгрá|ться, юсь *pf* (*of* ⇨**сы́грываться**) to play well together.

сы́грыва|ться, юсь *impf of* ⇨**сыгрáться**

сы́змала *adv* (*coll*) since childhood.

сы́знова *adv* (*coll*) anew, afresh; **начáть с.** to make a fresh start, begin all over again.

сымпровизи́р|овать, ую *pf of* ⇨**импровизи́ровать**

сын, а, *pl* **~овья́, ~овéй** *and* **~ы́, ~óв** *m* **1** (*pl* **~овья́**) son. **2** (*pl* **~ы́**) (*fig, rhetorical*) son, child; **с. своегó врéмени** child, product of one's time.

сыни́шк|а, и *m* (*coll*) *diminutive of* ⇨**сын**

сынóвний *adj* filial.

сын|óк, кá *m diminutive of* ⇨**~**; (*as mode of address*) sonny.

сы́п|ать, лю, лешь *impf* **1** to pour. **2** (+ *a or i*; *fig, coll*) to pour forth; **с. жáлобами** to pour forth complaints; **с. деньгáми** to squander money.

сы́п|аться, лется *impf* **1** (*о чём-н. мелком*) to fall; (*о сыпучем*) to pour out; (*разбегаться*) to scatter; **мукá ~алась из мешкá** flour poured out of the bag. **2** (*coll*) (*о звуках*) to pour forth (*intrans*), rain down; **удáры ~ались грáдом** blows were raining down, falling thick and fast. **3** (*о штукатурке*) to flake off. **4** (*о ткани*) to fray out.

сыпнóй *adj*: **с. тиф** (*med*) typhus, spotted fever.

сыпня́к, á *m* (*coll*) = **сыпнóй тиф**

сыпу́ч|ий (~, ~а) *adj* friable, free-flowing; **с. грунт** shifting ground; **с. песóк** quicksand; **~ие телá** dry substances; **мéры ~их тел** dry measures.

сып|ь, и *f* (*med*) rash, eruption.

сыр, а, *pl* **~ы́** *m* cheese; **как с. в мáсле катáться** (*coll*) to live on the fat of the land.

сыр-бóр *now only in phr* **вот откýда с. загорéлся** (*coll*) that was the spark that set the forest on fire.

сырé|ть, ю *impf* (*of* ⇨**от~**) to become damp.

сыр|éц, цá *m* product in raw state; **кирпи́ч-с.** adobe; **хлóпок-с.** raw cotton; **шёлк-с.** raw silk.

сы́рник, а *m* curd fritter.

сы́р|ный *adj of* ⇨**~**; **С~ная недéля** (*obs*) Shrovetide.

сы́ро *as pred* it is damp.

сыровáр, а *m* cheesemaker.

сыроварéни|е, я *nt* cheesemaking.

сыровáт|ый (~, ~а) *adj* **1** (*климат*) dampish. **2** (*банан*) not quite ripe. **3** (*cul*) (*мясо*) underdone, undercooked.

сыродéл, а *m* cheesemaker.

сыродéльный *adj* cheese-processing.

сыроéжк|а, и *f* russula (*mushroom*).

сыр|óй (~, ~á, ~́о) *adj* **1** (*влажный*) damp; (*лето, день*) wet. **2** (*овощи, тесто*) raw, uncooked; **~áя водá** unboiled water; **~óе мя́со** raw meat. **3** (*незрелый*) green, unripe. **4** (*необработанный*) raw; (*рассказ, план*) unfinished, unrefined; **~ы́е материáлы** raw materials. **5** (*coll*) (*тучный*) fat, podgy.

сыр|óк, кá *m* (*творожный*) curd cheese; **плáвленый с.** processed cheese.

сыромя́тн|ый *adj*: **~ая кóжа** rawhide.

сы́ромят|ь, и *f* rawhide.

сы́рост|ь, и *f* dampness, humidity.

сырь|ё, я́ (*no pl*) *nt* raw material(s).

сырьев|óй *adj of* **сырьё**; **~áя бáза** raw material supply.

сырьём *adv* (*coll*) raw; **есть моркóвь с.** to eat carrots raw.

сыск, а *m* investigation, detection (*of criminals*).

сы|скáть, щу́, ~́щешь *pf* (*coll*) to find.

сы|скáться, щу́сь, ~́щешься *pf* (*coll*) to be found.

сыск|нóй *adj of* ⇨**~**; **~нáя поли́ция** criminal investigation department.

сыте́|ть, ю *impf* (*coll*) to become fuller.

сы́тно *adv* well; **с. позáвтракать** to have a good breakfast.

сы́т|ный (~ен, ~нá, ~но) *adj* (*обед*) substantial, copious; (*пирог*) filling, rich; (*питательный*) nourishing.

сы́тост|ь, и *f* satiety, repletion.

сы́т|ый (~, ~á, ~о) *adj* **1** satisfied, full; **спаси́бо, я ~** thank you, I am full. **2** (*смех, улыбка*) satisfied. **3** (*откормленный*) well-fed. **4** (*fig*) (+ *i*) (*пресыщенный*) fed up with; **я ~ по гóрло** I'm fed up to the back teeth (with).

С

сыч, á *m* little owl (*Athene noctua*); (*человек*) gloomy unsociable person, loner; **~óм сидéть** (*coll*) to look glum.

сычýжин|а, ы *f* rennet.

сы́щик, а *m* detective.

Сьéрра-Леóне *nt & f indecl* Sierra Leone.

СЭВ, а *m* (*hist*) (*abbr of* **Совет экономи́ческой взаимопóмощи**) Comecon (*Council for Mutual Economic Assistance*).

сэконó́м|ить, лю, ишь *pf of* **⇒эконó́мить**

сэр, а *m* sir.

сюдá *adv* here, hither.

сюжéт, а *m* (*картины, симфонии*) subject; (*романа*) plot; (*coll*) (*беседы*) topic.

сюжéт|ный *adj of* **⇒~**

сюзерéн, а *m* (*hist*) suzerain.

сюзерéн|ный *adj of* **⇒~**

сюи́т|а, ы *f* (*mus*) suite.

сюрпри́з, а *m* surprise.

сюрреали́зм, а *m* surrealism.

сюрреали́ст, а *m* surrealist.

сюрреалисти́ческий *adj* surrealist.

сюртýк, á *m* frock coat.

сюсю́кань|е, я *nt* **1** (*в речи*) lisping. **2** (*в обращении*) indulgence, fussing over.

сюсю́ка|ть, ю *impf* **1** (*в речи*) to lisp. **2** (*потворствовать*) to indulge, fuss over.

сяк *adv* (*coll*): **и так и с.**, *see* **⇒так**

сякóй *see* **⇒такóй-сякóй**

сям *adv*: **и там и с., ни там ни с.**, *see* **⇒там**

С

Tт

т (*abbr of* **то́нна**) t, ton(s), tonne(s).

т. *abbr of* **1 това́рищ** Comrade. **2 том** vol., volume.

таба́к, а́ (у́) *m* **1** (*растение*) tobacco plant. **2** (*листья*) tobacco; **ню́хательный т.** snuff; **де́ло т.!** (*coll*) things are in a bad way.

табака́ *indecl, only in phr* (*cul*): **цыплёнок т.** chicken tabak (*chicken flattened and grilled on charcoal*).

табаке́рк|а, и *f* snuffbox.

табаково́д, а *m* tobacco grower.

табаково́дств|о, а *nt* tobacco growing.

табаково́д|ческий *adj of* ⇒**~ство**

табакокуре́ни|е, я *nt* smoking (*of tobacco from a cigarette, pipe, etc.*).

таба́чный *adj* tobacco; **т. кисе́т** tobacco pouch.

та́бел|ь, я *m* **1** (*график*) table, chart; **Т. о ра́нгах** (*hist*) Table of Ranks (*introduced by Peter the Great*). **2** (*на заводе*) time board (*for clocking on and off*). **3** (*номерок*) number (*removed on arrival at work and replaced on leaving*). **4** (*в школе*) report (*Br*), report card (*US*).

та́бель|ный *adj of* ⇒**~**; **~ная доска́** time board (*for clocking on and off*); **~ные часы́** time clock.

та́бельщик, а *m* timekeeper.

та́бельщиц|а, ы *f of* ⇒**та́бельщик**

табле́тк|а, и *f* tablet, pill; **т. аспири́на** aspirin (tablet).

табли́ц|а, ы *f* table; (*рисунков, чертежей*) plate; **т. умноже́ния** multiplication table; **~ы логари́фмов** logarithm tables; **т. Менделе́ева** (*chem*) periodic table; **т. прили́вов** tide table; **электро́нная т.** (*comput*) spreadsheet; **т. вы́игрышей** prize list; **т. (ро́зыгрыша) пе́рвенства** (*sport*) (score) table; **внести́ в ~у** to tabulate.

табли́чный *adj* tabular.

табло́ *indecl, nt* (*на вокзале*) indicator (board) (*Br*), indicator panel; (*sport*) scoreboard.

табло́ид, а *m* tabloid (newspaper).

табло́ид|ный *adj of* ⇒**~**; **~ная пре́сса** tabloid press, the tabloids.

табльдо́т, а *m* table d'hôte.

та́бор, а *m* **1** (*лагерь*) camp. **2** (*группа цыган*) band of gypsies.

та́бор|ный *adj* **1** *adj of* ⇒**~**. **2** gypsy.

табу́ *nt indecl* taboo.

табу́н, а́ *m* herd (*usu of horses*).

табу́нщик, а *m* herdsman.

табуре́т, а *m* = **~ка**

табуре́т|ка, ки *f* stool.

таве́рн|а, ы *f* tavern, inn.

та́волг|а, и *f* (*bot*) meadowsweet.

таво́т, а *m* (*tech*) axle grease, lubricating grease.

таврёный *adj* branded.

тавр|и́ть, ю, и́шь *impf* (*of* ⇒**за~**) to brand.

тавр|о́, а́, *pl* **~а, ~, ~а́м** *nt* brand (*on cattle, etc.*).

тавро́|вый *adj* **1** *adj of* ⇒**~**. **2** (*tech*) T-shaped; **~вая ба́лка** T-beam.

тавтологи́ческий *adj* tautological.

тавтоло́ги|я, и *f* tautology.

тага́н, а́ *m* trivet.

таджи́к, а *m* Tajik.

Таджикиста́н, а *m* Tajikistan.

таджи́кский *adj* Tajik.

таджи́|чка, чки *f of* ⇒**~к**

таёжник, а *m* taiga dweller.

таёжни|ца, цы *f of* ⇒**~к**

таёжный *adj of* ⇒**тайга́**

таз[1]**, а, в ~у́,** *pl* **~ы́** *m* bowl.

таз[2]**, а, в ~е** *and* **в ~у́,** *pl* **~ы́** *m* (*anat*) pelvis.

тазобе́дренный *adj* (*anat*) hip; **т. суста́в** hip joint.

та́зовый *adj* (*anat*) pelvic.

Таила́нд, а *m* Thailand.

таила́нд|ец, ца *m* Thai.

таила́нд|ка, ки *f of* ⇒**~ец**

таи́нственност|ь, и *f* mystery.

таи́нствен|ный (~ *and* **~ен, ~на)** *adj* **1** (*место, шорох, взгляд*) mysterious; (*человек*) enigmatic. **2** (*цель*) secret. **3** (*вид*) secretive.

та́инств|о, а *nt* **1** (*relig*) sacrament. **2** (*obs*) mystery, secret.

Таи́ти *m indecl* Tahiti.

та|и́ть, ю́, и́шь *impf* (*горе*) to hide, conceal; (*злобу*) to harbour (*Br*), harbor (*US*); **т. зло́бу (про́тив +** *g*) to harbour a grudge (against); **не́чего/что греха́ т.** it must be admitted, we must admit.

та|и́ться, ю́сь, и́шься *impf* **1** (*coll*) (*скрываться*) to be (in) hiding, lurk. **2** (*fig*) (*иметься*) to lurk, be lurking; **что за э́тим ~и́тся?** what lies behind this? **3** (*coll*) (*скрывать что-н.*) to hold back (= *to decline to reveal*).

таитя́н|ин, ина, *pl* **~е, ~** *m* Tahitian.

таитя́н|ка, ки *f of* ⇒**~ин**

таитя́нский *adj* Tahitian.

Тайбэ́|й, я *m* Taipei.

Тайва́н|ь, я *m* Taiwan.

тайва́нский *adj* Taiwanese.

тайг|а́, и́ *f* (*geog*) taiga.

тайко́м *adv* in secret, surreptitiously; on the quiet; behind s.o.'s back.

тайм, а *m* (*sport*) half, period (*of game*).

тайм-а́ут, а *m* (*перерыв в чём-л.*) time off, time out (*US*); (*sport*) timeout.

тайме́н|ь, я *m* salmon trout.

та́йн|а, ы *f* **1** (*то, что непонятно*) mystery. **2** (*секрет*) secret; **держа́ть в ~е** to keep secret, keep dark; **храни́ть ~у** to keep a secret; **не т., что** it is no secret that.

тайни́к, а́ *m* hiding place (*for a thing*); **в ~а́х души́** in the inmost recesses of the heart.

та́йнопис|ь, и *f* secret writing.

та́йн|ый *adj* secret; clandestine; **т. аге́нт** undercover agent; **~ое голосова́ние** secret ballot; **т. коммуни́ст** crypto-communist; **т. сове́т** (*hist*) Privy Council.

та́йский *adj* Thai.

тайфу́н, а *m* typhoon.

тайцзицюа́нь *f indecl* t'ai chi (chu'an).

так 1 *adv* (*таким образом*) so; thus, in this way, like this; in such a way; **т. мно́го** so many; **мы сде́лали т.** this is what we did, we did as follows; **т. бы (и)...** (*coll*) (*выражает сильное желание сделать что-н.*) how I, *etc.*, should like ...; **т. во́т** (*перед продолжением повествования после отступления*) and so, so then; **т. же** in the same way; **т. и быть** (*coll*) all right, right you are; **т. и есть** (*coll*) so it is; **т. и зна́й(те)** (*expressing warning*; *coll*) get this clear; **т. ему́** *и т. п.* **и на́до** serves him *etc.* right; **т. или ина́че** whatever happens, one way or another; **т. называ́емый** so-called; **т. себе́** so-so, middling; **т. сказа́ть** so to speak; **за т.** (*coll*) for nothing; **и т.** even so; as it is; **и т. да́лее** (*usu spelt* **и т. д.**) and so on, and so forth; **и т. и сяк** this way and that; **когда́ т.** (*coll*) if so; **(не) т. ли?** isn't it so?
2 *adv* (*как следует*) as it should be; **не т.** amiss, wrong; **т. ли я говорю́?** am I right?; **что́-то бы́ло не совсе́м т.** sth was not quite right.
3 *adv* (*без специальных средств; без последствий*) just like that; **боле́знь не пройдёт т.** the illness will not pass just like that; **ему́ э́то т. не пройдёт** he won't get away with it like that.
4 *adv*: **т. (то́лько), про́сто т.** for no special reason, for no reason in particular; just for fun.
5 *particle* (*в репликах*) nothing in particular, nothing special; **что тебе́ не понра́вилось там? — т., обстано́вка/**

ситуа́ция в це́лом what did you not like there? — nothing in particular, just the set-up in general.
6: **т. и** (*as emphatic particle*) simply, just; **её глаза́ т. и сверка́ли гне́вом** her eyes were simply blazing with anger.
7 *conj* (*тогда*) then (*or not translated*); **ты не спро́сишь его́, т. я спрошу́** if you won't ask him, then I will; **е́хать, т. е́хать** if we are going, let's go; **не сего́дня, т. за́втра** if not today, then tomorrow.
8 *conj* so; **т. вы зна́ете друг дру́га?** so you know one another?
9: **т. как** *conj* as, since.
10 *affirmative or emphatic particle* (*да*) yes; **т. то́чно** (*mil*) yes.
11: **т. что** so; **т. что́бы** so that.

такела́ж, а *m* **1** (*naut*) rigging. **2** (*для подъёма грузов*) lifting tackle.

такела́жник, а *m* rigger, scaffolder.

такела́жн|ый *adj* **1** (*naut*) rigging. **2** scaffolding; **~ые рабо́ты** erection of scaffolding.

та́кже *adv* also, too, as well; (*after neg*) or, nor.

-таки *particle* (*coll*) however, though; **всё-т.** nevertheless; **опя́ть-т.** again.

тако́в *m*, **~а́** *f*, **~о́** *nt*, *pl* **~ы́** *pron* such; **все они́ ~ы́** they are all the same; **и был т.** (*coll*) and that was the last we saw of him.

таков|о́й *adj* **1** (*obs*) such; **е́сли ~ы́е име́ются** if any. **2**: **как т.** as such.

тако́вский *adj* (*coll*) of such a kind.

так|о́й *pron* **1** such; so; **т. же** the same; **он т. до́брый!** he is such a kind man; **~о́е пальто́ мне ну́жно** I need a coat like that; **~и́м о́бразом** thus, in this way; **в ~о́м слу́чае** in that case; **до ~о́й сте́пени** to such an extent. **2** (*coll*) (*известного рода*) a kind of; **бли́нчик т.** a kind of pancake. **3**: **кто он т.?** who is he?; **что э́то ~о́е?** what is this?; **что ~о́е** what's that?; what did you say?; **куда́ ~о́е он пошёл?** (*coll*) wherever has he gone?

тако́й-сяко́й *pron* (*coll*) (a) so-and-so.

тако́й-то *pron* so-and-so; such-and-such.

та́кс|а¹, ы *f* (*установленная расценка*) set rate; **по чёрной ~е** at the black-market rate.

та́кс|а², ы *f* (*собака*) dachshund.

такса́ци|я, и *f* price fixing; valuation.

такси́ *nt indecl* taxi.

таксидерми́ст, а *m* taxidermist.

таксидерми́|я, и *f* taxidermy.

та́ксик, а *m diminutive of* ⇒**та́кса²**

такси́р|овать, ую *impf and pf* to fix the price (of), price.

такси́ст, а *m* taxi driver.

таксо́метр, а *m* (taxi)meter; 'clock'.

таксомото́р, а *m* taxi.

таксомото́р|ный *adj of* ⇒**~**; **т. парк** (*стоянка*) taxi depot; (*совокупность машин*) fleet of taxis.

таксофо́н, а *m* payphone.

так-ся́к *adv as pred* (*coll*) it is tolerable, it is passable.

такт¹, а *m* **1** (*mus, etc.*) (*ритм*) time; **отбива́ть т.** to beat time; **в т.** in time; (*в нотах*) bar. **2** (*tech*) stroke (*of engine*).

такт², а *m* (*тактичность*) tact.

та́к-таки *particle* (*coll*) after all; really.

та́ктик, а *m* tactician.

та́ктик|а, и *f* tactics.

такти́ческий *adj* tactical.

такти́чност|ь, и *f* tact.

такти́ч|ный (~ен, ~на) *adj* tactful.

та́к-то *adv* (*coll*) so; **он не т. скро́мен** he's not all that humble; **т. так** that's as it may be.

та́кт|овый *adj of* ⇒**~¹**; **~овая черта́** bar.

тала́н, а *m* (*folklore*) luck, good fortune.

тала́нт, а *m* **1** (*дар*) talent, gift(s). **2** (*человек*) gifted person.

тала́нтливост|ь, и *f* talent, gifts.

тала́нтлив|ый (~, ~а) *adj* talented, gifted.

Талиба́н *m, indecl and decl* Taliban (*fundamentalist Muslim movement*).

та́л|и, ей (*no sg*) block and tackle.

талидоми́д, а *m* (*pharm*) thalidomide.

талисма́н, а *m* talisman, charm, mascot.

та́ли|я¹, и *f* waist; **пла́тье в ~ю** dress fitting at the waist; **обня́ть кого́-н. за ~ю** to put one's arm round s.o.'s waist.

та́ли|я², и *f* (*две колоды*) two packs of playing cards.

Та́ллин, а *m* Tallinn.

Талму́д, а *m* (*relig*) Talmud; **(т.)** (*joc*) (*большая книга*) thick book; tome.

талмуди́стский *adj* Talmudic; (*fig*) doctrinaire.

талмуди́ческий = **талмуди́стский**

тало́н, а *m* (*на бензин*) coupon; (*чека*) stub; **т. на обе́д** luncheon voucher; **поса́дочный т.** boarding pass.

тало́нчик, а *m diminutive of* ⇒**тало́н**

та́лреп, а *m* (*naut*) lanyard.

та́л|ый *adj* thawed, melted; **~ая вода́** water from melted snow.

тальк, а *m* (*минерал*) talc; (*косметический*) talcum powder.

та́льк|овый *adj of* ⇒**~**

тальни́к, а́ *m* willow.

там *adv* **1** there; **т. же** in the same place; (*при ссылках*) ibid., ibidem; **и т. и сям** here, there and everywhere; **ни т. ни сям** nowhere at all. **2** (*coll*) (*потом*) later, by and by. **3** *as particle* (*coll*) (*выражает сомнение, пренебрежение*): **вся́кие т. глу́пости говори́т** he talks all kinds of nonsense.

тамад|а́, ы́ *m* master of ceremonies, toastmaster.

та́мбур¹, а *m* **1** (*железнодорожного вагона*) platform (*of railway carriage*). **2** (*вестибюль*) lobby.

та́мбур², а *m* (*вышивание*) chain stitch.

тамбу́р, а *m* (*mus*) tamboura.

тамбури́н, а *m* **1** (*бубен*) tambourine. **2** (*барабан*) tambourin.

тамбурмажо́р, а *m* (*mil*; *obs*) drum major.

та́мбур|ный *adj of* ⇒**~²**; **т. шов** chain stitch.

тамизда́т, а *m* (*coll*) 'tamizdat' (*publication abroad*).

тами́л, а *m* Tamil.

тами́л|ка, ки *f of* ⇒**~**

тами́льск|ий *adj* Tamil; **«Т~ие ти́гры»** Tamil Tigers (*Sri Lankan guerrilla organization*).

тамо́женник, а *m* customs official.

тамо́женн|ый *adj* customs; **~ые по́шлины/сбо́ры** customs (*duties*).

тамо́жн|я, и *f* customs (*official department and place where goods and luggage are checked*).

та́мошн|ий *adj* (*coll*) of that place; **~ие жи́тели** the local inhabitants.

тампо́н, а *m* (*med*) tampon; **гигиени́ческий т.** tampon (*used during menstruation*).

тампони́р|овать, ую *impf and pf* (*med*) to tampon, plug.

тамта́м, а *m* tom-tom.

та́нгенс, а *m* (*math*) tangent.

тангенциа́льный *adj* (*math*) tangential.

та́нго *nt indecl* tango.

танде́м, а *m* tandem; **велосипе́д-т.** tandem.

та́н|ец, ца *m* **1** (*искусство*) dance; dancing; **уро́ки ~цев** dancing lessons; **т. живота́** belly dance. **2** (*in pl*) (*вечер*) a dance, dancing; **пойти́ на ~цы** to go to a dance, go dancing.

Танже́р, а *m* Tangier.

танзани́|ец, йца *m* Tanzanian.

танзани́|йка, йки *f of* ⇒**~ец**

танзани́йский *adj* Tanzanian.

Танза́ни|я, и *f* Tanzania.

тани́н, а *m* tannin.

танк¹, а *m* (*mil*) tank.

танк², а *m* container (*for transportation of liquids*).

та́нкер, а *m* (*naut*) tanker.

танке́тк|а¹, и *f* (*mil*) small tank.

танке́тк|а², и *f* (*coll*) (*туфля, подошва*) wedge.

танки́ст, а *m* member of tank crew.

та́нковый *adj* tank, armoured (*Br*), armored (*US*).

танкодро́м, а *m* tank training area.

танк-парово́з, а *m* (*railways*) tank (engine).

тантье́м|а, ы *f* bonus.

танцева́льн|ый *adj* dance, dancing; **т. ве́чер** a dance, party with dancing; **~ая площа́дка** dance floor.

танц|ева́ть, у́ю *impf* to dance.

танцкла́сс, а *m* (*obs*) school of dancing; dancing classes.

танцме́йстер, а *m* (*obs*) dancing master.

танцо́вщик, а *m* (professional) dancer.

танцо́вщи|ца, цы *f of* ⇒**~к**

танцо́р, а *m* (professional) dancer.

танцо́р|ка, ки *obs f of* ⇒**~**

танцпо́л, а *m* dance floor.

танцу́льк|а, и *f* (*coll*) dance, hop.

тапёр, а *m* ballroom pianist.

тапёрш|а, и *f of* ⇒**тапёр**

тапио́к|а, и *f* tapioca.

тапи́р, а *m* tapir.

та́пк|а, и *f* (*coll*) slipper.

та́почк|а, и *f* slipper; **спорти́вная т.** sports shoe, plimsoll (*Br*), sneaker (*US*).

Т

та́р|а, ы *f* packing, packaging.

тарабА́н|ить, ю, ишь *impf* (*coll*) to clatter.

тараба́рск|ий *adj* incomprehensible; **~ая гра́мота** (*coll*) double Dutch.

тараба́рщин|а, ы *f* (*coll*) double Dutch, gibberish.

тарака́н, а *m* cockroach.

тарака́н|ий *adj of* ⇒**~**

тара́н, а *m* (*mil*) **1** ram; ramming. **2** (*hist*) battering ram.

тара́н|ить, ю, ишь *impf* (*of* ⇒**про~**) to ram.

таранта́с, а *m* tarantass (*springless carriage*).

таранте́лл|а, ы *f* tarantella.

таран|ти́ть, чу́, ти́шь *impf* (*coll*) to jabber, natter.

тара́нтул, а *m* tarantula.

тара́н|ь, и *f* sea roach (*Rutilus rutilus heckeli*).

тарара́м, а *m* (*coll*) row, racket, hullabaloo.

тарара́х|ать, аю *impf of* ⇒**~нуть**

тарара́х|нуть, ну, нешь *pf* (*of* ⇒**~ать**) (*coll*) to bang; to crash.

тарата́йк|а, и *f* cabriolet, gig.

тарато́р|а, ы *cg* (*coll*) chatterbox, gabbler.

тарато́р|ить, ю, ишь *impf* (*coll*) to jabber; to gabble.

тарах|те́ть, чу́, ти́шь *impf* (*coll*) to rattle, rumble.

тара́щ|ить, у, ишь *impf* (*of* ⇒**вы́~**): **т. глаза́** (**на** + *a*) to goggle (at).

тарбага́н, а *m* Siberian marmot.

таре́лк|а, и *f* **1** plate; **глубо́кая т.** soup plate; **быть/чу́вствовать себя́ в свое́й ~е** to be in one's element; **быть/чу́вствовать себя́ не в свое́й ~е** (*i*) (*плохо себя чувствовать*) to be not quite o.s., (*ii*) (*чувствовать себя неловко*) to feel uncomfortable. **2** (*tech*) plate, disc; (*coll*) (*спутниковая*) (satellite) dish. **3** (*in pl*) (*mus*) cymbals.

таре́л|очный *adj of* ⇒**~ка**; **~очная ми́на** (*mil*) flat anti-tank mine.

таре́льчатый *adj* (*tech*) plate, disc; **т. то́рмоз** disc brake.

тари́ф, а *m* tariff, rate.

тарифика́ци|я, и *f* tariffing.

тарифици́р|овать, ую *impf and pf* to tariff.

тари́ф|ный *adj of* ⇒**~**

тартарары́: **провали́ться в т.** (*coll*) I'll be damned.

тарти́нк|а, и *f* slice of bread and butter.

та́ры-ба́ры *pl, oblique cases not used* (*coll*) tittle-tattle.

таска́|ть, ю *impf* (*indet of* ⇒**тащи́ть**) **1** *see* ⇒**тащи́ть**. **2** (*pf* **от~**) (*coll*) (*трепать*) to pull (*as punishment*); **т. кого́-н. за́ волосы** to pull s.o.'s hair. **3** (*coll*) (*носить*) to wear.

таска́|ться, юсь *impf* (*indet of* ⇒**тащи́ться**) **1** *see* ⇒**тащи́ться**. **2** (*coll, pej*) to roam about; to hang about.

тасмани́|ец, йца *m* Tasmanian.

Тасма́ни|я, и *f* Tasmania.

тасмани́|йка, йки *f of* ⇒**~ец**

тасма́нский *adj* Tasmanian.

тас|ова́ть, у́ю *impf* (*of* ⇒**пере~**) to shuffle (*cards in a pack*).

тасо́вк|а, и *f* shuffle, shuffling (*of playing cards*).

ТАСС *m* (*indecl*) (*abbr of* **Телегра́фное аге́нтство Сове́тского Сою́за**) (*hist*) Tass (*Telegraph Agency of the Soviet Union*).

тата́р|ин, ина, *pl* **~ы, ~** *m* Tatar; (*in pl*) (*hist*) (*монголотатары*) Tartars.

тата́р|ка, ки *f of* ⇒**~ин**

татаромонго́л, а *n* Tartar (*hist*).

татаромонго́льский *adj* Tartar (*hist*).

тата́рский *adj* Tatar; (*hist*) (*монголо~*) Tartar.

тату́ир|овать, ую *impf and pf* to tattoo.

тату́ир|оваться, уюсь *impf and pf* to tattoo o.s.; to have o.s. tattooed.

татуиро́вк|а, и *f* tattooing.

тат|ь, я *m* (*archaic*) thief, robber.

тафт|а́, ы́ *f* taffeta.

тахикарди́|я, и *f* (*med*) tachycardia.

Та́хо *f indecl* the Tagus (*river, as flowing in Spain*).

тахо́метр, а *m* tachometer.

тахт|а́, ы́ *f* ottoman.

тача́нк|а, и *f* cart (*used in Ukraine and southern regions of Russia*).

тача́|ть, ю *impf* (*of* ⇒**вы́~**) to stitch.

та́чк|а, и *f* wheelbarrow; (*coll*) (*автомобиль*) car.

Ташке́нт, а *m* Tashkent.

тащ|и́ть, у́, ~ишь *impf* (*det of* ⇒**таска́ть**) **1** (*тянуть*) to pull; (*что-н. тяжёлое*) to drag, lug; (*нести*) to carry. **2** (*coll*) (*вести*) to take; (*fig*) (*заставлять пойти куда-н.*) to drag off; **т. кого́-н. в кино́** to drag s.o. off to the cinema. **3** (*извлекать*) to pull out. **4** (*coll*) (*украсть*) to pinch (*Br*), swipe.

тащ|и́ться, у́сь, ~ишься *impf* (*det of* ⇒**таска́ться**) **1** (*идти с трудом*) to drag o.s. along; (*медленно ехать*) to trundle along; (*за кем-н.*) to trail along. **2** (*о подоле*) to drag, trail. **3** (**от** + *g*) (*sl*) to be crazy about.

та́яни|е, я *nt* thaw, thawing.

та́|ять, ю, ешь *impf* (*of* ⇒**рас~**) **1** to melt; to thaw; **~ет** it is thawing. **2** (*fig*) (*исчезать*) to melt away, dwindle, wane; **на́ши запа́сы ~ют** our stocks are dwindling; **его́ си́лы ~яли** his strength was ebbing. **3** (**от** + *g, fig*) (*от любви*) to melt (with), languish (with). **4** (*impf only*) (*чахнуть*) to waste away.

Тбили́си *m indecl* Tbilisi.

ТВ (*abbr of* **телеви́дение**) TV (television).

твар|ь, и *f* creature; (*collect*) creatures; all creation (*also pej*); (*pej*) (*подлый человек*) swine.

тверде́ни|е, я *nt* hardening.

тверде́|ть, ет *impf* to harden, become hard.

твер|ди́ть, жу́, ди́шь *impf* **1** (+ *a or* **о** + *p*) to repeat, say over and over again. **2** (*запомнить*) to memorize, learn by rote.

твёрдо *adv* firmly; (*знать, выучить*) thoroughly.

твердока́менный *adj* (*rhetorical*) steadfast, staunch.

твердоло́б|ый (~, ~а) *adj* **1** thick-skulled. **2** (*pol*) diehard.

твёрдост|ь, и *f* hardness; (*fig*) firmness.

твёрд|ый (~, ~а́, ~о, ~ы́) *adj* **1** (*не мягкий*) hard; **корт с ~ым покры́тием** hard court. **2** (*крепкий*) firm; (*не жидкий*) solid; **т. грунт** firm soil; **т. переплёт** stiff binding; **~ое те́ло** (*phys, chem*) solid; **фи́зика ~ого те́ла** solid state physics. **3** (*fig*) (*непоколебимый*) firm; (*установленный*) stable; (*стойкий*) steadfast; **~ое зада́ние** specified task; **~ые зна́ния** sound knowledge; **~ое реше́ние** firm decision; **т. срок** fixed time limit; **~ые це́ны** stable, fixed prices. **4** (*ling*) hard; **т. знак** hard sign (*name of Russian letter* **«ъ»**).

тверды́н|я, и *f* stronghold (*also fig*).

тверд|ь, и *f* (*archaic*): **т. земна́я** the earth; **т. небе́сная** the firmament, the heavens.

твид, а *m* tweed.

тви́д|овый *adj of* ⇒**~**

тво|й, его́ *m*, **~я́, ~е́й** *f*, **~ё, ~его́** *nt, pl* **~и́, ~и́х** *possessive pron* (*при существительном*) your; (*без существительного*) yours; **~его́** (*after comp adv; coll*) than you; **я зна́ю лу́чше ~его́** I know better than you; *as n* **~и́, ~и́х** your people.

творе́ни|е, я *nt* **1** (*произведение*) creation; work. **2** (*существо*) creature, being.

твор|е́ц, ца́ *m* creator; (**Т.**) (*Бог*) the Creator.

твори́тельный *adj*: **т. паде́ж** (*gram*) instrumental case.

твор|и́ть, ю́, и́шь *impf* (*of* ⇒**со~**) **1** (*создавать*) to create. **2** (*делать*) to do; to make; **т. добро́** to do good; **т. чудеса́** to work wonders.

твор|и́ться, и́тся *impf* (*coll*) to happen, go on; **что тут ~и́тся?** what is going on here?

творо́г, а́ *and* **тво́рог, а** *m* curd cheese; **со́евый т.** tofu.

творо́жник, а *m* curd pancake.

творо́жный *adj* curd; **т. сыро́к** curd cheese.

тво́рческ|ий *adj* creative; **~ая си́ла** creative power, creativeness; **т. путь Толсто́го** Tolstoy's career as a writer.

тво́рчеств|о, а *nt* **1** creation; creative work. **2** (*collect*) works.

ТВЧ *nt indecl* (*abbr of* **телеви́дение высо́кой чёткости**) HDTV (*high-definition television*).

т. е. (*abbr of* **то есть**) i.e., that is, viz.

теа́тр, а *m* **1** theatre (*Br*), theater (*US*); **т. и кино́** stage and screen; **т. вое́нных де́йствий** (*mil*) theatre of operations. **2** (*fig*) the stage. **3** (*collect*) (the) plays; **т. Шекспи́ра** the plays of Shakespeare.

театра́л, а *m* theatregoer (*Br*), theatergoer (*US*).

театрализа́ци|я, и *f* adaptation for the stage.

театрализ|ова́ть, у́ю *impf and pf* to adapt for the stage.

театра́л|ка, ки *f of* ⇒**~**

Т

театра́л|ьный (~ен, ~ьна) *adj* **1** theatre (*Br*), theater (*US*); theatrical; **т. зал** auditorium; **~ьная ка́сса** box office; **~ьная шко́ла** drama school. **2** (*fig*) (*жест, поза*) theatrical.

театрове́д, а *m* expert on the theatre (*Br*), theater (*US*).

театрове́дени|е, я *nt* theatre studies (*Br*), theater studies (*US*).

тевто́н, а *m* Teuton.

тевто́нский *adj* Teutonic.

тег, а *m* (*comput*) tag.

Тегера́н, а *m* Teh(e)ran.

Те́жу *f indecl* the Tagus (*river, as flowing in Portugal*).

теза́урус, а *m* thesaurus.

те́зис, а *m* thesis, proposition; **вы́двинуть т.** to advance a thesis.

тёзк|а, и *cg* namesake.

тезоимени́тств|о, а *nt* (*obs*) name day (*esp of member of Tsar's family*).

теи́зм, а *m* theism.

теи́ст, а *m* theist.

теисти́ческий *adj* theistic.

текст, а *m* **1** text. **2** (*песни*) words; (*оперы*) libretto.

тексти́л|ь, я (*no pl*) *m* (*collect*) textiles.

тексти́льный *adj* textile.

тексти́льщик, а *m* textile worker.

тексти́льщи|ца, цы *f of* ⇨**~к**

те́кст|овый *adj of* ⇨**~**; **т. реда́ктор** (*comput*) word processor.

тексто́лог, а *m* textual critic.

текстоло́ги|я, и *f* textual criticism.

текстуа́л|ьный (~ен, ~ьна) *adj* **1** (*дословный*) verbatim, word-for-word. **2** (*philology*) textual.

текто́ник|а, и *f* (*geol*) tectonics.

тектони́ческий *adj* (*geol*) tectonic.

теку́чест|ь, и *f* **1** (*phys*) fluidity. **2** fluctuation, instability; **т. рабо́чей си́лы** fluctuation of manpower.

теку́ч|ий (~, ~а) *adj* **1** (*phys*) fluid. **2** (*непостоянный*) fluctuating, unstable.

теку́щ|ий *pres participle active of* ⇨**течь**[1,2] *and adj* **1** current; of the present moment; **в ~ем году́** in the current year; **~ие собы́тия** current events, current affairs; **т. счёт** current account (*Br*), checking account (*US*). **2** (*повседневный*) routine, ordinary; **т. ремо́нт** routine repairs.

тел. (*abbr of* **телефо́н**) tel., telephone.

теле... *comb form* tele-.

телеавтома́т, а *m* video games machine.

телевеща́ни|е, я *nt* television broadcasting.

телеви́дени|е, я *nt* television, TV; **за́мкнутое т.** closed-circuit TV.

телевизио́нный *adj* television.

телевизио́нщик, а *m* (*coll*) TV person.

телеви́зор, а *m* television set.

телеви́зор|ный *adj of* ⇨**~**

теле́г|а, и *f* cart, wagon.

телегра́мм|а, ы *f* telegram.

телегра́ф, а *m* **1** (*система*) telegraph. **2** (*учреждение*) telegraph office.

телеграфи́р|овать, ую *impf and pf* to telegraph, wire.

телеграфи́ст, а *m* telegraphist.

телеграфи́ст|ка, ки *f of* ⇨**~**

телеграфи́|я, и *f* telegraphy.

телегра́фн|ый *adj* telegraph; telegraphic; **~ое аге́нтство** news agency; **~ая ле́нта** ticker tape; **т. стиль** telegraphese; **т. столб** telegraph pole.

теле́жк|а, и *f* **1** *diminutive of* ⇨**теле́га**. **2** (*багажная; в супермаркете*) trolley (*Br*), cart (*US*).

теле́|жный *adj of* ⇨**~га**; **~жное колесо́** cartwheel.

тележурна́л, а *m* current affairs programme (*on TV*).

телезри́тел|ь, я *m* (television) viewer.

телеигр|а́, ы́ *f* game show.

телеизмере́ни|е, я *nt* telemetry.

те́лек, а *m* = **те́лик**

телека́мер|а, ы *f* television camera.

телекана́л, а *m* TV channel.

телекине́з, а *m* telekinesis.

телекоммуника́ци|и, й *f pl* telecommunications.

телекоммуникаци|о́нный *adj of* ⇨**~и**

телекомпа́ни|я, и *f* TV company.

телеконфере́нци|я, и *f* teleconference, conference call.

те́лекс, а *m* telex.

телемарафо́н, а *m*: (**благотвори́тельный**) **т.** telethon.

телеметри́ческий *adj* telemetric.

телеметри́|я, и *f* telemetry.

телемо́ст, а *and* **~а́**, *pl* **~ы́** *m* satellite (TV) link-up.

тел|ёнок, ёнка, *pl* **~я́та, ~я́т** *m* calf.

телеобъекти́в, а *m* (*phot*) telephoto lens.

телеологи́ческий *adj* teleological.

телеоло́ги|я, и *f* teleology.

телеопера́тор, а *m* TV cameraman.

телепа́т, а *m* telepathic person, telepath.

телепати́ческий *adj* telepathic.

телепа́ти|я, и *f* telepathy.

телепереда́ч|а, и *f* TV programme (*Br*), program (*US*); **пряма́я т.** live TV coverage.

телес|а́, теле́с, ~а́м (*no sg*) (*coll, joc*) frame (*of a stout person*).

телеско́п, а *m* telescope.

телескопи́ческий *adj* telescopic.

теле́сн|ый *adj* **1** bodily; corporal; physical; **~ое наказа́ние** corporal punishment; **~ого цве́та** flesh-coloured (*Br*), flesh-colored (*US*). **2** (*земной*) corporeal.

телесту́ди|я, и *f* television studio.

телесуфлёр, а *m* teleprompter, Autocue (*propr*).

телете́кст, а *m* teletext.

телеуправле́ни|е, я *nt* remote control.

телефа́кс, а *m* (tele)fax (machine).

телефика́ци|я, и *f* equipping with television.

телефо́н, а *m* **1** telephone; **позвони́ть по ~у** (+ *d*) to telephone, phone, ring up (*Br*); **вы́зов по ~у** telephone call; **т.-автома́т** public telephone, call box (*Br*); **т. с автоотве́тчиком** answerphone. **2** (*coll*) (*номер*) telephone number.

телефони́р|овать, ую *impf and pf* to telephone.

телефони́ст, а *m* telephone operator, telephonist.

телефони́ст|ка, ки *f of* ⇨**~**

телефо́н|ный *adj of* ⇨**~**; **~ная кни́га** telephone directory; **~ная ста́нция** telephone exchange.

телефоногра́мм|а, ы *f* telephoned telegram.

тел|е́ц, ьца́ *m* **1** (*obs*) calf. **2** **Т.** (*astron*) Taurus.

телеце́нтр, а *m* television centre (*Br*), center (*US*).

телешпарга́лк|а, и *f* Autocue (*propr*), 'idiot board'.

те́лик, а *m* (*coll*) (the) telly (*Br*), (the) TV.

тел|и́ться, ~ится *impf* (*of* ⇨**о~**) to calve.

тёлк|а, и *f* **1** heifer. **2** (*sl*) (*девушка*) bird (*Br*), chick.

теллу́р, а *m* (*chem*) tellurium.

те́л|о, а, *pl* **~а́, ~, ~а́м** *nt* body; (*coll*): **быть в ~е** to be stout; **войти́ в т.** to put on weight; **спасть с ~а** to grow thin; **держа́ть в чёрном ~е** to ill-treat.

телогре́йк|а, и *f* body warmer.

телодвиже́ни|е, я *nt* movement, motion.

тел|о́к, ка́ *m* (*coll*) calf.

телосложе́ни|е, я *nt* build, frame.

телохрани́тел|ь, я *m* bodyguard.

Тель-Ави́в, а *m* Tel Aviv.

те́льник, а *m* = **тельня́шка**

тельня́шк|а, и *f* (*coll*) (*sailor's*) striped vest.

теля́тин|а, ы *f* veal.

теля́тник, а *m* calf house.

теля́ч|ий *adj* **1** *adj of* ⇨**телёнок**; **~ья ко́жа** calf(skin). **2** (*cul*) veal. **3**: **т. восто́рг** (*coll*) foolish raptures; **~ьи не́жности** (*coll*) sloppy sentimentality.

тем 1 *i sg m and nt, d pl of* ⇨**тот**. **2** *conj* (so much) the; **чем вы́ше, т. лу́чше** the taller, the better; **т. лу́чше** so much the better; **т. бо́лее, что** especially as; **т. не ме́нее** nonetheless, nevertheless; **т. са́мым** thus, thereby.

те́м|а, ы *f* **1** subject, topic, theme; **перейти́ к друго́й ~е** to change the subject. **2** (*mus*) theme; **т. с вариа́циями** theme and variations.

тема́тик|а, и *f* (*collect*) subject matter.

темати́ческий *adj* **1** *adj of* ⇨**тема́тика**; **т. план** plan of subject matter (*e.g. of forthcoming publications*). **2** (*mus*) thematic.

тембр, а *m* timbre.

те́мен|ь, и *f* (*coll*) darkness.

Те́мз|а, ы *f* the Thames (*river*).

те́ми *i pl of* ⇨**тот**

темне́|ть, ю *impf* **1** (*pf* **по~**) to grow *or* become dark; to darken. **2** (*pf* **с~**): **~ет** (*impers*) it gets dark; it is getting dark. **3** (*impf only*) (*виднеться*) to show up darkly.

Т

темн|и́ть, ю́, и́шь *impf* (*комнату*) to darken; (*изложение*) to obscure; (*coll*) (*путать*) to be deliberately obscure.

темни́ц|а, ы *f* (*obs*) dungeon.

темно́ *as pred* it is dark; **у меня́ в глаза́х ста́ло т.** everything went dark before my eyes.

темно... *comb form* dark-.

тёмно-... *comb form* (*with names of colours*) dark; **тёмно-си́ний** dark-blue, navy-blue.

темноволо́с|ый (~, ~а) *adj* dark-haired.

темноко́ж|ий (~, ~а) *adj* dark-skinned, swarthy.

темнот|а́, ы́ *f* **1** dark, darkness; **в ~е́** in the dark; **до ~ы́** before dark; **с ~о́й** under cover of dark(ness). **2** (*coll*) (*невежество*) ignorance.

тём|ный (~ен, ~на́) *adj* **1** dark; **~ное пятно́** (*fig*) (*что-л. позорящее*) dark stain, blemish. **2** (*неясный*) obscure, vague; **~ное пятно́** obscure place. **3** (*мрачный*) gloomy, sombre (*Br*), somber (*US*). **4** (*подозрительный*) shady, suspicious; **~ное де́ло** shady business. **5** (*невежественный*) ignorant.

темп, а *m* **1** (*mus*) tempo. **2** (*fig*) tempo; rate, speed, pace; **в ~̂е** (*coll*) quickly; **заме́длить т.** to slacken one's pace; **ускорить т.** to accelerate.

те́мпер|а, ы *f* **1** (*краска*) distemper. **2** (*картина*) tempera.

темпера́мент, а *m* temperament; **челове́к с ~ом** spirited person.

темпера́мент|ный (~ен, ~на) *adj* energetic; spirited.

температу́р|а, ы *f* **1** temperature; **т. кипе́ния** boiling point; **т. замерза́ния** freezing point; **ме́рить кому́-н. ~у** to take s.o.'s temperature. **2** (*coll*) (heightened) temperature; **у него́ т.** he's got a temperature.

температу́р|ить, ю, ишь *impf* (*coll*) to have a temperature.

температу́р|ный *adj of* ⇨**~а**

темпера́ци|я, и *f* (*mus*) temperament.

темпери́р|овать, ую *impf and pf* (*mus*) to temper.

тем|ь, и *f* (*coll*) dark, darkness.

те́м|я, ени (*no pl*) *nt* crown, top of the head.

тенденцио́зност|ь, и *f* tendentiousness.

тенденцио́з|ный (~ен, ~на) *adj* (*pej*) tendentious, biased.

тенде́нци|я, и *f* **1** (**к** + *d*) tendency (to, towards); **у него́ т.** (**к** + *d*) he has a tendency (to), he tends (to). **2** (*pej*) bias; **с ~ей** tendentious, biased.

те́ндер, а *m* **1** (*railways*) tender. **2** (*naut*) cutter. **3** (*comm*) tender, bid.

тенев|о́й *adj* shady (*also fig*); **т. кабине́т** (*pol*) shadow cabinet; **~а́я сторона́** shady side; (*fig*) bad side, seamy side; **~а́я эконо́мика** shadow economy.

тенелюби́в|ый (~, ~а) *adj* (*bot*) shade-loving.

Тенери́фе *m indecl* Tenerife.

тенёт|а, ~ (*no sg*) snare.

тени́ст|ый (~, ~а) *adj* shady.

те́ннис, а *m* tennis.

тенниси́ст, а *m* tennis player.

тенниси́ст|ка, ки *f of* ⇨**~**

те́нниск|а, и *f* (*coll*) tennis shirt, polo shirt.

те́ннисн|ый *adj* tennis; **т. корт, ~ая площа́дка** tennis court.

те́нор, а, *pl* **~а́, ~о́в** *m* (*mus*) tenor.

теноро́вый *adj of* ⇨**те́нор**

тент, а *m* awning.

тен|ь, и, в ~и́, *pl* **~̂и, ~е́й** *f* **1** (*тенистое место*) shade; **сиде́ть в ~и́** to sit in the shade; **держа́ться в ~и́** (*fig*) to keep in the background. **2** (*тёмное отражение*) shadow; **дава́ть т.** to cast a shadow; **от него́ оста́лась одна́ т.** he is but a shadow of his former self; **навести́ т.** (*coll*) to confuse the issue. **3** (*призрак*) shadow, ghost; **бле́дный как т.** pale as a ghost. **4** (*fig*) (*малейшая доля*) shadow, atom; **нет ни ~̂и сомне́ния** there is not a shadow of doubt; **в его́ расска́зе нет ни ~̂и пра́вды** there is not an atom of truth in his story. **5** (*подозрение*) suspicion; **бро́сить т. на кого́-н.** to cast suspicion on s.o.

теодоли́т, а *m* theodolite.

теократи́ческий *adj* theocratic.

теокра́ти|я, и *f* theocracy.

теологи́ческий *adj* theological.

теоло́ги|я, и *f* theology.

теоре́м|а, ы *f* theorem.

теоретизи́р|овать, ую *impf* to theorize.

теоре́тик, а *m* theorist.

теорети́ческий *adj* theoretical.

теорети́ч|ный (~ен, ~на) *adj* (*pej*) theoretical, abstract, abstruse.

теóри|я, и *f* theory.

теософи́ческий *adj* theosophical.

теосо́фи|я, и *f* theosophy.

тепе́решн|ий *adj* (*coll*) present; **~ие лю́ди** people (of) today; **в ~ее вре́мя** at the present time, nowadays.

тепе́рь *adv* now; nowadays, today.

тёпленьк|ий *adj* (*coll*) (nice and) warm; **~ое месте́чко** cushy job.

тепле́|ть, ет *impf* (*of* ⇨**по~**) to get warm.

те́пл|иться, ится *impf* to flicker, glimmer (*also fig*); **~ится наде́жда** there is still a glimmer of hope.

тепли́ц|а, ы *f* greenhouse, hothouse.

тепли́|чный *adj of* ⇨**~ца**; **~чное расте́ние** hothouse plant (*also fig*).

тепло́[1] *adv* **1** warmly. **2** *as pred* it is warm.

тепл|о́[2], а́ *nt* heat; warmth; **де́сять гра́дусов ~а́** ten degrees (*Celsius*) above zero.

теплово́з, а *m* diesel locomotive.

теплово́зный *adj* diesel.

теплов|о́й *adj* heat; thermal; **~а́я едини́ца** thermal unit; **т. уда́р** (*med*) heat stroke; **~а́я эне́ргия** thermal energy.

теплоёмкост|ь, и *f* (*phys*) thermal capacity; **уде́льная т.** specific heat.

теплокро́вный *adj* (*zool*) warm-blooded.

теплолюби́в|ый (~, ~а) *adj* (*bot*) heat-loving.

тепломе́р, а *m* (*phys*) calorimeter.

теплообме́н, а *m* (*phys*) heat exchange.

теплопрово́д, а *m* hot-water system.

теплопрово́дност|ь, и *f* heat conductivity.

теплопрово́дный *adj* heat-conducting.

теплосто́|йкий (~ек, ~йка) *adj* heatproof, heat-resistant.

теплот|а́, ы́ *f* **1** (*phys*) heat; **едини́ца ~ы́** thermal unit. **2** warmth (*also fig*); **душе́вная т.** warm-heartedness.

теплотво́рност|ь, и *f* (*phys*) heating value, calorific value.

теплотво́рн|ый *adj* (*phys*) calorific; **~ая спосо́бность** calorific value.

теплоте́хник, а *m* heating engineer.

теплоте́хник|а, и *f* heating engineering.

теплохо́д, а *m* motor ship.

теплоцентра́л|ь, и *f* heating plant.

теплу́шк|а, и *f* (*coll*) heated goods van (*for transportation of human beings*).

тёп|лый (~ел, ~ла́) *adj* **1** warm; **~лая оде́жда** warm clothing; **~лые кра́ски** warm colours; **~лое месте́чко** (*coll*) cushy job. **2** (*дача, изба*) warmed, heated. **3** (*fig*) warm, cordial; affectionate; **т. приём** warm welcome. **4** (*слова*) heartfelt.

теплы́н|ь, и *f* (*coll*) warm weather.

тепля́к, а́ *m* temporary heated enclosure on building site.

тера́кт, а *m* act of terrorism, terrorist act.

терапе́вт, а *m* therapist.

терапевти́ческий *adj* therapeutic.

терапи́|я, и *f* therapy; **интенси́вная т.** intensive care.

тератоло́ги|я, и *f* (*biol*) teratology.

те́рби|й, я *m* (*chem*) terbium.

теребильщик, а *m* flax puller.

теребильщи|ца, цы *f of* ⇨**~к**

тереб|и́ть, лю́, и́шь *impf* **1** (*дёргать*) to pull (at), tug (at). **2**: **т. лён** to pull flax. **3** (*fig, coll*) (*вопросами*) to pester, bother.

те́рем, а, *pl* **~а́** *m* (*hist*) (tower) chamber; tower.

тере́ть, тру, трёшь, *past* **тёр, тёрла** *impf* **1** (*глаза; грязное место*) to rub. **2** (*сыр*) to grate. **3** (*ногу, об обуви*) to rub, chafe.

тере́ться, трусь, трёшься, *past* **тёрся, тёрлась** *impf* **1** to rub o.s.; (**о, об(о)** + *a*) to rub (against). **2** (*fig, coll*) (**о́коло** + *g*) to hang (about, round). **3** (*fig, coll*) (**среди́** + *g*) to mix (with), hobnob (with).

терза́|ть, ю *impf* **1** (*добычу*) to tear to pieces. **2** (*мучить*) to torment, torture.

терза́|ться, юсь *impf* (+ *i*) to suffer; to be tormented (by).

тёрк|а, и *f* (*cul*) grater.

те́рмин, а *m* term.

термина́л, а *m* terminal (*at airport; where oil/gas are stored; comput*).

терминологи́ческий *adj* terminological.

терминоло́ги|я, и *f* terminology.

терми́т, а *m* (*zool*) termite.

терми́ческий *adj* (*phys, tech*) thermal.

термобигуд|и́, е́й (*no sg*) (*also indecl*) heated hair rollers.

термодина́мик|а, и *f* thermodynamics.

термодинами́ческий *adj* thermodynamic.

термо́метр, а *m* thermometer; **поста́вить т. кому́-н.** to take s.o.'s temperature.

термообрабо́тк|а, и *f* (*tech*) heat treatment, thermal treatment.

термопа́р|а, ы *f* (*phys*) thermocouple.

те́рмос, а *m* Thermos (flask) (*propr*).

термоста́т, а *m* thermostat.

термоэлектри́ческий *adj* thermoelectric.

термоя́дерный *adj* thermonuclear.

те́рм|ы, ~ (*no sg*) (*hist*) thermae, (hot) baths.

тёрн, а *m* (*bot*) **1** (*куст*) blackthorn. **2** (*collect*) (*плоды*) sloes; **ягода ~а** sloe.

те́рни|е, я *nt* (*obs*) **1** (*растение*) prickly plant. **2** (*колючка*) prickle, thorn.

терни́ст|ый (~, ~а) *adj* (*obs*) thorny, prickly; **т. путь** (*fig*) difficult path.

терно́вник, а *m* (*bot*) blackthorn.

терно́в|ый *adj* **1** *adj of* **⇒тёрн** *and* **⇒~ник 2** thorny, prickly; **т. вене́ц** crown of thorns.

тернosли́|в, а *m* damson.

тернosли́ва, ы *f* = **тернosли́в**

терпели́вост|ь, и *f* patience.

терпели́в|ый (~, ~а) *adj* patient.

терпе́ни|е, я *nt* patience; **вы́вести из ~я** to exasperate; **вы́йти из ~я** to lose patience.

терпенти́н, а *m* turpentine.

терпенти́н|ный *adj of* **⇒~**

терпенти́н|овый *adj* = **~ный**

терп|е́ть, лю́, ~́ишь *impf* **1** (*pf* **по~**) (*испытывать*) to suffer, undergo; **т. пораже́ние** to suffer a defeat. **2** (*стойко переносить*) to bear, endure, stand; **мы не могли́ бо́льше т. тако́го хо́лода** we could bear the cold no longer. **3** (*запастись терпением*) to have patience. **4** (*допускать*) to tolerate, suffer, put up (with); **не (мочь) т.** to be unable to bear, endure, stand; **т. не могу́** I can't stand it; I hate it; **вре́мя ~́ит** there is plenty of time; **вре́мя не ~́ит** there is no time to be lost; **де́ло не ~́ит** the matter is urgent; **де́ло не ~́ит отлага́тельства** the matter brooks no delay.

терп|е́ться, ~́ится *impf* (*impers*): **ему́**, *etc.*, **не ~́ится** (+ *inf*) he, *etc.*, is impatient (to).

терпи́мост|ь, и *f* tolerance; indulgence.

терпи́м|ый (~, ~а) *adj* **1** (*человек, характер*) tolerant; indulgent, forbearing. **2** (*условия, боль, жара*) tolerable, bearable.

те́рп|кий (~ок, ~́ка́, ~ко) *adj* (*вкус, запах*) astringent, sharp; (*яблоко, виноград*) tart, sharp; (*вино*) sharp, rough.

те́рпкост|ь, и *f* astringency; tartness, sharpness.

террако́т|а, ы *f* terracotta.

террако́т|овый *adj of* **⇒~а**

терра́ри|й, я *m* = **~ум**

терра́риум, а *m* terrarium.

терра́с|а, ы *f* terrace.

террасир|овать, ую *impf and pf* to terrace.

территориа́льный *adj* territorial.

террито́ри|я, и *f* territory, confines; area.

терро́р, а *m* terror.

терроризи́р|овать, ую *impf and pf* to terrorize.

террори́зм, а *m* terrorism.

терроpиз|ова́ть, у́ю *impf and pf* = **~и́ровать**

террори́ст, а *m* terrorist; **т.-сме́ртник, т.-самоуби́йца** suicide bomber.

террористи́ческий *adj* terrorist; **т. акт** act of terrorism, terrorist act.

террори́ст|ка, ки *f of* **⇒~**

тёрт|ый (~, ~а) *ppp of* **⇒тере́ть** *and adj* (*full form only*) **1** (*сыр*) grated. **2** (*fig, coll*) (*бывалый*) hardened, experienced; **т. кала́ч** old stager, old hand.

те́рци|я, и *f* (*mus*) mediant; third; **больша́я т.** major third; **ма́лая т.** minor third.

терье́р, а *m* terrier (*dog*).

теря́|ть, ю *impf* (*of* **⇒по~**) to lose; **т. наде́жду** to lose hope; **не т. головы́** to keep one's head; **т. си́лу** to become invalid; **т. по́чву под нога́ми** to feel the ground slipping away from under one's feet; **т. вре́мя на что-н.** to waste time on sth; **т. в ве́се** to lose weight; **т. в чьём-н. мне́нии** to sink in s.o.'s estimation; **не т. из ви́ду/ви́да** to keep in sight; (*fig*) to remember, bear in mind; **нам не́чего т.** we have nothing to lose.

теря́|ться, юсь *impf* (*of* **⇒по~**) **1** to be lost; to get lost; (*исчезать*) to disappear. **2** (*становиться слабее*) to fail, decline, weaken; **па́мять у него́ ~ется** his memory is failing, is going. **3** (*лишаться самообладания*) to become flustered; **~юсь: ума́ не приложу́, что (мне) де́лать** I am at my wits' end. **4**: **т. в дога́дках, т. в предположе́ниях** to be lost in conjecture.

тёс, а (у) *m* (*collect*) boards, planks.

теса́к, а́ *m* cutlass.

те|са́ть, шу́, ~́шешь *impf* to cut, hew.

тесёмк|а, и *f* = **тесьма́**

тесём|очный *adj of* **⇒~ка**

тесёмчатый *adj* tape-like; **т. глист** tapeworm.

теси́н|а, ы *f* board, plank.

тес|ло́, ла́, *pl* **~́ла, ~́ел** *nt* adze (*Br*), adz (*US*).

тесни́н|а, ы *f* gorge, ravine.

тесн|и́ть, ю́, и́шь *impf* **1** (*pf* **по~**) (*в толпе*) to press, crowd. **2** (*сжимать*) to squeeze, constrict; (*об одежде*) to be too tight; **мне грудь ~и́т** I have a tightness in my chest; my chest feels tight.

тесн|и́ться, ю́сь, и́шься *impf* **1** (*pf* **по~**) (*пробираться*) to press through, push a way through. **2** (*pf* **с~**) (*толпиться*) to crowd, cluster, jostle one another (*also fig*; *of thoughts, etc.*).

те́сно *adv* **1** closely (*also fig*); tightly; narrowly; **быть т. свя́занным (с** + *i*) to be closely linked (with). **2** *as pred* it is crowded; it is (too) tight; **в трамва́е бы́ло о́чень т.** the tram was very crowded; **мне т. под мы́шками** it feels tight in the armpits.

теснот|а́, ы́ *f* **1** (*свойство*) crowded state; narrowness; tightness; closeness. **2** (*недостаток места*) crush, squash; **жить в ~е́** to live cooped up; **в ~е́, да не в оби́де** the more the merrier.

те́с|ный (~ен, ~на́, ~но, ~́ны́) *adj* **1** (*непросторный*) crowded, cramped; **мир ~ен!** it's a small world. **2** (*узкий*) narrow; **т. прохо́д** narrow passage. **3** (*пиджак*) (too) tight. **4** (*сплочённый*) close, compact; **~ные ряды́** close ranks. **5** (*fig*) (*близкий*) close, tight; **т. круг друзе́й** close circle of friends.

тесо́вый *adj* board, plank.

тест, а *m* test.

тести́р|овать, ую *impf and pf* to test.

те́ст|о, а *nt* dough; pastry; **т. для блино́в** batter.

тестостеро́н, а *m* testosterone.

тест|ь, я *m* father-in-law (*wife's father*).

тесьм|а́, ы́ *f* tape, ribbon, lace, braid (*as adornment or for tying sth*).

тётеньк|а, и *f* (*affectionate form of* **⇒тётя**, *also used by children in addressing an unknown woman*) auntie.

те́терев, а, *pl* **~а́, ~о́в** *m* (*zool*) black grouse.

тетеревя́тник, а *m* goshawk.

тетёрк|а, и *f* greyhen (*fem of black grouse*).

тете́р|я, и *f* **1** (*dialect*) = **те́терев**. **2** (*coll, joc*) (*о человеке*) chap, fellow; **лени́вая т.** lazybones; **со́нная т.** sleepyhead.

тетив|а́, ы́ *f* bowstring.

тётк|а, и *f* **1** aunt. **2** (*coll, pej*) (*о немолодой женщине*) woman.

тетра́д|ка, ки *f* = **~ь**

тетра́д|ь, и *f* **1** exercise book (*Br*), notebook; **т. для рисова́ния** drawing book; sketchbook. **2**: **т. пи́счей бума́ги** packet of notepaper.

тетра́эдр, а *m* (*math*) tetrahedron.

тётушк|а, и *f* (*affectionate form of* **тётка**) auntie.

тёт|я, и, *g pl* **~ей** *f* **1** aunt. **2** (*знакомая немолодая женщина*; *в сочетании с именем собственным*) auntie. **3** (*coll*) (*женщина*) lady.

тефте́л|и, ей (*sg coll* **~я, ~и** *f*) (*cul*) meatballs.

тех *g, a, p pl of* **⇒тот**

тех... *comb form, abbr of* **техни́ческий**

техми́нимум, а *m* required minimum of technical knowledge.

техна́р|ь, я́ *m* service engineer; 'techie'.

те́хник, а *m* technician.

те́хник|а, и *f* **1** technology; **нау́ка и т.** science and technology. **2** (*приёмы исполнения*) technique, art; **э́то — де́ло ~и** it is a matter of technique; **овладе́ть ~ой** to master the art.

Т

3 (*collect*) (*машины*) machinery; technical devices; **т. безопа́сности** safety devices.

те́хникум, а *m* technical college.

техни́чески *adv* technically.

техни́ческ|ий *adj* **1** technical; **~ая вода́** (*для промышленных нужд*) industrial water; (*непитьевая, для хозяйственных нужд в жилом/офисном помещении*) (non-drinking) water for general use; **~ие нау́ки** engineering sciences; **т. персона́л** technical staff; **т. реда́ктор**, *see* ⇒**техре́д**; **т. те́рмин** technical term; **~ие усло́вия** specifications. **2** (*mil*) maintenance; **~ое обслу́живание** maintenance. **3**: **~ие культу́ры** (*agric*) industrial crops. **4** (*вспомогательный*) assistant; **т. сотру́дник** junior member of staff.

техни́ч|ный (~ен, ~на) *adj* technically good.

те́хно *nt indecl* (*mus*) techno.

технокра́т, а *m* technocrat.

технократи́ческий *adj* technocratic.

техно́лог, а *m* technologist.

технологи́ческий *adj* technological.

техноло́ги|я, и *f* technology; **высо́кие ~и** high technology.

технору́к, а *m* (*abbr of* **техни́ческий руководи́тель**) technical director.

техосмо́тр, а *m* (*abbr of* **техни́ческий осмо́тр**) check-up (*of motor vehicle*), MOT (*Br*); **листо́к ~а** ≈ MOT (*Ministry of Transport*) certificate (*of roadworthiness*).

техре́д, а *m* (*abbr of* **техни́ческий реда́ктор**) technical editor, copy editor.

тече́ни|е, я *nt* **1** (*поток*) flow. **2** (*fig*) course; **с ~ем вре́мени** in the course of time, in time. **3** (*ток, струя*) current, stream (*also fig*); **по ~ю, про́тив ~я** with the stream, against the stream (*also fig*). **4** (*fig*) (*направление*) trend, tendency. **5**: **в т.** (+ *g*) during, in the course (of).

те́чк|а, и *f* heat (*in animals*).

теч|ь[1], и *f* leak; **дать т.** to spring a leak; **заде́лать т.** to stop a leak.

течь[2], течёт, теку́т, *past* **тёк, текла́** *impf* **1** to flow (*also fig*); to stream; (*fig*) (*о времени*) to pass; **у тебя́ кровь течёт из но́са** (*or* **и́з носу**) your nose is bleeding; **у него́ из но́са** (*or* **и́з носу**) **течёт** his nose is running; **у меня́ слю́нки текли́** my mouth was watering. **2** (*иметь течь*) to leak, be leaky.

те́ш|ить, у, ишь *impf* (*of* ⇒**по~**) **1** (*развлекать*) to amuse, entertain. **2** (*удовлетворять*) to gratify, please.

те́ш|иться, усь, ишься *impf* (*of* ⇒**по~**) **1** (+ *i*) to amuse o.s. (with), play (with). **2** (**над** + *i*) to make fun (of).

тёщ|а, и *f* mother-in-law (*wife's mother*).

тиа́р|а, ы *f* tiara.

Тибе́т, а *m* Tibet.

тибе́т|ец, ца *m* Tibetan.

тибе́т|ка, ки *f of* ⇒**~ец**

тибе́тский *adj* Tibetan.

Тибр, а *m* the Tiber (*river*).

ти́г|ель, ля *m* (*tech*) crucible.

Тигр, а *m* the Tigris (*river*).

тигр, а *m* tiger.

тигр|ёнок, ёнка, *pl* **~я́та, ~я́т** *m* tiger cub.

тигри́ц|а, ы *f* tigress.

тигро́в|ый *adj of* ⇒**тигр**; **~ая шку́ра** tiger skin.

тик[1], а *m* (*med*) tic.

тик[2], а *m* (*ткань*) tick, ticking (*material*).

тик[3], а *m* (*bot*) teak.

ти́кань|е, я *nt* tick, ticking (*of a clock*).

ти́ка|ть, ю *impf* (*coll*) to tick.

ти́ковый[1] *adj of* ⇒**тик[2]**

ти́ковый[2] *adj of* ⇒**тик[3]**

тик-та́к *onomatopoeia* tick-tock.

ти́льд|а, ы *f* (*printing*) tilde, swung dash.

Тимо́р, а *m* Timor; **Восто́чный Т., Т.-Ле́ште** (*2nd component indecl*) East Timor.

тимо́р|ец, ца *m* Timorese; **восто́чный т.** East Timorese.

тимо́рский *m* Timorese.

тимофе́евк|а, и *f* (*bot*) timothy grass.

тимпа́н, а *m* **1** (*mus*) timbrel. **2** (*archit*) tympanum.

тимья́н, а *m* (*bot*) thyme.

ти́н|а, ы (*no pl*) *f* slime, mud; mire (*also fig*).

тине́йджер, а *m* teenager.

ти́нист|ый (~, ~а) *adj* slimy, muddy.

тинкту́р|а, ы *f* tincture.

тип, а *m* **1** type; model. **2** (*coll*) (*человек*) fellow, character; **стра́нный т.** odd character.

типа́ж, а́ *m* (*literary, art*) type.

типиза́ци|я, и *f* typification.

типизи́р|овать, ую *impf and pf* to typify.

типи́ческий *adj* typical.

типи́чност|ь, и *f* typicality, typical nature.

типи́ч|ный (~ен, ~на) *adj* typical.

типов|о́й *adj* model; standard; **~а́я моде́ль** standard model; **~о́е изде́лие** standard product.

типо́граф, а *m* printer.

типогра́фи|я, и *f* printing house, press.

типогра́фск|ий *adj* typographical; **~ое де́ло** typography.

типологи́ческий *adj* typological.

типоло́ги|я, и *f* typology.

типу́н, а́ *m* pip (*disease of birds*); **т. тебе́ на язы́к!** keep your trap shut!

тир, а *m* shooting range; shooting gallery.

тира́д|а, ы *f* tirade.

тира́ж, а́ *m* **1** drawing (*of loan or lottery*); **вы́йти в т.** to be drawn; (*fig*) to retire from the scene, take a back seat. **2** (*количество экземпляров*) circulation; edition; print run; **т. э́той газе́ты полтора́ миллио́на** this newspaper has a circulation of a million and a half; **т. в сто ты́сяч экземпля́ров** an edition of a hundred thousand copies.

тира́н, а *m* tyrant.

тира́н|ить, ю, ишь *impf* to tyrannize (over), torment.

тирани́ческий *adj* tyrannical.

тирани́|я, и *f* (*hist and fig*) tyranny.

тира́нств|о, а *nt* tyranny.

тира́нств|овать, ую *impf* (**над** + *i*) to tyrannize (over).

тире́ *nt indecl* dash.

тир|ова́ть, у́ю *impf* (*naut*) to pitch, tar.

Тиро́л|ь, я *m* the Tyrol, the Tirol.

тиро́льский *adj* Tyrolese, Tyrolean.

тис, а *m* yew (tree).

ти́ска|ть, ю *impf* (*of* ⇒**ти́снуть**) (*coll*) to press, squeeze.

тиск|и́, о́в (*no sg*) (*tech*) vice (*Br*), vise (*US*); **зажа́ть в т.** to grip in a vice; **в ~а́х** (+ *g*) in the grip (of).

тисне́ни|е, я *nt* **1** (*действие*) stamping, printing. **2** (*изображение*) imprint; design.

тиснёный *adj* stamped, printed; **т. шрифт** raised (Braille) type.

ти́с|нуть, ну, нешь *pf of* ⇒**~кать**

ти́с|овый *adj of* ⇒**~**

тита́н[1], а *m* (*myth and fig*) titan.

тита́н[2], а *m* (*chem*) titanium.

тита́н[3], а *m* (*кипятильник*) boiler.

титани́ческий *adj* titanic.

тита́н|овый *adj of* ⇒**~[2]**; (*chem*) titanic.

титр, а *m* (*usu in pl*) (*cin*) title, credit.

титрова́ни|е, я *nt* (*chem*) titration.

титр|ова́ть, у́ю *impf and pf* (*chem*) to titrate.

ти́тул, а *m* **1** title. **2** (*страница*) title page.

титуло́в|анный *ppp of* ⇒**~а́ть** *and adj* titled.

титул|ова́ть, у́ю *impf and pf* to style, call by one's title.

ти́тул|ьный *adj of* ⇒**~**; **т. лист** title page.

титуля́рный *adj*: **т. сове́тник** (*hist*) titular counsellor (*civil servant of 9th grade in tsarist Russia*).

тиф, а *m* typhus; **брюшно́й т.** typhoid (fever); **сыпно́й т.** typhus.

тифо́зн|ый *adj* typhus; typhoid; **~ая лихора́дка** typhoid fever; *as n* **т., ~ого** *m* typhus patient.

ти́х|ий (~, ~а́, ~о) *adj* **1** quiet; (*звук*) low, soft; (*мягкий*) gentle; (*слабый*) faint; **т. го́лос** low voice. **2** (*бесшумный*) silent, noiseless; still; **~ая ночь** still night. **3** (*fig*) (*спокойный*) quiet, calm; gentle; still; **~ая жизнь** quiet life; **т. нрав** gentle disposition; **~ая пого́да** calm weather; **в ~ом о́муте че́рти во́дятся** (*proverb*) still waters run deep. **4** (*медленный*) slow, slow-moving; **т. ход** slow speed, slow pace.

Ти́х|ий океа́н, ~ого ~а *m* the Pacific Ocean; the Pacific.

ти́хо[1] *adv* **1** (*негромко*) quietly; softly, gently; **т. постуча́ть** to knock gently. **2** (*бесшумно*) silently, noiselessly. **3** (*fig*) (*спокойно*) quietly, calmly; still; **сиде́ть т.** to sit still; **т.** gently!, careful! **4** (*медленно*) slowly; **дела́ иду́т т.** things are slack.

ти́хо[2] *as pred* **1** it is quiet, there is not a sound; **ста́ло т.** it became quiet. **2** (*fig*) it is quiet; it is calm; **на душе́ у меня́ ста́ло т.** my mind is at rest. **3** (*comm*) it is slack.

Т

тихомо́лком *adv* (*coll*) quietly, without a sound.

тихо́нько *adv* (*coll*) quietly; softly, gently.

тихо́н|я, и, *g pl* **~ей** *cg* demure person.

тихоокеа́нский *adj* Pacific.

тихохо́д, а *m* (*zool*) sloth.

тихохо́д|ный (~ен, ~на) *adj* slow.

ти́ше 1 *comp of* **⇨ти́хий** *and* **⇨ти́хо**. **2**: **т.!** (*i*) (*молчать!*) (be) quiet!, silence!, (*ii*) (*осторожнее!*) gently!; careful!

тишин|а́, ы́ *f* quiet, silence; stillness; **нару́шить ~у́** to break the silence; **соблюда́ть ~у́** to keep quiet.

тишко́м *adv* (*coll*) quietly; imperceptibly.

тиш|ь, и, в ~и́ *f* quiet, silence; stillness; **т. да гладь** peace and quiet.

т. к. (*abbr of* **так как**) as, since.

тка́н|евый *adj of* **⇨~ь 1, 2**

тка́ный *adj* woven.

ткан|ь, и *f* **1** fabric, cloth; **льняны́е ́~и** linen(s); **шёлковые ́~и** silks. **2** (*anat*) tissue. **3** (*fig*) (*основа*) substance, essence; **т. расска́за** gist of a story.

ткань|ё, я́ *nt* **1** (*действие*) weaving. **2** (*collect*) (*изделия*) woven fabrics, cloth.

тканьёвый *adj* woven.

ткать, тку, ткёшь, *past* **ткал, ткала́, тка́ло** *impf* (*of* **⇨со~**) to weave; **т. паути́ну** to spin a web.

тка́цк|ий *adj* weaver's, weaving; **~ое де́ло** weaving; **т. стано́к** loom; **т. челно́к** shuttle.

ткач, а́ *m* weaver.

тка́честв|о, а *nt* weaving.

ткачи́х|а, и *f of* **⇨ткач**

ткн|у́ть(ся), у́(сь), ёшь(ся) *pf of* **⇨ты́кать(ся)**

тлен, а *m* decay.

тле́ни|е, я *nt* **1** (*гниение*) decay, decomposition, putrefaction. **2** (*горение*) smouldering (*Br*), smoldering (*US*).

тле́н|ный (~ен, ~на) *adj* liable to decay.

тлетво́р|ный (~ен, ~на) *adj* **1** putrid. **2** (*fig*) (*вредный*) pernicious, noxious.

тле́|ть, ет *impf* **1** (*гнить*) to rot, decay, decompose. **2** (*гореть*) to smoulder (*Br*), smolder (*US*) (*also fig*); **ещё ~ет наде́жда** there is still a glimmer of hope.

тле́|ться, ется *impf* to smoulder (*Br*), smolder (*US*).

тл|я, и, *g pl* **~ей** *f* aphid.

тмин, а *m* **1** (*растение*) caraway. **2** (*collect*) (*семена*) caraway seeds.

тми́н|ный *adj of* **⇨~**; **~ная во́дка** kümmel.

т. н. (*abbr of* **так называ́емый**) so-called.

то[1] *pron* (*nom and a sg nt of* **⇨тот**) that; **то, что...** the fact that ...; **то, что́** that which; **то был, была́, бы́ло** that was; **то бы́ли** those were; **то́ есть** that is (to say); **то бишь** that is to say; **то ли де́ло** (*coll*) what a difference, how different (= *how much better*); **а то** *see* **⇨а**; **(да) и то** and that, at that.

то[2] *conj* **1** (*in main clause of conditional sentence*) then (*or not translated*); **е́сли вас там не бу́дет, то и я не пойду́** if you won't be there, (then) I shan't go either. **2**: **то..., то...** now ..., now... **то тут, то там** now here, now there. **3**: **не то..., не то...** either ... or ...; whether ... or ...; half ..., half ...; **не то по глу́пости, не то по зло́бе** either through stupidity or through malice; **не то удивле́ние, не то доса́да** half surprise, half annoyance. **4**: **не то, что́бы..., но...** it is not, it was not that ... (but) ...; **не то, что́бы я не хоте́л слу́шать радиопереда́чу, но я про́сто забы́л о ней** it was not that I did not want to hear the broadcast: I simply forgot about it. **5**: **то и де́ло/зна́й** (*coll*) time and again; perpetually.

-то[1] *emphatic particle* (*in coll Russian often merely adds familiar tone*) just, precisely, exactly (*or not translated*); **в то́м-то и де́ло** that's just it; **ва́м-то чего́ боя́ться?** what have *you* to be afraid of?

-то[2] *particle forming indefinite prons and advs* (**кто́-то, како́й-то, когда́-то,** *etc.*).

т. о. (*abbr of* **таки́м о́бразом**) thus, in this way.

тобо́й, тобо́ю *i of* **⇨ты**

тов. (*abbr of* **това́рищ**) Comrade.

това́р, а *m* (*collect or in pl*) goods; wares; (*sg*) article; product, commodity; **~ы широ́кого потребле́ния** consumer goods.

това́рищ, а *m* **1** comrade; (*друг*) friend; (*коллега*) colleague; **т. де́тства** childhood friend; **т. по несча́стью** fellow-sufferer, companion in distress; **т. по ору́жию** comrade-in-arms; **т. по рабо́те** colleague; workmate; **т. по шко́ле** school friend. **2** (*официальное обращение к гражданину*) Comrade. **3** (*человек*) person; **э́тот т. прие́хал из Москвы́** this man has come from Moscow.

това́рищеск|ий *adj* **1** comradely; friendly; **с ~им приве́том** (*epistolary formula*) with fraternal greetings. **2** (*sport*) friendly, unofficial; **~ое состяза́ние, ~ая встре́ча** friendly (match).

това́риществ|о, а *nt* **1** comradeship, camaraderie; **чу́вство ~а** feeling of solidarity. **2** (*компания*) company; (*объединение*) association, society; **т. на пая́х** joint-stock company.

това́рк|а, и *f* (*coll, obs*) (*female*) friend.

това́рност|ь, и *f* (*econ*) marketability.

това́рн|ый *adj* **1** goods (*Br*), freight; **т. знак** trademark; **т. склад** warehouse. **2** (*railways*) goods (*Br*), freight; **т. ваго́н** goods truck (*Br*), freight car; **т. соста́в** goods train (*Br*), freight train. **3** (*econ*) (*цены*) commodity; **~ая проду́кция** commodity output. **4** (*econ*) (*вид*) marketable; **~ое зерно́** marketable grain.

товарове́д, а *m* commodity researcher.

товарове́дени|е, я *nt* commodity research.

товарообме́н, а *m* (*econ*) barter.

товарооборо́т, а *m* commodity turnover.

товароотправи́тел|ь, я *m* consignor.

товарополуча́тел|ь, я *m* consignee.

то́г|а, и *f* (*hist*) toga.

тогда́ 1 *adv* (*в то время; в таком случае*) then (= (*i*) at that time, (*ii*) in that case). **2**: **когда́..., т. ...** (*conj*) when; **когда́ реша́сь, т. напишу́ тебе́** I will write to you when I have decided. **3**: **т. как** (*conj*) whereas, while.

тогда́шний *adj* (*coll*) of that time; the then.

того́[1] *int* (*при подборе нужного слова*) er ..., um ... .

того́[2] *as pred* you know (*coll, euph* = (*ненормальный*) abnormal, simple; (*пьяный*) drunk; (*посредственный*) mediocre); **к десяти́ часа́м он был совсе́м т.** (*в сильном опьянении*) by ten o'clock he was completely — you know.

того́[3] *g sg m and nt of* **⇨тот**

тожде́ственност|ь, и *f* identity.

тожде́ствен|ный (~, ~на) *adj* identical, one and the same.

то́ждеств|о, а *nt* identity.

то́же[1] *adv* also, as well, too.

то́же[2] *particle* (*coll, ironical*) (*выражает недоверие или неодобрение*): **ты т. хоро́ш!** you're a fine one, I must say; **т. знато́к нашёлся!** since when is he an expert!

тоже́ственност|ь, и *f* (*obs*) = **тожде́ственность**

тоже́ствен|ный (~, ~на) *adj* (*obs*) = **тожде́ственный**

то́жеств|о, а *nt* = **то́ждество**

ток[1]**, а** *m* (*elec*) current; **т. высо́кого напряже́ния** (*elec*) high-tension current; **переме́нный т.** alternating current; **постоя́нный т.** direct current.

ток[2]**, а, о ́~е, на ~у́,** *pl* **~а́, ~о́в** *m* (*где токуют птицы*) (*birds'*) mating place.

ток[3]**, а, о ~е́, на ~у́,** *pl* **~а́** *and* **́~и, ~о́в** *m* (*для молотьбы зерна*) threshing floor.

ток[4]**, а** *m* (*головной убор*) toque.

тока́рный *adj* (*tech*) turning; **т. стано́к** lathe; **т. цех** turning shop.

то́кар|ь, я *m* turner, lathe operator.

То́кио *m indecl* Tokyo.

токка́т|а, ы *f* (*mus*) toccata.

ток|ова́ть, у́ет *impf* (*of birds*) to utter the mating call.

токоприёмник, а *m* (*elec*) current collector, trolley (*of electric locomotive, trolleybus, etc.*).

токсикологи́ческий *adj* toxicological.

токсиколо́ги|я, и *f* toxicology.

токсикома́н, а *m* glue-sniffer, solvent abuser.

токсикома́ни|я, и *f* glue-sniffing, solvent abuse.

токсикома́н|ка, ки *f of* **⇨~**

токси́н, а *m* (*med*) toxin.

токси́ческий *adj* toxic.

ток-шо́у *nt indecl* talk show.

толера́нтност|ь, и *f* tolerance.

толера́нтный *adj* tolerant.

толи́к|а, и *f* (*coll*): **ма́лая/не́которая т.** a little, a small quantity; a few.

толк[1]**, а (у)** *m* **1** (*смысл*) sense; understanding; **бе́з ~у** senselessly; **с ́~ом** sensibly, intelligently; **сбить с ́~у**

Т

to confuse; **взять в т.** (*coll*) to understand, grasp, get; **от него́ ~у не добьёшься** you'll get no sense out of him. **2** (*coll*) (*польза*) use, profit; **из э́того не вы́йдет ~у** nothing will come of it; **знать т.** (**в** + *p*) to know what one is talking about (in). **3** (*секта*) persuasion (= *sect, grouping*).

толк[2] *as pred* (*coll*) = **~ну́л**

толка́тел|ь, я *m*: **т. ядра́** (*sport*) shot-putter.

толк|а́ть, а́ю *impf* (*of* ⇒**~ну́ть**) **1** to push, shove; (*нечаянно*) to jog; **т. ло́ктем** to nudge. **2** (*sport*): **т. шта́нгу** to lift weights; **т. ядро́** to put the shot. **3** (**на** + *a*) (*побуждать*) to push (into), incite (to).

толк|а́ться, а́юсь *impf* **1** (*impf only*) (*толкать друг друга*) to push (one another). **2** (*pf* **~ну́ться**): **т. в дверь** to knock on the door. **3** (*pf* **~ну́ться**) (**к** + *d*) (*пытаться увидеть*) to try to see, try to get access (to). **4** (*impf only*) (*coll*) (*слоняться*) to knock about.

толка́ч, а́ *m* (*coll*) pusher, go-getter, fixer (*in industrial enterprises*).

то́лк|и, ов *pl* talk; rumours (*Br*), rumors (*US*), gossip; **иду́т т. о том, что** it is said that, it is rumoured (*Br*), rumored (*US*) that.

толк|ну́ть, ну́, нёшь *pf of* ⇒**~а́ть**

толк|ну́ться, ну́сь, нёшься *pf of* ⇒**~а́ться 2, 3**

толкова́ни|е, я *nt* **1** interpretation. **2** (*in pl*) commentary.

толкова́тел|ь, я *m* interpreter, commentator.

толк|ова́ть, у́ю *impf* **1** to interpret; **оши́бочно/неве́рно т. чьи-н. слова́** to misinterpret, misconstrue s.o.'s words. **2** (+ *d*; *coll*) (*объяснять*) to explain (to). **3** (*coll*) (*говорить*) to talk; to say; **т. де́ло** to talk sense; **~у́ют, бу́дто** people say that, they say that.

толко́в|ый (~, ~а) *adj* **1** (*человек*) intelligent, sensible. **2** (*объяснение*) intelligible, clear. **3**: **т. слова́рь** defining dictionary.

то́лком *adv* (*coll*) plainly, clearly.

толкотн|я́, и́ *f* (*coll*) crush, scrum, squash.

тол|ку́, ку́т *see* ⇒**~о́чь**

толку́чий *adj*: **т. ры́нок** (*coll*) flea market.

толку́ч|ка, ки *f* (*coll*) **1** crush, scrum, squash. **2** = **~ий ры́нок**

толма́ч, а́ *m* (*obs*) interpreter.

толокн|о́, а́ *nt* oat flour.

толокня́нк|а, и *f* (*bot*) bearberry (*Arctostaphylos*).

толок|о́нный *adj of* ⇒**~но́**; **т. лоб** blockhead.

тол|о́чь, ку́, чёшь, ку́т, *past* **~о́к, ~кла́** *impf* (*of* ⇒**рас~** *and* ⇒**с~**) to pound, crush; **т. во́ду в сту́пе** to beat the air, mill the wind.

тол|о́чься, ку́сь, чёшься, ку́тся, *past* **~о́кся, ~кла́сь** *impf* (*coll*) to knock about; to gad about; (*fig*) to swarm.

толп|а́, ы́, *pl* **~́ы** *f* crowd; throng; multitude.

толп|и́ться, и́тся *impf* to crowd; to throng.

толсте́нный *adj* (*coll*) very fat.

толсте́|ть, ю *impf* (*of* ⇒**по~**) to grow fat; to put on weight.

толст|и́ть, и́т *impf* (*coll*) to make (look) fat; **хлеб о́чень ~и́т** bread is very fattening; **шу́ба её о́чень ~и́ла** the fur coat made her look very fat.

толстобрю́х|ий (~, ~а) *adj* (*coll*) fat-bellied.

толсто́вк|а, и *f* **1** (*hist*) (*длинная мужская блуза с поясом*) tolstovka (*long belted blouse*). **2** (*coll*) (*хлопчатобумажный свитер спортивного покроя*) sweatshirt.

толстогу́б|ый (~, ~а) *adj* thick-lipped.

толстоко́ж|ий (~, ~а) *adj* **1** thick-skinned (*also fig*). **2** (*zool*): **~ее живо́тное** pachyderm.

толстомо́рдый *adj* (*coll*) fat-faced.

толстопу́з|ый (~, ~а) *adj* pot-bellied (*hist, esp as term of abuse applied to merchants*).

толстосте́нный *adj* (*tech*) thick-walled.

толстосу́м, а *m* (*obs, coll*) money bags.

толсту́х|а, и *f* (*coll*) (*женщина*) fat woman; (*девушка*) fat girl.

толсту́шк|а, и *f affectionate form of* ⇒**толсту́ха**

то́лст|ый (~, ~а́, ~о, ~ы́) *adj* **1** (*человек*) fat; **т. нос** big nose. **2** (*книга, бумага, слой*) thick; (*ткань*) heavy; **т. про́вод** heavy-gauge wire; **~ая кишка́** (*anat*) large intestine.

толстя́к, а́ *m* (*мужчина*) fat man; (*мальчик*) fat boy.

толче́ни|е, я *nt* pounding, crushing.

толчёный *adj* pounded, crushed; (*миндаль*) ground.

тол|чёт *see* ⇒**~о́чь**

толче|я́[1], **и́** *f* (*coll*) (*толкотня*) crush, scrum, squash.

толче|я́[2], **и́** *f* (*tech*) mill.

толч|о́к[1], **ка́** *m* **1** (*толкающий удар*) push, shove; (*sport*) put. **2** (*при езде*) jolt, bump; (*при землетрясении*) (earthquake) shock, tremor. **3** (*fig*) (*побуждение*) push, shove; stimulus; **дать т. эконо́мике** to kick-start the economy. **4** (*coll*) (*унитаз*) lavatory bowl.

толч|о́к[2], **ка́** *m* (*coll*) = **толку́чий ры́нок**

то́лщ|а, и *f* **1** thickness; **т. сне́га** depth of snow. **2**: **в ~е наро́да** in the (thick of the) people.

то́лще *comp of* ⇒**то́лстый**

толщин|а́, ы́ *f* **1** (*человека*) fatness, corpulence. **2** (*бревна, слоя*) thickness.

тол|ь, я *m* (tarred) roofing paper.

то́лько 1 *adv* only; solely; alone; just; **не т. ..., но и** not only ..., but also; **поду́май(те) т.!** just think!; **т. и всего́, да и т.** (*coll*) that's all; **т. что не** (*coll*) the only thing lacking (is, was); **не т. что** (*coll*) not to mention, let alone; **т. за после́дние пять лет...** in the last five years alone ... . **2**: **т. что** (*adv and conj*) just, only just; **он т. что позвони́л** he has just rung up. **3** *conj* (**(лишь) т. ..., (как)...**) as soon as; one has only to ...; **т. ска́жешь, я уйду́** you have only to say (the word) and I will go. **4** *conj* only, but; **с удово́льствием, т. не сего́дня** with pleasure, only not today. **5**: **т. бы** (+ *inf*) (*particle*) if only; **т. бы получи́ть о нём ве́сточку** if only we could hear news of him. **6** *particle intensifying interrog prons and advs*: **заче́м т.?** why on earth?, whatever for?; **где т. они́ не быва́ли!** where have they *not* been?

то́лько-то́лько *adv* (*coll*) only just.

том, а, *pl* **~а́, ~о́в** *m* volume.

томага́вк, а *m* tomahawk.

тома́т, а *m* **1** tomato. **2** (*пюре*) tomato purée.

тома́тный *adj* tomato; **т. сок** tomato juice.

то́мик, а *m diminutive of* ⇒**том**

томи́тел|ьный (~ен, ~ьна) *adj* (*скучный*) tedious; wearing; (*утомительный*) tiring, exhausting; (*гнетущий*) oppressive; (*мучительный*) agonizing, painful.

том|и́ть, лю́, и́шь *impf* (*of* ⇒**ис~**) **1** to tire, wear out, weary; (*мучить*) to torment; (*вопросами*) to wear down; **т. в тюрьме́** to leave to languish in prison; **меня́ ~и́т жа́жда** I am parched. **2** (*cul*) to stew; to braise.

том|и́ться, лю́сь, и́шься *impf* (*of* ⇒**ис~**) (*страдать*) to suffer; (*голодом, ожиданием*) to be tormented by; (*испытывать чувство тоски*) to languish, pine; **т. в тюрьме́** to languish in prison.

томле́ни|е, я *nt* **1** (*страдание*) suffering, anguish. **2** (*тоска*) languor.

то́мност|ь, и *f* languor.

то́м|ный (~ен, ~на́) *adj* languid, languorous.

тон, а, *pl* **~́ы** *and* **~а́** *m* **1** (*pl* **~́ы**) (*mus and fig*) tone; **~́ом вы́ше/ни́же** a tone higher/lower; **хоро́ший/дурно́й т.** good/bad form; **зада́ть т.** to set the tone; **перемени́ть т.** to change one's tone; **попа́сть в т.** to hit the right note. **2** (*pl* **~а́**) (*краски, цвета*) tone, tint.

тона́льност|ь, и *f* (*mus*) key.

то́ненький *adj* thin; slender, slim.

то́нер, а *m* toner.

тонзилли́т, а *m* (*med*) tonsillitis.

тонзу́р|а, ы *f* tonsure.

тонизи́р|овать, ую *impf and pf* (*physiol*) to tone up.

то́ник, а *m* tonic (water).

то́ник|а, и *f* (*mus*) tonic, keynote.

тони́ческий[1] *adj* (*mus, literary*) tonic.

тони́ческий[2] *adj* (*physiol, med*) tonic.

то́н|кий (~ок, ~ка́, ~ко, ~́ки́) *adj* **1** (*слой*) thin; (*фигура*) slim; **т. ло́мтик** thin slice; **~кая кишка́** (*anat*) small intestine. **2** (*изысканный*) fine; delicate; refined; **~кое бельё** fine linen; **т. за́пах** delicate perfume; **~кая рабо́та** fine workmanship; **~кие черты́ лица́** refined features; (*не грубый*) subtle, fine; **~кая лесть** subtle flattery; **т. намёк** gentle hint; **~кое разли́чие** subtle, fine distinction. **3** (*звук*) high, squeaky. **4** (*fig*) (*проницательный, умный*) shrewd, subtle, penetrating; **т. знато́к** connoisseur; **т. кри́тик** shrewd critic. **5** (*зрение, слух*) keen. **6**: **т. сон** light sleep.

Т

то́нко *adv* **1** (*резать*) thinly. **2** (*чувствовать*) subtly, delicately, finely.

тонковолокни́ст|ый (~, ~а) *adj* fine-fibred (*Br*), fine-fibered (*US*).

тонкоко́ж|ий (~, ~а) *adj* thin-skinned.

то́нкост|ь, и *f* **1** thinness; (*фигуры*) slimness. **2** (*ткани, работы*) fineness. **3** (*ума*) subtlety. **4** (*мелкая подробность*) nice point, subtle point; **до ~ей** to a nicety; **вдава́ться в ~и** to split hairs.

то́нн|а, ы *f* metric ton, tonne; (*St Petersburg sl; Moscow and general Russian sl eqv* ⇒**шту́ка**) 1,000 roubles; grand (*sl*).

тонна́ж, а *m* tonnage.

тонне́л|ь, я *m* tunnel; (*пешеходный*) subway.

то́нус, а *m* (*physiol, med*) tone; **жи́зненный т.** vitality.

тон|у́ть, у́, ~ешь *impf* **1** (*pf* **за~**) (*о судне*) to sink, go down. **2** (*pf* **у~**) (*о человеке*) to drown. **3** (*pf* **у~**) (**в** + *p*) to sink (in); to be lost (in); to be hidden (in, by); **т. в поду́шках** to sink in the pillows; **т. в дела́х** to be up to one's eyes in work; **надгро́бный па́мятник ~ет в высо́кой траве́** the tombstone is hidden by the long grass.

то́ньше *comp of* ⇒**то́нкий** *and* ⇒**то́нко**

то́н|я, и *f* **1** (*место*) fishery, fishing ground. **2** (*улов*) haul (*of fish*).

топ, а *m* (*одежда*) crop top.

топа́з, а *m* (*min*) topaz.

топа́з|овый *adj of* ⇒**~**

то́п|ать, аю *impf* (*of* ⇒**~нуть**) to stamp; **т. нога́ми** to stamp one's feet.

топина́мбур, а *m* Jerusalem artichoke.

топ|и́ть[1], лю́, ~ишь *impf* **1** (*камин*) to stoke (*a boiler, stove, etc.*). **2** (*помещение*) to heat.

топ|и́ть[2], лю́, ~ишь *impf* **1** (*воск*) to melt (down), render. **2**: **т. молоко́** to bake milk.

топ|и́ть[3], лю́, ~ишь *impf* **1** (*pf* **по~**) (*корабль*) to sink. **2** (*pf* **у~**) (*человека*) to drown; (*fig, coll*) to wreck, ruin; **т. го́ре в вине́** to drown one's sorrows in drink.

топ|и́ться[1], ~ится *impf* (*о камине*) to burn, be alight.

топ|и́ться[2], ~ится *impf* **1** (*о воске*) to melt. **2** *pass of* ⇒**~и́ть[2]**

топ|и́ться[3], лю́сь, ~ишься *impf* (*of* ⇒**у~**) (*о человеке*) to drown o.s.

то́пк|а[1], и *f* **1** (*камина*) stoking. **2** (*помещения*) heating. **3** (*часть печи*) furnace; (*railways*) firebox.

то́пк|а[2], и *f* (*воска*) melting (down).

то́п|кий (~ок, ~ка́, ~ко) *adj* boggy, marshy, swampy.

топлён|ый *adj* melted; **~ое молоко́** baked milk.

то́плив|ный *adj of* ⇒**~о**; **~ная нефть** fuel oil.

то́плив|о, а *nt* fuel; **жи́дкое т.** fuel oil; **твёрдое т.** solid fuel.

топ-моде́л|ь, и *f* top model.

то́п|нуть, ну, нешь *pf of* ⇒**~ать**

топо́граф, а *m* topographer.

топографи́ческий *adj* topographical.

топогра́фи|я, и *f* topography.

то́пол|евый *adj of* ⇒**~ь**

топол|и́ный *adj of* ⇒**~ь**

то́пол|ь, я, *pl* **~я́** *m* poplar.

топони́ми|ка, ки *f* (*collect*) place names (*of a region*).

топони́ми|я, и *f* toponymy.

топо́р, а́ *m* axe (*Br*), ax (*US*).

топо́рик, а *m* hatchet.

топори́щ|е[1], а *nt* axe handle (*Br*), ax handle (*US*).

топори́щ|е[2], а *nt* large axe (*Br*), ax (*US*).

топо́р|ный (~ен, ~на) *adj* (*работа*) clumsy, crude; (*человек*) uncouth.

топо́рщ|ить, ит *impf* (*coll*) to make stand on end.

топо́рщ|иться, ится *impf* (*coll*) **1** (*о волосах*) to stand on end, bristle. **2** (*о еже*) to bristle; (*о птице*) to puff up its feathers. **3** (*об одежде*) to stick out, pucker. **4** (*упорствовать*) to be stubborn.

то́пот, а *m* tramp; **ко́нский т.** clatter of horses' hoofs.

топо|та́ть, чу́, ~чешь *impf* (*coll*) to stamp; (*о лошадях*) to clatter.

то́почн|ый *adj* furnace; **~ая коро́бка** firebox.

то́псел|ь, я *m* (*naut*) topsail.

топ|та́ть, чу́, ~чешь *impf* **1** (*траву*) to trample (down). **2** (*пол*) to make dirty (*with one's feet*). **3** (*виноград*) to trample out; **т. гли́ну** to knead clay.

топ|та́ться, чу́сь, ~чешься *impf* **1** to shift from one foot to the other; **т. на ме́сте** to mark time (*also fig*). **2** (*ходить туда и сюда*) to walk about aimlessly.

топ-топ *onomatopoeia* pitter-patter.

топча́к, а́ *m* treadmill.

топча́н, а́ *m* trestle bed.

топ|ь, и *f* bog, marsh, swamp.

То́р|а, ы *f* (*relig*) Torah.

то́рб|а, ы *f* bag; **носи́ться (с** + *i*) **как (дура́к) с пи́саной ~ой** (*coll*) to make a great song and dance (about).

торг[1], а, о ~е, на ~у́, *pl* **~и́** *m* **1** (*действие*) trading; bargaining, haggling. **2** (*obs*) (*рынок*) market. **3** (*in pl*) (*аукцион*) auction; **прода́ть с ~о́в** to sell by auction. **4** (*in pl*) (*заявка на подряд*) tender.

торг[2], а *m* (*abbr of* **торго́вая организа́ция**) trading organization.

торг... *comb form, abbr of* **торго́вый**

...торг *comb form, abbr of* **1 торг[2]**. **2 торго́вля**

торга́ш, а́ *m* (*pej*) **1** (*торговец*) (small) tradesman. **2** (*fig*) mercenary person.

торга́ш|еский *adj of* ⇒**~**

торга́шеств|о, а *nt* mercenariness.

торга́ш|ка, ки *f of* ⇒**~**

торг|ова́ть, у́ю *impf* **1** (*impf only*) (+ *i*) to trade (in), deal (in), sell. **2** (*impf only*) (*о магазине*) to be open. **3** (*pf* **с~**) (*coll*) (*прицениваться*) to bargain (for). **2** (*impf only*) (*coll*) (*спорить*) to argue.

торг|ова́ться, у́юсь *impf* **1** (*pf* **с~**) (**с** + *i*) to bargain (with), haggle (with).

торго́в|ец, ца *m* merchant; dealer; tradesman; **т. нарко́тиками** drug trafficker/pusher.

торго́вк|а, и *f* (female) stallholder; (woman) street trader.

торго́вл|я, и *f* trade, commerce; **посы́лочная т.** mail order.

торго́во-посы́лочн|ый *adj*: **~ая фи́рма** mail-order firm.

торго́в|ый *adj* trade, commercial; **т. бала́нс** balance of trade; **т. дом** firm; **~ая пала́та** Chamber of Commerce; **т. представи́тель** trade representative; **~ая то́чка** shop; **~ое су́дно** merchant ship; **т. флот** merchant navy.

торгпре́д, а *m* (*abbr of* **торго́вый представи́тель**) trade representative.

торгпре́дств|о, а *nt* (*abbr of* **торго́вое представи́тельство**) trade delegation.

торгфло́т, а *m* merchant navy.

тореадо́р, а *m* toreador.

тор|е́ц, ца́ *m* **1** (*балки, доски*) butt end, face. **2** (*для мощения улиц*) wooden paving block. **3** (*мостовая*) pavement (*Br*), sidewalk (*US*) of wooden blocks.

торже́ственност|ь, и *f* solemnity.

торже́ствен|ный (~, ~на) *adj* **1** ceremonial; (*праздничный*) festive; gala; **т. день** red-letter day. **2** (*серьёзный*) solemn.

торжеств|о́, а́ *nt* **1** celebration; (*in pl*) (*празднество*) festivities, rejoicings. **2** (*победа*) triumph (= *victory*). **3** (*радость*) triumph, exultation; **сказа́ть с ~о́м** to say triumphantly; to say gloatingly.

торжеств|ова́ть, у́ю *impf* **1** to celebrate; **т. побе́ду** to celebrate a victory; (*fig*) (*радоваться*) to rejoice. **2** (**над** + *i*) to triumph (over); to exult (over).

торжеств|у́ющий *pres participle active of* ⇒**~ова́ть** *and adj* triumphant, exultant.

то́ри *m indecl* (*pol*) Tory.

торма́шк|и: **вверх ~ами** (*coll*) (*кувырком*) head over heels; (*в беспорядке*) upside down, topsy-turvy.

торможе́ни|е, я *nt* **1** (*tech*) braking. **2** (*psychol*) inhibition.

то́рмоз, а *m* **1** (*pl* **~а́**) brake. **2** (*pl* **~ы**) (*fig*) (*помеха*) hindrance, obstacle.

тормо|зи́ть, жу́, зи́шь *impf* (*of* ⇒**за~**) **1** (*tech*) to brake, apply the brake (to). **2** (*fig*) (*замедлить*) to hamper, impede. **3** (*psychol*) to inhibit.

тормозн|о́й *adj* (*tech*) brake, braking; **т. башма́к** brake shoe; **~а́я раке́та** retrorocket.

тормош|и́ть, у́, и́шь *impf* (*coll*) **1** (*дёргать*) to pull (at), tug (at). **2** (*fig*) (*вопросами*) to pester, plague.

то́рн|ый *adj* smooth, even; **пойти́ по ~ой доро́ге** (*fig*) to stick to the beaten track.

торова́т|ый (~, ~а) *adj* (*coll*) liberal, generous.

тороп|и́ть, лю́, ~ишь *impf* (*of* ⇒**по~**) **1** to hurry, hasten; to press; **меня́ ~ят с оконча́нием рабо́ты** I am being pressed to finish my work.

T

2 (*события*) to precipitate.

тороп|и́ться, лю́сь, ~́ишься *impf* (*of* ⇒**по~**) to hurry, be in a hurry, hasten.

торопли́во *adv* hurriedly, hastily; in a hurry.

торопли́вост|ь, и *f* hurry, haste.

торопли́в|ый (~, ~а) *adj* hurried, hasty.

торопы́г|а, и *cg* (*coll*) person always in a hurry.

торо́с, а *m* ice hummock.

торо́сист|ый (~, ~а) *adj* hummocky; **т. лёд** pack ice.

торпе́д|а, ы *f* torpedo.

торпеди́р|овать, ую *impf and pf* to torpedo.

торпе́д|ный *adj of* ⇒**~а**; **т. аппара́т** torpedo tube; **т. ка́тер** motor torpedo boat (*abbr* MTB).

торс, а *m* trunk; torso.

торт, а *m* cake.

торф, а *m* peat.

торфоразрабо́т|ки, ок (*no sg*) peat bog.

торфяни́к, а́ *m* **1** (*болото*) peat bog. **2** (*рабочий*) peat cutter.

торфяни́ст|ый (~, ~а) *adj* peaty.

торфян|о́й *adj* peat; **~о́е боло́то** peat bog.

торц|ева́ть, у́ю *impf* to pave with wood blocks.

торцо́в|ый *adj of* ⇒**торе́ц**; **~ая мостова́я** wood pavement (*Br*), sidewalk (*US*).

торч|а́ть, у́, и́шь *impf* **1** (*вверх*) to stick up; (*в сторону*) to stick out; (*о волосах*) to stand on end. **2** (*coll*) (*в каком-л. месте*) to hang about; **т. пе́ред чьи́ми-н. глаза́ми** to be under s.o.'s feet; **он ~и́т це́лый день у бра́та** he hangs about at his brother's all day. **3** (*sl*) (*получать удовольствие*) to feel euphoric (from), get a kick (out of); (*от наркотиков*) to get high (on).

торчко́м *adv* (*coll*) on end, sticking up.

торч|мя́ *adv* (*sl*) = **~ко́м**

торше́р, а *m* standard lamp.

тоск|а́, и́ *f* **1** (*уныние*) melancholy; (*тревога*) anguish; **у неё т. на се́рдце** she is sick at heart; **т. любви́** pangs of love. **2** (*скука*) boredom, ennui; **одна́ т., сплошна́я т.** a frightful bore. **3** (**по** + *d or p*) longing (for); yearning (for), nostalgia (for); **т. по ро́дине** homesickness.

тосkли́в|ый (~, ~а) *adj* **1** (*настроение*) melancholy; depressed, miserable. **2** (*погода, город*) dull, dreary, depressing.

тоск|ова́ть, у́ю *impf* **1** to be melancholy, be depressed, be miserable. **2** (**по** + *d or p*) to long (for), yearn (for), pine (for), miss.

тост[1], а *m* toast; **провозгласи́ть/предложи́ть т.** (**за** + *a*) to toast, drink (to); to propose a toast (to).

тост[2], а *m* (*ломтик хлеба*) piece of toast; **т. с сы́ром** Welsh rarebit.

то́стер, а *m* toaster.

тот *m*, **та** *f*, **то** *nt*, *pl* **те** *pron* **1** (*opp* **э́тот**) that; (*in pl*) those; **мне бо́льше нра́вится та карти́на** I like that picture better; **в тот раз** on that occasion; **в то вре́мя** then, at that time, in those days; **в том слу́чае** in that case.
2 (*opp* **э́тот**) the former; (*replacing 3rd pers sg pron*) he; she; it; **я пе́редал корректу́ру профе́ссору, тот до́лжен был вам верну́ть её** I passed the proofs on to the professor, he was supposed to return them to you.
3 (*opp* **э́тот**) (*другой*) the other; the opposite; **на той стороне́** on the other side; **по ту сто́рону** (+ *g*) beyond, on the other side (of).
4 (*opp* **сей** *in certain set phrr*) that, the other; **то да сё** one thing and another; **ни то ни сё** neither one thing nor another; **поговори́ть о том, о сём** to talk about this and that; **ни с того́ ни с сего́** for no reason at all.
5 (*opp* **друго́й, ино́й**) the one; **и тот, и друго́й** both; **ни тот, ни друго́й** neither; **не тот, так друго́й** if not one, then the other.
6: **тот..., (кото́рый)** the ... (which); **тот, (кто)** the one (who), the person (who); **тот фильм, кото́рый вы ви́дели вчера́** the film (which) you saw yesterday; **тот факт, что** the fact that (*see also* ⇒**то[1]**).
7: **тот (же), тот (же) са́мый** the same; **одно́ и то же** one and the same thing, the same thing over again; **в то же са́мое вре́мя** at the same time, on the other hand; **он тепе́рь не тот** he is not the man he was.
8 (*такой, какой нужен*) the right; **не тот** the wrong; **э́то не та дверь** that's the wrong door; **э́то тот но́мер?** is this the (right) room?
9 + *preps forms the following conjs*: **для того́, что́бы** in order that, in order to; **до того́, что** (*i*) (*так долго, что*) until, (*ii*) (*до такой степени*) to such an extent that; **ме́жду тем, как** whereas; **несмотря́ на то, что** in spite of the fact that; **пе́ред тем, как** before; **по́сле того́, как** after; **по ме́ре того́, как** in proportion as; **с тем, что́бы** (*i*) (*чтобы*) in order to, with a view to, (*ii*) (*при условии, что*) on condition that, provided that.
10 *forms part of various adv phrr and particles* (*see also* ⇒**то[1]**): **вме́сте с тем** at the same time; **к тому́ же** moreover; **кро́ме того́** besides; **ме́жду тем, тем вре́менем** meanwhile; **со всем тем** notwithstanding all this; **тем са́мым** hereby; **тому́ наза́д** ago; **и тому́ подо́бное (и т. п.)** and so forth; **того́ и гляди́** any minute now; before you know where you are; **и без того́** as it is.

тотализа́тор, а *m* tote, totalizator.

тоталитари́зм, а *m* (*pol*) totalitarianism.

тоталита́рный *adj* (*pol*) totalitarian.

тота́льный *adj* total.

тоте́м, а *m* totem.

тотеми́зм, а *m* totemism.

то́-то *particle* (*coll*) **1** *emphasizing point of utterance*: **(вот) то́-то, (вот) то́-то и оно́, (вот) то́-то и есть** that's just it; precisely, exactly. **2** (*как*): **то́-то прекра́сно!** there, isn't that lovely! **3** (*вот, видите!*): **ну, то́-то же!** there you are; well, what did I tell you!

то́тчас *adv* at once; immediately (*also of spatial relations*).

точёный *adj* **1** (*острый*) sharpened. **2** (*tech*) turned. **3** (*fig*) (*о фигуре*) finely-moulded (*Br*), finely-molded (*US*); (*о чертах лица*) chiselled (*Br*), chiseled (*US*).

то́чечн|ый *adj* **1** consisting of points; **~ая ли́ния** dotted line. **2**: **~ая сва́рка** (*tech*) spot welding.

точи́лк|а, и *f* (*coll*) (*для ножей*) steel, knife sharpener; (*для карандашей*) pencil sharpener.

точи́л|о, а *nt* whetstone, grindstone.

точи́льный *adj* grinding, sharpening; **т. ка́мень** whetstone, grindstone; **т. материа́л** abrasive; **т. реме́нь** strop.

точи́льщик, а *m* knife-grinder.

точ|и́ть[1], у́, ~́ишь *impf* **1** (*pf* **на~**) (*нож, карандаш*) to sharpen; **т. зу́бы на кого́-н.** to have a grudge against s.o. **2** (*impf only*) (*на токарном станке*) to turn.

точ|и́ть[2], у́, ~́ишь *impf* (*прогрызать*) to eat away, gnaw away; to corrode; (*fig*) (*терзать*) to gnaw (at), prey (upon).

то́чк|а[1], и *f* **1** spot, dot; **бе́лое пла́тье в ро́зовых ~ах** white dress with pink spots; **«i» с ~ой** *name of letter* 'i' *in old Russian orthography*; **ста́вить ~и над «и»** to dot one's 'i's' (and cross one's 't's'). **2** (*gram*) full stop; **т. с запято́й** semicolon; **поста́вить ~у** to place a full stop; (*fig*) to finish, come to the end. **3** (*mus*) dot. **4** (*math, phys, tech*) point; **т. опо́ры** fulcrum, point of support; (*fig*) rallying point; **мёртвая т.** dead point, dead centre; (*fig*) standstill; **дойти́ до мёртвой ~и** to come to a standstill, to a full stop. **5** (*mil*) point; **т. попада́ния** point of impact; **т. наво́дки** aiming point; **т. прице́ливания** point of aim. **6**: **т. замерза́ния, кипе́ния, плавле́ния** freezing, boiling, melting point. **7** (*fig*) point; **т. зре́ния** point of view; **т. соприкоснове́ния** point of contact; **горя́чая т.** trouble spot; **т. в ~у** (*coll*) exactly; to the letter, word for word; **попа́сть в (са́мую) ~у** (*coll*) to hit the nail on the head; **до ~и** (*coll*) to the limit, to the extreme point; **дойти́ до ~и** (*coll*) to come to the end of one's tether.

то́чк|а[2], и *f* **1** (*ножа*) sharpening. **2** (*на токарном станке*) turning.

то́чно[1] *adv* **1** exactly, precisely; (*пунктуально*) punctually; **т. переписа́ть** to make an exact copy; **приходи́те, пожа́луйста, т. в час** please, come at one o'clock sharp. **2**: **т. так** just so, exactly, precisely; **т. тако́й (же)** just the same. **3** (*действительно*) indeed.

то́чно[2] *particle* (*coll*) (*да*) yes; (*верно*) true; **так т.** (*in mil parlance*) yes.

то́чно[3] *conj* as though, as if; like; **он там стоя́л т. окамене́лый** he stood there as if turned to stone.

то́чност|ь, и *f* exactness; precision; accuracy; punctuality; **в ~и** exactly, precisely; accurately; to the letter; **вы́числить с ~ью до...** to calculate to within ...; **с ~ью часово́го механи́зма** like clockwork.

то́ч|ный (~ен, ~на́, ~но, ~́ны) *adj* exact, precise; accurate;

(*пунктуальный*) punctual; **~ная бомбардиро́вка** precision bombing; **~ные нау́ки** exact sciences; **т. перево́д** accurate translation; **т. прибо́р** precision instrument; **т. челове́к** punctual person.

точь-в-то́чь *adv* (*coll*) exactly; (*слово в слово*) word for word; **он — т.-в-т. оте́ц** he is the spitting image of his father.

тошн|и́ть, и́т *impf* (*impers*): **меня́** *u m. n.* **~и́т** I, *etc.*, feel sick; **меня́ от э́того ~и́т** (*fig*) it makes me sick, it sickens me.

то́шно *as pred* (*coll*) **1**: **мне** *u m. n.* **т.** I, *etc.*, feel sick; (*fig*) I, *etc.*, feel wretched/awful. **2** (+ *inf*) (*противно*) it is sickening, it makes one sick, it is nauseating.

тошнот|а́, ы *f* sickness, nausea (*also fig*); **испы́тывать ~у́** to feel sick; **у́тренняя т.** morning sickness.

тошнотво́р|ный (~ен, ~на) *adj* sickening, nauseating (*also fig*).

то́ш|ный (~ен, ~на́, ~но) *adj* (*coll*) **1** (*докучный*) tiresome, tedious. **2** (*отвратительный*) sickening, nauseating.

тоща́|ть, ю *impf* (*of* ⇨**о~**) (*coll*) to become thin.

то́щ|ий (~, ~а́, ~е) *adj* **1** (*исхудалый*) gaunt, emaciated; skinny. **2** (*пустой*) empty; **на т. желу́док** on an empty stomach; **т. карма́н** (*fig*) empty pocket. **3** (*скудный*) poor (= *with low content of some substance*); **~ее мя́со** lean meat; **~ая по́чва** poor soil.

тпру *int* (*to horses*) whoa!

трав|а́, ы́, *pl* **~ы** *f* grass; (*специя; лекарственная*) herb; **морска́я т.** seaweed; **со́рная т.** weed; **хоть т. не расти́** (*coll*) (everything else) can go to hell.

травести́ *nt indecl* (*theatr*) travesty (*cross-dressing*).

трави́нк|а, и *f* blade of grass.

трав|и́ть[1], лю́, ~́ишь *impf* **1** (*pf* **вы́~**) (*тараканов, крыс*) to exterminate, destroy (*by poisoning*). **2** (*coll*) (*организм, сознание*) to poison. **3** (*pf* **вы́~**) (*узоры*) to etch. **4** (*pf* **по~**) (*о скоте*) to trample down; to damage (*crops, etc.*). **5** (*pf* **за~**) (*дичь*) to hunt; (*fig*) to persecute, torment.

трав|и́ть[2], лю́, ~́ишь *impf* (*of* ⇨**по~**) **1** (*naut*) (*канат*) to pay out. **2** (*sl*) (*рассказы, анекдоты*) to tell; **переста́нь т.!** stop telling stories!, stop lying!

трав|и́ться, лю́сь, ~́ишься *impf* (*coll*) to poison o.s.

тра́в|ка, ки *f diminutive of* ⇨**~а́**; (*sl*) (*марихуана*) grass, dope.

травле́ни|е, я *nt* (*узоров*) etching.

тра́вленый[1] *adj* (*узор*) etched.

тра́вленый[2] *adj* (*зверь*) hunted; **т. зверь** (*fig, coll*) old hand.

тра́вл|я, и *f* hunting; (*fig*) persecution, tormenting.

тра́вм|а, ы *f* (*med*) (*психическая*) trauma; (*физическая*) injury.

травмати́зм, а *m* (*med*) traumatism; (*collect*) injuries; **произво́дственный т.** industrial injuries.

травмати́ческий *adj* (*med, psychol*) traumatic.

травматологи́ческ|ий *adj*: **~ое отделе́ние** casualty department; **т. пункт** first aid room.

тра́вник[1], а *m* (*coll*) herbalist.

тра́вник[2], а *m* (*zool*) redshank.

травни́к, а *m* **1** (*obs*) (*настойка*) herb tea. **2** (*hist*) (*книга*) herbal. **3** (*obs*) (*гербарий*) herbarium.

тра́вни|ца, цы *f of* ⇨**~к[1]**

травокоси́лк|а, и *f* lawn mower.

траволече́ни|е, я *nt* herbal medicine.

травосе́яни|е, я *nt* fodder-grass cultivation.

травосто́|й, я *m* (*collect; agric*) grass, herbage.

травоя́дный *adj* herbivorous.

травяни́ст|ый (~, ~а) *adj* **1** (*растение*) herbaceous. **2** (*луг*) grassy. **3** (*coll*) (*безвкусный*) tasteless, insipid.

травян|о́й *adj* **1** grass; herbaceous; **т. корт** grass court; **т. покро́в** grass, herbage; **~ы́е расте́ния** grasses, herbs; **~ы́е уго́дья** grasslands. **2** grassy; **т. за́пах** grassy smell; **т. цвет** grass-green. **3**: **~а́я насто́йка** herb tea.

трагеди́йный *adj* (*theatr*) tragic.

траге́ди|я, и *f* tragedy.

траги́зм, а *m* tragic element.

тра́гик, а *m* **1** (*актёр*) tragic actor. **2** (*автор*) tragedian.

трагикоме́ди|я, и *f* tragicomedy.

трагикоми́ческий *adj* tragicomic.

траги́ческ|ий *adj* tragic; **т. актёр** tragic actor; **~ое зре́лище** tragic sight.

траги́чност|ь, и *f* tragedy, tragic nature.

траги́ч|ный (~ен, ~на) *adj* tragic.

традицио́нност|ь, и *f* traditional character.

традицио́н|ный (~ен, ~на) *adj* traditional.

тради́ци|я, и *f* tradition.

траекто́ри|я, и *f* trajectory.

тракт, а *m* **1** (*дорога*) high road, highway; **желу́дочно-кише́чный т.** (*anat*) alimentary canal. **2** (*маршрут*) route.

тракта́т, а *m* **1** (*сочинение*) treatise. **2** (*договор*) treaty.

тракти́р, а *m* (*obs*) inn, eating house.

тракти́р|ный *adj of* ⇨**~**

тракти́рщик, а *m* (*obs*) innkeeper.

тракти́рщи|ца, цы *f of* ⇨**~к**

тракт|ова́ть, у́ю *impf* **1** (+ *a*) (*вопрос*) to treat, discuss. **2** (*роль*) to interpret (*a part in a play, etc.*).

тракт|ова́ться, у́ется *impf* to be treated, be discussed; **о чём ~у́ется в э́том рома́не?** what is the subject of this novel?

тракто́вк|а, и *f* treatment; interpretation.

тра́ктор, а *m* tractor; **гу́сеничный т., т. на гу́сеничном ходу́** caterpillar tractor.

трактори́ст, а *m* tractor driver.

трактори́ст|ка, ки *f of* ⇨**~**

тра́ктор|ный *adj of* ⇨**~**; **на ~ной тя́ге** tractor-drawn.

тракторострое́ни|е, я *nt* tractor making.

тракторострои́тельный *adj*: **т. заво́д** tractor works.

трал, а *m* **1** trawl. **2** (*mil*) (mine)sweep.

тра́ле́ни|е, я *nt* **1** trawling. **2** (*mil*) minesweeping.

тра́л|ить, ю, ишь *impf* **1** to trawl. **2** (*mil*) to sweep.

тра́ловый *adj* **1** trawling; **т. лов** trawling. **2** (*mil*) minesweeping.

тра́льщик, а *m* **1** trawler. **2** (*mil*) minesweeper.

трамб|ова́ть, у́ю *impf* to ram, tamp.

трамбо́вк|а, и *f* **1** (*действие*) ramming, tamping. **2** (*машина*) rammer, beetle.

трамва́|й, я *m* tram (*Br*), streetcar (*US*); **речно́й т.** river bus.

трамва́й|ный *adj of* ⇨**~**; **~ные ре́льсы** tramlines.

трамва́йщик, а *m* tram worker.

трамва́йщи|ца, цы *f of* ⇨**~к**

трампа́рк, а *m* **1** (*место стоянки*) tram depot. **2** (*трамвайный состав*) tram fleet.

трампли́н, а *m* (*sport and fig*) springboard; (*лыжный*) ski jump.

транжи́р, а *m* (*coll*) spendthrift.

транжи́р|а, ы *cg* = **~**

транжи́р|ить, ю, ишь *impf* (*of* ⇨**рас~**) (*coll*) to blow, squander.

транжи́р|ка, ки *f of* ⇨**~**

транзи́стор, а *m* transistor.

транзи́т, а *m* transit; **пойти́ ~ом** to go as transit goods.

транзи́т|ный *adj of* ⇨**~**; **~ная ви́за** transit visa.

транквилиза́тор, а *m* tranquillizer (*Br*), tranquilizer (*US*).

транс, а *m* trance.

транс. *pref* trans-.

трансаге́нтств|о, а *nt* (*abbr of* **тра́нспортное аге́нтство**) removal company.

трансатланти́ческий *adj* transatlantic.

Трансильва́ни|я, и *f* Transylvania.

транскриби́р|овать, ую *impf and pf* to transcribe.

транскри́пци|я, и *f* transcription.

трансли́р|овать, ую *impf and pf* to broadcast; to relay.

транслитера́ци|я, и *f* transliteration.

трансляцио́нный *adj* broadcasting.

трансля́ци|я, и *f* (*действие*) transmission, broadcasting; (*передача*) broadcast.

трансмисс|ио́нный *adj of* ⇨**~́ия**

трансми́сси|я, и *f* (*tech*) transmission.

транснациона́льный *adj* transnational.

транспара́нт, а *m* **1** (*разлинованный лист*) black-lined paper (*placed under unruled writing paper*). **2** (*знамя*) banner.

трансплanта́ци|я, и *f* (*med*) transplantation.

транспози́ци|я, и *f* (*mus*) transposition.

транспони́р|овать, ую *impf and pf* (*mus*) to transpose.

транспониро́вк|а, и *f* (*mus*) transposition.

тра́нспорт, а *m* **1** (*система перевозки*) transport; **обще́ственный т.** public transport. **2** (*перевозка*) transportation, conveyance. **3** (*партия грузов*) consignment. **4** (*mil*) train, transport. **5** (*naut*) supply ship; troopship.

транспо́рт, а *m* (*bookkeeping*) carrying forward.

транспорта́бел|ьный (~ен, ~ьна) *adj* transportable, mobile.

транспортёр, а *m* **1** (*tech*) conveyor. **2** (*mil*) = **бронетранспортёр**

транспорти́р, а *m* protractor.

транспорти́р|овать[1]**, ую** *impf and pf* to transport.

транспорти́р|овать[2]**, ую** *impf and pf* (*bookkeeping*) to carry forward.

транспортиро́вк|а, и *f* transport, transportation.

тра́нспортник, а *m* **1** (*работник*) transport worker. **2** (*самолёт*) transport plane.

тра́нспортни|ца, цы *f of* ⇒**~к 1**

тра́нспорт|ный *adj of* ⇒**~**

транссексуа́л, а *m* transsexual.

транссиби́рск|ий *adj* Trans-Siberian; **Т~ая магистра́ль** the Trans-Siberian Railway.

трансформа́тор[1]**, а** *m* (*elec*) transformer.

трансформа́тор[2]**, а** *m* **1** (*актёр*) quick-change actor. **2** (*фокусник*) conjuror, illusionist.

трансформа́ци|я, и *f* transformation.

трансформи́р|овать, ую *impf and pf* to transform.

трансцендента́л|ьный (~ен, ~ьна) *adj* (*philos*) transcendental.

трансценде́нт|ный (~ен, ~на) *adj* (*philos*) transcendent; (*math*) transcendental.

транш, а *m* (*fin*) tranche.

транше́|йный *adj of* ⇒**~я**

транше́|я, и *f* (*mil*) trench.

трап, а *m* (*naut, aeron*) gangway.

тра́пе́з|а, ы *f* **1** (*общий стол*) dining table (*esp in a monastery*). **2** (*еда*) meal; **дели́ть ~у** (**с** + *i*) to share a meal (with). **3** (*трапезная*) refectory.

тра́пез|ный *adj of* ⇒**~а**; *as n* **~ная, ~ной** *f* refectory.

трапе́ци|я, и *f* **1** (*math*) trapezium. **2** (*цирковая*) trapeze.

тра́сс|а, ы *f* **1** (*трубопровода, метро*) route, course; **возду́шная т.** airway. **2** (*дорога*) main road, highway (*US*). **3** (*пули, ракеты*) path.

трасса́нт, а *m* (*fin*) drawer.

трасса́т, а *m* (*fin*) drawee.

трасси́р|овать, ую *impf and pf* to mark out, trace.

трасси́р|ующий *pres participle active of* ⇒**~овать** *and adj* (*mil*) tracer; **~ующая пу́ля** tracer bullet.

тра́т|а, ы *f* expenditure; **пуста́я т. вре́мени** waste of time.

тра́|тить, чу, тишь *impf* (*of* ⇒**ис~** *and* ⇒**по~**) to spend, expend, use up; (*понапрасну*) to waste.

тра́|титься, чусь, тишься *impf* (*of* ⇒**ис~** *and* ⇒**по~**) (**на** + *a*; *coll*) to spend one's money (on).

тра́улер, а *m* trawler.

тра́ур, а *m* mourning.

тра́урн|ый *adj* **1** mourning; funeral; **т. марш** funeral march; **~ое ше́ствие** funeral procession. **2** (*скорбный*) mournful, sorrowful; funereal.

трафаре́т, а *m* **1** stencil. **2** (*fig*) stereotyped pattern; cliché; **мы́слить по ~у** to think along conventional lines.

трафаре́тност|ь, и *f* conventionality; stereotyped character.

трафаре́т|ный *adj* **1** stencilled; **т. рису́нок** stencil drawing. **2** (**~ен, ~на**) (*fig*) conventional, stereotyped; (*фраза*) hackneyed.

тра́ф|ить, лю, ишь *impf* (*coll*) to please, oblige.

тра́фик, а (*comput*) traffic.

трах *int* bang! (*also as pred* = **~̑нул**)

тра́х|ать, аю *impf of* ⇒**~нуть**

тра́х|аться, аюсь *impf of* ⇒**~нуться**

трахеотоми́|я, и *f* (*med*) tracheotomy.

трахе́|я, и *f* (*anat*) trachea, windpipe.

тра́х|нуть, ну, нешь *pf* (*of* ⇒**~ать**) **1** (*coll*) (*стукнуть*) to bang, crash; **т. кого́-н. по спине́** to bang s.o. on the back; **т. из ружья́** to loose off with a gun. **2** (*sl*) (*совершить половой акт*) to screw, hump.

тра́х|нуться, нусь, нешься *pf* (*of* ⇒**~аться**) **1** (*coll*) (*стукнуться*) to bang, crash; **т. голово́й о кося́к** to bang one's head on the door. **2** (*sl*) (*совершить половой акт*) to screw, hump.

трахо́м|а, ы *f* (*med*) trachoma.

тре́б|а, ы *f* occasional religious rite (*christening, marriage, funeral, etc.*).

тре́бник, а *m* prayer book.

тре́бовани|е, я *nt* **1** (*действие*) demand, request; **по ~ю** on demand, by request; **остано́вка по ~ю** request stop; **по ~ю суда́** by order of the court. **2** (*настоятельная просьба*) demand; (*притязание*) claim; **согласи́ться на чьи-н. ~я** to agree to s.o.'s demands; **вы́двинуть т.** to put in a claim. **3** (*usu in pl*) (*условие*) requirement, condition; **отвеча́ть/соотве́тствовать ~ям** to meet requirements. **4** (*in pl*) (*запросы*) aspirations; needs. **5** (*документ*) requisition, order; **т. на то́пливо** fuel requisition.

тре́бовател|ьный (~ен, ~ьна) *adj* (*зритель, тон*) demanding; (*учитель, руководитель*) exacting.

тре́б|овать, ую *impf* (*of* ⇒**по~**) **1** (+ *g or* + **что́бы**) to demand, require; **т. извине́ния у кого́-н.** to demand an apology from s.o.; **они́ ~уют, что́бы мы извини́лись** they demand that we apologize. **2** (*impf only*) (+ *g* **от** + *g*) to expect (from), ask (of); **т. сочу́вствия от му́жа** to expect sympathy from one's husband; **вы ~уете сли́шком мно́го от ва́ших ученико́в** you expect too much from your pupils. **3** (+ *g*) (*нуждаться*) to require, need, call (for); **т. неме́дленного реше́ния** to require an immediate decision. **4** (*вызывать*) to send for, call, summon.

тре́б|оваться, уется *impf* (*of* ⇒**по~**) to be needed, be required; **на э́то ~уется мно́го вре́мени** it takes a lot of time; **что и ~овалось доказа́ть** QED (*abbr of* quod erat demonstrandum); **фи́рме ~уется бухга́лтер** the company seeks an accountant.

требух|а́, и́ (*no pl*) *f* entrails; (*cul*) offal, tripe.

трево́г|а, и *f* **1** (*беспокойство*) alarm, anxiety. **2** (*сигнал*) alarm; **возду́шная т.** air-raid warning; **бить ~у** to sound the alarm (*also fig*); **подня́ть ~у** to raise the alarm.

трево́ж|ить, у, ишь *impf* **1** (*pf* **вс~**) to alarm; to worry. **2** (*pf* **по~**) (*мешать*) to disturb, interrupt; **нас всё вре́мя ~ат посети́тели** we are continually disturbed by callers. **3**: **т. ра́ну** to reopen a wound.

трево́ж|иться, усь, ишься *impf* **1** (*pf* **вс~**) to worry, be alarmed, be uneasy. **2** (*pf* **по~**) to trouble o.s., put o.s. out; **не ~ьтесь!** don't bother (yourself)!

трево́ж|ный (~ен, ~на) *adj* **1** (*полный тревоги*) anxious, uneasy, troubled. **2** (*вызывающий тревогу*) alarming, disturbing; **~ные ве́сти** alarming reports. **3** (*предупреждающий*) alarm; **т. звоно́к** alarm (bell).

треволне́ни|е, я *nt* (*now coll, joc*) agitation, disquiet.

тре́гла́вый *adj* **1** with three cupolas. **2** (*poetical*) three-headed.

тред-юнио́н, а *m* trade union.

тред-юниони́зм, а *m* trade unionism.

тред-юниони́ст, а *m* trade unionist.

тре́звенник, а *m* teetotaller, abstainer.

тре́звенническ|ий *adj* temperance; **~ое движе́ние** temperance movement.

трезве́|ть, ю *impf* (*of* ⇒**о~**) to sober (up), become sober.

трезво́н, а *m* **1** peal (of bells). **2** (*coll*) (*толки*) rumours (*Br*), rumors (*US*), gossip. **3** (*coll*) (*переполох*) row, fuss; **подня́ть т., зада́ть ~̑у** to kick up a row.

трезво́н|ить, ю, ишь *impf* **1** (*о колоколах*) to ring (a peal). **2** (*fig*) (**о** + *p*; *coll*) to trumpet; **т. по всему́ го́роду** to proclaim from the housetops. **3** (*о телефоне*) to ring.

тре́звост|ь, и *f* **1** sobriety, soberness (*also fig*); **т. ума́** cool-headedness. **2** (*воздержание от спиртного*) abstinence; temperance.

трезву́чи|е, я *nt* (*mus*) triad.

тре́зв|ый (~, ~а́, ~о, ~̑ы) *adj* **1** sober (*also fig*); **име́ть т. взгляд на собы́тия** to take a sober view of events; **челове́к ~ого ума́** sober-minded person. **2** (*не пьющий*) teetotal, abstinent.

трезу́б|ец, ца *m* trident.

тре|й, я *m*: **систе́мный т.** (*comput*) system tray (*of operating system*).

тре́йдер, а *m* trader (*in stocks and shares*).

тре́йлер, а *m* **1** (*передвижной дом-прицеп*) caravan (*Br*), trailer (*US*). **2** (*рекламный видеоролик фильма, передачи*) trailer (*series of extracts from a film or broadcast*).

трек, а *m* **1** (*sport*) track. **2** (*музыкальный*) track (*of CD, etc.*)

трекбóл, а *m* (*comput*) trackball.

треклятый *adj* (*coll*) accursed.

трел|ь, и *f* (*mus*) trill, shake; (*птицы*) warble.

трельяж, а *m* **1** (*решётка*) trellis. **2** (*зеркало*) three-leaved mirror.

трéмоло *nt indecl* (*mus*) tremolo.

тренáж, а *m* training.

тренажёр, а *m* training apparatus; **гребнóй т.** rowing machine; **лётный т.** flight simulator.

тренажёрный *adj*: **т. зал** gym.

трéнер, а *m* (*sport*) trainer, coach; **т. по тéннису/футбóлу** tennis/football coach.

трéнзел|ь, я, *pl* **~и** *and* **~я́** *m* snaffle.

трéни|е, я *nt* **1** friction, rubbing. **2** (*in pl*) (*fig*) friction.

трéнинг, а *m* training.

тренир|овáть, ýю *impf* (*of* **⇒на~**) to train, coach; (*память*) to train.

тренир|овáться, ýюсь *impf* (*of* **⇒на~**) to train o.s., coach o.s.; to be in training.

тренирóвк|а, и *f* training, coaching.

тренирóвочный *adj* training; practice; **т. костю́м** tracksuit.

тренóг|а, и *f* tripod.

тренóгий *adj* three-legged.

тренóж|ить, у, ишь *impf* (*of* **⇒с~**) to hobble.

тренóжник, а *m* tripod.

трéнька|ть, ю *impf* (*coll*) (*на гитаре*) to strum.

трёп, а *m* (*coll*) idle chatter.

трепáк, á *m* trepak (*a Russian folk dance*).

трепáл|о, а *nt* (*tech*) swingle, scutcher.

трепанáци|я, и *f* (*med*) trepanation.

трепáнг, а *m* (*zool*) trepang.

трепанúр|овать, ую *impf and pf* (*med*) to trepan.

трёпаный *adj* **1** (*лён*) scutched. **2** (*одежда, книга*) torn, tattered. **3** (*волосы*) dishevelled (*Br*), disheveled (*US*).

треп|áть, лю́, ~́лешь *impf* **1** (*impf only*) (*лён*) to scutch, swingle. **2** (*pf* **по~**) to pull about; (*о ветре*) to blow about; **т. когó-н. за вóлосы** to pull s.o.'s hair; **т. чьи-н. вóлосы** to tousle s.o.'s hair; **т. языкóм** (*coll*) to prattle; **т. чьи-н. нéрвы** to get on s.o.'s nerves; **егó ~́лет лихорáдка** he is feverish; **т. чьё-н. и́мя** to bandy s.o.'s name about. **3** (*pf* **по~, ис~**) (*книгу*) to tear; (*одежду, обувь*) to wear out. **4** (*pf* **по~**) (*по плечу*) to pat.

треп|áться, лю́сь, ~́лешься *impf* **1** (*pf* **по~, ис~**) (*о книге*) to tear; (*об одежде*) to wear out. **2** (*impf only*) (*о флагах*) to flutter; (*о волосах*) to blow about. **3** (*pf* **по~**) (*coll, pej*) (*околачиваться*) to hang out. **4** (*pf* **по~**) (*coll*) = **трепáть языкóм**

трепáч, á *m* (*coll*) prattler.

трéпет, а *m* (*дрожь*) trembling, quivering; (*сердца*) palpitation; (*страх*) trepidation, terror; (*волнение*) agitation; (*уважительность*) awe; **быть в ~е** to be atremble, be in a dither.

трепе|тáть, щý, ~́щешь *impf* **1** (*дрожать*) to tremble, quiver. **2** (*fig*) (*испытывать волнение*) to tremble; to thrill; **т. от востóрга** to thrill with joy; **т. при мы́сли** (**о** + *p*) to tremble at the thought (of). **3** (**пéред** + *i*; *fig*) (*испытывать страх*) to tremble (before).

трéпетный *adj* **1** trembling; (*свет*) flickering. **2** (*улыбка, ожидание*) anxious. **3** (*робкий*) timid.

трёпк|а, и *f* **1** (*льна*) scutching. **2** (*coll*) (*побои*) thrashing; (*выговор*) dressing-down, scolding. **3**: **т. нéрвов** nervous strain.

трепыхá|ться, юсь *impf* (*coll*) to flutter, quiver; (*волноваться*) to fuss, panic.

треск, а *m* **1** crack; crackle, crackling; **т. ружéйных вы́стрелов** crackle of gunfire; **т. огня́** crackling of a fire; **т. мотóра** popping of an engine; **с ~́ом провали́ться** (*fig, coll*) to be a flop. **2** (*fig, coll*) (*шумиха*) noise, fuss.

треск|á, и́ *f* cod.

трéска|ть, ю *impf* (*coll*) to guzzle.

трéска|ться[1]**, ется** *impf* (*of* **⇒по~**) to crack; to chap.

трéска|ться[2]**, юсь** *impf of* **⇒трéснуться**

треск|óвый *adj of* **⇒~á**; **т. жир** cod liver oil.

трескотн|я́, и́ *f* (*coll*) **1** (*выстрелов*) crackle; (*огня*) crackling; (*кузнечиков*) chirring. **2** (*fig*) (*болтовня*) chatter.

трескýч|ий (~, ~а) *adj* **1** (*pej*) (*речь, слова*) highfalutin(g), high-flown. **2**: **т. морóз** hard frost.

трéснут|ый (~, ~а) *adj* (*coll*) cracked.

трéсн|уть, у, ешь *pf* **1** (*о ветке*) to snap. **2** (*о стакане, коже*) to crack; (*лопнуть*) to burst; (*fig, coll*) (*провалиться*) to flop; **хоть ~́и** (*coll*) for the life of me. **3** (+ *i* **по** + *d or* + *a* **по** + *d*; *coll*) to bring down with a crash (on); to hit, bang; **т. кулакóм по столý** to bang one's fist on the table.

трéс|нуться, нусь, нешься *pf* (*of* **⇒~каться**[2]) (+ *i* **о** + *a*; *coll*) to bang (against); **т. головóй о дверь** to bang one's head against the door.

трест, а *m* (*econ*) trust; (*строительный*) company.

третéйский *adj* arbitration; **т. суд** arbitration tribunal; **т. судья́** arbitrator.

трéт|ий, ья, ье *adj* **1** third; **т. нóмер** number three; **половúна ~ьего** half past two; **в ~ьем часý** between two and three; **~ьего дня** the day before yesterday; **~ье лицó** (*gram*) third person; **т. мир** Third World; **стрáны ~ьего ми́ра** Third World countries; **~ий сорт** (*fig*) third rate; **~ья сторонá** third party. **2** *as n* **~ье, ~ьего** *nt* sweet, dessert.

третúр|овать, ую *impf* to slight.

третúчный *adj* (*относящийся к третьей стадии*) tertiary; (*geol*) Tertiary; **т. перúод** the Tertiary (period).

трет|ь, и, *pl* **~́и, ~éй** *f* third.

третьеклáссник, а *m* third-form (*Br*), third-grade (*US*) pupil.

третьеклáссни|ца, цы *f of* **⇒~к**

третьеклáссный *adj* third-class (*also fig*).

третьесóртный *adj* third-rate.

третьестепéнный *adj* **1** (*малозначительный*) insignificant. **2** (*посредственный*) third-rate.

треугóлк|а, и *f* cocked hat.

треугóльник, а *m* triangle.

треугóльный *adj* three-cornered, triangular.

трéф|а, ы *f* (*cards*) **1** *see* **⇒~ы**. **2** (*coll*) a club.

трéфóвый *adj* (*cards*) of clubs.

трéф|ы, ~ *pl* (*sg* **~а, ~ы** *f*) (*cards*) clubs; **дáма ~** queen of clubs.

трёх... *comb form* three-, tri-.

трёхвалéнтный *adj* (*chem*) trivalent.

трёхгодúчный *adj* three-year.

трёхгодовáлый *adj* three-year-old.

трёхголóс(н)ый *adj* (*mus*) three-part.

трёхгрáнный *adj* three-edged; (*math*) trihedral.

трёхднéвный *adj* three-day.

трёхзнáчный *adj* three-digit, three-figure.

трёхколёсный *adj* three-wheeled; **т. велосипéд** tricycle.

трёхлéти|е, я *nt* **1** (*срок*) period of three years. **2** (*годовщина*) third anniversary.

трёхлéтний *adj* **1** (*срок*) three-year. **2** (*ребёнок*) three-year-old.

трёхмéрный *adj* three-dimensional.

трёхмéстный *adj* three-seater.

трёхмéсячный *adj* **1** (*срок*) three-month; (*издание*) quarterly. **2** (*ребёнок*) three-month-old.

трёхнедéльный *adj* **1** (*срок*) three-week. **2** (*ребёнок*) three-week-old.

трёхпóль|е, я *nt* (*agric*) three-field system.

трёхпóль|ный *adj of* **⇒~е**

трёхрáзовый *adj* (*питание*) three times a day; (*талон*) valid for three occasions.

трёхслóйный *adj* three-ply.

трёхсотлéти|е, я *nt* **1** (*срок*) three hundred years. **2** (*годовщина*) tercentenary.

трёхсотлéтний *adj* **1** (*срок*) of three hundred years. **2** (*годовщина*) tercentennial.

трёхсóтый *adj* three-hundredth.

трёхсторóнний *adj* **1** three-sided; (*math*) trilateral. **2** (*договор*) tripartite, trilateral.

трёхфáзный *adj* (*elec*) three-phase.

трёхцвéтный *adj* three-coloured (*Br*), three-colored (*US*); tricolour(ed) (*Br*), tricolor(ed) (*US*).

трёхчасовóй *adj* **1** (*экзамен*) three-hour. **2** (*поезд*) three o'clock.

трёхъязы́чный *adj* trilingual.

трёхэтáжный *adj* three-storey (*Br*), three-storied (*US*).

трёшк|а, и *f* (*coll*) three-rouble note.

трещ|áть, ý, и́шь *impf* **1** (*о льде*) to crack; **у меня́ головá ~и́т** I have a splitting headache; **т. по всем швам** (*fig*) to go to pieces. **2** (*о дровах*) to crackle; (*о мебели*) to creak; (*о

Т

кузнечиках) to chirr; **~áт морóзы** there is a hard frost. **3** (*coll*) (*тараторить*) to jabber, chatter.

трéщин|а, ы *f* crack, split (*also fig*); **дать ~у** to crack, split; (*fig*) to show signs of cracking.

трещóтк|а, и *f and cg* **1** *f* rattle. **2** *cg* (*fig, coll*) chatterbox.

три, трёх, трём, тремя́, о трёх *num* three.

триáд|а, ы *f* triad.

триангуля́ци|я, и *f* (*math, geodesy*) triangulation.

триáсовый *adj* (*geol*) Triassic; **т. перúод** the Triassic (period).

трибýн, а *m* (*hist or rhetorical*) tribune.

трибýн|а, ы *f* **1** platform, rostrum. **2** (*на стадионах*) stand.

трибунáл, а *m* tribunal; **воéнный т.** military tribunal.

тривиáльност|ь, и *f* triviality, banality.

тривиáл|ьный (~ен, ~ьна) *adj* trivial, banal; (*пошлый*) trite.

тригонометрúческий *adj* trigonometric(al).

тригономéтри|я, и *f* trigonometry.

тридевя́т|ый *adj*: **в ~ом цáрстве = за трúдевять земéль**

трúдевять: **за т. земéль** (*in legends and fig, coll*) at the other end of the world.

тридцатилéти|е, я *nt* **1** (*срок*) thirty years. **2** (*годовщина*) thirtieth anniversary.

тридцатилéтний *adj* **1** (*срок*) thirty-year. **2** (*человек*) thirty-year-old.

тридцáт|ый *adj* thirtieth; **~ые гóды** the thirties.

трúдцат|ь, ú, *i* ~ью́ *num* thirty.

трúжды *adv* three times, thrice.

тризм, а *m* (*med*) lockjaw, trismus.

трúзн|а, ы *f* (*обряд*) funeral service; (*угощение*) funeral feast.

трикó *nt indecl* **1** (*ткань*) tricot. **2** (*колготки*) tights; (*костюм*) leotard. **3** (*нижние штаны*) pants.

трикóвый *adj* tricot.

триколóр, а *m* tricolour (*Br*), tricolor (*US*).

> **триколóр, российский триколóр — the Russian tricolour**
>
> Popular unofficial name of the national flag of the Russian Federation. It has three horizontal bands of red (lower band), blue, and white (upper band). The surest way to memorize order of colours of the Russian tricolour is to remember the name of the Soviet security police, *Комитéт государственной безопáсности*, usually abbreviated to *КГБ* (*крáсный* (red), *голубóй* (blue), *бéлый* (white)).

трикотáж, а *m* **1** (*из шерсти*) jersey; (*из хлопка*) cotton jersey. **2** (*collect*) (*изделия*) knitted wear, knitted garments.

трикотáжн|ый *adj* (*шерстяной*) jersey; (*из хлопка*) knitted; **~ые издéлия** knitted wear; **~ая фáбрика** knitted goods factory.

трикрáк, а *m* backgammon.

трилúстник, а *m* (*bot*) trefoil.

трúллер, а *m* thriller.

триллиóн, а *m* trillion.

трилóги|я, и *f* trilogy.

тримарáн, а *m* (*трёхкорпусное судно*) trimaran.

тримéстр, а *m* term (*at educational establishment*).

тринадцатилéтний *adj* **1** (*срок*) thirteen year. **2** (*ребёнок*) thirteen-year-old.

тринáдцатый *adj* thirteenth.

тринáдцат|ь, и *num* thirteen.

трúо *nt indecl* (*mus*) trio.

триóд, а *m* (*electronics*) triode.

триóл|ь, и *f* (*mus*) triplet.

Трúполи *m indecl* Tripoli.

трúппер, а *m* (*med*) gonorrhoea (*Br*), gonorrhea (*US*).

трúптих, а *m* triptych.

трúста, трёхсóт, трёмстáм, тремястáми, трёхстáх *num* three hundred.

тритóн, а *m* (*zool*) newt.

триумвирáт, а *m* triumvirate.

триýмф, а *m* triumph; **с ~ом** triumphantly, in triumph.

триумфáльн|ый *adj* triumphal; **~ая áрка** triumphal arch.

триумфáтор, а *m* victor.

трóгател|ьный (~ен, ~ьна) *adj* touching; moving, affecting.

трóга|ть[1], ю *impf* (*of* **⇨трóнуть**) **1** (*прикасаться*) to touch. **2** (*беспокоить*) to disturb, trouble; **не ~й егó!** don't disturb him!; leave him alone! **3** (*волновать*) to touch, move, affect; **т. до слёз** to move to tears.

трóга|ть[2], ю *impf* (*of* **⇨трóнуть**) (*coll*) to start; **ну ~й!** go ahead!; get going!

трóга|ться[1], юсь *impf* (*of* **⇨трóнуться[1] 1**) to be touched, be moved, be affected.

трóга|ться[2], юсь *impf of* **⇨трóнуться[2]**

троглодúт, а *m* troglodyte (*also fig of a person*).

трóе, троúх *num* (*preceding m nn denoting living beings and pluralia tantum*) three; **т. сýток** seventy-two hours, three days and three nights; **т. нóжниц** three pairs of scissors; **т. друзéй** three friends; **т. брюк** three pairs of trousers.

троебóрь|е, я *nt* (*sport*) triathlon.

троекрáтный *adj* (*вызов*) thrice-repeated; (*чемпион*) three-times; (*штраф*) trebled.

троепéрсти|е, я *nt* (*eccl*) making the sign of the cross with three fingers.

трóечник, а *m* mediocre student.

трóечный *adj* mediocre.

Трóиц|а, ы *f* (*theol*) Trinity; (*праздник*) Whitsun.

трóиц|а, ы *f* (*coll*) trio.

Трóицын *adj*: **Т. день** Whit Sunday.

трóйк|а, и *f* **1** (*цифра*) three. **2** (*отметка*) three (*out of five*). **3** (*cards*) three. **4** (*упряжка*) troika. **5** (*костюм*) three-piece suit. **6** (*coll*) (*автобус, трамвай*) No. 3 (*bus, tram, etc.*). **7** (*три человека*) threesome.

тройнúк, á *m* **1** (*elec*) three-way adaptor. **2** (*tech*) T-joint, T-pipe, T-bend.

тройн|óй *adj* triple, threefold, treble; **т. канáт** three-ply rope; **т. прыжóк** triple jump; **в ~óм размéре** threefold, treble.

трóйн|я, и *f* triplets.

трóйственный *adj* triple; (*соглашение*) tripartite.

тройчáтк|а, и *f* (*coll*) mild painkiller (*consisting of three ingredients*).

троллéйбус, а *m* trolleybus.

троллéйбус|ный *adj of* **⇨~**

тромб, а *m* (*med*) blood clot.

тромбóз, а *m* (*med*) thrombosis.

тромбóн, а *m* trombone.

тромбонúст, а *m* trombonist.

трон, а *m* throne.

трóн|ный *adj of* **⇨~**; **т. зал** throne room; (*parl*): **~ная речь** King's (*or* Queen's) Speech.

трó|нуть, ну, нешь *pf of* **⇨~гать**

трó|нуться[1], нусь, нешься *pf* **1** *pf of* **⇨~гаться[1]**. **2** (*pf only*) (*fig, coll*) to be touched (= *to lose one's mind*); **он немнóго ~нулся** he is a bit touched, he is a bit cracked.

трó|нуться[2], нусь, нешься *pf* (*of* **⇨~гаться[2]**) **1** (*двинуться с места*) to start, set out; **т. с мéста** to make a move, get going; **пóезд ~нулся** the train started; **лёд ~нулся** the ice has begun to break (*also fig*). **2** (*coll*) (*испортиться*) to go bad.

троп, а *m* (*literary*) trope.

троп|á, ы́, *pl* ~ы, ~, ~áм *f* path.

тропáр|ь, я́ *m* (*eccl*) hymn, troparion (*for a festival or saint's day*).

трóпик, а *m* (*geog*) **1** tropic; **т. Рáка** tropic of Cancer; **т. Козерóга** tropic of Capricorn. **2** (*in pl*) the tropics.

тропúнк|а, и *f* path.

тропúческ|ий *adj* tropical; **~ая лихорáдка** jungle fever; **т. пóяс** torrid zone.

тропосфéр|а, ы *f* (*meteorology*) troposphere.

трос, а *m* rope, cable, hawser.

тростúнк|а, и *f* thin reed.

тростнúк, á *m* reed; **сáхарный т.** sugar cane.

тростникóвый *adj* reed; **т. сáхар** cane sugar.

трóсточк|а, и *f* = **трость**

трост|ь, и, *pl* ~и, ~éй *f* cane, walking stick.

тротúл, а *m* (*chem, mil*) trinitrotoluene (*abbr* TNT).

тротуáр, а *m* pavement.

трофé|й, я *m* trophy (*also fig*); (*in pl*) spoils of war, booty.

трофéйный *adj* (*mil*) captured.

трохеúческий *adj* (*literary*) trochaic.

трохé|й, я *m* (*literary*) trochee.

троцкúзм, а *m* Trotskyism.

троцкúст, а *m* Trotskyite, Trotskyist.

троцкúст|ка, ки *f of* **⇨~**

троцкúстский *adj* Trotskyite, Trotskyist.

троюрóдн|ый *adj*: **т. брат, ~ая сестрá** second cousin; **т. племя́нник**

Т

second cousin once removed (*son of second cousin*).

троя́кий *adj* threefold, triple.

троя́ко *adv* in three (different) ways.

троя́нск|ий *adj*: **т. конь** Trojan Horse; **~ая програ́мма** (*comput*) Trojan Horse.

труб|а́, ы́, *pl* **~ы** *f* **1** pipe; **т. орга́на** organ pipe; **водопрово́дная т.** water pipe; **водосто́чная т.** drainpipe; **канализацио́нная т.** sewage pipe; **подзо́рная т.** telescope. **2** (*дымовая, заводская*) chimney; (*парохода*) funnel, smokestack. **3** (*mus*) trumpet; **игра́ть на ~е́** to play the trumpet. **4** (*anat*) tube; duct. **5** (*беда, гибель*): **де́ло т.** (*coll*) things are in a bad way; it's a washout; **вы́лететь в ~у́** (*coll*) to go bust; **пусти́ть в ~у́** to blow, squander.

трубаду́р, а *m* troubadour.

труба́ч, а́ *m* trumpeter, trumpet player.

труб|и́ть, лю́, и́шь *impf* **1** (**в** + *a*; *mus*) to blow. **2** (*о трубах*) to sound; to blare. **3** (*давать сигнал*) to sound (*by blast of trumpet, etc.*); **т. сбор** (*mil*) to sound assembly. **4** (**о** + *p*; *coll*) (*разглашать*) to trumpet, proclaim from the housetops.

тру́бк|а, и *f* **1** tube; pipe; (*свёрток*) roll; **сверну́ть ~ой** to roll up. **2** (*курительная*) (tobacco) pipe; **наби́ть ~у** to fill a pipe. **3** (*зажигательная*) fuse (*Br*), fuze (*US*). **4** (*телефона*) receiver; **взять/подня́ть ~у** to answer the phone.

трубкозу́б, а *m* (*zool*) aardvark.

тру́бный *adj* trumpet; **т. сигна́л** trumpet call.

труболите́йный *adj* pipe-casting, tube-casting.

трубопрово́д, а *m* pipeline.

трубопрока́тный *adj* (*tech*) tube-rolling.

трубочи́ст, а *m* chimney sweep.

тру́бочный *adj of* **⇒тру́бка**; **т. таба́к** pipe tobacco.

тру́бчатый *adj* tubular.

труве́р, а *m* (*hist, literary*) trouvère.

труд, а́ *m* **1** (*работа*) labour (*Br*), labor (*US*), work. **2** (*трудность*) difficulty, trouble; **взять на себя́ т.** (+ *inf*) to take the trouble (to); **не сто́ит ~а́** it is not worth the trouble; **с ~о́м** with difficulty; **без ~а́** without difficulty. **3** (*произведение*) (scholarly) work; (*in pl*) (*издание*) transactions.

тру|ди́ться, жу́сь, ~́дишься *impf* (**над** + *i*) to toil (over), labour (*Br*), labor (*US*) (over), work (on); **не ~ди́тесь!** (please) don't trouble.

тру́дно *as pred* it is hard, it is difficult; **т. сказа́ть** it is hard to say; **мне т.** I find it difficult; **мне т. суди́ть** it is hard for me to tell; **э́ту кни́гу т. чита́ть** this book is difficult to read; **ему́ т. прихо́дится** he has a hard time.

трудновоспиту́ем|ый (~, ~а) *adj* **т. ребёнок** difficult child.

труднодосту́п|ный (~ен, ~на) *adj* difficult to gain access to.

труднопроходи́м|ый (~, ~а) *adj* difficult (to traverse).

тру́дност|ь, и *f* difficulty; (*препятствие*) obstacle.

тру́д|ный (~ен, ~на́, ~но, ~ны́) *adj* **1** difficult, hard; (*изнурительный*) arduous; **в ~ную мину́ту** in a time of need. **2** (*человек*) difficult, awkward. **3** (*случай*) serious, grave; **т. больно́й** seriously ill patient.

трудов|о́й *adj* **1** labour (*Br*), labor (*US*), work; **т. день** working day; **~о́е законода́тельство** labour (*Br*), labor (*US*) legislation; **~а́я кни́жка** workbook, work record; **т. коллекти́в** work force; **~ы́е отноше́ния** working relations; **т. стаж** length of service. **2** (*работающий*) working; living on one's own earnings; **т. наро́д** working people. **3** (*полученный трудом*) earned; hard-earned.

трудого́лик, а *m* (*coll*) workaholic.

трудод|е́нь, ня́ *m* (*hist*) workday (*unit of payment on collective farms*).

трудоём|кий (~ок, ~ка) *adj* labour-intensive (*Br*), labor-intensive (*US*).

трудолюби́в|ый (~, ~а) *adj* hard-working, industrious.

трудолю́би|е, я *nt* industry; liking for hard work.

трудосберега́ющий *adj* labour-saving (*Br*), labor-saving (*US*).

трудоспосо́бност|ь, и *f* ability to work.

трудоспосо́б|ный (~ен, ~на) *adj* able-bodied; capable of working.

трудотерапи́|я, и *f* occupational therapy.

трудоустра́ива|ть, ю *impf of* **⇒трудоустро́ить**

трудоустро́|ить, ю, ишь *pf* (*of* **⇒трудоустра́ивать**) to find employment for, place in a job.

трудоустро́йств|о, а *nt* placement in a job.

труд|я́щийся *pres participle of* **⇒~и́ться** *and adj* working; *as pl n* **~я́щиеся, ~я́щихся** working people, the workers.

тру́женик, а *m* (*много работающий*) toiler; (+ *g*) worker, employee.

тру́жени|ца, цы *f of* **⇒~к**

тру́жени|ческий *adj of* **⇒~к**; **~ческая жизнь** life of toil.

трун|и́ть, ю, и́шь *impf* (**над** + *i*; *coll*) to make fun (of), mock.

труп, а *m* dead body, corpse; (*животного*) carcass; **то́лько че́рез мой т.** over my dead body.

тру́п|ный *adj of* **⇒~**; **т. за́пах** putrid smell; **~ное разложе́ние** putrefaction; **т. яд** ptomaine.

тру́пп|а, ы *f* company.

трус, а *m* coward; **~́а пра́здновать** (*coll*) to show the white feather.

тру́сик|и, ов (*no sg*) **1** (*шорты*) shorts. **2** (*плавки*) swimming trunks. **3** (*бельё*) (under)pants; (*женские*) knickers (*Br*), panties.

тру́|сить, шу, сишь *impf* (*of* **⇒с~**) **1** to be a coward; to get cold feet. **2** (**пе́ред** + *i*) to be afraid (of), be frightened (of).

тру|си́ть[1], шу́, си́шь *impf* (*сыпать*) to shake out, scatter.

тру|си́ть[2], шу́, си́шь *impf* (*бежать рысцой*) to trot, jog.

труси́х|а, и *f* (*coll*) *of* **⇒трус**

трусли́в|ый (~, ~а) *adj* cowardly.

тру́сост|ь, и *f* cowardice.

трусц|а́, ы́ *f* (*coll*) jogtrot; **бег ~о́й** (*sport*) jogging.

трус|ы́, о́в (*no sg*) = **~́ики**

трут, а *m* tinder.

тру́т|ень, ня *m* (*zool*) drone; (*fig*) parasite.

трутови́к, а́ *m* (*bot*) polypore, bracket fungus.

трух|а́, и́ *f* dust (*of rotted wood*); (*fig*) (*о чём-н. никчёмном*) rubbish.

трухля́в|ый (~, ~а) *adj* mouldering (*Br*), moldering (*US*); rotten.

трущо́б|а, ы *f* **1** (*заросшее место*) overgrown place (*in forest, etc.*). **2** (*fig*) (*глушь*) hole, out-of-the-way place. **3** (*often in pl*) (*жильё, район*) slum.

трын-трава́ *as pred* (+ *d*; *coll*) it makes no odds; it's all the same; **ему́ т.** it's all the same to him.

трюи́зм, а *m* truism.

трюк, а *m* **1** (*акробатический*) feat; (*каскадёра*) stunt; **рекла́мный т.** advertising gimmick. **2** (*fig, pej*) (*проделка*) trick.

трюка́ч, а́ *m* **1** stuntman. **2** (*мошенник*) trickster.

трюка́чес|кий *adj of* **⇒~тво**; **т. приём** crafty trick, stunt.

трюка́честв|о, а *nt* (*pej*) craft, wiliness.

трю́к|овый *adj of* **⇒~ 1**; **т. но́мер** turn.

трюм, а *m* (*naut*) hold.

трю́м|ный *adj of* **⇒~**; **~ная вода́** bilge water.

трюмо́ *nt indecl* cheval glass, pier glass.

трю́фел|ь, я *m* (*гриб, конфета*) truffle.

тряпи́чник, а *m* (*obs*) ragman; ragpicker.

тряпи́чный *adj* **1** (*кукла, коврик*) rag. **2** (*coll, pej*) (*бесхарактерный*) soft, spineless.

тря́пк|а, и *f* **1** rag; (*для пыли*) duster. **2** (*in pl, coll*) (*одежда*) finery, clothes. **3** (*coll, pej*) (*человек*) milksop, spineless creature.

тряпь|ё, я́ *nt* (*collect*) rags.

тряси́н|а, ы *f* quagmire.

тря́ск|а, и *f* shaking, jolting.

тря́с|кий (~ок, ~ка) *adj* **1** (*вагон*) shaky, jolty. **2** (*дорога*) bumpy.

трясогу́зк|а, и *f* (*zool*) wagtail.

тряс|ти́, у́, ёшь, *past* **~, ~ла́** *impf* **1** to shake; **т. кому́-н. ру́ку** to shake s.o.'s hand. **2** (*ковёр; крошки*) to shake out. **3** (*о дрожи*) to cause to shake, cause to shiver (*usu impers*); **его́ ~ла́ лихора́дка** he was in the grip of a fever; **её ~ло́ от стра́ха** she was trembling with fear. **4** (+ *i*) (*головой, кулаком*) to shake; **т. гри́вой** to toss its mane. **5** (*о вагоне*) to jolt, be jolty; (*impers*): **в авто́бусе ~ёт** the bus is jolting.

тряс|ти́сь, у́сь, ёшься, *past* **~́ся, ~ла́сь** *impf* **1** to shake; to tremble, shiver; **т. от сме́ха** to shake with laughter; **т. от хо́лода** to shiver with cold. **2** (**за** + *a*) (*опасаться*) to worry about. **3** (**пе́ред** + *i*) (*бояться*) to tremble before, dread. **4** (*coll*) (*ехать*) to bump along, jog along; (*в машине, поезде*) to be jolted. **5** (**над** + *i*; *coll*) (*бояться потерять*) to watch (over) (= *to fear to lose*); **они́ ~ýтся над ка́ждой копе́йкой** they watch every penny; (*оберегать*) to dote (up)on.

тряхн|у́ть, ý, ёшь *pf* **1** to shake; (*в машине*) to give a jolt. **2**: **т. старино́й** (*coll*) to hark back to the (good) old days; **т. мо́лодостью** (*coll*) to behave as if one were still young. **3** (+ *i*; *coll*) (*деньгами, кошельком*) to make free (with).

тсс *int* shush!; hush!

тт. *abbr of* **1 това́рищи** Comrades. **2 тома́** vols; volumes.

туале́т, а *m* **1** (*наряд*) dress; attire. **2** (*одевание*) toilet, dressing; **соверша́ть т.** to make one's toilet, dress. **3** (*столик*) dressing table. **4** (*уборная*) lavatory, toilet.

туале́т|ный *adj of* ⇒**~**; **~ная бума́га** toilet paper; **~ная вода́** toilet water; **~ное мы́ло** toilet soap; **~ные принадле́жности** toiletries; **т. сто́лик** dressing table.

ту́б|а¹, ы *f* (*mus*) tuba.

ту́б|а², ы *f* (*большой тюбик*) tube.

туберкулёз, а *m* tuberculosis; **т. лёгких** pulmonary tuberculosis, consumption.

туберкулёз|ный *adj of* ⇒**~**; **т. больно́й** tubercular (patient); *as n* **т., ~ного** *m* = **т. больно́й**

тубеpо́з|а, ы *f* (*bot*) tuberose.

ту́го *adv* **1** tight(ly), taut; **т. наби́ть чемода́н** to pack a suitcase tight. **2** (*с трудом*) with difficulty; **т. продвига́ться вперёд** to make slow progress. **3** *as pred* (*о трудностях*) it's hard, it's difficult; **мне прихо́дится т.** I'm having a rough time; (**с** + *i*) to be hard-pressed for; **с деньга́ми у нас т.** we are hard-pressed for money.

тугоду́м, а *m* (*coll*) slow-witted person, blockhead.

туг|о́й (~, ~á, ~́о, ~и́) *adj* **1** (*узел, воротничок*) tight; (*струна, пружина*) taut. **2** (*плотно набитый*) tightly-filled; **т. кошелёк** tightly-stuffed purse. **3** (*о способностях; о темпах*) slow. **4**: **т. на́ ухо** hard of hearing. **5** (*fig, coll*) (**на** + *a*) (*несклонный*) disinclined, unresponsive. **6** (*fig, coll*) (*трудный*) difficult.

тугопла́в|кий (~ок, ~ка) *adj* (*tech*) refractory.

туда́ *adv* there; (*в ту сторону*) that way; (*куда нужно*) to the right place; **т. и обра́тно** there and back; **биле́т т. и обра́тно** return ticket; **не т.!** not that way!; **ни т. ни сюда́** neither one way nor the other; **то т., то сюда́** back and forth; **вы не т. попа́ли** (*по телефону*) you have got the wrong number; **т. ему́ и доро́га** (*coll*) it serves him right.

туда́-сюда́ *adv* (*coll*) **1** hither and thither. **2** *as pred* (*сносно*) it will do, it will pass muster.

ту́|евый *adj of* ⇒**~я**

ту́же *comp of* ⇒**туго́й** *and* ⇒**ту́го**

туж|и́ть, ý, ~́ишь *impf* (**о, по** + *p*; *coll*) to grieve (for).

ту́ж|иться, усь, ишься *impf* (*coll*) to make an effort.

тужу́рк|а, и *f* (*man's*) double-breasted jacket.

туз, á *m* **1** (*cards*) ace; **ходи́ть ~о́м** to play an ace. **2** (*coll*) bigwig; big shot.

тузе́м|ец, ца *m* native.

тузе́м|ка, ки *f of* ⇒**~ец**

тузе́мный *adj* native, indigenous.

ту|зи́ть, жý, зи́шь *impf* (*of* ⇒**от~**) (*coll*) to punch; to pummel.

ту́к|ать, аю *impf* (*of* ⇒**~нуть**) (*coll*) to tap, knock.

ту́к|нуть, ну, нешь *pf of* ⇒**~ать**

тук-ту́к *int* (*coll*) rat-tat (*also as pred*).

ту́ловищ|е, а *nt* trunk; torso.

тулу́п, а *m* sheepskin coat.

тул|ья́, ьи́, *g pl* **~е́й** *f* crown (*of headgear*).

тума́к, á *m* (*coll*) cuff, punch.

тума́н, а *m* fog; mist, haze; (*дыма, пыли*) haze; (*в голове*) fog, haze; **как в ~е** in a daze.

тума́н|ить, ит *impf* to dim, cloud, obscure (*also fig*).

тума́н|иться, ится *impf* **1** to grow misty; to become enveloped in mist. **2** (*fig, coll*) (*о сознании*) to be in a fog; (*о лице*) to cloud over.

тума́нно *as pred* it is foggy, it is misty; **в голове́ у него́ бы́ло т.** his mind was in a fog.

тума́нност|ь, и *f* **1** (*скопление тумана*) fog, mist. **2** (*astron*) nebula. **3** (*fig*) (*изложения, мысли*) haziness, obscurity.

тума́н|ный (~ен, ~на) *adj* **1** foggy; misty; hazy; **~ная полоса́** fog patch. **2** (*fig*) (*тусклый*) dull, lacklustre (*Br*), lackluster (*US*). **3** (*fig*) (*изложение, мысль, ответ*) hazy, obscure, vague. **4** (*obs*): **~ные карти́ны** (magic) lantern slides.

ту́мб|а, ы *f* **1** (*столб*) bollard. **2** (*подставка*) pedestal. **3** (*афишная*) advertisement hoarding (*of cylindrical shape*). **4** (*fig, joc*) (*о человеке*) lump.

ту́мблер, а *m* toggle (switch).

ту́мбочк|а, и *f* **1** bedside table, night table (*US*). **2** *diminutive of* ⇒**ту́мба**

ту́ндр|а, ы *f* (*geog*) tundra.

ту́ндр|овый *adj of* ⇒**~а**

тундрян|о́й *adj*: **~а́я куропа́тка** ptarmigan.

тун|е́ц, цá *m* tuna (fish).

тунея́д|ец, ца *m* parasite, sponger.

тунея́дств|о, а *nt* parasitism, sponging.

туни́к|а, и *f* **1** (*в Древнем Риме*) tunic. **2** (*танцовщицы*) ballerina's dress.

Туни́с, а *m* **1** (*страна*) Tunisia. **2** (*город*) Tunis.

туни́с|ец, ца *m* Tunisian.

туни́с|ка, ки *f of* ⇒**~ец**

туни́сский *adj* Tunisian.

туннéл|ь, я *m* = **тонне́ль**

тунне́ль|ный *adj of* ⇒**~**

тупе́|ть, ю *impf* (*of* ⇒**о~**) (*о ноже*) to become blunt; (*об уме, взгляде*) to grow dull; (*о человеке*) to become stupid.

ту́пик, а *m* (*zool*) puffin.

тупи́к, á *m* **1** blind alley, cul-de-sac. **2** (*railways*) siding. **3** (*fig*) (*безвыходное положение*) impasse, deadlock; **зайти́ в т.** to reach a deadlock. **4**: **поста́вить в т.** to stump, nonplus; **стать в т.** to be stumped, be nonplussed, be at a loss.

тупико́вый *adj* (*ситуация*) dead-end; (*станция*) at the end of the line.

туп|и́ть, лю, ~́ишь *impf* (*pf* **ис~**) to blunt.

туп|и́ться, ~́ится *impf* (*pf* **ис~**) to become blunt.

тупи́ц|а, ы *cg* (*coll*) dolt, blockhead, dimwit.

тупоголо́в|ый (~, ~а) *adj* (*coll*) dim-witted.

туп|о́й (~, ~á, ~́о, ~́ы) *adj* **1** (*нож*) blunt. **2**: **т. ýгол** (*math*) obtuse angle. **3** (*fig*) (*боль, чувство*) dull. **4** (*fig*) (*взгляд, улыбка*) vacant, stupid. **5** (*fig*) (*человек, ум*) dull, obtuse; slow; dim. **6** (*fig*) blind; (*безропотный*) unquestioning; **~а́я поко́рность** blind submission.

ту́пост|ь, и *f* **1** (*ножа*) bluntness. **2** (*fig*) (*взгляда*) vacancy. **3** (*fig*) (*ума*) dullness, slowness.

тупоу́ми|е, я *nt* dullness, obtuseness.

тупоу́м|ный (~ен, ~на) *adj* dull, obtuse.

тур¹, а *m* **1** (*танца*) turn (*in a dance*). **2** (*турнира, выборов*) round. **3** (*артиста*) tour.

тур², а *m* (*zool*) **1** (*вымерший дикий бык*) aurochs. **2** (*козёл*) Caucasian goat (*Capra caucasia*).

тур|á, ы́ *f* (*chess*) castle, rook.

тураге́нт, а *m* travel agent.

тураге́нтств|о, а *nt* travel agency.

турбáз|а, ы *f* tourist centre (*Br*), center (*US*).

турби́н|а, ы *f* (*tech*) turbine.

турби́нный *adj* turbine.

турбовинтово́й *adj* (*tech, aeron*) turboprop.

турбово́з, а *m* turbine locomotive.

турбогенера́тор, а *m* (*tech*) turbo-alternator.

турбореакти́вный *adj* (*tech, aeron*) turbojet.

туре́цк|ий *adj* Turkish; **т. бараба́н** bass drum; **~ие бобы́** haricot beans; **т. горо́х** chick pea; **т. язы́к** Turkish, the Turkish language.

тури́зм, а *m* (*путешествия*) tourism; (*спорт*) hiking; **во́дный т.** boating; **го́рный т.** mountain walking.

тури́ст, а *m* tourist; (*в походах*) hiker.

туристи́ческ|ий *adj* tourist; **~ое аге́нтство** travel agency; **т. похо́д** hiking tour.

тури́ст|ка, ки *f of* ⇒**~**

тури́стск|ий *adj* tourist; **~ая ба́за** tourist centre (*Br*), center (*US*).

тур|и́ть, ю, и́шь *impf* (*coll*) to throw out, chuck out.

туркме́н, а, *g pl* **т.** *m* Turkmen.

Туркмениста́н, а *m* Turkmenistan.

туркме́н|ка, ки *f of* ⇒**~**

туркме́нский *adj* Turkmen.

ту́рман, а *m* tumbler pigeon.

турне́ *nt indecl* tour (*esp of artistes or sportsmen*).

турне́пс, а *m* turnip.

турни́к, а́ *m* (*sport*) horizontal bar.

турнике́т, а *m* **1** turnstile. **2** (*med*) tourniquet.

турни́р, а *m* tournament (*at chess, etc., also hist*).

турн|у́ть, у́, ёшь *pf* (*coll*) to chuck out.

турню́р, а *m* bustle.

ту́р|ок, ка, *g pl* **т.** *m* Turk.

турпа́н, а *m* (*zool*) scoter.

туру́с|ы, ов (*no sg*) (*coll*) idle gossip.

турухта́н, а *m* (*zool*) ruff (*Philomachus pugnax*).

Ту́рци|я, и *f* Turkey.

тур|ча́нка, ча́нки *f of* ⇨**~ок**

ту́скл|ый (~, ~а́, ~о, ~ы) *adj* **1** (*свет*) dim, dull; (*стекло*) opaque; (*металл*) tarnished; (*краска, лак*) matt. **2** (*fig*) (*взгляд, глаза; стиль*) dull, lacklustre (*Br*), lackluster (*US*).

тускне́|ть, ет *impf* (*of* ⇨**по~**) **1** (*о свете*) to grow dim; (*о красках, взгляде*) to become dull; (*о металле, зеркале*) to tarnish; (*о таланте, стиле*) to lose its lustre (*Br*), luster (*US*). **2** (**пе́ред** + *i*; *fig*) to pale (before, by the side of).

тус|ова́ться, у́юсь *impf* (*coll*) to get together, meet, hang out.

тусо́вк|а, и *f* (*coll*) get-together; (*место*) meeting place, hang-out.

тусо́в|очный *adj of* ⇨**~ка**

тусо́вщик, а *m* (*sl*) partygoer, good-timer.

тусо́вщи|ца, цы *f of* ⇨**~к**

тут[1] *adv* **1** here; **кто т.?** who's there?; **и всё т.** (*coll*) and that's it, and that was that; **т. как т.** (*coll*) there he is, there they are. **2** (*о времени*) now; **т. же** there and then.

тут[2], **а** *m* (*тутовое дерево*) mulberry (tree).

ту́т|а[1] *adv* (*dialect*) = **~**[1] **1**

ту́т|а[2], **ы** *f* = **~**[2]

туто́вник, а *m* **1** (*дерево*) mulberry (tree). **2** (*тутовая роща*) mulberry grove.

ту́тов|ый *adj* mulberry; **~ое де́рево** mulberry (tree); **т. шелкопря́д** silkworm.

ту́т-то *adv* (*coll*) **1** right here. **2** (*о времени*) there and then. **3**: **не т.-то бы́ло!** nothing of the sort!; far from it!

туф, а *m* (*geol, min*) tufa; tuff.

ту́ф|ля, ли, *g pl* **~ель** *f* shoe.

туфт|а́, ы́ *f* (*sl*) rubbish, garbage, crap.

туфт|о́вый *adj of* ⇨**~а́**

ту́хл|ый (~, ~а́, ~о) *adj* rotten, bad.

тухля́тин|а, ы *f* (*coll*) rotten food.

ту́х|нуть[1], **нет,** *past* **~, ~ла** *impf* (*of* ⇨**по~**) (*огонь*) to go out; (*взгляд, глаза*) to become dull.

ту́х|нуть[2], **нет,** *past* **~, ~ла** *impf* (*загнивать*) to go bad, become rotten.

ту́ч|а, и *f* **1** (rain) cloud; storm cloud (*also fig*); **не из ~и гром** a bolt from the blue; **~и собрали́сь/нави́сли (над** + *i*) (*fig*) the clouds are gathering (over); **он сего́дня как т.** he is in a black mood today. **2** (*пыли*) cloud; (*мух*) swarm.

ту́чк|а, и *f diminutive of* ⇨**ту́ча**

тучне́|ть, ю *impf* (*of* ⇨**по~**) **1** (*о человеке*) to grow stout, grow fat. **2** (*о почве*) to become fertile.

ту́чност|ь, и *f* **1** (*человека*) fatness, stoutness, obesity, corpulence. **2** (*почвы*) richness, fertility.

ту́ч|ный (~ен, ~на́, ~но) *adj* **1** (*человек*) stout, obese, corpulent. **2** (*почва*) rich, fertile. **3** (*трава, луг*) succulent.

туш, а *m* (*mus*) flourish.

ту́ш|а, и *f* **1** carcass. **2** (*fig, coll*) (*человек*) hulk.

туше́ *nt indecl* **1** (*mus*) touch. **2** (*fencing*) touché.

туш|ева́ть, у́ю *impf* (*of* ⇨**за~**) **1** to shade. **2** (*fig*) (*скрывать*) to conceal, disguise.

туш|ева́ться, у́юсь *impf* (*of* ⇨**с~**) to get embarrassed.

тушёвк|а, и *f* shading.

тушёнк|а, и *f* (*coll*) tinned meat (*Br*), canned meat (*US*).

тушёный *adj* (*cul*) braised, stewed.

туш|и́ть[1], **у́, ~ишь** *impf* (*of* ⇨**по~**[1]) **1** (*огонь, пожар*) to extinguish, put out. **2** (*fig*) (*возбуждение, интерес*) to suppress, stifle, quell.

туш|и́ть[2], **у́, ~ишь** *impf* (*cul*) to braise, stew.

тушка́нчик, а *m* jerboa.

туш|ь, и *f* Indian ink; **т. (для ресни́ц)** mascara.

ту́|я, и *f* (*bot*) thuja.

т/ф (*abbr of* **телефи́льм**) television film.

т/х (*abbr of* **теплохо́д**) steamship.

т. ч.: в ~ (*abbr of* **в том числе́**) incl., including.

тчк (*abbr of* **то́чка**) stop (*in telegram*).

тща́ни|е, я *nt* (*obs*) zeal, assiduity.

тща́тельност|ь, и *f* thoroughness; care.

тща́тел|ьный (~ен, ~ьна) *adj* thorough, careful; painstaking.

тщеду́ши|е, я *nt* feebleness, frailty.

тщеду́ш|ный (~ен, ~на) *adj* feeble, frail, weak.

тщесла́ви|е, я *nt* vanity, vainglory.

тщесла́в|ный (~ен, ~на) *adj* vain, vainglorious.

тщет|а́, ы́ *f* futility, vanity.

тще́тно *adv* vainly, in vain.

тще́тност|ь, и *f* futility, vanity.

тще́т|ный (~ен, ~на) *adj* vain, futile; unavailing.

тщ|и́ться, усь, и́шься *impf* (+ *inf*; *obs*) to endeavour (*Br*), endeavor (*US*), struggle (to).

ты, тебя́, тебе́, тобо́й (*and* **тобо́ю), о тебе́** *2nd pers sg pers pron* you; **быть на «ты» (с** + *i*), **говори́ть «ты»** (+ *d*) to be on familiar terms (with); (*для обобщения*) one, you; **ситуа́ция така́я сло́жная — ты не зна́ешь, что де́лать** it is a difficult situation — one doesn't know what to do; (*для усиления*): **ах ты, как стра́нно!** oh, how strange!

ты́|кать[1], **чу, чешь** *impf* (*of* ⇨**ткнуть**) **1** (+ *i* **в** + *a or* + *a* **в** + *a*) to stick (into) (*also fig*); to poke (into); to prod (into); to jab (into); **т. була́вкой во что-н.** to stick a pin into sth; **т. па́лкой** to prod with a stick; **т. ко́лья в зе́млю** to stick stakes into the ground; **т. (свой) нос (в** + *a*; *fig, pej*) to stick, poke one's nose (into); **т. в нос кому́-н. чем-н.** (*fig, coll*) to cast sth in s.o.'s teeth; **т. кого́-н. но́сом во что-н.** (*fig, coll*) to rub s.o.'s nose in sth. **2**: **т. па́льцем (на** + *a*; *coll*) to point (at), poke one's finger (at).

ты́ка|ть[2], **ю** *impf* (*coll*) to address as 'ты'; be on familiar terms (with).

ты́|каться, чусь, чешься *impf* (*of* ⇨**ткну́ться**) (*coll*) **1** (**в** + *a*) to knock (against, into). **2** (*суетливо двигаться*) to rush about, fuss about.

ты́кв|а, ы *f* pumpkin, gourd.

ты́кв|енный *adj of* ⇨**~а**

тыл, а, о ~е, в ~у́, *pl* **~ы́** *m* **1** back, rear. **2** (*mil*) rear; home front; **напа́сть с ~а** to attack in the rear. **3** (*in pl*; *mil*) (*вспомогательные части*) rear services, rear organizations. **4** (*вся страна*) the (whole) country (*opp front or frontier areas*), the interior.

тылови́к, а́ *m* (*mil*) man serving in the rear.

тылов|о́й *adj* (*mil*) rear; **~а́я часть** service element (*of unit*); **т. го́спиталь** base hospital.

ты́льн|ый *adj* **1** back, rear; **~ая пове́рхность руки́** back of the hand. **2** (*mil*) rear.

тын, а *m* paling; palisade, stockade.

тыс. (*abbr of* **ты́сяча**) thousand.

ты́сяч|а, и, *i* **~ей** *and* **~ью** *num and n, f* thousand; **в ~у раз** a thousand times (*also fig*); **~и люде́й** thousands of people.

тысячеле́ти|е, я *nt* **1** (*срок*) a thousand years; millennium. **2** (*годовщина*) thousandth anniversary.

тысячеле́тний *adj* **1** (*период, годовщина*) thousand-year; millennial. **2** (*здание*) thousand-year-old.

ты́сячн|ый *adj* **1** thousandth; *as n* **~ая, ~ой** *f* thousandth. **2** (*толпа, стадо*) of many thousands. **3** (*coll*) (*шуба*) worth a thousand, many thousand roubles.

тычи́нк|а, и *f* (*bot*) stamen.

тыч|о́к, ка́ *m* (*coll*) **1** (*предмет*) sharp object sticking up. **2** (*удар*) hit, prod, jab.

тьм|а[1], **ы** (*no pl*) *f* (*мрак*) darkness (*also fig = ignorance*).

тьм|а[2], **ы,** *g pl* **тем** *f* (*coll*) (*множество*) host, multitude; **т.-тьму́щая** countless multitudes.

тьфу *int* (*coll*) pah!; **т. про́пасть!** confound it!

тюбете́йк|а, и tyubeteyka (*an embroidered skullcap worn in Central Asia*).

тю́бик, а *m* tube (*of toothpaste, etc.*).

ТЮЗ, а *m* (*abbr of* **теа́тр ю́ного зри́теля**) youth theatre (*Br*), theater (*US*).

тюк, а́ *m* bale, package.

тю́к|ать, аю *impf* (*of* ⇨**~нуть**) (*coll*) to chop, hack.

тю́к|нуть, ну, нешь *pf of* ⇨**~ать**

тю́левый *adj* (*textiles*) tulle.

тюле́невый *adj* sealskin.

Т

тюле́н|ий *adj of* ⇨~ь

тюле́н|ь, я *m* **1** (*zool*) seal. **2** (*fig, coll*) clumsy clot.

тюл|ь, я *m* (*textiles*) tulle.

тюльпа́н, а *m* tulip.

тюльпа́н|ный *adj of* ⇨~; **~ное де́рево** tulip tree.

тю́нер, а *m* tuner (*device, esp radio or TV component*).

тюни́к, а *m and* **тюни́к|а, и** *f* (*obs, theatr*) overskirt.

тюрба́н, а *m* turban.

тюр|ёмный *adj of* ⇨**~ьма́**; **~ёмное заключе́ние** imprisonment; **т. смотри́тель** (*obs*) prison governor.

тюре́мщик, а *m* (*coll*) jailer; (*fig*) (*угнетатель*) oppressor.

тю́ркский *adj* (*ethnology, ling*) Turkic.

тюр|ьма́, ьмы́, *pl* **~̑ьмы, ~̑ем** *f* **1** prison; jail; **заключи́ть/посади́ть в ~ьму́** to put into prison, to jail; **сиде́ть в ~ьме́** to be in prison. **2** (*пребывание в тюрьме*) imprisonment.

тю́тельк|а, и *f*: **т. в ~у** (*coll*) to a T.

тю́тька|ться, юсь *impf* (**с** + *i*; *coll, pej*) to nursemaid.

тю-тю́ *as pred* (*coll, joc*) it's all gone; we've (you've, they've) had it.

тютю́н, а́ *m* (*dialect*) shag (tobacco).

тюфя́к, а́ *m* **1** mattress (*filled with straw, hay, etc.*). **2** (*fig, coll*) (*о человеке*) drip, wimp.

тя́вк|ать, аю *impf* (*of* ⇨**~нуть**) to yap, yelp.

тя́вк|нуть, ну, нешь *inst pf of* ⇨**~ать**

тяг, у *m*: **дать, зада́ть ~̑у** (*coll*) to take to one's heels.

тя́г|а, и *f* **1** (*действие*) pulling; (*наземного транспорта*) traction; **на ко́нной ~е** horse-drawn. **2** (*collect*) locomotives. **3** (*от воздушного транспорта*) thrust; (*стержень рычага*) rod. **4** (*в печи*) draught (*Br*), draft (*US*); **регуля́тор ~и** damper. **5** (**к** + *d*; *fig*) (*влечение*) pull (towards), attraction (towards); (*стремление*) thirst (for), craving (for); (*склонность*) inclination (to, for); **т. к зна́ниям** thirst for knowledge.

тяга́|ться, юсь *impf* (*of* ⇨**по~**) (**с** + *i*) (*coll*) to contend (with), vie (with), compete (with).

тяга́ч, а́ *m* tractor (*for pulling train of trailers*).

тя́гл|о[1]**, а** *nt* (*collect*) (*рабочий скот*) draught (*Br*), draft (*US*) animals.

тя́гл|о[2]**, а,** *g pl* **тя́гол** *nt* (*hist*) **1** (*налог*) tax. **2** (*семья*) household (*as unit for tax assessment*). **3** (*крепостная повинность*) dues (*corvée, quit-rent, etc.*). **4** (*участок земли*) strip of land (*worked by one household*).

тя́гловый[1] *adj* = **тя́глый**

тя́гловый[2] *adj* (*hist*) taxed, liable to tax.

тя́глый *adj* draught (*Br*), draft (*US*) (*of cattle*).

тя́гов|ый *adj* traction, tractive; **т. крюк** towing hook; **т. сте́ржень** drawbar; **~ая си́ла** tractive force.

тя́гост|ный (~ен, ~на) *adj* **1** (*тяжёлый*) burdensome, onerous. **2** (*мучительный*) painful, distressing; **~ное зре́лище** painful spectacle.

тя́гост|ь, и *f* **1** weight, burden; **быть кому́-н. в т.** to be a burden to s.o., weigh on s.o. **2** (*coll*) (*усталость*) fatigue.

тяготе́ни|е, я *nt* **1** (*phys*) gravity, gravitation; **зако́н (всеми́рного) ~я** law of gravity. **2** (**к** + *d*) attraction (towards), taste (for); inclination (to, for); **т. к детекти́вам** taste for detective stories.

тяготе́|ть, ю *impf* **1** (**к** + *d*) (*phys*) to gravitate (towards). **2** (**к** + *d*) (*fig*) to gravitate (towards), be drawn (by, towards), be attracted (by, towards). **3** (**над** + *i*) to hang (over), threaten.

тяго|ти́ть, щу́, ти́шь *impf* (*обременять*) to burden, be a burden (on, to); (*о мыслях, об обязанностях*) to lie heavy (on), oppress.

тяго|ти́ться, щу́сь, ти́шься *impf* (+ *i*) to be weighed down, oppressed (by).

тя́гот|ы, ~ *pl* (*sg* **~а, ~ы** *f*) weight, burden.

тягу́чест|ь, и *f* **1** (*металла*) malleability. **2** (*жидкости*) viscosity.

тягу́ч|ий (~, ~а) *adj* **1** (*металл*) malleable. **2** (*жидкость*) viscous. **3** (*fig*) (*речь*) slow, leisurely, unhurried.

тягча́йш|ий *superl of* ⇨**тя́жкий**; **~ее преступле́ние** grave crime.

тя́жб|а, ы *f* **1** (*судебное дело*) (civil) suit, lawsuit; litigation. **2** (*fig, coll*) competition, rivalry.

тяжел|е́е *comp of* ⇨**~̑ый** *and* ⇨**~о́**

тяжеле́|ть, ю *impf* **1** (*становиться тяжелее*) to become heavier; (*толстеть*) to put on weight. **2** (*о глазах*) to become heavy with sleep.

тяжело́[1] *adv* **1** heavily. **2** (*серьёзно*) seriously, gravely. **т. больно́й** seriously ill. **3** (*с трудом*) with difficulty.

тяжело́[2] *as pred* **1** (*при поднятии*) it is heavy; (*трудно*) it is hard; **мне т. ходи́ть пешко́м** it's hard for me to walk; (*мучительно*) it is painful, it is distressing; **мне т. ду́мать об э́том** it's painful for me to think about it. **2**: **ему́** *и т. п.* **т.** (*о настроении*) he, *etc.*, feels miserable/wretched.

тяжелоатле́т, а *m* (*штангист*) weightlifter.

тяжелове́с, а *m* (*sport*) heavyweight.

тяжелове́с|ный (~ен, ~на) *adj* **1** heavily-loaded; **т. соста́в** heavy goods train. **2** (*fig, pej*) (*стиль, язык*) heavy, ponderous, heavy-handed.

тяжелово́з, а *m* **1** (*лошадь*) heavy draught horse (*Br*), draft horse (*US*). **2** (*грузовик*) heavy lorry (*Br*), truck (*US*).

тяжелоду́м, а *m* (*coll*) slow-witted person.

тяжёл|ый (~, ~а́) *adj* **1** heavy; **т. чемода́н** heavy suitcase; **~ая артилле́рия** heavy artillery; **~ая атле́тика** (*sport*) weightlifting; **спортсме́н ~ого ве́са** heavyweight; **~ое дыха́ние** heavy breathing; **~ая промы́шленность** heavy industry. **2** (*доставляющий беспокойство, неприятность*): **т. во́здух** close air; **т. за́пах** oppressive, strong smell; **~ая пи́ща** heavy, indigestible food. **3** (*трудный*) hard, difficult; **~ая зада́ча** hard task; **~ые ро́ды** difficult confinement. **4** (*медленный*) slow; **т. ум** slow brain, wits. **5** (*суровый*) heavy, severe; **~ые поте́ри** heavy casualties; **~ое наказа́ние** severe punishment; **т. уда́р** severe blow. **6** (*серьёзный*) serious, grave, bad; **~ое ране́ние** serious injury; **т. больно́й** seriously ill patient. **7** (*горестный*) heavy, hard, painful; **с ~ым се́рдцем** with a heavy heart; **~ое чу́вство** heavy heart; misgivings; **~ые времена́** hard times; **~ая обя́занность** painful duty; **т. день** bad, hard day. **8** (*характер*) difficult. **9** (*стиль*) heavy, ponderous, unwieldy.

тя́жест|ь, и *f* **1** (*phys*) gravity; **центр ~и** centre of gravity (*also fig*). **2** (*тяжёлый предмет*) weight, heavy object; **подня́тие ~ей** (*sport*) weightlifting. **3** (*вес*) weight, heaviness; **вся т. чего́-н.** (*fig*) the whole weight, the brunt of sth; **т. ули́к** weight of evidence. **4** (*трудность*) difficulty. **5** (*суровость*) heaviness, severity. **6** (*что-н. обременительное*) burden.

тя́ж|кий (~ек, ~ка́, ~ко) *adj* **1** (*fig*) (*доля, судьба*) heavy, hard. **2** (*суровый*) severe; (*серьёзный*) serious, grave; **~кая боле́знь** dangerous illness; **~кое преступле́ние** grave crime, felony; **т. уда́р** severe blow. **3**: **пусти́ться во все ~кие** (*coll*) (*о пороках*) to plunge into dissipation.

тяжкоду́м, а *m* (*coll*) slow-witted person, blockhead.

тя́жущийся *adj* litigant.

тян|у́ть, у́, ~̑ешь *impf* **1** (*невод*) to pull, draw; to haul; to drag; **т. на букси́ре** to tow; **т. кого́-н. за рука́в** to tug at s.o.'s sleeve; (*руку, шею*) to stretch out; **т. ру́ку к** (+ *d*) to reach out for, towards; **кто тебя́ ~у́л за язы́к?** who made you speak up? **2** (*tech*) (*проволоку*) to draw. **3** (*прокладывать*) to lay; **т. телефо́нную ли́нию** to lay a telephone cable. **4**: **т. жре́бий** to draw lots. **5** (*fig*) (*влечь*) to draw, attract; **меня́** *и т. п.* **~̑ет** I, *etc.*, long/want; **его́ ~̑ет домо́й** he wants to go home; **меня́ ~̑ет ко сну** I feel sleepy; **меня́ ~̑ет купа́ться** I'm dying for a swim. **6** (*произносить*) to drawl, drag out; **т. слова́** to drawl; **т. но́ту** to sustain a note. **7** (*медлить*) to drag out, protract, delay; **т. с отве́том** to delay one's answer. **8** (*весить*) to weigh (*intrans*). **9** (*всасывать*) to draw up; to take in, suck in; **т. в себя́ во́здух** to inhale deeply; **т. че́рез соло́минку** to suck through a straw. **10** (**из/с** + *g*) to extract (from); to extort (from); **т. все си́лы из кого́-н.** to exhaust all the strength from s.o. **11** (*о трубе*) to draw; **печь пло́хо ~̑ет** the stove is not drawing well. **12** (*распространяться*) *impers,* + *i*: **из-под две́ри ~̑ет хо́лодом** there is a

Т

draught (*Br*), draft (*US*) coming under the door; **с поле́й ~у́ло за́пахом се́на** a smell of hay wafted from the fields.
13 (*usu impers*) (*причинять боль*) to press, be tight; **~́ет в плеча́х** it feels tight in the shoulders.
14 (*coll*) (*работу, обязанности*) to carry out (*with difficulty or unwillingly*).
15 (*убеждать идти*) to drag; **никто́ тебя́ си́лой не ~у́л** nobody forced you to go.
16 (*вымогать*) to extort.
17 (*coll*) (**на** + *a*) (*соответствовать*) to measure up; **он не ~́ет на дире́ктора** he won't make a director.

тян|у́ться, у́сь, ~́ешься *impf* **1** (*о резине*) to stretch.
2 (*pf* **по~**) (*о человеке*) to stretch out, stretch o.s.
3 (*о равнине*) to stretch, extend; **тайга́ ~́ется на со́тни киломе́тров** the taiga stretches for hundreds of kilometres (*Br*), kilometers (*US*).
4 (*о времени*) to drag on; to hang heavy.
5 (*coll*) (*о запасах*) to last out, hold out.
6 (**к** + *d*) (*к матери*) to reach (for), reach out (for); (*к славе*) to strive (after).
7 (**за** + *i*; *fig, coll*) (*стремиться сравняться*) to try to keep up (with), try to equal.
8 (*двигаться один за другим*) to move one after the other.
9 (*о дыме, запахе*) to drift.

тяну́чк|а, и *f* toffee, caramel.

тя́н|ущий *pres participle active of* **⇨~уть** *and adj*; **~ущая боль** nagging, persistent pain.

тя́п|ать, аю *impf* (*of* **⇨~нуть**) (*coll*) (*ударить*) to hit; (*топором*) to chop (at), hack (at).

тя́пк|а, и *f* **1** (*для рубки*) chopper.
2 (*мотыга*) hoe.

тяп-ля́п *adv or as pred* (*coll*) anyhow (*of careless work*).

тя́п|нуть, ну, нешь *pf* **1** *pf of* **⇨~ать**. **2** (*украсть*) to pinch (*Br*), steal. **3** (*укусить*) to bite. **4** (*выпить*) to knock back.

тя́т|я, и *m* (*dialect*) dad, daddy.

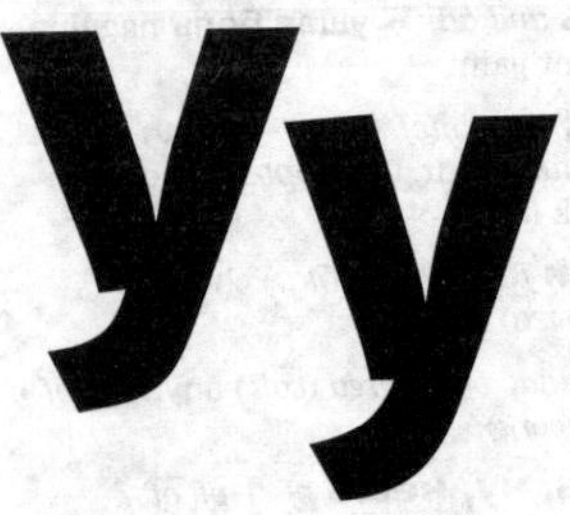

у[1] *int* (*выражает угрозу, страх, одобрение, удивление*) oh!

у[2] *prep + g* **1** (*возле*) by; at; **у окна́** by the window; **у воро́т** at the gate; **у руля́** at the wheel; **у станка́** at the workbench; **у це́ли** at one's destination; **у фи́ниша** at the finishing post; **у мо́ря** by the sea; **у вла́сти** in power.
2 (*обозначает место действия*) at; with (*often = French 'chez'*); **у нас** (*i*) (*в доме*) at our place, with us, (*ii*) (*в стране*) in our country; **у себя́** at one's (own) place, at home; **я был у парикма́хера** I was at the hairdresser's; **она́ учи́лась у знамени́того скрипача́** she was taught by a celebrated violinist.
3 (*обозначает принадлежность*): **у меня́ боли́т зуб** my tooth aches; **у пере́днего колеса́ ло́пнула ши́на** there is a puncture in (the tyre of) the front wheel; **у неё больна́ мать** her mother is ill.
4 (*указывает на источник*) from, of; **я за́нял де́сять рубле́й у сосе́да** I borrowed ten roubles from a neighbour (*Br*), neighbor (*US*); **попроси́те у него́ кни́гу** ask him to let you have the book.
5 (*обозначает владельца*): **у меня́** *и т. п.* I, *etc.*, have; **у них есть великоле́пный дог** they have a magnificent Great Dane; **у вас есть радиоприёмник?** do you have a radio?; **у меня́ к вам ма́ленькая про́сьба** I have a small favour (*Br*), favor (*US*) to ask of you.

у... *vbl pref indicating* **1** *movement away from a place, as* **улете́ть** to fly away. **2** *insertion in sth, as* **умести́ть** to put in. **3** *covering of sth all over, as* **усе́ять** to strew. **4** *reduction, curtailment, etc., as* **уба́вить** to reduce. **5** *achievement of aim sought, as* **уговори́ть** to persuade; *with adj roots forms vv expressing comp degree, as* **уско́рить** to accelerate.

уа́йт-спи́рит, а *m* white spirit.

уба́в|ить, лю, ишь *pf* (*of* ⇒**~ля́ть**) **1** (*+ a or g*) (*жалованье, цену*) to reduce, lower; **у. ход** to reduce speed; **у. рука́в** to shorten a sleeve. **2**: **у. в ве́се** to lose weight.

уба́в|иться, ится *pf* (*of* **~ля́ться**) to diminish, decrease; **дни ~ились** the days are shorter; **воды́ ~илось** the water (level) has fallen.

убавля́|ть(ся), ю, ет(ся) *impf of* ⇒**уба́вить(ся)**

убаю́к|ать, аю *pf* (*of* ⇒**~ивать**) to lull (*also fig*).

убаю́кива|ть, ю *impf of* ⇒**убаю́кать**

убега́|ть, ю *impf of* ⇒**убежа́ть**

убеди́тельност|ь, и *f* persuasiveness, cogency.

убеди́тел|ьный (~ен, ~ьна) *adj* **1** (*доказательный*) convincing, persuasive; **быть ~ьным** to be convincing, carry conviction. **2** (*настойчивый*) pressing; earnest; **~ьная про́сьба** pressing request, earnest entreaty.

убе|ди́ть, *1st pers sg not used,* **ди́шь** *pf* (*of* ⇒**~жда́ть**) **1** (**в** + *p*) to convince (of). **2** (*+ inf*) (*уговорить*) to persuade (to), prevail on (to).

убе|ди́ться, *1st pers sg not used,* **ди́шься** *pf* (*of* ⇒**~жда́ться**) (**в** + *p*) to satisfy o.s. (of); to be convinced (of); **мы ~ди́лись в необходи́мости рефо́рм** we are convinced of the need for reform; **он ~ди́лся, что э́то тру́дно** he is convinced that it is difficult; **я сама́ ~ди́лась, како́й он плохо́й челове́к** I have seen for myself what a bad person he is.

убе|жа́ть, гу́, жи́шь, гу́т *pf* (*of* ⇒**~га́ть**) **1** (*удалиться бегом*) to run away, run off. **2** (*спастись бегством*) to escape, flee. **3** (*coll*) (*о жидкости*) to boil over.

убежда́|ть(ся), ю(сь) *impf of* ⇒**убеди́ть(ся)**

убежде́ни|е, я *nt* **1** (*действие*) persuasion; **путём ~я** by means of persuasion. **2** (*мнение*) conviction, belief; **э́то проти́вно мои́м ~ям** it's against my convictions.

убеждённо *adv* with conviction.

убеждённост|ь, и *f* conviction.

убеждён|ный *ppp of* ⇒**убеди́ть** *and adj* **1** (*ppp*) **(~, ~а́)** (**в** + *p*) convinced (of), persuaded (of); **я в э́том совершенно ~** I am absolutely convinced of this. **2** (*adj*) **(~, ~на)** (*тон*) assured. **3** (*adj*) (*no short form*) (*непоколебимый*) convinced, confirmed; staunch; **у. пацифи́ст** convinced pacifist; **у. сторо́нник** staunch supporter.

убе́жищ|е, а *nt* **1** (*защита*) refuge, asylum; **полити́ческое ~е** political asylum; **иска́ть ~а** to seek refuge, asylum; **пра́во ~а** a right of asylum; **нало́говое у.** tax haven. **2** (*укрытие*) shelter; (*mil*) dugout.

убел|ённый *ppp of* ⇒**~и́ть**; **у. седино́й/седи́нами** hoary with age.

убел|и́ть, ю́, и́шь *pf* to whiten.

уберега́|ть(ся), ю(сь) *impf of* ⇒**убере́чь(ся)**

убере́|чь, гу́, жёшь, гу́т, *past* **~̈г, ~гла́** *pf* (*of* ⇒**~га́ть**) (**от** + *g*) to protect (against), guard (against), keep safe (from), preserve (from).

убере́|чься, гу́сь, жёшься, гу́тся, *past* **~̈гся, ~гла́сь** *pf* (*of* ⇒**~га́ться**) (**от** + *g*) to protect o.s. (against), guard (*intrans*) (against).

убива́|ть, ю *impf of* ⇒**уби́ть**

убива́|ться, юсь *impf* **1** (*impf only*) (**о** + *p*; *coll*) to grieve (over); (*работая*) to kill oneself. **2** *impf of* ⇒**уби́ться**

уби́йствен|ный (~, ~на) *adj* **1** (*obs*) death-dealing; **~ная стрела́** deadly arrow. **2** (*fig, coll*) (*жара, голод*) unbearable, killing, murderous; (*известие, результат, взгляд, критика*) devastating.

уби́йств|о, а *nt* killing; (*с заранее обдуманным злым умыслом*) murder; (*политическое*) assassination; **заказно́е у.** contract killing.

уби́йц|а, ы *cg* killer; murderer; assassin.

убира́|ть(ся), ю(сь) *impf of* ⇒**убра́ть(ся)**; **~йся!** clear off!, beat it!, hop it!

убира́|ющийся *pres participle of* ⇒**~ться**; **~ющееся шасси́** (*aeron*) retractable undercarriage.

уби́т|ый (~, ~а) *ppp of* ⇒**~ь** *and adj* **1** (*лишённый жизни*): **неприя́тель потеря́л две ты́сячи ~ыми** the enemy lost two thousand killed; *as n* **у., ~ого** *m* dead man; (*жертва преступления*) murdered man; (*при аварии*) fatality; **спать как у.** to sleep like a log; **ходи́ть, как у.** to be dazed (with grief, *etc.*). **2** (*fig*) (*подавленный*) crushed, broken.

уб|и́ть, ью́, ьёшь *pf* (*of* ⇒**~ива́ть**) **1** to kill; (*предумышленно*) to murder; (*по политическим мотивам*) to assassinate; **хоть ~е́й** (*coll*) for the life of me; **у. бобра́**, *see* ⇒**бобр**. **2** (*fig*) (*уничтожить*) to kill, destroy; **её отка́з ~и́л его́** her refusal destroyed him. **3** (*coll*) (*потратить*) to waste; **у. вре́мя** to kill time; **у. мо́лодость** to waste one's youth.

уб|и́ться, ью́сь, ьёшься *pf* (*of* ⇒**~ива́ться**) (*coll*) (*ушибиться*) to hurt o.s., bruise o.s.; (*разбиться*) to die.

ублаж|а́ть, а́ю *impf of* ⇒**~и́ть**

ублаж|и́ть, у́, и́шь *pf* (*of* ⇒**~а́ть**) (*coll*) to indulge; to gratify.

ублю́д|ок, ка *m* mongrel; (*о человеке*) bastard.

убо́г|ий (~, ~а) *adj* (*с увечьем*) crippled; (*нищенский*) poverty-stricken, beggarly (*also fig*); (*жилище*) wretched, squalid; (*мысль, работа*) pathetic, dismal; *as n* **у., ~ого** *m* (*калека*) cripple.

убо́гост|ь, и *f* poverty (*also fig*); (*жилища*) wretchedness, squalor.

убо́жеств|о, а *nt* **1** (*obs*) (*увечье*) physical disability; infirmity. **2** (*fig*) (*нужда*) poverty; (*мысли, работы*) mediocrity; **у. иде́й** poverty of ideas.

убо́|й, я *m* slaughter (*of livestock*); **корми́ть на у.** to fatten (*livestock*); (*fig*) to feed up, stuff with food.

убо́йност|ь, и *f* (*mil*) effectiveness, destructive power (*of missile, weapon*).

убо́йн|ый *adj* **1**: **у. скот** livestock for slaughter; **у. пункт** slaughterhouse. **2** (*mil*) killing, destructive, lethal; **~ая мо́щность** destructive power.

убо́р, а *m* **1** (*одежда*) dress, attire. **2**: **головно́й у.** hat, headgear; **головны́е ~ы** hats, headgear.

убо́рист|ый (~, ~а) *adj* close, small (*of handwriting, etc.*).

убо́рк|а, и *f* **1** (*урожая*) harvesting; (*хлопка, ягод*) picking. **2** (*помещения*) clearing up, tidying up.

убо́рн|ая, ой *f* **1** (*theatr*) dressing room. **2** (*туалет*) lavatory; toilet.

убо́рочн|ый *adj* harvest(ing); **~ая маши́на** harvester.

убо́рщик, а *m* cleaner.

убо́рщи|ца, цы *f of* **⇒~к**

убра́нств|о, а *nt* (*меблировка*) furnishings; (*украшения*) decoration; (*poetical*) attire.

убра́|ть, уберу́, уберёшь, *past* **~л, ~ла́, ~ло** *pf* (*of* **⇒убира́ть**) **1** (*унести*) to remove, take away; **у. со стола́** to clear the table. **2** (*привести в порядок*) to clear up, tidy up; **у. посте́ль** to make the bed. **3** (*спрятать куда-н.*) to put away; to store; **у. я́корь** to stow the anchor. **4** (*урожай*) to harvest. **5** (*fig, coll*) (*выгнать*) to kick out; (*убить*) to kill, take out. **6** (*украсить*) to decorate, adorn.

убра́|ться, уберу́сь, уберёшься, *past* **~лся, ~ла́сь, ~́ло́сь** *pf* (*of* **⇒убира́ться**) **1** (*coll*) (*навести порядок*) to clear up, tidy up, clean up. **2** (*coll*) (*уйти*) to clear off, beat it. **3** (*obs or poetical*) (*нарядиться*) to attire o.s.

убыва́|ть, ю *impf of* **⇒убы́ть**

у́был|ь, и *f* **1** diminution, decrease; (*воды*) subsidence; **идти́ на у.** to decrease; (*о воде*) to subside. **2** (*mil*) (*потери*) losses, casualties.

убы́стр|ить, ю́, и́шь *pf* (*of* **⇒~я́ть**) to speed up; to hasten.

убыстр|я́ть, я́ю *impf of* **⇒~и́ть**

убы́т|ок, ка *m* **1** loss; **терпе́ть/нести́ ~ки** to incur losses; **в у., с ~ком** at a loss; **быть в ~ке** to lose, be down. **2** (*in pl*) (*возмещение*) damages; **взыска́ть ~ки** to claim damages.

убы́точно *adv* at a loss.

убы́точ|ный (~ен, ~на) *adj* unprofitable; **~ная торго́вля** trading at a loss.

убы́ть, убу́ду, убу́дешь, *past* **у́был, убыла́, у́было** *pf* (*of* **⇒убыва́ть**) **1** to decrease, diminish; (*о воде*) to subside, fall, go down; (*о луне*) to wane (*also fig*). **2 тебя́,** *etc.*, **не убу́дет (от +** *g*; *coll*) you, *etc.*, won't be any the worse (for). **3** (*выбыть*) to go away, leave; **у. в командиро́вку** to go away on business; **у. по боле́зни** to go sick.

уважа́|емый *pres participle passive of* **⇒~ть** *and adj* respected; (*в письме*) dear.

уважа́|ть, ю *impf* to respect, esteem.

уваже́ни|е, я *nt* (**к +** *d*) respect, esteem (for); **внуша́ть у.** to command respect; **по́льзоваться ~ем** to be held in respect; **из ~я (к +** *d*) out of respect (for); **с ~ем** (*в письме*) yours sincerely.

уважи́тельност|ь, и *f* **1** (*причины*) validity. **2** (*к старшим*) respectfulness.

уважи́тел|ьный (~ен, ~ьна) *adj* **1** (*достаточный для оправдания*) valid; **~ьная причи́на** valid cause, good reason. **2** (*почтительный*) respectful, deferential.

ува́ж|ить, у, ишь *pf* (*coll*) **1** (*просьбу*) to comply (with), grant. **2** (*чувство*) to indulge, gratify; (*человека*) to indulge; to humour (*Br*), humor (*US*).

у́вал|ень, ьня *m* (*coll*) clumsy oaf, clodhopper.

ува́рива|ться, ется *impf of* **⇒навари́ться**

увар|и́ться, ~́ится *pf* (*of* **⇒~́иваться**) (*coll*) **1** (*свариться*) to be thoroughly cooked. **2** (*уменьшиться от варки*) to boil away.

уведоми́тельн|ый *adj*: **~ое письмо́** letter of advice, notice.

уве́дом|ить, лю, ишь *pf* (*of* **⇒~ля́ть**) to inform, notify.

уведомле́ни|е, я *nt* notification; (*документ*) letter of advice.

уведомля́|ть, ю *impf of* **⇒уве́домить**

увез|ти́, у́, ёшь, *past* **~̈, ~ла́** *pf* (*of* **⇒увози́ть**) **1** to take (away); (*с собой*) to take with one. **2** (*похитить*) to abduct, kidnap.

увекове́чива|ть, ю *impf of* **⇒увекове́чить**

увекове́ч|ить, у, ишь *pf* (*of* **⇒~ивать**) **1** (*героев*) to immortalize. **2** (*порядок, систему*) to perpetuate.

увеличе́ни|е, я *nt* **1** (*зарплаты*) increase; (*температуры*) rise. **2** (*изображения*) magnification; (*phot*) (*снимка*) enlargement.

увели́чива|ть(ся), ю, ет(ся) *impf of* **⇒увели́чить(ся)**

увеличи́тельн|ый *adj* magnifying; **~ое стекло́** magnifying glass; **у. аппара́т** (*phot*) enlarger.

увели́ч|ить, у, ишь *pf* (*of* **⇒~ивать**) **1** (*в количестве, в объёме*) to increase. **2** (*изображение*) to magnify; (*phot*) to enlarge.

увели́ч|иться, ится *pf* (*of* **⇒~иваться**) to increase, grow, rise.

уве́нч|ать, а́ю *pf* (*of* **⇒венча́ть 1, 2** *and* **⇒~́ивать**) to crown.

уве́нч|аться, а́ется *pf* (*of* **⇒~́иваться**) (*+ i*; *fig*) to be crowned (with); **у. успе́хом** to be crowned with success.

уве́нчива|ть(ся), ю, ет(ся) *impf of* **⇒увенча́ть(ся)**

увере́ни|е, я *nt* assurance.

уве́ренно *adv* confidently, with confidence.

уве́ренност|ь, и *f* **1** (*шага, голоса*) confidence; **у. в себе́** self-confidence. **2** (*убеждённость*) (**в +** *p*) confidence (in), certainty (of); **мо́жно с ~ью сказа́ть** one can say with confidence, it is safe to say; **я был в по́лной ~и, что пойдёт дождь** I was quite certain that it would rain.

уве́рен|ный (~, ~на) *adj* **1** (*твёрдый*) confident, sure; **~ная рука́** sure hand. **2** *as pred* **(~, ~а)** (*убеждённый*) (**в +** *p*) confident (in), sure (of), certain (of); **быть ~ным** to be sure, be certain; **будь ~!** (*m*)/**~а!** (*f*) (*or* **бу́дьте ~ы!** (*pl or formal mode of address to one person*)) you may be sure; you may rely on it; **он ~ в себе́** he is self-confident; **я ~а в нём** I have confidence in him.

уве́р|ить, ю, ишь *pf* (*of* **⇒~я́ть**) to assure; (*убедить*) to convince, persuade.

уве́р|иться, юсь, ишься *pf* (*of* **⇒~я́ться**) to assure o.s., satisfy o.s.

увер|ну́ться, ну́сь, нёшься *pf* (*of* **⇒увора́чиваться** *and* **⇒~̈тываться**) (**от +** *g*) to dodge; to evade (*also fig*); **у. от прямо́го отве́та** to avoid giving a direct answer.

уве́р|овать, ую *pf* (**в +** *a*) to come to believe (in).

увёртк|а, и *f* dodge, trick, evasion.

увёртлив|ый (~, ~а) *adj* evasive, shifty.

увёртыва|ться, юсь *impf of* **⇒увернýться**

увертю́р|а, ы *f* (*mus*) overture.

увер|я́ть(ся), я́ю(сь) *impf of* **⇒~́ить(ся)**

увеселе́ни|е, я *nt* entertainment, amusement.

увесели́тельн|ый *adj* pleasure, entertainment; **~ая пое́здка** pleasure trip; jaunt.

увесел|и́ть, ю, и́шь *pf* (*of* **⇒~я́ть**) to entertain, amuse.

увесел|я́ть, я́ю *impf of* **⇒~и́ть**

уве́сист|ый (~, ~а) *adj* (*том*) weighty; **у. уда́р** (*coll*) heavy blow.

уве|сти́, ду́, дёшь, *past* **~̈л, ~ла́** *pf* (*of* **⇒уводи́ть**) **1** to take (away); (*с собой*) to take with one. **2** (*coll*) (*украсть*) to steal, nick (*Br*).

уве́ч|ить, у, ишь *impf* to maim, mutilate.

уве́чн|ый *adj* maimed, mutilated; *as n* **у., ~ого** *m*, **~ая, ~ой** *f* cripple.

уве́чь|е, я *nt* (*действие*) maiming, mutilation; (*само повреждение*) (serious) injury; **нанести́ у. кому́-н.** to maim, injure s.o.

уве́ш|ать, аю *pf* (*of* **⇒~ивать**) to cover (*with objects suspended*); **у. стену карти́нами** to cover a wall with pictures.

уве́шива|ть, ю *impf of* **⇒уве́шать**

увеща́ни|е, я *nt* exhortation, admonition.

увеща́|ть, ю *impf* (*obs*) = **увещева́ть**

увещева́ни|е, я *nt* = **увеща́ние**

увещева́|ть, ю *impf* to exhort, admonish.

увива́|ть, ю *impf of* **⇒уви́ть**

увива́|ться, юсь *impf* (**за +** *i*; *coll, pej*) to hang round.

увида́|ть, ю *pf* (*of* **⇒вида́ть**) (*coll*) to see.

У

увида́|ться, юсь *pf* (*coll*) to see one another; (**с** + *i*) to see s.o.; to meet s.o.

уви́|деть, жу, дишь *pf* **1** *pf of* ⇒**ви́деть**; ~**дим** we'll see. **2** to catch sight of.

уви́|деться, жусь, дишься *pf of* ⇒**ви́деться**

уви́лива|ть, ю *impf* (**от** + *g*) **1** *impf of* ⇒**увильну́ть**. **2** (*impf only*) to try to get out (of).

увильн|у́ть, у́, ёшь *pf* (*of* ⇒**уви́ливать**) (**от** + *g*; *coll*) **1** to dodge. **2** (*fig*) (*от ответственности, от налогов*) to evade; to get out (of); **у. от отве́та** to get out of replying.

ув|и́ть, ью́, ьёшь, *past* ~**и́л,** ~**ила́,** ~**и́ло** *pf* (*of* ⇒~**ива́ть**) to twine all over.

увлажни́тел|ь, я *m*: **у. во́здуха** humidifier.

увлажн|и́ть, ю́, и́шь *pf* (*of* ⇒~**я́ть**) to moisten, damp, wet.

увлажн|и́ться, и́тся *pf* (*of* ⇒~**я́ться**) to become moist, damp, wet.

увлажн|я́ть(ся), я́ю, я́ет(ся) *impf of* ⇒~**и́ть(ся)**

увлажня́ющий *adj*: **у. крем** moisturizer, moisturizing cream.

увлека́тел|ьный (~ен, ~ьна) *adj* fascinating; absorbing.

увлека́|ть(ся), ю(сь) *impf of* ⇒**увле́чь(ся)**

увлече́ни|е, я *nt* **1** (*воодушевление*) animation. **2** (+ *i*) (*большой интерес*) passion (for); enthusiasm (for); (*влюблённость*) crush (on). **3** (*предмет любви*) (object of) passion; **планери́зм — его́ у.** gliding is his passion; he is mad about gliding; **ста́рое у.** old flame.

увлечённост|ь, и *f* enthusiasm.

увлечён|ный (~, ~на) *adj* enthusiastic.

увле́|чь, ку́, чёшь, ку́т, *past* ~̈**к,** ~**кла́** *pf* (*of* ⇒~**ка́ть**) **1** (*увести*) to carry along. **2** (*fig*) (*о работе*) to carry away, distract. **3** (*восхитить*) to captivate, fascinate. **4** (*соблазнить*) to entice, allure.

увле́|чься, ку́сь, чёшься, ку́тся, *past* ~̈**кся,** ~**кла́сь** *pf* (*of* ⇒~**ка́ться**) (+ *i*) **1** (*забыться*) to be carried away (by); (*заинтересоваться*) to become keen (on); **ора́тор** ~̈**кся** the speaker got carried away. **2** (*влюбиться*) to become enamoured (*Br*), enamored (*US*) (of), become keen (on), fall (for).

уво́д, а *m* **1** taking away; **у. войск** withdrawal of troops. **2** (*coll*) (*кража*) carrying off; lifting (= *stealing*).

уво|ди́ть, жу́, ~́дишь *impf of* ⇒**увести́**

уво́з, а *m* (*coll*) (*человека*) abduction; (*кража*) carrying off; lifting (= *stealing*).

уво|зи́ть, жу́, ~́зишь *pf of* ⇒**увезти́**

увола́кива|ть, ю *impf of* ⇒**уволо́чь**

уво́л|ить, ю, ишь *pf* (*of* ⇒~**ьня́ть**) **1** (*с работы*) to dismiss; to sack; (*mil*) to discharge; **у. в отста́вку** to retire, pension off; **у. в запа́с** (*mil*) to transfer to the reserve. **2** (*pf only*) (**от** + *g*; *obs*) to spare; ~**ьте нас от подро́бностей** spare us the details.

уво́л|иться, юсь, ишься *pf* (*of* ⇒~**ьня́ться**) (*уйти*) to resign; (*mil*) to get one's discharge; **у. в отста́вку** to retire.

увол|о́чь, оку́, очёшь, оку́т, *past* ~**о́к,** ~**окла́** *pf* (*of* ⇒~**а́кивать**) (*coll*) **1** (*утащить*) to drag away; **е́ле но́ги у.** to have a narrow escape. **2** (*украсть*) to make off with.

увольне́ни|е, я *nt* dismissal; (*mil*) discharge; (*на пенсию*) retiring, pensioning off.

увольни́тельн|ый *adj* discharge, dismissal; **у. биле́т,** ~**ая запи́ска** (*mil*) leave pass; *as n* ~**ая,** ~**ой** *f* = ~**ая запи́ска**.

увольня́|ть(ся), ю(сь) *impf of* ⇒**уво́лить(ся)**

увора́чива|ться, юсь *impf of* ⇒**увернýться**

увор|ова́ть, у́ю *pf* (*coll*) to pinch (*Br*), swipe.

увраč|ева́ть, у́ю *pf of* ⇒**врачева́ть**

увы́ *int* alas!

увяда́|ть, ю *impf of* ⇒**увя́нуть**

увя|за́ть¹, жу́, ~́жешь *pf* (*of* ⇒~́**зывать**) **1** (*вещи, тюк*) to tie up. **2** (*согласовать*) to coordinate.

увяз|а́ть², а́ю *impf of* ⇒~́**нуть**

увя|за́ться, жу́сь, ~́жешься *pf* (*of* ⇒~́**зываться**) (*coll*) **1** (*упаковать свои вещи*) to pack. **2** (**за** + *i*) to tag along (behind), follow closely.

увя́зк|а, и *f* **1** (*вещей*) tying up, roping, strapping. **2** (*согласованность*) coordination.

увя́з|нуть, ну, нешь, *past* ~, ~**ла** *pf* (*of* ⇒~**а́ть²**) (**в** + *p*) to get stuck (in); to get bogged down (in) (*also fig*).

увя́зыва|ть, ю *impf of* ⇒**увяза́ть¹**

увя́зыва|ться, юсь *impf of* ⇒**увяза́ться**

увя́|нуть, ну, нешь *pf* (*of* ⇒~**да́ть**) to fade, wither (*also fig*).

угад|а́ть¹, а́ю *pf* (*of* ⇒~́**ывать**) to guess (right), divine; (*желания*) to anticipate.

угад|а́ть², а́ю *pf* (**в** + *a*; *coll*) to get (into), fall (into); (*попасть*) to hit.

уга́дыва|ть, ю *impf of* ⇒**угада́ть¹**

Уга́нд|а, ы *f* Uganda.

уганди́|ец, йца *m* Ugandan.

уганди́|йка, йки *f of* ⇒~**ец**

уганди́йский *adj* Ugandan.

уга́р, а *m* **1** (*газ*) carbon monoxide fumes. **2** (*отравление*) carbon monoxide poisoning; **у них у.** they are suffering from carbon monoxide poisoning. **3** (*fig*) (*упоение*) ecstasy, intoxication; **пья́ный у.** drunken stupor; **в** ~**е** (+ *g*) carried away (by).

уга́рный *adj* full of (monoxide) fumes; (*tech*): **у. газ** carbon monoxide.

угаса́ни|е, я *nt* (*пламени*) dying down; (*сил*) fading, ebbing.

угас|а́ть, а́ет *impf* **1** *impf of* ⇒~́**нуть**. **2** (*impf only*) (*огонь*) to die down; **си́лы у него́** ~**а́ли** his strength was fading, ebbing.

уга́с|нуть, нет, *past* ~, ~**ла** *pf* (*of* ⇒~**а́ть**) (*пламя, свеча*) to go out; (*звук*) to die away; (*чувство*) to be extinguished; (*человек*) to die.

углево́д, а *m* (*chem*) carbohydrate.

углеводоро́д, а *m* (*chem*) hydrocarbon.

угледобы́ч|а, и *f* coal extraction.

углежже́ни|е, я *nt* charcoal burning.

углежо́г, а *m* charcoal burner.

углекислот|а́, ы *f* (*chem*) carbon dioxide.

углеки́слый *adj* (*chem*) carbonate (of); **у. газ** carbon dioxide; **у. аммо́ний** ammonium carbonate.

углеко́п, а *m* (*obs*) coal miner, collier.

углено́сный *adj* rich in coal.

углепромы́шленност|ь, и *f* coal mining, coal industry.

углеро́д, а *m* (*chem*) carbon.

углеро́дист|ый *adj* (*chem*) carbon; carbide (of); ~**ое желе́зо** iron carbide.

углова́т|ый (~, ~а) *adj* **1** angular. **2** (*fig, coll*) (*неловкий*) awkward.

углов|о́й *adj* **1** (*math, phys, tech*) angle; angular; ~**а́я ско́рость** angular velocity; ~**а́я частота́** angular frequency. **2** (*на углу*) corner; **у. дом** corner house; **у. уда́р** (*sport*) corner; *as n* **у.,** ~**о́го** *m* (*sport*) corner; **пода́ть у.** to take a corner.

угломе́р, а *m* (*tech*) goniometer, protractor, clinometer.

углуб|и́ть, лю́, и́шь *pf* (*of* ⇒~**ля́ть**) **1** (*яму*) to deepen, make deeper. **2** (*поместить глубоко, глубже*) to drive in deep, sink deeper. **3** (*fig*) to deepen, extend; **у. свои́ зна́ния** to deepen one's knowledge.

углуб|и́ться, лю́сь, и́шься *pf* (*of* ⇒~**ля́ться**) **1** (*яма*) to deepen, become deeper. **2** (*fig*) (*о знаниях*) to deepen, become deeper; (*о противоречиях*) to become intensified. **3** (**в** + *a*) (*в лес*) to go deep (into); (*в воспоминания*) to become absorbed in, lose o.s. in; (*в историю*) to delve deeply (into) (*also fig*); **у. в ко́рень веще́й** to go to the root of the matter. **4** (**в** + *a*; *fig*) (*в чтение*) to become absorbed (in); **у. в кни́гу** to become absorbed in a book; **у. в себя́** to become introspective.

углубле́ни|е, я *nt* **1** deepening. **2** (*fig*) deepening, extending; intensification; **для** ~**я свои́х зна́ний** in order to deepen one's knowledge. **3** (*geog*) hollow, depression, dip.

углубл|ённый (~ён, ~ена́) *adj* **1** (*работа, изучение*) intensive; (*интерес*) profound. **2** (**в** + *a*) absorbed (in).

углубля́|ть(ся), ю(сь) *impf of* ⇒**углуби́ть(ся)**

угля|де́ть, жу́, ди́шь *pf* (*coll*) **1** (*увидеть*) to spot. **2** (**за** + *i*) (*уберечь*) to look after; **не у.** (**за** + *i*) to fail to take proper care (of).

угна́|ть, угоню́, уго́нишь, *past* ~**л,** ~**ла́,** ~**ло** *pf* (*of* ⇒**угоня́ть**) **1** (*скот*) to drive away, off. **2** (*coll*) (*украсть*) to steal; (*самолёт*) to hijack.

угна́|ться, угоню́сь, уго́нишься, *past* ~**лся,** ~**ла́сь,** ~**ло́сь** *pf* (**за** + *i*) to keep pace (with); to keep up (with) (*also fig*).

угнезд|и́ться, и́шься *pf* (*coll*) to nestle.

угнета́тел|ь, я *m* oppressor.

У

угнета́тельский *adj* oppressive.

угнета́|ть, ю *impf* **1** (*жестоко притеснять*) to oppress. **2** (*удручать*) to depress, dispirit.

угнете́ни|е, я *nt* **1** (*притеснение*) oppression. **2** (*угнетённость*) depression; **быть в ~и** to be depressed.

угнетённост|ь, и *f* depression, low spirits; (*нации*) oppression.

угнетённ|ый *adj* **1** (*притесняемый*) oppressed. **2** (*удручённый*) depressed; **быть в ~ом состоя́нии** to be depressed, be in low spirits.

угова́рива|ть, ю *impf* **1** *impf of* ⇨**уговори́ть**. **2** (*impf only*) to try to persuade, urge.

угова́рива|ться, юсь *impf of* ⇨**уговори́ться**

угово́р, а *m* **1** persuasion; **подда́ться на ~ы** to give in to persuasion. **2** (*соглашение*) agreement, compact; **с ~ом...** on condition...; with the proviso ...; **тако́го ~а не́ было** we did not agree on that.

уговор|и́ть, ю́, и́шь *pf* (*of* ⇨**угова́ривать 1**) (+ *inf*) to persuade (to); to talk (into).

уговор|и́ться, ю́сь, и́шься *pf* (*of* ⇨**угова́риваться**) (+ *inf*) to arrange (to), agree (to).

уго́д|а, ы *f*: **в ~у** (+ *d*) to please.

уго|ди́ть[1], жу́, ди́шь *pf* (*of* ⇨**~жда́ть**) (+ *d*) (*удовлетворить*) to please, oblige.

уго|ди́ть[2], жу́, ди́шь *pf* (*coll*) **1** (**в** + *a*) (*попасть*) to fall (into), get (into); (*при падении*) to bang (against); **у. в западню́** to fall into a trap; **у. в тюрьму́** to land up in prison. **2** (+ *d* **в** + *a*) (*о выстреле, об ударе*) to hit (in, on), get (in, on); **у. кому́-н. в глаз ка́мнем** to hit s.o. in the eye with a stone.

уго́длив|ый (~, ~а) *adj* obsequious.

уго́дник, а *m* **1** (*coll*) person anxious to please; **да́мский у.** ladies' man. **2** (*relig*): **(свято́й) у.** saint.

уго́днича|ть, ю *impf* (**пе́ред** + *i*; *coll*) to fawn (on).

уго́дничеств|о, а *nt* subservience, servility.

уго́дно 1 *as pred* (+ *d*): **что вам у.?** what would you like?, what can I do for you?; **не у. ли вам** (+ *inf*) would you like to; **там есть всё что у.** there is everything there one could wish for; **как вам у.** as you like; please yourself; **ско́лько душе́ у.** to one's heart's content. **2** *particle forming indefinite prons and advs*: **кто у.** anyone (you like), whoever you like; **что у.** anything (you like); whatever you like; **ско́лько у.** as much as you like; any amount; **когда́ у.** any time.

уго́д|ный (~ен, ~на) *adj* (+ *d*) pleasing, welcome (to).

уго́д|ье, ья, *g pl* **~ий** *nt* object or area of economic significance; **лесны́е ~ья** forests; **полевы́е ~ья** arable land; **ры́бные ~ья** fishing ground.

угожда́|ть, ю *impf of* ⇨**угоди́ть[1]**

у́г|ол, ла́, об ~ле́, в ~лу́ *m* **1** (**в ~ле́**) (*math, phys*) angle; **под ~ло́м** (**в** + *a*) at an angle (of); **под прямы́м ~ло́м** at right angles; **у. зре́ния** (*fig*) point of view. **2** (*улицы, стола, комнаты*) corner; **в ~лу́** in the corner; **на ~лу́** at the corner; **за ~ло́м** round the corner; **из-за ~ла́** (from) round the corner; (*fig*) on the sly, behind s.o.'s back; **сре́зать у.** to cut off a corner; **загна́ть кого́-н. в у.** to corner s.o. **3** (*часть комнаты, сдаваемая внаём*) part of a room. **4** (*место, где можно жить*) place; **име́ть свой у.** to have a place of one's own; **глухо́й/медве́жий у.** remote part, godforsaken spot.

угол|ёк, ька́ *m* small piece of coal.

уголо́вник, а *m* (*coll*) criminal.

уголо́вн|ый *adj* criminal; **~ое де́ло** criminal case; **у. ко́декс** criminal code; **~ое пра́во** criminal law; **~ое преступле́ние** crime, felony; **у. престу́пник** criminal; **у. ро́зыск** Criminal Investigation Department.

угол|о́к, ка́ *m diminutive of* ⇨**у́гол**; corner; **у. приро́ды** nature study corner; **живо́й у.** pets' corner; **кра́сный у.** recreation and reading room.

у́голь, угля́ *m* **1** (*pl* **у́гли, у́глей**) coal; **ка́менный у.** coal; **бу́рый у.** lignite; **древе́сный у.** charcoal. **2** (*pl* **у́гли, угле́й**) (*кусок обгоревшего дерева*) a (piece of) coal; **сиде́ть как на ~я́х** to be on thorns. **3** (*pl* **у́гли, угле́й**) (*art*) charcoal.

уго́льник, а *m* set square.

у́гольн|ый *adj* **1** coal; **у. бассе́йн** coalfield; **у. райо́н** coal-mining area. **2** carbon; **~ая дугова́я ла́мпа** carbon arc lamp. **3** (*chem*) carbonic; **~ая кислота́** carbonic acid.

у́гольщик, а *m* **1** (*шахтёр*) coalminer, collier. **2** (*углежог*) charcoal burner.

угомо́н, а (у) *m* (*coll*) peace (and quiet); **на них ~у нет** they give one no peace; **не знать ~у** to have no peace.

угомон|и́ть, ю́, и́шь *pf* (*coll*) to calm.

угомон|и́ться, ю́сь, и́шься *pf* (*coll*) to calm down.

уго́н, а *m* **1** (*людей*) driving away. **2** (*велосипеда*) stealing; (*самолёта*) hijacking; **у. маши́ны** car theft.

уго́нщик, а *m* thief; (*самолёта*) hijacker; **у. маши́ны** car thief; **у.-лиха́ч** joyrider.

угоня́|ть, ю *impf of* ⇨**угна́ть**

угора́зд|ить, ит *pf* (+ *inf*, *usu impers*; *coll*) to urge, make; **как э́то его́ ~ило жени́ться на ней?** what on earth made him marry her?

угор|а́ть, а́ю *impf of* ⇨**~е́ть**

угоре́лый *adj* **1** (*obs*) poisoned by fumes. **2**: **как у.** like a madman, like one possessed.

угор|е́ть[1], ю́, и́шь *pf* (*of* ⇨**~а́ть**) **1** (*отравиться*) to be poisoned by fumes, get carbon monoxide poisoning. **2** (*coll*) (*одуреть*) to be mad, be crazy; **ты что, ~е́л?** are you out of your mind?

угор|е́ть[2], ю́, и́шь *pf* (*of* ⇨**~а́ть**) (*уменьшиться*) to burn away, burn down.

у́г|орь[1], ря́ *m* (*рыба*) eel; **живо́й как у.** as lively as a cricket.

у́г|орь[2], ря́ *m* (*often in pl*) (*на коже*) blackhead.

уго|сти́ть, щу́, сти́шь *pf* (*of* ⇨**~ща́ть**) (+ *i*) to entertain (to), treat (to); **у. кого́-н. обе́дом** to treat s.o. to dinner.

угото́ван|ный *ppp as pred adj* (*rhetorical*) prepared, in store; **им ~о све́тлое бу́дущее** a splendid future is in store for them.

угото́в|ить, лю, ишь *pf* (*obs*) to prepare.

угоща́|ть, ю *impf of* ⇨**угости́ть**

угоще́ни|е, я *nt* **1** (+ *i*) entertaining (to, with), treating (to). **2** (*то, чем угощают*) refreshments; fare.

угрева́т|ый (~, ~а) *adj* covered with blackheads; pimply.

угро́б|ить, лю, ишь *pf* (*sl*) **1** (*убить*) to do in. **2** (*fig*) (*загубить*) to ruin, wreck; **у. чью-н. репута́цию** to ruin s.o.'s reputation.

угрожа́|ть, ю *impf* (*кому чем*) to threaten (with); **он ~л ему́ тюрьмо́й** he threatened him with prison; **ему́ ~ет разоре́ние** he is in danger of bankruptcy; **ему́ ~ет опа́сность** he is in danger; **нам ничего́ не ~ет** we are in no danger; **ситуа́ция ~ет войно́й** the situation carries the threat of war.

угрожа́|ющий *pres participle active of* ⇨**~ть** *and adj* threatening, menacing; **~ющее положе́ние** perilous situation.

угро́з|а, ы *f* threat, menace; **под ~ой** (+ *g*) under threat (of); **поста́вить под ~у** to threaten, endanger, jeopardize.

угро́зыск, а *m* (*abbr of* **уголо́вный ро́зыск**) Criminal Investigation Department (*abbr* CID).

угро́ха|ть, ю *pf* (*sl*) to blow (*money, savings*).

угрызе́ни|е, я *nt* pangs; **~я со́вести** remorse; **чу́вствовать/испы́тывать ~я со́вести** to feel pangs of conscience.

угрю́м|ый (~, ~а) *adj* (*человек*) sullen, morose, gloomy; (*местность, пейзаж*) gloomy.

уда́в, а *m* (*zool*) boa, boa constrictor.

уда|ва́ться, ётся *impf of* ⇨**~́ться**

удав|и́ть, лю́, ~́ишь *pf* to strangle.

удавле́ни|е, я *nt* strangling, strangulation.

уда́вленник, а *m* (*coll*) (*тот, кто повесился*) person who has hanged himself; (*тот, кого удушили*) victim of strangling.

удале́ни|е, я *nt* **1** (*устранение*) removal; **у. аппе́ндикса** appendectomy; **у. зу́ба** extraction of a tooth. **2** (*изгнание*) sending away; **у. с по́ля** (*sport*) sending off the field. **3** (*от берега*) moving off.

удалённост|ь, и *f* remoteness, distance.

удал|ённый 1 *ppp of* ⇨**~и́ть**. **2** *adj* (*район, доступ к компьютеру*) remote.

удал|е́ц, ьца́ *m* daring person.

удал|и́ть, ю́, и́шь *pf* (*of* ⇨**~я́ть**) **1** (*отдалить*) to take away, move away. **2** (*убрать, устранить*) to remove; **у. зуб** to extract a tooth. **3** (*заставить уйти*) to remove, send away; (*от дел, обязанностей*) to remove; **у. с рабо́ты** to dismiss, sack; **у. с по́ля** (*sport*) to send off (the field). **4** (*comput*) to delete.

удал|и́ться, ю́сь, и́шься *pf* (*of* ⇨**~я́ться**) **1** (*отдалиться*) to move off, move away. **2** (*уйти*) to leave, withdraw, retire; **у. на поко́й** to retire to a quiet life; **у. от о́бщества** to withdraw from society.

удал|о́й (уда́л, ~а́, уда́ло) *adj* daring, bold.

у́дал|ь, и *f* daring, boldness.

удальств|о́, а́ *nt* (*coll*) = **у́даль**

удал|я́ть(ся), я́ю(сь) *impf of* ⇒**~и́ть(ся)**

уда́р, а *m* **1** (*рукой, палкой, топором*) blow; (*ногой*) kick; (*ножом*) stab; **одни́м ~ом** at one stroke; **нанести́ у. кому́-н.** to strike s.o. a blow; **у. в спи́ну** (*fig*) stab in the back; **у. гро́ма** thunderclap; (*неприятность*) blow; **у. по самолю́бию** a blow to one's pride; **у. судьбы́** a stroke of bad luck.
2 (*колокола*) stroke.
3 (*mil*) blow; attack; thrust; **у. с во́здуха** air strike; **под ~ом** exposed (to attack).
4: **быть в ~е** (*coll*) to be in good form; to be on the ball.
5 (*med*) (*кровоизлияние в мозг*) stroke; (*сердца, пульса*) beat; **со́лнечный у.** sunstroke.
6 (*sport*) shot, hit, stroke.

ударе́ни|е, я *nt* **1** (*ling*) stress, accent; (*fig*) stress, emphasis; **поста́вить у.** to stress, accent; **сде́лать у. (на** + *p or* **на** + *a*) to stress, emphasize. **2** (*знак*) stress (mark).

уда́р|енный *ppp of* ⇒**~ить** *and adj* (*ling*) stressed, accented.

уда́р|ить, ю, ишь *pf* (*of* ⇒**~я́ть**) **1** (+ *a* **по** + *d or* **в** + *a*) (*нанести удар*) to strike; to hit; **у. кого́-н. по лицу́** to slap s.o.'s face; **у. кулако́м по́ столу** to bang on the table with one's fist; **пу́ля ~ила в сте́ну** the bullet hit the wall.
2 (**в** + *a or* + *a*) (*дать сигнал*) to strike; to sound; to beat; **у. в бараба́н** to beat a drum; **у. в наба́т, у. трево́гу** to sound the alarm; **часы́ ~или по́лночь** the clock struck midnight.
3 (*раздаться*) to sound; **~ил гром** there was a clap of thunder; (*фонтан, пар*) to gush; (*подействовать резко*): **я́ркий свет ~ил в глаза́** a bright light struck his eyes; **вино́ ~ило в го́лову** the wine went to my head; **кровь ~ила в го́лову** blood rushed to my head.
4 (**по** + *d*) (*mil*) to attack.
5 (**по** + *d*) to strike (at); to combat; **у. по кумовству́** to combat nepotism; **у. по карма́ну** (*coll*) to hit one's pocket, set one back.
6 (*coll*) (*о погоде*) to strike; to set in; **ну и моро́зец ~ил** the frosts have really set in.
7: **у. по рука́м** to strike a bargain.
8: **па́лец о па́лец не у.** (*coll*) not to raise, lift a finger.
9: **старика́ ~ил парали́ч** the old man had a stroke.

уда́р|иться, юсь, ишься *pf* (*of* ⇒**~я́ться**) **1** (**о** + *a or* **в** + *a*) to strike (against), hit. **2** (**в** + *a or* + *inf*) to break (into); **у. в бе́гство, у. бежа́ть** to break into a run; **у. в слёзы** to burst into tears. **3** (**в** + *a*) (*пристраститься*) to become addicted (to), become keen (on). **4**: **у. в кра́йность** to go to an extreme; **у. из одно́й кра́йности в другу́ю** to go from one extreme to another.

уда́рник[1], а *m* (*hist*) (*работник*) shock worker, udarnik.

уда́рник[2], а *m* (*ружья*) striker, firing pin; (*детонатора*) plunger.

уда́рник[3], а *m* (*mus*) percussionist; (*в рок-группе*) drummer.

уда́рниц|а, ы *f of* ⇒**уда́рник[1]**

уда́рн|ый *adj* **1** (*tech and mil*) percussive; percussion; **у. ка́псюль** percussion cap; **~ая сва́рка** percussive welding; **~ая си́ла** striking power, force of impact. **2** (*mus*) percussion. **3** (*mil*) striking, shock; **~ая гру́ппа** striking force; **~ые ча́сти** shock troops.
4 (*передовой*) shock(-working); **~ая рабо́та** shock work; **~ые те́мпы** accelerated tempo (*of work*). **5** (*срочный*) urgent; **~ое зада́ние** urgent task, rush job. **6** (*гласный*) stressed.

удар|я́ть(ся), я́ю(сь) *impf of* ⇒**~́ить(ся)**

уда́|ться, стся, ду́тся, *past* **~лся, ~ла́сь** *pf* (*of* ⇒**~ва́ться**)
1 (*получиться*) to be successful, work (well), succeed; **опера́ция ~ла́сь** the operation was a success; **рабо́та не ~ла́сь** the work did not turn out well; **перегово́ры не ~ли́сь** the talks were a failure, did not succeed; **ему́ всё ~ётся** he succeeds in everything he does.
2 (*impers* + *d and inf*) to succeed, manage; **мне не ~ло́сь написа́ть статью́ во́время** I did not manage to write the article on time.

уда́ч|а, и *f* success; (*везение*) good luck, good fortune; **жела́ть ~и** to wish good luck; **им всегда́ у.** they are always lucky.

уда́чливост|ь, и *f* success, luck.

уда́члив|ый (~, ~а) *adj* successful, lucky.

уда́чник, а *m* (*coll*) lucky person.

уда́ч|ный (~ен, ~на) *adj*
1 (*успешный*) successful. **2** (*хороший*) felicitous, apt, good; **у. перево́д** felicitous translation; **у. оборо́т** apt turn of phrase; **у. вы́бор** happy choice.

удва́ива|ть, ю *impf of* ⇒**удво́ить**

удвое́ни|е, я *nt* doubling, redoubling.

удво́|енный *ppp of* ⇒**~ить** *and adj* doubled, redoubled.

удво́|ить, ю, ишь *pf* (*of* ⇒**удва́ивать**) (*увеличить вдвое*) to double; (*букву*) to double; (*значительно увеличить*) to redouble; **у. свои́ уси́лия** to redouble one's efforts.

уде́л, а *m* lot, destiny; **доста́ться в у. кому́-н.** to fall to one's lot.

удел|и́ть, ю́, и́шь *pf* (*of* ⇒**~я́ть**) to give, spare, devote; **у. вре́мя чему́-н.** to spare the time for sth.

уде́льн|ый[1] *adj* (*phys*) specific; **у. вес** specific gravity; (*fig*) (*доля*) proportion, share; **~ая мо́щность** horse power per pound of weight.

уде́льн|ый[2] *adj* (*hist*) appanage; **у. князь** appanage prince (*in Kievan Russia*).

удел|я́ть, я́ю *impf of* ⇒**~и́ть**

у́держ, у *m*: **без ~у** (*coll*) uncontrollably, without restraint; **пла́кать без ~у** to weep uncontrollably; **~у нет ему́, на него́** (*coll*) there's no holding him; **~у не знать** (*coll*) to know no bounds.

удержа́ни|е, я *nt* **1** keeping, holding, retention. **2** (*вычет*) deduction; **у. из зарпла́ты** money stopped from wages; **у. нало́гов** deduction of taxes.

удерж|а́ть, у́, ~́ишь *pf* (*of* ⇒**~́ивать**) **1** (*не выпустить*) to hold, hold on to, not let go. **2** (*сохранить*) to keep, retain; **у. своё ме́сто в чемпиона́те** to retain one's place in a championship competition; **у. в па́мяти** to retain in one's memory. **3** (*не отпустить; не дать сделать*) to hold back, keep back, restrain; **у. лошаде́й** to hold horses back; **у. кого́-н. от опроме́тчивого посту́пка** to restrain s.o. from a headstrong action.
4 (*подавить*) to keep down, suppress; **у. слёзы** to stifle one's tears. **5** (*вычесть*) to deduct, keep back; **у. из зарпла́ты** to stop from wages.

удерж|а́ться, у́сь, ~́ишься *pf* (*of* ⇒**~́иваться**) **1** (*не отступить*) to hold one's ground, hold out; to stand firm; **у. на нога́х** to remain on one's feet.
2 (**от** + *g*) to keep (from), refrain (from); **у. от собла́зна** to resist a temptation; **мы не могли́ у. от сме́ха** we couldn't help laughing.

уде́ржива|ть(ся), ю(сь) *impf of* ⇒**удержа́ть(ся)**

удесятер|и́ть, ю́, и́шь *pf* (*of* ⇒**~я́ть**) to increase tenfold.

удесятер|и́ться, и́тся *pf* (*of* ⇒**~я́ться**) to increase (*intrans*) tenfold.

удесятер|я́ть(ся), я́ю, я́ет(ся) *impf of* ⇒**~и́ть(ся)**

удешев|и́ть, лю́, и́шь *pf* (*of* ⇒**~ля́ть**) to reduce the price (of).

удешев|и́ться, и́тся *pf* (*of* ⇒**~ля́ться**) to become cheaper.

удешевле́ни|е, я *nt* reduction of prices.

удешевля́|ть(ся), ю, ет(ся) *impf of* ⇒**удешеви́ть(ся)**

удиви́тельно *adv* **1** astonishingly, surprisingly. **2** (*чудесно*) wonderfully, marvellously (*Br*), marvelously (*US*).
3 (*очень*) very, extremely. **4** (*as pred*) it is astonishing, it is surprising, it is amazing; (*странно*) it is funny; **у., что** it is surprising that; **мне у., что** I am surprised that; **у., как он сде́лал э́то** I wonder how he did it; **не у., что** no wonder that.

удиви́тел|ьный (~ен, ~ьна) *adj*
1 astonishing, surprising, amazing.
2 (*чудесный*) wonderful, marvellous (*Br*), marvelous (*US*).

удив|и́ть, лю́, и́шь *pf* (*of* ⇒**~ля́ть**) to astonish, surprise, amaze.

удив|и́ться, лю́сь, и́шься *pf* (*of* ⇒**~ля́ться**) (+ *d*) to be astonished (at), be surprised (at); to marvel (at).

удивле́ни|е, я *nt* astonishment, surprise, amazement; **к моему́ вели́кому ~ю** to my great surprise; **на у.** (*coll*) excellent(ly), splendid(ly); **приём вы́шел на у.** the reception went off splendidly; **хоро́ший на у.** surprisingly good.

удивля́|ть(ся), ю(сь) *impf of* ⇒**удиви́ть(ся)**

удил|а́, уди́л, ~а́м (*no sg*) bit; **закуси́ть у.** to take the bit between one's teeth (*also fig*).

уди́лищ|е, а *nt* fishing rod.

уди́льн|ый *adj*: **~ые принадле́жности** fishing tackle.

уди́льщик, а *m* **1** (*рыболов*) angler. **2** (*zool*) angler(fish).

уди́льщиц|а, ы *f of* ⇨**уди́льщик 1**

удира́|ть, ю *impf of* ⇨**удра́ть**

уди́ть, ужу́, у́дишь *impf*: **у. (ры́бу)** to fish, angle.

уди́ться, у́дится *impf* (*of fish*) to bite.

удлине́ни|е, я *nt* lengthening; **у. сро́ка** extension (of time).

удлини́тел|ь, я *m* extension lead.

удлин|и́ть, ю́, и́шь *pf* (*of* ⇨**~я́ть**) to lengthen; (*срок*) to extend, prolong.

удлин|и́ться, и́тся *pf* (*of* ⇨**~я́ться**) (*о теня́х*) to become longer; (*о сро́ке*) to be extended, be prolonged.

удлин|я́ть(ся), я́ю, я́ет(ся) *impf of* ⇨**~и́ть(ся)**

удму́рт, а *m* Udmurt.

удму́рт|ка, ки *f of* ⇨**~**

удму́ртский *adj* Udmurt.

удо́бно[1] *adv* **1** (*сидеть*) comfortably. **2** (*расположить*) conveniently.

удо́бно[2] *as pred* **1** (+ *d*) (*хорошо*) to feel, be comfortable; to be at one's ease; **нам здесь вполне́ у.** we are very comfortable here. **2** (+ *d*) (*подходит*) it is convenient (for), it suits; **у. ли вам прие́хать сра́зу?** is it convenient for you to come at once? **3** (*прилично*) it is proper, it is in order; **у. ли зада́ть тако́й вопро́с?** is it proper to ask such a question?

удо́б|ный (~ен, ~на) *adj* **1** (*кресло, туфли*) comfortable; (*уютный*) cosy (*Br*), cozy (*US*). **2** (*подходящий*) convenient, suitable, opportune; **в ~ное для вас вре́мя** at your convenience; **по́льзоваться ~ным слу́чаем** (+ *inf*) to take an opportunity (to do sth). **3** (*приличный*) proper, in order.

удобовари́м|ый (~, ~а) *adj* digestible.

удобоисполни́м|ый (~, ~а) *adj* easy to carry out; **~ая про́сьба** a simple request.

удобочита́ем|ый (~, ~а) *adj* easy to read; legible.

удобре́ни|е, я *nt* (*agric*) **1** (*действие*) fertilization; (*навозом*) manuring. **2** (*вещество*) fertilizer; (*навоз*) manure.

удо́бр|ить, ю, ишь *pf* (*of* ⇨**~я́ть**) to fertilize.

удобр|я́ть, я́ю *impf of* ⇨**~ить**

удо́бств|о, а *nt* **1** (*одежды*) comfort. **2** (*употребления*) convenience; **кварти́ра со все́ми ~ами** flat with all (modern) conveniences.

удовлетворе́ни|е, я *nt* satisfaction, gratification; **тре́бовать ~я у кого́-н.** to demand satisfaction from s.o.; **отмеча́ть с ~ем** to note with satisfaction.

удовлетворённо *adv* (*улыбаться, сказать*) with satisfaction.

удовлетворённост|ь, и *f* satisfaction, contentment.

удовлетвор|ённый *ppp of* ⇨**~и́ть** *and adj* (+ *i*) satisfied, contented (with).

удовлетвори́тельно 1 *adv* satisfactorily. **2** *n*; *nt indecl* (*отметка*) 'satisfactory', 'fair' (*as school or university mark*).

удовлетвори́тел|ьный (~ен, ~ьна) *adj* satisfactory.

удовлетвор|и́ть, ю́, и́шь *pf* (*of* ⇨**~я́ть**) **1** to satisfy; to comply (with); **у. запро́сы** to satisfy requirements; **у. про́сьбу** to comply with a request. **2** (+ *d*) to answer, meet; **у. тре́бованиям** to answer requirements. **3** (+ *i*) (*снабдить*) to supply (with), furnish (with).

удовлетвор|и́ться, ю́сь, и́шься *pf* (*of* ⇨**~я́ться**) (+ *i*) to content o.s. (with), be satisfied (with).

удовлетвор|я́ть(ся), я́ю(сь) *impf of* ⇨**~и́ть(ся)**

удово́льстви|е, я *nt* **1** (*sg only*) pleasure; **доста́вить у.** (+ *d*) to give pleasure; **с ~ем!** with pleasure! **2** (*забава*) amusement; **жить в своё у.** to live a life of leisure; **дорого́е у.** (*coll*) it doesn't come cheap.

удово́льств|оваться, уюсь *pf of* ⇨**дово́льствоваться**

удо́д, а *m* (*zool*) hoopoe.

удо́|й, я *m* **1** (*количество молока*) yield of milk. **2** (*доение*) milking.

удо́йлив|ый (~, ~а) *adj* yielding much milk; **~ая коро́ва** good milker.

удо́йност|ь, и *f* (*количество молока*) yield of milk; (*способность коровы*) milking capacity.

удо́й|ный *adj* **1** *adj of* ⇨**~**. **2** = **~ливый**

удорожа́ни|е, я *nt* rise in price(s).

удорож|а́ть, а́ю *impf of* ⇨**~и́ть**

удорож|и́ть, у́, и́шь *pf* (*of* ⇨**~а́ть**) to raise the price (of).

удоста́ива|ть(ся), ю(сь) *impf of* ⇨**удосто́ить(ся)**

удостовере́ни|е, я *nt* **1** (*действие*) certification, attestation; **в у.** (+ *g*) in witness (of). **2** (*документ*) certificate; **у. ли́чности** identity card, ID; **води́тельское у.** driving licence (*Br*), driver's license (*US*).

удостове́р|ить, ю, ишь *pf* (*of* ⇨**~я́ть**) to certify, attest, witness; **у. по́дпись** to witness a signature.

удостове́р|иться, юсь, ишься *pf* (*of* ⇨**~я́ться**) (**в** + *p*) to make sure (of); to assure o.s. (of).

удостовер|я́ть(ся), я́ю(сь) *impf of* ⇨**~́ить(ся)**

удосто́|ить, ю, ишь *pf* (*of* ⇨**удоста́ивать**) **1** (+ *a and g*) (*звания, степени*) to award (to), confer (on); **у. кого́-н. Но́белевской пре́мии** to award s.o. a Nobel Prize. **2** (+ *i*; *usu ironical*) (*вниманием*) to favour (*Br*), favor (*US*) (with); to deign to give; **у. улы́бкой** to favour with a smile; **он не ~ил нас отве́том** he did not deign to give us an answer.

удосто́|иться, юсь, ишься *pf* (*of* ⇨**удоста́иваться**) (+ *g*) **1** (*награды*) to receive, be awarded. **2** (*usu ironical*) (*улыбки*) to be favoured (*Br*), favored (*US*) (with).

удосу́жива|ться, юсь *impf of* ⇨**удосу́житься**

удосу́ж|иться, усь, ишься *pf* (*of* ⇨**~иваться**) (+ *inf*; *coll*) to find time (to); to manage.

удочер|и́ть, ю́, и́шь *pf* (*of* ⇨**~я́ть**) to adopt (*as a daughter*).

удочер|я́ть, я́ю *impf of* ⇨**~и́ть**

у́дочк|а, и *f* (fishing) rod (*also in fig, coll phrr*); **заки́нуть ~у** to cast a line; to put a line out (= *to try to discover sth*); **пойма́ть/подде́ть на ~у** to catch out; **попа́сться на ~у** to swallow the bait.

удра́|ть, удеру́, удерёшь, *past* **~л, ~ла́, ~ло** *pf* (*of* ⇨**удира́ть**) (*coll*) to make off; to do a bunk (*Br*).

удруж|и́ть, у́, и́шь *pf* (+ *d*; *coll*) to do a good turn (*also ironical* = *to do a bad turn*).

удруч|а́ть, а́ю *impf of* ⇨**~и́ть**

удручённост|ь, и *f* depression, despondency.

удруч|и́ть, у́, и́шь *pf* (*of* ⇨**~а́ть**) to depress, dispirit.

уду́м|ать, аю *pf* (*of* ⇨**~ывать**) (*coll*) to think up.

уду́мыва|ть, ю *impf of* ⇨**уду́мать**

удуш|а́ть, а́ю *impf of* ⇨**~и́ть**

удуше́ни|е, я *nt* suffocation.

удуш|и́ть, у́, ~́ишь *pf* (*of* ⇨**~а́ть**) (*человека*) to suffocate, smother; (*свободу*) to stifle.

уду́шлив|ый (~, ~а) *adj* suffocating; **~ая жара́** stifling heat.

уду́шь|е, я *nt* breathlessness, shortness of breath.

уедине́ни|е, я *nt* solitude; seclusion.

уединённост|ь, и *f* solitariness, seclusion.

уединён|ный (~, ~на) *adj* solitary, secluded.

уедин|и́ть, ю́, и́шь *pf* (*of* ⇨**~я́ть**) to seclude, set apart.

уедин|и́ться, ю́сь, и́шься *pf* (*of* ⇨**~я́ться**) (**от** + *g*) to retire (from), withdraw (from); to go off (by o.s.); **у. в свою́ ко́мнату** to retire to one's room.

уедин|я́ть(ся), я́ю(сь) *impf of* ⇨**~и́ть(ся)**

уе́зд, а *m* (*hist*) uyezd (*an administrative unit*).

уе́зд|ный (*hist*) *adj of* ⇨**~**; **у. го́род** chief town of uyezd.

уезжа́|ть, ю *impf of* ⇨**уе́хать**

УЕФА́ *m indecl* UEFA (*Union of European Football Associations*).

уе́хать, уе́ду, уе́дешь, *imperative* **уезжа́й(те)** *pf* (*of* ⇨**уезжа́ть**) to go away, leave, depart.

уж[1]**, а́** *m* grass snake.

уж[2] **1** *adv* = **уже́**. **2** *emphatic particle* (*coll*) (*безусловно*) to be sure, indeed, certainly; **уж он узна́ет** he is sure to find out. **3** *particle emphasizing certain prons and advs* (*очень*) very; **э́то не так уж сло́жно** it's not so very complicated.

ужа́л|ить, ю, ишь *pf of* ⇨**жа́лить**

ужа́рива|ться, ется *impf of* ⇨**ужа́риться**

ужа́р|иться, ится *pf* (*of* ⇨**~иваться**) (*coll*) to shrink (during cooking).

у́жас, а *m* **1** (*чувство страха*) horror, terror; **прийти́ в у.** to be horrified; **привести́ в у.** to horrify; **внуши́ть у.** (+ *d*) to inspire with horror, horrify; **навести́ у.** (**на** + *a*) to instil terror (into); **к моему́ ~у** to my horror. **2** (*usu in pl*) (*предмет страха*) horror; **~ы го́лода** the horrors of famine; **фильм**

у

~ов horror film/movie. **3** *as pred* (*coll*) it is awful, it is terrible; **у. что тако́е** it's terrible; **ти́хий у.** horror of horrors; **како́й у.!** how awful! **4**: **у. (как)** *as adv* (*coll*) awfully, terribly; **у. как гро́мко** awfully loud.

ужас|а́ть(ся), а́ю(сь) *impf of* ⇒**~ну́ть(ся)**

ужаса́ющий *adj* awful, terrible.

ужа́сно¹ *adv* **1** horribly, terribly; **у. себя́ чу́вствовать** to feel awful. **2** (*coll*) (*чрезвычайно*) awfully, terribly; **он у. пло́хо игра́ет** he plays terribly badly.

ужа́сно² *as pred* (*coll*) it is awful, it is terrible; **как у.!** how awful!

ужас|ну́ть, ну́, нёшь *pf* (*of* ⇒**~а́ть**) to horrify, terrify.

ужас|ну́ться, ну́сь, нёшься *pf* (*of* ⇒**~а́ться**) to be horrified, be terrified.

ужа́с|ный (~ен, ~на) *adj* awful, terrible; **у. вид** awful sight; **у. на́сморк** awful cold.

ужа́стик, а *m* (*coll*) **1** (*фильм*) horror film. **2** (*usu in pl*) (*ужас*) horror.

у́же *comp of* ⇒**у́зкий, у́зко**

уже́ 1 *adv* already; now; by now; **у. не** no longer; **они́ у. прие́хали** they are here already; **он, должно́ быть, у. уе́хал** he must have gone by now; **она́ у. не ребёнок** she is no longer a child. **2** *emphatic particle* = **уж**; **э́то у. друго́е де́ло** that's quite a different matter.

уже́ли, уже́ль *adv* (*obs*) = **неуже́ли**

уже́ни|е, я *nt* fishing, angling.

ужесточа́|ть, ю *impf of* ⇒**ужесточи́ть**

ужесточ|и́ть, у́, и́шь *pf* (*of* ⇒**~а́ть**) to make more severe.

ужива́|ться, юсь *impf of* ⇒**ужи́ться**

ужи́вчив|ый (~, ~а) *adj* (*человек*) easy to get on with; (*характер*) gregarious.

ужи́мк|а, и *f* grimace.

у́жин, а *m* supper.

у́жина|ть, ю *impf* (*of* ⇒**по~**) to have supper.

ужи́|ться, ву́сь, вёшься, *past* **~лся, ~ла́сь** *pf* (*of* ⇒**~ва́ться**) **1** (**с** + *i*) to get on (with); **мы с ней так и не ~ли́сь** she and I simply couldn't get on. **2** (*привыкнуть*) to settle (down).

ужо́ *adv* (*dialect*) **1** (*потом*) later, by and by. **2** (*как угроза*): **у. тебе́!** just you wait!; **я тебя́ у. проучу́!** just you wait — I'll show you!

узаконе́ни|е, я *nt* **1** (*действие*) legalization; (*fig*) legitimization. **2** (*obs*) (*закон*) statute.

узако́н|енный *ppp of* ⇒**~ить** *and adj* established.

узако́нива|ть, ю *impf of* ⇒**узако́нить**

узако́н|ить, ю, ишь *pf* (*of* ⇒**~ивать**) (*придать законную силу*) to legalize; (*fig*) (*сделать приемлемым*) to legitimize.

узбе́к, а *m* Uzbek.

Узбекиста́н, а *m* Uzbekistan.

узбе́кский *adj* Uzbek.

узбе́|чка, чки *f of* ⇒**~к**

узд|а́, ы, *pl* **~́ы** *f* bridle (*also fig*); **держа́ть в ~е́** to keep in check, restrain.

узде́чк|а, и *f* bridle.

уздцы́: **под у.** by the bridle.

у́з|ел, ла́ *m* **1** (*на верёвке*) knot (*also fig*); (*мера скорости*) knot; **завяза́ть у.** to tie a knot; **завяза́ть ~ло́м** to knot; **у. противоре́чий** knot of contradictions. **2** (*место пересечения*) junction; (*центр*) centre (*Br*), center (*US*); **у. доро́г** road junction; **промы́шленный у.** industrial centre; **телефо́нный у.** telephone exchange; **у. сопротивле́ния** (*mil*) centre of resistance. **3**: **не́рвный у.** (*anat*) nerve centre (*Br*), center (*US*); ganglion. **4** (*bot*) node. **5** (*tech*) (*часть механизма*) group, assembly. **6** (*свёрток*) bundle, pack.

узел|о́к, ка́ *m* **1** small knot. **2** (*bot*) nodule. **3** (*свёрток*) small bundle.

у́з|кий (~ок, ~ка́, ~ко, ~́ки́) *adj* **1** narrow; **~кое ме́сто** (*fig*) bottleneck. **2** (*об одежде*) tight. **3** (*fig*) (*ограниченный*) narrow, limited; **у. круг друзе́й** narrow circle of friends; **~кая специа́льность** narrow specialism, specialized field; **в ~ком смы́сле сло́ва** in the narrow sense of the word. **4** (*fig*) (*односторонний*) narrow; **у. ум** narrow mind; **у. челове́к** narrow-minded person.

узкова́т|ый (~, ~а) *adj* rather narrow; (*об одежде*) rather tight.

узкоколе́йный *adj* narrow gauge.

узколо́б|ый (~, ~а) *adj* (*fig*) narrow-minded.

узлова́т|ый (~, ~а) *adj* knotty; gnarled.

узлов|о́й *adj* **1** junction; **~а́я ста́нция** (*railways*) junction. **2** (*основной*) main, key; **у. вопро́с** key, central question.

узна|ва́ть, ю́, ёшь *impf of* ⇒**~́ть**

узна́|ть, ю *pf* (*of* ⇒**~ва́ть**) **1** (*старого друга, свою машину*) to recognize. **2** (*нужду, любовь*) to get to know; to become familiar with. **3** (*новости*) to learn, hear; (*обнаружить*) to find out; **я ~л о его́ прие́зде из газе́т** I learnt of his arrival from the newspapers; **я ~л, что он прие́хал** I found out that he had arrived; **мы ~ли о подро́бностях намно́го по́зже** we found out the details much later; **он ~л, как всё произошло́ от поли́ции** he found out how it had all happened from the police.

у́зник, а *m* (*rhetorical*) prisoner.

у́зниц|а, ы *f of* ⇒**у́зник**

узо́р, а *m* pattern, design.

узо́р|ный *adj* **1** *adj of* ⇒**~**. **2** decorated with a pattern, design.

узо́рчат|ый (~, ~а) *adj* decorated with a pattern, design.

у́зост|ь, и *f* narrowness (*also fig*); (*одежды*) tightness.

узр|е́ть, ю́, и́шь *pf* **1** *pf of* ⇒**зреть²**. **2** (*усмотреть*) to see; to take (as).

узурпа́тор, а *m* usurper.

узурпа́ци|я, и *f* usurpation.

узурпи́р|овать, ую *impf and pf* to usurp.

у́зус, а *m* (*ling*) usage.

у́з|ы, ~ (*no sg*) (*fig*) bonds, ties.

уике́нд, а *m* = **уи́к-э́нд**

уи́к-э́нд, а *m* weekend.

уйгу́р, а *m* Uighur.

уйгу́р|ка, ки *f of* ⇒**~**

уйгу́рский *adj* Uighur.

уй|ду́, дёшь *see* ⇒**~ти**

у́йм|а, ы *f* (+ *g*) (*coll*) lots (of), masses (of).

уйм|у́, ёшь *see* ⇒**уня́ть**

уй|ти́, ду́, дёшь, *past* **ушёл, ушла́** *pf* (*of* ⇒**уходи́ть¹ 1**) **1** (*покинуть место*) to go away, go off, leave; **(из, от, с** + *g*) to leave; **у. из ко́мнаты** to leave the room; **у. домо́й** to go (off) home; **у. в монасты́рь** to go into a monastery; **мне на́до у.** I must leave; **у. ни с чем** to leave empty-handed; **так мы далеко́ не ~дём** this won't get us far; **э́то не ~дёт** it won't go away; it can wait. **2** (**от, из** + *g*) (*спастись, избавиться*) to escape (from), get away (from); to evade. **3** (**от, из, с** + *g*) (*перестать заниматься чем-н.*) to retire (from), give up; **он ушёл из фи́рмы** he left the company; **она́ ушла́ с рабо́ты** she left her job; **у. из поли́тики** to retire from politics; **у. (из жи́зни)** to pass away (= *to die*); **у. со сце́ны** to quit the stage. **4** (**в** + *a*) (*погрузиться*) to sink (into); (*fig*) to bury o.s. (in); **студе́нт ушёл в кни́ги** the student buried himself in his books; **у. в себя́** to retire into one's shell. **5** (**на** + *a*) (*израсходоваться*) to be used, be spent; **на пол ушло́ мно́го де́рева** a lot of wood was used on the floor; **на кни́гу ушёл год** a year was spent on the book; **на дом ушло́ де́сять ты́сяч** ten thousand was spent on the house. **6** (*о времени, об эпохе*) to pass away, slip away. **7** (*coll*) (*о жидкости*) to boil over. **8** (**вперёд**) (*о часах*) to gain, be fast.

ука́з, а *m* **1** decree; edict, ukase; **изда́ть у.** to issue a decree. **2** *as pred* (+ *d, coll*): **ты мне не у.** I'm not obliged to do as *you* say.

указа́ни|е, я *nt* **1** (*действие*) indication, pointing out. **2** (*инструкция*) instructions, directions; **дать ~я** to give instructions.

ука́з|анный *ppp of* ⇒**~а́ть** *and adj* fixed, appointed; **на ~анном ме́сте** at the place appointed.

указа́тел|ь, я *m* **1** (*прибор, стрелка*) indicator; (*надпись*) sign; (*comput*) cursor; **доро́жный у.** road sign; **у. оборо́тов** (*tech*) revolution counter; **у. у́ровня воды́** water gauge. **2** (*справочный список*) index; **у. имён со́бственных** index of proper names. **3** (*справочная книга*) guide, directory.

указа́тельн|ый *adj* **1** indicating; **~ая стре́лка** pointer; **у. па́лец** index finger; **у. знак** road sign. **2**: **~ое местоиме́ние** (*gram*) demonstrative pronoun.

ука|за́ть, жу́, ~́жешь *pf* (*of* ⇒**~́зывать 1**) **1** (*дорогу*) to show; (*адрес, день*) to indicate. **2** (**на** + *a*) (*жестом*) to point (at, to); (*fig*) (*на ошибку, недостаток*) to point out; (*свидетельствовать*) to point to; to indicate, suggest; **но́вые откры́тия ~́зывают на прису́тствие воды́ на**

у

Ма́рсе new data point to the presence of water on Mars; **его́ поведе́ние ~́зывает на то, что он чу́вствует себя́ винова́тым** his behaviour (*Br*), behavior (*US*) suggests that he feels guilty. **3** (*дать совет*) to explain; to give directions.

ука́зк|а, и *f* **1** (*палочка*) pointer. **2** (*coll, pej*) (*приказ*) orders; **по чужо́й ~е** at s.o. else's bidding.

указу́ющий *adj*: **у. перст** gesture of authority; authoritative instruction.

ука́зчик, а *m* (*coll*) person who gives orders; **ты нам не у.** you can't give us orders.

ука́зыва|ть, ю 1 *impf of* ⇒**указа́ть**. **2** *no pf* (*свидетельствовать*) (**на** + *a*) to indicate; **цифры ~ют на то, что пробле́ма остаётся** the figures indicate that there is still a problem.

ука́лыва|ть(ся), ю(сь) *impf of* ⇒**уколо́ть(ся)**

укат|а́ть, а́ю *pf* (*of* ⇒**~́ывать**[1]) **1** to roll (out); **у. доро́гу** (*катком*) to roll a road; (*ездой*) to make a road smooth. **2** (*coll*) (*утомить*) to wear out, tire out.

укат|а́ться, а́ется *pf* (*of* ⇒**~́ываться**[1]) (*о дороге*) to become smooth.

ука|ти́ть, чу́, ~́тишь *pf* (*of* ⇒**~́тывать**[2]) **1** (*бочку*) to roll away; (*велосипед*) to wheel away. **2** (*coll*) (*уехать*) to go off.

ука|ти́ться, ~́тится *pf* (*of* ⇒**~́тываться**[2]) to roll away (*intrans*).

ука́тыва|ть(ся)[1]**, ю, ет(ся)** *impf of* ⇒**уката́ть(ся)**

ука́тыва|ть(ся)[2]**, ю, ет(ся)** *impf of* ⇒**укати́ть(ся)**

укач|а́ть, а́ю *pf* (*of* ⇒**~́ивать**) **1** (*до сна*) to rock to sleep. **2** (*о море, о езде*) to make sick; (*impers*): **меня́ ~а́ло на парохо́де** I was (sea)sick on the boat.

ука́чива|ть, ю *impf of* ⇒**укача́ть**; **в маши́не её ~ет** she gets travel-sick in cars.

УКВ (*abbr of* **ультракоро́ткие во́лны**) VHF (*very high frequency*) waveband.

укип|а́ть, а́ет *impf of* ⇒**~е́ть**

укип|е́ть, и́т *pf* (*of* ⇒**~а́ть**) (*coll*) to boil away.

укла́д, а *m* structure; **у. жи́зни** style of life; **обще́ственно-экономи́ческий у.** social and economic structure.

укла́дк|а, и *f* **1** (*вещей, чемодана*) packing; (*в штабеля*) stacking; (*в груду*) piling. **2** (*фундамента, рельсов*) laying. **3** (*причёска*) styling.

укла́дчик, а *m* **1** (*вещей*) packer. **2** (*рельсов*) layer.

укла́дыва|ть, ю *impf of* ⇒**уложи́ть**

укла́дыва|ться[1]**, юсь** *impf of* ⇒**уложи́ться**; **э́то не ~ется в голове́** it is hard to take it in; it doesn't make sense; **э́то собы́тие не ~ется в (обы́чные) ра́мки** this event is out of the ordinary.

укла́дыва|ться[2]**, юсь** *impf of* ⇒**уле́чься 1, 2**

укле́йк|а, и *f* (*zool*) bleak.

укло́н, а *m* **1** slope; (*градиент*) gradient; **под у.** downhill; **кати́ться под у.** (*fig*) to go downhill. **2** (*fig*) (*направленность*) bias; **шко́ла с математи́ческим ~ом** school with a mathematical bias. **3** (*отклонение*) deviation.

уклоне́ни|е, я *nt* (*от плана*) deviation; (*от обязанностей*) evasion; (*от удара*) dodging; **у. от те́мы** digression; **у. от вое́нной слу́жбы** evasion of military service.

уклони́зм, а *m* (*pol*) deviationism.

уклони́ст, а *m* (*pol*) deviationist.

уклон|и́ться, ю́сь, и́шься *pf* (*of* ⇒**~я́ться**) **1** (**от** + *g*) (*избежать*) to avoid; to evade; **у. от встре́чи** to avoid a meeting; **у. от отве́тственности** to evade responsibility; **у. от уда́ра** to dodge a blow; **у. от прямо́го отве́та** to avoid giving a direct answer. **2** (*от пути, курса*) to deviate; **у. от те́мы** to digress.

укло́нчив|ый (~, ~а) *adj* evasive.

уклон|я́ться, я́юсь *impf of* ⇒**~и́ться**

уклю́чин|а, ы *f* rowlock.

укоко́ш|ить, у, ишь *pf* (*sl*) to bump off.

уко́л, а *m* **1** (*булавкой*) prick. **2** (*fig*) (*что-н. обидное*) jibe. **3** (*med*) injection, 'jab'.

укол|о́ть, ю́, ~́ешь *pf* (*of* ⇒**ука́лывать** *and* ⇒**коло́ть**[2] **1, 4, 5**) **1** (*булавкой, шилом*) to prick. **2** (*fig*) (*обидеть*) to sting, wound; **у. чьё-н. самолю́бие** to wound s.o.'s pride. **3** (*coll*) (*лекарство, наркотики*) to inject.

укол|о́ться, ю́сь, ~́ешься *pf* (*of* ⇒**ука́лываться**) **1** (*булавкой, шилом*) to prick o.s. **2** (*impf* **коло́ться**[2] **2**) (*coll*) (*о наркомане*) to inject o.s.

укомплектова́ни|е, я *nt* bringing up to strength.

укомплекто́в|анный *ppp of* ⇒**~а́ть** *and adj* complete, at full strength.

укомплект|ова́ть, у́ю *pf* (*of* ⇒**комплектова́ть** *and* ⇒**~о́вывать**) **1** (*оборудование*) to complete; (*добавить людей*) to bring up to (full) strength; (*набрать людей*) to man. **2** (+ *a and i*) (*снабдить*) to equip (with), furnish (with).

укомплекто́выва|ть, ю *impf of* ⇒**укомплектова́ть**

уко́р, а *m* reproach; **ста́вить что-н. в у. кому́-н.** to reproach s.o. with sth; **~ы со́вести** pangs of conscience.

укора́чива|ть, ю *impf of* ⇒**укороти́ть**

укорене́ни|е, я *nt* **1** (*взглядов*) implanting, inculcation. **2** (*черенков, привычек*) taking root, striking root.

укорен|и́ть, ю́, и́шь *pf* (*of* ⇒**~я́ть**) to implant, inculcate.

укорен|и́ться, и́тся *pf* (*of* ⇒**~я́ться**) to take, strike root (*also fig*).

укорен|я́ть(ся), я́ю, я́ет(ся) *impf of* ⇒**~и́ть(ся)**

укори́зн|а, ы *f* reproach.

укори́зненный *adj* reproachful.

укор|и́ть, ю́, и́шь *pf* (*of* ⇒**~я́ть**) (+ *a and* **в** + *p*) to reproach (with).

укоро|ти́ть, чу́, ти́шь *pf* (*of* ⇒**укора́чивать**) to shorten.

укор|я́ть, я́ю *impf of* ⇒**~и́ть**

уко́с, а *m* hay harvest, hay crop.

укра́дкой *adv* stealthily, furtively.

Украи́н|а, ы *f* (the) Ukraine.

украи́н|ец, ца *m* Ukrainian.

украи́н|ка, ки *f of* ⇒**~ец**

украи́нский *adj* Ukrainian.

укра́|сить, шу, сишь *pf* (*of* ⇒**~ша́ть**) (*дом, комнату*) to decorate; (*ёлку*) to decorate (*Br*), trim (*US*); (*речь, стиль*) to embellish; (*жизнь*) to enrich.

укра́|ситься, шусь, сишься *pf* (*of* ⇒**~ша́ться**) **1** (*улица, комната*) to be decorated; (*человек*) to adorn o.s. **2** (*речь*) to be embellished; (*жизнь*) to be enriched.

укра́|сть, ду́, дёшь, *past* **~л** *pf* (*of* ⇒**красть**) to steal.

украша́|ть(ся), ю(сь) *impf of* ⇒**укра́сить(ся)**

украше́ни|е, я *nt* **1** (*действие*) decorating, decoration. **2** (*предмет*) decoration, ornament; (*ювелирное*) jewellery. **3** (*гордость*) pride; (*выставки*) centrepiece (*Br*), centerpiece (*US*).

укреп|и́ть, лю́, и́шь *pf* (*of* ⇒**~ля́ть**) **1** (*стены, ограду, мускулы*) to strengthen. **2** (*mil*) to fortify. **3** (*fig*) (*убеждение, любовь, власть, положение, семью*) to strengthen; **у. дисципли́ну** to tighten up discipline.

укреп|и́ться, лю́сь, и́шься *pf* (*of* ⇒**~ля́ться**) **1** to become stronger. **2** (*mil*) to fortify one's position. **3** (*fig*) (*дисциплина, власть*) to become firmly established; **за ним ~и́лась репута́ция справедли́вого челове́ка** he has earned the reputation of being a fair person; **у. в убежде́нии** to be confirmed in one's belief; **у. в наме́рении** (+ *inf*) to become determined to do sth.

укрепле́ни|е, я *nt* **1** strengthening. **2** (*mil*) fortification; **ли́ния ~й** fortification line.

укреп|лённый *ppp of* ⇒**~и́ть** *and adj* (*mil*) fortified.

укрепля́|ть(ся), ю(сь) *impf of* ⇒**укрепи́ть(ся)**

укро́м|ный (~ен, ~на) *adj* secluded; sheltered.

укро́п, а *m* (*bot*) dill.

укроти́тел|ь, я *m* (animal-)tamer.

укроти́тель|ница, ницы *f of* ⇒**~**

укро|ти́ть, щу́, ти́шь *pf* (*of* ⇒**~ща́ть**) **1** (*зверя*) to tame. **2** (*чувство*) to curb; **у. свои́ стра́сти** to curb one's passions.

укро|ти́ться, щу́сь, ти́шься *pf* (*of* ⇒**~ща́ться**) **1** (*о животном*) to become tame. **2** (*о гневе*) to calm down, die down.

укроща́|ть(ся), ю(сь) *impf of* ⇒**укроти́ть(ся)**

укроще́ни|е, я *nt* taming.

укрупне́ни|е, я *nt* enlargement, extension; (*объединение*) amalgamation (*of small firms, etc.*).

укрупн|и́ть, ю́, и́шь *pf* (*of* ⇒**~я́ть**) to enlarge, extend; (*объединить*) to amalgamate.

укрупн|я́ть, я́ю *impf of* ⇒**~и́ть**

укрыва́тел|ь, я *m* (*law*) concealer, harbourer (*Br*), harborer (*US*); **у. кра́деного** receiver (of stolen goods).

укрыва́тельств|о, а *nt* (*law*) concealment, harbouring (*Br*), harboring (*US*); **у. кра́деного** receiving (of stolen goods).

укрыва́|ть(ся), ю(сь) *impf of* ⇒**укры́ть(ся)**

укры́ти|е, я *nt* (*mil, etc.*) cover, concealment; shelter; **у. от огня́** cover (from fire).

укр|ы́ть, о́ю, о́ешь *pf* (*of* ⇒**~ыва́ть**) **1** (*ноги, поля*) to cover (up). **2** (*преступника*) to conceal, harbour (*Br*), harbor (*US*); (*беженца*) to give shelter; (*краденое*) to receive (*stolen goods*); **у. от дождя́** to give shelter from the rain.

укр|ы́ться, о́юсь, о́ешься *pf* (*of* ⇒**~ыва́ться**) **1** (*одеялом*) to cover o.s. (up). **2** (*от дождя*) to take cover; to seek shelter. **3** (*остаться незаметным*) to escape (s.o.'s) notice; **э́то от меня́ не ~ы́лось** it has not escaped my notice.

у́ксус, а (у) *m* vinegar.

у́ксусник, а *m* vinegar cruet.

у́ксусниц|а, ы *f* = **у́ксусник**

уксуснοки́сл|ый *adj* (*chem*) acetate (of); **~ая соль** acetate.

у́ксусн|ый *adj* **1** *adj of* ⇒**у́ксус**. **2**: **~ая кислота́** acetic acid.

уку́порива|ть, ю *impf of* ⇒**уку́порить**

уку́пор|ить, ю, ишь *pf* (*of* ⇒**~ивать**) to cork (up).

уку́порк|а, и *f* corking.

уку́с, а *m* bite; (*насекомого*) sting.

уку|си́ть, шу́, ~́сишь *pf* to bite; (*о насекомом*) to sting; **кака́я му́ха его́ ~си́ла?** (*coll*) what's bitten him?; what's got into him?

уку́т|ать, аю *pf* (*of* ⇒**~ывать**) (+ *i or* **в** + *a*) to wrap up (in).

уку́т|аться, аюсь *pf* (*of* ⇒**~ываться**) (+ *i or* **в** + *a*) to wrap o.s. up (in).

уку́тыва|ть(ся), ю(сь) *impf of* ⇒**уку́тать(ся)**

ул. (*abbr of* **у́лица**) St., Street; Rd, Road.

ула́влива|ть, ю *impf of* ⇒**улови́ть**

ула́|дить, жу, дишь *pf* (*of* ⇒**~живать**) (*спорный вопрос, дело, недоразумение*) to settle, resolve.

ула́|диться, дится *pf* (*of* ⇒**~живаться**) to be settled, resolved.

ула́жива|ть(ся), ю, ет(ся) *impf of* ⇒**ула́дить(ся)**

ула́мыва|ть, ю *impf of* ⇒**улома́ть**

ула́н, а, *g pl* **~ов** (*and in collect sense* **ула́н**) *m* (*mil*) uhlan; lancer.

Ула́н-Ба́тор, а *m* Ulan Bator.

улеж|а́ть, у́, и́шь *pf* (*coll*) to lie down.

у́л|ей, ья *m* (bee)hive.

улепет|ну́ть, ну́, нёшь *pf of* ⇒**~́ывать**

улепётыва|ть, ю *impf* (*of* ⇒**улепетну́ть**) (*coll*) to make off, bolt; **~й!** hop it! (*Br*), skedaddle!

уле|сти́ть, щу́, сти́шь *pf* (*of* ⇒**~ща́ть**) (*coll*) to butter up, chat up.

улёт, а *m* (*sl*) high, buzz; **в ~е** on a high.

улет|а́ть, а́ю *impf of* ⇒**~е́ть**

уле|те́ть, чу́, ти́шь *pf* (*of* ⇒**~та́ть**) **1** (*о птице*) to fly (away); (*о самолёте, о человеке*) to leave (*by air*); **делега́ция ~те́ла в Ло́ндон вчера́** the delegation left for London yesterday (*sc. by air*). **2** (*fig*) (*о времени*) to fly by; (*о чувствах*) to vanish.

улету́чива|ться, юсь *impf of* ⇒**улету́читься**

улету́ч|иться, усь, ишься *pf* (*of* ⇒**~иваться**) **1** (*жидкость*) to evaporate. **2** (*coll*) (*исчезнуть*) to vanish, disappear.

ул|е́чься, я́гусь, я́жешься, я́гутся, *past* **~ёгся, ~егла́сь** *pf* **1** (*impf* **укла́дываться²**) (*лечь*) to lie down. **2** (*impf* **укла́дываться²**) (*уместиться*) to find room (*to lie down*). **3** (*о пыли*) to settle. **4** (*fig*) (*успокоиться*) to subside; to calm down; **ве́тер ~ёгся** the wind dropped.

улеща́|ть, ю *impf of* ⇒**улести́ть**

улизн|у́ть, у́, ёшь *pf* (*coll*) to slip away, steal away.

ули́к|а, и *f* (piece of) evidence; **ко́свенная у.** circumstantial evidence; **пряма́я у.** hard evidence; **про́тив него́ нет никаки́х ~** there is no evidence against him.

ули́тк|а, и *f* (*zool*) snail.

у́лиц|а, ы *f* street; **на ~е** (*i*) in the street, (*ii*) (*вне дома*) out (of doors), outside; **с ~ы** from out of doors; **челове́к с ~ы** total stranger.

улич|а́ть, а́ю *impf of* ⇒**~и́ть**

улич|и́ть, у́, и́шь *pf* (*of* ⇒**~а́ть**) (+ *a and* **в** + *p*) to expose (as); **его́ ~и́ли в кра́же/моше́нничестве** he was exposed as a thief/fraud.

у́личный *adj* street.

уло́в, а *m* catch (*of fish*).

улови́м|ый *adj* (*разница, запах*) perceptible; (*звук*) audible; **едва́/чуть/е́ле ~ая ра́зница** a barely perceptible difference.

улов|и́ть, лю́, ~́ишь *pf* (*of* ⇒**ула́вливать**) **1** (*tech*) to catch, pick up (*a sound wave, etc.*). **2** (*заметить*) to detect, perceive; (*смысл, связь*) to grasp, understand. **3** (*coll*) (*возможность*) to seize; (*подходящий момент*) to find.

уло́вк|а, и *f* trick, ruse.

уложе́ни|е, я *nt* (*law*) code (*esp hist, of the Russian Law Code of 1649*).

улож|и́ть, у́, ~́ишь *pf* (*of* ⇒**укла́дывать**) **1** (*положить*) to lay; (*положить спать*) to put to bed; **у. в посте́ль** to put to bed. **2** (*чемодан, вещи*) to pack; (*в груду*) to pile, stack. **3** (+ *i*) (*покрыть*) to cover (with), lay (with). **4** (*рельсы*) to lay. **5** (*волосы*) to style. **6** (*pf only*) (*coll*) (*убить*) to dispatch. **7** (**в** + *a*) (*уместить*) to fit in; **у. рабо́ту в срок** to fit the work into the time available.

улож|и́ться, у́сь, ~́ишься *pf* (*of* ⇒**укла́дываться¹**) **1** (*упаковать вещи*) to pack (up). **2** (**в** + *a*) (*уместиться*) to go (in), fit (in); **шу́ба не ~́ится в э́тот чемода́н** a fur coat won't go into that case. **3** (**в** + *a*) (*в пределы*) to keep (within), confine o.s. (to); **у. в полчаса́** to confine o.s. to half an hour; **у. в сме́ту** to keep within the estimate. **4**: **у. в голове́/созна́нии** to sink in, go in.

улома́|ть, ю *pf* (*of* ⇒**ула́мывать**) (*coll* to talk round; (+ *inf*) to talk into, prevail upon (to).

у́лочк|а, и *f diminutive of* ⇒**у́лица**

улуч|а́ть, а́ю *impf of* ⇒**~и́ть**

улуч|и́ть, у́, и́шь *pf* (*of* ⇒**~а́ть**) (*coll*) to find, seize, catch; **у. моме́нт для разгово́ра** to find a moment for a talk; **у. удо́бный слу́чай** to seize an opportunity.

улучш|а́ть(ся), а́ю, а́ет(ся) *impf of* ⇒**~и́ть(ся)**

улучше́ни|е, я *nt* improvement.

улу́чш|ить, у, ишь *pf* (*of* ⇒**~а́ть**) to improve.

улу́чш|иться, ится *pf* (*of* ⇒**~а́ться**) to improve.

улыб|а́ться, а́юсь *impf* (*of* ⇒**~ну́ться 1**) **1** (+ *d*) to smile (at); **она́ мне ~ну́лась** she smiled at me. **2** (+ *d*; *fig*) (*о жизни, о судьбе*) to smile (upon). **3** (*impf only*) (+ *d*; *coll*) (*нравиться*) to attract, appeal to; **зада́ча э́та мне во́все не ~а́ется** this task doesn't appeal to me at all.

улы́бк|а, и *f* smile.

улыб|ну́ться, ну́сь, нёшься *pf* **1** *pf of* ⇒**~а́ться 1, 2**. **2** (*fig, coll*) (*не достаться*) to fail to materialize; to fall through; (*исчезнуть*) to vanish; **на́ша но́вая кварти́ра ~ну́лась** our new flat failed to materialize.

улы́бчив|ый (~, ~а) *adj* (*coll*) smiling; happy.

ультимати́в|ный (~ен, ~на) *adj* categorical, having the nature of an ultimatum; **в ~ной фо́рме** as an ultimatum.

ультима́тум, а *m* ultimatum.

ультра... *comb form* ultra-.

ультразву́к, а *m* ultrasound.

ультразвуково́й *adj* (*phys*) ultrasonic.

ультракоро́тк|ий *adj* (*radio*) ultrashort; **~ие во́лны, у. диапазо́н** VHF (*abbr of* very high frequency) waveband.

ультрамари́н, а *m* ultramarine.

ультрафиоле́товый *adj* ultraviolet.

улюлю́ка|ть, ю *impf* **1** (*при травле зверей*) to halloo. **2** (*coll*) (*издеваться*) to whoop.

ум, а́ *m* mind, intellect; wits; **склад ~а́** mentality; **~а́ не приложу́** (*coll*) it's beyond me; I give up; **у меня́ ум за ра́зум захо́дит** (*coll*) I am at my wits' end; **быть без ~а́ (от** + *g*) to be out of one's mind (about), be mad, crazy (about); **(счита́ть,** *etc.*) **в ~е́** (to count, *etc.*) in one's head; **в ~е́ ли ты?** (*coll*) are you in your right mind?; **у меня́ и в ~е́ не́ было** (*coll*) the thought never even entered my head; **взя́ться за ум** to come to one's senses; **прийти́ на ум** (+ *d*) to occur to one, cross one's mind; **быть на ~е́** (*coll*) to be on one's mind; **от большо́го ~а́** (*coll, ironical*) in one's infinite wisdom; **свести́ с ~а́** to drive mad; (*fig*) (*очаровать*) to send wild; **сойти́ с ~а́** to go mad; **(по** + *d, fig*) to go crazy (about); **с ~о́м** (*coll*) sensibly, intelligently; с ~а́ сойти́! (*coll*) incredible, brilliant!

умале́ни|е, я *nt* belittling, disparagement.

умал|и́ть, ю, и́шь *pf* (*of* ⇒**~я́ть**) to belittle, disparage.

умалишённ|ый *adj* mad, mentally ill; *as n* **у., ~ого** *m*; **~ая, ~ой** *f* madman; madwoman; **дом ~ых** mental hospital.

ума́лчива|ть, ю *impf of* ⇒**умолча́ть**

умал|я́ть, я́ю *impf of* ⇒**~и́ть**

ума́слива|ть, ю *impf of* ⇒**ума́слить**

ума́сл|ить, ю, ишь *pf* (*of* ⇒**~ивать**) (*coll*) to butter up.

ума́|ять, ю *pf* (*coll*) to tire out.

у́мбр|а, ы *f* umber.

уме́л|ец, ьца *m* skilled craftsman.

уме́лый *adj* able, skilful (*Br*), skillful (*US*).

уме́ни|е, я *nt* ability, skill.

уменьша́ем|ое, ого *nt* (*math*) minuend.

уменьш|а́ть(ся), а́ю(сь) *impf of* ⇒**~́ить(ся)**

уменьше́ни|е, я *nt* reduction, diminution, decrease; **у. ско́рости** deceleration.

уменьши́тельн|ый *adj* **1** diminishing. **2** (*gram*) diminutive. **3**: **~ое и́мя** pet name (*as* Kolya *for* Nikolai).

уме́ньш|ить, ~у, ~ишь *pf* (*of* ⇒**~а́ть**) to reduce, decrease; **у. ход** to reduce speed; **у. це́ны** to reduce prices.

уме́ньш|иться, ~усь, ~ишься *pf* (*of* ⇒**~а́ться**) to diminish, decrease; to abate.

уме́ренност|ь, и *f* (*взглядов, политики*) moderateness, temperateness; (*в расходах*) moderation.

уме́р|енный *ppp of* ⇒**~ить** *and adj* **1** (**~ен, ~енна**) moderate (*pol*; *also fig*); **у. аппети́т** moderate appetite; **~енная поли́тика** moderate policy. **2** (*geog, meteorology*) temperate; moderate; **у. по́яс** temperate zone.

умер|е́ть, умру́, умрёшь, *past* **у́мер, ~ла́, у́мерло** *pf* (*of* ⇒**умира́ть**) to die; **у. есте́ственной, наси́льственной сме́ртью** to die a natural, violent death.

уме́р|ить, ю, ишь *pf* (*of* ⇒**~я́ть**) (*требования*) to moderate, (*гнев*) to restrain.

умер|тви́ть, щвлю́, тви́шь *pf* (*of* ⇒**~щвля́ть**) to kill, destroy (*also fig*).

умерщвле́ни|е, я *nt* killing, destruction (*also fig*).

умерщвля́|ть, ю *impf of* ⇒**умертви́ть**

умер|я́ть, я́ю *impf of* ⇒**~́ить**

уме|сти́ть, щу́, сти́шь *pf* (*of* ⇒**~ща́ть**) to fit, find room (for).

уме|сти́ться, щу́сь, сти́шься *pf* (*of* ⇒**~ща́ться**) to go in, fit in, find room.

уме́стно[1] *adv* appropriately; opportunely.

уме́стно[2] *as pred* it is appropriate, it is in order, it is not out of place.

уме́ст|ный (~ен, ~на) *adj* appropriate; pertinent; (*сделанный вовремя*) opportune, timely; **у. вопро́с** pertinent question; **ва́ше предложе́ние вполне́ ~но** your suggestion is quite in order.

уме́|ть, ю *impf* (+ *inf*) to be able (to), know how (to); **она́ ~ет ката́ться на конька́х** she can skate; **он ~ет жить** he knows how to live; **она́ не ~ет притворя́ться** she is incapable of pretending.

умеща́|ть(ся), ю(сь) *impf of* ⇒**умести́ть(ся)**

уме́ючи *adv* (*coll*) skilfully (*Br*), skillfully (*US*).

умиле́ни|е, я *nt* emotion; tenderness; **прийти́ в у.** to be moved; **лить слёзы ~я** to weep with emotion.

умили́тел|ьный (~ен, ~ьна) *adj* moving, touching, affecting.

умил|и́ть, ю, и́шь *pf* (*of* ⇒**~я́ть**) to move, touch.

умил|и́ться, ю́сь, и́шься *pf* (*of* ⇒**~я́ться**) to be moved, be touched.

умилосе́рд|ить, ишь *pf* to propitiate, mollify.

уми́лостив|ить, лю, ишь *pf* = **умилосе́рдить**

уми́л|ьный (~ен, ~ьна) *adj* **1** (*нежный*) touching; **~ьное ли́чико** sweet face. **2** (*pej*) (*льстивый*) ingratiating, smarmy.

умил|я́ть(ся), я́ю(сь) *impf of* ⇒**~и́ть(ся)**

умина́|ть, ю *impf of* ⇒**умя́ть**

умира́ни|е, я *nt* dying.

умира́|ть, ю *impf* **1** *impf of* ⇒**умере́ть**. **2** (*fig*) (*очень хотеть*) to be dying to; **~ю, как хочу́ спать** I'm dying to have a sleep; **хочу́ есть — про́сто ~ю** I'm dying for something to eat; (**от** + *g*) to be dying of; **у. от ску́ки** to be dying of boredom; to be bored to death.

умир|и́ть, ю, и́шь *pf* (*of* ⇒**~я́ть**) to pacify.

умиротворе́ни|е, я *nt* **1** (*недовольных*) pacification; (*агрессора*) appeasement; (*души*) bringing of peace (to). **2** (*спокойствие*) peace, tranquillity.

умиротворён|ный (~, ~на) *adj* tranquil; contented.

умиротвори́тел|ь, я *m* peacemaker.

умиротвор|и́ть, ю, и́шь *pf* (*of* ⇒**~я́ть**) (*недовольных, враждующих*) to pacify; (*агрессора*) to appease; (*душу*) to bring peace to.

умиротвор|и́ться, ю́сь, и́шься *pf* (*of* ⇒**~я́ться**) (*недовольные*) to calm down, be pacified; (*враждующие*) to be reconciled.

умиротвор|я́ть(ся), я́ю(сь) *impf of* ⇒**~и́ть(ся)**

умир|я́ть, я́ю *impf of* ⇒**~и́ть**

умля́ут, а *m* (*ling*) umlaut.

умн|е́е *comp of* ⇒**~́ый** *and* ⇒**~́о**

умне́|ть, ю *impf* (*of* ⇒**по~**) to grow wiser.

у́мник, а *m* (*coll*) **1** (*ironical*) know-all, smart alec. **2** (*о мальчике*) good boy; (*о человеке*) clever person.

у́мниц|а, ы *cg* (*coll*) **1** (*о девочке*) good girl; (*о мальчике*) good boy. **2** (*о человеке*) clever person.

у́мнича|ть, ю *impf* (*of* ⇒**с~**) (*coll*) **1** (*ironical*) (*выказывать ум*) to show off one's intelligence. **2** (*pej*) (*мудрить*) to try to be clever.

умно́[1] *adv* cleverly, wisely; (*разумно*) sensibly.

умно́[2] *as pred* it is wise; it is sensible.

умнож|а́ть(ся), а́ю, а́ет(ся) *impf of* ⇒**~́ить(ся)**

умноже́ни|е, я *nt* **1** increase, rise. **2** (*math*) multiplication.

умно́ж|ить, у, ишь *pf* (*of* ⇒**мно́жить** *and* ⇒**~а́ть**) **1** to increase, augment. **2** (*math*) to multiply.

умно́ж|иться, ится *pf* (*of* ⇒**мно́житься** *and* ⇒**~а́ться**) to increase, multiply (*intrans*).

у́м|ный (~ён, ~на́) *adj* (*человек*) clever, wise, intelligent; (*лицо, глаза, книга*) intelligent; (*разумный*) sensible.

умозаключ|а́ть, а́ю *impf of* ⇒**~и́ть**

умозаключе́ни|е, я *nt* deduction; conclusion.

умозаключ|и́ть, у́, и́шь *pf* (*of* ⇒**~а́ть**) to deduce; to conclude.

умозре́ни|е, я *nt* (*philos*) speculation.

умозри́тел|ьный (~ен, ~ьна) *adj* (*philos*) speculative; (*отвлечённый*) abstract.

умоисступле́ни|е, я *nt* delirium; **де́йствовать в ~и** to act while the balance of one's mind is disturbed.

умол|и́ть, ю, ~́ишь *pf* (*of* ⇒**~я́ть 1**) to prevail upon.

у́молк: **без ~у** (*to talk, etc.*) unceasingly, incessantly.

умолк|а́ть, а́ю *impf of* ⇒**~́нуть**

умо́лк|нуть, ну, нешь, *past* **~, ~ла** *pf* (*of* ⇒**~а́ть**) (*о человеке*) to fall silent; (*о звуках*) to cease, stop; (*о славе*) to fade.

умоло́т, а *m* (*agric*) yield (*of threshed grain*).

умолча́ни|е, я *nt* **1** passing over in silence, failure to mention, suppression, hushing up. **2** (*comput*): **по ~ю** default; **шрифт/настро́йки по ~ю** default font/settings.

умолча́|ть, ю *pf* (*of* ⇒**ума́лчивать**) (**о** + *p*) to pass over in silence, fail to mention, suppress, hush up; **нельзя́ у. о** (+ *p*) one must mention.

умол|я́ть, я́ю *impf* **1** *impf of* ⇒**~и́ть**. **2** to entreat, implore.

умоля́ющий *adj* imploring, pleading, suppliant.

умонастрое́ни|е, я *nt* mentality.

умопомеша́тельств|о, а *nt* derangement of mind.

умопомраче́ни|е, я *nt* derangement of mind; fit of insanity; **до ~я** (*coll*) stupendously, tremendously.

умопомрачи́тел|ьный (~ен, ~ьна) *adj* stupendous, tremendous, terrific.

умо́р|а, ы *f as pred* (*coll*) it's hilarious; it's a scream.

умори́тел|ьный (~ен, ~ьна) *adj* (*coll*) hilarious.

У

умор|и́ть, ю́, и́шь *pf* (*of* ⇒**мори́ть¹**) (*coll*) **1** (*погубить*) to kill; (*fig*) to be the death (of); **у. кого́-н. со́ смеху** to make s.o. die of laughing. **2** (*утомить*) to tire out, exhaust.

умор|и́ться, ю́сь, и́шься *pf* (*coll*) to become exhausted.

у́мственн|о *adv of* ⇒**~ый**; **у. отста́лый** retarded, backward.

у́мственный *adj* mental, intellectual; **у. бага́ж** mental equipment, store of knowledge.

у́мствовани|е, я *nt* (*pej*) theorizing, philosophizing.

у́мств|овать, ую *impf* (*pej*) to theorize, philosophize.

умудрён|ный (~, ~а́) *adj*: **у. о́пытом** experienced.

умудр|и́ть, ю́, и́шь *pf* (*of* ⇒**~я́ть**) to teach, make wiser.

умудр|и́ться, ю́сь, и́шься *pf* (*of* ⇒**~я́ться**) (*coll*) to contrive, manage (*also, ironical, to do sth which might easily have been avoided*); **как ты ~и́лся туда́ попа́сть?** how on earth did you get there?

умудр|я́ть(ся), я́ю(сь) *impf of* ⇒**~и́ть(ся)**

умч|а́ть, у́, и́шь *pf* to whirl, hurtle away.

умч|а́ться, у́сь, и́шься *pf* **1** to whirl, hurtle away (*intrans*). **2** (*fig*) (*время, детство*) to fly away.

умыва́льн|ая, ой *f* washroom.

умыва́льник, а *m* washbasin.

умыва́льный *adj* wash, washing.

умыва́|ть(ся), ю(сь) *impf of* ⇒**умы́ть(ся)**

умыка́|ть, ю *impf of* ⇒**умыкну́ть**

умык|ну́ть, ну́, нёшь *pf* (*of* ⇒**~а́ть**) (*coll*) (*девушку*) to abduct; (*вещь*) to steal, pinch (*Br*).

у́мыс|ел, ла *m* design, intent(ion); **со злым ~лом** with malicious intent.

умы́сл|ить, ю, ишь *pf* (*of* ⇒**умышля́ть**) (*obs*) (+ *inf*) to intend, design; (+ *a*) to plan, plot.

ум|ы́ть, о́ю, о́ешь *pf* (*of* ⇒**~ыва́ть**) to wash; **у. ру́ки** to wash one's hands (*also fig*).

ум|ы́ться, о́юсь, о́ешься *pf* (*of* ⇒**~ыва́ться**) to wash (o.s.).

умы́шленно *adv* purposely, intentionally.

умы́шленный *adj* intentional, deliberate; (*убийство*) premeditated.

умышля́|ть, ю *impf of* ⇒**умы́слить**

умягч|а́ть, а́ю *impf of* ⇒**~и́ть**

умягч|и́ть, у́, и́шь *pf* (*of* ⇒**~а́ть**) (*obs*) to soften; (*fig*) to mollify.

умя́ть, умну́, умнёшь *pf* (*of* ⇒**умина́ть**) **1** (*хлеб*) to knead well. **2** (*coll*) (*уплотнить*) to press down; (*ногами*) to tread down. **3** (*coll*) (*съесть*) to stuff down.

унава́живать = **унаво́живать**

унаво́жива|ть, ю *impf of* ⇒**унаво́зить**

унаво́|зить, жу, зишь *pf* (*of* ⇒**наво́зить** *and* ⇒**~живать**) to manure.

унасле́д|овать, ую *pf of* ⇒**насле́довать 1**

унди́н|а, ы *f* undine, water sprite.

унес|ти́, у́, ёшь, *past* **~̃,** **~ла́** *pf* (*of* ⇒**уноси́ть**) **1** (*уходя, взять с собой*) to take away; **е́ле/едва́ но́ги у.** to escape by the skin of one's teeth. **2** (*coll*) (*украсть*) to walk off with, make off with. **3** (*о воде, ветре*) to carry away, remove; (*impers*): **ло́дку ~ло́ тече́нием** the boat was carried away by the current; **куда́ его́ опя́ть ~ло́?** where has he disappeared to again? **4** (*fig*) (*о мыслях, мечтах*) to carry (*in thought*). **5** (*fig*) (*жизнь, здоровье*) to claim; **война́ ~ла́ мно́го жи́зней** the war claimed many lives.

унес|ти́сь, у́сь, ёшься, *past* **~̃ся, ~ла́сь** *pf* (*of* ⇒**уноси́ться**) **1** (*поезд, машина*) to speed away; (*тучи*) to be whisked away. **2** (*fig*) (*миновать*) to fly away, fly by; **го́ды ~ли́сь** the years flew by. **3** (*fig*) (*в мыслях, мечтах*) to be carried away.

униа́т, а *m* (*relig*) member of Uniat(e) Church.

униа́тский *adj* (*relig*) Uniat(e).

универма́г, а *m* (*abbr of* **универса́льный магази́н**) department store.

универса́л, а *m* **1** (*работник*) all-round craftsman; (*спортсмен*) all-rounder. **2** (*coll*) (*машина*) estate car (*Br*), station wagon (*US*).

универса́л|ьный (~ен, ~ьна) *adj* **1** universal; **у. магази́н** department store; **~ьные зна́ния** encyclopedic knowledge. **2** (*разносторонний*) many-sided; versatile; **~ьное образова́ние** all-round education; **у. челове́к** versatile person; all-rounder. **3** (*tech*) multi-purpose, all-purpose. **у. ключ** universal wrench; **~ьное пита́ние** (*elec*) mains or battery power supply.

универса́м, а *m* (*abbr of* **универса́льный магази́н самообслу́живания**) supermarket.

университе́т, а *m* university; **поступи́ть в у.** to enter, start university; **око́нчить у.** to graduate (from a university).

университе́т|ский *adj of* ⇒**~**

унижа́|ть(ся), ю(сь) *impf of* ⇒**уни́зить(ся)**

униже́ни|е, я *nt* humiliation, degradation, abasement.

уни́жен|ный *ppp of* ⇒**уни́зить** *and adj* **(~, ~на)** (*просьба*) humble; (*человек*) humiliated; (*взгляд, тон*) abject.

унижён|ный (~, ~на) *adj* (*obs*) oppressed, degraded.

уни|за́ть, жу́, ~́жешь *pf* (*of* ⇒**~́зывать**) (+ *i*) to cover (with), stud (with).

унизи́тел|ьный (~ен, ~ьна) *adj* humiliating, degrading.

уни́|зить, жу, зишь *pf* (*of* ⇒**~жа́ть**) to humiliate; to degrade.

уни́|зиться, жусь, зишься *pf* (*of* ⇒**~жа́ться**) to demean o.s.; **у. до лжи/ про́сьбы/шантажа́** to stoop to lying/ asking/blackmail.

уни́зыва|ть, ю *impf of* ⇒**униза́ть**

уника́л|ьный (~ен, ~ьна) *adj* unique.

у́никум, а *m* unique object; (*о человеке*) unique person.

унима́|ть(ся), ю(сь) *impf of* ⇒**уня́ть(ся)**

унисо́н, а *m* (*mus*) unison; **петь в у.** to sing in unison; **в у.** (**с** + *i*) (*fig*) in unison, in concert (with).

унита́з, а *m* toilet (bowl).

унифика́ци|я, и *f* standardization.

унифици́р|овать, ую *impf and pf* to standardize.

унифо́рм|а, ы *f* **1** (*одежда*) uniform. **2** (*collect*) (*в цирке*) circus staff (*in the ring*).

униформи́ст, а *m* circus hand (*in the ring*).

уничижа́|ть, ю *impf* to disparage.

уничиже́ни|е, я *nt* disparaging, disparagement.

уничижи́тел|ьный (~ен, ~ьна) *adj* **1** disparaging. **2** (*gram*) pejorative.

уничтож|а́ть, а́ю *impf of* ⇒**~́ить**

уничтожа́|ющий *pres participle active of* ⇒**~ть** *and adj* (*огонь*) devastating, destructive; **у. взгляд** withering look; **~ющее замеча́ние** scathing comment; **~ющая кри́тика** scathing critique.

уничтоже́ни|е, я *nt* **1** destruction, annihilation. **2** (*упразднение*) abolition, elimination.

уничто́ж|ить, у, ишь *pf* (*of* ⇒**~а́ть**) **1** to destroy; (*врага*) to annihilate; (*насекомых*) to exterminate; **у. си́лы проти́вника** to wipe out the enemy's forces. **2** (*упразднить*) to abolish; to do away with; **у. крепостно́е пра́во** to abolish serfdom. **3** (*fig*) (*унизить*) to crush, tear to shreds (*with an argument, etc.*).

у́ни|я, и *f* (*hist, eccl*) union.

уно́с, а *m* taking away, carrying away.

уно|си́ть(ся), шу́(сь), ~́сишь(ся) *impf of* ⇒**унести́(сь)**

у́нтер, а *m* (*coll*) = **~-офице́р**

у́нтер-офице́р, а *m* non-commissioned officer (*abbr* NCO).

унт|ы́, о́в *pl* (*sg* **~, ~а́** *m*) (*and* **у́нт|ы, ~,** *sg* **~а, ~ы** *f*) high boots (*of inverted pelt or deerskin*).

у́нци|я, и *f* ounce (*measure*).

уныва́|ть, ю *impf* to be depressed, be dejected, be downhearted; **не ~й!** cheer up!

уны́л|ый (~, ~а) *adj* **1** (*человек*) despondent, downcast. **2** (*мысль, взгляд*) melancholy, doleful, cheerless.

уны́ни|е, я *nt* despondency, depression; **впасть в у.** to become downhearted, depressed; **навести́ у. на** (+ *a*) to depress.

уня́|ть, уйму́, уймёшь, *past* **~л, ~ла́, ~ло** *pf* (*of* ⇒**унима́ть**) **1** (*успокоить*) to calm, soothe, pacify. **2** (*боль, кровотечение, слёзы*) to stop; **у. пожа́р** to stop a fire. **3** (*чувства*) to suppress.

уня́|ться, уйму́сь, уймёшься, *past* **~лся, ~ла́сь** *pf* (*of* ⇒**унима́ться**) **1** (*успокоиться*) to calm down. **2** (*ветер, буря*) to abate, die down; (*боль, обида*) to die down; **кровотече́ние ~ло́сь** the bleeding has stopped.

у

упа́вший *adj* (*голос*) weak (*from emotion or fear*).

упа́д: до **~у** to the point of exhaustion, till one drops.

упада́|ть, ю *impf* (*obs*) to fall.

упа́д|ок, ка *m* decline; **у. ду́ха** depression; **у. сил** breakdown.

упа́дочнический *adj* decadent.

упа́дочничеств|о, а *nt* decadence.

упа́доч|ный (~ен, ~на) *adj* **1** (*искусство*) decadent. **2** depressive; **~ное настрое́ние** depression.

упак|ова́ть, у́ю *pf* (*of* **⇒пакова́ть** *and* **⇒~о́вывать**) to pack (up).

упако́вк|а, и *f* **1** (*действие*) packing, packaging. **2** (*материал*) packing, packaging; (*пакет*) package.

упако́вочный *adj* packing.

упако́вщик, а *m* packer.

упако́вщи|ца, цы *f of* **⇒~к**

упако́выва|ть, ю *impf of* **⇒упакова́ть**

упа́рива|ть, ю *impf of* **⇒упа́рить**

упа́р|ить, ю, ишь *pf* (*of* **⇒~ивать**) to boil down, concentrate.

упас|ти́, у́, ёшь, *past* **~̃, ~ла́** *pf* (*coll*) to save, preserve; **~и́ бог, бо́же ~и́** (*i*) (*предостережение*) God preserve you!; heaven help you!, (*ii*) (*отрицание*) God forbid!

упа́|сть, ду́, дёшь, *past* **~л** *pf* (*of* **⇒па́дать 1**) to fall.

упёк *see* **⇒упе́чь**

упека́|ть, ю *impf of* **⇒упе́чь**

упер|е́ть, упру́, упрёшь, *past* **~̈, ~̈ла** *pf* (*of* **⇒упира́ть**) **1** (*a* **в** + *a*) to rest (against), prop (against), lean (against); **у. ле́стницу в сте́ну** to rest a ladder against the wall; **у. глаза́/взгляд в кого́-н.** (*coll*) to fasten one's gaze upon s.o. **2** (*sl*) (*украсть*) to pinch (*Br*), swipe.

упер|е́ться, упру́сь, упрёшься, *past* **~̈ся, ~̈лась** *pf* (*of* **⇒упира́ться 1**) **1** (+ *i* **в** + *a*) to rest (against), prop (against), lean (against); **у. ло́ктем в стол** to rest one's elbow on the table; **у. нога́ми в зе́млю** to dig one's heels in the ground. **2** (**в** + *a*; *coll*) (*натолкнуться*) to come up (against), bump (into). **3** (*coll, fig*) (*не согласиться*) to dig one's heels in; (**на** + *p*) (*настоять*) to insist on; **он ~̈ся на своём** he refuses to budge.

упе́|чь, ку́, чёшь, ку́т, *past* **~̈к, ~кла́** *pf* (*of* **⇒~ка́ть**) **1** (*хлеб*) to bake thoroughly. **2** (*coll*) (*отправить*) to send, banish (*against one's will*); **у. под суд** to drag into court, through the courts; **у. в тюрьму́** to lock up (*in prison*).

упива́|ться, юсь *impf of* **⇒упи́ться**

упира́|ть, ю *impf* **1** *impf of* **⇒упере́ть**. **2** (*impf only*) (**на** + *a*; *coll*) to stress, insist (on).

упира́|ться, юсь *impf* **1** *impf of* **⇒упере́ться**. **2** (*impf only*) (**в** + *a*) (*сопротивляться*) to come up (against), be held up (by), be stuck (on account of); **прое́кт экспеди́ции ~ется в недоста́ток де́нег** the plan for an expedition is held up for want of funds.

упи|са́ть[1], шу́, ~̃шешь *pf* (*of* **⇒~̃сывать**) (*текст*) to get in, fit in; **у. всё письмо́ на одно́й страни́це** to get the whole letter on one page.

упи|са́ть[2], шу́, ~̃шешь *pf* (*of* **⇒~̃сывать**) (*coll*) (*съесть*) to get through, consume.

упи|са́ться, ~̃шется *pf* (*of* **⇒~̃сываться**) (*о тексте*) to go in, fit in.

упи́сыва|ть(ся), ю *impf of* **⇒ упи́сать(ся)**

упи́тан|ный (~, ~на) *adj* well fed; (*толстый*) plump.

упит|а́ть, а́ю *pf* (*of* **⇒~̃ывать**) to fatten (up).

упи́тыва|ть, ю *impf of* **⇒упита́ть**

упи́|ться, упью́сь, упьёшься, *past* **~лся, ~ла́сь** *pf* (*of* **⇒~ва́ться**) (+ *i*) **1** (*coll*) to get drunk (on). **2** (*fig*) to revel (in), be intoxicated (by).

упла́т|а, ы *f* payment, paying; **в ~у** on account, in payment; **подлежа́щий ~е** payable.

упла|ти́ть, чу́, ~̃тишь *pf* (*of* **⇒~̃чивать**) to pay; **у. по счёту** to pay a bill, settle an account.

упла́чива|ть, ю *impf of* **⇒уплати́ть**

упле|сти́, ту́, тёшь, *past* **~̈л, ~ла́** *pf* (*of* **⇒~та́ть**) (*coll*) to tuck in (to).

уплета́|ть, ю *impf of* **⇒уплести́**

уплотне́ни|е, я *nt* **1** compression; **у. кварти́ры** reduction of space per person in living accommodation; **у. рабо́чего дня** tightening up of time-schedules to increase amount of work done. **2** (*med*) lump (*under skin*).

уплотн|и́ть, ю́, и́шь *pf* (*of* **⇒~я́ть**) (*почву, грунт*) to compress; **у. кварти́ру** to reduce space per person in living accommodation; **у. рабо́чий день** to plan the working day to increase amount of work done.

уплотн|и́ться, ю́сь, и́шься *pf* (*of* **⇒~я́ться**) **1** (*med*) to harden. **2** (*о жильцах*) to be packed in more densely. **3** (*стать плотным*) to be compressed; to condense, thicken. **4** (*о рабочем дне*) to be tightened up.

уплотн|я́ть(ся), я́ю(сь) *impf of* **⇒~и́ть(ся)**

уплыва́|ть, ю *impf of* **⇒уплы́ть**

уплы́|ть, ву́, вёшь, *past* **~л, ~ла́, ~ло** *pf* (*of* **⇒~ва́ть**) **1** (*вплавь*) to swim away; (*о кораблях*) to sail away; (*о вещах*) to float away. **2** (*fig, coll*) (*миновать*) to pass; **нема́ло вре́мени ~ло** much water has flowed under the bridge. **3** (*fig, coll*) (*исчезнуть*) to vanish, ebb; **наде́жда ~ла́** hope faded.

упова́ни|е, я *nt* (*obs*) hope.

упова́|ть, ю *impf* (**на** + *a*) to put one's trust (in); (+ *inf*) to hope to.

уподо́б|ить, лю, ишь *pf* (*of* **⇒~ля́ть**) to liken.

уподо́б|иться, люсь, ишься *pf* (*of* **⇒~ля́ться**) (+ *d*) to become like.

уподобле́ни|е, я *nt* likening, comparison.

уподобля́|ть(ся), ю(сь) *impf of* **⇒уподо́бить(ся)**

упое́ни|е, я *nt* ecstasy, rapture, thrill; **с ~ем** ecstatically.

упо|ённый (~ён, ~ена́) *adj* (+ *i*) intoxicated (with), thrilled (by), in raptures (about, over); **~ён успе́хом** intoxicated with success.

упои́тел|ьный (~ен, ~ьна) *adj* intoxicating, ravishing.

упокое́ни|е, я *nt* rest, repose; **ме́сто ~я** resting place (= *grave*).

упоко́|ить, ю, ишь *pf* (*obs*) to lay to rest (= *to bury*).

упоко́|иться, юсь, ишься *pf* (*obs*) to find repose; to find one's resting place (= *to be buried*).

упоко́|й, я *m* repose.

уполз|а́ть, а́ю *impf of* **⇒~ти́**

уполз|ти́, у́, ёшь, *past* **~, ~ла́** *pf* (*of* **⇒~а́ть**) to creep, crawl away.

уполномо́ч|енный *ppp of* **⇒~ить**; *as n* **у., ~енного** *m* representative, person authorized; **у. по права́м челове́ка** ombudsman.

уполномо́чива|ть, ю *impf of* **⇒уполномо́чить**

уполномо́чи|е, я *nt* authorization; **подписа́ть докуме́нт по ~ю кого́-н.** to sign a document on s.o.'s authority.

уполномо́ч|ить, у, ишь *pf* (*of* **⇒~ивать**) (**на** + *a*) to authorize, empower.

упомина́ни|е, я *nt* mentioning; (**о** + *p*) mention (of).

упомина́|ть, ю *impf of* **⇒упомяну́ть**

упо́мн|ить, ю, ишь *pf* (*coll*) to remember.

упомян|у́ть, у́, ~̃ешь *pf* (*of* **⇒упомина́ть**) (+ *a or* **о** + *p*) to mention, refer (to).

упо́р, а *m* **1** rest, prop, support; (*tech*) stay, brace. **2**: **в у.** (*mil*) point-blank (*also fig*); **сказа́ть кому́-н. в у.** to tell s.o. point-blank, flat(ly); **смотре́ть на кого́-н. в у.** to stare straight at s.o.; **в у. не ви́деть кого́-н.** (*coll*) to ignore completely. **3**: **сде́лать у.** (**на** + *a or p*) to lay stress (on).

упо́р|ный (~ен, ~на) *adj* **1** (*упрямый*) stubborn, obstinate; (*настойчивый*) persistent; sustained; **у. ка́шель** persistent cough; **~ная оборо́на** sustained defence. **2** (*tech*) supporting; **у. като́к** bogie wheel.

упо́рств|о, а *nt* (*упрямство*) stubbornness, obstinacy; (*настойчивость*) persistence.

упо́рств|овать, ую *impf* to be stubborn, unyielding; (**в** + *p*) to persist (in).

упорхн|у́ть, у́, ёшь *pf* to fly, flit away.

упоря́дочива|ть(ся), ю, ет(ся) *impf of* **⇒упоря́дочить(ся)**

упоря́доч|ить, у, ишь *pf* (*of* **⇒~ивать**) to regulate, put in (good) order, set to rights.

упоря́доч|иться, ится *pf* (*of* **⇒~иваться**) to come right.

употреби́тельност|ь, и *f* (frequency of) use.

употреби́тел|ьный (~ен, ~ьна) *adj* (widely) used; common, usual.

употреб|и́ть, лю́, и́шь *pf* (*of* **⇒~ля́ть**) to use; to make use (of); **у. все уси́лия** to make every effort, do one's utmost; **у. чьё-н. дове́рие во зло** to abuse s.o.'s confidence.

употребле́ни|е, я *nt* use; (*применение*) application; **спо́соб ~я**

У

directions for use; **для вну́треннего ~я** to be taken internally; **вы́йти из ~я** to go out of use, fall into disuse.

употребля́|ть, ю *impf of* ⇒**употреби́ть**

упра́в|а, ы *f* **1** (*coll*) justice, satisfaction; **иска́ть ~ы на кого́-н.** to seek justice in the case of s.o.; **найти́ на кого́-н. ~у** to obtain satisfaction from s.o. **2** (*hist*) office, board.

управдо́м, а *m* (*abbr of* **управля́ющий до́мом/дома́ми**) house manager.

управи́тел|ь, я *m* (*obs*) manager, bailiff, steward.

упра́в|иться, люсь, ишься *pf* (*of* ⇒**~ля́ться**) (**с** + *i*; *coll*) **1** (*с работой*) to cope (with), manage. **2** (*с противником*) to deal (with) (= *to get the better of*).

управле́ни|е, я *nt* **1** management, administration; direction; **у. госуда́рством** government; **орке́стр под ~ем Спивако́ва** orchestra conducted by Spivakov.
2 (*tech*) control; (*автомобилем*) driving; (*самолётом*) piloting; (*кораблём*) steering; **дистанцио́нное у.** remote control; **у. по ра́дио** radio control; **теря́ть у.** to get out of control.
3 (*деятельность органов власти*) government; **о́рганы ме́стного ~я** local government organs.
4 (*учреждение*) administration, authority, directorate, board, office; **Статисти́ческое у.** Statistics Office; (*здание*) head office.
5 (*tech*) (*совокупность приборов*) controls; (*рулевое*) steering; **щит ~я** control panel.
6 (*gram*) government.

управле́н|ческий *adj of* ⇒**~ие 3, 4**; administrative; **у. аппара́т** (*учреждение*) government apparatus; (*люди*) administrative personnel.

управл|я́емый *pres participle passive of* ⇒**~я́ть** *and adj* **у. снаря́д** guided missile.

управля́|ть, ю *impf* (+ *i*)
1 (*учреждением*) to manage, administer, direct, run; (*оркестром, хором*) to conduct; (*страной*) to govern; to be in charge (of); **у. канцеля́рией** to manage an office. **2** (*tech*) (*машиной*) to control, operate; (*автомобилем*) to drive; (*самолётом*) to pilot; (*кораблём, яхтой*) to steer; **у. су́дном** (*naut*) to navigate a vessel. **3** (*gram*) to govern.

управля́|ться, юсь *impf of* ⇒**упра́виться**

управл|я́ющий *pres participle active of* ⇒**~я́ть** *and adj* control, controlling; **у. вал** (*tech*) camshaft; *as n* **у., ~я́ющего** *m* (*в учреждении*) manager; (*в имении*) manager, steward, bailiff (*Br*); **у. по́ртом** harbour (*Br*), harbor (*US*) master.

упражне́ни|е, я *nt* (*гимнастическое, музыкальное*) exercise; (*мышц*) exercising; (*голоса, на рояле*) practising (*Br*), practicing (*US*); **у. па́мяти** memory training.

упражня́|ть, ю *impf* to exercise, train; **у. му́скулы** to exercise one's muscles; **у. па́мять** to train one's memory.

упражня́|ться, юсь *impf* (**в** + *p*, **на** + *p*, **с** + *i*) to practise (*Br*), practice (*US*), train (at).

упраздне́ни|е, я *nt* abolition.

упраздн|и́ть, ю, и́шь *pf* (*of* ⇒**~я́ть**) to abolish.

упраздн|я́ть, я́ю *impf of* ⇒**~и́ть**

упра́шива|ть, ю *impf of* ⇒**упроси́ть 1**

упрева́|ть, ю *impf of* ⇒**упре́ть**

упре|ди́ть, жу́, ди́шь *pf* (*of* ⇒**~жда́ть**) **1** (*coll*) (*предупредить*) to warn. **2** (*опередить*) to forestall, anticipate.

упрежда́|ть, ю *impf of* ⇒**упреди́ть**

упрежда́ющий *adj* (*mil*) pre-emptive; **у. уда́р** pre-emptive strike.

упрежде́ни|е, я *nt* (*mil*) range correction, lead (*for firing at moving target*).

упрёк, а *m* reproach; **бро́сить у. кому́-н.** to reproach s.o.; **ста́вить кому́-н. что-н. в у.** to hold sth against s.o.

упрек|а́ть, а́ю *impf* (*of* ⇒**~ну́ть**) (**в** + *p*) to reproach (for); to accuse (of).

упрек|ну́ть, ну́, нёшь *inst pf of* ⇒**~а́ть**

упре́|ть, ю *pf* (*of* ⇒**~ва́ть**) (*coll*) **1** (*о мясе*) to be well stewed. **2** (*о человеке*) to be covered with sweat.

упро|си́ть, шу́, ~́сишь *pf* (*of* ⇒**упра́шивать**) **1** (*настойчиво просить*) to beg, entreat. **2** (*pf only*) (*убедить сделать что-н.*) to prevail upon.

упро|сти́ть, щу́, сти́шь *pf* (*of* ⇒**~ща́ть**) **1** to simplify; (**до** + *g*) to reduce (to). **2** (*pej*) to oversimplify.

упро|сти́ться, сти́тся *pf* (*of* ⇒**~ща́ться**) to become simpler, be simplified.

упро́чени|е, я *nt* strengthening, consolidation.

упро́чива|ть(ся), ю(сь) *impf of* ⇒**упро́чить(ся)**

упро́ч|ить, у, ишь *pf* (*of* ⇒**~ивать**) **1** to strengthen, consolidate; to establish firmly. **2** (**за** + *i*) to ensure; **его́ Седьма́я симфо́ния ~ила за ним репута́цию выдаю́щегося компози́тора** his Seventh Symphony ensured his reputation as an outstanding composer.

упро́ч|иться, усь, ишься *pf* (*of* ⇒**~иваться**) **1** to be strengthened, consolidated; to be firmly established; **на́ше положе́ние ~илось** our position is firmly established. **2** (*упрочить своё положение*) to establish o.s. (firmly), settle o.s. **3** (**за** + *i*) to be ensured; to become firmly attached (to); **за ним ~илась сла́ва хоро́шего учи́теля** his name as a good teacher was made; **про́звище ~илось за ней** the nickname stuck to her.

упроща́|ть(ся), ю, ет(ся) *impf of* ⇒**упрости́ть(ся)**

упроще́ни|е, я *nt* simplification.

упрощённост|ь, и *f* **1** simplified character. **2** (*pej*) (*примитивная*) oversimplification.

упро|щённый *ppp of* ⇒**~сти́ть** *and adj* **1** simplified. **2** (*pej*) (*примитивный*) oversimplified.

упроще́нческий *adj* (*pej*) oversimplified.

упроще́нчеств|о, а *nt* (*pej*) oversimplification.

упру́г|ий (~, ~а) *adj* elastic, resilient; **~ая похо́дка** springy gait.

упру́гост|ь, и *f* elasticity, resilience; (*походки*) spring.

упру́|же *comp of* ⇒**~гий, ~го**

упря́жк|а, и *f* **1** team, relay (*of horses, dogs, etc.*). **2** (*упряжь*) harness, gear.

упряжн|о́й *adj* draught (*Br*), draft (*US*); **~а́я ло́шадь** draught horse (*Br*), draft horse (*US*), carriage horse; **~а́я тя́га** drawbar.

у́пряж|ь, и *f* harness, gear.

упря́м|ец, ца *m* obstinate person.

упря́м|иться, люсь, ишься *impf* to be obstinate; (**в** + *p*) to persist (in).

упря́миц|а, ы *f of* ⇒**упря́мец**

упря́мств|о, а *nt* obstinacy, stubbornness.

упря́мств|овать, ую *impf* = **упря́миться**

упря́м|ый (~, ~а) *adj*
1 (*неуступчивый*) obstinate, stubborn; **фа́кты — ~ая вещь** you can't ignore facts. **2** (*настойчивый*) persistent.

упря́|тать, чу, чешь *pf* (*of* ⇒**~тывать**) **1** (*спрятать*) to hide, conceal. **2** (*fig, coll*) (*убрать*) to put away; (*услать*) to banish; **у. в тюрьму́** to lock up.

упря́|таться, чусь, чешься *pf* (*of* ⇒**~тываться**) (*coll*) to hide (*intrans*).

упря́тыва|ть(ся), ю(сь) *impf of* ⇒**упря́тать(ся)**

упуска́|ть, ю *impf of* ⇒**упусти́ть**

упу|сти́ть, щу́, ~́стишь *pf* (*of* ⇒**~ска́ть**) **1** (*из рук*) to let go, let slip, let fall; **у. пово́дья** to let the reins go; (*отпустить*) to let go; (*не заметить*) to miss. **2** (*fig*) (*пропустить*) to let go, let slip; to miss; to lose; **у. возмо́жность/слу́чай** to miss an opportunity; **у. из ви́ду/ви́да** to overlook, fail to take account (of); **у. вре́мя** to let the moment pass. **3** (*fig*) (*подростка, дисциплину*) to be too lax with.

упуще́ни|е, я *nt* omission; (careless) slip; negligence; **у. по слу́жбе** neglect of duty, dereliction of duty.

упы́р|ь, я́ *m* (*coll*) vampire; ghoul; bloodsucker.

ура́ *int* hurrah!; hurray! (*exclamation* (*i*) *expressing exultation or approbation*, (*ii*) *of troops going in to attack*); **на у.** (*i*) (*mil*) by storm, (*ii*) (*ironical*) by luck (= *without due preparation*), (*iii*) (*с энтузиазмом*) with enthusiasm.

ура́- *comb form* blind, unthinking (*e.g.* ура́-патриоти́зм, а *m* jingoism).

уравне́ни|е, я *nt* **1** (*в правах*) equalization. **2** (*math*) equation; **у. пе́рвой сте́пени** simple equation.

ура́внива|ть[1], ю *impf of* ⇒**уравня́ть**

ура́внива|ть[2], ю *impf of* ⇒**уровня́ть**

уравни́ловк|а, и *f* (*coll, pej*) unjustified egalitarianism; **у. в опла́те труда́** wage-levelling (*Br*), leveling (*US*).

уравни́тельный *adj* equalizing, levelling (*Br*), leveling (*US*).

уравнове́|сить, шу, сишь *pf* (*of* ⇒**~шивать**) **1** to balance. **2** (*fig*) to counterbalance, offset.

уравнове́шенност|ь, и *f* (*fig*) balance, steadiness, composure.

уравнове́|шенный *ppp of* ⇒**~сить** *and adj* (*fig*) balanced, steady, composed.

уравнове́шивани|е, я *nt* balancing.

уравнове́шива|ть, ю *impf of* ⇒**уравнове́сить**

уравня́|ть, ю *pf* (*of* ⇒**ура́внивать**[1]) to equalize, make equal, make level.

урага́н, а *m* hurricane; (*fig*) (*событий*) storm.

урага́н|ный *adj of* ⇒**~**; **у. ого́нь** (*mil*) drumfire.

уразумева́|ть, ю *impf of* ⇒**уразуме́ть**

уразуме́|ть, ю *pf* (*of* ⇒**~ва́ть**) to comprehend.

Ура́л, а *m* (*горы*) the Urals.

ура́льский *adj* (*geog*) Ural(s).

ура́н, а *m* **1 У.** (*astron*) Uranus. **2** (*chem*) uranium.

уранини́т, а *m* (*min*) uraninite, pitchblende.

ура́новый *adj* uranium.

урбаниза́ци|я, и *f* urbanization.

урбанизи́р|овать, ую *impf and pf* to urbanize.

урв|а́ть, у́, ёшь, *past* **~а́л, ~ала́, ~а́ло** *pf* (*of* ⇒**урыва́ть**) (*coll*) to snatch (*also fig*), grab; **у. мину́ту-две́** (*or* **мину́ту-другу́ю**) **для бесе́ды** to snatch a minute or two for a chat.

урв|а́ться, у́сь, ёшься, *past* **~а́лся, ~ала́сь, ~а́ло́сь** *pf* (*of* ⇒**урыва́ться**) (*coll*) to break loose; (*fig*) to get away, snatch a free minute.

урду́ *m indecl* Urdu (*language*).

урегули́ровани|е, я *nt* normalization; settlement.

урегули́р|овать, ую *pf* (*of* ⇒**регули́ровать 2**) (*отношения*) to normalize; (*вопрос, спор*) to settle.

уре́|зать, жу, жешь *pf* (*of* ⇒**~за́ть** *and* ⇒**~зывать**) **1** (*coll*) (*края*) to cut off; to shorten. **2** (*бюджет*) to cut down, reduce; (*права*) to reduce; **у. шта́ты** to cut down the staff.

урез|а́ть, а́ю *impf of* ⇒**~́ать**

урезо́нива|ть, ю *impf of* ⇒**урезо́нить**

урезо́н|ить, ю, ишь *pf* (*of* ⇒**~ивать**) (*coll*) to make to see reason, bring to reason.

уре́зыва|ть, ю *impf* = **уреза́ть**

уреми́|я, и *f* (*med*) uraemia (*Br*), uremia (*US*).

уре́тр|а, ы *f* (*anat*) urethra.

уретри́т, а *m* (*med*) urethritis.

у́рк|а, и *cg* (*prison sl*) criminal.

у́рн|а, ы *f* **1** (*для праха*) urn. **2**: **избира́тельная у.** ballot box. **3** (*для мусора*) refuse bin (*Br*), garbage can (*US*).

у́ров|ень, ня *m* **1** level; (*fig*) standard; **у. мо́ря** sea level; **высота́ над ~нем мо́ря** altitude above sea level; **в у. (с** + *i*) (*i*) level (with); flush (with), (*ii*) (*fig*) abreast (of), in pace (with); **на ~не земли́** at ground level; **быть на ~не** (*coll*) to be up to standard; **у. жи́зни** standard of living. **2** (*tech*) (*прибор*) level, gauge.

уровня́|ть, ю *pf* (*of* ⇒**ура́внивать**[2]) to level, make even.

уро́д, а *m* **1** freak, monster. **2** (*некрасивый человек*) ugly person; **нра́вственный у.** depraved person. **3** (*оскорбление*) bastard (*as a term of abuse, usu of a man*).

уро́дин|а, ы *cg* (*coll*) = **уро́д**

уро|ди́ть, жу́, ди́шь *pf* (*coll*) to bear, bring forth.

уро|ди́ться, жу́сь, ди́шься *pf* **1** (*о злаках*) to ripen; (*о человеке*) to be born. **2** (**в** + *a*; *coll*) (*в мать, в отца*) to take after.

уро́дливост|ь, и *f* **1** (*недостаток*) deformity. **2** (*некрасивость*) ugliness.

уро́длив|ый (~, ~а) *adj* **1** (*с уродством*) deformed, misshapen. **2** (*некрасивый*) ugly. **3** (*fig*) (*плохой, ненормальный*) bad; abnormal; faulty; distorted; **~ое воспита́ние** bad upbringing; **у. перево́д** faulty translation.

уро́д|овать, ую *impf* (*of* ⇒**из~**) **1** (*калечить*) to deform, disfigure, mutilate. **2** (*делать некрасивым*) to make ugly. **3** (*fig*) (*искажать*) to distort.

уро́д|ский *adj* (*coll*) **1** *adj of* ⇒**~**. **2** distorted.

уро́дств|о, а *nt* **1** (*физический недостаток*) deformity; disfigurement. **2** (*некрасивость*) ugliness. **3** (*fig*) (*ненормальность*) abnormality.

урожа́|й, я *m* **1** harvest; crop; **собра́ть у.** to gather in the harvest. **2** (*хороший сбор*) bumper crop, abundance (*also fig, coll*); **урожа́й на** (+ *a*) a bumper crop of.

урожа́йност|ь, и *f* productivity (*of crops*), yield.

урожа́|йный (~ен, ~йна) *adj* **1** *adj of* ⇒**~й**. **2** producing high yield, productive; **у. год** good year (*for a crop*).

урождённ|ый *adj*: **~ая** (*before maiden name*) née.

уроже́н|ец, ца *m* (+ *g*) native (of).

уроже́н|ка, ки *f of* ⇒**~ец**

уро́к, а *m* **1** lesson (*also fig*); **брать ~и** (+ *g*) to have, take lessons (in); **дава́ть ~и** (+ *g*) to give lessons (in); **препода́ть кому́-н. у.** (*fig*) to teach s.o. a lesson; **дать кому́-н. у., послужи́ть ~ом кому́-н.** to serve as a lesson to s.o. **2** (*задание*) homework; **зада́ть у.** to set homework; **сде́лать/пригото́вить ~и** to do one's homework.

уро́лог, а *m* (*med*) urologist.

урологи́ческий *adj* (*med*) urological.

уроло́ги|я, и *f* (*med*) urology.

уро́н, а (*no pl*) *m* (*материальный*) damages, losses; (*о людях*) casualties; **нанести́ у.** (*урожаю*) to inflict damage (on); (*врагу*) to inflict casualties (on); **понести́ у.** to suffer losses.

урон|и́ть, ю́, ~́ишь *pf of* ⇒**роня́ть 1, 3**

уро́чищ|е, а *nt* (*geog*) **1** (*граница*) natural boundary. **2** (*местность*) isolated terrain feature (*e.g. wood in swamp country*).

уро́чный *adj* fixed, agreed.

уругва́|ец, йца *m* Uruguayan.

Уругва́|й, я *m* Uruguay.

уругва́|йка, йки *f of* ⇒**~ец**

уругва́йский *adj* Uruguayan.

урча́ни|е, я *nt* rumbling; (*собаки*) growling.

урч|а́ть, у́, и́шь *impf* to rumble; (*о собаке*) to growl.

урыва́|ть(ся), ю(сь) *impf of* ⇒**урва́ть(ся)**

уры́вками *adv* (*coll*) in snatches, by fits and starts.

урю́к, а (у) (*no pl*) *m* (*collect*) whole dried apricots (still containing their stones).

урю́к|овый *adj of* ⇒**~**

уря́дник, а *m* **1** (*в казачьих войсках*) Cossack NCO (= *non-commissioned officer*). **2** (*hist*) (*в полиции*) village constable.

ус, а *m* **1** (*see also* ⇒**~ы́**) (*человека*) moustache hair (*Br*), mustache hair (*US*); **и в ус (себе́) не дуть** (*coll*) not to give a damn; **мота́ть (себе́) на ус** (*coll*) to take good note (of). **2** (*животного*) whisker. **3** (*насекомого*) antenna, feeler. **4** (*bot*) tendril; (*злака*) awn. **5**: **кито́вый ус** whalebone.

уса́д|ебный *adj of* ⇒**~ьба**; (*постройки, земля*) estate; **у. быт** life of the country gentry.

уса|ди́ть, жу́, ~́дишь *pf* (*of* ⇒**~́живать**) **1** (*помочь усесться*) to seat, help sit down; (*заставить усесться*) to make sit down; **у. в тюрьму́** (*coll*) to throw into jail. **2** (**за** + *a or* + *inf*) to sit (*s.o.*) down; **у. за уро́ки** to sit (*s.o.*) down to his/her lessons; **у. за пиани́но** to sit (*s.o.*) down at the piano. **3** (+ *i*) to plant (with).

уса́дк|а, и *f* shrinking; shrinkage; contraction.

уса́дьб|а, ы, *g pl* **уса́деб** *f* **1** (*hist*) (*помещика*) country estate; country seat. **2** (*ферма*) farmstead.

уса́жива|ть, ю *impf of* ⇒**усади́ть**

уса́жива|ться, юсь *impf of* ⇒**усе́сться**

уса́т|ый (~, ~а) *adj* **1** (*человек*) moustached (*Br*), mustached (*US*); with a big moustache (*Br*), mustache (*US*). **2** (*животное*) whiskered.

уса́ч, а́ *m* **1** (*coll*) man with a (big) moustache (*Br*), mustache (*US*). **2** (*рыба*) barbel (*fish*). **3** (*жук*) Capricorn beetle (*Agapanthia dahli*).

усва́ива|ть, ю *impf of* ⇒**усво́ить**

усвое́ни|е, я *nt* (*привычки*) adoption; (*урока*) mastering; (*пищи*) assimilation.

усво́|ить, ю, ишь *pf* (*of* ⇒**усва́ивать**) **1** (*привычку*) to adopt, acquire; to imitate. **2** (*урок*) to master; to assimilate; **у. пра́вила доро́жного движе́ния** to master the traffic regulations. **3** (*пищу*) to assimilate.

усвоя́емост|ь, и *f* **1** comprehensibility; **хоро́шая у.** ease of comprehension, easiness. **2** (*chem*) assimilability.

усе́ива|ть, ю *impf of* ⇒**усе́ять**

усека́|ть, ю *impf of* ⇒**усе́чь**

усе́рди|е, я *nt* zeal; diligence.

усе́рд|ный (~ен, ~на) *adj* diligent, painstaking.

У

усéрдств|овать, ую *impf* to be zealous; to take pains.

усé|сться, усáдусь, усáдешься, *past* **~лся, ~лась** *pf* (*of* **⇒усáживаться**) **1** to take a seat; to settle (down). **2** (**за** + *a or* + *inf*) to set (to), settle down (to); **у. за кáрты** to settle down to (a game of) cards.

усеч|ённый *ppp of* **⇒~ь** *and adj* (*math*) truncated.

усé|чь, кý, чёшь, кýт, *past* **~к, ~клá** *pf* (*of* **⇒~кáть**)
1 (*укоротить*) to cut off, truncate.
2 (*coll*) (*понять*) to understand, get.

усé|ять, ю, ешь *pf* (*of* **⇒~ивать**) (+ *i*) **1** (*засеять*) to sow (with).
2 (*покрыть*) to cover (with), dot (with), stud (with), strew (with); **лицó, ~янное веснýшками** face covered with freckles.

уси|дéть, жý, дúшь *pf* **1** (*остаться сидеть*) to keep one's place, remain sitting; **он так волновáлся, что éле ~дéл** he was so excited that he could hardly sit still. **2** (*coll*) (*удержаться на каком-н. месте*) to stay around in a place. **3** (*sl*) (*съесть*) to guzzle; (*выпить*) to knock back.

усúдчивост|ь, и *f* assiduity.

усúдчив|ый (~, ~а) *adj* assiduous; painstaking.

ýсик, а *m* **1** (*in pl*) small moustache (*Br*), mustache (*US*). **2** (*bot*) tendril; (*злака*) awn; (*клубники*) runner. **3** (*zool*) antenna, feeler.

усилéни|е, я *nt* **1** (*контроля*) strengthening; (*охраны, прочности*) reinforcement. **2** (*работы*) intensification; (*проблем*) aggravation; (*radio*) amplification.

усúл|енный *ppp of* **⇒~ить** *and adj*
1 (*охрана*) reinforced; **~енное питáние** high-calorie diet. **2** (*внимание, скорость*) intensified, increased.
3 (*настойчивый*) persistent, urgent; **~енные прóсьбы** earnest entreaties.

усúлива|ть, ю *impf of* **⇒усúлить**

усúлива|ться, ется *impf* **1** *impf of* **⇒усúлиться**. **2** (+ *inf*; *obs*) to try (to).

усúли|е, я *nt* effort; exertion; **приложúть все ~я** to make every effort, spare no effort; **сдéлать у. над собóй** to make an effort.

усилúтел|ь, я *m* amplifier.

усилúтельный *adj* amplifying.

усúл|ить, ю, ишь *pf* (*of* **⇒~ивать**)
1 (*войска, конструкцию*) to strengthen, reinforce. **2** (*наблюдение, волнение*) to intensify, increase, heighten; (*звук*) to amplify.

усúл|иться, ится *pf* (*of* **⇒~иваться**) (*ветер, чувство*) to become stronger; (*дождь, боль*) to intensify, increase (*intrans*); (*звук*) to grow louder.

уска|кáть, чý, ~чешь *pf* **1** (*о зайце*) to bound away; (*coll*) (*о человеке*) to run off. **2** (*о лошади; на лошади*) to gallop off.

ускольз|áть, áю *impf of* **⇒~нýть**

ускольз|нýть, нý, нёшь *pf* (*of* **⇒~áть**) **1** (*из рук*) to slip out; (*из-под ног*) to slip away. **2** (*fig, coll*) (*о человеке*) to slip off, steal away. **3** (*fig*) (**от** + *g*) to disappear; to escape; **у. от чьегó-л. внимáния** to escape one's notice. **4** (**от** + *g*; *coll*) to evade, avoid; **у. от прямóго отвéта** to avoid giving a direct answer.

ускорéни|е, я *nt* acceleration; speeding up.

ускóр|енный *ppp of* **⇒~ить** *and adj* (*темп*) accelerated; (*развитие*) rapid; (*курс*) crash.

ускорúтел|ь, я *m* (*tech*) accelerator.

ускóр|ить, ю, ишь *pf* (*of* **⇒~ять**)
1 (*убыстрить*) to quicken; to speed up, accelerate; **у. шаг** to quicken one's pace.
2 (*приблизить*) to hasten; (*смерть, что-н. плохое*) to precipitate.

ускóр|иться, ится *pf* (*of* **⇒~яться**)
1 (*шаги*) to quicken; (*ход механизма*) to accelerate. **2** (*выздоровление, отъезд*) to be speeded up.

ускор|ять, яю *impf of* **⇒~ить**

ускор|яться, яется *impf of* **⇒~иться**

услáвлива|ться, юсь *impf of* **⇒услóвиться**

услáд|а, ы *f* (*obs*) joy, delight.

усладúтел|ьный (~ен, ~ьна) *adj* (*obs*) pleasing, delightful.

усла|дúть, жý, дúшь *pf* (*of* **⇒~ждáть**) (*obs or poetical*) **1** to delight, charm. **2** (*облегчить*) to soften, mitigate.

усла|дúться, жýсь, дúшься *pf* (*of* **⇒~ждáться**) (+ *i*; *obs or poetical*) to delight (in).

услаждá|ть(ся), ю(сь) *impf of* **⇒усладúть(ся)**

усла|стúть, щý, стúшь *pf* (*of* **⇒~щáть**) to sweeten.

услáть, ушлю, ушлёшь *pf* (*of* **⇒усылáть**) (*с поручением*) to send, dispatch; (*в тюрьму, на каторгу*) to banish, send away.

услащá|ть, ю *impf of* **⇒усластúть**

усле|дúть, жý, дúшь *pf* (**за** + *i*)
1 (*за ребёнком*) to keep an eye (on), mind. **2** (*за ходом разговора*) to follow.

услóви|е, я *nt* **1** (*требование*) condition; stipulation, proviso; **постáвить ~ем** to make it a condition, stipulate; **под ~ем, что; при ~и, что; с ~ем, что** on condition that, provided that, providing. **2** (*in pl*) (*правила, обстоятельства*) conditions; **погóдные ~я** weather conditions; **~я приёма** (*radio*) reception; **при прóчих рáвных ~ях** other things being equal; **все ~я** (*coll*) everything necessary.

услóв|иться, люсь, ишься *pf* (*of* **⇒услáвливаться**) (**о** + *p*) to agree (on), settle (on); (+ *inf*) to agree (to); to arrange, make arrangements (to); **мы ~ились о мéсте свидáния** we agreed on a meeting place.

услóвленный *adj* agreed; **в у. час** at the hour agreed.

услóвлива|ться, юсь = **услáвливаться**

услóвно *adv* (*как принято*) conventionally; (*с условием*) conditionally; **егó приговорúли/осудúли у.** he was given a suspended sentence.

услóвност|ь, и *f* **1** (*условный характер*) conditional character.
2 (*норма поведения*) convention, conventionality.

услóв|ный *adj* **1** (*принятый*) conventional; (*знак, жест*) agreed, prearranged. **2 (~ен, ~на)** (*с условием*) conditional; **~ное осуждéние/наказáние** (*law*) suspended sentence; **у. приговóр** (*in coll incorrect use*) = **~ное осуждéние/наказáние**; **~ное соглáсие** conditional consent.
3 (~ен, ~на) (*относительный*) relative. **4 (~ен, ~на)** (*воображаемый*) imaginary. **5** (*gram*) conditional. **6**: **у. рефлéкс** (*physiol*) conditioned reflex.

усложнéни|е, я *nt* complication.

усложн|ённый *ppp of* **⇒~úть** *and adj* complicated.

усложн|úть, ю, úшь *pf* (*of* **⇒~ять**) to complicate.

усложн|úться, úтся *pf* (*of* **⇒~яться**) to become complicated.

усложн|ять, яю *impf of* **⇒~úть**

усложн|яться, яется *impf of* **⇒~úться**

услýг|а, и *f* **1** service; favour (*Br*), favor (*US*), good turn; **дóбрые ~и** (*diplomacy*) good offices; **оказáть ~у комý-н.** to do s.o. a service; **предложúть свой ~и** to offer one's services; **к вáшим ~ам** at your service. **2** (*in pl*) service(s); **коммунáльные ~и** public utilities.

услужéни|е, я *nt* (*obs*) service; **быть в ~и (у** + *g*) to be in service (with); (*fig; ironical*) to be a lackey (of).

услýжива|ть, ю *impf* (*obs*) to serve, act as a servant.

услуж|úть, ý, ~ишь *pf* (*of* **⇒~ивать**) (+ *d*) to do a service, good turn.

услýжлив|ый (~, ~а) *adj* obliging.

услыхáть = **услышать**

услыш|ать, у, ишь *pf of* **⇒слышать 1, 3**

усмáтрива|ть, ю *impf of* **⇒усмотрéть**

усмех|áться, áюсь *impf of* **⇒~нýться**

усмех|нýться, нýсь, нёшься *pf* (*of* **⇒~áться**) to smirk; to grin.

усмéшк|а, и *f* smirk, grin.

усмирéни|е, я *nt* (*мятежа*) suppression, putting down; (*агрессора*) pacification; (*зверя*) taming.

усмир|úть, ю, úшь *pf* (*of* **⇒~ять**)
1 (*успокоить*) to pacify; to calm, quieten; (*укротить*) to tame (*also fig*).
2 (*мятеж*) to suppress, put down.

усмир|ять, яю *impf of* **⇒~úть**

усмотрéни|е, я *nt* discretion, judgement; **дéйствовать по своемý ~ю** to use one's own discretion; **мы остáвили это на вáше у.** we left it to your discretion.

усмотр|éть, ю, ~ишь *pf* (*of* **⇒усмáтривать**) **1** (**за** + *i*) (*coll*) (*уследить*) to keep an eye (on).
2 (*увидеть*) to perceive, observe. **3** (**в** + *p*) (*принять*) to see (in); to regard (as), interpret (as); **у. угрóзу в заявлéнии** to interpret the statement as a threat.

усна|стúть, щý, стúшь *pf* (*of* **⇒~щáть**) (+ *i*) to stuff (with), lard (with); **у. речь цúфрами** to stuff a speech with figures.

уснащá|ть, ю *impf of* **⇒уснастúть**

у

усн|у́ть, у́, ёшь *pf* to go to sleep, fall asleep (*also fig*); **у. ве́чным сном, у. наве́ки** (*rhetorical*) to pass on to one's eternal rest.

усо́биц|а, ы *f* (*hist*) internal strife.

усоверше́нствовани|е, я *nt* **1** (*действие*) improvement, refinement; (*usu in pl*) (*изменения*) improvements, refinements. **2**: **ку́рсы ~я** advanced training courses.

усоверше́нствов|анный *ppp of* ⇒**~ать** *and adj* (*модель, двигатель*) improved.

усоверше́нств|овать(ся), ую(сь) *pf of* ⇒**соверше́нствовать(ся)**

усо́ве|стить, щу, стишь *pf* (*of* ⇒**~щивать**) to appeal to the conscience (of); to make ashamed.

усо́ве|ститься, щусь, стишься *pf* (*of* ⇒**~щиваться**) to be sorry, be conscience-stricken.

усо́вещива|ть(ся), ю(сь) *impf of* ⇒**усо́вестить(ся)**

усомн|и́ться, ю́сь, и́шься *pf* (**в** + *p*) to doubt.

усо́пш|ий *adj* deceased; *as n* **у., ~его** *m*, **~ая, ~ей** *f* the deceased.

усо́х|нуть, ну, нешь, *past* **~, ~ла** *pf* (*of* ⇒**усыха́ть**) to dry up, dry out; (*о человеке*) to wither.

успева́емост|ь, и *f* progress (*in studies*).

успева́|ть, ю *impf* **1** *impf of* ⇒**успе́ть**. **2** (*impf only*) (**в** + *p or* **по** + *d*) to make progress (in), get on well (in, at) (*studies*).

успе́ется *impers, pf* (*coll*) there's plenty of time.

успе́ни|е, я *nt* (*eccl*) **1** death, passing. **2 У.** (Feast of) the Dormition, Assumption (of the Virgin).

успе́н|ский *adj of* ⇒**~ие 2**

успе́|ть, ю *pf* (*of* ⇒**~ва́ть 1**) **1** to have time; to manage; **у. написа́ть** to have time to write; **у. на заседа́ние** to be in time for the meeting; **у. к по́езду** to manage to catch the train; **не ~л я вы́йти из до́ма, как пошёл дождь** no sooner had I left the house than it started to rain. **2** (*obs*) (**в** + *p*) (*достигнуть успеха*) to succeed (in), be successful (in), excel (in).

успе́х, а *m* **1** success; **име́ть большо́й у.** to be a great success; **по́льзоваться ~ом** to be a success; **по́льзоваться ~ом у кого́-н.** to be successful with s.o.; **с тем же ~ом** equally well, with the same result; **с ~ом** successfully. **2** (*in pl*) success, progress; **как ва́ши ~и?** how are you getting on?; **де́лать ~и** (**в** + *p*) to make progress (in).

успе́шно *adv* successfully.

успе́шност|ь, и *f* success.

успе́ш|ный (~ен, ~на) *adj* successful.

успока́ива|ть(ся), ю(сь) *impf of* ⇒**успоко́ить(ся)**

успока́ив|ающий *pres participle active of* ⇒**~ать** *and adj* (*тон*) soothing, calming; (*действие*) sedative; **~ающее сре́дство** sedative.

успокое́ни|е, я *nt* **1** (*действие*) calming, quieting, soothing; (*med*) sedation. **2** (*состояние*) calm; peace, tranquillity.

успоко́енност|ь, и *f* **1** calmness; tranquillity. **2** (*pej*) (*беспечность*) complacency.

успокои́тел|ьный (~ен, ~ьна) *adj* calming, soothing; reassuring; *as n* **~ьное, ~ьного** *nt* sedative.

успоко́|ить, ю, ишь *pf* (*of* ⇒**успока́ивать**) **1** to calm; (*убедить не тревожиться*) to reassure, set one's mind at rest. **2** (*боль*) to assuage, deaden; **у. чьи-н. подозре́ния** to still s.o.'s suspicions. **3** (*усмирить, заставляя повиноваться*) to reduce to order, control; **у. дете́й** to make children be quiet.

успоко́|иться, юсь, ишься *pf* (*of* ⇒**успока́иваться**) **1** (*о человеке*) to calm down; to compose o.s. **2** (*стать пассивным*) to be satisfied; **у. на дости́гнутом** to rest content with what has been achieved. **3** (*о боли*) to abate; (*о море*) to become still; (*о ветре*) to drop.

уст|а́, ~, ~а́м (*no sg*) (*obs or poetical*) mouth, lips; **вложи́ть в чьи-н. у.** (*fig*) to put into s.o.'s mouth; **из ~ в у.** by word of mouth; **узна́ть из пе́рвых, вторы́х ~** to learn at first, second hand; **э́то у всех на ~а́х** everyone's talking about it; **твои́ми бы ~а́ми мёд пить** if only you were right.

уста́в, а *m* regulations, rules, statutes; (*mil*) service regulations; (*в монастыре*) rule; **у. университе́та** university statutes; **У. ОО́Н** UN Charter.

уста|ва́ть, ю́, ёшь *impf of* ⇒**~́ть**; **не ~ва́я** (*as adv*) incessantly, tirelessly.

уста́в|ить, лю, ишь *pf* (*of* ⇒**~ля́ть**) **1** (*разместить*) to set, arrange, dispose; **у. ме́бель в ко́мнате** to arrange furniture about the room. **2** (+ *i*) (*занять*) to cover (with), fill (with), pile (with); **у. стол буты́лками** to cover a table with bottles; **у. по́лку кни́гами** to fill, cram a shelf with books. **3** (*coll*) (**глаза́**, *etc.* **на** + *a*) to direct, fix (one's gaze, *etc.*, upon).

уста́в|иться, люсь, ишься *pf* (*of* ⇒**~ля́ться**) **1** (*поместиться*) to find room, go in. **2** (+ *i*) (*стать заставленным*) to become crammed, cluttered (with). **3** (*coll*) (**в, на** + *a*) to fix one's gaze (upon), stare (at).

уставля́|ть(ся), ю(сь) *impf of* ⇒**уста́вить(ся)**

уста́вный *adj* regulation, statutory, prescribed.

уста́лост|ь, и *f* fatigue, tiredness, weariness; **у. мета́лла** (*tech*) metal fatigue.

уста́лый *adj* tired, weary, fatigued.

у́стал|ь, и *f* = **~́ость**; **без ~и** tirelessly, unceasingly.

устана́влива|ть(ся), ю, ет(ся) *impf of* ⇒**установи́ть(ся)**

установ|и́ть, лю́, ~́ишь *pf* (*of* ⇒**устана́вливать**) **1** (*поставить, поместить*) to place, put, set up; (*оборудование, механизм*) to install, mount, rig up; (*памятник*) to put up; (*comput*) (*программу*) to install. **2** (*показание, личину*) to adjust, regulate, set (to, by); **у. часы́ по ра́дио** to set one's watch by the radio. **3** (*власть, контакт*) to establish, institute; **у. связь** (**с** + *i*; *mil*) to establish communication (with). **4** (*назначить*) to fix, prescribe, establish; **у. гра́фик** to fix the schedule. **5** (*добиться*) to secure, obtain; **у. тишину́** to secure quiet. **6** (*обнаружить, выяснить*) to establish, determine; to ascertain; **у. причи́ну ава́рии** to establish the cause of a crash.

установ|и́ться, ~́ится *pf* (*of* ⇒**устана́вливаться**) **1** (*наступить*) to be established; to set in; **~и́лся поря́док** a procedure was established; **~и́лся обы́чай** it has become a custom; **пого́да ~и́лась** the weather has become settled. **2** (*о характере, взглядах*) to be formed, mature.

устано́вк|а, и *f* **1** (*действие*) placing, setting up, arrangement; (*оборудования*) installation; (*величины*) setting. **2** (*часов*) adjustment, setting. **3** (*tech*) (*механизм, приспособление*) installation; (*comput*) set-up. **4** (*цель*) aim, purpose; **име́ть ~у** (**на** + *a*) to aim (at). **5** (*директива*) directions, directive.

установле́ни|е, я *nt* establishment; (*определение*) determination.

устано́в|ленный *ppp of* ⇒**~и́ть** *and adj* established, fixed, prescribed, regulation; **в ~ленном поря́дке** in prescribed manner.

устано́в|очный *adj* **1** (*tech*) *adj of* ⇒**~ка 1, 2**; **у. винт** adjusting screw. **2** *adj of* ⇒**~ка 5**; **у. вопро́с** fundamental question.

устано́вщик, а *m* fitter, mounter; (*mil*) (instrument) setter.

устарева́|ть, ю *impf of* ⇒**устаре́ть**

устаре́|вший *past participle active of* ⇒**~ть** *and adj* obsolete.

устаре́лый *adj* obsolete; antiquated, out of date.

устаре́|ть, ю *pf* (*of* ⇒**~ва́ть** *and* ⇒**старе́ть 2**) to become obsolete; to become antiquated, out of date.

уста́|ть, ну, нешь *pf* (*of* ⇒**~ва́ть**) to become tired; **я ~л** I am tired; **у. от** + *g* get tired of (s.o., sth); **мы ~ли с доро́ги** we're tired from the journey; **студе́нт ~л чита́ть** the student was tired from reading.

устерега́|ть, ю *impf of* ⇒**устере́чь**

устере́|чь, гу́, жёшь, гу́т, *past* **~̈г, ~гла́** *pf* (*of* ⇒**~га́ть**) (**от** + *g*; *coll*) to guard (against).

устила́|ть, ю *impf of* ⇒**устла́ть**

устла́ть, устелю́, усте́лешь *pf* (*of* ⇒**устила́ть**) (+ *i*) to cover (with); (*плитами, камнями*) to pave (with).

у́стно *adv* orally, by word of mouth.

у́стн|ый *adj* verbal, oral; **~ое обеща́ние** verbal promise; **~ая речь** spoken language; **у. экза́мен** oral (examination).

усто́|й[1], я *m* **1** (*tech*) (*моста*) abutment, buttress, pier. **2** (*опора*) foundation, support. **3** (*in pl*; *fig*) (*основы*) foundations, bases.

усто́|й[2], я *m* (*coll*) (*на поверхности жидкости*) thickened layer on surface of liquid; **у. молока́** cream.

усто́йчивост|ь, и *f* (*опоры*) stability, steadiness; (*веры*) firmness.

У

усто́йчив|ый (~, ~а) *adj* (*опора, плот*) stable, steady; (*вера, принцип*) firm; **~ая валю́та** stable currency; **~ая пого́да** settled weather.

усто|я́ть, ю́, и́шь *pf* **1** (*не упасть*) to keep one's balance, remain standing; **у. на нога́х** to keep one's balance. **2** (*fig*) (*в споре*) to stand one's ground. **3** (*не поддаться*) to resist, hold out; **у. пе́ред собла́зном** to resist a temptation; **у. про́тив проти́вника** to hold out against an opponent.

усто|я́ться, и́тся *pf* **1** (*о жидкостях*) to settle. **2** (*о пиве, о тесте*) to have stood (*sufficient time*). **3** (*о взглядах*) to become fixed, become permanent.

устра́ива|ть(ся), ю(сь) *impf of* **⇨устро́ить(ся)**

устране́ни|е, я *nt* removal; (*уничтожение*) elimination.

устран|и́ть, ю́, и́шь *pf* (*of* **⇨~я́ть**) **1** (*убрать в сторону*) to remove; **у. прегра́ды** to remove obstacles; (*уничтожить*) to eliminate. **2** (*уволить*) to remove (*from office*), dismiss.

устран|и́ться, ю́сь, и́шься *pf* (*of* **⇨~я́ться**) to resign, retire, withdraw.

устран|я́ть(ся), я́ю(сь) *impf of* **⇨~и́ть(ся)**

устраш|а́ть(ся), а́ю(сь) *impf of* **⇨~и́ть(ся)**

устраша́|ющий *pres participle active of* **⇨~ть** *and adj* frightening, appalling.

устраше́ни|е, я *nt* **1** (*действие*) frightening; **сре́дство ~я** (*mil, pol*) deterrent. **2** (*состояние*) fright, fear.

устраш|и́ть, у́, и́шь *pf* (*of* **⇨~а́ть**) to frighten, scare.

устраш|и́ться, у́сь, и́шься *pf* (*of* **⇨~а́ться**) (+ *g*) to be afraid, be scared (of).

устрем|и́ть, лю́, и́шь *pf* (*of* **⇨~ля́ть**) (**на** + *a*) to direct (to, at); **у. глаза́ на что-н.** to fasten one's gaze upon sth.

устрем|и́ться, лю́сь, и́шься *pf* (*of* **⇨~ля́ться**) **1** (**на** + *a*) (*направиться*) to rush (upon, at); to head (for). **2** (**на** + *a*; **к** + *d*) (*сосредоточиться*) to be directed (at, towards), be fixed (upon), be concentrated (on); (*о человеке*) to concentrate (on).

устремле́ни|е, я *nt* **1** (*порыв*) rush. **2** (*желание*) striving, aspiration.

устремлённост|ь, и *f* aspiration.

устремля́|ть(ся), ю(сь) *impf of* **⇨устреми́ть(ся)**

у́стриц|а, ы *f* oyster.

у́стри|чный *adj of* **⇨~ца**

устрое́ни|е, я *nt* arranging, organization.

устро́ител|ь, я *m* organizer.

устро́итель|ница, ницы *f of* **⇨~**

устро́|ить, ю, ишь *pf* (*of* **⇨устра́ивать**) **1** (*изготовить, соорудить*) to make, construct. **2** (*концерт*) to arrange, organize; (*приют*) to establish. **3** (*вызвать*) to make, cause, create; **у. сканда́л** to make a scene; **я ~ил так, что она́ не узна́ла** I arranged things so that she didn't find out. **4** (*наладить*) to settle, order, put in (good) order; **у. свои́ дела́** to put one's affairs in order. **5** (*поместить*) to place, fix up; **у. кого́-н. на рабо́ту** to fix s.o. up with work; (*coll*) (*достать*) to get (hold of); **она́ всегда́ мо́жет у. биле́т на бале́т** she can always get hold of a ticket for the ballet. **6** (*impers*; *coll*) (*оказаться удобным*) to suit, be convenient (to, for).

устро́|иться, юсь, ишься *pf* (*of* **⇨устра́иваться**) **1** (*прийти в порядок*) to work out (well). **2** (*наладить свои дела*) to manage, get by. **3** (*расположиться*) to settle down, get settled; **они́ ~ились в гости́ницу** they got settled into the hotel. **4** (*на работу*) to get (*a job*); **он ~ился на желе́зную доро́гу проводнико́м** he has got a job on the railway as a conductor.

устро́йств|о, а *nt* **1** (*концерта*) arrangement, organization; (*на работу*) getting (*of work*); (*в новой квартире*) settling down. **2** (*расположение, конструкция*) construction; layout; (*tech*) working principle(s). **3** (*прибор*) apparatus, device; **запомина́ющее у.** (*comput*) storage (device), memory; **постоя́нное запомина́ющее у.** (*comput*) ROM (*read-only memory*). **4** (*порядок, строй*) structure, system; **обще́ственное у.** social structure.

усту́п, а *m* **1** (*в стене, скале*) shelf, ledge; (*agric*) terrace. **2** (*mil*) echelon formation (*of artillery*).

уступ|а́ть, а́ю *impf of* **⇨~и́ть**

уступи́тельный *adj* (*gram*) concessive.

уступ|и́ть, лю́, ~ишь *pf* (*of* **⇨~а́ть**) **1** (+ *d*) (*в пользу другого*) to let have, give up (to); to cede (to); **у. кому́-н. ме́сто** to give up one's place to s.o.; **у. доро́гу** (+ *d*) to make way (for), let pass. **2** (+ *d*) (*покориться*) to yield (to), give in (to); **у. кому́-н. в спо́ре** to give in to s.o.'s argument. **3** (+ *d*) (*быть хуже кого-н., чего-н.*) to be inferior (to); **как расска́зчик он никому́ не ~ит** as a storyteller he is second to none. **4** (*coll*) (*продать дешевле*) to let have (= *to sell*); **он ~и́л ей кни́гу за 100 рубле́й** he let her have the book for 100 roubles. **5** (*coll*) (*сумму*) to take off, knock off; **он ~и́л 10 рубле́й** he knocked off ten roubles.

усту́пк|а, и *f* **1** concession, compromise; **сде́лать ~и** to make concessions, compromise. **2** (*в цене*) reduction, discount.

усту́пчат|ый (~, ~а) *adj* stepped, terraced.

усту́пчивост|ь, и *f* pliancy; compliance.

усту́пчив|ый (~, ~а) *adj* pliant, pliable; compliant.

усты|ди́ть, жу́, ди́шь *pf* to shame, put to shame.

усты|ди́ться, жу́сь, ди́шься *pf* (+ *g*) to be ashamed (of); to feel embarrassed (for).

у́сть|е, я, *g pl* **~ев** *nt* **1** (*реки*) mouth, estuary. **2** (*шахты, трубы*) mouth, orifice.

усугуб|и́ть, лю́, и́шь *pf* (*of* **⇨~ля́ть**) to increase; to intensify; to aggravate.

усугубля́|ть, ю *impf of* **⇨усугуби́ть**

усугубл|я́ющий *pres participle active of* **⇨~я́ть** *and adj*: **~я́ющие обстоя́тельства** (*law*) aggravating circumstances.

усу́шк|а, и *f* (*comm*) wastage, loss of weight (*through drying*).

ус|ы́, о́в *pl* (*sg* **ус, а** *m*) (*человека*) moustache (*Br*), mustache (*US*) (*see also* **⇨ус**); **мы,** *etc.* **са́ми с ~а́ми** (*coll*) we, *etc.*, weren't born yesterday.

усыла́|ть, ю *impf of* **⇨усла́ть**

усынов|и́ть, лю́, и́шь *pf* (*of* **⇨~ля́ть**) to adopt (*as a son*).

усыновле́ни|е, я *nt* adoption.

усыновля́|ть, ю *impf of* **⇨усынови́ть**

усыпа́льниц|а, ы *f* burial vault.

усы́п|ать, лю, лешь *pf* (*of* **⇨~а́ть**) (+ *i*) to strew (with), scatter (with); (*покрыть*) to cover (with).

усып|а́ть, а́ю *impf of* **⇨~ать**

усыпи́тел|ьный (~ен, ~ьна) *adj* soporific (*also fig*).

усып|и́ть, лю́, и́шь *pf* (*of* **⇨~ля́ть**) **1** (*перед операцией*) to put to sleep; (*пением, чтением*) to lull to sleep. **2** (*fig*) (*подозрения*) to lull; (*внимание*) to weaken, undermine; **у. со́весть** to lull one's conscience; **у. боль** to deaden pain. **3** (*больную собаку*) to put to sleep.

усыпле́ни|е, я *nt* putting to sleep; lulling (to sleep).

усыпля́|ть, ю *impf of* **⇨усыпи́ть**

усыха́|ть, ю *impf of* **⇨усо́хнуть**

ута́ива|ть, ю *impf of* **⇨ута́ить**

ута|и́ть, ю́, и́шь *pf* (*of* **⇨~ивать**) **1** (*скрыть*) to conceal; (*умолчать*) to keep to o.s., keep secret. **2** (*присвоить*) to appropriate.

ута́йк|а, и *f* (*coll*) **1** (*истины*) concealment; **без ~и** frankly, openly. **2** (*денег*) appropriation.

ута́птыва|ть, ю *impf of* **⇨утопта́ть**

ута́скива|ть, ю *impf of* **⇨утащи́ть**

утащ|и́ть, у́, ~ишь *pf* (*of* **⇨ута́скивать**) **1** to drag away, off (*also fig*); **у. кого́-н. в кино́** (*coll*) to drag s.o. off to the cinema. **2** (*coll*) (*украсть*) to steal, pinch (*Br*).

у́твар|ь, и (*no pl*) *f* (*collect*) utensils, equipment.

утверди́тел|ьный (~ен, ~ьна) *adj* affirmative.

утвер|ди́ть, жу́, ди́шь *pf* (*of* **⇨~жда́ть 1**) **1** (*диктатуру, правила*) to establish (*securely, firmly*). **2** (**в** + *p*) (*убедить*) to confirm (in); **у. в како́м-н. мне́нии** to confirm in some opinion. **3** (*санкционировать*) to approve; to confirm; (*договор*) to ratify; **у. пове́стку дня** to approve an agenda; **у. в до́лжности** to confirm in a job.

утвер|ди́ться, жу́сь, ди́шься *pf* (*of* **⇨~жда́ться**) **1** (*укрепиться*) to gain a foothold, gain a firm hold (*also fig*);

(*порядок, режим*) to become firmly established. **2** (**в** + *p*) (*поверить*) to be confirmed in (*one's resolve, etc.*); **у. в мы́сли** to become firmly convinced. **3** (**за** + *i*) (*о репутации*): **за ним ~ди́лась репута́ция хоро́шего инжене́ра** he gained a reputation for being a good engineer.

утвержда́|ть, ю *impf* **1** *impf of* **⇒утверди́ть**. **2** (*impf only*) to assert, maintain; (*без доказательства*) to claim, allege; **учи́тель ~л необходи́мость регуля́рной рабо́ты** the teacher maintained that regular work was necessary; **свиде́тель ~л, что ви́дел подозрева́емого о́коло окна́** the witness claimed to have seen the suspect by the window.

утвержда́|ться, юсь *impf of* **⇒утверди́ться**

утвержде́ни|е, я *nt* **1** (*высказывание*) assertion; claim, allegation. **2** (*санкционирование*) approval; confirmation; (*договора*) ratification; (*law*) (*завещания*) probate. **3** (*диктатуры, порядка*) establishment.

утека́|ть, ю *impf of* **⇒уте́чь**

ут|ёнок, ёнка, *pl* **~я́та, ~я́т** *m* duckling.

утепле́ни|е, я *nt* insulation.

утепл|ённый *ppp of* **⇒~и́ть** *and adj* (*дом*) insulated; (*плащ*) lined.

утепли́тел|ь, я *m* (*tech*) insulating material.

утепл|и́ть, ю́, и́шь *pf* (*of* **⇒~я́ть**) to insulate.

утепл|я́ть, я́ю *impf of* **⇒~и́ть**

утер|е́ть, утру́, утрёшь, *past* **~̆, ~̆ла** *pf* (*of* **⇒утира́ть**) to wipe (off); to wipe dry; **у. пот со лба** to wipe the sweat off one's brow; **у. кому́-н. нос** (*coll*) to score off s.o.

утер|е́ться, утру́сь, утрёшься, *past* **~̆ся, ~̆лась** *pf* (*of* **⇒утира́ться**) to wipe o.s.; to dry o.s.

утерп|е́ть, лю́, ~̆ишь *pf* to restrain o.s.

уте́р|я, и *f* loss.

утеря́|ть, ю *pf* to lose.

утёс, а *m* cliff, crag.

утёсист|ый (~, ~а) *adj* steep, precipitous.

утéх|а, и *f* (*coll*) **1** (*удовольствие*) pleasure; delight; **для ~и** for fun. **2** (*утешение*) comfort, consolation.

уте́чк|а, и *f* (*жидкости, информации*) leak, leakage; (*убыль*) loss, wastage, dissipation; **у. га́за** gas escape; **«у. мозго́в»** brain drain.

уте́|чь, ку́, чёшь, ку́т, *past* **~̆к, ~кла́** *pf* (*of* **⇒~ка́ть**) **1** to flow away; to leak; (*о газе*) to escape; **мно́го воды́ ~кло́** (*fig*) much water has flowed under the bridge. **2** (*о времени*) to pass, go by. **3** (*coll*) (*убежать*) to run away.

утеш|а́ть(ся), а́ю(сь) *impf of* **⇒~̆ить(ся)**

утеше́ни|е, я *nt* comfort, consolation.

утеши́тел|ь, я *m* comforter.

утеши́тель|ница, ницы *f of* **⇒~**

утеши́тел|ьный (~ен, ~ьна) *adj* comforting, consoling.

уте́ш|ить, у, ишь *pf* (*of* **⇒~а́ть**) to comfort, console.

уте́ш|иться, усь, ишься *pf* (*of* **⇒~а́ться**) **1** to console o.s. **2** (+ *i*) (*мыслью, событием*) to take comfort (in).

утилизацио́нный *adj*: **у. заво́д** salvage factory, by-products factory; **у. цех** salvage department.

утилиза́ци|я, и *f* **1** utilization. **2** (*повторное использование*) recycling.

утилизи́р|овать, ую *impf and pf* to utilize; (*повторно*) to recycle.

утили́т|а, ы *f* (*comput*) utility.

утилитари́зм, а *m* utilitarianism.

утилита́рност|ь, и *f* utilitarian attitude.

утилита́рный *adj* (*подход*) utilitarian; (*знания*) practical.

ути́л|ь, я (*no pl*) *m* (*collect*) scrap, recyclable waste.

ути́ль|ный *adj of* **⇒~**; **~ное желе́зо** scrap iron.

утильсырь|ё, я (*no pl*) *nt* (*collect*) = **ути́ль**

ути́ный *adj of* **⇒у́тка 1**

утира́льник, а *m* (*coll*) hand towel.

утира́|ть(ся), ю(сь) *impf of* **⇒утере́ть(ся)**

утих|а́ть, а́ю *impf of* **⇒~̆нуть**

ути́х|нуть, ну, нешь, *past* **~, ~ла** *pf* (*of* **⇒~а́ть**) **1** (*о месте*) to become quiet, still; (*о звуках*) to cease, die away. **2** (*о буре, о боли*) to abate, subside; (*о ветре*) to drop; (*о споре*) to die down. **3** (*о человеке*) to become calm, calm down.

утихоми́рива|ть(ся), ю(сь) *impf of* **⇒утихоми́рить(ся)**

утихоми́р|ить, ю, ишь *pf* (*of* **⇒~ивать**) to calm down; to pacify, placate.

утихоми́р|иться, юсь, ишься *pf* (*of* **⇒~иваться**) to calm down; to abate, subside.

у́тк|а, и *f* **1** duck. **2** (*ложный слух*) canard, false report; **пусти́ть ~у** to start a canard. **3** (*сосуд*) bedpan.

уткн|у́ть, у́, ёшь *pf* (*coll*) to bury; to fix; **у. нос в кни́гу** to bury o.s. in a book; **у. глаза́** (**в** + *a*) to fix one's gaze (upon).

уткн|у́ться, у́сь, ёшься *pf* (**в** + *a*; *coll*) **1** to bury o.s. (in), one's head (in); **у. в рабо́ту** to bury o.s. in one's work; **у. в газе́ту** to bury one's head in a newspaper. **2** (*натолкнуться*) to bump (into); **ло́дка ~у́лась в бе́рег** the boat bumped into the bank.

утконо́с, а *m* (*zool*) duck-billed platypus.

утле́гар|ь, я *m* (*naut*) jib boom.

у́тлый *adj* **1** (*ненадёжный*) frail; unsound. **2** (*убогий*) poor, wretched.

ут|о́к, ка́ *m* (*textiles*) woof, weft.

утол|и́ть, ю́, и́шь *pf* (*of* **⇒~я́ть**) **1** (*жажду*) to quench, slake; (*голод, любопытство*) to satisfy. **2** (*боль*) to relieve, alleviate.

утол|сти́ть, щу́, сти́шь *pf* (*of* **⇒~ща́ть**) to thicken, make thicker.

утол|сти́ться, сти́тся *pf* (*of* **⇒~ща́ться**) to become thicker.

утолща́|ть(ся), ю, ет(ся) *impf of* **⇒утолсти́ть(ся)**

утолще́ни|е, я *nt* **1** (*действие*) thickening. **2** (*место*) bulge.

утол|щённый *ppp of* **⇒~сти́ть** *and adj* reinforced.

утол|я́ть, я́ю *impf of* **⇒~и́ть**

утоми́тел|ьный (~ен, ~ьна) *adj* **1** (*утомляющий*) wearisome, tiring, fatiguing. **2** (*скучный*) tiresome; tedious.

утом|и́ть, лю́, и́шь *pf* (*of* **⇒~ля́ть**) to tire, weary, fatigue.

утом|и́ться, лю́сь, и́шься *pf* (*of* **⇒~ля́ться**) to get tired.

утомле́ни|е, я *nt* tiredness, weariness, fatigue.

утом|лённый *ppp of* **⇒~и́ть** *and adj* tired, weary, fatigued.

утомля́|ть(ся), ю(сь) *impf of* **⇒утоми́ть(ся)**

утон|у́ть, у́, ~̆ешь *pf* (*of* **⇒тону́ть 2, 3** *and* **⇒утопа́ть 1**) **1** (*погибнуть*) to drown, be drowned; (*оказаться под водой*) to sink. **2** (**в** + *p*; *fig*) to be lost (in).

утонч|а́ть(ся), а́ю, а́ет(ся) *impf of* **⇒~и́ть(ся)**

утончённост|ь, и *f* refinement.

утонч|ённый *ppp of* **⇒~и́ть** *and adj* refined; exquisite, subtle.

утонч|и́ть, у́, и́шь *pf* (*of* **⇒~а́ть**) **1** to make thinner. **2** (*fig*) (*вкус, потребности*) to refine, make refined.

утонч|и́ться, и́тся *pf* (*of* **⇒~а́ться**) **1** to become thinner. **2** (*fig*) (*о вкусах*) to become refined.

утопа́|ть, ю *impf* **1** *impf of* **⇒утону́ть**. **2** (*impf only*) (**в** + *p*; *fig*) (*в зелени*) to be covered (in); (*в роскоши, богатстве*) to wallow (in).

утопа́ющ|ий *pres participle active of* **⇒утопа́ть**; *as n* **~ий, ~его** drowning person.

утопи́зм, а *m* Utopianism.

утопи́ст, а *m* Utopian.

утоп|и́ть, лю́, ~̆ишь *pf* (*of* **⇒топи́ть[3] 2**) **1** (*человека, животное*) to drown. **2** (*fig, coll*) (*погубить*) to ruin. **3** (*сделать едва видным*) to bury, embed.

утоп|и́ться, лю́сь, ~̆ишься *pf* (*of* **⇒топи́ться**) to drown o.s.

утопи́ческий *adj* Utopian.

уто́пи|я, и *f* Utopia.

уто́пленник, а *m* drowned man.

уто́пленниц|а, ы *f of* **⇒уто́пленник**

утоп|та́ть, чу́, ~̆чешь *pf* (*of* **⇒ута́птывать**) to trample down, pound.

у́точк|а, и *f diminutive of* **⇒у́тка**; **ходи́ть ~ой** to waddle along.

уточне́ни|е, я *nt* clarification, elaboration; **внести́ ~е/~я во что-н.** to elaborate on sth.

уточн|и́ть, ю́, и́шь *pf* (*of* **⇒~я́ть**) to make more precise, clarify; to elaborate.

уточн|я́ть, я́ю *impf of* **⇒~и́ть**

утра́ива|ть(ся), ю, ет(ся) *impf of* **⇒утро́ить**

утрамб|ова́ть, у́ю *pf* (*of* **⇒~о́вывать**) to ram, tamp (*road material, etc.*).

утрамб|ова́ться, у́ется *pf* (*of* ⇨**~о́вываться**) to become flat/level (*also fig*).

утрамбо́выва|ть(ся), ю, ет(ся) *impf of* ⇨**утрамбова́ть(ся)**

утра́т|а, ы *f* loss; **у. трудоспосо́бности** disablement.

утра́|тить, чу, тишь *pf* (*of* ⇨**~чивать**) to lose.

утра́чива|ть, ю *impf of* ⇨**утра́тить**

у́тренний *adj* morning, early.

у́тренник, а *m* **1** (*мороз*) morning frost. **2** (*представление*) morning performance, matinee.

у́трен|я, и *f* (*eccl*) matins.

у́тречком *adv* (*coll*) in the morning.

утри́р|овать, ую *impf and pf* to exaggerate.

утриро́вк|а, и *f* exaggeration.

у́тр|о, а (до ~а́, с ~а́), *d* **~у (к ~у́),** *pl* **~а, ~, ~ам (***in sense 'in the mornings'*: *d* **по ~а́м,** *i* **~а́ми)** *nt* morning; **в семь часо́в ~а́** at 7 a.m.; **на сле́дующее у.** the next morning; **с ~а́** early in the morning; **с ~а́ до ве́чера** from morn till night; **до́брое у.!** good morning!

утро́б|а, ы *f* **1** womb; **в ~е ма́тери** in the womb. **2** (*coll*) (*живот*) belly; **ненасы́тная у.** greedy guts.

утро́бный *adj* **1** uterine, fetal; **у. плод** fetus. **2** (*о звуках*) deep, hollow; **у. смех** belly laugh.

утро́|ить(ся), ю, ит(ся) *pf* (*of* ⇨**утра́ивать(ся)**) to treble.

у́тром *adv* in the morning; **сего́дня у.** this morning.

утружда́|ть, ю *impf* to trouble; **у. кого́-н. про́сьбами** to trouble s.o. with requests.

утружда́|ться, юсь *impf* (*coll*) to trouble o.s., take trouble.

утряс|а́ть(ся), а́ю, а́ет(ся) *impf of* ⇨**~ти́(сь)**

утряс|ти́, у́, ёшь *pf* (*of* ⇨**~а́ть**) (*coll*) **1** (*уладить*) to settle; **у. вопро́с** to have a matter out. **2** (*муку, мешок*) to shake down. **3** (*человека*) to tire, make drowsy.

утряс|ти́сь, ётся, у́тся *pf of* ⇨**~а́ться** (*coll*) (*дело, проблема*) to sort itself out; **всё ~ётся** everything will be sorted out.

утучн|и́ть, ю́, и́шь *pf* (*of* ⇨**~я́ть**) (*obs*) **1** (*скот*) to fatten. **2** (*землю*) to enrich, manure.

утучн|я́ть, я́ю *impf of* ⇨**~и́ть**

уты́к|ать, аю *pf* (*of* ⇨**~а́ть** *and* ⇨**~ивать**) (*coll*) **1** (*воткнуть*) to stick (in) all over. **2** (*забить*) to stop up, caulk.

утык|а́ть, а́ю *impf of* ⇨**~ать**

уты́кива|ть, ю *impf* = **утыка́ть**

утю́г, а́ *m* (*flat*) iron.

утю́ж|ить, у, ишь *impf* (*of* ⇨**вы́~**) **1** (*брюки*) to iron, press. **2** (*асфальт*) to smooth.

утю́жк|а, и *f* ironing, pressing.

утя́гива|ть, ю *impf of* ⇨**утяну́ть**

утяжел|и́ть, ю́, и́шь *pf* (*of* ⇨**~я́ть**) (*о весе*) to make heavier, increase the weight (of); (*о стиле*) to make awkward, cumbersome.

утяжел|я́ть, я́ю, я́ешь *impf of* ⇨**~и́ть**

утян|у́ть, у́, ~ешь *pf* (*of* ⇨**утя́гивать**) (*coll*) **1** (*утащить*) to drag away, off. **2** (*украсть*) to steal, pinch (*Br*).

утя́тин|а, ы *f* (*cul*) duck.

уф *int* (*expressing relief or fatigue, physical discomfort, etc.*) ooh!; gosh!; phew!; **уф, жа́рко!** phew, it's hot!

уфо́лог, а *m* ufologist.

уфоло́ги|я, и *f* ufology.

ух *int* (*expressing various strong feelings*) ooh!; gosh!

ух|а́, и́ *f* ukha (*fish soup*).

уха́б, а *m* pothole, pit (*in road*).

уха́бист|ый (~, ~а) *adj* full of potholes; bumpy.

ухажёр, а *m* (*coll*) ladies' man; (*поклонник*) admirer.

уха́живани|е, я *nt* courting.

уха́жива|ть, ю *impf* (**за** + *i*) **1** (*за больным*) to nurse, tend; (*за животными, растениями*) to look after. **2** (*за женщиной*) to court; to pay court (to), make advances (to). **3** (*вести себя угодливо*) to make up (to).

у́хань|е, я *nt* (*филина*) hooting; (*орудий*) banging; (*людей*) shouts.

у́харский *adj* (*coll*) dashing; rakish.

у́харств|о, а *nt* (*coll*) bravado.

у́хар|ь, я *m* (*coll*) dashing fellow.

у́ха|ть(ся), ю(сь) *impf of* ⇨**у́хнуть(ся)**

ухва́т, а *m* **1** oven fork. **2** (*tech*) clip.

ухва|ти́ть, чу́, ~тишь *pf* **1** (*схватить*) to lay hold (of); (*захватить для себя*) to seize, grab. **2** (*fig, coll*) (*понять*) to grasp.

ухва|ти́ться, чу́сь, ~тишься *pf* (**за** + *a*) **1** to grasp, lay hold (of); **у. за ве́тку** to grasp a branch. **2** (*fig, coll*) (*за возможность*) to seize; to jump (at); **у. за предложе́ние** to jump at an offer; (*за мысль, за человека*) to latch on to.

ухва́тк|а, и *f* (*coll*) **1** (*ловкость*) skill; trick. **2** (*usu in pl*) (*манера*) manner.

ухитр|и́ться, ю́сь, и́шься *pf* (*of* ⇨**~я́ться**) (+ *inf*) to manage (to), contrive (to).

ухитр|я́ться, я́юсь *impf of* ⇨**~и́ться**

ухищре́ни|е, я *nt* trick, dodge.

ухищрён|ный (~, ~на) *adj* cunning, artful.

ухищря́|ться, юсь *impf* to contrive; to resort to contrivance.

ухло́п|ать, аю *pf* (*of* ⇨**~ывать**) (*coll*) **1** (*убить*) to kill. **2** (*истратить*) to squander.

ухло́пыва|ть, ю *impf of* ⇨**ухло́пать**

ухмы́лк|а, и *f* (*coll*) smirk, grin.

ухмыльн|у́ться, у́сь, ёшься *pf* (*of* ⇨**ухмыля́ться**) (*coll*) to smirk, grin.

ухмыл|я́ться, я́юсь *impf of* ⇨**~ьну́ться**

у́хн|уть, у, ешь *pf* (*of* ⇨**у́хать**) (*coll*) **1** (*от удивления, боли, удовольствия*) to cry out; (*о совах*) to hoot. **2** (*раздаться*) to crash, bang, rumble; **вдруг ~ул гром** there was a sudden crash of thunder. **3** (*упасть*) to fall; to come a cropper (*also fig*). **4** (*fig*) (*утратиться*) to go to waste. **5** (*уронить*) to drop; (*бросить*) to throw. **6** (*истратить*) to squander. **7** (*с силой ударить*) to bang, slap; **у. кулако́м по столу́** to bang one's fist on the table.

у́хн|уться, усь, ешься *pf* (*of* ⇨**у́хаться**) (*coll*) to fall with a bang.

у́х|о, а, *pl* **у́ши, уше́й** *nt* **1** ear; **у́ши вя́нут (от** + *g*) (*coll*) it makes one sick to hear; **и ~ом не вести́** not to listen (= *to pay no heed*); **кра́ем ~а слу́шать** to listen with half an ear; **прожужжа́ть/прокрича́ть кому́-н. у́ши** to talk s.o.'s head off; **у. в у.** (**с** + *i*) level (with), alongside; **дать кому́-н. в у.** (*coll*) to box s.o.'s ear; **во все у́ши слу́шать** to be all ears; **пропусти́ть ми́мо уше́й** (*coll*) to turn a deaf ear (to), pay no heed (to); **говори́ть кому́-н. на́ у.** to have a word in s.o.'s ear, have a private word with s.o.; **по́ уши** (*в долгах*) up to one's ears *or* eyes (*in debt, etc.*); (*влюблённый*) head over heels (*in love, etc.*). **2** (*шапки*) ear flap. **3** (*tech*) ear, lug.

уховёртк|а, и *f* (*zool*) earwig.

ухо́д[1], а *m* (*из комнаты; с работы*) leaving; (*с должности*) resignation; (*на пенсию*) retirement; (*поезда*) departure; (*с собрания; в монастырь*) withdrawal.

ухо́д[2], а *m* (**за** + *i*) (*за больным, за садом*) looking after; care (of); (*за машиной*) maintenance; (*за зданием*) upkeep.

ухо|ди́ть[1], жу́, ~дишь *impf* **1** *impf of* ⇨**уйти́**. **2** (*impf only*) (*простираться*) to stretch, extend.

ухо|ди́ть[2], жу́, ~дишь *pf* (*coll*) **1** (*изнурить*) to wear out, tire out. **2** (*убить*) to do in.

ухо|ди́ться, жу́сь, ~дишься *pf* (*coll*) **1** (*устать*) to be worn out, be tired out. **2** (*успокоиться*) to calm down.

ухо́жен|ный (~, ~на) *adj* (*человек, конь*) well groomed; (*сад, дом*) well looked after, well cared for.

ухудш|а́ть(ся), а́ю, а́ет(ся) *impf of* ⇨**~ить(ся)**

ухудше́ни|е, я *nt* worsening, deterioration.

уху́дш|енный *ppp of* ⇨**~ить** *and adj* inferior.

уху́дш|ить, у, ишь *pf* (*of* ⇨**~а́ть**) to make worse, worsen.

уху́дш|иться, ится *pf* (*of* ⇨**~а́ться**) to become worse, worsen, deteriorate (*intrans*).

уцеле́|ть, ю *pf* (*остаться целым*) to remain intact, escape destruction; (*остаться живым*) to remain alive, survive.

уцен|ённый *ppp of* ⇨**~и́ть** *and adj* (*pred*) marked down, reduced (in price); (*attr*) cut-price, cut-rate (*US*); **~ённые това́ры** cut-price, cut-rate (*US*) goods.

уце́нива|ть, ю *impf of* ⇨**уцени́ть**

уцен|и́ть, ю́, ~ишь *pf* (*of* ⇨**~ивать**) to mark down, to reduce the price (of).

уце́нк|а, и *f* (price) markdown, price reduction; **у. на 25%** (price) markdown/reduction of 25%.

уцеп|и́ть, лю́, ~́ишь *pf* (*coll*) to catch hold (of), grasp, seize.

уцеп|и́ться, лю́сь, ~́ишься *pf* (**за** + *a*) **1** to catch hold (of), grasp, seize. **2** (*fig, coll*) (*за предложение, за мысль*) to jump (at).

уча́ств|овать, ую *impf* (**в** + *p*) **1** to take part (in), participate (in). **2** (*иметь долю*) to have a share (in), have shares (in); **у. в акционе́рном о́бществе** to have shares in a (joint-stock) company; **у. в при́былях** to have a share in the profits.

уча́ств|ующий *pres participle active of* ⇒**~овать**; *as n* **у., ~ующего** *m* participant.

уча́сти|е, я *nt* **1** taking part, participation; **у. в при́былях** profit-sharing; **при ~и, с ~ем** (+ *g*) with the participation (of), with assistance (of), featuring; **принима́ть у.** (**в** + *p*) to take part (in), participate (in). **2** (*сочувствие*) sympathy, concern; **принима́ть у. в ком-н.** to display concern for s.o.

уча|сти́ть, щу́, сти́шь *pf* (*of* ⇒**~ща́ть**) (*посещения*) to make more frequent; (*шаг*) to quicken.

участ|и́ться, и́тся *pf* (*of* ⇒**учаща́ться**) (*удары грома*) to become more frequent; (*шаг, пульс*) to quicken.

участко́в|ый *adj of* ⇒**уча́сток**; **у. врач** general practitioner, GP; family doctor; **у. инспе́ктор** divisional inspector (*of police*); *as n* **у., ~ого** *m* (*coll*) = **у. инспе́ктор.**

уча́стлив|ый (~, ~а) *adj* sympathetic.

уча́стник, а *m* (+ *g*) participant (in), member (of); **~и перегово́ров** negotiating parties; **~и соглаше́ния** parties to the agreement; **у. состяза́ния** competitor; **у. литерату́рного кружка́** member of a literary society; **у. торго́в** bidder.

уча́ст|ок, ка *m* **1** (*земли*) plot, strip; lot, parcel. **2** (*площади, стены, дороги*) part, section, portion; length (*of road, etc.*); (*railways*) division. **3** (*mil*) (*часть фронта*) sector (*area occupied by one regiment of Army*); area, zone; **у. гла́вного уда́ра** area of main strike; **у. проры́ва** breakthrough area. **4** (*в административном делении*) district, area, zone (*as administrative unit*); **избира́тельный у.** (*i*) (*подразделение*) electoral district, ward, (*ii*) (*здание*) polling station. **5** (*fig*) (*сфера деятельности*) field, sphere. **6** (*hist*) (*i*) (*подразделение*) police division, district, (*ii*) (*здание*) police station.

у́част|ь, и *f* lot, fate.

учаща́|ть(ся), ю, ет(ся) *impf of* ⇒**участи́ть(ся)**

уча|щённый *ppp of* ⇒**~сти́ть** *and adj* quickened; faster; **у. пульс** quickened pulse.

уча́щ|ийся *pres participle of* ⇒**учи́ться**; *as n* **у., ~егося** *m*, **~аяся, ~ейся** *f* student; (*школы*) pupil.

учёб|а, ы *f* **1** studies; studying, learning; **за ~ой** at one's studies. **2** (*подготовка*) training.

уче́бник, а *m* textbook.

уче́бно... *comb form, abbr of* **уче́бный**

уче́бн|ый *adj* **1** educational; school; **у. год** academic year, school year; **~ое заведе́ние** educational institution; **у. план** curriculum; **заве́дующий ~ой ча́стью** director of studies. **2** (*mil*) training, practice; **у. патро́н** dummy cartridge (*used in training*); **~ое по́ле** training ground; **~ая стрельба́** practice shoot; **~ое су́дно** training ship.

уче́ни|е, я *nt* **1** learning; studies; (*ремеслу*) apprenticeship; **отда́ть в у.** (+ *d*) to apprentice (to). **2** (*преподавание*) teaching, instruction. **3** (*mil*) exercise; (*in pl*) training. **4** (*система взглядов*) teaching, doctrine.

учени́к, а́ *m* **1** (*школы*) pupil. **2** (*в ремесле*) apprentice. **3** (*последователь*) disciple, follower.

учени́ц|а, ы *f of* ⇒**учени́к**

учени́|ческий *adj* **1** *adj of* ⇒**~к** **2** (*работа*) primitive.

учени́честв|о, а *nt* **1** period spent as a pupil, student; student years, school years. **2** (*ремеслу*) apprenticeship.

учёност|ь, и *f* learning, erudition (*also ironical*).

учён|ый (~, ~а) *adj* **1** (*человек*) learned, erudite; (*coll*) educated. **2** (*научный*) scholarly; academic; **~ая статья́** scholarly article; **~ая сте́пень** higher (university) degree (*PhD or higher*). **3** *in titles of certain academic posts and institutions*: **у. секрета́рь** academic secretary; **у. сове́т** academic council. **4** (*животное*) trained, performing. **5** *as n* **у., ~ого** *m* scholar; (*в университете*) academic; (*в области естественных наук*) scientist.

уч|е́сть, учту́, учтёшь, *past* **~ёл, ~ла́** *pf* (*of* ⇒**~и́тывать**) **1** (*обстоятельства*) to take into account, consideration. **2** (*товары*) to take stock (of), make an inventory (of). **3** (*fin*) (*вексель*) to discount.

учёт, а *m* **1** (*действие*) accounting; **бухга́лтерский у.** accounting, bookkeeping; (*товаров*) stocktaking, inventory-making; (*определение*) calculation; **вести́ у.** (+ *g*) to take stock (of); **веде́ние ~а** record-keeping; (*запись*) record. **2** (*обстоятельств*) taking into account; **без ~а** (+ *g*) disregarding. **3** (*регистрация*) registration; **взять на у.** to register; **встать, стать на у.** to be registered; **снять с ~а** to strike off the register, take off the books. **4** (*fin*) (*векселей*) discount, discounting.

учетвер|и́ть, ю́, и́шь *pf* (*of* ⇒**~я́ть**) to quadruple.

учетвер|я́ть, я́ю *impf of* ⇒**~и́ть**

учётно-медици́нск|ий *adj*: **~ая ка́рточка** medical record, medical card.

учётн|ый *adj* **1** registration; **~ая ка́рточка** registration form; **~ая кни́га** records book; **~ое отделе́ние** records section. **2** (*fin*) discount; **у. проце́нт, ~ая ста́вка ба́нковского проце́нта** bank rate.

учи́лищ|е, а *nt* school, college (*institution providing specialist instruction at secondary level*); **вое́нное у.** military school; **ремесленное у.** trade school.

учин|и́ть, ю́, и́шь *pf* (*of* ⇒**~я́ть**) to make, cause; **у. сканда́л кому́-н.** to make a scene.

учин|я́ть, я́ю *impf of* ⇒**~и́ть**

учи́тел|ь, я *m* **1** (*pl* **~я́**) teacher. **2** (*pl* **~и**) (*fig*) teacher, master (= *authority*).

учи́тельниц|а, ы *f of* ⇒**учи́тель**

учи́тель|ский *adj of* ⇒**~**; *as n* **~ская, ~ской** *f* teachers' common room, staff (common) room.

учи́тельств|овать, ую *impf* to teach, work as a teacher.

учи́тыва|ть, ю *impf of* ⇒**уче́сть**

уч|и́ть, у́, ~́ишь *impf* **1** (*pf* **вы́~, на~,** *and* **об~**) (+ *a and d or* + *inf*) (*преподавать*) to teach; **у. кого́-н. неме́цкому языку́** to teach s.o. German; **у. игра́ть на скри́пке** to teach to play the violin. **2** *no pf* (*быть учителем*) to be a teacher. **3** (**, что**) (*о теории*) to teach (that), say (that). **4** (*pf* **вы́~**) (+ *a*) (*усваивать, запоминать*) to learn; to memorize.

уч|и́ться, у́сь, ~́ишься *impf* **1** (*pf* **вы́~, на~,** *and* **об~**) (+ *d or* + *inf*) to learn, study. **2** (*быть студентом*) to be a student; **у. в шко́ле** to go to, be at school. **3** (*pf* **вы́~**) (**на кого́-н.**; *coll*) to study (to be, to become), learn (to be); **он ~́ится на перево́дчика** he is studying to be an interpreter.

учреди́тел|ь, я *m* founder.

учреди́тель|ница, ницы *f of* ⇒**~**

учреди́тельн|ый *adj* constituent; **~ое собра́ние** (*pol*) constituent assembly.

учре|ди́ть, жу́, ди́шь *pf* (*of* ⇒**~жда́ть**) (*основать*) to found, establish, set up; (*ввести*) to introduce, institute.

учрежда́|ть, ю *impf of* ⇒**учреди́ть**

учрежде́ни|е, я *nt* **1** (*школы, организации*) founding, establishment, setting up; (*ордена*) introduction. **2** (*заведение*) establishment, institution.

учти́вост|ь, и *f* civility, courtesy.

учти́в|ый (~, ~а) *adj* civil, courteous.

учуд|и́ть, и́шь *pf of* ⇒**чуди́ть**

учу́|ять, ю, ешь *pf* (*coll*) to smell, nose out; (*fig*) (*издёвку, подвох*) to sense.

уша́нк|а, и *f* (*coll*) cap with ear flaps.

уша́ст|ый (~, ~а) *adj* (*coll*) big-eared.

уша́т, а *m* tub (*carried on pole slung through handles*); **вы́лить на кого́-н. у. гря́зи** to insult s.o.

у́ши *see* ⇒**у́хо**

уши́б, а *m* injury; bruise.

ушиб|а́ть(ся), а́ю(сь) *impf of* ⇒**~и́ть(ся)**

ушиб|и́ть, у́, ёшь, *past* **~́, ~́ла** *pf* (*of* ⇒**~а́ть**) **1** to injure (*by knocking*); (*до синяка*) to bruise. **2** (*fig, coll*) to hurt, bruise.

ушиб|и́ться, у́сь, ёшься, *past* **~́ся, ~́лась** *pf* (*of* ⇒**~а́ться**) to hurt o.s., give o.s. a knock; to bruise o.s.

ушива́|ть, ю *impf of* ⇒**уши́ть**

уш|и́ть, ью́, ьёшь *pf* (*of* ⇒**~ива́ть**) (*dressmaking*) to take in.

у́шк|о, а, *pl* **~и, у́шек** *nt diminutive of* ⇒**у́хо**; **у него́ ~и на маку́шке** he is on the qui vive.

ушк|о́, а́, *pl* **∼и́, ∼о́в** *nt* **1** (*tech*) eye, lug. **2** (*сапога*) tab, tag. **3** (*иголки*) eye. **4** (*in pl*) (*cul*) pasta (*in small shapes*).

у́шлый *adj* (*coll*) smart, shrewd.

ушни́к, а́ *m* (*coll*) ear doctor.

ушн|о́й *adj* ear; **∼а́я боль** earache; **у. врач** ear specialist; **∼а́я ра́ковина** (*anat*) auricle.

уще́лист|ый (∼, ∼а) *adj* abounding in ravines.

уще́л|ье, ья, *g pl* **∼ий** *nt* ravine, gorge.

ущем|и́ть, лю́, и́шь *pf* (*of* ⇨**∼ля́ть**) **1** to pinch, jam; **у. па́лец две́рью** to pinch one's finger in the door. **2** (*fig*) (*стеснить*) to limit; to encroach (upon). **3** (*fig*) (*оскорбить*) to wound, hurt; **у. чьё-н. самолю́бие** to hurt s.o.'s pride.

ущемле́ни|е, я *nt* **1** (*пальца*) pinching, jamming. **2** (*fig*) (*прав*) limitation. **3** (*fig*) (*самолюбия*) wounding, hurting.

ущем|лённый *ppp of* ⇨**∼и́ть** *and adj* (*fig*) (*самолюбие*) wounded, hurt; (*права*) limited.

ущемля́|ть, ю *impf of* ⇨**ущеми́ть**

уще́рб, а *m* **1** (*убыток*) detriment; loss; (*вред*) damage, injury; **без ∼а (для** + *g*) without prejudice (to); **в у.** (+ *d*) to the detriment (of), to the prejudice (of). **2** (*спад*) weakening, decline. **3**: **на ∼е** (*о луне*) on the wane; (*fig*) (*слава*) on the decline; (*характер, психика*) defective, abnormal.

ущерблённый *adj* **1** (*луна*) waning. **2** (*самолюбие*) wounded, hurt.

уще́рбност|ь, и *f* **1** (*луны, таланта*) waning. **2** (*психики*) defectiveness, abnormality.

уще́рб|ный (∼ен, ∼на) *adj* **1** (*луна*) waning. **2** (*психика*) defective, warped, abnormal.

ущипн|у́ть, у́, ёшь *pf of* ⇨**щипа́ть 1**

Уэ́льс, а *m* Wales.

уэ́льс|ец, ца *m* Welshman.

уэ́льский *adj* Welsh.

ую́т, а *m* comfort, cosiness (*Br*), coziness (*US*).

ую́т|ный (∼ен, ∼на) *adj* cosy (*Br*), cozy (*US*), comfortable.

уязви́м|ый (∼, ∼а) *adj* vulnerable (*also fig*); **∼ое ме́сто** (*fig*) weak spot, sensitive spot.

уязв|и́ть, лю́, и́шь *pf* (*of* ⇨**∼ля́ть**) to wound, hurt.

уязвля́|ть, ю *impf of* ⇨**уязви́ть**

уясне́ни|е, я *nt* clarification.

уясн|и́ть, ю, и́шь *pf* (*of* ⇨**∼я́ть**) (**себе́** *or* **для себя́**) to comprehend.

уясн|я́ть, я́ю *impf of* ⇨**∼и́ть**

У

фа *nt indecl (mus)* F.

фаб... *comb form, abbr of* **фабри́чный**

фа́брик|а, и *f* factory; (*бумажная*) mill.

фа́брика-ку́хня, фа́брики-ку́хни *f (hist) (large-scale)* canteen, municipal restaurant.

фабрика́нт, а *m* manufacturer, factory owner, mill owner; (*слухов*) fabricator.

фабрика́т, а *m* finished product.

фабрика́ци|я, и *f* fabrication (*also fig*).

фабрик|ова́ть, у́ю *impf* **1** (*obs*) (*изготовить*) to manufacture, make. **2** (*pf* **с~**) (*fig*) to fabricate.

фабри́чно-заводско́й *adj* factory, works, industrial.

фабри́чн|ый *adj* **1** factory; manufacturing; **ф. го́род** manufacturing town; **~ая ма́рка** trade mark; **~ое произво́дство** manufacturing; *as n* **ф., ~ого** *m*, **~ая, ~ой** *f (obs)* factory worker. **2** (*произведённый на фабрике*) factory-made.

фа́бул|а, ы *f (literary)* plot, story.

фавн, а *m (myth)* faun.

фаво́р, а *m (obs)*: **быть в ~е (у + g)** to be in favour (*Br*), favor (*US*) (with); **быть не в ~е у кого́-н.** to be in s.o.'s bad books.

фавори́т, а *m* favourite (*Br*), favorite (*US*) (*also sport*).

фаворити́зм, а *m* favouritism (*Br*), favoritism (*US*).

фавори́т|ка, ки *f of* **⇒~**

фаго́т, а *m (mus)* bassoon.

фаготи́ст, а *m* bassoon player.

фа́з|а, ы *f* phase; stage.

фаза́н, а *m* pheasant.

фаза́н|ий *adj of* **⇒~**

фа́зис, а *m* phase.

фазотро́н, а *m (phys)* synchrocyclotron.

файл, а *m (comput)* file.

фа́йл|овый *adj of* **⇒~**; **ф. се́рвер** file server.

файл-се́рвер, а *m (comput)* file server.

...фа́к *comb form, abbr of* **факульте́т**

фа́кел, а *m* torch, flare.

фа́кел|ьный *adj of* **⇒~**; **~ьное ше́ствие** torchlight procession.

фа́кельщик, а *m* **1** torch bearer. **2** (*fig, pej*) incendiary, firebug.

фа́кельщи|ца, цы *f of* **⇒~к 1**

факи́р, а *m* fakir.

факс, а *m* fax; **посла́ть по ~у** to fax.

факси́миле *indecl* **1** *adj*. **2** *n*; *nt* facsimile.

факси́мил|ьный *adj of* **⇒~е**; **ф. аппара́т** fax (machine).

факт, а *m* fact; **соверши́вшийся ф.** fait accompli; **факт, что** (*coll*) it is a fact that; **ф. остаётся ~ом** the fact remains.

факти́чески *adv* in fact, actually; practically, virtually, to all intents and purposes.

факти́ческ|ий *adj* actual; real; virtual; **~ие да́нные** the facts.

факти́ч|ный (~ен, ~на) *adj* (*literary*) factual.

фактогра́фи|я, и *f* factual account.

фа́ктор, а *m* factor.

факто́ри|я, и *f* trading station.

факту́р|а, ы *f* **1** (*своеобразие художественной техники*) manner of execution; (*строение материала*) texture. **2** (*comm*) (*usu* **счёт-ф.**) invoice, bill.

факту́р|ный *adj of* **⇒~а**

факультати́в, а *m* optional course.

факультати́в|ный (~ен, ~на) *adj* optional.

факульте́т, а *m* faculty, department.

факульте́т|ский *adj of* **⇒~**

фал, а *m (naut)* halyard.

фала́нг|а, и *f* **1** (*mil, also hist*) phalanx. **2** (*anat*) phalanx, phalange.

фа́лд|а, ы *f* tail, skirt (*of coat*).

фа́лин|ь, я *m (naut)* painter.

фалли́ческий *adj* phallic.

фалло́пиев *adj*: **~а труба́** (*med*) Fallopian tube.

фа́ллос, а *m* phallus.

фальсифика́тор *m* **1** (*истории, данных*) falsifier. **2** (*вина*) **3** (*документа, подписи, произведения искусства*) forger; (*бриллианта*) faker; (*денег*) counterfeiter.

фальсифика́ци|я, и *f* **1** (*подделывание*) falsification. **2** (*изменение качества продукта*) adulteration. **3** (*подделанная вещь*) forgery. **4** (*поддельная вещь*) (*документ, подпись, произведение искусства*) forgery; (*бриллиант*) fake; (*деньги*) counterfeit.

фальсифици́р|овать, ую *impf and pf* **1** (*историю, данные*) to falsify. **2** (*вино*) to adulterate. **3** (*документ, подпись, произведение искусства*) forge; (*бриллиант*) fake; (*деньги*) counterfeit.

фальста́рт, а *m* false start.

фальц, а *m* **1** (*загиб, шов на месте соединения металлических листов*) fold, seam. **2** (*печатного листа*) fold. **3** (*паз*) groove, rebate.

фальц|ева́ть, у́ю *impf* (*of* **⇒с~**) **1** (*металлические листы*) to seam. **2** (*печатный лист*) to fold, crease. **3** (*пазить*) to groove, rebate.

фальце́т, а *m (mus)* falsetto.

фальшбо́рт, а *m (naut)* bulwark, rails.

фальши́в|ить, лю, ишь *impf* **1** to be a hypocrite; to act insincerely. **2** (*pf* **с~**) (*mus*) (*петь*) to sing out of tune; (*играть*) to play out of tune.

фальши́вк|а, и *f* (*coll*) forged document.

фальшивомоне́тчик, а *m* counterfeiter.

фальши́в|ый (~, ~а) *adj* **1** (*зубы, волосы*) false; (*документ*) forged, fake; (*жемчуг*) artificial, imitation. **2** (*неискренний*) false; insincere; **ф. комплиме́нт** insincere compliment; **попа́сть в ~ое положе́ние** to put o.s. into a false position. **3** (*mus*) out of tune.

фальшки́л|ь, я *m (naut)* false keel.

фальш|ь, и *f* **1** (*обман*) deception, trickery. **2** (*неискренность*) falsity; insincerity. **3** (*mus*) (*пение*) singing out of tune; (*игра*) playing out of tune.

фами́ли|я, и *f* **1** surname; **двойна́я ф.** double-barrelled (*Br*), -barreled (*US*) surname. **2** (*род*) family, kin.

фами́льный *adj* family.

фамилья́рнича|ть, ю *impf* (*coll*) to be overfamiliar.

фамилья́рност|ь, и *f* overfamiliarity.

фамилья́р|ный (~ен, ~на) *adj* overfamiliar; unceremonious.

фанабе́ри|я, и *f* (*coll*) arrogance, bumptiousness.

фана́т, а *m* (*coll*) freak, fan, devotee; **музыка́льный ф.** music freak.

фанати́зм, а *m* fanaticism.

фана́тик, а *m* fanatic.

фанати́ческий *adj* fanatical.

фанати́ч|ный (~ен, ~на) *adj* fanatical.

фана́т|ка, ки *f of* **⇒~**; (*сопровождающая популярных музыкантов*) groupie.

фане́р|а, ы *f* **1** (*для облицовки*) veneer. **2** (*древесный материал*) plywood. **3** (*mus sl, pej*) (*фонограмма*) pre-recorded soundtrack; **петь под ~у** to mime, lip-sync.

фане́р|ный *adj of* **⇒~а**

фанерозо́|й, я *m* (*geol*) the Phanerozoic (aeon/eon).

фанерозо́й|ский *adj* (*geol*) Phanerozoic; **ф. эо́н** = ~

фа́нз|а, ы *f* fanza (*a peasant house in China or Korea*).

фант, а *m* forfeit; **игра́ть в** ~**ы** to play forfeits.

фантазёр, а *m* dreamer, visionary.

фантази́р|овать, ую *impf* **1** *impf only* (*мечтать*) to dream, indulge in fantasies. **2** (*pf* **с**~) (*выдумывать*) to make up, dream up. **3** *impf only* (*импровизировать*) to improvise (*on piano, etc.*).

фанта́зи|я, и *f* **1** (*воображение*) fantasy; imagination; **бога́тая ф.** fertile imagination. **2** (*мечта*) fantasy, fancy; **предава́ться** ~**ям** to indulge in fantasies. **3** (*выдумка*) fabrication. **4** (*coll*) (*прихоть*) fancy, whim. **5** (*mus*) fantasia.

фантасмаго́ри|я, и *f* phantasmagoria.

фанта́ст, а *m* **1** (*фантазёр*) dreamer, visionary. **2** (*писатель, художник*) writer, artist treating the fantastic.

фанта́стик|а, и *f* **1** (*народных сказок*) the fantastic element. **2** (*collect, literary*) fantasy; **нау́чная ф.** science fiction; sci-fi. **3** (*coll*) (*нечто нереальное*) a fantastic thing.

фантасти́ческий *adj* **1** (*пейзаж, освещение*) fantastic, fabulous, unreal; (*новость, нахал*) fantastic, incredible. **2** (*литература*) fantasy.

фантасти́ч|ный (~**ен,** ~**на)** *adj* = ~**еский**

фа́нтик, а *m* (*coll*) sweet wrapper.

фанто́м, а *m* phantom.

фанфа́р|а, ы *f* (*mus*) **1** (*инструмент*) bugle. **2** (*торжественная фраза*) fanfare.

фанфаро́н, а *m* (*coll*) braggart.

фанфаро́н|ить, ю, ишь *impf* (*coll*) to brag.

фанфаро́нств|о, а *nt* (*coll*) bragging.

ФА́О *f indecl* FAO (*abbr of* Food and Agriculture Organization — *Продово́льственная и сельскохозя́йственная организа́ция Объединённых На́ций*).

фа́р|а, ы *f* headlight; **поса́дочные** ~**ы** landing lights.

фара́д|а, ы *f* (*elec*) farad.

фарао́н, а *m* **1** (*hist*) Pharaoh. **2** (*игра*) faro (*card game*).

фарва́тер, а *m* (*naut*) fairway, channel; **плыть, быть в чьём-н.** ~**е** (*fig*) to follow s.o.'s lead, side with s.o.

Фаренге́йт, а *m* Fahrenheit (thermometer); **32 гра́дуса по** ~**у** (= *0 °C*) 32 degrees Fahrenheit; **212 гра́дусов по** ~**у** (= *100 °C*) 212 degrees Fahrenheit.

фаре́р|ец, ца *m* Faroese.

фаре́р|ка, ки *f of* ⇨~**ец**

Фаре́рск|ие остров|а́, ~**их** ~**о́в** (*no sg*) the Faroe Islands; the Faroes.

фаре́рский *adj* Faroese.

фаринги́т, а *m* (*med*) pharyngitis.

фарисе́|й, я *m* **1** (*hist*) Pharisee **2** (*ханжа*) hypocrite.

фарисе́йский *adj* hypocritical.

фарисе́йств|о, а *nt* hypocrisy.

фарисе́йств|овать, ую *impf* to behave hypocritically.

фармазо́н, а *m* (*coll, obs*) Freemason.

фармако́лог, а *m* pharmacologist.

фармакологи́ческий *adj* pharmacological.

фармаколо́ги|я, и *f* pharmacology.

фармакопе́|я, и *f* pharmacopoeia.

фармаце́вт, а *m* pharmacist.

фармаце́втик|а, и *f* pharmaceutics.

фармацевти́ческий *adj* pharmaceutical.

фармаци́|я, и *f* pharmacy.

фарс, а *m* (*theatr*) farce (*also fig*).

фарт, а *m* (*sl*) luck.

фарт|и́ть, и́т *impf* (*of* ⇨**по(д)**~) (*impers + d; sl*) to be in luck, be lucky; **нам по(д)фарти́ло** we were in luck.

фарто́вый *adj* (*sl*) **1** lucky. **2** (*очень хороший*) fine.

фа́ртук, а *m* apron.

фарфо́р, а *m* **1** (*материал*) porcelain, china. **2** (*collect*) (*посуда*) china.

фарфо́р|овый *adj of* ⇨~; ~**овая гли́на** china clay.

фарцо́вщик, а *m* (*sl*) black marketeer.

фарш, а *m* (*cul*) forcemeat; stuffing; (*мясной*) minced meat.

фарширо́в|анный *ppp of* ⇨~**а́ть** *and adj* (*cul*) stuffed.

фарshир|ова́ть, у́ю *impf* (*of* ⇨**за**~) (*cul*) to stuff.

фас, а *m* front, facade; **в ф.** full face.

фаса́д, а *m* facade, front.

фа́ск|а, и *f* (*tech*) face, facet; (bevel) edge.

фас|ова́ть, у́ю *impf* (*comm*) to pre-pack.

фасо́вк|а, и *f* (*comm*) pre-packing.

фасо́вочный *adj* (*comm*) (pre-)packing, packaging.

фасо́л|евый *adj of* ⇨~**ь**

фасо́л|ь, и *f* **1** (*растение*) bean plant. **2** (*collect*) (*плод*) beans.

фасо́н, а *m* **1** (*покрой, образец*) cut; style; **не ф.** (*coll*) it's not done. **2** (*coll*) (*стиль*) style. **3** (*coll*) (*форс*) swank, showing off; **держа́ть ф.** to swank, show off.

фасо́нист|ый (~**,** ~**а)** *adj* (*coll*) fashionable, stylish.

фасо́нный *adj* (*tech*) fashioned, shaped.

фат, а *m* fop.

фат|а́, ы *f* (*bridal*) veil.

фатали́зм, а *m* fatalism.

фатали́ст, а *m* fatalist.

фаталисти́ческий *adj* **1** (*взгляды, мысли*) fatalistic. **2** (*гибельный*) fatal.

фатали́ст|ка, ки *f of* ⇨~

фата́льност|ь, и *f* fatality, fate.

фата́л|ьный (~**ен,** ~**ьна)** *adj* **1** (*совпадение*) fateful; (*последствия*) fatal. **2** (*вид, наружность*) resigned (to one's fate).

фатова́т|ый (~**,** ~**а)** *adj* foppish.

фа́тум, а *m* fate.

фа́ун|а, ы *f* fauna.

фаши́зм, а *m* Fascism.

фаши́н|а, ы *f* fascine, faggot.

фаши́ст, а *m* Fascist.

фаши́ст|ка, ки *f of* ⇨~

фаши́стский *adj* Fascist.

фаэто́н, а *m* phaeton.

фая́нс, а *m* faience, glazed earthenware.

фая́нс|овый *adj of* ⇨~

ФБР *nt indecl* (*abbr of* **Федера́льное бюро́ рассле́дований**) FBI (*Federal Bureau of Investigation*).

февра́л|ь, я́ *m* February.

февра́ль|ский *adj of* ⇨~

федерали́зм, а *m* federalism.

федерали́ст, а *m* federalist.

> **Федера́льное Собра́ние Росси́йской Федера́ции — the Federal Assembly of the Russian Federation**
>
> The official name of the bicameral national legislature of the Russian Federation. The upper house is called **Сове́т Федера́ции** (the Council of the Federation), while the lower house is called **Госуда́рственная ду́ма** (the State Duma).

федера́льный *adj* federal.

федерати́вный *adj* federative, federal.

федера́ци|я, и *f* federation.

феери́ческий *adj* **1** (*theatr*) (based on a) fairy tale. **2** (*сказочный*) fairylike; magical.

феери|я, и *f* **1** (*theatr*) extravaganza. **2** (*сказочное зрелище*) magical sight.

фейерве́рк, а *m* **1** firework(s). **2** (*событие*) firework display.

фейерве́ркер, а *m* (*hist*) bombardier.

фека́л|ии, ий (*no sg*) faeces (*Br*), feces (*US*).

фека́льный *adj* faecal (*Br*), fecal (*US*).

фелла́х, а *m* fellah.

фельдма́ршал, а *m* field marshal.

фельдфе́бел|ь, я *m* (*hist*) sergeant major.

фе́льдшер, а, *pl* ~**ы** *and* ~**а́** *m* medical assistant.

фельдшери́ц|а, ы *f of* ⇨**фе́льдшер**

фе́льдшер|ский *adj of* ⇨~

фельдъе́гер|ский *adj of* ⇨~**ь**; ~**ская связь** communication by courier.

фельдъе́гер|ь, я, *pl* ~**и,** ~**ей** *and* ~**я́,** ~**е́й** *m* (*hist*) courier, special messenger.

фельето́н, а *m* satirical article.

фельетони́ст, а *m* composer of satirical articles.

фельето́н|ный *adj of* ⇨~

фелю́г|а, и *f* (*naut*) felucca.

фемини́зм, а *m* feminism.

фемини́ст, а *m* feminist.

фемини́ст|ка, ки *f of* ⇨~

фемини́стский *adj* feminist.

фен, а *m* (hair)dryer.

фе́никс, а *m* (*mythol*) phoenix (*Br*), phenix (*US*).

фено́л, а *m* (*chem*) phenol.

ф

фено́мен, а *m* (*явление*) phenomenon; (*событие, человек*) marvel.

феномена́лизм, а *m* (*philos*) phenomenalism.

феномена́л|ьный (~ен, ~ьна) *adj* phenomenal.

феноменоло́ги|я, и *f* (*philos*) phenomenology.

фе́нхел|ь, я *m* (*bot*) fennel.

фе́н|я, и *f* (*sl*) thieves' slang.

фео́д, а *m* (*hist*) feud, fief.

феода́л, а *m* (*hist*) feudal lord.

феодали́зм, а *m* feudalism.

феода́льный *adj* feudal.

фе́рз|евый *adj of* ⇒**~ь**

ферз|ь, я́, *pl* **~и́, ~е́й** *m* (*chess*) queen.

фе́рм|а[1], ы *f* farm.

фе́рм|а[2], ы *f* (*tech*) girder.

ферма́т|а, ы *f* (*mus*) fermata.

фе́рм|енный *adj of* ⇒**~а²**

ферме́нт, а *m* (*biol, chem*) enzyme.

фермента́ци|я, и *f* fermentation.

ферменти́р|овать, ую *impf* to ferment.

фе́рмер, а *m* farmer.

фе́рмер|ский *adj of* ⇒**~**; **ф. дом** farmhouse.

фе́рмерств|о, а *nt* **1** (*private*) farming. **2** (*collect*) farmers.

фе́рмер|ша, ши *f* (*coll*) **1** *f of* ⇒**~**. **2** (*жена фермера*) farmer's wife.

фе́рм|овый *adj of* ⇒**~а²**

фермуа́р, а *m* (*obs*) **1** (*застёжка*) clasp. **2** (*ожерелье*) necklace.

ферроспла́в, а *m* ferro-alloy.

ферт, а *m* **1** old name of letter *'ф'*; **~ом стоя́ть** to stand with arms akimbo. **2** (*coll*) (*франт*) fop; smug person; **~ом гляде́ть** to look smug; **~ом ходи́ть** to strut about.

фе́ск|а, и *f* fez.

фестива́л|ь, я *m* festival.

фесто́н, а *m* scallops (*decoration on fabrics*).

фети́ш, а *m* fetish.

фетишизи́р|овать, ую *impf* to make a fetish (of).

фетиши́зм, а *m* fetishism.

фетиши́ст, а *m* fetishist.

фетр, а *m* felt.

фе́тр|овый *adj of* ⇒**~**

фефёл|а, ы *cg* (*coll*) clumsy person.

фехтова́льный *adj* fencing.

фехтова́льщик, а *m* fencer; **ф. рапи́рой** foil fencer; **ф. шпа́гой** épée fencer.

фехтова́льщи|ца, цы *f of* ⇒**~к**

фехтова́ни|е, я *nt* fencing.

фехт|ова́ть, у́ю, *impf* to fence.

фешене́бел|ьный (~ен, ~ьна) *adj* fashionable.

фе́|я, и *f* fairy.

фи *int* ugh!; pah!

фиа́лк|а, и *f* violet.

фиа́лк|овый *adj of* ⇒**~а**

фиа́ско *nt indecl* fiasco, failure; **потерпе́ть ф.** to be a flop.

фибергла́с, а *m* fibreglass (*Br*), fiberglass (*US*).

фибергла́с|овый *adj of* ⇒**~**

фи́бр|а, ы *f* (*obs, anat, bot*) fibre (*Br*), fiber (*US*) (*also fig*); **все́ми ~ами души́** in every fibre (of one's being).

фибро́зный *adj* (*anat, bot*) fibrous.

фибро́м|а, ы *f* (*med*) fibroma.

фи́г|а, и *f* (*coll*) fig (*gesture of derision or contempt, consisting of thumb placed between index and middle fingers*); **показа́ть кому́-н. ~у** *to make this gesture* (*cf.* to cock a snook, give the V-sign); **получи́ть ~у** to get nothing.

фи́гли-ми́гли, фи́глей-ми́глей (*no sg*) (*coll*) tricks.

фигля́р, а *m* **1** (*obs*) (*акробат*) (circus) acrobat; (*фокусник*) conjuror. **2** (*шут*) buffoon.

фигля́р|ить, ю, ишь *impf* (*coll*) to act the buffoon.

фигля́рнича|ть, ю *impf* = **фигля́рить**

фигн|я́, и́ *f* (*sl*) rubbish.

фи́г|овый *adj of* ⇒**~а 1**; **ф. листо́к** fig leaf.

фиго́вый *adj* (*coll*) rubbishy, inferior, worthless.

фигу́р|а, ы *f* **1** figure. **2** (*в картах*) court card (*Br*), face card (*US*). **3** (*в шахматах*) piece, chessman (*excluding pawns*).

фигура́л|ьный (~ен, ~ьна) *adj* figurative, metaphorical.

фигура́нт, а *m* (*law*) (+ *g*) person involved (in) (*referring to suspect, accused, or witness*); **он был ~ом нашуме́вшего де́ла** (*or* **по нашуме́вшему де́лу** *or* **в нашуме́вшем де́ле**) **о корру́пции** he was the person involved in the corruption case that became something of a cause célèbre.

фигура́нт|ка, ки *f of* ⇒**~**

фигури́р|овать, ую *impf* to figure, appear.

фигури́ст, а *m* figure skater.

фигури́ст|ка, ки *f of* ⇒**~**

фигу́р|ка, ки *f* **1** *diminutive of* ⇒**~а**. **2** (*статуэтка*) figurine, statuette.

фигу́рн|ый *adj* **1** figured; ornamented. **2**: **~ое ката́ние (на конька́х)** figure skating; **ф. пилота́ж** aerobatics.

Фи́джи *indecl* (*country nt & f; islands pl*) Fiji.

фиджи́|ец, йца *m* Fijian.

фиджи́|йка, йки *f of* ⇒**~ец**

фиджи́йский *adj* Fijian.

фи́жм|ы, ~ (*no sg*) farthingale.

физ... *comb form, abbr of* **физи́ческий**

фи́зик, а *m* physicist.

фи́зик|а, и *f* physics.

физио́лог, а *m* physiologist.

физиологи́ческий *adj* physiological.

физиоло́ги|я, и *f* physiology.

физионо́ми|я, и *f* (*coll*) face; physiognomy (*also joc*).

физиотерапе́вт, а *m* physiotherapist.

физиотерапи́|я, и *f* physiotherapy.

физи́ческ|ий *adj* **1** physical; **~ая культу́ра** physical training, gymnastics; **ф. труд** manual labour (*Br*), labor (*US*). **2** *adj of* ⇒**фи́зика**; **ф. кабине́т** physics laboratory.

физкульту́р|а, ы *f* physical training (*abbr* PT); physical education (*abbr* PE); **уро́к ~ы** PE lesson; **лече́бная ф.** exercise therapy.

физкульту́рник, а *m* athlete, sportsman.

физкульту́рни|ца, цы *f of* ⇒**~к**

физкульту́рн|ый *adj* gymnastic; athletic, sports; **ф. зал** gymnasium; **~ая подгото́вка** physical training.

фикс: **иде́я ф.** idée fixe.

фикса́ж, а *m* (*phot*) fixing solution, fixer.

фикса́тив, а *m* (*art*) fixative.

фикса́тор, а *m* (*tech*) **1** stop; index pin. **2** (*раствор*) fixing solution.

фиксатуа́р, а *m* hair grease.

фикса́ци|я, и *f* fixing.

фикси́р|овать, ую *impf and pf* (*pf also* **за~**) **1** (*регистрировать*) to record (*in writing, etc.*). **2** (*устанавливать*) to fix; **ф. день встре́чи** to fix a date to meet, make a date. **3** (*внимание, взгляд*) to fix, direct. **4** (*закреплять в определённом положении*) to fix in place. **5** (*phot, chem*) to fix.

фикти́в|ный (~ен, ~на) *adj* fictitious; **ф. брак** marriage of convenience.

фи́кус, а *m* (*bot*) ficus; rubber plant.

фи́кци|я, и *f* fiction.

филантро́п, а *m* philanthropist.

филантропи́ческий *adj* philanthropic.

филантро́пи|я, и *f* philanthropy.

филантро́п|ка, ки *f of* ⇒**~**

филармо́ни|я, и *f* philharmonic society; (*зал*) concert hall.

филатели́ст, а *m* philatelist, stamp collector.

филатели́ст|ка, ки *f of* ⇒**~**

филатели́|я, и *f* philately.

филе́[1] *nt indecl* (*cul*) **1** (*мясо высшего сорта*) sirloin. **2** (*кусок мяса или рыбы без костей*) fillet.

филе́[2] *nt indecl* (*вышивка*) drawn-thread work.

филёнк|а, и *f* panel, slat.

филёр, а *m* (*obs*) detective, sleuth.

филиа́л, а *m* branch (*of a business, organization*).

филиа́л|ьный *adj of* ⇒**~**; **~ьное отделе́ние** branch (office).

филигра́нный *adj* **1** filigree. **2** (*fig*) (*очень тщательный*) meticulous.

филигра́н|ь, и *f* **1** filigree. **2** (*водяной знак*) watermark.

фи́лин, а *m* eagle owl (*Bubo bubo*).

фили́ппик|а, и *f* philippic.

филиппи́н|ец, ца *m* Filipino.

филиппи́н|ка, ки *f of* ⇒**~ец**

филиппи́нский *adj* Philippine; (*язык*) Filipino.

Филиппи́н|ы, ~ (*no sg*) the Philippines.

ф

фили́стер, а *m* philistine.
фили́стер|ский *adj of* ⇨∼
фили́стерств|о, а *nt* philistinism.
фило́лог, а *m* philologist.
филологи́ческий *adj* philological.
филоло́ги|я, и *f* philology.
фило́н, а *m* (*coll*) idler, loafer.
фило́н|ить, ю, ишь *impf* (*coll*) to idle, loaf.
фило́соф, а *m* philosopher.
филосо́фи|я, и *f* philosophy.
филосо́фский *adj* philosophic(al).
филосо́фств|овать, ую *impf* to philosophize.
филфа́к, а *m* (*abbr of* **филологи́ческий факульте́т**) faculty of philology.
фильм, а *m* (*cin*) film, movie; **приключе́нческий ф.** thriller.
фильмоте́к|а, и *f* film library.
фильтр, а *m* filter.
фильтра́ци|я, и *f* filtration.
фильтрова́льный *adj*: **ф. насо́с** filter pump.
фильтр|ова́ть, у́ю *impf* (*of* ⇨**про∼** *and* ⇨**от∼**) **1** to filter. **2** (*fig, coll*) screen, check.
фимиа́м, а *m* incense; **кури́ть ф.** (+ *d*) to praise to the skies, sing the praises (of).
фин... *comb form, abbr of* **фина́нсовый**
фина́л, а *m* **1** (*спектакля*) finale. **2** (*sport*) final.
финали́ст, а *m* finalist.
финали́ст|ка, ки *f of* ⇨∼
фина́льный *adj* final; **ф. акко́рд** (*mus*) final chord; **ф. матч** (*sport*) final.
финанси́р|овать, ую *impf and pf* to finance.
финанси́ст, а *m* **1** (*предприниматель*) financier. **2** (*специалист по финансовым наукам*) financial expert.
фина́нсовый *adj* financial; **ф. год** fiscal year; **ф. отде́л** finance department.
фина́нс|ы, ов (*no sg*) **1** finance(s). **2** (*coll*) (*деньги*) money.
фи́ник, а *m* date (*fruit*).
финики́йский *adj* Phoenician.
фи́ник|овый *adj of* ⇨∼; **∼овая па́льма** date palm.
фининспе́ктор, а *m* inspector of finance(s).
фини́фтевый *adj* enamelled (*Br*), enameled (*US*).
фини́фт|ь, и *f* enamel.
фини́фт|яный *adj* = **∼евый**
фи́ниш, а *m* (*sport*) **1** (*заключительная часть состязания*) finish; (*конечный пункт*) finishing post. **2** (*расстояние перед конечным пунктом*) final lap.
финиши́р|овать, ую *impf and pf* (*sport*) to finish, come in.
фи́ниш|ный *adj of* ⇨∼; **∼ная ле́нточка** finishing tape; **∼ая пряма́я** home straight.
фи́нк|а¹, и *f of* ⇨**финн**
фи́нк|а², и *f* (*нож*) Finnish knife.
Финля́нди|я, и *f* Finland.
финля́ндский *adj* Finnish.
финн, а *m* Finn.
фи́нно-уго́рский *adj* (*ling*) Finno-Ugric.
фи́нский *adj* Finnish; **Ф. зали́в** Gulf of Finland.
финт, а *m* (*sport*) feint.
фин|ти́ть, чу́, ти́шь *impf* (*coll*) to be crafty, resort to ruses.
финтифлю́шк|а, и *f* (*coll*) **1** (*украшение*) bauble, bagatelle. **2** (*in pl*) (*нелепые слова, поступки*) nonsense. **3** (*женщина*) flibbertigibbet.
фиоле́товый *adj* violet.
фио́рд, а *m* (*geog*) fjord.
фиориту́р|а, ы *f* (*mus*) fioritura, (*vocal*) grace note.
фи́рм|а, ы *f* (*econ*) firm.
фи́рм|енный *adj of* ⇨**∼а**; (*хорошего качества*) high-quality; **∼енная этике́тка** proprietary label; **ф. бланк** letterhead; **∼енное блю́до** speciality dish.
фисгармо́ни|я, и *f* (*mus*) harmonium.
фиска́л, а *m* (*coll*) telltale, informer.
фиска́л|ить, ю, ишь *impf* (*coll*) to tell tales, be an informer.
фиска́льный *adj* (*fin*) fiscal.
фиста́шк|а, и *f* (*дерево*) pistachio (tree); (*орех*) pistachio (nut).
фиста́шков|ый *adj* **1** pistachio; **ф. лак** mastic varnish; **∼ая смола́** mastic. **2** (*цвет*) pistachio green.
фи́стул|а, ы *f* (*med*) fistula.
фистул|а́, ы́ *f* **1** (*mus*) pipe, flute. **2** (*голос*) falsetto.
фити́л|ь, я́ *m* (*лампы, свечи*) wick; (*для воспламенения зарядов*) fuse.
фитю́льк|а, и *f* (*coll*) little thing.
фи́ф|а, ы *f* bimbo, flibbertigibbet (*coll*).
фи́шинг, а *m* (*comput*) phishing (*practice of sending out emails in the name of reputable companies in order to induce people to reveal personal information*).
фи́шк|а, и *f* **1** (*в играх*) counter, chip. **2** (*sl*) (*лицо*) face.
флаг, а *m* flag; **под ∼ом** (+ *g*) (*i*) flying the flag (of), (*ii*) (*fig*) under the guise (of).
фла́гман, а *m* (*naut*) **1** (*командующий*) flag officer. **2** (*корабль*) flagship.
фла́гман|ский *adj of* ⇨∼; **ф. кора́бль** = ∼ **2**
флагшто́к, а *m* flagstaff.
фла́жный *adj* flag.
флаж|о́к, ка́ *m* (*small*) flag; (*для сигнализации*) signal flag.
флажоле́т, а *m* (*mus*) (*инструмент*) flageolet; (*нота*) harmonic.
флако́н, а *m* (scent) bottle.
флама́нд|ец, ца *m* Fleming.
флама́нд|ка, ки *f of* ⇨**∼ец**
флама́ндский *adj* Flemish.
фламе́нко *nt indecl* flamenco.
флами́нго *m indecl* flamingo.
фланг, а *m* (*mil*) flank.
фла́нговый *adj* (*mil*) flank; **ф. охва́т** flanking movement.
флане́левый *adj* flannel.
флане́л|ь, и *f* flannel.
фланёр, а *m* flâneur, idler.
фла́н|ец, ца *m* (*tech*) flange.
флани́р|овать, ую *impf* (*coll*) to wander aimlessly; to mooch (*Br*).
фланки́р|овать, ую *impf and pf* (*mil*) to flank.
фла́н|цевый *adj of* ⇨**∼ец**
фла́тов|ый *adj*: **∼ая бума́га** (*printing*) flat paper.
фле́гм|а, ы *f* **1** (*невозмутимость*) phlegm. **2** (*coll*) (*человек*) phlegmatic person.
флегма́тик, а *m* phlegmatic person.
флегмати́ч|ный (∼ен, ∼на) *adj* phlegmatic.
фле́йт|а, ы *f* flute.
флейти́ст, а *m* flautist.
флейти́ст|ка, ки *f of* ⇨∼
фле́йт|овый *adj of* ⇨**∼а**
фле́кси|я, и *f* (*ling*) inflection.
флекти́вный *adj* (*ling*) inflected.
флёр, а *m* crêpe.
флибустье́р, а *m* freebooter.
фли́гел|ь, я, *pl* **∼я́, ∼е́й** *m* **1** (*пристройка*) wing (*of building*). **2** (*отдельное здание*) outbuilding.
фли́гель-адъюта́нт, а *m* (*hist*) aide-de-camp.
флирт, а *m* flirtation.
флирт|ова́ть, у́ю *impf* (**с** + *i*) to flirt (with).
флокс, а *m* phlox.
флома́стер, а *m* felt-tip pen; marker.
фло́р|а, ы *f* flora.
флоренти́йский *adj* Florentine.
Флоре́нци|я, и *f* Florence.
Флори́д|а, ы *f* Florida.
флот, а *m* **1** fleet; **вое́нно-морско́й ф.** navy. **2**: **возду́шный ф.** (air) fleet.
флоти́ли|я, и *f* flotilla.
фло́тск|ий *adj* naval; *as n* **ф., ∼ого** *m* sailor.
флэт, а *m* (*sl*) flat, 'pad'.
флюга́рк|а, и *f* **1** (*naut*) (*флажок*) pennant; (*дощечка*) distinguishing plate (*of boat*). **2** (*флюгер*) weathervane.
флю́гер, а, *pl* **∼а́** *m* weathervane.
флюи́д|ы, ов *pl* (*sg* **∼, ∼а** *m*) ectoplasm; (*fig*) emanations.
флюоресце́нци|я, и *f* fluorescence.
флюоресци́р|овать, ует *impf* (*phys*) to fluoresce; **∼ующий** fluorescent.
флюс¹, а, *pl* **∼ы** *m* (*med*) gumboil.
флюс², а, *pl* **∼ы** *m* (*tech*) flux.
фля́г|а, и *f* **1** flask; (*mil*) water bottle. **2** (*для молока*) churn.
фля́жк|а, и *f diminutive of* ⇨**фля́га**
ФНС (*abbr of* **Федера́льная нало́говая слу́жба**) Inland Revenue (*Br*); Internal Revenue Service, IRS (*US*) (*of Russia*).
фо́би|я, и *f* phobia.
фойе́ *nt indecl* foyer.
фок, а *m* (*naut*) **1** (*парус*) foresail. **2** (*фок-мачта*) foremast.
фок- *pref* (*naut*) fore-.
фока́льный *adj* (*phys*) focal.

фок-ма́чт|а, ы *f* (*naut*) foremast.

фокстерье́р, а *m* fox terrier.

фокстро́т, а *m* foxtrot.

фо́кус[1], а *m* (*phys*) focus (*also fig*).

фо́кус[2], а *m* **1** (*трюк*) (conjuring) trick; **пока́зывать ~ы** to do conjuring tricks. **2** (*fig*) (*проделка*) trick, secret (*of mechanism, etc.*); **в то́м-то и ф.** that's the whole point; that's just it. **3** (*coll*) (*каприз*) whim, caprice.

фо́кус-гру́пп|а, ы *f* focus group.

фокуси́р|овать, ую *impf* (*of* ⇒**с~**) (*phys*) to focus; (*fig*) (**на** + *p*) to focus (on).

фокуси́р|оваться, уюсь *impf* (*of* ⇒**с~**) (**на** + *p*) to focus (on), be focused (on).

фо́кусник, а *m* conjuror, juggler.

фо́кусничa|ть, ю *impf* (*coll*) to play tricks.

фо́кусный *adj* (*phys*) focal.

фолиа́нт, а *m* folio.

Фолкле́ндск|ие остров|а́, ~их ~о́в (*no sg*) the Falkland Islands; the Falklands.

фолли́кул, а *m* (*anat*) follicle.

фольг|а́, и́ *f* foil.

фолькло́р, а *m* folklore.

фольклори́ст, а *m* folklorist.

фо́мк|а, и *f* (*coll*) jemmy.

фон, а *m* **1** background (*also fig*). **2** (*помехи*) background noise.

фона́рик, а *m* small lamp; torch (*Br*), flashlight (*US*).

фона́р|ный *adj of* ⇒**~ь**; **ф. столб** lamp post.

фона́рщик, а *m* (*obs*) lamplighter.

фона́р|ь, я́ *m* **1** (*с ручкой*) lantern; (*уличный*) lamp; light. **2** (*archit*) light; (*на крыше*) skylight. **3** (*coll*) (*синяк*) black eye.

фонд, а *m* **1** (*fin*) fund; stock, reserves, resources; **валю́тный ф.** currency reserves; **земе́льный ф.** available land; **золото́й ф.** gold reserves; **о́бщий ф.** pool. **2** (*in pl*) (*fin*) (*ценные бумаги*) stocks; (*fig, obs*) stock. **3** (*организация*) fund, foundation (*in former USSR, organization serving as channel for State subsidies*). **4** (*архив*) archive.

фо́нд|овый *adj of* ⇒**~**; **~овая би́ржа** stock exchange.

фоне́м|а, ы *f* (*ling*) phoneme.

фонендоско́п, а *m* (*med*) phonendoscope (*a type of stethoscope*).

фоне́тик|а, и *f* phonetics.

фонети́ст, а *m* phonetician.

фонети́ческий *adj* phonetic.

фо́н|овый *adj of* ⇒**~**

фонogра́мм|а, ы *f* soundtrack; **спеть под ~у** to mime to a recording.

фоно́граф, а *m* phonograph.

фоноло́ги|я, и *f* phonemics.

фоноте́к|а, и *f* sound archive, audio library.

фонта́н, а *m* fountain; (*fig*) stream; **нефтяно́й ф.** oil gusher; **бить ~ом** to gush forth.

фонтани́р|овать, ует *impf* to gush forth.

фо́р|а, ы *f*: **дать ~у** (+ *d*) to give a start (*in a game*); (*fig, coll*) to be much better than.

фо́рвард, а *m* (*sport*) forward.

фордеви́нд, а *m* (*naut*) following wind; **идти́ на ф.** to run before the wind.

форе́йтор, а *m* (*obs*) postilion.

форе́л|ь, и *f* trout.

фо́рзац, а *m* endpaper (*of a book*).

фо́ринт, а *m* forint (*Hungarian currency unit*).

фо́рм|а, ы *f* **1** form; **по ~е, … по содержа́нию** in form, … in content. **2** (*для выпечки*) cake tin; shape. **3** (*tech*) (*внешнее очертание*) mould (*Br*), mold (*US*), cast; **отли́ть в ~у** to mould (*Br*), mold (*US*), cast. **4** (*одежда*) uniform. **5**: **быть в ~е** (*coll*) to be in (good) form. **6** (*in pl, coll*) (*фигура*) contours (*of human body*).

формали́зм, а *m* formalism.

формали́н, а *m* formalin.

формали́ст, а *m* formalist.

формали́стик|а, и *f* formalities.

формальдеги́д, а *m* (*chem*) formaldehyde.

форма́льност|ь, и *f* formality.

форма́л|ьный (~ен, ~ьна) *adj* formal.

форма́т, а *m* format.

формати́р|овать, ую *impf* (*of* ⇒**от~**) (*comput*) to format.

форма́ци|я, и *f* **1** (*структура*) structure; (*стадия развития*) stage (of development). **2** (*система взглядов*) mentality. **3** (*geol*) formation.

фо́рменный *adj* **1** (*платье, фуражка*) uniform. **2** (*obs*) (*формальный*) formal. **3** (*coll*) (*настоящий*) proper, regular, positive.

формирова́ни|е, я *nt* **1** (*действие*) forming; organizing. **2** (*mil*) (*воинская часть*) unit, formation.

формир|ова́ть, у́ю *impf* (*of* ⇒**с~**) to form; to organize; **ф. хара́ктер** to form character; **ф. батальо́н** to raise a battalion.

формир|ова́ться, у́юсь *impf* (*of* ⇒**с~**) **1** to form, develop (*intrans*). **2** *passive of* ⇒**~ова́ть**

форм|ова́ть, у́ю *impf* (*of* ⇒**с~**) to form, shape; to model; (*tech*) to mould (*Br*), mold (*US*), cast.

формо́вк|а, и *f* forming, shaping; (*tech*) moulding (*Br*), molding (*US*), casting.

фо́рмул|а, ы *f* formula; formulation.

формули́р|овать, ую *impf and pf* (*pf also* **с~**) to formulate.

формулиро́вк|а, и *f* **1** formulation. **2** (*сформулированная мысль*) wording.

формуля́р, а *m* **1** (*obs*) (*послужной список*) record of service. **2** (*tech*) logbook (*of installation, machine, etc.*). **3** (*в библиотеке*) (*книги*) card (*card in book recording its details*); (*читателя*) record card (*card for each reader, recording details of books loaned*).

форпо́ст, а *m* (*mil*) advanced post; outpost (*also fig*).

форс, а (у) *m* (*coll*) swank; **для ~а** to show off; **сбить кому́-н. ф.** to take s.o. down a peg.

форси́ров|анный *ppp of* ⇒**~ать** *and adj* forced; accelerated; **ф. марш** forced march.

форси́р|овать, ую *impf and pf* **1** to force; to speed up. **2** (*mil*) to force (*a crossing of*).

фор|си́ть, шу́, си́шь *impf* (*coll*) to show off.

форс-мажо́р, а *m* (*also* **~ные обстоя́тельства**) force majeure.

форсу́нк|а, и *f* (*tech*) fuel injector.

форт, а, о ~е, в ~у́, *pl* **~ы́** *m* (*mil*) fort.

фо́ртел|ь, я *m* (*coll*) trick, stunt.

фортепья́нный *adj* piano; **ф. конце́рт** piano concerto.

форте|пиа́но *and* **~пья́но** *nt indecl* piano.

фортификацио́нный *adj* fortification.

фортифика́ци|я, и *f* fortification.

фо́рточк|а, и *f* little window (*small hinged pane for ventilation in windows of Russian houses*).

фо́рум, а *m* forum.

форшла́г, а *m* (*mus*) grace note.

форшма́к, а́ *m* (*cul*) forshmak (*dish of baked hashed meat or herring with sliced potatoes and onions*).

форште́в|ень, ня *m* (*naut*) stem.

фосге́н, а *m* (*chem*) phosgene.

фосфа́т, а *m* (*chem*) phosphate.

фо́сфор, а *m* (*chem*) phosphorus.

фосфоресце́нци|я, и *f* phosphorescence.

фосфоресци́р|овать, ую *impf* to phosphoresce; **~ующий** phosphorescent; luminous.

фосфори́ческий *adj* phosphoric.

фосфорноки́слый *adj* (*chem*) phosphate (*of*).

фо́сфорный *adj* (*chem*) phosphorous, phosphoric.

фо́то *nt indecl* (*coll*) photo.

фото… *comb form* photo-.

фотоальбо́м, а *m* photograph album.

фотоаппара́т, а *m* camera.

фотобума́г|а, и *f* photographic paper.

фотогени́ч|ный (~ен, ~на) *adj* photogenic.

фото́граф, а *m* photographer.

фотографи́р|овать, ую *impf* (*of* ⇒**с~**) to photograph.

фотографи́р|оваться, уюсь *impf* (*of* ⇒**с~**) to be photographed, have one's photo taken.

фотографи́ческий *adj* photographic.

фотогра́фи|я, и *f* **1** (*получение изображений*) photography. **2** (*снимок*) photograph. **3** (*мастерская*) photographer's studio.

фотожурнали́ст, а *m* photojournalist.

фотожурнали́стика, и *m* photojournalism.

фотожурнали́ст|ка, ки *f of* ⇒**~**

фотока́рточк|а, и *f* photograph.

фотокомпозицио́нный *adj*: **ф. портре́т** photofit.

фотокопирова́льный *adj*: **ф. аппара́т** photocopier.
фотоко́пи|я, и *f* photocopy.
фотокорреспонде́нт, а *m* press photographer.
фотолюби́тел|ь, я *m* amateur photographer.
фото́н, а *m* (*phys*) photon.
фотонабо́р, а *m* photo typesetting.
фотонабо́рный *adj*: **ф. аппара́т** phototypesetter; photo-typesetting machine.
фотообъекти́в, а *m* (camera) lens.
фотоохо́т|а, ы *f* wildlife photography.
фотоохо́тник, а *m* wildlife photographer.
фоторепорта́ж, а *m* picture story.
фоторепортёр, а *m* photojournalist.
фоторо́бот, а *m* identikit (*propr*) (picture).
фотоси́нтез, а *m* (*bot*) photosynthesis.
фототе́к|а, и *f* photograph library.
фотоувеличи́тел|ь, я *m* photographic enlarger.
фотофи́ниш, а *m* (*sport*) photo finish.
фотохро́ник|а, и *f* news in pictures.
фотоэлеме́нт, а *m* (*elec*) photoelectric cell.
фо́фан, а *m* (*coll*) dimwit.
фрагме́нт, а *m* fragment; detail (*of painting, etc.*); **ф. фи́льма** film clip.
фрагмента́р|ный (~ен, ~на) *adj* fragmentary.
фра́ер, а, *pl* **~а́** *and* **~ы** *m* (*sl*) trendy chap/guy.
фра́з|а, ы *f* **1** (*предложение*) sentence. **2** (*выражение*) phrase.
фразеологи́зм, а *m* (*ling*) idiom, idiomatic expression.
фразеологи́ческий *adj* phraseological; **ф. оборо́т** idiom; **ф. слова́рь** dictionary of idioms.
фразеоло́ги|я, и *f* **1** phraseology. **2** (*пустословие*) mere verbiage.
фразёр, а *m* phrasemonger.
фрази́р|овать, ую *impf* (*mus*) to phrase.
фрак, а *m* tailcoat, tails.
фракцио́нный *adj* (*pol*) fractional; factional.
фра́кци|я, и *f* (*pol*) fraction; faction, group.
фраму́г|а, и *f* transom.
франк, а *m* franc.
франки́р|овать, ую *impf and pf* to frank (*a letter*).
франкмасо́н, а *m* Freemason.
фра́нко- *comb form* (*comm*) free, prepaid; **ф.-бо́рт, ф.-су́дно** (*both nt indecl*) free on board.
франкоязы́чный *adj* francophone.
фра́нкский *adj* (*hist*) Frankish.
франт, а *m* dandy.
фран|ти́ть, чу́, ти́шь *impf* (*coll*) to play the dandy, dress foppishly.
франти́х|а, и *f of* ⇒**франт**
франтова́т|ый (~, ~а) *adj* (*coll*) dandyish.
франтовско́й *adj* dandyish.
франтовств|о́, а́ *nt* dandyism.
Фра́нци|я, и *f* France.
францу́женк|а, и *f* Frenchwoman.
францу́з, а *m* Frenchman.
францу́зский *adj* French.
франши́з|а, ы *f* (*econ*) franchise.
фраппи́р|овать, ую *impf and pf* (*obs*) to shock.
фрахт, а *m* freight.
фрахт|ова́ть, у́ю *impf* (*of* ⇒**за~**) to charter.
фра́чный *adj of* ⇒**фрак**
фрега́т, а *m* **1** (*naut*) frigate. **2** (*zool*) frigate bird.
фрез|а́, ы́ *f* (*tech*) milling cutter.
фре́зерный *adj* (*tech*) milling; **ф. стано́к** milling machine.
фрезер|ова́ть, у́ю *impf and pf* (*tech*) to mill, cut.
фрезеро́вщик, а *m* milling-machine operator.
фре́йлин|а, ы *f* (*hist*) lady-in-waiting.
френо́лог, а *m* phrenologist.
френологи́ческий *adj* phrenological.
френоло́ги|я, и *f* phrenology.
френч, а *m* service jacket.
фрео́н|ы, ов *pl* (*sg* **~, ~а** *m*) CFCs (*abbr of* chlorofluorocarbons).
фре́ск|а, и *f* fresco.
фриво́льност|ь, и *f* frivolity.
фриво́л|ьный (~ен, ~ьна) *adj* frivolous.
фриги́д|ный (~ен, ~на) *adj* (*med*) frigid.
фриз, а *m* (*archit*) frieze.
фрикаде́льк|а, и *f* (*мясная*) meatball; (*рыбная*) fishball (*in soup*).
фрикасе́ *nt indecl* fricassée.
фрикати́вный *adj* (*ling*) fricative.
фрикцио́н, а *m* (*tech*) friction clutch.
фронт, а, *pl* **~ы́** *m* (*mil, meteorology; fig*) front; **на два ~а** on two fronts; **стать во ф.** to stand to attention.
фронта́льный *adj* frontal.
фронтиспи́с, а *m* (*archit, printing*) frontispiece.
фронтови́к, а́ *m* front-line soldier.
фронтов|о́й *adj* (*mil*) front(-line); **~ые пи́сьма** letters from the front.
фронто́н, а *m* (*archit*) pediment.
фрукт, а *m* **1** fruit. **2** (*in pl*) fruit (*collect*).
фрукто́вый *adj* fruit; **ф. нож** fruit knife; **ф. сад** orchard.
фр|я, и *f* (*coll, pej*) personage.
ФСБ *f indecl* (*abbr of* **Федера́льная слу́жба безопа́сности**) Federal Security Service, FSB.
фтор, а *m* (*chem*) fluorine.
фтори́д, а *m* fluoride.
фтори́ровани|е, я *nt* (*med*) fluoridation.
фто́ристый *adj* fluorine; fluoride (of).
фу *int* **1** (*выражает презрение, отвращение*) ugh! **2** (*выражает усталость*) oh!; ooh! **3**: **фу́ ты** (*выражает удивление, досаду*) my word!; my goodness!
фу́г|а, и *f* (*mus*) fugue.
фуга́н|ок, ка *m* (*tech*) smoothing plane.
фуга́с, а *m* (*mil*) landmine.
фуга́ск|а, и *f* (*coll*) **1** (*фугас*) landmine. **2** (*авиабомба*) high-explosive bomb.
фуга́с|ный *adj* **1** *adj of* ⇒**~**. **2** high explosive; **~ная бо́мба** high-explosive bomb.
фуг|ова́ть, у́ю *impf* (*tech*) to joint, mortise.
фуже́р, а *m* tall wine glass.
фу́к|ать, аю *impf of* ⇒**~нуть**
фу́к|нуть, ну, нешь *pf* (*of* ⇒**~ать**) (*coll*) **1** (*дунуть*) to blow; (*задуть*) to blow out. **2** (*в шашках*) to huff.
фу́кси|я, и *f* fuchsia.
фуля́р, а *m* (*textiles*) foulard.
фунда́мент, а *m* foundation, base (*also fig*).
фундаментали́зм, а *m* fundamentalism.
фундаментали́ст, а *m* fundamentalist.
фундамента́л|ьный (~ен, ~ьна) *adj* **1** (*прочный*) solid, sound; (*основательный*) thorough(going). **2** (*основной, главный*) main, basic; **~ьная библиоте́ка** main library.
фунда́мент|ный *adj of* ⇒**~**
фуникулёр, а *m* funicular (railway).
функциона́льн|ый *adj* functional **~ая кла́виша** (*comput*) function key.
фунциони́р|овать, ую *impf* to function.
фу́нкци|я, и *f* function.
фунт[1]**, а** *m* **1** (*obs*) (*старая русская мера*) pound (*eqv to 409.5 grams*). **2** (*английская мера*) pound (*eqv to 453.6 grams*).
фунт[2]**, а** *m* (*fin*): **ф. (сте́рлингов)** pound (sterling).
фу́нтик, а *m* (*cone-shaped*) paper bag.
фу́р|а, ы *f* (baggage) wagon.
фура́ж, а́ *m* forage, fodder.
фуражиро́вк|а, и *f* (*mil*) foraging.
фура́жк|а, и *f* peak cap; (*mil*) service cap.
фура́ж|ный *adj of* ⇒**~**; **~ное зерно́** fodder grain.
фурго́н, а *m* **1** (*автомобиль*) van. **2** (*крытая повозка*) covered wagon.
фу́ри|я, и *f* **1** (*myth*) Fury. **2** (*fig*) shrew, virago.
фурниту́р|а, ы *f* accessories.
фуро́р, а *m* furore.
фуру́нкул, а *m* (*med*) furuncle, boil.
фуршёт *see* ⇒**а-ля фуршёт**
фут, а *m* foot (*measure of length, = 30.48 cm*).
футбо́л, а *m* football (*Br*), soccer.
футболи́ст, а *m* football player (*Br*), soccer player.
футболи́ст|ка, ки *f of* ⇒**~**
футбо́лк|а, и *f* T-shirt.
футбо́л|ьный *adj of* ⇒**~**; **~ьные бу́тсы** football boots; **ф. мяч** football.
футеро́вк|а, и *f* (*tech*) lining (*of furnace with heat-resistant material*), fettling.

ф

футля́р, а *m* case; **ф. для очко́в** spectacle case; **ф. для скри́пки** violin case.

фу́товый *adj* one-foot.

футури́зм, а *m* futurism.

футури́ст, а *m* futurist.

футуристи́ческий *adj* futuristic.

футуро́лог, а *m* futurologist.

футурологи́ческий *adj* futurological.

футуроло́ги|я, и *f* futurology.

фуфа́йк|а, и *f* jersey.

фуфл|о́, а́ *nt* (*sl*) rubbish, garbage, crap.

фуфу́: **на ф.** (*coll*) anyhow, carelessly.

фы́рк|ать, аю *impf* (*of* **⇒∼нуть**) **1** (*о животном; о машине*) to snort. **2** (*fig, coll*) (*смеяться*) to chuckle. **3** (*fig, coll*) (*брюзжать*) to grouse.

фы́рк|нуть, ну, нешь *inst pf of* **⇒∼ать**

фьорд, а *m* = **фио́рд**

фью́черс|ы, ов *pl* (*comm*) futures.

фэн-шу́й *m* & *nt indecl* feng shui.

фюзеля́ж, а *m* (*aeron*) fuselage.

хаба́р, а *m* (*obs sl*) bribe.

хавро́нь|я, и *f* (*coll*) sow.

ха́живать *pres tense not used, impf* (*coll*) *freq of* ⇒**ходи́ть**

хайл|о́, а́, *pl* ~**а** *nt* (*sl*) gob.

ха́кер, а *m* (*comput*) hacker.

ха́ки *indecl* **1** *adj* khaki. **2** *n; nt* khaki.

хала́л *nt indecl* halal; **мя́со х.** halal meat.

хала́т, а *m* **1** (*домашний*) dressing gown; (*купальный*) bathrobe. **2** (*рабочий*) overall; **до́кторский х.** doctor's smock. **3** (*восточный*) robe.

хала́тност|ь, и *f* carelessness, negligence.

хала́т|ный *adj* **1** *adj of* ⇒~. **2** (~**ен,** ~**на)** careless, negligent.

халв|а́, ы́ *f* (*cul*) halva.

хали́ф, а *m* (*hist*) caliph.

халифа́т, а *m* (*hist*) caliphate.

халту́р|а, ы *f* (*coll*) **1** (*collect*) (*небрежная работа*) poor-quality work, hack work, potboiler. **2** (*работа*) (*coll*) moonlighting; work done on the side; (*деньги*) money earned by moonlighting; money earned on the side.

халту́р|ить, ю, ишь *impf* (*coll*) **1** (*небрежно работать*) to turn out poor work. **2** (*зарабатывать на стороне*) to moonlight; to make money on the side.

халту́р|ный *adj of* ⇒~**а**

халту́рщик, а *m* (*coll*) **1** (*тот, кто работает небрежно*) poor worker, hack. **2** (*тот, кто зарабатывает на стороне*) moonlighter.

халу́п|а, ы *f* **1** (*hist*) peasant house (*originally in Ukraine and Belarus*). **2** (*coll*) (*убогое жилище*) shack, shanty; (*дом, квартира в запущенном состоянии*) hovel.

халцедо́н, а *m* (*min*) chalcedony.

халя́в|а, ы *f*: **на** ~**у** (*sl*) free of charge; for free.

халя́вщик, а *m* (*sl*) scrounger, layabout.

халя́л(ь) *nt indecl* = **хала́л**

хам, а *m* (*coll*) boor, lout.

ХАМА́С *m indecl* Hamas (*Palestinian Islamic fundamentalist movement*).

хамелео́н, а *m* chameleon (*also fig*).

хам|и́ть, лю́, и́шь *impf* (*of* ⇒**на**~) (+ *d*) to be rude (to).

хамс|а́, ы́ *f* khamsa (*a small fish of the anchovy family*).

ха́мский *adj* (*coll*) boorish, loutish.

ха́мств|о, а *nt* (*coll*) boorishness, loutishness.

хан, а *m* khan.

хандр|а́, ы́ *f* depression.

хандр|и́ть, ю́, и́шь *impf* to be depressed.

ханж|а́, и́, *g pl* ~**е́й** *cg* sanctimonious person; hypocrite.

ха́нжеский *adj* sanctimonious; hypocritical.

ханжеств|о́, а́ *nt* sanctimoniousness; hypocrisy.

ханж|и́ть, у́, и́шь *impf* (*coll*) to display sanctimoniousness; to play the hypocrite.

Хано́|й, я *m* Hanoi.

ха́нств|о, а *nt* khanate.

ха́нты *indecl* (*cg and pl*) *and* **ха́нт|ы, ов** (*no sg*) Khanty (*inhabitant(s) of the Khanty-Mansi Yugra Autonomous Okrug (District) and some other adjacent regions*).

Ха́нук|а, и *f* (*relig*) Hanukkah.

ханы́г|а, и *m* (*sl*) drunkard.

ха́ос, а *m* chaos.

хаоти́ческий *adj* chaotic.

хаоти́чност|ь, и *f* chaotic character; state of chaos.

хаоти́ч|ный (~**ен,** ~**на)** *adj* = ~**еский**

ха́п|ать, аю *impf of* ⇒~**нуть**

ха́п|нуть, ну, нешь *pf* (*of* ⇒~**ать**) (*coll*) **1** (*хватать*) to seize, grab. **2** (*fig*) (*украсть*) to nab, pinch (*Br*).

хапу́г|а, и *cg* (*coll*) thief.

хараки́ри *nt indecl* hara-kiri; **сде́лать себе́ х.** to commit hara-kiri.

хара́ктер, а *m* **1** (*человека*) character, personality, nature, disposition (*of a human being*); **они́ не сошли́сь** ~**ами** they could not get on (together); **э́то не в его́** ~**е** it's not like him. **2** (*твёрдый характер*) (strong) character; **челове́к с** ~**ом** determined person, strong character. **3** (*свойство*) character, nature, type; **х. рабо́ты** type of work.

характериз|ова́ть, у́ю *impf and pf* (*pf also* **о**~) **1** (*описывать*) to describe. **2** (*быть характерным*) to characterize, be characteristic (of).

характериз|ова́ться, у́юсь *impf* (+ *i*) to be characterized (by).

характери́стик|а, и *f* **1** (*описание*) description. **2** (*отзыв*) reference; **х. с ме́ста пре́жней рабо́ты** reference from former place of work.

характе́рно *as pred* it is characteristic; it is typical.

хара́ктерный *adj* (*coll*) stubborn, strong-willed; temperamental.

характе́р|ный (~**ен,** ~**на)** *adj* **1** (*свойственный*) characteristic; typical; **э́то для него́** ~**но** it is typical of him. **2** (*своеобразный*) distinctive. **3** (*theatr*) character; **х. актёр** character actor.

хариджа́н, а *m* (*в индуизме: член касты неприкасаемых*) untouchable, Harijan.

хари́зм|а, ы *f* charisma.

харизмати́ческий *adj* charismatic.

ха́риус, а *m* (*zool*) grayling.

ха́ркань|е, я *nt* (*coll*) expectoration.

ха́рк|ать, аю *impf* (*of* ⇒~**нуть**) (*coll*) to spit, expectorate; **х. кро́вью** to spit blood.

ха́рк|нуть, ну, нешь *pf of* ⇒~**ать**

ха́рти|я, и *f* charter.

харче́вн|я, и *f* (*obs*) eating house.

харч|и́, е́й *pl* (*sg* ~, ~**а** *m*) (*coll*) grub.

харчо́ *nt indecl* kharcho (*Caucasian highly seasoned mutton soup*).

ха́р|я, и *f* (*sl*) mug (= *face*).

хаси́дский *adj* (*relig*) Hasidic.

ха́ски *f indecl* (*zool*) husky (*dog*).

ха́т|а, ы *f* **1** peasant house (*in Ukraine, Belarus, and southern regions of Russia*); **моя́ х. с кра́ю** it's no concern of mine; that's your, their, *etc.*, funeral. **2** (*sl*) home, 'pad'.

ха(-ха)-ха́ *int* ha ha!

ха́хал|ь, я *m* (*sl*) fancy man.

ха́|ять, ю, ешь *impf* (*of* ⇒**о**~) (*coll*) to run down, knock (*fig*).

хвал|а́, ы́ *f* praise; **х. Бо́гу!** thank God!

хвале́б|ный (~**ен,** ~**на)** *adj* laudatory, eulogistic.

хвалёный *adj* (*ironical*) much-vaunted, celebrated.

хвал|и́ть, ю́, ~**ишь** *impf* (*of* ⇒**по**~) to praise.

хвал|и́ться, ю́сь, ~**ишься** *impf* (*of* ⇒**по**~) (+ *i*) to boast (of).

хва́ста|ть, ю *impf* = ~**ся**

хва́ста|ться, юсь *impf* (*of* ⇒**по**~) (+ *i*) to boast (of).

хвастли́в|ый (~**,** ~**а)** *adj* boastful.

хвастовств|о́, а́ *nt* boasting, bragging.

хвасту́н, а́ *m* (*coll*) boaster, braggart.

хват, а *m* (*coll*) dashing blade.

хват|а́ть[1], а́ю *impf* (*of* ⇒~**и́ть[1]** *and* ⇒**схвати́ть 1**) **1** to snatch, seize, catch hold (of); to grab, grasp; **х. что попа́ло** to grab whatever comes to hand. **2** (*impf only*) (*coll*) (*о рыбе*) to bite. **3** (*impf only*) (*coll*) (*вора*) to pick up.

хват|а́ть[2], а́ет *impf* (*of* ⇒~**и́ть[2]**) *impers* **1** (+ *g*) (*быть достаточным*) to suffice, be sufficient, enough; to last out; **у**

Х

меня́, *etc.*, не ~а́ет I, *etc.*, am short (of); вре́мени не ~а́ло there was not enough time; у нас не ~а́ет де́нег we have not enough money; э́того ещё не ~а́ло! that's all we, *etc.*, need! **2** (+ *g* на + *a*) to be up to, be capable (of); его́ не ~а́ет на тако́й посту́пок he is not capable of such an act.

хват|а́ться, а́юсь *impf* (*of* ⇒~и́ться *and* ⇒схвати́ться **1**) (за + *a*) **1** to snatch (at), catch (at), pluck (at); **х. за соло́минку** to clutch at straws. **2** (*приниматься за дело*) to start doing, take up, try out.

хва|ти́ть[1]**, чу́, ~́тишь** *pf* (*coll*) **1** *pf of* ⇒~та́ть[1]. **2** (*выпить*) to drink up, knock back; **х. ли́шнего** to have one too many. **3** (*испытать*) to suffer, endure. **4** (*сделать что-н. сверх меры*) to stick one's neck out; (*сказать лишнее*) to blurt out; **х. че́рез край** to go too far. **5** (*ударить*) to strike; to hit; **его́ ~́тил уда́р** he has had a stroke; (*impers*): **посе́вы хвати́ло моро́зом** the frost hit the crops. **6** (*песню*) to strike up, start up.

хват|и́ть[2]**, ~́ит** *pf* (*of* ⇒~а́ть[2]); **~́ит!** that will do!; that's enough!; **с меня́ ~́ит!** I've had enough!; **~́ит тебе́ хны́кать!** that's enough of your whining!

хва|ти́ться, чу́сь, ~́тишься *pf* **1** *pf of* ⇒~та́ться. **2** (+ *g*; *coll*) to miss, notice the absence (of); **по́здно ~ти́лись!** you thought of it too late!

хва́тк|а, и *f* **1** grasp, grip. **2** (*coll*) (*ловкость*) skill.

хва́т|кий (~ок, ~ка́, ~ко) *adj* (*coll*) **1** (*руки*) strong. **2** (*fig*) (*глаз, ум*) keen.

хвать (*coll*) *used in place of various forms of* ⇒**хвати́ть**[1] *and* ⇒**хвати́ться 2** (*also as int*); **я х. его́ за воротни́к** I grabbed him by the collar; **я чуть бы́ло не сел на по́езд, а — х.! — биле́та нет** I was just about to get on the train when suddenly I found I had not got my ticket.

хво́йн|ый *adj* **1** *adj of* ⇒**хво́я**; **х. покро́в** covering of (pine) needles; **х. дёготь** pine tar. **2** (*дерево*) coniferous; *as n* **~ые, ~ых** (*bot*) conifers.

хвора́|ть, ю *impf* (*coll*) to be ill (*Br*), sick (*US*).

хво́рост, а (у) *m* (*collect*) **1** brushwood. **2** (*cul*) (pastry) straws, Twiglets (*propr*).

хворости́н|а, ы *f* stick, switch (*for driving cattle, etc.*).

хво́рост|ь, и *f* (*coll*) illness, ailment.

хворостяно́й *adj of* ⇒**хво́рост 1**

хво́р|ый (~, ~а́, ~о) *adj* (*coll*) ill (*Br*), sick (*US*).

хвор|ь, и *f* (*coll*) illness, ailment.

хвост, а́ *m* **1** tail (*also fig*); **маха́ть ~о́м** to wag one's tail; **задра́ть х.** to get on one's high horse; **поджа́ть х.** to draw in one's horns; **показа́ть х.** (*coll*) to show a clean pair of heels; **наступи́ть на х. кому́-н.** (*coll*) to tread on s.o.'s toes. **2** (*fig*) (*задняя часть*) tail, rear, tail end; **х. по́езда** rear of train; **быть, плести́сь в ~е́** to get behind, lag behind. **3** (*coll*) (*платья*) train. **4** (*coll*) (*очередь*) queue (*Br*), line (*US*); **х. за хле́бом** bread queue.

хвоста́т|ый (~, ~а) *adj* **1** (*имеющий хвост*) having a tail; caudate. **2** (*с большим хвостом*) having a large tail.

хво́стик, а *m diminutive of* ⇒**хвост**; (*причёска*) ponytail; **с ~ом** (*coll*) and a little more; **сто с ~ом** (*coll*) a hundred odd.

хвостов|о́й *adj of* ⇒**хвост**; **х. ого́нь** (*aeron*) tail light; **~о́е опере́ние** (*aeron*) tail unit.

хвощ, а́ *m* (*bot*) horsetail, mare's tail (*Equisetum*).

хво́|я, и *f* **1** needle(s) (*of conifer*). **2** (*collect*) (*ветви*) branches (*of conifer*).

хе́ви-ме́тал, а *m* (*also m indecl*) (*mus*) heavy metal.

Хезболла́(х) *f indecl* Hezbollah (*extremist Shiite Muslim group*).

хек, а *m* (*zool*) whiting.

Хе́льсинки *m indecl* Helsinki.

хе́ппи-э́нд, а *m* happy ending.

хер, ~́а́, ~́у *m* (*sl*) *euph of* ⇒**хуй**

хе́рес, а (у) *m* sherry.

херн|я́, и́ *f* (*vulg*) = **хуйня́**

херуви́м, а *m* cherub.

херуви́м|ский *adj* **1** *adj of* ⇒~. **2** (*coll*) cherubic.

хет-три́к, а *m* (*sport*) hat-trick.

хе́ттский *adj* (*hist and ling*) Hittite.

хетчбэ́к, а *m* hatchback.

хиба́р|а, ы *f* (*coll*) shack, hovel.

хиба́р|ка, ки *f diminutive of* ⇒~а

хи́жин|а, ы *f* shack, hut.

хиле́|ть, ю *impf* (*of* ⇒за~) (*coll*) to become weak, sickly.

хи́л|ый (~, ~́а́, ~о) *adj* weak, sickly; puny.

хим... *comb form, abbr of* **хими́ческий**

химе́р|а, ы *f* **1** chimera. **2** (*archit*) gargoyle.

химери́ческий *adj* chimerical.

хи́мик, а *m* chemist.

химика́л|ии, ий (*no sg*) chemicals.

химика́т|ы, ов *pl* (*sg* ~, ~а *m*) = **химика́лии**

химиотерапи́|я, и *f* chemotherapy.

хими́ческ|ий *adj* **1** chemical; **~ая война́** chemical warfare; **х. каранда́ш** indelible pencil; **~ие препара́ты** chemicals; **~ая чи́стка (оде́жды)** dry-cleaning; **х. элеме́нт** chemical element. **2** chemistry; **х. кабине́т** chemistry laboratory.

хи́ми|я, и *f* chemistry.

химчи́стк|а, и *f* **1** (*действие*) dry-cleaning. **2** (*мастерская*) dry-cleaner's.

хи́нди *m indecl* Hindi (*language*).

хини́н, а *m* quinine.

хи́нн|ый *adj* cinchona; **~ое де́рево** cinchona (*tree*).

хиппа́р|ь, я́ *m* (*sl*) weirdo.

хи́ппи *cg indecl* hippy.

хипп|ова́ть, у́ю *impf* (*coll*) to be, live like, dress like, a hippy.

хиппо́вый *adj* (*coll*) hippy.

хип-хо́п, а *m* hip hop (*style of pop music*).

хире́|ть, ю *impf* (*of* ⇒за~) to grow sickly; (*о растениях*) to wither; (*fig*) to decay.

хирома́нт, а *m* palmist.

хирома́нти|я, и *f* palmistry.

хиропра́ктик, а *m* chiropractor.

Хироси́м|а, ы *f* Hiroshima.

хиру́рг, а *m* surgeon.

хирурги́ческ|ий *adj* surgical; **~ие но́жницы** forceps; **~ая сестра́** theatre nurse (*Br*), theater nurse (*US*).

хирурги́|я, и *f* surgery.

хит, а́ *m* (*mus*) hit.

хит-пара́д, а *m* (*mus*) the charts.

хитре́ц, а́ *m* cunning person; (*coll*) slyboots.

хитрец|а́, ы́ *f* (*coll*) cunning, guile.

хитри́нк|а, и *f* = **хитреца́**

хитр|и́ть, ю, и́шь *impf* (*of* ⇒с~) to use cunning, guile; to dissemble.

хитросплете́ни|е, я *nt* **1** (*уловка*) cunning trick, stratagem. **2** (*in pl*) (*вычурное изложение мыслей*) fanciful construction; hair-splitting.

хитросплетённый *adj* intricate, contrived.

хи́трост|ь, и *f* **1** (*свойство*) cunning, guile, craft, wiles. **2** (*уловка*) ruse, stratagem. **3** (*coll*) ingenuity, subtlety.

хитроу́ми|е, я *nt* cunning; resourcefulness.

хитроу́м|ный (~ен, ~на) *adj* **1** (*изобретательный*) cunning; resourceful. **2** (*сложный*) intricate, complicated.

хи́т|рый (~ёр, ~ра́, ~́ро́) *adj* **1** (*лукавый*) cunning, sly, crafty. **2** (*coll*) (*изобретательный*) skilful, resourceful. **3** (*coll*) (*замысловатый*) intricate, subtle; complicated.

хихи́к|ать, аю *impf* (*of* ⇒~нуть) to giggle, snigger.

хихи́к|нуть, ну, нешь *inst pf of* ⇒~ать

хище́ни|е, я *nt* theft; embezzlement, misappropriation.

хи́щник, а *m* **1** predator; (*животное*) beast of prey; (*птица*) bird of prey. **2** (*fig*) (*человек*) predator.

хи́щнический *adj* **1** *adj of* ⇒**хи́щник 2** (*fig*) predatory, rapacious.

хи́щничеств|о, а *nt* **1** preying. **2** (*fig*) predatoriness, rapaciousness.

хи́щ|ный (~ен, ~на) *adj* **1** predatory; **~ные зве́ри** beasts of prey; **~ные пти́цы** birds of prey. **2** (*fig*) rapacious, grasping.

хлад, а *m* (*obs or poetical*) cold.

хладнокро́ви|е, я *nt* composure, sangfroid.

хладнокро́в|ный (~ен, ~на) *adj* cool, composed; (*жестокий*) cold-blooded.

хла́д|ный (~ен, ~на) *adj* (*obs or poetical*) cold.

хлам, а *m* (*collect*) rubbish, trash.

хлами́д|а, ы *f* **1** (*hist*) chlamys. **2** (*coll*) long, loose-fitting garment.

хлеб, а, *pl* **~́ы** *and* **~а́** *m* **1** (*sg only*) bread (*also fig*); **отби́ть х. у кого́-н.** to take the bread out of s.o.'s mouth. **2** (*pl* **~́ы**) (*буханка*) loaf. **3** (*pl* **~а́**) (*семена злаков*) bread grain; (*in pl*) (*злаки*) corn, crops; cereals.

хлеба́|ть, ю *impf* to gulp (down).

хлéб|ец, ца *m* small loaf.

хлéбниц|а, ы *f* (*тарелка*) bread plate; (*коробка*) breadbasket.

хлебн|ýть, ý, ёшь *pf* (*coll*) **1** (*выпить*) to drink down. **2** (+ *g*) (*перенести*) to go through, endure, experience.

хлéбн|ый *adj* **1** *adj of* ⇒**хлеб 1**; **~ые дрóжжи** baker's yeast; **х. магазúн** baker's shop; **~ое дéрево** breadfruit tree. **2** *adj of* ⇒**хлеб 3**; **х. амбáр** granary; **~ые злáки** bread grains; cereals; **х. спирт** grain alcohol. **3** (*урожайный*) rich (*in grain*); abundant; grain-producing. **4** (*coll*) (*выгодный*) lucrative, profitable.

хлёбов|о, а *nt* (*coll*) gruel.

хлебозавóд, а *m* bread-baking plant, bakery.

хлебо|заготовúтельный *adj of* ⇒**~заготóвка**

хлебозаготóвк|а, и *f* (State) grain procurement.

хлеб|óк, кá *m* (*coll*) mouthful (*of liquid*).

хлебопáшеств|о, а *nt* (*obs*) tillage, cultivation, arable farming.

хлебопáш|ец, ца *m* (*obs*) tiller of the soil.

хлебопáшный *adj* ploughing (*Br*), plowing (*US*); arable.

хлебопёк, а *m* baker.

хлебопекáрн|я, и *f* bakery, bakehouse.

хлеборóб, а *m* peasant (engaged in arable farming).

хлебородн|ый (~ен, ~на) *adj* rich (in grain crops), abundant; **х. год** good year (for grain crops).

хлебосóл, а *m* hospitable person.

хлебосóл|ьный (~ен, ~ьна) *adj* hospitable.

хлебосóльств|о, а *nt* hospitality.

хлеботоргóв|ец, ца *m* corn merchant, grain merchant.

хлеботоргóвл|я, и *f* corn trade.

хлебоубóрк|а, и *f* (corn) harvest.

хлебоубóрочный *adj* harvest(ing); **х. комбáйн** combine harvester.

хлéб-сóль, хлéба-сóли *m* bread and salt (*offered to guest as symbol of hospitality*); hospitality.

хлев, а, в ~́е *or* **в ~ý**, *pl* **~á** *m* cowshed; (*fig, coll*) pigsty.

хлестакóвщин|а, ы *f* shameless bragging (*in the manner of Khlestakov, hero of N. V. Gogol's comedy* 'The Government Inspector').

хле|стáть, щý, ~́щешь *impf* (*of* ⇒**~стнýть**) **1** (+ *a or* **по** + *d*) to lash; to whip. **2** (*о дожде*) to lash (down), beat (down), pour; to stream, gush. **3** (*coll*) (*пить в большом количестве*) to swill.

хлёст|кий (~ок, ~кá, ~ко) *adj* **1** (*ветер*) biting. **2** (*fig*) (*замечание*) biting, scathing. **3** (*fig*) (*звук*) sharp.

хлест|нýть, нý, нёшь *inst pf of* ⇒**~áть**

хлёст|че *comp of* ⇒**~кий**

хлúпа|ть, ю *impf* (*coll*) to sob.

хлúп|кий (~ок, ~́кá, ~́ко) *adj* (*coll*) **1** (*стол, мост*) rickety. **2** (*fig*) (*человек, здоровье*) weak, fragile. **3** (*cyn*) watery, slushy.

хлобы|стáть, щý, ~́щешь *impf* (*of* ⇒**~стнýть**) (*coll*) to lash.

хлобыст|нýть, нý, нёшь *inst pf of* ⇒**~áть**

хлоп *int* bang! (*as pred; stands for pres and past tenses of* ⇒**~́ать**, ⇒**~́нуть**, *and* ⇒**~́аться**).

хлóпа|ть, ю *impf* (*of* ⇒**хлóпнуть**) **1** (+ *i or* **по** + *d*) to bang; to slap; **х. калúткой** to bang the gate; **х. когó-н. по спинé** to slap s.o. on the back; **х. глазáми/ушáми** (*coll*) (*i*) (*бессмысленно смотреть*) to look blank, (*ii*) (*не знать, что сказать в ответ*) to be at a loss what to say. **2**: **х. (в ладóши)** (+ *d*) to clap, applaud. **3** (*coll*) (*раздаваться*) to go bang, explode. **4** (*coll*) (*пить залпом*) to knock back.

хлóпа|ться, юсь *impf* (*of* ⇒**хлóпнуться**) (*coll*) to flop down.

хлóп|ец, ца *m* (*coll*) lad.

хлопковóд, а *m* cotton-grower.

хлопковóдств|о, а *nt* cotton-growing.

хлопковóдческий *adj* cotton-growing.

хлóпков|ый *adj* cotton; **~ое мáсло** cotton-seed oil.

хлопкопрядúльный *adj* cotton-spinning.

хлопкорóб, а *m* cotton-grower.

хлопкоубóрочный *adj* cotton-picking.

хлóп|нуть(ся), ну(сь), нешь(ся) *inst pf of* ⇒**~ать(ся)**

хлóп|ок, ка *m* cotton; **х.-сырéц** raw cotton.

хлоп|óк, кá *m* **1** (*в ладоши*) clap. **2** (*выстрела*) bang.

хлопо|тáть, чý, ~́чешь *impf* (*of* ⇒**по~**) **1** (*impf only*) (*быть в хлопотах*) to busy o.s.; to bustle about, toil. **2** (**о** + *p or* + **чтóбы**) (*беспокоиться*) to make efforts; to take trouble, go to pains; to solicit, petition (for). **3** (**за** + *a or* **о** + *p*) (*стараться помочь кому-н.*) to plead (for), make efforts on behalf (of).

хлопотлúв|ый (~, ~а) *adj* **1** (*дело*) troublesome, bothersome. **2** (*человек*) busy, bustling.

хлóпот|ный (~ен, ~на) *adj* (*coll*) onerous, exacting.

хлопотн|я́, ú *f* (*coll*) efforts, labour (*Br*), labor (*US*), toil.

хлопотýн, á *m* (*coll*) busy, restless person.

хлóпот|ы, хлопóт, ~ам (*no sg*) **1** (*занятия по дому, по работе*) jobs, chores; (*заботы*) trouble. **2** (**о** + *p*) (*старания добиться чего-н.*) efforts (on behalf of, for); pains.

хлопýшк|а, и *f* **1** (*для мух*) fly swatter. **2** (*ёлочная игрушка*) (Christmas) cracker. **3** (*cin*) clapperboard. **4** (*bot*) catchfly (*Silene venosa*).

хлопчáтк|а, и *f* (*coll*) cotton (*fabric*).

хлопчáтник, а *m* cotton (plant).

хлопчатобумáжный *adj* cotton.

хлóпчик, а *m* (*coll or dialect*) boy.

хлопьевúд|ный (~ен, ~на) *adj* flaky, flocculent.

хлóпь|я, ев (*no sg*) flakes (*of snow, etc., also of certain cereal foods*); **кукурýзные х., пшенúчные х.** corn flakes.

хлор, а *m* (*chem*) chlorine.

хлорúр|овать, ую *impf and pf* to chlorinate.

хлóристый *adj* (*chem*) chlorine; chloride (of); **х. водорóд** hydrogen chloride.

хлóрк|а, и *f* (*coll*) bleaching powder.

хлóр|ный *adj of* ⇒**~**

хлорóз, а *m* (*bot and med*) chlorosis.

хлорофúлл, а *m* (*bot*) chlorophyll.

хлорофóрм, а *m* chloroform.

хлы́н|уть, у, ешь *pf* **1** (*о крови, дожде*) to gush, pour. **2** (*fig*) to pour, rush, surge; **толпá ~ула на плóщадь** a crowd poured into the square.

хлыст[1], á *m* (*прут*) whip, switch.

хлыст[2], á *m* (*последователь религиозной секты*) Khlyst (*the member of a sect*).

хлыщ, á *m* (*coll*) fop.

хлю́па|ть, ю *impf* (*coll*) **1** (*грязи*) to squelch; **х. по грязú** to squelch through the mud. **2** (*плача, всхлипывать*) to snivel; **х. нóсом** to sniff.

хлю́пик, а *m* (*coll*) sniveller (*Br*), sniveler (*US*), milksop.

хлю́п|кий (~ок, ~кá, ~ко) *adj* (*coll*) **1** (*топкий*) soggy. **2** (*шаткий*) rickety. **3** (*fig*) (*хилый*) frail, feeble.

хлюст[1], á *m* (*coll*) smart alec.

хлюст[2], á *m* (*obs, coll*) suit (*in a hand at cards*).

хляб|ь, и *f* **1** (*poetical*) (*бездна*) abyss; **развéрзлись ~́и небéсные** (*joc*) the heavens opened. **2** (*coll*) (*грязь*) mud, muddy ground.

хля́стик, а *m* half-belt (*on back of coat*).

хмелевóдств|о, а *nt* hop-growing.

хмел|ёк, ькá *m diminutive of* ⇒**~ь**; **под ~ькóм** tipsy, tight.

хмелé|ть, ю *impf* (*of* ⇒**за~** *and* ⇒**о~**) to become tipsy, get tight.

хмел|ь, я *m* **1** (*bot*) (*семена*) hops; (*растение*) hop plant. **2** (**о ~́е, во ~ю́**) (*состояние*) drunkenness, tipsiness; **под ~́ем, во ~ю́**, tipsy, tight.

хмел|ьнóй (~ён, ~ьнá) *adj* **1** (*пьяный*) drunken, tipsy. **2** (*пьянящий*) intoxicating; *as n* **~ьнóе, ~ьнóго** *nt* intoxicating liquor, alcohol.

хмýр|ить, ю, ишь *impf* (*of* ⇒**на~**): **х. лицó** to frown; **х. брóви** to knit one's brows.

хмýр|иться, юсь, ишься *impf* (*of* ⇒**на~**) **1** (*хмурить брови*) to frown. **2** (*о погоде, о дне*) to become gloomy. **3** (*о небе*) to be overcast, cloudy.

хмýрост|ь, и *f* **1** (*человека*) gloom. **2** (*неба*) cloudiness.

хмýр|ый (~, ~́á, ~о) *adj* **1** (*человек*) gloomy, sullen. **2** (*небо, день*) overcast, cloudy; **х. день** dull day.

хмы́ка|ть, ю *impf* (*coll*) to hem (*expressing surprise, annoyance, doubt, etc.*).

хн|а, ы *f* henna.

Х

хны́ка|ть, ю (*and* **хны́ч|у, ешь**) *impf* (*coll*) to whimper, snivel; (*fig*) to whine.

хо́бби *nt indecl* hobby.

хо́бот, а *m* (*zool*) trunk, proboscis.

хобот|о́к, ка́ *m* proboscis (*of insects*).

ход, а (у), о ~е, в/на ~е *and* **~у́** *m* **1 (в ~е, на ~у́)** motion, movement, travel, going; speed, pace; **три часа́ ~у** three hours' walk; **за́дний х.** backing, reversing; **ма́лый/ти́хий х.** slow speed; **по́лный х.** full speed; **по́лный х.!** full speed ahead!; **по́лным ~ом** (*fig*) in full swing; **свобо́дный х.** freewheeling, coasting; **дать х.** (+ *d*) to set in motion, set going; **не дать ~у кому́-н.** not to give s.o. a chance, hold s.o. back; **идти́ свои́м ~ом** (*i*) (*о человеке*) to travel under one's own steam, (*ii*) (*о болезни*) to take its course; **пойти́ в х.** to come to be widely used; **пусти́ть в х.** to start, set in motion, set going (*also fig*), put into service; **быть в ~у́** to be in demand, be in vogue; **на ~у́** (*i*) (*двигаясь*) on the move, without halting, (*ii*) (*в действии*) in motion, in operation; **на по́лном ~у́** at full speed; **с ~у** (*coll*) straight off.
2 (*eccl*) procession.
3 (в, на ~е) (*fig*) (*развитие*) course, progress; **х. мы́слей** train of thought; **х. собы́тий** course of events.
4 (в ~е, на ~у́) (*tech*) work, operation, running; **на холосто́м ~у́** idling.
5 (в, на ~е; *pl* ~ы́) (*tech*) stroke (*of piston*).
6 (на ~е; *pl* ~ы́) (*в шахматах*) move; (*в картах*) lead; **х. бе́лых** white's move.
7 (в ~е; *pl* ~ы́) (*fig*) move, gambit; **ло́вкий х.** shrewd move.
8 (в ~е *and* ~у́; *pl* ~ы́) (*вход*) entrance (*to building*); **знать все ~ы и вы́ходы** to know all the ins and outs.
9 (в, на ~е *and* ~у́; *pl* ~ы) (*путь*) passage(way), thoroughfare.
10 (в, на ~у́; *pl* ~ы́ *and* ~а́, ~о́в) (*tech*) wheelbase; runners (*of sledge*); **гу́сеничный х.** caterpillar tracks.

хода́та|й, я *m* intercessor, mediator.

хода́тайств|о, а *nt* **1** (*действие*) petitioning; entreaty, pleading.
2 (*просьба*) petition; application.

хода́тайств|овать, ую *impf* (*of* ⇒**по~**) **1 (о** + *p*) to petition (for); to apply (for). **2 (за** + *a*) to intercede (for), plead (on behalf of).

хо́дик|и, ов (*no sg*) (*coll*) wall clock (*worked by weights*).

хо|ди́ть, жу́, ~дишь *impf*
1 (*передвигаться, шагая*) to (be able to) walk. **2** (*indet of* ⇒**идти́**) to go (*on foot*); **х. в кино́** to go to the cinema; **х. в ата́ку** to go into the attack; **х. под па́русом** to go sailing. **3** (*о поездах*) to run. **4** (*о слухах, новостях*) to pass, go round; **х. из рук в ру́ки, х. по рука́м** to pass from hand to hand. **5** (*в картах*) to lead, play; (*в шахматах*) to move; **х. с пик** to lead a spade; **х. ферзём** to move one's queen. **6** (*indet only*) **(за** + *i*) (*ухаживать*) to look after, take care of, tend. **7** (*шататься*) to sway, shake, wobble. **8 (в** + *p*) (*носить*) to wear.

хо́д|кий (~ок, ~ка́, ~ко) *adj* (*coll*) **1** (*конь, машина*) fast. **2** (*товар*) popular, in great demand; **~кое выраже́ние** popular phrase.

ходов|о́й *adj* **1** (*tech*) running, working; **~о́е вре́мя** working time; **~ы́е испыта́ния** running tests; **х. механи́зм** running gear. **2** (*coll*) (*популярный*) popular; current; **х. анекдо́т** (currently) popular story.

ходо́к, а́ *m* **1** walker. **2**: **быть ~о́м (куда́-н.)** (*coll*) to make regular visits (to). **3** (*obs*) (*посланец*) envoy. **4 (на** + *a*; **по** + *d*) (*coll*) (*ловкий человек*) person clever (at).

ходу́л|и, ей *and* **~ь** *pl* (*sg* **~я, ~и** *f*) stilts.

ходу́л|ьный (~ен, ~ьна) *adj* stilted; pompous.

ходу́н, а́ *m now only in phr* **~о́м ходи́ть** (*coll*) to shake.

ходун|о́к, ка́ *m* baby walker.

ходьб|а́, ы́ *f* walking; **це́рковь нахо́дится в пяти́ мину́тах ~ы́ отсю́да** the church is five minutes' walk from here.

ходя́ч|ий *adj* **1** walking; able to walk.
2 (*fig, coll, ironical*) the personification (of); **~ая доброде́тель** virtue personified; **~ая энциклопе́дия** walking encyclopedia.
3 (*употребительный*) popular; current; **~ее выраже́ние** current phrase.

хожде́ни|е, я *nt* **1** walking; going; **х. по му́кам** (*fig*) (going through) purgatory. **2**: **име́ть х.** to be in circulation.

хоз... *comb form, abbr of* **хозя́йственный**

...хоз *comb form, abbr of* **хозя́йство**

хозрасчёт, а *m* (*econ*) operation on a self-supporting basis; self-financing.

хозрасчёт|ный *adj of* ⇒**~**

хозя́|ин, ина, *pl* **~ева, ~ев** *m*
1 (*владелец*) owner, proprietor. **2** (*своей судьбы; в доме*) master; (*предприятия*) boss. **3** (*по отношению к жильцу*) landlord. **4** (*по отношению к гостям*) host; **~ева по́ля** (*sport*) the home team. **5**: **хоро́ший, плохо́й х.** good, bad manager. **6** (*coll*) (*муж*) husband. **7** (*biol*) host.

хозя́йк|а, и, *g pl* **хозя́ек** *f*
1 (*владелица*) owner, proprietress.
2 (*своей судьбы; в доме*) mistress. **3** (*по отношению к жильцу*) landlady. **4** (*по отношению к гостям*) hostess. **5** (*coll*) (*жена*) wife.

хозя́йнича|ть, ю *impf* **1** to manage, be in charge. **2** (*по дому*) to keep house. **3** (*pej*) to lord it; to throw one's weight about.

хозя́йский *adj* **1** *adj of* ⇒**хозя́ин**
2 (*тон, глаз*) solicitous, careful. **3** (*pej*) proprietary; imperious.

хозя́йственник, а *m* economic planner.

хозя́йствен|ный (~, ~на) *adj*
1 economic, of the economy; **~ная жизнь страны́** the country's economy.
2: **х. расчёт** *see* ⇒**хозрасчёт**.
3 (*товары, инвентарь*) household; home management. **4** (*экономный*) economical, thrifty.

хозя́йств|о, а *nt* **1** (*экономика*) economy; **се́льское х.** agriculture; **дома́шнее х.** housekeeping; **вести́ х.** to manage, carry on management.
2 (*оборудование*) equipment. **3** (*agric*) farm, holding. **4** (*работы по дому*) housekeeping; **хлопота́ть по ~у** to be busy about the house.

хозя́йств|овать, ую *impf* to manage, carry on management.

хозя́йчик, а *m* (*coll, pej*) small proprietor.

хоккеи́ст, а *m* hockey player.

хоккеи́ст|ка, ки *f of* ⇒**~**

хокке́|й, я *m* hockey; **х. на траве́** hockey (*Br*), field hockey (*US*); **х. с мячо́м, ру́сский х.** bandy; **х. с ша́йбой** ice hockey.

хокке́й|ный *adj of* ⇒**~**; **~ная клю́шка** hockey stick.

хо́лдинг-компа́ни|я, и *f* holding company.

хо́леный *adj* = **холёный**

холёный *adj* well groomed.

холе́р|а, ы *f* (*med*) cholera.

холе́рик, а *m* choleric person.

холери́ческий *adj* choleric.

холе́р|ный *adj of* ⇒**~а**; **х. вибрио́н** cholera bacillus.

холестери́н, а *m* cholesterol.

хо́л|ить, ю, ишь *impf* to tend, care for.

хо́лк|а, и *f* withers; **намы́лить ~у кому́-н.** (*fig, coll*) to give s.o. a dressing-down.

холл, а *m* hall, vestibule, foyer.

холм, а́ *m* hill.

холми́ст|ый (~, ~а) *adj* hilly.

хо́лод, а (у), *pl* **~а́, ~о́в** *m* **1** cold; coldness (*also fig*); **ди́кий х.** bitter cold.
2 (*in pl*) cold (spell of) weather.

холода́|ть, ю *impf* **1** (*pf* **по~**; *impers*) (*становиться холоднее*) to become cold, turn cold. **2** (*coll*) (*страдать от холода*) to endure cold.

холоде́|ть, ю *impf* (*of* ⇒**по~**) to grow cold; (*impers*) to turn cold.

холод|е́ц, ца́ *m* (*cul*) meat in jelly.

холоди́льник, а *m* refrigerator; **ваго́н-х.** refrigerator van; **двухка́мерный х.** *or* (**х. с морози́льным отделе́нием**) fridge-freezer.

холоди́льн|ый *adj* refrigeration; **~ая устано́вка** cold storage plant.

холо|ди́ть, жу́, ди́шь *impf* **1** (*pf* **на~**) (*coll*) (*делать холодным*) to cool.
2 (*вызывать ощущение холода*) to cause a cold sensation (*also impers*).

хо́лодно[1] *adv* (*fig*) coldly.

хо́лодно[2] *as pred* it is cold; **мне,** *etc.*, **х.** I, *etc.*, am cold, feel cold.

холоднова́т|ый (~, ~а) *adj* rather cold, chilly.

холоднокро́вный *adj* (*zool*) cold-blooded.

хо́лодност|ь, и *f* coldness.

холо́д|ный (хо́лоден, ~на́, хо́лодно, хо́лодны́) *adj* **1** cold; **х. ве́тер** cold wind; **х. отве́т** cold reply; **х. по́яс** (*geog*) frigid zone; **~ная война́** cold war; **~ное ору́жие** sidearms, cold steel; *as n* **~ная, ~ной** *f* (*obs, coll*) 'the cooler' (= *place of detention*). **2** (*одежда*) light, thin.

холод|о́к, ка́ *m* **1** (*холод*) coolness, chill (*also fig*). **2** (*ветерок*) cool breeze.

Х

3 (*прохладное место*) cool place.
4 (*время суток*) cool of the day.

холодосто́|йкий (~ек, ~йка) *adj* (*agric*) cold-resistant.

холо́п, а *m* **1** (*hist*) villein, serf. **2** (*fig, pej*) lackey.

холо́п|ский *adj* **1** *adj of* ⇨~. **2** servile.

холо́пств|о, а *nt* **1** (*hist*) villeinage. **2** (*fig, pej*) servility.

холо́пств|овать, ую *impf* to display servility.

холостёж|ь, и *f* (*collect*) (*coll*) bachelors.

холо|сти́ть, щу́, сти́шь *impf* to castrate, geld.

холост|о́й (хо́лост, ~а́, хо́лосто) *adj* **1** unmarried, single; bachelor. **2** (*tech*) idle, free-running; **на ~о́м ходу́** idling. **3** (*mil*) blank, dummy; **х. патро́н** blank cartridge.

холостя́к, а́ *m* bachelor.

холостя́|цкий *adj of* ⇨**~к**

холоще́ни|е, я *nt* castration, gelding.

холощёный *adj* castrated, gelded.

холст, а́ *m* **1** (*ткань*) coarse linen, canvas, burlap. **2** (*art*) canvas.

холсти́н|а, ы *f* **1** = **холст**. **2** (*кусок холста*) piece of linen, canvas, burlap.

холсти́нк|а, и *f* (*textiles*) gingham.

холу́|й, я́ *m* (*coll obs and fig, pej*) lackey.

холщо́вый *adj of* ⇨**холст 1**

хо́л|я, и *f* (*coll*) care, attention; **жить в ~е** to be well cared for.

хо́мо са́пиенс *m indecl* = **го́мо са́пиенс**

хому́т, а́ *m* **1** (*на лошади*) collar; (*fig*) burden. **2** (*tech*) clamp, ring.

хомя́к, а́ *m* hamster.

хор, а, *pl* **~ы́** *m* **1** choir. **2** (*mus and fig*) chorus; **~́ом** all together.

хора́л, а *m* chorale.

хорва́т, а *m* Croat.

Хорва́ти|я, и *f* Croatia.

хорва́т|ка, ки *f of* ⇨~

хорва́тский *adj* Croatian, Croat.

хо́рд|а, ы *f* **1** (*math*) chord. **2** (*biol*) notochord.

хо́рд|овый *adj of* ⇨**~а 2**; *as n* **~овые, ~овых** (*zool*) Chordata.

хоре́|й, я *m* (*literary*) trochee.

хор|ёк, ька́ *m* polecat, ferret.

хорео́граф, а *m* choreographer.

хореографи́ческий *adj* choreographic.

хореогра́фи|я, и *f* choreography.

хоре́|я, и *f* (*med*) chorea, St Vitus' dance.

хори́ст, а *m* member of a choir, chorister.

хори́ст|ка, ки *f of* ⇨~

хорме́йстер, а *m* choirmaster.

хорово́д, а *m* round dance (*traditional Slavonic folk dance*).

хорово́|диться, жусь, дишься *impf* (**с** + *i*) (*coll*) **1** (*заниматься чем-н.*) to be occupied (with), take up one's time (with). **2** (*крутить*) to carry on (with) (= *to have a sexual liaison*).

хорово́й *adj* choral.

хоро́м|ы, ~ (*no sg*) (*obs or joc*) mansion.

хорон|и́ть, ю́, ~́ишь *impf* (*of* ⇨**по~**) (*pf also* **за~** *and* **с~**) to bury (*also fig*).

хорон|и́ться, ю́сь, ~́ишься *impf* (*of* ⇨**с~**) (*coll*) to hide, conceal o.s.

хорохо́р|иться, юсь, ишься *impf* (*coll*) to swagger; to boast.

хоро́шенький *adj* pretty, nice (*also ironical*).

хороше́нько *adv* (*coll*) properly, thoroughly, well and truly.

хороше́|ть, ю *impf* (*of* ⇨**по~**) to grow prettier.

хоро́ш|ий (~, ~а́) *adj* **1** good. **2** (*приятный*) nice. **3** (*short forms*) (*красивый*) pretty, good-looking.

хорошо́[1] **1** *adv* well; nicely. **2** *particle* (*выражает согласие*) all right!; OK! **3** *n*; *nt indecl* (*отметка*) good (*mark*).

хорошо́[2] *as pred* it is good; it is nice; **х., что вы успе́ли прие́хать** it is good that you managed to come; **им х. — ведь у них своя́ маши́на** it is all right for them, they have a car of their own.

хору́гв|ь, и *f* **1** (*mil*; *obs*) ensign, standard. **2** (*eccl*) banner.

хо́р|ы, ов (*no sg*) (*musicians'*) gallery.

хор|ь, я́ *m* = **хорёк**

хор|ько́вый *adj of* ⇨**~ёк**

хо́спис, а *m* hospice.

хот-до́г, а *m* hot dog.

хоте́ни|е, я *nt* (*coll*) desire, wish.

хоте́|ть, хочу́, хо́чешь, хо́чет, хоти́м, хоти́те, хотя́т *impf* (*of* ⇨**за~**) (+ *g*, *inf or* **что́бы**) to want, desire; **я ~л бы** I would like; **х. пить** to be thirsty; **х. сказа́ть** to mean; **е́сли хоти́те** if you like (*also = perhaps*).

хоте́|ться, хо́чется (*no pl form*) *impf* (*of* ⇨**за~**) (*impers + d*) to want; **мне хо́чется** I want; **мне ~лось бы** I should like.

хоть *conj and particle* **1** *conj* (*хотя*) although.
2 *conj* (*даже если*) even if (*esp in set phrr*); **у него́ де́нег х. отбавля́й** he has more than enough money; **х. убе́й, не скажу́** I couldn't tell you to save my life; **х. бы и так** (*coll*) even so, even at that.
3 *particle* (*also* **х. бы**) (*по крайней мере*) at least, if only; **ты бы посмотре́л х. на мину́точку** you should take a look, if only for a minute.
4 *particle* (*coll*) (*например*) for example, even; **вот х. его́ семиле́тняя сестрёнка, и та догада́лась** why, even his little seven-year-old sister had guessed it.
5: **х. бы** if only.
6 + *rel pron forms indefinite pron*: **х. кто** anyone; **х. где** anywhere, everywhere; **х. куда́** (*as pred*; *coll*) first-rate, terrific.
7: **х. бы что** (+ *d*; *coll*) it does not bother.

хотя́ *conj* **1** although, though. **2**: **х. бы** even if. **3** *as particle*: **х. бы** if only; **э́то я́вствует х. бы из заключи́тельной фра́зы его́ ре́чи** this is evident if only from the final sentence of his speech.

хохла́т|ый (~, ~а) *adj* crested, tufted.

хо́хл|иться, юсь, ишься *impf of* ⇨**на~**

хо́хм|а, ы *f* (*coll*) joke, quip, gag.

хох|о́л, ла́ *m* **1** crest; topknot, tuft of hair. **2** (*coll, pej*) Ukrainian.

хо́хот, а *m* guffaw, loud laugh.

хохо|та́ть, чу́, ~́чешь *impf* to guffaw, laugh loudly.

хохоту́н, а́ *m* (*coll*) laugher, joker.

Хошими́н, а *m* Ho Chi Minh City.

храбре́|ть, ю *impf* (*of* ⇨**по~**) (*coll*) to grow brave, braver.

храбре́ц, а́ *m* brave person.

храбр|и́ться, ю́сь, и́шься *impf* (*coll*) to try to appear brave.

хра́брост|ь, и *f* bravery, courage.

хра́бр|ый (~, ~а́, ~о, ~́ы) *adj* brave, courageous.

храм, а *m* temple, church, place of worship.

храм|ово́й *adj of* ⇨~; **х. пра́здник** patronal festival.

хране́ни|е, я *nt* keeping, custody; storage, conservation; **ка́мера ~я** left luggage office (*Br*), baggage room (*US*); **сдать на х.** to deposit for safe keeping.

храни́лищ|е, а *nt* storehouse, depository.

храни́тел|ь, я *m* **1** keeper, custodian; (*fig*) repository. **2** (*музея*) curator.

хран|и́ть, ю́, и́шь *impf* (*старые письма, деньги в банке*) to keep; (*традиции, доброе имя*) to preserve; (*молчание, гордый вид*) to maintain; **х. в та́йне** to keep secret.

храни́т|ься, ~ся *impf*
1 (*находиться*) to be, be kept. **2** (*быть в сохранности*) to be preserved.

храп, а *m* snore; snoring.

храп|е́ть, лю́, и́шь *impf* **1** to snore. **2** (*о лошади*) to snort.

храпови́к, а́ *m* (*tech*) ratchet.

храпови́цк|ий: *only in phr* **зада́ть ~ого** (*coll, joc*) to fall fast asleep (*and snore*).

храпово́й *adj* (*tech*) ratchet; **х. механи́зм** ratchet gear.

хреб|е́т, та́ *m* **1** (*anat*) spine, spinal column; (*fig, coll*) (*спина*) back. **2** (*горная цепь*) (mountain) range; ridge; (*fig*) crest, peak.

хреб|то́вый *adj of* ⇨**~ет**

хрен, а (у) *m* horseradish; **говя́дина под ~́ом** roast beef with horseradish sauce; **х. ре́дьки не сла́ще** it's six of one to half a dozen of the other; **ста́рый х.** (*fig, coll*) old fogey, old sod; **х. с** (+ *i*) (*coll*) to hell (with); **ни ~а́** (*coll*) bugger all.

хрен|о́вый *adj of* ⇨~; (*coll*) rotten, lousy.

хрестомат|и́йный *adj of* ⇨**~́ия**; (*fig*) well-known; **х. слу́чай** textbook case.

хрестома́ти|я, и *f* reader (= *selections of literature, etc. for study*).

хризанте́м|а, ы *f* chrysanthemum.

хрип, а *m* wheeze, wheezing sound.

хрип|е́ть, лю́, и́шь *impf* to wheeze.

хрипли́в|ый (~, ~а) *adj* (*coll*) (rather) hoarse.

хри́пл|ый (~, ~́а, ~о) *adj* hoarse; wheezy.

хри́п|нуть, ну, нешь, *past* **~, ~ла** *impf* (*of* ⇨**о~**) to become hoarse, lose one's voice.

хрипот|а́, ы́ *f* hoarseness.

X

хрипотц|а́, ы́ *f* (*coll*) slight hoarseness.
христи|ани́н, ани́на, *pl* **~а́не, ~а́н** *m* Christian.
христиа́н|ка, ки *f of* **⇒~и́н**
христиа́нский *adj* Christian; **привести́ в х. вид, прида́ть** (+ *d*) **х. вид** (*joc*) to give an air of respectability.
христиа́нств|о, а *nt* **1** Christianity. **2** (*collect*) Christendom.
Христ|о́с, а́ *m* Christ.
христо́с|оваться, уюсь *impf* (*of* **⇒по~**) to exchange a triple kiss (*as Easter salutation*).
хром[1], а *m* (*chem*) chromium, chrome.
хром[2], а *m* (*сорт кожи*) box-calf.
хроматизм, а *m* **1** (*phys*) chromatic aberration. **2** (*mus*) chromaticism.
хромат|и́ческий *adj of* **⇒~и́зм**; **~и́ческая га́мма** (*mus*) chromatic scale.
хрома́|ть, ю *impf* **1** to limp, be lame. **2** (*fig, coll*) (*иметь недостатки*) to be weak; **арифме́тика у тебя́ ~ет** your arithmetic is very shaky; **х. на о́бе ноги́** to be in a poor way.
хроме́|ть, ю *impf* (*of* **⇒о~**) to go lame.
хроми́р|овать, ую *impf and pf* to chromium-plate.
хро́м|истый *adj of* **⇒~[1]**
хро́мовый[1] *adj* (*chem*) chromium, chromic.
хро́м|овый[2] *adj of* **⇒~[2]**
хром|о́й (~, ~а́, ~о) *adj* **1** lame, limping; **х. на ле́вую но́гу** lame in the left leg; *as n* **х., ~о́го** *m*; **~а́я, ~о́й** *f* lame man, woman. **2** (*coll*) (*нога*) lame. **3** (*fig, coll*) (*стол*) shaky.
хромоно́г|ий (~, ~а) *adj* lame, limping.
хромоно́жк|а, и *cg* (*coll*) lame person.
хромосо́м|а, ы *f* (*biol*) chromosome.
хромот|а́, ы́ *f* lameness.
хро́ник, а *m* (*coll*) chronic invalid.
хро́ник|а, и *f* **1** (*летопись*) chronicle. **2** (*в газете*) news items. **3** (*cin*) newsreel.
хроника́льный *adj of* **⇒хро́ника 2, 3**; **х. фильм = хро́ника 3**
хроникёр, а *m* news reporter.
хрони́ческий *adj* chronic.
хроно́граф[1], а *m* (*hist*) chronicle.
хроно́граф[2], а *m* (*прибор*) stopwatch.
хронологи́ческий *adj* chronological.
хроноло́ги|я, и *f* chronology.
хроно́метр, а *m* chronometer.
хронометра́ж, а *m* time study, timekeeping.
хронометражи́ст, а *m* time study specialist, timekeeper.
хру́п|кий (~ок, ~ка́, ~ко) *adj* **1** (*стекло*) fragile, brittle. **2** (*fig*) (*здоровье, ребёнок*) fragile, frail; delicate.
хру́пкост|ь, и *f* **1** fragility, brittleness. **2** (*fig*) fragility, frailness.
хруст, а *m* crunch; crunching sound.
хруста́лик, а *m* (*anat*) lens (*of the eye*).
хруста́л|ь, я́ *m* cut glass, crystal; **го́рный х.** rock crystal.
хруста́льный *adj* **1** cut glass, crystal. **2** (*fig*) crystal-clear.
хру|сте́ть, щу́, сти́шь *impf* (*of* **⇒~́стнуть**) to crunch.
хру́ст|нуть, ну, нешь *inst pf of* **⇒~е́ть**
хруст|я́щий *pres participle of* **⇒~е́ть** *and adj*; **х. карто́фель** potato crisps (*Br*), chips (*US*).
хрущ, а́ *m* cockchafer, May bug.
хрыч, а́ *m*: **ста́рый х.** (*coll*) old sod, old fogey.
хрычо́вк|а, и *f*: **ста́рая х.** (*coll*) old hag, old bag.
хрю́кань|е, я *nt* grunting.
хрю́к|ать, аю *impf* (*of* **⇒~нуть**) to grunt.
хрю́к|нуть, ну, нешь *inst pf* (*of* **⇒~ать**) to give a grunt.
хряк, а́ *m* hog.
хря́стн|уть, у, ешь *pf* (*coll*) **1** (*треснуть*) to snap (off). **2** (*человека*) to bash.
хрящ, а́ *m* (*anat*) cartilage, gristle.
хрящева́т|ый (~, ~а) *adj* cartilaginous, gristly.
хрящ|ево́й *adj of* **⇒~**
Хуанхэ́ *f indecl* the Yellow River.
худ|е́е *comp of* **⇒~о́й[1,3]**
худе́|ть, ю *impf* (*of* **⇒по~**) to grow thin, lose weight.
ху́д|о[1], а *nt* harm, ill, evil; **нет ~а без добра́** every cloud has a silver lining.
ху́до[2] *adv* ill, badly.
ху́до[3] *as pred* (*impers + d*) **ему́,** *etc.*, **х.** (*i*) (*о физическом состоянии*) he, *etc.*, feels poorly, unwell, (*ii*) (*о душевном состоянии*) he, *etc.*, is in a bad way; he, *etc.*, is having a bad time.
худоб|а́, ы́ *f* thinness, leanness.
худо́жественност|ь, и *f* artistry, artistic merit.
худо́жествен|ный (~, ~на) *adj* **1** of art, of the arts; **~ная литерату́ра** fiction; **~ная самоде́ятельность** amateur art (and dramatic) activities, amateur theatricals; **х. фильм** feature film; **~ная шко́ла** art school. **2** (*красивый*) artistic; tasteful.
худо́жеств|о, а *nt* **1** art; (*in pl, obs*) the arts; **Акаде́мия ~** Academy of Arts. **2** (*coll*) (*проделка*) trick, escapade.
худо́жник, а *m* artist; **х. по костю́мам/све́ту** costume/lighting designer.
худо́жни|ца, цы *f of* **⇒~к**
худ|о́й[1] (~, ~а́, ~́о, ~ы́) *adj* (*не толстый*) thin, lean.
худ|о́й[2] (~, ~а́, ~́о) *adj* (*плохой*) bad; **на х. коне́ц** if the worst comes to the worst; **не говоря́ ~о́го сло́ва** (*coll*) without a word, without warning.
худ|о́й[3] (~, ~а́, ~́о) *adj* (*coll*) (*дырявый*) in holes, full of holes.
худоща́вост|ь, и *f* thinness, leanness.
худоща́в|ый (~, ~а) *adj* thin, lean.
ху́д|ший *superl of* **⇒~о́й[2]** *and* **⇒плохо́й**; (the) worst.
хуёвин|а, ы *f* (*vulg*) = **хуйня́**
ху|ёвый *adj of* **⇒~й**; (*vulg*) shitty, crap(py).
ху́|же *comp of* **⇒~до́й[2]** *and* **⇒~до[2]**, **⇒плохо́й**, *and* **⇒пло́хо 1**; worse.
хуй, ху́я, *pl* **хуи́, хуёв** *m* (*vulg*) prick, cock (= *penis*); **ни хуя́** fuck all; **пошёл/иди́ на́ х.!** fuck off!
хуйн|я́, и́ *f* (*vulg*) (*бессмыслица*) (a load of) bollocks, crap; (*что-л. некачественное, ненужное*) crap.
хул|а́, ы́ *f* (verbal) abuse.
хулига́н, а *m* hooligan.
хулига́н|ить, ю, ишь *impf* to act like a hooligan.
хулига́н|ский *adj of* **⇒~**
хулига́нств|о, а *nt* hooliganism.
хулига́нствующ|ий *adj* marauding, rampaging; **~ая молодёжь** young louts.
хули́тел|ьный (~ен, ~ьна) *adj* abusive.
хул|и́ть, ю́, и́шь *impf* to abuse, criticize.
ху́нт|а, ы *f* (*pol*) junta.
хурм|а́, ы́ *f* (*bot*) persimmon, sharon fruit (*Diospyros*).
ху́тор, а, *pl* **~а́** *m* **1** (*ферма*) farm; farmstead. **2** (*посёлок*) village (*in Ukraine and southern regions of Russia*).
хуторск|о́й *adj of* **⇒ху́тор**; **~о́е хозя́йство** individual (*as opp to collective or State*) farm.
хутора́н|ин, ина, *pl* **~е, ~** *m* **1** (*владелец хутора*) farmer. **2** (*житель хутора*) villager.
хутора́н|ка, ки *f of* **⇒~ин**
хэ́ппи-э́нд, а *m* (*correct spelling*: **хе́ппи-э́нд**) happy ending.

Цц

ц (*abbr of* **це́нтнер**) quintal(s).

ЦАП *m indecl* (*abbr of* **цифро-ана́логовый преобразова́тель**) DAC (*digital to analogue converter*).

цап *as pred* (*coll*) = **~́нул**

ца́п|ать, аю *impf* (*of* **⇒~нуть**) to snatch, grab.

ца́п|аться, аюсь *impf* (*coll*) **1** to scratch one another. **2** (*pf* **по~**) (*fig*) to bicker, squabble.

ца́п|ля, ли, *g pl* **~ель** *f* heron.

ца́п|нуть, ну, нешь *pf of* **⇒~ать**

цап-цара́п *as pred* (*coll*) he, *etc.*, grabbed, made a grab.

цара́п|ать, аю *impf* **1** (*pf* **о~** *and* **~нуть**) to scratch. **2** (*coll*) (*писать*) to scribble.

цара́па|ться, юсь *impf* **1** to scratch (*intrans*); (*друг друга*) to scratch one another. **2** (*карабкаться*) to scramble (along).

цара́пин|а, ы *f* scratch; abrasion.

цара́п|нуть, ну, нешь *pf of* **⇒~ать**

царе́вич, а *m* tsarevich (*the son of a tsar*).

царе́в|на, ны, *g pl* **~ен** *f* tsarevna (*the daughter of a tsar*).

царедво́р|ец, ца *m* (*obs*) courtier.

цар|ёк, ька́ *m* princeling, ruler.

цареуби́йств|о, а *nt* regicide (*action*).

цареуби́йц|а, ы *cg* regicide (*agent*).

цари́зм, а *m* tsarism.

цари́стский *adj* tsarist.

цар|и́ть, ю́, и́шь *impf* **1** (*obs*) (*быть царём*) to be tsar. **2** (*первенствовать*) to hold sway, reign supreme. **3** (*fig*) (*господствовать*) to reign, prevail; **~и́ла тишина́** silence reigned.

цари́ц|а, ы *f* **1** (*жена царя*) tsarina. **2** (*fig*) queen.

ца́рск|ий *adj* **1** tsar's, of the tsar; royal; **ц. двор** tsar's court; **~ая во́дка** aqua regia; **~ие врата́** (*eccl*) royal gates (*central doors in iconostasis in Orthodox churches*). **2** (*pol*) tsarist. **3** (*fig*) regal, kingly; **~ая ро́скошь** regal splendour.

ца́рствен|ный (~, ~на) *adj* regal, kingly.

ца́рств|о, а *nt* **1** (*государство*) kingdom, realm. **2** (*царствование*) reign. **3** (*fig*) (*область деятельности*) realm, domain; **живо́тное ц.** animal kingdom; **со́нное ц.** land of Nod.

ца́рствовани|е, я *nt* reign; **в ц.** (+ *g*) during the reign (of).

ца́рств|овать, ую *impf* to reign (*also fig*).

цар|ь, я́ *m* **1** tsar; **он с ~ём в голове́** (*coll*) he is wise; **он без ~я́ в голове́** (*coll*) he is stupid. **2** (*fig*) king, ruler.

ца́ц|а, ы *f* (*coll*) big-head.

ца́цка|ться, юсь *impf* (**с кем-н.**; *coll*) to make a fuss (of s.o.).

цве|сти́, ту́, тёшь, *past* **~́л, ~ла́** *impf* **1** to flower, bloom, blossom (*also fig*); **ц. здоро́вьем** to be radiant with health. **2** (*fig*) to prosper, flourish.

цвет[1]**, а,** *pl* **~а́** *m* (*окраска*) colour (*Br*), color (*US*); **ц. лица́** complexion.

цвет[2]**, а** *m* **1** (*pl* **~ы**) (*coll*) (*цветок*) flower. **2** (*fig*) (*лучшая часть*) flower, cream, pick. **3** (*расцвет*) blossoming; (*fig*) prime; **в ~у́** in blossom; **дать ц.** to blossom, flower; **во ~́е сил** in one's prime; at the height of one's powers. **4** (*collect*) (*цветы на растении*) blossom.

цвета́ст|ый (~, ~а) *adj* (*coll*) colourful (*Br*), colorful (*US*); (*pej*) gaudy, garish.

цвете́ни|е, я *nt* (*bot*) flowering, blossoming.

цве́т|ень, ня *m* (*coll*) pollen.

цвети́ст|ый (~, ~а) *adj* **1** (*покрытый цветами*) flower-covered. **2** (*красочный*) colourful (*Br*), colorful (*US*). **3** (*fig*) flowery, florid.

цветко́в|ый *adj*: **~ые расте́ния** (*bot*) flowering plants.

цветни́к, а́ *m* flower bed.

цветн|о́й *adj* **1** coloured (*Br*), colored (*US*); colour (*Br*), color (*US*); **~о́е стекло́** stained glass; **~а́я капу́ста** cauliflower; **~о́е телеви́дение** colour (*Br*), color (*US*) television; *as n* **ц., ~о́го** *m* (*offens*) coloured (*Br*), colored (*US*) person. **2** (*о металлах*) non-ferrous.

цветово́д, а *m* flower-grower.

цветово́дств|о, а *nt* flower-growing, floriculture.

цветов|о́й *adj of* **⇒цвет**[1]; **~а́я га́мма** colour (*Br*), color (*US*) spectrum.

цвет|о́к, ка́, *pl* **~ы́, ~о́в** *m* flower; (*pl also* **~ки́, ~ко́в**) (*орган размножения*) flower.

цветому́зык|а, и *f* son et lumière.

цветоно́жк|а, и *f* (*bot*) peduncle.

цвето́ч|ек, ка *m diminutive of* **⇒цвето́к**

цвето́чник, а *m* flower-seller.

цвето́чни|ца, цы *f of* **⇒~к**

цвето́чн|ый *adj of* **⇒цвето́к**; **~ая клу́мба** flower bed; **ц. магази́н** flower shop, florist's.

цвету́щий *pres participle active of* **⇒цвести́** *and adj* **1** (*растение*) flowering, blossoming, blooming; (*здоровье, юноша*) blooming. **2** (*fig*) (*страна*) prosperous, flourishing.

цеди́лк|а, и *f* (*coll*) strainer, filter.

цеди́льн|ый *adj* filter, filtering; **~ая бума́га** filter paper.

це|ди́ть, жу́, ~́дишь *impf* **1** (*через сито*) to strain, filter. **2** (*вино*) to decant. **3** (*coll*) (*говорить*) to say (through clenched teeth).

це́др|а, ы *f* (dried) lemon *or* orange peel.

це́зи|й, я *m* (*chem*) caesium (*Br*), cesium (*US*).

цезу́р|а, ы *f* (*literary*) caesura.

цейтно́т, а *m*: **находи́ться в ~е** to be in time-trouble (*at chess*).

цейхга́уз, а *m* (*mil*; *obs*) armoury (*Br*), armory (*US*), stores.

целе́бност|ь, и *f* curative, healing properties.

целе́б|ный (~ен, ~на) *adj* curative, healing, medicinal.

цел|ево́й *adj* **1** *adj of* **⇒~ь. 2** having a special purpose; **~евы́е сбо́ры** funds earmarked for a special purpose. **3** (*постройка*) special.

целенапра́вленност|ь, и *f* purposefulness, single-mindedness.

целенапра́влен|ный (~, ~на) *adj* purposeful, single-minded.

целесообра́зност|ь, и *f* expediency.

целесообра́з|ный (~ен, ~на) *adj* expedient.

целеустремлённост|ь, и *f* purposefulness.

целеустремлён|ный (~, ~на) *adj* purposeful.

целико́м *adv* **1** (*в целом виде*) whole; **проглоти́ть ц.** to swallow whole. **2** (*полностью*) wholly, entirely; **ц. и по́лностью** utterly and completely.

целин|а́, ы́ *f* virgin lands, virgin soil.

цели́н|ный *adj of* **⇒~а́**; **~ные зе́мли** virgin lands.

цели́тел|ь, я *m* healer.

цели́тел|ьный (~ен, ~ьна) *adj* curative, healing, medicinal.

це́л|ить, ю, ишь *impf* (*of* **⇒на~ 1**) to take aim; (**в** + *a*) to aim (at).

цел|и́ть, ю́, и́шь *impf* (*obs*) to heal, cure.

це́л|иться, юсь, ишься *impf* (*of* **⇒на~**) = **~ить**

целлофа́н, а *m* cellophane.

целлофа́н|овый *adj of* **⇒~**

целлуло́ид, а *m* celluloid.

ц

целлулóид|ный *adj of* ⇒~

целлюлóз|а, ы *f* cellulose.

целовáльник, а *m* **1** (*hist*) (*сборщик подати*) tax collector. **2** (*obs*) (*хозяин трактира*) innkeeper, publican.

цел|овáть, ýю *impf* (*of* ⇒**по~**) to kiss; **он поцеловáл её в гýбы/щёку** he kissed her (on the) lips/cheek; **он поцеловáл ей рýку** he kissed her hand.

цел|овáться, ýюсь *impf* (*of* ⇒**по~**) to kiss (one another).

цéл|ое, ого *nt* **1** whole. **2** (*math*) integer.

целомýдрен|ный (~, ~на) *adj* chaste.

целомýдри|е, я *nt* chastity.

цéлостност|ь, и *f* integrity.

цéлост|ный (~ен, ~на) *adj* integrated; complete.

цéлост|ь, и *f* **1** (*неповреждённое состояние*) safety; **в ~и и сохрáнности** intact. **2** (*единство*) unity.

цéл|ый *adj* **1** (*полный*) whole, entire; **~ая нóта** (*mus*) semibreve (*Br*), whole note (*US*); **~ое числó** whole number, integer; **в ~ом** as a whole; **по ~ым недéлям** for weeks on end. **2 (~, ~á, ~о)** (*неповреждённый*) safe, intact; **ц. и невредúмый** safe and sound.

цел|ь, и *f* **1** (*мишень*) target; **бить в ц., попáсть в ц.** to hit the target; **бить мúмо ~́и** to miss. **2** (*предмет стремления*) aim, object, goal, end, purpose; **с ~́ью** (+ *inf*) with the object (of), in order (to); **отвечáть ~́и** to answer the purpose; **преслéдовать ц.** to pursue a goal.

цéльност|ь, и *f* wholeness, integrity.

цéл|ьный *adj* **1** (*из одного куска*) of one piece, solid. **2 (~ен, ~ьнá, ~ьно)** (*целостный*) entire, integral; single. **3** (*неразбавленный*) undiluted. **4** (*coll*) = **~ый**

Цéльси|й, я *m* Celsius, centigrade; **10° по ~ю** 10° Celsius.

цемéнт, а *m* cement.

цементáци|я, и *f* (*tech*) **1** (*скважин, трещин*) cementing **2** (*железа, стали; горных пород*) case-hardening, cementation. **3** (*fig*) cementing.

цементúр|овать, ую *impf and pf* (*pf also* **с~**) **1** (*tech*) (*заполнить цементом*) to cement; (*железо; горные породы*) to case-harden, cement. **2** (*fig*) to cement.

цемéнт|ный *adj of* ⇒~

цен|á, ы́, *a* **~́у,** *pl* **~́ы** *f* **1** price, cost; **~óй** (+ *g*) at the price (of), at the cost (of); **любóй ~óй** at any cost; **э́тому ~ы нет** it is invaluable; **э́то в ~é** (*i*) it is very costly; (*ii*) it is rated highly, highly prized. **2** (*fig*) (*значение*) worth, value; **знать ~́у** (+ *d*) to know the worth (of); **знать себé ~́у** to be self-assured, self-possessed, to know one's own value.

ценз, а *m* qualification, requirement.

цéнз|овый *adj of* ⇒~

цéнзор, а *m* censor.

цензýр|а, ы *f* censorship.

цензýр|ный *adj* **1** *adj of* ⇒**~а**. **2 (~ен, ~на)** decent, printable.

ценúтел|ь, я *m* judge, connoisseur, expert.

ценúтель|ница, ницы *f of* ⇒~

цен|úть, ю, ~́ишь *impf* **1** (*coll*) (*назначать цену чего-н.*) to fix a price for; (*fig*) to assess, evaluate. **2** (*признавать ценность кого-чего-н.*) to value, appreciate; **высокó ц.** to rate highly.

цéнник, а *m* (*список*) price list; (*бирка*) price tag.

цéнност|ь, и *f* **1** (*цена, стоимость*) price, value. **2** (*fig*) (*значение*) value, importance. **3** (*in pl*) (*предметы*) valuables; (*моральные, духовные*) values.

цéн|ный (~ен, ~на) *adj* **1** (*с обозначенной ценой*) containing valuables; representing a stated value; **~ная бандерóль** registered postal packet; **~ные бумáги** (*fin*) securities. **2** (*дорогой*) valuable, costly; **~ная вещь** valuable object. **3** (*fig*) (*важный*) valuable; precious; important; **ц. докумéнт** important document; **ц. подáрок** treasured gift.

цент, а *m* cent (*unit of currency*).

цéнтнер, а *m* quintal (= *100 kilograms*).

центр, а *m* centre (*Br*), center (*US*).

централизáци|я, и *f* centralization.

централúзм, а *m* (*pol*) centralism.

централиз|овáть, ýю *impf and pf* to centralize.

центрáльн|ый *adj* central; **~ые газéты** national newspapers; **ц. замóк** (*система запирания дверей*) central locking (*in motor vehicle*); **ц. нападáющий** (*sport*) centre forward; **~ое отоплéние** central heating.

центрúзм, а *m* centrism.

центрúр|овать, ую *impf and pf* (*tech*) to centre (*Br*), center (*US*).

центрúст, а *m* centrist.

центрифýг|а, и *f* **1** (*tech*) centrifuge. **2** (*для белья*) spin dryer.

центробéжный *adj* centrifugal.

центров|óй *adj* (*tech*) central, centre (*Br*), center (*US*); *as n* **с., ~óго** (*sport*) centre (*Br*), center (*US*).

центростремúтельный *adj* centripetal.

цеп, á *m* (*agric*) flail.

цепенé|ть, ю *impf* (*of* ⇒**о~**) to freeze, be rooted to the spot (*from cold or from strong emotion*).

цéп|кий (~ок, ~́кá, ~ко) *adj* **1** (*руки, когти*) tenacious, strong (*also fig*). **2** (*почва, грязь*) sticky, tacky, loamy. **3** (*coll*) (*упорный*) obstinate, persistent, strong-willed.

цéпкост|ь, и *f* **1** tenacity, strength. **2** (*coll*) (*упорство*) obstinacy, persistence.

цеплá|ть, ю *impf* (*coll*) **1** (**за** + *a*; *coll*) to hang on to, cling to. **2** (*задевать чем-н. загнутым*) to hook. **3** (*coll*) (*прицеплять*) to hook on (to); to attach (to).

цеплá|ться, юсь *impf* **1** (**за** + *a*) (*зацепляться*) to hang on to, cling to. **2** (**за** + *a*; *coll*) (*стремиться удержать, сохранить что-н.*) to cling (to); to stick (to). **3** (**к** + *d*, **за** + *a*; *coll*) (*придираться*) to pick (on) (= *to carp at, complain of*).

цеп|нóй *adj of* ⇒**~ь**; **~нáя собáка** watchdog, house dog; **~нóе колесó** sprocket wheel; **~нáя реáкция** (*chem, phys*; *fig*) chain reaction.

цепóчк|а, и *f* **1** (small) chain. **2** (*ряд*) file, series; **идтú ~ой** to walk in file.

цеп|ь, и, о ~́и, в/на ~ú, *pl* **~́и, ~éй** *f* **1** chain; (*in pl*) chains (= *fetters*; *also fig*); **посадúть на ц.** to chain (up), shackle. **2** (*гор, островов*) chain. **3** (*mil*) line, file. **4** (*fig*) (*ряд*) series, succession; **ц. катастрóф** succession of disasters. **5** (*elec*) circuit.

Цéрбер, а *m* (*myth*; *fig*) Cerberus.

церемониáл, а *m* ceremonial, ritual.

церемониáл|ьный *adj* **1** *adj of* ⇒~. **2** solemn, ceremonial; **ц. марш** (*mil*) march past.

церемóн|иться, юсь *impf* (*of* ⇒**по~**) **1** to stand on ceremony. **2** (**с** + *i*) to treat excessively considerately.

церемóни|я, и *f* **1** ceremony. **2** (*in pl*) (*стеснение*) ceremony; **без ~й**without ceremony; informally.

церемóн|ный (~ен, ~на) *adj* ceremonious.

церкóвник, а *m* churchman, clergyman.

церковноприхóдский *adj* (*eccl*) parish.

церковнославя́нский *adj* (*ling*) Church Slavonic.

церковнослужúтел|ь, я *m* church officer (*sexton, etc.*).

церкóвный *adj* church; **ц. стáроста** churchwarden; **ц. стóрож** sexton.

цéрк|овь, ви, *i* **~овью,** *pl* **~ви, ~вéй, ~вáм** *and* **~вя́м** *f* church.

цесарéвич, а *m* cesarevitch, Crown prince (*the eldest son of a tsar*).

цесáрк|а, и *f* guineafowl.

цех, а, в ~́е *and* **в ~ý,** *pl* **~и** *and* **~á** *m* **1** (*pl* **~á**) (*на заводе*) shop, section. **2** (*pl* **~́и**) (*hist*) guild.

цех|овóй *adj of* ⇒~

цецé *f indecl* tsetse (fly).

циáн, а *m* (*chem*) cyanogen.

циáнистый *adj* (*chem*) cyanogen; cyanide (of); **ц. кáлий** potassium cyanide.

циáновый *adj* (*chem*) cyanic.

цианóз, а *m* (*med*) cyanosis.

цивилизáтор, а *m* (*usu ironical*) civilizer.

цивилизáци|я, и *f* civilization.

цивилизóван|ный (~, ~на) *adj* civilized.

цивилиз|овáть, ýю *impf and pf* to civilize.

цигáрк|а, и *f* (*coll*) hand-rolled cigarette.

цигéйк|а, и *f* beaver lamb.

цигéйковый *adj* beaver lamb.

цидýлк|а, и *f* (*coll, obs*) note.

цикáд|а, ы *f* cicada.

цикл, а *m* cycle; (*лекций, концертов*) series.

цикламéн, а *m* cyclamen.

цикл|евáть, ю́ю *impf* (*of* ⇒**от~**) to spokeshave, smooth.

циклúческий *adj* cyclic(al).

циклúч|ный (~ен, ~на) *adj* = **~еский**

циклóн, а *m* (*meteorology*) cyclone.

Ц

циклони́ческий *adj* (*meteorology*) cyclonic.

циклопи́ческий *adj* (*archit*) cyclopean.

циклотро́н, а *m* (*phys*) cyclotron.

ци́кл|я, и *f* (*tech*) spokeshave, scraper.

цико́ри|й, я *m* chicory.

цико́р|ный *adj of* **⇒~ий**

цику́т|а, ы *f* (*bot*) water hemlock (*Cicuta virosa*).

цили́ндр, а *m* **1** cylinder. **2** (*шляпа*) top hat.

цилиндри́ческий *adj* cylindrical.

цимбали́ст, а *m* cymbalist.

цимба́л|ы, ~ (*no sg*) (*mus*) cymbals.

цинг|а́, и́ *f* (*med*) scurvy.

цинг|о́тный *adj of* **⇒~а́**; scorbutic.

цини́зм, а *m* cynicism.

ци́ник, а *m* cynic.

цини́ческий *adj* cynical.

цини́ч|ный (~ен, ~на) *adj* cynical.

цинк, а *m* (*chem*) zinc.

ци́нковый *adj* zinc.

цино́вк|а, и *f* mat.

цирк, а *m* circus.

циркáч, а́ *m* (*coll*) circus artiste.

цирка́чес|кий *adj of* **⇒~тво**

цирка́честв|о, а *nt* (*fig, pej*) playing to the gallery, exhibitionism.

цирка́ч|ка, ки *f of* **⇒~**

цирк|ово́й *adj of* **⇒~**

цирко́ни|евый *adj of* **⇒~й**

цирко́ни|й, я *m* (*chem*) zirconium.

циркули́р|овать, ую *impf* **1** (*о жидкостях*) to circulate; **~овали слу́хи** (*coll*) rumours (*Br*), rumors (*US*) were circulating. **2** (*coll*) (*ходить*) to pass, go to and fro.

ци́ркул|ь, я *m* (pair of) compasses; dividers.

ци́ркуль|ный *adj of* **⇒~**

циркуля́р, а *m* (*official*) circular.

циркуля́рн|ый[1] *adj* circulated; **~ое письмо́** circular (letter).

циркуля́рн|ый[2] *adj* (*имеющий форму окружности*) circular; **~ая пила́** circular saw.

циркуляцио́нный *adj* (*tech*) circulating, circulation.

циркуля́ци|я, и *f* circulation.

цирро́з, а *m* (*med*) cirrhosis.

цирю́льник, а *m* (*obs*) barber.

цирю́л|ьня, ьни, *g pl* **~ен** *f* (*obs*) barber's shop.

цисте́рн|а, ы *f* (*резервуар*) cistern, tank; (*вагон*) tank car; (*автомобиль*) tanker.

цисти́т, а *m* cystitis.

цитаде́л|ь, и *f* citadel; (*fig*) bulwark, stronghold.

цита́т|а, ы *f* quotation.

цити́р|овать, ую *impf* (*of* **⇒про~**) to quote.

цитоло́ги|я, и *f* (*biol*) cytology.

ци́тр|а, ы *f* (*mus*) zither.

ци́трус, а *m* citrus.

ци́трус|овый *adj of* **⇒~**; *as n* **~овые, ~овых** citrus plants.

циферблáт, а *m* dial; (*часов*) face.

цифи́р|ь, и *f* (*obs*) **1** (*collect*) (*цифры*) figures. **2** (*счисление*) counting, calculation; (*арифметика*) arithmetic.

ци́фр|а, ы *f* **1** figure; digit, number, numeral. **2** (*in pl*) (*данные*) figures.

ци́фро-ана́логовый *adj*: **ц. преобразова́тель** digital to analogue converter.

цифров|о́й *adj* **1** numerical. **2** (*electronics, comput*) digital; **~а́я за́пись** digital recording.

ЦК *m indecl* (*abbr of* **Центра́льный Комите́т**) Central Committee.

цо́к|ать[1]**, аю** *impf* (*of* **⇒~нуть**) (*о подковах*) to clatter; **ц. языко́м** to tut(-tut).

цо́к|ать[2]**, аю** *impf* (*о произношении*) to pronounce **ч** as **ц** (*as in some North Russian dialects*).

цо́к|нуть, ну *pf of* **⇒~ать**[1]

цо́кол|ь, я *m* **1** (*archit*) socle, plinth, pedestal. **2** (*elec*) cap (*metal extremity of light bulb which is fitted into socket*).

цо́коль|ный *adj of* **⇒~**; **ц. эта́ж** ground floor.

цо́кот, а *m* clatter.

цоко|та́ть, чу́, ~чешь *impf* (*coll*) to clatter.

ЦП *m indecl* (*abbr of* **центра́льный проце́ссор**) CPU (*central processing unit*).

ЦРУ *nt indecl* (*abbr of* **Центра́льное разве́дывательное управле́ние**) CIA (*Central Intelligence Agency*).

цуг, а *m* (*of horses harnessed tandem or in pairs*) team.

цу́гом *adv* (*of horses in harness*) tandem.

цука́т, а *m* candied peel.

ЦУМ, а *m* (*abbr of* **Центра́льный универса́льный магази́н**) Central Department Store.

цыга́н, а, *pl* **~е, ~** *m* Gypsy.

цыга́н|ка, ки *f of* **⇒~**

цыга́нский *adj* Gypsy.

цы́к|ать, аю *impf* (*of* **⇒~нуть**) (**на кого́-н.**; *coll*) to shout at; to silence.

цы́к|нуть, ну *pf of* **⇒~ать**

цы́пк|а, и *f* (*coll*) chicken, chick (*also used as affectionate mode of address to women*).

цы́п|ки, ок *pl* (*sg* **~ка, ~ки** *f*) (*coll*) red spots (*on hands, etc.*).

цыпл|ёнок, ёнка, *pl* **~я́та, ~я́т** *m* chick(en).

цыпл|я́чий *adj of* **⇒~ёнок**

цы́почк|и *n pl*: **на ц./~ах** on tiptoe.

цыц *int* (*coll*) (s)hush!

цэрэу́шник, а *m* (*coll*) CIA (*Central Intelligence Agency*) agent.

Цю́рих, а *m* Zurich.

Ц

Чч

ч (*abbr of* **час(ы́)**) **1** hour(s) (*abbr* hr(s) *or* (*as in* mph) h); **100 км/ч** 100 km/h; ≈ 62 mph. **2** (*время по часам*): **9 ч (утра́/ве́чера)** 9 o'clock; 9 a.m./p.m.; **3 ч (но́чи/дня)** 3 o'clock; 3 a.m./p.m.

чаба́н, а́ *m* shepherd.

чаба́н|ский *adj of* ⇒**~**

ча́б|ер, (е)ра *and* **чаб|ёр, ра́** *m* (*bot, cul*) savory.

чабре́ц, а́ *m* (*bot, cul*) thyme.

ча́вк|ать, аю *impf* (*of* ⇒**~нуть**) **1** (*во время еды*) to champ; to munch noisily. **2** (*по грязи*) to tramp; to squelch.

ча́вк|нуть, ну, нешь *pf of* ⇒**~ать**

чад, а (у), о ~́е, в ~у́ *m* **1** fumes. **2** (*fig*) intoxication.

ча|ди́ть, жу́, ди́шь *impf* (*of* ⇒**на~**) to smoke, emit fumes.

ча́д|ный (~ен, ~на, ~но) *adj* **1** smoky, smoke-laden; **~но** (*as pred*) it is smoky, full of smoke. **2** (*fig*) (*одурманенный*) doped, drugged, stupefied; (*дурманящий*) stupefying.

ча́д|о, а *nt* **1** (*obs or joc*) child, offspring, progeny. **2** (*fig*) child, product, creature.

чадолюби́в|ый (~, ~а) *adj* (*obs or joc*) fond of one's child(ren).

чадр|а́, ы́ *f* chador (*worn by Muslim women*).

чаёвник, а *m* (*coll*) tea-drinker (*a person partial to tea-drinking*).

чаёвнича|ть, ю *impf* (*coll*) to drink tea, indulge in tea-drinking.

чаево́д, а *m* tea-grower.

чаево́дств|о, а *nt* tea-growing.

чаево́д|ческий *adj of* ⇒**~ство**

чаев|ы́е, ы́х (*no sg*) tip, gratuity.

ча|ёк, ~йка́ (у́) *m* = **чай**

чаепити|е, я *nt* tea-drinking.

чаинк|а, и *f* tea leaf.

ча|й¹, я (ю), *pl* **~и́, ~ёв** *m* **1** tea; **шипо́вниковый ч.** rose-hip tea. **2** (*чаепитие*) tea(-drinking); **за ~́ем, за ча́шкой ~́я** over (a cup of) tea. **3**: **дать** (+ *d*) **на ч.** to tip.

чай² *as adv* (*coll*) **1** (*вероятно*) probably, maybe; no doubt; **вам тут, ч., ску́чно** you must find it dull here. **2** (*ведь*) after all, for.

ча́йк|а, и, *g pl* **ча́ек** *f* (sea)gull.

ча́йн|ая, ой *f* tea room, tea shop.

ча́йник, а *m* **1** (*для заварки*) teapot; (*для кипячения воды*) kettle. **2** (*coll, joc*) (*неопытный в какой-л. сфере человек, новичок*) novice, greenhorn (*coll*); (*comput*) newbie (*coll*).

ча́йниц|а, ы *f* tea caddy.

ча́йн|ый *adj* tea; **ч. куст** tea plant; **~ая ло́жка** teaspoon; **~ая ча́шка** teacup.

чайхан|а́, ы́ *f* chaikhana (*a tea-drinking establishment in Central Asia*).

ча́л|ить, ю, ишь *impf* (*naut*) to tie up, moor.

ча́лк|а, и *f* (*naut*) tie rope, mooring rope.

чалм|а́, ы́ *f* turban.

ча́лый *adj* roan.

чан, а, в ~́е *or* **в ~у́,** *pl* **~ы́** *m* vat, tub, tank.

ча́р|а, ы *f* (*folk poetical*) cup, goblet.

ча́р|ка, ки *f* = **~а**

чар|ова́ть, у́ю *impf* (*fig*) to charm, captivate, enchant.

чароде́|й, я *m* sorcerer, magician (*also fig*).

чароде́йк|а, и *f* sorceress.

чароде́йств|о, а *nt* sorcery, magic.

ча́ртер, а *m* charter.

ча́ртерный *adj*: **ч. рейс** (*aeron*) charter flight.

ча́р|ы, ~ (*no sg*) (*coll*) magic, charms (*also fig*).

час, а, о ~́е, в ~у́ *and* **в ~́е,** *pl* **~ы́** *m* **1** hour (*also fig*); **че́тверть ~а́** a quarter of an hour; **ч. от ~у** with every passing hour; **с ~́у на ч.** at any moment; **в до́брый ч.!** good luck! **2** (*время по часам*): (*g sg* **~а́** *after numerals 2, 3, 4*) o'clock; **час** one o'clock; **два ~а́** two o'clock; **во второ́м ~у́** between one and two (o'clock); **кото́рый ч.?** what is the time? **3** (*usu in pl*) (*время*) hours, time, period; **ч. пик, ~ы́ пик** rush hour; **~ы́ заня́тий** working hours; **«золоты́е ~ы́»** prime (*television viewing*) time. **4**: **~ы́** (*mil*) guard duty; **стоя́ть на ~а́х** to stand guard. **5**: **~ы́** (*eccl*) (canonical) hours.

часа́ми *adv* for hours.

часо́в|ня, ни, *g pl* **~ен** *f* chapel.

часов|о́й¹, о́го *m* sentry, guard.

часов|о́й² *adj* (*of* ⇒**час**) **1** (*продолжающийся один час*) of one hour's duration; **ч. переры́в** one hour's interval. **2** (*по часам*) (measured) by the hour; **~а́я опла́та** payment by the hour; **ч. по́яс** time zone. **3** (*поезд, самолёт*) one o'clock.

часов|о́й³ *adj of* ⇒**часы́**; **ч. магази́н** watch shop, watchmaker's, watch repair shop; **~ы́х дел ма́стер** watchmaker; **ч. механи́зм** clockwork; **~а́я стре́лка** clock hand, hour hand; **по ~о́й стре́лке** clockwise.

часовщи́к, а́ *m* watchmaker.

ча́сом *adv* (*coll*) **1** (*иногда*) sometimes, at times. **2** (*случайно*) by chance, by the way.

часосло́в, а *m* (*eccl*) book of hours.

часте́нько *adv* (*coll*) quite often, fairly often.

ча|сти́ть, щу́, сти́шь *impf* (*coll*) to do sth (*делать что-н.*) *or* speak (*говорить*) rapidly, hurriedly.

части́ц|а, ы *f* **1** small part, element. **2** (*phys*) particle. **3** (*gram*) particle.

части́чно *adv* partly, partially.

части́ч|ный (~ен, ~на) *adj* partial.

ча́стник, а *m* (*coll*) private trader.

частновладе́льческий *adj* privately-owned.

ча́стн|ое, ого *nt, see* ⇒**ча́стный 3**

частнособственнический *adj* private-ownership.

ча́стност|ь, и *f* detail; **в ~и** in particular.

ча́стн|ый *adj* **1** (*личный*) private, personal; **~ым о́бразом** privately. **2** (*econ*) private, privately-owned; **~ая со́бственность** private property. **3** (*отдельный, особый*) particular, individual; *as n* **~ое, ~ого** *nt* the particular; (*math*) quotient.

ча́сто *adv* often, frequently.

частоко́л, а *m* fence, paling; palisade.

частот|а́, ы́, *pl* **~́ы** *f* frequency.

частот|ный *adj* (*tech*) *of* ⇒**~а́**

часту́шк|а, и *f* chastushka (*a two-line or four-line rhymed poem or ditty on some topical or humorous theme*).

ча́ст|ый (~, ~а́, ~о) *adj* **1** frequent; **он у нас ч. гость** he is a frequent visitor at our house. **2** (*густой*) close (together); dense, thick; **ч. гре́бень** fine-tooth comb; **~ые дере́вни** villages close together; **ч. дождь** steady rain; **~ое си́то** fine sieve. **3** (*быстрый*) quick, rapid; **ч. ого́нь** (*mil*) rapid fire.

част|ь, и, *pl* **~́и, ~е́й** *f* **1** part; portion; **~́и ре́чи** (*gram*) parts of speech; **разобра́ть на ~́и** to take to pieces, dismantle; **бо́льшей ~́ью, по бо́льшей ~́и** for the most part, mostly. **2** (*отдел*) section, department. **3** (*coll*) (*область*) sphere, field; **э́то не по мое́й ~́и** this is not my province; **по ~́и** (+ *g*) in connection (with). **4** (*coll*) (*доля*) share. **5** (*mil*) unit.

ча́стью *adv* partly, in part.

час|ы́¹, о́в (*no sg*) clock, watch.

часы́² *see* ⇒**час 4, 5**

чат, а *m* (*comput*) IRC (*abbr of* Internet Relay Chat).

ча́тни *nt indecl* chutney.

ча́хл|ый (~, ~а) *adj* **1** (*растительность*) stunted; poor.

2 (*человек*) weakly, sickly, puny.

ча́х|нуть, ну, нешь, *past* ~, ~ла *impf* (*of* ⇨**за~**) **1** (*о растительности*) to wither away. **2** (*о человеке*) to become weak, (go into a) decline; (*fig*) to become exhausted.

чахо́тк|а, и *f* (*coll*) consumption.

чахо́точный *adj* (*coll*) **1** consumptive. **2** (*жалкий*) poor, sorry, feeble.

ча-ча-ча́ *nt indecl* the cha-cha (*dance*).

ча́ш|а, и *f* cup, bowl (*also fig*); (*eccl*) chalice; **ч. весо́в** scale pan; **ч. на́шего терпе́ния перепо́лнилась** our patience is/was exhausted.

чашели́стик, а *m* (*bot*) sepal.

ча́шечк|а, и *f* **1** *diminutive of* ⇨**ча́шка**. **2** (*bot*) calyx.

ча́шк|а, и *f* **1** (*для питья*) cup. **2**: **ч. весо́в** pan (*of scales*). **3**: **(коле́нная) ч.** kneecap. **4** (*tech*) housing.

ча́шник, а *m* (*hist*) cellarer.

ча́щ|а, и *f* thicket.

ча́ще *comp of* ⇨**ча́стый** *and* ⇨**ча́сто** more often, more frequently; **ч. всего́** most often, mostly.

ча́яни|е, я *nt* expectation; aspiration; **па́че ~я, сверх ~я** unexpectedly, contrary to expectation.

ча́|ять, ю, ешь *impf* (*obs or coll*) **1** (*думать*) to think, suppose. **2** (+ *g or inf*) (*ожидать*) to hope (for), expect.

чва́н|иться, юсь, ишься *impf* to boast.

чванли́вост|ь, и *f* boastfulness, arrogance.

чванли́в|ый (~, ~а) *adj* boastful, arrogant.

чва́нный *adj* conceited, arrogant.

чва́нств|о, а *nt* conceit, arrogance.

чебура́х|нуть, у, ешь *pf* (*coll*) to crash down (*trans*).

чебура́х|нуться, усь, ешься *pf* (*coll*) to crash down (*intrans*).

чебуре́к, а *m* cheburek (*a kind of lamb pasty originally from the Crimea and Caucasus*).

чебуре́чн|ая, ой *f* stall selling chebureki.

чего́[1] *interrog adv* (*coll*) why? what for?

чего́[2] *g of* ⇨**что**[1]

чей, чья, чьё, *pl* **чьи** *interrog and rel pron* whose.

че́й-либо *pron* = **че́й-нибудь**

че́й-нибудь *pron* (*в утверждениях*) someone's, somebody's; (*в вопросах*) anyone's, anybody's.

че́й-то *pron* someone's, somebody's.

чек, а *m* **1** (*банковский*) cheque (*Br*), check (*US*); **вы́писать ч.** to write a cheque. **2** (*с указанием суммы, которую следует уплатить*) chit; (*удостоверяющий, что товар оплачен*) receipt.

Чек|а́ *f indecl f* (*coll*) (*hist*) Cheka (*abbr of* **Чрезвыча́йная комиссия по борьбе́ с контрреволю́цией и сабота́жем** *the Soviet state security organ, 1918–22*).

чек|а́, и́ *f* pin, linchpin, cotter pin.

чека́н, а *m* **1** (*штемпель*) stamp, die. **2** (*zool*) chat; **лугово́й ч.** whinchat; **черноголо́вый ч.** stonechat.

чека́н|ить, ю, ишь *impf* **1** (*pf* **вы́~, от~**) (*монету*) to mint, coin; (*надпись, узор*) to engrave, emboss, chase. **2** (*pf* **от~**) (*отчетливо делать что-н.*) to do, make with precision; **ч. слова́** to enunciate one's words clearly; **ч. шаг** to measure one's pace, step out.

чека́нк|а, и *f* **1** (*монеты*) coining, minting; (*надписи, узора*) engraving, embossing, chasing. **2** (*рельефное изображение*) stamp, engraving, relief work (*in metal*).

чека́нн|ый *adj* **1** (*цех*) engraving, embossing; **~ая рабо́та** = **чека́нка 2**. **2** (*пистолет, браслет*) engraved, embossed, chased. **3** (*fig*) precise, expressive, sharp.

чека́нщик, а *m* coiner; stamper, engraver; caulker.

чеки́ст, а *m* (*hist*) agent of the Cheka (*state security organ 1918–22*) (*see also* ⇨**Чека́**).

чекме́н|ь, я́ *m* (cloth) jacket.

че́к|овый *adj of* ⇨**~**; **~овая кни́жка** chequebook (*Br*), checkbook (*US*).

челе́ст|а, ы *f* (*mus*) celesta.

чёлк|а, и *f* fringe (*Br*), bangs (*US*); (*лошади*) forelock.

чёлн, а́, *pl* **~ы́,** *or* **~ы** *m* dugout (canoe).

челно́к, а́ *m* **1** = **чёлн**. **2** (*в ткацком станке, швейной машине*) shuttle. **3** (*sl*) small trader (*going to another region or abroad to buy things to resell at home*).

челно́|чный *adj of* ⇨**~к 2**; **ч. полёт** (*aeron*) shuttle flight; **~чная диплома́тия** shuttle diplomacy.

чел|о́[1], **а́** *nt* (*obs*) (*лоб*) forehead, brow; **бить ~о́м кому́-н.** (*hist or ironical*) (*i*) (*при встрече*) to bow to s.o., (*ii*) (*просить*) to petition s.o., (*iii*) (*благодарить*) to offer s.o. humble thanks.

чел|о́[2], **а́,** *pl* **~̈а** *nt* (*tech*) (*печи*) stoking hole.

челоби́тн|ая, ой *f* (*hist*) petition.

челоби́тчик, а *m* (*hist*) petitioner.

челоби́ть|е, я *nt* (*hist*) **1** (*низкий поклон*) low bow. **2** (*челобитная*) petition.

челове́к, а, *pl* **лю́ди** (*g pl, etc.,* **челове́к, ~ам, ~ами, о ~ах** *only in combination with nums*) *m* person, human being; (*collect, mankind*) man.

челове́ко-де́нь, ч.-дня́ *m* (*econ*) man-day.

человеколюби́в|ый (~, ~а) *adj* philanthropic.

человеколю́би|е, я *nt* philanthropy, love of fellow-men.

человеконенави́стник, а *m* misanthrope.

человеконенави́стнический *adj* misanthropic.

человеконенави́стничеств|о, а *nt* misanthropy.

человекообра́з|ный (~ен, ~на) *adj* anthropomorphous; (*zool*) anthropoid.

человекоподо́б|ный (~ен, ~на) *adj* humanoid.

челове́ко-ча́с, а *m* (*econ*) man-hour.

челове́ч|ек, ка *m* little man, little person.

челове́ческий *adj* **1** (*относящийся к человеку*) human. **2** (*гуманный*) humane.

челове́честв|о, а *nt* humanity, mankind.

челове́|чий *adj of* ⇨**~к**

челове́чин|а, ы *cg and f* (*coll*) **1** *cg* (*человек*) person, human being. **2** *f* (*мясо человека*) human flesh (*as meat*).

челове́чност|ь, и *f* humaneness, humanity.

челове́ч|ный (~ен, ~на) *adj* humane.

челюстно́й *adj* jaw; (*anat*) maxillary.

че́люст|ь, и *f* **1** jaw, jawbone. **2** (*зубной протез*) denture, set of false teeth.

че́ляд|ь, и *f* (*collect; hist*) servants, retainers; (*fig*) underlings.

чем *conj* **1** than. **2** (+ *comp*) **ч. …, тем…** the more …, the more …; **ч. скоре́е, тем лу́чше** the sooner, the better. **3** (+ *inf*) rather than, instead of; **чем писа́ть, ты бы лу́чше позвони́л** you'd do better to ring up rather than write.

чембу́р, а *m* halter.

чемери́ц|а, ы *f* false hellebore.

чемода́н, а *m* suitcase.

чемпио́н, а *m* champion.

чемпиона́т, а *m* championship.

чемпио́н|ка, ки *f of* ⇨**~**

чемпио́нств|о, а *nt* champion's title.

чепэ́ *nt indecl* = **ЧП**

чеп|е́ц, ца́ *m* (*woman's*) cap.

чепра́к, а́ *m* saddlecloth.

чепух|а́, и́ *f* (*coll*) **1** (*вздор*) nonsense, rubbish. **2** (*незначительное дело*) a trifle, trifling matter; (*пустяки*) trivialities. **3** (*незначительное количество*) trifling amount.

чепухо́вый *adj* (*coll*) **1** (*рассказы*) nonsensical. **2** (*услуга*) trifling; trivial; insignificant.

че́пчик, а *m* **1** = **чепе́ц** **2** (*младенца*) bonnet.

червеобра́з|ный (~ен, ~на) *adj* vermiform, vermicular; **ч. отро́сток** (*anat*) appendix.

че́рв|и[1], **е́й** *and* **~ы, ~** *pl* (*sg* **~а, ~ы** *f*) (*в картах*) hearts; **коро́ль ~е́й** king of hearts.

че́рв|и[2] *pl of* ⇨**~ь**

черви́ве|ть, ет *impf* (*of* ⇨**о~**) to become worm-eaten.

черви́в|ый (~, ~а) *adj* worm-eaten.

черв|о́вый *adj of* ⇨**~́и**[1]

черво́н|ец, ца *m* **1** (*hist*) chervonets (*gold coin of 3, 5, or 10 roubles' denomination; also 10-rouble banknote in circulation 1922–47*). **2** (*coll*) ten roubles.

черво́нн|ый[1] *adj* **1** (*obs or dialect*) (*красный*) red, scarlet; **~ое зо́лото** pure gold (*as having a reddish tint*). **2** *adj of* ⇨**черво́нец 1**

черв|о́нный[2] *adj of* ⇨**~́и**[1]; **ч. туз** ace of hearts.

червото́чин|а, ы *f* **1** wormhole. **2** (*fig*) (*испорченность*) rottenness.

черв|ь, я́, *pl* **~и, ~е́й** *m* **1** worm; maggot. **2** (*fig*) nagging feeling; **его́**

то́чит ч. сомне́ния he is nagged by doubts.

червя́к, á *m* **1** = **червь 1**. **2** (*tech*) worm.

червя́чн|ый *adj of* ⇨**червяк 2**; **~ое колесо́, ~ая шестерня́** worm wheel.

червяч|óк, кá *m diminutive of* ⇨**червь**; **замори́ть ~кá** (*coll*) to have a bite to eat.

черда́к, á *m* attic, loft.

черда́|чный *adj of* ⇨**~к**

черёд, á, о ~é, в ~ý *m* **1** turn; **идти́ свои́м ~óм** to take its course. **2** (*coll*) (*ряд*) queue (*Br*), line (*US*).

черед|á¹, ы́ *f* **1** (*obs*) = **черёд 1**. **2** (*событий*) sequence. **3** (*людей*) file (*of people*).

черед|á², ы́ *f* (*bot*) bur-marigold (*Bidens*).

чередова́ни|е, я *nt* alternation, interchange, rotation.

черед|ова́ть, у́ю *impf* (**с** + *i*) to alternate (with).

черед|ова́ться, у́юсь *impf* to alternate; to take turns.

чередо́м *adv* (*coll*) properly.

чépeз *prep* + *a* **1** (*улицу, забор*) across; over; (*лес, окно*) through. **2** (*о пунктах следования*) via. **3** (*посредством*) through; **ч. печа́ть** through the press; **ч. перево́дчика** through an interpreter. **4** (*coll*) (*из-за чего-н.*) through; **ч. боле́знь** through illness. **5** (*по прошествии*) in; **ч. полчаса́** in half an hour's time; **я верну́сь ч. год** I shall be back in a year's time. **6** (*минуя какое-н. пространство*) after; (further) on; **ч. три киломе́тра** three kilometres (further) on. **7** (*повторяя в регулярные промежутки*): **принима́ть ч. час по столо́вой ло́жке** to take one tablespoonful every hour; **ч. ка́ждые три страни́цы** every three pages; **дежу́рить ч. день** to be on duty every other day, on alternate days; **печа́тать ч. строку́** to double-space.

черёмух|а, и *f* bird cherry (*Padus*).

черёмух|овый *adj of* ⇨**~а**

черен|óк, кá *m* **1** (*рукоятка*) handle, haft (*of implement*). **2** (*hort*) graft, cutting.

чépeп, а, *pl* **~á** *m* skull, cranium.

черепа́х|а, и *f* **1** tortoise; (*морская*) turtle; **ползти́ как ч.** to go at a snail's pace. **2** (*панцирь в качестве материала*) tortoiseshell.

черепа́ховый *adj* (*cyn*) turtle; (*очки*) tortoiseshell.

черепа́|ший *adj* **1** *adj of* ⇨**~ха 1**. **2** (*fig*) very slow; **«~шья по́чта»** (*обычная — в противоположность электронной*) snail mail.

черепи́ц|а, ы *f* tile; (*collect*) tiles.

черепи́чный *adj* tile; tiled.

черепн|óй *adj of* ⇨**чépeп**; **~áя коро́бка** cranium.

череп|óк, кá *m* (*usu in pl*) broken piece of pottery.

чересчу́р *adv* (*coll*) too; (*перед глаголом*) too much.

черёшн|евый *adj of* ⇨**~я**

черёшн|я, и *f* (*плоды*) (sweet) cherry; (*дерево*) (sweet) cherry tree(*Cerasus avium*).

черка́|ть, ю (*and* **чёрка|ть, ю**) *impf* (*coll*) to cross out, cross through.

черкéс, а *m* Circassian.

черкéск|а, и *f* Circassian coat (*long, narrow, collarless coat worn by Caucasian highlanders*).

черкéсский *adj* Circassian.

черкéшенк|а, и *f of* ⇨**черкéс**

черкн|у́ть, у́, ёшь *pf* (*coll*) **1** (*провести черту по чему-н.*) to make, leave a line on. **2** (*написать*) to dash off, scribble.

черне́|ть, ю *impf* **1** (*pf* **по~**) (*становиться чёрным*) to turn black, grow black. **2** (*видеться*) to show up black.

черни́к|а, и *f* bilberry (*Vaccinium myrtillus*).

черни́л|а, ~ (*no sg*) ink.

черни́льниц|а, ы *f* inkpot, inkwell.

черни́л|ьный *adj of* ⇨**~а**; **ч. каранда́ш** indelible pencil.

черн|и́ть, ю́, и́шь *impf* **1** (*pf* **за~** *and* **на~**) (*делать чёрным*) to blacken, paint black. **2** (*pf* **о~**) (*fig*) (*порочить*) to blacken, slander. **3** (*воронить*) to burnish.

чернобу́рк|а, и *f* (*coll*) silver fox (fur).

черно́бы́льник, а *m* (*bot*) mugwort.

чернови́к, á *m* rough copy, draft.

чернов|óй *adj* **1** rough, draft; preparatory. **2**: **~áя рабо́та** (*coll*) heavy, rough, dirty work.

черноволо́с|ый (~, ~а) *adj* black-haired.

черноглáз|ый (~, ~а) *adj* black-eyed.

черногóр|ец, ца *m* Montenegrin.

Черногóри|я, и *f* Montenegro.

черногóр|ка, ки *f of* ⇨**~ец**

черногóрский *adj* Montenegrin.

чернозём, а *m* (*agric, geol*) chernozem, black earth.

чернозём|ный *adj of* ⇨**~**

чернозóбик, а *m* (*zool*) dunlin.

чернокóж|ий (~, ~а) *adj* black; *as n* **ч., ~его** *m* black (man).

черномáз|ый (~, ~а) *adj* (*coll offens*) swarthy.

черномóр|ец, ца *m* sailor of Black Sea fleet.

черномóрский *adj* Black Sea.

чернорабóч|ий, его *m* unskilled labourer (*Br*), laborer (*US*).

черносли́в, а *m* (*collect*) prunes.

черносморóдинный *adj* blackcurrant.

черносóтен|ец, ца *m* (*hist*) member of 'Black Hundred' (*name of armed monarchist anti-Semitic groups in Russia, active 1905–7*); (*fig*) extreme reactionary, chauvinist.

чернот|á, ы́ *f* blackness (*also fig*); darkness.

черну́х|а, и *f* (*sl*) presentation of the darker side of life (*in films, books, etc.*); gratuitous sex and violence.

чёр|ный (~ен, ~нá) *adj* **1** black; **ч. ры́нок** black market; **(отложи́ть на) ч. день** (to put by for) a rainy day; **~ное де́рево** ebony; **~ное зо́лото** 'black gold' (= *oil*); **Ч~ное мо́ре** the Black Sea; **ч. наро́д** (*hist*) common people; **держа́ть в ~ном те́ле** to ill-treat; **~ным по бе́лому** in black and white; (*чернокожий*) black; *as n* **ч., ~ного** *m* (*offens, esp when referring to person of Caucasian or Central Asian origin*) black (man). **2** (*задний*) back; **ч. ход** back entrance, back door. **3** (*о работе*) (*тяжёлый*) heavy; (*неквалифицированный*) unskilled. **4** (*fig*) (*мысли, дни*) gloomy, melancholy.

черн|ь¹, и *f* (*люди*) mob, common people.

черн|ь², и *f* (*гравировка*) niello; black enamel.

черпа́к, á *m* scoop; bucket; grab.

черпа́лк|а, и *f* scoop; ladle.

чéрп|ать, аю *impf* (*of* ⇨**~ну́ть**) **1** to draw (up); to scoop; to ladle. **2** (*fig*) (*извлекать*) to extract, derive, draw.

черп|ну́ть, ну́, нёшь *inst pf of* ⇨**~áть**

черстве́|ть, ю *impf* **1** (*pf* **за~**) (*о хлебе*) to become stale. **2** (*pf* **о~**) (*о душе*) to grow hardened, become hard (*fig*).

чёрств|ый (~, ~á, ~о) *adj* **1** stale. **2** (*fig*) (*бездушный*) hard, callous.

чёрт, а, *pl* **чéрти, черте́й** *m* **1** devil. **2** *in coll phrr*: **ч. возьми́/побери́!** damn!; **ч. его́ знáет!** the devil only knows!; **до ~а** hellishly; **на кой ч.?** why the hell?; **~а с два** like hell!; **у ~а на рогáх/кули́чках** at the back of beyond.

черт|á, ы́ *f* **1** (*линия*) line; **провести́ ~у́** to draw a line; **подвести́ ~у́ (под** + *i*) (*fig*) to draw a line (under), put an end (to), dispose (of). **2** (*граница*) boundary; **ч. осе́длости** (*hist*) the (Jewish) Pale. **3** (*свойство*) trait, characteristic; **~ы́ лицá** features; **в óбщих ~áх** in general outline.

чертёж, á *m* draft, drawing, sketch.

чертёжник, а *m* draughtsman (*Br*), draftsman (*US*).

чертёжн|ый *adj* drawing; **~ая доскá** drawing board.

чертён|ок, ка, *pl* **~я́та, ~я́т** *m* (*coll*) imp.

чер|ти́ть¹, чу́, ~́тишь *impf* (*of* ⇨**на~**) (*карту*) to draw; (*план*) to draw up.

чер|ти́ть², чу́, ти́шь *impf* (*coll*) (*кутить*) to go on a binge, on the booze.

чёртов *adj* **1** devil's; **~а дю́жина** baker's dozen. **2** (*coll*) devilish, hellish.

чертóвк|а, и *f* she-devil; (*как бранное слово*) bitch.

чертóвский *adj* (*coll*) devilish, damnable.

чертовщи́н|а, ы *f* **1** (*collect*) (*черти*) devils, demons. **2** (*fig, coll*) (*нечто невероятное, нелепое*) devilry; idiocy.

чертóг, а *m* (*obs*) hall, mansion.

чертополóх, а *m* thistle.

чёрточк|а, и *f* **1** *diminutive of* ⇨**чертá 1**. **2** (*дефис*) hyphen.

чертых|áться, áюсь *impf* (*of* ⇨**~ну́ться**) (*coll*) to swear.

Ч

чертых|ну́ться, ну́сь, нёшься *pf of* ⇒**~а́ться**

черче́ни|е, я *nt* drawing; sketching.

чеса́лк|а, и *f* (*textiles*) comb, combing machine.

чеса́льный *adj* (*textiles*) combing, carding.

чёсаный *adj* (*textiles*) combed, carded.

че|са́ть, шу́, ~шешь *impf* (*of* ⇒**по~**) **1** to scratch; **ч. заты́лок, ч. в заты́лке** to scratch one's head (*also fig*); **ч. язы́к** to wag one's tongue. **2** (*coll*) (*волосы*) to comb (*hair*). **3** (*textiles*) to comb, card.

че|са́ться, шу́сь, ~шешься *impf* (*of* ⇒**по~**) **1** to scratch o.s. **2** (*impf only*) (*об ощущении зуда*) to itch; **ру́ки у него́** *etc.* **~шутся** (+ *inf*) he is, *etc.*, itching to … . **3** (*coll*) (*причёсываться*) to comb one's hair.

чесно́к, а́ (у́) *m* garlic.

чесно́|чный *adj of* ⇒**~к**

чесо́тк|а, и *f* (*med*) scabies; (*у животных*) mange.

че́ствовани|е, я *nt* (**кого́-н.**) celebration (in honour (*Br*), honor (*US*) of s.o.).

че́ств|овать, ую *impf* to honour (*Br*), honor (*US*); to pay tribute to.

че|сти́ть, щу́, сти́шь *impf* (*coll*) to abuse.

честн|о́й *adj* (*obs*) **1** (*eccl*) sanctified, sainted; saintly; **мать ~а́я!** (*coll*) my sainted aunt! **2** (*достойный*) worthy, honoured (*Br*), honored (*US*).

че́стност|ь, и *f* honesty, integrity.

че́ст|ный (~ен, ~на́, ~но, ~ны) *adj* honest; (*справедливый*) fair; **~ное сло́во!** honestly, truly!

честолю́б|ец, ца *m* ambitious person.

честолюби́в|ый (~, ~а) *adj* ambitious.

честолю́би|е, я *nt* ambition.

чест|ь, и *f* honour (*Br*), honor (*US*); **в ч.** (+ *g*) in honour (*Br*), honor (*US*) (of); **по ~и сказа́ть** to say in all honesty; **отда́ть ч.** (+ *d*) to salute; **проси́ть ~ью** to urge; **пора́ и ч. знать** (*coll*) it is time we were going; **ч. ~ью** (*coll*) fittingly, properly; **ч. и ме́сто!** (*coll, obs*) please be seated!

чесуч|а́, и́ *f* tussore.

чесуч|о́вый *adj of* ⇒**~а́**

чёт, а *m* even number.

чет|а́, ы́ *f* pair, couple; **счастли́вая ч.** (the) happy couple; **не ч. кому́-н.** no match for s.o.

четве́рг, а́ *m* Thursday.

четвере́ньк|и (*coll*): **на ч., на ~ах** on all fours, on one's hands and knees; **стать на ч.** to go down on all fours.

четвери́к, а́ *m* chetverik (*an old Russian dry measure, equivalent to 26.239 litres*).

четвёрк|а, и *f* (*coll*) **1** (*цифра*) number '4'. **2** (*coll*) (*автобус, трамвай*) No. 4. **3** (*отметка*) 'four' (*as a school mark — out of five, hence* = 'good'). **4** (*cards*) four. **5** (*упряжка*) team of four horses. **6** (*группа людей*) foursome.

четверно́й *adj* fourfold, quadruple.

четверн|я́, и́ *f* **1** team of four horses. **2** (*дети*) quadruplets.

че́твер|о, ы́х *num* four; **нас бы́ло ч.** there were four of us.

четверокла́ссник, а *m* fourth-former (*Br*), fourth-grader (*US*).

четверокла́ссни|ца, цы *f of* ⇒**~к**

четвероно́г|ий *adj* four-legged; *as n* **~ое, ~ого** *nt* quadruped.

четверости́ши|е, я *nt* (*literary*) quatrain.

четверта́к, а́ *m* **1** (*obs*) 25 kope(c)ks/copecks. **2** (*coll, hist, esp of a Soviet 25-rouble note*) 25 roubles; 25-rouble note.

четверти́нк|а, и *f* (*coll*) **1** (*четвёртая часть чего-л.*) quarter. **2** (*водки*) quarter-litre (*Br*), -liter (*US*) bottle (*of vodka or wine*).

четверти́чный *adj* (*geol*) Quaternary; **ч. пери́од** the Quaternary (period).

четвертн|о́й *adj* quarter; **~а́я но́та** (*mus*) crotchet (*Br*), quarter note (*US*).

четверт|ова́ть, у́ю *impf and pf* (*hist*) to quarter (*as means of execution*).

четвёртый *adj* fourth.

че́тверт|ь, и, *g pl* **~е́й** *f* **1** (*четвёртая часть целого*) quarter. **2** (*четверть часа*) quarter (of an hour); **без ~и час** a quarter to one; **ч. деся́того** a quarter past nine. **3** (*учебного года*) term. **4** (*mus*) crotchet (*Br*), quarter note (*US*).

четвертьфина́л, а *m* (*sport*) quarter-final.

чёт|ки, ок (*no sg*) (*eccl*) rosary.

чёт|кий (~ок, ~ка and четка́, ~ко) *adj* **1** (*отчётливый*) precise; clear-cut; **~кое движе́ние** precise movement. **2** (*изложение*) clear, well-defined; (*почерк*) legible; (*звук*) plain, distinct; (*речь*) articulate.

чёткост|ь, и *f* **1** (*движения*) precision, preciseness. **2** (*изложения*) clarity, clearness; (*почерка*) legibility; (*звука*) distinctness.

чётный *adj* even (*of numbers*).

четы́р|е, ёх, ём, ьмя́, о ~ёх *num* four.

четы́режды *adv* four times.

четы́р|еста, ёхсо́т, ёмста́м, ьмяста́ми, о ~ёхста́х *num* four hundred.

четырёх... *comb form* four-, quadri-, tetra-.

четырёхгоди́чный *adj* four-year.

четырёхголо́сный *adj* (*mus*) four-part.

четырёхгра́нник, а *m* (*math*) tetrahedron.

четырёхгра́нный *adj* (*math*) tetrahedral.

четырёхдоро́жечный *adj* four-track (*of tape recorder*).

четырёхкра́тный *adj* fourfold.

четырёхле́ти|е, я *nt* **1** (*срок*) four-year period. **2** (*годовщина*) fourth anniversary.

четырёхле́тний *adj* **1** (*срок*) four years', of four years' duration. **2** (*ребёнок*) four-year-old.

четырёхме́стный *adj* four-seater.

четырёхме́сячный *adj* **1** (*срок*) four-month, four months', of four months' duration. **2** (*ребёнок*) four-month-old.

четырёхсотле́ти|е, я *nt* **1** (*срок*) four hundred years. **2** (*годовщина*) quatercentenary.

четырёхсотле́тний *adj* **1** (*история*) four hundred years', of four hundred years' duration. **2** (*юбилей*) quatercentenary.

четырёхсо́тый *adj* four-hundredth.

черырёхсто́пный *adj* (*literary*) tetrameter.

четырёхсторо́нний *adj* **1** (*math*) quadrilateral. **2** (*pol, etc.*) (*пакт*) quadripartite.

четырёхта́ктный *adj* **1** (*tech*) four-stroke. **2** (*mus*) four-beat.

четырёхуго́льник, а *m* quadrangle.

четырёхуго́льный *adj* quadrangular.

четырёхчасово́й *adj* **1** (*промежуток*) four hours', of four hours' duration. **2** (*поезд*) four o'clock.

четы́рнадцатый *adj* fourteenth.

четы́рнадцат|ь, и *num* fourteen.

чех, а *m* Czech.

чехард|а́, ы́ *f* (*игра*) leapfrog; (*fig*) reshuffle.

Че́хи|я, и *f* Czech Republic.

чехл|и́ть, ю́, и́шь *impf* (*of* ⇒**за~**) to cover.

чех|о́л, ла́ *m* **1** (*подушки, кресла*) cover; (*контрабаса*) case. **2** (*род нижней одежды*) underdress (*worn under a see-through garment*).

Чехослова́ки|я, и *f* (*hist*) Czechoslovakia.

чехослова́цкий *adj* (*hist*) Czechoslovak.

чечеви́ц|а, ы *f* lentil; (*collect*) lentils.

чечеви́|чный *adj of* ⇒**~ца**; **прода́ть за ~чную похлёбку** to sell for a mess of pottage.

чече́н|ец, ца *m* Chechen.

чече́н|ка, ки *f of* ⇒**~ец**

чече́нский *adj* Chechen.

чече́тк|а, и *f* chechotka (*a kind of tap dance*).

Чечн|я́, и́ *f* Chechnya.

че́шк|а, и *f of* ⇒**чех**

че́шский *adj* Czech.

чешу́йк|а, и *f* scale (*of fish*).

чешу́йчат|ый *adj* scaly; **~ые, ~ых** (*zool*) Squamata.

чешу|я́, и́ (*no pl*) *f* (*zool*) scales.

чи́бис, а *m* (*zool*) lapwing.

чиж, а́ *m* (*zool*) siskin.

чи́жик, а *m* **1** = **чи**;. **2** **~и** (*игра*) tipcat (*a children's game*).

чи́к|ать, аю *impf* (*of* ⇒**~нуть**) to click; (*о часах*) to tick.

чи́к|нуть, ну, нешь *pf of* ⇒**~ать**

Чи́ли *nt indecl* Chile.

чили́|ец, йца *m* Chilean.

чили́|йка, йки *f of* ⇒**~ец**

чили́йский *adj* Chilean.

чин, а, *pl* **~ы** *m* **1** (*разряд*) rank; **в ~е/~а́х** high-ranking. **2** (*чиновник*) official. **3** (*порядок*) rite, ceremony; **ч. ~ом** properly, fittingly; **без ~о́в** without ceremony.

чина́р, а *m* plane (tree).

чина́р|а, ы *f* = **~**

чинёный *and* **чи́неный** *adj* (*coll*) old, patched (*of clothing, etc.*).

чин|и́ть¹, ю́, ~́ишь *impf* (*of* ⇒**по~**) (*обувь, велосипед*) to repair, mend.

чин|и́ть², ю́, ~́ишь *impf* (*of* ⇒**о~**) (*карандаш*) to sharpen.

чин|и́ть³, ю, и́шь *impf* (*создавать*) to carry out, execute; to cause; **ч. препя́тствия** (+ *d*) to impede; **ч. распра́ву** to carry out reprisals.

чин|и́ться, ю́сь, и́шься *impf* (*obs*) (*скромничать*) to stand on ceremony, hold back, be shy.

чи́нност|ь, и *f* decorum, propriety, orderliness.

чи́н|ный (~ен, ~на́, ~но) *adj* decorous, proper, orderly.

чино́вник, а *m* **1** (*служащий*) official, functionary. **2** (*бюрократ*) bureaucrat.

чино́вни|ческий *adj* **1** *adj of* ⇒**~к** **2** (*pej*) bureaucratic.

чино́вничеств|о, а *nt* **1** (*collect*) officials, officialdom. **2** (*pej*) red tape.

чино́внич|ий *adj* = **~еский**

чину́ш|а, и *m* (*pej*) bureaucrat.

чип, а *m* (micro)chip.

чи́пс|ы, ов (*no sg*) (potato) crisps (*Br*), chips (*US*).

чи́р|ей, ья *m* (*coll*) boil.

чи́рик, а *m* (*sl*) 10 roubles.

чири́ка|ть, ю *impf* to chirp, twitter.

чири́кн|уть, у, ешь *inst pf* to give a chirp.

чи́рк|ать, аю *impf* (*of* ⇒**~нуть**) (+ *i*) (**по** + *d*) to strike sharply (against, on); **ч. спи́чкой** to strike a match.

чи́рк|нуть, ну, нешь *inst pf of* ⇒**~ать**

чир|о́к, ка́ *m* (*zool*) teal.

чи́сленност|ь, и *f* numbers; **ч. населе́ния** population size; (*mil*) strength.

чи́сленный *adj* numerical.

числи́тел|ь, я *m* (*math*) numerator.

числи́тельн|ое, ого *nt* (*gram*) numeral.

числи́тельн|ый *adj*: **и́мя ~ое** (*gram*) numeral.

чи́сл|ить, ю, ишь *impf* to count, reckon.

чи́сл|иться, юсь, ишься *impf* **1** to be (*in context of calculation or official records*); **в на́шей дере́вне ~ится три́ста жи́телей** there are three hundred inhabitants in our village; **ч. в отпуску́** to be (recorded as) on leave; **он ~ится в ко́нкурсе** his name is down for the competition. **2** (+ *i*) to be officially, be on paper; **он ещё ~ился заве́дующим отде́лом, а все обя́занности исполня́ли его́ замести́тели** he was still head of the department on paper, but all the duties were being performed by his deputies. **3** (**за** + *i*) to be attributed (to), have; **за ним ~ится мно́го недоста́тков** he has many failings.

чис|ло́, ла́, *pl* **~́ла, ~́ел** *nt* **1** number; **тео́рия ~́ел** number theory; **~ло́м** in number; **без ~ла́** without number, in great numbers; **в ~ле́** (+ *g*) among; **в том ~ле́** including. **2** (*дата*) date, day (*of month*); **како́е сего́дня ч.?** what is the date today?; **како́го ~ла́ вы уезжа́ете?** what is the date of your departure, which day are you leaving?; **без ~ла́** undated; **поме́тить ~ло́м** to date; **помети́ть за́дним ~ло́м** to antedate. **3** (*gram*) number; **еди́нственное ч.** the singular; **мно́жественное ч.** the plural.

числово́й *adj* numerical.

чисти́лищ|е, а *nt* (*relig*) purgatory.

чи́стильщик, а *m* cleaner; **ч. сапо́г** bootblack.

чи́|стить, щу, стишь *impf* **1** (*pf* **по~, вы́~**) to clean; **(щёткой)** to brush; **ч. посу́ду** to wash dishes, wash up; **ч. трубу́** to sweep a chimney. **2** (*pf* **по~, вы́~**) (*дорожки*) to clear; (*канал*) to dredge. **3** (*pf* **о~**, *coll also* **по~**) (*овощи, фрукты*) to peel; (*орехи*) to shell; (*рыбу*) to clean. **4** (*pf* **по~**) (*pol*) to purge. **5** (*coll*) (*грабить*) to clean out (= *to rob*).

чи́|ститься, щусь, стишься *impf* **1** (*pf* **по~, вы́~**) to clean o.s. (up). **2** *passive of* ⇒**~стить**

чи́стк|а, и *f* **1** cleaning; **отда́ть в ~у** to have cleaned, send to be cleaned. **2** (*pol*) purge; **этни́ческая ч.** ethnic cleansing.

чи́сто¹ *as pred* it is clean.

чи́ст|о² *adv* **1** *adv of* ⇒**~ый**; **ч.-на́чисто** spotlessly clean. **2** (*совершенно*) purely, merely; completely; **я ч. случа́йно его́ нашёл** it was by mere chance that I found it. **3** *as conj* (*coll*) just like, just as if.

чистови́к, а́ *m* (*coll*) fair copy.

чистово́й *adj* fair, clean; **ч. экземпля́р** fair copy.

чистога́н, а *m* (*coll*) cash, ready money.

чистокро́в|ный (~ен, ~на) *adj* thoroughbred.

чистописа́ни|е, я *nt* calligraphy.

чистопло́т|ный (~ен, ~на) *adj* **1** clean; (*опрятный*) neat, tidy. **2** (*fig*) (*порядочный*) decent, upright.

чистоплю́|й, я *m* (*coll*) sissy; fastidious person.

чистоморо́д|ный (~ен, ~на) *adj* thoroughbred.

чистопро́бный *adj* pure (*of gold or silver*).

чистосерде́ч|ие, ия *nt* = **~ность**

чистосерде́чност|ь, и *f* frankness, sincerity, candour (*Br*), candor (*US*).

чистосерде́ч|ный (~ен, ~на) *adj* frank, sincere, candid.

чистот|а́, ы́ *f* **1** cleanliness; (*опрятность*) neatness, tidiness. **2** (*безупречность; отсутствие примесей*) purity.

чистоте́л, а *m* (*bot*) greater celandine.

чи́ст|ый (~, ~а́, ~о, ~ы́) *adj* **1** clean; (*опрятный*) neat, tidy; (*голос, речь*) pure; **экологи́чески ч.** eco-friendly. **2** (*fig*) (*безупречный*) pure, unsullied; **от ~ого се́рдца, с ~ой со́вестью** with a clear conscience. **3** (*без примесей*) pure; undiluted, neat; **~ое зо́лото** pure gold; **ч. спирт** pure/neat alcohol; **~ая шерсть** pure wool; **~ой воды́** (*min*) of the first water; (*fig*) pure, first-class; **вы́вести на ~ую во́ду** to expose, unmask; **за ~ые де́ньги** for cash. **4** (*открытый*) clear; open; **~ое не́бо** clear sky; **на ~ом во́здухе** in the open air; **ч. лист** blank sheet. **5** (*fin, etc.*) net, clear; **~ая при́быль** clear profit. **6** (*coll*) (*сущий*) pure, utter; sheer; complete, absolute; **ч. вздор** utter nonsense; **~ая случа́йность** pure chance.

чистю́л|я, и *cg* (*coll*) person with passion for cleanliness *or* tidiness.

чита́|емый *pres participle passive of* ⇒**~ть** *and adj* widely-read, popular.

чита́льный *adj*: **ч. зал** reading room.

чита́л|ьня, ьни, *g pl* **~ен** *f* (*obs or coll*) reading room.

чита́тел|ь, я *m* reader.

чита́тель|ница, ницы *f of* ⇒**~**

чита́тель|ский *adj of* ⇒**~**

чита́|ть, ю *impf* (*of* ⇒**про~**, ⇒**проче́сть**) **1** to read; **ч. с губ** to lip-read. **2**: **ч. ле́кцию** to give a lecture; **ч. стихи́** to recite poetry; **ч. кому́-н. наставле́ния/нравоуче́ния** to lecture s.o.

чита́|ться, ется *impf* **1** *passive of* ⇒**~ть**. **2**: **ч. легко́** to be easy to read; **ч. с интере́сом** to be interesting to read; **по́дпись ~ется с трудо́м** it's difficult to read the signature. **3** (*fig*) (*быть видным*) to be visible, be discernible. **4** (*impers*): **мне,** *etc.*, **не ~ется** I, *etc.*, don't feel like reading.

чи́тк|а, и *f* **1** reading (*usu of documents, etc., by a group*). **2** (*theatr*) (first) reading, read-through.

чих, а *m* (*coll*) sneeze; (*as int*) atishoo, achoo!

чиха́нь|е, я *nt* sneezing.

чих|а́ть, а́ю *impf* (*of* ⇒**~ну́ть**) **1** to sneeze. **2** (**на** + *a*; *coll*) to scorn; **ч. мне на него́!** I don't give a damn for him!

чих|ну́ть, ну́, нёшь *inst pf of* ⇒**~а́ть**

чихуа́-хуа́ *cg indecl* chihuahua (*порода собак*).

чи́ще *comp of* ⇒**чи́стый**, ⇒**чи́сто**

ЧК = **Чека́**

член, а *m* **1** member; (*академик*) Fellow; **ч.-корреспонде́нт** corresponding member (*of an Academy*); Associate (*of learned body*); **ч. Короле́вского о́бщества** Fellow of the Royal Society; FRS. **2** (*math*) term; (*gram*) part (*of sentence*). **3** (*anat*) (*конечность*) limb; (*половой*) penis. **4** (*gram*) article.

члене́ни|е, я *nt* articulation.

членистоно́г|ие, их (*zool*) Arthropoda.

член|и́ть, ю́, и́шь *impf* (*of* ⇒**рас~**) to divide into parts, articulate.

членовреди́тельств|о, а *nt* maiming, mutilation; (*самому себе*) self-mutilation.

членоразде́л|ьный (~ен, ~ьна) *adj* articulate.

чле́н|ский *adj of* ⇒**~**; **~ские взно́сы** membership fees, dues.

чле́нств|о, а *nt* membership.

ЧМ *f indecl* (*abbr of* **часто́тная модуля́ция**) FM (*frequency modulation*).

Ч

чмо́к|ать, аю *impf* (*of* ⇒**~нуть**) **1** to smack one's lips. **2** (*coll*) (*целовать*) to give a smacking kiss. **3** (*о грязи*) to squelch.

чмо́к|нуть, ну, нешь *pf of* ⇒**~ать**

чо́канье|е, я *nt* clinking of glasses.

чо́к|аться, аюсь *impf* (*of* ⇒**~нуться**) to clink glasses (*when drinking toasts*).

чо́кнутый *adj* (*coll*) odd, crazy.

чо́к|нуться, нусь, нешься *pf of* ⇒**~аться**

чо́порност|ь, и *f* primness; stand-offishness.

чо́пор|ный (~ен, ~на) *adj* prim; stuck-up; stand-offish.

чо́хом *adv* (*coll*) wholesale.

ЧП *nt indecl* (*abbr of* **чрезвыча́йное происше́ствие**) incident, emergency; (*катастрофа*) disaster.

чрева́т|ый (~, ~а) *adj* (+ *i*) fraught (with).

чре́в|о, а *nt* (*rhetorical, fig*) belly; womb.

чревовеща́ни|е, я *nt* ventriloquy.

чревовеща́тел|ь, я *m* ventriloquist.

чревовеща́тель|ница, ницы *f of* ⇒**~**

чревоуго́ди|е, я *nt* gluttony.

чревоуго́дник, а *m* glutton, gourmand.

чревоуго́дни|ца, цы *f of* ⇒**~к**

черед|а́, ы́ *f* (*obs, poetical*) turn, succession.

чрез = **че́рез**

чрезвыча́йно *adv* extremely, extraordinarily.

чрезвыча́|йный (~ен, ~йна) *adj* **1** extraordinary. **2** (*экстренный*) special, emergency; **~йные ме́ры** emergency measures; **~йное положе́ние** state of emergency; **ч. и полномо́чный посо́л** ambassador extraordinary and plenipotentiary.

чрезме́рно *adv* excessively, to excess.

чрезме́р|ный (~ен, ~на) *adj* excessive, inordinate.

чре́сл|а, ~ (*no sg*) (*archaic or poetical*) hips, loins.

чте́ни|е, я *nt* **1** reading; **ч. карт** map-reading; **ч. ле́кций** lecturing; **ч. с губ** lip-reading. **2** (*читаемый текст*) reading matter.

чтец, а́ *m* reader; (*артист*) reciter.

чти́в|о, а *nt* (*coll, pej*) reading matter.

чтить, чту, чтишь, чтят (*and* **чтут**) *impf* to honour (*Br*), honor (*US*).

чти́ц|а, ы *f of* ⇒**чтец**

что[1], **чего́, чему́, чем, о чём** *interrog pron* **1** what?; **что с тобо́й?** what's the matter (with you)?; **что де́лать, что поде́лаешь?** it can't be helped; **для чего́?** why?, what ... for?; **к чему́?** why?; **с чего́?** why?; on what grounds?; **что ты (вы)!** (*expressing surprise, fear, etc.*) you don't mean to say so!; **что ему́** *etc.* **до...?** what does it matter to him, *etc.*? **2** (*как*) how?; **что сего́дня На́дя?** how is Nadya today? **3** (*почему*) why?; **что вы не еди́те?** why aren't you eating? **4** (*coll*) (*сколько*) how much?; **что сто́ит?** how much does it cost?

что[2] (*sometimes printed* **что́** *or in italics*) *rel pron* which, that; (*coll*) (*который*) who; **я зна́ю, что вы име́ете в виду́** I know what you mean; **па́рень, что стоя́л ря́дом со мной** the fellow (who was) standing next to me; **он всё молча́л, что для него́ не характе́рно** he said nothing the whole time, which is unlike him.

что[3] (*coll*) = **что́-нибудь**; **е́сли что случи́тся** if anything happens.

что[4] as far as; **что есть мо́чи** with all one's might; **что до, что каса́ется** (+ *g*) as for, with regard (to), as far as ... is concerned.

что[5] *conj* that; **то, что...** the fact that ... .

чтоб = **что́бы**

что́бы *conj* **1** (*выражает цель*) in order to, in order that; **ч.... не** lest. **2** (that); **сомнева́юсь, ч. вам э́то понра́вилось** I doubt whether you will like it; **он хо́чет, ч. она́ пришла́ в шесть часо́в** he wants her to come at 6 o'clock. **3** (*as particle*) (*выражает требование, пожелание*): **ч. я тебя́ бо́льше не ви́дел!** may I never see your face again!

что ж (*coll*) (*выражает признание чего-н.*) yes; all right; right you are.

что за (*coll*) **1** (*interrog*) what? what sort of ... ?; **что э́то за пти́ца?** what sort of bird is that? **2** (*int*): **что за день!** what a (marvellous) day!; **что за ерунда́!** what (utter) nonsense!

что ли (*coll*) (*выражает неуверенность*): **пора́ нам идти́, что ли?** perhaps we should be going?; **позвони́ть тебе́, что ли?** do you want me to ring you, then?

что́-либо, чего́-либо *indefinite pron* anything.

что ни *indefinite pron*: **что ни день** every day, not a day passes but ...; **что ни говори́** say what you like; **во что бы то ни ста́ло** at whatever cost.

что́-нибудь, чего́-нибудь *indefinite pron* anything.

что́-то[1], **чего́-то** *indefinite pron* something.

что́-то[2] *adv* (*coll*) **1** (*несколько*) somewhat, slightly; **на слу́шателей его́ выступле́ние произвело́ что́-то не о́чень прия́тное впечатле́ние** his speech made a somewhat disagreeable impression on the audience. **2** (*почему-то*) somehow, for no obvious reason; **что́-то мне не хо́чется идти́** I don't feel like going for some reason.

чу *int* hark!

чуб, а, *pl* **~ы́** *m* forelock.

чуба́рый *adj* (*of a horse's coat*) dappled.

чубу́к, а́ *m* (*стержень трубки*) stem (*of smoking pipe*); (*трубка*) chibouk.

чува́к, а́ *m* (*sl*) guy, fellow (*both coll*).

чува́ш, а́, *pl* **~и́, ~е́й** *m* Chuvash.

чува́ш|ка, ки *f of* ⇒**~**

чува́шский *adj* Chuvash.

чуви́х|а, и *f* (*sl*) girlfriend.

чу́вственност|ь, и *f* sensuality.

чу́вствен|ный *adj* **1** (**~, ~на**) sensual. **2** (*philos*) perceptible; **~ное восприя́тие** perception.

чувстви́тельност|ь, и *f* **1** (*кожи, прибора, человека*) sensitivity, sensitiveness; (*плёнки*) speed. **2** (*сентиментальность*) sentimentality. **3** (*сердца*) tenderness.

чувстви́тел|ьный (~ен, ~ьна) *adj* **1** (*место тела, прибор, человек*) sensitive. **2** (*сентиментальный*) sentimental. **3** (*толчок, урон*) perceptible. **4** (*сердце*) tender.

чу́вств|о, а *nt* **1** (*physiol*) sense; **ч. вку́са** sense of taste; **о́рганы ~** senses, organs of sense; **обма́н ~** delusion. **2** (*in sg or pl*) (*сознание*) senses; **без ~** unconscious; **лиши́ться ~, упа́сть без ~** to faint, lose consciousness; **привести́ в ч.** to bring round; **прийти́ в ч.** to come round, regain consciousness, come to one's senses. **3** (*ощущение*) feeling; sense; **ч. ло́ктя** feeling of comradeship, of solidarity; **ч. ю́мора** sense of humour (*Br*), humor (*US*); **пита́ть к кому́-н. не́жные ~а** to have a soft spot for s.o.

чу́вств|овать, ую *impf* (*of* ⇒**по~**) **1** to feel, sense; **ч. себя́** to feel (*intrans*); **ч. го́лод** to feel hungry; **дава́ть себя́ ч.** to make itself felt; **как вы себя́ ~уете?** how do you feel? **2** (*уметь воспринимать*) to appreciate, have a feeling (for) (*music, etc.*).

чу́вств|оваться, уется *impf* **1** to be perceptible; to make itself felt. **2** *passive of* ⇒**~овать**

чувя́к|и, ов *pl* (*sg* **~, ~а** *m*) slippers (*worn mainly in the Caucasus and Crimea*).

чугу́н, а́ *m* **1** (*сплав*) cast iron. **2** (*сосуд*) cast-iron pot, vessel.

чугу́нный *adj* cast-iron (*also fig*).

чугунолите́йный *adj*: **ч. заво́д** iron foundry.

чуда́к, а́ *m* eccentric, crank.

чуда́ческий *adj* eccentric.

чуда́честв|о, а *nt* eccentricity, crankiness.

чуда́ч|ить, у, ишь *impf* (*coll*) = **чуди́ть**

чуда́чк|а, и *f of* ⇒**чуда́к**

чуде́с|ный (~ен, ~на) *adj* **1** (*сверхъестественный*) miraculous; **~ное исцеле́ние** miraculous healing. **2** (*чудный*) marvellous (*Br*), marvelous (*US*), wonderful.

чуд|и́ть, *1st pers not used,* **и́шь** *impf* (*of* ⇒**у~**) (*coll*) **1** (*вести себя странно*) to behave eccentrically, oddly. **2** (*дурачиться*) to clown, act the fool.

чу́д|иться, ится *impf* (*of* ⇒**по~** *and* ⇒**при~**) (*coll*) to seem.

чуд|но́й (~ён, ~на́, ~но́) *adj* strange, odd; **~но́** (*as pred*) it is strange, it is odd.

чу́д|ный (~ен, ~на) *adj* marvellous (*Br*), marvelous (*US*), wonderful, lovely; **~но** *as pred* it is marvellous (*Br*), marvelous (*US*), wonderful, lovely.

чу́д|о, а, *pl* **~еса́, ~е́с** *nt* **1** (*сверхъестественное явление*) miracle. **2** (*нечто поразительное*) wonder, marvel; **~еса́ те́хники** wonders of technology; **~еса́ в решете́** (*coll*) *said of sth unusual or absurd*; **ч. как** *as adv* marvellously (*Br*), marvelously (*US*); **ч., что...** *as pred* it is a marvel that ... .

чудо́вищ|е, а *nt* monster; **лох-не́сское ч.** Loch Ness monster.

чудо́вищ|ный (~ен, ~на) *adj* **1** monstrous (*also fig, pej*). **2** (*огромный*) enormous.

чудоде́|й, я *m* **1** (*obs*) miracle-worker. **2** (*coll*) crank.

чудоде́йствен|ный (~, ~на) *adj* miracle-working; miraculous; **~ное лека́рство** wonder drug.

чу́дом *adv* miraculously; **ч. спасти́сь** to be saved by a miracle.

чудотво́р|ец, ца *m* miracle-worker.

чудотво́р|ный (~ен, ~на) *adj* miracle-working; (*fig*) marvellous (*Br*), marvelous (*US*).

чужа́к, а́ *m* (*coll*) stranger; (*pej*) alien, interloper.

чужа́н|и́н, ина, *pl* **~е, ~** *m* (*folk poetical or coll*) stranger.

чужби́н|а, ы *f* foreign land, country.

чужда́|ться, юсь *impf* (+ *g*) (*друзей*) to shun, avoid; (*славы*) to stand aloof (from), remain unaffected (by).

чу́жд|ый (~, ~а́, ~о) *adj* **1** (+ *d*) (*идеология, взгляды*) alien (to); extraneous. **2** (+ *g*) (*лишенный*) free (from), devoid (of); **он ~ зло́бы** he is devoid of malice.

чужезе́м|ец, ца *m* (*literary*) foreigner, stranger.

чужезе́мный *adj* (*literary*) foreign.

чужеро́д|ный (~ен, ~на) *adj* alien, foreign.

чужестра́н|ец, ца *m* (*literary*) = **чужезе́мец**

чужестра́нный *adj* (*literary*) = **чужезе́мный**

чужея́д|ный (~ен, ~на) *adj* (*bot*) parasitic.

чуж|о́й *adj* **1** (*не свой*) s.o. else's, another's, others'; **на ч. счёт** at s.o. else's expense; **с ~и́х слов** at second-hand; *as n* **~о́е, ~о́го** *nt* s.o. else's belongings. **2** (*посторонний*) strange, alien; foreign; **~и́е края́ = ~би́на**; **попа́сть в ~и́е ру́ки** to fall into strange hands; *as n* **ч., ~о́го** *m* stranger.

чуко́тский *adj* Chukchi.

чу́кч|а, и *m* Chukchi (man).

чук|ча́нка, ча́нки *f of* ⇒**~ча**

чула́н, а *m* **1** (*для вещей*) storeroom, lumber room. **2** (*для продуктов*) larder.

чул|о́к, ка́, *g pl* **ч.** *m* stocking.

чуло́чно-носо́чн|ый *adj*: **~ые изде́лия** hosiery.

чуло́чный *adj of* ⇒**чуло́к**

чум|а́, ы *f* plague.

чума́з|ый (~, ~а) *adj* (*coll*) grubby, dirty.

чуми́чк|а, и *f* **1** (*dialect*) (*ложка*) ladle. **2** (*coll, obs*) (*служанка*) servant girl. **3** (*coll*) (*замарашка*) slut, slattern.

чум|но́й *adj of* ⇒**~а́**; plague-stricken; (*sl*) crazy, mad.

чумово́й *adj* (*sl*) (*одурелый*) crazy, mad; (*отличный*) great, terrific.

чу́н|и, ей *pl* (*sg* **~я, ~и** *f*) (*dialect*) **1** (*верёвочные лапти*) rope shoes. **2** (*галоши*) galoshes.

чупри́н|а, ы *f* (*dialect*) = **чуб**

чур *int* (*coll*) keep away!; mind out!; **ч. меня́** (*in children's games, etc.*) keep away from me!

чура́|ться, юсь *impf* (+ *g*; *coll*) to shun, avoid, steer clear (of).

чурба́н, а *m* **1** block, log. **2** (*coll*) (*тупой человек*) blockhead.

чу́рк|а, и *f* block, lump.

чу́т|кий (~ок, ~ка́, ~ко) *adj* **1** keen, sharp; **ч. нюх** keen sense of smell; **~кая соба́ка** keen-nosed dog; **ч. сон** light sleep. **2** (*fig*) (*отзывчивый*) sensitive; sympathetic; tactful.

чу́ткост|ь, и *f* **1** (*слуха*) keenness, sharpness. **2** (*отзывчивость*) sensitivity; sympathetic attitude; tactfulness.

чуто́к *adv* (*coll*) a little.

чу́точк|а, и *f*: **ни ~и** (*coll*) not in the least.

чу́точку *adv* (*coll*) a little bit.

чу́точный *adj* (*coll*) tiny.

чу́т|че *comp of* ⇒**~кий**

чуть 1 *adv* (*едва*) hardly, scarcely; just; **ч. (бы́ло) не, ч. ли не** almost, nearly. **2** *adv* (*немного*) (just) a little, very slightly. **3** *conj* (*как только*) as soon as; **ч. свет** at daybreak, at first light; **ч. что** at the slightest provocation.

чуть|ё, я *nt* **1** (*у животных*) scent. **2** (**к** + *d or* **на** + *a*) (*fig*) (*способность*) flair, feeling (for).

чуть-чу́ть *adv* (*coll*) a tiny bit; **ч.-ч. не** = **чуть не**

чу́чел|о, а *nt* **1** (*животное*) stuffed animal. **2** (*пугало*) scarecrow (*also fig*).

чу́шк|а, и *f* **1** (*coll*) (*свинья*) piglet. **2** (*tech*) (*слиток металла*) pig, ingot, bar.

чуш|ь, и *f* (*coll*) nonsense.

чу́|ять, ю, ешь *impf* to scent, smell; (*fig*) to sense, feel.

чу́|яться, ется *impf* (*impers*) to make itself felt.

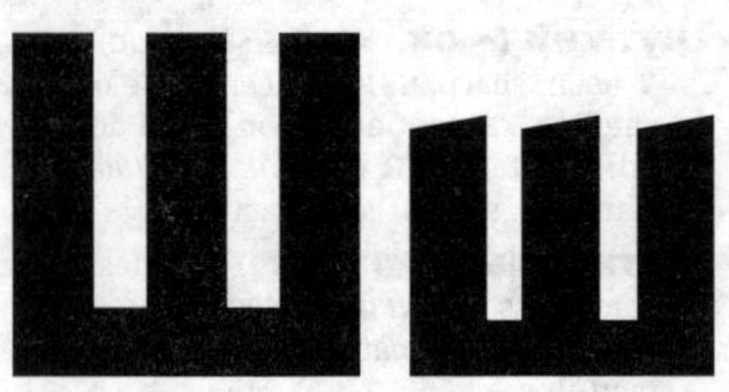

ша́баш, а *m* (*relig*) sabbath; **ш. ведьм** witches' sabbath; (*fig*) orgy.

шаба́ш, а *m as pred* that's enough!; that'll do!

шаба́ш|ить, у, ишь *impf* (*coll*) (*trans and intrans*) to stop (work); to knock off.

шаба́шник, а *m* (*coll, pej*) moonlighter.

шаба́шнича|ть, ю *impf* (*coll, pej*) to moonlight.

ша́бер, а *m* (*tech*) scraper.

шабло́н, а *m* **1** (*tech*) template, pattern; (*форма*) mould (*Br*), mold (*US*). **2** (*fig, pej*) cliche; routine; **работать по ~у** to work by rote, work mechanically.

шабло́нност|ь, и *f* triteness, banality.

шабло́н|ный *adj* **1** *adj of* ⇒**~**. **2 (~ен, ~на)** trite, banal.

ша́вк|а, и *f* (*coll*) (small) dog.

шаг, а (у) (*after numerals 2, 3, 4* **~а́**) **о ~е, в/на ~у́/~е,** *pl* **~и́, ~о́в** *m* step (*also fig*); (*походка*) pace; (*большой*) stride; **ш. на ме́сте** marking time; **ни ~у да́льше!** stay where you are!; **идти́ бы́стрыми ~а́ми** make rapid strides; **~у ступи́ть нельзя́** (*or* **не даю́т**) one can't do anything; **заме́длить ш.** to slow down; **приба́вить ~у** to quicken one's pace; **в двух ~а́х, в не́скольких ~а́х** a stone's throw away; **у́зки в ~у́** (*of cut of trousers*) tight in the seat; **на ка́ждом ~у́** everywhere, at every turn, continually; **с пе́рвого ~у** (*obs*) from the outset.

шаг|а́ть, а́ю *impf* (*of* ⇒**~ну́ть**) **1** (*ступать*) to step; (*ходить*) to walk; (*большими шагами*) to stride; (*мерными шагами*) to pace. **2** (*coll*) (*идти*) to go, come.

шага́|ющий *pres participle active of* ⇒**~ть**; **ш. экскава́тор** self-propelled excavator.

шаги́стик|а, и *f* (*pej*) square-bashing.

шаг|ну́ть, ну́, нёшь *inst pf* (*of* ⇒**~а́ть**) to take a step; (*fig*) to make progress; **ш. нельзя́ (не даю́т)** one can't do anything, there's no scope for action.

ша́гом *adv* at a walk, at a walking pace; slowly; **ш. марш!** (*mil word of command*) quick march!

шагоме́р, а *m* pedometer.

шагре́н|евый *adj of* ⇒**~ь**

шагре́н|ь, и *f* shagreen.

шажко́м *adv* (*coll*) taking short steps.

шаж|о́к, ка́ *m, diminutive of* ⇒**шаг**

ша́йб|а, ы *f* **1** (*tech*) washer. **2** (*sport*) puck; **хокке́й с ~ой** ice hockey.

ша́йк|а[1], и, *g pl* **ша́ек** *f* (*сосуд*) tub.

ша́йк|а[2], и, *g pl* **ша́ек** *f* (*банда*) gang, band.

шайта́н, а *m* (*in Muslim theology*) Shaitan, the Devil; (*coll*) (*чёрт*) devil.

шака́л, а *m* jackal.

шала́нд|а, ы *f* (*flat-bottomed*) barge, lighter.

шала́ш, а́ *m* (*hunter's or fisherman's*) cabin (*made of branches and straw, etc.*).

шалашо́вк|а, и *f* (*sl*) tart, prostitute.

шале́|ть, ю *impf* (*of* ⇒**о~**) (*coll*) to go crazy.

шал|и́ть, ю, и́шь *impf* to be naughty; to play up, play tricks (*also of inanimate objects*); **~и́шь!** (*as rebuke*) don't try that on!, you're joking!

шаловли́в|ый (~, ~а) *adj* **1** (*ребёнок*) naughty, mischievous. **2** (*тон, стихи*) playful, mischievous.

шалопа́|й, я *m* (*coll*) idler, skiver.

ша́лост|ь, и *f* prank; (*in pl*) mischief.

шалу́н, а́ *m* naughty child.

шалу́н|ья, ьи *f of* ⇒**~**

шалфе́|й, я *m* (*bot*) sage.

ша́|лый (~, ~а) *adj* (*coll*) mad, crazy.

шал|ь, и *f* shawl.

шальн|о́й *adj* mad, crazy; wild; **~ы́е де́ньги** easy money; **~а́я пу́ля** stray bullet.

шама́н, а *m* (*relig*) shaman.

шама́нств|о, а *nt* (*relig*) shamanism.

ша́ма|ть, ю *impf* (*sl*) to eat.

ша́мка|ть, ю *impf* to mumble.

шамо́вк|а, и *f* (*sl*) grub (*food*).

шампа́нск|ое, ого *nt* champagne.

шампиньо́н, а *m* field mushroom (*Agaricus campestris* or *Psalliota campestris*).

шампу́н|ь, я *m* shampoo.

шампу́р, а *m* skewer.

шанда́л, а *m* (*obs*) candlestick.

шанкр, а *m* (*med*) chancre.

шанс, а *m* chance; **име́ть мно́го ~ов** (*or* **больши́е ~ы**) (**на** + *a*) to have a good chance (of).

шансо́н, а *m* ballad.

шансоне́тк|а, и *f* **1** (*песенка*) (music-hall) song. **2** (*певица*) singer (*in music hall or café chantant*).

шансонье́ *m indecl* balladeer; singer-songwriter.

шанта́ж, а́ *m* blackmail.

шантажи́р|овать, ую *impf* to blackmail.

шантажи́ст, а *m* blackmailer.

шантажи́ст|ка, ки *f of* ⇒**~**

шантрап|а́, ы́ *cg* (*coll*) worthless individual; (*collect*) scum, riff-raff.

Шанха́|й, я *m* Shanghai.

ша́пк|а, и *f* **1** hat, cap; **академи́ческая ш.** (*с квадратным верхом и кисточкой*) mortar board; **дать по ~е** (+ *d*; *coll*) (*i*) (*ударить*) to hit, strike, (*ii*) (*уволить*) to sack, fire; **получи́ть по ~е** (*coll*) to be reprimanded; **по Се́ньке и ш.** he's got his deserts. **2** (*заголовок*) banner headline(s).

ша́почк|а, и *f diminutive of* ⇒**ша́пка**

ша́почн|ый *adj of* ⇒**ша́пка**; **~ое знако́мство** nodding acquaintance; **прийти́ к ~ому разбо́ру** (*fig, coll*) to miss the bus *or* boat.

шар, а (*after numerals 2, 3, 4* **~а́**), *pl* **~ы́** *m* **1** (*math*) sphere; **земно́й ш.** the Earth, globe. **2** (*шаровидный предмет*) spherical object, ball; **возду́шный ш.** balloon; **хоть ~о́м покати́** completely empty.

шара́д|а, ы *f* charade.

шара́х|ать, аю *impf* (*of* ⇒**~нуть**) (*coll*) (*ударить*) to strike; (*выстрелить*) to shoot.

шара́х|аться, аюсь *impf* (*of* ⇒**~нуться**) (*coll*) **1** (*о лошади*) to shy; (*о толпе*) to start (up); (*бросаться*) to rush, dash. **2** (**о** + *a*) to hit, strike.

шара́х|нуть(ся), ну(сь), нешь(ся) *pf of* ⇒**~ать(ся)**

шарж, а *m* caricature, cartoon.

шаржи́р|овать, ую *impf* to caricature.

шариа́т, а *m* sharia (*Islamic canonical law*).

ша́рик, а *m diminutive of* ⇒**шар**; **(кровяно́й) ш.** (blood) corpuscle; (*ручка*) biro (*propr*), ballpoint (pen).

ша́рик|овый *adj of* ⇒**~**; **~овая (авто)ру́чка** ballpoint pen; **ш. подши́пник** (*tech*) ball bearing.

шарикоподши́пник, а *m* (*tech*) ball bearing.

шарикоподши́пник|овый *adj of* ⇒**~**

ша́р|ить, ю, ишь *impf* (**в** + *p or* **по** + *d*) (*искать ощупью*) to grope about, feel, fumble (in, through); (*о прожекторе*) to sweep (*in order to locate a target*).

ша́ркань|е, я *nt* shuffling (*of the feet or footwear*).

ша́рк|ать, аю *impf* (*of* ⇒**~нуть**) **1** (+ *i*) to shuffle. **2** (**ного́й/нога́ми;** *obs*) to click one's heels. **3** (*coll*) (*ударять*) to hit, strike.

ша́рк|нуть, ну, нешь *pf of* ⇒**~ать**

шарлата́н, а *m* charlatan, fraud; quack.

шарлата́н|ка, ки *f of* ⇒**~**

шарлата́н|ский *adj of* ⇒**~**

Ш

шарлата́нств|о, а *nt* charlatanism.

шарло́тк|а, и *f* (*cul*) charlotte.

шарм, а *m* charm.

шарма́нк|а, и *f* barrel organ, street organ.

шарма́нщик, а *m* organ-grinder.

шарни́р, а *m* (*tech*) hinge, joint; **на ~ах** hinged; **быть как на ~ах** (*fig*) to be on edge, be restless, fidget.

шарни́р|ный *adj of* ⇒**~**

шарова́р|ы, ~ (*no sg*) baggy trousers (*as worn by certain Eastern peoples, or for certain sports*).

шарови́д|ный (~ен, ~на) *adj* spherical, globe-shaped.

шар|ово́й *adj of* ⇒**~**; globular; **ш. кла́пан** ballcock; **ш. шарни́р** ball-and-socket joint.

шаромы́г|а, и *cg* (*coll*) parasite; rogue, scoundrel.

шаромы́жник, а *m* = **шаромы́га**

шарообра́з|ный (~ен, ~на) *adj* spherical.

шарф, а *m* scarf.

шасси́ *nt indecl* **1** (*автомобиля*) chassis. **2** (*aeron*) undercarriage.

ша́ста|ть, ю *impf* (*coll*) to roam, hang about.

шата́ни|е, я *nt* **1** (*качание*) swaying, reeling. **2** (*ходьба без цели*) roaming, wandering. **3** (*fig*) (*колебание*) vacillation; instability.

шата́|ть, ю *impf* to rock, shake.

шата́|ться, юсь *impf* **1** (*intrans*) (*о человеке, о вагоне*) to rock, sway, reel. **2** (*о гвозде*) to be, come loose; (*о стуле, заборе*) to wobble, be unsteady. **3** (*coll*) (*бродить*) to roam; to loaf, lounge about.

шата́|ющийся *pres participle of* ⇒**~ться** *and adj* loose (*of a screw, tooth, etc.*).

шате́н, а *m* man/boy with auburn/brown/chestnut hair.

шате́нк|а, и *f* woman/girl with auburn/brown/chestnut hair.

шат|ёр, ра́ *m* tent, marquee.

ша́ти|я, и *f* (*coll, pej*) gang, crowd, 'mob'.

ша́т|кий (~ок, ~ка́, ~ко) *adj* **1** (*стол*) unsteady; shaky; (*гайка*) loose. **2** (*fig*) unstable, insecure, shaky; unreliable; vacillating; **ш. в убежде́ниях** lacking the courage of one's convictions.

ша́ткост|ь, и *f* **1** unsteadiness; shakiness. **2** (*fig*) instability; precariousness.

шатро́в|ый *adj of* ⇒**шатёр**; **~ая кры́ша** hipped roof.

шату́н¹, а́ *m* (*tech*) connecting rod.

шату́н², а́ *m* (*coll*) loafer, idler.

ша́фер, а, *pl* **~а́** *m* best man (*at wedding*).

шафра́н, а *m* (*bot*) saffron.

шафра́н|ный *adj of* ⇒**~**

шах¹, а *m* (*монарх*) Shah.

шах², а *m* (*chess*) check; **ш. и мат** checkmate; **вам ш.** you're in check.

шахмати́ст, а *m* chess player.

шахмати́ст|ка, ки *f of* ⇒**~**

ша́хматн|ый *adj* **1** chess; **~ая доска́** chessboard; **~ая па́ртия** game of chess. **2** (*с квадратами клеток*) check(ed); chequered (*Br*), checkered (*US*); **~ая ска́терть** check tablecloth; **ш. флажо́к** chequered flag; **в ~ом поря́дке** staggered.

ша́хмат|ы, ~ (*no sg*) **1** (*игра*) chess. **2** (*фигуры*) chessmen.

ша́хт|а, ы *f* **1** (*горная выработка*) mine, pit. **2** (*tech*) (*лифта, вентиляционная*) shaft.

шахтёр, а *m* miner.

шахтёр|ский *adj of* ⇒**~**

ша́хт|ный *adj of* ⇒**~а**; **ш. ствол** pit shaft.

ша́хт|овый *adj of* ⇒**~а**

ша́шечниц|а, ы *f* draughtboard (*Br*), checkerboard (*US*); chessboard.

ша́шк|а¹, и *f* (*взрывчатка*) charge (*of explosive*).

ша́шк|а², и *f* **1** (*в игре*) draught, draughtsman (*Br*), checker (*US*) (*piece in game of draughts*). **2** (*in pl*) (*игра*) draughts (*Br*), checkers (*US*).

ша́шк|а³, и *f* (*оружие*) sabre (*Br*), saber (*US*), cavalry sword.

шашлы́к, а́ *m* (*cul*) kebab, shashlik.

шашлы́чн|ая, ой *f* kebab/shashlik house.

ша́шн|и, ей (*no sg*) (*coll, pej*) **1** (*проделки*) tricks. **2** (*любовные*) amorous intrigues; affair; **завести́ ш. с** (+ *i*) to take up with.

шва *g sg of* ⇒**шов**

шва́бр|а, ы *f* mop, swab.

швал|ь, и *f* (*coll*) **1** (*collect*) rubbish, junk. **2** (*о человеке*) good-for-nothing.

шва́ркн|уть, у, ешь *pf* (*coll*) to hurl.

шварто́в, а *m* (*naut*) hawser, mooring line; **отда́ть ~ы** to cast off.

шварт|ова́ть, у́ю *impf* (*of* ⇒**при~**, ⇒**о~**) (*naut*) to moor.

шварт|ова́ться, у́юсь *impf* (*of* ⇒**при~**, ⇒**о~**) (*naut*) to moor, make fast.

швед, а *m* Swede.

шве́д|ка, ки *f of* ⇒**~**

шве́дский *adj* Swedish.

шве́йник, а *m* clothing industry worker.

шве́йни|ца, цы *f of* ⇒**~к**

шве́йн|ый *adj* sewing; **~ая маши́на** sewing machine; **~ая фа́брика** garment factory.

швейца́р, а *m* porter, commissionaire.

швейца́р|ец, ца *m* Swiss.

Швейца́ри|я, и *f* Switzerland.

швейца́р|ка, ки *f of* ⇒**~ец**

швейца́рск|ая, ой *f* porter's lodge.

швейца́рский *adj* Swiss.

швец, а́ *m* (*obs*) tailor; **и ш., и жнец, и на дуде́ игре́ц** (*fig*) jack of all trades.

Шве́ци|я, и *f* Sweden.

шве|я́, и́ *f* seamstress.

шво́р|ень, ня *m* = **шкво́рень**

швыр|ну́ть, ну́, нёшь *inst pf of* ⇒**~я́ть**

швыр|о́к, ка́ *m* **1** (*бросок*) throw. **2** (*collect*) (*поленья*) logs, firewood. **3** (*движущаяся мишень*) (*moving*) practice target.

швыр|я́ть, я́ю *impf* (*of* ⇒**~ну́ть**) (+ *a or i*) to throw, fling, chuck, hurl; **ш. де́ньги/деньга́ми** to throw one's money about.

швыря́|ться, юсь *impf* (*coll*) (+ *i*) **1** (*камнями*) to throw, fling, hurl (at one another). **2** (*деньгами, друзьями*) to make light (of), trifle (with).

шевел|и́ть, ю́, и́шь *impf* (*of* ⇒**~ьну́ть** *and* ⇒**по~**) **1** (*переворачивать*) to turn over. **2** (+ *i*) (*слегка сдвигать*) to move, stir; **ш. мозга́ми** (*coll, joc*) to use one's brains.

шевел|и́ться, ю́сь, и́шься *impf* (*of* ⇒**~ьну́ться** *and* ⇒**по~**) **1** (*слегка сдвигаться*) to move, stir; **у него́ ~я́тся де́ньги** (*coll*) he has a tidy bank balance. **2** (*fig*) (*о надежде, сомнениях*) to stir. **3 ~и́сь; ~и́тесь!** (*coll*) get a move on!; get cracking!

шевел|ьну́ть, ьну́, ьнёшь *inst pf* (*of* ⇒**~и́ть**); **па́льцем не ш.** not to lift a finger.

шевел|ьну́ться, ьну́сь, ьнёшься *inst pf of* ⇒**~и́ться**

шевелю́р|а, ы *f* (head of) hair.

шевио́т, а *m* (*textiles*) cheviot (*cloth*).

шевио́т|овый *adj of* ⇒**~**

шевро́ *nt indecl* kid (*leather*).

шевро́|вый *adj of* ⇒**~**

шевро́н, а *m* (*mil*) long-service stripe.

шед, а (*m*) (*рыба*) shad.

шеде́вр, а *m* masterpiece.

шезло́нг, а *m* deckchair; lounger.

ше́йк|а, и, *g pl* **ше́ек** *f* **1** *diminutive of* ⇒**ше́я**. **2** (*узкая часть чего-н.*) neck; (*tech*) pin, journal; **ш. ги́льзы** cartridge neck; **ш. ре́льса** web (*of rail*). **3** (*anat*): **ш. ма́тки** cervix.

ше́йный *adj of* ⇒**ше́я**; (*anat*) cervical.

шейх, а *m* sheikh.

шёл *see* ⇒**идти́**

ше́лест, а *m* rustle, rustling.

шелест|е́ть, *1st pers not used,* **и́шь** *impf* to rustle.

шёлк, а (у), о ~е, на/в ~у́/~е, *pl* **~а́** *m* silk; **ш.-сыре́ц** raw silk; **в долгу́ как в ~у́** up to the eyes in debt.

шелкови́нк|а, и *f* silk thread.

шелкови́ст|ый (~, ~а) *adj* silky.

шелкови́ц|а, ы *f* mulberry (tree).

шелкови́|чный *adj of* ⇒**~ца**; **ш. червь** silkworm.

шелково́д, а *m* silkworm breeder.

шелково́дств|о, а *nt* silkworm breeding, sericulture.

шелково́д|ческий *adj of* ⇒**~ство**

шёлковый *adj* **1** silk. **2** (*fig, coll*) (*кроткий*) meek, docile.

шелкогра́фи|я, и *f* silk-screen printing.

шелкопря́д, а *m* silkworm.

шёлкопряде́ни|е, я *nt* silk-spinning.

шёлкопряд|и́льный *adj of* ⇒**~е́ние**

шёлкотка́цкий *adj* silk-weaving.

шелохн|у́ть, у́, ёшь *pf* to stir, agitate.

шелохн|у́ться, у́сь, ёшься *pf* to stir, move.

шелуди́в|ый (~, ~а) *adj* (*coll*) mangy.

шелух|а́, и́ *f* (*плодов, овощей*) skin; peel; (*гороха*) pod.

Ш

шелуш|ить, у́, и́шь *impf* to shell.
шелуш|иться, и́тся *impf* to peel (off).
ше́льм|а, ы *cg* (*coll*) rascal, scoundrel.
шельмова́т|ый (~, ~а) *adj* (*coll*) rascally, sly, wily.
шельм|ова́ть, у́ю *impf* (*of* ⇒**о~**) (*coll*) to blacken (*fig*); to defame.
шельф, а *m* (*geog*) shelf.
шемя́кин *adj, only in phr* **ш. суд** unjust trial.
шепеля́в|ить, лю, ишь *impf* to lisp.
шепеля́в|ый (~, ~а) *adj* lisping.
шеп|ну́ть, ну́, нёшь *inst pf of* ⇒**~та́ть**
шёпот, а *m* whisper (*also fig*).
шёпотом *adv* in a whisper.
шептал|а́, ы́ *f* (*collect*) (*абрикосы*) dried apricots; (*персики*) dried peaches.
шеп|та́ть, чу́, ~́чешь *impf* (*of* ⇒**~ну́ть** *and* ⇒**про~**) to whisper.
шеп|та́ться, чу́сь, ~́чешься *impf* to whisper, converse in whispers.
шепту́н, а́ *m* (*coll*) **1** whisperer. **2** (*fig*) (*сплетник*) telltale, informer.
шербе́т, а *m* (*восточный напиток*) sherbet; (*кондитерское изделие*) sweet confection containing fruit, nuts, *etc.*
шере́нг|а, и *f* **1** (*mil*) rank; file, column. **2** (*fig*) line, row.
шери́ф, а *m* sheriff.
шерохова́тост|ь, и *f* roughness (*also fig*); (*неровность*) unevenness.
шерохова́т|ый (~, ~а) *adj* rough (*also fig*); (*неровный*) uneven.
шерсте... *comb form* wool-.
шерсти́нк|а, и *f* strand of wool.
шерсти́ст|ый (~, ~а) *adj* woolly (*Br*), wooly (*US*), fleecy.
шерст|и́ть, и́т *impf* to irritate, tickle (*of a garment*).
шерсто... *comb form* wool-.
шерстопряде́ни|е, я *nt* wool-spinning.
шерстопряд|и́льный *adj of* ⇒**~е́ние**
шерсточеса́льный *adj* wool-carding.
шерст|ь, и, *pl* (*specialist use only*) **~́и, ~е́й** *f* **1** (*sg only*) (*на животных*) hair; **гла́дить кого́-н. про́тив ~́и** (*fig*) to rub s.o. up the wrong way. **2** (*волокно*) wool.
шерстяно́й *adj* wool, woollen (*Br*), woolen (*US*).
шерхе́бел|ь, я *m* (*tech*) rough plane.
перша́ве|ть, ет *impf* to become rough.
перша́в|ый (~, ~а) *adj* rough.
ше́рш|ень, ня *m* hornet.
шест, а́ *m* pole.
ше́стви|е, я *nt* procession.
ше́ств|овать, ую *impf* to walk (*as in procession*); to process.
шестерёнк|а, и *f diminutive of* ⇒**шестерня́**
шестерён|очный *adj of* ⇒**~ка**; **~очная коро́бка** gearbox.
шестёрк|а, и *f* **1** (*цифра*) figure '6'. **2** (*coll*) (*автобус, трамвай*) number six (*bus, tram, etc.*). **3**: **ш. треф,** *etc.* (*cards*) the six of clubs, *etc.* **4** (*шесть человек*) group of six persons. **5** (*лодка*) six-oar boat. **6** (*упряжка*) team of six horses. **7** (*sl*) (*подчинённый*) slave, dogsbody (*Br*), gofer.
шестерно́й *adj* sixfold, sextuple.
шестер|ня́, ни́, *g pl* **~ён** *f* (*tech*) gear (wheel), cogwheel, pinion.
ше́стер|о, ы́х *collect num* six.
шести... *comb form* six-.
шестигра́нник, а *m* (*math*) hexahedron.
шестидесятиле́ти|е, я *nt* **1** (*срок*) sixty years, sixty-year period. **2** (*годовщина*) sixtieth anniversary.
шестидесятиле́тний *adj* **1** (*срок*) of sixty years, sixty-year. **2** (*человек*) sixty-year-old.
шестидеся́тник, а *m* 'man of the sixties' (*progressive social literary, or artistic figure of 1860s or 1960s*).
шестидеся́тый *adj* sixtieth.
шестикла́ссник, а *m* sixth-former (*Br*), sixth-grader (*US*).
шестикла́ссни|ца, цы *f of* ⇒**~к**
шестисотле́ти|е, я *nt* **1** (*срок*) six hundred years. **2** (*годовщина*) six hundredth anniversary, sexcentenary.
шестисо́тый *adj* six-hundredth.
шестиуго́льник, а *m* (*math*) hexagon.
шестиуго́льный *adj* hexagonal.
шестичасово́й *adj* **1** (*срок*) lasting six hours. **2** (*coll*) (*поезд*) six o'clock.
шестнадцати... *comb form* sixteen-.
шестнадцатиле́тний *adj* **1** (*срок*) of sixteen years, sixteen-year. **2** (*мальчик*) sixteen-year-old.
шестна́дцат|ый *adj* sixteenth; **~ая но́та** (*mus*) semiquaver (*Br*), sixteenth note (*US*).
шестна́дцат|ь, и *num* sixteen.
шестови́к, а́ *m* (*sport*) pole-vaulter.
шест|о́й *adj* sixth; **одна́ ~а́я** one sixth.
шест|о́к, ка́ *m* **1** (*в печи*) hearth. **2** (*насест*) roost.
шест|ь, и́, *i* **~ью́** *num* six.
шестьдеся́т, шести́десяти, *i* **шестью́десятью, о шести́десяти** *num* sixty.
шест|ьсо́т, исо́т, иста́м, ьюста́ми, о ~иста́х *num* six hundred.
ше́стью *adv* six times.
Шетле́ндск|ие острова́, ~их ~о́в (*no sg*) the Shetland Islands; the Shetlands.
шеф, а *m* **1** (*coll*) (*начальник*) boss, chief. **2** (*покровитель*) patron, sponsor.
шеф-по́вар, а, *pl* **~а́, ~о́в** *m* chef.
ше́ф|ский *adj of* ⇒**~ство**
ше́фств|о, а *nt* patronage, sponsorship; **взять ш. (над + *i*)** to take under one's patronage.
ше́фств|овать, ую *impf* **(над + *i*)** to act as patron, sponsor (to).
ше́|я, и *f* neck; **броса́ться на ~ю кому́-н.** to throw one's arms around s.o.'s neck; **на свою́ ~ю** (*coll*) to one's own detriment; **бить по ~ям** (*coll*) to beat up; **прогна́ть/вытолкать кого́-н. в ~ю** (*or* **в три ~и**) (*coll*) to throw s.o. out on his ear; **сиде́ть на ~е у кого́-н.** (*coll*) to live off s.o.
шиба́|ть, ю *impf* (*coll*) to hit (*also, impers, of smells, etc.*).
ши́б|кий (~ок, ~ка́, ~ко) *adj* (*coll*) fast, quick.
ши́бк|о *adv* (*coll*) **1** *adv of* ⇒**~ий**. **2** (*ударить*) hard; (*любить, скучать*) much, very; **ш. испуга́ться** to be scared stiff.
ши́б|че *comp of* ⇒**~кий** *and* ⇒**~ко**
ши́ворот, а *m* (*coll*): **за ш.** by the collar, by the scruff of the neck; **ш.-навы́ворот** (*adv*) topsy-turvy, upside down.
ши́зик, а *m* (*sl, pej*) crackpot, freak.
шизофре́ник, а *m* (*med*) schizophrenic;(*coll, offens*) crazy person.
шизофрени́|я, и *f* (*med*) schizophrenia.
шии́т, а *m* Shiite; **мусульма́нин-ш.** Shiite Muslim.
шии́тский *adj* Shiite.
шик, а (у) *m* stylishness; style.
шик|ану́ть, ану́, анёшь *inst pf of* ⇒**~ова́ть**
шика́рно *as pred* it is splendid, magnificent.
шика́р|ный (~ен, ~на) *adj* (*coll*) (*роскошный*) chic, smart, stylish; (*отличный*) gorgeous.
ши́к|ать, аю *impf* (*of* ⇒**~нуть**) (*coll*) **1** (**на** + *a*) to hush (*by crying 'sh'*). **2** (+ *d*) (*в знак неодобрения*) to hiss (at), boo, catcall.
ши́к|нуть, ну, нешь *inst pf of* ⇒**~ать**
шик|ну́ть, ну́, нёшь *inst pf of* ⇒**~ова́ть**
шик|ова́ть, у́ю *impf* (*of* ⇒**~(а)ну́ть**) (+ *i or intrans*; *coll*) to show off.
ши́л|о, а, *pl* **~ья, ~ьев** *nt* awl.
шилохво́ст|ь, и *f* (*zool*) pintail.
шимпанзе́ *cg indecl* chimpanzee.
ши́н|а, ы *f* **1** tyre (*Br*), tire (*US*). **2** (*med*) splint.
шине́л|ь, и *f* greatcoat.
шине́ль|ный *adj of* ⇒**~**
шинка́р|ка, ки *f of* ⇒**~ь**
шинка́р|ь, я́ *m* (*obs*) tavern-keeper, publican.
шинк|ова́ть, у́ю *impf* (*of* ⇒**на~**) (*cul*) to shred.
ши́н|ный *adj of* ⇒**~а**; **ш. заво́д** tyre factory (*Br*), tire factory (*US*).
шин|о́к, ка́ *m* (*obs*) tavern.
шинши́лл|а, ы *f* chinchilla.
шип[1], а́ *m* **1** (*bot*) thorn. **2** (*на спортивной обуви*) spike; (*на ботинках альпиниста*) crampon. **3** (*tech*) tenon; **ш. и гнездо́** mortise and tenon.
шип[2], а *m* (*coll*) (*звук*) hissing (sound).
шипе́ни|е, я *nt* hissing; sizzling; sputtering.
шип|е́ть, лю́, и́шь *impf* **1** (*о змее*) to hiss; (*при жарке*) to sizzle; (*о напитке*) to fizz. **2** (*от злости*) to hiss; (*ворчать*) to grumble.
шипо́вник, а *m* (*bot*) dog rose; (*плод*) hip(s).

Ш

шипу́чий *adj* (*вино*) sparkling; (*напиток, пиво, вода*) fizzy.

шипу́чк|а, и *f* (*coll*) fizzy drink.

шип|я́щий *pres participle active of* ⇒**~е́ть** *and adj* (*ling*) sibilant.

ши́р|е *comp of* ⇒**~о́кий** *and* ⇒**~око́**; **ш. шаг**, *see* ⇒**шаг**

ширин|а́, ы́ *f* width, breadth; (*колеи*) gauge (*of railway track*).

ши́ринк|а, и *f* fly (*of trousers*).

ши́р|ить, ю, ишь *impf* to extend, expand.

ши́р|иться, ится *impf* to spread, expand (*intrans*).

ши́рм|а, ы *f* screen (*also fig*).

широ́к|ий (~, ~а́) *adj* **1** wide, broad (*also fig*); **~ая колея́** (*railways*) broad gauge; **в ~ом смы́сле** in a broad sense. **2** (*fig*) big, extensive, general; **~ие пла́ны** big plans; **~ие ма́ссы** the general public; **ш. круг чита́телей** the average reader, the general reading public; **това́ры ~ого потребле́ния** (*econ*) consumer goods; **жить на ~ую но́гу** to live in grand style.

широко́ *adv* **1** wide, widely, broadly (*also fig*); **ш. раскры́ть глаза́** to open one's eyes wide; **ш. толкова́ть** to interpret loosely. **2** (*в широком масштабе*) extensively, on a large scale.

широко... *comb form* wide-, broad-.

широковеща́ни|е, я *nt* (*radio*) broadcasting.

широковеща́тельный *adj* **1** broadcasting. **2** (*pej*) (*реклама, манифест*) promising much, extravagant.

ширококоле́йный *adj* (*railways*) broad gauge.

ширококо́ст|ный (~ен, ~на) *adj* big-boned.

широкопле́ч|ий (~, ~а) *adj* broad-shouldered.

широкопо́лый *adj* (*шляпа*) wide-brimmed; (*сюртук*) full-skirted.

широкоэкра́нный *adj* widescreen.

широт|а́, ы́, *pl* **~́ы, ~** *f* **1** width, breadth; **ш. взгля́дов** broad-mindedness. **2** (*geog*) latitude.

широ́тный *adj* (*geog*) latitudinal, of latitude.

широча́йший *superl of* ⇒**широ́кий**

широче́нный *adj* (*coll*) very wide, broad.

ширпотре́б, а *m* (*collect*) mass-market goods.

ширпотре́бный *adj* mass-market.

шир|ь, и *f* (*wide*) expanse; **во всю ш.** to full width; (*fig*) to the full extent.

ширя́|ться, юсь *impf* (*of* ⇒**на~**) (*sl*) to shoot up (*inject drugs*).

ши́то-кры́то *adv* (*coll*): **всё ш.** it's all being kept dark.

ши́т|ый *ppp of* ⇒**~ь** *and adj* embroidered.

шить, шью, шьёшь *impf* (*of* ⇒**с~ 1**) **1** to sew. **2** (*изготовлять*) to make (*by sewing*); **ш. себе́ что-н.** to have sth made. **3** (*impf only*) (*вышивать*) to embroider.

шить|ё, я́ *nt* **1** sewing, needlework; **лоску́тное ш.** patchwork. **2** (*вышивание*) embroidering; (*вышивка*) embroidery.

ши́фер, а *m* slate.

ши́фер|ный *adj of* ⇒**~**

шифо́н, а *m* (*textiles*) chiffon.

шифонье́рк|а, и *f* chest of drawers.

шифр, а *m* **1** cipher; code. **2** (*библиотечный*) pressmark (*Br*), call number (*US*).

шифрова́льщик, а *m* cipher clerk.

шифро́в|анный *ppp of* ⇒**~а́ть** *and adj* (in) cipher.

шифр|ова́ть, у́ю *impf* (*of* ⇒**за~**) to encipher.

шифро́вк|а, и *f* **1** (*действие*) enciphering. **2** (*coll*) (*шифрованная запись*) coded message.

шиш, а́ *m* (*coll*) **1** (*vulg*) = **куки́ш**. **2** (*ничего*) nothing; **ни ~а́** damn all.

шиша́к, а́ *m* (*hist*) spiked helmet.

ши́шк|а, и *f* **1** (*bot*) cone. **2** (*бугорок*) bump; lump. **3** (*coll, joc*) (*важный человек*) bigwig.

шишкова́т|ый (~, ~а) *adj* knobbly; bumpy.

шишкови́д|ный (~ен, ~на) *adj* cone-shaped.

шишконо́сный *adj* (*bot*) coniferous.

шкал|а́, ы́, *pl* **~́ы** *f* (*зарплаты, термометра*) scale; (*приёмника*) dial.

шка́лик, а *m* (*obs*) **1** (*мера*) shkalik (*a unit of liquid volume, 0.06 litres*). **2** (*посуда*) bottle *or* glass (*containing above measure*).

шка́нц|ы, ев (*no sg*) (*naut*) quarterdeck.

шкату́лк|а, и *f* box, casket, case.

шкаф, а, о ~́е, в (на) ~у́, *pl* **~ы́** *m* cupboard; (*платяной*) wardrobe; (*кухонный*) dresser; **кни́жный ш.** bookcase (*with doors*); **несгора́емый ш.** safe.

шка́фчик, а *m* closet, locker.

шквал, а *nt* squall; (*fig*) (*огня, возмущения*) burst.

шква́листый *adj* squally.

шква́льный *adj* squally; **ш. ого́нь** (*mil*) heavy fire.

шква́р|ки, ок *pl* (*sg* **~ка, ~ки** *f*) (*cul*) crackling.

шкво́р|ень, ня *m* (*tech*) kingpin.

шкет, а *m* (*sl*) boy, lad.

шкив, а, *pl* **~ы́** *m* (*tech*) pulley.

шки́пер, а, *pl* **~ы** *and* **~а́** *m* (*naut*) skipper, master.

шко́д|а, ы *f* (*coll*) **1** (*вред*) harm, damage. **2** (*проделка*) trick, mischief.

шкодли́в|ый (~, ~а) *adj* (*coll*) **1** (*вредный*) harmful. **2** (*озорной*) mischievous.

шко́л|а, ы *f* **1** (*учреждение*) school; **ходи́ть в ~у** to go to school; **око́нчить ~у** to leave school; **ш.-интерна́т** boarding school. **2** (*выучка*) schooling, training.

шко́л|ить, ю, ишь *impf* (*of* ⇒**вы́~**) (*coll*) to train, discipline.

шко́льник, а *m* schoolboy.

шко́льниц|а, ы *f* schoolgirl.

шко́льнический *adj* schoolboy(ish).

шко́льничеств|о, а *nt* schoolboy(ish) behaviour (*Br*), behavior (*US*), schoolboy tricks.

шко́льн|ый *adj* school; **ш. во́зраст** school age; **со ~ой скамьи́** since one's schooldays.

школя́рств|о, а *nt* scholasticism, pedantry.

шкот, а *m* (*naut*) sheet.

шко́т|овый *adj of* ⇒**~**; **ш. у́зел** sheet bend.

шку́р|а, ы *f* skin (*also fig*), hide, pelt; **быть в чьей-н. ~е** to be in s.o.'s shoes; **драть ~у с кого́-н.** to fleece s.o.; **дрожа́ть за свою́ ~у** to be concerned for one's own skin; **чу́вствовать что-н. на свое́й ~е** to know what sth feels like.

шку́рк|а, и *f* **1** (*шкура*) skin. **2** (*coll*) (*плода*) rind. **3** (*бумага*) emery paper, sandpaper.

шку́рник, а *m* (*coll, pej*) selfish person, self-seeker.

шку́рный *adj* (*pej*) selfish, self-seeking.

шла *see* ⇒**идти́**

шлагба́ум, а *m* barrier (*of swing beam type, at road or rail crossing*).

шлак, а *m* slag; clinker.

шлакобето́н, а *m* (*материал*) breeze block (*Br*), cinder block (*US*).

шлакобето́н|ный *adj of* ⇒**~**; **~ блок** breeze block (*Br*), cinder block (*US*).

шлакобло́к, а *m* breeze block (*Br*), cinder block (*US*).

шла́к|овый *adj of* ⇒**~**

шланг, а *m* hose.

шла́ф|ор, а *m* = **~ро́к**

шлафро́к, а *m* (*obs*) housecoat, dressing gown.

шлейф, а *m* train (*of dress*).

шлем[1], а *m* helmet; **вя́заный ш.** balaclava; **защи́тный ш.** (*on building site, etc.*) hard hat.

шлем[2], а *m* (*cards*) slam; **большо́й/ма́лый ш.** grand/small slam.

шлёпан|цы, цев *pl* (*sg* **~ец, ~ца** *m*) slippers.

шлёп|ать, аю *impf* (*of* ⇒**от~** *and* ⇒**~нуть**) **1** (*ударять*) to smack, spank. **2** (*coll*) (*ходить*) to shuffle; to tramp; (*по воде*) to splash.

шлёп|аться, аюсь *impf* (*of* ⇒**~нуться**) (*coll*) to fall with a plop, thud.

шлёп|нуть(ся), ну(сь), нешь(ся) *pf of* ⇒**~ать(ся)**

шлеп|о́к, ка́ *m* smack, slap.

шле|я́, и́ *f* breech band, breast band (*part of harness*).

шли[1] *see* ⇒**идти́**

шли[2] *see* ⇒**слать**

шлифова́льный *adj* (*tech*) polishing; grinding; **ш. материа́л** abrasive(s); **ш. стано́к** grinding machine.

шлифова́ни|е, я *nt* (*tech*) polishing; grinding.

шлиф|ова́ть, у́ю *impf* (*of* ⇒**от~**) **1** (*tech*) to polish; to grind. **2** (*fig*) (*совершенствовать*) to polish, perfect.

шлифо́вк|а, и *f* (*tech*) **1** (*действие*) polishing; grinding. **2** (*результат*) polish (*result of action*).

шли́хт|а, ы *f* (*tech*) size.

шлихт|ова́ть, у́ю *impf* (*tech*) to size, dress.

шло *see* ⇒**идти́**

шлю, шлют *see* ⇒**слать**

шлюз, а *m* lock, sluice, floodgate.

шлюз|ово́й *adj of* ⇒~

шлюпба́лк|а, и *f* (*naut*) davit.

шлю́пк|а, и *f* launch, boat; **спаса́тельная ш.** lifeboat.

шлю́х|а, и *f* (*vulg*) streetwalker, tart.

шля́гер, а *m* (*mus*) hit.

шля́п|а, ы *f and cg* **1** *f* hat; **де́ло в ~е** (*coll*) it's in the bag. **2** *cg* (*coll, pej*) duffer.

шля́пк|а, и *f* **1** (*woman's*) hat. **2** (*гвоздя*) head (*of nail, etc.*); (*гриба*) cap.

шля́пник, а *m* milliner, hatter.

шля́п|ный *adj of* ⇒**~а**

шля́|ться, юсь *impf* (*coll*) to loaf about.

шляхе́т|ский *adj of* ⇒**~ство** *and* ⇒**шля́хта**

шляхе́тств|о, а *nt* = **шля́хта**

шля́хт|а, ы *f* (*hist*) szlachta (*the Polish gentry*).

шля́хтич, а *m* (*hist*) member of the szlachta; Polish gentleman.

шляхтя́нк|а, и *f of* ⇒**шля́хтич**

шмат, а *m* (*coll*) sound bite.

шмат|о́к, ка́ *m* (*coll*) bit, piece.

шмел|ь, я́ *m* bumblebee.

шмона́|ть, ю *impf* (*sl*) to frisk.

шмо́т|ки, ок (*no sg*) (*coll*) clothes.

шмуцти́тул, а *m* (*printing*) half-title.

шмы́г|ать, аю *impf* (*of* ⇒**~ну́ть**) (*coll*) **1** (+ *i*) (*ногами, туфлями*) to scrape; (*щеткой*) to brush; **ш. но́сом** to sniff. **2** (*быстро двигаться*) to rush around; to scurry.

шмыг|ну́ть, ну́, нёшь *pf* (*coll*) **1** *inst pf of* ⇒**~а́ть. 2** (*быстро убежать*) to dart, nip, sneak (*in order to escape notice*).

шмя́к|ать, аю *impf* (*of* ⇒**~нуть**) (*coll*) to drop with a thud.

шмя́к|нуть, ну, нешь *pf of* ⇒**~ать**

шнапс, а *m* schnapps.

шнитт-лу́к, а *m* (*bot*) chives (*pl*).

шни́цел|ь, я *m* (*cul*) schnitzel.

шнур, а́ *m* **1** (*верёвка*) cord; lace. **2** (*elec*) flex, cable.

шнур|ова́ть, у́ю *impf* **1** (*pf* **за~**) (*ботинки*) to lace up. **2** (*pf* **про~**) (*листы*) to tie (*leaves of a document, etc.*).

шнур|ова́ться, у́юсь *impf* (*of* ⇒**за~**) **1** to lace o.s. up. **2** *passive of* ⇒**~ова́ть**

шнуро́вк|а, и *f* lacing, tying.

шнур|о́к, ка́ *m* lace.

шныр|ну́ть, ну́, нёшь *pf of* ⇒**~я́ть**

шныр|я́ть, я́ю *impf* (*of* ⇒**~ну́ть**) (*coll*) to dart about.

шов, шва *m* **1** (*швейный*) seam; **без шва** seamless; **трещáть по всем швам** (*fig*) to burst at the seams, fall to pieces. **2** (*в вышивании*) stitch. **3** (*хирургический*) stitch, suture; **наложи́ть швы** to put in stitches; **снять швы** to remove stitches. **4** (*tech*) (*место соединения*) joint, seam, junction.

шовини́зм, а *m* chauvinism.

шовини́ст, а *m* chauvinist.

шовинисти́ческий *adj* chauvinistic.

шовини́ст|ка, ки *f of* ⇒~

шок, а *m* (*med, fig*) shock.

шоки́р|овать, ую *impf* to shock.

шо́ков|ый *adj*: **~ая терапи́я** shock therapy.

шокола́д, а *m* chocolate.

шокола́дк|а, и *f* (*coll*) (*плитка шоколада*) bar of chocolate; (*конфета*) a chocolate (sweet).

шокола́д|ный *adj* **1** *adj of* ⇒~. **2** (*коричневый*) chocolate-coloured (*Br*), -colored (*US*).

шо́мпол, а, *pl* **~а́** *m* (*mil*) **1** (*для чистки*) cleaning rod. **2** (*obs*) (*для забивания заряда*) ramrod.

шо́рник, а *m* saddler, harness maker.

шо́рн|ый *adj* harness; **~ая мастерска́я** = **~я**

шо́рн|я, и *f* saddler's shop, harness maker's.

шо́рох, а *m* rustle.

шо́рт|ы, ~ (*no sg*) shorts.

шо́р|ы, ~ (*no sg*) blinkers (*also fig*).

шоссе́ *nt indecl* highway; surfaced road.

шоссе́|йный *adj of* ⇒~; **~йная доро́га** = ~

шосси́р|овать, ую *impf and pf* to surface (*a road*).

шотла́нд|ец, ца *m* Scotsman, Scot.

Шотла́нди|я, и *f* Scotland; **Но́вая Ш.** (*провинция Канады*) Nova Scotia.

шотла́нд|ка¹, ки *f of* ⇒**~ец**

шотла́нд|ка², ки *f* (*textiles*) tartan, plaid.

шотла́ндский *adj* Scottish, Scots.

шо́у *nt indecl* show.

шо́у-би́знес, а *m* show business.

шофёр, а *m* driver; (*персональный*) chauffeur.

шофёр|ский *adj of* ⇒~; **~ское свиде́тельство, ~ские права́** driver's, driving licence.

шпа́г|а, и *f* sword; (*sport*) épée; **обнажи́ть ~у** to draw one's sword; **скрести́ть ~и** to cross swords (*also fig*).

шпага́т, а *m* **1** string, cord; (*agric*) binder twine. **2** (*в гимнастике*) the splits.

шпагоглота́тел|ь, я *m* sword-swallower.

шпажи́ст, а *m* (*sport*) épéeist.

шпакл|ева́ть, ю́ю, ю́ешь *impf* (*of* ⇒**за~**) to fill, putty, stop (*holes*); (*naut*) to caulk.

шпаклёвк|а, и *f* **1** (*действие*) filling, puttying, stopping up. **2** (*вещество*) putty, filler.

шпа́л|а, ы *f* (*railways*) sleeper (*Br*), cross tie (*US*).

шпале́р|а, ы *f* **1** (*решётка*) trellis, latticework. **2** (*ряд деревьев, кустов*) hedge, line of trees (*lining road*). **3** (*mil*) line (*of soldiers along ceremonial route*); **стоя́ть ~ами** to line the route. **4** (*in pl, obs*) (*обои*) wallpaper.

шпан|а́, ы́ *f* (*coll*) hooligan; (*also collect*) rabble.

шпанго́ут, а *m* (*tech*) (*самолёта*) frame; (*судна*) ribs.

шпарга́лк|а, и *f* (*coll*) crib (sheet) (*in school, university*).

шпа́р|ить, ю, ишь *impf* (*coll*) **1** (*pf* **о~**) (*обливать кипятком*) to scald, pour boiling water on. **2** (*делать, говорить быстро, энергично*) to do, say, *etc.*, in a rush, energetically.

шпат, а *m* (*min*) spar; **полево́й ш.** feldspar.

шпа́тел|ь, я *m* **1** (*tech, art*) palette knife. **2** (*med*) spatula.

шпа́ци|я, и *f* (*printing*) space.

шпен|ёк, ька́ *m* pin, peg, prong.

шпига́т, а *m* (*naut*) scupper.

шпиг|ова́ть, у́ю *impf* (*of* ⇒**на~**) **1** (*cul*) to lard. **2** (*coll*): **ш. кого́-н.** to cram sth into s.o.'s head.

шпик¹, а (у) *m* (*cul*) (*сало*) lard.

шпик², а́ *m* (*coll*) (*сыщик*) secret agent; detective.

шпил|ь, я *m* **1** spire, steeple. **2** (*naut*) capstan.

шпи́льк|а, и *f* **1** (*для волос*) hairpin; (*для шляпы*) hatpin. **2** (*tech*) (*стержень*) peg, dowel; (*гвоздик*) tack, brad. **3** (*fig*) (*замечание*) caustic remark; **подпусти́ть ~у (кому́-н.)** to get at, have a dig at (s.o.). **4** (*каблук*) stiletto.

шпина́т, а *m* spinach.

шпингале́т, а *m* **1** catch, latch (*of door or window*). **2** (*coll*) (*мальчишка*) urchin, boy.

шпио́н, а *m* spy.

шпиона́ж, а *m* espionage.

шпио́н|ить, ю, ишь *impf* (**за** + *i*) to spy (on).

шпио́н|ка, ки *f of* ⇒~

шпио́н|ский *adj of* ⇒~

шпиц¹, а *m* (*obs*) (*шпиль*) spire, steeple.

шпиц², а *m* (*собака*) Pomeranian (*dog*).

шпон, а *m* (*printing*) lead.

шпо́нк|а, и *f* (*tech*) bushing key, dowel.

шпо́р|а, ы *f* spur; **дать ~ы** (+ *d*) to spur on.

шприц, а *m* (*med*) syringe.

шпро́т|ы, ~ *and* **~ов** *pl* (*sg* **~а, ~ы** *f and* **~, ~а** *m*) sprats.

шпу́льк|а, и *f* spool, bobbin.

шпунт, а́ *m* (*tech*) groove, tongue, rabbet.

шпур, а *m* (*min*) blast hole, borehole.

шпыня́|ть, ю *impf* (*coll*) to needle, nag.

шрам, а *m* scar.

шрапне́л|ь, и *f* shrapnel.

Шри-Ланк|а́, и́ *f* Sri Lanka.

шриланки́|ец, йца *m* Sri Lankan.

шриланки́|йка, йки *f of* ⇒**~ец**

шри-ланки́йский *adj* Sri Lankan.

шрифт, а, *pl* **~ы** *m* type, type face; (*comput*) font.

штаб, а, *pl* **~ы** *m* (*mil*) (*лица*) staff; (*место*) headquarters.

шта́бел|ь, я, *pl* **~я́, ~е́й** *m* stack, pile.

штаби́ст, а *m* (*coll*) staff officer.

штаб-кварти́р|а, ы *f* (*mil*) headquarters.

штабни́к, а́ *m* (*coll*) staff officer.

штаб|но́й *adj of* ⇒~

штаб-офице́р, а *m* (*mil, hist*) field officer.

Ш

штабс-капита́н, а *m* (*mil, hist*) staff-captain (*rank between lieutenant and captain*).

штаг, а *m* (*naut*) stay.

штаке́тник, а *m* (*забор*) fence; (*планки*) fencing.

шталме́йстер, а *m* (*hist*) equerry.

штамп, а *m* **1** (*tech*) (*форма*) die, punch. **2** (*печать*) stamp. **3** (*fig, pej*) (*банальность*) cliché, stock phrase.

штампова́льный *adj* (*tech*) punching, stamping.

штампо́в|анный *ppp of* ⇒**~а́ть** *and adj* **1** (*tech*) punched, stamped. **2** (*fig*) (*банальный*) trite, hackneyed.

штамп|ова́ть, у́ю *impf* **1** (*tech*) (*детали*) to punch, press. **2** (*бланки*) to stamp, die. **3** (*fig*) (*стихи*) to churn out; (*решения*) to rubber-stamp.

штампо́вк|а, и *f* **1** (*tech*) (*деталей*) punching. **2** (*бланков*) (die-)stamping.

штампо́вщик, а *m* puncher; stamp operator.

шта́нг|а, и *f* **1** (*tech*) bar, rod, beam. **2** (*sport*) (*стержень с тяжестями*) weight. **3** (*sport*) (*ворот*) goalpost.

штангенци́ркул|ь, я *m* (*tech*) sliding calipers, slide gauge.

штанги́ст, а *m* (*sport*) weightlifter.

штанда́рт, а *m* (*obs*) standard.

штани́н|а, ы *f* (*coll*) trouser leg.

штани́ш|ки, ек (*no sg*) *diminutive of* ⇒**штаны́**

штан|ы́, о́в (*no sg*) trousers, breeches.

шта́пел|ь, я *m* (*textiles*) staple.

шта́пельный *adj* (*textiles*) staple.

штат[1], **а** *m* state; **Соединённые Ш~ы Аме́рики** United States of America.

штат[2], **а** *m* (*in sg or pl*) **1** (*сотрудники*) staff; **зачислить в ш.** to take on the staff. **2** (*usu in pl*) (*документ*) staff list (*including duties and salaries*).

штати́в, а *m* tripod, base, support, stand.

шта́т|ный *adj of* ⇒**~**[2]; **~ная до́лжность** established post; **ш. рабо́тник** permanent member of staff.

шта́тск|ий *adj* civilian; **~ое (пла́тье)** civilian clothes, civvies, mufti; *as n* **ш., ~ого** *m* civilian.

ште́кер, а *m* jack plug.

штемпел|ева́ть, ю́ю, ю́ешь *impf* (*of* ⇒**за~**) to stamp.

ште́мпел|ь, я, *pl* **~я́** *m* stamp; **почто́вый ш.** postmark.

ште́мпель|ный *adj of* ⇒**~**

ште́псел|ь, я, *pl* **~я́** *m* (*elec*) (*вилка*) plug; (*coll*) (*розетка*) socket.

ште́псель|ный *adj of* ⇒**~**; **~ная ви́лка** plug; **~ная розе́тка** socket.

штибле́т|ы, ~ *pl* (*sg* **~а, ~ы** *f*) (*lace-up*) boots, shoes.

штил|ево́й *adj of* ⇒**~ь**

штил|ь, я *m* (*naut*) calm.

штифт, а́ *m* (*tech*) (joint) pin; dowel.

шток, а *m* (*tech*) (coupling) rod; **ш. по́ршня** piston rod.

штокро́з|а, ы *f* (*bot*) hollyhock.

што́льн|я, и, *g pl* **што́лен** *f* (*mining*) gallery.

што́пальный *adj* darning.

што́па|ть, ю *impf* (*of* ⇒**за~**) to darn.

што́пк|а, и *f* **1** (*действие*) darning. **2** (*нитки*) darning thread, wool. **3** (*coll*) (*заштопанное место*) darn.

што́пор, а *m* **1** corkscrew. **2** (*aeron*) spin.

што́р|а, ы *f* blind.

шторм, а *m* (*naut*) strong gale (*wind force 9*); (*coll*) gale.

шторм|ова́ть, у́ет *impf* (*naut*) to ride out a storm.

штормо́вк|а, и *f* anorak; parka.

шторм|ово́й *adj of* ⇒**~**; **ве́тер ~ово́й си́лы** gale-force wind; **ш. костю́м** weatherproof clothing; **~ова́я пого́да** stormy weather; **~ово́е предупрежде́ние** storm warning.

што́р|ный *adj of* ⇒**~а**

штоф[1], **а** *m* (*мера, бутылка*) shtof (*an old Russian liquid measure* (*1.23 litres*), *or bottle of this measure*).

штоф[2], **а** *m* (*textiles*) damask, brocade.

што́ф|ный[1] *adj of* ⇒**~**[1]; **~ная ла́вка** drinking shop.

што́ф|ный[2] *adj of* ⇒**~**[2]

штраф, а *m* fine; **взима́ть ш.** (**с** + *g*) to fine; **наложи́ть ш.** to impose a fine.

штрафба́т, а *m* (*abbr of* **штрафно́й батальо́н**) (*mil*) penal battalion.

штрафни́к, а́ *m* (*coll*) **1** soldier in the 'glasshouse'. **2** (*sport*) player who has been sent off.

штраф|но́й *adj* **1** *adj of* ⇒**~**. **2** penal, penalty; **ш. батальо́н** (*mil*) penal battalion; **~на́я площа́дка** (*sport*) penalty area; **ш. уда́р** (*sport*) penalty kick.

штраф|ова́ть, у́ю *impf* (*of* ⇒**о~**) to fine.

штрейкбре́хер, а *m* strike-breaker, blackleg.

штрейкбре́херств|о, а *nt* strike-breaking, blacklegging.

штрек, а *m* (*mining*) drift.

штрих, а́ *m* **1** (*черта*) stroke (*in drawing*). **2** (*fig*) (*частность*) feature, trait.

штрихко́д, а *m* bar code.

штрих|ова́ть, у́ю *impf* (*of* ⇒**за~**) to shade, hatch.

штрих|ово́й *adj of* ⇒**~**; **ш. рису́нок** line drawing.

штуди́р|овать, ую *impf* (*of* ⇒**про~**) to study.

шту́к|а, и *f* **1** (*отдельный предмет*) item, one of a kind (*often not translated*); **по рублю ш.** one rouble each; **пять ~ яи́ц** five eggs; **я возьму́ шесть ~** I'll have six (*of item in question*). **2** (*coll*) (*вещь*) thing; **вот так ш.!** well I'll be damned! **3** (*coll*) (*проделка*) trick; **сыгра́ть ~у** to play a trick.

штука́р|ь, я́ *m* (*coll*) joker; rogue.

штукату́р, а *m* plasterer.

штукату́р|ить, ю, ишь *impf* (*of* ⇒**о~** *and* (*coll*) ⇒**от~**) to plaster.

штукату́рк|а, и *f* **1** (*действие*) plastering. **2** (*раствор*) plaster. **3** (*слой раствора*) stucco.

штукату́р|ный *adj of* ⇒**~ка**

штуко́вин|а, ы *f* (*coll*) thingumajig, thingummy; gizmo.

штурва́л, а *m* steering wheel; controls; **стоя́ть за ~ом** to be at the wheel, helm, controls.

штурва́л|ьный *adj of* ⇒**~**; *as n* **ш., ~ьного** *m* helmsman, pilot.

штурм, а *m* (*mil*) storm, assault.

шту́рман, а *m* (*naut, aeron*) navigator.

штурм|ова́ть, у́ю *impf* to storm, assault.

штурмови́к, а́ *m* (*самолёт*) low-flying attack aircraft; (*человек*) storm trooper.

штурмо́вк|а, и *f* low-flying air attack.

штурм|ово́й *adj of* ⇒**~** *and* ⇒**~о́вка**; **~ова́я авиа́ция** ground support aircraft; **~ова́я ле́стница** (*hist*) scaling ladder; **~ова́я ло́дка** assault craft; **~ова́я полоса́** assault course; **ш. самолёт = ~ови́к**

штурмовщи́н|а, ы *f* (*pej*) rushed work, production spurt.

шту́чн|ый *adj* (by the) piece; **ш. пол** parquet floor; **~ая рабо́та** piecework; **ш. това́р** goods sold by the piece (*and not by weight*).

штык, а́ *m* bayonet; **идти́ в ~и́** to fight at bayonet point; **встре́тить/приня́ть в ~и́** (*fig*) to give a hostile reception (to), oppose adamantly.

штык|ово́й *adj of* ⇒**~**; **ш. уда́р** bayonet thrust.

штыр|ь, я́ *m* (*tech*) pin, dowel; (*дюбель*) wall plug, Rawlplug (*Br, propr*).

шу́б|а, ы *f* fur coat.

шуг|а́, и́ *f* sludge ice.

шуг|а́ть, а́ю *impf* (*of* ⇒**~ну́ть**) (*coll*) to scare off.

шуг|ну́ть, ну́, нёшь *inst pf of* ⇒**~а́ть**

шу́лер, а, *pl* **~а́** *m* card sharper, cheat.

шу́лер|ский *adj of* ⇒**~**

шу́лерств|о, а *nt* card-sharping, sharp practice.

шум, а (у), *pl* **~ы́, ~о́в** *m* **1** (*звуки*) noise. **2** (*coll*) (*брань, скандал*) din, uproar, racket; **подня́ть ш.** to kick up a racket. **3** (*fig*) (*оживлённое обсуждение*) sensation, stir. **4** (*med*) murmur; **~(ы) в се́рдце** cardiac murmur(s).

шум|е́ть, лю́, и́шь *impf* **1** (*издавать шум*) to make a noise. **2** (*coll*) (*браниться, кричать*) to row, wrangle. **3** (*fig*) (*оживлённо обсуждать*) to make a stir/fuss; to cause a sensation/stir.

шуми́х|а, и *f* (*coll*) sensation, stir.

шумли́в|ый (~, ~а) *adj* noisy.

шу́м|ный (~ен, ~на́, ~но, ~ны́) *adj* **1** noisy; loud. **2** (*fig*) sensational.

шумови́к, а́ *m* (*theatr*) sound effects man.

шумо́вк|а, и *f* (*cul*) perforated spoon, straining ladle.

шум|ово́й *adj of* ⇒**~**; **ш. орке́стр** percussion band; **~овы́е эффе́кты** sound effects.

шум|о́к, ка́ *m* (*coll*) noise; **под ш.** on the quiet.

шунт, а́ *m* (*med*) bypass.

шунти́ровани|е, я *nt* (*med*) bypass (surgery); **корона́рное ш.** heart bypass (surgery).

шу́рин, а *m* brother-in-law (*wife's brother*).

шур|ова́ть, у́ю *impf* to stoke, poke (*a furnace*).

шуру́п, а *m* (*tech*) screw.

шурф, а *m* (*mining*) prospecting shaft.

шурш|а́ть, у́, и́шь *impf* to rustle (*also* + *i, trans*).

шу́ры-му́ры *pl, oblique cases not used* (*coll*) love affair(s).

шу́ст|рый (~(ё)р, ~ра́, ~ро, ~ры) *adj* (*coll*) smart, bright, sharp.

шут, а́ *m* **1** (*hist*) (*при дворе*) fool, jester. **2** (*fig, coll*) (*паяц*) fool, buffoon, clown; **разыгра́ть ~а́** to play the fool. **3** (*coll*) (*чёрт*): **на кой ш.?, како́го ~а́?** why the devil?

шу|ти́ть, чу́, ~тишь *impf* (*of* ⇒**по~**) **1** to joke, jest; **я же не ~чу́** but I'm not joking; **чем чёрт не ~тит!** (*coll*) we can but see (what will happen)! **2** (**с** + *i*) (*несерьёзно относиться*) to play (with), trifle (with); **ш. с огнём** to play with fire. **3** (**над** + *i*) (*смеяться*) to laugh (at), make fun (of).

шути́х|а, и *f* **1** *f of* ⇒**шут**. **2** (*ракета*) firecracker, rocket.

шу́тк|а, и *f* **1** joke, jest; **не ш.** it's no joke; **ш. (ли)** + *inf* it's not so easy, it's no laughing matter (to); **с ней ~и пло́хи** she is not to be trifled with; **~и в сто́рону, ~и прочь** let's get down to business; **без шу́ток** joking apart; **сказа́ть в ~у** to say as a joke; **не на ~у** in earnest. **2** (*проделка*) trick; **сыгра́ть ~у (с** + *i*) to play a trick (on). **3** (*theatr*) farce.

шутли́в|ый (~, ~а) *adj* **1** (*человек, характер*) jokey. **2** (*тон, замечание*) joking, light-hearted; (*рассказ, песня*) humorous.

шутни́к, а́ *m* joker.

шут|овско́й *adj of* ⇒**шут**; **ш. колпа́к** fool's cap; **~овски́е вы́ходки** clowning, buffoonery.

шутовств|о́, а́ *nt* buffoonery.

шу́точ|ный (~ен, ~на) *adj* **1** (*рассказ, стихи*) humorous. **2** (*вопрос, тон*) joking, light-hearted. **3**: **де́ло не ~ное** it's no joke, no laughing matter.

шут|я́ *pres gerund of* ⇒**~и́ть** *and adv* **1** (*легко*) easily, lightly; **ш. отде́латься** to get off lightly. **2** (*в шутку*) for fun, in jest; **не ш.** in earnest.

шу́шер|а, ы *f* (*coll*) riff-raff.

шушу́ка|ться, юсь *impf* (*coll*) to whisper; (*fig*) to gossip.

шхе́р|ный *adj of* ⇒**~ы**

шхе́р|ы, ~ (*no sg*) (*geog*) skerries.

шху́н|а, ы *f* schooner.

ш-ш(-ш) *int* ssh!; (s)hush!

Ш

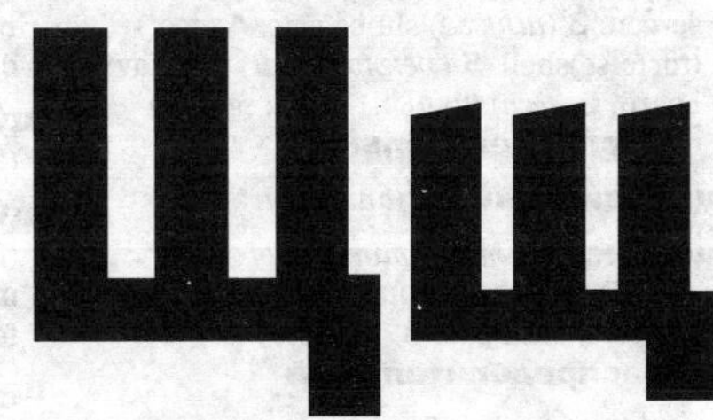

щаве́л|евый *adj* **1** *adj of* ⇨**~ь**. **2** (*chem*): **~евая кислота́** oxalic acid.

щаве́л|ь, я́ *m* (*bot*) sorrel (*Rumex*).

ща|ди́ть, жу́, ди́шь *impf* (*of* ⇨**по~**) to spare; to have mercy (on); **щ. чьи-н. чу́вства** to spare s.o.'s feelings; **не щ. враго́в** to give one's enemies no quarter.

щебёнк|а, и *f* = **щёбень**

щё́б|ень, ня *m* **1** crushed stone, ballast (*as road surfacing*). **2** (*geol*) detritus.

щёбет, а *m* twitter, chirp.

щебета́ни|е, я *nt* twittering, chirping.

щебе|та́ть, чу́, ~́чешь *impf* to twitter, chirp.

щегл|ёнок, ёнка, *pl* **~я́та, ~я́т** *m* young goldfinch.

щег|о́л, ла́ *m* goldfinch.

щеголева́т|ый (~, ~а) *adj* foppish, dandified.

щёгол|ь, я *m* fop, dandy.

щегол|ьну́ть, ьну́, ьнёшь *inst pf of* ⇨**~я́ть 3**

щегольско́й *adj* foppish, dandified.

щегольств|о́, а́ *nt* foppishness, dandyism.

щегол|я́ть, я́ю *impf* **1** (*щегольски одеваться*) to dress ultra-fashionably. **2** (**в** + *p*; *coll*) (*в новом платье*) to strut around in; to sport. **3** (*pf* **~ьну́ть**) (+ *i*; *coll*) (*своими знаниями*) to show off, parade, flaunt.

ще́дрост|ь, и *f* generosity.

щедро́т|ы, ~ (*no sg*) (*coll*) munificence; **подари́ть от свои́х ~** (*ironical*) to donate generously.

ще́др|ый (~, ~а́, ~о, ~ы) *adj* generous; (**на** + *a*) lavish with, in.

щек|а́, и́, *a* **~́у/~у́,** *pl* **~́и, ~́, ~а́м** *f* cheek; **уда́рить кого́-н. по ~е́** to slap s.o.'s face; **упи́сывать/уплета́ть за обе ~́и** (*coll*) to eat ravenously, guzzle.

щеко́лд|а, ы *f* latch; catch.

щеко|та́ть, чу́, ~́чешь *impf* (*of* ⇨**по~**) **1** to tickle (*also fig*). **2** (*impers*): **у меня́ в го́рле,** *etc.*, **~́чет** I have a tickle in my throat, *etc.*

щеко́тк|а, и *f* tickling; **боя́ться ~и** to be ticklish.

щекотли́в|ый (~, ~а) *adj* delicate, sensitive; **~ая те́ма** delicate subject.

щеко́тно *as pred* (*coll*) (*impers*; + *d*) it tickles.

щел|ево́й *adj* **1** *adj of* ⇨**~ь**. **2** (*ling*) fricative.

щели́ст|ый (~, ~а) *adj* (*coll*) full of chinks.

щёлк, а *m* snap, crack.

щёлк|а, и *f* chink.

щёлкань|е, я *nt* **1** (*по лбу*) flicking. **2** (*звук*) clicking, snapping, cracking, popping. **3** (*птичье*) trilling (*of some birds*).

щёлк|ать, аю *impf* (*of* ⇨**~нуть**) **1** (*человека, по лбу и т. п.*) to flick. **2** (+ *i*) (*производить звук*) to click, snap, crack; (*comput*) to click; **два́жды щ. (мы́шью)** to double-click; **щ. затво́ром** to click the shutter (*of a camera*); **щ. па́льцами** to snap one's fingers; **щ. кнуто́м** to crack a whip. **3** (*impf only*) (*орехи*) to crack. **4** (*impf only*) (*о птице*) to trill.

щёлк|нуть, ну, нешь *inst pf of* ⇨**~ать 1, 2**

щелкопёр, а *m* (*obs, pej*) scribbler, hack.

щёлок, а *m* alkaline solution, lye.

щелочно́й *adj* (*chem*) alkaline.

щёлочност|ь, и *f* (*chem*) alkalinity.

щёлоч|ь, и, *pl* **~и, ~е́й** *f* (*chem*) alkali.

щелч|о́к, ка́ *m* **1** (*удар*) flick (of the fingers). **2** (*comput*) (*мышью*) click; **двойно́й щ.** double click. **3** (*fig, coll*) (*оскорбление*) insult, slight.

щел|ь, и, *pl* **~́и, ~е́й** *f* **1** crack; chink; slit; (*в игровом, торговом автомате*) slot. **2** (*mil*) slit trench. **3**: **голосова́я щ.** (*anat*) glottis.

щем|и́ть, и́т *impf* **1** (*кожу*) to pinch. **2** (*ныть, болеть*) to ache, hurt (*also impers*); **~и́т в боку́** my *etc.* side is aching. **3** (*сердце, душу*) to oppress, grieve (*also impers*).

щем|я́щий *pres participle active of* ⇨**~и́ть** *and adj* **1** aching, nagging; **~я́щая боль** ache. **2** (*fig*) painful, oppressive.

щен|и́ться, и́тся *impf* (*of* ⇨**о~**) to whelp, cub.

щен|о́к, ка́, *pl* **~ки́, ~ко́в** *and* **~я́та, ~я́т** *m* puppy, pup (*also fig*); whelp, cub.

щеп|а́, ы́, *pl* **~́ы, ~, ~а́м** *f* (*wood*) splinter, chip; (*collect*) kindling.

щеп|а́ть, лю́, ~́лешь *impf* to chip, chop (*wood*).

щепети́л|ьный (~ен, ~ьна) *adj* **1** (*человек*) punctilious; (over)scrupulous. **2** (*вопрос*) delicate.

ще́пк|а, и *f* = **щепа́**; **худо́й как щ.** thin as a rake; **лес ру́бят — ~и летя́т** (*proverb*) you can't make omelettes without breaking eggs.

щепо́т|ка, ки *f* = **щёпоть**

щёпо́т|ь, и *f* pinch (*of salt, snuff, etc.*).

щерба́т|ый (~, ~а) *adj* **1** dented; chipped. **2** (*coll*) (*лицо*) pockmarked. **3** (*coll*) (*рот*) gap-toothed.

щерби́н|а, ы *f* **1** indentation; gap, hole. **2** (*на коже*) pockmark.

ще́р|ить, ю, ишь *impf* (*of* ⇨**о~**) **1** (*зубы*) to bare. **2** (*шерсть*) to bristle.

ще́р|иться, юсь, ишься *impf* (*of* ⇨**о~**) **1** (*оскаливать зубы*) to bare one's teeth. **2** (*щетиниться*) to bristle (*also fig*).

щети́н|а, ы *f* bristle; (*coll*) (*борода*) stubble.

щети́нист|ый (~, ~а) *adj* bristly, bristling; (*coll*) (*щёки*) stubble-covered.

щети́н|иться, ится *impf* (*of* ⇨**о~**) to bristle (*also fig*).

щётк|а, и *f* **1** brush; **зубна́я щ.** toothbrush; **щ. для воло́с** hairbrush. **2** (*у лошади*) fetlock.

щёт|очный *adj of* ⇨**~ка**

щёчный *adj of* ⇨**щека́**

щи, щей, щам, ща́ми, о щах (*no sg*) shchi (*cabbage soup*); **попа́сть как кур во́ щи** to get into hot water.

щи́колотк|а, и *f* ankle.

щип|а́ть, лю́, ~́лешь *impf* **1** (*pf* **(у)щипну́ть**) (*защемлять до боли*) to pinch, nip, tweak. **2** (*impf only*) (*о морозе*) to sting, bite; (*о горчице*) to burn. **3** (*impf only*) (*съедать*) to nibble, munch, browse (on), pick (at). **4** (*pf* **об~** *and* **о~**) (*птицу*) to pluck.

щип|а́ться, лю́сь, ~́лешься *impf* (*coll*) **1** (*иметь повадку щипать*) to nip, pinch. **2** (*щипать друг друга*) to pinch each other.

щип|е́ц, ца́ *m* (*archit*) gable.

щипко́в|ый *adj*: **~ые музыка́льные инструме́нты** (*mus*) stringed instruments played by plucking.

щипко́м *adv* (*mus*) pizzicato.

щип|ну́ть, ну́, нёшь *pf of* ⇨**~а́ть 1**

щип|о́к, ка́ *m* pinch, nip, tweak.

щипц|ы́, о́в (*no sg*) (*каминные*) tongs; (*tech*) pincers; (*плоскогубцы*) pliers; (*хирургические*) forceps; **щ. для зави́вки воло́с** curling tongs; **щ. для са́хара** sugar tongs.

щи́пчик|и, ов (*no sg*) tweezers.

щит, а́ *m* **1** shield; **живо́й щ.** human shield; **подня́ть на щ.** to extol, eulogize; **верну́ться на ~е́** to suffer defeat; **верну́ться со ~о́м** to be triumphant, victorious. **2** (*ограждение*) shield, screen. **3** (*шлюза*) sluice gate. **4** (*zool*) (tortoise)shell. **5** (*рекламный*) (display) board. **6** (*tech*) (*пульт*) panel; *see also* **⇨распредели́тельный**

щитови́дный *adj* (*anat*) thyroid.

щит|о́к, ка́ *m* **1** *diminutive of* **⇨~ 2–6**; (*у машины*) dashboard. **2** (*sport*) shin pad. **3** (*elec*) *see* **⇨распредели́тельный**

щу́к|а, и *f* pike (*fish*).

щуп, а *m* (*tech*) **1** probe, probing instrument. **2** (*coll*) (*уровнемер*) dipstick.

щу́пальц|е, а, *g pl* **щу́палец** *nt* (*zool*) tentacle; antenna.

щу́па|ть, ю *impf* (*of* **⇨по~**) to feel (for), touch; (*fig*; *coll*) to size up, suss out; **щ. глаза́ми** to scan; **щ. пульс** (*med*) to feel the pulse.

щу́пл|ый (~, ~á, ~о) *adj* weak, puny, frail.

щур¹, а *m* (*далёкий предок*; *пра~*) ancestor.

щур², а́ *m* (*zool*) pine grosbeak.

щу́р|ить, ю, ишь *impf* (*of* **⇨со~**); **щ. глаза́ = ~иться**

щу́р|иться, юсь, ишься *impf* (*of* **⇨со~**) **1** to screw up one's eyes. **2** (*о глазах*) to narrow.

щу́рк|а, и *f* (*zool*) bee-eater.

щу́|чий *adj of* **⇨~ка**; **как по ~чьему веле́нью** as if of its own volition; as if by magic.

Щ

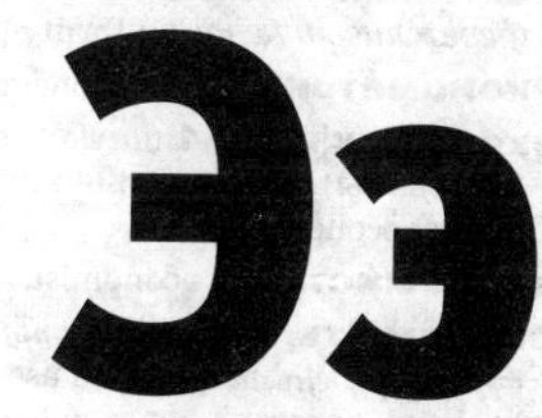

эбе́новый *adj* ebony.
эбони́т, а *m* vulcanite, ebonite.
э́ва[1] *particle* (*coll or dialect*) (*вон*) over there.
э́ва[2] *int* (*coll*) **1** (*выражает удивление*) what's that!; you don't mean to say so! **2** (*выражает несогласие*) nonsense!
эвакуацио́нный *adj of* ⇨**эвакуа́ция**; **э. пункт** evacuation centre (*Br*), center (*US*); **э. райо́н** evacuation area.
эвакуа́ци|я, и *f* evacuation.
эваку́иров|анный *ppp of* ⇨**~ать**; *as n* **э., ~анного** *m*, **~анная, ~анной** *f* evacuee.
эваку́ир|овать, ую *impf and pf* to evacuate (*trans*).
эваку́ир|оваться, уюсь *impf and pf* to be evacuated.
эвентуа́л|ьный (~ен, ~ьна) *adj* possible.
Эвере́ст, а *m* (Mt) Everest.
эвкали́пт, а *m* (*bot*) eucalyptus.
эвкали́пт|овый *adj of* ⇨**~**; **~овое ма́сло** eucalyptus oil.
ЭВМ *f indecl* (*abbr of* **электро́нно-вычисли́тельная маши́на**) computer; **больша́я Э.** mainframe computer; **сверхбольша́я Э., су́пер-Э.** supercomputer; **персона́льная Э.** personal computer.
эволюциони́р|овать, ую *impf and pf* to evolve.
эволюциони́ст, а *m* evolutionist.
эволюцио́нн|ый *adj* evolutionary; **~ое уче́ние** (*biol*) doctrine of evolution.
эволю́ци|я, и *f* evolution.
эвристи́ческий *adj* heuristic.
эвтана́зи|я, и *f* euthanasia.
эвфеми́зм, а *m* euphemism.
эвфемисти́ческий *adj* euphemistic.
эвфони́ческий *adj* euphonious.
эвфони́|я, и *f* euphony.
эгалита́рный *adj* egalitarian.
Эге́йск|ое мо́р|е, ~ого ~я *nt* the Aegean (Sea).
эги́д|а, ы *f* aegis; **под ~ой** (+ *g*) under the aegis (of).
эгои́зм, а *m* egoism, selfishness.
эгои́ст, а *m* egoist.
эгоисти́ческий *adj* egoistic, selfish.
эгоисти́ч|ный (~ен, ~на) *adj* = **~еский**
эгои́ст|ка, ки *f of* ⇨**~**
эготи́зм, а *m* egotism.
эгоцентри́ст, а *m* egocentric person.
эгоцентри́ст|ка, ки *f of* ⇨**~**
эгоцентри́ческий *adj* egocentric.
эгоцентри́ч|ный (~ен, ~на) *adj* = ⇨**~еский**
э́дак(ий) = **э́так(ий)**
эдельве́йс, а *m* (*bot*) edelweiss.
Эде́м, а *m* (*bibl*) Eden.
эде́мский *adj of* ⇨**Эде́м**; **сад Э.** the Garden of Eden.
Э́динбу́рг, а *m* Edinburgh.
эди́пов *adj*: **э. ко́мплекс** (*psychol*) Oedipus complex.
эзо́пов *adj* = **~ский**
эзо́повский *adj* Aesopian; **э. язы́к** 'Aesopian language' (*esp of allegorical language used by Russian non-conformist publicists to conceal anti-régime sentiments*).
эй *int* hey!
Э́йре *nt indecl* Eire.
эйтана́зи|я, и *f* euthanasia.
эйфори́|я, и *f* euphoria.
эк (*and* **э́ка, э́ко)** *particle* (*coll*) *expressing surprise, indignation, etc.*, my goodness!
Эквадо́р, а *m* Ecuador.
эквадо́р|ец, ца *m* Ecuadorean.
эквадо́р|ка, ки *f of* ⇨**~ец**
эквадо́рский *adj* Ecuadorean.
эква́йринг, а *m* (*fin*) (*осуществление расчётов с использованием платёжных карт как вид банковской деятельности*) credit card processing/acquiring (service).
эква́тор, а *m* equator.
экваториа́льный *adj* equatorial.
эквивале́нт, а *m* equivalent.
эквивале́нтност|ь, и *f* equivalence.
эквивале́нт|ный (~ен, ~на) *adj* equivalent.
эквилибри́ст, а *m* tightrope walker.
эквилибри́стик|а, и *f* tightrope-walking (*also fig*).
эквилибри́ст|ка, ки *f of* ⇨**~**
э́кер, а *m* (*geodesy*) cross-staff (*instrument for erecting a perpendicular*).
экз. (*abbr of* **экземпля́р**) copy.
экзальта́ци|я, и *f* exaltation; excitement.
экзальти́рован|ный (~, ~на) *adj* in a state of exaltation, excited.
экза́мен, а *m* examination; **сдава́ть э.** to take, sit an examination; **сдать э.** to pass an examination; **провали́ться на ~е** to fail an examination; **э. на води́тельские права́** driving test.
экзамена́тор, а *m* examiner.
экзаменацио́нн|ый *adj of* ⇨**экза́мен**; **э. биле́т** examination paper; **~ая се́ссия** examination period, exams.
экзамен|ова́ть, у́ю *impf* (*of* ⇨**про~**) to examine.
экзамен|ова́ться, у́юсь *impf* (*of* ⇨**про~**) to go in for an examination; to be examined.
экзамен|у́ющийся *pres participle of* ⇨**~ова́ться**; *as n* **э., ~у́ющегося** *m* examinee.
экзеку́ци|я, и *f* (*obs*) **1** (*телесное наказание*) corporal punishment. **2** (*исполнение приговора*) execution (*of an order, etc.*).
экзе́м|а, ы *f* (*med*) eczema.
экземпля́р, а *m* **1** copy; **в двух ~ах** in duplicate; **в трёх ~ах** in triplicate; **переписа́ть в двух ~ах** to make two copies; **резе́рвный э.** (*comput*) backup (copy). **2** (*животного, растения*) specimen, example.
экзистенциали́зм, а *m* existentialism.
экзистенциали́ст, а *m* existentialist.
экзистенциа́л|ьный *adj* existential.
экзорци́зм, а *m* exorcism.
экзорци́ст, а *m* exorcist.
экзо́тик|а, и *f* exotica, exotic objects.
экзоти́ческий *adj* exotic.
экиво́к|и, ов *pl* (*sg* **~, ~а** *m*) ambiguities, quibbling, evasion; **говори́ть без ~ов** to call a spade a spade.
э́кий *pron* (*coll*) what (a).
экипа́ж[1], **а** *m* (*повозка*) carriage.
экипа́ж[2], **а** *m* (*команда*) crew (*of ship, aircraft, tank*).
экипир|ова́ть, у́ю *impf and pf* to equip.
экипиро́вк|а, и *f* **1** (*действие*) equipping. **2** (*снаряжение*) equipment.
эклекти́зм, а *m* eclecticism.
экле́ктик, а *m* eclectic.
эклекти́ч|ный (~ен, ~на) *adj* eclectic.
экле́р, а *m* eclair.
экли́птик|а, и *f* (*astron*) ecliptic.
экло́г|а, и *f* (*literary*) eclogue.
э́ко *see* ⇨**эк**
эко... *comb form* eco-.
эко́лог, а *m* ecologist.
экологи́ческий *adj* ecological.
эколо́ги|я, и *f* ecology.
эконо́м, а *m* (*obs*) **1** (*заведующий хозяйством*) steward, housekeeper.

2 (*экономист*) economist. **3** (*obs*) (*бережливый человек*) thrifty person.

экономе́трик|а, и *f* econometrics.

эконо́мик|а, и *f* **1** (*наука*) economics. **2** (*страны*) economy; **ры́ночная э.** market economy.

экономи́ст, а *m* economist.

эконо́м|ить, лю, ишь *impf* (*of* ⇒**с~**) **1** (*деньги, силы*) to use sparingly, husband; to save. **2** (**на** + *p*) to economize (on), save (on).

экономи́ческ|ий *adj* economic; **э. райо́н** economic region; **э. журна́л** economics journal; **~ая ско́рость** cruising speed.

экономи́ч|ный (~ен, ~на) *adj* economical.

эконо́ми|я, и *f* **1** economy, saving; **режи́м ~и** economy effort; **соблюда́ть ~ю** to economize. **2**: **полити́ческая э.** political economy.

эконо́мк|а, и *f* housekeeper.

эконо́мнича|ть, ю *impf* (*coll*) to be (excessively) economical.

эконо́м|ный (~ен, ~на) *adj* economical; careful, thrifty.

экосисте́м|а, ы *f* ecosystem.

экоци́д, а *m* ecocide.

экра́н, а *m* **1** (*cin, TV, comput*) screen. **2** (*fig*) (*киноискусство*) screen. **3** (*phys, tech*) screen, shield, shade.

экраниза́ци|я, и *f* (*cin*) filming, screening; (*романа*) film adaptation.

экранизи́р|овать, ую *impf and pf* (*cin*) to film, screen; (*роман*) to adapt for the screen.

экрани́р|овать, ую *impf and pf* (*tech*) to screen, shield.

экра́нн|ый *adj* (*comput*) on-screen; **~ая гра́фика** on-screen graphics; **э. реда́ктор** screen editor.

экс-... *pref* ex-.

эксгума́ци|я, и *f* exhumation.

экскава́тор, а *m* (*tech*) excavator, earth-moving machine.

экскава́торщик, а *m* excavator operator.

эксклюзи́в|ный (~ен, ~на) *adj* exclusive.

экскреме́нт|ы, ов (*no sg*) excrement.

э́кскурс, а *m* excursus, digression.

экскурса́нт, а *m* tourist; participant in (conducted) tour *or* excursion.

экскурса́нт|ка, ки *f of* ⇒**~**

экскурс|ио́нный *adj of* ⇒**~и́я**

экску́рси|я, и *f* **1** (*поездка*) excursion, (conducted) tour, trip. **2** (*группа*) tourist group, excursion party.

экскурсово́д, а *m* guide.

экслибри́с, а *m* bookplate.

экспанси́в|ный (~ен, ~на) *adj* effusive.

экспансиони́зм, а *m* (*pol*) expansionism.

экспа́нси|я, и *f* (*pol*) expansion.

экспатриа́нт, а *m* expatriate.

экспатриа́нт|ка, ки *f of* ⇒**~**

экспеди́р|овать, ую *impf and pf* to dispatch.

экспеди́тор, а *m* forwarding agent, shipping clerk.

экспедицио́нный *adj* **1** (*относящийся к отправке*) dispatch, forwarding. **2** (*относящийся к поездке*) expeditionary.

экспеди́ци|я, и *f* **1** (*действие*) dispatch, forwarding. **2** (*учреждение*) dispatch office. **3** (*поездка; участники этой поездки*) expedition.

экспериме́нт, а *m* experiment.

эксперимента́льный *adj* experimental.

эксперимента́тор, а *m* experimenter.

экспериментир|овать, ую *impf* (**над, с** + *i*) to experiment (on, with).

экспе́рт, а *m* expert.

эксперти́з|а, ы *f* (*law, med*) **1** (*expert*) examination, expert opinion; **произвести́ ~у** to make an examination. **2** (*комиссия*) commission of experts.

экспе́рт|ный *adj of* ⇒**~**; **~ная коми́ссия** commission of experts.

эксплуата́тор, а *m* exploiter.

эксплуатац|ио́нный *adj of* ⇒**~и́я 2**; **~ио́нные ка́чества** operating characteristics; **~ио́нные расхо́ды** running costs; **~ио́нные усло́вия** working conditions.

эксплуата́ци|я, и *f* **1** (*pol; pej*) exploitation. **2** (*природных богатств*) exploitation; (*средств производства*) utilization; (*машин*) operation, running; **сдать в ~ю** to commission, put into operation.

эксплуати́р|овать, ую *impf* **1** (*pol; pej*) to exploit. **2** (*природные богатства*) to exploit; (*машины*) to operate, run, work.

экспози́ци|я, и *f* **1** (*музейная*) display. **2** (*literary, mus*) exposition. **3** (*phot*) exposure.

экспона́т, а *m* exhibit.

экспоне́нт, а *m* **1** exhibitor. **2** (*math*) = **экспоне́нта**

экспоне́нт|а, ы *f* (*math*) exponent.

экспоненциа́льный *adj* (*math*) exponential.

экспони́р|овать, ую *impf and pf* **1** (*для обозрения*) to exhibit. **2** (*phot*) to expose.

экспоно́метр, а *m* (*phot*) exposure meter.

э́кспорт, а *m* export.

экспортёр, а *m* exporter.

экспорти́р|овать, ую *impf and pf* to export.

э́кспорт|ный *adj of* ⇒**~**

экспре́сс, а *m* express (*train, motor coach, etc.*); **това́р был отпра́влен ~ом** the goods were sent express.

экспресси́в|ный (~ен, ~на) *adj* expressive.

экспрессиони́зм, а *m* expressionism.

экспрессиони́ст, а *m* expressionist.

экспрессиони́ст|ка, ки *f of* ⇒**~**

экспрессиони́стский *adj* expressionist, expressionistic.

экспре́сси|я, и *f* expression.

экспре́сс|ный *adj of* ⇒**~**

экспро́мт, а *m* improvisation; (*mus*) impromptu.

экспро́мтом *adv* **1** impromptu; **петь, игра́ть,** *etc.*, **э.** to improvise. **2** (*coll*) (*внезапно*) without warning.

экспроприа́тор, а *m* expropriator.

экспроприа́ци|я, и *f* expropriation.

экспроприи́р|овать, ую *impf and pf* to expropriate.

экста́з, а *m* ecstasy.

э́кстези *m indecl* ecstasy, E (*the drug*).

экстенси́в|ный (~ен, ~на) *adj* extensive.

экстéрн, а *m* external student; **око́нчить университе́т ~ом** to take an external degree.

экстерна́т, а *m* external studies.

экстерриториа́льност|ь, и *f* extraterritoriality.

экстерриториа́л|ьный (~ен, ~ьна) *adj* extraterritorial.

экстерье́р, а *m* outward appearance, form (*of an animal*).

экстрава́га́нт|ный (~ен, ~на) *adj* eccentric, bizarre.

экстраве́рт, а *m* extrovert.

экстраги́р|овать, ую *impf and pf* (*chem, med*) to extract.

экстради́р|овать, ую *impf and pf* to extradite.

экстради́ци|я, и *f* (*law*) extradition.

экстра́кт, а *m* **1** (*cul*) extract. **2** (*резюме*) résumé.

экстра́кци|я, и *f* (*chem, med*) extraction.

экстраордина́р|ный (~ен, ~на) *adj* extraordinary.

экстрасе́нс, а *m* psychic.

экстрасенсо́р|ный (~ен, ~на) *adj* extrasensory.

экстрема́л|ьный (~ен, ~ьна) *adj* extreme.

экстреми́зм, а *m* extremism.

экстреми́ст, а *m* extremist.

экстреми́стский *adj* extremist.

э́кстрен|ный (~, ~на) *adj* **1** (*срочный*) urgent; emergency; **э. вы́зов** urgent summons; **в ~ном слу́чае** in case of emergency. **2** (*чрезвычайный*) extra, special; **~ное заседа́ние** extraordinary session; **~ное изда́ние** special edition.

эксце́нтрик[1], а *m* **1** (*клоун*) clown. **2** (*obs*) (*человек*) eccentric.

эксце́нтрик[2], а *m* (*tech*) cam.

эксце́нтрик|а, и *f* clowning.

эксцентрисите́т, а *m* (*tech*) eccentricity.

эксцентри́ческий *adj* **1** = **эксцентри́чный**. **2** (*tech*) eccentric, off-centre (*Br*), off-center (*US*).

эксцентри́чност|ь, и *f* eccentricity.

эксцентри́ч|ный (~ен, ~на) *adj* eccentric.

эксце́сс, а *m* excess.

экумени́ческий *adj* ecumenical.

эла́стик, а *m* stretchy fabric.

эласти́чност|ь, и *f* elasticity.

эласти́ч|ный (~ен, ~на) *adj* **1** elastic (*also fig*); **~ные брю́ки** stretch pants. **2** (*fig*) springy, resilient.

элева́тор, а *m* **1** (*agric*) grain store (*Br*), elevator (*US*). **2** (*tech*) hoist.

элега́нтност|ь, и *f* elegance.

элега́нт|ный (~ен, ~на) *adj* elegant, smart.

элеги́ческий *adj* (*literary, mus*) elegiac.

элеги́ч|ный (~ен, ~на) *adj* melancholy.

эле́ги|я, и *f* (*literary, mus*) elegy.

электриза́ци|я, и *f* (*phys, med*) electrification; treatment by electric charge(s).

электриз|ова́ть, у́ю *impf* (*of* ⇒**на~**) **1** (*phys, med*) to electrify, subject to electric charge(s). **2** (*fig*) to electrify.

эле́ктрик, а *m* electrician.

электри́к *adj indecl* electric blue.

эле́ктрик|а, и *f* (*coll*) electrics (*Br*), wiring; **всю ~у в до́ме на́до меня́ть** the whole house needs rewiring.

электрифика́ци|я, и *f* electrification.

электрифици́р|овать, ую *impf and pf* (*tech*) to electrify.

электри́ческий *adj* electric(al).

электри́честв|о, а *nt* **1** electricity. **2** (*освещение*) electric light; **заже́чь э.** to turn on the light.

электри́чк|а, и *f* (*coll*) (suburban) electric train.

электро... *comb form* electro-, electric.

электробытов|о́й *adj* electrical; **~ы́е прибо́ры** (electrical) household appliances.

электрово́з, а *m* electric locomotive.

электрогита́р|а, ы *f* electric guitar.

электро́д, а *m* (*phys*) electrode.

электродви́гател|ь, я *m* electric motor.

электродви́жущий *adj* (*phys*) electromotive.

электродина́мик|а, и *f* electrodynamics.

электродугов|о́й *adj*: **~а́я сва́рка** arc welding.

электроёмкост|ь, и *f* (*phys*) capacity.

электрока́р, а *m* electric vehicle, float (*Br*).

электрокардиостимуля́тор, а *m* (*med*) pacemaker (*device*).

электрола́мп|а, ы *f* electric light bulb.

электролече́ни|е, я *nt* (*med*) electrical treatment.

электро́лиз, а *m* (*phys*) electrolysis.

электромагни́т, а *m* electromagnet.

электромагни́тный *adj* electromagnetic.

электромоби́л|ь, я *m* electric car.

электромонтёр, а *m* electrician.

электро́н, а *m* (*phys*) electron.

электро́ник|а, и *f* electronics.

электро́нно|- *comb form* electronic-; **~-лучева́я тру́бка** cathode ray tube.

электро́н|ный *adj* **1** *adj of* ⇒**~**; **~ная ла́мпа** electron tube; **э. микроско́п** electron microscope. **2** electronic; **~ная вычисли́тельная маши́на** computer; **~ная по́чта** electronic mail, email (*the system*); **~ное письмо́** email letter; **~ные пи́сьма** email (*letters*); **э. а́дрес** email address; **~ная табли́ца** spreadsheet.

электро́нщик, а *m* electronics engineer.

электропереда́ч|а, и *f* electricity transmission.

электропе́ч|ь, и, *g pl* **~е́й** *f* electric furnace.

электропли́тк|а, и *f* (electric) hotplate.

электропо́езд, а *m* electric train.

электрополоте́нц|е, а *nt* hand-drier.

электроприбо́р, а *m* electrical appliance.

электропро́вод, а *m* electricity cable.

электропрово́дк|а, и *f* electric wiring.

электросва́рк|а, и *f* electric welding.

электросилово́й *adj* electric power.

электроста́нци|я, и *f* power station.

электроте́хник, а *m* electrical engineer.

электроте́хник|а, и *f* electrical engineering.

электротех|ни́ческий *adj of* ⇒**~́ника**

электрохими́ческий *adj* electrochemical.

электроцентра́л|ь, и *f* electric power plant.

электрочя́йник, а *m* electric kettle.

электроэне́рги|я, и *f* electric power.

элеме́нт, а *m* **1** (*компонент, доля*) element; **э. изображе́ния** (*comput*) pixel. **2** (*coll*) (*человек*) type, character; **подозри́тельный э.** suspicious type. **3** (*chem*) element. **4** (*elec*) cell, battery; **сухо́й э.** dry cell; **рабо́тать от ~ов** to be battery-operated.

элемента́р|ный (~ен, ~на) *adj* elementary.

элеро́н, а *m* (*aeron*) aileron.

эликси́р, а *m* elixir.

эли́т|а, ы *f* **1** (*collect; agric*) best specimens; **э. карто́феля** highest-quality potatoes. **2** elite.

элита́р|ный (~ен, ~на) *adj* elite; (*pej*) elitist.

эли́тный *adj* best-quality.

э́ллин, а *m* ancient Greek, Hellene.

э́ллинг, а *m* **1** (*naut*) slipway. **2** (*aeron*) shed, hangar.

эллини́ст, а *m* Hellenist.

эллинисти́ческий *adj* (*hist*) Hellenistic.

э́ллин|ка, ки *f of* ⇒**~**

э́ллинский *adj* ancient Greek, Hellenic.

э́ллипс, а *m* **1** (*math*) ellipse. **2** (*ling*) ellipsis.

э́ллипсис, а *m* (*ling*) ellipsis.

эллипти́ческий *adj* **1** (*math*) elliptic(al). **2** (*ling*) elliptical.

эл|ь, я *m* ale.

Э́льб|а, ы *f* **1** (*остров*) Elba. **2** (*река*) the Elbe.

эльф, а *m* elf.

эма́левый *adj* enamel.

эмалиро́в|анный *ppp of* ⇒**~а́ть** *and adj* enamelled (*Br*), enameled (*US*); **~анная посу́да** enamel ware.

эмалир|ова́ть, у́ю *impf* to enamel.

эмалиро́вк|а, и *f* **1** (*действие*) enamelling (*Br*), enameling (*US*). **2** (*слой эмали*) enamel.

эма́л|ь, и *f* enamel.

эмана́ци|я, и *f* emanation.

эмансипа́ци|я, и *f* (*also law*) emancipation; **боре́ц за ~ю же́нщин** women's liberationist; women's libber.

эмансипи́р|овать, ую *impf and pf* to emancipate.

эмба́рго *nt indecl* (*econ*) embargo; **наложи́ть э.** (**на** + *a*) to embargo, place an embargo (on).

эмбле́м|а, ы *f* **1** emblem. **2** (*mil*) insignia.

эмболи́|я, и *f* (*med*) embolism.

эмбрио́лог, а *m* embryologist.

эмбриоло́ги|я, и *f* embryology.

эмбрио́н, а *m* (*biol*) embryo.

эмбриона́льный *adj* (*biol*) embryonic.

эмигра́нт, а *m* émigré, emigrant.

эмигра́нт|ка, ки *f of* ⇒**~**

эмигра́нт|ский *adj of* ⇒**~**

эмигра|цио́нный *adj of* ⇒**~́ция**

эмигра́ци|я, и *f* **1** emigration. **2** (*collect*) emigration, émigrés.

эмигри́р|овать, ую *impf and pf* to emigrate.

эми́р, а *m* emir.

эмира́т, а *m* emirate.

эмисса́р, а *m* emissary.

эмисс|ио́нный *adj of* ⇒**~́ия**

эми́сси|я, и *f* (*fin*) issuing.

эмо́тикон, а *m* (*comput*) emoticon.

эмоциона́л|ьный (~ен, ~ьна) *adj* emotional.

эмо́ци|я, и *f* emotion.

эмпире́|й, я *m* empyrean; **вита́ть в ~ях** to have one's head in the clouds.

эмпири́зм, а *m* empiricism.

эмпи́рик, а *m* empiricist.

эмпири́ческий *adj* (*philos*) empirical.

эмпири́ч|ный (~ен, ~на) *adj* = **~еский**

э́му *m indecl* emu.

эмульсио́нн|ый *adj of* ⇒**эму́льсия**; **~ая кра́ска** emulsion (paint) (*Br*), latex paint (*US*); **э. слой** (*phot*) emulsion (coating).

эму́льси|я, и *f* emulsion.

эмфа́з|а, ы *f* (*ling*) emphasis.

эмфати́ческий *adj* (*ling*) emphatic.

эндокри́нн|ый *adj* (*physiol*) endocrine; **~ые же́лезы** endocrine glands.

эндокрино́лог, а *m* endocrinologist.

эндокриноло́ги|я, и *f* endocrinology.

э́ндшпил|ь, я *m* (*chess*) endgame.

энерге́тик, а *m* energy specialist.

энерге́тик|а, и *f* energy sector (of the economy), power industry.

энергет|и́ческий *adj of* ⇒**~́ика**

энерги́ч|ный (~ен, ~на) *adj* energetic, vigorous, forceful.

энéрги|я, и *f* **1** (*phys*) energy; power; **затрáта ~и** energy consumption; **растрáта ~и** energy loss; **э. вéтра** wind power. **2** (*fig*) energy; vigour (*Br*), vigor (*US*), effort.

энерго... *comb form* power-.

энергоёмкий *adj* power-consuming.

энергосистéм|а, ы *f* power (supply) system.

энкли́тик|а, и *f* (*ling*) enclitic.

энклити́ческий *adj* (*ling*) enclitic.

э́нн|ый *adj* (*expressing indefinite quantity, size, duration of time, etc.*): **в э. раз** for the nth time; **в ~ой стéпени** to the nth degree; **~ое коли́чество врéмени** any number of hours.

э́нский *adj* (*used to designate sth that cannot be identified for reasons of security*) ... 'X'; a certain ... (that shall remain nameless); **э. завóд** factory 'X'.

энтомóлог, а *m* entomologist.

энтомологи́ческий *adj* entomological.

энтомолóги|я, и *f* entomology.

энтропи́|я, и *f* (*phys*) entropy.

энтузиáзм, а *m* enthusiasm.

энтузиáст, а *m* (+ *g*) enthusiast (about, for), devotee (of); **э. футбóла** football enthusiast.

энцефали́т, а *m* (*med*) encephalitis.

энцефалопати́|я, и *f* (*med*): **бы́чья губкови́дная э.** bovine spongiform encephalopathy (*abbr* BSE).

энци́клик|а, и *f* (*eccl*) encyclical.

энциклопеди́зм, а *m* encyclopedic learning.

энциклопеди́ст, а *m* person of encyclopedic learning.

энциклопеди́ческий *adj* encyclopedic; **э. словáрь** encyclopedia; **э. ум** encyclopedic brain.

энциклопéди|я, и *f* encyclopedia; **ходя́чая э.** (*joc*) walking encyclopedia.

эóлов *adj*: **~а áрфа** Aeolian harp.

эóн, а *m* (*geol*) aeon, (*US and specialist use also*) eon.

эоцéн, а *m* (*geol*) the Eocene (epoch).

эоцéновый *adj* (*geol*) Eocene.

эпигóн, а *m* (*pej*) imitator, unoriginal follower.

эпигóн|ский *adj of* ⇒**~**

эпигóнств|о, а *nt* (*pej*) imitation.

эпигрáмм|а, ы *f* epigram.

эпи́граф, а *m* epigraph.

эпидéми|я, и *f* epidemic.

эпидéрмис, а *m* (*biol*) epidermis.

эпизóд, а *m* episode.

эпизоди́ческий *adj* episodic; occasional, sporadic.

э́пик, а *m* epic poet.

э́пик|а, и *f* epic poetry.

эпикурé|ец, йца *m* epicurean.

эпикурéйский *adj* epicurean.

эпикурéйств|о, а *nt* epicureanism.

эпилéпси|я, и *f* (*med*) epilepsy.

эпилéптик, а *m* epileptic.

эпилепти́ческий *adj* epileptic.

эпилóг, а *m* epilogue (*Br*), epilog (*US*).

эпистоля́рный *adj* epistolary.

эпитáфи|я, и *f* epitaph.

эпитéли|й, я *m* epithelium.

эпи́тет, а *m* epithet.

эпицéнтр, а *m* (*geol*) epicentre (*Br*), epicenter (*US*).

эпици́кл, а *m* (*math*) epicycle.

эпи́ческий *adj* epic.

эполéт|ы, ~ *pl* (*sg* **~а, ~ы** *f*) epaulettes.

эпони́м, а *m* eponym.

эпони́мный *adj* eponymous.

эпопé|я, и *f* (*literary or fig*) epic.

э́пос, а *m* epic literature.

эпóх|а, и *f* epoch, age, era; (*geol*) epoch.

эпохáльный *adj* epoch-making.

эпю́р, а *m* diagram, drawing.

э́р|а, ы *f* (*also geol*) era; **до нáшей ~ы** BC (*before Christ*); **нáшей ~ы** AD (*Anno Domini*).

эрг, а *m* erg (*unit of work*).

эргонóмик|а, и *f* ergonomics.

эргономи́ст, а *m* ergonomist.

эргономи́ч|ный (~ен, ~на) *adj* ergonomic.

эрдельтерьéр, а *m* Airedale.

эрéкци|я, и *f* (*physiol*) erection.

эрзáц, а *m* ersatz, substitute.

Эритрé|я, и *f* Eritrea.

эритроци́т, а *m* (*physiol*) erythrocyte, red corpuscle.

э́ркер, а *m* (*archit*) oriel (window).

эрогéнн|ый *adj* erogenous; **~ые зóны** erogenous zones.

эрóзи|я, и *f* erosion.

эроти́зм, а *m* eroticism.

эрóтик|а, и *f* **1** (*чувственность*) sensuality. **2** (*collect*) (*искусство*) erotica.

эроти́ческий *adj* erotic, sensual.

эроти́ч|ный (~ен, ~на) *adj* = **~еский**

эротомáн, а *m* erotomaniac, sex maniac.

эротомáни|я, и *f* erotomania.

Эр-Ри́яд, а *m* Riyadh.

эрстéд, а *m* oersted (*unit of magnetism*).

эруди́рован|ный (~, ~на) *adj* erudite.

эруди́т, а *m* polymath.

эруди́ци|я, и *f* erudition.

эрцгéрцог, а *m* archduke.

эрцгерцоги́н|я, и *f* archduchess.

эрцгéрцогств|о, а *nt* archduchy.

эскáдр|а, ы *f* (*naut*) squadron.

эскáдр|енный *adj of* ⇒**~а**; **э. броненóсец** (*obs*) battleship; **э. минонóсец** destroyer.

эскадри́л|ьный *adj of* ⇒**~ья**

эскадри́л|ья, ьи, *g pl* **~ий** *f* (*aeron*) squadron.

эскадрóн, а *m* (*mil*) (*cavalry*) squadron, troop.

эскадрóн|ный *adj of* ⇒**~**

эскалáтор, а *m* escalator.

эскалáци|я, и *f* (*mil*) escalation.

эскалóп, а *m* (*cul*) escalope.

эскáрп, а *m* (*mil*) scarp, escarpment.

эски́з, а *m* (*к картине*) sketch, study; (*чертёж*) draft, outline.

эски́з|ный *adj of* ⇒**~**; **э. чертёж** draft, outline sketch.

эскимó *nt indecl* ice cream covered in chocolate, choc ice (*Br*).

эскимóс, а *m* Eskimo, Inuit.

эскимóс|ка, ки *f of* ⇒**~**

эскимóсский *adj* Eskimo, Inuit.

эскóрт, а *m* (*mil*) escort.

эскорти́р|овать, ую *impf and pf* (*mil*) to escort.

эсми́н|ец, ца *m* (*abbr of* **эскáдренный минонóсец**) (*naut*) destroyer.

эспадрóн, а *m* (*fencing*) cutting sword, backsword.

эспаньóлк|а, и *f* imperial (*beard*).

эспарцéт, а *m* (*bot*) sainfoin.

эсперáнто *m* & *nt indecl* Esperanto.

эссé *nt indecl* essay.

эссéнци|я, и *f* essence.

эстакáд|а, ы *f* **1** (*на железной дороге*) viaduct. **2** (*на шоссе*) flyover (*Br*), overpass. **3** (*naut*) (*для причала*) pier. **4** (*naut*) (*заграждение*) boom (*of harbour*).

эстакáд|ный *adj of* ⇒**~а**; **~ная железная дорóга** elevated railway.

эстáмп, а *m* (*art*) print, engraving.

эстафéт|а, ы *f* **1** (*sport*) relay race. **2** (*палочка*) baton (*in relay race*); **приня́ть у когó-н. ~у** (*fig*) to carry on s.o.'s work, maintain s.o.'s tradition. **3** (*obs*) mail (*carried by relays of horsemen*).

эстéт, а *m* aesthete.

эстети́зм, а *m* aestheticism.

эстéтик|а, и *f* **1** aesthetics. **2** (*художественность*) design.

эстети́ческий *adj* aesthetic.

эстети́ч|ный (~ен, ~на) *adj* aesthetic.

эстéт|ский *adj of* ⇒**~**

эстéтств|о, а *nt* aestheticism.

эстóн|ец, ца *m* Estonian.

Эстóни|я, и *f* Estonia.

эстóн|ка, ки *f of* ⇒**~ец**

эстóнский *adj* Estonian.

эстрагóн, а *m* (*bot*) tarragon.

эстрáд|а, ы *f* **1** stage, platform; **вы́йти на ~у** to come on stage. **2** (*представление*) variety; **арти́ст ~ы** variety performer, artiste.

эстрáд|ный *adj of* ⇒**~а**; **э. концéрт** variety show; **~ная му́зыка** popular music.

эстрогéн, а *m* oestrogen (*Br*), estrogen (*US*).

эстуáри|й, я *m* estuary.

эсэнгóвский *adj* (*coll*) CIS (*Commonwealth of Independent States*).

эсэнгэ́вский *adj* (*coll*) = **эсэнгóвский**

эсэнгэ́шный *adj* (*coll*) = **эсэнгóвский**

эсэ́сов|ец, ца *m* (*hist*) SS (*Schutzstaffel*) man.

эсэ́совский *adj* (*hist*) SS (*Schutzstaffel*).

ЭТА *f indecl* ETA (*Basque separatist movement*).

этáж, á *m* storey (*Br*), story (*US*), floor; **пéрвый, вторóй,** *etc.*, **э.** ground floor, first floor, *etc.* (*all Br*); first floor, second floor, *etc.* (*all US*).

этажéрк|а, и *f* bookcase, shelves.

этáжност|ь, и *f* number of storeys (*Br*), stories (*US*).

э́так *adv* (*coll*) **1** (*так*) so, thus; **мóжно э́то сдéлать и так и э.** you can do it like this or like that. **2** (*примерно*) about, approximately.

э́такий *pron* (*coll*) such (a), what (a).

этало́н, а *m* standard (*of weights and measures*); (*fig*) (*мерило*) benchmark.

эта́н, а *m* (*chem*) ethane.

эта́п, а *m* **1** (*стадия*) stage, phase. **2** (*sport*) lap. **3** (*пункт для ночлега*) halting-place, stage (*for troops*; *formerly, for groups of deported convicts in transit*); **отпрáвить по ~у, ~ом** to transport, deport (*under guard*).

эта́пник, а *m* (*hist*) convict in transit.

эта́п|ный *adj of* ⇒~; **~ное собы́тие** (*fig*) landmark, turning point; **отпрáвить ~ным поря́дком** (*hist*) to transport, deport (*under guard*).

э́тик|а, и *f* ethics.

этикéт, а *m* etiquette.

этикéтк|а, и *f* label.

эти́л, а *m* (*chem*) ethyl.

этилéн, а *m* (*chem*) ethylene.

эти́л|овый *adj of* ⇒~; **э. спирт** ethyl alcohol.

этимóлог, а *m* etymologist.

этимологи́ческий *adj* etymological.

этимолóги|я, и *f* etymology; **нарóдная э.** popular etymology.

эти́ческий *adj of* ⇒**э́тика**

эти́ч|ный (~ен, ~на) *adj* ethical.

этни́ческий *adj* ethnic.

этнóграф, а *m* ethnographer, social anthropologist.

этнографи́ческий *adj* ethnographic(al).

этногрáфи|я, и *f* ethnography, social anthropology.

э́то[1] *see* ⇒**э́тот**

э́то[2] *emphatic particle* (*coll*); **кудá э. он дéлся?** wherever has he got to?; **что э. ты не готóв?** why on earth aren't you ready?; **э.** *вы* **спрáшивали?** was it *you* who was asking?

э́то[3] *pron* (*as n*) this (is), that (is); **э. наш дом** this is our house; **э. вам помóжет** this will help you; **э. вéрно** that is true; **не в ~м дéло** that's not the point; **об ~м я вам потóм расскажу́** I will tell you about it later; **э. я ви́жу** so I can see.

этóлог, а *m* ethologist.

этологи́ческий *adj* ethological.

этолóги|я, и *f* ethology.

э́тот, э́та, э́то, *pl* **э́ти** *pron* this (these); *as n* this one; (*последнее из названных лиц*) the latter.

этру́ск, а *m* Etruscan.

этру́сский *adj* Etruscan.

этю́д, а *m* **1** (*art, literary*) study, sketch. **2** (*mus*) (*произведение*) étude. **3** (*mus*) (*упражнение*) exercise; (*chess*) problem.

эфемéр|ный (~ен, ~на) *adj* ephemeral.

эфéс, а *m* hilt, handle (*of sword, sabre, etc.*).

эфиóп, а *m* Ethiopian.

Эфиóпи|я, и *f* Ethiopia.

эфиóп|ка, ки *f of* ⇒~

эфиóпский *adj* Ethiopian.

эфи́р, а *m* **1** ether; (*fig*) air; **врéмя в ~е** air time; **передавáть в э.** to put on the air, broadcast; **прямóй э.** live broadcast. **2** (*chem*) ether; **простóй э.** ether; **слóжный э.** ester.

эфи́р|ный (~ен, ~на) *adj* **1** ethereal. **2** (*chem*) ether, ester; **~ное мáсло** essential oil.

эффéкт, а *m* **1** effect, impact; **произвести́ э.** (**на** + *a*) to have an effect (on), make an impression (on); **парникóвый/тепли́чный э.** greenhouse effect. **2** (*econ*) result, consequences. **3** (*in pl*) (*theatr*) effects; **шумовы́е ~ы** sound effects.

эффекти́в|ный (~ен, ~на) *adj* effective, efficacious.

эффéкт|ный (~ен, ~на) *adj* effective, striking; eye-catching.

эх *int expressing regret, reproval, amazement, etc.*; eh!; oh!

эхмá *int* = **эх**

э́х|о, а *nt* echo.

эхолóт, а *m* (*naut*) sonic depth finder, echo sounder.

эшафóт, а *m* scaffold; **взойти́ на э.** to mount the scaffold.

эшелóн, а *m* **1** (*mil*) echelon. **2** (*поезд*) special train. **3** (*верхний слой*) echelon.

эшелони́р|овать, ую *impf and pf* (*mil*) to echelon.

эякуля́ци|я, и *f* (*physiol*) ejaculation.

Юю

Ю (*abbr of* **юг**) S, South.

юа́н|ь, я *m* yuan (*Chinese currency unit*).

ЮА́Р *f indecl* (*abbr of* **Ю́жно-Африка́нская Респу́блика**) Republic of South Africa.

юа́ров|ец, ца *m* South African.

юа́ровский *adj* South African.

юбиле́|й, я *m* **1** (*годовщина*) anniversary; jubilee. **2** (*празднование*) anniversary celebrations.

юбиле́й|ный *adj of* ⇒~

юбиля́р, а *m* person (*or* institution) whose anniversary is celebrated.

ю́бк|а, и *f* skirt; **шотла́ндская ю.** kilt; **ю.-брю́ки** culottes; **держа́ться за чью-н. ~у** to cling to s.o.'s apron strings.

ю́бочк|а, и *f* short skirt.

ю́бочник, а *m* (*coll*) womanizer.

ю́б|очный *adj of* ⇒~**ка**

ювели́р, а *m* jeweller (*Br*), jeweler (*US*).

ювели́р|ный *adj* **1** *adj of* ⇒~; **~ные изде́лия** gold and silver ware, jewellery (*Br*), jewelry (*US*); **ю. магази́н** jeweller's (*Br*), jeweler's (*US*). **2** (*fig*) (*тщательный*) fine, intricate.

юг, а *m* south; the South (*of Russia, etc.*); **на ю́ге** in the south; **к ю́гу от** to the south of.

ю́го-восто́к, а *m* south-east.

ю́го-восто́чный *adj* south-east(ern).

ю́го-за́пад, а *m* south-west.

ю́го-за́падный *adj* south-west(ern).

югосла́в, а *m* Yugoslav.

Югосла́ви|я, и *f* (*hist*) Yugoslavia.

югосла́в|ка, ки *f of* ⇒~

югосла́вский *adj* (*hist*) Yugoslav.

юдо́л|ь, и *f* (*archaic*) valley; **ю. пла́ча, ю. печа́ли, земна́я ю.** 'vale of tears'.

юдофо́б, а *m* anti-Semite.

юдофо́бств|о, а *nt* anti-Semitism.

южа́н|ин, ина, *pl* **~е, ~** *m* southerner.

южа́н|ка, ки *f of* ⇒~**ин**

южн|е́е, *comp of* ⇒~́**ый**; **ю. Ло́ндона** (to the) south of London.

южноамерика́н|ец, ца *m* South American.

южноамерика́н|ка, ки *f of* ⇒~**ец**

южноамерика́нский *adj* South American.

южноафрика́н|ец, ца *m* South African.

южноафрика́н|ка, ки *f of* ⇒~**ец**

Ю́жно-Африка́нск|ая Респу́блик|а, ~ой ~и *f* Republic of South Africa.

южноафрика́нский *adj* South African.

ю́жный *adj* south, southern; **Ю́жная Аме́рика** South America; **Ю́жная А́фрика** (*государство*) South Africa; **Ю. Крест** (*созвездие*) the Crux, the Southern Cross; **Ю. по́люс** the South Pole; **Ю. поля́рный круг** the Antarctic Circle; **ю. темпера́мент** (*fig*) southern temperament.

Ю́жн|ый океа́н, ~ого ~а *m* the Antarctic Ocean.

ю́зом *adv* skidding, in a skid.

ю́кк|а, и *f* (*bot*) yucca.

юл|а́, ы́ 1 *f* (*игрушка*) top (*child's toy*). **2** *m & f* (*coll*) (*о человеке*) fidget. **3** *f* (*zool*) woodlark.

юл|и́ть, ю́, и́шь *impf* (*coll*) **1** (*суетиться*) to fuss, fidget. **2** (**пе́ред** + *i*) (*лебезить*) to play up (to). **3** (*хитрить*) to be evasive.

ю́мор, а *m* humour (*Br*), humor (*US*); **чу́вство ~а** a sense of humour (*Br*), humor (*US*).

юморе́ск|а, и *f* (*mus, literary*) humoresque.

юмори́ст, а *m* humorist.

юмори́стик|а, и *f* (*collect*) humour (*Br*), humor (*US*).

юмористи́ческий *adj* humorous, comic, funny.

юмори́ст|ка, ки *f of* ⇒~

ю́нг|а, и *m* cabin boy; sea cadet.

ЮНЕ́СКО *f indecl* UNESCO (*abbr of* United Nations Educational, Scientific and Cultural Organization — *Организа́ция Объединённых На́ций по вопро́сам образова́ния, нау́ки и культу́ры*).

юн|е́ц, ца́ *m* (*coll*) youth.

юнио́р, а *m* (*sport*) junior.

юнио́р|ка, ки *f of* ⇒~

ЮНИСЕ́Ф *m indecl* UNICEF (*abbr of* United Nations International Children's Emergency Fund — *Де́тский фонд Организа́ции Объединённых На́ций*).

ю́нкер, а *m* (*hist*) **1** (*pl* **~а́, ~о́в**) (*воспитанник*) cadet. **2** (*pl* **~ы, ~ов**) (*дворянин*) Junker (*Prussian landowner*).

ю́нкер|ский *adj of* ⇒~

ю́ност|ь, и *f* youth (*age*).

ю́нош|а, и *m* youth (*person*).

ю́ношеский *adj* youthful.

ю́ношеств|о, а *nt* **1** (*юность*) youth (*age*). **2** (*collect*) youth, young people.

ю́н|ый (~, ~а́, ~о) *adj* **1** young; **теа́тр ~ого зри́теля** young people's theatre (*Br*), theater (*US*). **2** (*свойственный молодости*) youthful.

юпи́тер, а *m* floodlight.

юр, а *m only in phr* **на ~у́** (*i*) (*на открытом месте*) in a high, exposed place, (*ii*) (*fig*) (*на виду у всех*) in the limelight, in the forefront.

ю́р|а́, ы *f* (*geol*) the Jurassic (period).

юриди́ческ|ий *adj* legal, juridical; **~ая консульта́ция** legal advice office; **~ое лицо́** corporation; **~ие нау́ки** jurisprudence, law; **ю. факульте́т** faculty of law.

юрисди́кци|я, и *f* jurisdiction.

юриско́нсульт, а *m* legal adviser.

юриспруде́нци|я, и *f* jurisprudence, law (*as academic discipline*).

юри́ст, а *m* legal expert, lawyer.

ю́р|кий (~ок, ~ка́, ~ко) *adj* **1** quick-moving, brisk. **2** (*fig, coll*) clever, sharp, smart.

юркн|у́ть, у́, ёшь *pf* to scamper away, dart away, plunge.

юро́див|ый *adj* **1** crazy, simple, touched. **2** *as n* **ю., ~ого** *m* holy fool (*idiot believed to possess divine gift of prophecy*).

юро́дств|о, а *nt* **1** craziness, idiocy. **2** (*поступок*) idiotic action.

юро́дств|овать, ую *impf* to behave like an idiot.

ю́рский *adj* (*geol*) Jurassic; **ю. пери́од** the Jurassic (period).

ю́рт|а, ы *f* yurt (*nomad's tent in Central Asia*).

Ю́рьев *adj*: **Ю. день** St George's Day; **вот тебе́ и Ю. день!** here's a how d'ye do!

юс, а, *pl* **~ы́** *m* (*ling*) yus (*name of two letters originally representing nasal vowels in Old Church Slavonic*); **юс большо́й** large 'yus'; **юс ма́лый** little 'yus'.

юстир|ова́ть, у́ю *impf and pf* to adjust, regulate (*instruments*).

юсти́ци|я, и *f* justice.

ют, а *m* (*naut*) quarterdeck.

ю|ти́ться, чу́сь, ти́шься *impf* to huddle (together); (*иметь пристанище*) to take shelter.

ю́фт|евый *adj of* ⇒~**ь**

юфт|ь, и *f* yuft, Russia leather (*a very durable leather*).

юфт|яно́й = ~́**евый**

Яя

я, меня́, мне, мной (мно́ю), обо мне 1 *pers pron* I (me); **я не я** (*coll*) it's nothing to do with me; **я не я бу́ду, е́сли не добью́сь от него́ извине́ния** I'll damn well see that I get an apology from him. **2** *n; nt indecl* the self, the ego; **второ́е «я»** alter ego.

я́бед|а, ы *f and cg* **1** *f* (*obs*) (*клевета*) slander. **2** *cg* = **~ник**

я́бедник, а *m* (*coll*) informer, telltale.

я́бедничa|ть, ю *impf* (*of* ⇒**на~**) (**на** + *a*; *coll*) to inform (on), tell tales (about).

я́блок|о, а, *pl* **~и, ~** *nt* apple; **глазно́е я.** eyeball; **в ~ах** (*о масти животного*) dappled; **я. раздо́ра** bone of contention; **~у не́где упа́сть** there isn't room to swing a cat.

я́блон|евый *adj of* ⇒**~я**; **я. цвет** apple blossom.

я́блон|ный *adj* = **~евый**

я́блон|я, и *f* apple tree.

я́блочк|о, а *nt* **1** *diminutive of* ⇒**я́блоко**. **2** (*мишени*) bullseye.

я́бло|чный *adj of* ⇒**~ко**

Я́в|а, ы *f* Java.

ява́н|ец, ца *m* Javan(ese).

ява́н|ка, ки *f of* ⇒**~ец**

ява́нский *adj* Javan; Javanese.

яв|и́ть, лю́, ~ишь *pf* (*of* ⇒**~ля́ть**) to show, display; **я. (собо́й) приме́р** (+ *g*) to give an example (of), display.

яв|и́ться, лю́сь, ~ишься *pf* (*of* ⇒**~ля́ться 1**) **1** (*прийти по вызову*) to appear, present o.s.; to report; **я. в суд** to appear before the court; **я. на слу́жбу** to report for duty; **я. с пови́нной** to give o.s. up. **2** (*прибыть*) to turn up, arrive, show up. **3** (*возникнуть*) to arise, occur; **у меня́ ~и́лась блестя́щая мысль** I had a brilliant idea; **~и́лся удо́бный слу́чай** a suitable opportunity presented itself.

я́вк|а, и *f* **1** (*присутствие*) appearance, attendance; **я. в суд** appearance in court. **2** (*место*) secret rendezvous; (*знак*) signal for secret rendezvous.

явле́ни|е, я *nt* **1** phenomenon; (*событие*) occurrence; **приро́дное я.** natural phenomenon. **2** (*theatr*) scene.

явле́нный *adj* (*relig*) appearing miraculously (*esp of icons*).

явля́|ть, ю *impf of* ⇒**яви́ть**

явля́|ться, юсь *impf* **1** *impf of* ⇒**яви́ться**. **2** (*impf only*) (+ *i*) (*быть*) to be; to represent; **э́то ~ется кощу́нством** this is blasphemy.

я́вно[1] *adv* manifestly, patently; obviously.

я́вно[2] *as pred* it is manifest, patent; it is obvious.

я́в|ный (~ен, ~на) *adj* **1** (*открытый*) manifest, patent; overt. **2** (*очевидный*) obvious.

я́вор, а *m* sycamore (*tree*).

я́вор|овый *adj of* ⇒**~**

я́вочн|ый *adj* **1** *adj of* ⇒**я́вка 2**; **~ая кварти́ра** secret rendezvous. **2** (*mil*) reporting, recruiting; **я. пункт** reporting point (*for conscripts*); **я. уча́сток** recruiting office. **3**: **~ым поря́дком** on the spur of the moment, without prior arrangement.

я́вствен|ный (~, ~на) *adj* clear, distinct.

я́вств|овать, ует *impf* to be clear, apparent, obvious; to follow (*logically*).

яв|ь, и *f* reality.

ягдта́ш, а *m* game bag.

я́гел|ь, я *m* (*bot*) reindeer moss.

ягн|ёнок, ёнка, *pl* **~я́та, ~я́т** *m* lamb.

ягн|и́ться, и́тся *impf* (*of* ⇒**о~**) to lamb.

ягня́тник, а *m* (*zool*) lammergeier.

я́год|а, ы *f* berry; (*collect*) soft fruit; **ви́нная я.** dried fig; **пойти́ по ~ы** to go berry-picking; **одного́ по́ля я.** soulmate.

я́годиц|а, ы *f* buttock.

я́годи|чный *adj of* ⇒**~ца**

я́годник, а *m* **1** (*место*) berry plantation. **2** (*растение*) berry bush. **3** (*coll*) (*человек*) berry-picker.

я́год|ный *adj of* ⇒**~а**

ягуа́р, а *m* jaguar.

яд, а (у) *m* poison; venom (*also fig*).

я́дерн|ый *adj* **1** (*phys*) nuclear; **~ое расщепле́ние** nuclear fission; **я. реа́ктор** nuclear reactor; **~ая фи́зика** nuclear physics. **2** *adj of* ⇒**ядро́**

я́дерщик, а *m* (*coll*) nuclear scientist.

ядови́т|ый (~, ~а) *adj* **1** poisonous; toxic; **я. газ** poison gas; **~ая змея́** poisonous snake. **2** (*fig*) (*человек, замечание*) venomous, malicious.

ядохимика́т, а *m* (*agric*) (chemical) pesticide.

ядрён|ый (~, ~а) *adj* (*coll*) **1** (*орех*) having a large kernel; (*сочный*) juicy; (*напиток*) strong, hearty. **2** (*fig*) (*человек*) healthy, vigorous. **3** (*fig*) (*воздух*) fresh, bracing; (*мороз*) hard.

ядр|о́, а́, *pl* **~а, я́дер, ~ам** *nt* **1** (*ореха*) kernel; (*древесины, Земли*) core. **2** (*phys, biol*) nucleus. **3** (*основная группа*) main body (*of a unit, group*). **4** (*hist, mil*) ball, shot. **5** (*sport*) shot; **толка́ние ~а́** putting the shot.

я́зв|а, ы *f* **1** ulcer, sore; **я. желу́дка** stomach ulcer. **2** (*fig*) (*вред*) plague, curse. **3** (*fig, coll*) (*человек*) malicious person; (*подонки*) scum.

я́звенн|ый *adj* ulcerous; **~ая боле́знь** stomach ulcer.

язви́н|а, ы *f* **1** (*coll*) (*выбоина*) indentation, pit. **2** (*obs*) (*язва*) ulcer.

язви́тел|ьный (~ен, ~ьна) *adj* caustic, biting, sarcastic.

язв|и́ть, лю́, и́шь *impf* (*of* ⇒**съязви́ть**) **1** (*obs*) (*причинять боль кому-н.*) to wound; to sting. **2** (*говорить язвительно*) to speak, say sarcastically; **я. на чей-н. счёт** to be sarcastic at s.o.'s expense.

язы́к[1], а́, *pl* **~и́** *m* **1** (*anat*) tongue; **у него́ я. без косте́й** he is too fond of talking; **у него́ что на уме́, то и на ~е́** (*coll*) he cannot keep his thoughts to himself; **держа́ть я. за зуба́ми, придержа́ть я.** to hold one's tongue; **прикуси́ть я.** (*coll*) to shut up; **я. у него́ хорошо́ подве́шен** (*coll*) he has a glib tongue; **распусти́ть я.** (*coll*) to talk too glibly; **дёргать/тяну́ть кого́-н. за я.** (*coll*) to make s.o. talk; **сорвало́сь с ~а́** (*fig*) it slipped out; **лиши́ться ~а́** (*fig*) to lose one's tongue; **я. у меня́ не поверну́лся э́то сказа́ть** (*coll*) I could not bring myself to say it; **чеса́ть/болта́ть ~о́м** (*coll*) to natter, blather; **я. у меня́ чеса́лся** (*coll*) I was itching to speak; **я. проглоти́шь** (*coll*) it makes one's mouth water. **2** (*cul*) tongue; **копчёный я.** smoked tongue. **3** (*колокола*) clapper. **4** (*mil; coll*) prisoner who will talk (*will provide information when interrogated*). **5**: **морско́й я.** (*zool*) sole.

язы́к[2], а́, *pl* **~и́,** *m* (*речь*) language (*also fig*); **владе́ть мно́гими ~а́ми** to know many languages; **говори́ть на ло́маном ру́сском (~е́)** to talk in broken Russian; **найти́ о́бщий я.** (*fig*) to find a common language.

языка́ст|ый (~, ~а) *adj* (*coll*) sharp-tongued.

языкове́д, а *m* linguist, specialist in linguistics.

языкове́дени|е, я *nt* linguistics.

языкове́д|ческий *adj of* ⇒**~ение**

языково́й *adj* linguistic.

языко́вый *adj* **1** (*anat*) tongue, lingual. **2** (*cul*) tongue.

языкозна́ни|е, я *nt* linguistics.

язы́ческий *adj* heathen, pagan.

язы́честв|о, а *nt* heathenism, paganism.

языч|ко́вый *adj of* ⇒**~о́к**; **я. инструме́нт** (*mus*) reed instrument.

язы́чник, а *m* heathen, pagan.

язы́чни|ца, цы *f of* ⇨**~к**

язы́|чный *adj of* ⇨**~к**[1] **1**

языч|о́к, ка́ *m* **1** (*anat*) uvula. **2** (*mus*) reed. **3** (*ботинка*) tongue; (*замка*) catch. **4** *diminutive of* ⇨**язы́к**

яз|ь, я́ *m* ide (*fish of carp family*).

яи́чк|о, а, *pl* **~и** *nt* **1** (*anat*) testicle. **2** *diminutive of* ⇨**яйцо́**

яи́чник, а *m* (*anat*) ovary.

яи́чниц|а, ы *f* (*cul*) fried eggs (*also* **я.-глазу́нья**); **я.-болту́нья** scrambled eggs.

яи́чн|ый *adj of* ⇨**яйцо́**; **я. бело́к** white of eggs; **я. желто́к** yolk of egg; **я. порошо́к** dried egg(s); **~ая скорлупа́** eggshell.

яйцеви́д|ный (~ен, ~на) *adj* egg-shaped, oval.

яйцево́д, а *m* (*anat*) oviduct.

яйцекле́тк|а, и *f* (*biol*) ovule.

яйцеро́дный *adj* (*zool*) oviparous.

яйц|о́, а́, *pl* **~́а, яи́ц, ~́ам** *nt* **1** egg; (*biol*) ovum; **нести́ ~́а** to lay eggs; **я. всмя́тку** soft-boiled, lightly-boiled egg; **я. вкруту́ю** hard-boiled egg; **я. в мешо́чек** medium-boiled egg. **2** (*in pl, coll*) (*у мужчины*) balls, nuts (= *testicles*).

як, а *m* yak.

якоби́н|ец, ца *m* (*hist, pol*) Jacobin.

якоби́н|ский *adj of* ⇨**~ец**

я́кобы 1 *conj* (*expresses doubt about validity of another's statement*) (*что*) that; **говоря́т, я. он у́мер** they say (= *they claim*) that he has died. **2** *conj* (*как будто*) as if, as though; **он вообрази́л, я. его́ произвели́ в генера́лы** he imagined he had been made a general. **3** *particle* (*мнимо*) supposedly, allegedly; **мы посмотре́ли э́ту я. стра́шную карти́ну** we have seen this supposedly terrifying film.

я́кор|ный *adj of* ⇨**~ь**; **~ная лебёдка** capstan; **~ное ме́сто, ~ная стоя́нка** anchorage.

я́кор|ь, я, *pl* **~я́, ~е́й** *m* **1** (*naut*) anchor; **я. спасе́ния** (*fig*) sheet anchor; **стать на я.** to anchor; **бро́сить я.** to cast, drop anchor; **стоя́ть на ~е** to ride at anchor; **сня́ться с ~я** to weigh anchor. **2** (*elec*) armature; rotor.

яку́т, а *m* Yakut.

яку́т|ка, ки *f of* ⇨**~**

яку́тский *adj* Yakut.

якша́|ться, юсь *impf* (**с** + *i*; *coll*) to consort (with), hobnob (with).

ял, а *m* yawl.

я́лик, а *m* skiff, dinghy; yawl.

я́лове|ть, ет *impf* to be barren, dry (*of cows*).

я́ловый *adj* barren, dry (*of cows*).

Я́лт|а, ы *f* Yalta.

я́м|а, ы *f* **1** pit, hole; **возду́шная я.** air pocket; **выгребна́я я.** cesspit; **оркестро́вая я.** orchestra pit; **у́гольная я.** coal bunker; **рыть кому́-н. ~у** (*fig*) to lay a trap for s.o. **2** (*coll*) (*впадина*) hollow. **3** (*obs*) (*тюрьма*) prison.

яма́|ец, йца *m* Jamaican.

Яма́йк|а, и *f* Jamaica.

яма́йк|а, и *f* (*женщина*) Jamaican woman.

яма́йский *adj* Jamaican; **я. ром** Jamaica rum.

ямб, а *m* (*literary*) iambus, iambic verse.

ямби́ческий *adj* iambic.

я́мк|а, и *f diminutive of* ⇨**я́ма**; **я. на щека́х** dimple.

ямщи́к, а́ *m* coachman.

ян *nt indecl* (*понятие китайской философии*) yang (*in Chinese philosophy*).

янва́р|ский *adj of* ⇨**~ь**

янва́р|ь, я́ *m* January.

я́нки *m indecl* Yank.

янта́рный *adj* amber.

янта́р|ь, я́ *m* amber.

Янцзы́ *f indecl* the Yangtze (*river*).

яныча́р, а *m* (*hist*) janissary.

япо́н|ец, ца *m* Japanese.

Япо́ни|я, и *f* Japan.

япо́н|ка, ки *f of* ⇨**~ец**

япо́нск|ий *adj* Japanese; **я. лак** japan; **Я~ое мо́ре** the Sea of Japan.

яр, а, о ~́е, на ~у́ *m* **1** (*крутой берег*) steep bank; (*склон оврага*) slope (*of ravine*). **2** (*овраг*) ravine.

ярд, а *m* yard (*measure, = 0.9144 metre*).

яре́мн|ый *adj of* ⇨**ярмо́**; **~ая ве́на** (*anat*) jugular vein.

яр|и́ться, ю́сь, и́шься *impf* (*obs, coll*) to rage, be in a fury.

я́рк|а, и *f* young ewe (*up to first lambing*).

я́р|кий (~ок, ~ка́, ~ко) *adj* **1** bright (*of light, colours, etc.*). **2** (*fig*) (*впечатляющий*) colourful (*Br*), colorful (*US*), striking; (*живой*) vivid, graphic; **~кая карти́на** graphic picture; **я. приме́р** striking, glaring example. **3** (*fig*) (*блестящий*) brilliant, outstanding; impressive; **~кая речь** brilliant speech; **я. тала́нт** outstanding talent.

я́ркост|ь, и *f* **1** brightness. **2** (*fig*) (*живость*) vividness. **3** (*блеск*) brilliance.

ярлы́к, а́ *m* **1** label, tag. **2** (*fig*) label; **прикле́ить я. кому́-н.** to pin a label on s.o.

я́рмарк|а, и *f* (trade) fair.

я́рмар|очный *adj of* ⇨**~ка**

ярм|о́, а́, *pl* **~́а** *nt* yoke (*also fig*); **сбро́сить с себя́ я.** (*fig*) to cast off the yoke.

яровиза́ци|я, и *f* (*agric*) vernalization.

яровизи́р|овать, ую *impf and pf* (*agric*) to vernalize.

яров|о́й *adj* (*agric*) spring; **~а́я пшени́ца** spring wheat; *as n* **~о́е, ~о́го** *nt* spring crop.

я́рост|ный (~ен, ~на) *adj* furious, fierce, savage.

я́рост|ь, и *f* fury, rage.

я́рус, а *m* **1** (*theatr*) circle. **2** (*ряд*) tier.

я́рус|ный *adj* **1** *adj of* ⇨**~**. **2** (*в виде ярусов*) tiered; stepped; graduated.

ярча́йший *superl of* ⇨**я́ркий**

я́р|че *comp of* ⇨**~кий**

я́р|ый (~, ~а) *adj* **1** (*яростный*) furious, raging; violent. **2** (*рьяный*) passionate, fervent; **я. сторо́нник/приве́рженец** strong/staunch supporter, stalwart.

я́рь-медя́нка, я́ри-медя́нки *f* (*chem*) verdigris.

я́с|ельный *adj of* ⇨**~ли**

я́сен|евый *adj of* ⇨**~ь**

я́сен|ь, я *m* ash tree.

я́сл|и, ей (*no sg*) **1** (*кормушка*) manger, crib (*for cattle*). **2** (*детские*) crèche (*Br*), day nursery.

ясне́|ть, ет *impf* to become clear(er).

я́сн|о[1] *adv of* ⇨**~ый**

я́сно[2] *as pred* **1** (*о погоде*) it is fine. **2** (*fig*) it is clear. **3** (*as affirmative particle*) (*да; понял*) yes, of course.

яснови́дени|е, я *nt* clairvoyance.

яснови́д|ец, ца *m* clairvoyant.

яснови́дящ|ий *adj* (*also as n*: **я., ~его** *m*, **~ая, ~ей** *f*) clairvoyant.

я́сност|ь, и *f* (*ночи, неба*) clearness; (*солнца, погоды*) brightness; (*звука*) distinctness; (*духа*) serenity; (*fig*) (*вопроса*) clarity; (*речи, ума*) lucidity, preciseness; **внести́ я. во что-н.** to clarify sth.

я́с|ный (~ен, ~на́, ~но, ~́ны) *adj* **1** (*ночь, небо*) clear; (*солнце, месяц*) bright; (*погода*) fine; **гром средь ~ного не́ба** a bolt from the blue. **2** (*звук, дальний берег*) distinct. **3** (*глаза, счастье*) serene. **4** (*fig*) (*вопрос, намерение*) clear, plain; **сде́лать ~ным** to make it clear; **~ное де́ло** of course. **5** (*ум, изложение*) lucid; precise, logical.

я́ств|а, ~ *pl* (*sg* **~о, ~а** *nt*) viands, victuals.

я́стреб, а, *pl* **~а́** *and* **~ы** *m* hawk.

ястреби́н|ый *adj of* ⇨**я́стреб**; **~ая охо́та** falconry; **с ~ым взгля́дом** hawk-eyed; **я. нос** hawk nose.

ястреб|о́к, ка́ *m* **1** *diminutive of* ⇨**я́стреб**. **2** (*coll*) (*самолёт*) fighter (*plane*).

ятага́н, а *m* yataghan, scimitar.

ят|ь, я *m* yat' (*the name of an old Russian letter 'ѣ', replaced by 'е' in 1918*); **на я.** (*coll*) first-class; splendid(ly).

я́хонт, а *m* (**кра́сный**) **я.** ruby; (**си́ний**) **я.** sapphire.

я́хонт|овый *adj of* ⇨**~**

я́хт|а, ы *f* yacht.

яхт-клу́б, а *m* yacht club.

яхтсме́н, а *m* yachtsman.

яхтсме́нк|а, и *f* yachtswoman.

яче́ист|ый (~, ~а) *adj* cellular, porous.

яче́йк|а, и, *g pl* **яче́ек** *f* **1** (*biol, pol*) cell. **2** (*mil*) foxhole; slit trench.

яче|я́, и́ *f* (*biol*) cell.

я́чий *adj of* ⇨**як**

ячме́н|ный *adj of* ⇨**~ь**[1]; **~ное зерно́** barleycorn; **я. отва́р** barley water;

Я

я. са́хар barley sugar.

ячме́н|ь[1], я́ *m* (*злак*) barley.

ячме́н|ь[2], я́ *m* (*на глазу*) sty (*in the eye*).

я́чнев|ый *adj*: **~ая крупа́** fine-ground barley.

я́шм|а, ы *f* (*min*) jasper.

я́шм|овый *adj of* **⇒~а**

я́щериц|а, ы *f* lizard.

я́щик, а *m* **1** box; (*большой*) chest; **я. шампа́нского/вина́** case of champagne/wine; (*coll, joc*) (*телевизор*) the box (= *television*); **абоне́нтский я.** PO (*abbr of* post office) box; **му́сорный я.** dustbin (*Br*), garbage can, trash can (*both US*); **я. для инструме́нтов** toolbox; **откла́дывать в до́лгий я.** (*fig*) to shelve, put off. **2** (*выдвижной*) drawer. **3**: **почто́вый я.** (*i*) letterbox, postbox (*Br*), mailbox (*US*); (*comput*) mailbox; (*ii*) (*fig*) (*номерное учреждение*) hush-hush institution (*designated by post-office box number*).

я́щи|чный *adj of* **⇒~к**

я́щур, а *m* (*заболевание скота*) foot-and-mouth disease.

я́щур|ный *adj* **1** *adj of* **⇒~**. **2** infected with foot-and-mouth disease.

Correspondence
Переписка

Letters and CVs
Письма и резюме

1. Заказ номера в гостинице

Администратору гостиницы «Дюна»
от главного бухгалтера ОАО «Титан»
Сургучёва Виктора Петровича

Уважаемый администратор!

Прошу Вас забронировать одноместный номер в Вашей гостинице на срок с 15 по 18 апреля 2006 г. на имя Семёновой Анны Петровны. Оплата будет произведена по безналичному расчёту сразу же после подтверждения Вами наличия номера. Ответ прошу направить в Командировочный отдел нашего предприятия по адресу: ОАО «Титан», ул. Московская, д. 21, г. Екатеринбург, 602905.

24.01.2006 Сургучёв В. П.

1. Booking a hotel room

125 Upper Tooting Road
London SW17 7TJ

22/1/07

The Manager
The White Lion Inn
4 Market Street
Kirkby Stephen
CUMBRIA
CA17 4QS

Dear Sir or Madam

We would like to book a double and a twin room at your pub for three nights from 14 to 17 April 2007. Preferably, the rooms should be adjacent and the double should have an en suite bathroom if possible.

Please let us know as soon as possible if you have rooms available for this period, and what your rates are. Do you require a deposit? It would also be extremely helpful if you could send us a hotel brochure describing any other facilities in the rooms such as TV and tea and coffee making facilities.

Thank you for your help. We look forward to hearing from you.

Yours faithfully

Mrs Maureen O'Connell

2. Уведомление об отмене заказа

Издательство «Круг»
ул. Добрынинская, д. 3
117049, г. Москва
телефон (495) 836-31-84

Главному администратору
гостиницы «Москва»
Петрову Александру Григорьевичу
ул. Садовая, д. 12
г. Санкт-Петербург, 190224

Уважаемый администратор!

Я вынужден просить Вас отменить заказ одноместного номера в Вашей гостинице на имя Иванова С. И. на период с 5 по 10 февраля. Моя поездка в Санкт-Петербург откладывается по независящим от меня обстоятельствам по крайней мере на две недели.

Поскольку речь об отмене командировки не идёт, я прошу Вас использовать внесённый мною задаток в счёт оплаты номера, который я закажу, когда определится точная дата моей поездки. Надеюсь, что моя просьба выполнима и что этим отказом я не поставил Вас в неудобное положение.

С уважением,
13.01.2007

Иванов С. И.

2. Cancelling a reservation

20 Millers Lane
Stanway
Colchester
Essex CO3 5PS

27/3/06

Hill View Guest House
St Mary's Mount
Hebden Bridge
North Yorkshire
HX7 5JL

Dear Mrs White

I am writing to inform you that I am afraid I have to cancel our reservation at your bed and breakfast for May 2nd–4th. Unfortunately my husband has been unexpectedly asked to go abroad on business that week and so we are having to postpone our holiday. It is such a disappointment as we were looking forward very much to getting some fresh air away from the city.

We hope now to be able to take a holiday in late June and as soon as we have an idea of the exact dates we'll be in touch again to see if you can accommodate us.

We apologize for any inconvenience. Please retain our deposit for the time being in the hope that we shall see you in June.

Yours sincerely

Margaret Sullivan

3. Запрос вакансии

Начальнику Отдела кадров
Медицинского училища № 2
г. Санкт-Петербурга
Иванову Петру Трофимовичу
от Григорьевой Ольги Николаевны,
проживающей по адресу:
Московский проспект, д. 147, кв. 3
телефон (812) 824-73-54

Уважаемый Пётр Трофимович!

Прошу Вас сообщить о наличии вакансии преподавателя биологии в Вашем училище. В настоящий момент я преподаю биологию и химию в средней школе № 396 Кировского района Санкт-Петербурга. В связи с переменой места жительства я ищу работу преподавателя в новом районе. После окончания Педагогического института им. Герцена в 1987 году я преподавала химию и биологию в средней школе. При наличии вакансии преподавателя в Вашем училище прошу Вас назначить мне собеседование в удобное для Вас время.

С уважением, Григорьева О. Н.
14.01.2007

3. Enquiry to an employer about jobs

73 Brighton Road
Eastbourne
East Sussex
BN21 3YR
4 April 2006

Manager
Rose and Crown Hotel
Eastbourne
East Sussex
BN22 7AP

Dear Mr Davis

I am writing to enquire whether you have any vacancies for bar or restaurant staff over the summer.

I have worked at other hotels in the town in my school holidays over the past few years and have quite a lot of experience at serving behind a bar and waiting at table.

My university term ends on 19 June and I shall then be available until the middle of September when I plan to take two weeks' holiday before returning to Leeds in October.

I would prefer work in the bar or restaurant but would also consider any other jobs you can offer.

I enclose references from two previous employers and a character reference from my university tutor. I look forward to hearing from you.

Yours sincerely

Giles Goodall

4. Ответ на объявление о наличии вакансии

Директору фирмы «Заря»
Логинову Борису Аркадьевичу
от Каца Алексея Владиславовича,
проживающего по адресу:
ул. Сергея Потапова, д. 12/4, кв. 264
г. Калуга, 248921
телефон (4842) 93-14-55

Уважаемый господин директор!

В ответ на объявление в газете «Курьер» от 15 января этого года направляю Вам свое резюме, копию свидетельства об окончании курсов повышения квалификации и справку с настоящего места работы. Меня интересует должность инженера по наладке электронной аппаратуры. В случае если моё предложение заинтересует Вас, я бы хотел узнать подробнее об условиях работы.

С уважением, Кац А. В.
01.02.2006

4. Reply to a job advertisement

23 Church Road
Blundesdon
LOWESTOFT
Norfolk
NR32 3LS

19.6.06

Personnel Manager
The Norfolk Echo
5 High Street
NORWICH
Norfolk
NR3 2HF

Dear Mr Williams

I am writing in response to the advertisement that appeared last week in *The Guardian* for an Assistant Features Editor on the *Norfolk Echo*.

As you will see from my CV, I successfully completed a Media Studies degree at Lancaster University the year before last, since when I have worked in a freelance capacity for my local radio station and my local paper. I am now keen to move on to more permanent employment and believe that the experience I have gained will be relevant to the job advertised.

Apart from my CV, I enclose some examples of my work in the form of articles I have written and a tape of some interviews that I have conducted with people of local interest.

I am available for interview at any time and could take up the post immediately, should I be appointed. Thank you for considering my application.

Yours sincerely
Louise Ashby

5. Просьба о рекомендательном письме

Уважаемый Николай Константинович!

У меня к Вам большая просьба. Не могли бы Вы написать рекомендательное письмо для меня? С тех пор как меня перевели в *СУ-13, я продолжал работать в должности прораба и заочно учился в Петербургском политехническом институте. В июне я наконец получил диплом, а недавно нашёл место инженера на соседнем предприятии. Для поступления на работу в Отделе кадров у меня попросили кроме обычных документов рекомендательное письмо с предыдущего места работы. Поскольку я проработал под Вашим руководством последние шесть лет, я бы хотел попросить написать такое письмо именно Вас. Пожалуйста, направьте письмо на имя начальника Отдела кадров завода «Оптика» Малинина Георгия Сергеевича по адресу: завод «Оптика», ул. Генерала Петрова, д. 1, г. Самара, 443003.

Заранее Вам благодарен,

12.03.2007 Андреев Николай Захарович

*СУ = строительное управление 'construction company'

5. Asking for a reference

6 Highworth Cottages
Inhurst
Tadley
Hants RG26 5JP
1 February 2007

Dear Fiona

I'm sorry I haven't been in touch lately. How are you, and how's life at Basingstoke Comprehensive?

The reason I'm writing is that I was wondering if you would be willing to act as a referee with regard to several jobs I'm applying for at the moment.

After spending the past ten years in industry, I've decided to return to teaching, preferably this time in higher education. As you were my most recent Head of Department I thought that you would be the most suitable person to ask for a reference.

I'm hoping that my practical experience in the food industry will make me better qualified now than I was when I left Basingstoke. So far I have applied for posts at the Oxford College of Further Education and Kingston University, both involving teaching the catering part of the HND leisure industry course.

Please get in touch if you would like further information about what I have been doing or about the requirements for these jobs.

Best wishes

Debbie Brooks

6. Письмо в отдел кадров

Начальнику Отдела кадров
ООО «Огни»
Фокиной Марии Ивановне

Благодарю Вас за письмо от 15 марта с уведомлением о зачислении меня в фирму «Огни» на должность главного механика по наладке оборудования. К сожалению, мои попытки немедленно уволиться с настоящего места работы не привели к успеху, и я вынужден ждать положенные по закону две недели после подачи заявления об увольнении. Таким образом, я смогу приступить к исполнению своих обязанностей на Вашем предприятии не ранее 1 апреля 2006 г. Сожалею о задержке и надеюсь, что это обстоятельство не повлияет на Ваше решение о предоставлении мне рабочего места.

С уважением,
16.03.2006 Григорьев И. П.

6. Accepting a job

19 Ryden Lane
Clevelode
MALVERN
Worcestershire
WR13 8PD

22/3/06

Personnel Department
Worcester College of Higher Education
Victoria Street
WORCESTER
WR2 7JT

Dear Ms Elliott

I was extremely pleased to receive your letter offering me the job of Admissions Secretary at Worcester College, and am glad to inform you that I accept the offer.

As discussed at my interview, I need to give a month's notice at my present job and would therefore like to start work at the beginning of May. This will give me a few days for the move and allow me to get settled into my new flat before starting.

I would be grateful if you could let me know who I should report to or where I should go when I first arrive.
Please could you also send me a copy of the Terms and Conditions of Employment that you mentioned at the interview, and details of the pension scheme.

I look forward to seeing you in the near future.

Yours sincerely

Amanda Walker

7. Отказ от предложенной работы

Уважаемый Артур Фёдорович!

Большое Вам спасибо за приглашение на факультет в качестве старшего преподавателя. Скажу сразу, что предложение Ваше очень для меня заманчиво, и будь оно сделано хотя бы на два месяца раньше, я бы безо всякого сомнения сразу же его принял.

Но, к сожалению, в январе моя позиция в корне изменилась. Я получил приглашение из Принстонского университета в Америке принять участие в одном из их проектов. Все формальности с визой, разрешением на работу и даже устройством семьи на время разработки проекта Принстон берёт на себя. Как видите, с моей стороны было бы непростительно не воспользоваться такой уникальной возможностью. Тем не менее, я Вам очень признателен за то, что Вы вспомнили о моей просьбе, хоть и прошёл год. Насколько я знаю, наш общий знакомый Миша Самсонов в настоящий момент рассматривает варианты перехода на другую работу. Его опыт, квалификация и положение во многом сходны с моими, так что, если вакансия ещё открыта, я бы посоветовал Вам связаться с ним. Ещё раз большое спасибо за предложение. Всего Вам хорошего!

Искренне Ваш, Сергей Проничев

03.04.2006

7. Declining a job

145 Meadowcroft Lane
Aylesbury
Bucks HP19 3EW

18 February 2006

Personnel Department
Research Machines plc
St James' House
113 Broadway
LONDON W13 9BE

Dear Mr Carpenter

Thank you for your letter of 11 February in which you offered me the post of Sales Manager at Research Machines.

Unfortunately I am unable to accept the post as I have decided to remain with my present employer, having been offered a substantial salary increase and promotion to Marketing Director since tendering my resignation.

I am very grateful to you for considering my application and would like to say how impressed I was with your company. I hope you will soon find someone suitable to fill the post, and apologize for the inconvenience that I have caused.

Yours sincerely

Michael Green

РЕЗЮМЕ

Ф.И.О.	Михайлова Марина Александровна
Дата рождения, возраст	05.04.1982, 25 лет
Адрес	пр. Байрона, д. 66, кв. 6 г. Петрозаводск, 185000, Республика Карелия
Телефон	(домашний) (48242) 8-32-22, (сотовый) +79217003522
E-mail	mariners@mail.ru
Семейное положение, дети	не замужем, детей нет
Претендую на должность	переводчик (полная занятость)
Заработная плата	от 30 000 рублей
Образование	
2002—2007	Петрозаводский государственный университет, филологический факультет, специальность «Английский язык и литература» (диплом с отличием)
январь-август 2005	Университет штата Канзас, практика для студентов, обучающихся по обмену, специальность «Английский язык» (почётный лист со средним баллом 3,65 из 4)
июнь-август 2004	Летняя школа Университета Осло, специальность «Норвежский язык»
1992—2002	Средняя школа №17 г. Петрозаводска с углублённым изучением английского и финского языков (серебряная медаль)
Иностранные языки	свободное владение английским языком (навыки синхронного перевода), разговорный финский, базовые знания норвежского (чтение и перевод неспециальных текстов)
Опыт работы	
июль-сентябрь 2007	переводчик делегации ЮНЕСКО в Республике Карелия
июнь-август 2006	преподаватель русского языка как иностранного в Летней школе Петрозаводского государственного университета
Дополнительные навыки	компьютер на уровне уверенного пользователя, водительские права категории «В»

CURRICULUM VITAE

Name:	John Phillip Hunt
Address:	24 Mulberry Rd Brixton LONDON SW14 5HU
Telephone:	0181-592284; mobile 07905339242
Email:	jp_hunt@compuserve.com
Nationality:	British
Date of birth:	22/5/84
Marital Status:	Single

Education/Qualifications:

2006–2007	University of Bristol: MSc in Management
2002–2006	King's College, London: BA (hons.) Russian and German, class 2:1
1995–2002	Burford Community College, Oxford Rd, Burford, Oxon. 9 GCSEs (English, Mathematics, Physics, History, Technology, German, Russian, French, Music) 4 A levels: German (A), Russian (B), History (B), English (C)

Work Experience:

September 2004–June 2005	10 months working in Personnel Department of the Max-Plank-Institut für Informatik in Saarbrücken, Germany
July–August 2003	6 weeks teaching English to foreign students at Swan School of English, Oxford
March 2001	1 week's 'shadowing' experience to Assistant Marketing Manager, EAA Technology (Environmental Energy), Didcot
June 1999	2 weeks' work experience at Marks and Spencer, Oxford
Skills:	Computer literate; clean driving licence
Referees:	Dr Michael Edwards (Arts Faculty) King's College London EC12 4HR Dr Elaine Grigson (Management Research Centre) University of Bristol Bristol BS8 1TH

SMS (electronic text messaging)

SMS is the English abbreviation for "Short Message/Messaging Service". Sending an English text message is the same procedure as sending a Russian text message, but abbreviations are used far more often. In English there are countless abbreviations which allow a lot of information to be transmitted using few letters and numbers, e.g. 2l8 = 'too late'. For many messages people type only the initial letters of each word, e.g. ttyl = 'talk to you later', or fyi = 'for your information'. Experienced senders of text messages have no problems in understanding a whole range of such abbreviations.

So-called emoticons or smileys, witty symbols created using punctuation marks, brackets, etc., are popular in text messaging. Some of the more established ones are included below.

Обмен SMS-сообщениями

Аббревиатура SMS расшифровывается как Short Message/Messaging Service, что переводится с английского как «служба обмена короткими сообщениями». Отправка текстового сообщения (SMS) на английском языке такая же тривиальная процедура, как и отправка SMS на русском языке с той лишь разницей, что англоязычные пользователи при написании SMS намного чаще прибегают к различного рода сокращениям. Их число, в силу фонетико-морфологических особенностей английского языка, не поддаётся счёту. Использование сокращений позволяет существенно упростить и ускорить набор, а заодно увеличить объём полезной информации, передаваемой в рамках одного сообщения. Нередко ту или иную мысль получается выразить при помощи всего нескольких букв или цифр. Например, 2l8 означает too late «слишком/уже поздно», где цифра 2 (two) заменяет созвучное ей слово too, буква l соответствует самой себе, а цифра 8 (eight) образует слоговой элемент слова late. Другой распространённый приём пользователей SMS — это образование сокращений из первых букв слов, входящих в состав фразы или предложения. Например, ttyl означает talk to you later «увидимся» или «до встречи» (буквально, «поговорим позже»), а fyi — for your information «к твоему/вашему сведению». Опытные отправители SMS без труда понимают всё множество подобных аббревиатур.

Т. н. эмотиконы или смайлики — остроумные обозначения, состоящие из знаков пунктуации, букв и прочих символов, — также широко применяются в языке SMS. Наиболее устоявшиеся из них приводятся ниже.

Glossary of English SMS abbreviations/Английские SMS-сокращения

(Русский перевод даётся только у выражений, значение которых нельзя получить пословным буквальным переводом. Перевод остальных выражений, а также одиночных слов следует искать в статьях к соответствующим словам в основном корпусе Словаря.)

Abbreviation	Meaning	Значение
@	at	
adn	any day now	(*в са́мое ближа́йшее вре́мя*)
afaik	as far as I know	(*наско́лько я зна́ю, наско́лько мне изве́стно*)
atb	all the best	
b	be	
b4	before	
b4n	bye for now	(*ну, пока́!*)
bbl	be back late(r)	
bcnu	be seeing you	(*уви́димся!, до встре́чи!*)
bfn	bye for now	(*ну, пока́!*)

SMS (electronic text messaging)/Обмен SMS-сообщениями

▸ 592

Abbreviation	Meaning	Значение
brb	be right back	(*обяза́тельно верну́сь (но не зна́ю когда́ то́чно)*)
btw	by the way	(*кста́ти, ме́жду про́чим*)
bwd	backward	
c	see	
cu	see you	(*уви́димся!, до встре́чи!*)
cul8r	see you later	(*уви́димся!, до встре́чи!*)
f2f	face to face	(*лицо́м к лицу́*)
f2t	free to talk	(*есть вре́мя поболта́ть/ поговори́ть*)
fwd	forward	
fwiw	for what it's worth	(*е́сли э́то име́ет (како́е-то) значе́ние*)
fyi	for your information	(*к твоему́/ва́шему све́дению*)
gal	get a life	((1) *займи́сь (лу́чше) де́лом!*; (2) *займи́сь че́м-нибудь (бо́лее) интере́сным*, ≈ *живи́ по́лной жи́знью!*)
gr8	great	
h8	hate	
hand	have a nice day	(*всего́ до́брого/хоро́шего!, до свида́ния!* (традиционная формула прощания))
hth	hope this helps	
ic	I see	((*я*) *по́нял!*; (*я*) *ви́жу!*)
iluvu, ilu	I love you	
imho	in my humble opinion	(*по моему́ скро́мному мне́нию*)
imo	in my opinion	(*по-мо́ему*)
iow	in other words	(*други́ми слова́ми*)
jic	just in case	(*на вся́кий слу́чай*)
jk	just kidding	(*шучу́*)
kit	keep in touch	(*не пропада́й! (= звони́!, пиши́!* и т. п.)
kwim	know what I mean?	
l8	late	
l8r	later	
lol	lots of luck; laughing out loud; lots of love	(*уда́чи!*; *залива́юсь сме́хом (гро́мко смею́сь)*; *мно́го(-мно́го) любви́!* (как пожела́ние))
mob	mobile	
msg	message	
myob	mind your own business	((*а*) *тебе́ како́е де́ло?*, ≈ *не будь так/и́м любопы́тн/ым (-ой -ой)!*)
ne	any	
ne1	anyone	
no1	no one	
oic	oh, I see	((*я*) *по́нял!*; (*я*) *ви́жу!*)
otoh	on the other hand	(*с друго́й стороны́*)
pcm	please call me	
pls	please	
ppl	people	
r	are	
rofl	rolling on the floor, laughing	(*ката́юсь по́ полу от сме́ха*)
ru	are you	
ruok	are you OK?	(*с тобо́й/ва́ми всё в поря́дке?*)
sit	stay in touch	(*не пропада́й! (= звони́!, пиши́!* и т. п.))
som1	someone	
spk	speak	
thkq	thank you	
thx	thanks	
ttyl	talk to you later	(*уви́димся!, до встре́чи!*; *поговори́м по́зже*)
tx	thanks	
u	you	
ur	you are	
w/	with	
wan2	want to	
wan2tlk	want to talk?	
werv u bin	where have you been?	(*где пропада́л(а)/был(а́)?*)
wknd	weekend	
wot	what	
wu	what's up?	(*как дела́?*)
x	kiss	
xlnt	excellent	
xoxoxo	hugs and kisses	((*кре́пко*) *целу́ю и обнима́ю*)
yr	your; you're	
1	one	
2	to; too	
2day	today	
2moro	tomorrow	
2nite	tonight	
3sum	threesome	
4	for	

<table>
<tr><th>Emoticon</th><th>Meaning</th><th>Значение</th></tr>
<tr><td>:-)</td><td>smiling, happy face</td><td>улыба́ющаяся, счастли́вая ро́жица</td></tr>
<tr><td>:-|</td><td>frowning; bored</td><td>нахму́рил бро́ви; ску́чно</td></tr>
<tr><td>:-e</td><td>disappointed</td><td>разочаро́ван/огорчён</td></tr>
<tr><td>:-(</td><td>unhappy face</td><td>несча́стная ро́жица</td></tr>
<tr><td>%-)</td><td>confused</td><td>смущён, озада́чен</td></tr>
<tr><td>:~(or :'-(</td><td>crying</td><td>пла́чу</td></tr>
<tr><td>;-)</td><td>winking happy face</td><td>подми́гивающая дово́льная ро́жица</td></tr>
<tr><td>|-o</td><td>tired; asleep</td><td>уста́л; сплю/усну́л</td></tr>
<tr><td>:-\</td><td>sceptical</td><td>с недове́рием/сомне́нием</td></tr>
<tr><td>:-D</td><td>big smile, laughing face</td><td>улы́бка во весь рот, смею́щаяся ро́жица</td></tr>
<tr><td>:-<></td><td>amazed</td><td>изумлён/поражён</td></tr>
<tr><td>X=</td><td>fingers crossed</td><td>скрести́в па́льцы (наудачу)</td></tr>
<tr><td>:-p</td><td>tongue sticking out</td><td>с вы́сунутым языко́м, пока́зывая язы́к</td></tr>
<tr><td>:-O</td><td>shouting; surprised</td><td>кричу́; удивлён</td></tr>
<tr><td>:-Q</td><td>I don't understand</td><td>не понима́ю, не по́нял</td></tr>
<tr><td>:-X</td><td>my lips are sealed, I won't tell anyone</td><td>держу́ рот на замке́, никому́ не скажу́</td></tr>
<tr><td>O:-)</td><td>angel</td><td>а́нгел</td></tr>
<tr><td>:-* or :-x</td><td>big kiss!</td><td>кре́пкий поцелу́й</td></tr>
<tr><td>:-o</td><td>"Oooh!"; shocked face</td><td>ух ты! (от удивления/восхищения), ой/уй! (от боли); шоки́рованная ро́жица</td></tr>
<tr><td>@}-,-'—</td><td>a rose</td><td>ро́за (как знак любви)</td></tr>
</table>

*NB: the '-' which represents the nose is often omitted or replaced by an '**o**', e.g. **:)** or **:o)**.

*NB Дефис «-», обозначающий нос, часто опускается или заменяется буквой «**o**», например, **:)** или **:o)**.

Email and the Internet
Электронная почта и Интернет

to be on email	имéть дóступ к электрóнной пóчте (*or* к Интернéту)
an email	электрóнное письмó, e-mail, имéйл
a mailbox	почтóвый я́щик
an 'at' sign (@)	собáка (знак @)
an address book	áдресная кни́га
an email address	электрóнный áдрес, e-mail, имéйл
a mailing list	спи́сок адресáтов
to send (*someone*) an email	пос|ылáть, -лáть электрóнное письмó (*комý-н.*)
to send (*something*) by email	пос|ылáть, -лáть (*что-н.*) по электрóнной пóчте
to receive an email	получ|áть, -и́ть электрóнное письмó
to forward an email	перес|ылáть, -лáть электрóнное письмó
to copy somebody in, to cc somebody	отпр|авля́ть, -áвить кóпию (*письмá, сообщéния и т. п.*) комý-н.
cc (carbon copy)	кóпия (*письма*) (*отправляемая другому адресату в дополнение к основному, так что всем получателям письма становятся известными адреса друг друга*)
bcc (blind carbon copy)	скры́тая кóпия (*письма*) (*отправляемая другому адресату в дополнение к основному, так что другие получатели письма не знают, что этому адресату отправлена копия*)
a file	файл
a folder	пáпка
an emoticon, a smiley (:-))	эмóтикон, смáйл(ик)
to attach a file	вклáдывать, вложи́ть (*or* прикреп|ля́ть, -и́ть *or* присоедин|я́ть, -и́ть) файл
to receive an attachment	получ|áть, -и́ть вложéние (*к письмý*) (*or* ат(т)áчмент *or* присоединённый/прикреплённый (к письмý) файл)
to open an attachment	откр|ывáть, -ы́ть вложéние (*к письмý*) (*or* ат(т)áчмент *or* присоединённый/прикреплённый (к письмý) файл)
to save a message on the desktop, on the hard disk	сохран|я́ть, -и́ть сообщéние на рабóчем столé, на жёстком ди́ске
to delete a message	удал|я́ть, -и́ть сообщéние
an inbox	входя́щие (сообщéния)
an outbox	исходя́щие (сообщéния)
snail mail (*coll*)	обы́чная пóчта, «мéдленная пóчта», «черепáшья пóчта» (*в противоположность электронной*)
to get spam	получ|áть, -и́ть спам
to send spam	рассылáть, разослáть спам
a modem	модéм
an ADSL modem	ADSL-модéм
toolbar	панéль инструмéнтов
to copy	копи́ровать, с-
to cut	вырезáть, вы́резать
to paste	вст|авля́ть, -áвить
to print	распечáт|ывать, -ать

Toolbar menu buttons on emails	Назвáния кнóпок меню́ в почтóвых прогрáммах
File	Файл
Edit	Прáвка
View	Вид
Insert	Вставка
Format	Формáт
Tools	Сéрвис
Actions	Дéйствия
Help	Спрáвка

Hi, Andy!

I spent the afternoon at the Internet cafe on the High Street, and I found this really interesting website: http://192.whats-up.co.uk. You should add it to your favourites. On the home page you can select any town in the UK and it gives you all the bars/restaurants/concert venues etc. in the town you choose. When you double-click on the name of a bar, a map automatically pops up and the place you've selected is highlighted. Mail me when you've had a chance to browse! I'm sure we could find something for Saturday night.

I also attach a joke that Anna sent me this morning. She bought an ADSL modem so she's on email now. It made me laugh. (Don't worry about opening the file: I ran my antivirus over it and got the all-clear.) Speak to you soon!

Tim

PS Can you forward this to Mark? I wanted to copy him in, but I can't find his email address and I deleted his latest email from my inbox. I'm sure he'd be interested as well.

Приве́т, Ли́за!

Днём я был в интерне́т-кафе́ на Тверско́й и нашёл оди́н занима́тельный сайт: http://www.all-over-russia.ru. Я сове́тую тебе́ доба́вить его́ в «И́збранное» твоего́ бра́узера. На гла́вной страни́це ты мо́жешь вы́брать из спи́ска любо́й росси́йский го́род, и тебе́ бу́дут пока́заны все ба́ры, рестора́ны, конце́ртные площа́дки, располо́женные в нём. Е́сли два́жды щёлкнуть на назва́нии заведе́ния, то автомати́чески во всплыва́ющем окне́ откро́ется ка́рта, а иско́мое ме́сто на ней бу́дет вы́делено цве́том. В о́бщем, пиши́ мне, когда́ бу́дет возмо́жность. Уве́рен, мы найдём, где провести́ вре́мя в э́ту суббо́ту но́чью.

Я прикрепля́ю к письму́ шу́тку, кото́рую мне присла́л Сла́ва сего́дня у́тром. Он купи́л ADSL-моде́м, так что тепе́рь он мо́жет перепи́сываться с на́ми по электро́нной по́чте. (Не бо́йся открыва́ть э́тот файл: я прове́рил его́ антиви́русом — ви́русов там нет.)

До ско́рого! Пиши́!

Илья́

PS Ты не могла́ бы пересла́ть э́то письмо́ Ю́ле? Я хоте́л отпра́вить ей ко́пию, но не могу́ найти́ её электро́нный а́дрес, а после́днее письмо́ от неё я удали́л из своего́ почто́вого я́щика. Не сомнева́юсь, ей та́кже бу́дет э́то интере́сно.

Aa

A[1] /eɪ/ *letter*: **from ~ to Z** от нача́ла до конца́; **he knows the subject from ~ to Z** он зна́ет э́тот предме́т доскона́льно; **~ road** магистра́льная доро́га, (авто)магистра́ль; **A1** *adj* (*coll*) первокла́ссный; **~-bomb** а́томная бо́мба.

A[2] /eɪ/ *n* **1** (*mus*) ля (*nt indecl*); **she reached top ~** она́ взяла́ ве́рхнее ля. **2** (*academic mark*) «отли́чно», пятёрка; **he got an ~ in physics** он получи́л «отли́чно» *or* пятёрку по фи́зике.

a /ə, eɪ/, **an** /æn, ən/ *indefinite article* **1** *not usu translated*: **it's an elephant** э́то слон. **2** (**~** *certain*): **~ Mr Smith rang** звони́л не́кий господи́н Смит; **in ~ sense** в како́м-то смы́сле; **an old friend of mine** оди́н мой ста́рый знако́мый. **3** (*one*; *the same*): **all of ~ size** все одного́ разме́ра; все одина́ковой величины́. **4** (*distributive, in each*) в + *a*; **twice ~ week** два ра́за в неде́лю; **10 miles an hour** де́сять миль в час; (*for each*) за + *a*; **10p ~ pound** 10 пе́нсов за фунт; (*to each*): **he gave out £5 ~ person** он вы́дал ка́ждому по пять фу́нтов; (*from each*) с + *g*; **they charged £1 ~ head** они́ взя́ли по фу́нту с челове́ка.

AA (*abbr of* ***Automobile Association***) (*Br*) Автомоби́льная ассоциа́ция.

AAA (*abbr of* ***American Automobile Association***) (*US*) Америка́нская автомоби́льная ассоциа́ция.

A & E (*abbr of* ***Accident and Emergency***) *n* (*Br*) отделе́ние неотло́жной по́мощи (*в больнице*).

aardvark /ˈɑːdvɑːk/ *n* трубкозу́б.

aback /əˈbæk/ *adv*: **we were taken ~ by the news** но́вость нас порази́ла; **I was taken ~ by his audacity** я растеря́лся от его́ на́глости.

abacus /ˈæbəkəs/ *n* (*pl* **~es**) счёт|ы (*pl, g* -ов) (*счётный прибор*).

abandon /əˈbænd(ə)n/ *n* самозабве́ние; **with ~** самозабве́нно.

● *vt* **1** (*forsake, desert*) пок|ида́ть, -и́нуть; ост|авля́ть, -а́вить; **he ~ed his wife** он оста́вил свою́ жену́; **~ ship!** поки́нуть кора́бль! **2** (*renounce*) отка́з|ываться, -а́ться от + *g*; **we must ~ the idea** мы должны́ отказа́ться от э́той иде́и; **they had ~ed all hope** они́ оста́вили вся́кую наде́жду. **3** (*discontinue*) прекра|ща́ть, -ти́ть; **the search was ~ed** по́иски бы́ли прекращены́. **4** (*surrender*) ост|авля́ть, -а́вить; **the town was ~ed to the enemy** го́род был оста́влен врагу́; **she ~ed herself to grief** она́ предала́сь своему́ го́рю.

abandoned /əˈbænd(ə)nd/ *adj* **1** (*forsaken, deserted*) оста́вленный, поки́нутый; **an ~ child** бро́шенный ребёнок. **2** (*profligate*) распу́тный.

abandonment /əˈbændənmənt/ *n* **1** (*of a belief, lawsuit, right*) отка́з (от + *g*). **2** (*neglect*) забро́шенность. **3** (*of a project*) прекраще́ние. **4**: **~ of a ship** ухо́д с корабля́.

abase /əˈbeɪs/ *vt* ун|ижа́ть, -и́зить.

abasement /əˈbeɪsmənt/ *n* униже́ние.

abash /əˈbæʃ/ *vt* сму|ща́ть, -ти́ть; **she felt ~ed** она́ была́ смущена́.

abate /əˈbeɪt/ *vi* (*diminish*) ум|еньша́ться, -е́ньшиться; (*weaken*) ослаб|ева́ть, -е́ть; (*of storm, epidemic, etc.*) ут|иха́ть, -и́хнуть.

abatement /əˈbeɪtmənt/ *n* **1** (*reduction*) уменьше́ние; (*mitigation*) смягче́ние; (*weakening*) ослабле́ние; (*lowering*) сниже́ние; **noise ~** сниже́ние у́ровня шу́ма; (*of storm etc.*) затиха́ние. **2** (*deduction*) ски́дка. **3** (*law*) аннули́рование, отме́на.

abattoir /ˈæbəˌtwɑː(r)/ *n* скотобо́йня.

abbess /ˈæbɪs/ *n* аббати́са.

abbey /ˈæbɪ/ *n* (*pl* **~s**) абба́тство.

abbot /ˈæbət/ *n* абба́т.

abbreviate /əˈbriːvɪˌeɪt/ *vt* сокра|ща́ть, -ти́ть; **'ampere' is ~d to A** «ампе́р» сокращённо обознача́ется че́рез «А»; **~d** сокращённый.

abbreviation /əˌbriːvɪˈeɪʃ(ə)n/ *n* сокраще́ние, аббревиату́ра.

ABC[1] /ˌeɪbiːˈsiː/ *n* (*alphabet*) алфави́т, а́збука; **it's as easy as ~** э́то (про́сто) как два́жды два — четы́ре; (*reading primer*) буква́рь (*m*); а́збука; (*fig, rudiments*) а́збука; осно́вы (*f pl*).

ABC[2] (*abbr of* ***American Broadcasting Company***) (*US*) Эй-би-си́ (*nt indecl*).

abdicate /ˈæbdɪˌkeɪt/ *vt* отка́з|ываться, -а́ться от + *g*; **~ the throne** (*also* **~** *vi*) отр|ека́ться, -е́чься от престо́ла.

abdication /ˌæbdɪˈkeɪʃ(ə)n/ *n* отка́з (*от чего*); отрече́ние (от престо́ла).

abdomen /ˈæbdəmən/ *n* брюшна́я по́лость; живо́т.

abdominal /æbˈdɒmɪn(ə)l/ *adj* брюшно́й; **~ pain** боль в животе́; **~ wound** ране́ние в живо́т.

abduct /əbˈdʌkt/ *vt* пох|ища́ть, -и́тить.

abduction /əbˈdʌkʃ(ə)n/ *n* похище́ние.

abductor /əbˈdʌktə(r)/ *n* похити́тель (*m*).

aberrant /əˈberənt/ *adj* анорма́льный.

aberration /ˌæbəˈreɪʃ(ə)n/ *n* **1** (*error of judgement or conduct*) заблужде́ние; **mental ~** помраче́ние рассу́дка. **2** (*deviation*) отклоне́ние от но́рмы, аберра́ция.

abet /əˈbet/ *vt* (**abetted, abetting**) подстрека́ть (*impf*) к + *d*; **he was ~ted by X** его́ посо́бником был Х; **~ s.o. in a crime** соде́йствовать (*impf*) кому́-н. в соверше́нии преступле́ния; **~ a crime** соде́йствовать (*impf*) преступле́нию.

abettor /əˈbetə(r)/ *n* посо́бник.

abeyance /əˈbeɪəns/ *n*: **in ~** приостано́вленный; **the matter is in ~** де́ло вре́менно приостано́влено.

abhor /əbˈhɔː(r)/ *vt* (**abhorred, abhorring**) пита́ть (*impf*) (*or* испы́т|ывать, -а́ть) омерзе́ние/ отвраще́ние к + *d*; **nature ~s a vacuum** приро́да не те́рпит пустоты́.

abhorrence /əbˈhɒrəns/ *n* омерзе́ние, отвраще́ние; **hold in ~**; **have an ~ of** пита́ть (*impf*) отвраще́ние к + *d*.

abhorrent /əbˈhɒrənt/ *adj* омерзи́тельный, отврати́тельный; **the very idea is ~ to me** мне проти́вно да́же ду́мать об э́том.

abidance /əˈbaɪd(ə)ns/ *n*: **~ by the rules** соблюде́ние пра́вил.

abide /əˈbaɪd/ *vt* терпе́ть (*impf*); выноси́ть (*impf*); **I cannot ~ him** я не могу́ терпе́ть его́.

● *vi* **1** (*remain*) пребыва́ть (*impf*). **2**: **~ by** (*comply with*) соблю|да́ть, -сти́; приде́рживаться (*impf*) + *g*; **~ by the law** соблюда́ть (*impf*) зако́н.

abiding /əˈbaɪdɪŋ/ *adj* постоя́нный, неизме́нный.

ability /əˈbɪlɪtɪ/ *n* **1** (*capacity in general*) спосо́бность; **to the best of one's ~** по ме́ре спосо́бностей; **he shows an ~ for music** он проявля́ет музыка́льные спосо́бности; (*knowing how*) уме́ние; (*mental competence*) спосо́бность; **a man of ~** спосо́бный челове́к. **2** (*in pl, gifts*) спосо́бности (*f pl*); **natural ~** врождённые спосо́бности.

abject /ˈæbdʒekt/ *adj* (*humble*) уни́женный; **an ~ apology** уни́женная мольба́ о проще́нии; (*craven*): **~ fear** малоду́шный страх; (*despicable*) презре́нный; (*pitiful, wretched*) жа́лкий; **in ~ poverty** в кра́йней нищете́.

abject|ion /əbˈdʒekʃ(ə)n/, **-ness** /ˈæbdʒektnɪs/ *nn* униже́ние; уни́женность.

abjuration /ˌæbdʒʊˈreɪʃ(ə)n/ *n* (кля́твенное) отрече́ние; отка́з (*от чего*).

abjure /əbˈdʒʊə(r)/ *vt* (*renounce on oath*) клятвенно отр|екáться, -éчься от + *g*; (*forswear*) отр|екáться, -éчься от + *g*; откáз|ываться, -áться от + *g*.

ablative /ˈæblətɪv/ *n* аблати́в, отложи́тельный/твори́тельный падéж; **~ absolute** аблати́в абсолю́тный.
● *adj* аблати́вный.

ablaze /əˈbleɪz/ *pred adj*: **to be ~** пылáть, полыхáть (*both impf*); **the fire was soon ~** огóнь вскóре полыхáл; **the buildings were ~** здáния полыхáли/пылáли; **her cheeks were ~ with anger** её щёки пылáли гнéвом; **streets ~ with light** зали́тые огня́ми у́лицы.
● *adv*: **set a house ~** подж|игáть, -éчь дом.

able /ˈeɪb(ə)l/ *adj* (**abler, ablest**) **1**: **be ~ to** мочь, с-; быть в состоя́нии; **will you be ~ to come?** вы смóжете прийти́?; (*have the strength or power to*): **he was not ~ to walk any farther** он был не в си́лах (*or* не в состоя́нии) идти́ дáльше; (*know how to*) умéть (*impf*); **he is ~ to swim** он умéет плáвать. **2** (*skilful*) умéлый; (*capable*) спосóбный.
● *cpds* **~-bodied** *adj* здорóвый, крéпкий; (*mil*) гóдный к воéнной слу́жбе; **~ seaman** *see* ⇒**seaman**

ablution /əˈbluːʃ(ə)n/ *n* (*usu in pl, act of washing o.s.*) омовéние; **perform one's ~s** соверш|áть, -и́ть омовéние.

abnegate /ˈæbnɪˌgeɪt/ *vt* (*renounce*) отр|екáться, -éчься от + *g*; (*deny o.s.*) откáз|ывать, -áть себé в + *p*.

abnegation /ˌæbnɪˈgeɪʃ(ə)n/ *n* (*renunciation*) откáз, отречéние (*om чего*); (*self-sacrifice*) самоотречéние.

abnormal /æbˈnɔːm(ə)l/ *adj* ненормáльный; (*deviating from type*) аномáльный.

abnormality /ˌæbnɔːˈmælɪtɪ/ *n* ненормáльность; аномáлия.

aboard /əˈbɔːd/ *adv* **1** (*on a ship or plane*) на бортý; (*on a train*) в пóезде. **2** (*onto a ship or plane*) нá борт; (*onto a train*) в пóезд; **all ~!** (*a ship, plane*) посáдка закáнчивается!; (*a train*) по вагóнам!; **go ~** садиться, сесть (*a ship, train* на корáбль, на пóезд; *a plane* в самолёт); **take ~** взять (*pf*) нá борт.
● *prep*: **~ ship** на борт(ý) корабля́.

abode /əˈbəʊd/ *n* (*dwelling place*) жили́ще; **of no fixed ~** без постоя́нного местожи́тельства.

abolish /əˈbɒlɪʃ/ *vt* отмен|я́ть, -и́ть.

abolition /ˌæbəˈlɪʃ(ə)n/ *n* отмéна; **the~ of capital punishment** отмéна смéртной кáзни.

abolitionism /ˌæbəˈlɪʃəniz(ə)m/ *n* аболициони́зм.

abolitionist /ˌæbəˈlɪʃənɪst/ *n* аболициони́ст.

abominable /əˈbɒmɪnəb(ə)l/ *adj* отврати́тельный, мéрзкий; **the food was ~** едá былá отврати́тельная; корми́ли отврати́тельно; **the A~ Snowman** снéжный человéк, йéти (*m indecl*).

abominate /əˈbɒmɪˌneɪt/ *vt* питáть (*impf*) отвращéние к + *d*, омерзéние к + *d*.

abomination /əˌbɒmɪˈneɪʃ(ə)n/ *n* (*detestation*) отвращéние, омерзéние; (*detestable thing*) мéрзость; **this building is an ~** э́то здáние — мéрзость.

aboriginal /ˌæbəˈrɪdʒɪn(ə)l/ *n* = **aborigine**.
● *adj* тузéмный, кореннóй; (*primitive*) первобы́тный.

aborigine /ˌæbəˈrɪdʒɪnɪ/ *n* тузéм|ец (*fem* -ка); абори́гéн; коренной жи́тель.

abort /əˈbɔːt/ *vt* **1** (*carry out abortion of*): **she should have had the baby ~ed** онá должнá былá сдéлать абóрт. **2** (*fig, terminate or cancel prematurely*) приостан|áвливать, -ови́ть.
● *vi* **1** (*of a person*) вы́ки́дывать, вы́кинуть. **2** (*fig, come to nothing*) срывáться, сорвáться.

abortion /əˈbɔːʃ(ə)n/ *n* **1** (*miscarriage*) абóрт, вы́кидыш; **backstreet ~** подпóльный абóрт; **get/have an ~** (*by surgery*) дéлать, с- абóрт; **she had an ~** онá сдéлала абóрт. **2** (*freak*) урóд. **3** (*failure*) неудáча. **4** (*discontinuation*) прекращéние.

abortionist /əˈbɔːʃənɪst/ *n* подпóльный акушéр.

abortive /əˈbɔːtɪv/ *adj* (*fig*) мертворождённый, неудáвшийся.

abound /əˈbaʊnd/ *vi* **1** (*exist in large numbers or quantities*) быть в изоби́лии; изоби́ловать (*impf*). **2**: **~ in** (*be rich in*) изоби́ловать (*impf*) + *i*; **the country ~s in oil** странá богáта нéфтью; **~ with** (*teem with*) кишéть (*impf*) + *i*.

about /əˈbaʊt/ *adv* **1** (*here and there*): **don't leave your clothes ~** не оставля́йте свою́ одéжду где попáло. **2** (*in the vicinity; in circulation*) вокрýг, кругóм; **there are a lot of soldiers ~** кругóм мнóго солдáт; **is he anywhere ~?** он гдé-нибудь здесь?; **there are rumours ~** хóдят слýхи; **up and ~** на ногáх; **she is too ill to get ~** онá так больнá, что не мóжет выходи́ть. **3** (*to face the other way*): **~-turn!** (*mil*) кругóм!; (*alternately*) **turn and turn ~** по óчереди. **4** (*almost*) почти́; **that's ~ right** примéрно так; **dinner is ~ ready** обéд почти́ готóв; **it's ~ time we went** нам порá идти́; **and ~ time too!** давнó порá! **5** (*approximately*) óколо + *g*; приблизи́тельно; **~ 3 o'clock** óколо трёх часóв; **he is ~ your height** он приблизи́тельно вáшего рóста; **it costs ~ 100 roubles** э́то стóит óколо ста рублéй; **~ a kilogram in weight** вéсом óколо килогрáмма; **in ~ half an hour** примéрно чéрез полчасá. **6 ~ to** (*ready to, just going to*): **he was ~ to leave when I arrived** он собирáлся уходи́ть, когдá я пришёл; **I was ~ to say** я собирáлся сказáть; **the train is ~ to leave** пóезд сейчáс трóнется; **I was just ~ to do so** я как раз собирáлся э́то сдéлать. **7** *For phrasal vv with ~, see relevant v entries.*
● *prep* **1** (*around; near*) вокрýг + *g*; **the people ~ him** окружáющие егó лю́ди; **somewhere ~ here** гдé-то здесь; **he looked ~ him** он огля́дéлся вокрýг; **I have no money ~ me** у меня́ нет при себé дéнег. **2** (*at or to various places, in*) по + *d*; **walk ~ the streets** ходи́ть (*indet*) по у́лицам. **3** (*fig, in*) в + *p*; **there was no vanity ~ him** в нём нé было тщеслáвия. **4** (*concerning*) о + *p*; насчёт + *g*; относи́тельно + *g*; **what are you talking ~?** о чём вы говори́те?; **what ~ dinner?** как насчёт обéда?; **how ~ a game of cards?** не сыгрáть ли нам в кáрты?; **what is it all ~?** в чём дéло?; **he has called ~ the rent** он зашёл насчёт квартплáты; **she is mad ~ him** онá без умá от негó; **much ado ~ nothing** мнóго шýма из ничегó; **there is no doubt ~ it** в э́том нет сомнéния. **5** (*engaged in*): **be ~ one's business** занимáться (*impf*) свои́ми делáми.
● *cpds* **~-face, ~-turn** *nn* (*lit*) поворóт кругóм; (*fig*) рéзкий поворóт.

above /əˈbʌv/ *n*: **the ~** вышескáзанное; вышеупомя́нутое.
● *adj* (*~-mentioned*) вышеупомя́нутый; (*foregoing*) предыду́щий.
● *adv* **1** (*overhead; upstairs*) наверхý; **we live in the flat ~** мы живём в кварти́ре этажóм вы́ше; (*expressing motion*) наверх; **from ~** свéрху. **2** (*higher up*) вы́ше. **3** (*in text, speech etc.*) вы́ше; рáнее.
● *prep* **1** (*over; higher than*) над + *i*; **his voice was heard ~ the noise** егó гóлос перекрывáл шум. **2** (*more than*) свы́ше + *g*; **~ 30 tons** свы́ше 30 тонн. **3** (*fig*): **~ me in rank** вы́ше меня́ чи́ном; **~ all praise** вы́ше вся́ких похвáл; **he is ~ such base actions** он не спосóбен на таки́е пóдлости; **~ suspicion** вне подозрéния; **he is getting ~ himself** он начинáет зазнавáться; **he is not ~ cheating at cards** он позволя́ет себé жу́льничать в кáртах; **~ all** прéжде всегó; сáмое глáвное; **over and ~** вдобáвок к + *d*; **this is ~ my head** э́то вы́ше моегó понимáния.
● *cpds* **~-board** *adj* (*honourable*) чéстный; (*open, frank*) откры́тый; **~-mentioned** *adj* вышеупомя́нутый; **~-named** *adj* вышенáзванный.

abracadabra /ˌæbrəkəˈdæbrə/ *n* абракадáбра.

abrade /əˈbreɪd/ *vt* (*skin etc.*) сдирáть, содрáть; (*bark*) об|дирáть, -одрáть.

abrasion /əˈbreɪʒ(ə)n/ *n* (*rubbing off*) истирáние; (*wounded area of skin*) ссáдина.

abrasive /əˈbreɪsɪv/ *n* абрази́в, абрази́вный материáл.
● *adj* абрази́вный; (*fig*) рéзкий, колю́чий; **an ~ personality** рéзкий харáктер.

abreast /əˈbrest/ *adv* в ряд, на однóй ли́нии; **three ~** пó трое в ряд; (*fig*): **~ of events** в кýрсе собы́тий.

abridge /əˈbrɪdʒ/ *vt* **1** (*shorten*) сокра|щáть, -ти́ть; **an ~d version**

сокращённый вариа́нт. **2** (*curtail*) ограни́чи|вать, -ть.

abridgement /əˈbrɪdʒmənt/ *n* (*shortening*) сокраще́ние; (*curtailment*) ограниче́ние; (*shortened version of a book*) сокращённое изда́ние; (*summary*) аннота́ция.

abroad /əˈbrɔːd/ *adv* за грани́цей, за рубежо́м; (*motion*) за грани́цу, за рубе́ж; **from ~** из-за грани́цы, из-за рубежа́; (*fig, in circulation*): **there are rumours ~** хо́дят слу́хи.

abrogate /ˈæbrəˌgeɪt/ *vt* отмен|я́ть, -и́ть.

abrogation /ˌæbrəˈgeɪʃ(ə)n/ *n* отме́на.

abrupt /əˈbrʌpt/ *adj* **1** (*disconnected*) отры́вистый. **2** (*brusque*) ре́зкий. **3** (*sudden*) внеза́пный. **4** (*steep, precipitous*) круто́й, обры́вистый.

abruptness /əˈbrʌptnɪs/ *n* отры́вистость; ре́зкость; внеза́пность; крутизна́.

abscess /ˈæbsɪs/ *n* абсце́сс.

abscond /əbˈskɒnd/ *vi* скр|ыва́ться, -ы́ться; **he ~ed with the takings** он с вы́ручкой скры́лся.

abseil /ˈæbseɪl/ (*Br*) *n* спуск на верёвке.
● *vi* спус|ка́ться, -ти́ться на верёвке.

absence /ˈæbs(ə)ns/ *n* отсу́тствие; **in his ~** в его́ отсу́тствие; **leave of ~** о́тпуск; **~ of mind** рассе́янность; (*lack*): **in the ~ of evidence** за недоста́точностью ули́к.

absent[1] /ˈæbs(ə)nt/ *adj* **1** (*not present*) отсу́тствующий; **~ without leave** в самово́льной отлу́чке; **be ~** отсу́тствовать (*impf*); **he was ~ from school** он отсу́тствовал в шко́ле. **2** (*abstracted*) рассе́янный.
● *cpds* **~-minded** *adj* рассе́янный; **~-mindedness** *n* рассе́янность.

absent[2] /əbˈsent/ *vt*: **~ o.s.** отлуч|а́ться, -и́ться.

absentee /ˌæbsənˈtiː/ *n* отсу́тствующий; **there were six ~s** отсу́тствовало шесть челове́к; бы́ло шесть отсу́тствующих; **~ landlord** владе́лец, сдаю́щий свою́ со́бственность и живу́щий в друго́м ме́сте.

absenteeism /ˌæbsənˈtiːɪz(ə)m/ *n* (*from work, school*) прогу́л; (*from voting*) абсентеи́зм.

absinth(e) /ˈæbsɪnθ/ *n* (*liqueur*) абсе́нт, полы́нная во́дка.

absolute /ˈæbsəˌluːt, -ˌljuːt/ *n* (*philos*: **the A~**) абсолю́т.
● *adj* (*perfect*): **~ beauty** соверше́нная красота́; (*pure*): **~ alcohol** чи́стый спирт; (*unconditional*): **~ monarchy** абсолю́тная мона́рхия; (*consummate*): **an ~ ruffian** зако́нченный, абсолю́тный негодя́й; (*indubitable*): **~ proof** несомне́нное, абсолю́тное доказа́тельство; (*gram*): **~ construction** абсолю́тная констру́кция.

absolutely /ˈæbsəˌluːtlɪ, -ˌljuːtlɪ/ *adv* **1** (*completely*) абсолю́тно; соверше́нно; (*unquestionably*) безусло́вно. **2 ~!** (*expressing agreement*) безусло́вно/коне́чно!

absolution /ˌæbsəˈluːʃ(ə)n, -ˈljuːʃ(ə)n/ *n* (*forgiveness*) проще́ние; (*eccl*) отпуще́ние грехо́в.

absolutism /ˈæbsəluːˌtɪz(ə)m, -ljuːˌtɪz(ə)m/ *n* абсолюти́зм.

absolutist /ˈæbsəˌluːtɪst, -ˌljuːtɪst/ *n* абсолюти́ст.
● *adj* абсолюти́стский.

absolve /əbˈzɒlv/ *vt* (*of blame*) призн|ава́ть, -а́ть невино́вным; **he was ~d of all blame** он был при́знан по́лностью невино́вным; (*of sins*) отпус|ка́ть, -ти́ть грехи́ + *d*; **his sins were ~d** он получи́л отпуще́ние грехо́в; (*of obligation*) освобо|жда́ть, -ди́ть.

absorb /əbˈsɔːb, -ˈzɔːb/ *vt* **1** (*soak up*) впи́т|ывать, -а́ть. **2** (*fig*): **~ knowledge** впи́т|ывать, -а́ть зна́ния. **3** (*engross*) погло|ща́ть, -ти́ть; **his business ~s him** он поглощён свои́ми дела́ми; **he was ~ed in reading** он был погружён в чте́ние. **4** (*shock, vibration etc.*) амортизи́ровать (*impf, pf*).

absorbability /əbˌsɔːbəˈbɪlɪtɪ, -ˌzɔːbəˈbɪlɪtɪ/ *n* поглоща́емость.

absorbable /əbˈsɔːbəb(ə)l, -ˈzɔːbəb(ə)l/ *adj* поглоща́емый.

absorbency /əbˈsɔːbənsɪ, -ˈzɔːbənsɪ/ *n* впи́тывающая спосо́бность.

absorbent /əbˈsɔːbənt, -ˈzɔːbənt/ *adj* вса́сывающий, поглоща́ющий; **~ cotton** (*US*) (гигроскопи́ческая) ва́та.

absorbing /əbˈsɔːbɪŋ, -ˈzɔːbɪŋ/ *adj* (*engrossing*) захва́тывающий.

absorption /əbˈsɔːpʃ(ə)n, -ˈzɔːpʃ(ə)n/ *n* **1** (*soaking up*) впи́тывание. **2** (*engrossment*): **his ~ in his studies** его́ погружённость в заня́тия.

abstain /əbˈsteɪn/ *vi* возде́рж|иваться, -а́ться; **he ~ed (from drinking) on principle** он возде́рживался (от спиртно́го) из при́нципа; **the Opposition decided to ~ (from voting)** оппози́ция реши́ла воздержа́ться (от голосова́ния).

abstainer /əbˈsteɪnə(r)/ *n* (*from drinking*) тре́звенник, непью́щий; (*from voting*) воздержа́вшийся.

abstemious /æbˈstiːmɪəs/ *adj* возде́ржанный.

abstemiousness /æbˈstiːmɪəsnɪs/ *n* возде́ржанность.

abstention /əbˈstenʃ(ə)n/ *n* воздержа́ние (от + *g*); **the resolution was passed with three ~s** резолю́ция была́ принята́ при трёх воздержа́вшихся.

abstinence /ˈæbstɪnəns/ *n* воздержа́ние (от + *g*); (*moderation*) уме́ренность.

abstinent /ˈæbstɪnənt/ *adj* (*of person*) возде́ржанный; (*not taking alcohol*) непью́щий.

abstract[1] /ˈæbstrækt/ *n* (*summary*) резюме́ (*indecl*); (*of dissertation*) рефера́т; **in the ~** абстра́ктно, отвлечённо.
● *adj* абстра́ктный, отвлечённый; **~ noun** абстра́ктное/отвлечённое (и́мя) существи́тельное; **~ art** абстра́ктное иску́сство; **~ artist** абстракциони́ст; **~ expressionism** абстра́ктный экспрессиони́зм.

abstract[2] /əbˈstrækt/ *vt* **1** (*remove, separate*) отдел|я́ть, -и́ть; (*coll, make away with*) утащи́ть (*pf*). **2** (*divert, e.g. attention*) отвл|ека́ть, -е́чь. **3** (*summarize*) резюми́ровать (*impf, pf*). **4** (*consider ~ly*) абстраги́ровать (*impf, pf*).

abstracted /əbˈstræktɪd/ *adj* заду́мавшийся, рассе́янный.

abstraction /əbˈstrækʃ(ə)n/ *n* **1** (*withdrawal, removal*) отделе́ние. **2** (*process of thought or idea*) отвлече́ние; абстраги́рование. **3** (*absence of mind*) рассе́янность.

abstruse /əbˈstruːs/ *adj* замыслова́тый, мудрёный.

abstruseness /əbˈstruːsnɪs/ *n* замыслова́тость.

absurd /əbˈsɜːd/ *adj* неле́пый, абсу́рдный; **the Theatre of the A~** теа́тр абсу́рда; **don't be ~!** како́й вздор!; не смеши́те люде́й!; **you look ~ in that hat** в э́той шля́пе у вас неле́пый вид; **he was ~ly generous** он был до абсу́рда щедр.

absurdity /əbˈsɜːdɪtɪ/ *n* неле́пость, абсу́рд, абсу́рдность; **reduce to ~** дов|оди́ть, -ести́ до абсу́рда.

ABTA /ˈæbtə/ (*abbr of* ***Association of British Travel Agents***) (*Br*) Ассоциа́ция брита́нских туристи́ческих аге́нтств.

abundance /əˈbʌnd(ə)ns/ *n* (*plenty*) изоби́лие; **there was food in ~** еды́ бы́ло вдо́воль; (*affluence*): **live in ~** жить в доста́тке; (*superfluity*) избы́ток.

abundant /əˈbʌnd(ə)nt/ *adj* оби́льный; **~ in** бога́тый, изоби́лующий (*чем*); **there is ~ proof** доказа́тельств бо́льше чем доста́точно; **be ~** изоби́ловать (*impf*); **~ly clear** преде́льно я́сно.

abuse[1] /əˈbjuːs/ *n* **1** (*misuse*) злоупотребле́ние; **~ of confidence** злоупотребле́ние дове́рием; **drug ~** злоупотребле́ние нарко́тиками; **sexual ~** сексуа́льное наси́лие; **child ~** (*sexual*) совраще́ние малоле́тних; (*physical*) жесто́кое обраще́ние с детьми́; **human rights ~** наруше́ние прав челове́ка. **2** (*reviling*) брань; издева́тельство; **term of ~** оскорбле́ние; **he heaped/showered ~ on me** он осы́пал меня́ бра́нью.

abuse[2] /əˈbjuːz/ *vt* **1** (*misuse*) злоупотреб|ля́ть, -и́ть + *i*. **2** (*revile*) руга́ть (*impf*); оскорб|ля́ть, -и́ть.

abusive /əˈbjuːsɪv/ *adj* **1** (*insulting*) оскорби́тельный; (*using curses*) бра́нный, руга́тельный; **~ language** брань, ру́гань. **2** (*cruel*) жесто́кий.

abusiveness /əˈbjuːsɪvnɪs/ *n* оскорби́тельность, брань, ру́гань.

abut /əˈbʌt/ *vi* (**abutted, abutting**): **~ on** (*border on*) прилега́ть (*impf*) к + *d*; примыка́ть (*impf*) к + *d*; (*lean against*) уп|ира́ться, -ере́ться в + *a*.

abutment /əˈbʌtmənt/ *n* **1** (*junction*) стык. **2** (*part of structure*) пята́; контрфо́рс.

abysmal /əˈbɪzm(ə)l/ *adj* (*awful*) ужа́сный; **the concert was ~** конце́рт был ужа́сный; (*extreme*) **~ ignorance**

a

крайнее невежество.

abyss /ə'bɪs/ *n* бездна, пропасть.

AC (*abbr of* ***alternating current***) переменный ток.

a/c /ə'kaʊnt/ *n* (*abbr of* ***account***) счёт.

acacia /ə'keɪʃə/ *n* акация; **false ~** белая акация.

academia /ˌækə'di:mɪə/ *n* учёный, научный мир.

academic /ˌækə'demɪk/ *n* учёный, научный работник.
● *adj* академический, научный; (*unpractical*) академичный; теоретический; нереальный.

academician /əˌkædə'mɪʃ(ə)n/ *n* академик.

academicism /ˌækə'demɪˌsɪz(ə)m/ *n* академичность.

academy /ə'kædəmɪ/ *n* академия; (*police, military, etc.*) училище; (*in Scotland*) средняя школа; **~ of fine arts** академия изящных искусств; **military ~** военное училище.

acanthus /ə'kænθəs/ *n* акант.

a cappella /ˌæ kə'pelə/ *adj & adv* (*mus*) а капелла.

accede /ək'si:d/ *vi* **1** (*agree, assent*) согла|шаться, -ситься (c + *i*). **2**: **~ to** (*grant*): **~ to a request** удовлетвор|ять, -ить просьбу; (*take up, enter upon*) вступ|ать, -ить в + *a*; **~ to the throne** всходить, взойти на престол.

accelerate /ək'seləˌreɪt/ *vt & i* уск|орять(ся), -орить(ся); (*motoring*) наб|ирать, -рать скорость.

acceleration /əkˌselə'reɪʃ(ə)n/ *n* ускорение; **the car has good ~** у автомобиля хороший разгон.

accelerator /ək'seləˌreɪtə(r)/ *n* (*of car*) педаль газа; акселератор; (*phys, etc.*) ускоритель (*m*); (*chem*) катализатор.

accent¹ /'æks(ə)nt, -sent/ *n* **1** (*orthographical sign; emphasis*) ударение; акцент. **2** (*mode of speech*) акцент; **he speaks with a slight ~** он говорит с лёгким акцентом.

accent² /æk'sent/ *vt* **1** (*emphasize in speech or fig*) делать, с- ударение/ акцент на + *p*; акцентировать (*impf*). **2** (*put written ~s on*) ставить, по- ударение на + *a*.

accentuate /ək'sentjʊˌeɪt/ *vt* (*lit*) = **accent²**; (*fig*) акцентировать (*impf*); подч|ёркивать, -еркнуть; **the difference was ~d** разница была подчёркнута.

accentuation /əkˌsentjʊ'eɪʃ(ə)n/ *n* ударение; акцентуация; (*fig*) акцентирование; подчёркивание.

accept /ək'sept/ *vt* **1** (*agree to receive*) прин|имать, -ять; **he refused to ~ a tip** он не принял чаевые; **he was ~ed as one of the group** его приняли как своего. **2** (*recognize, admit*) призн|авать, -ать; **you must ~ this fact** вы должны смириться с этим фактом; **I ~ that it may take time** я признаю, что для этого потребуется время; **it is an ~ed fact** это общепризнанный факт. **3** (*comm*) акцептовать (*impf, pf*).

acceptability /əkˌseptə'bɪlɪtɪ/ *n* приемлемость.

acceptable /ək'septəb(ə)l/ *adj* приемлемый.

acceptance /ək'sept(ə)ns/ *n* (*willing receipt*) принятие; (*approval*) одобрение; **his words found ~** его слова вызвали одобрение; (*comm*) акцепт.

access /'ækses/ *n* **1** (*to person or thing*) доступ (к + *d*); **you may have ~ to my library** вы можете пользоваться моей библиотекой; **easy of ~** (*of places or persons*) доступный; (*means of approach; way in*) подход (к + *d*); **~ road** подъездной путь; **~ time** (*comput*) время доступа. **2** (*attack, outburst*) приступ, вспышка.
● *vt* (*comput*): **~ data** получ|ать, -ить доступ к данным.

accessary /ək'sesərɪ/ = **accessory** *n* **1**

accessibility /əkˌsesɪ'bɪlɪtɪ/ *n* доступность.

accessible /ək'sesɪb(ə)l/ *adj* доступный.

accession /ək'seʃ(ə)n/ *n* **1** (*attaining*) вступление; **~ to an office** вступление в должность; **~ to power** приход к власти; **~ to the throne** вступление на престол; (*committal*): **~ to a treaty** присоединение к договору. **2** (*of book into library etc.*) поступление.
● *vt* вн|осить, -ести в каталог.

accessory /ək'sesərɪ/ *n* **1** (*law, also* **accessary**) соучастник; **~ to a crime** соучастник преступления; **~ before/after the fact** соучастник до/после факта преступления. **2** (*in pl, ancillary parts*) принадлежности (*f pl*); (*of clothing*) аксессуары (*m pl*).
● *adj* вспомогательный; дополнительный.

accident /'æksɪd(ə)nt/ *n* **1** (*chance*) случай, случайность; **by ~** случайно; **by (sheer) ~** (чисто) случайно; **it was no ~ that he was present** его присутствие не было случайным. **2** (*unintentional action*): **I'm sorry, it was an ~** простите, я нечаянно. **3** (*mishap*) несчастный случай; (*rail ~*) крушение, авария; (*car ~*) автомобильная катастрофа, автокатастрофа, авария; **road ~** дорожно-транспортное происшествие; **~s in the home** бытовые несчастные случаи; **~ insurance** страхование от несчастных случаев; **he had an ~** он попал в аварию.
● *cpd* **~-prone** *adj* невезучий.

accidental /ˌæksɪ'dent(ə)l/ *n* (*mus*) случайный знак альтерации.
● *adj* **1** (*chance*) случайный; **~ death** смерть в результате несчастного случая. **2** (*incidental*) побочный.

acclaim /ə'kleɪm/ *n* (*public recognition*) признание; (*welcome*) приветствие; (*applause*) овация.
● *vt* (*praise publicly*): **he was ~ed** он получил признание; (*welcome*) приветствовать (*impf*); (*hail*) провозгла|шать, -сить; **he was ~ed king** его провозгласили королём; (*applaud*) бурно аплодировать (*impf*) + *d*.

acclamation /ˌækləˈmeɪʃ(ə)n/ *n* (*public recognition*) признание; (*loud approval*) шумное одобрение; (*enthusiasm*) энтузиазм; (*in pl, shouts of welcome or applause*) приветственные возгласы (*m pl*); **his books won the ~ of critics** его книги вызвали шумное одобрение критиков.

acclimate /ə'klaɪmət/ (*US*) = **acclimatize**

acclimation /əklaɪ'meɪʃ(ə)n/ (*US*) = **acclimatization**

acclimatization /əˌklaɪmətaɪ'zeɪʃ(ə)n/ *n* акклиматизация.

acclimatize /ə'klaɪməˌtaɪz/ *vt & i* акклиматизировать(ся) (*impf, pf*).

acclivity /ə'klɪvɪtɪ/ *n* подъём.

accolade /'ækəˌleɪd/ *n* (*praise*) похвала; (*reward*) награда.

accommodat|e /ə'kɒməˌdeɪt/ *vt* **1** (*house*) разме|щать, -стить; (*single person*) поме|щать, -стить; предост|авлять, -авить жильё + *d*. **2** (*hold, seat*) вме|щать, -стить; **the car will ~e 6 persons** машина вмещает шесть человек; **a hall ~ing 500** зал на 500 человек. **3** (*oblige*) оказ|ывать, -ать услугу + *d*. **4** (*equip*) снаб|жать, -дить (*кого чем*). **5** (*adapt*) приспос|облять, -обить; **she ~ed herself to circumstances** она приспособилась к обстоятельствам.

accommodating /ə'kɒməˌdeɪtɪŋ/ *adj* сговорчивый, услужливый.

accommodation /əˌkɒmə'deɪʃ(ə)n/ *n* **1** (*lodgings*) жильё; **can you provide a night's ~?** можно остановиться у вас на ночь?; **hotel ~ is scarce** гостиного жилья не хватает; **~ address** (*Br*) адрес до востребования. **2** (*adaptation*) приспособление. **3** (*settlement*) соглашение. **4** (*convenience*) удобство; **~ ladder** забортный трап.

accompaniment /ə'kʌmpənɪmənt/ *n* **1** (*accompanying*) сопровождение. **2** (*mus*) аккомпанемент; **to the ~ of a grand piano** под аккомпанемент рояля; (*fig*): **he spoke to the ~ of laughter** его речь то и дело прерывал смех.

accompanist /ə'kʌmpənɪst/ *n* (*mus*) аккомпаниатор.

accompan|y /ə'kʌmpənɪ/ *vt* **1** (*lit, go or be with; fig, occur with*) сопровождать (*impf*); **~ied by friends** в сопровождении друзей; (*lit and fig, attend*) сопутствовать (*impf*) + *d*; **many illnesses are ~ied by fever** жар сопутствует многим болезням; (*escort*): **may I ~y you home?** разрешите проводить вас домой? **2** (*fig, supplement*) сопрово|ждать, -дить (*что чем*); **your offer must be ~ied by a letter** ваше предложение необходимо сопроводить письмом. **3** (*mus*) аккомпанировать (*impf*) + *d*.

accomplice /ə'kʌmplɪs, -'kɒm-/ *n* соучастни|к (*fem* -ца); сообщни|к (*fem* -ца).

accomplish /ə'kʌmplɪʃ, ə'kɒm-/ *vt* (*complete*) заверш|ать, -ить; (*fulfil, perform*) выполнять, выполнить; соверш|ать, -ить.

accomplished /ə'kʌmplɪʃt, ə'kɒm-/ *adj* **1** (*completed*) завершённый, совершённый; **an ~ fact** совершившийся факт. **2** (*skilled, experienced*) совершенный, искусный. **3** (*cultivated*) культурный. **4** (*egregious*): **an ~ liar** законченный лгун.

accomplishment /ə'kʌmplɪʃmənt, ə'kɒm-/ *n* завершение; выполнение; (*achievement*) достижение; (*skill*) умение; **a man of many ~s** разносторонний человек.

accord /ə'kɔ:d/ *n* **1** (*agreement*) согласие, соглашение; **with one ~** единодушно; **be in ~ with** быть согласным с + *i*; быть в согласии с + *i*. **2** (*volition*): **of one's own ~** по собственному желанию, по собственной воле; **the door opened of its own ~** дверь открылась сама.
● *vt* предост|авлять, -авить (*что кому*); **he was ~ed the necessary facilities** ему предоставили всё необходимое; **he was ~ed a hero's welcome** его встретили как героя.
● *vi*: **~ with** быть в согласии с + *i*; согласов|ываться, -аться с + *i*.

accordance /ə'kɔ:d(ə)ns/ *n* соответствие; **in ~ with** в соответствии с + *i*, согласно + *d*.

according /ə'kɔ:dɪŋ/ *adv*: **~ as** соответственно + *d*; **~ as your work is good or bad** в зависимости от качества вашей работы; **~ to** (*in keeping or conformity with*) согласно + *d*; **~ to the laws** согласно законам; (*in a manner or degree consistent with; corresponding to*) сообразно + *d*, сообразно с + *i*; **books arranged ~ to authors** книги, размещённые по авторам; (*depending on*): **~ to circumstances** в зависимости от обстоятельств; (*on the authority or information of*) по + *d*, согласно + *d*; по мнению/словам/сообщению + *g*; **the Gospel ~ to St Mark** Евангелие от Марка.

accordingly /ə'kɔ:dɪŋlɪ/ *adv* **1** (*appropriately*) соответственно. **2** (*therefore*) поэтому; таким образом.

accordion /ə'kɔ:dɪən/ *n* аккордеон.

accordionist /ə'kɔ:dɪənɪst/ *n* аккордеонист.

accost /ə'kɒst/ *vt* прист|авать, -ать к + *d* (с разговорами).

account /ə'kaʊnt/ *n* **1** (*comm*) счёт (*pl* -а); **current ~** текущий счёт; **deposit ~** депозитный счёт; **joint ~** общий счёт; **~ book** счётная/бухгалтерская книга; **do the ~s** пров|одить, -ести счета; **keep ~s** вести (*det*) счета/бухгалтерию; **open an ~** откр|ывать, -ыть счёт; **settle an ~** опла|чивать, -тить счёт; **render an ~** предст|авлять, -авить счёт; **put these goods down to my ~** запишите эти товары на мой счёт; **balance, square ~s** св|одить, -ести баланс; (*fig*): **settle ~s with s.o.** (*take revenge*) сводить, свести счёты с кем-н. **2** (*purpose; benefit*) польза; выгода; **turn sth to (good) ~** извл|екать, -ечь пользу из чего-н. **3** (*statement, report*) отчёт; (*description*) описание; **by his own ~** по его собственным словам; **by all ~s** судя по всему; **call to ~** призы|вать, -вать (*кого*) к ответу; **give a good ~ of o.s.** (*perform well*) хорошо пока́з|ывать, -ать себя. **4** (*estimation, consideration*) расчёт; **take into ~, take ~ of** уч|итывать, -есть; прин|имать, -ять во внимание; **leave out of ~, take no ~ of** не прин|имать, -ять во внимание; не уч|итывать, -есть; **a man of no ~** незначительный/ничтожный человек. **1** (*reason, cause*): **on ~ of** (*for the sake of*) ради + *g*; (*because of*) из-за + *g*; (*in consequence of*) по причине + *g*; (*as a result of*) вследствие + *g*; **on no ~** ни в коем случае.
● *vt* (*consider*) сч|итать, -есть.
● *vi* **~ for:** (*lit, fig, give a reckoning of*) отчит|ываться, -аться в + *p*; да|вать, -ть отчёт в + *p*; **he had to ~ for his expenses** он должен был отчитаться в своих расходах; (*fig, answer for*) отв|ечать, -етить за + *a*; **is everyone ~ed for?** никого не забыли?; (*explain*) объясн|ять, -ить; **how do you ~ for being late?** как вы объясняете своё опоздание?; **there's no ~ing for tastes** о вкусах не спорят; (*be reason for*) являться (*impf*) причиной + *g*; (*comprise*) сост|авлять, -авить; **women ~ for about 60% of our audiences** женщины составляют около 60% нашей аудитории; (*dispose of*): **our company ~ed for 60 of the enemy** на счету нашей роты 60 неприятельских солдат.

accountability /ə,kaʊntə'bɪlɪtɪ/ *n* ответственность; (*for money*) подотчётность.

accountable /ə'kaʊntəb(ə)l/ *adj* ответственный; **I shall hold you ~** я возложу ответственность на вас; **he is ~ to me** он отчитывается передо мной; **he is not ~ for his actions** он не отвечает за свои поступки.

accountancy /ə'kaʊntənsɪ/ *n* (*profession*) бухгалтерское дело.

accountant /ə'kaʊnt(ə)nt/ *n* бухгалтер, счетовод.

accounting /ə'kaʊntɪŋ/ *n* бухгалтерия, счетоводство.

accouterments /ə'ku:təmənts/ (*US*) = **accoutrements**

accoutrements /ə'ku:trəmənts, -təmənts/ *n pl* снаряжение.

accredit /ə'kredɪt/ *vt* (**accredited, accrediting**) **1** (*appoint as ambassador*) аккредитовать (*impf, pf*). **2** (*credit*) выдавать, выдать кредит + *d*.

accreditation /ə,kredɪ'teɪʃ(ə)n/ *n* аккредитование.

accredited /ə'kredɪtɪd/ *adj* (*officially recognized*) аккредитованный; (*generally accepted*) признанный.

accrete /ə'kri:t/ *vi* (*grow together*) сраст|аться, -ись; (*grow around*) обраст|ать, -и.

accretion /ə'kri:ʃ(ə)n/ *n* приращение, прирост.

accrue /ə'kru:/ *vi* (**accrues, accrued, accruing**) **1** (*accumulate*) нараст|ать, -и; **~d interest** наросшие проценты (*m pl*). **2** (*come about*): **certain advantages will ~ from this** это даст определённые преимущества. **3**: **~ to** (*fall to the lot of*) дост|аваться, -аться + *d*.

accumulate /ə'kju:mjʊ,leɪt/ *vt* нак|апливать, -опить; соб|ирать, -рать; **~d experience** накопленный опыт; **he ~d a fine library** он собрал хорошую библиотеку.
● *vi* нак|апливаться, -опиться; ск|апливаться, -опиться; **~d dividend** накопленные дивиденды; **dust ~s** пыль скапливается.

accumulation /ə,kju:mjʊ'leɪʃ(ə)n/ *n* **1** (*piling up, amassing*) накопление; (*gathering together*) собрание. **2** (*mass*): **an ~ of dust/snow** скопление пыли/снега.

accumulative /ə'kju:mjʊlətɪv/ *adj* (*growing by addition*) нарастающий; (*cumulative*) кумулятивный.

accumulator /ə'kju:mjʊ,leɪtə(r)/ *n* (*amasser*) стяжатель (*m*); (*Br, elec*) аккумулятор, аккумуляторная батарея.

accuracy /'ækjʊrəsɪ/ *n* точность; (*of aim or shot*) меткость.

accurate /'ækjʊrət/ *adj* (*of persons, statements, instruments, etc.*) точный; **~ to 6 places of decimals** с точностью до одной миллионной; (*of aim or shot*) меткий.

accursed /ə'kɜ:sɪd, ə'kɜ:st/ *adj* проклятый.

accusation /,ækju:'zeɪʃ(ə)n/ *n* обвинение; **bring an ~ against** выдвигать, выдвинуть обвинение против + *g*.

accusative /ə'kju:zətɪv/ *n* винительный падеж.
● *adj* винительный.

accusator|ial /ə,kju:zə'tɔ:rɪəl/, **-y** /ə'kju:zətərɪ/ *adjs* обвинительный.

accuse /ə'kju:z/ *vt* обвин|ять, -ить; **he was ~d of stealing** его обвинили в краже.

accused /ə'kju:zd/ *n*: **the ~** обвиняемый, подсудимый.

accuser /ə'kju:zə(r)/ *n* обвинитель (*m*).

accusing /ə'kju:zɪŋ/ *adj* укоризненный, обвиняющий.

accustom /ə'kʌstəm/ *vt* приуч|ать, -ить (**to:** к + *d*): **~ o.s., become ~ed** прив|ыкать, -ыкнуть (**to:** к + *d*); **I am not ~ed to such language** я не привык к таким выражениям; **he was ~ed to ride every morning** он имел привычку/обыкновение ездить верхом каждое утро.

accustomed /ə'kʌstəmd/ *adj* (*usual*) обычный, привычный.

ace /eɪs/ *n* **1** (*single pip on dice, cards, dominoes*) очко. **2** (*card*) туз; **he has an ~ up his sleeve** у него есть козырь про запас. **3** (*pilot, champion sportsman, etc.*) ас. **4**: **within an ~ of** на волосок от + *g*.
● *adj* (*coll*) (перво)классный.

acerbic /ə'sɜ:bɪk/ *adj* (*astringent*) терпкий; (*of speech, manner, etc.*) язвительный.

acerbity /əˈsɜːbɪtɪ/ *n* те́рпкость; язви́тельность.

acetate /ˈæsɪˌteɪt/ *n* ацета́т; уксусноки́слая соль.

acetic /əˈsiːtɪk/ *adj* у́ксусный; **~ acid** у́ксусная кислота́.

acetone /ˈæsɪˌtəʊn/ *n* ацето́н.

acetylene /əˈsetɪˌliːn/ *n* ацетиле́н; **~ welding** ацетиле́новая сва́рка.

ach|e /eɪk/ *n* боль.
● *vi* боле́ть (*impf*); ныть (*impf*); **my head ~es** у меня́ боли́т голова́; **an ~ing tooth** больно́й зуб; **my bones ~e** у меня́ но́ют ко́сти; **my heart ~es** у меня́ се́рдце боли́т; **my heart ~es for him** у меня́ душа́ боли́т за него́; **I ~e to see him** я жа́жду уви́деть его́.

achievable /əˈtʃiːvəb(ə)l/ *adj* достижи́мый.

achieve /əˈtʃiːv/ *vt* **1** (*attain*) дост|ига́ть, -и́чь + *g*; доб|ива́ться, -и́ться + *g*. **2** (*carry out*) выполня́ть, вы́полнить.

achievement /əˈtʃiːvmənt/ *n* (*attainment*) достиже́ние; (*carrying out*) выполне́ние; (*success*) достиже́ние, завоева́ние.

Achilles /əˈkɪliːz/ *n* Ахилле́с; **~' heel** ахилле́сова пята́; **~ tendon** ахи́ллово сухожи́лие.

achoo /əˈtʃuː/ *int* (*coll*) апчхи́.

acid /ˈæsɪd/ *n* кислота́; **~ rain** кисло́тный дождь; **~ test** (*fig*) про́бный ка́мень.
● *adj* (*lit and fig*) ки́слый.

acidify /əˈsɪdɪˌfaɪ/ *vt & i* (*chem*) подкисл|я́ть(ся), -и́ть(ся); (*make, become sour*) окисл|я́ть(ся), -и́ть(ся).

acidity /əˈsɪdɪtɪ/ *n* кисло́тность.

ack-ack /æˈkæk/ *n* (*mil sl*) **1** (*gun*) зени́тка. **2** (*gunfire*) зени́тный ого́нь. **3** (*attr*): **~ battalion** зени́тный дивизио́н.

acknowledge /əkˈnɒlɪdʒ/ *vt* **1** (*recognize; admit*) призн|ава́ть, -а́ть; **he refused to ~ defeat** он отказа́лся призна́ть пораже́ние; **he was ~d as (*or* to be) the champion** его́ призна́ли чемпио́ном. **2** (*confirm receipt of; reply to*): **~ a letter** подтвер|жда́ть, -ди́ть получе́ние письма́; **~ a greeting** отв|еча́ть, -е́тить на приве́тствие. **3** (*indicate recognition of*): **he did not even ~ me as we passed** он прошёл ми́мо и да́же не поздоро́вался. **4** (*express thanks for*) выража́ть, вы́разить призна́тельность за + *a*.

acknowledg(e)ment /əkˈnɒlɪdʒmənt/ *n* **1** (*recognition, admission*) призна́ние. **2** (*confirmation*) подтвержде́ние. **3** (*reward*): **this is in ~ of your kindness** э́то в призна́тельность за ва́шу доброту́.

acme /ˈækmɪ/ *n* верх, верши́на.

Acmeism /ˈækmɪˌɪz(ə)m/ *n* (*literary*) акмеи́зм.

Acmeist /ˈækmɪˌɪst/ *n* (*literary*) акмеи́ст (*fem* -ка).

acne /ˈæknɪ/ *n* угри́ (*m pl*).

acolyte /ˈækəˌlaɪt/ *n* церко́вный слу́жка; (*fig*) сподви́жник.

aconite /ˈækəˌnaɪt/ *n* (*bot*) акони́т, боре́ц; (*drug*) акони́т.

acorn /ˈeɪkɔːn/ *n* жёлудь (*m*).

acoustic /əˈkuːstɪk/ *adj* акусти́ческий; звуково́й; **~ coupler** акусти́ческий соедини́тель; **an ~ guitar** класси́ческая гита́ра.

acoustics /əˈkuːstɪks/ *n* (*science; acoustic properties*) аку́стика.

acquaint /əˈkweɪnt/ *vt* знако́мить, по-; **I ~ed him with the facts** я ознако́мил его́ с фа́ктами; **he soon got ~ed with the situation** он бы́стро ознако́мился с положе́нием дел; **be ~ed with s.o.** быть знако́мым с кем-н.

acquaintance /əˈkweɪnt(ə)ns/ *n* знако́мство; **make the ~ of** знако́миться, по- с + *i*; **strike up an ~** зав|оди́ть, -ести́ знако́мство; **for old ~' sake** по ста́рой дру́жбе/па́мяти; (*person*) знако́мый; **an ~ of mine** оди́н мой знако́мый.

acquaintanceship /əˈkweɪnt(ə)nsʃɪp/ *n* знако́мство.

acquiesce /ˌækwɪˈes/ *vi* (*agree tacitly*) согла|ша́ться, -си́ться; **~ in** (*accept*) примир|я́ться, -и́ться с + *i*.

acquiescence /ˌækwɪˈes(ə)ns/ *n* (*agreement*) согла́сие; (*tractability*) усту́пчивость.

acquiescent /ˌækwɪˈes(ə)nt/ *adj* усту́пчивый.

acquire /əˈkwaɪə(r)/ *vt* приобре|та́ть, -сти́; **~ a habit** усв|а́ивать, -о́ить (себе́) (*or* приобре|та́ть, -сти́) привы́чку; **~ a language** овлад|ева́ть, -е́ть языко́м; **~ a reputation** приобре|та́ть, -сти́ репута́цию; **asparagus is an ~d taste** к спа́рже на́до привы́кнуть.

acquisition /ˌækwɪˈzɪʃ(ə)n/ *n* приобрете́ние; **the ~ of knowledge** приобрете́ние зна́ний; **the ~ of language** овладе́ние языко́м; **the library's new ~s** но́вые библиоте́чные поступле́ния.

acquisitive /əˈkwɪzɪtɪv/ *adj* стяжа́тельский.

acquisitiveness /əˈkwɪzɪtɪvnɪs/ *n* стяжа́тельство.

acquit /əˈkwɪt/ *vt* (**acquitted, acquitting**) **1** (*declare not guilty*) опра́вд|ывать, -а́ть; **he was ~ted of murder** с него́ сня́ли обвине́ние в уби́йстве. **2**: **~ o.s. well** хорошо́ прояв|ля́ть, -и́ть себя́. **3**: **~ o.s. of** (*discharge*) **a duty** выполня́ть, вы́полнить долг. **4** (*pay*): **~ a debt** распл|а́чиваться, -ати́ться (по счёту).

acquittal /əˈkwɪt(ə)l/ *n* (*in court of law*) оправда́ние; (*of duty etc.*) выполне́ние; (*of debt etc.*) освобожде́ние.

acre /ˈeɪkə(r)/ *n* акр; **broad ~s** обши́рные зе́мли (*f pl*).

acreage /ˈeɪkərɪdʒ/ *n* пло́щадь земли́ в а́крах.

acrid /ˈækrɪd/ *adj* е́дкий (*lit, fig*).

acrimonious /ˌækrɪˈməʊnɪəs/ *adj* ожесточённый, го́рький.

acrimony /ˈækrɪmənɪ/ *n* ожесточённость.

acrobat /ˈækrəˌbæt/ *n* акроба́т.

acrobatic /ˌækrəˈbætɪk/ *adj* акробати́ческий.

acrobatics /ˌækrəˈbætɪks/ *n pl* акроба́тика.

acronym /ˈækrənɪm/ *n* аббревиату́ра, акро́ним.

acropolis /əˈkrɒpəlɪs/ *n* акро́поль (*m*).

across /əˈkrɒs/ *adv* **1** (*athwart, crosswise*) поперёк; (*in crosswords*) по горизонта́ли. **2** (*on the other side*) на той стороне́; **he must be ~ by now** он, должно́ быть, уже́ на той стороне́. **3** (*to the other side*) на ту сто́рону. **4** (*in width*): **the river here is more than six miles ~** ширина́ реки́ здесь бо́льше шести́ миль; **a beam 2 feet ~** бревно́ толщино́й в два фу́та.
● *prep* **1** (*from one side of to the other*) че́рез + *a, sometimes omitted with vv compounded with* пере…; **he went ~ the street** он перешёл у́лицу; **they were talking ~ the table** они́ разгова́ривали че́рез стол; **they were talking ~ me** они́ разгова́ривали че́рез мою́ го́лову. **2** (*over the surface of*) по + *d*; **he drew a line ~ the page** он провёл черту́ на страни́це; **clouds travelled ~ the sky** облака́ плы́ли по не́бу; **he hit me ~ the face** он уда́рил меня́ по лицу́; **~ country** напрями́к; **~ the board** (*fig*) для всех; во всех слу́чаях. **3** (*athwart*) поперёк + *g*; **she lay ~ the bed** она́ лежа́ла поперёк крова́ти; **with his arms ~ his breast** скрести́в ру́ки на груди́. **1** (*on the other side of*) на той стороне́ + *g*, по ту сто́рону + *g*; **he lives ~ (the street) from the park** он живёт напро́тив па́рка; **our friends ~ the ocean** на́ши друзья́ за океа́ном; **~ the table from him** про́тив него́ за столо́м.
● *cpd* **~-the-board** *adj* всео́бщий, всеобъе́млющий, по всем катего́риям; **an ~-the-board pay increase** всео́бщее увеличе́ние зарпла́ты; **an ~-the-board agreement** всеобъе́млющее соглаше́ние.

acrostic /əˈkrɒstɪk/ *n* акрости́х.

acrylic /əˈkrɪlɪk/ *n* акри́л.
● *adj* акри́ловый.

ACT — American College Test

Экза́мен, кото́рый сдаю́т шко́льники в большинстве́ америка́нских шта́тов по́сле оконча́ния сре́дней шко́лы. Он включа́ет ряд предме́тов, в том числе́ англи́йский язы́к и матема́тику. Успе́шная сда́ча экза́мена даёт пра́во на поступле́ние в университе́т.

act /ækt/ *n* **1** (*action*) посту́пок; (*feat*) по́двиг; **~ of God** стихи́йное бе́дствие; **catch in the ~** пойма́ть (*pf*) на ме́сте преступле́ния; **he was in the ~ of putting on his hat** он как раз надева́л шля́пу; **an ~ of kindness** до́брое де́ло. **2** (*document*) акт, докуме́нт; **~ of sale** акт о прода́же; (*proof*): **~ of confidence** зало́г/проявле́ние дове́рия. **3** (*law*) акт, зако́н; **A~ of Parliament** акт парла́мента, парла́ментский акт; **he was prosecuted under the ~** его́ привлекли́ к суду́ в соотве́тствии с э́тим зако́ном. **4** (*of drama*) де́йствие; **a 3-~ play** пье́са в трёх де́йствиях. **5** (*performance*) но́мер; **circus ~** цирково́й но́мер; (*fig, coll*): **put on an**

~ притвор|я́ться, -и́ться.

● *vt* игра́ть (*impf*); **~ a part** (*lit*, *fig*) игра́ть роль; **~ Hamlet** игра́ть Га́млета; **~ the fool** валя́ть (*impf*) дурака́; **~ a play** игра́ть, разыгра́ть (*or* да|ва́ть, -ть) пье́су.

● *vi* **1** (*behave*) поступ|а́ть, -и́ть; вести́ (*det*) себя́; (*take action*, *intervene*) прин|има́ть, -я́ть ме́ры; **~ on advice** сле́довать, по- сове́ту; **~ (up)on an order** де́йствовать (*impf*) по прика́зу; **it is time to ~** пора́ де́йствовать; **he ~s rich** (*coll*) он разы́грывает из себя́ богача́.

2 (*serve*, *function*) де́йствовать (*impf*); **~ for s.o.** де́йствовать от и́мени кого́-л.; **~ against s.o.** выступа́ть, вы́ступить про́тив кого́-н.; **he is ~ing as interpreter** он выступа́ет в ро́ли перево́дчика.

3 (*have or take effect*) де́йствовать, по- (**on:** на + *a*); **the medicine will ~ immediately** лека́рство поде́йствует сра́зу.

1 (*theatr*) игра́ть; **he wants to ~** он хо́чет игра́ть на сце́не.

● *with advs*: **~ out** *vt* разы́гр|ывать, -а́ть; **~ up** *vi* (*coll*, *misbehave*) шали́ть (*impf*); (*give trouble*): **my car has been ~ing up** моя́ маши́на барахли́т.

acting /'æktɪŋ/ *n* (*theatr*) игра́; (*as skill*) актёрское мастерство́; **the ~ profession** актёрская профе́ссия.

● *adj* (*doing duty temporarily*): **~ manager** исполня́ющий обя́занности (*abbr* и. о.) заве́дующего.

action /'ækʃ(ə)n/ *n* **1** (*acting*; *activity*; *effect*) де́йствие; **in ~** в де́йствии; **come into ~** вступ|а́ть, -и́ть в де́йствие; **bring into ~** вв|оди́ть, -ести́ в де́йствие; **put out of ~** выводи́ть, вы́вести из стро́я; **out of ~** него́дный к употребле́нию; **take ~** прин|има́ть, -я́ть ме́ры; **what we need is some ~** нам ну́жно де́йствовать; **~ replay** (*Br*, *TV*) повто́р.

2 (*deed*) посту́пок; **a man of ~** челове́к де́ла; **~s speak louder than words** дела́ говоря́т са́ми за себя́.

3 (*conduct*) поведе́ние; **line of ~** ли́ния поведе́ния.

4 (*functioning*): **the ~ of the heart** де́ятельность се́рдца; (*of a piano*) меха́ника.

5 (*physical movement*) движе́ние.

6 (*theatr*): **the ~ takes place in London** де́йствие происхо́дит в Ло́ндоне.

7 (*law*) иск, суде́бное де́ло; **~ for damages** иск о взыска́нии убы́тков; **bring an ~ against** предъяв|ля́ть, -и́ть иск к + *d*.

8 (*mil*) бой, де́йствие; **killed in ~** па́вший/поги́бший в бою́; **go into ~** вступ|а́ть, -и́ть в бой; **~ stations** (*Br*) боевы́е посты́.

actionable /'ækʃənəb(ə)l/ *adj*: **his words are ~** его́ слова́ даю́т основа́ния для суде́бного и́ска.

activate /'æktɪˌveɪt/ *vt* (*make operative*) прив|оди́ть, -ести́ в де́йствие; активизи́ровать (*impf*, *pf*); (*chem*, *biol*) активи́ровать (*impf*, *pf*).

activation /ˌæktɪ'veɪʃ(ə)n/ *n* приведе́ние в де́йствие; активиза́ция; (*chem*, *biol*) актива́ция.

active /'æktɪv/ *adj* **1** (*lively*; *energetic*; *displaying activity*) акти́вный, де́ятельный; **he is old but still ~** несмотря́ на во́зраст, он всё ещё акти́вен/бодр; **take an ~ interest in** прояв|ля́ть, -и́ть живо́й интере́с к + *d*; **an ~ brain** живо́й/де́ятельный ум; **an ~ volcano** де́йствующий вулка́н.

2 (*gram*) действи́тельный. **3** (*phys*, *chem*) акти́вный. **4** (*mil*): **on ~ service** на действи́тельной слу́жбе; **~ division** боева́я диви́зия.

activist /'æktɪvɪst/ *n* активи́ст (*fem* -ка).

activit|y /æk'tɪvɪtɪ/ *n* **1** (*being active*; *exertion of energy*) акти́вность; (*comm*): **~y in the market** оживле́ние на ры́нке. **2** (*usu in pl*, *pursuit*, *sphere of action*; *doings*) де́ятельность; **he indulged in various ~ies** он занима́лся са́мой разли́чной де́ятельностью.

actor /'æktə(r)/ *n* актёр.

actress /'æktrɪs/ *n* актри́са.

actual /'æktʃʊəl, 'æktjʊəl/ *adj* (*real*) действи́тельный; факти́ческий; (*genuine*) по́длинный; (*existing*) существу́ющий; (*current*) настоя́щий, теку́щий; **in ~ fact** в действи́тельности; **those were his ~ words** э́то его́ по́длинные слова́; **~ time of arrival** факти́ческое вре́мя прибы́тия; **the ~ state of affairs** действи́тельное положе́ние дел; **~ strength** (*mil*) ли́чный соста́в.

actuality /ˌæktʃʊ'ælɪtɪ, ˌæktjʊ-/ *n* действи́тельность; **in ~** в действи́тельности; (*reality*) реа́льность; (*in pl*, *existing conditions*) по́длинные усло́вия.

actualize /'æktʃʊəlaɪz, 'æktjʊəlaɪz/ *vt* реализова́ть (*impf*, *pf*).

actually /'æktʃʊəlɪ/ *adv* **1** (*really*; *in fact*) действи́тельно; на (са́мом) де́ле; (*in expansion or correction of former statement*) в/на са́мом де́ле; (*in sense 'to tell the truth'*) со́бственно (говоря́).

2 (*even*) да́же.

actuarial /ˌæktʃʊ'eərɪəl/ *adj* актуа́рный.

actuary /'æktʃʊərɪ/ *n* актуа́рий.

actuate /'æktʃʊˌeɪt/ *vt* **1** (*bring into action*) прив|оди́ть, -ести́ в де́йствие. **2** (*motivate*) побу|жда́ть, -ди́ть.

acuity /ə'kjuːɪtɪ/ *n* (*lit*, *fig*) острота́.

acumen /'ækjʊmən, ə'kjuːmən/ *n* (*judgement*) сообрази́тельность; (*penetration*) проница́тельность; **business ~** делова́я хва́тка.

acupressure /'ækjuːˌpreʃə(r)/ *n* то́чечный масса́ж.

acupuncture /'ækjuːˌpʌŋktʃə(r)/ *n* акупункту́ра, иглоука́лывание.

acupuncturist /'ækjuːˌpʌŋktʃərɪst/ *n* иглотерапе́вт.

acute /ə'kjuːt/ *adj* (**acuter, acutest**) (*in various senses*) о́стрый; **~ angle** о́стрый у́гол; **~ shortage** о́страя нехва́тка; **~ sense of smell** то́нкое обоня́ние; **~ accent** аку́т.

acuteness /ə'kjuːtnɪs/ *n* острота́.

AD (*abbr of* ***Anno Domini***) н. э. (на́шей э́ры).

ad /æd/ (*coll*) = **advertisement**

adage /'ædɪdʒ/ *n* погово́рка.

adagio /ə'dɑːʒɪəʊ/ *n*, *adj*, & *adv* (*pl* **~s**) ада́жио (*indecl*).

Adam /'ædəm/ *n* Ада́м; **~'s apple** ада́мово я́блоко, кады́к; **I don't know him from ~** я его́ никогда́ в глаза́ не ви́дел.

adamant /'ædəmənt/ *adj* непреклóнный.

adapt /ə'dæpt/ *vt* **1** приспос|а́бливать, -о́бить; **he soon ~ed himself to the new situation** он бы́стро приспосо́бился к но́вой ситуа́ции.

2 (*text*, *book*) адапти́ровать (*impf*, *pf*); **~ for the stage** инсцени́ровать (*impf*, *pf*).

● *vi* приспос|а́бливаться, -о́биться; адапти́роваться (*impf*, *pf*) (**to:** к + *d*).

adaptability /əˌdæptə'bɪlɪtɪ/ *n* приспособля́емость; (*of person*): **he showed ~** он прояви́л уме́ние приспособля́ться.

adaptable /ə'dæptəb(ə)l/ *adj* приспособля́емый; (*of person*) легко́ приспоса́бливающийся.

adaptation /ˌædæp'teɪʃ(ə)n/ *n* приспособле́ние; (*of book etc.*) адапта́ция; (*for stage*) инсцениро́вка.

adapt|er, -or /ə'dæptə(r)/ *n* **1** (*of book etc.*) а́втор адапта́ции. **2** (*tech*) ада́птер.

ADC 1 (*abbr of* ***aide-de-camp***) адъюта́нт. **1** (*abbr of* ***analog to digital converter***) АЦП (ана́лого-цифрово́й преобразова́тель).

add /æd/ *vt* **1** (*make an addition of*) приб|авля́ть, -а́вить; **you must ~ water** на́до доба́вить воды́; **~ sugar to tea** положи́ть (*pf*) са́хар в чай; **~ salt to** подс|а́ливать, -оли́ть; **~ed to this is the fact that …** к э́тому ну́жно приба́вить/доба́вить тот факт, что…; (*build on*) пристр|а́ивать, -о́ить; (*impart*): **~ lustre to** прид|ава́ть, -а́ть блеск + *d*.

2 (*say in addition*) доб|авля́ть, -а́вить; **I have nothing to ~** мне не́чего доба́вить; **what can I ~?** что ещё я могу́ сказа́ть?

3 (*math*) скла́дывать, сложи́ть; **~ two and (or to) three!** сложи́те два и три!

● *vi* **1 ~ to** (*increase*, *enlarge*) увели́чи|вать, -ть; усили|вать, -ть; (*knowledge etc.*) углуб|ля́ть, -и́ть; **this will ~ to the expense** э́то увели́чит расхо́ды; **to ~ to our difficulties, it was getting dark** в доверше́ние ко всему́ начина́ло темне́ть.

2 (*perform addition*) *see* **⇒~ up** *vi*.

● *with advs*: **~ in** *vt* включ|а́ть, -и́ть; **~ on** *vt* приб|авля́ть, -а́вить; доб|авля́ть, -а́вить; **the tip was ~ed on to the bill** чаевы́е бы́ли включены́ в счёт; (*build on*): **the porch was ~ed on later** крыльцо́ пристро́или по́зже; **~ together** *vt* скла́дывать, сложи́ть; **~ up** *vt* (*find sum of*) подсч|и́тывать, -ита́ть; подыто́жи|вать, -ть; *vi* (*perform addition*): **you can't ~ up!** вы не уме́ете счита́ть!; (*total*): **it ~s up to 50** э́то в су́мме составля́ет 50; (*increase in amount*, *etc.*): **if you save a bit each week, it ~s up** е́сли откла́дывать ка́ждую неде́лю понемно́гу, то

a

постепе́нно нако́пится больша́я/прили́чная (*coll*) су́мма; (*coll*): **it ~s up to this, that …** э́то сво́дится к тому́, что…; **it doesn't ~ up** (*make sense*) концы́ не схо́дятся.
● *cpds* **~ing machine** *n* счётная маши́на; арифмо́метр; **~-ons** *n pl* (*comput*) дополни́тельный встро́енный/встра́иваемый мо́дуль.

addend|um /əˈdendəm/ *n* (*pl* **~a**) приложе́ние, дополне́ние.

adder /ˈædə(r)/ *n* (*snake*) гадю́ка.

addict[1] /ˈædɪkt/ *n* **(drug ~)** наркома́н (*fem* -ка); **smoking ~** стра́стный кури́льщик; **theatre ~** завзя́тый театра́л.

addict[2] /əˈdɪkt/ *vt*: **be, become ~ed to** пристрасти́ться (*pf*) к + *d*; **he became ~ed to drugs** он пристрасти́лся к нарко́тикам; **he is ~ed to reading** он чита́ет запо́ем.

addiction /əˈdɪkʃ(ə)n/ *n* пристра́стие (**to:** к + *d*); **~ to drugs** наркома́ния.

addictive /əˈdɪktɪv/ *adj* вызыва́ющий привыка́ние.

Addis Ababa /ˈædɪs ˈæbəbə/ *n* Адди́с-Абе́ба.

addition /əˈdɪʃ(ə)n/ *n* **1** (*act of adding; thing added*) прибавле́ние; добавле́ние; **an ~ to the family** прибавле́ние семе́йства; **a useful ~ to the staff** поле́зное пополне́ние шта́та; **in ~ to** в дополне́ние к + *d*; **in ~** (*as well*) вдоба́вок; (*moreover*) к тому́ же. **2** (*math*) сложе́ние.

additional /əˈdɪʃən(ə)l/ *adj* доба́вочный, дополни́тельный; **~ charge** допла́та.

additive /ˈædɪtɪv/ *n* доба́вка, добавле́ние.

addle /ˈæd(ə)l/ *adj*: **an ~(d) egg** ту́хлое яйцо́.
● *vt* (*confuse*) пу́тать, за-.
● *vi* (*of an egg*) ту́хнуть, про-.
● *cpd* **~-brained** *adj* пу́таный.

address /əˈdres/ *n* **1** (*of letter etc.; place of residence*) а́дрес; **the parcel was sent to the wrong ~** посы́лку напра́вили не по тому́ а́дресу; **~ book** записна́я кни́жка; (*comput*) а́дресная кни́га; **what is your (email) ~?** како́й у вас (электро́нный) а́дрес? **2** (*discourse*) обраще́ние; **make (***or* **deliver) an ~** выступа́ть, вы́ступить с обраще́нием. **3**: **form of ~** фо́рма обраще́ния.
● *vt* **1** (*a letter*) адресова́ть (*impf, pf*). **2** (*speak to*) обра|ща́ться, -ти́ться к + *d*; **he ~ed the meeting** он обрати́лся к собра́вшимся. **3** (*direct*): **~ one's remarks to** адресова́ть свои́ замеча́ния + *d*.

addressee /ˌædreˈsiː/ *n* адреса́т.

adduce /əˈdjuːs/ *vt* прив|оди́ть, -ести́ (как доказа́тельство).

adenoids /ˈædɪˌnɔɪdz/ *n pl* адено́иды (*m pl*); **he had his ~ out** ему́ удали́ли адено́иды.

adept /ˈædept, əˈdept/ *n* ма́стер.
● *adj* уме́лый; **he is ~ at finding excuses** он ма́стер находи́ть оправда́ния (*or* опра́вдываться).

adeptness /ˈædeptnɪs, əˈdeptnɪs/ *n* уме́ние.

adequacy /ˈædɪkwəsɪ/ *n* доста́точность; адеква́тность; компете́нтность.

adequate /ˈædɪkwət/ *adj* **1** (*sufficient*) доста́точный; **a salary ~ to support a family** зарпла́та, доста́точная для содержа́ния семьи́. **2** (*suitable*) адеква́тный; **he is ~ to his post** он справля́ется с рабо́той; **his thoughts could not find ~ expression** он не мог как сле́дует вы́разить свои́ мы́сли. **3** (*of person, capable*) компете́нтный.

adhere /ədˈhɪə(r)/ *vi* (*lit*) прил|ипа́ть, -и́пнуть (к + *d*); (*fig*): **~ to an opinion** приде́рживаться (*impf*) мне́ния (*g sg*); **~ to a promise** сде́рж|ивать, -а́ть обеща́ние; **~ to a programme** сле́довать (*impf*) програ́мме.

adherence /ədˈhɪərəns/ *n* (*lit*) прилипа́ние; (*fig*) приве́рженность.

adherent /ədˈhɪərənt/ *n* приве́рженец.

adhesion /ədˈhiːʒ(ə)n/ *n* (*lit*) прилипа́ние; скле́ивание; (*fig*) пре́данность.

adhesive /ədˈhiːsɪv/ *n* клей; кле́йкое вещество́.
● *adj* ли́пкий; (*sticky*) кле́йкий; **~ tape** кле́йкая ле́нта, скотч; (*US, med*) лейкопла́стырь (*m*), ли́пкий пла́стырь.

ad hoc /æd ˈhɒk/ *adv* для да́нного слу́чая; (*attr*) специа́льный; **~ committee** вре́менный комите́т.

adieu /əˈdjuː/ *n* (*pl* **~s** *or* **~x** /əˈdjuːz/) проща́ние; **bid ~ to** (*also fig*) про|ща́ться, -сти́ться с + *i*; (*coll*) распро|ща́ться, -сти́ться с + *i*; **make one's ~s** про|ща́ться, -сти́ться.
● *int* проща́й(те).

ad infinitum /æd ˌɪnfɪˈnaɪtəm/ *adv* до бесконе́чности.

adipose /ˈædɪˌpəʊz/ *adj* жи́рный; **~ tissue** жирова́я ткань.

adjacent /əˈdʒeɪs(ə)nt/ *adj* (*neighbouring*) сосе́дний; сме́жный; **~ to** примыка́ющий к + *d*; **our house is ~ to the school** наш дом примыка́ет к шко́ле; (*geom*): **~ angles** сме́жные углы́.

adjectival /ˌædʒɪkˈtaɪv(ə)l/ *adj* адъекти́вный.

adjective /ˈædʒɪktɪv/ *n* (и́мя) прилага́тельное.

adjoin /əˈdʒɔɪn/ *vt* примыка́ть (*impf*) к + *d*; прилега́ть (*impf*) к + *d*
● *vi* примыка́ть (*impf*), прилега́ть (*impf*); **the two houses ~** э́ти два до́ма примыка́ют друг к дру́гу; **~ing rooms** сме́жные ко́мнаты; **in the ~ing house** в сосе́днем до́ме.

adjourn /əˈdʒɜːn/ *vt* (*postpone*) от|кла́дывать, -ложи́ть; **the meeting was ~ed till Monday** заседа́ние бы́ло отло́жено до понеде́льника; (*break off*): **they ~ed the meeting till 2 o'clock** они́ объяви́ли переры́в в заседа́нии до двух часо́в.
● *vi* **1** (*suspend proceedings*) закр|ыва́ть, -ы́ть заседа́ние; (*disperse*) ра|сходи́ться, -зойти́сь; **Parliament has ~ed for the summer** парла́мент распу́щен на ле́то. **2** (*coll, move*): **shall we ~ to the dining room?** перейдём в столо́вую?

adjournment /əˈdʒɜːnmənt/ *n* (*postponement*) отсро́чка; (*dispersal*) ро́спуск; (*break in proceedings*) переры́в.

adjudge /əˈdʒʌdʒ/ *vt* **1** (*pronounce*): **~ s.o. guilty** призн|ава́ть, -а́ть кого́-н. вино́вным; **~ s.o. bankrupt** объяв|ля́ть, -и́ть кого́-н. банкро́том. **2** (*award judicially*) прису|жда́ть, -ди́ть (*что кому*).

adjudicate /əˈdʒuːdɪˌkeɪt/ *vt* (*a claim*) рассм|а́тривать, -отре́ть.
● *vi* суди́ть (*impf*).

adjudication /əˌdʒuːdɪˈkeɪʃ(ə)n/ *n* (*judgement*) суде́бное/арбитра́жное реше́ние.

adjudicator /əˈdʒuːdɪˌkeɪtə(r)/ *n* арби́тр; (*judge*) судья́ (*m*).

adjunct /ˈædʒʌŋkt/ *n* (*appendage*) приложе́ние; (*addition*) дополне́ние; (*gram*) обстоя́тельство.

adjuration /ˌædʒʊəˈreɪʃ(ə)n/ *n* заклина́ние; мольба́.

adjure /əˈdʒʊə(r)/ *vt* заклина́ть (*impf*); умоля́ть (*impf*).

adjust /əˈdʒʌst/ *vt* **1** (*arrange; put right or straight*) прив|оди́ть, -ести́ в поря́док; попр|авля́ть, -а́вить; **he ~ed his tie** он попра́вил га́лстук; (*mechanism*) регули́ровать, от-; нала́|живать, -дить. **2** (*fit, adapt*) приг|оня́ть, -на́ть; под|гоня́ть, -огна́ть; **you must ~ your expenditure to your income** вы должны́ соразмеря́ть свои́ расхо́ды с дохо́дами; **~ (o.s.) to** приспос|обля́ться, -о́биться к + *d*; **well-~ed** (*of person*) уравнове́шенный.

adjustable /əˈdʒʌstəb(ə)l/ *adj* регули́руемый; подвижно́й; **~ spanner** разводно́й (га́ечный) ключ; **the shelves of the bookcase are ~** по́лки в э́том кни́жном шкафу́ переставля́ются.

adjustment /əˈdʒʌstmənt/ *n* (*regulation*) регул|и́рование, -иро́вка; (*correction*) исправле́ние, попра́вка; (*fitting*) подго́нка; (*adaptation*) приспособле́ние.

adjutant /ˈædʒʊt(ə)nt/ *n* (*mil*) адъюта́нт.
● *cpd* **A~ General** *n* генера́л-адъюта́нт.

ad-lib /æd ˈlɪb/ *adv* (*without preparation*) экспро́мтом; (*as much as desired*) ско́лько уго́дно.
● *n* экспро́мт; **his speech was full of ~s** в свое́й ре́чи он мно́го импровизи́ровал.
● *vi* **(ad-libbed, ad-libbing)** говори́ть (*impf*) экспро́мтом.

adman /ˈædmæn/ *n* (*pl* **admen**) (*coll*) реклами́ст.

administer /ədˈmɪnɪstə(r)/ *vt* **1** (*manage, govern*) управля́ть (*impf*) + *i*; заве́довать (*impf*) + *i*. **2**: **~ a blow** нан|оси́ть, -ести́ уда́р (*кому*); **~ medicine** да|ва́ть, -ть лека́рство; **~ an oath to s.o.** прив|оди́ть, -ести́ кого́-н. к прися́ге; **the priest ~ed the sacrament of marriage** свяще́нник соверши́л обря́д венча́ния.

administration /ədˌmɪnɪˈstreɪʃ(ə)n/ *n* **1** (*management*) управле́ние; **letters of**

~ пра́во на распоряже́ние иму́ществом. **2** (*of public affairs*) администра́ция; **the A~** администра́ция, прави́тельство; **during the Kennedy ~** при администра́ции Ке́ннеди. **3**: **~ of justice** отправле́ние правосу́дия. **4** (*putting into effect*): **~ of punishment** примене́ние наказа́ния. **5**: **~ of an oath** приведе́ние к прися́ге. **6**: **~ of a sacrament** соверше́ние обря́да.

administrative /əd'mɪnɪstrətɪv/ *adj* администрати́вный, организацио́нный; **~ ability** администрати́вные спосо́бности.

administrator /əd'mɪnɪˌstreɪtə(r)/ *n* администра́тор; (*of an estate*) распоряди́тель (*m*).

admirabl|e /'ædmərəb(ə)l/ *adj* замеча́тельный, прекра́сный.

admiral /'ædmər(ə)l/ *n* ≈адмира́л.
● *cpds* **A~ of the Fleet** (*Br*), **Fleet A~** (*US*) ≈ адмира́л фло́та (*высшее воинское звание в ВМС*).

Admiralty /'ædmərəltɪ/ *n* адмиралте́йство.

admiration /ˌædmɪ'reɪʃ(ə)n/ *n* восхище́ние, восто́рг; **be, win the ~ of all** вызыва́ть, вы́звать всео́бщее восхище́ние; **fill with ~** прив|оди́ть, -ести́ в восто́рг/восхище́ние; **lost in ~** вне себя́ от восто́рга.

admir|e /əd'maɪə(r)/ *vt* (*view with pleasure*) любова́ться (*impf*) + *i* (*or* на + *a*); **she was ~ing the sunrise** она́ любова́лась восхо́дом со́лнца; **he ~ed himself in the mirror** он любова́лся собо́й (*or* на себя́) в зе́ркало; (*respect*) восхи|ща́ться, -ти́ться + *i*; восторга́ться (*impf*) + *i*; (*speak or think highly of*): **I forgot to ~e her dress** я забы́л похвали́ть её пла́тье; **~ing glances** восхищённые взгля́ды.

admirer /əd'maɪərə(r)/ *n* покло́нни|к (*fem* -ца); **I am an ~ of Picasso** я покло́нник Пикассо́.

admissibility /ədˌmɪsɪ'bɪlɪtɪ/ *n* прие́млемость, допусти́мость.

admissible /əd'mɪsɪb(ə)l/ *adj* прие́млемый, допусти́мый.

admission /əd'mɪʃ(ə)n/ *n* **1** (*permitted entry or access*) вход; до́ступ; **~ by ticket** вход по биле́там; **~ free** вход беспла́тный; **no ~** вход воспреща́ется; нет вхо́да; **he was refused ~** его́ не впусти́ли; **~ charge** входна́я пла́та. **2** (*acknowledgement*) призна́ние; **he made an ~ of guilt** он призна́л свою́ вину́; **on his own ~** по его́ со́бственному призна́нию.

admit /əd'mɪt/ *vt* & *i* (**admitted, admitting**) **1** (*allow, accept*) допус|ка́ть, -ти́ть; призн|ава́ть, -а́ть; **he was ~ted to the examination** его́ допусти́ли к экза́мену; **I ~ that this is true** допуска́ю, что э́то ве́рно; **the matter ~s of no delay** де́ло не те́рпит отлага́тельства; **you must ~ he is right** вы должны́ призна́ть, что он прав (*or* его́ правоту́). **2** (*let in*) впус|ка́ть, -ти́ть; (*to organization*) прин|има́ть, -я́ть; **the public are not ~ted to the gardens** э́тот парк закры́т для посеще́ния; **he was ~ted to the Party** его́ при́няли в па́ртию; **this ticket ~s one (person)** э́то биле́т на одно́ лицо́; **children are not ~ted** де́тям вход воспрещён. **3** (*confess*) призн|ава́ть, -а́ть; **he ~s his guilt** он признаёт свою́ вину́; **~ to feeling ashamed** призн|ава́ться, -а́ться, что сты́дно; **~ to a crime** созн|ава́ться, -а́ться в преступле́нии.

admittance /əd'mɪt(ə)ns/ *n* (*entry*) вход; **no ~!** вход воспрещён!; **gain ~** получи́ть (*pf*) разреше́ние на вход; (*access*) до́ступ.

admittedly /əd'mɪtɪdlɪ/ *adv* пра́вда; призна́ться.

admixture /æd'mɪkstʃə(r)/ *n* (*mixing*) сме́шивание; (*addition*) при́месь.

admonish /əd'mɒnɪʃ/ *vt* **1** (*reprove*) де́лать, с- внуше́ние/замеча́ние + *d*; **the boys were ~ed for being late** ма́льчикам сде́лали замеча́ние за опозда́ние. **2** (*exhort*) увещева́ть (*impf*); наст|авля́ть, -а́вить.

admoni|shment /əd'mɒnɪʃmənt/, **-tion** /ˌædmə'nɪʃ(ə)n/ *nn* (*reproof*) внуше́ние, замеча́ние; (*exhortation*) увещева́ние, наставле́ние.

admonitory /əd'mɒnɪtərɪ/ *adj* предостерега́ющий.

ad nauseam /æd 'nɔːzɪˌæm, 'nɔːsɪˌæm/ *adv* до тошноты́.

ado /ə'duː/ *n* (*fuss*) суета́; **without further ~** без дальне́йших церемо́ний; **much ~ about nothing** мно́го шу́ма из ничего́.

adobe /ə'dəʊbɪ, ə'dəʊb/ *n* кирпи́ч-сыре́ц; **an ~ hut** глинобитная хи́жина.

adolescence /ˌædə'les(ə)ns/ *n* подростко́вый во́зраст.

adolescent /ˌædə'les(ə)nt/ *n* подро́сток.
● *adj* подростко́вый.

Adonis /ə'dəʊnɪs/ *n* (*myth, fig*) Адони́с.

adopt /ə'dɒpt/ *vt* **1** (*a son*) усынов|ля́ть, -и́ть; (*a daughter*) удочер|я́ть, -и́ть; **~ed child** приёмный ребёнок, приёмыш (*coll*). **2** (*acquire*) усв|а́ивать, -о́ить; **she is ~ing good habits** она́ усва́ивает хоро́шие привы́чки; **he is ~ing bad habits** он подхва́тывает дурны́е привы́чки. **3** (*accept*) прин|има́ть, -я́ть; **the resolution was ~ed** резолю́ция была́ принята́; (*take over*) перен|има́ть, -я́ть; **his methods should be ~ed** сле́дует воспо́льзоваться его́ мето́дикой; необходи́мо взять на вооруже́ние его́ ме́тоды; (*take up*) зан|има́ть, -я́ть; **he ~ed a condescending attitude** он стал держа́ться снисходи́тельно. **4** (*ling, borrow*) заи́мствовать (*impf, pf*); **words ~ed from the French** слова́, заи́мствованные из францу́зского языка́. **5** (*Br, choose*) выбира́ть, вы́брать; **he was ~ed as candidate** его́ вы́двинули в кандида́ты.

adoption /ə'dɒpʃ(ə)n/ *n* **1** (*of a son*) усыновле́ние; (*of a daughter*) удочере́ние. **2** (*acquiring*) усвое́ние. **3** (*acceptance*) приня́тие. **4** (*ling*) заи́мствование. **5** (*choice*) вы́бор; **the country of his ~** его́ второ́е оте́чество.

adoptive /ə'dɒptɪv/ *adj* приёмный; **~ parent** усынови́тель (*fem* -ница).

adorable /ə'dɔːrəb(ə)l/ *adj* преле́стный, восхити́тельный.

adoration /ˌædə'reɪʃ(ə)n/ *n* обожа́ние.

ador|e /ə'dɔː(r)/ *vt* (*worship*) обожа́ть (*impf*); поклоня́ться (*impf*) + *d*; **her ~ing husband** её лю́бящий муж; (*coll, love*): **the baby ~es being tickled** ребёнок обожа́ет, когда́ его́ щеко́чут.

adorer /ə'dɔːrə(r)/ *n* покло́нни|к (*fem* -ца); обожа́тель (*fem* -ница) (*coll*).

adorn /ə'dɔːn/ *vt* (*lit, fig*) укр|аша́ть, -а́сить.

adornment /ə'dɔːnmənt/ *n* украше́ние.

adrenal /ə'driːn(ə)l/ *adj* надпо́чечный; **~ glands** надпо́чечные же́лезы (*f pl*).

adrenalin /ə'drenəlɪn/ *n* адренали́н.

Adriatic /ˌeɪdrɪ'ætɪk/ *n*: **the ~ (Sea)** Адриати́ческое мо́ре.

adrift /ə'drɪft/ *pred adj* & *adv* (*of a boat or its crew*): **go ~** дрейфова́ть (*impf*); **cut ~** (*vt*) пус|ка́ть, -ти́ть; **they were ~ on the open sea** они́ дрейфова́ли в откры́том мо́ре; (*fig*) **he was all ~** он был сбит с то́лку.

adroit /ə'drɔɪt/ *adj* (*dexterous*) ло́вкий; (*skilful*) иску́сный.

adroitness /ə'drɔɪtnɪs/ *n* ло́вкость; иску́сность.

adulation /ˌædjʊ'leɪʃ(ə)n/ *n* низкопоклóнство, лесть.

adult /ə'dʌlt, 'ædʌlt/ *n* & *adj* **1** взро́слый; **~ education** обуче́ние взро́слых. **2** (*mature*) зре́лый.

adulterate /ə'dʌltəˌreɪt/ *vt* (*debase*) по́ртить, ис-; (*dilute*) разб|авля́ть, -а́вить.

adulteration /əˌdʌltə'reɪʃ(ə)n/ *n* по́рча; разбавле́ние.

adulterer /ə'dʌltərə(r)/ *n* неве́рный супру́г.

adulteress /ə'dʌltərɪs/ *n* неве́рная супру́га.

adulterous /ə'dʌltərəs/ *adj* неве́рный.

adultery /ə'dʌltərɪ/ *n* адюльте́р, супру́жеская изме́на; **to commit ~** соверш|а́ть, -и́ть прелюбоде́яние.

adulthood /'ædʌlthʊd, ə'dʌlthʊd/ *n* зре́лость; (*of men*) возмужа́лость.

adumbrate /'ædʌmˌbreɪt/ *vt* **1** (*sketch out*) набр|а́сывать, -оса́ть. **2** (*foreshadow*) предвеща́ть (*impf*).

advance /əd'vɑːns/ *n* **1** (*forward move*) продвиже́ние; (*mil, also*) наступле́ние; **we made an ~ of 10 miles** мы продви́нулись на 10 миль; (*approach, onset*): **the ~ of old age** наступле́ние ста́рости; (*in pl, overtures to a person*): **make ~s to** заи́грывать (*impf*) с + *i*. **2** (*progress*) прогре́сс; (*in rank, social position etc.*) продвиже́ние; **~s of science** прогре́сс нау́ки; **~s of civilization** достиже́ния (*nt pl*) цивилиза́ции; **the country has made great ~s** страна́ доби́лась больши́х успе́хов. **3** (*increase*) повыше́ние; **an ~ on his original offer** надба́вка к первонача́льному предложе́нию; **any**

~ on £5? 5 фу́нтов — кто бо́льше?
4 (*loan*) ссу́да; (*payment beforehand*) ава́нс; **an ~ on salary** ава́нс под зарпла́ту; **the bank made me an ~** банк вы́дал мне ава́нс.
5: **in ~** (*in front*) вперёд; (*beforehand*) зара́нее; **in ~ of** впереди́ + *g*; **he expects to be paid in ~** он ожида́ет, что ему́ запла́тят вперёд.
6 (*attr*): **~ booking** предвари́тельный зака́з; **~ copy** (*of book*) сигна́льный экземпля́р; **~ copy of a speech** предвари́тельный текст ре́чи; **~ guard** аванга́рд; **I had ~ knowledge of this** я знал об э́том зара́нее; **~ payment** ава́нсовый платёж.
● *vt* **1** (*move forward*) продв|ига́ть, -и́нуть; **he ~d his troops to the frontier** он продви́нул войска́ к грани́це.
2 (*fig, put forward*): **~ an opinion** выска́зывать, вы́сказать мне́ние; **~ a proposal** выдвига́ть, вы́двинуть предложе́ние.
3 (*fig, further*): **~ s.o.'s interests** отста́ивать (*impf*) чьи-н. интере́сы; служи́ть, по- чьим-н. интере́сам; **he did this to ~ his own interests** он сде́лал э́то ра́ди со́бственной вы́годы.
4 (*of payment*) плати́ть, за- ава́нсом; (*lend*) ссу|жа́ть, -ди́ть.
5 (*bring forward; make earlier*): **~ the date of** переноси́ть, перенести́ на бо́лее ра́нний срок.
● *vi* **1** (*move forward*) продв|ига́ться, -и́нуться; **~ on** наступа́ть (*impf*) на + *a*.
2 (*progress*) разв|ива́ться, -и́ться; де́лать, с- успе́хи; **~ in knowledge** углуб|ля́ть, -и́ть зна́ния.
3 (*increase*) пов|ыша́ться, -ы́ситься.

advanced /əd'vɑ:nst/ *adj* **1** (*far on*): **~ age, years** преклóнный во́зраст; **in an ~ state of decomposition** в кра́йней ста́дии разложе́ния; **he is very ~ for his years** он о́чень ра́звит для свои́х лет. **2** (*opp elementary*): **an ~ course** курс для продви́нутого эта́па (обуче́ния); **~ algebra** вы́сшая а́лгебра. **3** (*progressive*) передово́й.

advancement /əd'vɑ:nsmənt/ *n* (*moving forward*) продвиже́ние; (*promotion*) продвиже́ние по слу́жбе; (*progress*) прогре́сс.

advantage /əd'vɑ:ntɪdʒ/ *n*
1 (*superiority; more favourable or superior position*) преиму́щество, досто́инство; **this method has the ~ that…** преиму́щество э́того ме́тода состои́т в том, что…; **have an ~ over, have the ~ of** име́ть (*impf*) преиму́щество пе́ред + *i*; **gain, win an ~ over** брать, взять верх над + *i*.
2 (*profit, benefit*) вы́года, по́льза; **it is to your ~ to sell** вам бу́дет вы́годно прода́ть; **gain ~ from** извл|ека́ть, -е́чь вы́году (*or* по́льзу) из + *g*; **turn sth to ~** обра|ща́ть, -ти́ть что-н. себе́ на по́льзу; **take ~ of sth** воспо́льзоваться (*pf*) чем-н.; (*abuse*) злоупотреб|ля́ть, -и́ть чем-н.; **take ~ of s.o.** эксплуати́ровать (*impf*); **use to ~** вы́годно испо́льзовать (*impf, pf*); **you may learn sth to your ~** вы мо́жете узна́ть/почерпну́ть для себя́ что́-то поле́зное; **the picture can be seen to better ~ from here** отсю́да карти́на смо́трится лу́чше.
3 (*tennis*): **~ Henman** «бо́льше» у Хэ́нмена.
● *vt* (*favour*) благоприя́тствовать (*impf*) + *d*; (*give ~ to*) да|ва́ть, -ть преиму́щество + *d*; (*further*) продв|ига́ть, -и́нуть.

advantageous /,ædvən'teɪdʒəs/ *adj* (*favourable*) благоприя́тный; (*profitable*) вы́годный.

advent /'ædvent/ *n* **1** (*arrival*) прибы́тие. **2** (*appearance; occurrence*) появле́ние. **3** (**A~**: *eccl*) Рожде́ственский пост.

Adventist /'ædventɪst/ *n* адвенти́ст (*fem* -ка); **Seventh-day A~** адвенти́ст седьмо́го дня.

adventitious /,ædven'tɪʃəs/ *adj* (*accidental*) случа́йный.

adventure /əd'ventʃə(r)/ *n* (*exciting incident or episode*) приключе́ние; **a life of ~** жизнь, по́лная приключе́ний; (*risky or irresponsible activity*) авантю́ра; **~ story** приключе́нческий рома́н.

adventurer /əd'ventʃərə(r)/ *n* (*seeker of adventure*) иска́тель (*m*) приключе́ний; (*speculator*) авантюри́ст.

adventuress /əd'ventʃərɪs/ *n* авантюри́стка.

adventurism /əd'ventʃə,rɪz(ə)m/ *n* авантюри́зм.

adventurist /əd'ventʃərɪst/ *n* авантюри́ст.

adventurous /əd'ventʃərəs/ *adj* **1** (*of person*) сме́лый; (*enterprising*) предприи́мчивый. **2** (*of actions*) риско́ванный, авантю́рный; (*dangerous*) риско́ванный.

adventurousness /əd'ventʃərəsnɪs/ *n* сме́лость; предприи́мчивость.

adverb /'ædvə:b/ *n* наре́чие.

adverbial /əd'və:bɪəl/ *adj* наре́чный, адвербиа́льный.

adversary /'ædvəsərɪ/ *n* проти́вник.

adverse /'ædvə:s/ *adj* (*unfavourable*) неблагоприя́тный; **it is ~ to our interests** э́то противоре́чит на́шим интере́сам; (*harmful*) вре́дный; **~ winds** встре́чные, проти́вные ве́тры (*m pl*).

adversity /əd'və:sɪtɪ/ *n* беда́, несча́стье; **show courage in/under ~** прояв|ля́ть, -и́ть му́жество в беде́; **companions in ~** това́рищи по несча́стью.

advert /'ædvə:t/ (*Br, coll*) = **advertisement**

advertise /'ædvə,taɪz/ *vt* (*boost, publicize*) реклами́ровать (*impf, pf*); (*in newspaper*) да|ва́ть, -ть (*or* поме|ща́ть, -сти́ть) объявле́ние о + *p*; **I shall ~ my house for sale in the Times** я дам объявле́ние о прода́же до́ма в «Таймс»; **even if you don't like him you needn't ~ the fact** да́же е́сли он вам неприя́тен, не сле́дует э́то афиши́ровать.
● *vi*: **she ~d for a secretary** она́ дала́ объявле́ние о вака́нсии секретаря́.

advertisement /əd'və:tɪsmənt, -tɪzmənt/ *n* рекла́ма; (*classified advertisement*) объявле́ние; **his behaviour is a poor ~ for the school** его́ поведе́ние — плоха́я рекла́ма для шко́лы.

advertiser /'ædvə,taɪzə(r)/ *n* рекламода́тель (*m*).

advertising /'ædvə,taɪzɪŋ/ *n* реклами́рование; рекла́мный би́знес; **~ agent** рекла́мный аге́нт; **Smith is in the ~ business** Смит рабо́тает в рекла́мном би́знесе.

advice /əd'vaɪs/ *n* **1** (*also* **piece of ~**) сове́т; **give s.o. a piece, word of ~** сове́товать, по- кому́-н.; **seek s.o.'s ~** сове́товаться, по- с кем-н.; **take legal ~** обра|ща́ться, -ти́ться за сове́том к юри́сту; консульти́роваться, про- с юри́стом; **take, follow s.o.'s ~** сле́довать, по- чьему́-н. сове́ту.
2 (*information*) сообще́ние. **3** (*comm: notification*) извеще́ние; **shipping ~** извеще́ние об отгру́зке; **letter of ~** ави́зо (*indecl*).

advisability /əd,vaɪzə'bɪlɪtɪ/ *n* целесообра́зность.

advisable /əd'vaɪzəb(ə)l/ *adj* целесообра́зный; **it may be ~ to wait** сто́ит, наве́рное, подожда́ть.

advise /əd'vaɪz/ *vt* **1** (*counsel*) сове́товать, по- + *d*; рекомендова́ть (*impf, pf*) + *d*; **what do you ~ (me to do)?** что вы мне посове́туете (предприня́ть)?; **the doctor ~d complete rest** врач рекомендова́л по́лный поко́й; **I have been ~d not to smoke** мне посове́товали не кури́ть; **you would be well ~d to go** вам сто́ило бы пойти́; **you would be better ~d to stay at home** разу́мнее бы́ло бы оста́ться до́ма; **I ~d him against going** я посове́товал ему́ не ходи́ть туда́; **an ill-~d move** необду́манный шаг; (*give professional advice to*) консульти́ровать, про-.
2 (*comm: notify*) изве|ща́ть, -сти́ть (*кого о чём*); **please ~ me of receipt** уве́домите меня́ о получе́нии.
● *vi*: **he ~d against marriage** он сове́товал не вступа́ть в брак; **doctors ~ against smoking** врачи́ рекоменду́ют не кури́ть.

advisedly /əd'vaɪzɪdlɪ/ *adv* наме́ренно.

advis|er, -or /əd'vaɪzə(r)/ *n* сове́тник; (*professional*) консульта́нт; **legal ~** юриско́нсульт; **medical ~** врач.

advisory /əd'vaɪzərɪ/ *adj* совеща́тельный, консультати́вный; **in an ~ capacity** в ка́честве сове́тника; **~ committee** консультати́вный/совеща́тельный комите́т.

advocacy /'ædvəkəsɪ/ *n* (*support*) подде́ржка; **he was well known for his ~ of penal reform** он был хорошо́ изве́стен как сторо́нник рефо́рмы пенитенциа́рной систе́мы; (*work of an advocate*) адвокату́ра.

advocate[1] /'ædvəkət/ *n* **1** (*defender*) защи́тник; (*supporter*) сторо́нни|к (*fem* -ца). **2** (*lawyer*) адвока́т; **Lord A~** (*in Scotland*) Генера́льный прокуро́р; **devil's ~** (*fig*) «адвока́т дья́вола».

advocate² /ˈædvəˌkeɪt/ *vt* (*speak in favour of*) выступа́ть, вы́ступить за + *a*; (*advise, recommend*) сове́товать, по-; рекомендова́ть (*impf, pf*).

adze /ædʒ/ (*US* **adz**) *n* тесло́ (*род топора*).

Aegean /iːˈdʒiːən/ *n*: **the ~ (Sea)** Эге́йское мо́ре.

aegis /ˈiːdʒɪs/ *n*: **under the ~ of** под эги́дой + *g*.

aeolian /iːˈəʊlɪən/ *adj*: **~ harp** Эо́лова а́рфа.

aeon /ˈiːɒn/ (*US or specialist use also* **eon**) *n* **1** (*major division of geological time*) эо́н. **2** (*geol, astron*; *a unit of time equal to* 10^9 *years*) миллиа́рд лет (*единица геологического и астрономического времени*). **3** (*fig*) (це́лая) ве́чность.

aerate /ˈeəreɪt/ *vt* прове́тр|ивать, -ить.

aeration /ˌeəˈreɪʃ(ə)n/ *n* прове́тривание; (*of the soil*) аэра́ция.

aerial /ˈeərɪəl/ *n* анте́нна.
● *adj* (*lit, fig*) возду́шный; **~ photography** аэрофотосъёмка.

aero- /ˈeərəʊ/ *comb form*: **~club** аэроклу́б; **~engine** (*Br*) авиамото́р, авиацио́нный дви́гатель.

aerobatics /ˌeərəˈbætɪks/ *n* вы́сший пилота́ж; фигу́ры вы́сшего пилота́жа.

aerobic /eəˈrəʊbɪk/ *adj* аэро́бный.

aerobics /eəˈrəʊbɪks/ *n* аэро́бика.

aerodrome /ˈeərəˌdrəʊm/ *n* (*Br*) аэродро́м.

aerodynamic /ˌeərəʊdaɪˈnæmɪk/ *adj* аэродинами́ческий.

aerodynamics /ˌeərəʊdaɪˈnæmɪks/ *n* аэродина́мика.

aerofoil /ˈeərəˌfɔɪl/ *n* (*Br*) (*wing*) крыло́; (*wing shape or design*) про́филь (*m*) крыла́.

aerogramme /ˈeərəˌgræm/ (*US* **aerogram**) *n* авиаписьмо́.

aerolite /ˈeərəˌlaɪt/ *n* аэроли́т.

aeronaut /ˌeərəʊˈnɔːt/ *n* аэрона́вт; воздухопла́ватель (*m*).

aeronautic(al) /ˌeərəʊˈnɔːtɪk, ˌeərəʊˈnɔːtɪk(ə)l/ *adj* аэронавигацио́нный, авиацио́нный.

aeronautics /ˌeərəʊˈnɔːtɪks/ *n* аэрона́втика; воздухопла́вание.

aeroplane /ˈeərəˌpleɪn/ *n* (*Br*) самолёт, аэропла́н.

aerosol /ˈeərəˌsɒl/ *n* аэрозо́ль (*m*).

aerospace /ˈeərəʊˌspeɪs/ *n* возду́шно-косми́ческое простра́нство.
● *adj* аэрокосми́ческий.

aesthete /ˈiːsθiːt/ (*US also* **esthete**) *n* эсте́т.

aesthetic /iːsˈθetɪk/ (*US also* **esthetic**) *adj* эстети́ческий.

aestheticism /iːsˈθetɪˌsɪz(ə)m/ (*US also* **estheticism**) *n* эстети́зм.

aesthetics /iːsˈθetɪks/ (*US also* **esthetics**) *n* эсте́тика.

aetiology /ˌiːtɪˈɒlədʒɪ/ (*US* **etiology**) *n* этиоло́гия.

afar /əˈfɑː(r)/ *adv* вдалеке́; **from ~** и́здали, издалека́.

affability /ˌæfəˈbɪlɪtɪ/ *n* приве́тливость; любе́зность.

affable /ˈæfəb(ə)l/ *adj* приве́тливый; любе́зный.

affair /əˈfeə(r)/ *n* **1** (*business, matter*) де́ло; **that's my ~** э́то моё де́ло; **he asked me to look after his ~s** он попроси́л меня́ проследи́ть за его́ дела́ми; **~s of state** госуда́рственные дела́; **~s of the heart** серде́чные дела́; **Ministry of Foreign A~s** министе́рство иностра́нных дел; **man of ~s** делово́й челове́к. **2** (*also* **love ~**) любо́вная связь; рома́н; **they are having an ~** у них рома́н. **3** (*coll*) (*event*) собы́тие; (*object; thing*) шту́ка.

affect¹ /əˈfekt/ *vt* **1** (*act on*) де́йствовать, по- на + *a*; влия́ть, по- на + *a*; **the climate ~ed his health** кли́мат повлия́л на его́ здоро́вье. **2** (*concern*) каса́ться, косну́ться + *g*; затр|а́гивать, -о́нуть; **everyone is ~ed by the rise in prices** повыше́ние цен затра́гивает всех. **3** (*touch emotionally*) тро́|гать, -нуть; волнова́ть, вз-; **he was ~ed by the news** э́то изве́стие на него́ о́чень поде́йствовало; **an ~ing sight** волну́ющее зре́лище. **4** (*of disease*): **the lung is ~ed** лёгкое пораженó; **several hundred cattle were ~ed** пострада́ло не́сколько сот голо́в скота́.

affect² /əˈfekt/ *vt* (*assume pretentiously*): **he affects a northern accent** он говори́т с де́ланным се́верным акце́нтом; (*pretend*): **~ indifference** прики́|дываться, -нуться равноду́шным; **he ~ed not to hear me** он притвори́лся, что не слы́шит меня́.

affectation /ˌæfekˈteɪʃ(ə)n/ *n* **1** (*pretence*) притво́рство. **2** (*unnatural behaviour*) аффекта́ция. **3** (*of language or style*) иску́сственность.

affected /əˈfektɪd/ *adj* (*person, behaviour*) жема́нный, неесте́ственный; (*feigned*) притво́рный.

affection /əˈfekʃ(ə)n/ *n* привя́занность (**for:** к + *d*); любо́вь; **I feel ~ for him** я к нему́ привя́зан.

affectionate /əˈfekʃənət/ *adj* не́жный.

affective /əˈfektɪv/ *adj* эмоциона́льный.

affiance /əˈfaɪəns/ *vt* (*archaic*): **they were ~d** они́ бы́ли обручены́.

affidavit /ˌæfɪˈdeɪvɪt/ *n* аффида́вит, пи́сьменное показа́ние под прися́гой; **make, swear an ~** да|ва́ть, -ть показа́ние под прися́гой.

affiliate /əˈfɪlɪˌeɪt/ *vt* **1** (*join, attach*) присоедин|я́ть, -и́ть (**to:** к + *d*); **~d company** доче́рняя компа́ния. **2** (*adopt as member*) прин|има́ть, -я́ть в чле́ны.
● *vi* присоедин|я́ться, -и́ться (**with:** к + *d*).

affiliation /əˌfɪlɪˈeɪʃ(ə)n/ *n* **1** присоедине́ние. **2** приня́тие в чле́ны. **3** (*connection*) связь.

affinity /əˈfɪnɪtɪ/ *n* **1** (*resemblance*) схо́дство; (*relationship*) родство́; (*connection*) связь; (*closeness*) бли́зость; **there is a close ~ between these languages** э́ти языки́ о́чень близки́. **2** (*liking, attraction*) влече́ние, скло́нность.

affirm /əˈfɜːm/ *vt* (*assert*) утвер|жда́ть, -ди́ть; (*law: make an ~ation*) торже́ственно заяв|ля́ть, -и́ть (вме́сто прися́ги).

affirmation /ˌæfəˈmeɪʃ(ə)n/ *n* утвержде́ние; (*law*) торже́ственное заявле́ние; (*confirmation*) подтвержде́ние.

affirmative /əˈfɜːmətɪv/ *n*: **he answered in the ~** он отве́тил утверди́тельно.
● *adj* утверди́тельный.

affix¹ /ˈæfɪks/ *n* (*gram*) а́ффикс.

affix² /əˈfɪks/ *vt* прикреп|ля́ть, -и́ть (*что к чему*); **~ one's signature** ста́вить, по- по́дпись; **~ a seal/stamp** при|кла́дывать, -ложи́ть печа́ть/ште́мпель (*m*); **~ a postage stamp** прикле́и|вать, -ть ма́рку.

afflict /əˈflɪkt/ *vt* **1** (*distress: of misfortune etc.*) пост|ига́ть, -и́чь (*or* -и́гнуть); **he was ~ed by a great misfortune** его́ пости́гло большо́е несча́стье; (*grieve*) огорч|а́ть, -и́ть. **2** (*passive: suffer from*): **be ~ed with** страда́ть (*impf*) + *i*; **he is ~ed with rheumatism** он страда́ет ревмати́змом; **the ~ed** стра́ждущие (*pl*).

affliction /əˈflɪkʃ(ə)n/ *n* (*grief*) го́ре; (*misfortune*) несча́стье; бе́дствие; (*illness*) боле́знь; **the ~s of old age** ста́рческие не́мощи (*f pl*).

affluence /ˈæflʊəns/ *n* (*wealth*) бога́тство; (*plenty*) изоби́лие.

affluent /ˈæflʊənt/ *adj* бога́тый; **~ society** о́бщество изоби́лия.

afford /əˈfɔːd/ *vt* **1** (*with* **can**, *expressing possibility*): **I can't ~ all these books** все э́ти кни́ги мне не по карма́ну; **he can ~ to laugh** он мо́жет позво́лить себе́ смея́ться; **they can ~ a new car** они́ мо́гут позво́лить себе́ но́вую маши́ну; **I can't ~ it** э́то мне не по карма́ну; я не могу́ позво́лить себе́ э́то; **I can't ~ the time** мне не́когда. **2** (*yield; supply; give*) предост|авля́ть, -а́вить; да|ва́ть, -ть; **it will ~ me an opportunity to speak to her** э́то предоста́вит/даст мне возмо́жность поговори́ть с ней; **it ~s me great pleasure** э́то доставля́ет мне большо́е удово́льствие; **the hill ~ed a fine view** с холма́ открыва́лся прекра́сный вид.

afforest /əˈfɒrɪst/ *vt* зас|а́живать, -ади́ть ле́сом; облеси́ть (*pf*).

afforestation /əˌfɒrɪˈsteɪʃ(ə)n/ *n* лесонасажде́ние, облесе́ние.

affray /əˈfreɪ/ *n* дра́ка; сканда́л; **they were charged with causing an ~** их обвини́ли в том, что они́ зате́яли дра́ку.

affront /əˈfrʌnt/ *n* оскорбле́ние; **it was an ~ to his pride** э́то оскорбля́ло его́ го́рдость.
● *vt* **1** (*insult*) оскорб|ля́ть, -и́ть. **2** (*confront*) смотре́ть (*impf*) в лицо́ + *d*.

Afghan /ˈæfgæn/ *n* афга́н|ец (*fem* -ка); (**~** *hound*) афга́нская борза́я.
● *adj* афга́нский.

Afghanistan /æfˈgænɪˌstɑːn, -ˌstæn/ *n* Афганиста́н.

aficionado /əˌfɪsjəˈnɑːdəʊ, əˌfɪʃɪəˈnɑːdəʊ/ *n* (*pl* **~s**) поклóнни|к (*fem* -ца).

afield /əˈfiːld/ *adv*: **far ~** вдалекé, вдалú; (*expressing motion*) вдаль.

afire /əˈfaɪə(r)/ *pred adj & adv*: **the house was ~** дом был охвáчен огнём; **set sth ~** подж|игáть, -éчь что-н.; (*fig*): **he was ~ with enthusiasm** он пылáл энтузиáзмом.

aflame /əˈfleɪm/ *pred adj & adv*: **his clothes were ~** егó одéжда загорéлась; (*fig*): **~ with passion** пылáя стрáстью; **the woods were ~ with colour** лесá горéли рáзными крáсками.

afloat /əˈfləʊt/ *pred adj & adv*
1 (*floating on water*) на водé; (*in sailing order*) на плавý; **get a ship ~** (*after grounding*) сн|имáть, -ять корáбль с мéли; **they had been ~ for several days** онú плы́ли нéсколько дней. **2** (*at sea*) в мóре; **life ~** жизнь на водé/нá море. **3** (*fig, in circulation*): **various rumours** (*Br*), **rumors** (*US*) **were ~** ходúли рáзные слýхи; (*comm*) в обращéнии. **4 keep ~** (*fig, solvent*) (*vt*): **they kept the newspaper ~** онú помогáли держáться газéте на плавý; (*vi*) быть свобóдным от долгóв; не залезáть в долгú.

aflutter /əˈflʌtə(r)/ *pred adj & adv* трепéщущий; (*fig*) взволнóванный; **the news set her heart ~** от э́того извéстия у неё затрепетáло сéрдце.

afoot /əˈfʊt/ *pred adj & adv* (*in progress or preparation*): **there is a plan ~** готóвится план; **there is sth ~** чтó-то затевáется.

afore|- /əˈfɔː(r)/ *comb form*: **~mentioned** *adj* вышеупомя́нутый; **~named** *adj* вышеназвáнный; **~said** *adj* вышесказáнный; **malice ~thought** злой ýмысел.

a fortiori /ˌeɪ fɔːtɪˈɔːraɪ/ *adv* тем бóлее.

afraid /əˈfreɪd/ *pred adj* испýганный; **be ~ of** боя́ться (*impf*) + *g*; **don't be ~** не бóйтесь!; **make s.o. ~** пугáть, ис- когó-н.; **I'm ~ he will die** бою́сь, что он умрёт; **I'm ~ of waking him** (*that I may wake him*) я бою́сь егó разбудúть; (*of the consequences*) я бою́сь егó будúть; **I'm ~ he is out** к сожалéнию, егó нет.

afresh /əˈfreʃ/ *adv* зáново.

Africa /ˈæfrɪkə/ *n* Áфрика.

African /ˈæfrɪkən/ *n* африкáн|ец (*fem* -ка).
● *adj* африкáнский.
● *cpd* **~ American** *n* афроамерикáн|ец (*fem* -ка); *adj* афроамерикáнский.

> **African American — афроамерикáнец**
> В Амéрике так назывáют америкáнцев африкáнского происхождéния. Дáнный тéрмин явля́ется бóлее нейтрáльным, чем слóво «чёрный», котóрое подразумевáет цвет кóжи.

Afrikaans /ˌæfrɪˈkɑːns/ *n* (язы́к) африкáанс.

Afrikaner /ˌæfrɪˈkɑːnə(r)/ *n* жúтель Ю́жно-Африкáнской Респýблики голлáндского происхождéния; африкáнер.

Afro[1] /ˈæfrəʊ/ *n* (*pl* **Afros**) (*hairstyle*) причёска «áфро».
● *adj*: **an ~ hairdo** причёска «áфро».

Afro-[2] /ˈæfrəʊ/ *comb form* áфро-… .

Afro-American /ˌæfrəʊəˈmerɪkən/ = **African American**

Afro-Caribbean /ˌæfrəʊkærɪˈbiːən, -kəˈrɪbɪən/ *adj* афрокарúбский.
● *n* афрокарúб (*fem* -ка); урожéн|ец (*fem* -ка) Карúбских островóв африкáнского происхождéния.

> **Afro-Caribbean — афрокарúб**
> В Великобритáнии и Амéрике так назывáют людéй африкáнского происхождéния, котóрые живýт úли рáнее проживáли на Карúбских островáх (к послéдним относятся Бóльшие и Мáлые Антúльские островá, а тáкже Багáмы).

aft /ɑːft/ *adv* (*naut*) на кормé; **fore and ~** от нóса к кормé.

after /ˈɑːftə(r)/ *adj* **1** (*subsequent*) послéдующий; **in ~ years** в послéдующие гóды.
2 (*rear*) зáдний; (*naut*) кормовóй; **~ deck** ют.
● *adv* **1** (*subsequently; then*) потóм, затéм; **soon ~** вскóре пóсле э́того.
2 (*later*) позднée, пóзже; **3 days ~** спустя́ три дня.
3 (*in consequence*) впослéдствии.
4 (*Br coll, as n in pl*) слáдкое; **what's for ~s?** что у нас на слáдкое?
● *prep* **1** (*in expressions of time*) пóсле + *g*; за + *i*; чéрез + *a*; спустя́ + *a*; **~ dinner** пóсле обéда; **~ you!** тóлько пóсле вас!; **~ that** потóм, затéм; **the day ~ tomorrow** послезáвтра; **the day ~ the invitation** на слéдующий день пóсле приглашéния; **I am tired ~ my journey** я устáл с дорóги; **the week ~ next** недéля пóсле слéдующей; (*in adv sense*) чéрез две недéли; **they met ~ 10 years** онú встрéтились чéрез дéсять лет; **~ passing his exams, he …** сдав экзáмены, он…; пóсле тогó, как он сдал экзáмены, он…; **he wrote that ~ receiving my letter** он написáл э́то, ужé получúв моё письмó; он написáл э́то пóсле тогó, как (он) получúл моё письмó; **~ midday** пóсле полýдня, зá полдень; **~ midnight** зá полночь, пóсле полýночи; **it's ~ 6 (o'clock)** ужé седьмóй час; (*in sequence*) **day ~ day** день за днём; **one ~ another** одúн за другúм; **~ what he has done I shall never trust him again** пóсле тогó, что он сдéлал, я никогдá бóльше не бýду емý вéрить; (*in spite of*) несмотря́ на + *a*; **~ all my care** в отвéт на все мои забóты; **~ all** (*in the end*) в конéчном счёте; в концé концóв; (*nevertheless*) всё-таки; **he's your brother, ~ all** ведь он ваш брат; **not so bad ~ all** не так уж плóхо.
2 (*in expressions of place*) за + *i*; **shut the door ~ you** закрóйте за собóй дверь; **run ~ s.o.** бежáть за кем-н.; **he climbed up ~ Ivan** он влез (вслед) за Ивáном; **we shouted ~ him** мы кричáли емý вслед/вдогóнку.
3 (*in search of; trying to get*): **the police are ~ him** егó разы́скивает полúция; **he likes going ~ the girls** он бéгает за дéвушками; **what is he ~?** кудá он мéтит?; что он замышля́ет?; **he is ~ your money** он мéтит на вáши дéньги.
4 (*in accordance with*) по + *d*, соглáсно + *d*; **a man ~ my own heart** человéк мне по душé; **~ a fashion** кóе-кáк; **he paints ~ a fashion** он в своём рóде худóжник; **named ~** назвáнный по + *d* (*or* в честь + *g*); **he takes ~ his father** он похóж на отцá; **a portrait ~ Van Dyck** портрéт в манéре Ван Дéйка.
● *conj* пóсле тогó как; **I arrived ~ he had left** я пришёл пóсле тогó, как он ушёл.
● *cpds* **~birth** *n* послéд; **~burner** *n* дожигáтель (*m*); **~care** *n* ухóд за выздорáвливающим; **~-dinner** *adj* послеобéденный; **~-effect** *n* послéдствие; **~glow** *n* вечéрняя заря́; **~life** *n* загрóбная жизнь; **~math** *n* отáва; (*fig*) послéдствия (*nt pl*); **~most** *adj* сáмый зáдний; крáйний к кормé; **~noon** *n* послеполýденное врéмя; **in the ~noon** днём; пóсле обéда; во вторóй половúне дня; **at 3 in the ~noon** в три часá дня; **it is a beautiful ~noon** какóй прекрáсный день!; **good ~noon!** (*in greeting*) дóбрый день!; (*in leave-taking*) до свидáния; (*attr*): **~noon nap** послеобéденный сон; **~shave** *n* лосьóн пóсле бритья́; **~shock** *n* повтóрные толчкú; **~taste** *n* прúвкус; **~thought** *n* запоздáлая мысль.

afterward /ˈɑːftəwəd/ *adv* (*US*) = **afterwards**

afterwards /ˈɑːftəwədz/ *adv* (*then*) потóм; (*subsequently*) впослéдствии; (*later*) пóзже; **(a) long (time) ~** горáздо пóзже; **I only heard of it ~** я тóлько потóм услы́шал об э́том.

again /əˈgeɪn, əˈgen/ *adv* **1** (*expressing repetition*) опя́ть, снóва; (*afresh, anew*) вновь; (*once more*) ещё раз; (*with certain vv*) *by use of pref* пере…; **read ~** перечúт|ывать, -áть; **open ~** вновь откр|ывáть, -ы́ть; **say ~** повтор|я́ть, -úть; **start ~** (*vt*) возобнов|ля́ть, -úть; (*vi*) нач|инáть, -áть снóва; **she married ~** онá снóва вы́шла зáмуж; **what's his name ~?** как, вы сказáли, егó фамúлия?; **~ and ~** снóва и снóва; **time and (time) ~, over and over ~** то и дéло; **now and ~** врéмя от врéмени; **once ~** ещё раз; **he did his work over ~** он передéлал рабóту.
2 (*with neg: any more*) бóльше; **never ~** никогдá бóльше; **don't do it ~!** бóльше э́того не дéлай!
3 (*in addition*): **as far ~** вдвóе дáльше; **as much ~** ещё стóлько же; **half as much ~** (в) полторá рáза бóльше.
4 (*expressing return to original state or position*): **back ~** обрáтно; **get sth back ~** получ|áть, -úть что-н. обрáтно; **you'll soon be well ~** вы скóро попрáвитесь; **he is himself ~** он пришёл в себя́.
5 (*moreover; besides*) к томý же; крóме тогó; (*on the other hand*) с другóй стороны́.

against /əˈgeɪnst, əˈgenst/ *prep* **1** (*in opposition to*) прóтив + *g*; **I have**

nothing ~ it я не имéю ничегó прóтив; **I was ~ his going** я был прóтив тогó, чтóбы он шёл тудá; **I acted ~ my will** я дéйствовал прóтив своéй вóли; **swim ~ the current** (*lit, fig*) плыть (*impf*) прóтив течéния; **they were working ~ time** онú рабóтали наперегóнки́ со врéменем; **~ the rules** не по прáвилам; **fight, struggle ~** борóться (*impf*) прóтив + *g* (*or* c + *i*); **the battle ~ drunkenness** борьбá с пья́нством; **speak ~** (*oppose*) выступáть, вы́ступить прóтив + *g*.
2 (*in spite of*) вопреки́ + *d*; **~ reason** вопреки́ рассýдку; **~ my better judgement** вопреки́ гóлосу рассýдка.
3 (*to the disfavour of*): **her age is ~ her** вóзраст её подвóдит.
4 (*to oppose or combat*) на + *a*; **march ~ the enemy** наступáть (*impf*) на врагá.
5 (*to withstand*) от + *g*; **a shelter ~ the storm** убéжище от бýри; **defend o.s. ~ the enemy** защищáться (*impf*) от врагá.
6 (*in readiness for, anticipation of*): **~ a rainy day** на чёрный день; **they bought provisions ~ the winter** онú купи́ли провúзию нá зиму.
7 (*compared with*): **3 deaths this year ~ 20 last year** три смéрти в э́том годý прóтив двадцати́ в прóшлом.
8 (*in contrast with*): **it shows up ~ a dark background** э́то выделя́ется на тёмном фóне.
9 (*in collision with*) о + *a*; **knock ~ sth** ударя́ться, удáриться о что-н.; **he banged his head ~ a stone** он удáрился головóй о кáмень.
10 (*into contact with*) к + *d*; **he moved the chair ~ the wall** он придви́нул стул к стенé; **he stood leaning ~ the wall** он стоя́л, прислони́вшись к стенé.
11 (*facing*): **over ~ the church** напрóтив цéркви; **he held the photograph ~ the light** он поднёс фотогрáфию к свéту; **we are up ~ strong competition** у нас си́льная конкурéнция; **he is up ~ it** емý прихóдится тя́жко; ≈ он прижáт к стенé.

agape /əˈɡeɪp/ *pred adj & adv* рази́нув рот.

agate /ˈæɡət/ *n* агáт; (*attr*) агáтовый.

agave /əˈɡeɪvɪ/ *n* столéтник, агáва.

age /eɪdʒ/ *n* **1** (*time of life*) вóзраст; **what ~ is he?** какóго он вóзраста?; (*expecting exact answer*) скóлько емý лет?; **he is 40 years of ~** емý сóрок лет; **he and I are the same ~** мы с ним однóго вóзраста (*or* ровéсники); **when I was your ~** когдá я был в вáшем вóзрасте; **a man (of) your ~** человéк вáшего вóзраста; **at his ~ he should be more careful** в егó вóзрасте/гóды нáдо быть бóлее осторóжным; **he is at an ~** (*or* **has reached an ~**) **when ...** он дости́г вóзраста, когдá...; **she doesn't look her ~** онá вы́глядит молóже свои́х лет; **at an early ~** в рáннем вóзрасте; **a man in middle ~** мужчи́на срéдних лет; **he took up tennis in middle ~** он заня́лся тéннисом в соли́дном вóзрасте; **be your ~!** (*coll*) веди́те себя́ как взрóслый человéк!; **over ~** стáрше полóженного вóзраста; **~ of consent** бра́чный вóзраст; **~ of discretion** вóзраст, с котóрого человéк считáется отвéтственным за свои́ постýпки; (*of inanimate objects*): **what is the ~ of this house?** скóлько лет э́тому дóму?
2 (*majority*): **be of ~** быть совершеннолéтним; **come of ~** дост|игáть, -и́чь совершеннолéтия; **he is under ~** он несовершеннолéтний.
3 (*old ~*) стáрость; **his back was bent with ~** он согнýлся от стáрости; **he lived to a ripe (old) ~** он дóжил до преклóнных лет.
4 (*period*) períод; (*century*) век; **Ice A~** леднико́вый пери́од; **Stone A~** кáменный век; **golden ~** золотóй век; **the Middle A~s** Срéдние векá; **the ~ we live in** наш век; (*coll, often in pl, long time*): **it took an ~ to get there** мы добирáлись тудá цéлую вéчность; **the bus left ~s ago** автóбус ушёл давны́м-давнó; **we have not seen each other for ~s** мы не ви́делись сто лет (*or* цéлую вéчность).
● *vt* (*pres participle* **ageing, aging**) стáрить, со-; **worries have ~d him** забóты егó состáрили; (*of wine*) вы́держивать, вы́держать.
● *vi* (*pres participle* **ageing, aging**) (*of person*) старéть, по-; стáриться, со-; (*of thing*) старéть, у-.
● *cpds* **~ bracket, ~ group** *nn* возрастнáя грýппа; **~ limit** *n* предéльный вóзраст; **~-long** *adj* вéчный, вековéчный; **~-old** *adj* вековóй, (старо)дáвний.

aged[1] /eɪdʒd/ *adj* (*of the age of*): **~ six** шести́ лет.

aged[2] /ˈeɪdʒɪd/ *adj* (*very old*) престарéлый.
● *adj*: **the ~** пожилы́е лю́ди, престарéлые.

ag(e)ing /ˈeɪdʒɪŋ/ *n* старéние.
● *adj* старéющий.

ageism /ˈeɪdʒɪz(ə)m/ *n* дискримина́ция по вóзрасту.

ageist /ˈeɪdʒɪst/ *n* сторóнник дискримина́ции по вóзрасту.
● *adj* дискримини́рующий по вóзрасту.

ageless /ˈeɪdʒlɪs/ *adj* (*always young*) нестарéющий; (*eternal*) вéчный.

agency /ˈeɪdʒənsɪ/ *n* **1** (*action*) дéйствие; (*instrumentality*) посрéдство; **by the ~ of** при посрéдстве + *g*; посрéдством + *g*; чéрез + *a*. **2** (*force*): **an invisible ~** незри́мая си́ла.
3 (*comm*) агéнтство; **employment ~** агéнтство по наймý; **news ~** информациóнное агéнтство; **travel ~** туристи́ческое агéнтство, турагéнтство. **4** (*organization*): **government ~** прави́тельственное учреждéние. **5** (*representation*): **sole ~** еди́нственное представи́тельство.

agenda /əˈdʒendə/ *n* повéстка дня; **it is on the ~** э́то стои́т на повéстке дня; **put on the ~** стáвить, по- на повéстку дня.

agent /ˈeɪdʒ(ə)nt/ *n* **1** (*person acting for others*; *spy*) агéнт; (*representative*) представи́тель (*m*); **commission ~** (*Br*) комиссионéр; **forwarding ~** экспеди́тор. **2** (*chem*) агéнт; срéдство; **chemical ~** реакти́в, реагéнт.
3 (*gram*) дéятель (*m*).

agent provocateur /ˌɑːʒɑ̃ prəˌvɒkəˈtɜː(r)/ *n* (*pl* ***agents provocateurs*** *pronunc same*) провокáтор.

agglomerate[1] /əˈɡlɒmərət/ *n* (*geol*) агломерáт, скоплéние.

agglomerate[2] /əˈɡlɒməˌreɪt/ *vt & i* (*gather*) соб|ирáть(ся), -рáть(ся); (*mass*) ск|áпливать(ся), -опи́ть(ся).

agglomeration /əˌɡlɒməˈreɪʃ(ə)n/ *n* скоплéние.

agglutinative /əˈɡluːtɪnətɪv/ *adj* (*ling*) агглютинати́вный.

aggrandize /əˈɡrændaɪz/ *vt* увели́чи|вать, -ть; расш|иря́ть, -и́рить.

aggrandizement /əˈɡrændɪzmənt/ *n* увеличéние; расширéние.

aggravat|e /ˈæɡrəˌveɪt/ *vt* **1** (*make worse*) усугуб|ля́ть, -и́ть; (*pain*) обостр|я́ть, -и́ть. **2** (*coll, exasperate*) раздраж|áть, -и́ть.

aggravation /ˌæɡrəˈveɪʃ(ə)n/ *n*
1 усугублéние; обострéние.
2 раздражéние.

aggregate[1] /ˈæɡrɪɡət/ *n* **1** (*total, mass*) совокýпность; **in the ~** в совокýпности. **2** (*phys*) скоплéние.
3 (*ingredient of concrete*) заполни́тель (*m*) (бетóна).
● *adj* (*total*) совокýпный; **~ membership** óбщее числó члéнов.

aggregate[2] /ˈæɡrɪˌɡeɪt/ *vt* **1** (*collect into a mass*) соб|ирáть, -рáть в цéлое.
2 (*amount to*) сост|авля́ть, -áвить; состоя́ть (*impf*) (в óбщей слóжности) из + *g*.
● *vi* (*collect or come together*) соб|ирáться, -рáться.

aggregation /ˌæɡrɪˈɡeɪʃ(ə)n/ *n*
1 (*collecting together*) сбор, собирáние; (*collection of persons or things*) скоплéние, конгломерáт. **2** (*phys*) скоплéние; (*mass*) мáсса.

aggression /əˈɡreʃ(ə)n/ *n* агрéссия.

aggressive /əˈɡresɪv/ *adj* агресси́вный; **an ~ salesman** напóристый агéнт по продáже.

aggressiveness /əˈɡresɪvnɪs/ *n* агресси́вность.

aggressor /əˈɡresə(r)/ *n* агрéссор.

aggrieve /əˈɡriːv/ *vt* огорч|áть, -и́ть; **be ~d; feel (o.s.) ~d** быть огорчённым; огорч|áться, -и́ться.

aghast /əˈɡɑːst/ *pred adj* (*terrified*) в ýжасе (*от чего*); (*amazed*) потрясённый.

agile /ˈædʒaɪl/ *adj* провóрный; **an ~ mind** живóй ум.

agility /əˈdʒɪlɪtɪ/ *n* провóрство; **~ of mind** жи́вость умá.

aging /ˈeɪdʒɪŋ/ = **ag(e)ing**

agitate /ˈædʒɪˌteɪt/ *vt* **1** (*excite*) волновáть, вз-; **be ~d about sth** волновáться (*impf*) из-за чегó-н.; **in an ~d voice** взволнóванным гóлосом; (*arouse*) возбу|ждáть, -ди́ть. **2** (*liquids*) взб|áлтывать, -олтáть.
● *vi* агити́ровать (*impf*) (**for, against:** за + *a*, прóтив + *g*).

agitation /ˌædʒɪˈteɪʃ(ə)n/ *n*
1 (*disturbance*) волнéние; **in a state of ~** взволнóванный. **2** (*of liquids*)

a

взбáлтывание. **3** (*pol*) агитáция.

agitator /ˈædʒɪˌteɪtə(r)/ *n* **1** (*pol*) агитáтор. **2** (*apparatus*) смеси́тель (*m*); мешáлка (*coll*).

aglow /əˈgləʊ/ *pred adj* (*lit*): **be ~** пылáть (*impf*); (*red-hot*) раскалённый докраснá; (*fig*) **his face was ~** он раскраснéлся; **~ with pleasure** раскраснéвшийся от удовóльствия.

AGM (*abbr of* ***Annual General Meeting***) (*Br*) ежегóдное óбщее собрáние.

agnostic /ægˈnɒstɪk/ *n* агнóстик.
● *adj* агности́ческий.

agnosticism /ægˈnɒstɪˌsɪz(ə)m/ *n* агностици́зм.

ago /əˈgəʊ/ *adv* томý назáд; **long ~** давнó; **not long ~** недáвно; **it was longer ~ than I thought** э́то бы́ло (ещё) рáньше, чем я дýмал.

agog /əˈgɒg/ *pred adj*: **she was ~ with excitement** онá былá вне себя́ от волнéния.
● *adv*: **he listened ~** он слýшал, затаи́в дыхáние.

agoniz|e /ˈægəˌnaɪz/ *vt* мýчить (*impf*); **~ed/~ing shrieks** отчáянные вóпли (*m pl*).
● *vi* **1** (*suffer agony*) терзáться (*impf*); мýчиться (*impf*). **2** (*fig*): **he ~ed over his speech** он мýчился над своéй рéчью.

agon|y /ˈægənɪ/ *n* (*torment*) мучéние, страдáние; (*pains of death*) агóния; **in his last ~y** в предсмéртной агóнии; **suffer ~ies** терзáться (*impf*); **I was in ~y** я испы́тывал си́льные страдáния; я мýчился от бóли; **~y column** (*Br*) пóчта довéрия.

agoraphobia /ˌægərəˈfəʊbɪə/ *n* агорафóбия, боя́знь откры́того прострáнства или толпы́.

agoraphobic /ˌægərəˈfəʊbɪk/ *adj* страдáющий агорафóбией.

agrarian /əˈgreərɪən/ *adj* агрáрный.

agree /əˈgriː/ *vt* (**agrees, agreed, agreeing**) (*Br*) **1** (*reach agreement on*) согласóв|ывать, -áть (*что с кем*). **2** (*accept as correct*) утвер|ждáть, -ди́ть; прин|имáть, -я́ть.
● *vi* (**agrees, agreed, agreeing**) **1** (*concur*; *be of like opinion*) согла|шáться, -си́ться (*с кем*) (*used mainly for past and future*); **I quite ~ with you** я совершéнно с вáми соглáсен; **we are ~d on this** мы в э́том соглáсны; **those two will never ~** э́ти двóе никогдá не договоря́тся. **2** (*reach agreement*; *make common decision*): **we ~d to go together** мы договори́лись éхать вмéсте; **~ on a price** догов|áриваться, -ори́ться о ценé; **let us ~ to differ** остáнемся кáждый при своём мнéнии. **3** (*consent*) согла|шáться, -си́ться (*на что*) (*used mainly for past and future*). **4** (*accept*): **I ~ that it was wrong** соглáсен, что э́то бы́ло непрáвильно; **~ with** (*accept as correct or right*): **I don't ~ with his policy** я не соглáсен с егó поли́тикой; **I don't ~ with keeping children up late** я прóтив тогó, чтóбы уклáдывать детéй спать пóздно. **5**: **~ with** (*suit*) под|ходи́ть, -ойти́ + *d*; годи́ться (*impf*) + *d*; **oysters don't ~ with me** от ýстриц мне бывáет плóхо. **6** (*conform*; *tally*): **the adjective ~s with the noun** прилагáтельное соглаcýется с существи́тельным; **his story ~s with mine** егó расскáз схóдится с мои́м.

agreeabl|e /əˈgriːəb(ə)l/ *adj* **1** (*pleasant*) прия́тный; **he was ~y surprised** он был прия́тно удивлён; **make o.s. ~e to** старáться (*impf*) угоди́ть + *d*. **2** (*acceptable*): **if that is ~e to you** éсли вас э́то устрáивает. **3** (*prepared to agree*): **be ~e to sth** согла|шáться, -си́ться на что-н.

agreement /əˈgriːmənt/ *n* **1** (*consent*) соглáсие; **by mutual ~** по взаи́мному соглáсию; **be in ~ with** согла|шáться, -си́ться с + *i*. **2** (*treaty*) соглашéние, договóр; **come to an ~** при|ходи́ть, -йти́ к соглашéнию; **enter into an ~ with** заключ|áть, -и́ть соглашéние/договóр с + *i*. **3** (*gram*) согласовáние.

agricultural /ˌægrɪˈkʌltʃər(ə)l/ *adj* сельскохозя́йственный.

agricultur(al)ist /ˌægrɪˈkʌltʃər(əl)ɪst/ *n* земледе́лец.

agriculture /ˈægrɪˌkʌltʃə(r)/ *n* сéльское хозя́йство.

agrimony /ˈægrɪmənɪ/ *n* репéйник, репéй.

agrochemical /ˌægrəʊˈkemɪk(ə)l/ *n* агрохимикáт.
● *adj* агрохими́ческий.

agronomist /əˈgrɒnəmɪst/ *n* агронóм.

agronomy /əˈgrɒnəmɪ/ *n* агронóмия.

aground /əˈgraʊnd/ *pred adj & adv*: **the ship was ~** корáбль сидéл на мели́; **run ~** (*vi*) сади́ться, сесть на мель.

ague /ˈeɪgjuː/ *n* лихорáдочный oзнóб.

ah /ɑː/ *int* ах!; а!

aha /ɑːˈhɑː, əˈhɑː/ *int* агá!

ahead /əˈhed/ *adv* впереди́; (*expressing motion*) вперёд; **he was ten yards ~ of us** он был на дéсять я́рдов впереди́ нас; **be, get ~ of** опере|жáть, -ди́ть; **move ~** продвигáться, продви́нуться вперёд; **go ~!** (ну) давáй(те)!; **things are going ~** делá идýт; **~ of time** досрóчно; **look ~** (*fig*) смотрéть (*impf*) вперёд; **in the days ~** в бýдущем.

ahem /əˈhəm, əˈhem/ *int* гм!

ahoy /əˈhɔɪ/ *int*: **~ there!, ship ~!** эй, на кораблé/сýдне!; **land ~!** земля́!

AI 1 (*abbr of* ***Artificial Intelligence***) искýсственный интеллéкт. **2** (*abbr of* ***artificial insemination***) искýсственное оплодотворéние.

aid /eɪd/ *n* **1** (*help, assistance*) пóмощь; (*support*) поддéржка; **first ~** пéрвая пóмощь; **~ agency** организáция по оказáнию пóмощи; **~ worker** рабóтни|к (*fem* -ца) организáции по оказáнию пóмощи; **with, by the ~ of** при пóмощи + *g*; **call on s.o.'s ~** приб|егáть, -éгнуть к чьей-н. пóмощи; **go to s.o.'s ~** при|ходи́ть, -йти́ комý-н. на пóмощь; **mutual ~** взаимопóмощь; **in ~ of** в пóмощь + *d*; **what is the collection in ~ of?** на что собирáют дéньги?; **what is this in ~ of?** (*Br coll*) к чемý э́то?; **an ~ to digestion** срéдство, спосóбствующее пищеварéнию. **2** (*appliance*) пособие; **visual ~s** нагля́дные посóбия.
● *vt* (*help*) пом|огáть, -óчь + *d*; (*promote*) спосóбствовать (*impf*) + *d*; **~ing and abetting** пособничество и подстрекáтельство.

aide /eɪd/ *n* помóщни|к (*fem* -ца).
● *cpds* **~-de-camp** *n* адъютáнт; **~-memoire** *n* пáмятная запи́ска.

Aids /eɪdz/ *n* (*abbr of* ***acquired immune deficiency syndrome***) СПИД (синдрóм приобретённого иммýнного дефици́та); **an ~ sufferer** страдáющ|ий (*fem* -ая) СПИ́Дом; **an ~ vaccine** вакци́на прóтив СПИДа.

aigrette /ˈeɪgret, eɪˈgret/ *n* (*plume*) султáн, плюмáж.

aiguillette /ˌeɪgwɪˈlet/ *n* аксельбáнт.

aikido /aɪˈkiːdəʊ/ *n* айкидó (*indecl*).

ail /eɪl/ *vt* (*archaic*): **what ~s him?** чем он хворáет?
● *vi*: **he is always ~ing** он постоя́нно хворáет.

aileron /ˈeɪləˌrɒn/ *n* элерóн.

ailing /ˈeɪlɪŋ/ *adj* больнóй; **an ~ economy** больнáя экономи́ка.

ailment /ˈeɪlmənt/ *n* недýг, хворь.

aim /eɪm/ *n* **1** (*purpose*) цель; **with the ~ of** с цéлью + *g*; **what is the ~ of these questions?** к чемý э́ти вопрóсы? **2** (*of a gun, etc.*) прицéл; **take ~ at** прицéл|иваться, -иться в + *a*; **miss one's ~** не поп|адáть, -áсть в цель; **is your ~ good?** у вас хорóший глаз?
● *vt* нав|оди́ть, -ести́; **~ a rifle at** нав|оди́ть, -ести́ (*or* напр|авля́ть, -áвить) винтóвку на + *a*; **~ a stone at** цéлиться, на- кáмнем в + *a*; **~ a blow at** замáх|иваться, -нýться на + *a*; (*fig*): **~ one's remarks at** предназн|ачáть, -áчить свои́ замечáния + *d*.
● *vi* цéлить (*impf*); **~ at** (*with rifle*) прицéл|иваться, -иться в + *a*; (*fig*): **~ at** (*aspire to*) цéлиться, на- на + *a*; стреми́ться (*impf*) к + *d*; **he ~ed at becoming** (*or* **to become**) **a doctor** он постáвил себé цéлью стать врачóм; **~ high** высокó мéтить (*impf*); **what are you ~ing at?** что вы имéете в видý; **~ for** напр|авля́ться, -áвиться в/на + *a*; **he ~ed for the tree** он напрáвился к дéреву.

aimless /ˈeɪmlɪs/ *adj* бесцéльный.

aimlessness /ˈeɪmlɪsnɪs/ *n* бесцéльность.

air /eə(r)/ *n* **1** (*lit*) вóздух; **stale ~** дýшный *or* тяжёлый вóздух; **get some fresh ~** подышáть (*pf*) свéжим вóздухом; **in the open ~** на откры́том вóздухе; **let some ~ into a room** провéтри|вать, -ть кóмнату; **let the ~ out of** (*balloon, tyre*) выпускáть, вы́пустить вóздух из + *g*; **take the ~** прогýл|иваться, -я́ться; **take to the ~** взлет|áть, -éть; **into the ~** в вóздух, вверх; **travel by ~** летáть (*impf*) (самолётом); **a change of ~** перемéна обстанóвки; **~ current** воздýшное течéние; **~ pollution** загрязнéние вóздуха. **2** (*in fig phrr*): **a plan is in the ~**

готовится план; **the question was left in the ~** вопрос повис в воздухе; **clear the ~** разря|жать, -дить атмосферу; **hot ~** *(coll)* хвастовство, пустозвонство; **he vanished into thin ~** его и след простыл; **live on ~** питаться *(impf)* воздухом; **castles in the ~** воздушные замки; **he was walking on ~** он ног под собой не чуял; **with his, her head in the ~** задрав нос.
3 *(appearance, manner)* *(of person)* вид; *(of place)* дух; **there was a general ~ of desolation** во всём чувствовалось запустение; **with a triumphant ~** с торжествующим видом; **~s and graces** манерность; **put on (*or* give o.s.) ~s** задаваться, важничать *(both impf)*.
4 *(mus, song)* песня; *(tune)* мотив.
5 *(radio, TV)*: **the programme is on the ~** программа в эфире; **go on the ~** выходить, выйти в эфир; **go off the ~** *(of station)* зак|анчивать, -ончить передачу.
6 *(attr, pertaining to aviation)* воздушный; авиационный, авиа...; *(mil)* военно-воздушный; **~ base** авиабаза; **~ corridor** воздушный коридор; **~ crash** авиакатастрофа; **~ display** воздушный парад; **~ force** военно-воздушные силы, ВВС; **~ hostess** *(Br)* бортпроводница, стюардесса; **A~ Marshal** маршал авиации; **~ show** авиасалон; **~ strike** авиаудар, удар с воздуха; **~ terminal** аэровокзал; **~ ticket** авиабилет.
● *vt* **1** *(ventilate)* провéтри|вать, -ть; *(Br, dry)* сушить, вы-.
2 *(fig)* *(opinions, feelings)* высказывать, высказать; **~ one's knowledge** выставлять, выставить напоказ свои знания.
● *vi* про|сушивать, -сушить; **she hung the clothes out to ~** она развесила вещи для просушки.
● *cpds* **~ bag** *n* аварийная подушка безопасности; **~ bed** *n (Br)* надувной матрац; **~borne** *adj (landed by ~)* воздушно-десантный; *(in the air)*: **we were ~borne at 9 o'clock** мы были в воздухе в 9 ч; **~ brake** *n* воздушный тормоз; **~brick** *n (Br)* пустотелый кирпич; **~ chief marshal** *(current eqv rank in the Russian Army)* ≈ генерал армии *(в авиации)*; *(former eqv rank in the Soviet/Russian Army (1943–93))* ≈ маршал авиации; **~ commodore** *(Br)* ≈ генерал-майор *(в авиации)*; **~-conditioned** *adj* с кондиционированным воздухом; **~ conditioner** *n* кондиционер (воздуха); **~ conditioning** *n* кондиционирование воздуха; **~-cooled** *adj* охлаждаемый воздухом; **~craft** *n* самолёт; *(collect)* самолёты, авиация; **~craft carrier** *n* авианосец; **~craftman** *n (pl* **~craftmen***)* рядовой авиации; **~crew** *n* экипаж; **~ cushion** *n* надувная подушка; **~-dried** *adj* воздушно-сухой, воздушной сушки; **~drome** *n (US)* = **aerodrome**; **~drop** *n (of troops)* воздушный десант; *(of supplies)* сбрасывание груза с самолёта; **~ duct** *n* воздухопровод; **~field** *n* лётное поле; **~flow** *n* воздушный поток; **~foil** *n (US)* = **aerofoil**; **~frame** *n* корпус самолёта; **~ freighter** *n* грузовой самолёт; **~ gauge** *n* воздушный манометр; **~ gun** *n* духовое ружьё; **~ lane** *n* воздушный коридор; **~ letter** *n* авиаписьмо; **~lift** *n* воздушная переброска; *vt* перебр|асывать, -осить *(or* перев|озить, -езти*)* по воздуху; **~line** *n (company)* авиакомпания; *(route)* авиалиния, авиатрасса; **~liner** *n* авиалайнер, воздушный лайнер; **~lock** *n (stoppage)* воздушная пробка; **~mail** *n* авиапочта; **~man** *n (pl* **~men***)* лётчик; **~ marshal** *(Br)* ≈ генерал-полковник *(в авиации)*; **~plane** *n (US)* = **aeroplane**; **~ pocket** *n (aeron)* воздушная яма; *(tech)* воздушный мешок, газовый пузырь; **~port** *n* аэропорт; **~ power** *n* воздушная мощь; **~ pump** *n* воздушный насос; **~ raid** *n* воздушный налёт; **~-raid alert, warning** воздушная тревога; **~-raid shelter** бомбоубежище; **~-raid warden** ≈ начальник штаба гражданской обороны; **~ rifle** *n* пневматическая винтовка; **~screw** *n (Br)* (воздушный) винт; пропеллер; **~-sea rescue** *n* спасательные операции *(f pl)*, проводимые самолётами на море; **~ship** *n* воздушный корабль; дирижабль *(m)*; **~sick** *adj*: **I was ~sick** меня укачало в самолёте; **~sickness** *n* воздушная болезнь; **~space** *n* воздушное пространство; **~speed** *n* воздушная скорость; **~stream** *n* воздушный поток; **~strip** *n* взлётно-посадочная полоса; **~tight** *adj* герметический; **~ time** *n* время в эфире; **~-to-air** *adj*: **~-to-air missile** ракета «воздух — воздух»; **~-to-ground** *adj*: **~-to-ground missile** ракета «воздух — земля»; **~ traffic control** *n* авиадиспетчерская служба; **~ traffic controller** *n* авиадиспетчер; **~ vice-marshal** *(Br)* ≈ генерал-лейтенант *(в авиации)*; **~waves** *n* радиоволны; **~way** *n (route)* воздушная трасса; **~woman** *n (pl* **~women***)* лётчица; **~worthiness** *n* годность к полётам, лётная годность; **~worthy** *adj* годный к полётам.

Airedale /ˈeədeɪl/ *n* эрдельтерьер.

airer /ˈeərə(r)/ *n (Br)* сушилка.

airily /ˈeərɪlɪ/ *adv* небрежно, с лёгкостью.

airiness /ˈeərɪnɪs/ *n (freshness)* свежесть; *(lightness)* воздушность; *(fig, of manner)* беспечность.

airing /ˈeərɪŋ/ *n* **1** *(admission of air)* проветривание; **~ cupboard** *(Br)* сушильный шкаф. **2** *(fig)*: **give one's views an ~** высказывать, высказать свои взгляды.

airless /ˈeəlɪs/ *adj (stuffy)* душный; *(still)* безветренный.

airlessness /ˈeəlɪsnɪs/ *n* духота, безветрие.

airy /ˈeərɪ/ *adj* (**airier, airiest**) **1** *(well-ventilated)* свежий; *(spacious)* просторный. **2** *(light in movement etc.)* воздушный; **an ~ dress** воздушное платье. **3** *(superficial; light-hearted)* ветреный, беспечный.
● *cpd* **~-fairy** *adj (coll, pej)* прожектёрский; **~-fairy scheme** прожект.

aisle /aɪl/ *n* проход *(между рядами)*; боковой неф храма, придел.

ajar /əˈdʒɑː(r)/ *pred adj* приоткрытый.

aka *(abbr of* ***also known as****)* известный также под именем; иначе называемый; он/она же.

akimbo /əˈkɪmbəʊ/ *adv* подбоченясь; **stand with arms ~** подбочениться *(pf)*, стоять *(impf)* подбоченясь.

akin /əˈkɪn/ *pred adj & adv (related)* родственный; **~ to** сродни + *d*.

à la /ˈɑː lɑː/ *prep* а-ля.

alabaster /ˈæləˌbɑːstə(r), -ˌbæstə(r), ˌæləˈb-/ *n* алебастр; *(attr)* алебастровый.

à la carte /ˌɑː lɑː ˈkɑːt/ *adv* порционно, на заказ.

alacrity /əˈlækrɪtɪ/ *n (liveliness)* живость; *(zeal)* рвение.

à la mode /ˌɑː lɑː ˈməʊd/ *adj & adv* модный; по моде.

alarm /əˈlɑːm/ *n* **1** *(warning; warning signal)* тревога; **false ~** ложная тревога; **give, raise, sound the ~** подн|имать, -ять тревогу; **fire ~** пожарная тревога. **2** *(~-clock)* будильник; **I set the ~ for 6** я поставил будильник на 6 часов. **3** *(fright)*: **he ran away in ~** он убежал в испуге.
● *vt* тревожить; **to be ~ed** тревожиться, вс-; **don't be ~ed** не тревожьтесь; **~ing news** тревожные новости *(f pl)*; **there's nothing to be ~ed about** не стоит тревожиться; нет повода для тревоги.

alarming /əˈlɑːmɪŋ/ *adj* тревожный.

alarmist /əˈlɑːmɪst/ *n* паникёр *(fem* -ша*)*.

alas /əˈlæs, əˈlɑːs/ *int* увы!

Alaska /əˈlæskə/ *n* Аляска; **in ~** на Аляске.

Alaskan /əˈlæskən/ *n* аляскинец *(fem* жительница Аляски*)*.
● *adj* аляскинский.

alb /ælb/ *n* стихарь *(m)*.

Albania /ælˈbeɪnɪə/ *n* Албания.

Albanian /ælˈbeɪnɪən/ *n* **1** *(person)* албан|ец *(fem* -ка*)*. **2** *(language)* албанский язык.
● *adj* албанский.

albatross /ˈælbəˌtrɒs/ *n* альбатрос.

albeit /ɔːlˈbiːɪt/ *conj* пусть (и), хотя и.

albinism /ˈælbɪˌnɪz(ə)m/ *n* альбинизм.

albino /ælˈbiːnəʊ/ *n (pl* **~s***)* альбинос *(fem* -ка*)*; **an ~ rabbit** кролик-альбинос.

album /ˈælbəm/ *n (book; recordings)* альбом.

albumen /ˈælbjʊmɪn/ *n (white of egg)* яичный белок; *(chem)* альбумин; *(biol)* белок.

alchemist /ˈælkəmɪst/ *n* алхимик.

alchemy /ˈælkəmɪ/ *n* алхимия.

a

alcohol /'ælkə,hɒl/ *n* (*chem*) алкого́ль (*m*); (*spirit*) спирт.
● *cpd* **~-free** *adj* безалкого́льный.

alcoholic /,ælkə'hɒlɪk/ *n* алкого́лик.
● *adj* алкого́льный; **~ beverages** спиртно́е; спиртны́е напи́тки (*m pl*).

alcoholism /'ælkəhɒ,lɪz(ə)m/ *n* алкоголи́зм.

alcove /'ælkəʊv/ *n* альков, ни́ша.

alder /'ɔ:ldə(r)/ *n* ольха́ (чёрная).

alderman /'ɔ:ldəmən/ *n* (*pl* **aldermen**) (*US*) член муниципалите́та.

ale /eɪl/ *n* эль (*m*); (*beer*) пи́во.
● *cpd* **~house** *n* пивна́я.

alert /ə'lɜ:t/ *n* **1** (*alarm*) трево́га; **give the ~** подн|има́ть, -я́ть трево́гу. **2**: **on the ~** наготове́; **keep s.o. on the ~** держа́ть (*impf*) кого́-н. в гото́вности.
● *adj* (*vigilant*) чу́ткий; (*lively*) живо́й.
● *vt* прив|оди́ть, -ести́ в состоя́ние гото́вности; **~ s.o. to a situation** предупре|жда́ть, -ди́ть кого́-н. о созда́вшейся ситуа́ции.

alertness /ə'lɜ:tnɪs/ *n* чу́ткость; жи́вость.

Aleutians /ə'lu:ʃ(ə)nz/ *n pl*: **the ~** Алеу́тские острова́ (*m pl*).

A level /'eɪ levəl/ *n* (*abbr of* ***advanced level***) (*Br*) выпускно́й экза́мен в сре́дней шко́ле по профили́рующим предме́там (с повы́шенным у́ровнем сло́жности); **he has three ~s** он сдал три предме́та на повы́шенном у́ровне.

> **A level — advanced level**
>
> Выпускно́й экза́мен, кото́рый сдаю́т шко́льники в во́зрасте 18 лет в А́нглии и Уэ́льсе. Ученики́, плани́рующие поступа́ть в университе́т, должны́ сдать тако́й экза́мен по трём или четырём предме́там. За ка́ждый экза́мен ста́вится отде́льная оце́нка. Университе́ты и други́е ву́зы отбира́ют студе́нтов на осно́ве оце́нок, полу́ченных и́ми за э́ти экза́мены. Предпочте́ние отдаётся предме́там, кото́рые явля́ются профили́рующими для и́збранного абитурие́нтом факульте́та.

Alexandria /,ælɪg'zɑ:ndrɪə, -'zændrɪə/ *n* Александри́я.

Alexandrine /,ælɪg'zændraɪn/ *n* александри́йский стих.

alfalfa /æl'fælfə/ *n* люце́рна.

alfresco /æl'freskəʊ/ *adv* на откры́том во́здухе.

alga /'ælgə/ *n* (*pl* **algae** /'ældʒi:, 'ælgi:/) (морска́я) во́доросль; **brown ~e** бу́рые во́доросли; **green ~e** зелёные во́доросли.

algebra /'ældʒɪbrə/ *n* а́лгебра.

algebraic /,ældʒɪ'breɪɪk/ *adj* алгебраи́ческий.

Algeria /æl'dʒɪərɪə/ *n* Алжи́р (*государство*).

Algerian /æl'dʒɪərɪən/ *n* алжи́р|ец (*fem* -ка).
● *adj* алжи́рский.

Algiers /æl'dʒɪəz/ *n* Алжи́р (*столица*).

algorithm /'ælgə,rɪð(ə)m/ *n* алгори́тм.

alias /'eɪlɪəs/ *n* кли́чка, про́звище; вы́мышленное и́мя; (*comput*) псевдони́м; **the thief had several ~es** у во́ра бы́ло не́сколько кли́чек; **his ~ was ...** он называ́л себя́...; **he travelled under an ~** он путеше́ствовал под вы́мышленным и́менем.
● *adv*: **Jones, ~ Robinson** Джонс, он же Ро́бинсон.

alibi /'ælɪ,baɪ/ *n* (*pl* **~s**) **1** (*plea or proof of being elsewhere*) а́либи (*nt indecl*); **establish an ~** устан|а́вливать, -ови́ть а́либи; **produce an ~** предст|авля́ть, -а́вить а́либи. **2** (*coll, excuse*) отгово́рка.

alien /'eɪlɪən/ *n* иностра́н|ец (*fem* -ка); (*extraterrestrial*) инопланетя́н|ин (*fem* -ка).
● *adj* **1** (*foreign*) иностра́нный; (*extraterrestrial*) инопланéтный. **2**: **~ to** чу́ждый + *d*.

alienable /'eɪlɪənəb(ə)l/ *adj* (*law*) отчужда́емый.

alienate /'eɪlɪə,neɪt/ *vt* **1** (*estrange, antagonize*) отвра|ща́ть, -ти́ть; отчужда́ть (*impf*). **2** (*law*) отчужда́ть (*impf*).

alienation /,eɪlɪə'neɪʃ(ə)n/ *n* (*alienating*) отчужде́ние; (*being alienated*) отчуждённость.

alight¹ /ə'laɪt/ *pred adj & adv* **1** (*on fire*) горя́щий, в огне́; **catch ~** загор|а́ться, -е́ться; **set ~** заж|ига́ть, -е́чь; **is your cigarette ~?** у вас сигаре́та гори́т? **2** (*illuminated*) освещённый. **3** (*fig*): **eyes ~ with happiness** глаза́, сия́ющие сча́стьем.

alight² /ə'laɪt/ *vi* (**alighted**) **1** (*Br, dismount from horse or vehicle*) сходи́ть, сойти́ (с + *g*). **2** (*come to earth*: *of birds etc.*) сади́ться, сесть; (*of an aircraft*) приземл|я́ться, -и́ться.

align /ə'laɪn/ *vt* выра́внивать, вы́ровнять; **~ o.s. with s.o.** станови́ться, стать на чью-н. сто́рону.

alignment /ə'laɪnmənt/ *n* выра́внивание; **out of ~** неро́вно, не в ряд; (*arrangement*) расстано́вка; **~ with** (*adherence to*) присоедине́ние к + *d*.

alike /ə'laɪk/ *pred adj* (*similar*) (*people*) похо́жий (на + *a*); (*objects*) схо́жий (с + *i*); **they are very much ~** они́ о́чень похо́жи друг на дру́га; (*as one*) одина́ковый; **all things are ~ to him** ему́ всё одно́.
● *adv* одина́ково; **treat everyone ~** обраща́ться (*impf*) со все́ми одина́ково; **winter and summer ~** как зимо́й, так и ле́том.

aliment /'ælɪmənt/ *n* пи́ща.

alimentary /,ælɪ'mentərɪ/ *adj* (*of food*): **~ products** пищевы́е проду́кты; (*digestive*): **~ canal, tract** пищевари́тельный тракт.

alimentation /,ælɪmen'teɪʃ(ə)n/ *n* (*nourishment*) пита́ние.

alimony /'ælɪmənɪ/ *n* (*law*) алиме́нт|ы (*pl, g* -ов).

alive /ə'laɪv/ *pred adj & adv* **1** (*living*) живо́й; в живы́х; **who is the greatest man ~?** кто са́мый вели́кий из живу́щих люде́й?; **buried ~** похоро́ненный за́живо; **~ and kicking** жив-здоро́в (*coll*); **more dead than ~** е́ле живо́й; **he was kept ~ with drugs** его́ подде́рживали лека́рствами. **2** (*alert*): **be ~ to the danger** сознава́ть (*impf*) опа́сность; быть начеку́; **look ~!** живе́е! **3** (*infested*): **the bed was ~ with fleas** крова́ть кише́ла бло́ха́ми.

alkali /'ælkə,laɪ/ *n* (*pl* **~s**) щёлочь; (*attr*) щелочно́й.

alkaline /'ælkə,laɪn/ *adj* щелочно́й.

alkaloid /'ælkə,lɔɪd/ *n* (*chem*) алкало́ид.

all /ɔ:l/ *n*: **he staked his ~** он поста́вил на ка́рту всё.
● *pron* (*everybody*) все; (*everything*) всё; **~ of us** мы все; **it cost ~ of £10** э́то сто́ило це́лых 10 фу́нтов; **the score is 2 ~** счёт 2:2; **it was ~ I could do not to ...** я едва́ сдержа́лся, что́бы не...; **~ but** (*almost*) почти́, чуть не; **he ~ but died** он чуть бы́ло не у́мер; **~ but a few died** почти́ все у́мерли; **~ in the day's work** де́ло привы́чное; **~ in good time** всё в своё вре́мя; **~ in ~** (*in general*) в о́бщем и це́лом; **it's ~ one to me** мне всё равно́; **that's ~ very well, but ...** всё э́то прекра́сно, но...; *see also* ⇒**well²**; **above ~** пре́жде всего́; **after ~** в конце́ концо́в; в коне́чном счёте; **after ~, I did warn you!** я ведь предупрежда́л вас; **he came after ~** он всё же пришёл; **any card at ~** люба́я ка́рта; **not at ~** совсе́м/во́все не; нисколько, ничу́ть; **'Thank you.' — 'Not at ~!'** «Спаси́бо». — «Не́ за что!»; **he has no money at ~** у него́ совсе́м нет де́нег; **you have eaten nothing at ~** вы ничего́ не е́ли; **for ~ I care, he may drown** по мне, пусть хоть уто́нет; **for ~ I know he may be dead** отку́да/ почём я зна́ю, мо́жет, он и у́мер; **once and for ~** раз и навсегда́; **in ~**; **~ told** в це́лом; всего́.
● *adj* весь; (*every*) вся́кий; **~ his life** всю свою́ жизнь; **~ day long** весь день; **~ the time** всё вре́мя; **at ~ times** в любо́е вре́мя; всегда́; **at ~ costs** любо́й цено́й; во что бы то ни ста́ло; **beyond ~ doubt** без/вне вся́кого сомне́ния; **by ~ accounts** су́дя по всему́; **for ~ his wealth** несмотря́ на всё его́ бога́тство; **for ~ that** всё-таки; **for ~ time** навсегда́; **of ~ the cheek!** кака́я на́глость!; **you of ~ people** кто́-кто, а уж вы́-то; **on ~ fours** на четвере́ньках; **with ~ respect** при всём уваже́нии; **... and ~ that** и так да́лее; и про́чее; **it's not ~ that hard** (*coll*), **not as hard as ~ that** э́то не так уж тру́дно; **he's very clever and ~ that, but ...** он о́чень умён и всё тако́е, но... .
● *adv* (*quite*) совсе́м, соверше́нно; целико́м; **~ dressed up** наряди́вшись; разряди́вшись в пух и прах; **she was (dressed) ~ in black** она́ была́ оде́та во всё чёрное; **I got ~ excited** я разволнова́лся; **he was ~ ready to go** он был гото́в идти́; **~ along the road** всю доро́гу; на всём пути́; **I knew it ~ along** я всегда́ э́то знал; **~ around** повсю́ду, круго́м; **~ at once** соверше́нно внеза́пно; вдруг; **she lived ~ by herself** она́ жила́ совсе́м одна́; **she did it ~ by herself** она́ сде́лала э́то сама́; **I am**

~ ears я весь (*m*)/вся (*f*) внима́ние; **I'm ~ for it** я целико́м и по́лностью за; **~ in** (*exhausted*) вы́бившийся из сил; (*inclusive of everything*) включа́я всё; **he went ~ out to win** он сде́лал всё для побе́ды; **~ over the room** по всей ко́мнате; **~ the world over** по всему́ ми́ру; **it's ~ over now** всё ко́нчено; с э́тим поко́нчено; **~ over again** (всё) сно́ва; **he was ~ over her** (*coll*) он ей прохо́ду не дава́л; **that's him ~ over** э́то так на него́ похо́же; **~ the rage** после́дний крик мо́ды; **~ right!** ла́дно!, хорошо́!; **how are you? — ~ right!**; как дела́? — норма́льно!; **is the coffee ~ right?** ну, как ко́фе, ничего́?; **the film was ~ right** фильм был неплохо́й; **are you ~ right?** с ва́ми всё в поря́дке?; **I'm ~ right now** сейча́с у меня́ всё хорошо́; (*safe*): **we got back ~ right** мы верну́лись благополу́чно; (*in good order*) в поря́дке; (*implying threat*): **~ right, you wait!** ну хорошо́ же, погоди́те!; **~ the better** тем лу́чше; **~ the same** (*however*) всё-таки; **if it's ~ the same to you** е́сли вам всё равно́; **he's not ~ there** у него́ не все до́ма; **~ too soon** сли́шком ско́ро; **you're ~ wrong** вы соверше́нно не пра́вы.

● *cpds* **~-American** *adj* чи́сто америка́нский; **~-clear** *n* отбо́й (трево́ги); **sound the ~-clear** дава́ть, дать отбо́й; **~-embracing** *adj* всеобъе́млющий; **~-important** *adj* чрезвыча́йно ва́жный; **~-in** *adj* (*Br*): **~-in price** цена́, включа́ющая всё; **~-in wrestling** во́льная борьба́; **~-night** *adj*: **~-night session** заседа́ние, продолжа́ющееся всю ночь; **~-out** *adj*: **an ~-out effort** максима́льное уси́лие; **~-party** *adj* общепарти́йный; **~-powerful** *adj* всемогу́щий, всеси́льный; **~-purpose** *adj* универса́льный; **~-round** *adj*: **~-round sportsman, ~-rounder** (*Br*) разносторо́нний спортсме́н; **~-Russian** *adj* всеросси́йский; **~-seeing** *adj* всеви́дящий; **~spice** *n* души́стый/ яма́йский пе́рец; **~-star** *adj*: **with an ~-star cast** с уча́стием звёзд; **~-time** *adj*: **at an ~-time low** на небыва́ло ни́зком у́ровне; **~-time record** непревзойдённый реко́рд; **~-up** *adj*: **~-up weight** (*Br, aeron*) по́лный полётный вес; **~-weather** *adj* всепого́дный.

Allah /'ælə/ *n* Алла́х.

allay /ə'leɪ/ *vt* (*doubts, suspicions*) рассе́|ивать, -ять; (*fears*) разве́|ивать, -ять; **~ pain** ун|има́ть, -я́ть боль; **~ thirst/hunger** утол|я́ть, -и́ть жа́жду/го́лод.

allegation /ˌælɪ'geɪʃ(ə)n/ *n* заявле́ние, утвержде́ние; **~s of corruption were brought against him** его́ обвини́ли в корру́пции.

allege /ə'ledʒ/ *vt* утвержда́ть (*impf*); **he ~d ill health** он сосла́лся на нездоро́вье; **words ~d to have been spoken by him** слова́, припи́сываемые ему́; **he is ~d to have died** его́ счита́ют уме́ршим; **an ~d murderer** подозрева́емый в уби́йстве.

allegedly /ə'ledʒɪdlɪ/ *adv* бу́дто бы, я́кобы.

allegiance /ə'li:dʒ(ə)ns/ *n* (*loyalty*) ве́рность; (*devotion*) пре́данность; **owe ~ to the queen** быть по́дданным короле́вы.

allegorical /ˌælɪ'gɒrɪk(ə)l/ *adj* аллегори́ческий.

allegory /'ælɪgərɪ/ *n* аллего́рия.

allegretto /ˌælɪ'gretəʊ/ *n, adj, & adv* (*pl* **~s**) аллегре́тто (*indecl*).

allegro /ə'leɪgrəʊ, ə'leg-/ *n, adj, & adv* (*pl* **~s**) алле́гро (*indecl*).

alleluia /ˌælɪ'lu:jə/ *n & int* аллилу́йя.

allergen /'ælədʒ(ə)n/ *n* аллерге́н.

allergic /ə'lə:dʒɪk/ *adj* аллерги́ческий; **I'm ~ to strawberries** у меня́ аллерги́я на клубни́ку.

allergy /'ælədʒɪ/ *n* аллерги́я.

alleviate /ə'li:vɪˌeɪt/ *vt* (*relieve, lighten*) облегч|а́ть, -и́ть; (*mitigate, soften*) смягч|а́ть, -и́ть.

alleviation /əˌli:vɪ'eɪʃ(ə)n/ *n* облегче́ние; смягче́ние.

alley /'ælɪ/ *n* (*pl* **~s**) **1** (*narrow street*) переу́лок; **blind ~** тупи́к; **~ cat** бездо́мная ко́шка; **that's right up my ~** (*coll*) э́то как раз по мое́й ча́сти. **2** (*walk, avenue*) алле́я.

alliance /ə'laɪəns/ *n* сою́з; (*pol*) алья́нс; **marriage ~** бра́чный сою́з; брак; **Holy A~** (*hist*) Свяще́нный Сою́з.

allied /'ælaɪd/ *adj* (*joined by alliance*) сою́зный; (*related*) ро́дственный; **~ sciences** сме́жные нау́ки; **a bird ~ to the ostrich** пти́ца из отря́да стра́усов; (*closely connected*) сме́жный, схо́дный.

alligator /'ælɪˌgeɪtə(r)/ *n* аллига́тор; **~ pear** (*US*) авока́до (*indecl*).

alliteration /əˌlɪtə'reɪʃ(ə)n/ *n* аллитера́ция.

alliterative /ə'lɪtərətɪv/ *adj* аллитери́рующий.

allocate /'æləˌkeɪt/ *vt* (*fin: allot, earmark*) выделя́ть, вы́делить; (*money*) ассигнова́ть (*impf, pf*); (*distribute*) разме|ща́ть, -сти́ть; (*assign*) назн|ача́ть, -а́чить.

allocation /ˌælə'keɪʃ(ə)n/ *n* (*allocating*) выделе́ние; ассигнова́ние; размеще́ние; назначе́ние; (*portion*) до́ля; (*sum allocated*) ассигнова́ние.

allot /ə'lɒt/ *vt* **(allotted, allotting)** (*distribute*) распредел|я́ть, -и́ть; (*assign*) назн|ача́ть, -а́чить; (*award*) прису|жда́ть, -ди́ть; **~ a task** да|ва́ть, -ть зада́ние.

allotment /ə'lɒtmənt/ *n* **1** (*in vbl senses*) распределе́ние; назначе́ние; присужде́ние. **2** (*Br, plot of land*) (земе́льный) уча́сток.

allow /ə'laʊ/ *vt* **1** (*permit*) позв|оля́ть, -о́лить; разреш|а́ть, -и́ть; **~ me!** разреши́те!; **he was ~ed to smoke** ему́ позво́лили кури́ть; **I will not ~ you to be deceived** я не допущу́, что́бы вас обману́ли; **~ no discussion** запре|ща́ть, -ти́ть вся́кое обсужде́ние; **smoking is not ~ed** кури́ть воспреща́ется; **no dogs ~ed** вход с соба́ками воспрещён. **2** (*grant, provide*) да|ва́ть, -ть; предост|авля́ть, -а́вить; допус|ка́ть, -ти́ть; **I ~ed him a free hand** я предоста́вил ему́ свобо́ду де́йствий; **at the end of the 6 months ~ed** в конце́ предоста́вленных шести́ ме́сяцев; **~ discount** предост|авля́ть, -а́вить ски́дку. **3** (*admit*) допус|ка́ть, -ти́ть; (*recognize*) призн|ава́ть, -а́ть; **his claim was ~ed** его́ тре́бование бы́ло при́нято.

● *vi*: **1 ~ for** (*take into account*) уч|и́тывать, -е́сть; **~ing for casualties** учи́тывая возмо́жные поте́ри; **not ~ing for expenses** не принима́я в расчёт изде́ржек; **~ £50 for emergencies** выделя́ть, вы́делить 50 фу́нтов на непредви́денный слу́чай; **~ for his being ill** прин|има́ть, -я́ть во внима́ние то, что он бо́лен; **~ for shrinkage** де́лать, с- до́пуск на уса́дку. **2 ~ of**: **his tone ~ed of no reply** его́ тон не допуска́л возраже́ний.

allowable /ə'laʊəb(ə)l/ *adj* допусти́мый, допуска́емый.

allowance /ə'laʊəns/ *n* **1** (*amount provided*): **monthly ~** ме́сячное посо́бие; **family ~** посо́бие на семью́; **make s.o. an ~** назнача́ть, назна́чить содержа́ние кому́-н.; (*mil*) дово́льствие. **2** (*discount*) ски́дка; **~ for cash** ски́дка за платёж нали́чными. **3** (*concession*): **we will make an ~ in your case** мы сде́лаем для вас исключе́ние; **make ~(s) for** уч|и́тывать, -е́сть; прин|има́ть, -я́ть во внима́ние. **4** (*tech*) до́пуск; **shrinkage ~** до́пуск на уса́дку; (*correction*): **~ for wind** попра́вка на ве́тер.

alloy /'ælɔɪ, ə'lɔɪ/ *n* сплав.

● *vt* спл|авля́ть, -а́вить; (*fig, becloud*) омрач|а́ть, -и́ть.

allud|e /ə'lu:d, ə'lju:d/ *vi*: **~ to** ссыла́ться, сосла́ться на + *a*; упом|ина́ть, -яну́ть; (*mean*): **what are you ~ing to?** на что вы намека́ете?

allure /ə'ljʊə(r)/ *n* привлека́тельность, пре́лесть.

● *vt* (*entice, attract*) зама́н|ивать, -и́ть; (*charm*) завл|ека́ть, -е́чь; очаро́в|ывать, -а́ть.

allurement /ə'ljʊəmənt/ *n* (*enticement*) привлече́ние; (*charm*) привлека́тельность, пре́лесть.

alluring /ə'ljʊərɪŋ/ *adj* зама́нчивый; очарова́тельный.

allusion /ə'lu:ʒ(ə)n, ə'lju:-/ *n* намёк; ссы́лка; **make an ~ to** ссыла́ться, сосла́ться на + *a*.

allusive /ə'lu:sɪv, ə'lju:-/ *adj* содержа́щий намёк; намека́ющий.

alluvial /ə'lu:vɪəl/ *adj* аллювиа́льный; **~ deposit** ро́ссыпь.

alluvi|um /ə'lu:vɪəm/ *n* аллю́вий.

ally[1] /'ælaɪ/ *n* сою́зник.

all|y[2] /ə'laɪ/ *vt* (*connect*) соедин|я́ть, -и́ть; **~ied to** (*of things*) соединённый с + *i*, свя́занный с + *i*; **to be ~ied to, with** (*of nations*) быть в сою́зе с + *i*; **~y o.s. with** вступ|а́ть, -и́ть в сою́з с + *i*.

a

Alma-Ata /ˌælməə'tɑː/ *n* Алма́-Ата́.

Alma Mater /ˌælmə 'mɑːtə(r), 'meɪtə(r)/ *n* а́льма-ма́тер (*f indecl*).

almanac /'ɔːlməˌnæk, 'ɒl-/ *n* альмана́х.

Almaty /'ælmɑːtɪ/ *n* Алматы́ (*m indecl*).

almighty /ɔːl'maɪtɪ/ *n* **the A~** Всемогу́щий, Всевы́шний.
● *adj* всемогу́щий; (*coll, great*): **an ~ blow** мо́щный уда́р; **we had an ~ row** у нас был ужа́сный сканда́л.

almond /'ɑːmənd/ *n* минда́ль (*m*); **a smell of ~s** за́пах миндаля́.
● *adj* минда́льный.

almost /'ɔːlməʊst/ *adv* почти́; (*with vv*) почти́, чуть не, едва́ не.

alms /ɑːmz/ *n pl* ми́лостыня; **give ~** подава́ть, пода́ть ми́лостыню.
● *cpds* **~giving** *n* разда́ча ми́лостыни; **~house** *n* богаде́льня.

aloe /'æləʊ/ *n* ало́э (*nt indecl*); **(bitter) ~s** ало́э, сабу́р.

aloft /ə'lɒft/ *adv* наверху́; (*of motion*) наве́рх; (*naut*) на ма́рсе; (*aeron*) в во́здухе.

alone /ə'ləʊn/ *adj* **1** (*by o.s., itself*) оди́н; еди́нственный; **he came ~** он пришёл оди́н; **you can't move the piano ~** вы оди́н не смо́жете сдви́нуть роя́ль; **not by bread ~** не хле́бом еди́ным.
2 (*… and no other(s)*): **in the month of June ~** то́лько в ию́не ме́сяце; **she and I are ~ (together)** мы с ней вдвоём/одни́; (*pred*: *the only one(s)*): **he was ~ opposing the suggestion** он оди́н был про́тив предложе́ния; **we are not ~ in thinking so** не то́лько мы так ду́маем.
3 let, leave ~: **his parents left him ~ all day** роди́тели оста́вили его́ на це́лый день одного́; **I should leave the dog ~** я бы оста́вил соба́ку в поко́е; **let well ~!** от добра́ добра́ не и́щут; **let ~** (*coll*) не говоря́ уже́ о + *p*.

along /ə'lɒŋ/ *adv* **1** (*on; forward*): **move ~** продв|ига́ться, -и́нуться; **move ~, please!** проходи́те/продвига́йтесь, пожа́луйста!; **come ~!** пошли́!; **a few doors ~ from the station** в не́скольких шага́х от вокза́ла; **get ~ with** ла́дить с + *i*; уж|ива́ться, -и́ться с + *i*; **they do not get ~** они́ не ла́дят; **get ~ with you!** (*go away*) проходи́те!; (*expressing disbelief*) бро́сьте.
2 (*denoting accompaniment*): **come ~ with me** пойдёмте/иди́те со мной; **he brought a book ~** он принёс с собо́й кни́гу.
3 (*over there; over here*): **he went ~ to the exhibition** он пошёл на вы́ставку; **he'll be ~ in 10 minutes** он бу́дет че́рез де́сять мину́т.
4: **all ~** (*the whole time*) всё вре́мя; **I said so all ~** я э́то всегда́ говори́л; **I knew it all ~** я э́то знал с са́мого нача́ла.
● *prep* вдоль + *g*; по + *d*; **she was walking ~ the river** она́ шла вдоль реки́; **they sailed ~ the river** они́ плы́ли по реке́.
● *cpd* **~shore** *adv* вдоль бе́рега.

alongside /əlɒŋ'saɪd/ *adv* (*naut*) борт о́ борт; **come ~** прист|ава́ть, -а́ть (к + *d*); (*in general*) ря́дом, сбо́ку; **we stopped and the police car drew up ~** мы останови́лись, и подъе́хавшая полице́йская маши́на вста́ла ря́дом.
● *prep* (*also* **~ of**) ря́дом с + *i*; у + *g*; **they were walking ~ us** они́ шли ря́дом с на́ми; **~ the quay** у при́стани; **come ~ a ship/wharf** прист|ава́ть, -а́ть к кораблю́/прича́лу; (*compared with*) в сравне́нии с + *i*.

aloof /ə'luːf/ *adj* сде́ржанный, отчуждённый.
● *adv*: **keep, hold ~** держа́ться (*impf*) в стороне́.

aloofness /ə'luːfnɪs/ *n* сде́ржанность, отчуждённость.

aloud /ə'laʊd/ *adv* вслух; **read ~** чита́ть вслух; **she wept ~** она́ пла́кала навзры́д.

alpaca /æl'pækə/ *n* (*animal*) альпака́ (*cg indecl*); (*fabric*) альпака́ (*nt indecl*).

alpha /'ælfə/ *n* а́льфа; **~ particle** а́льфа-части́ца; **~ plus** (*Br, examination mark*) «отли́чно».

alphabet /'ælfəˌbet/ *n* алфави́т, а́збука.

alphabetical /ˌælfə'betɪk(ə)l/ *adj* алфави́тный; **in ~ order** в алфави́тном поря́дке.

alphanumeric /ˌælfənjuː'merɪk/ *adj* алфави́тно-цифрово́й.

alpine /'ælpaɪn/ *adj* альпи́йский.

alpinist /'ælpɪnɪst/ *n* альпини́ст.

Alps /ælps/ *n pl*: **the ~** А́льп|ы (*pl, g* —).

Al Qaeda /æl'kaɪdə, ˌælkɑː'iːdə/ *n* Аль-Ка́ида (*запрещённая междунаро́дная террористи́ческая организа́ция*).

already /ɔːl'redɪ/ *adv* уже́.

Alsatian /æl'seɪʃ(ə)n/ *n* (*Br*) неме́цкая овча́рка.

also /'ɔːlsəʊ/ *adv* то́же; та́кже; (*moreover*) к тому́ же; **not only … but ~** … не то́лько…, но и… .
● *cpd* **~-ran** *n* неуда́чник.

altar /'ɔːltə(r), 'ɒl-/ *n* престо́л; (*in fig uses*) алта́рь (*m*); **high ~** гла́вный престо́л; **lead to the ~** вести́ (*det*) под вене́ц; (*pagan*) алта́рь, же́ртвенник.
● *cpds* **~piece** *n* запресто́льный о́браз; **~ rail** *n* огра́да алтаря́; **~ screen** *n* (*in Russian church*) иконоста́с.

alter /'ɔːltə(r), 'ɒl-/ *vt & i* меня́ть(ся) (*impf*); измен|я́ть(ся), -и́ть(ся); **~ for the worse** изменя́ться, измени́ться к ху́дшему; **he has ~ed towards her** он перемени́лся к ней; (*remake*) переде́л|ывать, -ать; **the dress needs ~ing** э́то пла́тье на́до переде́лать.

alterable /'ɔːltərəb(ə)l, 'ɒl-/ *adj* изменя́емый.

alteration /ˌɔːltə'reɪʃ(ə)n, 'ɒl-/ *n* (*change*) измене́ние; (*replacement*) переме́на; (*remaking, e.g. of clothes*) переде́лка; (*rebuilding*) перестро́йка, реконстру́кция; **the theatre is under ~** теа́тр под реконстру́кцией.

altercation /ˌɔːltə'keɪʃ(ə)n, ˌɒl-/ *n* ссо́ра, перебра́нка.

alter ego /ˌæltər 'iːgəʊ, 'egəʊ/ *n* (*pl* ***alter egos***) второ́е «я», «а́льтер э́го» (*indecl*).

alternate¹ /ɔːl'tɜːnət, ɒl-/ *n* (*US*) замести́тель (*m*).

alternate² /ɔːl'tɜːnət, ɒl-/ *adj* **1** (*taking turns*) чередýющийся; **on ~ Saturdays** ка́ждую втору́ю суббо́ту; **~ly** попереме́нно. **2** (*US, alternative*) альтернати́вный. **3** (*math*): **~ angles** противолежа́щие углы́.

alternat|e³ /'ɔːltəˌneɪt, 'ɒl-/ *vt & i* чередова́ть(ся) (*impf*); перемежа́ть(ся) (*impf*); **~e work and rest** чередова́ть труд с о́тдыхом; **~ing current** переме́нный ток.

alternation /ˌɔːltə'neɪʃ(ə)n, ˌɒl-/ *n* чередова́ние; **the ~ of day and night** сме́на дня и но́чи.

alternative /ɔːl'tɜːnətɪv, ɒl-/ *n* альтернати́ва; **there is no ~** друго́го вы́бора нет.
● *adj* альтернати́вный; **~ medicine** нетрадицио́нная медици́на; **an ~ proposal** встре́чное предложе́ние; **~ technology** техноло́гия безотхо́дного произво́дства; **we have several ~ plans** у нас есть не́сколько альтернати́вных пла́нов.

alternatively /ɔːl'tɜːnətɪvlɪ, ɒl-/ *adv* (*indicating choice*): **a £5,000 fine, ~ one month's imprisonment** штраф 5000 фу́нтов и́ли оди́н ме́сяц тюре́много заключе́ния.

alternator /'ɔːltəˌneɪtə(r), 'ɒl-/ *n* (*elec*) генера́тор переме́нного то́ка.

although /ɔːl'ðəʊ/ *conj* хотя́; (*despite the fact that*) несмотря́ на то, что; **~ ill, he came** несмотря́ на боле́знь, он пришёл; **~ young, he is experienced** он хоть и молодо́й, но о́пытный.

altimeter /'æltɪˌmiːtə(r)/ *n* альтиме́тр; высотоме́р.

altitude /'æltɪˌtjuːd/ *n* (*of flight*) высота́; (*of a place*) высота́ над у́ровнем мо́ря; **they flew at an ~ of 10,000 metres** они́ лете́ли на высоте́ 10 000 ме́тров; **~ sickness** го́рная боле́знь.

alto /'æltəʊ/ *n* (*pl* **altos**) альт; (*attr*) альто́вый.

altogether /ˌɔːltə'geðə(r)/ *adv* **1** (*entirely*) вполне́; соверше́нно; **he is not ~ pleased with the result** он не вполне́ дово́лен результа́том; **it is ~ out of the question** э́то соверше́нно исключено́; (*completely*) совсе́м. **2** (*in all, in general; as a whole*) в це́лом, в о́бщем; всего́; **how much is that ~?** ско́лько всего́?

altruism /'æltruːˌɪz(ə)m/ *n* альтруи́зм.

altruist /'æltruːɪst/ *n* альтруи́ст.

altruistic /ˌæltruː'ɪstɪk/ *adj* альтруисти́ческий.

alum /'æləm/ *n* квасц|ы́ (*pl, g* -о́в).

alumin|ium (*US* **-um**) /ˌæljʊ'mɪnɪəm; ə'luːmɪnəm/ *n* алюми́ний.

alumna /ə'lʌmnə/ *n* (*pl* **alumnae** /-niː/) (бы́вшая) учени́ца; (*of a university*) (бы́вшая) студе́нтка.

alumnus /ə'lʌmnəs/ *n* (*pl* **alumni** /-niː/) (бы́вший) учени́к; (*of a university*) (бы́вший) студе́нт.

always /'ɔːlweɪz/ *adv* всегда́; (*constantly*) постоя́нно, всё вре́мя; **he is ~ after money** он всегда́/постоя́нно ду́мает о деньга́х; **~ the same old thing** всё одно́ и то же; **this child is**

~ **crying** этот ребёнок всё вре́мя пла́чет; **there is ~ Mr Smith** на худо́й коне́ц всегда́ есть ми́стер Смит.

Alzheimer's (disease) /'ælts ˌhaɪməz/ *n* боле́знь Альцге́ймера.

am /æm, əm/ *1st pers sg pres of* ⇒**be**

a.m. (*abbr of* ***ante meridiem***) утра́; (*in the morning*) у́тром; **6 ~** шесть часо́в утра́; **Sunday a.m.** в воскресе́нье у́тром.

amalgam /ə'mælgəm/ *n* амальга́ма; (*fig*) смесь.

amalgamate /ə'mælgəˌmeɪt/ *vt & i* (*of metals*) амальгами́ровать(ся) (*impf, pf*); (*fig, unite*) объедин|я́ть(ся), -и́ть(ся); (*companies*) слива́ть(ся), сли́ть(ся).

amalgamation /əˌmælgə'meɪʃ(ə)n/ *n* амальгами́рование; объедине́ние; (*of companies*) слия́ние.

amanuensis /əˌmænju:'ensɪs/ *n* (*pl* **amanuenses** /-si:z/) ли́чный секрета́рь.

amass /ə'mæs/ *vt* накоп|ля́ть, -и́ть.

amateur /'æmətə(r)/ *n* люби́тель (*m*); (*pej*) дилета́нт; (*attr*) люби́тельский; **~ theatricals** театра́льная самоде́ятельность, люби́тельский теа́тр; **~ sport** люби́тельский спорт.

amateurish /'æmətərɪʃ/ *adj* дилета́нтский; непрофессиона́льный.

amatory /'æmətərɪ/ *adj* любо́вный.

amaz|e /ə'meɪz/ *vt* изум|ля́ть, -и́ть; **be ~ed at** изум|ля́ться, -и́ться + *d*; **~ing** изуми́тельный, удиви́тельный.

amazement /ə'meɪzmənt/ *n* изумле́ние; **he looked at me in ~** он посмотре́л на меня́ с изумле́нием; **to everyone's ~** ко всео́бщему изумле́нию.

Amazon /'æməz(ə)n/ *n* (*myth, fig*) амазо́нка; (*river*) Амазо́нка.

ambassador /æm'bæsədə(r)/ *n* посо́л; (*representative*) представи́тель (*m*).

ambassadorial /ˌæmbæsə'dɔ:rɪəl/ *adj* посо́льский.

amber /'æmbə(r)/ *n* **1** (*resin*) янта́рь (*m*). **2** (*colour*) янта́рный цвет, цвет янтаря́; **he crossed on the ~ (traffic light)** он прое́хал на жёлтый свет.

ambergris /'æmbəgrɪs, -ˌgri:s/ *n* се́рая а́мбра.

ambidexterity /ˌæmbɪdek'sterɪtɪ/ *n* одина́ковое владе́ние обе́ими рука́ми.

ambidextrous /ˌæmbɪ'dekstrəs/ *adj* одина́ково владе́ющий обе́ими рука́ми.

ambience /'æmbɪəns/ *n* среда́; атмосфе́ра.

ambient /'æmbɪənt/ *adj* окружа́ющий; **~ temperature** температу́ра окружа́ющего во́здуха.

ambiguity /ˌæmbɪ'gju:ɪtɪ/ *n* двусмы́сленность; нея́сность.

ambiguous /æm'bɪgjʊəs/ *adj* двусмы́сленный; нея́сный.

ambit /'æmbɪt/ *n* (*bounds, limits*) грани́цы (*f pl*); **within the ~ of** в преде́лах + *g*.

ambition /æm'bɪʃ(ə)n/ *n* (*desire for distinction*) честолю́бие, амби́ция; (*aspiration*) стремле́ние; **her great ~ is to be a dancer** её заве́тная мечта́ — стать танцо́вщицей.

ambitious /æm'bɪʃəs/ *adj* честолюби́вый; амбицио́зный; **he is too ~** он сли́шком мно́гого хо́чет; **an ~ attempt** сме́лая попы́тка; **an ~ plan** грандио́зный план.

ambivalence /æm'bɪvələns/ *n* двойственность.

ambivalent /æm'bɪvələnt/ *adj* дво́йственный.

amble /'æmb(ə)l/ *n* (*horse's pace*) и́ноходь; (*easy gait*) лёгкая похо́дка.
● *vi* (*of horse*) идти́ (*det*) и́ноходью; (*of person*) идти́ (*det*) лёгкой похо́дкой.

ambrosia /æm'brəʊzɪə, -ʒjə/ *n* амбро́зия.

ambulance /'æmbjʊləns/ *n* маши́на ско́рой по́мощи; (*mil*): **field ~** полево́й го́спиталь; **~ station** (*where first aid is given*) медици́нский пункт; (*where ambulances are kept*) ста́нция ско́рой по́мощи; **call an ~!** вызовите ско́рую по́мощь!

ambulant /'æmbjʊlənt/ *adj*: **~ patient** ходя́чий больно́й; **~ treatment** амбулато́рное лече́ние.

ambush /'æmbʊʃ/ *n* заса́да; **lay an ~** устр|а́ивать, -о́ить заса́ду; **lie in ~** сиде́ть (*impf*) в заса́де; **run into an ~** поп|ада́ть, -а́сть в заса́ду.
● *vt* нап|ада́ть, -а́сть на (*кого*) из заса́ды.

ameba /ə'mi:bə/ (*US*) = **amoeba**

ameliorate /ə'mi:lɪəˌreɪt/ *vt & i* ул|учша́ть(ся), -у́чшить(ся).

amelioration /əˌmi:lɪə'reɪʃ(ə)n/ *n* улучше́ние.

amen /ɑ:'men, eɪ-/ *int* ами́нь.

amenability /əˌmi:nə'bɪlɪtɪ/ *n* пода́тливость.

amenable /ə'mi:nəb(ə)l/ *adj* (*tractable*) пода́тливый, послу́шный; (*responsive*) поддаю́щийся (*чему*); **~ to reason** досту́пный го́лосу ра́зума.

amend /ə'mend/ *vt* **1** (*correct*) испр|авля́ть, -а́вить; (*improve*) ул|учша́ть, -у́чшить. **2** (*make changes to*) вн|оси́ть, -ести́ попра́вки/измене́ния в + *a*; **an ~ed law** зако́н с (при́нятыми к нему́) попра́вками.

amendment /ə'mendmənt/ *n* **1** (*reform*) исправле́ние. **2** (*of document etc.*) попра́вка; **make an ~ to** вн|оси́ть, -ести́ попра́вку в + *a*.

amends /ə'mendz/ *n pl*: **make ~ to s.o.** загла́|живать, -дить вину́ пе́ред + *i* (*за что*); **he made ~ for his rudeness** он загла́дил свою́ гру́бость.

amenit|y /ə'mi:nɪtɪ, ə'menɪtɪ/ *n* (*usu in pl*) (*comforts*) удо́бства (*nt pl*); (*pleasures*) удово́льствия (*nt pl*).

America /ə'merɪkə/ *n* Аме́рика.

American /ə'merɪkən/ *n* америка́н|ец (*fem* -ка).
● *adj* америка́нский; **~ English** америка́нский вариа́нт англи́йского языка́; **~ Indian** америка́нск|ий инде́ец (*fem* -ая индиа́нка).

> **American dream — америка́нская мечта́**
>
> Основополага́ющий при́нцип америка́нской жи́зни. В соотве́тствии с ним ка́ждый мо́жет доби́ться успе́ха, осо́бенно материа́льного, е́сли он бу́дет мно́го труди́ться. Для иммигра́нтов америка́нская мечта́ предполага́ет та́кже наде́жду на свобо́ду и ра́венство.

Americanism /ə'merɪkəˌnɪz(ə)m/ *n* американи́зм.

Americanize /ə'merɪkəˌnaɪz/ *vt* американизи́ровать (*impf, pf*).

amethyst /'æmɪθɪst/ *n* амети́ст; (*attr*) амети́стовый.

Amharic /æm'hærɪk/ *n* амха́рский язы́к.
● *adj* амха́рский.

amiability /ˌeɪmɪə'bɪlɪtɪ/ *n* приве́тливость; доброду́шие.

amiable /'eɪmɪəb(ə)l/ *adj* приве́тливый; доброду́шный.

amicability /ˌæmɪkə'bɪlɪtɪ/ *n* дружелю́бие.

amicable /'æmɪkəb(ə)l/ *adj* дружелю́бный; (*agreement, separation*) дру́жеский; (*divorce*) ми́рный.

amid /ə'mɪd/ *prep* среди́ + *g*.
● *cpd* **~ships** *adv* посереди́не корабля́; **the torpedo hit us ~** торпе́да попа́ла в са́мый центр на́шего корабля́.

amidst /ə'mɪdst/ (*literary*) = **amid**

amino acid /əˌmi:nəʊ'æsɪd/ *n* аминокислота́.

amiss /ə'mɪs/ *pred adj* непра́вильный; **something is ~** что́-то нела́дно; **what's ~?** в чём де́ло?
● *adv* **1** (*wrongly*) непра́вильно; **take ~** (*take offence at*) об|ижа́ться, -и́деться на + *a*. **2** (*out of place*) некста́ти.

amity /'æmɪtɪ/ *n* дру́жеские отноше́ния; дру́жба.

ammeter /'æmɪtə(r)/ *n* ампермéтр.

ammonia /ə'məʊnɪə/ *n* (*gas*) аммиа́к; (*attr*) аммиа́чный; (*solution; spirit of ~*) нашаты́рный спирт.

ammoniac /ə'məʊnɪˌæk/ *adj* аммиа́чный; **sal ~** нашаты́рь (*m*).

ammonium /ə'məʊnɪəm/ *n* (*attr*) аммо́ний; **~ chloride** нашаты́рь (*m*), хло́ристый аммо́ний; **~ nitrate** аммони́йная/аммиа́чная сели́тра.

ammunition /ˌæmjʊ'nɪʃ(ə)n/ *n* боевы́е припа́сы, боеприпа́сы (*m pl*); **~ belt** патро́нная ле́нта, патронта́ш; **~ dump, store** склад боеприпа́сов; (*fig*): **this article will provide the ~ I need** э́та статья́ даст мне в ру́ки необходи́мое ору́жие.

amnesia /æm'ni:zɪə/ *n* амнези́я.

amnesiac /æm'ni:zɪˌæk/ *adj* страда́ющий амнези́ей.

amnesty /'æmnɪstɪ/ *n* амни́стия.
● *vt* амнисти́ровать (*impf, pf*); да|ва́ть, -ть амни́стию + *d*.

amniocente|sis /ˌæmnɪəʊsen'ti:sɪs/ *n* (*pl* **amniocenteses** /-si:z/) про́ба амниоти́ческой жи́дкости.

amoeba /ə'mi:bə/ (*US also* **ameba**) *n* (*pl* **amoebas** *or* **amoebae** /-bi:/) амёба.

am|ok /ə'mɒk/, **-uck** /ə'mʌk/ *adv*: run ~ буйствовать (*impf*); беситься (*impf*).

among /ə'mʌŋ/ *prep* **1** (*between*) мéжду + *i*; **conversation ~ friends** разговóр мéжду друзьями; **they hadn't £5 ~ them** у них на всех нé было и пяти фунтов.
2 (*in the midst of*) среди + *g*; мéжду + *g*; **~ the trees** среди дерéвьев; **~ those present** среди (*or* в числé) присутствующих; (*into the midst of*): **he fell ~ thieves** он попáлся разбойникам; (*shared by*) у + *g*; **there was a legend ~ the Greeks** у грéков существовáла легéнда; (*from the midst of*): **a great leader rose ~ them** из их среды вышел великий лидер.
3 (*expressing one of a number*) из + *g*; **Leeds is ~ the biggest towns in England** Лидс — один из сáмых больших городóв Áнглии; Лидс вхóдит в числó сáмых больших городóв Áнглии; **he was numbered ~ the dead** егó включили в числó погибших.

amongst /ə'mʌŋst/ (*Br*) = **among**

amoral /eɪ'mɒr(ə)l/ *adj* аморáльный.

amorous /'æmərəs/ *adj* (*inclined to love*) влюбчивый; (*in love*) влюблённый; **an ~ look** влюблённый взгляд; (*pertaining to love*) любóвный.

amorousness /'æmərəsnɪs/ *n* влюбчивость; влюблённость.

amorphous /ə'mɔːfəs/ *adj* (*shapeless*) бесфóрменный; (*chem etc.*) амóрфный

amortization /ə,mɔːtaɪ'zeɪʃ(ə)n/ *n* (*of debt*) амортизáция.

amortize /ə'mɔːtaɪz/ *vt* амортизировать (*impf, pf*).

Amos /'eɪmɒs/ *n* (*bibl*) Амóс.

amount /ə'maʊnt/ *n* **1** (*sum*) сýмма; **to the ~ of** на сýмму в + *a*
2 (*quantity*) количество; **he spent any ~ of money** он истрáтил кýчу дéнег; **we have any ~ of books** у нас полнó/кýча книг.
● *vi*: **~ to** (*add up to*) сост|авлять, -áвить + *g*; дост|игáть, -ичь + *g*; **his income does not ~ to £20,000 a year** егó дохóд не достигáет двадцати тысяч фунтов в год; **the expenses ~ to £600** расхóды составляют шестьсóт фунтов; **an invoice ~ing to £100** счёт на сýмму в сто фунтов; (*be equivalent to*) быть рáвным/равносильным + *d*; **these conditions ~ to a refusal** эти услóвия равносильны откáзу; **it ~s to the same thing** это свóдится всё к томý же; **~ to very little, not ~ to much** быть незначительным; **the difference does not ~ to much** рáзница невеликá; **he will never ~ to much** из негó никогдá ничегó пýтного не выйдет; (*signify*): **what does it ~ to?** к чемý это свóдится?

amour /ə'mʊə(r)/ *n* (*affair*) любóвная интрига; (*lover*) любóвни|к (*fem* -ца).

amour propre /æ,mʊə 'prɒpr/ *n* самолюбие.

amp[1] /æmp/ *n* (*abbr of* ***ampere***) А (ампéр).

amp[2] /æmp/ *n* (*abbr of* ***amplifier***) (*coll*) усилитель (*m*).

ampere /'æmpeə(r)/ *n* ампéр.

ampersand /'æmpə,sænd/ *n* знак «&».

amphetamine /æm'fetəmɪn/ *n* амфетамин.

Amphibia /æm'fɪbɪə/ *n* земновóдные (*nt pl*); амфибии (*f pl*).

amphibian /æm'fɪbɪən/ *n* **1** (*animal*) земновóдное; амфибия. **2** (*mil*) (*aircraft*) самолёт-амфибия; (*tank*) танк-амфибия; (*car*) плáвающий автомобиль.
● *adj* = **amphibious**

amphibi|ous /æm'fɪbɪəs/, **-an** /æm'fɪbɪən/ *adjs* земновóдный; (*mil*) плáвающий; -амфибия (*as suff*); **~ assault** морскóй десáнт.

amphitheatre /'æmfɪ,θɪətə(r)/ (*US* **amphitheater**) *n* амфитеáтр.

ample /'æmp(ə)l/ *adj* (**ampler, amplest**) (*sufficient*) достáточный; **we have ~ time** у нас достáточно врéмени; (*spacious*) простóрный; ширóкий; (*extensive*) пространный; (*abundant*) обильный.

ampleness /'æmpəlnɪs/ *n* (*sufficiency*) достáточность; (*of clothes etc.*) простóрность; (*abundance*) обилие.

amplification /,æmplɪfɪ'keɪʃ(ə)n/ *n* (*expansion, extension*) расширéние; (*of sound, radio signal etc.*) усилéние.

amplifier /'æmplɪ,faɪə(r)/ *n* усилитель (*m*).

amplify /'æmplɪ,faɪ/ *vt* (*expand, extend*) расш|ирять, -ирить; **~ a theme** разв|ивáть, -ить тéму; (*of sound, radio signal, etc.*) усили|вать, -ть.

amplitude /'æmplɪ,tjuːd/ *n* (*width*) ширинá, размáх; (*spaciousness*) простóр; (*phys, elec*) амплитýда.

amply /'æmplɪ/ *adv* (*sufficiently*) достáточно; (*fully*) вполнé; обильно.

ampoule /'æmpuːl/ (*US also* **ampul(e)** /-pjuːl/) *n* áмпула.

amputate /'æmpjʊ,teɪt/ *vt* ампутировать (*impf, pf*); отн|имáть, -ять; **his left leg was ~d** емý ампутировали/óтняли лéвую нóгу.

amputation /,æmpjʊ'teɪʃ(ə)n/ *n* ампутáция.

Amsterdam /,æmstə'dæm/ *n* Амстердáм.

amuck /ə'mʌk/ = **amok**

amulet /'æmjʊlɪt/ *n* амулéт.

amus|e /ə'mjuːz/ *vt* (*entertain, divert*) развл|екáть, -éчь; забавлять (*impf*); (*make laugh*) смешить (*impf*); позабáвить (*pf*).

amusement /ə'mjuːzmənt/ *n* **1** (*diversion*) развлечéние, забáва; **I play the piano for my own ~** я игрáю на фортепьяно для сóбственного удовóльствия; **the town has few ~s** в этом гóроде мáло развлечéний; (*Br, fairground ride etc.*) аттракциóн; **~ arcade** (*Br*) зал игровых автомáтов; **~ park** парк с аттракциóнами; лýна-пáрк. **2** (*tendency to laughter*): **to everyone's ~ the clown fell over** ко всеóбщему удовóльствию клóун упáл; **it afforded me great ~** это меня óчень позабáвило.

amusing /ə'mjuːzɪŋ/ *adj* забáвный; **an ~ little hat** забáвная шляпка; (*funny*) смешнóй; **I don't find that ~** я не вижу в этом ничегó смешнóго.

an /æn, ən/ *see* ⇒**a**

anachronism /ə'nækrə,nɪz(ə)m/ *n* анахронизм.

anachronistic /ə,nækrə'nɪstɪk/ *adj* анахронический.

anacoluth|on /,ænəkə'luːθɒn/ *n* (*pl* **~a** /-θə/) анаколýф.

anaconda /,ænə'kɒndə/ *n* анакóнда.

anaemia /ə'niːmɪə/ (*US* **anemia**) *n* малокрóвие, анемия.

anaesthesia /,ænɪs'θiːzɪə/ (*US* **anesthesia**) *n* анестезия; обезбóливание.

anaesthetic /,ænɪs'θetɪk/ (*US* **anesthetic**) *n* анестезирующее срéдство; анестéтик; **general/local ~** óбщий/мéстный наркóз; **under ~** под наркóзом.
● *adj* анестезирующий; обезбóливающий.

anaesthetist /ə'niːsθətɪst/ (*US* **anesthetist**) *n* анестезиóлог.

anaesthetize /ə'niːsθə,taɪz/ (*US* **anesthetize**) *vt* анестезировать (*impf, pf*).

anagram /'ænə,græm/ *n* анагрáмма.

anal /'eɪn(ə)l/ *adj* анáльный, заднепрохóдный.

analgesia /,ænæl'dʒiːzɪə, -sɪə/ *n* анальгезия.

analgesic /,ænæl'dʒiːsɪk, -zɪk/ *adj* болеутоляющий.

analog /'ænə,lɒg/ (*US*) = **analogue**

analogical /,ænə'lɒdʒɪk(ə)l/ *adj* аналогический.

analogous /ə'næləgəs/ *adj* аналогичный.

analogue /'ænə,lɒg/ (*US also* **analog**) *n* анáлог; **~ to digital converter** анáлого-цифровóй преобразовáтель.
● *adj* анáлоговый.

analogy /ə'nælədʒɪ/ *n* аналóгия; схóдство; **by ~ with** по аналóгии с + *i*.

analysable /'ænə,laɪzəb(ə)l/ (*US* **analyzable**) *adj* поддающийся анáлизу.

analyse /'ænə,laɪz/ (*US* **analyze**) *vt* анализировать (*impf, pf*) (*pf also* про-); (*gram*) раз|бирáть, -обрáть; (*psychol*) подв|ергáть, -éргнуть психоанáлизу.

analysis /ə'nælɪsɪs/ *n* (*pl* **analyses** /-siːz/) анáлиз; (*gram*) разбóр; **in the last ~** в конéчном счёте; (*psycho~*) психоанáлиз.

analyst /'ænəlɪst/ *n* аналитик; (*political*) комментáтор; (*psychol*) психоаналитик.

analytic(al) /,ænə'lɪtɪk, ,ænə'lɪtɪk(ə)l/ *adj* аналитический.

analyzable /'ænə,laɪzəb(ə)l/ (*US*) = **analysable**

analyze /'ænə,laɪz/ (*US*) = **analyse**

anapaest /'ænə,piːst/ (*US* **anapest**) *n* анáпест.

anarchic(al) /ə'nɑːkɪk, ə'nɑːkɪk(ə)l/ *adj* анархический.

anarchism /'ænə,kɪz(ə)m/ *n* анархизм.

anarchist /'ænəkɪst/ *n* анархист (*fem* -ка).
● *adj* анархистский.

anarchy /'ænəkɪ/ *n* анáрхия.

anathema /əˈnæθəmə/ *n* (*pl* **~s**) (*hated thing*) ана́фема; **it's ~ to me** для меня́ э́то ана́фема; (*excommunication*) ана́фема; отлуче́ние от це́ркви.

anathematize /əˈnæθəmə,taɪz/ *vt* пред|ава́ть, -а́ть ана́феме; (*curse*) прокл|ина́ть, -я́сть.

anatomical /,ænəˈtɒmɪk(ə)l/ *adj* анатоми́ческий.

anatomist /əˈnætəmɪst/ *n* ана́том.

anatomize /əˈnætə,maɪz/ *vt* **1** (*dissect*) анатоми́ровать (*impf*, *pf*). **2** (*analyse*) подв|ерга́ть, -е́ргнуть разбо́ру.

anatomy /əˈnætəmɪ/ *n* **1** (*science*) анато́мия. **2** (*analysis*) разбо́р; ана́лиз. **3** (*joc*) (*body*) те́ло; **I ache in every part of my ~** у меня́ боли́т всё те́ло.

ANC (*abbr of* ***African National Congress***) АНК (Африка́нский национа́льный конгре́сс).

ancestor /ˈænsestə(r)/ *n* пре́док.

ancestral /ænˈsestr(ə)l/ *adj* родово́й; **~ home** родово́е име́ние.

ancestress /ˈænsestrɪs/ *n* прароди́тельница.

ancestry /ˈænsestrɪ/ *n* (*lineage*) родосло́вная, происхожде́ние; **he comes of distinguished ~** он благоро́дного происхожде́ния.

anchor /ˈæŋkə(r)/ *n* я́корь (*m*); **cast, drop ~** бр|оса́ть, -о́сить я́корь; **lie, ride at ~** стоя́ть на я́коре; **weigh ~** сн|има́ться, -я́ться с я́коря.
● *vt* ста́вить, по- на я́корь; (*fig*, *secure*) закреп|ля́ть, -и́ть.
● *vi* (*of vessel*) ста|нови́ться, -ть на я́корь; (*of crew*: *cast* **~**) бр|оса́ть, -о́сить я́корь.

anchorage /ˈæŋkərɪdʒ/ *n* (*anchoring place*) я́корная стоя́нка; (*dues*) я́корный сбор.

anchorite /ˈæŋkə,raɪt/ *n* отше́льник.

anchorman /ˈæŋkəmən/ *n* (*pl* **anchormen**) (*TV, radio*) веду́щий.

anchovy /ˈæntʃəvɪ, ænˈtʃəʊvɪ/ *n* анчо́ус.

ancient /ˈeɪnʃ(ə)nt/ *n* **the ~s** дре́вние наро́ды (*m pl*); (*writers*) анти́чные писа́тели (*m pl*).
● *adj* дре́вний; анти́чный; (*very old*) стари́нный; веково́й; **~ history** дре́вняя исто́рия; **that's ~ history!** э́то ста́рая исто́рия; **~ monument** (*Br*) па́мятник старины́; **an ~ castle** стари́нный за́мок.

ancillary /ænˈsɪlərɪ/ *adj* (*auxiliary*) вспомога́тельный; (*subordinate*) подчинённый.

and /ænd, ənd/ *conj* **1** (*connecting words or clauses*) и; (*in addition*) и, да; (*with certain closely linked pairs, esp of persons*) с + *i*; **bread ~ butter** хлеб с ма́слом; **the doctor ~ his wife came** пришли́ до́ктор с жено́й; **you ~ I** мы с тобо́й/ва́ми; (*with nums denoting addition*) и; плюс; **2 ~ 2 are 4** два и/плюс два — четы́ре; (*to form cpd num*) *omitted*: **260** две́сти шестьдеся́т; (*with following fraction*) с + *i*; **4½** четы́ре с полови́ной.
2 (*intensive*): **he ran ~ ran** он всё бежа́л и бежа́л; **better ~ better** всё лу́чше (и лу́чше); **they talked for hours ~ hours** они́ разгова́ривали часа́ми; **the plain stretched for miles ~ miles** равни́на простира́лась на мно́го миль.
3 (*in order to*) *omitted before inf*: **try ~ find out** постара́йтесь узна́ть; **wait ~ see!** погоди́те — ещё уви́дите!
4 (*expressing consequence*): **move, ~ I shoot!** одно́ движе́ние, и я стреля́ю.
5 (*in contrast*) а; **I shall go, ~ you stay here** я пойду́, а вы остава́йтесь здесь.
6 (*emphatic*) к тому́ же; и прито́м; **he speaks English, ~ very well too** он говори́т по-англи́йски, и прито́м о́чень хорошо́.

Andalusia /,ændəˈlu:zɪə/ *n* Андалу́сия, Андалу́зия.

andante /ænˈdæntɪ/ *n*, *adj*, & *adv* анда́нте (*indecl*).

Andes /ˈændɪ:z/ *n pl*: **the ~** А́нд|ы (*pl*, *g* —).

androgynous /ænˈdrɒdʒɪnəs/ *adj* двупо́лый; (*bot*) обоепо́лый.

android /ˈændrɔɪd/ *n* андро́ид.

anecdotal /,ænɪkˈdəʊt(ə)l/ *adj* анекдоти́ческий.

anecdote /ˈænɪk,dəʊt/ *n* исто́рия; (*joke*) анекдо́т.

anemia /əˈni:mɪə/ (*US*) = **anaemia**

anemic /əˈni:mɪk/ (*US*) = **anaemic**

anemone /əˈnemənɪ/ *n* анемо́н; (*windflower, wood* **~**) ве́треница; **sea ~** морско́й анемо́н; акти́ния.

aneroid /ˈænə,rɔɪd/ *n* & *adj* (**~ barometer**) (баро́метр-)анеро́ид.

anesthesia /,ænɪsˈθi:zɪə/ (*US*) = **anaesthesia**

anesthetic /,ænɪsˈθetɪk/ (*US*) = **anaesthetic**

anesthetist /əˈni:sθətɪst/ (*US*) = **anaesthetist**

anesthetize /əˈni:sθə,taɪz/ (*US*) = **anaesthetize**

anew /əˈnju:/ *adj* (*again*) сно́ва; (*in a different way*) за́ново, по-но́вому.

angel /ˈeɪndʒ(ə)l/ *n* (*lit*, *fig*) а́нгел; **guardian ~** а́нгел-храни́тель; **~ of darkness** а́нгел тьмы; **good/bad ~** до́брый/злой ге́ний.

angelic /ænˈdʒelɪk/ *adj* а́нгельский.

angelica /ænˈdʒelɪkə/ *n* дя́гиль (*m*).

anger /ˈæŋgə(r)/ *n* гнев; **I said it in ~** я сказа́л э́то в гне́ве.
● *vt* серди́ть, рас-; разгнева́ть (*pf*).

angina /ænˈdʒaɪnə/ *n* (*also* **~ pectoris** /ˈpektərɪs/) стенокарди́я, грудна́я жа́ба.

angle¹ /ˈæŋg(ə)l/ *n* у́гол; **acute ~** о́стрый у́гол; **obtuse ~** тупо́й у́гол; **right ~** прямо́й у́гол; **at an ~ of 30°** под угло́м в три́дцать гра́дусов; **the house stands at an ~ to the street** дом стои́т под угло́м к у́лице; **at right ~s** под прямы́м угло́м; **~ of incidence** у́гол паде́ния; (*fig*, *viewpoint*) то́чка зре́ния, подхо́д; **one must consider all ~s of a question** на́до уче́сть все аспе́кты вопро́са; **we examined the matter from every ~** мы рассмотре́ли вопро́с со всех то́чек зре́ния.
● *vt* ста́вить, по- под угло́м; **he ~d the lamp to shine on his book** он поста́вил ла́мпу так, что́бы свет па́дал на кни́гу; (*fig*): **the news was ~d** но́вости бы́ли по́даны тенденцио́зно.
● *cpd* **~ iron** *n* углово́е желе́зо.

angl|e² /ˈæŋg(ə)l/ *vi* (*fish*) уди́ть (*impf*) ры́бу; **~e for trout** уди́ть форе́ль; **yesterday we went ~ing** вчера́ мы е́здили на рыба́лку; (*fig*): **~e for compliments** напра́шиваться (*impf*) на комплиме́нты.

angler /ˈæŋglə(r)/ *n* **1** рыболо́в. **2** (*zool*, *also* **~fish** (*pl* **~fish** *or* **~fishes**)) уди́льщик.

Anglican /ˈæŋglɪkən/ *n* англика́н|ец (*fem* -ка).
● *adj* англика́нский.

Anglicanism /ˈæŋglɪkənɪz(ə)m/ *n* англика́нство.

Anglicism /ˈæŋglɪ,sɪz(ə)m/ *n* англици́зм.

Anglicize /ˈæŋglɪ,saɪz/ *vt* англизи́ровать (*impf*, *pf*).

angling /ˈæŋglɪŋ/ *n* (спорти́вное) рыболо́вство.

Anglo- /ˈæŋgləʊ/ *comb form* англо...; англо-... .

Anglomania /,æŋgləʊˈmeɪnɪə/ *n* англома́ния.

Anglomaniac /,æŋgləʊˈmeɪnɪ,æk/ *n* англома́н (*fem* -ка).

Anglophile /ˈæŋgləʊ,faɪl/ *n* англофи́л.
● *adj* англофи́льский.

Anglophilia /,æŋgləʊˈfɪlɪə/ *n* англофили́я.

Anglophobe /ˈæŋgləʊ,fəʊb/ *n* англофо́б.

Anglophobia /,æŋgləʊˈfəʊbɪə/ *n* англофо́бия.

anglophone /ˈæŋgləʊ,fəʊn/ *adj* англоязы́чный.

Anglo-Saxon /,æŋgləʊˈsæks(ə)n/ *n* **1** (*racial type*) англоса́кс; чистокро́вный англича́нин. **2** (*language*) англосаксо́нский/древнеангли́йский язы́к.
● *adj* англосаксо́нский, древнеангли́йский.

Angola /æŋˈgəʊlə/ *n* Анго́ла.

Angolan /æŋˈgəʊlən/ *n* анго́л|ец (*fem* -ка).
● *adj* анго́льский.

angora /æŋˈgɔ:rə/ *n* (*cloth*) анго́рская шерсть.
● *adj* анго́рский.

angry /ˈæŋgrɪ/ *adj* (**angrier, angriest**) серди́тый, разгне́ванный; **be ~ with** серди́ться/гне́ваться (*both impf*) на + *a* (**over, about sth:** за что-н.); **get ~ with** рассерди́ться/разгне́ваться (*both pf*) на + *a*; **make ~** серди́ть, рас-; **I was ~ with him for going** я рассерди́лся на него́ за то, что он пошёл; (*annoyed*): **he is ~ about the delay** он раздражён опозда́нием; **she got extremely ~** она́ была́ в гне́ве; она́ была́ о́чень серди́та.

angst /æŋst/ *n* страх; трево́жное состоя́ние.

anguish /ˈæŋgwɪʃ/ *n* муче́ние; му́ка; страда́ние; (*pain*) боль; **a look of ~, an ~ed look** му́ченический/страда́льческий взгляд.

angular /ˈæŋgjʊlə(r)/ *adj* **1** (*forming or pertaining to an angle*) углово́й; **~ velocity** углова́я ско́рость.

2 (*having angles*) углова́тый; **an ∼ face** лицо́ с ре́зкими черта́ми. **3** (*of person, thin, bony*) худо́й, костля́вый.

angularity /ˌæŋgjʊ'lærɪtɪ/ *n* углова́тость; худоба́; костля́вость.

anhydride /æn'haɪdraɪd/ *n* (*chem*) ангидри́д.

aniline /'ænɪˌli:n, -lɪn, -ˌlaɪn/ *n* анили́н. ● *adj* анили́новый.

animadversion /ˌænɪmæd'vɜ:ʃ(ə)n/ *n* (*censure*) порица́ние; (*observation*) замеча́ние.

animadvert /ˌænɪmæd'vɜ:t/ *vi* **∼ on** (*censure*) порица́ть (*impf*); (*comment on*) де́лать, с- замеча́ние по по́воду + *g*.

animal /'ænɪm(ə)l/ *n* живо́тное; **domestic ∼s** дома́шние живо́тные; **farm ∼s** живо́тные, кото́рых разво́дят на фе́рме; **wild ∼** зверь (*m*), ди́кое живо́тное.
● *adj* живо́тный; **the ∼ kingdom** живо́тное ца́рство; **∼ husbandry** животново́дство; **∼ needs** есте́ственные потре́бности; **∼ desires** пло́тские жела́ния; **∼ spirits** жизнера́достность.
● *cpd* **∼ rights** *n pl* права́ (*nt pl*) живо́тных.

animate[1] /'ænɪmət/ *adj* (*living*) живо́й; **an ∼ noun** одушевлённое (и́мя) существи́тельное; (*lively*) оживлённый.

animate[2] /'ænɪˌmeɪt/ *vt* (*enliven*) ожив|ля́ть, -и́ть; (*give life to*) вдохну́ть (*pf*) жизнь в + *a*; (*inspire, actuate*) вдохнов|ля́ть, -и́ть; (во)одушев|ля́ть, -и́ть; **become ∼d** ожив|ля́ться, -и́ться; **∼d cartoon** мультипликацио́нный фильм, анима́ция.

animation /ˌænɪ'meɪʃ(ə)n/ *n* (*liveliness*) оживле́ние; (*enthusiasm*) воодушевле́ние; (*cin*) мультиплика́ция, анима́ция.

animator /'ænɪˌmeɪtə(r)/ *n* (*cin*) (худо́жник-)мультиплика́тор.

animosity /ˌænɪ'mɒsɪtɪ/ *n* (*hostility*) вражде́бность; **feel ∼ against** пита́ть (*impf*) вражду́ к + *d*.

animus /'ænɪməs/ *n* **1** (*spirit: atmosphere*) дух; атмосфе́ра. **2** (*animosity*) вражде́бность.

aniseed /'ænɪˌsi:d/ *n* ани́с; ани́совое се́мя.

anisette /ˌænɪ'zet/ *n* ани́совый ликёр.

Ankara /'æŋkərə/ *n* Анкара́.

ankle /'æŋk(ə)l/ *n* лоды́жка, щи́колотка.
● *cpds* **∼ boot** *n* боти́нок, полусапо́жек; **∼-deep** *adj*: **∼-deep in mud** по щи́колотку в грязи́; **∼-length** *adj*: **∼-length dress** пла́тье по щи́колотку; **∼ socks** *n pl* носки́ (*m pl*).

anklet /'æŋklɪt/ *n* (*ornament*) ножно́й брасле́т.

annalist /'ænəlɪst/ *n* летопи́сец.

annals /'æn(ə)lz/ *n pl* анна́л|ы (*pl, g* -ов); ле́топись.

anneal /ə'ni:l/ *vt* отж|ига́ть, -е́чь; (*fig*) закал|я́ть, -и́ть.

annealing /ə'ni:lɪŋ/ *n* о́тжиг; **∼ furnace** печь для о́тжига.

annex[1] /'æneks/ *n* (*to document*) приложе́ние; (*to a building*) пристро́йка, фли́гель (*m*); (*separate building*) фли́гель (*m*).

annex[2] /æ'neks, ə'n-/ *vt* присоедин|я́ть, -и́ть; прил|ага́ть, -ожи́ть; (*territory etc.*) аннекси́ровать (*impf, pf*).

annexation /ˌænek'seɪʃ(ə)n/ *n* присоедине́ние; анне́ксия, аннекси́рование.

annexationist /ˌænek'seɪʃ(ə)nɪst/ *adj* захва́тнический.

annexe /'æneks/ (*Br*) = **annex**[1]

annihilat|e /ə'naɪəˌleɪt/ *vt* (*destroy*) уничт|ожа́ть, -о́жить; (*extirpate*) истреб|ля́ть, -и́ть.

annihilation /əˌnaɪə'leɪʃ(ə)n/ *n* уничтоже́ние; истребле́ние.

anniversary /ˌænɪ'vɜ:sərɪ/ *n* годовщи́на; **on his fifth wedding ∼** в пя́тую годовщи́ну его́ сва́дьбы; **40th ∼** сорокова́я годовщи́на, сорокале́тие.
● *adj*: **∼ edition** юбиле́йное изда́ние.

Anno Domini /ˌænəʊ 'dɒmɪˌnaɪ/ *adv* на́шей э́ры (*abbr* н. э.); **AD 400** 400 г. на́шей э́ры.

annotate /'ænəˌteɪt/ *vt* снаб|жа́ть, -ди́ть коммента́риями/примеча́ниями; **∼d text** текст с коммента́риями/примеча́ниями.

annotation /ˌænə'teɪʃ(ə)n/ *n* (*annotating*) комменти́рование; (*added note*) коммента́рий, примеча́ние.

announce /ə'naʊns/ *vt* (*state; declare*) объяв|ля́ть, -и́ть (*что or о чём*); заяв|ля́ть, -и́ть (*что or о чём or relative clause*); **he ∼d his intention to be present** он объяви́л о своём наме́рении прису́тствовать; **the verdict was ∼d yesterday** пригово́р был объя́влен вчера́; (*notify, tell*) сообщ|а́ть, -и́ть (*о чём кому*); **he ∼d the results of his researches** он огласи́л результа́ты свои́х иссле́дований; **the footman ∼d the guests as they arrived** лаке́й докла́дывал о прибы́тии госте́й.

announcement /ə'naʊnsmənt/ *n* объявле́ние, заявле́ние; **put an ∼ in the newspaper** пом|еща́ть, -сти́ть объявле́ние в газе́те; (*written notification*) извеще́ние; (*on radio etc.*) сообще́ние; **the ∼ of his death was made at 4 o'clock** о его́ сме́рти сообщи́ли в 4 часа́.

announcer /ə'naʊnsə(r)/ *n* (*on radio etc.*) ди́ктор; (*of stage entertainment*) конферансье́ (*m indecl*).

annoy /ə'nɔɪ/ *vt* (*vex*) доса|жда́ть, -ди́ть + *d*; (*irritate*) раздража́ть (*impf*); де́йствовать (*impf*) на не́рвы + *d*; (*pester*) докуча́ть (*impf*) + *d*; **I was ∼ed with him** я был серди́т на него́.

annoyance /ə'nɔɪəns/ *n* раздраже́ние; (*cause of ∼*) доса́да, неприя́тность.

annoying /ə'nɔɪɪŋ/ *adj* доса́дный; **how ∼!** кака́я доса́да!, вот доса́да!; **an ∼ person** невозмо́жный челове́к.

annual /'ænjʊəl/ *n* **1** (*publication*) ежего́дник. **2** (*plant*) одноле́тнее расте́ние, одноле́тник.
● *adj* **1** (*happening once a year*) ежего́дный; **∼ fair** ежего́дная я́рмарка; **∼ general meeting** (*Br*) ежего́дное о́бщее собра́ние. **2** (*pertaining to whole year*) годово́й; **∼ income** годово́й дохо́д; **∼ report** годово́й отчёт. **3** (*bot, lasting for one year*) одноле́тний.

annually /'ænjʊəlɪ/ *adv* ежего́дно.

annuity /ə'nju:ɪtɪ/ *n* ежего́дная ре́нта; аннуите́т; **life ∼** пожи́зненная ре́нта.

annul /ə'nʌl/ *vt* (**annulled, annulling**) аннули́ровать (*impf, pf*); отмен|я́ть, -и́ть; **the marriage was ∼led** брак был при́знан недействи́тельным.

annular /'ænjʊlə(r)/ *adj* кольцеобра́зный, кольцево́й.

annulment /ə'nʌlmənt/ *n* аннули́рование, отме́на.

Annunciation /əˌnʌnsɪ'eɪʃ(ə)n/ *n* (*relig*) Благове́щение.

anode /'ænəʊd/ *n* ано́д; (*attr*) ано́дный.

anodyne /'ænəˌdaɪn/ *n* (*painkiller*) болеутоля́ющее сре́дство.
● *adj* (*fig*) безоби́дный.

anoint /ə'nɔɪnt/ *vt* пома́з|ывать, -ать; **he was ∼ed king** его́ пома́зали на ца́рство.

anomalous /ə'nɒmələs/ *adj* анома́льный.

anomaly /ə'nɒməlɪ/ *n* анома́лия.

anon /ə'nɒn/ *adv* ско́ро, вско́ре; **see you ∼!** пока́!

anonymity /ˌænə'nɪmɪtɪ/ *n* анони́мность.

anonymous /ə'nɒnɪməs/ *adj* анони́мный; безымя́нный; **∼ letter, ∼ telephone call** анони́мка.

anorak /'ænəˌræk/ *n* аля́ска, ку́ртка с капюшо́ном.

anorexia /ˌænə'reksɪə/ *n* аноре́ксия.

anorexic /ˌænə'reksɪk/ *n* больн|о́й (*fem* -а́я) аноре́ксией.
● *adj* страда́ющий аноре́ксией.

another /ə'nʌðə(r)/ *pron & adj*
1 (*additional*) ещё; **∼ cup of tea?** ещё ча́шку ча́я?; **will you have ∼ (drink)?** хоти́те ещё вы́пить? **have ∼ go!** попыта́йтесь ещё раз!; **in ∼ 10 years** ещё че́рез де́сять лет; **and ∼ thing** и вот ещё что; **not ∼ word!** ни сло́ва бо́льше!; **without ∼ word** не говоря́ бо́льше ни сло́ва; **ask me ∼!** (*coll*) почём я зна́ю?
2 (*similar*): **such ∼ as I** подо́бный мне; **∼ Tolstoy** второ́й Толсто́й.
3 (*different*) друго́й; **∼ time** в друго́й раз; **that's ∼ matter altogether** э́то совсе́м друго́е де́ло; **one way or ∼** так и́ли ина́че.
4: **one ∼** (*refl*) *see* ⇒**one**

answer /'ɑ:nsə(r)/ *n* **1** (*reply*) отве́т; **what was his ∼?** что он отве́тил?; **in ∼ to your letter** в отве́т на Ва́ше письмо́; **by way of ∼** в отве́т; (*retort*) возраже́ние; (*defence*): **he has a complete ∼ to the charges** он мо́жет опрове́ргнуть все обвине́ния.
2 (*solution*) отве́т; реше́ние; **there is no simple ∼ to the problem** пробле́му реши́ть нелегко́; **he thinks he knows all the ∼s** он ду́мает, что он уже́ всё пости́г.
● *vt* **1** (*reply to*) отв|еча́ть, -е́тить (*кому, на что*); **the question was not ∼ed** вопро́с оста́лся без отве́та; **∼ the door** откр|ыва́ть, -ы́ть дверь; **∼ the doorbell (or a knock at the door)** откр|ыва́ть, -ы́ть (дверь) на звоно́к

(*or* на стук); ~ **the telephone** под|ходи́ть, -ойти́ к телефо́ну; отв|еча́ть, -е́тить на телефо́нные звонки́.
2 (*fulfil*): ~ **requirements** отвеча́ть (*impf*) тре́бованиям; ~ **the purpose** соотве́тствовать (*impf*) це́ли.
3 (*correspond to*): **he** ~**s the description exactly** он то́чно соотве́тствует описа́нию.
4 (*refute*): ~ **a charge** опров|ерга́ть, -е́ргнуть обвине́ние.
5 (*solve*) реш|а́ть, -и́ть.
6 (*satisfy, grant*): **our prayers were** ~**ed** на́ши моли́твы бы́ли услы́шаны.
● *vi* **1** (*reply*) отв|еча́ть, -е́тить.
2 (*respond; react*): **the dog** ~**s to the name of Rex** соба́ка отзыва́ется на кли́чку Рекс.
3: ~ **for** (*vouch, accept responsibility for*) руча́ться, поручи́ться за + *a*; **I will** ~ **for his honesty** я руча́юсь за его́ че́стность; (*suffer, bear responsibility for*): **you will** ~ **for your words** вы отве́тите за э́ти слова́; **he has much to** ~ **for** он за мно́гое в отве́те.
4 (*give an account*): **I** ~ **to no one** я никому́ не обя́зан отчи́тываться.
5: ~ **back** дерзи́ть, на-.
● *cpd* ~**phone** /ˈɑːnsəˌfəʊn/ *n* (*Br*) автоотве́тчик.

answerable /ˈɑːnsərəb(ə)l/ *adj*
1 (*responsible*) отве́тственный (*перед кем за что*); **you are** ~ **to me for your conduct** вы несёте передо мной отве́тственность за свои́ посту́пки.
2 (*capable of being answered*): **the charges are** ~ э́ти обвине́ния мо́жно опрове́ргнуть.

answering /ˈɑːnsərɪŋ/ *adj*: ~ **machine** автоотве́тчик.

ant /ænt/ *n* мураве́й; (*attr*) муравьи́ный.
● *cpds* ~**bear** *n* трубкозу́б; гига́нтский мураве́д; ~**eater** *n* мураве́д; ~**hill,** ~ **heap** *nn* мураве́йник.

antacid /æntˈæsɪd/ *n* сре́дство, нейтрализу́ющее кислоту́; антаци́дное сре́дство.

antagonism /ænˈtægəˌnɪz(ə)m/ *n* антагони́зм.

antagonist /ænˈtægənɪst/ *n* антагони́ст; (*adversary*) проти́вник.

antagonistic /ænˌtægəˈnɪstɪk/ *adj* антагонисти́ческий.

antagonize /ænˈtægəˌnaɪz/ *vt* вызыва́ть, вы́звать чьё-н. отчужде́ние; отчужда́ть (*impf*).

Antarctic /æntˈɑːktɪk/ *n*: **the** ~ Анта́рктика.
● *adj* антаркти́ческий; ~ **Circle** Ю́жный поля́рный круг; ~ **Ocean** Антаркти́ческий океа́н.

Antarctica /æntˈɑːktɪkə/ *n* Антаркти́да.

ante /ˈæntɪ/ *n* (*stake*) ста́вка; **raise the** ~ пов|ыша́ть, -ы́сить ста́вку.

antecedent /ˌæntɪˈsiːd(ə)nt/ *n*
1 (*preceding thing or circumstance*) предыду́щее. **2** (*gram*) антецеде́нт; сло́во, к кото́рому отно́сится после́дующее местоиме́ние (*чаще всего относительное*). **3** (*in pl, the past*) про́шлое; (*past life*) про́шлая жизнь; (*ancestors*) пре́дки.
● *adj* предше́ствующий, предыду́щий.

antechamber /ˈæntɪˌtʃeɪmbə(r)/ *n* прихо́жая, пере́дняя.

antedate /ˌæntɪˈdeɪt/ *vt* **1** (*put earlier date on*) пом|еча́ть, -е́тить за́дним число́м. **2** (*precede*) предше́ствовать (*impf*) + *d*.

antediluvian /ˌæntɪdɪˈluːvɪən, -ˈljuːvɪən/ *adj* (*lit, fig*) допото́пный.

antelope /ˈæntɪˌləʊp/ *n* (*pl* ~ *or* ~**s**) антило́па.

antenatal /ˌæntɪˈneɪt(ə)l/ *adj* (*Br*) (*care*) дородово́й; ~ **clinic** же́нская консульта́ция.

antenna /ænˈtenə/ *n* (*pl* **antennae** /-niː/) (*radio*) анте́нна; (*of insect*) у́сик.

anterior /ænˈtɪərɪə(r)/ *adj* (*of place*) пере́дний; (*of time*) предше́ствующий.

anteroom /ˈæntɪˌruːm, -ˌrʊm/ *n* пере́дняя, прихо́жая.

anthem /ˈænθəm/ *n* (*choral*) хора́л; (*rousing song*) гимн; **national** ~ госуда́рственный гимн.

anther /ˈænθə(r)/ *n* пы́льник.

anthologist /ænˈθɒlədʒɪst/ *n* состави́тель (*m*) антоло́гии.

anthology /ænˈθɒlədʒɪ/ *n* антоло́гия.

anthracite /ˈænθrəˌsaɪt/ *n* антраци́т.

anthrax /ˈænθræks/ *n* сиби́рская я́зва.

anthropocentric /ˌænθrəpəʊˈsentrɪk/ *adj* антропоцентри́ческий.

anthropoid /ˈænθrəˌpɔɪd/ *n* антропо́ид.
● *adj* человекообра́зный, антропо́идный.

anthropological /ˌænθrəpəˈlɒdʒɪk(ə)l/ *adj* антропологи́ческий.

anthropologist /ˌænθrəˈpɒlədʒɪst/ *n* (*biological*) антропо́лог; **social** ~ этно́граф.

anthropology /ˌænθrəˈpɒlədʒɪ/ *n* (*biological*) антрополо́гия; **social** (*or* **cultural**) ~ социа́льная антрополо́гия.

anthropomorphic /ˌænθrəpəˈmɔːfɪk/ *adj* антропоморфи́ческий.

anthropomorphism /ˌænθrəpəˈmɔːfɪz(ə)m/ *n* антропоморфи́зм.

anti- /ˈæntɪ/ *pref* анти…, противо… .

anti-aircraft /ˌæntɪˈeəkrɑːft/ *adj* зени́тный, противовозду́шный; ~ **artillery** зени́тная артилле́рия; ~ **defence** противовозду́шная оборо́на (*abbr* ПВО).

anti-ballistic /ˌæntɪbəˈlɪstɪk/ *adj* = **anti-missile**

antibiotic /ˌæntɪbaɪˈɒtɪk/ *n* антибио́тик.
● *adj* антибиоти́ческий.

antibody /ˈæntɪˌbɒdɪ/ *n* антите́ло.

Antichrist /ˈæntɪˌkraɪst/ *n* анти́христ.

anticipate /ænˈtɪsɪˌpeɪt/ *vt* **1** (*precede*) опере|жа́ть, -ди́ть. **2** (*foresee*) предви́деть (*impf*); предчу́вствовать (*impf*); (*expect*) ожида́ть (*impf*); (*with pleasure*) предвку|ша́ть, -си́ть.
3 (*forestall*) предвосх|ища́ть, -и́тить; предупре|жда́ть, -ди́ть; **he** ~**d my wishes** он предупреди́л мои́ жела́ния; **the general** ~**d the enemy's attack** генера́л предупреди́л неприя́тельское наступле́ние.

anticipation /ænˌtɪsɪˈpeɪʃ(ə)n/ *n*
1 (*looking forward to*) ожида́ние; **in** ~ **of your early reply** в ожида́нии ва́шего ско́рого отве́та; **thanking you in** ~ (*as formula in letter*) зара́нее благода́рный. **2** (*foreseeing*) предви́дение, предвосхище́ние; **in** ~ **of a cold winter** предви́дя холо́дную зи́му; ~ **of events** предвосхище́ние собы́тий.
3 (*foretasting*) предвкуше́ние; **half the pleasure lies in the** ~ предвкуше́ние — э́то уже́ полови́на удово́льствия.

anticipatory /ænˈtɪsɪˌpeɪtərɪ/ *adj* (*full of expectation*) по́лный ожида́ний; **he smiled with** ~ **pleasure** он улыбну́лся, предвкуша́я удово́льствие; (*forestalling*) предупреди́тельный, предупрежда́ющий.

anticlerical /ˌæntɪˈklerɪk(ə)l/ *adj* антиклерика́льный.

anticlericalism /ˌæntɪˈklerɪk(ə)lɪz(ə)m/ *n* антиклерикали́зм.

anticlimactic /ˌæntɪklaɪˈmæktɪk/ *adj* не оправдывающий ожида́ний.

anticlimax /ˌæntɪˈklaɪmæks/ *n* (ре́зкий) спад (интере́са *и т. п.*); разочарова́ние.

anticlockwise /ˌæntɪˈklɒkwaɪz/ *adj* & *adv* (*Br*) про́тив часово́й стре́лки.

anti-communist /ˌæntɪˈkɒmjʊnɪst/ *n* проти́вник коммуни́зма.
● *adj* антикоммунисти́ческий.

antics /ˈæntɪks/ *n pl* (*physical*) кривля́нье, ужи́мки (*f pl*); (*behaviour*) проде́лки (*f pl*).

anticyclone /ˌæntɪˈsaɪkləʊn/ *n* антицикло́н.

antidepressant /ˌæntɪdɪˈpres(ə)nt/ *n* антидепресса́нт.

antidote /ˈæntɪˌdəʊt/ *n* противоя́дие, антидо́т.

antifreeze /ˈæntɪˌfriːz/ *n* антифри́з.

antiglobalization /ˌæntɪˌgləʊbəlaɪˈzeɪʃ(ə)n/ *n* антиглобализа́ция.

anti-hero /ˈæntɪˌhɪərəʊ/ *n* антигеро́й.

antihistamine /ˌæntɪˈhɪstəˌmiːn/ *n* антигистами́н; (*attr*) антигистами́нный.

anti-knock /ˈæntɪˌnɒk/ *n* антидетона́тор.

Antilles /ænˈtɪliːz/ *n pl*: **the** ~ Анти́льские острова́ (*m pl*).

antimacassar /ˌæntɪməˈkæsə(r)/ *n* салфе́тка.

anti-missile /ˌæntɪˈmɪsaɪl/ *adj* противоракéтный; ~ **missile** противоракéтный снаря́д, противораке́та.

antimony /ˈæntɪmənɪ/ *n* сурьма́; (*attr*) сурьмя́ный.

antipathetic /ˌæntɪpəˈθetɪk/ *adj* антипати́чный, вражде́бный.

antipathy /ænˈtɪpəθɪ/ *n* антипа́тия; **have/feel an** ~ **to/against/for** испы́тывать (*impf*) антипа́тию к + *d*.

anti-personnel /ˌæntɪˌpɜːsəˈnel/ *adj* противопехо́тный; ~ **weapon** противопехо́тное ору́жие; ~ (*fragmentation*) **bomb** оско́лочная бо́мба.

antiperspirant /ˌæntɪˈpɜːspɪrənt/ *n* (дезодора́нт-)антиперспира́нт.

a

Antipodean /æn,tɪpə'di:ən/ *adj* (*geog*) относя́щийся к Австра́лии и Но́вой Зела́ндии.
● *n* антипо́д, жи́тель Австра́лии или Но́вой Зела́ндии.

Antipodes /æn'tɪpə,di:z/ *n pl* регио́н Австра́лии и Но́вой Зела́ндии.

antipyretic /,æntɪpaɪ'retɪk/ *n* жаропонижа́ющее (сре́дство).
● *adj* жаропонижа́ющий.

antiquarian /,æntɪ'kweərɪən/ *n* антиква́р.
● *adj* антиква́рный; ~ **bookshop** букинисти́ческий магази́н.

antiquary /'æntɪkwərɪ/ *n* антиква́р.

antiquated /'æntɪ,kweɪtɪd/ *adj* (*obsolete*) устаре́лый; (*old-fashioned*) старомо́дный.

antique /æn'ti:k/ *n* антиква́рная вещь; ~ **dealer** антиква́р; ~ **shop** антиква́рный магази́н.
● *adj* (*vase, table*) антиква́рный; (*ancient*) дре́вний, стари́нный; (*pertaining to ancient, esp classical times*) анти́чный.

antiquity /æn'tɪkwɪtɪ/ *n* (*great age; olden times*) дре́вность; (*classical times*) анти́чность; (*in pl, ancient objects*) антиквариа́т.

antirrhinum /,æntɪ'raɪnəm/ *n* льви́ный зев.

anti-Semite /,æntɪ'si:maɪt/ *n* антисеми́т (*fem* -ка).

anti-Semitic /,æntɪsɪ'mɪtɪk/ *adj* антисеми́тский.

anti-Semitism /,æntɪ'semɪ,tɪz(ə)m/ *n* антисемити́зм.

antisepsis /,æntɪ'sepsɪs/ *n* антисе́птика.

antiseptic /,æntɪ'septɪk/ *n* антисе́птик.
● *adj* антисепти́ческий.

antisocial /,æntɪ'səʊʃ(ə)l/ *adj* антиобще́ственный.

anti-Soviet /,æntɪ'səʊvɪət/ *adj* антисове́тский.

anti-submarine /,æntɪsʌbmə'ri:n/ *adj* противоло́дочный.

anti-tank /,æntɪ'tæŋk/ *adj* противота́нковый.

anti-tetanus /,æntɪ'tetənəs/ *adj*: ~ **injection** противостолбня́чный уко́л.

anti-theft /,æntɪ'θeft/ *adj*: ~ **device** (*on car*) противоуго́нное устро́йство.

antithesis /æn'tɪθɪsɪs/ *n* (*pl* **antitheses** /-,si:z/) (*contrast of opposite ideas*) антите́за; (*contrast*) контра́ст; (*opposite*) противополо́жность; **he is the ~ of his brother** он по́лная противополо́жность своему́ бра́ту.

antithetic(al) /,æntɪ'θetɪk, ,æntɪ 'θetɪk(ə)l/ *adj* противополо́жный; антитети́ческий.

antiviral /,æntɪ'vaɪr(ə)l/ *adj* (*med*) антиви́русный, противови́русный.

antivirus /,æntɪ'vaɪrəs/ *n* (*comput*) антиви́рус; (*attr*) антиви́русный.

antivivisectionist /,æntɪ,vɪvɪ'sekʃə ,nɪst/ *n* проти́вник вивисе́кции.

anti-war /,æntɪ'wɔ:(r)/ *adj* антивое́нный.

antlers /'æntləz/ *n pl* оле́ньи/лоси́ные рога́.

antonym /'æntənɪm/ *n* анто́ним.

antrum /'æntrəm/ *n* (*pl* **antra**) по́лость.

anus /'eɪnəs/ *n* за́дний прохо́д, а́нус.

anvil /'ænvɪl/ *n* накова́льня.

anxiety /æŋ'zaɪətɪ/ *n* **1** (*uneasiness*) беспоко́йство; (*alarm*) трево́га; **cause ~ to** трево́жить, вс-; **be full of ~** беспоко́иться, трево́житься (*both impf*); **feel ~ for, over** беспоко́иться (*impf*) о + *p*; трево́житься (*impf*) за + *a*. **2** (*desire; keenness*) жела́ние/стремле́ние + *inf*. **3** (*in pl, cares, worries*) забо́ты (*f pl*).

anxious /'æŋkʃəs/ *adj* **1** (*worried, uneasy*) озабо́ченный; **be ~ about, for, over** трево́житься (*impf*) за + *a*; беспоко́иться (*impf*) о + *p*; **I am ~ for his safety** я беспоко́юсь, как бы с ним чего́ не случи́лось. **2** (*causing anxiety*) трево́жный, беспоко́йный; **he gave me some ~ moments** он доста́вил мне не́сколько трево́жных мину́т. **3** (*keen, desirous*): **I am ~ to see him** мне о́чень хо́чется повида́ться с ним.

any /'enɪ/ *pron* **1** (*in interrog or conditional sentences*) (*animates*) кто́-нибудь; (*inanimates*) что́-нибудь; **if ~ of them should see him** е́сли кто́-нибудь из них уви́дит его́.
2 (*in neg sentences*) (*with animates*) никто́; (*with inanimates*) ничто́; ни оди́н; **I don't like ~ of these actors** никто́ (*or* ни оди́н) из э́тих арти́стов мне не нра́вится; **he never spoke to ~ of our friends** ни с кем из на́ших друзе́й он (никогда́) не говори́л; **I looked for the books but couldn't find ~** я иска́л кни́ги, но не нашёл ни одно́й; **I offered him food but he didn't want ~** я предложи́л ему́ пое́сть, но он ничего́ не хоте́л.
3 (*in affirmative sentences*) любо́й; **take ~ of these books** возьми́те любу́ю/любы́е из э́тих книг.
4: **he has little money, if ~** де́нег у него́ ма́ло, е́сли (они́) вообще́ есть.
● *adj* **1** (*in interrog or conditional sentences*) *untranslated*: **have you ~ children?** у вас есть де́ти?; **have you ~ matches?** (*request*) у вас не бу́дет спи́чек?; **were there ~ Russians there?** ру́сские там бы́ли?; **is there ~ news?** есть каки́е-нибудь но́вости?; (*no matter what*) любо́й, како́й уго́дно.
2 (*in neg sentences*): **we haven't ~ milk** у нас нет молока́; **haven't you ~ cigarettes?** ра́зве у вас нет сигаре́т?; (*not ~ at all, not a single*) никако́й, ни оди́н; **there wasn't ~ hope** никако́й наде́жды не́ было; **there isn't ~ man who would ...** нет тако́го челове́ка, кото́рый бы...; (*with* **hardly**, *vv of prevention, etc.*): **there is hardly ~ doubt** нет почти́ никако́го сомне́ния; **without ~ doubt** без вся́кого сомне́ния; **they stopped us from scoring ~ goals** они́ не́ дали нам заби́ть ни одного́ го́ла.
3 (*no matter which*) любо́й; **at ~ time** в любо́е вре́мя; **~ excuse will do** любо́й предло́г подойдёт; (*every*) любо́й, вся́кий; **in ~ case** во вся́ком слу́чае; **~ student knows this** э́то зна́ет любо́й студе́нт; **~ amount** *see* **⇨amount**; ~ man, ~ person = **~body**, **⇨~one**.
● *adv* **1** (*in interrog or conditional sentences*) *untranslated or* ско́лько-нибудь; **do you want ~ more tea?** хоти́те ещё ча́ю?; **if you stay here ~ longer** е́сли вы ещё хоть немно́го заде́ржитесь здесь.
2 (*in neg sentences*) *untranslated or* ниско́лько; ничу́ть; **I can't go ~ farther** я не могу́ идти́ да́льше; **he doesn't live here ~ more, longer** он здесь бо́льше не живёт; **I am not ~ better** мне ничу́ть не лу́чше; **he did not get ~ nearer** он ниско́лько не прибли́зился.
3 (*US, at all*): **it didn't snow ~ yesterday** вчера́ сне́га во́все не́ было; **that didn't help us ~** э́то нам ниско́лько не помогло́.

anybody /'enɪ,bɒdɪ/, **anyone** /'enɪ ,wʌn/ *n & pron* **1** (*in interrog or conditional sentences*) кто́-нибудь; кто́-либо; **did you meet ~?** вы кого́-нибудь встре́тили?; **if ~ rings, don't answer** е́сли кто позвони́т, не отвеча́йте; **is this ~'s seat?** э́то ме́сто за́нято?; **is ~ hurt?** кто́-нибудь ра́нен?
2 (*in neg sentences*) никто́; **I didn't speak to ~** я ни с кем не говори́л.
3 (*~ at all; no matter who*) вся́кий, любо́й; **~ will tell you** любо́й/вся́кий вам ска́жет; **~ who says that is a liar** кто бы э́то ни сказа́л, он лжёц; **~ but you** кто уго́дно, то́лько не вы; **~ else** кто́-нибудь ещё; **he speaks better than ~** он говори́т лу́чше всех (*or* лу́чше, чем кто́-либо); **there was hardly ~ there** там почти́ никого́ не́ было; **he loved her more than ~** он люби́л её бо́льше всех; **he's a scholar if ~ is** е́сли кто учёный, так э́то он.
4 (*person of note*): **everyone who was ~ was invited** пригласи́ли всех, кто что́-то из себя́ представля́л.

anyhow /'enɪ,haʊ/ *adv* **1** (*haphazardly; carelessly*) ко́е-ка́к; ка́к-нибудь; **the work was done ~** рабо́та была́ сде́лана ко́е-ка́к. **2** (*anyway, in any case*) во вся́ком слу́чае; так или ина́че; (*nevertheless*) всё равно́, всё же; **I shall go ~** я всё равно́ пойду́.

anyone /'enɪ,wʌn/ = **anybody**

anything /'enɪθɪŋ/ *n & pron* **1** (*in interrog sentences*) что́-нибудь; что́-либо; что; **is there ~ I can get for you?** вам что́-нибудь принести́?; **can I do ~ to help?** я могу́ че́м-нибудь помо́чь?; **have you ~ to say?** у вас (*or* вам) есть, что сказа́ть?; **did you see ~ of him in London?** вы ви́делись с ним в Ло́ндоне?
2 (*in neg sentences*) ничто́; **I haven't ~ to say to that** мне не́чего сказа́ть на э́то; **we weren't left with ~; we were left without ~** мы оста́лись без ничего́.
3 (*everything*) всё; **I'd give ~ to see him again** я о́тдал бы всё, что́бы опя́ть его́ уви́деть; **more, better than ~** бо́льше всего́; (*whatever, everything*) всё; всё, что уго́дно; **I will do ~ you suggest** я сде́лаю всё, что вы ска́жете.
4 (*used to indicate a range*): **he earns**

~ **from 2,000 to 3,000 pounds a month** он зарабáтывает не мéньше двух-трёх тысяч фýнтов в мéсяц. **5**: **as … as** ~ (*coll*) чрезвычáйно; **it's as simple as** ~ это прóще простóго. **6**: ~ **but** отнюдь не, совсéм не; **he is** ~ **but a genius** он далекó/совсéм не гéний; **it is** ~ **but** (*far from*) **clear** это далекó/отнюдь не ясно. **7**: **like** ~ да ещё как; **he worked like** ~ он рабóтал изо всех сил; **it's raining like** ~ льёт как из ведрá. **8**: **if** ~ *see* ⇒**if 5**

anyway /ˈenɪˌweɪ/ = **anyhow 2**

anywhere /ˈenɪˌweə(r)/ *adv* **1** (*in interrog and conditional sentences*) гдé-нибудь; гдé-либо; (*of motion*) кудá-нибудь; кудá-либо; **is there a chemist's** ~? здесь есть аптéка гдé-нибудь?; **have you** ~ **to stay?** у вас есть где останови́ться? **2** (*in neg sentences*) нигдé; (*of motion*) никудá; **we haven't been** ~ **for ages** мы ужé сто лет нигдé нé были. **3** (*in any place at all; everywhere*) где угóдно; вездé; (по)всюду; **it is miles from** ~ это чёрте где (нахóдится); **it isn't** ~ **near finished** это ещё далекó не закóнчено. **4** (*used to indicate a range*) = **anything 4**

AOB (*abbr of* ***any other business***) (*Br*) рáзное.

aorist /ˈeərɪst/ *n* аóрист.

● *adj* (*also* **aoristic**) аористи́ческий.

aorta /eɪˈɔːtə/ *n* (*pl* ~**s**) аóрта.

apace /əˈpeɪs/ *adv* (*literary*) быстро.

Apache /əˈpætʃɪ/ *n* (*pl* ~ *or* ~**s**) апáч.

apart /əˈpɑːt/ *adv* **1** (*position*) в сторонé; (*motion*) в стóрону; **he held himself** ~ он держáлся в сторонé; **his height set him** ~ он выделя́лся своим рóстом; **joking** ~ шутки в стóрону; ~ **from** (*with the exception of*) за исключéнием + *g*; крóме + *g*; (*other than; besides*) крóме/поми́мо + *g*. **2** (*separate(ly); asunder*) отдéльно; **the dish came** ~ **in her hands** тарéлка сломáлась у неё в рукáх; **they lived** ~ **for 2 years** они жи́ли два гóда врозь; **the baby pulled its rattle** ~ ребёнок разломáл погремýшку на чáсти; **they took the machine** ~ они разобрáли маши́ну на чáсти; **I could not tell them** ~ я не мог их различи́ть/отличи́ть; **with one's feet wide** ~ расстáвив нóги. **3** (*distant*): **the houses are a mile** ~ домá нахóдятся в ми́ле друг от дрýга.

apartheid /əˈpɑːteɪt/ *n* (*hist*) апартеи́д.

apartment /əˈpɑːtmənt/ *n* **1** (*room*) кóмната. **2**: **the royal** ~**s** королéвские апартамéнты (*m pl*). **3** (*US*) квартира; ~ **block/house** многоквартирный дом.

apathetic /ˌæpəˈθetɪk/ *adj* равнодýшный, безразли́чный, апати́чный.

apathy /ˈæpəθɪ/ *n* апáтия.

apatite /ˈæpəˌtaɪt/ *n* (*min*) апати́т.

APC (*abbr of* ***armoured personnel carrier***) БТР, бронетранспортёр.

ape /eɪp/ *n* (*lit, fig*) обезья́на.

● *vt* (*imitate*) подражáть (*impf*) + *d*.

● *cpd* ~**-like** *adj* обезьяноподóбный.

Apennines /ˈæpəˌnaɪnz/ *n pl* Апенни́н|ы (*pl, g* —).

aperient /əˈpɪərɪənt/ *n* слаби́тельное (срéдство).

● *adj* слаби́тельный.

aperitif /əˌperɪˈtiːf, əˈpe-/ *n* аперити́в.

aperture /ˈæpəˌtjʊə(r)/ *n* отвéрстие; (*optics*) апертýра; (*phot*) диафрáгма.

apex /ˈeɪpeks/ *n* (*pl* **apexes** *or* **apices**) (*lit, fig*) верши́на, верх.

aphasia /əˈfeɪzɪə/ *n* афáзия.

aphelion /æpˈhiːlɪən, əˈfiːlɪən/ *n* (*pl* ~**a**) афéлий.

aphid /ˈeɪfɪd/ *n* тля.

aphorism /ˈæfəˌrɪz(ə)m/ *n* афори́зм.

aphoristic /ˌæfəˈrɪstɪk/ *adj* афористи́ческий.

aphrodisiac /ˌæfrəˈdɪzɪˌæk/ *n* срéдство, уси́ливающее половóе влечéние; афродизиáк.

● *adj* уси́ливающий половóе влечéние.

apiarist /ˈeɪpɪərɪst/ *n* пчеловóд.

apiary /ˈeɪpɪərɪ/ *n* пáсека, пчéльник.

apices /ˈeɪpɪˌsiːz/ *pl of* ⇒**apex**

apiculture /ˈeɪpɪˌkʌltʃə(r)/ *n* пчеловóдство.

apiece /əˈpiːs/ *adv* **1** (*of thing*): **I sell books for a dollar** ~ я продаю кни́ги по дóллару (за кáждую). **2** (*of person*): **we had £10** ~ у кáждого из нас бы́ло по дéсять фýнтов; у нас бы́ло по дéсять фýнтов на человéка; **the dinner cost £30** ~ обéд стóил по три́дцать фýнтов с кáждого; **they scored two goals** ~ кáждый из них заби́л по два гóла.

aplenty /əˈplentɪ/ *adv* (*archaic*) в изоби́лии.

aplomb /əˈplɒm/ *n* аплóмб.

apocalypse /əˈpɒkəlɪps/ *n* апокáлипсис.

apocalyptic /əˌpɒkəˈlɪptɪk/ *adj* апокалипти́ческий.

Apocrypha /əˈpɒkrɪfə/ *n* апóкрифы (*m pl*).

apocryphal /əˈpɒkrɪf(ə)l/ *adj* **1** (*bibl*) апокрифи́ческий. **2** (*of doubtful authenticity*) недостовéрный.

apogee /ˈæpəˌdʒiː/ *n* (*lit, fig*) апогéй.

apolitical /ˌeɪpəˈlɪtɪk(ə)l/ *adj* аполити́чный.

apologetic /əˌpɒləˈdʒetɪk/ *adj* извиня́ющийся; **he was very** ~ он óчень извиня́лся; **an** ~ **smile** винова́тая улыбка.

apologetics /əˌpɒləˈdʒetɪks/ *n* апологéтика.

apologia /ˌæpəˈləʊdʒɪə/ *n* аполóгия.

apologist /əˈpɒlədʒɪst/ *n* апологéт, защи́тник.

apologize /əˈpɒləˌdʒaɪz/ *vi* извин|я́ться, -и́ться (*перед кем за что*).

apolog|y /əˈpɒlədʒɪ/ *n* **1** (*expression of regret*) извинéние; **make, offer an** ~**y to s.o. for sth** прин|оси́ть, -ести́ извинéния комý-н. за что-н.; **please accept my** ~**ies** приими́те мои́ извинéния; **they sent their** ~**ies** они́ передáли свои́ извинéния. **2** (*poor substitute*): **this** ~**y for a dinner** этот гóре-обéд.

apoplectic /ˌæpəˈplektɪk/ *adj* (*pertaining to apoplexy*): **an** ~ **fit** апоплекси́ческий удáр; (*coll*): ~ **with rage** в бéшеном припáдке.

apoplexy /ˈæpəˌpleksɪ/ *n* апоплекси́я; (*stroke*) инсýльт, кровоизлия́ние в мозг.

apostasy /əˈpɒstəsɪ/ *n* (*abandonment or loss of faith, principles etc.*) отстýпничество; (*desertion of cause or party*) ренегáтство; (*betrayal*) измéна.

apostate /əˈpɒsteɪt/ *n* отстýпник; ренегáт.

● *adj* отстýпнический.

a posteriori /ˌeɪ pɒˌsterɪˈɔːraɪ/ *adj* апостериóрный; оснóванный на óпыте.

● *adv* апостериóри; из óпыта.

apostle /əˈpɒs(ə)l/ *n* апóстол.

apostolic /ˌæpəˈstɒlɪk/ *adj*: ~ **succession** апóстольское наслéдование; **A**~ **See** пáпский престóл.

apostrophe /əˈpɒstrəfɪ/ *n* (*rhetoric*) апострóфа; (*gram*) апострóф.

apostrophize /əˈpɒstrəˌfaɪz/ *vt* обра|щáться, -ти́ться к + *d*.

apothecary /əˈpɒθəkərɪ/ *n* (*archaic*) аптéкарь (*m*); ~**'s weight** аптéкарский вес.

apotheosis /əˌpɒθɪˈəʊsɪs/ *n* (*pl* **apotheoses** /-siːz/) (*lit, fig*) апофеóз.

appal /əˈpɔːl/ *vt* (*US also* **appall; appalled, appalling**) ужас|áть, -нýть; устраш|áть, -и́ть; **we were** ~**led at the sight** мы ужаснýлись (*or* пришли́ в ýжас) при ви́де этого; **I was** ~**led at the cost** ценá меня́ ужаснýла.

Appalachians /ˌæpəˈleɪtʃ(ə)nz/ *n pl*: **the** ~ Аппалáчи|и (*pl, g* -ей).

appall /əˈpɔːl/ (*US*) = **appal**

appalling /əˈpɔːlɪŋ/ *adj* ужáсный, жýткий.

apparatus /ˌæpəˈreɪtəs, ˈæp-/ *n* **1** (*instrument; appliance*) прибóр, инструмéнт. **2** (*in laboratory*) аппаратýра; оборýдование. **3** (*gymnastic*) снаря́ды (*m pl*). **4** (*set of institutions*) аппарáт; ~ **of government** прави́тельственный аппарáт.

apparel /əˈpær(ə)l/ *n* одея́ние, наря́д.

apparent /əˈpærənt/ *adj* **1** (*visible*) ви́димый. **2** (*plain, obvious*) очеви́дный; я́вный; **heir** ~ закóнный/прямóй наслéдник; **be** ~ быть я́вным/очеви́дным; **become** ~ обнарýжи|ваться, -ться. **3** (*seeming*) кáжущийся, мни́мый.

apparently /əˈpærəntlɪ/ *adv* **1** (*clearly*) очеви́дно, я́вно. **2** (*seemingly*) по-ви́димому; верóятно; (как) бýдто; ~ **he's the local doctor** он, по-ви́димому/верóятно, здéшний врач; ~ **he was here yesterday** по-ви́димому/верóятно, он был здесь вчерá.

apparition /ˌæpəˈrɪʃ(ə)n/ *n* **1** (*manifestation, esp of ghost*) (по)явлéние. **2** (*ghost*) привидéние, видéние, при́зрак.

appeal /əˈpiːl/ *n* **1** (*earnest request, plea*) обращéние (с прóсьбой); (*official*) воззвáние; (*call*) при́зыв; **an** ~ **to public opinion** обращéние к

общественному мнению; **an ~ on behalf of the Red Cross** обращение от имени Красного Креста; **an ~ for support** просьба о помощи; **an ~ for silence** просьба соблюдать тишину. **2** (*reference to higher authority*) апелляция, обжалование; **Court of A~** апелляционный суд; **supreme court of A~** кассационный суд; **an ~ to the referee** обращение к судье. **3** (*attraction*) привлекательность; **this life has little ~ for me** эта жизнь меня мало привлекает.
● *vi* **1** (*make earnest request*) обра|щаться, -титься (**to:** к + *d*; **for:** за + *i*); **he ~ed to us for help** он обратился к нам за помощью; **she ~ed to him for mercy** она молила его о милосердии; **I ~ to you to support them** я призываю вас поддержать их; (*address o.s. to*) апеллировать (*impf, pf*) (**to:** к + *d*); **he ~ed to the common sense of the people** он апеллировал к здравому смыслу людей. **2** (*law*) апеллировать (*impf, pf*); под|авать, -ать апелляцию; обжаловать (*pf*) приговор. **3**: **~ to** (*attract*) привлекать (*impf*); нравиться (*impf*) + *d*.

appealing /ə'pi:lɪŋ/ *adj* (*imploring*) умоляющий; (*attractive*) привлекательный.

appear /ə'pɪə(r)/ *vi* **1** (*become visible*; *coll*: *arrive*) появ|ляться, -иться; (*of qualities etc.*) прояв|ляться, -иться. **2** (*present o.s.*) выступать, выступить; **~ in court** предст|авать, -ать перед судом; (*of actor*) играть (*impf*) на сцене; сниматься, сняться в кино; (*make an entrance on stage*) выходить, выйти на сцену; (*of book*) выходить, выйти (в свет); быть изданным. **3** (*seem*) казаться, по-; (*follow as inference*) следовать (*impf*); (*be manifest*) явствовать (*impf*); **it ~s strange to me** мне это кажется странным; **strange as it may ~** как бы странно это ни показалось; **he ~s to have left** он, кажется, уехал. **4** (*turn out*) оказ|ываться, -аться; **if it ~s that this is so** если окажется, что это так; **it ~s his wife is a Swede** оказывается, его жена шведка.

appearance /ə'pɪərəns/ *n* **1** (*act of appearing*) появление; (*in public*) выступление; **make (*or* put in) an ~** показ|ываться, -аться; появ|ляться, -иться; **his ~ as Hamlet** его выступление в роли Гамлета; **make one's first ~** дебютировать (*impf, pf*); **~ in court** явка в суд; (*of a book*) выход в свет; появление. **2** (*look, aspect*) (*of thing*) вид; (*of person*) наружность, внешность; **a pleasing ~** приятный вид; **~s are deceptive** наружность обманчива; **judge by ~(s)** судить (*impf*) по внешнему виду; **in ~** на вид; по виду; **to, by all ~s** по всем признакам; судя по всему. **3** (*semblance*) вид, видимость; **keep up ~s** соблюдать (*impf*) видимость приличия; **for ~'s sake** для видимости; напоказ.

appease /ə'pi:z/ *vt* (*one's conscience*) успок|аивать, -оить; (*person*) умиротвор|ять, -ить; (*appetites, passions*) утол|ять, -ить.

appeasement /ə'pi:zmənt/ *n* **1** успокоение; умиротворение. **2** (*of hunger, desire, etc.*) утоление.

appeaser /ə'pi:zə(r)/ *n* умиротворитель (*m*).

appellant /ə'pelənt/ *n* апеллянт.

appellation /ˌæpə'leɪʃ(ə)n/ *n* название.

append /ə'pend/ *vt* **1** (*fasten*) прикреп|лять, -ить; **a label was ~ed to the parcel** к посылке был прикреплён ярлык; (*hang on*) подве|шивать, -сить. **2** (*add, in writing etc.*) прил|агать, -ожить; приб|авлять, -авить; **he ~ed a report to the letter** он приложил доклад к письму; **notes ~ed to the chapter** примечания к главе; **they wish to ~ a clause to the treaty** они хотят добавить статью к договору.

appendage /ə'pendɪdʒ/ *n* (*anat*) отросток, придаток; (*fig*) придаток.

appendectomy /ˌæpen'dektəmɪ/ *n* удаление аппендикса.

appendices /ə'pendɪˌsi:z/ *pl of* **⇒appendix**

appendicitis /əˌpendɪ'saɪtɪs/ *n* аппендицит.

appendi|x /ə'pendɪks/ *n* (*pl* **~ces** *or* **~xes**) **1** (*anat*) аппендикс. **2** (*of a book, document, etc.*) приложение.

appertain /ˌæpə'teɪn/ *vi* (*relate*) относиться (*impf*) (к + *d*); **the chapters ~ing to his childhood** главы, относящиеся к его детству; (*be appropriate*) соответствовать (*impf*); **the duties ~ing to his office** обязанности, соответствующие его должности.

appetite /'æpɪˌtaɪt/ *n* **1** (*for food*) аппетит; **I have lost my ~** у меня пропал аппетит. **2** (*natural desire*) потребность; **sexual ~** половое влечение; (*thirst*) жажда; **~ for revenge** жажда мести; (*inclination*) влечение, склонность (к + *d*); **he had no ~ for the task** у него сердце не лежало к этой работе.

appetizer /'æpɪˌtaɪzə(r)/ *n* (*aperitif*) аперитив; (*hors d'oeuvre*) закуска.

appetizing /'æpɪˌtaɪzɪŋ/ *adj* аппетитный.

applaud /ə'plɔ:d/ *vt* (*also vi, clap*) аплодировать (*impf*) + *d*; (*praise*) приветствовать (*impf*); од|обрять, -обрить.

applause /ə'plɔ:z/ *n* аплодисменты (*m pl*); рукоплескания (*nt pl*); **a roar of ~** гром аплодисментов; **loud ~** бурные аплодисменты; (*fig, approval*): **he won the ~ of all** он завоевал всеобщее одобрение.

apple /'æp(ə)l/ *n* яблоко; **she was the ~ of her father's eye** отец души в ней не чаял.
● *cpds* **~ blossom** *n* яблоневый цвет; **~ cart** *n*: **upset the ~ cart** (*fig*) спутать (*pf*) карты; **~ core** *n* сердцевина яблока; **~ juice** *n* яблочный сок; **~ orchard** *n* яблоневый сад; **~ pie** *n* яблочный пирог; **in ~-pie order** в полном порядке; **~sauce** *n* яблочное пюре (*indecl*); **~ tree** *n* яблоня.

appliance /ə'plaɪəns/ *n* **1** (*act of applying*) применение. **2** (*instrument*) прибор, приспособление; **dental ~** протез; **domestic ~** бытовой прибор; **electric ~** электроприбор.

applicable /'æplɪkəb(ə)l, ə'plɪkəb(ə)l/ *adj* применимый; (*appropriate*) подходящий; **the rule is not ~ to this case** правило неприменимо к этому случаю.

applicant /'æplɪkənt/ *n* кандидат, претендент; **~ for a job** кандидат, претендент на должность.

application /ˌæplɪ'keɪʃ(ə)n/ *n* **1** (*applying; putting on to a surface*) прикладывание; наложение; **~ of paint** наложение краски. **2** (*employment; use*) применение; приложение. **3** (*diligence*) прилежание; (*concentration*) сосредоточенность. **4** (*request*) (*for work*) заявление; (*for a grant*) заявка; (*for permission*) прошение; **~ form** бланк заявления; **~ for payment** требование уплаты; **prices are sent on ~** расценки высылаются по требованию; **there were twenty ~s for the job** на это место было подано двадцать заявлений; **make (*or* put in) an ~** под|авать, -ать заявление. **5** (*comput*) (*also* **application program**) прикладная программа; приложение.

applied /ə'plaɪd/ *adj*: **~ sciences** прикладные науки.

appliqué /æ'pli:keɪ/ *n* аппликация.

appl|y /ə'plaɪ/ *vt* **1** (*lay, put on*) при|кладывать, -ложить; (*dressing, plaster*) накладывать, наложить; (*paint, cream*) наносить, нанести; **the doctor ~ied a plaster to his chest** врач наложил ему пластырь на грудь; **~y the liniment twice a day** мазь наносить дважды в день. **2** (*bring into action*) прил|агать, -ожить; **~y the brakes** тормозить, за-. **3** (*make use of*) примен|ять, -ить; **he ~ied his knowledge well** он хорошо применил свои знания; **it is easy if you ~y your mind to it** это легко, если хорошенько подумать. **4**: **~y o.s. to** зан|иматься, -яться + *i*.
● *vi*: **~y for** (*a job, grant, pass*) под|авать, -ать заявление на + *a*; **~y to** (*concern; relate to*) относиться (*impf*) к + *d*; (*approach, request*) обра|щаться, -титься к + *d*; **I ~ied to him for permission** я обратился к нему за разрешением.

appoint /ə'pɔɪnt/ *vt* **1** (*fix*) назн|ачать, -ачить; определ|ять, -ить; **at the ~ed time** в назначенное время. **2** (*nominate*) назн|ачать, -ачить; **he was ~ed ambassador** он был назначен послом; **they ~ed him to the post** они назначили его на эту должность. **3** (*equip*): **well ~ed** хорошо оснащённый.

appointee /əˌpɔɪn'ti:/ *n* назначенное лицо.

appointment /ə'pɔɪntmənt/ *n* **1** (*act of appointing*) назначение; **by ~ to Her Majesty the Queen** поставщик Её Величества. **2** (*office*) должность;

permanent ~ шта́тная до́лжность; **hold an ~** занима́ть (*impf*) до́лжность. **3** (*at doctor's etc.*): **to make an ~ with** запи́с|ываться, -а́ться на приём к + *d*; получ|а́ть, -и́ть назначе́ние к + *d*; **I have an ~ with my dentist for 4 o'clock** я запи́сан на приём к зубно́му врачу́ в четы́ре часа́; (*business*) встре́ча; **she was late for the ~** она́ опозда́ла на встре́чу; **make an ~ to meet s.o.** назн|ача́ть, -а́чить встре́чу с кем-н.; **he could not keep his ~** он не смог прийти́ на встре́чу. **4** (*in pl, fittings*) оснаще́ние.

apportion /əˈpɔːʃ(ə)n/ *vt* распредел|я́ть, -и́ть; раздел|я́ть, -и́ть.

apportionment /əˈpɔːʃənmənt/ *n* распределе́ние, разделе́ние.

apposite /ˈæpəzɪt/ *adj* (*suitable*) подходя́щий; (*to the point*) уме́стный; уда́чный.

appositeness /ˈæpəzɪtnɪs/ *n* уме́стность.

apposition /ˌæpəˈzɪʃ(ə)n/ *n* (*gram*) приложе́ние; аппози́ция; **noun in ~** приложе́ние.

appraisal /əˈpreɪz(ə)l/ *n* оце́нка; (*of performance, of a worker*) аттеста́ция.

appraise /əˈpreɪz/ *vt* оце́н|ивать, -и́ть; (*work, a worker*) аттестова́ть (*impf, pf*).

appraiser /əˈpreɪzə(r)/ *n* оце́нщик.

appreciable /əˈpriːʃəb(ə)l/ *adj* (*perceptible*) заме́тный; (*considerable*) значи́тельный.

appreciate /əˈpriːʃɪˌeɪt, -sɪˌeɪt/ *vt* **1** (*value*) оц|е́нивать, -ени́ть; цени́ть (*impf*); **we ~ your help** мы це́ним ва́шу по́мощь. **2** (*understand*) пон|има́ть, -я́ть; (*take into account*) прин|има́ть, -я́ть во внима́ние; **I don't think you ~ my difficulties** вы, ка́жется, не понима́ете мои́х затрудне́ний. **3** (*enjoy*): **he doesn't ~ French cooking** он не признаёт францу́зскую ку́хню; (*through understanding*): **he has learnt to ~ music** он научи́лся понима́ть и цени́ть му́зыку.
● *vi* (*rise in value*) пов|ыша́ться, -ы́ситься; **furniture has ~d in value** ме́бель повы́силась в цене́/сто́имости.

appreciation /əˌpriːʃɪˈeɪʃ(ə)n, əˌpriːs-/ *n* **1** (*estimation, judgement*) оце́нка. **2** (*critique*) оце́нка. **3** (*understanding*) понима́ние, призна́ние досто́инств. **4** (*rise in value*) повыше́ние в цене́/сто́имости. **5** (*gratitude*) призна́тельность; **in ~ of your kindness** в знак призна́тельности за ва́шу любе́зность.

appreciative /əˈpriːʃətɪv/ *adj* **1** (*perceptive of merit*): **an ~ audience** понима́ющая аудито́рия. **2** (*grateful*) благода́рный, призна́тельный (за + *a*).

apprehend /ˌæprɪˈhend/ *vt* **1** (*understand*) уясн|я́ть, -и́ть. **2** (*arrest*) аресто́в|ывать, -а́ть; заде́рж|ивать, -а́ть.

apprehension /ˌæprɪˈhenʃ(ə)n/ *n* **1** (*understanding*) уясне́ние. **2** (*fear*) опасе́ние. **3** (*arrest*) аре́ст, задержа́ние.

apprehensive /ˌæprɪˈhensɪv/ *adj* озабо́ченный; беспоко́йный; по́лный трево́ги; **I am ~ for you** я опаса́юсь за вас.

apprentice /əˈprentɪs/ *n* подмасте́рье (*m*).
● *vt* отд|ава́ть, -а́ть в уче́ние подмасте́рья; **he was ~d to a tailor** его́ о́тдали в подмасте́рья к портно́му.

apprenticeship /əˈprentɪsʃɪp/ *n* уче́ние, учени́чество; **serve one's ~** про|ходи́ть, -йти́ обуче́ние; (*fig*) овладе́ть (*pf*) ремесло́м/мастерство́м.

apprise /əˈpraɪz/ *vt* изве|ща́ть, -сти́ть.

approach /əˈprəʊtʃ/ *n* **1** (*drawing near; advance*) приближе́ние; наступле́ние; **at our ~** при на́шем приближе́нии; как/когда́ мы подошли́. **2** (*fig*) подхо́д; **his ~ to the subject** его́ подхо́д к предме́ту. **3** (*way, passage*) подхо́д; **the ~ to the river** подхо́д к реке́. **4** (*access*) по́дступ; **the ~es to the town** по́дступы к го́роду; **easy of ~** (*lit, fig*) (легко)досту́пный. **5** (*fig, overture*) предложе́ние; **they made unofficial ~es** они́ де́лали неофициа́льные предложе́ния.
● *vt* **1** (*come near to*) прибл|ижа́ться, -и́зиться к + *d*; (*come up to — on foot*) под|ходи́ть, -ойти́ к + *d*; (*come up to — by riding*) подъ|езжа́ть, -е́хать к + *d*; (*fig*): **he ~ed the subject in a light-hearted way** он подошёл к вопро́су несерьёзно/легкомы́сленно; **he is difficult to ~** к нему́ тру́дно подступи́ться. **2** (*make overtures to*) обра|ща́ться, -ти́ться к + *d*; **the beggar ~ed him for money** ни́щий попроси́л у него́ де́нег. **3** (*approximate to*) прибл|ижа́ться, -и́зиться к + *d*; **no one can ~ him for style** по сти́лю никто́ не мо́жет с ним сравни́ться.
● *vi* прибл|ижа́ться, -и́зиться; под|ходи́ть, -ойти́; подъ|езжа́ть, -е́хать.

approachable /əˈprəʊtʃəb(ə)l/ *adj* досту́пный.

approaching /əˈprəʊtʃɪŋ/ *adj* приближа́ющийся; **the ~ storm** надвига́ющаяся бу́ря.

approbation /ˌæprəˈbeɪʃ(ə)n/ *n* одобре́ние.

approbatory /ˈæprəˌbeɪtərɪ/ *adj* одобри́тельный.

appropriate[1] /əˈprəʊprɪət/ *adj* соотве́тствующий; **remarks ~ to the occasion** соотве́тствующие слу́чаю замеча́ния; (*suitable*) подходя́щий; **clothing ~ for hot weather** оде́жда, подходя́щая для жа́ркой пого́ды; (*to the point*) уме́стный.

appropriate[2] /əˈprəʊprɪˌeɪt/ *vt* **1** (*devote to special purpose*) предназн|ача́ть, -а́чить; (*funds*) ассигнова́ть (*impf, pf*). **2** (*take possession of*) присв|а́ивать, -о́ить.

appropriation /əˌprəʊprɪˈeɪʃ(ə)n/ *n* **1** назначе́ние; ассигнова́ние. **2** присвое́ние.

approval /əˈpruːv(ə)l/ *n* одобре́ние; (*confirmation*) утвержде́ние; (*consent*) согла́сие; (*sanction*) апроба́ция; **meet with ~** получ|а́ть, -и́ть одобре́ние; **on ~** на про́бу.

approv|e /əˈpruːv/ *vt* од|обря́ть, -о́брить; (*confirm*) утвер|жда́ть, -ди́ть; **the report was ~ed** отчёт был утверждён.
● *vi* **~e of** од|обря́ть, -о́брить; **an ~ing glance** одобри́тельный взгляд.

approx. *abbr of* **1** ***approximate*** приблизи́тельный. **2** ***approximately*** прибл., приблизи́тельно.

approximate[1] /əˈprɒksɪmət/ *adj* приблизи́тельный.

approximate[2] /əˈprɒksɪˌmeɪt/ *vt* **1** (*bring near*) прибл|ижа́ть, -и́зить (*что к чему*). **2** (*come near to*) прибл|ижа́ться, -и́зиться к + *d*.
● *vi*: **~ to** прибл|ижа́ться, -и́зиться к + *d*.

approximation /əˌprɒksɪˈmeɪʃ(ə)n/ *n* приближе́ние; **this is an ~ to the truth** э́то бли́зко к и́стине.

appurtenance /əˈpɜːtɪnəns/ *n* (*accessory*) принадле́жность; (*appendage*) прида́ток.

apricot /ˈeɪprɪˌkɒt/ *n* (*fruit or tree*) абрико́с; **~ jam** абрико́совый джем.

April /ˈeɪprɪl, ˈeɪpr(ə)l/ *n* апре́ль (*m*); **this ~** в апре́ле э́того го́да; **~ Fool** первоапре́льский дурачо́к; **~ Fool!** пе́рвое апре́ля — никому́ не ве́рю! **~ Fool's day** пе́рвое апре́ля.
● *adj* апре́льский; **~ shower** внеза́пный дождь.

a priori /ˌeɪ praɪˈɔːraɪ/ *adj* априо́рный.
● *adv* априо́ри.

apron /ˈeɪprən/ *n* **1** (*garment*) пере́дник; фа́ртук. **2** (*theatr*) авансце́на. **3** (*aeron*) площа́дка пе́ред анга́ром.
● *cpd* **~ strings** *n pl*: **he is tied to his mother's ~ strings** он ма́менькин сыно́к.

apropos /ˈæprəˌpəʊ, -ˈpəʊ/ *adj & adv* (*appropriate*) уме́стн|ый, -о; (*timely*) своевре́менн|ый, -о; (*by the way*) кста́ти, ме́жду про́чим; **~ of** по по́воду + *g*.

apse /æps/ *n* апси́да.

apt /æpt/ *adj* **1** (*suitable*) подходя́щий; (*apposite*) уме́стный, уда́чный. **2** (*intelligent*) спосо́бный. **3**: **~ to** скло́нный к + *d*; **he is ~ to fall asleep** он скло́нен засыпа́ть.

aptitude /ˈæptɪˌtjuːd/ *n* (*capacity*) спосо́бность; **~ for work** работоспосо́бность; **~ test** прове́рка спосо́бностей; (*propensity*): **~ for** скло́нность к + *d*.

aptness /ˈæptnɪs/ *n* (*suitability*) приго́дность; (*appositeness*) уме́стность; (*intelligence*) спосо́бность; (*inclination*) скло́нность.

aqua /ˈækwə/ *n* (*colour*) цвет морско́й волны́.

aqualung /ˈækwəˌlʌŋ/ *n* аквала́нг.

aquamarine /ˌækwəməˈriːn/ *n* (*min*) аквамари́н; (*colour*) аквамари́новый цвет.
● *adj* аквамари́новый; зеленова́то-голубо́й.

aquaplane /ˈækwəˌpleɪn/ *n* аквапла́н.
● *vi* ката́ться (*indet*) на аквапла́не.

aquaria /əˈkweərɪə/ *pl of* ⇨**aquarium**

a

aquari|um /əˈkweərɪəm/ *n* (*pl* **~a** *or* **~ums**) аквáриум.

Aquarius /əˈkweərɪəs/ *n* Водолéй; **she's (an) Aquarius** онá — Водолéй.

aquatic /əˈkwætɪk/ *adj* (*of plant or animal*) водянóй, вóдный; (*of bird*) водоплáвающий; (*of sport*) вóдный.

aquatics /əˈkwætɪks/ *n* вóдный спорт.

aquatint /ˈækwətɪnt/ *n* акватúнта.

aqua vitae /ˌækwə ˈviːtaɪ/ *n* спирт, алкогóль (*m*).

aqueduct /ˈækwɪˌdʌkt/ *n* акведýк.

aqueous /ˈeɪkwɪəs/ *adj* вóдный; (*watery*) водянúстый; **~ solution** вóдный раствóр; **~ humour** водянúстая влáга (глáза).

aquiline /ˈækwɪˌlaɪn/ *adj* орлúный.

aquiver /ˈækwɪvə(r)/ *pred adj* дрожá; **her hands were ~ with excitement** от волнéния у неё дрожáли рýки.

Arab /ˈærəb/ *n* **1** (*person*) арáб (*fem* -ка). **2** (*horse*) арáбская лóшадь.
● *adj* арáбский; **the ~ League** Лúга арáбских госудáрств.

arabesque /ˌærəˈbesk/ *n* арабéска.

Arabia /əˈreɪbɪə/ *n* Арáвия.

Arabian /əˈreɪbɪən/ *n* жúтель Аравúйского полуóстрова.
● *adj* аравúйский; **the ~ Nights** Тысяча и однá ночь.

Arabic /ˈærəbɪk/ *n* арáбский язы́к; **in ~** по-арáбски.
● *adj* арáбский; **a~ numerals** арáбские цúфры.

Arabist /ˈærəbɪst/ *n* арабúст.

arable /ˈærəb(ə)l/ *n* пáхотная землЯ.
● *adj* пáхотный; **~ farming** земледéлие.

Aramaic /ˌærəˈmeɪɪk/ *n* арамéйский язы́к.
● *adj* арамéйский.

arbiter /ˈɑːbɪtə(r)/ *n* **1** (*judge*) арбúтр; **~ of fashion** законодáтель (*m*) мод. **2** (*third party*) третéйский судьЯ; посрéдник.

arbitrariness /ˈɑːbɪtrərɪnɪs/ *n* произвóл; произвóльность.

arbitrary /ˈɑːbɪtrərɪ/ *adj* (*random, capricious, dictatorial*) произвóльный.

arbitrate /ˈɑːbɪˌtreɪt/ *vt* (*decide*) решІáть, -úть третéйским судóм; (*refer to arbitration*) передІавáть, -áть в арбитрáж.
● *vi* (*act as arbiter*) быть арбúтром; быть третéйским судьёй.

arbitration /ˌɑːbɪˈtreɪʃ(ə)n/ *n* арбитрáж; третéйский суд; **refer, submit to ~** передІавáть, -áть в арбитрáж; (*attr*) арбитрáжный, третéйский; **~ clause** арбитрáжная оговóрка.

arbitrator /ˈɑːbɪˌtreɪtə(r)/ *n* третéйский судьЯ; арбúтр.

arbor /ˈɑːbə(r)/ (*US*) = **arbour**

arboreal /ɑːˈbɔːrɪəl/ *adj* древéсный.

arboret|um /ˌɑːbəˈriːtəm/ *n* (*pl* **~ums** *or* **~a**) дендрáрий, арборéтум.

arboriculture /ˈɑːbərɪˌkʌltʃə(r)/ *n* лесовóдство.

arbour /ˈɑːbə(r)/ (*US* **arbor**) *n* бесéдка.

arbutus /ɑːˈbjuːtəs/ *n* землянúчное дéрево.

arc /ɑːk/ *n* дугá.
● *cpds* **~ lamp** *n* дуговáя лáмпа; **~ light** *n* дуговóй свет; **~ welder** *n* электросвáрщик; **~ welding** *n* электродуговáя свáрка.

arcade /ɑːˈkeɪd/ *n* (*covered passage*) аркáда; (*with shops*) пассáж.

Arcadian /ɑːˈkeɪdɪən/ *adj* аркáдский; (*idyllic*) идиллúческий.

arcana /ɑːˈkeɪnə/ *n* тáйны (*f pl*), тáинственность.

arcane /ɑːˈkeɪn/ *adj* таúнственный, тáйный.

arch[1] /ɑːtʃ/ *n* (*curved shape*) áрка; (*~ed roof; vault*) свод; **~es of a bridge** пролёты мостá; **~ of the foot** свод стопы́; **he suffers from fallen ~es** у негó плоскостóпие.
● *vt* (*part of the body*) выгибáть, вы́гнуть; **the cat ~ed its back** кóшка вы́гнула спúну; **she ~ed her eyebrows** онá вскúнула брóви.
● *vi* (*form an ~*) выгибáться, вы́гнуться.
● *cpd* **~way** *n* свóдчатый прохóд.

arch[2] /ɑːtʃ/ *adj* лукáвый, игрúвый.

arch-[3] /ɑːtʃ/ *comb form* архи...; глáвный.

Archaean /ɑːˈkiːən/ (*US* **Archean**) (*geol*) *n* (**the ~**) архéй(ский эóн).
● *adj* архéйский.

archaeological /ˌɑːkɪəˈlɒdʒɪk(ə)l/ (*US also* **archeological**) *adj* археологúческий.

archaeologist /ˌɑːkɪˈɒlədʒɪst/ (*US also* **archeologist**) *n* археóлог.

archaeology /ˌɑːkɪˈɒlədʒɪ/ (*US also* **archeology**) *n* археолóгия.

archaic /ɑːˈkeɪɪk/ *adj* архаúчный; устарéвший.

archaism /ˈɑːkeɪˌɪz(ə)m/ *n* архаúзм.

archangel /ˈɑːkˌeɪndʒ(ə)l/ *n* архáнгел.

archbishop /ɑːtʃˈbɪʃəp/ *n* архиепúскоп.

archbishopric /ɑːtʃˈbɪʃəprɪk/ *n* **1** (*office*) архиепúскопство. **2** (*district*) архиепúскопская епáрхия.

archdeacon /ɑːtʃˈdiːkən/ *n* архидьЯкон.

archdiocese /ɑːtʃˈdaɪəsɪs/ = **archbishopric 2**

archduchess /ɑːtʃˈdʌtʃɪs/ *n* эрцгерцогúня.

archduchy /ɑːtʃˈdʌtʃɪ/ *n* эрцгéрцогство.

archduke /ɑːtʃˈdjuːk/ *n* эрцгéрцог.

Archean /ɑːˈkiːən/ (*US*) = **Archaean**

arched /ɑːtʃt/ *adj* **1** (*furnished with, consisting of, arches*) áрочный, свóдчатый. **2** (*bent, curved*) изóгнутый.

arch-enemy /ɑːtʃˈenəmɪ/ *n* заклЯтый враг.

archeological /ˌɑːkɪəˈlɒdʒɪk(ə)l/ (*US*) = **archaeological**

archeologist /ˌɑːkɪˈɒlədʒɪst/ (*US*) = **archaeologist**

archeology /ˌɑːkɪˈɒlədʒɪ/ (*US*) = **archaeology**

archer /ˈɑːtʃə(r)/ *n* лýчни|к (*fem* -ца); стрелóк из лýка.

archery /ˈɑːtʃərɪ/ *n* стрельбá из лýка; **~ range** лукодрóм.

archetypal /ˌɑːkɪˈtaɪp(ə)l/ *adj* (*typical*) типúчный.

archetype /ˈɑːkɪˌtaɪp/ *n* прототúп.

archimandrite /ˌɑːkɪˈmændraɪt/ *n* архимандрúт.

Archimedean /ˌɑːkɪˈmiːdɪən/ *adj*: **~ screw** архимéдов винт.

Archimedes /ˌɑːkɪˈmiːdiːz/ *n* Архимéд; **~' principle** закóн Архимéда.

archipelago /ˌɑːkɪˈpeləˌgəʊ/ *n* (*pl* **~s** *or* **~es**) архипелáг.

architect /ˈɑːkɪˌtekt/ *n* архитéктор; **naval ~** корабéльный инженéр; (*fig*) áвтор, творéц.

architectonic /ˌɑːkɪtekˈtɒnɪk/ *adj* архитектонúческий.

architectonics /ˌɑːkɪtekˈtɒnɪks/ *n* архитектóника.

architectural /ˌɑːkɪˈtektʃər(ə)l/ *adj* архитектýрный; строúтельный.

architecture /ˈɑːkɪˌtektʃə(r)/ *n* (*science, style*) архитектýра; (*fig, structure, construction*) построéние, структýра.

architrave /ˈɑːkɪˌtreɪv/ *n* (*archit*) архитрáв.

archival /ɑːˈkaɪv(ə)l/ *adj* архúвный.

archive /ˈɑːkaɪv/ *n* (*also in pl; also comput*) архúв.
● *vt* помеІщáть, -стúть в архúв; архивúровать (*impf, pf*).

archivist /ˈɑːkɪvɪst/ *n* архивáриус.

archness /ˈɑːtʃnɪs/ *n* лукáвство.

arctic /ˈɑːktɪk/ *n*: **the A~** Áрктика.
● *adj* арктúческий; **A~ Circle** Сéверный полЯрный круг; **A~ Ocean** Сéверный Ледовúтый океáн; (*very cold*) ледянóй, студёный.

ardent /ˈɑːd(ə)nt/ *adj* (*fervent*) горЯчий, пы́лкий; (*passionate*) стрáстный; (*zealous*) рéвностный.

ardour /ˈɑːdə(r)/ (*US* **ardor**) *n* жар, пыл, рвéние.

arduous /ˈɑːdjʊəs/ *adj* (*difficult*) тЯжкий; тяжёлый; **an ~ ascent** трýдный подъём; **an ~ road** тяжёлая дорóга.

arduousness /ˈɑːdjʊəsnɪs/ *n* трýдность.

are /ɑː, ə/ *2nd pers sg pres and pl pres of* ⇒**be**

area /ˈeərɪə/ *n* **1** (*measurement*) плóщадь; **what is the ~ of this triangle?** каковá плóщадь этого треугóльника?; **a room 12 square metres in ~** кóмната плóщадью в 12 м² (= 12 квадрáтных мéтров). **2** (*defined or designated space*) плóщадь; **the ~ under cultivation** посевнáя плóщадь; **landing ~** посáдочная площáдка; **training ~** полигóн; (*expanse*) прострáнство; **vast ~s of forest** обúрные леснЫе прострáнства; (*portion*) учáсток; **a small ~ of skin was affected** был поражён небольшóй учáсток кóжи. **3** (*region, tract, zone*) райóн, край, зóна; **residential ~** жилóй райóн; **depressed ~** райóн экономúческой депрéссии; **wheat-growing ~** плóщадь под пшенúцей; **sterling ~** стéрлинговая зóна; **~ (*regional*) studies** страновéдение. **4** (*scope, range*) размáх; (*sphere*) óбласть, сфéра; **in the ~ of research** в óбласти исслéдования; **broad ~s of**

agreement соглашéние по широкому кругу вопрóсов.

arena /əˈriːnə/ *n* (*lit, fig*) арéна; **he entered the political ~** он вступи́л на полити́ческую арéну.

arête /æˈret/ *n* óстрый гребéнь горы́.

argentiferous /ˌɑːdʒənˈtɪfərəs/ *adj* серебронóсный.

Argentina /ˌɑːdʒənˈtiːnə/ *n* (*also* **the Argentine**) Аргенти́на.

Argentin|e /ˈɑːdʒənˌtaɪn, -ˌtiːn/, **-ian** /ˌɑːdʒənˈtɪnɪən/ *n* аргенти́н|ец (*fem* -ка).

● *adj* аргенти́нский.

argon /ˈɑːɡɒn/ *n* аргóн.

argot /ˈɑːɡəʊ/ *n* аргó (*indecl*), жаргóн.

arguable /ˈɑːɡjʊəb(ə)l/ *adj* **1** (*open to argument*) спóрный. **2** (*demonstrable by argument*) доказу́емый; **it is ~ that ...** есть основáния полагáть, что...; мóжно утверждáть, что....

argue /ˈɑːɡjuː/ *vt* (**argues, argued, arguing**) **1** (*discuss*) обсу|ждáть, -ди́ть; (*debate*) дебати́ровать (*impf*); спóрить (*impf*) о + *p*; **let's not ~ the point** давáйте об э́том не спóрить. **2** (*contend*) докáзывать (*impf*); **he ~d that the money should be shared** он докáзывал, что дéньги слéдует раздели́ть; **it was ~d that ...** утверждáлось, что.... **3** (*speak in support of*) докáзывать (*impf*), отстáивать (*impf*); **he ~d his case eloquently** он красноречи́во отстáивал свою́ тóчку зрéния. **4**: **~ s.o. into sth** убе|ждáть, -ди́ть (*когó в чём-н.*); **he ~d me into accepting the decision** он убеди́л меня́ приня́ть решéние; **~ s.o. out of sth** отгов|áривать, -ори́ть (*когó от чегó-н.*).

● *vi* **1** (*debate*; *disagree*; *quarrel*) спóрить (*impf*); препирáться (*impf*); (*object*) возражáть (*impf*); **get dressed and don't ~!** одевáйся — и не спорь!; **they ~d over who should drive** они́ спóрили, кому́ вести́ маши́ну. **2** (*give reasons*) прив|оди́ть, -ести́ дóводы, выступáть, вы́ступить (**against:** прóтив + *g*; **for, in favour of:** в защи́ту + *g*, за + *a*).

● *with advs*: **~ away** осп|áривать, -óрить; **one cannot ~ away the fact that ...** невозмóжно оспóрить тот факт, что...; **~ out: let's ~ the matter out** давáйте обсу́дим вопрóс доскона́льно.

argument /ˈɑːɡjʊmənt/ *n* **1** (*reason*) аргумéнт; дóвод; **it's an ~ for staying at home** э́то дóвод в пóльзу тогó, чтóбы остáться дóма. **2** (*process of reasoning*) аргументáция; **the ~ ran as follows** аргументáция былá таковá. **3** (*discussion, debate*) спор; **a heated ~ took place** разгорéлся жáркий спор; **who won the ~?** кто победи́л в спóре?; **a matter of ~** спóрный вопрóс; **have an ~ over, about** спóрить (*impf*) о + *p*.

argumentation /ˌɑːɡjʊmenˈteɪʃ(ə)n/ *n* (*reasoning*) аргументáция; (*debate*) спор.

argumentative /ˌɑːɡjʊˈmentətɪv/ *adj* сварли́вый.

argy-bargy /ˌɑːdʒɪˈbɑːdʒɪ/ *n* (*Br coll*) перепáлка.

aria /ˈɑːrɪə/ *n* áрия.

arid /ˈærɪd/ *adj* (*of soil etc.*) сухóй, пересóхший; (*of climate*; *lit, fig*) (*dry*) сухóй; (*barren*) бесплóдный.

aridity /əˈrɪdɪtɪ/ *n* (*lit*) засу́шливость; (*lit, fig*) су́хость; бесплóдность.

Aries /ˈeəriːz/ *n* (*pl* ~) Овéн; **she's (an) Aries** онá — Овéн.

aright /əˈraɪt/ *adv* прáвильно.

arise /əˈraɪz/ *vi* (*past* **arose;** *pp* **arisen** /əˈrɪz(ə)n/) **1** (*lit, get up; stand up*) вст|авáть, -ать; (*lit, fig, rise*) восст|авáть, -áть; (*from the dead*) воскр|есáть, -éснуть. **2** (*fig, come into being*) возн|икáть, -и́кнуть; **if the need should ~** éсли возни́кнет необходи́мость; **the question arose** возни́к вопрóс; **a shout arose from the crowd** из толпы́ раздáлся крик.

aristocracy /ˌærɪˈstɒkrəsɪ/ *n* аристокрáтия.

aristocrat /ˈærɪstəˌkræt/ *n* аристокрáт.

aristocratic /ˌærɪstəˈkrætɪk/ *adj* аристократи́ческий.

arithmetic /əˈrɪθmətɪk/ *n* арифмéтика.

arithmetical /ˌærɪθˈmetɪk(ə)l/ *adj* арифмети́ческий.

ark /ɑːk/ *n* ковчéг; **Noah's ~** Нóев ковчéг; **A~ of the Covenant** ковчéг завéта.

arm[1] /ɑːm/ *n* **1** (*of person*) рукá; **with a book under his ~** с кни́гой под мы́шкой; **he offered her his ~** он предложи́л ей ру́ку; **within ~'s reach** под рукóй; **he broke his ~** он сломáл ру́ку; **he kept me at ~'s length** он держáл меня́ на расстоя́нии; **~ in ~** пóд руку; **twist s.o.'s ~** (*fig, coerce*) выкру́чивать, вы́крутить ру́ки кому́-н.; **with open ~s** (*lit, fig*) с распростёртыми объя́тиями; **fold one's ~s** сложи́ть (*pf*) ру́ки; **infant in ~s** младéнец; **take s.o. in one's ~s** заключ|áть, -и́ть когó-н. в объя́тия; **he gathered the books (up) in his ~s** он собрáл кни́ги в охáпку. **2** (*of object*): **~ of a garment** рукáв; **~ of a chair** ру́чка крéсла; **~ of the sea** зали́в; **~ of a crane** стрелá. **3** (*of organization*) подразделéние. **4** (*fig, reach*): **the (long) ~ of the law** (карáющая) рукá закóна.

● *cpds* **~band** *n* нарукáвная повя́зка; **~chair** *n* крéсло; **~hole** *n* прóйма; **~pit** *n* подмы́шка; **under one's ~pit** (*position*) под мы́шкой; (*motion*) под мы́шку; **~rest** *n* подлокóтник.

arm[2] /ɑːm/ *n* **1** (*mil, force*): **air ~** вое́нно-возду́шные си́лы (*f pl*). **2** (*in pl, weapons*) ору́жие; **small ~s** стрелкóвое ору́жие; **~s race** гóнка вооружéний; **under ~s** под ружьём; **take up ~s** брáться, взя́ться за ору́жие; **bear ~s** носи́ть (*impf*) ору́жие; **lay down one's ~s** (*lit, fig*) склáдывать, сложи́ть ору́жие; **they were up in ~s** (*fig*) они́ взбунтовáлись. **3** (*heraldry*): **(coat of) ~s** герб.

● *vt* вооруж|áть, -и́ть; (*equip*) снаб|жáть, -ди́ть; **~ o.s.** (*lit, fig*) вооруж|áться, -и́ться; **~ed forces** вооружённые си́лы.

● *vi* вооруж|áться, -и́ться.

armada /ɑːˈmɑːdə/ *n* армáда.

armadillo /ˌɑːməˈdɪləʊ/ *n* (*pl* **~s**) армади́лл; броненóсец.

Armageddon /ˌɑːməˈɡed(ə)n/ *n* (*fig*) решáющее сражéние.

armament /ˈɑːməmənt/ *n* (*also in pl, weapons; military equipment*) вооружéние; **~ factory** воéнный завóд.

armature /ˈɑːməˌtjʊə(r)/ *n* (*elec*) я́корь (*m*), броня́ (кáбеля).

Armenia /ɑːˈmiːnɪə/ *n* Армéния.

Armenian /ɑːˈmiːnɪən/ *n* **1** (*person*) арм|яни́н (*fem* -я́нка). **2** (*language*) армя́нский язы́к.

● *adj* армя́нский.

armful /ˈɑːmfʊl/ *n* охáпка.

armistice /ˈɑːmɪstɪs/ *n* переми́рие.

armless /ˈɑːmlɪs/ *adj* безру́кий.

armlet /ˈɑːmlɪt/ *n* (*band*) нарукáвная повя́зка; нарукáвник.

armor /ˈɑːmə(r)/ (*US*) = **armour**

armored /ˈɑːməd/ (*US*) = **armoured**

armorer /ˈɑːmərə(r)/ (*US*) = **armourer**

armorial /ɑːˈmɔːrɪəl/ *adj* геральди́ческий, гéрбовый; **~ bearings** герб.

armory /ˈɑːmərɪ/ (*US*) = **armoury**

armour /ˈɑːmə(r)/ (*US* **armor**) *n* (*for body*) доспéхи (*m pl*); **he wore (a suit of) ~** он был в доспéхах; (*of plant or animal*) пáнцирь (*m*); (*of vehicle, ship etc.*) броня́; (*coll, armoured vehicles*) бронетéхника.

● *vt* брони́ровать (*impf, pf*).

● *cpds* **~-bearer** *n* оруженóсец; **~-clad, ~-plated** *adjs* брони́рованный; **~ plate** *n* бронева́я плитá.

armoured /ˈɑːməd/ (*US* **armored**) *adj* брони́рованный, броненóсный; **~ car** бронеавтомоби́ль (*m*), бронемаши́на; **~ column** бронетáнковая колóнна; **~ concrete** железобетóн; **~ corps** тáнковый кóрпус; **~ cruiser** броненóсный крéйсер; **~ division** тáнковая диви́зия; **~ glass** бронестеклó, арми́рованное стеклó; **~ train** бронепóезд.

armourer /ˈɑːmərə(r)/ (*US* **armorer**) *n* оружéйник, оружéйный мáстер.

armoury /ˈɑːmərɪ/ (*US* **armory**) *n* арсенáл.

army /ˈɑːmɪ/ *n* áрмия; **he served in the regular ~** он служи́л в регуля́рных частя́х; **join the ~** идти́, пойти́ в áрмию; **~ command** комáндование áрмии; **Salvation A~** Áрмия спасéния; (*fig, large number*) áрмия; мнóжество; (*attr*) армéйский; **~ chaplain** капеллáн, армéйский свящéнник; **~ corps** армéйский кóрпус; **~ general** генерáл áрмии.

arnica /ˈɑːnɪkə/ *n* áрника.

aroma /əˈrəʊmə/ *n* аромáт.

aromatherapist /əˌrəʊməˈθerəpɪst/ *n* ароматерапéвт.

aromatherapy /əˌrəʊməˈθerəpɪ/ *n* ароматерапи́я.

a

aromatic /ˌærəˈmætɪk/ *adj* (*smell*) аромáтный; (*substance*) ароматѝческий.

arose /əˈrəʊz/ *past of* ⇒**arise**

around /əˈraʊnd/ (*see also* ⇒**round**) *adv* вокрýг; кругóм; **all ~** повсю́ду; **from all ~** отовсю́ду; **for miles ~** на мѝли вокрýг; **they were standing ~** онѝ стоя́ли поблѝзости; **hang ~** болтáться (*impf*); **he's been ~** (*coll*) он видáл вѝды; он человéк бывáлый; **he travels ~** он мнóго путешéствует; **computers have been ~ for quite a long time** компью́теры извéстны довóльно дóлгое врéмя; **this singer has been ~ for 30 years** э́тот певéц ужé 30 лет поёт.
● *prep* **1** (*encircling*) вокрýг + *g*; кругóм + *g*; **they stood ~ the table** онѝ стоя́ли вокрýг столá; **the path goes ~ the garden** дорóжка огибáет сад; **his arm was ~ her waist** он обнимáл её за тáлию.
2 (*over*): **he walked ~ the town** он бродѝл по гóроду; **he looked ~ the house** он осмотрéл дом.
3 (*in the vicinity of*) óколо + *g*.
4 (*in various parts of*): **the child played ~ the house** ребёнок игрáл по всемý дóму; **he stayed ~ the house** он не выходѝл ѝз дому.
5 (*approximately*) óколо + *g*; приблизѝтельно.

arousal /əˈraʊz(ə)l/ *n* пробуждéние.

arouse /əˈraʊz/ *vt* (*awaken from sleep*) будѝть, раз-; (*fig*) пробу|ждáть, -дѝть; возбу|ждáть, -дѝть; **his interest was ~d** у негó пробудѝлся интерéс; **my suspicions were ~d** у меня́ возникли подозрéния; **she ~d everyone's sympathy** онá вы́звала у всех сочу́вствие; (*stimulate sexually*) возбу|ждáть, -дѝть.

arpeggio /ɑːˈpedʒɪəʊ/ *n* (*pl* **~s**) арпéджио (*indecl*).

arrack /ˈærək/ *n* арáк; рѝсовая вóдка.

arraign /əˈreɪn/ *vt* (*bring to trial*) привл|екáть, -éчь к судý; (*accuse*) обвин|я́ть, -ѝть.

arraignment /əˈreɪnmənt/ *n* привлечéние к судý; обвинéние.

arrang|e /əˈreɪndʒ/ *vt* **1** (*put in order*) прив|одѝть, -естѝ в поря́док; **she was ~ing flowers** она расставля́ла цветы́; **I must ~e my hair** мне нáдо сдéлать причёску.
2 (*put in a certain order*; *group*) распол|агáть, -ожѝть; расст|авля́ть, -áвить; **~ed in alphabetical order** располóженный в алфавѝтном поря́дке; **he ~ed books on the shelves** он расстáвил кнѝги по пóлкам; (*draw up in line*) выстрáивать, вы́строить.
3 (*settle*) улá|живать, -дить.
4 (*organize*) устр|áивать, -óить; организóв|ывать, -áть; (*prepare*; *plan in advance*) подгот|áвливать, -óвить; организóв|ывать, -áть; налá|живать, -дить; **it was an ~ed marriage** их сосвáтали.
5 (*mus*) аранжѝровать (*impf, pf*).
● *vi* догов|áриваться, -орѝться; усл|áвливаться, -óвиться; **I ~ed with my friend to go to a concert** мы с дрýгом договорѝлись пойтѝ на концéрт; **I have ~ed for somebody to meet him at the station** я распорядѝлся, чтóбы егó встрéтили на стáнции.

arrangement /əˈreɪndʒmənt/ *n* **1** (*setting in order*) приведéние в поря́док. **2** (*specific order*) расположéние. **3** (*in pl, planning, preparation*) мéры (*f pl*), приготовлéния (*nt pl*); **make ~s for** организóв|ывать, -áть; устр|áивать, -óить. **4** (*agreement, understanding*) соглашéние, договорённость; **they came to an ~** онѝ пришлѝ к соглашéнию/договорённости; **we made ~s to meet** мы договорѝлись встрéтиться. **5** (*mus*) аранжирóвка.

arranger /əˈreɪndʒə(r)/ *n* (*mus*) аранжирóвщик.

arrant /ˈærənt/ *adj* (*literary*) (*thief, coward*) отъя́вленный; (*rudeness, hypocrisy*) сýщий; **~ nonsense** сýщий вздор; **an ~ fool** набѝтый дурáк.

array /əˈreɪ/ *n* **1** (*order*): **in battle ~** в боевóм поря́дке. **2** (*display*) мнóжество. **3** (*dress, apparel*) облачéние, одея́ние.
● *vt* **1** (*place in order or line*) выстрáивать, вы́строить; **the troops were ~ed for battle** войскá бы́ли вы́строены в боевóм поря́дке. **2** (*set out, display*) выставля́ть, вы́ставить.
3 (*adorn*) укр|ашáть, -áсить; **she was ~ed in all her finery** онá облачѝлась в сáмое лýчшее; (*deck out, dress*) од|евáть, -éть.

arrears /əˈrɪəz/ *n pl* (*of payment*) задóлженность; просрóчка; **~ of rent** задóлженность по квартплáте; **fall into ~** (*of person*) просрóчи|вать, -ть платёж.

arrest /əˈrest/ *n* **1** (*seizure*; *law, apprehension*) арéст; **place under ~** сажáть, посадѝть под арéст; **be under ~** сидéть (*impf*) под арéстом; **you are under ~!** вы арестóваны; **he was put under ~** егó арестовáли; **the police made several ~s** полѝция произвелá нéсколько арéстов. **2** (*stoppage*): **cardiac ~** (*med*) остановка сéрдца.
● *vt* **1** (*apprehend*) арестóв|ывать, -áть; (*fig, seize*): **~ s.o.'s attention** прикóв|ывать, -áть чьё-н. внимáние.
2 (*check*) задéрж|ивать, -áть; **~ed development** замéдленное развѝтие; (*stop*) приостан|áвливать, -овѝть; **inflation has been ~ed** инфля́ция приостанóвлена.

arresting /əˈrestɪŋ/ *adj* (*striking*) захвáтывающий; прикóвывающий внимáние.

arrhythmic /eɪˈrɪðmɪk/ *adj* аритмѝчный.

arrière-pensée /ˌærjerpɑ̃ˈseɪ/ *n* зáдняя мысль.

arrival /əˈraɪv(ə)l/ *n* **1** (*act or moment of arriving*) прибы́тие; **on his ~** по егó прибы́тии; **on the ~ of the train** по прибы́тии пóезда; **'to await ~'** «остáвить до прибы́тия адресáта»; (*of person etc. on foot*) прихóд; (*of person by vehicle*) приéзд; (*by air*) прилёт.
2 (*person or thing*): **new ~** нóвое пополнéние; (*baby*) новорождённый.
3: **~ at a decision** приня́тие решéния; **~ at an agreement** достижéние соглашéния.

arrive /əˈraɪv/ *vi* **1** (*reach destination*) приб|ывáть, -ы́ть; (*of persons on foot; also fig*) при|ходѝть, -йтѝ; (*by land transport*) при|езжáть, -éхать; (*by air*) прилет|áть, -éть. **2**: **~ at a decision/conclusion** приходѝть, прийтѝ к решéнию/заключéнию. **3** (*of time*) наступ|áть, -ѝть.

arrogance /ˈærəgəns/ *n* высокомéрие, надмéнность.

arrogant /ˈærəgənt/ *adj* высокомéрный, надмéнный.

arrogate /ˈærəˌgeɪt/ *vt* (*claim*) присв|áивать, -óить себé; **he ~d to himself the right** он присвóил себé прáво.

arrogation /ˌærəˈgeɪʃ(ə)n/ *n* необоснóванная претéнзия, присвоéние.

arrow /ˈærəʊ/ *n* стрелá; (*as symbol or indicator*) стрéлка.
● *cpds* **~head** *n* наконéчник/остриё стрелы́; **~root** *n* (*cul*) аррорýт; **~-shaped** *adj* стреловѝдный.

arrhythmia /eɪˈrɪðmɪə/ *n* (*med*) аритмѝя.

arse /ɑːs/ (*US* **ass**) *n* (*vulg*) жóпа (*vulg*).
● *cpds* **~hole** *n* (*person*) засрáн|ец (*fem* -ка); **~-licker** *n* жополѝз.

arsenal /ˈɑːsən(ə)l/ *n* (*lit, fig*) арсенáл.

arsenic /ˈɑːsənɪk/ *n* мышья́к.
● *adj* (*also* **~al**) мышьякóвый.

arson /ˈɑːs(ə)n/ *n* поджóг.

arsonist /ˈɑːsənɪst/ *n* поджигáтель (*m*) (*fem* -ница).

art /ɑːt/ *n* **1** (*skill, craft*) искýсство; **the ~ of war** воéнное искýсство; **a work of ~** произведéние искýсства; **mechanical, useful ~s** ремёсла (*nt pl*); **black ~** чёрная мáгия.
2 (*esp in pl*) (*device, trick*) улóвки (*f pl*); **there's an ~ to making an omelette** приготóвить омлéт — тóже искýсство.
3 (*decorative*) искýсство; **fine ~s** изя́щные/изобразѝтельные искýсства; **applied ~s** приклáдные искýсства; **~ deco** ар декó; **~ nouveau** стиль модéрн; **he prefers ~ to music** он предпочитáет изобразѝтельное искýсство мýзыке; **~ school** худóжественное учѝлище; **~ gallery** картѝнная галерéя; **~ critic** искусствовéд.
4 (*in pl, humanities*) гуманитáрные наýки (*f pl*); **Bachelor of Arts** бакалáвр гуманитáрных наýк.
● *cpd* **~work** *n* иллюстратѝвный материáл.

artefact /ˈɑːtɪˌfækt/ (*US* **artifact**) *n* худóжественное издéлие; (*sth small or of little historical/cultural interest*) подéлка.

artel /ɑːˈtel/ *n* артéль.

arterial /ɑːˈtɪərɪəl/ *adj* **1** (*anat*) артериáльный. **2**: **~ road** магистрáльная дорóга; магистрáль.

arteriosclerosis /ɑːˌtɪərɪəʊsklɪəˈrəʊsɪs/ *n* артериосклерóз.

artery /ˈɑːtərɪ/ *n* (*anat*) артéрия; (*road*) магистрáль.

artesian /ɑːˈtiːzɪən, -ʒ(ə)n/ *adj* артезиа́нский.

artful /ˈɑːtfʊl/ *adj* хи́трый.

artfulness /ˈɑːtfʊlnɪs/ *n* хи́трость.

arthritic /ɑːˈθrɪtɪk/ *n* больн|о́й (*fem* -а́я) артри́том.
● *adj* артри́тный; **an ~ old woman** стару́ха, страда́ющая артри́том.

arthritis /ɑːˈθraɪtɪs/ *n* артри́т.

Arthurian /ɑːˈθjʊrɪən/ *adj*: **~ romances** рома́ны Арту́рова ци́кла.

artichoke /ˈɑːtɪˌtʃəʊk/ *n* артишо́к; **Jerusalem ~** земляна́я гру́ша.

article /ˈɑːtɪk(ə)l/ *n* **1** (*item*) предме́т; (*manufactured*) изде́лие; **~ of clothing** предме́т оде́жды; **~ of food** пищево́й проду́кт; (*of trade*) това́р; **consumer ~s** потреби́тельские това́ры (*m pl*). **2** (*clause etc. of document*) статья́; пункт, пара́граф; **~ of faith** до́гмат ве́ры. **3** (*piece of writing*) статья́; **leading ~** передови́ца, передова́я (статья́). **4** (*gram*): **(in)definite ~** (не)определённый арти́кль. **5** (*in pl, period of training*) срок учени́чества.

articulate[1] /ɑːˈtɪkjʊlət/ *adj* (*of speech*) членоразде́льный; (*of thoughts*) отчётливый; (*of person*) чётко выража́ющий свои́ мы́сли.

articulate[2] /ɑːˈtɪkjʊˌleɪt/ *vt* **1** (*ideas*) я́сно выража́ть, вы́разить; (*speech*) отчётливо произн|оси́ть, -ести́. **2** (*connect by joints*) свя́з|ывать, -а́ть; соедин|я́ть, -и́ть; **~d lorry** (*Br*) грузови́к с прице́пом; автопо́езд.
● *vi*: **he ~s well** у него́ хоро́шая артикуля́ция.

articulation /ɑːˌtɪkjʊˈleɪʃ(ə)n/ *n* (*of ideas*) я́сное выраже́ние; (*of speech*) артикуля́ция; произноше́ние; (*jointing*) сочлене́ние.

artifact /ˈɑːtɪˌfækt/ (*US*) = **artefact**

artifice /ˈɑːtɪfɪs/ *n* хи́трость.

artificial /ˌɑːtɪˈfɪʃ(ə)l/ *adj* (*not natural*) иску́сственный; **~ respiration** иску́сственное дыха́ние; **~ insemination** иску́сственное оплодотворе́ние; **~ intelligence** иску́сственный интелле́кт; (*feigned*) притво́рный.

artificiality /ˌɑːtɪfɪʃɪˈælɪtɪ/ *n* иску́сственность.

artillery /ɑːˈtɪlərɪ/ *n* артилле́рия; (*attr*) артиллери́йский.
● *cpd* **~man** *n* (*pl* **~men**) артиллери́ст.

artiness /ˈɑːtɪnɪs/ *n* (*coll*) прете́нзия, претенцио́зность.

artisan /ˌɑːtɪˈzæn, ˈɑː-/ *n* реме́сленн|ик (*fem* -ица).

artist /ˈɑːtɪst/ *n* **1** (*practiser of art*) худо́жн|ик (*fem* -ица). **2** (*performer*) арти́ст (*fem* -ка).

artiste /ɑːˈtiːst/ *n* арти́ст (*fem* -ка); профессиона́льный музыка́нт, танцо́р *и т. п.*

artistic /ɑːˈtɪstɪk/ *adj* (*person*) худо́жественный; (*character, appearance*) артисти́ческий; (*work*) артисти́ческий, артисти́чный; **~ gymnastics** спорти́вная гимна́стика.

artistry /ˈɑːtɪstrɪ/ *n* артисти́чность, мастерство́.

artless /ˈɑːtlɪs/ *adj* (*unskilled*) неиску́сный; (*ingenuous*) простоду́шный; (*natural*) безыску́сственный.

artlessness /ˈɑːtlɪsnɪs/ *n* неиску́сность; простоду́шие; безыску́сственность.

arty /ˈɑːtɪ/ *adj* (**artier, artiest**) (*coll*) вы́чурный; претенцио́зно-боге́мный.
● *cpd* **~-farty** /ˈfɑːtɪ/ *adj* претенцио́зный.

arum /ˈeərəm/ *n* а́рум, аро́нник; **~ lily** (*Br*) ка́лла.

Aryan /ˈeərɪən/ *n* ари́|ец (*fem* -йка).
● *adj* ари́йский.

as /æz, əz/ *pron* кото́рый; **such men ~ knew him** те, кото́рые зна́ли его́.
● *adv & conj* **1** (*expressing comparison or conformity*) как; **~ I was saying** как я говори́л; **do ~ follows** де́лайте сле́дующее; **do it ~ follows** де́лайте э́то так (*or* вот как *or* сле́дующим о́бразом); **such countries ~ Spain** таки́е стра́ны, как Испа́ния; **the same ~ …** то же са́мое, что…; **~ heavy ~ lead** тяжёлый, как свине́ц; **he is ~ clever ~ she** он так же умён, как она́; **he is ~ kind ~ he is rich** он и добр, и бога́т; **I am ~ tall ~ he** мы с ним одного́ ро́ста; **walk ~ fast ~ you can** иди́те как мо́жно быстре́е; **~ quickly ~ possible** как мо́жно скоре́е; **just ~** так же, как; **~ usual** как всегда́; **we are late ~ it is** мы и так опа́здываем; **~ things are, you cannot go** положе́ние дел таково́, что вы не мо́жете идти́; **he is tall, ~ are his brothers** как и его́ бра́тья, он высо́кого ро́ста; **he pictured the room ~ it would be** он представля́л себе́, како́й бу́дет ко́мната; **~ it were** так сказа́ть; как бы; **~ you were!** (*mil*) отста́вить!; **he arranged matters so ~ to suit everyone** он организова́л всё так, что́бы э́то всех устра́ивало; **~ a man sows, so shall he reap** что посе́ешь, то и пожнёшь; **he was not so foolish ~ to say …** он был не так глуп, что́бы сказа́ть…; **so ~ to** (*expressing purpose*) что́бы; (*expressing manner*) так, что́бы; **that's ~ may be** поло́жим; мо́жет быть и так; **~ well ~ may be** как мо́жно лу́чше.
2 (*expressing capacity or category*) как; **I regard him ~ a fool** я счита́ю его́ дурако́м; **his appointment ~ colonel** присвое́ние ему́ зва́ния полко́вника; **~ your guardian, I …** как ваш опеку́н, я…; **he appeared ~ Hamlet** он вы́ступил в ро́ли Га́млета; **~ a rule** как пра́вило; **I said it ~ a joke** я сказа́л э́то в шу́тку; **I recognized him ~ the new tenant** я узна́л в нём но́вого жильца́.
3 (*concessive*): **young** (*US* **~ young**) **~ I am** хоть я и мо́лод; **much ~ I should like to** как бы мне ни хоте́лось; **try ~ he would** как он ни стара́лся.
4 (*temporal*) когда́; пока́, в то вре́мя как; **(just) ~ I reached the door** когда́ я подошёл к две́ри; **~ I was going** пока́ я шёл.
5 (*causative*) так как, поско́льку; **~ you are ready, let us begin** поско́льку вы уже́ гото́вы, дава́йте начнём.
6 (*in proportion* **~**) по ме́ре того́, как.
7 (*various*): **~ far ~ I know** наско́лько мне изве́стно; **he walked ~ far ~ the station** он дошёл до ста́нции; **~ far back ~ 1920** ещё/уже́ в 1920 году́; **~ for you** что каса́ется вас; **~ from January** (*Br*) начина́я с января́; **the work is ~ good ~ done** рабо́та всё равно́ что сде́лана; **he was ~ good ~ his word** он сдержа́л своё сло́во; **be so good ~ to tell me** бу́дьте добры́, скажи́те мне; **~ if/though** бу́дто (бы); как бу́дто (бы); **he talks ~ if he were the boss** он говори́т, как бу́дто он нача́льник; **he made ~ if to go** он собра́лся бы́ло уходи́ть; **it is not ~ if I was poor** не то, что́бы я был бе́ден (*for further examples see also* ⇨**if** *conj* **1**); **I will stay ~ long ~ you want me** я пробу́ду (сто́лько), ско́лько вы захоти́те; **keep it ~ long ~ you like** держи́те э́то (сто́лько), ско́лько вам уго́дно; **~ much ~ …** сто́лько, ско́лько…; **~ much ~ to say** как бы говоря́; **I thought ~ much!** так я и ду́мал!; **no one so much ~ looked at us** на нас никто́ да́же не посмотре́л; **~ of this moment** в да́нный моме́нт; **~ regards** что каса́ется + *g*; относи́тельно + *g*; **~ soon ~** как то́лько; **I would just ~ soon go** я предпочёл бы пойти́; **the drawings ~ such** рису́нки как таковы́е; рису́нки са́ми по себе́; **~ though** бу́дто (бы); как бу́дто (бы); **~ to** (*regarding*) что каса́ется + *g*; **he enquired ~ to the date** он спра́вился о да́те; **he said nothing ~ to when he would come** он ничего́ не сказа́л насчёт того́, когда́ он придёт; **~ well** (*in addition*) та́кже, то́же; **he came ~ well ~ John** и он, и Джон пришли́; **you might ~ well help me** вы могли́ бы мне помо́чь; **it is just ~ well you came** хорошо́, что вы пришли́; **~ yet** ещё; до сих пор.

asap (*abbr of* ***as soon as possible***) как мо́жно скоре́е.

asbestos /æzˈbestɒs, æs-/ *n* асбе́ст; (*attr*) асбе́стовый.

ASBO /ˈæzbəʊ/ *n* (*abbr of* ***antisocial behaviour order***) (*Br*) **1** (*civil order*) суде́бный прика́з в отноше́нии зло́стного наруши́теля обще́ственного поря́дка. **2** (*coll, offender*) хулига́н, зло́стный наруши́тель обще́ственного поря́дка.

ASBO, antisocial behaviour order — суде́бный прика́з по де́лу о (зло́стном) наруше́нии обще́ственного поря́дка

Преventíвная ме́ра охра́ны обще́ственного поря́дка и споко́йствия в Великобрита́нии. Заключа́ется в том, что в отноше́нии лица́, вино́вного в соверше́нии каки́х-либо антиобще́ственных де́йствий, судо́м выно́сится прика́з, запреща́ющий правонаруши́телю в тече́ние не́которого сро́ка повторя́ть аналоги́чные де́йствия, ли́бо проводи́ть вре́мя в компа́нии определённого кру́га лиц, ли́бо находи́ться в устано́вленных ▸▸▸

a

▸▸▸
местах. Основанием для судебного решения могут служить вандализм, приставание к прохожим, словесные оскорбления и оскорбление действием, несанкционированная расклейка объявлений, проведение шумных вечеринок и т. п. *ASBO* выносится на срок не менее двух лет. Сам по себе такой приказ не является уголовным наказанием. Однако его неисполнение влечёт за собой уголовное наказание в виде штрафа или тюремного заключения на срок до 5 лет.

В обиходном употреблении слово *ASBO* часто используется для именования самого нарушителя общественного порядка, в отношении которого судом вынесен одноимённый приказ. В этом значении слово *ASBO* ассоциируется с образом юного правонарушителя, который отрицает общепризнанные жизненные ценности, слепо следует моде и модели поведения, принятой в своей субкультурной среде, и, как правило, лишён перспектив на будущее.

ascend /ə'send/ *vt* подн|иматься, -яться по + *d* (*or* на + *a*); **he ~ed the stairs** он поднялся по лестнице; **he ~ed the mountain** он поднялся на гору; **~ the throne** всходить, взойти на престол.
● *vi* подн|иматься, -яться; восходить (*impf*); **in ~ing order of magnitude** по возрастающей степени важности/значимости.

ascend|ancy, -ency /ə'send(ə)nsɪ/ *n* власть, господство; **gain, obtain ~ over** доб|иваться, -иться власти/господства над + *i*.

ascendant /ə'send(ə)nt/ *n*: **his star is in the ~** его звезда восходит.
● *adj* (*rising*) восходящий; (*predominant*) господствующий.

ascendency /ə'send(ə)nsɪ/ = **ascendancy**

ascension /ə'senʃ(ə)n/ *n* (*act of ascending*) восхождение; (*relig*) **the A~** Вознесение; **A~ Island** остров Вознесения.

ascent /ə'sent/ *n* **1** (*rise in ground; slope*) подъём. **2** (*act of climbing or rising*) восхождение, подъём; **~ of a mountain** восхождение на гору; **they made the ~ in 5 hours** они совершили восхождение за пять часов.

ascertain /ˌæsə'teɪn/ *vt* устан|авливать, -овить; выяснять, выяснить.

ascertainable /ˌæsə'teɪnəb(ə)l/ *adj*: **it is ~** это можно установить.

ascetic /ə'setɪk/ *n* аскет.
● *adj* аскетический.

asceticism /ə'setɪˌsɪz(ə)m/ *n* аскетизм.

ASCII /'æskɪ/ (*abbr of* ***American Standard Code for Information Interchange***) Американский стандартный код для обмена информацией.

ascorbic /ə'skɔːbɪk/ *adj*: **~ acid** аскорбиновая кислота.

ascribable /ə'skraɪbəb(ə)l/ *adj* приписываемый.

ascribe /ə'skraɪb/ *vt* припис|ывать, -ать (**to:** + *d*).

asexual /eɪ'seksjʊəl, æ-/ *adj* бесполый.

ash[1] /æʃ/ *n* (*bot*) ясень (*m*); (*attr*) ясеневый.

ash[2] /æʃ/ *n* **1** (*also in pl*) зола; пепел; **he took the ~es out of the stove** он выгреб золу из печки; **this coal makes a lot of ~** от этого угля много золы; **cigarette ~** пепел; **they burnt the town to ~es** они сожгли город дотла; **A~ Wednesday** первый день Великого поста. **2** (*in pl, human remains*) прах; (*fig*) **his hopes turned to ~es** его надежды рухнули.
● *cpds* **~-blonde** *n* пепельная блондинка; **~ box, ~ pan** *nn* зольник; ящик для золы; **~can** *n* (*US*) мусорный ящик; **~tray** *n* пепельница.

ashamed /ə'ʃeɪmd/ *adj* пристыжённый; **I am, feel ~** мне стыдно; **be ~ of** стыдиться (*impf*) + *g*; **be, feel ~ for s.o.** стыдиться за кого-н.; **there's nothing to be ~ of in that** в этом нет ничего постыдного; **you ought to be ~ of yourself** как вам не стыдно!

ash|en /'æʃ(ə)n/, **-y** /'æʃɪ/ *adjs* (*ash-coloured*) пепельный; (*pale*) мертвенно-бледный.

Ashgabat /'æʃgəˌbæt/, **Ashkhabad** /ˌæʃkə'bæd/ *n* Ашхабад.

ashore /ə'ʃɔː(r)/ *adv* (*position*) на берегу; (*motion*) на берег; **go ~** сходить, сойти на берег; **put ~** высаживать, высадить на берег.

ashy /'æʃɪ/ = **ashen**

Asia /'eɪʃə, -ʒə/ *n* Азия; **~ Minor** (*peninsula*) Малая Азия.

Asia|n /'eɪʃ(ə)n, -ʒ(ə)n/ *n* азиат (*fem* -ка).
● *adj* азиатский.

Asian-American

В Америке так принято называть американцев, которые происходят из стран азиатского региона, особенно Дальнего Востока.

Asiatic /ˌeɪʃɪ'ætɪk, ˌeɪz-/ *adj* азиатский.

aside /ə'saɪd/ *n* реплика в сторону.
● *adv* (*place*) в стороне; (*motion*) в сторону; (*in reserve*) отдельно, в резерве; **joking ~** кроме шуток, шутки в сторону; **~ from** (*US*) за исключением + *g*; кроме + *g*; **take s.o. ~** отв|одить, -ести кого-н. в сторону; **set, put ~** (*reserve*) от|кладывать, -ложить.

asinine /'æsɪˌnaɪn/ *adj* (*lit, fig*) ослиный.

ask /ɑːsk/ *vt* **1** (*enquire*) спр|ашивать, -осить (*что у кого or кого о чём*); **he was ~ed his name** у него спросили фамилию; **he ~ed me the time** он спросил меня, который час; **if you ~ me ...** если хотите знать моё мнение, то...; **I ~ you!** скажите, пожалуйста!
2 (*pose*): **~ a question** зад|авать, -ать вопрос.
3 (*request permission*): **he ~ed to leave the room** он попросил разрешения выйти из комнаты; **he went off without ~ing** он ушёл не спросясь.
4 (*request*) просить, по- (*что у кого or кого о чём*); **may I ~ you a favour?** можно попросить вас об одолжении?; **I ~ed him to do it** я попросил его сделать это; (*require*) требовать, по- + *g*; **the society ~s obedience of its members** общество требует от своих членов подчинения; **if it's not too much to ~** если это вас не затруднит; *see also* ⇨**asking**.
5 (*charge*) просить, за-; **he ~ed a high price** он запросил высокую цену; **what is he ~ing for his car?** сколько он просит за свою машину?; **~ing price** запрашиваемая цена.
6 (*invite*) звать, по-; пригла|шать, -сить; **have you been ~ed?** вас (по)звали?; **why don't you ~ him in?** почему вы не пригласите его войти?; **~ a girl out** пригла|шать, -сить девушку на свидание; **we have been ~ed out to dinner** нас позвали на ужин.
● *vi* **1** (*make enquiries*) спр|ашивать, -осить (о + *p*); спр|авляться, -авиться (о + *p*); **I am going to the station to ~ about the trains** я иду на вокзал узнать расписание поездов; **she ~ed after your health** она справлялась о вашем здоровье; (**~ to see**): **I ~ed for Mr Smith** я спросил г-на Смита.
2 (*make a request*) просить, по-; **~ for help** просить, по- о помощи; **he ~ed him for a pencil** он попросил у него карандаш; **he ~ed for advice** он попросил совета; **~ for trouble** (*coll*) напрашиваться на неприятности.

askance /ə'skæns, -'skɑːns/ *adv* (*lit, fig*) косо, искоса; **he looked at me ~** он посмотрел на меня искоса.

askew /ə'skjuː/ *adv* криво, косо; **you have hung the picture ~** вы повесили картину косо.

asking /'ɑːskɪŋ/ *n*: **it is yours for the ~** вам стоит только попросить; **food was there for the ~** еды там было сколько угодно.

aslant /ə'slɑːnt/ *adv* наискось, косо.

asleep /ə'sliːp/ *pred adj* спящий; **he was sound, fast ~** он спал крепким сном; **fall ~** зас|ыпать, -нуть; **my leg is ~** я отсидел ногу; (*fig, mentally*) тупой, сонный.

AS level /eɪ'es levəl/ *n* (*abbr of* ***advanced subsidiary level***) (*Br*) экзамен в средней школе, по уровню между *GCSE* и *A level*.

AS level — advanced subsidiary level

Экзамен, занимающий промежуточное положение между **GCSE** и **A level.** Приёмные комиссии университетов приравнивают его к половине экзамена на **A level.** После окончания средней школы многие учащиеся сдают экзамены и на **AS level,** и на **A level.**

asp /æsp/ *n* аспид.

asparagus /ə'spærəgəs/ *n* спаржа; **~ bed** грядка со спаржей; **~ tips** спаржевые головки.

aspect /'æspekt/ *n* **1** (*look, appearance; expression*) вид, выражение. **2** (*fig, facet; mode of presentation*) аспект, сторона; (*point of view*) точка зрения; **have you considered the question in all its ~s?** вы рассмотрели вопрос со всех то́чек зре́ния? **3** (*outlook*) вид; (*side facing a certain direction*) сторона́; **my house has a north ~** мой дом смо́трит на се́вер. **4** (*gram*) вид.

aspen /ˈæspən/ *n* оси́на; (*attr*) оси́новый.

Asperger's syndrome /ˈæspəːdʒəz/ *n* (*med*) синдро́м Аспе́ргера (*форма аутизма*).

aspergill|um /ˌæspəˈdʒɪləm/ *n* (*pl* **~a** *or* **~ums**) (*eccl*) кропи́ло.

asperity /əˈsperɪtɪ/ *n* (*roughness*) неро́вность; (*severity*) суро́вость; (*sharpness*) ре́зкость.

aspersion /əˈspəːʃ(ə)n/ *n* (*slur*) клевета́; **cast ~s** возв|оди́ть, -ести́ клевету́ на + *a*; клевета́ть (*impf*) на + *a*.

asphalt /ˈæsfælt/ *n* асфа́льт; (*attr*) асфа́льтовый.

● *vt* асфальти́ровать (*impf, pf*), за- (*pf*).

asphodel /ˈæsfəˌdel/ *n* асфоде́ль (*m*).

asphyxia /æsˈfɪksɪə/ *n* уду́шье; асфикси́я.

asphyxiate /æsˈfɪksɪˌeɪt/ *vt* вызыва́ть, вы́звать уду́шье у + *g*; (*suffocate*) души́ть, за-; **be ~d** зад|ыха́ться, -охну́ться.

asphyxiation /æsˌfɪksɪˈeɪʃ(ə)n/ *n* уду́шье.

aspic /ˈæspɪk/ *n* заливно́е; **veal in ~** заливна́я теля́тина.

aspidistra /ˌæspɪˈdɪstrə/ *n* (*bot*) аспиди́стра.

aspirant /ˈæspɪrənt, əˈspaɪərənt/ *n* претенде́нт.

aspirate[1] /ˈæspərət/ *n* аспира́т; придыха́тельный согла́сный звук.

aspirate[2] /ˈæspəˌreɪt/ *vt* произн|оси́ть, -ести́ с придыха́нием.

aspiration /ˌæspɪˈreɪʃ(ə)n/ *n* **1** (*desire*) стремле́ние; **his ~s to, for fame** его́ стремле́ние к сла́ве. **2** (*phonetics*) придыха́ние.

aspirator /ˈæspɪˌreɪtə(r)/ *n* аспира́тор.

aspire /əˈspaɪə(r)/ *vi* стреми́ться (*impf*); **he ~s to be a leader** он стреми́тся стать ли́дером.

aspirin /ˈæsprɪn/ *n* (*pl* **~** *or* **~s**) аспири́н; (*tablet*) табле́тка аспири́на.

aspiring /əˈspaɪərɪŋ/ *adj*: **~ young musicians** честолюби́вые молоды́е музыка́нты.

ass[1] /æs/ (*donkey, lit, fig*) осёл; **~'s** *or* **~es'** (*as adj*) осли́ный; **he made an ~ of himself** он сваля́л дурака́; **he was made an ~ of** он оста́лся в дурака́х.

ass[2] /æs/ (*US vulg*) = **arse**

assagai /ˈæsəˌgaɪ/ = **assegai**

assail /əˈseɪl/ *vt* (*lit, fig*) нап|ада́ть, -а́сть на + *a*; атакова́ть (*impf, pf*); **I was ~ed by doubts** меня́ одолева́ли сомне́ния; **~ with criticism** обру́ши|ваться, -ться с кри́тикой на + *a*; **~ with questions** зас|ыпа́ть, -ы́пать вопро́сами.

assailable /əˈseɪləb(ə)l/ *adj* откры́тый для нападе́ния; (*vulnerable*) уязви́мый.

assailant /əˈseɪlənt/ *n* напада́ющ|ий (*fem* -ая).

assassin /əˈsæsɪn/ *n* уби́йца (*cg*).

assassinate /əˈsæsɪˌneɪt/ *vt* уб|ива́ть, -и́ть (по полити́ческим моти́вам).

assassination /əˌsæsɪˈneɪʃ(ə)n/ *n* полити́ческое уби́йство; (*fig*) **character ~** подры́в репута́ции.

assault /əˈsɔːlt, əˈsɒlt/ *n* (*in general*) нападе́ние; (*mil*) ата́ка, штурм, при́ступ; **carry** (*or* **take**) **by ~** брать, взять шту́рмом/при́ступом; **mount an ~** предприн|има́ть, -я́ть ата́ку; **airborne ~** вы́садка возду́шного деса́нта; **~ troops** штурмовы́е ча́сти; **~ boat/craft** деса́нтный ка́тер; штурмова́я ло́дка; (*law*): **~ and battery** оскорбле́ние де́йствием; **indecent ~** оскорбле́ние де́йствием на сексуа́льной по́чве.

● *vt* нап|ада́ть, -а́сть на + *a*; (*mil*) атакова́ть (*impf, pf*); (*storm*) штурмова́ть (*impf*); (*law*) оскорб|ля́ть, -и́ть де́йствием.

assay /əˈseɪ, ˈæseɪ/ *n* (*test*) испыта́ние; (*analysis*) ана́лиз.

● *vt* (*test*) испы́т|ывать, -а́ть; (*analyse*) анализи́ровать (*impf, pf*).

ass|egai /ˈæsɪˌgaɪ/, **-agai** *n* дро́тик.

assemblage /əˈsemblɪdʒ/ *n* **1** (*also* **assembly:** *bringing or coming together*) собира́ние, сбор. **2** (*collection*) собра́ние, скопле́ние. **3** (*putting together*) сбо́рка.

assemble /əˈsemb(ə)l/ *vt* (*gather together*) соб|ира́ть, -ра́ть; (*call together*) соз|ыва́ть, -ва́ть; (*tech, fit together*) монти́ровать, с-.

● *vi* соб|ира́ться, -ра́ться.

assembly /əˈsemblɪ/ *n* **1** (*assembling*) = **assemblage** *n* **1**. **2** (*company of persons*) собра́ние; (*school*) **~ hall** а́ктовый зал; **unlawful ~** незако́нное сбо́рище. **3** (*pol*) собра́ние; ассамбле́я. **4** (*mil*) сбор; **~ area** райо́н сбо́ра. **5** (*of machine parts*) сбо́рка; **~ line** сбо́рочный конве́йер; **~ shop** сбо́рочный цех; **~ worker** сбо́рщик.

assent /əˈsent/ *n* согла́сие; **the Royal ~** короле́вская са́нкция.

● *vi* согла|ша́ться, -си́ться (*с чем or на что*).

assert /əˈsəːt/ *vt* **1** (*declare; affirm*) утвер|жда́ть, -ди́ть; заяв|ля́ть, -и́ть. **2** (*stand up for*) отст|а́ивать, -оя́ть; **~ one's rights** отст|а́ивать, -оя́ть свои́ права́; **~ o.s.** самоутвер|жда́ться, -ди́ться.

assertion /əˈsəːʃ(ə)n/ *n* **1** (*statement*) утвержде́ние. **2** (*defence*) отста́ивание.

assertive /əˈsəːtɪv/ *adj* (*self-assured*) самоуве́ренный; (*dogmatic*) догмати́ческий; (*insistent*) насто́йчивый.

assess /əˈses/ *vt* **1** (*estimate value of; appraise; also fig*) оце́н|ивать, -и́ть. **2** (*determine amount of*) определ|я́ть, -и́ть су́мму/разме́р + *g*; **damages were ~ed at £10,000** убы́тки оцени́ли в 10 000 фу́нтов.

assessment /əˈsesmənt/ *n* (*valuation*) оце́нка; (*for taxation*) определе́ние; (*sum to be levied*) су́мма обложе́ния.

assessor /əˈsesə(r)/ *n* **1** (*of taxes, property etc.*) нало́говый чино́вник. **2** (*law, adviser*) экспе́рт(-консульта́нт).

asset /ˈæset/ *n* **1** (*advantage; useful quality*) це́нность; **knowledge of French is an ~ in this job** зна́ние францу́зского языка́ осо́бенно це́нно для э́той рабо́ты. **2** (*in pl, fin: possessions with money value*) акти́вы; (*on balance sheet*): **~s and liabilities** акти́в и пасси́в; **current ~s** теку́щие акти́вы; **fixed ~s** недви́жимое иму́щество; **liquid ~s** ликви́дные акти́вы; **personal ~s** ли́чное/дви́жимое иму́щество.

asseverate /əˈsevəˌreɪt/ *vt* торже́ственно заяв|ля́ть, -и́ть.

asseveration /əˌsevəˈreɪʃ(ə)n/ *n* торже́ственное заявле́ние.

assiduity /ˌæsɪˈdjuːɪtɪ/ *n* прилежа́ние; усе́рдие.

assiduous /əˈsɪdjʊəs/ *adj* приле́жный; усе́рдный.

assign /əˈsaɪn/ *vt* **1** (*task*) возл|ага́ть, -ожи́ть; пору́ч|а́ть, -и́ть; (*person*) назн|ача́ть, -а́чить; (*resources*) предназн|ача́ть, -а́чить; **the task was ~ed to me** на меня́ возложи́ли зада́чу. **2** (*ascribe*) припи́с|ывать, -а́ть; **they could ~ no cause to the fire** они́ не могли́ установи́ть причи́ну пожа́ра. **3** (*law, transfer*) перед|ава́ть, -а́ть; переусту́п|а́ть, -и́ть.

assignable /əˈsaɪnəb(ə)l/ *adj* припи́сываемый.

assignation /ˌæsɪgˈneɪʃ(ə)n/ *n* **1** (*of person*) назначе́ние; (*of resources*) предназначе́ние; (*of task*) поруче́ние. **2** (*illicit meeting*) та́йное свида́ние. **3** (*law, transfer*) переда́ча, переусту́пка.

assignee /ˌæsaɪˈniː/ *n* **1** (*person empowered to act for another*) уполномо́ченный. **2** (*law*) правопрее́мник.

assignment /əˈsaɪnmənt/ *n* **1** (*allotment*) (*of person*) назначе́ние; (*of resources*) предназначе́ние; (*of task*) поруче́ние. **2** (*task, duty*) поруче́ние; зада́ние; (*involving journey*) командиро́вка; (*schoolwork*) зада́ние. **3** (*fin, transfer*) переда́ча, переусту́пка.

assimilate /əˈsɪmɪˌleɪt/ *vt* (*absorb by digestion etc., and fig*) ассимили́ровать (*impf, pf*); усв|а́ивать, -о́ить; **the immigrants were quickly ~d** иммигра́нты бы́стро ассимили́ровались; **new ideas take time to be ~d** но́вые иде́и прививаю́тся не сра́зу.

● *vi* ассимили́роваться (*impf, pf*).

assimilation /əˌsɪmɪˈleɪʃ(ə)n/ *n* (*physiol, ling*) ассимиля́ция; (*of knowledge etc.*) усвое́ние.

assist /əˈsɪst/ *vt* (*help*) пом|ога́ть, -о́чь + *d*; (*cooperate with*) соде́йствовать (*impf, pf*) + *d*; **she was ~ed to her feet by a passer-by** прохо́жий помо́г ей подня́ться на́ ноги.

● *vi* (*take part*) прин|има́ть, -я́ть уча́стие; (*be present*) прису́тствовать (*impf*).

assistance /əˈsɪstəns/ *n* по́мощь; соде́йствие; **he rendered valuable ~** он оказа́л це́нную по́мощь; **can you come to my ~?** вы мо́жете мне помо́чь?; **may I be of ~?** могу́ я чём-нибудь помо́чь?

a

assistant /əˈsɪst(ə)nt/ *n* помóщни|к (*fem* -ца); ассистéнт (*fem* -ка); **~ manager** заместúтель завéдующего; **~ professor** ≈ доцéнт; (*Br, in shop*) продав|éц (*fem* -щúца).

assize /əˈsaɪz/ *n* (*usu in pl*) судéбное заседáние; выезднáя сéссия судá присяжных.

associate[1] /əˈsəʊʃɪət, -sɪət/ *n* **1** (*colleague*) коллéга (*cg*), товáрищ; (*in business*) партнёр; **his ~s in crime** егó сообщники в преступлéнии. **2** (*of a society*) член óбщества.
● *adj* (*closely connected*) свя́занный; (*united*) объединённый; **~ member** непóлный член; (*of Academy of Sciences*) член-корреспондéнт; **~ editor** помóщник редáктора.

associate[2] /əˈsəʊʃɪ,eɪt, -sɪ,eɪt/ *vt* соедин|я́ть, -úть; свя́з|ывать, -áть; (*esp psychol*) ассоцийровать (*impf, pf*); **his name was ~d with the cause of reform** егó ймя ассоцийровалось с реформáторской дéятельностью; **~ o.s. with** присоедин|я́ться, -úться к + *d*.
● *vi* водúться (*impf*), общáться (*impf*) (*with* с + *i*).

association /ə,səʊsɪˈeɪʃ(ə)n/ *n* **1** (*uniting; joining*) объединéние; соединéние. **2** (*consorting*) общéние. **3** (*connection; bond*) связь; ассоциáция; **~ of ideas** мы́сленная ассоциáция. **4** (*group*) ассоциáция, óбщество; (*union*) сою́з; **A~ Football** футбóл.

assonance /ˈæsənəns/ *n* ассонáнс; непóлная рúфма.

assorted /əˈsɔːtɪd/ *adj* (*varied*) разнообрáзный; **~ chocolates** (шоколáдное) ассортú (*indecl*); (*matched*): **an ill-~ couple** неподходя́щая пáра.

assortment /əˈsɔːtmənt/ *n* (*mixture*) ассортимéнт; (*set*) набóр; **an ~ of books** вы́бор книг.

assuage /əˈsweɪdʒ/ *vt* (*soothe*) успок|áивать, -óить; (*alleviate*) смягч|áть, -úть; (*appetite etc.*) утол|я́ть, -úть.

assum|e /əˈsjuːm/ *vt* **1** (*take on*) прин|имáть, -я́ть; **he ~ed command** он прúнял комáндование; **I ~e full responsibility** я принимáю на себя́ пóлную отвéтственность; **~e control of** брать, взять на себя́ управлéние/ руковóдство + *i*. **2** (*feign*) напус|кáть, -тúть на себя́; **he ~ed a new name** он взял себé нóвое ймя; **he went under an ~ed name** он был извéстен под вымышленным úменем; **she ~ed an air of indifference** онá напустúла на себя́ равнодýшный вид. **3** (*suppose*) предпол|агáть, -ожúть; допус|кáть, -тúть; **let us ~e that …** допýстим, что…; **~ing that …** при услóвии, что… .

assumption /əˈsʌmpʃ(ə)n/ *n* **1** (*taking on*) принятие (на себя́); **his ~ of power** егó прихóд к влáсти. **2** (*pretence*): **~ of indifference** притвóрное равнодýшие. **3** (*supposition*) предположéние; допущéние; **on the ~ that …** исходя́ из тогó, что…; éсли допустúть, что…; **you are making a dangerous ~** вы дéлаете опáсное предположéние. **4** (*eccl*): **the A~** Успéние.

assurance /əˈʃʊərəns/ *n* **1** (*act of assuring; promise; guarantee*) заверéние, уверéние; **have I your ~ of this?** вы мóжете за э́то поручúться?; **I give you my ~ that you will get the money** могý вас завéрить, что вы получите дéньги. **2** (*confidence*) увéренность (в себé). **3** (*Br, insurance*) страховáние; **life ~ company** óбщество по страховáнию жúзни.

assure /əˈʃʊə(r)/ *vt* **1** (*ensure*) обеспéчи|вать, -ть; **~ o.s. of sth** обеспéчи|вать, -ть себé что-н.; **he is ~d of a steady income** емý обеспéчен постоя́нный дохóд. **2** (*assert confidently*) ув|еря́ть, -éрить; зав|еря́ть, -éрить; **I can ~ you of this** (я) могý вас в э́том увéрить; **you may rest ~d that …** мóжете быть увéрены, что… .

assuredly /əˈʃʊərɪdlɪ/ *adv* несомнéнно.

Assyria /əˈsɪrɪə/ *n* Ассúрия.

aster /ˈæstə(r)/ *n* áстра.

asterisk /ˈæstərɪsk/ *n* (*typ*) звёздочка.
● *vt* отм|ечáть, -éтить звёздочкой.

astern /əˈstɜːn/ *adv* (*behind ship*) за кормóй; (*on ship*) на кормé; (*of motion*) назáд; **full speed ~** пóлный ход назáд; **~ of** позадú + *g* (*or* за кормóй + *g*).

asteroid /ˈæstə,rɔɪd/ *n* астерóид.

asthma /ˈæsmə/ *n* áстма.

asthmatic /æsˈmætɪk/ *n* астмáтик.
● *adj* (*pertaining to asthma*) астматúческий; (*suffering from asthma*) страдáющий áстмой.

astigmatic /,æstɪgˈmætɪk/ *adj* астигматúческий.

astigmatism /əˈstɪgmə,tɪz(ə)m/ *n* астигматúзм.

astir /əˈstɜː(r)/ *pred adj* (*out of bed*) на ногáх; (*agog*) взбудорáженный.

astonish /əˈstɒnɪʃ/ *vt* пора|жáть, -зúть; изум|ля́ть, -úть; **be ~ed at** пора|жáться, -зúться + *d*; изум|ля́ться, -úться + *d*; **I was ~ed to learn …** я поразúлся, узнáв…; **his success was ~ing** он имéл поразúтельный успéх.

astonishment /əˈstɒnɪʃmənt/ *n* изумлéние; **he cried out in ~** он вскрúкнул от изумлéния; **to my ~** к моемý изумлéнию.

astound /əˈstaʊnd/ *vt* изум|ля́ть, -úть; пора|жáть, -зúть; **he had an ~ing memory** у негó былá поразúтельная пáмять; **I was ~ed at the difference** меня́ поразúла рáзница.

astraddle /əˈstræd(ə)l/ *adv* широкó расстáвив нóги.
● *prep*: **~ a motorbike** верхóм на мотоцúкле.

astrakhan /,æstrəˈkæn/ *n* (*lambskin*) карáкуль (*m*); (*attr*) карáкулевый.

astral /ˈæstr(ə)l/ *adj* звёздный; астрáльный; **~ body** астрáльное тéло.

astray /əˈstreɪ/ *pred adj & adv*: **go ~** (*lit, miss one's way*) заблудúться (*pf*); (*fig*) сб|ивáться, -úться с путú; **lead ~** (*fig*) сб|ивáть, -ить с путú (úстинного).

astride /əˈstraɪd/ *adv* (*on animal*) верхóм; (*with legs apart*) расстáвив нóги.
● *prep*: **~ a horse** верхóм на лóшади; **~ his father's knee** на колéнях у отцá.

astringency /əˈstrɪndʒ(ə)nsɪ/ *n* вя́жущее свóйство; (*fig*) сурóвость.

astringent /əˈstrɪndʒ(ə)nt/ *n* вя́жущее срéдство.
● *adj* вя́жущий; (*fig*) сурóвый.

astrolabe /ˈæstrə,leɪb/ *n* астроля́бия.

astrologer /əˈstrɒlədʒə(r)/ *n* астрóлог.

astrological /,æstrəˈlɒdʒɪk(ə)l/ *adj* астрологúческий.

astrology /əˈstrɒlədʒɪ/ *n* астролóгия.

astronaut /ˈæstrə,nɔːt/ *n* астронáвт, космонáвт.

astronautics /,æstrəˈnɔːtɪks/ *n* астронáвтика, космонáвтика.

astronomer /əˈstrɒnəmə(r)/ *n* астронóм.

astronomical /,æstrəˈnɒmɪk(ə)l/ *adj* (*lit, fig*) астрономúческий.

astronomy /əˈstrɒnəmɪ/ *n* астронóмия.

astrophysicist /,æstrəʊˈfɪzɪsɪst/ *n* астрофúзик.

astrophysics /,æstrəʊˈfɪzɪks/ *n* астрофúзика.

astute /əˈstjuːt/ *adj* **1** (*shrewd*) проницáтельный. **2** (*cunning, smart*) хвáткий, лóвкий.

astuteness /əˈstjuːtnɪs/ *n* **1** проницáтельность. **2** хвáткость, лóвкость.

asunder /əˈsʌndə(r)/ *adv* **1** (*separated*) пóрознь, врозь; (*far apart*) далекó друг от дрýга. **2** (*into pieces*) на кускú, на чáсти; **tear ~** (*lit*) раз|рывáть, -орвáть на чáсти; (*fig, of persons*) разлуч|áть, -úть.

asylum /əˈsaɪləm/ *n* **1** (*sanctuary*) прию́т; (*place of refuge*) убéжище; **political ~** политúческое убéжище. **2** (*mental home*) сумасшéдший дом.
● *cpd* **~ seeker** *n* претендéнт (*fem* -ка) на получéние (политúческого) убéжища.

asymmetrical /,eɪsɪˈmetrɪk(ə)l, æsɪ ˈmetrɪk(ə)l/ *adj* асимметрúчный, асимметрúческий.

asymmetry /eɪˈsɪmɪtrɪ, æˈsɪmɪtrɪ/ *n* асимметрия.

at /æt, *unstressed* ət/ *prep* **1** (*denoting place*) в/на + *p*; (*near, by*) у + *g*, при + *p*; **~ the university** в университéте; **~ No. 10** в дóме (нóмер) дéсять (*or* № 10); **~ home** дóма; **~ sea** (*lit*) в мóре; **~ school** в шкóле; **~ the station** на вокзáле/стáнции; **~ the corner** на углý; **~ the fork in the road** на развúлке дорóг; **~ the concert** на концéрте; **~ that distance** на э́том расстоя́нии; **~ hand** под рукóй; **~ the piano** у роя́ля; за роя́лем; **~ the helm** у руля́; **~ my aunt's** у моéй тётки; **~ table** за столóм; **~ his feet** у егó ног; **~ the gates** у ворóт; **~ Court** при дворé; **a translator ~ the UN** перевóдчик при ООН. **2** (*denoting motion or direction; lit, fig*):

he tapped ~ the window он постучáл в окнó; **he sat down ~ the table** он сел за стол; **she fell ~ his feet** онá упáла к егó ногáм; **he arrived ~ Moscow** он прúбыл в Москвý; **he went in ~ this door** он вошёл в/чéрез э́ту дверь; **throw a stone ~** бросáть, брóсить кáмень/кáмнем в + *a*.
3 (*denoting time or order*): **~ night** нóчью; **~ present** в настоя́щее врéмя; **~ two o'clock** в два часá; **~ half past two** в половúне трéтьего; **~ any moment** в любóй момéнт; **~ (the age of) 15** (в вóзрасте) пятнáдцати лет; **~ his death** в момéнт егó смéрти; **~ the first attempt** с пéрвой попы́тки; **~ intervals** с переры́вами; **~ his signal** по егó сигнáлу; **~ Easter** на Пáсху; **~ dawn** на зарé; на рассвéте; **~ twilight** в сýмерки; **~ midday** в пóлдень; **~ that time** в э́то врéмя; **~ what hour?** в котóром часý?; **~ the beginning** в начáле; **~ first** сначáла; **he began ~ the beginning** он нáчал сначáла; **~ parting** при расставáнии.
4 (*of activity, state, manner, rate, etc.*): **~ work** на рабóте; за рабóтой; **good ~ languages** спосóбный к языкáм; **~ war** в состоя́нии войны́; **~ peace** в мúре; **~ a gallop** галóпом; **~ one blow** одним удáром; **~ a sitting** в одúн присéст; **~ 60 mph** со скóростью шестьдеся́т миль в час; **~ full speed** на пóлной скóрости; **~ my expense** за мой счёт; **estimate ~** оцéн|ивать, -úть в + *a*; **~ best** в лýчшем слýчае; **~ least** по крáйней мéре; **~ most** сáмое бóльшее; **~ your own risk** на ваш/свой страх и риск; **~ all** вообщé; (*with neg*) совсéм; **~ your service** к вáшим услýгам; **~ my request** по моéй прóсьбе; **~ that** (*moreover*) к томý же; **~ first sight** с пéрвого взгля́да; **~ a reduced price** по сни́женной ценé; **~ fifty pence a pound** по пятьдеся́т пéнсов за фунт; **~ a high rate of interest** под большúе процéнты; **~ a high remuneration** за большóе вознаграждéние.
5 (*of cause*): **be impatient ~ the delay** волновáться (*impf*) из-за задéржки; **delighted ~** в востóрге от + *g*; **he was amazed ~ what he heard** он был поражён услы́шанным; **he was angry ~ this suggestion** э́то предложéние егó рассердúло.
● *cpd* **~-home** *n* приём гостéй, звáный вéчер; **~ sign** *n* (*symbol* @) собáка (*знак* @).

atavism /ˈætəˌvɪz(ə)m/ *n* атавúзм.

atavistic /ˌætəˈvɪstɪk/ *adj* атавистúческий.

ate /et, eɪt/ *past of* ⇒**eat**

atelier /əˈtelɪˌeɪ, ˈætəˌljeɪ/ *n* ателье́ (*indecl*).

atheism /ˈeɪθɪˌɪz(ə)m/ *n* атеúзм.

atheist /ˈeɪθɪɪst/ *n* атеúст (*fem* -ка).

atheistic /ˌeɪθɪˈɪstɪk/ *adj* атеистúческий.

Athens /ˈæθɪnz/ *n* Афи́н|ы (*pl, g* —).

atherosclerosis /ˌæθəˌrəʊsklɪəˈrəʊsɪs/ *n* атеросклерóз.

athlete /ˈæθliːt/ *n* спортсмéн (*fem* -ка); **~'s foot** грибкóвое заболевáние ног.

athletic /æθˈletɪk/ *adj* атлетúческий.

athletics /æθˈletɪks/ *n* атлéтика.

athwart /əˈθwɔːt/ *adv* кóсо, поперёк. ● *prep* поперёк + *g*; чéрез + *a*; (*fig, in opposition to*) вопрекú + *d*.

Atlantic /ətˈlæntɪk/ *n*: **the ~** Атланти́ческий океáн; **North ~ Treaty Organization (NATO)** Североатлантúческий сою́з (НÁТО). ● *adj* атлантúческий.

Atlas /ˈætləs/ *n*: **~ Mountains** Атлáсские гóры (*f pl*).

atlas /ˈætləs/ *n* áтлас.

ATM (*abbr of* ***Automated Teller Machine***) *n* банкомáт.

atmosphere /ˈætməsˌfɪə(r)/ *n* (*lit, fig*) атмосфéра; (*fig*) обстанóвка.

atmospheric /ˌætməsˈferɪk/ *adj* атмосфéрный.

atmospherics /ˌætməsˈferɪks/ *n* атмосфéрные помéхи (*f pl*).

atoll /ˈætɒl/ *n* атóлл.

atom /ˈætəm/ *n* áтом; **split the ~** расщеп|ля́ть, -úть áтом; **~ bomb** áтомная бóмба; (*fig*) **not an ~ of strength** ни кáпли сúлы.

atomic /əˈtɒmɪk/ *adj* áтомный; **~ bomb** áтомная бóмба; **~ energy/power** áтомная энéргия; **~ number** áтомное числó; **~ pile/reactor** áтомный котёл/реáктор; **~ warfare** áтомная войнá; **~ weight** áтомный вес.

atomization /ˌætəmaɪˈzeɪʃ(ə)n/ *n* (*of liquid*) распылéние; (*of solid*) измельчéние.

atomize /ˈætəˌmaɪz/ *vt* распыл|я́ть, -úть; измельч|áть, -úть.

atomizer /ˈætəˌmaɪzə(r)/ *n* (*spray*) пульверизáтор, распылúтель (*m*).

atonal /eɪˈtəʊn(ə)l/ *adj* атонáльный.

atone /əˈtəʊn/ *vi*: **~ for** искуп|áть, -úть; **he ~d for his crimes** он искупúл свой преступлéния.

atonement /əˈtəʊnmənt/ *n* искуплéние; **Day of A~** Сýдный день.

atop /əˈtɒp/ *adv* & *prep* наверхý; на вершúне (+ *g*).

atremble /əˈtremb(ə)l/ *adv* дрожá.

atrium /ˈeɪtrɪəm/ *n* (*pl* **atriums** *or* **atria**) áтриум.

atrocious /əˈtrəʊʃəs/ *adj* (*brutal, wicked*) злодéйский, звéрский; (*very bad*) ужáсный.

atrocit|y /əˈtrɒsɪtɪ/ *n* злодея́ние, звéрство; **many ~ies were committed** бы́ло совершенó мнóго звéрств; (*hideous object*) ýжас.

atroph|y /ˈætrəfɪ/ *n* атрофúя. ● *vt* & *i* атрофúровать(ся) (*impf, pf*); **~ied muscles** атрофúрованные мы́шцы.

atropine /ˈætrəˌpiːn, -pɪn/ *n* атропúн.

attaboy /ˈætəˌbɔɪ/ *int* (*coll*) молодéц!

attach /əˈtætʃ/ *vt* **1** (*fasten*) прикреп|ля́ть, -úть; (*by tying*) привя́з|ывать, -áть; (*by sticking*) приклéи|вать, -ть; (*document, letter*) прил|агáть, -ожúть; **~ a seal** прил|агáть, -ожúть печáть; **the ~ed document** прилагáемый докумéнт; (*comput*) вклáдывать, вложúть; присоедин|я́ть, -úть.
2 (*fig, of person*) присоедин|я́ть, -úть; (*appoint*) назн|ачáть, -áчить.
3: **~ o.s. to** присоедин|я́ться, -úться к + *d*.
4 (*assign*) прид|авáть, -áть; (*ascribe*) припи́с|ывать, -áть; **he ~es much importance to this visit** он придаёт большóе значéние э́тому визúту; **~ blame to** возл|агáть, -ожúть винý на + *a*.
5 (*of affection*): **she is very ~ed to her brother** онá óчень привя́зана к своемý брáту; **I am ~ed to this necklace** э́то ожерéлье мне óчень дóрого.
● *vi* **~ to** (*inhere in*): **the responsibility that ~es to this position** отвéтственность, свя́занная с э́той дóлжностью; **no blame/suspicion ~es to him** на негó не пáдает винá/подозрéние.

attaché /əˈtæʃeɪ/ *n* атташé (*m indecl*); **cultural ~** атташé по вопрóсам культýры; **military ~** воéнный атташé; **~ case** дипломáт.

attachment /əˈtætʃmənt/ *n* **1** (*action*) прикреплéние, привя́зывание, приклéивание; (*part attached*) пристáвка; (*comput*) (*document*) вложéние, влóженный файл, ат(т)áчмент. **2** (*affection*) привя́занность; **form an ~ for** привя́зываться, привязáться к + *d*; (*devotion*) прéданность. **3** (*law*): **~ of property** наложéние арéста на имýщество.

attack /əˈtæk/ *n* **1** нападéние; (*mil*) атáка, нападéние; **make an ~ on** атаковáть (*impf, pf*); **we went into the ~** мы пошлú в атáку; **our troops were under ~** нáши войскá бы́ли атакóваны.
2 (*fig, criticism*) напáд|ки (*pl, g* -ок); **you will be open to ~ on all sides** вас бýдут атаковáть со всех сторóн.
3 (*of illness*) прúступ; припáдок; **he had a heart ~** с ним случúлся сердéчный прúступ.
4 (*mus*) атáка.
● *vt* **1** (*lit, fig*) нап|адáть, -áсть на + *a*; атаковáть (*impf, pf*); обрýши|ваться, -ться на + *a*; **he was ~ed by a lion** на негó напáл лев; **he was ~ed in the press** егó атаковáли в печáти.
2 (*of illness*) пора|жáть, -зúть.
3 (*harm*) повре|ждáть, -дúть + *d*; (*of chemical action*) разъ|едáть, -éсть.
4 (*a task etc.*) набр|áсываться, -óситься на + *a*.
● *vi*: **the enemy ~ed** враг брóсился/пошёл в атáку.

attacker /əˈtækə(r)/ *n* нападáющий; (*mil*) атакýющий.

attain /əˈteɪn/ *vt* (*also* **~ to**) (*reach; gain; accomplish*) дост|игáть, -úгнуть (*or* -úчь) + *g*; доб|ивáться, -úться + *g*; **our ends were ~ed** мы добúлись своегó.

attainable /əˈteɪnəb(ə)l/ *adj* достижúмый.

attainment /əˈteɪnmənt/ *n* (*attaining*) достижéние; (*acquisition*) приобретéние; (*accomplishment*): **linguistic ~s** лингвистúческие познáния.

a

attar /ˈætɑː(r)/ *n*: **~ of roses** ро́зовое ма́сло.

attempt /əˈtempt/ *n* **1** (*effort*) попы́тка; **they made no ~ to escape** они́ не сде́лали попы́тки убежа́ть; **at the first ~** с пе́рвой попы́тки. **2** (*assault*) покуше́ние; **an ~ was made on his life** на его́ жизнь покуша́лись; **an ~ will be made on Everest this summer** э́тим ле́том бу́дет сде́лана попы́тка подня́ться на Эвере́ст. **3**: **~ at**: **her ~ at producing a meal** плод её тще́тных кулина́рных стара́ний.
● *vt* (*try; try to do*) пыта́ться, по-; **~ed theft** попы́тка воровства́; **he was charged with ~ed murder** его́ обвини́ли в покуше́нии на уби́йство.

attend /əˈtend/ *vt* **1** (*be present at*) прису́тствовать (*impf*) на + *p*; **the concert was well ~ed** конце́рт собра́л большо́е коли́чество зри́телей; **~ school** посеща́ть (*impf*) шко́лу. **2** (*lit, fig; accompany*) сопровожда́ть (*impf*); **he ~ed the queen** он сопровожда́л короле́ву; **the venture was ~ed with risk** предприя́тие бы́ло сопряжено́ с ри́ском. **3** (*serve professionally*) уха́живать (*impf*) за + *i*; **three nurses ~ed him** за ним уха́живали три медсестры́; **he was ~ed by Dr Smith** его́ лечи́л до́ктор Смит.
● *vi* **1** (*be present*) прису́тствовать (*impf*). **2** (*direct one's mind*) удел|я́ть, -и́ть внима́ние + *d*; обра|ща́ть, -ти́ть внима́ние на + *a*; (*listen carefully*): **~ to what I am saying** слу́шайте меня́ внима́тельно; **you are not ~ing** вы не слу́шаете. **3**: **~ to** (*take care of, look after*) следи́ть (*impf*) за + *i*; забо́титься, по- о + *p*; (*deal with*) зан|има́ться, -я́ться + *i*; **he ~s to the education of his own children** он сам занима́ется образова́нием свои́х дете́й; **she ~ed to the children** она́ присма́тривала за детьми́; **~ to one's duties** исполня́ть (*impf*) свои́ обя́занности; **~ to one's correspondence** занима́ться (*impf*) свое́й перепи́ской; **~ to s.o.'s needs** забо́титься, по- о чьих-н. ну́ждах; **are you being ~ed to?** (*in shop*) вас (уже́) обслу́живают?; **I have things to ~ to** у меня́ есть дела́.

attendance /əˈtend(ə)ns/ *n* **1** (*presence*) прису́тствие; (*number of visits or of those present*) посеща́емость; **there was a high, large ~ at church today** сего́дня в це́ркви бы́ло мно́го наро́ду; (*body of persons present*) аудито́рия, пу́блика. **2**: **in ~** (*present*) прису́тствующий; **the police were not in ~** поли́ция отсу́тствовала; (*accompanying*) **the queen with the prince in ~** короле́ва в сопровожде́нии при́нца. **3** (*service to*) обслу́живание; **he dances ~ on her** он хо́дит перед ней/не́ю на за́дних ла́пках.

attendant /əˈtend(ə)nt/ *n* (*servant*) слуга́ (*m*); (*in museum, car park*) служи́тель (*m*); (*one who waits upon another*) обслу́живающее лицо́; (*one who accompanies another*) сопровожда́ющее лицо́; **medical ~** врач.
● *adj* (*circumstances, problems*) сопу́тствующий; (*nurse, aide*) сопровожда́ющий; (*present*) прису́тствующий; (*serving*) обслу́живающий.

attender /əˈtendə(r)/ *n*: **he is a regular ~ at church** он регуля́рно хо́дит в це́рковь.

attention /əˈtenʃ(ə)n/ *n* **1** (*heed*) внима́ние; **pay/give ~ to** обра|ща́ть, -ти́ть внима́ние на + *a*; **pay** (or **devote**) **much/little ~ to** удел|я́ть, -и́ть мно́го/ма́ло внима́ния + *d*; **pay ~!** бу́дьте внима́тельны!; **direct/draw ~ to** привл|ека́ть, -е́чь внима́ние к + *d*; **(for the) ~ (of)** (*on letters etc.*) на рассмотре́ние + *g*. **2** (*mil command*) сми́рно!; (*posture*) **stand to ~** стоя́ть (*impf*) сми́рно; **he came to ~** он при́нял сто́йку сми́рно. **3** (*care*) ухо́д; **he was given immediate medical ~** ему́ была́ ока́зана неме́дленная медици́нская по́мощь. **4** (*courtesy*) внима́ние, внима́тельность; (*thoughtfulness*) забо́тливость.
● *cpd* **~ deficit disorder** *n* синдро́м наруше́ния внима́ния.

attentive /əˈtentɪv/ *adj* **1** (*heedful*) внима́тельный; **~ to detail** внима́тельный к дета́лям **2** (*thoughtful, solicitous*) забо́тливый.

attentiveness /əˈtentɪvnɪs/ *n* внима́тельность; забо́тливость.

attenuate /əˈtenjʊˌeɪt/ *vt* (*weaken*) ослабля́ть, осла́бить.

attenuation /əˌtenjʊˈeɪʃ(ə)n/ *n* ослабле́ние.

attest /əˈtest/ *vt* (*certify*) удостов|еря́ть, -е́рить; (*bear witness to*) свиде́тельствовать, за-; (*confirm*) подтвер|жда́ть, -ди́ть.
● *vi* **~ to** свиде́тельствовать (*impf*) о + *p*.

attestation /ˌæteˈsteɪʃ(ə)n/ *n* засвиде́тельствование, удостовере́ние, подтвержде́ние.

attic /ˈætɪk/ *n* манса́рда, черда́к.

attire /əˈtaɪə(r)/ *n* облаче́ние, одея́ние; **in night ~** в ночно́м облаче́нии.
● *vt* (*dress*) облач|а́ть, -и́ть; од|ева́ть, -е́ть; **she was ~d in white** она́ была́ вся в бе́лом.

attitude /ˈætɪˌtjuːd/ *n* **1** (*pose*) по́за; **strike an ~** прин|има́ть, -я́ть по́зу. **2** (*fig, disposition*) отноше́ние; **~ of mind** склад ума́; **what is your ~ to this book?** как вы отно́ситесь к э́той кни́ге?; **that is an odd ~ to take up** э́то стра́нный подхо́д.

attn /əˈtenʃ(ə)n/ *n* (*abbr of* ***for the attention of***) внима́нию (+ *g*).

attorney /əˈtɜːnɪ/ *n* (*pl* **~s**) (*US, lawyer*) адвока́т; (*person appointed to act for another*) пове́ренный; **power of ~** дове́ренность; **A~ General** мини́стр юсти́ции.

attract /əˈtrækt/ *vt* **1** (*of physical forces*) притя́|гивать, -ну́ть; (*fig*) привл|ека́ть, -е́чь (к себе́); **can you ~ the waiter's attention?** вы мо́жете привле́чь внима́ние официа́нта?; **his manner ~ed a good deal of criticism** его́ мане́ра держа́ть себя́ вызыва́ла нема́ло нарека́ний. **2** (*captivate*) влечь (*impf*), притя́гивать (*impf*); **he found himself ~ed to her** он почу́вствовал, что увлечён е́ю; **I am not ~ed by the idea** меня́ э́та иде́я не привлека́ет.

attraction /əˈtrækʃ(ə)n/ *n* **1** (*phys*) притяже́ние, тяготе́ние. **2** (*charm, allure*) привлека́тельность; **the ~s of a big city** собла́зны большо́го го́рода. **3** (*thing of interest*) достопримеча́тельность; (*amusement*) аттракцио́н.

attractive /əˈtræktɪv/ *adj* **1** (*phys*): **~ force** си́ла притяже́ния. **2** (*fig*) привлека́тельный; притяга́тельный; **an ~ dress** ми́лое/симпати́чное пла́тье.

attractiveness /əˈtræktɪvnɪs/ *n* привлека́тельность.

attributable /əˈtrɪbjʊtəb(ə)l/ *adj*: **his illness is ~ to drink** его́ боле́знь объясня́ется пья́нством.

attribute[1] /ˈætrɪˌbjuːt/ *n* **1** (*quality*) сво́йство; (*characteristic*) при́знак, характе́рная черта́. **2** (*accompanying feature, emblem*) атрибу́т. **3** (*gram*) определе́ние; атрибу́т.

attribute[2] /əˈtrɪbjuːt/ *vt*: **~ sth to** (*work of art, quality*) припи́с|ывать, -а́ть что-н. + *d*; (*event, result*) отн|оси́ть, -ести́ что-н. к + *d*.

attribution /ˌætrɪˈbjuːʃ(ə)n/ *n* (*ascription*) припи́сывание; отнесе́ние.

attributive /əˈtrɪbjʊtɪv/ *adj* определи́тельный; атрибути́вный.

attrition /əˈtrɪʃ(ə)n/ *n* тре́ние; истира́ние; (*fig*) истоще́ние; измо́р; **war of ~** война́ на истоще́ние.

attune /əˈtjuːn/ *vt* (*lit, fig*) настр|а́ивать, -о́ить.

atypical /eɪˈtɪpɪk(ə)l/ *adj* нетипи́чный.

aubergine /ˈəʊbəˌʒiːn/ *n* (*Br*) баклажа́н.

auburn /ˈɔːbən/ *adj* тёмно-ры́жий.

au courant /ˌəʊ kuːˈrɑ̃/ *pred adj* в ку́рсе (*чего*).

auction /ˈɔːkʃ(ə)n/ *n* аукцио́н; **~ room** аукцио́нный зал; **~ sale** аукцио́н; **put up for ~** выставля́ть, вы́ставить на аукцио́н; прод|ава́ть, -а́ть с молотка́; **the house is for sale by ~** дом продаётся с аукцио́на.
● *vt* (*also* **~ off**) прод|ава́ть, -а́ть с аукцио́на.

auctioneer /ˌɔːkʃəˈnɪə(r)/ *n* аукциони́ст.

audacious /ɔːˈdeɪʃəs/ *adj* (*bold*) сме́лый; (*daring*) отва́жный; (*impudent*) де́рзкий.

audacity /ɔːˈdæsɪtɪ/ *n* сме́лость; отва́га; де́рзость.

audibility /ˌɔːdɪˈbɪlɪtɪ/ *n* слы́шимость; вня́тность.

audible /ˈɔːdɪb(ə)l/ *adj* слы́шимый, слы́шный; (*distinct*) вня́тный.

audience /ˈɔːdɪəns/ *n* **1** (*listeners*) аудито́рия; слу́шатели (*m pl*); (*spectators*) зри́тели (*m pl*); пу́блика; **a captive ~** зри́тели/слу́шатели понево́ле; **~ participation** уча́стие аудито́рии. **2** (*hearing; interview*) аудие́нция; **he requested an ~ of the queen** он попроси́л аудие́нцию у короле́вы.

audiobook /ˈɔːdɪəʊˌbʊk/ *n* аудиокни́га.
audio cassette /ˈɔːdɪəʊ kəˈset/ *n* аудиокассе́та.
audiotape /ˈɔːdɪəʊˌteɪp/ *n* (*cassette*) аудиoплёнка.
audio typist /ˌɔːdɪəʊˈtaɪpɪst/ *n* фономаши́нистка.
audio-visual /ˌɔːdɪəʊˈvɪʒʊəl/ *adj* аудиовизуа́льный.
audit /ˈɔːdɪt/ *n* реви́зия, ауди́т.
● *vt* (**audited, auditing**) прове|ря́ть, -е́рить отчётность + *g*; ревизова́ть (*impf, pf*).
audition /ɔːˈdɪʃ(ə)n/ *n* (*listening*) слу́шание; (*theatr*) прослу́шивание, про́ба.
● *vt* прослу́ш|ивать, -ать.
auditor /ˈɔːdɪtə(r)/ *n* бухга́лтер-ревизо́р; ауди́тор.
auditori|um /ˌɔːdɪˈtɔːrɪəm/ *n* (*pl* **~ums** *or* **~a** /-rɪə/) (*where audience sits*) зри́тельный зал; (*public building*) аудито́рия, зал.
auditory /ˈɔːdɪtərɪ/ *adj* слухово́й.
au fait /əʊ ˈfeɪ/ *pred adj* в ку́рсе; осведомлённый; **~ with the situation** в ку́рсе дел.
auger /ˈɔːgə(r)/ *n* сверло́; (*woodworking tool*) бура́в.
augment /ɔːgˈment/ *vt* приумн|ожа́ть, -о́жить; увели́чи|вать, -ть; **~ed interval** (*mus*) увели́ченный интерва́л.
● *vi* увели́чи|ваться, -ться; уси́ли|ваться, -ться.
augmentation /ˌɔːgmenˈteɪʃ(ə)n/ *n* увеличе́ние; приращéние.
augmentative /ɔːgˈmentətɪv/ *adj* (*gram*) увеличи́тельный.
augur /ˈɔːgə(r)/ *n* (*hist*) авгу́р.
● *vt* (*portend*) предвеща́ть (*impf*).
● *vi* (*of things*) служи́ть (*impf*) предзнаменова́нием (+ *g*); **the exam results ~ well for his future** результа́ты его́ экза́менов — хоро́шая зая́вка на бу́дущее.
augury /ˈɔːgjʊrɪ/ *n* (*divination*) предсказа́ние; (*omen; sign*) предзнаменова́ние.
August /ˈɔːgəst/ *n* а́вгуст; (*attr*) а́вгустовский.
august /ɔːˈgʌst/ *adj* вели́чественный.
augustness /ɔːˈgʌstnɪs/ *n* вели́чественность.
auk /ɔːk/ *n* гага́рка.
aunt /ɑːnt/ *n* тётя, тётка.
aunt|ie, -y /ˈɑːntɪ/ *n* тётушка, тётенька.
au pair /əʊ ˈpeə(r)/ *n* ≈ ня́ня-иностра́нка.
aura /ˈɔːrə/ *n* (*pl* **aurae** /-riː/ *or* **auras**) (*emanation; med*) а́ура; (*atmosphere*) атмосфе́ра; **there is an ~ of tranquillity about him** от него́ ве́ет споко́йствием.
aural /ˈɔːr(ə)l/ *adj* (*pertaining to hearing*) слухово́й; **~ly** на слух; (*pertaining to the ear*) ушно́й.
aureole /ˈɔːrɪˌəʊl/ *n* (*halo*) орео́л; (*crown*) ве́нчик.
au revoir /əʊ rəˈvwɑː(r)/ *int* до свида́ния.
auricle /ˈɔːrɪk(ə)l/ *n* (*of ear*) нару́жное у́хо; (*of heart*) предсе́рдие.
aurochs /ˈɔːrɒks, ˈaʊrɒks/ *n* (*pl* **~**) зубр.
aurora /ɔːˈrɔːrə/ *n* (*pl* **auroras** *or* **aurorae** /-riː/) **1** (*poetical, dawn*) авро́ра, у́тренняя заря́. **2** (*atmospheric phenomenon*): **~ borealis/australis** се́верное/ю́жное сия́ние.
Auschwitz /ˈaʊʃvɪts/ *n* Осве́нцим.
auscultation /ˌɔːskəlˈteɪʃ(ə)n/ *n* (*med*) выслу́шивание, аускульта́ция.
auspices /ˈɔːspɪsɪz/ *n* **1** (*omens*) предзнаменова́ния (*nt pl*); **under favourable ~** при благоприя́тных усло́виях. **2** (*patronage*) покрови́тельство; эги́да; **under UN ~** под эги́дой ООН.
auspicious /ɔːˈspɪʃəs/ *adj* благоприя́тный; **on this ~ day** в э́тот знамена́тельный день.
Aussie /ˈɒzɪ, ˈɒsɪ/ (*coll*) = **Australian**
austere /ɒˈstɪə(r), ɔːˈstɪə(r)/ *adj* (**austerer, austerest**) (*lit, fig*) стро́гий, суро́вый.
austerity /ɒˈsterɪtɪ, ɔːˈsterɪtɪ/ *n* стро́гость, суро́вость; (*economy*) стро́гая эконо́мия.
Australasia /ˌɒstrəˈleɪʒə, -ʃə/ *n* Австра́лия и Океа́ния; Австра́лия и Но́вая Зела́ндия.
Australia /ɒˈstreɪlɪə/ *n* Австра́лия.
Australian /ɒˈstreɪlɪən/ *n* австрали́|ец (*fem* -йка).
● *adj* австрали́йский.
Austria /ˈɒstrɪə/ *n* А́встрия.
Austria–Hungary /ˌɒstrɪəˈhʌŋgərɪ/ *n* А́встро-Ве́нгрия.
Austrian /ˈɒstrɪən/ *n* австри́|ец (*fem* -йка).
● *adj* австри́йский.
Austro-Hungarian /ˌɒstrəʊhʌŋˈgeərɪən/ *adj* а́встро-венге́рский.
authentic /ɔːˈθentɪk/ *adj* (*genuine*) по́длинный.
authenticate /ɔːˈθentɪˌkeɪt/ *vt* удостов|еря́ть, -е́рить по́длинность + *g*.
authentication /ɔːˌθentɪˈkeɪʃ(ə)n/ *n* установле́ние/удостовере́ние по́длинности (*чего*).
authenticity /ˌɔːθenˈtɪsɪtɪ/ *n* по́длинность.
author[1] /ˈɔːθə(r)/ *n* **1** (*of specific work*) а́втор; (*writer in general*) писа́тель (*m*) (*fem* -ница). **2** (*of plan*) а́втор.
author[2] /ˈɔːθə(r)/ *vt* писа́ть, на-.
authoritarian /ɔːˌθɒrɪˈteərɪən/ *adj* авторита́рный, деспоти́ческий.
authoritative /ɔːˈθɒrɪtətɪv/ *adj* авторите́тный.
authority /ɔːˈθɒrɪtɪ/ *n* **1** (*power; right*) власть; (*legal*) полномо́чие; **~ to sign** пра́во по́дписи; **who is in ~ here?** кто здесь ста́рший/нача́льник?; **published by ~ of parliament** опублико́ванный по ука́зу парла́мента; **on one's own ~** на свою́ отве́тственность; **I did it on his ~** я э́то сде́лал по его́ поруче́нию; **who gave you ~ over me?** кто вам дал пра́во мне прика́зывать?
2 (*usu in pl: public bodies*) вла́сти (*f pl*); о́рганы (*m pl*) вла́сти; **the Atomic Energy A~** Управле́ние по а́томной эне́ргии; **he is always getting into trouble with ~** у него́ всё вре́мя неприя́тности с властя́ми.
3 (*influence, weight*) авторите́т; **carry, have ~** по́льзоваться (*impf*) авторите́том; **he speaks with ~** он говори́т авторите́тно/внуши́тельно (*or* со зна́нием де́ла).
4 (*source*) достове́рный исто́чник; **I have it on good ~** я э́то зна́ю из достове́рного исто́чника; **what is your ~ for saying so?** на основа́нии чего́ вы э́то говори́те?
5 (*expert*): **he is an ~ on Greek** он кру́пный специали́ст по гре́ческому языку́.
authorization /ˌɔːθəraɪˈzeɪʃ(ə)n/ *n* (*authorizing*) уполномо́чивание; санкциони́рование; (*sanction*) разреше́ние; са́нкция.
authorize /ˈɔːθəˌraɪz/ *vt* **1** (*give authority to*) уполномо́чи|вать, -ть. **2** (*permit; sanction*) разреш|а́ть, -и́ть; дозв|оля́ть, -о́лить; санкциони́ровать (*impf, pf*); **~d expenditure** утверждённые расхо́ды; **~d translation** авторизо́ванный перево́д.
authorship /ˈɔːθəʃɪp/ *n* а́вторство; **a manuscript of doubtful ~** ру́копись, а́втор кото́рой то́чно не устано́влен.
autism /ˈɔːtɪz(ə)m/ *n* аути́зм.
autistic /ɔːˈtɪstɪk/ *adj* аутисти́ческий; страда́ющий аути́змом.
auto /ˈɔːtəʊ/ *n* (*pl* **~s**) (*US coll*) авто́.
autobiographer /ˌɔːtəʊbaɪˈɒgrəfə(r)/ *n* автобио́граф.
autobiographical /ˌɔːtəʊˌbaɪəˈgræfɪk(ə)l/ *adj* автобиографи́ческий.
autobiography /ˌɔːtəʊbaɪˈɒgrəfɪ/ *n* автобиогра́фия.
autochthonous /ɔːˈtɒkθ(ə)nəs/ *adj* автохто́нный.
autocracy /ɔːˈtɒkrəsɪ/ *n* самодержа́вие, автокра́тия.
autocrat /ˈɔːtəˌkræt/ *n* самоде́ржец, автокра́т.
autocratic /ˌɔːtəˈkrætɪk/ *adj* самодержа́вный, автократи́ческий; (*dictatorial*) деспоти́ческий.
autocross /ˈɔːtəʊˌkrɒs/ *n* автокро́сс.
autocue /ˈɔːtəʊˌkjuː/ *n* (*Br, propr*) телесуфлёр (*светящееся табло с текстом*).
autodidact /ˈɔːtəʊˌdaɪdækt/ *n* самоу́чка; автодида́кт (*obs or literary*).
autog|iro, -yro /ˌɔːtəʊˈdʒaɪərəʊ/ *n* (*pl* **~s**) автожи́р.
autograph /ˈɔːtəˌgrɑːf/ *n* авто́граф.
● *vt* надпи́с|ывать, -а́ть; **~ed copy** экземпля́р с авто́графом.
autoimmune /ˌɔːtəʊɪˈmjuːn/ *adj* аутоимму́нный.
automata /ɔːˈtɒmətə/ *pl of* ⇒**automaton**
automate /ˈɔːtəˌmeɪt/ *vt* автоматизи́ровать (*impf, pf*).
automated /ˈɔːtəˌmeɪtɪd/ *adj* автоматизи́рованный.
automatic /ˌɔːtəˈmætɪk/ *n* (*firearm*) автомати́ческое ору́жие.
● *adj* автомати́ческий; **~ pilot** автопило́т; **~ pistol** самозаря́дный пистоле́т; **~ machine** автома́т.
automation /ˌɔːtəˈmeɪʃ(ə)n/ *n* автоматиза́ция.

a

automat|on /ɔ:'tɒmət(ə)n/ *n* (*pl* **~a** *or* **~ons**) автома́т.

automobile /'ɔ:təmə,bi:l/ *n* автомоби́ль (*m*); (*attr*) автомоби́льный.

autonomous /ɔ:'tɒnəməs/ *adj* автоно́мный.

autonomy /ɔ:'tɒnəmɪ/ *n* автоно́мия, самоуправле́ние.

autopilot /'ɔ:təʊ,paɪlət/ *n* автопило́т.

autopsy /'ɔ:tɒpsɪ/ *n* вскры́тие тру́па, аутопси́я.

auto-suggestion /,ɔ:təʊsə'dʒestʃ(ə)n/ *n* самовнуше́ние.

autumn /'ɔ:təm/ *n* о́сень; **in ~** о́сенью; (*attr*) осе́нний; **~ crocus** лугово́й шафра́н.

autumnal /ɔ:'tʌmn(ə)l/ *adj* осе́нний.

auxiliary /ɔ:g'zɪljərɪ/ *n* (*assistant*) помо́щник; (*gram*, **~ verb**) вспомога́тельный глаго́л; (*mil*) солда́т вспомога́тельных во́йск; (*in pl*) вспомога́тельные войска́.
● *adj* (*helpful*; *supporting*) вспомога́тельный; (*additional*) доба́вочный; (*in reserve*) запасно́й.

avail /ə'veɪl/ *n* (*use*) по́льза; **his entreaties were of no ~** его́ мольбы́ бы́ли безуспе́шны; **his intervention was of little ~** от его́ вмеша́тельства бы́ло ма́ло по́льзы; **to no ~** напра́сно.
● *vt* **1** (*benefit*) быть поле́зным/вы́годным + *d*; **our efforts ~ed us nothing** на́ши уси́лия ни к чему́ не привели́. **2**: **~ o.s. of** воспо́льзоваться (*pf*) + *i*.

availability /ə,veɪlə'bɪlɪtɪ/ *n* (*presence*) нали́чие; (*accessibility*) досту́пность.

available /ə'veɪləb(ə)l/ *adj* (*product*) име́ющийся в прода́же, досту́пный; **it is not ~ in your size** ва́шего разме́ра нет; **drinks were ~ all day** напи́тки продава́лись це́лый день; (*information*): **the information was not ~** информа́ция была́ недосту́пна; (*person*) свобо́дный; **are you ~ tomorrow?** вы свобо́дны за́втра?; **she's not ~** она́ занята́; **if there is money ~** е́сли есть де́ньги (в нали́чии); **he used every ~ argument** он испо́льзовал все досту́пные аргуме́нты; **make ~** предост|авля́ть, -а́вить.

avalanche /'ævə,lɑ:ntʃ/ *n* (*lit*, *fig*) лави́на.

avant-garde /,ævɑ̃'gɑ:d/ *n* авангарди́сты; (*attr*) авангарди́стский.

avarice /'ævərɪs/ *n* жа́дность.

avaricious /,ævə'rɪʃəs/ *adj* жа́дный.

Av(e). /'ævə,nju:/ *n* (*abbr of* ***avenue***) пр(осп)., проспе́кт.

avenge /ə'vendʒ/ *vt* мстить, ото- за + *a*; **she ~d her friend** она́ отомсти́ла за дру́га; **he ~d his father's death on the murderer** (*or* **he ~d himself on the murderer for his father's death**) он отомсти́л уби́йце за смерть своего́ отца́.

avenger /ə'vendʒə(r)/ *n* мсти́тель (*m*).

avenue /'ævə,nju:/ *n* **1** (*tree-lined road*) алле́я; (*wide street*) проспе́кт. **2** (*fig*, *approach*, *way*) путь (*m*); **~ to fame** путь к сла́ве; **explore every ~** испо́льзовать (*impf*, *pf*) все пути́/кана́лы.

aver /ə'vɜ:(r)/ *vt* (**averred, averring**) утвер|жда́ть, -ди́ть.

average /'ævərɪdʒ/ *n* (*mean*) сре́днее число́; **strike an ~** выводи́ть, вы́вести сре́днее число́; (*norm*) сре́днее; **above/below ~** вы́ше/ни́же сре́днего; **on (an, the) ~** в сре́днем.
● *adj* сре́дний; **the ~ age of the class is 12** сре́дний во́зраст кла́сса — двена́дцать лет; **the ~ man** сре́дний челове́к.
● *vt* & *i* **1** (*find the ~ of*) выводи́ть, вы́вести сре́днее число́ + *g*; **his salary, when ~d, was £2,000 a month** его́ сре́дняя зарпла́та соста́вила 2000 фу́нтов в ме́сяц.
2 (*amount to on ~*): **my expenses ~ £10 a day** мои́ расхо́ды составля́ют в сре́днем де́сять фу́нтов в день; (*do on ~*): **he ~s 6 hours' work a day** он рабо́тает в сре́днем шесть часо́в в день; **we ~d sixty on the motorway** мы де́лали на автостра́де в сре́днем шестьдеся́т миль в час; **it ~s out in the end** к концу́ э́то всё ура́внивается.

averse /ə'vɜ:s/ *pred adj*: **~ to** не располо́женный к + *d*; **he is ~ to coming** ему́ не хо́чется приходи́ть; **I am not ~ to a good dinner** я не про́чь хорошо́ пообе́дать.

aversion /ə'vɜ:ʃ(ə)n/ *n* (*dislike*) отвраще́ние, антипа́тия; **have an ~ to** пита́ть (*impf*) отвраще́ние к + *d*; **cats are my (pet) ~** я терпе́ть не могу́ ко́шек.

avert /ə'vɜ:t/ *vt* **1** (*turn aside*): **~ one's glance, eyes** отв|оди́ть, -ести́ взгляд; **~ one's thoughts** отвл|ека́ть, -е́чь мы́сли. **2** (*ward off*) предотвра|ща́ть, -ти́ть; **the danger has been ~ed** опа́сность предотврати́ли.

aviary /'eɪvɪərɪ/ *n* пти́чник; волье́р(а) для птиц.

aviation /,eɪvɪ'eɪʃ(ə)n/ *n* авиа́ция; (*attr*) авиацио́нный; **~ spirit** авиабензи́н.

aviator /'eɪvɪ,eɪtə(r)/ *n* авиа́тор.

aviculture /'eɪvɪ,kʌltʃə(r)/ *n* птицево́дство.

avid /'ævɪd/ *adj* жа́дный, а́лчный; **he was ~ to hear the results** он жа́ждал узна́ть результа́ты.

avidity /ə'vɪdɪtɪ/ *n* жа́дность, а́лчность.

avionics /,eɪvɪ'ɒnɪks/ *n* авиацио́нная электро́ника.

avocado /,ævə'kɑ:dəʊ/ *n* (*pl* **~s**) (**~** *pear*) авока́до (*indecl*).

avocation /,ævə'keɪʃ(ə)n/ *n* побо́чное заня́тие.

avocet /'ævə,set/ *n* шилоклю́вка.

avoid /ə'vɔɪd/ *vt* (*drive round*) объезжа́ть, объе́хать; **the car ~ed a pedestrian** маши́на объе́хала пешехо́да; (*escape*, *evade*) избе|га́ть, -жа́ть + *g*; **I could not ~ meeting him** я не мог избежа́ть встре́чи с ним; (*shun*) сторони́ться (*impf*) + *g*; **he ~s all his old friends** он сторо́нится всех свои́х ста́рых друзе́й; (*refrain from*) уклон|я́ться, -и́ться от + *g*; **she ~ed a direct answer** она́ уклони́лась от прямо́го отве́та.

avoidable /ə'vɔɪdəb(ə)l/ *adj*: **delays are ~** заде́ржек мо́жно избежа́ть; **without ~ delay** без нену́жных/изли́шних заде́ржек.

avoidance /ə'vɔɪd(ə)ns/ *n* (*of an issue*) уклоне́ние; **~ of strong drink** воздержа́ние от употребле́ния спиртно́го; **tax ~** *see* ⇨**tax**

avow /ə'vaʊ/ *vt* призн|ава́ть, -а́ть; **he is an ~ed racist** он открове́нный раси́ст; **it was his ~ed intent to emigrate** он откры́то выража́л наме́рение эмигри́ровать; **~edly** по со́бственному призна́нию.

avowal /ə'vaʊ(ə)l/ *n* призна́ние.

avuncular /ə'vʌŋkjʊlə(r)/ *adj* дя́дин; (*manner, tone*) оте́ческий; (*person*) дружелю́бный.

await /ə'weɪt/ *vt* ожида́ть (*impf*) + *g*; **~ing your reply** в ожида́нии ва́шего отве́та.

awake /ə'weɪk/ *pred adj*: **1 are you ~ or asleep?** вы спи́те и́ли нет?; **is he ~ yet?** он просну́лся?; **I've been ~ all night** я не сомкну́л глаз всю ночь; **he lay ~ thinking** он лежа́л без сна и ду́мал; **she stayed ~ till her husband came home** она́ не засыпа́ла, пока́ муж не верну́лся домо́й; **the baby was wide ~** у ребёнка сна не́ было ни в одно́м глазу́.
2 (*fig, vigilant, alert*) бди́тельный; начеку́; **we must be ~ to the possibility of defeat** пораже́ние возмо́жно, и мы не должны́ закрыва́ть на э́то глаза́.
● *vt* (*past* **awoke;** *pp* **awoken**)
1 (*rouse from sleep*) буди́ть, раз-; **I was awoken by the song of birds** меня́ разбуди́ло пе́ние птиц.
2 (*fig, inspire*): = **awaken 2**.
● *vi* (*past* **awoke;** *pp* **awoken**)
1 (*wake from sleep*) прос|ыпа́ться, -ну́ться; **he awoke to find himself famous** нау́тро он просну́лся знамени́тым.
2: **~ to** (*fig, realize*) осозн|ава́ть, -а́ть; **he awoke to the fact that ...** он осозна́л тот факт, что...

awaken /ə'weɪkən/ *vt* **1** (*lit*) = **awake** *vt* **1**. **2** (*fig, arouse, inspire*) пробу|жда́ть, -ди́ть; **his father's death ~ed him to** (*or* **~ed in him**) **a sense of responsibility** смерть отца́ пробуди́ла в нём чу́вство отве́тственности.

awakening /ə'weɪkənɪŋ/ *n* пробужде́ние; **a rude ~** (*fig*) го́рькое разочарова́ние.

award /ə'wɔ:d/ *n* (*act of ~ing*) присужде́ние; (*prize*) награ́да, приз.
● *vt* прису|жда́ть, -ди́ть (*что кому*); награ|жда́ть, -ди́ть (*кого чем*); **he was ~ed a medal** его́ награди́ли меда́лью.

aware /ə'weə(r)/ *pred adj*: **be ~ of** сознава́ть (*impf*); (*realize*) осозн|ава́ть, -а́ть; **I am well ~ of the dangers** я вполне́ созна́ю все опа́сности; **he became ~ of someone following him** он почу́вствовал, что за ним следя́т; **I was not ~ of that** я э́того не знал; **you are probably ~ that ...** вам, вероя́тно, изве́стно, что...; **I passed**

him without being ~ of it я прошёл ми́мо, не заме́тив его́.

awareness /əˈweənɪs/ *n* созна́ние.

awash /əˈwɒʃ/ *pred adj* омы́тый водо́й; **the place was ~ with champagne** шампа́нское лило́сь реко́й.

away /əˈweɪ/ *adv* **1** (*at a distance*): **the shops are ten minutes' walk ~** магази́ны нахо́дятся в десяти́ мину́тах ходьбы́ отсю́да; **the sea is only 5 miles ~ from our villa** мо́ре всего́ в пяти́ ми́лях от на́шей ви́ллы; **her mother lived half an hour ~ by bus** её мать жила́ в получа́се езды́ на авто́бусе.
2 (*not present or near*): **he is ~** он в отъе́зде; **he was ~ on leave** он был в о́тпуске; **how long have you been ~?** ско́лько (вре́мени) вас не́ было?; **we shall be ~ in July** в ию́ле нас не бу́дет; **our team are playing ~ (from home)** на́ша кома́нда игра́ет на вы́езде *or* на чужо́м по́ле *or* в гостя́х; **hold it ~ from the light** держи́те э́то пода́льше от све́та.
3 (*fig, of time or degree*): **the wedding is three weeks ~** до сва́дьбы (оста́лось) три неде́ли; **far and ~ the best** наилу́чший.
4 (*expressing continuance*): **he works ~** он рабо́тает не перестава́я; **he was talking ~ to himself** он всё вре́мя сам с собо́й разгова́ривал; **all the time the clock was ticking ~** всё э́то вре́мя часы́ ти́кали, не перестава́я.
5 (*with imperative*): **You have some questions? Ask ~, then!** У вас есть вопро́сы? Ну, спра́шивайте!
6: **right, straight ~** сейча́с; неме́дленно.
7: **~ with him!** доло́й его́!; **~ with you!** убира́йтесь!

awe /ɔ:/ *n* благогове́ние, тре́пет; **he stands in ~ of his teacher** он благогове́ет пе́ред учи́телем.
● *vt* внуш|а́ть, -и́ть (*кому*) благогове́ние/тре́пет.
● *cpds* **~-inspiring** *adj* внуша́ющий благогове́ние; **~struck** *adj* испо́лненный благогове́нием.

awesome /ˈɔ:səm/ *adj* устраша́ющий.

awful /ˈɔ:fʊl/ *adj* (*terrible*; *also coll*: *very bad, great, etc.*) ужа́сный, стра́шный; **it's an ~ shame** ужа́сно доса́дно; **an ~ lot** ужа́сно мно́го.

awfully /ˈɔ:fəlɪ, -flɪ/ *adv* ужа́сно; **~ nice** ужа́сно ми́лый; **thanks ~** огро́мное вам спаси́бо; **I'm ~ sorry** прости́те, ра́ди бо́га.

awhile /əˈwaɪl/ *adv* на не́которое вре́мя; **I shan't be ready to leave yet ~** я не смогу́ пое́хать сра́зу.

awkward /ˈɔ:kwəd/ *adj* **1** (*clumsy*) неуклю́жий, нело́вкий.
2 (*inconvenient, uncomfortable*) неудо́бный. **3** (*difficult*): **an ~ problem** ка́верзная пробле́ма; **an ~ turning** тру́дный поворо́т. **4** (*embarrassing*): **an ~ silence** нело́вкое молча́ние.
5 (*Br, of person, hard to manage*) тру́дный; **he's being ~ (about it)** он чини́т препя́тствия.

awkwardness /ˈɔ:kwədnɪs/ *n* неуклю́жесть, нело́вкость; неудо́бство.

awl /ɔ:l/ *n* ши́ло.

awning /ˈɔ:nɪŋ/ *n* наве́с; тент.

awoke /əˈwəʊk/ *past of* ⇨**awake**

awoken /əˈwəʊk(ə)n/ *pp of* ⇨**awake**

AWOL /ˈeɪwɒl/ *pred adj* (*abbr of* ***absent without leave***) в самово́льной отлу́чке.

awry /əˈraɪ/ *pred adj* криво́й; (*distorted*) искажённый.
● *adv* ко́со; (*on, to one side*) на́бок; **your tie is all ~** ваш га́лстук съе́хал на́бок; (*fig*): **things went ~** дела́ пошли́ скве́рно.

axe (*US also* **ax**) /æks/ *n* **1** (*tool*) топо́р; **I have no ~ to grind** (*fig*) у меня́ нет коры́стных побужде́ний. **2** (*coll*: *reduction of expenditure*) уре́зывание.
● *vt* (**axing**) (*fig*) (*reduce*: *budget, expenditure, staff*) уреза́ть, уре́зать; (*project*) заруб|а́ть, -и́ть; **many workers have been ~d** мно́гих рабо́чих уво́лили.

axes /ˈæksi:z/ *pl of* ⇨**axis**

axial /ˈæksɪəl/ *adj* осево́й.

axillary /ækˈsɪlərɪ/ *adj* подмы́шечный.

axiom /ˈæksɪəm/ *n* аксио́ма.

axiomatic /ˌæksɪəˈmætɪk/ *adj* аксиомати́чный.

axis /ˈæksɪs/ *n* (*pl* **axes**) ось, вал; **the A~ (powers)** (*hist*) Ось «Берли́н — Рим».

axle /ˈæks(ə)l/ *n* ось.

ayatollah /ˌaɪəˈtɒlə/ *n* аятолла́ (*m*).

ay(e) /aɪ/ *n* (*affirmative vote*) го́лос «за»; **the ~s have it** большинство́ за.
● *int* да; есть; **~ ~, Sir!** есть!

aye-aye /ˈaɪaɪ/ *n* (*zool*) а́йе-а́йе (*m indecl*).

azalea /əˈzeɪlɪə/ *n* аза́лия.

Azerbaijan /ˌæzəbaɪˈdʒɑ:n/ *n* Азербайджа́н.

Azerbaijani /ˌæzəbaɪˈdʒɑ:nɪ/ *n* (*pl* **~s**) (*person*) азербайджа́н|ец (*fem* -ка); (*language*) азербайджа́нский язы́к.
● *adj* азербайджа́нский.

azimuth /ˈæzɪməθ/ *n* а́зимут.

azoic /eɪˈzəʊɪk/ *n* (*geol*, **the A~**) архе́й(ский эо́н).
● *adj* **1** не содержа́щий органи́ческих оста́тков (*or* следо́в жи́зни). **2** (*geol*, **A~**) архе́йский.

Azores /əˈzɔ:z/ *n pl*: **the ~** Азо́рские острова́ (*m pl*).

Azov /ˈæzɒf/ *n*: **the Sea of ~** Азо́вское мо́ре.

Aztec /ˈæztek/ *n* ацте́к.
● *adj* ацте́кский.

azure /ˈæʒə(r), -zjə(r), ˈeɪ-/ *n* лазу́рь.
● *adj* лазу́рный, голубо́й.

Bb

B /biː/ *n* **1** (*mus*) си (*nt indecl*). **2** (*academic mark*) «хорошо́», четвёрка; **she got a ~ in arithmetic** она́ получи́ла «хорошо́»/четвёрку по арифме́тике.

BA (*abbr of* ***Bachelor of Arts***) бакала́вр гуманита́рных нау́к; **he has a ~ in Russian** он име́ет сте́пень бакала́вра по ру́сскому языку́.

baa /bɑː/ *n* бле́яние.
● *vi* (**baas, baaed** *or* **baa'd**) бле́ять (*impf*).

babbl|e /ˈbæb(ə)l/ *n* (*imperfect speech*) ле́пет; (*idle talk*) болтовня́; (*of water etc.*) журча́ние.
● *vt* & *i* (*speak inarticulately*) болта́ть (*impf*); лепета́ть (*impf*); (*utter trivialities*) болта́ть (*impf*); (*let out secrets*) выба́лтывать, вы́болтать; проб|а́лтываться, -олта́ться; **~ing brook** журча́щий руче́й.

babbler /ˈbæbl(ə)r/ *n* болту́н (*fem* -ья).

babe /beɪb/ *n* (*lit, fig*) младе́нец; (*US sl*) де́вушка.

babel /ˈbeɪb(ə)l/ *n* **1 the Tower of B~** Вавило́нская ба́шня. **2** (*fig*) вавило́нское столпотворе́ние.

baboon /bəˈbuːn/ *n* бабуи́н, павиа́н.

baby /ˈbeɪbɪ/ *n* **1** младе́нец; **the ~ of the family** мла́дший в семье́; **throw the baby out with the bathwater** (*fig*) вме́сте с водо́й вы́плеснуть (*pf*) и ребёнка; **they left me holding the ~** (*fig*) мне пришло́сь за них отдува́ться.
2 (*of animals etc.*) детёныш.
3 (*coll, sweetheart*) де́тка.
4 (*attr*): **~ elephant** слонёнок; **~ grand (piano)** кабине́тный роя́ль.
● *vt* обраща́ться (*impf*) (*с кем*) как с младе́нцем.
● *cpds* **~ carriage** *n* (*US*) де́тская коля́ска; **~'s breath** *n* (*bot*) качи́м мете́льчатый (*commonly known as* перекати́-по́ле); **~sit** *vi* (**~sitting;** *past and pp* **~sat**) присма́тривать (*impf*) за детьми́ в отсу́тствие роди́телей; **~sitter** *n* приходя́щая ня́ня; **~sitting** *n* присмо́тр за детьми́; **~-snatcher** *n* похити́тель(ница) дете́й; **~ talk** *n* де́тский язы́к, де́тский ле́пет; (*by adults*) сюсю́канье.

babyhood /ˈbeɪbɪhʊd/ *n* младе́нчество.

babyish /ˈbeɪbɪɪʃ/ *adj* де́тский, ребя́ческий.

Babylon /ˈbæbɪlən/ *n* Вавило́н.

Babylonian /ˌbæbɪˈləʊnɪən/ *adj* вавило́нский.

baccalaureate /ˌbækəˈlɔːrɪət/ *n* сте́пень бакала́вра.

baccarat /ˈbækəˌrɑː/ *n* баккара́ (*nt indecl*).

Bacchanalia /ˌbækəˈneɪlɪə/ *n pl* вакхана́лия.

Bacchanalian /ˌbækəˈneɪlɪən/ *adj* вакхи́ческий, вакхана́льный.

Bacchante /bəˈkæntɪ/ *n* вакха́нка.

Bacchic /ˈbækɪk/ *adj* вакхи́ческий.

Bacchus /ˈbækəs/ *n* Вакх, Ба́хус.

bachelor /ˈbætʃələ(r)/ *n* **1** холостя́к; **~ girl** «холостя́чка»; **~ pad** (*coll*) холостя́цкая кварти́ра; **~ party** (*US*) мальчи́шник. **2** (*academic*) бакала́вр.

bachelorhood /ˈbætʃələ(r)hʊd/ *n* холостя́цкая/холоста́я жизнь.

bacil|lus /bəˈsɪləs/ *n* (*pl* **~li** /-laɪ, -liː/) баци́лла.

back /bæk/ *n* **1** (*part of body*) спина́; **~ to ~** спино́й к спине́; **break one's ~** переломи́ть (*pf*) спинно́й хребе́т; **he fell on his ~** он упа́л на́ спину; **turn one's ~ on** (*lit*) отв|ора́чиваться, -ерну́ться от + *g*; (*fig*) пок|ида́ть, -и́нуть; **as soon as my ~ was turned** не успе́л я отверну́ться.
2 (*fig uses*): **behind my ~** за мое́й спино́й; **on one's ~** (*as burden*) на ше́е; **put s.o.'s ~ up** рассерди́ть (*pf*) кого́-н.; **break the ~ of a task** одоле́ть (*pf*) трудне́йшую часть зада́ния; **see the ~ of** (*get rid of*) отде́латься (*pf*) от + *g*; **with one's ~ against the wall** припёртый к сте́нке; **put one's ~ into sth** вложи́ть (*pf*) все си́лы во что-н.
3 (*of chair, dress*) спи́нка; (*of playing card*) руба́шка.
4 (*other side, rear*): **~ of an envelope** обра́тная сторона́ конве́рта; **~ of one's head** заты́лок; **~ of one's hand** ты́льная сторона́ руки́; **know sth like the ~ of one's hand** знать (*impf*) что-н. как свои́ пять па́льцев; **~ of one's leg** нога́ сза́ди; икра́; **at the ~ of the house** в за́дней ча́сти до́ма; (*behind it*) позади́ до́ма; **at the ~ of one's mind** подсозна́тельно; в глубине́ души́; **at the ~ of the book** в конце́ кни́ги; **at the ~ of beyond** на краю́ све́та; **the ~ of a car** за́дняя часть автомоби́ля.
5 (*sport*): **full ~** защи́тник, бек.
6 (*attr; see also cpds as separate headwords*): **~ door** чёрный ход; **~ seat** за́днее сиде́нье; **~ stairs** чёрная ле́стница; **~ street** глуха́я у́лица.
● *adv* **1** (*to or at the rear*) наза́д, сза́ди; **~ and forth** взад и вперёд; **hold the crowd ~** сде́рживать (*impf*) толпу́; **sit ~ in one's chair** отки́нуться (*pf*) на спи́нку сту́ла; усе́сться (*pf*) глу́бже; **keep ~ the truth** скрыва́ть (*impf*) пра́вду; **(in) ~ of** (*US*) позади́ + *g*; **~ from the road** в стороне́ от доро́ги.
2 (*returning to former position etc.*) обра́тно; **he is ~ again** он сно́ва здесь; **we shall be ~ before dark** мы вернёмся за́светло; **pay s.o. ~** отпла́|чивать, -ти́ть кому́-н.; **hit ~** уд|аря́ть, -а́рить в отве́т; (*coll*) дать (*pf*) сда́чи (*кому*); **get one's own ~** отплати́ть (*pf*) (*кому*).
3 (*ago*) тому́ наза́д; **~ in 1930** ещё в 1930 году́.
● *vt* **1** (*move backwards*) дви́|гать, -нуть наза́д (*or* в обра́тном направле́нии); **she ~ed the car into the garage** она́ въе́хала за́дним хо́дом в гара́ж.
2 (*support; also* **~ up**) подде́рж|ивать, -а́ть; **~** (*bet on*) **a horse** ста́вить, по- на ло́шадь.
3 (*finance*) финанси́ровать (*impf, pf*).
4 (*line*) покр|ыва́ть, -ы́ть; **~ed with sheet iron** кры́тый листовы́м желе́зом.
5 (*mus*) аккомпани́ровать (*impf*) + *d*.
6 (*form ~ of*) примыка́ть (*impf*) сза́ди; быть фо́ном (*чего*); **the lake is ~ed by mountains** сза́ди к о́зеру примыка́ют го́ры.
7: **~ up** (*comput*) резерви́ровать (*impf, pf*).
● *vi* **1** (*move backwards*) пя́титься, по-; (*of motor car*) идти́ (*det*) за́дним хо́дом; **the car ~ed into a side street** маши́на въе́хала за́дним хо́дом в переу́лок.
2 ~ down (from) отступ|а́ться, -и́ться (*от чего*); **~ out (of)** уклон|я́ться, -и́ться (*от чего*).

backache /ˈbækeɪk/ *n* боль в спине́/поясни́це.

backbencher /ˈbækˈbentʃə(r)/ *n* (*Br*) рядово́й член парла́мента; заднескаме́ечник.

backbiting /ˈbækˌbaɪtɪŋ/ *n* злосло́вие.

backbone /ˈbækbəʊn/ *n* **1** спинно́й хребе́т, позвоно́чник. **2** (*basis*) осно́ва; (*substance*) суть; (*support*) опо́ра; (*strength of character*) твёрдость хара́ктера.

backchat /ˈbæktʃæt/ *n* (*Br*) де́рзкий отве́т, де́рзость.

backcloth /ˈbækklɒθ/ (*Br*) *n* за́дник.

backcomb /ˈbækkəʊm/ *vt* (*Br*) нач|ёсывать, -еса́ть.

backdate /bækˈdeɪt/ *vt* (*letter*) пом|еча́ть, -е́тить за́дним число́м; (*pay*) пров|оди́ть, -ести́ за́дним число́м.

back-door /ˈbækdɔː(r)/ *adj* (*fig*) закули́сный, та́йный.

backdrop /ˈbækdrɒp/ *n* **1**: **against the ~ of crisis** на фо́не кри́зиса. **2** = **backcloth**

back end /ˈbækend/ *n* (*rear part*) за́дняя часть; (*coll, buttocks*) зад, за́дница; (*of period of time*) коне́ц.

backer /ˈbækə(r)/ *n* оказывающий подде́ржку; субсиди́рующий.

backfire /ˈbækfaɪə(r)/ *vt* (*of a car, engine*) из|дава́ть, -да́ть обра́тную вспы́шку; (*fig*) прив|оди́ть, -ести́ к обра́тным результа́там.

backgammon /ˈbæk,gæmən/ *n* трикта́к (*игра*, ≈ *нарды*).

background /ˈbækgraʊnd/ *n* **1** за́дний план, фон; (*attr*) фо́новый; **in the ~ of the picture** на за́днем пла́не карти́ны; **on a dark ~** на тёмном фо́не; **keep in the ~** (*fig*) держа́ть(ся) (*impf*) в тени́. **2** (*of person*) (*parentage*) происхожде́ние; (*education*) образова́ние; (*experience*) о́пыт. **3** (*to a situation*) предысто́рия. **4**: **~ music** музыка́льное сопровожде́ние/оформле́ние.

backhand /ˈbækhænd/ *n* (*sport*: *~ stroke*) уда́р сле́ва.

backhanded /bækˈhændɪd/ *adj* сде́ланный ты́льной стороно́й руки́; (*fig*) сомни́тельный, двусмы́сленный.

backhander /ˈbæk,hændə(r)/ *n* (*Br, bribe*) взя́тка.

backing /ˈbækɪŋ/ *n* **1** (*assistance*) подде́ржка; (*subsidy*) субсиди́рование. **2** (*of cloth*) подкла́дка; (*covering*) покры́тие. **3** (*mus*) аккомпанеме́нт.

backlash /ˈbæklæʃ/ *n* (*fig*) реа́кция.

backlight /ˈbæklaɪt/ *vt* (*past and pp* **backlit**) (*phot*) осве|ща́ть, -ти́ть контр(а)жу́рным све́том (*сзади*); (*comput*): **backlit LCD screen** жидкокристалли́ческий экра́н с подсве́ткой.

backlog /ˈbæklɒg/ *n* го́ры (*f pl*) накопи́вшейся рабо́ты.

backpack /ˈbækpæk/ *n* рюкза́к.

backpacker /ˈbækpækə(r)/ *n* челове́к, путеше́ствующий с рюкзако́м.

back-pedal /ˈbækped(ə)l/ *vi* (**back-pedalled, back-pedalling;** *US* **back-pedaled, back-pedaling**) крути́ть (*impf*) педа́ли наза́д; (*fig*) пойти́ (*pf*) на попя́тную.

backside /bækˈsaɪd, ˈbæk-/ *n* (*coll, buttocks*) зад, за́дница.

backslapper /ˈbæk,slæpə(r)/ *n* руба́ха-па́рень (*m*).

backslapping /ˈbæk,slæpɪŋ/ *n* похло́пывание по спине́; панибра́тство.
● *adj* панибра́тский.

backslash /ˈbækslæʃ/ *n* обра́тная коса́я черта́.

backslide /ˈbækslaɪd/ *vt* вновь подда́ться (*pf*) искуше́нию; верну́ться (*pf*) к дурны́м привы́чкам.

backslider /ˈbæk,slaɪdə(r)/ *n* ≈ отсту́пник; верну́вшийся к дурны́м привы́чкам.

back-spacer /ˈbæk,speɪsə(r)/ *n* (*on typewriter*) обра́тный реги́стр; кла́виша «обра́тный ход».

backstage /ˈbæksteɪdʒ/ *adj* (*also fig*) закули́сный.
● *adv* за кули́сами.

backstairs /ˈbæksteəz/ *adj* (*fig*) та́йный, закули́сный.

backstreet /ˈbækstriːt/ *adj* (*illicit*) подпо́льный.

backstroke /ˈbækstrəʊk/ *n* пла́вание на спине́.

backtrack /ˈbæktræk/ *vi* идти́ (*det*) за́дним хо́дом; пя́титься, по-; (*fig*) идти́ (*det*) на попя́тную.

backup /ˈbækʌp/ *n* (*support*) подде́ржка; (*comput*) резе́рвная ко́пия; бэ́ка́п.
● *adj* запасно́й; (*comput*) резе́рвный.

backward /ˈbækwəd/ *adj* **1** (*towards the back*) обра́тный; **a ~ glance** взгля́д наза́д. **2** (*lagging*) отста́лый; **~ children** у́мственно отста́лые де́ти; **~ country** отста́лая страна́. **3** (*reluctant*) ме́длящий.
● *adv see* ⇨**backwards**
● *cpd* **~-looking** *adj* (*fig*) отста́лый, ретрогра́дный.

backwardness /ˈbækwədnɪs/ *n* отста́лость; (*disinclination*) неохо́та.

backwards /ˈbækwədz/ *adv* (*also* **backward**) (*in backward direction*) наза́д; (*in opposite direction*) в обра́тном направле́нии; (*in reverse order*) в обра́тном поря́дке; **sit ~ on a horse** сиде́ть (*impf*) на ло́шади за́дом наперёд; **walk ~** пя́титься, по-; **~ and forwards** взад и вперёд; туда́ и обра́тно; туда́-сюда́; **know sth ~** знать (*impf*) что-н. от ко́рки до ко́рки; **lean over ~ to do sth** (*fig*) из ко́жи вон лезть (*impf*), что́бы сде́лать что-н.

backwash /ˈbækwɒʃ/ *n* обра́тный пото́к; (*fig*) о́тзвук, след.

backwater /ˈbæk,wɔːtə(r)/ *n* за́водь; (*fig*) боло́то, ти́хая за́водь.

backwoods /ˈbækwʊdz/ *n pl* (лесна́я) глушь.

backwoodsman /ˈbæk,wʊdzmən/ *n* (*pl* **backwoodsmen**) (*US*) обита́тель (*m*) лесно́й глуши́; дереве́нщина (*cg*).

backyard /bækˈjɑːd/ *n* **1** (*Br*) за́дний двор. **2** (*US*) са́д(ик) за до́мом.

bacon /ˈbeɪkən/ *n* беко́н; **~ and eggs** яи́чница с беко́ном; (*fig*): **save one's ~** спа|са́ть, -сти́ свою́ шку́ру.

bacteria /bækˈtɪərɪə/ *pl of* ⇨**bacterium**

bacterial /bækˈtɪərɪəl/ *adj* бактери́йный.

bacteriological /bæk,tɪərɪəˈlɒdʒɪk(ə)l/ *adj* бактериологи́ческий; **~ warfare** бактериологи́ческая война́.

bacteriology /bæk,tɪərɪˈɒlədʒɪ/ *n* бактериоло́гия.

bacteri|um /bækˈtɪərɪəm/ *n* (*pl* **~a**) бакте́рия.

bad /bæd/ *n* (*evil*) дурно́е, плохо́е; ху́до.
● *adj* (**worse, worst**) **1** плохо́й, дурно́й, скве́рный; **not ~!** непло́хо!; **things went from ~ to worse** дела́ шли всё ху́же и ху́же; **too ~!** о́чень жаль!; **it is too ~ of him** э́то о́чень некраси́во с его́ стороны́; **a ~ light** (*to read in*) сла́бый свет. **2** (*morally bad*) плохо́й, дурно́й; **it is ~ to steal** ворова́ть (*impf*) ду́рно/пло́хо; **a ~ name** дурна́я репута́ция. **3** (*spoilt*) испо́рченный; **go ~** по́ртиться, ис-. **4** (*severe*) си́льный; **I caught a ~ cold** я си́льно простуди́лся; **a ~ wound** тяжёлая ра́на. **5** (*harmful*) вре́дный; **coffee is ~ for him** ко́фе ему́ вре́ден; **smoking is ~ for one** куре́ние вре́дно для здоро́вья. **6** (*of health*) больно́й; **I feel ~** я чу́вствую себя́ пло́хо. **7** (*various*): **a ~ mistake** гру́бая оши́бка; **a ~ debt** безнадёжный долг; **a ~ lot, hat** (*coll*) дрянь-челове́к; **~ language** ру́гань; **~ taste** безвку́сица.
● *cpds* **~-mannered** *adj* невоспи́танный; **~-tempered** *adj* раздражи́тельный.

badd|y, -ie /ˈbædɪ/ *n* (*coll*) злоде́й; плохо́й дя́дя.

bade /beɪd, bæd/ *archaic past of* ⇨**bid**[2]

badge /bædʒ/ *n* значо́к; (*fig*) си́мвол.

badger /ˈbædʒə(r)/ *n* барсу́к.
● *vt* (*coll*) трави́ть (*impf*); **~ s.o. for sth** пристава́ть (*impf*) к кому́-н. с про́сьбой о чём-н.

badinage /ˈbædɪ,nɑːʒ/ *n* подшу́чивание.

badly /ˈbædlɪ/ *adv* (**worse, worst**) **1** (*not well*) пло́хо. **2** (*very much*) о́чень; си́льно; (*urgently*) сро́чно. **3**: **~ off** в нужде́.

badminton /ˈbædmɪnt(ə)n/ *n* бадминто́н.

badness /ˈbædnɪs/ *n* (*evil*) дурно́е, плохо́е; (*poor quality*) него́дность; (*depravity*) поро́чность; **the ~ of the weather** плоха́я пого́да, нена́стье, непого́да.

baffle[1] /ˈbæf(ə)l/ *n* (*tech*) экра́н, щит.
● *cpd* **~ plate** *n* отража́тельная плита́.

baffle[2] /ˈbæf(ə)l/ *vt* (*perplex*) сби|ва́ть, -ть с то́лку; озада́чи|вать, -ть; **the police are ~d** поли́ция не зна́ет, что де́лать.

baffling /ˈbæf(ə)lɪŋ/ *adj* сбива́ющий с то́лку; ста́вящий в тупи́к; зага́дочный.

bag /bæg/ *n* **1** су́мка; (*small ~, hand ~*) су́мочка; (*paper ~, plastic ~*) паке́т; **shopping ~** хозя́йственная су́мка. **2** (*large ~, sack*) мешо́к. **3** (*luggage*) чемода́н; **pack one's ~s** собра́ть (*pf*) ве́щи пе́ред отъе́здом; **~ and baggage** со все́ми пожи́тками. **4** (*game shot by sportsman*) добы́ча. **5**: **by diplomatic ~** дипломати́ческой по́чтой. **6** (*in pl, Br coll, plenty*): **~s of room** полно́ ме́ста; **~ of money** мешки́ (*m pl*) де́нег. **7** (*various*): **in the ~** (*coll, assured*) ≈ уже́ в карма́не; **~s under the eyes** мешки́ под глаза́ми; **a ~ of bones** (*fig*) ко́жа да ко́сти; **old ~** (*sl, pej, woman*) ста́рая хрычо́вка; **what's your ~?** (*sl*) что вас интересу́ет? **classical music isn't my ~** класси́ческая му́зыка меня́ не волну́ет.
● *vt* (**bagged, bagging**)

1 (*put in bag*) класть, положи́ть в мешо́к/паке́т.
2 (*shoot down*): ~ **game** бить (*impf*) дичь; ~ **an aircraft** сбить (*pf*) самолёт.
3: **he ~ged the best seat** он за́нял лу́чшее ме́сто; **~s I first!** (*Br*) чур я пе́рвый! (*coll*).
● *vi* (**bagged, bagging**): **his trousers ~ at the knees** его́ брю́ки пузы́рятся на коле́нях.
● *cpds* **~pipe(s)** *n* волы́нка; **~piper** *n* волы́нщи|к (*fem* -ца).

bagatelle /ˌbægəˈtel/ *n* пустя́к.

baggage /ˈbæɡɪdʒ/ *n* **1** бага́ж. **2** (*mil*) вози́мое иму́щество. **3** (*saucy girl*) наха́лка; озорни́ца. **4** (*attr*) бага́жный; (*mil*) вещево́й; ~ **car** (*US*) бага́жный ваго́н; ~ **room** (*US*) ка́мера хране́ния; ~ **train** вещево́й обо́з.
● *cpds* ~ **handler** *n* опера́тор на приёме/вы́даче багажа́; ~ **reclaim** *n* пункт вы́дачи багажа́.

bagginess /ˈbæɡɪnɪs/ *n* мешкова́тость.

baggy /ˈbæɡɪ/ *adj* (**baggier, baggiest**) мешкова́тый.

Baghdad /bæɡˈdæd/ *n* Багда́д; (*attr*) багда́дский.

bah /bɑː/ *int* ба!

Bahamas /bəˈhɑːməz/ *n pl*: **the ~** (*islands*) Бага́мские острова́ (*m pl*), Бага́мы (*f pl*); (*country*) Бага́мские Острова́ (*m pl*).

Bahrain /bɑːˈreɪn/ *n* Бахре́йн.

bail[1] /beɪl/ *n* **1** (*pledge*) зало́г; поручи́тельство; **release on ~** отпус|ка́ть, -ти́ть на пору́ки.
2 (*person*) поручи́тель (*m*); **stand, go ~ for s.o.** поручи́ться (*pf*) за кого́-н.
● *vt*: ~ **s.o. out** брать, взять кого́-н. на пору́ки.

bail[2], **bale** /beɪl/ *vvt* (*also* ~ **out**) вычёрпывать, вы́черпать (*воду из лодки*).
● *vi*: ~ **out** (*aeron*) катапульти́роваться (*impf, pf*); выбра́сываться, вы́броситься с парашю́том.

bailiff /ˈbeɪlɪf/ *n* **1** (*law*) суде́бный при́став; бе́йлиф. **2** (*Br, steward*) управля́ющий.

bairn /beən/ *n* (*Scottish*) дитя́ (*nt*), ребёнок.

bait /beɪt/ *n* (*hunting*) прима́нка; (*fishing*) наса́дка, нажи́вка; **live ~** живе́ц; (*fig*) прима́нка; **rise to the ~** (*lit, fig*) попа́сться (*pf*) на у́дочку.
● *vt* **1** (*attach ~ to*) наса́|живать, -ди́ть нажи́вку на + *a*. **2** (*entice*) прима́н|ивать, -и́ть. **3** (*tease*) пресле́довать (*impf*), изводи́ть (*impf*).

baize /beɪz/ *n* ба́йка; **green ~** зелёное сукно́.

bake /beɪk/ *vt* печь, с-; (*of bricks*) обж|ига́ть, -е́чь.
● *vi* пе́чься, ис-; **I'm baking** (*coll*) я умира́ю от жары́; **baking powder, soda** пека́рный порошо́к; со́да (для вы́печки); разрыхли́тель (*m*); **baking sheet, tray** про́тивень.

Bakelite /ˈbeɪkəˌlaɪt/ *n* (*propr*) бакели́т.

baker /ˈbeɪkə(r)/ *n* пе́карь (*m*); (*in charge of ~'s shop*) бу́лочник; **~'s dozen** чёртова дю́жина.

bakery /ˈbeɪkərɪ/ *n* пека́рня; (*shop*) бу́лочная.

Baku *n* Баку́ (*m indecl*).

Balaclava /ˌbæləˈklɑːvə/ *n*: ~ **helmet** вя́заный шлем.

balalaika /ˌbæləˈlaɪkə/ *n* балала́йка.

balance /ˈbæləns/ *n* **1** (*machine*) вес|ы́ (*pl, g* -о́в); **spring ~** пружи́нные весы́.
2 (*equilibrium*) равнове́сие; **lose one's ~** (*fig*) теря́ть, по- душе́вное равнове́сие; **hang in the ~** висе́ть (*impf*) на волоске́; **catch s.o. off ~** засти́гнуть (*pf*) кого́-н. врасплóх.
3 (*counterbalance*) противове́с.
4 (*bookkeeping*) бала́нс; са́льдо (*indecl*); ~ **sheet** бухга́лтерский бала́нс; ~ **of payments** платёжный бала́нс; ~ **of trade** торго́вый бала́нс; **on ~** в ито́ге, в коне́чном счёте.
5 (*relative volume of sound*) бала́нс.
● *vt* **1** (*lit*): **he ~d a pole on his chin** он баланси́ровал шест на подборо́дке.
2 (*make equal*) уравнове́|шивать, -сить.
3 (*weigh one thing against another*) взве́|шивать, -сить; сопост|авля́ть, -а́вить (*что с чем*).
4 (*comm*) баланси́ровать, с/за-; ~ **the books** забаланси́ровать (*pf*) бухга́лтерские кни́ги.
● *vi* (*of accounts*) сходи́ться (*impf*); (*be in equilibrium*) баланси́ровать (*impf*).
● *cpd* ~ **wheel** *n* ма́ятник.

balanced /ˈbælənsd/ *adj* (*of person*) уравнове́шенный; ~ **judgement** проду́манное сужде́ние; ~ **diet** сбаланси́рованная/рациона́льная дие́та.

balcony /ˈbælkənɪ/ *n* балко́н.

bald /bɔːld/ *adj* **1** лы́сый, плеши́вый; **as ~ as a coot** (*coll*) го́лый как коле́но; ~ **patch** лы́сина, плешь.
2 (*bare*) го́лый; ~ **tyre** (*Br*), **tire** (*US*) изно́шенная покры́шка.
3 (*unadorned*) неприкра́шенный, прямо́й.
● *cpds* **~head, ~pate** *nn* лы́сый (челове́к); **~-headed** *adj* лы́сый, плеши́вый.

baldachin /ˈbɔːldəkɪn/ *n* балдахи́н.

balderdash /ˈbɔːldəˌdæʃ/ *n* галиматья́.

balding /ˈbɔːldɪŋ/ *adj* лысе́ющий.

baldness /ˈbɔːldnɪs/ *n* плеши́вость.

bale[1] /beɪl/ *n* (*of hay*) тюк; (*of cotton*) ки́па.
● *vt* (*hay*) прессова́ть, с-; (*cotton*) упако́в|ывать, -а́ть в ки́пы; тюкова́ть (*impf*).

bale[2] /beɪl/ *vi*: (*Br*) = **bail**[2]

baleful /ˈbeɪlfʊl/ *adj* злове́щий.

balk /bɔːlk, bɔːk/ = **baulk**

Balkan /ˈbɔːlkən/ *adj* балка́нский.

Balkans /ˈbɔːlkənz/ *n pl*: **the ~s** Балка́н|ы (*pl, g* —); Балка́нский полуо́стров.

ball[1] /bɔːl/ *n* (*dance*) бал; **give a ~** устр|а́ивать, -о́ить бал; **fancy-dress ~** маскара́д.
● *cpds* ~ **dress/gown** *nn* ба́льное пла́тье; **~room** *n* танцева́льный зал.

ball[2] /bɔːl/ *n* **1** (*sphere*) шар; **billiard ~** билья́рдный шар.
2 (*in football, rugby, tennis*) мяч; (*in golf, table tennis*) мя́чик; **play ~** игра́ть (*impf*) в мяч.
3 (*of wool*) клубо́к.
4 (*for cannon*) ядро́.
5 (*of thumb, foot*) поду́шечка.
6 (*in pl, vulg*) (*testicles*) я́йца (*nt pl*); (*Br, nonsense*) чепуха́; **make a ~s of** напорта́чить (*pf*).
7 (*tech*): ~ **and socket** шарово́й шарни́р.
8 (*various fig uses*): **on the ~** сметли́вый, (*coll*) расторо́пный; **get on the ~** смекну́ть (*pf*); **keep the ~ rolling** (*in conversation*) подде́рж|ивать, -а́ть разгово́р; **set the ~ rolling** (*start sth*) пус|ка́ть, -ти́ть что-н. в ход.
● *cpds* ~ **bearing** *n* шарикоподши́пник; **~cock** *n* шарово́й кла́пан; **~park** *adj*: **a ~park figure** приме́рная ци́фра; **~point** (*pen*) *n* ша́риковая ру́чка.

ballad /ˈbæləd/ *n* балла́да.

ballade /bæˈlɑːd/ *n* балла́да.

balladeer /ˌbæləˈdɪə(r)/ *n* шансонье́ (*m indecl*).

balladry /ˈbælədrɪ/ *n* балла́ды (*f pl*).

ballast /ˈbæləst/ *n* балла́ст.
● *vt* грузи́ть, на- балла́стом.

ballerina /ˌbæləˈriːnə/ *n* балери́на.

ballet /ˈbæleɪ/ *n* бале́т.
● *cpds* ~ **dancer** *n* арти́ст (*fem* -ка) бале́та; ~ **master** *n* балетме́йстер.

ballistic /bəˈlɪstɪk/ *adj* баллисти́ческий; ~ **missile** баллисти́ческий снаря́д.

ballistics /bəˈlɪstɪks/ *n* баллисти́ка.

ballon d'essai /bæˌlɔ̃ deˈseɪ/ *n* (*pl* ***ballons d'essai*** *pronunc same*) про́бный шар.

balloon /bəˈluːn/ *n* аэроста́т; (*also child's*) возду́шный шар; (*in comic strip, etc.*) ова́л; **barrage ~** аэроста́т загражде́ния.
● *vi* (*fly in ~*) лета́ть (*indet*) на возду́шном ша́ре.

balloonist /bəˈluːnɪst/ *n* воздухопла́ватель (*m*), аэрона́вт.

ballot /ˈbælət/ *n* (~ *paper*) избира́тельный бюллете́нь; (*vote*) голосова́ние; **put a question to the ~, take a ~** ста́вить, по- вопро́с на голосова́ние; (*number of votes*) коли́чество по́данных голосо́в.
● *vi* (**balloted, balloting**) (*vote*) голосова́ть (*impf*).
● *vt* (**balloted, balloting**) пров|оди́ть, -ести́ голосова́ние ме́жду + *i*.
● *cpds* ~ **box** *n* избира́тельная у́рна; ~ **paper** *n* (*Br*) избира́тельный бюллете́нь.

ballyhoo /ˌbælɪˈhuː/ *n* (*coll*) шуми́ха.

balm /bɑːm/ *n* (*exudation, fragrance; also fig*) бальза́м; (*ointment*) бальза́м, болеутоля́ющее сре́дство.

balmy /ˈbɑːmɪ/ *adj* (**balmier, balmiest**) **1** (*fragrant*) арома́тный. **2** (*soft*) мя́гкий; (*of wind*) не́жный.

baloney, boloney /bəˈləʊnɪ/ *n* (*sl*) чепуха́, ерунда́.

balsa /ˈbɒlsə, ˈbɔːl-/ *n* (*also* ~ **wood**) ба́льза, ба́льзовое де́рево.

balsam /ˈbɒlsəm, ˈbɔːl-/ *n* бальза́м.

Baltic /ˈbɔ:ltɪk, ˈbɒl-/ *n*: **the ~ (Sea)** Балти́йское мо́ре.
● *adj* балти́йский; прибалти́йский; **~ States** (при)балти́йские госуда́рства, Приба́лтика.

baluster /ˈbæləstə(r)/ *n* баля́сина.

balustrade /ˌbæləˈstreɪd/ *n* балюстра́да.

bamboo /bæmˈbu:/ *n* бамбу́к; (*attr*) бамбу́ковый.

bamboozle /bæmˈbu:z(ə)l/ *vt* (*coll*) околпа́чи|вать, -ть; одура́чи|вать, -ть; над|ува́ть, -у́ть.

ban /bæn/ *n* (*prohibition*) запреще́ние, запре́т.
● *vt* (**banned, banning**) запре|ща́ть, -ти́ть.

banal /bəˈnɑ:l/ *adj* бана́льный.

banality /bəˈnælɪtɪ/ *n* бана́льность; (*remark*) бана́льное замеча́ние.

banana /bəˈnɑ:nə/ *n* бана́н; (*in pl, coll*: *mad*) **he's ~s** у него́ кры́ша пое́хала; **to go ~s** чо́кнуться (*pf*), сдви́нуться (*pf*); **to drive ~s** дов|оди́ть, -ести́ до сумасше́ствия.

band¹ /bænd/ *n* **1** (*braid*) тесьма́; (*for decoration*) ле́нта; (*on barrel*) о́бруч, обо́д; **rubber ~** рези́нка. **2** (*strip*) полоса́; **a plate with a blue ~ round it** таре́лка с голубы́м ободко́м.
3 (*radio*): **frequency ~** полоса́ часто́т.
● *cpds* **~box** *n* карто́нка для шляп; **~saw** *n* ле́нточная пила́.

band² /bænd/ *n* (*company*) гру́ппа; (*detachment*) отря́д; (*gang*) ба́нда, ша́йка; (*mus*) орке́стр; **jazz ~** джаз-ба́нд, джаз-орке́стр.
● *vt & i* **~ together** объедин|я́ться, -и́ться.
● *cpds* **~master** *n* капельме́йстер; **~sman** *n* (*pl* **~smen**) оркестра́нт; **~stand** *n* эстра́да для орке́стра.

bandage /ˈbændɪdʒ/ *n* бинт; (*blindfold*) повя́зка.
● *vt* бинтова́ть, за-; перевя́з|ывать, -а́ть.

Band-Aid /ˈbændeɪd/ *n* (*US, propr*) пла́стырь (*m*).

bandan(n)a /bænˈdænə/ *n* цветно́й плато́к, банда́на.

B. & B. — Bed and Breakfast

Весьма́ распространённая в Великобрита́нии разнови́дность гости́ничного би́знеса. *Bed and breakfasts* функциони́руют на ба́зе ча́стных домо́в и ма́леньких гости́ниц. В них мо́жно переночева́ть и поза́втракать за уме́ренную це́ну.

bandeau /ˈbændəʊ, -ˈdəʊ/ *n* (*pl* **~x** /-dəʊz/) (*hair ribbon*) ле́нта для воло́с.

banderole /ˌbændəˈrəʊl/ *n* вы́мпел.

bandit /ˈbændɪt/ *n* разбо́йник, банди́т.

banditry /ˈbændɪtrɪ/ *n* бандити́зм.

bandol|ier, -eer /ˌbændəˈlɪə(r)/ *n* нагру́дный патронта́ш.

bandy¹ /ˈbændɪ/ *adj* (**bandier, bandiest**) криво́й.
● *cpd* **~-legged** *adj* кривоно́гий.

band|y² /ˈbændɪ/ *vt*: **have one's name ~ied about** быть предме́том то́лков; **~y words** перебра́сываться (*impf*) слова́ми.

bane /beɪn/ *n* прокля́тие; **it is the ~ of my life** э́то отравля́ет мне жизнь.

baneful /ˈbeɪnfʊl/ *adj* па́губный, губи́тельный.

bang /bæŋ/ *n* **1** (*blow*) уда́р.
2 (*crash*) гро́хот; стук.
3 (*sound of a gun*) вы́стрел; (*of explosion*) взрыв.
4 (*coll*): **go with a ~** (*succeed*) про|ходи́ть, -йти́ блестя́ще.
● *vt* (*strike, thump*) уд|аря́ть, -а́рить; (*at the door etc.*) ст|уча́ть, -у́кнуть + *a*; **~ a drum** уда́рить (*pf*) в бараба́н; **~ one's fist on the table** сту́кнуть (*pf*) кулако́м по́ столу; **~ the door** хло́пнуть (*pf*) две́рью; **~ the lid down** захло́пнуть (*pf*) кры́шку; **~ the box down on the floor** гро́хнуть (*pf*) я́щик на́ пол.
● *vi* (*of door, window etc.*; *also* **~ to**) захло́пнуться (*pf*); **the door is ~ing** дверь хло́пает; (*of person*): **~ at the door** стуча́ть/колоти́ть (*impf*) в дверь.
● *adv* **1** : **go ~** (*of gun*) ба́хнуть (*pf*); **~ went £100** раз! — и ста фу́нтов как не быва́ло.
2 (*suddenly*) вдруг; (*Br, just, exactly*) пря́мо; как раз; **~ on** (*Br coll*) как раз, в аккура́т.
● *int* бац!; бах!

banger /ˈbæŋə(r)/ *n* (*Br, coll*) (*sausage*) соси́ска; (*car*) драндуле́т.

Bangkok /bæŋˈkɒk/ *n* Бангко́к.

Bangladesh /ˌbæŋgləˈdeʃ, ˌbʌŋ-/ *n* Бангладе́ш.

Bangladeshi /ˌbæŋgləˈdeʃɪ, ˌbʌŋ-/ *n* (*pl* **~** *or* **~s**) бангладе́ш|ец (*fem* -ка).
● *adj* бангладе́шский.

bangle /ˈbæŋg(ə)l/ *n* брасле́т.

bangs /bæŋz/ *n pl* (*US*) чёлка.

banish /ˈbænɪʃ/ *vt* (*exile*) высыла́ть, вы́слать; (*dismiss*) прог|оня́ть, -на́ть; изг|оня́ть, -на́ть; (*from one's mind*) от|гоня́ть, -огна́ть.

banishment /ˈbænɪʃmənt/ *n* вы́сылка, ссы́лка; изгна́ние.

banisters /ˈbænɪstəz/ *n pl* пери́л|а (*pl, g* —).

banjo /ˈbændʒəʊ/ *n* (*pl* **~s** *or* **~es**) ба́нджо (*indecl*).

banjoist /ˈbændʒəʊɪst/ *n* игро́к на ба́нджо.

bank¹ /bæŋk/ *n* **1** (*of river*) бе́рег.
2 (*under-water shelf*) ба́нка. **3**: **~ of clouds** гряда́ облако́в; **~ of fog** полоса́ тума́на; (*of snow*) зано́с, сугро́б; **~s of earth** земляны́е валы́.
4 (*embankment*) на́сыпь.
● *vt* **1**: **~ (up) a fire** подде́рж|ивать, -а́ть ого́нь. **2** (*aeron*) крени́ть, на-.
● *vi* **1** (*also* **~ up**, *of snow etc.*) образо́в|ывать, -а́ть зано́сы. **2** (*aeron*) накрен|я́ться, -и́ться.

bank² /bæŋk/ *n* (*tier of oars*) ряд вёсел; (*row of keys*) ряд клавиату́ры.

bank³ /bæŋk/ *n* **1** (*fin*) банк; **~ account** ба́нковский счёт; **B~ of England** Банк А́нглии; **~ rate** учётная ста́вка; **clearing ~** кли́ринговый банк; **savings ~** сберега́тельная ка́сса, сберка́сса.
2 (*at cards etc.*) банк; **break the ~** сорва́ть (*pf*) банк.
3: **blood ~** до́норский пункт.
4 (*attr*) ба́нковский; **~ book** ба́нковская кни́жка; **~ card** ба́нковская креди́тная ка́рта; **~ clerk** ба́нковский слу́жащий; **~ holiday** ≈ официа́льный нерабо́чий день; **~ loan** ба́нковская ссу́да; **~ manager** управля́ющий ба́нком.
● *vt* (*put into* **~**) класть, положи́ть в банк.
● *vi* (*keep money in* **~**) держа́ть (*impf*) де́ньги в ба́нке; (*at cards*) мета́ть (*impf*) банк; **~ on** (*fig, rely on*) пол|ага́ться, -ожи́ться на + *a*; де́лать, с- ста́вку на + *a*.
● *cpd* **~note** *n* банкно́та.

banker /ˈbæŋkə(r)/ *n* банки́р; (*at cards*) банкомёт.

banking /ˈbæŋkɪŋ/ *n* (*aeron*) крен; (*fin*) ба́нковское де́ло.

bankroll /ˈbæŋkrəʊl/ *n* (*US*) де́нежные сре́дства.
● *vt* финанси́ровать (*impf, pf*).

bankrupt /ˈbæŋkrʌpt/ *n* банкро́т, несостоя́тельный должни́к.
● *adj* (*also fig*) обанкро́тившийся; несостоя́тельный; **go ~** обанкро́титься (*pf*).
● *vt* де́лать, с- несостоя́тельным; дов|оди́ть, -ести́ до банкро́тства.

bankruptcy /ˈbæŋkˌrʌptsɪ/ *n* банкро́тство, несостоя́тельность; **file a declaration of ~** официа́льно объяв|ля́ть, -и́ть себя несостоя́тельным; **B~ Court** суд по дела́м несостоя́тельных должнико́в.

banner /ˈbænə(r)/ *n* (*lit, fig*) зна́мя (*nt pl*); (*flag*) флаг; (*poetical*) стяг; (*with slogan*) плака́т; **~ headlines** кру́пные заголо́вки.

banns /bænz/ *n pl* оглаше́ние (предстоя́щего бра́ка); **ask, call, read the ~** огла|ша́ть, -си́ть имена́ жениха́ и неве́сты.

banquet /ˈbæŋkwɪt/ *n* пир; (*formal*) банке́т.
● *vi* (**banqueted, banqueting**) пирова́ть (*impf*).

banquette /bæŋˈket/ *n* (*seat*) банке́тка.

bantam /ˈbæntəm/ *n* (*fowl*) бента́мка.
● *cpd* **~weight** *n* боксёр легча́йшего ве́са.

banter /ˈbæntə(r)/ *n* подшу́чивание, подтру́нивание.
● *vi* шути́ть, по-.

banyan /ˈbænɪən, -jən/ *n* (*bot*) баньян.

baobab /ˈbeɪəʊˌbæb/ *n* баоба́б.

baptism /ˈbæptɪz(ə)m/ *n* креще́ние; **~ of fire** боево́е креще́ние.

baptismal /bæpˈtɪzm(ə)l/ *adj* крести́льный; **~ name** и́мя при креще́нии.

Baptist /ˈbæptɪst/ *n* **1**: **St John the B~** Иоа́нн Крести́тель (*m*). **2** (*member of sect*) бапти́ст (*fem* -ка).

baptist(e)ry /ˈbæptɪstərɪ/ *n* (*eccl*) баптисте́рий.

baptize /bæpˈtaɪz/ *vt* крести́ть, о-; нар|ека́ть, -е́чь; **he was ~d Peter** он был наречён Петро́м.

bar¹ /bɑ:(r)/ *n* **1** (*strip, flat piece*) полоса́; (*ingot*) сли́ток; (*lever*) ва́га; **parallel ~s** паралле́льные бру́сья (*m pl*); **horizontal ~** перекла́дина; (*rod, pole*) шта́нга; (*of chocolate*) пли́тка; (*of soap*) кусо́к.
2 (*bolt*) затво́р, засо́в.

b

3 (*obstacle*) прегра́да; препя́тствие; **colour ~** цветно́й барье́р; **~ to marriage** препя́тствие к вступле́нию в брак.
4 (*usu in pl*) решётка; **behind ~s** за решёткой.
5 (*naut*) бар, о́тмель.
6 (*mus*) такт.
● *vt* (**barred, barring**) (*bolt, lock*) зап|ира́ть, -ере́ть на засо́в; (*obstruct*) прегра|жда́ть, -ди́ть; (*close*) закр|ыва́ть, -ы́ть; загор|а́живать, -оди́ть; (*exclude*) исключ|а́ть, -и́ть; (*prohibit*) запре|ща́ть, -ти́ть; **~ o.s. in** зап|ира́ться, -ере́ться; **~ s.o. out** не впус|ка́ть, -ти́ть кого́-н.; **soldiers ~red the way** солда́ты блоки́ровали доро́гу.
● *cpd* **~ code** *n* штрих-ко́д.

bar² /bɑ:(r)/ *n* (*legal profession*) адвокату́ра; **read for the ~** гото́виться (*impf*) к адвокату́ре; **he was called to the ~** (*Br*) он получи́л пра́во адвока́тской пра́ктики; **be at the ~** быть адвока́том; **prisoner at the ~** обвиня́емый (на скамье́ подсуди́мых).

bar³ /bɑ:(r)/ *n* (*room*) бар, буфе́т; (*counter*) прила́вок; **snack ~** заку́сочная.
● *cpds* **~fly** *n* выпиво́ха (*cg, coll*); **~maid** *n* буфе́тчица, ба́рменша; официа́нтка в пивно́й; **~man** *n* (*pl* **~men**) буфе́тчик, ба́рмен; **~tender** = **~man**

bar⁴ /bɑ:(r)/ *n* (*unit of pressure*) бар.

bar⁵ /bɑ:(r)/ *prep* (*Br coll, excluding*) исключа́я, не счита́я; **~ none** без исключе́ния; **it's all over ~ the shouting** (*fig*) ко́нчен бал.

barb /bɑ:b/ *n* **1** (*fish's feeler*) у́сик. **2** (*sting, spike*) колю́чка. **3** (*of arrow, fish hook, etc.*) зубе́ц. **4** (*cutting remark*) ко́лкость.

Barbados /bɑ:'beɪdɒs/ *n* Барба́дос.

barbarian /bɑ:'beərɪən/ *n* ва́рвар.
● *adj* ва́рварский.

barbaric /bɑ:'bærɪk/ *adj* ва́рварский.

barbarism /'bɑ:bə,rɪz(ə)m/ *n* ва́рварство; (*ling*) варвари́зм.

barbarity /bɑ:'bærɪtɪ/ *n* ва́рварство.

barbarous /'bɑ:bərəs/ *adj* ва́рварский; (*cruel*) бесчелове́чный.

Barbary ape /'bɑ:bərɪ/ *n* (*zool*) маго́т.

barbecue /'bɑ:bɪ,kju:/ *n* (*party*) барбекю́; пикни́к, где подаю́т мя́со, зажа́ренное на ве́ртеле/жаро́вне.
● *vt* (**barbecues, barbecued, barbecuing**) жа́рить, за- на ве́ртеле/жаро́вне.

barbed /bɑ:bd/ *adj* **1** колю́чий; име́ющий колю́чки/шипы́; **~ wire** колю́чая про́волока. **2**: **a ~ remark** ко́лкое замеча́ние.

barber /'bɑ:bə(r)/ *n* парикма́хер (*мужской*); **~'s shop** парикма́херская (*мужская*).

barberry /'bɑ:bərɪ/ *n* барбари́с.

barbiturate /bɑ:'bɪtjʊrət, -reɪt/ *n* барбитура́т.

barcarol(l)e /'bɑ:kə,rəʊl/ *n* (*mus*) баркаро́ла.

bard /bɑ:d/ *n* бард.

bardic /'bɑ:dɪk/ *adj*: **~ poetry** поэ́зия ба́рдов.

bare /beə(r)/ *adj* **1** (*naked, not covered*) го́лый, наго́й; обнажённый; **with one's ~ hands** го́лыми рука́ми; **~ feet** босы́е но́ги; **~ shoulders** обнажённые пле́чи; **with ~ head** с непокры́той голово́й; **~ trees** го́лые дере́вья; **lay ~** (*fig*) вскры|ва́ть, -ть; раскр|ыва́ть, -ы́ть.
2 (*threadbare*) поно́шенный.
3 (*empty*) пусто́й; **the room was ~ of furniture** в ко́мнате не́ было ме́бели.
4 (*unadorned*) просто́й, неприкра́шенный.
5 (*slight, mere*) мале́йший; **a ~ majority** о́чень незначи́тельное большинство́; **~ necessities of life** насу́щные потре́бности жи́зни; **they made a ~ £100** они́ едва́ набра́ли сто фу́нтов; **at the ~ mention of** при одно́м упомина́нии о + *p*.
6 (*elec*) го́лый, неизоли́рованный.
● *vt* обнаж|а́ть, -и́ть; огол|я́ть, -и́ть; **~ one's head** обнаж|а́ть, -и́ть го́лову; **~ one's teeth** ска́лить, о- зу́бы; **~ one's heart** изли́ть (*pf*) ду́шу.
● *cpds* **~back** *adv* без седла́; **~faced** *adj* (*fig*) на́глый, бессты́дный; **~foot** *adj* босо́й; *adv* босико́м; **~footed** *adj* босо́й, босоно́гий; **~headed** *adj* простоволо́сый, с непокры́той голово́й; **~-legged** *adj* с го́лыми нога́ми.

barely /'beəlɪ/ *adv* (*simply*) то́лько, про́сто; (*scarcely*) едва́; **I have ~ enough money** мне едва́ хва́тит де́нег.

bareness /beə(r)nɪs/ *n* (*lack of covering*) нагота́, неприкры́тость; (*unadorned state*) простота́, неприкра́шенность; (*poorness*) бе́дность, ску́дость.

Barents /'bærənts/ *n*: **the ~ Sea** Ба́ренцево мо́ре.

bargain /'bɑ:gɪn/ *n* **1** (*deal*) сде́лка, соглаше́ние; **good/bad ~** вы́годная/невы́годная сде́лка; **make, strike, drive a ~** заключ|а́ть, -и́ть сде́лку; **he drives a hard ~** он неусту́пчив; **it's a ~!** по рука́м!; **into the ~** в прида́чу.
2 (*thing cheaply acquired*) вы́годная поку́пка; **~ sale** (дешёвая) распрода́жа; **~ price** распрода́жная цена́.
● *vt*: **~ away** променя́ть (*pf*) (*что на что*).
● *vi* торгова́ться, с-; (*agree*) догов|а́риваться, -ори́ться; **~ for** (*expect*) ожида́ть (*impf*); **it was more than I ~ed for** на э́то я не рассчи́тывал.
● *cpd* **~ hunter** *n* охо́тник за дешеви́зной.

bargainer /'bɑ:gɪnə(r)/ *n*: **he is a hard ~** он упо́рно торгу́ется.

bargaining /'bɑ:gɪnɪŋ/ *n*: **pay ~** перегово́ры о зарпла́те.

barge /bɑ:dʒ/ *n* ба́ржа.
● *vi* (*coll*): **~ about** носи́ться (*impf*), мета́ться (*impf*); **~ into, against** налет|а́ть, -е́ть на + *a*; наск|а́кивать, -очи́ть на + *a*; **~ in** (*intrude*) вва́л|иваться, -и́ться.
● *cpd* **~pole** *n* ба́ржевый баго́р; **I wouldn't touch it with a ~pole** (*Br coll*) я не подойду́ к э́тому и на вы́стрел.

bargee /bɑ:'dʒi:/ *n* (*Br*) ба́рочник.

baritone /'bærɪ,təʊn/ *n* (*voice, singer*) барито́н.
● *adj* баритона́льный.

barium /'beərɪəm/ *n* ба́рий.

bark¹ /bɑ:k/ *n* (*of tree etc.*) кора́.
● *vt* (*strip of ~*) окор|я́ть, -и́ть; сдира́ть, содра́ть кору́ + *g*; **~ one's shins** об|дира́ть, -одра́ть себе́ но́ги.

bark², barque /bɑ:k/ *n* (*vessel*) барк.

bark³ /bɑ:k/ *n* (*of dog*) лай; **his ~ is worse than his bite** ≈ он гро́зен лишь на слова́х.
● *vt*: **~ out** (*e.g. an order*) ря́вк|ать, -нуть.
● *vi* (*of dog etc.*) ла́ять (*impf*) (**at:** на + *a*); **~ up the wrong tree** (*fig*) обра|ща́ться, -ти́ться не по а́дресу.

barley /'bɑ:lɪ/ *n* ячме́нь (*m*) (*злак*); **pearl ~** перло́вая крупа́.
● *cpds* **~mow** *n* (*Br*) скирда́ ячменя́; **~ sugar** *n* леденцы́ (*m pl*); **~ water** *n* ячме́нный отва́р.

bar mitzvah /bɑ: 'mɪtzvə/ *n* бар-ми́цва (*m*) (*в иудаизме: церемония посвящения мальчика, достигшего 13 лет; мальчик, прошедший эту церемонию*).

barmy /'bɑ:mɪ/ *adj* (**barmier, barmiest**) (*Br coll, crazy*) чо́кнутый, тро́нутый; **go ~** тро́нуться (*pf*); спя́тить (*pf*) (*both coll*).

barn /bɑ:n/ *n* амба́р, сара́й; (*threshing floor*) гумно́; (*fig, comfortless building*) сара́й.
● *cpds* **~ owl** *n* сипу́ха; **~stormer** *n* (*coll*) бродя́чий актёр.

barnacle /'bɑ:nək(ə)l/ *n* **1** (*on ship's bottom*) морска́я у́точка. **2**: **~ goose** белощёкая каза́рка.

barney /'bɑ:nɪ/ *n* (*pl* **~s**) (*Br sl*) перебра́нка.

barometer /bə'rɒmɪtə(r)/ *n* баро́метр.

barometric /,bærəʊ'metrɪk/ *adj* барометри́ческий.

baron /'bærən/ *n* баро́н; (*industrial leader*) магна́т.

baroness /'bærənɪs/ *n* барone̋сса.

baronet /'bærənɪt/ *n* бароне́т.

baronial /bə'rəʊnɪəl/ *adj* баро́нский; (*fig*) ба́рский.

barony /'bærənɪ/ *n* (*title*) баро́нство; (*domain*) владе́ния (*nt pl*) баро́на.

baroque /bə'rɒk/ *n* баро́кко (*indecl*).
● *adj* баро́чный.

barque /bɑ:k/ = **bark²**

barrack¹ /'bærək/ *n* (*usu in pl*) каза́рма; **confinement to ~s** каза́рменный аре́ст.
● *vt* (*lodge in ~s*) разме|ща́ть, -сти́ть в каза́рмах.
● *cpd* **~ square** *n* (*Br*) каза́рменный плац.

barrack² /'bærək/ *vi* (*Br coll*) (*jeer at*) гро́мко высме́ивать (*impf*); **~ for** подба́дривать (*impf*) кри́ками.

barracuda /,bærə'ku:də/ *n* (*zool*) (*pl* **~ or ~s**) баррaку́да.

barrage /'bærɑ:ʒ/ *n* **1** (*Br*) (*in watercourse*) запру́да; (*dam*) плоти́на. **2** (*mil*) загражде́ние; (*gunfire*) огнево́й вал; (*fig*): **a ~ of questions** град/шквал вопро́сов.

barrel /ˈbær(ə)l/ *n* **1** бо́чка. **2** (*of firearm*) ствол, (*muzzle*) ду́ло; (*of fountain pen*) резервуа́р. **3** (*measure*) ба́ррель (*m*).
● *cpd* **~ organ** *n* шарма́нка.

barren /ˈbærən/ *adj* (**barrener, barrenest**) (*of woman*) беспло́дная; (*of plants, trees, etc.*) беспло́дный, неплодоно́сный; **~ land** то́щая/неплодоро́дная/беспло́дная земля́; (*fig*) беспло́дный.

barrenness /ˈbærənnɪs/ *n* (*of woman*) беспло́дие; (*of trees, plants*) неплодоно́сность; (*of land*) беспло́дность; неплодоро́дность; (*fig*) беспло́дность.

barricade /ˌbærɪˈkeɪd/ *n* баррика́да.
● *vt* баррикади́ровать, за-; **~ o.s. in** забаррикади́роваться (*pf*).

barrier /ˈbærɪə(r)/ *n* барье́р; **Great B~ Reef** Большо́й Барье́рный риф; **language ~** языково́й барье́р; **sound ~** звуково́й барье́р; (*dividing line*) прегра́да; (*obstacle*) поме́ха, прегра́да.

barring /ˈbɑːrɪŋ/ *prep* за исключе́нием + *g*.

barrister /ˈbærɪstə(r)/ *n* (*Br*) адвока́т.

barrow¹ /ˈbærəʊ/ *n* (*archaeol*) курга́н, моги́льный холм.

barrow² /ˈbærəʊ/ *n* (*Br, hand-~*) ручна́я теле́жка; (*wheel~*) та́чка.
● *cpd* **~ boy** (*Br*) *n* лото́чник.

barter /ˈbɑːtə(r)/ *n* ме́на, менова́я торго́вля, ба́ртер.
● *vt* обме́н|ивать, -я́ть (*что на что*).
● *vi* обме́н|иваться, -я́ться + *i*; меня́ться (*impf*) + *i*.

barterer /ˈbɑːtərə(r)/ *n* производя́щий товарообме́н.

basal /ˈbeɪs(ə)l/ *adj* основно́й, лежа́щий в осно́ве.

basalt /ˈbæsɔːlt/ *n* база́льт; (*attr*) база́льтовый.

bascule /ˈbæskjuːl/ *n*: **~ bridge** подъёмный мост.

base¹ /beɪs/ *n* **1** (*of wall, column, etc.*) фунда́мент, пьедеста́л, основа́ние, ба́зис.
2 (*fig, basis; also math*) основа́ние.
3 (*chem*) основа́ние.
4 (*gram*) осно́ва.
5 (*mil etc.*) ба́за; **~ camp** ба́за; **~ hospital** ба́зовый го́спиталь; **~ of operations** операцио́нная ба́за, плацда́рм; **supply ~** ба́за снабже́ния.
6: **get to first ~** (*fig*) доби́ться (*pf*) пе́рвого успе́ха.
● *vt* осно́в|ывать, -а́ть; **~ one's hopes on** возл|ага́ть, -ожи́ть наде́жды на + *a*; **the legend is ~d on fact** в осно́ве э́той леге́нды лежа́т действи́тельные собы́тия; **the managing director is ~d in London** управля́ющий размеща́ется/бази́руется в Ло́ндоне; основны́м ме́стом де́ятельности управля́ющего явля́ется Ло́ндон; **the UN troops are ~d in the demilitarized zone** войска́ ОО́Н размещены́/размеща́ются/бази́руются в демилитаризо́ванной зо́не.
● *cpds* **~ball** *n* бейсбо́л; **~ball cap** *n* бейсбо́лка; **~line** *n* (*sport*) ли́ния пода́чи.

base² /beɪs/ *adj* ни́зкий, ни́зменный, по́длый; **~ metal** неблагоро́дный мета́лл.

baseless /ˈbeɪslɪs/ *adj* необосно́ванный.

basement /ˈbeɪsmənt/ *n* подва́л; (*attr*) подва́льный.

baseness /ˈbeɪsnɪs/ *n* ни́зость, ни́зменность.

bases /ˈbeɪsiːz/ *pl of* ⇨**basis**

bash /bæʃ/ (*coll*) *n* (*Br, attempt*) попы́тка; **have a ~** попыта́ться, попро́бовать; (*party*) гуля́нка, выпиво́н; (*bang*): **give s.o. a ~ on the head** дава́ть, дать кому́-н. по башке́ (*coll*).
● *vt* тра́хнуть (*pf*); **~ s.o.'s head against a wall** тра́хнуть (*pf*) кого́-н. башко́й об сте́ну (*coll*); **~ s.o.'s head in** проши́бить (*pf*) кому́-н. башку́ (*coll*).

bashful /ˈbæʃfʊl/ *adj* засте́нчивый.

bashfulness /ˈbæʃfʊlnɪs/ *n* засте́нчивость.

bashing /ˈbæʃɪŋ/ *n* (*thrashing*) взбу́чка, трёпка (*coll*).

-bashing /ˈbæʃɪŋ/ *comb form n* **gay-~** избие́ние гомосексуали́стов; **union-~** ущемле́ние профсою́зов.
● *adj* анти…; **union-~ legislation** антипрофсою́зные зако́ны.

Bashkir /bæʃˈkɪə(r)/ *n* башки́р (*fem* -ка).
● *adj* башки́рский.

BASIC /ˈbeɪsɪk/ *n* (*comput*) бе́йсик.

basic /ˈbeɪsɪk/ *adj* основно́й.

basically /ˈbeɪsɪkəlɪ/ *adv* в основно́м.

basics /ˈbeɪsɪks/ *n pl* (*essential facts*) осно́вы (*f pl*).

basil /ˈbæz(ə)l/ *n* базили́к.

basilica /bəˈzɪlɪkə/ *n* базили́ка.

basilisk /ˈbæzɪlɪsk/ *n* васили́ск.

basin /ˈbeɪs(ə)n/ *n* **1** (*for food*) ми́ска; (*washbasin*) умыва́льник, ра́ковина.
2 (*of dock, river*) бассе́йн; **tidal ~** прили́вный бассе́йн. **3** (*bay*) бу́хта.

basis /ˈbeɪsɪs/ *n* (*pl* **bases**) осно́ва, ба́зис; **~ of negotiations** осно́ва для перегово́ров; **on the ~ of** на осно́ве + *g*; **on this ~** на э́том основа́нии; **lay the ~ for** заложи́ть (*pf*) осно́ву + *g*.

bask /bɑːsk/ *vi*: **~ in the sun** гре́ться (*impf*) на со́лнце; (*fig*): **~ in glory** купа́ться (*impf*) в луча́х сла́вы.

basket /ˈbɑːskɪt/ *n* корзи́на, корзи́нка; **clothes, laundry ~** корзи́на для гря́зного белья́; **shopping ~** корзи́н(к)а для поку́пок.
● *cpds* **~ball** *n* баскетбо́л; **~work** *n* = **basketry**

basketry /ˈbɑːskɪtrɪ/, **basketwork** /ˈbɑːskɪtˌwəːk/ *nn* плете́ние; (*product*) плетёные изде́лия (*nt pl*).

Basle /bɑːl/ *n* Ба́зель (*m*).

Basque /bæsk/ *n* баск (*fem* -о́нка).
● *adj* ба́скский.

bas-relief /ˌbɑː rɪˈliːf/ *n* барелье́ф.

bass¹ /bæs/ *n* (*pl* **~** *or* **~es**) (*zool*) ка́менный о́кунь.

bass² /beɪs/ *n* (*mus*) бас.
● *adj* басо́вый; **he has a ~ voice** у него́ бас; **~ drum** туре́цкий бараба́н; **~ guitar** бас-гита́ра; **~ guitarist** бас-гитари́ст.

basset /ˈbæsɪt/ *n* (*also* **~ hound**) ба́с(с)ет (*порода собак*).

bassist /ˈbeɪsɪst/ *n* (*double bass player*) контрабаси́ст (*fem* -ка); (*bass guitarist*) бас-гитари́ст (*fem* -ка).

bassoon /bəˈsuːn/ *n* фаго́т.

bassoonist /bəˈsuːnɪst/ *n* фаготи́ст.

basswood /ˈbæswʊd/ *n* (*bot*) ли́па америка́нская.

bast /bæst/ *n* луб, лы́ко; (*attr*) лубяно́й, лы́ковый; **~ mat** рого́жа; **~ shoe** ла́поть (*m*).

bastard /ˈbɑːstəd, ˈbæ-/ *n* **1** (*child*) внебра́чный ребёнок. **2** (*as term of abuse etc.*) уро́д; **poor ~** бедола́га (*cg*); **lucky ~** везу́чий чёрт. **3** (*attr*): **~ French** ло́маный францу́зский язы́к.

bastardize /ˈbɑːstəˌdaɪz/ *vt* (*debase*) по́ртить, ис-; иска|жа́ть, -зи́ть.

bastardy /ˈbɑːstədɪ/ *n* незаконнорождённость.

baste¹ /beɪst/ *vt* (*stitch*) смёт|ывать, -а́ть; сши|ва́ть, -ть на живу́ю ни́тку.

baste² /beɪst/ *vt* (*cul*) пол|ива́ть, -и́ть (*жаркое*).

bastion /ˈbæstɪən/ *n* бастио́н.

bat¹ /bæt/ *n* (*zool*) летучая мышь; **blind as a ~** соверше́нно слепо́й; **like a ~ out of hell** о́чень бы́стро, внеза́пно.

bat² /bæt/ *n* (*at games*) би́та, лапта́; (*fig*): **off one's own ~** (*Br*) по со́бственному почи́ну; самостоя́тельно; **right off the ~** (*US*) с ме́ста в карье́р.
● *vt* (**batted, batting**) бить (*impf*) (*or* уд|аря́ть, -а́рить) бито́й/лапто́й.

bat³ /bæt/ *vt* (**batted, batting**): **he did not ~ an eyelid** (*paid no attention*) он и гла́зом не моргну́л.

bat⁴ /bæt/ (*coll*) *vi* (**batted, batting**): **~ along** нести́сь (*impf*), мча́ться (*impf*).

batch /bætʃ/ *n* **1** (*of bread*) вы́печка.
2 (*of pottery etc.*) па́ртия.
3 (*consignment, collection*) ку́чка, па́чка; гру́ппа; **~ of letters** па́чка пи́сем; **~ processing** (*comput*) паке́тная обрабо́тка.

bated /ˈbeɪtɪd/: **with ~ breath** зата́ив дыха́ние.

bath /bɑːθ/ *n* ва́нна; (*steam ~*) ба́ня; **take, have a ~** прин|има́ть, -я́ть ва́нну; купа́ться, ис-; **give (s.o) a ~** купа́ть, ис-; **run me a ~!** напусти́те мне ва́нну!; **swimming ~(s)** пла́вательный бассе́йн; **~ chair** инвали́дное кре́сло.
● *vt & i* купа́ть(ся), ис-.
● *cpds* **~ attendant** *n* ба́нщик; **~house** *n* купа́льня, ба́ня; **~ mat** *n* ко́врик для ва́нной; **~robe** *n* купа́льный хала́т; **~room** *n* ва́нная (ко́мната); **~ salts** *n pl* аромати́ческие со́ли для ва́нны; **~ towel** *n* купа́льное полоте́нце; **~tub** *n* ва́нна.

bathe /beɪð/ *n* купа́ние; **go for a ~** искупа́ться (*pf*).
● *vt* **1** (*one's face etc.*) мыть, по-; обм|ыва́ть, -ы́ть; **~ one's eyes, a wound** пром|ыва́ть, -ы́ть глаза́/ра́ну.
2: **he was ~d in sweat** он облива́лся по́том; **a face ~d in tears** лицо́,

за́литое слеза́ми. **3** (*of light, warmth*) зал|ива́ть, -и́ть.
● *vi* купа́ться, ис-.

bather /ˈbeɪðə(r)/ *n* купа́льщи|к (*fem* -ца).

bathing /ˈbeɪðɪŋ/ *n* купа́ние.
● *cpds* **~ cabin** *n* каби́на для переодева́ния; **~ cap** *n* купа́льная ша́почка; **~ costume** (*Br*) **~ suit** (*US*) *nn* купа́льный костю́м, купа́льник; **~ trunks** *n pl* пла́в|ки (*pl, g* -ок).

bathos /ˈbeɪθɒs/ *n* перехо́д от высо́кого к коми́ческому.

batik /bəˈtiːk, ˈbætɪk/ *n* бати́к; (*attr*) бати́ковый.

batiste /bæˈtiːst/ *n* бати́ст; (*attr*) бати́стовый.

batman /ˈbætmən/ *n* (*pl* **batmen**) (*archaic*) денщи́к, ордина́рец.

baton /ˈbæt(ə)n/ *n* **1** (*staff of office*) жезл. **2** (*mus*) дирижёрская па́лочка. **3** (*sport*) эстафе́тная па́лочка. **4** (*Br, policeman's*) дуби́нка.

batsman /ˈbætsmən/ *n* (*pl* **batsmen**) игро́к с би́той; отбива́ющий мяч.

battalion /bəˈtælɪən/ *n* батальо́н; **labour ~** стро́ительный батальо́н.

batten /ˈbæt(ə)n/ *n* ре́йка, пла́нка.
● *vt*: **~ down** (*naut*) задра́и|вать, -ть.

batter[1] /ˈbætə(r)/ *n* (*cul*) (*for making pancakes*) (жи́дкое) те́сто для блино́в; (*for coating food before frying*) кляр, (жи́дкая) панциро́вка.

batter[2] /ˈbætə(r)/ *n* (*US*) = **batsman**

batter[3] /ˈbætə(r)/ *vt & i* **1** (*beat*) колоти́ть, по-; дуба́сить, от-; громи́ть, раз-; **~ a wall down** разру́шить (*pf*) сте́ну; **hostel for ~ed wives** убе́жище для же́нщин страда́ющих от физи́ческого наси́лия в семье́; **~ing ram** тара́н. **2** (*knock about*): **a ~ed old car/hat** потрёпанная ста́рая маши́на/шля́па.

battery /ˈbætərɪ/ *n* **1** (*beating*): **assault and ~** (*law*) побо́|и (*pl, g* -ев); оскорбле́ние де́йствием. **2** (*group of guns*) батаре́я; (*artillery unit*) дивизио́н. **3** (*elec*) (*in car*) батаре́я; (*in torch*) батаре́йка. **4**: **~ farming** (*Br*) выра́щивание живо́тных в инкуба́торах; **~ hens** (*Br*) инкуба́торные ку́ры.
● *cpds* **~-farmed** *adj* вы́ращенный в инкуба́торе; **~-operated** *adj* на батаре́ях; с батаре́йным пита́нием.

batting /ˈbætɪŋ/ *n* (*cotton fibre*) вати́н.

battle /ˈbæt(ə)l/ *n* би́тва, сраже́ние, бой; (*struggle*) борьба́; **drawn ~** безрезульта́тный бой; **pitched ~** сраже́ние; **~ royal** побо́ище; **join ~** вступи́ть (*pf*) в бой; **give ~** дать (*pf*) бой; **do ~** сража́ться (*impf*); **order of ~** боево́й поря́док; **B~ of Britain** би́тва за А́нглию; **B~ of Waterloo** сраже́ние при Ватерло́о; **B~ of Stalingrad** би́тва под Сталингра́дом; **B~ of Borodino** Бороди́нское сраже́ние; **the ~ is ours** побе́да за на́ми; **fight a losing ~** вести́ (*det*) безнадёжную борьбу́; **fight s.o.'s ~s for him** лезть (*det*) в дра́ку за кого́-н.; **fight one's own ~s** постоя́ть (*pf*) за себя́; **half the ~** (*fig*) зало́г успе́ха, полде́ла.
● *vi* боро́ться (*impf*); сража́ться (*impf*).
● *cpds* **~ array** *n* боево́й поря́док; **~axe** *n* алеба́рда; (*fig, termagant*) бой-ба́ба; **~ cry** *n* боево́й клич; (*fig*) ло́зунг; **~dress** *n* походная фо́рма; **~field, ~ground** *nn* по́ле сраже́ния/бо́я; **~-scarred** *adj* изра́ненный в боя́х; **~ scene** *n* (*art*) бата́льная сце́на; **~ship** *n* лине́йный кора́бль, линко́р.

battlement /ˈbæt(ə)lmənt/ *n* зубча́тая стена́.

batty /ˈbætɪ/ *adj* (**battier, battiest**) чо́кнутый, тро́нутый (*coll*).

bauble /ˈbɔːb(ə)l/ *n* (*on Christmas tree*) ёлочный шар; (*trinket*) безделу́шка.

baud /bəʊd, bɔːd/ *n* (*pl* **~** *or* **~s**) (*comput*) бод.

baulk /bɔːlk, bɔːk/ (*chiefly US also* **balk**) *vt* (*hinder*) меша́ть, по- (*кому, чему, в чём*); (*frustrate*) расстр|а́ивать, -о́ить; **~ s.o. of his prey** лиши́ть (*pf*) кого́-н. добы́чи; **he was ~ed of his desires** его́ жела́ния не осуществи́лись.
● *vi* **1** (*of horses*) артачиться, за- (*при чём*). **2**: **he ~ed at the expense** таки́е расхо́ды его́ испуга́ли; (*hesitate*) колеба́ться (*impf*).

bauxite /ˈbɔːksaɪt/ *n* бокси́т.

Bavaria /bəˈveərɪə/ *n* Бава́рия.

Bavarian /bəˈveərɪən/ *adj* бава́рский.

bawd|iness /ˈbɔːdɪnɪs/ *n* непристо́йность, поха́бщина.

bawdy /ˈbɔːdɪ/ *adj* (**bawdier, bawdiest**) непристо́йный, поха́бный.

bawl /bɔːl/ *vt & i* ора́ть (*impf*); выкри́кивать, вы́крикнуть; **~ at s.o.** ора́ть на кого́-н.; **~ s.o. out** (*coll*) наора́ть (*pf*) на кого́-н.

bay[1] /beɪ/ *n* (*bot*) лавр; (*attr*) лавро́вый.
● *cpds* **~ leaf** *n* лавро́вый лист; **~ tree** *n* лавр, ла́вровое де́рево.

bay[2] /beɪ/ *n* (*geog*) зали́в, бу́хта; **B~ of Biscay** Биска́йский зали́в.

bay[3] /beɪ/ *n* **1** (*of wall*) пролёт, пане́ль. **2** (*window recess*) ни́ша; **~ window** э́ркер, фона́рь (*m*). **3**: **sick ~** (*naut*) судово́й лазаре́т. **4** (*aeron*): **bomb ~** бо́мбовый отсе́к.

bay[4] /beɪ/ *n* **1** (*bark*) лай. **2** (*fig uses*): **keep s.o. at ~** держа́ть (*impf*) кого́-н. на расстоя́нии; **keep the enemy at ~** сде́рживать (*impf*) неприя́теля.
● *vt & i* ла́ять (*impf*); залива́ться (*impf*) ла́ем; выть (*impf*); **~ (at) the moon** выть на луну́.

bay[5] /beɪ/ *n* (*horse*) гнеда́я (ло́шадь).
● *adj* гнедо́й.

bayonet /ˈbeɪəˌnet/ *n* штык; **hold s.o. at ~ point** держа́ть кого́-н. на штыка́х.
● *vt* (**bayoneted, bayoneting**) коло́ть, за- штыко́м.

bazaar /bəˈzɑː(r)/ *n* база́р.

bazooka /bəˈzuːkə/ *n* противота́нковый гранатомёт.

BBC (*abbr of* ***British Broadcasting Corporation***) Би-би-си́ (*nt indecl*); **~ English** нормати́вный англи́йский язы́к.

BC (*abbr of* ***before Christ***) до н. э. (до на́шей э́ры), до Рождества́ Христо́ва.

bcc (*abbr of* ***blind carbon copy***) (*email addressee field*) скры́тая ко́пия (+ *d*) (*поле адресата в электронном письме*).

be /biː, bɪ/ *vi* (*sg pres* **am, are, is;** *pl pres* **are;** *1st and 3rd pers sg past* **was;** *2nd pers sg past and pl past* **were;** *pres subjunctive* **be;** *past subjunctive* **were;** *pres participle* **being;** *pp* **been**) **1** быть (*impf*); (*exist*) существова́ть (*impf*); (*as copula in the present tense, usu omitted or expressed by dash*): **the world is round** земля́ кру́глая; **that is a dog** э́то соба́ка.
2 (*more emphatic uses*): **an order is an order** прика́з есть прика́з; **there is a God** Бог есть; **we should love people as they are** ну́жно люби́ть люде́й таки́ми, каки́е они́ есть; **there are books on all subjects** име́ются кни́ги по всем те́мам.
3 (*expressing frequency*) быва́ть (*impf*); **he is in London every Tuesday** он быва́ет в Ло́ндоне по вто́рникам; **there is no smoke without fire** нет ды́ма без огня́.
4 (*more formally, with complement*) явля́ться (*impf*) + *i*; представля́ть (*impf*) собо́й; (*of membership etc.*) состоя́ть (*impf*) + *i*.
5 (*expressing present continuous*): **she is crying** она́ пла́чет.
6 (*of place, time, cost etc.*): **it is a mile away** э́то в ми́ле отсю́да; **where is the office?** где нахо́дится о́фис?; **he is 21 today** ему́ сего́дня исполня́ется два́дцать оди́н год; **it is 25 pence a yard** э́то сто́ит два́дцать пять пе́нсов за ярд; (*of person or obj in a certain position*) стоя́ть, лежа́ть, сиде́ть (*according to sense*; *all impf*); **the books are on the floor** кни́ги лежа́т на полу́; **the books are on the shelf** кни́ги стоя́т на по́лке; **the ship is at anchor** кора́бль стои́т на я́коре; **Paris is on the Seine** Пари́ж стои́т на Се́не; **he is in hospital** он лежи́т в больни́це; **he is in prison** он (сиди́т) в тюрьме́; **I was at home all day** я сиде́л до́ма весь день; (*of continuing states*): **the weather was settled** пого́да стоя́ла хоро́шая; **the heat was unbearable** жара́ стоя́ла невыноси́мая; **prices are high** це́ны сохраня́ются высо́кие.
7 (*become*): **what are you going to ~ when you grow up?** кем ты ста́нешь/бу́дешь, когда́ вы́растешь?
8 (*behave, act a part*): **you are ~ing silly** вы ведёте себя́ глу́по; **am I ~ing a bore?** я вам надое́л?
9 (*take place, happen*): **there is a party next door** в сосе́днем до́ме идёт вечери́нка; **the meeting is** (*will be*) **on Friday** заседа́ние состо́ится в пя́тницу.
10 (*exist, live*): **he is no more** его́ бо́льше нет; **the government that was** тогда́шнее прави́тельство; **the greatest man that ever was** велича́йший из когда́-либо жи́вших люде́й.
11 (*remain*): **let him ~!** оста́вьте его́!; **don't ~ too long!** не заде́рживайтесь!
12 (*expressing motion*): **he is off to London** он уезжа́ет в Ло́ндон; **the dog was after him** за ним гнала́сь соба́ка;

has the postman been? почта уже́ была́?
13 (*expressing passive*): **the house is ~ing built** дом стро́ится; **I am told** мне сказа́ли.
14 (*uses of pres participle and gerund*): **~ing a doctor, he knew what to do** бу́дучи врачо́м, он знал, что де́лать; **for the time ~ing** пока́ что, на вре́мя; **he is far from ~ing an expert** он далеко́ не специали́ст.
15 (*with* **at**): **what are you at?** что вы хоти́те?; что вы де́лаете?
16 (*with* **for**): **I am for tariff reform** я за тари́фную рефо́рму.
17 (*with* **to**): **I am to inform you** я до́лжен сообщи́ть вам; **he is to ~ married today** он сего́дня же́нится; **you are not to do that** вам нельзя́ (*or* не сле́дует) э́то де́лать; **how was I to know?** как же я мог знать?; **the book is not to ~ found** э́той кни́ги нигде́ не найти́; **when am I to ~ there?** когда́ мне на́до быть там?; **it is to ~ hoped that ...** на́до наде́яться, что...; **he met the woman he was to marry** (*i.e. later married*) он встре́тил же́нщину, на кото́рой впосле́дствии жени́лся; **it is not to ~** э́тому не суждено́ соверши́ться (*or* не быва́ть); **his wife to ~** его́ бу́дущая жена́.
18 (*various*): **~ it so! so ~ it!** быть по сему́!; **how are you?** как пожива́ете?; **~ that as it may** как бы то ни́ было; **how is it that ...?** как э́то так, что...?; **what is that to me?** что мне до э́того?; **as you were!** (*mil*) отста́вить!
● *cpd* **~-all** *n* (*also* **~-all and end-all**) суть; коне́ц и нача́ло всего́.
● *See also* ⇒**being**

beach /bi:tʃ/ *n* пляж; (*seashore*) взмо́рье.
● *vt* (*run ashore*) посади́ть (*pf*) на мель; (*haul up*) выта́скивать, вы́тащить на бе́рег.
● *cpds* **~head** *n* (*mil*) примо́рский/берегово́й плацда́рм; **~wear** *n* пля́жная оде́жда.

beacon /ˈbi:kən/ *n* (*signal light, fire*) сигна́льный ого́нь; (*lighthouse*) мая́к; (*buoy*) ба́кен; (*signal tower*) сигна́льная ба́шня; (*Br, at crossing*) знак пешехо́дного перехо́да.

bead /bi:d/ *n* **1** бу́син(к)а, би́серина; **glass ~s** би́сер; **pearl ~s** жемчу́жины (*f pl*); **string of ~s** бу́с|ы (*pl g* —). **2** (*drop of liquid*) ка́пля.

beading /ˈbi:dɪŋ/ *n* (*archit*) орна́мент в ви́де бус.

beady /ˈbi:dɪ/ *adj* (**beadier, beadiest**): **~ eyes** глаза́-бу́синки.

beagle /ˈbi:g(ə)l/ *n* бигль (*m*) (*порода гончих*).

beak /bi:k/ *n* клюв.

beaker /ˈbi:k(ə)r/ *n* (*Br, for drinking*) пластма́ссовый стака́н (с но́сиком); (*in laboratory*) мензу́рка.

beam¹ /bi:m/ *n* **1** (*of timber etc.*) брус, ба́лка, перекла́дина. **2** (*naut*) бимс; **broad in the ~** (*lit*) с широ́кими би́мсами; (*fig, coll*) толстоза́дый; **the ship was on her ~ ends** кора́бль лежа́л на боку́; **he was on his ~ ends** (*fig*) он был в тяжёлом положе́нии. **3** (*of scales*) коромы́сло.

beam² /bi:m/ *n* **1** (*ray*) луч; (*of particles etc.*) пучо́к луче́й; (*as radio signal*) радиосигна́л. **2** (*smile*) сия́ющая улы́бка. **3** (*of car's headlights*) свет; **full ~** (*Br*), **high ~s** (*US*) да́льний свет; **low ~s** (*US*) бли́жний свет.
● *vt* напр|авля́ть, -а́вить (сигна́л).
● *vi* (*shine*) свети́ть (*impf*), сия́ть (*impf*); (*smile broadly*) сия́ть улы́бкой; **she ~ed with delight** она́ сия́ла от ра́дости.

beaming /ˈbi:mɪŋ/ *adj* сия́ющий.

bean /bi:n/ *n* **1** боб; **broad ~s** бобы́ (*m pl*); **French ~s** фасо́ль; **string ~s** зелёная фасо́ль. **2** (*coll, coin*) грош; **I haven't a ~** у меня́ нет ни гроша́.
3 (*coll uses*): **spill the ~s** проболта́ться (*pf*); **full of ~s** по́лный задо́ра.
● *cpds* **~feast** *n* (*Br*) пиру́шка, пир горо́й; **~ pod** *n* бобо́вый стручо́к; **~stalk** *n* сте́бель (*m*) бобо́вого расте́ния.

bear¹ /beə(r)/ *n* **1** (*zool, also fig*) медве́дь (*m*); **she-~** медве́дица; **~ cub** медвежо́нок; **Teddy ~** ми́шка.
2 (*astron*) **Great/Little B~** Больша́я/Ма́лая Медве́дица. **3** (*econ*) спекуля́нт, игра́ющий на пониже́ние.
● *cpds* **~-baiting** *n* медве́жья тра́вля; **~ garden** *n* (*fig*) (шу́мное) сбо́рище, база́р; **~skin** *n* (*lit*) медве́жья шку́ра; (*headgear*) мехово́й ки́вер.

bear² /beə(r)/ *vt* (*past* **bore**; *pp* **borne, born**) **1** (*carry*) носи́ть (*indet*), нести́, по- (*det*); **~ arms** носи́ть ору́жие; **~ one's head high** высоко́ нести́/держа́ть (*impf*) го́лову; **~ in mind** име́ть (*impf*) в виду́; **~ tales** разноси́ть (*impf*) спле́тни.
2: **~ o.s.** (*behave*) держа́ться (*impf*).
3 (*show, have*): **the document ~s your signature** на докуме́нте есть ва́ша по́дпись; **a monument ~ing an inscription** па́мятник с на́дписью; **~ a resemblance to** име́ть (*impf*) схо́дство с + *i*; **~ the marks of ill-treatment** нести́ (*det*) на себе́ следы́ дурно́го обраще́ния.
4 (*harbour*): **~ ill will** пита́ть (*impf*) дурны́е чу́вства.
5 (*provide*): **~ false witness** лжесвиде́тельствовать (*impf*); **~ s.o. company** соста́вить (*pf*) компа́нию кому́-н.
6 (*sustain, support*): **the ice will ~ his weight** лёд вы́держит его́; **~ responsibility, an expense, a loss** нести́ (*det*) отве́тственность, расхо́ды, убы́тки.
7 (*endure, tolerate*) терпе́ть, с-; выноси́ть, вы́нести; сн|оси́ть, -ести́; **I cannot ~ him** я его́ не выношу́; **grin and ~ it** (*coll*) му́жественно переноси́ть (*impf*) страда́ния/неприя́тности.
8 (*be fit for, capable of*): **the joke ~s repeating** э́тот анекдо́т мо́жно повтори́ть ещё раз; **~ comparison** выде́рживать (*impf*) сравне́ние.
9 (*press, push*): **he was borne backwards by the crowd** он был отти́снут толпо́й наза́д.
10 (*give birth to*): **she bore him a son** она родила́ ему́ сы́на; **be born** роди́ться (*impf, pf*); **a man born in 1919** челове́к 1919 го́да рожде́ния; **he was born with a talent for music** у него́ от рожде́ния (был) тала́нт к му́зыке.
11 (*yield*): **trees/efforts ~ fruit** дере́вья/уси́лия прино́сят плоды́; **the bonds ~ 5% interest** облига́ции прино́сят пять проце́нтов дохо́да.
● *vi* **1** (*of direction*): **the road ~s to the right** доро́га идёт впра́во.
2 (*exert pressure, affect*): **bring one's energy to ~ on** напра́вить (*pf*) эне́ргию на + *a*; **taxation ~s on all classes** налогообложе́ние распространя́ется на все́ кла́ссы; **this ~s on our problem** э́то отно́сится к на́шей пробле́ме; **~ with** терпе́ть (*impf*), переноси́ть (*impf*); относи́ться (*impf*) терпи́мо к + *d*.
● *with advs*: **~ away** *vt* ун|оси́ть, -ести́; **he was borne away (by his feelings)** он был увлечён; **~ down upon s.o.** (*swoop etc.*) устрем|ля́ться, -и́ться на кого́-н.; **~ out** *vt* (*carry out*) выноси́ть, вы́нести; (*confirm*) подтвер|жда́ть, -ди́ть; подкреп|ля́ть, -и́ть; **~ up** *vi* (*endure*) держа́ться (*impf*).

bearable /ˈbeərəb(ə)l/ *adj* терпи́мый, сно́сный.

beard /bɪəd/ *n* **1** борода́; **grow a ~** расти́ть, от- бо́роду. **2** (*of animal*) боро́дка. **3** (*bot*) ость.
● *vt* бр|оса́ть, -о́сить вы́зов + *d*; **~ the lion in his den** (*fig*) лезть (*impf*) в ло́гово зве́ря.

bearded /ˈbɪədɪd/ *adj* борода́тый; (*bot*) ости́стый.

beardless /ˈbɪədlɪs/ *adj* безборо́дый; (*youthful*) безу́сый.

bearer /ˈbeərə(r)/ *n* (*one who carries*) несу́щий, нося́щий; **~ of good news** до́брый ве́стник; (*of letter*) пода́тель (*m*); (*of a cheque*) предъяви́тель (*m*); (*of title*) носи́тель (*m*).

bearing /ˈbeərɪŋ/ *n* **1** (*carrying*) ноше́ние. **2** (*behaviour*) поведе́ние; (*deportment*) мане́ра держа́ться.
3 (*relevance*) отноше́ние (к + *d*).
4 (*direction*) пе́ленг, румб, а́зимут; **take a compass ~** определ|я́ть, -и́ть магни́тный а́зимут (*or* ко́мпасный пе́ленг); **find, get, take one's ~s** определ|я́ть, -и́ть своё местонахожде́ние/положе́ние; ориенти́роваться (*impf, pf*); **lose one's ~s** потеря́ть (*pf*) ориентиро́вку.
5 (*tech*) опо́ра; **roller ~** ро́ликовый подши́пник. **6** (*in pl, heraldry*) деви́з.

bearish /ˈbeərɪʃ/ *adj* **1** (*rough*) медве́жий, гру́бый. **2** (*on stock exchange*) понижа́тельный.

beast /bi:st/ *n* **1** (*animal*) живо́тное; (*wild animal*) зверь (*m*); (*in pl, cattle*) рога́тый скот; **~ of burden** вью́чное живо́тное. **2** (*savage person*) зверь; (*nasty person*) скот, скоти́на (*cg*).

beastliness /ˈbi:stlɪnɪs/ *n* отврати́тельность.

beastly /ˈbi:stlɪ/ *adj* (**beastlier, beastliest**) (*unpleasant*) отврати́тельный; **~ weather** ужа́сная пого́да; **a ~ headache** ме́рзкая/гну́сная головна́я боль.

beat¹ /bi:t/ *n* **1** (*of drum*) бой; (*of heart*) бие́ние; (*rhythm*) ритм; (*mus*) такт.

2 (*policeman's*) райо́н обхо́да; **be on the ~** соверша́ть (*impf*) обхо́д.

● *vt* (*past* **beat;** *pp* **beaten**)
1 (*strike*) бить, по-; уд|аря́ть, -а́рить; колоти́ть, по-; **~ s.o. black and blue** исколоти́ть (*pf*) кого́-н.; изби́ть (*pf*) кого́-н. до синяко́в (*or* до полусме́рти); **~ one's breast** бить (*impf*) себя́ в грудь; **~ a carpet** выкола́чивать, вы́колотить (*or* выбива́ть, вы́бить) ковёр; **~ a drum** бить (*impf*) в бараба́н; **~ eggs** взби|ва́ть, -ть я́йца; **~ one's head against a wall** (*lit, fig*) би́ться (*impf*) голово́й о сте́нку; **~ a path through the forest** протори́ть (*pf*) тропи́нку че́рез лес; **~ a retreat** (*lit, fig*) бить (*impf*) отбо́й; (*fig*) идти́ (*det*) на попя́тную; **~ a steak** отб|ива́ть, -и́ть бифште́кс; **he ~ the table with his fists** он колоти́л кулака́ми по столу́; **~ time** отбива́ть (*impf*) такт; **the bird ~s its wings** пти́ца бьёт кры́льями; **~ it!** (*sl*) кати́сь!; **~ the dust out of sth** выбива́ть, вы́бить пыль из чего́-н.; **~ a stick into the ground** вбить (*pf*) па́лку в зе́млю; **~ sth into s.o.'s head** вкол|а́чивать, -оти́ть (*or* вби|ва́ть, -ть) что-н. кому́-н. в го́лову.
2 (*defeat, surpass*) поб|ива́ть, -и́ть; разб|ива́ть, -и́ть; побе|жда́ть, -ди́ть; одерж|ивать, -а́ть побе́ду над + *i*; **the Liberal Democrats ~ the Conservatives** либера́л-демокра́ты победи́ли консерва́торов; **he ~ me at chess** он обыгра́л меня́ в ша́хматы; **he always ~s me at golf** он всегда́ выи́грывает, когда́ мы игра́ем в гольф; **these armies have never been ~en** э́ти а́рмии не зна́ли пораже́ния; **he ~ the record** он поби́л реко́рд; **that ~s all (*or* the band)** (*coll*) э́то превосхо́дит всё; **it ~s me how he does it** (*coll*) убе́й бог, е́сли я понима́ю, как ему́ э́то удаётся; **can you ~ it?** (*coll*) как вам э́то нра́вится?; **I'll ~ you to the top of the hill** я быстре́е вас доберу́сь до верши́ны холма́.

● *vi* (*past* **beat;** *pp* **beaten**): **his heart is ~ing** его́ се́рдце бьётся; **he heard drums ~ing** он слы́шал бараба́нный бой; **the rain ~ against the windows** дождь стуча́л в о́кна; **~ about the bush** (*fig*) ходи́ть (*indet*) вокру́г да о́коло; **~ at, on a door** колоти́ть (*impf*) в дверь.

● *with advs*: **~ back** *vt* отб|ива́ть, -и́ть; **~ down** *vt*: **the rain ~ down the corn** дождь поби́л хлеба́; **he ~ down the price** он сбил це́ну; он доби́лся ски́дки; **he ~ me down** он заста́вил меня́ уступи́ть в цене́; **he ~ down all opposition** он подави́л вся́кое сопротивле́ние; *vi*: **the sun ~ down on us** со́лнце неща́дно пали́ло нас; **~ in** *vt*: **~ a door in** вы́ломать (*pf*) дверь; **~ off** *vt*: **~ off an attack** отб|ива́ть, -и́ть ата́ку; **~ out** *vt*: **~ out a fire** зат|а́птывать, -опта́ть ого́нь; **~ out gold** кова́ть, вы́- зо́лото; **~ out a path** проб|ива́ть, -и́ть (*or* протор|я́ть, -и́ть) тропи́нку; **~ out a rhythm** отбива́ть (*impf*) ритм; **~ s.o.'s brains out** вышиба́ть, вы́шибить мозги́ кому́-н.; **~ up** *vt*: **~ up eggs/cream** взби|ва́ть, -ть я́йца/сли́вки; **~ s.o. up** изб|ива́ть, -и́ть кого́-н.

● *See also* ⇒**beaten**

beat² /bi:t/ *adj* (*coll, tired*): **dead ~** смерте́льно уста́лый.

beat³ /bi:t/ (*coll*) *n*: **the ~ generation** поколе́ние би́тников.

beaten /ˈbi:t(ə)n/ *adj* би́тый, поби́тый, изби́тый; (*conquered*) разби́тый; **off the ~ track** не по проторённой доро́жке.

beatific /ˌbi:əˈtɪfɪk/ *adj* **1** (*blissful*) блаже́нный; **a ~ smile** блаже́нная улы́бка. **2** (*eccl*) даю́щий блаже́нство.

beatification /bi:ˌætɪfɪˈkeɪʃ(ə)n/ *n* (*eccl*) причисле́ние к ли́ку блаже́нных (*первая ступень канонизации*).

beatify /bi:ˈætɪˌfaɪ/ *vt* (*eccl*) прич|исля́ть, -и́слить к ли́ку блаже́нных.

beating /ˈbi:tɪŋ/ *n* **1** (*of heart*) бие́ние. **2** (*thrashing*) битьё, по́рка; **give s.o. a good ~** отлупи́ть (*pf*) кого́-н.; **the boy deserves a ~** ма́льчик заслу́живает по́рки. **3** (*defeat*) разгро́м, пораже́ние; **they gave the enemy a thorough ~** врагу́ от них здо́рово доста́лось.

beatitude /bi:ˈætɪˌtju:d/ *n* **1** (*blessedness*) блаже́нство. **2** (*bibl*): **the B~s** за́поведи (*f pl*) блаже́нства.

beatnik /ˈbi:tnɪk/ *n* (*sl*) би́тник.

beau /bəʊ/ *n* (*pl* **~x** *or* **~s**) ухажёр, покло́нник.

Beaufort scale /ˈbəʊfət/ *n* бофо́ртова шкала́.

beau monde /bəʊ ˈmɒnd/ *n* бомо́нд, вы́сший свет.

beauteous /ˈbju:tɪəs/ *adj* прекра́сный.

beautician /bju:ˈtɪʃ(ə)n/ *n* космето́лог.

beautiful /ˈbju:tɪˌfʊl/ *adj* краси́вый; (*excellent*) прекра́сный; **~ly warm** необыкнове́нно тепло́.

beautify /ˈbju:tɪˌfaɪ/ *vt* укр|аша́ть, -а́сить.

beauty /ˈbju:tɪ/ *n* **1** (*quality*) красота́; **~ is skin-deep** красота́ недолгове́чна; **~ contest** ко́нкурс красоты́; **~ parlour** космети́ческий кабине́т; **~ queen** короле́ва красоты́; **~ sleep** сон до полу́ночи, ра́нний сон (*перед балом и т. д.*); **~ spot** (*Br, place*) живопи́сная ме́стность; (*on face*) му́шка. **2** (*woman*) краса́вица; **B~ and the Beast** краса́вица и чудо́вище; **she's no ~** она́ совсе́м не краса́вица. **3** (*excellence, fine specimen*): **that's the ~ of it** в э́том-то вся пре́лесть; **his car is a ~** у него́ прекра́сная маши́на.

● *cpd* **~ case** чемода́нчик-космети́чка; бью́ти-кейс.

beaux /bəʊz, bəʊ/ *pl of* ⇒**beau**

beaver /ˈbi:və(r)/ *n* (*pl* **~** *or* **~s**) **1** (*zool*) бобр; **eager ~** (*coll*) хлопоту́н. **2** (*fur*) бобёр; (*hat*) бобро́вая ша́пка.

● *vi* (*coll, toil*) вка́лывать (*impf*).

bebop /ˈbi:bɒp/ *n* (*mus*) бибо́п (*род джазовой музыки*).

becalm /bɪˈkɑ:m/ *vt*: **be ~ed** (*naut*) штилева́ть (*impf*); заштил|ева́ть, -е́ть; **a ~ed ship** заштиле́вший кора́бль.

became /bɪˈkeɪm/ *past of* ⇒**become**

because /bɪˈkɒz/ *conj* потому́ что; (*since*) так как; **all the more ~** тем бо́лее, что; **~ of** из-за + *g*, (*thanks to*) благодаря́ + *d*.

béchamel /ˈbeʃəˌmel/ *n* (*cul*) бешаме́ль.

beck /bek/ *n*: **be at s.o.'s ~ and call** быть у кого́-н. на побегу́шках.

beckon /ˈbekən/ *vt* & *i* мани́ть, по-; заз|ыва́ть, -ва́ть; **I ~ed (to) him to approach** я помани́л его́ к себе́; **he ~ed them in** он зазва́л их внутрь.

becloud /bɪˈklaʊd/ *vt* завол|а́кивать, -о́чь; **tears ~ed his eyes** его́ глаза́ заволокло́ слеза́ми; (*of the mind*) затума́ни|вать, -ть.

become /bɪˈkʌm/ *vt* (*past* **became;** *pp* **become**) (*befit*) годи́ться, подоба́ть, прили́чествовать (*кому*) (*all impf*); **it doesn't ~ you to complain** вам не к лицу́ жа́ловаться; (*look well on*) идти́ (*det*); **the dress ~s you** э́то пла́тье вам идёт; *see also* ⇒**becoming**

● *vi* (*past* **became;** *pp* **become**) (*come to be*) ста|нови́ться, -ть + *i*; *often expressed by v in* …еть; **~ pale** побледне́ть; **~ rich** разбогате́ть; **~ smaller** уме́ньшиться (*all pf*); **what became of him?** что с ним ста́лось?; **he became a waiter** он стал официа́нтом; **the weather became worse** пого́да испо́ртилась.

becoming /bɪˈkʌmɪŋ/ *adj* (*proper*) подоба́ющий, прили́чествующий; (*of dress etc.*) (иду́щий) к лицу́; **she is ~ly dressed** она́ оде́та к лицу́; **she wore a ~ hat** шля́пка ей о́чень шла.

BEd /bi:ˈed/ (*abbr of* ***Bachelor of Education***) бакала́вр педагоги́ческих нау́к.

bed /bed/ *n* **1** (*esp bedstead*) крова́ть; (*esp bedding*) посте́ль; (*in hospital*) ко́йка; (*dog's etc. bedding*) подсти́лка; **single/double ~** односпа́льная/двуспа́льная крова́ть; **twin ~s** па́рные крова́ти; **go to ~** ложи́ться, лечь спать; (*in sexual sense*) переспа́ть (*pf*) (**with:** с + *i*); **put to ~** укла́дывать, уложи́ть спать; **send to ~** отпр|авля́ть, -а́вить (*or* от|сыла́ть, -осла́ть) спать; **get into ~** ложи́ться, лечь в посте́ль/крова́ть; **get out of ~** вста|ва́ть, -ть с посте́ли/крова́ти; **get out of ~ on the wrong side** (*fig*) встать (*pf*) с ле́вой ноги́; **make a ~** (*arrange for sleep*) стели́ть, по-посте́ль; (*tidy after sleep*) заст|ила́ть, -ла́ть/-ели́ть (*or* уб|ира́ть, -ра́ть) посте́ль; **as you make your ~, so you must lie on it** что посе́ешь, то и пожнёшь; **take to one's ~** слечь (*pf*); **die in one's ~** умере́ть (*pf*) свое́й сме́ртью; **early to ~ and early to rise** (*proverb*) кто ра́но встаёт, тому́ Бог подаёт; **out of ~** (*up, recovered*) на нога́х.
2 (*base, bottom*): (*of concrete etc.*) основа́ние, фунда́мент; (*of rock, clay, etc.*) пласт, слой; (*of a road*) полотно́; (*of the sea*) морско́е дно; (*of a river*) речно́е ру́сло, ло́же реки́.
3 (*place of cultivation*): **~ of flowers** клу́мба; **~ of nettles** за́росль крапи́вы; **~ of potatoes** карто́фельная гря́дка.

● *vt* (**bedded, bedding**)
1 (*of flowers*; *also* **~ out**) сажа́ть, посади́ть; выса́живать, вы́садить.

2: ~ **a horse** стлать, по- подстилку для лóшади.
● *vi* (**bedded, bedding**): ~ **down** распол|агáться, -ожи́ться на ночлéг; (*cohabit*) сожи́тельствовать (*impf*).
● *cpds* ~ **and breakfast** (*guest house*) мáленькая гости́ница; (*terms*) ночлéг и зáвтрак (*see also* ⇨**B. & B.**); ~**bug** *n* клоп; ~**clothes** *n pl* постéль; постéльные принадлéжности (*f pl*); ~**cover** *n* покрывáло; ~**head** *n* (*Br*) изголóвье; ~**jacket** *n* ночнáя кóфта; ~**linen** *n* постéльное бельё; ~**pan** *n* подкладнóе сýдно; ~**post** *n* стóлбик кровáти; **between you and me and the** ~**post** (*coll*) стрóго мéжду нáми; ~**ridden** *adj* прикóванный к постéли; ~**rock** *n* кореннáя порóда; (*fig*) оснóва; ~**room** *n* спáльня; ~**room farce** алькóвный фарс; ~**room slippers** домáшние тýфли, тáпочки (*f pl*); ~**side** *n*: **keep books at one's** ~**side** держáть (*impf*) кни́ги на ночнóм стóлике; **watch at s.o.'s** ~**side** ухáживать (*impf*) за больны́м; сидéть (*impf*) у постéли больнóго; **a good** ~**side manner** умéлый подхóд к больнóму, врачéбный такт; ~**side table** тýмбочка, ночнóй стóлик; ~**sit(ter),** ~**-sitting room** *nn* (*Br*) однокóмнатная кварти́ра; ~**sore** *n* прóлежень (*m*); ~**spread** *n* покрывáло; ~**stead** *n* кровáть; óстов, станóк кровáти; ~**time** *n* врéмя ложи́ться (спать) (*or* идти́ спать); **my** ~**time is at 11** я ложýсь (спать) в оди́ннадцать часóв; ~**time story** скáзка, расскáз на сон грядýщий.

bedaub /bɪˈdɔːb/ *vt* мáзать, за-.

bedding /ˈbedɪŋ/ *n* (*bedclothes*) постéль; постéльные принадлéжности (*f pl*).

bedeck /bɪˈdek/ *vt* укр|ашáть, -áсить.

bedevil /bɪˈdev(ə)l/ *vt* (**bedevilled, bedevilling;** *US* **bedeviled, bedeviling**) (*confuse*) спýт|ывать, -ать; вн|оси́ть, -ести́ неразберúху в + *a*.

bedevilment /bɪˈdev(ə)lmənt/ *n* (*confusion*) неразбери́ха, пýтаница.

bedew /bɪˈdjuː/ *vt* оро|шáть, -си́ть; обры́зг|ивать, -ать.

bedizen /bɪˈdaɪz(ə)n, -ˈdɪz(ə)n/ *vt* разря|жáть, -ди́ть.

bedlam /ˈbedləm/ *n* (*fig*) бедлáм.

Bed(o)uin /ˈbedʊɪn/ *n* (*pl* ~) бедуи́н (*fem* -ка).
● *adj* бедуи́нский.

bedraggled /bɪˈdræg(ə)ld/ *adj* забры́зганный.

bee /biː/ *n* пчелá; **have a** ~ **in one's bonnet** быть помéшанным (*на чём*).
● *cpds* ~**hive** *n* ýлей; ~**-keeper** *n* пчеловóд; ~**-keeping** *n* пчеловóдство; ~**line** *n* прямáя; **make a** ~**line for** стрелóй помчáться (*pf*) к + *d*; ~**swax** *n* пчели́ный воск.

beech /biːtʃ/ *n* бук.
● *cpd* ~**mast** *n* бýковый орéшек.

beef[1] /biːf/ *n* (*meat*) говя́дина; (*fig, energy*) си́ла, энéргия.
● *vt*: ~ **up** (*coll, strengthen, increase*) укреп|ля́ть, -и́ть.
● *cpds* ~**burger** *n* рýбленый бифштéкс; ~**eater** *n* солдáт охрáны лóндонского Тáуэра; ~**steak** *n* бифштéкс; ~ **tea** (*Br*) *n* крéпкий бульóн.

beef[2] /biːf/ *vi* (*sl, complain*) стонáть (*impf*).

beefy /ˈbiːfɪ/ *adj* (**beefier, beefiest**) (*like beef*) мяси́стый; (*muscular*) мускули́стый.

been /biːn, bɪn/ *pp of* ⇨**be**

beep /biːp/ *n* гудóк.
● *vi* гудéть, про-.

beer /bɪə(r)/ *n* пи́во.

beery /ˈbɪərɪ/ *adj* (**beerier, beeriest**) (*smelling of beer*) отдаю́щий пи́вом; **he has** ~ **breath** от негó несёт/рази́т пи́вом.

beet /biːt/ *n* свёкла; (*sugar* ~) сáхарная свёкла, свеклови́ца.
● *cpd* ~**root** *n* (*Br*) свёкла; **he blushed as red as a** ~**root** он покраснéл как рак.

beetle[1] /ˈbiːt(ə)l/ *n* (*zool*) жук.

beetle[2] /ˈbiːt(ə)l/ *n* (*tool*) кувáлда, трамбóвка.

beetle[3] /ˈbiːt(ə)l/ *adj*: ~ **brows** нави́сшие брóви (*f pl*).
● *vi* нав|исáть, -и́снуть.
● *cpd* ~**-browed** *adj* с нави́сшими бровя́ми.

beetle[4] /ˈbiːt(ə)l/ *vi*: ~ **off!** кати́сь! (*sl*).

beeves /biːvz/ *pl of* ⇨**beef**

befall /bɪˈfɔːl/ *vt* & *i* (*past* **befell** /bɪˈfel/; *pp* **befallen** /bɪˈfɔːlən/) (*literary*) приключ|áться, -и́ться (с + *i*); пост|игáть, -и́гнуть (*кого/что*); **what has** ~**en him?** что с ним стáло?

befit /bɪˈfɪt/ *vt* (**befitted, befitting**) под|ходи́ть, -ойти́ + *d*.

befog /bɪˈfɒg/ *vt* (**befogged, befogging**) (*lit, fig*) затумáни|вать, -ть.

before /bɪˈfɔː(r)/ *adv* **1** (*sooner, previously*) рáньше; **six weeks** ~ шестью недéлями рáньше; **18 years** ~ 18 лет назáд.
2 (*of place*) вперёди́.
● *prep* **1** (*of time*) пéред + *i*; ~ **leaving** пéред отъéздом; (*earlier than*) до + *g*; ~ **the war** до войны́; **since** ~ **the war** с довоéнного врéмени; **long** ~ **that** задóлго до э́того; ~ **now** прéжде; **the week** ~ **last** позапрóшлая недéля; **don't come** ~ **I call you** не приходи́те, покá я вас не позовý.
2 (*rather than*) скорéе чем; **he would die** ~ **lying** он скорéе умрёт, чем солжёт.
3 (*of place*) пéред + *i*; впереди́ + *g*; **your whole life is** ~ **you** у вас вся жизнь впереди́; ~ **the court** пéред судóм; ~ **witnesses** при свидéтелях; ~ **my eyes** на моих глазáх; ~ **God** пéред Бóгом.
4 (*fig, ahead of*): **he is** ~ **me in class** он впереди́ меня́ в клáссе.
5 (*naut*): ~ **the wind** по вéтру.
● *conj* (*earlier than*) рáньше чем; (*immediately* ~) пéред тем, как; (*at a previous time*) до тогó, как; **do it** ~ **you forget** сдéлайте э́то, покá не забы́ли; **it will be years** ~ **we meet** пройдýт гóды, покá мы встрéтимся; **just** ~ **you arrived** пéред сáмым вáшим прихóдом.
● *cpds* ~**hand** *adv* зарáнее; ~**-mentioned** *adj* вышеупомя́нутый; ~**-tax** *adj* начи́сленный до уплáты налóгов.

befoul /bɪˈfaʊl/ *vt* пáчкать, за-.

befriend /bɪˈfrend/ *vt* дрýжески отн|оси́ться, -ести́сь к + *d*; помогáть (*impf*) + *d*.

befuddle /bɪˈfʌd(ə)l/ *vt* одурмáни|вать, -ть.

beg /beg/ *vt* (**begged, begging**) проси́ть, по-; умоля́ть (*impf*); ~ **money of s.o.** проси́ть (*impf*) у когó-н. дéнег; ~ **s.o. to do sth** умоля́ть (*impf*) когó-н. сдéлать что-н.; ~ **a favour of s.o.** проси́ть, по- когó-н. о любéзности; **they** ~**ged to come with us** они́ умоля́ли нас взять их с собóй.
● *vi* (**begged, begging**) **1** (*ask for charity*) проси́ть ми́лостыню, ни́щенствовать, (*coll*) побирáться (*all impf*); ~ **from door to door** побирáться по дворáм; ~**ging letter** проси́тельное письмó.
2: ~ **for sth** умол|я́ть, -и́ть о + *p*; выпрáшивать, вы́просить что-н.; ~ **for mercy** моли́ть (*impf*) о пощáде; проси́ть (*impf*) пощáды; **I** ~ **of you not to go** я умоля́ю вас не ходи́ть; ~ **off** (*excuse o.s.*) отпр|áшиваться, -оси́ться.
3 (*of a dog*) служи́ть (*impf*).
4: **the cakes are going** ~**ging** пирожки́ зря пропадáют.

began /bɪˈgæn/ *past of* ⇨**begin**

beget /bɪˈget/ *vt* (**begetting;** *past* **begot;** *archaic* **begat;** *pp* **begotten**) (*lit, fig*) поро|ждáть, -ди́ть.

beggar /ˈbegə(r)/ *n* **1** ни́щий; ~ **woman** ни́щенка; ~**s can't be choosers** (*proverb*) ≈ нýжно довóльствоваться/обходи́ться тем, что есть. **2** (*fellow*) пáрень (*m*), мáлый; **poor** ~ бедня́га (*m*), бéдный мáлый; **little** ~**s** малыши́ (*m pl*).
● *vt*: **it** ~**s description** э́то не поддаётся описáнию.

beggarly /ˈbegəlɪ/ *adj* ни́щенский, жáлкий.

beggary /ˈbegərɪ/ *n* нищетá, ни́щенство.

begin /bɪˈgɪn/ *vt* (**beginning;** *past* **began;** *pp* **begun**) нач|инáть, -áть; **he began English** он нáчал изучáть англи́йский язы́к; **he began the meeting** он откры́л собрáние; **he began (on) another bottle** он почáл нóвую буты́лку; **I began to think she would not come** я подýмал бы́ло, что онá не придёт; (*often translated by* за-): ~ **to sing** запéть (*pf*); **he began to cry** он заплáкал.
● *vi* нач|инáть(ся), -áть(ся); **he began at the beginning** он нáчал с сáмого начáла; **the meeting began** собрáние началóсь; **before winter** ~**s** до начáла зимы́; до тогó как начнётся зимá; **he began as a reporter** он начинáл репортёром; **to** ~ **with** во-пéрвых.

beginner /bɪˈgɪnə(r)/ *n* начинáющий.

beginning /bɪˈgɪnɪŋ/ *n* начáло; (*source*) истóчник; **at the** ~ **of April** в начáле (*or* в пéрвых чи́слах) апрéля; **make a** ~ начáть (*pf*).

begone /bɪˈgɒn/ *vi*: (*archaic*) ~**!** прочь!

b

begonia /bɪ'gəʊnɪə/ *n* бего́ния.
begot /bɪ'gɒt/ *past of* ⇨**beget**
begotten /bɪ'gɒt(ə)n/ *pp of* ⇨**beget**
begrime /bɪ'graɪm/ *vt* па́чкать, вы-; грязни́ть, за-.
begrudge /bɪ'grʌdʒ/ *vt* (*envy s.o. for having sth.*) зави́довать, по- (*чему*); **I ∼ him his success** я зави́дую его́ успе́хам; (*give resentfully*): **I ∼ the time** мне жаль вре́мени.
beguile /bɪ'gaɪl/ *vt* **1** (*charm*) очаро́в|ывать, -а́ть. **2** (*delude*) завл|ека́ть, -е́чь; **they ∼d him into giving them his money** они́ (обма́ном) вы́удили у него́ де́ньги.
begun /bɪ'gʌn/ *pp of* ⇨**begin**
behalf /bɪ'hɑːf/ *n*: **on/in** (*US*) **my ∼** (*as my representative*) от моего́ и́мени/лица́; (*for my benefit*) в мои́х интере́сах, в мою́ по́льзу; **he is going on our ∼** он идёт за нас (*вместо нас*); **plead on s.o.'s ∼** выступа́ть (*impf*) в защи́ту кого́-н.
behave /bɪ'heɪv/ *vi* **1** (*of person*) вести́ (*det*) себя́, держа́ться (*impf*); **∼ well, ∼ o.s.** вести́ себя́ хорошо́; **∼ badly** пло́хо поступ|а́ть, -и́ть; **∼ (well *etc.*) towards s.o.** (хорошо́) относи́ться (*impf*) к кому́-н. **2** (*of thing*): **my bicycle ∼s well** мой велосипе́д хорошо́ слу́жит; **how does this metal ∼ under stress?** как ведёт себя́ э́тот мета́лл под давле́нием?
behaviour /bɪ'heɪvjə(r)/ (*US* **behavior**) *n* **1** (*conduct*) поведе́ние; отноше́ние (*к кому*), обраще́ние (*с кем*); **be on one's best ∼** вести́ (*det*) себя́ безупре́чно. **2**: **the ∼ of steel under stress** поведе́ние ста́ли под давле́нием.
behavioural /bɪ'heɪvjər(ə)l/ (*US* **behavioral**) *adj* поведе́нческий.
behaviourism /bɪ'heɪvjə,rɪz(ə)m/ (*US* **behaviorism**) *n* бихевиори́зм.
behead /bɪ'hed/ *vt* обезгла́в|ливать, -ить.
beheld /bɪ'held/ *past and pp of* ⇨**behold**
behemoth /bɪ'hiːmɒθ/ *n* чу́дище; (*bibl*) бегемо́т.
behest /bɪ'hest/ *n* (*literary*) повеле́ние.
behind /bɪ'haɪnd/ *n* (*coll*) зад, за́дница.
● *adv* сза́ди, позади́; **a long way ∼** далеко́ позади́; **from ∼** сза́ди; **he is ∼ in his studies** он отста́л в учёбе; **he is ∼ with his payments** он запа́здывает с упла́той.
● *prep* (*expressing place*) за + *i*; (*expressing motion*) за + *a*; (*more emphatic*) сза́ди, позади́ + *g*; (*after*) по́сле + *g*; **from ∼** из-за + *g*; **he walked (just) ∼ me** он шёл сле́дом за мной; **what is ∼ it all?** что стои́т за всем э́тим?; **he has the army ∼ him** его́ подде́рживает а́рмия; **he left debts ∼ him** он оста́вил по́сле себя́ долги́; **he put the idea ∼ him** он бро́сил э́ту мысль; **the country is ∼ its neighbours** страна́ отста́ла от свои́х сосе́дей.
● *cpd* **∼hand** *adj & adv*: **he is ∼hand in his work** он запусти́л рабо́ту; **I am ∼hand with the rent** я задолжа́л за кварти́ру.
behold /bɪ'həʊld/ *vt* (*past and pp* **beheld**) (*archaic*) узре́ть (*pf*); **lo and ∼!** о чу́до!
beholden /bɪ'həʊld(ə)n/ *pred adj* обя́занный, призна́тельный.
beholder /bɪ'həʊldə(r)/ *n* очеви́дец; **beauty is in the eye of the ∼** (*proverb*) красота́ — поня́тие относи́тельное; у ка́ждого своё представле́ние о красоте́.
behove /bɪ'həʊv/ (*US* **behoove** /bɪ 'huːv/) *vt* (*literary*): **it ∼s you to work** вам надлежи́т рабо́тать; **it ill ∼s him to complain** ему́ не к лицу́ жа́ловаться.
beige /beɪʒ/ *adj* беж (*indecl*), бе́жевый.
Beijing /beɪ'dʒɪŋ/ *n* Пеки́н.
being /'biːɪŋ/ *n* **1** (*existence*) бытие́, существова́ние; **come into ∼** возн|ика́ть, -и́кнуть; **call, bring into ∼** вы́звать (*pf*) к жи́зни. **2** (*creature, person*) существо́; **human ∼** челове́к; **the Supreme B∼** Всевы́шний. **3** (*nature*) существо́.
Beirut /beɪ'ruːt/ *n* Бейру́т.
bejewelled /bɪ'dʒuːəld/ (*US* **bejeweled**) *adj* разукра́шенный драгоце́нностями.
belabour /bɪ'leɪbə(r)/ (*US* **belabor**) *vt* (*thrash*) взду́ть (*pf*); изб|ива́ть, -и́ть; (*overemphasize*): **∼ the obvious** дока́зывать (*impf*) очеви́дное.
Belarus /,belə'ruːs/ *n* Белару́сь.
belated /bɪ'leɪtɪd/ *adj* запозда́лый.
belch /beltʃ/ *n* отры́жка; **give a ∼** рыгну́ть (*pf*); (*of smoke etc.*) столб.
● *vt* (*smoke etc.*; *also* **∼ forth, out**) выбра́сывать, вы́бросить; (*lava*) изв|ерга́ть, -е́ргнуть.
● *vi* рыг|а́ть, -ну́ть.
beleaguer /bɪ'liːgə(r)/ *vt* оса|жда́ть, -ди́ть.
Belfast /'belfɑːst/ *n* Бе́лфаст.
belfry /'belfrɪ/ *n* колоко́льня.
Belgian /'beldʒ(ə)n/ *n* бельги́|ец (*fem* -йка).
● *adj* бельги́йский.
Belgium /'beldʒəm/ *n* Бе́льгия.
Belgrade /bel'greɪd/ *n* Белгра́д.
belie /bɪ'laɪ/ *vt* (**belying**) (*contradict*) противоре́чить (*impf*) + *d*; (*disappoint*): **our hopes were ∼d** на́ши наде́жды не оправда́лись.
belief /bɪ'liːf/ *n* **1** (*trust*) ве́ра (в + *a*); дове́рие (к + *d*). **2** (*acceptance as true*; *thing believed*) ве́ра, ве́рование; **entertain the ∼ that** пита́ть (*impf*) уве́ренность в том, что; **to the best of my ∼** по моему́ убежде́нию; **he has a strong ∼ in education** он глубоко́ убеждён в необходи́мости образова́ния; **beyond ∼** невероя́тно, непостижи́мо; **the ∼s of the Christian church** до́гмы (*f pl*)/вероуче́ния (*nt pl*) христиа́нской це́ркви; **strange ∼s** стра́нные пове́рья (*nt pl*).
believable /bɪ'liːvəb(ə)l/ *adj* правдоподо́бный.
believe /bɪ'liːv/ *vt* ве́рить, по- (*кому, во что*); ду́мать (*impf*); **I ∼ so** ду́маю, что э́то так; мне так ка́жется; **∼ one's eyes** ве́рить, по- свои́м глаза́м; **∼ it or not; would you ∼ it?** хоти́те ве́рьте, хоти́те — нет; **∼ me** мо́жете мне пове́рить; **I ∼ him to be honest** я счита́ю его́ че́стным челове́ком; **make ∼** де́лать вид, притворя́ться (*impf*).
● *vi* ве́рить (*impf*); (*esp relig*) ве́ровать (*impf*); **∼ in God** ве́рить (*impf*) в Бо́га; **∼ in a remedy** ве́рить (*impf*) в како́е-н. лека́рство; **∼ in s.o.** ве́рить (*impf*) в кого́-н.; име́ть (*impf*) дове́рие к кому́-н.; **I ∼ in taking exercise** я ве́рю в по́льзу заря́дки.
believer /bɪ'liːvə(r)/ *n* **1** (*relig*) ве́рующий. **2** (*advocate*) сторо́нни|к (*fem* -ца) + *g*; **∼ in discipline** сторо́нник дисципли́ны.
belittle /bɪ'lɪt(ə)l/ *vt* преум|еньша́ть, -е́ньшить; умал|я́ть, -и́ть; **∼ o.s.** уничижа́ться (*impf*).
bell /bel/ *n* **1** ко́локол; (*smaller*) колоко́льчик; (*of door, telephone, bicycle etc.*) звоно́к; **ring the ∼** звони́ть (*impf*) в звоно́к/ко́локол; **that rings a ∼** (*fig, coll*) да, я что́-то припомина́ю; **answer the ∼** откры́ть (*pf*) дверь; яви́ться (*pf*) на зов; **clear as a ∼** чи́стый как звон колоко́льчика; **sound as a ∼** в полне́йшем поря́дке. **2** (*naut*) ры́нда; **ring the ∼s** бить (*impf*) скля́нки. **3** (*of flower*) ча́шечка.
● *cpds* **∼-bottomed** *adj*: **∼-bottomed trousers** брю́ки-клёш; **∼boy** *n* (*US*) коридо́рный; **∼ captain** *n* (*US*) ста́рший коридо́рный; **∼ founder** *n* колоко́льник, колоко́льный ма́стер; **∼ foundry** *n* колоко́льная мастерска́я; **∼ glass** *n* стекля́нный колпа́к; **∼hop** (*US*) = **∼boy**; **∼ jar** *n* стекля́нный колпа́к; **∼ push** *n* (*Br*) кно́пка звонка́; **∼-ringer** *n* звона́рь (*m*); **∼ tent** *n* кру́глая пала́тка.
belladonna /,belə'dɒnə/ *n* (*plant, drug*) белладо́нна.
belle /bel/ *n* краса́вица; **the ∼ of the ball** цари́ца ба́ла.
belles-lettres /bel 'letr/ *n* беллетри́стика.
belletristic /,belə'trɪstɪk/ *adj* беллетристи́ческий.
bellicose /'belɪ,kəʊz/ *adj* вои́нственный.
bellicosity /'belɪ'kɒsɪtɪ/ *n* вои́нственность.
belligerenc|e, ∼y /bɪ'lɪdʒərəns(ɪ)/ *n* состоя́ние войны́; (*aggressiveness*) вои́нственность, агресси́вность.
belligerent /bɪ'lɪdʒərənt/ *n* вою́ющая сторона́.
● *adj* (*waging war*) вою́ющий; (*aggressive*) вои́нственный, задири́стый.
bellow /'beləʊ/ *n* (*of animal*) мыча́ние; (*of sea, storm*) рёв.
● *vt* (*also* **∼ forth, out**) ора́ть (*impf*).
● *vi* **1** (*of animal*) мыча́ть, про-; реве́ть (*impf*). **2** (*shout*) ора́ть (*impf*); (*roar with pain*) реве́ть (*impf*), ора́ть (*impf*); (*of thunder, cannon etc.*) греме́ть (*impf*), грохот|а́ть, -ну́ть.
bellows /'beləʊz/ *n pl* мехи́ (*m pl*).
belly /'belɪ/ *n* **1** живо́т, (*coll*) брю́хо; **pot ∼** то́лстое брю́хо; пу́зо; **∼ dancer** исполни́тельница та́нца живота́; **he has fire in his ∼** он по́лон огня́. **2** (*of ship etc.*) дни́ще; (*of violin etc.*) де́ка.

● *vt* (*of wind*): ~ **(out) a sail** над|ува́ть, -у́ть па́рус.
● *vi* (*of sail*) нап|олня́ться, -о́лниться.
● *cpds* **~ache** *n* боль в животе́; *vi* (*sl*) стона́ть, хны́кать, ныть (*all impf*); **~band** *n* подпру́га; **~ button** *n* (*coll*) пупо́к; **~flop** *n* (*coll*) уда́р живото́м (*при прыжке в воду*); **~ landing** *n* (*aeron*) поса́дка на «брю́хо» (*coll*).

bellyful /ˈbelɪfʊl/ *n*: **he has had his ~ of it** он сыт по го́рло э́тим.

belong /bɪˈlɒŋ/ *vi* **1**: ~ **to** (*be the property of*) принадлеж́ать (*impf*) + *d*; (*be a member of*) состоя́ть (*impf*) в + *p*; (*befit, appertain*): **it ~s to me to decide** мне реша́ть; **that ~s to my duties** э́то вхо́дит в мои́ обя́занности. **2** (*of place*): **these books ~ here** э́ти кни́ги стоя́т здесь; э́ти кни́ги отсю́да; **I ~ here** (*was born here*) я ро́дом отсю́да; (*live here*) я отсю́да; я зде́шний; (*am rightly placed here*) я здесь на ме́сте; **this ~s under 'Science'** э́то отно́сится к разде́лу «Нау́ка».

belongings /bɪˈlɒŋɪŋz/ *n pl* ве́щи (*f pl*) пожи́тк|и (*pl, g* -ов).

Belorussia /ˌbeləʊˈrʌʃə/ *n* Белору́ссия.

Belorussian /ˌbeləʊˈrʌʃ(ə)n/ *n* (*person*) белору́с (*fem* -ка); (*language*) белору́сский язы́к.
● *adj* белору́сский.

beloved /bɪˈlʌvɪd, *pred also* -lʌvd/ *n* возлю́бленн|ый (*fem* -ая); **dearly ~!** (*to congregation*) возлю́бленные ча́да!
● *adj* возлю́бленный, люби́мый.

below /bɪˈləʊ/ *adv* (*of place*) внизу́; (*of motion*) вниз; (*in text etc.*) ни́же; (*of temperature*): **20(°) ~** ми́нус 20 (гра́дусов); **from ~** сни́зу; **go ~** (*naut*) спусти́ться (*pf*) вниз.
● *prep* (*of place*) под + *i*; (*of motion*) под + *a*; (*lower, downstream*) ни́же + *g*; **~ 60** моло́же шести́десяти; **~ £10** деше́вле/ме́ньше десяти́ фу́нтов; **he is ~ average height** он ни́же сре́днего ро́ста.

belt /belt/ *n* **1** (*of leather*) реме́нь (*m*); (*of linen etc.*) по́яс (*pl* -а́); (*mil*) патро́нная ле́нта; **hit below the ~** уда́рить (*pf*) ни́же по́яса; **tighten one's ~** (*fig*) затяну́ть (*pf*) поту́же реме́нь; **seat ~** реме́нь безопа́сности. **2** (*zone*) по́яс, полоса́; **cotton ~** хло́пковый по́яс; **green ~** зелёный по́яс, зелёная зо́на. **3** (*tech*) (приводно́й) реме́нь.
● *vt* **1** (*fasten*): **~ on a sword** опоя́с|ываться, -аться мечо́м. **2** (*coll, thrash*) поро́ть, вы́-. **3**: **~ out a song** горла́нить (*impf*) пе́сню.

beluga /bəˈluːgə/ *n* белу́га.

belvedere /ˈbelvɪˌdɪə(r)/ *n* бельведе́р.

belying /bɪˈlaɪɪŋ/ *pres participle of* ⇒**belie**

bemoan /bɪˈməʊn/ *vt* опла́к|ивать, -ать.

bemuse /bɪˈmjuːz/ *vt* ошелом|ля́ть, -и́ть.

bench /bentʃ/ *n* **1** (*seat*) скамья́, ла́вка. **2** (*work table*) верста́к, стано́к. **3** (*judges*) су́дьи (*m pl*), суде́йская колле́гия.
● *cpd* **~mark** *n* этало́н, станда́рт; **~mark test** этало́нный тест.

bend /bend/ *n* **1** (*curve*) изги́б; (*in road*) поворо́т; (*in river*) излу́чина; **~ of the arm** локтево́й сгиб руки́; **round the ~** (*coll*) свихну́вшийся. **2**: **the ~s** (*disease*) кессо́нная боле́знь.
● *vt* (*past and pp* **bent**) **1** (*twist, incline*): **~ a branch** гнуть, при- ве́тку; **~ an iron bar** из|гиба́ть, -огну́ть желе́зный брус; **the storm bent the tree to the ground** бу́ря пригну́ла де́рево к земле́; **a bent pin** со́гнутая була́вка; **the axle is bent** ось погну́лась; **~ a bow** сгиба́ть, согну́ть лук; **on ~ed knee** преклони́в коле́на; **knees ~!** коле́ни согну́ть!; **~ one's head over a book** склон|я́ться, -и́ться над кни́гой; **~ s.o. to one's will** подчин|я́ть, -и́ть кого́-н. свое́й во́ле. **2** (*direct*): **~ one's steps homewards** напра́вить (*pf*) стопы́ к до́му; **all eyes were bent on him** все взо́ры бы́ли напра́влены на него́; **he is bent on learning English** он твёрдо реши́л изучи́ть англи́йский язы́к; **he is bent on mischief** он то́лько и ду́мает, как бы набедоку́рить.
● *vi*: **the river ~s here** река́ здесь изгиба́ется; **the trees bent in the wind** дере́вья гну́лись на ветру́; **~ at the knees** сгиба́ться, согну́ться в коле́нях; **~ over one's desk** сгиба́ться, согну́ться над столо́м; **~ before s.o.'s will** склон|я́ться, -и́ться пе́ред чьей-н. во́лей; **~ forward** наклон|я́ться, -и́ться (вперёд); **~ over backwards** (*fig*) ≈ из ко́жи вон лезть.
● *with advs*: **~ back** *vt* (*e.g. a finger*) отгя́|гивать, -ну́ть наза́д; **~ down** *vt* наг|ибать, -ну́ть; сгиба́ть, согну́ть; преклон|я́ть, -и́ть; *vi* (*also* **~ over**) наг|ибаться, -ну́ться; перег|ибаться, -ну́ться.

bender /ˈbendə(r)/ *n* (*sl*) кутёж; **go on a ~** загуля́ть (*pf*).

beneath /bɪˈniːθ/ *adv* внизу́.
● *prep* (*of place*) под + *i*; (*of motion*) под + *a*; (*lower than*) ни́же + *g*; **~ criticism** ни́же вся́кой кри́тики; **marry ~ one** соверши́ть (*pf*) мезалья́нс; заключи́ть (*pf*) нера́вный брак; **it is ~ you to complain** жа́ловаться — недосто́йно вас; **it is ~ contempt** э́то не заслу́живает ничего́, кро́ме презре́ния.

Benedictine /ˌbenɪˈdɪktɪn, *in sense* **2** -tiːn/ *n* **1** (*monk*) бенедикти́нец; (*nun*) бенедикти́нка. **2** (*liqueur*) бенедикти́н.
● *adj* бенедикти́нский.

benediction /ˌbenɪˈdɪkʃ(ə)n/ *n* благослове́ние.

benefaction /ˌbenɪˈfækʃ(ə)n/ *n* (*kind act*) благодея́ние; (*donation*) поже́ртвование.

benefactor /ˈbenɪˌfæktə(r)/ *n* (*one who confers benefit*) благоде́тель (*m*); (*donor*) благотвори́тель (*m*).

benefactress /ˈbenɪˌfæktrɪs/ *n* благоде́тельница; благотвори́тельница.

benefice /ˈbenɪfɪs/ *n* бенефи́ций.

beneficence /bɪˈnefɪs(ə)ns/ *n* благодея́ние; благотвори́тельность.

beneficent /bɪˈnefɪs(ə)nt/ *adj* благотвори́тельный.

beneficial /ˌbenɪˈfɪʃ(ə)l/ *adj* благотво́рный, поле́зный, вы́годный. **mutually ~** взаимовы́годный.

beneficiary /ˌbenɪˈfɪʃərɪ/ *n* (*law*) бенефициа́рий.

benefit /ˈbenɪfɪt/ *n* **1** (*advantage*) по́льза, вы́года, преиму́щество; **for the ~ of the poor** в по́льзу бе́дных; **for the ~ of mankind** на бла́го челове́чества; **give s.o. the ~ of one's advice** помо́чь (*pf*) кому́-н. сове́том; **I gave him the ~ of the doubt** я ему́ пове́рил (на э́тот раз); **reap the ~ of** пожина́ть (*impf*) плоды́ + *g*; **she wore a new dress for his ~** она́ наде́ла но́вое пла́тье ра́ди него́. **2** (*favour*) благодея́ние; **confer ~s on** ока́зывать (*impf*) благодея́ния + *d*. **3** (*grant*) посо́бие; **child ~** посо́бие на дете́й; **invalidity ~** посо́бие по инвали́дности; **maternity ~** посо́бие по бере́менности и ро́дам; **unemployment ~** посо́бие по безрабо́тице. **4**: **~ concert** благотвори́тельный конце́рт.
● *vt* (**benefited, benefiting;** *US* **benefitted, benefitting**) прин|оси́ть, -ести́ по́льзу + *d*, идти́ (*det*) на по́льзу + *d*; (*of health*) прин|оси́ть, -ести́ по́льзу + *d*.
● *vi* (**benefited, benefiting;** *US* **benefitted, benefitting**) извл|ека́ть, -е́чь по́льзу (из + *g*); **you will ~ by a holiday** о́тдых пойдёт вам на по́льзу.

Benelux /ˈbenɪˌlʌks/ *n* Бенилю́кс.

benevolence /bɪˈnevələns/ *n* благожела́тельность, доброжела́тельность.

benevolent /bɪˈnevələnt/ *adj* благожела́тельный, доброжела́тельный.

benighted /bɪˈnaɪtɪd/ *adj* засти́гнутый но́чью; (*fig*) тёмный; обскура́нтский.

benign /bɪˈnaɪn/ *adj* (*of person*) добросерде́чный; (*of climate*) благотво́рный; (*med*) доброка́чественный.

benignity /bɪˈnɪgnɪtɪ/ *n* добросерде́чие, великоду́шие.

bent /bent/ *n* (*inclination*) скло́нность; (*aptitude*) накло́нность; **to the top of one's ~** в по́лное своё удово́льствие.
● *adj* (*Br coll*) (*corrupt*) нече́стный, извращённый, прода́жный; (*homosexual*) гомосексуа́льный.
● *pp of* ⇒**bend**

benz|ene /ˈbenziːn/, **-ol** /ˈbenzɒl/ *nn* бензо́л.

benzine /ˈbenziːn/ *n* бензи́н.

benzol /ˈbenzɒl/ = **benzene**

bequeath /bɪˈkwiːð/ *vt* завеща́ть (*impf, pf*); (*fig*) оста́вить (*pf*).

bequest /bɪˈkwest/ *n* (*object*) вещь, оста́вленная в насле́дство; (*as part of museum collection*) фонд, посме́ртный дар; (*act*) завеща́тельный отка́з иму́щества; **make a ~ of** завеща́ть (*impf, pf*).

berate /bɪˈreɪt/ *vt* брани́ть (*impf*).

bereave /bɪˈriːv/ *vt*: **a ~d husband** неда́вно овдове́вший муж; **the ~d** (*pl*) ро́дственники поко́йного.

bereavement /bɪ'ri:vmənt/ *n* тяжёлая утра́та/поте́ря.
bereft /bɪ'reft/ *adj* (*lonely*) одино́кий; **~ of hope** лишённый наде́жды.
beret /'bereɪ/ *n* бере́т.
beriberi /,berɪ'berɪ/ *n* бе́ри-бе́ри (*f indecl*).
Bering /'berɪŋ/ *n*: **the ~ Sea** Бе́рингово мо́ре.
berk /bə:k/ *n* (*Br sl*) болва́н.
Berlin /bə:'lɪn/ *n* Берли́н.
Bermuda /bə'mju:də/ *n*: (*also* **the ~s**) Берму́дские острова́ (*m pl*); **~ shorts, ~s** шо́рты-берму́ды; **~ Triangle** Берму́дский треуго́льник.
Berne /bə:n/ *n* Берн.
berry /'berɪ/ *n* я́года.
berserk /bə'sə:k, -'zə:k/ *n*: **go ~** разъяри́ться (*pf*), обезу́меть (*pf*).
berth /bə:θ/ *n* **1** (*place at wharf*) при́стань, прича́л. **2**: **give a ship a wide ~** держа́ться на доста́точном расстоя́нии от корабля́; **give s.o. a wide ~** (*fig*) обходи́ть (*impf*) кого́-н. стороно́й (*or* за версту́). **3** (*sleeping place on ship*) ко́йка; (*on train*) спа́льное ме́сто.
● *vt* **1** (*moor*) ста́вить (*impf*) к прича́лу; **~ing place** ме́сто стоя́нки. **2** (*give sleeping space to*) предост|авля́ть, -а́вить спа́льное ме́сто + *d*.
● *vi* (*of ship*) прича́ли|вать, -ть.
beryl /'berɪl/ *n* бери́лл; (*attr*) бери́лловый.
beryllium /bə'rɪlɪəm/ *n* бери́ллий.
beseech /bɪ'si:tʃ/ *vt* (*past and pp* **besought** *or* **beseeched**) умол|я́ть, -и́ть; моли́ть (*impf*).
beset /bɪ'set/ *vt* (**besetting;** *past and pp* **beset**) окруж|а́ть, -и́ть; оса|жда́ть, -ди́ть.
beside /bɪ'saɪd/ *prep* **1** (*alongside*) ря́дом с + *i*; (*near*) о́коло + *g*, у + *g*. **2** (*compared with*) по сравне́нию с + *i*; пе́ред + *i*; **~ him all novelists are insignificant** по сравне́нию с ним все романи́сты ничего́ не сто́ят; **set ~** поста́вить (*pf*) ря́дом с + *i*. **3** (*wide of*) ми́мо + *g*; **that is ~ the point** э́то к де́лу не отно́сится. **4**: **~ o.s.** вне себя́. **5** (*as well as*) кро́ме + *g*.
besides /bɪ'saɪdz/ *adv* сверх того́; кро́ме того́.
● *prep* кро́ме + *g*.
besiege /bɪ'si:dʒ/ *vt* (*lit, fig*) оса|жда́ть, -ди́ть.
besmear /bɪ'smɪə(r)/ *vt* заса́ли|вать, -ть; выма́зывать, вы́мазать.
besmirch /bɪ'smə:tʃ/ *vt* па́чкать, вы-; (*fig*) поро́чить, о-.
besom /'bi:z(ə)m/ *n* метла́, ве́ник.
besotted /bɪ'sɒtɪd/ *adj* одурма́ненный; во вла́сти (**with:** + *g*).
besought /bɪ'sɔ:t/ *past and pp of* ⇒**beseech**
bespangle /bɪ'spæŋg(ə)l/ *vt* ос|ыпа́ть, -ы́пать блёстками; **a ~d sky** усе́янное звёздами не́бо.
bespatter /bɪ'spætə(r)/ *vt* забры́зг|ивать, -ать.
bespeak /bɪ'spi:k/ *vt* (*past* **bespoke;** *pp* **bespoken**) (*order*) зака́з|ывать, -а́ть; (*reveal*) свиде́тельствовать, говори́ть (*both impf*) о.
bespectacled /bɪ'spektək(ə)ld/ *adj* в очка́х.
bespoke /bɪ'spəʊk/ *adj* (*Br*) сде́ланный на зака́з; **~ tailor** портно́й, рабо́тающий на зака́з.
bespoken /bɪ'spəʊkən/ *pp of* ⇒**bespeak**
besprinkle /bɪ'sprɪŋk(ə)l/ *vt* (*with liquid*) обры́зг|ивать, -ать; (*with powder etc.*) обс|ыпа́ть, -ы́пать.
Bessarabia /,besə'reɪbɪə/ *n* Бессара́бия.
best /best/ *n* (*~ performance*) лу́чший результа́т; *see also adj*.
● *adj* лу́чший; **the ~ way to the station** са́мый лу́чший путь к ста́нции; **we are the ~ of friends** мы бли́зкие друзья́; **at ~** в лу́чшем слу́чае; **I did it for the ~** я де́лал э́то с лу́чшими наме́рениями; **get the ~ of it** взять (*pf*) верх; **do one's ~** сде́лать (*pf*) всё возмо́жное; **I know what is ~ for him** я лу́чше зна́ю, что ему́ ну́жно; **to the ~ of one's ability** в ме́ру свои́х сил/спосо́бностей; **to the ~ of my knowledge** наско́лько мне изве́стно; **in the ~ of health** в до́бром здра́вии; **give s.o. ~** (*Br*) призна́ть (*pf*) чьё-н. превосхо́дство; **all the ~!** всего́ наилу́чшего!; **hope for the ~** наде́яться (*impf*) на лу́чшее; **turn out for the ~** оберну́ться (*pf*) к лу́чшему; **may the ~ man win** пусть победи́т сильне́йший; **~ pupil** пе́рвый учени́к; **~ quality** вы́сший сорт; (*greater*): **the ~ part of a week** бо́льшая часть неде́ли; **I waited for the ~ part of an hour** я ждал почти́ це́лый час; **~ man** (*at wedding*) ша́фер.
● *adv* лу́чше всего́; **he works ~** (*better than others*) он рабо́тает лу́чше всех; **I work ~ in the evening** мне лу́чше всего́ рабо́тается по вечера́м; **you know ~** вам лу́чше знать; **I had ~ tell him** мне бы сле́довало сказа́ть ему́; **do as you think ~** де́лайте, как вам ка́жется лу́чше; **which town did you like ~?** како́й го́род вам бо́льше всего́ понра́вился?; **I liked her ~ (of all)** она́ мне понра́вилась бо́льше всех; **it is ~ forgotten** лу́чше всего́ забы́ть об э́том.
● *vt* брать, взять верх над + *i*.
● *cpds* **~-dressed** *adj* са́мый элега́нтный; **~-looking** *adj* са́мый краси́вый; **~-seller** *n* (*book*) бестсе́ллер; (*Br, author*) а́втор бестсе́ллера; **~-selling** *adj* ходово́й.
bestial /'bestɪəl/ *adj* звери́ный; (*brutish*) зве́рский; (*depraved*) ско́тский.
bestiality /,bestɪ'ælɪtɪ/ *n* (*brutishness*) зве́рство; (*depravity*) ско́тство; (*law*) скотоло́жество.
bestir /bɪ'stə:(r)/ *vt* (**bestirred, bestirring**): **~ o.s.** встряхну́ться (*pf*).
bestow /bɪ'stəʊ/ *vt* (*confer*): **~ gifts on s.o.** ода́р|ивать, -и́ть кого́-н.; **he ~ed a fortune on his nephew** он переда́л племя́ннику це́лое состоя́ние; **~ a title on s.o.** присв|а́ивать, -о́ить кому́-н. ти́тул; **~ honours** возд|ава́ть, -а́ть по́чести.
bestowal /bɪ'stəʊəl/ *n* **1** (*donation*) дар. **2**: **~ of a title** присвое́ние ти́тула; **~ of honours** воздая́ние по́честей.
bestrew /bɪ'stru:/ *vt* (*pp* **bestrewed** *or* **bestrewn** /-'stru:n/) ус|ыпа́ть, -ы́пать.
bestride /bɪ'straɪd/ *vt* (*past* **bestrode** /-'strəʊd/; *pp* **bestridden** /-'strɪd(ə)n/) (*a chair, fence, etc.*) осе́длывать, оседла́ть; **~ a horse** сиде́ть (*impf*) верхо́м.
bet /bet/ *n* пари́ (*nt indecl*), ста́вка; **make, lay a ~** держа́ть (*impf*) пари́; **accept a ~** идти́ (*det*) на пари́; **the grey is the best ~ to win** се́рый/се́рко име́ет бо́льше всех ша́нсов на вы́игрыш; **your best ~ is to go there** вам лу́чше всего́ пойти́ туда́.
● *vt & i* (**betting;** *past and pp* **bet** *or* **betted**) держа́ть (*impf*) пари́; би́ться, по- об закла́д; **he ~ £5 on a horse** он поста́вил 5 фу́нтов на ло́шадь; **he ~ me £10 I wouldn't do it** он поспо́рил со мной на 10 фу́нтов, что я не сде́лаю э́того; **I ~ he doesn't turn up** держу́ пари́, что он не придёт; **you ~ (your life)!** (*coll*) ещё бы!; ещё как!
beta /'bi:tə/ *n*: **~ blocker** (*pharm*) бе́та-блока́тор; **~ particle** бе́та-части́ца; **~ rays** бе́та-лучи́.
betake /bɪ'teɪk/ *vt* (*past* **betook;** *pp* **betaken** /bɪ'teɪk(ə)n/): **~ o.s. to** (*a place*) отпр|авля́ться, -а́виться к + *d*.
betel /'bi:t(ə)l/ *n* бе́тель (*m*).
● *cpd* **~ nut** *n* аре́ковое се́мя.
bête noire /beɪt 'nwɑ:(r)/ *n* (*pl* ***bêtes noires*** *pronunc same*): **he is my ~** он мне ненави́стен.
Bethlehem /'beθlɪ,hem/ *n* Вифлее́м.
betide /bɪ'taɪd/ (*archaic*) *vt*: **woe ~ you** го́ре вам!
betimes /bɪ'taɪmz/ *adv* (*in good time*) своевре́менно; (*early*) ра́но.
betoken /bɪ'təʊkən/ *vt* (*indicate*) ука́з|ывать, -а́ть на + *a*; (*signify*) означа́ть (*impf*).
betony /'betənɪ/ *n* (*bot*) бу́квица.
betook /bɪ'tʊk/ *past of* ⇒**betake**
betray /bɪ'treɪ/ *vt* **1** (*abandon treacherously*) измен|я́ть, -и́ть + *d*; пред|ава́ть, -а́ть. **2**: **~ s.o.'s hopes** обману́ть (*pf*) чьи-н. наде́жды; **~ s.o.'s trust** обману́ть чьё-н. дове́рие; не оправда́ть (*pf*) чьего́-н. дове́рия. **3** (*disclose, evince*) выдава́ть, вы́дать; **his accent ~ed him** его́ вы́дало произноше́ние; **~ official secrets** выдава́ть, вы́дать госуда́рственные та́йны; **~ surprise** выража́ть, вы́разить удивле́ние.
betrayal /bɪ'treɪəl/ *n* (*treachery*) преда́тельство, изме́на; (*disclosure*) вы́дача; (*disappointment*) обма́н; **the ~ of his hopes** круше́ние его́ наде́жд.
betrayer /bɪ'treɪə(r)/ *n* преда́тель (*m*); изме́нник.
betroth /bɪ'trəʊð/ *vt* (*literary*) обруч|а́ть, -и́ть; помо́лвить (*pf*); **she is ~ed to him** она́ с ним обручена́/помо́лвлена.
betrothal /bɪ'trəʊð(ə)l/ *n* обруче́ние, помо́лвка.
bett|er[1], -or /'betə(r)/ *n* (*one who bets*) держа́щий пари́, понтёр.

better² /ˈbetə(r)/ *adj* лу́чший, лу́чше; ~ **still** ещё лу́чше; **all the** ~ тем лу́чше; **I hoped for** ~ **things** я наде́ялся на лу́чшее; **it is** ~ **that you go** вам бы лу́чше уйти́; **(one's)** ~ **half** дража́йшая полови́на; **get** ~ ул|учша́ться, -у́чшиться; (*in health*) попр|авля́ться, -а́виться; **things are getting** ~ дела́ иду́т лу́чше; **go one** ~ **than s.o.** превзойти́ (*pf*) кого́-н.; **get the** ~ **of s.o.** взять (*pf*) верх над кем-н.; превзойти́ (*pf*) кого́-н.; **he got the** ~ **of his anger** он превозмо́г/преодоле́л свой гнев; **a change for the** ~ переме́на к лу́чшему; **for** ~, **for worse** на го́ре и ра́дость; **you will be the** ~ **for a holiday** о́тдых пойдёт вам на по́льзу; **he is no** ~ **than a fool** он по́просту дура́к; **appeal to s.o.'s** ~ **feelings** взыва́ть (*impf*) к чьим-н. лу́чшим чу́вствам; **the** ~ **part of a day** бо́льшая часть дня; **one's** ~**s** вышестоя́щие ли́ца.
● *adv* лу́чше; (*more*) бо́льше; ~ **and** ~ всё лу́чше и лу́чше; **the more the** ~ чем бо́льше, тем лу́чше; **you had** ~ **stay here** вам бы лу́чше оста́ться здесь; **I thought** ~ **of it** я разду́мал/переду́мал; ~ **off** бо́лее состоя́тельный.
● *vt* **1** (*improve*) ул|учша́ть, -у́чшить; **he** ~**ed himself** он продви́нулся. **2** (*improve on*) превзойти́ (*pf*).

betterment /ˈbetəmənt/ *n* улучше́ние, соверше́нствование.

betting /ˈbetɪŋ/ *n*: **what's the** ~ **he marries her?** (*Br*) на ско́лько спо́рим, что он на ней же́нится?
● *adj*: **he is not a** ~ **man** он челове́к не аза́ртный; ~ **shop** (*Br*) букме́керская конто́ра.

bettor /ˈbetə(r)/ = **better¹**

between /bɪˈtwiːn/ *adv*: **I attended the two lectures and had lunch in** ~ я посети́л две ле́кции и пообе́дал в переры́ве.
● *prep* ме́жду + *i*; ~ **you and me** ме́жду на́ми; **(in)** ~ **times** вре́мя от вре́мени; ~ **two and three months** от двух до трёх ме́сяцев; **choose** ~ **the two** выбира́ть, вы́брать одно́ из двух; ~ **now and then** к тому́ вре́мени; **they scored 150** ~ **them** они́ набра́ли сто пятьдеся́т очко́в вме́сте; **we have only a pound** ~ **us** у нас на двои́х всего́ оди́н фунт; **we bought a car** ~ **us** мы сообща́ купи́ли маши́ну.

betwixt /bɪˈtwɪkst/ *adv*: ~ **and between** ни то ни сё.

bevel /ˈbev(ə)l/ *n* (*tool*) ма́лка; (*surface*) скос; ~ **edge** фацёт; ~ **gear** кони́ческая зубча́тая переда́ча.
● *vt* (**bevelled, bevelling;** *US* **beveled, beveling**) ск|а́шивать, -оси́ть.

beverage /ˈbevərɪdʒ/ *n* напи́ток.

bevy /ˈbevɪ/ *n* (*of people*) гру́ппа; (*of birds*) ста́я.

bewail /bɪˈweɪl/ *vt* опла́к|ивать, -ать.

beware /bɪˈweə(r)/ *vt & i* (*used only in imperative or inf*) остер|ега́ться, -е́чься (*impf*) + *g*; ~ **lest you fall** осторо́жно, а то упадёте; ~ **of the dog** осторо́жно, зла́я соба́ка.

bewilder /bɪˈwɪldə(r)/ *vt* сби|ва́ть, -ть с то́лку; прив|оди́ть, -ести́ в замеша́тельство; ~**ed** смущённый, озада́ченный.

bewilderment /bɪˈwɪldəmənt/ *n* замеша́тельство, озада́ченность.

bewitch /bɪˈwɪtʃ/ *vt* (*put spell on*) околдо́в|ывать, -а́ть; (*delight*) очаро́в|ывать, -а́ть.

bewitching /bɪˈwɪtʃɪŋ/ *adj* чару́ющий.

beyond /bɪˈjɒnd/ *n*: **he lives at the back of** ~ он живёт на краю́ све́та.
● *adv* вдали́; вдаль.
● *prep* (*of place*) за + *i*; (*of motion*) за + *a*; (*later than*) после + *g*; ~ **doubt** вне сомне́ния; ~ **dispute** бесспо́рно; ~ **my comprehension** вы́ше моего́ понима́ния; ~ **my powers** не в мои́х си́лах; ~ **belief** невероя́тно; ~ **expression** невырази́мо; ~ **my expectations** сверх мои́х ожида́ний; **succeed** ~ **one's hopes** да́же не ожида́ть (*impf*) тако́го успе́ха; **this is** ~ **a joke** здесь уже́ не до шу́ток; **live** ~ **one's income** жить (*impf*) не по сре́дствам; ~ **measure** сверх ме́ры, чрезме́рно; ~ **hope** безнадёжно; ~ **cure** неизлечи́мый; **go** ~ **one's duty** сде́лать (*pf*) бо́льше, чем обя́зан/-а.

biannual /baɪˈænjʊəl/ *adj* выходя́щий два́жды в год; полугодово́й.

bias /ˈbaɪəs/ *n* **1** предрассу́док, предвзя́тое отноше́ние (*к чему*); (*favourable prejudice*) пристра́стие (к + *d*); (*adverse*) предубежде́ние (про́тив + *g*). **2** (*of material*): **cut on the** ~ крои́ть, с- по косо́й ли́нии (*or* по диагона́ли).
● *vt* (**biased, biasing; biassed, biassing**) (*influence*) склон|я́ть, -и́ть; (*prejudice*) предубе|жда́ть, -ди́ть; ~ **s.o. against an idea** настр|а́ивать, -о́ить кого́-н. про́тив како́й-н. иде́и; **a** ~**(s)ed opinion** предвзя́тое мне́ние.

biathlete /baɪˈæθliːt/ *n* биатлони́ст (*fem* -ка).

biathlon /baɪˈæθlən/ *n* биатло́н.

bib /bɪb/ *n* (де́тский) нагру́дник, слюня́вчик (*coll*); **best** ~ **and tucker** (*joc*) лу́чший наря́д, лу́чшее одея́ние.

Bible /ˈbaɪb(ə)l/ *n* Би́блия; (*fig*) би́блия.

biblical /ˈbɪblɪk(ə)l/ *adj* библе́йский.

bibliographer /ˌbɪblɪˈɒgrəfə(r)/ *n* библио́граф.

bibliographic(al) /ˌbɪblɪəˈgræfɪk, ˌbɪblɪəˈgræfɪk(ə)l/ *adj* библиографи́ческий.

bibliography /ˌbɪblɪˈɒgrəfɪ/ *n* библиогра́фия; (*list of works referred to*) спи́сок испо́льзованной литерату́ры.

bibliophile /ˈbɪblɪəʊˌfaɪl/ *n* библиофи́л.

bibulous /ˈbɪbjʊləs/ *adj* пья́нствующий, выпива́ющий.

bicameral /baɪˈkæmər(ə)l/ *adj* двухпала́тный.

bicarbonate /baɪˈkɑːbənɪt/ *n* двууглеки́слая соль; ~ **of soda** питьева́я со́да.

bicentenary /ˌbaɪsenˈtiːnərɪ/ *n* двухсотле́тие.
● *adj* двухсотле́тний.

bicentennial /ˌbaɪsenˈtenɪəl/ *n* двухсотле́тие.
● *adj* (*occurring every 200 years*) повторя́ющийся ка́ждые две́сти лет.

biceps /ˈbaɪseps/ *n* (*pl* ~) би́цепс.

bicker /ˈbɪkə(r)/ *vt* (*squabble*) перебра́ниваться (*impf*), препира́ться (*impf*).

bicycle /ˈbaɪsɪk(ə)l/ *n* велосипе́д.
● *vi* е́здить (*indet*), е́хать, по- (*det*) на велосипе́де.

bicyclist /ˈbaɪsɪklɪst/ *n* велосипеди́ст.

bid¹ /bɪd/ *n* **1** (*at auction*) зая́вка; предложе́ние цены́; **make a higher** ~ сде́лать (*pf*) надба́вку. **2** (*tender*) зая́вка. **3** (*claim, demand*) зая́вка (на + *a*); претє́нзия. **4** (*attempt*) ста́вка; попы́тка; **make a** ~ **for power** сде́лать (*pf*) ста́вку на захва́т вла́сти. **5** (*at cards*) зая́вка.
● *vt & i* (**bidding;** *past and pp* **bid**) **1** (*at auction*) предл|ага́ть, -ожи́ть це́ну (*за что*); ~ **against s.o.** наб|авля́ть, -а́вить це́ну про́тив кого́-н. **2** (*at cards*) объяв|ля́ть, -и́ть. **3** (*tender*): ~ **for a contract** де́лать, с- зая́вку на контра́кт.

bid² /bɪd/ *vt & i* (**bidding;** *past* **bid** *or* **bade;** *pp* **bid** *or archaic* **bidden**) (*literary*) **1** (*say*): ~ **s.o. farewell** про|ща́ться, -сти́ться с кем-н.; ~ **s.o. welcome** приве́тствовать (*impf*) кого́-н.; ~ **s.o. goodnight** пожела́ть (*pf*) поко́йной но́чи кому́-н. **2** (*archaic*) (*order*): ~ **him come in!** вели́те ему́ войти́!; **do as you are** ~**(den)!** де́лай как ска́зано!

biddable /ˈbɪdəb(ə)l/ *adj* послу́шный.

bidden /ˈbɪd(ə)n/ *archaic pp of* ⇒**bid²**

bidder /ˈbɪdə(r)/ *n* покупщи́к; (*at auction*) аукционе́р; **the highest** ~ предложи́вший наивы́сшую це́ну.

bidding /ˈbɪdɪŋ/ *n* **1** (*at auction*) предложе́ние цены́; **the** ~ **was brisk** надба́вки сле́довали одна́ за друго́й. **2** (*command*): **do s.o.'s** ~ исп|олня́ть, -о́лнить чьи-н. приказа́ния. **3** (*at cards*) объявле́ние.

bide /baɪd/ *vt*: ~ **one's time** ждать (*impf*) благоприя́тного слу́чая.

bidet /ˈbiːdeɪ/ *n* биде́ (*indecl*).

biennale /ˌbiːeˈnɑːleɪ/ *n* (*biennial exhibition or festival*) биенна́ле (*m & f indecl*).

biennial /baɪˈenɪəl/ *n* (*bot*) двуле́тник.
● *adj* двухле́тний.

bier /bɪə(r)/ *n* катафа́лк.

biff /bɪf/ (*coll*) *n*: **a** ~ **on the nose** уда́р по́ носу.
● *vt*: ~ **s.o. in the eye** дать (*pf*) кому́-н. в глаз.

bifocal /baɪˈfəʊk(ə)l/ *adj* двухфо́кусный, бифока́льный; ~ **spectacles** (**also** ~**s**) бифока́льные очки́.

bifurcate /ˈbaɪfəˌkeɪt/ *vt & i* разветв|ля́ть(ся), -и́ть(ся); (*of road, river, also*) раздв|а́иваться, -о́иться; **a** ~**d tail** раздво́енный хвост.

bifurcation /ˌbaɪfəˈkeɪʃ(ə)n/ *n* разветвле́ние.

big /bɪg/ *adj* (**bigger, biggest**) (*in size*) большо́й, кру́пный; (*great*) кру́пный, вели́кий; (*extensive*) обши́рный; (*intense*) си́льный; (*tall*) высо́кий; (*adult*) взро́слый; (*magnanimous*) великоду́шный; (*important*) ва́жный;

b

b

a ~ **man** (*in stature*) крупный мужчина; (*in importance*) крупная фигура; a ~ **voice** сильный голос; a ~ **landowner** крупный землевладелец; **these boots are too ~ for me** эти сапоги мне велики; ~ (*capital*) **letters** прописные буквы; **a ~ fire** сильный/большой пожар; **as ~ as** величиной в + *a*; ~ **words** громкие слова; **talk ~** хвастаться (*impf*); **think ~** мыслить (*impf*) смело/дерзко; a ~ **noise** (*person*) шишка (*coll*); **my ~ brother** мой старший брат; **Big Dipper** (*Br*) американские горки; (*US*) Большая Медведица; **in a ~ way** с широким размахом; ~ **wheel** колесо обозрения; a ~ **name** (*celebrity*) знаменитость.
● *cpds* ~ **end** *n* (*tech*) большая (кривошипная) головка (шатуна); **~-headed** *adj* (*conceited*) зазнавшийся; возомнивший о себе; **~-hearted** *adj* великодушный; **~wig** *n* шишка (*coll*).

bigamist /ˈbɪgəmɪst/ *n* (*man*) двоеженец; (*woman*) двумужница.

bigamous /ˈbɪgəməs/ *adj* бигамический, двубрачный; имеющий/имеющая двух жён/мужей.

bigamy /ˈbɪgəmɪ/ *n* бигамия; (*of man*) двоежёнство; (*of woman*) двоемужие, двумужие.

bight /baɪt/ *n* (*bay*) бухта; (*in rope*) шлаг.

> ***The Big Issue***
> Журнал, освещающий серьёзные общественно-политические темы и отличающийся высоким уровнем журналистики. Его можно купить на улицах британских городов. Журнал распространяют бездомные люди, которые покупают его у издательства за установленную цену. Впоследствии они продают журнал с небольшой наценкой. Вырученные средства позволяют им жить, не прося подаяния.

bigness /ˈbɪgnɪs/ *n* величина.

bigot /ˈbɪgət/ *n* фанатик.

bigoted /ˈbɪgətɪd/ *adj* фанатический, фанатичный.

bigotry /ˈbɪgətrɪ/ *n* фанатизм.

bijou /ˈbiːʒuː/ *adj* маленький и изящный.

bike /baɪk/ *n* **1** (*coll*) = **bicycle**. **2** (*motorcycle*) мотоцикл.
● *vi* ездить (*indet*) на мотоцикле.

biker /ˈbaɪkə(r)/ *n* мотоциклист (*fem* -ка); (*member of a gang*) байкер.

bikini /bɪˈkiːnɪ/ *n* бикини (*nt indecl*).

bilabial /baɪˈleɪbɪəl/ *adj* билабиальный.

bilateral /baɪˈlætər(ə)l/ *adj* двусторонний.

bilberry /ˈbɪlbərɪ/ *n* черника (*collect*); ягода черники.

bile /baɪl/ *n* жёлчь; (*fig*) жёлчность.
● *cpd* ~ **duct** *n* жёлчный проток.

bilge /bɪldʒ/ *n* **1** (*of ship*) днище; дно трюма. **2** (*coll*) чепуха.
● *cpd* ~ **water** *n* трюмная вода.

bilingual /baɪˈlɪŋgw(ə)l/ *adj* двуязычный.

bilingualism /baɪˈlɪŋgw(ə)lɪz(ə)m/ *n* двуязычие.

bilious /ˈbɪljəs/ *adj* **1** жёлчный; a ~ **headache** мигрень. **2** (*fig*) жёлчный, раздражительный.

biliousness /ˈbɪljəsnɪs/ *n* жёлчность, раздражительность.

bilk /bɪlk/ *vt*: ~ **s.o. of sth** надуть (*pf*) (*coll*) кого-н. на что-н.; **he ~ed me of £1,000** он надул меня на тысячу фунтов.

bill[1] /bɪl/ *n* **1** (*beak*) клюв. **2** (*promontory*) мыс.
● *vi*: ~ **and coo** миловаться (*impf*), ворковать (*impf*).

bill[2] /bɪl/ *n* (*also* **~hook**) садовый нож.

bill[3] /bɪl/ *n* **1** (*parl*) законопроект, билль (*m*).
2 (*certificate*): **clean ~ of health** карантинное свидетельство.
3 (*comm*) счёт (*pl* -á); ~ **of exchange** вексель (*m*); ~ **of lading** накладная, коносамент; **pay a ~, foot the ~** заплатить (*pf*) по счёту; опла|чивать, -тить счёт; **run up a ~** набрать (*pf*) много в долг, много задолжать (*pf*).
4 (*advertisement*): ~ **of fare** меню (*nt indecl*); **theatre ~** театральная афиша; **stick no ~s** (*as notice*) наклеивать объявления воспрещается; **fill the ~** (*satisfy requirements*) отвечать (*impf*) всем требованиям.
5 (*US, banknote*) банкнота; **dollar ~** долларовая банкнота.
● *vt* **1** (*announce*) объяв|лять, -ить; **he was ~ed to appear in 'Hamlet'** объявили, что он будет играть в «Гамлете»; **get top ~ing** быть помещённым в афише на первом месте.
2 (*charge*): ~ **me for the goods** пришлите мне счёт за товары.
● *cpds* **~board** *n* доска объявлений; **~fold** *n* (*US*) бумажник; **~poster, ~sticker** *nn* расклейщик афиш.

billet /ˈbɪlɪt/ *n* **1** (*order for ~ing*) ордер на постой. **2** (*place of lodging*) помещение для постоя; **be in ~s** быть на постое.
● *vt* (**billeted, billeting**) (*assign to ~*) расквартиро́в|ывать, -ать; назн|ачать, -ачить (*or* ставить, по-) на постой (**on s.o.:** к кому-н.).

billiard|s /ˈbɪljədz/ *n* бильярд.
● *cpds* ~ **ball** *n* бильярдный шар; ~ **cue** *n* кий; ~ **table** *n* бильярд, бильярдный стол.

billion /ˈbɪljən/ *n* (*pl* **~s** *or, with numeral or qualifying word,* ~) (*thousand million*) миллиард; (*Br, million million*) биллион.

billionaire /ˌbɪljəˈneə(r)/ *n* миллиардер.

billow /ˈbɪləʊ/ *n* вал.
● *vi* (*of smoke*) вздыматься (*impf*); (*of fabric*) над|уваться, -уться.

billy /ˈbɪlɪ/ *n* (*also* **~can**) жестяной (походный) котелок.

billy goat /ˈbɪlɪˌgəʊt/ *n* козёл.

bimbo /ˈbɪmbəʊ/ *n* (*pl* **~s**) фиф(очк)а.

bimetallic /ˌbaɪmɪˈtælɪk/ *adj* биметаллический.

bimonthly /baɪˈmʌnθlɪ/ *adj* **1** (*fortnightly*) выходящий (*и т. п.*) два раза в месяц. **2** (*two-monthly*) выходящий (*и т. п.*) раз в два месяца.
● *adv* **1** два раза в месяц. **2** раз в два месяца.

bin /bɪn/ *n* (*for corn*) закром, ларь (*m*); (*Br, for ashes, dust*) мусорное ведро.

binary /ˈbaɪnərɪ/ *adj* (*math*) двоичный.

bind /baɪnd/ *n* (*coll, nuisance*) скука, докука.
● *vt* (*past and pp* **bound**) **1** (*tie, fasten*) связ|ывать, -ать; ~ **on one's skis** привяз|ывать, -ать лыжи; ~ **up one's hair** подвяз|ывать, -ать волосы; ~ **up a wound** перевяз|ывать, -ать рану; ~ **s.o. to a stake** привяз|ывать, -ать кого-н. к столбу (для сожжения); ~ **together** связ|ывать, -ать.
2 (*secure*): ~ **the edge of a carpet** закреп|лять, -ить край ковра.
3 (*books etc.*) переплe|тать, -сти.
4 (*hold firmly*): **frost ~s the soil** мороз сковывает землю; ~ **gravel with tar** скреп|лять, -ить щебень дёгтем.
5 (*oblige, exact promise*) обяз|ывать, -ать; ~ **s.o. to secrecy** обяз|ывать, -ать кого-н. хранить тайну; **I am bound to say** я должен сказать; **I'll be bound** уверен; вот увидишь; ~ **o.s.** обязаться (*pf*); ~ **over** (*law*) обяз|ывать, -ать; ~ **s.o. (as an) apprentice** отд|авать, -ать кого-н. учиться ремеслу. *See also* ⇒**binding**, ⇒**bound**[3]
● *cpd* **~weed** *n* вьюнок.

binder /ˈbaɪndə(r)/ *n* **1** (*book ~*) переплётчик. **2** (*substance*) связывающее вещество. **3** (*agric*) сноповязалка. **4** (*cover for magazines etc.*) папка.

binding /ˈbaɪndɪŋ/ *n* (*of book*) переплёт; (*braid etc.*) обшивка.
● *adj* обязывающий; имеющий обязательную силу; **make it ~ on s.o. to do sth** обяз|ывать, -ать кого-н. сделать что-н.

binge /bɪndʒ/ *n* (*coll*) пьянка, попойка; **go on the ~** закутить, запить (*both pf*).
● *cpd* ~ **drinking** *n* попойка, пьянка.

bingo /ˈbɪŋgəʊ/ *n* лото (*indecl*).

binoculars /bɪˈnɒkjʊləz/ *n pl* бинокль (*m*).

binomial /baɪˈnəʊmɪəl/ *adj* двучленный, биномиальный; **the ~ theorem** бином Ньютона.

biochemical /ˌbaɪəʊˈkemɪk(ə)l/ *adj* биохимический.

biochemist /ˌbaɪəʊˈkemɪst/ *n* биохимик.

biochemistry /ˌbaɪəʊˈkemɪstrɪ/ *n* биохимия.

biocide /ˈbaɪəʊsaɪd/ *n* биоцид.

biodegradable /ˌbaɪəʊdɪˈgreɪdəb(ə)l/ *adj* подверженный биологическому разложению.

biodiversity /ˌbaɪəʊdaɪˈvɜːsɪtɪ/ *n* биологическое разнообразие.

bioengineering /ˌbaɪəʊˌendʒɪˈnɪərɪŋ/ *n* биоинженерия.

biogenic /ˌbaɪəʊˈdʒenɪk/ *adj* биогенный.

biographer /baɪˈɒgrəfə(r)/ *n* биограф.

biographic(al) /ˌbaɪəˈgræfɪk, ˌbaɪəˈgræfɪk(ə)l/ *adj* биографи́ческий.
biography /baɪˈɒgrəfɪ/ *n* биогра́фия.
biological /ˌbaɪəˈlɒdʒɪk(ə)l/ *adj* биологи́ческий; ~ **clock** биологи́ческие часы́; ~ **warfare** бактериологи́ческая война́.
biologist /baɪˈɒlədʒɪst/ *n* био́лог.
biology /baɪˈɒlədʒɪ/ *n* биоло́гия.
biomechanics /ˌbaɪəʊmɪˈkænɪks/ *n* биомеха́ника.
biomedical /ˌbaɪəʊˈmedɪk(ə)l/ *adj*: ~ **research** биомедици́нские иссле́дования.
biometric /ˌbaɪəʊˈmetrɪk/ *adj* биометри́ческий.
biometrics /ˌbaɪəʊˈmetrɪks/ *n* биоме́трия.
bionic /baɪˈɒnɪk/ *adj* биони́ческий.
biophysical /ˌbaɪəʊˈfɪzɪkəl/ *adj* биофизи́ческий.
biophysicist /ˌbaɪəʊˈfɪzɪsɪst/ *n* биофи́зик.
biophysics /ˌbaɪəʊˈfɪzɪks/ *n* биофи́зика.
biopsy /ˈbaɪɒpsɪ/ *n* биопси́я.
biorhythm /ˈbaɪəʊrɪð(ə)m/ *n* биори́тм.
biosphere /ˈbaɪəʊˌsfɪə(r)/ *n* биосфе́ра.
biotechnology /ˌbaɪəʊtekˈnɒlədʒɪ/ *n* биотехноло́гия.
bioterrorism /ˌbaɪəʊˈterərɪz(ə)m/ *n* биотеррори́зм.
bioweapon /ˈbaɪəʊˌwep(ə)n/ *n* биологи́ческое ору́жие.
bipartisan /ˌbaɪpɑːtɪˈzæn, baɪˈpɑːtɪz(ə)n/ *adj* двухпарти́йный.
bipartite /baɪˈpɑːtaɪt/ *adj* (*divided into two parts*) состоя́щий из двух часте́й; (*shared by two parties*) двусторо́нний.
biped /ˈbaɪped/ *n* двуно́гое.
biplane /ˈbaɪpleɪn/ *n* бипла́н.
bipolar /baɪˈpəʊlə(r)/ *adj* двухполя́рный, биполя́рный.
bipolarity /ˌbaɪpəʊˈlærɪtɪ/ *n* двухполя́рность, биполя́рность.
birch /bɜːtʃ/ *n* **1** (*tree*) берёза; (*attr*) берёзовый. **2** (*rod*) ро́зга.
● *vt* сечь, вы́-.
● *cpd* ~**bark** берёста, береста́.
bird /bɜːd/ *n* **1** пти́ца; ~ **of prey** хи́щная пти́ца; ~ **of passage** перелётная пти́ца; **game** ~ дичь; **hen** ~ са́мка; ~ **life** пти́чий мир; ~ **of paradise** ра́йская пти́ца; ~**'s-eye view** вид с высоты́ пти́чьего полёта; о́бщая перспекти́ва; **the** ~ **has flown** улете́ла пти́чка; **a** ~ **in the hand is worth two in the bush** лу́чше сини́ца в ру́ки, чем жура́вль в не́бе; ~**s of a feather flock together** рыба́к рыбака́ ви́дит издалека́; **kill two** ~**s with one stone** уби́ть (*pf*) двух за́йцев одни́м вы́стрелом; **the early** ~ **catches the worm** кто ра́но встаёт, тому́ Бог подаёт; **a little** ~ **told me** ≈ слу́хом земля́ по́лнится; **an early** ~ ра́нняя пта́шка; **night** ~ (*fig*) ночно́й гуля́ка; **give an actor the** ~ (*Br sl*) освиста́ть (*pf*) актёра.
2 (*of person*): **he's a queer** ~ он стра́нный тип; он чуда́к; **he's a wise old** ~ он стре́ляный воробе́й; он тёртый кала́ч.
3 (*Br sl, girl*) деви́ца.
● *cpds* ~**brain** *n* (*fig*) кури́ные мо́зги (*m pl*); ~**cage** *n* кле́тка для птиц; ~ **call** *n* пти́чий крик; ~**-fancier** *n* люби́тель (*m*) птиц; ~ **flu** *n* пти́чий грипп; ~**lime** *n* пти́чий клей; ~**seed** *n* пти́чий корм; ~**'s nest** *n* пти́чье гнездо́; ~ **table** *n* (*Br*) корму́шка для птиц; ~**watcher** *n* орнито́лог-люби́тель (*m*).
Biro /ˈbaɪərəʊ/ *n* (*pl* ~**s**) (*Br propr*) ша́риковая ру́чка.
birth /bɜːθ/ *n* **1** (*being born*) рожде́ние; (*giving birth*) ро́ды (*pl*); **he weighed 7lbs at** ~ он ве́сил 7 фу́нтов при рожде́нии; **give** ~ **to** роди́ть (*impf, pf*), рожа́ть (*impf*); (*fig*) произвести́ (*pf*) на свет; породи́ть (*pf*); **premature** ~ преждевре́менные ро́ды (*pl, g* -ов); **since** ~ с рожде́ния; о́т роду; **still** ~ рожде́ние мёртвого ребёнка; **there are more** ~**s than deaths** рожда́емость превыша́ет сме́ртность; ~ **certificate** свиде́тельство о рожде́нии; ~ **control** регули́рование рожда́емости; (*contraception*) противозача́точные ме́ры (*f pl*).
2 (*descent*): **an Englishman by** ~ англича́нин по происхожде́нию; **of noble** ~ благоро́дного происхожде́ния.
3 (*fig*): ~ **of an idea** зарожде́ние мы́сли/иде́и; **new** ~ второ́е рожде́ние.
● *cpds* ~**day** *n* день рожде́ния; рожде́ние; ~**day present** пода́рок ко дню рожде́ния; ~**day cake** ≈ имени́нный пиро́г; **in one's** ~**day suit** (*joc*) в чём мать родила́; ~**mark** *n* роди́мое пятно́; ~**place** *n* ме́сто рожде́ния; ро́дина; ~ **rate** *n* рожда́емость; **a fall in the** ~ **rate** паде́ние рожда́емости; ~**right** *n* пра́во перворо́дства; пра́во по рожде́нию.
Biscay /ˈbɪskeɪ/ *n*: **Bay of** ~ Биска́йский зали́в.
biscuit /ˈbɪskɪt/ *n* (*Br*) пече́нье; (*US*) ≈ бу́лочка; **ship's** ~ гале́та; **take the** ~ (*coll*) превосходи́ть (*impf*) всё.
bisect /baɪˈsekt/ *vt* дели́ть, раз- пополам́.
bisection /baɪˈsekʃ(ə)n/ *n* деле́ние попола́м.
bisector /baɪˈsektə(r)/ *n* биссектри́са.
bisexual /baɪˈseksjuəl/ *adj* (*having organs of both sexes*) двупо́лый, гермафроди́тный; (*attracted by both sexes*) бисексуа́льный.
bishop /ˈbɪʃəp/ *n* (*eccl*) епи́скоп; (*chess*) слон.
bishopric /ˈbɪʃəprɪk/ *n* (*office*) епи́скопство; (*diocese*) епа́рхия.
bismuth /ˈbɪzməθ/ *n* ви́смут.
bison /ˈbaɪs(ə)n/ *n* (*pl* ~) бизо́н.
bistro /ˈbiːstrəʊ/ *n* (*pl* ~**s**) бистро́ (*indecl*).
bit[1] /bɪt/ *n* **1** кусо́к, кусо́чек; **a** ~ **of paper** листо́к бума́ги; **a nice** ~ **of furniture** краси́вый предме́т ме́бели; **come to** ~**s** развали́ться (*pf*) на куски́; **eat up every** ~ съесть (*pf*) всё подчисту́ю (*or* без оста́тка); **that's only a** ~ **of what he spends** э́то лишь ма́лая то́лика того́, что он тра́тит.
2 (*abstract uses*): **a** ~ **of news** но́вость; **a** ~ **of advice** сове́т; **I am a** ~ **late** я немно́го опозда́л; **not a** ~ **of it!** (*Br*) ниско́лько!; ничу́ть!; ничу́ть не быва́ло!; **wait a** ~! подожди́те чуть-чу́ть!; **a good** ~ **older** значи́тельно ста́рше; ~ **by** ~ ма́ло-пома́лу; **not a** ~ **of use** никако́й по́льзы, никако́го то́лку; **every** ~ **as good** так же хоро́ш/-а́/-о́/-и́; ниско́лько не ху́же; **a** ~ **of a coward** трусова́тый; **a nasty** ~ **of work** (*person*) проти́вная осо́ба; **do one's** ~ вноси́ть, внести́ свою́ ле́пту; **it will take a** ~ **of doing** э́то бу́дет нелегко́ сде́лать; ~ **part** (*theatr*) ма́ленькая роль; ~ **player** (*theatr*) актёр на эпизоди́ческих роля́х.
bit[2] /bɪt/ *n* (*comput*) бит.
● *cpd* ~**mapped** *adj* (*comput*) би́товый.
bit[3] /bɪt/ *n* **1** (*of drill*) коро́нка; сверло́, бур; (*of plane*) ле́звие. **2** (*of bridle*) уд|ила́ (*pl, g* -и́л); мундшту́к; **take the** ~ **between one's teeth** (*fig*) закуси́ть (*pf*) удила́.
bit[4] /bɪt/ *past of* ⇒**bite**
bitch /bɪtʃ/ *n* **1** (*of dog*) су́ка; (*of fox*) лиси́ца; (*of wolf*) волчи́ца. **2** (*coll, spiteful woman*) су́ка (*vulg*), стéрва (*sl*).
● *vi*: ~ **about one's colleagues** поро́чить, о- колле́г.
bitchiness /ˈbɪtʃɪnɪs/ *n* (*coll*) стерво́зность.
bitchy /ˈbɪtʃɪ/ *adj* (**bitchier, bitchiest**) (*coll*) стерво́зный.
bite /baɪt/ *n* **1** (*act of biting*) куса́ние; **eat sth at one** ~ съесть (*pf*) что-н. зара́з.
2 (*mouthful*): **I haven't had a** ~ **to eat** у меня́ куска́ во рту́ не́ было; **have a** ~ **of food** перекуси́ть (*pf*), закуси́ть (*pf*).
3 (*wound caused by biting*) уку́с; **snake** ~ змеи́ный уку́с.
4 (*of fish*) клёв; **I have been fishing all day and haven't had a** ~ весь день сижу́, а ры́ба не клюёт.
5 (*grip, hold*) захва́тывание, зажа́тие; **this screw has a good** ~ э́тот болт кре́пит надёжно.
6 (*sharpness, pungency*): **there is a** ~ **in the air** моро́з пощи́пывает.
● *vt* (*past* **bit;** *pp* **bitten**)
1 куса́ть, укуси́ть; **he bit the apple** он откуси́л я́блоко; **the dog bit him in the leg** соба́ка укуси́ла его́ за́ ногу; **a piece was bitten from the apple** я́блоко бы́ло надку́сано; **he was bitten by midges** его́ искуса́ли комары́.
2 (*fig*): **what's biting him?** что его́ гло́жет?; ~ **off more than one can chew** ≈ де́ло не по плечу́; ~ **s.o.'s head off** откуси́ть (*pf*) кому́-н. го́лову; ~ **back a remark** прикуси́ть (*pf*) язы́к; **he was bitten by this craze** он зарази́лся э́тим увлече́нием; ~ **the dust** быть пове́рженным; **once bitten, twice shy** пу́ганая воро́на куста́ бои́тся; обжёгшись на молоке́, бу́дешь дуть и на́ воду.
● *vi* (*past* **bit;** *pp* **bitten**): **does your dog** ~? ва́ша соба́ка куса́ется?; **the fish won't** ~ ры́ба не клюёт; ~ **into sth** вгр|ыза́ться, -ы́зться во что-н.; **acid** ~**s into metal** кислота́ разъеда́ет мета́лл.

biting /ˈbaɪtɪŋ/ *adj* куса́ющий; (*of wind, cold*) ре́зкий; (*of satire*) е́дкий, язви́тельный.

bitten /ˈbɪt(ə)n/ *pp of* ⇒**bite**

bitter /ˈbɪtə(r)/ *adj* (*lit, fig*) го́рький; **a ~ wind** ре́зкий ве́тер; **~ conflict** о́стрый конфли́кт; **~ enemy** злейший/закля́тый враг; **to the ~ end** до са́мого конца́.
● *n* (*Br*) го́рькое пи́во.
● *adv*: **~ cold** ужа́сно хо́лодно.
● *cpd* **~-sweet** *adj* горькова́то-сла́дкий; **~sweet** *n* (*bot*) пасле́н сла́дко-го́рький.

bittern /ˈbɪt(ə)n/ *n* выпь.

bitty /ˈbɪtɪ/ *adj* (**bittier, bittiest**) (*coll*) **1** (*Br*) неоднoро́дный, бессвя́зный. **2** (*US*) кро́хотный.

bitumen /ˈbɪtjʊmɪn/ *n* биту́м; асфа́льт.

bituminous /bɪˈtjuːmɪnəs/ *adj* биту́мный, асфа́льтовый.

bivalve /ˈbaɪvælv/ *n* двуство́рчатый моллю́ск.

bivouac /ˈbɪvʊˌæk/ *n* бива́к.
● *vi* (**bivouacked, bivouacking**) распол|ага́ться, -ожи́ться бивако́м.

biweekly /baɪˈwiːklɪ/ *adj* **1** (*fortnightly*) двухнеде́льный; выходя́щий (*и т. п.*) ра́з в две неде́ли. **2** (*twice a week*) выходя́щий (*и т. п.*) два ра́за в неде́лю.
● *adv* **1** раз в две неде́ли. **2** два ра́за в неде́лю.

biz /bɪz/ (*sl*) = **business**

bizarre /bɪˈzɑː(r)/ *adj* чудно́й, дико́винный; (*behaviour*) чудакова́тый.

blab /blæb/ *vt* (**blabbed, blabbing**) (*also* **~ out**) выба́лтывать, вы́болтать; разб|а́лтывать, -олта́ть.
● *vi* (**blabbed, blabbing**) болта́ть (*impf*).

blabber /ˈblæbə(r)/ *n* болту́н; пустоме́ля (*cg*).

black /blæk/ *n* **1** (*colour*) чернота́, чёрное; **dress in ~** одева́ться (*impf*) в чёрное; **be in the ~** не име́ть долго́в. **2** (*soot etc.*): **you have some ~ on your sleeve** у вас что́-то чёрное на рукаве́. **3** (*person*) чернoко́жий, чёрный. **4** (*fig*): **two ~s don't make a white** злом зла не попра́вишь; **swear ~ is white** называ́ть (*impf*) чёрное бе́лым.
● *adj* **1** (*colour*) чёрный; **as ~ as ink** (*etc.*) чёрный как смоль; **a ~ eye** подби́тый глаз. **2** (*fig*): **a ~ deed** чёрное де́ло; **he is not as ~ as he is painted** он не так плох, как его́ изобража́ют; **a ~ heart** чёрная душа́; **~ despair** безысхо́дное отча́яние. **3** (*negro*) чёрный; **~ man** чёрный, чернoко́жий; **B~ Power** «Власть чёрным». **4** (*various*): **~ and tan** чёрно-ры́жий; **~ and white** чёрно-бе́лый; **in ~ and white** (*in writing*) чёрным по бе́лому; **he beat him ~ and blue** он изби́л его́ до полусме́рти; **~ art** чёрная ма́гия; **I am in his ~ books** я у него́ на плохо́м счету́; **~ bread** чёрный/ржано́й хлеб; **~ coffee** чёрный ко́фе; **~ earth** чернозём; **~ frost** моро́з без и́нея; треску́чий моро́з; **~ hole** (*astron*) чёрная дыра́; **~ ice** гололе́дица; **B~ Maria** чёрный во́рон (*coll*); **it is a ~ mark against him** э́то его́ поро́чит; **~ economy** тенева́я эконо́мика; **~ market** чёрный ры́нок; **the B~ Sea** Чёрное мо́ре.
● *vt* **1** (*paint black*) кра́сить (*impf*) в чёрное; (*boots etc.*) ва́ксить, на-; **~ one's face** кра́сить, вы́- лицо́ чёрным; **~ s.o.'s eye** подб|ива́ть, -и́ть кому́-н. глаз. **2** (*Br, boycott*) бойкоти́ровать (*impf, pf*), внести́ в чёрный спи́сок. **3**: **~ out** (*text*) выма́рывать, вы́марать; (*light*) затемн|я́ть, -и́ть.
● *vi*: **~ out** (*lose consciousness*) теря́ть, по- созна́ние.
● *cpds* **~ball** *vt* забаллоти́ровать (*pf*); **~ beetle** *n* (*Br*) чёрный тарака́н; **~berry** *n* ежеви́ка (*collect*); я́года ежеви́ки; **~bird** *n* чёрный дрозд; **~board** *n* кла́ссная доска́; **~cap** *n* черноголо́вка; **~cock** *n* те́терев; **~currant** *n* чёрная сморо́дина; **~-eyed Susan** *n* (*garden plant, Rudbeckia hirta*) рудбе́кия (волоси́стая); (*tropical or indoor plant, Thunbergia alata*) тунбе́ргия (крыла́тая); **~guard** *n* негодя́й; **~head** *n* у́горь (*m*); **~-hearted** *adj* зло́бный; **~jack** *n* (*US, bludgeon*) дуби́нка; **~lead** *n* графи́т; **~leg** *n* (*Br*) штрейкбре́хер; **~list** *vt* вн|оси́ть, -ести́ в чёрный спи́сок; **~mail** *n* шанта́ж, вымога́тельство; *vt* шантажи́ровать (*impf*); **~mailer** *n* шантажи́ст, вымога́тель (*m*); **~ marketeer** *n* спекуля́нт, фарцо́вщик; **~out** *n* (*in wartime*) затемне́ние; (*electricity failure*) авари́йное отключе́ние электроэне́ргии; (*loss of consciousness or awareness*) поте́ря созна́ния; *vt* затемн|я́ть, -и́ть; **~shirt** *n* чернорубашечник; **~smith** *n* кузне́ц; **~thorn** *n* (*plant*) тёрн; **~ tie** *n* (*bow tie*) чёрный га́лстук-ба́бочка; (*evening dress*) стро́гий вече́рний костю́м; **a ~ tie reception** официа́льный приём.

blacken /ˈblækən/ *vt* **1** (*paint black*) кра́сить, по- в чёрное; (*boots etc.*) ва́ксить, на-. **2** (*soil, dirty*) грязни́ть, за-. **3** (*reputation*) черни́ть, о-.
● *vi* черне́ть, по-.

blacking /ˈblækɪŋ/ *n* (*for boots etc.*) ва́кса, чёрный крем для о́буви.

blackish /ˈblækɪʃ/ *adj* темнова́тый.

blackness /ˈblæknɪs/ *n* чернота́; (*darkness*) темнота́; (*gloominess*) мра́чность.

bladder /ˈblædə(r)/ *n* (*anat, bot*) пузы́рь (*m*); (*in ball etc.*) ка́мера; (*in seaweed*) пузырёк.

blade /bleɪd/ *n* **1** (*of knife etc.*) ле́звие. **2** (*of oar etc.*) ло́пасть, лопа́тка. **3** (*of grass etc.*) были́нка, стебелёк. **4** (*fig, sword*) клино́к.

blame /bleɪm/ *n* (*censure*) порица́ние; осужде́ние; (*fault*) вина́; **his conduct was free from ~** его́ поведе́ние бы́ло безупре́чным; **the ~ is mine** я винова́т; **lay, put the ~ on s.o.** возложи́ть (*pf*) вину́ на кого́-н.; **bear, take the ~** приня́ть (*pf*) на себя́ вину́/отве́тственность; **where does the ~ lie?** кто винова́т?
● *vt* порица́ть (*impf*); вини́ть (*impf*); осу|жда́ть, -ди́ть (*кого за что*); **he was ~d for the mistake** вину́ за оши́бку возложи́ли на него́; **he cannot be ~d for it** он не винова́т в э́том; **he has only himself to ~** он мо́жет вини́ть то́лько себя́; **I am in no way to ~** мне не́ в чем упрекну́ть себя́; **he is entirely to ~** э́то по́лностью его́ вина́; **~ sth on s.o.** взва́л|ивать, -и́ть вину́ за что-н. на кого́-н.
● *cpds* **~worthiness** *n* предосуди́тельность; **~worthy** *adj* предосуди́тельный.

blameable /ˈbleɪməb(ə)l/ *adj* предосуди́тельный.

blameless /ˈbleɪmlɪs/ *adj* безупре́чный; неви́нный.

blanch /blɑːntʃ/ *vt* бели́ть, вы́-; **~ed almonds** бланширо́ванный минда́ль.
● *vi* (*go pale*) беле́ть, по-.

blancmange /bləˈmɒndʒ/ *n* бланманже́ (*indecl*).

bland /blænd/ *adj* (*mild*) мя́гкий; (*insipid*) пре́сный.

blandishment /ˈblændɪʃmənt/ *n* (*usu in pl*) обха́живание, лесть.

blank /blæŋk/ *n* **1** (*empty space*) про́пуск; (*fig*) **fill in the ~s in one's education** воспо́лнить (*pf*) пробе́лы в своём образова́нии; **my mind is a ~ on this subject** у меня́ э́то вы́летело из головы́. **2** (*in lottery*): **draw a ~** вы́тянуть (*pf*) пусто́й биле́т; (*fig*) иска́ть (*impf*) бесплóдно/напра́сно. **3** (*US, form*) бланк.
● *adj* **1** (*empty*): **a ~ sheet of paper** чи́стый лист бума́ги; **a ~ cheque** незапо́лненный чек; (*fig*) карт-бла́нш; **a ~ space** про́пуск; пусто́е ме́сто; **~ cartridge** холосто́й патро́н. **2** (*bare, plain*): **a ~ wall** глуха́я стена́; **we are up against a ~ wall** (*fig*) мы упёрлись в глуху́ю сте́ну; **~ verse** бе́лый стих. **3** (*fig*): **my memory is ~** ничего́ не по́мню; **~ despair** по́лное отча́яние; **look ~** (*of person*) вы́глядеть (*impf*) растéрянным; **the future looks ~** бу́дущее ничего́ не сули́т.

blanket /ˈblæŋkɪt/ *n* одея́ло; (*horse cloth*) попо́на; **~ of fog** пелена́ тума́на; **~ of smoke** пелена́ ды́ма; **the hills lay under a ~ of snow** холмы́ бы́ли покры́ты сло́ем сне́га; **wet ~** (*fig, of person*) кисля́й; **~ instructions** о́бщие указа́ния.
● *vt* (**blanketed, blanketing**) (*cover*) оку́т|ывать, -ать; (*stifle, hush up*) зам|ина́ть, -я́ть.

blankly /ˈblæŋklɪ/ *adv* (*without expression*) бессмы́сленно, ту́по; (*categorically*) реши́тельно, наотре́з.

blankness /ˈblæŋknɪs/ *n* пустота́, пробе́л; **the ~ of his countenance** отсу́тствие како́го бы то ни́ бы́ло выраже́ния на его́ лице́.

blare /bleə(r)/ *n* рёв.
● *vt*: **~ out** труби́ть, про-; **the band ~d out a waltz** орке́стр гря́нул вальс.
● *vi* труби́ть, про-; реве́ть (*impf*); **the fanfare ~d forth** гря́нули фанфа́ры.

b

blarney /ˈblɑːnɪ/ *n* заговáривание зубóв.
● *vt* & *i* (**~s, ~ed**) загов|áривать, -орить зýбы (*кому*).

blasé /ˈblɑːzeɪ/ *adj* пресыщенный (жизнью).

blaspheme /blæsˈfiːm/ *vt* (*revile*) поносить (*impf*), хулить (*impf*).
● *vi* богохýльствовать (*impf*), богохýльничать (*impf*).

blasphemer /blæsˈfiːmə(r)/ *n* богохýльник.

blasphemous /ˈblæsfiməs/ *adj* богохýльный.

blasphemy /ˈblæsfəmɪ/ *n* богохýльство.

blast /blɑːst/ *n* **1**: **~ of wind** порыв вéтра; **~ of hot air** волнá горячего вóздуха. **2** (*from explosion*) взрыв; **~ wave** взрывнáя волнá. **3**: **at full ~** (*fig*) в пóлном разгáре; пóлным хóдом. **4** (*of an instrument*): **~ on a whistle** свистóк; **give three ~s on the horn** трижды протрубить (*pf*) в рог.
● *vt* **1** (*explode rocks etc.*) вз|рывáть, -орвáть. **2** (*shrivel*): **frost ~ed the plants** морóз побил растéния; (*hopes*) разрýшить (*pf*). **3** (*curse*): **~ it!** проклятие!; пропади всё прóпадом; **~ you!** чтоб тебя разорвáло!; чтоб ты лóпнул!
● *vi*: **~ off** (*rocketry*) взлет|áть, -éть; стартовáть (*impf, pf*).
● *cpds* **~ furnace** *n* дóмна, дóменная печь; **~-off** *n* взлёт; момéнт стáрта.

blasted /ˈblɑːstɪd/ *adj* **1**: **~ heath** гóлая пýстошь. **2** (*cursed*) проклятый.

blasting /ˈblɑːstɪŋ/ *n* (*of rocks etc.*) подрывные рабóты (*f pl*).

blatancy /ˈbleɪt(ə)nsɪ/ *n* крикливость; беззастéнчивость, бесстыдство.

blatant /ˈbleɪt(ə)nt/ *adj* крикливый; бесстыдный; (*flagrant*) явный, вопиющий.

blather /ˈblæðə(r)/ *n* болтовня.
● *vi* (*also, chiefly Scottish* **blether**) болтáть (*impf*).

blaz|e¹ /bleɪz/ *n* **1** (*of fire*) плáмя (*nt*); **burst into a ~e** запылáть (*pf*). **2** (*of colour, light*) яркость; **the garden was a ~e of colour** сад пылáл яркими крáсками. **3** (*conflagration*) пожáр. **4** (*fig*): **~e of publicity** шýмная реклáма. **5** (*expletive*): **go to ~es** иди/убирáйся к чёрту/дьявору!; **what the ~es do you want?** какóго чёрта вам нáдо?; **run like ~es** нестись, по- (*det*) сломя гóлову.
● *vt*: **~e the news abroad** раструбить (*pf*) нóвость.
● *vi*: **a fire was ~ing in the hearth** в камине пылáл огóнь; **the building was ~ing** здáние полыхáло; **he was ~ing with anger** он пылáл гнéвом.
● *with advs*: **~e away** *vi* (*with rifle etc.*) вести (*det*) огóнь, (*coll*) палить (*impf*); (*work vigorously*) рабóтать (*impf*) вовсю; **~e up** *vi* (*lit, fig*) вспы|хивать, -хнуть.

blaze² /bleɪz/ *n* (*mark on horse*) звёздочка; (*on tree*) мéтка.
● *vt*: **~ a trail** про|клáдывать, -ложить путь.

blazer /ˈbleɪzə(r)/ *n* ≈ кýртка, (клýбный/шкóльный) пиджáк, блéйзер.

blazing /ˈbleɪzɪŋ/ *adj* **1** (*of fire*) пылáющий. **2** (*of light*) сверкáющий, сияющий. **3**: **he was in a ~ fury** он пылáл яростью. **4** (*coll, expletive*): **what's the ~ hurry?** какóго чёрта торопиться?; что за спéшка, чёрт побери?

blazon /ˈbleɪz(ə)n/ *n* (*heraldry*) герб; описáние гéрба.
● *vt* (*broadcast*) разгла|шáть, -сить.

bleach /bliːtʃ/ *n* (**~ing agent**) отбéливатель (*m*), отбéливающее срéдство; (*chloride of lime*) хлóрная извéсть.
● *vt* белить (*impf*); отбéл|ивать, -ить; (*hair*) обесцвé|чивать, -тить; **the sun ~ed the curtains** занавéски выгорели на сóлнце.
● *vi* белéть (*impf*).

bleachers /ˈbliːtʃəz/ *n pl* (*US*) дешёвые местá (на стадиóне).

bleak¹ /bliːk/ *n* (*zool*) уклéйка.

bleak² /bliːk/ *adj* унылый, безрáдостный; (*gloomy*) мрáчный; **a ~ hillside** открытый ветрáм склон холмá.

bleakness /ˈbliːknɪs/ *n* унылость, мрáчность.

bleary /ˈblɪərɪ/ *adj* (**blearier, bleariest**) (*of eyes*) затумáненный, мýтный.

bleary-eyed /blɪə(r)/ *adj* с затумáненными/мýтными глазáми.

bleat /bliːt/ *n* блéяние, мычáние.
● *vt* & *i* мычáть (*impf*), блéять (*impf*).

bleed /bliːd/ *vt* (*past and pp* **bled** /bled/) пус|кáть, -тить кровь + *d*; (*drain*) опорожн|ять, -ить; **~ s.o.** (*for money*) об|ирáть, -обрáть когó-н.; **~ s.o. white** (*fig*) обескрóв|ливать -ить когó-н.; **~ a tree** подтáчивать (*impf*) дéрево.
● *vi* (*past and pp* **bled** /bled/) (*of person*) ист|екáть, -éчь крóвью; (*of wound*) кровоточить (*impf*); **his nose is ~ing** у негó нóсом (*or* из нóса *or* из нóсу) идёт кровь; **he bled to death** он ýмер от потéри крóви; **my heart ~s for him** у меня сéрдце крóвью обливáется за негó.

bleeder /ˈbliːdə(r)/ *n* (*Br vulg, blighter*) пáрень (*m*), тип.

bleeding /ˈbliːdɪŋ/ *n* кровотечéние (*from the nose*: из нóса).
● *adj* кровотóчащий; истекáющий крóвью; (*Br vulg, blasted*) проклятый, чёртов.

bleep /bliːp/ *n* сигнáл;
● *vi* сигнáлить, про-.
● *vt* (*summon*) вызывáть, вызвать сигнáлом.

bleeper /ˈbliːpə(r)/ *n* (*Br*) пéйджер.

blemish /ˈblemɪʃ/ *n* (*defect*) недостáток, изъян; (*stain*) пятнó; **his name is without ~** у негó незапятнанная репутáция.
● *vt* пятнáть, за-.

blench /blentʃ/ *vi* уклон|яться, -иться (*от чего*); отступ|áть, -ить (*перед чем*).

blend /blend/ *n* смесь; (*of colours*) сочетáние.
● *vt* смéш|ивать, -áть; (*colours, ideas*) сочетáть (*impf*).
● *vi* смéш|иваться, -áться; (*of colours, ideas*) сочетáться (*impf*); гармонировать (*impf*); (*of sounds, waters*) сл|иваться, -иться; **these teas do not ~ well** из этих двух сортóв чáя хорóшей смéси не получáется.

blender /ˈblendə(r)/ *n* (*cul*) смеситель (*m*), миксер, блéндер.

bless /bles/ *vt* (*past and pp* **blessed;** *poetical* **blest**) **1** (*relig*) благослов|лять, -ить; **~ me!, ~ my soul!** гóсподи, помилуй!; **(God) ~ you!** дай вам Бог здорóвья; (*after sneeze*) бýдьте здорóвы!; **well I'm ~ed!** бóже мой!; гóсподи, помилуй!; **I'm ~ed, blest if I know** ей-бóгу, не знáю. **2** (*prosper, favour*): **he was ~ed with good health** Бог наградил егó здорóвьем; **~ed are the poor in spirit** блажéнны нищие дýхом.

blessed /ˈblesɪd, blest/ *adj* **1** (*holy*) благословéнный; **the B~ Virgin** Пресвятáя Дéва, Богорóдица. **2** (*happy*) блажéнный, благословéнный. **3** (*coll*): **not a ~ drop of rain** ни единой кáпли дождя.

blessedness /ˈblesɪdnɪs/ *n* блажéнство.

blessing /ˈblesɪŋ/ *n* **1** благословéние; **give, pronounce a ~ upon** благослов|лять, -ить; **with God's ~** с Бóжьего благословéния; **with official ~** с благословéния начáльства. **2**: **the ~s of civilization** блáга цивилизáции; **it is a ~ in disguise** ≈ нé было бы счáстья, да несчáстье помоглó!; **what a ~ that he came!** какóе счáстье, что он пришёл!

blest /blest/ *poetical past and pp of* ⇨**bless**

blether /ˈbleðə(r)/ = **blather**

blew /bluː/ *past of* ⇨**blow¹**

blight /blaɪt/ *n* **1** (*disease*) головня; ржа. **2**: **it cast a ~ on her youth** это омрачило её юность.
● *vt* **1** пора|жáть, -зить ржой. **2**: **~ s.o.'s hopes** разр|ушáть, -ýшить чьи-н. надéжды; (*career, plans*) погубить (*pf*).

blighted /ˈblaɪtəd/ *adj* (*of plants*) погибший; поражённый ржой; (*of plans etc.*) погýбленный.

blighter /ˈblaɪtə(r)/ *n* (*Br coll, fellow*) пáрень (*m*), тип.

blimey /ˈblaɪmɪ/ *int* (*Br vulg*) чтоб мне провалиться!

blind /blaɪnd/ *n* **1** (*screen*) штóра, стáвень (*m*); **Venetian ~** жалюзи (*pl indecl*); (*Br, awning*) маркиза, тент. **2** (*mil*) дымовáя завéса. **3** (*ruse*) улóвка; **his generosity is only a ~** егó щéдрость — тóлько ширма. **4** (*Br coll, spree*) пьянка.
● *adj* **1** слепóй; **the ~** (*as n*) слепые, слепцы (*m pl*); **as ~ as a bat** слепáя кýрица; **~ in one eye** слепóй на один глаз; кривóй; **go ~** слéпнуть, о-; **a ~ spot** слепóе пятнó; (*fig*) прóбел; **~ man's buff** жмýр|ки (*pl, g* -ок); **he is ~ to his opportunities** он не видит своих возмóжностей; **turn a ~ eye to sth** закр|ывáть, -ыть глазá на что-н. **2** (*concealed*): **a ~ corner** непросмáтривающийся поворóт; а

b

~ date (*coll*) свида́ние с незнако́мым/незнако́мой; **a ~ spot** (*on the road*) мёртвая зо́на.
3 (*closed up*): **a ~ alley** (*lit*, *fig*) тупи́к.
4: **he didn't take a ~ bit of notice** (*coll*) он э́то абсолю́тно проигнори́ровал.
● *adv*: **fly ~** лета́ть (*indet*) по прибо́рам; **~ drunk** мертве́цки пья́ный; **sign a document ~** подпи́с|ывать, -а́ть докуме́нт не чита́я; **go it ~** де́йствовать (*impf*) втёмную/вслепу́ю.
● *vt* **1** ослеп|ля́ть, -и́ть (*also fig*); (*temporarily*) слепи́ть (*impf*); **he was ~ed, went ~ in the left eye** он осле́п на ле́вый глаз.
2 (*block*, *obstruct*) затемн|я́ть, -и́ть.
● *cpd* **~fold** *adv* с завя́занными глаза́ми; (*recklessly*) вслепу́ю; *vt* завя́з|ывать, -а́ть глаза́ + *d*.

blinders /ˈblaɪndəz/ (*US*) = **blinkers**

blindly /ˈblaɪndlɪ/ *adv* (*gropingly*) на о́щупь, вслепу́ю; (*recklessly*) сле́по.

blindness /ˈblaɪndnɪs/ *n* слепота́; (*fig*) слепота́, ослепле́ние.

bling(-bling) /blɪŋ(ˈblɪŋ)/ *n* (*coll*) (*clothing*) гламу́рная оде́жда; (*jewellery*) ца́цки (*f pl*) (*sl*), побряку́шки (*f pl*) (*coll*); ((*containing diamonds*) брю́лики (*m pl*) (*coll*).

blink /blɪŋk/ *n* (*of eye*) морга́ние, мига́ние; (*of light*) мерца́ние; про́блеск; **be on the ~** (*coll*) барахли́ть (*impf*).
● *vt* & *i* (*of person*) миг|а́ть, -ну́ть; морг|а́ть, -ну́ть; (*of light*) мерца́ть (*impf*); **~ at** (*fig*, *ignore*) закр|ыва́ть, -ы́ть глаза́ на + *a*.

blinkers /ˈblɪŋkəz/ *n* (*Br*) шо́р|ы (*pl*, *g* —) (*also fig*); нагла́зники (*m pl*).

blip /blɪp/ *n* (*on screen*) отражённый и́мпульс.

bliss /blɪs/ *n* блаже́нство.

blissful /ˈblɪsfʊl/ *adj* блаже́нный.

blister /ˈblɪstə(r)/ *n* (*on skin*) волды́рь (*m*); (*on paint*) пузы́рь (*m*).
● *vt* вызыва́ть, вы́звать волдыри́/пузыри́ на + *p*.
● *vi* покр|ыва́ться, -ы́ться волдыря́ми/пузыря́ми.

blithering /ˈblɪðərɪŋ/ *adj* (*coll*): **a ~ idiot** зако́нченный идио́т.

blithe(some) /ˈblaɪð(səm)/ *adj* жизнера́достный, беспе́чный.

blitz /blɪts/ *n* бомбёжка.
● *vt* разбомби́ть (*pf*).

blitzkrieg /ˈblɪtskriːg/ *n* блицкри́г; молниено́сная война́.

blizzard /ˈblɪzəd/ *n* бура́н, выо́га.

bloated /ˈbləʊtɪd/ *adj* (*swollen*) разду́тый, разду́вшийся; **he is ~ with pride** его́ распира́ет от го́рдости.

bloater /ˈbləʊtə(r)/ *n* копчёная сельдь.

blob /blɒb/ *n* (*small mass*) ка́пля; ша́рик; (*spot of colour*) кля́кса; (*coll*, *zero*) нуль (*m*).

bloc /blɒk/ *n* блок.

block /blɒk/ *n* **1** (*of wood*) чурба́н, коло́да; (*of stone*, *marble*) глы́ба; **children's ~s** ку́бики (*m pl*).
2 (*for execution*) пла́ха.
3 (*of houses*) кварта́л; (*of shares*, *tickets*, *etc.*) па́чка; **~ of flats** (*Br*) многокварти́рный дом.
4 (*for lifting*: *also* **~ and tackle**) блок, лебёдка.
5 (*printing*): **~ capitals** печа́тные бу́квы.
6 (*obstruction*): **~ in a pipe** заку́порказасоре́ние трубы́; (*fig*): **mental ~** у́мственное торможе́ние.
7: **~ booking** группово́й зака́з; **~ vote** (*Br*) представи́тельное голосова́ние.
● *vt* **1** (*obstruct physically*): **roads ~ed by snow** доро́ги, занесённые сне́гом; **~ (up) an entrance** загор|а́живать, -оди́ть вход; **mud ~ed the pipe** грязь заби́ла трубу́; **the sink is ~ed** ра́ковина засори́лась; **~ s.o.'s way** прегра|жда́ть, -ди́ть кому́-н. путь.
2 (*fig*): **~ the enemy's plan** срыва́ть, сорва́ть пла́ны непри́ятеля.
3: **~ in, out** (*sketch*) набр|а́сывать, -оса́ть.
● *cpds* **~buster** *n* (*coll*) блокба́стер, ка́ссовый фильм; **~head** *n* болва́н, тупи́ца (*cg*); **~house** *n* блокга́уз.

blockade /blɒˈkeɪd/ *n* блока́да; **raise a ~** снять (*pf*) блока́ду; **run a ~** прорва́ть (*pf*) блока́ду.
● *vt* блоки́ровать (*impf*, *pf*).

blog /blɒg/ *n* (*comput*) сетево́й журна́л, блог.

blogger /ˈblɒgə(r)/ *n* (*comput*) бло́ггер.

bloke /bləʊk/ *n* (*Br coll*) тип; па́рень (*m*).

blond(e) /blɒnd/ *n* блонди́н (*fem* -ка).
● *adj* белоку́рый, све́тлый.

blood /blʌd/ *n* **1** кровь; **the ~ rushed to his head** кровь бро́силась/уда́рила ему́ в го́лову; **hands covered with ~** ру́ки в крови́; **sweat ~** рабо́тать (*impf*) до крова́вого по́та; **taste ~** вку|ша́ть, -си́ть кро́ви; **you cannot get ~ out of a stone** ≈ ка́менное се́рдце не разжа́лобишь.
2 (*attr*): **~ bank** до́норский пункт; **~ clot** сгу́сток кро́ви; тромб; **~ donor** до́нор; **~ group** гру́ппа кро́ви; **~ orange** королёк; **~ plasma** пла́зма; **~ sports** охо́та; **~ test** ана́лиз кро́ви; (*for paternity*) иссле́дование кро́ви; **~ transfusion** перелива́ние кро́ви; *see also cpds.*
3 (*various fig uses*): **it made my ~ boil** э́то меня́ взбеси́ло; **his ~ ran cold** кровь сты́ла/леденéла у него́ в жи́лах; **in cold ~** хладнокро́вно; **his ~ is up** он взбешён; **we need new ~** нам нужны́ но́вые си́лы; **there is bad ~ between them** они́ вражду́ют.
4 (*lineage*, *kinship*): **blue ~** голуба́я кровь; **~ is thicker than water** кровь не води́ца.
● *cpds* **~-and-thunder** *adj* (*story etc.*) по́лный у́жасов; **~bath** *n* крова́вая ба́ня; **~ brother** *n* побрати́м; **~ count** *n* ана́лиз кро́ви; **~-curdling** *adj* леденя́щий кровь; **a ~-curdling sight** зре́лище, от кото́рого сты́нет кровь в жи́лах; **~ heat** *n* температу́ра челове́ческого те́ла; **~hound** *n* ище́йка; **~letting** *n* (*med*) кровопуска́ние; (*bloodshed*) кровопроли́тие; **~lust** *n* жа́жда кро́ви; **~ poisoning** *n* зараже́ние кро́ви; **~ pressure** *n* кровяно́е давле́ние; **~-red** *adj* крова́во-кра́сный; **~ relation** *n* кро́вный ро́дственник; **~ relationship** *n* кро́вное родство́; **~shed** *n* кровопроли́тие; **~shot** *adj* нали́тый кро́вью; **~stain** *n* крова́вое пятно́; **~stained** *adj* запа́чканный кро́вью; **~stained hands** ру́ки в крови́; **~stock** *n* чистокро́вные ло́шади (*f pl*); **~stone** *n* гелиотро́п, крова́вик; **~stream** *n* ток кро́ви; **~sucker** *n* (*insect*) насеко́мое-кровосо́с; (*leech*) пия́вка; (*fig*) кровопи́йца (*cg*), кровосо́с; **~thirstiness** *n* кровожа́дность; **~thirsty** *adj* кровожа́дный; **~ vessel** *n* кровено́сный сосу́д; **he burst a ~vessel** у него́ ло́пнул кровено́сный сосу́д; **~worm** *n* кра́сный червь.

bloodily /ˈblʌdɪlɪ/ *adv* с проли́тием кро́ви.

bloodless /ˈblʌdlɪs/ *adj* бескро́вный; (*insipid*) безжи́зненный.

bloodlessness /ˈblʌdlɪsnɪs/ *n* (*insipidity*) безжи́зненность.

bloody /ˈblʌdɪ/ *adj* (**bloodier, bloodiest**) **1** крова́вый; (*smeared with blood*) окрова́вленный; **give s.o. a ~ nose** разби́ть (*pf*) кому́-н. нос в кровь. **2** (*Br*, *expletive*): **a ~ liar** отча́янный лгун; **stop that ~ row!** прекрати́те э́тот чёртов сканда́л!; **not a ~ thing** ни черта́/хрена́; **no ~ fear!**; **not ~ likely!** чёрта с два!; фиг-то!
● *adv* (*sl*): **~ awful** черто́вский; скве́рный, дрянно́й.
● *vt* окрова́вить (*pf*).
● *cpds* **~-minded** *adj* (*Br coll*, *obstructive*) зловре́дный, неслу́жливый; **~-mindedness** *n* (*Br*) зловре́дность.

bloom /bluːm/ *n* **1** (*flower*) цвет; цветы́ (*m pl*); (*single flower*) цвето́к; **in ~** в цвету́; **burst into ~** расцве|та́ть, -сти́. **2** (*prime*) расцве́т; **in the ~ of youth** в расцве́те ю́ности. **3** (*on cheeks*) румя́нец. **4** (*down*) пушо́к.
● *vi* **1** цвести́ (*impf*); (*come into ~*) расцве|та́ть, -сти́; **finish ~ing** отцве|та́ть, -сти́. **2** (*fig*): **~ into sth** расцвести́ (*pf*) и преврати́ться (*pf*) во что-н.

bloomer /ˈbluːmə(r)/ *n* **1** (*Br*) (*coll*, *mistake*) про́мах; (*in speech*) огово́рка; **make a ~** де́лать, с- про́мах; огов|а́риваться, -ори́ться. **2** (*in pl*) (*undergarment*) пантало́н|ы (*pl*, *g* —).

blooming[1] /ˈbluːmɪŋ/ *n* (*metallurgy*) блю́минг; **~ mill** обжимно́й стан, блю́минг.

blooming[2] /ˈbluːmɪŋ/ *adj* (*flowering*, *flourishing*) цвету́щий; (*Br coll*, *expletive*): **a ~ fool** наби́тый дура́к.

blossom /ˈblɒsəm/ *n* цвет, цвете́ние; **in ~** в цвету́; **come into ~** расцве|та́ть, -сти́.
● *vi* цвести́ (*impf*); **finish ~ing** отцве|та́ть, -сти́; (*fig*): **he ~ed into a statesman** он вы́рос в госуда́рственного де́ятеля.

blot /blɒt/ *n* (*on paper*) кля́кса; (*blemish*) пятно́; **it is a ~ on the landscape** э́то по́ртит вид/пейза́ж; (*fig*): **without a ~ on one's character** с незапя́тнанной репута́цией.

● *vt* & *i* (**blotted, blotting**) **1** (*smudge*) пачкать, за-; ставить, по- кляксу.
2 (*dry*) промок|áть, -нýть; **~ting paper** промокáтельная бумáга, (*coll*) промокáшка. **3** (*sully*) пятнáть, за-; **~ one's copybook** (*Br fig*) пятнáть, за- своrю репутáцию.
● *with adv*: **~ out** *vt* вымáрывать, вы́марать; (*from one's memory*) изглá|живать, -дить (*or* ст|ирáть, -ерéть) из пáмяти; (*a view*) закр|ывáть, -ы́ть; заслон|я́ть, -и́ть.

blotch /blɒtʃ/ *n* пятнó; (*of ink*) клякса.

blotchy /'blɒtʃɪ/ *adj* (**blotchier, blotchiest**) в пятнах.

blotter /'blɒtə(r)/ *n* бювáр.

blotto /'blɒtəʊ/ *adj* (*sl*) пья́ный в стéльку.

blouse /blaʊz/ *n* (*workman's*) блýза; (*woman's*) кóфточка, блýзка.

blow[1] /bləʊ/ *n* (*of air, wind*) дуновéние, поры́в; **give your nose a good ~!** вы́сморкайся хорошéнько (*or* как слéдует); **let's go out for a ~** (*of fresh air*) пойдём подыша́ть свéжим вóздухом.
● *vt* (*past* **blew;** *pp* **blown**) **1** дуть, ду́нуть; **~ a horn** дуть, ду́нуть в рог; труби́ть (*impf*); **~ a whistle** свистéть, за- в свистóк; давáть, дать свистóк; **~ one's nose** сморкáться, вы́-; **~ the dust off a book** сду|вáть, -ть пыль с книги; **~ s.o. a kiss** пос|ылáть, -лáть комý-н. воздýшный поцелýй; **~ glass** выдувáть (*impf*) стеклó; **~ bubbles** пускáть (*impf*) пузыри́; **~ one's own trumpet** (*fig*) хвали́ться, похваля́ться (*both impf*); **~ the gaff** (*Br, fig*) проб|áлтываться, -олтáться.
2 (*of wind*): **the wind ~s the rain against the windows** вéтер с дождём бьёт по óкнам; **the ship was ~n off course** корáбль снеслó с кýрса; **the wind blew the papers out of my hand** вéтер вы́рвал бумáги у меня́ из рук; **he was ~n ashore** егó вы́несло на бéрег; **we were ~n out to sea** нас унеслó в мóре.
3 (*with bellows*): **he blew the fire** он раздýл огóнь.
4 (*elec*): **~ a fuse** переж|игáть, -éчь прóбку.
5 (*coll, spend*) угрóхать *pf* (*sl*); **~ £45 on a dinner** просá|живать, -ди́ть (*coll*) 45 фýнтов на обéд.
6 (*Br coll, curse*): **I'm ~ed if I know** ей-бóгу, не знáю; **well, I'm ~ed!** так-тáк!; вот те раз!
● *vi* (*past* **blew;** *pp* **blown**)
1 (*of wind or person*) дуть, по-, ду́нуть; **it is ~ing hard** си́льно дýет; óчень вéтрено; **~ hot and cold** (*fig*) поминýтно меня́ть (*impf*) мнéние.
2 (*of thing*): **the door blew open** дверь распахнýлась; **dust blew into the room** пыль налетéла в кóмнату; **the whistle blew** раздáлся свистóк; послы́шался гудóк; **the fuse blew** прóбка перегорéла.
● *with advs*: **~ about** *vt*: **the wind blew her hair about** вéтер развевáл её вóлосы; *vi*: **the leaves blew about** (гони́мые вéтром) ли́стья носи́лись по округé; **~ away** *vt* & *i* ун|оси́ть(ся), -ести́(сь); **~ down** *vt* вали́ть, по-; **he was blown down from the roof** егó снеслó с кры́ши; *vi*: **the tree blew down** бýря повали́ла дéрево; **~ in** *vt*: **the gale blew the windows in** ураrа́ном разби́ло óкна; *vi*: **the wind blows in through the door** вéтер дýет в дверь; **~ off** *vt*: **the wind blew his hat off** вéтер сорвáл с негó шля́пу; *vi*: **his hat blew off** у негó слетéла шля́па; **~ out** *vt*: **he blew the candle out** он задýл свечý; **~ out one's cheeks** над|увáть, -ýть щёки; **~ one's brains out** пусти́ть (*pf*) себé пýлю в лоб; **the bomb blew out the doors** от взры́ва бóмбы вы́летели двéри; *vi*: **the candle blew out** свечá погáсла; **the tyre blew out** ши́на лóпнула; **~ over** *vt*: **he was blown over by the wind** егó свали́ло с ног вéтром; *vi*: **the storm blew over** бýря ути́хла; **the scandal blew over** скандáл улёгся/зати́х; **~ up** *vt*: **~ up a bridge** взрывáть, взорвáть мост; **~ up a tyre** накáч|ивать, -áть ши́ну/колесó; **~ up a photograph** увели́чи|вать, -ть фотогрáфию; **blown up by pride** испóлненный непомéрной гóрдости; **the boss blew him up** (*coll*) начáльник устрóил емý разнóс; *vi*: **the mine blew up** ми́на взорвалáсь; **a storm blew up** разыгрáлся штóрм.
● *cpds* **~fly** *n* мясна́я мýха; **~hole** *n* (*of whale*) ды́хало; (*opening in ice*) отвéрстие; (*in tunnel*) вентиляциóнное отвéрстие; **~ job** *n* (*vulg sl*) минéт, отсóс; **~lamp** *n* (*Br*) пая́льная лáмпа; **~out** *n* (*of tyre*) разры́в; (*oil*) фонтáн (нéфти); (*coll, feast*) оби́льное застóлье, кутёж; **~pipe** *n* (*tool*) пая́льная трýбка; **~torch** *n* пая́льная лáмпа; **~-up** *n* (*explosion, outburst*) взрыв, вспы́шка; (*phot*) увеличéние.

blow[2] /bləʊ/ *n* (*lit, fig*: *stroke*) удáр; **deliver, deal, strike a ~** нан|оси́ть, -ести́ удáр; **at a ~** одни́м удáром; **strike a ~ at s.o.** нан|оси́ть, -ести́ удáр комý-н.; **strike a ~ for** (*fig*) вступи́ться (*pf*) за + *a*; **they came to ~s** они́ подрали́сь; дéло дошлó до рукопáшной; **without striking a ~** без дрáки; **her death was a ~ to us** её смерть былá удáром для нас; **it was a ~ to our hopes** э́то разби́ло нáши надéжды.

blowing-up /,bləʊɪŋ'ʌp/ *n* (*explosion*) взрыв; (*coll, reprimand*) разнóс.

blowsy /'blaʊzɪ/ *adj* (**blowsier, blowsiest**): **a ~ woman** растрёпанная жéнщина.

blowy /'bləʊɪ/ *adj* (**blowier, blowiest**) вéтреный.

blowzy /'blaʊzɪ/ (**blowzier, blowziest**) = **blowsy**

blub /blʌb/ *vi* (**blubbed, blubbing**) (*coll*) ревéть (*impf*).

blubber[1] /'blʌbə(r)/ *n* (*whale fat*) вóрвань.

blubber[2] /'blʌbə(r)/ *vt* & *i* ревéть (*impf*), рыдáть (*impf*).

bludgeon /'blʌdʒ(ə)n/ *n* дуби́нка.
● *vt* бить (*impf*) дуби́нкой; (*fig*) принуждáть (*impf*).

blue /blu:/ *n* **1** (*colour*) синевá, голубизнá; **navy ~** тёмно-си́ний цвет.
2 (*sky*): **out of the ~** (*fig*) ни с тогó ни с сегó; **he arrived out of the ~** он нагря́нул неожи́данно; **like a bolt from the ~** (*fig*) как гром среди́ я́сного нéба.
3 (*sea*) (си́нее) мóре.
4: **the ~s** (*coll*) тоскá, уны́ние, хандрá; **have the ~s** хандри́ть (*impf*); **give s.o. the ~s** нав|оди́ть, -ести́ тоскý на когó-н.
5: **~s** (*mus*) блюз.
● *adj* (**bluer, bluest**)
1 (*colour*) (*dark*) си́ний; (*light*) голубóй; **her hands were ~ with cold** её рýки посинéли от хóлода; **his arms are ~ (with bruises)** у негó все рýки в синякáх; **he shouted till he was ~ in the face** он кричáл до изнеможéния/посинéния; **once in a ~ moon** раз в сто лет; **scream ~ murder** кричáть (*impf*) во всю глóтку/(*coll*) ивáновскую; **~ baby** (*med*) синю́шный младéнец; **~ blood** голубáя кровь; **~ book** «си́няя кни́га» (*сборник официальных документов*); **~ funk** (*coll*) пани́ческий страх; **B~ Peter** флаг отплы́тия; **~ water** откры́тое мóре.
2 (*coll, sad*): **feel ~** хандри́ть (*impf*); **look ~** (*of person*) вы́глядеть (*impf*) уны́лым; **things look ~** делá обстоя́т сквéрно.
3 (*coll, obscene*) неприли́чный, непристóйный.
● *cpds* **~bell** *n* (*wild hyacinth*) ди́кий/леснóй гиаци́нт; (*campanula*) колокóльчик; (*scilla*) пролéска; **~bird** *n* синешéйка; **~-blooded** *adj* голубóй крóви; **~bottle** *n* мясна́я мýха; **~-collar worker** *n* производ́ственный рабóчий; **~-eyed** *adj* синеглáзый, голубоглáзый; **~-eyed boy** (*Br ironical*) люби́мчик, люби́мец; **~-grey** *adj* си́зый, си́зо-голубóй; **~-pencil** *vt* (*abridge*) сокра|щáть, -ти́ть; (*erase*) вычёркивать, вы́черкнуть; **~print** *n* (*design plan*) проéкт, прогрáмма, план; (*model, template*) образéц, шаблóн; **~stocking** *n* (*fig*) си́ний чулóк, учёная жéнщина; **~ tit** *n* лазóревка, си́няя/голубáя синица.

blueness /'blu:nɪs/ *n* синевá; голубизнá.

Bluetooth /'blu:tu:θ/ *n* (*propr*) Bluetooth, блютýс (*устройство для передачи информации на небольшое расстояние без проводов; стандарт передачи данных*).

bluff[1] /blʌf/ *n* (*headland*) утёс.
● *adj* (*of cliffs etc.*) обры́вистый, отвéсный; (*of person*) грубовáто-добродýшный; прямодýшный.

bluff[2] /blʌf/ *n* блеф; **call s.o.'s ~** заст|авля́ть, -áвить когó-н. раскры́ть кáрты.
● *vt* & *i* блефовáть (*impf*); втирáть (*impf*) очки́ + *d*; пускáть (*impf*) пыль в глазá + *d*.

bluish /'blu:ɪʃ/ *adj* (*dark*) синевáтый; (*light*) голубовáтый.

blunder /'blʌndə(r)/ *n* оши́бка, оплóшность.
● *vi* (*make a stupid or careless mistake*) грýбо ошиб|áться, -и́ться; (*grope*) пробирáться/дви́гаться (*impf*)

b

ощупью; ~ **into a table** нат|ыкáться, -кнýться на стол; ~ **upon the facts** нат|ыкáться, -кнýться на фáкты; ~ **through one's work** дéлать (*impf*) рабóту кóе-кáк.

blunderbuss /ˈblʌndə,bʌs/ *n* (*mil*) мушкетóн.

blundering /ˈblʌndərɪŋ/ *adj* (*clumsy*) нескла́дный; (*tactless*) бестáктный.

blunt /blʌnt/ *adj* (*not sharp*) тупóй; **a ~ pencil** неоттóченный карандáш; (*plain-spoken*) прямóй.
● *vt* тупи́ть (*impf*); ~ **a needle** притуп|ля́ть, -и́ть иглý; ~ **a knife/scissors** затуп|ля́ть, -и́ть нож/нóжницы; (*feelings etc.*) притуп|ля́ть, -и́ть; ~ **s.o.'s intelligence** притуп|ля́ть, -и́ть чьё-н. восприя́тие; ~ **s.o.'s anger** ум|еря́ть, -éрить чей-н. гнев.

bluntness /ˈblʌntnɪs/ *n* (*lit*) тýпость; (*frankness*) прямотá.

blur /blə:(r)/ *n* (*confused effect*) ды́мка; **she saw him through a ~ of tears** онá ви́дела егó сквозь ды́мку слёз; **the village is now only a ~ in my mind** об э́той дерéвне у меня́ остáлись лишь смýтные воспоминáния.
● *vt* (**blurred, blurring**) (*make indistinct*) смáз|ывать, -ать; **rain ~s the windows** дождь затумáнивает óкна; (*fig*) затумáни|вать, -ть; затемн|я́ть, -и́ть.

blurb /blə:b/ *n* (*coll*) (издáтельская) аннотáция.

blurry /ˈblə:rɪ/ *adj* (**blurrier, blurriest**) затумáненный.

blurt /blə:t/ *vt*: ~ **out** вы́пáливать, вы́палить.

blush /blʌʃ/ *n* **1** крáска; **spare s.o.'s ~es** щади́ть, по- чью-н. стыдли́вость; **a ~ rose to her cheeks** крáска залилá её щёки. **2** (*glow*) румя́нец. **3**: **at first ~** с пéрвого взгля́да.
● *vi* краснéть, по-; зардéться (*pf*); ~ **to the roots of one's hair** краснéть, по- до корнéй волóс; ~ **crimson** зардéться (*pf*); **I ~ to suggest** мне сóвестно предположи́ть.

blusher /ˈblʌʃə(r)/ *n* (*cosmetic*) румя́на.

blushing /ˈblʌʃɪŋ/ *adj* (*modest*) застéнчивый, стыдли́вый; **a ~ bride** стыдли́вая невéста.

bluster /ˈblʌstə(r)/ *n* (*of storm*) рёв; (*of person*) грóмкие словá, угрóзы (*f pl*).
● *vi* (*of storm*) ревéть (*impf*); (*of person*) расшумéться (*pf*), разбушевáться (*pf*).

blusterer /ˈblʌstərə(r)/ *n* забия́ка (*cg*).

BMI (*abbr of* ***body mass index***) и́ндекс мáссы тéла (*отношение веса человека* (*в кг*) *к квадрату его роста* (*в м*)).

BO (*abbr of* ***body odour***) зáпах пóта.

bo /bəʊ/ = **boo** *int* **2**

boa /ˈbəʊə/ *n* (*zool*) боá (*m indecl*); ~ **constrictor** удáв; (*wrap*) боá (*nt indecl*).

boar /bɔ:(r)/ *n* кабáн.

board /bɔ:d/ *n* **1** (*piece of wood*) доскá (*also for chess etc.*); **bed of ~s** нáр|ы (*pl, g* —); ~ **game** настóльная игрá. **2** (*in pl, theatr*) подмóстк|и (*pl, g* -ов); **go on the ~s** пойти́ (*pf*) на сцéну; **tread the ~s** игрáть (*impf*) на сцéне. **3** (*in pl, cover of book*) переплёт; **cloth ~s** коленкóровый переплёт. **4** (*food*) стол; ~ **and lodging, bed and ~** питáние и проживáние; ночлéг и питáние; **full ~** пóлный пансиóн. **5** (*table*): **above ~** (*fig*) в откры́тую, чéстно; **sweep the ~** (*at cards*) заб|ирáть, -рáть все стáвки. **6** (*council*) правлéние; ~ **of enquiry** комиссия по расслéдованию; ~ **of directors** правлéние директорóв. **7** (*naut etc.*): **on ~** на бортý; **come, go on ~ a ship/aircraft** сади́ться, сесть на корáбль/самолёт; (*comm*): **free on ~ (f.o.b.)** фрáнко-бóрт (*nt indecl*) (фоб (*nt indecl*)); **go by the ~** (*fig*) быть вы́брошенным зá борт. **8** (*for electronic circuit*) плáта.
● *vt* **1** (*cover with ~s; also ~* **up**) обш|ивáть, -и́ть (*or* покр|ывáть, -ы́ть) доскáми. **2**: ~ **a ship** (*go on ~*) сади́ться, сесть на корáбль; (*attack*) брать, взять корáбль на абордáж. **3**: ~ **s.o. out** (*find quarters for*) пом|ещáть, -сти́ть когó-н. на пóлный пансиóн.
● *vi* (*reside*) жить (*impf*) на пóлном пансиóне; (*at school*) жить в шкóле-интернáте.
● *cpds* **~room** *n* зал заседáний совéта директорóв; **~walk** *n* дощáтый насти́л.

boarder /ˈbɔ:də(r)/ *n* (*lodger*) жилéц, постоя́лец; **take in ~s** брать (*impf*) жильцóв; (*at school*) ученй|к (*fem* -ца), живýщ|ий (*fem* -ая) в шкóле-интернáте.

boarding /ˈbɔ:dɪŋ/ *n* **1** (*boards*) обши́вка дóсками. **2** (*naut*) абордáж; (*aeron*) посáдка.
● *cpds* ~ **card,** ~ **pass** *nn* посáдочный билéт; ~ **house** *n* пансиóн; ~ **school** *n* шкóла-интернáт.

boast /bəʊst/ *n* хвастовствó; **an empty ~** пустóе хвастовствó; **their ~ is that ...** они́ похваля́ются тем, что...; (*person or thing ~ed of*) гóрдость, предмéт гóрдости.
● *vt & i* **1** (~ *of*) хвáстать(ся), по- + *i*; хвали́ться (*or* похваля́ться), по- + *i*; **it is nothing to ~ of** похвáстаться нéчем. **2** (*possess*) горди́ться (*impf*) + *i*.

boaster /ˈbəʊstə(r)/ *n* хвастýн (*fem* -ья).

boastful /ˈbəʊstfʊl/ *adj* хвастли́вый.

boastfulness /ˈbəʊstfʊlnɪs/ *n* хвастли́вость.

boat /bəʊt/ *n* (*small, rowing ~*) лóдка, шлю́пка; (*vessel*) сýдно; (*large ~*) корáбль (*m*), парохóд; **in the same ~** (*fig*) в одинáковом положéнии; **burn one's ~s** (*fig*) сжечь (*pf*) (свои́) корабли́; **miss the ~** (*fig*) прозевáть (*pf*) слýчай.
● *vi* (*go ~ing*) катáться (*indet*) на лóдке.
● *cpds* ~ **deck** *n* шлю́почная пáлуба; **~hook** *n* багóр; **~house** *n* сарáй для лóдок; **~man** *n* (*pl* **~men**) лóдочник; ~ **race** *n* состязáния (*nt pl*) по грéбле; **~swain** *n* бóцман; ~ **train** *n* пóезд, согласóванный с парохóдным расписáнием.

boater /ˈbəʊtə(r)/ *n* солóменная шля́па.

bob[1] /bɒb/ *n* **1** (*weight*) подвéсок; (*on fishing line*) поплавóк; (*on pendulum*) ги́ря. **2** (*hairstyle*) корóткая стри́жка; (*horse's tail*) подстри́женный хвост.
● *vt* (**bobbed, bobbing**) (*of hair*) корóтко стричь (*impf*); остр|игáть, -и́чь.
● *cpd* **~tail** *n* (*of horse or dog*) обрéзанный хвост, кýцый хвост.

bob[2] /bɒb/ *n* (*jerk, e.g. of the head*) кивóк; (*curtsy*) приседáние, реверáнс.
● *vi* (**bobbed, bobbing**) **1** (*move up and down*) подпры́г|ивать, -нуть; подск|áкивать, -очи́ть; ~ **up** выскáкивать, вы́скочить. **2** (*curtsey*) прис|едáть, -éсть; **she ~bed him a curtsy** онá присéла в реверáнсе пéред ним.

bob[3] /bɒb/ *n* (*pl* ~) (*Br coll, shilling*) ши́ллинг.

bob[4] /bɒb/ *n*: **~'s your uncle** (*Br coll*) всё в поря́дке; дéло сдéлано.

bobbin /ˈbɒbɪn/ *n* (*reel, spool*) катýшка, шпýлька; (*for raising latch*) рычажóк.

bobbinet /ˈbɒbɪ,net/ *n* маши́нное крýжево.

bobble /ˈbɒb(ə)l/ *n* помпóн(чик).

bobby /ˈbɒbɪ/ *n* (*Br coll*) полисмéн.

bobby socks /ˈbɒbɪ ,sɒks/ *n pl* (*US*) корóткие носки́ (*m pl*).

bobby-soxer /ˈbɒbɪ,sɒksə(r)/ *n* (*US*) дéвочка-подрóсток.

bobolink /ˈbɒbəlɪŋk/ *n* (*zool*) ри́совый трупиáл.

bobsled /ˈbɒbsled/ (*US*), **bobsleigh** /ˈbɒbsleɪ/ (*Br*) *nn* бобслéй.

bobsledder /ˈbɒbsledə(r)/ (*US*), **bobsleigher** /ˈbɒbsleɪə(r)/ (*Br*) *nn* бобслеи́ст (*fem* -ка).

bobsledding /ˈbɒbsledɪŋ/ (*US*), **bobsleighing** /ˈbɒbsleɪɪŋ/ (*Br*) *nn* бобслéй.

bobstay /ˈbɒbsteɪ/ *n* (*naut*) ватерштáг.

Boche /bɒʃ/ *n* (*sl*) бош (*немецкий солдат*).

bode /bəʊd/ *vt & i*: ~ **ill/well** предвещáть/сули́ть (*impf*) недóброе/хорóшее; **it ~s no good** э́то не предвещáет ничегó хорóшего.

bodega /bəʊˈdi:gə/ *n* ви́нный погребóк.

bodice /ˈbɒdɪs/ *n* корсáж, лиф.

bodiless /ˈbɒdɪlɪs/ *adj* бестелéсный.

bodily /ˈbɒdɪlɪ/ *adj* телéсный, физи́ческий; ~ **harm** физи́ческое увéчье/повреждéние.
● *adv*: **he was carried ~ to the doors** егó на рукáх вы́несли к дверя́м; **the house was moved ~** дом был передви́нут целикóм.

bodkin /ˈbɒdkɪn/ *n* дли́нная тупáя иглá; ши́ло.

body /ˈbɒdɪ/ *n* **1** (*of person or animal*) тéло; (*diminutive, e.g. baby's*) тéльце; (*build*) телосложéние; ~ **odour** (*US* **odor**) зáпах пóта; ~ **scanner** скáнер; **strong in ~** физи́чески си́льный; **keep ~ and soul together** своди́ть (*impf*) концы́ с концáми; **he is ours ~ and soul** он прéдан нам душóй и тéлом. **2** (*trunk*) тýловище, торс; **he was**

wounded in the ~ его́ ра́нили в ко́рпус.
3 (*dead person*) мёртвое те́ло; уби́т|ый (*fem* -ая); **~ bag** похоро́нный мешо́к.
4 (*main portion*): **the ~ of a hall/building** гла́вная часть за́ла/зда́ния; (*of ship*) ко́рпус; (*of car*) ку́зов; (*of aircraft*) фюзеля́ж; **the ~ of his supporters** все его́ сторо́нники; (*of letter, book*) основна́я часть.
5 (*quantity, aggregate*) ма́сса, гру́ппа; **a large ~ of facts** ма́сса фа́ктов; **~ of evidence** совоку́пность доказа́тельств.
6 (*group, institution, system*): **governing ~** о́рган управле́ния; **legislative ~** законода́тельный о́рган; **learned ~** учёное о́бщество; **public ~** обще́ственная организа́ция; **the ~ politic** госуда́рство; **in a ~** в по́лном соста́ве.
7 (*object*) те́ло; **the heavenly bodies** небе́сные тела́; **foreign ~** иноро́дное те́ло.
8 (*strength, consistency*) консисте́нция, вя́зкость.
● *vt*: **~ forth** (*give shape to*) вопло|ща́ть, -ти́ть; прид|ава́ть, -а́ть фо́рму + *d*.
● *cpds* **~ art** *n* бо́ди-а́рт; **~ blow** *n* (*lit*) уда́р в ко́рпус; (*fig*) сокруши́тельный уда́р; **~builder** *n* (*person*) культури́ст; (*apparatus*) эспа́ндер; **~building** *n* культури́зм, бодиби́лдинг; **~guard** *n* (*group*) ли́чная охра́на; (*individual*) телохрани́тель (*m*); **~ piercing** *n* пи́рсинг; **~ shop** *n* (*US*) кузовно́й цех; **~snatcher** *n* похити́тель (*m*) тру́пов; **~ stocking** *n* трико́ (*indecl*); **~ warmer** *n* телогре́йка; **~work** *n* (*of vehicle*) ку́зов.

Boer /ˈbəʊə(r), bʊə(r)/ *n* бур.
● *adj* бу́рский; **~ War** А́нгло-бу́рская война́.

boffin /ˈbɒfɪn/ *n* (*Br coll*) техни́ческий экспе́рт, (*coll*) до́ка (*m*).

bog /bɒg/ *n* **1** боло́то, тряси́на. **2** (*Br sl, latrine*) отхо́жее ме́сто.
● *vt* (**bogged, bogging**): **get ~ged down** (*fig*) вя́знуть, за-, у-.

bog|eyman, -yman /ˈbəʊgɪˌmæn/ *n* (*pl* **bog(e)ymen**) (*bugbear*) бу́ка, пу́гало.

boggle /ˈbɒg(ə)l/ *vi* отша́т|ываться, -ну́ться; отпря́|дывать, -нуть; **the mind ~s** уму́ непостижи́мо.

boggy /ˈbɒgɪ/ *adj* (**boggier, boggiest**) боло́тистый.

bogie /ˈbəʊgɪ/ *n* (*Br, railways*) двухо́сная теле́жка.

bogus /ˈbəʊgəs/ *adj* фикти́вный, притво́рный.

bogyman /ˈbəʊgɪˌmæn/ = **bogeyman**

Bohemia /bəʊˈhiːmɪə/ *n* (*geog*) Боге́мия.

Bohemian /bəʊˈhiːmɪən/ *n* (*native of Bohemia*) боге́м|ец (*fem* -ка); чех (*fem* че́шка); (*also* **b~**) (*artist etc.*) представи́тель (*fem* -ница) боге́мы.
● *adj* (*geog*) боге́мский; (*also* **b~**) (*fig*) боге́мный.

boil¹ /bɔɪl/ *n* (*swelling*) гно́йный нары́в, фуру́нкул.

boil² /bɔɪl/ *n* (*state of ~ing*) кипе́ние; **come to the ~** вскипе́ть (*pf*), закипе́ть (*pf*); **bring to the ~** довести́ (*pf*) до кипе́ния; вскипяти́ть (*pf*); **be on, at the ~** кипе́ть (*impf*); **go off the ~** переста́ть (*pf*) кипе́ть.
● *vt*: **~ water** кипяти́ть, вс- во́ду; **~ fish, an egg** вари́ть, с- ры́бу, яйцо́; **~ laundry** кипяти́ть (*impf*) бельё.
● *vi*: **the water is ~ing** вода́ кипи́т; **the egg has ~ed** яйцо́ свари́лось; **the kettle has ~ed dry** ча́йник совсе́м вы́кипел; **~ with indignation** кипе́ть (*impf*) от негодова́ния (*or* негодова́нием).
● *with advs*: **~ away** *vi*: **the kettle was ~ing away** ча́йник кипе́л вовсю́; **the water ~ed away** вода́ вы́кипела; **~ down** *vt* (*lit*) выпа́ривать; вы́парить; (*abridge*) сж|има́ть, -ать; *vi*: **it ~s down to this, that …** э́то сво́дится к тому́, что…; **~ over** *vi* (*lit*) уходи́ть, уйти́ (*or* убе|га́ть, -жа́ть) че́рез край; **the milk ~ed over** молоко́ убежа́ло; (*fig, with rage*) вскипе́ть (*pf*); **he was ~ing over** всё в нём кипе́ло; **~ up** *vt* вскипяти́ть (*pf*); *vi* вскип|а́ть, -е́ть.

boiler /ˈbɔɪlə(r)/ *n* **1** (*vessel*) кипяти́льный котёл, бо́йлер; (*of steam engine*) парово́й котёл; (*for domestic heating*) отопи́тельный котёл; бо́йлер; (*for laundry*) бак. **2** (*Br, chicken*) ку́рица для ва́рки.
● *cpds* **~ house** *n* коте́льная; **~maker** *n* коте́льщик; **~ suit** *n* (*Br*) комбинезо́н.

boiling /ˈbɔɪlɪŋ/ *n* кипе́ние, кипяче́ние, ва́рка.
● *adj* (*also of waves etc.*) кипя́щий; **~ water** кипято́к; **~ hot** горя́чий, как кипято́к; **a ~ hot day** зно́йный день.
● *cpd* **~ point** *n* то́чка кипе́ния.

boisterous /ˈbɔɪstərəs/ *adj* бу́йный, шумли́вый, шу́мный.

boisterousness /ˈbɔɪstərəsnɪs/ *n* бу́йность, шумли́вость.

bold /bəʊld/ *n* (*printing*) жи́рный шрифт.
● *adj* **1** сме́лый, отва́жный; **grow ~** смеле́ть, о-; **make so ~ as to** осме́ли|ваться, -ться; **make ~ with sth** во́льно обраща́ться (*impf*) с чем-н.; (*impudent*) наха́льный; **as ~ as brass** бессты́жий. **2** (*prominent*): **a ~ headland** ре́зко оче́рченный мыс. **3** (*clear*) чёткий, отчётливый. **4**: **~ strokes** (*in painting*) широ́кие мазки́.
● *cpds* **~face** *n* (*printing*) жи́рный шрифт; **~faced** *adj* (*impudent*) на́глый, бессты́жий; (*of type*) жи́рный.

boldness /ˈbəʊldnɪs/ *n* сме́лость, отва́жность; (*impudence*) на́глость.

bole /bəʊl/ *n* ствол.

bolero /bəʊˈleərəʊ, ˈbɒlərəʊ/ *n* (*pl* **~s**) (*dance, jacket*) болеро́ (*indecl*).

boletus /bəʊˈliːtəs/ *n* мохови́к; **edible ~** бе́лый гриб, борови́к.

bolide /ˈbəʊlaɪd/ *n* (*astron*) боли́д.

Bolivia /bəlˈɪvɪə/ *n* Боли́вия.

Bolivian /bəlˈɪvɪən/ *n* боливи́|ец (*fem* -йка).
● *adj* боливи́йский.

boll /bəʊl/ *n* семенна́я коро́бочка.
● *cpd* **~ weevil** *n* долгоно́сик.

bollard /ˈbɒlɑːd/ *n* (*on ship or quay*) пал; (*Br, on traffic island*) ту́мба.

bollock /ˈbɒlək/ *n* (*Br vulg*) (*testicle*) яйцо́; (*in pl; nonsense*) херня́, бредя́тина; **to talk ~s** бздеть (*impf*); **~s!** ни хуя́!, ни фига́!

bollocking /ˈbɒləkɪŋ/ *n* (*Br vulg*) взъёбка; **give s.o. a ~** дава́ть, дать (+ *d*) взъёбку.

boloney /bəˈləʊnɪ/ = **baloney**

Bolshevi|k /ˈbɒlʃəvɪk/, **-st** /ˈbɒlʃəvɪst/ *nn* большеви́|к (*fem* -чка).
● *adj* большеви́стский.

Bolshevism /ˈbɒlʃəˌvɪz(ə)m/ *n* большеви́зм.

bolsh|ie, -y /ˈbɒlʃɪ/ *adj* (*Br sl*) (*mutinous*) стропти́вый.

bolster /ˈbəʊlstə(r)/ *n* ва́лик; (*fig*) опо́ра.
● *vt* (*prop; also fig*) подп|ира́ть, -ере́ть.

bolt¹ /bəʊlt/ *n* **1** (*on door etc.*) засо́в, задви́жка. **2** (*screw*) болт. **3** (*arrow*): **he has shot his ~** (*fig*) он исче́рпа́л все свои́ возмо́жности. **4** (*thunderbolt*) уда́р гро́ма; (*lightning ~*) мо́лния. **5** (*of cloth*) руло́н.
● *adv*: **~ upright** пря́мо; вытяну́вшись.
● *vt*: **~ the door** зап|ира́ть, -ере́ть дверь на засо́в/задви́жку.
● *vi*: **the door ~s on the inside** дверь запира́ется изнутри́.

bolt² /bəʊlt/ *n* (*escape*): **make a ~ for it** удра́ть (*pf*); дать (*pf*) стрекача́.
● *vt* (*gulp down*) глота́ть, проглоти́ть.
● *vi* (*of horse*) понести́ (*pf*); (*of person*) ри́нуться (*pf*), помча́ться (*pf*), удра́ть (*pf*).
● *cpd* **~-hole** *n* (*Br*) заго́н; (*fig*) прибе́жище.

bolus /ˈbəʊləs/ *n* (*pl* **boluses**) пилю́ля.

bomb /bɒm/ *n* бо́мба; (*mortar ~*) ми́на; (*shell*) снаря́д; **incendiary ~** зажига́тельная бо́мба; **neutron ~** нейтро́нная бо́мба; **drop a ~** сбро́сить (*pf*) бо́мбу; **~ disposal** обезвре́живание неразорва́вшихся бомб; (*fig*) **to cost a ~** (*Br*) сто́ить (*impf*) бе́шеных де́нег.
● *vt & i* бомби́ть, раз-.
● *with adv*: **~ out** *vt* (*a building*) разбомби́ть (*pf*).
● *cpds* **~ bay** *n* бо́мбовый отсе́к; **~proof** *adj* бомбосто́йкий; **~shell** *n* артиллери́йский снаря́д; **the news came as a ~shell to them** весть их как гро́мом порази́ла; **~ shelter** *n* бомбоубе́жище; **~site** *n* райо́н, разру́шенный бомбардиро́вк|ой/-ами.

bombard /bɒmˈbɑːd/ *vt* **1** бомби́ть, раз-; бомбардирова́ть (*impf*); обстре́л|ивать, -я́ть. **2** (*fig*): **~ s.o. with rotten eggs** забр|а́сывать, -оса́ть кого́-н. ту́хлыми я́йцами; **~ s.o. with abuse** ос|ыпа́ть, -ы́пать кого́-н. оскорбле́ниями; **~ s.o. with questions** бомбардирова́ть (*impf*) кого́-н. вопро́сами.

bombardier /ˌbɒmbəˈdɪə(r)/ *n* (*rank*) бомбарди́р.

bombardment /bɒmˈbɑːdmənt/ *n* бомбардиро́вка, бомбёжка; (*with shells*) артиллери́йский обстре́л.

bombast /ˈbɒmbæst/ *n* высокопа́рность, напы́щенность.

bombastic /bɒmˈbæstɪk/ *adj* высокопа́рный, напы́щенный.

bomber /ˈbɒmə(r)/ *n* (*aircraft*) бомбардиро́вщик; (*person*) террори́ст; **~ pilot** пило́т бомбардиро́вщика.

bombing /ˈbɒmɪŋ/ *n* бомбомета́ние, бомбардиро́вка; **precision ~** прице́льное бомбомета́ние.

bona fide /ˌbəʊnə ˈfaɪdɪ/ *adj* добросо́вестный, че́стный.
● *adv* че́стно; без обма́на.

bona fides /ˌbəʊnə ˈfaɪdiːz/ *n* че́стное наме́рение; че́стность.

bonanza /bəˈnænzə/ *n* (*coll*) золото́е дно.

bond /bɒnd/ *n* **1** (*link*) связь; **love of music was a ~ between us** нас свя́зывала любо́вь к му́зыке.
2 (*shackle*): **in ~s** в око́вах; в заключе́нии; **burst one's ~s** разорва́ть (*pf*) око́вы.
3 (*obligation*) гара́нтия; **his word is as good as his ~** на его́ сло́во мо́жно положи́ться.
4 (*fin*) облига́ция; (*in pl*) бо́ны (*f pl*); **Premium B~s** вы́игрышные облига́ции.
5 (*comm*): **goods in ~** това́ры, не опла́ченные по́шлиной.
● *vt* **1** (*with glue*) скреп|ля́ть, -и́ть.
2 (*comm*): **~ed warehouse** тамо́женный склад.
● *vi* **1** (*stick together*) сцеп|ля́ться, -и́ться.
2 (*form a relationship*) устан|а́вливать, -ови́ть кре́пкие отноше́ния (с + *i*).
● *cpds* **~holder** *n* держа́тель (*m*) облига́ций; **~sman** *n* (*pl* **~smen**) (*guarantor*) поручи́тель (*m*); (*archaic, serf*) крепостно́й; **~swoman** *n* (*pl* **~women**) (*archaic, serf*) крепостна́я.

bondage /ˈbɒndɪdʒ/ *n* нево́ля; закрепоще́ние.

bone /bəʊn/ *n* **1** кость; **drenched to the ~** промо́кший до косте́й; **he is all skin and ~** он ко́жа да ко́сти; **I feel in my ~s that …** чу́ет моё се́рдце, что…; **near the ~** (*coll*) риско́ванный; **cut costs to the ~** сокра|ща́ть, -ти́ть расхо́ды до преде́ла; **the bare ~s** (*of a subject*) элемента́рные поня́тия/зна́ния; **make no ~s about sth** не церемо́ниться (*impf*) с чем-н.; **he made no ~s about telling me …** он не постесня́лся сказа́ть мне…; **~ of contention** я́блоко раздо́ра; **I have a ~ to pick with you** у меня́ к вам прете́нзия; **take a fish off the ~** отдел|я́ть, -и́ть ры́бу от косте́й.
2 (*substance*) кость; **buttons made of ~** костяны́е пу́говицы; **~ china** твёрдый англи́йский фарфо́р.
● *vt*: **~ fish/meat** отдел|я́ть, -и́ть ры́бу/мя́со от косте́й.
● *vi*: **~ up on** (*coll*) зубри́ть, вы-.
● *cpds* **~ dry** *adj* соверше́нно сухо́й; **~ idle** *adj* ужа́сно лени́вый; **he is ~ idle** он безде́льник/лентя́й; **~meal** *n* костяна́я мука́.

boneless /ˈbəʊnlɪs/ *adj* беско́стный.

boner /ˈbəʊnə(r)/ *n* (*US sl*) про́мах, опло́шность; **pull a ~** дать (*pf*) ма́ху (*coll*).

bonfire /ˈbɒnˌfaɪə(r)/ *n* костёр.

bonhomie /ˌbɒnɒˈmiː/ *n* доброду́шие.

bonhomous /ˈbɒnəməs/ *adj* (*coll*) доброду́шный.

bon mot /bɔ̃ ˈməʊ, bɒn-/ *n* (*pl* ***bons mots***) остро́та, ме́ткое слове́чко.

bonk /bɒŋk/ *vt* (*coll*) (*hit*) уд|аря́ть, -а́рить; **he ~ed his head** он уда́рился голово́й; (*Br vulg*) тра́х|ать, -нуть.
● *vi* (*Br vulg*) тра́х|аться, -нуться.

bonkers /ˈbɒŋkəz/ *adj* (*coll*): **he's ~** он чо́кнутый; он с приве́том.

bonnet /ˈbɒnɪt/ *n* **1** (*woman's hat*) ка́пор; чепе́ц, че́пчик. **2** (*Br, of car*) капо́т.

bonny /ˈbɒnɪ/ *adj* (**bonnier, bonniest**) (*Scottish*) (*comely*) хоро́шенький; (*healthy*): **a ~ baby** кре́пкий ребёнок.

bons mots /bɔ̃ ˈməʊ, bɒn ˈməʊ, ˈməʊz/ *pl of* ***bon mot***

bonus /ˈbəʊnəs/ *n* пре́мия, премиа́льные (*pl*); (*fig*) дополни́тельное преиму́щество, бо́нус.

bon vivant /bɔ̃ viːˈvɔ̃/ *n* (*pl* **bon vivants** *or* **bons vivants** *pronunc same*) бонвива́н.

bony /ˈbəʊnɪ/ *adj* (**bonier, boniest**) **1** (*of, like bone*) костяно́й. **2** (*of person*) костяно́й, кости́стый; **~ fingers** костля́вые па́льцы. **3** (*having many bones*): **~ fish** кости́стая ры́ба.

boo /buː/ *n* гул/свист неодобре́ния.
● *vt* (**boos, booed**) освис́т|ывать, -а́ть; **~ an actor off the stage** гу́лом/сви́стом неодобре́ния прогна́ть (*pf*) актёра со сце́ны.
● *vi* (**boos, booed**) улюлю́кать (*impf*).
● *int* **1** (*expressing disapproval*) фу!; у-у!
2 (*used to startle*) у-у!

boob /buːb/ *n* **1** (*US coll, simpleton*) простофи́ля (*cg*), дурале́й. **2** (*Br coll, mistake*) прома́шка. **3** (*usu in pl, sl, breasts*) буфера́ (*m pl, sl*).
● *vi* (*Br coll*) оплоша́ть (*pf*); дать (*pf*) прома́шку.

booby /ˈbuːbɪ/ *n* дурачо́к, дурале́й.
● *cpd* **~ trap** *n* (*mil*) ми́на-лову́шка; *vt* устан|а́вливать, -ови́ть ми́ны-лову́шки в/на + *p*.

boogie-woogie /ˌbuːgɪˈwuːgɪ/ *n* бу́ги-ву́ги (*nt indecl*).

boohoo /ˌbuːˈhuː/ *vi* (**boohoos, boohooed**) реве́ть (*impf*).
● *int* у-у-у!

book /bʊk/ *n* **1** кни́га; (*small*) кни́жка; **the B~ of Genesis** Кни́га Бытия́; **it is a closed ~ to me** э́то для меня́ кни́га за семью́ печа́тями; **read s.o. like a ~** ви́деть (*impf*) кого́-н. насквозь; **he is an open ~** он весь как на ладо́ни; **go by the ~** сле́довать (*impf*) предписа́нию/пра́вилам.
2 (*set*): **~ of tickets/needles** па́чка биле́тов/иго́лок; **~ of matches/stamps** кни́жечка спи́чек/ма́рок.
3 (*account*): **he is on the firm's ~s** (*an employee*) он в шта́те э́той фи́рмы; **keep the ~s** вести́ (*det*) бухга́лтерские/счётные кни́ги; **~ value** сто́имость по торго́вым кни́гам; **in s.o.'s good/bad ~s** на хоро́шем/плохо́м счету́ у кого́-н.; **bring s.o. to ~** призва́ть (*pf*) кого́-н. к отве́ту; посчита́ться (*pf*) с кем-н.; **that suits my ~** (*Br*) э́то меня́ устра́ивает.
● *vt* **1** (*enter in ~ or list*) зан|оси́ть, -ести́ в кни́гу; регистри́ровать, за-.
2 (*ticket, table, taxi*) зака́з|ывать, -а́ть; (*hotel room, seat*) брони́ровать, за-; **~ one's passage** покупа́ть, купи́ть биле́т на парохо́д; **speculators ~ed up all the seats** спекуля́нты скупи́ли все биле́ты; **I am ~ed (up) on Wednesday** я (по́лностью) за́нят в сре́ду; **~ s.o. in at a hotel** брони́ровать, за- для кого́-н. но́мер в гости́нице.
● *vi*: **he ~ed in/out last night** он въе́хал/вы́ехал вчера́ ве́чером.
● *cpds* **~binder** *n* переплётчик; **~binding** *n* переплётное де́ло; **~case** *n* кни́жный шкаф; (*open-fronted*) кни́жные по́лки (*f pl*); **~ club** *n* клуб книголю́бов; **~ends** *n pl* подста́вки (*f pl*) для книг; **~ jacket** *n* суперобло́жка; **~keeper** *n* бухга́лтер, счетово́д; **~keeping** *n* бухгалте́рия, счетово́дство; **~-learned** *adj* кни́жный; **~ learning** *n* кни́жность; кни́жные зна́ния; **~-lover** *n* кни́жник, книголю́б; **~maker** *n* букме́кер; **~mark** *n* (*also comput*) закла́дка; **~plate** *n* экслибрис; **~rest** *n* (*Br*) (насто́льная) подста́вка для книг; **~seller** *n* книготорго́вец; **second-hand ~seller** букини́ст; **~selling** *n* книготорго́вля; **~shelf** *n* кни́жная по́лка; **~shop, ~store** (*US*) *nn* кни́жный магази́н; **~stall** *n* кни́жный кио́ск; **~worm** *n* (*lit, fig*) кни́жный червь.

bookie /ˈbʊkɪ/ (*coll*) = **bookmaker**

booking /ˈbʊkɪŋ/ *n* зака́з; **advance ~** предвари́тельный зака́з.
● *cpds* **~ clerk** *n* (*Br*) касси́р; **~ office** *n* (*Br*) биле́тная ка́сса.

bookish /ˈbʊkɪʃ/ *adj* (*literary, studious*) кни́жный; (*pedantic*) педанти́чный.

bookishness /ˈbʊkɪʃnɪs/ *n* кни́жность; педанти́чность.

booklet /ˈbʊklɪt/ *n* брошю́ра, букле́т.

Boolean /ˈbuːlɪən/ *adj* (*comput*) бу́лев, логи́ческий; **~ algebra** бу́лева а́лгебра, а́лгебра ло́гики; **~ operator** знак бу́левой опера́ции, знак логи́ческой опера́ции.

boom¹ /buːm/ *n* (*naut, spar*) утле́гарь (*m*); (*barrier*) плаву́чий бон.

boom² /buːm/ *n* (*of gun, thunder, waves*) гул, ро́кот; (*of voice*) гул; **supersonic ~** сверхзвуково́й хлопо́к.
● *vt & i* (*of gun*) бу́хать (*impf*), грохота́ть (*impf*); (*of thunder*) глу́хо грохота́ть (*impf*); (*of waves*) рокота́ть (*impf*); (*of bittern*) выть (*impf*), у́хать (*impf*); **the clock ~ed out the hour** часы́ гу́лко проби́ли час.
● *int* бум!, бух!

boom³ /buːm/ *n* (*comm*) бум, оживле́ние; **~ town** бы́стро расту́щий го́род.
● *vi*: **business is ~ing** де́ло процвета́ет.

boomerang /ˈbuːməˌræŋ/ *n* бумера́нг.
● *vi* (*fig*): **his plan ~ed** его́ зате́я обрати́лась про́тив него́.

boon¹ /buːn/ *n* (*advantage*) бла́го.

boon² /buːn/ *adj*: **~ companion** до́брый прия́тель.

boor /ˈbʊə(r)/ *n* (*coarse person*) хам, мужи́к.

boorish /ˈbʊərɪʃ/ *adj* ха́мский, мужи́цкий.

boorishness /ˈbʊərɪʃnɪs/ *n* ха́мство, мужикова́тость.

boost /buːst/ *n* (*increase*) увеличе́ние; (*stimulus*) толчо́к, сти́мул; **give a ~ to the economy** стимули́ровать (*impf, pf*) эконо́мику.
● *vt* (*increase*) увели́чи|вать, -ть; **~ s.o.'s reputation** создава́ть (*impf*) кому́-н. репута́цию.

booster /ˈbuːstə(r)/ *n* **1** (*elec*) побуди́тель (*m*), усили́тель (*m*).
2: **~ rocket** раке́тный ускори́тель; **~ injection** (*med*) повто́рная приви́вка.

boot¹ /buːt/ *n* **1** (*footwear*) боти́нок, башма́к; (*knee-length*) сапо́г; **riding ~** (высо́кий) сапо́г; **football ~s** бу́тсы (*f pl*); **he is too big for his ~s** он зазна́лся; **the ~ is on the other foot** (*Br*) тепе́рь уж всё наоборо́т; **my heart was in my ~s** у меня́ душа́ в пя́тки ушла́; **you bet your ~s!** (*coll*) бу́дьте уве́рены!
2 (*Br, in pl as sg n, hotel servant*) коридо́рный.
3 (*dismissal*): **give s.o. the ~** вы́турить (*pf*) (*coll*) кого́-н. (с рабо́ты); **get the ~** вы́лететь (*pf*) (*coll*) (с рабо́ты).
4 (*Br, of a car*) бага́жник.
● *vt*: **~ s.o. in the face** съе́здить (*pf*) (*coll*) кому́-н. по физионо́мии; **~ s.o. out of his job** вы́турить (*pf*) (*coll*) кого́-н.; (*comput*) загру|жа́ть, -зи́ть.
● *cpds* **~black** *n* чи́стильщик сапо́г; **~lace** *n* шнуро́к для боти́нок; **~leg** *adj* (*fig*): **~leg whisky** контраба́ндное ви́ски; **~legger** *n* самого́нщик; **~licker** *n* (*coll*) лизоблю́д, подхали́м; **~maker** *n* сапо́жник; **~ polish** *n* ва́кса; **~strap** *n* ушко́; **pull o.s. up by one's own ~straps** (*fig*) спасти́ (*pf*) себя́ со́бственными рука́ми.

boot² /buːt/ *n*: **to ~** в прида́чу.

bootee /buːˈtiː/ *n* (*woman's*) да́мский боти́нок; (*child's*) пине́тка; вя́заный башмачо́к.

booth /buːð, buːθ/ *n* (*for telephoning*) бу́дка; (*stall*) пала́тка, ларёк; (*for staging shows*) балага́н; (*in restaurant*) каби́нка; (*for listening to recordings*) каби́на; (*polling ~*) каби́на для голосова́ния; (*US, exhibition stand*) стенд, щит.

booty /ˈbuːtɪ/ *n* добы́ча.

booze /buːz/ *n* вы́пивка; попо́йка; **go on the ~** запи́ть (*pf*); **be on the ~** пья́нствовать (*impf*).
● *vi* пья́нствовать (*impf*), выпива́ть (*impf*).
● *cpd* **~-up** *n* попо́йка.

boozer /ˈbuːzə(r)/ *n* (*person*) выпиво́ха (*cg*); (*Br, pub*) забега́ловка.

boozy /ˈbuːzɪ/ *adj* (**boozier, booziest**) (*of an event*) пья́ный; (*fond of drinking*) выпива́ющий, пью́щий; **a ~ type** люби́тель (*m*) подда́ть (*coll*).

boracic /bəˈræsɪk/ *adj* бо́рный.

borage /ˈbɒrɪdʒ/ *n* огуре́чник.

borax /ˈbɔːræks/ *n* бура́; (*attr*) бо́рный.

bordello /bɔːˈdeləʊ/ *n* (*pl* **~s**) (*US*) борде́ль (*m*).

border /ˈbɔːdə(r)/ *n* **1** (*side, edging*): **~ of a lake** бе́рег о́зера; (*of a sheet of paper*) кайма́; (*of a handkerchief*) каёмка; **a ~ of tulips** бордю́р из тюльпа́нов; **herbaceous ~** бордю́р из многоле́тних цвето́в.
2 (*frontier*) грани́ца; (*fig*) грань; **~ incidents** пограни́чные инциде́нты; **~ post** пограни́чная заста́ва.
● *vt*: **the garden is ~ed by a stream** сад ограни́чен ручьём; вокру́г са́да протека́ет руче́й; **our garden ~s his field** наш сад грани́чит с его́ по́лем.
● *vi*: **these countries ~ on one another** э́ти стра́ны грани́чат друг с дру́гом; **this ~s on fanaticism** э́то грани́чит с фанати́змом.
● *cpd* **~line** *n* грани́ца; (*fig*) грань; (*demarcation line*) демаркацио́нная ли́ния; **a ~line case** промежу́точный слу́чай.

borderer /ˈbɔːdərə(r)/ *n* жи́тель (*m*) пограни́чного райо́на.

bore¹ /bɔː(r)/ *n* (*of tube, pipe*) расто́ченное отве́рстие; (*calibre*) кали́бр, кана́л ствола́.
● *vt* сверли́ть, про-; бури́ть, про-; **~ a hole** сверли́ть, про- дыру́.
● *vi* бури́ть (*impf*); **~ for oil** бури́ть (*impf*) в по́исках не́фти.
● *cpd* **~hole** *n* бурова́я сква́жина.

bore² /bɔː(r)/ *n* (*person*) ску́чный челове́к; зану́да (*cg*); (*thing*) (что-н.) надое́дливое; **what a ~!** кака́я тоска́!; кака́я ску́ка!; **it's such a bore cooking every day** така́я тоска́ ка́ждый день гото́вить.
● *vt* надо|еда́ть, -е́сть + *d*; **~ s.o. to death, tears** надо|еда́ть, -е́сть кому́-н. до́ смерти. *See also* ⇨**bored**

bore³ /bɔː(r)/ *n* (*tidal wave*) бор; напо́р волн в у́стье реки́.

bore⁴ /bɔː(r)/ *past of* ⇨**bear²**

boreal /ˈbɔːrɪəl/ *adj* се́верный, бореа́льный.

bored /bɔːd/ *adj* скуча́ющий; **I am ~** мне ску́чно; **in a ~ voice** ску́чным/скуча́ющим го́лосом; **I am ~ with him** он мне надое́л.

boredom /ˈbɔːdəm/ *n* ску́ка, тоска́.

boric /ˈbɔːrɪk/ *adj* (*chem*) бо́рный.

boring /ˈbɔːrɪŋ/ *adj* (*tedious*) ску́чный, надое́дливый.

born /bɔːn/ *adj* **1**: **a ~ poet** прирождённый поэ́т; **a ~ fool** дура́к от рожде́ния. **2**: **be ~** роди́ться (*pf*); **he was ~ with a silver spoon in his mouth** он роди́лся в соро́чке; **I wasn't ~ yesterday** я не вчера́ роди́лся. **3**: **in all my ~ days** за всю мою́ жизнь.

borne /bɔːn/ *pp of* ⇨**bear²**

Borneo /ˈbɔːnɪˌəʊ/ *n* Борне́о (*indecl*).

boron /ˈbɔːrɒn/ *n* (*chem*) бор.

borough /ˈbʌrə/ *n* (*town*) го́род; (*section of town*) райо́н; **parliamentary ~** го́род, предста́вленный в парла́менте.

borrow /ˈbɒrəʊ/ *vt & i* **1** (*take for a time*) брать, взять на вре́мя; заи́мствовать, по-; зан|има́ть, -я́ть; (*money*) брать, взять взаймы́; **he is always ~ing** он постоя́нно берёт взаймы́ (*or* в долг); **~ an idea from s.o.** заи́мствовать (*impf, pf*) у кого́-н. иде́ю; **wear ~ed clothes** носи́ть (*impf*) что-н. с чужо́го плеча́. **2** (*ling*) заи́мствовать (*impf*).

borrowing /ˈbɒrəʊɪŋ/ *n*
1 одалжи́вание; **~ is a bad habit** брать взаймы́ — плоха́я привы́чка.
2 (*ling*) заи́мствование.

borsch(t) /bɔːʃ(t)/ *n* борщ.

borzoi /ˈbɔːzɔɪ/ *n* ру́сская борза́я.

Bosnia /ˈbɒznɪə/ *n* Бо́сния.

Bosnia–Herzegovina /ˈbɒznɪə ˌhəːtsɪɡəˈviːnə/ *n* (*also* **Bosnia and Herzegovina**) Бо́сния и Герцегови́на.

bosom /ˈbʊz(ə)m/ *n* **1** (*breast*) грудь; (*of clothing*) лиф. **2** (*fig*) се́рдце, душа́; **~ friend** закады́чный друг; **in one's (own) ~** в глубине́ души́; **in the ~ of one's family** в ло́не семьи́; **the ~ of the church** ло́но це́ркви.

Bosp(h)orus /ˈbɒspərəs/ *n* Босфо́р.

boss¹ /bɒs/ *n* (*protuberance*) ши́шка; (*of shield*) умбо́н; (*archit*) орна́мент в места́х пересече́ний ба́лок.

boss² /bɒs/ *n* (*master*) босс, хозя́ин, нача́льник.
● *vt*: **~ s.o. about** кома́ндовать (*impf*) кем-н.

boss-eyed /ˈbɒsaɪd/ *adj* (*Br*) криво́й, косо́й, косогла́зый.

bossy /ˈbɒsɪ/ *adj* (**bossier, bossiest**) (*overbearing*) команди́рский; **your husband is really ~** твой муж привы́к ве́чно кома́ндовать.

botanical /bəˈtænɪk(ə)l/ *adj* ботани́ческий.

botanist /ˈbɒtənɪst/ *n* бота́ник.

botany /ˈbɒtənɪ/ *n* бота́ника.

botch /bɒtʃ/ *vt* (*bungle*) зава́л|ивать, -и́ть; по́ртить, ис-; (*patch roughly*) зала́т|ывать, -а́ть; **~ up an essay** состря́пать (*pf*) статее́чку.

botcher /ˈbɒtʃə(r)/ *n* (*bungler*) портач, «сапо́жник».

both /bəʊθ/ *pron & adj* о́ба (*m, nt*), о́бе (*f*); и тот и друго́й; **~ sledges** о́бе па́ры сане́й; **~ of us** мы о́ба; **of ~ sexes** обо́его по́ла; **you cannot have it ~ ways** выбира́йте одно́ из двух.
● *adv*: **~ … and …** и… и…; **he is ~ tired and hungry** он уста́л и к тому́ же го́лоден; **I am fond of music, ~ ancient and modern** я люблю́ му́зыку: как ста́рую, так и совреме́нную; **my sister and I ~ helped him** мы о́ба помогли́ ему́: и я, и сестра́.

bother /ˈbɒðə(r)/ *n* беспоко́йство; хлоп|оты (*pl, g* -о́т); возня́; **I had no ~ finding the book** я нашёл кни́гу без труда́.
● *vt* (*disturb*) беспоко́ить, по-; трево́жить, по-; (*importune*) надоеда́ть (*impf*) + *d*; **~ one's head** трево́житься (*impf*); **~ (it)!** (*Br*) чёрт возьми́!; **he is always ~ing me to lend him money** он ве́чно пристаёт ко мне с про́сьбой одолжи́ть ему́ де́нег; **I can't be ~ed** мне лень, мне недосу́г.
● *vi* беспоко́иться, по-; **don't ~ to make tea** не вози́тесь с чаем.

b

bothersome /ˈbɒðəsəm/ *adj* доса́дный, надое́дливый.

Botox /ˈbəʊtɒks/ *n* (*propr*) (*med*) бо́токс (*медицинский/косметический препарат*).

bottle /ˈbɒt(ə)l/ *n* **1** буты́лка; (*Br, for infants*) буты́лочка, рожо́к; **over a ~ of wine** за буты́лкой вина́; **bring up a child on the ~** вска́рмливать (*impf*) ребёнка иску́сственно; **hot-water ~** гре́лка.
2 (*fig*): **he is fond of the ~** он прикла́дывается к буты́лке; **take to the ~** пристрасти́ться (*pf*) к буты́лке.
3 (*Br coll, courage*) сме́лость.
● *vt* (*put in ~s*) разл|ива́ть, -и́ть по буты́лкам; **~d in Moscow** моско́вского розлива́; **~ fruit** (*Br*) консерви́ровать (*impf, pf*) фру́кты; **~ up** (*conceal*) скры|ва́ть, -ть; (*restrain*) сдéрж|ивать, -а́ть; **~ up one's feelings** скры|ва́ть, -ть свои́ чу́вства.
● *cpds* **~-fed** *adj* иску́сственно вскормленный; **~ green** *n* буты́лочный цвет; **~-green** *adj* буты́лочного цве́та; буты́лочно-зелёный; **~neck** *n* (*fig*) зато́р; про́бка; у́зкое ме́сто; **~-nosed** *adj* толстоно́сый; **~nose dolphin** афали́на; **~nose whale** бутылконо́с; **~ opener** *n* открыва́лка (*coll*); **~ party** *n* (*Br*) ≈ пиру́шка в скла́дчину; **~ top** *n* колпачо́к на буты́лку.

bottled /ˈbɒt(ə)ld/ *adj*: **~ beer** буты́лочное пи́во.

bottom /ˈbɒtəm/ *n* **1** (*lowest part*) дно; (*of mountain*) подно́жие, подо́шва; (*of page*) низ, коне́ц; (*of stairs*) низ, основа́ние; **~ shelf** ни́жняя по́лка; (*of coat*) подо́л; **false ~** двойно́е дно; **~ up(wards)** вверх дном; **~s up!** пей до дна!; **at the ~ of the class** отстаю́щий в кла́ссе.
2 (*further end*): **at the ~ of the bed** в нога́х крова́ти; **~ (end) of the table** ни́жний коне́ц стола́; **~ of the garden/street** коне́ц са́да/у́лицы.
3 (*of sea*) дно; **send to the ~** пус|ка́ть, -ти́ть на дно; топи́ть, по-.
4 (*of a chair*) сиде́нье.
5 (*Br, anat*) зад; за́дняя часть; за́днее ме́сто.
6 (*of ship*) дни́ще.
7 (*fig*): **~ line** (*final total*) ито́г; (*crux of the matter*) суть де́ла; **from the ~ of my heart** из глубины́ души́; от всего́ се́рдца; **get to the ~ of sth** доб|ира́ться, -ра́ться до су́ти чего́-н.; **he was at the ~ of it** за э́тим стоя́л он; **knock the ~ out of a scheme** сорва́ть (*pf*) план; **prices touched (rock-)~** це́ны дости́гли са́мого ни́зкого у́ровня; **he came ~ in algebra** он был са́мым неуспева́ющим по а́лгебре.

bottomless /ˈbɒtəmlɪs/ *adj* бездо́нный; **~ pit** бездо́нная я́ма; (*hell*) ад, преиспо́дняя; (*immeasurable*) безграни́чный, беспреде́льный.

bottommost /ˈbɒtəm,məʊst/ *adj* са́мый ни́жний.

botulism /ˈbɒtjʊ,lɪz(ə)m/ *n* ботули́зм.

boudoir /ˈbu:dwɑ:(r)/ *n* будуа́р.

bougainvillea, bougainvillaea /,bu:gənˈvɪlɪə/ *n* (*bot*) бугенвилле́я (*scientific name*), (*also known as*) бугенви́ллия.

bough /baʊ/ *n* сук.

bought /bɔ:t/ *past and pp of* ⇨**buy**

bouillon /bu:ˈjɔ̃, ˈbu:jɒn/ *n* бульо́н.

boulder /ˈbəʊldə(r)/ *n* валу́н.

boulevard /ˈbu:lə,vɑ:d, ˈbu:lvɑ:(r)/ *n* бульва́р.

bounce /baʊns/ *n* (*of ball*) подпры́гивание, отско́к.
● *vt* (*eject*) выки́дывать, вы́кинуть; (*US coll, dismiss from a job*) выгоня́ть, вы́гнать; **~ a ball** бить (*impf*) мячо́м об пол (о зе́млю, об сте́нку *и т. п.*); **~ s.o. into a decision** (*Br*) подт|а́лкивать, -олкну́ть кого́-н. приня́ть реше́ние.
● *vi* (*of ball etc.*) отск|а́кивать, -очи́ть; подпры́г|ивать, -нуть; (*coll, of cheque*) верну́ться (*pf*); (*of person*): **~ into a room** влете́ть (*pf*) в ко́мнату; **~ out of a room** вы́скочить (*pf*) из ко́мнаты; **~ back** (*fig*) бы́стро опра́виться.

bouncer /ˈbaʊnsə(r)/ *n* (*chucker-out*) вышиба́ла (*m*).

bouncing /ˈbaʊnsɪŋ/ *adj* **1** (*of ball*) пры́гающий, подпры́гивающий.
2 (*healthy*) здоро́вый; (*lively*) живо́й.

bouncy /ˈbaʊnsɪ/ *adj* (**bouncier, bounciest**) (*lit, resilient*) упру́гий; (*in manner*) энерги́чный, живо́й.
● *cpd* **~ castle** *n* надувно́й за́мок.

bound[1] /baʊnd/ *n* (*usu in pl, limit*) грани́ца, преде́л; **set ~s to sth** ста́вить, по- преде́л чему́-н.; ограни́чи|вать, -ть что-н.; **know no ~s** не знать (*impf*) грани́ц; **beyond the ~s of reason** за преде́лами разу́много; **keep sth within ~s** держа́ть (*impf*) что-н. в определённых грани́цах; **within the ~s of possibility** в преде́лах возмо́жного; **the town is out of ~s to troops** вход в го́род солда́там воспрещён.
● *vt* (*limit*) ограни́чи|вать, -ть.

bound[2] /baʊnd/ *n* (*jump*) прыжо́к; скачо́к; **by leaps and ~s** гало́пом; не по дням, а по часа́м; **at a ~** одни́м прыжко́м; (*bounce*) отско́к.
● *vi* пры́г|ать, -нуть; скак|а́ть, -ну́ть; **~ over a ditch** переск|а́кивать, -очи́ть че́рез кана́ву; **he ~ed off to fetch the book** он подпры́гнул, что́бы доста́ть кни́гу; **her heart ~ed with joy** её се́рдце (за)би́лось от ра́дости.

bound[3] /baʊnd/ *adj* **1** (*connected*) свя́занный; **this is ~ up with politics** э́то свя́зано с поли́тикой.
2 (*absorbed*): **he is ~ up in his work** он поглощён рабо́той; **she is ~ up in her son** она́ по́лностью занята́ сы́ном.
3 (*certain*): **he is ~ to win** он непреме́нно вы́играет; **I'll be ~** я уве́рен; го́лову положу́, что…
4 (*obliged*): **you are not ~ to go** вам не обяза́тельно идти́. **5** (*of book*) переплетённый; в переплёте. **6** (*en route*): **the ship is ~ for New York** парохо́д направля́ется в Нью-Йо́рк; **where are you ~ for?** куда́ вы направля́етесь?; **homeward-~** направля́ющийся на ро́дину.

boundary /ˈbaʊndərɪ, -drɪ/ *n* (*of a field etc.*) грани́ца, рубе́ж; (*fig*) преде́л; (*attr*) пограни́чный.

boundless /ˈbaʊndlɪs/ *adj* безграни́чный, беспреде́льный.

boundlessness /ˈbaʊndlɪsnɪs/ *n* безграни́чность, беспреде́льность.

bounteous /ˈbaʊntɪəs/ *adj* (*generous*) ще́дрый; (*plentiful*) оби́льный.

bountiful /ˈbaʊntɪ,fʊl/ *adj* ще́дрый; оби́льный.

bounty /ˈbaʊntɪ/ *n* **1** (*generosity*) ще́дрость, щедро́ты (*f pl*). **2** (*reward*) пре́мия, вознагражде́ние.

bouquet /bu:ˈkeɪ, bəʊ-/ *n* (*of flowers, wine*) буке́т.

bourbon /ˈbɜ:bən, ˈbʊə-/ *n* (*whisky*) бурбо́н.

bourgeois /ˈbʊəʒwɑ:/ *n* (*pl* **~**) буржуа́ (*m indecl*); **she is a ~** она́ меща́нка.
● *adj* буржуа́зный.

bourgeoisie /,bʊəʒwɑ:ˈzi:/ *n* буржуази́я.

bout /baʊt/ *n* **1** (*at games*) бой, встре́ча, схва́тка; **fencing ~** бой в фехтова́нии; **wrestling ~** схва́тка в борьбе́; **have a ~ with** схва́т|ываться, -и́ться с + *i*.
2 (*of illness*) при́ступ. **3** (*drinking ~*) запо́й.

boutique /bu:ˈti:k/ *n* (небольшо́й) мо́дный магази́н; бути́к.

bovine /ˈbəʊvaɪn/ *adj* (*zool*) быча́чий, бы́чий; (*fig*) тупо́й.

bow[1] /bəʊ/ *n* **1** (*weapon*) лук; **draw a ~** натя́|гивать, -ну́ть тетиву́ лу́ка.
2 (*rainbow*) ра́дуга.
3 (*of violin etc.*) смычо́к.
4 (*knot*) бант; **tie a ~** завя́з|ывать, -а́ть бант; **tie sth in a ~** завя́з|ывать, -а́ть что-н. ба́нтиком.
● *vi* (*of violinist*) владе́ть (*impf*) смычко́м.
● *cpds* **~head** *n* гренла́ндский/поля́рный кит; **~-legged** *adj* кривоно́гий; **~ legs** *n pl* кривы́е но́ги (*f pl*); **~line** *n* (*rope*) були́нь (*m*); (*knot*) бесе́дочный у́зел; **~man** *n* (*pl* **~men**) (*archer*) лу́чник; **~saw** *n* лучко́вая пила́; **~shot** *n*: **within a ~shot of** на расстоя́нии полёта стрелы́ от + *g*; **~string** *n* тетива́; **~ tie** *n* (га́лстук-)ба́бочка; **~ window** *n* э́ркер.

bow[2] /baʊ/ *n* (*salutation*) покло́н; **make a deep/low ~** ни́зко кла́няться, поклони́ться.
● *vt* **1** (*bend*): **~ one's head** склон|я́ть, -и́ть го́лову; **the wind ~ed the trees** ве́тер гнул/клони́л дере́вья; **~ed down by grief** сло́мленный го́рем.
2 (*express by ~ing*): **~ one's thanks** благодари́ть покло́ном.
● *vi* **1** (*salute*) кла́няться, поклони́ться; **~ and scrape** расша́ркиваться (*перед кем-н.*); **~ down** (*worship*) преклон|я́ться, -и́ться (пе́ред + *i*); **~ out** (= *retire*): **~ out of politics** распрости́ться (*pf*) с поли́тикой.
2 (*defer*) склон|я́ться, -и́ться (**to, before:** пе́ред + *i*); **~ to fate** смир|я́ться, -и́ться с судьбо́й.

bow[3] /baʊ/ *n* (*naut*) нос; **on the ~** на носовы́х курсовы́х угла́х; **cross s.o.'s**

~s (*fig*) пересе|гать, -жать кому-н. дорогу.

bowdlerization /ˌbaʊdləraɪˈzeɪʃ(ə)n/ *n* выхола́щивание; изъя́тие нежела́тельных мест (*в книге*).

bowdlerize /ˈbaʊdləˌraɪz/ *vt* выхола́щивать, вы́холостить.

bowel /ˈbaʊəl/ *n* **1** кишка́; **have a ~ movement** име́ть (*impf*) стул; испражня́ться; **are your ~s regular?** у вас регуля́рно де́йствует кише́чник?; **castor oil is good for moving your ~s** касто́рка хорошо́ сла́бит. **2**: **~s of the earth** не́др|а (*pl, g* —) земли́.

bower /ˈbaʊə(r)/ *n* (*arbour*) бесе́дка.
● *cpd* **~bird** *n* бесе́дочница, шала́шник.

bowie knife /ˈbəʊɪ/ *n* дли́нный охо́тничий нож.

bowing /ˈbəʊɪŋ/ *n* (*mus*) владе́ние смычко́м.

bowl¹ /bəʊl/ *n* **1** (*vessel*) ча́ша, ва́за, ми́ска; **crystal ~** хруста́льная ва́за; **wooden ~** деревя́нная ми́ска. **2** (*of pipe*) ча́шечка; (*of spoon*) углубле́ние.

bowl² /bəʊl/ *n* (*ball*) ке́гельный шар; **play ~s** игра́ть (*impf*) в бо́улинг/ке́гли/шары́.
● *vt* (*roll*) ката́ть (*indet*), кати́ть, по-; **~ a hoop** гоня́ть (*indet*), гнать о́бруч; **~ over** (*lit*) сшиб|а́ть, -и́ть; (*fig*); **he was ~ed over by her** она́ срази́ла его́; **he was ~ed over by the news** он был ошара́шен/ошеломлён э́тим изве́стием.
● *vi* **1** (*cricket*) под|ава́ть, -а́ть мяч. **2**: **~ along** бы́стро кати́ться. **3** (*play bowls*) игра́ть (*impf*) в бо́улинг/ке́гли/шары́; **~ing alley** (*track*) доро́жка для бо́улинга; (*building*) зал для игры́ в бо́улинг; кегельба́н; **~ing green** лужа́йка для игры́ в бо́улинг/шары́.

bowler¹ /ˈbəʊlə(r)/ *n* (*at games*) подаю́щий/броса́ющий мяч.

bowler² /ˈbəʊlə(r)/ *n* (**~ hat**) котело́к.

bowser /ˈbaʊzə(r)/ *n* (*propr*) бензозапра́вщик.

bowsprit /ˈbəʊsprɪt/ *n* (*naut*) бушпри́т.

bow-wow /ˈbaʊwaʊ, -ˈwaʊ/ *n* (*bark*) гав-га́в; (*coll, dog*) соба́чка.
● *int* гав-га́в!

box¹ /bɒks/ *n* (*bot*) (*also* **~wood**) самши́т.

box² /bɒks/ *n* **1** (*receptacle*) коро́бка, я́щик; **letter~** (*Br*), **mail~** (*US*) почто́вый я́щик; **PO** (*abbr of* ***post office***) **box** абоне́нтский я́щик; **~ number** но́мер абоне́нтского я́щика; **cardboard ~** карто́нка. **2**: **Christmas ~** (*Br*) рожде́ственский пода́рок. **3** (*hist, driver's seat*) ко́зл|ы (*pl, g* -ел). **4** (*theatr*) ло́жа. **5** (*Br coll, television*) я́щик, те́лик. **6** (*for horse*) сто́йло; **loose ~** широ́кое сто́йло. **7** (*witness ~*) ме́сто для свиде́телей; **be in the ~** свиде́тельствовать (*impf*); **put s.o. in the ~** вы́звать (*pf*) кого́-н. в ка́честве свиде́теля. **8** (*printing*) ра́мка.
● *vt* **1** класть, положи́ть в коро́бку/я́щик. **2**: **~ the compass** (*name points*) наз|ыва́ть, -ва́ть все ру́мбы ко́мпаса. **3 ~ in, up** (*confine*) сти́с|кивать, -нуть; впи́с|кивать, -нуть; запи́х|ивать, -а́ть; **~ed in** сти́снутый, зажа́тый.
● *cpds* **~board** *n* коро́бочный карто́н; **~calf** *n* бокс; хро́мовая теля́чья ко́жа; **~ camera** *n* я́щичный фотоаппара́т; **~car** *n* (*US, railways*) това́рный ваго́н; **~ kite** *n* коро́бчатый возду́шный змей; **~ office** *n* (театра́льная) ка́сса; **~ pleat** *n* ба́нтовая скла́дка; **~-pleated** *adj* в ба́нтовую скла́дку; **~ room** *n* (*Br*) кладова́я; **~ seat** *n* (*theatr*) ме́сто в ло́же.

box³ /bɒks/ *n*: **~ on the ear** оплеу́ха.
● *vt*: **~ s.o.'s ears** да|ва́ть, -ть кому́-н. оплеу́ху (*or* по́ уху).
● *vi* (*sport*) бокси́ровать (*impf*).

boxer /ˈbɒksə(r)/ *n* (*sportsman; dog*) боксёр; **~ shorts** боксёрские трусы́.

boxful /ˈbɒksfʊl/ *n* я́щик, коро́бка (*чего*).

boxing /ˈbɒksɪŋ/ *n* (*sport*) бокс.
● *cpd* **~ glove** *n* боксёрская перча́тка.

Boxing Day /ˈbɒksɪŋ/ *n* (*Br*) второ́й день Рождества́.

boy /bɔɪ/ *n* **1** (*child*) ма́льчик; **I knew him as** (*when I was*) **a ~** я знал его́, когда́ я был ребёнком; (*when he was*) я знал его́ ма́льчиком; **B~ Scout** бойска́ут. **2** (*son*) сын. **3**: **grocer's** (*etc.*) **~** ма́льчик в бакале́йной (*и т. п.*) ла́вке. **4**: **old ~** старина́ (*m*), стари́к; **~s!** ребя́та (*m pl*); **oh ~!** (*coll*) здо́рово; вот э́то да́!
● *cpd* **~friend** *n* ≈ па́рень (*m.*), молодо́й челове́к, бойфре́нд.

boyar /ˈbɔɪə/ *n* боя́рин; (*attr*) боя́рский.

boycott /ˈbɔɪkɒt/ *n* бойко́т.
● *vt* бойкоти́ровать (*impf, pf*).

boyhood /ˈbɔɪhʊd/ *n* о́трочество.

boyish /ˈbɔɪɪʃ/ *adj* мальчи́шеский.

boyishness /ˈbɔɪɪʃnɪs/ *n* мальчи́шество.

bra /brɑː/ *n* (*pl* **bras**) (*coll*) ли́фчик, бюстга́льтер.

brace /breɪs/ *n* **1** (*support*) подпо́рка, распо́рка; (*clasp*) скре́па; (*in building*) связь, подко́с, скоба́. **2** (*naut*) брас. **3**: **~s** (*Br, for trousers*) подтя́ж|ки (*pl, g* -ек). **4** (*printing, bracket*) фигу́рная ско́бка. **5** (*pl* **~**) (*pair*) па́ра. **6**: **~ and bit** коловоро́т, пёрка. **7** (*dentistry etc.*) ши́на.
● *vt* **1** (*make fast*) скреп|ля́ть, -и́ть; подкреп|ля́ть, -и́ть; (*support*) подп|ира́ть, -ере́ть; **he ~d himself against the wall** он опёрся о стену́. **2** (*of nerves*) укреп|ля́ть, -и́ть; **he ~d himself to do it** он собра́лся с ду́хом, что́бы сде́лать э́то.

bracelet /ˈbreɪslɪt/ *n* брасле́т; (*in pl, sl, handcuffs*) нару́чники (*m pl*).

bracer /ˈbreɪsə(r)/ *n* (*pick-me-up*) рю́мка для сме́лости.

bracing /ˈbreɪsɪŋ/ *adj* бодря́щий, укрепля́ющий.

bracken /ˈbrækən/ *n* па́поротник-орля́к.

bracket /ˈbrækɪt/ *n* **1** (*support*) кроншт́ейн; (*for a lamp*) ла́мповый кроншт́ейн; бра (*nt indecl*). **2** (*small shelf*) по́лочка на кроншт́ейнах. **3** (*printing*) ско́бка; **square/round ~** квадра́тная/кру́глая ско́бка; **open/close ~s** откры́ть/закры́ть (*pf*) ско́бки. **4** (*fig*): **the higher income ~s** гру́ппа населе́ния с бо́лее высо́кими дохо́дами.
● *vt* (**bracketed, bracketing**) **1** (*enclose in ~s*) заключ|а́ть, -и́ть в ско́бки. **2** (*link with a ~*) соедин|я́ть, -и́ть ско́бкой; (*fig*): **do not ~ me with him** не равня́йте меня́ с ним; **Bob and John were ~ed for first prize** пе́рвую пре́мию раздели́ли ме́жду Бо́бом и Джо́ном. **3** (*mil*) захва́т|ывать, -и́ть в ви́лку.
● *cpd* **~-lamp** *n* ла́мпа на кроншт́ейне.

brackish /ˈbrækɪʃ/ *adj* солонова́тый.

bradawl /ˈbrædɔːl/ *n* ши́ло.

brag /bræg/ *n* хвастовство́.
● *vi* (**bragged, bragging**) хва́стать(ся), по- (*чем*).

braggart /ˈbrægət/ *n* хвасту́н.

bragging /ˈbrægɪŋ/ *n* хвастовство́.

Brahm|an, -in /ˈbrɑːmən, ˈbrɑːmɪn/ *n* брахма́н, брами́н.

Brahmanism /ˈbrɑːmɪnɪz(ə)m/ *n* брахмани́зм.

braid /breɪd/ *n* (*of hair*) коса́; (*band, ribbon*) тесьма́; (*cord-like fabric*) галу́н; **gold ~** золото́й галу́н.
● *vt* (*interweave*) плести́, с-; (*arrange in braids*) запле|та́ть, -сти́; (*edge with braid*) обш|ива́ть, -и́ть тесьмо́й.

Braille /breɪl/ *n* шрифт Бра́йля; а́збука Бра́йля; **read ~** чита́ть (*impf*) по Бра́йлю.

brain /breɪn/ *n* **1** (*anat*) мозг; (*in pl, cul*) мозги́; **~ tumour** (*Br*), **tumor** (*US*) о́пухоль мо́зга; **~ death** сме́рть (головно́го) мо́зга; **blow one's ~s out** пус|ка́ть, -ти́ть себе́ пу́лю в лоб. **2** (*intellect*): **overtax one's ~** перенапряга́ть (*impf*) свои́ мозги́; **rack one's ~s** лома́ть (*impf*) го́лову (над + *i*); **pick people's ~s** испо́льзовать (*impf, pf*) чужи́е мы́сли; присва́ивать (*impf*) чужи́е иде́и; **use one's ~s** шевели́ть (*impf*) мозга́ми; **he has that tune on the ~** э́тот моти́в нейдёт у него́ из головы́; **~s trust** (*Br*) мозгово́й трест; **the best ~s in the country** лу́чшие го́ловы в стране́; **he's the ~s of the family** он са́мый башкови́тый/мозгови́тый в семье́; **a great ~** (*person*) све́тлая голова́.
● *vt* размозжи́ть (*pf*) го́лову + *d*.
● *cpds* **~child** *n* плод ра́зума/воображе́ния; **~ drain** *n* «уте́чка мозго́в»; **~storm** *n* (*coll, moment of madness*) припа́док безу́мия; (*US, clever idea*) блестя́щая иде́я; **~storming session** *n* коллекти́вное обсужде́ние пробле́м; **~wash** *vt* пром|ыва́ть, -ы́ть мозги́ + *d*; **~washing** *n* промыва́ние мозго́в; **~wave** *n*: **he had a ~wave** ему́ пришла́ счастли́вая мысль; его́ осени́ла иде́я; **~work** *n* у́мственная де́ятельность/рабо́та; **~worker** *n* рабо́тник у́мственного труда́.

brainless /ˈbreɪnlɪs/ *adj* безмо́зглый, пустоголо́вый.

brainlessness /ˈbreɪnlɪsnɪs/ *n* безмо́зглость, пустоголо́вость.

brainy /ˈbreɪnɪ/ *adj* (**brainier, brainiest**) (*coll*) башкови́тый, мозгови́тый.

braise /breɪz/ *vt* туши́ть (*impf*).

brake¹ /breɪk/ *n* (*thicket*) ча́ща, за́росль.

brake² /breɪk/ *n* (*on vehicle*) то́рмоз (*pl* -а́); **put on the ~** тормози́ть, за-; (*fig*) **put a ~ on s.o's enthusiasm** ум|еря́ть, -е́рить чей-н. пыл.
● *vt & i* тормози́ть, за-; **braking distance** тормозно́й путь; **braking power** мо́щность торможе́ния.
● *cpds* **~ drum** *n* тормозно́й бараба́н; **~ fluid** *n* тормозна́я жи́дкость; **~ light** *n* фона́рь (*m*) сигна́ла торможе́ния (*or* стоп-сигна́ла); **~ shoe** *n* тормозно́й башма́к; **~ van** *n* (*Br*) тормозно́й ваго́н.

bramble /ˈbræmb(ə)l/ *n* ежеви́ка.

bran /bræn/ *n* о́труб|и (*pl, g* -е́й).

branch /brɑːntʃ/ *n* (*of tree*) ветвь; ве́тка; (*of river*) рука́в; (*of road*) ответвле́ние; (*of family, genus*) ли́ния, ветвь; (*of railway line*) ве́тка; (*comm*) филиа́л, отделе́ние; **~ office** филиа́льное отделе́ние, филиа́л; (*of knowledge, subject, industry*) о́трасль; **the Slavonic ~ of the Indo-European languages** славя́нская ветвь индоевропе́йских языко́в.
● *vi* (*of plants*): **~ forth, out** разветв|ля́ться, -и́ться; раски́|дывать, -нуть ве́тви; (*of organization*): **~ out** разветв|ля́ться, -и́ться; (*of person*): **~ out in a new direction** расш|иря́ть, -и́рить де́ятельность в но́вом направле́нии; (*of road or rail, also* **~ off**) разветв|ля́ться, -и́ться; ответв|ля́ться, -и́ться; (*of river*) разветв|ля́ться, -и́ться; раздел|я́ться, -и́ться на рукава́.

brand /brænd/ *n* **1** (*piece of burning wood*) головня́, голове́шка. **2** (*mark of* **~***ing, also fig*) клеймо́, тавро́, печа́ть. **3** (*trademark*) фабри́чная ма́рка; фабри́чное клеймо́. **4** (*species of goods*) сорт, ма́рка, бренд; **~ name** фи́рменное назва́ние.
● *vt* **1** (*cattle etc.*) клейми́ть, за-; **~ing iron** клеймо́. **2** (*fig, imprint*): **~ sth on s.o.'s memory** запечатле́ть (*pf*) что-н. в чьей-н. па́мяти. **3** (*stigmatize*) клейми́ть, за-. **4** (*comm*): **~ed goods** това́ры с фабри́чным клеймо́м.
● *cpd* **~ new** *adj* (*attr*: **~-new**) соверше́нно но́вый, нове́йший; (*pred*) нови́нка.

branding /ˈbrændɪŋ/ *n* (*comm*) бре́ндинг (*создание и продвижение на рынке торговых марок*).

brandish /ˈbrændɪʃ/ *vt* разма́хивать (*impf*) + *i*.

brandy /ˈbrændɪ/ *n* конья́к; бре́нди (*nt indecl*).

brant /ˈbrænt/ (*US*) = **brent goose**

brash /bræʃ/ *adj* наха́льный, наглова́тый, де́рзкий.

brashness /bræʃnɪs/ *n* наха́льство, де́рзость.

brass /brɑːs/ *n* **1** (*metal*) лату́нь, жёлтая медь; **~ plate** ме́дная доще́чка (на двери́); **the top ~** (*sl*) вы́сшее нача́льство; **get down to ~ tacks** доходи́ть, дойти́ до су́ти де́ла; **it is not worth a ~ farthing** э́то ло́маного гроша́ не сто́ит. **2** (*also* **~-ware**) лату́нные/ме́дные изде́лия. **3** (*mus*): **the ~** духовы́е инструме́нты (*m pl*); медь; **~ band** духово́й орке́стр. **4** (*Br sl, money*) ба́б|ки (*pl, g* -ок) (*coll*). **5** (*sl, impudence*) наха́льство.

brasserie /ˈbræsərɪ/ *n* пивна́я.

brassiere /ˈbræzɪə(r), -sɪˌeə(r)/ *n* ли́фчик, бюстга́льтер.

brassy /ˈbrɑːsɪ/ *adj* (**brassier, brassiest**) (*of colour*) ме́дный; (*of sound*) металли́ческий; (*coarse, impudent*) наха́льный.

brat /bræt/ *n* невоспи́танный ребёнок.

bravado /brəˈvɑːdəʊ/ *n* брава́да; **out of ~** из жела́ния порисова́ться.

brave /breɪv/ *n* (*American Indian warrior*) инде́йский во́ин.
● *adj* (*courageous*) хра́брый, сме́лый; (*bold*) де́рзкий; (*fearless, intrepid*) бесстра́шный, му́жественный, отва́жный.
● *vt* (*danger etc.*) бр|оса́ть, -о́сить вы́зов + *d*; **~ the storm** боро́ться (*impf*) с бу́рей; **~ publicity** не боя́ться (*impf*) гла́сности.

bravery /ˈbreɪvərɪ/ *n* (*courage*) хра́брость, сме́лость.

bravo /brɑːˈvəʊ/ *int* бра́во!

bravura /brəˈvʊərə, -ˈvjʊərə/ *n* (*mus*) браву́рность; (*attr*) браву́рный.

brawl /brɔːl/ *n* сканда́л.
● *vi* сканда́лить (*impf*).

brawn /brɔːn/ *n* (*Br, meat*) зельц; (*fig*) му́скулы (*m pl*).

brawny /ˈbrɔːnɪ/ *adj* (**brawnier, brawniest**) мускули́стый.

bray /breɪ/ *n* рёв.
● *vi* реве́ть (*impf*).

braze /breɪz/ *vt* (*solder*) пая́ть (*impf*) твёрдым припо́ем.

brazen /ˈbreɪz(ə)n/ *adj* ме́дный, бро́нзовый; (*fig, shameless*) на́глый, бессты́дный.
● *vt*: **~ sth out** на́гло выкру́чиваться, вы́крутиться из чего́-н.

brazier /ˈbreɪzɪə(r), -ʒə(r)/ *n* (*worker*) ме́дник; (*pan*) жаро́вня.

Brazil /brəˈzɪl/ *n* Брази́лия; **~ nut** америка́нский оре́х; **~ wood** цезальпи́ния, фернамбу́к.

Brazilian /brəˈzɪljən/ *n* брази́л|ец (*fem* -ья́нка).
● *adj* брази́льский.

breach /briːtʃ/ *n* **1** (*violation, interruption*) наруше́ние; **~ of duty** невыполне́ние обяза́тельств; **~ of trust** злоупотребле́ние дове́рием; **~ of good manners** наруше́ние пра́вил поведе́ния. **2** (*gap*) проло́м, брешь; **step into the ~** (*fig*) при|ходи́ть, -йти на по́мощь. **3** (*quarrel*) ссо́ра, разры́в; **heal the ~** класть, положи́ть коне́ц ссо́ре; мири́ться, по-.
● *vt* пропр|ыва́ть, -ва́ть.

bread /bred/ *n* хлеб; (*sl, money*) ба́б|ки (*pl, g* -ок) (*coll*); **brown ~** се́рый хлеб; **loaf of ~** бато́н, буха́нка; **~ and butter** (*fig*) хлеб с ма́слом; **daily ~** (*lit, fig*) хлеб насу́щный; **take the ~ out of s.o.'s mouth** лиш|а́ть, -и́ть кого́-н. куска́ хле́ба; **be on ~ and water** сиде́ть (*impf*) на хле́бе и воде́; **he knows which side his ~ is buttered on** он зна́ет свою́ вы́году; **half a loaf is better than no ~** (*proverb*) лу́чше ма́ло, чем ничего́; ≈ на безры́бье и рак ры́ба; **~ and circuses** хлеб и зре́лища.
● *cpds* **~-and-butter** *adj* насу́щный; **~-and-butter issues** насу́щные пробле́мы; **~basket** *n* (*sl*) брю́хо; **~ bin** *n* (*Br*) хле́бница; **~board** *n* хле́бная доска́; **~crumb** *n* кро́шка; (*in pl, cul*) толчёные сухари́ (*m pl*); **~fruit** *n* плод хле́бного де́рева; **~fruit tree** хле́бное де́рево; **~ knife** *n* хле́бный нож; **~line** *n*: **on the ~line** (*Br*) в тяжёлом материа́льном положе́нии; **~ sauce** *n* хле́бный со́ус; **~winner** *n* корми́лец.

breadth /bredθ/ *n* **1** (*width*) ширина́; **he missed by a hair's ~** он был на волосо́к от це́ли. **2** (*fig*): **~ of mind** широта́ ума́.

breadth|ways /ˈbredθweɪz/, **-wise** /ˈbredθwaɪz/ *advs* в ширину́.

break /breɪk/ *n* **1** (*broken place, gap*) тре́щина, разры́в; **~ in the clouds** (*fig*) луч наде́жды.
2: **~ of day** рассве́т.
3 (*interval*) переры́в, па́уза; (*rest*) переды́шка; **give him a ~!** оста́вь его́ в поко́е!
4 (*change*) переме́на; **the trip made a pleasant ~** пое́здка внесла́ прия́тное разнообра́зие; (*in voice at puberty*) ло́мка.
5 (*of bouncing ball*) отско́к в сто́рону.
6 (*coll, opportunity*) возмо́жность; **lucky ~** счастли́вый слу́чай.
7 (*escape*): **prison ~** побе́г из тюрьмы́.
● *vt* (*past* **broke**, *pp* **broken**; *see also* ⇒**broken**)
1 (*fracture, divide, destroy*) лома́ть, с-; (*glass, china*) бить (*or* разбива́ть), раз-; **he broke his leg** он слома́л но́гу; **she broke the plate in two** таре́лка у неё разби́лась попола́м; **~ sth in pieces** разл|а́мывать, -ома́ть что-н. на куски́; **~ a piece off sth** отл|а́мывать, -ома́ть (*or* -оми́ть) кусо́к от чего́-н.; **he broke the seal** он слома́л печа́ть; **~ the ice** (*lit, fig*) лома́ть, с- лёд; **~ the skin** прор|ыва́ть, -ва́ть ко́жу; **~ s.o.'s head (open)** прол|а́мывать, -оми́ть кому́-н. че́реп; **~ s.o.'s nose** раз|бива́ть, -би́ть кому́-н. нос.
2 (*fig*): **~ new ground** про|кла́дывать, -ложи́ть но́вые пути́; **~ cover** выходи́ть, вы́йти из укры́тия; **~ camp** сн|има́ться, -я́ться с ла́геря; **~ the bank** (*gambling*) срыва́ть, сорва́ть банк; **~ a record** поб|ива́ть, -и́ть реко́рд; **~** (*defeat*) **a strike** срыва́ть, сорва́ть забасто́вку; **~ wind** (*fart*) перде́ть, пёрнуть; по́ртить, ис- во́здух; **~** (*into*) **a five-pound note** разме́н|ивать, -я́ть пятифу́нтовую купю́ру/банкно́ту/бума́жку (*coll*); **~ s.o.'s heart** разб|ива́ть, -и́ть кому́-н. се́рдце; **~ s.o.'s spirit** сломи́ть (*pf*) кого́-н.; **~ a spell** разр|уша́ть, -у́шить ча́ры; **~ the back of a task** одол|ева́ть, -е́ть трудне́йшую часть зада́ния; **he was broken by the failure**

of his business его́ сломи́ла неуда́ча в де́ле.
3 (*tame*): **~ a horse to harness** приуч|а́ть, -и́ть ло́шадь к у́пряжи.
4 (*make unaccustomed*): **~ s.o. of a habit** отуч|а́ть, -и́ть кого́-н. от привы́чки.
5 (*convey*): **~ the news** сообщ|а́ть, -и́ть (неприя́тные) но́вости.
6 (*weaken*): **~ a blow** смягч|а́ть, -и́ть уда́р; **~ a fall** осл|абля́ть, -а́бить си́лу паде́ния.
7 (*violate, e.g. the law, a promise*) нар|уша́ть, -у́шить; **~ a secret** разгл|аша́ть, -аси́ть та́йну; **~ a cipher** расшифро́в|ывать, -а́ть код.
8 (*interrupt, put an end to*): **~ silence** нар|уша́ть, -у́шить молча́ние; **~ one's journey** прер|ыва́ть, -ва́ть путеше́ствие; **~ a fast** прекра|ща́ть, -ти́ть пост; **~ a circuit** (*elec*) прер|ыва́ть, -ва́ть ток.
9 (*destroy uniformity or completeness of*): **~ a set of books** разро́зни|вать, -ть компле́кт книг; **~ ranks** выходи́ть, вы́йти из стро́я; **~** (*refuse to join*) **a strike** быть штрейкбре́хером.
● *vi* (*past* **broke** *or archaic* **brake; *pp*** **broken** *or archaic* **broke**)
1 (*fracture, divide, disperse*) лома́ться, с-; обл|а́мываться, -ома́ться; (*of glass, china*) би́ться (*or* разбива́ться), раз-; (*of rope etc.*) об|рыва́ться, -орва́ться; ло́п|аться, -нуть; (*of ice*) треща́ть, тре́снуть; **~ in two** лома́ться, с- попола́м; **~ in pieces** разл|а́мываться, -ома́ться на куски́; **the door broke open** дверь подда́ла́сь/распахну́лась; **the waves ~ on the beach** во́лны бью́тся о бе́рег; **the clouds broke** ту́чи рассе́ялись.
2 (*fig*): **his heart broke** он был (соверше́нно) уби́т; **their spirit broke** они́ па́ли ду́хом; **~ing point** преде́л.
3 (*burst, dawn*): **the blister/bubble broke** волды́рь/пузы́рь ло́пнул; **day broke** забре́зжил день; рассвело́; **the storm broke** разрази́лась гроза́; **the news broke at 5 o'clock** об э́том ста́ло изве́стно в 5 часо́в; **a cry broke from his lips** крик сорва́лся с его́ уст.
4 (*change*): **his voice broke**(*at puberty*) у него́ слома́лся го́лос; (*emotion*) его́ го́лос дро́гнул/сорва́лся; **the weather broke** пого́да испо́ртилась.
5 (*various*): **~ even** ост|ава́ться, -а́ться при свои́х; **we broke for lunch** мы сде́лали переры́в на обе́д.
● *with preps*: **burglars broke into the house** граби́тели ворвали́сь в дом; **the house was broken into** в до́ме произошла́ кра́жа со взло́мом; **~ into song** затя́|гивать, -ну́ть пе́сню; запе́ть (*pf*); **~ into a trot** пусти́ться (*pf*) ры́сью; **~ into laughter** рассмея́ться (*pf*); **~ into a £5 note** разме́н|ивать, -я́ть пятифу́нтовую купю́ру/банкно́ту/бума́жку (*coll*); **~ into the publishing world** проб|ива́ться, -и́ться в изда́тельский мир; **cattle broke through the fence** скот прорва́лся че́рез забо́р; **~ through s.o.'s reserve** поборо́ть (*pf*) чью-н. засте́нчивость; **the sun broke through the cloud** со́лнце пробило́сь сквозь ту́чи; **he broke with her** он порва́л с ней; **~ with old habits** поко́нчить (*pf*) со ста́рыми привы́чками.
● *with advs*: **~ away** *vi*: **~ away from one's jailers** вырыва́ться, вы́рваться из рук тюре́мщиков; **~ away from old habits** отка́з|ываться, -а́ться от ста́рых привы́чек; поко́нчить (*pf*) со ста́рыми привы́чками; **~ away from a group** отк|а́лываться, -оло́ться от гру́ппы; **~ down** *vt*: **~ down a door** выла́мывать, вы́ломать дверь; **~ down resistance** сломи́ть (*pf*) сопротивле́ние; **~ down expenditure** разб|ива́ть, -и́ть расхо́ды по статья́м; *vi*: **the bridge broke down** мост ру́хнул; **negotiations broke down** перегово́ры сорва́ли́сь; **the car broke down** маши́на слома́лась; **he broke down** он не вы́держал; **his health broke down** его́ здоро́вье пошатну́лось; **the argument ~s down** до́вод ока́зывается несостоя́тельным; **~ forth** *vi* вырыва́ться, вы́рваться вперёд; **~ in** *vt*: **~ in a door** вл|а́мываться, -оми́ться в дверь; **~ in a horse** выезжа́ть, вы́ездить ло́шадь; **~ in a new pair of shoes** разн|а́шивать, -оси́ть но́вые ту́фли; *vi*: **~ in on a conversation** вме́ш|иваться, -а́ться в разгово́р; **~ off** *vt*: **~ off a twig** отл|а́мывать, -оми́ть ве́точку; **~ off relations** пор|ыва́ть, -ва́ть отноше́ния (с + *i*); **~ off an engagement** раст|орга́ть, -о́ргнуть помо́лвку; *vi*: **the nib broke off** ко́нчик пера́ отломи́лся; **he broke off** (*speaking*) он замолча́л; **~ open** *vt*: **~ open a chest** взл|а́мывать, -ома́ть сунду́к; **~ out** *vi*: **the prisoner broke out** заключённый сбежа́л; **fire broke out** вспы́хнул пожа́р; **war broke out** разрази́лась/вспы́хнула война́; **his face broke out in pimples** на его́ лице́ вы́сыпали прыщи́; **~ up** *vt*: **~ up the ground** взры|ва́ть, -ть зе́млю; **~ up furniture** перелома́ть (*pf*) ме́бель; **~ up a meeting** прекра|ща́ть, -ти́ть собра́ние; **~ it up!** (*coll, desist*) конча́йте; **~ up a family** (*separate*) разб|ива́ть, -и́ть семью́; (*cause to quarrel*) вн|оси́ть, -ести́ разла́д в семью́; *vi* **school ~s up tomorrow** (*Br*) уча́щихся за́втра распуска́ют на кани́кулы; **she broke up with her boyfriend** она́ разошла́сь с дру́гом; **the crowd broke up** толпа́ разошла́сь; **the fine weather is ~ing up** пого́да по́ртится.
● *cpds* **~away** *n* (*secession*) отко́л, отделе́ние; **a ~away faction** отколо́вшаяся фра́кция; (*sport*) отры́в; **~down** *n* (*mechanical*) поло́мка; **~down van** (*Br*) авари́йный грузови́к; маши́на техни́ческой по́мощи; (*of health*) расстро́йство; упа́док сил; **nervous ~down** не́рвное расстро́йство; (*of negotiations etc.*) срыв; (*analysis*) подразделе́ние, разби́вка; **~-in** *n* (*raid*) взлом; **~neck** *adj*: **~neck speed** головокружи́тельная ско́рость; **~out** *n* (*escape*) побе́г; **~through** *n* (*mil*) проры́в; (*fig, e.g. in science*) скачо́к, перело́м, проры́в; **~-up** *n* разва́л, распа́д; (*of school, assembly*) ро́спуск; (*of friendship*) разры́в; **~water** *n* волноре́з.

breakable /ˈbreɪkəb(ə)l/ *adj* ло́мкий, хру́пкий.

breakage /ˈbreɪkɪdʒ/ *n* (*break*) поло́мка; (*in pl, broken articles*) бой, поло́мка.

break dancer /ˈbreɪkdɑːnsə(r)/ *n* бре́йкер.

break-dancing /ˈbreɪkdɑːnsɪŋ/ *n* брейк.

breaker /ˈbreɪkə(r)/ *n* (*wave*) вал, буру́н.

breakfast /ˈbrekfəst/ *n* за́втрак; **have ~** за́втракать, по-; **~ food** (*cereal*) корнфле́кс.
● *vi* за́втракать, по-.

bream /briːm/ *n* (*pl* **~**) лещ.

breast /brest/ *n* **1** грудь; **give a child the ~** да|ва́ть, -ть ребёнку грудь; **child at the ~** грудно́й ребёнок.
2 (*fig*) грудь, душа́; **~ beating** бие́ние себя́ в грудь; показно́е раска́яние; **make a clean ~ of sth** чистосерде́чно созн|ава́ться, -а́ться в чём-н. **3** :(*cul*): **~ of lamb** бара́нья груди́нка.
● *vt*: **~ the waves** расс|ека́ть, -е́чь во́лны.
● *cpds* **~bone** *n* грудна́я кость, груди́на; **~fed** *adj* вско́рмленный гру́дью; **~feeding** *n* кормле́ние гру́дью; **~plate** *n* (*armour*) нагру́дник; **~ pocket** *n* нагру́дный карма́н; **~stroke** *n* брасс; **do the ~stroke** пла́вать (*indet*), плыть (*det*) бра́ссом; **~work** *n* бру́ствер.

breath /breθ/ *n* дыха́ние; (*single* **~**) вздох; **draw ~** дыша́ть (*impf*); **he drew, took a deep ~** он сде́лал глубо́кий вздох; **he drew his last ~** он испусти́л после́дний вздох; **lose one's ~** зад|ыха́ться, -охну́ться; **take ~** перев|оди́ть, -ести́ дух; отд|ыха́ть, -охну́ть; **out of ~** задыха́ясь; **recover one's ~** отдыша́ться (*pf*); перев|оди́ть, -ести́ дух; **bad ~** дурно́й за́пах изо рта; **waste one's ~** говори́ть (*impf*) на ве́тер; **catch, hold one's ~** зата́|ивать, -и́ть дыха́ние; **take s.o.'s ~ away** захва́т|ывать, -и́ть дух у кого́-н.; **with bated ~** зата́ив дыха́ние; **under one's ~** о́чень ти́хо; **in the same ~** еди́ным/одни́м ду́хом; **there is not a ~ of air** не́чем дыша́ть; **get a ~ of air** подыша́ть (*pf*) све́жим во́здухом; **it was so cold we could see our ~** бы́ло так хо́лодно, что у нас пар шёл изо рта.
● *cpd* **~taking** *adj* захва́тывающий.

breathalyse /ˈbreθəlaɪz/ (*US* **breathalyze**) *vt* пров|еря́ть, -е́рить на алкого́ль.

breathalyser /ˈbreθəˌlaɪzə(r)/ (*US propr* **Breathalyzer**) *n* алко́метр, алкого́льно-респира́торная тру́бка.

breathe /briːð/ *vt* **1**: **~ fresh air** дыша́ть (*impf*) све́жим во́здухом; **~ one's last** испусти́ть (*pf*) дух (*or* после́дний вздох). **2**: **~ new life into** вд|ыха́ть, -охну́ть но́вую жизнь в + *a*.
3 (*utter softly*): **he ~d these words** он произнёс э́ти слова́ полушёпотом; **~ a sigh** изд|ава́ть, -а́ть вздох; **don't ~ a word!** ни сло́ва бо́льше!
● *vi* дыша́ть (*impf*); (*fig*): **~ again,**

b

freely вздохну́ть (*pf*) с облегче́нием (*or* свобо́дно); **give me a chance to ~** да́йте мне вздохну́ть.

breather /ˈbriːðə(r)/ *n* переды́шка; **it's time for a ~** пора́ сде́лать переды́шку (*or* передохну́ть).

breathing /ˈbriːðɪŋ/ *n* дыха́ние; **his ~ is heavy** он тяжело́ ды́шит.
● *cpd* **~ space** *n* переды́шка.

breathless /ˈbreθlɪs/ *adj* (*panting*) задыха́ющийся, запыха́вшийся; **~ speed** захва́тывающая дух ско́рость; **~ silence** напряжённая тишина́.

breathy /ˈbreθɪ/ *adj* (**breathier, breathiest**) с придыха́нием.

bred /bred/ *past and pp of* ⇒**breed**

breech /briːtʃ/ *n* **1** (*in pl, knee* **~es**) пантало́н|ы (*pl, g* —); (*riding* **~es**) бри́дж|и (*pl, g* -ей). **2** (*of a gun*) казённая часть. **3**: **~ delivery, presentation** (*med*) яго́дичное предлежа́ние плода́.
● *cpds* **~block** *n* (*mil*) затво́р; **~-loader** *n* (*mil*) ору́жие, заряжа́ющееся с казённой ча́сти; **~-loading** *adj* заряжа́ющийся с казённой ча́сти.

breed /briːd/ *n* поро́да; **men of the same ~** лю́ди одного́ то́лка.
● *vt* (*past and pp* **bred**) **1** (*engender, cause*) поро|жда́ть, -ди́ть. **2** (*animals*) раз|води́ть, -вести́.
● *vi* (*past and pp* **bred**) размн|ожа́ться, -о́житься; плоди́ться, рас-; **~ true** да|ва́ть, -ть поро́дистый припло́д.

breeder /ˈbriːdə(r)/ *n* **1** (*animal*) производи́тель (*m*); **elephants are slow ~s** слоны́ размножа́ются ме́дленно. **2** (*stock~*) животново́д, скотово́д; **he is a ~ of horses** он разво́дит лошаде́й. **3**: **~ reactor** (*phys*) реа́ктор-размножи́тель (*m*).

breeding /ˈbriːdɪŋ/ *n* **1** (*by animals*) размноже́ние; **~ season** пери́од размноже́ния; **~ stock** племенно́й скот. **2** (*by stockbreeders*) разведе́ние. **3** (*manners etc.*) воспи́танность; **man of good ~** хорошо́ воспи́танный челове́к.
● *cpd* **~ ground** *n* (*fig*) расса́дник, оча́г.

breeze /briːz/ *n* (*wind*) ветеро́к; бриз; **moderate/strong ~** уме́ренный/си́льный ве́тер; **sea/land ~** морско́й/берегово́й бриз.
● *vi*: **~ in/out** (*coll*) влете́ть/вы́лететь (*pf*).

breeze block /briːz/ *n* (*Br, brick*) шлакобето́нный блок; (**breezeblock:** *material*) шлакобето́н.

breezy /ˈbriːzɪ/ *adj* (**breezier, breeziest**) (*of weather*) све́жий; (*of locality*) обдува́емый ветра́ми; (*fig, of person*) живо́й, беззабо́тный.

brent goose /brent/ (*US* **brant**) *n* чёрная каза́рка.

brethren /ˈbreðrɪn/ *n pl* собра́тья (*m pl*); бра́тия (*f sg*).

breviary /ˈbriːvɪərɪ/ *n* тре́бник.

brevity /ˈbrevɪtɪ/ *n* кра́ткость.

brew /bruː/ *n* (*amount brewed*: *of beer*) ва́рка; (*of tea*) зава́рка; (*beverage*) сва́ренный напи́ток, (*pej*) ва́рево.
● *vt* (*beer*) вари́ть, с-; (*tea*) зава́р|ивать, -и́ть.
● *vi* **1** (*of tea etc.*) зава́р|иваться, -и́ться. **2**: **a storm is ~ing** (*lit*) собира́ется гроза́; (*lit and fig*) гроза́ надвига́ется; **there's trouble ~ing** быть беде́.

brewer /ˈbruːə(r)/ *n* пивова́р.

brewery /ˈbruːərɪ/ *n* пивова́ренный заво́д; пивова́рня.

briar[1] /ˈbraɪə(r)/ *n* (*prickly bush; also* **sweet briar**) шипо́вник.
● *cpd* **~ rose** *n* шипо́вник.

briar[2] /ˈbraɪə(r)/ *n* (*heather*) ве́реск, э́рика; (**~ pipe**) тру́бка из ко́рня э́рики.

bribe /braɪb/ *n* взя́тка, по́дкуп.
● *vt* да|ва́ть, -ть взя́тку + *d*; подкуп|а́ть, -и́ть; **~ s.o. to silence** взя́ткой заст|авля́ть, -а́вить кого́-н. молча́ть; **~ s.o. to do sth** по́дкупом доб|ива́ться, -и́ться чего́-н. от кого́-н.

bribable /ˈbraɪbəb(ə)l/ *adj* подкупно́й, прода́жный.

bribery /ˈbraɪbərɪ/ *n* взя́точничество.

bric-a-brac /ˈbrɪkəˌbræk/ *n* старьё; безделу́шки (*f pl*).

brick /brɪk/ *n* **1** кирпи́ч; **~s** (*collect*) кирпи́ч; (*attr*) кирпи́чный; **like a ton of ~s** изо всей си́лы; **drop a ~** (*Br*) ля́пнуть (*pf*) (*coll*); **like a cat on hot ~s** (*Br*) как на горя́чих у́глях; **make ~s without straw** би́ться (*impf*) над чем-н. по́пусту. **2** (*Br, toy*): **~s** ку́бики (*m pl*). **3** (*of ice cream*) брике́т.
● *vt*: **~ up** за|кла́дывать, -ложи́ть кирпичо́м.
● *cpds* **~bat** *n* обло́мок кирпича́; (*fig*) неле́стный о́тзыв; **~ dust** *n* кирпи́чная мука́; **~layer** *n* ка́менщик; **~-red** *adj* кирпи́чно-кра́сный; **~work** *n* кирпи́чная кла́дка.

bridal /ˈbraɪd(ə)l/ *adj* сва́дебный.

bride /braɪd/ *n* неве́ста; (*after wedding*) молода́я, новобра́чная.
● *cpds* **~groom** *n* жени́х; (*after wedding*) новобра́чный; **~smaid** *n* подру́жка неве́сты.

bridge[1] /brɪdʒ/ *n* **1** мост (*also in dentistry*); **suspension ~** вися́чий мост; **throw a ~ over a river** навести́/перебро́сить (*pf*) мост через ре́ку; **we'll cross that ~ when we come to it** не́чего зара́нее волнова́ться/трево́житься. **2** (*naut*) капита́нский мо́стик. **3** (*of nose*) перено́сица. **4** (*of violin*) подста́вка. **5** (*elec*) шунт; электроизмери́тельный мост; **Wheatstone ~** мо́стик сопротивле́ния.
● *vt*: **~ a river** нав|оди́ть, -ести́ мост че́рез ре́ку; (*join by bridging*) соедин|я́ть, -и́ть мосто́м; (*fig*): **~ a gap** восп|олня́ть, -о́лнить пробе́л.
● *cpds* **~head** *n* плацда́рм (*also fig*); предмо́стное укрепле́ние; **~work** *n* постро́йка/наво́дка моста́; (*dentistry*) мост, мо́стик.

bridge[2] /brɪdʒ/ *n* (*game*) бридж.

bridle /ˈbraɪd(ə)l/ *n* узда́, узде́чка.
● *vt* (*of horse, also* **~ in**) взну́зд|ывать, -а́ть; (*fig*) обу́зд|ывать, -а́ть.
● *vi* (*fig*) зад|ира́ть, -ра́ть нос.
● *cpds* **~ path, ~ way** (*Br*) *nn* верхова́я тропа́.

brief /briːf/ *n* **1** (*lawyer's*) изложе́ние де́ла; **hold a ~ for s.o.** (*Br*) вести́ (*det*) чьё-н. де́ло в суде́; **he has plenty of ~s** он име́ет мно́го клие́нтов; (*fig*): **I hold no ~ for smoking** я отню́дь не сторо́нник куре́ния. **2** (*Br*) (*mil etc., instructions*) инстру́кция. **3** (*in pl, coll, underpants*) трус|ы́ (*pl, g* -о́в).
● *adj* (*of duration*) коро́ткий, недо́лгий; (*concise*) кра́ткий, сжа́тый; **in ~** вкра́тце.
● *vt* **1**: **~ a lawyer** (*Br*) поруч|а́ть, -и́ть адвока́ту веде́ние де́ла. **2** (*mil etc.*) инструкти́ровать (*impf, pf*).
● *cpd* **~case** *n* портфе́ль (*m*).

briefing /ˈbriːfɪŋ/ *n* (*also* **~ meeting**) инструкта́ж; (*press*) бри́финг.

briefless /ˈbriːflɪs/ *adj* (*Br, of lawyer*) не име́ющий клие́нтов.

briefly /ˈbriːflɪ/ *adv* кра́тко, сжа́то; **the point is ~ that …** говоря́ вкра́тце, де́ло в том, что…

briefness /ˈbriːfnɪs/ *n* кра́ткость; (*conciseness*) сжа́тость.

brier[1,2] /ˈbraɪə(r)/ = **briar**[1,2]

Brig. /ˌbrɪgəˈdɪə(r)/ *n* (*abbr of* ***Brigadier***) брига́дный генера́л.

brig /brɪg/ *n* бриг.

brigade /brɪˈgeɪd/ *n* брига́да; **fire ~** пожа́рная кома́нда; **~ major** нача́льник операти́вно-разве́дывательного отделе́ния шта́ба брига́ды.

brigadier /ˌbrɪgəˈdɪə(r)/ *n* (*Br*) (*US* **~ general**) брига́дный генера́л, ≈ генера́л-майо́р.

brigand /ˈbrɪgənd/ *n* разбо́йник.

brigandage /ˈbrɪgəndɪdʒ/ *n* разбо́й.

brigantine /ˈbrɪgənˌtiːn/ *n* бриганти́на.

bright /braɪt/ *adj* **1** (*clear, shining*) я́ркий, све́тлый; **a ~ day** я́сный день; **~ red** я́рко-кра́сный; **the sun shines ~** со́лнце све́тит я́рко; **a ~ room** све́тлая ко́мната. **2** (*cheerful*): **~ faces** весёлые ли́ца; **look on the ~ side** смотре́ть (*impf*) на ве́щи оптимисти́чески; **he came ~ and early** он ране́нько яви́лся. **3** (*clever*): **a ~ girl** толко́вая де́вочка; **a ~ idea** блестя́щая мысль.

brighten /ˈbraɪt(ə)n/ *vt* (*also* **~ up**): (*polish*) полирова́ть, от-; (*enliven*) ожив|ля́ть, -и́ть; подб|а́дривать (*or* -одря́ть), -одри́ть.
● *vi* (*also* **~ up**): **the weather ~ed** пого́да проясни́лась; **his face ~ed** его́ лицо́ просветле́ло; **things are ~ing up** дела́ улучша́ются.

brightness /ˈbraɪtnɪs/ *n* (*lustre*) я́ркость; (*cheer*) весёлость; (*cleverness*) блеск, смышлённость.

Bright's disease /braɪts/ *n* нефри́т, бра́йтова боле́знь.

brill[1] /brɪl/ *n* ка́мбала, ромб.

brill[2] /brɪl/ *adj* (*abbr of* ***brilliant***) (*Br coll*) балдёжный, потря́сный; **~!** блеск!; класс!; **the film is ~** фильм — блеск!

brilliance /ˈbrɪlɪəns/ *n* (*brightness*) я́ркость; (*magnificence*) великоле́пие, блеск; (*intelligence*) блеск (ума́); блестя́щие спосо́бности (*f pl*).

brilliant /ˈbrɪlɪənt/ *n* (*diamond*) бриллиа́нт.

● *adj* (*lit, fig*) сверка́ющий, блестя́щий; (*Br coll, excellent*) замеча́тельный.

brim /brɪm/ *n* край; **fill a glass to the ~** нап|олня́ть, -о́лнить стака́н до краёв; (*of hat*) поля́ (*nt pl*).

● *vi* (**brimmed, brimming**) (*of vessel*) нап|олня́ться, -о́лниться до краёв; **a ~ming cup** напо́лненная до краёв ча́ша; **~ over** перел|ива́ться, -и́ться че́рез край; (*fig*): **she was ~ming over with the news** её распира́ло жела́ние рассказа́ть но́вости.

● *cpd* **~-full** *adj* по́лный до краёв.

brimstone /ˈbrɪmstəʊn/ *n* саморо́дная се́ра.

brindle(d) /ˈbrɪnd(ə)l(d)/ *adj* кори́чневый с полоса́ми/пя́тнами.

brine /braɪn/ *n* рассо́л.

bring /brɪŋ/ *vt* (*past and pp* **brought**)
1 (*cause to come, deliver*): (*a thing*) прин|оси́ть, -ести́; (*a person*) прив|оди́ть, -ести́; (*thing or person, by vehicle*) прив|ози́ть, -езти́; **he brought an umbrella** он захвати́л с собо́й зо́нтик; **~ s.o. into the world** произвести́ (*pf*) кого́-н. на свет; **it brought tears to my eyes** э́то вы́звало у меня́ слёзы; **spring ~s warm weather** с весно́й прихо́дит тепло́; **~ a ship into harbour** вв|оди́ть, -ести́ кора́бль в га́вань; **~ into action, effect, play** прив|оди́ть, -ести́ в де́йствие; **~ to light** выявля́ть, вы́явить; **~ to pass** осуществ|ля́ть, -и́ть; **~ to mind** прив|оди́ть, -ести́ на ум; нап|омина́ть, -о́мнить; **~ to an end** зак|а́нчивать, -о́нчить; заверш|а́ть, -и́ть; **~ pressure to bear on** ока́з|ывать, -а́ть давле́ние на + *a*; **~ s.o. to his senses** (*lit*) прив|оди́ть, -ести́ кого́-н. в созна́ние; (*fig*) образу́м|ливать, -ить кого́-н.; **~ a misfortune upon o.s.** навл|ека́ть, -е́чь на себя́ беду́.
2 (*yield*): **this ~s me (in) £500 a year** э́то прино́сит мне 500 фу́нтов в год; **the harvest will not ~ much** урожа́й не бу́дет больши́м.
3 (*induce*): **I could not ~ him to agree** я не мог убеди́ть его́ дать согла́сие; **I cannot ~ myself to do it** я не могу́ заста́вить себя́ сде́лать э́то.
4 (*law*): **~ an action against s.o.** возбу|жда́ть, -ди́ть де́ло про́тив кого́-н.; **~ a charge** выдвига́ть, вы́двинуть обвине́ние.

● *with advs*: **~ about** *vt* (*cause*) вызыва́ть, вы́звать; произв|оди́ть, -ести́; **~ a ship about** пов|ора́чивать, -ерну́ть кора́бль; **~ back** *vt* прин|оси́ть, -ести́ (*or* прив|оди́ть, -ести́) наза́д; **they brought back the news that …** они́ верну́лись с но́востью, бу́дто…; **it ~s back the past** э́то напомина́ет (*or* приво́дит на па́мять) бы́лое; **~ s.o. back to health** возвраща́ть, верну́ть кому́-н. здоро́вье; **~ down** *vt* (*a tree*) сруб|а́ть, -и́ть; вали́ть, по-; (*an aircraft*) сби|ва́ть, -ть; (*a bird*) подстре́л|ивать, -и́ть; **~ down the house** (*fig*) вызыва́ть, вы́звать гром аплодисме́нтов; **~ prices down** сн|ижа́ть, -и́зить це́ны; **he brought his fist down on the table** он сту́кнул кулако́м по́ столу; **~ down s.o.'s wrath on s.o.** навл|ека́ть, -е́чь на кого́-н. чей-н. гнев; **~ forth** *vt* (*give birth to*) произв|оди́ть, -ести́; **his speech brought forth protests** его́ речь вы́звала проте́сты; **~ forward** *vt*: **~ a chair forward** выдвига́ть, вы́двинуть стул; **~ forward a proposal** выдвига́ть, вы́двинуть предложе́ние; (*advance date of*) перен|оси́ть, -ести́ на бо́лее ра́нний срок; (*bookkeeping*) де́лать, с- перено́с счёта на сле́дующую страни́цу; **~ in** *vt* вн|оси́ть, -ести́; вв|оди́ть, -ести́; **~ in a verdict** выноси́ть, вы́нести верди́кт; **~ off** *vt*: **~ off a manoeuvre** (*Br*), **maneuver** (*US*) успе́шно заверш|а́ть, -и́ть опера́цию; **~ on** *vt*: **this brought on a bad cold** э́то вы́звало си́льный на́сморк; **the sun is ~ing on the plants** со́лнце спосо́бствует разви́тию расте́ний; **~ out** *vt* выноси́ть, вы́нести; выводи́ть, вы́вести; (*make evident*) выявля́ть, вы́явить; (*publish*) выпуска́ть, вы́пустить; (*launch into society*) вывози́ть, вы́везти в свет; **the curtains ~ out the green in the carpet** занаве́ски оттеня́ют зе́лень ковра́; **the sun ~s out the roses** ро́зы распуска́ются под со́лнечными луча́ми; **~ over** *vt* (*convert, convince*) переубе|жда́ть, -ди́ть; **~ round** *vt* (*deliver*) прив|ози́ть, -езти́; дост|авля́ть, -а́вить; (*restore to consciousness*) прив|оди́ть, -ести́ в себя́; (*persuade*) убе|жда́ть, -ди́ть; **he brought the conversation round to politics** он перевёл разгово́р на поли́тику; **~ through** *vt*: **the doctors brought him through** доктора́ вы́тянули его́; **~ to** *vt* (*restore to consciousness*) прив|оди́ть, -ести́ в созна́ние/себя́; (*a ship*) остан|а́вливать, -ови́ть; **~ together** *vt* (*assemble*) соб|ира́ть, -ра́ть; св|оди́ть, -ести́ вме́сте; (*reconcile*) примир|я́ть, -и́ть; **~ up** *vt* (*carry up*) прин|оси́ть, -ести́ наве́рх; (*educate*) воспи́т|ывать, -а́ть; **I was brought up to believe that …** мне с де́тства внуша́ли, что…; (*vomit*): **he brought up his dinner** его́ вы́рвало по́сле обе́да; **~ up a subject** подн|има́ть, -я́ть вопро́с; зав|оди́ть, -ести́ разгово́р о чём-н.; **~ up the rear** зам|ыка́ть, -кну́ть коло́нну/ше́ствие.

brink /brɪŋk/ *n* край (*also fig*); **on the ~ of despair** на гра́ни отчая́ния; **he was on the ~ of tears** он едва́ сде́рживал слёзы; **we were on the ~ of a great discovery** мы вплотну́ю подошли́ к вели́кому откры́тию.

● *cpd* **~manship** *n* баланси́рование на гра́ни войны́.

briny /ˈbraɪnɪ/ *adj* солёный; **the ~** (*Br coll*) мо́ре.

brio /ˈbriːəʊ/ *n* жи́вость.

briquette /brɪˈket/ *n* брике́т.

brisk /brɪsk/ *adj* (*of movement*) ско́рый; (*of air, wind*) све́жий; **~ demand** большо́й спрос; **~ trade** оживлённая торго́вля.

brisket /ˈbrɪskɪt/ *n* груди́нка.

bris|ling /ˈbrɪzlɪŋ, ˈbrɪs-/ *n* (*pl* **~** *or* **~s**) шпро́т.

bristle /ˈbrɪs(ə)l/ *n* щети́на.

● *vi* (*of hair*) стоя́ть (*impf*) ды́бом; вста́ть (*pf*) ды́бом; (*of animal, also fig, of person*) ощети́ни|ваться, -ться; **the cat ~d** шерсть у ко́шки подняла́сь ды́бом; **~ with bayonets** ощети́ниваться (*impf*) штыка́ми.

bristly /ˈbrɪslɪ/ *adj* щети́нистый.

Brit /brɪt/ *n* (*coll*) = **Briton 1**

Britain /ˈbrɪt(ə)n/ *n* А́нглия, Брита́ния; (*also* **Great ~**) Великобрита́ния.

> **Britannia**
>
> Так дре́вние ри́мляне называ́ли Великобрита́нию. В на́ше вре́мя э́то обозначе́ние ста́ло ча́стью национа́льной симво́лики. Други́м ва́жным элеме́нтом э́той симво́лики явля́ется эмбле́ма, на кото́рой Великобрита́ния изображена́ в ви́де же́нщины в шле́ме, держа́щей в рука́х щит и трезу́бец. Да́нная эмбле́ма воспроизво́дится на моне́тах досто́инством в 50 пе́нсов. *Rule, Britannia!* («Правь, Брита́ния!») — патриоти́ческая пе́сня, исполня́емая обы́чно на заключи́тельном ве́чере промена́дных конце́ртов (**Proms**).

Briticism /ˈbrɪtɪ,sɪz(ə)m/ *n* англици́зм.

British /ˈbrɪtɪʃ/ *n*: **the ~** англича́не, брита́нцы (*both m pl*).

● *adj* брита́нский (*also of ancient Britons*); великобрита́нский, англи́йский; **~ Empire** Брита́нская импе́рия; **~ Commonwealth of Nations** Брита́нское Содру́жество На́ций; **~ Isles** Брита́нские острова́; **~ English** брита́нский вариа́нт англи́йского языка́, брита́нский англи́йский.

> **the British Isles — Брита́нские острова́**
>
> В число́ э́тих острово́в вхо́дит 2 кру́пных о́строва — Великобрита́ния (госуда́рство Великобрита́ния) и Ирла́ндия (Ирла́ндская Респу́блика и Се́верная Ирла́ндия) — и бо́лее ме́лкие острова́, располага́ющиеся вокру́г, — Оркне́йские, Гебри́дские, Шетле́ндские, Норма́ндские, острова́ Мэн и Си́лли.

Briton /ˈbrɪt(ə)n/ *n* **1** (*native or inhabitant of Great Britain*) брита́н|ец (*fem* -ка); англича́н|ин (*fem* -ка).
2 (*ancient*) бритт.

Brittany /ˈbrɪtənɪ/ *n* Брета́нь.

brittle /ˈbrɪt(ə)l/ *adj* ло́мкий, хру́пкий.

brittleness /ˈbrɪt(ə)lnɪs/ *n* ло́мкость, хру́пкость.

broach /brəʊtʃ/ *vt* (*pierce*) прот|ыка́ть, -кну́ть; (*start consuming*) поча́ть, откры́ть (*both pf*); (*discussion*) откр|ыва́ть, -ы́ть; **~ a subject** подн|има́ть, -я́ть вопро́с.

broad /brɔːd/ *n* (*US coll*) девчо́нка.

● *adj* **1** (*wide*) широ́кий; **the river is 50 feet ~** ширина́ реки́ 50 фу́тов; **it's as ~ as it's long** то же на́ то же выхо́дит.
2 (*extensive*): **~ lands** обши́рные зе́мли.
3: **in ~ daylight** средь бе́ла дня.
4 (*decided*): **a ~ hint** то́лстый намёк; **a ~ accent** си́льный акце́нт.
5 (*approximate*): **a ~ definition** о́бщее определе́ние; **in ~ outline** в о́бщих черта́х.

6 (*tolerant*): **he takes a ~ view** у него́ широ́кий взгля́д на ве́щи.
7 (*coarse*): **a ~ joke** гру́бая шу́тка.
● *adv*: **~ awake** вполне́ просну́вшийся.
● *cpds* **~band** *n* (*comput*) широкополо́сная переда́ча да́нных; **~ bean** *n* фасо́ль; **~cast** *n* трансля́ция; (*radio*) радиопереда́ча, (*TV*) телепереда́ча; *vt* (*past and pp* **~cast**) (*agric*) се́ять, по- вразбро́с; (*radio, TV*) трансли́ровать (*impf, pf*); перед|ава́ть, -а́ть по ра́дио, телеви́дению; (*spread, of news etc.*) распростран|я́ть, -и́ть; *vi* (*radio, TV*) вести́ (*det*) радиопереда́чу, телепереда́чу; выступа́ть, вы́ступить по ра́дио, телеви́дению; **~caster** *n* (*radio*) радиожурнали́ст, (*TV*) тележурнали́ст; **~casting** *n* (*radio*) радиовеща́ние, (*TV*) телевеща́ние; трансля́ция; **~cloth** *n* то́нкое сукно́; **~ gauge** *adj* ширококоле́йный; **~-minded** *adj* широ́ких взгля́дов; **~-mindedness** *n* широта́ взгля́дов; **~sheet** *n* широкополо́сная газе́та, газе́та большо́го форма́та (*see also* ⇨**~sheet**); **~side** *n* (*side of ship*) (надво́дный) борт; **be ~side on to sth** стоя́ть (*impf*) бо́ртом к чему́-н.; **fire a ~side** дать (*pf*) бортово́й залп; (*fig, vbl onslaught*) обру́шиться (*pf*) с ре́зкими напа́дками; **~sword** *n* пала́ш; **~tail** *n* каракульча́; *adv* вширь; в ширину́; попере́к.

broaden /ˈbrɔːd(ə)n/ *vt & i* (*lit, fig*) расш|иря́ть(ся), -и́рить(ся).

broadly /ˈbrɔːdlɪ/ *adv* (*in the main*) в основно́м; **~ speaking** вообще́ говоря́.

broadness /ˈbrɔːdnɪs/ *n* ширина́.

> **broadsheet — широкополо́сная газе́та**
>
> В Великобрита́нии газе́ты, печа́тающиеся на широ́ких полоса́х, противопоставля́ются таблóидам. Разли́чие прово́дится не то́лько и не сто́лько по форма́ту газе́ты, ско́лько по зна́чимости освеща́емого материа́ла и по ка́честву журнали́стики. Широкополо́сные газе́ты, как пра́вило, обсужда́ют серьёзные обще́ственно-полити́ческие вопро́сы и демонстри́руют высо́кий у́ровень журнали́стики.

brocade /brəˈkeɪd, brəʊ-/ *n* парча́.
● *vt*: **a ~d gown** парчо́вый наря́д.

broccoli /ˈbrɒkəlɪ/ *n* бро́кколи (*nt indecl*); капу́ста спа́ржевая.

brochure /ˈbrəʊʃə(r), brəʊˈʃjʊə(r)/ *n* брошю́ра.

brogue /brəʊg/ *n* (*shoe*) башма́к; (*accent*) провинциа́льный акце́нт.

broil /brɔɪl/ *vt* (*US, cul*) жа́рить, за- на откры́том огне́.
● *vi* (*cul*) жа́риться, за- на откры́том огне́; (*fig, be roasted*) жа́риться (*impf*); **a ~ing hot day** зно́йный день.

broiler /ˈbrɔɪlə(r)/ *n* **1** (*chicken*) бро́йлер. **2** (*US, grill*) гриль (*m*).

broke /brəʊk/ *adj* (*coll*) разори́вшийся, безде́нежный; **stony-~** без гроша́.

broken /ˈbrəʊkən/ *adj* **1**: **a ~ leg** сло́манная нога́; **~ English** ло́маный англи́йский язы́к. **2** (**~-down**): **a ~ marriage** расстро́енный брак; **a ~ home** разби́тая семья́. **3** (*crushed*): **a ~ man** сло́мленный челове́к.
4 (*rough*): **~ ground** пересечённая ме́стность. **5** (*interrupted*): **~ sleep** пре́рванный сон. **6** (**~ in,** *of a horse*) вы́езженный, объе́зженный.
● *cpds* **~-down** *adj* (*of wall*) полуразру́шенный; (*of health*) подо́рванный; (*of person*) надло́мленный; (*morally*) сло́мленный; (*of machine*) сло́манный; **~-hearted** *adj* с разби́тым се́рдцем.

broker /ˈbrəʊkə(r)/ *n* (*of shares etc.*) ма́клер, бро́кер; (*go-between*) посре́дник; **marriage ~** сват.

brokerage /ˈbrəʊkərɪdʒ/ *n* (*business*) ма́клерство; (*commission*) комиссио́нное вознагражде́ние.

broking /ˈbrəʊkɪŋ/ *n* (*Br*) ма́клерство, посре́дничество.

brolly /ˈbrɒlɪ/ (*Br coll*) = **umbrella** *n* **1**

bromide /ˈbrəʊmaɪd/ *n* (*chem*) броми́д; (*fig, coll*) бана́льность.

bromine /ˈbrəʊmiːn/ *n* бром.

bronch|i /ˈbrɒŋkaɪ/, **-ia** /ˈbrɒŋkɪə/ *nn* (*anat*) бро́нхи (*m pl*).

bronchial /ˈbrɒŋkɪəl/ *adj* бронхиа́льный.

bronchitis /brɒŋˈkaɪtɪs/ *n* бронхи́т.

bronco /ˈbrɒŋkəʊ/ *n* (*pl* **~s**) полуди́кая ло́шадь.

brontosaurus /ˌbrɒntəˈsɔːrəs/ *n* бронтоза́вр.

bronze /brɒnz/ *n* бро́нза; (*article*) бро́нза, изде́лие из бро́нзы; (*attr*) бро́нзовый.
● *vt* бронзи́ровать (*impf, pf*); (*tan*) покр|ыва́ть, -ы́ть зага́ром; **~d cheeks** загоре́лые щёки.

brooch /brəʊtʃ/ *n* брошь.

brood /bruːd/ *n* вы́водок; (*of children, also*) пото́мство.
● *vi* **1** (*of bird*) сиде́ть (*impf*) на я́йцах.
2: **~ over one's plans** вына́шивать (*impf*) пла́ны; **~ over an insult** копи́ть (*impf*) в себе́ оби́ду. **3** (*of night, clouds, etc.*) нав|иса́ть, -и́снуть.
● *cpds* **~ hen** *n* насе́дка; **~ mare** *n* племенна́я кобы́ла.

broody /ˈbruːdɪ/ *adj* (**broodier, broodiest**) **1** (*thoughtful*) заду́мчивый; (*morose*) угрю́мый. **2**: **a ~ hen** (хоро́шая) насе́дка. **3** (*of a woman*): **she's feeling ~** в ней просну́лся матери́нский инсти́нкт.

brook[1] /brʊk/ *n* (*stream*) руче́й.

brook[2] /brʊk/ *vt* (*literary*): **this ~s no delay** э́то не те́рпит отлага́тельства.

brooklet /ˈbrʊklɪt/ *n* ручеёк.

broom /bruːm/ *n* **1** (*bot*) раки́тник.
2 (*implement*) метла́; (*besom*) ве́ник.
● *cpd* **~stick** *n* метлови́ще; (*witch's*) помело́.

Bros /ˈbrʌðəz/ *n pl* (*abbr of* ***Brothers***) Бра́тья (*в назва́нии фи́рмы*).

broth /brɒθ/ *n* мясно́й бульо́н; **Scotch ~** перло́вый суп.

brothel /ˈbrɒθ(ə)l/ *n* борде́ль (*m*), публи́чный дом.

brother /ˈbrʌðə(r)/ *n* **1** (*also relig*) брат; **own, full ~** родно́й брат; **half-~** сво́дный брат; **the Ivanov ~s** бра́тья Ивано́вы. **2** (*fig*): **~ in arms** собра́т по ору́жию. **3** (*eccl*): **lay ~** послу́шник.
● *cpd* **~-in-law** *n* (*sister's husband*) зять (*m*); (*wife's* **~**) шу́рин; (*husband's* **~**) де́верь (*m*); (*wife's sister's husband*) своя́к.

brotherhood /ˈbrʌðəhʊd/ *n* (*kinship*) бра́тство; (*comradeship*) бра́тские отноше́ния; (*association, community*) содру́жество.

brotherliness /ˈbrʌðəlɪnɪs/ *n* бра́тское отноше́ние.

brotherly /ˈbrʌðəlɪ/ *adj* бра́тский.

brought /brɔːt/ *past and pp of* ⇨**bring**

brouhaha /ˈbruːhɑːˌhɑː/ *n* шуми́ха (*coll*).

brow /braʊ/ *n* (*eye* **~**) бровь; **knit one's ~s** хму́рить, на- бро́ви; (*forehead*) лоб, чело́; (*of hill*) гре́бень (*m*); **over the ~ of the hill** за гре́бнем холма́.
● *cpd* **~beat** *vt* наг|оня́ть, -на́ть страх на + *a*; запу́г|ивать, -а́ть.

brown /braʊn/ *n* (*colour*) кори́чневый цвет; **he was dressed in ~** он был оде́т в кори́чневое.
● *adj* **1** кори́чневый; (*grey-*~) бу́рый; **light-~** све́тло-кори́чневый; **~ shoes** кори́чневые ту́фли; **~ eyes** ка́рие глаза́; **~ hair** кашта́новые во́лосы; **~ bear** бу́рый медве́дь; **~ bread** се́рый хлеб; **~ sugar** кори́чневый са́хар; **~ paper** обёрточная бума́га; **~ coal** бу́рый у́голь.
2 (*fig*): **in a ~ study** в глубо́ком разду́мье.
3 (*toasted*) поджа́ренный, подрумя́ненный.
4 (*tanned*) загоре́лый; **as ~ as a berry** чёрный как га́лка; **he returned from his holidays quite ~** он верну́лся из о́тпуска тёмным от зага́ра.
5 (*dark-skinned*) сму́глый.
● *vt* (*roast, toast*) поджа́ри|вать, -ть; (*tan*) опал|я́ть, -и́ть; **he is ~ed off** ему́ всё осточерте́ло (*sl*).
● *cpds* **~-eyed** *adj* с ка́рими глаза́ми; **~-haired** *adj* с тёмно-ру́сыми волоса́ми.

brownie /ˈbraʊnɪ/ *n* (*goblin*) домово́й.

Browning /ˈbraʊnɪŋ/ *n* (*pistol*) бра́унинг.

brownish /ˈbraʊnɪʃ/ *adj* коричнева́тый.

browse /braʊz/ *vi* щипа́ть (*impf*) траву́; пасти́сь (*impf*); (*fig*): **~ through a book** просм|а́тривать, -отре́ть кни́гу; **~ in a bookshop** ры́ться (*impf*) в кни́гах в кни́жном магази́не.

browser /ˈbraʊzə(r)/ *n* (*comput*) бра́узер.

brr /bɜː/ *int* брр(-р-р)!

Bruges /ˈbruːʒ/ *n* Брю́гге (*m indecl*).

bruise /bruːz/ *n* синя́к, кровоподтёк; (*of fruit*) вмя́тина, помя́тость, поби́тость.
● *vt* ста́вить, по- синя́к + *d*; (*fruit*) помя́ть, поби́ть (*both pf*); **I ~d my shoulder** я ушиб плечо́; **this apple is ~d** э́то я́блоко поби́то; **~ s.o.'s feelings** ра́нить (*impf, pf*) чьи-н. чу́вства.
● *vi* (*of person*) ушиб|а́ться, -и́ться; **she ~s easily** её чуть тронь — и она́ покрыва́ется синяка́ми; (*of fruit*) помя́ться, поби́ться (*both pf*).

bruiser /ˈbruːzə(r)/ *n* (*prizefighter*) боре́ц; боксёр; (*thug*) хулига́н.

Brunei /bruːˈnaɪ/ *n* Бруне́й.

brunette /bru:'net/ *n* брюнéтка. ● *adj* тёмный, темноволóсый.

brunt /brʌnt/ *n* глáвный удáр; **bear the ~ of the work** выносѝть, вы́нести всю тя́жесть рабóты.

brush /brʌʃ/ *n* **1** (*brushwood*) кустáрник, хвóрост. **2** (*for sweeping*) щётка; (*painter's*) кисть. **3** (*fox's tail*) трубá. **4** (*skirmish, tiff*) сты́чка. **5** (*brushing*) чѝстка; **give sth a good ~** хорошó почѝстить (*pf*) что-н. ● *vt* (*clean*) чѝстить, по-; **~ mud off a coat** счищáть, счѝстить грязь с пальтó; (*touch slightly*) касáться, коснýться + *g*; **the twigs ~ed my cheek** вéтви слегкá коснýлись моéй щекѝ. ● *vi*: **~ against sth** слегкá касáться, коснýться чегó-н.; **~ past s.o.** прон|осѝться, -естѝсь мѝмо когó-н. ● *with advs*: **~ aside** *vt*: **~ aside difficulties** отме|тáть, -стѝ трýдности; **~ away** *vt*: **~ away a fly** смáх|ивать, -нýть мýху; **~ off** *vi*: **the mud will ~ off** грязь счѝстится/отчѝстится; **~ out** *vt*: **~ out a room** подме|тáть, -стѝ кóмнату; **~ out one's hair** причесáть (*pf*) щёткой вóлосы; **~ out** (*obliterate*) **part of a picture** зам|áзывать, -азáть часть картѝны; **~ up** *vt*: **~ up crumbs** сме|тáть, -стѝ крóшки; **~ up one's French** освеж|áть, -ѝть в пáмяти францýзский; *vi*: **~ up on a subject** освеж|áть, -ѝть знáния по какóму-н. предмéту. ● *cpds* **~-down** *n*: **give s.o. a ~-down** почѝстить (*pf*) когó-н.; **give a horse a ~-down** вы́чистить (*pf*) коня́; **have a ~-down** почѝститься (*pf*); **~-off** *n*: **give s.o. the ~-off** (*coll*) отряхнýть (*pf*) когó-н.; **~-up** *n* (*Br*): **have a wash and ~-up** прив|одѝть, -естѝ себя́ в поря́док; **~wood** *n* хвóрост, валéжник; **~work** *n* живопѝсная манéра, манéра письмá.

brusque /brʊsk, bru:sk, brʌsk/ *adj* рéзкий.

brusqueness /'brʊsknɪs, bru:sknɪs, brʌsknɪs/ *n* рéзкость.

Brussels /'brʌs(ə)lz/ *n* Брюссéль (*m*); **~ sprouts** брюссéльская капýста.

brutal /'bru:t(ə)l/ *adj* (*rough*) грýбый; (*cruel*) жестóкий.

brutality /bru:'tælɪtɪ/ *n* грýбость; жестóкость; (*cruel act*) звéрство.

brutalization /,bru:təlaɪ'zeɪʃ(ə)n/ *n* огрублéние, ожесточéние.

brutalize /'bru:tə,laɪz/ *vt* ожесточ|áть, -ѝть; огруб|ля́ть, -ѝть.

brute /bru:t/ *n* (*animal*) живóтное, зверь (*m*); (*person*) скотѝна (*cg*). ● *adj*: **~ strength, force** грýбая, физѝческая сѝла.

brutish /'bru:tɪʃ/ *adj* грýбый, бесчýвственный; (*coarse*) скóтский, живóтный; (*stupid*) тупóй.

bryony /'braɪənɪ/ *n* (*bot*) перестýпень (*m*), бриóния.

BSc (*abbr of* ***Bachelor of Science***) бакалáвр (естéственных) наýк; **he has a ~ in physics** он бакалáвр физѝческих наýк.

BSE (*abbr of* ***bovine spongiform encephalopathy***) бы́чья губковѝдная энцефалопатѝя.

BST (*abbr of* ***British Summer Time***) Британское лéтнее врéмя.

bubble /'bʌb(ə)l/ *n* **1** пузы́рь (*m*); (*of air, gas in liquid*) пузырёк; (*in glass*) пузырёк вóздуха; **~ bath** пéна для вáнны; **blow ~s** пус|кáть, -тѝть пузырѝ; **prick a, the ~** (*lit*) прот|ыкáть, -кнýть пузы́рь; (*fig*) док|áзывать, -азáть пустотý/никчёмность чегó-н. **2** (*gurgle*) бýльканье. ● *vi* (*of water*) пузы́риться (*impf*), кипéть (*impf*); (*of a fountain*) кипéть (*impf*); **~ up** бить (*impf*) ключóм; бýлькать (*impf*); **~ (over) with laughter** заливáться (*impf*) смéхом; **he ~s (over) with high spirits** из негó так и бры́жет весéлье.

bubbly /'bʌblɪ/ *n* (*coll, champagne*) шипýчка, шампáнское. ● *adj* (**bubblier, bubbliest**) (*of wine*) шипýчий, пéнящийся; (*of person*) живóй.

bubonic /bju:'bɒnɪk/ *adj* бубóнный; **~ plague** бубóнная чумá.

buccaneer /,bʌkə'nɪə(r)/ *n* пирáт.

Bucharest /,bu:kə'rest/ *n* Бухарéст.

buck[1] /bʌk/ *n* **1** (*male deer*) олéнь (*m*). **2** (*male animal*) самéц; **~ rabbit** самéц крóлика. **3** (*coll, dollar*) дóллар; **big ~s** кýча дéнег. **4**: **pass the ~** (*coll*) снимáть, снять с себя́ отвéтственность. ● *cpds* **~shot** *n* крýпная дробь; **~skin** *n* олéнья/лосѝная кóжа; (*in pl*) кóжаные штан|ы́ (*pl, g* -óв); лосѝны (*f pl*); **~thorn** *n* крушѝна; **~ tooth** *n* выступáющий зуб.

buck[2] /bʌk/ *vt* **1**: **the horse ~ed him off** лóшадь сбрóсила егó. **2**: **~ s.o. up** (*cheer*) подбодрѝть/встряхнýть (*pf*) когó-н.; **~ things up** (*hasten*) подт|áлкивать, -олкнýть дéло. ● *vi* **1** (*of horse*) брыкáться (*impf*); (*of engine*) трястѝсь (*impf*). **2**: **~ against fate** протѝвиться (*impf*) судьбé. **3**: **~ up** (*coll*) (*cheer up*) подбодрѝться, оживѝться (*both pf*); (*get a move on*) пошевéливаться (*impf*).

bucket /'bʌkɪt/ *n* **1** ведрó; **the rain came down in ~s** дождь лил как из ведрá; **kick the ~** сыгрáть (*pf*) в я́щик (*sl*). **2** (*of dredger*) черпáк, ковш; (*of waterwheel*) лóпасть. **3**: **~ seat** чашеобрáзное сидéнье. ● *vi* (**bucketed, bucketing**) (*ride jerkily*) двѝгаться (*impf*) рывкáми; (*Br, rain*) **it's ~ing down** льёт как из ведрá.

bucketful /'bʌkɪtfʊl/ *n* ведрó.

buckle /'bʌk(ə)l/ *n* пря́жка. ● *vt* **1** (*coat, shoe*) застёг|ивать, -нýть; **~ on one's sword** пристёг|ивать, -нýть меч. **2** (*wheel*) гнуть, по-; деформѝровать (*impf, pf*). ● *vi* **1** (*of coat, shoe*) застёг|иваться, -нýться. **2**: **~ down to a task, ~ to** прин|имáться, -я́ться за дéло. **3** (*of wheel*) гнýться, по-; деформѝроваться (*impf, pf*). **4** (*of legs, knees*) под|гибáться, -огнýться.

buckram /'bʌkrəm/ *n* клеёнка; (*attr*) клеёнчатый.

buckwheat /'bʌkwi:t/ *n* гречѝха, (*coll*) грéчка; (*attr*) гречѝшный, (*cooked*) грéчневый.

bucolic /bju:'kɒlɪk/ *adj* буколѝческий.

bud /bʌd/ *n* пóчка; (*flower not fully opened*) бутóн; **the trees are in ~** на дерéвьях появѝлись пóчки; **nip sth in the ~** уничт|ожáть, -óжить что-н. в зарóдыше. ● *vi* (**budded, budding**) (*of plant*) покр|ывáться, -ы́ться пóчками; (*fig*) распус|кáться, -тѝться; расцве|тáть, -стѝ.

Budapest /,bju:də'pest/ *n* Будапéшт.

Buddha /'bʊdə/ *n* Бýдда (*m*).

Buddhism /'bʊdɪz(ə)m/ *n* буддѝзм.

Buddhist /'bʊdɪst/ *n* буддѝст (*fem* -ка). ● *adj* (*also* **~ic**) буддѝйский, буддѝстский.

buddleia /'bʌdlɪə/ *n* буд(д)лéя (*декоративный кустарник*).

buddy /'bʌdɪ/ *n* (*US coll*) дружѝще (*m*), прия́тель (*m*).

budge /bʌdʒ/ *vt*: **I cannot ~ this rock** я не могý сдвѝнуть э́тот кáмень; (*fig, make give in*) заст|авля́ть, -áвить уступѝть; **no matter how hard she tried, she couldn't ~ him on this question** как онá ни старáлась, у неё не получѝлось переубедѝть егó в э́том вопрóсе. ● *vi*: **he never ~d the whole time** за всё врéмя он (ни рáзу) не пошевельнýлся; **the bookcase won't ~ an inch** э́тот кнѝжный шкаф невозмóжно сдвѝнуть с мéста; (*fig; change one's opinion, give in*) уступ|áть, -ѝть; **despite all their arguments, she wouldn't ~** несмотря́ на все их дóводы/возражéния, онá не изменѝла своегó мнéния (*or* не пошлá на устýпки).

budgerigar /'bʌdʒərɪ,gɑ:(r)/ *n* волнѝстый попугáй(чик).

budget /'bʌdʒɪt/ *n* бюджéт. ● *vt & i* (**budgeted, budgeting**): **~ (funds) for a project** ассигновáть (*impf, pf*) определённую сýмму на проéкт.

budgetary /'bʌdʒɪtərɪ/ *adj* бюджéтный.

budgie /'bʌdʒɪ/ (*coll*) = **budgerigar**

Buenos Aires /'bweɪnɒs 'aɪrɪz/ *n* Буэ́нос-Áйрес.

buff /bʌf/ *n* (*ox hide*) бычáчья кóжа; (*buffalo hide*) бýйволовая кóжа; (*coll, human skin*): **in the ~** нагишóм; (*colour*) тёмно-жёлтый цвет. ● *adj* тёмно-жёлтый. ● *vt* (*metal*) полировáть, от- кóжей; (*leather*) размягч|áть, -ѝть.

buffalo /'bʌfə,ləʊ/ *n* (*pl* **~** *or* **~es**) (*wild ox*) бýйвол; (*bison*) бизóн.

buffer /'bʌfə(r)/ *n* (*railways, comput*) бýфер; (*fig*): **~ state** бýферное госудáрство.

buffet[1] /'bʌfɪt/ *n* (*blow*) удáр, шлепóк. ● *vt* (**buffeted, buffeting**) уд|аря́ть, -áрить в + *a*; **they were ~ed by waves** их швыря́ло по волнáм; **they were ~ed by the crowd** их затолкáла толпá.

buffet² /ˈbʊfeɪ, ˈbʌfeɪ/ *n* (*sideboard*) буфе́т, серва́нт; (*refreshment bar*) буфе́т; (*supper, reception*) а-ля фурше́т.

buffeting /ˈbʌfɪtɪŋ/ *n* битьё.

buffoon /bəˈfu:n/ *n* шут, фигля́р.

buffoonery /bəˈfu:nərɪ/ *n* шутовство́, фигля́рство.

bug /bʌg/ *n* (*bedbug*) клоп; (*any small insect*) бука́шка, жучо́к; (*coll, germ*) зара́за; (*error*) оши́бка; (*concealed microphone*) жучо́к; (*craze*) мо́дное увлече́ние, ве́яние мо́ды; **he's got the travelling ~** он поме́шан на путеше́ствиях.
● *vt* (**bugged, bugging**): **the room was ~ged** (*coll*) в ко́мнате бы́ли устано́влены подслу́шивающие устро́йства; **the conversation was ~ged** разгово́р подслу́шивали; (*coll, annoy*) раздраж|а́ть, -и́ть.
● *cpd* **~-eyed** *adj* с выпученными глаза́ми.

bugaboo /ˈbʌgə,bu:/ *n* (*US*) бу́ка, пу́гало.

bugbear /ˈbʌgbeə(r)/ *n* (*bogy*) бу́ка, пу́гало; (*object of aversion*) жу́пел; (*problem*) пробле́ма.

bugger /ˈbʌgə(r)/ (*Br vulg*) *n* (*sodomite*) содоми́т; (*as term of abuse*) сво́лочь; **poor ~** несча́стный.
● *vt* **1** (*commit sodomy with*) занима́ться (*impf*) содоми́ей с + *i*. **2** (*vulg uses*): **~ s.o. about** трави́ть, за- кого́-н.; **~ sth up** исковерка́ть/запоро́ть (*pf, sl*) что-н.; **I'm ~ed if I know** чёрта с два, е́сли я зна́ю; **~ all** ни фига́; ни хрена́; **~ (it)!** чёрт возьми́! **~ them!** да хрен с ни́ми!
● *vi*: **~ off!** (*vulg*) прова́ливай!; убира́йся!

buggery /ˈbʌgərɪ/ *n* содоми́я.

buggy /ˈbʌgɪ/ *n* (**baby ~**) лёгкая де́тская коля́ска; (*beach, dune etc.*) ба́гги (*indecl*).

bugle¹ /ˈbju:g(ə)l/ *n* горн.
● *cpd* **~ call** *n* сигна́л го́рна.

bugle² /ˈbju:g(ə)l/ *n* (*bead*) стекля́рус.

bugler /ˈbju:glə(r)/ *n* горни́ст.

bugloss /ˈbju:glɒs/ *n* воловик.

build /bɪld/ *n* (*structure*) констру́кция; фо́рма; (*of human body*) телосложе́ние; **a man of powerful ~** челове́к могу́чего сложе́ния.
● *vt* (*past and pp* **built**) **1** стро́ить, по-; выстра́ивать, вы́строить; **~ a nest** вить, с- гнездо́; **~ a fire** (*in the open*) разв|оди́ть, -ести́ костёр.
2: **a well-built man** хорошо́ сложённый челове́к.
3 (*fig*): **~ a New World** созд|ава́ть, -а́ть но́вый мир; **he is not built that way** он сде́лан из друго́го те́ста.
4 (*base*): **~ one's hopes on sth** стро́ить, по- наде́жды на чём-н.
● *vi* (*past and pp* **built**): **I shan't ~ if I can find a suitable house** я не бу́ду стро́иться, если найду́ подходя́щий дом.
● *with advs*: **~ in** *vt*: (*insert into structure*) вмонти́ровать (*pf*); *see also* ⇒**built-in**; **~ on** *vt*: **~ a wing on to a house** пристр|а́ивать, -о́ить крыло́ к до́му; **~ up** *vt*: **~ s.o. up** (*in health*) укреп|ля́ть, -и́ть кому́-н. здоро́вье; (*in prestige*) популяризи́ровать (*impf, pf*) кого́-н.; созд|ава́ть, -а́ть и́мя кому́-н.; **~ up a theory** стро́ить, по- тео́рию; **~ up a business** созд|ава́ть, -а́ть де́ло; *vi*: **work has built up over the past year** за после́дний год накопи́лось мно́го рабо́ты; **our forces are ~ing up** на́ши си́лы расту́т (*see also* ⇒**built-up**).
● *cpd* **~-up** *n* (*accumulation*) скопле́ние; рост, разви́тие, развёртывание; (*coll, boosting*) популяриза́ция, созда́ние и́мени; **arms ~-up** нара́щивание вооруже́ний; **publicity ~-up** рекла́мная кампа́ния.

builder /ˈbɪldə(r)/ *n* строи́тель (*m*); (*housing contractor*) подря́дчик.

building /ˈbɪldɪŋ/ *n* **1** (*structure*) зда́ние, постро́йка, строе́ние; (*large edifice*) сооруже́ние; (*premises*) помеще́ние. **2** (*activity*) (по)стро́йка; (*esp large-scale*) строи́тельство; **~ of socialism** построе́ние/строи́тельство социали́зма; **~ of schools/houses** шко́льное/жили́щное строи́тельство; **~ materials** строи́тельные материа́лы, стройматериа́лы; **~ land** земля́ под постро́йку; **~ site** стро́йка; **~ society** (*Br*) (жили́щно-)строи́тельное о́бщество; ≈ ипоте́чный банк.

built /bɪlt/ *past and pp of* ⇒**build**

built-in /bɪlt/ *adj*: **a ~ cupboard** встро́енный/стенно́й шкаф; **he has a ~ resistance to this argument** он органи́чески не прие́млет э́того до́вода.

built-up /bɪlt/ *adj*: **~ area** застро́енный райо́н.

bulb /bʌlb/ *n* (*bot, anat*) лу́ковица; (*of lamp*) ла́мпочка.

bulbous /ˈbʌlbəs/ *adj* лу́ковичный; луковицеобра́зный; **a ~ nose** нос карто́шкой.

Bulgaria /bʌlˈgeərɪə/ *n* Болга́рия.

Bulgarian /bʌlˈgeərɪən/ *n* (*person*) болга́р|ин (*fem* -ка); (*language*) болга́рский язы́к; **Old ~** старославя́нский язы́к.
● *adj* болга́рский.

bulg|e /bʌldʒ/ *n* (*swelling*) вы́пуклость; (*temporary increase*) вре́менное увеличе́ние.
● *vi* (*swell*) выпя́чиваться, вы́пятиться; (*of wall*) выступа́ть (*impf*); выдава́ться (*impf*); (*of bag etc.*) над|ува́ться, -у́ться; разд|ува́ться, -у́ться; **his pockets were ~ing with apples** его карма́ны оттопы́ривались от я́блок.

bulimia /bʊˈlɪmɪə/ *n* булими́я.

bulimic /bʊˈlɪmɪk/ *adj* страда́ющий булими́ей.

bulk /bʌlk/ *n* **1** (*size, mass, volume*) величина́, ма́сса, объём; **in ~** (*not packaged*) без упако́вки. **2** (*in large quantities*): **~ purchase** опто́вая заку́пка; **~ buying** опто́вые заку́пки. **3** (*greater part*) основна́я ма́сса/часть.
● *vt* **~ out** (*enlarge*) увеличи|вать, -ть.
● *vi*: **~ large** зан|има́ть, -я́ть ва́жное ме́сто.
● *cpds* **~ carrier** *n* сухогру́з, ба́лкер; **~head** *n* перебо́рка, перегоро́дка.

bulky /ˈbʌlkɪ/ *adj* (**bulkier, bulkiest**) (*large*) объёмистый; (*unwieldy*) громо́здкий.

bull¹ /bʊl/ *n* **1** (*ox*) бык; (*buffalo*) бу́йвол; (*elephant, whale etc.*) саме́ц; (*fig*): **~ in a china shop** слон в посу́дной ла́вке; **take the ~ by the horns** взять (*pf*) быка́ за рога́; **go at sth like a ~ at a gate** лезть/пере́ть (*impf*) напроло́м.
2 (*astron*) Теле́ц.
3 (*Br*, **~seye**) я́блоко мише́ни.
4 (*comm*) спекуля́нт, игра́ющий на повыше́ние.
5 (*sl, nonsense*) неле́пость.
● *cpds* **~dog** *n* бульдо́г; **~dog tenacity** бульдо́жья хва́тка; **~doze** *vt* (*clear with* **~dozer**) расч|ища́ть, -и́стить бульдо́зером; **~doze s.o. into doing sth** прин|ужда́ть, -у́дить кого́-н. сде́лать что-н.; **~dozer** *n* бульдо́зер; **~fight, ~fighting** *nn* бой бы́ков; **~fighter** *n* тореадо́р; **~finch** *n* снеги́рь (*m*); **~frog** *n* лягу́шка-бык; **~ring** *n* аре́на для боя́ быко́в; **~seye** *n* (*of target*) я́блочко; **hit the ~seye** (*fig*) поп|ада́ть, -а́сть в цель; **~ terrier** *n* бультерье́р.

bull² /bʊl/ *n* (*edict*) бу́лла.

bull³ /bʊl/ *n*: **Irish ~** неле́пость, неле́пица.

bullet /ˈbʊlɪt/ *n* пу́ля; **put a ~ through s.o.** вса́|живать, -ди́ть в кого́-н. пу́лю.
● *cpds* **~-headed** *adj* круглоголо́вый; **~ hole** *n* пулево́е отве́рстие; **~proof** *adj* пуленепробива́емый; **~proof vest** бронежиле́т.

bulletin /ˈbʊlɪtɪn/ *n* (*periodical; official statement*) бюллете́нь (*m*); (*news report*) сво́дка (новосте́й), вы́пуск, сообще́ние.

bullion /ˈbʊlɪən/ *n*: **gold ~** зо́лото в сли́тках.

bullish /ˈbʊlɪʃ/ *adj* (*optimistic*) оптимисти́ческий; (*comm*): **a ~ market** повыша́ющийся ры́нок; **~ speculators** спекуля́нты, игра́ющие на повыше́ние цен.

bullock /ˈbʊlək/ *n* вол.

bullshit /ˈbʊlʃɪt/ *n* (*vulg*) брехня́, бредя́тина, херня́; **don't give me that ~!** не пори́ херню́!
● *vi* (*vulg*) бреха́ть (*impf*).

bullshitter /ˈbʊlʃɪtə(r)/ *n* (*vulg*) брехло́, бреху́н.

bully¹ /ˈbʊlɪ/ *n* громи́ла (*m*), зади́ра (*cg*).
● *vt* запу́г|ивать, -а́ть; **~ s.o. into doing sth** запу́гиванием заст|авля́ть, -а́вить кого́-н. сде́лать что-н.
● *vi*: **~ off** (*at hockey*) скре́|щивать, -сти́ть клю́шки.

bully² /ˈbʊlɪ/ *adj* (*coll*): **~ for you!** молоде́ц!

bully boy /ˈbʊlɪbɔɪ/ *n* громи́ла (*m*), зади́ра (*cg*).

bulrush /ˈbʊlrʌʃ/ *n* камы́ш.

bulwark /ˈbʊlwək/ *n* (*rampart*) вал, бастио́н; (*mole, breakwater*) мол; (*naut, usu in pl*) фальшбо́рт; (*fig*): **~ of freedom** оплó̱т свобо́ды.

bum /bʌm/ *n* (*coll*) **1** (*Br, buttocks*) зад, за́дница. **2** (*US, loafer*) ло́дырь (*m*), (*vagrant*) бродя́га (*m*); **give s.o. the**

~'s rush выгонять, выгнать кого-н. взашей.
● *adj* дрянной.
● *vt* (**bummed, bumming**) (*sl, cadge, scrounge*) клянчить, вы-.
● *vi* (**bummed, bumming**): **~ around** шататься (*impf*).
● *cpd* **~bag** *n* (*Br coll*) поясной кошелёк.

bumble /ˈbʌmb(ə)l/ *vi*: **~ about** идти (*det*) неуверенно/спотыкаясь.

bumblebee /ˈbʌmb(ə)lˌbiː/ *n* шмель (*m*).

bumbling /ˈbʌmblɪŋ/ *adj* неуклюжий, неумелый.

bum|f, -ph /ˈbʌmf/ *n* (*Br, papers*) бумажки (*f pl*).

bump /bʌmp/ *n* **1** (*thump*) глухой удар; **he landed with a ~ on the floor** он шлёпнулся/грохнулся на пол; (*collision*) толчок. **2** (*swelling, protuberance*) шишка. **3** (*air pocket*) воздушная яма; (*in a road*) ухаб, бугор.
● *adv*: **he went ~ into the door** он так и врезался в дверь.
● *vt* уд|арять, -арить; ушиб|ать, -ить; **I ~ed my knee as I fell** я ушиб колено при падении; **the car ~ed the one in front** машина стукнулась о другую, стоявшую/шедшую впереди; **I ~ed the table and spilt the ink** я толкнул стол и пролил чернила; **~ off** (*kill*) уб|ирать, -рать (*sl*).
● *vi*: **~ against a tree** удариться (*pf*) о дерево; наскочить/наткнуться (*pf*) на дерево; **my head ~ed against the beam** я ударился головой о балку; **~ along** (*in cart etc.*) трястись (*impf*); **he ~ed into a lamp post** он наткнулся на фонарный столб; **his car ~ed into ours** его машина врезалась в нашу; **I ~ed into him in London** я наткнулся на него в Лондоне.

bumper /ˈbʌmpə(r)/ *n* **1** (*of car*) бампер. **2**: **~ crop** небывалый/невиданный урожай.

bumph /ˈbʌmf/ = **bumf**

bumpkin /ˈbʌmpkɪn/ *n* мужлан.

bumptious /ˈbʌmpʃəs/ *adj* самоуверенный, зазнавшийся.

bumptiousness /ˈbʌmpʃəsnɪs/ *n* самоуверенность, зазнайство.

bumpy /ˈbʌmpɪ/ *adj* (**bumpier, bumpiest**) (*of road*) ухабистый, тряский; **we had a ~ journey** нас трясло всю дорогу; **a ~ flight** ≈ болтанка.

bumsters /ˈbʌmstəz/ *n pl* бамстер|ы (*pl, g* -ов) (*брюки, сидящие низко на бедрах*).

bun /bʌn/ *n* **1** (*cul*) булочка, плюшка. **2** (*of hair*) пучок.

bunch /bʌntʃ/ *n* **1** (*of flowers*) букет; (*of grapes*) кисть, гроздь; (*of bananas*) гроздь; **~ of keys** связка ключей. **2** (*coll, group*) компания, группа; **the best of the ~** лучший среди них.
● *vt* (*also* **~ together**) соб|ирать, -рать в группу, пучок; **~ up** (*dress etc.*) соб|ирать, -рать (платье) в сборки.
● *vi*: **~ together** ск|апливаться, -опиться; (*of people*) сб|иваться, -иться в кучу; **~ up** (*of dress etc.*) собраться (*impf*) в сборки.

bundle /ˈbʌnd(ə)l/ *n* **1** (*of clothes etc.*) узел; (*of sticks*) вязанка; (*of hay*) охапка. **2** (*packet*) пакет. **3**: **she is a ~ of nerves** она комок нервов.
● *vt* **1** **~ up** связ|ывать, -ать в узел/вязанку; **~ up one's hair** соб|ирать, -рать волосы в пучок. **2** (*shove*) запих|ивать, -ать; **~ s.o. into a room** вталкивать, втолкнуть кого-н. в комнату; **~ off** спрова|живать, -дить; выпроваживать, выпроводить.

bung /bʌŋ/ *n* затычка, втулка.
● *vt* **1** (*cask etc.*) зат|ыкать, -кнуть; закупори|вать, -ть; **the sink is ~ed up** раковина засорилась; **my nose is ~ed up** у меня заложен нос. **2** (*Br sl, throw*) швыр|ять, -нуть.

bungalow /ˈbʌŋgəˌləʊ/ *n* бунгало (*indecl*); одноэтажный дом.

bungle /ˈbʌŋg(ə)l/ *vt* портить, на-; путать, с-.

bungler /ˈbʌŋglə(r)/ *n* портач, «сапожник».

bunion /ˈbʌnjən/ *n* опухоль/шишка на ноге.

bunk[1] /bʌŋk/ *n* (*sleeping berth*) койка; **~ bed** двухъярусная кровать.

bunk[2] /bʌŋk/ (*Br, coll*) *n*: **do a ~** см|ываться, -ыться.
● *vi* см|ываться, -ыться; **~ off**: **to ~ off lessons/school** прогул|ивать, -ять уроки, сачковать (*impf*).

bunker /ˈbʌŋkə(r)/ *n* (*ship's*) бункер; (*underground shelter*) блиндаж; (*golf*) яма.

bunkum /ˈbʌŋkəm/ *n* (*coll*) чушь, пустословие.

bunny /ˈbʌnɪ/ *n* (*coll*) кролик, зайчик.

Bunsen burner /ˈbʌns(ə)n/ *n* бунзеновская горелка.

bunting[1] /ˈbʌntɪŋ/ *n* (*zool*) овсянка; **snow ~** пуночка.

bunting[2] /ˈbʌntɪŋ/ *n* (*cloth*) флажная материя; (*naut*) флагдук; (*fig, flags*) флаги (*m pl*).

buoy /bɔɪ/ *n* буй, бакен; **mooring ~** швартовная бочка; (*life~*) спасательный буй/круг.
● *vt* (*mark with ~s*) обст|авлять, -авить буями; **~ up** (*lit*) поддерж|ивать, -ать на поверхности; (*fig, support*) поддерж|ивать, -ать; (*cheer up*) подб|адривать, -одрить.

buoyancy /ˈbɔɪənsɪ/ *n* плавучесть; (*fig*) жизнерадостность; оживление.

buoyant /ˈbɔɪənt/ *adj* плавучий; (*of person*) жизнерадостный; (*of hopes, market*) оживлённый; (*of prices*) имеющий тенденцию к повышению.

bur /bəː(r)/ = **burr**[3]

burden /ˈbəːd(ə)n/ *n* (*load*) ноша, груз; (*fig*) бремя (*nt*); обуза; **beast of ~** вьючное животное; **~ of taxation** бремя налогов; **~ of proof** бремя доказывания/доказательства; **become a ~ on s.o.** становиться, стать в тягость (*or* обузой) кому-н.
● *vt* (*load*) нагру|жать, -зить; (*fig*) обремен|ять, -ить; **~ s.o. with expenses** взвал|ивать, -ить на кого-н. расходы.

burdensome /ˈbəːd(ə)nsəm/ *adj* обременительный, тягостный.

burdock /ˈbəːdɒk/ *n* лопух.

bureau /ˈbjʊərəʊ/ *n* (*pl* **~x** *or* **~s**) (*Br, desk*) бюро (*indecl*), конторка; (*US, chest*) комод; (*office*) бюро; **information ~** справочное бюро; **employment ~** бюро по найму; **marriage ~** брачное бюро; **~ de change** обменный пункт.

bureaucracy /bjʊəˈrɒkrəsɪ/ *n* бюрократия.

bureaucrat /ˈbjʊərəˌkræt, -rəʊˌkræt/ *n* бюрократ, чиновник.

bureaucratic /bjʊərəˈkrætɪk, -rəʊˈkrætɪk/ *adj* бюрократический.

bureaux /ˈbjʊərəʊz/ *pl of* ⇒**bureau**

burette /bjʊəˈret/ (*US also* **buret**) *n* бюретка.

burgeon /ˈbəːdʒ(ə)n/ *vi* да|вать, -ть почки; распус|каться, -титься.

burger /ˈbəːgə(r)/ *n* котлета; **~ bar** гамбургерная, котлетная.

burgher /ˈbəːgə(r)/ *n* бюргер, горожанин.

burglar /ˈbəːglə(r)/ *n* квартирный вор, взломщик; **cat ~** грабитель, проникающий в дом через окно.

burglarize /ˈbəːgləˌraɪz/ (*US*) = **burgle** *vt*

burglary /ˈbəːglərɪ/ *n* ограбление (дома/офиса), кража со взломом.

burgle /ˈbəːg(ə)l/ *vt*: грабить, о-.
● *vi* соверш|ать, -ить кражу со взломом.

burgomaster /ˈbəːgəˌmɑːstə(r)/ *n* бургомистр.

burgundy /ˈbəːgəndɪ/ *n* (*wine*) бургундское (вино).

burial /ˈberɪəl/ *n* (*interment*) погребение, захоронение; (*funeral*) похор|оны (*pl, g* -он); **~ service** заупокойная служба.
● *cpds* **~ ground** *n* кладбище, погост; (*archaeol*) могильник; **~ mound** *n* курган; **~ place** *n* место погребения.

burin /ˈbjʊərɪn/ *n* резец гравёра.

burlap /ˈbəːlæp/ *n* дерюга.

burlesque /bəːˈlesk/ *n* (*parody*) бурлеск.
● *adj* бурлескный, фарсовый, пародийный.
● *vt* (**burlesques, burlesqued, burlesquing**) пародировать (*impf, pf*).

burly /ˈbəːlɪ/ *adj* (**burlier, burliest**) здоровенный, дюжий.

Burma /ˈbəːmə/ *n* Бирма.

burn[1] /bəːn/ *n* (*injury*) ожог; **first-degree ~s** ожоги первой степени.
● *vt* (*past and pp* **burnt** *or* **burned**) **1** (*sting*) жечь, с-; (*destroy by fire*) сж|игать, -ечь; **~ o.s.** обж|игаться, -ечься; **~ one's fingers** (*lit*) обж|игать, -ечь себе пальцы; (*fig*) обж|игаться, -ечься (*на чём*); **~ a hole in sth** прож|игать, -ечь дыру в чём-н.; **the meat is ~t** мясо сгорело/подгорело; **a ~t taste/smell** вкус/запах горелого; **he was ~t all over** на нём живого места не осталось от ожогов; **she was ~t at the stake** её сожгли на костре; **the ship ~s oil** корабль работает на жидком топливе; **acid ~s the carpet**

b

кислота́ прожига́ет ковёр; **pepper ~s one's mouth** от пе́рца жжёт во рту; **~ paint off a wall** сжига́ть, сжечь кра́ску со стены́.
2 (*bricks, charcoal, etc.*) обж|ига́ть, -е́чь.
3 (*tan*) опал|я́ть, -и́ть; обж|ига́ть, -е́чь.
4 (*fig*): **~ one's boats** сжечь (*pf*) свои́ корабли́; **~ the candle at both ends** безрассу́дно расхо́довать (*impf*) си́лы; **~ the midnight oil** заси́|живаться, -де́ться за рабо́той за́ полночь; **he has money to ~** у него́ де́нег ку́ры не клюю́т; **money ~s a hole in his pocket** де́ньги у него́ не де́ржатся.
● *vi* (*past and pp* **burnt** *or* **burned**) горе́ть (*impf*) (*also fig*): **the house is ~ing** дом гори́т; в до́ме пожа́р; **the lamp is ~ing low** ла́мпа догора́ет; **acid ~s into metal** кислота́ разъеда́ет мета́лл; **he ~t with fever** он был в жару́; он горе́л в лихора́дке; **he ~t with shame/curiosity** он сгора́л от стыда́/любопы́тства; **he ~t with passion** он пыла́л стра́стью; **he ~t with anger** он кипе́л от зло́сти.
● *with advs*: **~ down** *vt* сж|ига́ть, -ечь; *vi*: **the house ~t down** дом сгоре́л дотла́; **the fire ~t down** костёр догоре́л; **~ out** *vt*: **the house was ~t out** дом сгоре́л дотла́; **the fire ~t itself out** пожа́р вы́жег всё дотла́ и стих; костёр догоре́л (до угле́й) и поту́х; **~ o.s. out** (*fig*) сгоре́ть (*pf*); **~ out a fuse** (*elec*) переж|ига́ть, -е́чь про́бку; *vi*: **the fire ~t out** ого́нь поту́х; костёр (догоре́л и) поту́х; **~ up** *vi*: **make the fire ~ up** разж|ига́ть, -е́чь пе́чку/ками́н.

burn² /bɜːn/ *n* (*Scottish, stream*) руче́й, пото́к.

burner /ˈbɜːnə(r)/ *n* **1** (*of stove etc.*) горе́лка, конфо́рка; **to put on the back burner** отодв|ига́ть, -и́нуть на за́дний план. **2** (*for CDs/DVDs*) (CD/DVD-)реза́к (*sl*) (*устройство для записи информации на компакт-диск*).

burning /ˈbɜːnɪŋ/ *n* горе́ние; обжига́ние, о́бжиг.
● *adj* (*of fever*) сжига́ющий; (*of shame*) жгу́чий; (*of zeal*) неи́стовый.

burnish /ˈbɜːnɪʃ/ *vt* полирова́ть, от-.

burnous /bɜːˈnuːs/ *n* бурну́с.

burnt /bɜːnt/ *past and pp of* ⇒**burn¹**

burp /bɜːp/ (*coll*) *n* отры́жка; рыга́ние.
● *vt*: **~ a baby** да|ва́ть, -ть ребёнку отрыгну́ть.
● *vi* рыг|а́ть, -ну́ть.

burr¹ /bɜː(r)/ *n* (*in speech*) карта́вость; **speak with a ~** карта́вить (*impf*).

burr² /bɜː(r)/ *n* (*on metal*) заусе́нец, грат.

burr³ /bɜː(r)/ *n* (*bot*) репе́й, репе́йник.

burrow /ˈbʌrəʊ/ *n* нора́.
● *vt*: **~ a hole** рыть, вы́- нору́.
● *vi* (*of rabbit/mole*) рыть, вы́- нору́; рыть, про- ходы́; **~ among archives** ры́ться (*impf*) в архи́вах.

bursar /ˈbɜːsə/ *n* (*Br, treasurer*) казначе́й.

bursary /ˈbɜːsərɪ/ *n* (*Br*) (*office*) канцеля́рия казначе́я; (*grant*) стипе́ндия.

burst /bɜːst/ *n* взрыв; разры́в; **the ~ of a shell** разры́в снаря́да; **a ~ of energy** вспы́шка/взрыв эне́ргии; **work in sudden ~s** рабо́тать (*impf*) рывка́ми; **~ of applause** взрыв аплодисме́нтов; **~ of anger** вспы́шка гне́ва; взрыв негодова́ния; **~ of tears** внеза́пный пото́к слёз; **~ of machine-gun fire** пулемётная о́чередь.
● *vt* (*past and pp* **burst**) (*e.g. a shell tyre, balloon, blood vessel*) раз|рыва́ть, -орва́ть; **the river ~ its banks** река́ вы́шла из берего́в; **~ one's bonds** разорва́ть (*pf*) свои́ око́вы; **~ one's sides with laughing** надорва́ть (*pf*) живо́т от сме́ха; **~ a door open** расп|а́хивать, -ахну́ть дверь.
● *vi* (*past and pp* **burst**): **the shell ~** снаря́д разорва́лся; **the balloon ~** возду́шный шар ло́пнул; **the bubble ~** пузы́рь ло́пнул; **the granaries are ~ing** закрома́ ло́мятся; **the dam ~** плоти́ну прорва́ло; **full to ~ing** по́лный до отка́за; **he is ~ing with health** он пы́шет здоро́вьем; **~ with laughter** расхохота́ться (*pf*); **he was ~ing with pride** его́ распира́ло от го́рдости; **I was ~ing to tell her** мне не терпе́лось сказа́ть ей; **the door ~ open** дверь распахну́лась.
● *with preps*: **~ into bloom** распус|ка́ться, -ти́ться, расцве|та́ть, -сти́; **~ into song** запе́ть (*pf*); **~ into tears** разрыда́ться (*pf*); **~ into a room** врыва́ться, ворва́ться в ко́мнату; **~ into flame(s)** вспы́х|ивать, -нуть; **oil ~ out of the ground** из земли́ заби́ла нефть; **the sun ~ through the clouds** со́лнце прорва́ло́сь сквозь ту́чи; **shouts ~ upon our ears** внеза́пно нас оглуши́ли кри́ки; **the truth ~ upon him** его́ вдруг осени́ло; **the news ~ upon the world** э́та но́вость потрясла́ мир.
● *with advs*: **~ in** *vi* (*interrupt*) вмеш|иваться, -а́ться; **he ~ in upon us** он ворва́лся к нам; **~ out** *vi* (*exclaim*) вы́палить (*pf*); **~ out laughing** расхохота́ться (*pf*).

bur|y /ˈberɪ/ *vt* **1** (*inter*) хорони́ть, по-; погре|ба́ть, -сти́; **he is dead and ~ied** его́ нет в живы́х; **he ~ied** (*lost by death*) **all his relatives** он похорони́л всех свои́х родны́х. **2** (*hide in earth*) зар|ыва́ть, -ы́ть; зак|а́пывать, -опа́ть.
3 (*remove from view*): **~y one's face in one's hands** закр|ыва́ть, -ы́ть лицо́ рука́ми; **~y o.s. in one's books** зар|ыва́ться, -ы́ться в кни́ги; **~y o.s. in the country** хорони́ть, по- себя́ в дере́вне; **~ying-ground** = **burial-ground**

Buryat /bʊəˈjɑːt/ *n* (*person*) буря́т (*fem* -ка).
● *adj* буря́тский.

bus /bʌs/ *n* (*pl* **buses** *or US* **busses**) авто́бус; **miss the ~** (*fig*) упус|ка́ть, -ти́ть слу́чай.
● *vi* (**buses** *or* **busses, bussed, bussing**) е́хать (*det*) авто́бусом.
● *vt* (**buses** *or* **busses, bussed, bussing**) перев|ози́ть, -езти́ на авто́бусе.
● *cpds* **~ conductor** *n* конду́ктор авто́буса; **~ conductress** *n* же́нщина-конду́ктор; **~ driver** *n* води́тель (*m*) авто́буса; **~man** *n*: **~man's holiday** пра́здник, похо́жий на бу́дни; **~ shelter** *n* наве́с, козырёк (на авто́бусной остано́вке); **in the ~ shelter** под наве́сом/козырько́м (на авто́бусной остано́вке); **~ station** *n* авто́бусная ста́нция; **~ stop** *n* авто́бусная остано́вка; **~ ticket** *n* авто́бусный биле́т.

busby /ˈbʌzbɪ/ *n* гуса́рский ки́вер.

bush /bʊʃ/ *n* (*shrub*) куст; (*thicket*) куста́рник; (*wild land*) некультиви́рованная земля́; **~ telegraph** быстрое распростране́ние слу́хов; ≈ молва́.

bushed /bʊʃt/ *adj* (*coll*) вы́мотанный.

bushel /ˈbʊʃ(ə)l/ *n* бу́шель (*m*); **hide one's light under a ~** быть изли́шне скро́мным.

bushing /ˈbʊʃɪŋ/ *n* вту́лка, вкла́дыш.

bushy /ˈbʊʃɪ/ *adj* (**bushier, bushiest**) (*covered with bush*) покры́тый куста́рником; (*of beard etc.*) густо́й; (*of plant*) кусти́стый; (*of tail*) пуши́стый.

busily /ˈbɪzɪlɪ/ *adv* делови́то; энерги́чно.

business /ˈbɪznɪs/ *n* **1** (*task, affair*) де́ло; **he made it his ~ to find out ...** он счёл свои́м до́лгом узна́ть...; **what is your ~ here?** что вам здесь на́до?; **it is none of your ~** э́то не ва́ше де́ло; э́то вас не каса́ется; **mind your own ~** не вме́шивайтесь/су́йтесь не в своё де́ло; **it is his ~ to keep a record** его́ обя́занность — вести́ запи́си; **you have no ~ to say that** не вам э́то говори́ть; **funny, monkey ~** нечи́стое де́ло; шту́чки (*f pl*); **I am sick of the whole ~** мне вся э́та исто́рия надое́ла; **'any other ~'** (*on agenda*) «Ра́зное».
2 (*trouble*): **what a ~ it is!** вот так исто́рия!; **make a great ~ of sth** преувели́чивать (*impf*) значе́ние чего́-н.
3 (*serious purpose, work*): **he means ~** он име́ет серьёзные наме́рения; **get down to ~** бра́ться, взя́ться за де́ло.
4 (*comm etc.*): **~ of the day, meeting** пове́стка дня; **~ hours, hours of ~** (*of an office*) часы́ приёма/заня́тий/рабо́ты; **~ year** хозя́йственный год; **~ card** визи́тка, визи́тная ка́рточка; **~ before pleasure** де́лу вре́мя, поте́хе час; сде́лал де́ло — гуля́й сме́ло; **he is in the wool ~** он занима́ется торго́влей ше́рстью; **big ~** большо́й би́знес; **~ as usual** фи́рма рабо́тает как обы́чно; **set up in ~** нач|ина́ть, -а́ть торго́вое де́ло; **go into ~** заня́ться (*pf*) комме́рцией; **~ is ~** де́ло есть де́ло; **on ~** по де́лу; **put s.o. out of ~** разор|я́ть, -и́ть кого́-н.; **do ~ with s.o.** вести́ (*det*) дела́ с кем-н.; **lose ~** теря́ть, по- клие́нтов; **talk ~** говори́ть (*impf*) по де́лу/существу́; **~ is slow/brisk** дела́ иду́т вя́ло/хорошо́; **~ deal, piece of ~** сде́лка.
5 (*establishment*) фи́рма, предприя́тие; про́мысел; (*office*) конто́ра.
● *cpds* **~like** *adj* делово́й, практи́чный; **~man** *n* (*pl* **~men**) коммерса́нт, бизнесме́н, деле́ц; **~woman** *n* (*pl* **~women**) би́знес-ле́ди, бизнесву́мен

(*both f indecl*), деловáя жéнщина.

busker /ˈbʌskə(r)/ *n* ýличный музыкáнт.

busses /ˈbʌsɪz/ *US pl of* ⇨**bus**

bust[1] /bʌst/ *n* (*sculpture*; *bosom*) бюст; (*upper part of body*) грудь.

bust[2] /bʌst/ (*coll*) *vt* (*past and pp* **busted** *or* **bust**) (*break*) раскол|áчивать, -отúть; **~ up** разб|ивáть, -úть; (*sl, arrest*) арестóв|ывать, -áть; (*sl, police raid*) соверш|áть, -úть налёт на + *a*.
● *vi* (*past and pp* **busted** *or* **bust**) (*also* **go ~**) ломáться, с-; раскол|áчиваться, -отúться; **~ up** разб|ивáться, -úться; **the business went ~** дéло лóпнуло.
● *cpd* **~-up** *n* (*Br, quarrel*) раздóр, разлáд.

bustard /ˈbʌstəd/ *n* дрофá.

bustle[1] /ˈbʌs(ə)l/ *n* (*on skirt*) турнюр.

bustle[2] /ˈbʌs(ə)l/ *n* (*activity*) суматóха, суетá.
● *vi* (*also* **~ about**) суетúться, тормошúться (*both impf*).

bustling /ˈbʌslɪŋ/ *n* суетá; суетлúвость.
● *adj* суетлúвый, суетя́щийся; **a ~ city** оживлённый гóрод.

busy /ˈbɪzɪ/ *adj* (**busier, busiest**) **1** (*occupied*) зáнятый; **I had a ~ day** я весь день был(á) в делáх; **he was ~ packing** он был зáнят упакóвкой; **keep s.o. ~** занимáть (*impf*) когó-н. (*чем-н.*); **the line is ~** (*US*) нóмер зáнят. **2** (*habitually unresting*) занятóй. **3**: **a ~ street** шýмная/оживлённая ýлица. **4**: **a ~ pattern** вы́чурный узóр.
● *vt*: **~ o.s.** зан|имáться, -я́ться.
● *cpd* **~body** *n* докýчливый/назóйливый человéк.

busyness /ˈbɪzɪnɪs/ *n* зáнятость.

but /bʌt/ *n*: **(~ me) no ~s** никакúх «но»; без вся́ких «но».
● *adv* (*literary*): (*only*) всегó (лишь); **we can ~ try** попы́тка не пы́тка.
● *prep & conj* (*except*): **no one ~ me** никтó, крóме меня́; **she is anything ~ beautiful** онá далекó не красáвица; **he all ~ failed** он чуть не провалúлся; **nothing remains ~ to thank her** остаётся тóлько поблагодарúть её; **he had no choice ~ to go there** емý не оставáлось ничегó другóго, крóме как пойтú тудá; **not a day passes ~ there is some trouble** не прохóдит и дня без неприя́тностей; **next door ~ one** чéрез однý дверь; **the last ~ one** предпослéдний; **~ for me he would have stayed** éсли бы не я, он бы остáлся; **she would have fallen ~ that I caught her** онá бы упáла, éсли бы я не подхватúл её; **he cannot ~ agree** емý остаётся тóлько согласúться; **I do not doubt ~ that he is honest** я не сомневáюсь в егó чéстности; **I cannot help ~ think …** я не могý не дýмать, что… .
● *conj* (*adversative*) но; (*less emphatic*) а; **~ yet, then, again** но всё же; но опя́ть-таки.

butane /ˈbjuːteɪn, bjuːˈteɪn/ *n* бутáн.

butch /bʊtʃ/ *adj* мýжественный (*о мужчине*), мужеподóбная (*о женщине*).

butcher /ˈbʊtʃə(r)/ *n* **1** (*tradesman*) мясни́к; **~'s (shop)** мяснáя лáвка, мяснóй магазúн. **2** (*murderer*) палáч.
● *vt* (*cattle*) забивáть (*impf*); (*people*) истреб|ля́ть, -úть; вырезáть, вы́резать.
● *cpd* **~-bird** *n* сорокопýт.

butchery /ˈbʊtʃərɪ/ *n* (*trade*) торгóвля мя́сом; (*massacre*) резня́.

butler /ˈbʌtlə(r)/ *n* дворéцкий.

butt[1] /bʌt/ *n* (*cask*) бóчка.

butt[2] /bʌt/ (*fig, target*): **a ~ for ridicule** мишéнь для насмéшек.

butt[3] /bʌt/ *n* (*of rifle*) приклáд; (*of tree*) кóмель (*m*); (*of cigarette*) окýрок; (*US coll, buttocks*) зад, зáдница.
● *vi*: **~ up against, up to** прилегáть (*impf*) к + *d*.
● *cpd* **~ end** *n* (*remainder*) остáток; (*thick end*) утолщённый конéц.

butt[4] /bʌt/ *n* (*blow with the head*) удáр головóй.
● *vt* бодáть, за-; **~ s.o. in the stomach** ударя́ть, удáрить когó-н. головóй в живóт.
● *vi*: **~ in** (*interrupt*) встр|евáть, -ять; вмéш|иваться, -áться; **~ into a conversation** встрять/вмешáться/влезть (*pf*) в разговóр.

butter /ˈbʌtə(r)/ *n* мáсло; **melted ~** топлёное мáсло; **fry sth in ~** жáрить, под- что-н. на мáсле; **she looks as if ~ wouldn't melt in her mouth** на вид онá тúше воды́.
● *vt* намáз|ывать, -ать мáслом; (*a dish*) смáз|ывать, -ать мáслом; **~ up** (*fig*) льстúть, по- + *d*; умáсл|ивать, -ить.
● *cpds* **~ bean** *n* боб (каролúнский); **~cup** *n* лю́тик; **~ dish** *n* маслёнка; **~fingered** *adj* растя́пистый; **~fingers** *n* размазня́ (*cg*), растя́па (*cg*); **~ knife** *n* нож для мáсла; **~milk** *n* пáхта, пáхтанье.

butterfly /ˈbʌtəˌflaɪ/ *n* **1** бáбочка; **I have butterflies in my stomach** у меня́ сéрдце ёкает. **2** (*fig, flighty person*) мотылёк. **3**: **~ nut** (*tech*) барáшек; **~ stroke** (*swimming*) баттерфля́й.

buttery /ˈbʌtərɪ/ *n* (*Br*) кладовáя.
● *adj* (*like or containing butter*) маслянúстый; (*covered in butter*) мáсленый, в мáсле.

buttocks /ˈbʌtəks/ *n* я́годицы (*f pl*).

button /ˈbʌt(ə)n/ *n* **1** пýговица. **2** (*knob*) кнóпка; **press a ~** наж|имáть, -áть кнóпку. **3** (*US, badge*) значóк. **4**: **~ mushroom** мéлкий гриб.
● *vt* (*also* **~ up**) застёг|ивать, -нýть; **~ up a child** застёг|ивать, -нýть одéжду на ребёнке; **~ one's lip** (*sl*) держáть (*impf*) язы́к за зубáми.
● *vi* застёг|иваться, -нýться; **the dress ~s up the back** плáтье застёгивается на спинé.
● *cpd* **~hole** *n* петля́, петлúца; (*Br, flower*) цветóк в петлúце; *vt* (*fig*) задéрж|ивать, -áть разговóром.

buttress /ˈbʌtrɪs/ *n* (*archit*) подпóр(к)а; (*fig*) опóра, поддéржка; **flying ~** аркбутáн, áрочный контрфóрс.
● *vt* (*archit*) подп|ирáть, -ерéть контрфóрсом; (*fig*) укреп|ля́ть, -úть; подкреп|ля́ть, -úть; служúть (*impf*) опóрой + *d*.

buxom /ˈbʌksəm/ *adj* (*of a woman*) пышногрýдая.

buy /baɪ/ *n*: **a good ~** вы́годная покýпка.
● *vt* (**buys, buying;** *past and pp* **bought**) **1** покупáть, купúть; **money cannot ~ happiness** счáстья за дéньги не кýпишь; **the victory was dearly bought** побéда достáлась дорогóй ценóй; **~ s.o. a drink** стáвить, по- комý-н. вы́пивку. **2** (*bribe*) подкуп|áть, -úть. **3** (*coll, accept the truth of*) вéрить, по- + *d*; прин|имáть, -я́ть (на вéру); купúться (*pf*) на + *a*; **I just don't ~ that theory** я прóсто не принимáю той теóрии.
● *with advs & preps*: **~ back** *vt* снóва купúть (*pf*) (*проданное*); **~ in** *vt* (*Br, stock up with*) закуп|áть, -úть; (*at auction*) выкупáть, вы́купить; **~ into** *vt* (*invest in*) вклáдывать, вложúть капитáл в + *a*; (*coll, agree with, subscribe to*) соглa|шáться, -сúться с + *i*; **~ off** *vt* откуп|áться, -úться (*от кого*); **~ out** *vt*: **~ s.o. out** выкупáть, вы́купить чью-н. дóлю; **~ o.s. out of the army** откуп|áться, -úться от воéнной слýжбы; **~ up** *vt* скуп|áть, -úть.

buyer /ˈbaɪə(r)/ *n* **1** покупáтель (*m*); **~'s market** ры́ночная конъюнктýра, вы́годная для покупáтелей. **2** (*firm's agent*) закýпщи|к (*fem* -ца).

buzz /bʌz/ *n* **1** (*of bee etc.*) жужжáние; (*of talk*) гул, жужжáние. **2**: **give s.o. a ~** (*ring*) звя́кнуть (*pf*) комý-н. (*coll*).
● *vt* (*summon with buzzer*) звонúть, по-; вызывáть, вы́звать сигнáлом.
● *vi* **1** (*of insect, projectile*) жужжáть (*impf*); (*of place, people*) гудéть (*impf*); **my ears were ~ing** у меня́ гудéло в ушáх. **2**: **~ off!** (*sl*) убирáйся!; провáливай!
● *cpds* **~ saw** *n* (*US*) циркуля́рная пилá; **~word** *n* мóдное словéчко.

buzzard /ˈbʌzəd/ *n* сары́ч, каню́к; (*US, turkey vulture*) гриф-индéйка.

buzzer /ˈbʌzə(r)/ *n* (*elec*) зýммер.

by /baɪ/ *adv* (*near*) поблúзости; (*alongside*) ря́дом; (*past*) мúмо; **the days went ~** дни шли одúн за другúм; **~ and large** в цéлом.
● *prep* **1** (*near, close to*): **sit ~ the fire(side)** сидéть (*impf*) у камúна; **I was going ~ the house** я шёл мúмо дóма; **she sat ~ the sick man** онá сидéла у постéли больнóго; **~ o.s.** (*alone*) (совершéнно) одúн/однá; (*unaided*) сам/самá, самостоя́тельно; **he played billiards ~ himself** он игрáл в билья́рд сам с собóй; **~ and ~** вскóре; сейчáс; **side ~ side** ря́дом; **pass ~ s.o.** про|ходúть, -йтú мúмо когó-н.; **a path ~ the river** дорóжка у/вдоль рекú; **~ the ~**; **~ the way** кстáти.
2 (*along, via*): **~ land and sea** по сýше и по мóрю; **~ the nearest road** ближáйшей дорóгой; **we travelled ~ (way of) Paris** мы éхали чéрез Парúж; **~ water** по водé; вóдным путём.
3 (*during*): **~ day/night** днём/нóчью;

b

~ daylight при дневно́м све́те.
4 (*of time limit*): **~ Thursday** к четвергу́; **~ then** к тому́ вре́мени; **~ now** тепе́рь; **he should know ~ now** пора́ бы уж ему́ знать.
5 (*manner, means or agency*) *often expressed by i case*; (**~** *means of*) при по́мощи + *g*; **lead ~ the hand** вести́ (*det*) за́ руку; **~ the name of George** по и́мени Гео́ргий; **have children ~ s.o.** име́ть (*impf*) дете́й от кого́-н.; **a Frenchman ~ blood** францу́з по происхожде́нию; **pull up ~ the roots** выта́скивать, вы́тащить с ко́рнем; **a book ~ Tolstoy** кни́га Толсто́го; **know ~ experience** знать (*impf*) по о́пыту; **~ Article 5 of the treaty** согла́сно 5 (пя́той) статье́ догово́ра; **~ my watch** по мои́м часа́м; **~ rail** по желе́зной доро́ге; **~ the one o'clock train** (c) часовы́м по́ездом; **~ taxi** на/в такси́; **die ~ drowning** утону́ть (*pf*); **work ~ electric light** рабо́тать при электри́ческом све́те; **~ law** по зако́ну; **~ radio** по ра́дио; **~ no means** ни в ко́ем слу́чае; **hang ~ a thread** висе́ть (*impf*) на волоске́; **~ post** по́чтой, по по́чте; **~ the morning post** (c) у́тренней по́чтой; **~ telephone** по телефо́ну; **~ nature/profession/invitation** по приро́де/профе́ссии/приглаше́нию; **cautious ~ nature** осторо́жный от приро́ды; **sold ~ auction** про́дан с торго́в/молотка́; **a letter written ~ hand** письмо́, напи́санное от руки́; **~ means of** при по́мощи + *g*; **I knew ~ his eyes that he was afraid** я по́нял по его́ глаза́м, что он бои́тся; **he led her ~ the hand** он вёл её за́ руку; **he held the horse ~ the bridle** он держа́л ло́шадь под уздцы́; **what is meant ~ this word?** что означа́ет э́то сло́во?
6 (*of rate or measurement*): **pay ~ the day** плати́ть (*impf*) подённо; **~ degrees** постепе́нно; **little ~ little** ма́ло-пома́лу; **bread came down in price ~ 1 rouble** хлеб подешеве́л на оди́н рубль; **he missed ~ a foot** он промахну́лся на (це́лый) фут; **better ~ far** намно́го лу́чше; **sell sth ~ the yard** прод|ава́ть, -а́ть что-н. на я́рды; **tomatoes are sold ~ weight, ~ the pound** помидо́ры продаю́тся на вес/фу́нты; **~ the dozen** дю́жинами; **one ~ one** оди́н за други́м; по одному́, поодино́чке; **day ~ day** день за днём; **we divide thirty ~ five** де́лим 30 на́ 5; **a room 13 feet ~ 12** ко́мната трина́дцать фу́тов на двена́дцать; **they discussed the report paragraph ~ paragraph** они́ обсуди́ли докла́д пункт за пу́нктом.
7: **~ God!** кляну́сь бо́гом!

bye /baɪ/ *n*: **draw a ~** (*sport*) быть свобо́дным от игры́.

bye-bye /ˈbaɪbaɪ, bəˈbaɪ/ *int* (*goodbye*) пока́!; всего́ хоро́шего!

bye-byes /ˈbaɪbaɪz/ *int* & *n* (*child's word for sleep, bed*) бай-ба́й!

bye-law /ˈbaɪlɔː/ = **by-law**

by-election /ˈbaɪɪˌlekʃ(ə)n/ *n* (*Br*) дополни́тельные вы́боры (*m pl*).

Byelorussia /ˌbjelə(ʊ)ˈrʌʃə/ = **Belorussia**

Byelorussian /ˌbjelə(ʊ)ˈrʌʃ(ə)n/ = **Belorussian**

bygone /ˈbaɪgɒn/ *n* (*usu in pl*): **let ~s be ~s** что бы́ло, то прошло́.
● *adj* проше́дший, мину́вший; **in ~ days** в давно́ мину́вшие времена́.

by-law, bye-law /ˈbaɪlɔː/ *n* (*Br*) распоряже́ние, постановле́ние (ме́стной вла́сти).

byline /ˈbaɪlaɪn/ *n* (*journalism*) по́дпись а́втора.

bypass /ˈbaɪpɑːs/ *n* объе́зд, обхо́д; обходно́й путь; (*med*) шунт; **heart ~** корона́рное шунти́рование.
● *vt* об|ходи́ть, -ойти́ (*also fig*).

by-product /ˈbaɪˌprɒdʌkt/ *n* побо́чный проду́кт.

byre /ˈbaɪə(r)/ *n* (*Br*) хлев, коро́вник.

byroad /ˈbaɪrəʊd/ *n* бокова́я доро́га.

bystander /ˈbaɪˌstændə(r)/ *n* зри́тель (*m*); прохо́жий.

byte /baɪt/ *n* (*comput*) байт.

byway /ˈbaɪweɪ/ *n* бокова́я доро́га, боково́й путь; (*fig*): **~s of learning** забро́шенные уголки́ (*m pl*) нау́ки/зна́ния.

byword /ˈbaɪwɜːd/ *n*: **a ~ for iniquity** олицетворе́ние несправедли́вости.

by your leave /ˌbaɪjɔːˈliːv/ *n*: **without (so much as) a ~** не спроси́сь.

Byzantine /bɪˈzæntaɪn, baɪ-, ˈbɪzənˌtiːn, ˈbɪzənˌtaɪn/ *adj* (*lit, fig*) византи́йский; **~ Empire** Византи́я, Византи́йская импе́рия.

Byzantium /bɪˈzæntɪəm/ *n* (*city*) Виза́нтий.

Cc

C[1] /siː/ *n* **1** (*mus*) до (*indecl*). **2** (*academic mark*) «удовлетвори́тельно», тро́йка; **she got a ~ in maths** она получи́ла «удовлетвори́тельно»/тро́йку по матема́тике.

C[2] (*abbr of* ***Celsius*** /ˈselsɪəs/ *or* ***centigrade*** /ˈsentɪˌgreɪd/) С (= *гра́дусов по Це́льсию or по шкале́ Це́льсия*).

c. *abbr of* **1** ***century*** /ˈsentʃərɪ, -tʃʊrɪ/ в. (век); ст. (столе́тие). **2** ***circa*** /ˈsɜːkə/ ок. (о́коло). **3** ***cent(s)*** /sent(s)/ це́нт(ы).

CAB (*abbr of* ***Citizens' Advice Bureau***) Бюро́ консульта́ции населе́ния.

cab /kæb/ *n* **1** (*taxi*) такси́ (*nt indecl*); кеб; **go by ~** е́хать (*det*) на такси́. **2** (*of lorry etc.*) каби́на води́теля.
● *cpds* **~ driver** *n* шофёр такси́; **~man** *n* (*pl* **~men**) = **~ driver**; **~ rank, ~ stand** *nn* стоя́нка такси́.

cabal /kəˈbæl/ *n* полити́ческая кли́ка.

cabaret /ˈkæbəˌreɪ/ *n* (*place*) кабаре́ (*indecl*); (*entertainment*) кабаре́, эстра́дное представле́ние.

cabbage /ˈkæbɪdʒ/ *n* капу́ста; **~ butterfly** капу́стница; **~ head** коча́н капу́сты.

cabbalistic /ˌkæbəˈlɪstɪk/ каббалисти́ческий.

cabby /ˈkæbɪ/ *n* (*coll*) такси́ст.

caber /ˈkeɪbə(r)/ *n*: (*sport*) **tossing the ~** мета́ние ствола́ (*национа́льный вид спо́рта в Шотла́ндии*).

cabin /ˈkæbɪn/ *n* каби́на; (*dwelling*) хи́жина; (*in ship etc.*) каю́та; **~ class** каю́тный класс; (*of aeroplane*) каби́на; **~ boy** каю́т-ю́нга (*m*).

> **Cabinet — Кабине́т мини́стров**
>
> Да́нный прави́тельственный о́рган Великобрита́нии включа́ет 20 мини́стров, назнача́емых премье́р-мини́стром. На заседа́ниях кабине́та обсужда́ются поли́тика прави́тельства и администрати́вные вопро́сы. Ка́ждый из мини́стров отвеча́ет за одну́ определённую сфе́ру госуда́рственной жи́зни. Кабине́т в це́лом принима́ет реше́ния, каса́ющиеся о́бщей поли́тики прави́тельства. Ли́дер гла́вной оппозицио́нной па́ртии назнача́ет свой кабине́т, называ́емый тенев́ым кабине́том (**Shadow Cabinet**).

cabinet /ˈkæbɪnɪt/ *n* **1** (*piece of furniture*) го́рка, (застеклённый) шка́ф(чик); **filing ~** картоте́чный шкаф; **medicine ~** апте́чка. **2** (*of radio set etc.*) ко́рпус. **3** (*also* **Cabinet**) (*pol*) кабине́т (мини́стров); **~ crisis** прави́тельственный кри́зис; **~ minister** член кабине́та; **shadow ~** «тенево́й кабине́т» (*see also* ➡**Cabinet**).
● *cpd* **~maker** *n* краснодере́вщик.

cable /ˈkeɪb(ə)l/ *n* **1** (*rope*) кана́т, трос. **2** (*wire*) ка́бель (*m*), про́вод; **~ car** ваго́н подвесно́й доро́ги; фуникулёр; **~ railway** кана́тная/подвесна́я доро́га; фуникулёр; **~ TV** ка́бельное телеви́дение. **3** (*telegram*) телегра́мма.
● *vt*: **he ~d his congratulations** он посла́л поздрави́тельную телегра́мму.
● *vi* телеграфи́ровать (*impf, pf*).

cablegram /ˈkeɪb(ə)lˌgræm/ *n* каблогра́мма, телегра́мма.

caboodle /kəˈbuːd(ə)l/ *n* (*sl*): **the whole ~** (*of people*) вся ора́ва/компа́ния; (*of things*) всё хозя́йство.

cabriolet /ˌkæbrɪəʊˈleɪ/ *n* (*carriage*) кабриоле́т; (*car*) автомоби́ль (*m*) с откидны́м ве́рхом.

cacao /kəˈkɑːəʊ, -ˈkeɪəʊ/ *n* (*pl* **~s**) кака́о (*indecl*).

cache /kæʃ/ *n* тайни́к, та́йный склад; (*comput*) кеш.
● *vt* пря́тать, с- в тайнике́.

cachet /ˈkæʃeɪ/ *n* **1** (*prestige*) прести́ж; (*mark of distinction*) печа́ть. **2** (*med*) ка́псула.

cackle /ˈkæk(ə)l/ *n* куда́хтанье; (*fig, chatter*) трескотня́, болтовня́; **cut the ~!** дово́льно треща́ть!; (*laugh*) хихи́канье.
● *vt & i* (*of geese, of a person*) гогота́ть (*impf*); (*of hens*) куда́хтать (*impf*).

cacophonous /kəˈkɒfənəs/ *adj* какофони́ческий, какофони́чный.

cacophony /kəˈkɒfənɪ/ *n* какофо́ния.

cactus /ˈkæktəs/ *n* (*pl* **cacti** /-taɪ/ *or* **cactuses**) ка́ктус.

CAD (*abbr of* ***computer-aided design***) автоматизи́рованное проекти́рование.

cad /kæd/ *n* хам.

cadaver /kəˈdeɪvə(r), -ˈdɑːvə(r)/ *n* труп.

cadaverous /kəˈdævərəs/ *adj* мёртвенно-бле́дный.

caddie /ˈkædɪ/ *n* носи́льщик клю́шек (*в го́льфе*).

caddish /ˈkædɪʃ/ *adj* ни́зкий, ха́мский.

caddishness /ˈkædɪʃnɪs/ *n* ни́зость, ха́мство.

caddy /ˈkædɪ/ *n* ча́йница.

cadence /ˈkeɪd(ə)ns/ *n* каде́нция; (*rhythm*) ритм; (*rise and fall of voice*) модуля́ция.

cadenza /kəˈdenzə/ *n* каде́нция.

cadet /kəˈdet/ *n* (*mil*) каде́т, курса́нт; **~ corps** каде́тский ко́рпус.

cadge /kædʒ/ *vt & i* попроша́йничать (*impf*); жить, по- на чужо́й счёт; (*get by sponging*) выкля́нчивать, вы́клянчить; (*coll*) стрел|я́ть, -ну́ть (*что у кого*).

cadger /ˈkædʒə(r)/ *n* попроша́йка (*cg*), прихлеба́тель (*m*), нахле́бник.

cadmium /ˈkædmɪəm/ *n* ка́дмий.

cadre /ˈkɑːdə(r), ˈkɑːdrə/ *n* (*mil etc.*) ка́дровый соста́в; (*in pl, key personnel*) ка́дры (*m pl*).

caduceus /kəˈdjuːsɪəs/ *n* (*pl* **caducei** /-sɪˌaɪ/) кадуце́й.

caec|um /ˈsiːkəm/ (*US* **cecum**) *n* (*pl* **~a**) слепа́я кишка́.

Caesarean /sɪˈzeərɪən/ (*US also* **Cesarean**) *adj* це́зарев, ке́сарев; **~ birth/operation** ке́сарево сече́ние.

caesium /ˈsiːzɪəm/ (*US* **cesium**) *n* це́зий.

caesura /sɪˈzjʊərə/ *n* (*pl* **~s**) цезу́ра.

cafe /ˈkæfeɪ/ *n* кафе́ (*indecl*).

cafeteria /ˌkæfɪˈtɪərɪə/ *n* кафете́рий.

caffeine /ˈkæfiːn/ *n* кофе́ин.

caftan /ˈkæftæn/ = **kaftan**

cage /keɪdʒ/ *n* (*for animals etc.*) кле́тка; (*of lift etc.*) каби́на.
● *vt* сажа́ть, посади́ть в кле́тку; **a ~d lion** лев в кле́тке.

cagey /ˈkeɪdʒɪ/ *adj* (**cagier, cagiest**) (*coll*) скры́тный.

caginess /ˈkeɪdʒɪnɪs/ *n* скры́тность.

cagoule /kəˈguːl/ *n* водонепроница́емая ку́ртка с капюшо́ном.

cagy /ˈkeɪdʒɪ/ = **cagey**

cahoots /kəˈhuːts/ *n pl* (*sl*): **in ~ with s.o.** в сго́воре с кем-н.

caiman /ˈkeɪmən/ *n* кайма́н.

Cainozoic /ˌkaɪnəˈzəʊɪk/ = **Cenozoic**

cairn /keən/ *n* пирами́да из гру́бого ка́мня.

Cairo /ˈkaɪrəʊ/ *n* Каи́р.

caisson /ˈkeɪs(ə)n, kəˈsuːn/ *n* (*ammunition chest*) заря́дный я́щик; (*underwater chamber*) кессо́н.

cajole /kəˈdʒəʊl/ *vt* обха́живать (*impf*); уле|ща́ть, -сти́ть.

cajolery /kəˈdʒəʊlərɪ/ *n* лесть; обха́живание.

cake /keɪk/ *n* **1** (*sponge ~*) кекс; **fruit ~** кекс с изю́мом; (*with cream*) торт; (*small fancy ~*) пиро́жное; **~ shop** конди́терская. **2** (*flat piece*) брусо́к, пли́тка; **~ of soap** кусо́к мы́ла. **3** (*fig*): **a piece of ~** (*coll*) пустяко́вое

C

де́ло; **they sell like hot ~s** это раскупа́ется нарасхва́т; **that takes the ~!** (*coll*) да́льше е́хать не́куда!; **you can't have your ~ and eat it** оди́н пиро́г два ра́за не съешь.
● *vt*: **his shoes were ~d with mud** его́ боти́нки бы́ли обле́плены гря́зью.
● *cpds* **~ mix** *n* (суха́я) смесь для вы́печки ке́кса, то́рта *и т. п.*; **~ mixer** *n* ми́ксер; **~walk** *n* (*dance*) кекуо́к; (*fig, easy task*) па́ра пустяко́в.

calabrese /ˌkæləˈbriːz/ *n* спа́ржевая капу́ста.

calamitous /kəˈlæmɪtəs/ *adj* бе́дственный, па́губный.

calamity /kəˈlæmɪtɪ/ *n* бе́дствие.

calceolaria /ˌkælsɪəˈleərɪə/ *n* (*bot*) кальцеоля́рия, кошельки́ (*m pl*).

calcification /ˌkælsɪfɪˈkeɪʃ(ə)n/ *n* обызвествле́ние.

calcify /ˈkælsɪˌfaɪ/ *vt & i* обызвеств|ля́ть(ся), -и́ть(ся).

calcination /ˌkælsɪˈneɪʃ(ə)n/ *n* кальцина́ция, о́бжиг, прока́ливание.

calcine /ˈkælsɪn, -saɪn/ *vt & i* кальцини́ровать(ся) (*impf, pf*); обж|ига́ть(ся), -е́чь(ся); прока́л|ивать(ся), -и́ть(ся).

calcite /ˈkælsaɪt/ *n* (*min*) кальци́т.

calcium /ˈkælsɪəm/ *n* ка́льций; **~ chloride** хло́ристый ка́льций.

calculability /ˌkælkjʊləˈbɪlɪtɪ/ *n* исчисли́мость.

calculable /ˈkælkjʊləb(ə)l/ *adj* исчисли́мый.

calculat|e /ˈkælkjʊˌleɪt/ *vt* **1** (*compute*) вычисля́ть, вы́числить; рассчи́т|ывать, -а́ть; высчи́тывать, вы́считать; **he ~ed the date of the eclipse** он вы́числил день затме́ния; **a ~ing machine** счётная маши́на, арифмо́метр. **2** (*estimate*) рассчи́т|ывать, -а́ть; калькули́ровать, с-; **I ~ed that he would act in this way** я рассчи́тывал, что он посту́пит и́менно так. **3** (*plan*): **a ~ed insult** наме́ренное оскорбле́ние; **a ~ed risk** обду́манный риск. **4** (*past participle: intended*): **that is ~ed to offend him** э́то рассчи́тано на то, что́бы его́ оби́деть.
● *vi* (*rely*) рассчи́тывать (*impf*) (на + *a*); **we cannot ~e upon fine weather** мы не мо́жем рассчи́тывать на хоро́шую пого́ду.

calculating /ˈkælkjʊˌleɪtɪŋ/ *adj* (*of person*) расчётливый, себе́ на уме́.

calculation /ˌkælkjʊˈleɪʃ(ə)n/ *n* **1** (*mathematical*) вычисле́ние. **2** (*planning, forecast*) расчёт; **my ~s were at fault** мои́ расчёты оказа́лись оши́бочными. **3** (*estimate*) калькуля́ция.

calculator /ˈkælkjʊˌleɪtə(r)/ *n* калькуля́тор.

calcu|lus /ˈkælkjʊləs/ *n* (*math*) (*pl* **~luses**) исчисле́ние; (*med*) (*pl* **~li** /-ˌlaɪ, -ˌliː/) ка́мень (*m*).

Calcutta /kælˈkʌtə/ *n* Кальку́тта.

calendar /ˈkælɪndə(r)/ *n* календа́рь; **~ month** календа́рный ме́сяц.

calender /ˈkælɪndə(r)/ *n* (*machine*) кала́ндр.
● *vt* (*press cloth*) каландри́ровать (*impf*); лощи́ть, на-.

calends /ˈkælendz/ (*also* **kalends**) *n pl* (*hist*) кале́нд|ы (*pl, g* —).

calf[1] /kɑːf/ *n* (*pl* **calves**) **1** (*of cattle*) телёнок; **a cow in ~** сте́льная коро́ва; (*of seal, whale etc.*) детёныш. **2** (*leather*) теля́чья ко́жа; опо́ек; **bound in ~** переплетённый в теля́чью ко́жу.
● *cpds* **~ love** *n* ю́ношеское увлече́ние; **~skin** *n* опо́ек; теля́чья ко́жа.

calf[2] /kɑːf/ *n* (*pl* **calves**) (*of leg*) икра́.

caliber /ˈkælɪbə(r)/ (*US*) = **calibre**

calibrate /ˈkælɪˌbreɪt/ *vt* калиброва́ть (*impf, pf*), градуи́ровать (*impf, pf*).

calibration /ˌkælɪˈbreɪʃ(ə)n/ *n* калибро́вка.

calibre /ˈkælɪbə(r)/ (*US* **caliber**) *n* (*lit, fig*) кали́бр.

calico /ˈkælɪˌkəʊ/ *n* (*pl* **~es** *or US also* **~s**) (*Br*) митка́ль (*m*); (*US*) си́тец.

California /ˌkælɪˈfɔːnɪə/ *n* Калифо́рния.

Californian /ˌkælɪˈfɔːnɪən/ *n* калифорни́|ец (*fem* -йка).
● *adj* калифорни́йский.

calipers /ˈkælɪpəz/ = **callipers**

caliph /ˈkeɪlɪf, ˈkæl-/ *n* кали́ф, хали́ф.

caliphate /ˈkeɪlɪˌfeɪt/ *n* халифа́т.

calisthenics /ˌkælɪsˈθenɪks/ (*US*) = **callisthenics**

calk /kɔːk/ (*US*) = **caulk**

call /kɔːl/ *n* **1** (*cry, shout*) зов, о́клик; **I heard a ~ for help** я услы́шал крик о по́мощи; **they came at my ~** они́ пришли́ на мой зов. **2** (*of bird*) крик; (*of bugle*) зов, сигна́л. **3** (*teleph*): **telephone ~** телефо́нный звоно́к, звоно́к по телефо́ну; **he took the ~ in his study** он подошёл к телефо́ну в своём кабине́те. **4** (*visit*): **pay a ~** нан|оси́ть, -ести́ визи́т; **he returned my ~** он нанёс мне отве́тный визи́т; **port of ~** порт захо́да. **5** (*invitation, summons, demand*) зов, клич, призы́в; **the ~ of the sea** зов мо́ря; **the doctor is on ~** врач на вы́зове; **he answered his country's ~** он откли́кнулся на призы́в свое́й ро́дины; **I have many ~s on my time** у меня́ почти́ нет свобо́дного вре́мени. **6** (*need*): **there is no ~ for him to worry** ему́ не́чего волнова́ться. **7** (*at cards*) объявле́ние игры́.
● *vt* **1** (*name, designate*) наз|ыва́ть, -ва́ть; **he is ~ed John** его́ зову́т Джо́н(ом); **he ~s himself a colonel** он называ́ет себя́ полко́вником; **~ s.o. names** об|зыва́ть, -озва́ть кого́-н.; **we have nothing we can ~ our own** у нас нет ничего́, что мы могли́ бы счита́ть свои́м; **I ~ that a shame** я счита́ю э́то посты́дным; **let's ~ it £5** сойдёмся на пяти́ фу́нтах; **~ a halt** объяв|ля́ть, -и́ть переры́в/остано́вку; **~ the roll** де́лать, с- перекли́чку; **~ a strike** приз|ыва́ть, -ва́ть к забасто́вке. **2** (*summon, arouse attention of*): **~ a doctor/taxi!** вы́зовите врача́/такси́!; **duty ~s** долг вели́т; **~ me at 6** разбуди́те меня́ в 6 часо́в; **(this is) London ~ing** говори́т Ло́ндон; *for sense 'telephone' see* ⇨**~ up**. **3** (*announce*): **the case is ~ed for Tuesday** слу́шание де́ла назна́чено на вто́рник; **~ a meeting** соз|ыва́ть, -ва́ть собра́ние. **4** (*various idioms*): **~ into question** ста́вить, по- под сомне́ние; **~ to mind** вызыва́ть, вы́звать в па́мяти; **~ into being** вызыва́ть, вы́звать к жи́зни; **~ attention to** обра|ща́ть, -ти́ть (*чьё-н.*) внима́ние на + *a*; **~ into play** прив|оди́ть, -ести́ в де́йствие; **~ to witness** приз|ыва́ть, -ва́ть в свиде́тели; **~ to order** приз|ыва́ть, -ва́ть к поря́дку.
● *vi* **1** (*cry, shout*) звать, по-; окл|ика́ть, -и́кнуть; **I heard someone ~** я слы́шал, как кто́-то позва́л; **I ~ed to him** я окли́кнул его́. **2** (*pay a visit*) за|ходи́ть, -йти́; **I ~ed on him** я зашёл к нему́; **the ship ~ed at Naples** парохо́д зашёл в Неа́поль; **the train ~s at every station** по́езд остана́вливается на ка́ждой ста́нции; **the butcher ~ed** мясни́к заходи́л. **3 ~ for** (*pick up*): **I ~ed for him at 6** я зашёл за ним в 6 часо́в; **to be ~ed for** до востре́бования; (*demand*): **the situation ~s for courage** обстоя́тельства тре́буют му́жества; **they ~ed for his resignation** они́ тре́бовали его́ отста́вки. **4 ~ on, upon** (*require*): **I ~ on you to keep your promise** я призыва́ю вас сдержа́ть своё обеща́ние; (*appeal to*): **the president ~ed on the world community for help** президе́нт призва́л на по́мощь мирово́е соо́бщество; (*invite*) предл|ага́ть, -ожи́ть (*что кому*); **I ~ on Mr Grey to speak** я предоставля́ю сло́во г-ну Гре́ю; **I feel ~ed on to reply** я чу́вствую, что до́лжен отве́тить.
● *with advs*: **~ away** *vt* от|зыва́ть, -озва́ть; **~ back** *vt & i* (*answer*) откл|ика́ться, -и́кнуться (на + *a*); (*on telephone*) перезв|а́нивать, -они́ть (+ *d*); **I'll ~ you back** я перезвоню́ вам; **~ down** *vt*: **~ down curses on s.o.'s head** приз|ыва́ть, -ва́ть прокля́тия на чью-н. го́лову; **~ forth** *vt* (*lit, fig*) вызыва́ть, вы́звать; **~ in** *vt* (*books, money*) тре́бовать, за- наза́д; (*currency*) из|ыма́ть, -ъя́ть из обраще́ния; (*a specialist*) вызыва́ть, вы́звать; **~ off** *vt* (*e.g. a dog*) от|зыва́ть, -озва́ть; (*cancel*) отмен|я́ть, -и́ть; **~ out** *vt* (*announce*) выклика́ть, вы́кликнуть; (*summon away*) от|зыва́ть, -озва́ть; (*workers, on strike*) приз|ыва́ть, -ва́ть (к + *d*); (*doctor*) вызыва́ть, вы́звать; (*to a duel*) вызыва́ть, вы́звать; *vi* выклика́ть, выкликнуть; выкри́кивать, вы́крикнуть; **~ over** *vt* (*summon*): **I ~ ed him over** я подозва́л его́; **~ up** *vt* (*telephone*) звони́ть, по- (*кому*) по телефо́ну; (*evoke*) вызыва́ть, вы́звать; (*for military service*) приз|ыва́ть, -ва́ть.
● *cpds* **~ box** *n* (*Br*) телефо́нная бу́дка; **~ boy** *n* ма́льчик, вызыва́ющий актёров на сце́ну; **~ centre** *n* колл-це́нтр, информацио́нно-спра́вочная слу́жба; **~ girl** *n* проститу́тка, приходя́щая по вы́зову; **~ sign** *n* (*radio*) позывно́й (сигна́л); **~up** *n* (*mil*) призы́в.

calla /ˈkælə/ *n*: ~ **lily** (*US*) ка́лла.
caller /ˈkɔːlə(r)/ *n* (*visitor*) посети́тель (*fem* -ница); (*telephone*) позвони́вший (по телефо́ну).
calligrapher /kəˈlɪgrəfə(r)/ *n* каллигра́ф.
calligraphic /ˌkælɪˈgræfɪk/ *adj* каллиграфи́ческий.
calligraphy /kəˈlɪgrəfɪ/ *n* каллигра́фия.
calling /ˈkɔːlɪŋ/ *n* (*summoning*) созы́в; (*profession, occupation*) призва́ние; ~ **card** (*US*) визи́тная ка́рточка.
callipers /ˈkælɪpəz/ *n* кронци́ркуль (*m*).
callisthenics /ˌkælɪsˈθenɪks/ *n* ритми́ческая гимна́стика, ри́тмика; пласти́ческая гимна́стика.
callous /ˈkæləs/ *n* = **callus**
● *adj* (*of skin*) огрубе́лый, мозо́листый; (*fig*) чёрствый.
callousness /ˈkæləsnɪs/ *n* чёрствость.
callow /ˈkæləʊ/ *adj* (*unfledged; also fig*) неопери́вшийся.
callus /ˈkæləs/ *n* ко́стная мозо́ль.
calm /kɑːm/ *n* споко́йствие, тишина́; **a dead** ~ мёртвая тишина́; (*at sea*) штиль (*m*), безве́трие.
● *adj* споко́йный.
● *vt & i* (*also* ~ **down**) успок|а́ивать(ся), -о́ить(ся).
calmness /ˈkɑːmnɪs/ *n* споко́йствие, тишина́, поко́й.
caloric /ˈkælərɪk/ *adj* (*US*) теплово́й, терми́ческий.
calorie /ˈkælərɪ/ *n* кало́рия.
calorific /ˌkæləˈrɪfɪk/ *adj* (*Br*) теплово́й, теплотво́рный; калори́йный; ~ **value** теплотво́рная спосо́бность; калори́йность.
calorimeter /ˌkæləˈrɪmɪtə(r)/ *n* калори́метр.
calque /kælk/ *n* (*ling*) ка́лька.
calumniate /kəˈlʌmnɪˌeɪt/ *vt* клевета́ть, на- на + *a*; оклевета́ть (*pf*).
calumniator /kəˈlʌmnɪˌeɪtə(r)/ *n* клеветни́к.
calumnious /kəˈlʌmnɪəs/ *adj* клеветни́ческий.
calumny /ˈkæləmnɪ/ *n* клевета́.
Calvary /ˈkælvərɪ/ *n* (*place*) Голго́фа.
calve /kɑːv/ *vi* тели́ться, о-.
calves /kɑːvz/ *pl of* ⇒**calf**[1,2]
Calvinism /ˈkælvɪˌnɪz(ə)m/ *n* кальвини́зм.
Calvinist /ˈkælvɪˌnɪst/ *n* кальвини́ст.
Calvinistic /ˌkælvɪˈnɪstɪk/ *adj* кальвини́стский.
calyces /ˈkeɪlɪˌsiːz, ˈkæ-/ *pl of* ⇒**calyx**
calypso /kəˈlɪpsəʊ/ *n* (*pl* ~**s**) кали́псо (*indecl*).
caly|x /ˈkeɪlɪks, ˈkæl-/ *n* (*pl* ~**ces** *or* ~**xes**) (*bot*) ча́шечка; (*anat*) чашеви́дная по́лость.
cam /kæm/ *n* (*tech*) кулачо́к, копи́р, па́лец.
● *cpd* ~**shaft** *n* кулачко́вый вал.
camaraderie /ˌkæməˈrɑːdərɪ/ *n* това́рищеские отноше́ния.
camber /ˈkæmbə(r)/ *n* вы́пуклость; (*of road*) попере́чный укло́н.
● *vt & i* выгиба́ть(ся), вы́гнуть(ся).

Cambodia /kæmˈbəʊdɪə/ *n* Камбо́джа.
Cambodian /kæmˈbəʊdɪən/ *n* (*person*) камбоджи́|ец (*fem* -йка).
● *adj* камбоджи́йский.
Cambrian /ˈkæmbrɪən/ (*geol*) *n* (**the** ~) кембри́йский пери́од, ке́мбрий.
● *adj* кембри́йский.
cambric /ˈkæmbrɪk/ *n* бати́ст.
Cambridge /ˈkeɪmbrɪdʒ/ *n* Ке́мбридж; (*attr*) ке́мбриджский.
camcorder /ˈkæmˌkɔːdə(r)/ *n* портати́вная видеока́мера.
came /keɪm/ *past of* ⇒**come**
camel /ˈkæm(ə)l/ *n* верблю́д; **Arabian** ~ дромаде́р, одного́рбый верблю́д; **Bactrian** ~ бактриа́н, двуго́рбый верблю́д; **the last straw breaks the** ~**'s back** после́дняя ка́пля переполня́ет ча́шу.
● *cpds* ~ **driver** *n* пого́нщик верблю́дов; ~**-hair** *adj*: ~**-hair coat** пальто́ из верблю́жьей ше́рсти.
camellia /kəˈmiːlɪə/ *n* каме́лия.
cameo /ˈkæmɪˌəʊ/ *n* (*pl* ~**s**) каме́я; (*fig*) скетч, эссе́ (*indecl*), винье́тка; ~ **role** эпизоди́ческая роль.
camera /ˈkæmrə, -ərə/ *n* **1** (*phot*) фотоаппара́т. **2**: **in** ~ (*law*) при закры́тых дверя́х.
● *cpds* ~**man** *n* (*pl* ~**men**) (*cin*) (кино)опера́тор; (*TV*) (теле)опера́тор; ~ **phone** *n* камерофо́н, моби́льный телефо́н с фото|-/видео|ка́мерой.
camomile /ˈkæməˌmaɪl/ *n* рома́шка.
camouflage /ˈkæməˌflɑːʒ/ *n* камуфля́ж; (*also fig*) маскиро́вка.
● *vt* (*lit, fig*) маскирова́ть, за-.
camp[1] /kæmp/ *n* ла́герь (*m; pl in mil etc. sense* лагеря́, *in pol sense* ла́гери); бива́к; **pitch** ~ расположи́ться/стать (*both pf*) ла́герем; **break, strike** ~ сн|има́ться, -я́ться с ла́геря; **he has a foot in both** ~**s** ≈ он слу́жит и на́шим и ва́шим.
● *vi* разб|ива́ть, -и́ть ла́герь; распол|ага́ться, -ожи́ться ла́герем; **go** ~**ing** отпр|авля́ться, -а́виться в (туристи́ческий) похо́д; жить (*impf*) в пала́тках; ~ **out** спать (*impf*) на откры́том во́здухе; ~**(ing)site** ке́мпинг, турба́за.
● *cpds* ~ **bed** *n* (*Br*) похо́дная крова́ть, раскладу́шка; ~ **chair,** ~ **stool** *nn* складно́й стул; ~**fire** *n* похо́дный костёр.
camp[2] /kæmp/ *n* (*coll, affected behaviour*) аффекта́ция, мане́рность, кэмп.
● *adj* аффекти́рованный, мане́рный; (*effeminate*) женоподо́бный.
● *vt* ~ **up** переигр|ывать, -а́ть.
campaign /kæmˈpeɪn/ *n* похо́д; (*lit, fig*) кампа́ния.
● *vi* уча́ствовать (*impf*) в похо́де; (*fig*) вести́ (*det*) кампа́нию.
campaigner /kæmˈpeɪnə(r)/ *n* уча́стник кампа́нии; боре́ц; **old** ~ ста́рый вoя́ка; **peace** ~ боре́ц за мир.
campanile /ˌkæmpəˈniːlɪ/ *n* колоко́льня.
campanologist /ˌkæmpəˈnɒlədʒɪst/ *n* звона́рь (*m*).
campanula /kæmˈpænjʊlə/ *n* (*bot*) колоко́льчик.

camper /ˈkæmpə(r)/ *n* (*person*) ночу́ющий на откры́том во́здухе; тури́ст, живу́щий в пала́тке; (*vehicle*) (*Br, also* ~ **van**) автодо́м (*автомобиль, не прицеп*); (*US*) жило́й/тури́стский автоприце́п.
camphor /ˈkæmfə(r)/ *n* ка́мфора, камфара́.
camphorate /ˈkæmfəˌreɪt/ *vt*: ~**d oil** ка́мфорное/камфа́рное ма́сло.
camping /ˈkæmpɪŋ/ *n* ке́мпинг.
● *cpd* ~ **ground** *n* террито́рия ке́мпинга.
campus /ˈkæmpəs/ *n* (*pl* ~**es**) университе́тский городо́к; (*attr*) университе́тский, студе́нческий.
can[1] /kæn/ *n* **1** (*for liquids*) бидо́н; **milk** ~ моло́чный бидо́н. **2** (*for food etc.*) (консе́рвная) ба́нка; **a** ~ **of beer/ peaches** ба́нка пи́ва/пе́рсиков. **3**: **carry the** ~ (*Br sl*) отдува́ться (*impf*) (*за кого/что*); **open a** ~ **of worms** навл|ека́ть, -е́чь на себя́ ку́чу неприя́тностей.
● *vt* (**canned, canning**) консерви́ровать (*impf, pf*); ~**ned food** консе́рв|ы (*pl, g* -ов); ~**ned vegetables** овощны́е консе́рвы; ~**ned music** му́зыка в за́писи, фоногра́мма.
● *cpd* ~**-opener** *n* консе́рвный ключ/ нож.
can[2] /kæn/ *vi* (*3rd pers sg pres* **can;** *past* **could;** *neg* **cannot, can't**) (*expressing ability or permission*) мочь (*impf*); (*expressing capability*) уме́ть (*impf*); **I** ~ **speak French** я говорю́ по-францу́зски; **I** ~ **see him** я ви́жу его́; **I** ~ **understand that** я понима́ю (*or* могу́ поня́ть) э́то; **I could have laughed for joy** я гото́в был смея́ться от ра́дости; **I** ~**not but feel that ...** я не могу́ не чу́вствовать, что...; **one** ~ **hardly blame him** едва́ ли мо́жно вини́ть его́; ~ **it be true?** неуже́ли э́то пра́вда?; **he is as happy as** ~ **be** он абсолю́тно сча́стлив; **as soon as you** ~ как то́лько смо́жете; как мо́жно скоре́е; **we** ~ **but try** мо́жно всё-таки попыта́ться; **he** ~ **be very trying** он мо́жет доня́ть кого́ уго́дно.
Canada /ˈkænədə/ *n* Кана́да.
Canadian /kəˈneɪdɪən/ *n* (*person*) кана́д|ец (*fem* -ка).
● *adj* кана́дский.
canal /kəˈnæl/ *n* **1** (*channel through land*) кана́л; ~ **boat** су́дно для кана́лов. **2** (*anat*) кана́л, прохо́д; **alimentary** ~ пищевари́тельный тракт.
canalization /ˌkænəlaɪˈzeɪʃ(ə)n/ *n* сооруже́ние кана́лов.
canalize /ˈkænəˌlaɪz/ *vt* напр|авля́ть, -а́вить (*реку*) в кана́лы; (*fig*) напр|авля́ть, -а́вить по определённому ру́слу.
canapé /ˈkænəpɪ, -ˌpeɪ/ *n* канапе́ (*nt indecl*); ло́мтик поджа́ренного хле́ба с холо́дным мя́сом *и т. п.*; заку́ска.
canard /kəˈnɑːd, ˈkænɑːd/ *n* ло́жный слух, (газе́тная) у́тка.
canary /kəˈneərɪ/ *n* канаре́йка; **C**~ **Islands** Кана́рские острова́.
● *cpd* ~ **yellow** *n* канаре́ечный цвет.
Canberra /ˈkænbərə/ *n* Канбе́рра.
cancan /ˈkænkæn/ *n* канка́н.

cancel /ˈkæns(ə)l/ *n* (*cancelling*) отмéна; (*on postage stamps*) погашéние.
● *vt* (**cancelled, cancelling;** *US also* **canceled, canceling**) **1** (*cross out*) вычёркивать, вы́черкнуть. **2** (*countermand*) отмен|я́ть, -и́ть; аннули́ровать (*impf, pf*). **3** (*nullify*) св|оди́ть, -ести́ на нет.
● *vi*: **these items ~ out** э́ти пу́нкты сво́дят друг дру́га на нет.

cancellation /ˌkænsəˈleɪʃ(ə)n/ *n* отмéна, аннули́рование; погашéние; вычёркивание.

cancer /ˈkænsə(r)/ *n* **1** (*astron*) Рак; **Tropic of C~** тро́пик Ра́ка. **2** (*med*) рак. **3** (*fig*) я́зва.

cancerous /ˈkænsərəs/ *adj* (*med*) ра́ковый; (*fig*) разъеда́ющий.

candelabr|a /ˌkændɪˈlɑːbrə/ (*also* **-um**) /ˌkændɪˈlɑːbrəm/ *n* (*pl* **~a** *or* **~as;** *US also* **~ums**) канделя́бр.

candid /ˈkændɪd/ *adj* (*frank*) и́скренний, открове́нный; (*unbiased*) беспристра́стный.

candidacy /ˈkændɪdəsɪ/ *n* кандидату́ра.

candidate /ˈkændɪdət, -ˌdeɪt/ *n* кандида́т.

candidature /ˈkændɪdətjə(r)/ *n* (*Br*) кандидату́ра.

candle /ˈkænd(ə)l/ *n* свеча́; **the game is not worth the ~** игра́ не сто́ит свеч; **burn the ~ at both ends** ≈ труди́ться (*impf*) от зари́ до зари́; **she is not fit to hold a ~ to him** она́ ему́ в подмётки не годи́тся.
● *cpds* **~light** *n* свет свечи́/свече́й; свечно́е освеще́ние; **~power** *n* (*elec*) си́ла све́та в свеча́х; **~stick** *n* подсве́чник.

Candlemas /ˈkænd(ə)lməs, -mæs/ *n* Сре́тение (Госпо́дне).

candour /ˈkændə(r)/ (*US* **candor**) *n* открове́нность, и́скренность; беспристра́стность.

candy /ˈkændɪ/ *n* (*Br*) леденцы́ (*m pl*), караме́ль; (*US*) конфе́ты, сла́сти (*f pl*); **~ store** (*US*) конди́терская; **piece of ~** (*US*) конфе́та.
● *vt*: **candied fruit(s)** заса́харенные фру́кты.

candyfloss /ˈkændɪˌflɒs/ *n* (*Br*) са́харная ва́та.

cane /keɪn/ *n* **1** (*bot*) камы́ш, тростни́к; **~ chair** плетёное кре́сло, плетёный стул. **2** (*walking stick*) трость, па́лка. **3** (*for punishment*) ро́зга; **the boy got the ~** ма́льчика наказа́ли ро́згой.
● *vt* **1**: **~ a chair** плести́, с- кре́сло из камыша́. **2**: **~ a pupil** нака́з|ывать, -а́ть ученика́ ро́згой.
● *cpd* **~ sugar** *n* тростнико́вый са́хар.

canine /ˈkeɪnaɪn, ˈkæn-/ *adj* соба́чий; **~ tooth** клык.

caning /ˈkeɪnɪŋ/ *n* (*punishment*) наказа́ние ро́згой.

canister /ˈkænɪstə(r)/ *n* ба́нка, коро́бка.
● *cpd* **~ shot** *n* карте́чь.

canker /ˈkæŋkə(r)/ *n* (*US, med*) я́зва; (*fig*) я́зва; (*agric*) рак расте́ний; некро́з плодо́вых дере́вьев.
● *cpd* **~worm** *n* плодо́вый червь.

cankerous /ˈkæŋkərəs/ *adj* разъеда́ющий.

cannabis /ˈkænəbɪs/ *n* (*resin*) гаши́ш; (*dried leaves*) анаша́, марихуа́на.

cannery /ˈkænərɪ/ *n* консе́рвный заво́д.

cannibal /ˈkænɪb(ə)l/ *n* каннаба́л, людое́д.
● *adj* каннаба́льский, людое́дский.

cannibalism /ˈkænɪbəˌlɪz(ə)m/ *n* каннибали́зм, людое́дство.

cannibalistic /ˌkænɪbəˈlɪstɪk/ *adj* канниба́льский, людое́дский.

cannibalize /ˈkænɪbəˌlaɪz/ *vt* (*mil etc.*): **~ a car** сн|има́ть, -ять го́дные дета́ли с неиспра́вной маши́ны.

canniness /ˈkænɪnɪs/ *n* хи́трость, осторо́жность.

canning /ˈkænɪŋ/ *n* консерви́рование.
● *cpd* **~ factory** *n* консе́рвный заво́д.

cannon /ˈkænən/ *n* **1** (*pl usu* **~**) (*gun*) пу́шка, ору́дие. **2** (*artillery*) артилле́рия. **3** (*Br, at billiards*: *also US* **carom**) карамбо́ль (*m*).
● *vi* (*Br*) (*collide*) ст|а́лкиваться, -олкну́ться; (*at billiards*) сде́лать (*pf*) карамбо́ль.
● *cpds* **~ball** *n* пу́шечное ядро́; **~ fodder** *n* пу́шечное мя́со.

cannonade /ˌkænəˈneɪd/ *n* канона́да, ору́ди́йный ого́нь.

cannot /ˈkænɒt, kəˈnɒt/ *neg of* ⇒**can²**

canny /ˈkænɪ/ *adj* (**cannier, canniest**) (*shrewd, cautious*) хи́трый, осторо́жный.

canoe /kəˈnuː/ *n* кано́э (*nt indecl*), челно́к; **paddle one's own ~** (*fig*) идти́ (*det*) свои́м путём.
● *vi* (**canoes, canoed, canoeing**) плыть (*det*) в челноке́ (*or* на кано́э).

canoeist /kəˈnuːɪst/ *n* канои́ст.

canon /ˈkænən/ *n* **1** (*church decree*) кано́н; **~ law** канони́ческое пра́во. **2** (*criterion*) пра́вило. **3** (*body of writings*) кано́н. **4** (*list of saints*) свя́тц|ы (*pl, g* -ев). **5** (*priest*) кано́ник. **6** (*mus*) кано́н.

canonical /kəˈnɒnɪk(ə)l/ *adj* канони́ческий.

canonicity /ˌkænəˈnɪsɪtɪ/ *n* канони́чность.

canonist /ˈkænənɪst/ *n* канони́ст.

canonization /kænəˌnaɪˈzeɪʃ(ə)n/ *n* канониза́ция.

canonize /ˈkænəˌnaɪz/ *vt* (*recognize as a saint*) канонизи́ровать (*impf, pf*).

canonry /ˈkænənrɪ/ *n* до́лжность кано́ника.

canoodle /kəˈnuːd(ə)l/ *vt* (*coll*) не́жничать (*impf*).

canopy /ˈkænəpɪ/ *n* **1** (*covering over bed etc.*) балдахи́н, по́лог. **2** (*of parachute*) ку́пол. **3** (*fig*) по́лог, покро́в.

cant¹ /kænt/ *n* (*insincere talk*) ха́нжество; (*jargon*): **thieves' ~** воровско́й жарго́н; блатна́я му́зыка.
● *vi* лицеме́рить (*impf*), ханжи́ть (*impf*); **a ~ing hypocrite** лицеме́р и ханжа́.

cant² /kænt/ *vt* (*incline, tilt*) наклон|я́ть, -и́ть.
● *vi* наклон|я́ться, -и́ться.

can't /kɑːnt/ *contracted neg of* ⇒**can²**

cantabile /kænˈtɑːbɪlɪ/ *adv* (*mus*) канта́биле.

cantaloup(e) /ˈkæntəˌluːp/ *n* канталу́па; (му́скусная) ды́ня.

cantankerous /kænˈtæŋkərəs/ *adj* сварли́вый.

cantankerousness /kænˈtæŋkərəsnɪs/ *n* сварли́вость.

cantata /kænˈtɑːtə/ *n* канта́та.

canteen /kænˈtiːn/ *n* **1** (*eating place*) столо́вая (*заводская, школьная и т. п.*). **2** (*water bottle*) фля́га. **3** (*Br, case of cutlery*) (походный) я́щик со столо́выми принадле́жностями.

canter /ˈkæntə(r)/ *n* лёгкий гало́п.
● *vi* е́хать (*impf*) лёгким гало́пом.

canticle /ˈkæntɪk(ə)l/ *n* песнь, гимн, кант.

cantilever /ˈkæntɪˌliːvə(r)/ *n* консо́ль, кронште́йн, уко́сина; **~ bridge** консо́льный мост.

canto /ˈkæntəʊ/ *n* (*pl* **~s**) песнь.

canton /ˈkæntɒn/ *n* **1** (*Swiss etc.*) канто́н. **2** (*in shield or flag*) пра́вый ве́рхний у́гол.

cantonal /ˈkæntən(ə)l, kænˈtɒn(ə)l/ *adj* кантона́льный.

Cantonese /ˌkæntəˈniːz/ *n* (*dialect*) канто́нский диале́кт (кита́йского языка́).

cantonment /kænˈtuːnmənt/ *n* (*mil, station*) ла́герь (*m*), вое́нный городо́к.

cantor /ˈkæntɔː(r)/ *n* (*choir leader*) ре́гент (хо́ра); (*in synagogue*) ка́нтор.

canvas /ˈkænvəs/ *n* **1** (*cloth*) холст; паруси́на, брезе́нт; **under ~** (*in camp*) в пала́тках; (*with sails spread*) под паруса́ми. **2** (*for painting*) холст. **3** (*fig, picture*) полотно́, холст. **4** (*attr*) холщо́вый; брезе́нтовый, паруси́новый; **a ~ bag** холщо́вый мешо́к.

canvass /ˈkænvəs/ *n* (*for votes*) предвы́борная агита́ция.
● *vt & i*: **~ a constituency** вести́ (*det*) предвы́борную агита́цию в избира́тельном о́круге; **~ opinions** соб|ира́ть, -ра́ть мне́ния.

canvasser /ˈkænvəsə(r)/ *n* агита́тор.

canyon /ˈkænjən/ *n* каньо́н; глубо́кое уще́лье.

caoutchouc /ˈkaʊtʃʊk/ *n* каучу́к.

CAP (*abbr of* ***Common Agricultural Policy***) О́бщая сельскохозя́йственная поли́тика.

cap /kæp/ *n* **1** (*worker's*) ке́пка; (*of uniform, including school*) фура́жка; (*without peak*) ша́пка; (*baseball* **~**) ке́пка; **dunce's ~** дура́цкий колпа́к; **fool's ~** шутовско́й колпа́к; (*lady's, servant's or nurse's*) чепе́ц; (*baby's*) че́пчик. **2** (*of mountain*) верши́на, верху́шка. **3** (*of bottle*) кры́шка; (*of pen*) колпачо́к; **percussion ~** писто́н, ка́псюль (*m*). **4** (*Br, contraceptive device*) колпачо́к. **5** (*fig*): **he came to us ~ in hand** он яви́лся к нам со смире́нным ви́дом; **if the ~ fits, wear it** принима́йте э́то на свой счёт, е́сли хоти́те; ≈ на во́ре ша́пка гори́т; **he put on his thinking ~** он заду́мался.
● *vt* (**capped, capping**) **1** (*cover, seal*) закр|ыва́ть, -ы́ть. **2** (*excel*) прев|осходи́ть, -зойти́; (*a joke*

etc.) перещеголя́ть (*pf*); **to ~ it all** в довершéние ко всемý; **to ~ our misfortunes** в довершéние нáших злоключéний.
3: **mountains ~ped with snow** гóры увéнчаны снеговóй шáпкой.
4 (*Br, sport*) прин|имáть, -я́ть в состáв комáнды.

capability /ˌkeɪpəˈbɪlɪtɪ/ *n* спосóбность, возмóжность.

capable /ˈkeɪpəb(ə)l/ *adj* **1** (*gifted*) спосóбный. **2** (~ *of*) спосóбный на + *a*; **he is ~ of telling lies** он спосóбен солгáть. **3** (*susceptible*) поддаю́щийся; **the situation is ~ of improvement** положéние мóжно испрáвить.

capacious /kəˈpeɪʃəs/ *adj* простóрный.

capaciousness /kəˈpeɪʃəsnɪs/ *n* простóрность.

capacity /kəˈpæsɪtɪ/ *n* **1** (*ability to hold*) вмести́мость; **measure of ~** мéра объёма; **the hall's seating ~ is 500** вмести́мость зáла — пятьсóт человéк; **the room was filled to ~** кóмната былá запóлнена до откáза; **play to ~** (*theatr*) дéлать (*impf*) пóлные сбóры. **2** (*of engine*) (наибóльшая) мóщность, нагрýзка; (*of ship*) вмести́мость; **to work at, to ~** рабóтать (*impf*) в пóлную си́лу. **3** (*fig*): **he has little ~ for happiness** он не сóздан для счáстья. **4** (*position, character*): **in my ~ as critic** как кри́тик; в рóли/кáчестве кри́тика; **I have come in the ~ of a friend** я пришёл как друг; **legal ~** правоспосóбность. **5** (*elec*) электри́ческая ёмкость.

caparison /kəˈpærɪs(ə)n/ *n* попóна, чепрáк.
● *vt* покр|ывáть, -ы́ть попóной/ чепракóм.

cape[1] /keɪp/ *n* (*garment*) наки́дка, плащ.

cape[2] /keɪp/ (*geog*) мыс; **the C~ (of Good Hope)** мыс Дóброй Надéжды.

caper /ˈkeɪpə(r)/ *n* (*leap*) прыжóк.
● *vi* (*also* **cut ~s**) скакáть (*impf*).

capercail|lie /ˌkæpəˈkeɪlɪ/ *n* глухáрь (*m*).

capers /ˈkeɪpəz/ *n pl* (*cul*) кáперсы (*m pl*).

capillary /kəˈpɪlərɪ/ *adj* капилля́рный; **~ action** капилля́рное притяжéние, капилля́рность.

capital /ˈkæpɪt(ə)l/ *n* **1** (*principal city*) столи́ца; (*attr*) столи́чный. **2** (*upper-case letter*) прописнáя/ заглáвная бýква; **block ~s** прописны́е печáтные бýквы; **small ~s** капитéль. **3** (*wealth*) капитáл; **circulating ~** оборóтный капитáл; **fixed ~** основнóй капитáл; **loan ~** ссýдный капитáл; **paid-up ~** оплáченный акционéрный капитáл; **~ and interest** основнáя сýмма и нарóсшие процéнты. **4** (*fig, advantage*) вы́игрыш, капитáл; **he made ~ out of our mistakes** он нажи́лся на нáших оши́бках. **5** (*employers*) капитáл; **~ and labour** (*Br*), **labor** (*US*) труд и капитáл. **6** (*archit*) капитéль.
● *adj* **1** (*major*) глáвный, основнóй. **2** (*excellent*) капитáльный, превосхóдный. **3** (*involving death penalty*): **a ~ offence** (*Br*), **offense** (*US*) преступлéние, карáемое смéртью; **~ punishment** смéртная казнь. **4** (*econ*): **~ goods** срéдства произвóдства; **~ expenditure** капитáльные затрáты; **~ assets** основны́е срéдства; **~ gains tax** налóг на дохóды от прирóста капитáла. **5** (*upper-case*) прописнóй, заглáвный, большóй.

capitalism /ˈkæpɪtəˌlɪz(ə)m/ *n* капитали́зм.

capitalist /ˈkæpɪtəlɪst/ *n* капитали́ст.

capitalistic /ˌkæpɪtəˈlɪstɪk/ *adj* капиталисти́ческий.

capitalization /ˌkæpɪtəlaɪˈzeɪʃ(ə)n/ *n* **1** (*writing with capital letter*) письмó прописны́ми бýквами; замéна строчны́х букв прописны́ми. **2** (*econ*) капитализáция.

capitalize /ˈkæpɪtəˌlaɪz/ *vt & i* **1** (*write with capital letter*) писáть, на- прописны́ми бýквами. **2** (*econ*) капитализи́ровать (*impf, pf*). **3** (*fig*) наж|ивáться, -и́ться; **~ on s.o.'s misfortune** наж|ивáться, -и́ться на чьём-н. несчáстье.

capitation /ˌkæpɪˈteɪʃ(ə)n/ *n* поголóвное исчислéние; **~ grant** óтпуск дéнежных сумм по числý людéй.

> **the Capitol — Капитóлий**
>
> Здáние конгрéсса США. Онó нахóдится на Капитоли́йском холмé в Вашингтóне.

capitulate /kəˈpɪtjʊˌleɪt/ *vt* капитули́ровать (*impf, pf*).

capitulation /kəˌpɪtjʊˈleɪʃ(ə)n/ *n* (*surrender*) капитуля́ция.

capon /ˈkeɪpən/ *n* каплýн.

cappuccino /ˌkæpʊˈtʃiːnəʊ/ *n* (*pl* **~s**) капучи́но (*m & nt indecl*).

capriccio /kəˈprɪtʃɪəʊ/ *n* (*pl* **~s**) капри́чч(и)о (*indecl*).

caprice /kəˈpriːs/ *n* при́хоть, капри́з, причýда.

capricious /kəˈprɪʃəs/ *adj* прихотли́вый, капри́зный.

capriciousness /kəˈprɪʃəsnɪs/ *n* непостоя́нство; капри́зность.

Capricorn /ˈkæprɪˌkɔːn/ *n* Козерóг; **Tropic of ~** трóпик Козерóга.

capsicum /ˈkæpsɪkəm/ *n* стручкóвый пéрец.

capsize /kæpˈsaɪz/ *vt & i* опроки́|дывать(ся), -нуть(ся).

capstan /ˈkæpst(ə)n/ *n* кабестáн.

capsule /ˈkæpsjuːl/ *n* **1** (*bot*) семеннáя корóбочка. **2** (*med*) кáпсула. **3** (*metal cap*) кры́шка, колпачóк. **4** (*for space travel*) кáпсула, отсéк. **5** (*fig*): **~ biography** крáткая биогрáфия.

Capt. /ˈkæptɪn/ *n* (*abbr of* ***Captain***) кап. (капитáн).

captain /ˈkæptɪn/ *n* **1** (*leader*) руководи́тель (*m*); **~ of industry** промы́шленный магнáт; (*head of team*) капитáн комáнды. **2** (*army rank*) ≈ капитáн. **3** (*navy rank*) ≈ капитáн вторóго рáнга.
● *vi* руководи́ть (*impf*); вести́ (*det*); быть капитáном + *g*.

captaincy /ˈkæptɪnsɪ/ *n* звáние/ дóлжность капитáна.

caption /ˈkæpʃ(ə)n/ *n* (*title, words accompanying picture*) пóдпись к карти́нке; (*film subtitle*) титр.

captious /ˈkæpʃəs/ *adj* приди́рчивый.

captiousness /ˈkæpʃəsnɪs/ *n* приди́рчивость.

captivate /ˈkæptɪˌveɪt/ *vt* плен|я́ть, -и́ть; очарóв|ывать, -áть.

captivating /ˈkæptɪˌveɪtɪŋ/ *adj* плени́тельный, чарýющий.

captive /ˈkæptɪv/ *n* плéнник, плéнный; **take ~** брать, взять в плен; **hold ~** держáть (*impf*) в пленý.
● *adj* плéнный; **~ audience** слýшатели (*m pl*) поневóле.

captivity /kæpˈtɪvɪtɪ/ *n* плен, пленéние.

captor /ˈkæptə(r), -tɔː(r)/ *n* захвати́вший в плéн; взя́вший приз.

capture /ˈkæptʃə(r)/ *n* (*action*) пóимка, захвáт; (*thing* **~d**) добы́ча.
● *vt* брать, взять в плен; захвáт|ывать, -и́ть; **~ s.o.'s attention** прикóв|ывать, -áть чьё-н. внимáние.

Capuchin /ˈkæpjuːtʃɪn/ *n* (*friar; monkey*) капуци́н.

capybara /ˌkæpɪˈbɑːrə/ *n* капибáра, водосви́нка.

car /kɑː(r)/ *n* **1** (*motor vehicle*) (легковóй) автомоби́ль, маши́на; **~ boot sale** (*Br*) продáжа (пря́мо) из багáжника; **~ pool** автобáза предприя́тия/учреждéния. **2** (*of train, tram*) вагóн; **dining ~** вагóн-ресторáн; **sleeping ~** спáльный вагóн; **Pullman ~** пýльман(овский вагóн).
● *cpds* **~ coat** *n* полупальтó (*indecl*). **~ driver** *n* шофёр; **~ ferry** *n* автопарóм; **~ hire** *n* прокáт автомоби́лей; **~ park** *n* (*Br*) пáркинг, автостоя́нка; **~ phone** *n* автотелефóн; **~port** *n* навéс для автомоби́ля; **~ race** *n* автогóнка; **~sick** *adj*: **do you get ~sick?** вас укáчивает в маши́не?

caracul /ˈkærəˌkʊl/ = **karakul**

carafe /kəˈræf, -rɑːf/ *n* графи́н.

caramel /ˈkærəˌmel/ *n* (*burnt sugar*) карамéль; (*sweetmeat*) карамéль, карамéлька.
● *adj* (**~**-*coloured*) свéтло-кори́чневый.

carapace /ˈkærəˌpeɪs/ *n* щитóк (*черепахи и т. п.*).

carat /ˈkærət/ (*US also* **karat**) *n* карáт.

caravan /ˈkærəˌvæn/ *n* (*group travelling together*) каравáн; (*Gypsy's*) фургóн, кры́тая телéга; (*Br, trailer*) жилóй/тури́стский автоприцéп, трéйлер.
● *vi* (**caravanned, caravanning**) (*Br*): **go ~ning** путешéствовать (*impf*) в трéйлере.

caravanner /ˈkærəvænə(r)/ *n* (*Br*) путешéствующий с автоприцéпом.

caravanserai /ˌkærəˈvænsərɪ, -ˌraɪ/ *n* каравáн-сарáй.

caraway /ˈkærəˌweɪ/ *n* тмин; ~ **seed** тми́нное се́мя.

carbide /ˈkɑːbaɪd/ *n* карби́д; **calcium** ~ карби́д ка́льция.

carbine /ˈkɑːbaɪn/ *n* караби́н.

carbohydrate /ˌkɑːbəˈhaɪdreɪt/ *n* углево́д.

carbolic /kɑːˈbɒlɪk/ *adj* карбо́ловый.

carbon /ˈkɑːbən/ *n* **1** (*element*) углеро́д; ~ **monoxide** уга́рный газ; ~ **dioxide** двуо́кись углеро́да, углекислота́, углеки́слый газ; ~ **dating** (радио)углеро́дный ана́лиз. **2** (*elec*) у́голь (*m*); у́гольный электро́д. **3** (~ *paper*) копирова́льная бума́га, копи́рка; ~ **copy** (*lit*) ко́пия под копи́рку; (*fig*) (то́чная) ко́пия.

carbonaceous /ˌkɑːbəˈneɪʃəs/ *adj* углеро́дистый.

carbonic /kɑːˈbɒnɪk/ *adj* у́гольный, углеро́дный, углеро́дистый; ~ **acid** углекислота́.

Carboniferous /ˌkɑːbəˈnɪfərəs/ (*geol*) *n* (**the** ~) каменноу́гольный пери́од.
● *adj* каменноу́гольный.

carbonization /ˌkɑːbənaɪˈzeɪʃ(ə)n/ *n* обу́гливание, карбониза́ция.

carbonize /ˈkɑːbəˌnaɪz/ *vt* **1** (*convert into carbon*) карбонизи́ровать (*impf, pf*). **2** (*apply carbon black to*) покр|ыва́ть, -ы́ть углём. **3** (*char*) обу́гли|вать, -ть; коксова́ть (*impf*).

carborundum /ˌkɑːbəˈrʌndəm/ *n* карбору́нд.

carboy /ˈkɑːbɔɪ/ *n* оплетённая буты́ль.

carbuncle /ˈkɑːbʌŋk(ə)l/ *n* (*jewel; med*) карбу́нкул.

carburettor /ˌkɑːbəˈretə(r)/ (*US* **carburetor**) *n* карбюра́тор.

carcass /ˈkɑːkəs/ *n* **1** (*of animal*) ту́ша; ~ **meat** (*Br*) парно́е мя́со. **2** (*of building, ship, etc.*) карка́с, о́стов, ко́рпус.

carcinogen /kɑːˈsɪnədʒ(ə)n/ *n* канцероге́нное вещество́.

carcinogenic /ˌkɑːsɪnəˈdʒenɪk/ *adj* канцероге́нный.

carcinoma /ˌkɑːsɪˈnəʊmə/ *n* (*pl* **~ta** *or* **~s**) карцино́ма, ра́ковое новообразова́ние.

card¹ /kɑːd/ *n* **1** (*material*) карто́н; (*piece of pasteboard*) ка́рточка; (*postcard*) откры́тка; **calling** ~, **visiting** ~ визи́тная ка́рточка; **Party** ~ парти́йный биле́т; **invitation** ~ пригласи́тельный биле́т; **Christmas** ~ рожде́ственская откры́тка; **birthday** ~ поздрави́тельная ка́рточка/откры́тка ко дню рожде́ния; **identity** ~ удостовере́ние ли́чности.
2 (*playing* ~) игра́льная ка́рта; **play** **~s** игра́ть, сыгра́ть в ка́рты; **play a** ~ пойти́ (*pf*) с (како́й-н.) ка́рты; **house of** **~s** (*lit, fig*) ка́рточный до́мик; **I won £5 at** **~s** я вы́играл в ка́рты 5 фу́нтов.
3 (*in libraries etc.*) катало́жная ка́рточка; **~s** (*Br, documents of employment*) учётная ка́рточка; **give s.o. his** **~s** (*dismiss him*) уво́лить (*pf*) кого́-н.
4 (*comput*) пла́та.
5 (*fig*): **he put his** **~s on the table** он раскры́л свои́ ка́рты; **I have a** ~ **up my sleeve** (*Br*) у меня́ есть в запа́се ко́зырь; **he holds all the** **~s** у него́ все ко́зыри на рука́х; **he plays his** **~s well** он уме́ло испо́льзует обстоя́тельства; **it is on the** **~s that we shall go** возмо́жно, что мы пойдём.
● *cpds* **~-carrying** *adj* зарегистри́рованный, состоя́щий в организа́ции; ~ **index** *n* картоте́ка; *vt* (*enter on* ~*s*) зан|оси́ть, -ести́ в картоте́ку; каталогизи́ровать (*impf, pf*); ~ **party** *n* ве́чер за ка́ртами; ~ **player** *n* игро́к в ка́рты; картёжник; ~ **playing** *n* игра́ в ка́рты; ~ **sharper** *n* шу́лер; ~ **table** *n* ло́мберный стол.

card² /kɑːd/ *n* (*for wool*) ка́рда, чеса́лка.
● *vt* чеса́ть, по-; проч|ёсывать, -еса́ть; кардова́ть (*impf*); **~ing machine** кардочеса́льная маши́на.

cardam|om, -um /ˈkɑːdəməm/ *n* кардамо́н.

cardboard /ˈkɑːdbɔːd/ *n* карто́н; ~ **box** карто́нная коро́бка.

carder /ˈkɑːdə(r)/ *n* (*person*) чеса́льщи|к (*fem* -ца); ворси́льщи|к (*fem* -ца); (*machine*) ка́рдная маши́на.

cardiac /ˈkɑːdɪˌæk/ *adj* серде́чный; ~ **arrest** остано́вка се́рдца.

Cardiff /ˈkɑːdɪf/ *n* Ка́рдифф.

cardigan /ˈkɑːdɪgən/ *n* шерстяна́я ко́фта; кардига́н; (*man's*) вя́заная ку́ртка.

cardinal /ˈkɑːdɪn(ə)l/ *n* (*eccl, zool*) кардина́л.
● *adj* (*principal*) кардина́льный; ~ **number** коли́чественное числи́тельное; ~ **point** страна́ све́та; **a matter of** ~ **importance** де́ло чрезвыча́йной ва́жности.

cardiogram /ˈkɑːdɪəʊˌgræm/ *n* кардиогра́мма.

cardiological /ˌkɑːdɪəˈlɒdʒɪk(ə)l/ *adj* кардиологи́ческий.

cardiologist /ˌkɑːdɪˈɒlədʒɪst/ *n* кардио́лог.

cardiology /ˌkɑːdɪˈɒlədʒɪ/ *n* кардиоло́гия.

cardiovascular /ˌkɑːdɪəʊˈvæskjʊlə(r)/ *adj* серде́чно-сосу́дистый.

care /keə(r)/ *n* **1** (*serious attention, caution*) осторо́жность; **he works with** ~ он стара́тельно рабо́тает; **handle this with** ~ обраща́йтесь с э́тим осторо́жно; **take** ~ **you don't fall** смотри́те, не упади́те; **have a** ~**!** береги́тесь!
2 (*charge, responsibility*) забо́та, попече́ние; **he is under the doctor's** ~ он нахо́дится под наблюде́нием врача́; **the child is in my** ~ ребёнок на моём попече́нии; **take a child into** ~ (*Br*) взять (*pf*) ребёнка под опе́ку госуда́рства; **Mr Smith,** ~ **of Mr Jones** г-ну Джо́нсу для г-на Сми́та (*or* для переда́чи г-ну Сми́ту); **that will take** ~ **of** (*meet*) **our needs** э́то обеспе́чит нас необходи́мым.
3 (*anxiety*): **free from** ~ свобо́дный от забо́т; не зна́ющий забо́т, беззабо́тный.
● *vi* **1** (*feel concern or anxiety*): **I don't** ~ **what they say** мне всё равно́, что они́ ска́жут; **he doesn't** ~ **a bit** ему́ наплева́ть (*coll*); **who** **~s?** не всё ли равно́?; **I couldn't** ~ **less** (*coll*) мне-то что?; мне наплева́ть; **he can go for all I** ~ по мне он мо́жет идти́; **not that I** ~ не то, что́бы меня́ э́то волнова́ло/трево́жило/беспоко́ило; **that's all he** **~s about** он бо́льше ниче́м не интересу́ется.
2 (*feel inclination*): **would you** ~ **for a walk?** не хоти́те ли пойти́ погуля́ть?; **I don't** ~ **for asparagus** я не люблю́ спа́ржу; **I knew she** **~d for him** я знал, что он ей нра́вится (*or* что она́ неравноду́шна к нему́); **you might** ~ **to look at this letter** вам, мо́жет быть, бу́дет интере́сно взгляну́ть на э́то письмо́.
3 (*look after*): **he is well** **~d for** за ним хоро́ший ухо́д.
● *cpds* **~free** *adj* беззабо́тный; **~-laden** *adj* обременённый забо́тами; **~taker** *n* сто́рож, смотри́тель (*m*) зда́ния; **~taker government** вре́менное прави́тельство; **~worn** *adj* изму́ченный забо́тами.

careen /kəˈriːn/ *vt* кренгова́ть (*impf*), килева́ть (*impf*).
● *vi* (*heel over*) крени́ться (*impf*); (*US, career*) нести́сь, по- (*det*).

career /kəˈrɪə(r)/ *n* **1** (*life story*) жи́зненный путь. **2** (*profession*) карье́ра, профе́ссия; **~s open to women** профе́ссии, досту́пные же́нщинам; ~ **diplomat(ist)** профессиона́льный диплома́т; **~s teacher** (*at school*) консульта́нт по профессиона́льной ориента́ции.
● *vi* нести́сь, по- (*det*); мча́ться (*impf*).

careerism /kəˈrɪərˌɪz(ə)m/ *n* карьери́зм.

careerist /kəˈrɪərɪst/ *n* карьери́ст.
● *adj* карьери́стский.

careful /ˈkeəfʊl/ *adj* **1** (*attentive*) осторо́жный; забо́тливый, внима́тельный; **be** ~ **not to fall** бу́дьте осторо́жны, не упади́те; **he is** ~ **with his money** он не тра́тит де́нег зря. **2** (*of work etc.*) тща́тельный, аккура́тный.

carefulness /ˈkeəfʊlnɪs/ *n* осторо́жность; забо́тливость, внима́тельность; тща́тельность, аккура́тность.

careless /ˈkeəlɪs/ *adj* (*thoughtless*) неосторо́жный, неосмотри́тельный; **a** ~ **driver** неосторо́жный води́тель; **a** ~ **mistake** оши́бка по невнима́тельности; (*negligent*) небре́жный; (*carefree, unconcerned*) беззабо́тный, беспе́чный; ~ **of danger** не ду́мающий об опа́сности.

carelessness /ˈkeəlɪsnɪs/ *n* небре́жность, неосторо́жность; (*negligence*) неосмотри́тельность.

carer /ˈkeərə(r)/ *n* (*Br*) челове́к, уха́живающий за ребёнком, больны́м, инвали́дом *и т. д.*

caress /kəˈres/ *n* ла́ска.
● *vt* ласка́ть (*impf*).

caressing /kəˈresɪŋ/ *adj* ласка́ющий, ла́сковый.

caret /ˈkærət/ *n* знак вста́вки.

cargo /ˈkɑːgəʊ/ *n* (*pl* **~es** *or* **~s**) груз; **~ ship, boat** торго́вое/грузово́е су́дно.

Caribbean /ˌkærɪˈbiːən, kəˈrɪbɪən/ *adj* кари́бский; (*as n*) **the ~ (Sea)** Кари́бское мо́ре; (*region*) стра́ны (*f pl*) бассе́йна Кари́бского мо́ря.

caribou /ˈkærɪˌbuː/ *n* (*pl* **~**) кари́бу (*m indecl*), кана́дский оле́нь.

caricature /ˈkærɪkətjʊə(r)/ *n* карикату́ра; (*fig, also*) искаже́ние.
● *vt* изобра|жа́ть, -зи́ть в карикату́рном ви́де.

caricaturist /ˈkærɪkəˌtjʊərɪst/ *n* карикатури́ст (*fem* -ка).

caries /ˈkeəriːz, -rɪˌiːz/ *n* (*pl* **~**) ка́риес.

carillon /kəˈrɪljən, ˈkærɪljən/ *n* подбо́р колоколо́в; перезво́н.

caring /ˈkeərɪŋ/ *adj* забо́тливый.

carious /ˈkeərɪəs/ *adj* карио́зный.

carmine /ˈkɑːmaɪn/ *n* карми́н.
● *adj* карми́нный.

carnage /ˈkɑːnɪdʒ/ *n* бо́йня.

carnal /ˈkɑːn(ə)l/ *adj* (*sensual*) пло́тский, теле́сный; (*sexual*) полово́й.

carnation /kɑːˈneɪʃ(ə)n/ *n* гвозди́ка (*декоративное растение*).

carnelian /kɑːˈniːlɪən/ *n* сердоли́к.

carnival /ˈkɑːnɪv(ə)l/ *n* (*annual merrymaking*) ежего́дный карнава́л; (*Shrovetide*) Ма́сленица.

carnivore /ˈkɑːnɪˌvɔː(r)/ *n* плотоя́дное/хи́щное живо́тное.

carnivorous /kɑːˈnɪvərəs/ *adj* плотоя́дный.

carob /ˈkærəb/ *n* (*tree*) рожко́вое де́рево; (*bean*) сла́дкий рожо́к.

carol /ˈkær(ə)l/ *n* (*song*) пе́сня; (*Christmas song*) ≈ коля́дка; рожде́ственская пе́сня.
● *vt & i* (**carolled, carolling;** *US* **caroled, caroling**) восп|ева́ть, -е́ть.
● *cpd* **~-singing** *n* рожде́ственские песнопе́ния; ≈ коля́дки (*f pl*).

carom /ˈkærəm/ (*US*) = **cannon** *n* **3** & *vi*

carotid /kəˈrɒtɪd/ *adj*: **~ artery** со́нная арте́рия.

carousal /kəˈraʊzəl/ *n* пиру́шка, попо́йка.

carouse /kəˈraʊz/ *vi* бра́жничать (*impf*).

carousel /ˌkærəˈsel, -ˈzel/ *n* (*roundabout*) карусе́ль.

carouser /kəˈraʊzə(r)/ *n* гуля́ка (*cg*), кути́ла (*m*).

carp[1] /kɑːp/ *n* (*pl* **~**) (*zool*) карп.

carp[2] /kɑːp/ *vi* придира́ться (*impf*) (**at:** к + *d*); **~ing criticism** приди́рчивая кри́тика.

Carpathians /kɑːˈpeɪθɪənz/ *n* Карпа́т|ы (*pl, g* --).

carpenter /ˈkɑːpɪntə(r)/ *n* пло́тник.

carpentry /ˈkɑːpɪntrɪ/ *n* (*occupation*) пло́тничество, пло́тницкое де́ло; (*product*) пло́тничьи изде́лия (*nt pl*).

carpet /ˈkɑːpɪt/ *n* ковёр; **be on the ~** (*reprimanded*) получ|а́ть, -и́ть нагоня́й/взбу́чку (*coll*); **~-bombing** ковро́вая бомбардиро́вка (*usu in pl*), ковро́вое бомбомета́ние; **'~' court** (*court with synthetic surface*) корт с (синтети́ческим) ковро́вым покры́тием; **~ slippers** тёплые та́почки.
● *vt* (**carpeted, carpeting**) покр|ыва́ть, -ы́ть ковро́м; уст|ила́ть, -ла́ть ковра́ми; (*Br, reprimand*) да|ва́ть, -ть нагоня́й/взбу́чку + *d*; вызыва́ть, вы́звать на ковёр (*coll*).
● *cpds* **~ bag** *n* саквоя́ж; **~ sweeper** *n* щётка для ковра́.

carpeting /ˈkɑːpɪtɪŋ/ *n* **1** (*carpet material*) ковро́вая ткань; **felt ~** полово́й насти́л на во́йлочной подкла́дке; (*covering with carpets*) устила́ние/покрыва́ние ковра́ми. **2** (*Br, reprimand*) разно́с, нагоня́й.

carpus /ˈkɑːpəs/ *n* (*pl* **carpi** /-paɪ/) запя́стье.

carrel /ˈkær(ə)l/ *n* отсе́к (*в библиотеке*).

carriage /ˈkærɪdʒ/ *n* **1** (*road vehicle*) экипа́ж, каре́та, коля́ска. **2** (*Br, of train*) пассажи́рский ваго́н. **3** (*Br, transport of goods*) перево́зка, доста́вка; **~ forward** сто́имость перево́зки за счёт покупа́теля. **4** (*manner of standing or walking*) оса́нка; мане́ра держа́ться. **5** (*gun* **~**) лафе́т. **6** (*of typewriter etc.*) каре́тка.
● *cpd* **~way** *n* (*Br*) прое́зжая часть (доро́ги).

carrier /ˈkærɪə(r)/ *n* **1** (*transport company*) перево́зчик. **2** (*receptacle or support for luggage etc.*) бага́жник; **~ bag** (*Br*) су́мка для поку́пок. **3** (*of disease*) перено́счик (боле́зни), носи́тель (*m*) (ви́руса). **4** (*vehicle, ship, etc.*) тра́нспортное сре́дство. **5** (*aircraft* **~**) авиано́сец. **6**: **~ pigeon** почто́вый го́лубь.

carrion /ˈkærɪən/ *n* па́даль, мертвечи́на; **~ crow** чёрная воро́на.

carrot /ˈkærət/ *n* морко́вка; (*in pl, collect*) морко́вь; **~ and stick policy** поли́тика кнута́ и пря́ника.

carroty /ˈkærətɪ/ *adj* рыжева́тый, рыжеволо́сый.

carry /ˈkærɪ/ *vt* **1** (*bear, transport*) носи́ть (*indet*), нести́ (*det*); (*of or by vehicle*) вози́ть (*indet*), везти́ (*det*); пере|вози́ть, -везти́; **ships ~ goods** корабли́ перево́зят това́ры; **this bicycle has carried me 500 miles** на э́том велосипе́де я прое́хал 500 миль; **pipes ~ water** вода́ идёт по тру́бам; **wires ~ sound** звук передаётся по провода́м; **pillars ~ an arch** коло́нны подде́рживают а́рку; **what weight will the bridge ~?** на како́й вес рассчи́тан э́тот мост?; **he carries himself well** он хорошо́ де́ржится; **the police carried him off to prison** поли́ция увезла́ его́ в тюрьму́; **~ing trade** тра́нспортное де́ло.
2 (*have on or about one*): **I always ~ an umbrella with me** у меня́ всегда́ с собо́й зо́нтик; **I always ~ money with me** у меня́ всегда́ при себе́ есть де́ньги; **the police ~ arms** поли́ция вооружена́; **~ figures in one's head** держа́ть (*impf*) ци́фры в голове́; **this crime carries a heavy penalty** э́то преступле́ние влечёт за собо́й тяжёлое наказа́ние.
3 (*fig*): **~ into effect** осуществ|ля́ть, -и́ть; **his voice carries weight** с его́ мне́нием счита́ются; **the argument carries conviction** э́тот аргуме́нт убеди́телен; **he carries modesty too far** он изли́шне скро́мен; **~ the day** одерж|ивать, -а́ть побе́ду; **he carried his audience with him** он увлёк свои́х слу́шателей; **the bill was carried** законопрое́кт был при́нят.
4 (*include*): **the book carries many tables** кни́га соде́ржит мно́го табли́ц; **the newspaper carried this report** газе́та помести́ла э́то сообще́ние.
5 (*fin, comm*): **the loan carries interest** заём прино́сит проце́нты/дохо́д; **the shop carries hardware** э́тот магази́н торгу́ет скобяны́ми това́рами.
6 (*math*): **put down 6 and ~ 1** записа́ть (*pf*) 6 и держа́ть (*impf*) в уме́ оди́н; «6 пи́шем, оди́н в уме́».
● *vi*: **the shot carried 200 yards** снаря́д пролете́л 200 я́рдов; **his voice carries well** у него́ зву́чный го́лос.
● *with advs*: **~ away** *vt* (*lit*) ун|оси́ть, -ести́; **the masts were carried away by the storm** бу́рей унесло́ ма́чты; (*fig*): **he was carried away by his feelings** он оказа́лся во вла́сти чувств; он увлёкся; **~ back** *vt* (*lit*) прин|оси́ть, -ести́ обра́тно; (*fig*): **the incident carried me back to my schooldays** э́тот слу́чай перенёс меня́ обра́тно в мой шко́льные го́ды; **~ forward, over** *vvt* (*transfer*) перен|оси́ть, -ести́; **~ off** *vt* (*remove*) ун|оси́ть, -ести́; **death carried off several of them** не́скольких из них унесла́ смерть; **he carried the situation off well** он уда́чно вы́шел из положе́ния; **~ on** *vt* (*conduct, perform*): **~ on a conversation/business** вести́ (*det*) разгово́р/де́ло; *vi* (*continue*) прод|олжа́ть, -о́лжить; **~ on with your work** продолжа́йте рабо́ту; (*talk, behave excitedly*) волнова́ться (*impf*); проявля́ть (*impf*) несде́ржанность; **don't ~ on so!** не распаля́йтесь так!; **~ out** *vt* (*lit*) выноси́ть, вы́нести; (*execute*) выполня́ть, вы́полнить; **~ through** *vt* (*bring out of difficulties*) выводи́ть, вы́вести из затрудне́ний.
● *cpds* **~all** *n* (*US*) веще́вой мешо́к; **~cot** *n* (*Br*) переносна́я де́тская крова́тка.

carrying(s)-on /ˌkærɪɪŋ(z)ˈɒn/ *n* (*to-do*) сумато́ха, суета́; (*coll, flirtation*) ша́шн|и (*pl, g* -ей); шу́ры-му́ры (*pl indecl*).

cart /kɑːt/ *n* двуко́лка, теле́жка; **put the ~ before the horse** (*fig*) де́лать, с- (что-н.) ши́ворот-навы́ворот.
● *vt* (*carry in* **~**) вози́ть (*indet*) в теле́жке; **~ away** отв|ози́ть, -езти́; ув|ози́ть, -езти́; (*coll, carry*) тащи́ть (*impf*).
● *cpds* **~horse** *n* (*Br*) ломова́я ло́шадь; **~load** *n* воз, теле́га (*чего*); **~ road, ~ track** *nn* просёлочная доро́га; **~wheel** *n* колесо́ теле́ги; **turn ~wheels** кувырк|а́ться, -ну́ться колесо́м; **~wright** *n* теле́жный ма́стер.

cartage /ˈkɑːtɪdʒ/ *n* (*transport*) (гужево́й) тра́нспорт; (*charge*) сто́имость (гужево́й) перево́зки.

carte blanche /kɑ:t 'blɑ̃ʃ/ *n* карт-бла́нш.
cartel /kɑ:'tel/ *n* (*comm*) карте́ль (*m*).
cartelize /'kɑ:tə,laɪz/ *vt* объедин|я́ть, -и́ть в карте́ли.
carter /'kɑ:tə(r)/ *n* во́зчик.
Cartesian /kɑ:'ti:zjən, -ʒ(ə)n/ *adj* картезиа́нский.
cartful /'kɑ:tfʊl/ *n* воз, теле́га (*чего*).
Carthage /'kɑ:θɪdʒ/ *n* Карфаге́н.
Carthaginian /,kɑ:θə'dʒɪnɪən/ *n* карфагеня́н|ин (*fem* -ка). ● *adj* карфаге́нский, пуни́ческий.
cartilage /'kɑ:tɪlɪdʒ/ *n* хрящ.
cartilaginous /,kɑ:tɪ'lædʒɪnəs/ *adj* хрящево́й.
cartographer /kɑ:'tɒgrəfə(r)/ *n* карто́граф.
cartographic(al) /kɑ:tə'græfɪk, kɑ:tə 'græfɪk(ə)l/ *adj* картографи́ческий.
cartography /kɑ:'tɒgrəfɪ/ *n* картогра́фия.
cartomancy /'kɑ:tə,mænsɪ/ *n* гада́ние на ка́ртах.
carton /'kɑ:t(ə)n/ *n* (*container*) карто́нка; (*for milk etc.*) паке́т.
cartoon /kɑ:'tu:n/ *n* (*in fine arts*) карто́н; (*in newspaper*) карикату́ра; (*film*) мультфи́льм; (*comic strip*) ко́микс.
cartoonist /kɑ:'tu:nɪst/ *n* карикатури́ст; (*film*) мультиплика́тор.
cartridge /'kɑ:trɪdʒ/ *n* (*mil*) патро́н; **blank ~** холосто́й патро́н; (*for printer*) ка́ртридж; (*for camera*) кассе́та. ● *cpds* **~ belt** *n* патронта́ш; патро́нная ле́нта; **~ case** *n* патро́нная ги́льза; **~ paper** *n* пло́тная бума́га (*для рисования и т. п.*).
carv|e /kɑ:v/ *vt* (*cut*) ре́зать (*impf*); выреза́ть, вы́резать; (*shape by cutting*): **~e a statue out of wood** выреза́ть, вы́резать ста́тую из де́рева; **he ~ed his initials** он вы́резал свои́ инициа́лы; **he ~ed out a career for himself** он сде́лал карье́ру; **~e meat** ре́зать, на- мя́со; **~ing fork/knife** ви́лка/нож для нареза́ния мя́са. ● *with adv*: **~e up** *vt* (*fig, of wealth etc.*) раздел|я́ть, -и́ть. ● *cpd* **~e-up** *n* (*Br fig*) делёж.
carver /'kɑ:və(r)/ *n* (*person*) ре́зчик; (*knife*) нож для нареза́ния мя́са.
carving /'kɑ:vɪŋ/ *n* (*object*) резна́я рабо́та, резьба́.
caryatid /,kærɪ'ætɪd/ *n* (*pl* **~es** /-i:z/ *or* **~s**) кариати́да.
cascade /kæs'keɪd/ *n* каска́д; водопа́д. ● *vi* па́дать/ниспада́ть (*both impf*) каска́дом.
case¹ /keɪs/ *n* **1** (*instance, circumstances*) слу́чай, обстоя́тельство, де́ло; **it is (not) the ~ that …** де́ло обстои́т (не) так, что…; (не) ве́рно, что…; **such being the ~** поско́льку э́то так; поско́льку де́ло обстои́т таки́м о́бразом; **that alters the ~** э́то меня́ет де́ло; **a ~ in point** приме́р; **a hard ~** (*difficult point to decide*) тру́дный слу́чай/вопро́с; (*hardened criminal*) закорене́лый престу́пник; **in that ~** в тако́м/э́том слу́чае; **in any ~** во вся́ком слу́чае; **as the ~ may be** как полу́чится; в зави́симости от обстоя́тельств; **in ~ of fire** (*if fire breaks out*) в слу́чае пожа́ра; **in the ~ of Mr Smith** что каса́ется г-на Сми́та; в отноше́нии г-на Сми́та.
2 (*med*) слу́чай, заболева́ние; больно́й, ра́неный; **there were five ~s of influenza** бы́ло пять слу́чаев гри́ппа; **the worst ~s were taken to hospital** наибо́лее тяжело́ больны́х/ра́неных отвезли́ в больни́цу; **~ history** исто́рия боле́зни; **stretcher ~** носи́лочный больно́й/ра́неный; **mental ~** душевнобольно́й.
3 (*hypothesis*): **put the ~ that …** предполо́жим, что…; **take an umbrella in ~ it rains (*or* in ~ of rain)** возьми́те зо́нтик на слу́чай дождя́; **just in ~** на вся́кий слу́чай.
4 (*law*) суде́бное де́ло; **try a ~** раз|бира́ть, -обра́ть де́ло в суде́; **leading ~** суде́бный прецеде́нт; **~ law** прецеде́нтное пра́во.
5 (*sum of arguments*): **he makes out a good ~ for the change** его́ до́воды о необходи́мости переме́н убеди́тельны.
6 (*gram*) паде́ж.
case² /keɪs/ *n* **1** (*container*) я́щик, ларе́ц, коро́бка; (*for spectacles etc.*) футля́р; (*Br, suitcase*) чемода́н; **glass ~** витри́на. **2** (*printing*) набо́рная ка́сса; **lower ~** ка́сса строчны́х ли́тер; строчны́е бу́квы (*f pl*). ● *cpds* **~-harden** *vt* (*lit*) цементи́ровать (*impf, pf*); **~-hardened** *adj* (*fig*) зачерстве́вший, загрубе́лый; **~-shot** *n* карте́чь.
casein /'keɪsɪɪn, 'keɪsi:n/ *n* казеи́н.
casemate /'keɪsmeɪt/ *n* эска́рповая галере́я; казема́т.
casement /'keɪsmənt/ *n* (*frame*) ство́рчатый око́нный переплёт; (*window*) ство́рчатое окно́.
cash /kæʃ/ *n* (*ready money; also hard ~*) нали́чные (де́н|ьги, *pl, g* -ег); **on a ~ basis** за нали́чные; за нали́чный расчёт; **~ on delivery** нало́женным платежо́м; **discount for ~** (*payment*) ски́дка за нали́чный расчёт; **out of ~** не при деньга́х; **petty ~** ме́лкие су́ммы (*f pl*); ка́сса для ме́лких расхо́дов; **~ desk** (*Br*) ка́сса; **~ dispenser** (*Br*), **~ machine** банкома́т, де́нежный автома́т; **~ flow** движе́ние де́нежной нали́чности; **~ register** ка́ссовый аппара́т, ка́сса. ● *vt*: **~ a cheque** получ|а́ть, -и́ть де́ньги по че́ку; **~ in** получ|а́ть, -и́ть де́ньги по + *d*. ● *vi*: **~ in on** (*fig*) воспо́льзоваться (*pf*) + *i*.
cashback /'kæʃbæk/ *n* кешбэ́к (*получение наличных денег с дебетовой карточки в предприятии розничной торговли при оплате покупки; компенсационная скидка с цены покупки*).
cashcard /'kæʃkɑ:d/ *n* (*Br*) ка́рточка для банкома́та.
cashew /'kæʃu:, kæ'ʃu:/ *n* (оре́х) ке́шью (*m indecl*).
cashier¹ /kæ'ʃɪə(r)/ *n* касси́р.
cashier² /kæ'ʃɪə(r)/ *vt* ув|ольня́ть, -о́лить со слу́жбы.
cashmere /'kæʃmɪə(r)/ *n* кашеми́р; (*attr*) кашеми́ровый.
cashpoint /'kæʃpɔɪnt/ *n* (*Br*) банкома́т, де́нежный автома́т.
casino /kə'si:nəʊ/ *n* (*pl* **~s**) казино́ (*indecl*).
cask /kɑ:sk/ *n* бо́чка, бочо́нок.
casket /'kɑ:skɪt/ *n* шкату́лка; (*US, coffin*) гроб.
Caspian /'kæspɪən/ *n*: **the ~ (Sea)** Каспи́йское мо́ре.
casque /kæsk/ *n* (*poetical*) шлем, ка́ска.
cassation /kə'seɪʃ(ə)n/ *n* касса́ция; **court of ~** кассацио́нный суд.
cassava /kə'sɑ:və/ *n* манио́к(а).
casserole /'kæsə,rəʊl/ *n* (*container*) кастрю́ля для туше́ния; (*food*) рагу́ (*indecl*).
cassette /kæ'set, kə-/ *n* кассе́та; **~ player** пле́ер; **~ recorder** кассе́тный магнитофо́н.
cassia /'kæsɪə, 'kæʃə/ *n* ка́ссия.
cassock /'kæsək/ *n* ря́са, сута́на.
cast /kɑ:st/ *n* **1** (*act of throwing*) броса́ние, мета́ние, бросо́к.
2 (*mould*) фо́рма для отли́вки; (*moulded object*): **plaster ~** ги́псовый сле́пок.
3 (*theatr, cin*) соста́в актёров; спи́сок исполни́телей.
4: **~ of mind** склад ума́/мы́слей.
5 (*squint*) косогла́зие.
● *vt* (*past and pp* **~**)
1 (*throw*) бр|оса́ть, -о́сить; кида́ть, ки́нуть; **the snake ~s its skin** змея́ меня́ет ко́жу; **his horse ~ a shoe** его́ ло́шадь потеря́ла подко́ву.
2 (*fig*): **~ a vote** проголосова́ть (*pf*); отда́ть (*pf*) го́лос; **~ lots** тяну́ть/броса́ть/кида́ть (*all impf*) жре́бий; **~ doubt on** подв|ерга́ть, -е́ргнуть сомне́нию; **~ a gloom on the proceedings** омрач|а́ть, -и́ть происходя́щее; **~ an eye on, over** бро́сить (*pf*) взгляд на + *a*; оки́нуть (*pf*) взгля́дом; **~ a spell (up)on** околд|о́вывать, -ова́ть; **~ing vote** реша́ющий го́лос.
3 (*pour, form in a mould*) отл|ива́ть, -и́ть; **~ iron** чугу́н.
4 (*theatr*): **~ a play** распредел|я́ть, -и́ть ро́ли в пье́се; **he was ~ for the part of Hamlet** ему́ была́ пору́чена роль Га́млета.
● *with advs*: **~ about** *vi*: **~ about for** разы́скивать, изы́скивать (*both impf*); **~ away** *vt* (*reject*) отбр|а́сывать, -о́сить; **he was ~ away on a desert island** он был вы́брошен на необита́емый о́стров; **~ down** *vt* (*depress*) угнета́ть (*impf*); подав|ля́ть, -и́ть; **~ off** *vt* (*abandon*) бр|оса́ть, -о́сить; сбр|а́сывать, -о́сить; *vi* (*naut*) отва́л|ивать, -и́ть; **~ out** *vt* выгоня́ть, вы́гнать; изг|оня́ть, -на́ть.
● *cpds* **~away** *n & adj* потерпе́вший кораблекруше́ние; **~-iron** *adj* чугу́нный; (*fig*) стально́й, желе́зный; несгиба́емый, непреклóнный; **~-off** *n & adj*: **~-off clothing** обно́ск|и (*pl, g* -ов), старьё.

castanets /ˌkæstəˈnets/ *n pl* кастанье́ты (*f pl*) (*ударный музыкальный инструмент в виде скреплённых пластин, надеваемых на пальцы рук*).

caste /kɑːst/ *n* ка́ста; **lose ~** (*fig*) утра́|чивать, -тить положе́ние в о́бществе.

castellated /ˈkæstəˌleɪtɪd/ *adj* (*battlemented*) зубча́тый.

caster /ˈkɑːstə(r)/ = **castor**[1]; **~ sugar** (*Br*) са́харный песо́к.

castigate /ˈkæstɪˌgeɪt/ *vt* бичева́ть (*impf*).

castigation /ˌkæstɪˈgeɪʃ(ə)n/ *n* бичева́ние.

casting /ˈkɑːstɪŋ/ *n* **1** (*tech*): (*process*) литьё, отли́вка; (*product*) отли́вка. **2** (*theatr, cin*) распределе́ние роле́й.

castle /ˈkɑːs(ə)l/ *n* за́мок; **~s in Spain** возду́шные за́мки; (*at chess*) ладья́. ● *vi* (*at chess*) рокирова́ться (*impf, pf*).

cast|or[1], **-er** /ˈkɑːstə(r)/ *nn* **1** (*wheel on furniture*) ро́лик. **2**: **~ sugar** (*Br*) = **caster sugar**

castor[2] /ˈkɑːstə(r)/ *n*: **~ oil** касто́ровое ма́сло, касто́рка.

castrate /kæˈstreɪt/ *vt* кастри́ровать (*impf, pf*).

castrati /kæˈstrɑːtiː/ *pl of* ⇒**castrato**

castration /kæˈstreɪʃ(ə)n/ *n* кастра́ция.

castrat|o /kæˈstrɑːtəʊ/ *n* (*pl* **~i**) кастра́т.

casual /ˈkæʒʊəl/ *adj* **1** (*chance, occasional*) случа́йный; **a ~ meeting** случа́йная встре́ча; **~ labourer** (*Br*), **laborer** (*US*) рабо́чий, живу́щий на случа́йные за́работки. **2** (*careless*) небре́жный, беспе́чный; (*familiar*) развя́зный; **clothes for ~ wear** простая/повседне́вная оде́жда. **3** (*freelance*) внешта́тный.

casualness /ˈkæʒʊəlnɪs/ *n* случа́йность; небре́жность, беспе́чность, развя́зность.

casualty /ˈkæʒʊəltɪ/ *n* **1** (*accident*) несча́стный слу́чай. **2** (*person*) пострада́вший от несча́стного слу́чая; (*mil*) (*injured*) ра́неный; (*killed*) уби́тый; **~ department** (*Br*) травматологи́ческое отделе́ние; **~ list** спи́сок уби́тых и ра́неных; **~ ward** (*Br*) пала́та ско́рой по́мощи. **3** (*fig, victim*) же́ртва.

casuist /ˈkæzjuːɪst/ *n* казуи́ст.

casuistic(al) /kæzjuːˈɪstɪk, kæzjuːˈɪstɪk(ə)l/ *adj* казуисти́ческий.

casuistry /ˈkæzjʊɪstrɪ/ *n* казуи́стика.

casus belli /ˌkɑːzəs ˈbeli, ˌkeɪsəs/ *n* ка́зус бе́лли (*indecl*), по́вод к войне́.

cat /kæt/ *n* **1** ко́шка; **tom ~** кот; **wild ~** ди́кая ко́шка; (*in pl, felines*) коша́чьи (*pl, g* -х), ко́шки (*f pl*). **2** (*fig, spiteful woman*) ехи́дная же́нщина. **3**: **~-o'nine-tails** ко́шка (*плеть*). **4** (*idioms and proverbs*): **let the ~ out of the bag** проб|а́лтываться, -олта́ться; выба́лтывать, вы́болтать секре́т; **lead a ~-and-dog life** жить (*impf*) как ко́шка с соба́кой; **there's no(t) room to swing a ~** я́блоку не́где упа́сть; поверну́ться не́где; **it's raining ~s and dogs** дождь льёт как из ведра́; **a ~ may look at a king** за просмо́тр де́нег не беру́т; **like a ~ on hot bricks** (*Br*) (*or* **on a hot tin roof**) как на у́гля́х/иго́лках; **there are more ways than one to kill a ~** свет не кли́ном сошёлся; **when the ~'s away the mice will play** без кота́ мыша́м раздо́лье; **grin like a Cheshire ~** ухмыл|я́ться, -ьну́ться во весь рот; **curiosity killed the ~** любопы́тство до добра́ не дово́дит; **~'s pyjamas** (*US*), **whiskers** (*sl*) что на́до; пе́рвый сорт. ● *cpds* **~call** *n* освистывание; **~fish** *n* сом, со́мик; **~ flap** *n* коша́чья две́рца; **~like** *adj* коша́чий; **with ~like tread** неслы́шной по́ступью; **~mint, ~nip** *nn* кото́вник; коша́чья мя́та; **~nap** *vi* вздремну́ть (*pf*); **~'s eye** *n* (*gem*) коша́чий глаз; **~'s paw** *n* (*dupe*) ору́дие в чужи́х рука́х; (*breeze*) лёгкий бриз; **~suit** *n* (*Br*) «ко́шечка» (комбинезо́н в обтя́жку); **~walk** *n* рабо́чие мостк|и́ (*pl, g* -о́в); (*in fashion house*) по́диум.

catachresis /ˌkætəˈkriːsɪs/ *n* (*pl* **catachreses** /-siːz/) катахре́за.

cataclysm /ˈkætəˌklɪz(ə)m/ *n* катаклизм.

cataclysmic /ˌkætəˈklɪzmɪk/ *adj* катастрофи́ческий.

catacomb /ˈkætəˌkuːm, -ˌkəʊm/ *n* катако́мба.

catafalque /ˈkætəˌfælk/ *n* катафа́лк.

Catalan /ˈkætəlæn/ *n* (*person*) катало́н|ец (*fem* -ка); (*language*) катала́нский язы́к. ● *adj* катало́нский; (*of language*) катала́нский.

catalepsy /ˈkætəˌlepsɪ/ *n* катале́псия.

cataleptic /ˌkætəˈleptɪk/ *adj* каталепти́ческий.

catalogue /ˈkætəˌlɒg/ (*US* **catalog**) *n* катало́г. ● *vt* (**catalogues, catalogued, cataloguing;** *US* **catalogs, cataloged, cataloging**) каталогизи́ровать (*impf, pf*).

cataloguer /ˈkætəˌlɒgə(r)/ (*US* **cataloger**) *n* каталогиза́тор.

Catalonia /ˌkætəˈləʊnɪə/ *n* Катало́ния.

catalysis /kəˈtælɪsɪs/ *n* (*pl* **catalyses** /-siːz/) ката́лиз.

catalyst /ˈkætəlɪst/ *n* катализа́тор.

catalytic /ˌkætəˈlɪtɪk/ *adj* каталити́ческий; **~ converter** каталити́ческий нейтрализа́тор (выхлопны́х га́зов).

catamaran /ˌkætəməˈræn/ *n* катамара́н.

catamite /ˈkætəˌmaɪt/ *n* (*archaic*) ма́льчик, находя́щийся на содержа́нии в ка́честве гомосексуа́льного партнёра.

catapult /ˈkætəˌpʌlt/ *n* (*Br, toy*) рога́тка; (*hist, aeron*) катапу́льта. ● *vt* выбра́сывать, вы́бросить катапу́льтой; катапульти́ровать (*impf, pf*).

cataract /ˈkætəˌrækt/ *n* (*waterfall*) водопа́д; (*med*) катара́кта.

catarrh /kəˈtɑː(r)/ *n* ката́р.

catastrophe /kəˈtæstrəfɪ/ *n* катастро́фа; **natural ~** стихи́йное бе́дствие.

catastrophic /ˌkætəˈstrɒfɪk/ *adj* катастрофи́ческий.

catch /kætʃ/ *n* **1** (*act of catching*) пои́мка, захва́т; **play ~** игра́ть (*impf*) в са́лки. **2** (*amount caught*) уло́в, добы́ча. **3** (*prize*): **she is a good ~ for somebody** она́ — ви́дная па́ртия для кого́-нибудь. **4** (*trap*) уло́вка, лову́шка; **there must be a ~ in it** здесь есть како́й-то подво́х; **a ~ question** ка́верзный вопро́с. **5** (*device for fastening etc.*) щеко́лда, защёлка, шпинга́лет. **6** (*mus*) ро́ндо.

● *vt & i* (*past and pp* **caught**) **1** (*seize*) лови́ть, пойма́ть; хвата́ть, схвати́ть; **he caught the ball** он пойма́л мяч; **~ a fish** пойма́ть (*pf*) ры́бу; **~ a fugitive** пойма́ть (*pf*) беглеца́; **she caught hold of him** она́ схвати́ла его́; **~ at** хвата́ться, схвати́ться за + *a*. **2** (*of entanglement, fastening, etc.*): **her dress caught on a nail; the nail caught her dress** она́ зацепи́лась пла́тьем за гвоздь; **I caught my finger in the door** я прищеми́л себе́ па́лец две́рью; **the door doesn't ~** дверь не запира́ется; **the car was caught between two trams** автомоби́ль оказа́лся зажа́тым ме́жду двумя́ трамва́ями; **he caught his foot** у него́ застря́ла нога́. **3** (*intercept, detect*): **I caught him stealing** я заста́л его́ за воровство́м; **I caught him as he was leaving the house** я заста́л/захвати́л его́ как раз, когда́ он выходи́л и́з дому; **I was caught by the rain** я попа́л под дождь; дождь захвати́л меня́; **we were caught in the storm** нас засти́гла бу́ря. **4** (*be in time for*): **~ a train** успе́ть (*pf*) на по́езд; **he caught the post** он успе́л отпра́вить письмо́ с э́той по́чтой. **5** (*fig*) пойма́ть, улови́ть, схвати́ть (*all pf*); **~ s.o.'s words** расслы́шать (*pf*) чьи-н. слова́; **I didn't ~ what you said** я прослу́шал, что вы сказа́ли; **~ s.o.'s meaning** улови́ть (*pf*) чью-н. мысль; **~ one's breath** затаи́ть (*pf*) дыха́ние; **~ s.o.'s eye** привле́чь (*pf*) чьё-н. внима́ние; **~ fire, alight** загоре́ться (*pf*); **~ a glimpse of** уви́деть (*pf*) ме́льком; **~ hold of** схвати́ть, улови́ть (*both pf*). **6** (*be hit by*): **he caught it on the forehead** он получи́л уда́р в лоб (*or* по́ лбу); **this side of the house ~es the east wind** с э́той стороны́ в дом ду́ет восто́чный ве́тер; (*of punishment*): **you'll ~ it!** тебе́ доста́нется/попадёт. **7** (*be infected by; lit, fig*) схвати́ть, получи́ть (*both pf*); **he caught a fever** он схвати́л лихора́дку; **~ cold** простуди́ться (*pf*); **he was caught with the general enthusiasm** его́ захвати́л/увлёк о́бщий энтузиа́зм. ● *with advs*: **~ on** *vi*: **the fashion did not ~ on** э́та мо́да не привила́сь; **I don't ~ on** (*coll*) я не понима́ю; я не

C

C

схва́тываю; ~ **out** *vt* (*Br*): **he was caught out in a mistake** его́ пойма́ли/подлови́ли на оши́бке; ~ **up** *vt* & *i* (*pick up quickly*) подхва́т|ывать, -и́ть; (*reach someone ahead*): **he caught the others up; he caught up with the others** он догна́л остальны́х; **the police caught up with/on him** поли́ция насти́гла его́; (*do what should have been done earlier*): **I must ~ up on my work** я запусти́л рабо́ту — тепе́рь на́до нагоня́ть; (*entangle, trap*): **this paper got caught up with the others** э́та бума́га затеря́лась среди́ остальны́х.

● *cpds* **~-all** *n*: **a ~-all expression** всеобъе́млющая формулиро́вка; **~penny** *adj* показно́й; рассчи́танный на дешёвый успе́х; **~phrase, ~word** *nn* мо́дное выраже́ние, слове́чко; **~-22 situation** *n* безвы́ходное положе́ние; парадокса́льная ситуа́ция.

catching /ˈkætʃɪŋ/ *adj* (*of disease*) зара́зный; (*fig*) зарази́тельный.

catchment /ˈkætʃmənt/ *n*: **~ area** (*geog*) бассе́йн реки́; водосбо́рная пло́щадь; (*of school, hospital etc.*) микрорайо́н, обслу́живаемый шко́лой, больни́цей *и т. п.*

catchy /ˈkætʃɪ/ (**catchier, catchiest**) *adj* (*of tune etc.*) легко́ запомина́ющийся, прили́пчивый.

catechism /ˈkætɪˌkɪz(ə)m/ *n* катехи́зис.

catechize /ˈkætɪˌkaɪz/ *vt* (*teach catechism to*) обуча́ть (*impf*) катехи́зису; (*fig*) допра́шивать (*impf*).

catechumen /ˌkætɪˈkjuːmən/ *n* (*relig*) оглашённый.

categorical /ˌkætɪˈgɒrɪk(ə)l/ *adj* категори́ческий.

categorize /ˈkætɪgəˌraɪz/ *vt* распредел|я́ть, -и́ть по катего́риям.

category /ˈkætɪgərɪ/ *n* катего́рия.

cater /ˈkeɪtə(r)/ *vi*: **~ for** (*Br*) пост|авля́ть, -а́вить прови́зию для + *g*; (*fig*) обслу́ж|ивать, -и́ть; **~ to** уго|жда́ть, -ди́ть (*кому*); (*tastes*) удовлетвор|я́ть, -и́ть; **the ~ing trade** рестора́нное де́ло.

cater-cornered /ˈkætəˌkɔːnəd/ *adj* (*US*) диагона́льный.

caterer /ˈkeɪtərə(r)/ *n* поставщи́к прови́зии; (*often in pl, company*) фи́рма, обслу́живающая банке́ты, сва́дьбы *и т. п.*

caterpillar /ˈkætəˌpɪlə(r)/ *n* (*zool, tech*) гу́сеница; (*attr*) гу́сеничный.

caterwaul /ˈkætəˌwɔːl/ *n* коша́чий конце́рт.

● *vi* задава́ть (*impf*) коша́чий конце́рт.

catgut /ˈkætgʌt/ *n* кетгу́т, кише́чная струна́.

catharsis /kəˈθɑːsɪs/ *n* (*pl* **catharses** /-siːz/) (*med*) очище́ние желу́дка; (*fig*) ка́тарсис.

cathartic /kəˈθɑːtɪk/ *adj* (*med*) слаби́тельный; (*fig*) очища́ющий.

cathedral /kəˈθiːdr(ə)l/ *n* (кафедра́льный) собо́р.

catheter /ˈkæθɪtə(r)/ *n* кате́тер.

cathode /ˈkæθəʊd/ *n* като́д; **~ rays** като́дные лучи́; **~ ray tube** электро́нно-лучева́я тру́бка.

catholic /ˈkæθəlɪk, ˈkæθlɪk/ *n* като́л|ик (*fem* -и́чка).

● *adj* (*relig*) католи́ческий; **Roman C~** ри́мско-католи́ческий; (*liberal*): **a man of ~ tastes** челове́к широ́ких вку́сов.

Catholicism /kəˈθɒlɪˌsɪz(ə)m/ *n* католици́зм, католи́чество.

catholicity /ˌkæθəˈlɪsɪtɪ/ *n* (*liberality*) широта́ интере́сов.

catkin /ˈkætkɪn/ *n* серёжка.

Catseye /ˈkætsaɪ/ *n* (*Br, propr, reflector*) катафо́т.

catsup /ˈkætsəp/ *n* (*US*) = **ketchup**

cattiness /ˈkætɪnɪs/ *n* ехи́дность.

cattle /ˈkæt(ə)l/ *n* (*livestock*) скот, скоти́на; (*bovines*) кру́пный рога́тый скот; (*fig, pej*) скот, скоти́на.

● *cpds* **~ dealer** *n* скотопромы́шленник; **~ truck** *n* ваго́н для перево́зки скота́.

catty /ˈkætɪ/ *adj* (**cattier, cattiest**) ехи́дный.

Caucasian /kɔːˈkeɪʒ(ə)n, -ˈkeɪzɪən/ *n* (*of Caucasus*) кавка́з|ец (*fem* -ка); (*of white race*) челове́к бе́лой ра́сы.

● *adj* кавка́зский.

Caucasus /ˈkɔːkəsəs/ *n* Кавка́з.

caucus /ˈkɔːkəs/ *n* (*pl* **~es**) фракцио́нное совеща́ние.

caudal /ˈkɔːd(ə)l/ *adj* хвостови́дный, кауда́льный, хвостово́й.

caught /kɔːt/ *past and pp of* ⇒**catch**

caul /kɔːl/ *n* (*membrane*) во́дная оболо́чка плода́; соро́чка.

cauldron /ˈkɔːldrən/ *n* котёл.

cauliflower /ˈkɒlɪˌflaʊə(r)/ *n* цветна́я капу́ста.

caulk /kɔːk/ (*US also* **calk**) *vt* конопа́тить, за-.

causal /ˈkɔːz(ə)l/ *adj* казуа́льный, причи́нный.

causality /kɔːˈzælɪtɪ/ *n* казуа́льность, причи́нность; причи́нная связь.

causation /kɔːˈzeɪʃ(ə)n/ *n* причине́ние; причи́нность; причи́нная связь.

cause /kɔːz/ *n* **1** (*reason*) причи́на, по́вод. **2** (*need*) причи́на, основа́ние; **there is no ~ for alarm** нет основа́ний/причи́н для беспоко́йства. **3** (*purpose, objective*): **the ~ of peace** де́ло ми́ра; **a good ~** пра́вое де́ло; **make common ~ with s.o.** объедин|я́ться, -и́ться с кем-н. ра́ди о́бщего де́ла; **he pleaded his ~** он защища́л своё де́ло; **a lost ~** прои́гранное де́ло.

● *vt* вызыва́ть, вы́звать; **~ a disturbance** вызыва́ть, вы́звать беспоря́дки; **~ s.o. trouble** (*or* **a loss**) причин|я́ть, -и́ть кому́-н. беспоко́йство (*или* убы́тки); **what ~d the accident?** что послужи́ло причи́ной несча́стного слу́чая?; **he ~d them to be put to death** он повеле́л уби́ть их.

cause célèbre /ˌkɔːz seˈlebr/ *n* (*pl* ***causes célèbres*** *pronunc same*) гро́мкий/сканда́льный проце́сс.

causeless /ˈkɔːzlɪs/ *adj* беспричи́нный, необосно́ванный.

causeway /ˈkɔːzweɪ/ *n* да́мба; гать; мощёная доро́га.

caustic /ˈkɔːstɪk/ *adj* каусти́ческий; **~ soda** е́дкий натр; (*fig*) е́дкий, ко́лкий, язви́тельный.

cauter|ization /ˌkɔːtəraɪˈzeɪʃ(ə)n/, **-y** /ˈkɔːtərɪ/ *nn* прижига́ние.

cauterize /ˈkɔːtəˌraɪz/ *vt* (*med*) приж|ига́ть, -е́чь; (*fig*) очерств|ля́ть, -и́ть.

caution /ˈkɔːʃ(ə)n/ *n* **1** (*prudence*) осторо́жность; **with ~** осторо́жно, с осторо́жностью. **2** (*Br, warning*) предостереже́ние, предосторо́жность; **C~!** (*as notice*) Внима́ние!; Осторо́жно!; **he was let off with a ~** (*law*) его́ отпусти́ли с предупрежде́нием. **3**: **~ money** (*Br*) зало́г.

● *vt* предостер|ега́ть, -е́чь.

cautionary /ˈkɔːʃənərɪ/ *adj* предостерега́ющий.

cautious /ˈkɔːʃəs/ *adj* осторо́жный, осмотри́тельный.

cautiousness /ˈkɔːʃəsnɪs/ *n* осторо́жность, осмотри́тельность.

cavalcade /ˌkævəlˈkeɪd/ *n* кавалька́да.

cavalier /ˌkævəˈlɪə(r)/ *n* (*gallant; royalist*) кавале́р.

● *adj* бесцеремо́нный, надме́нный.

cavalry /ˈkævəlrɪ/ *n* кавале́рия, ко́нница; **two hundred ~** две́сти ко́нников; **a ~ charge** кавалери́йская ата́ка.

● *cpd* **~man** *n* (*pl* **~men**) кавалери́ст.

cave¹ /keɪv/ *n* пеще́ра.

● *cpds* **~-dweller** *n* = **~man**; **~man** *n* (*pl* **~men**) (*lit, fig*) пеще́рный челове́к, троглоди́т; **~ painting** *n* пеще́рная жи́вопись.

cave² /keɪv/ *vi*: **~ in** (*lit*) прова́л|иваться, -и́ться; прода́в|ливаться, -и́ться; (*fig*) сд|ава́ться, -а́ться.

caveat /ˈkævɪˌæt/ *n* предостереже́ние.

caver /ˈkeɪvə(r)/ *n* спелео́лог.

cavern /ˈkæv(ə)n/ *n* грот, пеще́ра.

cavernous /ˈkæv(ə)nəs/ *adj* пеще́ристый; (*of voice*) глубо́кий.

caviar(e) /ˈkævɪˌɑː(r)/ *n* икра́.

cavil /ˈkævɪl/ *n* приди́рка.

● *vi* (**cavilled, cavilling;** *US* **caviled, caviling**): **~ at** прид|ира́ться, -ра́ться к + *d*.

cavity /ˈkævɪtɪ/ *n* по́лость, впа́дина; (*in tooth*) дупло́.

cavort /kəˈvɔːt/ *vi* скака́ть (*impf*).

caw /kɔː/ *n* ка́рканье.

● *vt* & *i* ка́рк|ать, -нуть.

cayenne /keɪˈen/ *n*: **~ pepper** кайе́нский пе́рец.

cayman /ˈkeɪmən/ = **caiman**

CBE (*abbr of* ***Commander of the Order of the British Empire***) кавале́р о́рдена Брита́нской импе́рии.

cc (*abbr of* ***carbon copy***) ко́пия (*сделанная под копирку*); (*email addressee field*) ко́пия (+ *d*) (*поле адресата в электронном письме*).

● *vt* (**cc's, cc'd, cc'ing**) отпр|авля́ть, -а́вить ко́пию (*письма́, сообще́ния и т. п. кому-н.*).

CCTV (*abbr of* ***closed-circuit TV***) систе́ма видеонаблюде́ния, видеонаблюде́ние.

CD (*abbr of* ***compact disc***) компа́кт-ди́ск; ~ **player** проигрыва́тель (*m*) компа́кт-ди́сков, CD-пле́ер.

CD-ROM (*abbr of* ***compact disc — read-only memory***) компа́кт-ди́ск (*штампо́ванный*); ~ **drive** при́вод компа́кт-ди́сков.

cease /siːs/ *n*: **without** ~ непреста́нно, не перестава́я.
● *vt* прекра|ща́ть, -ти́ть; перест|ава́ть, -а́ть; ~ **talking** прекрати́ть (*pf*) разгово́р; замолча́ть (*pf*); ~ **fire/payment** прекрати́ть (*pf*) ого́нь/платежи́.
● *vi* прекра|ща́ться, -ти́ться.
● *cpd* ~**fire** *n* прекраще́ние огня́.

ceaseless /ˈsiːslɪs/ *adj* непреста́нный, непреры́вный.

cecum /ˈsiːkəm/ (*US*) = **caecum**

cedar /ˈsiːdə(r)/ *n* кедр; (*attr*) кедро́вый; ~ **forest** кедро́вник.

cede /siːd/ *vt* сда|ва́ть, -ть; уступ|а́ть, -и́ть.

cedilla /sɪˈdɪlə/ *n* седи́ль (*m*).

ceilidh /ˈkeɪlɪ/ *n* вечери́нка с шотла́ндской или ирла́ндской наро́дной му́зыкой и та́нцами.

ceiling /ˈsiːlɪŋ/ *n* (*lit, fig*) потоло́к; (*fig*) максима́льный у́ровень; ~ **price** максима́льная цена́; **hit the** ~ (*fig, fly into a rage*) рассвирепе́ть (*pf*); лезть (*impf*) на́ стену.

celandine /ˈselənˌdaɪn/ *n* (*also* **greater** ~) чистоте́л.

celebrant /ˈselɪbrənt/ *n* свяще́нник, отправля́ющий церко́вную слу́жбу.

celebrate /ˈselɪˌbreɪt/ *vt & i* **1** (*mark an occasion*) пра́здновать, от-. **2** (*praise*) просл|авля́ть, -а́вить. **3** (*relig*) отпр|авля́ть, -а́вить (церко́вную слу́жбу). **4**: ~ **a marriage** соверш|а́ть, -и́ть обря́д бракосочета́ния.

celebrated /ˈselɪˌbreɪtɪd/ *adj* просла́вленный, знамени́тый.

celebration /selɪˈbreɪʃ(ə)n/ *n* пра́зднование, торжества́ (*nt pl*), прославле́ние; **this calls for a** ~ э́то сле́дует отпра́здновать/отме́тить; ~ **of marriage** соверше́ние обря́да бракосочета́ния.

celebratory /selɪˈbreɪtərɪ/ *adj* пра́здничный, торже́ственный.

celebrity /sɪˈlebrɪtɪ/ *n* (*fame*) знамени́тость, изве́стность; (*person*) знамени́тость.
● *cpd* ~ **culture** *n* культ знамени́тостей; культу́ра, сформиро́ванная ку́льтом знамени́тостей.

celeriac /sɪˈlerɪˌæk/ *n* (корнево́й) сельдере́й.

celerity /sɪˈlerɪtɪ/ *n* быстрота́.

celery /ˈselərɪ/ *n* (листово́й) сельдере́й.

celestial /sɪˈlestɪəl/ *adj* (*astron, fig*) небе́сный; ~ **globe** гло́бус звёздного не́ба.

celibacy /ˈselɪbəsɪ/ *n* безбра́чие, сексуа́льное воздержа́ние.

celibate /ˈselɪbət/ *adj* безбра́чный, да́вший обе́т безбра́чия.
● *n* да́вший обе́т безбра́чия.

cell /sel/ *n* **1** (*in prison*) ка́мера; **condemned** ~ ка́мера сме́ртников; **padded** ~ пала́та, оби́тая во́йлоком. **2** (*in monastery*) ке́лья. **3** (*of honeycomb*) ячея́, яче́йка. **4** (*elec*) элеме́нт. **5** (*biol*) кле́тка. **6** (*pol*) яче́йка.
● *cpds* ~**mate** *n* сока́мерник; ~**phone** *n* со́товый телефо́н.

cellar /ˈselə(r)/ *n* по́греб, подва́л; **he keeps a good** ~ у него́ хоро́ший запа́с вин.

cellarer /ˈselərə(r)/ *n* ке́ларь (*m*).

cellist /ˈtʃelɪst/ *n* виолончели́ст (*fem* -ка).

cello /ˈtʃeləʊ/ *n* (*pl* ~**s**) виолонче́ль.

cellophane /ˈseləˌfeɪn/ *n* целлофа́н; (*attr*) целлофа́новый.

cellular /ˈseljʊlə(r)/ *adj* кле́точный, яче́истый; ~ **phone** со́товый телефо́н; ~ **tissue** (*anat*) клетча́тка.

celluloid /ˈseljʊˌlɔɪd/ *n* целлуло́ид; (*attr*) целлуло́идный.

cellulose /ˈseljʊˌləʊz, -ˌləʊs/ *n* (*chem*) целлюло́за; клетча́тка.

Celt /kelt, selt/ *n* кельт.

Celtic /ˈkeltɪk, ˈseltɪk/ *adj* ке́льтский.

cement /sɪˈment/ *n* цеме́нт; (*attr*) цеме́нтный.
● *vt* цементи́ровать (*impf, pf*); (*fig*): ~ **relations** упро́ч|ивать, -ить отноше́ния; укреп|ля́ть, -и́ть свя́зи.
● *cpd* ~ **mixer** *n* бетономеша́лка.

cemetery /ˈsemɪtərɪ/ *n* кла́дбище.

cenotaph /ˈsenəˌtɑːf/ *n* кенота́ф; па́мятник поги́бшим солда́там.

Cenozoic /ˌsiːnəˈzəʊɪk/ (*geol*) *n* (**the** ~) кайнозо́й(ская э́ра).
● *adj* кайнозо́йский.

cense /sens/ *vt* кади́ть (*impf*) ла́даном.

censer /ˈsensə(r)/ *n* кади́ло.

censor /ˈsensə(r)/ *n* це́нзор.
● *vt* подв|ерга́ть, -е́ргнуть цензу́ре.

censorial /senˈsɔːrɪəl/ *adj* це́нзорский, цензу́рный.

censorious /senˈsɔːrɪəs/ *adj* сверхкрити́чный, приди́рчивый.

censoriousness /senˈsɔːrɪəsnɪs/ *n* крити́чность, приди́рчивость.

censorship /ˈsensəʃɪp/ *n* цензу́ра.

censure /ˈsensjə(r)/ *n* кри́тика, осужде́ние, порица́ние; **pass a vote of** ~ вы́нести (*pf*) во́тум недове́рия.
● *vt* критикова́ть (*impf*); осу|жда́ть, -ди́ть; порица́ть (*impf*).

census /ˈsensəs/ *n* (*pl* ~**es**) пе́репись (населе́ния); **take a** ~ произв|оди́ть, -ести́ пе́репись (населе́ния).

cent /sent/ *n* **1** (*coin*) цент; (*fig*): **it is not worth a** ~ э́то гроша́ ло́маного не сто́ит. **2**: **per** ~ проце́нт.

centaur /ˈsentɔː(r)/ *n* кента́вр.

centenarian /ˌsentɪˈneərɪən/ *n* челове́к, дости́гший столе́тнего во́зраста.
● *adj* столе́тний.

centen|ary /senˈtiːnərɪ/ (*Br*), **-nial** /senˈtenɪəl/ (*US*) *nn* (*100th anniversary*) столе́тие.
● *adj* столе́тний.

center /ˈsentə(r)/ (*US*) = **centre**

centigrade /ˈsentɪˌgreɪd/ *adj*: ~ **thermometer** термо́метр Це́льсия; **20°** ~ 20 гра́дусов по Це́льсию (*or* (по шкале́) Це́льсия).

centigram(me) /ˈsentɪˌgræm/ *n* сантигра́мм.

centilitre /ˈsentɪˌliːtə(r)/ (*US* **centiliter**) *n* сантили́тр.

centime /ˈsɑ̃tiːm/ *n* санти́м.

centimetre /ˈsentɪˌmiːtə(r)/ (*US* **centimeter**) *n* сантиме́тр.

centipede /ˈsentɪˌpiːd/ *n* многоно́жка.

central /ˈsentr(ə)l/ *adj* **1** (*pert to a centre*) центра́льный; **C**~ **America** Центра́льная Аме́рика; **C**~ **Asia** Сре́дняя А́зия; ~ **European** среднеевропе́йский; ~ **bank** центра́льный банк; ~ **locking** (*in motor vehicle*) систе́ма централизо́ванного запира́ния двере́й; центра́льный замо́к; ~ **processing unit** центра́льный проце́ссор; **the house is very** ~ дом нахо́дится в са́мом це́нтре го́рода. **2** (*principal*) центра́льный, гла́вный; **the** ~ **figure in the story** гла́вный персона́ж расска́за.

centralism /ˈsentrəˌlɪz(ə)m/ *n* централи́зм.

centralist /ˈsentrəlɪst/ *n* сторо́нник централи́зма.

centralization /ˌsentrəlaɪˈzeɪʃ(ə)n/ *n* централиза́ция.

centralize /ˈsentrəˌlaɪz/ *vt* централизова́ть (*impf, pf*).

centre /ˈsentə(r)/ (*US* **center**) *n* **1** (*middle point or section*) центр; (*of a chocolate*) начи́нка; ~ **of gravity** центр тя́жести; **dead** ~ мёртвая то́чка. **2** (*fig, key point*): ~ **of attraction** центр внима́ния; ~ **of commerce** комме́рческий центр; **shopping** ~ торго́вый центр; **garden** ~ (*Br, shop*) садо́вый центр, магази́н «Всё для садово́да»; **cultural** ~ культу́рный центр. **3** (*pol*) центр. **4** (*attr*) центра́льный.
● *vt* **1** (*fix in central position*) поме|ща́ть, -сти́ть в це́нтре. **2** (*fig*) сосредото́чи|вать, -ть; концентри́ровать, с-; ~ **one's thoughts on** сосредото́чить (*pf*) мы́сли на + *p*.
● *vi* сосредото́чи|ваться, -ться; концентри́роваться, с-; **our thoughts** ~ **on** на́ши мы́сли сосредото́чены на (+ *p*); **the discussion** ~**d round this point** диску́ссия сосредото́чилась вокру́г э́того вопро́са.
● *cpds* ~ **bit** *n* центрово́е сверло́; ~**board** *n* (*naut*) выдвижно́й киль; ~ **forward** *n* (*sport*) центра́льный напада́ющий; ~ **half** *n* центра́льный полузащи́тник; ~**piece** *n* орнамента́льная ва́за в середи́не стола́; (*fig*) гла́вное украше́ние; ~**-right** *adj* (*pol*) правоцентри́стский.

centrifugal /ˌsentrɪˈfjuːg(ə)l, senˈtrɪfjʊg(ə)l/ *adj* центробе́жный.

centrifuge /ˈsentrɪˌfjuːdʒ/ *n* центрифу́га.

centripetal /senˈtrɪpɪt(ə)l/ *adj* центростреми́тельный.

C

centrism /ˈsentrɪz(ə)m/ *n* центри́зм.
centrist /ˈsentrɪst/ *n* центри́ст.
centuple /ˈsentjʊp(ə)l/ *n* стокра́тный разме́р.
● *adj* стокра́тный.
centurion /senˈtjʊərɪən/ *n* центурио́н.
century /ˈsentʃərɪ, -tjʊrɪ/ *n* (*100 years*) столе́тие, век; ~ **plant** столе́тник; (*set of 100*) со́тня.
CEO (*abbr of* ***chief executive officer***) гла́вный исполни́тельный дире́ктор.
cephalic /sɪˈfælɪk, ke-/ *adj* головно́й.
cephalopod /ˈsefələˌpɒd/ *n* головоно́гий моллю́ск.
ceramic /sɪˈræmɪk/ *adj* керами́ческий.
ceramicist /sɪˈræmɪsɪst/ *n* керами́ст.
ceramics /sɪˈræmɪks/ *n* кера́мика.
cereal /ˈsɪərɪəl/ *n* хле́бный злак; **(breakfast)** ~ хло́пья (к за́втраку) (*корнфлекс и т. п.*).
● *adj* хле́бный, зерново́й.
cerebel|lum /ˌserɪˈbeləm/ *n* (*pl* **~lums** *or* **~la**) мозжечо́к.
cerebra /ˈserɪbrə/ *pl of* ⇒**cerebrum**
cerebral /ˈserɪbr(ə)l/ *adj* **1** (*of the brain*) мозгово́й, церебра́льный; ~ **haemorrhage** (*Br*), **hemorrhage** (*US*) кровоизлия́ние в мозг. **2** (*intellectual*) умозри́тельный, интеллектуа́льный; **he is a ~ person** он живёт рассу́дком.
cerebrum /ˈserɪbrəm/ *n* (*pl* **cerebra**) головно́й мозг.
cerecloth /ˈsɪəklɒθ/ *n* са́ван.
ceremonial /ˌserɪˈməʊnɪəl/ *n* (*relig rites*) церемониа́л, обря́д, ритуа́л.
● *adj* церемониа́льный, обря́довый; ~ **dress** пара́дная фо́рма оде́жды.
ceremonious /ˌserɪˈməʊnɪəs/ *adj* церемо́нный.
ceremoniousness /ˌserɪˈməʊnɪəsnɪs/ *n* церемо́нность.
ceremony /ˈserɪmənɪ/ *n* (*rite*) обря́д, церемо́ния; **wedding ~** венча́ние; обря́д венча́ния; (*formal behaviour*) церемо́нность; **stand (up)on ~** церемо́ниться (*impf*); наст|а́ивать, -оя́ть на соблюде́нии форма́льностей; **without ~** без церемо́ний.
cerise /səˈriːz, -ˈriːs/ *adj* светло-вишнёвый.
cert /sɜːt/ *n* (*Br sl*): **a (dead) ~** ве́рное де́ло.
certain /ˈsɜːt(ə)n, -tɪn/ *adj* **1** (*undoubted*) несомне́нный; **I cannot say for ~** я не могу́ сказа́ть наверняка́; **make ~ of** (*ascertain*) удостов|еря́ться, -е́риться в чём-н.; (*ensure possession of*) обеспе́чи|вать, -ть; **he faced ~ death** ему́ угрожа́ла ве́рная смерть; **he is ~ to succeed** наверняка́ он добьётся успе́ха. **2** (*confident*) уве́ренный; **he is ~ of success** он уве́рен в успе́хе; **I am ~ he will come** я уве́рен, что он придёт. **3** (*definite but unspecified*) изве́стный, не́который; оди́н; **a ~ person** не́кто, не́кое лицо́; **in a ~ town** в одно́м го́роде; **a ~ Mr Jones** не́кий г-н Джо́унз; **a ~ type of people** лю́ди изве́стного ро́да; **under ~ conditions** при изве́стных усло́виях; **a ~** (*some*) **pleasure** не́которое удово́льствие.
certainly /ˈsɜːtənlɪ, -tɪnlɪ/ *adv* (*without doubt*) несомне́нно, наверняка́, наве́рно(е); (*expressing obedience or consent*) коне́чно, безусло́вно; **'May we go?' — 'C~ not!'** «Мо́жно нам идти́?» — «Ни в ко́ем слу́чае!».
certainty /ˈsɜːtəntɪ, -tɪntɪ/ *n* **1** (*being certainly true*) несомне́нность. **2** (*certain fact*) несомне́нный факт; **for a ~** наверняка́. **3** (*confidence*) уве́ренность. **4** (*accuracy*): **I cannot say with ~** не могу́ определённо сказа́ть.
certifiable /ˌsɜːtɪˈfaɪəb(ə)l, ˈsɜːt-/ *adj* (*lunatic*) душевнобольно́й.
certificate /səˈtɪfɪkət/ *n* удостовере́ние, свиде́тельство, сертифика́т; ~ **of health** медици́нское свиде́тельство; **birth ~** свиде́тельство о рожде́нии, ме́трика; **marriage ~** свиде́тельство о бра́ке.
● *vt*: **a ~d teacher** учи́тель (*m*) с дипло́мом.
certification /ˌsɜːtɪfɪˈkeɪʃ(ə)n/ *n* удостовере́ние.
certify /ˈsɜːtɪˌfaɪ/ *vt* **1** (*attest*) удостов|еря́ть, -е́рить; зав|еря́ть, -е́рить; **this is to ~ that ...** настоя́щим удостоверя́ется, что... . **2** (*declare insane*) призн|ава́ть, -а́ть душевнобольны́м.
certitude /ˈsɜːtɪˌtjuːd/ *n* уве́ренность; несомне́нность.
cerulean /səˈruːlɪən/ *adj* небе́сно-голубо́й.
cervical /sɜːˈvaɪk(ə)l, ˈsɜːvɪk(ə)l/ *adj* ше́йный; ~ **smear** (*Br*) мазо́к с ше́йки ма́тки.
cervix /ˈsɜːvɪks/ *n* (*pl* **cervices** /-ˌsiːz/) ше́я; (*of womb*) ше́йка (ма́тки).
Cesarean /sɪˈzeərɪən/ (*US*) = **Caesarean**
cesium /ˈsiːzɪəm/ (*US*) = **caesium**
cessation /seˈseɪʃ(ə)n/ *n* прекраще́ние, остано́вка; ~ **of hostilities** прекраще́ние вое́нных де́йствий.
cession /ˈseʃ(ə)n/ *n* усту́пка, переда́ча.
cess|pit /ˈsespɪt/, **-pool** /ˈsespuːl/ *nn* выгребна́я/помо́йная/сто́чная я́ма; (*fig*) помо́йная я́ма, клоа́ка.
cetacean /sɪˈteɪʃ(ə)n/ *n* живо́тное из семе́йства кито́вых.
ceteris paribus /ˌsetərɪs ˈpærɪˌbʊs/ *adv* при про́чих ра́вных усло́виях.
cf. (*abbr of Latin* ***confer*** = ***compare with***) ср., сравни́.
CFCs (*abbr of* ***chlorofluorocarbons***) фрео́ны (*m pl*).
CFE (*abbr of* ***College of Further Education***) (*Br*) ≈ профессиона́льно-техни́ческое учи́лище.
cha-cha /ˈtʃɑːtʃɑː/ *n* ча-ча-ча́ (*nt indecl*).
chafe /tʃeɪf/ *n* (**~d place**) сса́дина.
● *vt* (*rub*) тере́ть (*impf*); (*make sore*) нат|ира́ть, -ере́ть; **the collar ~d his neck** воротни́к натёр ему́ ше́ю.
● *vi* нат|ира́ться, -ере́ться; **her skin ~s easily** (у не)ё ко́жа легко́ воспаля́ется; **he ~d at the delay** отсро́чка раздража́ла его́.
chaff /tʃɑːf/ *n* **1** (*husks*) мяки́на. **2** (*banter*) подшу́чивание.
● *vt* подшу́|чивать, -ти́ть над + *i*.
● *cpd* **~-cutter** *n* соломоре́зка.
chaffinch /ˈtʃæfɪntʃ/ *n* зя́блик.
chafing dish /ˈtʃeɪfɪŋ/ *n* жаро́вня.
chagrin /ˈʃægrɪn, ʃəˈgriːn/ *n* огорче́ние, доса́да.
● *vt* огорч|а́ть, -и́ть.
chain /tʃeɪn/ *n* цепь; цепо́чка; **mountain ~** го́рная цепь; (*in pl, fetters*) це́пи (*f pl*), око́в|ы (*pl, g* —); (*fig*): ~ **of events, consequences** цепь собы́тий/после́дствий; ~ **reaction** цепна́я реа́кция.
● *vt* прико́в|ывать, -а́ть це́пью; **the dog is ~ed up** соба́ка поса́жена на цепь.
● *cpds* **~ gang** *n* гру́ппа заключённых, ско́ванных о́бщей це́пью; **~ mail** *n* кольчу́га; **~-smoke** *vt* кури́ть (*impf*) одну́ сигаре́ту за друго́й; **~-smoker** *n* зая́длый кури́льщик; **~ stitch** *n* та́мбурная стро́чка; **~ store** *n* оди́н из се́ти фи́рменных магази́нов.
chair /tʃeə(r)/ *n* **1** стул; **take a ~!** сади́тесь! **2** (**~*manship***) председа́тельство; **Mr X took/left the ~** г-н X за́нял/поки́нул председа́тельское ме́сто. **3** (**~*man***) председа́тель (*m*); **Madam C~man!** госпожа́ председа́тель! **4** (*professorship*) ка́федра; **he holds the ~ of physics** он заве́дует ка́федрой фи́зики.
● *vt* (*preside over*) председа́тельствовать (*impf*) на + *p*.
● *cpds* **~lift** *n* подвесно́й подъёмник; **~man** *n* (*pl* **~men**) = **chair 3**; **~manship** *n* председа́тельство; обя́занности (*f pl*) председа́теля; **~person** *n* = **chair 3**
chaise longue /ʃeɪz ˈlɒŋ(g)/ *n* (*pl* ***chaise longues*** *or* ***chaises longues*** *pronunc same*) шезло́нг.
chalcedony /kælˈsedənɪ/ *n* халцедо́н.
chalet /ˈʃæleɪ/ *n* шале́ (*indecl*).
chalice /ˈtʃælɪs/ *n* (*goblet*) ку́бок, ча́ша; (*eccl*) поти́р.
chalk /tʃɔːk/ *n* **1** (*material*) мел; (*attr*) мелово́й. **2** (*piece of* ~) мел, мело́к. **3** (*fig*): **not by a long ~** (*Br*) отню́дь нет; далеко́ не; **as different as ~ from cheese** (*Br*) похо́же, как гвоздь на панихи́ду.
● *vt* (*write or mark with* ~) писа́ть, на- (*or* отм|еча́ть, -е́тить) ме́лом; (*whiten with* ~) бели́ть, по-; ~ **out** (*sketch*) набр|а́сывать, -оса́ть; ~ **up** (*register*) отм|еча́ть, -е́тить.
chalky /ˈtʃɔːkɪ/ *adj* (**chalkier, chalkiest**) (*like chalk*) мелово́й; (*containing chalk*) известко́вый.
challenge /ˈtʃælɪndʒ/ *n* (*to a race etc.*) вы́зов; ~ **cup** переходя́щий ку́бок; (*sentry's*) о́клик; (*fig*): **this task was a ~ to his ingenuity** э́та зада́ча потре́бовала от него́ большо́й изобрета́тельности.
● *vt* вызыва́ть, вы́звать; (*dispute*) оспа́ривать (*impf*); ~ **a juryman** отв|оди́ть, -ести́ прися́жного; ~ **s.o. to a race/duel** вызыва́ть, вы́звать кого́-н. на состяза́ние/дуэ́ль; **I ~ you to deny it** попро́буйте опрове́ргнуть

э́то; **he ~d my right to attend** он возража́л про́тив моего́ прису́тствия.

challenger /ˈtʃælɪndʒə(r)/ *n* претенде́нт (*fem* -ка).

challenging /ˈtʃælɪndʒɪŋ/ *adj* (*of opportunity etc.*) тру́дный, но интере́сный.

chamber /ˈtʃeɪmbə(r)/ *n* **1** (*room*) ко́мната; (*in pl, apartment*) кварти́ра; (*in pl, Br, rooms of barrister(s)*) адвока́тская конто́ра; (*judge's room*) ка́мера, кабине́т судьи́; **~ of horrors** ко́мната у́жасов; **bridal ~** спа́льня новобра́чных; **~ music** ка́мерная му́зыка. **2** (*hall, e.g. of parliament*) зал, за́ла. **3** (*official body*) пала́та; **C~ of Commerce** торго́вая пала́та; **C~ of Deputies** пала́та депута́тов. **4** (*of revolver*) патро́нник.

● *cpds* **~maid** *n* го́рничная; **~ pot** *n* ночно́й горшо́к.

chamberlain /ˈtʃeɪmbəlɪn/ *n* камерге́р, мажордо́м.

chameleon /kəˈmiːlɪən/ *n* (*lit, fig*) хамелео́н.

chamfer /ˈtʃæmfə(r)/ *n* ско́шенная кро́мка.

● *vt* ска́шивать, скоси́ть.

chamois /ˈʃæmwɑː, *sense 2 also* ˈʃæmɪ/ *n* **1** (*pl* **~** /-wɑːz/) (*zool*) се́рна. **2** (*pl* **~** /-mɪz, -wɑːz/) (**~** *leather*) за́мша.

champ[1] /tʃæmp/ *n* (*chewing action or noise*) ча́вканье.

● *vt & i* (*chew noisily*) ча́вкать (*impf*); (*bite on*): **~ the bit** грызть (*impf*) удила́; (*fig*): **he was ~ing to start** он рва́лся в путь.

champ[2] /tʃæmp/ (*coll*) = **champion 2**

champagne /ʃæmˈpeɪn/ *n* шампа́нское; (*colour*) бле́дно-па́левый цвет.

champion /ˈtʃæmpɪən/ *n* **1** (*defender*) побо́рни|к, защи́тни|к (*fem* -ца); боре́ц; **a ~ of women's rights** побо́рник же́нского равнопра́вия. **2** (*prize-winning person or thing*) чемпио́н (*fem, coll* -ка); **a ~ chess player** чемпио́н по ша́хматам.

championship /ˈtʃæmpɪənʃɪp/ *n* (*advocacy*) защи́та; (*sport*) чемпио́нство, чемпиона́т, пе́рвенство.

chance /tʃɑːns/ *n* **1** (*casual occurrence*) слу́чай, случа́йность; **by ~** случа́йно; **he left it to ~** он оста́вил э́то на во́лю слу́чая; **game of ~** аза́ртная игра́. **2** (*possibility, likelihood, opportunity*) шанс, возмо́жность; **I went there on the ~ of seeing him** я пошёл туда́, наде́ясь его́ уви́деть; **the ~s are that he will come** все ша́нсы за то, что он придёт; **I had no ~ of winning** у меня́ не́ было никаки́х ша́нсов на успе́х; **he stands a good ~ of winning** он име́ет все ша́нсы на успе́х; **now is your ~** вот ваш шанс; де́ло за ва́ми; **the ~ of a lifetime** раз в жи́зни предста́вившийся слу́чай; **a fat ~ he has!** куда́ уж ему́ (*coll*); **he hasn't a dog's ~** у него́ нет никаки́х ша́нсов; **a ~ companion** случа́йный попу́тчик.

● *vt*: **let's ~ it** рискнём!

● *vi* (*happen*) случ|а́ться, -и́ться; **I ~d to see him** мне довело́сь уви́деть его́; **he ~d upon the book** ему́ попа́лась э́та кни́га.

chancel /ˈtʃɑːns(ə)l/ *n* алта́рь (*m*).

chancellery /ˈtʃɑːnsələrɪ/ *n* канцеля́рия.

chancellor /ˈtʃɑːnsələ(r)/ *n* ка́нцлер; (*of university*) ре́ктор; **C~ of the Exchequer** ка́нцлер казначе́йства, мини́стр фина́нсов.

chancellorship /ˈtʃɑːnsələr,ʃɪp/ *n* зва́ние ка́нцлера, ка́нцлерство.

chancery /ˈtʃɑːnsərɪ/ *n* **1** (*law*) ка́нцлерский суд; **in ~** (*fig*) в тиска́х. **2** (*Br, of embassy*) канцеля́рия.

chancre /ˈʃæŋkə(r)/ *n* твёрдый шанкр.

chancy /ˈtʃɑːnsɪ/ *adj* (**chancier, chanciest**) (*coll*) риско́ванный.

chandelier /,ʃændɪˈlɪə(r)/ *n* лю́стра.

chandler /ˈtʃɑːndlə(r)/ *n* **1** (*also* **ship('s) ~**) поставщи́к корабе́льного обору́дования. **2** (*hist*) москате́льщик; (*person who makes and/or sells candles*) свечни́к.

change /tʃeɪndʒ/ *n* **1** (*alteration*) измене́ние; (*substitution*) переме́на; **~ of air, scene** переме́на обстано́вки; **~ of life** (*med*) кли́макс; **for a ~** для разнообра́зия; **~ of heart** измене́ние наме́рений; **a ~ for the better** переме́на к лу́чшему.
2 (*spare set*) сме́на; **he took a ~ of linen with him** он взял с собо́й сме́ну белья́.
3 (*money*) ме́лкие де́н|ьги (*pl, g* -ег); ме́лочь; (*returned as balance*) сда́ча; **have you ~ for five pounds?** вы не разменя́ете пять фу́нтов (ме́лочью)?
4 (*of trains etc.*) переса́дка; **no ~ for Oxford** в О́ксфорд без переса́дки.
5 (*of bells*) перезво́н, трезво́н; **ring (the) ~s** (*lit*) вызва́нивать (*impf*) на колокола́х; (*fig*) тверди́ть (*impf*) на все лады́ одно́ и то же.

● *vt* **1** (*alter, replace*) меня́ть, по-; **she ~d her address** она́ перее́хала на друго́е ме́сто; **~ (one's) clothes** переод|ева́ться, -е́ться; смен|я́ть, -и́ть оде́жду; **~ one's shoes** переоб|ува́ться, -у́ться; **the snake ~s its skin** змея́ меня́ет ко́жу; **~ colour** (*turn pale*) бледне́ть, по-; измени́ться (*pf*) в лице́; (*blush*) красне́ть, по-; **~ one's mind** разду́м|ывать, -ать; переду́м|ывать, -ать; **~ one's tune** (*fig*) запе́ть (*pf*) на друго́й лад (*or* по-друго́му); **~ hands** (*of a property*) пере|ходи́ть, -йти́ из рук в ру́ки; **~ sides** пере|ходи́ть, -йти́ на другу́ю сто́рону (*or* в друго́й ла́герь); **~ trains** перес|а́живаться, -е́сть на друго́й по́езд; **~ gear** меня́ть, по- ско́рость; переключ|а́ть, -и́ть ско́рость/переда́чу; **~ the subject** смени́ть/перемени́ть (*both pf*) те́му разгово́ра.
2 (*reclothe etc.*): **~ a child** переод|ева́ть, -е́ть ребёнка; (*of baby*) перепел|ёнывать, -ена́ть; **~ a bed** меня́ть, по- посте́льное бельё.
3 (*money*): **~ a five-pound note** разменя́ть (*pf*) пятифу́нтовую купю́ру/банкно́ту/бума́жку (*coll*); **~ euros into pounds** обменя́ть (*pf*) е́вро на фу́нты (сте́рлингов).
4 (*exchange*): **~ a book** обменя́ть (*pf*) кни́гу; **~ places with s.o.** (*lit*) поменя́ться (*pf*) места́ми с кем-н.; **~ing of the guard** сме́на карау́ла.

● *vi* **1** : **he has ~d a lot** он си́льно измени́лся/перемени́лся; **caterpillars ~ into butterflies** гу́сеницы превраща́ются в ба́бочек; **we ~d to central heating** мы перешли́ на центра́льное отопле́ние; **his expression ~d** он измени́лся/перемени́лся в лице́; **the weather ~d to rain** пого́да перемени́лась, и пошёл дождь; **the wind ~d** ве́тер перемени́лся.
2 (*railways*) перес|а́живаться, -е́сть; **all ~!** коне́чная остано́вка!; переса́дка, по́езд да́льше не пойдёт!
3 (*clothing*): **~ for dinner** переод|ева́ться, -е́ться к у́жину.

● *with advs*: **~ down** *vi* (*Br, motoring*) переключ|а́ть, -и́ть на ни́жнюю ско́рость; **~ over** *vi*: **the railways ~d over to electricity** желе́зные доро́ги перешли́ на электри́чество/электроэне́ргию; **~ up** *vi* (*Br, motoring*) включ|а́ть, -и́ть бо́лее высо́кую переда́чу.

● *cpd* **~over** *n*: **~over to electricity** перехо́д на электроэне́ргию; (*of leader etc.*) сме́на.

changeab|ility /,tʃeɪndʒəˈbɪlɪtɪ/, **-leness** /ˈtʃeɪndʒəb(ə)lnɪs/ *nn* переме́нчивость; изме́нчивость.

changeable /ˈtʃeɪndʒəb(ə)l/ *adj*: **~ weather** изме́нчивая пого́да; (*of person*) изме́нчивый, непостоя́нный.

changeless /ˈtʃeɪndʒlɪs/ *adj* неизме́нный.

changing room /ˈtʃeɪndʒɪŋ,ruːm/ *n* (*sport*) раздева́лка (*coll*); (*Br, in shop*) приме́рочная.

channel /ˈtʃæn(ə)l/ *n* **1** (*strait*) проли́в, кана́л; **the English C~** Ла-Ма́нш; **the C~ Islands** Норма́ндские острова́; **C~ Tunnel** тонне́ль под Ла-Ма́ншем; (*branch, arm of waterway*) рука́в.
2 (*bed of a stream*) ру́сло.
3 (*deeper part of a waterway*) фарва́тер.
4 (*fig*): **through the usual ~s** обы́чным путём; **~ of information** исто́чник информа́ции.
5 (*television*) кана́л.

● *vt* (**channelled, channelling;** *US* **channeled, channeling**) (*make a ~ in*) пров|оди́ть, -ести́ кана́л в + *p*; (*cause to flow*): **the river ~led its way through the rocks** река́ проложи́ла себе́ путь че́рез ска́лы; (*fig*): **we ~led the information to him** мы пе́редали ему́ э́ти све́дения; **his energies are ~led into sport** вся его́ эне́ргия ухо́дит на спорт.

● *with adv*: **~ off** *vt* отв|оди́ть, -ести́.

channel-hop /ˈtʃæn(ə)l,hɒp/ *vi* (*coll*) **1** (*TV*) (ча́сто) переключа́ть (*impf*) телевизио́нные кана́лы. **2** (*Br, across the English Channel*) (ча́сто) пересека́ть (*impf*) Ла-Ма́нш.

chant /tʃɑːnt/ *n* песнь; (*eccl*) пе́ние.

● *vt* восп|ева́ть, -е́ть.

● *vi* петь (*impf*).

chantry /ˈtʃɑːntrɪ/ *n* (*chapel*) часо́вня.

chaos /ˈkeɪɒs/ *n* ха́ос.

C

chaotic /keɪ'ɒtɪk/ *adj* хаоти́ческий, хаоти́чный.

chap¹ /tʃæp/ *vt* (**chapped, chapping**) произв|оди́ть, -ести́ тре́щину в + *p*; **~ped hands** потре́скавшиеся ру́ки.

chap² (*also* **chappie**) /tʃæp/ *n* (*Br coll, fellow*) па́рень (*m*), ма́лый; **a good ~** сла́вный ма́лый; **old ~** старина́ (*m*).

chapel /'tʃæp(ə)l/ *n* **1** (*small church*) часо́вня, моле́льня; (*Catholic*) капе́лла. **2** (*part of church*) приде́л с алтарём. **3** (*Br, trade union branch*) отделе́ние профсою́за (печа́тников).

chaperon(e) /'ʃæpə,rəʊn/ *n* компаньо́нка.
● *vt* сопрово|жда́ть, -ди́ть.

chaplain /'tʃæplɪn/ *n* капелла́н, свяще́нник.

chaplaincy /'tʃæplɪnsɪ/ *n* до́лжность капелла́на.

chaplet /'tʃæplɪt/ *n* (*wreath*) вено́к; (*necklace*) ожере́лье; (*rosary*) чёт|ки (*pl, g* -ок).

chappie /'tʃæpɪ/ = **chap²**

chapter /'tʃæptə(r)/ *n* **1** (*of book*) глава́; **~ and verse** (*fig*) то́чная ссы́лка; **~ of accidents** череда́ неуда́ч. **2** (*of clergy*) собра́ние кано́ников (*or* чле́нов мона́шеского о́рдена).
● *cpd* **~ house** *n* дом капи́тула.

char¹ /tʃɑː(r)/ *vt* (**charred, charring**) (*burn*) обу́гли|вать, -ть.
● *vi* (**charred, charring**) обу́гли|ваться, -ться.

char² /tʃɑː(r)/ *n* (*Br coll*) = **~woman**
● *vt* (**charred, charring**) (*coll, perform housework*) уб|ира́ть, -ра́ть помеще́ние подённо.
● *cpds* **~lady** *n* = **~woman**; **~woman** *n* (*pl* **~women**) (подённая) убо́рщица.

character /'kærɪktə(r)/ *n* **1** (*nature*) сво́йство, ка́чество; **a book of that ~** кни́га тако́го ро́да.
2 (*personal qualities*) хара́ктер; **a man of ~** челове́к с си́льным хара́ктером; **he lacks ~** он бесхара́ктерный челове́к; **an interesting ~** интере́сный челове́к; **his remark was in (*or* out of) ~** э́то замеча́ние бы́ло вполне́ (*or* не) в его́ ду́хе/сти́ле.
3 (*well-known person*): **a public ~** обще́ственный де́ятель.
4 (*eccentric or distinctive person*): **she is quite a ~** она́ оригина́льная ли́чность; **a weird ~** стра́нный субъе́кт; **a ~ actor** характе́рный актёр.
5 (*fictional*) геро́й, тип, о́браз, персона́ж; **in the ~ of Hamlet** в о́бразе Га́млета.
6 (*reputation*) репута́ция; **~ assassination** подры́в репута́ции.
7 (*letter, graphic symbol*) бу́ква, ли́тера, знак; **Chinese ~s** кита́йские иеро́глифы (*m pl*); **Runic ~s** руни́ческое письмо́.

characteristic /,kærɪktə'rɪstɪk/ *n* характе́рная черта́, сво́йство, осо́бенность; (*math*) характери́стика.
● *adj* характе́рный, типи́чный; **it is ~ of him** э́то характе́рно для него́.

characterization /,kærɪktəraɪ'zeɪʃ(ə)n/ *n* **1** (*description*) характери́стика. **2** (*by author or actor*) созда́ние о́браза; тракто́вка.

characterize /'kærɪktə,raɪz/ *vt* **1** (*describe*) характеризова́ть (*impf, pf*), (*pf also*) охарактеризова́ть; **~ s.o. as a liar** охарактеризова́ть кого́-н. как лгуна́. **2** (*distinguish*) отлич|а́ть, -и́ть; **he is ~d by honesty** он отлича́ется свое́й че́стностью.

characterless /'kærɪktəlɪs/ *adj* (*undistinguished*) бесхара́ктерный, зауря́дный.

charade /ʃə'rɑːd/ *n* шара́да.

charcoal /'tʃɑːkəʊl/ *n* древе́сный у́голь; **a ~ drawing** рису́нок углём.
● *cpds* **~ burner** *n* у́гольщик; **~-grey** *n & adj* тёмно-се́рый, пе́пельный (цвет).

charcuterie /ʃɑː'kuːtərɪ/ *n* магази́н мясно́й кулинари́и.

charge /tʃɑːdʒ/ *n* **1** (*load*) нагру́зка, груз.
2 (*for gun etc.*) заря́д.
3 (*elec*) заря́д, заря́дка; **the battery is on ~ (*or* being ~d)** батаре́я заряжа́ется.
4 (*heraldry*) эмбле́ма, деви́з.
5 (*expense*) цена́, расхо́ды (*m pl*); **what is the ~?** ско́лько э́то сто́ит?; **his ~s are reasonable** его́ це́ны вполне́ уме́ренные; **a ~ account** счёт в магази́не; **~ card** креди́тная ка́рточка; **at his own ~** на его́/свой со́бственный счёт; **free of ~** беспла́тно.
6 (*duty, care*): **the child is in my ~** э́тот ребёнок на моём попече́нии; **I am in ~ here** я здесь гла́вный; я здесь за ста́ршего; **she's in ~ of the hospital** она́ возглавля́ет больни́цу; **take ~ of a business** взять (*pf*) на себя́ руково́дство де́лом.
7 (*person entrusted*): **the nurse took her ~s for a walk** ня́ня повела́ свои́х пито́мцев на прогу́лку.
8 (*instructions*) предписа́ние.
9 (*accusation*) обвине́ние; **bring a ~ against s.o.** выдвига́ть, вы́двинуть обвине́ние про́тив кого́-н.; **he pleaded guilty to the ~ of speeding** он призна́л себя́ вино́вным в превыше́нии ско́рости.
10 (*attack*) нападе́ние, ата́ка; **return to the ~** (*fig*) возобнови́ть (*pf*) ата́ку.
● *vt* **1** (*load, fill*) нагру|жа́ть, -зи́ть; **~ your glasses!** напо́лните свои́ бока́лы!; (*elec*) заря|жа́ть, -ди́ть.
2 (*make responsible*): **he was ~d with an important mission** ему́ бы́ло пору́чено ва́жное зада́ние.
3 (*instruct*): **I ~ you to obey him** я тре́бую, что́бы вы повинова́лись ему́; **the judge ~d the jury** судья́ напу́тствовал прися́жных.
4 (*accuse*) обвин|я́ть, -и́ть; **he is ~d with murder** его́ обвиня́ют в уби́йстве.
5 (*debit*): **~ the amount/goods to me** запиши́те су́мму/това́ры на мой счёт; **his estate was ~d with the debt; the debt was ~d to his estate** за его́ име́нием чи́слился долг; **tax is ~d on the proceeds of the sale** дохо́ды с прода́жи подлежа́т обложе́нию нало́гом.
6 (*ask price*): **he ~d £5 for the book** он запроси́л 5 фу́нтов за э́ту кни́гу.
7 (*also vi; attack*): **the troops ~d the enemy** войска́ атакова́ли неприя́теля; **he ~d at me** он набро́сился на меня́.
● *cpds* **~ nurse** *n* (*Br*) ста́ршая медсестра́ отделе́ния; **~ sheet** *n* (*Br*) полице́йский протоко́л.

chargeable /'tʃɑːdʒəb(ə)l/ *adj* **1**: **~** (*to be debited*) **to** относи́мый за счёт + *g*; **the expense is ~ to him** э́тот расхо́д сле́дует отнести́ на его́ счёт. **2** (*liable to be accused*): **he is ~ with theft** он мо́жет быть обвинён в кра́же.

chargé d'affaires /,ʃɑːʒeɪ dæ'feə(r)/ *n* (*pl* **chargés** *pronunc same*) пове́ренный в дела́х.

charger /'tʃɑːdʒə(r)/ *n* (*horse*) строева́я ло́шадь; боево́й конь.

chariness /'tʃerɪnəs/ *n* осторо́жность; сде́ржанность.

chariot /'tʃærɪət/ *n* колесни́ца.

charioteer /,tʃærɪə'tɪə(r)/ *n* возни́ца (*m*).

charisma /kə'rɪzmə/ *n* хари́зма, обая́ние.

charismatic /,kærɪz'mætɪk/ *adj* харизмати́ческий, обая́тельный.

charitable /'tʃærɪtəb(ə)l/ *adj* (*in judgement etc.*) ми́лостивый, снисходи́тельный; **it would be ~ to suppose that he was drunk** в лу́чшем слу́чае мо́жно предположи́ть, что он был пьян; (*in almsgiving*) благотвори́тельный.

charity /'tʃærɪtɪ/ *n* **1** (*kindness*) любо́вь к бли́жнему; **~ begins at home** ≈ кто ду́мает о родны́х, не забу́дет и чужи́х; **he lives on ~** он живёт ми́лостыней. **2** (*indulgence*) милосе́рдие; снисхожде́ние.
3 (*almsgiving*) благотвори́тельность; ми́лостыня; **give, dispense ~** под|ава́ть, -а́ть ми́лостыню.
4 (*institution*) благотвори́тельная организа́ция; **~ concert** благотвори́тельный конце́рт.
● *cpd* **~ shop** *n* благотвори́тельный магази́н подéржанных веще́й.

charlatan /'ʃɑːlət(ə)n/ *n* шарлата́н.

charlatanism /'ʃɑːlətən,ɪz(ə)m/ *n* шарлата́нство.

charm /tʃɑːm/ *n* **1** (*attraction*) обая́ние, очарова́ние, очарова́тельность, шарм; **her ~s** её пре́лести (*f pl*).
2 (*spell*) ча́р|ы (*pl, g* —); **under a ~** заколдо́ванный; очаро́ванный; **it worked like a ~** э́то оказа́ло маги́ческое де́йствие. **3** (*talisman*) амуле́т.
● *vt* **1** (*attract, delight*) очаро́в|ывать, -а́ть. **2** (*use magic on*) чарова́ть (*impf*); зачаро́в|ывать, -а́ть; **he bears a ~ed life** он как бы неуязви́м; его́ Бог храни́т.
● *cpd* **~ bracelet** *n* брасле́т с брело́ками.

charmer /'tʃɑːmə(r)/ *n* **1** (*beauty*) чарови́ца, чаро́дейка. **2** (*charming person*) обая́тельный/очарова́тельный челове́к.

charming /'tʃɑːmɪŋ/ *adj* очарова́тельный, обая́тельный, чару́ющий.

chart /tʃɑːt/ *n* **1** (*nautical map*) морска́я ка́рта; (*record*) табли́ца, гра́фик; **weather ~** синопти́ческая

ка́рта; **temperature ~** температу́рный гра́фик. **2** (*in pl, hit parade*) хит-пара́д.
● *vt* черти́ть, на- ка́рту + *g*; нан|оси́ть, -ести́ на ка́рту; **~ an ocean** черти́ть, на- ка́рту океа́на; **~ s.o.'s progress** де́лать, с- диагра́мму чьего́-н. продвиже́ния; **~ a course of action** нам|еча́ть, -е́тить план де́йствий.

charter /ˈtʃɑ:tə(r)/ *n* **1** (*grant of rights*) ха́ртия, гра́мота. **2** (*of society*): **C~ of the United Nations** Уста́в ООН; **~ member** член-основа́тель (*m*) организа́ции. **3** (*hire*) фрахто́вка, наём; **~ flight** ча́ртерный рейс.
● *vt* **1** (*grant diploma etc. to*) дарова́ть (*impf, pf*) ха́ртию/привиле́гию + *d*; **~ed accountant** (*Br*) бухга́лтер-экспе́рт, ауди́тор. **2** (*provide on hire*) сд|ава́ть, -ать внаём по ча́ртеру. **3** (*procure on hire*) фрахтова́ть, за-.
● *cpd* **~ party** *n* фрахто́вый контра́кт, ча́ртер-па́ртия.

charterer /ˈtʃɑ:tərə(r)/ *n* (*person providing on hire*) фрахто́вщик; (*person receiving*) фрахтова́тель (*m*).

chartreuse /ʃɑ:ˈtrɜ:z/ *n* (*liqueur*) шартре́з.

chary /ˈtʃeərɪ/ *adj* (**charier, chariest**) осторо́жный, сде́ржанный; **he is ~ of praise** он скуп на похвалу́; **I shall be ~ of going there** я два́жды поду́маю, пре́жде чем пойти́ туда́.

chase¹ /tʃeɪs/ *n* **1** (*act of chasing*) пого́ня; **give ~ to** погна́ться (*pf*) за + *i*; пусти́ться (*pf*) вдого́нку за + *i*; **in ~ of** в пого́не за + *i*; **wild goose ~** напра́сная пого́ня. **2**: **the ~** (*hunting*) охо́та.
● *vt* гоня́ться (*indet*), гна́ться (*det*) за + *i*; **~ away** отгоня́ть, отогна́ть; **~ out** выгоня́ть, вы́гнать; **he owes us a reply — please ~ him up** (*coll*) мы ждём его́ отве́та — поторопи́те-ка его́!
● *vi* (*rush*) бе́гать (*indet*); бежа́ть (*det*), по-; **~ after** гна́ться, по- за + *i*; охо́титься (*impf*) за + *i*.

chase² /tʃeɪs/ *vt* (*engrave*) гравирова́ть, вы-.

chaser /ˈtʃeɪsə(r)/ *n* **1** (*pursuer*) пресле́дователь (*m*). **2** (*gun at bow or stern*) судово́е ору́дие. **3** (*drink*) стака́н спиртно́го по́сле пи́ва *и т. п.*

chasm /ˈkæz(ə)m/ *n* бе́здна, про́пасть (*also fig*).

chassis /ˈʃæsɪ/ *n* (*pl* **~** /-sɪz/) шасси́ (*nt indecl*).

chaste /tʃeɪst/ *adj* целому́дренный.

chasten /ˈtʃeɪs(ə)n/ *vt* (*punish, subdue*) смир|я́ть, -и́ть; **the rebuke had a ~ing effect** упрёк поде́йствовал отрезвля́юще.

chastise /tʃæsˈtaɪz/ *vt* нака́з|ывать, -а́ть; кара́ть, по-.

chastisement /tʃæsˈtaɪzmənt/ *n* наказа́ние.

chastity /ˈtʃæstɪtɪ/ *n* целому́дрие.

chasuble /ˈtʃæzjʊb(ə)l/ *n* ри́за.

chat /tʃæt/ *n* болтовня́, бесе́да.
● *vt* (**chatted, chatting**): **~ s.o. up** (*Br coll*) заи́грывать (*impf*) с кем-н.
● *vi* (**chatted, chatting**) болта́ть, по-; бесе́довать, по-.
● *cpds* **~line** *n* кана́л многосторо́нней связи (*для общения по телефону или в Интернете*); **~ room** *n* (*comput*) разде́л ча́та; **~ show** *n* (*Br*) бесе́да/интервью́ (*nt indecl*) со знамени́тостями.

chateau /ˈʃætəʊ/ *n* (*pl* **~x** *pronunc same or* /-təʊz/) за́мок.

chattel /ˈtʃæt(ə)l/ *n* дви́жимое иму́щество; **goods and ~s** всё иму́щество; **he treated his wife like a ~** он обраща́лся с жено́й, как с принадлежа́щей ему́ ве́щью.

chatter /ˈtʃætə(r)/ *n* **1** (*talk*) болтовня́, трескотня́. **2** (*of birds*) щебета́ние; (*of monkeys etc.*) вереща́ние.
● *vi* **1** болта́ть, тарато́рить (*both impf*). **2** щебета́ть, треща́ть, вереща́ть (*all impf*). **3**: **his teeth are ~ing** у него́ зу́бы стуча́т (от хо́лода/испу́га).
● *cpd* **~box** *n* болту́н (*fem* -ья); трещо́тка (*cg*).

chatterer /ˈtʃætərə(r)/ *n* болту́н (*fem* -ья).

chattiness /ˈtʃætɪnɪs/ *n* болтли́вость.

chatty /ˈtʃætɪ/ *adj* (**chattier, chattiest**) болтли́вый, говорли́вый; (*style*) разгово́рный.

chauffeur /ˈʃəʊfə(r), -ˈfɜ:(r)/ *n* (персона́льный) шофёр.

chauffeuse /ʃəʊˈfɜ:z/ *n* же́нщина-шофёр.

chauvinism /ˈʃəʊvɪˌnɪz(ə)m/ *n* шовини́зм.

chauvinist /ˈʃəʊvɪnɪst/ *n* шовини́ст (*fem* -ка); **male ~** сторо́нник дискримина́ции же́нщин; мужско́й шовини́ст.

chauvinistic /ˌʃəʊvɪˈnɪstɪk/ *adj* шовинисти́ческий.

chav /tʃæv/ *n* (*Br, sl*) го́пни|к (*fem* -ца) (*особенно по внешним атрибутам*) (*sl*), лох (*fem* -у́шка) (*sl*), (*collect also*) гопота́ (*sl*); па́рень (*m*)/де́вушка из рабо́чего райо́на (*по интересам*).

cheap /tʃi:p/ *adj* **1** (*low in price*) дешёвый; **I bought it ~** я дёшево э́то купи́л; **~ and nasty** (*Br*) дёшево да гни́ло; **~ at the price** вполне́ прили́чно за таку́ю це́ну; **dirt ~** деше́вле па́реной ре́пы; грошо́вый; **on the ~** по дешёвке. **2** (*facile, tawdry, petty, vulgar*): **~ flattery** дешёвая лесть; **a ~ remark** по́шлое замеча́ние. **3**: **I feel ~** (*ashamed*) я чу́вствую себя́ дешёвкой.
● *cpd* **~jack** *n* разно́счик дешёвых това́ров.

cheapen /ˈtʃi:pən/ *vt* (*make cheap*) удешев|ля́ть, -и́ть; де́лать, с- деше́вле; (*degrade*) ун|ижа́ть, -и́зить; **~ o.s.** (*fig*) роня́ть (*impf*) себя́.

cheapness /ˈtʃi:pnɪs/ *n* дешеви́зна.

cheat /tʃi:t/ *n* (*person*) обма́нщик, плут, жу́лик; (*thing, action*) обма́н, плутовство́, жу́льничество.
● *vt & i* обм|а́нывать, -ану́ть; плутова́ть, на-/с-; **~ s.o. out of sth** обма́ном лиши́ть кого́-н. чего́-н.; **~ at cards** жу́льничать, с- в ка́ртах; плутова́ть, на-/с- в ка́ртах.

Chechen /ˈtʃetʃen/ *n* чече́н|ец (*fem* -ка).
● *adj* чече́нский.

Chechnya /tʃetʃˈnjɑ:/ *n* Чечня́.

check¹ /tʃek/ *n* **1** (*restraint*) заде́ржка; **wind acts as a ~ upon speed** ве́тер замедля́ет ско́рость; **keep a ~ on your temper** сде́рживайте свой нрав; **they held the enemy in ~** они́ сде́рживали проти́вника. **2** (*verification*) контро́ль (*m*); прове́рка; **keep a ~ on his expenses** держа́ть под контро́лем его́ расхо́ды. **3** (*US, for hat, luggage, etc.*) номеро́к; квита́нция. **4** (*at chess*) шах. **5** (*US, at cards etc.*) фи́шка, ма́рка. **6** (*US*) = **cheque**. **7** (*US*) = **bill³ 5**. **8** (*US, tick*) га́лочка.
● *vt* **1** (*restrain*) сде́рж|ивать, -а́ть; **he ~ed himself from speaking** он сдержа́лся и промолча́л; **the car ~ed its speed** автомоби́ль заме́длил ско́рость. **2** (*stop*) остан|а́вливать, -ови́ть; зад|е́рживать, -ержа́ть. **3** (*rebuke*) проб|ира́ть, -ра́ть. **4** (*verify*) контроли́ровать, про-; пров|еря́ть, -е́рить. **5** (*US, deposit, of luggage etc.*) сд|ава́ть, -ать. **6** (*at chess*) объяв|ля́ть, -и́ть шах + *d*. **7** (*US, tick*) отм|еча́ть, -е́тить га́лочкой.
● *vi* **1** (*pause*) остан|а́вливаться, -ови́ться. **2**: **~ on** = **~ up**. **3**: **~** (*accord*) **with** совп|ада́ть, -а́сть с + *i*.
● *with advs*: **~ in** *vi* (*at hotel*) регистри́роваться, за-; *vt* (*baggage*) сд|ава́ть, -ать; **~ out** *vi* (*from hotel*) выпи́сываться, вы́писаться; **~ up** *vi*: **~ up on sth** пров|еря́ть, -е́рить что-н.
● *cpds* **~list** *n* контро́льный спи́сок, пе́речень (*m*); **~out** *n* ка́сса; **~point, ~post** *nn* контро́льный пункт; **~room** *n* (*US*) гардеро́бная; **~-up** *n* прове́рка; (техни́ческий/медици́нский) осмо́тр; (*of motor vehicle*) техосмо́тр.
● *int* **~!** (*US, coll*) то́чно!; (*at chess*) шах!

check² /tʃek/ *n* (*pattern*) кле́тка; (*attr, also* **~ed**) кле́тчатый.

checker /ˈtʃekə(r)/ (*US*) = **chequer**

checkers /ˈtʃekəz/ *n* (*US*) ша́ш|ки (*pl, g* -ек).

checkmate /ˈtʃekmeɪt/ *n* шах и мат; (*fig*) мат.
● *vt* де́лать, с- мат + *d*; (*fig*) нанести́ (*pf*) по́лное пораже́ние + *d*.

cheek /tʃi:k/ *n* **1** (*part of face*) щека́; (*diminutive, e.g. baby's*) щёчка; **~ by jowl** бок о́ бок; **turn the other ~** подст|авля́ть, -а́вить другу́ю щёку. **2** (*buttock*) полови́нка (за́да), я́годица. **3** (*impudence*) на́глость; **he had the ~ to say ...** у него́ хвати́ло на́глости сказа́ть... .
● *vt* (*coll*) дерзи́ть, на- + *d*.
● *cpd* **~bone** *n* скула́.

cheekiness /ˈtʃi:kɪnɪs/ *n* на́глость, наха́льство.

cheeky /ˈtʃi:kɪ/ *adj* (**cheekier, cheekiest**) наха́льный.

cheep /tʃi:p/ *n* писк.
● *vt & i* пища́ть, пи́скнуть.

cheer /ˈtʃɪə(r)/ *n* **1** (*comfort*): **words of ~** ободря́ющие/подба́дривающие

слова́; **be of good ~!** не унывайте! **2** (*food*) угоще́ние; **good ~** пир горо́й. **3** (*shout*): **three ~s for our visitors!** троекра́тное ура́ на́шим гостя́м!; **~s!** (*as toast*) (за) ва́ше здоро́вье! **4** (*in pl, as int*) (*Br coll*) спаси́бо.
● *vt* **1** (*comfort, encourage*) подбодр|я́ть, -и́ть; ободр|я́ть, -и́ть; **his visit ~ed (up) the patient** его́ посеще́ние подбодри́ло больно́го; **~ing news** прия́тная но́вость. **2** (*acclaim*) приве́тствовать (*impf*); **the spectators ~ed the team** зри́тели кри́ками подба́дривали кома́нду.
● *vi* (*utter ~s*) изд|ава́ть, -а́ть восто́рженные кри́ки.
● *with adv*: **~ up** *vt* & *i* ободр|я́ть(ся), -и́ть(ся); *vi* повеселе́ть (*pf*); **~ up!** не унывайте!
● *cpd* **~leader** *n* де́вушка из гру́ппы подде́ржки (спорти́вной кома́нды); чирли́дер.
cheerful /ˈtʃɪəfʊl/ *adj* весёлый, ра́достный; **a ~ room** све́тлая ко́мната, ко́мната в весёлых/ра́достных тона́х.
cheer|fulness /ˈtʃɪəfʊlnɪs/, **-iness** /ˈtʃɪərɪnɪs/ *nn* весёлость, ра́достность.
cheerio /ˌtʃɪrɪˈəʊ/ *int* (*Br coll*) всего́ хоро́шего!; всего́!
cheerless /ˈtʃɪəlɪs/ *adj* уны́лый.
cheerlessness /ˈtʃɪəlɪsnɪs/ *n* уны́лость.
cheery /ˈtʃɪərɪ/ *adj* (**cheerier, cheeriest**) весёлый, ра́достный.
cheese[1] /tʃi:z/ *n* сыр; **ripe ~** вы́держанный сыр; **~ straw** (*cul*) сы́рная па́лочка.
● *cpds* **~burger** *n* чи́збургер; **~cake** *n* ватру́шка; **~cloth** *n* ма́рля; **~-paring** *n* крохобо́рство; *adj* крохобо́рский, крохобо́рческий.
cheese[2] /tʃi:z/ *vt* (*sl*): **he is ~d off** (*Br, fed up*) ему́ всё осточерте́ло.
cheesy /ˈtʃi:zɪ/ *adj* (**cheesier, cheesiest**) **1** (*like cheese*) сы́рный. **2** (*coll*) (*shabby, scruffy*) дешёвый, убо́гий; (*banal; sentimental*) бана́льный; сентимента́льный; (*insincere*) нейскренний.
cheetah /ˈtʃi:tə/ *n* гепа́рд.
chef /ʃef/ *n* шеф-по́вар.
chemical /ˈkemɪk(ə)l/ *n* хими́ческий проду́кт; (*in pl*) химика́ли|и (*pl, g* -й); химика́ты (*m pl*).
● *adj* хими́ческий; **~ warfare** хими́ческая война́.
chemise /ʃəˈmi:z/ *n* же́нская соро́чка/руба́шка.
chemist /ˈkemɪst/ *n* **1** (*scientist*) хи́мик. **2** (*Br, pharmacist*) апте́карь (*m*); **~'s shop** (*Br*) апте́ка.
chemistry /ˈkemɪstrɪ/ *n* хи́мия.
chemotherapy /ˌki:məˈθerəpɪ/ *n* химиотерапи́я.
chenille /ʃəˈni:l/ *n* (*yarn*) сине́ль; (*fabric*) шени́ль.
che|que /tʃek/ (*US* **-ck**) *n* чек; **he made the ~ out to me** он вы́писал чек на моё и́мя; **blank ~** незапо́лненный чек; (*fig*) карт-бла́нш; **crossed ~** кросси́рованный чек; **traveller's** (*Br*), **traveler's** (*US*) **~** доро́жный чек; **draw a ~ on a bank for £100** вы́писать (*pf*) ба́нковский чек на су́мму в 100 фу́нтов.
● *cpds* **~book** *n* че́ковая кни́жка; **~ stub** *n* корешо́к че́ковой кни́жки.
chequer /ˈtʃekə(r)/ (*US* **checker**) *n* (*in pl, check or mixed pattern*) узо́р в кле́тку.
● *vt* (*mark in ~s*) графи́ть, раз- в кле́тку; **~ed flag** кле́тчатый/ша́хматный флажо́к; **~ed career** (*fig*) бу́рная жизнь; жизнь, по́лная переме́н.
cherish /ˈtʃerɪʃ/ *vt* **1** (*love, care for*) не́жно люби́ть (*impf*); леле́ять (*impf*). **2** (*of hopes etc.*) леле́ять (*impf*); дорожи́ть (*impf*) + *i*.
Cherokee /ˈtʃerəkɪ/ *n* чероќ|ез(ец) (*fem* -е́зка).
● *adj* чероке́зский.
cheroot /ʃəˈru:t/ *n* сига́ра с обре́занными конца́ми.
cherry /ˈtʃerɪ/ *n* **1** (*sour*) (*fruit*) ви́шня; (*tree*) ви́шня, вишнёвое де́рево; **~ orchard** вишнёвый сад. **2** (*sweet*) (*fruit*) чере́шня; (*tree*) чере́шня, чере́шневое де́рево.
● *cpds* **~ blossom** *n* вишнёвый цвет; **~ brandy** *n* че́рри-бре́нди (*nt indecl*), вишнёвый ликёр; **~-pick** *vt* & *i* от|бира́ть, -обра́ть (*things*) лу́чшее/(*people, animals*) лу́чших; **~ pie** *n* (*cul*) пиро́г с ви́шнями; **~ stone** *n* вишнёвая ко́сточка.
cherub /ˈtʃerəb/ *n* (*pl* **~im** /-ɪm/) (*relig, art*) херуви́м; (*fig, child*) херуви́мчик, а́нгел.
cherubic /tʃɪˈru:bɪk/ *adj* херуви́мский, ангелоподо́бный, а́нгельский.
cherubim /ˈtʃerəbɪm/ *pl of* ⇨**cherub**
chervil /ˈtʃə:vɪl/ *n* (*bot*) ке́рвель (*m*).
chess /tʃes/ *n* ша́хмат|ы (*pl, g* —).
● *cpds* **~board** *n* ша́хматная доска́; **~man** *n* (*pl* **~men**) ша́хматная фигу́ра; **~ player** *n* шахмати́ст (*fem* -ка).
chest /tʃest/ *n* **1** (*furniture*) сунду́к; **~ of drawers** шкаф с выдвижны́ми я́щиками; комо́д; **medicine ~** апте́чка. **2** (*Br, treasury, funds*) казна́. **3** (*anat*) грудна́я кле́тка; грудь; **get sth off one's ~** облегчи́ть (*pf*) ду́шу; **~ cold; cold in the ~** просту́да.
chestnut /ˈtʃesnʌt/ *n* **1** (*tree, fruit*) кашта́н. **2** (*stale anecdote*) анекдо́т с бородо́й. **3** (*horse*) гнеда́я ло́шадь. **4** (*attr, of colour*) кашта́новый.
chesty /ˈtʃestɪ/ *adj* (**chestier, chestiest**) (*Br, of cold*) грудно́й.
cheval glass /ʃəˈvæl/ *n* псише́ (*indecl*) (*напольное зеркало в поворотной раме*).
chevron /ˈʃevrən/ *n* шевро́н.
chew /tʃu:/ *vt* & *i* жева́ть (*impf*); **~ the cud** жева́ть жва́чку; **~ upon, ~ over** (*fig*) пережёвывать (*impf*); **~ the rag, fat** (*coll*) болта́ть (*impf*) о том и сём; перемыва́ть (*impf*) ко́сточки; **~ing gum** жева́тельная рези́нка.
chewy /ˈtʃu:ɪ/ *adj* (**chewier, chewiest**) (*coll*) тягу́чий.
chiaroscuro /kɪˌɑ:rəˈskʊərəʊ/ *n* светоте́нь.
chic /ʃi:k/ *n* элега́нтность, шик.
● *adj* элега́нтный, шика́рный.
chicane /ʃɪˈkeɪn/ *n* (*on a motor-racing track*) двойно́й поворо́т («змейко́й»), шика́на (*на гоночной трассе*); (*on a road*) иску́сственный (зигзагообра́зный) поворо́т для ограниче́ния ско́рости.
chicanery /ʃɪˈkeɪnərɪ/ *n* крючкотво́рство.
chick /tʃɪk/ *n* птене́ц; цыплёнок; (*child*) дитя́ (*nt*); (*sl, girl*) де́вка (*coll*), тёлка (*sl*).
● *cpds* **~peas** *n pl* (*bot*) нут (обыкнове́нный/культу́рный), туре́цкий/бара́ний горо́х; **~weed** *n* (*bot*) мокри́ца, мокри́чник.
chicken /ˈtʃɪkɪn/ *n* цыплёнок; (*as food*) куря́тина, цыплёнок, ку́рица; **don't count your ~s before they are hatched** цыпля́т по о́сени счита́ют; (*fig, coward*) трус.
● *cpds* **~ feed** *n* (*fig*) пустяки́ (*m pl*); **~-hearted, ~-livered** *adjs* трусли́вый, малоду́шный; **~pox** *n* ветряна́я о́спа, ветря́нка (*coll*); **~ run** *n* заго́н для кур.
chicory /ˈtʃɪkərɪ/ *n* (*bot*) цико́рий (корнево́й).
chide /tʃaɪd/ *vt* попрек|а́ть, -ну́ть; брани́ть, вы́-.
chief /tʃi:f/ *n* **1** (*leader, ruler*) вождь (*m*), глава́ (*m*); **~ of state** глава́ госуда́рства. **2** (*boss, senior official*) шеф, нача́льник; **~ of staff** нача́льник шта́ба.
● *adj* **1** (*most important*) гла́вный, основно́й, важне́йший. **2** (*senior*) гла́вный, ста́рший; **C~ Justice** верхо́вный судья́; председа́тель (*m*) верхо́вного суда́; **~ constable** (*Br*) нача́льник поли́ции.
chiefdom /ˈtʃi:fdəm/ *n* (*position*) главе́нство; (*territory*) террито́рия под управле́нием вождя́ пле́мени.
chiefly /ˈtʃi:flɪ/ *adv* гла́вным о́бразом; в пе́рвую о́чередь.
chieftain /ˈtʃi:ft(ə)n/ *n* вождь (*m*), атама́н.
chieftaincy /ˈtʃi:ftənsɪ/ *n* положе́ние вождя́/атама́на/главаря́.
chiffon /ˈʃɪfɒn/ *n* шифо́н.
chiffonier /ˌʃɪfəˈnɪə(r)/ *n* шифонье́рка.
chignon /ˈʃi:njɔ̃/ *n* шиньо́н.
chihuahua /tʃɪˈwɑ:wə/ *n* чихуа́-хуа́ (*cg indecl*).
chilblain /ˈtʃɪlbleɪn/ *n* обморо́женное ме́сто.
child /tʃaɪld/ *n* (*pl* **children**) дитя́ (*nt*), ребёнок; **~ren of Israel** (*bibl*) израильтя́не (*m pl*); сыны́ (*m pl*) Изра́илевы; **~ of nature** дитя́ приро́ды; **~'s play** (*fig*) де́тские игру́шки; **with ~** бере́менная, в положе́нии; **I am a ~ in these matters** я ма́ло смы́слю в э́том; **from a ~** с де́тства; **~ molester** растли́тель (*m*) малоле́тних (дете́й); **~ labour** (*Br*), **labor** (*US*) де́тский труд; **~ welfare** охра́на младе́нчества.
● *cpds* **~bearing** *n* деторожде́ние; **of ~bearing age** деторо́дного во́зраста; **~ benefit** *n* посо́бие на ребёнка; **~birth** *n* ро́д|ы (*pl, g* -ов); **natural ~birth** ро́ды в есте́ственных усло́виях; **she died in ~birth** она́ умерла́ от ро́дов; **~care** *n* ухо́д за

детьми́ (*особенно в детских садах и яслях*); **~minder** *n* (*Br*) ня́ня; **~minding** *n* присмо́тр за детьми́.
childhood /ˈtʃaɪldhʊd/ *n* де́тство; **second ~** второ́е де́тство.
childish /ˈtʃaɪldɪʃ/ *adj* де́тский, ребя́ческий.
childishness /ˈtʃaɪldɪʃnɪs/ *n* де́тскость, ребя́чество.
childless /ˈtʃaɪldlɪs/ *adj* безде́тный.
childlike /ˈtʃaɪldlaɪk/ *adj* де́тский, младе́нческий.
children /ˈtʃɪldr(ə)n/ *pl of* ⇒**child**
Chile /ˈtʃɪlɪ/ *n* Чи́ли (*f indecl*).
Chilean /ˈtʃɪlɪən/ *n* чили́|ец (*fem* -йка).
● *adj* чили́йский.
chill /tʃɪl/ *n* **1** (*physical*) хо́лод; **there is a ~ in the air** прохла́дно; холода́ет; **take the ~ off wine** подогре́ть (*pf*) вино́. **2** (*fig*) хо́лод; расхола́живание; **this cast a ~ over the proceedings** э́то всё омрачи́ло. **3** (*med*) просту́да; **catch a ~** просту|жа́ться, -ди́ться.
● *adj* холо́дный; расхола́живающий.
● *vt* (*lit*) охла|жда́ть, -ди́ть; студи́ть, о-; осту|жа́ть, -ди́ть; (*fig*) осту|жа́ть, -ди́ть.
● *vi*: **~ out** (*coll*) рассл|абля́ться, -а́биться.
chilli /ˈtʃɪlɪ/ *n* (*US* **chili**) (*pl* **-es**) кра́сный стручко́вый пе́рец.
chilliness /ˈtʃɪlɪnɪs/ *n* (*lit*) хо́лод; зя́бкость; (*fig*) холо́дность, су́хость.
chilly /ˈtʃɪlɪ/ *adj* (**chillier, chilliest**) холо́дный; (*sensitive to cold*) зя́бкий; (*fig*) холо́дный, сухо́й.
chime /tʃaɪm/ *n* (*set of bells*) подбо́р колоколо́в; (*sound*) перезво́н.
● *vt*: **the clock ~d midnight** часы́ проби́ли по́лночь; **the clock ~s the quarters** часы́ отбива́ют ка́ждую че́тверть часа́.
● *vi* трезво́нить (*impf*); (*fig, harmonize*) гармонизи́ровать (*impf, pf*) (с + *i*); **~ in** (*interject*) вве́ртывать, вверну́ть слове́чко.
chimera /kaɪˈmɪərə, kɪ-/ *n* химе́ра.
chimerical /lɪˈmerɪk(ə)l/ *adj* химери́ческий.
chimney /ˈtʃɪmnɪ/ *n* **1** труба́, дымохо́д; **he smokes like a ~** он дыми́т, как парово́з. **2** (*for lamp*) ла́мповое стекло́. **3** (*mountaineering*) труба́, расще́лина.
● *cpds* **~piece** *n* (*Br*) ками́нная доска́/по́лочка; **~pot** *n* колпа́к дымово́й трубы́; **~stack** *n* дымова́я труба́; **~sweep** *n* трубочи́ст.
chimpanzee /ˌtʃɪmpænˈziː/ *n* шимпанзе́ (*cg indecl*).
chin /tʃɪn/ *n* подборо́док; **double ~** двойно́й подборо́док; **(keep your) ~ up!** (*fig*) не унывა́й(те)!; не́чего нос ве́шать!; **take it on the ~** (*fig*) вы́нести (*pf*) уда́р.
● *cpds* **~strap** *n* подборо́дочный реме́нь; **~wag** (*Br coll*) *n* трепотня́; *vi* трепа́ться (*impf*); чеса́ть, по- языки́.
China /ˈtʃaɪnə/ *n* Кита́й.
● *cpd* **~town** *n* кита́йский кварта́л.
china /ˈtʃaɪnə/ *n* фарфо́р.
● *cpds* **~ clay** *n* каоли́н, фарфо́ровая гли́на; **~ closet, ~ cupboard** *nn* буфе́т, серва́нт; **~ware** *n* фарфо́р, фарфо́ровые изде́лия.
chinchilla /tʃɪnˈtʃɪlə/ *n* шинши́лла; (*fur*) шинши́лловый мех.
chine /tʃaɪn/ *n* (*anat*) спинно́й хребе́т; (*mountain ridge*) го́рная гряда́; (*ravine*) уще́лье.
Chinese /tʃaɪˈniːz/ *n* (*pl* ~) (*person*) кита́|ец (*fem* -янка); (*language*) кита́йский язы́к.
● *adj* кита́йский; **~ lantern** кита́йский фона́рик.
chink[1] /tʃɪŋk/ *n* (*crevice*) щель.
chink[2] /tʃɪŋk/ *n* (*sound*) звя́канье.
● *vi* звя́к|ать, -нуть.
chinoiserie /ʃiːnˈwɑːzərɪ/ *n* (*art*) кита́йский стиль; кита́йские ве́щи (*f pl*).
chintz /tʃɪnts/ *n* си́тец; (*attr*) си́тцевый.
chintzy /ˈtʃɪntsɪ/ *adj* (**chintzier, chintziest**) си́тцевый; (*fig*) меща́нский, по́шлый.
chip /tʃɪp/ *n* **1** (*of wood*) ще́пка; стру́жка; (*of stone*) обло́мок; (*of china*) оско́лок.
2 (*fig*): **he is a ~ off the old block** он вы́литый оте́ц; он весь в отца́; **he has a ~ on his shoulder** он де́ржится вызыва́юще.
3: **the cup has a ~** у ча́шки отко́лот кусо́к.
4 (*in pl, food*) (*Br*) карто́фель (*m*) соло́мкой/фри; (*US*) чи́псы (*m pl*).
5 (*at games*) фи́шка, ма́рка; **bargaining ~** (*fig*) ко́зырь (*m*) (в запа́се).
6 (*in microelectronics*) чип, микросхе́ма.
● *vt* (**chipped, chipping**) струга́ть, вы́стругать; отк|а́лывать, -оло́ть; отб|ива́ть, -и́ть; обб|ива́ть, -и́ть; **~ paint off a ship** соск|а́бливать, -обли́ть кра́ску с корабля́; **the plates have ~ped edges** у таре́лок отби́тые края́; **~ potatoes** (*Br*) то́нко нар|еза́ть, -е́зать карто́фель.
● *vi* (**chipped, chipping**)
1 отк|а́лываться, -оло́ться; отб|ива́ться, -и́ться; обб|ива́ться, -и́ться.
2: **~ in** (*coll*) вме́ш|иваться, -аться; влез|а́ть, -ть (в разгово́р).
● *cpd* **~board** *n* фиброли́т; (*attr*) фиброли́товый.
chipmunk /ˈtʃɪpmʌŋk/ *n* бурунду́к.
chipper /ˈtʃɪpə(r)/ *adj* (*coll*) бо́дрый.
chiropodist /kɪˈrɒpədɪst/ *n* специали́ст (*fem* -ка) по лече́нию заболева́ний стопы́; мозо́льный опера́тор.
chiropody /kɪˈrɒpədɪ/ *n* лече́ние заболева́ний стопы́.
chiropractor /ˈkaɪərəʊˌpræktə(r)/ *n* хиропра́ктик.
chirp /tʃəːp/ *n* чири́канье, щебета́ние.
● *vt & i* чири́кать (*impf*); щебета́ть (*impf*).
chirpiness /ˈtʃəːpɪnɪs/ *n* (*coll*) бо́дрость.
chirpy /ˈtʃəpɪ/ *adj* (**chirpier, chirpiest**) (*coll*) бо́дрый.
chirr /tʃəː(r)/ *n* стрекота́ние, трескотня́.
● *vi* стрекота́ть, треща́ть (*both impf*).
chirrup /ˈtʃɪrəp/ *n* ще́бет, щебета́ние.
● *vi* (**chirruped, chirruping**) щебета́ть (*impf*).
chisel /ˈtʃɪz(ə)l/ *n* (*sculptor's*) резе́ц; (*carpenter's*) долото́, стаме́ска; (*stonemason's*) зуби́ло.
● *vt* (**chiselled, chiselling;** *US* **chiseled, chiseling**) **1** ва́ять, из-; высека́ть, вы́сечь; **finely ~led features** точёные черты́ лица́. **2** (*US sl, cheat*) над|ува́ть, -у́ть.
chiseller /ˈtʃɪzlə(r)/ *n* (*US sl, cheat*) жу́лик, моше́нник.
chit /tʃɪt/ *n* (*note*) запи́ска.
chit-chat /ˈtʃɪttʃæt/ *n* болтовня́, пересу́д|ы (*pl, g* -ов).
● *vi* (**chit-chatted, chit-chatting**) болта́ть (*impf*); суда́чить (*impf*).
chivalrous /ˈʃɪvəlrəs/ *adj* ры́царский.
chivalry /ˈʃɪvəlrɪ/ *n* ры́царство; ры́царское поведе́ние.
chives /tʃaɪvz/ *n pl* шнитт-лу́к, лу́к-ре́занец.
chivvy /ˈtʃɪvɪ/ *vt* (*Br coll*) гоня́ть (*impf*).
chloric /ˈklɔːrɪk/ *adj*: **~ acid** хлорнова́тая кислота́.
chloride /ˈklɔːraɪd/ *n* хлори́д; **~ of lime** хло́рная и́звесть; **sodium ~** хло́ристый на́трий.
chlorinate /ˈklɔːrɪˌneɪt/ *vt* хлори́ровать (*impf, pf*).
chlorination /ˌklɔːrɪˈneɪʃ(ə)n/ *n* хлори́рование.
chlorine /ˈklɔːriːn/ *n* хлор.
chloroform /ˈklɒrəˌfɔːm, ˈklɔːrə-/ *n* хлорофо́рм.
● *vt* хлороформи́ровать (*impf, pf*).
chlorophyll /ˈklɒrəfɪl/ *n* хлорофи́л.
choc ice /tʃɒk/ *n* (*Br*) моро́женое в шокола́де; эскимо́ (*indecl*).
chock /tʃɒk/ *n* клин; подпо́рка; тормозна́я коло́дка.
● *vt* (*Br, support*) подп|ира́ть, -ере́ть; (*drive a wedge under*) под|кла́дывать, -ложи́ть клин под + *a*; **~ up** (*fig*) загромозди́ть (*pf*).
● *cpds* **~-a-block** *adj* загромождённый; **~-full** *adj* битко́м наби́тый.
chocolate /ˈtʃɒkələt, ˈtʃɒklət/ *n* **1** шокола́д (*also drink*); (**~-coated** *sweet*) шокола́дная конфе́та; **~ bar** пли́тка шокола́да; **~ biscuit** шокола́дное пече́нье. **2** (*attr, colour*) шокола́дный.
choice /tʃɔɪs/ *n* **1** (*act or power of choosing*) вы́бор, отбо́р; **Hobson's ~** вы́бор пона́воле; ≈ не́ из чего вы́брать; **I have no ~ but to …** у меня́ нет друго́го вы́бора, кро́ме как (+ *inf*); **the girl of his ~** его́ избра́нница; **for ~** предпочти́тельно; **take your ~!** выбира́йте! **2** (*thing chosen*) вы́бор; **this is my ~** я выбира́ю э́то; вот мой вы́бор. **3** (*variety*) вы́бор; **the shop has a large ~ of hats** в магази́не широ́кий ассортиме́нт головны́х убо́ров.
● *adj* отбо́рный.
choiceness /ˈtʃɔɪsnɪs/ *n* отбо́рность.
choir /ˈkwaɪə(r)/ *n* (*singers*) хор; (*part of church*) хо́ры (*m pl*), кли́рос.
● *cpds* **~boy** *n* пе́вчий; **~master** *n* хорме́йстер.

C

choke /tʃəʊk/ *n* (*in car*) возду́шная засло́нка; дро́ссель (*m*).
● *vt* **1** (*throttle*) души́ть, за-; ~ **the life out of s.o.** вы́шибить (*pf*) дух из кого́-н.; **anger ~d him** его́ души́л гнев. **2** (*block*) заку́пор|ивать, -ить; засор|я́ть, -и́ть; **the drain is ~d** сток засори́лся; **the garden is ~d with weeds** сорняки́ заглуши́ли сад. **3**: **he ~d back his anger** он сдержа́л свой гнев; **he ~d off enquiries** он отде́лался от расспро́сов; **he ~d down his food** он с трудо́м проглоти́л еду́.
● *vi* зад|ыха́ться, -охну́ться; **he ~d on a plum stone** он подави́лся сли́вовой ко́сточкой; **he spoke with a choking voice** он говори́л прерыва́ющимся го́лосом.

choker /ˈtʃəʊkə(r)/ *n* коро́ткое ожере́лье, колье́ (*indecl*).

choky /ˈtʃəʊkɪ/ *adj* (**chokier, chokiest**): **I felt ~ with emotion** я задыха́лся от волне́ния.

cholera /ˈkɒlərə/ *n* холе́ра.

choleric /ˈkɒlərɪk/ *adj* холери́ческий.

cholesterol /kəˈlestəˌrɒl/ *n* холестери́н.

choose /tʃuːz/ *vt* (*past* **chose;** *pp* **chosen**) выбира́ть, вы́брать; изб|ира́ть, -ра́ть; **there are five to ~ from** мо́жно выбира́ть из пяти́; **there is little to ~ between them** оди́н друго́го сто́ит; **the chosen people, race** и́збранный наро́д; **I cannot ~ but obey** я вы́нужден повинова́ться; **he was chosen king** его́ вы́брали/избра́ли королём; **I chose to remain** я предпочёл оста́ться.
● *vi* (*past* **chose;** *pp* **chosen**): **pick and ~** (*fig*) быть разбо́рчивым.

choosy /ˈtʃuːzɪ/ *adj* (**choosier, choosiest**) разбо́рчивый.

chop[1] /tʃɒp/ *n* **1** (*cut*) рубя́щий уда́р. **2** (*of meat*) отбивна́я котле́та. **3**: **get the ~** (*Br, be dismissed*) вы́лететь (*pf*) (с рабо́ты) (*coll*).
● *vt* (**chopped, chopping**) руби́ть (*impf*); (*cut*) нар|еза́ть, -е́зать; кроши́ть (*impf*); ~ **up** нар|еза́ть, -е́зать; ~ **a branch off a tree** сруби́ть (*pf*) ве́тку с де́рева; ~ **a way through the bushes** проруб|а́ть, -и́ть доро́гу че́рез кусты́; ~ **a tree down** руби́ть, с- де́рево.

chop[2] /tʃɒp/ *vi* (**chopped, chopping**): ~ **and change** (*Br*) постоя́нно меня́ть свои́ взгля́ды.

chopper /ˈtʃɒpə(r)/ *n* (*Br, implement*) нож, коса́рь (*m*); (*coll, helicopter*) вертолёт, верту́шка (*coll*).

choppy /ˈtʃɒpɪ/ *adj* (**choppier, choppiest**) (*of sea*) неспоко́йный.

chops /tʃɒps/ *n pl* (*jaws*): **lick one's ~** облиз|ываться, -а́ться.

chopstick /ˈtʃɒpstɪk/ *n* па́лочка для еды́.

chop suey /tʃɒpˈsuːɪ/ *n* кита́йское рагу́ (*indecl*).

choral /ˈkɔːr(ə)l/ *adj* хорово́й.

chorale /kɔːˈrɑːl/ *n* хора́л.

chord /kɔːd/ *n* **1** (*string of harp etc.*) струна́; **strike a ~** (*fig, remind of sth*) вы́звать (*pf*) о́тклик. **2** (*anat*): **vocal ~s** голосовы́е свя́зки (*f pl*); **spinal ~** спинно́й мозг. **3** (*mus*) акко́рд. **4** (*geom*) хо́рда.

chore /tʃɔː(r)/ *n* (*odd job*) случа́йная рабо́та; (*heavy task*) бре́мя (*nt*); **household ~s** дома́шняя рабо́та.

choreographer /ˌkɒrɪˈɒgrəfə(r)/ *n* балетме́йстер, хорео́граф.

choreographic /ˌkɒrɪəgˈræfɪk/ *adj* хореографи́ческий.

choreography /ˌkɒrɪˈɒgrəfɪ/ *n* хореогра́фия.

chorister /ˈkɒrɪstə(r)/ *n* хори́ст (*fem* -ка).

chortle /ˈtʃɔːt(ə)l/ *vi* фы́ркать (*impf*); дави́ться (*impf*) от сме́ха.

chorus /ˈkɔːrəs/ *n* (*pl* **~es**) **1** (*singers; also in ancient drama*) хор; **in ~** (*lit, fig*) хо́ром; ~ **of approval** хвале́бный хор. **2** (*refrain*) припе́в, рефре́н.
● *vt & i* (**chorused, chorusing**) петь, с- (*or* произн|оси́ть, -ести́) хо́ром.
● *cpd* ~ **girl** *n* хори́стка.

chose /tʃəʊz/ *past of* ⇒**choose**

chosen /ˈtʃəʊz(ə)n/ *pp of* ⇒**choose**

chough /tʃʌf/ *n* (*zool*) клуши́ца.

chowder /ˈtʃaʊdə(r)/ *n* ≈ ры́бный суп.

Christ /kraɪst/ *n* **1** Христо́с; **the ~ child** младе́нец Иису́с; **before ~** до на́шей э́ры (*abbr* до н. э.). **2** *as int* бо́же (мой)!; го́споди!

christen /ˈkrɪs(ə)n/ *vt* **1** крести́ть (*impf, pf*); **he was ~ed John** при креще́нии ему́ да́ли и́мя Джон; его́ нарекли́ Джо́ном. **2** (*fig*) окрести́ть (*pf*); да|ва́ть, -ть и́мя + *d*.

Christendom /ˈkrɪsəndəm/ *n* христиа́нский мир.

christening /ˈkrɪs(ə)nɪŋ/ *n* крести́н|ы (*pl, g* —); креще́ние.

Christian /ˈkrɪstɪən, ˈkrɪstʃ(ə)n/ *n* христи|ани́н (*fem* -а́нка).
● *adj* христиа́нский; ~ **burial** по́хороны по церко́вному обря́ду; ~ **era** христиа́нская э́ра; ~ **name** и́мя (*nt*) (*в противоположность фамилии*); ~ **Science** «христиа́нская нау́ка».

Christianity /ˌkrɪstɪˈænɪtɪ/ *n* христиа́нство.

Christmas /ˈkrɪsməs/ *n* (*pl* **~es**) Рождество́; ~ **box** (*Br*), **present** рожде́ственский пода́рок; ~ **cake** (*Br*) рожде́ственский пиро́г; ~ **card** рожде́ственская откры́тка; ~ **Day** пе́рвый день Рождества́; ~ **Eve** каню́н Рождества́; **Father ~** Дед Моро́з; **at ~** на Рождество́; ~ **pudding** (*Br*) рожде́ственский пу́динг; ~ **rose** моро́зник чёрный; ~ **tree** рожде́ственская/новогóдняя ёлка.
● *cpds* ~ **time**, **~tide** *nn* Свя́т|ки (*pl, g* -ок).

chromatic /krəˈmætɪk/ *adj* **1** (*pertaining to colour*) цветно́й. **2** (*mus*) хромати́ческий.

chrome /krəʊm/ *n* **1** (*chem*) хром. **2** (*pigment, also* ~ **yellow**) хром; жёлтый цвет.

chromium /ˈkrəʊmɪəm/ *n* хром.
● *cpds* **~-plated** *adj* хроми́рованный; ~ **plating** *n* хроми́рование, хромиро́вка.

chromosome /ˈkrəʊməˌsəʊm/ *n* хромосо́ма.

chronic /ˈkrɒnɪk/ *adj* **1** (*med*) хрони́ческий. **2** (*fig, incessant*) хрони́ческий, постоя́нный. **3** (*Br coll, very bad*) ужа́сный.

chronicle /ˈkrɒnɪk(ə)l/ *n* хро́ника, ле́топись; **C~s** (*book of Bible*) Паралипомено́н.
● *vt* вести́ (*det*) хро́нику + *g*.

chronicler /ˈkrɒnɪklə(r)/ *n* летопи́сец, исто́рик.

chronograph /ˈkrɒnəˌgrɑːf, ˈkrəʊnə-, -ˌgræf/ *n* хроно́граф.

chronological /ˌkrɒnəˈlɒdʒɪk(ə)l/ *adj* хронологи́ческий.

chronology /krəˈnɒlədʒɪ/ *n* хроноло́гия; (*table*) хронологи́ческая табли́ца.

chronometer /krəˈnɒmɪtə(r)/ *n* хроно́метр.

chronometry /krəˈnɒmɪtrɪ/ *n* хронометра́ж.

chrysali|s /ˈkrɪsəlɪs/ *n* (*pl* **~ses** *or* **~des** /krɪˈsælɪˌdiːz/) ку́колка.

chrysanthemum /krɪˈsænθəməm/ *n* хризанте́ма.

chub /tʃʌb/ *n* гола́вль (*m*).

chubby /ˈtʃʌbɪ/ *adj* (**chubbier, chubbiest**) то́лстенький, пу́хленький.

chuck /tʃʌk/ *vt* **1**: ~ **s.o. under the chin** потрепа́ть (*pf*) кого́-н. по подборо́дку. **2** (*coll, throw*) швыр|я́ть, -ну́ть. **3** (*coll, give up*) бр|оса́ть, -о́сить; ~ **it!** бро́сьте!
● *with advs*: (*coll*): ~ **away** *vt* (*lit*) выбра́сывать, вы́бросить; (*fig*): ~ **away a chance** упусти́ть (*pf*) слу́чай; ~ **out** *vt* (*thing or person*) вы́кинуть (*pf*); вы́швырнуть (*pf*); ~ **up** *vt* (*give up*) бр|оса́ть, -о́сить.

chucker-out /ˈtʃʌkə(r)/ *n* (*Br coll*) вышиба́ла (*m*).

chuckle /ˈtʃʌk(ə)l/ *n* сда́вленный смешо́к, смех.
● *vi* фы́ркать (*impf*) от сме́ха, посме́иваться (*impf*).

chuffed /tʃʌft/ *adj* (*Br coll*) дово́льный.

chug /tʃʌg/ *vi* (**chugged, chugging**): **the boat ~ged past** ло́дка пропыхте́ла ми́мо.

chum /tʃʌm/ *n* прия́тель (*m*), дружо́к.
● *vi* дружи́ть (*impf*) (c + *i*); ~ **up with s.o.** сдружи́ться (*pf*) с кем-н.

chumminess /ˈtʃʌmɪnɪs/ *n* дружелю́бие, общи́тельность.

chummy /ˈtʃʌmɪ/ *adj* (**chummier, chummiest**) дружелю́бный, общи́тельный.

chump /tʃʌmp/ *n* (*log; blockhead*) чурба́н; **he is off his ~** (*Br*) он рехну́лся/спя́тил (*coll*); ~ **chop** (*Br*) филе́йный кусо́к.

chunk /tʃʌŋk/ *n* то́лстый кусо́к/ ломо́ть (*m*); куси́ще (*m*).

chunky /ˈtʃʌŋkɪ/ *adj* (**chunkier, chunkiest**) (*person*) корена́стый; (*jumper*) то́лстый.

church /tʃəːtʃ/ *n* **1** (*institution*) це́рковь; (*building*) це́рковь (*esp Orthodox*), храм; **go to ~** (*regularly*) ходи́ть (*indet*) в це́рковь; (*attend a*

service) пойти́ (*pf*) в це́рковь; **poor as a ~ mouse** бе́ден как церко́вная мышь; **C~ of England/Scotland** англика́нская/пресвитериа́нская це́рковь; **C~ of Rome** ри́мско-католи́ческая це́рковь; **~ parade** построе́ние на моли́тву; **C~ Slavonic** церковнославя́нский (язы́к).
2 (*holy orders*): **he entered the ~** он при́нял духо́вный сан.
● *cpds* **~goer** *n*: **he is a regular ~goer** он регуля́рно хо́дит в це́рковь; **~going** *n* посеще́ние це́ркви; **~man** *n* (*pl* **~men**) церко́вник, ве́рующий; **~warden** *n* ктито́р, церко́вный ста́роста; **~yard** *n* пого́ст, кла́дбище при це́ркви.

churl /tʃə:l/ *n* хам, мужи́к.

churlish /ˈtʃə:lɪʃ/ *adj* ха́мский, гру́бый.

churlishness /ˈtʃə:lɪʃnɪs/ *n* ха́мство, гру́бость.

churn /tʃə:n/ *n* (*tub*) маслобо́йка; (*Br, can*) бидо́н.
● *vt*: **~ butter** сби|ва́ть, -ть ма́сло; (*fig*): **he ~s out novels** он печёт рома́ны (как блины́); **the propeller ~ed up the waves** винт взвихри́л во́лны.

churr /tʃə:(r)/ = **chirr**

chute /ʃu:t/ *n* (*slide, slope*) жёлоб, спуск; (*for amusement*) гора́, го́рка; (*for rubbish*) мусоропрово́д.

chutney /ˈtʃʌtnɪ/ *n* ча́тни (*nt indecl*) (*индийская приправа из фруктов (реже овощей) с добавлением уксуса, острых специй и сахара; подаётся к мясу или сыру*).

CIA (*abbr of* ***Central Intelligence Agency***) ЦРУ (Центра́льное разве́дывательное управле́ние).

cicada /sɪˈkɑ:də/ *n* (*zool*) цика́да.

cicatrice /ˈsɪkətrɪs/ *n* шрам, рубе́ц.

cicatrize /ˈsɪkəˌtraɪz/ *vt* зажив|ля́ть, -и́ть.
● *vi* зарубц|о́вываться, -ева́ться.

cicely /ˈsɪsəlɪ/ *n* (*bot*) (*also* **sweet ~**) испа́нский ке́рвель (*m*).

Cicero /ˈsɪsəˌrəʊ/ *n* Цицеро́н.

ciceron|e /ˌtʃɪtʃəˈrəʊnɪ, ˌsɪsəˈrəʊnɪ/ *n* (*pl* **~i** *pronunc same*) гид, чичеро́не (*m indecl*).

CID (*abbr of* ***Criminal Investigation Department***) уголо́вный ро́зыск, угро́зыск.

cider /ˈsaɪdə(r)/ *n* (*Br, alcoholic drink*) сидр; (*US, non-alcoholic drink*) я́блочный напи́ток.
● *cpd* **~ press** *n* я́блочный пресс.

c.i.f. (*abbr of* ***cost, insurance, and freight***) сиф (*стоимость, страхование и фрахт*).

cigar /sɪˈgɑ:(r)/ *n* сига́ра.
● *cpds* **~ case** *n* сига́рочница; **~-holder** *n* мундшту́к.

cigarette /ˌsɪgəˈret/ *n* сигаре́та; (*of Russian type*) папиро́са.
● *cpds* **~ case** *n* портсига́р; **~ end** (*Br*), **~ stub** *nn* оку́рок; **~-holder** *n* мундшту́к; **~ lighter** *n* зажига́лка; **~ paper** *n* папиро́сная бума́га.

C.-in-C. (*abbr of* ***Commander-in-Chief***) главко́м (главнокома́ндующий).

cinch /sɪntʃ/ *n* (*sl*) (*sure thing*) де́ло ве́рное; (*easy task*) лёгкое де́ло.

cinchona /sɪŋˈkəʊnə/ *n* хи́нное де́рево.

cinder /ˈsɪndə(r)/ *n*: (*in pl*) шлак, зола́, пе́пел; **burn sth to a ~** сжечь (*pf*) что-н. дотла́; **~ path, track** (бегова́я) га́ревая доро́жка.

Cinderella /ˌsɪndəˈrelə/ *n* Зо́лушка; **education is the ~ of our system** образова́ние — са́мая забро́шенная о́бласть на́шего о́бщества.

cinecamera /ˈsɪnɪ/ *n* киноаппара́т.

cine film /ˈsɪnɪ/ *n* (*Br*) киноплёнка.

cinema /ˈsɪnɪmə, -ˌmɑ:/ *n* (*art*) кино́ (*indecl*), кинематогра́фия; (*place*) кино́ (*indecl*), кинотеа́тр.

cinematic /ˌsɪnɪˈmætɪk/ *adj* кинематографи́ческий.

cinematographer /ˌsɪnɪməˈtɒgrəfə(r)/ *n* кинематографи́ст.

cinematographic /sɪnɪˌmætəˈgræfɪk/ *adj* кинематографи́ческий.

cinematography /ˌsɪnɪməˈtɒgrəfɪ/ *n* кинематогра́фия.

cine projector /ˈsɪnɪ/ *n* (*Br*) кинопроекцио́нный аппара́т.

cineraria /ˌsɪnəˈreərɪə/ *n* пе́пельник, цинера́рия.

cinerary /ˈsɪnərərɪ/ *adj*: **~ urn** у́рна с пра́хом.

cinnabar /ˈsɪnəˌbɑ:(r)/ *n* (*min, chem*) ки́новарь.

cinnamon /ˈsɪnəmən/ *n* кори́ца; (*colour*) све́тло-кори́чневый цвет.

cinquefoil /ˈsɪŋkfɔɪl/ *n* (*bot*) лапча́тка; (*archit*) пятили́стник.

ci|pher /ˈsaɪfə(r)/, **cy-** *nn* **1** (*figure 0*) нуль, ноль (*both m*). **2** (*fig, nonentity*) ничто́жество, нуль. **3** (*monogram*) моногра́мма, ве́нзель (*m*). **4** (*secret writing*) шифр, код; **message in ~, ~ message** (за)шифро́ванное сообще́ние.
● *vt* шифрова́ть, за-.

circa /ˈsə:kə/ *prep* приблизи́тельно; о́коло + *g*.

circadian /sə:ˈkeɪdɪən/ *adj*: **~ rhythm** су́точный ритм.

Circassian /sə:ˈkæsɪən/ *n* черке́|с (*fem* -шенка).
● *adj* черке́сский.

circle /ˈsə:k(ə)l/ *n* **1** (*math, fig*) круг, окру́жность; **a ~ of trees** кольцо́ дере́вьев; **they stood in a ~** они́ ста́ли в кру́г; они́ стоя́ли кольцо́м; **square the ~** (*fig*) найти́ (*pf*) квадрату́ру кру́га; **great ~** ортодро́мия; **great ~ sailing** пла́вание по дуге́ большо́го кру́га; **Arctic/Antarctic C~** Се́верный/Ю́жный поля́рный круг; **vicious ~** поро́чный круг; **go round in a ~** (*fig, e.g. argument*) возвраща́ться (*impf*) к исхо́дной то́чке; **run round in ~s** (*fig*) носи́ться (*impf*) без толку.
2 (*theatr*): **dress ~** бельэта́ж; **upper ~** балко́н.
3 (*of seasons etc.*) цикл; по́лный оборо́т; **come full ~** описа́ть (*pf*) по́лный круг; заверши́ть (*pf*) цикл.
● *vt*: **the earth ~s the sun** земля́ враща́ется вокру́г со́лнца; **he ~d the misspelt words** он обвёл кружка́ми непра́вильно напи́санные слова́.
● *vi*: **the hawk ~d** я́стреб кружи́л в не́бе (*or* опи́сывал круги́); **the news ~d round** но́вость распространи́лась повсю́ду.

circuit /ˈsə:kɪt/ *n* **1** (*distance, journey round*): **the ~ of the walls is 3 miles** окру́жность стен 3 ми́ли; **he made a ~ of the camp** он обошёл ла́герь; (*detour*) окружно́й путь, объе́зд.
2 (*itinerary*) маршру́т. **3** (*law*) суде́бный круг. **4** (*elec*) цепь; схе́ма; **integrated ~** интегра́льная схе́ма; **short ~** коро́ткое замыка́ние; **~ board** монта́жная пла́та; **~-breaker** автомати́ческий выключа́тель; **closed-~ television** систе́ма видеонаблюде́ния, видеонаблюде́ние.
● *vt* & *i* об|ходи́ть, -ойти́ (*or* враща́ться (*impf*)) (вокру́г + *g*).

circuitous /sə:ˈkju:ɪtəs/ *adj* кру́жный, око́льный, обходно́й.

circular /ˈsə:kjʊlə(r)/ *n* (*letter etc.*) циркуля́р; (*commercial*) рекла́мный проспе́кт.
● *adj* кругово́й; (*round in shape*) кру́глый, кругообра́зный; **~ saw** кру́глая/циркуля́рная пила́; **~ road** (*round a town*) окружна́я доро́га; **~ letter** циркуля́рное письмо́.

circularize /ˈsə:kjʊləˌraɪz/ *vt* ра|ссыла́ть, -зосла́ть циркуля́ры + *d*.

circulate /ˈsə:kjʊˌleɪt/ *vt* (*put about, e.g. rumour*) распростран|я́ть, -и́ть; перед|ава́ть, -а́ть; (*pass round, e.g. port*) передава́ть (*impf*) по кру́гу.
● *vi* циркули́ровать (*impf, pf*); **blood ~s through the body** кровь циркули́рует в те́ле; **she ~d among the guests** она́ обходи́ла госте́й.

circulation /ˌsə:kjʊˈleɪʃ(ə)n/ *n* **1** (*of blood*) кровообраще́ние; (*of air*) циркуля́ция. **2** (*of banknotes etc.*) обраще́ние. **3**: **Smith is back in ~** Смит верну́лся к свое́й обы́чной жи́зни. **4** (*of newspaper etc.*) тира́ж; **this paper has a ~ of 5,000** у э́той газе́ты тира́ж 5000.

circumcise /ˈsə:kəmˌsaɪz/ *vt* соверш|а́ть, -и́ть обреза́ние + *d*.

circumcision /ˌsə:kəmˈsɪʒ(ə)n/ *n* обреза́ние.

circumference /səˈkʌmfərəns/ *n* окру́жность.

circumflex /ˈsə:kəmˌfleks/ *n* (**~ accent**) циркумфле́кс, знак облегчённого ударе́ния.

circumlocution /ˌsə:kəmləˈkju:ʃ(ə)n/ *n* многосло́вие, околи́чности (*f pl*).

circumnavigate /ˌsə:kəmˈnævɪˌgeɪt/ *vt* пла́вать (*indet*) вокру́г + *g*; **Drake ~d the globe** Дрейк соверши́л кругосве́тное пла́вание.

circumnavigation /ˌsə:kəmnævɪˈgeɪʃ(ə)n/ *n* кругосве́тное пла́вание.

circumpolar /ˌsə:kəmˈpəʊlə(r)/ *adj* (*geog*) околопо́люсный; (*astron*) околополя́рный.

circumscribe /ˈsə:kəmˌskraɪb/ *vt* (*draw line round*) опи́с|ывать, -а́ть; (*fig, restrict*) ста́вить, по- преде́л + *d*; ограни́чи|вать, -ть.

circumscription /ˌsə:kəmˈskrɪpʃ(ə)n/ *n* (*restriction*) ограниче́ние, преде́л.

circumspect /ˈsɜ:kəmˌspekt/ *adj* осмотри́тельный.
circumspection /ˌsɜ:kəmˈspekʃ(ə)n/ *n* осмотри́тельность.
circumstance /ˈsɜ:kəmst(ə)ns/ *n* **1** (*fact, detail*) обстоя́тельство, усло́вие; **in, under the ~s** в да́нных усло́виях/обстоя́тельствах; **in, under no ~s** ни при каки́х усло́виях/обстоя́тельствах; **extenuating ~s** смягча́ющие обстоя́тельства. **2** (*condition of life*) материа́льное положе́ние; **in easy ~s** в хоро́шем материа́льном положе́нии. **3** (*ceremony*) церемо́ния, торже́ственность.
circumstantial /ˌsɜ:kəmˈstænʃ(ə)l/ *adj*: **~ evidence** ко́свенные у́лики (*f pl*).
circumvent /ˌsɜ:kəmˈvent/ *vt* об|ходи́ть, -ойти́; (*outwit, cheat*) перехитри́ть (*pf*).
circumvention /ˌsɜ:kəmˈvenʃ(ə)n/ *n* (*deception*) обма́н.
circus /ˈsɜ:kəs/ *n* (*pl* **~es**) **1** (*also hist*) цирк; (*fig*) балага́н. **2** (*Br, intersection of streets*) (кру́глая) пло́щадь.
cirrhosis /sɪˈrəʊsɪs/ *n* цирро́з.
cirri /ˈsɪraɪ/ *pl of* ⇒**cirrus**
cirrocumulus /ˌsɪrəʊˈkju:mjʊləs/ *n* пе́ристо-кучевы́е облака́.
cirr|us /ˈsɪrəs/ *n* (*pl* **~i**) (*clouds*) пе́ристые облака́.
CIS (*abbr of* ***Commonwealth of Independent States***) СНГ (Содру́жество Незави́симых Госуда́рств); (*attr*) эсэнгэ́шный, эсэнго́вский (*both coll*).
cissy /ˈsɪsɪ/ = **sissy**
cistern /ˈsɪst(ə)n/ *n* цисте́рна, бак.
citadel /ˈsɪtəd(ə)l, -ˌdel/ *n* (*lit, fig*) цитаде́ль.
citation /saɪˈteɪʃ(ə)n/ *n* **1** (*US, summons*) вы́зов. **2** (*quotation*) цита́ция, цити́рование. **3** (*for bravery*) упомина́ние в прика́зе.
cite /saɪt/ *vt* **1** (*US, summon*) вызыва́ть, вы́звать. **2** (*quote*) цити́ровать, про-. **3** (*for bravery*) отм|еча́ть, -е́тить в прика́зе.
citizen /ˈsɪtɪz(ə)n/ *n* гражд|ани́н (*fem* -а́нка); **French ~** францу́зский граждани́н; (*of city*) жи́тель (*fem* -ница); **private ~** ча́стное лицо́.
citizenry /ˈsɪtɪzənrɪ/ *n* гра́ждане (*m pl*), населе́ние.
citizenship /ˈsɪtɪzənʃɪp/ *n* (*nationality*) гражда́нство, по́дданство.
citric /ˈsɪtrɪk/ *adj* лимо́нный; **~ acid** лимо́нная кислота́.
citrus /ˈsɪtrəs/ *n* (*pl* **~es**) ци́трус; **~ fruit** ци́трусовые (*nt pl*).

> **the City — Си́ти**
> Фина́нсовый и торго́вый центр Ло́ндона. Он располага́ется в преде́лах истори́ческого ядра́ го́рода. В Си́ти сосредото́чены головны́е о́фисы мно́гих ба́нков, страховы́х компа́ний, бро́керских фирм и други́х фина́нсовых организа́ций. В Си́ти рабо́тает о́коло 500 ты́сяч челове́к.

city /ˈsɪtɪ/ *n* го́род; (**the City**) (*of London*) Си́ти (*nt indecl*); **~ centre** (*Br*), **center** (*US*) центр го́рода; **~ council** городско́й сове́т; **~ fathers** отцы́ го́рода; **~ hall** ра́туша; **~ state** (*hist*) го́род-госуда́рство, по́лис.

> **city technology college (CTC)**
> Шко́лы, даю́щие сре́днее специа́льное образова́ние. Они́ яви́лись результа́том сотру́дничества ме́жду прави́тельством и разли́чными компа́ниями. Уче́бная програ́мма предполага́ет углублённое изуче́ние то́чных нау́к. Тако́го ро́да шко́лы ча́сто нахо́дятся в це́нтре го́рода.

civet /ˈsɪvɪt/ *n* (*also* **~ cat**) виве́рра.
civic /ˈsɪvɪk/ *adj* гражда́нский; **~ activity** обще́ственная де́ятельность; **~ virtue** гражда́нская доброде́тель.
civics /ˈsɪvɪks/ *n* осно́вы (*f pl*) гражда́нственности.
civil /ˈsɪv(ə)l, -ɪl/ *adj* **1** (*pertaining to a community*): **~ war** гражда́нская война́; **~ rights** гражда́нские права́; **~ marriage** гражда́нский брак; **~ servant** госуда́рственный слу́жащий, чино́вник; **~ service** госуда́рственная слу́жба; **~ law** гражда́нское пра́во; **~ engineer** инжене́р-строи́тель (*m*). **2** (*civilian*) гражда́нский, шта́тский; **~ defence** гражда́нская оборо́на. **3** (*polite*) ве́жливый, любе́зный.
civilian /sɪˈvɪlɪən/ *n & adj* шта́тский; **~ population** ми́рные жи́тели; **what did you do in ~ life?** чем вы занима́лись до а́рмии?
civility /sɪˈvɪlɪtɪ/ *n* ве́жливость, любе́зность; (*in pl*) любе́зности (*f pl*).
civilization /ˌsɪvɪlaɪˈzeɪʃ(ə)n/ *n* цивилиза́ция; **deeds that horrified ~** дея́ния, ужасну́вшие цивилизо́ванный мир.
civilize /ˈsɪvɪˌlaɪz/ *vt* цивилизова́ть (*impf, pf*).
civvies /ˈsɪvɪz/ *n* (*coll*) шта́тская оде́жда; **in ~** в шта́тском.
clack /klæk/ *n* (*sharp sound*) треск, щёлканье, стук; (*talk*) трескотня́.
● *vi* (*lit, fig*) треща́ть, щёлкать (*both impf*); **tongues were ~ing** языки́ болта́ли.
clad[1] /klæd/ *vt* (**cladding;** *past and pp* **cladded** *or* **clad**) покр|ыва́ть, -ы́ть.
clad[2] /klæd/ *archaic or literary past and pp of* ⇒**clothe**
cladding /ˈklædɪŋ/ *n* покры́тие.
claim /kleɪm/ *n* **1** (*assertion of right*) притяза́ние; **lay ~ to sth** предъяв|ля́ть, -и́ть прете́нзии на что-н.; претендова́ть (*impf*) на что-н.; **file (*or* put in) a ~ for damages** предъяви́ть (*pf*) иск о возмеще́нии убы́тков; **stake out a ~** (*fig*) закреп|ля́ть, -и́ть своё пра́во (*на что*). **2** (*assertion*) утвержде́ние, заявле́ние. **3** (*demand*) тре́бование; (*just demand*): **you have no ~ on my sympathies** вы не заслу́живаете моего́ сочу́вствия.
● *vt* **1** (*demand*) тре́бовать, по- + *g*; **where do I ~ my baggage?** где здесь выдаю́т бага́ж?; **does anyone ~ this umbrella?** есть ли владе́лец у э́того зо́нтика? **2** (*assert as fact*) утвер|жда́ть, -ди́ть; **he ~s to own the land** он заявля́ет, что э́та земля́ принадлежи́т ему́; **he ~s to have done the work alone** он утвержда́ет, что сде́лал рабо́ту сам. **3** (*of things*) тре́бовать, по- + *g*; **this matter ~s attention** э́тот вопро́с заслу́живает внима́ния.
claimant /ˈkleɪmənt/ *n* претенде́нт (*fem* -ка) (*на что*).
clairvoyance /kleəˈvɔɪəns/ *n* ясновиде́ние.
clairvoyant /kleəˈvɔɪənt/ *n & adj* ясновидя́щ|ий (*fem* -ая).
clam /klæm/ *n* (*shellfish*) двуство́рчатый морско́й моллю́ск; **he shut up like a ~** (*fig*) он как воды́ в рот набра́л.
● *vi* (**clammed, clamming**) (*US, gather* **~s**) собира́ть (*impf*) моллю́сков; **~ up** (*coll*) уходи́ть, уйти́ в себя́.
clamber /ˈklæmbə(r)/ *vi* кара́бкаться, вс- (*на что*).
clamminess /ˈklæmɪnɪs/ *n* ли́пкость.
clammy /ˈklæmɪ/ *adj* (**clammier, clammiest**) холо́дный и ли́пкий.
clamorous /ˈklæmərəs/ *adj* шу́мный, шумли́вый.
clamour /ˈklæmə(r)/ (*US* **clamor**) *n* шум, кри́ки (*m pl*).
● *vi* шуме́ть (*impf*), крича́ть (*impf*).
clamp /klæmp/ *n* (*implement*) зажи́м, скоба́.
● *vt* заж|има́ть, -а́ть; скреп|ля́ть, -и́ть.
● *vi*: **~ down on** (*fig, suppress*) заж|има́ть, -а́ть; приж|има́ть, -а́ть; прин|има́ть, -я́ть стро́гие ме́ры про́тив + *g*.
● *cpd* **~down** *n* стро́гий запре́т, стро́гие ме́ры (*против чего*).
clamshell /ˈklæmʃel/ *n* **1** ра́ковина двуство́рчатого моллю́ска. **2**: **~ phone** раскладно́й телефо́н, раскладу́шка (*coll*).
clan /klæn/ *n* клан, род.
clandestine /klænˈdestɪn/ *adj* та́йный, подпо́льный.
clang /ˈklæŋ/ *n* лязг, звон.
● *vt & i* ля́зг|ать, -нуть; звене́ть (*impf*); **the tram driver ~ed his bell** вагоновожа́тый гро́мко звони́л в звоно́к.
clanger /ˈklæŋə(r)/ *n* (*Br*): **he dropped a ~** (*sl*) он допусти́л оплóшность; он дал ма́ху (*coll*).
clangorous /ˈklæŋgərəs/ *adj* ля́згающий.
clangour /ˈklæŋgə(r)/ (*US* **clangor**) *n* звон, ля́зганье.
clank /klæŋk/ *n* звон, лязг, бряца́ние.
● *vt & i* ля́зг|ать, -нуть; бряца́ть (*impf*); греме́ть (*impf*); **the ghost ~ed its chains** привиде́ние ля́згало/греме́ло цепя́ми.
clannish /ˈklænɪʃ/ *adj* держа́щийся своего́ кла́на (*or* свое́й гру́ппы).
clansman /ˈklænzmən/ *n* (*pl* **clansmen**) член кла́на/ро́да.
clap[1] /klæp/ *n* (*of thunder*) уда́р; (*of applause*) хлопо́к, хло́панье; **let's give him a ~!** похло́паем ему́!; (*slap*) хлопо́к; **a ~ on the back** хлопо́к по спине́.
● *vt* (**clapped, clapping**) **1** (*strike, slap*) хло́п|ать, -нуть; **he ~ped me on the back** он хло́пнул меня́ по спине́;

~ one's hands хлóп|ать, -нуть в ладóши.
2 (*coll, put*): ~ **s.o. in prison** упéчь (*pf*) когó-н. в тюрьмý; ~ **duties on goods** обложи́ть (*pf*) товáры пóшлиной; ~ **handcuffs on s.o.** надéть (*pf*) нарýчники на когó-н.; **I have not ~ped eyes on him since then** с тех пор я ни рáзу егó не ви́дел.
3 (*applaud*) аплоди́ровать (*impf*) + *d*; рукоплескáть (*impf*) + *d*.
● *vi* (**clapped, clapping**) хлóпать (*impf*); аплоди́ровать (*impf*); рукоплескáть (*impf*).
● *cpds* **~board** *n* (*US*) клёпка; дрáнка, гонт; **~trap** *n* трескýчая фрáза, болтовня́.

clap² /klæp/ *n* (*vulg, gonorrhoea*) три́ппер.

clapper /ˈklæpə(r)/ *n* (*of bell*) язы́к; **go like the ~s** (*Br*) мчáться как угорéлый.

claque /klæk, klɑːk/ *n* клáка.

claret /ˈklærət/ *n* кларéт; бордó (*indecl*).
● *cpd* **~-coloured** (*Br*), **-colored** (*US*) *adj* цвéта бордó; бордóвый.

clarification /ˌklærɪfɪˈkeɪʃ(ə)n/ *n* прояснéние, разъяснéние; (*of liquid*) очищéние.

clarify /ˈklærɪˌfaɪ/ *vt* вн|оси́ть, -ести́ я́сность в + *a*; разъясн|я́ть, -и́ть; ~ **one's mind about sth** уясни́ть (*pf*) себé что-н.; (*butter etc.*) оч|ищáть, -и́стить.

clarinet /ˌklærɪˈnet/ *n* кларнéт.

clarinettist /ˌklærɪˈnetɪst/ *n* кларнети́ст (*fem* -ка).

clarion /ˈklærɪən/ *n* рог, рожóк; ~ **call** (*fig*) призы́вный звук; боевóй клич.

clarity /ˈklærɪtɪ/ *n* я́сность.

clash /klæʃ/ *n* **1** (*sound*) гул, ля́зг, звон. **2** (*conflict*): **I had a ~ with him** у меня́ бы́ло с ним столкновéние; ~ **of views** расхождéние во взгля́дах; ~ **of colours** дисгармóния цветóв; (*inconvenient coincidence*) совпадéние по врéмени.
● *vt*: **he ~ed the cymbals** он удáрил в цимбáлы.
● *vi* **1** (*sound*): **the cymbals ~ed** зазвенéли цимбáлы. **2** (*conflict*): **the armies ~ed** áрмии столкнýлись; **my interests ~ with his** у нас с ним стáлкиваются интерéсы; (*coincide inconveniently*): **the two concerts ~** óба концéрта совпадáют по врéмени; **the colours ~** э́ти цветá не гармони́руют друг с дрýгом.

clasp /klɑːsp/ *n* **1** (*fastener*) пря́жка, застёжка. **2** (*grip, handshake*) пожáтие, сжáтие, объя́тие.
● *vt*: ~ **a bracelet round one's wrist** застёг|ивать, -нýть на рукé браслéт; ~ **one's hands** сплести́ (*pf*) пáльцы; ~ **s.o. by the hand** сж|имáть, -ать комý-н. рýку; **they were ~ed in each other's arms** они́ заключи́ли друг дрýга в объя́тия; ~ **hands with s.o.** (*fig*) пожáть (*pf*) рýку комý-н.
● *vi*: **the necklace won't ~** ожерéлье не застёгивается.
● *cpd* ~ **knife** *n* складнóй нож.

class /klɑːs/ *n* **1** (*group, category*) класс, разря́д; (*when travelling*): **he went first ~** он éхал пéрвым клáссом; (*fig*): **he is not in the same ~ as X** емý óчень далекó до X; (*biol*) класс.
2 (*social*) класс; **lower ~(es)** ни́зшие клáссы; **middle ~** буржуази́я; срéдние слои́ óбщества; **upper ~(es)** вы́сшие клáссы, аристокрáтия; ~ **conflict** клáссовые конфли́кты; ~ **war** клáссовая борьбá.
3 (*scholastic*) класс; **he is top of the ~** он пéрвый учени́к в клáссе; (*period of instruction*): **a mathematics ~** урóк матемáтики; **Mr X is taking the ~** г-н X ведёт заня́тия; **he attended ~es in French** он посещáл заня́тия по францýзскому (языкý); (*US*): **the ~ of 1955** вы́пуск 1955 гóда.
4 (*mil*): **the ~ of 1960** набóр 1960 гóда.
5 (*distinction*) класс, шик.
● *vt* классифици́ровать (*impf, pf*); **the ship is ~ed A1** сýдну присвóен пéрвый класс; **you cannot ~ him with the Romantics** егó нельзя́ отнести́ к ромáнтикам.
● *vi*: **those who ~ as believers** те, котóрые считáются вéрующими.
● *cpds* **~-conscious** *adj* клáссово сознáтельный; ~ **consciousness** *n* клáссовое сознáние; **~mate** (*at school*) *n* одноклáсснн|к (*fem* -ца); (*at university*) однокýрсни|к (*fem* -ца); **~room** *n* клáссная кóмната, класс.

classic /ˈklæsɪk/ *n* **1** (*writer etc.*) клáссик. **2** (*book etc.*) класси́ческое произведéние. **3** (*ancient writer*) клáссик, анти́чный áвтор; **the ~s** клáссика, класси́ческая литератýра.
4 (*in pl, studies*): **he studied ~s** он изучáл класси́ческую филолóгию.
● *adj* класси́ческий.

classical /ˈklæsɪk(ə)l/ *adj* класси́ческий; ~ **scholar** клáссик.

classicism /ˈklæsɪˌsɪz(ə)m/ *n* классици́зм; (*classical scholarship*) изучéние класси́ческой филолóгии.

classicist /ˈklæsɪˌsɪst/ *n* классици́ст.

classifiable /ˈklæsɪˌfaɪəb(ə)l/ *adj* поддаю́щийся классификáции.

classification /ˌklæsɪfɪˈkeɪʃ(ə)n/ *n* классификáция.

classifier /ˈklæsɪˌfaɪə(r)/ *n* классификáтор.

classif|y /ˈklæsɪˌfaɪ/ *vt* классифици́ровать (*impf, pf*); **~ied** (*secret*) засекрéченный; **~ied ad** темати́ческое объявлéние.

classless /ˈklɑːslɪs/ *adj* бескла́ссовый.

classlessness /ˈklɑːslɪsnɪs/ *n* бескла́ссовость.

classy /ˈklɑːsɪ/ *adj* (**classier, classiest**) сти́льный (*coll*).

clatter /ˈklætə(r)/ *n* **1** (*of metal*) грóхот; (*of hoofs, plates, cutlery, etc.*) стук, звон, звя́канье. **2** (*chatter, noise*) трескотня́.
● *vt* стучáть, гремéть, звя́кать (*all impf*).
● *vi* гремéть; грохотáть (*both impf*); **the plates came ~ing down** тарéлки с грóхотом полетéли нá пол.

clause /klɔːz/ *n* **1** (*gram*) предложéние; **main ~** глáвное предложéние; **subordinate ~** придáточное предложéние. **2** (*law*) статья́; пункт; клáузула, оговóрка; **escape ~** пункт, предусмáтривающий откáз от взя́того обязáтельства.

claustrophobia /ˌklɔːstrəˈfəʊbɪə/ *n* боя́знь зáмкнутого прострáнства; клаустрофóбия.

claustrophobic /ˌklɔːstrəˈfəʊbɪk/ *adj* клаустрофоби́чный; вызывáющий клаустрофóбию; **I'm ~** я страдáю клаустрофóбией.

clave /kleɪv/ *archaic past of* ⇒**cleave²**

clavichord /ˈklævɪˌkɔːd/ *n* клавикóрд|ы (*pl, g* -ов).

clavicle /ˈklævɪk(ə)l/ *n* ключи́ца.

claw /klɔː/ *n* (*of animal, bird*) кóготь (*m*); (*of crustacean*) клешня́; **get one's ~s into sth** вцеп|ля́ться, -и́ться когтя́ми во что-н.; (*of machinery*) кулáк, лáпа, клéщ|и (*pl, g* -éй).
● *vt & i* царáпать(ся); рвать когтя́ми; когти́ть (*all impf*); **the cat ~ed at the door** кóшка царáпалась в дверь; ~ **one's way to the top** (*fig*) вскарáбкаться (*pf*) навéрх.
● *cpd* ~ **hammer** *n* молотóк с гвоздодёром.

clay /kleɪ/ *n* гли́на; ~ **soil** гли́нистая пóчва; ~ **court** грунтóвый/гли́няный/землянóй корт; ~ **pigeon** летя́щая тарéлочка (*в тире*); ~ **pipe** гли́няная трýбка; **an idol with feet of ~** колóсс на гли́няных ногáх.

clayey /ˈkleɪɪ/ *adj* гли́нистый.

claymore /ˈkleɪmɔː(r)/ *n* (*hist, broadsword*) палáш.

clean /kliːn/ *n* (*Br*) чи́стка, убóрка; **he gave the table a good ~** он хорошéнько вы́тер стол.
● *adj* **1** (*not dirty*) чи́стый; **wash sth ~** дóчиста вы́мыть (*pf*) что-н.; **keep a room ~** содержáть (*impf*) кóмнату в чистотé.
2 (*fresh*): **a ~ sheet of paper** чи́стый лист бумáги; **a ~ copy** (*of draft*) чистови́к, белови́к.
3 (*pure, unblemished*) чи́стый, незапя́тнанный; **a ~ driving licence** (*Br*), ~ **record** (*US*) чи́стые правá.
4 (*neat, smooth*): ~ **lines** чёткие очертáния; чи́стые ли́нии; **a ~ cut** рóвный разрéз.
5 (*fig*): **my hands are ~** я невинóвен; **make a ~ sweep of** подчи́стить под метёлку; **he showed a ~ pair of heels** у негó тóлько пя́тки засверкáли; **come ~** (*coll, be completely honest*) выклáдывать, вы́ложить всё начистотý.
● *adv*: **I ~ forgot** я нáчисто забы́л; **the bullet went ~ through his shoulder** пýля проби́ла емý плечó навы́лет.
● *vt* чи́стить (*impf; for forms of pf see examples*); ~ **one's teeth** чи́стить, по- зýбы; ~ **a suit** чи́стить, вы́-/по- костю́м; ~ **streets** уб|ирáть, -рáть ýлицы; ~ **a car** мыть, вы́- маши́ну; ~ **a window** прот|ирáть, -ерéть окнó; ~ **a rifle** прочи|щáть, -и́стить ружьё; **~ing fluid** жи́дкость для вы́ведéния пя́тен; **he had his suit ~ed** он óтдал костю́м в чи́стку.
● *vi* (*mist, smoke, clouds*) рассé|иваться, -яться; (*weather, sky*) проясн|я́ться, -и́ться.

● *with advs*: ~ **down** *vt* сч|ища́ть, -и́стить; сме|та́ть, -сти́; ~ **out** *vt*: ~ **out a room** убра́ть (*pf*) ко́мнату; ~ **out a car** чи́стить, вы́- маши́ну; **he was ~ed out** (*fig*) его́ обчи́стили; ~ **up** *vt*: ~ **o.s. up** прив|оди́ть, -ести́ себя́ в поря́док; ~ **up a city** (*fig*) пров|оди́ть, -ести́ чи́стку в го́роде; *vi*: **they ~ed up after the picnic** они́ убра́ли за собо́й по́сле пикника́; **the weather ~ed up** пого́да проясни́лась.
● *cpds* **~-cut** *adj* ре́зко оче́рченный; **~-cut features** чёткие черты́ лица́; (*fig*) я́сный, я́вный, отчётливый; **~-limbed** *adj* стро́йный; **~-living** *adj* целому́дренный, чи́стый; **~-out** *n* чи́стка, убо́рка; **~-shaven** *adj* чи́сто вы́бритый; **~-up** *n* (*lit*) чи́стка; (*fig*) чи́стка, очи́стка; приведе́ние в поря́док.

cleaner /ˈkliːnə(r)/ *n* (*person*) убо́рщи|к (*fem* -ца); чи́стильщи|к (*fem* -ца); **he sent the suit to the ~'s** он о́тдал костю́м в чи́стку; (*tool, machine*) очисти́тель (*m*); (*substance*) мо́ющее сре́дство; очисти́тель (*m*).

cleanliness /ˈklenlɪnɪs/ *n* чистота́.

cleanness /ˈkliːnnɪs/ *n* чистота́.

cleans|e /klenz/ *vt* оч|ища́ть, -и́стить; **~ing cream** очища́ющий крем; **~ing department** (*Br*) санита́рное управле́ние; **ethnic ~ing** этни́ческая чи́стка.

cleanser /ˈklenzə(r)/ *n* сре́дство для очище́ния ко́жи.

clear /klɪə(r)/ *adj* **1** (*easy to see*) я́сный, отчётливый; (*evident*) я́вный, очеви́дный.
2 (*bright, unclouded*) я́ркий, я́сный; **a ~ sky** я́сное не́бо; **on a ~ day** в пого́жий день.
3 (*transparent*) прозра́чный.
4 (*of sound*) чи́стый, отчётливый.
5 (*intelligible, certain*): **make sth ~ to s.o.** объясн|я́ть, -и́ть что-н. кому́-н.; **make o.s. ~** объясн|я́ться, -и́ться; **I am not ~ what he wants** мне нея́сно, чего́ он хо́чет; **as ~ as day, crystal ~** я́сно как день; преде́льно я́сно; **~ as mud** (*coll*) соверше́нно нея́сно.
6 (*safe, free, unencumbered*) свобо́дный; **the field is ~ of trees** на по́ле нет дере́вьев; **the river is ~ of ice** река́ освободи́лась ото льда́; **the 'all-~'** отбо́й (*воздушной тревоги*); **~ of debt** свобо́дный от долго́в; **~ of suspicion** вне подозре́ний; **my conscience is ~** моя́ со́весть чиста́; **~ profit** чи́стая при́быль; **three ~ days** це́лых три дня; **keep a ~ head** сохраня́ть (*impf*) я́сный ум.
7: **in the ~** (*free from suspicion, out of trouble*) чи́стый.
● *adv*: **he spoke loud and ~** он говори́л гро́мко и я́сно; **stand ~ of the gates** стоя́ть (*impf*) в стороне́ от воро́т; **get ~ of** от|ходи́ть, -ойти́ в сто́рону от + *g*; **keep ~ of** держа́ться (*impf*) в стороне́ от + *g*; остер|ега́ться, -е́чься + *g*; избе|га́ть, -жа́ть + *g*.
● *vt* **1** (*make ~, empty*) оч|ища́ть, -и́стить; **the streets were ~ed of snow** у́лицы очи́стили от сне́га; **~ land** расч|ища́ть, -и́стить зе́млю; **he ~ed his desk** он убра́л свой стол; **she ~ed the table** она́ убрала́ со стола́; **our talk ~ed the air** наш разгово́р разряди́л атмосфе́ру; ~ **o.s. (of a charge)** оправда́ться (*pf*); опрове́ргнуть (*pf*) обвине́ние; **he was ~ed for security** его́ засекре́тили; ~ **s.o.'s mind of doubt** рассе́|ивать, -ять чьи-н. сомне́ния; **to ~ one's conscience** для очи́стки со́вести; **he ~ed his throat** он отка́шлялся; ~ **sth out of the way** уб|ира́ть, -ра́ть что-н. с доро́ги; отодв|ига́ть, -и́нуть что-н.; **he ~ed the things out of the drawer** он освободи́л я́щик; **he ~ed the children out of the garden** он вы́гнал дете́й из са́да.
2 (*jump over; get past*): **the horse ~ed the hedge** ло́шадь взяла́ барье́р; **the car ~ed the gate** автомоби́ль прошёл в воро́та.
3 (*make profit of*): **we ~ed £50** мы получи́ли 50 фу́нтов при́были; **we just ~ed expenses** нам удало́сь лишь покры́ть расхо́ды.
4: ~ **an account** опла|чивать, -ти́ть счёт; ~ **a debt** погаси́ть (*pf*) долг.
● *vi* (*mist, smoke, clouds*) рассе́|иваться, -яться; (*weather, sky*) проясн|я́ться, -и́ться; **his brow ~ed** его́ лицо́ проясни́лось.
● *with advs*: ~ **away** *vt* уб|ира́ть, -ра́ть; *vi* (*disperse*) рассе́|иваться, -яться; ~ **off** *vi* (*coll, go away*) уб|ира́ться, -ра́ться; ~ **off!** убира́йтесь!; ~ **out** *vt*: **she ~ed out the cupboard** она́ очи́стила шкаф; (*fig, make destitute*) обчи́стить (*pf*); *vi* (*coll, go away*) убра́ться (*pf*); ~ **up** *vt* (*tidy, remove*) уб|ира́ть, -ра́ть; ~ **up a mystery** разгада́ть (*pf*) та́йну; *vi*: **the weather ~ed up** пого́да проясни́лась; **please ~ up after you** бу́дьте добры́, убери́те за собо́й.
● *cpds* **~-cut** *adj* (*fig*) чёткий; **~-headed** *adj* толко́вый, у́мный; **~-headedness** *n* толко́вость; **~-sighted** *adj* проница́тельный, дальнови́дный; **~-sightedness** *n* проница́тельность, дальнови́дность; **~way** *n* (*Br*) скоростна́я автостра́да.

clearance /ˈklɪərəns/ *n* **1** (*removal of obstruction etc.*) очи́стка, расчи́стка; ~ **sale** распрода́жа. **2** (*free space*) зазо́р; промежу́ток; **the barge had a ~ of 2 feet** кана́л был на 2 фу́та ши́ре ба́ржи. **3** (*customs*) очи́стка от тамо́женных по́шлин. **4**: **security ~** до́пуск к секре́тной рабо́те; **medical ~** свиде́тельство о го́дности по здоро́вью.

clearing /ˈklɪərɪŋ/ *n* **1** (*glade*) про́сека, поля́на. **2** (*fin*) кли́ринг; ~ **agreement** кли́ринговое соглаше́ние; ~ **house** расчётная пала́та.

clearly /ˈklɪəlɪ/ *adv* (*distinctly*) я́сно; (*evidently*) очеви́дно, коне́чно; **it is too dark to see ~** сли́шком темно́, что́бы разгляде́ть; ~ **he is wrong** я́сно, что он непра́в.

clearness /ˈklɪənɪs/ *n* я́сность, очеви́дность.

cleat /kliːt/ *n* **1** (*strip of wood on gangway etc.*) пла́нка, ре́йка. **2** (*fitting for attachment of rope*) крепи́тельная у́тка/пла́нка. **3** (*on sole or heel of shoe*) ско́бка, гвоздь (*m*).

cleavage /ˈkliːvɪdʒ/ *n* **1** (*splitting*) расщепле́ние, раска́лывание. **2** (*fig, discord*) расхожде́ние, раско́л. **3** (*of bosom*) «ручеёк», ложби́нка бю́ста.

cleave[1] /kliːv/ *vt* (*past* **clove** *or* **cleft** *or* **cleaved;** *pp* **cloven** *or* **cleft** *or* **cleaved**) **1** (*split*) раск|а́лывать, -оло́ть; расс|ека́ть, -е́чь. **2** (*fig*): **he ~d his way through the crowd** он проти́снулся че́рез толпу́. **3**: **cleft palate** (*med*) во́лчья пасть; **cloven hoof** раздвоённое копы́то; **cloven-footed, -hoofed** парнокопы́тный; **show the cloven hoof** (*fig*) обнару́жить свою́ кова́рную приро́ду; **he is in a cleft stick** (*Br*) он зажа́т в тиски́; он в тупике́.
● *vi* (*past* **clove** *or* **cleft** *or* **cleaved;** *pp* **cloven** *or* **cleft** *or* **cleaved**) раск|а́лываться, -оло́ться; **the wood ~s easily** э́то де́рево легко́ ко́лется.

cleave[2] /kliːv/ *vi* (*past* **cleaved** *or archaic* **clave**) (*adhere*) прил|ипа́ть, -и́пнуть; **his tongue ~d to the roof of his mouth** у него́ язы́к к горта́ни прили́п; **he ~s to his friends** он пре́дан свои́м друзья́м.

cleaver /ˈkliːvə(r)/ *n* нож мясника́.

clef /klef/ *n* ключ; **treble ~** скрипи́чный ключ; **bass ~** басо́вый ключ.

cleft[1] /kleft/ *n* тре́щина, рассе́лина.

cleft[2] /kleft/ *adj* = ⇒**cleave**[1] **3**

clematis /ˈklemətɪs, kləˈmeɪtɪs/ *n* клема́тис, ломоно́с.

clemency /ˈklemənsɪ/ *n* (*of person*) милосе́рдие; **the defence lawyer appealed for ~** защи́тник проси́л снисхожде́ния; (*of weather*) мя́гкость.

clement /ˈklemənt/ *adj* (*of person*) милосе́рдный, ми́лостивый; (*of weather*) мя́гкий.

clench /klentʃ/ *vt*: ~ **one's teeth** сти́с|кивать, -нуть зу́бы; ~ **one's fist** сж|има́ть, -ать кулаки́; ~ **sth in one's hands** сж|има́ть, -ать что-н. в рука́х.

clergy /ˈklɜːdʒɪ/ *n* духове́нство, клир.
● *cpd* **~man** *n* (*pl* **~men**) духо́вное лицо́; (*Protestant*) па́стор.

cleric /ˈklerɪk/ *n* церко́вник, духо́вное лицо́.

clerical /ˈklerɪk(ə)l/ *adj* **1** (*of clergy*) клерика́льный; ~ **collar** па́сторский воротни́к. **2** (*of clerks*) канцеля́рский, конто́рский; ~ **error** канцеля́рская оши́бка.

clericalism /ˈklerɪk(ə),lɪz(ə)m/ *n* клерикали́зм.

clerk /klɑːk/ *n* **1** (*person in charge of correspondence*) секрета́рь (*m*), делопроизводи́тель (*m*); **bank ~** ба́нковский слу́жащий. **2** (*official*) слу́жащий, чино́вник; (*of court*) регистра́тор. **3** (*US, shop assistant*) продаве́ц; (*US, hotel receptionist*) (дежу́рный) администра́тор. **4**: ~ **of the works** (*Br*) производи́тель (*m*) рабо́т; проpа́б.
● *vi* (*work as ~*) выполня́ть (*impf*) конто́рскую рабо́ту.

clever /ˈklevə(r)/ *adj* (**cleverer, cleverest**) у́мный, сообрази́тельный; (*skilful*) ло́вкий; **he is ~ at arithmetic** он спосо́бен к арифме́тике; **he is ~ with his fingers** у него́ уме́лые ру́ки; **he was too ~ for us** он перехитри́л нас; **~ clogs/Dick** (*Br coll*) у́мник.

● *cpd* **~-~** *adj* (*coll*) у́мничающий.

cleverness /ˈklevənɪs/ *n* ум, одарённость; (*skill*) ло́вкость, уме́ние.

cliché /ˈkliːʃeɪ/ *n* (*fig*) клише́ (*indecl*), штамп.

● *cpd* **~-ridden** *adj* по́лный клише́/шта́мпов.

click /klɪk/ *n* щёлканье, щелчо́к.

● *vt* щёлк|ать, -нуть + *i*; прищёлк|ивать, -нуть + *i*; (*comput*): **~ a button** наж|има́ть, -а́ть на кно́пку; **he ~ed his tongue** он (при)щёлкнул языко́м; **he ~ed his heels** он щёлкнул каблука́ми.

● *vi* щёлк|ать, -нуть; **the door ~ed shut** дверь защёлкнулась; (*comput*): **~ on an icon** щёлк|ать, -нуть (мы́шкой) на ико́нке; (*coll, hit it off*) пола́дить (*pf*), сойти́сь (*pf*) (*с кем*).

client /ˈklaɪənt/ *n* клие́нт.

clientele /ˌkliːɒnˈtel/ *n* клиенту́ра.

cliff /klɪf/ *n* утёс, скала́.

● *cpd* **~hanger** *n* (*coll*) захва́тывающий расска́з/рома́н/фильм.

climacteric /klaɪˈmæktərɪk, ˌklaɪmækˈterɪk/ *n* **1** крити́ческий пери́од; крити́ческая то́чка. **2** (*med*) климакте́рий, климактери́ческий пери́од; (*age*) климактери́ческий во́зраст.

● *adj* **1** крити́ческий. **2** (*med*) климактери́ческий.

climactic /klaɪˈmæktɪk/ *adj* кульминацио́нный.

climate /ˈklaɪmɪt/ *n* кли́мат; **~ change** измене́ние кли́мата; (*fig*) атмосфе́ра; **~ of opinion** состоя́ние обще́ственного мне́ния.

climatic /ˌklaɪˈmætɪk/ *adj* климати́ческий.

climax /ˈklaɪmæks/ *n* кульмина́ция; (*orgasm*) орга́зм.

● *vt* (*top off, crown*) довести́ (*pf*) до кульмина́ции.

● *vi* (*culminate*) дост|ига́ть, -и́чь кульмина́ции, апоге́я.

climb /klaɪm/ *n* подъём, восхожде́ние; **it was a long ~ to the top** подъём на верши́ну был до́лгим.

● *vt* вл|еза́ть, -езть на + *a*.

● *vi* ла́зить (*indet*), лезть (*det*); подн|има́ться, -я́ться; **~ up a tree** влез|а́ть, -ть на де́рево; **~ over a wall** перел|еза́ть, -е́зть че́рез стену́; **~ down a ladder** слез|а́ть, -ть с ле́стницы; **~ on to a table** зал|еза́ть, -е́зть на стол; **the sun ~ed slowly** со́лнце ме́дленно поднима́лось; **the aircraft ~ed slowly** самолёт ме́дленно поднима́лся; **~ down** (*lit*) слез|а́ть, -ть; (*fig*) отступ|а́ть, -и́ть.

● *cpd* **~down** *n* (*fig*) отступле́ние, усту́пка.

climber /ˈklaɪmə(r)/ *n* (*person*) альпини́ст (*fem* -ка); (*fig*) карьери́ст (*fem* -ка); (*plant*) выо́щееся расте́ние.

climbing /ˈklaɪmɪŋ/ *n* (*mountaineering*) альпини́зм.

● *cpd* **~ irons** *n pl* шипы́ (*m pl*) на альпини́стской обу́ви; три́кон|и (*pl, g* -ей).

clime /klaɪm/ *n* (*poetical, region*) край, сторона́.

clinch /klɪntʃ/ *n* захва́т; (*in boxing*) клинч, захва́т; (*embrace*) кре́пкое объя́тие.

● *vt* (*make fast*) закл|ёпывать, -епа́ть; (*fig*): **~ an argument** заверши́ть (*pf*) спор; **~ a bargain** заключи́ть (*pf*) сде́лку (*окончательно согласовав все условия*).

clincher /ˈklɪntʃ(ə)r/ *n* (*coll, decisive remark etc.*) реша́ющий до́вод.

cling /klɪŋ/ *vi* (*past and pp* **clung**) (*adhere*) цепля́ться (*impf*) (**to:** за + *a*); льну́ть (*impf*) (к + *d*); (*fig*): **he clung to his possessions** он цепля́лся за своё иму́щество; **they clung together** они́ держа́лись вме́сте; **the child clung to its mother** ребёнок льну́л к ма́тери; **a ~ing dress** облега́ющее пла́тье; **a ~ing person** привя́зчивый челове́к.

clinic /ˈklɪnɪk/ *n* кли́ника.

clinical /ˈklɪnɪk(ə)l/ *adj* **1** клини́ческий; **~ record** исто́рия боле́зни; **~ thermometer** медици́нский термо́метр. **2** (*fig*) бесстра́стный.

clinician /klɪˈnɪʃ(ə)n/ *n* клини́ческий врач, клиници́ст.

clink[1] /klɪŋk/ *n* звон.

● *vt* звене́ть (*impf*) + *i*; **~ glasses with s.o.** чо́к|аться, -нуться с кем-н.

● *vi* звене́ть (*impf*); чо́к|аться, -нуться.

clink[2] /klɪŋk/ *n* (*prison*) куту́зка, катала́жка (*sl*).

clinker /ˈklɪŋkə(r)/ *n* (*brick*) кли́нкер; (*in pl, slag*) шлак.

clinker-built /ˈklɪŋkəˌbɪlt/ *adj* обши́тый внакро́й.

clip[1] /klɪp/ *n* **1** (*slide-on ~*) скре́пка; (*grip ~*) зажи́м, зажи́мка. **2** (*brooch*) брошь. **3** (*of cartridges*) обо́йма. **4** (*for hair*) зако́лка.

● *vt* (**clipped, clipping**) заж|има́ть, -а́ть; скреп|ля́ть, -и́ть; **~ a paper to a board** прикреп|ля́ть, -и́ть бума́гу к доске́.

● *cpds* **~board** *n* доска́ с зажи́мом для бума́ги; **~-on** *adj* пристёгивающийся, прикрепля́ющийся.

clip[2] /klɪp/ *n* **1** (*shearing*) стри́жка. **2** (*coll, blow*): **a ~ on the jaw** уда́р по скуле́. **3** (*coll, speed*): **at a fast ~** бы́стрым хо́дом. **4** (*cin*) отры́вок из фи́льма.

● *vt* (**clipped, clipping**) **1** (*cut*): **~ a hedge** подстр|ига́ть, -и́чь живу́ю и́згородь; **~ a bird's wings** подр|еза́ть, -е́зать пти́це кры́лья; **~ s.o.'s wings** (*fig*) подре́зать (*pf*) кому́-н. кры́лышки; **~ an article out of a newspaper** выреза́ть, вы́резать статью́ из газе́ты; **~ tickets** (*Br*) пробива́ть/компости́ровать (*both impf*) биле́ты. **2** (*hit*): **~ s.o. on the jaw** съе́здить (*pf*) кому́-н. по физионо́мии (*coll*).

clipper /ˈklɪpə(r)/ *n* **1** (*in pl, for hair*) маши́нка для стри́жки воло́с; (*in pl, for nails*) куса́ч|ки (*pl, g* -ек). **2** (*naut*) кли́пер.

clipping /ˈklɪpɪŋ/ *n* (*from newspaper*) газе́тная вы́резка; (*in pl, bits cut off*) обре́зки (*m pl*).

clique /kliːk/ *n* кли́ка.

clitoral /ˈklɪtər(ə)l/ *adj* клитора́льный.

clitoris /ˈklɪtərɪs/ *n* кли́тор.

cloak /kləʊk/ *n* (*garment*) плащ, ма́нтия; **~-and-dagger stories** расска́зы о шпио́нах; (*covering*): **a ~ of snow** сне́жный покро́в; **under the ~ of darkness** под покро́вом темноты́; (*fig, pretext*) ма́ска.

● *vt* (*fig*) прикр|ыва́ть, -ы́ть; скр|ыва́ть, -ы́ть.

● *cpd* **~room** *n* (*for clothes*) гардеро́б, раздева́лка (*coll*); (*for luggage*) ка́мера хране́ния; (*Br, lavatory*) убо́рная.

clobber /ˈklɒbə(r)/ *n* (*Br sl, gear*) барахло́.

● *vt* (*sl, beat*) лупи́ть, от-; лупцева́ть, от- (*both coll*).

cloche /klɒʃ, kləʊʃ/ *n* (*for plants*) стекля́нный колпа́к.

clock /klɒk/ *n* час|ы́ (*pl, g* -о́в); (*taximeter*) таксо́метр; (*milometer*) счётчик (про́йденного пути́); **he works round the ~** он рабо́тает кру́глые су́тки; **put the ~ forward** ста́вить, по- часы́ вперёд; **put the ~ back** (*lit*) перев|оди́ть, -ести́ часы́ наза́д; (*fig*) поверну́ть (*pf*) вре́мя вспять.

● *vt* (*time*) хронометри́ровать (*impf, pf*); (*register*): **she ~ed 11 seconds in this race** она́ показа́ла 11 секу́нд в э́том забе́ге.

● *vi*: **~ in, on** (*Br*) отм|еча́ться, -е́титься по прихо́де на рабо́ту; **~ out, off** (*Br*) отм|еча́ться, -е́титься при ухо́де с рабо́ты.

● *cpds* **~ face** *n* цифербла́т; **~maker** *n* часовщи́к; **~-watch** *vi* стара́ться (*impf*) не перерабо́тать; **~-watcher** *n* нерадивый рабо́тник; **~work** *n* часово́й механи́зм; **~work toy** заводна́я игру́шка; **the ceremony went like ~work** церемо́ния прошла́ без сучка́, без задо́ринки.

clockwise /ˈklɒkwaɪz/ *adj & adv* (дви́жущийся) по часово́й стре́лке.

clod /klɒd/ *n* ком, глы́ба.

● *cpd* **~hopper** *n* болва́н, дереве́нщина (*cg*); (*in pl, shoes*) тяжёлые башмаки́.

clog[1] /klɒg/ *n* (*shoe*) башма́к на деревя́нной подо́шве; сабо́ (*nt indecl*).

clog[2] /klɒg/ *vt* (**clogged, clogging**) (*lit, fig*) засор|я́ть, -и́ть; **the sink is ~ged** ра́ковина засори́лась.

cloister /ˈklɔɪstə(r)/ *n* (*covered walk*) арка́да.

● *vt* (*fig*): **he led a ~ed life** он вёл уединённую жизнь.

clone /kləʊn/ *n* клон.

● *vt* размн|ожа́ть, -о́жить вегетати́вным путём; клони́ровать (*impf, pf*).

cloning /ˈkləʊnɪŋ/ *n* клони́рование.

clop /klɒp/ *n* (*of hoofs*) цо́канье, цо́кот.

close[1] /kləʊs/ *n* (*Br*) (*street*) тупи́к; (*cathedral precinct*) собо́рная пло́щадь.

● *adj* **1** (*near*) бли́зкий; **he fired at ~ range** он стреля́л/вы́стрелил с бли́зкого расстоя́ния; **~ combat** бли́жний бой; рукопа́шный бой;

C

~ **contact** тéсное общéние; **at ~ quarters** на блúзком расстоя́нии; **in ~ proximity** в непосрéдственной бли́зости; **~ competition** óстрая конкурéнция; **he had a ~ shave, call** он был на волосóк от ги́бели; **~ resemblance** большóе схóдство.
2 (*intimate*) бли́зкий; **a ~ friend** бли́зкий друг; **his sister was very ~ to him** они́ с сестрóй бы́ли óчень близки́.
3 (*serried, compact*): **~ writing** убóристый пóчерк; **~ texture** плóтная ткань; **in ~ order** (*mil*) сóмкнутым стрóем; **~ column** (*mil*) сóмкнутая колóнна; **~ reasoning** безукори́зненная аргументáция.
4 (*strict, attentive*): **keep a ~ watch on s.o.** тщáтельно следи́ть (*impf*) за кем-н.; **~ examination** тщáтельное обслéдование; **~ attention** при́стальное внимáние; **~ confinement** стрóгая изоля́ция; **the suit is a ~ fit** э́тот костю́м хорошó сиди́т; **a ~ translation** тóчный перевóд; **a ~ observer** внимáтельный наблюдáтель.
5 (*restricted*) закры́тый; **~ season** врéмя, когдá охóта запрещенá.
6 (*of games etc.*): **a ~ contest** упóрная борьбá; состязáние с почти́ рáвными шáнсами.
7 (*stingy*) скупóй, прижи́мистый.
8 (*reticent, secret*) скры́тный; **he is ~ about his affairs** он дéржит свои́ делá в секрéте.
9 (*stuffy*): (*of air*) дýшный, спёртый; (*of weather*) дýшный, тяжёлый.
10 (*phonetics*): **a ~ vowel** ýзкий/закры́тый глáсный.
● *adv*: **he lives ~ to, by the church** он живёт поблизóсти от цéркви; **keep ~ to me** не отходи́те от меня́; **it was ~ upon midnight** бли́зилась пóлночь; **~ upon 500 boys** почти́ 500 мáльчиков; **follow ~ behind s.o.** слéдовать (*impf*) непосрéдственно за кем-н.; **stand ~ against the wall** стоя́ть (*impf*) вплотнýю к стенé; **cut one's hair ~** кóротко подстр|игáться, -и́чься; **come ~r together** (*fig*) сбл|ижáться, -и́зиться; **sail ~ to the wind** (*lit*) идти́ (*det*) крýто к вéтру; (*fig*) ходи́ть (*indet*) по острию́ (ножá).
● *cpds* **~-cropped** *adj* кóротко остри́женный; **~-fisted** *adj* прижи́мистый, скупóй; **~-fistedness** *n* прижи́мистость, скýпость; **~-fitting** *adj* облегáющий; **~-grained** *adj* (*of wood*) мелковолокни́стый; **~-set** *adj* бли́зко постáвленный; **~-up** *n* (*cin*) крýпный план.

close[2] /kləʊz/ *n* (*end*) конéц; **at ~ of day** в концé дня; на исхóде дня; **~ of play** конéц игры́; **at the ~ of the nineteenth century** в концé девятнáдцатого столéтия; **bring to a ~** заверш|áть, -и́ть, зак|áнчивать, -óнчить; **the day reached its ~** день кóнчился; **the meeting drew to a ~** собрáние подошлó к концý.
● *vt* **1** (*shut*) закр|ывáть, -ы́ть; **~ a gap** зап|олня́ть, -óлнить прóбел; **~ a knife** склáдывать, сложи́ть нож; **~ one's hand** сж|имáть, -ать рýку в кулáк; **~ one's lips** смыкáть, сомкнýть гýбы; **~d shop** предприя́тие, нанимáющее тóлько члéнов профсою́за; **'road ~d'** «проéзд закры́т»; **the museum is ~d** музéй не рабóтает.
2 (*end, complete, settle*): **~ a meeting** закр|ывáть, -ы́ть собрáние; **~ a deal** заключ|áть, -и́ть сдéлку; **the closing scene of the play** заключи́тельная сцéна пьéсы; **the closing date is December 1** послéдний срок — пéрвое декабря́.
3: **~ the ranks** смыкáть, сомкнýть ряды́.
● *vi* **1** (*shut*) закр|ывáться, -ы́ться; **the door ~d** дверь закры́лась; **flowers ~ at night** нóчью цветы́ закрывáются; **the theatres ~d** теáтры закры́лись; **closing day** выходнóй день.
2 (*cease*): **the performance ~d last night** вчерá пьéса шла в послéдний раз; **he ~d with this remark** он закóнчил э́тим замечáнием.
3 (*come closer*) сбл|ижáться, -и́зиться; прибл|ижáться, -и́зиться; **the soldiers ~d up** солдáты сомкнýли ряды́.
● *with advs*: **~ down** *vt* закр|ывáть, -ы́ть; *vi* (*e.g. of a factory*) закр|ывáться, -ы́ться; (*Br, broadcasting*) зак|áнчивать, -óнчить передáчу; **~ in** *vi*: **the days are closing in** дни укорáчиваются (*or* станóвятся корóче); **the darkness ~d in on us** нас окýтала темнотá; **the enemy ~d in upon us** неприя́тель подступи́л вплотнýю; **~ up** *vt* & *i* закр|ывáть(ся), -ы́ть(ся).
● *cpd* **~-down** *n* (*Br, broadcasting*) окончáние.

closely /ˈkləʊslɪ/ *adv*: **it ~ resembles pork** э́то óчень напоминáет свини́ну; (*attentively*) внимáтельно; **watch ~** при́стально следи́ть (*impf*) за + *i*; **~ printed** убóристо напечáтанный; **~ connected** тéсно/прóчно свя́занный; **we worked ~ together** мы рабóтали в тéсном сотрýдничестве; **they questioned him ~** егó подрóбно расспроси́ли.

closeness /ˈkləʊsnɪs/ *n* (*proximity, resemblance*; *intimacy*) бли́зость; (*of texture etc.*) плóтность; (*of reasoning etc.*) безукори́зненность; тщáтельность; (*attentiveness*) при́стальность; (*reticence*) скры́тность; (*parsimony*) прижи́мистость, скýпость; (*of air etc.*) духотá, спёртость.

closet /ˈklɒzɪt/ *n* (*US, cupboard*) (стеннóй) шкаф; **china ~** буфéт.
● *vt* (**closeted, closeting**) зап|ирáть, -ерéть; **he was ~ed with his solicitor** он совещáлся со свои́м адвокáтом наединé.

closure /ˈkləʊʒə(r)/ *n* **1** (*closing*) закры́тие. **2** (*parl, also* (*US*) **cloture**) прекращéние прéний.

clot /klɒt/ *n* (*of blood etc.*) сгýсток, комóк; (*Br sl, stupid person*) болвáн, тупи́ца (*cg*).
● *vi* (**clotted, clotting**) свёртываться, свернýться; сгу|щáться, -сти́ться; **~ted blood** запёкшаяся кровь; **~ted cream** (*Br*) густы́е топлёные сли́вки.

cloth /klɒθ/ *n* **1** (*material*) ткань, матéрия; **bound in ~** в матéрчатом переплёте. **2** (*piece of ~*) тря́пка; (*table ~*) скáтерть; (*Br, for drying dishes*) полотéнце. **3**: **the ~** (*clerical profession*) духóвный сан; (*clergy*) духовéнство. **4**: **a ~ cap** (*Br*) (матéрчатая) кéпка.

clothe /kləʊð/ *vt* (*past and pp* **clothed** *or archaic or literary* **clad**) од|евáть, -éть; **~ o.s.** (*acquire clothing*) приодéться (*pf*).

clothes /kləʊðz/ *n pl* плáтье, одéжда; **evening ~** вечéрнее плáтье; (*bed ~*) постéльное бельё; **in plain ~** (*out of uniform*) в штáтском (плáтье).
● *cpds* **~ basket** *n* корзи́на для белья́; **~ brush** *n* плáтяная щётка; **~horse** *n* напóльная суши́лка; **~line** *n* верёвка для белья́; **~moth** *n* моль; **~peg** (*Br*), **~pin** (*US*) *nn* прищéпка.

clothier /ˈkləʊðɪə(r)/ *n* торгóвец мужскóй одéждой.

clothing /ˈkləʊðɪŋ/ *n* одéжда.

cloture /ˈkləʊtʃə(r), -tjʊə(r)/= **closure 2**

cloud /klaʊd/ *n* **1** (*in the sky*) óблако; тýча; **every ~ has a silver lining** нет хýда без добрá; **~ cuckoo land** мир фантáзий. **2** (*of smoke*) клубы́ (*m pl*); (*of dust*) óблако. **3** (*of unhappiness etc.*): **this cast a ~ over our meeting** э́то омрачи́ло нáшу встрéчу; **under a ~** (*fig*) в неми́лости.
● *vt* покр|ывáть, -ы́ть облакáми; (*fig*) омрач|áть, -и́ть; **eyes ~ed with tears** глазá, помутнéвшие от слёз; **his troubles ~ed his mind** несчáстья помути́ли егó рассýдок.
● *vi* омрач|áться, -и́ться; покр|ывáться, -ы́ться облакáми/тýчами; нахмýри|ваться, -тся; **the sky ~ed over, up** (*US*) нéбо затянýло облакáми/тýчами; **his brow ~ed** он нахмýрил брóви.
● *cpds* **~berry** *n* морóшка; **~burst** *n* ли́вень (*m*).

cloudiness /ˈklaʊdɪnɪs/ *n* óблачность; (*fig*) тумáнность, нея́сность.

cloudless /ˈklaʊdlɪs/ *adj* безóблачный.

cloudy /ˈklaʊdɪ/ *adj* (**cloudier, cloudiest**) óблачный; (*of liquid etc.*) мýтный; (*fig, of ideas*) тумáнный.

clout /klaʊt/ *n* (*coll, blow*) затрéщина, оплеýха; (*coll, influence*) влия́ние.
● *vt* (*coll, hit*) трéснуть (*pf*).

clove[1] /kləʊv/ *n* (*section of bulb*) зубóк; **a ~ of garlic** зýбчик чеснокá.

clove[2] /kləʊv/ *n* (*aromatic*) гвозди́ка (*пря́ность*); **oil of ~s** гвозди́чное мáсло.
● *cpds* **~ gillyflower, ~ pink** *nn* гвозди́ка садóвая.

clove[3] /kləʊv/ *n* (*naut*): **~ hitch** вы́бленочный ýзел.

clove[4] /kləʊv/ *past of* ⇒**cleave**[1]

cloven /ˈkləʊv(ə)n/ *see* ⇒**cleave**[1] **3**

clover /ˈkləʊvə(r)/ *n* клéвер; **we are in ~** у нас не жизнь, а мáсленица; мы живём припевáючи; **four-leaved ~** четырёхли́стный клéвер.

clown /klaʊn/ *n* (*at circus*) клóун; (*ludicrous person*) шут; (*boor*) невéжа (*cg*).

● *vi* стро́ить (*impf*) из себя́ шута́.

clowning /ˈklaʊnɪŋ/ *n* шутовство́, пая́сничанье.

clownish /ˈklaʊnɪʃ/ *adj* кло́унский, шутовско́й.

cloy /klɔɪ/ *vt* прес|ыща́ть, -ы́тить; **too much honey ∼s the palate** мёд в избы́тке (*or* большо́е коли́чество мёда) притупля́ет вкус.
● *vi* надо|еда́ть, -е́сть.

cloying /ˈklɔɪɪŋ/ *adj* при́торный.

club¹ /klʌb/ *n* (*weapon*) дуби́нка; (*at golf*) клю́шка; (*in pl, at cards*) тре́фы (*f pl*); **Indian ∼** була́ва.
● *vt* (**clubbed, clubbing**) бить (*impf*) дуби́нкой; **he was ∼bed to death** его́ заби́ли дуби́нками на́смерть.
● *cpds* **∼ foot** *n* изуро́дованная ступня́; **∼-footed** *adj* с изуро́дованной ступнёй; косола́пый.

club² /klʌb/ *n* (*society, building*) клуб.
● *vi* (**clubbed, clubbing**) скла́дываться, сложи́ться; устр|а́ивать, -о́ить скла́дчину; **they ∼bed together to pay the fine** они́ сложи́лись и уплати́ли штраф; **they go out ∼bing every night** они́ — постоя́нные посети́тели ночны́х клу́бов.
● *cpds* **∼ car** *n* (*US*) пассажи́рский ваго́н с ба́ром; **∼house** *n* клуб, помеще́ние клу́ба; **∼ sandwich** *n* многосло́йный бутербро́д с мя́сом, сала́том, майоне́зом *и т. п.*

clubbable /ˈklʌbəb(ə)l/ *adj* общи́тельный.

cluck /klʌk/ *n* куда́хтанье, клохта́нье.
● *vi* куда́хтать, клохта́ть (*both impf*).

clue /kluː/ *n* ключ, нить; (*for crossword*) определе́ние; **the police found a ∼** поли́ция нашла́ ули́ку; **the ∼ to this mystery** ключ к разга́дке э́той та́йны; **I haven't a ∼** (*coll*) поня́тия не име́ю.

clueless /ˈkluːlɪs/ *adj* (*coll*) бестолко́вый; не в ку́рсе; без поня́тия.

clump¹ /klʌmp/ *n* (*cluster*) гру́ппа, ку́па.
● *vt* сажа́ть, посади́ть гру́ппами; соб|ира́ть, -ра́ть в ку́чу.

clump² /klʌmp/ *n* (*heavy tread*) то́пот.
● *vi* (*tread heavily*) то́пать (*impf*).

clumsiness /ˈklʌmzɪnɪs/ *n* неуклю́жесть, нело́вкость.

clumsy /ˈklʌmzɪ/ *adj* (**clumsier, clumsiest**) неуклю́жий, нело́вкий; (*speech, phrase*) нескла́дный, коря́вый (*coll*).

clung /klʌŋ/ *past and pp of* ⇒**cling**

cluster /ˈklʌstə(r)/ *n* (*of people, stars*) скопле́ние; (*of grapes*) гроздь, кисть; (*of flowers*) кисть; (*of bees*) рой; (*of trees*) ку́па; **consonant ∼s** скопле́ния (*nt pl*) согла́сных.
● *vt*: **∼ed column** (*archit*) пучко́вая коло́нна.
● *vi* (*of plants*) расти́ (*impf*) пучка́ми; (*of people*) соб|ира́ться, -ра́ться гру́ппами; **roses ∼ed round the window** ро́зы разросли́сь под окно́м; **the children ∼ed round the teacher** де́ти столпи́лись вокру́г учи́теля.
● *cpd* **∼ bomb** *n* кассе́тная бо́мба.

clutch¹ /klʌtʃ/ *n* **1** (*act of ∼ing*) сжа́тие, захва́т, схва́тывание; **make a ∼ at sth** схвати́ть/захвати́ть (*pf*) что-н. **2** (*in pl, grasp*) ла́пы (*f pl*), ко́гти (*m pl*); **they fell into his ∼es** (*fig*) они́ попа́ли к нему́ в ла́пы. **3** (*of car*) сцепле́ние; **let in the ∼** отпусти́ть сцепле́ние; **the ∼ is out** сцепле́ние вы́ключено; **the ∼ slips** сцепле́ние проска́льзывает/пробуксо́вывает; **∼ pedal** педа́ль сцепле́ния.
● *vt & i* хвата́ться, схвати́ться (за + *a*); сж|има́ть, -ать; **he ∼ed (at) the rope** он ухвати́лся за верёвку; **he ∼ed the toy to his chest** он прижа́л игру́шку к груди́; **a drowning man will ∼ at a straw** утопа́ющий хвата́ется за соло́минку.

clutch² /klʌtʃ/ *n* (*of eggs*) я́йца (*nt pl*) под насе́дкой; (*brood*) вы́водок.

clutter /ˈklʌtə(r)/ *n* (*confused mess*) сумато́ха, суета́; (*untidiness*) ха́ос, беспоря́док; **the room is in a ∼** в ко́мнате ха́ос.
● *vt* (*also* **∼ up**) загромо|жда́ть, -зди́ть.

cm /ˈsentɪˌmiːtə(r)(z)/ *n* (*abbr of* ***centimetre(s)***) см (сантиме́тр(ы)).

CMEA (*abbr*) = **Comecon**

CND (*abbr of* ***Campaign for Nuclear Disarmament***) Кампа́ния за я́дерное разоруже́ние.

CO (*abbr of* ***Commanding Officer***) команди́р.

Co. /kəʊ/ *n* (*abbr of* ***company***) К° (компа́ния).

c/o (*abbr of* ***care of***) че́рез; **John Smith c/o David Green** Де́виду Гри́ну для переда́чи Джо́ну Сми́ту.

coach¹ /kəʊtʃ/ *n* **1** (*horse-drawn*) каре́та, экипа́ж. **2** (*of train*) пассажи́рский ваго́н. **3** (*Br, bus*) (тури́стский/междугоро́дный) авто́бус.
● *cpds* **∼ house** *n* каре́тный сара́й; **∼man** *n* (*pl* **∼men**) ку́чер; **∼ party** *n* экскурса́нты (*m pl*) (*в автобусе*); **∼ tour** *n* авто́бусная экску́рсия.

coach² /kəʊtʃ/ *n* (*tutor*) репети́тор; (*trainer*) тре́нер.
● *vt* репети́ровать (*impf*); (*train*) тренирова́ть, на-; (*prepare for questioning, e.g. a witness*) ната́скивать, натаска́ть.

coagulant /kəʊˈægjʊlənt/ *n* коагуля́нт.

coagulate /kəʊˈægjʊˌleɪt/ *vt* сгу|ща́ть, -сти́ть; коагули́ровать (*impf, pf*); свёртывать, сверну́ть.
● *vi* коагули́роваться (*impf, pf*); свёртываться, сверну́ться.

coagulation /ˌkəʊægjʊˈleɪʃ(ə)n/ *n* коагуля́ция, свёртывание.

coal /kəʊl/ *n* (*mineral*) ка́менный у́голь; (*Br, piece of* **∼**) у́голь (*m*); уголёк; **∼s** у́гли (*m pl*); **a live ∼** горя́щий уголёк; (*fig*): **carry ∼s to Newcastle** е́хать (*det*) в Ту́лу со свои́м самова́ром; **haul s.o. over the ∼s** да|ва́ть, -ть нагоня́й кому́-н.
● *cpds* **∼-black** *adj* (*e.g. hair*) чёрный как смоль; **∼ cellar** *n* подва́л для хране́ния угля́; **∼ dust** *n* у́гольная пыль; **∼face** *n* забо́й; **∼field** *n* каменноу́гольный бассе́йн; **∼ gas** *n* каменноу́гольный/свети́льный газ; **∼mine, ∼ pit** *nn* у́гольная ша́хта; **∼ miner** *n* шахтёр; **∼ scuttle** *n* ведёрко для угля́; **∼ seam** *n* у́гольный пласт; **∼ tar** *n* каменноу́гольная смола́; дёготь (*m*).

coal esce /ˌkəʊəˈles/ *vi* соедин|я́ться, -и́ться; объедин|я́ться, -и́ться.

coalescence /ˌkəʊəˈlesəns/ *n* соедине́ние, объедине́ние.

coalition /ˌkəʊəˈlɪʃ(ə)n/ *n* (*pol*) коали́ция; (*attr*) коалицио́нный.

coarse /kɔːs/ *adj* (*of material*) гру́бый; (*of sand, sugar*) кру́пный; **∼ fish** (*Br*) ры́ба малоце́нных поро́д/сорто́в (*любая речная, кроме лососёвых*); **∼ manners** гру́бые/вульга́рные мане́ры; **a ∼ skin** гру́бая ко́жа.
● *cpd* **∼-grained** *adj* (*lit*) крупнозерни́стый; (*fig*) гру́бый, неотёсанный.

coarsen /ˈkɔːs(ə)n/ *vt* де́лать, с- гру́бым.
● *vi* грубе́ть, о-.

coarseness /ˈkɔːsnɪs/ *n* (*lit*) гру́бость; (*fig*) гру́бость, вульга́рность.

coast /kəʊst/ *n* (*sea* **∼**) морско́й бе́рег; побере́жье; **the ∼ is clear** (*fig*) путь свобо́ден.
● *vi* (*bicycle downhill*) кати́ться (*impf*) на велосипе́де с горы́.
● *cpds* **∼guard** *n* (*officer*) сотру́дник (тамо́женной) берегово́й охра́ны; (*collect*) берегова́я охра́на; **∼line** *n* берегова́я ли́ния.

coastal /ˈkəʊstəl/ *adj* берегово́й, прибре́жный; **∼ traffic** кабота́жное пла́вание; **∼ command** берегова́я охра́на; **∼ waters** прибре́жные во́ды (*f pl*); взмо́рье.

coaster /ˈkəʊstə(r)/ *n* (*ship*) кабота́жное су́дно; (*stand for decanter or glass*) подно́с, подста́вка.

coat /kəʊt/ *n* **1** (*overcoat*) пальто́ (*indecl*); (*man's jacket*) пиджа́к; (*woman's jacket*) жаке́т; **∼ of arms** герб; **∼ of mail** кольчу́га; (*fig*): **you must cut your ∼ according to your cloth** по одёжке протя́гивай но́жки. **2** (*of animal*) шерсть, мех. **3** (*of paint etc.*) слой; **this wall needs a ∼ of paint** э́ту стену́ на́до покра́сить.
● *vt* покр|ыва́ть, -ы́ть; облиц|о́вывать, -ева́ть; **the pill is ∼ed with sugar** пилю́ля в са́харной оболо́чке; **he ∼ed the wall with whitewash** он побели́л сте́ну; **his tongue is ∼ed** у него́ обло́жен язы́к.
● *cpds* **∼ hanger** *n* ве́шалка; **∼-tails** *n pl* фа́лды (*f pl*) фра́ка.

coating /ˈkəʊtɪŋ/ *n* (*layer*) слой.

co-author /ˌkəʊˈɔːθə(r)/ *n* соа́втор.
● *vt* писа́ть, на- в соа́вторстве.

coax /kəʊks/ *vt* угов|а́ривать, -ори́ть; зад|а́бривать, -о́брить; **he ∼ed the child to take its medicine** он уговори́л ребёнка приня́ть лека́рство; **he ∼ed the fire to burn** он до́лго вози́лся, пока́ не разжёг ого́нь.

coaxial /kəʊˈæksɪəl/ *adj* (*tech*): **∼ cable** коаксиа́льный ка́бель.

cob /kɒb/ *n* **1** (*swan*) ле́бедь-саме́ц. **2** (*horse*) невысо́кая корена́стая ло́шадь. **3** (*nut*) оре́х. **4** (*of maize*) поча́ток; **corn on the ∼** поча́ток кукуру́зы.

C

cobalt /ˈkəʊbɔːlt, -bɒlt/ *n* (*chem*) кóбальт; (*pigment*) кóбальтовая синь.

cobber /ˈkɒbə(r)/ *n* (*Australian & NZ coll*) кóреш (*coll*).

cobble /ˈkɒb(ə)l/ *n* (*also* **~-stone(s)**) булы́жник.
● *vt* (*pave*) мости́ть, за-/вы- булы́жником.

cobbler /ˈkɒblə(r)/ *n* (*shoemaker*) сапóжник; **the ~ should stick to his last** всяк сверчóк знай свой шестóк.

cobra /ˈkəʊbrə, ˈkɒbrə/ *n* кóбра; очкóвая змея́.

cobweb /ˈkɒbweb/ *n* паути́на.

coca /ˈkəʊkə/ *n* кóка.

Coca-Cola /ˌkəʊkəˈkəʊlə/ *n* (*propr*) кóка-кóла.

cocaine /kəˈkeɪn, kəʊ-/ *n* кокаи́н.

coccy|x /ˈkɒksɪks/ (*pl* **~ges** /-ˌdʒiːz/ *or* **~xes**) *n* кóпчик.

cochineal /ˈkɒtʃɪˌniːl, -ˈniːl/ *n* (*red dye*) кошени́ль.

cock[1] /kɒk/ *n* **1** (*male domestic fowl*) петýх.
2 (*male bird*) петýх, самéц.
● *vt* **~ up** (*Br sl*) пýтать, на-; портáчить, на-.
● *cpds* **~-a-doodle-doo** *n* кукарекý (*nt indecl*); **~ and bull** *adj*: **~ and bull story** вздор, небыли́ца; **~chafer** *n* мáйский жук, хрущ; **~crow** *n* рассвéт; **before ~crow** до петухóв; **~fighting** *n* петуши́ные бои́ (*m pl*); **~pit** *n* арéна для петуши́ного боя́; (*aeron*) каби́на; (*fig*) арéна борьбы́; **~roach** *n* таракáн; **~scomb** *n* (*crest of* **~**) петуши́ный грéбень; *see also* ⇒**coxcomb**; **~sure** *adj* самоувéренный; **~sureness** *n* самоувéренность; **~tail** *n* (*drink*) коктéйль (*m*); **~tail dress** корóткое выходнóе плáтье; **~tail party** коктéйль (*m*); **~-up** *n* (*Br sl*) неразбери́ха, пýтаница; **make a ~-up of sth** пýтать, на-; портáчить, на-.

cock[2] /kɒk/ *n* **1** (*tap*) кран. **2** (*lever in gun*) курóк; **at half-~** (*lit*) на пéрвом взвóде; (*fig*): **the scheme went off at half-~** план сорвáлся; **at full ~** со взведённым куркóм. **3** (*vulg, penis*) хуй. **4** (*Br sl, nonsense*) вздор.

cock[3] /kɒk/ *vt* **1** (*stick up etc.*): **~ one's hat** зал|áмывать, -оми́ть шáпку набекрéнь; **the horse ~ed (up) its ears** лóшадь навостри́ла ýши; **he ~ed an eye at me** он подмигнýл мне; **~ one's nose (*or* a snook) at s.o.** пок|áзывать, -азáть нос комý-н.; **~ed hat** треугóлка; **knock s.o. into a ~ed hat** всы́пать комý-н. по пéрвое числó. **2** (*of gun*) взв|оди́ть, -ести́ курóк + *g*.
● *cpd* **~-eyed** *adj* (*squinting*) косоглáзый, косóй; (*askew*) косóй; (*drunk*) косóй; (*absurd*) дурáцкий.

cockade /kɒˈkeɪd/ *n* кокáрда.

cock-a-hoop /ˌkɒkəˈhuːp/ *adj* хвастли́вый и самодовóльный.

cockatoo /ˌkɒkəˈtuː/ *n* какадý (*m indecl*).

cockatrice /ˈkɒkətrɪs, -ˌtraɪs/ *n* васили́ск.

cocker /ˈkɒkə(r)/ *n* (**~ spaniel**) кóкер-спаниéль (*m*).

cockerel /ˈkɒkər(ə)l/ *n* петушóк.

cockiness /ˈkɒkɪnɪs/ *n* бóйкость, нахáльство.

cockle[1] /ˈkɒk(ə)l/ *n* (*plant*) (*corncockle*) кýколь (*m*); (*ryegrass*) плéвел.

cockle[2] /ˈkɒk(ə)l/ *n* **1** (*shellfish*) сердцеви́дка, съедóбный моллю́ск.
2: **it warms the ~s of one's heart** э́то согревáет дýшу.

cockney /ˈkɒknɪ/ *n & adj* кóкни (*cg indecl*); **~ accent** акцéнт кóкни.

> **cockney — кóкни**
>
> Диалéкт, на котóром говоря́т урожéнцы нéскольких востóчных райóнов Лóндона. Основнáя чертá дáнного диалéкта — так называéмый рифмóванный сленг (**rhyming slang**). Кóкни означáет тáкже носи́телей э́того диалéкта.

cocky /ˈkɒkɪ/ *adj* (**cockier, cockiest**) нахáльный; разбитнóй.

coco /ˈkəʊkəʊ/ *n* (*pl* **~s**) (**~ palm**) кокóсовая пáльма.

coconut /ˈkəʊkənʌt/ *n* кокóс, кокóсовый орéх; **~ butter, oil** кокóсовое мáсло; **~ matting** цинóвка из кокóсового волокнá.

cocoa /ˈkəʊkəʊ/ *n* (*powder or drink*) какáо (*indecl*); (*attr*) какáовый; **~ bean** боб какáо.

cocoon /kəˈkuːn/ *n* кокóн.

COD (*abbr of* ***cash on delivery***) уплáта при достáвке; налóженный платёж.

cod /kɒd/ *n* (*pl* **~**) (**~fish**) трескá.
● *cpd* **~ liver oil** *n* ры́бий жир.

coda /ˈkəʊdə/ *n* (*mus*) кóда.

coddle /ˈkɒd(ə)l/ *vt* нéжить (*or* изнéживать), из-.

code /kəʊd/ *n* (*of laws*) кóдекс; свод закóнов; (*of conduct*) кóдекс; нóрмы (*f pl*); (*set of symbols, cipher*) код; **Morse ~** код/áзбука Мóрзе.
● *vt* (*encode*) коди́ровать (*impf, pf*); шифровáть, за- по кóду.

co-defendant /ˌkəʊdɪˈfendənt/ *n* (*law*) соотвéтчик.

codeine /ˈkəʊdiːn/ *n* кодеи́н.

codex /ˈkəʊdeks/ *n* (*pl* **codices** *or* **codexes**) кóдекс; стари́нная рýкопись.

codger /ˈkɒdʒə(r)/ *n* (*coll*) чудáк.

codices /ˈkəʊdɪˌsiːz, ˈkɒd-/ *pl of* ⇒**codex**

codicil /ˈkəʊdɪsɪl, ˈkɒd-/ *n* дополни́тельное распоряжéние к завещáнию.

codification /ˌkəʊdɪfɪˈkeɪʃ(ə)n/ *n* кодификáция.

codify /ˈkəʊdɪˌfaɪ, ˈkɒd-/ *vt* кодифици́ровать (*impf, pf*).

codpiece /ˈkɒdpiːs/ *n* (*hist*) гýльфик.

codswallop /ˈkɒdzˌwɒləp/ *n* (*Br coll*) ерундá (на пóстном мáсле), бред собáчий.

coed /ˈkəʊed, kəʊˈed/ *n* (*US, coll*) учени́ца смéшанной шкóлы; студéнтка (*учебного заведения для лиц обоего пола*).

co-education /ˌkəʊedjuːˈkeɪʃ(ə)n/ *n* совмéстное обучéние.

co-educational /ˌkəʊedjuːˈkeɪʃ(ə)nəl/ *adj* совмéстного обучéния; **this college is ~** в э́том кóлледже совмéстное обучéние.

coefficient /ˌkəʊɪˈfɪʃ(ə)nt/ *n* коэффициéнт.

coerce /kəʊˈɜːs/ *vt* прин|уждáть, -ýдить; **~ into silence** заст|авля́ть, -áвить молчáть.

coercion /kəʊˈɜːʃ(ə)n/ *n* принуждéние; **he paid under ~** он заплати́л под давлéнием; егó принýдили заплати́ть.

coercive /kəʊˈɜːsɪv/ *adj* принуди́тельный.

coeval /kəʊˈiːv(ə)l/ *n* свéрстни|к; совремéнни|к (*fem* -ца).
● *adj* одногó вóзраста (с + *i*); совремéнный (+ *d*).

coexist /ˌkəʊɪgˈzɪst/ *vi* сосуществовáть (*impf*).

coexistence /ˌkəʊɪgˈzɪstəns/ *n* сосуществовáние.

coexistent /ˌkəʊɪgˈzɪstənt/ *adj* сосуществýющий.

coextensive /ˌkəʊɪkˈstensɪv/ *adj* одинáковой протяжённости во врéмени (*or* в прострáнстве).

C. of E. (*abbr of* ***Church of England***) Англикáнская цéрковь.

coffee /ˈkɒfɪ/ *n* кóфе (*m indecl*); **two ~s** два кóфе; кóфе два рáза; **black ~** чёрный кóфе; **white ~** кóфе с молокóм; **ground ~** мóлотый кóфе; **Turkish ~** кóфе по-турéцки; **~ ice cream** кофéйное морóженое; **instant ~** раствори́мый кóфе.
● *cpds* **~ bar** *n* буфéт; **~ bean** *n* (*on tree*) кофéйный боб; (*as product*) кофéйное зернó; (*in pl*) кóфе в зёрнах; **~ break** *n* переры́в на кóфе; **~ cup** *n* кофéйная чáшка; **~ grinder, ~ mill** *nn* кофéйница, кофéйная мéльница, кофемóлка; **~ grounds** *n pl* кофéйная гýща; **~ house** *n* кафé (*indecl*); **~ maker**, **~ percolator** *nn* кофевáрка; **~ pot** *n* кофéйник; **~ table** *n* кофéйный/журнáльный стóлик.

coffer /ˈkɒfə(r)/ *n* **1** (*chest*) сундýк; (*in pl, fig, funds*) казнá. **2** (*in ceiling*) кессóн.

coffin /ˈkɒfɪn/ *n* гроб; **drive a nail into s.o.'s ~** вбить гвоздь в чей-н. гроб.

cog /kɒg/ *n* зуб (*pl* -ья); зубéц; вы́ступ; **a ~ in the machine** (*fig*) ви́нтик, мéлкая сóшка; **~ railway** зýбчатая желéзная дорóга.
● *cpd* **~wheel** *n* зубчáтое колесó.

cogency /ˈkəʊdʒənsɪ/ *n* убеди́тельность.

cogent /ˈkəʊdʒ(ə)nt/ *adj* убеди́тельный.

cogitate /ˈkɒdʒɪˌteɪt/ *vi* размышля́ть (*impf*) (*о чём or над чем*).

cogitation /ˌkɒdʒɪˈteɪʃ(ə)n/ *n* размышлéние, обдýмывание.

cognac /ˈkɒnjæk/ *n* коньяк.

cognate /ˈkɒgneɪt/ *adj* рóдственный.

cognition /kɒgˈnɪʃ(ə)n/ *n* познáние; знáние.

cognitive /ˈkɒgnɪtɪv/ *adj* познавáтельный.

cognizance /ˈkɒgnɪz(ə)ns, ˈkɒn-/ *n* знáние, узнавáние; **take ~ of** обра|щáть, -тúть внимáние на + *a*; прин|имáть, -я́ть к свéдению.

cognizant /ˈkɒgnɪz(ə)nt, ˈkɒn-/ *adj* знáющий, осведомлённый.

cognoscen|ti /ˌkɒnjəˈʃentɪ/ *n pl* знатокú, ценúтели (*m*).

cohabit /kəʊˈhæbɪt/ *vi* (**cohabited, cohabiting**) сожúтельствовать (*impf*).

cohabitation /ˌkəʊhæbɪˈteɪʃ(ə)n/ *n* (внебрáчное) сожúтельство.

cohere /kəʊˈhɪə(r)/ *vt* (*stick, together*) сцеп|ля́ться, -úться; быть соединённым/объединённым; (*fig, be consistent*) быть свя́зным.

coherence /kəʊˈhɪərəns/ *n* свя́зность, послéдовательность; членораздéльность.

coherent /kəʊˈhɪərənt/ *adj* свя́зный, послéдовательный; членораздéльный.

cohesion /kəʊˈhiːʒ(ə)n/ *n* сцеплéние; сплочённость.

cohesive /kəʊˈhiːsɪv/ *adj* спосóбный к сцеплéнию; связýющий; (*united*) сплочённый.

cohesiveness /kəʊˈhiːsɪvnɪs/ *n* спосóбность к сцеплéнию; сплочённость.

cohort /ˈkəʊhɔːt/ *n* когóрта.

coiffure /kwɑːˈfjʊə(r)/ *n* причёска.

coil[1] /kɔɪl/ *n* **1** (*of rope, snake etc.*) витóк; кольцó. **2** (*elec*) катýшка. **3** (*contraceptive device*) спирáль.
● *vt & i* (*also* **~ up**) свёртывать(ся), свернýть(ся) кольцóм (*or* в кольцó).

coil[2] /kɔɪl/ *n* (*archaic, trouble, fuss*) суетá.

coin /kɔɪn/ *n* монéта; **spin, toss a ~** игрáть (*impf*) в орля́нку; подкú|дывать, -нуть монéтку.
● *vt* чекáнить (*impf*) (*монеты*); **~ a phrase** созд|авáть, -áть выражéние; **he is ~ing money** (*fig, Br*) он гребёт/загребáет дéньги лопáтой.
● *cpds* **~ box** *n* монéтник (*автомата*); (*Br, telephone*) телефóн-автомáт; **~-operated** *adj* монéтный.

coinage /ˈkɔɪnɪdʒ/ *n* **1** (*monetary system*) монéтная систéма; **decimal ~** десятúчная дéнежная систéма. **2** (*inventing*) создáние (слов); **a word of his own ~** сóзданное/пýщенное им слóво. **3** (*coined word*) неологúзм.

coincide /ˌkəʊɪnˈsaɪd/ *vi* (*also math*) совп|адáть, -áсть.

coincidence /kəʊˈɪnsɪd(ə)ns/ *n* **1** (*fact of coinciding*) совпадéние. **2** (*curious chance*) совпадéние, стечéние обстоя́тельств.

coincident /kəʊˈɪnsɪd(ə)nt/ *adj* совпадáющий.

coincidental /kəʊˌɪnsɪˈdent(ə)l/ *adj* слyчáйный.

coiner /ˈkɔɪnə(r)/ *n* **1** (*stamper of money*) чекáнщик монéт, монéтчик. **2** (*counterfeiter*) фальшивомонéтчик. **3** (*inventor*) вы́думщик, сочинúтель (*m*).

coir /ˈkɔɪə(r)/ *n* койр, кокóсовое волокнó.

coital /ˈkəʊɪtəl/ *adj* относя́щийся к совокуплéнию.

coit|ion /kəʊˈɪʃ(ə)n/, **-us** /ˈkəʊɪtəs/ *nn* совокуплéние, половóй акт, кóитус.

Coke /kəʊk/ *n* (*propr*) кóка-кóла.

coke[1] /kəʊk/ *n* кокс; **~ oven** коксовáльная печь.
● *vt* коксовáть (*impf*); **coking coal** коксýющийся ýголь.

coke[2] /kəʊk/ *n* (*sl, cocaine*) кокаúн; кокс (*sl*).

Col. /ˈkɜːn(ə)l/ *n* (*abbr of* ***Colonel***) полк. (полкóвник).

col /kɒl/ *n* перевáл.

colander /ˈkʌləndə(r)/ *n* дуршлáг.

colchicum /ˈkɒltʃɪkəm, ˈkɒlkɪ-/ *n* (*bot*) безврéменник.

cold /kəʊld/ *n* **1** хóлод; **he was left out in the ~** (*fig*) им пренебреглú; он остáлся за бóртом.
2 (*illness*) простýда; **catch (a) ~** просту|жáться, -дúться; схв|áтывать, -атúть нáсморк; **~ in the head** нáсморк; **~ in the chest** простýда; **~ sore** лихорáдка.
● *adj* **1** (*at low temperature*) холóдный; **I am/feel ~** мне хóлодно.
2 (*fig*): **throw ~ water on s.o.'s plan** окатúть когó-н. ушáтом холóдной воды́; **in ~ blood** хладнокрóвно; **~ steel** холóдное орýжие; **~ war** холóдная войнá; **get ~ feet** (*fig, coll*) трýсить, с-; **it makes one's blood run ~** от э́того кровь сты́нет/леденéет в жúлах.
3 (*unfeeling*): **a ~ person** холóдный человéк; **~ facts** гóлые фáкты; **~ comfort** слáбое утешéние; **the idea leaves me ~** э́та мысль меня́ не волнýет.
4 (*of scent*) слáбый, осты́вший.
● *cpds* **~-blooded** *adj* (*of reptile, fish*) холоднокрóвный; (*fig*) бесчýвственный, безжáлостный; **~-bloodedness** *n* бесчýвственность, безжáлостность; **~-hearted** *adj* бессердéчный; **~-heartedness** *n* бессердéчность; **~-shoulder** *vt* оказ|ывать, -áть комý-н. холóдный приём.

coldish /ˈkəʊldɪʃ/ *adj* холодновáтый.

coldness /ˈkəʊldnɪs/ *n* (*of temperature*) хóлод; (*of character etc.*) хóлодность.

coleoptera /ˌkɒlɪˈɒptərə/ *n* жесткокры́лые (*nt pl*).

coleslaw /ˈkəʊlslɔː/ *n* капýстный салáт (*свежие капуста, морковь, лук под майонезом*).

colic /ˈkɒlɪk/ *n* кóлик|и (*pl, g —*).

colicky /ˈkɒlɪkɪ/ *adj* страдáющий кóликами.

colitis /kəˈlaɪtɪs/ *n* колúт.

collaborate /kəˈlæbəˌreɪt/ *vi* сотрýдничать (*impf*).

collaboration /kəˌlæbəˈreɪʃ(ə)n/ *n* сотрýдничество.

collaborator /kəˈlæbəˌreɪtə(r)/ *n* сотрýдник; (*with enemy*) коллаборационúст.

collage /ˈkɒlɑːʒ, kəˈlɑːʒ/ *n* коллáж.

collapse /kəˈlæps/ *n* (*of a building; of prices, market, etc.*) обвáл; (*of negotiations etc.*) провáл; (*of hopes etc.*) крушéние; (*of resistance etc.*) развáл, крах; (*med*) коллáпс, упáдок сил, изнеможéние; **nervous ~** нéрвное истощéние.
● *vt* (*e.g. a telescope*) склáдывать, сложúть.
● *vi* (*of a building etc.*) обвáл|иваться, -úться; рýхнуть (*pf*); (*of person*) валúться, с-; свáл|иваться, -úться; **the house ~d** дом рýхнул/обвалúлся; **this table ~s** (*folds up*) э́тот стол склáдывается; **the plan ~d** план рýхнул.

collapsible /kəˈlæpsɪb(ə)l/ *adj* складнóй, разбóрный.

collar /ˈkɒlə(r)/ *n* **1** (*of garment*) воротнúк; (*detachable*) воротничóк; **hot under the ~** (*fig, excited, vexed*) рассéрженный, рассвирепéвший.
2 (*of dog*) ошéйник; (*of horse*) хомýт.
● *vt* (*seize*) схвáт|ывать, -úть за вóрот/шúворот; (*coll, appropriate*) стянýть (*pf*).
● *cpds* **~bone** *n* (*anat*) ключúца; **~ stud** *n* зáпонка (для воротникá).

collate /kəˈleɪt/ *vt* (*e.g. texts*) слич|áть, -úть; сопост|авля́ть, -áвить.

collateral /kəˈlætər(ə)l/ *adj* побóчный, дополнúтельный; **~ security** дополнúтельное обеспéчение.

collation /kəˈleɪʃ(ə)n/ *n* (*collating*) сличéние, сопоставлéние; (*meal*) закýска.

colleague /ˈkɒliːg/ *n* коллéга (*cg*); сослужи́в|ец (*fem* -ица).

collect[1] /ˈkɒlekt/ *n* (*prayer*) крáткая молúтва.

collect[2] /kəˈlekt/ *vt* **1** (*gather together*) соб|ирáть, -рáть; **~ed works** (пóлное) собрáние сочинéний. **2** (*of debts, taxes*) соб|ирáть, -рáть; получ|áть, -úть; **the telegram was sent ~** (*US*) телегрáмма былá вы́слана налóженным платежóм. **3** (*of stamps etc.*) коллекционúровать (*impf*).
4 (*fetch*) заб|ирáть, -рáть; за|ходúть, -йтú за + *i*; **he ~ed the children from school** он забрáл детéй из шкóлы.
5 (*keep in hand*): **~ o.s.** брать, взять себя́ в рýки; **~ one's thoughts** соб|ирáться, -рáться с мы́слями.
● *vi* соб|ирáться, -рáться; **a crowd ~ed** собралáсь толпá; **dust ~s** пыль скáпливается.

collected /kəˈlektɪd/ *adj* (*calm*) сóбранный; спокóйный.

collection /kəˈlekʃ(ə)n/ *n* (*of valuables etc.*) коллéкция; (*accumulation*) скоплéние; (*church etc.*) сбор, собирáние; (*of mail*) вы́емка.

collective /kəˈlektɪv/ *n* (*cooperative unit*) коллектúв.
● *adj* коллектúвный; **~ farm** колхóз; **~ farmer** колхóзни|к (*fem* -ца); (*gram*): **~ noun** собирáтельное существúтельное.

collectivism /kəˈlektɪˌvɪz(ə)m/ *n* коллективúзм.

collectivist /kəˈlektɪvɪst/ *n* коллективúст.
● *adj* коллективúстский.

collectivity /kəˌlekˈtɪvɪtɪ/ *n* коллектúвность.

collectivization /kəˌlektɪvaɪˈzeɪʃ(ə)n/ *n* коллективизáция.

collectivize /kəˈlektɪˌvaɪz/ *vt* коллективизи́ровать (*impf*, *pf*).
collector /kəˈlektə(r)/ *n* (*of stamps etc.*) коллекционе́р; **a ~'s piece** ре́дкий/уника́льный экземпля́р; (*of taxes, debts*) сбо́рщик; (*of tickets*) контролёр.
colleen /kɒˈliːn/ *n* (ирла́ндская) де́вушка.
college /ˈkɒlɪdʒ/ *n* **1** (*school*) ко́лледж. **2** (*university*) университе́т; институ́т; вы́сшее уче́бное заведе́ние (*abbr* вуз); **a ~ education** университе́тское образова́ние. **3** (*within university*) университе́тский ко́лледж. **4** (*body of colleagues*) колле́гия; **C~ of Cardinals** колле́гия кардина́лов; **C~ of Arms** геральди́ческая пала́та.

college of further education (CFE)

Уче́бное заведе́ние аналоги́чное профессиона́льно-техни́ческому учи́лищу в Росси́и. В него́ мо́жно поступи́ть по достиже́нии 16 лет. Таки́е учи́лища даю́т как специа́льное, так и о́бщее сре́днее образова́ние. Уча́щиеся име́ют возмо́жность подгото́виться к сда́че **GCSE** и́ли **A levels** и́ли получи́ть профессиона́льную квалифика́цию. Уче́бная програ́мма предполага́ет как по́лные, так и сокращённые уче́бные дни.

colleges — ко́лледжи

В Аме́рике сло́во *college* применя́ется как к сре́дним специа́льным, так и к вы́сшим уче́бным заведе́ниям. Уче́бные заведе́ния, где мо́жно получи́ть сре́днее специа́льное образова́ние, прово́дят обуче́ние на ба́зе двухгоди́чной програ́ммы. Для получе́ния вы́сшего образова́ния и сте́пени бакала́вра необходи́мо пройти́ 4-годи́чный курс в университе́те и́ли в так называ́емом 4-годи́чном ко́лледже. Приём в ко́лледжи всех катего́рий произво́дится на осно́ве результа́тов выпускны́х экза́менов и теку́щих оце́нок, полу́ченных в сре́дней шко́ле.

collegial /kəˈliːdʒ(ə)l/ *adj* **1** (*of college*) университе́тский. **2** (*involving shared responsibility*) коллегиа́льный.
collegian /kəˈliːdʒ(ə)n/ *n* (*member of college*) (*present*) студе́нт (*fem* -ка) ко́лледжа; (*past*) выпускни́|к (*fem* -ца) ко́лледжа.
collegiate /kəˈliːdʒət/ *adj* **1** (*of college*) университе́тский. **2** (*of students*) студе́нческий.
collide /kəˈlaɪd/ *vi* ст|а́лкиваться, -олкну́ться.
collie /ˈkɒlɪ/ *n* ко́лли (*cg indecl*), шотла́ндская овча́рка.
collier /ˈkɒlɪə(r)/ *n* (*miner*) углеко́п; (*ship*) углево́з, у́гольщик.
colliery /ˈkɒlɪərɪ/ *n* каменноу́гольная ша́хта.
collision /kəˈlɪʒ(ə)n/ *n* столкнове́ние; (*fig*) колли́зия, столкнове́ние; **come into ~ with** ст|а́лкиваться, -олкну́ться с + *i*; **~ course** пу́ть, на кото́ром неизбе́жно столкнове́ние.
collocate /ˈkɒləˌkeɪt/ *vt* распол|ага́ть, -ожи́ть; расстан|а́вливать, -ови́ть.
collocation /ˌkɒləˈkeɪʃ(ə)n/ *n* расположе́ние, расстано́вка.
collodion /kəˈləʊdɪən/ *n* колло́дий.
colloid /ˈkɒlɔɪd/ *n* (*chem*) колло́ид.
colloidal /kəˈlɔɪd(ə)l/ *adj* (*chem*) колло́идный.
colloquial /kəˈləʊkwɪəl/ *adj* разгово́рный.
colloquialism /kəˈləʊkwɪəˌlɪz(ə)m/ *n* разгово́рное выраже́ние/сло́во.
colloquy /ˈkɒləkwɪ/ *n* собесе́дование.
collusion /kəˈluːʒ(ə)n, -ˈljuːʒ(ə)n/ *n* сго́вор; **act in ~** де́йствовать (*impf*) по сго́вору.
collusive /kəˈluːsɪv/ *adj* совершённый по сго́вору.
collywobbles /ˈkɒlɪˌwɒb(ə)lz/ *n pl* (*coll*) урча́ние в животе́.
Cologne /kəˈləʊn/ *n* Кёльн.
Colombia /kəˈlɒmbɪə/ *n* Колу́мбия.
Colombian /kəˈlɒmbɪən/ *n* колумби́|ец (*fem* -йка).
● *adj* колумби́йский.
Colombo /kəˈlʌmbəʊ/ *n* Коло́мбо (*m indecl*).
colon[1] /ˈkəʊlən, -lɒn/ *n* (*anat*) то́лстая/ободо́чная кишка́.
colon[2] /ˈkəʊlən, -lɒn/ *n* (*gram*) двоето́чие.
colonel /ˈkɜːn(ə)l/ *n* ≈ полко́вник.
● *cpds* **~-in-chief** *n* шеф полка́.
colonial /kəˈləʊnɪəl/ *n* жи́тель (*fem* -ница) коло́нии.
● *adj* колониа́льный.
colonialism /kəˈləʊnɪəˌlɪz(ə)m/ *n* колониали́зм.
colonialist /kəˈləʊnɪəlɪst/ *n* колониали́ст.
● *adj* колониали́стский.
colonic /kəˈlɒnɪk/ *adj* (*anat*) относя́щийся к то́лстой кишке́.
colonist /ˈkɒlənɪst/ *n* колони́ст (*fem* -ка); (*settler*) поселе́н|ец (*fem* -ка).
colonization /ˈkɒləˌnaɪˈzeɪʃ(ə)n/ *n* колониза́ция.
colonize /ˈkɒləˌnaɪz/ *vt* колонизова́ть, колонизи́ровать (*both impf*, *pf*); (*settle in*) засел|я́ть, -и́ть.
colonizer /ˈkɒləˌnaɪzə(r)/ *n* колониза́тор.
colonnade /ˌkɒləˈneɪd/ *n* колонна́да.
colony /ˈkɒlənɪ/ *n* коло́ния.
colophon /ˈkɒləˌfɒn, -f(ə)n/ *n* эмбле́ма/логоти́п изда́тельства.
color /ˈkʌlə(r)/ *etc. US* = **colour** *etc.*
Colorado beetle /ˌkɒləˈrɑːdəʊ/ *n* колора́дский жук.
coloration /ˌkʌləˈreɪʃ(ə)n/ *n* (*putting on colour*) окра́шивание; (*varied colour*) окра́ска, раскра́ска, расцве́тка.
coloratura /ˌkɒlərəˈtʊərə/ *n* колорату́ра; **~ soprano** колорату́рное сопра́но.
colorimeter /ˌkɒləˈrɪmɪtə(r), ˌkʌl-/ *n* колори́метр, цветоме́р.
colossal /kəˈlɒs(ə)l/ *adj* колосса́льный, грома́дный.
colos|sus /kəˈlɒsəs/ *n* (*pl* **~si** /-saɪ/ *or* **~suses**) коло́сс.
colour /ˈkʌlə(r)/ (*US* **color**) *n* **1** (*lit*) цвет; (*of horses*) масть; **primary ~s** основны́е цвета́; **secondary ~s** составны́е цвета́; **complementary ~s** дополни́тельные цвета́; **change ~** (*lit*) меня́ть, по- цвет; (*fig*) бледне́ть, по-/красне́ть, по-; **the film is in ~** э́то цветно́й фильм; **what ~ are his eyes?** како́го цве́та у него́ глаза́?; **~ code** цветово́й код; **~ film** цветна́я плёнка; **~ scheme** цветова́я га́мма; **~ television** цветно́е телеви́дение; (*in pl*, *of team*) фо́рма; **what are their ~s?** в како́й фо́рме они́ игра́ют?
2 (*of face*) цвет лица́; румя́нец; **she has very little ~** у неё бле́дное лицо́; **lose ~** бледне́ть, по-; **he has a high ~** он о́чень румя́ный; **off ~** (*out of sorts*) не в фо́рме.
3 (*in pl*, *paints*) кра́ски; **water ~s** акваре́ль; **oil ~s** ма́сляные кра́ски; ма́сло; **paint sth in bright ~s** (*fig*) рисова́ть, на- что-н. я́ркими кра́сками; **see sth in its true ~s** (*fig*) ви́деть, у- что-н. в и́стинном све́те.
4 (*semblance*, *probability*): **this fact lent ~ to his tale** э́тот факт прида́л не́которое правдоподо́бие его́ расска́зу; **under ~ of** под ви́дом/предло́гом + *g*.
5 (*liveliness*): **his style lacks ~** его́ сти́лю недостаёт кра́сочности; **local ~** ме́стный колори́т.
6 (*in pl*, *Br flag*; *also fig*): **regimental ~s** полково́е зна́мя; **sail under false ~s** плыть (*det*) под чужи́м фла́гом; выдава́ть, вы́дать себя́ за друго́го; **pass an examination with flying ~s** сдать (*pf*) экза́мен с бле́ском; **nail one's ~s to the mast** не отступ|а́ться, -и́ться от свои́х убежде́ний; **show one's true ~s** предст|ава́ть, -а́ть в и́стинном све́те.
7 (*of race*): **a person of ~** представи́тель (*m*) небе́лой ра́сы.
● *vt* **1** (*paint*, *endow with ~*) кра́сить, по-; окра́|шивать, -сить; **she wants the walls ~ed green** она́ хо́чет покра́сить сте́ны в зелёный цвет.
2 (*embellish*) приукра́|шивать, -сить; **a highly ~ed story** си́льно приукра́шенный расска́з.
3 (*imbue*): **his action was ~ed by envy** его́ посту́пок был отча́сти продикто́ван за́вистью. *See also* ⇒**coloured**
● *vi* **1** (*take on ~*): **the leaves ~ in autumn** о́сенью ли́стья меня́ют свой цвет.
2 (*blush*) красне́ть, по-.
● *cpds* **~ bar** *n* ра́совый барье́р; **~-blind** *adj* страда́ющий дальтони́змом; **~-blind person** не различа́ющий цвето́в, дальто́ник; **~ blindness** *n* неспосо́бность различа́ть цвета́, дальтони́зм; **~ code** *vt* коди́ровать (*impf*, *pf*) по цве́ту; **~ fast** *adj* цветосто́йкий; **~ printing** *n* хромоти́пия, многокра́сочная печа́ть; **~ sergeant** *n* сержа́нт-знамёнщик; **~ wash** *n* клеева́я кра́ска; **~-wash** *vt* кра́сить, по- клеево́й кра́ской.
colourant /ˈkʌlərənt/ (*US* **colorant**) *n* краси́тель (*m*), пигме́нт.
coloured /ˈkʌləd/ (*US* **colored**) *adj* цветно́й; **~ pencil** цветно́й каранда́ш; **~ plate** (*illustration*) цветна́я иллюстра́ция; **~ print** цветна́я гравю́ра; (*offens*, *of race*): **~ people** цветны́е (*pl*).
colourful /ˈkʌləˌfʊl/ (*US* **colorful**) *adj* кра́сочный, я́ркий; **a ~ personality**

яркая/колоритная личность.

colouring /ˈkʌlərɪŋ/ (*US* **coloring**) *n* окраска; **protective ~** защитная окраска; (*complexion*) цвет лица; (*substance*) краситель (*m*); (*of a picture*) краски (*f pl*); **~ book** (*for children*) альбом для раскрашивания.
● *adj* красящий; **~ matter** красящее вещество.

colourist /ˈkʌlərɪst/ (*US* **colorist**) *n* колорист.

colourless /ˈkʌləlɪs/ (*US* **colorless**) *adj* (*lit, fig*) бесцветный.

Colt /kəʊlt/ *n* (*propr*) (**~** *revolver*) кольт.

colt /kəʊlt/ *n* (*young horse*) жеребёнок.

coltish /ˈkəʊltɪʃ/ *adj* (*lively*) живой, игривый.

columbarium /ˌkɒləmˈbeərɪəm/ *n* (*in crematorium*) колумбарий.

columbine /ˈkɒləmˌbaɪn/ *n* водосбор.

column /ˈkɒləm/ *n* **1** (*pillar*) колонна. **2** (*vertical object or mass*) столб; **~ of smoke** столб дыма; **spinal ~** позвоночный столб; **mercury ~** ртутный столбик. **3** (*in book etc.*) столбец; **in the ~s of the Times** на страницах «Таймс». **4** (*regular feature in newspaper*): **weekly ~** еженедельная колонка/рубрика. **5** (*of figures*) столбик, столбец, колонка. **6** (*mil etc.*) колонна; **~ of ships** колонна кораблей; **close ~** сомкнутая колонна; **in ~** в колонне; **fifth ~** (*fig*) пятая колонна.

columnist /ˈkɒləmnɪst, -mɪst/ *n* обозреватель (*m*).

coma /ˈkəʊmə/ *n* (*pl* **~s**) кома.

comatose /ˈkəʊməˌtəʊz/ *adj* коматозный; **he is ~** он в коме.

comb /kəʊm/ *n* **1** (*for* **~ing** *hair*) расчёска, гребёнка, гребешок; (*as adornment*) гребень (*m*). **2** (*of bird*) гребешок, гребень (*m*).
● *vt* **1** (*hair etc.*) чесать (*impf*); расчёс|ывать, -ать; причёс|ывать, -ать; (*horse*) чистить, вы- скребницей; (*wool, flax, etc.*) чесать (*impf*); трепать (*impf*). **2** (*fig, search*) прочёс|ывать, -ать; **the police ~ed the city** полиция прочесала весь город.

combat /ˈkɒmbæt, ˈkʌm-/ *n* бой; **single ~** единоборство, поединок; **mortal ~** смертный бой; (*mil*): **~ fatigue** контузия, боевая психическая травма; **~ zone** зона боевых действий.
● *vt* (**combated, combating**) бороться (*impf*) с + *i* (*or* против + *g*).
● *vi* (**combated, combating**) бороться; сражаться (*both impf*).

combatant /ˈkɒmbət(ə)nt, ˈkʌm-/ *n* боец; воюющая сторона.
● *adj* борющийся; сражающийся.

combative /ˈkɒmbɪnətɪv, ˈkʌm-/ *adj* боевой, задиристый.

combativeness /ˈkɒmbətɪvnɪs, ˈkʌm-/ *n* задиристость.

combe, coomb(e) /kuːm/ *n* (*Br*) ложбина, овраг.

comber /ˈkəʊmə(r)/ *n* (*machine*) гребнечесальная машина; (*wave*) вал, большая волна.

combination /ˌkɒmbɪˈneɪʃ(ə)n/ *n* **1** (*combining*) сочетание, комбинация; **in ~ with** в сочетании с + *i*. **2** (*of a safe*) кодовая комбинация; **~ lock** секретный замок.

combinatorics /ˌkɒmbɪnəˈtɒrɪks/ *n* (*math*) комбинаторика.

combine[1] /ˈkɒmbaɪn/ *n* **1** (*group of persons*) объединение; (*group of concerns*) комбинат, синдикат. **2** (**~ harvester**) комбайн.

combine[2] /kəmˈbaɪn/ *vt* сочетать (*impf*); объедин|ять, -ить; комбинировать, с-; **~ forces** объедин|ять, -ить (*or* соедин|ять, -ить) силы; **he ~s business with pleasure** он сочетает приятное с полезным; **~d operations** (*mil*) общевойсковая операция.

combings /ˈkəʊmɪŋs/ *n* (*tech*) гребенные очистки (*f pl*).

combo /ˈkɒmbəʊ/ *n* (*pl* **~s**) (*coll*) небольшой ансамбль; **jazz ~** джаз-ансамбль (*m*).

combust /kəmˈbʌst/ *vt* сж|игать, -ечь.

combustible /kəmˈbʌstɪb(ə)l/ *adj* горючий.

combustion /kəmˈbʌstʃ(ə)n/ *n* воспламенение; сгорание; **spontaneous ~** самовоспламенение; **internal-~ engine** двигатель внутреннего сгорания.

come /kʌm/ *vi* (*past* **came;** *pp* **come**) **1** (*move near, arrive*) при|ходить, -йти; приб|ывать, -ыть; при|езжать, -ехать; **~ and see us!** приходите/заходите к нам!; **he came running** он прибежал; **he has ~ a hundred miles** он приехал за сто миль; **he was long in coming** он долго не появлялся; **he came near to falling** он чуть не упал; **~ along!** пойдёмте!; **~ into the house!** заходите/зайдите в дом!
2 (*of inanimate things; lit, fig*): **the dress ~s to her knees** платье доходит ей до колен; **the sunshine came streaming into the room** лучи солнца лились в комнату; **dinner came** подали обед; **a parcel has ~** получена посылка; **the feeling ~s and goes** это чувство то появляется, то исчезает; **easy ~, easy go** легко нажито, легко прожито; **no work has ~ his way** никакая работа ему не попадалась; **these shirts ~ in three sizes** эти рубашки бывают трёх размеров; **it came as a shock to me** это было для меня ударом; **it came into my head** это пришло мне в голову; **the water came to the boil** вода закипела; **the solution came to me** я (вдруг) нашёл решение; **what are we coming to?** до чего мы дожили?; **when it came to 6 o'clock** когда время подошло к 6 часам; **she takes things as they ~** она спокойно относится ко всему, что бы ни случилось.
3 (*fig uses with 'to': see also relevant nn*): **~ to a decision** при|ходить, -йти к решению; **~ to blows** до|ходить, -йти до рукопашной; **~ to terms** при|ходить, -йти к соглашению; **~ to light** обнаружи|ваться, -ться; стать (*pf*) очевидным; **~ to one's senses** образум|ливаться, -иться.
4 (*fig uses with 'into': see also relevant nn*): **the trees have ~ into leaf** на деревьях распустились листья; **he has ~ into a fortune** он получил большое наследство; **he came into his own** он добился признания/своего; **they came into sight** они появились; **the party came into power** партия пришла к власти.
5 (*occur, happen*) случаться, бывать (*both impf*); **Christmas ~s once a year** Рождество бывает раз в году; **who ~s next?** кто следующий; **it ~s on page 20** это на двадцатой странице; **no harm will ~ to you** с вами ничего не случится; **he had it coming to him** ему следовало этого ожидать; **how ~ he was late?** как получилось, что он опоздал?; **how did you ~ to meet him?** как случилось, что вы с ним встретились?; **that ~s of grumbling** всё это из-за ворчания; **no good will ~ of it** ничего хорошего из этого не выйдет; **in years to ~** в последующие годы; в будущем; **~ what may** будь, что будет; **how ~?** (*coll*) это почему же?; как так?
6 (*amount, result*): **the bill ~s to £5** счёт равняется пяти фунтам; **it ~s to this, that …** дело сводится к тому, что…; **it ~s to the same thing** получается то же самое; **if it ~s to that** если уж на то пошло; **his plans came to nothing** из его планов ничего не вышло; **he is no good when it ~s to talking** когда нужно говорить, он теряется.
7 (*become, prove to be*): **his dreams came true** его мечты осуществились/сбылись; **it ~s naturally to him** ему это легко даётся; **his shoelace came undone** у него шнурок развязался; **it all came right in the end** всё кончилось благополучно; **~ clean** (*sl, confess*) выкладывать, выложить всё.
8 (*fig, find o.s. in a position*): **I have ~ to see that he is right** я убедился, что он прав; **how did you ~ to do that?** как вас угораздило так поступить?
9 (*of person, originate*) про|исходить, -зойти; **he ~s from Scotland** он уроженец Шотландии; **she ~s of a noble family** она происходит из знатной семьи.
10 (*coll uses*): **it will be 5 years ago ~ Christmas that …** на Рождество будет пять лет с тех пор, как…; **~ off it** (*desist*)! отстань!; кончай!; перестань!
11 (*imperative, fig*): **~, ~!** (*expostulatory*) ну! ну!; ну, что вы!; **~, tell me what you know** ну-ка, расскажите мне, что вы знаете.
12 (*Br coll, have orgasm*) кончать, кончить.
● *with preps* (*see also* **3** *and* **4** *above*): **~ across** (*traverse*) пере|ходить, -йти через + *a*; (*encounter*) нат|алкиваться, -олкнуться на + *a*; нат|ыкаться, -кнуться на + *a*; **~ after** (*follow*) следовать, по- за + *i*; **~ at** (*reach*): **the truth is hard to ~ at** до правды трудно добраться; (*attack*): **the dog came at me** собака набросилась на меня; **~ before** (*precede*): **dukes ~ before earls**

гéрцоги стоя́т вы́ше гра́фов; (*appear before*): **he came before the court** он предста́л пе́ред судо́м; **~ by** (*obtain*) дост|ава́ть, -а́ть; **~ for** (*attack*): **he came for us with a stick** он набро́сился на нас с па́лкой; **~ from**: **wine ~s from grapes** вино́ получа́ется из виногра́да; **a sob came from her throat** из её груди́ вы́рвалось рыда́ние; **~ into**: **he came into a large estate** ему́ доста́лось большо́е име́ние; **~ off** (*lit*): **~ off the grass!** сойди́те с травы́; (*become detached from*): **a button came off my coat** от моего́ пальто́ оторвала́сь пу́говица; (*Br, fall off*): **she came off her bicycle** она́ упа́ла с велосипе́да; **~ on**: **he came on to me for £5** (*coll*) он потре́бовал от меня́ пять фу́нтов; **~ out of** (*lit*): **he came out of the house** он вы́шел из до́ма; **~ over** (*lit*): **a cloud came over the sky** ту́чи затяну́ли не́бо; (*fig*): **what came over you?** что на вас нашло́?; **~ round**: **he came round the corner** он поверну́л за́ угол; **~ through**: **he came through both wars** он прошёл о́бе войны́; **~ under**: **what heading does this ~ under?** к како́й ру́брике э́то отно́сится?; **he came under her influence** он попа́л под её влия́ние; **~ upon** (*find*) напа́сть (*pf*) на + *a*; нат|а́лкиваться, -олкну́ться на + *a*; **fear came upon us** на нас напа́л страх.
● *with advs*: **~ about** *vi* (*happen*) прои|сходи́ть, -зойти́; **~ across (as)** показа́ться (*pf*) (+ *i*); **~ again** *vi*: **~ again?** (*coll, what did you say?*) ну́-ка повтори́!; скажи́ сно́ва!; **~ apart** *vi* (*unfastened*) ра|сходи́ться, -зойти́сь; разва́л|иваться, -и́ться на ча́сти; **~ around** (*US*) = **~ round**; **~ away** *vi* (*become detached*) отл|а́мываться, -ома́ться/-оми́ться (**from:** от + *g*); **~ back** *vi* (*return*) возвра|ща́ться, -ти́ться; верну́ться (*pf*); **his name came back to me** я вспо́мнил его́ и́мя; (*retort*) возра|жа́ть, -зи́ть; **~ by** *vi* (*pass by*) минова́ть (*impf, pf*); про|ходи́ть, -йти́ ми́мо; **~ down** *vi*: **he came down off the ladder** он спусти́лся с ле́стницы; **her hair ~s down to her waist** её во́лосы дохо́дят до по́яса; (*of prices*) па́дать, упа́сть; (*fig*): **he has ~ down in the world** он опусти́лся; **the story has ~ down to us** до нас дошла́ э́та исто́рия; (*coll*): **the master came down on the boy for cheating** учи́тель напусти́лся на ма́льчика за спи́сывание; **he came down with influenza** он слёг с гри́ппом; **~ forward** *vi* (*present o.s. as candidate*) выдвига́ть, вы́двинуть свою́ кандидату́ру; (*offer one's services*) предл|ага́ть, -ожи́ть свои́ услу́ги; (*become available*) поступ|а́ть, -и́ть; **~ in** *vi* (*lit*) входи́ть, войти́; **~ in!** (*to s.o. knocking*) войди́те!; **the tide came in** наступи́л прили́в; **short skirts came in** коро́ткие ю́бки вошли́ в мо́ду; **his horse came in first** его́ ло́шадь пришла́ пе́рвой; **the Conservatives came in** консерва́торы победи́ли на вы́борах; **information came in** поступи́ли све́дения; **the money is ~ing in well** де́ньги поступа́ют хорошо́; **~ in, please!** (*radio etc.*) пожа́луйста, начина́йте!; **where do I ~ in?** како́е э́то име́ет ко мне отноше́ние?; что я получу́ с э́того?; **it came in handy** э́то пригоди́лось; **he came in for a thrashing** ему́ всы́пали; **~ off** *vi* (*become detached*) отва́л|иваться, -и́ться; **the table leg came off** у стола́ отвали́лась но́жка; **lipstick ~s off on glasses** губна́я пома́да остаётся на стака́нах; (*happen, succeed*): **the marriage came off** брак состоя́лся; **the experiment came off** о́пыт уда́лся; **he came off best** он вы́шел победи́телем; (*~ off duty*): **he ~s off at 10** он ухо́дит со слу́жбы в 10; **~ on** *vi* (*follow*) сле́довать (*impf*); **he came on later** он появи́лся поздне́е; **~ on!** (*impatient*) ну!; ну́ же!; **~ on! I'll race you** дава́йте побежи́м наперегонки́!; (*progress*) де́лать (*impf*) успе́хи; **the garden is coming on well** в саду́ всё хорошо́ растёт; (*start, set in*): **it came on to rain** начался́ дождь; **I have a cold coming on** у меня́ начина́ется просту́да; (*of actor; appear*) появ|ля́ться, -и́ться; выходи́ть, вы́йти на сце́ну; (*of play; be performed*): **the play ~s on next week** пье́са бу́дет предста́влена на сле́дующей неде́ле; **~ out** *vi* (*lit*) выходи́ть, вы́йти; **the sun came out** появи́лось/вы́глянуло со́лнце; **the flowers came out** цветы́ распусти́лись; (*become known, appear*): **the news came out** но́вость ста́ла изве́стной; **the book came out** кни́га вы́шла; **the paper ~s out on Thursday** э́та газе́та выхо́дит по четверга́м; **he came out well in the photograph** он хорошо́ вы́шел на фотогра́фии; **all his arrogance came out** вся его́ спесь вы́шла нару́жу; (*disappear*): **the stains came out** пя́тна сошли́; **the colour came out** (*faded*) кра́ска вы́цвела/полиня́ла/поблёкла; (*of results*): **the sum came out** зада́ча получи́лась; **he came out first in the exam** он был лу́чшим на э́том экза́мене; (*declare o.s.*): **he came out against the plan** он вы́ступил про́тив пла́на; **the total came out at 700** о́бщий ито́г оказа́лся ра́вным 700; (*Br, make debut in society*) дебюти́ровать (*impf, pf*); (*publicly acknowledge one's homosexuality*) откры́то призн|ава́ть, -а́ть свою́ гомосексуа́льность; (*Br, go on strike*) забастова́ть (*pf*); выходи́ть, вы́йти на забасто́вку; **he came out with the truth** он рассказа́л всю пра́вду; **he came out with an oath** он вы́ругался; **she came out in a rash** (*Br*) она́ покры́лась сы́пью; **~ over** *vi*: **they came over to England** они́ прие́хали в А́нглию; **he came over to our side** он перешёл на на́шу сто́рону; **he came over dizzy** (*Br coll*) у него́ закружи́лась голова́; **~ round** *vi* (*make detour*): **we came round by the fields** мы пришли́ кру́жным путём че́рез поля́; (*make trip*): **~ round and see us!** заходи́те к нам!; (*recur*): **Christmas will soon ~ round** ско́ро (насту́пит) Рождество́; (*change mind*): **he came round to my view** он пришёл-таки к моей то́чке зре́ния; (*yield*): **she'll ~ round** (*Br*) она́ усту́пит/согласи́тся; (*recover consciousness*) при|ходи́ть, -йти́ в себя́; очну́ться (*pf*); **~ through** *vi* (*survive experience*) пережи́ть (*pf*); **he came through without a scratch** он вы́шел из э́той исто́рии без еди́ной цара́пины; (*teleph*): **the call came through at 3 o'clock** разгово́р состоя́лся в 3 часа́; **~ to** *vi* (*recover one's senses*) при|ходи́ть, -йти́ в себя́; очну́ться (*pf*); **~ up** *vi*: **the sun came up** со́лнце взошло́; **the seeds came up** семена́ взошли́; **he came up to London** он прие́хал в Ло́ндон; **he came up to me** он подошёл ко мне; **the water came up to my waist** вода́ доходи́ла мне до по́яса; **the question came up** встал вопро́с; **the case ~s up tomorrow** э́то де́ло разбира́ется за́втра; **the book came up to my expectations** кни́га оправда́ла мои́ ожида́ния; **he came up against a difficulty** он столкну́лся с тру́дностями; **he came up with a suggestion** он внёс предложе́ние.
● *cpds* **~back** *n* (*retort*) возраже́ние; (*return*) возвраще́ние; **~down** *n* униже́ние; разочарова́ние; **~-hither** *adj* (*coll*): **a ~-hither look** завлека́ющий взгляд; **~uppance** /kʌm'ʌpəns/ *n* (*coll*): **he got his ~uppance** он получи́л по заслу́гам.

Comecon /'kɒmɪˌkɒn/ *n* (*abbr of* ***Council for Mutual Economic Assistance***) СЭВ (Сове́т экономи́ческой взаимопо́мощи).

comedian /kə'mi:dɪən/ *n* ко́мик.

comedienne /kəˌmi:dɪ'en/ *n* коми́ческая актри́са.

comedy /'kɒmɪdɪ/ *n* коме́дия.

comeliness /'kʌmlɪnɪs/ *n* милови́дность.

comely /'kʌmlɪ/ *adj* (**comelier, comeliest**) милови́дный.

comer /'kʌmə(r)/ *n*: **the first ~** прише́дший пе́рвым; **he will fight all ~s** гото́в дра́ться с кем уго́дно.

comestible /kə'mestɪb(ə)l/ *n* (*usu in pl*) съестны́е припа́с|ы (*pl, g* -ов).
● *adj* съестно́й.

comet /'kɒmɪt/ *n* коме́та.

comfort /'kʌmfət/ *n* **1** (*physical ease*) комфо́рт; удо́бства (*nt pl*); **he lives in ~** он живёт, не ве́дая нужды́; **~ station** (*US*) обще́ственный туале́т. **2** (*relief of suffering*) утеше́ние, отра́да; **cold ~** сла́бое утеше́ние. **3** (*thing that brings ~*) утеше́ние, успокое́ние; **his letters are a ~** его́ пи́сьма — большо́е утеше́ние.
● *vt* ут|еша́ть, -е́шить; успок|а́ивать, -о́ить.

comfortabl|e /'kʌmftəb(ə)l, -fətəb(ə)l/ *adj* удо́бный, ую́тный, комфорта́бельный, комфо́ртный; **I am ~e here** мне здесь удо́бно; **the car holds six people ~y** э́та маши́на свобо́дно вмеща́ет шесть челове́к; **he makes a ~e living** он прили́чно зараба́тывает; **he is ~y off** он живёт в доста́тке.

comforter /'kʌmfətə(r)/ *n* **1** (*person*) утеши́тель. **2** (*Br, teat*) со́ска, пусты́шка. **3** (*US, quilt*) стёганое одея́ло.

comforting /ˈkʌmfətɪŋ/ *adj* утеши́тельный, успокои́тельный; **it is ~ to know that ...** утеши́тельно знать, что... .

comfortless /ˈkʌmfətlɪs/ *adj* неую́тный; безра́достный; **a ~ room** неую́тная ко́мната.

comic /ˈkɒmɪk/ *n* **1** (*coll, comedian*) ко́мик, юмори́ст. **2** (*magazine*) ко́микс; (*in pl, US, ~ strips*) ко́миксы (*m pl*).
● *adj* коми́ческий, юмористи́ческий; **~ book** кни́жка ко́миксов; **~ strip** ко́микс.

comical /ˈkɒmɪk(ə)l/ *adj* коми́чный, смешно́й.

coming /ˈkʌmɪŋ/ *n* прие́зд, прихо́д; **the Second C~** второ́е прише́ствие (Христа́); **~ and going** движе́ние взад-вперёд.
● *adj* бу́дущий, наступа́ющий; **the ~ week** бу́дущая неде́ля.

Comintern /ˈkɒmɪn,tɜ:n/ *n* (*hist, abbr of* ***Communist International,*** *1914–43*) Коминте́рн.

comity /ˈkɒmɪtɪ/ *n* ве́жливость; **~ of nations** взаи́мное призна́ние зако́нов и обы́чаев ра́зными стра́нами.

comma /ˈkɒmə/ *n* запята́я; **inverted ~s** кавы́ч|ки (*pl, g* -ек).

command /kəˈmɑ:nd/ *n* **1** (*order; also comput*) кома́нда; **at the word of ~** по кома́нде.
2 (*authority*) кома́ндование; **he is in ~ of the army** он кома́ндует а́рмией; **he took ~** он при́нял кома́ндование.
3 (*control*) контро́ль (*m*); **~ of the air** госпо́дство в во́здухе; **~ of one's emotions** владе́ние свои́ми чу́вствами.
4 (*knowledge, ability to use*): **she has a good ~ of French** она́ непло́хо владе́ет францу́зским (языко́м); **she has a great ~ of language** она́ прекра́сно владе́ет сло́вом.
5 (*mil*) кома́ндование; **High C~** верхо́вное кома́ндование; (*attr*) кома́ндный; **~ module** кома́ндный отсе́к; **~ post** кома́ндный пункт, КП.
● *vt & i* **1** (*give orders to*) прика́з|ывать, -а́ть + *d*; **he ~ed his men to fire** он приказа́л свои́м солда́там откры́ть ого́нь.
2 (*have authority over*) кома́ндовать (*impf*) + *i*.
3 (*be able to use or enjoy*) располага́ть (*impf*) + *i*; **he ~s great sums of money** в его́ распоряже́нии кру́пные де́нежные сре́дства; **he ~s respect** он заслу́живает уваже́ния.
4 (*of things*): **this article ~s a high price** э́тот това́р продаётся по высо́кой цене́; **the window ~s a fine view** из окна́ открыва́ется прекра́сный вид.

commandant /,kɒmənˈdænt, ˈkɒm-/ *n* коменда́нт.

commandeer /,kɒmənˈdɪə(r)/ *vt* реквизи́ровать (*impf, pf*).

commander /kəˈmɑ:ndə(r)/ *n* ≈ команди́р, кома́ндующий; **c~-in-chief** главнокома́ндующий; (*naval rank*) ≈ капита́н тре́тьего ра́нга.

commanding /kəˈmɑ:ndɪŋ/ *adj* (*in command*) кома́ндующий; **~ officer** команди́р; **a ~ tone** повели́тельный тон; **~ heights** кома́ндные высо́ты; **a ~ presence** внуши́тельная оса́нка.

commandment /kəˈmɑ:ndmənt/ *n*: **the Ten C~s** де́сять за́поведей.

commando /kəˈmɑ:ndəʊ/ *n* (*pl* **~s**) (*force*) деса́нтно-диверсио́нный отря́д; (*person*) деса́нтник-диверса́нт, диверса́нт-разве́дчик; (*in pl*) кома́ндос (*pl indecl*).

commemorate /kəˈmemə,reɪt/ *vt* (*celebrate memory of*) отм|еча́ть, -е́тить (*годовщину, событие*); ознамен|о́вывать, -ова́ть; (*be in memory of*): **this monument ~s the victory** э́тот па́мятник воздви́гнут в честь побе́ды.

commemoration /kə,meməˈreɪʃ(ə)n/ *n* ознаменова́ние (*годовщины, события*).

commemorative /kəˈmemərətɪv/ *adj* па́мятный, мемориа́льный.

commence /kəˈmens/ *vt & i* нач|ина́ть(ся), -а́ть(ся).

commencement /kəˈmensmənt/ *n* нача́ло; (*US, degree ceremony*) а́ктовый день; торже́ственное вруче́ние дипло́мов.

commend /kəˈmend/ *vt* **1** (*entrust*) вв|еря́ть, -е́рить; поруч|а́ть, -и́ть; **he ~ed his soul to God** он посвяти́л себя́ Бо́гу. **2** (*praise*) хвали́ть, по-.
3 (*recommend*) рекомендова́ть (*impf, pf*) **the book does not ~ itself to me** э́та кни́га меня́ не привлека́ет.

commendable /kəˈmendəb(ə)l/ *adj* похва́льный.

commendation /,kɒmenˈdeɪʃ(ə)n/ *n* похвала́, рекоменда́ция.

commendatory /kəˈmendətərɪ/ *adj* (*of a trust*) довери́тельный; (*of praise*) похва́льный.

commensurable /kəˈmenʃərəb(ə)l, -sjərəb(ə)l/ *adj* соизмери́мый.

commensurate /kəˈmenʃərət, -sjərət/ *adj* разме́рный.

comment /ˈkɒment/ *n* замеча́ние, коммента́рий; о́тзыв, о́тклик; **her behaviour** (*Br*), **behavior** (*US*) **aroused ~** её поведе́ние вы́звало то́лки.
● *vt & i* комменти́ровать (*impf, pf*); толкова́ть (*impf*); де́лать, с- замеча́ния; **he ~ed on the book** он вы́сказал своё мне́ние об э́той кни́ге.

commentary /ˈkɒməntərɪ/ *n* коммента́рий.

commentator /ˈkɒmən,teɪtə(r)/ *n* (*textual*) коммента́тор, толкова́тель (*m*); (*radio etc.*) коммента́тор, обозрева́тель (*m*); **sports ~** спорти́вный коммента́тор.

commerce /ˈkɒmɜ:s/ *n* комме́рция, торго́вля; **Chamber of C~** Торго́вая пала́та.

commercial /kəˈmɜ:ʃ(ə)l/ *n* (*coll, TV advertisement*) рекла́ма, рекла́мная переда́ча.
● *adj* комме́рческий, торго́вый; **~ traveller** (*Br*) коммивояжёр; **~ television** комме́рческое телеви́дение; **~ vehicle** грузова́я маши́на.

commercialism /kəˈmɜ:ʃ(ə),lɪz(ə)m/ *n* меркантили́зм.

commercialize /kəˈmɜ:ʃə,laɪz/ *n* ста́вить, по- на комме́рческую осно́ву; вн|оси́ть, -ести́ комме́рческий дух в + *a*.

commingle /kəˈmɪŋg(ə)l/ *vt & i* сме́ш|ивать(ся), -а́ть(ся).

commiserate /kəˈmɪzə,reɪt/ *vi* (*feel sympathy*) сочу́вствовать (*impf*) (**with:** *кому*); (*express sympathy*) выража́ть, вы́разить соболе́знование (**with:** *кому*).

commiseration /kə,mɪzəˈreɪʃ(ə)n/ *n* сочу́вствие, соболе́знование.

commissar /ˈkɒmɪ,sɑ:(r)/ *n* комисса́р.

commissariat /,kɒmɪˈseərɪət, -ˈsærɪ,æt/ *n* **1** (*office of commissar*) комиссариа́т. **2** (*mil*) интенда́нтство.

commissary /ˈkɒmɪsərɪ, kəˈmɪs-/ *n* **1** (*deputy*) уполномо́ченный. **2** (*US, mil store*) вое́нный магази́н; (*restaurant*) столо́вая.

commission /kəˈmɪʃ(ə)n/ *n* **1** (*authorization*) полномо́чие; **he went beyond his ~** он превы́сил свои́ полномо́чия.
2 (*errand*) поруче́ние; **I carried out some ~s for him** я вы́полнил не́сколько его́ поруче́ний; (*order for work of art*) зака́з.
3 (*action*) соверше́ние; **the ~ of a crime** соверше́ние преступле́ния; **sin of ~** грех дея́нием.
4 (*comm*) комиссио́нн|ые (*pl, g* -ых); **he sells goods on ~** он продаёт това́ры за комиссио́нное вознагражде́ние.
5 (*officer's*) пате́нт на офице́рский чин.
6 (*committee*) коми́ссия; (*commissariat*) комиссариа́т; **high ~** верхо́вный комиссариа́т.
7: **in ~** (*fit for action*) в испра́вности; в гото́вности; **a ship in ~** кора́бль, гото́вый к пла́ванию; **out of ~** (*out of active service*) в резе́рве; не в строю́; (*out of working order*) в неиспра́вности.
● *vt* поруч|а́ть, -и́ть (*что кому*); **he ~ed me to buy this** он поручи́л мне купи́ть э́то; **he ~ed a portrait from the artist** он заказа́л худо́жнику портре́т; **the ship was ~ed** кора́бль был введён в строй; **a ~ed officer** офице́р; **he was ~ed from the ranks** он был произведён в офице́ры из рядовы́х.

commissionaire /kə,mɪʃəˈneə(r)/ *n* (*Br*) швейца́р.

commissioner /kəˈmɪʃənə(r)/ *n* член коми́ссии; комисса́р; **high ~** верхо́вный комисса́р.

commit /kəˈmɪt/ *vt* (**committed, committing**) **1** (*perform*) соверш|а́ть, -и́ть. **2** (*entrust, consign*): **~ s.o. for trial** пред|ава́ть, -а́ть кого́-н. суду́; **~ to paper** изл|ага́ть, -ожи́ть на бума́ге; **~ to memory** зау́ч|ивать, -и́ть; **~ to the flames** пред|ава́ть, -а́ть огню́. **3** (*engage*): **he ~ted himself to helping her** он взя́лся помо́чь ей; **he would not ~ himself** он уклони́лся от чёткого отве́та; он не хоте́л свя́зывать себя́ конкре́тными

C

обязательствами. **4**: ~ **troops to battle** вв|одить, -ести (*or* бр|осать, -осить) войска в бой. **5**: **a ~ted writer** идейный писатель.

commitment /kə'mɪtmənt/ *n* (*obligation*) обязательство; ~ **to a cause** преданность делу.

committal /kə'mɪt(ə)l/ *n*: ~ **for trial** предание суду.

committee /kə'mɪtɪ/ *n* (*body of persons*) комитет, комиссия; **steering** ~ организационный/руководящий комитет.

commode /kə'məʊd/ *n* (*chest of drawers*) комод; (*for chamber pot*) стульчак для ночного горшка.

commodious /kə'məʊdɪəs/ *adj* просторный, удобный.

commodity /kə'mɒdɪtɪ/ *n* товар, предмет потребления; (*attr*) товарный.

commodore /'kɒmə,dɔː(r)/ *n* (*in navy or merchant marine*) ≈ капитан первого ранга; (*of yacht club*) командор.

common /'kɒmən/ *n* **1** (*land*) пустырь (*m*), выгон.
2 (*sth usual or shared*): **you have a lot in ~ with her** у вас с ней много общего; **in ~ with most Englishmen, he is fond of sport** как и большинство англичан, он любит спорт.
● *adj* (**commoner, commonest**)
1 (*belonging to more than one, general*) общий; **it is ~ ground between us that ...** мы согласны в том, что...; **it is ~ knowledge that ...** общеизвестно, что... .
2 (*belonging to the public or a specific group*): ~ **land** общественная земля; ~ **law** общее/обычное/ некодифицированное право; **C~ Market** Общий рынок; **he has the ~ touch** он со всеми находит общий язык.
3 (*ordinary, usual*) обычный, обыденный, обыкновенный; ~ **honesty** простая/элементарная честность; **the ~ man** обыкновенный/простой человек; **the ~ people** (простой) народ; ~ **sense** здравый смысл; ~ **salt** поваренная соль; ~ **or garden** (*coll*) обыкновенный; **a ~ (or garden** *Br*) **impostor** обманщик, каких много.
4 (*vulgar*) вульгарный, пошлый.
5 (*math*): ~ **logarithm** десятичный логарифм.
6 (*gram*): ~ **gender** общий род; ~ **noun** имя нарицательное.
7 (*mus*): ~ **time** простой такт.
● *cpds* **~-law** *adj*: **~-law marriage** незарегистрированный брак; **~-law wife** сожительница; **~place** *n* банальность; *adj* банальный; ~ **room** *n* (*Br*) (*senior*) учительская, преподавательская; (*junior*) студенческая комната отдыха; **~-sense** *adj* здравый, разумный.

commonalty /'kɒmənəltɪ/ *n* (*the common people*) простонародье; (простой) народ.

commoner /'kɒmənə(r)/ *n* недворянин, человек незнатного происхождения.

commonly /'kɒmənlɪ/ *adv* (*usually*) обычно, обыкновенно.

commonness /'kɒmənnɪs/ *n* (*frequency*) обычность, обыденность; (*vulgarity*) вульгарность, пошлость.

commons /'kɒmənz/ *n pl* (*hist, common people*) простонародье; **(House of) C~** палата общин.

commonsensical /,kɒmən'sensɪk(ə)l/ *adj* здравый, разумный.

Commonwealth /'kɒmən,welθ/ *n*: **the C~ (of Nations)** Британское Содружество (наций); **the C~ of Independent States** Содружество Независимых Государств.

> **the Commonwealth (of Nations) — Британское Содружество (наций)**
>
> Объединение в составе Великобритании и 52 стран — в основном её бывших колоний. По состоянию на сентябрь 2006 года членами Содружества являлись: Австралия, Антигуа и Барбуда, Багамские Острова, Бангладеш, Барбадос, Белиз, Ботсвана, Бруней, Вануату, Великобритания, Гайана, Гамбия, Гана, Гренада, Доминика, Замбия, Индия, Камерун, Канада, Кения, Кипр, Кирибати, Лесото, Маврикий, Малави, Малайзия, Мальдивские Острова, Мальта, Мозамбик, Намибия, Науру, Нигерия, Новая Зеландия, Пакистан, Папуа – Новая Гвинея, Самоа, Свазиленд, Сейшельские Острова, Сент-Винсент и Гренадины, Сент-Китс и Невис, Сент-Люсия, Сингапур, Соломоновы Острова, Сьерра-Леоне, Танзания, Тонга, Тринидад и Тобаго, Тувалу, Уганда, Фиджи, Шри-Ланка, Южно-Африканская Республика, Ямайка.
>
> Премьер-министры стран Содружества собираются каждые 2 года на конференцию для обсуждения вопросов экономического и культурного сотрудничества и взаимопомощи. Каждые 4 года проводятся спортивные Игры стран Содружества.
>
> Термин *содружество* является также частью официального названия некоторых американских штатов, например, Кентукки, Вирджинии (Виргинии), Пенсильвании, Массачусетса.

commotion /kə'məʊʃ(ə)n/ *n* волнение, возня.

communal /'kɒmjʊn(ə)l/ *adj* общественный, коммунальный; ~ **flat** коммунальная квартира.

commune[1] /'kɒmjuːn/ *n* (*administrative unit*) община, коммуна; (*Russian hist, peasant* ~) мир; **the Paris C~** Парижская коммуна.

commune[2] /kə'mjuːn/ *vi* общаться (*impf*) (с + *i*); быть в тесном общении (с + *i*); ~ **with nature** общаться с природой.

communicable /kə'mjuːnɪkəb(ə)l/ *adj* передающийся; **a ~ disease** заразная болезнь.

communicant /kə'mjuːnɪkənt/ *n* (*relig*) причастни|к (*fem* -ца).

communicate /kə'mjuːnɪ,keɪt/ *vt* сообщ|ать, -ить; (*a disease, also*) перед|авать, -ать.
● *vi* связ|ываться, -аться; сообщ|ать, -ить (*кому о чём*); ~ **with s.o.** общаться (*impf*) с кем-н.; сн|оситься, -естись с кем-н.; **the rooms ~** эти комнаты сообщаются; (*relig*) прича|щаться, -ститься.

communication /kə,mjuːnɪ'keɪʃ(ə)n/ *n* **1** (*act of communicating*) общение; связь, сообщение, коммуникация; **language is a means of ~** язык — средство общения; **get into ~ with s.o.** устан|авливать, -овить связь с кем-н.; **lack of ~** (*understanding*) отсутствие взаимопонимания.
2 (*message*) сообщение. **3** (*means of* ~) средства связи/сообщения; (*in pl*: *roads, railways, etc.*) пути (*m pl*) сообщения. **4** (*mil*): **lines of ~** коммуникации.

communicative /kə'mjuːnɪkətɪv/ *adj* общительный, разговорчивый.

communion /kə'mjuːnɪən/ *n* **1** (*intercourse*) общение; ~ **with nature** общение с природой. **2** (*sacrament*) причастие.

communiqué /kə'mjuːnɪ,keɪ/ *n* коммюнике (*indecl*).

communism /'kɒmjʊ,nɪz(ə)m/ *n* коммунизм.

communist /'kɒmjʊnɪst/ *n* коммунист (*fem* -ка).
● *adj* (*also* **-ic**) коммунистический.

community /kə'mjuːnɪtɪ/ *n* **1** (*commonness; joint ownership*): ~ **of interest** общность интересов.
2 (*society*) общество. **3** (*political, social, etc. group*) община, группа населения.

> **community college**
>
> Разновидность американских университетов. Учебная программа таких университетов нацелена на получение специального образования, в наибольшей степени удовлетворяющего нуждам местной экономики. Данный термин иногда используется в Англии в названиях средних школ.

commutation /,kɒmjuː'teɪʃ(ə)n/ *n* **1** (*commuting*) замена (одного вида платежа другим). **2** (*law, of sentence*) смягчение приговора.

commutator /'kɒmjuː,teɪtə(r)/ *n* (*elec*) коллектор, переключатель (*m*), коммутатор.

commute /kə'mjuːt/ *vt* замен|ять, -ить; (*law*) смягч|ать, -ить (*приговор*).
● *vi* (*to work*) ездить (*indet*) каждый день на значительное расстояние на работу.

commuter /kə'mjuːtə(r)/ *n* (*traveller*) житель (*fem* -ница) пригорода, (регулярно) ездящ|ий (*fem* -ая) на работу в город (на автобусе, поезде *и т. п.*).

compact[1] /'kɒmpækt/ *n* (*pact*) соглашение, договор.

compact[2] /'kɒmpækt/ *n* (*cosmetic case*) пудреница.

compact[3] /kəm'pækt/ *adj* (*closely packed*) компактный; (*tense, concise*) сжатый, компактный; ~ **disc** /'kɒmpækt/ компакт-диск; ~ **disc**

player проигрыватель (*m*) компа́кт-ди́сков, CD-пле́ер.
● *vt* (*press together*) сж|има́ть, -ать; сти́с|кивать, -нуть; уплотн|я́ть, -и́ть.
compactness /kəm'pæktnɪs/ *n* компа́ктность, сжа́тость.
companion[1] /kəm'pænjən/ *n* **1** (*person who accompanies*) спу́тни|к (*fem* -ца); **my ~ on the journey** мой попу́тчик; **~ in adversity** това́рищ по несча́стью; **~ in crime** соуча́стник преступле́ния; **he is an excellent ~** с ним мо́жно отли́чно провести́ вре́мя. **2** (*object matching another*) па́ра; (*attr*) па́рный; **~ volume** сопроводи́тельный том. **3** (*woman paid to keep another company*) компаньо́нка. **4** (*member of order*): **C~ of the Bath** кавале́р о́рдена Ба́ни. **5** (*handbook*) спра́вочник, спу́тник; **the Gardener's C~** спра́вочник садово́да(-люби́теля).
companion[2] /kəm'pænjən/ *n* (*naut*: *also* **~-way, ~-ladder**) сходно́й трап.
companionable /kəm'pænjənəb(ə)l/ *adj* общи́тельный, (*coll*) компане́йский.
companionship /kəm'pænjənʃɪp/ *n* дру́жеское обще́ние; дру́жеские отноше́ния.
company /'kʌmpənɪ/ *n*
1 (*companionship*): **I was glad of his ~** я был рад его́ о́бществу; **keep, bear s.o. ~** сост|авля́ть, -а́вить кому́-н. компа́нию; **part ~** расст|ава́ться, -а́ться; **we parted ~** на́ши пути́ разошли́сь; **in ~ with** совме́стно с + *i*; **he is good ~** с ним хорошо́; с ним не соску́чишься.
2 (*associates, guests*): **we have ~ this evening** у нас сего́дня бу́дут го́сти; **present ~ excepted** не упомина́я прису́тствующих; о прису́тствующих не говоря́т; **two's ~ (but three is none)** где дво́е, там тре́тий ли́шний.
3 (*commercial firm*) това́рищество, компа́ния; **Jones and Company (***abbr* **Co.)** Джо́унз и компа́ния (*abbr* К°); **~ car** служе́бная маши́на.
4 (*theatr*) тру́ппа.
5 (*naut*) кома́нда, экипа́ж; **ship's ~** экипа́ж су́дна.
6 (*mil*) ро́та; **~ officer** мла́дший офице́р; **~ sergeant major** старшина́ ро́ты.
comparable /'kɒmpərəb(ə)l/ *adj* сравни́мый.
comparative /kəm'pærətɪv/ *adj*
1 (*proceeding by comparison*) сравни́тельный. **2** (*relative*) относи́тельный; **he is a ~ newcomer** он здесь сравни́тельно неда́вно.
3 (*gram*) сравни́тельный; (*as n*): **'better' is the ~ of 'good'** «лу́чший» — сравни́тельная сте́пень (от) прилага́тельного «хоро́ший».
compare /kəm'peə(r)/ *n* (*literary*): **beyond ~** вне вся́кого сравне́ния.
● *vt* **1** (*assess degree of similarity*) сра́вн|ивать, -и́ть; слич|а́ть, -и́ть; **~ notes with s.o.** обме́н|иваться, -я́ться впечатле́ниями с кем-н.
2 (*assert similarity of*) сра́вн|ивать, -и́ть; **he is not to be ~d with his father** ему́ далеко́ до отца́.
● *vi* сра́вн|иваться, -и́ться; **he ~s favourably** (*Br*), **favorably** (*US*) **with his predecessor** он вы́годно отлича́ется от своего́ предше́ственника.
comparison /kəm'pærɪs(ə)n/ *n* сравне́ние; **make a ~** пров|оди́ть, -ести́ сравне́ние; **there is no ~ between them** их нельзя́ сра́внивать; **in, by ~ with** по сравне́нию с + *i*; (*gram*): **degrees of ~** сте́пени сравне́ния.
compartment /kəm'pɑːtmənt/ *n* (*on train*) купе́ (*indecl*); (*of ship*) отсе́к.
compartmentalize /ˌkɒmpɑːt'mentəˌlaɪz/ *vt* раздроб|ля́ть, -и́ть.
compass /'kʌmpəs/ *n* **1** (*mariner's*) ко́мпас; (*surveying* **~**) буссо́ль; **points of the ~** стра́ны све́та. **2** (*geom, also* **pair of ~es**) ци́ркуль (*m*). **3** (*extent, range*): **~ of a voice** диапазо́н го́лоса; **within the ~ of a lifetime** в преде́лах одно́й жи́зни; **beyond my ~** вне моего́ понима́ния; вне мои́х возмо́жностей.
compassion /kəm'pæʃ(ə)n/ *n* сострада́ние; **show ~ to s.o.** проявл|ля́ть, -и́ть сострада́ние к кому́-н.
compassionate /kəm'pæʃənət/ *adj* сострада́тельный; **~ leave** о́тпуск по семе́йным обстоя́тельствам.
compatibility /kəmˌpætə'bɪlɪtɪ/ *n* совмести́мость.
compatible /kəm'pætəb(ə)l/ *adj* совмести́мый.
compatriot /kəm'pætrɪət/ *n* сооте́чественни|к (*fem* -ца).
compel /kəm'pel/ *vt* (**compelled, compelling**) заст|авля́ть, -а́вить; прин|ужда́ть, -у́дить; **~ attention** прико́в|ывать, -а́ть внима́ние.
compelling /kəm'pelɪŋ/ *adj* непреодоли́мый, неотрази́мый; (*fascinating*) захва́тывающий.
compendia /kəm'pendɪə/ *pl of* **⇒compendium**
compendious /kəm'pendɪəs/ *adj* конспекти́вный.
compendi|um /kəm'pendɪəm/ *n* (*pl* **~ums** *or* **~a**) компе́ндиум, консп́ект; **~ of games** (*Br*) игроте́ка.
compensate /'kɒmpenˌseɪt/ *vt & i* компенси́ровать (*impf, pf*) (*кому что*); **they expressed a willingness to ~ fans for their expenditure** они́ вы́разили гото́вность компенси́ровать боле́льщикам затра́ты; **he was ~d for his injuries** он получи́л компенса́цию за свои́ уве́чья; (*tech*) компенси́ровать (*impf, pf*).
compensation /ˌkɒmpen'seɪʃ(ə)n/ *n* компенса́ция (*also psychol*); **pay ~** выпла́чивать, вы́платить компенса́цию; **in ~ for the loss** в компенса́цию за понесённые убы́тки; (*tech*) компенса́ция.
compensatory /-'pensətərɪ, -'seɪtərɪ/ *adj* компенси́рующий (*also psychol*); компенсацио́нный.
compère /'kɒmpeə(r)/ *n* (*Br*) (*theatr*) конферансье́ (*m indecl*); (*radio, TV*) веду́щий.
● *vt & i* конфери́ровать (*impf, pf*).
compete /kəm'piːt/ *vi* (*vie*) конкури́ровать (*impf*); сопе́рничать (*impf*); **~ with, against s.o. for sth** конкури́ровать (*impf*) с кем-н. из-за чего́-н.; (*in sport*) состяза́ться (*impf*).
competenc|e /'kɒmpɪt(ə)ns/, **-y** /'kɒmpɪtənsɪ/ *nn* (*ability, authority*) уме́ние, компете́нтность.
competent /'kɒmpɪt(ə)nt/ *adj* компете́нтный.
competition /ˌkɒmpə'tɪʃ(ə)n/ *n*
1 (*rivalry*) сопе́рничество, конкуре́нция; **they are in ~ with us** они́ конкури́руют с на́ми. **2** (*contest*) состяза́ние, соревнова́ние.
3 (*examination*) ко́нкурс; ко́нкурсный экза́мен.
competitive /kəm'petɪtɪv/ *adj* (*person*) честолюби́вый; **~ examination** ко́нкурсный экза́мен; **~ prices** конкурентоспосо́бные це́ны; **~ spirit** боево́й дух.
competitiveness /kəm'petɪtɪvnɪs/ *n* (*of person*) дух сопе́рничества; (*of prices*) конкурентоспосо́бность.
competitor /kəm'petɪtə(r)/ *n* конкуре́нт.
compilation /ˌkɒmpɪ'leɪʃ(ə)n/ *n* (*act*) собира́ние, компили́рование; (*result*) сбо́рник, собра́ние, компиля́ция.
compile /kəm'paɪl/ *vt* соб|ира́ть, -ра́ть; сост|авля́ть, -а́вить; компили́ровать (*impf, pf*).
compiler /kəm'paɪlə(r)/ *n* состави́тель (*m*); компиля́тор.
complacency /kəm'pleɪsənsɪ/ *n* самодово́льство.
complacent /kəm'pleɪs(ə)nt/ *adj* самодово́льный.
complain /kəm'pleɪn/ *vi* **1** (*express dissatisfaction*) жа́ловаться, по-. **2** (*to an authority*) под|ава́ть, -а́ть жа́лобу (на + *a*); жа́ловаться, по- (на + *a*).
3: **he ~s of frequent headaches** он жа́луется на ча́стые головны́е бо́ли.
complainant /kəm'pleɪnənt/ *n* (*Br, law*) исте́ц; лицо́, подаю́щее жа́лобу/иск.
complainer /kəm'pleɪnə(r)/ *n* ны́тик (*cg*).
complaint /kəm'pleɪnt/ *n* жа́лоба; причи́на недово́льства; **lodge, make a ~** под|ава́ть, -а́ть жа́лобу; (*ailment*) неду́г, боле́знь.
complaisance /kəm'pleɪz(ə)ns/ *n* обходи́тельность, услу́жливость.
complaisant /kəm'pleɪz(ə)nt/ *adj* обходи́тельный, услу́жливый.
complement /'kɒmplɪmənt/ *n* **1** (*that which completes*) дополне́ние.
2 (*muster*) ли́чный соста́в, по́лный компле́кт. **3** (*gram*) дополне́ние.
● *vt* доп|олня́ть, -о́лнить.
complementary /ˌkɒmplɪ'mentərɪ/ *adj* дополни́тельный; **~ medicine** (*Br*) альтернати́вная/нетрадицио́нная медици́на.
complete /kəm'pliːt/ *adj* **1** (*whole*) по́лный; **~ edition** по́лное изда́ние; **car ~ with tyres** автомоби́ль, укомплекто́ванный ши́нами.
2 (*finished*) зако́нченный, завершённый; **when will the work be ~?** когда́ бу́дет завершён э́тот труд?

C

3 (*thorough*) совершéнный; **he is a ~ stranger to me** он мне совершéнно не знакóм; **a ~ surprise** пóлная/совершéнная неожи́данность.
● *vt* зак|áнчивать, -óнчить; заверш|áть, -и́ть; (*fill in*) зап|олня́ть, -óлнить.

completely /kəmˈpliːtlɪ/ *adv* совершéнно, пóлностью.

completeness /kəmˈpliːtnɪs/ *n* полнотá; закóнченность.

completion /kəmˈpliːʃ(ə)n/ *n* завершéние, окончáние; (*of a form*) заполнéние.

complex /ˈkɒmpleks/ *n* (*abstract or physical whole, also psychol*) кóмплекс.
● *adj* слóжный, кóмплексный; (*gram*): **~ sentence** сложноподчинённое предложéние.

complexion /kəmˈplekʃ(ə)n/ *n* **1** (*of face*) цвет лицá. **2** (*character, aspect*) вид, аспéкт; **that puts a different ~ on the matter** э́то представля́ет дéло в инóм свéте.

complexity /kəmˈpleksɪtɪ/ *n* слóжность.

compliance /kəmˈplaɪəns/ *n* устýпчивость, подáтливость, послушáние; **in ~ with his orders** соглáсно егó прикáзам.

compliant /kəmˈplaɪənt/ *adj* устýпчивый, подáтливый.

complicate /ˈkɒmplɪˌkeɪt/ *vt* осложн|я́ть, -и́ть; усложн|я́ть, -и́ть.

complicated /ˈkɒmplɪˌkeɪtɪd/ *adj* слóжный.

complication /ˌkɒmplɪˈkeɪʃ(ə)n/ *n* (*complexity*) слóжность; (*complicating circumstance*) осложнéние; (*med*): **~s set in** послéдовали осложнéния.

complicity /kəmˈplɪsɪtɪ/ *n* соучáстие.

compliment /ˈkɒmplɪmənt/ *n* **1** (*praise*) комплимéнт; похвалá; **a backhanded ~** сомни́тельный комплимéнт. **2** (*in pl, greetings*) привéт, поздравлéние; **~s of the season** новогóдние (*u m. n.*) поздравлéния; **with the author's ~s** с наилýчшими пожелáниями от áвтора.
● *vt* говори́ть (*impf*) комплимéнты + *d* (*no поводу чего*); хвали́ть, по- (за + *a*).

complimentary /ˌkɒmplɪˈmentərɪ/ *adj* **1** (*laudatory*) похвáльный, лéстный. **2**: **~ copy** (*of book*) бесплáтный экземпля́р; **~ ticket** контрамáрка, пригласи́тельный билéт.

compline /ˈkɒmplɪn, -plaɪn/ *n* повечéрие.

comply /kəmˈplaɪ/ *vi*: **~ with** уступ|áть, -и́ть (+ *d*); слýшаться, по- (+ *g*); подчин|я́ться, -и́ться (+ *d*).

component /kəmˈpəʊnənt/ *n* компонéнт; составнáя часть; детáль.
● *adj* составнóй, составля́ющий.

comport /kəmˈpɔːt/ *vt* & *i*: **~ o.s.** держáться (*impf*); вести́ (*det*) себя́.

comportment /kəmˈpɔːtmənt/ *n* манéра держáться; поведéние.

compose /kəmˈpəʊz/ *vt* & *i* **1** (*make up, constitute*) сост|авля́ть, -áвить; компоновáть, с-; **the party was ~d of teachers** грýппа состоя́ла из учителéй. **2** (*literature, music*) сочин|я́ть, -и́ть; **~ a picture** сост|авля́ть, -áвить компози́цию карти́ны. **3** (*control, assuage*): **~ o.s.** успок|áиваться, -óиться; **a ~d manner** сдéржанная манéра. **4** (*printing*) наб|ирáть, -рáть.

composedly /kəmˈpəʊzɪdlɪ/ *adv* сдéржанно, спокóйно.

composer /kəmˈpəʊzə(r)/ *n* (*mus*) компози́тор.

composite /ˈkɒmpəzɪt, -ˌzaɪt/ *n* составнóй предмéт.
● *adj* составнóй; (*bot*) сложноцвéтный; (*math*) слóжный.

composition /ˌkɒmpəˈzɪʃ(ə)n/ *n* **1** (*act or art of composing*) сочинéние, составлéние; **a work of his own ~** произведéние егó сóбственного сочинéния. **2** (*literary or musical work*) произведéние, сочинéние. **3** (*school exercise*) сочинéние. **4** (*arrangement*) компози́ция, расстанóвка. **5** (*make-up*) состáв; **~ of the soil** состáв пóчвы. **6** (*artificial substance*) смесь, соединéние, сплáв. **7** (*printing*) набóр.

compositor /kəmˈpɒzɪtə(r)/ *n* набóрщик.

compos mentis /ˌkɒmpɒs ˈmentɪs/ *adj* в здрáвом умé.

compost /ˈkɒmpɒst/ *n* компóст.
● *vt* (*make into ~*) готóвить (*impf*) компóст из + *g*; (*treat with ~*) уд|обря́ть, -óбрить компóстом.

composure /kəmˈpəʊʒə(r)/ *n* спокóйствие.

compote /ˈkɒmpəʊt, -pɒt/ *n* компóт.

compound[1] /ˈkɒmpaʊnd/ *n* (*enclosure*) огорóженное мéсто.

compound[2] /ˈkɒmpaʊnd/ *n* (*mixture*) смесь; (*gram*) слóжное слóво; (*chem*) соединéние.
● *adj* составнóй, слóжный; **~ interest** слóжные процéнты; **~ fracture** откры́тый/осложнённый перелóм.

compound[3] /kəmˈpaʊnd/ *vt* **1** (*mix, combine*) смéш|ивать, -áть; соедин|я́ть, -и́ть; **a dish ~ed of many ingredients** блю́до, приготóвленное из мнóгих составны́х частéй. **2** (*aggravate*) отягчáть (*impf*).

comprehend /ˌkɒmprɪˈhend/ *vt* (*understand*) пон|имáть, -я́ть; пост|игáть, -и́гнуть.

comprehensible /ˌkɒmprɪˈhensɪb(ə)l/ *adj* поня́тный, постижи́мый.

comprehension /ˌkɒmprɪˈhenʃ(ə)n/ *n* (*understanding*) понимáние, постижéние.

comprehensive /ˌkɒmprɪˈhensɪv/ *adj* (*of wide scope*) всеобъéмлющий, исчéрпывающий; **~ school** (*Br*) срéдняя общеобразовáтельная шкóла.

comprehensiveness /ˌkɒmprɪˈhensɪvnɪs/ *n* всеобъéмлемость; широтá охвáта.

comprehensive school — срéдняя общеобразовáтельная шкóла

В Великобритáнии дéти ýчатся в такóй шкóле с 11 и до 18 лет.

compress[1] /ˈkɒmpres/ *n* (*to relieve inflammation*) компрéсс.

compress[2] /kəmˈpres/ *vt* (*physically*) сж|имáть, -ать; сдáв|ливать, -и́ть; **~ed air** сжáтый вóздух; (*make more concise*) сж|имáть, -ать; сокра|щáть, -ти́ть.

compressible /kəmˈpresɪb(ə)l/ *adj* сжимáющийся.

compression /kəmˈpreʃ(ə)n/ *n* (*lit*) сжáтие, сдáвливание; (*fig*) сжáтие, сокращéние; (*tech, comput*) компрéссия.

compressor /kəmˈpresə(r)/ *n* компрéссор.

comprise /kəmˈpraɪz/ *vt* включ|áть, -и́ть в себя́; состоя́ть (*impf*) из + *g*.

compromise /ˈkɒmprəˌmaɪz/ *n* компроми́сс.
● *vt* (*expose to discredit*) компромети́ровать, с-; (*endanger*) стáвить, по- под угрóзу.
● *vi* пойти́ (*pf*) на компроми́сс; (*reach ~*) при|ходи́ть, -йти́ к компроми́ссу.

comptroller /kənˈtrəʊlə(r)/ = **controller**

compulsion /kəmˈpʌlʃ(ə)n/ *n* принуждéние; **on, under ~** по принуждéнию.

compulsive /kəmˈpʌlsɪv/ *adj* (*irresistible*) непреодоли́мый; (*inveterate*) зая́длый; **a ~ liar** патологи́ческий врáль.

compulsoriness /kəmˈpʌlsərɪnɪs/ *n* обязáтельность.

compulsory /kəmˈpʌlsərɪ/ *adj* обязáтельный, принуди́тельный; **~ measures** принуди́тельные мéры; **~ military service** вóинская пови́нность.

compunction /kəmˈpʌŋkʃ(ə)n/ *n* угрызéния (*nt pl*) сóвести; раскáяние; **without ~** без сожалéния.

computable /ˌkɒmˈpjuːtəb(ə)l, ˈkɒm-/ *adj* исчисли́мый.

computation /ˌkɒmpjuːˈteɪʃ(ə)n/ *n* вычислéние.

compute /kəmˈpjuːt/ *vt* & *i* вычисля́ть, вы́числить.

computer /kəmˈpjuːtə(r)/ *n* **1** (*electronic device*) компью́тер, электрóнно-вычисли́тельная маши́на (*abbr* ЭВМ); **IBM-compatible ~** IBM-совмести́мый компью́тер; **laptop ~** ноутбýк, портати́вный компью́тер; **~ dating** подбóр супрýгов с пóмощью компью́тера; **~ game** компью́терная игрá; **~ graphics** компью́терная грáфика; **~-literate** владéющий компью́тером на бáзовом ýровне, компью́терно грáмотный; **~ programmer** программи́ст (*fem* -ка); **~ programming** программи́рование; **~ science** вычисли́тельная тéхника. **2** (*person*) человéк, выполня́ющий подсчёты; расчётчик.
● *cpds* **~-aided design** *n* автоматизи́рованное проекти́рование; **~-aided learning** *n* маши́нное обучéние; **~-assisted** *adj* автоматизи́рованный.

computerization /kəmˌpjuːtəraɪˈzeɪʃ(ə)n/ *n* компьютеризáция.

computerize /kəmˈpjuːtəˌraɪz/ *vt* компьютеризи́ровать (*impf, pf*); осна|щáть, -сти́ть компью́терами.

comrade /ˈkɒmreɪd, -rɪd/ *n* товáрищ; **~-in-arms** сорáтник.

comradely /ˈkɒmreɪdlɪ, -rɪdlɪ/ *adj* това́рищеский.

comradeship /ˈkɒmreɪdʃɪp, -rɪdʃɪp/ *n* това́рищество.

con[1] /kɒn/ *see* ⇒**pro**[1]

con[2] /kɒn/ *vt* (**conned, conning**) (*sl, dupe*) над|ува́ть, -у́ть; ~ **man** моше́нник, жу́лик.

concatenation /kɒn,kætɪˈneɪʃ(ə)n/ *n* сцепле́ние, связь; ~ **of circumstances** стече́ние обстоя́тельств.

concave /ˈkɒnkeɪv/ *adj* во́гнутый.

concavity /kɒnˈkævɪtɪ/ *n* во́гнутость.

concavo-concave /kɒn,keɪvəʊ ˈkɒnkeɪv/ *adj* двояково́гнутый.

concavo-convex /kɒn,keɪvəʊ ˈkɒnveks/ *adj* во́гнуто-вы́пуклый.

conceal /kənˈsi:l/ *vt* скр|ыва́ть, -ы́ть; (*keep secret*)ута́|ивать, -и́ть.

concealment /kənˈsi:lmənt/ *n* сокры́тие, ута́ивание; **he remained in** ~ он продолжа́л скрыва́ться.

concede /kənˈsi:d/ *vt* уступ|а́ть, -и́ть; ~ **a point** уступ|а́ть, -и́ть по одному́ пу́нкту; **the candidate** ~**d the election** кандида́т призна́л себя́ побеждённым на вы́борах; (*sport*): **he** ~**d ten points to his opponent** он дал своему́ проти́внику фо́ру в де́сять очко́в.

conceit /kənˈsi:t/ *n* (*vanity*) самомне́ние, самонаде́янность, тщесла́вие, зазна́йство.

conceited /kənˈsi:tɪd/ *adj* самонаде́янный, зазна́вшийся.

conceivabl|e /kənˈsi:vəb(ə)l/ *adj* мы́слимый, постижи́мый; **he may** ~**y be right** не исключено́, что он прав.

conceive /kənˈsi:v/ *vt* **1** (*form in the mind, imagine*) заду́м|ывать, -ать; ~ **a dislike for** невзлюби́ть (*pf*); **I** ~ **that there may be difficulties** я допуска́ю, что мо́гут возни́кнуть тру́дности. **2** (*formulate*) выража́ть, вы́разить; **a letter** ~**d in simple language** письмо́, напи́санное просты́м языко́м. **3** (*become pregnant with*) зач|ина́ть, -а́ть; **she** ~**d a child** она́ зачала́ ребёнка.
● *vi* зач|ина́ть, -а́ть, забере́менеть (*pf*).

concentrate /ˈkɒnsən,treɪt/ *n* (*of product*) концентра́т.
● *vt* **1** (*bring together, focus*) сосредото́чи|вать, -ть; концентри́ровать, с-. **2** (*increase strength of*) концентри́ровать, с-; **a** ~**d solution** концентри́рованный раство́р; ~**d food** концентра́ты (*m pl*).
● *vi* сосредото́чи|ваться, -ться; концентри́роваться, с-; **he** ~**d on his work** он сосредото́чился на свое́й рабо́те.

concentration /,kɒnsənˈtreɪʃ(ə)n/ *n* **1** (*chem*) концентра́ция, кре́пость. **2** (*of troops etc.*) сосредото́чение, концентра́ция; ~ **camp** концентрацио́нный ла́герь, концла́герь (*m*). **3** (*of attention etc.*) сосредото́ченность.

concentric /kənˈsentrɪk/ *adj* концентри́ческий.

concept /ˈkɒnsept/ *n* поня́тие, конце́пция.

conception /kənˈsepʃ(ə)n/ *n* **1** (*notion*) конце́пция, поня́тие; **I have no** ~ **of what he means** поня́тия не име́ю, что он хо́чет э́тим сказа́ть. **2** (*physiol*) зача́тие; **Immaculate C**~ непоро́чное зача́тие.

conceptual /kənˈseptjʊəl/ *adj* концептуа́льный.

conceptualism /kənˈseptjʊə,lɪz(ə)m/ *n* концептуали́зм.

concern /kənˈsɜ:n/ *n* **1** (*affair*) отноше́ние, каса́тельство; **it is no** ~ **of mine** э́то меня́ не каса́ется. **2** (*business*) конце́рн, предприя́тие; **a going** ~ де́йствующее предприя́тие. **3** (*share*) уча́стие, интере́с; **he has a** ~ **in the enterprise** он уча́ствует в э́том предприя́тии. **4** (*importance*) ва́жность; значи́тельность; **it is a matter of** ~ **to us all** э́то де́ло большо́й ва́жности для нас всех. **5** (*anxiety*) беспоко́йство.
● *vt* **1** (*have to do with*) каса́ться (*impf*) + *g*; ~**ed** (*involved*) заинтересо́ванный; **I am not** ~**ed** э́то меня́ не каса́ется; **as far as that is** ~**ed** что каса́ется э́того; **the parties** ~**ed** заинтересо́ванные сто́роны; **to whom it may** ~ заинтересо́ванным ли́цам; для предъявле́ния по тре́бованию. **2** (*cause anxiety to*) беспоко́ить (*impf*); ~**ed** (*anxious*) озабо́ченный, обеспоко́енный; **I am** ~**ed about the future** меня́ беспоко́ит бу́дущее; **I am** ~**ed that he should be heard** я заинтересо́ван в том, что́бы его́ вы́слушали.

concerning /kənˈsɜ:nɪŋ/ *prep* относи́тельно + *g*; каса́тельно + *g*; к вопро́су о + *p*.

concert /ˈkɒnsət/ *n* **1** (*agreement*) согла́сие, соглаше́ние; **he acted in** ~ **with his colleague** он де́йствовал сообща́ со свои́м колле́гой. **2** (*entertainment*) конце́рт.
● *cpds* ~**-goer** *n* люби́тель (*m*) конце́ртов; ~ **hall** *n* конце́ртный зал.

concerted /kənˈsɜ:tɪd/ *adj* совме́стный; **a** ~ **effort to eradicate poverty** совме́стные уси́лия, напра́вленные на искорене́ние бе́дности; **he made a** ~ **effort to improve the results** он сконцентри́ровал все свои́ уси́лия, что́бы улу́чшить результа́ты.

concerti /kənˈtʃeətɪ, -ˈtʃɜ:tɪ/ *pl of* ⇒**concerto**

concertina /,kɒnsəˈti:nə/ *n* концерти́но (*indecl*), гармо́ника.

concert|o /kənˈtʃeətəʊ, -ˈtʃɜ:təʊ/ *n* (*pl* ~**os** *or* ~**i**) конце́рт; **piano** ~ конце́рт для фортепиа́но.

concession /kənˈseʃ(ə)n/ *n* **1** (*yielding; thing yielded*) усту́пка; **I did it as a** ~ **to his feelings** я сде́лал э́то, щадя́ его́ чу́вства; **as a special** ~ идя́ навстре́чу. **2** (*mining etc.*) конце́ссия. **3** (*preferential rate*) льго́та; (*reduction*) ски́дка.

concessionaire /kən,seʃəˈneə(r)/ *n* концессионе́р.

concessionary /kənˈseʃ(ə)nərɪ/ *adj* концессио́нный.

concessive /kənˈsesɪv/ *adj* (*gram*) уступи́тельный.

conch /kɒŋk, kɒntʃ/ *n* (*pl* ~**s** /kɒŋks/ *or* ~**es** /ˈkɒntʃɪz/) **1** (*shellfish*) моллю́ск. **2** (*shell*) ра́ковина. **3** (*archit*) апси́да.

concierge /,kɔ̃sɪˈeəʒ, ,kɒn-/ *n* консье́рж (*fem* -ка).

conciliate /kənˈsɪlɪ,eɪt/ *vt* (*win over*) распол|ага́ть, -ожи́ть к себе́; (*reconcile*) примир|я́ть, -и́ть.

conciliation /kən,sɪlɪˈeɪʃ(ə)n/ *n* примире́ние.

conciliator /kənˈsɪlɪ,eɪtə(r)/ *n* миротво́рец; посре́дник.

conciliatory /kənˈsɪlɪətərɪ/ *adj* примири́тельный.

concise /kənˈsaɪs/ *adj* кра́ткий, сжа́тый.

concis|eness /kənˈsaɪsnɪs/, **-ion** /kənˈsɪʒ(ə)n/ *nn* кра́ткость, сжа́тость.

conclave /ˈkɒnkleɪv/ *n* конкла́в; (*fig*) та́йное совеща́ние.

conclud|e /kənˈklu:d/ *vt* **1** (*terminate*) зак|а́нчивать, -о́нчить; заверш|а́ть, -и́ть; **to** ~**e** в заключе́ние; ~**ing** заключи́тельный, заверша́ющий; (*session etc.*) закр|ыва́ть, -ы́ть. **2** (*agreement etc.*) заключ|а́ть, -и́ть. **3** (*infer*) де́лать, с- вы́вод, что...; при|ходи́ть, -йти́ к вы́воду, что... .
● *vi* (*end*) зак|а́нчиваться, -о́нчиться; **he** ~**ed by saying** в заключе́ние он сказа́л.

conclusion /kənˈklu:ʒ(ə)n/ *n* **1** (*end*) оконча́ние, заключе́ние, заверше́ние; **bring to a** ~ заверш|а́ть, -и́ть; дов|оди́ть, -ести́ до конца́; **in** ~ в заключе́ние. **2** (*of agreement etc.*) заключе́ние. **3** (*inference*) вы́вод, заключе́ние; **he jumps to** ~**s** он де́лает поспе́шные вы́воды. **4**: **it was a foregone** ~ **that he would win** бы́ло предрешено́, что он победи́т.

conclusive /kənˈklu:sɪv/ *adj* реша́ющий, оконча́тельный, убеди́тельный.

conclusiveness /kənˈklu:sɪvnɪs/ *n* оконча́тельность, убеди́тельность.

concoct /kənˈkɒkt/ *vt* (*of drink etc.*) стря́пать, со-; гото́вить, при-/с-; (*of story etc.*) стря́пать, со-; сочин|я́ть, -и́ть.

concoction /kənˈkɒkʃ(ə)n/ *n* (*drink etc.*) смесь; (*invention of story*) сочине́ние, приду́мывание; (*story invented*) вы́думка.

concomitant /kənˈkɒmɪt(ə)nt/ *adj* сопу́тствующий.

concord /ˈkɒnkɔ:d, ˈkɒŋ-/ *n* согла́сие, соглаше́ние.

concordance /kənˈkɔ:d(ə)ns, kəŋ-/ *n* (*agreement*) согла́сие; (*vocabulary*) указа́тель (*библейских изречений и т. п.*).

concordant /kənˈkɔ:d(ə)nt/ *adj* согла́сный, согласу́ющийся (*both* с + *i*); (*mus*) гармони́чный.

concordat /kənˈkɔ:dæt/ *n* конкорда́т.

concourse /ˈkɒnkɔ:s, ˈkɒŋ-/ *n* (*coming together*) стече́ние; (*of railway station*) вестибю́ль (*m*) вокза́ла.

concrete[1] /ˈkɒnkri:t, ˈkɒŋ-/ *n* (*building material*) бето́н; **reinforced** ~

железобето́н; **~ jungle** бето́нные джу́нгл|и (*pl, g* -ей).
● *vt* бетони́ровать (*impf, pf*).
● *cpd* **~ mixer** *n* бетономеша́лка.

concrete² /ˈkɒnkriːt, ˈkɒŋ-/ *adj* конкре́тный; **in the ~** реа́льно.

concretion /kənˈkriːʃ(ə)n/ *n* сраще́ние, сро́сшаяся ма́сса; (*med*) ка́мни (*m pl*), конкреме́нты (*m pl*).

concubine /ˈkɒŋkjʊˌbaɪn/ *n* нало́жница.

concur /kənˈkɜː(r)/ *vi* (**concurred, concurring**) **1** (*of circumstance etc.*) совп|ада́ть, -а́сть; сходи́ться, сойти́сь. **2** (*agree, consent*) согла|ша́ться, -си́ться (с + *i*).

concurrence /kənˈkʌr(ə)ns/ *n* (*of things*) совпаде́ние, стече́ние; (*agreement, consent*) согла́сие.

concurrent /kənˈkʌrənt/ *adj* (*simultaneous, agreeing*) совпада́ющий; (*math*) сходя́щийся, встреча́ющийся; **~ly** одновре́ме́нно.

concuss /kənˈkʌs/ *vt* (*med*) вызыва́ть, вы́звать сотрясе́ние мо́зга у + *g*.

concussion /kənˈkʌʃ(ə)n/ *n* (*med*) сотрясе́ние мо́зга.

condemn /kənˈdem/ *vt* осу|жда́ть, -ди́ть; пригов|а́ривать, -ори́ть; (*blame*) порица́ть (*impf*); **he was ~ed to life imprisonment** он был приговорён к пожи́зненному заключе́нию; **~ed cell** (*Br*) ка́мера сме́ртника; (*declare unfit for use*) призн|ава́ть, -а́ть неприго́дным; **the building was ~ed** зда́ние бы́ло при́знано неприго́дным для жилья́; (*doom*) обр|ека́ть, -е́чь; **he was ~ed to silence** он был обречён на молча́ние.

condemnation /ˌkɒndemˈneɪʃ(ə)n/ *n* осужде́ние; порица́ние; (*of building*) призна́ние него́дным.

condemnatory /ˌkɒndemˈneɪtərɪ/ *adj* осужда́ющий.

condensation /ˌkɒndenˈseɪʃ(ə)n/ *n* (*phys*) конденса́ция, сгуще́ние, уплотне́ние; (*liquefaction*) сжиже́ние; (*abridgement*) сокраще́ние.

condense /kənˈdens/ *vt* **1** (*phys*) конденси́ровать (*impf, pf*); сгу|ща́ть, -сти́ть; сжи|жа́ть, -ди́ть; **~d milk** сгущённое молоко́. **2** (*fig*): **a ~d account of events** сжа́тый отчёт о собы́тиях.
● *vi* (*phys*) конденси́роваться (*impf, pf*).

condenser /kənˈdensə(r)/ *n* (*tech*) конденса́тор.

condescend /ˌkɒndɪˈsend/ *vi* сни|сходи́ть, -зойти́.

condescending /ˌkɒndɪˈsendɪŋ/ *adj* снисходи́тельный.

condescension /ˌkɒndɪˈsenʃ(ə)n/ *n* снисхожде́ние, снисходи́тельность.

condiment /ˈkɒndɪmənt/ *n* припра́ва.

condition /kənˈdɪʃ(ə)n/ *n* **1** (*state*) состоя́ние, положе́ние; **he is in no ~ to travel** он не в состоя́нии путеше́ствовать. **2** (*fitness*): **the athlete is out of ~** спортсме́н не в фо́рме. **3** (*in pl, circumstances*) усло́вия; обстоя́тельства (*both nt pl*). **4** (*requisite, stipulation*) усло́вие; **on ~ that ...** при усло́вии, что...; **on no ~** ни при каки́х усло́виях. **5** (*status in life*) положе́ние.
● *vt* **1** (*determine, govern*) обусло́в|ливать, -ить; **~ed reflex** усло́вный рефле́кс. **2** (*of athletes*) тренирова́ть, на-. **3** (*indoctrinate*) приуч|а́ть, -и́ть; **he was ~ed to obey unquestioningly** его́ приучи́ли беспрекосло́вно подчиня́ться.

conditional /kənˈdɪʃən(ə)l/ *adj* усло́вный, обусло́вленный; **my agreement is ~ on his coming** я согла́сен при усло́вии, что он придёт; (*gram*): **the ~ (mood)** усло́вное наклоне́ние.

conditioner /kənˈdɪʃənə(r)/ *n* (*for hair*) бальза́м для воло́с, кондиционе́р.

condole /kənˈdəʊl/ *vi* соболе́зновать (*impf*) (+ *d*); выража́ть, вы́разить соболе́знование.

condolence /kənˈdəʊləns/ *n* (*also pl*) соболе́знование.

condom /ˈkɒndɒm/ *n* презервати́в.

condominium /ˌkɒndəˈmɪnɪəm/ *n* кондоми́ниум.

condone /kənˈdəʊn/ *vt* про|ща́ть, -сти́ть; смотре́ть (*impf*) сквозь па́льцы на + *a*.

condor /ˈkɒndɔː(r)/ *n* (*zool*) ко́ндор.

conduce /kənˈdjuːs/ *vi* спосо́бствовать (*impf*) (+ *d*).

conducive /kənˈdjuːsɪv/ *adj* спосо́бствующий; **health is ~ to happiness** здоро́вье — зало́г сча́стья.

conduct¹ /ˈkɒndʌkt/ *n* **1** (*behaviour*) поведе́ние. **2** (*manner of ~ing*) веде́ние. **3**: **safe ~** гара́нтия неприкоснове́нности, охра́нная гра́мота.

conduct² /kənˈdʌkt/ *vt* **1** (*lead, guide*) води́ть (*indet*), вести́ (*det*); руководи́ть (*impf*) + *i*; **a ~ed tour** экску́рсия/осмо́тр с ги́дом. **2** (*manage*) вести́ (*det*); **he ~s his affairs well** он хорошо́ ведёт свои́ дела́; **~ an experiment** ста́вить, по- о́пыт; **~ o.s.** вести́ себя́, держа́ться (*impf*). **3** (*mus, also vi*) дирижи́ровать (*impf*) (+ *i*). **4** (*phys*) проводи́ть (*impf*).

conductance /kənˈdʌkt(ə)ns/ *n* (*tech*) акти́вная проводи́мость.

conduction /kənˈdʌkʃ(ə)n/ *n* (*tech*) проводи́мость, конду́кция; **~ of heat** теплопрово́дность.

conductive /kənˈdʌktɪv/ *adj* (*tech*) проводя́щий.

conductivity /ˌkɒndʌkˈtɪvɪtɪ/ *n* (*tech*) (уде́льная) проводи́мость; электропрово́дность.

conductor /kənˈdʌktə(r)/ *n* **1** (*mus*) дирижёр. **2** (*of bus, tram*) конду́ктор; (*US, of train*) проводни́к. **3** (*phys*) проводни́к.

conductorship /kənˈdʌktəʃɪp/ *n* (*mus*) дирижёрство.

conductress /kənˈdʌktrɪs/ *n* (*of bus, tram*) же́нщина-конду́ктор; (*US, of train*) проводни́ца.

conduit /ˈkɒndɪt, -djʊɪt/ *n* трубопрово́д; водопрово́дная труба́; (*elec*) изоляцио́нная тру́бка.

cone /kəʊn/ *n* **1** (*geom*) ко́нус. **2** (*bot*) ши́шка. **3** (*for ice cream*) ва́фельная тру́бочка.
● *cpd* **~-shaped** *adj* конусообра́зный.

coney /ˈkəʊnɪ/ *n* (*fur*) кро́лик; кро́личий мех.

confabulate /kənˈfæbjʊˌleɪt/ *vi* бесе́довать (*impf*).

confabulation /kənˌfæbjʊˈleɪʃ(ə)n/ *n* обсужде́ние, собесе́дование.

confection /kənˈfekʃ(ə)n/ *n* (*sweetmeat*) сла́дост|и (*pl, g* -ей), конфе́т|ы (*pl, g* —).

confectioner /kənˈfekʃənə(r)/ *n* конди́тер.

confectionery /kənˈfekʃ(ə)n(ə)rɪ/ *n* (*wares*) конди́терские изде́лия; (*shop*) конди́терская.

Confederacy /kənˈfedərəsɪ/ *n* (*hist*) Конфедера́ция.

confederate /kənˈfedərət/ *n* сообщник, сою́зник; (*conjurer's*) посо́бник.
● *adj* сою́зный; (*US hist*) конфедерати́вный.

confederation /kənˌfedəˈreɪʃ(ə)n/ *n* сою́з; федера́ция; конфедера́ция.

confer¹ /kənˈfɜː(r)/ *vt* (**conferred, conferring**) (*grant*) (**on s.o.** + *d*) присв|а́ивать, -о́ить; прису|жда́ть, -ди́ть; дарова́ть (*impf*); **~ a degree** (*academic*) прису|жда́ть, -ди́ть учёную сте́пень; **~ a title** присв|а́ивать, -о́ить ти́тул; **~ a favour** (*Br*), **favor** (*US*) ока́з|ывать, -а́ть услу́гу.

confer² /kənˈfɜː(r)/ *vi* (**conferred, conferring**) (*consult*) совеща́ться (*impf*) (с + *i*); сове́товаться, по- (с + *i*).

conference /ˈkɒnfərəns/ *n* конфере́нция, совеща́ние; **he is in ~** он на совеща́нии.
● *cpds* **~ call** *n* телеконфере́нция, селе́кторное совеща́ние; **~ hall** *n* конфере́нц-за́л; **~ table** *n* стол для заседа́ний; стол перегово́ров.

conferment /kənˈfɜːmənt/ *n* присвое́ние, присужде́ние.

confess /kənˈfes/ *vt & i* **1** призн|ава́ть, -а́ть; призн|ава́ться, -а́ться (*or* созн|ава́ться, -а́ться) (в чём); **I ~ I haven't read it** призна́юсь, я э́того не чита́л; **he ~ed to the crime** он созна́лся в преступле́нии; **a ~ed murderer** созна́вшийся уби́йца. **2** (*eccl*) (*hear confession of*) испове́д|овать, -ать; (**~** *one's sins*) испове́д|оваться, -аться.

confession /kənˈfeʃ(ə)n/ *n* **1** (*avowal*) призна́ние, созна́ние. **2** (*profession of faith*) испове́дание. **3** (*denomination*) вероиспове́дание. **4** (*to a priest*) и́споведь.

confessional /kənˈfeʃən(ə)l/ *n* исповеда́льня.
● *adj* исповеда́льный.

confessor /kənˈfesə(r)/ *n* (*priest*) испове́дник, духовни́к.

confetti /kənˈfetɪ/ *n* конфетти́ (*nt indecl*).

confidant, -e /ˌkɒnfɪˈdænt, ˈkɒn-/ *nn* напе́рсни|к (*fem* -ца); дове́ренное лицо́.

confide /kənˈfaɪd/ *vt* **1** (*entrust*) поруч|а́ть, -и́ть; вв|еря́ть, -е́рить.

2 (*impart*) сообщ|áть, -и́ть; пов|ерять, -éрить; вв|ерять, -éрить; **he ∼d his secret to me** он довéрил мне свою́ тáйну.

● *vi*: ∼ **in** (*impart secrets to*) дели́ться, по- (*своими планами и т. п.*) с + *i*.

confidence /ˈkɒnfɪd(ə)ns/ *n*
1 (*confiding of secrets*) довéрие; **I tell you this in ∼** я говорю́ вам э́то конфиденциáльно (*or* по секрéту); **take s.o. into one's ∼** дов|ерять, -éрить комý-н. свои́ тáйны. **2** (*secret*) тáйна; конфиденциáльное сообщéние. **3** (*trust*): **I have ∼ in him** я увéрен в нём; я вéрю в негó; **he enjoys her ∼** он пóльзуется её довéрием; **he gained her ∼** он завоевáл её довéрие. **4** (*certainty, assurance*) увéренность; самоувéренность; **he spoke with ∼** он говори́л с увéренностью. **5**: ∼ **trick** мошéнничество; ∼ **trickster** мошéнник.

confident /ˈkɒnfɪd(ə)nt/ *adj* увéренный; **I am ∼ of success** я увéрен в успéхе; (*self-confident*) самоувéренный.

confidential /ˌkɒnfɪˈdenʃ(ə)l/ *adj* конфиденциáльный, секрéтный; **a ∼ tone** довери́тельный тон.

confidentiality /ˌkɒnfɪˌdenʃɪˈælɪtɪ/ *n* конфиденциáльность.

configuration /kənˌfɪgjʊˈreɪʃ(ə)n, -gəˈreɪʃ(ə)n/ *n* конфигурáция.

confine /kənˈfaɪn/ *vt* ограни́чи|вать, -ть; заключ|áть, -и́ть; **a bird ∼d in a cage** пти́ца, посáженная в клéтку; **∼ yourself to the subject** придéрживайтесь тéмы; **be ∼d** (*of childbirth*) разреш|áться, -и́ться от брéмени, ро|жáть, -ди́ть.

confinement /kənˈfaɪnmənt/ *n*
1 (*restriction*) ограничéние.
2 (*imprisonment*) заключéние; **solitary ∼** одинóчное заключéние.
3 (*childbirth*) рóд|ы (*pl, g* -ов); **she had a difficult ∼** у неё бы́ли тяжёлые рóды.

confines /ˈkɒnfaɪnz/ *n pl* грани́цы (*f pl*), предéлы (*m pl*).

confirm /kənˈfɜːm/ *vt* **1** (*strengthen, e.g. power*) подтвер|ждáть, -ди́ть; подкреп|ля́ть, -и́ть. **2** (*establish as certain*) утвер|ждáть, -ди́ть; подтвер|ждáть, -ди́ть; **the report is ∼ed** сообщéние подтверждáется; **his appointment was ∼ed** егó назначéние бы́ло утвержденó. **3** (*of person*): **I was ∼ed in this belief by the fact that …** меня́ укрепи́л в э́том убеждéнии тот фáкт, что…; **a ∼ed drunkard** гóрький пья́ница; **a ∼ed bachelor** убеждённый холостя́к. **4** (*relig*): **be ∼ed** про|ходи́ть, -йти́ обря́д конфирмáции.

confirmation /ˌkɒnfəˈmeɪʃ(ə)n/ *n* **1** (*of report etc.*) подтверждéние, утверждéние. **2** (*relig*) конфирмáция.

confiscate /ˈkɒnfɪˌskeɪt/ *vt* конфисковáть (*impf, pf*).

confiscation /ˌkɒnfɪˈskeɪʃ(ə)n/ *n* конфискáция.

conflagration /ˌkɒnfləˈgreɪʃ(ə)n/ *n* большóй пожáр.

conflate /kənˈfleɪt/ *vt* объедин|я́ть, -и́ть (*разные варианты текста и т. п.*).

conflation /kənˈfleɪʃ(ə)n/ *n* соединéние/объединéние рáзных вариáнтов тéкста.

conflict[1] /ˈkɒnflɪkt/ *n* конфли́кт, противорéчие; **∼ of jurisdiction** колли́зия прав.

conflict[2] /kənˈflɪkt/ *vt* быть в конфли́кте (с + *i*); противорéчить (*impf*) (+ *d*).

confluence /ˈkɒnflʊəns/ *n* сли́яние; **at the ∼ of two rivers** при сли́янии двух рек.

confluent /ˈkɒnflʊənt/ *adj* сливáющийся.

conform /kənˈfɔːm/ *vi* (*adapt*) приспос|áбливаться, -óбиться (к + *d*); (*comply*) подчин|я́ться, -и́ться (+ *d*).

conformation /ˌkɒnfɔːˈmeɪʃ(ə)n/ *n* структýра, устрóйство.

conformism /kənˈfɔːmɪz(ə)m/ *n* конформи́зм.

conformist /kənˈfɔːmɪst/ *n* конформи́ст.

conformity /kənˈfɔːmɪtɪ/ *n* (*correspondence, accordance*) соотвéтствие; (*compliance*) подчинéние; (*conformism*) конформи́зм.

confound /kənˈfaʊnd/ *vt* **1** (*amaze*) пора|жáть, -зи́ть; потряс|áть, -ти́. **2** (*confuse*) смéш|ивать, -áть; спýт|ывать, -ать. **3** (*as expletive*): **∼ it!** чёрт возьми́!; **he is a ∼ed nuisance** он ужáсно докýчлив.

confront /kənˈfrʌnt/ *vt* **1** (*bring face to face*) стáвить, по- лицóм к лицý (с + *i*). **2** (*face*) смотрéть (*impf*) в лицó + *d*; встр|ечáть, -éтить; **many difficulties ∼ed us** мы столкнýлись с(о) мнóгими трýдностями.

confrontation /ˌkɒnfrʌnˈteɪʃ(ə)n/ *n* конфронтáция.

confuse /kənˈfjuːz/ *vt* **1** (*throw into confusion*) сму|щáть, -ти́ть; прив|оди́ть, -ести́ в замешáтельство; **his question ∼d me** егó вопрóс смути́л меня́; **the situation is ∼d** положéние запýтанное. **2** (*mistake*) спýт|ывать, -ать; смéш|ивать, -áть; **he ∼d Austria with Australia** он спýтал Áвстрию с Австрáлией.

confusion /kənˈfjuːʒ(ə)n/ *n* смущéние, замешáтельство; (*mix-up*) пýтаница, беспоря́док.

confutation /ˌkɒnfjuːˈteɪʃ(ə)n/ *n* опровержéние.

confute /kənˈfjuːt/ *vt* опров|ергáть, -éргнуть.

congeal /kənˈdʒiːl/ *vt* замор|áживать, -óзить; сгу|щáть, -сти́ть.

● *vi* свёр|тываться, -нýться; сгу|щáться, -сти́ться; заст|ывáть, -ы́ть.

congenial /kənˈdʒiːnɪəl/ *adj* бли́зкий по дýху; **a ∼ companion** прия́тный спýтник; **a ∼ climate** благоприя́тный кли́мат; **∼ employment** рабóта по душé.

congeniality /kənˌdʒiːnɪˈælɪtɪ/ *n* конгениáльность; духóвная бли́зость.

congenital /kənˈdʒenɪt(ə)l/ *adj*: **∼ defect** врождённый дефéкт; **∼ liar** прирождённ|ый лгун (*fem* -ая -ья).

conger /ˈkɒŋgə(r)/ (*also* **∼ eel**) морскóй ýгорь.

congeries /kənˈdʒɪəriːz, -ˈdʒerɪˌiːz/ *n* (*pl* ∼) кýча, грýда.

congested /kənˈdʒestɪd/ *adj* перенаселённый; перегрýженный; (*of street*) запрýженный; (*med*) переполненный крóвью; застóйный.

congestion /kənˈdʒestʃ(ə)n/ *n* перенаселённость; перегрýженность; (*med*) гиперми́я, застóй.

● *cpd* **∼ charge** *n* плáта за въезд в центр гóрода.

conglomerate[1] /kənˈglɒmərət/ *n* конгломерáт (*also geol*).

● *adj* конгломерáтный.

conglomerate[2] /kənˈglɒməˌreɪt/ *vt & i* соб|ирáть(ся), -рáть(ся); ск|áпливать(ся), -опи́ться.

conglomeration /kənˌglɒməˈreɪʃ(ə)n/ *n* конгломерáт.

Congo /ˈkɒŋgəʊ/ *n.* (*country*) Кóнго (*nt indecl*); **Democratic Republic of the ∼** (*formerly Zaire*) Демократи́ческая Респýблика Кóнго.

Congolese /ˌkɒŋgəˈliːz/ *n.* (*native of Congo or Democratic Republic of the Congo*) конголéз|ец (*fem* -ка).

● *adj* конголéзский.

congratulate /kənˈgrætjʊˌleɪt/ *vt* поздр|авля́ть, -áвить (*кого с чем*).

congratulation /kənˌgrætjʊˈleɪʃ(ə)n/ *n* поздравлéние; **∼s!** поздравля́ю!; **letter of ∼** поздрави́тельное письмó.

congratulatory /kənˈgrætjʊlətərɪ/ *adj* поздрави́тельный.

congregate /ˈkɒŋgrɪˌgeɪt/ *vt* соб|ирáть, -рáть.

● *vi* соб|ирáться, -рáться; сходи́ться, сойти́сь.

congregation /ˌkɒŋgrɪˈgeɪʃ(ə)n/ *n* (*assembly*) собрáние; (*in church*) прихожáне (*m pl*), пáства.

> **Congress — конгрéсс**
>
> Законодáтельный óрган США. Он состои́т из двух палáт: палáты представи́телей и сенáта. В палáту представи́телей вхóдит 435 члéнов, избирáемых на 2 гóда. В сенáт вхóдит 100 сенáторов (по два от кáждого штáта), избирáемых на 6 лет. Однá треть сенáторов переизбирáется и́ли замещáется кáждые два гóда. Чтóбы провести́ закóн, инáче называ́емый áктом, егó проéкт (билль) дóлжен быть рассмóтрен и одóбрен обéими палáтами, а затéм ратифици́рован президéнтом. Конгрéсс заседáет в Вашингтóне в Капитóлии на Капитоли́йском холмé. Словá **The Capitol** (Капитóлий) и *The Hill* (холм) тáкже относятся к конгрéссу.

congress /ˈkɒŋgres/ *n* **1** (*organized meeting*) конгрéсс, съезд. **2** (*pol, hist*) конгрéсс; **C∼** (*US*) конгрéсс США; **C∼ of Vienna** Вéнский конгрéсс.

● *cpds* **∼man** *n* (*pl* **∼men**) член конгрéсса, конгрессмéн; **∼woman** *n* (*pl* **∼women**) жéнщина – член конгрéсса.

congruence /ˈkɒŋgrʊəns/ *n* согласóванность, соотвéтствие.

C

congruent /ˈkɒŋgrʊənt/ *adj* соотве́тствующий, подходя́щий; (*geom*) конгруэ́нтный.

congruity /ˌkɒŋˈgru:ɪtɪ/ *n* соотве́тствие.

congruous /ˈkɒŋgrʊəs/ *adj* соотве́тствующий, подходя́щий.

conic /ˈkɒnɪk/ *adj* кони́ческий, ко́нусный; ~ **section** кони́ческое сече́ние.

conical /ˈkɒnɪk(ə)l/ *adj* кони́ческий, ко́нусный.

conifer /ˈkɒnɪfə(r), ˈkəʊn-/ *n* хво́йное де́рево.

coniferous /kəˈnɪfərəs/ *adj* хво́йный, шишконо́сный.

conjectural /kənˈdʒektʃər(ə)l/ *adj* предположи́тельный.

conjecture /kənˈdʒektʃə(r)/ *n* предположе́ние, дога́дка.
● *vt* & *i* предпол|ага́ть, -ожи́ть; гада́ть (*impf*).

conjoin /kənˈdʒɔɪn/ *vt* & *i* соедин|я́ть(ся), -и́ть(ся); сочета́ть(ся) (*impf*, *pf*).

conjoint /kənˈdʒɔɪnt/ *adj* соединённый, объединённый.

conjugal /ˈkɒndʒʊg(ə)l/ *adj* супру́жеский, бра́чный; ~ **rights** супру́жеские права́.

conjugate /ˈkɒndʒʊˌgeɪt/ *vt* спряга́ть, про-.

conjugation /ˌkɒndʒʊˈgeɪʃ(ə)n/ *n* спряже́ние.

conjunction /kənˈdʒʌŋkʃ(ə)n/ *n* **1** (*union*) соедине́ние, связь; **in ~ with** совме́стно/сообща́ с + *i*; **~ of circumstances** стече́ние обстоя́тельств; **~ of events** совпаде́ние собы́тий. **2** (*gram*) сою́з.

conjunctivitis /kənˌdʒʌŋktɪˈvaɪtɪs/ *n* конъюнктиви́т.

conjuncture /kənˈdʒʌŋktʃə(r)/ *n* конъюнкту́ра; стече́ние обстоя́тельств.

conjur|e /ˈkʌndʒə(r)/ *vt* & *i* **1** (*evoke by magic spell*) вызыва́ть, вы́звать. **2** (*fig*): **~e up** вызыва́ть, вы́звать в воображе́нии; **his is a name to ~e with** он влия́тельное лицо́; его́ и́мя име́ет волше́бную си́лу. **3** (*perform tricks*) пока́з|ывать, -а́ть фо́кусы; **he ~ed a rabbit out of a hat** он извлёк из шля́пы кро́лика; **~ing trick** фо́кус.

conjur|or, -er /ˈkʌndʒərə(r)/ *nn* фо́кусник, заклина́тель (*m*).

conk /kɒŋk/ *vi* (*usu* **~ out**) (*break down*) гло́хнуть, за-; (*die*) заг|иба́ться, -ну́ться (*sl*).

conker /ˈkɒŋkə(r)/ *n* (*Br*) ко́нский кашта́н.

connect /kəˈnekt/ *vt* (*join*) соедин|я́ть, -и́ть; свя́з|ывать, -а́ть; **the towns are ~ed by railway** э́ти города́ соединены́ желе́зной доро́гой; **please ~ me with the hospital** пожа́луйста, соедини́те меня́ с больни́цей; **what firm are you ~ed with?** с како́й фи́рмой вы свя́заны?; **he is well ~ed** у него́ хоро́шие свя́зи; **~ up** подключ|а́ть, -и́ть; (*associate*) свя́з|ывать, -а́ть; ассоции́ровать (*impf*, *pf*); **I ~ him with music** его́ и́мя ассоции́руется у меня́ с му́зыкой.
● *vi* соедин|я́ться, -и́ться; свя́з|ываться, -а́ться; **the train ~s with the one from London** э́тот по́езд согласо́ван по расписа́нию с ло́ндонским (по́ездом).

connecting rod /kəˈnektɪŋ/ *n* шату́н, тя́га.

connection /kəˈnekʃ(ə)n/ *n* **1** (*joining up, installation*) соедине́ние, связь. **2** (*fig, link*) связь; **in this ~** в э́той свя́зи. **3** (*of transport*) согласо́ванность расписа́ния; **the train runs in ~ with the ferry** расписа́ние поездо́в и паро́мов согласо́вано; **I missed my ~** я не успе́л сде́лать переса́дку. **4** (*association*) связь; **he formed a ~ with her** он установи́л с ней связь. **5** (*teleph*): **the ~ was bad** телефо́н пло́хо рабо́тал. **6** (*tech*): **a loose ~ in the engine** сла́бый конта́кт в электросисте́ме дви́гателя.

connective /kəˈnektɪv/ *adj* соедини́тельный, связу́ющий.

connexion /kəˈnekʃ(ə)n/ (*Br*) = **connection**

conning tower /ˈkɒnɪŋ/ *n* (*naut*) боева́я ру́бка.

connivance /kəˈnaɪv(ə)ns/ *n* потво́рство, попусти́тельство.

connive /kəˈnaɪv/ *vi*: **~ at** потво́рствовать (*impf*) + *d*; попусти́тельствовать (*impf*) + *d*.

connoisseur /ˌkɒnəˈsə:(r)/ *n* знато́к, цени́тель (*m*).

connotation /ˌkɒnəˈteɪʃ(ə)n/ *n* побо́чное значе́ние; ассоциа́ция, коннота́ция.

connote /kəˈnəʊt/ *vt* означа́ть (*impf*).

connubial /kəˈnju:bɪəl/ *adj* супру́жеский, бра́чный.

conquer /ˈkɒŋkə(r)/ *vt* & *i* (*overcome; obtain by conquest*) завоёв|ывать, -а́ть; покор|я́ть, -и́ть; **~ one's feelings** совлада́ть (*pf*) со свои́ми чу́вствами.

conqueror /ˈkɒŋkərə(r)/ *n* завоева́тель (*m*).

conquest /ˈkɒŋkwest/ *n* (*action*) завоева́ние; (*territory*) завоёванная террито́рия; завоева́ния (*pl*); (*person whose affection has been won*) побе́да.

conquistador /kɒnˈkwɪstəˌdɔ:(r)/ *n* (*pl* **~es** /-ˈdɔ:reɪz/ *or* **~s**) конкистадо́р.

consanguineous /ˌkɒnsæŋˈgwɪnɪəs/ *adj* единокро́вный, ро́дственный.

consanguinity /ˌkɒnsæŋˈgwɪnɪtɪ/ *n* единокро́вность, родство́.

conscience /ˈkɒnʃ(ə)ns/ *n* со́весть; **good, clear ~** чи́стая со́весть; **bad, guilty ~** нечи́стая со́весть; **for ~ sake** для успокое́ния/очи́стки со́вести; **he has many sins on his ~** у него́ на со́вести мно́го грехо́в; **have you no ~?** как то́лько у вас со́вести хвата́ет?; **in all ~** по со́вести говоря́.
● *cpd* **~-stricken** *adj* испы́тывающий угрызе́ния со́вести.

conscienceless /ˈkɒnʃ(ə)nslɪs/ *adj* бессо́вестный.

conscientious /ˌkɒnʃɪˈenʃəs/ *adj* созна́тельный, добросо́вестный, со́вестливый; **~ work** добросо́вестная рабо́та; **~ objector** отка́зывающийся от вое́нной слу́жбы по убежде́нию.

conscientiousness /ˌkɒnʃɪˈenʃəsnɪs/ *n* созна́тельность, добросо́вестность, со́вестливость.

conscious /ˈkɒnʃəs/ *adj* **1** (*physically aware*) созна́ющий, ощуща́ющий; **he was ~ to the last** он был в созна́нии до после́дней мину́ты; **~ of pain** чу́вствующий боль; **I was ~ of what I was doing** я де́йствовал созна́тельно. **2** (*mentally aware*) созна́ющий, понима́ющий; **I was ~ of having offended him** я сознава́л, что оскорби́л его́. **3** (*realized*) созна́ющий, созна́тельный; **with ~ superiority** с созна́нием своего́ превосхо́дства; **a ~ effort** созна́тельное уси́лие. **4** (*self-~*) стеснённый. **5** (*as suff*): **class-~** кла́ссово созна́тельный; **security-~** бди́тельный.

consciousness /ˈkɒnʃəsnɪs/ *n* **1** (*physical*) созна́ние; **he lost ~** он потеря́л созна́ние; **she regained ~** она́ пришла́ в себя́/созна́ние. **2** (*mental*) созна́тельность.

conscript[1] /ˈkɒnskrɪpt/ *n* новобра́нец, призывни́к.
● *adj* при́званный на вое́нную слу́жбу; **~ soldiers** солда́ты-призывники́.

conscript[2] /kənˈskrɪpt/ *vt* приз|ыва́ть, -ва́ть на вое́нную слу́жбу.

conscription /kənˈskrɪpʃ(ə)n/ *n* во́инская пови́нность; (*call-up*) призы́в на вое́нную слу́жбу.

consecrate /ˈkɒnsɪˌkreɪt/ *vt* освя|ща́ть, -ти́ть; посвя|ща́ть, -ти́ть.

consecration /ˌkɒnsɪˈkreɪʃ(ə)n/ *n* освяще́ние; посвяще́ние.

consecutive /kənˈsekjʊtɪv/ *adj* после́довательный; **(on) five ~ days** пять дней подря́д.

consensus /kənˈsensəs/ *n* согла́сие, единоду́шие; (*pol*) консе́нсус.

consent /kənˈsent/ *n* согла́сие; **with one ~** единоду́шно, с о́бщего согла́сия; **age of ~** «во́зраст согла́сия» (*по достижении которого человек правомочен давать согласие на половые отношения*).
● *vi* согла|ша́ться, -си́ться; да|ва́ть, -ть согла́сие.

consequence /ˈkɒnsɪkwəns/ *n* **1** (*result*) сле́дствие, после́дствие; **you must take the ~s of your acts** вам придётся отвеча́ть за после́дствия ва́ших посту́пков; **in ~ of** вслéдствие + *g*; в результа́те + *g*. **2** (*importance*) ва́жность, значе́ние; **a man of ~** влия́тельный/большо́й челове́к; **it is of no ~** э́то не име́ет значе́ния.

consequent /ˈkɒnsɪkwənt/ *adj* явля́ющийся результа́том (*чего*); сле́дующий/вытека́ющий (*из чего*).

consequential /ˌkɒnsɪˈkwenʃ(ə)l/ *adj* **1** (*consequent*) сле́дующий/вытека́ющий (*из чего*). **2** (*important*) ва́жный, значи́тельный.

consequently /ˈkɒnsɪˌkwentlɪ/ *adv* сле́довательно, зна́чит, (*coll*) ста́ло быть.

conservancy /kənˈsɜ:vənsɪ/ *n* (*preservation*) охра́на (приро́ды).

conservation /ˌkɒnsəˈveɪʃ(ə)n/ *n* сохране́ние, охра́на; **~ area** запове́дник; **~ of energy** (*phys*) сохране́ние эне́ргии.

conservationist /ˌkɒnsəˈveɪʃənɪst/ *n* борéц за охрáну прирóды.

conservatism /kənˈsɜːvətɪz(ə)m/ *n* консерватúзм.

conservative /kənˈsɜːvətɪv/ *n* консервáтор.
● *adj* консервати́вный; **a ~ estimate** скрóмный/умéренный подсчёт.

conservatoire /kənˈsɜːvəˌtwɑː(r)/ *n* консерватóрия.

conservatory /kənˈsɜːvətərɪ/ *n* **1** (*Br, room*) застеклённая верáнда; оранжерéя. **2** (*US, mus*) консерватóрия.

conserve /kənˈsɜːv; *n only also* ˈkɒnsɜːv/ *n* (*preserved fruit*) варéнье.
● *vt* (*fruit*) консерви́ровать, за-; (*protect*) сохран|я́ть, -и́ть; сбер|егáть, -éчь; **~ one's strength** берéчь (*impf*) свои́ си́лы.

consider /kənˈsɪdə(r)/ *vt & i* рассм|áтривать, -отрéть; считáть (*impf*); **we are ~ing going to Canada** мы подýмываем о поéздке в Канáду; **~ yourself under arrest** считáйте, что вы арестóваны; **he is ~ed clever** егó считáют ýмным; он считáется ýмным; (*make allowance for*) считáться (*impf*) с + *i*; прин|имáть, -я́ть во внимáние; **we must ~ his feelings** мы должны́ считáться с егó чýвствами; **all things ~ed** приня́в всё во внимáние.

considerable /kənˈsɪdərəb(ə)l/ *adj* значи́тельный.

considerate /kənˈsɪdərət/ *adj* внимáтельный, забóтливый.

considerateness /kənˈsɪdərətnɪs/ *n* внимáние, внимáтельность, забóтливость.

consideration /kənˌsɪdəˈreɪʃ(ə)n/ *n* **1** (*reflection*) рассмотрéние; **take into ~** прин|имáть, -я́ть во внимáние; **leave out of ~** упус|кáть, -ти́ть из ви́ду/ви́да; не прин|имáть, -я́ть во внимáние; **the matter is under ~** дéло рассмáтривается. **2** (*making allowance*): **in ~ of his youth** принимáя во внимáние егó мóлодость; **he showed ~ for my feelings** он считáлся с моúми чýвствами; он щади́л мои́ чýвства. **3** (*reason, factor*) соображéние; **time is an important ~** врéмя — вáжный фáктор; **money is no ~** дéньги не имéют значéния. **4** (*requital*) вознаграждéние; (*law*) встрéчное удовлетворéние.

considering /kənˈsɪdərɪŋ/ *adv & prep* учи́тывая; принимáя во внимáние; **that is not so bad, ~** (*coll*) в óбщем, э́то не так уж плóхо.

consign /kənˈsaɪn/ *vt* (*send*) пос|ылáть, -лáть; (*condemn*) обр|екáть, -éчь; (*entrust*) поруч|áть, -и́ть; вруч|áть, -и́ть; (*hand over*) перед|авáть, -áть; **his body was ~ed to the earth** егó тéло бы́ло прéдано землé.

consignee /ˌkɒnsaɪˈniː/ *n* грузополучáтель (*m*).

consignment /kənˈsaɪnmənt/ *n* (*act of consigning*) отпрáвка; (*goods*) груз, пáртия товáра.

consignor /kənˈsaɪnə(r)/ *n* грузоотправи́тель (*m*).

consist /kənˈsɪst/ *vi*: **~ of** состоя́ть (*impf*) из + *g*; заключáться (*impf*) в + *p*; **the committee ~s of nine members** комитéт состои́т из девяти́ человéк; **~ in: his task ~s in defining work norms** егó рабóта заключáется/состои́т в определéнии норм вы́работки.

consistency /kənˈsɪstənsɪ/ *n* **1** (*of mixture etc.; also* **consistence**) консистéнция. **2** (*adherence to logic or principle*) послéдовательность; постоя́нство.

consistent /kənˈsɪst(ə)nt/ *adj* (*of argument etc.*) послéдовательный; **this fact is ~ with his having written the book** э́тот факт не противорéчит томý, что он явля́ется áвтором э́той кни́ги; (*of person*) послéдовательный.

consolable /kənˈsəʊləb(ə)l/ *adj* утеши́мый.

consolation /ˌkɒnsəˈleɪʃ(ə)n/ *n* утешéние, отрáда; **it is a ~ that he is here** утеши́тельно знать, что он здесь; **~ prize** утеши́тельный приз.

consolatory /kənˈsɒlətərɪ/ *adj* утеши́тельный.

console[1] /ˈkɒnsəʊl/ *n* **1** (*bracket*) консóль, кроншéйн; **~ table** пристéнный стóл(ик). **2** (*control panel*) пульт управлéния. **3** (*cabinet*) кóрпус (*радиоприёмника и т. п.*). **4** (*comput*) (*also* **games ~**) (игровáя) консóль.

console[2] /kənˈsəʊl/ *vt* ут|ешáть, -éшить.

consolidate /kənˈsɒlɪˌdeɪt/ *vt* укреп|ля́ть, -и́ть; консолиди́ровать (*impf, pf*); **C~d Fund** консолиди́рованный фонд.
● *vi* укреп|ля́ться, -и́ться; консолиди́роваться (*impf, pf*).

consolidation /kənˌsɒlɪˈdeɪʃ(ə)n/ *n* консолидáция; укреплéние.

Consols /ˈkɒnsɒlz/ *n* консолиди́рованная рéнта.

consommé /kənˈsɒmeɪ/ *n* консомé (*indecl*), бульóн.

consonance /ˈkɒnsənəns/ *n* (*agreement*) соглáсие; (*mus*) консонáнс.

consonant /ˈkɒnsənənt/ *n* (*phonetics*) соглáсный (звук).
● *adj* (*in accord*) соглáсный, созвýчный.

consonantal /ˌkɒnsəˈnænt(ə)l/ *adj* (*phonetics*) консонáнтный.

consort[1] /ˈkɒnsɔːt/ *n* **1** (*spouse*) консóрт, супрýг (*fem* -а); **Prince C~** принц-консóрт. **2** (*ship*) сопровождáющий корáбль.

consort[2] /kənˈsɔːt/ *vt* (*associate*) общáться (*impf*).

consorti|um /kənˈsɔːtɪəm/ *n* (*pl* **~a** *or* **~ums**) консóрциум.

conspectus /kənˈspektəs/ *n* конспéкт, обзóр.

conspicuous /kənˈspɪkjʊəs/ *adj* замéтный; бросáющийся в глазá; **he was ~ by his absence** егó отсýтствие бросáлось в глазá.

conspiracy /kənˈspɪrəsɪ/ *n* зáговор; конспирáция.

conspirator /kənˈspɪrətə(r)/ *n* заговóрщик; конспирáтор.

conspiratorial /kənˌspɪrəˈtɔːrɪəl/ *adj* заговóрщический, конспирáторский.

conspire /kənˈspaɪə(r)/ *vt & i* устр|áивать, -óить зáговор; сгов|áриваться, -ори́ться; **events ~d against him** собы́тия склáдывались прóтив негó.

constable /ˈkʌnstəb(ə)l/ *n* (*Br, policeman*) полицéйский; **Chief C~** начáльник поли́ции.

constabulary /kənˈstæbjʊlərɪ/ *n* (*Br*) поли́ция.
● *adj* полицéйский.

constancy /ˈkɒnstənsɪ/ *n* постоя́нство; неизмéнность.

constant /ˈkɒnst(ə)nt/ *n* (*math, phys*) констáнта.
● *adj* постоя́нный; (*faithful*) неизмéнный.

Constantinople /ˌkɒnstæntɪˈnəʊp(ə)l/ *n* (*hist*) Константинóполь (*m*).

constantly /ˈkɒnst(ə)ntlɪ/ *adj* (*continuously*) постоя́нно; (*frequently*) вéчно.

constellation /ˌkɒnstəˈleɪʃ(ə)n/ *n* созвéздие, констелля́ция.

consternation /ˌkɒnstəˈneɪʃ(ə)n/ *n* смятéние, ýжас.

constipate /ˈkɒnstɪˌpeɪt/ *vt* (*med*) вызывáть, вы́звать запóр у + *g*; **he is ~d** у негó запóр.

constipation /ˌkɒnstɪˈpeɪʃ(ə)n/ *n* запóр.

constituency /kənˈstɪtjʊənsɪ/ *n* избирáтельный óкруг.

constituent /kənˈstɪtjʊənt/ *n* (*elector*) избирáтель (*fem* -ница); (*element*) составнáя часть.
● *adj* составля́ющий часть цéлого; (*pol*) избирáющий; **~ assembly** учреди́тельное собрáние.

constitute /ˈkɒnstɪˌtjuːt/ *vt* (*make up*) сост|авля́ть, -áвить; (*set up*) учре|ждáть, -ди́ть; устан|áвливать, -ови́ть.

constitution /ˌkɒnstɪˈtjuːʃ(ə)n/ *n* **1** (*make-up*) строéние, структýра; **the ~ of one's mind** склад умá. **2** (*of body*) телосложéние, конститýция. **3** (*pol*) конститýция.

constitutional /ˌkɒnstɪˈtjuːʃən(ə)l/ *n* (*walk*) моциóн, прогýлка.
● *adj* (*of body*) органи́ческий, конституционáльный; (*pol*) конституциóнный.

constitutionalism /ˌkɒnstɪˈtjuːʃənəˌlɪz(ə)m/ *n* конституционали́зм.

constitutive /ˈkɒnstɪˌtjuːtɪv/ *adj* учреди́тельный, существéнный.

constrain /kənˈstreɪn/ *vt* (*force*) прин|уждáть, -ýдить; заст|авля́ть, -áвить; вынуждáть, вы́нудить; (*restrict*) ограни́чи|вать, -ть; **~ed** (*embarrassed*) стеснённый.

constraint /kənˈstreɪnt/ *n* (*compulsion*) принуждéние, давлéние; (*restriction*) ограничéние; (*repression of feelings*) скóванность.

constrict /kənˈstrɪkt/ *vt* сж|имáть, -ать; сужáть, сýзить; **a ~ed outlook** ограни́ченный кругозóр.

constriction /kənˈstrɪkʃ(ə)n/ *n* сжáтие, сужéние; **I feel a ~ in the chest** я чýвствую стеснéние в груди́.

constrictive /kənˈstrɪktɪv/ *adj* сжимáющий, сужáющий.

C

construct /kən'strʌkt/ *vt* конструи́ровать (*impf, pf*); (*also gram, geom*) стро́ить, по-.

construction /kən'strʌkʃ(ə)n/ *n* **1** (*act or method of constructing*) построе́ние, строи́тельство, стро́йка; (*thing constructed*) постро́йка, сооруже́ние; **the road is under ~** доро́га стро́ится; **the website is under ~** (веб-)са́йт (нахо́дится) на ста́дии разрабо́тки; **a car of solid ~** маши́на про́чной констру́кции. **2** (*interpretation*) истолкова́ние; **he put a wrong ~ on my words** он непра́вильно истолкова́л мои́ слова́. **3** (*gram*) констру́кция.

constructional /kən'strʌkʃ(ə)nəl/ *adj* структу́рный; (*pertaining to building*) строи́тельный.

constructive /kən'strʌktɪv/ *adj* (*pertaining to construction; helpful*) конструкти́вный; (*implicit*) подразумева́емый; **a ~ denial** ко́свенный отка́з.

constructor /kən'strʌktə(r)/ *n* констру́ктор; строи́тель (*m*).

construe /kən'stru:/ *vt* (**construes, construed, construing**) (*interpret*) истолко́в|ывать, -а́ть.

consul /'kɒns(ə)l/ *n* ко́нсул.
● *cpd* **~ general** *n* генера́льный ко́нсул.

consular /'kɒnsjʊlə(r)/ *adj* ко́нсульский.

consulate /'kɒnsjʊlət/ *n* (*also hist*) ко́нсульство.

consulship /'kɒns(ə)lʃɪp/ *n* до́лжность ко́нсула.

consult /kən'sʌlt/ *vt* **1** (*refer to*): **~ a book** спр|авля́ться, -а́виться в кни́ге; **~ one's watch** посмотре́ть (*pf*) на часы́; **~ a lawyer** сове́товаться, по- с юри́стом. **2** (*take account of*): **~ s.o.'s interests** прин|има́ть, -я́ть во внима́ние чьи-н. интере́сы.
● *vi* сове́товаться, по- (с + *i*); **~ with s.o.** консульти́роваться (*impf, pf*) с кем-н.; совеща́ться (*impf*) с кем-н.; **~ing physician** (врач-)консульта́нт; **~ing hours** приёмные часы́; **~ing room** кабине́т (врача́).

consultant /kən'sʌlt(ə)nt/ *n* консульта́нт.
● *adj* консульти́рующий.

consultation /ˌkɒnsəl'teɪʃ(ə)n/ *n* консульта́ция; **he acted in ~ with me** он де́йствовал, сове́туясь со мной.

consultative /ˌkən'sʌltətɪv/ *adj* консультати́вный, совеща́тельный.

consumable /kən'sju:məb(ə)l/ *adj* (*edible*) съедо́бный.

consume /kən'sju:m/ *vt* **1** (*eat or drink*) съ|еда́ть, -есть; погло|ща́ть, -ти́ть. **2** (*use up*) потребл|я́ть, -и́ть; расхо́доваться, из-. **3** (*destroy*) истребл|я́ть, -и́ть; **the fire ~d the huts** пожа́р уничто́жил лачу́ги. **4**: **he was ~d with envy** его́ снеда́ла за́висть; **he was ~d with curiosity** его́ снеда́ло любопы́тство.

consumer /kən'sju:mə(r)/ *n* потреби́тель (*m*); **~ goods** потреби́тельские това́ры; **~ society** о́бщество потребле́ния.

consumerism /kən'sju:məˌrɪz(ə)m/ *n* потреби́тельство.

consummate[1] /kən'sʌmɪt, 'kɒnsəmɪt/ *adj* соверше́нный, зако́нченный; **a ~ artist** блестя́щий худо́жник; **~ skill** зако́нченное мастерство́.

consummate[2] /'kɒnsəˌmeɪt/ *vt* (*e.g. happiness*) заверш|а́ть, -и́ть; (*marriage*) осуществ|ля́ть, -и́ть (*бра́чные отноше́ния*).

consummation /ˌkɒnsə'meɪʃ(ə)n/ *n* (*completion, achievement*) заверше́ние, осуществле́ние; (*of marriage*) осуществле́ние.

consumption /kən'sʌmpʃ(ə)n/ *n* **1** (*eating etc.*) потребле́ние, поглоще́ние; **the ~ of beer has gone up** потребле́ние пи́ва вы́росло/увели́чилось. **2** (*using up*) потребле́ние. **3** (*med*) чахо́тка, туберкулёз.

consumptive /kən'sʌmptɪv/ *n & adj* (*med*) чахо́точный, туберкулёзный (больно́й).

contact /'kɒntækt/ *n* **1** (*lit, fig*) конта́кт, соприкоснове́ние; **bring, come into ~ with** установи́ть (*pf*) конта́кт с + *i*; прийти́ (*pf*) в соприкоснове́ние с + *i*; войти́ (*pf*) в конта́кт с + *i*; **keep in ~ with** подде́рживать (*impf*) связь с + *i*; **our troops are in ~ with the enemy** на́ши войска́ вошли́ в соприкоснове́ние с проти́вником; **make/break ~** (*elec*) включи́ть/вы́ключить (*both pf*) ток; **~ lenses** конта́ктные ли́нзы. **2** (*of person*): **he made useful ~s** он завяза́л поле́зные знако́мства; **who is your ~ in that office?** к кому́ вы обы́чно обраща́етесь в э́том учрежде́нии?; **~ man** аге́нт.
● *vt* (*coll*) связа́ться (*pf*) с + *i*.

contagion /kən'teɪdʒ(ə)n/ *n* зара́за, инфе́кция.

contagious /kən'teɪdʒəs/ *adj* зара́зный, инфекцио́нный; **laughter is ~** смех зарази́телен.

contain /kən'teɪn/ *vt* **1** (*hold within itself*) содержа́ть (*impf*) в себе́; **the newspaper ~s interesting reports** в газе́те есть/име́ются интере́сные сообще́ния. **2** (*comprise*) содержа́ть (*impf*); состоя́ть (*impf*) из + *g*; **a gallon ~s eight pints** в галло́не во́семь пинт. **3** (*be capable of holding*) вмеща́ть (*impf*); **how much does this bottle ~?** ско́лько вмеща́ет э́та буты́лка?; какова́ ёмкость э́той буты́лки? **4** (*control*) сде́рж|ивать, -а́ть; **he could not ~ his enthusiasm** он не мог сдержа́ть своего́ восто́рга; **~ yourself!** возьми́те себя́ в ру́ки!; владе́йте собо́й! **5** (*hold in check*) сде́рж|ивать, -а́ть; **our forces ~ed the enemy** на́ши войска́ сде́рживали проти́вника.

container /kən'teɪnə(r)/ *n* **1** (*receptacle*) сосу́д. **2** (*for transport*) конте́йнер; **~ ship/truck** контейнерово́з.

containment /kən'teɪnmənt/ *n* (*of enemy forces etc.*) сде́рживание.

contaminate /kən'tæmɪˌneɪt/ *vt* зара|жа́ть, -зи́ть; загрязн|я́ть, -и́ть.

contamination /kənˌtæmɪ'neɪʃ(ə)n/ *vt* зараже́ние, загрязне́ние.

contemplate /'kɒntəmˌpleɪt/ *vt* **1** (*gaze at*) созерца́ть (*impf*); пристально рассма́тривать (*impf*). **2** (*view mentally*) рассма́тривать (*impf*); созерца́ть (*impf*). **3** (*envisage, plan*) обду́м|ывать, -ать; заду́м|ывать, -ать; зам|ышля́ть, -ы́слить.

contemplation /ˌkɒntəm'pleɪʃ(ə)n/ *n* созерца́ние, размышле́ние, обду́мывание.

contemplative /kən'templətɪv/ *adj* созерца́тельный.

contemporaneity /kənˌtempərə'ni:ɪtɪ/ *n* совреме́нность, одновре́менность.

contemporaneous /kənˌtempə'reɪnɪəs/ *adj* совреме́нный, одновре́менный.

contemporary /kən'tempərərɪ/ *n* совреме́нни|к, све́рстни|к (*fem* -ца).
● *adj* совреме́нный; **~ history** нове́йшая исто́рия.

contempt /kən'tempt/ *n* презре́ние; **have ~ for** презира́ть (*impf*); **in ~ of rules** невзира́я на пра́вила; **~ of court** оскорбле́ние суда́, неуваже́ние к суду́.

contemptible /kən'temptɪb(ə)l/ *adj* презре́нный.

contemptuous /kən'temptjʊəs/ *adj* презри́тельный.

contend /kən'tend/ *vt* утвержда́ть (*impf*).
● *vi* (*fight*) боро́ться (*impf*) (**with:** с + *i*; **for:** за + *a*); (*compete*) состяза́ться (*impf*); сопе́рничать (*impf*); **~ for a prize** боро́ться (*impf*) за приз; оспа́ривать (*impf*) приз; **~ing interests** противополо́жные интере́сы.

contender /kən'tendə(r)/ *n* сопе́рни|к (*fem* -ца), претенде́нт (*fem* -ка).

content[1] /'kɒntent/ *n* (*lit, fig*) содержа́ние; **the sugar ~ of beet** содержа́ние са́хара в свёкле; (*in pl*) содержи́мое; **(table of) ~s** оглавле́ние, содержа́ние.

content[2] /kən'tent/ *n*: **to one's heart's ~** в своё удово́льствие, вво́лю, всласть.
● *adj* дово́льный.
● *vt* удовлетвор|я́ть, -и́ть; **~ o.s.** дово́льствоваться; **a ~ed look** дово́льный вид.

contention /kən'tenʃ(ə)n/ *n* (*strife*) спор, раздо́р; (*assertion*) утвержде́ние.

contentious /kən'tenʃəs/ *adj* вздо́рный, задири́стый.

contentment /kən'tentmənt/ *n* удовлетворённость, дово́льство.

contest /'kɒntest; *v only* kən'test/ *n* ко́нкурс, состяза́ние; **beauty ~** ко́нкурс красоты́.
● *vt & i* **1** (*dispute*) осп|а́ривать, -о́рить. **2** (*contend for*) отст|а́ивать, -оя́ть; боро́ться (*impf*) за + *a*; **the enemy ~ed every inch of ground** враг отста́ивал ка́ждую пядь земли́; **he ~ed the election** он боро́лся на вы́борах.

contestable /kən'testəb(ə)l/ *adj* спо́рный, оспа́риваемый.

contestant /kən'test(ə)nt/ *n* конкуре́нт (*fem* -ка), уча́стни|к (*fem* -ца) состяза́ния.

C

context /ˈkɒntekst/ *n* (*textual*) конте́кст; (*connection*) связь; **in the ~ of today's America** в усло́виях совреме́нной Аме́рики.

contiguity /ˌkɒntɪˈgjuːɪtɪ/ *n* сме́жность, соприкоснове́ние.

contiguous /kənˈtɪgjʊəs/ *adj* сме́жный, соприкаса́ющийся, прилега́ющий.

continence /ˈkɒntɪnəns/ *n* сде́ржанность; воздержа́ние.

continent[1] /ˈkɒntɪnənt/ *n* контине́нт, матери́к; **the C~** (*Europe*) (континента́льная) Евро́па; **the five ~s** пять контине́нтов.

continent[2] /ˈkɒntɪnənt/ *adj* сде́ржанный, возде́ржанный.

continental /ˌkɒntɪˈnent(ə)l/ *n* (*inhabitant of Europe*) жи́тель (*m*) европе́йского контине́нта; европе́|ец (*fem* -йка).

● *adj* континента́льный; **~ quilt** (*Br*) стёганое одея́ло; **~ shelf** материко́вая о́тмель; **~ breakfast** лёгкий за́втрак.

contingency /kənˈtɪndʒənsɪ/ *n* **1** (*uncertainty*) случа́йность, слу́чай. **2** (*possible event*) возмо́жное обстоя́тельство; **~ plan** вариа́нт пла́на; альтернати́вный план.

contingent /kənˈtɪndʒ(ə)nt/ *n* (*mil*) континге́нт.

● *adj* случа́йный; возмо́жный.

continua /kənˈtɪnjʊə/ *pl of* ⇒**continuum**

continual /kənˈtɪnjʊəl/ *adj* постоя́нный, беспреры́вный, беспреста́нный.

continuance /kənˈtɪnjʊəns/ *n* продолжи́тельность, продолже́ние; (*e.g. in office*) пребыва́ние.

continuation /kənˌtɪnjʊˈeɪʃ(ə)n/ *n* продолже́ние; возобновле́ние.

continue /kənˈtɪnjuː/ *vt* (**continues, continued, continuing**) прод|олжа́ть, -о́лжить; **'to be ~d'** (*of story etc.*) продолже́ние сле́дует; **~d on p 15** (смотри́) продолже́ние на стр. 15; **~d from p 2** (смотри́) нача́ло на стр. 2.

● *vi* (**continues, continued, continuing**) прод|олжа́ться, -о́лжиться; **the wet weather ~s** сыра́я пого́да де́ржится; **if you ~ (to be) obstinate** е́сли вы бу́дете по-пре́жнему упо́рствовать.

continuity /ˌkɒntɪˈnjuːɪtɪ/ *n* непреры́вность, неразры́вность, беспреры́вность; **~ girl** (*cin*) монта́жница.

continuous /kənˈtɪnjʊəs/ *adj* непреры́вный, неразры́вный, беспреры́вный; (*gram*) дли́тельный.

continu|um /kənˈtɪnjʊəm/ *n* (*pl* **~a**) конти́нуум.

contort /kənˈtɔːt/ *vt* иска|жа́ть, -зи́ть; искрив|ля́ть, -и́ть.

contortion /kənˈtɔːʃ(ə)n/ *n* искаже́ние; искривле́ние.

contortionist /kənˈtɔːʃənɪst/ *n* челове́к-змея́.

contour /ˈkɒntʊə(r)/ *n* ко́нтур; **~ line** горизонта́ль; **~ map** гипсометри́ческая ка́рта.

● *vt* (*a map*) вычёрчивать, вы́чертить в горизонта́лях; (*a road*) нан|оси́ть, -ести́ ко́нтур + *g*.

contraband /ˈkɒntrəˌbænd/ *n* контраба́нда; **~ of war** вое́нная контраба́нда; **~ goods** контраба́ндные това́ры.

contrabandist /ˈkɒntrəˌbændɪst/ *n* контрабанди́ст.

contraception /ˌkɒntrəˈsepʃ(ə)n/ *n* предупрежде́ние бере́менности; примене́ние противозача́точных средств.

contraceptive /ˌkɒntrəˈseptɪv/ *n* противозача́точное сре́дство.

● *adj* противозача́точный.

contract[1] /ˈkɒntrækt/ *n* (*agreement*) контра́кт, догово́р; **marriage ~** бра́чный контра́кт; **breach of ~** наруше́ние догово́ра/контра́кта; **~ bridge** бридж-контра́кт; **~ killer** ки́ллер, наёмный уби́йца; **~ killing** заказно́е уби́йство.

contract[2] /kənˈtrækt/ *vt* (*conclude*) заклю|ча́ть, -чи́ть (*договор*/*контракт*); **~ a marriage** вступи́ть в брак; (*incur*): **~ an illness** заболе́ть (*pf*); **~ debts** влезть (*pf*) в долги́; наде́лать (*pf*) долго́в.

● *vi* (*agree*) прин|има́ть, -я́ть на себя́ обяза́тельство; **he ~ed to build a bridge** он подряди́лся постро́ить мост; **~ing parties** догова́ривающиеся сто́роны (*f pl*); **~ out** (*Br*) отказа́ться (*pf*) от уча́стия в (*чём*); вы́йти (*pf*) из де́ла.

contract[3] /kənˈtrækt/ *vt* (*shorten*) сокра|ща́ть, -ти́ть; (*tighten*) сж|има́ть, -ать; **~ one's brow** нахму́рить/намо́рщить (*pf*) лоб; (*reduce*) сокра|ща́ть, -ти́ть.

● *vi* (*shorten*) сокра|ща́ться, -ти́ться; **metal ~s** мета́лл сжима́ется; (*tighten*) сж|има́ться, -а́ться; (*grow smaller*) сокра|ща́ться, -ти́ться.

contraction /kənˈtrækʃ(ə)n/ *n* **1** (*shortening*) сокраще́ние, суже́ние; (*short form*) стяжённая фо́рма, контракту́ра. **2** (*of metal*) сжа́тие; (*of muscle etc.*) сокраще́ние, уса́дка. **3** (*of illness*) заболева́ние (*чем*).

contractor /kənˈtræktə(r)/ *n* (*person*) подря́дчик.

contractual /kənˈtræktjʊəl/ *adj* догово́рный.

contradict /ˌkɒntrəˈdɪkt/ *vt* противоре́чить (*impf*) + *d*; (*rumours etc.*) опров|ерга́ть, -е́ргнуть.

contradiction /ˌkɒntrəˈdɪkʃ(ə)n/ *n* противоре́чие, опроверже́ние; **~ in terms** логи́ческая несообра́зность.

contradictory /ˌkɒntrəˈdɪktərɪ/ *adj* противоречи́вый.

contradistinction /ˌkɒntrədɪˈstɪŋkʃ(ə)n/ *n* противопоставле́ние, противополо́жность; **in ~ to** в отли́чие от + *g*.

contraindicated /ˌkɒntrəˈɪndɪˌkeɪtɪd/ *adj* (*med*) противопока́занный.

contraindication /ˌkɒntrəˌɪndɪˈkeɪʃ(ə)n/ *n* (*med*) противопоказа́ние.

contralto /kənˈtræltəʊ/ *n* (*pl* **~s**) (*voice, singer*) контра́льто (*nt & f, indecl*).

contraption /kənˈtræpʃ(ə)n/ *n* (*coll*) приспособле́ние.

contrapuntal /ˌkɒntrəˈpʌnt(ə)l/ *adj* (*mus*) контрапункти́ческий, контрапу́нктный.

contrariness /ˈkɒntrərɪnɪs/ *n* (*coll, perversity*) своево́лие, своенра́вность, своенра́вие.

contrariwise /kənˈtreərɪˌwaɪz/ *adj* с друго́й стороны́; наоборо́т.

contrary[1] /ˈkɒntrərɪ/ *n* противополо́жность; противополо́жное, обра́тное; **on, quite the ~** (как раз) наоборо́т; **to the ~** в обра́тном смы́сле; **I have heard nothing to the ~** у меня́ нет основа́ния сомнева́ться в э́том; **unless I hear to the ~** е́сли я не услы́шу чего́-нибудь ино́го/противополо́жного; **there is no evidence to the ~** нет доказа́тельств проти́вного/обра́тного.

● *adj* противополо́жный, проти́вный, обра́тный; **~ winds** проти́вные ве́тры; **~ information** противополо́жные сообще́ния.

● *adv*: **he acted ~ to the rules** он поступи́л про́тив пра́вил; **~ to my expectations** вопреки́ мои́м ожида́ниям.

contrary[2] /kənˈtreərɪ/ *adj* (*coll*) своево́льный, своенра́вный.

contrast /ˈkɒntrɑːst/ *n* контра́ст; противополо́жность; (*tech, TV etc.*) контра́стность; **in ~ to** в противополо́жность + *d*; **by ~ with** по сравне́нию с + *i*.

● *vt* противопост|авля́ть, -а́вить; сопост|авля́ть, -а́вить.

● *vi* контрасти́ровать (*impf, pf*); **the colours ~ well** э́ти цвета́ создаю́т хоро́ший контра́ст; **his words ~ with his behaviour** его́ слова́ противоре́чат его́ поведе́нию.

contravene /ˌkɒntrəˈviːn/ *vt* противоре́чить (*impf*) + *d*; **he ~d the law** он нару́шил зако́н.

contravention /ˌkɒntrəˈvenʃ(ə)n/ *n* наруше́ние; **in ~ of** в наруше́ние + *g*.

contretemps /ˈkɔːntrəˌtɔ̃/ *n* (*pl* **~** /-tɔ̃z/) неприя́тность; непредви́денное препя́тствие.

contribute /kənˈtrɪbjuːt/ *vt* (*money etc.*) же́ртвовать, по-; **he ~d £5** он внёс 5 фу́нтов; **he ~d new information** он сообщи́л но́вые све́дения.

● *vi* соде́йствовать (*impf*) + *d*; спосо́бствовать (*impf*) + *d*; **it ~d to his ruin** э́то яви́лось одно́й из причи́н его́ разоре́ния; **he ~s to our magazine** он пи́шет для на́шего журна́ла.

contribution /ˌkɒntrɪˈbjuːʃ(ə)n/ *n*: **a ~ of £5** поже́ртвование/взнос в пять фу́нтов; **his ~ to our success** его́ вклад в наш успе́х; (*to a periodical etc.*) статья́, заме́тка.

contributor /kənˈtrɪbjʊtə(r)/ *n* (*writer*) (постоя́нный) сотру́дник; (*of funds*) же́ртвователь (*m*).

contributory /kənˈtrɪbjʊtərɪ/ *adj* соде́йствующий, спосо́бствующий; **~ negligence** встре́чная вина́, вина́ потерпе́вшего; **a ~ pension scheme** (*Br*) пенсио́нная систе́ма, осно́ванная на отчислениях из заработка работающих.

contrite /ˈkɒntraɪt, kənˈtraɪt/ *adj* сокрушающийся, кающийся.

contrition /kənˈtrɪʃ(ə)n/ *n* сокрушение, раскаяние, покаяние.

contrivance /kənˈtraɪv(ə)ns/ *n* (*skill*) изобретательность; (*device*) приспособление, изобретение.

contrive /kənˈtraɪv/ *vt* (*devise*) задум|ывать, -ать; изобре|тать, -сти; (*succeed*) изловчиться (*pf*); **he ~d to offend everybody** он умудрился обидеть всех; **~d** (*artificial*) искусственный.

control /kənˈtrəʊl/ *n* **1** (*power to direct etc.*) управление, регулирование; **he lost ~ of the car** он потерял управление автомобилем; **he is in ~ of the situation** он хозяин положения; **the situation is under ~** ситуация нормализовалась (*or* находится под контролем); **the children are out of ~** дети не слушаются; **traffic ~** регулирование уличного движения; **remote ~** дистанционное управление. **2** (*means of regulating*) контроль (*m*); **government ~s** государственный контроль; **birth ~** регулирование рождаемости. **3** (*in pl, of a machine etc.*) рычаги (*m pl*) управления; **volume ~** регулятор громкости/усиления. **4**: **~ experiment** контрольный опыт; **~ panel** приборная доска; пульт управления; **~ room** пункт управления; **~ tower** (*aeron*) контрольно-диспетчерский пункт.
● *vt* (**controlled, controlling**) **1** (*master, regulate*) контролировать, про-; регулировать (*impf, pf*); держать (*impf*) в повиновении; **~ children** держать (*impf*) детей в послушании; **~ one's temper** владеть (*impf*) собой; **~ prices** регулировать цены. **2** (*verify*) контролировать, про-.

controllable /kənˈtrəʊləb(ə)l/ *adj* регулируемый, контролируемый, управляемый.

controller /kənˈtrəʊlə(r)/ *n* контролёр, инспектор; (*comput*) контроллер.

controversial /ˌkɒntrəˈvɜːʃ(ə)l/ *adj* спорный, полемический; **a ~ subject** предмет, вызывающий полемику/споры.

controversy /ˈkɒntrəˌvɜːsɪ/ *n* полемика, спор.

controvert /ˈkɒntrəˌvɜːt, -ˈvɜːt/ *vt* противоречить (*impf*) + *d*.

contuse /kənˈtjuːz/ *vt* контузить (*pf*).

contusion /kənˈtjuːʃ(ə)n, -ʒ(ə)n/ *n* контузия, ушиб.

conundrum /kəˈnʌndrəm/ *n* загадка, головоломка.

conurbation /ˌkɒnɜːˈbeɪʃ(ə)n/ *n* конурбация, городская агломерация.

convalesce /ˌkɒnvəˈles/ *vi* выздоравливать, поправляться (*both impf*).

convalescence /ˌkɒnvəˈles(ə)ns/ *n* выздоровление.

convalescent /ˌkɒnvəˈles(ə)nt/ *n* выздоравливающий.
● *adj* (*of patient*) выздоравливающий, поправляющийся; **~ home** санаторий для выздоравливающих; ≈ восстановительно-реабилитационный центр.

convection /kənˈvekʃ(ə)n/ *n* конвекция.

convector /kənˈvektə(r)/ *n* конвектор.

convene /kənˈviːn/ *vt* (*people*) соб|ирать, -рать; (*meeting*) соз|ывать, -вать.
● *vi* соб|ираться, -раться.

conven|er, -or /kənˈviːnə(r)/ *n* организатор/инициатор собрания.

convenience /kənˈviːnɪəns/ *n* **1** удобство; **marriage of ~** брак по расчёту; **at your ~** когда вам будет удобно; **having the railway close by is a ~** удобно жить вблизи от железной дороги; **~ foods** пищевые полуфабрикаты. **2** (*appliance*) удобства (*nt pl*); **all modern ~s** все удобства. **3**: **public ~** (*Br*) общественная уборная.
● *cpd* **~ store** *n* магазин шаговой доступности, (круглосуточный) магазин товаров повседневного спроса.

convenient /kənˈviːnɪənt/ *adj* удобный, подходящий; **if it is ~ for you** если вам удобно; **the station is ~ly near** до станции — рукой подать.

convenor /kənˈviːnə(r)/ = **convener**

convent /ˈkɒnv(ə)nt, -vent/ *n* (женский) монастырь; **she entered a ~** она постриглась в монахини.

convention /kənˈvenʃ(ə)n/ *n* **1** (*congress*) съезд. **2** (*treaty*) конвенция. **3** (*custom*) обычай, условность.

conventional /kənˈvenʃən(ə)l/ *adj* обычный, традиционный; **a ~ greeting** (обще)принятое приветствие; **~ sign** условный знак; **~ armaments** вооружение обычного типа; **a ~ person** человек, который придерживается условностей; (*banal*) стандартный; **~ war** война с применением обычных вооружений.

conventionality /kənˌvenʃəˈnælɪtɪ/ *n* условность.

converge /kənˈvɜːdʒ/ *vi* сходиться, сойтись; (*math*) стремиться (*impf*) к пределу; **the armies ~d on the city** армии приблизились к городу.

convergence /kənˈvɜːdʒəns/ *n* сходимость, конвергенция.

convergent /kənˈvɜːdʒ(ə)nt/ *adj* сходящийся в одной точке.

conversant /kənˈvɜːs(ə)nt/ *adj* (*pred*) знакомый (**with:** с + *i*), осведомлённый (**with:** в + *p*).

conversation /ˌkɒnvəˈseɪʃ(ə)n/ *n* разговор, беседа, речь; **~s** (*negotiations*) переговоры (*pl, g* -ов); **make ~** вести/поддерживать (*impf*) пустой разговор; **~ piece** жанровая картина.

conversational /ˌkɒnvəˈseɪʃən(ə)l/ *adj* (*pertaining to conversation*) разговорный; (*talkative*) разговорчивый.

conversationalist /ˌkɒnvəˈseɪʃənəlɪst/ *n* (интересный) собеседник.

converse[1] /ˈkɒnvɜːs/ *n* (*logic, math*) обратное положение; обратная теорема.

converse[2] /kənˈvɜːs/ *vi* (*talk*) беседовать (*impf*), разговаривать (*impf*).

conversely /ˈkɒnvɜːslɪ, kənˈvɜːslɪ/ *adv* наоборот.

conversion /kənˈvɜːʃ(ə)n/ *n* **1** (*transformation*) превращение, переход; **~ of cream into butter** сбивание сливок в масло. **2** (*relig etc.*) обращение (в + *a*); **there were many ~s to Islam** многие приняли ислам. **3** (*math, comm*) преобразование, перевод; **~ of pounds into dollars** перевод фунтов в доллары; обмен фунтов на доллары. **4** (*appropriation*) обращение в свою пользу; **~ of funds to one's own use** присвоение фондов. **5** (*fin, of stocks etc.*) конверсия.

convert[1] /ˈkɒnvɜːt/ *n* (ново)обращённый; **he is a ~ to Buddhism** он перешёл в буддизм.

convert[2] /kənˈvɜːt/ *vt* **1** (*change*) превра|щать, -тить; **the house was ~ed into flats** дом был разбит на квартиры. **2** (*relig etc.*) обра|щать, -тить; **I ~ed him to my view** я убедил его принять мою точку зрения. **3** (*math, comm*) пере|водить, -вести; **~ pounds into euros** перевести (*pf*) фунты (стерлингов) в евро. **4** (*appropriate*) обра|щать, -тить в свою пользу.
● *vi*: **he ~ed to Buddhism** он обратился в буддизм; он принял буддистскую веру.

converter /kənˈvɜːtə(r)/ *n* (*elec*) преобразователь (*m*).

convertibility /kənˌvɜːtɪˈbɪlɪtɪ/ *n* (*fin*) обратимость.

convertible /kənˈvɜːtɪb(ə)l/ *n* (*car*) автомобиль (*m*) с откидным/открывающимся верхом.
● *adj* обратимый, конвертируемый; **~ currency** конвертируемая валюта.

convex /ˈkɒnveks/ *adj* выпуклый, выгнутый.

convexity /ˌkɒnˈveksɪtɪ/ *n* выпуклость, выгнутость.

convey /kənˈveɪ/ *vt* **1** (*carry, transmit*) перев|озить, -езти; перепр|авлять, -авить; **pipes ~ water** вода доставляется по трубам. **2** (*impart*) перед|авать, -ать; **the words ~ nothing to me** эти слова мне ничего не говорят; **~ my greetings to him** передайте ему привет от меня. **3** (*law*) перед|авать, -ать (*имущество, права*).

conveyance /kənˈveɪəns/ *n* (*transmission*) перевозка, передача; (*vehicle*) транспортное средство.

conveyancer /kənˈveɪənsə(r)/ *n* (*law*) нотариус, ведущий дела по передаче имущества.

conveyancing /kənˈveɪənsɪŋ/ *n* (*law*) составление нотариальных актов о передаче имущества.

conveyor /kənˈveɪə(r)/ *n* конвейер, транспортёр; **~ belt** конвейерная лента; ленточный транспортёр.

convict[1] /ˈkɒnvɪkt/ *n* осуждённый, каторжник.

C

convict² /kən'vɪkt/ *vt* (*law*) осу|жда́ть, -ди́ть (**for:** за + *a*).

conviction /kən'vɪkʃ(ə)n/ *n* **1** (*law*) осужде́ние; (*previous*) суди́мость. **2** (*settled opinion*) убежде́ние, убеждённость. **3** (*persuasive force*) убежде́ние; **these arguments carry ~** э́ти аргуме́нты убеди́тельны; **he spoke without ~** он говори́л без убежде́ния.

convince /kən'vɪns/ *vt* убе|жда́ть, -ди́ть; **she ~d me that she was right** она́ убеди́ла меня́ в свое́й правоте́.

convincing /kən'vɪnsɪŋ/ *adj* убеди́тельный.

convivial /kən'vɪvɪəl/ *adj* (*of person*) компане́йский, весёлый; (*of evening etc.*) весёлый.

conviviality /kən,vɪvɪ'ælɪtɪ/ *n* весёлость, весе́лье.

convocation /,kɒnvə'keɪʃ(ə)n/ *n* созы́в, собра́ние.

convoke /kən'vəʊk/ *vt* соз|ыва́ть, -ва́ть.

convoluted /'kɒnvə,lu:tɪd/ *adj* зави́тый, изо́гнутый; (*fig*) запу́танный.

convolution /,kɒnvə'lu:ʃ(ə)n/ *n* изо́гнутость; **the ~s of his argument** запу́танность его́ аргуме́нтов.

convolvulus /kən'vɒlvjʊləs/ *n* (*pl* **~es**) вьюно́к.

convoy /'kɒnvɔɪ/ *n* конво́й; тра́нспортная коло́нна с конво́ем; **the ships sailed under ~** корабли́ шли под охра́ной конво́я.
● *vt* конвои́ровать (*impf*).

convulse /kən'vʌls/ *vt* сотряс|а́ть, -ти́; потряс|а́ть, -ти́; **country ~d by war** страна́, потрясённая войно́й; **he was ~d with laughter** он ко́рчился от сме́ха.

convulsion /kən'vʌlʃ(ə)n/ *n* сотрясе́ние; (*fig*) потрясе́ние; (*in pl, med*) конву́льсия, су́дорога; (*of laughter*) су́дорожный смех.

convulsive /kən'vʌlsɪv/ *adj* конвульси́вный, су́дорожный.

cony /'kəʊnɪ/ = **coney**

coo /ku:/ *n* воркова́нье.
● *vt & i* (**coos, cooed**) воркова́ть (*impf*).

cooee /'ku:i:/ *int* ау́!

cook /kʊk/ *n* (*male*) по́вар; (*on shipboard*) кок; (*fem*) куха́рка; **too many ~s spoil the broth** ≈ у семи́ ня́нек дитя́ без гла́зу.
● *vt* вари́ть, с-; стря́пать, со-; гото́вить, при-; **~ one's own meals** гото́вить самому́; **~ accounts** (*coll*) подде́л|ывать, -ать счета́; **~ up a story** (*coll*) состря́пать (*pf*) исто́рию; **~ s.o.'s goose** угро́бить (*pf*) кого́-н. (*coll*).
● *vi* вари́ться, с-; гото́виться, при-; **these apples ~ well** э́ти я́блоки хорошо́ пеку́тся; **what's ~ing?** (*coll*) что тут затева́ется?
● *cpds* **~book** *n* = **cookery-book**; **~house** *n* похо́дная ку́хня; (*on ship*) ка́мбуз.

cooker /'kʊkə(r)/ *n* (*Br*) (*stove*) плита́; печь; (*apple*) я́блоко для запека́ния.

cookery /'kʊkərɪ/ *n* кулинари́я, стряпня́.
● *cpd* **~ book** (*Br*) *n* пова́ренная кни́га.

cookie /'kʊkɪ/ *n* (*US, small cake*) пече́нье.

cooking /'kʊkɪŋ/ *n* (*cuisine*) ку́хня.
● *adj* столо́вый, ку́хонный; **~ apple** я́блоко для запека́ния.

cool /ku:l/ *n* **1** прохла́да; **in the ~ of the evening** в вече́рней прохла́де. **2**: **lose one's ~** (*coll*) вы́йти (*pf*) из себя́, потеря́ть (*pf*) самооблада́ние.
● *adj* **1** (*lit*) прохла́дный, све́жий. **2** (*unexcited*) хладнокро́вный, невозмути́мый. **3** (*impudent*) на́глый, беззасте́нчивый. **4** (*unenthusiastic*) прохла́дный, холо́дный; **they gave him a ~ reception** они́ его́ встре́тили с холодко́м.
● *vt* охла|жда́ть, -ди́ть; осту|жа́ть, -ди́ть; освеж|а́ть, -и́ть; **rain ~ed the air** по́сле дождя́ ста́ло прохла́дно.
● *vi* охла|жда́ться, -ди́ться; освеж|а́ться, -и́ться; ост|ыва́ть, -ы́ть; **his anger ~ed** его́ гнев осты́л; **~ down, off** ост|ыва́ть, -ы́ть; **~ing-off period** пери́од обду́мывания и перегово́ров.
● *cpds* **~-headed** *adj* уравнове́шенный, споко́йный; **~-headedness** *n* уравнове́шенность, споко́йствие; **~ing tower** *n* гради́рня (*башенное устройство для охлаждения горячей воды воздухом*).

coolant /'ku:lənt/ *n* охлади́тель (*m*).

cooler /'ku:lə(r)/ *n* (*vessel*) ведёрко для охлажде́ния; (*sl, prison cell*) ка́мера, ка́рцер.

coolie /'ku:lɪ/ *n* (*archaic, unskilled labourer in some Asian countries*) ку́ли (*m indecl*) (*местный чернорабочий в Индии, Китае*).

coolness /'ku:lnɪs/ *n* прохла́да, хо́лод; (*of manner*) холодо́к, хо́лодность; (*estrangement*) охлажде́ние; (*impudence*) беззасте́нчивость.

coomb(e) /ku:m/ = **combe**

coop /ku:p/ *n* куря́тник.
● *vt* сажа́ть, посади́ть в кле́тку; **~ up, in** (*fig*) держа́ть (*impf*) взаперти́.

co-op /'kəʊɒp/ *n* (*coll*) кооперати́вный магази́н.

cooper /'ku:pə(r)/ *n* бо́ндарь (*m*), боча́р.

cooperate /kəʊ'ɒpə,reɪt/ *vi* сотру́дничать (*impf*); коопери́роваться (*impf, pf*).

cooperation /kəʊ,ɒpə'reɪʃ(ə)n/ *n* сотру́дничество, коопера́ция.

cooperative /kəʊ'ɒpərətɪv/ *n* кооперати́в; (*in pl, collect*) коопера́ция.
● *adj* кооперати́вный; (*helpful*) гото́вый к сотру́дничеству.

co-opt /kəʊ'ɒpt/ *vt* коопти́ровать (*impf, pf*).

co-option /kəʊ'ɒpʃ(ə)n/ *n* коопта́ция.

coordinate /kəʊ'ɔ:dɪnət; *v only* kəʊ'ɔ:dɪ,neɪt/ *n* (*math, geog*) координа́та; (*in pl*) о́си (*f pl*) координа́т.
● *adj* координи́рованный; ра́вный по значе́нию.
● *vt* координи́ровать (*impf, pf*).

coordination /kəʊ,ɔ:dɪ'neɪʃ(ə)n/ *n* координа́ция.

coot /ku:t/ *n* (*zool*) лысу́ха; **he is as bald as a ~** он лы́сый как коле́но.

cop /kɒp/ *n* **1** (*sl, policeman*) полице́йский, коп; **~s and robbers** (*game*) «сы́щики (*or* полице́йские) и во́ры» (*m pl*) (*игра*). **2**: **not much ~** (*Br sl*) не фонта́н (*sl*).
● *vt* (**copped, copping**) (*catch, arrest*) задержа́ть, арестова́ть (*both pf*); **~ it** (*Br*) (*get into trouble*): **you'll ~ it** ты у меня́ полу́чишь.

co-partner /kəʊ'pɑ:tnə(r)/ *n* компаньо́н, уча́стник в при́былях.

co-partnership /kəʊ'pɑ:tnəʃɪp/ *n* това́рищество, уча́стие в при́былях.

cope¹ /kəʊp/ *n* (*vestment*) ри́за; (*fig, canopy*) свод.

cope² /kəʊp/ *vi* спр|авля́ться, -а́виться (с + *i*).

copeck /'kəʊpek, 'kɒpek/ = **kopek**

Copenhagen /,kəʊpən'heɪgən/ *n* Копенга́ген.

Copernican /kə'pə:nɪkən/ *adj*: **~ system** систе́ма Копе́рника.

copier /'kɒpɪə(r)/ *n* (*person*) перепи́счик; (*imitator*) подража́тель (*fem* -ница); (*machine*) мно́жительный аппара́т.

co-pilot /'kəʊ,paɪlət/ *n* второ́й пило́т.

coping /'kəʊpɪŋ/ *n* парапе́тная плита́.
● *cpd* **~ stone** *n* карни́зный/парапе́тный ка́мень.

copious /'kəʊpɪəs/ *adj* оби́льный.

copiousness /'kəʊpɪəsnɪs/ *n* оби́лие.

copper¹ /'kɒpə(r)/ *n* **1** (*metal*) медь; **~ wire** ме́дная про́волока; (**~ coin**) (*Br coll*) медя́к. **2** (*vessel*) ме́дный котёл.
● *vt* покр|ыва́ть, -ы́ть ме́дью.
● *cpds* **~-bottomed** *adj* обши́тый ме́дью; (*fig, Br coll*) надёжный, ве́рный; **a ~-bottomed excuse** желе́зный предло́г; **~head** *n* щитомо́рдник; **~plate** *n* ме́дная гравирова́льная доска́; (*engraving*) о́ттиск с ме́дной гравирова́льной доски́; **~plate handwriting** каллиграфи́ческий по́черк; **~smith** *n* ме́дник, коте́льщик.

copper² /'kɒpə(r)/ *n* (*Br sl, policeman*) полице́йский, коп.

coppery /'kɒpərɪ/ *adj* ме́дного цве́та.

coppice /'kɒpɪs/, **copse** /kɒps/ *nn* подле́сок, ро́щица.

copra /'kɒprə/ *n* ко́пра, сушёное ядро́ коко́сового opе́xa.

copse /kɒps/ = **coppice**

copula /'kɒpjʊlə/ *n* (*pl* **~s**) свя́зка.

copulate /'kɒpjʊ,leɪt/ *vi* совокуп|ля́ться, -и́ться.

copulation /,kɒpjʊ'leɪʃ(ə)n/ *n* совокупле́ние.

copulative /'kɒpjʊlətɪv/ *adj* (*gram*) соедини́тельный.

copy /'kɒpɪ/ *n* **1** (*imitation, version*) ко́пия, ру́копись; **fair, clean ~** белови́к, чистови́к; **rough ~** черནови́к. **2** (*of book etc.*) экземпля́р. **3** (*for printer*) текст, материа́л; **advertising ~** текст рекла́много объявле́ния.

● *vt* & *i* перепи́с|ывать, -а́ть; (*also comput*) копи́ровать, с-; (*imitate*) подража́ть (*impf*) + *d*; **~ out a letter** переписа́ть (*pf*) письмо́; **he copied in the examination** он спи́сывал на экза́мене; **~ s.b. in** (*on a letter, email, etc.*) (*or* **~ sth to sb**) отпр|авля́ть, -а́вить ко́пию (*письма́, сообще́ния и т. п. кому-н.*).
● *cpds* **~book** *n* тетра́дь; **blot one's ~book** (*fig*) замара́ть (*pf*) свою́ репута́цию; **~cat** *n* (*coll*) подража́тель (*fem* -ница); обезья́на; **~ editor** *n* техни́ческий реда́ктор (*abbr* техре́д); **~right** *n* а́вторское пра́во; *adj* охраня́емый а́вторским пра́вом; **this book is (in) ~right** на э́ту кни́гу распространя́ется а́вторское пра́во; *vt* обеспе́чи|вать, -ть а́вторское пра́во на + *a*; **~ typist** *n* машини́стка-перепи́счица; **~writer** *n* реклами́ст (*fem* -ка).

copyist /ˈkɒpɪɪst/ *n* перепи́счик, копиро́вщик.

coquetry /ˈkɒkɪtrɪ, ˈkəʊk-/ *n* коке́тство.

coquette /kɒˈket, kəˈket/ *n* коке́тка.

coquettish /kɒˈketɪʃ, kəˈketɪʃ/ *adj* коке́тливый.

cor /kɔ:(r)/ *int* (*Br sl*) го́споди!; бо́же мой!

coral /ˈkɒr(ə)l/ *n* кора́лл; (*attr, also fig*) кора́лловый.

cor anglais /kɔ:r ˈɒŋgleɪ, ɑ̃ˈgleɪ/ *n* (*pl* **cors anglais** *pronunc same*) англи́йский рожо́к.

corbel /ˈkɔ:b(ə)l/ *n* поясо́к, вы́ступ.

cord /kɔ:d/ *n* (*rope, string*) верёвка, бечёвка; (*flex*) шнур; **spinal ~** спинно́й мозг; **vocal ~s** голосовы́е свя́зки (*f pl*).
● *vt* свя́з|ывать, -а́ть верёвкой; **~ed** (*ribbed*) в ру́бчик; ру́бчатый.

cordage /ˈkɔ:dɪdʒ/ *n* (*naut*) такела́ж; сна́ст|и (*pl, g* -е́й).

cordial /ˈkɔ:dɪəl/ *n* (*Br*) подслащённый напи́ток.
● *adj* (*friendly*) серде́чный, раду́шный.

cordiality /ˌkɔ:dɪˈælɪtɪ/ *n* серде́чность, раду́шие.

cordite /ˈkɔ:daɪt/ *n* корди́т (*бездымный порох*).

cordless /ˈkɔ:dlɪs/ *adj* беспроводно́й; **~ telephone** радиотелефо́н.

cordon /ˈkɔ:d(ə)n/ *n* (*of police etc.*) оцепле́ние, кордо́н.
● *vt* (*also* **~ off**) оцеп|ля́ть, -и́ть.

cordon bleu /ˌkɔ:dɒn ˈblɜ:, ˌkɔ:dɔ̃/ *adj* первокла́ссный.

corduroy /ˈkɔ:dəˌrɔɪ, -djʊˌrɔɪ/ *n* вельве́т; ру́бчатый плис; (*in pl*, **~** *trousers*) вельве́товые брю́к|и (*pl, g* —).

core /kɔ:(r)/ *n* **1** (*of fruit*) сердцеви́на; (*fig*) центр, ядро́, суть; **rotten at the ~** насквозь прогни́вший. **English to the ~** англича́нин до мо́зга косте́й; **this is the ~ of his argument** э́то — суть его́ аргуме́нта; **~ of a problem** суть пробле́мы; **hard ~** (*attr*) закорене́лый, отча́янный. **2** (*elec*) жи́ла ка́беля; (*of nuclear reactor*) акти́вная зо́на.
● *vt* вы́резать, вы́резать сердцеви́ну + *g*.

co-religionist /ˌkəʊrɪˈlɪdʒənɪst/ *n* единове́р|ец (*fem* -ка).

co-respondent /ˌkəʊrɪˈspɒnd(ə)nt/ *n* (*law*) соотве́тчик (в бракоразво́дном проце́ссе).

Corfu /kɔ:ˈfu:/ *n* Ко́рфу (*m indecl*).

corgi /ˈkɔ:gɪ/ *n* (*pl* **~s**) ко́рги (*m indecl*) (*порода собак*).

coriander /ˌkɒrɪˈændə(r)/ *n* (*bot, also* **~ seed**) корна́ндр; (*fresh leaves, usu*) кинза́.

Corinthian /kəˈrɪnθɪən/ *n* кори́нфян|ин (*fem* -ка); (*in pl, bibl*) Посла́ние к кори́нфянам.
● *adj* кори́нфский.

cork /kɔ:k/ *n* (*material, stopper*) про́бка; (*attr*) про́бковый; (*float*) поплаво́к.
● *vt* (*stop up*) зат|ыка́ть, -кну́ть про́бкой; **~ up one's feelings** сде́рживать (*impf*) свои́ чу́вства; **the wine is ~ed** вино́ отдаёт про́бкой.
● *cpd* **~screw** *n* што́пор; *vi* дви́гаться (*impf*) по спира́ли.

corker /ˈkɔ:kə(r)/ *n* (*sl, excellent or astonishing thing or person*) (не́что) шика́рное/потряса́ющее; блеск.

cormorant /ˈkɔ:mərənt/ *n* большо́й бакла́н.

corn¹ /kɔ:n/ *n* **1** (*Br, grain, seed*) зерно́. **2** (*Br, cereals in general*) зерновы́е (*pl*), хлеб; **~ exchange** хле́бная би́ржа. **3** (*Br, wheat*) пшени́ца; **a field of ~** пшени́чное по́ле. **4** (*US, maize*) кукуру́за.
● *cpds* **~cob** *n* кочеры́жка (поча́тка) кукуру́зы; **~crake** *n* коросте́ль (*m*); **~flakes** *n pl* корнфле́кс; **~flour** *n* (*Br*) кукуру́зная/ри́совая мука́; **~flower** *n* василёк; **~ on the cob** *n* кукуру́за в поча́тках; **~starch** *n* (*US*) = **cornflour**

corn² /kɔ:n/ *n* (*on foot*) мозо́ль; **tread on s.o.'s ~s** (*fig*) наступи́ть (*pf*) кому́-н. на люби́мую мозо́ль.
● *cpd* **~ plaster** *n* мозо́льный пла́стырь.

corn³ /kɔ:n/ *vt*: **~ed beef** консерви́рованная говя́дина, консе́рв|ы (*pl, g* -ов) из говя́дины.

cornea /ˈkɔ:nɪə/ *n* рогови́ца; рогова́я оболо́чка.

cornel /ˈkɔ:n(ə)l/ *n* кизи́л.

cornelian /kɔ:ˈni:lɪən/ = **carnelian**

corner /ˈkɔ:nə(r)/ *n* **1** (*place where lines etc. meet*) у́гол; **at, on the ~** на углу́; **round the ~** (*lit*) за угло́м; (*fig, near*) ря́дом, поблизо́сти; **cut a ~** (*of car*) сре́зать (*pf*) поворо́т; **he was driven into a ~** (*fig*) он был за́гнан в у́гол (*or* припёрт к стене́); **in a tight ~** в затрудне́нии; **turn the ~** (*of illness*) благополу́чно перенести́ (*pf*) кри́зис (боле́зни); **~ of one's eye** кра́ешек гла́за; **he looked out of the ~ of his eye** он следи́л кра́ешком гла́за; он наблюда́л укра́дкой.
2 (*hidden place etc.*) уголо́к, закоу́лок; **money hidden in odd ~s** де́ньги, припря́танные по уголка́м и закоу́лкам.
3 (*region*) край; **all the ~s of the earth** все уголки́ земли́.
4 (*football*) углово́й уда́р, ко́рнер.
● *vt* заг|оня́ть, -на́ть в у́гол; **the fugitive was ~ed** беглеца́ загна́ли в у́гол; **he ~ed the market** он завладе́л ры́нком, скупи́в весь това́р.
● *vi* (*of car*) брать, взять углы́.
● *cpd* **~stone** *n* углово́й ка́мень; (*fig*) краеуго́льный ка́мень.

cornet /ˈkɔ:nɪt/ *n* **1** (*mus instrument*) корне́т; корне́т-а-писто́н. **2** (*Br, for ice cream*) ва́фельный рожо́к.

cornet(t)ist /kɔ:ˈnetɪst/ *n* корнети́ст.

cornice /ˈkɔ:nɪs/ *n* **1** (*archit*) карни́з. **2** (*of snow*) нави́сшая глы́ба.

Cornish /ˈkɔ:nɪʃ/ *n* (*language*) корну́эльский язы́к; **the ~** жи́тели Ко́рнуолла.
● *adj* (*of language*) корну́эльский; (*of Cornwall*) корнуо́лл(ь)ский.

cornucopia /ˌkɔ:njʊˈkəʊpɪə/ *n* рог изоби́лия.

Cornwall /ˈkɔ:nwəl/ *n* Ко́рнуолл.

corny /ˈkɔ:nɪ/ *adj* (**cornier, corniest**) (*coll, hackneyed*) пло́ский, изби́тый.

corolla /kəˈrɒlə/ *n* ве́нчик.

corollary /kəˈrɒlərɪ/ *n* сле́дствие, вы́вод.

coro|na /kəˈrəʊnə/ *n* (*pl* **~nae** /-ni:/) (*astron*) коро́на; (*bot*) коро́на, вене́ц.

coronary /ˈkɒrənərɪ/ *n* коронаротромбо́з.
● *adj* (*anat*) корона́рный, вене́чный; **~ artery** вене́чная арте́рия; **~ (thrombosis)** тромбо́з вене́чных арте́рий, коронаротромбо́з, инфа́ркт.

coronation /ˌkɒrəˈneɪʃ(ə)n/ *n* корона́ция.

coroner /ˈkɒrənə(r)/ *n* сле́дователь (*m*) (*по делам о насильственной или скоропостижной смерти*).

coronet /ˈkɒrənɪt, -ˌnet/ *n* (*small crown*) коро́на, диаде́ма; (*garland*) вено́к, вене́ц.

Corp. /ˌkɔ:pəˈreɪʃ(ə)n/ *n* (*abbr of* ***Corporation***) корпора́ция.

corpora /ˈkɔ:pərə/ *pl of* ⇨**corpus**

corporal¹ /ˈkɔ:pr(ə)l/ *n* (*rank*) капра́л, ≈ мла́дший сержа́нт.

corporal² /ˈkɔ:pr(ə)l/ *adj* теле́сный; **~ punishment** теле́сное наказа́ние.

corporate /ˈkɔ:pərət/ *adj* **1** (*collective*) о́бщий, коллекти́вный; **~ responsibility** коллекти́вная отве́тственность, кругова́я пору́ка. **2** (*of, forming a corporation*) корпорати́вный; **~ hospitality** корпорати́вное гостеприи́мство; **body ~** корпора́ция, юриди́ческое лицо́. **3**: **~ state** корпорати́вное госуда́рство.

corporation /ˌkɔ:pəˈreɪʃ(ə)n/ *n* (*public body*) корпора́ция; (*US, company*) акционе́рное о́бщество; (*coll, paunch*) пу́зо, брю́хо.
● *cpd* **~ tax** *n* нало́г с дохо́дов компа́ний.

corporeal /kɔ:ˈpɔ:rɪəl/ *adj* теле́сный, материа́льный.

corps /kɔ:(r)/ *n* (*pl* **~** /kɔ:z/) (*military, diplomatic*) ко́рпус; **~ de ballet** кордебале́т.

corpse /kɔ:ps/ *n* труп.

corpulence /ˈkɔ:pjʊləns/ *n* полнота́, ту́чность, доро́дность.

corpulent /ˈkɔ:pjʊlənt/ *adj* по́лный, ту́чный, доро́дный.

corpus /ˈkɔːpəs/ *n* (*pl* **corpora** *or* **corpuses**) (*body of writings etc.*) свод, ко́декс; **~ delicti** соста́в преступле́ния.

corpuscle /ˈkɔːpʌs(ə)l/ *n* корпу́скула, те́льце, части́ца.

corral /kɒˈrɑːl/ *n* (*enclosure*) заго́н.
● *vt* (**corralled, corralling**) (*drive together*) заг|оня́ть, -на́ть в заго́н.

correct /kəˈrekt/ *adj* **1** (*right, true*) пра́вильный, ве́рный, то́чный; **an answer ~ to three places of decimals** отве́т с то́чностью до тре́тьего десяти́чного зна́ка. **2** (*of behaviour*) корре́ктный.
● *vt* **1** (*make right*) испр|авля́ть, -а́вить; попр|авля́ть, -а́вить; **I ~ed my watch by the time signal** я вы́верил свои́ часы́ по сигна́лу вре́мени; **~ proofs** пра́вить/держа́ть (*impf*) корректу́ру. **2** (*admonish, punish*) нака́з|ывать, -а́ть; де́лать, с- замеча́ние + *d*.

correction /kəˈrekʃ(ə)n/ *n* **1** (*act of correcting*) исправле́ние, поправле́ние, пра́вка; **these figures are subject to ~** э́ти ци́фры подлежа́т исправле́нию. **2** (*thing substituted for what is wrong*) попра́вка, исправле́ние. **3** (*punishment*) наказа́ние; **house of ~** исправи́тельный дом.
● *cpd* **~ fluid** *n* корректи́рующая жи́дкость.

correctional /kəˈrekʃ(ə)nəl/ *adj* исправи́тельный.

correctitude /kəˈrektɪˌtjuːd/ *n* корре́ктность.

corrective /kəˈrektɪv/ *n* корректи́в, попра́вка.
● *adj* исправи́тельный.

correctness /kəˈrektnɪs/ *n* пра́вильность, ве́рность, то́чность; (*of behaviour*) корре́ктность.

corrector /kəˈrektə(r)/ *n* корре́ктор.

correlate /ˈkɒrəˌleɪt, ˈkɒrɪ-/ *vt* прив|оди́ть, -ести́ в соотноше́ние.

correlation /ˌkɒrəˈleɪʃ(ə)n, ˌkɒrɪ-/ *n* соотноше́ние, корреля́ция.

correlative /kɒˈrelətɪv, kə-/ *n* коррелят́.
● *adj* соотноси́тельный, корреляти́вный.

correspond /ˌkɒrɪˈspɒnd/ *vi* **1** (*match, harmonize*) соотве́тствовать (*impf*) (+ *d*). **2** (*exchange letters*) перепи́сываться (*impf*) (с + *i*).

correspondence /ˌkɒrɪˈspɒnd(ə)ns/ *n* **1** (*analogy, agreement*) соотве́тствие. **2** (*letter-writing*) корреспонде́нция, перепи́ска; **I am in ~ with him** я с ним перепи́сываюсь; **he dealt with his ~** он разобра́л свою́ корреспонде́нцию; **~ column** (*Br*) ру́брика пи́сем (в газе́те); **~ course** курс зао́чного обуче́ния.

correspondent /ˌkɒrɪˈspɒnd(ə)nt/ *n* (*writer of letters; reporter*) корреспонде́нт; **he is a good ~** он добросо́вестный корреспонде́нт.

corresponding /ˌkɒrɪˈspɒndɪŋ/ *adj* **1** (*matching*) соотве́тственный, соотве́тствующий. **2**: **~ member** (*of a society*) член-корреспонде́нт.

corridor /ˈkɒrɪˌdɔː(r)/ *n* коридо́р.

corrigend|um /ˌkɒrɪˈgendəm, -ˈdʒendəm/ *n* (*pl* **~a**) опеча́тка; (*in pl, list of errors*) спи́сок опеча́ток.

corroborate /kəˈrɒbəˌreɪt/ *vt* подтвер|жда́ть, -ди́ть.

corroboration /kəˌrɒbəˈreɪʃ(ə)n/ *n* подтвержде́ние; **in ~** в подтвержде́ние (*чего*).

corroborative /kəˈrɒbərətɪv/ *adj* подтвержда́ющий.

corrode /kəˈrəʊd/ *vt* разъ|еда́ть, -е́сть.
● *vi* ржаве́ть, за-.

corrosion /kəˈrəʊʒ(ə)n/ *n* корро́зия, ржа́вчина.

corrosive /kəˈrəʊsɪv/ *adj* коррози́йный, разъеда́ющий, е́дкий; (*fig*) разъеда́ющий.

corrosiveness /kəˈrəʊsɪvnɪs/ *n* коррози́йное сво́йство.

corrugate /ˈkɒrʊˌgeɪt/ *vt* гофрирова́ть (*impf, pf*); **~d iron** волни́стое/рифлёное желе́зо.

corrupt /kəˈrʌpt/ *adj* **1** (*depraved*) развращённый. **2** (*venal*) прода́жный, коррумпи́рованный, (*coll*) подкупно́й; **~ practices** корру́пция; подку́пность и прода́жность. **3** (*unreliable, erroneous; also comput*) испо́рченный; **~ Latin** испо́рченная латы́нь.
● *vt* **1** (*deprave*) развра|ща́ть, -ти́ть; разл|ага́ть, -ожи́ть. **2** (*bribe*) подкуп|а́ть, -и́ть. **3** (*distort; also comput*) иска|жа́ть, -зи́ть.

corruptibility /kəˌrʌptəˈbɪlɪtɪ/ *n* (*moral*) развраща́емость; (*accessibility to bribes*) подку́пность, прода́жность.

corruptible /kəˈrʌptəbəl/ *adj* (*morally*) легко́ развраща́емый; (*bribable*) подкупно́й, прода́жный.

corruption /kəˈrʌpʃ(ə)n/ *n* **1** (*depravity*) разложе́ние; развраще́ние. **2** (*bribery*) корру́пция, взя́точничество. **3** (*deformation*) по́рча, искаже́ние; **this word is a ~ of that** э́то сло́во — испо́рченный вариа́нт того́ сло́ва.

corruptness /kəˈrʌptnɪs/ *n* прода́жность, коррумпи́рованность.

corsage /kɔːˈsɑːʒ/ *n* (*bodice*) корса́ж; (*US, flower adornment*) цвето́к, прико́лотый к корса́жу.

corset /ˈkɔːsɪt/ *n* корсе́т.

Corsica /ˈkɔːsɪkə/ *n* Ко́рсика.

Corsican /ˈkɔːsɪkən/ *n* корсика́н|ец (*fem* -ка).
● *adj* корсика́нский.

cortège /kɔːˈteɪʒ/ *n* корте́ж.

cortex /ˈkɔːteks/ *n* (*pl* **cortices**) (*bark*) кора́; (*anat*) кора́ больши́х полуша́рий головно́го мо́зга.

cortices /ˈkɔːtɪˌsiːz/ *pl of* ⇒**cortex**

cortisone /ˈkɔːtɪˌzəʊn/ *n* (*med*) кортизо́н.

corundum /kəˈrʌndəm/ *n* (*min*) кору́нд.

coruscat|e /ˈkɒrəˌskeɪt/ *vi* (*lit, fig*) сверк|а́ть, -ну́ть; блиста́ть (*impf*); **~ing wit** сверка́ющее остроу́мие.

cos /kɒs/ *n* (*also* **~ lettuce**) сала́т роме́н, роме́н-сала́т.

cosecant /kəʊˈsiːkənt/ *n* (*math*) косе́канс.

cosh /kɒʃ/ *n* (*Br*) дуби́нка.
● *vt* тра́хнуть (*pf*) по голове́.

co-signatory /kəʊˈsɪgnətərɪ/ *n* лицо́/госуда́рство, подпи́сывающее (*что*) совме́стно с други́ми ли́цами/госуда́рствами.

cosine /ˈkəʊsaɪn/ *n* ко́синус.

cosiness /ˈkəʊzɪnɪs/ *n* ую́т.

cosmetic /kɒzˈmetɪk/ *n* косме́тика.
● *adj* космети́ческий.

cosmetician /ˌkɒzmeˈtɪʃ(ə)n/ *n* (*US, beautician*) космети́чка.

cosmic /ˈkɒzmɪk/ *adj* косми́ческий.

cosmogony /kɒzˈmɒgənɪ/ *n* космого́ния.

cosmologist /kɒzˈmɒlədʒɪst/ *n* космо́лог.

cosmology /kɒzˈmɒlədʒɪ/ *n* космоло́гия.

cosmonaut /ˈkɒzməˌnɔːt/ *n* космона́вт.

cosmopolitan /ˌkɒzməˈpɒlɪt(ə)n/ *n* космополи́т.
● *adj* космополити́ческий.

cosmopolitanism /ˌkɒzməˈpɒlɪtənˌɪz(ə)m/ *n* космополити́зм.

cosmos /ˈkɒzmɒs/ *n* (*universe*) ко́смос, Вселе́нная.

Cossack /ˈkɒsæk/ *n* каза́|к (*fem* -чка); (*attr*) каза́цкий, каза́чий; **~ hat** папа́ха.

cosset /ˈkɒsɪt/ *vt* (**cosseted, cosseting**) балова́ть (*impf*); не́жить (*impf*).

cost /kɒst/ *n* **1** (*monetary*) цена́, сто́имость; **~ price** себесто́имость; **he sold it at ~** он про́дал э́то по себесто́имости; **~ accounting** хозрасчёт; **~, insurance and freight** (*abbr* ***c.i.f.***) сто́имость това́ра, страхова́ние и фрахт (*abbr* сиф); **~ of living** прожи́точный ми́нимум; **~ of production** изде́ржки (*f pl*) произво́дства. **2** (*expense, loss*) цена́; **at all ~s** любо́й цено́й; **at the ~ of his life** цено́й жи́зни; **count the ~** (*fig*) взве́сить (*pf*) возмо́жные после́дствия. **3** (*in pl, law*) суде́бные изде́ржки (*f pl*); **he was awarded ~s** ему́ присуди́ли суде́бные изде́ржки.
● *vt & i* **1** (*past and pp* **~**) (*involve expense*) сто́ить (*impf*); об|ходи́ться, -ойти́сь (*кому во что*); **this ~ me £5** э́то сто́ило мне 5 фу́нтов; э́то обошло́сь мне в 5 фу́нтов; **it ~ me much trouble** э́то сто́ило мне значи́тельных хлопо́т; **it will ~ you dear** э́то вам до́рого обойдётся. **2** (*past and pp* **~ed**) (*assess* **~** *of*) оце́н|ивать, -и́ть изде́ржки (*предприятия и т. п.*).
● *cpds* **~-effective** *adj* рента́бельный; **~-effectiveness** *n* рента́бельность.

costal /ˈkɒst(ə)l/ *adj* рёберный.

co-star /ˈkəʊstɑː(r)/ *n* партнёр (*fem* -ша) (в друго́й гла́вной ро́ли).
● *vt*: **a picture ~ring X and Y** фильм с уча́стием звёзд X и Y.
● *vi*: **they ~red in that picture** они́ снима́лись в э́том фи́льме в гла́вных роля́х.

Costa Rica /ˈkɒstə ˈriːkə/ *n* Ко́ста-Ри́ка.

Costa Rican /ˈkɒstə ˈriːkən/ *n* костарика́нец (*fem* -ка).
● *adj* костарика́нский.

C

coster(monger) /ˈkɒstəˌmʌŋɡə(r)/ *n* ýличный торгóвец фрýктами и овощáми.

costing /ˈkɒstɪŋ/ *n* калькуля́ция издéржек произвóдства (*чего*).

costive /ˈkɒstɪv/ *adj* страдáющий запóром.

costliness /ˈkɒstlɪnɪs/ *n* дороговúзна; высóкая ценá.

costly /ˈkɒstlɪ/ *adj* (**costlier, costliest**) дорогóй, дорогостóящий.

costume /ˈkɒstjuːm/ *n* костю́м; (*attr*): ~ **jewellery** бижутéрия; ~ **play** истори́ческая пьéса.

costum(i)er /kɒˈstjuːmɪə(r)/ *n* (*theatr*) костюмéр; (*maker or seller of costumes*) торгóвец театрáльными и маскарáдными костю́мами.

cosy /ˈkəʊzɪ/ (*US* **cozy**) *adj* (**cosier, cosiest**) ую́тный.

cot /kɒt/ *n* (*Br, child's bed*) дéтская кровáтка; (*US, camp bed*) раскладýшка; ~ **death** (*Br*) внезáпная смéрть (ребёнка грудно́го вóзраста).

cotangent /kəʊˈtændʒ(ə)nt/ *n* котáнгенс.

co-tenancy /kəʊˈtenənsɪ/ *n* соарéнда.

co-tenant /kəʊˈtenənt/ *n* соарендáтор.

coterie /ˈkəʊtərɪ/ *n* кружóк; (*pej*) клúка.

coterminous /kəʊˈtɜːmɪnəs/ *adj* смéжный, гранúчащий; (*in meaning*) синонимúчный.

cotill(i)on /kəˈtɪljən/ *n* котильóн.

cottage /ˈkɒtɪdʒ/ *n* коттéдж; зáгородный дом, дóмик, дáча; ~ **cheese** (прессóванный) творóг; ~ **industry** надóмное произвóдство; кустáрная промы́шленность; ~ **pie** (*Br*) картóфельная запекáнка с мя́сом.

cotton¹ /ˈkɒt(ə)n/ *n* **1** (*plant*) хлóпок, хлопчáтник.
2 (*fabric*) хлóпок; (хлопчато)бумáжная ткань; ~ **print** сúтец.
3 (*thread*) нúтки (*f pl*); (*piece of thread*) нúтка; **a needle and** ~ игóлка с нúткой.
4 (*attr*) хлóпковый, хлопчáтый, хлопчáтобумáжный.
5 (*US*) = ~ **wool**
● *cpds* ~ **candy** (*US*) = **candyfloss**; ~ **gin** *n* хлопкоочистúтельная машúна; ~ **grass** *n* пушúца; ~ **mill** *n* хлопкопрядúльная/хлопкоткáцкая фáбрика; ~ **picker** *n* (*person*) хлопкорóб; (*machine*) хлопкоуборóчная машúна; ~ **seed** *n* хлóпковое сéмя; семенá (*nt pl*) хлопчáтника; ~**tail** *n* америкáнский крóлик; ~ **waste** *n* хлóпковые отбрóсы (*m pl*); угáр; ~ **wool** *n* (*Br*) вáта; **wrap in** ~ **wool** (*fig*) оберегáть (*impf*); трястúсь (*impf*) над + *i*.

cotton² /ˈkɒt(ə)n/ *vi* (*coll*): ~ **on to** поня́ть (*pf*), (*coll*) усéчь (*pf*).

cotyledon /ˌkɒtɪˈliːd(ə)n/ *n* семядóля.

couch¹ /kaʊtʃ/ *n* (*sofa*) кушéтка, диван; (*bed*) кровáть.
● *vt* (*express*): **he** ~**ed his reply in friendly terms** он облёк свой отвéт в дрýжескую фóрму.
● *vi* (*of animal: crouch*) притáиться (*pf*).

couch² /kuːtʃ, kaʊtʃ/ *n* (*also* ~**-grass**) пырéй ползýчий.

couchette /kuːˈʃet/ *n* спáльное мéсто.

cougar /ˈkuːɡə(r)/ *n* пýма, кугуáр.

cough /kɒf/ *n* кáшель (*m*); **he has a bad** ~ у негó сúльный кáшель; **he gave a warning** ~ он предупреждáюще кашлянýл.
● *vt* & *i* кáшлять (*impf*); ~ **up** (*lit*) откáшл|ивать, -янýть; (*fig, coll*) выкладывать, вы́ложить.
● *cpds* ~ **drop,** ~ **lozenge** *nn* пастúлка/таблéтка от кáшля; ~ **medicine,** ~ **mixture** (*Br*) *nn* микстýра от кáшля.

could /kʊd/ *v aux, see* ⇨**can²**

couldn't /ˈkʊd(ə)nt/ *contracted neg of* ⇨**could**

coulibiac /ˌkuːlɪˈbjæl/ *n* (*Russian savoury pie*) кулебя́ка.

coulomb /ˈkuːlɒm/ *n* кулóн.

council /ˈkaʊns(ə)l/ *n* совéт; **town** ~ городскóй совéт; муниципалитéт; ~ **of war** воéнный совéт; **Church** ~ церкóвный собóр.
● *cpds* ~ **chamber** *n* зал заседáний совéта; ~ **house** *n* (*Br, dwelling*) муниципáльный дом; жилóй дом, принадлежáщий муниципáльному совéту; ~**man** *n* (*pl* ~**men**) (*US*) член совéта; ~ **tax** *n* (*Br*) мéстный налóг, муниципáльный налóг.

councillor /ˈkaʊnsələ(r)/ (*US also* **councilor**) *n* член совéта; совéтник.

> **council tax — мéстный налóг**
>
> Налóг, взимáемый рáйонным совéтом с мéстных жúтелей. Размéр налóгового взнóса зависит от стóимости дóма, находя́щегося во владéнии налогоплатéльщика, и колúчества людéй, проживáющих в нём.

counsel /ˈkaʊns(ə)l/ *n* **1** (*advice, consultation*) совéт, совещáние; **take** ~ **with s.o.** совещáться (*impf*) с кем-н.; **keep one's (own)** ~ помáлкивать (*impf*). **2** (*barrister(s)*) адвокáт; ~ **for the defence** защúтник; ~ **for the plaintiff** адвокáт истцá.
● *vt* (**counselled, counselling;** *US* **counseled, counseling**) совéтовать, по- (+ *d*).

counsellor /ˈkaʊnsələ(r)/ (*US* **counselor**) *n* совéтник.

counsellorship /ˈkaʊnsələ(r)ˌʃɪp/ *n* дóлжность совéтника.

count¹ /kaʊnt/ *n* (*nobleman*) граф (*не британский*).

count² /kaʊnt/ *n* **1** (*reckoning*) счёт, подсчёт; **keep** ~ считáть (*impf*); вестú (*det*) счёт; **lose** ~ потеря́ть (*pf*) счёт.
2 (*total*) итóг; **the** ~ **was 200** итóг равня́лся 200 (двумстáм).
3 (*law*) пункт обвинúтельного заключéния; **he was found guilty on all** ~**s** егó признáли винóвным по всем пýнктам обвинúтельного заключéния.
4 (*boxing*): **he took (***or* **went down for) the** ~ он был нокаутúрован.
● *vt* (*number, reckon*) считáть, со-; подсчúт|ывать, -áть; пересчúт|ывать, -áть; **he** ~**ed (up) the men** он пересчитáл солдáт; ~ **your change!** провéрьте сдáчу!; ~ **ten!** сосчитáйте до десятú!; **50 people, not** ~**ing the children** 50 человéк, не считáя детéй; **I** ~ **him among my friends** я считáю егó моúм дрýгом; ~ **me in/out!** включúте/исключúте меня́; **I shall** ~ **it an honour to serve you** я почтý за чéсть служúть вам; **do not** ~ **that against him** не стáвьте емý э́того в винý; **the boxer was** ~**ed out** боксёру засчитáли нокáут.
● *vi* **1** (*reckon, number*) считáть (*impf*); ~ **up to 10!** считáйте до десятú!; ~ **down from 10 to 0!** считáйте в обрáтном поря́дке от десятú до нуля́!; ~**ing house** бухгалтéрия.
2 (*be reckoned*) считáться (*impf*); **that doesn't** ~ э́то не в счёт (*or* не считáется); ~ **for much** имéть большóе значéние; ~ **for little** не имéть (*impf*) большóго значéния; немнóго стóить (*impf*); ~ **for nothing** не имéть никакóго значéния; не идтú в счёт; ничегó не стóить; **he** ~**s among our friends** он считáется нáшим дрýгом.
3 (*rely*) рассчúтывать (*impf*) (на + *a*); **I** ~ **(up)on you to help** я рассчúтываю на вáшу пóмощь.
● *cpd* ~**down** *n* (обрáтный) отсчёт врéмени.

countable /ˈkaʊntəb(ə)l/ *adj* (*gram*) исчисля́емый.

countenance /ˈkaʊntɪnəns/ *n* **1** (*face*) лицó, óблик; выражéние лицá. **2** (*composure*) спокóйствие; **keep one's** ~ сохраня́ть (*impf*) невозмутúмое выражéние лицá. **3** (*sanction*) поддéржка.
● *vt* поддéрж|ивать, -áть.

counter¹ /ˈkaʊntə(r)/ *n* **1** (*at games*) фúшка, мáрка; **bargaining** ~ (*fig*) кóзырь (*m*) (в запáсе). **2** (*in shop*) прилáвок; **under the** ~ (*fig*) из-под полы́/прилáвка. **3** (*device for counting*) счётчик; **Geiger** ~ счётчик Гéйгера.

counter² /ˈkaʊntə(r)/ *adj* & *adv* (*contrary*) противоположный; напрóтив; **this runs** ~ **to my wishes** э́то идёт врáзрез с моúми желáниями.
● *vt* & *i* (*oppose, parry*) противодéйствовать (*impf*) + *d*; отра|жáть, -зúть.

counteract /ˌkaʊntəˈrækt/ *vt* противодéйствовать (*impf*) + *d*.

counteraction /ˌkaʊntərˈækʃ(ə)n/ *n* противодéйствие.

counter-attack /ˈkaʊntərəˌtæk/ *n* контратáка.
● *vt* & *i* контратаковáть (*impf, pf*).

counter-attraction /ˈkaʊntərəˌtrækʃ(ə)n/ *n* замáнчивая альтернатúва.

counterbalance /ˈkaʊntəˌbæləns/ *n* противовéс.
● *vt* уравновé|шивать, -сить.

counterblast /ˈkaʊntəˌblɑːst/ *n* отвéтный удáр/вы́пад.

counterblow /ˈkaʊntərˌbləʊ/ *n* контрудáр; встрéчный удáр.

countercharge /ˈkaʊntəˌtʃɑːdʒ/ *n* встрéчное обвинéние.

● *vt* предъяв|ля́ть, -и́ть встре́чное обвине́ние + *p*.

counterclaim /ˈkaʊntəˌkleɪm/ *n* встре́чный иск; контробвине́ние.
● *vt & i* предъяв|ля́ть, -и́ть встре́чный иск (*кому*) (на + *a*).

counterclockwise /ˌkaʊntəˈklɒkwaɪz/ *adj & adv* (*US*) (дви́жущийся) про́тив часово́й стре́лки.

counter-demonstration /ˈkaʊntərˌdemənˈstreɪʃən/ *n* контрдемонстра́ция; встре́чная демонстра́ция.

counter-espionage /ˌkaʊntərˈespɪəˌnɑːʒ, -ɪdʒ/ *n* контрразве́дка.

counterfeit /ˈkaʊntəfɪt, -fiːt/ *n* подде́лка, подло́г.
● *adj* подде́льный, подло́жный.
● *vt & i* подде́л|ывать, -ать; (*fig, simulate*) подража́ть (*impf*) + *d*; притвор|я́ться, -и́ться.

counterfeiter /ˈkaʊntəfɪtə(r), -fiːtə(r)/ *n* фальшивомоне́тчик.

counterfoil /ˈkaʊntəˌfɔɪl/ *n* (*Br*) корешо́к (че́ка, квита́нции *и т. п.*).

counter-intelligence /ˌkaʊntərɪnˈtelɪdʒ(ə)ns/ *n* контрразве́дка.

countermand /ˌkaʊntəˈmɑːnd/ *vt* отмен|я́ть, -и́ть.

countermeasure /ˈkaʊntəˌmeʒə(r)/ *n* контрме́ра.

countermove /ˈkaʊntəˌmuːv/ *n* контруда́р.

counteroffensive /ˈkaʊntərəˌfensɪv/ *n* контрнаступле́ние.

counterpane /ˈkaʊntəˌpeɪn/ *n* покрыва́ло.

counterpart /ˈkaʊntəˌpɑːt/ *n* па́ра (*к чему*), дополне́ние; (*person*) колле́га (*cg*).

counterpoint /ˈkaʊntəˌpɔɪnt/ *n* контрапу́нкт.

counterpoise /ˈkaʊntəˌpɔɪz/ *n* противове́с, равнове́сие.
● *vt* уравнове́|шивать, -сить.

counter-productive /ˌkaʊntəprəˈdʌktɪv/ *adj* приводя́щий к обра́тным результа́там; нецелесообра́зный.

counter-proposal /ˈkaʊntəprəˌpəʊz(ə)l/ *n* встре́чное предложе́ние; контрпредложе́ние.

counter-revolution /ˌkaʊntəˌrevəˈluːʃ(ə)n/ *n* контрреволю́ция.

counter-revolutionary /ˌkaʊntəˌrevəˈluːʃənərɪ/ *n* контрреволюционе́р.
● *adj* контрреволюцио́нный.

countersign /ˈkaʊntəˌsaɪn/ *n* (*watchword*) паро́ль (*m*), о́тзыв.
● *vt* (*add signature to*) ста́вить, по- втору́ю по́дпись на + *p*; скреп|ля́ть, -и́ть по́дписью.

countersignature /ˈkaʊntəˌsɪgnətʃə(r)/ *n* втора́я по́дпись.

countersink /ˈkaʊntəsɪŋk/ *vt* (*past and pp* **countersunk**) зенкова́ть (*impf*).

counterstroke /ˈkaʊntəˌstrəʊk/ *n* контруда́р.

counter-tenor /ˈkaʊntəˌtenə(r)/ *n* те́нор-альт.

counterweight /ˈkaʊntəˌweɪt/ *n* противове́с, контргру́з.

countess /ˈkaʊntɪs/ *n* графи́ня.

countless /ˈkaʊntlɪs/ *adj* бесчи́сленный, несчётный, неисчисли́мый.

countrified /ˈkʌntrɪˌfaɪd/ *adj* име́ющий дереве́нский вид.

country /ˈkʌntrɪ/ *n* **1** (*geog, pol*) страна́; **~ of birth** ро́дина.
2 (*motherland*) ро́дина, оте́чество.
3 (*opp town*) дере́вня; **in the ~** за́ городом, на да́че; (**~***side*) приро́да, се́льская ме́стность; **~ life** се́льская/дереве́нская жизнь; **~ cousin** провинциа́л (*fem* -ка), (*coll*) дереве́нщина (*cg*); **~ gentleman** землевладе́лец, поме́щик; **~ house, seat** поме́стье; **~ club** за́городный клуб.
4 (*terrain*) ме́стность; **difficult ~** труднопроходи́мая ме́стность; **wooded ~** леси́стая ме́стность.
5 (*fig, domain*) о́бласть, сфе́ра; **the subject is unknown ~ to me** э́то неизве́стная для меня́ о́бласть.
6: **go to the ~** (*Br, pol*) распусти́ть (*pf*) парла́мент и назна́чить (*pf*) но́вые вы́боры.
● *cpds* **~ folk** *n* се́льские жи́тели (*m pl*); **~man** *n* (*pl* **~men**) дереве́нский/се́льский жи́тель (*m*); (*fellow* **~***man*) сооте́чественник, земля́к; **~side** *n* се́льская ме́стность; ландша́фт; **~wide** *adj* распространя́ющийся на всю страну́; *adv* по всей стране́; **~woman** *n* (*pl* **~women**) дереве́нская/се́льская жи́тельница; (*fellow* **~***woman*) сооте́чественница, земля́чка.

county /ˈkaʊntɪ/ *n* (*in Britain*) гра́фство; (*in the US*) о́круг; **~ seat** (*US*) = **~ town**; **~ town** (*Br*) гла́вный го́род гра́фства; **~ families** (*Br*) се́мьи (*f pl*) дже́нтри.

coup /kuː/ *n* (*pl* **coups** /kuːz/) уда́чный ход; *see also* ⇒**~ d'état**
● *cpds* **~ de grâce** *n* заверша́ющий уда́р; **~ d'état** *n* госуда́рственный переворо́т.

coupé /ˈkuːpeɪ/ *n* закры́тый двухдве́рный автомоби́ль.

couple /ˈkʌp(ə)l/ *n* (*objects or people*) па́ра; **married ~** супру́жеская па́ра; **engaged ~** жени́х и неве́ста.
● *vt* **1** (*railways*) сцеп|ля́ть, -и́ть.
2 (*associate, assemble*) соедин|я́ть, -и́ть; свя́з|ывать, -а́ть; **the name of Oxford is ~d with the idea of learning** О́ксфорд ассоции́руется с нау́кой и образова́нием.

coupler /ˈkʌplə(r)/ *n* (*tech*) сце́пщик.

couplet /ˈkʌplɪt/ *n* рифмо́ванное двусти́шие.

coupling /ˈkʌplɪŋ/ *n* (*railways*) сцепле́ние, сце́пка; (*tech*) связь, му́фта.

coupon /ˈkuːpɒn/ *n* купо́н, тало́н.

courage /ˈkʌrɪdʒ/ *n* хра́брость, сме́лость, му́жество; **take, pluck up ~** мужа́ться (*impf*); соб|ира́ться, -ра́ться с ду́хом; **lose ~** пасть (*pf*) ду́хом; **take one's ~ in both hands** мобилизова́ть (*impf, pf*) всё своё му́жество; **Dutch ~** хра́брость во хмелю́; **he has the ~ of his convictions** он де́йствует согла́сно свои́м убежде́ниям; **I had not the ~ to refuse** у меня́ не хвати́ло ду́ху отказа́ться; **~!** (*as int*) мужа́йтесь!

courageous /kəˈreɪdʒəs/ *adj* хра́брый, сме́лый, му́жественный.

courgette /kʊəˈʒet/ *n* (*Br*) кабачо́к.

courier /ˈkʊrɪə(r)/ *n* (*messenger*) курье́р, на́рочный; (*travel guide*) экскурсово́д.

course /kɔːs/ *n* **1** (*movement, process*) ход, тече́ние; **~ of events** ход собы́тий; **in ~ of time** с тече́нием вре́мени; **in the ordinary ~** (*of events*) при норма́льном разви́тии собы́тий; **in due ~** в до́лжное/своё вре́мя; до́лжным о́бразом; **of ~** коне́чно; **as a matter of ~** обы́чным поря́дком; **he takes my help as a matter of ~** он принима́ет мою́ по́мощь как не́что само́ собо́й разуме́ющееся; **the disease must run its ~** боле́знь должна́ пройти́ все ста́дии; **I let matters take their ~** я пусти́л дела́ на самотёк; **the law took its ~** де́ло пошло́ зако́нным хо́дом.
2 (*direction*) курс, направле́ние; (*of a river*) тече́ние; (*naut*) курс; **our ~ is, lies due north** мы де́ржим курс (*or* направле́ние) на се́вер; **we are on ~** мы идём по ку́рсу; **we are off ~** мы сби́лись с ку́рса.
3 (*line of conduct*): **this is the only ~ open to us** э́то еди́нственно возмо́жный путь для нас.
4 (*race ~*) скаково́й круг, доро́жка; **stay the ~** (*fig*) держа́ться (*impf*) до конца́.
5 (*series*) курс; **a ~ of lectures** курс ле́кций; **a ~ of treatment** курс лече́ния.
6 (*cul*) блю́до; **main ~** второ́е блю́до; **sweet ~** сла́дкое, десе́рт.
7 (*masonry*) горизонта́льный ряд кла́дки.
● *vi* (*run about*) бе́гать (*indet*); (*of water*) бежа́ть (*det*); (*of blood*) течь (*impf*).

court /kɔːt/ *n* **1** (*yard*) двор.
2 (*space for playing games*) площа́дка для игр; (*tennis*) корт; **'carpet' ~** (*synthetic*) корт с (синтети́ческим) ковро́вым покры́тием; **clay ~** грунто́вый/гли́няный/земляно́й корт **grass ~** травяно́й корт; **hard ~** корт с твёрдым покры́тием; **indoor ~** закры́тый корт.
3 (*sovereign's etc.*) двор; **hold ~** (*maintain a ~*) содержа́ть (*impf*) двор; **she was presented at ~** её предста́вили ко двору́.
4 (*law*) суд; **~ of law, justice** суд; **~ of inquiry** сле́дственная коми́ссия; **High C.** (*Br*), **Supreme C.** (*US*) Верхо́вный суд; **higher ~** суд вы́сшей инста́нции; **they settled (the case) out of ~** они́ пришли́ к (полюбо́вному) соглаше́нию; **he was brought to ~** (*for trial*) он предста́л пе́ред судо́м; **the judge had the ~ cleared** судья́ очи́стил зал от пу́блики.
5: **pay ~ to s.o.** уха́живать (*impf*) за кем-н.
● *vt* **1** (*a woman*) уха́живать (*impf*) за + *i*.
2 (*seek*): **she ~ed his approval** она́ добива́лась его́ одобре́ния.
3 (*risk*): **he is ~ing disaster** он игра́ет с огнём.

C

● *cpds* ~ **card** *n* (*Br*) фигу́рная ка́рта; ~**house** *n* зда́ние суда́; ~ **martial** *n* вое́нный суд; *vt* (**-martialled, -martialling;** (*US*) **-martialed, -martialing**) суди́ть (*impf*) вое́нным судо́м; ~**room** *n* зал суда́; ~**yard** *n* двор.

courteous /ˈkəːtɪəs/ *adj* ве́жливый, учти́вый.

courtesan /ˌkɔːtɪˈzæn, ˈkɔːt-/ *n* куртиза́нка.

courtesy /ˈkəːtɪsɪ/ *n* (*politeness*) ве́жливость, учти́вость; (*polite act*) любе́зность; **by** ~ **of Mr X** с любе́зного разреше́ния г-на X.
● *cpds* ~ **car,** ~ **bus** *nn* беспла́тный тра́нпорт.

courtier /ˈkɔːtɪə(r)/ *n* придво́рный.

courtliness /ˈkɔːtlɪnɪs/ *n* обходи́тельность.

courtly /ˈkɔːtlɪ/ *adj* (**courtlier, courtliest**) обходи́тельный; ~ **love** ры́царская любо́вь.

courtship /ˈkɔːtʃɪp/ *n* уха́живание.

cousin /ˈkʌz(ə)n/ *n* (*also* **first** ~) (*male*) кузе́н; двою́родный брат; (*fem*) кузи́на; двою́родная сестра́; **second** ~ трою́родный брат (*fem* трою́родная сестра́); **first** ~ **once removed** (*son or daughter of first* ~) двою́родный племя́нник (*fem* двою́родная племя́нница); (*first* ~ *of parent*) двою́родный дя́дя (*fem* двою́родная тётя); **our American** ~**s** на́ши америка́нские ро́дственники.

couturier /kuːˈtjʊərɪˌeɪ/ *n* моделье́р.

cove¹ /kəʊv/ *n* (*bay*) бу́хточка.

cove² /kəʊv/ *n* (*Br sl, fellow*) па́рень (*m*), ма́лый.

coven /ˈkʌv(ə)n/ *n* (*group of witches*) гру́ппа ведьм; (*meeting of witches*) ша́баш ведьм.

covenant /ˈkʌvənənt/ *n* соглаше́ние, догово́р; **C**~ **of the League of Nations** Уста́в Ли́ги На́ций; (*relig*) заве́т.
● *vt* & *i* заключ|а́ть, -и́ть соглаше́ние; догов|а́риваться, -ори́ться (*с кем о чём*).

Coventry /ˈkɒvəntrɪ/ *n*: **send to** ~ (*Br*) подв|ерга́ть, -е́ргнуть остраки́зму/бойко́ту.

cover /ˈkʌvə(r)/ *n* **1** (*lid*) кры́шка, покры́шка.
2 (*loose* ~*ing of chair etc.*) чехо́л; (*in pl, bedclothes*) посте́ль.
3 (*of book etc.*) переплёт, обло́жка; **I read the book from** ~ **to** ~ я прочёл кни́гу от ко́рки до ко́рки; (*dust* ~) суперобло́жка.
4 (*wrapper, envelope*) обёртка, конве́рт; **under separate** ~ в отде́льном конве́рте.
5 (*shelter, protection*) укры́тие, прикры́тие; **take** ~ укр|ыва́ться, -ы́ться; **the ground provided no** ~ укры́тия на ме́стности не́ было; **under** ~ **of darkness** под покро́вом темноты́.
6 (*concealment*): **the fox broke** ~ лиса́ вы́шла из укры́тия.
7 (*pretence, pretext*) личи́на, ма́ска, ши́рма; **under** ~ **of friendship** под личи́ной дру́жбы; (*ostensible business, e.g. spy's*) кры́ша, вы́веска; ~ **address** подставно́й а́дрес.
8 (*mil, protective force*) прикры́тие; **fighter** ~ прикры́тие истреби́телями.
9 (*at table*) прибо́р; ~ **charge** пла́та за дополни́тельное обслу́живание (*музыку в ресторане и т. п.*).
10 (*Br, insurance*) страхова́ние.
● *vt* **1** (*overspread etc.; also* ~ **up,** ~ **over**) покр|ыва́ть, -ы́ть; закр|ыва́ть, -ы́ть; прикр|ыва́ть, -ы́ть; накр|ыва́ть, -ы́ть; ~ **a chair** об|ива́ть, -и́ть стул; **cats are** ~**ed with hair** ко́шки покры́ты ше́рстью; **she** ~**ed her face in, with her hands** она́ закры́ла лицо́ рука́ми; **her face is** ~**ed with freckles** у неё всё лицо́ в весну́шках (*or* усе́яно весну́шками); **the hills are** ~**ed with pine trees** холмы́ поросли́ со́снами; **the roads are** ~**ed with snow** доро́ги занесены́ сне́гом; **trees** ~**ed with blossom** дере́вья в цвету́; **well** ~**ed** (*with clothes*) тепло́ оде́тый; (*with flesh*) в те́ле; **the taxi** ~**ed us with mud** такси́ окати́ло нас гря́зью; **the city** ~**ed ten square miles** го́род раски́нулся на 10 квадра́тных миль; ~**ed** (*indoor*) **court** (*for tennis*) закры́тый корт; ~**ed way** кры́тая галере́я.
2 (*fig*) покр|ыва́ть, -ы́ть; скр|ыва́ть, -ы́ть; **he laughed to** ~ **(up) his nervousness** он засмея́лся, что́бы скрыть своё волне́ние; **he** ~**ed himself with glory** он покры́л себя́ сла́вой.
3 (*protect*) закр|ыва́ть, -ы́ть; прикр|ыва́ть, -ы́ть; **warships** ~**ed the landing** вое́нные корабли́ прикрыва́ли вы́садку войск; **are you** ~**ed against theft?** вы застрахо́ваны от кра́жи?; **these words** ~ **you against a libel charge** э́ти слова́ оградя́т вас от обвине́ния в клевете́.
4 (*aim weapon at*) це́литься (*impf*) в + *a*; **he** ~**ed him (with his revolver)** он це́лился в него́ (из револьве́ра); он держа́л его́ под прице́лом; **our guns** ~**ed the road** на́ши ору́дия прикрыва́ли доро́гу (от неприя́теля).
5 (*travel*) покр|ыва́ть, -ы́ть; **we** ~**ed 5 miles by nightfall** мы прошли́ расстоя́ние в 5 миль до наступле́ния темноты́.
6 (*meet, satisfy*) покр|ыва́ть, -ы́ть; **£10 will** ~ **my needs** 10 фу́нтов хва́тит на мои́ ну́жды; **we only just** ~**ed expenses** мы едва́ покры́ли свои́ расхо́ды.
7 (*embrace, deal with*): **the lectures** ~ **a wide field** ле́кции охва́тывают широ́кий круг вопро́сов; **the rules** ~ **every possible case** э́ти пра́вила предусма́тривают все возмо́жные слу́чаи; **the reporter** ~**ed the conference** корреспонде́нт дава́л репорта́жи о хо́де конфере́нции; **this salesman** ~**s Essex** э́тот торго́вый аге́нт обслу́живает Э́ссекс.
8 (*of correspondence*): ~**ing letter** сопроводи́тельное письмо́.
9 (*of male animal*) покр|ыва́ть, -ы́ть.
● *cpds* ~**-up** *n* сокры́тие; ~ **version** *n* (*mus*) ка́вер-ве́рсия (*песни*).

coverage /ˈkʌvərɪdʒ/ *n* **1** (*extent or amount dealt with*) охва́т; **news** ~ освеще́ние в печа́ти (*or* по ра́дио).
2 (*fin*) покры́тие; гаранти́йный фонд.
3 (*insurance*) страхова́ние.

coveralls /ˈkʌvəˌɔːlz/ *n pl* комбинезо́н.

coverlet /ˈkʌvəlɪt/ *n* покрыва́ло.

covert¹ /ˈkʌvət/ *n* (*thicket*) ча́ща.

covert² /ˈkʌvət, ˈkəʊvəːt/ *adj* скры́тый, завуали́рованный.

covet /ˈkʌvɪt/ *vt* (**coveted, coveting**) жа́ждать (*impf*) + *g*; (*coll*) за́риться (*impf*) на + *a*.

covetous /ˈkʌvɪtəs/ *adj* а́лчный, жа́дный.

covetousness /ˈkʌvɪtəsnɪs/ *n* а́лчность, жа́дность.

cow¹ /kaʊ/ *n* **1** (*bovine*) коро́ва; **till the** ~**s come home** (*coll*) до второ́го прише́ствия; (*of other mammals*) са́мка, коро́ва; *expressed by suff, e.g.* ~ **elephant** слони́ха; **sacred** ~ (*fig*) неприкоснове́нное; «и́стина в после́дней инста́нции». **2** (*pej, woman*) коро́ва; **silly** ~ дурёха.
● *cpds* ~**bell** *n* колоко́льчик на ше́е коро́вы; ~**boy** *n* ковбо́й; ~**herd** *n* пасту́х; ~**hide** *n* (*leather*) воло́вья ко́жа; ~**-house** *n* (*Br*) хлев, коро́вник; ~**pat** *n* коровя́к; ~**pox** *n* коро́вья о́спа; ~**shed** *n* = ~**-house**

cow² /kaʊ/ *vt* запу́г|ивать, -а́ть.

coward /ˈkaʊəd/ *n* трус (*fem* -и́ха).

cowardice /ˈkaʊədɪs/ *n* тру́сость.

cowardly /ˈkaʊədlɪ/ *adj* трусли́вый.

cower /ˈkaʊə(r)/ *vi* съёжи|ваться, -ться.

cowl /kaʊl/ *n* (*hood*) капюшо́н; (*hooded garment*) ря́са, сута́на с капюшо́ном; (*chimney* ~) зонт над домово́й трубо́й.

cowling /ˈkaʊlɪŋ/ *n* (*tech*) капо́т дви́гателя.

cowr|ie, -y /ˈkaʊrɪ/ *nn* (*zool*) ка́ури (*nt indecl*).

cowslip /ˈkaʊslɪp/ *n* первоцве́т.

cox /kɒks/ *n* рулево́й.
● *vt*: ~ **a boat** управля́ть (*impf*) рулём ло́дки; сиде́ть (*impf*) на руле́.

coxswain /ˈkɒksweɪn, -s(ə)n/ *n* старшина́ шлю́пки; (*helmsman*) рулево́й.

coy /kɔɪ/ *adj* (**coyer, coyest**) (*bashful*) стыдли́вый; (*affectedly*) жема́нный; (*secretive*) скры́тный.

coyness /ˈkɔɪnɪs/ *n* стыдли́вость; жема́нство; скры́тность.

coyote /kɔɪˈəʊtɪ, ˈkɔɪəʊt/ *n* (*pl* ~ *or* ~**s**) койо́т.

coypu /ˈkɔɪpuː/ *n* (*pl* ~**s**) (*zool*) ну́трия, ко́йпу (*m indecl*).

cozy /ˈkəʊzɪ/ (*US*) = **cosy**

Cpl /ˈkɔːpər(ə)l/ *n* (*abbr of* ***Corporal***) капра́л.

CPSU (*abbr of* ***Communist Party of the Soviet Union***) КПСС (Коммунисти́ческая па́ртия Сове́тского Сою́за).

CPU (*abbr of* ***central processing unit***) (*comput*) ЦП (центра́льный проце́ссор).

crab¹ /kræb/ *n* краб; (*astron*): **the C**~ Рак.
● *vi* (**crabbed, crabbing**) (*fish for* ~*s*) лови́ть (*impf*) кра́бов.
● *cpd* ~**like** *adj* (*sidelong*) дви́жущийся бо́ком.

crab² /kræb/ *n* (*also* **~-apple**) ди́кое я́блоко.

crabbed /ˈkræbɪd/ *adj* (*irritable*) брюзжа́щий; (*illegible, obscure*) неразбо́рчивый.

crabby /ˈkræbɪ/ *adj* (**crabbier, crabbiest**) брюзгли́вый.

crack /kræk/ *n* **1** (*in a cup, ice etc.*) тре́щина; (*in the ground*) рассе́лина; (*in wall, floor etc.*) щель.
2 (*sudden noise*) треск, щёлканье; (*of thunder*) треск, уда́р.
3: **at ~ of dawn** с (пе́рвой) заре́й.
4 (*blow*) затре́щина; **he got a ~ on the head** он получи́л затре́щину.
5 (*coll, facetious remark*) остро́та.
6 (*coll, attempt*) попы́тка; **have a ~ at sth** попыта́ть (*pf*) свои́ си́лы в чём-н.
7: **a ~ regiment** отбо́рный полк; **a ~ shot** первокла́ссный стрело́к.
8 (*drug*) крэк.
● *vt* **1** (*a plate, a bone*) раск|а́лывать, -оло́ть; **~ a nut** расколо́ть (*pf.*) opéx; (*make a ~ in, break open*) проб|ива́ть, -и́ть щель в (чём); взл|а́мывать, -ома́ть; **he fell and ~ed his skull** он упа́л и проломи́л себе́ го́лову; **~** (*fig, broach*) **a bottle** раздави́ть (*pf*) бу́тылочку; **~ a code** разгада́ть (*pf*) шифр; **~ a safe** взлома́ть (*pf*) сейф.
2: **~ a whip** щёлк|ать, -нуть кнуто́м; **~ a joke** отпусти́ть (*pf*) шу́тку.
3 **~ed** (*crazy*) чо́кнутый.
● *vi* **1** (*get broken or fissured*) да|ва́ть, -ть тре́щину; тре́снуть (*pf*); **the glass ~ed** стекло́ тре́снуло; (*fig, give way*): **he did not ~ under torture** пы́тки не сломи́ли его́.
2 (*of sound*) щёлк|ать, -нуть; **a rifle ~ed (out)** разда́лся винто́вочный вы́стрел.
3: **the boy's voice ~ed** у ма́льчика слома́лся го́лос.
4 *see* ⇒**cracking**
● *with advs*: **~ down** *vi*: **~ down on** прин|има́ть, -я́ть круты́е ме́ры про́тив + *g*; **~ up** *vt* (*praise*) захва́л|ивать, -и́ть; **the book is not all it's ~ed up to be** э́та кни́га не та́к хороша́, как её расп́исывают; *vi*: (*of person*: *suffer collapse*) надломи́ться (*pf*); разва́л|иваться, -и́ться.
● *cpds* **~brained, ~pot** *adjs* поме́шанный; **~down** *n* распра́ва; **~-up** *n* (*breakdown*) упа́док сил.

cracker /ˈkrækə(r)/ *n* **1** (*firework*) хлопу́шка. **2** (*biscuit*) кре́кер. **3** (*in pl, nut~s*) щипц|ы́ (*pl, g* -о́в) для оре́хов.

crackerjack /ˈkrækəˌdʒæk/ *adj* (*US coll*) первокла́ссный; вы́сшего кла́сса.

crackers /ˈkrækəz/ *adj* (*Br sl, mad*) рехну́вшийся.

cracking /ˈkrækɪŋ/ *adj & adv*: **at a ~ pace** (*Br*) стреми́тельно; бо́дрым ша́гом; **we had a ~ good time** (*Br*) мы здо́рово провели́ вре́мя; **get ~!** пошеве́ливайся!; за рабо́ту!

crackle /ˈkræk(ə)l/ *n* (*sound*) треск, потре́скивание.
● *vi* (*of sound*) потре́скивать (*impf*).

crackling /ˈkræklɪŋ/ *n* **1** (*sound*) треск, хруст. **2** (*cul*) шква́рки (*f pl*).

Cracow /ˈkrækaʊ/ *n* Кра́ков.

cradle /ˈkreɪd(ə)l/ *n* **1** (*lit, fig*) колыбе́ль; лю́лька; **from ~ to grave** всю жизнь; **Greece is the ~ of Western civilization** Гре́ция — колыбе́ль за́падной цивилиза́ции.
2 (*shipbuilding*) спусковы́е сала́з|ки (*pl, g* -ок); (*teleph*) рыча́г.
● *vt*: **~ a child in one's arms** держа́ть (*impf*) ребёнка на рука́х; **~** (*put down*) **the receiver** класть, положи́ть тру́бку на рыча́г.
● *cpd* **~ song** *n* колыбе́льная (пе́сня).

craft /krɑːft/ *n* **1** (*guile*) хи́трость, хитроу́мие. **2** (*skill*) ло́вкость, уме́ние. **3** (*occupation*) ремесло́; **arts and ~s** иску́сства и ремёсла (*nt pl*). **4** (*pl* **~**) (*boat*) су́дно.
● *cpds* **~sman** *n* (*pl* **~smen**) реме́сленник, ма́стер; **~smanship** *n* мастерство́.

craftiness /ˈkrɑːftɪnɪs/ *n* хи́трость.

crafty /ˈkrɑːftɪ/ *adj* (**craftier, craftiest**) хи́трый.

crag /kræg/ *n* скала́, утёс.

cragginess /ˈkrægɪnɪs/ *n* скали́стость.

craggy /ˈkrægɪ/ *adj* (**craggier, craggiest**) скали́стый.

cram /kræm/ *vt* (**crammed, cramming**) (*insert forcefully*) запи́х|ивать, -а́ть/-ну́ть; впи́х|ивать, -ну́ть; (*fill*): **the shelves are ~med with books** по́лки ло́мятся от книг.
● *vi* (*study intensively*) уси́ленно занима́ться (*impf*) (пе́ред экза́меном).
● *cpd* **~-full** *adj* по́лный до отка́за; битко́м наби́тый.

crammer /ˈkræmə(r)/ *n* (*Br, tutor*) репети́тор; (*institution*) (краткосро́чные) ку́рсы по подгото́вке к экза́менам.

cramp /kræmp/ *n* **1** (*of muscles*) су́дорога; **writer's ~** су́дорога в па́льцах; **the swimmer was seized with ~** пловца́ схвати́ла су́дорога.
2 (*also* **~-iron**) клёщ|и (*pl, g* -е́й).
● *vt* (*hamper*) стесн|я́ть, -и́ть; **we are ~ed for room** у нас здесь поверну́ться не́где; **~ s.o.'s style** (*fig*) не дава́ть (*impf*) кому́-н. разверну́ться; **a ~ed handwriting** ме́лкий (и) неразбо́рчивый по́черк.

crampon /ˈkræmpən/ *n* (*on boot*) подо́шва с шипа́ми; (*in pl*) ко́шки (*f pl*).

cranberry /ˈkrænbərɪ/ *n* клю́ква (*collect*); (*single berry*) я́года клю́квы, клю́квина (*coll*).

crane /kreɪn/ *n* (*bird*) жура́вль (*m*); (*machine*) (грузо)подъёмный кран.
● *vt*: **~ one's neck** вытя́гивать, вы́тянуть ше́ю.
● *cpd* **~ fly** *n* долгоно́жка.

crania /ˈkreɪnɪə/ *pl of* ⇒**cranium**

cranial /ˈkreɪnɪəl/ *adj* черепно́й.

crani|um /ˈkreɪnɪəm/ *n* (*pl* **~ums** *or* **~a**) че́реп.

crank¹ /kræŋk/ *n* (*handle*) кривоши́п; коле́нчатый рыча́г; рукоя́тка; заводна́я ру́чка.
● *vt*: **~ a car** зав|оди́ть, -ести́ мото́р вручну́ю.
● *cpds* **~case** *n* (*tech*) ка́ртер (дви́гателя); **~shaft** *n* (*tech*) коле́нчатый вал.

crank² /kræŋk/ *n* (*person*) чуда́|к (*fem* -чка); челове́к с причу́дами.

crankiness /ˈkræŋkɪnɪs/ *n* скло́нность к причу́дам, чуда́чество; (*US*) раздражи́тельность.

cranky /ˈkræŋkɪ/ *adj* (**crankier, crankiest**) (*eccentric*) с причу́дами/приве́том; (*US, peevish*) раздражи́тельный.

cranny /ˈkrænɪ/ *n* тре́щина.

crap¹ /kræp/ (*vulg*) *n* (*excrement*; *fig, sth of poor quality*) говно́, дерьмо́ (*both vulg*); (*nonsense*) вздор, чепуха́.
● *vi* (**crapped, crapping**) (*shit*) срать (*impf*).

crap² /kræp/ *n* (*in pl, game*; *also* **~shooting**) игра́ в ко́сти; **shoot ~s** броса́ть (*impf*) ко́сти.
● *cpd* **~shooter** *n* игро́к в ко́сти.

crape /kreɪp/ *n* креп.

crappy /ˈkræpɪ/ *adj* (**crappier, crappiest**) (*vulg*) лажо́вый, дрянно́й, дерьмо́вый.

crash /kræʃ/ *n* **1** (*noise*) гро́хот, гром.
2 (*fall, smash*) ава́рия, круше́ние; **he was killed in a car/plane ~** он поги́б в автомоби́льной/авиацио́нной катастро́фе; (*comput*) фата́льный сбой; (*fig, disaster*) катастро́фа, крах.
3: **a ~** (*intensive*) **course** ускоренный курс.
● *vt* разб|ива́ть, -и́ть; гро́хнуть (*pf*); **he ~ed his fist down on the table** он гро́хнул кулако́м по́ столу; **he ~ed the plane** он разби́л самолёт; **~** (*gate-~*) **a party** ворва́ться (*pf*) на ве́чер без приглаше́ния.
● *vi* **1** (*of a vehicle or driver*): **the plane ~ed** самолёт потерпе́л ава́рию (*or* разби́лся); **she into a wall** она́ вре́залась в стену́.
2 (*move with force or a loud noise*): **thunder ~ed** (про)греме́л гром; **he ~ed into the room** он ворва́лся/вломи́лся в ко́мнату; **the ceiling came ~ing down** потоло́к ру́хнул.
3 (*comput*) зав|иса́ть, -и́снуть.
4 (*comm*) (*of the stock market*) терпе́ть, по- крах.
● *cpds* **~ helmet** *n* шлем автого́нщика/мотоцикли́ста; мотошле́м; **~-land** *vt & i* соверш|а́ть, -и́ть авари́йную поса́дку; **~-landing** *n* авари́йная поса́дка.

crashing /ˈkræʃɪŋ/ *adj*: **he is a ~ing bore** (*coll*) он невыноси́мый зану́да.

crass /kræs/ *adj* гру́бый; тупо́й; **~ stupidity** непроходи́мая ту́пость, полне́йшая глу́пость.

crassness /ˈkræsnɪs/ *n* гру́бость; ту́пость.

crate /kreɪt/ *n* я́щик.
● *vt* пакова́ть, у- в я́щик(и).

crater /ˈkreɪtə(r)/ *n* кра́тер; (*bomb ~*) воро́нка.

cravat /krəˈvæt/ *n* широ́кий га́лстук; ше́йный плато́к.

crave /kreɪv/ *vt & i* (*desire*) жа́ждать (*impf*) + *g*; **he ~d for a drink** ему́ до́ смерти хоте́лось вы́пить.

craven /ˈkreɪv(ə)n/ *adj* трусли́вый, малоду́шный.

craving /ˈkreɪvɪŋ/ *n* стра́стное жела́ние.

craw /krɔː/ *n* зоб

crawfish /ˈkrɔːfɪʃ/ = **crayfish**

C

crawl /krɔ:l/ *n* **1** (*~ing motion*) пóлзание; **traffic was reduced to a ~** трáнспорт тащи́лся éле-éле. **2** (*swimming stroke*) кроль (*m*).
● *vi* **1** (*e.g. of reptile*) пóлзать (*indet*), ползти́ (*det*); **he ~ed on his hands and knees** он полз на четверéньках. **2** (*go very slowly*) ползти́ (*det*); **the train ~ed over the damaged bridge** пóезд мéдленно тащи́лся по повреждённому мосту́. **3** (*kowtow*) пóлзать (*indet*) (*перед кем*); пресмыкáться (*impf*) (**to:** пéред + *i*); **he ~s to the boss** он пресмыкáется перед начáльником. **4**: **the ground is ~ing with ants** земля́ (кишмя́) киши́т муравья́ми. **5** (*tickle*): **my skin is ~ing** у меня́ мурáшки по тéлу бéгают.

crawler /ˈkrɔ:lə(r)/ *n* **1** (*Br, obsequious person*) низкопоклóнник, подхали́м. **2** (*in pl, baby's garment*) ползунк|и́ (*pl, g* -óв).

cray|fish /ˈkreɪfɪʃ/, **craw-** /ˈkrɔ:fɪʃ/ *nn* (*freshwater*) речнóй рак; (*marine*) лангу́ст.

crayon /ˈkreɪən, -ɒn/ *n* цветнóй карандáш; цветнóй мелóк; пастéль.
● *vt & i* рисовáть (*impf*) цветны́м карандашóм (*or* пастéлью).

craze /kreɪz/ *n* мáния, помешáтельство; повáльная мóда.
● *vt* св|оди́ть, -ести́ с умá.

craziness /ˈkreɪzɪnɪs/ *n* (*madness*) безу́мие, сумасшéствие, помешáтельство.

crazy /ˈkreɪzɪ/ *adj* (**crazier, craziest**) **1** (*mad*) безу́мный, сумасшéдший; **~ about sth** помéшанный на чём-н.; **a ~ scheme** безу́мный план; **he is ~ about her** он без умá от неё. **2**: **~ paving** (*Br*) мощéние из камнéй разли́чной фóрмы.

creak /kri:k/ *n* скрип.
● *vi* скрипéть (*impf*).

cream /kri:m/ *n* **1** (*top part of milk*) сли́в|ки (*pl, g* -ок); **whipped ~** взби́тые сли́вки; **~ cheese** сли́вочный сырóк. **2** (*dish or sweet*) крем; **~ cake** торт с крéмом; крéмовое пирóжное; **~ puff** слóйка с крéмом; **chocolate ~s** шоколáдные конфéты (*f pl*); **salad ~** (*Br*) майонéз; **~ of celery (soup)** суп-пюрé из сельдерéя. **3** (*polish, cosmetic etc.*) крем, мазь; **shoe ~** крем для óбуви; **face ~** крем для лицá; **cold ~** кольдкрéм. **4** (*of other liquid*) пéна; **~ of tartar** ви́нный кáмень. **5** (*best part*): **the ~ of society** сли́вки óбщества. **6** (*attr, ~-coloured*) крéмового цвéта.
● *vt* (*apply ~ to*) на|клáдывать, -ложи́ть крем на + *a*; намáз|ывать, -ать крéмом; **she ~ed her face** онá наложи́ла на лицó крем; (*work together to form a paste*): **she ~ed the butter and sugar** онá стирáла мáсло с сахáром; **~ off** от|бирáть, -обрáть.
● *cpds* **~-coloured** *adj* крéмового цвéта; крéмовый; **~ jug** *n* сли́вочник.

creamer /ˈkri:mə(r)/ *n* (*milk, cream substitute*) осветли́тель (*m*); (*US*) = **cream-jug**.

creamery /ˈkri:mərɪ/ *n* (*place of sale*) молóчная; (*factory*) маслобóйный завóд, маслобóйня.

creaminess /ˈkri:mɪnɪs/ *n* жи́рность (молокá).

creamy /ˈkri:mɪ/ *adj* (**creamier, creamiest**) жи́рный; (*colour*) крéмовый.

crease /kri:s/ *n* склáдка, морщи́на; (*in trousers*) склáдка.
● *vt* (*newspaper, trousers*) мять, с-/из-.
● *vi* (*form ~s*) мя́ться, с-/из-.
● *cpd* **~-resistant** *adj* немну́щийся.

create /kri:ˈeɪt/ *vt* созд|авáть, -áть; твори́ть, со-; произв|оди́ть, -ести́; **God ~d the world** Бог сотвори́л мир; **Dickens ~d many characters** Ди́ккенс сóздал мнóго óбразов; **it ~d a bad impression** э́то произвелó дурнóе впечатлéние.

creation /kri:ˈeɪʃ(ə)n/ *n* **1** (*act, process*) создáние, созидáние; **~ of the world** сотворéние ми́ра. **2** (*the universe*) мироздáние. **3** (*product of imagination*) творéние, произведéние.

creative /kri:ˈeɪtɪv/ *adj* твóрческий.

creativeness /kri:ˈeɪtɪvnɪs/ *n* твóрческий дар.

creator /kri:ˈeɪtə(r)/ *n* создáтель (*m*), творéц.

creature /ˈkri:tʃə(r)/ *n* **1** (*living being*) создáние, тварь, существó; **she is a lovely ~** онá — очаровáтельное создáние/существó; **poor ~** несчáстное создáние; бедня́жка (*cg*); **a good ~** хорóший/добросердéчный человéк. **2**: **~ comforts** земны́е блáга.

crèche /kreʃ, kreɪʃ/ *n* (*Br*) (дéтские) я́сл|и (*pl, g* -ей).

credence /ˈkri:d(ə)ns/ *n* вéра, довéрие; **give ~ to** повéрить (*pf*) + *d*.

credential /krɪˈdenʃ(ə)l/ *n* (*usu in pl*) **1** (*qualifications*) квалификáция; (*testimonial*) удостоверéние; мандáт. **2** (*ambassador's*) вери́тельная грáмота.

credibility /ˌkredɪˈbɪlɪtɪ/ *n* (*of person*) спосóбность вы́звать довéрие; (*of thing*) правдоподóбие, достовéрность; (*plausibility*) убеди́тельность.

credible /ˈkredɪb(ə)l/ *adj* (*of person*) заслу́живающий довéрия; (*of thing*) правдоподóбный, веро́ятный, достовéрный.

credit /ˈkredɪt/ *n* **1** (*belief, trust, confidence*) вéра, довéрие; **give ~ to, place ~ in** (*a report etc.*) повéрить (*pf*) + *d*; доверя́ть (*impf*) + *d*; **this lends ~ to the story** э́то дéлает расскáз правдоподóбным. **2** (*honour, reputation*): **a man of the highest ~** человéк с прекрáсной репутáцией; **the work does you ~** э́та рабóта дéлает вам честь; **he is cleverer than I gave him ~ for** он умнéе, чем я считáл; **this is to his ~** э́то говори́т в егó пóльзу; **he took ~ for the success** он приписáл успéх себé; **give ~ where ~ is due** воздáть (*pf*) дóлжное комý слéдует; **~ titles** (*cin, also ~s*) вступи́тельные ти́тры (*m pl*). **3** (*book-keeping*) креди́т; (*fin*) креди́т; **buy on ~** покупáть (*pf*) в креди́т; **~ balance** креди́товый балáнс, сáльдо (*indecl*); **~ card** креди́тная кáрточка; **letter of ~** аккреди́тив; **this shop gives no ~** э́тот магази́н не отпускáет/продаёт товáры в креди́т; **his ~ is good for £500** он имéет креди́т на 500 фу́нтов; **place the sum to my ~** внеси́те э́ту су́мму на мой счёт.
● *vt* (**credited, crediting**) **1** (*believe sth*) вéрить, по- + *d*; доверя́ть (*impf*) + *d*. **2**: **I ~ed him with more sense** я считáл егó бóлее благоразу́мным. **3** (*fin*): **I ~ed him with £100** (*or* **£100 to him**) я внёс 100 фу́нтов на егó счёт.
● *cpds* **~worthiness** *n* кредитоспосóбность; **~worthy** *adj* заслу́живающий креди́та, кредитоспосóбный.

creditable /ˈkredɪtəb(ə)l/ *adj* (*praiseworthy*) дéлающий честь (+ *d*); (*believable*) правдоподóбный, веро́ятный.

creditor /ˈkredɪtə(r)/ *n* кредитóр.

credo /ˈkreɪdəʊ, ˈkri:-/ *n* (*pl* **~s**) крéдо (*indecl*).

credulity /krɪˈdju:lɪtɪ/ *n* легковéрие, довéрчивость.

credulous /ˈkredjʊləs/ *adj* легковéрный, довéрчивый.

creed /kri:d/ *n* вероучéние; (*fig*) убеждéния (*nt pl*), крéдо (*indecl*).

creek /kri:k/ *n* (*inlet*) зали́в, бу́хта; (*small river*) рéчка; **up the ~** (*coll*) в бедé.

creel /kri:l/ *n* корзи́на для ры́бы.

creep /kri:p/ *n* **1** (*act of ~ing*) пóлзание. **2** (*of metal*) пласти́ческая деформáция, крип. **3**: **it gives me the ~s** (*coll*) от э́того у меня́морóз по кóже. **4** (*coll, obnoxious person*) несно́сный/отврати́тельный тип.
● *vi* (*past and pp* **crept**) **1** (*crawl, move stealthily*) пóлзать (*indet*), ползти́ (*det*); крáсться (*impf*). **2** (*fig*): **old age ~s up on one unnoticed** стáрость подкрáдывается незамéтно. **3** (*of plants*) стлáться (*impf*); ви́ться (*impf*).

creeper /ˈkri:pə(r)/ *n* (*plant*) ползу́чее/вью́щееся растéние.

creepiness /ˈkri:pɪnɪs/ *n* жуть.

creepy /ˈkri:pɪ/ *adj* (**creepier, creepiest**) **1** жу́ткий. **2** (*of flesh*) в мурáшках.
● *cpd* **~-crawly** /-ˈkrɔ:lɪ/ *n* букáшка.

cremate /krɪˈmeɪt/ *vt* креми́ровать (*impf, pf*).

cremation /krɪˈmeɪʃ(ə)n/ *n* кремáция.

cremator /krɪˈmeɪtə(r)/ *n* (*furnace*) кремациóнная печь.

cremator|ium /ˌkreməˈtɔ:rɪəm/ *n* (*pl* **~ia** *or* **~iums**) кремато́рий.

crematory /ˈkremətərɪ/ *n* (*US*) = **crematorium**

crème de la crème /ˌkrem də lɑ: ˈkrem/ *n* сли́в|ки (*pl, g* -ок) óбщества, эли́та.

crème de menthe /ˌkrem də ˈmɑ̃t, ˈmɒnt/ *n* мя́тный ликёр.

crenellate /ˈkrenəˌleɪt/ *vt*: **~d walls** зубчáтые стéны.

Creole /ˈkri:əʊl/ *n* (*of European descent*) креóл (*fem* -ка); (*of part-black descent, also*) мулáт (*fem* -ка).

● *adj* креóльский.

creosote /ˈkriːəˌsəʊt/ *n* креозóт.

crêpe /kreɪp/ *n* креп; ~ **paper** гофрирóванная бумáга; ~ **soles** каучýковые подóшвы; ~ **de Chine** крепдешúн.

crepitate /ˈkrepɪˌteɪt/ *vi* (*crackle*) хрустéть (*impf*).

crept /krept/ *past and pp of* ⇒**creep**

crescen|do /krɪˈʃendəʊ/ *n* (*pl* ~**dos** *or* ~**di** /-dɪ/) крещéндо (*indecl*).
● *adj* крещéндо.

crescent /ˈkrez(ə)nt, ˈkres-/ *n* **1** (*moon*) лýнный серп. **2** (*symbol of Islam*) полумéсяц. **3** (*Br, street, row of houses*) ряд домóв, располóженных полукрýгом.
● *cpd* ~**-shaped** *adj* серповúдный, серпообрáзный.

cress /kres/ *n* кресс-салáт.

crest /krest/ *n* **1** (*tuft of feathers*) грéбень (*m*), хохолóк. **2** (*helmet*) шлем; (*top of helmet*) грéбень (*m*) шлéма. **3** (*heraldry device*) герб. **4** (*top of a wave, hill*) грéбень (*m*); **he is on the ~ of a wave** (*fig*) он на верши́не слáвы.
● *vt*: ~**ed notepaper** гéрбовая пúсчая бумáга; **a golden ~ed bird** птúца с золотым хохолкóм.
● *cpd* ~**fallen** *adj* упáвший дýхом; удручённый.

Cretaceous /krɪˈteɪʃəs/ (*geol*) *n* (**the** ~) меловóй перúод.
● *adj* меловóй.

Cretan /ˈkriːt(ə)n/ *n* жúтель (*fem* -ница) Крúта.
● *adj* крúтский.

Crete /kriːt/ *n* Крит.

cretin /ˈkretɪn/ *n* (*lit, fig*) кретúн.

cretinism /ˈkretɪˌnɪzəm/ *n* кретинúзм.

cretinous /ˈkretɪnəs/ *adj* слабоýмный (*also fig*).

cretonne /kreˈtɒn, ˈkre-/ *n* (*textiles*) кретóн.

crevasse /krəˈvæs/ *n* рассéлина в леднúке.

crevice /ˈkrevɪs/ *n* щель, расщéлина.

crew[1] /kruː/ *n* **1** (*of vessel*) комáнда, экипáж; (*of aircraft*) экипáж; (*of train*) бригáда; (*aeron*): **ground ~** назéмный обслýживающий персонáл. **2** (*team*) бригáда, артéль; (*lot, gang*) бáнда. **3**: ~ **cut** стрúжка ёжиком.
● *vt* обслýживать (*impf*) (*корабль*).

crew[2] /kruː/ *past of* ⇒**crow**[2]

crib /krɪb/ *n* **1** (*US, cot*) дéтская кровáтка с сéткой. **2** (*manger*) ясл|и (*pl, g* -ей), кормýшка. **3** (*plagiarism*) плагиáт. **4** (*literal translation*) подстрóчник; (*for cheating*) шпаргáлка (*coll*).
● *vt* (**cribbed, cribbing**) (*plagiarize*) спúс|ывать, -áть (*что у кого*).
● *vi* (**cribbed, cribbing**) (*of schoolboy*) сду|вáть, -ть (*sl*).
● *cpd* **crib death** (*US*) = **cot death**

cribbage /ˈkrɪbɪdʒ/ *n* крúббидж (*карточная игра*).

crick /krɪk/ *n* растяжéние мышц.
● *vt* растянýть (*pf*) мы́шцу.

cricket[1] /ˈkrɪkɪt/ *n* (*insect*) сверчóк.

cricket[2] /ˈkrɪkɪt/ *n* (*game*) крúкет; **it isn't ~** (*fig, Br*) э́то нечéстно; э́то не по прáвилам.

cricketer /ˈkrɪkɪtə(r)/ *n* игрóк в крúкет.

cri de coeur /ˌkriː də ˈkɜː(r)/ *n* (*pl* ***cris de coeur*** *pronunc same*) крик душú.

crier /ˈkraɪə(r)/ *n* (*official*) глашáтай.

crikey /ˈkraɪkɪ/ *int* (*Br sl*) мать честнáя!; ну и ну!

crime /kraɪm/ *n* **1** (*act*) преступлéние; ~ **of violence** преступлéние с применéнием насúлия. **2** (~*s in general*) престýпность; ~ **fiction** детектúвный ромáн.

Crimea /kraɪˈmɪə/ *n* Крым; **in the ~** в Крымý; **native of ~** крымчáн|ин (*fem* -ка).

Crimean /kraɪˈmɪən/ *adj* кры́мский.

criminal /ˈkrɪmɪn(ə)l/ *n* престýпни|к (*fem* -ца); **war ~** воéнный престýпник.
● *adj* **1** (*guilty*) престýпный; **he has a ~ history** у негó престýпное прóшлое. **2** (*pertaining to crime*) уголóвный, кримúнальный; ~ **action** (*prosecution*) уголóвное дéло; ~ **code** уголóвный кóдекс; ~ **court** суд по уголóвным делáм; ~ **law** уголóвное прáво.

criminality /ˌkrɪmɪˈnælɪtɪ/ *n* престýпность, кримúнальность.

criminologist /ˌkrɪmɪˈnɒlədʒɪst/ *n* криминóлог.

criminology /ˌkrɪmɪˈnɒlədʒɪ/ *n* криминолóгия.

crimp /krɪmp/ *n* (*fold, curl*) гофрирóвка, гóфр|ы (*pl, g* —).
● *vt* гофрировáть (*impf, pf*); ~**ing iron** щипцы́ для завúвки волóс.

crimplene /ˈkrɪmpliːn/ *n* (*propr*) кримплéн.
● *adj* кримплéновый.

crimson /ˈkrɪmz(ə)n/ *n* малúновый цвет; тёмно-крáсный цвет.
● *adj* малúновый; тёмно-крáсный.

cringe /krɪndʒ/ *vi* (**cringing**) (*shrink*) съёжи|ваться, -ться (*от чего*); (*behave servilely*) раболéпствовать (*impf*).

crinkle /ˈkrɪŋk(ə)l/ *n* морщúна.
● *vt & i* мóрщить(ся), на-/с-.

crinkly /ˈkrɪŋklɪ/ *adj* (**crinklier, crinkliest**) смóрщенный.

crinoline /ˈkrɪnəlɪn/ *n* кринолúн.

crippl|e /ˈkrɪp(ə)l/ *n* калéка (*cg*).
● *vt* калéчить, ис-; урóдовать, из-; (*fig*); **the ship was ~ed by the storm** бýря покалéчила корабль; **strikes are ~ing industry** забастóвки расшáтывают промы́шленность; ~**ing expenses** разорúтельные расхóды.

crisis /ˈkraɪsɪs/ *n* (*pl* **crises** /-siːz/) крúзис.

crisp /krɪsp/ *n* (*Br*) (*potato ~*) жáреная картóфельная стрýжка; (*in pl*) хрустя́щий картóфель, чúпс|ы (*pl, g* -ов) (*coll*).
● *adj* (*of substance*) хрустя́щий; **a ~ biscuit** рассы́пчатое печéнье; **a ~ lettuce** свéжий салáт; (*of style, orders, etc.*) чекáнный, отчётливый; (*of air*) бодря́щий, свéжий.
● *cpd* ~**bread** *n* сухарú (*m pl*); хрустя́щие хлéбцы (*m pl*).

crispness /ˈkrɪspnɪs/ *n* свéжесть; отчётливость, чекáнность.

crispy /ˈkrɪspɪ/ *adj* (**crispier, crispiest**) хрустя́щий.

criss-cross /ˈkrɪskrɒs/ *n* перекрéщивание.
● *adj* перекрéщивающийся, перекрёстный.
● *adv* крéст-нáкрест; (*fig*) вкривь и вкось.
● *vt* расчéр|чивать, -тúть крéст-нáкрест.

criteri|on /kraɪˈtɪərɪən/ *n* (*pl* ~**a**) критéрий.

critic /ˈkrɪtɪk/ *n* (*also* **adverse ~**) крúтик.

critical /ˈkrɪtɪk(ə)l/ *adj* **1** (*decisive; judicious*) критúческий; **the patient's condition is ~** больнóй в критúческом состоя́нии. **2** (*fault-finding*) критúческий, критúчный.

criticism /ˈkrɪtɪˌsɪz(ə)m/ *n* крúтика; **textual ~** критúческий разбóр тéкста; **I have only one ~ to make** у меня́ тóлько однó замечáние.

criticize /ˈkrɪtɪˌsaɪz/ *vt* подв|ергáть, -éргнуть критúческому разбóру; (*adversely*) критиковáть (*impf*).

critique /krɪˈtiːk/ *n* крúтика; (*review*) рецéнзия, критúческая статья́.

croak /krəʊk/ *n* кáрканье, квáканье.
● *vt & i* квáкать (*impf*); (*coll, die*) загнýться (*pf*) (*sl*).

Croat /ˈkrəʊæt/ *n* хорвáт (*fem* -ка).

Croatia /krəʊˈeɪʃə/ *n* Хорвáтия.

Croatian /krəʊˈeɪʃ(ə)n/ *adj* хорвáтский.

crochet /ˈkrəʊʃeɪ, -ʃɪ/ *n* вя́зка крючкóм.
● *vt & i* (**crocheted** /-ʃeɪd/, **crocheting** /-ʃeɪɪŋ/) вязáть (*impf*) крючкóм.
● *cpd* ~ **hook** *n* вязáльный крючóк.

croci /ˈkrəʊkaɪ, -kiː/ *pl of* ⇒**crocus**

crock[1] /krɒk/ *n* (*pot*) глúняный кувшúн/горшóк; (*in pl, broken bits of pottery*) черепкú (*m pl*); бой.

crock[2] /krɒk/ *n* (*coll*) (*worn-out person*) кля́ча; (*Br, car*) рыдвáн.

crockery /ˈkrɒkərɪ/ *n* глúняная/фая́нсовая посýда.

crocodile /ˈkrɒkəˌdaɪl/ *n* крокодúл; ~ **tears** крокодúловы слёзы; (*Br, of schoolchildren etc.*) строй пáрами.

crocus /ˈkrəʊkəs/ *n* (*pl* **crocuses** *or* **croci**) крóкус, шафрáн; **autumn ~** осéнний крóкус.

croft /krɒft/ *n* (*Br*) хýтор.

crofter /ˈkrɒftə(r)/ *n* (*Br*) хуторя́нин.

croissant /ˈkrwʌsɑ̃/ *n* круассáн, францýзский рогáлик.

crone /krəʊn/ *n* сгóрбленная старýха.

crony /ˈkrəʊnɪ/ *n* дружóк, закады́чный друг.

cronyism /ˈkrəʊnɪˌɪz(ə)m/ *n* панибрáтство.

crook /krʊk/ *n* **1** (*shepherd's*) пóсох. **2** (*bend*) поворóт, изгúб. **3** (*coll, criminal*) мошéнник, жýлик.
● *vt* сгибáть, согнýть; из|гибáть, -огнýть; ~ **one's finger** согнýть (*pf*) пáлец.

C

C

crooked /ˈkrʊkɪd/ *adj* (**crookeder, crookedest**) **1** (*bent*) со́гнутый, изо́гнутый; (*with age*) сго́рбленный.
2: **you have got your hat on ~** у вас шля́па сиди́т/наде́та ко́со/набекре́нь.
3 (*coll, dishonest*) бесче́стный, моше́ннический.

crookedness /ˈkrʊkɪdnɪs/ *n* со́гнутость, изо́гнутость; (*dishonesty*) бесче́стность, моше́нничество.

croon /kruːn/ *vt* & *i* напева́ть (*impf*) вполго́лоса.

crop /krɒp/ *n* **1** (*craw*) зоб.
2 (*of whip*) кнутови́ще; (*hunting ~*) охо́тничий хлыст.
3 (*produce*) урожа́й, жа́тва; **potato ~** урожа́й карто́феля; (*in pl*) посе́вы (*m pl*), (*grain*) хлеба́ (*m pl*).
4 (*fig*): **a ~ of questions** ку́ча вопро́сов.
● *vt* (**cropped, cropping**)
1 (*bite off*) щипа́ть (*impf*); объ|еда́ть, -е́сть; **the sheep ~ped the grass short** о́вцы ощипа́ли траву́.
2 (*cut short*): (*hair, hedge*) подстр|ига́ть, -и́чь;
3 (*sow, plant*) зас|ева́ть, -е́ять.
● *vi* (**cropped, cropping**)
1 (*yield a ~*) да|ва́ть, -ть урожа́й; **the beans ~ped well** бобы́ да́ли хоро́ший урожа́й.
2 ~ out (*of rock etc.*) обнаж|а́ться, -и́ться.
3 (*fig*): **difficulties ~ped up** появи́лись/возни́кли тру́дности.
● *cpd* **~ dusting** *n* опыле́ние посе́вов.

cropper /ˈkrɒpə(r)/ *n* **1**: **heavy ~** расте́ние, да́ющее хоро́ший урожа́й.
2: **he came a ~** (*coll*) (*lit*) он шлёпнулся; (*fig*) он провали́лся.

croquet /ˈkrəʊkeɪ, -kɪ/ *n* кроке́т.
● *vt* (**croqueted** /-keɪd/, **croqueting** /-keɪɪŋ/) крокирова́ть (*impf, pf*).

croquette /krəˈket/ *n* кроке́т.

crosier /ˈkrəʊzɪə(r)/ = **crozier**

cross /krɒs/ *n* **1** крест; **he made a ~ on the document** он поста́вил кре́стик на докуме́нте; **Red C~** Кра́сный Крест.
2 (*of crucifixion*) крест; **he made the sign of the ~** он перекрести́лся; он осени́л себя́ кресто́м (*or* кре́стным зна́мением).
3 (*fig*): **take up one's ~** нести́ (*pf*) свой крест; **he is a ~ I have to bear** он крест, кото́рый мне суждено́ нести́.
4: **cut on the ~** (*diagonally*) разре́занный на́искось (*or* по диагона́ли).
5 (*mixing of breeds*) по́месь, гибри́д; **a mule is a ~ between a horse and an ass** мул — по́месь ло́шади с осло́м; **this is a ~ between a sermon and a fable** э́то смесь про́поведи с ба́сней.
● *adj* (*see also cpds*)
1 (*transverse*) попере́чный, перекрёстный; **~ ventilation** попере́чная/сквозна́я вентиля́ция; **~ wind** (*sidewind*) боково́й/косо́й ве́тер.
2 (*angry*) серди́тый; злой (**with:** на + *a*); раздражённый.
● *vt* **1** (*go across, traverse*; *also* **~ over**): **~ a road/bridge** пере|ходи́ть, -йти́ че́рез доро́гу/мост; **~ the Channel** перепл|ыва́ть, -ы́ть Ла-Ма́нш; **~ s.o.'s path** перебежа́ть (*pf*) кому́-н. доро́гу; (*fig*) повстреча́ться (*impf*) с кем-н.; **the idea never ~ed my mind** э́та мысль никогда́ не приходи́ла мне в го́лову; **the ship ~ed our bows** кора́бль пересёк наш путь.
2 (*draw lines across*): **~ a cheque** (*Br*) перечёрк|ивать, -ну́ть чек.
3 (*place across*) скре́|щивать, -сти́ть; **~ one's legs** скрести́ть (*pf*) но́ги; **~ one's arms** скрести́ть (*pf*) ру́ки; **~ swords with s.o.** (*fig*) скрести́ть (*pf*) мечи́/шпа́ги с кем-н.; **keep one's fingers ~ed** (*fig, expressing hope*) ≈ как бы не сгла́зить; **~ s.o.'s palm with silver** позолоти́ть (*pf*) ру́чку кому́-н.; **the wires are ~ed** (*lit*) провода́ запу́тались; **~ wires** (*fig*) запу́т|ывать, -ать де́ло; мути́ть (*impf*) во́ду.
4: **~ o.s.** крести́ться, пере-; **~ my heart!** вот те(бе́) крест!
5 (*travel in opposite direction to*): **we ~ed each other on the way** мы размину́лись в пути́; **my letter ~ed your telegram** моё письмо́ размину́лось с ва́шей телегра́ммой.
6 (*thwart*): **he was ~ed in love** он потерпе́л неуда́чу в любви́; **do not ~ me** не станови́тесь на моём пути́; не перебега́йте мне доро́гу.
7 (*breed*) скре́|щивать, -сти́ть.
● *vi* **1** (*go across*): **he ~ed to where I was sitting** он перешёл к тому́ ме́сту, где я сиде́л; **he ~ed from Dover to Calais** он перепра́вился из Ду́вра в Кале́.
2: **our letters ~ed** на́ши пи́сьма размину́лись.
● *with advs*: **~ off, out** *vvt* вычёркивать, вы́черкнуть.
● *cpds* **~bar** *n* попере́чина, тра́верса, ри́гель (*m*); **~ bench** *n* (*parl*) скамья́ для незави́симых депута́тов; **~-bencher** *n* (*parl*) незави́симый депута́т; **~bow** *n* самостре́л, арбале́т; **~-bred** *adj* скрещённый, гибри́дный; **~-breed** *n* по́месь, гибри́д; *vt* & *i* скре́|щивать(ся), -сти́ть(ся); **~-channel** *adj*: **~-channel steamer** парохо́д, пересека́ющий Ла-Ма́нш; **~-check** *n* све́рка; *vt* & *i* св|еря́ть(ся), -е́рить(ся); **~-country** *adj*: **a ~-country race** бег по пересечённой ме́стности, кросс; **~-country runner** кроссме́н; **~-country vehicle** вездехо́д; **~-current** *n* пересека́ющий пото́к; **~-cut** *adj*: **~-cut saw** попере́чная пила́; **~-examination** *n* перекрёстный допро́с; **~-examine** *vt* подв|ерга́ть, -е́ргнуть перекрёстному допро́су; (*fig*) допр|а́шивать, -оси́ть; **~-eyed** *adj* косогла́зый, косо́й; **~-fertilization** *n* перекрёстное опыле́ние; скре́щивание (*lit, fig*); **~-fertilize** *vt* перекрёстно опыл|я́ть, -и́ть; **~fire** *n* (*mil*) перекрёстный ого́нь; **~-legged** *adj* (сидя́щий) положи́в но́гу на́ ногу (*or* скрести́в но́ги по-туре́цки); **~patch** *n* (*coll*) брюзга́ (*cg*), злю́ка (*cg*); **~piece** *n* попере́чина; крестови́на; **~-pollinate** *vt* перекрёстно опыл|я́ть, -и́ть; **~-pollination** *n* перекрёстное опыле́ние; **~ purposes** *n pl* недоразуме́ние; **~-question** *vt* допр|а́шивать, -оси́ть; **~ reference** *n* перекрёстная ссы́лка; **~road** *n* перекрёсток; пересека́ющая доро́га; **at the ~ roads** (*fig*) на распу́тье; **~ section** *n* попере́чное сече́ние; попере́чный разре́з; **~-section of the population** про́фильный срез/про́филь (*m*) населе́ния; **~ stitch** *n* вы́шивка кре́стиком; **~talk** *n* пререка́ния (*nt pl*); **~ tie** *n* (*US*) шпа́ла; **~walk** *n* (*US*) перехо́д; **~ways** *adj* = **crosswise**; **~word** *n* кроссво́рд.

crosse /krɒs/ *n* (*sport*) клю́шка (для игры́ в лакро́сс).

crossing /ˈkrɒsɪŋ/ *n* **1** (*going across*) перехо́д; перее́зд. **2** (*of sea*) перепра́ва, перехо́д; **we had a rough ~** нас си́льно кача́ло (во вре́мя перепра́вы). **3** (*of roads, railway lines*) перекрёсток; перехо́д; перее́зд; **grade ~** (*US*), **level ~** (*Br*) пересече́ние желе́зной доро́ги с шоссе́ (на одно́м у́ровне), (железнодоро́жный) перее́зд; **pedestrian ~** пешехо́дный перехо́д. **4** (*cross-breeding*) скре́щивание.

crossness /ˈkrɒsnɪs/ *n* (*ill temper*) раздражи́тельность, сварли́вость.

cross|wise /ˈkrɒswaɪz/, **-ways** /ˈkrɒsweɪz/ *adjs* крестообра́зный.
● *adv* крест-на́крест.

crotch /krɒtʃ/ *n* (*anat*; *also* **crutch**) промéжность; **the trousers are tight in the ~** брю́ки жмут в шагу́.

crotchet /ˈkrɒtʃɪt/ *n* (*Br, mus*) четвертна́я но́та.

crotchety /ˈkrɒtʃɪtɪ/ *adj* (*peevish*) раздражи́тельный, брюзгли́вый.

crouch /kraʊtʃ/ *vi* сгиба́ться, согну́ться.

croup[1] /kruːp/ *n* (*rump*) круп.

croup[2] /kruːp/ *n* (*med*) круп.

croupier /ˈkruːpɪə(r), -ɪ,eɪ/ *n* (*at gambling*) крупье́ (*m indecl*).

crouton /ˈkruːtɒn/ *n* (*cul*) грено́к.

crow[1] /krəʊ/ *n* воро́на; **carrion ~** чёрная воро́на; **they are a mile away as the ~ flies** они́ в ми́ле отсю́да, е́сли счита́ть по прямо́й; **eat ~** (*US, eat humble pie*) прийти́ (*pf*) с пови́нной (голово́й); **~'s nest** (*naut*) наблюда́тельный пост на ма́чте, «воро́нье гнездо́»; **~'s feet** (*wrinkles*) морщи́нки в уголка́х глаз; «гуси́ные ла́пки».
● *cpd* **~bar** *n* (монта́жный) лом, монтиро́вка.

crow[2] /krəʊ/ *n* (*of cock*) кукаре́канье.
● *vt* (*past* **~ed** *or* **crew**) (*of cock*) кукаре́кать (*impf*); **~ over s.o.** восторжествова́ть (*pf*) над кем-н.

crowd /kraʊd/ *n* **1** (*throng*) толпа́; **follow** (*or* **go with**) **the ~** (*fig*) плыть (*impf*) по тече́нию.
2 (*clique, social set*) компа́ния, о́бщество.
● *vt* **1** (*overfill*) зап|олня́ть, -о́лнить; переп|олня́ть, -о́лнить; **spectators ~ed the stadium** зри́тели запо́лнили стадио́н; **the buses are ~ed** авто́бусы перепо́лнены; **~ed street** многолю́дная у́лица; **the room was ~ed with furniture** ко́мната была́

загромождена́ ме́белью; **a life ~ed with incident** жизнь, бога́тая происше́ствиями.
2 (*press, hustle*) оса|жда́ть, -ди́ть.
3: **patients are ~ed out of the hospitals** больни́цы перегру́жены; больны́м бо́льше нет ме́ста; **his article was ~ed out of the magazine** его́ статья́ была́ вы́теснена из журна́ла други́м материа́лом.
● *vi* (*assemble in a ~*) толпи́ться, с-; наб|ива́ться, -и́ться битко́м; **they ~ed round the teacher** они́ столпи́лись вокру́г учи́теля; **they ~ed into the room** они́ наби́лись в ко́мнату; **memories ~ed in upon me** на меня́ нахлы́нули воспомина́ния.

crown /kraʊn/ *n* **1** коро́на, вене́ц.
2 (*fig, sovereignty or sovereign*) коро́на, престо́л; **he succeeded to the ~** он унасле́довал коро́ну; **this land belongs to the C~** э́та земля́ принадлежи́т короле́вской семье́; **witness for the C~** свиде́тель обвине́ния.
3 (*wreath*) вене́ц, вено́к; **martyr's ~** му́ченический вене́ц.
4 (*coin*) кро́на.
5 (*of head*) маку́шка, те́мя (*nt*), голова́; (*of hat*) тулья́; (*of road*) вы́пуклость доро́ги; (*of tree*) кро́на, верху́шка.
6 (*dental work*) коро́нка.
7 (*fig, culmination or reward*) вене́ц, заверше́ние, верши́на; **the ~ of one's achievements** верши́на достиже́ний; **the ~ of one's labours** заверше́ние трудо́в.
8 (*attr*): **C~ jewels** короле́вские/ ца́рские рега́лии (*f pl*); **C~ lands** зе́мли, принадлежа́щие короле́вской семье́; **C~ prince** кронпри́нц, насле́дный принц; **C~ princess** кронприн́цесса, насле́дная принце́сса.
● *vt* **1**: **he was ~ed king** его́ короновáли (на ца́рство); **~ed heads** корона́ванные осо́бы.
2: **the hill is ~ed with a wood** верши́на холма́ покры́та ле́сом.
3 (*fig, reward*): **his efforts were ~ed with success** его́ уси́лия увенча́лись успе́хом.
4 (*put finishing touch to*) заверш|а́ть, -и́ть; **to ~ it all, a storm broke out** в доверше́ние всего́ разрази́лась бу́ря; **~ing mercy** вы́сшее (*or* всё превосходя́щее) милосе́рдие.
5 (*hit on the head*) тре́снуть (*pf*) по башке́ (*coll*).
6 (*at draughts*) пров|оди́ть, -ести́ в да́мки.
7: **~ a tooth** ста́вить, по- коро́нку на зуб.

cro|zier, -sier /ˈkrəʊzɪə(r)/ *n* епи́скопский по́сох.

CRT (*abbr of* ***cathode-ray tube***) ЭЛТ (электро́нно-лучева́я тру́бка).

cruces /ˈkru:si:z/ *pl of* ⇒**crux**

crucial /ˈkru:ʃ(ə)l/ *adj* (*decisive*) реша́ющий.

crucian /ˈkru:ʃ(ə)n/ *n* (*also* **~ carp**) кара́сь (*m*).

crucible /ˈkru:sɪb(ə)l/ *n* ти́гель (*m*); (*fig*) горни́ло.

crucifix /ˈkru:sɪfɪks/ *n* распя́тие; (*cross*) крест.

crucifixion /ˌkru:sɪˈfɪkʃ(ə)n/ *n* распя́тие (на кресте́).

cruciform /ˈkru:sɪfɔ:m/ *adj* крестообра́зный.

crucify /ˈkru:sɪfaɪ/ *vt* расп|ина́ть, -я́ть.

crude /kru:d/ *adj* **1** (*of materials*): **~ oil** сыра́я нефть; **~ sugar** неочи́щенный са́хар. **2** (*graceless*) гру́бый, неотёсанный. **3** (*awkward, ill-made*): **~ paintings** аляпова́тые карти́ны; **a ~ log cabin** гру́бо сколо́ченная деревя́нная хи́жина. **4** (*unripe, undigested*): **~ schemes** неразрабо́танные/незре́лые пла́ны; **~ facts** го́лые фа́кты.

crud|eness /ˈkru:dnɪs/, **-ity** /ˈkru:dɪtɪ/ *nn* гру́бость, неотёсанность.

cruel /ˈkru:əl/ *adj* (**crueller, cruellest** *or* **crueler, cruelest**) жесто́кий.

cruelty /ˈkru:əltɪ/ *n* жесто́кость; **~ to animals** жесто́кое обраще́ние с живо́тными.

cruet /ˈkru:ɪt/ *n* (*Br*) графи́нчик, сосу́д.
● *cpd* **~ stand** *n* судо́к.

cruis|e /kru:z/ *n* (*of ship*) пла́вание; (*of aircraft*) полёт; (*pleasure voyage*) морско́е путеше́ствие, круи́з; **~ missile** крыла́тая раке́та; **~ ship** круи́зный кора́бль.
● *vi* (*sail or drive about*) курси́ровать (*impf*); (*go on a cruise, cruises*) соверша́ть (*impf*) круи́з(ы); **~ing speed** (*of aircraft*) кре́йсерская ско́рость; (*of car*) эксплуатацио́нная ско́рость.

cruiser /ˈkru:zə(r)/ *n* (*warship*) кре́йсер; **cabin ~** прогу́лочный ка́тер с каю́той.
● *cpd* **~weight** *n* (*Br, boxing*) полутяжёлый вес.

crumb /krʌm/ *n* **1** (*small piece*) кро́шка; (*fig*): **~s of information** кро́хи (*f pl*) обры́вки (*m pl*) сведе́ний; **~ of comfort** сла́бое утеше́ние.
2 (*inner part of bread*) мя́киш. **3** **~s!** (*Br coll*) ну и ну!

crumble /ˈkrʌmb(ə)l/ *n* (*Br, cul*) фрукто́вый пу́динг.
● *vt* (*bread etc.*) кроши́ть, рас-.
● *vi* кроши́ться (*impf*); (*of a wall*) обва́л|иваться, -и́ться; обру́ши|ваться, -ться; (*fig, of empires, hopes, etc.*) ру́шиться (*impf, pf*); ру́хнуть (*pf*).

crumbly /ˈkrʌmblɪ/ *adj* (**crumblier, crumbliest**) кроша́щийся; (*of bread*) рассы́пчатый.

crummy /ˈkrʌmɪ/ *adj* (**crummier, crummiest**) (*inferior*) дрянно́й, жа́лкий.

crumpet /ˈkrʌmpɪt/ *n* ≈ сдо́бная лепёшка.

crumple /ˈkrʌmp(ə)l/ *vt* мять, с-/из-; **~ one's clothes** смять/измя́ть (*both pf*) свою оде́жду; **~ up a sheet of paper** ско́мкать (*pf*) лист бума́ги.
● *vi* мя́ться (*or* смина́ться), с-; **these sheets ~** э́ти про́стыни мну́тся; **the wings of the aircraft ~d up** кры́лья самолёта помя́лись.

crunch /krʌntʃ/ *n* (*noise*) хруст; (*crucial moment*) реша́ющий моме́нт.
● *vt & i* грызть (*impf*) с хру́стом; хрусте́ть (*impf*); скрипе́ть (*impf*); **our feet ~ed the gravel** гра́вий хрусте́л у нас под нога́ми.

crusade /kru:ˈseɪd/ *n* (*lit, fig*) кресто́вый похо́д.
● *vi* (*fig*) идти́ (*det*) в похо́д (*против чего or за что*).

crusader /kru:ˈseɪdə(r)/ *n* крестоно́сец (*fig*); боре́ц.

crush /krʌʃ/ *n* **1** (*crowd*) толчея́, толкотня́, да́вка.
2 (*infatuation*): **she has a ~ on him** она́ без ума́ от него́.
3 (*fruit drink*) вы́жатый фрукто́вый сок.
● *vt* **1** (*press, squash*) раздав|ливать, -и́ть; **some people were ~ed to death** кое-кого́ задави́ло.
2 (*crumple*) мять, из-/с-; **her dresses were badly ~ed** её пла́тья си́льно помя́лись.
3 (*defeat, overcome*) сокруш|а́ть, -и́ть; **he ~ed his enemies** он разгроми́л свои́х враго́в; **our hopes were ~ed** на́ши наде́жды ру́хнули; **she ~ed him with a look** она́ уничто́жила/ испепели́ла его́ одни́м взгля́дом; **a ~ing defeat** по́лное пораже́ние, разгро́м.
● *vi* мя́ться, из-/с-; **this material does not ~** э́та мате́рия не мнётся; **they ~ed into the front seats** они́ проти́снулись/протолка́лись на места́ пе́рвого ря́да.
● *with advs*: **~ out** *vt* (*extinguish*): **~ out a cigarette** погаси́ть (*pf*) сигаре́ту; **~ up** *vt* (*make into powder*) толо́чь, рас-/ис-.

crust /krʌst/ *n* (*of bread*) ко́рка; (*of pastry*) ко́рочка; **the earth's ~** земна́я кора́.
● *vi*: **the snow ~ed over** на снегу́ образова́лась тве́рдая ко́рка.

crustacean /krʌˈsteɪʃ(ə)n/ *n* ракообра́зное.

crusty /ˈkrʌstɪ/ *adj* (**crustier, crustiest**) (*lit*) покры́тый ко́ркой; с ко́рочкой; (*fig*) ре́зкий, же́лчный.

crutch /krʌtʃ/ *n* **1** (*support*) косты́ль (*m*); (*fig*) опо́ра. **2** = **crotch**

crux /krʌks/ *n* (*pl* **~es** *or* **cruces**) (*essential point*) суть; коренно́й вопро́с.

cry /kraɪ/ *n* **1** (*weeping*) плач; **she had a good ~** она́ всла́сть попла́кала.
2 (*shout*) крик; (*fig*): **it is a far ~ from the days of the horse and cart** мы далеко́ ушли́ от времён лошади́ного тра́нспорта.
3 (*of animal*) крик; **in full ~** (*of hounds*) в бе́шеной пого́не.
4 (*watchword*) клич, ло́зунг.
5 (*entreaty, demand*) мольба́; **there was a ~ for reform** подняли́сь голоса́, тре́бующие рефо́рмы; со всех сторо́н раздава́лись тре́бования рефо́рм.
6 (*outcry, clamour*) крик, вопль (*m*); **they raised the ~ of discrimination** они́ по́дняли крик/во́пли о дискримина́ции.
● *vt* **1** (*weep*) пла́кать (*impf*); **~ bitter tears** пла́кать (*impf*) го́рькими слеза́ми; **~ one's eyes out** вы́плакать (*pf*) (все) глаза́; **she cried herself to sleep** она́ усну́ла в слеза́х.
2 (*shout, exclaim*) крича́ть (*impf*); вскри́к|ивать, -нуть; **"Enough!" he**

cried «Довольно!» — закричал он.
● *vi* **1** (*weep*) плакать (*impf*); **~ over sth** оплакивать (*impf*) что-н.; **it's no good ~ing over spilt milk** (*fig*) сделанного не воротишь; что с возу упало, то пропало.
2 (*shout, exclaim, plead*) кричать (*impf*); вскрик|ивать, -нуть; **he cried with pain** он вскрикнул от боли; **they cried for mercy** они умоляли о милосердии.
● *with advs*: **~ off** *vt & i* (*an engagement*) отмен|ять, -ить (свидание); **~ out** *vi* (*in pain or distress*) вскрик|ивать, -нуть.
● *cpd* **~baby** *n* плакса (*cg*), рёва (*cg*).

crying /ˈkraɪɪŋ/ *n* (*weeping*) плач; (*calling of wares*) крик, выкликание.
● *adj*: **a ~ shame** вопиющее безобразие; **~ need** острая нужда.

crypt /krɪpt/ *n* склеп.

cryptic /ˈkrɪptɪk/ *adj* таинственный, загадочный.

crypto-communist /ˌkrɪptəʊ ˈkɒmjʊnɪst/ *n* тайный коммунист.

cryptogram /ˈkrɪptəˌgræm/ *n* криптограмма, тайнопись.

cryptographer /krɪpˈtɒgrəfə(r)/ *n* шифровальщик

cryptographic /ˌkrɪptəˈgræfɪk/ *adj* криптографический, шифровальный.

cryptography /krɪpˈtɒgrəfɪ/ *n* криптография.

Cryptozoic /ˌkrɪptəˈzəʊɪk/ (*geol*) *n* (**the ~**) криптозой(ский эон/период).
● *adj* криптозойский.

crystal /ˈkrɪst(ə)l/ *n* **1** (*substance*) горный хрусталь; **~ ornaments** хрустальные украшения; **~ set** (*radio*) приёмник на кристаллах.
2 (*glassware*) хрусталь (*m*); **~ ball** магический кристалл. **3** (*aggregation of molecules*) кристалл. **4** (*fig*): **the ~ waters of the lake** прозрачные воды озера. **5** (*US, watch glass*) стекло ручных/карманных часов.
● *cpd* **~-clear** *adj* (*fig*) ясный как божий день.

crystalline /ˈkrɪstəˌlaɪn/ *adj* хрустальный; (*fig, also*) кристальный.

crystallization /ˌkrɪstəlaɪˈzeɪʃ(ə)n/ *n* (*lit*) кристаллизация.

crystallize /ˈkrɪstəˌlaɪz/ *vt* **1** (*form into crystals*) кристаллизовать (*impf, pf*); за- (*pf*). **2** (*clarify*) вопло|щать, -тить в определённую форму. **3**: **~d fruit** засахаренные фрукты.
● *vi* **1** (*form into crystals*) кристаллизоваться (*impf, pf*); вы- (*pf*). **2**: **his plans ~d** его планы определились.

crystallographer /ˌkrɪstəˈlɒgrəfə(r)/ *n* кристаллограф.

crystallography /ˌkrɪstəˈlɒgrəfɪ/ *n* кристаллография.

CSCE (*abbr of* ***Conference on Security and Cooperation in Europe***) СБСЕ (Совещание по безопасности и сотрудничеству в Европе).

CSE (*abbr of* ***Certificate of Secondary Education***) (*hist*) ≈ аттестат о среднем образовании.

cub /kʌb/ *n* детёныш; (*bear*) медвежонок; (*fox*) лисёнок; (*lion*) львёнок; (*tiger*) тигрёнок; (*wolf*) волчонок.
● *vi* (**cubbed, cubbing**) **1** (*bring forth ~s*) щениться, о-. **2** (*hunt fox ~s*) охотиться (*impf*) на лисят.

Cuba /ˈkjuːbə/ *n* Куба; **in ~** на Кубе.

Cuban /ˈkjuːbən/ *n* кубин|ец (*fem* -ка).
● *adj* кубинский.

cubbyhole /ˈkʌbɪ-/ *n* (*small room*) комнатка, каморка.

cube /kjuːb/ *n* **1** (*math: of a number*) куб; **~ root** кубический корень.
2 (*solid*) кубик; **~ sugar** пилёный сахар; **sugar ~** кубик/кусок сахара.
● *vt* **1** (*calculate ~ of*) возв|одить, -ести (*число*) в куб; **4 ~d** 4 в кубе; 4 в третьей степени. **2** (*cut into ~s*) нар|езать, -езать кубиками.

cubic /ˈkjuːbɪk/ *adj* кубический.

cubicle /ˈkjuːbɪk(ə)l/ *n* (*for changing in at a swimming pool; in a toilet*) кабинка; (*for changing in in a shop*) примерочная; (*in a hospital*) бокс.

cubism /ˈkjuːbɪz(ə)m/ *n* кубизм.

cubist /ˈkjuːbɪst/ *n* кубист (*fem* -ка).

cubit /ˈkjuːbɪt/ *n* локоть (*m*) (*мера длины*).

cuckold /ˈkʌkəʊld/ *n* рогоносец.
● *vt* наст|авлять, -авить рога + *d*.

cuckoo /ˈkʊkuː/ *n* кукушка; **~ clock** часы (*m pl*) с кукушкой; **~ flower** сердечник луговой.
● *adj* (*coll, crazy*) чокнутый, тронутый.
● *vi* (*utter ~'s cry*) куковать (*impf*).

cucumber /ˈkjuːkʌmbə(r)/ *n* огурец; **~ salad** салат из огурцов; **cool as a ~** хладнокровный, невозмутимый.

cud /kʌd/ *n* жвачка; **chew the ~** (*lit, fig*) жевать (*impf*) жвачку.

cuddle /ˈkʌd(ə)l/ *vt* (*& i*) обнимать(ся).
● *vi*: **~ up (to s.o.)** приж|иматься, -аться (к кому-н.).

cuddl|esome /ˈkʌd(ə)lsəm/, **-y** /ˈkʌdlɪ/ (*Br*) *adjs* располагающий к ласке; милый, приятный; **~ toy** мягкая игрушка.

cudgel /ˈkʌdʒ(ə)l/ *n* дубинка, палка; **take up the ~s for s.o.** (*fig*) выступить (*pf*) в защиту кого-н.
● *vt* (**cudgelled, cudgelling;** *US* **cudgeled, cudgeling**) бить (*impf*) дубинкой/палкой; **~ one's brains** ломать (*impf*) голову (*над чем*).

cue[1] /kjuː/ *n* (*theatr*) реплика; (*fig, hint*) намёк; **take one's ~ from** взять (*pf*) пример с (*кого*).

cue[2] /kjuː/*n* (*snooker, billiards*) кий.
● *cpd* **~ ball** биток (*в бильярде: шар, которым ударяют по другим шарам*).

cuff[1] /kʌf/ *n* **1** (*part of sleeve; linen band*) манжета; **off the ~** (*fig*) экспромтом. **2** (*US, trouser turn-up*) отворот.
● *cpd* **~links** *n pl* запонки (*f pl*).

cuff[2] /kʌf/ *n* (*blow*) шлепок.
● *vt* шлёп|ать, -нуть.

cuirass /kwɪˈræs/ *n* (*armour*) кираса.

cuirassier /ˌkwɪrəˈsɪə(r)/ *n* кирасир.

cuisine /kwɪˈziːn/ *n* (*национальная*) кухня.

cul-de-sac /ˈkʌldəˌsæk, ˈkʊl-/ *n* (*pl* **culs-de-sac** *pronunc same, or* **cul-de-sacs**) (*also fig*) тупик.

culinary /ˈkʌlɪnərɪ/ *adj* кулинарный.

cull /kʌl/ *n* (*of seals*) отбор, браковка.
● *vt* **1** (*select*) от|бирать, -обрать; под|бирать, -обрать; (*flowers etc.*) соб|ирать, -рать. **2** (*slaughter*) бить (*impf*).

culminate /ˈkʌlmɪˌneɪt/ *vi* дост|игать, -игнуть высшей точки (*or* апогея); **~ in** заверш|аться, -иться + *i*.

culmination /ˌkʌlmɪˈneɪʃ(ə)n/ *n* кульминация; кульминационный пункт.

culottes /kjuːˈlɒts/ *n pl* юбка-брюки.

culpability /ˌkʌlpəˈbɪlɪtɪ/ *n* виновность.

culpable /ˈkʌlpəb(ə)l/ *adj* виновный.

culprit /ˈkʌlprɪt/ *n* (*offender*) преступник; (*fig*) виновник.

cult /kʌlt/ *n* культ.

cultivable /ˈkʌltɪvəb(ə)l/ *adj* (*of land*) пригодный для возделывания.

cultivate /ˈkʌltɪˌveɪt/ *vt* **1** (*land*) возде́л|ывать, -ать; (*crops*) культивировать (*impf*); **~d area** посевная площадь. **2**: **~ one's mind** развивать (*impf*) ум; **~ one's style** совершенствовать (*impf*) свой стиль; **a ~d person** культурный/интеллигентный человек. **3**: **~ s.o.('s acquaintance)** поддерживать (*impf*) знакомство с кем-н.

cultivation /ˌkʌltɪˈveɪʃ(ə)n/ *n* **1** (*agric*) (*of soil*) обработка, культивация, возделывание; (*of plants*) культивирование, разведение.
2 (*culture*) культура. **3** (*of acquaintance*) поддерживание (знакомства).

cultivator /ˈkʌltɪˌveɪtə(r)/ *n* (*person*) земледелец; (*implement*) культиватор.

cultural /ˈkʌltʃər(ə)l/ *adj* культурный; **~ centre** дом/дворец культуры.

culture /ˈkʌltʃə(r)/ *n* **1** (*tillage*) возделывание, культивация.
2 (*rearing, production*) разведение, возделывание. **3** (*colony of bacteria*) культура, штамм. **4** (*civilization, way of life*) культура, быт; **a man of ~** интеллигентный человек; **Greek ~** греческая культура.
● *vt*: **~d pearls** культивированный жемчуг; **~d viruses** выращенные вирусы.

cultured /ˈkʌltʃəd/ *adj* (*of person*) интеллигентный, культурный.

culvert /ˈkʌlvət/ *n* кульверт; дренажная труба.

cumb|ersome /ˈkʌmbəsəm/, **-rous** /ˈkʌmbrəs/ *adjs* громоздкий, обременительный.

cummerbund /ˈkʌməˌbʌnd/ *n* широкий пояс (под смокинг).

cum(m)in /ˈkʌmɪn/ *n* тмин.

cumquat /ˈkʌmkwɒt/ = **kumquat**

cumulate /ˈkjuːmjʊˌleɪt/ *vt* соб|ирать, -рать.
● *vi* аккумулироваться (*impf*); нак|апливаться, -опиться.

cumulation /ˌkjuːmjʊˈleɪʃ(ə)n/ *n* аккумуляция, накопление.

cumulative /ˈkjuːmjʊlətɪv/ *adj* кумулятивный, накопленный; **~ evidence** (*law*) совокупность улик.

cumulonim|bus /ˈkjuːmjʊləʊ-/ *n* (*pl* **~buses** *or* **~bi** /-baɪ/) ку́чево-дождевы́е облака́.

cumu|lus /ˈkjuːmjʊləs/ *n* (*pl* **~li** /-laɪ, -liː/) (*cloud*) кучевы́е облака́.

cuneiform /ˈkjuːnɪˌfɔːm/ *n* (*~ writing*) кли́нопись.

cunning /ˈkʌnɪŋ/ *n* (*craftiness*) хи́трость; (*skill*) ло́вкость.
● *adj* (**cunninger, cunningest**) (*crafty*) хи́трый.

cunt /kʌnt/ *n* (*vulg*) пизда́ (*vulg*).

cup /kʌp/ *n* **1** (*for tea etc.*) ча́шка, (*literary*) ча́ша; **that is my ~ of tea** (*fig*) э́то по мне́; э́то в моём вку́се. **2** (*fig*): **his ~ was full** (*sc. with happiness*) он был на верху́ блаже́нства. **3** (*as prize*) ку́бок; **C~ Final** фина́л ро́зыгрыша ку́бка.
● *vt* (**cupped, cupping**): **~ one's hand** держа́ть (*impf*) ру́ку го́рстью; **~ one's hands round a glass** обхвати́ть (*pf*) стака́н обе́ими рука́ми; **~ one's chin in one's hands** подп|ира́ть, -ере́ть подборо́док ладо́нями.
● *cpds* **~cake** *n* кру́глый кекс; **~ tie** *n* (*Br*) футбо́льный матч на ку́бок.

cupboard /ˈkʌbəd/ *n* шкаф, буфе́т.

cupful /ˈkʌpfʊl/ *n* по́лная ча́шка (*чего*).

Cupid /ˈkjuːpɪd/ *n* **1** (*myth*) Купидо́н; **~'s bow** (*of lip*) гу́бы (*f pl*) ба́нтиком. **2** (*putto*) аму́р.

cupidity /kjuːˈpɪdɪtɪ/ *n* а́лчность, жа́дность.

cupola /ˈkjuːpələ/ *n* ку́пол.

cupro-nickel /ˌkjuːprəʊˈnɪk(ə)l/ *n* мельхио́р.

cur /kɜː(r)/ *n* дворня́жка.

curable /ˈkjʊərəb(ə)l/ *adj* излечи́мый.

curacy /ˈkjʊərəsɪ/ *n* прихо́д.

curate /ˈkjʊərət/ *n* вика́рий.

curative /ˈkjʊərətɪv/ *adj* целе́бный, цели́тельный.

curator /kjʊəˈreɪtə(r)/ *n* (*of museum etc.*) храни́тель (*m*).

curatorship /kjʊəˈreɪtə(r)ʃɪp/ *n* до́лжность храни́теля.

curb /kɜːb/ *n* **1** узда́. **2** = **kerb**
● *vt* **1** (*of horse*) над|ева́ть, -е́ть узду́ на + *a*. **2** (*fig*) обузд|ывать, -а́ть.

curd /kɜːd/ *n* творо́г; **~ cheese** (*Br*) творо́г.

curdle /ˈkɜːd(ə)l/ *vt* створ|а́живать, -ожи́ть; **~ the blood** (*fig*) леден́ить (*impf*) кровь.
● *vi* свёртываться, сверну́ться; створ|а́живаться, -о́житься; (*fig*): **one's blood ~s** кровь леденеет; кровь сты́нет в жи́лах.

cure /kjʊə(r)/ *n* **1** (*remedy*) лека́рство, сре́дство; **this is a ~ for idleness** э́то лека́рство от безде́лья; **past ~** неизлечи́мый. **2** (*treatment*) лече́ние; **he went to Vichy for the ~** он пое́хал на лече́ние в Виши́.
● *vt* **1** (*make healthy*) выле́чивать, вы́лечить; **he was ~d of asthma** он вы́лечился от а́стмы; **he was ~d of gambling** он излечи́лся от стра́сти к аза́ртной игре́. **2** (*remedy*): (*disease*) выле́чивать, вы́лечить; излеч|ивать, -и́ть; (*poverty*) уничт|ожа́ть, -о́жить; (*drunkenness*) изж|ива́ть, -и́ть. **3** (*meat*) соли́ть, по-; вя́лить, про-; (*hides*) обраб|а́тывать, -о́тать; (*tobacco*) ферменти́ровать; (*impf, pf*).
● *cpd* **~-all** *n* панаце́я.

curettage /kjʊəˈretɪdʒ, -rɪˈtɑːdʒ/ *n* выска́бливание.

curfew /ˈkɜːfjuː/ *n* коменда́нтский час; **impose a ~** устан|а́вливать, -ови́ть коменда́нтский час; **lift a ~** отмен|я́ть, -и́ть коменда́нтский час.

curie /ˈkjʊərɪ/ *n* (*unit*) кюри́ (*nt indecl*).

curio /ˈkjʊərɪəʊ/ *n* (*pl* **~s**) антиква́рная вещь, ре́дкость.

curiosity /ˌkjʊərɪˈɒsɪtɪ/ *n* **1** (*inquisitiveness*) любопы́тство, любозна́тельность; **~ killed the cat** (*proverb*) любопы́тство до добра́ не доведёт; любопы́тной Варва́ре нос оторва́ли. **2** (*unusual object*) дико́вин(к)а; ре́дкость.

curious /ˈkjʊərɪəs/ *adj* **1** (*interested*): **I am ~ to know what he said** я хочу́ зна́ть, что он сказа́л. **2** (*inquisitive*) любопы́тный, любозна́тельный. **3** (*odd*) стра́нный, дико́винный; **~ to relate, ~ly enough** как ни стра́нно.

curl /kɜːl/ *n* (*of hair*) ло́кон, завито́к; (*in pl*, *~y hair*) кудря́вые во́лосы (*m pl*); (*of string*) завито́к, спира́ль; (*of smoke*) кольцо́; (*of wave*) изги́б; (*of lip*) презри́тельная усме́шка/улы́бка.
● *vt*: **~ a string around one's finger** закрути́ть (*pf*) шнуро́к вокру́г па́льца; **~ one's hair** зав|ива́ть, -и́ть во́лосы; **~ing irons/tongs** щипцы́ (*m pl*) для зави́вки; **~ one's lip** презри́тельно скриви́ть (*pf*) гу́бы.
● *vi*: **her hair ~s naturally** у неё во́лосы вью́тся от приро́ды; **the smoke ~ed upwards** клу́бы ды́ма поднима́лись вверх; **the dog ~ed up by the fire** соба́ка сверну́лась клубко́м у ками́на; **he ~ed up (with shame)** он весь съёжился от стыда́.

curlers /ˈkɜːləz/ *n* бигуди́ (*pl, indecl*).

curlew /ˈkɜːljuː/ *n* (*pl* **~** *or* **~s**) кроншне́п.

curlicue /ˈkɜːlɪˌkjuː/ *n* завиту́шка.

curliness /ˈkɜːlɪnɪs/ *n* кудря́вость, курча́вость.

curly /ˈkɜːlɪ/ *adj* (**curlier, curliest**) кудря́вый, курча́вый, вью́щийся.
● *cpd* **~-headed** *adj* кудря́вый.

curmudgeon /kəˈmʌdʒ(ə)n/ *n* сквалы́га (*cg*); скря́га (*cg*).

curmudgeonly /kəˈmʌdʒ(ə)nlɪ/ *adj* сквалы́жный, ска́редный.

currant /ˈkʌrənt/ *n* **1** (*fruit, bush*) сморо́дина. **2** (*in cake etc.*) изю́м, кори́нка; **~ bun** бу́лочка с изю́мом.

currency /ˈkʌrənsɪ/ *n* **1** (*acceptance, validity*): **the rumour gained ~** э́тот слух прони́к всю́ду; **give ~ to a rumour** распространи́ть (*pf*) слух (*о чём*); **during the ~ of the contract** в тече́ние сро́ка де́йствия догово́ра. **2** (*money*) валю́та; де́н|ьги (*pl, g* -ег); **paper ~** бума́жные де́ньги; **gold ~** золота́я валю́та; **hard ~** конверти́руемая валю́та; **soft ~** неконверти́руемая валю́та; **the dollar is American ~** до́ллар — де́нежная едини́ца Аме́рики; **~ reform** де́нежная рефо́рма.

current /ˈkʌrənt/ *n* **1** (*of air, water*) струя́, пото́к. **2** (*elec*) ток; **alternating ~** переме́нный ток; **direct ~** постоя́нный ток. **3** (*course, tendency*) тече́ние, ход.
● *adj* **1** (*in general use, e.g. words, opinions*) ходя́чий, распространённый. **2** (*of present time*) теку́щий; **~ affairs, events** теку́щие собы́тия; **the ~ issue of a magazine** теку́щий/очередно́й но́мер журна́ла; **at ~ prices** по существу́ющим/теку́щим це́нам. **3**: **~ account** (*Br, comm*) теку́щий счёт.

currently /ˈkʌrəntlɪ/ *adv* **1** (*generally, commonly*) обы́чно. **2** (*at present*) тепе́рь, в настоя́щее вре́мя.

curricul|um /kəˈrɪkjʊləm/ *n* (*pl* **~a**) курс обуче́ния; програ́мма; уче́бный план; **~ vitae** = **CV**

curry[1] /ˈkʌrɪ/ *n* (*cul*) ка́рри (*nt indecl*).
● *vt*: **curried lamb** бара́нина, припра́вленная ка́рри.
● *cpd* **~ powder** *n* ка́рри; порошо́к из курку́мы.

curry[2] /ˈkʌrɪ/ *vt* **1** (*a horse etc.*) чи́стить, вы́- скребни́цей. **2**: **~ favour with s.o.** подли́з|ываться, -а́ться к кому́-н.
● *cpd* **~ comb** *n* скребни́ца.

curse /kɜːs/ *n* **1** (*execration*) прокля́тие; **he is under a ~, there is a ~ upon him** над ним тяготе́ет прокля́тие. **2** (*bane*) прокля́тие, бич; **the ~ of drink** бич пья́нства; **the ~** (*coll, menses*) го́сти (*m pl*). **3** (*oath*) богоху́льство, руга́тельство.
● *vt* **1** (*pronounce ~ on*) прокл|ина́ть, -я́сть. **2** (*abuse, scold*) руга́ть (*impf*); проклина́ть (*impf*). **3 he is ~d with a violent temper** Госпо́дь награди́л его́ необу́зданным нра́вом.
● *vi* (*swear, utter ~s*) руга́ться (*impf*); **~ at s.o.** осыпа́ть (*impf*) кого́-н. прокля́тиями.

cursed /ˈkɜːsɪd, kɜːst/ *adj* (*attr only, annoying*) прокля́тый.

cursive /ˈkɜːsɪv/ *n* (*script*) ско́ропись.
● *adj* скоропи́сный.

cursor /ˈkɜːsə(r)/ *n* (*comput*) курсо́р.

cursoriness /ˈkɜːsərɪnɪs/ *n* пове́рхностность.

cursory /ˈkɜːsərɪ/ *adj* бе́глый, пове́рхностный.

curt /kɜːt/ *adj* отры́вистый, ре́зкий.

curtail /kɜːˈteɪl/ *vt* (*shorten*) сокра|ща́ть, -ти́ть; **~ an allowance** уре́зать (*impf*) посо́бие.

curtailment /kɜːˈteɪlmənt/ *n* сокраще́ние, уре́зывание.

curtain /ˈkɜːt(ə)n/ *n* **1** (*of window, door*) занаве́ска, што́ра; **draw the ~s** (*close*) задёрнуть (*pf*) занаве́ски; (*open*) отдёрнуть (*pf*) занаве́ски. **2** (*fig*) заве́са; **draw a ~ over sth** покры́ть (*pf*) что-н. заве́сой та́йны; **lift the ~ of secrecy** приподня́ть (*pf*) заве́су та́йны; **Iron C~** желе́зный за́навес (*советской эпохи и т. п.*). **3** (*theatr*) за́навес; **ring up the ~** подня́ть (*pf*) за́навес; **ring down the ~** опусти́ть (*pf*) за́навес; **safety ~** пожа́рный за́навес; **~ call** вы́зов; **he took six ~s** его́ вызыва́ли шесть раз.
● *vt* занаве́|шивать, -сить; **~ off** отгор|а́живать, -оди́ть занаве́ской.

● *cpd* **~-raiser** *n* небольшо́е представле́ние, исполня́емое пе́ред нача́лом спекта́кля; (*fig*) прелю́дия.

curtness /ˈkɜːtnɪs/ *n* отры́вистость, ре́зкость.

curts(e)y /ˈkɜːtsɪ/ *n* рева́нс, приседа́ние.

● *vi* (*also* **make, drop a ~**) прис|еда́ть, -е́сть; де́лать, с- рева́нс.

curvaceous /kɜːˈveɪʃəs/ *adj* (*coll*) пы́шный, соблазни́тельный.

curvature /ˈkɜːvətʃə(r)/ *n* кривизна́, изги́б, крива́я; **~ of the earth** кривизна́ земли́; **~ of the spine** искривле́ние позвоно́чника.

curve /kɜːv/ *n* (*line*) крива́я; (*in pl, of female body*) изги́бы (*m pl*); (*bend in road*) изги́б.

● *vt* сгиба́ть, согну́ть; из|гиба́ть, -огну́ть.

● *vi* из|гиба́ться, -огну́ться; **the road ~s** доро́га извива́ется; **the river ~s round the town** река́ огиба́ет го́род.

curvet /kɜːˈvet/ *n* (*sport*) курбе́т.

curvilinear /ˌkɜːvɪˈlɪnɪə(r)/ *adj* криволине́йный.

cushion /ˈkʊʃ(ə)n/ *n* (дива́нная) поду́шка; (*billiards*) борт.

● *vt*: **~ed** (*padded*) **seats** мя́гкие сиде́нья; **~ a blow** смягч|а́ть, -и́ть уда́р.

cushy /ˈkʊʃɪ/ *adj* (**cushier, cushiest**) (*coll*): **~ job** непы́льная рабо́та.

cusp /kʌsp/ *n* (*of moon*) рог; (*of leaf*) о́стрый коне́ц; (*of tooth*) ко́нчик.

cuspidor /ˈkʌspɪˌdɔː(r)/ *n* (*US*) плева́тельница.

cussed /ˈkʌsɪd/ *adj* (*coll*) стропти́вый.

cussedness /ˈkʌsɪdnɪs/ *n* стропти́вость.

custard /ˈkʌstəd/ *n* сла́дкий крем/со́ус из яи́ц и молока́; **~ powder** заварно́й крем-концентра́т.

custodian /kʌˈstəʊdɪən/ *n* (*guardian*) опеку́н; (*of property etc.*) администра́тор; (*of museum etc.*) храни́тель (*m*); (*caretaker*) сто́рож.

custody /ˈkʌstədɪ/ *n* **1** (*guardianship*) опе́ка, попече́ние. **2** (*keeping*): **in safe ~** на (со)хране́нии. **3** (*arrest*): **take, give into ~** брать, взять под стра́жу; аресто́в|ывать, -а́ть.

custom /ˈkʌstəm/ *n* **1** (*habit, accepted behaviour*) обы́чай. **2** (*Br, business patronage, clientele*) клиенту́ра, покупа́тели (*m pl*). **3** (*in pl, import duties*) тамо́женные по́шлины (*f pl*); **~s officer** тамо́женник; **we got through the ~s** мы прошли́ тамо́женный досмо́тр.

● *cpds* **~ house** *n* тамо́жня; **~-built, ~-made** *adjs* сде́ланный/изгото́вленный на зака́з.

customary /ˈkʌstəmərɪ/ *adj* обы́чный, привы́чный; **it is ~ to tip** при́нято дава́ть на чай.

customer /ˈkʌstəmə(r)/ *n* (*purchaser*) покупа́тель (*m*); (*giving order*) зака́зчик; **regular ~** постоя́нный покупа́тель; (*of bank etc.*) клие́нт; (*of restaurant*) посети́тель (*m*); (*coll, fellow*) субъе́кт, тип; **ugly ~** жу́ткий субъе́кт.

customize /ˈkʌstəˌmaɪz/ *vt* под|гоня́ть, -огна́ть в соотве́тствии с тре́бованиями зака́зчика; изгот|а́вливать, -о́вить по индивидуа́льному зака́зу.

cut /kʌt/ *n* **1** (*act of ~ting*) ре́зка, ре́зание; **~ and thrust** схва́тка; (*in finger*) поре́з; (*slit*) разре́з; **he has ~s on his face from shaving** у него́ на лице́ поре́зы от бритья́; **he got a nasty ~** он си́льно поре́зался.
2 (*reduction*) сниже́ние, пониже́ние; **~ in salary** сниже́ние жа́лованья; **power ~** прекраще́ние пода́чи электроэне́ргии.
3 (*omission*): **there were ~s in the film** в фи́льме бы́ли сде́ланы купю́ры (*f pl*).
4 (*piece or quantity ~*): **a nice ~ of beef** хоро́ший кусо́к вы́резки/филе́я; **a ~ off the joint** ломо́ть (*m*)/кусо́к жа́реного мя́са; **cold ~s** мясно́й ассортиме́нт.
5 (*of clothes*) покро́й.
6: **short ~** кратча́йший путь; **take a short ~** пойти́ (*pf*) напрями́к.
7: **he is a ~ above you** он на́ голову вы́ше вас.
8 (*coll, rake-off*) до́ля, часть; **his ~ was 20%** его́ до́ля составля́ла 20%.

● *vt* (**cutting;** *past and pp* **~**)
1 (*divide, separate, wound, extract by ~ting*) ре́зать (*impf*); разр|еза́ть, -е́зать; отр|еза́ть, -е́зать; **the knife ~ his finger** нож поре́зал ему́ па́лец; **he ~ himself on the tin** он поре́зался/пора́нился о консе́рвную ба́нку; **the wheat has been ~** пшени́ца сжа́та; **~ wood** руби́ть (*impf*) лес; коло́ть (*impf*) дрова́; **~** (*pp*) **flowers** сре́занные цветы́; **~ coal** (*in a mine*) выруба́ть, вы́рубить у́голь; **~ sth in two** разр|еза́ть, -е́зать что-н. попола́м; **~ to pieces** (*lit*) разре́зать (*pf*) на куски́; (*fig, defeat utterly*) изничто́жить (*pf*); **~ short** (*an article*) сокра|ща́ть, -ти́ть; (*s.o.'s life*) оборва́ть (*pf*); **~ open** (*e.g. an orange*) разр|еза́ть, -е́зать; (*cin*) **~!** (*stop shooting*) стоп!
2 (*make by ~ting*): **~ me a piece of cake** отре́жьте мне кусо́к то́рта; **~ steps in the ice** проруб|а́ть, -и́ть ступе́ньки во льду; **~ an inscription** высека́ть, вы́сечь на́дпись (на ка́мне); **~ a key** выта́чивать, вы́точить ключ; **~ a jewel** грани́ть, о- драгоце́нный ка́мень; **~ glass** гранёное стекло́; хруста́ль (*m*).
3 (*trim*) подстр|ига́ть, -и́чь; **~ one's nails** подстр|ига́ть, -и́чь но́гти; **have one's hair ~** стри́чься, по-; **~ s.o.'s hair** стричь, о- кого́-н.; **he ~ my hair too short** он сли́шком ко́ротко подстри́г мне во́лосы.
4 (*ignore, neglect*): **she ~ me (dead)** она́ не пожела́ла меня́ узна́ть; **~ a lecture** (*US*) пропус|ка́ть, -ти́ть ле́кцию.
5 (*intersect*) пересека́ть (*impf*); **the line ~s the vertical axis** ли́ния пересека́ет вертика́льную ось.
6 (*reduce*) сн|ижа́ть, -и́зить; сокра|ща́ть, -ти́ть; **fares were ~** пла́та за прое́зд была́ сни́жена; **the play was ~** пье́су сократи́ли.
7 (*of clothes*) крои́ть, с-.
8: **the baby ~ a tooth** у ребёнка проре́зался зуб.
9 (*at cards*): **~ the pack** сн|има́ть, -ять коло́ду.
10 (*fig*): **he was ~ to the heart** э́то его́ заде́ло за живо́е; **~** (*break*) **one's connection with s.o.** пор|ыва́ть, -ва́ть отноше́ния с кем-н.; **~ it fine** (*leave bare margin*) рассчита́ть (*pf*) что-н. в обре́з; **that ~s no ice with me** (*coll*) э́то на меня́ не де́йствует; **~ the ground from under s.o.'s feet** вы́бить у кого́-н. по́чву из-под ног.
11 (*excise, eschew; also comput*) выреза́ть, вы́резать; **the third act was ~ (out)** тре́тье де́йствие бы́ло вы́резано/опу́щено.
12 (*hit sharply*): **he ~ him across the face with his whip** он хлестну́л его́ плётью по лицу́.

● *vi* (**cutting;** *past and pp* **~**)
1 (*make incision*) ре́зать (*impf*); **this knife doesn't ~** э́тот нож не ре́жет.
2 (*in passive sense*) ре́заться (*impf*); **sandstone ~s easily** песча́ник легко́ ре́жется.
3 (*fig*): **the argument ~s both ways** э́тот до́вод мо́жно испо́льзовать и так и э́так; **~ loose** (*sever connection*) прерва́ть (*pf*) отноше́ния; (*behave wildly*) с цепи́ сорва́ться (*pf*); **he ~ into the conversation** он вмеша́лся в разгово́р; **it ~ into** (*took up*) **his time** э́то о́тняло у него́ вре́мя.
4 (*aim a blow; thrust*): **he ~ at me with a stick** он замахну́лся на меня́ па́лкой; **it ~s across our plans** э́то срыва́ет на́ши пла́ны.
5 (*cards*): **we ~ for partners** сня́тием карт мы определи́ли партнёров.
6 (*run, take short ~*): **the boy ~ away** ма́льчик удра́л/умча́лся; **he ~ and ran** он драпану́л (*or* дал стрекача́) (*coll*); **we ~ across the fields** мы прошли́ кратча́йшим путём, напряму́ю че́рез поля́.

● *with advs*: **~ away** *vt* (*e.g. dead wood from a tree*) ср|еза́ть, -е́зать; **~ back** *vt* (*prune*) подр|еза́ть, -е́зать; (*fig, reduce, limit*) сокра|ща́ть, -ти́ть; **~ down** *vt* (*e.g. a tree*) руби́ть, с-; (*an opponent*) сра|жа́ть, -зи́ть; **~ down expenses** сокра|ща́ть, -ти́ть расхо́ды; **~ down trousers** (*for s.o. shorter*) подкор|а́чивать, -оти́ть брю́ки; **~ down** (*abridge*) **an article** сокра|ща́ть, -ти́ть статью́; **~ s.o. down to size** (*coll*) сбить (*pf*) спесь с кого́-н.; **~ in** *vt*: **~ s.o. in** (*give them a share*) выделя́ть, вы́делить кому́-н. до́лю; *vi* (*interrupt a speaker*) вме́ш|иваться, -а́ться; (*of a driver*) перере́зать (*pf*) доро́гу кому́-н.; **~ off** *vt*: **he ~ the chicken's head off** он отруби́л цыплёнку го́лову; **he ~ off a yard from the roll (of cloth)** он отре́зал ярд мате́рии от куска́; **I was ~ off while talking** меня́ разъедини́ли/прерва́ли во вре́мя разгово́ра; **they ~ off our electricity** у нас отключи́ли/вы́ключили электри́чество; **the army was ~ off from its base** а́рмия была́ отре́зана от ба́зы; **we were ~ off by the tide** прили́в отре́зал нас от су́ши; **~ off supplies** прекра|ща́ть, -ти́ть подво́з припа́сов; **he ~ himself off from the world** он отгороди́лся от ми́ра; **he ~ his son off** он лиши́л своего́ сы́на насле́дства; **he was ~ off in his prime** он поги́б в расцве́те лет; **~ (off) a corner** ср|еза́ть, -е́зать у́гол; **~ out** *vt*: **he ~ out a picture from the paper** он вы́резал карти́нку из газе́ты; **the doctors cut out half his lung** врачи́ вы́резали ему́ полови́ну лёгкого; **she ~ out a dress** она́ скрои́ла пла́тье; **he is not ~ out for the work** он не со́здан для э́той рабо́ты; **he has his work ~ out** ему́ предстои́т нелёгкая зада́ча; (*eliminate*): **~ out the details** (*in talking*) отбр|а́сывать, -о́сить подро́бности; **~ out smoking** бро́сить (*pf*) кури́ть; **the engine ~ out** (*failed*) мото́р сдал (*or* вы́шел из стро́я); **~ up** *vt*: **he ~ up his meat** он наре́зал мя́со; **he was ~ up by the news** (*coll*) его́ срази́ло/подкоси́ло э́то изве́стие; **his book was ~ up by the reviewers** (*US*) рецензе́нты разнесли́ его́ кни́гу; *vi*: **the turkey ~s up well** в индю́шке мно́го мя́са; **he ~ up rough** (*Br coll*) он рассвирепе́л.

● *cpds* **~-and-dried** *adj*: **~-and-dried opinions** гото́вые/загото́вленные мне́ния; **~ and paste** *vt* (*comput*) вы́резать и вста́вить; **~away** *adj*: **~away view of an engine** разре́з маши́ны; **~back** *n* (*reduction*) сокраще́ние; **~-off** *n* (*device shutting off steam or liquid*) отсе́чка па́ра/жи́дкости; **~-off date** (*terminal date of a narrative etc.*) после́дний срок; **~-out** *n* (*figure*) вы́резанная фигу́ра; (*elec*) предохрани́тель (*m*); автомати́ческий выключа́тель; **~-price** *adj* продава́емый по сни́женной цене́; **~-rate** (*US*) = **cut-price**; **~throat** *n* головоре́з; **~-throat razor** (*Br*) опа́сная бри́тва; **~-throat competition** ожесточённая/беспоща́дная конкуре́нция; **~water** *n* (*of ship's prow*) волноре́з; водоре́з; (*of pier*) волноло́м.

cutaneous /kjuːˈteɪnɪəs/ *adj* ко́жный.

cute /kjuːt/ *adj* (*appealing*) симпати́чный, ми́лый.

cutesy /ˈkjuːtsɪ/ *adj* (*coll*) вы́чурный, претенцио́зный.

cuticle /ˈkjuːtɪk(ə)l/ *n* ко́жица (*у основания ногтей*).

cutlass /ˈkʌtləs/ *n* аборда́жная са́бля.

cutler /ˈkʌtlə(r)/ *n* ножо́вщик.

cutlery /ˈkʌtlərɪ/ *n* столо́вые прибо́ры.

cutlet /ˈkʌtlɪt/ *n* отбивна́я котле́та.

cutter /ˈkʌtə(r)/ *n* (*tailor*) закро́йщик; (*boat*) ка́тер.

cutting /ˈkʌtɪŋ/ *n* **1** (*Br, passage for road, railway, canal*) вы́емка. **2** (*Br, press ~*) вы́резка. **3** (*of plant*) отро́сток. **4** (*cin*) монта́ж.

● *adj*: **a ~ wind** ре́зкий/прони́зывающий ве́тер; **a ~ retort** язви́тельный/ре́зкий отве́т; **the ~ edge of technology** са́мая совреме́нная те́хника.

cuttlefish /ˈkʌt(ə)lfɪʃ/ *n* карака́тица, се́пия.

CV (*abbr of* ***curriculum vitae***) резюме́ (*indecl*), (кра́ткая) (авто)биогра́фия.

cwt. /ˈhʌndrəd,weɪt/ *n* (*abbr of* ***hundredweight***) (*Imperial — approx 50.8 kilograms*) англи́йский це́нтнер; (*US — approx 45.4 kilograms*) америка́нский це́нтнер.

cyanide /ˈsaɪə,naɪd/ *n* циани́д.

cyanogen /saɪˈænədʒ(ə)n/ *n* циа́н.

cyanosis /,saɪəˈnəʊsɪs/ *n* циано́з, синю́ха.

cybercafe /ˈsaɪbə,kæfeɪ/ *n* интерне́т-кафе́.

cybercrime /ˈsaɪbə,kraɪm/ *n* (*comput*) **1** (*offence*) киберпреступле́ние. **2** (*collect*) киберпресту́пность.

cybernetic /,saɪbəˈnetɪk/ *adj* кибернети́ческий.

cybernetics /,saɪbəˈnetɪks/ *n* киберне́тика.

cyberspace /ˈsaɪbə,speɪs/ *n* киберпростра́нство.

cyclamen /ˈsɪkləmən/ *n* (*pl* **~** *or* **~s**) цикламе́н.

cycle /ˈsaɪk(ə)l/ *n* **1** (*series, rotation*) цикл, круг; **the ~ of the seasons** времена́ (*nt pl*) го́да; **song ~** цикл пе́сен; **menstrual ~** менструа́льный цикл. **2** (*bicycle*) велосипе́д. **3** (*elec*) пери́од переме́нного то́ка.

● *vi* **1** (*revolve*) де́лать (*impf*) оборо́ты. **2** (*ride ~*) е́здить (*indet*) на велосипе́де.

● *cpds* **~ lane** *n* (*Br*) велосипе́дная доро́жка; **~ race** *n* велого́нка; **~ track** *n* (*Br*) велосипе́дная доро́жка; (*for race*) велотре́к.

cyclic(al) /ˈsaɪklɪk, ˈsaɪklɪk(ə)l, ˈsɪk-/ *adj* цикли́ческий.

cycling /ˈsaɪklɪŋ/ *n* езда́ на велосипе́де; велоспо́рт.

cyclist /ˈsaɪklɪst/ *n* велосипеди́ст.

cyclone /ˈsaɪkləʊn/ *n* цикло́н.

cyclonic /,saɪˈklɒnɪk/ *adj* циклони́ческий.

cyclopedia /,saɪkləˈpiːdɪə/ *n* энциклопе́дия.

cyclotron /ˈsaɪklə,trɒn/ *n* циклотро́н.

cygnet /ˈsɪgnɪt/ *n* молодо́й ле́бедь.

cylinder /ˈsɪlɪndə(r)/ *n* **1** (*geom & engineering*) цили́ндр; **~ head** кры́шка цили́ндра; **fire on all ~s** (*lit, fig*) рабо́тать (*impf*) в по́лную мо́щность. **2** (*printing*) цили́ндр, ва́лик.

cylindrical /,sɪˈlɪndrɪk(ə)l/ *adj* цилиндри́ческий.

cymbal /ˈsɪmb(ə)l/ *n* таре́лка (*музыкальный инструмент*).

cynic /ˈsɪnɪk/ *n* ци́ник.

cynical /ˈsɪnɪk(ə)l/ *adj* цини́чный.

cynicism /ˈsɪnɪ,sɪz(ə)m/ *n* цини́зм.

cynosure /ˈsaɪnə,zjʊə(r), ˈsɪn-/ *n* (*fig*) центр внима́ния.

cypher /ˈsaɪfə(r)/ = **cipher**

cypress /ˈsaɪprəs/ *n* кипари́с; (*attr*) кипари́совый.

Cypriot /ˈsɪprɪət/ *n* киприо́т (*fem* -ка).

● *adj* (*of Cypriots*) киприо́тский; **~ hospitality** киприо́тское гостеприи́мство; (*of Cyprus*) ки́прский; **~ painter/cheese** ки́прский худо́жник/сыр.

Cyprus /ˈsaɪprəs/ *n* Кипр; **in ~** на Ки́пре.

Cyrillic /sɪˈrɪlɪk/ *adj* кирилли́ческий; **~ alphabet** кири́ллица.

cyst /sɪst/ *n* киста́.

cystic fibrosis /,sɪstɪk faɪˈbrəʊsɪs/ *n* кисто́зный фибро́з.

cystitis /sɪˈstaɪtɪs/ *n* цисти́т.

cytology /saɪˈtɒlədʒɪ/ *n* цитоло́гия.

czar /zɑː(r)/ *etc. see* ⇨**tsar** *etc.*

Czech /tʃek/ *n* чех (*fem* че́шка); (*language*) че́шский язы́к.

● *adj* че́шский; **~ Republic** Че́хия.

Czechoslovak /,tʃekəˈsləʊvæk/ (*hist*) *n* жи́тель (*fem* -ница) Чехослова́кии.

● *adj* чехослова́цкий.

Czechoslovakia /,tʃekəsləˈvækɪə/ *n* (*hist*) Чехослова́кия.

Dd

d

D /di:/ *n* **1** (*mus*) ре (*indecl*). **2** (*academic mark*) «неудовлетвори́тельно», 2, дво́йка; **he got a ~ in English** он получи́л дво́йку по англи́йскому языку́.
● *cpd* **~-Day** *n* день (*m*) нача́ла вое́нной опера́ции, день «Д».
dab¹ /dæb/ *n* (*small quantity*) мазо́к.
● *vt & i* (**dabbed, dabbing**) при|кла́дывать, -ложи́ть; **she ~bed (at) her eyes with a handkerchief** она́ прикла́дывала к глаза́м плато́к; **he ~bed paint on the picture** он нанёс кра́ски на холст.
dab² /dæb/ *n* (*fish*) ершова́тка.
dab³ /dæb/ *n*: **~ hand** (*Br*) спец, до́ка (*cg*) (*both coll*).
dabble /'dæb(ə)l/ *vi*: **~ at** (*fig*) игра́ть (*impf*) в + *a*; балова́ться (*impf*) + *i*; **he ~s in politics** он игра́ет в поли́тику.
dabbler /'dæblə(r)/ *n* дилета́нт.
DA (*abbr of* ***district attorney***) окружно́й прокуро́р.
dabchick /'dæbtʃɪk/ *n* пога́нка ма́лая (*птица*).
DAC (*abbr of* ***digital to analogue converter***) ЦАП (цифроана́логовый преобразова́тель).
da capo /dɑ: 'kɑ:pəʊ/ *adv* (*mus*) да-ка́по (*с нача́ла*).
dace /deɪs/ *n* (*pl* ~) (*zool*) еле́ц.
dacha /'dætʃə/ *n* да́ча.
dachshund /'dækshʊnd/ *n* та́кса (*порода собак*).
Dacron /'dækrɒn/ *n* (*propr*) дакро́н (*ткань*).
dactyl /'dæktɪl/ *n* да́ктиль (*m*).
dactylic /dæk'tɪlɪk/ *adj* дактили́ческий.
dad /dæd/, **-dy** /'dædɪ/ *nn* (*coll*) па́па (*m*), па́почка (*m*).
daddy /'dædɪ/ = **dad**
● *cpd* **~-long-legs** *n* долгоно́жка.
dado /'deɪdəʊ/ *n* (*pl* **~s**) (*of pedestal*) цо́коль (*m*); (*of wall*) пане́ль.
daffodil /'dæfədɪl/ *n* нарци́сс жёлтый.
daft /dɑ:ft/ *adj* (*Br*) (*person*) тро́нутый (*coll*); (*action*) бестолко́вый, глу́пый.
Dagestan /ˌdægɪ'stɑ:n/ *n* Дагеста́н.
Dagestani /ˌdægɪ'stɑ:nɪ/ *n* (*pl* **~s**) дагеста́н|ец (*fem* -ка).
● *adj* дагеста́нский.
dagger /'dægə(r)/ *n* **1** (*weapon*) кинжа́л; **they are at ~s drawn** они́ на нoжа́х; **she looked ~s at him** она́ пронзи́ла его́ взгля́дом. **2** (*printing*) кре́стик, знак †.
daguerreotype /də'gerəʊˌtaɪp/ *n* (*portrait*) дагероти́п.
dahlia /'deɪlɪə/ *n* георги́н.
daily /'deɪlɪ/ *n* **1** (*newspaper*) ежедне́вная газе́та. **2** (*Br, charwoman*) приходя́щая домрабо́тница.
● *adj* ежедне́вный; **one's ~ bread** хлеб насу́щный.
● *adv* ежедне́вно, ка́ждый день; постоя́нно.
daintiness /'deɪntɪnɪs/ *n* изя́щество, изы́сканность.
dainty /'deɪntɪ/ *n* ла́комство, деликате́с.
● *adj* (**daintier, daintiest**) (*refined, delicate*) изя́щный, изы́сканный; **~ morsel** ла́комый кусо́чек.
dairy /'deərɪ/ *n* **1** (*room or building*) маслоде́льня. **2** (*shop*) моло́чный магази́н; (*attr*) моло́чный.
● *cpds* **~maid** *n* моло́чница; **~man** *n* (*pl* **~men**) моло́чник.
dais /'deɪɪs/ *n* помо́ст.
daisy /'deɪzɪ/ *n* (*flower*) маргари́тка; **fresh as a ~** цвету́щий; пы́шущий здоро́вьем.
Dalai Lama /ˌdælaɪ 'lɑ:mə/ *n* дала́й-ла́ма (*m*).
dale /deɪl/ *n* дол, доли́на.
dalliance /'dælɪəns/ *n* (*trifling*) баловство́; (*flirtation*) флирт.
dally /'dælɪ/ *vi* **1** (*play, toy*) балова́ться (*impf*) (**with:** + *i*). **2** (*flirt*) флиртова́ть (*impf*). **3** (*waste time*) тра́тить (*impf*) вре́мя по́пусту.
Dalmatian /dæl'meɪʃ(ə)n/ *n* (*dog*) далма́тский дог, далмати́н.
dam¹ /dæm/ *n* **1** (*barrier*) да́мба, плоти́на, запру́да. **2** (*reservoir*) водохрани́лище.
● *vt* (**dammed, damming**) запру́|живать, -ди́ть; **~ up a valley** перекр|ыва́ть, -ы́ть доли́ну.
dam² /dæm/ *n* (*zool*) ма́тка.
damag|e /'dæmɪdʒ/ *n* **1** (*harm, injury*) вред, поврежде́ние; уще́рб; **do ~e to sth** нан|оси́ть, -ести́ уще́рб/вред чему́-н. **2** (*coll, cost*): **what's the ~e?** ско́лько с нас (причита́ется)? **3** (*in pl, law*) убы́тк|и (*pl, g* -ов); **sue s.o. for ~es** предъяв|ля́ть, -и́ть иск кому́-н. за убы́тки.
● *vt* (*physically*) повре|жда́ть, -ди́ть + *d*; (*morally*) вреди́ть, на-, причин|я́ть, -и́ть вред + *d*; **a ~ing admission** призна́ние себе́ в уще́рб.
Damascus /də'mæskəs/ *n* Дама́ск.
damask /'dæməsk/ *n* **1** (*material*) камча́тная ткань; **~ silk** дама́ст, камка́; **~ tablecloth** камча́тная ска́терть. **2**: **~ rose** дама́сская ро́за.
● *adj* (*poetical, rosy*) а́лый.
dame /deɪm/ *n* **1** (*fem equiv of knight*) дейм, кавале́рственная да́ма. **2** (*US coll, woman*) бабёнка (*coll*).
damn /dæm/ *n* (*negligible amount*): **I don't care a ~** мне наплева́ть.
● *vt* **1** (*doom to hell*) прокл|ина́ть, -я́сть; осу|жда́ть, -ди́ть на ве́чные му́ки. **2** (*condemn*): **the critics ~ed the play** кри́тики забракова́ли пье́су; **~ with faint praise** хвали́ть, по- так, что не поздоро́вится. **3** (*as expletive*): **~ (it all)!** чёрт возьми́! **I'm ~ed if I know** разрази́ меня́ гром, е́сли я зна́ю; **well, I'm ~ed!** чёрт бы меня́ побра́л! **~ your impudence!** чёрт бы побра́л твоё наха́льство!; **~ all** (*Br coll, nothing*) ни черта́; **I'm ~ed if I'll go** провали́ться мне на э́том ме́сте, е́сли я пойду́; *see also* ⇒**damned**
damnable /'dæmnəb(ə)l/ *adj* прокля́тый.
damnation /dæm'neɪʃ(ə)n/ *n* **1** (*condemnation to hell*) прокля́тие; осужде́ние на ве́чные му́ки. **2** (*adverse judgment*) осужде́ние. **3 ~!** прокля́тие!
damned /dæmd/ *n, adj, & adv* **1**: **the ~** осуждённые на ве́чные му́ки; про́клятые. **2** (*coll*): **a ~ fool** по́лный дура́к; **it's a ~ nuisance** (э́то) черто́вски доса́дно; **he did his ~est** (*coll*) он лез из ко́жи вон.
damning /'dæmɪŋ/ *adj* губи́тельный; **~ evidence** изоблича́ющие ули́ки.
Damocles /'dæməˌklɪ:s/ *n*: **sword of ~** дамо́клов меч.
damp /dæmp/ *n* **1** (*moisture*) вла́жность, сы́рость. **2** (**~** *atmosphere*) сы́рость, вла́жность. **3** (*fig, depression*) уны́ние; **this cast a ~ over the outing** э́то испо́ртило прогу́лку.
● *adj* вла́жный, сыро́й; **~ course** гидроизоля́ция.
● *vt* (*also* **dampen**) **1** (*lit*) см|а́чивать, -очи́ть; увлажн|я́ть, -и́ть; **~ down a fire** туши́ть, по- ого́нь. **2** (*fig*): **~ s.o.'s ardour** осту|жа́ть, -ди́ть чей-н. пыл. **3** (*mus*): **~ a string** заглуш|а́ть, -и́ть струну́.
● *cpd* **~-proof** *adj* влагонепроница́емый; *vt* предохран|я́ть, -и́ть от вла́ги.
damper /'dæmpə(r)/ *n* **1** (*plate in stove etc.*) засло́нка; (*shock absorber*) амортиза́тор; (*silencer*) глуши́тель (*m*). **2** (*fig*): **the news put a ~ on the stock market** но́вости привели́ к пониже́нию конъюнкту́ры на би́рже. **3** (*in piano*) де́мпфер.
dampish /'dæmpɪʃ/ *adj* сырова́тый.
dampness /'dæmpnɪs/ *n* сы́рость.

damsel /ˈdæmz(ə)l/ *n* (*archaic*) де́ва.

damson /ˈdæmz(ə)n/ *n* (*fruit*) тернoсли́ва; (*tree*) тернoсли́в(а).

dance /dɑːns/ *n* **1** та́нец; **we joined the ~** мы присоедини́лись к танцу́ющим. **2** (*party*) танцева́льный ве́чер; та́нцы (*m pl*); **give a ~** устр|а́ивать, -о́ить та́нцы. **3** (*fig*): **lead s.o. a (fine, pretty) ~** (*Br*) води́ть (*indet*) кого́-н. за́ нос; **~ of death** пля́ска сме́рти.

● *vt* **1** танцева́ть, с-; исп|олня́ть, -о́лнить (*танец*). **2**: **~ a baby on one's knee** кача́ть (*impf*) ребёнка на коле́нях. **3** (*fig*): **~ attendance on s.o.** ходи́ть (*indet*) пе́ред кем-н. на за́дних ла́пках.

● *vi* танцева́ть, с-; пляса́ть, с-; **he ~d for joy** он пляса́л от ра́дости; **the leaves ~d in the wind** ли́стья кружи́лись на ветру́; **the boat ~d on the waves** ло́дка кача́лась на волна́х.

● *cpds* **~ band** *n* орке́стр (на та́нцах); **~ floor** *n* танцева́льная площа́дка, танцпо́л; **~ hall** *n* танцева́льный зал.

dancer /ˈdɑːnsə(r)/ *n* (*professional*) танцо́р, танцо́вщи|к (*fem* -ца); (*non-professional*): **she's a good ~** она́ хорошо́ танцу́ет.

dancing /ˈdɑːnsɪŋ/ *n* та́нцы (*m pl*).

● *cpds* **~ girl** *n* танцо́вщица; **~ master** *n* учи́тель (*m*) та́нцев; **~ partner** *n* партнёр; **~ shoes** *n pl* танцева́льные ту́фли (*f pl*).

dandelion /ˈdændɪˌlaɪən/ *n* одува́нчик.

dander /ˈdændə(r)/ *n* (*coll*): **get s.o.'s ~ up** выводи́ть, вы́вести кого́-н. из себя́.

dandified /ˈdændɪˌfaɪd/ *adj* щегольско́й.

dandle /ˈdænd(ə)l/ *vt* кача́ть (*impf*).

dandruff /ˈdændrʌf/ *n* пе́рхоть.

dandy /ˈdændɪ/ *n* де́нди (*m indecl*), щёголь (*m*), франт.

● *adj* (**dandier, dandiest**) (*US coll*) превосхо́дный; пе́рвый класс (*pred*).

dandyism /ˈdændɪˌɪz(ə)m/ *n* денди́зм, франтовство́, щегольство́.

Dane /deɪn/ *n* датча́н|ин (*fem* -ка); **Great ~** дог.

danger /ˈdeɪndʒə(r)/ *n* **1** (*risk of injury*) опа́сность; **~!** осторо́жно!; береги́сь!; **in ~** в опа́сности; **out of ~** вне опа́сности; **he is in ~ of falling** он риску́ет упа́сть; **~ money** пла́та за опа́сную рабо́ту; **~ zone** опа́сная зо́на. **2** (*person or thing presenting risk*) опа́сность, угро́за; **the wreck is a ~ to shipping** обло́мки представля́ют (собо́й) опа́сность/угро́зу для корабле́й; **~ point** опа́сная то́чка; опа́сный преде́л.

dangerous /ˈdeɪndʒərəs/ *adj* опа́сный, риско́ванный; **the dog looks ~** соба́ка име́ет гро́зный вид.

dangerousness /ˈdeɪndʒərəsnɪs/ *n* опа́сность, риск.

dangle /ˈdæŋg(ə)l/ *vt* болта́ть (*impf*) + *i*.

● *vi* болта́ться (*impf*).

Daniel /ˈdænj(ə)l/ *n* (*bibl*) Дании́л; (*fig*) неподку́пный/пра́ведный судья́.

Danish /ˈdeɪnɪʃ/ *n* (*language*) да́тский язы́к; **the ~** (*people*) датча́не (*m pl*).

● *adj* да́тский.

dank /dæŋk/ *adj* вла́жный, сыро́й.

dankness /ˈdæŋknɪs/ *n* вла́жность, сы́рость.

danse macabre /ˌdɑ̃s məˈkɑːbr/ *n* пля́ска сме́рти.

danseuse /dɑˈsɜːz/ *n* танцо́вщица.

Danube /ˈdænjuːb/ *n* Дуна́й.

daphne /ˈdæfnɪ/ *n* (*bot*) волчея́годник.

dapper /ˈdæpə(r)/ *adj* щеголева́тый.

dapple /ˈdæp(ə)l/ *n* (*dappled effect*) пестрота́.

● *adj* (*also* **~d**) пёстрый, пятни́стый.

● *cpd* **~-grey** *n* & *adj* (*horse*) се́рый в я́блоках (конь).

Dardanelles /ˌdɑːdəˈnelz/ *n* Дардане́лл|ы (*pl*, *g* —).

dare /deə(r)/ *n* (*challenge*) вы́зов; **take a ~** прин|има́ть, -я́ть вы́зов.

● *vt* (*challenge*) бр|оса́ть, -о́сить вы́зов + *d*; (*egg on*) подзадо́ри|вать, -ть; **I ~ you to jump over the wall!** а ну, перепры́гни че́рез э́ту сте́ну!

● *vi* (*3rd pers sg pres usu* **~** *before an expressed or implied infinitive without 'to'*) **1** (*have courage*) осме́ли|ваться, -ться; сметь, по-; отва́жи|ваться, -ться. **2** (*have impudence*) сметь, по-; **how ~ he say that!** как он сме́ет говори́ть тако́е! **3**: **I ~ say (that) ...** на́до ду́мать (*or* полага́ю), что... .

● *cpd* **~devil** *adj* отча́янный, бесшаба́шный.

daring /ˈdeərɪŋ/ *n* отва́га.

● *adj* отва́жный, де́рзкий.

dark /dɑːk/ *n* темнота́, тьма; **before/after ~** до/по́сле наступле́ния темноты́; (*ignorance*) неве́жество, неве́дение; **I am in the ~ as to his plans** я в неве́дении относи́тельно его́ пла́нов; его́ пла́ны мне неве́домы; (*dark colour*) тень.

● *adj* **1** (*lacking light*) тёмный; **pitch-~** кроме́шная тьма, темны́м-темно́ (*coll*); **~ glasses** (*spectacles*) тёмные/со́лнечные очки́; **~ room** (*phot*) тёмная ко́мната.
2 (*in colour*) тёмный; тёмного цве́та; **~-haired** темноволо́сый; **~-skinned** темноко́жий; (*with names of colours*) тёмно-; **~ blue** тёмно-си́ний; **~ green** тёмно-зелёный.
3 (*of complexion*) сму́глый.
4 (*fig*) тёмный, покры́тый мра́ком; **a ~ horse** тёмная лоша́дка; **the D~ Continent** Чёрный контине́нт; **keep the news ~** держа́ть (*impf*) но́вость в секре́те; **the future is ~** бу́дущее неизве́стно; **the D~ Ages** ра́ннее Средневеко́вье.

darken /ˈdɑːkən/ *vt* затемн|я́ть, -и́ть; **never ~ my door again!** не переступа́йте бо́льше моего́ поро́га!

● *vi* темне́ть, по-; ста|нови́ться, -ть тёмным.

darkness /ˈdɑːknɪs/ *n* темнота́; **the Prince of D~** принц тьмы.

darling /ˈdɑːlɪŋ/ *n* дорого́й, ми́лый, родно́й, люби́мый; **she's a ~** она́ пре́лесть; (*favourite*) люби́мец; **mother's ~** (*boy*) ма́менькин сыно́к; (*girl*) ма́менькина до́чка.

● *adj* (*beloved*) люби́мый, дорого́й; (*delightful*) очарова́тельный.

darn[1] /dɑːn/ *n* што́пка; зашто́панное ме́сто; **his socks have a ~ in them** у него́ носки́ зашто́паны.

● *vt* & *i* (*mend*) што́пать, за-; *see also* ⇒**darning**

darn[2] /dɑːn/ *n* (*coll*): **I don't give a ~** мне наплева́ть.

● *vt* (*as expletive*): **~ (it)!** чёрт возьми́!; чёрт подери́!

darnel /ˈdɑːn(ə)l/ *n* пле́вел.

darning /ˈdɑːnɪŋ/ *n* **1** (*action*) што́панье, што́пка. **2** (*things to be darned*) ве́щи (*f pl*) для што́пки.

● *cpds* **~ needle** *n* што́пальная игла́; **~ wool** *n* што́пка.

dart[1] /dɑːt/ *n* **1** (*light javelin*) стрела́, дро́тик. **2** (*for indoor game*) стрела́, дро́тик; (*in pl, game*) дартс.

● *cpd* **~board** *n* мише́нь для стрел.

dart[2] /dɑːt/ *n* (*run*) бросо́к, рыво́к; **he made a ~ for the door** он рвану́лся/бро́сился к две́ри.

● *vt* мет|а́ть, -ну́ть; **she ~ed an angry look at him** она́ метну́ла на него́ зло́бный взгляд.

● *vi* устрем|ля́ться, -и́ться; мча́ться, по-; броса́ться, бро́ситься; **she ~ed into the shop** она́ стрело́й влете́ла в магази́н; **swallows were ~ing through the air** ла́сточки носи́лись в во́здухе.

dart[3] /dɑːt/ *n* (*dressmaking*) вы́тачка, шов.

Darwinian /dɑːˈwɪnɪən/ *adj* дарвини́стский.

Darwinism /ˈdɑːwɪnˌɪz(ə)m/ *n* дарвини́зм.

Darwinist /ˈdɑːwɪnɪst/ *n* дарвини́ст.

dash /dæʃ/ *n* **1** (*sudden rush, race*) рыво́к, бросо́к; **let's make a ~ for it** дава́й(те) побежи́м туда́; **the 100 yards ~** забе́г на 100 я́рдов.
2 (*impact*) уда́р, взма́х; **the ~ of waves on a rock** уда́ры волн о скалу́; **the ~ of cold water revived him** струя́ холо́дной воды́ привела́ его́ в чу́вство.
3 (*admixture*): **a ~ of pepper** щепо́тка пе́рца.
4 (*written stroke; also in Morse*) тире́ (*indecl*).
5 (*vigour*) реши́тельность.
6 (*show*): **cut a ~** (*coll*) (хорошо́) смотре́ться (*impf*).

● *vt* **1** (*throw violently*) швыр|я́ть, -ну́ть; **the ship was ~ed against the rocks** су́дно вы́бросило на ска́лы; **he ~ed the book down** он швырну́л кни́гу.
2 (*perform rapidly*): **he ~ed off a sketch** он сде́лал набро́сок.
3 (*fig, disappoint*) разр|уша́ть, -у́шить; разби|ва́ть, -ть; **his hopes were ~ed** его́ наде́жды ру́хнули.
4 (*Br, as expletive*): **~ it (all)!** к чёрту!; чёрт побери́!; *see also* ⇒**dashed**

● *vi* **1** (*move violently*) броса́ться, бро́ситься; ри́нуться (*pf*); **the waves ~ed over the rocks** во́лны разбива́лись о ска́лы.
2 (*run*) мча́ться (*impf*); нести́сь (*det*); **she ~ed into the shop** она́ ворвала́сь в магази́н; **he ~ed off to town** он умча́лся в го́род.

dashboard /ˈdæʃbɔːd/ *n* прибо́рная пане́ль/доска́.

d

dashed /dæʃt/ *adj* (*Br, coll*) чёртов, прокля́тый.

dashing /ˈdæʃɪŋ/ *adj* сти́льный.

dastard /ˈdæstəd/ *n* трус, подле́ц.

dastardly /ˈdæstədlɪ/ *adj* трусли́вый, по́длый.

data /ˈdeɪtə/ *n* (*with sg or pl v*) да́нные (*nt pl*); ~ **bank** банк да́нных; ~ **capture** сбор да́нных; ~ **input** ввод да́нных; ~ **processing** обрабо́тка информа́ции; **personal** ~ биографи́ческие да́нные.

databank /ˈdeɪtəˌbæŋk/ *n* банк да́нных.

database /ˈdeɪtəˌbeɪs/ *n* ба́за да́нных.

datable /ˈdeɪtəb(ə)l/ *adj* поддаю́щийся дати́ровке.

date¹ /deɪt/ *n* (~ **palm**) фи́никовая па́льма; (*fruit*) фи́ник.

date² /deɪt/ *n* **1** (*indication of time*) да́та, число́; **what's the ~ today?** како́е сего́дня число́?; **the ~ of the letter is 6 October** письмо́ дати́ровано шесты́м октября́.
2 (*in pl, indicating beginning and end of a period*): **what were the ~s of your last employment?** укажи́те да́ты поступле́ния и увольне́ния по ва́шему после́днему ме́сту рабо́ты.
3 (*period*) пери́од; **at an early ~** (*soon*) в ближа́йшем бу́дущем; **by the earliest possible ~** в наикратча́йший срок; **out of ~** устаре́лый; **go out of ~** устар|ева́ть, -е́ть; выходи́ть, вы́йти из мо́ды; **up to ~** нове́йший, совреме́нный; **bring s.o. up to ~** вв|оди́ть, -ести́ кого́-н. в курс де́ла; **bring a catalogue up to ~** обнов|ля́ть, -и́ть катало́г; **our receipts to ~ are £5** на́ши поступле́ния на сего́дняшний день равны́ пяти́ фу́нтам.
4 (*coll, social engagement*) свида́ние.
● *vt* **1** (*indicate ~ on*) дати́ровать (*impf, pf*); **he ~d the letter 24 May** он дати́ровал письмо́ 24-м ма́я; *see also* ⇨**dated**.
2 (*estimate ~ of*) дати́ровать (*impf, pf*) **can you ~ these coins?** вы мо́жете дати́ровать э́ти моне́ты?
3 (*US coll, go out with*) встреча́ться (*impf*) с + *i*; **dating agency** аге́нтство знако́мств.
● *vi* **1** (*originate*): **this church ~s from the 14th century** э́та це́рковь отно́сится к четы́рнадцатому ве́ку.
2 (*become obsolete, show signs of age*) старе́ть (*impf*); устар|ева́ть, -е́ть; **the play ~s terribly** э́та пье́са ужа́сно устаре́ла.
● *cpds* **~line** *n* (*meridian*) демаркацио́нная ли́ния (су́точного) вре́мени; (*journalism*) указа́ние ме́ста и да́ты репорта́жа; **~ stamp** *n* ште́мпель-календа́рь (*m*); календа́рный ште́мпель.

dated /ˈdeɪtɪd/ *adj* (*out of date*) устаре́вший, устаре́лый.

dative /ˈdeɪtɪv/ *n* да́тельный паде́ж.
● *adj* да́тельный.

datum /ˈdeɪtəm, ˈdɑːtəm/ *n* (*pl* **data**) (*see also* ⇨**data**) **1** (*thing known or granted*) исхо́дный факт.
2 (*assumption, premise*) исхо́дная то́чка

daub /dɔːb/ *n* **1** (*material*) штукату́рка.
2 (*bad painting*) мазня́, пачкотня́.
● *vt & i* **1** (*smear*) обма́з|ывать, -ать; ма́зать, на-; **~ paint on a wall; ~ a wall with paint** ма́зать стéну кра́ской.
2 (*paint badly*) па́чкать; ма́зать (*both impf*).

daughter /ˈdɔːtə(r)/ *n* (*child*) дочь.
● *cpd* **~-in-law** *n* неве́стка, сноха́.

daughterly /ˈdɔːtərlɪ/ *adj* доче́рний.

daunt /dɔːnt/ *vt* устраш|а́ть, -и́ть; обескура́жи|вать, -ть; **nothing ~ed, he asked for more** нима́ло не смуща́ясь, он попроси́л доба́вки.

dauntless /ˈdɔːntlɪs/ *adj* неустраши́мый, бесстра́шный.

dauphin /ˈdɔːfɪn, ˈdəʊfæ̃/ *n* дофи́н.

davenport /ˈdævənˌpɔːt/ *n* (*Br, writing desk*) пи́сьменный сто́лик; (*US, sofa*) дива́н.

davit /ˈdævɪt, ˈdeɪvɪt/ *n* шлюпба́лка.

Davy Jones's locker /ˌdeɪvɪ ˈdʒəʊnz/ (*fig*) морска́я пучи́на; **he's gone to ~** он утону́л.

Davy lamp /ˈdeɪvɪ/ *n* шахтёрская ла́мпа.

daw /dɔː/ *n* га́лка.

dawdle /ˈdɔːd(ə)l/ *vt*: **~ away one's time** зря тра́тить (*impf*) вре́мя.
● *vi* ме́шкать (*impf*); **she dawdled along the road** она́ брела́ по доро́ге.

dawdler /ˈdɔːd(ə)lə(r)/ *n* копу́ша (*coll, cg*).

dawn /dɔːn/ *n* **1** (*daybreak*) рассве́т, заря́; **at ~** на рассве́те; на заре́; **~ chorus** у́тренний щёбет. **2** (*fig*): **the ~ of civilization** заря́ цивилиза́ции.
● *vi* **1** (*of daybreak*) света́ть (*impf*); рассве|та́ть, -сти́; **the day is ~ing** света́ет. **2** (*fig*): **it ~ed on me that ...** меня́ осени́ло, что...; **the truth ~ed upon him** ему́ всё ста́ло я́сно.

day /deɪ/ *n* **1** (*time of daylight*) день (*m*); (*attr*) дневно́й; **by ~** днём; **twice a ~** два ра́за в день; **time of ~** вре́мя дня; **pass the time of ~ with s.o.** обме́н|иваться, -я́ться приве́тствиями с кем-н.; **break of ~** рассве́т; **late in the ~** (*fig*) сли́шком по́здно.
2 (*24 hours*) день (*m*), су́т|ки (*pl, g* -ок); **a ~ and a half** полтора́ дня.
3 (*as point of time*): **what ~ (of the week) is it?** како́й сего́дня день (неде́ли)?; **one ~** (*past*) одна́жды; (*future*) когда́-нибудь; **the other ~** на днях; **every other ~** че́рез день; **one of these (fine) ~s** в оди́н прекра́сный день; на днях; **some ~** когда́-нибудь; **some ~ soon** ка́к-нибудь на днях; вско́ре; **this isn't my ~** (*coll*) я сего́дня не в уда́ре; мне сего́дня что́-то не везёт; **the last ~, D~ of Judgement** Су́дный день, день Стра́шного суда́; **she's thirty if she's a ~** ей ника́к не ме́ньше тридцати́ лет; **live from ~ to ~** жить (*impf*) со дня на́ день; **this ~ week** ро́вно че́рез неде́лю; **~ in, ~ out; ~ after ~** изо дня в день; **three years ago to a ~** ро́вно три го́да наза́д; **(on) the ~ I met you** в день на́шей встре́чи; **(on) the ~ before** накану́не (*чего*); **to this ~** по сей день; поны́не; **she named the ~** она́ назна́чила день сва́дьбы; **I took a ~ off** я взял выходно́й; **we had a ~ out** (*Br*) мы провели́ день вне до́ма.
4 (*as work period*): **he works a 5-hour ~** у него́ пятичасово́й рабо́чий день; **he is paid by the ~** ему́ пла́тят подённо; **let's call it a ~** (*coll*) на сего́дня хва́тит; **it's all in a/the ~'s work** э́то в поря́дке веще́й.
5 (*in names of festivals*): **May D~** Пе́рвое ма́я, пра́здник Пе́рвого ма́я; **Victory D~** День Побе́ды.
6 (*period*) пора́, вре́мя (*nt*); **the present ~** сего́дня; теку́щий моме́нт; **these ~s** (*nowadays*) тепе́рь, в на́ши дни; **in those ~s** в те дни; в то вре́мя; **in ~s of old** в бы́лые дни; **in ~s to come** в бу́дущем; **in this ~ and age** в на́ше вре́мя; **he has known better ~s** он знава́л лу́чшие времена́; **his ~s are numbered** его́ дни́ сочтены́; **end one's ~s** сконча́ться (*pf*); **the great men of the ~** ви́дные лю́ди эпо́хи; **he has had his ~** он отслужи́л своё; **she was a beauty in her ~** в своё вре́мя она́ была́ краса́вицей; **save for a rainy ~** от|кла́дывать, -ложи́ть на чёрный день; **in all my born ~s** за всю мою́ жизнь; **salad ~s** пора́ ю́ношеской нео́пытности.
7 (*denoting contest*): **win, carry the ~** одерж|ивать, -а́ть побе́ду; **the ~ is ours** мы одержа́ли побе́ду, на́ша взяла́ (*coll*); **his arrival saved the ~** его́ прие́зд спас положе́ние.
● *cpds* **~bed** *n* куше́тка; **~ book** *n* журна́л; **~ boy** *n* (*Br*) учени́к, не живу́щий при шко́ле; **~break** *n* рассве́т; **~-care** *adj*: **~-care facilities** (*for children*) детса́д; (*for babies, toddlers*) ясл|и (*pl, g* -ей); де́тск|ие учрежде́н|ия (*pl, g* -их -ий); **~(-care) centre** (*for elderly etc.*) центр по́мощи престаре́лым, инвали́дам *и т. п.*; **~dream** *n* грёза, мечта́; *vi* мечта́ть (*impf*); грёзить (*impf*); **~dreamer** *n* мечта́тель (*m*) (*fem* -ница); **~ girl** *n* (*Br*) учени́ца, не живу́щая при шко́ле; **~ labourer** (*Br*), **laborer** (*US*) *n* подёнщи|к (*fem* -ца); **~light** *n* (*period*): **in broad ~light** средь бе́ла дня; **~light robbery** *see* ⇨**robbery**; **~light saving time** ле́тнее вре́мя; (*dawn*) дневно́й свет; рассве́т; (*fig*): **I begin to see ~light** мне уже́ ви́ден просве́т; (*fig*): **beat the living ~lights out of s.o.** отколоти́ть (*pf*) кого́-н. до полусме́рти; **~-long** *adj* дл́ящийся це́лый день; **~ nursery** *n* (*crèche*) де́тские ясл|и (*pl, g* -ей); **~ school** *n* шко́ла без пансио́на; **~ ticket** *n* биле́т, действи́тельный в тече́ние одного́ дня; **~time** *n* день (*m*); **in the ~time** днём; *adj* дневно́й; **~-to-~** *adj* повседне́вный.

daze /deɪz/ *n*: **he was in a ~** он был поражён/ошара́шен (*coll*).
● *vt* пора|жа́ть, -зи́ть; ошара́ши|вать, -ть (*coll*).

dazzle /ˈdæz(ə)l/ *n* ослепле́ние; ослепи́тельный блеск.
● *vt* **1** (*lit*) ослеп|ля́ть, -и́ть. **2** (*fig*) пора|жа́ть, -зи́ть; ослеп|ля́ть, -и́ть; **she was ~d by his wealth** она́ была́ ослеплена́ его́ бога́тством.

dB /diːˈbiː(z)/ *n* (*abbr of* ***decibel(s)***) дБ (децибе́л).

DC (*abbr of* ***direct current***) постоя́нный ток.

DDT (*abbr of* ***dichlorodiphenyltrichloroethane***) ДДТ (дихлордифенилтрихлорэта́н).

deacon /ˈdiːkən/ *n* дья́кон.

deaconess /ˌdiːkəˈnes, ˈdiːkənɪs/ *n* диакони́са.

dead /ded/ *n*: **at ~ of night** глубо́кой но́чью.

● *adj* **1** (*no longer living*) мёртвый, уме́рший; (*in accident etc.*) поги́бший, уби́тый; (*of animal*) до́хлый; **~ body** труп, мёртвое те́ло; **~ flowers/leaves** увя́дшие цветы́/ли́стья; **he is ~** он у́мер; (*killed*) он уби́т; **~ and gone** (*fig*) давно́ проше́дший; **more ~ than alive** полумёртвый; **~ man's handle** автомати́ческий то́рмоз в электропоезда́х; **~ wood** (*lit*) сухосто́й; (*fig*) балла́ст; **I wouldn't be seen ~ there** меня́ туда́ арка́ном не зата́щишь; (*as n*: **the ~**) уме́ршие, поко́йные; **rise from the ~** воскре́снуть (*pf*); восста́ть (*pf*) из мёртвых; **the D~ Sea** Мёртвое мо́ре. **2** (*numb, insensitive*) онеме́лый, омертве́лый; **my foot has gone ~** у меня́ нога́ онеме́ла/затекла́; **~ with hunger** умира́ющий с го́лоду; **~ with fatigue** смерте́льно уста́лый; **he is ~ to the world** (*drunk*) он мертве́цки пьян; (*asleep*) он спит мёртвым сном. **3** (*inert, motionless*) споко́йный, неподви́жный; **in the ~ hours of the night** глухо́й но́чью; **~ end** (*lit, fig*) тупи́к; **a ~-end job** бесперспекти́вная рабо́та; **~ season** мёртвый сезо́н. **4** (*used, spent, uncharged*): **~ match** испо́льзованная спи́чка; **the telephone went ~** телефо́н отключи́лся; **the furnace is ~** то́пка пога́сла; **the law is a ~ letter** э́тот зако́н утра́тил си́лу; **~ volcano** поту́хший вулка́н. **5** (*dull, of sound or colour*) глухо́й, ту́склый. **6** (*obsolete, no longer valid*): **~ language** мёртвый язы́к. **7** (*abrupt, exact, complete*) внеза́пный; по́лный; соверше́нный; **in ~ earnest** соверше́нно серьёзно; **come to a ~ stop** остан|а́вливаться, -ови́ться как вко́панный; **~ calm** мёртвый штиль; **~ loss** (*irrecoverable amount*) чи́стый убы́ток; (*fig, failure*) по́лный прова́л; **he's a ~ loss** он неуда́чник; от него́ то́лку не бу́дет; **a ~ faint** глубо́кий о́бморок; **a ~ certainty** по́лная уве́ренность; **he's a ~ shot** он ме́ткий стрело́к; он стреля́ет без про́маха; **he made a ~ set at her** (*Br*) он реши́л покори́ть её во что бы то ни ста́ло; **~ centre** (*mechanics*) мёртвая то́чка.

● *adv*: **he stopped ~** он останови́лся как вко́панный; **~ on time** мину́та в мину́ту; **~ drunk** мертве́цки пья́ный; **~ straight** соверше́нно пря́мо; **~ tired** смерте́льно уста́лый; **~ against** реши́тельно про́тив; **he is ~ set on going to London** он реши́л пое́хать в Ло́ндон во что бы то ни ста́ло; **~ slow** о́чень ме́дленно; **~ certain** соверше́нно уве́ренный.

● *cpds* **~beat** *n* (*coll, loafer*) безде́льник; парази́т; *adj* (*coll, worn out*) смерте́льно уста́лый, изнурённый; **~eye** *n* (*naut*) ю́ферс; **~head** *vt* (*Br*) обр|еза́ть, -е́зать сухи́е голо́вки + *g*; *n* (*US, passenger*) челове́к, име́ющий пра́во на беспла́тный прое́зд; **~line** *n* преде́льный/кра́йний срок; **~lock** *n* мёртвая то́чка; тупи́к; **break a ~lock** выходи́ть, вы́йти из тупика́; *vt*: **the negotiations are ~locked** перегово́ры зашли́ в тупи́к; **~pan** *adj* (*coll*) невырази́тельный; **~ reckoning** *n* навигацио́нное счисле́ние.

deaden /ˈded(ə)n/ *vt* осл|абля́ть, -а́бить; заглуш|а́ть, -и́ть; **the drug ~s pain** лека́рство притупля́ет боль; **the walls ~ sound** сте́ны заглуша́ют шум; **gloves ~ the force of a blow** перча́тки ослабля́ют си́лу уда́ра.

deadliness /ˈdedlɪnɪs/ *n* смерте́льность.

deadly /ˈdedlɪ/ *adj* (**deadlier, deadliest**) смерте́льный; смертоно́сный; **~ poison** смерте́льный яд; **~ enemy** смерте́льный враг; **~ sin** сме́ртный грех; (*intense*) ужа́сный; **~ dullness** смерте́льная ску́ка; **~ weapon** смертоно́сное ору́жие.

● *cpd* **~ nightshade** краса́вка, белладо́нна.

deadness /ˈdednɪs/ *n* омертве́лость, омертве́ние.

deaf /def/ *adj* **1** глухо́й; **~ in one ear** глухо́й на одно́ у́хо; **~ as a post** глуха́я тетеря́; **~ and dumb** глухонемо́й; **~ and dumb language** язы́к глухонемы́х; **~ mute** глухонемо́й; (*as n*: **the ~**) глухи́е. **2** (*fig*): **turn a ~ ear to** не слу́шать (*impf*); не обраща́ть (*impf*) внима́ния на + *a*; **he is ~ to all entreaty** он глух ко всем мольба́м.

● *cpd* **~ aid** *n* (*Br*) слухово́й аппара́т.

deafen /ˈdef(ə)n/ *vt* оглуш|а́ть, -и́ть.

deafening /ˈdefənɪŋ/ *adj* оглуши́тельный.

deafness /ˈdefnɪs/ *n* глухота́.

deal¹ /diːl/ *n* (*wood*) хво́йная древеси́на; (*board*) ело́вая/сосно́вая доска́; дильс; **~ furniture** ме́бель из сосны́.

deal² /diːl/ *n* **1** (*amount*) коли́чество; **a great/good ~ (of)** мно́го + *g*; **she's a good ~ better today** ей сего́дня гора́здо лу́чше. **2** (*business agreement*) сде́лка; **it's a ~!** договори́лись!; по рука́м!; **give s.o. a raw/square ~** (*coll*) несправедли́во/че́стно обходи́ться, обойти́сь с кем-н. **3** (*at cards*) сда́ча; **it's my ~** моя́ о́чередь сдава́ть.

● *vt* (*past and pp* **dealt** /delt/) **1** (*cards*) сда|ва́ть, -ть. **2** (*apportion*) разд|ава́ть, -а́ть; распреде́л|ять, -и́ть; **the money was ~t out fairly** де́ньги бы́ли разделены́ че́стно. **3** (*inflict*): **~ s.o. a blow** нан|оси́ть, -ести́ кому́-н. уда́р.

● *vi* (*past and pp* **dealt** /delt/) **1** (*do business*) торгова́ть (*impf*); **he is a difficult man to ~ with** с ним тру́дно име́ть де́ло; **he ~s in furs** он торгу́ет меха́ми. **2**: **~ with** (*treat*) обраща́ться (с + *i*); поступа́ть (с + *i*) (*both impf*); **what is the best way of ~ing with young criminals?** как лу́чше всего́ поступа́ть с малоле́тними престу́пниками?; (*cope with, manage*) спр|авля́ться, -а́виться (с + *i*); **I'll ~ with him!** я с ним спра́влюсь; **he ~t with the problem skilfully** он уме́ло подошёл к э́тому вопро́су. **3**: **~ with** (*discuss, treat*) (*of person*) зан|има́ться, -я́ться (*impf*) + *i*; (*of book*) рассм|а́тривать, -отре́ть; **the book ~s with African affairs** э́та кни́га посвящена́ пробле́мам А́фрики (*or* рассма́тривает пробле́мы А́фрики). **4** (*behave, conduct o.s.*) обходи́ться (*impf*) (с + *i*; поступа́ть (*impf*) (с + *i*); **he ~s justly with all** он поступа́ет со все́ми справедли́во.

dealer /ˈdiːlə(r)/ *n* **1** (*at cards*) сдаю́щий ка́рты. **2** (*trader*) торго́вец, ди́лер.

dealing /ˈdiːlɪŋ/ *n* **1** (*action*) распределе́ние; **plain ~** прямота́. **2** (*trade*): **~ in real estate** торго́вля недви́жимостью. **3** (*in pl, association*) торго́вые дела́; сде́лки (*f pl*); **have ~s with s.o.** име́ть (*impf*) дела́ с кем-н.

dealt /delt/ *past and pp of* ⇨**deal²**

dean /diːn/ *n* **1** (*of church, cathedral*) настоя́тель (*m*) (собо́ра *or* прихо́дской це́ркви). **2** (*also* **rural ~**) (*Br*) благочи́нный, дека́н (*в англиканской церкви: старший священник, надзирающий за группой приходов; помощник епископа*). **3** (*of academic institution*) дека́н (*факультета*).

deanery /ˈdiːnərɪ/ *n* **1** (*relig*) (*position or function of dean*) до́лжность настоя́теля собо́ра *or* прихо́дской це́ркви; (*house*) дом настоя́теля. **2** (*relig*) (*Br, group of parishes*) прихо́дский о́круг (*группа приходов с деканом или благочинным во главе; see* ⇨**dean 2**). **3** (*academic*) (*position or function of dean*) дека́нство, до́лжность дека́на (*факультета*).

dear /dɪə(r)/ *n* ми́лый, дорого́й; **he's a (perfect) ~** он о́чень мил; **be a ~ and do this for me** бу́дь так добр, сде́лай э́то для меня́.

● *adj* **1** (*beloved*) люби́мый, дорого́й. **2** (*lovable*) сла́вный, ми́лый. **3** (*as polite address*): **my ~ fellow** дорого́й (мой); (*in informal letters*) дорого́й; (*in formal letters*) уважа́емый. **4** (*precious*) дорого́й; **for ~ life** (*fig*) отча́янно, изо всех сил. **5** (*heartfelt*): **his ~est wish** его́ сокрове́нное жела́ние. **6** (*costly*) дорого́й.

● *int*: **oh ~!**; **~ me!** о, го́споди!; бо́же ты мой!

dearly /ˈdɪəlɪ/ *adv* (*fondly*) не́жно; (*at a high price*) до́рого.

dearness /ˈdɪənɪs/ *n* (*high cost*) дороговизна́.

dearth /dɜːθ/ *n* нехва́тка, недоста́ток.

death /deθ/ *n* **1** (*act or fact of dying*) смерть; **die the ~** (*literary*) пог|иба́ть, -и́бнуть; **meet one's ~** на|ходи́ть, -йти́

свою́ ги́бель; **natural ~** есте́ственная смерть; **violent ~** наси́льственная смерть; **~ certificate** свиде́тельство о сме́рти; **~ duties** нало́г на насле́дство; **~ penalty** сме́ртная казнь; **be burnt to ~** сгор|а́ть, -е́ть за́живо; **drink o.s. to ~** ум|ира́ть, -ере́ть от пья́нства; **work o.s. to ~** рабо́тать (*impf*) на изно́с; **bleed to ~** ист|ека́ть, -е́чь кро́вью; **at ~'s door** на поро́ге сме́рти; **catch one's ~ (of cold)** простуди́ться (*pf*) на́смерть; **put to ~** казни́ть (*impf, pf*); убива́ть, уби́ть; **sentence to ~** пригов|а́ривать, -ори́ть к сме́рти; **stone to ~** заб|ива́ть, -и́ть камня́ми; **fight to the ~** би́ться (*impf*) не на жизнь, а на смерть; **he held on like grim ~** он держа́лся изо всех сил; **he looks like ~** (*coll*) ≈ кра́ше в гроб кладу́т; **~ in life; living ~** не жизнь, а ка́торга.
2 (*instance of dying*) ги́бель; **there were many ~s in the accident** в ава́рии поги́бло мно́го люде́й.
3 (*destruction*): **the ~ of his hopes** круше́ние его́ наде́жд.
4 (*utmost limit*): **he was bored to ~** ему́ бы́ло до́ смерти ску́чно; **tired to ~** смерте́льно уста́лый; **I'm sick to ~ of it** мне э́то надое́ло до́ смерти.
5 (*cause of death*): **this work will be the ~ of me** э́та рабо́та сведёт меня́ в моги́лу.
● *cpds* **~bed** *n* сме́ртное ло́же; **~ blow** *n* смерте́льный уда́р; **~like** *adj*: **a ~like silence** гробово́е молча́ние; **~ mask** *n* посме́ртная ма́ска; **~ rate** *n* сме́ртность; **~ rattle** *n* предсме́ртный хрип; **~ toll** *n* число́ поги́бших; **~ trap** *n*: **this theatre is a ~ trap in case of fire** в слу́чае пожа́ра э́тот теа́тр су́щая западня́; **~ warrant** *n* распоряже́ние о приведе́нии сме́ртного пригово́ра в исполне́ние; **~-watch** *adj*: **~-watch beetle** жук-моги́льщик; **~ wish** *n* (*psychol*) стремле́ние к сме́рти.

deathly /ˈdeθlɪ/ *adj & adv* (**deathlier, deathliest**) смерте́льный; **~ pale** смерте́льно бле́дный; **~ silence** мёртвая тишина́.

deb /deb/ (*coll*) = **debutante**

debacle /deɪˈbɑːk(ə)l/ *n* катастро́фа.

debar /dɪˈbɑː(r)/ *vt* (**debarred, debarring**) препя́тствовать, вос- + *d*; не допус|ка́ть, -ти́ть + *g*; **~ s.o. from office** лиш|а́ть, -и́ть кого́-н. возмо́жности заня́ть каку́ю-н. до́лжность; **~ s.o. from voting** лиш|а́ть, -и́ть кого́-н. пра́ва го́лоса.

debark /diːˈbɑːk, dɪ-/ *vt & i* = **disembark**

debarkation /ˌdiːbɑːˈkeɪʃ(ə)n/ *n* = **disembarkation**

debase /dɪˈbeɪs/ *vt* **1** (*lower morally*) ун|ижа́ть, -и́зить. **2** (*depreciate, e.g. coinage*) сн|ижа́ть, -и́зить це́нность + *g*.

debasement /dɪˈbeɪsmənt/ *n* униже́ние; сниже́ние це́нности (*чего*).

debatable /dɪˈbeɪtəb(ə)l/ *adj* спо́рный.

debat|e /dɪˈbeɪt/ *n* диску́ссия; (*after s.o.'s speech*) пре́ния (*nt pl*); (*in parliament*) деба́т|ы (*pl, g* -ов); **the question under ~e** обсужда́емый вопро́с; **beyond ~e** бесспо́рный.
● *vt & i* **1** (*discuss*) обсу|жда́ть, -ди́ть; дебати́ровать (*impf*); дискути́ровать (*impf, pf*); спо́рить (*impf*) о + *p*; **~ing society** дискуссио́нный клуб.
2 (*ponder*) обду́м|ывать, -ать; взве́|шивать, -сить; **I was ~ing whether to go out or not** я размышля́л, выходи́ть мне и́ли нет.

debater /dɪˈbeɪtə(r)/ *n* уча́стник деба́тов; спо́рщик; **he's a good ~** он уме́ет спо́рить.

debauch /dɪˈbɔːtʃ/ *vt* **1** (*pervert morally*) развра|ща́ть, -ти́ть. **2** (*seduce*) совра|ща́ть, -ти́ть; оболь|ща́ть, -сти́ть.

debauchee /ˌdɪbɔːˈtʃiː, ˌdeb-/ *n* развра́тник.

debauchery /dɪˈbɔːtʃərɪ/ *n* развра́т, распу́щенность.

debenture /dɪˈbentʃə(r)/ *n* долгово́е обяза́тельство; облига́ция акционе́рного о́бщества.

debilitate /dɪˈbɪlɪˌteɪt/ *vt* осл|абля́ть, -а́бить; рассл|абля́ть, -а́бить.

debility /dɪˈbɪlɪtɪ/ *n* сла́бость, бесси́лие.

debit /ˈdebɪt/ *n* де́бет; **~ side of an account** дебето́вая сторона́ счёта.
● *vt* (**debited, debiting**) дебетова́ть (*impf, pf*); вн|оси́ть, -ести́ в де́бет.

debonair /ˌdebəˈneə(r)/ *adj* обходи́тельный, учти́вый.

debouch /dɪˈbaʊtʃ, -ˈbuːʃ/ *vi* **1** (*of stream etc.*) выходи́ть, вы́йти на откры́тую ме́стность; впа|да́ть, -сть (*or* вл|ива́ться, -и́ться) (*в море и т. п.*). **2** (*mil*) дебуши́ровать (*impf, pf*).

debrief /diːˈbriːf/ *vt* расспр|а́шивать, -оси́ть; **~ s.o.** заслу́ш|ивать, -ать чей-н. отчёт.

debriefing /diːˈbriːfɪŋ/ *n* расспро́с, опро́с.

debris /ˈdebriː, ˈdeɪ-/ *n* оско́лки (*m pl*); обло́мки (*m pl*).

debt /det/ *n* **1** (*of money*) долг; **get, run into ~** входи́ть, войти́ в долги́; влез|а́ть, -ть в долги́ (*coll*); **bad ~** безнадёжный долг; **~ of honour** долг че́сти; **National D~** госуда́рственный долг; **funded ~** консолиди́рованный долг; **floating ~** теку́щая задо́лженность. **2** (*obligation*): **I owe him a ~ of gratitude** я пе́ред ним в долгу́; **I am greatly in your ~** я вам чрезвыча́йно обя́зан.

debtor /ˈdetə(r)/ *n* должни́к; **~'s prison** долгова́я тюрьма́.

debugger *n.*/diːˈbʌgə(r)/ (*comput*) програ́мма отла́дки, отла́дчик.

debunk /diːˈbʌŋk/ *vt* (*coll*) развенч|ивать, -а́ть.

debunker /diːˈbʌŋkə(r)/ *n* (*coll*) разоблачи́тель (*m*).

debut /ˈdeɪbjuː, -buː/ *n* дебю́т.

debutante /ˈdebjuːˌtɑːnt, ˈdeɪb-/ *n* (*making first appearance in fashionable society*) де́вушка, впервы́е выезжа́ющая в свет; (*theatr, sport*) дебюта́нтка.

decade /ˈdekeɪd, *disputed* dɪˈkeɪd/ *n* (*10 years*) десятиле́тие; (*of one's age*) деся́ток.

decadence /ˈdekəd(ə)ns/ *n* упа́док, декаде́нтство.

decadent /ˈdekəd(ə)nt/ *n* декаде́нт.
● *adj* упа́дочный, декаде́нтский.

decaffeinated /diːˈkæfɪˌneɪtɪd/ *adj* без кофе́ина; **~ coffee** бескофеи́новый ко́фе.

decagon /ˈdekəgən/ *n* десятиуго́льник.

decamp /dɪˈkæmp/ *vi* (*leave camp*) сн|има́ться, -я́ться с ла́геря; (*abscond*) сбе|га́ть, -жа́ть; уд|ира́ть, -ра́ть (*coll*).

decant /dɪˈkænt/ *vt* (*pour wine*) сце́|живать, -ди́ть; перел|ива́ть, -и́ть (*из бутылки в графин*).

decanter /dɪˈkæntə(r)/ *n* (*vessel*) графи́н.

decapitate /dɪˈkæpɪˌteɪt/ *vt* обезгла́в|ливать, -ить.

decapitation /dɪˌkæpɪˈteɪʃ(ə)n/ *n* обезгла́вливание.

decarbonize /diːˈkɑːbəˌnaɪz/ *vt* **1** (*chem*) обезуглеро́|живать, -дить. **2** (*of car engine*) оч|ища́ть, -и́стить от нага́ра.

decathlete /dɪˈkæθliːt/ *n* десятибо́рец.

decathlon /dɪˈkæθlən/ *n* десятибо́рье.

decay /dɪˈkeɪ/ *n* **1** (*physical*) гние́ние, разложе́ние; **tooth ~** разруше́ние зубо́в; **the house is in ~** дом разруша́ется. **2** (*decayed part*) гниль. **3** (*moral*) упа́док, разложе́ние; **civilizations fall into ~** цивилиза́ции прихо́дят в упа́док.
● *vi* гнить, с-; разл|ага́ться, -ожи́ться; **~ing vegetables** гнию́щие о́вощи.

decease /dɪˈsiːs/ *n* кончи́на.

deceased /dɪˈsiːst/ *adj* поко́йный, сконча́вшийся, уме́рший; *as n*: **the ~** поко́йник.

deceit /dɪˈsiːt/ *n* обма́н, ложь.

deceitful /dɪˈsiːtfʊl/ *adj* обма́нчивый, лжи́вый.

deceitfulness /dɪˈsiːtfʊlnɪs/ *n* обма́нчивость, лжи́вость.

deceive /dɪˈsiːv/ *vt & i* обма́н|ывать, -у́ть; **~ o.s.** обма́н|ываться, -у́ться; **I have been ~d in him** я в нём обману́лся; **we were ~d into believing that ...** нас обма́ном заста́вили пове́рить (в то), что....

decelerate /diːˈseləˌreɪt/ *vi* зам|едля́ть, -е́длить ход.
● *vt* зам|едля́ть, -е́длить.

deceleration /diːˌseləˈreɪʃ(ə)n/ *n* замедле́ние; торможе́ние.

December /dɪˈsembə(r)/ *n* дека́брь (*m*); (*attr*) дека́брьский.

Decembrist /dɪˈsembrɪst/ *n* декабри́ст.
● *adj* декабри́стский.

decenc|y /ˈdiːsənsɪ/ *n* (*seemliness*) прили́чие, благопристо́йность; **offence against ~y** наруше́ние прили́чий; **observe the ~ies** соблюда́ть (*impf*) прили́чия.

decent /ˈdiːs(ə)nt/ *adj* **1** (*not obscene*) прили́чный, присто́йный; благопристо́йный. **2** (*proper, adequate*) прили́чный, подходя́щий; **~ living conditions** прили́чные жили́щные усло́вия; **a ~ dinner** прили́чный у́жин. **3** (*Br coll, kind, well-conducted*) поря́дочный; **he was very ~ to me** он вёл себя́ поря́дочно по отноше́нию ко мне.

decentralization /diː,sentrəlaɪˈzeɪʃ(ə)n/ *n* децентрализа́ция.

decentralize /diːˈsentrə,laɪz/ *vt* децентрализова́ть (*impf, pf*).

deception /dɪˈsepʃ(ə)n/ *n* обма́н; **practise a ~ on** обма́н|ывать, -у́ть.

deceptive /dɪˈseptɪv/ *adj* обма́нчивый.

deceptiveness /dɪˈseptɪvnɪs/ *n* обма́нчивость.

decibel /ˈdesɪ,bel/ *n* децибе́л.

decide /dɪˈsaɪd/ *vt* реш|а́ть, -и́ть; прин|има́ть, -я́ть реше́ние о + *p*; **~ a question** реш|а́ть, -и́ть вопро́с; **~ a dispute** разреш|а́ть, -и́ть спор; **that ~s me** тепе́рь мне всё я́сно; я бо́льше не сомнева́юсь; **what ~d you to give up your job?** почему́ вы реши́ли (*or* что вас заста́вило) бро́сить рабо́ту?
● *vi* реш|а́ться, -и́ться; прин|има́ть, -я́ть реше́ние; **~ between adversaries** рассуди́ть (*pf*) проти́вников; **~ between alternatives** де́лать, с- вы́бор; **~ on going** реши́ть (*pf*) пое́хать; **~ against going** реши́ть (*pf*) не е́хать; **she ~d on the green hat** она́ вы́брала зелёную шля́пу; **they ~d on the youngest candidate** они́ останови́ли свой вы́бор на са́мом молодо́м кандида́те.

decided /dɪˈsaɪdɪd/ *adj* (*clear-cut*) определённый; **a ~ difference** бесспо́рное разли́чие.

decidedly /dɪˈsaɪdɪdlɪ/ *adv* реши́тельно, я́вно.

deciduous /dɪˈsɪdjʊəs/ *adj* ли́ственный, листопа́дный.

decilitre /ˈdesɪ,liːtə(r)/ (*US* **deciliter**) *n* децили́тр.

decimal /ˈdesɪm(ə)l/ *n* десяти́чная дробь.
● *adj* десяти́чный; **~ place: correct to six ~ places** с то́чностью до шесто́го зна́ка по́сле запято́й; **~ point** запята́я, отделя́ющая це́лое от дро́би (*в странах английского языка в числах с десятичными дробями вместо запятой используется точка: 7,1 пишется как 7.1*); **~ coinage** десяти́чная моне́тная систе́ма.

decimalization /,desɪməlaɪˈzeɪʃ(ə)n/ *n* перехо́д/перево́д на десяти́чную систе́му.

decimalize /ˈdesɪmə,laɪz/ *vt* перев|оди́ть, -ести́ на десяти́чную систе́му.

decimate /ˈdesɪ,meɪt/ *vt* уничт|ожа́ть, -о́жить.

decimation /,desɪˈmeɪʃ(ə)n/ *n* уничтоже́ние.

decimetre /ˈdesɪ,miːtə(r)/ (*US* **decimeter**) *n* дециме́тр.

decipher /dɪˈsaɪfə(r)/ *vt* **1** (*lit*) расшифро́в|ывать, -а́ть. **2** (*fig, make out*) раз|бира́ть, -обра́ть; разга́д|ывать, -а́ть.

decipherment /dɪˈsaɪfəmənt/ *n* расшифро́вка, дешифро́вка.

decision /dɪˈsɪʒ(ə)n/ *n* **1** (*deciding*) реше́ние; **make, take, come to a ~** прин|има́ть, -я́ть реше́ние. **2** (*decisiveness*) реши́мость, реши́тельность; **a man of ~** реши́тельный челове́к.

decisive /dɪˈsaɪsɪv/ *adj* (*conclusive*) реша́ющий; **~ answer** оконча́тельный отве́т; (*resolute*) реши́тельный.

decisiveness /dɪˈsaɪsɪvnɪs/ *n* реши́тельность.

deck¹ /dek/ *n* **1** (*of ship*) па́луба; **~ house** ру́бка; **~ landing** (*aeron*) поса́дка на па́лубу; **go up on ~** подн|има́ться, -я́ться на па́лубу; **below ~(s)** под па́лубой; **clear the ~s** (*for action*) (*nav*) пригото́виться (*pf*) к бо́ю; (*fig*) пригото́виться (*pf*) к де́йствиям; **all hands on ~!** свиста́ть всех наве́рх!; авра́л! **2** (*of bus*): **top ~** ве́рхний эта́ж. **3** (*US, of cards*) коло́да.
● *cpds* **~chair** *n* шезло́нг; **~hand** *n* матро́с.

deck² /dek/ *vt* (*adorn; also* **~ out**) укр|аша́ть, -а́сить.

declaim /dɪˈkleɪm/ *vt & i* деклами́ровать (*impf*).

declamation /,dekləˈmeɪʃ(ə)n/ *n* (*act*) деклами́рование; (*art*) деклама́ция.

declamatory /dɪˈklæmətərɪ/ *n* декламацио́нный; ора́торский.

declaration /,dekləˈreɪʃ(ə)n/ *n* **1** (*proclamation*) заявле́ние, деклара́ция; **D~ of Independence** Деклара́ция незави́симости; **~ of war** объявле́ние войны́. **2** (*affirmation*): **~ of love** призна́ние, объясне́ние в любви́. **3** (*statement*) деклара́ция; **customs ~** тамо́женная деклара́ция.

declarative /,deˈklærətɪv/ *adj* деклarати́вный.

declare /dɪˈkleə(r)/ *vt & i* **1** (*proclaim, make known*) объяв|ля́ть, -и́ть; **~ one's love** объясн|я́ться, -и́ться в любви́. **2** (*say solemnly*) заяв|ля́ть, -и́ть; провозгла|ша́ть, -си́ть; **he ~d that he was innocent** он заяви́л о свое́й невино́вности. **3** (*pronounce*) объяв|ля́ть, -и́ть; **I ~ the meeting open** объявля́ю собра́ние откры́тым; **~ o.s.** (*avow intentions*) де́лать, с- призна́ние; **~ for/against s.o.** выска́зываться, вы́сказаться за/про́тив кого́-н. **4** (*at customs*) деклари́ровать (*impf, pf*); **have you anything to ~?** предъяви́те ве́щи, подлежа́щие обложе́нию по́шлиной.

declassification /,diːklæsɪfɪˈkeɪʃ(ə)n/ *n* рассекре́чивание (*документов*).

declassify /diːˈklæsɪ,faɪ/ *vt* рассекре́|чивать, -тить (*документы*).

declension /dɪˈklenʃ(ə)n/ *n* (*gram*) склоне́ние.

declinable /dɪˈklaɪnəb(ə)l/ *adj* (*gram*) склоня́емый.

declination /,deklɪˈneɪʃ(ə)n/ *n* магни́тное склоне́ние; отклоне́ние; (*astron*) склоне́ние.

decline /dɪˈklaɪn/ *n* **1** (*fall*) паде́ние; **~ in prices** сниже́ние/паде́ние цен. **2** (*decay*) упа́док, зака́т; **~ of the Roman Empire** упа́док Ри́мской импе́рии. **3** (*in health*) ухудше́ние; **fall into a ~** слабе́ть, о-, ча́хнуть, за-.
● *vt* **1** (*refuse*) отклон|я́ть, -и́ть; **he ~d the invitation** он отклони́л приглаше́ние; **he ~d to answer** он отказа́лся отвеча́ть. **2** (*gram*) склоня́ть, про-.
● *vi* **1** (*sink, draw to a close*) па́дать, упа́сть; при|ходи́ть, -йти́ в упа́док; **his strength is declining** его́ си́лы па́дают; **prices ~** це́ны па́дают; **in his declining years** в свои́ прекло́нные го́ды. **2** (*refuse*) отка́з|ываться, -а́ться.

declivity /dɪˈklɪvɪtɪ/ *n* пока́тость, отко́с, склон.

declutch /diːˈklʌtʃ/ *vi* расцеп|ля́ть, -и́ть сцепле́ние/му́фту.

decoction /dɪˈkɒkʃ(ə)n/ *n* (*boiling down*) выва́ривание; (*liquor*) отва́р, деко́кт.

decode /diːˈkəʊd/ *vt* расшифро́в|ывать, -а́ть; декоди́ровать (*impf, pf*).

décolletage /,deɪkɒlˈtɑːʒ/ *n* декольте́ (*indecl*), вы́рез.

décolleté /deɪˈkɒlteɪ/ *adj* декольтиро́ванный.

decolonization /,diːkɒlənaɪˈzeɪʃ(ə)n/ *n* деколониза́ция.

decompose /,diːkəmˈpəʊz/ *vt* разл|ага́ть, -ожи́ть.
● *vi* (*decay*) разл|ага́ться, -ожи́ться.

decomposition /,diːkɒmpəˈzɪʃ(ə)n/ *n* разложе́ние.

decompression /,diːkəmˈpreʃ(ə)n/ *n* сброс давле́ния, декомпре́ссия; (*comput*) декомпре́ссия.

decompressor /,diːkəmˈpresə(r)/ *n* (*Br*) декомпре́ссор.

decontaminate /,diːkənˈtæmɪ,neɪt/ *vt* обеззара́|живать, -зить; (*remove harmful gases from*) дегази́ровать (*impf, pf*); (*remove radioactivity from*) дезактиви́ровать (*impf, pf*).

decontamination /,diːkəntæmɪˈneɪʃ(ə)n/ *n* обеззара́живание, дегаза́ция, дезактива́ция.

decontrol /,diːkənˈtrəʊl/ *vt* (**decontrolled, decontrolling**) освобо|жда́ть, -ди́ть от контро́ля.

decor /ˈdeɪkɔː(r), ˈde-/ *n* (*of room*) убра́нство; (*of stage*) декора́ции (*f pl*).

decorate /ˈdekə,reɪt/ *vt* **1** (*adorn*) укр|аша́ть, -а́сить; декори́ровать (*impf, pf*); **~d style** (*archit*) англи́йская го́тика четы́рнадцатого ве́ка. **2** (*paint, furnish, etc.*) отде́л|ывать, -ать. **3** (*confer medal upon*) награ|жда́ть, -ди́ть.

decoration /,dekəˈreɪʃ(ə)n/ *n* **1** (*adornment*) украше́ние, убра́нство. **2** (*furnishing etc. of house*) обстано́вка, убра́нство. **3** (*order, medal*) награ́да.

decorative /ˈdekərətɪv/ *adj* декорати́вный.

decorator /ˈdekə,reɪtə(r)/ *n* **1** (*Br, manual worker*) (*painter*) маля́р, (*paperer*) окле́йщик обо́ев. **2**: **interior ~** худо́жник по интерье́ру.

decorous /ˈdekərəs/ *adj* прили́чный, присто́йный.

decorum /dɪˈkɔːrəm/ *n* вне́шнее прили́чие; этике́т, деко́рум.

decoy /ˈdiːkɔɪ, dɪˈkɔɪ/ *n* прима́нка; **~ duck** подсадна́я у́тка.
● *vt* зама́н|ивать, -и́ть; прима́н|ивать, -и́ть.

decrease /ˈdiːkriːs; *v* dɪˈkriːs/ *n* уменьше́ние, убыва́ние; **crime is on**

the ~ престу́пность идёт на у́быль.
● *vt* у́м|еньша́ть, -е́ньшить.
● *vi* ум|еньша́ться, -е́ньшиться; уб|ыва́ть, -ы́ть.

decreasingly /ˌdiːˈkriːsɪŋlɪ/ *adv* всё ме́нее и ме́нее.

decree /dɪˈkriː/ *n* **1** (*pol*) ука́з, декре́т, постановле́ние. **2** (*law*) (суде́бное) реше́ние.
● *vt* & *i* изд|ава́ть, -а́ть декре́т; **fate ~d otherwise** судьба́ реши́ла ина́че.

decrepit /dɪˈkrepɪt/ *adj* дря́хлый, ве́тхий.

decrepitude /dɪˈkrepɪtjuːd/ *n* дря́хлость, ве́тхость.

decrescendo /ˌdiːkreˈʃendəʊ/ *n* (*pl* **~s**), *adj* & *adv* (*mus*) диминуэ́ндо, декреще́ндо (*both indecl*).

decry /dɪˈkraɪ/ *vt* хули́ть (*impf*).

dedicate /ˈdedɪˌkeɪt/ *vt* (*devote*; *also book etc.*) посвя|ща́ть, -ти́ть (*что-н. кому-н.*); (*assign, set apart*) предназн|ача́ть, -а́чить (*что-н. кому-н.*).

dedicated /ˈdedɪˌkeɪtɪd/ *adj* пре́данный, беззаве́тный.

dedication /ˌdedɪˈkeɪʃ(ə)n/ *n* (*devotion*) пре́данность, самоотве́рженность; (*inscription*) посвяще́ние.

dedicatory /ˈdedɪˌkeɪtərɪ/ *adj* посвяти́тельный.

deduce /dɪˈdjuːs/ *vt* (*infer*) выводи́ть, вы́вести; заключ|а́ть, -и́ть.

deduct /dɪˈdʌkt/ *vt* вычита́ть, вы́честь; уде́рж|ивать, -а́ть.

deduction /dɪˈdʌkʃ(ə)n/ *n* (*subtraction*) вы́чет, удержа́ние; (*amount deducted*) вы́чет; (*inference*) вы́вод, заключе́ние.

deductive /dɪˈdʌktɪv/ *adj* дедукти́вный.

deed /diːd/ *n* **1** (*sth done*) де́йствие, посту́пок. **2** (*feat*) по́двиг. **3** (*actual fact*) де́ло, дея́ние; **in word and ~** сло́вом и де́лом. **4** (*law*) акт, докуме́нт.
● *cpd* **~ poll** *n* односторо́ннее обяза́тельство.

deem /diːm/ *vt* (*hold, consider*) полага́ть (*impf*), счита́ть, счесть, призн|ава́ть, -а́ть.

deep /diːp/ *n*: **the ~** (*poetical*) пучи́на.
● *adj* **1** глубо́кий; **a ~ shelf** широ́кая по́лка; **in ~ water** (*trouble*) в беде́. **2** (*with measurement*): **a hole 6 feet ~** я́ма глубино́й в 6 фу́тов; **ankle ~ in mud** по щи́колотку в грязи́; **the soldiers were drawn up six ~** солда́ты стоя́ли в шесть шере́нг. **3** (*submerged, lit, fig*): **a village ~ in the valley** дере́вня, располо́женная в глубине́ доли́ны; **~ in thought** заду́мавшийся; погружённый в разду́мья; **~ in a book** уше́дший с голово́й в кни́гу; **~ in debt** увя́зший в долга́х; **~ in love** без па́мяти влюблённый; по́ уши влюблённый (*coll*). **4** (*extreme, profound*) глубо́кий; **~ sorrow** глубо́кая печа́ль; **in ~ mourning** в глубо́ком тра́уре; **take a ~ breath** де́лать, с- глубо́кий вдох; **heave a ~ sigh** глубоко́ взд|ыха́ть, -охну́ть; **that is too ~ for me** (*fig*) э́то сли́шком умно́ для меня́. **5** (*of colour*) тёмный, насы́щенный; **~ red** тёмно/гу́сто-кра́сный. **6** (*low-pitched*) ни́зкий.
● *adv* глубоко́; **dig ~** рыть (*impf*) глубоко́; **~ into the night** до глубо́кой но́чи; **still waters run ~** в ти́хом о́муте че́рти во́дятся.
● *cpds* **~-freeze** *n* морози́льник; *vt* глубоко́ замор|а́живать, -о́зить; **~-frozen** *adj* заморо́женный; **~-fry** *vt* зажа́ри|вать, -ть; жа́рить, за- во фритю́ре; **~-rooted** *adj*: **~-rooted belief** глубоко́ укорени́вшееся мне́ние; **~-sea** *adj*: **~-sea fishing** глубоково́дный лов; **~-seated** *adj*: **~-seated emotion** затаённое чу́вство; **~-vein thrombosis** *n* (*med*) тромбо́з глубо́ких вен.

deepen /ˈdiːpən/ *vt* & *i* **1** (*make, become deeper*) углуб|ля́ть(ся), -и́ть(ся). **2** (*intensify*) уси́ли|вать(ся), -ть(ся). **3** (*make, become lower in pitch*) пон|ижа́ть(ся), -и́зить(ся).

deeply /ˈdiːplɪ/ *adv* глубоко́; **he is ~ in debt** он влез в долги́ по́ уши; он по́ уши в долга́х (*coll*); **he feels ~ about it** его́ э́то глубоко́ волну́ет.

deepness /ˈdiːpnɪs/ *n* (*of water etc.*) глубина́; (*of colour*) со́чность, насы́щенность; (*of voice*) глубина́.

deer /dɪə(r)/ *n* (*pl* **~**) оле́нь (*m*); **red ~** благоро́дный оле́нь; **roe ~** косу́ля; **fallow ~** лань.
● *cpds* **~ forest, ~ park** *nn* оле́ний запове́дник; **~hound** *n* шотла́ндская борза́я; **~skin** *n* лоси́на, за́мша; (*attr*) лоси́ный, за́мшевый; **~stalker** *n* (*sportsman*) охо́тник на оле́ней; (*cap*) охо́тничий шлем.

de-escalate /diːˈeskəˌleɪt/ *vt* прекра|ща́ть, -ти́ть эскала́цию.

de-escalation /diːeskəˈleɪʃ(ə)n/ *n* деэскала́ция.

deface /dɪˈfeɪs/ *vt* (*spoil appearance of*) иска|жа́ть, -зи́ть; уро́довать, из-; (*make illegible*) де́лать, с- неразбо́рчивым.

defacement /dɪˈfeɪsmənt/ *n* искаже́ние; уро́дование.

de facto /diː ˈfæktəʊ, deɪ/ *adj* факти́ческий.
● *adv* де-фа́кто; на де́ле, факти́чески.

defamation /ˌdefəˈmeɪʃ(ə)n, ˌdiːf-/ *n* клевета́, диффама́ция; **~ of character** диффама́ция ли́чности.

defamatory /dɪˈfæmətərɪ/ *adj* клеветни́ческий.

defame /dɪˈfeɪm/ *vt* клевета́ть, на- (на + *a*); поро́чить, о-.

default /dɪˈfɔːlt, -ˈfɒlt/ *n* **1** (*want, absence*) отсу́тствие, недоста́ток; **in ~ of** за отсу́тствием + *g*. **2** (*neglect, failure to act or appear*): **he won the match by ~** он вы́играл матч из-за нея́вки проти́вника. **3** (*failure to pay*) неупла́та. **4** (*comput*) значе́ние по умолча́нию; **~ font** шрифт по умолча́нию.
● *vi* **1** (*fail to perform a duty*) не выполня́ть, вы́полнить обяза́тельства. **2** (*fail to appear in court*) не яв|ля́ться, -и́ться в суд. **3** (*fail to meet debts*) прекра|ща́ть, -ти́ть платежи́; **~ on a debt** не выпла́чивать (*impf*) долг.

defaulter /dɪˈfɔːltə(r), -ˈfɒltə(r)/ *n* **1** (*one who fails to perform duty*) не выполня́ющий свои́х обяза́тельств; (*one who fails to pay a debt*) неплате́льщик. **2** (*Br, mil*) провини́вшийся солда́т.

defeat /dɪˈfiːt/ *n* пораже́ние.
● *vt* нан|оси́ть, -ести́ пораже́ние + *d*; разб|ива́ть, -и́ть; одéрж|ивать, -а́ть побе́ду над + *i*; **our hopes were ~ed** на́ши наде́жды ру́хнули; **they were ~ed** они́ потерпе́ли пораже́ние.

defeatism /dɪˈfiːtɪz(ə)m/ *n* пораже́нчество.

defeatist /dɪˈfiːtɪst/ *n* пораже́нец; (*fig*) пессими́ст.
● *adj* пораже́нческий, пессимисти́ческий.

defecate /ˈdefɪˌkeɪt/ *vi* испражн|я́ться, -и́ться.

defecation /ˌdefɪˈkeɪʃ(ə)n/ *n* испражне́ние.

defect[1] /ˈdiːfekt, dɪˈfekt/ *n* недоста́ток, изъя́н; дефе́кт; поро́к (*also law*).

defect[2] /dɪˈfekt/ *vi* перебе|га́ть, -жа́ть (**from:** от + *g*; **to:** к + *d*, на + *a*); **he ~ed to the West** он перебежа́л на За́пад.

defection /dɪˈfekʃ(ə)n/ *n* дезерти́рство; **there were several ~s from the party** не́сколько челове́к вы́шло из па́ртии.

defective /dɪˈfektɪv/ *adj* несоверше́нный; дефе́ктный; **~ memory** плоха́я па́мять; **~ translation** нето́чный перево́д; **~ verb** (*gram*) недоста́точный глаго́л.

defectiveness /dɪˈfektɪvnɪs/ *n* неспра́вность, несоверше́нство.

defector /dɪˈfektə(r)/ *n* перебе́жчи|к (*fem* -ца).

defence /dɪˈfens/ (*US* **defense**) *n* **1** оборо́на, защи́та; **in ~ of** в защи́ту + *g*; **he died in ~ of his country** он поги́б, защища́я ро́дину; **~ industry** оборо́нная промы́шленность. **2** (*means or system of defending*) укрепле́ния (*nt pl*); оборони́тельные сооруже́ния; **his ~s are down** он беззащи́тен. **3** (*law*) защи́та; **counsel for the ~** защи́тник (отве́тчика).

defenceless /dɪˈfenslɪs/ (*US* **defenseless**) *adj* беззащи́тный.

defencelessness /dɪˈfenslɪsnɪs/ (*US* **defenselessness**) *n* беззащи́тность.

defend /dɪˈfend/ *vt* **1** обороня́ть (*impf*); защи|ща́ть, -ти́ть; **~ o.s.** защи|ща́ться, -ти́ться; **~ one's ideas** защи|ща́ть, -ти́ть (*or* отст|а́ивать, -оя́ть) свои́ иде́и. **2** (*law*) защища́ть (*impf*); выступа́ть (*impf*) защи́тником + *g*.

defendant /dɪˈfend(ə)nt/ *n* отве́тчик, подсуди́мый, обвиня́емый.

defender /dɪˈfendə(r)/ *n* (*person who defends sth*; *also law, sport*) защи́тник; (*defending champion*) чемпио́н, защища́ющий своё зва́ние.

defense /dɪˈfens/ *etc.* (*US*) = **defence** *etc.*

defensibility /dɪˌfensɪˈbɪlɪtɪ/ *n* **1** обороноспосо́бность. **2** правоме́рность.

defensible /dɪˈfensɪb(ə)l/ *adj* **1** (*e.g. mil*) хорошо́ обороня́емый. **2** (*e.g. of an argument*) правоме́рный, опра́вданный.

defensive /dɪˈfensɪv/ *n* оборо́на; **on the ~** в оборо́не.
● *adj* оборони́тельный; **he has a ~ manner** он как бу́дто опра́вдывается.

defer¹ /dɪˈfɜː(r)/ *vt* (**deferred, deferring**) (*postpone*) отсро́чи|вать, -ть; **~ one's departure** от|кла́дывать, -ложи́ть отъе́зд; **~red payment** отсро́чка платежа́.

defer² /dɪˈfɜː(r)/ *vi* (**deferred, deferring**): **~ to** счита́ться (*impf*) с + *i*.

deference /ˈdefərəns/ *n* уваже́ние, почти́тельность; **show ~ to s.o.** относи́ться (*impf*) почти́тельно к кому́-н.; **with all (due) ~ to** при всём уваже́нии к + *d*; **he acted thus in (or out of) ~ to ...** он де́йствовал так из уваже́ния к... .

deferential /ˌdefəˈrenʃ(ə)l/ *adj* почти́тельный.

deferment /dɪˈfɜːmənt/ *n* откла́дывание, отсро́чка.

defiance /dɪˈfaɪəns/ *n* вы́зов; **in ~ of orders** вопреки́ распоряже́ниям.

defiant /dɪˈfaɪənt/ *adj* вызыва́ющий.

deficiency /dɪˈfɪʃənsɪ/ *n* **1** (*lack*) нехва́тка, отсу́тствие; **~ disease** авитамино́з. **2** (*in pl, shortcomings*) недоста́тки (*m pl*).

deficient /dɪˈfɪʃ(ə)nt/ *adj* недоста́точный, непо́лный; **~ in courage** недоста́точно сме́лый; **mentally ~** слабоу́мный.

deficit /ˈdefɪsɪt/ *n* дефици́т, недочёт; **meet a ~** покр|ыва́ть, -ы́ть дефици́т.

defile /dɪˈfaɪl/ *vt* оскверн|я́ть, -и́ть.

defilement /dɪˈfaɪlmənt/ *n* оскверне́ние.

definable /dɪˈfaɪnəb(ə)l/ *adj* определи́мый.

define /dɪˈfaɪn/ *vt* **1** (*state meaning of*) определ|я́ть, -и́ть; толкова́ть (*impf*); да|ва́ть, -ть определе́ние + *d*. **2** (*state clearly*): **I ~d his duties** я определи́л круг его́ обя́занностей; **he ~d his position** он определи́л своё отноше́ние. **3** (*delimit*): **his powers are ~d by law** его́ полномо́чия определя́ются зако́ном; **the frontier is not clearly ~ d** нет определённой/чёткой грани́цы. **4** (*show clearly*): **a well ~d image** чётко оче́рченный о́браз; **the tree was ~d against the sky** де́рево вырисо́вывалось на фо́не не́ба.

definite /ˈdefɪnɪt/ *adj* **1** (*specific*) определённый; **~ article** (*gram*) определённый арти́кль. **2** (*clear, exact*) то́чный, чёткий.

definitely /ˈdefɪnɪtlɪ/ *adv* определённо, то́чно; **he is ~ coming** он непреме́нно/то́чно придёт.

definition /ˌdefɪˈnɪʃ(ə)n/ *n* (*clearness of outline*) я́сность, чёткость; (*statement of meaning*) определе́ние.

definitive /dɪˈfɪnɪtɪv/ *adj* оконча́тельный.

deflate /dɪˈfleɪt/ *vt* **1** выка́чивать, вы́качать во́здух/газ из + *g*; **~ a balloon/tyre** выпуска́ть, вы́пустить во́здух из ша́ра/ши́ны. **2** (*fig*): **~ a rumour** (*Br*), **rumor** (*US*) опров|ерга́ть, -е́ргнуть слух; **~ s.o.'s conceit** сбить (*pf*) с кого́-н. спесь. **3** (*currency*) пров|оди́ть, -ести́ дефля́цию + *g*.

deflation /dɪˈfleɪʃ(ə)n/ *n* (*fin*) дефля́ция.

deflationary /dɪˈfleɪʃ(ə)nərɪ/ *adj* (*fin*) дефляцио́нный.

deflect /dɪˈflekt/ *vt & i* отклон|я́ть(ся), -и́ть(ся).

deflection /dɪˈflekʃ(ə)n/ *n* отклоне́ние.

deflower /dɪˈflaʊə(r)/ *vt* лиш|а́ть, -и́ть де́вственности.

defogger /diːˈfɒgə(r)/ *US* = **demister**

defoliant /diːˈfəʊlɪənt/ *n* дефолиа́нт.

defoliate /diːˈfəʊlɪˌeɪt/ *vt* лиш|а́ть, -и́ть листвы́.

defoliation /diːˌfəʊlɪˈeɪʃ(ə)n/ *n* лише́ние листвы́.

deforest /diːˈfɒrɪst/ *vt* обезле́си|вать, -ть.

deforestation /diːˌfɒrɪˈsteɪʃ(ə)n/ *n* обезле́сение.

deform /dɪˈfɔːm/ *vt* уро́довать, из-; иска|жа́ть, -зи́ть; деформи́ровать (*impf, pf*); **he has a ~ed foot** у него́ деформи́рована стопа́.

deformation /ˌdiːfɔːˈmeɪʃ(ə)n/ *n* уро́дование, искаже́ние, деформа́ция.

deformity /dɪˈfɔːmɪtɪ/ *n* уро́дливость, уро́дство.

defraud /dɪˈfrɔːd/ *vt* обма́н|ывать, -у́ть; обма́ном лиш|а́ть, -и́ть (*кого чего*).

defray /dɪˈfreɪ/ *vt* опла́|чивать, -ти́ть; **~ expenses** возме|ща́ть, -сти́ть расхо́ды.

defray|al /dɪˈfreɪəl/, **-ment** /dɪˈfreɪmənt/ *nn* опла́та; возмеще́ние расхо́дов.

defrost /diːˈfrɒst/ *vt* (*food, refrigerator*) размор|а́живать, -о́зить; **~ the windscreen** (*US*) оч|ища́ть, -и́стить ото льда́ ветрово́е стекло́.

defroster /diːˈfrɒstə(r)/ *n* (*US, in car*) антиобледени́тель (*m*); (*in refrigerator*) дефро́стер.

deft /deft/ *adj* ло́вкий, иску́сный.

deftness /ˈdeftnɪs/ *n* ло́вкость, иску́сность.

defunct /dɪˈfʌŋkt/ *adj* несуществу́ющий, исче́знувший; (*ineffective*) бесполе́зный; **a ~ newspaper** газе́та, прекрати́вшая существова́ние.

defuse /diːˈfjuːz/ *vt* сн|има́ть, -ять взрыва́тель + *g*; (*fig*) разря|жа́ть, -ди́ть.

defy /dɪˈfaɪ/ *vt* **1** (*challenge*) вызыва́ть, вы́звать; бр|оса́ть, -о́сить вы́зов + *d*; **I ~ you to prove it** попро́буйте, докажи́те э́то!; руча́юсь, что вы э́того не дока́жете. **2** (*disobey*) пренебр|ега́ть, -е́чь + *i*; **~ the law** игнори́ровать (*impf, pf*) зако́н. **3** (*fig*): **the problem defies solution** пробле́ма неразреши́ма.

degauss /diːˈgaʊs/ *vt* размагни́|чивать, -тить.

degeneracy /dɪˈdʒenərəsɪ/ *n* дегенерати́вность, вырожде́ние.

degenerate /dɪˈdʒenərət/; *v* dɪˈdʒenəˌreɪt/ *n* дегенера́т, вы́родок.
● *adj* вы́родившийся, дегенерати́вный.
● *vi* вырожда́ться, вы́родиться; дегенери́ровать (*impf, pf*).

degeneration /dɪˌdʒenəˈreɪʃ(ə)n/ *n* вырожде́ние, дегенера́ция.

degradation /ˌdegrəˈdeɪʃ(ə)n/ *n* **1** (*in rank*) пониже́ние. **2** (*moral*) упа́док, деграда́ция.

degrade /dɪˈgreɪd/ *vt* **1** (*reduce in rank*) пон|ижа́ть, -и́зить. **2** (*lower morally*) прин|ижа́ть, -и́зить; ун|ижа́ть, -и́зить.
● *vi* деградúровать (*impf, pf*).

degrading /dɪˈgreɪdɪŋ/ *adj* унизи́тельный.

degree /dɪˈgriː/ *n* **1** (*unit of measurement*) гра́дус; **30 ~s below zero** 30 гра́дусов ни́же нуля́; **15 ~s centigrade** 15 гра́дусов по Це́льсию. **2** (*step, stage*) сте́пень; у́ровень (*m*); **their work shows varying ~s of skill** их рабо́та пока́зывает разли́чную сте́пень мастерства́; **by ~s** постепе́нно; **in the highest ~** в наивы́сшей сте́пени; **to the last ~** до после́дней сте́пени; **to a ~** до изве́стной сте́пени; **not in the slightest ~** ниско́лько, ни в како́й сте́пени; **in some ~** в не́которой сте́пени; **to what ~ is he interested?** в како́й сте́пени э́то его́ интересу́ет?; **third ~** допро́с с примене́нием пы́ток; **prohibited ~s** сте́пени родства́, при кото́рых запреща́ется брак; **murder in the first ~** тя́жкое уби́йство пе́рвой сте́пени. **3** (*social position*) положе́ние; **of high ~** высокопоста́вленный. **4** (*academic*) дипло́м; (*higher ~*) сте́пень; **take one's ~** получ|а́ть, -и́ть сте́пень. **5** (*gram*) сте́пень; **~s of comparison** сте́пени сравне́ния.

dehumanization /diːˌhjuːmənaɪˈzeɪʃ(ə)n/ *n* дегуманиза́ция.

dehumanize /diːˈhjuːməˌnaɪz/ *vt* дегуманизи́ровать (*impf, pf*).

dehumidify /ˌdiːhjuːˈmɪdɪˌfaɪ/ *vt* осуш|а́ть, -и́ть.

dehydrate /diːˈhaɪdreɪt, ˌdiːhaɪˈdreɪt/ *vt* обезво́|живать, -дить; **~d eggs** яи́чный порошо́к.

dehydration /ˌdiːhaɪˈdreɪʃ(ə)n/ *n* обезво́живание; дегидрата́ция.

de-ice /diːˈaɪs/ *vt* устран|я́ть, -и́ть обледене́ние + *g*.

de-icer /diːˈaɪsə(r)/ *n* антиобледени́тель (*m*).

deification /ˌdiːɪfɪˈkeɪʃ(ə)n, ˌdeɪɪfɪˈkeɪʃ(ə)n/ *n* обожествле́ние, обоготворе́ние.

deify /ˈdiːɪˌfaɪ, ˈdeɪɪ-/ *vt* обожеств|ля́ть, -и́ть; боготвори́ть, о-.

deign /deɪn/ *vt* сни|сходи́ть, -зойти́; соизв|оля́ть, -о́лить; **he did not ~ to answer us** он не соизво́лил отве́тить нам.

deism /ˈdiːɪz(ə)m, ˈdeɪ-/ *n* деи́зм.

deist /ˈdiːɪst, ˈdeɪɪst/ *n* деи́ст.

deity /ˈdiːɪtɪ, ˈdeɪɪ-/ *n* (*divine nature*) боже́ственность; (*god*) божество́.

d

déjà vu /ˌdeɪʒɑː ˈvuː/ *n* дежавю́ (*nt indecl*), ощуще́ние/впечатле́ние «уже́ ви́денного».
dejected /dɪˈdʒektɪd/ *adj* удручённый, пода́вленный.
dejection /dɪˈdʒekʃ(ə)n/ *n* уны́ние, пода́вленность.
de jure /diː ˈdʒʊərɪ, deɪ ˈjʊəreɪ/ *adj* юриди́ческий.
● *adv* де-ю́ре; юриди́чески.
delay /dɪˈleɪ/ *n* заде́ржка, отсро́чка, промедле́ние; **without ~** неме́дленно, без промедле́ния; **after several ~s** по́сле не́скольких отсро́чек.
● *vt* от|кла́дывать, -ложи́ть; заде́рж|ивать, -а́ть; ме́длить (*impf*); **I was ~ed by traffic** я задержа́лся из-за про́бок; **~ed action mine** ми́на заме́дленного де́йствия.
● *vi* заде́рж|иваться, -а́ться.
delectable /dɪˈlektəb(ə)l/ *adj* услади́тельный, преле́стный.
delectation /ˌdiːlekˈteɪʃ(ə)n/ *n* наслажде́ние, удово́льствие.
delegate /ˈdelɪgət; *v* ˈdelɪˌgeɪt/ *n* делега́т, представи́тель (*m*).
● *vt*: **~ s.o.** делеги́ровать (*impf, pf*) кого́-н.; пос|ыла́ть, -ла́ть кого́-н. делега́том; обл|ека́ть, -е́чь кого́-н. вла́стью; **~ authority** перед|ава́ть, -а́ть полномо́чие (*кому*): **~ a task** поруч|а́ть, -и́ть рабо́ту (*кому*).
delegation /ˌdelɪˈgeɪʃ(ə)n/ *n* **1** (*of task*) поруче́ние; (*of authority*) переда́ча. **2** (*body of delegates*) делега́ция.
delete /dɪˈliːt/ *vt* вычёркивать, вы́черкнуть; (*comput*) удал|я́ть, -и́ть.
deleterious /ˌdelɪˈtɪərɪəs/ *adj* вре́дный.
deletion /dɪˈliːʃ(ə)n/ *n* вычёркивание.
Delhi /ˈdelɪ/ *n* Де́ли (*m indecl*).
deliberate¹ /dɪˈlɪbərət/ *adj* (*intentional*) преднаме́ренный, умы́шленный; (*slow, prudent*) осмотри́тельный, основа́тельный.
deliberate² /dɪˈlɪbəˌreɪt/ *vi* совеща́ться (*impf*); **~ on/upon/over/about a matter** обсу|жда́ть, -ди́ть вопро́с.
deliberation /dɪˌlɪbəˈreɪʃ(ə)n/ *n* (*pondering*) обду́мывание; (*in pl*) диску́ссия; (*slowness*) медли́тельность, неторопли́вость.
deliberative /dɪˈlɪbərətɪv/ *adj* совеща́тельный.
delicacy /ˈdelɪkəsɪ/ *n* (*exquisiteness, subtlety*) утончённость, то́нкость; (*proneness to injury*) хру́пкость; (*critical nature*) щекотли́вость, делика́тность; (*sensitivity*) чувстви́тельность; (*tact*) делика́тность, щепети́льность; (*choice food*) деликате́с, ла́комство.
delicate /ˈdelɪkət/ *adj* **1** (*fine, exquisite*) изя́щный, то́нкий; **~ complexion** не́жная ко́жа; **~ workmanship** то́нкое мастерство́.
2 (*subtle, dainty*) то́нкий, утончённый; **a ~ shade of pink** бле́дно-ро́зовый отте́нок; **~ flavour** (*Br*), **flavor** (*US*) то́нкий арома́т.
3 (*easily injured*) хру́пкий, сла́бый; **~ health** сла́бое здоро́вье; **a ~ person** хру́пкий челове́к; **a ~ child** боле́зненный ребёнок.
4 (*critical, ticklish*) щекотли́вый, затрудни́тельный; **a ~ operation** то́нкая/сло́жная опера́ция.
5 (*sensitive*) то́нкий, о́стрый; **a ~ sense of smell** то́нкое обоня́ние; **~ instruments** чувстви́тельные прибо́ры; **the pianist has a ~ touch** у пиани́ста мя́гкое туше́.
6 (*tactful, considerate*) делика́тный, такти́чный; **~ behaviour** такти́чное поведе́ние.
7 (*careful of propriety*) щепети́льный, осторо́жный.
delicatessen /ˌdelɪkəˈtes(ə)n/ *n* (*food*) деликате́сы (*m pl*); (*shop*) гастрономи́ческий магази́н, гастроно́м.
delicious /dɪˈlɪʃəs/ *adj* о́чень вку́сный; (*delightful*) восхити́тельный.
delict /dɪˈlɪkt, ˈdiː-/ *n* (*law*) правонаруше́ние.
delight /dɪˈlaɪt/ *n* **1** (*pleasure*) удово́льствие, наслажде́ние; **take ~ in sth** на|ходи́ть, -йти́ удово́льствие в чём-н. **2** (*source of pleasure*): **music is her ~** му́зыка для неё — исто́чник наслажде́ния.
● *vt* дост|авля́ть, -а́вить наслажде́ние + *d*; **I am ~ed to accept the invitation** я с ра́достью принима́ю приглаше́ние.
● *vi* насла|жда́ться, -ди́ться; **he ~s in reading** он нахо́дит большо́е удово́льствие в чте́нии.
delightful /dɪˈlaɪtfʊl/ *adj* восхити́тельный, очарова́тельный.
delimit /dɪˈlɪmɪt/ *vt* (**delimited, delimiting**) определ|я́ть, -и́ть грани́цы + *g*; размежёв|ывать, -а́ть.
delimitation /dɪˌlɪmɪˈteɪʃ(ə)n/ *n* размежева́ние; определе́ние.
delineate /dɪˈlɪnɪˌeɪt/ *vt* (*e.g. a frontier*) оче́р|чивать, -ти́ть; (*e.g. character*) изобра|жа́ть, -зи́ть.
delineation /dɪˌlɪnɪˈeɪʃ(ə)n/ *n* оче́рчивание, изображе́ние.
delinquency /dɪˈlɪŋkwənsɪ/ *n* престу́пность; **juvenile ~** престу́пность несовершенноле́тних.
delinquent /dɪˈlɪŋkwənt/ *n* правонаруши́тель (*fem* -ница), престу́пни|к (*fem* -ца); **juvenile ~** малоле́тний престу́пник.
● *adj* вино́вный.
delirious /dɪˈlɪrɪəs/ *adj* (*raving*) в бреду́ (*pred*); (*wildly excited*) вне себя́ (*pred*).
delirium /dɪˈlɪrɪəm/ *n* бред; **~ tremens** бе́лая горя́чка.
deliver /dɪˈlɪvə(r)/ *vt* **1** (*rescue, set free*) освобо|жда́ть, -ди́ть; изб|авля́ть, -а́вить; **God ~ us!** упаси́/изба́ви Бог!; Го́споди, поми́луй!
2 (*of birth*): **she was ~ed (of a child)** она́ разреши́лась от бре́мени; **she delivered a child** (*gave birth*) она́ родила́ ребёнка; (*assisted at birth*) она́ приняла́ ребёнка; **he ~ed her** (*assisted her in giving birth*) он при́нял ро́ды у неё; **the child was ~ed by forceps** родоразреше́ние произвели́ при по́мощи щипцо́в.
3: **~ o.s. of an opinion** выска́зывать, вы́сказать своё мне́ние.
4 (*give, present*): **~ judgment** выноси́ть, вы́нести реше́ние; **~ a speech** произн|оси́ть, -ести́ речь; **a well ~ed sermon** хорошо́ прочи́танная про́поведь.
5 (*hand over*) сда|ва́ть, -ть; перед|ава́ть, -а́ть; **~ up stolen goods** сда|ва́ть, -ть укра́денные това́ры.
6 (*aim, launch*) нан|оси́ть, -ести́; **~ a blow** нан|оси́ть, -ести́ уда́р; **~ battle** дава́ть, дать бой.
7 (*send out, convey*) дост|авля́ть, -а́вить; **the shop ~s daily** магази́н доставля́ет това́ры на́ дом ежедне́вно; **the postman ~s letters** почтальо́н доставля́ет пи́сьма; **~ the goods** (*fig, coll*) выполня́ть, вы́полнить обе́щанное.
deliverance /dɪˈlɪvərəns/ *n* избавле́ние.
deliverer /dɪˈlɪvərə(r)/ *n* (*conveyor*) разно́счик, доста́вщик; (*saviour, rescuer*) избави́тель (*m*), спаси́тель (*m*).
delivery /dɪˈlɪvərɪ/ *n* **1** (*childbirth*) ро́д|ы (*pl, g* -ов); **~ room** роди́льная пала́та. **2** (*distribution of goods or letters*) доста́вка; **charges payable on ~** опла́та при доста́вке; **the letter came by the first ~** письмо́ пришло́ с пе́рвой по́чтой; **~ note** накладна́я; **~ man** доста́вщик; **~ van** фурго́н для доста́вки това́ров. **3** (*of speech etc.*) произнесе́ние (ре́чи); ди́кция; **his ~ was poor** он говори́л о́чень невня́тно.
dell /del/ *n* леси́стая доли́на; лощи́на.
delouse /diːˈlaʊs/ *vt* дезинсекти́ровать (*impf, pf*); подв|ерга́ть, -е́ргнуть санобрабо́тке/дезинсе́кции.
delphinium /delˈfɪnɪəm/ *n* (*pl* **~s**) дельфи́ниум.
delta /ˈdeltə/ *n* де́льта.
deltoid /ˈdeltɔɪd/ *adj* дельтови́дный, треуго́льный.
delude /dɪˈluːd, -ˈljuːd/ *vt* вв|оди́ть, -ести́ в заблужде́ние; **he ~d himself into believing that …** он уве́рил себя́ в то́м, что… .
deluge /ˈdeljuːdʒ/ *n* **1** (*lit*) пото́п; **the D~** (*bibl*) Всеми́рный пото́п. **2** (*fig*) пото́к, град, лави́на; **a ~ of protest** пото́к проте́стов.
● *vt* затоп|ля́ть, -и́ть; **he was ~d with questions** его́ засы́пали вопро́сами.
delusion /dɪˈluːʒ(ə)n, -ˈljuːʒ(ə)n/ *n* заблужде́ние; **be under a ~** заблужда́ться (*impf*); **~s of grandeur** ма́ния вели́чия.
de luxe /də ˈlʌks, ˈlʊks/ *adj* роско́шный; **a ~ cabin** каю́та люкс.
delve /delv/ *vi*: **~ in archives** ры́ться (*impf*) в архи́вах; **~ in(to) one's pockets** ры́ться (*impf*) в карма́нах.
demagnetize /diːˈmægnɪˌtaɪz/ *vt* размагни́|чивать, -тить.
demagogic /ˌdeməˈgɒgɪk/ *adj* демагоги́ческий.
demagogue /ˈdeməˌgɒg/ *n* демаго́г.
demagogy /ˈdeməˌgɒgɪ/ *n* демаго́гия.
demand /dɪˈmɑːnd/ *n* **1** (*claim*) тре́бование; **payable on ~** подлежа́щий опла́те по предъявле́нии; **there are many ~s on my time** у меня́ мно́го дел; **there were ~s for the minister to resign** раздава́лись тре́бования об отста́вке мини́стра. **2** (*desire to obtain*) потре́бность, спро́с; **there is no ~ for**

this article на э́тот това́р нет спро́са; **he is in great ~ for parties** все стара́ются зазва́ть его́ к себе́ в го́сти.

● *vt* тре́бовать, по- + *g or a*; **piety ~s it of us** э́того тре́бует от нас благоче́стие.

demarcate /ˈdi:mɑ:ˌkeɪt/ *vt* разграни́чи|вать, -ть.

demarcation /ˌdi:mɑ:ˈkeɪʃ(ə)n/ *n* разграниче́ние, демарка́ция; **~ line** демаркацио́нная ли́ния.

démarche /deɪˈmɑ:ʃ/ *n* дема́рш.

demean /dɪˈmi:n/ *vt* (*abase*) ун|ижа́ть, -и́зить; **~ o.s.** роня́ть, урони́ть своё досто́инство.

demeanour /dɪˈmi:nə(r)/ (*US* **demeanor**) *n* поведе́ние; мане́ра вести́ себя́.

demented /dɪˈmentɪd/ *adj* сумасше́дший.

dementia /dɪˈmenʃə/ *n* слабоу́мие.

demerit /di:ˈmerɪt/ *n* недоста́ток; изъя́н.

demesne /dɪˈmi:n, -ˈmeɪn/ *n* (*estate*) владе́ние, поме́стье.

demigod /ˈdemɪˌgɒd/ *n* полубо́г.

demijohn /ˈdemɪˌdʒɒn/ *n* больша́я оплетённая буты́ль.

demilitarization /di:ˌmɪlɪtəraɪˈzeɪʃ(ə)n/ *n* демилитариза́ция.

demilitarize /di:ˈmɪlɪtəˌraɪz/ *vt* демилитаризи́ровать (*impf, pf*).

demi-mondaine /ˈdemɪmɒnˌdeɪn, -mɔ̃ˌdeɪn/ *n* да́ма полусве́та.

demi-monde /ˈdemɪˌmɒnd, -ˈmɔ̃d/ *n* полусве́т.

demise /dɪˈmaɪz/ *n* кончи́на.

demisemiquaver /ˌdemɪˈsemɪˌkweɪvə(r), ˈdemɪ-/ *n* (*Br*) тридца́ть втора́я (но́та).

demist /di:ˈmɪst/ *vt* (*Br*) предохран|я́ть, -и́ть от запотева́ния; обогр|ева́ть, -е́ть (*стекло*).

demister /di:ˈmɪstə(r)/ *n* (*Br*) (*spray*) антизапотева́тель (*m*) (*автомобильных стёкол*); (*device*) систе́ма обду́ва стёкол.

demiurge /ˈdemɪˌɜ:dʒ/ *n* (*creator*) творе́ц, демиу́рг.

demo /ˈdeməʊ/ *n* (*pl* **~s**) (*coll*) = **demonstration**

demob /di:ˈmɒb/ *vt* (**demobbed, demobbing**) (*Br coll*) = **demobilize**

demobilization /di:ˌməʊbɪlaɪˈzeɪʃ(ə)n/ *n* демобилиза́ция.

demobilize /di:ˈməʊbɪˌlaɪz/ *vt* демобилизова́ть (*impf, pf*).

democracy /dɪˈmɒkrəsɪ/ *n* демокра́тия; **Britain is a ~** Великобрита́ния — демократи́ческое госуда́рство.

democrat /ˈdeməˌkræt/ *n* демокра́т.

democratic /ˌdeməˈkrætɪk/ *adj* (*state, system*) демократи́ческий; (*manner, person*) демократи́чный; **she is very ~** она́ о́чень демократи́чна.

democratize /dɪˈmɒkrəˌtaɪz/ *vt* демократизи́ровать (*impf, pf*).

demographer /dɪˈmɒgrəfə(r)/ *n* демо́граф.

demographic /ˌdeməˈgræfɪk/ *adj* демографи́ческий.

demographics /ˌdeməˈgræfɪks/ *n pl* демогра́фия.

demography /dɪˈmɒgrəfɪ/ *n* демогра́фия.

demolish /dɪˈmɒlɪʃ/ *vt* (*e.g. house*) сн|оси́ть, -ести́; разр|уша́ть, -у́шить; (*e.g. theory*) опров|ерга́ть, -е́ргнуть; разб|ива́ть, -и́ть.

demolition /ˌdeməˈlɪʃ(ə)n/ *n* **1** (*lit*) разруше́ние, снос; **~ gang** брига́да подрывнико́в. **2** (*of argument etc.*) опроверже́ние.

demon /ˈdi:mən/ *n* **1** (*devil*) де́мон, дья́вол, бес; **the child is a little ~** э́тот ребёнок — су́щий бесёнок; **the ~ drink** дья́вольское зе́лье. **2** (*fierce or energetic person*): **he's a ~ for work** он рабо́тает как чёрт, он дья́вольски/необыча́йно работоспосо́бен.

demoniac(al) /dɪˈməʊnɪˌæk, ˌdi:məˈnaɪək(ə)l/ *adj* демони́ческий.

demonology /ˌdi:məˈnɒlədʒɪ/ *n* демоноло́гия.

demonstrable /ˈdemɒnstrəb(ə)l, dɪˈmɒnstrəb(ə)l/ *adj* доказу́емый.

demonstrate /ˈdemənˌstreɪt/ *vt* **1** (*prove*) дока́з|ывать, -а́ть; **~ one's sympathies** проявл|я́ть, -и́ть свои́ симпа́тии. **2** (*show in operation*) демонстри́ровать, про-.

● *vi* (*organize demonstration*) устр|а́ивать, -о́ить демонстра́цию; (*take part in demonstration*) уча́ствовать (*impf*) в демонстра́ции.

demonstration /ˌdemənˈstreɪʃ(ə)n/ *n* (*proof*) доказа́тельство; (*exhibition*): **~ of affection** проявле́ние чу́вства; **~ of a machine** демонстра́ция маши́ны; (*public manifestation*) демонстра́ция.

demonstrative /dɪˈmɒnstrətɪv/ *adj* **1** (*of proof*) нагля́дный, убеди́тельный. **2** (*showing feelings*) экспанси́вный, несде́ржанный. **3** (*gram*) указа́тельный.

demonstrativeness /dɪˈmɒnstrətɪvnɪs/ *n* экспанси́вность, несде́ржанность.

demonstrator /ˈdemənˌstreɪtə(r)/ *n* **1** (*art exhibition etc.*) демонстра́тор; (*in lab*) лабора́нт. **2** (*pol*) демонстра́нт.

demoralization /dɪˌmɒrəlaɪˈzeɪʃ(ə)n/ *n* деморализа́ция; (*corruption*) разложе́ние.

demoralize /dɪˈmɒrəˌlaɪz/ *vt* деморализова́ть (*impf, pf*); (*corrupt*) разл|ага́ть, -ожи́ть.

demote /dɪˈməʊt, di:-/ *vt* пон|ижа́ть, -и́зить (в до́лжности).

demotic /dɪˈmɒtɪk/ *adj* (*ling*) демоти́ческий.

demotion /dɪˈməʊʃ(ə)n/ *n* пониже́ние (в до́лжности).

demur /dɪˈmɜ:(r)/ *n* возраже́ние; **without ~** без возраже́ний.

● *vi* (**demurred, demurring**) возра|жа́ть, -зи́ть (**~ at, to:** про́тив + *g*).

demure /dɪˈmjʊə(r)/ *adj* (**demurer, demurest**) скро́мный.

demureness /dɪˈmjʊənɪs/ *n* скро́мность.

demythologize /ˌdi:mɪˈθɒləˌdʒaɪz/ *vt* разве́|ивать, -ять миф о + *p*.

den /den/ *n* **1** (*animal's lair*) берло́га, ло́говище, ло́гово. **2** (*of thieves*) прито́н; **~ of vice** верте́п. **3** (*private room*) кабине́т.

denationalization /di:ˌnæʃənəlaɪˈzeɪʃ(ə)n/ *n* денационализа́ция.

denationalize /di:ˈnæʃənəˌlaɪz/ *vt* денационализи́ровать (*impf, pf*).

denature /di:ˈneɪtʃə(r)/ *vt* измен|я́ть, -и́ть есте́ственные сво́йства + *g*; денатури́ровать (*impf, pf*); **~d alcohol** денатура́т.

denial /dɪˈnaɪəl/ *n* **1** (*denying*) отрица́ние, опроверже́ние; **a flat ~** категори́ческое опроверже́ние/отрица́ние. **2** (*refusal*) отка́з; **I'll take no ~** я не приму́ отка́за; **~ of justice** отка́з в правосу́дии. **3** (*disavowal*) отрече́ние (от + *g*).

denier /ˈdenjə(r)/ *n* (*unit of fineness*) денье́ (*indecl*).

denigrate /ˈdenɪˌgreɪt/ *vt* (*defame*) черни́ть, о-; клевета́ть, о-; поро́чить, о-.

denigration /ˌdenɪˈgreɪʃ(ə)n/ *n* клевета́, опоро́чение.

denigrator /ˈdenɪˌgreɪtə(r)/ *n* клеветни́к.

denim /ˈdenɪm/ *n* джинсо́вая ткань.

● *adj* джинсо́вый.

denizen /ˈdenɪz(ə)n/ *n* (*inhabitant*) жи́тель (*m*), обита́тель (*m*); **~s of the deep** обита́тели глуби́н.

Denmark /ˈdenmɑ:k/ *n* Да́ния.

denomination /dɪˌnɒmɪˈneɪʃ(ə)n/ *n* **1** (*name, nomenclature*) наименова́ние. **2** (*relig*) вероисповеда́ние, конфе́ссия. **3**: **money of small ~s** де́нежные зна́ки (*m pl*) ма́лого досто́инства.

denominational /dɪˌnɒmɪˈneɪʃənəl/ *adj* (*relig*) конфессиона́льный, вероиспове́дный.

denominator /dɪˈnɒmɪˌneɪtə(r)/ *n* (*math*) знамена́тель (*m*); **reduce to a common ~** прив|оди́ть, -ести́ к о́бщему знамена́телю.

denotation /ˌdi:nəˈteɪʃ(ə)n/ *n* обозначе́ние.

denote /dɪˈnəʊt/ *vt* обозн|ача́ть, -а́чить.

denouement, dénouement /deɪˈnu:mɑ̃/ *n* развя́зка.

denounce /dɪˈnaʊns/ *vt* **1** (*inveigh against*) осу|жда́ть, -ди́ть. **2** (*inform against*) дон|оси́ть, -ести́ на + *a*.

dense /dens/ *adj* **1** (*of liquids, vapour, population*) пло́тный, густо́й. **2** (*undergrowth, bush, forest*) густо́й; (*cloth*) пло́тный. **3** (*coll, stupid*) тупо́й. **4** (*fig, prose text*) пло́тный.

denseness /ˈdensnɪs/ *n* пло́тность; густота́; (*stupidity*) ту́пость, тупоу́мие.

density /ˈdensɪtɪ/ *n* пло́тность; густота́; **~ of population** пло́тность населе́ния; населённость.

dent /dent/ *n* (*mark*) вмя́тина, (*hollow*) вы́боина.

● *vt* ост|авля́ть, -а́вить вмя́тину в/на + *p*; вда́в|ливать, -и́ть; **the car got ~ed in the collision** при столкнове́нии маши́на получи́ла вмя́тину.

● *vi* гну́ться, про-; **this metal ~s easily** э́тот мета́лл легко́ гнётся.

d

dental /ˈdent(ə)l/ *n* (*phonetics*) зубно́й звук.
● *adj* (*of teeth*) зубно́й; **~ floss** зубна́я нить; **~ plaque** зубно́й налёт; **~ surgeon** = **dentist**; (*of dentistry*) зубовраче́бный, стоматологи́ческий.

dentifrice /ˈdentɪfrɪs/ *n* (*powder*) зубно́й порошо́к; (*paste*) зубна́я па́ста.

dentist /ˈdentɪst/ *n* зубно́й врач, данти́ст, стомато́лог.

dentistry /ˈdentɪstrɪ/ *n* стоматоло́гия; лече́ние зубо́в.

dentures /ˈdentʃə(r)/ *n pl* зубно́й проте́з.

denuclearize /di:ˈnju:klɪə,raɪz/ *vt* превра|ща́ть, -ти́ть в безъя́дерную зо́ну.

denudation /,di:nju:ˈdeɪʃ(ə)n/ *n* оголе́ние, обнаже́ние.

denude /dɪˈnju:d/ *vt* огол|я́ть, -и́ть; обнаж|а́ть, -и́ть.

denunciation /dɪ,nʌnsɪˈeɪʃ(ə)n/ *n* (*criticism*) осужде́ние; (*informing*) доно́с.

denunciatory /dɪˈnʌnsɪətərɪ, -ˈnʌnʃɪətərɪ/ *adj* осуди́тельный.

den|y /dɪˈnaɪ/ *vt* **1** (*contest truth of*) отрица́ть (*impf*). **2** (*repudiate*) отр|ека́ться, -е́чься от + *g*. **3** (*refuse*) отка́з|ывать, -а́ть (*кому в чём*); **he was ~ied admittance** его́ не впусти́ли; **~y o.s. sth** отка́з|ывать, -а́ть себе́ в чём-н.

deodorant /di:ˈəʊdərənt/ *n* дезодора́нт.

deodorize /di:ˈəʊdə,raɪz/ *vt* дезодори́ровать (*impf, pf*).

depart /dɪˈpɑ:t/ *vt*: **~ this life** уйти́ (*pf*) из жи́зни (*or* в ино́й мир).
● *vi* **1** (*go away*) отпр|авля́ться, -а́виться; отб|ыва́ть, -ы́ть. **2**: **~ from** (*custom, plan, etc.*) отступ|а́ть, -и́ть от + *g*.

departed /dɪˈpɑ:tɪd/ *n*: **the (dear) ~** поко́йный, почи́вший.
● *adj* (*bygone*) было́й, мину́вший.

department /dɪˈpɑ:tmənt/ *n* **1** отде́л; **~ store** универма́г. **2** (*of government*) департа́мент, ве́домство. **3** (*of university*) ка́федра.

departmental /,di:pɑ:tˈment(ə)l/ *adj* ве́домственный; (*in university*) кафедра́льный.

departure /dɪˈpɑ:tʃə(r)/ *n* **1** (*going away*) отъе́зд; (*from job*) ухо́д; (*of train*) отправле́ние; **~ lounge** зал ожида́ния. **2** (*deviation, change*) отклоне́ние; **new ~** нововведе́ние.

depend /dɪˈpend/ *vi* **1** (*be conditional*) зави́сеть (*impf*) (**on:** от + *g*); **that ~s; it all ~s** как сказа́ть; посмо́трим; смотря́ (где, когда, что *и т. п.*); как полу́чится. **2** (*rely*) пол|ага́ться, -ожи́ться (**on:** на + *a*); рассчи́тывать (*impf*) (**on:** на + *a*).

dependable /dɪˈpendəb(ə)l/ *adj* надёжный.

dependant /dɪˈpend(ə)nt/ (*US* **dependent**) *n* иждиве́н|ец (*fem* -ка).

dependence /dɪˈpend(ə)ns/ *n* зави́симость (от + *g*); (*reliance*) дове́рие (к + *d*).

dependency /dɪˈpendənsɪ/ *n* (*pol*) коло́ния.

dependent /dɪˈpend(ə)nt/ *adj* **1** (*conditional*) зави́симый, зави́сящий. **2** (*financial*) зави́симый, находя́щийся на иждиве́нии. **3** (*gram*) подчинённый.
● *n* = **dependant**

depersonalize /di:ˈpɜ:sənə,laɪz/ *vt* обезли́чи|вать, -ть.

depict /dɪˈpɪkt/ *vt* изобра|жа́ть, -зи́ть.

depiction /dɪˈpɪkʃ(ə)n/ *n* описа́ние, изображе́ние.

depilatory /dɪˈpɪlətərɪ/ *n* сре́дство для удале́ния воло́с.
● *adj* удаля́ющий во́лосы.

deplane /di:ˈpleɪn/ *vt & i* (*US*) выса́живать(ся), вы́садить(ся) из самолёта.

deplete /dɪˈpli:t/ *vt* истощ|а́ть, -и́ть; исчéрп|ывать, -а́ть; **~d strength** (*physical*) уга́сшие си́лы.

depletion /dɪˈpli:ʃ(ə)n/ *n* истоще́ние, исче́рпывание.

deplorable /dɪˈplɔ:rəb(ə)l/ *adj* плаче́вный, приско́рбный; **~ handwriting** ужа́сный/невозмо́жный по́черк.

deplore /dɪˈplɔ:(r)/ *vt* сожале́ть (*impf*) о + *p*; счита́ть (*impf*) предосуди́тельным/возмути́тельным.

deploy /dɪˈplɔɪ/ *vt* развёр|тывать, -ну́ть.

deployment /dɪˈplɔɪmənt/ *n* развёртывание; размеще́ние.

deponent /dɪˈpəʊnənt/ *n* (*law*) свиде́тель (*m*), даю́щий показа́ния под прися́гой; (*gram*) отложи́тельный (глаго́л).
● *adj* (*gram*) отложи́тельный.

depopulate /di:ˈpɒpjʊ,leɪt/ *vt* лиш|а́ть, -и́ть населе́ния.

depopulation /di:,pɒpjʊˈleɪʃ(ə)n/ *n* сокраще́ние населе́ния.

deport /dɪˈpɔ:t/ *vt* **1**: **~ o.s.** вести́ (*det*) себя́. **2** (*remove, banish*) депорти́ровать (*impf, pf*); высыла́ть, вы́слать.

deportation /,di:pɔ:ˈteɪʃ(ə)n/ *n* депорта́ция, вы́сылка.

deportee /,di:pɔ:ˈti:/ *n* депорти́рованный, высыла́емый, со́сланный.

deportment /dɪˈpɔ:tmənt/ *n* (*Br*) оса́нка; (*US*) мане́ры (*f pl*).

depose /dɪˈpəʊz/ *vt* (*monarch etc.*) св|ерга́ть, -е́ргнуть (с престо́ла); низл|ага́ть, -ожи́ть.
● *vi* (*testify*) свиде́тельствовать (*impf*).

deposit /dɪˈpɒzɪt/ *n* **1** (*sum in bank*) вклад. **2** (*act of placing*) депози́т; **~ account** (*Br*) депози́тный счёт. **3** (*advance payment*) зада́ток; (*layer*) отложе́ние. **1** (*of ore etc.*) за́лежь; (*of precious metals and stones*) ро́ссыпь.
● *vt* (**deposited, depositing**) класть, положи́ть; (*place in bank*) депони́ровать (*impf, pf*).

depositary /dɪˈpɒzɪtərɪ/ *n* храни́тель (*m*), дове́ренное лицо́.

deposition /,di:pəˈzɪʃ(ə)n, ,dep-/ *n* (*dethronement*) сверже́ние, низверже́ние; (*evidence*) показа́ние под прися́гой.

depositor /dɪˈpɒzɪtə(r)/ *n* (*fin*) депози́тор, депоне́нт, вкла́дчик.

depository /dɪˈpɒzɪtərɪ/ *n* **1** (*storehouse*) храни́лище. **2** = **depositary**

depot /ˈdepəʊ/ *n* (*place of storage*) склад; (*for trams, buses, taxis*) парк; (*for trucks*) автоба́за; (*for trains*) депо́; (*US, train or bus station*) ста́нция.

deprave /dɪˈpreɪv/ *vt* развра|ща́ть, -ти́ть.

depravity /dɪˈprævɪtɪ/ *n* развра́т, развращённость.

deprecate /ˈdeprɪ,keɪt/ *vt* осу|жда́ть, -ди́ть; выска́зываться, вы́сказаться про́тив + *g*.

deprecation /,deprɪˈkeɪʃ(ə)n/ *n* осужде́ние (*чего*).

depreciate /dɪˈpri:ʃɪ,eɪt, -sɪ,eɪt/ *vt* обесце́ни|ва́ть, -ть; (*disparage*) умал|я́ть, -и́ть.
● *vi* обесце́ни|ваться, -ться.

depreciation /dɪ,pri:ʃɪˈeɪʃ(ə)n, -sɪˈeɪʃ(ə)n/ *n* обесце́нивание, обесце́нение; (*disparagement*) умале́ние.

depredation /,deprɪˈdeɪʃ(ə)n/ *n* грабёж.

depredator /ˈdeprɪ,deɪtə(r)/ *n* граби́тель (*m*).

depress /dɪˈpres/ *vt* **1** (*push down*) наж|има́ть, -а́ть на + *a*. **2** (*fig*) угнета́ть (*impf*); **~ed classes** угнетённые кла́ссы; **~ed area** райо́н, пострада́вший от экономи́ческой депре́ссии. **3** (*make sad*) удруч|а́ть, -и́ть; угнета́ть (*impf*); подав|ля́ть, -и́ть.

depressant /dɪˈpres(ə)nt/ *n* (*med*) успоко́ительное сре́дство.

depressing /dɪˈpresɪŋ/ *adj* удруча́ющий; тру́дный.

depression /dɪˈpreʃ(ə)n/ *n* **1** (*pressing down*) давле́ние. **2** (*hollow, sunken place*) впа́дина, углубле́ние. **3** (*slump*) депре́ссия, упа́док. **4** (*low spirits*) депре́ссия, тоска́. **5** (*meteorology*) депре́ссия.

deprivation /,deprɪˈveɪʃ(ə)n, ,di:praɪ-/ *n* (*being deprived*) лише́ние; (*loss*) утра́та.

deprive /dɪˈpraɪv/ *vt* лиш|а́ть, -и́ть (*кого чего*); **~d** (*underprivileged*) обездо́ленный.

depth /depθ/ *n* **1** (*deepness*) глубина́; **what is the ~ of the well?** какова́ глубина́ коло́дца?; **6 feet in ~** глубино́й в шесть фу́тов; **at a ~ of 6 feet** на глубине́ шести́ фу́тов; **be out of one's ~** не достава́ть (*impf*) нога́ми до дна; (*fig*): **I am out of my ~ in this job** э́та рабо́та мне не по плечу́; **I am out of my ~ in this subject** э́тот предме́т вы́ше моего́ понима́ния; **in ~** (*fig, thoroughly*) глубоко́. **2** (*profundity*) глубина́. **1** (*extremity*): **~ of despair** глубо́кое отча́яние; **~ of winter** глубо́кая зи́ма; **in the ~(s) of the country** в глуши́, в захолу́стье.
● *cpd* **~ charge** *n* глуби́нная бо́мба.

deputation /,depjʊˈteɪʃ(ə)n/ *n* делега́ция.

depute /dɪˈpju:t/ *vt* (*a task*) поруч|а́ть, -и́ть; (*a person*) делеги́ровать (*impf, pf*).

deputize /ˈdepjʊˌtaɪz/ *vi*: **~ for s.o.** замеща́ть (*impf*) кого́-н.

deputy /ˈdepjʊtɪ/ *n* **1** (*substitute*) замести́тель (*m*); **~ chairman** замести́тель (*m*) председа́теля. **2** (*member of parliament*) депута́т.

derail /dɪˈreɪl, diː-/ *vt* (*cause derailment of*) вызыва́ть, вы́звать круше́ние (*чего*); **the train was ~ed** по́езд сошёл с ре́льсов; **the partisans ~ed the train** партиза́ны пусти́ли по́езд под отко́с.
● **1** *vi* (*of a train*) сходи́ть, сойти́ с ре́льсов; **the train ~ed** по́езд сошёл с ре́льсов.

derailment /dɪˈreɪlmənt, diː-/ *n* сход с ре́льсов.

derange /dɪˈreɪndʒ/ *vt* св|оди́ть, -ести́ с ума́; лиш|а́ть, -и́ть рассу́дка.

derangement /dɪˈreɪndʒmənt/ *n* у́мственное расстро́йство.

derby /ˈdɑːbɪ/ *n* (*US, hat*) котело́к.

deregulate /diːˈregjʊleɪt/ *vt* отмен|я́ть, -и́ть (госуда́рственное) регули́рование (*чего*).

deregulation /ˌdiːregjʊˈleɪʃ(ə)n/ *n* отме́на (госуда́рственного) регули́рования.

derelict /ˈderəlɪkt, ˈderɪ-/ *adj* (*house, land*) забро́шенный; (*garden*) запу́щенный, забро́шенный.

dereliction /ˌderɪˈlɪkʃ(ə)n/ *n* забро́шенность, запу́щенность; **~ of duty** наруше́ние до́лга.

derestriction /ˌdiːrɪˈstrɪkʃ(ə)n/ *n* сня́тие ограниче́ния.

deride /dɪˈraɪd/ *vt* высме́ивать, вы́смеять; осме́|ивать, -я́ть.

de rigueur /də rɪˈgɜː(r)/ *adj* тре́буемый этике́том; **to be ~** тре́боваться этике́том.

derision /dɪˈrɪʒ(ə)n/ *n* осмея́ние, высме́ивание.

derisive /dɪˈraɪsɪv/ *adj* (*scornful*) насме́шливый.

derisory /dɪˈraɪsərɪ/ *adj* (*ludicrous*) смешно́й, ничто́жный.

derivation /ˌderɪˈveɪʃ(ə)n/ *n* происхожде́ние; (*action*) дерива́ция.

derivative /dəˈrɪvətɪv, dɪ-/ *adj* (*gram*) произво́дный; (*fig*) неоригина́льный.

derive /dɪˈraɪv/ *vt* **1** (*obtain*) изве|ка́ть, -е́чь; **~ pleasure from** получ|а́ть, -и́ть удово́льствие от + *g*. **2** (*trace*) выводи́ть, вы́вести; возв|оди́ть, -ести́; **he ~d his origin from Caesar** он вёл свой род от Це́заря. **3** (*originate*) происходи́ть (*impf*); **words ~d from Latin** слова́ лати́нского происхожде́ния.
● *vi*: **~ from** происходи́ть (*impf*) от + *g*.

dermatitis /ˌdɜːməˈtaɪtɪs/ *n* дермати́т.

dermatologist /ˌdɜːməˈtɒlədʒɪst/ *n* дермато́лог.

dermatology /ˌdɜːməˈtɒlədʒɪ/ *n* дерматоло́гия.

derogate /ˈderəˌgeɪt/ *vi*: **~ from** (*detract from*) умал|я́ть, -и́ть.

derogation /ˌderəˈgeɪʃ(ə)n/ *n* (*impairment*) умале́ние (*чего*).

derogatory /dɪˈrɒgətərɪ/ *adj* пренебрежи́тельный.

derrick /ˈderɪk/ *n* **1** (*crane*) де́ррик(-кра́н). **2** (*over oil well*) бурова́я вы́шка.

derring-do /ˌderɪŋˈduː/ *n* хра́брость, удальство́.

dervish /ˈdɜːvɪʃ/ *n* де́рвиш.

desalinate /diːˈsælɪˌneɪt/ *vt* опресн|я́ть, -и́ть.

desalination /diːˌsælɪˈneɪʃ(ə)n/ *n* опресне́ние (воды́).

descant /ˈdeskænt/ *n* (*mus*) ди́скант.

descend /dɪˈsend/ *vt* сходи́ть, сойти́ с + *g*; спус|ка́ться, -ти́ться с + *g*; **~ a hill** спус|ка́ться, -ти́ться с холма́; **he ~ed the stairs** он спусти́лся с ле́стницы.
● *vi* **1** (*go down*) спус|ка́ться, -ти́ться; сходи́ть, сойти́; **in ~ing order (of importance)** в нисходя́щем поря́дке; от бо́лее ва́жного к ме́нее ва́жному. **2** (*originate*) происходи́ть (*impf*); **he is ~ed from a ducal family** он происхо́дит из ге́рцогского ро́да. **3** (*pass by inheritance*) перед|ава́ться, -а́ться (по насле́дству). **4** (*make an attack*) набр|а́сываться, -о́ситься; **the bandits ~ed upon the village** банди́ты нагря́нули в дере́вню. **5** (*lower o.s. morally*) опус|ка́ться, -ти́ться; пасть (*pf*); **~ to cheating** не гнуша́ться (*impf*) жу́льничества.

descendant /dɪˈsend(ə)nt/ *n* пото́мок.

descent /dɪˈsent/ *n* **1** (*downward slope*) склон, скат. **2** (*act of descending*) спуск; (*of plane*) сниже́ние. **3** (*ancestry*) происхожде́ние. **4** (*transmission by inheritance*) переда́ча по насле́дству. **5** (*attack*) нападе́ние.

describe /dɪˈskraɪb/ *vt* опи́с|ывать, -а́ть (*also geom*); характеризова́ть, о-; **~ s.o. as a scoundrel** наз|ыва́ть, -ва́ть кого́-н. подлецо́м; **he ~s himself as a doctor** он называ́ет себя́ врачо́м.

description /dɪˈskrɪpʃ(ə)n/ *n* **1** (*act of describing*) описа́ние; **answer a ~** соотве́тствовать (*impf*) описа́нию; **by ~** по описа́нию; **beyond ~** неопису́емый; **it beggars ~** э́то не поддаётся описа́нию. **2** (*kind*) род, тип, сорт.

descriptive /dɪˈskrɪptɪv/ *adj* описа́тельный.

descry /dɪˈskraɪ/ *vt* зам|еча́ть, -е́тить; различ|а́ть, -и́ть.

desecrate /ˈdesɪˌkreɪt/ *vt* оскверн|я́ть, -и́ть.

desecration /ˌdesɪˈkreɪʃ(ə)n/ *n* оскверне́ние.

desegregate /diːˈsegrɪˌgeɪt/ *vt & i* десегреги́ровать (*impf, pf*).

desegregation /ˌdiːsegrɪˈgeɪʃ(ə)n/ *n* десегрега́ция.

desensitize /diːˈsensɪˌtaɪz/ *vt* сн|ижа́ть, -и́зить чувстви́тельность + *g*.

desert[1] /ˈdezət/ *n* (*waste land*) пусты́ня.
● *adj* пусты́нный; **~ island** необита́емый о́стров.

desert[2] /dɪˈzɜːt/ *vt* **1** (*go away from*) ост|авля́ть, -а́вить; пок|ида́ть, -и́нуть; **the streets were ~ed** на у́лицах не́ было ни души́, у́лицы бы́ли безлю́дны. **2** (*abandon*) пок|ида́ть, -и́нуть; **his courage ~ed him** му́жество измени́ло ему́; **he ~ed his wife** он бро́сил свою́ жену́; **he ~ed his post** он поки́нул свой пост.
● *vi* дезерти́ровать (*impf, pf*); **the regiment ~ed to the enemy** полк перешёл на сто́рону проти́вника.

deserter /dɪˈzɜːtə(r)/ *n* дезерти́р.

desertification /dɪˌsɜːtɪfɪˈkeɪʃ(ə)n/ *n* опусты́нивание.

desertion /dɪˈzɜːʃ(ə)n/ *n* дезерти́рство.

deserts /dɪˈzɜːts/ *n pl* (*merit*) заслу́га; **get one's ~s** получ|а́ть, -и́ть по заслу́гам.

deserve /dɪˈzɜːv/ *vt & i* заслу́ж|ивать, -и́ть; **he ~s to be well treated** он заслу́живает хоро́шего отноше́ния.

deserved /dɪˈzɜːvd/ *adj* заслу́женный.

deserving /dɪˈzɜːvɪŋ/ *adj* похва́льный, досто́йный.

desiccate /ˈdesɪˌkeɪt/ *vt* высу́шивать, вы́сушить; **~d coconut** сушёный коко́с.

desiderata *pl of* ⇨**desideratum**

desiderat|um /dɪˌzɪdəˈrɑːtəm, dɪˌsɪd-/ *n* (*pl* **-a**) жела́емое; **~a** (*pl*) пожела́ния (*nt pl*).

design /dɪˈzaɪn/ *n* **1** (*drawing, plan*) план, прое́кт; **~ for a dress** моде́ль пла́тья; **~ for a garden** план са́да. **2** (*art of drawing*) рисова́ние; **school of ~** худо́жественное учи́лище. **3** (*tech: layout, system*) констру́кция, прое́кт; **~ of a car** констру́кция автомоби́ля; **~ of a building** прое́кт зда́ния. **4** (*pattern*) узо́р, рису́нок; **a vase with a ~ of flowers on it** ва́за с цвето́чным рису́нком. **5** (*purpose*) у́мысел; **by ~** с у́мыслом; **he has ~s on my job** он име́ет ви́ды на мою́ рабо́ту. **6** (*industrial*) диза́йн. **7** (*version of product*) моде́ль; **our latest ~** на́ша после́дняя моде́ль.
● *vt* **1** (*make designs for*) сост|авля́ть, -а́вить план + *g*; проекти́ровать, с-; (*e.g. a book*) оф|ормля́ть, -о́рмить; **~ a garden** плани́ровать, рас- сад. **2** (*intend*) зам|ышля́ть, -ы́слить; предназн|ача́ть, -а́чить.
● *vi*: **he ~s for a dressmaker** он де́лает моде́ли для портни́хи.

designate[1] /ˈdezɪgnət/ *adj* назна́ченный.

designate[2] /ˈdezɪgˌneɪt/ *vt* (*specify (a time) etc.*) обозн|ача́ть, -а́чить; (*appoint to a post*) назн|ача́ть, -а́чить.

designation /ˌdezɪgˈneɪʃ(ə)n/ *n* (*appointment*) назначе́ние; (*title*) зва́ние.

designedly /dɪˈzaɪnɪdlɪ/ *adv* умы́шленно.

designer /dɪˈzaɪnə(r)/ *n* (*of dresses, decorations*) моделье́р; (*tech*) констру́ктор; (*industrial*) диза́йнер.
● *cpd* **~ baby** *n* ребёнок, рождённый из эмбрио́на, вы́бранного из не́скольких эмбрио́нов, кото́рые бы́ли полу́чены ме́тодом экстракорпора́льного оплодотворе́ния.

designing /dɪˈzaɪnɪŋ/ *adj* (*scheming*): **he is a ~ person** он — интрига́н.

desirability /dɪˌzaɪərəˈbɪlɪtɪ/ *n* жела́тельность.

desirable /dɪˈzaɪərəb(ə)l/ *adj* желáтельный; **it is ~** желáтельно; (*attractive*) привлекáтельный.

desire /dɪˈzaɪə(r)/ *n* **1** (*wish, longing*) желáние, стремлéние. **2** (*lust*) вожделéние. **3** (*request*) прóсьба, пожелáние. **4** (*thing desired*) желáние, предмéт желáния; **he got all his ~s** все егó желáния сбылúсь/ испóлнились.
● *vt* **1** (*wish*) желáть, по-; **it leaves much to be ~ed** э́то оставля́ет желáть лýчшего/мнóгого. **2** (*request*) просúть, по-.

desirous /dɪˈzaɪərəs/ *adj* желáющий; **I am ~ of seeing him** я желáю егó вúдеть.

desist /dɪˈzɪst/ *vi* воздéрж|иваться, -áться (от + *g*).

desk /desk/ *n* пúсьменный стол; (*with sloping top*) контóрка; (*school ~*) пáрта; (*information centre*) спрáвочный стол; (*Br, cash ~*) кáсса; (*mus*) пюпúтр; (*attr*) настóльный; **~ set** пúсьменный прибóр; **~ work** канцеля́рская рабóта.

desktop /ˈdesktɒp/ *adj* настóльный; **~ publishing** настóльная полигрáфия.
● *n* (*also comput*) рабóчий стол.

desolate[1] /ˈdesələt/ *adj* (*ruined, neglected*) забрóшенный, запýщенный; (*wretched, lonely*) забрóшенный, покúнутый.

desolate[2] /ˈdesəˌleɪt/ *vt* (*lay waste*) разор|я́ть, -úть; опустош|áть, -úть; (*make sad*) прив|одúть, -естú в отчáяние.

desolation /ˌdesəˈleɪʃ(ə)n/ *n* (*waste*) забрóшенность, опустошéние; (*sorrow*) забрóшенность, скорбь.

despair /dɪˈspeə(r)/ *n* отчáяние; **he is the ~ of his teachers** он привóдит своúх учителéй в отчáяние.
● *vi* отчá|иваться, -яться; **I ~ of him** я утрáтил вéру в негó; **I ~ of convincing him** я отчáялся убедúть егó.

despatch /dɪˈspætʃ/ (*Br*) = **dispatch**

desperado /ˌdespəˈrɑːdəʊ/ *n* (*pl* **~es** *or* **~s**) сорвиголовá (*m*); головорéз.

desperate /ˈdespərət/ *adj* **1** (*wretched, hopeless*) отчáянный, беспросвéтный. **2** (*in extreme need*): **he is ~ for money** он испы́тывает крáйнюю/óструю нуждý в деньгáх; **a ~ remedy** крáйнее срéдство.

desperation /ˌdespəˈreɪʃ(ə)n/ *n* отчáяние; **he drives me to ~** он привóдит меня́ в отчáяние.

despicable /ˈdespɪkəb(ə)l, dɪˈspɪk-/ *adj* презрéнный.

despise /dɪˈspaɪz/ *vt* презирáть (*impf*); **the salary is not to be ~d** э́то жáлованье внушúтельное.

despite /dɪˈspaɪt/ *prep* несмотря́ на + *a*.

despoil /dɪˈspɔɪl/ *vt* грáбить, о-; разор|я́ть, -úть; **~ of** лиш|áть, -úть + *g*.

despondency /dɪˈspɒndənsɪ/ *n* уны́ние.

despondent /dɪˈspɒnd(ə)nt/ *adj* уны́лый; подáвленный.

despot /ˈdespɒt/ *n* дéспот.

despotic /ˌdeˈspɒtɪk/ *adj* (*system, rule*) деспотúческий, (*person, style*) деспотúчный.

despotism /ˈdespəˌtɪz(ə)m/ *n* деспотúзм.

dessert /dɪˈzɜːt/ *n* (*sweet course*) десéрт, слáдкое, трéтье.
● *cpd* **~spoon** *n* десéртная лóжка.

destabilize /diːˈsteɪbɪˌlaɪz/ *vt* дестабилизúровать (*impf, pf*).

destination /ˌdestɪˈneɪʃ(ə)n/ *n* мéсто назначéния.

destine /ˈdestɪn/ *vt* предназн|ачáть, -áчить; предопредел|я́ть, -úть; **his parents ~d him for the army** родúтели намéтили определúть егó в áрмию; **he was ~ed to become Prime Minister** емý сужденó бы́ло стать премьéр-минúстром; **the plan was ~ed to fail** э́тот план был обречён на провáл.

destiny /ˈdestɪnɪ/ *n* (*fate*) судьбá.

destitute /ˈdestɪˌtjuːt/ *adj* (*in penury*) нуждáющийся, обездóленный; (*devoid*) лишённый (*чего*).

destitution /ˌdestɪˈtjuːʃ(ə)n/ *n* (*poverty*) обездóленность, нищетá.

destroy /dɪˈstrɔɪ/ *vt* (*building*) разр|ушáть, -ýшить; (*friendship, hope*) разб|ивáть, -úть; (*kill*) истреб|ля́ть, -úть; (*wreck*) уничт|ожáть, -óжить; **his hopes were ~ed** егó надéжды рýхнули; **the horse had to be ~ed** лóшадь пришлóсь пристрелúть.

destroyer /dɪˈstrɔɪə(r)/ *n* **1** (*one who destroys*) разрушúтель (*m*). **2** (*nav*) эсмúнец; эскáдренный минонóсец.

destructible /dɪˈstrʌktɪb(ə)l/ *adj* разрушúмый.

destruction /dɪˈstrʌkʃ(ə)n/ *n* (*act of destroying*) уничтожéние, разрушéние; (*cause of ruin*) гúбель; **gambling was his ~** азáртные úгры погубúли егó.

destructive /dɪˈstrʌktɪv/ *adj* разрушúтельный; (*of behaviour, influence, agent*) деструктúвный; **~ criticism** уничтожáющая крúтика; **he is a ~ child** э́тот ребёнок всё ломáет.

destructiveness /dɪˈstrʌktɪvnɪs/ *n* разрушúтельность.

desuetude /dɪˈsjuːɪˌtjuːd, ˈdeswɪ-/ *n* неупотребúтельность.

desultory /ˈdezəltərɪ/ *adj* отры́вочный; **~ reading** бессистéмное чтéние.

detach /dɪˈtætʃ/ *vt* **1** (*separate*) отдел|я́ть, -úть; разъедин|я́ть, -úть. **2** (*send on separate mission*) отря|жáть, -дúть; высылáть, вы́слать.

detachable /dɪˈtætʃəb(ə)l/ *adj* съёмный, отделя́емый.

detached /dɪˈtætʃt/ *adj* (*impartial*) беспристрáстный; (*unemotional*) равнодýшный, отчуждённый; **a ~ attitude** равнодýшный подхóд; **a ~ house** отдéльный дом.

detachment /dɪˈtætʃmənt/ *n* (*separation*) отделéние, разъединéние; (*indifference*) отчуждённость, равнодýшие; (*body of troops etc.*) отря́д.

detail[1] /ˈdiːteɪl/ *n* **1** подрóбность, детáль; **go into ~(s)** входúть, вдавáться (*both impf*) в подрóбности; **in ~** подрóбно, детáльно. **2** (*of a picture*) детáль. **3** (*mil, detachment*) наря́д.

detail[2] /ˈdiːteɪl/ *vt* **1** (*give particulars of*) входúть, вдавáться (*both impf*) в подрóбности + *g*. **2** (*appoint*) наря|жáть, -дúть.

detain /dɪˈteɪn/ *vt* **1** (*delay, cause to remain*) задéрж|ивать, -áть; **he was ~ed at the office** егó задержáли на рабóте; **the question need not ~ us long** э́тот вопрóс не потрéбует мнóго врéмени; **he was ~ed by the police** он был задéржан полúцией. **2** (*withhold*) удéрж|ивать, -áть.

detainee /ˌdiːteɪˈniː/ *n* задéржанный.

detect /dɪˈtekt/ *vt* (*track down*) выслéживать, вы́следить; на|ходúть, -йтú; (*discover*) обнарýжи|вать, -ть; (*discern*) ул|áвливать, -овúть.

detectable /dɪˈtektəb(ə)l/ *adj* замéтный, различúмый.

detection /dɪˈtekʃ(ə)n/ *n* (*of crime*) расслéдование, раскры́тие; **he escaped ~** он избежáл разоблачéния; (*discovery*) обнаружéние.

detective /dɪˈtektɪv/ *n* сы́щик, детектúв; **private ~** чáстный детектúв, сы́щик; **~ novel** детектúв, детектúвный ромáн.

detector /dɪˈtektə(r)/ *n* (*radio*) детéктор.

détente /deɪˈtɑ̃t/ *n* (*pol*) разря́дка.

detention /dɪˈtenʃ(ə)n/ *n* (*at school*) оставлéние пóсле урóков; (*arrest*) задержáние; (*confinement*) заключéние (под стрáжу).
● *cpd* **~ centre** (*for asylum seekers*) *n* приёмник-распределúтель (*для* (*нелегальных*) *мигрантов*).

deter /dɪˈtɜː(r)/ *vt* (**deterred, deterring**) удéрж|ивать, -áть.

detergent /dɪˈtɜːdʒ(ə)nt/ *n* мóющее срéдство; (*washing powder*) стирáльный порошóк.

deteriorate /dɪˈtɪərɪəˌreɪt/ *vt* & *i* ух|удшáть(ся), -ýдшить(ся).

deterioration /dɪˌtɪərɪəˈreɪʃ(ə)n/ *n* ухудшéние.

determinable /dɪˈtɜːmɪnəb(ə)l/ *adj* (*ascertainable*) определúмый; (*law, terminable*) мóгущий быть решённым; **this case is ~** э́то дéло мóжно решúть.

determinant /dɪˈtɜːmɪnənt/ *n* решáющий фáктор.
● *adj* решáющий.

determinate /dɪˈtɜːmɪnət/ *adj* определённый.

determination /dɪˌtɜːmɪˈneɪʃ(ə)n/ *n* **1** (*deciding upon*) решéние. **2** (*calculating*) установлéние, вычислéние. **3** (*resoluteness*) решúмость, решúтельность.

determine /dɪˈtɜːmɪn/ *vt* **1** (*be deciding factor*) определ|я́ть, -úть; **this ~d him to accept** э́то убедúло егó согласúться. **2** (*take decision*) реш|áть, -úть; **he is ~d to go (or on going)** он твёрдо решúл éхать; **~ the date of a meeting** устан|áвливать, -овúть дáту собрáния. **3** (*ascertain*) устан|áвливать, -ови́ть.

determined /dɪ'tɜ:mɪnd/ *adj* (*resolute*) реши́тельный.

determinism /dɪ'tɜ:mɪ,nɪz(ə)m/ *n* детермини́зм.

determinist /dɪ'tɜ:mɪnɪst/ *n* детермини́ст.

deterministic /dɪ,tɜ:mɪ'nɪstɪk/ *adj* детерминисти́ческий.

deterrence /dɪ'terəns/ *n* устраше́ние, отпу́гивание.

deterrent /dɪ'terənt/ *n* сре́дство устраше́ния/сде́рживания; сде́рживающее сре́дство; **nuclear ~** я́дерный арсена́л сде́рживания.

detest /dɪ'test/ *vt* ненави́деть (*impf*); испы́тывать (*impf*) отвраще́ние к + *d*.

detestable /dɪ'testəb(ə)l/ *adj* отврати́тельный.

detestation /,di:te'steɪʃ(ə)n/ *n* не́нависть, отвраще́ние.

dethrone /di:'θrəʊn/ *vt* св|ерга́ть, -е́ргнуть с престо́ла.

dethronement /di:'θrəʊnmənt/ *n* сверже́ние с престо́ла.

detonate /'detə,neɪt/ *vt* детони́ровать (*impf, pf*).
● *vi* вз|рыва́ться, -орва́ться.

detonation /,detə'neɪʃ(ə)n/ *n* детона́ция.

detonator /'detə,neɪtə(r)/ *n* (*part of bomb or shell*) детона́тор; (*fog signal*) пета́рда.

detour /'di:tʊə(r)/ *n* (*on foot*) обхо́д; (*by transport*) объе́зд; окружно́й/око́льный путь; **make a ~** де́лать, с- крю́к.

detoxification /'di:tɒksɪfɪ'keɪʃ(ə)n/ *n*: **~ centre** вытрезви́тель (*m*).

detract /dɪ'trækt/ *vi*: **~ from** умал|я́ть, -и́ть.

detraction /dɪ'trækʃ(ə)n/ *n* (*disparagement*) умале́ние; (*slander*) клевета́.

detractor /dɪ'træktə(r)/ *n* клеветни́к.

detrain /di:'treɪn/ *vt & i* выса́живать(ся), вы́садить(ся) из по́езда.

detriment /'detrɪmənt/ *n* уще́рб; **he works long hours to the ~ of his health** он рабо́тает сверх но́рмы в уще́рб своему́ здоро́вью.

detrimental /,detrɪ'ment(ə)l/ *adj* вре́дный.

detritus /dɪ'traɪtəs/ *n* (*geol*) детри́т; (*debris*) оско́лки (*m pl*); обло́мки (*m pl*).

de trop /də 'trəʊ/ *adj* изли́шний.

deuce[1] /dju:s/ *n* (*US, cards or dice*) двойка; (*tennis*) ра́вный счёт; (*umpire's cry*) «ро́вно».

deuce[2] /dju:s/ *n* (*euph, devil*) чёрт, дья́вол; **~ take it!** чёрт подери́!; **where the ~ did I put it?** чёрт (возьми́), куда́ я э́то засу́нул?

deuterium /dju:'tɪərɪəm/ *n* (*chem*) дейте́рий, тяжёлый водоро́д.

Deuteronomy /,dju:tə'rɒnəmɪ/ *n* Второзако́ние.

devaluation /di:,vælju:'eɪʃ(ə)n/ *n* обесце́нение; (*fin*) девальва́ция.

devalue /di:'vælju:/ *vt* (**devalues, devalued, devaluing**) обесце́ни|вать, -ть; (*fin*) девальви́ровать (*impf, pf*).
● *vi* (**devalues, devalued, devaluing**) пров|оди́ть, -ести́ девальва́цию.

devastate /'devə,steɪt/ *vt* опустош|а́ть, -и́ть; разор|я́ть, -и́ть; (*person, fig*) убива́ть, уби́ть; **a ~ing remark** уничтожа́ющее/уби́йственное замеча́ние.

devastation /,devə'steɪʃ(ə)n/ *n* опустоше́ние, разоре́ние.

develop /dɪ'veləp/ *vt* (**developed, developing**) **1** (*cause to unfold*) разв|ива́ть, -и́ть; (*work up, polish*) обраб|а́тывать, -о́тать. **2** (*phot*) прояв|ля́ть, -и́ть. **3** (*contract*): **he ~ed a cough** у него́ появи́лся ка́шель. **4** (*open up for residence etc.*) разв|ива́ть, -и́ть; (*resources*) осв|а́ивать, -о́ить; разраб|а́тывать, -о́тать.
● *vi* (**developed, developing**) **1** (*unfold*) разв|ива́ться, -и́ться; разв|ёртываться, -ерну́ться; **~ into** превра|ща́ться, -ти́ться в + *a*; **London ~ed into a huge city** Ло́ндон преврати́лся в огро́мный го́род. **2** (*come to light*) выясня́ться, вы́ясниться.

developer /dɪ'veləpə(r)/ *n* **1**: **he was a late ~** он по́здно прояви́л свои́ спосо́бности. **2** (*phot, substance*) прояви́тель (*m*). **3** (*builder*) застро́йщик.

development /dɪ'veləpmənt/ *n* **1** (*unfolding*) разви́тие, рост. **2** (*event*) собы́тие, обстоя́тельство. **3** (*of land etc.*) разви́тие (райо́на); (*building*) застро́йка.

developmental /dɪ,veləp'ment(ə)l/ *adj* **1** (*incidental to growth*) свя́занный с ро́стом; **~ disease** боле́знь ро́ста. **2** (*evolutionary*) эволюцио́нный.

deviant /'di:vɪənt/ *n* (*e.g. sexual*) извращéнец.
● *adj* отклоня́ющийся от но́рмы.

deviate /'di:vɪ,eɪt/ *vi* отклон|я́ться, -и́ться (**from:** от + *g*).

deviation /,di:vɪ'eɪʃ(ə)n/ *n* отклоне́ние, отхо́д; (*of compass*) девиа́ция.

deviationism /,di:vɪ'eɪʃən,ɪz(ə)m/ *n* уклони́зм.

deviationist /,di:vɪ'eɪʃənɪst/ *n* уклони́ст.

device /dɪ'vaɪs/ *n* **1** (*plan, scheme, trick*) план, схе́ма, зате́я; (*method*) приём; **he was left to his own ~s** он был предоста́влен самому́ себе́. **2** (*instrument, contrivance*) приспособле́ние, прибо́р. **3** (*sign, symbol*) эмбле́ма.

devil /'dev(ə)l/ *n* **1** чёрт, дья́вол; **between the ~ and the deep (blue) sea** ме́жду двух огне́й; **go to the ~!** иди́ к чёрту!; **~ take it!** чёрт побери́!; **~ take the hindmost** к чертя́м неуда́чников; **talk of the ~!** лёгок на поми́не; **he has the ~'s own luck** ему́ черто́вски везёт. **2** (*wretched person*): **poor ~!** бедола́га!, бедня́га! **3** (*as expletive*): **what the ~ do you mean?** что вы э́тим хоти́те сказа́ть, чёрт возьми́?; **he ran like the ~** он побежа́л с дья́вольской быстрото́й; **I had the ~ of a time** я черто́вски хорошо́/пло́хо провёл вре́мя; **a ~ of a fellow** отча́янный па́рень; **there'll be the devil to pay** рассчита́ться за э́то бу́дет дья́вольски тру́дно.
● *vt* (**devilled, devilling; US deviled, deviling**) (*cul*) гото́вить (*impf*) с пря́ностями.
● *cpd* **~-may-care** *adj* бесшаба́шный, разуда́лый.

devilish /'devəlɪʃ/ *adj* дья́вольский.
● *adv* (*coll*) черто́вски, дья́вольски.

devilment /'devəlmənt/ *n* дья́вольщина, чертовщи́на.

devilry /'devɪlrɪ/ *n* (*wickedness*) жесто́кость, зве́рства (*nt pl*); (*mischief*) прока́зы (*f pl*), проде́лки (*f pl*).

devious /'di:vɪəs/ *adj* (*road*) изви́листый, око́льный; (*fig*) лука́вый, неи́скренний.

deviousness /'di:vɪəsnɪs/ *n* (*of road*) изви́листость; (*fig*) лука́вство, хи́трость.

devise /dɪ'vaɪz/ *vt* (*think out*) приду́м|ывать, -ать; изобре|та́ть, -сти́.

devitalize /di:'vaɪtə,laɪz/ *vt* лиш|а́ть, -и́ть жи́зненных сил.

devoid /dɪ'vɔɪd/ *adj* лишённый; **~ of shame** бессты́дный; **~ of fear** бесстра́шный.

devolution /,di:və'lu:ʃ(ə)n, -'lju:ʃ(ə)n/ *n* переда́ча/делеги́рование вла́сти.

devolve /dɪ'vɒlv/ *vt* (*delegate*) перед|ава́ть, -а́ть.
● *vi* пере|ходи́ть, -йти́; **the work ~d on/to me** рабо́ту пе́редали мне; **the estate ~d on/to a distant cousin** име́ние перешло́ к да́льнему ро́дственнику.

Devonian /de'vəʊnɪən, dɪ-/ (*geol*) *n* (**the ~**) дево́н(ский пери́од).
● *adj* дево́нский.

devote /dɪ'vəʊt/ *vt* посвя|ща́ть, -ти́ть; **he ~s his time to study** он посвяща́ет всё своё вре́мя учёбе; **she is ~d to her children** она́ пре́дана свои́м де́тям; она́ всю себя́ отдаёт де́тям; **a ~d friend** пре́данный друг.

devotee /,devə'ti:/ *n* приве́рженец.

devotion /dɪ'vəʊʃ(ə)n/ *n* **1** (*being devoted*) пре́данность; **~ to tennis** увлече́ние те́ннисом. **2** (*love*) пре́данность, привя́занность. **3** (*in pl, prayers*) моли́твы (*f pl*); **he was at his ~s** он моли́лся.

devotional /dɪ'vəʊʃənəl/ *adj* моли́твенный, религио́зный.

devour /dɪ'vaʊə(r)/ *vt* **1** (*eat greedily*) пож|ира́ть, -ра́ть. **2** (*fig*) погло|ща́ть, -ти́ть; пожира́ть (*impf*); **she ~ed his story** она́ жа́дно слу́шала его́ расска́з; **he ~ed the book** он проглоти́л кни́гу; **~ed by anxiety** снеда́емый трево́гой; **the fire ~ed the forest** пожа́р уничто́жил лес.

devout /dɪ'vaʊt/ *adj* (*religious*) благочести́вый; (*devoted*) пре́данный.

devoutness /dɪ'vaʊtnɪs/ *n* благоче́стие, на́божность.

dew /dju:/ *n* роса́.
● *cpds* **~berry** *n* ежеви́ка (*collect*); я́года ежеви́ки; **~drop** *n* роси́нка.

d

dewlap /'dju:læp/ *n* подгру́док.

dewy /'dju:ɪ/ *adj* (**dewier, dewiest**) роси́стый.
● *cpd* **~-eyed** *adj* (*fig*) дове́рчивый; простоду́шный.

dexterity /dek'sterɪtɪ/ *n* ло́вкость, прово́рство.

dext(e)rous /'dekstrəs/ *adj* ло́вкий, прово́рный.

diabetes /,daɪə'bi:ti:z/ *n* диабе́т; са́харная боле́знь.

diabetic /,daɪə'betɪk/ *n* диабе́тик.
● *adj* диабети́ческий.

diabolic(al) /,daɪə'bɒlɪk, ,daɪə'bɒlɪk(ə)l/ *adj* дья́вольский.

diachronic /,daɪə'krɒnɪk/ *adj* диахрони́ческий.

diaconate /daɪ'ækə,neɪt, -nət/ *n* дья́конство.

diacritic /,daɪə'krɪtɪk/ *n* диакрити́ческий знак.
● *adj* диакрити́ческий.

diadem /'daɪə,dem/ *n* (*crown*) диаде́ма; (*wreath*) вено́к, вене́ц.

diaeresis /daɪ'ɪərəsɪs/ (*US* **dieresis**) *n* (*pl* **diaereses** /-,si:z/) (*ling*) диере́за, трема́.

diagnose /'daɪəg,nəʊz/ *vt* диагности́ровать (*impf, pf*); **he ~d (the illness as) cancer** он установи́л, что у больно́го рак; (*med*) он диагности́ровал рак.

diagnosis /,daɪəg'nəʊsɪs/ *n* (*pl* **diagnoses** /-si:z/) диа́гноз; **make a ~** ста́вить, по- диа́гноз.

diagnostic /,daɪəg'nɒstɪk/ *adj* диагности́ческий.

diagnostician /,daɪəgnɒ'stɪʃ(ə)n/ *n* диагно́ст.

diagnostics /,daɪəg'nɒstɪks/ *n* диагно́стика.

diagonal /daɪ'ægən(ə)l/ *n* диагона́ль.
● *adj* диагона́льный; **~ly** по диагона́ли.

diagram /'daɪə,græm/ *n* диагра́мма, схе́ма.

diagrammatic /,daɪəgrə'mætɪk/ *adj* схемати́ческий.

dial /'daɪ(ə)l/ *n* **1** (*of clock*) цифербла́т. **2** (*of radio etc.*) шкала́. **3** (*of telephone*) диск.
● *vt & i* (**dialled, dialling; US dialed, dialing**): **~ a number** наб|ира́ть, -ра́ть но́мер; **~ the police station** звони́ть, по- в поли́цию; **~ling tone** дли́нный гудо́к; сигна́л «ли́ния свобо́дна».

dialect /'daɪə,lekt/ *n* диале́кт, го́вор.

dialectal /,daɪə'lekt(ə)l/ *adj* диалекта́льный, диале́ктный.

dialectic(s) /,daɪə'lektɪk(s)/ *n* диале́ктика.
● *adj* (*also* **-al**) диалекти́ческий.

dialectician /,daɪəlek'tɪʃ(ə)n/ *n* диале́ктик.

dialectology /,daɪəlek'tɒlədʒɪ/ *n* диалектоло́гия.

dialogue /'daɪə,lɒg/ (*US also* **dialog**) *n* диало́г, разгово́р; **written in ~** напи́санный в фо́рме диало́га.

dial-up /'daɪəlʌp/ *adj*: **~ access** коммути́руемый до́ступ (*в Интернет*); **~ connection** коммути́руемое соедине́ние.

dialysis /daɪ'ælɪsɪs/ *n* диа́лиз.

diameter /daɪ'æmɪtə(r)/ *n* диа́метр; **two feet in ~** два фу́та диа́метром.

diametric(al) /,daɪə'metrɪk, ,daɪə'metrɪk(ə)l/ *adj* диаметра́льный.

diamond /'daɪəmənd/ *n* **1** (*precious stone*) алма́з; (*cut and set*) бриллиа́нт; **rough ~** (*fig*) саморо́док. **2** (*geom*) ромб. **3** (*at cards*) бу́б|ны (*pl, g* -ен); **the queen of ~s** да́ма бу́бен, бубно́вая да́ма. **4** (*baseball*) площа́дка для игры́ в бейсбо́л. **5** (*attr*) алма́зный; бриллиа́нтовый; **~ mine** алма́зный рудни́к; **~ ring** бриллиа́нтовое кольцо́; **~ wedding** бриллиа́нтовая сва́дьба.

diapason /,daɪə'peɪz(ə)n, -'peɪs(ə)n/ *n* диапазо́н.

diaper /'daɪəpə(r)/ *n* (*US*) подгу́зник.

diaphanous /daɪ'æfənəs/ *adj* прозра́чный, просве́чивающий.

diaphragm /'daɪə,fræm/ *n* **1** (*anat*) диафра́гма. **2** (*of camera lens*) перегоро́дка. **3** (*of telephone receiver*) мембра́на. **4** (*contraceptive device*) колпачо́к.

diarist /'daɪərɪst/ *n* а́втор дневника́.

diarrhoea /,daɪə'rɪə/ (*US* **diarrhea**) *n* поно́с; расстро́йство желу́дка.

diary /'daɪərɪ/ *n* (*journal*) дневни́к; (*engagement book*) календа́рь (*m*).

diaspora /daɪ'æspərə/ *n* (*people*) диа́спора, (*dispersion*) рассе́яние.

diatonic /,daɪə'tɒnɪk/ *adj* диатони́ческий.

diatribe /'daɪə,traɪb/ *n* диатри́ба, вражде́бная кри́тика.

dibble /'dɪb(ə)l/ *n* лункокопа́тель (*m*), сажа́льный кол, поса́дочный меч.

dice /daɪs/ *n* (*see also* ⇨**die**) (*cube*) игра́льные ко́сти (*f pl*); (*game of ~*) игра́ в ко́сти; **no ~!** (*sl*) так де́ло не пойдёт!; **the ~ are loaded against him** судьба́ — про́тив него́.
● *vt & i* **1** (*play at ~*) игра́ть (*impf*) в ко́сти; **~ away one's fortune** проигра́ть (*pf*) про|игрывать, -игра́ть состоя́ние. **2** (*cul*) нар|еза́ть, -е́зать ку́биками.

dicey /'daɪsɪ/ *adj* (**dicier, diciest**) (*sl*) риско́ванный.

dichotomy /daɪ'kɒtəmɪ/ *n* дихотоми́я; (*contrast*) противопоставле́ние.

dick /dɪk/ *n* **1** (*US sl, detective*) сы́щик, хвост. **2** (*coll, fellow*): **a clever D~** (*Br*) у́мник, всезна́йка (*cg*). **3** (*vulg*) член.

dickens /'dɪkɪnz/ *n* (*coll*) чёрт; **what the ~ are you up to?** что вы там замышля́ете, чёрт возьми́?

dickhead /'dɪkhed/ *n* (*vulg*) муда́к, мудозво́н.

dicky[1] /'dɪkɪ/ *n* (*shirt front*) мани́шка.

dicky[2] /'dɪkɪ/ *adj* (**dickier, dickiest**) (*Br coll*) хли́пкий; (*unstable*) ша́ткий, ва́лкий.

dicky bird /'dɪkɪ,bə:d/ *n* пти́чка; пта́шка.

dicta *pl of* ⇨**dictum**

Dictaphone /'dɪktə,fəʊn/ *n* (*propr*) диктофо́н.

dictate[1] /'dɪkteɪt/ *n* веле́ние.

dictate[2] /dɪk'teɪt/ *vt & i* (*recite, specify; command*) диктова́ть, про-; **I won't be ~d to** я не позво́лю ста́вить мне усло́вия; я не позво́лю, что́бы мне диктова́ли.

dictation /dɪk'teɪʃ(ə)n/ *n* **1** (*to class*) дикта́нт; (*to secretary*) дикто́вка; **take ~** писа́ть (*impf*) под дикто́вку. **2** (*orders*) приказа́ние, предписа́ние; **I did it at his ~** я сде́лал э́то по его́ приказа́нию.

dictator /dɪk'teɪtə(r)/ *n* (*ruler*) дикта́тор.

dictatorial /,dɪktə'tɔ:rɪəl/ *adj* дикта́торский.

dictatorship /dɪk'teɪtəʃɪp/ *n* диктату́ра.

diction /'dɪkʃ(ə)n/ *n* ди́кция.

dictionary /'dɪkʃənrɪ, -nərɪ/ *n* слова́рь (*m*); **a walking ~** ≈ ходя́чая энциклопе́дия.

dictum /'dɪktəm/ *n* (*pl* **dicta** *or* **dictums**) изрече́ние, афори́зм.

did /dɪd/ *past of* ⇨**do**[1]

didactic /daɪ'dæktɪk, dɪ-/ *adj* поучи́тельный, дидакти́ческий.

didacticism /daɪ'dæktɪ,sɪz(ə)m, dɪ-/ *n* дидакти́зм.

diddle /'dɪd(ə)l/ *vt* (*coll*) над|ува́ть, -у́ть.

didn't /'dɪd(ə)nt/ *contracted neg of* ⇨**did**

die[1] /daɪ/ *n* (*cf.* ⇨**dice**) игра́льная кость; **the ~ is cast** жре́бий бро́шен; **straight as a ~** (*fig*) прямо́й, че́стный.

die[2] /daɪ/ *n* (*engraving stamp*) штамп.

die[3] /daɪ/ *vi* (**dies, died, dying**) **1** (*of person*) ум|ира́ть, -ере́ть; сконча́ться (*pf*); (*in accident, in war*) ги́бнуть, по-; (*of animals*) под|ыха́ть, -о́хнуть, изд|ыха́ть, -о́хнуть; (*of plants*) ув|яда́ть, -я́нуть; пог|иба́ть, -и́бнуть; **he ~d a beggar** он у́мер ни́щим; **never say ~!** никогда́ не отча́ивайся!; **old habits ~ hard** ста́рые привы́чки живу́чи; **he ~d by violence** он у́мер наси́льственной сме́ртью; **he ~d like a dog** он подо́х как соба́ка; **he ~d by his own hand** он наложи́л на себя́ ру́ки; **he ~d in his bed** он у́мер свое́й сме́ртью.
2 (*fig*): **I'm dying to see him** я до́ сме́рти хочу́ его́ ви́деть; **we ~d of laughing** мы умира́ли со́ смеху.
3 (*of things*): **his anger ~d** его́ гнев ути́х; **the wind ~d** ве́тер зати́х; **his secret ~d with him** его́ та́йна умерла́ вме́сте с ним; **the engine ~d** мото́р загло́х.
● *with advs*: **~ away** (*of sound*) зам|ира́ть, -ере́ть; (*of feeling etc.*) ум|ира́ть, -ере́ть; **~ down** (*of fire*) уг|аса́ть, -а́снуть; (*of noise*) ут|иха́ть, -и́хнуть; зам|ира́ть, -ере́ть; (*of feeling*) ум|ира́ть, -ере́ть; **~ off** умира́ть (*impf*) оди́н за други́м; **~ out** вымира́ть, вы́мереть; **the family ~d out** э́та семья́ вы́мерла; **the dinosaur ~d out** диноза́вры вы́мерли; **the belief ~d out** э́то пове́рье о́тмерло.
● *cpd* **~hard** *n* консерва́тор, ретрогра́д; *adj* твердоло́бый.

dieresis /daɪ'ɪərəsɪs/ *US* = **diaeresis**

diesel /'di:z(ə)l/ *n* (**~ engine, motor**) ди́зель (*m*); **~ locomotive** теплово́з; **~ oil** ди́зельное то́пливо.

diet /ˈdaɪət/ *n* **1** (*customary food*) пи́ща, пита́ние. **2** (*medical régime*) дие́та; **he is on a ~** он (сиди́т) на дие́те; **go on a ~** сади́ться, сесть на дие́ту; **put s.o. on a ~** сажа́ть, посади́ть кого́-н. на дие́ту; **crash ~** ускоре́нная дие́та; **milk-free ~** безмоло́чная дие́та.
● *vi* (**dieted, dieting**) соблюда́ть (*impf*) дие́ту; быть (*impf*) на дие́те.

diet|ary /ˈdaɪətrɪ/, **-etic** /ˌdaɪəˈtetɪk/ *adjs* диети́ческий.

dietetics /ˌdaɪəˈtetɪks/ *n* диетоло́гия.

dietitian /ˌdaɪəˈtɪʃ(ə)n/ *n* (врач-)дието́лог.

differ /ˈdɪfə(r)/ *vi* **1** (*be different*) отлича́ться (*impf*); различа́ться (*impf*); **we ~ in our tastes** на́ши вку́сы разли́чны; **tastes ~** (*proverb*) о вку́сах не спо́рят; **they ~ in size** они́ различа́ются разме́ром (*or* по разме́ру). **2** (*disagree*) ра|сходи́ться, -зойти́сь во мне́ниях; **I ~ed with him** я с ним не согласи́лся; **I beg to ~** я позво́лю себе́ не согласи́ться; **we agreed to ~** мы реши́ли прекрати́ть бесполе́зный спор.

difference /ˈdɪfrəns/ *n* **1** (*state of being unlike*) отли́чие, разли́чие, ра́зница; **that makes all the ~** в э́том вся ра́зница; **it makes no ~ whether you go or not** соверше́нно безразли́чно, идёте вы и́ли нет. **2** (*extent of inequality*) ра́зница; (*math*) ра́зность; **let's split the ~** дава́йте поде́лим ра́зницу; **I will pay the ~** я доплачу́ ра́зницу. **3** (*dispute*) разногла́сие, спор.

different /ˈdɪfrənt/ *adj* **1** (*unlike*) друго́й, ра́зный, разли́чный; **that is quite ~** э́то совсе́м друго́е де́ло; **they live in ~ houses** они́ живу́т в ра́зных дома́х; **she wears a ~ hat each day** на ней ка́ждый день друга́я шля́па; **of ~ kinds** ра́зного ро́да; **he became a ~ person** он стал други́м челове́ком; **~ from** непохо́жий на + *a*; отли́чный от + *g*; **everyone gave him a ~ answer** все отвеча́ли ему́ по-ра́зному. **2** (*unusual*) необы́чный; **this drink has a really ~ flavour** (*Br*), **flavor** (*US*) э́тот напи́ток име́ет о́чень необы́чный вкус. **3** (*various*) разли́чный, ра́зный; **we talked of ~ things** мы говори́ли о ра́зных веща́х; **at ~ times** в ра́зное вре́мя.

differential /ˌdɪfəˈrenʃ(ə)l/ *n* **1** (*Br, difference in wage rates*) дифференци́рованная опла́та труда́. **2** (*of a car etc.; also ~* **gear**) дифференциа́л.
● *adj* **1** (*differing according to circumstances*) дифференци́рованный. **2** (*math*) дифференциа́льный.

differentiate /ˌdɪfəˈrenʃɪˌeɪt/ *vt* **1** (*constitute difference*) отлич|а́ть, -и́ть (от + *g*). **2** (*perceive difference*) различ|а́ть, -и́ть. **3** (*make, point out difference*) пров|оди́ть, -ести́ разли́чие; различ|а́ть, -и́ть; **we do not ~ on grounds of sex** мы не прово́дим разли́чие по по́лу.

differentiation /ˌdɪfərenʃɪˈeɪʃ(ə)n/ *n* **1** (*change*) видоизмене́ние. **2** (*act of distinguishing*) различе́ние. **3** (*discrimination*) дифференциа́ция.

differently /ˈdɪfrəntlɪ/ *adv* по-ино́му; по-друго́му; (*looking, made*) ина́че; **I understand this ~ from you** я понима́ю э́то ина́че, чем вы.

difficult /ˈdɪfɪkəlt/ *adj* тру́дный (*also of person*); **a ~ child** трудновоспиту́емый ребёнок; **he is ~ to please** ему́ тру́дно угоди́ть; **~ of access** труднодосту́пный.

difficult|y /ˈdɪfɪkəltɪ/ *n* тру́дность, затрудне́ние; **I have ~y in understanding him** я с трудо́м его́ понима́ю; **don't make ~ies** не создава́йте тру́дностей; **we ran into ~ies** мы столкну́лись с тру́дностями; **he is in financial ~ies** он испы́тывает материа́льные затрудне́ния; **he is in ~ with his work** у него́ тру́дности в рабо́те.

diffidence /ˈdɪfɪdəns/ *n* неуве́ренность в себе́; засте́нчивость; стесни́тельность.

diffident /ˈdɪfɪd(ə)nt/ *adj* неуве́ренный в себе́; засте́нчивый, стесни́тельный.

diffuse[1] /dɪˈfjuːs/ *adj* (*of light etc.*) рассе́янный; (*of style*) расплы́вчатый.

diffuse[2] /dɪˈfjuːz/ *vt* (*light, heat, etc.*) рассе́|ивать, -ять; **~d lighting** рассе́янный свет; (*learning etc.*) распростран|я́ть, -и́ть.
● *vi* рассе́|иваться, -яться; распростран|я́ться, -и́ться.

diffuseness /dɪˈfjuːsnɪs/ *n* расплы́вчатость.

diffusion /dɪˈfjuːʒ(ə)n/ *n* (*phys*) диффу́зия, рассе́ивание; распростране́ние.

dig /dɪɡ/ *n* **1** (*thrust, poke*) толчо́к; **~ in the ribs** толчо́к в бок. **2** (*fig*) насме́шка; **that remark was a ~ at me** э́то замеча́ние в мой а́дрес (*or* ка́мень в мой огоро́д). **3** (*archaeol*) (*site*) раско́п; (*expedition*) раско́пки (*f pl*); **we went on a ~** мы вы́ехали на раско́пки. **4** (*in pl, Br coll, lodgings*) кварти́ра, берло́га, нора́.
● *vt* & *i* (**digging;** *past and pp* **dug**) **1** (*excavate ground*) копа́ть, вы́-; рыть, вы́-; (*of animals*) рыть, вы́-; **the ground is hard to ~** э́ту зе́млю тру́дно копа́ть; **they are ~ging potatoes** они́ копа́ют карто́шку; **he dug a hole** он вы́рыл я́му; **they are ~ging for gold** они́ и́щут зо́лото; **he dug his way through the rubble** он с трудо́м пробира́лся че́рез обло́мки; **they dug through the mountain** они́ проры́ли тонне́ль в горе́. **2** (*fig*) отк|а́пывать, -опа́ть; **you will have to ~ for the information** вам ну́жно бу́дет поры́ться, что́бы найти́ ну́жную информа́цию; **he dug into the archives** он зары́лся в архи́вы. **3** (*thrust*) толк|а́ть, -ну́ть; ткнуть (*pf*); **he dug me in the ribs** он толкну́л/ткнул меня́ в бок; **he dug his fork into the pie** он вонзи́л ви́лку в пиро́г.
● *with advs*: **~ in** *vt* зак|а́пывать, -опа́ть; **the soldiers dug (themselves) in** солда́ты окопа́лись; **he dug his heels/toes in** (*fig*) он упёрся на своём; **~ out** *vt* выка́пывать, вы́копать; раск|а́пывать, -опа́ть; изв|лека́ть, -ле́чь; **victims of the accident were dug out** же́ртвы катастро́фы бы́ли отры́ты; **~ up** *vt* отк|а́пывать, -опа́ть; **they dug up the land** они́ вскопа́ли зе́млю; **the tree was dug up by the roots** де́рево бы́ло вы́копано/вы́рыто из земли́ с корня́ми; **they dug up an ancient statue** они́ откопа́ли дре́внюю ста́тую; **where did you ~ him up?** (*fig*) где вы его́ откопа́ли?

digest[1] /ˈdaɪdʒest/ *n* сво́дка, резюме́ (*indecl*), да́йджест.

digest[2] /daɪˈdʒest, dɪ-/ *vt* (*food*) перева́р|ивать, -и́ть; (*information etc.*) усв|а́ивать, -о́ить.
● *vi* перева́р|иваться, -и́ться.

digestible /daɪˈdʒestɪb(ə)l, dɪ-/ *adj* удобовари́мый.

digestion /daɪˈdʒestʃ(ə)n/ *n* (*of food*) перева́ривание; (*capacity to digest*) пищеваре́ние; (*of knowledge*) усвое́ние.

digestive /dɪˈdʒestɪv, daɪ-/ *adj* пищевари́тельный; (*aiding digestion*) спосо́бствующий пищеваре́нию.

digger /ˈdɪɡə(r)/ *n* (*one who digs*) копа́тель (*m*); землеко́п; (*searcher for gold*) золотоиска́тель (*m*).

digging /ˈdɪɡɪŋ/ *n* (*action*) рытьё, копа́ние, вы́емка.

digit /ˈdɪdʒɪt/ *n* (*finger or toe*) па́лец; (*numeral*) ци́фра.

digital /ˈdɪdʒɪt(ə)l/ *adj* цифрово́й; **~ camera** цифрова́я (фото)ка́мера; **~ clock** цифровы́е/электро́нные час|ы́ (*pl, g* -о́в); **~ television/TV** цифрово́е телеви́дение.

digitalis /ˌdɪdʒɪˈteɪlɪs/ *n* дигита́лис, наперстя́нка.

digitize /ˈdɪdʒɪˌtaɪz/ *vt* оцифр|о́вывать, -ова́ть; преобраз|о́вывать, -ова́ть в цифрову́ю фо́рму.

dignified /ˈdɪɡnɪˌfaɪd/ *adj* по́лный досто́инства; велича́вый.

dignify /ˈdɪɡnɪˌfaɪ/ *vt* облагор|а́живать, -о́дить; (*give name to*) велича́ть (*impf*).

dignitary /ˈdɪɡnɪtərɪ/ *n* сано́вник; высокопоста́вленное лицо́.

dignity /ˈdɪɡnɪtɪ/ *n* **1** (*worth*) досто́инство; **stand on one's ~** тре́бовать (*impf*) уваже́ния к себе́; **it is beneath my ~ to reply** отвеча́ть на э́то — ни́же моего́ досто́инства. **2** (*dignified behaviour*): **keep one's ~** сохран|я́ть, -и́ть своё досто́инство. **3** (*title*) сан, ти́тул; **confer the ~ of a peerage** присв|а́ивать, -о́ить (*pf*) ти́тул пэ́ра.

digress /daɪˈɡres/ *vi* отвл|ека́ться, -е́чься; отклон|я́ться, -и́ться; де́лать, с- отступле́ние.

digression /daɪˈɡreʃ(ə)n/ *n* отклоне́ние, отступле́ние.

dike[1,2] /daɪk/ = **dyke[1,2]**

diktat /ˈdɪktæt/ *n* дикта́т.

dilapidated /dɪˈlæpɪˌdeɪtɪd/ *adj* ве́тхий, полуразру́шенный.

dilapidation /dɪˌlæpɪˈdeɪʃ(ə)n/ *n* обветша́ние, изно́с.

dilatation /ˌdaɪləˈteɪʃ(ə)n/ = **dilation**

dilate /daɪˈleɪt/ *vt* расш|иря́ть, -и́рить; **the horse ~d its nostrils** ло́шадь разду́ла ноздри.
● *vi* расш|иря́ться, -и́риться; распростран|я́ться, -и́ться; **his eyes**

~d его́ глаза́ расши́рились.

dilation /daɪˈleɪʃ(ə)n/ *n* расшире́ние.

dilatoriness /ˈdɪlətərɪnɪs/ *n* замедле́ние, медли́тельность.

dilatory /ˈdɪlətərɪ/ *adj* (*slow*) заме́дленный; (*person*) медли́тельный; (*intended to cause delay*) обструкциони́стский.

dilemma /daɪˈlemə, dɪ-/ *n* диле́мма; **he is on the horns of a ~** он стои́т пе́ред диле́ммой.

dilettan|te /ˌdɪlɪˈtæntɪ/ *n* (*pl* **~ti** /-tɪ/ *or* **~tes**) дилета́нт.
● *adj* дилета́нтский.

dilettantism /ˌdɪlɪˈtæntɪz(ə)m/ *n* дилета́нтство.

diligence /ˈdɪlɪdʒ(ə)ns/ *n* (*zeal*) прилежа́ние, усе́рдие, стара́тельность.

diligent /ˈdɪlɪdʒ(ə)nt/ *adj* приле́жный, усе́рдный, стара́тельный.

dill /dɪl/ *n* укро́п; **~ pickle** марино́ванный огуре́ц.

dilly-dally /ˌdɪlɪˈdælɪ/ *vi* (*coll*) ме́шкать (*impf*); колеба́ться (*impf*).

dilute /ˈdaɪlju:t/ *adj* разба́вленный; разведённый.
● *vt* развјоди́ть, -ести́; разб|авля́ть, -а́вить.

dilution /daɪˈlju:ʃ(ə)n/ *n* разведе́ние, разбавле́ние.

dim /dɪm/ *adj* (**dimmer, dimmest**) (*of light etc.*) ту́склый; (*of memory etc.*) сму́тный; (*of eyes*) затума́ненный; (*of prospects, future*) мра́чный; (*coll, stupid*) тупо́й; **I take a ~ view of it** (*coll*) я смотрю́ на э́то неодобри́тельно.
● *vt* (**dimmed, dimming**) затума́ни|вать, -ть; (*shade*) затен|я́ть, -и́ть; **~ one's headlights** пере|ходи́ть, -йти́ на бли́жний свет.
● *vi* (**dimmed, dimming**) (*of eyes*) затума́ни|ваться, -ться; (*of memory*) тускне́ть, по-.
● *cpds* (*coll*): **~wit** *n* тупи́ца (*cg*); **~-witted** *adj* тупоу́мный.

dime /daɪm/ *n* десятице́нтовик.

dimension /daɪˈmenʃ(ə)n, dɪ-/ *n* **1** (*extent*) разме́р; **a room of vast ~s** ко́мната огро́много разме́ра; (*capacity*) объём. **2** (*direction of measurement*) измере́ние; **the fourth ~** четвёртое измере́ние.

diminish /dɪˈmɪnɪʃ/ *vt* ум|еньша́ть, -е́ньшить; уб|авля́ть, -а́вить; **~ed responsibility** (*law*) ограни́ченная уголо́вная отве́тственность; **law of ~ing returns** зако́н сокраща́ющихся дохо́дов; **~ed fifth** (*mus*) уме́ньшенная квинта.
● *vi* ум|еньша́ться, -е́ньшиться; уб|авля́ться, -а́виться.

diminuen|do /dɪˌmɪnjʊˈendəʊ/ *n* (*pl* **~dos** *or* **~di** /-dɪ/), *adj* & *adv* (*mus*) диминуэ́ндо (*indecl*).

diminution /ˌdɪmɪˈnju:ʃ(ə)n/ *n* уменьше́ние.

diminutive /dɪˈmɪnjʊtɪv/ *n* (*gram*) уменьши́тельное сло́во.
● *adj* (*small*) миниатю́рный.

dimness /ˈdɪmnɪs/ *n* (*of light*) ту́склость; (*of wit*) ту́пость.

dimple /ˈdɪmp(ə)l/ *n* я́мочка; (*ripple*) рябь.

din /dɪn/ *n* гам, гро́хот, галдёж.
● *vt* (**dinned, dinning**) вд|а́лбливать, -олби́ть; **he ~ned it into me that I must obey** он вдолби́л мне в го́лову, что я до́лжен подчини́ться.

dinar /ˈdi:nɑ:(r)/ *n* дина́р.

din|e /daɪn/ *vt*: **he was wined and ~ed** его́ корми́ли-пои́ли; его́ по́тчевали на сла́ву.
● *vi* (*at midday*) обе́дать, по- (**on, off:** *чем*); (*in the evening*) у́жинать, по-; **~ing car** ваго́н-рестора́н; **~ing hall** обе́денный зал, столо́вая; **~ing room** столо́вая (ко́мната); **~ing table** обе́денный стол.

diner /ˈdaɪnə(r)/ *n* (*person*) обе́дающий, у́жинающий; (*dining car*) ваго́н-рестора́н.
● *cpd* **~-out** *n* люби́тель (*m*) у́жинать вне до́ма.

ding-dong /ˈdɪŋdɒŋ/ *n* динь-дон.
● *adj*: **a ~ battle** (*Br*) би́тва с переме́нным успе́хом.

dinghy /ˈdɪŋɪ, ˈdɪŋgɪ/ *n* ма́ленькая шлю́пка, я́лик; (*inflatable*) надувна́я ло́дка.

dinginess /ˈdɪndʒɪnɪs/ *n* темнота́; мра́чность.

dingle /ˈdɪŋg(ə)l/ *n* лощи́на.

dingo /ˈdɪŋgəʊ/ *n* (*pl* **~es** *or* **~s**) ди́нго (*m or f, indecl*).

dingy /ˈdɪndʒɪ/ *adj* (**dingier, dingiest**) тёмный, мра́чный.

dinkum /ˈdɪŋkəm/ *adj* (*Australian* & *NZ coll*) настоя́щий, запра́вдашний.

dinky /ˈdɪŋkɪ/ *adj* (**dinkier, dinkiest**) (*coll*) (*Br*) изя́щный, ми́ленький; (*US*) дрянно́й.

dinner /ˈdɪnə(r)/ *n* (*midday meal*) обе́д; (*evening meal*) у́жин; **at ~** за обе́дом/у́жином; **ask s.o. to ~** пригла|ша́ть, -си́ть кого́-н. на обе́д/у́жин; **have ~** обе́дать, по-, у́жинать, по-; **what's for ~?** что на обе́д/у́жин?
● *cpds* **~ hour** *n* час обе́да/у́жина; **~ jacket** *n* смо́кинг; **~ party** *n* зва́ный обе́д; **~ plate** *n* ме́лкая таре́лка; **~ service, ~ set** *nn* обе́денный серви́з; **~ time** *n* обе́денное вре́мя; вре́мя у́жина.

dinosaur /ˈdaɪnəˌsɔ:(r)/ *n* динозáвр.

dint /dɪnt/ *n* **1** (*dent*) вмя́тина. **2**: **by ~ of** посре́дством + *g*; при по́мощи + *g*.
● *vt* ост|авля́ть, -а́вить след/вмя́тину в/на + *p*.

diocesan /daɪˈɒsɪs(ə)n/ *n* (*bishop*) епи́скоп.
● *adj* епархиа́льный.

diocese /ˈdaɪəsɪs/ *n* епа́рхия.

diode /ˈdaɪəʊd/ *n* дио́д.

dioptre /daɪˈɒptə(r)/ (*US* **diopter**) *n* (*unit*) диоптри́я.

diorama /ˌdaɪəˈrɑ:mə/ *n* диора́ма.

dioxide /daɪˈɒksaɪd/ *n* двуо́кись.

dip /dɪp/ *n* **1** (*immersion*) погруже́ние; **lucky ~** лотере́йный бараба́н. **2** (*bathe*) ныря́ние; купа́ние; **have, take a ~** вы́купаться (*pf*), попла́вать (*pf*). **3** (*sheep ~*) дезинфици́рующий раство́р. **4** (*slope*) спуск, укло́н; **a ~ among the hills** низи́на между холмо́в. **5** (*cul*) со́ус.
● *vt* (**dipped, dipping**) **1** (*immerse*) окун|а́ть, -у́ть; мак|а́ть, -ну́ть; погру|жа́ть, -зи́ть; **~ one's pen into ink** обма́к|ивать, -ну́ть перо́ в черни́ла; **~ sheep** купа́ть, вы́- овец в дезинфици́рующем раство́ре; **~ one's hand into a bag** запус|ка́ть, -ти́ть ру́ку в су́мку. **2** (*lower briefly*) приспус|ка́ть, -ти́ть; **~ headlights** (*Br*) переключ|а́ть, -и́ть фа́ры на (*or* включ|а́ть, -и́ть) бли́жний свет.
● *vi* (**dipped, dipping**) **1** (*go below surface*) окун|а́ться, -у́ться; погру|жа́ться, -зи́ться; **the sun ~ped below the horizon** со́лнце скры́лось за горизо́нтом (*or* нырну́ло за горизо́нт). **2** (*fig*): **~ into one's purse** раскоше́ли|ваться, -ться. **3** (*slope away*): **the (plot of) land ~s to the south** уча́сток име́ет накло́н к ю́гу. **4** (*scan, peer*) загля|дывать, -ну́ть; **~ into the future** загля́|дывать, -ну́ть в бу́дущее; **I ~ped into the book** я загляну́л в э́ту кни́гу. **5** (*fall slightly or temporarily*) пон|ижа́ться, -и́зиться; **the road ~s here** здесь доро́га идёт под укло́н.
● *cpd* **~stick** *n* уровнеме́р, щуп.

diphtheria /dɪfˈθɪərɪə, *disputed* dɪp-/ *n* дифтери́я, дифтери́т.

diphthong /ˈdɪfθɒŋ/ *n* дифто́нг.

diploma /dɪˈpləʊmə/ *n* дипло́м (**in:** по + *d*).

diplomacy /dɪpˈləʊməsɪ/ *n* диплома́тия; (*tact*) дипломати́чность.

diplomat /ˈdɪpləˌmæt/ *n* (*lit, fig*) диплома́т.

diplomatic /ˌdɪpləˈmætɪk/ *adj* (*lit, fig*) дипломати́ческий; **~ corps** дипломати́ческий ко́рпус; **~ service** дипломати́ческая слу́жба.

dipper /ˈdɪpə(r)/ *n* **1** (*ladle*) ковш, черпа́к; **the Big/Little D~** (*astron*) Больша́я/Ма́лая Медве́дица. **2** (*bird*) оля́пка. **3** (*switchback*) америка́нские го́рки (*f pl*).

dippy /ˈdɪpɪ/ *adj* (**dippier, dippiest**) (*sl*) поме́шанный, чо́кнутый.

dipso /ˈdɪpsəʊ/ *n* (*pl* **~s**) (*sl*) алка́ш.

dipsomania /ˌdɪpsəˈmeɪnɪə/ *n* алкоголи́зм.

dipsomaniac /ˌdɪpsəˈmeɪnɪˌæk/ *n* алкого́лик.
● *adj* алкоголи́ческий.

dire /ˈdaɪə(r)/ *adj* ужа́сный; **he is in ~ need of help** он кра́йне нужда́ется в по́мощи.

direct /daɪˈrekt, dɪ-/ *adj* (*straight*; *without intermediary*) прямо́й; (*straightforward*) прямо́й, непосре́дственный; **he has a ~ way of speaking** он говори́т всё пря́мо в лицо́; **the ~ opposite** по́лная противополо́жность; **~ current** постоя́нный ток; **~ flight** прямо́й/беспереса́дочный полёт/рейс.
● *adv* пря́мо.
● *vt* **1** (*indicate the way*): **can you ~ me**

to the station? вы не (под)скáжете, как пройти́ на вокзáл?
2 (*address*) адресовáть (*impf, pf*); напр|авля́ть, -áвить; **I ~ed the letter to his bank** я адресовáл письмó в егó банк; **my remarks were ~ed to him** мои́ замечáния бы́ли адресóваны емý.
3 (*manage, control*) руководи́ть (*impf*) + *i*; **he ~ed the orchestra** он дирижи́ровал оркéстром; **he ~ed the play** он постáвил пьéсу; **the policeman ~s traffic** полицéйский регули́рует движéние.
4 (*command*) предпи́с|ывать, -áть; да|вáть, -ть указáние; **I ~ed him to take no notice** я велéл емý не обращáть внимáния.

direction /daɪˈrekʃ(ə)n, dɪ-/ *n* **1** (*course, point of compass*) направлéние; **in the ~ of London** по направлéнию (*or* в направлéнии) к Лóндону; **they dispersed in all ~s** они́ разошли́сь в рáзные стóроны; **he has a good sense of ~** он хорошó ориенти́руется. **2** (*in pl, instructions*) указáния (*nt pl*); **I followed the ~s on the label** я слéдовал указáниям на ярлыкé. **3** (*command, control*) руковóдство. **4** (*theatr*): **~ of a play** постанóвка/режиссýра пьéсы; **stage ~** áвторская ремáрка. **5** (*to a jury*) напýтствие прися́жным.
● *cpds* **~-finder** *n* радиопеленгáтор; **~-finding** *adj*: **~-finding equipment** радиопеленгáторное обору́дование.

directional /daɪˈrekʃən(ə)l, dɪ-/ *adj* напрáвленный.

directive /daɪˈrektɪv, dɪ-/ *n* директи́ва, указáние.

directly /daɪˈrektlɪ, dɪ-/ *adv* **1** (*in various senses of direct*) прямо. **2** (*soon*): **I'll be there ~** я вскóре (*or* сейчáс же) там бýду. **3** (*at once*) немéдленно, тóтчас.
● *conj* (*Br*) как тóлько.

directness /daɪˈrektnɪs, dɪ-/ *n* прямотá, откровéнность.

director /daɪˈrektə(r), dɪ-/ *n* **1** (*one who directs*) руководи́тель (*m*). **2** (*of company etc.*) дирéктор; **managing ~** управля́ющий; **~ general** (*Br*) глáвный дирéктор, генерáльный дирéктор. **3** (*theatr*) режиссёр.

directorate /daɪˈrektərət, dɪ-/ *n* (*group of directors*) директорáт; (*administrative body*) управлéние.

directorial /ˌdaɪrekˈtɔːrɪəl, dɪ-/ *adj* дирéкторский.

directorship /daɪˈrektəʃɪp, dɪ-/ *n* дирéкторство.

directory /daɪˈrektərɪ, dɪ-/ *n* (*reference work*) спрáвочник, указáтель (*m*); **~ assistance** (*US*), **~ enquiries** (*Br*) спрáвочная; **telephone ~** телефóнная кни́га.

direness /ˈdaɪənɪs/ *n* ýжас.

dirge /dəːdʒ/ *n* погребáльное пéние.

dirigible /ˈdɪrɪdʒɪb(ə)l, dɪˈrɪdʒ-/ *n* дирижáбль (*m*).

dirk /dəːk/ *n* кинжáл.

dirt /dəːt/ *n* **1** (*unclean matter*) грязь; **this dress shows the ~** э́то плáтье мáркое; **treat s.o. like ~** трети́ровать (*impf*) когó-н.; не считáться; (*impf*) с кем-н. **2** (*loose earth or soil*) грунт, земля́; **a ~ road** грунтовáя дорóга; **~ track** мотоцикле́тный трек. **3** (*obscenity*) непристóйность, гáдость.
● *cpd* **~ cheap** *adv* по дешёвке, дешéвле пáреной рéпы; *adj* копéечный; **I bought the radio ~ cheap** я купи́л рáдио по дешёвке.

dirtiness /ˈdəːtɪnɪs/ *n* грязь, гáдость.

dirty /dəːtɪ/ *adj* (**dirtier, dirtiest**) **1** (*not clean*) гря́зный. **2** (*rough, stormy*) бýрный. **3** (*obscene*) похáбный, пáкостный; **~ story** похáбный анекдóт. **4** (*nasty*) гря́зный, гáдкий; **he played a ~ trick on me** он подложи́л мне свинью́; **he gave me a ~ look** (*coll*) он посмотрéл на меня́ серди́то; **do your own ~ work!** я не бýду дéлать за вас (вáшу) гря́зную рабóту.
● *vt* & *i* грязни́ть(ся), за-; пáчкать(ся), за-.

disability /ˌdɪsəˈbɪlɪtɪ/ *n* (*inability to work*) нетрудоспосóбность; (*physical defect*) инвали́дность.

disable /dɪsˈeɪb(ə)l/ *vt* (*physically*) калéчить, ис-; **the ship was ~d** корáбль был вы́веден из стрóя.

disabled /dɪsˈeɪb(ə)ld/ *adj*: **~ person** инвали́д; **~d soldier** инвали́д войны́.

disablement /dɪsˈeɪbəlmənt/ *n* нетрудоспосóбность; инвали́дность.

disabuse /ˌdɪsəˈbjuːz/ *vt* выводи́ть, вы́вести из заблуждéния; **~ s.o. of sth** разуве|ря́ть, -ри́ть когó-н. в + *p*.

disadvantage /ˌdɪsədˈvɑːntɪdʒ/ *n* невы́годное положéние; невы́годность; **be at a ~** оказ|ывáться, -áться в невы́годном положéнии; **put s.o. at a ~** стáвить, по- когó-н. в невы́годное положéние.
● *vt* дéйствовать (*impf*) в ущéрб + *d*; **~d** (*underprivileged*) обездóленный.

disadvantageous /dɪsˌædvənˈteɪdʒəs/ *adj* невы́годный.

disaffected /ˌdɪsəˈfektɪd/ *adj* недовóльный.

disaffection /ˌdɪsəˈfekʃ(ə)n/ *n* недовóльство.

disagree /ˌdɪsəˈgriː/ *vi* (**disagrees, disagreed, disagreeing**) **1** (*differ, not correspond*) расходи́ться (*impf*) (с + *i*); не соотвéтствовать (*impf*) (**with:** + *d*). **2** (*in opinion*) не согла|шáться, -си́ться; **I ~ with you** я с вáми не соглáсен; **the witnesses ~** свидéтели расхóдятся в показáниях. **3** (*have adverse effect*): **oysters ~ with me** я плóхо переношý ýстриц.

disagreeable /ˌdɪsəˈgriːəb(ə)/ *adj* (*unpleasant*) неприя́тный, непривлекáтельный; (*of person*) неприве́тливый, неприя́зненный.

disagreeableness /ˌdɪsəˈgriːəbəlnɪs/ *n* непривлекáтельность, неприве́тливость.

disagreement /ˌdɪsəˈgriːmənt/ *n* разноглáсие, разлáд, несоглáсие.

disallow /ˌdɪsəˈlaʊ/ *vt* (*reject*) отклон|я́ть, -и́ть; (*goal*) не засч|и́тывать, -итáть.

disappear /ˌdɪsəˈpɪə(r)/ *vi* исч|езáть, -éзнуть; проп|адáть, -áсть.

disappearance /ˌdɪsəˈpɪərəns/ *n* исчезновéние.

disappoint /ˌdɪsəˈpɔɪnt/ *vt* разочарóв|ывать, -áть; **he was ~ed at this** он был разочарóван э́тим; **I am ~ed in you** я в вас разочаровáлся.

disappointing /ˌdɪsəˈpɔɪntɪŋ/ *adj* разочарóвывающий; **the weather has been ~** погóда былá невáжная.

disappointment /ˌdɪsəˈpɔɪntmənt/ *n* **1** (*state of being disappointed*) разочаровáние; **to my ~** к моемý огорчéнию; **he met with ~** егó пости́гло разочаровáние. **2** (*person or thing that disappoints*): **he turned out a ~** он обманýл возлагáемые на негó надéжды.

disappro|bation /dɪsˌæprəˈbeɪʃ(ə)n/, **-val** /ˌdɪsəˈpruːvəl/ *nn* неодобрéние.

disapprove /ˌdɪsəˈpruːv/ *vi*: **~ of** не одобря́ть; осуждáть (*both impf*).
● *vt* (*refuse to agree to*) отклон|я́ть, -и́ть.

disapproving /ˌdɪsəˈpruːvɪŋ/ *adj* неодобри́тельный.

disarm /dɪsˈɑːm/ *vt* разоруж|áть, -и́ть; (*fig*) обезорýжи|вать, -ть; **he ~s criticism** он обезорýживает свои́х кри́тиков.
● *vi* разоруж|áться, -и́ться.

disarmament /dɪsˈɑːməmənt/ *n* разоружéние.

disarrange /ˌdɪsəˈreɪndʒ/ *vt* прив|оди́ть, -ести́ в беспоря́док.

disarray /ˌdɪsəˈreɪ/ *n* смятéние, расстрóйство.

disassemble /ˌdɪsəˈsemb(ə)l/ *vt* раз|бирáть, -обрáть; демонти́ровать (*impf, pf*).

disassembly /ˌdɪsəˈsemblɪ/ *n* разбóрка; демонтáж.

disassociate /ˌdɪsəˈsəʊʃɪˌeɪt, -sɪˌeɪt/ = **dissociate**

disaster /dɪˈzɑːstə(r)/ *n* бéдствие; **he is courting ~** он наклика́ет бедý.

disastrous /dɪˈzɑːstrəs/ *adj* ги́бельный, бéдственный.

disavow /ˌdɪsəˈvaʊ/ *vt* отрицáть (*impf*); отр|екáться, -éчься от + *g*.

disavowal /ˌdɪsəˈvaʊəl/ *n* отрицáние; отречéние.

disband /dɪsˈbænd/ *vt* распус|кáть, -ти́ть; расформирóв|ывать, -áть.
● *vi* расп|адáться, -áсться; **the (theatre) company ~ed** трýппа распáлась.

disbandment /dɪsˈbændmənt/ *n* расформировáние, рóспуск.

disbar /dɪsˈbɑː(r)/ *vt* (**disbarred, disbarring**) лиш|áть, -и́ть звáния адвокáта.

disbarment /dɪsˈbɑːmənt/ *n* лишéние звáния адвокáта.

disbelief /ˌdɪsbɪˈliːf/ *n* невéрие.

disbelieve /ˌdɪsbɪˈliːv/ *vt* (*person*) не вéрить (*impf*) + *d*; (*account, evidence*) не вéрить (*impf*) + *d* (*or* в + *a*).

disburse /dɪsˈbəːs/ *vt* выплáчивать, вы́платить.

disbursement /dɪsˈbəːsmənt/ *n* (*act of paying*) оплáта; (*sum paid*) вы́плаченная сýмма.

disc /dɪsk/ (*US and comput* **disk**) *n* **1** (*round object*) диск; **the sun's ~** сóлнечный диск; **identity ~** (*mil*) ли́чный знак. **2** (*gramophone record*) пласти́нка, диск. **3** (*med*): **slipped ~** смещéние межпозвонóчного ди́ска.

4 (*comput*) диск; **floppy ~** ги́бкий диск.
● *cpds* **~ drive** *n* дисково́д; **~ jockey** *n* диск-жоке́й, дидже́й.
discard /dɪ'skɑ:d/ *vt* выбра́сывать, вы́бросить; **~ winter clothing** сбр|а́сывать, -о́сить зи́мнюю оде́жду; **~ old beliefs** отбр|а́сывать, -о́сить ста́рые убежде́ния.
discern /dɪ'sə:n/ *vt* разгля́д|ывать, -е́ть; рассм|а́тривать, -отре́ть; различ|а́ть, -и́ть.
discernible /dɪ,sə:n'ɪb(ə)l/ *adj* различи́мый.
discerning /dɪ'sə:nɪŋ/ *adj* проница́тельный.
discernment /dɪ'sə:nmənt/ *n* проница́тельность.
discharge /'dɪstʃɑ:dʒ; *v* dɪs'tʃɑ:dʒ/ *n* **1** (*unloading*) разгру́зка.
2 (*of fluid*) слив, (*of gas*) вы́брос; (*elec*) разря́д.
3 (*med*) выделе́ние; (*matter discharged*) выделе́ния (*pl*).
4 (*performance, e.g. of duty*) исполне́ние; (*of a debt*) упла́та.
5 (*release, dismissal*) увольне́ние, освобожде́ние; (*from the army*) демобилиза́ция, увольне́ние в запа́с.
6 (*firing of a gun*) вы́стрел, залп.
● *vt* **1** (*unload*) разгру|жа́ть, -зи́ть.
2 (*emit liquid*) слива́ть, слить; спус|ка́ть, -ти́ть; (*emit current*) разря|жа́ть, -ди́ть; **the clouds ~ electricity** облака́ разряжа́ются электри́чеством.
3 (*med*) выделя́ть, вы́делить.
4 (*missiles*) выпуска́ть, вы́пустить; **~ a rifle** разря|жа́ть, -ди́ть.
5 (*release, dismiss*): (*from the army*) демобилизова́ть (*impf, pf*); (*from hospital*) выпи́сывать, вы́писать; (*from service*) увольня́ть, -о́лить.
disciple /dɪ'saɪp(ə)l/ *n* учени́|к (*fem* -ца); после́дователь (*fem* -ница); (*relig*) апо́стол.
discipleship /dɪ'saɪpəlʃɪp/ *n* учени́чество.
disciplinarian /,dɪsɪplɪ'neərɪən/ *n* сторо́нник дисципли́ны; **he is a good ~** он уме́ет подде́рживать дисципли́ну.
disciplinary /'dɪsɪplɪnərɪ, -'plɪnərɪ/ *adj* дисциплина́рный; **take ~ action** прин|има́ть, -я́ть дисциплина́рные ме́ры.
discipline /'dɪsɪplɪn/ *n* (*good order; branch of studies*) дисципли́на.
● *vt* дисциплини́ровать (*impf, pf*).
disclaim /dɪs'kleɪm/ *vt* отр|ека́ться, -е́чься от + *g*; отка́з|ываться, -а́ться от + *g*.
disclaimer /dɪs'kleɪmə(r)/ *n* отрече́ние, отка́з.
disclose /dɪs'kləʊz/ *vt* (*make known*) раскр|ыва́ть, -ы́ть; (*uncover*) откр|ыва́ть, -ы́ть; (*reveal*) разоблач|а́ть, -и́ть.
disclosure /dɪs'kləʊʒə(r)/ *n* раскры́тие, откры́тие, разоблаче́ние.
disco /'dɪskəʊ/ *n* (*pl* **~s**) (*coll*) = **discotheque**
discolor (*US*) = **discolour**
discoloration /dɪs,kʌlə'reɪʃ(ə)n/ *n* (*change of colour*) измене́ние цве́та; (*loss of colour*) обесцве́чивание; (*stains*) разво́д|ы (*pl, g* -ов).
discolour /dɪs'kʌlə(r)/ (*US* **discolor**) *vi* (*lose colour*) обесцве́|чиваться, -титься.
● *vt* (*make change colour*) меня́ть, по- цвет + *g*; **rain ~ed the water** дождь поменя́л цвет воды́; **smoking had ~ed his teeth** его́ зу́бы пожелте́ли от куре́ния; (*make lose colour*) обесцве́|чивать, -тить.
discomfit /dɪs'kʌmfɪt/ *vt* (**discomfited, discomfiting**) (*disconcert*) сму|ща́ть, -ти́ть; прив|оди́ть, -ести́ в замеша́тельство.
discomfiture /dɪs'kʌmfɪtjə(r)/ *n* смуще́ние, замеша́тельство.
discomfort /dɪs'kʌmfət/ *n* неудо́бство, диско́мфо́рт.
● *vt* причин|я́ть, -и́ть неудо́бство + *d*; стесн|я́ть, -и́ть.
discommode /,dɪskə'məʊd/ *vt* причин|я́ть, -и́ть неудо́бство + *d*.
discompose /,dɪskəm'pəʊz/ *vt* волнова́ть, вз-; трево́жить, вс-.
discomposure /,dɪskəm'pəʊʒə(r)/ *n* волне́ние, трево́га.
disconcert /,dɪskən'sə:t/ *vt* волнова́ть, вз-.
disconnect /,dɪskə'nekt/ *vt* (*two roughly equal things*) разъедин|я́ть, -и́ть; (*small part from larger part*) отсоедин|я́ть, -и́ть; (*gas etc.*) отключ|а́ть, -и́ть; **we were ~ed** (*telephone*) нас разъедини́ли/прерва́ли.
disconnected /,dɪskə'nektɪd/ *adj* **1** (*tech*) разъединённый, вы́ключенный. **2** (*ideas etc.*) обры́вочный, бессвя́зный.
disconnection /,dɪskə'nekʃ(ə)n/ *n* разъедине́ние, отключе́ние.
disconsolate /dɪs'kɒnsələt/ *adj* неуте́шный.
discontent /,dɪskən'tent/ *n* недово́льство.
discontented /,dɪskən'tentɪd/ *adj* недово́льный.
discontinuance /,dɪskən'tɪnju:əns/ *n* прекраще́ние.
discontinue /,dɪskən'tɪnju:/ *vt* (**discontinues, discontinued, discontinuing**) прекра|ща́ть, -ти́ть.
discontinuity /dɪs,kɒntɪ'nju:ɪtɪ/ *n* отсу́тствие непреры́вности.
discontinuous /,dɪskən'tɪnjʊəs/ *adj* прерыва́ющийся, преры́вистый.
discord /'dɪskɔ:d/ *n* (*disagreement*) разногла́сие; (*disharmony*) разла́д, раздо́р; (*mus*) диссона́нс.
discordance /dɪ'skɔ:dəns/ *n* разногла́сие, разла́д.
discordant /dɪ'skɔ:d(ə)nt/ *adj* несогла́сный; (*inharmonious*) диссони́рующий; нестро́йный.
discotheque /'dɪskə,tek/ *n* дискоте́ка.
discount /'dɪskaʊnt; *v* dɪs'kaʊnt/ *n* **1** ски́дка. **2** (*on bill of exchange etc.*) диско́нт.
● *vt* (*reduce price of*) снижа́ть, сни́зить це́ну на + *a*; (*bill of exchange etc.*) дисконти́ровать (*impf, pf*); (*fig, treat sceptically*) отн|оси́ться, -ести́сь с недове́рием к + *d*; **I ~ed his story** я отнёсся к его́ расска́зу с недове́рием.
discourage /dɪ'skʌrɪdʒ/ *vt* (*deprive of confidence*) обескура́жи|вать, -ть; (*dissuade*) отгов|а́ривать, -ори́ть.
discouragement /dɪ'skʌrɪdʒmənt/ *n* обескура́живание; (*dissuasion*) отгова́ривание.
discourse[1] /'dɪskɔ:s, -'skɔ:s/ *n* речь, рассужде́ние.
discourse[2] /dɪ'skɔ:s/ *vi* рассужда́ть (*impf*).
discourteous /dɪs'kə:tɪəs/ *adj* неве́жливый.
discourtesy /dɪs'kə:təsɪ/ *n* неве́жливость.
discover /dɪ'skʌvə(r)/ *vt* (*find*) обнару́жи|вать, -ть; (*place, substance, fact*) откр|ыва́ть, -ы́ть; раскр|ыва́ть, -ы́ть; (*find out*) узн|ава́ть, -а́ть; выясня́ть, вы́яснить.
discoverer /dɪ'skʌvərə(r)/ *n* иссле́дователь (*m*) (но́вых земе́ль); (перво)открыва́тель (*m*); **she was the ~ of radium** она́ откры́ла ра́дий.
discovery /dɪ'skʌvərɪ/ *n* откры́тие; обнаруже́ние.
discredit /dɪs'kredɪt/ *n* (*loss of repute*) дискредита́ция; **bring s.o. into ~** (*or* **bring ~ upon s.o.**) компромети́ровать, с- кого́-н.; дискредити́ровать (*impf, pf*) кого́-н.; **he is a ~ to the school** он дискредити́рует шко́лу.
● *vt* (**discredited, discrediting**) дискредити́ровать (*impf, pf*).
discreditable /dɪs'kredɪtəb(ə)l/ *adj* дискредити́рующий; (*shameful*) позо́рный.
discreet /dɪ'skri:t/ *adj* (**discreeter, discreetest**) осмотри́тельный; (*tactful*) такти́чный; **a ~ silence** благоразу́мное молча́ние.
discrepancy /dɪs'krepənsɪ/ *n* расхожде́ние, разногла́сие, противоре́чие.
discrepant /dɪ'skrepənt/ *adj* противоречи́вый.
discrete /dɪ'skri:t/ *adj* обосо́бленный.
discreteness /dɪ'skri:tnɪs/ *n* обосо́бленность.
discretion /dɪ'skreʃ(ə)n/ *n* **1** (*prudence, good judgment*) осмотри́тельность, осторо́жность, благоразу́мие; **~ is the better part of valour** благоразу́мие — гла́вное досто́инство хра́брости; **years, age of ~** во́зраст, с кото́рого челове́к счита́ется отве́тственным за свои́ посту́пки. **2** (*freedom to judge*) усмотре́ние; **I leave this to your ~** я оставля́ю э́то на ва́ше усмотре́ние; **at ~** по усмотре́нию; **I gave him wide ~** я дал ему́ широ́кие полномо́чия.
discretionary /dɪ'skreʃənərɪ/ *adj* дискрецио́нный.
discriminate /dɪ'skrɪmɪ,neɪt/ *vt* (*distinguish*) отлич|а́ть, -и́ть; различ|а́ть, -и́ть.
● *vi*: **~ against** дискримини́ровать (*impf, pf*).
discriminating /dɪ'skrɪmɪ,neɪtɪŋ/ *adj* разбо́рчивый; **~ taste** то́нкий/разбо́рчивый вкус.
discrimination /dɪ,skrɪmɪ'neɪʃ(ə)n/ *n* (*judgment, taste*) разбо́рчивость; (*bias*)

дискримина́ция; **~ against women** дискримина́ция же́нщин.

discriminatory /dɪˈskrɪmɪnətərɪ/ *adj* пристра́стный.

discursive /dɪˈskɜːsɪv/ *adj* (*digressive*) разбро́санный.

discursiveness /dɪˈskɜːsɪvnɪs/ *n* разбро́санность.

discus /ˈdɪskəs/ *n* (*pl* **~es**) (*sport*) диск.

discuss /dɪˈskʌs/ *vt* дискути́ровать (*impf*); обсу|жда́ть, -ди́ть.

discussion /dɪˈskʌʃ(ə)n/ *n* обсужде́ние, диску́ссия; **the question is under ~** вопро́с обсужда́ется/ рассма́тривается.

disdain /dɪsˈdeɪn/ *n* презре́ние.
● *vt* през|ира́ть, -ре́ть; пренебр|ега́ть, -е́чь + *i*; **he ~ed to reply** он не соизво́лил отве́тить.

disdainful /dɪsˈdeɪnfʊl/ *adj* презри́тельный.

disease /dɪˈziːz/ *n* боле́знь.

diseased /dɪˈziːzd/ *adj* (*lit, fig*) больно́й.

disembark (*also* **debark**) /ˌdɪsɪmˈbɑːk/ *vt & i* выса́живать(ся), вы́садить(ся).

disembarkation (*also* **debarkation**) /ˌdɪsɪmbɑːˈkeɪʃ(ə)n/ *nn* вы́садка, вы́грузка.

disembod|y /ˌdɪsɪmˈbɒdɪ/ *vt* (*set free from the body*) освобо|жда́ть, -ди́ть от теле́сной оболо́чки; **a ~ied spirit** освобождённая душа́.

disembowel /ˌdɪsɪmˈbaʊəl/ *vt* (**disembowelled, disembowelling;** *US* **disemboweled, disemboweling**) потроши́ть, вы-.

disembowelment /ˌdɪsɪmˈbaʊəlmənt/ *n* потроше́ние.

disenchant /ˌdɪsɪnˈtʃɑːnt/ *vt* разочаро́в|ывать, -а́ть.

disenchantment /ˌdɪsɪnˈtʃɑːntmənt/ *n* разочарова́ние.

disendow /ˌdɪsɪnˈdaʊ/ *vt* лиш|а́ть, -и́ть поже́ртвований.

disenfranchise /ˌdɪsɪnˈfræntʃaɪz/ *vt* = **disfranchise**

disengage /ˌdɪsɪnˈgeɪdʒ/ *vt* высвобожда́ть, вы́свободить; освобо|жда́ть, -ди́ть; (*clutch*) расцеп|ля́ть, -и́ть; (*mil*) выводи́ть, вы́вести из бо́я.
● *vi* высвобожда́ться, вы́свободиться; освобо|жда́ться, -ди́ться; (*mil*) выходи́ть, вы́йти из бо́я.

disengagement /ˌdɪsɪnˈgeɪdʒmənt/ *n* (*disentangling*) освобожде́ние, высвобожде́ние; (*mil*) вы́ход из бо́я; взаи́мный вы́вод вооружённых сил.

disentangle /ˌdɪsɪnˈtæŋg(ə)l/ *vt & i* распу́т|ывать(ся), -ать(ся); выпу́тывать(ся), вы́путать(ся).

disentanglement /ˌdɪsɪnˈtæŋgəlmənt/ *n* распу́тывание, выпу́тывание.

disestablish /ˌdɪsɪˈstæblɪʃ/ *vt* (*eccl*) отдел|я́ть, -и́ть от госуда́рства (*церковь*).

disestablishment /ˌdɪsɪˈstæblɪʃmənt/ *n* отделе́ние от госуда́рства (*церкви*).

disfavour /dɪsˈfeɪvə(r)/ (*US* **disfavor**) *n* неми́лость, опа́ла.

disfigure /dɪsˈfɪgə(r)/ *vt* уро́довать, из-; обезобра|жива́ть, -зи́ть; **she was ~d in the accident** она́ была́ изуро́дована в катастро́фе.

disfigurement /dɪsˈfɪgərmənt/ *n* (*act*) обезобра́живание; (*result*) уро́дство.

disfranchise /dɪsˈfræntʃaɪz/ *vt* лиш|а́ть, -и́ть избира́тельного пра́ва.

disfranchisement /dɪsˈfræntʃaɪzmənt/ *n* лише́ние избира́тельного пра́ва.

disgorge /dɪsˈgɔːdʒ/ *vt* изв|ерга́ть, -е́ргнуть.
● *vi* (*of river etc.*) впада́ть (*impf*).

disgrace /dɪsˈgreɪs/ *n* **1** (*loss of respect*) бесче́стье, позо́р; **bring ~ upon, bring into ~** навл|ека́ть, -е́чь позо́р на + *a*. **2** (*disfavour*) неми́лость, опа́ла; **he is in ~** он в неми́лости. **3** (*cause of shame*) позо́р; **he is a ~ to the school** он позо́р для всей шко́лы.
● *vt* позо́рить, о-; (*dismiss with ignominy*) разжа́ловать (*pf*); (*bring shame upon*): **he ~d the family name** он покры́л позо́ром (*or* опозо́рил) свою́ семью́.

disgraceful /dɪsˈgreɪsfʊl/ *adj* позо́рный, недосто́йный.

disgruntled /dɪsˈgrʌnt(ə)ld/ *adj* недово́льный; раздражённый.

disguise /dɪsˈgaɪz/ *n* **1** (*clothing*) маскиро́вка; **in the ~ of a beggar** переоде́тый ни́щим. **2** (*concealment*) маскиро́вка, личи́на; **it is a blessing in ~** не́ было бы сча́стья, да несча́стье помогло́.
● *vt* (*weapons, objects, intentions*) маскирова́ть, за-; (*with clothing*) переод|ева́ть, -е́ть; (*emotions*) скры|ва́ть, -ть; **he ~d his voice/ handwriting** он измени́л го́лос/ по́черк; **a door ~d as a bookcase** потайна́я дверь в ви́де кни́жного шка́фа; (*fig*): **he ~d his feelings** он скрыл свои́ чу́вства; **there is no disguising the fact that ...** для вся́кого очеви́дно, что... .

disgust /dɪsˈgʌst/ *n* отвраще́ние; **he resigned in ~** он поки́нул пост в возмуще́нии.
● *vt* внуш|а́ть, -и́ть отвраще́ние + *d*; **I am ~ed by his behaviour** я возмущён его́ поведе́нием.

disgusting /dɪsˈgʌstɪŋ/ *adj* отврати́тельный.

dish /dɪʃ/ *n* **1** (*vessel*) (*for cooking*) (ку́хонная) посу́да; (*flat, for serving*) блю́до; **wash, do the ~es** мыть, вы- посу́ду. **2** (*contents*) блю́до; (*type of food*) блю́до, ку́шанье. **3** (*coll, TV satellite ~*) таре́лка.
● *vt* (*serve*; *also* **~ up**) под|ава́ть, -а́ть к столу́; (*fig*) под|ава́ть, -а́ть; преподн|оси́ть, -ести́; **~ out** (*food*) ра|скла́дывать, -зложи́ть по таре́лкам (*еду*); выкла́дывать, вы́ложить на блю́до (*еду*).
● *cpds* **~cloth** *n* ку́хонная/посу́дная тря́пка; **~ towel** (*US*) *n* ку́хонное/ посу́дное полоте́нце; **~washer** *n* (*woman*) судомо́йка; (*machine*) посудомо́ечная маши́на; **water** *n* помо́|и (*pl, g* -ев).

disharmony /dɪsˈhɑːmənɪ/ *n* дисгармо́ния, разла́д, разногла́сие.

dishearten /dɪsˈhɑːt(ə)n/ *vt* прив|оди́ть, -ести́ в уны́ние; **I was ~ed** я упа́л ду́хом.

dishevelled /dɪˈʃev(ə)ld/ (*US* **disheveled**) *adj* взъеро́шенный, всклоко́ченный, растрёпанный.

dishevelment /dɪˈʃev(ə)lmənt/ *n* взъеро́шенность, всклоко́ченность, растрёпанность.

dishonest /dɪsˈɒnɪst/ *adj* нече́стный, бесче́стный.

dishonesty /dɪsˈɒnɪstɪ/ *n* нече́стность, бесче́стность.

dishonour /dɪsˈɒnə(r)/ (*US* **dishonor**) *n* бесче́стье, позо́р; **he brought ~ on his family** он навлёк на свою́ семью́ позо́р.
● *vt* бесче́стить, о-; позо́рить, о-; **~ one's promise** не сде́рж|ивать, -ать обеща́ния; (*comm*): **~ a bill** отка́з|ывать, -а́ть в акце́пте ве́кселя.

dishonourable /dɪsˈɒnərəb(ə)l/ (*US* **dishonorable**) *adj* бесче́стный.

dishy /ˈdɪʃɪ/ *adj* (**dishier, dishiest**) (*Br coll*) аппети́тный, привлека́тельный.

disillusion /ˌdɪsɪˈluːʒ(ə)n, -ˈljuːʒ(ə)n/ *vt* разочаро́в|ывать, -а́ть; разр|уша́ть, -у́шить иллю́зии + *g*.

disillusionment /ˌdɪsɪˈluːʒənmənt, -ˈljuːʒənmənt/ *n* разочарова́ние; утра́та иллю́зий.

disincentive /ˌdɪsɪnˈsentɪv/ *n* сде́рживающее обстоя́тельство.

disinclination /ˌdɪsɪnklɪˈneɪʃ(ə)n/ *n* нежела́ние, неохо́та.

disinclined /ˌdɪsɪnˈklaɪnd/ *adj*: **he was ~d to help me** ему́ не хоте́лось мне помо́чь.

disinfect /ˌdɪsɪnˈfekt/ *vt* дезинфици́ровать (*impf, pf*); обеззара́|живать, -зить.

disinfectant /ˌdɪsɪnˈfekt(ə)nt/ *n* дезинфици́рующее сре́дство.

disinfection /ˌdɪsɪnˈfekʃ(ə)n/ *n* дезинфе́кция.

disinformation /ˌdɪsɪnfəˈmeɪʃ(ə)n/ *n* дезинформа́ция.

disingenuous /ˌdɪsɪnˈdʒenjʊəs/ *adj* нei̇скренний.

disingenuousness /ˌdɪsɪnˈdʒenjʊəsnɪs/ *n* нei̇скренность.

disinherit /ˌdɪsɪnˈherɪt/ *vt* (**disinherited, disinheriting**) лиш|а́ть, -и́ть насле́дства.

disinheritance /ˌdɪsɪnˈherɪtəns/ *n* лише́ние насле́дства.

disintegrate /dɪsˈɪntɪˌgreɪt/ *vt* прив|оди́ть, -ести́ к распа́ду дезинтегра́ции.
● *vi* расп|ада́ться, -а́сться.

disintegration /dɪsˌɪntɪˈgreɪʃ(ə)n/ *n* дезинтегра́ция, распа́д.

disinter /ˌdɪsɪnˈtɜː(r)/ *vt* (**disinterred, disinterring**) эксгуми́ровать (*impf, pf*).

disinterest /dɪsˈɪntrɪst/ *n* **1** (*lack of bias*) беспристра́стие. **2** (*lack of self-interest*) бескоры́стие. **3** (*lack of concern*) незаинтересо́ванность; безуча́стность.

disinterested /dɪsˈɪntrɪstɪd/ *adj* **1** (*unprejudiced*) беспристра́стный. **2** (*not self-seeking*) бескоры́стный. **3** (*coll*): **he is ~ in ballet** он не интересуется балетом.

disinterestedness /dɪsˈɪntrɪstɪdnɪs/ *n* беспристрастие; бескорыстие; отсутствие интереса.

disinterment /ˌdɪsɪnˈtɜːmənt/ *n* эксгумация.

disinvestment /ˌdɪsɪnˈvestmənt/ *n* (*econ*) сокращение капиталовложений.

disjoin /dɪsˈdʒɔɪn/ *vt* разъедин|ять, -ить.

disjointed /dɪsˈdʒɔɪntɪd/ *adj* (*fig*) бессвязный, несвязный.

disjunction /dɪsˈdʒʌŋkʃ(ə)n/ *n* разделение, разъединение.

disjunctive /dɪsˈdʒʌŋktɪv/ *adj* (*separating*) разъединяющий; (*gram*) разделительный.

disk /dɪsk/ (*US, comput*) = **disc**

diskette /dɪˈsket/ *n* (*comput*) дискета.

dislikable /dɪsˈlaɪkəb(ə)l/ *adj* неприятный, антипатичный, несимпатичный.

dislike /dɪsˈlaɪk/ *n* неприязнь, нелюбовь, нерасположение; (*often in pl*; *disliked thing*) антипатия; **I took a ~ to him** я невзлюбил его.

● *vt* не любить (*impf*) + *g*; недолюбливать (*impf*) + *a or g*; **I ~ having to go** мне не хочется (*or* я не расположен) идти; **he made himself ~d** он вызвал к себе неприязнь.

dislocate /ˈdɪsləˌkeɪt/ *vt* вывихнуть (*pf*); (*fig*): **traffic was ~d** движение было нарушено.

dislocation /ˌdɪsləˈkeɪʃ(ə)n/ *n* вывих; нарушение.

dislodge /dɪsˈlɒdʒ/ *vt* сме|щать, -стить; (*fig*) вытеснять, вытеснить.

dislodgement /dɪsˈlɒdʒmənt/ *n* смещение, вытеснение.

disloyal /dɪsˈlɔɪəl/ *adj* нелояльный, неверный.

disloyalty /dɪsˈlɔɪəltɪ/ *n* нелояльность, неверность.

dismal /ˈdɪzm(ə)l/ *adj* мрачный, унылый, гнетущий.

dismalness /ˈdɪzməlnɪs/ *n* мрачность, унылость.

dismantle /dɪsˈmænt(ə)l/ *vt* (*strip of defences etc.*) демонтировать (*impf, pf*); (*take to pieces*) раз|бирать, -обрать.

dismay /dɪsˈmeɪ/ *n* смятение, (*extreme*) потрясение.

● *vt* прив|одить, -ести в смятение; потряс|ать, -ти.

dismember /dɪsˈmembə(r)/ *vt* расчлен|ять, -ить; (*fig*) раздел|ять, -ить.

dismemberment /dɪsˈmembəmənt/ *n* расчленение, разделение.

dismiss /dɪsˈmɪs/ *vt* **1** (*send away*) (*a group*) распус|кать, -тить; (*let go*) отпус|кать, -тить; **he ~ed her with a nod** он отпустил её кивком головы. **2** (*discharge from service*) ув|ольнять, -олить; удал|ять, -ить. **3** (*put out of consideration, reject*): **he ~ed it from his mind** он выбросил это из головы; **the argument is not to be ~ed lightly** нельзя от этого довода просто отмахнуться; **I ~ed the idea** я оставил эту мысль. **4** (*law*): (*a case*) прекра|щать, -тить; (*an appeal*) отклон|ять, -ить.

dismissal /dɪsˈmɪsəl/ *n* (*of a goup of people*) роспуск; (*from service*) увольнение.

dismissive /dɪsˈmɪsɪv/ *adj* (*contemptuous*) презрительный.

dismount /dɪsˈmaʊnt/ *vi* (*from horse*) спеши|ваться, -ться; (*from bicycle*) слез|ать, -ть.

disobedience /ˌdɪsəˈbiːdɪəns/ *n* неповиновение, непослушание.

disobedient /ˌdɪsəˈbiːdɪənt/ *adj* непослушный.

disobey /ˌdɪsəˈbeɪ/ *vt* не слушаться, по- + *g*; не повиноваться (*impf, pf*) + *d*; **my orders were ~ed** мои приказания не были выполнены.

disoblige /ˌdɪsəˈblaɪdʒ/ *vt* не считаться, по- с желаниями + *g*; поступ|ать, -ить нелюбезно с + *i*.

disobliging /ˌdɪsəˈblaɪdʒɪŋ/ *adj* нелюбезный.

disorder /dɪsˈɔːdə(r)/ *n* (*untidiness*) беспорядок; (*confusion*) хаос, неразбериха; (*riot*) беспорядки (*m pl*); (*med*) расстройство; **mental ~** психическое нарушение/ расстройство.

● *vt* расстр|аивать, -оить; прив|одить, -ести в беспорядок.

disorderliness /dɪsˈɔːdəlmɪs/ *n* беспорядок; (*unruliness*) буйство.

disorderly /dɪsˈɔːdəlɪ/ *adj* (*untidy*) беспорядочный; (*unruly*) буйный; **~ conduct** хулиганство.

disorganization /dɪsˌɔːgənaɪˈzeɪʃ(ə)n/ *n* дезорганизация.

disorganize /dɪsˈɔːgəˌnaɪz/ *vt* дезорганизовать (*impf, pf*).

disorient /dɪsˈɔːrɪənt/ = **disorientate**

disorientate /dɪsˈɔːrɪənˌteɪt/ *vt* дезориентировать (*impf, pf*).

disorientation /dɪsˌɔːrɪənˈteɪʃ(ə)n/ *n* дезориентация.

disown /dɪsˈəʊn/ *vt* отказ|ываться, -аться от + *g*; отр|екаться, -ечься от + *g*.

disownment /dɪsˈəʊnmənt/ *n* отказ, отречение (от + *g*).

disparage /dɪˈspærɪdʒ/ *vt* (*belittle*) преум|еньшать, -еньшить; говорить (*impf*) с пренебрежением о + *p*.

disparagement /dɪˈspærɪdʒmənt/ *n* преуменьшение.

disparaging /dɪˈspærɪdʒɪŋ/ *adj* пренебрежительный.

disparate /ˈdɪspərət/ *adj* несхожий.

disparity /dɪˈspærɪtɪ/ *n* расхождение; (*incongruity*) несоответствие.

dispassionate /dɪˈspæʃənət/ *adj* бесстрастный.

dispassionateness /dɪˈspæʃənətnɪs/ *n* бесстрастность.

dispatch /dɪˈspætʃ/ *n* **1** (*sending off*) отправка. **2** (*message*) депеша, донесение; (*for a newspaper*) сообщение; **he was mentioned in ~es** он был отмечен в депешах. **3** (*promptitude*) быстрота.

● *vt* **1** (*send off*) отпр|авлять, -авить. **2** (*deal with, e.g. business*) спр|авляться, -авиться с + *i*. **3** (*kill*) покончить (*pf*) с + *i*; отпр|авлять, -авить на тот свет (*coll*).

● *cpds* **~ box** *n* вализа (для официальных бумаг) (*пользующийся неприкосновенностью почтовый мешок дипкурьера*); **~ rider** *n* курьер.

dispatcher /dɪˈspætʃə(r)/ *n* (*sender*) отправитель (*m*); (*regulator*) диспетчер.

dispel /dɪˈspel/ *vt* (**dispelled, dispelling**) рассе|ивать, -ять.

dispensable /dɪˈspensəb(ə)l/ *adj* необязательный.

dispensary /dɪˈspensərɪ/ *n* аптека; (*in hospital*) пункт раздачи лекарств.

dispensation /ˌdɪspenˈseɪʃ(ə)n/ *n* **1** (*dealing out*) раздача. **2** (*order*) закон; **under the Mosaic ~** по закону Моисееву. **3** (*exemption*) освобождение, исключение; (*permission*) разрешение.

dispens|e /dɪˈspens/ *vt* **1** (*deal out*) разд|авать, -ать. **2** (*of prescription*) пригот|овлять, -овить; **~ing chemist** (*Br*) аптекарь (*m*), фармацевт. **3** (*release*) освобо|ждать, -дить (*от чего*).

● *vi*: **~ with** (*do without*) об|ходиться, -ойтись без + *g*.

dispenser /dɪˈspensə(r)/ *n* **1** (*one who deals out*) раздающий, распределяющий; **~ of justice** отправляющий правосудие. **2** (*of medicines*) фармацевт. **3** (*machine*) торговый автомат; (*container*) дозатор; **cash ~** банкомат; **drinks ~** автомат по продаже напитков; **toilet paper ~** дозатор туалетной бумаги.

dispers|al /dɪˈspɜːsəl/, **-ion** /dɪˈspɜːʃ(ə)n/ *nn* рассредоточение, рассеивание; разгон.

disperse /dɪˈspɜːs/ *vt* рассе|ивать, -ять; раз|гонять, -огнать; **the policeman ~d the crowd** полицейский разогнал толпу; **the troops were ~d over a wide front** войска были рассредоточены по широкому фронту.

● *vi* рассе|иваться, -яться; ра|сходиться, -зойтись.

dispersion /dɪˈspɜːʃ(ə)n/ *n*= **dispersal**

dispirit /dɪˈspɪrɪt/ *vt* удруч|ать, -ить; прив|одить, -ести в уныние.

displace /dɪsˈpleɪs/ *vt* **1** (*put in wrong place*) сме|щать, -стить; **~d persons** перемещённые лица (*беженцы и вынужденные переселенцы из других стран*); **internally ~d persons** вынужденные переселенцы (*в пределах своей страны или страны проживания*). **2** (*replace*) заме|щать, -стить; (*remove from office*) сме|щать, -стить; (*oust*) вытеснять, вытеснить; **he ~d his rival in her affections** он вытеснил своего соперника из её сердца.

displacement /dɪsˈpleɪsmənt/ *n* (*ousting*) смещение, вытеснение; (*replacement*) замещение; (*of ship*) водоизмещение; (*geol*) сдвиг.

display /dɪˈspleɪ/ *n* **1** (*manifestation*) показ, проявление. **2** (*ostentation*) хвастовство; **he made a ~ of his wealth** он кичился своим богатством. **3** (*of goods etc.*) выставка; **there was a**

fine ~ of flowers at the show на выставке демонстрировалось много изумительных цветов. **4** (*of computer*) дисплей.
● *vt* (*quality, emotion*) проявлять, -ить; обнару́жи|вать, -ть; (*on screen, in a picture*) демонстрировать, про-; пок|азывать, -азать; (*goods etc.*) выставлять, выставить; **he ~s his ignorance** он проявляет/выказывает своё невежество.

displease /dɪsˈpli:z/ *vt* не нравиться (*impf*) + *d*; сердить, рас-; вызывать, вызвать недовольство у + *g*; **he was ~d at this** он был недоволен этим; это вызвало у него недовольство; **I am ~d with you** я недоволен вами.

displeasing /dɪsˈpli:zɪŋ/ *adj* неприятный; досадный.

displeasure /dɪsˈpleʒə(r)/ *n* недовольство, неудовольствие; **incur s.o.'s ~** навл|екать, -ечь на себя (*or* вызывать, вызвать) чьё-н. недовольство.

disport /dɪˈspɔ:t/ *vt*: **~ o.s.** резвиться (*impf*).

disposable /dɪˈspəʊzəb(ə)l/ *adj* разовый, одноразовый; одноразового пользования.

disposal /dɪˈspəʊz(ə)l/ *n* **1** (*getting rid of*) удаление,устранение; (*of sewage*) сброс, удаление; **the ~ of rubbish** уборка мусора; **bomb ~** обезвреживание бомб.
2 (*arrangement*) размещение.
3 (*management, control*) распоряжение; **the money is at your ~** деньги в вашем распоряжении.

dispose /dɪˈspəʊz/ *vt* **1** (*arrange*) распол|агать, -ожить. **2** (*determine*) распол|агать, -ожить; **man proposes, God ~s** человек предполагает, а Бог располагает. **3** (*incline*) склон|ять, -ить; **this ~s me to believe that ...** это склоняет меня к мысли, что...; **I am not ~d to help him** я не склонен ему помогать; **he is well ~d towards me** он хорошо ко мне относится.
● *vi* (*with prep* **of**) **1** (*get rid of*) изб|авляться, -авиться от + *g*. **2** (*deal with*): **he ~d of his work/dinner** он управился с работой/обедом.
3 (*account for, overcome*) разд|елываться, -елаться с + *i*; **that argument is soon ~d of** этот аргумент легко опровергнуть.

disposition /ˌdɪspəˈzɪʃ(ə)n/ *n*
1 (*arrangement*) расположение.
2 (*character*) нрав, характер; **he has a cheerful ~** у него весёлый нрав.
3 (*inclination*) склонность; **there was a general ~ to leave early** большинство было склонно уйти рано.

dispossess /ˌdɪspəˈzes/ *vt* лиш|ать, -ить (*кого чего*); от|бирать, -обрать (*что у кого*).

dispossession /ˌdɪspəˈzeʃ(ə)n/ *n* лишение (*собственности*).

disproportion /ˌdɪsprəˈpɔ:ʃ(ə)n/ *n* диспропорция.

disproportionate /ˌdɪsprəˈpɔ:ʃənət/ *adj* (*lacking proportion*) непропорциональный; (*too large*) чрезмерный; (*too small*) незначительный.

disprove /dɪsˈpru:v/ *vt* опров|ергать, -ергнуть.

disputable /dɪˈspju:təb(ə)l, ˈdɪspjʊ-/ *adj* спорный, недоказанный.

disputant /dɪˈspju:t(ə)nt/ *n* участник дискуссии, спорщик.

disputation /ˌdɪspju:ˈteɪʃ(ə)n/ *n* диспут, спор.

disputatious /ˌdɪspju:ˈteɪʃ(ə)s/ *adj*: **he is ~** он большой спорщик.

dispute /dɪˈspju:t, ˈdɪspju:t/ *n* **1** (*debate, argument*) диспут; (*disagreement*) спор; **the ownership of the house is in ~** право собственности на этот дом оспаривается; **beyond, past ~** бесспорно, вне всяких сомнений.
2 (*quarrel*) ссора, разногласие.
● *vt* (*call in question, oppose*) осп|аривать, -орить; **I ~ that point** я оспариваю этот пункт; **the will was ~d** завещание было опротестовано.
● *vi* (*argue*) спорить, по-; **they ~d whether to wait or not** они спорили, ждать им или нет.

disqualification /dɪsˌkwɒlɪfɪˈkeɪʃ(ə)n/ *n* дисквалификация; **age is no ~** возраст — не помеха/препятствие.

disqualify /dɪsˈkwɒlɪˌfaɪ/ *vt* дисквалифицировать (*impf, pf*).

disquiet /dɪsˈkwaɪət/ *n* беспокойство, тревога.
● *vt* беспокоить, о-, тревожить, вс-.

disquieting /dɪsˈkwaɪətɪŋ/ *adj* тревожный; **a ~ly high number of mistakes** тревожное количество ошибок.

disquietude /dɪsˈkwaɪəˌtju:d/ *n* беспокойство, тревога.

disquisition /ˌdɪskwɪˈzɪʃ(ə)n/ *n* трактат.

disregard /ˌdɪsrɪˈgɑ:d/ *n* пренебрежение + *i*; **he showed ~ for his teachers** он проявлял неуважение к учителям.
● *vt* пренебр|егать, -ечь + *i*; (*ignore*) игнорировать (*impf, pf*).

disrepair /ˌdɪsrɪˈpeə(r)/ *n* неисправность; **the house is in ~** дом в запущенном состоянии; **fall into ~** при|ходить, -йти в упадок/запустение; (*mechanism*) при|ходить -йти в неисправность.

disreputable /dɪsˈrepjʊtəb(ə)l/ *adj* (*behaviour*) позорный; (*company, person*) пользующийся дурной славой; **a ~ old hat** убогая старая шляпа.

disrepute /ˌdɪsrɪˈpju:t/ *n* дурная слава; **fall into ~** приобре|тать, -сти дурную славу.

disrespect /ˌdɪsrɪˈspekt/ *n* неуважение (**for, to:** к + *d*); непочтение (**for, to:** к + *d*); непочтительность.
● *vt* (*coll*) прояв|лять, -ить неуважение к + *d*.

disrespectful /ˌdɪsrɪˈspektfʊl/ *adj* непочтительный, неуважительный.

disrobe /dɪsˈrəʊb/ *vt & i* (*undress*) разд|евать(ся), -еть(ся); (*take off robes*) разоблач|ать(ся), -ить(ся).

disrupt /dɪsˈrʌpt/ *vt* (*event*) срывать, сорвать; (*process, system*) прер|ывать, -вать; нар|ушать, -ушить.

disruption /dɪsˈrʌpʃ(ə)n/ *n* срыв; нарушение.

disruptive /dɪsˈrʌptɪv/ *adj* разрушительный, подрывной.

dissatisfaction /ˌdɪsætɪsˈfækʃ(ə)n/ *n* неудовлетворённость, недовольство, неудовольствие.

dissatisf|y /dɪˈsætɪsˌfaɪ/ *vt* не удовлетвор|ять, -ить; **he is ~ied with his job** он недоволен/неудовлетворён своей работой.

dissect /dɪˈsekt/ *vt* вскр|ывать, -ыть; (*fig*) раз|бирать, -обрать.

dissection /dɪˈsekʃ(ə)n/ *n* вскрытие; разбор.

dissemble /dɪˈsemb(ə)l/ *vt* таить (*impf*); скры|вать, -ть; **he ~s his emotions** он скрывает свои чувства.
● *vi* притвор|яться, -иться; таиться (*impf*) лицемерить (*impf*).

dissembler /dɪˈsemblə(r)/ *n* притворщик, лицемер.

dissembling /dɪˈsemblɪŋ/ *n* притворство.
● *adj* (*smile, behaviour*) притворный; (*person*) притворяющийся.

disseminate /dɪˈsemɪˌneɪt/ *vt* распростран|ять, -ить.

dissemination /dɪˌsemɪˈneɪʃ(ə)n/ *n* распространение.

disseminator /dɪˈsemɪˌneɪtə(r)/ *n* распространитель (*m*).

dissension /dɪˈsenʃ(ə)n/ *n* разлад, раздор.

dissent /dɪˈsent/ *n* несогласие; (*eccl*) раскол.

dissenter /dɪˈsentə(r)/ *n* диссидент; (*rebel*) бунтарь (*m*); (*eccl*) раскольник.

dissentient /dɪˈsenʃ(ə)nt/ *n & adj* несогласный.

dissertation /ˌdɪsəˈteɪʃ(ə)n/ *n* (*thesis*) диссертация; (*as part of diploma*) дипломная работа.

disservice /dɪsˈsə:vɪs/ *n* плохая услуга, ущерб; **he did me a ~** он нанёс мне ущерб; он навредил мне; **his words did great ~ to the cause** его слова нанесли большой ущерб делу.

dissidence /ˈdɪsɪd(ə)ns/ *n* несогласие, инакомыслие.

dissident /ˈdɪsɪd(ə)nt/ *n* (*pol*) диссидент; (*differently-minded person*) инакомыслящий.
● *adj* несогласный, диссидентский, инакомыслящий.

dissimilar /dɪˈsɪmɪlə(r)/ *adj* несходный.

dissimilarity /ˌdɪsɪmɪˈlærɪtɪ/ *n* несходство.

dissimulate /dɪˈsɪmjʊˌleɪt/ *vt* скры|вать, -ть, таить (*impf*).
● *vi* лицемерить (*impf*); притворяться (*impf*).

dissimulation /dɪˌsɪmjʊˈleɪʃ(ə)n/ *n* лицемерие, притворство.

dissimulator /dɪˈsɪmjʊˌleɪtə(r)/ *n* лицемер, притворщик.

dissipate /ˈdɪsɪˌpeɪt/ *vt* (*lit, fig*) рассе|ивать, -ять; (*squander*) растра|чивать, -тить; пром|атывать, -отать.

dissipated /ˈdɪsɪˌpeɪtɪd/ *adj* беспутный; (*life style*) разгульный.

dissipation /ˌdɪsɪˈpeɪʃ(ə)n/ *n* беспу́тство, разгу́л.

dissociate /dɪˈsəʊʃɪˌeɪt, -sɪˌeɪt/, **disassociate** /ˌdɪsəˈsəʊʃɪˌeɪt, -sɪˌeɪt/ *vt* (*disunite*) разобщ|а́ть, -и́ть; разъедин|я́ть, -и́ть; ~ **o.s.** отмеж|ёвываться, -ева́ться (от + *g*); **I ~ myself from what has been said** я отмежёвываюсь от того́, что бы́ло ска́зано; (*think of as separate*) отдел|я́ть, -и́ть.

dissociation /dɪˌsəʊsɪˈeɪʃ(ə)n, -ʃɪˈeɪʃ(ə)n/ *n* разобще́ние, разъедине́ние.

dissolubility /dɪˌsɒljʊˈbɪlɪtɪ/ *n* (*of contract, marriage, etc.*) расторжи́мость; возмо́жность расторже́ния.

dissoluble /dɪˈsɒljʊb(ə)l/ *adj* (*of contract, marriage, etc.*) расторжи́мый.

dissolute /ˈdɪsəˌluːt, -ˌljuːt/ *adj* распу́щенный, беспу́тный, распу́тный.

dissoluteness /ˈdɪsəˌluːtnɪs, -ˌljuːtnɪs/ *n* распу́щенность, беспу́тство, распу́тство.

dissolution /ˌdɪsəˈluːʃ(ə)n, -ˈljuːʃ(ə)n/ *n* (*phys*) растворе́ние; (*death*) кончи́на; (*of marriage etc.*) расторже́ние; (*of parliament*) ро́спуск.

dissolvable /dɪˈzɒlvəb(ə)l/ *adj* разложи́мый; (*contract*) расторжи́мый.

dissolve /dɪˈzɒlv/ *vt* **1** (*phys*) раствор|я́ть, -и́ть. **2**: **the queen ~d parliament** короле́ва распусти́ла парла́мент. **3** (*marriage*) раст|орга́ть, -о́ргнуть; **the marriage was ~d** брак был расто́ргнут.

● *vi* (*phys*) раствор|я́ться, -и́ться; **she ~d into tears** она́ залила́сь слеза́ми.

dissonance /ˈdɪsənəns/ *n* диссона́нс.

dissonant /ˈdɪsənənt/ *adj* диссони́рующий, нестро́йный.

dissuade /dɪˈsweɪd/ *vt* отгов|а́ривать, -ори́ть (*кого от чего*); отсове́товать (*pf*) (*что кому*).

dissuasion /dɪˈsweɪʒ(ə)n/ *n* отгова́ривание.

distaff /ˈdɪstɑːf/ *n* пря́лка; **on the ~ side** по же́нской ли́нии.

distance /ˈdɪst(ə)ns/ *n* **1** (*measure of space*) диста́нция, расстоя́ние; **it can be seen from a ~ of two miles** э́то ви́дно с расстоя́ния двух миль; **it is some ~ to the school** до шко́лы дово́льно далеко́; **no ~ at all** совсе́м недалеко́; **he lives within walking ~ of the office** от его́ до́ма до рабо́ты мо́жно дойти́ пешко́м; **at what ~?** на како́м расстоя́нии?; **in the ~** вдалеке́; **from a ~** и́здали, издалека́; **middle ~** сре́дний план. **2** (*fig*): **keep one's ~** держа́ться (*impf*) в стороне́ (от + *g*); **keep s.o. at a ~** держа́ть (*impf*) кого́-н. на расстоя́нии.

● *vt*: ~ **o.s.** отмеж|ёвываться, -ева́ться (от + (*g*).

distant /ˈdɪst(ə)nt/ *adj* **1** (*in space*) далёкий, да́льний, отдалённый; **the school is three miles ~** шко́ла нахо́дится на расстоя́нии трёх миль; **we had a ~ view of the mountains** вдали́ мы ви́дели го́ры. **2** (*in time*) далёкий. **3** (*fig, remote*): **a ~ cousin** да́льний ро́дственник; **a ~ likeness** отдалённое схо́дство. **4** (*reserved*) сде́ржанный, холо́дный.

● *cpd* ~ **learning** *n* зао́чное обуче́ние.

distaste /dɪsˈteɪst/ *n* отвраще́ние (**for:** к + *d*).

distasteful /dɪsˈteɪstfʊl/ *adj* отврати́тельный, неприя́тный.

distemper[1] /dɪˈstempə(r)/ *n* (*disease of dogs*) соба́чья чума́.

distemper[2] /dɪˈstempə(r)/ *n* (*method of painting*) те́мпера; (*type of paint*) клеева́я кра́ска.

● *vt* кра́сить, по- клеево́й кра́ской.

distend /dɪˈstend/ *vt & i* над|ува́ть(ся), -у́ть(ся); вз|дува́ть(ся), -у́ть(ся).

distension /dɪˈstenʃ(ə)n/ *n* расшире́ние, взду́тие.

distil /dɪˈstɪl/ (*US* **distill**) *vt* (**distilled, distilling**) дистилли́ровать (*impf, pf*); (*e.g. salt water*) опресн|я́ть, -и́ть; ~ **whisky** перег|оня́ть, -на́ть ви́ски.

distillate /ˈdɪstɪˌleɪt/ *n* дистилля́т.

distillation /ˌdɪstɪˈleɪʃ(ə)n/ *n* (*process*) дистилля́ция, перего́нка; винокуре́ние.

distiller /dɪˈstɪlə(r)/ *n* (*equipment*) дистилля́тор; (*person*) виноку́р; (*company*) ликёрово́дочная компа́ния.

distillery /dɪˈstɪlərɪ/ *n* ликёрово́дочный заво́д.

distinct /dɪˈstɪŋkt/ *adj* **1** (*sound*) вня́тный; (*picture*) отчётливый; (*idea, thought*) я́сный; (*improvement, change*) заме́тный; (*advantage, possibility*) очеви́дный. **2** (*different*) отли́чный (от + *g*).

distinction /dɪˈstɪŋkʃ(ə)n/ *n* **1** (*difference*) отли́чие. **2** (*discrimination*) разли́чие; **without ~ of rank** не взира́я на ра́нги. **3** (*special or superior quality*) отличи́тельная осо́бенность, своеобра́зие; **a writer of ~** выдаю́щийся писа́тель; **his style lacks ~** его́ стиль не отлича́ется своеобра́зием. **4** (*mark of honour*) отли́чие; **he received several ~s** он получи́л не́сколько зна́ков отли́чия.

distinctive /dɪˈstɪŋktɪv/ *adj* своеобра́зный, осо́бый; (*feature*) отличи́тельный.

distinctly /dɪˈstɪŋktlɪ/ *adv* отчётливо; (*perceptibly*) заме́тно; ~ **better** значи́тельно лу́чше; **he spoke ~** он говори́л вня́тно/чётко; **I ~ heard** я я́сно слы́шал.

distinctness /dɪˈstɪŋktnɪs/ *n* отчётливость, определённость.

distinguish /dɪˈstɪŋgwɪʃ/ *vt* **1** (*perceive*) различ|а́ть, -и́ть; разгля́д|ывать, -е́ть. **2** (*discern or point out difference*) различ|а́ть, -и́ть. **3** (*characterize*) отлич|а́ть, -и́ть. **4**: ~ **o.s.** отлич|а́ться, -и́ться.

distinguishable /dɪˈstɪŋgwɪʃəb(ə)l/ *adj* (*visible*) различи́мый, заме́тный; (*different*) отличи́мый.

distinguished /dɪˈstɪŋgwɪʃt/ *adj* выдаю́щийся, ви́дный.

distort /dɪˈstɔːt/ *vt* иска|жа́ть, -зи́ть; (*twist, contort*) искрив|ля́ть, -и́ть; ~ **facts** извра|ща́ть, -ти́ть фа́кты.

distortion /dɪˈstɔːʃ(ə)n/ *n* искаже́ние, извраще́ние.

distract /dɪˈstrækt/ *vt* **1** (*draw away; make inattentive*) отвл|ека́ть, -е́чь; **it ~s me from my work** э́то отвлека́ет меня́ от рабо́ты. **2** (*derange mentally*) св|оди́ть, -ести́ с ума́; дов|оди́ть, -ести́ до безу́мия; **he drove her ~ed** он довёл её до безу́мия.

distraction /dɪˈstrækʃ(ə)n/ *n* (*act of diverting*) отвлече́ние; (*cause of inattention*) поме́ха; (*amusement*) развлече́ние; (*frenzy, derangement*) безу́мие; **he loves her to ~** он безу́мно (*or* без па́мяти) её лю́бит; **drive s.o. to ~** дов|оди́ть, -ести́ кого́-н. до безу́мия.

distrain /dɪˈstreɪn/ *vi* (*law*) опи́с|ывать, -а́ть иму́щество за долги́; ~ **upon s.o.'s goods** на|кла́дывать, -ложи́ть аре́ст на чьи́-н. това́ры для обеспе́чения до́лга.

distraint /dɪˈstreɪnt/ *n* (*law*) наложе́ние аре́ста на иму́щество в обеспе́чение до́лга.

distraught /dɪˈstrɔːt/ *adj* обезу́мевший.

distress /dɪˈstres/ *n* **1** (*physical suffering*) изнуре́ние, изнеможе́ние; **the runner showed signs of ~** бегу́н был изнурён. **2** (*mental suffering*) трево́га, депре́ссия. **3** (*indigence*) нужда́. **4** (*danger*) бе́дствие; **a ship in ~** су́дно, те́рпящее бе́дствие.

● *vt* **1** (*grieve*) огорч|а́ть, -и́ть. **2** (*impoverish*) истощ|а́ть, -и́ть; ~**ed area** райо́н бе́дствия.

distressing /dɪˈstresɪŋ/ *adj* огорчи́тельный, доса́дный.

distribute /dɪˈstrɪbjuːt, ˈdɪ-/ *vt* **1** (*deal out*) распредел|я́ть, -и́ть; разд|ава́ть, -а́ть; (*goods*) распростран|я́ть; -и́ть. **2** (*spread*) распредел|я́ть, -и́ть; **wealth is unfairly ~d** бога́тство распределя́ется несправедли́во; ~ **a load evenly** равноме́рно распредел|я́ть, -и́ть груз.

distribution /ˌdɪstrɪˈbjuːʃ(ə)n/ *n* **1** (*dealing out, spreading*) распределе́ние, разда́ча; (*of goods*) распростране́ние; **the ~ of population is uneven** населе́ние распределено́ неравноме́рно; ~ **of prizes** разда́ча награ́д. **2** (*marketing*) распределе́ние, распростране́ние.

distributive /dɪˈstrɪbjʊtɪv/ *adj* распредели́тельный; **the ~ trades** ро́зничная торго́вля; (*gram*) разделите́льный.

distributor /dɪˈstrɪbjʊtə(r)/ *n* (*person*) распредели́тель (*m*); (*in car*) распредели́тель (*m*) зажига́ния; (*comm*) дистрибью́тор.

district /ˈdɪstrɪkt/ *n* райо́н, о́круг; (*attr*) райо́нный, окружно́й; **consular ~** ко́нсульский о́круг; **postal ~** почто́вый райо́н; (*US, constituency*) избира́тельный уча́сток; **D~ of Columbia** о́круг Колу́мбия; ~ **attorney** (*US*) окружно́й прокуро́р; ~ **nurse** (*Br*) участко́вая (мед)сестра́.

distrust /dɪsˈtrʌst/ *n* недове́рие.

● *vt* не доверя́ть (*impf*) + *d*.

distrustful /dɪsˈtrʌstfʊl/ *adj* недове́рчивый.

disturb /dɪˈstɜːb/ *vt* беспоко́ить, о-; меша́ть, по- + *d*; трево́жить, вс-;

(*peace*) нар|уша́ть, -у́шить; ~ **s.o.'s sleep** нар|уша́ть, -у́шить чей-н. сон; ~ **the surface of the water** трево́жить, по- во́дную гладь; **he was ~ed by the news** он был обеспоко́ен но́востью; **his mind was ~ed** у него́ помути́лся рассу́док; ~ **the peace** вызыва́ть, вы́звать обще́ственные беспоря́дки; **do not ~ these papers** не тро́гайте э́ти бума́ги.

disturbance /dɪˈstɜːbəns/ *n* (*act of troubling*) наруше́ние; (*cause of trouble*) трево́га; (*riot*) волне́ния (*nt pl*); беспоря́дки (*m pl*).

disturbing /dɪˈstɜːbɪŋ/ *adj* трево́жный.

disunite /ˈdɪsjuːˈnaɪt/ *vt* (*separate, estrange*) разобщ|а́ть, -и́ть; разъедин|я́ть, -и́ть.

disuse /dɪsˈjuːs/ *n* забро́шенность, неупотребле́ние; **fall into ~** выходи́ть, вы́йти из употребле́ния.

disused /dɪsˈjuːsd/ *adj*: **a ~ well** забро́шенный коло́дец.

disyllabic /ˌdɪsɪˈlæbɪk, ˌdaɪ-/ *adj* двусло́жный.

disyllable /dɪˈsɪləb(ə)l, ˈdaɪ-/ *n* двусло́жное сло́во.

ditch /dɪtʃ/ *n* кана́ва; ров.
● *vt*: ~ **one's plane** сажа́ть, посади́ть самолёт на́ воду; ~ **one's plans** (*coll*) забр|а́сывать, -о́сить свои́ пла́ны; ~ **one's old clothes** (*coll*) выбра́сывать, вы́бросить ста́рую оде́жду; ~ **s.o.** (*coll*) бр|оса́ть, -о́сить кого́-н.
● *vi* (*make ~es*) копа́ть, вы́- кана́вы; (*repair ~es*) чи́стить, вы́- кана́вы.
● *cpd* **~water** *n* стоя́чая вода́; **dull as ~water** смерте́льно ску́чный.

dither /ˈdɪðə(r)/ *n* (*coll*) смяте́ние; **she was in a ~** она́ не́рвничала (*or* была́ в смяте́нии).
● *vi* (*coll*) колеба́ться, по-.

dithery /ˈdɪðərɪ/ *adj* (*coll*) нереши́тельный, нерво́зный.

ditto /ˈdɪtəʊ/ *n* (*pl* **~s**) то же; сто́лько же.

ditty /ˈdɪtɪ/ *n* пе́сенка.

diuretic /ˌdaɪjʊˈretɪk/ *n* мочего́нное сре́дство.
● *adj* мочего́нный.

diurnal /daɪˈɜːn(ə)l/ *adj* дневно́й, ежедне́вный.

diva /ˈdiːvə/ *n* (*pl* **~s**) примадо́нна, ди́ва.

divan /dɪˈvæn, daɪ-, ˈdaɪ-/ *n* тахта́, дива́н; ~ **bed** дива́н-крова́ть.

dive /daɪv/ *n* **1** (*act of diving*) ныро́к, ныря́ние; **high ~** прыжо́к в во́ду с вы́шки; (*of submarine*) погруже́ние; (*of aircraft*) пики́рование; **the plane went into a ~** самолёт спики́ровал. **2** (*underground bar etc.*) погребо́к. **3** (*drinking or gambling den*) прито́н.
● *vi* (*past and pp* **dived** *or US also* **dove**) **1** (*plunge into water*) ныр|я́ть, -ну́ть; (*in diving suit; also of submarine*) погру|жа́ться, -зи́ться. **2** (*move sharply downwards*): **the animal ~d into its hole** зверёк юркну́л в нору́; **he ~d into his pocket** он су́нул ру́ку в карма́н. **3** (*fig, immerse o.s.*) углуб|ля́ться, -и́ться; *see also* ⇨**diving**
● *cpds* **~-bomb** *vt* бомби́ть (*impf*) с пики́рования; **~-bomber** *n* пики́рующий бомбардиро́вщик.

diver /ˈdaɪvə(r)/ *n* ныря́льщик; водола́з; (*for pearls*) иска́тель (*m*) же́мчуга; (*bird*) гага́ра.

diverge /daɪˈvɜːdʒ/ *vi* ра|сходи́ться, -зойти́сь; (*from truth, standard*) отклон|я́ться, -и́ться.

divergence /daɪˈvɜːdʒ(ə)ns/ *n* расхожде́ние, отклоне́ние.

divergent /daɪˈvɜːdʒ(ə)nt/ *adj* расходя́щийся, отклоня́ющийся.

diverse /daɪˈvɜːs, ˈdaɪ-, dɪ-/ *adj* разнообра́зный.

diversification /daɪˌvɜːsɪfɪˈkeɪʃ(ə)n/ *n* расшире́ние ассортиме́нта.

diversify /daɪˈvɜːsɪˌfaɪ/ *vt* разнообра́зить (*impf*), варьи́ровать (*impf*).

diversion /daɪˈvɜːʃ(ə)n, dɪ-/ *n* **1** (*turning aside*) отклоне́ние; ~ **of a stream** отво́д ручья́; **traffic ~** (*Br*) объе́зд. **2** (*mil*) диве́рсия. **3** (*amusement*) развлече́ние, заба́ва. **4**: **create a ~** отвл|ека́ть, -е́чь внима́ние.

diversionary /daɪˈvɜːʃənərɪ, dɪ-/ *adj* диверсио́нный.

diversity /daɪˈvɜːsɪtɪ, dɪ-/ *n* (*variety*) разнообра́зие.

divert /daɪˈvɜːt, dɪ-/ *vt* (*deflect*) отклон|я́ть, -и́ть; отвл|ека́ть, -е́чь; (*entertain*) развл|ека́ть, -е́чь.

divertimen|to /dɪˌvɜːtɪˈmentəʊ, dɪˌveə-/ *n* (*pl* **~ti** /-tɪ/ *or* **~tos**) дивертисме́нт.

diverting /daɪˈvɜːtɪŋ, dɪ-/ *adj* развлека́ющий, развлека́тельный, заба́вный.

divertissement /dɪˈvɜːtɪsmənt, ˌdiːveə ˈtiːsmɑ̃/ *n* (*ballet*) дивертисме́нт.

divest /daɪˈvest/ *vt* (*fig*) лиш|а́ть, -и́ть; ~ **o.s. of functions** сложи́ть (*pf*) с себя́ обя́занности.

divide /dɪˈvaɪd/ *n* (*divergence*) расхожде́ние; (*geog*) водоразде́л.
● *vt* **1** (*share*) дели́ть, по-, раз-; **they ~d the money equally** они́ раздели́ли де́ньги по́ровну; **he ~s his time between work and play** он де́лит своё вре́мя ме́жду рабо́той и развлече́ниями. **2** (*math*) дели́ть, раз-; ~ **27 by 3** 27 дели́ть, раз- на́ 3. **3** (*separate*) раздел|я́ть, -и́ть; **dividing line** разграничи́тельная ли́ния; **the river ~s the two estates** река́ разделя́ет э́ти два име́ния; **~d highway** (*US*) = **dual carriageway**. **4** (*cause disagreement*) разъедин|я́ть, -и́ть; раздел|я́ть, -и́ть; **such a small matter should not ~ us** не сто́ит нам спо́рить из-за тако́го пустяка́; **we are ~d on this question** мы расхо́димся в э́том вопро́се; **a ~-and-rule policy** поли́тика «разделя́й и властвуй».
● *vi* дели́ться, раз-; **the road ~s** доро́га разветвля́ется; **the House ~d** пала́та проголосова́ла; (*math*): **18 ~s by 3** 18 де́лится на́ 3.

dividend /ˈdɪvɪˌdend/ *n* (*math*) дели́мое; (*fin*) дивиде́нд.

dividers /dɪˈvaɪdəz/ *n* (*compasses*) ци́ркуль (*m*).

divination /ˌdɪvɪˈneɪʃ(ə)n/ *n* (*foretelling the future*) гада́ние, прорица́ние.

divin|e /dɪˈvaɪn/ *adj* (**diviner, divinest**) боже́ственный; (*coll, superb*) ди́вный, боже́ственный; **~e right of kings** пра́во пома́занника бо́жьего; **~e service** богослуже́ние.
● *vt* (*guess, intuit*) уга́д|ывать, -а́ть; **~ing rod** прут для отыска́ния воды́.

diviner /dɪˈvaɪnə(r)/ *n* (*seer*) гада́тель (*m*), прорица́тель (*m*); (*water ~*) лозоиска́тель (*m*).

diving /ˈdaɪvɪŋ/ *n* ныря́ние.
● *cpds* **~ bell** *n* водола́зный ко́локол; **~ board** *n* трампли́н, вы́шка (для прыжко́в в во́ду); **~ suit** *n* скафа́ндр.

divinity /dɪˈvɪnɪtɪ/ *n* (*quality*) боже́ственность; (*divine being*) божество́; (*theology*) богосло́вие.

divinize /ˈdɪvɪnaɪz/ *vt* обожеств|ля́ть, -и́ть.

divisibility /dɪˌvɪzɪˈbɪlɪtɪ/ *n* дели́мость.

divisible /dɪˈvɪzɪb(ə)l/ *adj* (раз)дели́мый.

division /dɪˈvɪʒ(ə)n/ *n* **1** (*math*) деле́ние. **2** (*dividing*) разделе́ние, разде́л; ~ **of labour** разделе́ние труда́; **a fair ~ of the money** справедли́вое распределе́ние де́нег. **3** (*separation*) разделе́ние; **class ~s** кла́ссовые разли́чия. **4** (*interval on a scale*) деле́ние. **5** (*discord*) расхожде́ние. **6** (*mil*) диви́зия. **7** (*department*) отде́л. **8** (*Br, electoral district*) избира́тельный о́круг. **9** (*parl vote*) голосова́ние. **10** (*printing, of words at end of line*) перено́с.

divisional /dɪˈvɪʒənəl/ *adj* (*mil*) дивизио́нный; ~ **headquarters** штаб диви́зии.

divisive /dɪˈvaɪsɪv/ *adj* вызыва́ющий разногла́сия.

divisor /dɪˈvaɪzə(r)/ *n* (*math*) дели́тель (*m*).

divorce /dɪˈvɔːs/ *n* (*law*) разво́д; ~ **court** суд по бракоразво́дным дела́м; ~ **rate** проце́нт разво́дов.
● *vt* **1** (*separate*) отдел|я́ть, -и́ть; ~ **a word from its context** вырыва́ть, вы́рвать сло́во из конте́кста. **2** (*law*) разв|оди́ть, -ести́; **he ~d his wife** он развёлся с жено́й; **she is ~d** она́ разведена́.
● *vi* разв|оди́ться, -ести́сь.

divorcee /ˌdɪvɔːˈsiː/ (*US* **divorcé** (*m*), **divorcée** (*f*)) *n* разведённый (муж), разведённая (жена́).

divulge /daɪˈvʌldʒ, dɪ-/ *vt* разгла|ша́ть, -си́ть.

Dixieland /ˈdɪksɪˌlænd/ *n* (*jazz*) диксиле́нд.

DIY (*abbr of* ***do it yourself***) (*Br*): ~ **store** магази́н «Уме́лые ру́ки».

DIY'er /diːaɪˈwaɪə(r)/ *n* (*Br coll*) дома́шний уме́лец.

dizziness /ˈdɪzɪnɪs/ *n* головокруже́ние.

dizzy /ˈdɪzɪ/ *adj* (**dizzier, dizziest**) (*feeling giddy*) испы́тывающий головокруже́ние; (*causing giddiness*) головокружи́тельный; **I feel ~** у меня́ кру́жится голова́.

DJ (*abbr of* ***disc jockey***) дидже́й.

DLitt (*abbr of* ***Doctor of Letters***) до́ктор филоло́гии.

DNA (*abbr of* ***deoxyribonucleic acid***) ДНК (дезоксирибонуклеи́новая кислота́).

do¹ /du:, də/ *n* (*pl* **~s** *or* **~'s**) (*coll*)
1 (*Br, entertainment*) вечери́нка, гуля́нка.
2 (*Br, share*): **fair do's!** всем по́ровну!
3 (*advice*): **~s and don'ts** сове́ты (*m pl*).
● *vt & aux* (*3rd pers sg pres* **does;** *past* **did;** *pp* **done**)
1 (*as aux or substitute for v already used: not translated unless emphatic*): **I ~ not smoke** я не курю́; **did you not see me?** ра́зве вы меня́ не ви́дели?; **I ~ want to go** я о́чень хочу́ пойти́; **~ tell me** пожа́луйста, расскажи́те мне; **they promised to help, and they did** они́ обеща́ли помо́чь и помогли́; **so ~ I** я то́же; **he went, but I did not** он пошёл, а я нет; **she plays better than she did** она́ игра́ет лу́чше, чем пре́жде; **he ~es not work, nor ~ I** ни он, ни я не рабо́таем.
2 (*perform, carry out*): **what can I ~ for you?** чем могу́ служи́ть?; **what ~es he ~ (for a living)?** чем он занима́ется?; кем/где он рабо́тает?; **what ~es your father ~?** кто ваш оте́ц?; **the team did well** кома́нда вы́ступила успе́шно; **what's ~ne cannot be undone** сде́ланного не воро́тишь/попра́вишь; **~ one's duty** выполня́ть, вы́полнить свой долг; **easier said than ~ne** легко́ сказа́ть; **well ~ne!** молоде́ц!; **it isn't ~ne!** (*Br*) э́то не при́нято!, так не де́лают!
3 (*bestow, render*): **it ~es him credit** э́то де́лает ему́ честь; **he did me a service** он оказа́л мне услу́гу; **it won't ~ any good** э́то бесполе́зно, э́то ничего́ не даст.
4 (*effect, produce*): **that's ~ne it! now you've ~ne it!** (*ironical*) поздравля́ю!
5 (*finish*): **I have ~ne** я ко́нчил; **I have ~ne with algebra** я поко́нчил с а́лгеброй; **I have ~ne with him** я с ним поко́нчил.
6 (*work at*): **he's ~ing algebra** он изуча́ет а́лгебру.
7 (*solve*): **~ a sum** реш|а́ть, -и́ть арифмети́ческую зада́чу.
8 (*attend to*): **the barber did me first** парикма́хер обслужи́л меня́ пе́рвым; **he ~es book reviews** он рецензи́рует кни́ги; **we did geography today** сего́дня мы занима́лись геогра́фией.
9 (*arrange, clean, tidy*): **~ one's hair** прич|ёсываться, -еса́ться; **~ a room** уб|ира́ть, -ра́ть ко́мнату; **~ the dishes** мыть, по- посу́ду; **~ one's face** прив|оди́ть, -ести́ лицо́ в поря́док.
10 (*cook*): **~ne to a turn** зажа́рено как раз в ме́ру; **well ~ne** хорошо́ прожа́ренный; **the potatoes are ~ne** карто́шка свари́лась/гото́ва.
11 (*enact*): **he did Hamlet** он игра́л Га́млета.
12 (*undergo*): **he did 6 years for forgery** он отсиде́л 6 лет за подло́г.
13 (*cater for*): **they ~ you well at the Savoy** в «Саво́е» хоро́шее обслу́живание.
14 (*coll, swindle*) над|ува́ть, -у́ть.
15 (*achieve speed etc.*): **we did 70 miles in two hours** мы проде́лали 70 миль за два часа́; **he was ~ing 60 (miles an hour)** он е́хал со ско́ростью 60 миль в час.
16: **~ne!** (*agreed*) по рука́м!
17: **I can ~** (*sell*) **you this coat at £50** я уступлю́ вам э́то пальто́ за 50 фу́нтов.
● *vi* (*3rd pers sg pres* **does;** *past* **did;** *pp* **done**)
1 (*act, behave*): **~ as I tell you** де́лай, что тебе́ говоря́т; **~ as you would be ~ne by** поступа́йте так, как бы вы хоте́ли, что́бы поступа́ли с ва́ми; **you would ~ well to go there** вы хорошо́ сде́лаете, если пойдёте туда́; **we must ~ or die** мы должны́ сде́лать э́то во что бы то ни ста́ло.
2 (*be satisfactory, fitting or advisable*): **the scraps will ~ for the dog** объе́дки пойду́т соба́ке; **this will never ~** э́то никуда́ не годи́тся; так не пойдёт; **that will ~!** (*is enough*) хва́тит!; дово́льно!; **it doesn't ~ to be rude** гру́бость тут не помо́жет; **tomorrow will ~** мо́жно и за́втра.
3 (*fare, succeed*): **how ~ you ~?** здра́вствуйте!; как пожива́ете?; **how did he ~ in his exams?** как он сда́л экза́мены?; **she is ~ing well** у неё всё хорошо́; **my roses are ~ing well** мои́ ро́зы хорошо́ расту́т; **the patient is ~ing well** больно́й поправля́ется.
4 (*happen*): **is anything ~ing at the club?** что происхо́дит в клу́бе?; **nothing ~ing!** (*refusal*) не вы́йдет!
● *with preps*: **what shall we ~ about lunch?** как насчёт обе́да?; **nothing can be ~ne about it** с э́тим ничего́ не поде́лаешь; **~ well by s.o.** хорошо́ обраща́ться (*impf*) с кем-н.; **~ for** (*Br, clean house etc. for*) вести́ (*det*) чьё-н. хозя́йство; (*defeat, destroy, damage*): **these shoes are ~ne for** э́тим ту́флям коне́ц; **if he finds out, I am ~ne for** е́сли он об э́том узна́ет, я пропа́л (*or* мне коне́ц); **we're ~ne for** нам кры́шка (*coll*) *or* нам коне́ц; **what will you ~ for food?** что вы бу́дете де́лать насчёт пита́ния?; **~ s.o. out of sth** (*cheat, deprive of*) выма́нивать, вы́манить что-н. у кого́-н.; **what have you ~ne to my watch?** что вы сде́лали с мои́ми часа́ми?; **what have you ~ne with the keys?** куда́ вы де́ли ключи́?; **what is he ~ing with a car?** заче́м ему́ маши́на?; **I could ~ with a drink** я охо́тно (*or* с удово́льствием) вы́пил бы; **that coat could ~ with a clean** не помеша́ло бы вы́чистить э́то пальто́; **I can't be ~ing with her** (*Br*) я её не выношу́; **we shall have to make ~ with margarine** нам придётся обойти́сь маргари́ном; **he ~esn't know what to ~ with himself** он не зна́ет, чем заня́ться; **it is nothing to ~ with you** э́то вас не каса́ется; **the letter is/has to ~ with the bazaar** э́то письмо́ каса́ется благотвори́тельного база́ра; **hard work had a lot to ~ with his success** упо́рный труд сыгра́л большу́ю роль в его́ успе́хе; **these books are ~ne with** э́ти кни́ги бо́льше не нужны́; **we must ~ without luxuries** мы должны́ обойти́сь без ро́скоши; **I can ~ without his silly jokes** мне надое́ли его́ дура́цкие шу́тки.
● *with advs*: **~ away** *vi*: **~ away with** конча́ть, ко́нчить с + *i*; поко́нчить (*pf*) с + *i*; **~ away with o.s.** поко́нчить (*pf*) с собо́й; **~ down** *vt* (*Br coll, cheat*) над|ува́ть, -у́ть; **~ in** *vt* (*sl, kill*) уб|ира́ть, -ра́ть; (*coll, exhaust*): **I am ~ne in** я измо́тан; **~ out** *vt* (*Br, clean, e.g. a room*) уб|ира́ть, -ра́ть; (*Br, clear, e.g. a cupboard*) вычища́ть, вы́чистить; **~ over (again)** *vt* (*US*) переде́л|ывать, -ать; **~ up** *vt* (*repair, refurnish*): **~ up a room** отде́л|ывать, -ать ко́мнату; (*fasten*): **~ up a parcel** завя́з|ывать, -а́ть паке́т; **~ up a dress** застёг|ивать, -ну́ть пла́тье.
● *cpds* **~-it-yourself** *adj* самоде́льный; **~-nothing** *n* ло́дырь (*m*); *adj* лени́вый; **~-or-die** *adj* отча́янный.

do² /dəʊ/ *n* = **doh**

doable /'du:əb(ə)l/ *adj* (*feasible*) выполни́мый.

Dobermann (pinscher) /'dəʊbəmən 'pɪnʃə(r)/ (*US* **Doberman**) *n* доберма́н(-пи́нчер).

docile /'dəʊsaɪl/ *adj* послу́шный, поко́рный.

docility /dəʊ'sɪlɪtɪ/ *n* послуша́ние, поко́рность.

dock¹ /dɒk/ *n* (*bot*) ко́нский щаве́ль.

dock² /dɒk/ *n* (*in court*) скамья́ подсуди́мых.

dock³ /dɒk/ *n* **1** (*naut*) док; **dry ~** сухо́й док; **floating ~** плаву́чий док; **wet ~** мо́крый док. **2** (*in pl, port facilities*) верфь. **3** (*wharf*) при́стань.
● *vt* (*bring into* ~) ста́вить, по- в док (*судно*).
● *vi* (*go into* ~) входи́ть, войти́ в док; (*of space vehicles*) стыкова́ться, со-.
● *cpd* **~yard** *n* верфь.

dock⁴ /dɒk/ *vt* **1** (*shorten*) подр|еза́ть, -е́зать; (*shorten tail of*) обруб|а́ть, -и́ть хвост + *g or d*. **2** (*fig, reduce*) уре́з|ывать, -ать; **the soldiers were ~ed of their ration** солда́там уре́зали рацио́н.
● *cpd* **~-tailed** *adj* ку́цый.

docker /'dɒkə(r)/ *n* до́кер; порто́вый рабо́чий.

docket /'dɒkɪt/ *n* **1** (*summary*) аннота́ция; (*Br, list*) пе́речень (*m*). **2** (*US, law*) рее́стр суде́бных дел.
● *vt* (**docketed, docketing**) анноти́ровать (*impf, pf*).

docking /'dɒkɪŋ/ *n* (*of space vehicles*) стыко́вка.

doctor /'dɒktə(r)/ *n* **1** (*academic*) до́ктор. **2** (*of medicine*) врач, до́ктор; **woman ~** же́нщина-врач.
● *vt* (*Br coll, castrate*) кастри́ровать (*impf, pf*); (*falsify*) подде́л|ывать, -ать; (*food*) фальсифици́ровать (*impf, pf*).

doctoral /'dɒktər(ə)l/ *adj* до́кторский; **~ thesis** до́кторская диссерта́ция.

doctorate /'dɒktərət/ *n* сте́пень до́ктора.

doctrinaire /,dɒktrɪ'neə(r)/ *n* доктринёр.
● *adj* доктринёрский.

doctrinal /dɒk'traɪn(ə)l, 'dɒktrɪn(ə)l/ *adj* (*relig*) теологи́ческий; (*pol, philos*) относя́щийся к доктри́не.

doctrine /'dɒktrɪn/ *n* доктри́на, уче́ние.

docudrama /'dɒkjʊ,drɑːmə/ *n* полудокумента́льный фильм.

document /'dɒkjʊmənt/ *n* (*also comput*) докуме́нт.
● *vt* документи́ровать (*impf, pf*).

documentary /,dɒkjʊ'mentərɪ/ *n* документа́льный фильм.
● *adj* документа́льный.

documentation /,dɒkjʊmen'teɪʃ(ə)n/ *n* документа́ция.

dodder /'dɒdə(r)/ *vi* трясти́сь (*impf*); **a ~ing old man** дря́хлый стари́к.

doddery /'dɒdərɪ/ *adj* трясу́щийся от ста́рости; дря́хлый.

doddle /'dɒd(ə)l/ *n* (*Br coll*) плёвое де́ло, па́ра пустяко́в.

dodge /dɒdʒ/ *n* (*evading movement*) увёртка; (*trick*) увёртка, уло́вка.
● *vt* уви́л|ивать, -ьну́ть от + *g*; **~ a blow** увора́чиваться, уверну́ться от уда́ра; **~ a question** увил|ивать, -ьну́ть от отве́та; **~ military service** уклон|я́ться, -и́ться от вое́нной пови́нности.
● *vi* уклон|я́ться, -и́ться (от + *g*); **he ~d behind a tree** он (бы́стро) укры́лся за де́ревом.

dodger /'dɒdʒə(r)/ *n* изворо́тливый челове́к; хитре́ц.

dodgy /'dɒdʒɪ/ *adj* (**dodgier, dodgiest**) (*Br coll*) (*suspicious*) подозри́тельный; (*dishonest*) нече́стный; (*tricky, difficult*) ка́верзный; (*risky*) риско́ванный; (*unsafe*) ненадёжный.

dodo /'dəʊdəʊ/ *n* (*pl* **~s** *or* **~es**) дронт; (*fig*) ко́сный челове́к.

doe /dəʊ/ *n* са́мка (*оленя, зайца и т. п.*).
● *cpd* **~skin** *n* оле́нья ко́жа; (*natural*) за́мша; (*textiles*) шерстяна́я ткань, имити́рующая за́мшу.

doer /'duːə(r)/ *n* (*performer*; *man of action*) де́ятель (*m*), челове́к де́ла.

does /dʌz/ *3rd pers sg pres of* ⇨**do**¹

doesn't /'dʌz(ə)nt/ *contracted neg of* ⇨**does**

doff /dɒf/ *vt* сн|има́ть, -ять (*шляпу*).

dog /dɒg/ *n* **1** соба́ка, пёс (*also fig, pej*); (*attr*) соба́чий; **~ family** (*zool*) семе́йство псо́вых/соба́чьих. **2** (*male*) кобе́ль (*m*); **~ fox** саме́ц лисы́, кобе́ль (*m*); **~ wolf** саме́ц во́лка, кобе́ль (*m*). **3** (*astron*): **D~ Star** Си́риус; **~ days** пе́кло; са́мые жа́ркие ле́тние дни. **4** (*fire iron*) подста́вка для ками́нных щипцо́в. **5** (*coll, fellow*): **lucky ~** счастли́вчик; **lazy ~** лентя́й; **sly ~** хитре́ц; **dirty ~** су́кин сын; **top ~** хозя́ин положе́ния. **6** (*other fig uses*): **go to the ~s** разори́ться (*pf*), пойти́ (*pf*) пра́хом; **die like a ~** подо́хнуть (*pf*) как соба́ка; **a ~'s life** соба́чья жизнь; **give a ~ a bad name and hang him** клевета́ сме́рти подо́бна; от худо́й сла́вы вдруг не отде́лаешься; **let sleeping ~s lie** (*proverb*) ≈ не буди́ ли́ха, пока́ спит ти́хо; **not a ~'s chance** нет ни мале́йшего ша́нса; **~ in the manger** соба́ка на се́не; **take a hair of the ~** опохмел|я́ться, -и́ться; **there's life in the old ~ yet** есть ещё по́рох в пороховни́цах; **you can't teach an old ~ new tricks** ≈ нельзя́ переучи́ть кого́-н. на ста́рости лет; **~'s dinner** (*Br sl, mess, hotchpotch*) мешани́на; неразбери́ха; **the ~s of war** у́жасы (*m pl*) войны́; **hot ~** (*coll*) бу́лка с горя́чей соси́ской, хот-до́г.
● *vt* (**dogged, dogging**) ходи́ть (*indet*) по пята́м за + *i*; (*fig*) пресле́довать (*impf*).
● *cpds* **~ biscuit** *n* соба́чья гале́та; **~ cart** *n* двуко́лка; **~ collar** *n* оше́йник; (*coll, clergyman's*) кру́глый стоя́чий воротни́к; **~-ear** (*fig*) *n* за́гнутый уголо́к страни́цы; *vt* заг|иба́ть, -ну́ть уголки́ страни́ц в + *p*; **~-eared** *adj* потрёпанный; **~-eat-~** *adj* **~-eat-~ competition** жесто́кая/беспоща́дная конкуре́нция, конкуре́нция не на жизнь, а на смерть; **~fight** *n* (*lit*) соба́чья сва́лка; (*fig*) дра́ка, потасо́вка; (*aeron*) возду́шный бой; **~fish** *n* аку́ла; **~ food** *n* корм для соба́к; **~house** *n* (*US*) конура́; **in the ~house** (*coll*) в неми́лости; **~ Latin** *n* ку́хонная лати́нь; **~-leg** *n* зигза́г; **~like** *adj*: **~like devotion** соба́чья пре́данность; **~ lover** *n* (*coll*) соба́чни|к (*fem* -ца) (*in Russian often disapproving*); **~-paddle** *vi* пла́вать (*indet*) по-соба́чьи; **~ racing** *n* соба́чьи бега́; **~ rose** *n* шипо́вник; **~sbody** *n* (*Br*) иша́к, работя́га (*cg*); **~ show** *n* соба́чья вы́ставка; **~ sled** *n* на́рт|ы (*pl, g* —); **~-tired** *adj*: **I am ~-tired** я уста́л как соба́ка; **~watch** *n* полува́хта; **~wood** *n* кизи́л; свиди́на крова́во-кра́сная.

doge /dəʊdʒ/ *n* дож.

dogged /'dɒgɪd/ *adj* упо́рный, насты́рный (*coll*).

doggedness /'dɒgɪdnɪs/ *n* упо́рство, насты́рность (*coll*).

doggerel /'dɒgər(ə)l/ *n* ви́рш|и (*pl, g* -ей).

doggo /'dɒgəʊ/ *adv* (*Br*) прита́ясь; **lie ~** прит|а́иваться, -а́йться.

doggone /'dɒgɒn/ *adj* (*US sl*) чёртов.

doggy /'dɒgɪ/ *n* соба́чка, пёсик.

dogma /'dɒgmə/ *n* до́гма; (*specific*) до́гмат.

dogmatic /dɒg'mætɪk/ *adj* (*views*) догмати́ческий; (*person*) догмати́чный.

dogmatism /'dɒgmə,tɪz(ə)m/ *n* догмати́зм.

dogmatist /'dɒgmətɪst/ *n* догма́тик.

dogmatize /'dɒgmə,taɪz/ *vi* догматизи́ровать (*impf*).

doh, do /dəʊ/ *n* (*mus*) пе́рвая но́та мажо́рной га́ммы; (*the note C*) до (*indecl*).

doily /'dɔɪlɪ/ *n* кружевна́я салфе́тка.

doing /'duːɪŋ/ *n* **1** (*achievement*): **this was his ~** э́то его́ рук де́ло; **it will take some ~** придётся постара́ться; э́то не так про́сто. **2** (*in pl, activities*) дела́ (*nt pl*); посту́пки (*m pl*). **3** (*in pl, coll, accessories*) принадле́жности (*f pl*).

doldrums /'dɒldrəmz/ *n pl* (*geog*) экваториа́льная штилева́я полоса́; (*fig*) уны́ние, хандра́; **be in the ~** быть в уны́нии, хандри́ть (*impf*).

dole /dəʊl/ *n* (*Br*) (*benefit*) посо́бие по безрабо́тице; **he is on the ~** он получа́ет посо́бие по безрабо́тице.
● *vt*: **~ out** разд|ава́ть, -а́ть.

doleful /'dəʊlfʊl/ *adj* ско́рбный.

dolefulness /'dəʊlfʊlnɪs/ *n* скорбь.

doll /dɒl/ *n* **1** (*toy*) ку́кла; **~'s house** ку́кольный до́мик. **2** (*coll, sweet creature*) ку́колка.
● *vt & i*: **~ (o.s.) up** разоде́ться (*pf*).

dollar /'dɒlə(r)/ *n* до́ллар; **~ diplomacy** диплома́тия до́ллара; **(one's) bottom ~** после́дний грош.

dollop /'dɒləp/ *n* соли́дная по́рция.

dolly /'dɒlɪ/ *n* **1** = **doll**. **2** (*platform for camera*) опера́торская теле́жка.

dolorous /'dɒlərəs/ *adj* го́рестный, печа́льный.

dolphin /'dɒlfɪn/ *n* дельфи́н.

dolphinarium /,dɒlfɪ'neərɪəm/ *n* (*pl* **~s**) дельфина́рий.

dolt /dəʊlt/ *n* болва́н, тупи́ца.

doltish /'dəʊltɪʃ/ *adj* тупо́й.

doltishness /'dəʊltɪʃnɪs/ *n* ту́пость.

domain /də'meɪn/ *n* **1** (*estate*) владе́ние, име́ние. **2** (*realm*) сфе́ра. **3** (*fig*) о́бласть; **these matters are in his ~** э́ти дела́ вхо́дят в его́ компете́нцию. **4** (*comput*) доме́н.

dome /dəʊm/ *n* ку́пол.

domed /dəʊmd/ *adj*: **~ forehead** вы́пуклый лоб.

domestic /də'mestɪk/ *n* прислу́га, домрабо́тница.
● *adj* **1** (*of the home or family*) дома́шний; **~ science** домово́дство; **~ troubles** семе́йные неприя́тности. **2** (*home-loving*) дома́шний. **3** (*of animals*) дома́шний. **4** (*not foreign*) оте́чественный, вну́тренний; **~ product** (*econ*) вну́тренний проду́кт.

domesticate /də'mestɪ,keɪt/ *vt* (*tame*) приру́ч|а́ть, -и́ть; (*interest in household*) приру́ч|а́ть, -и́ть к веде́нию хозя́йства; **she is not ~d** она́ не домосе́дка.

domestication /də,mestɪ'keɪʃ(ə)n/ *n* одома́шнивание, прируче́ние; прируче́ние к веде́нию хозя́йства.

domesticity /,dɒmə'stɪsɪtɪ, ,dəʊ-/ *n* семе́йная/дома́шняя жизнь.

domicile /'dɒmɪ,saɪl, -sɪl/ *n* (*dwelling*) ме́сто жи́тельства.
● *vt*: **~d in England** име́ющий постоя́нное местожи́тельство в А́нглии.

domiciliary /,dɒmɪ'sɪlɪərɪ/ *adj* дома́шний; **~ visit** визи́т на́ дом.

dominance /'dɒmɪnəns/ *n* преоблада́ние, госпо́дство.

dominant /'dɒmɪnənt/ *n* (*mus, biol*) домина́нта.
● *adj* **1** (*prevailing*) домини́рующий, преоблада́ющий. **2** (*of heights etc.*) госпо́дствующий, домини́рующий. **3** (*mus*) доминáнтовый. **4** (*biol*) домина́нтный.

dominate /'dɒmɪ,neɪt/ *vt & i* **1** (*prevail*) домини́ровать (*impf*) (над + *i*); преоблада́ть (*impf*) (над + *i*). **2** (*influence*) подавля́ть, командова́ть (*both impf*); **she ~s her daughter** она́ подавля́ет дочь. **3** (*of heights,* *buildings, etc.*) доминúровать (*impf*) над + *i*; возвышáться (*impf*) над + *i*.

domination /ˌdɒmɪˈneɪʃ(ə)n/ *n* госпóдство.

domineer /ˌdɒmɪˈnɪə(r)/ *vi*: ~ **over** помыкáть (*impf*) (*кем*); командовать (*impf*) (*кем*).

domineering /ˌdɒmɪˈnɪərɪŋ/ *adj* влáстный.

Dominican /dəˈmɪnɪkən/ *n* (*relig, pol*) доминикáн|ец (*fem* -ка).
● *adj* доминикáнский; **the ~ Republic** Доминикáнская Респýблика.

dominion /dəˈmɪnɪən/ *n* (*lordship*) владычество; (*realm*) владéние; (*pol hist*) доминиóн.

domino /ˈdɒmɪˌnəʊ/ *n* (*pl* **~es**) кость доминó; (*in pl, name of game*) доминó (*indecl*).

don¹ /dɒn/ *n* **1** (*Spanish title*) дон; **D~ Juan** (*fig*) донжуáн. **2** (*Br, university teacher*) преподавáтель (*m*).

don² /dɒn/ *vt* (**donned, donning**) над|евáть, -éть.

donate /dəʊˈneɪt/ *vt* дарúть, по-; жéртвовать, по-.

donation /dəʊˈneɪʃ(ə)n/ *n* дар; пожéртвование.

done /dʌn/ *pp of* ⇨**do¹**

donkey /ˈdɒŋkɪ/ *n* осёл (*also fig*); **for ~'s years** (*coll*) с незапáмятных времён.
● *cpd* ~ **work** *n* (*coll*) чёрная рабóта.

donnish /ˈdɒnɪʃ/ *adj* педантúчный.

donor /ˈdəʊnə(r)/ *n* дарúтель (*fem* -ница), жéртвователь (*fem* -ница); (*of blood, transplant*) дóнор.

don't /dəʊnt/ *contracted neg of* ⇨**do**

donut (*US*) = **doughnut**

doodle /ˈduːd(ə)l/ *n* карáкули (*f pl*).
● *vt* & *i* чúркать (*impf*).
● *cpd* **~bug** *n* (*Br coll*) самолёт-снарЯд.

doom /duːm/ *n* (*ruin*) гúбель.
● *vt* обр|екáть, -éчь на + *a*.
● *cpd* **~sday** *n* Стрáшный суд; день Стрáшного судá; **till ~sday** (*fig*) до вторóго пришéствия.

door /dɔː(r)/ *n* **1** (*of room etc.*) дверь; (*of cupboard etc.*) двéрца; **sliding ~** раздвижнáя дверь; **revolving ~** вращáющаяся дверь; **front ~** парáдная дверь; **back ~** зáдняя дверь; чёрный ход; **side ~** боковáя дверь; **answer the ~** откр|ывáть, -ыть дверь; **he lives next ~** он живёт в сосéднем дóме; **he lives two ~s off** он живёт чéрез два дóма отсюда; **the boy next ~** сосéдский мáльчик; **the taxi took us from ~ to ~** такси довезлó нас от дóма до дóма; **out of ~s** на свéжем/открытом вóздухе; на дворé/ýлице; **within ~s** дóма, в помещéнии; **show s.o. the ~** (*expel*) выставлЯть, выставить когó-н. за дверь; покáз|ывать, -áть комý-н. на дверь; **behind closed ~s** (*in secret*) за закрытыми дверЯми.
2 (*fig, expressing proximity*): **that is next ~ to slander** от этого одúн шаг до клеветы; **lay a crime at s.o.'s ~** валúть, с- винý на когó-н.; **he shall never darken my ~ again** ногú егó бóльше не бýдет в моём дóме.
3 (*fig*): **a ~ to success** путь к успéху; **close the ~ against, to, upon** отр|езáть, -éзать путь к + *d*; **force an open ~** ломúться (*impf*) в открытую дверь.
● *cpds* **~bell** *n* дверной звонóк; **~ curtain** *n* портьéра; **~ frame** *n* дверная корóбка/рáма; **~ handle** *n* двернáя рýчка; **~keeper** = **~man**; **~knob** *n* крýглая двернáя рýчка; **~man** (*pl* **~men**) *n* приврáтник; швейцáр; **~mat** *n* половúк; **~post** *n* дверной косЯк; **deaf as a ~post** глухóй как пень; **~step** *n* порóг; **~stop** *n* упóр двéри; **~-to-~** *adj*: **~ salesman** коммивояжёр; **~way** *n* дверной проём.

dope /dəʊp/ *n* **1** (*drug*) дурмáн, наркóтик; (*taken by athlete, horse*) дóпинг; **~ fiend** (*sl*) наркомáн. **2** (*sl, fool*) дýрень (*m*). **3** (*sl, information*) свéдения (*nt pl*).
● *vt* **1** (*make unconscious*) дурмáнить, о-. **2** (*put narcotic in*) накáч|ивать, -áть наркóтиками. **3** (*stimulate with drug*) стимулúровать (*impf, pf*) наркóтиками.

dopey /ˈdəʊpɪ/ *adj* (**dopier, dopiest**) (*bemused by drug or sleep*) одурмáненный; (*sl, foolish*) чóкнутый.

dopiness /ˈdəʊpɪnɪs/ *n* (*stupor*) одурéние; (*stupidity*) дýрость.

doppelgänger /ˈdɒp(ə)lˌgeŋə(r)/ *n* видéние (*живого человека*); (*double*) двойнúк.

Doric /ˈdɒrɪk/ *adj* дорúческий.

dormant /ˈdɔːmənt/ *adj* (*of animals*) в спЯчке; **~ volcano** спЯщий вулкáн; **lie ~** бездéйствовать (*impf*).

dormice /ˈdɔːmaɪs/ *pl of* ⇨**dormouse**

dormer (window) /ˈdɔːmə(r)/ *n* слуховóе окнó.

dormitory /ˈdɔːmɪtərɪ/ *n* óбщая спáльня; **~ suburb** ≈ прúгородный посёлок.

dormouse /ˈdɔːmaʊs/ *n* (*pl* **dormice**) сóня.

dorsal /ˈdɔːs(ə)l/ *adj* спиннóй; **~ fin** спиннóй плáвник.

dory /ˈdɔːrɪ/ *n* (*fish*) сóлнечник.

dosage /ˈdəʊsɪdʒ/ *n* (*dosing*) дозирóвка; (*dose*) дóза.

dose /dəʊs/ *n* дóза; (*fig*) пóрция.
● *vt* лечúть (*impf*) дóзами лекáрства.

dosh /dɒʃ/ *n* (*Br sl*) деньжáт|а (*pl g* —).

doss /dɒs/ *vi* (*Br coll; also* **~ down**) ночевáть, пере-; (*also* **~ around**) бездéльничать (*impf*).
● *cpd* **~house** *n* ночлéжка.

dosser /ˈdɒsə(r)/ *n* (*Br coll*) бомж.

dossier /ˈdɒsɪə(r), -ɪˌeɪ/ *n* досьé (*indecl*), дéло.

dot /dɒt/ *n* (*small mark or object*) тóчка; **on the ~** тóчно; **~s and dashes** áзбука Мóрзе; **in the year ~** (*Br coll*) óчень давнó; **~ matrix printer** (*comput*) мáтричный прúнтер.
● *vt* (**dotted, dotting**) **1** (*place ~ on*): **~ one's i's** (*lit, fig*) стáвить, по- тóчки над «i». **2** (*mark, indicate with ~s*) отм|ечáть, -éтить тóчками/пунктúром; пунктúровать (*impf, pf*); **~ted line** пунктúр; пунктúрная лúния; **sign on the ~ted line** (*fig*) безоговорóчно согла|шáться, -сúться; **~ted note** (*mus*) удлинённая на половúну нóта. **3** (*scatter*) усé|ивать, -ять; **villages ~ted about** дерéвни, разбрóсанные вокрýг; **sea ~ted with ships** мóре, усéянное кораблЯми.

dotage /ˈdəʊtɪdʒ/ *n* стáрческое слабоýмие, марáзм; **he is in his ~** он впал в дéтство/марáзм.

dot-com company /dɒtˈkɒm/ *n* интернéт-компáния.

dote /dəʊt/ *vi*: **~ on** (*child, friend*) обожáть (*impf*); (*film star*) сходúть (*impf*) с умá по + *d*.

doting /ˈdəʊtɪŋ/ *adj* обожáющий.

dotty /ˈdɒtɪ/ *adj* (**dottier, dottiest**) (*Br coll, silly*) чóкнутый.

double /ˈdʌb(ə)l/ *n* **1** (*twofold quantity*): **ten is the ~ of five** дéсять вдвóе бóльше пятú; **~ or nothing** (*or Br* **quits**) вдвойнé úли ничегó; (*two shots of vodka etc.*) двойнáя мéра.
2 (*person or thing resembling another*) двойнúк, (*thing*) дубликáт.
3 (*running pace*) бéглый шаг; **at the ~** (*Br*), **on the ~** (*US*) бéглым шáгом.
4 (*tennis*) пáрная игрá; **mixed ~s** смéшанные пáры (*f pl*).
● *adj* **1** (*in two parts; twice as much*) двойнóй; (*happening twice*) двукрáтный; **~ bed** дву(х)спáльная кровáть; **~ bend** (*on road*) зигзáг; **~ doors** двойные двéри; **~ eagle** двуглáвый орёл; **~ room** (*in house*) большáя кóмната; (*in hotel*) двухмéстный нóмер; **~ saucepan** (*Br*) кастрюля с двойным дном; **'Anna' is spelt with a ~ 'n'** «Áнна» пúшется с двумЯ «н»; **serve a ~ purpose** выполнЯть, выполнить двойнýю роль.
2 (*ambiguous, deceitful*): **~-dealer** двурýшник; **~-dealing** двурýшничество; **~ meaning** двоЯкий смысл, двусмысленность; **~ standard** двулúчие.
3 (*mus*): **~ bass** контрабáс.
● *adv* вдвóе; **bend ~** сгибáть(ся), согнýть(ся) вдвóе; **pay ~** платúть, за- вдвойнé; **he sees ~** у негó двóится в глазáх; **it costs ~ what it used to** это стóит вдвóе дорóже, чем рáньше; **I am ~ his age** я вдвóе стáрше егó.
● *vt* **1** (*make twice as great*) удв|áивать, -óить.
2 (*fold, clench*): **~ a shawl** склáдывать, сложúть шаль вдвóе; **~ one's fists** сж|имáть, -ать кулакú; **~ up one's legs** под|гибáть, -огнýть под себЯ нóги.
3 (*cause to bend in pain*) скрючи|вать, -ть; **the blow ~d him up** он сложúлся пополáм от удáра.
4 (*round*) огибáть, обогнýть; **the ship ~d Cape Horn** корáбль обогнýл мыс Горн.
● *vi* **1** (*become twice as great*) удв|áиваться, -óиться.
2 (*turn sharply*): **he ~d back on his tracks** он пошёл обрáтно по своемý слéду.
3 (*bend*) кóрчиться, с-; **he ~d up with the pain** он скóрчился от бóли.
4 (*share room etc.*): **you will have to ~ up** вам придётся поделúть кóмнату на двоúх.
5 (*combine roles*): **I ~d for him** я

дубли́ровал его́; **the porter ~s as waiter** носи́льщик рабо́тает официа́нтом по совмести́тельству.

● *cpds* **~-barrelled** (*US* **barreled**) *adj* (*gun*) двуство́льный; **~-barrelled name** (*Br*) двойна́я фами́лия; **~-breasted** *adj* двубо́ртный; **~-check** *vt* перепров|еря́ть, -е́рить; **~-click** *vi* (*comput*) два́жды щёлк|ать, -нуть; **~-cross** *n* вероло́мство; *vt* обма́н|ывать, -у́ть; **~-crosser** *n* вероло́мный челове́к; **~-decker** *n* (*bus*) двухэта́жный авто́бус; **~ Dutch** *n* (*Br*) тараба́рщина, кита́йская гра́мота; **~-dyed** *adj* закорене́лый; махро́вый (*coll*); **~-edged** *adj* (*lit*, *fig*) обоюдоо́стрый; **~-faced** *adj* двули́чный; **~-jointed** *adj* ги́бкий; **~-lock** *vt* зап|ира́ть, -ере́ть на два поворо́та ключа́; **~-park** *vt & i* ста́вить, по- (маши́ну) во второ́й ряд; **~ quick** *adv* о́чень бы́стро; **~ take** *n* (*fig*) заме́дленная реа́кция; **~talk** *n* неопределённые ре́чи (*f pl*).

double entendre /ˌdu:b(ə)l ɑ:n ˈtɑ:ndrə/ *n* двусмы́сленность.

doublet /ˈdʌblɪt/ *n* (*garment*) камзо́л.

doubly /ˈdʌb(ə)lɪ/ *adv* вдвойне́.

doubt /daʊt/ *n* сомне́ние; **I have my ~s** у меня́ есть сомне́ние; **there is no (room for) ~ that …** нет сомне́ния в том, что…; **the question is in ~** э́тот вопро́с ещё не я́сен; **he is in ~ what to do** он не зна́ет, что ему́ де́лать; **without ~** вне сомне́ния; несомне́нно; **no ~** несомне́нно, безусло́вно; **cast ~ upon** под|верга́ть, -е́ргнуть сомне́нию; **when in ~, don't!** не уве́рен — не бери́сь!

● *vt & i* сомнева́ться (*impf*) (в + *p*); **I ~ that, whether he will come** (я) сомнева́юсь, что он придёт; **~ing Thomas** Фома́ неве́рный/неве́рующий.

doubter /ˈdaʊtə(r)/ *n* скéптик.

doubtful /ˈdaʊtfʊl/ *adj* **1** (*feeling doubt*) сомнева́ющийся; **I am ~ about going** я сомнева́юсь, идти́ и́ли нет.
2 (*causing doubt*) сомни́тельный; **he is a ~ character** он сомни́тельная ли́чность; **~ weather** неопределённая пого́да.

doubtfulness /ˈdaʊtfʊlnɪs/ *n* сомни́тельность.

doubtless /ˈdaʊtlɪs/ *adv* несомне́нно.

douche /du:ʃ/ *n* **1** (*shower*) душ.
2 (*internal*) промыва́ние.

dough /dəʊ/ *n* те́сто; (*sl*, *money*) ба́б|ки (*pl*, *g* -ок) (*coll*).

● *cpd* **~nut** *n* по́нчик.

doughty /ˈdaʊtɪ/ *adj* (**doughtier, doughtiest**) до́блестный, отва́жный.

doughy /ˈdəʊɪ/ *adj* (**doughier, doughiest**) (*of or like dough*) тестообра́зный; (*soft*, *flabby*) ры́хлый.

dour /dʊə(r)/ *adj* суро́вый.

dourness /ˈdʊənɪs/ *n* суро́вость.

douse /daʊs/ *vt* (*drench*) зал|ива́ть, -и́ть; (*extinguish*) гаси́ть, по-.

dove¹ /dʌv/ *n* го́лубь (*m*).

● *cpds* **~-colour** (*US* **-color**) *n* си́зый цвет; **~-coloured** (*US* **-colored**) *adj* си́зый; **~cote** *n* голубя́тня; **~tail** *n* (*tech*) ла́сточкин хвост; *vt* соедин|я́ть, -и́ть ла́сточкиным хвосто́м; (*fig*) соглас|о́вывать, -ова́ть; *vi* (*fig*) совп|ада́ть, -а́сть.

dove² /dəʊv/ *US past and pp of* ⇨**dive**

Dover /ˈdəʊvə(r)/ *n* Дувр.

dowager /ˈdaʊədʒə(r)/ *n* вдова́; **~ empress** вдо́вствующая императри́ца; (*elderly lady*) матро́на.

dowdy /ˈdaʊdɪ/ *adj* (**dowdier, dowdiest**) неэлега́нтный.

dowel /ˈdaʊəl/ *n* (*tech*) штифт, штырь.

down¹ /daʊn/ *n* (*open high land*) безле́сная возвы́шенность.

down² /daʊn/ *n* (*hair*, *fluff*) пух, пушо́к.

down³ /daʊn/ *n* **1** (*reverse*, *of fortune etc.*) невзго́да; **ups and ~s** взлёты (*m pl*) и паде́ния (*nt pl*); превра́тности (*f pl*) судьбы́.
2 (*coll*, *dislike*): **have a ~ on** (*or* **be ~ on**) **s.o.** име́ть зуб на кого́-н.

● *adj* напра́вленный вниз/кни́зу; **~ draught** (*tech*) ни́жняя тя́га; **~ payment** ава́нс.

● *adv* **1** (*expressing motion/place*) вниз/внизу́; (*in crosswords*) по вертика́ли; **he is not ~ yet** (*from bedroom*) он ещё не сошёл вниз; **the sun is ~** со́лнце се́ло; **the blinds are ~** што́ры спу́щены; **~ south** на ю́ге; **prices are ~** це́ны упа́ли; (*fig*): **he is ~ with fever** он слёг с высо́кой температу́рой; **he is ~ and out** он разби́т; **~ under** (*coll*) в Австра́лии; **he is £15 ~** он в убы́тке на 15 фу́нтов; **be ~ on s.o.**: *see* ⇨**~** *n* **2**.
2 (*expressing movement to lower level*): **climb ~** слез|а́ть, -ть; **come ~** спус|ка́ться, -ти́ться; **~!** (*to a dog*) лежа́ть!; **we have read ~ to here** мы дочита́ли до э́того ме́ста.
3 (*expressing change of position*): **sit ~** сади́ться, сесть; **lie ~** ложи́ться, лечь; **fall ~** па́дать, упа́сть; **knock s.o. ~** сби|ва́ть, -ть; **he bent ~** он нагну́лся.
4 (*movement to less important place*): **we went ~ to Brighton for the day** мы съе́здили на́ день в Бра́йтон.
5 (*reduction*): **the soles have worn ~** подмётки износи́лись; **the wind died ~** ве́тер утих; **boil the fat ~** раст|а́пливать, -опи́ть жир; **the quality of these goods has gone ~** ка́чество э́тих това́ров уху́дшилось; **the house burnt ~** дом сгоре́л дотла́.
6 (*of writing*): **write sth ~** запи́с|ывать, -а́ть что-н.; **take ~ a letter** писа́ть, на- письмо́ под дикто́вку; **he is ~ to speak** он в спи́ске выступа́ющих.
7 (*to end of scale*): **everyone from the manager ~ to the office boy** все — от дире́ктора вплоть до посы́льного.
8 (*at once*): **pay cash ~** плати́ть, за- нали́чными.
9 (*various*): **shout s.o. ~** кри́ком заст|авля́ть, -а́вить кого́-н. замолча́ть; **~ with tyranny!** доло́й тирани́ю!; **get ~ to business** бра́ться, взя́ться за де́ло; **up and ~** (*to and fro*) взад и вперёд; *for other phrasal vv see relevant v entry.*

● *vt* (*coll*, *overcome*) одол|ева́ть, -е́ть; осили|вать, -ть; (*coll*, *swallow*) прогл|а́тывать, -оти́ть; **~ a glass of beer** осущ|а́ть, -и́ть стака́н пи́ва; **~ tools** (*Br*, *leave off work*) прекра|ща́ть, -ти́ть рабо́ту; (*strike*) забастова́ть (*pf*).

● *prep* **1** (*expressing downward direction*): **we walked ~ the hill** мы шли́ с горы́ (*or* по́д гору); **tears ran ~ her face** слёзы текли́/кати́лись у неё по лицу́; **he glanced ~ the list** он ме́льком взгляну́л на спи́сок.
2 (*at*, *to a lower or further part of*): **further ~ the river** да́льше вниз по реке́; **we sailed ~ the Volga** мы плы́ли вниз по Во́лге; **he lives ~ the street** он живёт да́льше по э́той у́лице.
3 (*along*): **he walked ~ the street** он шёл по у́лице.
4 (*various*): **~ (the) wind** (*expressing place*) под ве́тром; (*expressing motion*) по ве́тру; **~ the ages** (*since earliest times*) с да́вних пор/времён; **~ stage** (*theatr*) на авансце́не.

down-and-out /daʊnəˈnaʊt/ *n* бродя́га (*m*); бездо́мный.

downcast /ˈdaʊnkɑ:st/ *adj* (*dejected*) удручённый; пода́вленный.

downfall /ˈdaʊnfɔ:l/ *n* (*of rain*) ли́вень (*m*); (*ruin*) паде́ние, ги́бель.

downgrade /ˈdaʊngreɪd/ *vt* пон|ижа́ть, -и́зить в чи́не.

● *n* (*US*) (*on road*) спуск, укло́н; (*fig*, *decline*) упа́док.

downhearted /daʊnˈhɑ:tɪd/ *adj* пода́вленный, угнетённый.

downhill /ˈdaʊnhɪl/ *adj* накло́нный.

● *adv* по́д гору; вниз; **go ~** (*fig*) кати́ться (*det*) по накло́нной пло́скости.

> **Downing Street — Да́унинг-стрит**
>
> У́лица в це́нтре Ло́ндона, в райо́не Ве́стминстер. Дом но́мер 10 по э́той у́лице явля́ется официа́льной резиде́нцией премье́р-мини́стра Великобрита́нии, дом но́мер 11 — резиде́нцией ка́нцлера казначе́йства (мини́стра фина́нсов). Выраже́ния *Downing Street* и *Number 10* ча́сто означа́ют о́фис премье́р-мини́стра.

download /daʊnˈləʊd/ *vt* (*comput*) загру|жа́ть, -зи́ть.

downmarket /ˈdaʊnˈmɑ:kɪt/ *adj* (*Br*) дешёвый.

downpour /ˈdaʊnpɔ:(r)/ *n* ли́вень (*m*).

downright /ˈdaʊnraɪt/ *adj* (*straightforward*, *blunt*) прямо́й; (*absolute*) соверше́нный; я́вный.

● *adv* соверше́нно, я́вно.

downshift /ˈdaʊnʃɪft/ *vi* **1** (*US*, *change to lower gear*) переключ|а́ться, -и́ться на бо́лее ни́зкую переда́чу; включ|а́ть, -и́ть понижа́ющую переда́чу. **2** (*change job*) пере|ходи́ть, -йти́ на ме́нее напряжённую, хотя́ и нижеопла́чиваемую рабо́ту.

downsize /ˈdaʊnsaɪz/*vt & i* (*comm*) ум|еньша́ть, -е́ньшить разме́ры (компа́нии) за счёт увольне́ния рабо́тников.

Down's syndrome /daʊnz/ *n* боле́знь/синдро́м Да́уна; **~ sufferer** челове́к, страда́ющий боле́знью/синдро́мом Да́уна; да́ун.

downstairs /ˈdaʊnsteəz/ *adj*: **~ rooms** ко́мнаты пе́рвого этажа́.

● *adv* (*expressing place*) внизу́; (*expressing motion*) вниз.
downstream /'daʊnstri:m/ *adv* вниз по тече́нию.
down-to-earth /'daʊntə,ɜ:θ/ *adj* практи́чный, реалисти́ческий.
downtown /'daʊntaʊn/ *adj* (*US*) располо́женный в делово́й ча́сти го́рода.
downtrodden /'daʊn,trɒd(ə)n/ *adj* угнетённый.
downturn /'daʊntɜ:n/ *n* (*fall, reduction*) паде́ние, спад.
downward /'daʊnwəd/ *adj* спуска́ющийся, опуска́ющийся.
downwards /'daʊnwədz/ *adv* вниз.
downy /'daʊnɪ/ *adj* (**downier, downiest**) (*fluffy*) пуши́стый.
dowry /'daʊərɪ/ *n* прида́ное.
dowser /'daʊzə(r)/ *n* лозоиска́тель (*m*).
doyen /'dɔɪən, 'dwɑ:jæ̃/ *n* дуайе́н, старшина́ (*m*).
doze /dəʊz/ *n* дремо́та.
● *vi* дрема́ть (*impf*); **~ off** задрема́ть (*pf*).
dozen /'dʌz(ə)n/ *n* **1** (*pl* **~**) дю́жина; **by the ~** дю́жинами; **a round ~** кру́глая дю́жина; **baker's ~** чёртова дю́жина; **talk nineteen to the ~** (*Br*) говори́ть (*impf*) без у́молку; **six of one and half a ~ of the other** что в лоб, что по́ лбу. **2**: **~s of** мно́жество, ма́сса + *g*; **~s of times** ты́сячу раз.
doziness /'dəʊzɪnɪs/ *n* дремо́та, сонли́вость; рассе́янность.
dozy /'dəʊzɪ/ *adj* (**dozier, doziest**) сонли́вый; (*Br, not alert*) рассе́янный.
DP (*abbr of* ***displaced person***) перемещённое лицо́ (*беженец или вынужденный переселенец из другой страны*).
DPP (*abbr of* ***Director of Public Prosecutions***) (*Br*) Гла́вный прокуро́р.
Dr /'dɒktə(r)/ *n* (*abbr of* ***Doctor***) д-р (до́ктор).
drab /dræb/ *adj* (**drabber, drabbest**) (*dull*) се́рый.
drabness /'dræbnɪs/ *n* се́рость.
drach|ma /'drækmə/ *n* (*pl* **~mas** *or* **~mae** /-mi:/) (*hist*) дра́хма.
Draconian /drə'kəʊnɪən/ *adj* драко́новский.
draft /drɑ:ft/ *n see also* **⇒draught** **1** (*outline, rough copy*) набро́сок, чернови́к. **2** (*order for payment*) чек, тра́тта. **3** (*detachment of men for duty*) наря́д. **4** (*US, conscription*) призы́в; **~ dodger** лицо́, уклоня́ющееся от вое́нной слу́жбы; **~ evasion** уклоне́ние от вое́нной слу́жбы.
● *vt* **1** (*detach for duty*) наря|жа́ть, -ди́ть; командирова́ть, от- **2** (*conscript*) приз|ыва́ть, -ва́ть. **3** (*prepare ~ of*) набр|а́сывать, -оса́ть чернови́к + *g*.
draftsman /'drɑ:ftsmən/ *n* (*pl* **draftsmen**) (*of contracts etc.*) состави́тель (*m*) (*законопроекта и т. п.*); (*US, one who draws*) чертёжник.
drafty /'drɑ:ftɪ/ (*US*) = **draughty**
drag /dræg/ *n* **1** (*also* **~-net**) бре́день (*m*), не́вод. (*hindrance*) то́рмоз, препя́тствие; **she was a ~ on his progress** она́ препя́тствовала его́ успе́ху.
2 (*pull on cigarette etc.*) затя́жка.
3 (*coll*) же́нское пла́тье (трансвести́та).
4 (*coll*) (*person*) зану́да; (*thing*) тоска́ зелёная.
● *vt* (**dragged, dragging**)
1 (*pull*) тяну́ть, волочи́ть, тащи́ть (*all impf*); **they ~ged him out of hiding** они́ вы́волокли его́ из укры́тия; **I had to ~ him to the party** мне пришло́сь тащи́ть его́ на вечери́нку; **he could hardly ~ his feet along** он е́ле волочи́л но́ги; **~ one's feet** (*fig*) тяну́ть (*impf*); ме́длить (*impf*).
2 (*search, dredge*) драги́ровать (*impf, pf*); чи́стить, вы́- дно + *g*.
● *vi* (**dragged, dragging**)
1 (*trail*) волочи́ться (*impf*); тащи́ться (*impf*).
2 (*be slow or tedious*) тяну́ться (*impf*); затя́|гиваться, -ну́ться; **the soloist ~ged behind the orchestra** соли́ст отстава́л от орке́стра.
● *with advs*: **~ down** *vt*: **he ~ged the luggage down** он стащи́л чемода́ны вниз; (*fig*): **he ~ged her down with him** он увлёк её за собо́й к ги́бели; **~ in** *vt* прит|я́гивать, -яну́ть; **why ~ in Cicero?** при чём тут Цицеро́н?; **~ on** *vi*: **the performance ~ged on till 11** представле́ние затяну́лось до оди́ннадцати часо́в; **~ out** *vt* (*protract*) растя́|гивать, -ну́ть; **~ up** *vt* (*Br coll, a child*) запус|ка́ть, -ти́ть.
dragon /'drægən/ *n* (*fabulous beast*) драко́н; (*formidable woman*) меге́ра, фу́рия.
● *cpd* **~fly** *n* стрекоза́.
dragoon /drə'gu:n/ *n* драгу́н.
● *vt* прин|ужда́ть, -у́дить; **he was ~ed into obeying** его́ заста́вили подчини́ться.
drain /dreɪn/ *n* **1** (*channel carrying off sewage etc.*) водосто́к; (*in pl, system of ~s*) канализа́ция; **throw money down the ~** (*fig*) бр|оса́ть, -о́сить де́ньги на ве́тер; тра́тить, по- (*impf*) де́ньги впусту́ю; **go down the ~** (*fig*) кати́ться, по- по накло́нной пло́скости.
2 (*cause of exhaustion*) истоще́ние; **it is a ~ on my energy** э́то истоща́ет мою́ эне́ргию.
● *vt* **1** (*water etc.*) отв|оди́ть, -ести́.
2 (*land etc.*) осуш|а́ть, -и́ть; дрени́ровать (*impf, pf*); **~ing board** (*Br*), **drainboard** (*US*) суши́лка.
3 (*deplete*) истощ|а́ть, -и́ть.
4 (*drink contents of*) осуш|а́ть, -и́ть.
● *vi* **1** (*flow away*) ут|ека́ть, -е́чь.
2 (*lose moisture, become dry*) высыха́ть, вы́сохнуть; **the field ~s into the river** вода́ с по́ля стека́ет в ре́ку.
3 (*fig*): **his life was ~ing away** жизнь по ка́плям уходи́ла из него́.
● *cpd* **~pipe** *n* дрена́жная труба́; **~pipe trousers** брю́ки ду́дочкой.
drainage /'dreɪnɪdʒ/ *n* **1** (*draining or being drained*) дрена́ж, осуше́ние.
2 (*system of drains*) канализа́ция.
drainer /'dreɪnə(r)/ *n* (*surface*) суши́лка; (*colander*) дуршла́г.
drake /dreɪk/ *n* се́лезень (*m*).
dram /dræm/ *n* (*tot of spirits*) гло́ток спиртно́го; **he is fond of a ~** он не дура́к вы́пить.
drama /'drɑ:mə/ *n* **1** (*play; exciting episode*) дра́ма. **2** (*dramatic art*) дра́ма, драматурги́я. **3** (*dramatic quality*) драмати́зм.
dramatic /drə'mætɪk/ *adj* (*pertaining to drama*) драмати́ческий, театра́льный; (*exciting*) драмати́чный, порази́тельный.
dramatics /drə'mætɪks/ *n* **1** (*staging of plays*) драмати́ческое иску́сство; теа́тр; **amateur ~** люби́тельский/самоде́ятельный теа́тр. **2** (*theatrical behaviour*) драмати́зм.
dramatis personae /,dræmətɪs pɜ: 'səʊnaɪ, -ni:/ *n pl* (*characters*) де́йствующие ли́ца; (*list*) спи́сок де́йствующих лиц.
dramatist /'dræmətɪst/ *n* драмату́рг.
dramatization /,dræmətaɪ'zeɪʃ(ə)n/ *n* инсцениро́вка, драматиза́ция.
dramatize /'dræmə,taɪz/ *vt* (*turn into a play*) инсцени́ровать (*impf, pf*); драматизи́ровать (*impf, pf*); (*exaggerate*) драматизи́ровать (*impf, pf*).
drank /dræŋk/ *past of* **⇒drink**
drape /dreɪp/ *n* (*usu in pl*) за́навес, портье́ра.
● *vt* драпирова́ть, за-; **~ a cloak over one's shoulders** оку́т|ывать, -ать пле́чи плащо́м; **~ walls with flags** драпирова́ть, за- сте́ны фла́гами.
drapery /'dreɪpərɪ/ *n* (*goods*) тексти́льные изде́лия; тексти́ль (*m*), тка́ни (*f pl*); (*cloth arranged in folds*) драпиро́вка.
drastic /'dræstɪk, 'drɑ:-/ *adj* реши́тельный, круто́й.
drat /dræt/ *vt* (*coll*): **~ him** чтоб его́!; **~ted** прокля́тый.
● *int* чёрт возьми́!, прокля́тие!
draught /drɑ:ft/ (*US* **draft**) *n see also* **⇒draft**. **1** (*current of air*) тя́га; сквозня́к; (*in chimney, air conditioning*) тя́га; **there is a ~ in here** здесь сквози́т; **sit in a ~** сиде́ть (*impf*) на сквозняке́. **2** (*catch of fish*) уло́в. **3** (*of ships*) оса́дка. **4** (*supply of liquor*): **~ beer, beer on ~** пи́во из бо́чки. **5** (*amount drunk*) гло́ток; **he drank the glassful in one ~** он за́лпом вы́пил це́лый стака́н. **6** (*traction by animals*) тя́га. **7** (*in pl, Br, game*) ша́шки (*f pl*).
● *cpds* **~board** *n* (*Br*) ша́шечная доска́; **~ horse** *n* ломова́я ло́шадь.
draughtsman /'drɑ:ftsmən/ *n* (*pl* **draughtsmen**) (*see also* **⇒draftsman**) **1** (*one who makes drawings etc.*) чертёжник. **2** (*in game of draughts*) ша́шка.
draughtsmanship /'drɑ:ftsmənʃɪp/ *n* уме́ние черти́ть/рисова́ть; чертёжное иску́сство.
draughtswoman /'drɑ:ftswʊmən/ *n* (*pl* **draughtswomen**) чертёжница.
draughty /'drɑ:ftɪ/ (*US* **drafty**) *adj* (**draughtier, draughtiest**): **this is a ~ room** в э́той ко́мнате постоя́нный сквозня́к.
draw /drɔ:/ *n* (*in lottery*) ро́зыгрыш; (*attraction*) привлека́тельность, прима́нка; (*~n game*) ничья́.

● *vt* (*past* **drew;** *pp* **drawn**) **1** (*pull, move*) тянýть (*impf*); таскáть (*indet*), тащи́ть, по-; **~ one's hand across one's forehead** пров|оди́ть, -ести́ рукóй пó лбу; **~ s.o. aside** отв|оди́ть, -ести́ когó-н. в стóрону; **~ the curtains** (*close*) задёр|гивать, -нуть (*or* задв|игáть, -и́нуть) занавéски; (*open*) отдёр|гивать, -нуть (*or* раздв|игáть, -и́нуть) занавéски; **the train was ~n by two engines** пóезд тяну́ли два локомоти́ва.
2 (*extract*) вытáскивать, вы́тащить; **he drew a handkerchief out of his pocket** он вы́тащил платóк из кармáна; **~ a knife** выхвáтывать, вы́хватить нож; **~ blood** рáнить (*impf, pf*) когó-н. до крóви; **~ the sword** обнаж|áть, -и́ть меч; **have a tooth ~n;** **~ a tooth** вырывáть, вы́рвать зуб; **~ s.o.'s teeth** (*fig*) обезвpé|живать, -дить когó-н.; **~ lots** тянýть, вы- жрéбий; **~ a blank** (*fig*) терпéть, по- неудáчу; **~ a card from the pack** брать, взять кáрту из колóды.
3 (*obtain from a source*): **~ (off) water from a well** брать (*impf*) вóду из колóдца; **~ one's salary** получ|áть, -и́ть зарплáту; **~ money out of the bank** снимáть, снять дéньги в бáнке; **~ a moral from a story** извл|екáть, -éчь морáль из расскáза; **~ inspiration from nature** чéрпать (*impf*) вдохновéние в прирóде; **~ on one's savings** трáтить, по- свои́ сбережéния; **~ on s.o.'s help** приб|егáть, -éгнуть к чьей-н. пóмощи.
4 (*attract*) привл|екáть, -éчь; **the film drew large audiences** фильм привлёк мнóго зри́телей; **I drew him into the conversation** я втянýл/вовлёк егó в разговóр; **she felt ~n towards him** её тянýло/влеклó к немý.
5 (*stretch*): **he drew the metal into a long wire** он вы́тянул/протянýл метáлл в дли́нную прóволоку; **his face was ~n with pain** егó лицó осýнулось от бóли.
6 (*trace, depict*) рисовáть, на-; черти́ть, на-; **~ a line** пров|оди́ть, -ести́ ли́нию.
7 (*of mental operations*): **~ a distinction/comparison** пров|оди́ть, -ести́ разли́чие/сравнéние; **~ conclusions** при|ходи́ть, -йти́ к вы́водам.
8 (*of documents*): **~ a cheque** выпи́сывать, вы́писать чек; **~ (up) a contract** сост|авля́ть, -áвить договóр.
9 (*of ship*): **the ship ~s 20 feet of water** сýдно имéет осáдку в 20 фýтов.
10 (*of contest*): **the match was ~n** матч закóнчился вничью́.
11 (*disembowel*): **hanged, ~n and quartered** повéшен и четвертóван; **~ a chicken** потроши́ть, вы- кýрицу.
● *vi* (*past* **drew;** *pp* **drawn**)
1 (*admit air*) тянýть (*impf*); втя́|гивать, -нýть; **this pipe ~s well** э́та трýбка хорошó тя́нет.
2 (*move, come*) придв|игáться, -и́нуться; **he drew near** он придви́нулся побли́же; **they drew round the table** они́ собрали́сь вокрýг столá; **the day drew to a close** день бли́зился к концý; **the ships drew level** корабли́ поравня́лись.
3 (*infuse*) наст|áиваться, -оя́ться; **he let the tea ~** он дал чáю настоя́ться.
4 (*pull*): **~ at a cigarette** затя́|гиваться, -нýться папирóсой; *see also* ⇨**drawing**.
● *with advs*: **~ back** *vt*: **he drew back the curtain** он отдёрнул занавéску; *vi*: **he drew back in alarm** он в стрáхе отпря́нул; **~ down** *vt* (*e.g. blinds*) спус|кáть, -ти́ть; **he drew down reproaches on his head** он навлёк на себя́ упрёки; **~ in** *vt*: **he drew in the details** он изобрази́л детáли; **the cat drew in its claws** кóшка втянýла кóгти; *vi*: **the train drew in** пóезд подошёл к перрóну; **the car drew in to the roadside** автомоби́ль подъéхал к обóчине; (*shorten*): **the days are ~ing in** дни станóвятся корóче; **~ off** *vt* (*e.g. water*) чéрпать (*impf*); **~ on** *vt*: **~ on one's gloves** натя́|гивать, -нýть перчáтки; *vi* (*advance*): **autumn ~s on** óсень приближáется; **~ out** *vt* (*extract*) вытáскивать, вы́тащить; вытя́гивать, вы́тянуть; (*prolong*) затя́|гивать, -нýть; **the battle was long-~n-out** би́тва оказáлась затяжнóй; (*encourage to speak*): **~ s.o. out** вызывáть, вы́звать когó-н. на разговóр; *vi*: **the train drew out** пóезд отошёл; **the car drew out into the road** автомоби́ль вы́ехал на дорóгу; **~ up** *vt*: **~ o.s. up** (*to one's full height*) выпрямля́ться, вы́прямиться; **~ one's chair up to the table** пододв|игáть, -и́нуть стул к столý; **~ up troops** выстрáивать, вы́строить войскá; (*plan, contract etc.*) сост|авля́ть, -áвить; оф|ормля́ть, -óрмить; *vi*: **the taxi drew up at the door** такси́ подъéхало к двéри.
● *cpds* **~back** *n* (*disadvantage*) недостáток; (*refund of duty*) возврáтная пóшлина; **~bridge** *n* подъёмный мост.

drawee /drɔːˈiː/ *n* (*fin*) трассáт.

drawer /ˈdrɔːə(r), *senses 3 and 4* drɔː(r)/ *n* **1** (*author of drawing*) рисовáльщик. **2** (*fin*) трассáнт; (*of cheque*) чекодáтель (*m*). **3** (*in table etc.*) (выдвижнóй) я́щик; **chest of ~s** шкаф с выдвижны́ми я́щиками; комóд; **bottom ~** (*fig, trousseau*) придáное; **she is out of the top ~** (*fig, well-bred*) онá прекрáсно воспи́тана. **4** (*in pl, underpants*) кальсóн|ы (*pl, g* —).

drawing /ˈdrɔːɪŋ/ *n* **1** (*technique*) рисовáние. **2** (*piece of ~*) рисýнок.
● *cpds* **~ board** *n* чертёжная доскá; **~ pin** *n* (*Br*) кнóпка; **~ room** *n* гости́ная.

drawl /drɔːl/ *n* протя́жное произношéние.
● *vt & i* тянýть (*impf*) (словá).

drawn /drɔːn/ *pp of* ⇨**draw**

dray /dreɪ/ *n* ломовáя телéга.
● *cpds* **~ horse** *n* ломовáя лóшадь; **~man** *n* (*pl* **~men**) ломовóй извóзчик.

dread /dred/ *n* ýжас, страх; **stand in ~ of s.o.** боя́ться (*impf*) когó-н.; **in ~ of one's life** в стрáхе за свою́ жизнь.
● *adj* ужáсный, грóзный.
● *vt* боя́ться (*impf*) + *g*; **I ~ to think what may happen** мне стрáшно подýмать, что мóжет случи́ться.
● *cpd* **~nought** *n* дредноýт.

dreadful /ˈdredfʊl/ *adj* ужáсный.

dreadfulness /ˈdredfʊlnɪs/ *n* ýжас.

dreadlocks /ˈdredlɒks/ *n pl* коси́чки-дрéды (*причёска растафари*).

dream /driːm/ *n* **1** (*appearance in sleep*) сон, сновидéние.
2 (*fantasy*) мечтá, мечтáние; (*poetical*) грёза; **land of ~s** цáрство грёз.
3 (*bemused state*): **he goes about in a ~** он хóдит как во снé.
4 (*delightful object*) мечтá, скáзка; **she looked a perfect ~** онá былá скáзочно хорошá; **~ house** дом-скáзка.
● *vt & i* (*past and pp* **dreamed** /dremt, driːmd/ *or* **dreamt**)
1 (*in sleep*) ви́деть (*impf*) сон; **I ~t that I was in the forest** мне сни́лось, что я в лесý; **I ~t of you** вы мне сни́лись; я ви́дел вас во снé.
2 (*imagine*) пом|ышля́ть, -ы́слить о + *p*; фантази́ровать (*impf*); **I never ~t of doing so** у меня́ и в мы́слях нé было дéлать э́того; **you must have ~t it** э́то вам померéщилось/присни́лось; **he ~t up a plan** (*coll*) он сочини́л план.
3 (*spend time in reverie*) грéзить (*impf*); мечтáть (*impf*); **he ~t away his life** он провёл жизнь в мечтáх; он жил в ми́ре грёз.
● *cpds* **~land, ~world** *nn* цáрство грёз; **~like** *adj* скáзочный.

dreamer /ˈdriːmə(r)/ *n* (*in sleep*) ви́дящий сны; (*dreamy person*) мечтáтель (*m*); (*visionary*) фантазёр.

dreaminess /ˈdriːmɪnɪs/ *n* мечтáтельность.

dreamless /ˈdriːmlɪs/ *adj* без сновидéний; **he fell into a ~ sleep** он погрузи́лся в глубóкий сон.

dreamt /dremt/ *past and pp of* ⇨**dream**

dreamy /ˈdriːmɪ/ *adj* (**dreamier, dreamiest**) мечтáтельный; (*coll, lovely*) восхити́тельный.

dreariness /ˈdrɪərɪnɪs/ *n* сéрость.

dreary /ˈdrɪərɪ/ *adj* (**drearier, dreariest**) (*gloomy*) тосκли́вый; (*dull*) сéрый.

dredge /dredʒ/ *n* (*net*) дрáга; (*machine*) дрáга, землечерпáлка.
● *vi & i* драги́ровать (*impf, pf*); вычищáть, вы́чистить; **~ up** вылáвливать, вы́ловить.

dredger /ˈdredʒə(r)/ *n* землечерпáлка, землесóс.

dregs /dregz/ *n pl* **1** (*of liquor*) отстóй, осáдок; **drain to the ~** пить, вы- до днá. **2** (*fig*) подóнки (*m pl*).

drench /drentʃ/ *vt* пром|áчивать, -очи́ть; **we got a ~ing** мы промóкли насквóзь; **he was ~ed to the skin** он вы́мок до ни́тки; он промóк до костéй.

Dresden /ˈdrezd(ə)n/ *n* Дрéзден; (*attr*) дрéзденский.

dress /dres/ *n* **1** (*clothing, costume*) одéжда, наря́д, туалéт; **full ~** парáдная фóрма; **morning ~** (*formal*) визи́тка; **national ~** национáльный костю́м; **evening ~** фрак; (*woman's*) вечéрнее плáтье; **~ circle** бельэтáж; **~ coat** фрак; **~ rehearsal**

генера́льная репети́ция; **day** ~ повседне́вная оде́жда; ~ **suit** фрак; фра́чная па́ра; ~ **shirt** фра́чная соро́чка.
2 (*woman's garment*) пла́тье.
● *vt* **1** (*clothe*) од|ева́ть, -е́ть (*кого во что*); **the boy can** ~ **himself** ма́льчик уме́ет сам одева́ться; **she was** ~**ed in white** она́ была́ оде́та в бе́лое; ~**ed up to the nines,** ~**ed to kill** разоде́тый в пух и прах.
2 (*prepare*) припр|авля́ть, -а́вить; ~ **leather** выде́лывать, вы́делать ко́жу; ~ **a salad** запр|авля́ть, -а́вить сала́т; ~ (*clean*) **a chicken** обраб|а́тывать, -о́тать ку́рицу.
3 (*of a wound*) перевя́з|ывать, -а́ть.
4 (*adorn*) наря|жа́ть, -ди́ть; ~ **a shop window** оф|ормля́ть, -о́рмить витри́ну.
5 (*mil, align*) выра́внивать, вы́ровнять.
● *vi* **1** (*put on one's clothes*) од|ева́ться, -е́ться; **she takes an hour to** ~ она́ одева́ется час; ~ **up** (~ *elaborately*) наря|жа́ться, -ди́ться; разря|жа́ться, -ди́ться; **they** ~**ed up as pirates** они́ наряди́лись пира́тами.
2 (*put on evening* ~) переод|ева́ться, -е́ться в вече́рнее пла́тье; **no one** ~**es for dinner** никто́ не переодева́ется к обе́ду.
3 (*choose clothes*) од|ева́ться, -е́ться; **he** ~**es well** он хорошо́ одева́ется.
4 (*of troops*) выра́вниваться, вы́ровняться; **right** ~! равне́ние напра́во!
● *cpds* ~**maker** *n* портни́ха; ~**maker's** *n* ателье́ (*indecl*) мод; ~**making** *n* поши́в да́мской оде́жды; ~ **code** *n*. дресс-ко́д (*правила-ограничения в отношении допустимой одежды*); ~**maker** портни́ха.

dressage /ˈdresɑːʒ, -sɑːdʒ/ *n* объе́здка лошаде́й.

dresser¹ /ˈdresə(r)/ *n* **1** (*chooser of clothes etc.*): **she is a good** ~ она́ хорошо́ одева́ется. **2** (*theatr*) костюме́р (*fem* -ша). **3** (*Br, in hospital*) хирурги́ческая сестра́. **4** (*of leather*) коже́вник.

dresser² /ˈdresə(r)/ *n* (*sideboard*) буфе́т; (*US, chest of drawers*) шкаф с выдвижны́ми я́щиками; комо́д.

dressiness /ˈdresɪnɪs/ *n* шик, наря́дность.

dressing /ˈdresɪŋ/ *n* **1** (*med*) повя́зка. **2** (*US, stuffing*) начи́нка. **3** (*of salad etc.*) запра́вка, припра́ва. **4** (*manure*) удобре́ние.
● *cpds* ~ **down** *n* (*coll*) головомо́йка, трёпка; ~ **gown** *n* хала́т; ~ **room** *n* (*theatr*) артисти́ческая убо́рная; (*sport*) раздева́лка; ~ **station** *n* (*mil*) перевя́зочный пункт; ~ **table** *n* туале́тный сто́лик.

dressy /ˈdresɪ/ *adj* (**dressier, dressiest**) шика́рный, наря́дный.

drew /druː/ *past of* ⇨**draw**

dribble /ˈdrɪb(ə)l/ *n* (*trickle*) стру́йка.
● *vt*: ~ **a ball** вести́ (*det*) мяч.
● *vi* (*of baby*) пус|ка́ть, -ти́ть слю́ни.

dribbler /ˈdrɪblə(r)/ *n* веду́щий мяч.

driblet /ˈdrɪblɪt/ *n* ка́пелька; **in** ~**s** понемно́жку; по ка́пле.

dribs /ˈdrɪbz/ *n pl* (*coll*): **in** ~ **and drabs** понемно́жку; по ка́пле.

drier /ˈdraɪə(r)/ *n* (*siccative*) сиккати́в; (**hair-**~) фен; (**clothes-**~) суши́льный автома́т.

drift /drɪft/ *n* **1** (*continuous slow movement*) ме́дленное тече́ние; (*of tide etc.*) тече́ние, самотёк. **2** (*heap of snow, leaves, etc.*) нано́с, ку́ча. **3** (*meaning*) смысл; **I get his** ~ я понима́ю, куда́ он кло́нит. **4** (*tendency*) направле́ние. **5** (*inactivity*) пасси́вность.
● *vt*: **the wind** ~**ed the snow into high banks** ве́тер намёл высо́кие сугро́бы.
● *vi* дрейфова́ть (*impf*); **the boat** ~**ed out to sea** ло́дку отнесло́ в мо́ре; **we** ~**ed downstream** нас отнесло́ вниз по тече́нию; **we are** ~**ing towards disaster** мы дви́жемся к катастро́фе; **they were friends but** ~**ed apart** они́ бы́ли друзья́ми, но их пути́ постепе́нно разошли́сь.
● *cpds* ~ **net** *n* дри́фтерная сеть; ~**wood** *n* сплавно́й лес.

drifter /ˈdrɪftə(r)/ *n* (*aimless person*) лету́н; перекати́-по́ле (*fig*).

drill¹ /drɪl/ *n* (*instrument*) (*small*) дрель; (*large*) бур, бура́в; (*dentist's*) бормаши́на.
● *vt* сверли́ть, про-; бури́ть, про-; ~ **a hole** сверли́ть, про- отве́рстие; ~ **a tooth** сверли́ть (*impf*) зуб.
● *vi* бури́ть (*impf*); ~ **for oil** бури́ть (*impf*) нефтяну́ю сква́жину.

drill² /drɪl/ *n* **1** (*military exercise*) строева́я подгото́вка, (*coll*) муштра́.
2 (*thorough practice*) трениро́вка.
3 (*coll, procedure*) процеду́ра; **what's the** ~ **for getting tickets?** какова́ процеду́ра получе́ния биле́тов?
● *vt* **1** (*troops*) обуч|а́ть, -и́ть строево́й подгото́вке; муштрова́ть, вы́-.
2: ~ **s.o. in grammar**ната́ск|ивать, -а́ть кого́-н. по грамма́тике; **I have** ~**ed him in what he is to say** я вдолби́л ему, что он до́лжен говори́ть.
● *vi* упражня́ться (*impf*); про|ходи́ть, -йти́ строево́е обуче́ние; **the troops were** ~**ing all morning** войска́ занима́лись строево́й подгото́вкой всё у́тро.
● *cpd* ~ **sergeant** *n* сержа́нт-инстру́ктор по строево́й подгото́вке.

drill³ /drɪl/ *n* (*textiles*) тик.

drily, dryly /ˈdraɪlɪ/ *adv* су́хо; (*humorously*) ирони́чно.

drink /drɪŋk/ *n* **1** (*liquid*) напи́ток, питьё.
2 (*quantity*) глото́к; **give me a** ~ **of water** да́йте мне воды́/води́чки.
3 (*alcoholic*) вы́пивка, спиртно́й напи́ток; **take to** ~ пристрасти́ться (*pf*) к спиртно́му/вы́пивке; **drive s.o. to** ~ дов|оди́ть, -ести́ кого́-н. до пья́нства; **in** ~ в пья́ном ви́де; **he smells of** ~ от него́ несёт спиртны́м.
4: **the** ~ (*coll, sea*) мо́ре.
● *vt* (*past* **drank;** *pp* **drunk**)
1 (*consume liquid*) пить, вы́-; ~ **down** пить, вы́- за́лпом; ~ **up** доп|ива́ть, -и́ть; ~**ing fountain** питьево́й фонта́нчик; ~**ing water** питьева́я вода́.
2 (*of plants, soil, etc.*) впит|ывать, -а́ть; **the flowers have drunk all that water** цветы́ впита́ли всю во́ду.
3 (*absorb with the mind*) впи́т|ывать, -а́ть.
4 (*of alcoholic liquor*) пить (*or* выпива́ть), вы́-; **he drank himself to death** пья́нство свело́ его́ в моги́лу; **he** ~**s half his earnings** он пропива́ет полови́ну своего́ за́работка; ~ **s.o. under the table** переп|ива́ть, -и́ть кого́-н.; ~**ing bout** попо́йка; ~**ing song** засто́льная пе́сня.
5: ~ **a toast** провозгла|ша́ть, -си́ть тост; подн|има́ть, -я́ть бока́л (за + *a*); ~ **s.o.'s health** пить, вы́- за чьё-н. здоро́вье; **I** ~ **to your success** я пью за ваш успе́х.
● *vi* (*past* **drank;** *pp* **drunk**) (*consume liquid*) пить (*impf*); ~ **deep** мно́го пить; (*be a drunkard*) пить (*impf*) запо́ем, пья́нствовать (*impf*); **do you** ~? вы пьёте?; **he** ~**s like a fish** он пьёт как сапо́жник.
● *cpd* ~**-driving** *n* (*Br*) вожде́ние в нетре́звом ви́де/состоя́нии.

drinkable /ˈdrɪŋkəb(ə)l/ *adj* (*capable of being drunk*) питьево́й, го́дный для питья́; (*palatable*) вку́сный.

drinker /ˈdrɪŋkə(r)/ *n* (*one who drinks, esp alcohol*) пью́щий; **he is an occasional** ~ он иногда́ выпива́ет; (*drunkard*) пья́ница.

drip /drɪp/ *n* (*action*) ка́панье; (*drop*) ка́пля; (*sl, dull person*) зану́да (*cg*); (*weak person*) слюнтя́й; (*med*) ка́пельница.
● *vt* (**dripped, dripping**): **he was** ~**ping sweat** пот кати́лся с него́ гра́дом.
● *vi* (**dripped, dripping**) ка́пать (*impf*); стека́ть (*impf*) по ка́плям; **his shirt** ~**ped with blood** его́ руба́шка промо́кла от кро́ви; ~**ping wet** насквозь промо́кший; **the ceiling** ~**s** потоло́к протека́ет; с потолка́ течёт.
● *cpds* ~**-dry** *adj* не тре́бующий гла́женья; *vt* суши́ть (*impf*) на ве́шалке не выжима́я; ~**-feed** *n* ка́пельное внутриве́нное влива́ние; ка́пельная кли́зма; *vt* (*introduce drop by drop*) вли|ва́ть, -ть че́рез ка́пельницу; (*a patient*) корми́ть, на- че́рез ка́пельницу; (*provide* (*with information etc.*) *gradually*) снаб|жа́ть, -ди́ть; подпи́тывать, пита́ть (*both impf*) (*кого чем*).

dripping /ˈdrɪpɪŋ/ *n* (*in pl, US, liquid*) ка́пли (*f pl*); (*Br, cul*) топлёный жир.

drive /draɪv/ *n* **1** (*ride in vehicle*) езда́; **go for a** ~ прокати́ться, поката́ться (*both pf*) (на маши́не); **take s.o. for a** ~ прокати́ть/episode поката́ть (*pf*) кого́-н. (на маши́не); **the station is an hour's** ~ **away** до ста́нции час езды́.
2 (*private road*) подъездна́я доро́га.
3 (*hit, stroke, at tennis etc.*) драйв, си́льный уда́р.
4 (*energy*) напо́ристость, напо́р.
5 (*organized effort*) кампа́ния; **a** ~ **for new members** кампа́ния по привлече́нию но́вых чле́нов.
6 (*strong need*) стремле́ние.
7 (*Br, tournament*) состяза́ние.
8 (*driving gear*) переда́ча, при́вод; **front-wheel** ~ пере́дний при́вод; **left-hand** ~ ле́вое рулево́е управле́ние;

~ belt приводно́й реме́нь; **~ shaft** веду́щий вал.
9 (*comput*) при́вод; **disk ~** дисково́д; **hard ~** при́вод жёсткого ди́ска.
● *vt* (*past* **drove;** *pp* **driven**)
1 (*force to move*) гоня́ть (*indet*), гнать (*det*); выбива́ть, вы́бить; **~ away** прог|оня́ть, -на́ть; **~ in** заг|оня́ть, -на́ть; **~ out** выгоня́ть, вы́гнать; **~ cattle to market** гнать (*det*) скот на ры́нок; **~ s.o. into a corner** (*fig*) заг|оня́ть, -на́ть кого́-н. в у́гол.
2 (*operate*) управля́ть (*impf*) + *i*; пра́вить *impf*) + *i*; **~ a car** води́ть (*indet*) маши́ну; **the machinery is ~n by steam** маши́на приво́дится в де́йствие па́ром; маши́на рабо́тает на пару́.
3 (*convey*) отв|ози́ть, -езти́; **I was ~n to the station** меня́ отвезли́ на ста́нцию.
4 (*impel, of objects*): **the gale drove the ship on to the rocks** шторм гнал кора́бль к ска́лам; **the wind drove the rain against the windows** дождь и ве́тер стуча́ли в о́кна; **he drove a nail into the plank** он вбил гвоздь в доску́; **he drove the ball into our court** (*tennis*) он посла́л мяч на на́шу полови́ну ко́рта; **~n snow** сугро́б; **~ home** (*nail etc.*) заг|оня́ть, -на́ть; вкол|а́чивать, -оти́ть; вби|ва́ть, -ть; **~ sth home to s.o.** убе|жда́ть, -ди́ть кого́-н. в чём-н.; дов|оди́ть, -ести́ кого́-н. до осозна́ния чего́-н.; **this drove the matter out of my head** э́то заста́вило меня́ всё забы́ть.
5 (*impel, fig*): **failure drove him to despair** неуда́ча довела́ его́ до отча́яния; **~ s.o. mad** св|оди́ть, -ести́ кого́-н. с ума́; **hunger drove him to steal** го́лод заста́вил его́ ворова́ть.
6 (*force to work hard*) гоня́ть, гна́ть; **he has been driving his staff too much** он соверше́нно загна́л свои́х подчинённых.
7 (*engineering*) про|кла́дывать, -ложи́ть; пров|оди́ть, -ести́; **~ a tunnel through a hill** про|кла́дывать, -ложи́ть тунне́ль че́рез го́ру.
8 (*effect, conclude*): **~ a bargain** заключ|а́ть, -и́ть сде́лку.
● *vi* (*past* **drove;** *pp* **driven**)
1 (*operate vehicle*) води́ть (*indet*), вести́ (*det*) маши́ну; **we drove up to the door** мы подъе́хали/подкати́ли пря́мо к две́ри.
2 (*be impelled*): **rain drove against the panes** дождь бил в око́нные стёкла; **driving rain** проливно́й дождь.
3 (*be active*): **what is he driving at?** к чему́ он кло́нит?; куда́ он гнёт? (*coll*).
4 (*of vehicle*): **the car ~s easily** э́ту маши́ну легко́ вести́.

drivel /ˈdrɪv(ə)l/ *n* (*nonsense*) чушь, чепуха́.
● *vi* (**drivelled, drivelling;** *US* **driveled, driveling**) поро́ть (*impf*) чушь; нести́ (*impf*) вздор/чепуху́.

driven /ˈdrɪv(ə)n/ *pp of* ⇒**drive**

driver /ˈdraɪvə(r)/ *n* (*of vehicle*) води́тель (*m*), шофёр; (*of animals*) пого́нщик, гуртовщи́к; **~'s license** (*US*) води́тельские права́; (*comput*) дра́йвер.

driving /ˈdraɪvɪŋ/ *n* езда́; вожде́ние автомоби́ля; **~ instructor** преподава́тель (*m*) автошко́лы.
● *cpds* **~ licence** (*Br*) *n* води́тельские права́; **~ mirror** *n* зе́ркало за́днего обзо́ра; **~ school** *n* автошко́ла; **~ test** *n* экза́мен на вожде́ние; **~ wheel** *n* веду́щее колесо́.

drizzle /ˈdrɪz(ə)l/ *n* и́зморось.
● *vi* мороси́ть (*impf*).

drizzly /ˈdrɪzlɪ/ *adj* морося́щий.

droll /drəʊl/ *adj* чудно́й, заба́вный.

drollness /ˈdrəʊlnɪs/ *n* заба́вность.

dromedary /ˈdrɒmɪdərɪ, ˈdrʌm-/ *n* дромаде́р.

drone /drəʊn/ *n* **1** (*bee; also fig, idler*) тру́тень (*m*). **2** (*of engine*) гуде́ние; (*of voice*) жужжа́ние.
● *vt & i* (*hum*) жужжа́ть (*impf*); гуде́ть (*impf*); (*speak monotonously*) бубни́ть (*impf*).

drool /dru:l/ *vi* пус|ка́ть, -ти́ть слю́ни.

droop /dru:p/ *vt* (*e.g. head*) опус|ка́ть, -ти́ть.
● *vi* (*of flowers, head*) ни́кнуть, по-; (*of branches*) склон|я́ться, -и́ться; (*fig*): **his spirits ~ed** он пал ду́хом.

droopy /ˈdru:pɪ/ *adj* (**droopier, droopiest**) (*lit*) склонённый; (*fig*) уны́лый.

drop /drɒp/ *n* **1** (*small quantity of liquid*) ка́пля; **~ by ~** ка́пля по ка́пле; (*fig*): **a ~ in the bucket, ocean** ка́пля в мо́ре; **he had a ~ too much** он хвати́л ли́шнего.
2 (*small round object*): **acid ~** монпансье́ (*indecl*), ледене́ц; **ear ~** серьга́, подве́ска.
3 (*fall*) паде́ние; **~ in prices/ temperature** паде́ние цен; пониже́ние температу́ры; **at the ~ of a hat** (*fig*) сра́зу/то́тчас же; **there is a ~ of 30 feet behind this wall** за э́той стено́й 30-футо́вый обры́в.
● *vt* (**dropped, dropping**)
1 (*allow, cause to fall*) роня́ть, урони́ть; **~ anchor** бр|оса́ть, -о́сить я́корь; **~ a stitch** спус|ка́ть, -ти́ть петлю́; **~ a letter into the box** опус|ка́ть, -ти́ть письмо́ в я́щик; **~ supplies by parachute** сбр|а́сывать, -о́сить припа́сы на парашю́те; **~ a parcel at s.o.'s house** ост|авля́ть, -а́вить паке́т у чьего́-н. до́ма.
2 (*impel, force down*) сра|жа́ть, -зи́ть; **~ shells into a town** обстре́л|ивать, -я́ть го́род; **he ~ped the ball to the back of the court** он посла́л мяч в коне́ц ко́рта.
3 (*give birth to young*) (*lamb or kid*) ягни́ться, о-; (*calf etc.*) тели́ться, о-.
4 (*lower*): **~ one's voice** пон|ижа́ть, -и́зить го́лос; **~ one's eyes** пот|упля́ть, -у́пить глаза́.
5 (*send, utter casually*): **~ s.o. a line** черкну́ть (*pf*) кому́-н. па́ру строк; **~ a hint** оброни́ть (*pf*) намёк.
6 (*omit, cease*) опус|ка́ть, -ти́ть; пропус|ка́ть, -ти́ть; **this word can safely be ~ped** э́то сло́во мо́жно сме́ло опусти́ть; **~ it!** переста́ньте!; бро́сьте!
7 (*allow to descend, disembark*) выса́живать, вы́садить; спус|ка́ть, -ти́ть с бо́рта; **please ~ me at the station** пожа́луйста, вы́садите меня́ у ста́нции.
8 (*abandon*) бр|оса́ть, -о́сить; **let us ~ the subject** дава́йте оста́вим э́ту те́му; **he ~ped all his friends** он порва́л со все́ми свои́ми друзья́ми.
9 (*coll, lose*) теря́ть, по-; **he ~ped £100** он потра́тил сто фу́нтов.
10: **~ a goal** заб|ива́ть, -и́ть гол.
● *vi* (**dropped, dropping**)
1 (*fall, descend*) па́дать, упа́сть; опус|ка́ться, -ти́ться; **you could hear a pin ~** (*fig*) бы́ло слы́шно, как му́ха пролети́т; **~ into a habit** входи́ть, войти́ в привы́чку; приобре|та́ть, -сти́ привы́чку; **~ into one's club** загля́|дывать, -ну́ть в клуб.
2 (*become weaker or lower*) па́дать, упа́сть; пон|ижа́ться, -и́зиться; **the wind ~ped** ве́тер стих/ути́х; **prices ~ped** це́ны упа́ли; **his voice ~ped** он пони́зил го́лос.
3 (*expressing separation etc.*): **~ behind the others** отст|ава́ть, -а́ть от остальны́х; **he ~ped from sight** он исче́з из по́ля зре́ния.
4 (*sink, collapse*) па́дать, упа́сть; опус|ка́ться, -ти́ться; **he ~ped into a chair** он опусти́лся на стул; **he ~ped (on) to his knees** он упа́л/опусти́лся на коле́ни; **I felt ready to ~** я вали́лся с ног; **his jaw ~ped** у него́ отви́сла че́люсть; **he ~ped dead** он внеза́пно у́мер; **~ dead!** (*coll*) подо́хни!; чтоб ты сдох!
5 (*cease, be abandoned*): **we let the matter ~** мы бро́сили э́то де́ло.
● *with advs*: **~ in** *vi* (*coll*): **he ~ped in on me** он загляну́л ко мне; **~ off** *vi* (*become fewer or less*) ум|еньша́ться, -е́ньшиться; **attendance ~ped off** посеща́емость упа́ла; (*coll, doze off*) засну́ть (*pf*); **~ out** *vi*: **five runners ~ped out** пять бегуно́в вы́были из соревнова́ния; **he ~ped out of school** он бро́сил шко́лу.
● *cpds* **~ curtain** *n* (*theatr*) опускно́й/ па́дающий за́навес; **~-forging** *n* горя́чая штампо́вка; **~ hammer** *n* копёр; **~head** *n* (*Br*) автомоби́ль с отки́дным ве́рхом; **~-kick** *n* уда́р с полулёта; *vt* уд|аря́ть, -а́рить с полулёта; **~-leaf** *n* откидна́я доска́; **~-leaf table** откидно́й сто́лик; **~out** *n* челове́к, поста́вивший себя́ вне о́бщества; (*from school*) недоу́чка (*cg*); **~ scene** *n* (*curtain*) опускно́й за́навес; (*final scene*) заключи́тельная сце́на.

droplet /ˈdrɒplət/ *n* ка́пелька.

dropper /ˈdrɒpə(r)/ *n* (*instrument*) пипе́тка, ка́пельница.

dropping|s /ˈdrɒpɪŋz/ *n pl* (*of animals and birds*) помёт.
● *cpd* **~ zone** *n* (*for troops*) зо́на вы́садки деса́нта; (*for supplies*) зо́на сбра́сывания гру́за.

dropsy /ˈdrɒpsɪ/ *n* водя́нка.

droshky /ˈdrɒʃkɪ/ *n* дро́ж|ки (*pl, g* -ек).

dross /drɒs/ *n* шлак, дросс; (*fig*) отбро́сы (*m pl*).

drought /draʊt/ *n* за́суха.

drove[1] /drəʊv/ *n* (*herd*) ста́до, гурт; (*crowd*) толпа́.

drove[2] /drəʊv/ *past of* ⇒**drive**

d

d

drover /ˈdrəʊvə(r)/ *n* гуртовщи́к.

drown /draʊn/ *vt* **1** (*kill by immersion*) топи́ть, у-; **~ one's sorrows in drink** топи́ть, у- го́ре в вине́; **~ o.s.** топи́ться, у-; **be ~ed** тону́ть, у-. **2** (*of sound*) приглуш|а́ть, -и́ть. **3**: **like a ~ed rat** (*fig*) мо́крый как мышь.
● *vi* тону́ть, у-; утопа́ть (*impf*); **a ~ing man will catch at a straw** утопа́ющий за соло́минку хвата́ется; **death by ~ing** смерть че́рез утопле́ние.

drowse /draʊz/ *n* полусо́н, сонли́вость; **in a ~** в дремо́те.
● *vi* дрема́ть (*impf*); быть в полусне́.

drowsiness /ˈdraʊzɪnɪs/ *n* дремо́та, сонли́вость.

drowsy /ˈdraʊzɪ/ *adj* (**drowsier, drowsiest**) (*feeling sleepy*) со́нный; (*soporific*) усыпля́ющий, снотво́рный.

drub /drʌb/ *vt* (**drubbed, drubbing**) колоти́ть, по-; **~ an idea into s.o.'s head** вбива́ть, вбить (*or* вда́лбливать, вдолби́ть) мысль кому́-н. в го́лову.

drubbing /ˈdrʌbɪŋ/ *n* битьё, трёпка, взбу́чка; **give s.o. a ~** зад|ава́ть, -а́ть взбу́чку/трёпку кому́-н.

drudge /drʌdʒ/ *n* работя́га (*cg*), иша́к.

drudgery /ˈdrʌdʒərɪ/ *n* изнури́тельная рабо́та.

drug /drʌg/ *n* **1** (*medicinal substance*) медикаме́нт, лека́рство. **2** (*narcotic or stimulant*) нарко́тик; **~ addict** наркома́н; **~ addiction** наркома́ния; **~ ring** наркосиндика́т; **~ trafficker** *or* **pusher** наркоделе́ц; **~ trafficking** торго́вля нарко́тиками, наркобизне́с.
● *vt* (**drugged, drugging**) (*food etc.*) подме́ш|ивать, -а́ть нарко́тики в + *a*; (*person*) да|ва́ть, -ть нарко́тики + *d*; одурма́ни|вать, -ть.
● *cpds* **~ abuse** *adj* употребле́ние нарко́тиков; **~-abuse clinic** наркологи́ческий диспансе́р; **~store** *n* (*US*) ≈ апте́ка.

drugget /ˈdrʌgɪt/ *n* (*textiles*) ковро́вая ткань.

druggist /ˈdrʌgɪst/ *n* (*US*) фармаце́вт, апте́карь (*m*).

Druid /ˈdruːɪd/ *n* друи́д.

Druidic(al) /druːˈɪdɪk, druːˈɪdɪk(ə)l/ *adj* друиди́ческий.

drum /drʌm/ *n* **1** (*instrument*) бараба́н; **bass ~** большо́й бараба́н.
2 (*container for oil etc.*) металли́ческая бо́чка.
3 (*cylinder for winding cable etc.*) ка́бельный бараба́н.
4 (*ear~*) бараба́нная перепо́нка.
● *vt* (**drummed, drumming**) бараба́нить (*impf*); бить (*impf*) в бараба́н; **~ s.o. out of the army** с позо́ром выгоня́ть, вы́гнать кого́-н. из а́рмии; **~ up support** соз|ыва́ть, -ва́ть подмо́гу; **~ sth into s.o.'s head** вд|а́лбливать, -олби́ть что-н. кому́-н. в го́лову.
● *vi* (**drummed, drumming**) бараба́нить (*impf*); бить (*impf*) в бараба́н; **~ with one's fingers on the table** бараба́нить (*impf*) па́льцами по́ столу.
● *cpds* **~beat** *n* бараба́нный бой; **~fire** *n* урага́нный ого́нь; **~head** *n* ко́жа на бараба́не; **~head court martial** вое́нно-полево́й суд; **~ major** *n* тамбурмажо́р; **~ majorette** *n* тамбурмажоре́тка; **~ roll** *n* бараба́нная дробь; **~stick** *n* бараба́нная па́лочка; (*of fowl*) но́жка.

drummer /ˈdrʌmə(r)/ *n* бараба́нщ|ик (*fem* -ица); (*US, commercial traveller*) коммивояжёр.

drunk[1] /drʌŋk/ *n* пья́ный.
● *adj* пья́ный; **~-driver** пья́ный води́тель; **~-driving** = **drink-driving**; **half ~** подвы́пивший; **dead ~** мертве́цки пья́ный; **~ as a lord** пья́ный в сте́льку; **~ with success** опьянённый успе́хом; **get ~ on brandy** нап|ива́ться, -и́ться коньяка́; пьяне́ть, о- от коньяка́.

drunk[2] /drʌŋk/ *pp of* ⇒**drink**

drunkard /ˈdrʌŋkəd/ *n* пья́ница (*cg*), алкого́лик.

drunken /ˈdrʌŋkən/ *adj* пья́ный; **~ brawl** пья́ная дра́ка.

drunkenness /ˈdrʌŋkənnɪs/ *n* пья́нство.

dry /draɪ/ *adj* (**drier** /ˈdraɪə/, **driest** /ˈdraɪɪst/) **1** (*free from moisture or rain*) сухо́й; **~ as a bone** сухо́й-пресухо́й; **wipe ~** вытира́ть, вы́тереть на́сухо.
2 (*not supplying water etc.*) вы́сохший, сухо́й; **a ~ well** вы́сохший коло́дец; **~ cow** недо́йная коро́ва; **the cows are ~** коро́вы не до́ятся.
3: **~ measure** ме́ра сыпу́чих тел; **~ goods** (*sugar, grain, etc*) сухи́е проду́кты; (*US, fabrics*) тексти́ль (*m*), тексти́льные това́ры.
4: **~ run** (*trial*) про́бный забе́г.
5 (*of wine*) сухо́й.
6 (*dull, plain*) сухо́й; **~ as dust** (*fig, of person*) суха́рь (*m*).
7 (*of humour*) сухо́й; (*of remark etc.*) ирони́ческий; *see also* ⇒**drily**.
8: **~ ice** сухо́й лёд; **~-ski slope** лы́жный склон с иску́сственным покры́тием; **~ battery** суха́я батаре́я.
9: **~ state** штат, в кото́ром де́йствует сухо́й зако́н; **the country went dry** в стране́ ввели́ сухо́й зако́н.
● *vt* суши́ть (*or* высу́шивать), вы́-; **~ o.s.** вытира́ться, вы́тереться; **~ one's tears** ут|ира́ть, -ере́ть слёзы; **~ the dishes** вытира́ть, вы́тереть посу́ду; **~ one's hands** вытира́ть, вы́тереть ру́ки; **dried fruit(s)** сушёные фру́кты; **dried egg** яи́чный порошо́к; **dried milk** сухо́е молоко́; **the drought dried up the wells** за́суха вы́сушила коло́дцы; **the wind dries up one's skin** ве́тер су́шит ко́жу.
● *vi* со́хнуть, вы́-; суши́ться (*or* высу́шиваться), вы́-; **our clothes have dried** на́ша оде́жда вы́сохла; **the well dried up** коло́дец вы́сох; **his imagination dried up** его́ фанта́зия исся́кла; **~ up!** заткни́сь! (*coll*); **he dried up** (*coll, theatr*) он забы́л роль; **hang sth up to ~** ве́шать, пове́сить что-н. для про́сушки.
● *cpds* **~-clean** *vt* подв|ерга́ть, -е́ргнуть хими́ческой чи́стке; **~-cleaning** *n* хими́ческая чи́стка, химчи́стка; **~-eyed** *adj* без слёз; с сухи́ми глаза́ми; **~ rot** *n* суха́я гниль.

dryad /ˈdraɪæd, ˈdraɪəd/ *n* дриа́да.

dryish /ˈdraɪɪʃ/ *adj* суховáтый.

dryly /ˈdraɪlɪ/ = **drily**

dryness /ˈdraɪnɪs/ *n* су́хость, сушь.

DSL (*abbr of* ***digital subscriber line***) (*teleph, comput*) (цифрова́я) вы́деленная ли́ния.

DSS (*abbr of* ***Department of Social Security***) Министе́рство социа́льного обеспе́чения.

DTD (*abbr of* ***document type definition***) *n* (*comput*) описа́ние шабло́на докуме́нта.

DTI (*abbr of* ***Department of Trade and Industry***) Министе́рство торго́вли и промы́шленности.

DTP (*abbr of* ***desktop publishing***) насто́льная полиграфи́я.

DTs /diːˈtiːz/ *n pl* (*coll*) бе́лая горя́чка.

dual /ˈdjuːəl/ *adj* двойственный, двойно́й; **~ ownership** совме́стное владе́ние; **~ carriageway** (*Br*) доро́га с двусторо́нним движе́нием и раздели́тельным барье́ром; **~ personality** раздвое́ние ли́чности; **~-control** двойно́е управле́ние; **~ nationality** двойно́е гражда́нство.
● *cpd* **~-purpose** *adj* двойно́го назначе́ния.

dualism /ˈdjuːəˌlɪz(ə)m/ *n* дуали́зм.

duality /ˌdjuːˈælɪtɪ/ *n* двойственность, раздво́енность.

dub /dʌb/ *vt* (**dubbed, dubbing**) **1** (*a knight*) посвя|ща́ть, -ти́ть в ры́цари; (*fig, call*) проз|ыва́ть, -ва́ть; крести́ть, о-. **2** (*film*) дубли́ровать (*impf*).

dubbing /ˈdʌbɪŋ/ *n* (*of film*) дубли́рование.

dubiety /djuːˈbaɪətɪ/ *n* сомне́ние.

dubious /ˈdjuːbɪəs/ *adj* (*feeling doubt*) сомнева́ющийся; (*inspiring mistrust; ambiguous*) сомни́тельный.

dubiousness /ˈdjuːbɪəsnɪs/ *n* сомни́тельность.

Dublin /ˈdʌblɪn/ *n* Ду́блин.

Dubliner /ˈdʌblɪnə(r)/ *n* ду́блинец (*fem* жи́тельница Ду́блина).

ducal /ˈdjuːk(ə)l/ *adj* ге́рцогский.

ducat /ˈdʌkət/ *n* дука́т.

duchess /ˈdʌtʃɪs/ *n* герцоги́ня; **grand ~** (*wife*) вели́кая княги́ня; (*daughter*) вели́кая княжна́.

duchy /ˈdʌtʃɪ/ *n* ге́рцогство, кня́жество.

duck[1] /dʌk/ *n* (*pl* **~** *or* **~s**)
1 (*waterbird*) у́тка; (*as food*) ути́ное мя́со, утя́тина (*coll*); **wild ~** ди́кая у́тка; **take to sth like a ~ to water** чу́вствовать, по- себя́ в чём-н. как ры́ба в воде́; **sitting ~** (*fig*) лёгкая же́ртва/добы́ча; **like water off a ~'s back** как с гу́ся вода́; **like a dying ~** как мо́края ку́рица; **dead ~** (*fig*) (*person*) ко́нченый челове́к; (*thing*) ги́блое де́ло; **lame ~** неуда́чник.
2 (*Br, dear creature*) ду́шка, ду́шенька.
3 (*also* **~'s egg:** *zero score*) нулево́й счёт; **make a ~** сыгра́ть (*pf*) с нулевы́м счётом.
● *cpds* **~bill (platypus)** *n* утконо́с; **~boards** *n pl* доща́тый насти́л; **~ pond** *n* пруд для у́ток; **~-egg blue** *adj* & *n* зеленова́то-голубо́й (цвет); **~-shooting** *n* охо́та на ди́ких у́ток; **~weed** *n* ря́ска.

duck² /dʌk/ *n* (*~ing motion, dip*) погруже́ние, ныря́ние, окуна́ние.
● *vt* погру|жа́ть, -зи́ть; окун|а́ть, -у́ть; **~ one's head** быстро наг|иба́ть, -ну́ть го́лову; **~ s.o.** окун|а́ть, -у́ть кого́-н.; тол|ка́ть, -ну́ть кого́-н. в во́ду; (*evade*): **~ a question** уклон|я́ться, -и́ться от отве́та.
● *vi* окун|а́ться, -у́ться; **~ to avoid a blow** наклон|я́ться, -и́ться, что́бы избежа́ть уда́ра.

ducking /ˈdʌkɪŋ/ *n* погруже́ние в во́ду; **give s.o. a ~** опус|ка́ть, -ти́ть чью-н. го́лову (в во́ду).

duckling /ˈdʌklɪŋ/ *n* утёнок; **ugly ~** га́дкий утёнок.

ducky /ˈdʌkɪ/ *n* (*Br coll*) ду́шечка, голу́бушка.

duct /ˈdʌkt/ *n* (*anat*) кана́л, прото́к.

ductile /ˈdʌktaɪl/ *adj* (*of metal*) тягу́чий, ко́вкий; (*of substance*) пласти́чный; (*of person*) пода́тливый.

ductility /ˌdʌkˈtɪlɪtɪ/ *n* (*tech*) тягу́честь, ко́вкость.

ductless /ˈdʌktlɪs/ *adj*: **~ gland** железа́ вну́тренней секре́ции.

dud /dʌd/ *n* (*coll*) (*bomb*) неразорва́вшаяся бо́мба; (*shell*) неразорва́вшийся снаря́д; (*counterfeit object*) подде́лка; (*person*) пусто́е ме́сто.
● *adj* (*useless*) неприго́дный; (*counterfeit*) подде́льный.

dude /dju:d, du:d/ *n* пижо́н (*coll*).

dudgeon /ˈdʌdʒ(ə)n/ *n* (*resentment*) возмуще́ние; (*feeling of offence*) оби́да; **in (high) ~** с глубо́ким возмуще́нием; негоду́я.

due /dju:/ *n* **1** (*~ credit*) до́лжное; **to give him his ~, he tried hard** на́до отда́ть ему́ до́лжное — он о́чень стара́лся.
2 (*in pl, Br, charges*) сбо́ры (*m pl*); взно́сы (*m pl*); **membership ~s** чле́нские взно́сы; **harbour ~s** порто́вые сбо́ры.
● *adj* **1** (*owing, payable*) причита́ющийся; **debts ~ to us** причита́ющиеся нам долги́; **when is the rent ~?** когда́ на́до плати́ть за кварти́ру?; **the bill falls ~ on October 1** срок платежа́ по ве́кселю наступа́ет пе́рвого октября́.
2 (*proper*) до́лжный, надлежа́щий; **with ~ attention** с до́лжным внима́нием; **in ~ time** в своё вре́мя; **after ~ consideration** по́сле надлежа́щего рассмотре́ния; **in ~ course** в свою́ о́чередь, свои́м чередо́м; **I am ~ for a haircut** мне пора́ постри́чься.
3 (*expected*): **he is ~ to speak twice** он до́лжен вы́ступить два́жды; **the mail is ~ tomorrow** по́чта должна́ быть за́втра.
4: **~ to** (*coll, owing to*) благодаря́ + *d*; (*because of*) из-за + *g*.
● *adv* то́чно, пря́мо; **the village lies ~ south** дере́вня лежи́т пря́мо на юг отсю́да.

duel /ˈdju:əl/ *n* дуэ́ль, поеди́нок; **~ of wits** состяза́ние в остроу́мии.
● *vi* (**duelled, duelling;** *US* **dueled, dueling**) дра́ться (*impf*) на дуэ́ли.

duellist /ˈdju:əlɪst/ (*US* **duelist**) *n* дуэля́нт.

duet /dju:ˈet/ *n* дуэ́т.

duff|el, -le /ˈdʌf(ə)l/ *n* **1** (*textiles*): **~ coat** пальто́ из шерстяно́й ба́йки с капюшо́ном. **2**: **~ bag** вещево́й мешо́к.

duffer /ˈdʌfə(r)/ *n* простофи́ля (*cg*) болва́н; **he is a ~ at games** в и́грах от него́ нет никако́го то́лку.

dug /dʌg/ *past and pp of* ⇒**dig**

dugout /ˈdʌgaʊt/ *n* (*shelter*) блинда́ж; (*canoe*) челно́к.

duke /dju:k/ *n* ге́рцог; **grand ~** вели́кий князь, эрцге́рцог.

dukedom /ˈdju:kdəm/ *n* (*territory*) ге́рцогство; кня́жество; (*title*) ти́тул ге́рцога.

dulcet /ˈdʌlsɪt/ *adj* сла́дкий, не́жный.

dulcimer /ˈdʌlsɪmə(r)/ *n* цимба́л|ы (*pl, g* —).

dull /dʌl/ *adj* **1** (*not clear or bright*) ту́склый; **a ~ sound** глухо́й звук; **a ~ mirror** ту́склое зе́ркало; **~ weather** па́смурная пого́да. **2** (*slow in understanding*) тупо́й. **3** (*uninteresting*) ску́чный. **4** (*not sharp*) тупо́й; **a ~ knife** тупо́й нож; **a ~ pain** тупа́я боль.
● *vt* притуп|ля́ть, -и́ть.
● *cpd* **~-witted** *adj* тупоу́мный.

dullard /ˈdʌləd/ *n* тупи́ца.

dullish /ˈdʌlɪʃ/ *adj* тупова́тый; скучнова́тый.

dullness /ˈdʌlnɪs/ *n* ту́пость; ску́ка.

duly /ˈdju:lɪ/ *adv* (*in due manner*) до́лжным о́бразом; (*at the right time*) в до́лжное вре́мя, своевре́менно; **I ~ went there** как и сле́довало, я пошёл туда́.

dumb /dʌm/ *adj* **1** (*unable to speak*) немо́й; **~ animals** бесслове́сные живо́тные. **2** (*temporarily silent*) онеме́вший, немо́й; **he was struck ~** он онеме́л; **~ show** нема́я сце́на. **3** (*US coll, stupid*) глу́пый.
● *vt*: **~ down** (*coll*) популяризи́ровать (*impf, pf*).
● *cpds* **~-bell** *n* ганте́ль; **~ waiter** *n* (*Br, table*) враща́ющийся сто́лик для заку́сок; (*lift*) лифт для пода́чи ку́шаний из ку́хни в столо́вую.

dum(b)found /dʌmˈfaʊnd/ *vt* ошара́ш|ивать, -ить; ошелом|ля́ть, -и́ть.

dumbness /ˈdʌmnɪs/ *n* немота́.

dummy /ˈdʌmɪ/ *n* **1** ку́кла; **tailor's ~** манеке́н; **baby's ~** (*Br*) со́ска; **he stands there like a (stuffed) ~** он стои́т там истука́ном. **2** (*at cards*) «болва́н». **3** (*stand-in*) подставно́е лицо́. **4** (*US coll, fool*) болва́н.
● *adj* (*imitation*) подставно́й; **~ run** про́бный забе́г.

dump /dʌmp/ *n* **1** (*heap of refuse*) му́сорная ку́ча. **2** (*place for tipping refuse*) (му́сорная) сва́лка. **3** (*ammunition store*) вре́менный полево́й скла́д. **4** (*seedy place*) дыра́ (*coll*).
● *vt* **1** (*throw away*) выбра́сывать, вы́бросить. **2** (*deposit carelessly*) сва́л|ивать, -и́ть. **3** (*coll, abandon*) броса́ть, бро́сить. **4** (*comput*) (*copy data*) разгру|жа́ть, -зи́ть; (*print out data*) распеча́т|ывать, -ать.

dumping /ˈdʌmpɪŋ/ *n* сва́лка; (*comm*) де́мпинг.

dumpling /ˈdʌmplɪŋ/ *n* клёцка.

dumps /dʌmps/ *n pl* (*coll*): **the ~** уны́ние; **(down) in the ~** в депре́ссии.

dumpster /ˈdʌmpstə(r)/ *n* (*US*) ёмкость для перево́зки му́сора.

dumpy /ˈdʌmpɪ/ *adj* (**dumpier, dumpiest**) призе́мистый.

dun¹ /dʌn/ *vt* (**dunned, dunning**) нап|омина́ть, -о́мнить (кому́-н.) об упла́те до́лга.

dun² /dʌn/ *adj* серова́то-кори́чневый; (*of animal*) мыша́стый.

dunce /dʌns/ *n* тупи́ца (*m*).

dunderhead /ˈdʌndəˌhed/ *n* болва́н.

dune /dju:n/ *n* дю́на.

dung /dʌŋ/ *n* (*manure*) наво́з; (*excrement*) помёт.
● *cpds* **~ beetle** *n* наво́зный жук; наво́зник; **~ heap, ~hill** *nn* наво́зная ку́ча.

dungarees /ˌdʌŋgəˈri:z/ *n pl* комбинезо́н.

dungeon /ˈdʌndʒ(ə)n/ *n* темни́ца.

dunk /dʌŋk/ *vt* мак|а́ть, -ну́ть.

dunlin /ˈdʌnlɪn/ *n* (*pl* **~** *or* **~s**) чернозо́бик.

duo /ˈdju:əʊ/ *n* (*pl* **~s**) дуэ́т; (*of comedians*) коми́ческая па́ра.

duodenal /ˌdju:əʊˈdi:nəl/ *adj* дуодена́льный.

duodenary /ˌdju:əʊˈdi:nərɪ/ *adj* двенадцатери́чный.

duodenum /ˌdju:əʊˈdi:nəm/ *n* двенадцатипе́рстная кишка́.

dupe /dju:p/ *n* простофи́ля (*cg*).
● *vt* ост|авля́ть, -а́вить в дурака́х; над|ува́ть, -у́ть.

duplex /ˈdju:pleks/ *adj* двойно́й; **~ house** (*US*) двухкварти́рный дом; **~ apartment** кварти́ра, располо́женная на двух этажа́х.

duplicate¹ /ˈdju:plɪkət/ *n* дублика́т; (то́чная) ко́пия; **in ~** в двух экземпля́рах.
● *adj* (*spare, extra*) запасно́й; (*twice as large or many*) двойно́й; (*identical*) одина́ковый; **~ document** ко́пия докуме́нта.

duplicate² /ˈdju:plɪˌkeɪt/ *vt* **1** (*make an exact copy of (sth)*) сн|има́ть, -ять ко́пию (с) + *g*, де́лать, с- ко́пию (с) + *g*; (*software, video, etc.*) копи́ровать, с-. **2** (*repeat*) повтор|я́ть, -и́ть, воспроизв|оди́ть, -ести́ (*опыт и т. п.*); (*s.o.'s success*) повтор|я́ть, -и́ть (*успех*); (*s.o.'s duties, etc.*) дубли́ровать (*impf*) (*обязанности и т. п.*); (*unnecessarily*) повтор|я́ть, -и́ть, дубли́ровать (*impf*) (*о чём-то излишнем*). **3** (*double*) удв|а́ивать, -о́ить.

duplication /ˌdju:plɪˈkeɪʃ(ə)n/ *n* удвое́ние; сня́тие ко́пии; **~ of effort** нену́жное повторе́ние уси́лий.

duplicator /ˈdju:plɪˌkeɪtə(r)/ *n* (*machine*) копирова́льный аппара́т.

duplicity /dju:ˈplɪsɪtɪ/ *n* двули́чность.

durability /ˌdjʊərəˈbɪlɪtɪ/ *n* про́чность, долгове́чность.

durable /ˈdjʊərəb(ə)l/ *n*: **consumer ~s** товáры (*m pl*) длúтельного пóльзования.
● *adj* прóчный; долговéчный.

Duralumin /djʊəˈræljʊmɪn/ *n* (*propr*) дюралюмúний.

duration /djʊəˈreɪʃ(ə)n/ *n* продолжúтельность; **for the ~ (of the war)** на (всё) врéмя войны́; **of short ~** непродолжúтельный.

duress /djʊəˈres, ˈdjʊə-/ *n* принуждéние, нажúм, давлéние; **under ~** под нажúмом/давлéнием.

during /ˈdjʊərɪŋ/ *prep* (*throughout*) в течéние + *g*; (*at some point in*) во врéмя + *g*.

dusk /dʌsk/ *n* сýмер|ки (*pl, g* -ек); (*gloom*) сýмрак.

dusky /ˈdʌskɪ/ *adj* (**duskier, duskiest**) сýмеречный; (*of complexion*) смýглый.

dust /dʌst/ *n* **1** (*powdered earth etc.*) пыль; **gold ~** золотонóсный песóк; **bite the ~** (*coll*) скончáться (*pf*); **shake the ~ off one's feet** отрястú (*pf*) прах с ног своúх; **throw ~ in s.o.'s eyes** пус|кáть, -тúть пыль в глазá комý-н.; втирáть (*impf*) комý-н. очкú.
2 (*human remains*) прах; **~ and ashes** прах и тлен.
3 (*cloud of ~*) пыль; **make, raise a ~** (*lit*) подн|имáть, -ять пыль; (*fig*) подн|имáть, -ять шум/переполóх.
● *vt* **1** (*remove ~ from*) ст|ирáть, -ерéть; (*or* стрях|ивать, -нуть) пыль с + *g*; **~ furniture** смáх|ивать, -нуть (*or* ст|ирáть, -ерéть) пыль с мéбели; **~ a room** уб|ирáть, -рáть кóмнату.
2 (*sprinkle*) пос|ыпáть, -ыпать; **~ sugar on to a cake** пос|ыпáть, -ыпать торт сáхарной пýдрой.
● *cpds* **~bin** *n* (*Br*) мýсорный я́щик; **~ bowl** *n* засýшливый райóн; **~cart** *n* (*Br*) фургóн для сбóра мýсора, мусоровóз; **~ cover** *n* (*for chair etc.*) чехóл; (*of book*) супероблóжка; **~ jacket, ~ wrapper** *nn* (*of book*) супероблóжка; **~man** *n* (*pl* **~men**) (*Br*) мýсорщик; **~pan** *n* совóк для мýсора; **~ sheet** *n* (*Br*) защúтное покрывáло; **~ storm** *n* пыльная бýря; **~-up** *n* (*coll*) ссóра, свáра; **~ wrapper** *n* = **~ jacket**

duster /ˈdʌstə(r)/ *n* (*Br, cloth*) тря́пка для пы́ли.

dustiness /ˈdʌstɪnɪs/ *n* запылённость.

dusty /ˈdʌstɪ/ *adj* (**dustier, dustiest**) пы́льный.

Dutch /dʌtʃ/ *n* **1** (*language*) голлáндский/нидерлáндский язы́к; **double ~** китáйская грáмота, тарабáрщина. **2** (**the ~**) (*pl, people*) голлáндцы (*m pl*).
● *adj*: **~ auction** «голлáндский аукциóн» (*со снижением цены до тех пор, пока не находится покупатель*); **~ cap** (*Br*) колпачóк; **~ tile** голлáндский изразéц; (*fig*): **~ courage** хрáбрость во хмелю́; **~ treat** угощéние в склáдчину.
● *cpds* **~man** *n* (*pl* **~men**) голлáндец; **that's Smith, or I'm a ~man** (*Br*) я не я бýду, éсли это не Смит; **the Flying ~man** летýчий голлáндец; **~woman** *n* (*pl* **~women**) голлáндка.

dutiable /ˈdju:tɪəb(ə)l/ *adj* подлежáщий обложéнию пóшлиной.

dutiful /ˈdju:tɪˌfʊl/ *adj* прéданный; (*obedient*) послýшный.

dutifulness /ˈdju:tɪfʊlnɪs/ *n* послушáние, прéданность.

duty /ˈdju:tɪ/ *n* **1** (*moral obligation*) долг, обя́занность; **he has a strong sense of ~** у негó сúльно рáзвито чýвство дóлга; **a ~ call** официáльный визúт; **bounden ~** свящéнная обя́занность; **we are in ~-bound** долг повелевáет нам.
2 (*official employment*) служéбные обя́занности; дежýрство; **on ~** на дежýрстве; **come on ~** при|ходúть, -йтú на дежýрство; **off ~** свобóдный; вне слýжбы; в свобóдное/неслужéбное врéмя; **I am off ~ today** я сегóдня не рабóтаю; **go off ~** уходúть, уйтú с дежýрства; **take up one's duties** присту́п|áть, -úть к исполнéнию своúх обя́занностей; **~ officer** дежýрный офицéр.
3 (*fig, of things*): **a box did ~ for a table** я́щик служúл столóм; **a heavy-~ engine** сверхмóщный мотóр.
4 (*fin*) пóшлина, сбор; **customs ~** тамóженная пóшлина; **stamp ~** гéрбовый сбор.
● *cpds* **~-free, ~-paid** *adjs* беспóшлинный.

duvet /ˈdu:veɪ/ *n* (*Br*) стёганое одея́ло.

DVD (*abbr of* ***digital versatile disk***) DVD, ди-ви-дú (*m indecl*); **~ player** DVD-плéер.

dwarf /dwɔ:f/ *n* (*pl* **dwarfs** *or* **dwarves**) кáрлик; **~ plant** кáрликовое растéние.
● *vt* (*stunt growth of*) мешáть, по- рóсту + *g*; (*fig*): **the skyscrapers dwarfed the church** ря́дом с небоскрёбами цéрковь казáлась совсéм крóшечной; **our efforts are ~ed by his** егó усúлия затмевáют нáши.

dwarfish /ˈdwɔ:fɪʃ/ *adj* кáрликовый.

dwarves /dwɔ:vz/ *pl of* ⇨**dwarf**

dwell /dwel/ *vi* (*past and pp* **dwelt** *or* **dwelled**) **1** (*live*) жить (*impf*); обитáть (*impf*). **2**: **~ (up)on** (*expatiate on*) распространя́ться (*impf*) о + *p*; остан|áвливаться, -овúться на + *p*; **it is unnecessary to ~ on the difficulties** не нýжно останáвливаться на трýдностях.

dweller /ˈdwelə(r)/ *n* жúтель, обитáтель (*fem* -ница).

dwelling /ˈdwelɪŋ/ *n* жильё, жилúще.
● *cpds* **~ house** *n* жилóй дом; **~ place** *n* местожúтельство.

dwelt /dwelt/ *past and pp of* ⇨**dwell**

dwindle /ˈdwɪnd(ə)l/ *vi* сокра|щáться, -тúться; ум|еньшáться, -éньшиться.

dye /daɪ/ *n* крáска.
● *vt* (**dyeing**) (*colour artificially*) крáсить, по-; окрá|шивать, -сить; **~ a dress black** крáсить, по- плáтье в чёрный цвет; **~d-in-the-wool** (*fig*) закоренéлый.
● *vi* (**dyeing**) крáситься, по-; **this material ~s well** э́тот материáл хорошó крáсится.
● *cpds* **~stuff** *n* красúтель (*m*); **~ works** *n pl* красúльня.

dyer /ˈdaɪə(r)/ *n* красúльщик.

dying /ˈdaɪɪŋ/ *adj* умирáющий, предсмéртный; **till one's ~ day** до концá своúх дней.

dyke[1] /daɪk/ *n* (*ditch*) ров, канáва; (*embankment*) дáмба, плотúна.

dyke[2] /daɪk/ *n* (*coll, lesbian*) лесбия́нка.

dynamic /daɪˈnæmɪk/ *n* (*force*) движýщая сúла; (*in pl, science*) динáмика.
● *adj* (*pertaining to force*) динамúческий; (*energetic*), динамúчный.

dynamism /ˈdaɪnəˌmɪz(ə)m/ *n* динамúзм.

dynamite /ˈdaɪnəˌmaɪt/ *n* динамúт (*also fig*).
● *vt* вз|рывáть, -орвáть динамúтом.

dynamo /ˈdaɪnəˌməʊ/ *n* (*pl* **~s**) динáмо (*indecl*); динáмо-машúна; **a human ~** энергúчный/неутомúмый человéк.

dynastic /dɪˈnæstɪk/ *adj* династúческий.

dynasty /ˈdɪnəstɪ/ *n* динáстия.

dysentery /ˈdɪsəntərɪ, -trɪ/ *n* дизентерúя.

dysfunction /dɪsˈfʌŋkʃ(ə)n/ *n* дисфýнкция.

dyslexia /dɪsˈleksɪə/ *n* дислéксия (*неспособность к чтению*).

dyslexic /dɪsˈleksɪk/ *adj*: **he is ~** он дислéктик.

dyspepsia /dɪsˈpepsɪə/ *n* диспепсúя.

dyspeptic /dɪsˈpeptɪk/ *n & adj* страдáющий диспепсúей.

dystrophy /ˈdɪstrəfɪ/ *n* дистрофúя.

Ee

E /iː/ *n* **1** (*mus*) ми (*nt indecl*).
2 (*academic mark*) 1, едини́ца, «кол»; **he got an ~ in physics** он получи́л едини́цу по фи́зике.

e|- *prefix* (*comput*) электро́нный; **~-banking** ба́нковские услу́ги че́рез Интерне́т, интерне́т-ба́нкинг; **~-book** электро́нная кни́га; **~-commerce** электро́нная комме́рция; **~-learning** электро́нное обуче́ние.

each /iːtʃ/ *pron & adj* ка́ждый; **he gave ~ (one) of us a book** он ка́ждому из нас дал по кни́ге; **he sat with a child on ~ side of him** он сиде́л ме́жду двумя́ детьми́; **we took a tray ~ from the table** мы взя́ли со сто́лика по подно́су; **the apples cost 20 pence ~** я́блоки сто́ят два́дцать пе́нсов шту́ка (*or* за шту́ку); **~ other** друг дру́га; **~ and every one** все без исключе́ния; **2 ~** по́ два/двое; **5 ~** по пяти́, (*coll*) по пять; **100 ~** по сто́; **200 ~** по две́сти; **500 ~** по пятьсо́т.

eager /ˈiːgə(r)/ *adj* стремя́щийся (**for:** к + *d*); жа́ждущий (**for:** + *g*); **he is ~ to go** он рвётся идти́.

eagerness /ˈiːgənɪs/ *n* рве́ние, стремле́ние.

eagle /ˈiːg(ə)l/ *n* орёл; **~ eye** зо́ркий взгляд; **~ owl** фи́лин.
● *cpd* **~-eyed** *adj* зо́ркий, проница́тельный.

eaglet /ˈiːglɪt/ *n* орлёнок.

ear[1] /ɪə(r)/ *n* **1** (*anat*) у́хо; (*diminutive, e.g. baby's*) у́шко; **give s.o. a thick ~** дать (*pf*) в у́хо кому́-н.
2: **~ for music** музыка́льный слух; **she plays by ~** она́ игра́ет на слух; **play it by ~** (*fig*) пол|ага́ться, -ожи́ться на чутьё.
3 (*various idioms*): **I am all ~s** я весь (*m*)/вся (*f*) обрати́л|ся (*m*)/-ась (*f*) в слух; **it went in (at) one ~ and out (at) the other** в одно́ у́хо вошло́, в друго́е вы́шло; **up to one's ~s in work/debt** по́ уши в рабо́те/долга́х; **gain s.o.'s ~** доби́ться (*pf*) чьего́-н. благоскло́нного внима́ния; **(may I have) a word in your ~** мне ну́жно ко́е-что́ вам сказа́ть на у́шко; **prick up one's ~s** навостри́ть (*pf*) у́ши; **were your ~s burning last night?** у вас у́ши не горе́ли вчера́?; **I could not believe my ~s** я свои́м уша́м не пове́рил; **lend an ~, give ~ to** прислу́ш|иваться, -аться к + *d*; **his words fell on deaf ~s** его́ слова́ бы́ли гла́сом вопию́щего в пусты́не; **turn a deaf ~ to** пропусти́ть (*pf*) ми́мо уше́й; **it came to my ~s that ...** до меня́ дошли́ слу́хи, что...; **he has his ~ to the ground** (*fig*) он де́ржит у́хо востро́.
● *cpds* **~ache** *n* боль в у́хе; **~ drops** *n pl* ушны́е ка́пли (*f pl*); **~drum** *n* бараба́нная перепо́нка; **~ flap** *n* нау́шник ша́пки; **~mark** *vt* на|кла́дывать, -ложи́ть тавро́ на + *a*; (*fig*) предназн|ача́ть, -а́чить; ассигнова́ть (*impf, pf*); **~phone, ~piece** *nn* нау́шник; ра́ковина телефо́нной тру́бки; **~-piercing** *adj* пронзи́тельный; **~plug** *n* заты́чка для уше́й; **~ring** *n* серьга́; **~shot** *n*: **within ~shot** в преде́лах слы́шимости; **out of ~shot** вне преде́лов слы́шимости; **~-splitting** *adj* оглуши́тельный; **~ trumpet** *n* слухово́й рожо́к; **~wax** *n* ушна́я се́ра.

ear[2] /ɪə(r)/ *n* (*bot*) ко́лос.

earl /əːl/ *n* граф (*британский*).

earldom /ˈəːldəm/ *n* гра́фство.

earl|y /ˈəːlɪ/ *adj* (**earlier, earliest**) ра́нний; **he is an ~y riser** он ра́но встаёт; **in one's ~y days, life** в ю́ности/мо́лодости; **in the ~y part of this century** в нача́ле э́того столе́тия; **we are ~y** мы пришли́ ра́но; **an ~y reply** незамедли́тельный отве́т; **on Tuesday at (the) ~iest** не ра́ньше вто́рника; **~y man** первобы́тный челове́к; **~ music** стари́нная му́зыка; **~y peaches** ра́нние/скороспе́лые пе́рсики; **~ warning** (*radar*) да́льнее обнару́жение.
● *adv* ра́но; **come as ~y as possible** приходи́те как мо́жно ра́ньше; **~y on** в нача́ле; **~ier on** ра́ньше, ра́нее; **two hours ~ier** на два часа́ ра́ньше; **as ~y as March** уже́/ещё в ма́рте.

earn /əːn/ *vt & i* зараб|а́тывать, -о́тать; (*deserve*) заслу́ж|ивать, -и́ть; **~ one's living** зараба́тывать (*impf*) на жизнь; **~ed income** трудово́й дохо́д.

earnest /ˈəːnɪst/ *n*: **in ~** серьёзно, всерьёз; **I am in ~** (*not joking*) я не шучу́; я говорю́ серьёзно; **it is raining in real ~** дождь разошёлся не на шу́тку.
● *adj* серьёзный.

earnestness /ˈəːnɪstnɪs/ *n* серьёзность.

earnings /ˈəːnɪŋz/ *n pl* за́работок.

earth /əːθ/ *n* **1** (*planet, world*) земля́; **on the face of the ~** на пове́рхности земли́; **to the ends of the ~** на край све́та; **come back to ~** (*fig*) спусти́ться (*pf*) с облако́в на зе́млю; **why on ~?** с како́й ста́ти?; заче́м то́лько?; **who on ~?** кто то́лько?; кто же?; **like nothing on ~** ни на что не похо́жий; **move heaven and ~** пусти́ть (*pf*) в ход все сре́дства; **down to ~** (*fig*) практи́чный, тре́звый.
2 (*dry land*) земля́; **scorched ~** вы́жженная земля́.
3 (*soil*) земля́, по́чва.
4 (*animal's hole*) нора́; **go to ~** скр|ыва́ться, -ы́ться в нору́; притаи́ться (*pf*); **run s.o. to ~** (*fig*) высле́живать, вы́следить кого́-н.
5 (*chem*) по́чва, грунт.
6 (*Br, elec*) земля́, заземле́ние.
● *vt* **1**: **~ up the roots of a shrub** оку́чи|вать, -ть куст.
2: **~ an aerial** (*Br*) заземл|я́ть, -и́ть анте́нну.
● *cpds* **~bound** *adj* земно́й; **~-shaking** *adj* всеми́рного значе́ния; **~works** *n pl* земляны́е рабо́ты (*f pl*); **~worm** *n* земляно́й червь.

earthen /ˈəːθ(ə)n/ *adj* земляно́й.

earthenware /ˈəːθ(ə)nweə(r)/ *n* гонча́рные изде́лия; гли́няная посу́да.

earthiness /ˈəːθɪnɪs/ *n* приземлённость, грубова́тость.

earthly /ˈəːθlɪ/ *adj* земно́й; **there is no ~ reason why ...** нет ни мале́йшей причи́ны, что́бы...; **he hasn't an ~** (*Br coll*) у него́ нет ни мале́йшего ша́нса.

earthquake /ˈəːθkweɪk/ *n* землетрясе́ние.

earthy /ˈəːθɪ/ *adj* (**earthier, earthiest**) (*smell etc.*) земляно́й; (*fig*) приземлённый, грубова́тый.

earwig /ˈɪəwɪg/ *n* уховёртка.

ease /iːz/ *n* **1** (*facility*) лёгкость.
2 (*comfort*) поко́й, о́тдых, досу́г; **take one's ~** отд|ыха́ть, -охну́ть; **a life of ~** лёгкая жизнь; **he was ill at ~** ему́ бы́ло не по себе́; **stand at ~** (*mil*) стоя́ть (*impf*) во́льно; **be, feel at ~** чу́вствовать (*impf*) себя́ непринуждённо; **put s.o. at his ~** приободри́ть (*pf*) кого́-н.
● *vt* **1** (*loosen*) отпус|ка́ть, -ти́ть.
2 (*make less severe, reduce*): **~ tension** осл|абля́ть, -а́бить напряжённость; **~ congestion** разгру|жа́ть, -зи́ть движе́ние; **~ s.o.'s anxiety** успок|а́ивать, -о́ить кого́-н.
● *vi* (*relax*) облегч|а́ться, -и́ться; слабе́ть, о-, осла́бнуть; **tension ~d (off)** напряже́ние осла́бло; **~ off on drinking** (*coll*) пить (*impf*) ме́ньше; **the pressure of work ~d (up)** напряжённость рабо́ты спа́ла.

easel /ˈiːz(ə)l/ *n* мольбе́рт.

easement /ˈiːzmənt/ *n* (*law*) сервиту́т.

easily /ˈiːzɪlɪ/ *adv* (*freely*) свобóдно; (*without difficulty*) легкó, без трудá; **he is ~ the best** он, безуслóвно, сáмый лýчший; **he may ~ be late** он вполнé мóжет опоздáть.

easiness /ˈiːzɪnɪs/ *n* (*facility*) лёгкость; (*comfort*) удóбство; (*informality*) непринуждённость.

east /iːst/ *n & adv* востóк; на востóк; к востóку; **Far E~** Дáльний Востóк; **Near E~** Бли́жний Востóк; **Middle E~** Срéдний/Бли́жний Востóк; **the wind is in the ~** вéтер дýет с востóка; **~ by north** ост-тень-нóрд; **~-northeast** ост-норд-óст; **(to the) ~ of London** к востóку от Лóндона; **travel ~** двигáться (*impf*) на востóк; **sail due ~** плыть (*impf*) по направлéнию к востóку; **face ~** быть обращённым на востóк; **E~ German** (*hist*) *adj* восточногермáнский; *n* жи́тель (*fem* -ница) Востóчной Гермáнии; (*native of*) востóчн|ый нéм|ец (*fem* -ая -ка); **E~ Germany** (*hist*) Востóчная Гермáния; **~ wind** востóчный вéтер.
● *adj* востóчный.
● *cpd* **~bound** *adj* идýщий/ движýщийся на востóк.

Easter /ˈiːstə(r)/ *n* Пáсха; (*attr*) пасхáльный; **at ~** на Пáсху; **~ Day, Sunday** Свéтлое/Христóво воскресéнье; Пáсха; **~ egg** пасхáльное яйцó; **~ week** Пасхáльная/Святáя недéля; Свéтлая седми́ца; **~ Monday (Tuesday *etc.*)** Свéтлый понедéльник (втóрник *u m. n.*).

easterly /ˈiːstəlɪ/ *n* (*wind*) востóчный ветер.
● *adj* востóчный.

eastern /ˈiːst(ə)n/ *adj* востóчный; **E~ bloc** (*hist*) соцблóк.

easternmost /ˈiːst(ə)nˌməʊst/ *adj* сáмый востóчный.

eastward /ˈiːstwəd/ *adj* движýщийся на востóк.
● *adv* (*also* **~s**) на востóк; в востóчном направлéнии.

easy /ˈiːzɪ/ *adj* (**easier, easiest**) **1** (*not difficult*) лёгкий; **~ of access** достýпный; **the book is ~ to read** кни́га легкó читáется; **~ money** легкó нáжитые дéньги; **~ come, ~ go** как нáжито, так и прóжито; **he is ~ to get on with** у негó лёгкий харáктер; **woman of ~ virtue** жéнщина лёгкого поведéния; **easier said than done** легкó сказáть; **as ~ as ABC (*or* as falling off a log)** лéгче лёгкого; прóще простóго.
2 (*comfortable, unconstrained*) спокóйный, лёгкий; **he leads an ~ life** у негó лёгкая жизнь; **~ in one's mind** спокóйный; **~ chair** крéсло; **in E~ Street** в довóльстве/ достáтке; **on ~ terms** на лёгких услóвиях; **I am ~** (*coll, have no preference*) мне всё равнó.
● *adv*: **~ does it!** ти́ше éдешь — дáльше бýдешь; **~!** спокóйно!; **take it ~!** (*don't exert yourself*) расслáбьтесь!; (*don't worry*) не волнýйтесь!; (*don't hurry*) не спеши́те!
● *cpds* **~-going** *adj* (*of person*) благодýшный.

eat /iːt/ *vt & i* (*past* **ate;** *pp* **eaten**) **1** (*of person*) есть, съ-; (*politely, of others*) кýшать, по-/с-; **~ one's dinner** пообéдать/поýжинать (*pf*); **he ~s well** он хорóший едóк; у негó хорóший аппети́т; (**~s good food**) он хорошó питáется; **~, drink and be merry** есть, пить и весели́ться (*all impf*); **good to ~** (*edible*) съедóбный; (*palatable*) вкýсный.
2 (*of animal etc.*) есть, съ-; жрать, со-; **the moths ate holes in my coat** моё пальтó изъéдено мóлью; **what's ~ing you?** (*coll*) какáя мýха вас укуси́ла?; что вас беспокóит?
3 (*of physical substances*) раз|ъедáть, -éсть; **acids ~ (into) metals** кислóты разъедáют метáллы.
4 (*idioms*): **~ one s words** брать, взять свои́ словá назáд; **~ one's heart out** исстрадáться (*pf*); жестóко тосковáть (*impf*); **~ humble pie** прийти́ (*pf*) с пови́нной головóй; **~ s.o. out of house and home** объ|едáть, -éсть когó-н.; **~ out of s.o.'s hand** (*fig*) ста|нови́ться, -ть ручны́м; **he can't ~ you** он вас не съест; **I'll ~ my hat if ...** даю гóлову на отсечéние, éсли... .
● *with advs*: **~ away** *vt* разъ|едáть, -éсть; **the wood was ~en away by worms** чéрви изгры́зли дéрево; **~ in** *vi* (*at home*) питáться (*impf*) дóма; **~ out** *vi* есть (*impf*) вне дóма; **~ up** *vt* до|едáть, -éсть; (*fig*): **he is ~en up with pride/curiosity** егó съедáет гóрдость/любопы́тство.

eatable /ˈiːtəb(ə)l/ *adj* съедóбный.

eaten /ˈiːt(ə)n/ *pp of* ⇒**eat**

eater /ˈiːtə(r)/ *n* едóк; **he is a big ~** он мнóго ест; едóк он óчень хорóший.

eating /ˈiːtɪŋ/ *n* едá.
● *adj*: **are these ~ apples?** мóжно эти я́блоки есть сыры́ми?
● *cpd* **~ house** *n* ресторáн.

eats /iːts/ *n pl* харчи́ (*m pl*) (*coll*).

eau de cologne /ˌəʊdəkəˈləʊn/ *n* одеколóн.

eaves /iːvz/ *n pl* карни́з.
● *cpds* **~drop** *vi* подслýш|ивать, -ать; **~dropper** *n* подслýшивающий; **~dropping** *n* подслýшивание.

ebb /eb/ *n* (*of tide*) отли́в; **the tide is on the ~** наступи́л отли́в; **~ and flow** отли́в и прили́в; (*fig*) упáдок; **his strength is at a low ~** егó си́лы иссякáют.
● *vi* (*of tide*) уб|ывáть, -ы́ть; (*fig*) ослаб|евáть, -éть; **daylight is ~ing away** день угасáет; **his strength is ~ing** егó си́лы слабéют.
● *cpd* **~-tide** *n* отли́в.

ebonite /ˈebəˌnaɪt/ *n* эбони́т.

ebony /ˈebənɪ/ *n* эбéновое/чёрное дéрево; (*fig, black*) чёрный как смоль.

ebullience /ɪˈbʌlɪəns/ *n* кипýчесть.

ebullient /ɪˈbʌlɪənt/ *adj* кипýчий, пóлный энтузиáзма.

EC 1 (*abbr of* ***European Commission***) ЕК (Европéйская коми́ссия). **2** (*abbr of* ***European Community***) ЕС (Европéйское сообщество).

eccentric /ɪkˈsentrɪk, ek-/ *n* **1** (*person*) чудáк; оригинáл; эксцентри́чный человéк. **2** (*tech*) эксцéнтрик.
● *adj* **1** (*of person*) эксцентри́чный. **2** (*math, astron*) эксцентри́ческий.

eccentricity /ˌɪksenˈtrɪsɪtɪ, ˌek-/ *n* (*quality*) чудáчество, эксцентри́чность; (*eccentric habit*) стрáнность.

Ecclesiastes /ɪˌkliːzɪˈæstiːz/ *n* (*bibl*) Кни́га Екклеси́аста/Проповéдника.

ecclesiastic /ɪˌkliːzɪˈæstɪk/ *n* духóвное лицó.

ecclesiastical /ɪˌkliːzɪˈæstɪk(ə)l/ *adj* духóвный, церкóвный.

Ecclesiasticus /ɪˌkliːzɪˈæstɪkəs/ *n* (*bibl*) Кни́га Премýдрости Иисýса, сы́на Сирáхова.

ECG (*abbr of* ***electrocardiogram***) ЭКГ (электрокардиогрáмма).

echelon /ˈeʃəˌlɒn, ˈeɪʃəˌlɔ̃/ *n* **1** (*mil formation*) эшелóн; **in ~** эшелóнами. **2** (*grade*) чин, ранг.
● *vt* (*mil*) эшелони́ровать (*impf, pf*).

echidna /ɪˈkɪdnə/ n. ехи́дна.

echo /ˈekəʊ/ *n* (*pl* **echoes**) э́хо.
● *vt* (**echoes, echoed**) втóрить (*impf*) + *d*; **~ s.o.'s words** втóрить чьим-н. словáм.
● *vi* (**echoes, echoed**) отд|авáться, -áться э́хом; **the thunder ~ed amongst the hills** гром отдавáлся э́хом в горáх; **the house ~ed to the children's laughter** дом звенéл от дéтского смéха.
● *cpd* **~-sounding** *n* измерéние эхолóтом.

eclair /eɪˈkleə(r), ɪˈkleə(r)/ *n* эклéр.

eclectic /ɪˈklektɪk/ *adj* эклекти́ческий; эклекти́чный.

eclecticism /ɪˈklektɪˌsɪz(ə)m/ *n* эклекти́зм.

eclipse /ɪˈklɪps/ *n* (*astron*) затмéние; **partial/total ~** части́чное/пóлное затмéние.
● *vt* (*lit, fig*) затм|евáть, -и́ть.

ecliptic /ɪˈklɪptɪk/ *n* эклиптика.

eclogue /ˈeklɒg/ *n* эклóга.

ecocide /ˈiːkəʊˌsaɪd/ *n* экоци́д, разрушéние прирóдной среды́.

eco-friendly /ˈiːkəʊˌfrendlɪ/ *adj* экологи́чески безврéдный.

ecological /ˌiːkəˈlɒdʒɪk(ə)l/ *adj* экологи́ческий.

ecologist /ɪˈkɒlədʒɪst/ *n* эколог.

ecology /ɪˈkɒlədʒɪ/ *n* экология.

econometric /ɪˌkɒnəˈmetrɪk/ *adj* эконометри́ческий.

econometrics /ɪˌkɒnəˈmetrɪks/ *n* эконометрия, эконометрика.

economic /ˌiːkəˈnɒmɪk, ˌek-/ *adj* **1** экономи́ческий, хозя́йственный; **~ warfare** экономи́ческая войнá. **2** (*profitable*) рентáбельный.
● *cpd* **~ migrant** *n* экономи́ческий мигрáнт.

economical /ˌiːkəˈnɒmɪk(ə)l, ˌek-/ *adj* эконóмный, бережли́вый, хозя́йственный; **he is ~ with words** он скуп на словá.

economics /ˌiːkəˈnɒmɪks, ˌek-/ *n* эконóмика; **the ~ of poultry farming** эконóмика птицевóдства.

economist /ɪˈkɒnəmɪst/ *n* экономи́ст.

economize /ɪˈkɒnəˌmaɪz/ *vi* эконóмить, с-; **~ on fuel** эконóмить, с- то́пливо; **he ~d by drinking less** он эконо́мил на вы́пивке.

econom|y /ɪ'kɒnəmɪ/ *n* **1** (*thrift*) эконо́мия, хозя́йственность, бережли́вость; **false ~y** бессмы́сленная эконо́мия; **little ~ies** эконо́мия на мелоча́х; **~y class** эконо́м-кла́сс; **~y of truth** (*ironical*) зама́лчивание пра́вды; лжи́вость. **2** (*~ic system*) эконо́мика, хозя́йство; **rural ~y** се́льское хозя́йство; **political ~y** полити́ческая эконо́мия.

ecosystem /'i:kəʊ,sɪstəm/ *n* экосисте́ма.

ecotourism /,i:kəʊ'tʊərɪz(ə)m/ *n* экотури́зм.

ecstas|y /'ekstəsɪ/ *n* **1** (*strong emotion*) экста́з; **she went into ~ies over it** э́то привело́ её в экста́з. **2** (*the drug*) э́кстези (*m indecl*).

ecstatic /ɪk'stætɪk/ *adj* (*joyful*) экстати́ческий, в экста́зе.

ectopic /ek'tɒpɪk/ *adj* эктопи́ческий; **~ pregnancy** внема́точная бере́менность.

ectoplasm /'ektəʊ,plæz(ə)m/ *n* (*biol*) эктопла́зма.

Ecuador /'ekwə,dɔ:(r)/ *n* Эквадо́р.

Ecuadorean /,ekwə'dɔ:rɪən/ *n* эквадо́р|ец (*fem* -ка).
● *adj* эквадо́рский.

ecumenical /,i:kju:'menɪk(ə)l, 'ek-/ *adj* (*eccl*) экумени́ческий, вселе́нский; **~ council** вселе́нский собо́р.

ecumenism /i:'kju:mə,nɪz(ə)m/ *n* (*eccl*) экумени́зм, экумени́ческое движе́ние.

eczema /'eksɪmə/ *n* экзе́ма.

eddy /'edɪ/ *n* водоворо́т; вихрь; (*m*).
● *vi* клуби́ться (*impf*); крути́ться (*impf*).

edelweiss /'eɪd(ə)l,vaɪs/ *n* эдельве́йс.

edema /ɪ'di:mə/ (*US*) = **oedema**

Eden /'i:d(ə)n/ *n* Эде́м; **Garden of ~** эде́мский сад; (*paradise*) рай.

edge /edʒ/ *n* **1** (*sharpened side*) остриё, ле́звие; **the knife has no ~** нож затупи́лся; **take the ~ off** (*lit*) притуп|ля́ть, -и́ть; затуп|ля́ть, -и́ть; (*fig, e.g. appetite*) испо́ртить (*pf*).
2 (*fig*): **be on ~** быть в не́рвном состоя́нии; **set one's teeth on ~** вызыва́ть, вы́звать ощуще́ние оско́мины.
3 (*border*) грань; край.
4 (*of book*) обре́з; **gilt ~s** золото́й обре́з.
5 (*skating*): **inside ~** дуга́ внутрь; **outside ~** дуга́ нару́жу.
6: **have the ~ on s.o.** (*coll*) име́ть преиму́щество над кем-н.
● *vt* & *i* **1** (*border*) окайм|ля́ть, -и́ть; **~ a handkerchief with lace** окайм|ля́ть, -и́ть носово́й плато́к кру́жевом; **~ a path with plants** обса́|живать, -ди́ть доро́жку цвета́ми.
2 (*move obliquely*): **~ one's way through a crowd** проб|ира́ться, -ра́ться че́рез толпу́; **~ a piano through a door** с трудо́м прота́|скивать, -щи́ть пиани́но в дверь; **~ one's chair towards the fire** пододви́нуть (*pf*) стул к ками́ну; **he ~d closer to me** он пододви́нулся ко мне.

edge|ways /'edʒweɪz/, **-wise** /'edʒwaɪz/ *advs* бо́ком; **I could not get a word in ~** я не мог сло́ва вста́вить.

edging /'edʒɪŋ/ *n* (*border*) кайма́.

edgy /'edʒɪ/ *adj* (**edgier, edgiest**) (*irritable*) раздражи́тельный.

edibility /,edɪ'bɪlɪtɪ/ *n* съедо́бность.

edible /'edɪb(ə)l/ *adj* съедо́бный.

edict /'i:dɪkt/ *n* ука́з.

edification /,edɪfɪ'keɪʃ(ə)n/ *n* назида́ние, поуче́ние.

edifice /'edɪfɪs/ *n* зда́ние; (*fig*) структу́ра, систе́ма.

edify /'edɪ,faɪ/ *vt* наст|авля́ть, -а́вить; поуча́ть (*impf*).

edifying /'edɪ,faɪɪŋ/ *adj* назида́тельный, поучи́тельный.

Edinburgh /'edɪnbərə/ *n* Э́динбу́рг.

edit /'edɪt/ *vt* (**edited, editing**) (*a text, newspaper*) редакти́ровать, от-; **the passage was ~ed out** э́тот отры́вок вы́черкнули; (*film etc.*) монти́ровать, с-.

editing /'edɪtɪŋ/ *n* (*of text*) редакти́рование, реда́кция; (*of film*) монта́ж.

edition /ɪ'dɪʃ(ə)n/ *n* изда́ние; (*e.g. of newspaper*) вы́пуск; **revised ~** испра́вленное изда́ние; **limited ~** изда́ние, вы́пущенное ограни́ченным тиражо́м; **an ~ of 50,000 copies** изда́ние в 50 000 экземпля́ров; **the book ran into 20 ~s** кни́га вы́держала 20 изда́ний.

editor /'edɪtə(r)/ *n* реда́ктор; **sports ~** реда́ктор спорти́вного отде́ла.

editorial /,edɪ'tɔ:rɪəl/ *n* передови́ца, передова́я статья́.
● *adj* редакцио́нный; реда́кторский; **~ office** реда́кция; **~ staff** редакцио́нная колле́гия, редколле́гия; **~ changes** (*in a text*) реда́кторская пра́вка.

editorship /'edɪtəʃɪp/ *n* реда́кторство.

educable /'edjʊkəb(ə)l/ *adj* обуча́емый, поддаю́щийся обуче́нию.

educate /'edjʊ,keɪt/ *vt* да|ва́ть, -ть образова́ние + *d*; воспи́т|ывать, -а́ть; **where were you ~d?** где вы получи́ли образова́ние?; **a well ~d man** образо́ванный челове́к; **~d speech** культу́рная речь; **~ s.o.'s taste** разв|ива́ть, -и́ть чей-н. вкус.

education /,edjʊ'keɪʃ(ə)n/ *n* образова́ние, культу́ра; (*upbringing*) воспита́ние; **universal compulsory ~** всео́бщее обяза́тельное обуче́ние; **higher ~** вы́сшее образова́ние; **college of ~** педагоги́ческий институ́т; **Ministry of E~** Министе́рство образова́ния/просвеще́ния; **lack of ~** необразо́ванность; **it was an ~ to work with him** рабо́та с ним мно́го мне дала́; **physical ~** физи́ческое воспита́ние, физкульту́ра.

educational /,edjʊ'keɪʃənəl/ *adj* (*pertaining to education*) образова́тельный; (*instructive*) воспита́тельный, уче́бный; **~ film** уче́бный фильм.

education(al)ist /,edjʊ'keɪʃən(əl)ɪst/ *n* педаго́г(-методи́ст).

educative /'edjʊ,kətɪv/ *adj* поучи́тельный.

educator /'edjʊ,keɪtə(r)/ *n* воспита́тель (*m*), педаго́г.

EEC (*abbr of* ***European Economic Community***) ЕЭ́С (Европе́йское экономи́ческое соо́бщество).

eel /i:l/ *n* у́горь (*m*); **he is as slippery as an ~** (*fig*) он ско́льзкий как у́горь.

e'en /i:n/ (*poetical*) = **even[1]**, **even[2]** *adv*

e'er /eə(r)/ (*poetical*) = **ever**

eer|ie (*US* **-y**) /'ɪərɪ/ *adj* (**eerier, eeriest**) жу́ткий.

efface /ɪ'feɪs/ *vt* ст|ира́ть, -ере́ть; (*fig*) изгла́|живать, -дить; **~ o.s.** стушё|вываться, -а́ться; держа́ться (*impf*) в тени́.

effacement /ɪ'feɪsmənt/ *n* стира́ние.

effect /ɪ'fekt/ *n* **1** (*result*) результа́т; **punishment had no ~ on him** наказа́ние на него́ не поде́йствовало; **of no ~** безрезульта́тный; **to no ~** безрезульта́тно; **take ~** (*e.g. medicine*) де́йствовать, по-; **in ~** в су́щности, факти́чески.
2 (*validity*) де́йствие; **come into ~** вступ|а́ть, -и́ть в си́лу; **put, bring into ~** вводи́ть (*impf*) в де́йствие; **with ~ from today** начина́я с сего́дняшнего дня; **in ~** (*operative*) де́йствующий, в си́ле.
3 (*sensual etc. impression*) впечатле́ние, эффе́кт; **sound ~s** (*e.g. on radio*) шумовы́е эффе́кты; **special ~s** спецэффе́кты; **he does it all for ~** он де́лает всё напока́з.
4 (*meaning*) содержа́ние, смысл; **he spoke to this ~** смысл его́ слов был сле́дующий; **or words to that ~** или что́-то в э́том ро́де.
5 (*in pl, property*) пожи́тк|и (*pl, g* -ов); иму́щество.
● *vt*: осуществ|ля́ть, -и́ть; выполня́ть, вы́полнить; **~ one's purpose** осуществ|ля́ть, -и́ть цель; **~ a cure** излечи́ть (*pf*) больно́го; **~ payment** произв|оди́ть, -ести́ платёж; **~ a compromise** пойти́ (*pf*) на компроми́сс; прив|оди́ть, -ести́ к компроми́ссу.

effective /ɪ'fektɪv/ *adj* **1** (*efficacious*) эффекти́вный. **2** (*striking*) эффе́ктный. **3** (*operative*) име́ющий си́лу; де́йствующий; **become ~** входи́ть, войти́ в си́лу; **~ range** (*mil*) да́льность действи́тельного огня́; **~ strength** (*of an army*) нали́чный соста́в. **4** (*virtual*) действи́тельный.

effectiveness /ɪ'fektɪvnɪs/ *n* (*efficacy*) эффекти́вность, де́йственность; (*of decor etc.*) эффе́ктность.

effectual /ɪ'fektʃʊəl, -tjʊəl/ *adj* де́йственный; действи́тельный.

effeminacy /ɪ'femɪnəsɪ/ *n* изне́женность.

effeminate /ɪ'femɪnət/ *adj* женоподо́бный.

effervesce /,efə'ves/ *vi* пузыри́ться (*impf*); (*fig*) искри́ться (*impf*).

effervescence /,efə'vesəns/ *n* шипе́ние; (*fig*) весёлое оживле́ние, кипе́ние.

effervescent /,efə'vesənt/ *adj* пузыря́щийся, шипу́чий; (*fig*) искря́щийся, кипу́чий.

effete /ɪˈfiːt/ *adj* сла́бый, упа́дочный; (*degenerate*) вы́родившийся.

efficacious /ˌefɪˈkeɪʃəs/ *adj* эффекти́вный, де́йственный.

efficacy /ˈefɪkəsɪ/ *n* эффекти́вность, де́йственность.

efficiency /ɪˈfɪʃənsɪ/ *n* делови́тость; эффекти́вность, производи́тельность.

efficient /ɪˈfɪʃ(ə)nt/ *adj* делови́тый, исполни́тельный; эффекти́вный, производи́тельный.

effigy /ˈefɪdʒɪ/ *n* изображе́ние; **burn s.o. in ~** сжечь (*pf*) чьё-н. изображе́ние/чу́чело.

efflorescence /ˌeflɔːˈresəns/ *n* расцве́т.

effluent /ˈeflʊənt/ *n* пото́к, вытека́ющий из о́зера/реки́; (*of sewage etc.*) сток.

effluvi|um /ɪˈfluːvɪəm/ *n* (*pl* **~a**) испаре́ние; миа́змы (*f pl*).

effort /ˈefət/ *n* уси́лие, попы́тка; (*in pl*) рабо́та; **make an ~** приложи́ть (*pf*) уси́лие; **spare no ~** не щади́ть (*impf*) уси́лий; **his ~s at persuading her failed** его́ уси́лия убеди́ть её оказа́лись тще́тными; (*coll, performance*): **a good ~** уда́чная попы́тка.

effortless /ˈefətlɪs/ *adj* непринуждённый; не тре́бующий уси́лий; **with ~ skill** с непринуждённой ло́вкостью.

effrontery /ɪˈfrʌntərɪ/ *n* на́глость, наха́льство.

effulgence /ɪˈfʌldʒəns/ *n* лучеза́рность, сия́ние.

effulgent /ɪˈfʌldʒ(ə)nt/ *adj* лучеза́рный, сия́ющий.

effusion /ɪˈfjuːʒ(ə)n/ *n* излия́ние (*also fig*).

effusive /ɪˈfjuːsɪv/ *adj* экспанси́вный; **he was ~ in his gratitude** он рассыпа́лся в благода́рностях.

effusiveness /ɪˈfjuːsɪvnɪs/ *n* экспанси́вность.

EFTA /ˈeftə/ *n* (*abbr of* ***European Free Trade Association***) ЕА́СТ (Европе́йская ассоциа́ция свобо́дной торго́вли).

e.g. (*abbr of* ***exempli gratia***) напр. (наприме́р).

egalitarian /ɪˌgælɪˈteərɪən/ *adj* эгалита́рный.

egalitarianism /ɪˌgælɪˈteərɪənˌɪz(ə)m/ *n* эгалитари́зм.

egg[1] /eg/ *n* **1** (*lit*) яйцо́; **lay ~s** нести́сь (*impf*); нести́, с- я́йца; **new-laid ~** свежеснесённое яйцо́; **boiled ~** яйцо́ в мешо́чек; **soft-boiled ~** яйцо́ всмя́тку; **hard-boiled ~** круто́е яйцо́; **fried ~** я́ичница-глазу́нья; **scrambled ~s** я́ичница-болту́нья; **poached ~** яйцо́-пашо́т; **rotten ~** ту́хлое яйцо́; **you have got ~ on your chin** у вас оста́тки яйца́ на подборо́дке; **~-and-spoon race** шу́точный бег с ло́жкой, в кото́рой лежи́т сыро́е яйцо́; **put all one's ~s in one basket** класть, положи́ть все я́йца в одну́ корзи́ну; **as sure as ~s is ~s** (*coll*) ≈ я́сно как два́жды два четы́ре; **don't teach your grandmother to suck ~s** ≈ я́йца ку́рицу не у́чат.
2 (*coll, chap*) па́рень (*m*).

● *cpds* **~ beater, ~ whisk** *nn* весёлка, муто́вка; **~-cosy** *n* чехо́льчик для сохране́ния яйца́ горя́чим; **~ cup** *n* рю́мка для яйца́; **~head** *n* (*sl*) интеллиге́нтик; **~plant** *n* (*US*) баклажа́н; **~-shaped** *adj* яйцеви́дный; **~shell** *n* скорлупа́; **~ timer** *n* (песо́чные) часы́ для ва́рки яи́ц; **~-whisk** *n* = **~-beater**

egg[2] /eg/ *vt*: **~ on** подстрек|а́ть, -ну́ть.

eggy /ˈegɪ/ *adj* (**eggier, eggiest**) (*covered with egg*) вы́мазанный яйцо́м.

ego /ˈiːgəʊ/ *n* (*pl* **egos**) (*philos*) э́го (*indecl*); я (*nt indecl*); субъе́кт; (*self-esteem*) самолю́бие; (*selfishness*) эгои́зм.

egocentric /ˌiːgəʊˈsentrɪk/ *adj* эгоцентри́ческий, эгоцентри́чный.

egocentrism /iːgəʊˈsentrɪz(ə)m/ *n* эгоцентри́зм.

egoism /ˈiːgəʊˌɪz(ə)m/ *n* эгои́зм, эгоисти́чность.

egoist /ˈiːgəʊɪst, ˈeg-/ *n* эгои́ст (*fem* -ка).

egoistic(al) /ˌiːgəʊˈɪstɪk, ˌiːgəʊˈɪstɪk(ə)l, ˈeg-/ *adj* эгоисти́ческий, эгоисти́чный.

egomania /ˌiːgəʊˈmeɪnɪə/ *n* эгоцентри́зм.

egomaniac /ˌiːgəʊˈmeɪnɪˌæk, ˌeg-/ *n* эгоцентри́ст.
● *adj* эгоцентри́ческий.

egotism /ˈiːgəˌtɪz(ə)m/ *n* эготи́зм.

egotist /ˈiːgəˌtɪst, ˈeg-/ *n* эгоцентри́ст (*fem* -ка).

egotistic(al) /ˌiːgəˈtɪstɪk, ˌiːgəˈtɪstɪk(ə)l, ˌeg-/ *adj* эгоцентри́ческий.

egregious /ɪˈgriːdʒəs/ *adj* вопию́щий, отъя́вленный.

egress /ˈiːgres/ *n* (*exit*) вы́ход.

egret /ˈiːgrɪt/ *n* бе́лая ца́пля.

Egypt /ˈiːdʒɪpt/ *n* Еги́пет.

Egyptian /ɪˈdʒɪpʃ(ə)n/ *n* египтя́н|ин (*fem* -ка).
● *adj* еги́петский.

Egyptologist /ˌiːdʒɪpˈtɒlədʒɪst/ *n* египто́лог.

Egyptology /ˌiːdʒɪpˈtɒlədʒɪ/ *n* египтоло́гия.

eh /eɪ/ *int* а?; да неуже́ли?; как?

eider /ˈaɪdə(r)/ *n* (*also* **~ duck**) га́га.
● *cpd* **~down** *n* (*Br, quilt*) пухо́вое одея́ло.

eight /eɪt/ *n* (число́/но́мер) во́семь; (**~** *people*) во́сьмеро, во́семь челове́к; **we ~, the ~ of us** мы ввосьмеро́м; мы, во́семь челове́к; **~ each** по восьми́; **in ~s, ~ at a time** по восьми́, восьмёрками; (*figure; thing numbered 8; group or crew of* **~**) восьмёрка; **he cut a figure of ~** он сде́лал восьмёрку; (*with various nn expressed or understood: cf. examples under* **⇒five**): **he had one over the ~** (*Br coll*) он хвати́л ли́шнего.
● *adj* во́семь + *g pl*; (*for people and pluralia tantum, also*) во́сьмеро + *g pl*; **~ twos are sixteen** во́семью (*or* во́семь на) два — шестна́дцать.
● *cpd* **~fold** *adj* восьмикра́тный; *adv* в во́семь раз (бо́льше).

eighteen /eɪˈtiːn/ *n* восемна́дцать; **in the 1820s** в двадца́тые го́ды (*or* в двадца́тых года́х) девятна́дцатого ве́ка.
● *adj* восемна́дцать + *g pl.*

eighteenth /eɪˈtiːnθ/ *n* (*date*) восемна́дцатое число́; (*fraction*) одна́ восемна́дцатая; восемна́дцатая часть.
● *adj* восемна́дцатый.

eighth /eɪtθ/ *n* (*date*) восьмо́е (число́); (*fraction*) одна́ восьма́я; восьма́я часть.
● *adj* восьмо́й; **~ note** (*US, mus*) восьма́я но́та.

eightieth /ˈeɪtɪɪθ/ *n* одна́ восьмидеся́тая; восьмидеся́тая часть.
● *adj* восьмидеся́тый.

eight|y /ˈeɪtɪ/ *n* во́семьдесят; **in the ~ies** (*decade*) в восьмидеся́тых года́х; в восьмидеся́тые го́ды; (*temperature*) за во́семьдесят гра́дусов (по Фаренге́йту); **he is in his ~ies** ему́ за во́семьдесят.

Eire /ˈeərə/ *n* Э́йре (*indecl*).

either /ˈaɪðə(r), ˈiːðə(r)/ *pron & adj* (*one or other*) любо́й, ка́ждый; тот и́ли друго́й; **do ~ of these roads lead to town?** кака́я-нибу́дь из э́тих доро́г ведёт к го́роду?; **~ book will do** люба́я из э́тих книг годи́тся; **I do not like ~ (one)** мне не нра́вится ни тот, ни друго́й; **~ way you will lose** и так и э́так вы проигра́ете; **on ~ side of the window** по обе́им сторона́м окна́; **~ of you may come** любо́й из вас мо́жет прийти́; **has ~ of you seen him?** кто-нибу́дь из вас ви́дел его́?
● *adv & conj*: **I do not like Smith, or Jones ~** я не люблю́ ни Сми́та, ни Джо́нса; **he did not go, and I did not ~** ни он, ни я не пошли́; (*intensive*): **it was not long ago ~** э́то бы́ло не так уж давно́; **~ ... or** и́ли... и́ли; ли́бо... ли́бо; то ли... то ли; не то... не то; **~ I or he will go** оди́н из нас пойдёт; и́ли он и́ли я пойдём.

ejaculate /ɪˈdʒækjʊˌleɪt/ *vt* (*utter suddenly*) воскл|ица́ть, -и́кнуть.
● *vi* (*physiol*) изв|ерга́ть, -е́ргнуть се́мя; эякули́ровать (*impf, pf*).

ejaculation /ɪˌdʒækjʊˈleɪʃ(ə)n/ *n* (*exclamation*) восклица́ние; (*physiol*) эякуля́ция.

eject /ɪˈdʒekt/ *vt* (*lit, fig*) выбра́сывать, вы́бросить; выселя́ть, вы́селить; (*emit*) изв|ерга́ть, -е́ргнуть.
● *vi* (*aeron*): **the pilot ~ed** лётчик катапульти́ровался.

ejection /ɪˈdʒekʃ(ə)n/ *n* (*expulsion*) исключе́ние; (*from house*) выселе́ние; (*emission*) изверже́ние.

ejector /ɪˈdʒektə(r)/ *n*: **~ seat** (*aeron*) катапульти́руемое сиде́нье.

eke /iːk/ *vt*: **~ out** (*supplement*) восп|олня́ть, -о́лнить; **~ out a livelihood** ко́е-ка́к перебива́ться (*impf*); скрипе́ть (*impf*) (*joc*).

elaborate[1] /ɪˈlæbərət/ *adj* иску́сно сде́ланный; сло́жный; **an ~ pattern** замыслова́тый рису́нок; **an ~ dinner** изы́сканный обе́д.

elaborate[2] /ɪˈlæbəˌreɪt/ *vt* разраб|а́тывать, -о́тать; **~ on** (*develop*) разв|ива́ть, -и́ть; (*make more precise*) уточн|я́ть, -и́ть.

elaboration /ɪ,læbəˈreɪʃ(ə)n/ *n* (*working out*) разрабо́тка; (*development*) разви́тие; уточне́ние.

elan /eɪˈlɑ̃/ *n* поры́в, подъём.

elapse /ɪˈlæps/ *vi* про|ходи́ть, -йти́; прот|ека́ть, -е́чь.

elastic /ɪˈlæstɪk, ɪˈlɑːstɪk/ *n* рези́нка. ● *adj* (*lit*) эласти́чный; упру́гий; **~ band** (*Br*) рези́нка; (*fig*) ги́бкий; **~ rules** нестро́гие пра́вила.

elasticity /ɪlæsˈtɪsɪtɪ/ *n* эласти́чность, упру́гость; (*fig*) ги́бкость.

elate /ɪˈleɪt/ *vt* прив|оди́ть, -ести́ в восто́рг; **he was ~d at the news** но́вость окрыли́ла его́.

elation /ɪˈleɪʃ(ə)n/ *n* ликова́ние, восто́рг.

Elba /ˈelbə/ *n* Э́льба.

Elbe /elb/ *n* Э́льба.

elbow /ˈelbəʊ/ *n* ло́коть (*m*); (*tech*) коле́но; **at one's ~** (*fig*) под руко́й; **more power to his ~!** (*coll*) дай бог ему́ уда́чи!; **rub ~s with** (*US*) якша́ться (*impf*) с + *i* (*coll*). ● *vt* пих|а́ть, -ну́ть; толка́ть (*impf*) локтя́ми; **~ one's way** прот|а́лкиваться, -олкну́ться; **~ s.o. aside** отпи́х|ивать, -ну́ть кого́-н. в сто́рону. ● *cpds* **~ grease** *n* (*joc*) уси́ленная полиро́вка; **it needs ~ grease** придётся попоте́ть; **~ room** *n* просто́р.

elder[1] /ˈeldə(r)/ *n* **1** (*older person*) ста́рец, ста́рший; **we should respect our ~s** мы должны́ уважа́ть ста́рших; **he is my ~ by seven years** он ста́рше меня́ на семь лет. **2** (*official, senior member of tribe*) старе́йшина (*m*). ● *adj* ста́рший; **Pitt the E~** Питт ста́рший; **which is the ~ of the two?** кто из них двух ста́рше?

elder[2] /ˈeldə(r)/ *n* (*bot*) бузина́ (*кра́сная, чёрная*). ● *cpd* **~berry** *n* я́года бузины́.

elderly /ˈeldəlɪ/ *adj* пожило́й.

eldest /ˈeldɪst/ *adj* са́мый ста́рший.

elect /ɪˈlekt/ *adj* и́збранный; **president-~** и́збранный президе́нт. ● *vt* изб|ира́ть, -ра́ть; выбира́ть, вы́брать; **they ~ed him king** они́ избра́ли его́ королём; **the president is ~ed** президе́нт избира́ется; **he ~ed to go** он предпочёл пойти́.

election /ɪˈlekʃ(ə)n/ *n* **1** (*pol*) вы́боры (*m pl*); **general ~** всео́бщие вы́боры; **hold an ~** пров|оди́ть, -ести́ вы́боры; **~ campaign** предвы́борная/избира́тельная кампа́ния. **2** (*choice*) избра́ние.

electioneer /ɪ,lekʃəˈnɪə(r)/ *vi* агити́ровать (*impf*); **~ing** (*campaign*) предвы́борная кампа́ния.

elective /ɪˈlektɪv/ *adj* **1** (*filled by election*) избира́тельный; вы́борный; **an ~ office** вы́борная до́лжность. **2** (*empowered to elect*): **an ~ assembly** избира́тельное собра́ние. **3** (*optional*) факультати́вный.

elector /ɪˈlektə(r)/ *n* (*voter*) избира́тель (*m*).

electoral /ɪˈlektər(ə)l/ *adj* избира́тельный; **~ college** колле́гия вы́борщиков; **~ register** спи́сок избира́телей.

electorate /ɪˈlektərət/ *n* (*body of voters*) избира́тели (*m pl*).

electric /ɪˈlektrɪk/ *adj* электри́ческий; **~ blanket** одея́ло-гре́лка; **~ blue** (*n & adj*) (цвет) электри́к (*indecl*); **~ car** электромоби́ль (*m*); **~ chair** электри́ческий стул; **~ field** электри́ческое по́ле; **~ guitar** электрогита́ра; **~ light** электри́ческий свет; **~ locomotive** электрово́з; **~ shock** уда́р электри́ческим то́ком; (*fig*): **this had an ~ effect on him** э́то наэлектризова́ло его́.

electrical /ɪˈlektrɪk(ə)l/ *adj* электри́ческий; **~ engineer** инжене́р-эле́ктрик; **~ engineering** электроте́хника.

electrician /,ɪlekˈtrɪʃ(ə)n/ *n* эле́ктрик (*coll*), (электро)монтёр.

electricity /,ɪlekˈtrɪsɪtɪ, ,el-/ *n* электри́чество.

electrification /ɪ,lektrɪfɪˈkeɪʃ(ə)n/ *n* (*phys*) электриза́ция; (*tech*) электрифика́ция.

electrics /ɪˈlektrɪks/ *n pl* (*Br, coll*) эле́ктрика (*coll*), электропрово́дка.

electrify /ɪˈlektrɪ,faɪ/ *vt* **1** (*charge with electricity; also fig*) электризова́ть, на-. **2** (*e.g. a railway*) электрифици́ровать (*impf, pf*).

electro- /ɪˈlektrəʊ/ *pref* эле́ктро... .

electrocardiogram /ɪ,lektrəʊˈkɑːdɪə,græm/ *n* электрокардиогра́мма.

electrocute /ɪˈlektrə,kjuːt/ *vt* (*execute*) казни́ть (*impf, pf*) на электри́ческом сту́ле; **he was ~d** (*by accident*) его́ уби́ло то́ком.

electrocution /ɪ,lektrəˈkjuːʃ(ə)n/ *n* казнь на электри́ческом сту́ле.

electrode /ɪˈlektrəʊd/ *n* электро́д.

electrodynamics /ɪ,lektrəʊdaɪˈnæmɪks/ *n* электродина́мика.

electroencephalogram /ɪ,lektrəʊɪnˈsefələ,græm/ *n* электроэнцефалогра́мма.

electrolysis /,ɪlekˈtrɒlɪsɪs, ,el-/ *n* электро́лиз.

electrolyte /ɪˈlektrə,laɪt/ *n* электроли́т.

electromagnet /ɪ,lektrəʊˈmægnɪt/ *n* электромагни́т.

electromagnetic /ɪ,lektrəʊmægˈnetɪk/ *adj* электромагни́тный.

electromotive /ɪ,lektrəʊˈməʊtɪv/ *adj* электродви́жущий.

electron /ɪˈlektrɒn/ *n* электро́н; **~ microscope** электро́нный микроско́п.

electronic /,ɪlekˈtrɒnɪk, ,el-/ *adj* электро́нный; **~ mail** электро́нная по́чта; **~ tagging** электро́нная сле́жка.

electronics /,ɪlekˈtrɒnɪks, ,el-/ *n* электро́ника.

electroplate /ɪˈlektrə,pleɪt/ *vt* гальванизи́ровать (*impf, pf*); покр|ыва́ть, -ы́ть мета́ллом с по́мощью электро́лиза.

elegance /ˈelɪgəns/ *n* элега́нтность, изя́щество.

elegant /ˈelɪgənt/ *adj* элега́нтный, изя́щный.

elegiac /,elɪˈdʒaɪək/ *adj* элеги́ческий, элеги́чный.

elegiacs /,elɪˈdʒaɪəks/ *n* элеги́ческие стихи́ (*m pl*).

elegy /ˈelɪdʒɪ/ *n* эле́гия.

element /ˈelɪmənt/ *n* **1** (*earth, air etc.*) стихи́я; **exposed to the ~s** бро́шенный на произво́л стихи́й; (*fig*): **in one's ~** в свое́й стихи́и. **2** (*chem*) элеме́нт. **3** (*in pl, rudiments*) нача́ла (*nt pl*); азы́ (*m pl*). **4** (*feature, constituent*) элеме́нт; составна́я часть. **5** (*trace*) след, до́ля. **6** (*elec*) элеме́нт.

elemental /,elɪˈment(ə)l/ *adj* стихи́йный.

elementary /,elɪˈmentərɪ/ *adj* элемента́рный; **~ school** (*US, Br hist*) нача́льная шко́ла.

> **elementary school**
>
> Нача́льная шко́ла в США. Де́ти у́чатся в таки́х шко́лах с 6 до 12 лет. Иногда́ их та́кже называ́ют *grade school*.

elephant /ˈelɪfənt/ *n* (*pl* **~** *or* **~s**) слон; **~ calf** слонёнок; **~ cow** слони́ха; **white ~** (*fig*) обремени́тельное иму́щество.

elephantiasis /,elɪfənˈtaɪəsɪs/ *n* слоно́вая боле́знь.

elephantine /,elɪˈfæntaɪn/ *adj* слоно́вый; **an ~ task** непоси́льная зада́ча.

elevate /ˈelɪ,veɪt/ *vt* (*lit*) подн|има́ть, -я́ть; **~d railway** надзе́мная желе́зная доро́га; (*fig*) пов|ыша́ть, -ы́сить; (*ennoble*) облагор|а́живать, -о́дить; **he was ~d to the peerage** его́ возвели́ в зва́ние пэ́ра.

elevated /ˈelɪ,veɪtɪd/ *adj* (*lofty*) высо́кий, возвы́шенный.

elevating /ˈelɪ,veɪtɪŋ/ *adj* облагора́живающий; подъёмный.

elevation /,elɪˈveɪʃ(ə)n/ *n* **1** (*act of raising*) подня́тие, возвыше́ние. **2** (*e.g. of a gun*) вертика́льная наво́дка. **3** (*height*) возвыше́ние, возвы́шенность. **4** (*drawing*) вертика́льный разре́з; **front ~** фаса́д; **side ~** боково́й фаса́д. **5** (*fig, of style etc.*) возвы́шенность. **6**: **~ to the peerage** возведе́ние в зва́ние пэ́ра.

elevator /ˈelɪ,veɪtə(r)/ *n* **1** (*machine*) грузоподъёмник, элева́тор. **2** (*US, storehouse*) элева́тор. **3** (*US, lift*) лифт; **~ operator** лифтёр. **4** (*aeron*) руль (*m*) высоты́.

eleven /ɪˈlev(ə)n/ *n* оди́ннадцать; **chapter ~** оди́ннадцатая глава́; (*team of ~ men*) кома́нда (из оди́ннадцати челове́к); **at ~ (o'clock)** в оди́ннадцать (часо́в); **half past ~** полови́на двена́дцатого.

elevenses /ɪˈlevənzɪz/ *n pl* (*Br coll*) лёгкий за́втрак о́коло оди́ннадцати часо́в утра́.

eleventh /ɪˈlevənθ/ *n* (*date*) оди́ннадцатое (число́); (*fraction*) одна́ оди́ннадцатая; оди́ннадцатая часть. ● *adj* оди́ннадцатый; **at the ~ hour** (*fig*) в после́днюю мину́ту.

elf /elf/ *n* (*pl* **elves**) эльф.

e

el|fin /ˈelfɪn/, **-fish** /ˈelfɪʃ/, **-vish** /ˈelvɪʃ/ *adjs* подобный фée; волшéбный.

elicit /ɪˈlɪsɪt, eˈlɪsɪt/ *vt* (**elicited, eliciting**) извл|екáть, -éчь; допы́т|ываться, -áться; **~ a fact** выявля́ть, вы́явить факт; **~ a reply** доби́ться (*pf*) отвéта.

elide /ɪˈlaɪd/ *vt* выпускáть, вы́пустить; опус|кáть, -ти́ть.

eligibility /ˌelɪdʒɪˈbɪlɪtɪ/ *n* прáво на избрáние.

eligible /ˈelɪdʒɪb(ə)l/ *adj* могу́щий быть и́збранным; **to be ~ for** имéть прáво на + *a*; **an ~ young man** подходя́щий жени́х.

eliminate /ɪˈlɪmɪˌneɪt/ *vt* **1** (*do away with*) устран|я́ть, -и́ть. **2** (*rule out*) исключ|áть, -и́ть. **3** (*physiol, chem*) оч|ищáть, -и́стить. **4** (*sport*): **he was ~d on the first round** он вы́был в пéрвом ту́ре.

elimination /ɪˌlɪmɪˈneɪʃ(ə)n/ *n* устранéние, исключéние, очищéние; (*sport*) отбóрочное соревновáние.

elision /ɪˈlɪʒ(ə)n/ *n* (*phonetics*) эли́зия.

elite /eɪˈliːt, ɪ-/ *n* эли́та; **an ~ regiment** отбóрный полк.

elitist /eɪˈliːtɪst, ɪ-/ *adj* элитáрный.

elixir /ɪˈlɪksə(r)/ *n* эликси́р.

Elizabethan /ɪlɪzəˈbiːθ(ə)n/ *n* совремéнник эпóхи (королéвы) Елизавéты.

● *adj* елизавéтинский, относя́щийся к эпóхе королéвы Елизавéты.

elk /elk/ *n* (*pl* **~** *or* **~s**) лось (*m*).

ellipse /ɪˈlɪps/ *n* э́ллипс, овáл.

ellipsis /ɪˈlɪpsɪs/ *n* (*pl* **ellipses** /-siːz/) э́ллипсис, опущéние; (*printing*) многотóчие.

ellipsoid /ɪˈlɪpsɔɪd/ *n* эллипсóид.

● *adj* (*also* **~al**) эллипсоидáльный, эллипсóидный.

elliptical /ɪˈlɪptɪkəl/ *adj* (*math, gram*) эллипти́ческий.

elm /elm/ *n* (*tree; wood*) вяз.

elocution /ˌeləˈkjuːʃ(ə)n/ *n* орáторское искýсство; тéхника рéчи.

elongate /ˈiːlɒŋˌgeɪt/ *adj* (*also* **~d**) удлинённый.

● *vt* удлин|я́ть, -и́ть.

elongation /ˌiːlɒŋˈgeɪʃ(ə)n/ *n* удлинéние.

elope /ɪˈləʊp/ *vi* (тáйно) бежáть (*det*) (с возлю́бленным).

elopement /ɪˈləʊpmənt/ *n* тáйное бéгство (с возлю́бленным).

eloquence /ˈeləkwəns/ *n* красноречие.

eloquent /ˈeləkwənt/ *adj* красноречи́вый.

El Salvador /el ˈsælvəˌdɔː(r)/ *n* Сальвадóр.

else /els/ *adj & adv* другóй; **no one ~** никтó другóй; бóльше никтó; **everyone ~** все остальны́е; **nowhere ~** ни в какóм другóм мéсте; **nowhere ~ but ...** нигдé, крóме...; **everywhere ~** вездé, тóлько не здесь/там; **someone ~'s** не свой, чужóй; **what ~ could I say?** что ещё я мог сказáть?; **do you want anything ~** (*more*)? вы хоти́те ещё чтó-нибудь?; **how ~ can I manage?** как (же) ещё я могу́ спрáвиться с э́тим?; **or ~** и́ли же; инáче; а (не) то; **run, or ~ you'll be late** беги́те, а то опоздáете.

● *cpd* **~where** *adv* гдé-нибудь ещё, в другóм мéсте; кудá-нибудь ещё, в другóе мéсто.

elucidate /ɪˈluːsɪˌdeɪt, ɪˈljuːs-/ *vt* разъясн|я́ть, -и́ть; прол|ивáть, -и́ть свет на + *a*.

elucidation /ɪˌluːsɪˈdeɪʃ(ə)n, ɪˌljuːs-/ *n* разъяснéние.

elucidatory /ɪˈluːsɪˌdeɪtərɪ, ɪˈljuːs-/ *adj* поясни́тельный.

elude /ɪˈluːd, ɪˈljuːd/ *vt* изб|егáть, -éгнуть + *g*; ускольз|áть, -нýть от + *g*.

elusive /ɪˈluːsɪv, ɪˈljuːsɪv/ *adj* неуловúмый.

elusiveness /ɪˈluːsɪvnɪs, ɪˈljuːsɪvnɪs/ *n* неуловúмость.

elver /ˈelvə(r)/ *n* молодóй у́горь.

elves /elvz/ *pl of* ⇒**elf**

elvish /ˈelvɪʃ/ = **elfin**

Elysian /ɪˈlɪzɪən/ *adj* елисéйский; (*fig*) рáйский.

emaciated /ɪˈmeɪsɪˌeɪtɪd, ɪˈmeɪʃɪˌeɪtɪd/ *adj* изнурённый, истощённый.

emaciation /ɪˌmeɪsɪˈeɪʃ(ə)n, ɪˌmeɪʃɪˈeɪʃ(ə)n/ *n* изнурéние, истощéние.

email /ˈiːmeɪl/ (*also* **e-mail**) *n* электрóнная пóчта; (*letter*) электрóнное письмó, e-mail, имéйл; **~ address** электрóнный áдрес, e-mail, имéйл; **be on ~** имéть дóступ к электрóнной пóчте (*or* к Интернéту).

● *vt* (*a person*) пос|ылáть, -лáть электрóнное письмó (*комý*); (*information, a document*) пос|ылáть, -лáть по электрóнной пóчте.

emanate /ˈeməˌneɪt/ *vi* излучáться (*impf*); истекáть (*impf*).

emanation /ˌeməˈneɪʃ(ə)n/ *n* истечéние, излучéние.

emancipate /ɪˈmænsɪˌpeɪt/ *vt* эмансипи́ровать (*impf, pf*); свобо|ждáть, -ди́ть.

emancipation /ɪˌmænsɪˈpeɪʃ(ə)n/ *n* эмансипáция, освобождéние.

emancipator /ɪˈmænsɪˌpeɪtə(r)/ *n* эмансипáтор, освободи́тель (*m*).

emasculate /ɪˈmæskjʊˌleɪt/ *vt* (*castrate*) кастри́ровать (*impf, pf*); (*fig*) выхолáщивать, вы́холостить.

emasculation /ɪˌmæskjʊˈleɪʃ(ə)n/ *n* кастрáция; выхолáщивание.

embalm /ɪmˈbɑːm/ *vt* бальзами́ровать (*impf, pf*) (*pf also* за-, на-).

embalmer /ɪmˈbɑːmə(r)/ *n* бальзамирóвщик.

embalmment /ɪmˈbɑːmmənt/ *n* бальзами́рование.

embankment /ɪmˈbæŋkmənt/ *n* (*wall etc.*) нáсыпь, гать; (*roadway*) нáбережная.

embargo /emˈbɑːgəʊ, ɪm-/ *n* (*pl* **~es**) эмбáрго (*indecl*); **oil is under ~** торгóвля нéфтью запрещенá; **lay an ~ on** нал|агáть, -ожи́ть эмбáрго на + *a*; **lift, raise an ~** снимáть, снять эмбáрго (с + *g*).

● *vt* (**~es, ~ed**) (*forbid trade in*) нал|агáть, -ожи́ть эмбáрго на + *a*.

embark /ɪmˈbɑːk/ *vt* (*goods*) грузи́ть, на-; (*people*) грузи́ть, по-.

● *vi* (*go on board*) грузи́ться, по-; сади́ться, сесть на корáбль; (*fig*) пус|кáться, -ти́ться (в + *a*); прин|имáться, -я́ться (за + *a*); **~ on an undertaking** предприн|имáть, -я́ть дéло; **~ on a discussion** пус|кáться -ти́ться в диску́ссию.

embarkation /ˌembɑːˈkeɪʃ(ə)n/ *n* (*of goods*) погру́зка; (*of people*) посáдка.

embarrass /ɪmˈbærəs/ *vt* сму|щáть, -ти́ть; прив|оди́ть, -ести́ в замешáтельство.

embarrassing /ɪmˈbærəsɪŋ/ *adj* щекотли́вый, вызывáющий смущéние; затрудни́тельный.

embarrassment /ɪmˈbærəsmənt/ *n* смущéние, замешáтельство; **he was an ~ to his parents** он был укóром для роди́телей; **financial ~** финáнсовые затруднéния.

embassy /ˈembəsɪ/ *n* посóльство.

embattled /ɪmˈbæt(ə)ld/ *adj* (*ready for war*) привéдённый в боеву́ю готóвность; (*in difficulties*) в тру́дном положéнии.

embed /ɪmˈbed/ *vt* (**embedded, embedding**): **stones ~ded in rock** кáмни, вмурóванные в скалу́; **facts ~ded in one's memory** фáкты, врéзавшиеся в пáмять.

embellish /ɪmˈbelɪʃ/ *vt* укр|ашáть, -áсить; (*a tale etc.*) приукрá|шивать, -сить.

embellishment /ɪmˈbelɪʃmənt/ *n* приукрáшивание.

embers /ˈembəz/ *n pl* (*coals etc.*) тлéющие уголькú (*m pl*).

embezzle /ɪmˈbez(ə)l/ *vt* растрá|чивать, -тить; присв|áивать, -óить.

embezzlement /ɪmˈbezəlmənt/ *n* растрáта, присвоéние.

embezzler /ɪmˈbezələ(r)/ *n* растрáтчик.

embitter /ɪmˈbɪtə(r)/ *vt* озл|обля́ть, -óбить; ожесточ|áть, -и́ть.

emblazon /ɪmˈbleɪz(ə)n/ *vt* (*to decorate, inscribe*) распи́с|ывать, -áть; укр|ашáть, -áсить (**with:** + *i*).

emblem /ˈembləm/ *n* (*symbol*) эмблéма; (*heraldic device, also national* **~**) герб.

emblematic /ˌembləˈmætɪk/ *adj* эмблемати́ческий.

embodiment /ɪmˈbɒdɪmənt/ *n* воплощéние, олицетворéние.

embod|y /ɪmˈbɒdɪ/ *vt* вопло|щáть, -ти́ть; олицетвор|я́ть, -и́ть; (*contain*) содержáть (*impf*); **this model ~ies new features** э́та модéль включáет в себя́ нóвые элемéнты.

embolden /ɪmˈbəʊld(ə)n/ *vt* подбодр|я́ть, -и́ть; ободр|я́ть, -и́ть; да|вáть, -ть смéлость + *d*.

embolism /ˈembəˌlɪz(ə)m/ *n* эмболи́я.

emboss /ɪmˈbɒs/ *vt* выбивáть, вы́бить; чекáнить, от-/вы́-; **~ed notepaper** тиснёная бумáга.

embrace /ɪmˈbreɪs/ *n* объя́тие.

● *vt* **1** (*clasp in one's arms*) обн|имáть, -я́ть. **2** (*an offer, theory, etc.*) прин|имáть, -я́ть. **3** (*include, comprise*) включ|áть, -и́ть. **4** (*take in with eye or mind*) охвáт|ывать, -и́ть.

● *vi* обн|имáться, -я́ться.

embrasure /ɪmˈbreɪʒə(r)/ *n* (*for gun*) амбразу́ра, бойни́ца; (*of door, window*) проём.

embrocation /ˌembrəʊˈkeɪʃ(ə)n/ *n* примо́чка.

embroider /ɪmˈbrɔɪdə(r)/ *vt* вышива́ть, вы́шить; (*a story etc.*) приукра́|шивать, -сить.

embroidery /ɪmˈbrɔɪdərɪ/ *n* вышива́ние, вы́шивка; ~ **frame** пя́л|ьцы (*pl, g* -ец).

embroil /ɪmˈbrɔɪl/ *vt* впу́т|ывать, -ать; вовл|ека́ть, -е́чь.

embroilment /ɪmˈbrɔɪlmənt/ *n* впу́тывание; вовлече́ние.

embryo /ˈembrɪəʊ/ *n* (*pl* **~s**) (*biol*) эмбрио́н; (*fig*) заро́дыш; **in ~** в заро́дыше.

embryologist /ˌembrɪˈɒlədʒɪst/ *n* эмбрио́лог.

embryology /ˌembrɪˈɒlədʒɪ/ *n* эмбриоло́гия.

embryonic /ˌembrɪˈɒnɪk/ *adj* эмбриона́льный; (*fig*) недора́звитый; в заро́дыше.

emend /ɪˈmend/ *vt* испр|авля́ть, -а́вить.

emendation /ˌiːmenˈdeɪʃ(ə)n/ *n* исправле́ние (те́кста).

emerald /ˈemər(ə)ld/ *n* изумру́д; (*attr*) изумру́дный; ~ **green** изумру́дно-зелёный.

emerge /ɪˈmɜːdʒ/ *vi* всплы|ва́ть, -ть; появ|ля́ться, -и́ться; **the moon ~d from behind clouds** луна́ вы́шла из-за облако́в; (*fig*) возн|ика́ть, -и́кнуть; **no new facts ~d** никаки́х но́вых фа́ктов не всплы́ло.

emergence /ɪˈmɜːdʒəns/ *n* появле́ние, возникнове́ние.

emergency /ɪˈmɜːdʒənsɪ/ *n* кра́йняя необходи́мость; ава́рия; (*also* **state of ~**) чрезвыча́йное положе́ние; (*attr*) чрезвыча́йный, э́кстренный; (*for use in* ~) запасно́й, запа́сный, вре́менный; ~ **exit** запа́сный вы́ход; ~ **landing** вы́нужденная поса́дка; ~ **powers** чрезвыча́йные полномо́чия; ~ **ration** неприкоснове́нный запа́с.

emergent /ɪˈmɜːdʒ(ə)nt/ *adj* всплыва́ющий на пове́рхность; (*fig*) нараста́ющий, развива́ющийся.

emeritus /ɪˈmerɪtəs/ *adj*: **professor ~** заслу́женный профе́ссор в отста́вке.

emery /ˈemərɪ/ *n* нажда́к; ~ **board** нажда́чная пи́лочка для ногте́й; ~ **cloth** нажда́чное полотно́; шку́рка; ~ **paper** нажда́чная бума́га.

emetic /ɪˈmetɪk/ *n* рво́тное сре́дство.
● *adj* рво́тный; (*fig*) тошнотво́рный.

emigrant /ˈemɪgrənt/ *n* эмигра́нт (*fem* -ка).
● *adj* эмигра́нтский.

emigrate /ˈemɪˌgreɪt/ *vi* эмигри́ровать (*impf, pf*).

emigration /ˌemɪˈgreɪʃ(ə)n/ *n* эмигра́ция.

émigré /ˈemɪˌgreɪ/ *n* эмигра́нт (*fem* -ка).

eminence /ˈemɪnəns/ *n* **1** (*high ground*) высота́; возвыше́ние. **2** (*celebrity*) знамени́тость; **reach, win, attain ~** доби́ться (*pf*) сла́вы/изве́стности. **3** (*title*): **His E~** Его́ Высокопреосвяще́нство.

eminent /ˈemɪnənt/ *adj* (*of person*) выдаю́щийся, знамени́тый; (*of qualities*) замеча́тельный, выдаю́щийся; **~ly suitable** весьма/ чрезвыча́йно подходя́щий.

emir /eˈmɪə(r)/ *n* (*ruler*) эми́р.

emirate /ˈemɪərət/ *n* эмира́т.

emissary /ˈemɪsərɪ/ *n* эмисса́р.

emission /ɪˈmɪʃ(ə)n/ *n* (*of gas, heat*) выделе́ние; (*of light*) излуче́ние; (*in pl*) вы́бросы.

emit /ɪˈmɪt/ *vt* (**emitted, emitting**) (*smoke, smell*) испус|ка́ть, -ти́ть; (*light*) излуч|а́ть, -и́ть; (*gas, heat*) выделя́ть, вы́делить; (*sound*) изд|ава́ть, -а́ть.

emollient /ɪˈmɒlɪənt/ *n* мягчи́тельное сре́дство.
● *adj* смягча́ющий; мягчи́тельный.

emolument /ɪˈmɒljʊmənt/ *n* (*usu in pl*) жа́лованье, дохо́д.

emoticon /ɪˈməʊtɪkɒn, ɪˈmɒtɪ-/ *n* (*comput*) эмо́тикон, сма́йл(ик).

emotion /ɪˈməʊʃ(ə)n/ *n* (*feeling*) эмо́ция; (*agitation*) волне́ние.

emotional /ɪˈməʊʃən(ə)l/ *adj* эмоциона́льный; **an ~ appeal** волну́ющий призы́в.

emotionalism /ɪˈməʊʃənəˌlɪz(ə)m/ *n* эмоциона́льность.

emotive /ɪˈməʊtɪv/ *adj* эмоциона́льно волну́ющий.

empathetic /ˌempəˈθetɪk/ *adj* эмпати́ческий, сопережива́ющий.

empathy /ˈempəθɪ/ *n* эмпа́тия, сопережива́ние.

emperor /ˈempərə(r)/ *n* импера́тор; ~ **penguin** императо́рский пингви́н; **purple ~** (*butterfly*) перели́вница и́вовая.

emphasis /ˈemfəsɪs/ *n* (*pl* **emphases** /-siːz/) **1** (*stress, prominence*) ударе́ние, вырази́тельность; **lay ~ on** подчёрк|ивать, -ну́ть. **2** (*phonetics*) ударе́ние, акце́нт.

emphasize /ˈemfəˌsaɪz/ *vt* подчёрк|ивать, -ну́ть; де́лать, с- упо́р на + *a*.

emphatic /ɪmˈfætɪk/ *adj* эмфати́ческий, вырази́тельный; **he was ~ on this point** он придава́л осо́бое значе́ние э́тому; **that is my ~ opinion** э́то моё твёрдое убежде́ние.

emphysema /ˌemfɪˈsiːmə/ *n* (*med*) эмфизе́ма.

empire /ˈempaɪə(r)/ *n*(*state*) импе́рия; **Russian E~** Росси́йская импе́рия; **E~ style** стиль ампи́р.

empiric(al) /ɪmˈpɪrɪk, ɪmˈpɪrɪk(ə)l/ *adj* эмпири́ческий.

empiricism /ɪmˈpɪrɪˌsɪz(ə)m/ *n* эмпири́зм.

empiricist /ɪmˈpɪrɪsɪst/ *n* эмпи́рик.

emplacement /ɪmˈpleɪsmənt/ *n* **1** (*location*) местоположе́ние. **2** (*mil*) оруди́йный око́п.

employ /ɪmˈplɔɪ/ *n* заня́тие, слу́жба; **he is in my ~** он рабо́тает у меня́.
● *vt* **1** (*engage*) нан|има́ть, -я́ть; держа́ть (*impf*) на слу́жбе; предост|авля́ть, -а́вить рабо́ту + *d*; **they ~ five servants** они́ де́ржат пять слуг (*or* пять челове́к прислу́ги); **~ o.s.** занима́ться (*impf*) (*чем*); **be ~ed** (*for hire*) рабо́тать (*impf*), служи́ть (*impf*). **2** (*use*) примен|я́ть, -и́ть; употреб|ля́ть, -и́ть.

employable /ɪmˈplɔɪəb(ə)l/ *adj* трудоспосо́бный.

employee /ˌemplɔɪˈiː, -ˈplɔɪiː/ *n* слу́жащий; **he is an ~ of this firm** он рабо́тает в э́той фи́рме; он слу́жащий э́той фи́рмы.

employer /ɪmˈplɔɪə(r)/ *n* работода́тель (*m*); предпринима́тель (*m*).

employment /ɪmˈplɔɪmənt/ *n* **1** (*service for pay*) рабо́та, слу́жба; **in ~** на слу́жбе/рабо́те; **out of ~** без рабо́ты; **full ~** по́лная за́нятость; **~ agency** ка́дровое аге́нтство; бюро́ по трудоустро́йству. **2** (*occupation*) заня́тие. **3** (*use*) примене́ние, испо́льзование.

empori|um /emˈpɔːrɪəm/ *n* (*pl* **~a** *or* **~ums**) (*shop*) большо́й магази́н, универма́г.

empower /ɪmˈpaʊə(r)/ *vt* уполномо́чи|вать, -ть.

empress /ˈemprɪs/ *n* императри́ца; (*fig*) цари́ца.

emptiness /ˈemptɪnɪs/ *n* (*lit, fig*) пустота́.

empt|y /ˈemptɪ/ *adj* (**emptier, emptiest**) **1** пусто́й; поро́жний; (*fig*): **~y words** пусты́е слова́; **on an ~y stomach** на пусто́й желу́док; натоща́к; **~y hours** бесце́льно проведённые часы́; **I feel ~y** я го́лоден.
2 (*in pl*, *~y bottles etc.*) поро́жняя та́ра; буты́лки из-под вина́ *и т. п.*
● *vt* опоро́жн|я́ть, -и́ть; **he ~ied his pockets** он опорожни́л карма́ны; **~y one drawer into another** пере|кла́дывать, -ложи́ть ве́щи из одного́ я́щика в друго́й; **~y water out of a jug** вы́лить (*pf*) во́ду из кувши́на.
● *vi* опорожн|я́ться, -и́ться; **the water ~ies slowly** вода́ ме́дленно вытека́ет; **the Rhine ~ies into the North Sea** Рейн впада́ет в Се́верное мо́ре; **the streets ~ied** у́лицы опусте́ли.
● *cpds* **~y-handed** *adj* с пусты́ми рука́ми; **~y-headed** *adj* пустоголо́вый.

EMS *abbr of* **1** ***European Monetary System*** ЕВС (Европе́йская валю́тная систе́ма). **2** ***Enhanced Message/ Messaging Service***: **~ message** EMS-сообще́ние.

emu /ˈiːmjuː/ *n* э́му (*m indecl*).

emulate /ˈemjʊˌleɪt/ *vt* (*compete with*) соревнова́ться (*impf*) с + *i*; сопе́рничать (*impf*) с + *i*; (*imitate*) подража́ть (*impf*) + *d*.

emulation /ˌemjʊˈleɪʃ(ə)n/ *n* соревнова́ние, сопе́рничество; подража́ние.

emulator /ˈemjʊˌleɪtə(r)/ *n* соревну́ющийся, сопе́рник; подража́тель (*m*).

emulsion /ɪˈmʌlʃ(ə)n/ *n* **1** эму́льсия. **2** (*Br*) (*also* **~ paint**) (водо)эмульсио́нная кра́ска. **3** (*phot*) (*~ coating*) эмульсио́нный слой.

enable /ɪˈneɪb(ə)l/ *vt* (*make able*) да|ва́ть, -ть возмо́жность + *d*; (*authorize*) уполномо́чи|вать, -ть; (*make possible*) де́лать, с- возмо́жным.

enact /ɪˈnækt/ *vt* (*make law*) вв|оди́ть, -ести́ в де́йствие; утвер|жда́ть, -ди́ть; (*act*) игра́ть, сыгра́ть (*роль*); разы́гр|ывать, -а́ть; (*carry out*) соверш|а́ть, -и́ть.

enactment /ɪˈnæktmənt/ *n* введе́ние зако́на в си́лу; утвержде́ние; игра́.

enamel /ɪˈnæm(ə)l/ *n* (*also of teeth*) эма́ль; ~ **paint** эма́левые кра́ски; ~ **ware** эмалиро́ванная посу́да.

● *vt* (**enamelled, enamelling;** *US* **enameled, enameling**) эмалирова́ть (*impf*).

enamour /ɪˈnæmə(r)/ (*US* **enamor**) *vt*: **he was ~ed of her** он был е́ю очаро́ван.

en bloc /ɑ̃ ˈblɒk/ *adv* целико́м; **the government resigned ~** прави́тельство ушло́ в отста́вку в по́лном соста́ве.

encamp /ɪnˈkæmp/ *vt* & *i* распол|ага́ть(ся), -ожи́ть(ся) ла́герем.

encampment /ɪnˈkæmpmənt/ *n* расположе́ние ла́герем; (*camp*) ла́герь (*m*).

encapsulate /ɪnˈkæpsjʊˌleɪt/ *vt* (*fig*) заключ|а́ть, -и́ть в себе́; **an ~d dream** сон во сне.

encase /ɪnˈkeɪs/ *vt*: **~d in armour** зако́ванный в ла́ты.

encash /ɪnˈkæʃ/ *vt* (*Br*) реализова́ть (*impf, pf*); получ|а́ть, -и́ть нали́чными деньга́ми.

encashment /ɪnˈkæʃmənt/ *n* (*Br*) реализа́ция.

encephalitis /enˌkefəˈlaɪtɪs, enˌsef-/ *n* энцефали́т.

enchant /ɪnˈtʃɑːnt/ *vt* (*bewitch*) зачаро́в|ывать, -а́ть; заколдо́в|ывать, -а́ть; (*delight*) обвор|а́живать, -ожи́ть; очаро́в|ывать, -а́ть; восхи|ща́ть, -ти́ть.

enchanter /ɪnˈtʃɑːntə(r)/ *n* (*wizard*) волше́бник, чароде́й; (*charmer*) чаровни́к.

enchanting /ɪnˈtʃɑːntɪŋ/ *adj* чару́ющий, обворожи́тельный.

enchantment /ɪnˈtʃɑːntmənt/ *n* (*spell*) волшебство́; (*charm*) очарова́ние, обая́ние; (*delight*) восхище́ние.

enchantress /ɪnˈtʃɑːntrɪs/ *n* (*witch, charmer*) волше́бница, чароде́йка; (*charmer*) чаровни́ца.

enchase /ɪnˈtʃeɪs/ *vt* (*adorn with engravings*) укр|аша́ть, -а́сить гравиро́вкой; (*set*) обр|амля́ть, -а́мить; (*inlay*) инкрусти́ровать (*impf, pf*).

encipher /ɪnˈsaɪfə(r)/ *vt* зашифро́в|ывать, -а́ть.

encipherment /ɪnˈsaɪfəmənt/ *n* шифро́вка.

encircl|e /ɪnˈsɜːk(ə)l/ *vt* окруж|а́ть, -и́ть; **~ing manoeuvre** обходно́й манёвр; манёвр на окруже́ние.

encirclement /ɪnˈsɜːkəlmənt/ *n* окруже́ние.

enclave /ˈenkleɪv/ *n* энкла́в.

enclitic /enˈklɪtɪk/ *n* энкли́тика.

● *adj* энклити́ческий.

enclos|e, inclos|e /ɪnˈkləʊz/ *vt* **1** (*surround, fence*) окруж|а́ть, -и́ть; **~e a garden with a wall** обн|оси́ть, -ести́ сад стено́й; **~e in parentheses** заключ|а́ть, -и́ть в ско́бки. **2** (*in letter etc.*) при|кла́дывать, -ложи́ть; **I ~e herewith** при сём прилага́ю; **a letter ~ing an invoice** письмо́ с приложе́нием счёта.

enclosure /ɪnˈkləʊʒə(r)/ *n* (*act of enclosing*) огора́живание; (*fence*) огражде́ние, огра́да; (*in letter*) приложе́ние.

encode /ɪnˈkəʊd/ *vt* коди́ровать (*impf, pf*) (*pf also* за-); шифрова́ть, за-.

encoder /ɪnˈkəʊdə(r)/ *n* (*comput*) коди́рующее устро́йство.

encompass /ɪnˈkʌmpəs/ *vt* (*surround*) окруж|а́ть, -и́ть; (*contain, comprise*) заключ|а́ть, -и́ть; (*cope with, accomplish*) осуществ|ля́ть, -и́ть; охва́т|ывать, -и́ть.

encore /ˈɒŋkɔː(r)/ *n* & *int* бис; **he gave six ~s** он биси́ровал шесть раз.

encounter /ɪnˈkaʊntə(r)/ *n* (*meeting*) встре́ча; (*contest, competition*) состяза́ние.

● *vt* встр|еча́ться, -е́титься с + *i*; ст|а́лкиваться, -олкну́ться с + *i*.

encourage /ɪnˈkʌrɪdʒ/ *vt* ободр|я́ть, -и́ть; поощр|я́ть, -и́ть; подде́рж|ивать, -а́ть; спосо́бствовать (*impf*) + *d*; **I ~d him to go** я угова́ривал его́ идти́; **do not ~ him in his idle ways** не поощря́йте его́ безде́лья; **I was ~d by the result** результа́т меня́ обнадёжил.

encouragement /ɪnˈkʌrɪdʒmənt/ *n* ободре́ние, поощре́ние, подде́ржка; **this acted as an ~ to him** э́то ободри́ло его́; **I gave him no ~** я не поощря́л его́.

encouraging /ɪnˈkʌrɪdʒɪŋ/ *adj* ободря́ющий, ободри́тельный, обнадёживающий.

encroach /ɪnˈkrəʊtʃ/ *vi* поку|ша́ться, -си́ться (на + *a*); вт|орга́ться, -о́ргнуться (в + *a*); **~ on s.o.'s rights** посяг|а́ть, -ну́ть на чьи-н. права́; **the sea is ~ing on the land** мо́ре наступа́ет на су́шу.

encroachment /ɪnˈkrəʊtʃmənt/ *n* посяга́тельство; вторже́ние.

encrust, incrust /ɪnˈkrʌst/ *vt* & *i* (*of ice, rust, etc.*) покр|ыва́ть(ся), -ы́ть(ся); **salt ~ed on the bottom of the kettle** дно ча́йника покры́лось сло́ем со́ли.

encrustation, incrustation /ˌɪnkrʌˈsteɪʃ(ə)n/ *n* (*encrusting*) инкруста́ция; (*crust, hard coating*) на́кипь, кора́, ко́рка.

encrypt /enˈkrɪpt/ *vt* шифрова́ть, за-.

encryption /enˈkrɪpʃ(ə)n/ *n* шифро́вка.

encumber /ɪnˈkʌmbə(r)/ *vt*(*burden*) обремен|я́ть, -и́ть; **~ o.s. with luggage** взва́л|ивать, -и́ть на себя́ бага́ж.

encumbrance /ɪnˈkʌmbrəns/ *n* обу́за, препя́тствие; (*law*) обремене́ние.

encyclical /enˈsɪklɪk(ə)l/ *n* энци́клика.

encyclopedia /enˌsaɪkləˈpiːdɪə, ɪn-/ *n* энциклопе́дия; **walking ~** ходя́чая энциклопе́дия.

encyclopedic /enˌsaɪkləˈpiːdɪk, ɪn-/ *adj* энциклопеди́ческий.

end /end/ *n* **1** (*extremity; lit, fig*) коне́ц; **the ~ house** кра́йний дом; **I read the book from ~ to ~** я прочита́л кни́гу от ко́рки до ко́рки; **two hours on ~** (*in succession*) два часа́ подря́д; **he began at the wrong ~** он на́чал не с того́ конца́; **third from the ~** тре́тий с кра́ю; **is everything all right at your ~?** всё ли благополу́чно у вас?; **to the ~s of the earth** ≈ к чёрту на кули́чки; на край све́та; **at the ~ of the passage** в конце́ коридо́ра; **at the ~ of the world** на краю́ све́та; **at the ~ of August** в конце́ (*or* в после́дних чи́слах) а́вгуста.
2 (*of elongated object*) коне́ц, край; **he stood the box on (its) ~** он поста́вил я́щик стоймя́; **the ships collided ~ on** корабли́ столкну́лись нос к но́су; **he placed the tables ~ to ~** он соста́вил столы́ в длину́ оди́н к друго́му; **her hair stood on ~** у неё во́лосы вста́ли ды́бом.
3 (*various idioms*): **keep one's ~ up** ≈ не уда́рить (*pf*) лицо́м в грязь; **I am at the ~ of my tether** я дошёл до то́чки/ру́чки; **this is the ~!** (*coll, last straw, limit*) да́льше е́хать не́куда!; **he got hold of the wrong ~ of the stick** он по́нял всё наоборо́т; **loose ~s** (*unfinished business*) запу́щенные дела́; **I am at a loose ~** я шата́юсь без де́ла; **he went off the deep ~** (*coll*) он взорва́лся; **make (both) ~s meet** св|оди́ть, -ести́ концы́ с конца́ми.
4 (*remnant, small part*): **candle ~** ога́рок; **cigarette ~** оку́рок.
5 (*conclusion, termination*) оконча́ние; **in the ~** в конце́ концо́в; в коне́чном счёте; **the war is at an ~** войне́ коне́ц; **our stores are at an ~** на́ши запа́сы на исхо́де; **come to an ~** ок|а́нчиваться, -о́нчиться; конча́ться, ко́нчиться; **put an ~ to, make an ~ of** класть, положи́ть коне́ц + *d*; **there s an ~ (of it)!** вот и всё!; **what will the ~ be?** чем э́то ко́нчится?; **till the ~ of time** наве́чно; до сконча́ния ве́ка; **dead ~** тупи́к; **he came to a bad ~** он пло́хо ко́нчил; **world without ~** на ве́ки ве́чные; **the ~ of the matter was that …** де́ло ко́нчилось те́м, что…; **we shall never hear the ~ of it** э́тому конца́-кра́ю не бу́дет; **they fought to the bitter ~** они́ сража́лись до после́дней ка́пли кро́ви; **he stayed till the bitter ~** он остава́лся на ме́сте до са́мого конца́; **~ product** коне́чный проду́кт; **I had no ~ of trouble finding him** мне сто́ило невероя́тного труда́ найти́ его́.
6 (*death*) коне́ц; **he is nearing his ~** он при́ смерти; **she came to an untimely ~** она́ безвре́менно сконча́лась.
7 (*purpose*) цель; **an ~ in itself** самоце́ль; **gain, win, achieve one's ~** дост|ига́ть, -и́чь свое́й це́ли; **to this ~, with this ~ in view** с э́той це́лью; **to the ~ that …** для того́, что́бы; **to no ~** (*in vain*) бесце́льно; **any means to an ~** все сре́дства хороши́.

● *vt* конча́ть, ко́нчить; **~ a quarrel** прекра|ща́ть, -ти́ть ссо́ру; **~ one's days** рассчита́ться с жи́знью.

● *vi* конча́ться, ко́нчиться; **the road ~s here** доро́га конча́ется здесь; **the story ~s happily** э́то расска́з со счастли́вым концо́м; **the meeting**

~ed with a vote of thanks собрáние окóнчилось выражéнием благодáрности; **he will ~ by marrying her** он в концé концóв на ней жéнится; **all's well that ~s well** всё хорошó, что хорошó кончáется.
● *with advs*: **~ off** *vt*: **he ~ed off his speech with a quotation** он закóнчил свою́ речь цитáтой; **~ up** *vi*: **he ~ed up in jail** он кóнчил тюрьмóй; **he ~ed up at the opera** в концé концóв он попáл-таки в óперу.
● *cpds* **~game** *n* (*at chess*) э́ндшпиль (*m*); **~paper** *n* (*of a book*) фóрзац; **~ways, ~wise** *advs* (*with end towards spectator*) зáдом напéрёд; (*end to end*) в длину́ (оди́н к другóму); (*upright*) стоймя́.

endanger /ɪn'deɪndʒə(r)/ *vt* подв|ергáть, -éргнуть опáсности; стáвить (*impf*) под угрóзу; угрожáть (*impf*) + *d*; **~ed species** вымирáющий вид.

endear /ɪn'dɪə(r)/ *vt*: **~ o.s. to s.o.** внуш|áть, -и́ть кому́-н. любóвь к себé; **this speech ~ed him to me** э́та речь расположи́ла меня́ к нему́; **an ~ing smile** покоря́ющая/подкупáющая улы́бка.

endearment /ɪn'dɪəmənt/ *n* лáска; **term of ~** лáсковое обращéние (*ласкательное имя*).

endeavour /ɪn'devə(r)/ (*US* **endeavor**) *n* старáние, стремлéние.
● *vi* старáться, по-.

endemic /en'demɪk/ *adj* эндеми́чный, (*of or related to disease also*) эндеми́ческий.

ending /'endɪŋ/ *n* (*action*) окончáние (*also gram*); (*of book, play*) конéц; **happy ~** счастли́вый конéц.

endive /'endaɪv/ *n* салáт энди́вий; (*US, chicory crown*) цикóрий (*верхняя наземная часть*).

endless /'endlɪs/ *adj* бесконéчный, нескончáемый; **~ patience** беспредéльное терпéние; **~ attempts** бесконéчные попы́тки.

endocrine /'endəʊˌkraɪn, -ˌkrɪn/ *adj* эндокри́нный; **~ glands** жéлезы вну́тренней секрéции.

endocrinologist /ˌendəʊkrɪ'nɒlədʒɪst/ *n* эндокринóлог.

endocrinology /ˌendəʊkrɪ'nɒlədʒɪ/ *n* эндокринолóгия.

endogamous /en'dɒgəməs/ *adj* (*anthropology*) эндогáмный.

endogamy /en'dɒgəmɪ/ *n* (*anthropology*) эндогáмия.

endorse /ɪn'dɔːs/ *vt* **1** (*sign*) индосси́ровать (*impf, pf*); распи́с|ываться, -áться; **~ a cheque** распи́с|ываться, -áться на чéке. **2** (*support*) подтвер|ждáть, -ди́ть; поддéрж|ивать, -áть; **I ~ your opinion** я поддéрживаю вáше мнéние.

endorsement /ɪn'dɔːsmənt/ *n* **1** передáточная нáдпись; индоссамéнт; резолю́ция (*начальника на документе*). **2** (*support, approval*) подтверждéние; одобрéние.

endow /ɪn'daʊ/ *vt* одар|я́ть, -и́ть; надел|я́ть, -и́ть; **~ a school** пожéртвовать (*pf*) капитáл на содержáние шкóлы; **~ a professorial chair** оснóв|ывать, -áть кáфедру; **he is ~ed with patience** он наделён терпéнием.

endowment /ɪn'daʊmənt/ *n* **1** (*act of endowing*) пожéртвование. **2** (*funds*) вклад, дар, пожéртвование, фонд. **3** (*talent*) одарённость. **4**: **~ insurance** страховáние-вклáд.

endurable /ɪn'djʊərəb(ə)l/ *adj* приéмлемый, снóсный.

endurance /ɪn'djʊərəns/ *n* (*physical*) прóчность; **~ test** испытáние на прóчность; (*mental*) выносли́вость; **past, beyond ~** невыноси́мый.

endure /ɪn'djʊə(r)/ *vt* выноси́ть, вы́нести; терпéть, вы́-; выдéрживать, вы́держать; перен|оси́ть, -ести́; **~ toothache** терпéть зубну́ю боль; **I cannot ~ him** я егó терпéть не могу́;
● *vi* (*suffer*) терпéть (*impf*); (*last*) прод|олжáться, -óлжиться; дли́ться, про-.

enduring /ɪn'djʊərɪŋ/ *adj* (*lasting*) дли́тельный, продолжи́тельный.

enema /'enɪmə/ *n* (*pl* **~s** *or* **~ta** /ɪ'nemətə/) (*injection; syringe*) кли́зма.

enemy /'enəmɪ/ *n* **1** враг, нéдруг; **make an ~ of s.o.** нажив|áть, -и́ть себé врагá в ком-н.; **he is his own worst ~** он сам себé злéйший враг. **2** (*mil, in collect sense*) враг, проти́вник, неприя́тель (*m*); **20 of the ~ were killed** проти́вник потеря́л 20 человéк уби́тыми. **3** (*attr*) врáжеский; неприя́тельский.

energetic /ˌenə'dʒetɪk/ *adj* энерги́чный.

energize /'enəˌdʒaɪz/ *vt* побуждáть (*impf*) к дéйствию; (*tech*) питáть (*impf*) энéргией.

energ|y /'enədʒɪ/ *n* (*phys or mental*) энéргия; **devote all one's ~ies to a task** приложи́ть (*pf*) все си́лы к выполнéнию задáчи; **~ crisis** энергети́ческий кри́зис.

enervat|e /'enəˌveɪt/ *vt* обесси́ли|вать, -ть; рассл|абля́ть, -áбить; **~ing** обесси́ливающий.

en famille /ɑ̃ fæ'miːj/ *adv* в семéйном кругу́.

enfeeble /ɪn'fiːb(ə)l/ *vt* осл|абля́ть, -áбить; рассл|абля́ть, -áбить.

enfeeblement /ɪn'fiːbəlmənt/ *n* ослаблéние, расслаблéние.

enfilade /ˌenfɪ'leɪd/ *n* (*mil*) продóльный огóнь.
● *vt* обстрéл|ивать, -я́ть продóльным огнём.

enfold /ɪn'fəʊld/ *vt* (*contain, envelop*) завёр|тывать, -ну́ть; заку́т|ывать, -ать; (*embrace*) обн|имáть, -я́ть.

enforce /ɪn'fɔːs/ *vt* **1** (*strengthen*) уси́ли|вать, -ть; **~ an argument** подкреп|ля́ть, -и́ть аргумéнт. **2**: **~ obedience on s.o.** заст|авля́ть, -áвить когó-н. подчини́ться. **3**: **~ a judgment** (*law*) прив|оди́ть, -ести́ в исполнéние судéбное решéние; **~ a law** следи́ть (*impf*) за соблюдéнием закóна; **~ payment** взыскáть (*pf*) платёж.

enforceable /ɪn'fɔːsəb(ə)l/ *adj* осуществи́мый, обеспéченный правовóй сáнкцией.

enforcement /ɪn'fɔːsmənt/ *n* осуществлéние; **law ~** наблюдéние за соблюдéнием закóнов.

enfranchise /ɪn'fræntʃaɪz/ *vt* предост|авля́ть, -áвить избирáтельные правá + *d*.

enfranchisement /ɪn'fræntʃaɪzmənt/ *n* предоставлéние избирáтельных прав (*кому*).

engage /ɪn'geɪdʒ/ *vt* **1** (*hire*) нан|имáть, -я́ть; **~ a servant** нан|имáть, -я́ть прислу́гу; **~ s.o. as a guide** нан|имáть, -я́ть когó-н. ги́дом. **2** (*occupy*) зан|имáть, -я́ть; **he is ~d in reading** он зáнят чтéнием; **he ~d me in conversation** он вовлёк меня́ в разговóр; **the line is ~d** (*teleph*) нóмер зáнят; **~d signal/tone** (*Br*) корóткие гудки́; сигнáл «зáнято»; **the lavatory is ~d** убóрная занятá. **3** (*attract*) привл|екáть, -éчь; **the sight ~d my attention** зрéлище привлеклó моё внимáние. **4** (*pledge to marry*): **Tom and Mary are ~d** Том и Мэ́ри помóлвлены; **to whom is he ~d?** с кем он помóлвлен?; **they got ~d** они́ обручи́лись. **5** (*attack*) вступ|áть, -и́ть в бой с + *i*; **we ~d the enemy** мы откры́ли огóнь по врагу́. **6** (*tech*) зацеп|ля́ть, -и́ть; включ|áть, -и́ть.
● *vi* **1** (*undertake, promise*) брáться, взя́ться; обещáть (*impf, pf*). **2** (*embark, busy o.s.*) зан|имáться, -я́ться чем-н.; **he ~d in this venture** он взя́лся за э́то предприя́тие. **3** (*lock together*) зацеп|ля́ть, -и́ть; **the cogs ~d** зубцы́ шестерён вошли́ в зацеплéние.

engagé /ɑ̃gæʒeɪ/ *adj* идéйный.

engagement /ɪn'geɪdʒmənt/ *n* **1** (*hiring*) наём. **2** (*to marry*) помóлвка; **she broke off the ~** онá растóргла помóлвку; **~ ring** обручáльное кольцó. **3** (*appointment to meet etc.*) свидáние, встрéча; **I have numerous ~s (for) next week** у меня́ óчень мнóго встреч на слéдующей недéле; **~ book** календáрь (*m*). **4** (*theatr*) контрáкт, приглашéние на рабóту. **5** (*mil*) бой; **the enemy broke off the ~** проти́вник вы́шел из бóя. **6** (*of wheels etc.*) зацеплéние.

engaging /ɪn'geɪdʒɪŋ/ *adj* располагáющий; привлекáтельный; **an ~ smile** располагáющая улы́бка; **with ~ frankness** с подкупáющей и́скренностью.

engender /ɪn'dʒendə(r)/ *vt* (*fig*) пороj|ждáть, -ди́ть.

engine /'endʒɪn/ *n* дви́гатель (*m*); мотóр; **we had ~ trouble** (*motoring*) у нас бы́ли непола́дки с мотóром.
● *cpds* **~ driver** *n* (*Br*) машини́ст; **~ room** *n* маши́нное отделéние.

engineer /ˌendʒɪ'nɪə(r)/ *n* **1** (*technician*) инженéр, мехáник; **civil ~** инженéр-строи́тель; **mining ~** гóрный инженéр; **mechanical ~** инженéр-мехáник. **2** (*man in charge of engines*) мехáник; **chief ~** (*of a ship*) глáвный мехáник; (*US, engine driver*) машини́ст. **3** (*mil*) сапёр.
● *vt* (*tech*) проекти́ровать, с-;

конструи́ровать, с-; (*fig*) зат|ева́ть, -е́ять; осуществ|ля́ть, -и́ть.

engineering /ˌendʒɪˈnɪərɪŋ/ *n* машинострое́ние; **civil ~** гражда́нское строи́тельство; **chemical ~** хими́ческая техноло́гия; **genetic ~** ге́нная инжене́рия.

England /ˈɪŋglənd/ *n* А́нглия.

English /ˈɪŋglɪʃ/ *n* **1** (*language*) англи́йский язы́к; **he speaks ~** он говори́т по-англи́йски; **in plain ~** (*fig*) без обиняко́в; **Old ~** древнеангли́йский язы́к; **Middle ~** среднеангли́йский язы́к; **British/ American ~** брита́нский/ америка́нский вариа́нт англи́йского языка́, брита́нский/америка́нский англи́йский; **the King's, Queen's, standard ~** нормати́вный/ литерату́рный англи́йский язы́к; **what is the ~ for 'стол'?** как по-англи́йски «стол»? **2**: **he studied/ read ~ at university** он изуча́л в университе́те англи́йскую филоло́гию. **3**: **the ~** (*people*) англича́не.

● *adj* англи́йский; **~ teacher** учи́тель (*fem* -ница) англи́йского языка́.

● *cpds* **~man** *n* (*pl* **~men**) англича́нин; **~woman** *n* (*pl* **~women**) англича́нка.

engrave /ɪnˈgreɪv/ *vt* гравирова́ть, вы́-; **~d with an inscription** с вы́гравированной на́дписью; (*fig*): **~ sth on s.o.'s memory** запечатл|ева́ть, -е́ть что-н. в чьей-н. па́мяти.

engraver /ɪnˈgreɪvə(r)/ *n* гравёр.

engraving /ɪnˈgreɪvɪŋ/ *n* (*craft*) гравиро́вка, гравирова́ние; (*product*) гравю́ра.

engross /ɪnˈgrəʊs/ *vt* (*absorb*) погло|ща́ть, -ти́ть; **an ~ing conversation** захва́тывающий разгово́р; **he was ~ed in his work** он был поглощён рабо́той.

engulf /ɪnˈgʌlf/ *vt* погло|ща́ть, -ти́ть.

enhance /ɪnˈhɑːns/ *vt* усили|вать, -ть; (*of price*) пов|ыша́ть, -ы́сить.

enhancement /ɪnˈhɑːnsmənt/ *n* усиле́ние, повыше́ние.

enharmonic /ˌenhɑːˈmɒnɪk/ *adj* (*mus*) энгармони́ческий.

enigma /ɪˈnɪgmə/ *n* зага́дка.

enigmatic /ˌenɪgˈmætɪk/ *adj* зага́дочный.

enjoin /ɪnˈdʒɔɪn/ *vt* **1** (*order*) предпи́с|ывать, -а́ть; веле́ть (*impf, pf*); **~ silence upon s.o.** веле́ть кому́-н. молча́ть. **2** (*law, prohibit*) запре|ща́ть, -ти́ть.

enjoy /ɪnˈdʒɔɪ/ *vt* **1** (*get pleasure from*) насла|жда́ться, -ди́ться + *i*; **~ one's food** есть (*impf*) с удово́льствием; люби́ть (*impf*) пое́сть; **I ~ed talking to him** мне доставля́ло удово́льствие говори́ть с ним; **he ~s a good laugh** он лю́бит хоро́шую шу́тку; **how did you ~ the play?** как вам понра́вилась пье́са?; **we ~ed our holiday** мы хорошо́ провели́ о́тпуск; **~ o.s.** весели́ться (*impf*); наслажда́ться (*impf*); хорошо́ пров|оди́ть, -ести́ вре́мя; **we ~ed ourselves** нам бы́ло ве́село/прия́тно. **2** (*possess*) располага́ть (*impf*) + *i*; облада́ть (*impf*) + *i*; **~ good/bad health** облада́ть хоро́шим/плохи́м здоро́вьем; **~ a good income** име́ть хоро́ший дохо́д.

enjoyable /ɪnˈdʒɔɪəb(ə)l/ *adj* прия́тный.

enjoyment /ɪnˈdʒɔɪmənt/ *n* **1** (*pleasure*) наслажде́ние, удово́льствие; **~ of music** любо́вь к му́зыке. **2** (*possession*) облада́ние + *i*, по́льзование + *i*.

enlarge /ɪnˈlɑːdʒ/ *vt* увеличи|вать, -ть; расш|иря́ть, -и́рить; **~ one's house** де́лать, с- пристро́йку к до́му.

● *vi* расш|иря́ться, -и́риться; **the photograph will ~ well** фотогра́фия бу́дет чёткой и при увеличе́нии; **he ~d on the point** он подро́бнее останови́лся на э́том.

enlargement /ɪnˈlɑːdʒmənt/ *n* увеличе́ние; расшире́ние.

enlarger /ɪnˈlɑːdʒə(r)/ *n* (*phot*) увеличи́тель (*m*).

enlighten /ɪnˈlaɪt(ə)n/ *vt* просве|ща́ть, -ти́ть.

enlightening /ɪnˈlaɪt(ə)nɪŋ/ *adj* поучи́тельный.

enlightenment /ɪnˈlaɪtənmənt/ *n* просвещённость; **the E~** (*hist*) Просвеще́ние.

enlist /ɪnˈlɪst/ *vt* вербова́ть, за-; **~ a recruit** вербова́ть, за- новобра́нца; **~ed man** (*US*) рядово́й; **~ s.o.'s support** заруч|а́ться, -и́ться чьей-н. подде́ржкой; **~ s.o. in a cause** привлека́ть (*impf*) кого́-н. к де́лу.

● *vi* поступ|а́ть, -и́ть на вое́нную слу́жбу.

enlistment /ɪnˈlɪstmənt/ *n* вербо́вка; поступле́ние на вое́нную слу́жбу.

enliven /ɪnˈlaɪv(ə)n/ *vt* ожив|ля́ть, -и́ть.

en masse /ɑ̃ ˈmæs/ *adv* в ма́ссе.

enmesh /ɪnˈmeʃ/ *vt* опу́т|ывать, -ать; запу́т|ывать, -ать.

enmity /ˈenmɪtɪ/ *n* вражда́; **be at ~ with** враждова́ть (*impf*) с + *i*.

ennoble /ɪˈnəʊb(ə)l/ *vt* (*raise to peerage*) возв|оди́ть, -ести́ в дворя́нство; (*make nobler*) облагор|а́живать, -о́дить.

ennoblement /ɪˈnəʊbəlmənt/ *n* пожа́лование дворя́нством; облагора́живание.

enormity /ɪˈnɔːmɪtɪ/ *n* (*grossness*) чудо́вищность; (*crime*) чудо́вищное преступле́ние.

enormous /ɪˈnɔːməs/ *adj* грома́дный, огро́мный; **~ly** чрезвыча́йно; **he enjoyed himself ~ly** он получи́л огро́мное удово́льствие.

enough /ɪˈnʌf/ *n* доста́точное коли́чество; дово́льно, доста́точно; **£5 is ~** пяти́ фу́нтов доста́точно; **he has ~ and to spare** у него́ бо́лее чем доста́точно; **~ is as good as a feast** от добра́ добра́ не и́щут; **I had ~ to do to catch the train** я и так едва́ успева́л на по́езд; **it is ~ to make one weep** э́того доста́точно, что́бы распла́каться; **(that's) ~!** доста́точно!; дово́льно!; **~ said!** всё поня́тно; **there is ~ to go round** хва́тит на всех; **I have had ~ of your lies** надое́ла мне ва́ша ложь; **it is not ~ to buy a book, one must also read it** ма́ло купи́ть кни́гу, на́до ещё чита́ть её.

● *adj* доста́точный; **is there ~ wine for all of us?** хва́тит ли вина́ на всех?; **I have just ~ money** де́нег у меня́ в обре́з (на + *a*).

● *adv* доста́точно; **are you warm ~?** вы не замёрзли?; вам тепло́?; **you know well ~** вы прекра́сно зна́ете; **be kind/ good ~ to do this** бу́дьте добры́/ любе́зны сде́лать э́то; **I was foolish ~ to believe her** я был насто́лько глуп, что пове́рил ей; (*fairly, rather*) дово́льно; **she sings well ~** она́ непло́хо поёт; **curiously ~** как ни стра́нно; **sure ~, he came** он действи́тельно пришёл.

en passant /ˌɑ̃ pæˈsɑ̃/ *adv* (*by the way*) попу́тно, мимохо́дом; (*chess*) на прохо́де.

enquire (*see also* ⇨**inquire**) /ɪnˈkwaɪə(r), ɪŋ-/ *vt* спр|а́шивать, -оси́ть; запр|а́шивать, -оси́ть; **I ~d his name** я спроси́л, как его́ зову́т.

● *vi* осв|едомля́ться, -е́домиться; **~ into a matter** рассле́довать (*pf*) де́ло; **~ after s.o.** спр|а́шивать, -оси́ть о ком-н.; **I ~d after his wife** я спроси́л, как пожива́ет его́ жена́; **~ for s.o.** спр|а́шивать, -оси́ть кого́-н.

enquirer /ɪnˈkwaɪərə(r), ɪŋ-/ *n* спра́шивающий, вопроша́ющий.

enquiring /ɪnˈkwaɪərɪŋ, ɪŋ-/ *adj*: **an ~ look** вопроси́тельный взгляд; **an ~ mind** пытли́вый ум.

enquir|y /ɪnˈkwaɪərɪ, ɪŋ-/ *n* (*see also* ⇨**inquiry**) расспро́сы (*m pl*); рассле́дование; **make ~ies** нав|оди́ть, -ести́ спра́вки.

enrage /ɪnˈreɪdʒ/ *vt* беси́ть, вз-.

enrapture /ɪnˈræptʃə(r)/ *vt* восхи|ща́ть, -ти́ть.

enrich /ɪnˈrɪtʃ/ *vt* обога|ща́ть, -ти́ть; (*soil*) уд|обря́ть, -о́брить.

enrichment /ɪnˈrɪtʃmənt/ *n* обогаще́ние; (*of soil*) удобре́ние.

enrol /ɪnˈrəʊl/ *v t & i* (**enrolled, enrolling**) зач|исля́ть(ся), -и́слить(ся); запи́с|ывать(ся), -а́ться; **17,000 students are ~led at the university** в университе́те 17 000 студе́нтов.

enrolment /ɪnˈrəʊlmənt/ *n* зачисле́ние, приём.

en route /ɑ̃ ˈruːt/ *adv* по/в пути́.

ensconce /ɪnˈskɒns/ *vt*: **~ o.s.** устр|а́иваться, -о́иться, укр|ыва́ться, -ы́ться.

ensemble /ɒnˈsɒmb(ə)l/ *n* анса́мбль (*m*).

enshrine /ɪnˈʃraɪn/ *vt* поме|ща́ть, -сти́ть в ра́ку; (*fig*) храни́ть (*impf*).

enshroud /ɪnˈʃraʊd/ *vt* заку́т|ывать, -ать; оку́т|ывать, -ать.

ensign /ˈensaɪn, -s(ə)n/ *n* **1** (*flag*) (кормово́й) флаг. **2** (*hist, standard-bearer*) пра́порщик. **3** (*US nav*) ≈ мла́дший лейтена́нт (*в ВМС*).

ensilage /ˈensɪlɪdʒ/ *n* (*storage*) силосова́ние; (*fodder*) си́лос.

● *vt* (*also* **ensile** /ɪnˈsaɪl/) силосова́ть (*impf, pf*).

enslave /ɪnˈsleɪv/ *vt* порабо|ща́ть, -ти́ть; **he is ~d to this habit** он раб э́той привы́чки; **she ~d him by her**

charms она́ покори́ла его́ свои́м обая́нием.

enslavement /ɪn'sleɪvmənt/ *n* порабоще́ние.

ensnare /ɪn'sneə(r)/ *vt* (*lit*) лови́ть, пойма́ть в лову́шку; (*fig*) зама́н|ивать, -и́ть в западню́.

ensu|e /ɪn'sju:/ *vi* (**ensues, ensued, ensuing**) (*result*) сле́довать (*impf*) из + *g*; (*follow*) сле́довать (*impf*) за + *i*; **silence ~ed** после́довало молча́ние; **in ~ing years** в после́дующие го́ды.

en suite /ã 'swi:t/ *adj* (*with bathroom*) с ва́нной.

ensure (*see also* ⇒**insure**) /ɪn'ʃʊə(r)/ *vt* (*make certain; secure*) обеспе́чи|вать, -ть.

entablature /ɪn'tæblətʃə(r)/ *n* (*archit*) антабleме́нт.

entail /ɪn'teɪl, en-/ *vt* (*necessitate*) влечь (*impf*) за собо́й; **the work ~s expense** э́та рабо́та свя́зана с расхо́дами.

entangle /ɪn'tæŋg(ə)l/ *vt* (*lit*) запу́т|ывать, -ать; (*fig*) впу́т|ывать, -ать; **he ~d himself with women** он запу́тался в отноше́ниях с же́нщинами.

entanglement /ɪn'tæŋg(ə)lmənt/ *n* запу́танность.

enter /'entə(r)/ *vt & i* **1** (*go into*) входи́ть, войти́ в + *a*; **~ hospital** ложи́ться, лечь в больни́цу; **~ school** поступ|а́ть, -и́ть в шко́лу; **~ the army** вступ|а́ть, -и́ть в а́рмию; **~ the Church** (*be ordained*) прин|има́ть, -я́ть сан свяще́нника; **~ s.o.'s service** поступ|а́ть, -и́ть на слу́жбу к кому́-н.; **France ~ed the war** Фра́нция вступи́ла в войну́; **the idea never ~ed my head** э́та мысль никогда́ не приходи́ла мне в го́лову; **~ Macbeth** (*stage direction*) вхо́дит Ма́кбет. **2** (*include in record*) запи́с|ывать, -а́ть; (*comput*) вводи́ть, ввести́; **~ one's name in a list** вноси́ть, внести́ своё и́мя в спи́сок; **~ (up) an item in an account book** де́лать, с- за́пись в расчётной кни́ге; **~ a horse for a race** заяв|ля́ть, -и́ть ло́шадь для ска́чек; **~ (o.s.) for an examination** под|ава́ть, -а́ть докуме́нты на уча́стие в экза́мене; **~** (*make*) **an appearance** появ|ля́ться, -и́ться; **~ a protest** заяв|ля́ть, -и́ть проте́ст.

● *with preps*: **~ into conversation** вступ|а́ть, -и́ть в разгово́р; **~ into details** входи́ть (*impf*) в подро́бности; **~ into s.o.'s feelings** пон|има́ть, -я́ть чьи-н. чу́вства; **the fact ~ed into our calculations** э́тот факт входи́л в на́ши расчёты; **he ~ed into the spirit of the game** он прони́кся ду́хом игры́; **~ (up)on a career** нач|ина́ть, -а́ть профессиона́льную де́ятельность.

enteric /en'terɪk/ *adj* кише́чный, брюшно́й.

enteritis /,entə'raɪtɪs/ *n* энтери́т.

enterprise /'entə,praɪz/ *n* **1** (*undertaking, adventure*) предприя́тие. **2** (*initiative*) предприи́мчивость; **a man of ~** предприи́мчивый челове́к. **3** (*econ*): **free ~** свобо́дное предпринима́тельство; **private ~** ча́стное предпринима́тельство.

enterprising /'entə,praɪzɪŋ/ *adj* предприи́мчивый.

entertain /,entə'teɪn/ *vt* развл|ека́ть, -е́чь; прин|има́ть, -я́ть; **~ friends** уго|ща́ть, -сти́ть друзе́й; **he ~s a great deal** у него́ ча́сто быва́ют го́сти; (*amuse*) развл|ека́ть, -е́чь; **~ a proposal** разду́мывать (*impf*) над предложе́нием; **~ ideas** носи́ться (*impf*) с иде́ями; **~ doubts** пита́ть (*impf*) сомне́ния.

entertainer /,entə'teɪnə(r)/ *n* арти́ст эстра́ды.

entertaining /,entə'teɪnɪŋ/ *adj* интере́сный, занима́тельный.

entertainment /,entə'teɪnmənt/ *n* **1** (*social*) приём госте́й; **~ allowance** сре́дства на представи́тельские расхо́ды. **2** (*amusement*) развлече́ние. **3** (*spectacle*) представле́ние.

enthral /ɪn'θrɔ:l/ (*US* **enthrall**) *vt* (**enthralled, enthralling**) (*fascinate*) увл|ека́ть, -е́чь; **an ~ling play** захва́тывающая пье́са.

enthralment /ɪn'θrɔ:lmənt/ (*US* **enthrallment**) *n* увлече́ние.

enthrone /ɪn'θrəʊn/ *vt* (*a king, bishop*) возв|оди́ть, -ести́ на престо́л.

enthronement /ɪn'θrəʊnmənt/ *n* возведе́ние на престо́л.

enthuse /ɪn'θju:z, -'θu:z/ *vi* (*coll*) восторга́ться (*impf*) (*чем*).

enthusiasm /ɪn'θju:zɪ,æz(ə)m, -'θu:zɪ ,æz(ə)m/ *n* восто́рг, энтузиа́зм.

enthusiast /ɪn'θju:zɪ,æst, -'θu:zɪ,æst/ *n* энтузиа́ст (*fem* -ка).

enthusiastic /ɪn,θju:zɪ'æstɪk, -,θu:zɪ 'æstɪk/ *adj* восто́рженный; по́лный энтузиа́зма; **he was ~ about the play** он был в восто́рге от пье́сы.

entice /ɪn'taɪs/ *vt* соблазн|я́ть, -и́ть; зама́н|ивать, -и́ть; переман|ивать, -и́ть; **~ a man from his duty** заст|авля́ть, -а́вить челове́ка забы́ть о до́лге.

enticement /ɪn'taɪsmənt/ *n* (*action*) зама́нивание; (*lure*) прима́нка, собла́зн.

entire /ɪn'taɪə(r)/ *adj* це́лый, по́лный, це́льный; **that is the ~ cost** по́лная сто́имость; **~ly** целико́м, соверше́нно; **he is ~ly wrong** он соверше́нно непра́в.

entirety /ɪn'taɪərətɪ/ *n* полнота́, це́льность; **in its ~** по́лностью; во всей полноте́.

entitle /ɪn'taɪt(ə)l/ *vt* **1** (*a book etc.*) озагла́в|ливать, -ить; **a book ~d 'Progress'** кни́га под загла́вием «Прогре́сс». **2** (*bestow title on*) жа́ловать, по- ти́тул + *d*. **3** (*authorize*) да|ва́ть, -ть пра́во на + *a*; **you are ~d to two books a month** вам полага́ется две кни́ги в ме́сяц.

entitlement /ɪn'taɪt(ə)lmənt/ *n* (*right*) пра́во; (*regular due*) поло́женная но́рма.

entity /'entɪtɪ/ *n* (*object, body*) существо́, органи́зм, организа́ция; **Germany as a single ~** Герма́ния как еди́ное це́лое.

entomb /ɪn'tu:m/ *vt* (*bury*) погре|ба́ть, -сти́.

entombment /ɪn'tu:mmənt/ *n* погребе́ние.

entomological /,entəmə'lɒdʒɪk(ə)l/ *adj* энтомологи́ческий.

entomologist /,entə'mɒlədʒɪst/ *n* энтомо́лог.

entomology /,entə'mɒlədʒɪ/ *n* энтомоло́гия.

entourage /,ɒntʊə'rɑ:ʒ/ *n* антура́ж, окруже́ние.

entrails /'entreɪlz/ *n pl* вну́тренности (*f pl*); (*fig*) не́др|а (*pl, g* —).

entrance[1] /'entrəns/ *n* **1** (*door, passage etc.*) вход; **front ~** пара́дный ход; **back ~** чёрный ход. **2** (*entering*) вход, вступле́ние; **upon his ~** когда́ он вошёл; **~s and exits** (*theatr*) вхо́ды и вы́ходы (*m pl*); **~ upon one's duties** вступле́ние в до́лжность; **~ examination** вступи́тельный экза́мен; **~ fee/money** вступи́тельный взно́с; **~ hall** прихо́жая, вестибю́ль (*m*).

entranc|e[2] /ɪn'trɑ:ns/ *vt* восторга́ть (*impf*); **an ~ing sight** восхити́тельный вид.

entrant /'entrənt/ *n* (*person entering school, profession, etc.*) поступа́ющий, приступа́ющий; (*competitor*) уча́стник.

entrap /ɪn'træp/ *vt* (**entrapped, entrapping**) лови́ть, пойма́ть в лову́шку; **he was ~ped into confessing** обма́нным путём его́ заста́вили призна́ться.

entreat /ɪn'tri:t/ *vt* умол|я́ть, -и́ть; упр|а́шивать, -оси́ть; **~ a favour** умоля́ть (*impf*) (*кого*) об одолже́нии.

entreaty /ɪn'tri:tɪ/ *n* мольба́; **with a look of ~** умоля́ющим взгля́дом.

entrechat /,ɒntrə'ʃɑ:/ *n* антраша́ (*nt indecl*).

entrecôte /'ɒntrə,kəʊt/ *n* антреко́т.

entrée /'ɒntreɪ, 'ãtreɪ/ *n* **1** (*admittance*) до́ступ; **he has the ~ to the Minister** у него́ есть до́ступ к мини́стру. **2** (*cul*) (*Br, dish between fish and meat courses*) блю́до, подава́емое пе́ред жарки́м; (*US, main dish*) гла́вное блю́до.

entrench /ɪn'trentʃ/ *vt* окруж|а́ть, -и́ть око́пами; **the enemy were ~ed nearby** враг окопа́лся вблизи́; **~ o.s.** ок|а́пываться, -опа́ться; (*fig*) **customs ~ed by tradition** обы́чаи, закреплённые тради́цией.

entrenchment /ɪn'trentʃmənt/ *n* (*mil*) око́п.

entrepôt /'ɒntrə,pəʊ/ *n* (*storehouse*) пакга́уз; (*trade centre*) склад; **~ trade** транзи́тная торго́вля.

entrepreneur /,ɒntrəprə'nɜ:(r)/ *n* предпринима́тель (*m*).

entrepreneurial /,ɒntrəprə'nɜ:rɪəl, -'njʊərɪəl/ *adj* предпринима́тельский.

entresol /'ɒntrə,sɒl/ *n* антресо́ли (*f pl*); полуэта́ж.

entropy /'entrəpɪ/ *n* (*phys*) энтропи́я.

entrust /ɪn'trʌst/ *vt* вв|еря́ть, -е́рить; возл|ага́ть, -ожи́ть; **I ~ed the task to him** (*or* **~ed him with the task**) я дал ему́ (*or* возложи́л на него́) поруче́ние.

entry /'entrɪ/ *n* **1** (*going in*) вход; **the ~ of the US into the war** вступле́ние США в войну́; **the Romans' ~ into Britain** вторже́ние ри́млян в

Британию; **the ~ of the Nile into the Mediterranean** впадение Нила в Средиземное море; **the actress made an impressive ~** актриса сделала эффектный выход.
2 (*access*) доступ; **he gained ~ to the house** он пробрался в дом.
3 (*place of ~y*; *~y way*) вход; **the south ~ of a church** южный вход церкви.
4 (*item*) запись; **dictionary ~** словарная статья; **~ in a diary** запись в дневнике; **bookkeeping by double-~** двойная бухгалтерия.
5 (*inscription*; *competitor*): **~ form** вступительная анкета; **there was a large ~ for the race** на скачки записалось много участников.
6 (*immigration*) въезд; **~ permit** разрешение на въезд.

entryphone /ˈentrɪˌfəʊn/ *n* (*Br, propr*) домофон.

entwine /ɪnˈtwaɪn/ *vt* (*interweave*) вплеǀтать, -сти; (*wreathe*) обвǀивать, -ить.

enumerate /ɪˈnjuːməˌreɪt/ *vt* перечǀислять, -ислить.

enumeration /ɪˌnjuːməˈreɪʃ(ə)n/ *n* перечисление; (*list*) перечень (*m*).

enunciate /ɪˈnʌnsɪˌeɪt/ *vt* (*set forth*) формулировать, с-; (*pronounce*) произнǀосить, -ести.

enunciation /ɪˌnʌnsɪˈeɪʃ(ə)n/ *n* формулировка, произношение.

enuresis /ˌenjʊəˈriːsɪs/ *n* недержание мочи, энурез.

envelop /ɪnˈveləp/ *vt* (**enveloped, enveloping**) обёрǀтывать, -нуть; окутǀывать, -ать; **hills ~ed in mist** холмы, окутанные туманом; **a baby ~ed in a shawl** младенец, завёрнутый в шаль; **~ed in mystery** покрытый тайной; (*mil*) окружǀать, -ить; охватǀывать, -ить.

envelope /ˈenvəˌləʊp, ˈɒn-/ *n* (*of letter*) конверт.

envelopment /ɪnˈveləpmənt/ *n* обёртывание; (*mil*) окружение, охват.

enviable /ˈenvɪəb(ə)l/ *adj* завидный.

envious /ˈenvɪəs/ *adj* завистливый.

environment /ɪnˈvaɪərənmənt/ *n* окружение, среда; **the ~** окружающая среда.
● *cpd* **~-friendly** *adj* экологически безвредный.

environmental /ɪnˌvaɪərənˈment(ə)l/ *adj* окружающий; **~ studies** изучение окружающей среды.

environmentalism /ɪnˌvaɪərənˈmentəlɪz(ə)m/ *n* экологизм.

environmentalist /ɪnˌvaɪərənˈmentəlɪst/ *n* сторонник защиты окружающей среды.

environs /ɪnˈvaɪərənz, ˈenvɪrənz/ *n pl* окрестности (*f pl*).

envisage /ɪnˈvɪzɪdʒ/ *vt* (*consider*) рассмǀатривать, -отреть; (*visualize*) предвидеть (*impf*); **I had not ~d seeing him so soon** я не предполагал, что увижу его так скоро; **we ~ holding a meeting** мы намерены устроить собрание.

envision /ɪnˈvɪʒ(ə)n/ *vt* предстǀавлять, -авить себе.

envoy /ˈenvɔɪ/ *n* (*messenger*) посланец; (*diplomat*) дипломат; **~ extraordinary** чрезвычайный посланник.

envy /ˈenvɪ/ *n* зависть; **she was green with ~** она позеленела (*or* чуть не лопнула) от зависти; **his skill was the ~ of his friends** его ловкость была предметом зависти его друзей.
● *vt* завидовать, по- + *d*; **I ~ him** я ему завидую; **I ~ his patience** я завидую его терпению.

enzyme /ˈenzaɪm/ *n* энзим.

Eocene /ˈiːəsiːn/ (*geol*) *n* (**the ~**) эоцен.
● *adj* эоценовый.

eon /ˈiːɒn/ (*US or specialist use*) = ⇨**aeon**

epaulette /ˈepəlәt, ˈepɔːˌlet, ˈepəʊˌlet, ˌepəˈlet/ *n* эполет.

eépée /ˈepeɪ/ *n* шпага.

eépéeist /ˈepeɪɪst/ *n* шпажист.

ephemera /ɪˈfemərə, ɪˈfiːm-/ *n pl* (*ephemeral things, esp writings*) эфемериды (*f pl*).

ephemeral /ɪˈfemər(ə)l, ɪˈfiːm-/ *adj* эфемерный.

epic /ˈepɪk/ *n* эпическая поэма, эпопея.
● *adj* эпический; (*on a grand scale*) грандиозный; **an ~ biography** биография эпического масштаба.

epicentre /ˈepɪˌsentə(r)/ (*US* **epicenter**) *n* эпицентр.

epicure /ˈepɪˌkjʊə(r)/ *n* эпикуреец.

Epicurean /ˌepɪkjʊəˈriːən/ *n* **1** (*philos*) эпикуреец. **2** (**e~**) (*person devoted to sensual enjoyment*) эпикуреец.
● *adj* **1** (*philos*) эпикурейский. **2** (**e~**) (*related to sensual enjoyment*) эпикурейский.

Epicureanism /ˌepɪkjʊəˈriːənɪz(ə)m/ *n* (*philos*) эпикурейство.

epicurism /ˈepɪkjʊˌrɪz(ə)m/ *n* эпикурейство.

epicycle /ˈepɪˌsaɪk(ə)l/ *n* эпицикл.

epidemic /ˌepɪˈdemɪk/ *n* эпидемия.
● *adj* эпидемический.

epidemiology /ˌepɪdiːmɪˈɒlədʒɪ/ *n* эпидемиология.

epidermǀal /ˌepɪˈdɜːməl/, **-ic** /ˌepɪˈdɜːmɪk/ *adjs* эпидермический.

epidermis /ˌepɪˈdɜːmɪs/ *n* эпидермис.

epidural /ˌepɪˈdjʊər(ə)l/ *n* эпидуральная инъекция.

epiglottis /ˌepɪˈglɒtɪs/ *n* надгортанник.

epigone /ˈepɪˌgəʊn/ *n* (*pl* **epigones** *or* **epigoni** /ɪˈpɪgəˌnaɪ, e-/) эпигон.

epigram /ˈepɪˌgræm/ *n* эпиграмма.

epigrammatic /ˌepɪgrəˈmætɪk/ *adj* эпиграмматический.

epigraph /ˈepɪˌgrɑːf/ *n* эпиграф.

epilepsy /ˈepɪˌlepsɪ/ *n* эпилепсия.

epileptic /ˌepɪˈleptɪk/ *n* эпилептик.
● *adj* эпилептический; **he had an ~ fit** у него был эпилептический припадок.

epilogue /ˈepɪˌlɒg/ *n* эпилог.

Epiphany /eˈpɪfənɪ, ɪˈpɪf-/ *n* Богоявление, Крещение.

episcopal /ɪˈpɪskəp(ə)l/ *adj* (*of bishop*) епископский; (*of system*) епископальный.

Episcopalian /ɪˌpɪskəˈpeɪlɪən/ *n* (*Anglican*) член англиканской церкви; (*in pl*) англиканцы.

episcopate /ɪˈpɪskəpət/ *n* (*office of bishop*) епархия; (*collect, bishops*) епископат; епископы (*m pl*).

episode /ˈepɪˌsəʊd/ *n* (*occurrence*) эпизод; (*instalment*) часть.

episodic /ˌepɪˈsɒdɪk/ *adj* (*composed of episodes*) состоящий из отдельных эпизодов; (*incidental, occasional*) эпизодический.

epistemological /ɪˌpɪstɪməˈlɒdʒɪk(ə)l/ *adj* гносеологический, эпистемологический.

epistemology /ɪˌpɪstɪˈmɒlədʒɪ/ *n* гносеология, эпистемология.

epistle /ɪˈpɪs(ə)l/ *n* послание.

epistolary /ɪˈpɪstələrɪ/ *adj* эпистолярный.

epitaph /ˈepɪˌtɑːf/ *n* эпитафия, надгробная надпись.

epitheliǀum /ˌepɪˈθiːlɪəm/ *n* (*pl* **~ums** *or* **~a**) эпителий.

epithet /ˈepɪˌθet/ *n* эпитет.

epitome /ɪˈpɪtəmɪ/ *n* (*summary*) конспект; (*personification*) воплощение, олицетворение.

epitomize /ɪˈpɪtəˌmaɪz/ *vt* (*summarize*) резюмировать (*impf, pf*); (*personify*) воплоǀщать, -тить.

epoch /ˈiːpɒk/ *n* (*also geol*) эпоха; **this discovery marks a new ~** это открытие знаменует собой новую эпоху.
● *cpd* **~-making** *adj* эпохальный.

eponym /ˈepənɪm/ *n* эпоним.

eponymous /ɪˈpɒnɪməs/ *adj* эпонимный.

epoxy /ɪˈpɒksɪ/ *n* (*also* **~ resin**) эпоксидная смола.
● *adj* эпоксидный.

Epsom salts /ˈepsəm/ *n pl* английская соль.

equable /ˈekwəb(ə)l/ *adj* (*of climate, temper*) ровный, уравновешенный.

equal /ˈiːkw(ə)l/ *n* (*person or thing*) ровня; **he has no ~** ему нет равного; **he was her ~ at tennis** он играл в теннис не хуже её; **he only mixes with his ~** он общается только с равными себе; **our boss treats us all as ~s** наш начальник обращается со всеми нами на равных.
● *adj* **1** (*same, equivalent*) равный, одинаковый; **~ in** (*or* **of ~**) **ability** одинаковых способностей; **the totals are ~** итоги равны; **other things being ~** при прочих равных условиях; **~ shares** равные доли; **two boys of ~ height** два мальчика одного роста; **he speaks French and German with ~ ease** он одинаково свободно говорит по-французски и по-немецки.
2 (*capable, adequate*) способный; **he is ~ to the task** он вполне может справиться с этой задачей.
3 (*unbiased, evenly balanced, stable*) равный, равноправный, уравновешенный; **~ laws** равные права; **an ~ fight** равный бой.
● *vt & i* (**equalled, equalling;** *US* **equaled, equaling**)

1 (*math*) равня́ться (*impf*) (*чему*); **twice 2 ~s 4** два́жды два равня́ется четырём; **x = y** x ра́вен y; **the ~s sign** знак ра́венства.
2: **he ~s me in strength** мы с ним равны́ по си́ле; **I know nothing to ~ it** я не зна́ю ничего́ подо́бного; **it will be hard to ~ his record** бу́дет тру́дно повтори́ть его́ реко́рд.

equality /ɪˈkwɒlɪtɪ/ *n* ра́венство, равнопра́вие.

equalization /ˌiːkwəlaɪˈzeɪʃ(ə)n/ *n* уравне́ние, ура́внивание.

equalize /ˈiːkwəˌlaɪz/ *vt & i* ура́вн|ивать, -я́ть; **~ (the score)** равня́ть (*or* сра́внивать), с- счёт.

equalizer /ˈiːkwəˌlaɪzə(r)/ *n* **1** (*sport*) гол, сра́внивающий счёт. **2** (*sound equipment unit*) эквала́йзер. **3** (*elec*) выра́вниватель (*m*).

equally /ˈiːkwəlɪ/ *adv* **1** (*to an equal extent*) одина́ково; **he is ~ to blame** он винова́т в той же сте́пени. **2** (*also, likewise*) ра́вным о́бразом; наравне́; **~ it can be said that ...** с таки́м же успе́хом мо́жно сказа́ть, что... . **3** (*evenly*): **he divided the money ~** он раздели́л де́ньги по́ровну.

equanimity /ˌekwəˈnɪmɪtɪ, ˌiːk-/ *n* душе́вное равнове́сие; споко́йствие; **with ~** споко́йно.

equate /ɪˈkweɪt/ *vt* (*make equal*) ура́вн|ивать, -я́ть; **they ~d his salary to mine** они́ уравня́ли его́ окла́д с мои́м; (*consider or treat as equal*) отождеств|ля́ть, -и́ть; прира́вн|ивать, -я́ть; **he ~s wealth with happiness** он отождествля́ет бога́тство со сча́стьем.
● *vi*: **~ with** (*be equal, correspond to*) быть ра́вным + *d*.

equation /ɪˈkweɪʒ(ə)n/ *n* **1** (*making equal, balancing*) выра́внивание; **~ of demand and supply** соотве́тствие спро́са и предложе́ния. **2** (*math, chem*) уравне́ние; **quadratic ~** квадра́тное уравне́ние.

equator /ɪˈkweɪtə(r)/ *n* эква́тор.

equatorial /ˌekwəˈtɔːrɪəl, ˌiːk-/ *adj* экваториа́льный.

equerry /ˈekwərɪ, ɪˈkwerɪ/ *n* (*hist*) коню́ший, шталме́йстер.

equestrian /ɪˈkwestrɪən/ *n* нае́здник, вса́дник.
● *adj* ко́нный.

equestrianism /ɪˈkwestrɪəˌnɪz(ə)m/ *n* ко́нный спорт.

equestrienne /ɪˌkwestrɪˈen/ *n* вса́дница; (*in circus*) нае́здница.

equidistance /ˌiːkwɪˈdɪstəns/ *n* равноудалённость.

equidistant /ˌiːkwɪˈdɪst(ə)nt/ *adj* равноотстоя́щий; **these towns are ~ from London** э́ти города́ располо́жены на одина́ковом расстоя́нии от Ло́ндона.

equilateral /ˌiːkwɪˈlætər(ə)l/ *adj* равносторо́нний.

equilibrate /ɪˈkwɪlɪˌbreɪt, ˌiːkwɪ ˈlaɪbreɪt/ *vt* уравнове́|шивать, -сить.

equilibration /ɪˌkwɪlɪˈbreɪʃ(ə)n, ˌiːkwɪ ˌlaɪbreɪʃ(ə)n/ *n* уравнове́шивание.

equilibria /ˌiːkwɪˈlɪbrɪə/ *pl of* ⇒**equilibrium**

equilibrist /ɪˈkwɪlɪbrɪst/ *n* эквилибри́ст (*fem* -ка).

equilibri|um /ˌiːkwɪˈlɪbrɪəm/ *n* (*pl* **~a**) (*lit, fig*) равнове́сие; **in stable ~** в усто́йчивом равнове́сии.

equine /ˈiːkwaɪn, ˈek-/ *adj* лошади́ный, ко́нский.

equinoctial /ˌiːkwɪˈnɒkʃ(ə)l, ˌek-/ *adj* равноде́нственный; **~ gales** што́рмы равноде́нствия.

equinox /ˈiːkwɪˌnɒks, ˈek-/ *n* равноде́нствие; **autumnal ~** осе́ннее равноде́нствие; **vernal/spring ~** весе́ннее равноде́нствие.

equip /ɪˈkwɪp/ *vt* (**equipped, equipping**) снаря|жа́ть, -ди́ть; (*a ship*) осна|ща́ть, -сти́ть; (*soldiers*) снаря|жа́ть, -ди́ть; экипирова́ть (*impf, pf*); **~ o.s. with sth** вооруж|а́ться, -и́ться чем-н.; **he is ~ped with sound sense** он наделён здра́вым рассу́дком.

equipage /ˈekwɪpɪdʒ/ *n* (*carriage*) экипа́ж; (*attendants*) сви́та.

equipment /ɪˈkwɪpmənt/ *n* снаряже́ние, экипиро́вка.

equipoise /ˈekwɪˌpɔɪz, ˈiː-/ *n* (*balance*) равнове́сие.

equitable /ˈekwɪtəb(ə)l/ *adj* справедли́вый.

equitation /ˌekwɪˈteɪʃ(ə)n/ *n* верхова́я езда́.

equity /ˈekwɪtɪ/ *n* **1** (*fairness*) справедли́вость. **2** (*in pl, fin*) обыкнове́нные а́кции (*f pl*).

equivalenc|e /ɪˈkwɪvələns/ *n* эквивале́нтность.

equivalent /ɪˈkwɪvələnt/ *n* эквивале́нт; **a university degree or the ~** университе́тский дипло́м и́ли ра́вное ему́ удостовере́ние.
● *adj* эквивале́нтный; **his words were ~ to an insult** его́ слова́ бы́ли равноси́льны оскорбле́нию.

equivocal /ɪˈkwɪvək(ə)l/ *adj* двусмы́сленный, сомни́тельный.

equivocate /ɪˈkwɪvəˌkeɪt/ *vi* говори́ть (*impf*) двусмы́сленно; увил|ивать, -ну́ть от прямо́го отве́та.

equivocation /ɪˌkwɪvəˈkeɪʃ(ə)n/ *n* укло́нчивость, увёртка.

equivocator /ɪˈkwɪvəˌkeɪtə(r)/ *n* говоря́щий двусмы́сленно; нейскренний челове́к.

er /ɜː(r)/ *int* (*expressing hesitation*) мм, гм (*при обдумывании ответа, подборе нужного слова*).

era /ˈɪərə/ *n* (*also geol*) э́ра.

eradicable /ɪˈrædɪkəb(ə)l/ *adj* искорени́мый.

eradicate /ɪˈrædɪˌkeɪt/ *vt* искорен|я́ть, -и́ть.

eradication /ɪˌrædɪˈkeɪʃ(ə)n/ *n* искорене́ние.

erasable /ɪˈreɪzəb(ə)l/ *adj* стира́емый.

erase /ɪˈreɪz/ *vt* ст|ира́ть, -ере́ть; **~ sth from one's memory** вычёркивать, вы́черкнуть что-н. из па́мяти.

eraser /ɪˈreɪzə(r)/ *n* рези́нка.

erasure /ɪˈreɪʒə(r)/ *n* стира́ние, подчи́стка.

ere /eə(r)/ (*archaic, poetical*) = **before**

erect /ɪˈrekt/ *adj* прямо́й; **with head ~** с по́днятой голово́й; **stand ~** держа́ться пря́мо.
● *vt* (*build, set up*) воздв|ига́ть, -и́гнуть; соору|жа́ть, -ди́ть; **~ a monument** воздв|ига́ть, -и́гнуть па́мятник; **~ a tent** ста́вить, по- пала́тку.

erection /ɪˈrekʃ(ə)n/ *n* (*setting up*) сооруже́ние; (*building*) зда́ние; (*physiol*) эре́кция.

erectness /ɪˈrektnɪs/ *n* прямота́.

erector /ɪˈrektə(r)/ *n* (*builder*) строи́тель (*m*); **~ muscle** выпрямля́ющая мы́шца.

eremitic(al) /ˌerɪˈmɪtɪk, ˌerɪˈmɪtɪk(ə)l/ *adj* отше́льнический.

erg /ɜːg/ *n* (*phys*) эрг.

ergo /ˈɜːgəʊ/ *adv* сле́довательно.

ergonomic /ˌɜːgəˈnɒmɪk/ *adj* эргономи́ческий.

ergonomics /ˌɜːgəˈnɒmɪks/ *n* эргоно́мика, эргоно́мия.

ergonomist /ɜːˈgɒnəmɪst/ *n* эргономи́ст.

Eritrea /ˌerɪˈtreɪə/ *n* Эритре́я.

ERM (*abbr of* ***exchange-rate mechanism***) МВК (механи́зм валю́тных ку́рсов).

ermine /ˈɜːmɪn/ *n* (*pl* **~** *or* **~s**) (*animal, fur*) горноста́й.

erode /ɪˈrəʊd/ *vt* разъ|еда́ть, -е́сть; (*fig*) подт|а́чивать, -очи́ть.

erogenous /ɪˈrɒdʒɪnəs/ *adj* эроге́нный.

erosion /ɪˈrəʊʒ(ə)n/ *n* разъеда́ние, эро́зия; (*fig*): **the ~ of his hopes** постепе́нное разруше́ние его́ наде́жд.

erosive /ɪˈrəʊsɪv/ *adj* разъеда́ющий; эрози́вный.

erotic /ɪˈrɒtɪk/ *adj* эроти́ческий.

erotica /ɪˈrɒtɪkə/ *n pl* эро́тика.

eroticism /ɪˈrɒtɪˌsɪz(ə)m/ *n* эроти́зм.

erotomania /ɪˌrəʊtəˈmeɪnɪə/ *n* эротома́ния.

err /ɜː(r)/ *vi* ошиб|а́ться, -и́ться; заблужда́ться (*impf*); **to ~ is human** челове́ку сво́йственно ошиба́ться.

errand /ˈerənd/ *n* поруче́ние; предприя́тие; **go on ~s for s.o.** исполня́ть (*impf*) чьи-н. поруче́ния.
● *cpd* **~ boy** *n* (*Br*) посы́льный, рассы́льный.

errant /ˈerənt/ *adj* **1** (*mistaken*) заблужда́ющийся. **2** (*stray, wandering*) стра́нствующий; **knight ~** стра́нствующий ры́царь. **3** (*misbehaving*) заблу́дший.

errata /ɪˈrɑːtə/ *pl of* ⇒**erratum**

erratic /ɪˈrætɪk/ *adj* неусто́йчивый; (*of person*) беспоря́дочный, сумасбро́дный; **~ally** нерегуля́рно; **the engine fires ~ally** мото́р рабо́тает с перебо́ями.

errat|um /ɪˈrɑːtəm/ *n* (*pl* **~a**) опеча́тка; **~a** (*in pl, list*) спи́сок опеча́ток.

erring /ˈɜːrɪŋ/ *adj* заблу́дший, гре́шный.

erroneous /ɪˈrəʊnɪəs/ *adj* оши́бочный.

error /ˈerə(r)/ *n* **1** (*mistake*) оши́бка, заблужде́ние; **make/commit an ~** соверш|а́ть, -и́ть (*or* допус|ка́ть, -ти́ть) оши́бку; **he is in ~** он заблужда́ется;

fall into (an) ~ впа|да́ть, -сть в заблужде́ние; **the letter was sent in ~** письмо́ бы́ло отпра́влено по оши́бке; **clerical ~** опи́ска; **printer's ~** опеча́тка; **~ of fact** факти́ческая оши́бка; **~ of judg(e)ment** неве́рное сужде́ние; оши́бка в расчётах; **he saw the ~ of his ways** он осозна́л свои́ оши́бки; **~s and omissions excepted** не счита́я оши́бки и про́пуски. **2** (*transgression*) просту́пок; **the ~s of his youth** грехи́ (*m pl*) его́ мо́лодости.

ersatz /ˈɜːzæts, ˈeə-/ *n* эрза́ц, суррога́т; **~ coffee** эрза́ц-ко́фе (*m indecl*), суррога́т ко́фе.

erstwhile /ˈɜːstwaɪl/ *adj* да́вний, давни́шний; **an ~ friend** да́вний/стари́нный друг.

eructation /ˌiːrʌkˈteɪʃ(ə)n/ *n* (*of person*) отры́жка; (*of volcano etc.*) изверже́ние.

erudite /ˈeruːˌdaɪt/ *adj* эруди́рованный, учёный.

erudition /ˌeruːˈdɪʃ(ə)n/ *n* эруди́ция.

erupt /ɪˈrʌpt/ *vi* (*of volcano etc.*) изверга́ться (*impf*); (*of teeth*) прор|еза́ться, -еза́ться.

eruption /ɪˈrʌpʃ(ə)n/ *n* **1** (*of volcano etc.*) изверже́ние. **2** (*of teeth*) проре́зывание. **3** (*on face etc.*) сыпь. **4** (*fig*) взрыв.

erysipelas /ˌerɪˈsɪpɪləs/ *n* ро́жа, ро́жистое воспале́ние.

escalate /ˈeskəˌleɪt/ *vt* эскали́ровать (*impf, pf*); обостр|я́ть, -и́ть.
● *vi* разраста́ться (*impf*).

escalation /ˌeskəˈleɪʃ(ə)n/ *n* эскала́ция.

escalator /ˈeskəˌleɪtə(r)/ *n* эскала́тор.

escalope /ˈeskəˌlɒp/ *n* эскало́п.

escapade /ˈeskəˌpeɪd, ˌeskəˈpeɪd/ *n* (экстравага́нтная) вы́ходка.

escape /ɪˈskeɪp/ *n* **1** (*becoming free*) побе́г, бе́гство; **make one's ~** убежа́ть (*pf*); **there have been few ~s from this prison** побе́ги из э́той тюрьмы́ весьма́ ре́дки; **~ clause** пункт догово́ра, избавля́ющий сто́рону от отве́тственности; **~ hatch** авари́йный люк; **~ velocity** (*of rocket*) втора́я косми́ческая ско́рость. **2** (*avoidance*) спасе́ние, избавле́ние; **he had a narrow ~ from shipwreck** он едва́ спа́сся при кораблекруше́нии; **that was a lucky ~** э́то бы́ло счастли́вым избавле́нием. **3** (*of gas etc.*) уте́чка. **4** (*fig, mental relief*) ухо́д/бе́гство от действи́тельности.
● *vt* избе|га́ть, -жа́ть + *g*; **he ~d death** он оста́лся в живы́х; **he ~d with a scratch** он отде́лался цара́пиной; **the words ~d his lips** слова́ сорвали́сь у него́ с языка́; **I cannot ~ the feeling that ...** я не могу́ отде́латься от чу́вства, что...; **nothing ~s you!** всё(-то) вы замеча́ете!; **his name ~s me** не могу́ припо́мнить его́ фами́лии.
● *vi* бежа́ть (*det*); уходи́ть, уйти́; соверши́ть (*pf*) побе́г; **the prisoner ~d** заключённый (с)бежа́л; **an ~d prisoner** бе́глый арестáнт; **the canary ~d from its cage** канаре́йка вы́порхнула из кле́тки; **the lion ~d** лев вы́рвался на во́лю; **gas is escaping** происхо́дит уте́чка га́за.

escapee /ɪskeɪˈpiː/ *n* беглец.

escapism /ɪˈskeɪpɪz(ə)m/ *n* бе́гство от действи́тельности; эскапи́зм.

escapist /ɪˈskeɪpɪst/ *n* челове́к, уходя́щий от действи́тельности; эскапи́ст.
● *adj* уходя́щий от действи́тельности; эскапи́стский.

escapologist /ˌeskəˈpɒlədʒɪst/ *n* фо́кусник, выполня́ющий трюк освобожде́ния самого́ себя́ от цепе́й.

escarpment /ɪˈskɑːpmənt/ *n* (*geol*) вертика́льное обнаже́ние поро́ды.

eschatological /ˌeskətəˈlɒdʒɪk(ə)l/ *adj* (*theol*) эсхатологи́ческий.

eschatology /ˌeskəˈtɒlədʒɪ/ *n* (*theol*) эсхатоло́гия.

escheat /ɪsˈtʃiːt/ *vi*: **the property ~ed to the Crown** (вы́морочное) иму́щество перешло́ в казну́.

eschew /ɪsˈtʃuː/ *vt* возде́рж|иваться, -а́ться от + *g*; сторони́ться (*impf*) + *g*.

eschschol(t)zia /ɪsˈʃɒlzɪə, eʃˈʃɒlzɪə, -tsɪə/ *n* (*bot*) эшо́льция (*растение семейства маковых*).

escort¹ /ˈeskɔːt/ *n* (*mil, nav*) конво́й, эско́рт; **~ ship, vessel** сторожево́й/эско́ртный кора́бль; **police ~** (*of criminal*) конво́й; **her ~ to the ball** её кавале́р на балу́.

escort² /ɪˈskɔːt/ *vt* сопрово|жда́ть, -ди́ть; (*mil, nav*) эскорти́ровать (*impf, pf*); конвои́ровать (*impf*); **he ~ed her to the ball** он сопровожда́л её на бал; **I ~ed him to his seat** я провёл его́ на ме́сто; **he was ~ed from the hall** его́ вы́вели из за́ла.

escritoire /ˌeskrɪˈtwɑː(r)/ *n* секрете́р.

escutcheon /ɪˈskʌtʃ(ə)n/ *n* щит герба́; **a blot on s.o.'s ~** (*fig*) пятно́ на чьей-н. репута́ции.

Eskimo /ˈeskɪˌməʊ/ *n* (*pl ~ or ~s*) эскимо́с (*fem* -ка).
● *adj* эскимо́сский; **~ dog** ла́йка.

esophagus /iːˈsɒfəgəs/ (*US*) = **oesophagus**

esoteric /ˌiːsəʊˈterɪk, ˌe-/ *adj* эзотери́ческий.

ESP (*abbr of* ***extrasensory perception***) сверхчу́вственное/экстрасенсо́рное восприя́тие, экстрасенсо́рика.

espagnolette /espanjəˈlet/ *n* шпингале́т.

espalier /ɪˈspælɪə(r)/ *n* (*lattice*) шпале́ра; (*plant*) шпале́рник.

esparto /eˈspɑːtəʊ/ *n* (*pl ~s*) (*also* **~ grass**) эспа́рто (*indecl*), трава́ а́льфа.

especial /ɪˈspeʃ(ə)l/ *adj* специа́льный; осо́бенный.

Esperantist /ˌespəˈræntɪst/ *n* эсперанти́ст (*fem* -ка).

Esperanto /ˌespəˈræntəʊ/ *n* эспера́нто (*m & nt indecl*); **in ~** на языке́ эспера́нто.

espionage /ˈespɪəˌnɑːʒ/ *n* шпиона́ж.

esplanade /ˌespləˈneɪd/ *n* (*promenade*) эспланада.

espousal /ɪˈspaʊz(ə)l/ *n* (*of a cause*) подде́ржка.

espouse /ɪˈspaʊz/ *vt*: **~ a cause** (целико́м) отд|ава́ться, -а́ться де́лу.

espresso /eˈspresəʊ/ *n* (*pl ~s*) (*coffee*) ко́фе «эспре́ссо».

esprit de corps /eˈspriː də ˈkɔː(r), ˈespriː/ *n* ≈ чу́вство солида́рности.

espy /ɪˈspaɪ/ *vt* зам|еча́ть, -е́тить.

esquire /ɪˈskwaɪə(r)/ *n*: **S. Jones, E~** (*Br, on envelope*) г-ну С. Джо́нсу.

essay¹ /ˈeseɪ/ *n* (*attempt*) попы́тка, про́ба; (*literary composition*) о́черк, эссе́ (*indecl*); (*in school*) сочине́ние.

essay² /eˈseɪ/ *vt* про́бовать, по-.
● *vi* пыта́ться, по-.

essayist /ˈeseɪɪst/ *n* очерки́ст, эссеи́ст.

essence /ˈes(ə)ns/ *n* **1** (*philos*) су́щность, существо́; (*gist*) суть; **speed is of the ~** всё де́ло в ско́рости. **2** (*extract*) эссе́нция.

essential /ɪˈsenʃ(ə)l/ *n* (**~** *feature, element*) су́щность; **~s of mathematics** осно́вы (*f pl*) матема́тики.
● *adj* **1** (*necessary*) необходи́мый; **is wealth ~ to happiness?** необходи́мо ли бога́тство для сча́стья?; **it is ~ that I should know** о́чень ва́жно, что́бы я знал. **2** (*fundamental*) суще́ственный; **~ly** суще́ственно; по существу́; в су́щности; **he is ~ly an amateur** он, в су́щности, дилета́нт. **3**: **~ oils** эфи́рные масла́.

establish /ɪˈstæblɪʃ/ *vt* **1** (*found, set up*) учре|жда́ть, -ди́ть; устан|а́вливать, -ови́ть; **~ a republic** провозгла|ша́ть, -си́ть респу́блику; **~ contact** устан|а́вливать, -ови́ть конта́кт; **~ o.s. in business** осно́в|ывать, -а́ть де́ло; **~ one's son in business** помо́чь (*pf*) сы́ну нача́ть делову́ю карье́ру. **2** (*settle*) устр|а́ивать, -о́ить; **we are ~ed in our new home** мы обжили́сь в но́вом до́ме. **3** (*prove, gain acceptance for*) утвер|жда́ть, -ди́ть; **~ a claim** обосно́в|ывать, -а́ть прете́нзию; **~ one's reputation** созд|ава́ть, -а́ть себе́ репута́цию; **it is ~ed that he saw her** устано́влено, что он её ви́дел; **an ~ed custom** укорени́вшийся обы́чай; **E~ed Church** госуда́рственная це́рковь.

establishment /ɪˈstæblɪʃmənt/ *n* **1** (*setting up*) учрежде́ние, установле́ние. **2** (*of a claim, fact etc.*) установле́ние, обоснова́ние. **3** (*business concern*) заведе́ние, де́ло. **4** (*household*) дом; **he keeps a large ~** он живёт на широ́кую но́гу; **they maintain two ~s** они́ живу́т на́ два до́ма. **5** (*institution*) учрежде́ние, заведе́ние; **educational ~** уче́бное заведе́ние. **6** (*set of institutions or key persons*): **the E~** «исте́блишмент».

estate /ɪˈsteɪt/ *n* **1** (*landed property*) поме́стье, име́ние; **~ agent** (*Br*) аге́нт по прода́же недви́жимости, риe̋лтор; **~ car** (*Br*) автомоби́ль (*m*) с ку́зовом «универса́л»; универса́л (*coll*); **housing ~** (*Br*) жило́й масси́в; **industrial ~** (*Br*) промы́шленный ко́мплекс. **2** (*property*) иму́щество; **real ~** недви́жимость; **personal ~** дви́жимость; **the deceased's ~ amounted to £150,000** состоя́ние поко́йного составля́ло 150 000 фу́нтов.

esteem /ɪˈstiːm/ *n* уваже́ние; **we have great ~ for you** мы пита́ем к вам

большóе уважéние; **he lowered himself in my ~** он упáл в моúх глазáх.
● *vt* уважáть (*impf*); **I ~ him highly** я егó высокó ценю́.

Esther /ˈestə(r)/ *n* (*bibl*) Эсфúрь.

esthete /ˈiːsθiːt/ *etc.* (*US*) = **aesthete** *etc.*

estimable /ˈestɪməb(ə)l/ *adj* достóйный уважéния.

estimate[1] /ˈestɪmət/ *n* **1** (*assessment*) оцéнка. **2** (*comm*) смéта; **the builder exceeded his ~** стрóитель превы́сил смéту.

estimate[2] /ˈestɪˌmeɪt/ *vt* оцéн|ивать, -úть; **I ~ his income at £20,000** по моúм подсчётам егó дохóд рáвен двадцатú ты́сячам фу́нтов.

estimation /ˌestɪˈmeɪʃ(ə)n/ *n* (*judgment*) оцéнка, суждéние.

Estonia /ɪˈstəʊnɪə/ *n* Эстóния.

Estonian /ɪˈstəʊnɪən/ *n* эстóн|ец (*fem* -ка).
● *adj* эстóнский.

estrange /ɪˈstreɪndʒ/ *vt* отдал|я́ть, -úть; **his ~d wife** женá, с котóрой он живёт раздéльно; **Mr X is ~d from his wife** г-н и г-жа X живу́т врозь; **the children were ~d from their mother** мéжду детьмú и их мáтерью возникло отчуждéние.

estrangement /ɪˈstreɪndʒmənt/ *n* отчуждéние, разры́в.

estrogen /ˈiːstrədʒ(ə)n/ (*US*) = **oestrogen**

estrus /ˈiːstrəs/ (*US*) = **oestrus**

estuary /ˈestjʊərɪ/ *n* эстуáрий, у́стье.

ETA[1] /iːtiːˈeɪ/ (*abbr of* ***estimated time of arrival***) предполагáемое врéмя прибы́тия.

ETA[2] /ˈetə/ *n* ЭТА (*f indecl*) (*в Испании: баскская сепаратистская организация*).

et al. /et ˈæl/ (*abbr of* ***et alii***) и другúе.

etc. /et ˈsetərə, ˈsetrə/ *adv* (*abbr of* ***et cetera***) и т. д., и т. п. (и так дáлее; и томý подóбное).

et cetera /et ˈsetərə, ˈsetrə/ *adv* и так дáлее; и томý подóбное.

etch /etʃ/ *vt & i* травúть, вы-; гравировáть, вы-; (*fig*): **it is ~ed on my memory** э́то запечатлéлось у меня́ в пáмяти.

etcher /ˈetʃə(r)/ *n* гравёр.

etching /ˈetʃɪŋ/ *n* (*craft*) гравирóвка; (*product*) офóрт, гравю́ра.

eternal /ɪˈtɜːn(ə)l/ *adj* вéчный (*also fig*); **~ triangle** любóвный треугóльник.

eternity /ɪˈtɜːnɪtɪ/ *n* вéчность; **for all ~** на вéки вéчные; **it seemed an ~ till he came** казáлось, прошлá вéчность, покá он (не) пришёл.

ethane /ˈeθeɪn, ˈiːθ-/ *n* этáн.

ether /ˈiːθə(r)/ *n* (*phys, chem*) эфúр.

ether|eal, -ial /ɪˈθɪərɪəl/ *adj* эфúрный, неземнóй; **~ beauty** неземнáя красотá.

ethic /ˈeθɪk/ *n* (*moral code*; *also* **~s**) э́тика; морáль.
● *adj* этúческий; этúчный.

ethical /ˈeθɪk(ə)l/ *adj* (*pertaining to ethics*) этúческий; (*conforming to a code*) этúчный; **it is not ~ for doctors to advertise** врачáм неэтúчно создавáть себé реклáму.

Ethiopia /ˌiːθɪˈəʊpɪə/ *n* Эфиóпия.

Ethiopian /ˌiːθɪˈəʊpɪən/ *n* эфиóп (*fem* -ка).
● *adj* эфиóпский.

ethnic /ˈeθnɪk(ə)l/ *adj* этнúческий; **~ group** (*within a state*) национáльность; **~ cleansing** этнúческая чúстка.

ethnographer /eθˈnɒgrəfə(r)/ *n* этнóграф.

ethnographic(al) /ˌeθnəˈgræfɪk, ˌeθnəˈgræfɪk(ə)l/ *adj* этнографúческий.

ethnography /eθˈnɒgrəfɪ/ *n* этногрáфия.

ethnological /ˌeθnəˈlɒdʒɪk(ə)l/ *adj* этнологúческий.

ethnologist /eθˈnɒlədʒɪst/ *n* этнóлог.

ethnology /eθˈnɒlədʒɪ/ *n* этнолóгия.

ethological /ˌiːθəˈlɒdʒɪk(ə)l/ *adj* этологúческий.

ethologist /iːˈθɒlədʒɪst/ *n* этóлог.

ethology /iːˈθɒlədʒɪ/ *n* этолóгия.

ethos /ˈiːθɒs/ *n* дух, харáктер.

ethyl /ˈiːθaɪl, ˈeθɪl/ *n* этúл.

etiolated /ˈiːtɪəʊˌleɪtɪd/ *adj*: (*fig*) обескрóвленный, безжúзненный.

etiology /ˌiːtɪˈɒlədʒɪ/ (*US*) = **aetiology**

etiquette /ˈetɪˌket, -ˈket/ *n* этикéт.

Etruscan /ɪˈtrʌskən/ *n* этру́ск; (*language*) этру́сский язы́к.
● *adj* этру́сский.

étude /ˈeɪtjuːd, -ˈtjuːd/ *n* (*mus*) этю́д.

etymological /ˌetɪməˈlɒdʒɪk(ə)l/ *adj* этимологúческий.

etymologist /ˌetɪˈmɒlədʒɪst/ *n* этимóлог.

etymology /ˌetɪˈmɒlədʒɪ/ *n* этимолóгия.

EU (*abbr of* ***European Union***) ЕС (Европéйский сою́з).

eucalyp|tus /ˌjuːkəˈlɪptəs/ *n* (*pl* **~tuses** *or* **~ti** /-taɪ/) эвкалúпт.

Eucharist /ˈjuːkərɪst/ *n* евхаристúя, святóе причáстие.

Euclidean /juːˈklɪdɪən/ *adj* эвклúдов.

eugenic /juːˈdʒenɪk/ *adj* евгенúческий.

eugeni(ci)st /juːˈdʒenɪsɪst, ˈjuːdʒɪnɪst/ *n* евгенúст.

eugenics /juːˈdʒenɪks/ *n* евгéника.

eulogist /ˈjuːlədʒɪst/ *n* панегирúст.

eulogistic /ˌjuːləˈdʒɪstɪk/ *adj* панегирúческий.

eulogize /ˈjuːləˌdʒaɪz/ *vt* восхвал|я́ть, -úть.

eulogy /ˈjuːlədʒɪ/ *n* панегúрик; похвалá.

eunuch /ˈjuːnək/ *n* éвнух, кастрáт.

euphemism /ˈjuːfɪˌmɪz(ə)m/ *n* эвфемúзм.

euphemistic /ˌjuːfɪˈmɪstɪk/ *adj* эвфемистúческий.

euphonious /juːˈfəʊnɪəs/ *adj* благозву́чный.

euphonium /juːˈfəʊnɪəm/ *n* теновóвая ту́ба.

euphony /ˈjuːfənɪ/ *n* благозву́чность, благозву́чие.

euphorbia /juːˈfɔːbɪə/ *n* (*bot*) молочáй.

euphoria /juːˈfɔːrɪə/ *adj* эйфорúя.

euphoric /juːˈfɒrɪk/ *adj* в припóднятом настроéнии.

Euphrates /juːˈfreɪtiːz/ *n* Евфрáт.

Eurasia /jʊəˈreɪʒɪə/ *n* Еврáзия.

Eurasian /jʊəˈreɪʒ(ə)n/ *adj* евразúйский.

Euratom /jʊəˈrætəm/ *n* (*abbr of* ***European Atomic Energy Community***) Еврáтом (Европéйское сообщество по áтомной энéргии).

eureka /jʊəˈriːkə/ *int* э́врика.

euro /ˈjʊərəʊ/ *n* (*pl* **~s**) éвро (*m indecl*).

Euro|- /ˈjʊərəʊ/ *comb form* евро…; **~-MP** депутáт Европарлáмента; **~-sceptic** евроскéптик; **~land, ~zone** Еврозóна.

Europe /ˈjʊərəp/ *n* Еврóпа; **to go into ~** (*pol*) войтú (*pf*) в Еврóпу.

European /ˌjʊərəˈpɪən/ *n* европé|ец (*fem* -йка); **a staunch ~** (*pol*) ръя́ный сторóнник едúной Еврóпы.
● *adj* европéйский.

Europeanism /jʊərəˈpɪənɪz(ə)m/ *n* идéя едúной Еврóпы.

Europeanist /jʊərəˈpɪənɪst/ *n* сторóнник едúной Еврóпы.

Eustachian tube /juːˈsteɪʃ(ə)n/ *n* евстáхиева трубá.

euthanasia /ˌjuːθəˈneɪzɪə/ *n* эвтанáзия, умерщвлéние из милосéрдия.

evacuate /ɪˈvækjʊˌeɪt/ *vt* **1** (*person or place*) эвакуúровать (*impf, pf*). **2** (*physiol*) оч|ищáть, -úстить.

evacuation /ɪˌvækjʊˈeɪʃ(ə)n/ *n* (*removal*) эвакуáция; (*physiol*) очищéние кишéчника, испражнéние.

evacuee /ɪˌvækjuːˈiː/ *n* эвакуúрованный.

evade /ɪˈveɪd/ *vt* избе|гáть, -жáть + *g*; избéгнуть (*pf*) + *g*; уклон|я́ться, -úться от + *g*; **~ a blow/question** уклон|я́ться, -úться от удáра/отвéта; **~ paying one's debts** уклон|я́ться, -úться от уплáты долгóв.

evaluate /ɪˈvæljʊˌeɪt/ *vt* оцéн|ивать, -úть; **he ~d the damage at £50** он оценúл ущéрб в 50 фу́нтов.

evaluation /ɪˌvæljʊˈeɪʃ(ə)n/ *n* оцéнка.

evanesce /ˌiːvəˈnes, ˌe-/ *vi* исч|езáть, -éзнуть.

evanescence /ˌiːvəˈnesəns, ˌe-/ *n* исчезновéние.

evanescent /ˌiːvəˈnes(ə)nt, ˌe-/ *adj* исчезáющий, мимолётный.

evangelical /ˌiːvænˈdʒelɪk(ə)l/ *n* протестáнт.
● *adj* евáнгельский; (*Protestant*) евангелúческий.

evangelism /ɪˈvændʒəˌlɪz(ə)m/ *n* прóповедь Евáнгелия; (*fig*) проповéдничество.

evangelist /ɪˈvændʒəlɪst/ *n* (*author of gospel*) евангелúст; (*preacher*) проповéдник Евáнгелия.

evangelize /ɪˈvændʒəˌlaɪz/ *vt* обра|щáть, -тúть в христиáнство.
● *vi* проповéдовать (*impf*) Евáнгелие.

evaporate /ɪˈvæpəˌreɪt/ *vt & i* испар|я́ть(ся), -úть(ся) (*also fig*); **his anger ~d** егó гнев рассéялся; **~d milk** сгущённое молокó (*без сахара*).

evaporation /ɪˌvæpəˈreɪʃ(ə)n/ *n* испарéние.

evasion /ɪ'veɪʒ(ə)n/ *n* (*avoidance*) уклоне́ние; (*prevarication*) увёртка.

evasive /ɪ'veɪsɪv/ *adj* (*of answer*) укло́нчивый; (*of person*) увёртливый; **the ship took ~ action** кора́бль маневри́ровал переме́нным ку́рсом.

eve /i:v/ *n* (*day or evening before*) кану́н (*also fig*); **on the ~ of** накану́не + *g*; **Christmas E~** кану́н Рождества́; **New Year's E~** нового́дняя ночь, кану́н Но́вого го́да.

even¹ /'i:v(ə)n/ *n* (*poetical*) = **evening**
● *cpds* **~song** *n* вече́рняя моли́тва; **~tide** *n* вече́рняя пора́.

even² /'i:v(ə)n/ *adj* (**evener, evenest**)
1 (*level, smooth*) ро́вный; **fill** (*glass, etc.*) **~ with the brim** напо́лнить (*pf*) до краёв; **~ with the ground** вро́вень с землёй.
2 (*uniform*) равноме́рный; **his work is not very ~** он рабо́тает дово́льно неро́вно; **at an ~ speed** с постоя́нной ско́ростью.
3 (*equal*) ра́вный; **the score is ~** счёт ра́вный; **an ~ chance** ра́вные ша́нсы; **get ~ with s.o.** расквита́ться (*pf*) с кем-н.; **now we are ~** тепе́рь мы квиты́; **break ~** ост|ава́ться, -а́ться при свои́х.
4 (*divisible by 2*) чётный; **on ~ dates** по чётным чи́слам.
5 (*calm*) ро́вный, споко́йный; **~ temper** ро́вный хара́ктер.
6 (*exact*) ро́вный; **an ~ dozen** ро́вно дю́жина.
● *adv* да́же; и; хотя́ бы; **he disputes ~ the facts** он оспа́ривает да́же фа́кты; **he won't ~ notice** он и не заме́тит; **~ if** е́сли да́же; **~ so** всё равно́; да́же в тако́м слу́чае; **not ~** да́же не; **~ though I don't like him** хотя́ он мне не нра́вится; **does he ~ suspect the danger?** подозрева́ет ли он вообще́ об опа́сности?; **I have only one suit, and ~ it is shabby** у меня́ всего́ оди́н костю́м, да и тот потрёпанный; **this applies ~ more to French** э́то ещё в бо́льшей сте́пени отно́сится к францу́зскому языку́; **~ as I spoke, I realized …** уже́ когда́ я говори́л э́то, я по́нял…; **~ as a child he was …** ещё/уже́ ребёнком он был… .
● *vt* (*make even or equal*) выра́внивать, вы́ровнять; **that ~s (up) the score** э́то ура́внивает счёт.
● *vi* выра́вниваться, вы́ровняться.
● *cpds* **~-handed** *adj* беспристра́стный; **~-handedness** *n* беспристра́стность; **~-tempered** *adj* уравнове́шенный.

evening /'i:vnɪŋ/ *n* ве́чер; **in the ~** ве́чером; **(on) that ~** в тот ве́чер; **one ~** одна́жды ве́чером; **this ~** сего́дня ве́чером; **tomorrow ~** за́втра ве́чером; **last, yesterday ~** вчера́ ве́чером; **on the ~ of the 8th** восьмо́го ве́чером; **musical ~** музыка́льный ве́чер; (*attr*) вече́рний; **~ service** (*relig*) вече́рня; вече́рняя моли́тва; **~ dress, clothes** (*of either sex*) вече́рний туале́т; **~ dress, gown** (*woman's*) вече́рнее пла́тье.

evenly /'i:vənlɪ/ *adv* ро́вно, равноме́рно; **spread the butter ~** нама́з|ывать, -ать ма́сло ро́вным сло́ем; **the odds are ~ balanced** ша́нсы — ра́вные.

evenness /'i:vənnɪs/ *n* (*physical smoothness*) гла́дкость; (*uniformity*) равноме́рность; (*of temper, tone, etc.*) ро́вность, уравнове́шенность; (*of odds, contest, etc.*) ра́венство.

event /ɪ'vent/ *n* **1** (*occurrence*) собы́тие; **current ~s** теку́щие собы́тия; **in the natural course of ~s** при норма́льном разви́тии собы́тий; **it was quite an ~** э́то бы́ло це́лое собы́тие. **2** (*outcome*) исхо́д; **in the ~ he was unsuccessful** в коне́чном счёте он потерпе́л неуда́чу; **wise after the ~** за́дним умо́м кре́пок.
3 (*hypothesis*) слу́чай; **in the ~ of his coming** в слу́чае его́ прихо́да; **in any ~** в любо́м слу́чае; **in either ~** так и́ли ина́че; **at all ~s** во вся́ком слу́чае. **4** (*sports item*) забе́г, заёзд; вид спо́рта.

eventful /ɪ'ventfʊl/ *adj* насы́щенный собы́тиями.

eventing /ɪ'ventɪŋ/ *n* конноспорти́вное состяза́ние.

eventual /ɪ'ventjʊəl/ *adj* (*final*) коне́чный, оконча́тельный; **~ success** успе́шный коне́ц.

eventuality /ɪˌventjʊ'ælɪtɪ/ *n* возмо́жность, слу́чай; **prepared for any ~** гото́вый ко вся́ким случа́йностям.

eventually /ɪ'ventjʊəlɪ/ *adv* со вре́менем; в конце́ концо́в; в коне́чном счёте; ра́но и́ли по́здно.

eventuate /ɪ'ventjʊˌeɪt/ *vi* (*happen*) случ|а́ться, -и́ться; возн|ика́ть, -и́кнуть; **~ in** конча́ться, ко́нчиться (*чем*).

ever /'evə(r)/ *adv* **1** (*always*) всегда́; **for ~ (and a day** *or* **and ~)** навсегда́, наве́чно; **~ after, since** с тех (са́мых) пор; **~ since** (*conj*) с тех пор, как…; **yours ~, ~ yours, as ~** (*in letters*) Ваш/Твой…; пре́данный Вам; **with ~-increasing pleasure** со всё возраста́ющим удово́льствием.
2 (*at any time*): **do you ~ see him?** вы его́ хоть иногда́ ви́дите?; **nothing ~ happens** ничего́ не происхо́дит; **scarcely, hardly ~** почти́ никогда́; о́чень ре́дко; **not then or ~** ни тогда́, ни когда́-либо ещё; **as good as ~** не ху́же, чем ра́ньше; **better than ~** лу́чше, чем когда́-либо; **this is the best ~** тако́го ещё не быва́ло.
3 (*intensive*): **as soon as ~ I can** при пе́рвой возмо́жности; **why ~ did you do it?** заче́м же вы э́то сде́лали?; **how ~ did you manage it?** как то́лько вам э́то удало́сь?; **~ so rich** (*Br*) невероя́тно бога́тый; **thank you ~ so much** (*Br*) я вам чрезвыча́йно благода́рен.
● *cpds* **~green** *n* (*bot*) вечнозелёное расте́ние; *adj* вечнозелёный; **~lasting** *adj* ве́чный; **~lasting flower** бессме́ртник, иммортéль; **~-loving** *adj* всегда́ лю́бящий; **~more** *adv*: **for ~more** навсегда́, наве́чно; **~-present** *adj* постоя́нный.

every /'evrɪ/ *adj* ка́ждый, вся́кий; **not ~ animal can swim** не все живо́тные пла́вают; **you have ~ reason to be satisfied** у вас есть все основа́ния быть дово́льным; **I have ~ confidence in him** я в нём соверше́нно уве́рен; **I wish you ~ success** жела́ю вам вся́ческого/по́лного успе́ха; **~ ten minutes** ка́ждые де́сять мину́т; **~ other car** ка́ждый второ́й автомоби́ль; **(on) ~ other day** че́рез день; **~ one of them** все до одного́; **~ now and again; ~ so often; ~ once in a while** вре́мя от вре́мени; по времена́м; иногда́; **this is ~ bit as good** э́то ничу́ть не уступа́ет; **~ bit as much** то́чно сто́лько же; **~ time (that) he comes** вся́кий раз, когда́ он прихо́дит; **in ~ way** во всех отноше́ниях.
● *cpds* **~body, ~one** *prons* ка́ждый; вся́кий; все (*pl*); **~body knows that!** э́то ка́ждый зна́ет; **~body else** все остальны́е; **~body knows ~body else** все со все́ми знако́мы; **~day** *adj* повседне́вный; обыкнове́нный, бытово́й; **E~man** *n* (*the common man*) рядово́й/обыкнове́нный челове́к; **~one** *pron* = **~body**; **~thing** *pron* всё; **speed is ~thing to him** для него́ ско́рость — э́то всё; **money is not ~thing** де́ньги — э́то ещё не всё; **~thing is not clear** не всё я́сно **~where** *adv* везде́, повсю́ду; **~where else** во всех други́х места́х.

evict /ɪ'vɪkt/ *vt* выселя́ть, вы́селить.

eviction /ɪ'vɪkʃ(ə)n/ *n* выселе́ние.

evidence /'evɪd(ə)ns/ *n* **1** (*clarity, visibility*) очеви́дность; **he was much in ~ at the party** он о́чень выделя́лся на вечери́нке; **flowers were much in ~** цветы́ бы́ли повсю́ду. **2** (*indication, confirmation*) доказа́тельство, свиде́тельство; **there was ample ~ of foul play** всё свиде́тельствовало о соверше́нном преступле́нии; **there is no ~ for this belief** нет основа́ний для э́того убежде́ния. **3** (*law*) свиде́тельские показа́ния (*nt pl*); ули́ка; да́нные (*nt pl*); **the ~ of the charred letter** ули́ка в ви́де полусожжённого письма́; **give ~** да|ва́ть, -ть свиде́тельские показа́ния; **circumstantial ~** ко́свенные ули́ки (*f pl*); **cumulative ~** совоку́пность ули́к.
● *vt* служи́ть, по- доказа́тельством, ули́кой (*чего*).

evident /'evɪd(ə)nt/ *adj* очеви́дный, я́сный; **it was ~ from his behaviour that …** бы́ло ви́дно по его́ поведе́нию, что…; **he is ~ly a fool** он я́вно дура́к; **~ly not** (*as reply*) разуме́ется, нет; ока́зывается, что нет.

evidential /ˌevɪ'denʃ(ə)l/ *adj* доказа́тельный.

evil /'i:v(ə)l, -ɪl/ *n* зло; **social ~s** я́звы о́бщества.
● *adj* злой, дурно́й; **she has an ~ tongue** у неё злой язы́к.
● *cpds* **~doer** *n* злоде́й; **~doing** *n* злодея́ние; **~-minded** *adj* злонаме́ренный.

evilness /'i:vəlnɪs, -ɪlnɪs/ *n* зло́бность.

evince /ɪ'vɪns/ *vt* проявл|я́ть, -и́ть.

eviscerate /ɪ'vɪsəˌreɪt/ *vt* потроши́ть, вы́-.

evisceration /ɪˌvɪsəˈreɪʃ(ə)n/ *n* потрошéние.

evocation /ˌevəˈkeɪʃ(ə)n/ *n* вызывáние; воскрешéние в пáмяти.

evocative /ɪˈvɒkətɪv/ *adj* навевáющий воспоминáния.

evoke /ɪˈvəʊk/ *vt* вызывáть, вы́звать; пробу|ждáть, -дúть; нап|оминáть, -óмнить.

evolution /ˌiːvəˈluːʃ(ə)n, -ˈljuːʃ(ə)n/ *n* эволю́ция; **theory of ~** эволюциóнная теóрия.

evolutionary /ˌiːvəˈluːʃənərɪ, -ˈljuːʃənərɪ/ *adj* эволюциóнный.

evolutionism /ˌiːvəˈluːʃənɪz(ə)m, -ˈljuːʃənɪz(ə)m/ *n* эволюциони́зм; эволюциóнная теóрия.

evolutionist /ˌiːvəˈluːʃənɪst, -ˈljuːʃənɪst/ *n* эволюциони́ст.

evolve /ɪˈvɒlv/ *vt* разв|ивáть, -и́ть; **he ~d a plan** он разрабóтал план.
● *vi* разв|ивáться, -и́ться; эволюциони́ровать (*impf, pf*).

ewe /juː/ *n* овцá.

ewer /ˈjuːə(r)/ *n* кувши́н.

ex /eks/ *prep* (*comm*): **~ warehouse** (*from warehouse*) со склáда; **shares ~ dividend** áкции без дивидéнда.

ex- /eks/ *pref* (*former*) экс-…, бы́вший; **~ husband/president** бы́вший муж/президéнт.

exacerbate /ekˈsæsəˌbeɪt, ɪɡ-/ *vt* (*pain etc.*) обостр|я́ть, -и́ть.

exacerbation /ekˌsæsəˈbeɪʃ(ə)n, ɪɡ-/ *n* обострéние.

exact /ɪɡˈzækt/ *adj* тóчный.
● *vt* (*e.g. payment*) взы́ск|ивать, -áть; (*e.g. obedience*) трéбовать, по- + *g*.

exacting /ɪɡˈzæktɪŋ/ *adj* взыскáтельный, трéбовательный.

exaction /ɪɡˈzækʃ(ə)n/ *n* (*demand, extortion*) трéбование, вымогáтельство.

exact|itude /ɪɡˈzæktɪˌtjuːd/ = **-ness**

exactly /ɪɡˈzæktlɪ/ *adv* тóчно; (*of numbers, quantities*) рóвно; **he measured it ~** он э́то тóчно изме́рил; **~ a kilogram** рóвно килогрáмм; **(in) ~ (the same way) as** тóчно так (же), как; **~ the same** то же сáмое; **~!** (*as reply*) и́менно!; **~ how much do you need?** скóлько и́менно вам ну́жно?; **not ~ ugly** не такóй уж урóдливый; **he did not ~ complain, but he was discontented** он не то что(бы) жáловался, но был недовóлен.

exactness /ɪɡˈzæktnɪs/ *n* тóчность.

exaggerate /ɪɡˈzædʒəˌreɪt/ *vt* преувели́чи|вать, -ть.

exaggeration /ɪɡˌzædʒəˈreɪʃ(ə)n/ *n* преувеличéние.

exalt /ɪɡˈzɔːlt/ *vt* (*make higher in rank etc.*) пов|ышáть, -ы́сить; (*praise*) превозн|оси́ть, -ести́.

exaltation /ˌeɡzɔːlˈteɪʃ(ə)n/ *n* **1** (*raising in rank etc.*) повышéние. **2** (*worship*) возвеличéние. **3** (*mental or emotional transport*) экзальтáция.

exam /ɪɡˈzæm/ (*coll*) = **examination 3**

examination /ɪɡˌzæmɪˈneɪʃ(ə)n/ *n* **1** (*inspection*) осмóтр; **customs ~** тамóженный досмóтр; **~ of passports** провéрка паспортóв. **2** (*interrogation*) допрóс; **the prisoner is under ~** заключённого допрáшивают. **3** (*academic etc.; also* **exam**) экзáмен; **~ paper** (*written by examinee*) экзаменациóнная рабóта; (*questions set*) вопрóсы (*m pl*) (для экзаменациóнной рабóты); **entrance ~** вступи́тельный экзáмен; **go in for** (*or* **take) an ~** сдавáть (*impf*) экзáмен; **sit an ~** экзаменовáться, про-; **pass an ~** сдать (*pf*) экзáмен; **fail (in) an ~** провáл|иваться, -и́ться на экзáмене.

examine /ɪɡˈzæmɪn/ *vt* **1** (*inspect*) осм|áтривать, -отрéть; **~ passports** пров|еря́ть, -éрить паспортá; **~ records** изуч|áть, -и́ть докумéнты; **~ a signature** пров|еря́ть, -éрить пóдлинность пóдписи; **~ a patient** осм|áтривать, -отрéть больнóго; **~ one's conscience** спр|áшивать, -оси́ть свою́ сóвесть; **~ claims** рассм|áтривать, -отрéть жáлобы; **he had his eyes ~d (by s.o.)** он провéрил глазá (у когó-н.). **2** (*interrogate*) допр|áшивать, -оси́ть. **3** (*academic*) экзаменовáть, про-.

examinee /ɪɡˌzæmɪˈniː/ *n* экзамену́ющийся.

examiner /ɪɡˈzæmɪnə(r)/ *n* (*academic*) экзаменáтор; (*of a prisoner, witness etc.*) слéдователь (*m*).

example /ɪɡˈzɑːmp(ə)l/ *n* **1** (*illustration, model*) примéр; **for (***or* **by way of) ~** напримéр; **follow s.o.'s ~** брать (*impf*) с когó-н. примéр; **set an ~ to s.o.** подавáть (*impf*) комý-н. примéр. **2** (*warning*) урóк; **let this be an ~ to you** пусть э́то послу́жит вам урóком; **make an ~ of s.o.** накáз|ывать, -áть когó-н. в назидáние други́м. **3** (*specimen*) образéц.

exasperate /ɪɡˈzɑːspəˌreɪt/ *vt* изв|оди́ть, -ести́; раздраж|áть, -и́ть.

exasperating /ɪɡˈzɑːspəˌreɪtɪŋ/ *adj* раздражáющий.

exasperation /ɪɡˌzɑːspəˈreɪʃ(ə)n/ *n* раздражéние.

excavate /ˈekskəˌveɪt/ *vt* копáть (*impf*); выкáпывать, вы́копать; раск|áпывать, -опáть; **~ a trench** копáть окóп; **~ a buried city** раскопáть (*pf*) погребённый гóрод.

excavation /ˌekskəˈveɪʃ(ə)n/ *n* (*site*) раскóпки (*f pl*); (*action*) выкáпывание.

excavator /ˈekskəˌveɪtə(r)/ *n* (*person*) землекóп; (*machine*) экскавáтор.

exceed /ɪkˈsiːd/ *vt* прев|ышáть, -ы́сить; **~ s.o. in height** быть вы́ше когó-н. рóстом; **~ expectations** превзойти́ (*pf*) ожидáния.

exceedingly /ɪkˈsiːdɪŋlɪ/ *adv* чрезвычáйно.

excel /ɪkˈsel/ *vt* (**excelled, excelling**) прев|осходи́ть, -зойти́.
● *vi* (**excelled, excelling**) выделя́ться (*impf*); **he ~s as an orator** он выдаю́щийся орáтор; **he ~s in sport** он превосхóдный спортсмéн.

excellence /ˈeksələns/ *n* превосхóдство; превосхóдное кáчество; **~ in French** совершéнство во францу́зском языкé.

excellency /ˈeksələnsɪ/ *n*: **His E~** егó превосходи́тельство.

excellent /ˈeksələnt/ *adj* отли́чный.

except /ɪkˈsept/ *vt* исключ|áть, -и́ть; **present company ~ed** о прису́тствующих не говоря́т.
● *prep* (*also* **~ing**) исключáя + *a*; крóме + *g*; за исключéнием + *g*; рáзве лишь/тóлько; **the essay is good ~ for the spelling mistakes** сочинéние хорóшее, éсли не считáть орфографи́ческих оши́бок; **I knew nothing ~ that he was away** я не знал ничегó, крóме тогó, что егó нé было; **I would go ~ that it is too far** я бы пошёл, да тóлько э́то сли́шком далекó.

exception /ɪkˈsepʃ(ə)n/ *n* **1** исключéние; **with the ~ of** за исключéнием + *g*; **an ~ to a rule** исключéние из прáвила; **the ~ proves the rule** исключéние подтверждáет прáвило. **2**: **take ~ to** об|ижáться, -и́деться на + *a*.

exceptionable /ɪkˈsepʃənəb(ə)l/ *adj* вызывáющий возражéния; небезупрéчный.

exceptional /ɪkˈsepʃən(ə)l/ *adj* исключи́тельный.

excerpt /ˈeksɜːpt/ *n* вы́держка, цитáта.
● *vt*: **~ a passage from a book** процити́ровать (*pf*) отры́вок из кни́ги; прив|оди́ть, -ести́ вы́держку из кни́ги.

excess /ɪkˈses, ˈekses/ *n* **1** (*exceeding*) изли́шек, избы́ток; **~ of imports over exports** превышéние и́мпорта над э́кспортом; **in ~ of £20** свы́ше двадцати́ фу́нтов; **expenditure in ~ of income** расхóды, превышáющие дохóд. **2** (*exceeding what is proper or normal*) эксцéсс, крáйность; **the ~es of the military** бесчи́нства воéнных/воéнщины; **drink to ~** злоупотребля́ть (*impf*) алкогóлем; **~ fare** (*Br*) доплáта; **~ postage** (*Br*) почтóвая доплáта; **~ baggage** изли́шек багажá; **we had to pay ~** мы должны́ бы́ли доплати́ть.

excessive /ɪkˈsesɪv/ *adj* изли́шний; (*extreme*) чрезмéрный.

excessiveness /ɪkˈsesɪvnɪs/ *n* изли́шество, чрезмéрность.

exchange /ɪksˈtʃeɪndʒ/ *n* **1** (*act of exchanging*) обмéн + *g*/*i*; **in ~ for** в обмéн на + *a*; **~ of prisoners** обмéн плéнными; **~ of shots** перестрéлка; **~ professor** профéссор, преподаю́щий в другóй странé в поря́дке обмéна; **~ student** (инострáнный) студéнт (*fem* -ка), приéхавший по обмéну; стажёр; **~ is no robbery** (*proverb*) мéна не грабёж. **2** (*fin*) размéн, обмéн; **~ rate/control** валю́тный курс/контрóль; **lose on the ~** потеря́ть (*pf*) на обмéне дéнег. **3** (*place of business*) би́ржа; **stock ~** фóндовая би́ржа. **4** (*teleph*) (центрáльная) телефóнная стáнция; (*in building*) коммутáтор.
● *vt* меня́ть, об-/по- (*что на что*); **we ~d our dollars for roubles** мы обменя́ли нáши дóллары на рубли́; (*reciprocally*) меня́ться, об-/по- + *i*; обмéниваться (*impf*) + *i*; **we ~d places** мы поменя́лись местáми; **we ~d opinions** мы обменя́лись мнéниями; **he ~d one job for another**

он перешёл с одно́й рабо́ты на другу́ю.

exchangeable /ɪks'tʃeɪndʒəb(ə)l/ *adj* подлежа́щий обме́ну, го́дный для обме́на; **this coupon is ~ for lunch** э́тот тало́н даёт пра́во на обе́д.

exchequer /ɪks'tʃekə(r)/ *n* казначе́йство, казна́; **Chancellor of the E~** ка́нцлер казначе́йства.

excise¹ /'eksaɪz/ *n* акци́з; **~ officer** акци́зный чино́вник.

excise² /'eksaɪz/ *vt* вы́реза́ть, вы́резать; отр|еза́ть, -е́зать.

excision /ɪk'sɪʒ(ə)n/ *n* выреза́ние, отреза́ние.

excitability /ɪk,saɪtə'bɪlɪtɪ/ *n* повы́шенная возбуди́мость.

excitable /ɪk'saɪtəb(ə)l/ *adj* легко́ возбуди́мый.

excite /ɪk'saɪt/ *vt* **1** (*cause, arouse, stimulate*) возбу|жда́ть, -ди́ть; вызыва́ть, вы́звать; **~ a riot** подн|има́ть, -я́ть бунт. **2** (*thrill, agitate*) волнова́ть, вз-; **don't ~ yourself** (*or* **get ~d**) не волну́йтесь.

excitement /ɪk'saɪtmənt/ *n* возбужде́ние, волне́ние; **what is all the ~ about?** что за шум?; в чём де́ло?

exciting /ɪk'saɪtɪŋ/ *adj* захва́тывающий, увлека́тельный; **how ~!** как интере́сно!

exclaim /ɪk'skleɪm/ *vt & i* воскл|ица́ть, -и́кнуть; **~ at** удив|ля́ться, -и́ться + *d*.

exclamation /,ekslə'meɪʃ(ə)n/ *n* восклица́ние; **~ mark** восклица́тельный знак.

exclamatory /ɪk'sklæmətərɪ/ *adj* восклица́тельный.

exclude /ɪk'sklu:d/ *vt* исключ|а́ть, -и́ть; **~ from membership** лиш|а́ть, -и́ть чле́нства; **~ immigrants** не впус|ка́ть, -ти́ть иммигра́нтов.

exclusion /ɪk'sklu:ʒ(ə)n/ *n* исключе́ние.

exclusive /ɪk'sklu:sɪv/ *adj* **1** (*sole*) исключи́тельный, еди́нственный; **he is the ~ agent for this product** он еди́нственный аге́нт по сбы́ту э́того това́ра. **2**: **~ of** (*not counting*) без + *g*, не счита́я + *g*. **3** (*reserved, restricted*) специа́льный, исключи́тельный; (*high-class*) эксклюзи́вный; **an ~ interview** интервью́, да́нное то́лько одно́й газе́те; **an ~ club** клуб для и́збранных; **we have ~ rights to his invention** мы владе́ем исключи́тельными права́ми на его́ изобрете́ние.

exclusiveness /ɪk'sklu:sɪvnɪs/ *n* исключи́тельность.

excommunicate /,ekskə'mju:nɪ,keɪt/ *vt* отлуч|а́ть, -и́ть от це́ркви.

excommunication /ekskə,mju:nɪ'keɪʃ(ə)n/ *n* отлуче́ние от це́ркви.

excoriate /eks'kɔ:rɪ,eɪt/ *vt* сдира́ть, содра́ть ко́жу с + *g*; (*fig*) разн|оси́ть, -ести́.

excoriation /eks,kɔ:rɪ'eɪʃ(ə)n/ *n* сдира́ние ко́жи; (*fig*) разно́с.

excrement /'ekskrɪmənt/ *n* экскреме́нты (*m pl*).

excrescence /ɪk'skres(ə)ns/ *n* наро́ст.

excreta /ek'skri:tə, ɪk-/ *n pl* (*physiol*) экскреме́нты (*m pl*), выделе́ния (*nt pl*).

excrete /ɪk'skri:t/ *vt* выделя́ть, вы́делить.

excretion /ɪk'skri:ʃ(ə)n/ *n* экскре́ция, выделе́ние.

excretory /ɪk'skri:tərɪ/ *adj* экскрето́рный, выдели́тельный.

excruciating /ɪk'skru:ʃɪ,eɪtɪŋ/ *adj* мучи́тельный.

exculpate /'ekskʌl,peɪt/ *vt* опра́вд|ывать, -а́ть.

exculpation /,ekskʌl'peɪʃ(ə)n/ *n* оправда́ние.

excursion /ɪk'skɜ:ʃ(ə)n/ *n* (*trip*) экску́рсия; **make (*or* go on) an ~** идти́/пое́хать (*det*) на экску́рсию; (*digression, interlude*) э́кскурс.

excursus /ek'skɜ:səs, ɪk-/ *n* (*pl* **~es** *or* **~**) э́кскурс.

excusable /ɪk'skju:zəb(ə)l/ *adj* прости́тельный, извини́тельный.

excuse¹ /ɪk'skju:s, ek-/ *n* извине́ние, оправда́ние, отгово́рка; **ignorance is no ~** незна́ние — не оправда́ние; **a lame, poor ~** сла́бая отгово́рка; **please make my ~s to the hostess** пожа́луйста, переда́йте мой извине́ния хозя́йке.

excuse² /ɪk'skju:z/ *vt* **1** (*justify, palliate*) опра́вд|ывать, -а́ть; **~ o.s.** прин|оси́ть, -ести́ извине́ния. **2** (*forgive*) извин|я́ть, -и́ть; про|ща́ть, -сти́ть; **please ~ my coming late (*or* me for coming late)** извини́те, что я пришёл по́здно; **~ me, what time is it?** прости́те, кото́рый час?; **~ me, but you are wrong** прости́те, но вы непра́вы. **3** (*dispense, release*): **I ~d him from attending** я позво́лил ему́ не прису́тствовать; **may I be ~d from coming?** могу́ я не приходи́ть?

ex-directory /,eksdaɪ'rektərɪ/ *adj* (*Br*) не внесённый в телефо́нную кни́гу; **he's ~** его́ но́мера в телефо́нной кни́ге нет.

execrable /'eksɪkrəb(ə)l/ *adj* отврати́тельный.

execrate /'eksɪ,kreɪt/ *vt* испы́т|ывать, -а́ть отвраще́ние к + *d*.

execration /,eksɪ'kreɪʃ(ə)n/ *n* омерзе́ние; **hold s.o. up to ~** выставля́ть, вы́ставить кого́-н. на всео́бщее порица́ние.

executable /'eksɪ,kju:təb(ə)l/ *adj* (*feasible*) исполни́мый, выполни́мый.

executant /ɪg'zekjʊt(ə)nt/ *n* исполни́тель (*m*).

execute /'eksɪ,kju:t/ *vt* **1** (*carry out*) выполня́ть, вы́полнить; исп|олня́ть, -о́лнить; **~ a will** исп|олня́ть, -о́лнить завеща́ние. **2** (*put to death*) казни́ть (*impf, pf*).

execution /,eksɪ'kju:ʃ(ə)n/ *n* **1** (*carrying out*) исполне́ние, выполне́ние; **carry/put into ~** прив|оди́ть, -ести́ в исполне́ние. **2** (*capital punishment*) казнь; **there were five ~s last year** в про́шлом году́ казни́ли пятеры́х.

executioner /,eksɪ'kju:ʃənə(r)/ *n* пала́ч.

executive /ɪg'zekjʊtɪv/ *n* (руководя́щий) рабо́тник; **chief ~** президе́нт (США).
● *adj* **1** (*executing laws etc.*) исполни́тельный. **2** (*managing*) руководя́щий; **~ ability** администрати́вные спосо́бности; **~ director** исполни́тельный дире́ктор.

executor¹ /ɪg'zekjʊtə(r)/ *n* (*one who carries out*) исполни́тель (*m*).

executor² /ɪg'zekjʊtə(r)/ *n* (*of a will*) душеприка́зчик.

exegesis /,eksɪ'dʒi:sɪs/ *n* (*pl* **exegeses** /-si:z/) толкова́ние.

exemplar /ɪg'zemplə(r), -plɑ:(r)/ *n* образе́ц, экземпля́р.

exemplary /ɪg'zemplərɪ/ *adj* приме́рный, образцо́вый.

exemplification /ɪg,zemplɪfɪ'keɪʃ(ə)n/ *n* приведе́ние приме́ров; приме́р.

exemplify /ɪg'zemplɪ,faɪ/ *vt* (*illustrate by example*) прив|оди́ть, -ести́ приме́р + *g*; (*be an example of*) служи́ть, по- приме́ром + *g*.

exempt /ɪg'zempt/ *adj* освобождённый, свобо́дный (*от чего*).
● *vt* освобо|жда́ть, -ди́ть.

exemption /ɪg'zempʃ(ə)n/ *n* освобожде́ние (*от чего*).

exercise /'eksə,saɪz/ *n* **1** (*use, exertion*) проявле́ние (*чего*); вы́казывание (*чего*); **the ~ of patience is essential** ва́жно прояви́ть терпе́ние. **2** (*physical activity*) заря́дка, упражне́ние, моцио́н; **you should take more ~** вам ну́жно бо́льше вре́мени уделя́ть физи́ческим упражне́ниям. **3** (*mental or physical training*) упражне́ние, трениро́вка; **~ bicycle** велотренажёр; **slimming ~s** упражне́ния для сниже́ния ве́са. **4** (*trial operation*) уче́ние; **military ~s** строево́е уче́ние, вое́нные уче́ния; (*fig*): **the object of the ~** цель э́того предприя́тия.
● *vt* **1** (*exert, use*) вы́казывать, вы́казать; проявл|я́ть, -и́ть; **~ authority** примен|я́ть, -и́ть власть; **~ one's rights** осуществ|ля́ть, -и́ть свои́ права́. **2** (*physically*) упражня́ть (*impf*); **~ a dog** прогу́ливать (*impf*) соба́ку. **3** (*worry, perplex*) беспоко́ить (*impf*), трево́жить (*impf*); **the problem ~d our minds** пробле́ма заста́вила нас заду́маться.
● *vi* упражня́ться (*impf*).
● *cpd* **~ book** *n* (*Br*) (учени́ческая) тетра́дь.

exert /ɪg'zɜ:t/ *vt* осуществ|ля́ть, -и́ть; ока́з|ывать, -а́ть; **~ influence** ока́з|ывать, -а́ть влия́ние; **~ o.s.** постара́ться (*pf*).

exertion /ɪg'zɜ:ʃ(ə)n/ *n* напряже́ние, уси́лие; **the ~s of travelling** тя́готы (*f pl*) пути́.

exeunt omnes /nd'eksɪ,ʌnt 'ɒmneɪz/ (*stage direction*) (все) ухо́дят.

ex gratia /eks 'greɪʃə/ *adj* доброво́льный; **an ~ payment** доброво́льная упла́та.

exhalation /,ekshə'leɪʃ(ə)n/ *n* (*mist, vapour*) пар; испаре́ние; (*act of exhaling*) выдыха́ние.

exhale /eks'heɪl, ɪɡz-/ *vt* (*give off*) испус|ка́ть, -ти́ть.
● *vi* (*breathe out*) выдыха́ть, вы́дохнуть.

exhaust /ɪɡ'zɔ:st/ *n* (*apparatus*) вы́хлоп, вы́пуск; (*expelled gas*) отрабо́танный газ; ~ **pipe** выхлопна́я труба́; **I could smell the** ~ я почу́вствовал за́пах выхлопны́х га́зов.
● *vt* **1** (*consume, tire out*) истощ|а́ть, -и́ть; изнур|я́ть, -и́ть; **my patience is** ~**ed** моё терпе́ние исся́кло; **the climb** ~**ed us** восхожде́ние изнури́ло нас; **be** ~**ed** изнем|ога́ть, -о́чь; **I feel** ~**ed** я соверше́нно без сил. **2** (*empty*) исч|е́рпывать, -ерпа́ть; ~ **land** истощ|а́ть, -и́ть зе́млю. **3** (*explore thoroughly*) исч|е́рпывать, -е́рпа́ть.

exhausting /ɪɡ'zɔ:stɪŋ/ *adj* изнури́тельный, утоми́тельный.

exhaustion /ɪɡ'zɔ:stʃ(ə)n/ *n* изнуре́ние, истоще́ние; (*fatigue*) переутомле́ние, изнеможе́ние.

exhaustive /ɪɡ'zɔ:stɪv/ *adj* исче́рпывающий, всесторо́нний.

exhaustiveness /ɪɡ'zɔ:stɪvnɪs/ *n* всесторо́нность, полнота́.

exhibit /ɪɡ'zɪbɪt/ *n* (*in museum etc.*) экспона́т; (*law*) веще́ственное доказа́тельство.
● *vt* (**exhibited, exhibiting**) **1** (*e.g. painting*) экспони́ровать (*impf, pf*); выставля́ть, вы́ставить. **2** (*fig, display*) проявл|я́ть, -и́ть.

exhibition /,eksɪ'bɪʃ(ə)n/ *n* (*public show*) вы́ставка; (*showing*) пока́з; **be on** ~ быть вы́ставленным; **he made an** ~ **of himself** он сде́лал себя́ посме́шищем; (*Br, scholarship*) стипе́ндия.

exhibitioner /,eksɪ'bɪʃənə(r)/ *n* (*Br*) стипендиа́т.

exhibitionism /,eksɪ'bɪʃə,nɪz(ə)m/ *n* хвастовство́; эксгибициони́зм.

exhibitionist /eksɪ'bɪʃənɪst/ *n* хвасту́н (*coll*); эксгибициони́ст.

exhibitor /ɪɡ'zɪbɪtə(r)/ *n* экспоне́нт.

exhilarat|e /ɪɡ'zɪlə,reɪt/ *vt* весели́ть, раз-; ра́довать, об-; **he felt** ~**ed** он был в приподнятом настрое́нии; ~**ing news** ра́достное изве́стие.

exhilaration /ɪɡ,zɪlə'reɪʃ(ə)n/ *n* весе́лье; прия́тное возбужде́ние.

exhort /ɪɡ'zɔ:t/ *vt* приз|ыва́ть, -ва́ть (*кого к чему*); увещева́ть (*impf*).

exhortation /,eɡzɔ:'teɪʃ(ə)n, ,eks-/ *n* призы́в, увещева́ние.

exhumation /eks,hju:'meɪʃ(ə)n, ɪɡ,zju:'meɪʃ(ə)n/ *n* эксгума́ция, извлече́ние тру́па из земли́; (*fig*) раска́пывание, выка́пывание.

exhume /eks'hju:m, ɪɡ'zju:m/ *vt* эксгуми́ровать (*impf, pf*); (*fig*) раск|а́пывать, -опа́ть; выка́пывать, вы́копать.

exigency /'eksɪdʒənsɪ, ɪɡ'zɪdʒ-/ *n* неотло́жность, кра́йность; кра́йняя необходи́мость; **the** ~**ies of the time** веле́ние вре́мени.

exigent /'eksɪdʒ(ə)nt/ *adj* (*urgent*) неотло́жный, сро́чный; (*demanding*) тре́бовательный.

exiguity /eɡ,zɪ'ɡju:ɪtɪ, ɪɡ-/ *n* ску́дость, незначи́тельность.

exiguous /eɡ'zɪɡjʊəs, ɪɡ-/ *adj* ску́дный, незначи́тельный, ма́лый.

exile /'eksaɪl, 'eɡz-/ *n* **1** (*banishment*) изгна́ние; ссы́лка; **send into** ~ ссыла́ть, сосла́ть. **2** (*person*) изгна́нник; ссы́льный.
● *vt* изг|оня́ть, -на́ть; ссыла́ть, сосла́ть.

exist /ɪɡ'zɪst/ *vi* **1** (*be, live*) существова́ть (*impf*), жить (*impf*); **he** ~**s on £100 per week** он существу́ет на 100 фу́нтов в неде́лю. **2** (*be found*) име́ться, встреча́ться, находи́ться (*all impf*).

existence /ɪɡ'zɪst(ə)ns/ *n* существова́ние; (*presence*) нали́чие; (*life*) жизнь; **in** ~ существу́ющий, нали́чный, име́ющийся; **the largest ship in** ~ са́мый большо́й кора́бль из всех существу́ющих.

existent /ɪɡ'zɪst(ə)nt/ *adj* существу́ющий.

existential /,eɡzɪ'stenʃ(ə)l/ *adj* экзистенциа́льный.

existentialism /,eɡzɪ'stenʃə,lɪz(ə)m/ *n* экзистенциали́зм.

existentialist /,eɡzɪ'stenʃəlɪst/ *n* экзистенциали́ст.

exit /'eksɪt, 'eɡzɪt/ *n* (*also comput*) вы́ход; **make one's** ~ уходи́ть, уйти́.
● *vi* (**exited, exiting**) у|ходи́ть, -йти́; ~ **Macbeth** (*stage direction*) Макбе́т ухо́дит; (*comput*) выходи́ть, вы́йти.

ex libris /eks'li:brɪs/ *n* (*pl* ~) экsли́брис.

exodus /'eksədəs/ *n* ма́ссовый отъе́зд/ухо́д; **E**~ (*bibl*) Исхо́д, Втора́я кни́га Моисе́ева.

ex officio /,eks ə'fɪʃɪəʊ/ *adv & adj* по до́лжности.

exogamous /ek'sɒɡəməs/ *adj* экзога́мный.

exogamy /ek'sɒɡəmɪ/ *n* экзога́мия.

exonerate /ɪɡ'zɒnə,reɪt/ *vt* опра́вд|ывать, -а́ть; сн|има́ть, -ять обвине́ние с + *g* (*в чём*).

exoneration /ɪɡ,zɒnə'reɪʃ(ə)n/ *n* оправда́ние.

exophthalmic /,eksɒf'θælmɪk/ *adj*: ~ **goitre** базе́дова боле́знь.

exorbitant /ɪɡ'zɔ:bɪt(ə)nt/ *adj* непоме́рный, чрезме́рный.

exorcism /'eksɔ:,sɪz(ə)m/ *n* экзорци́зм, изгна́ние злых ду́хов.

exorcist /'eksɔ:sɪst/ *n* экзорци́ст, заклина́тель (*m*).

exorcize /'eksɔ:,saɪz/ *vt* изг|оня́ть, -на́ть злых ду́хов из + *g*.

exotic /ɪɡ'zɒtɪk/ *adj* экзоти́ческий.

exotica /ɪɡ'zɒtɪkə/ *n pl* экзоти́ческие ве́щи (*f pl*).

expand /ɪk'spænd/ *vt* (*lit, fig*) расш|иря́ть, -и́рить; **heat** ~**s metals** при нагрева́нии мета́ллы расширя́ются; **the essay was** ~**ed into a book** о́черк был развёрнут в кни́гу.
● *vi* расш|иря́ться, -и́риться; увели́чи|ваться, -ться в объёме; **trade** ~**ed** торго́вля расши́рилась.

expanse /ɪk'spæns/ *n* протяже́ние; широ́кое простра́нство; (*of sea, sky, etc.*) просто́р; ширь.

expansion /ɪk'spænʃ(ə)n/ *n* расшире́ние; (*pol*) экспа́нсия; (*increase*) подъём; **chest** ~ расшире́ние грудно́й кле́тки; **territorial** ~ территориа́льный захва́т.

expansionism /ɪk'spænʃ(ə),nɪz(ə)m/ *n* (*pol*) экспансиони́зм.

expansionist(ic) /ɪk,spænʃ(ə)'nɪst, ɪk,spænʃ(ə)'nɪstɪk/ *adj* (*pol*) экспансиони́стский.

expansive /ɪk'spænsɪv/ *adj* (*extensive*) обши́рный; (*of person*) экспанси́вный.

expansiveness /ɪk'spænsɪvnɪs/ *n* (*of person*) экспанси́вность.

expatiate /ɪk'speɪʃɪ,eɪt/ *vi* распространя́ться (*impf*) (*на какую-н. тему*).

expatiation /ɪk,speɪʃɪ'eɪʃ(ə)n/ *n* простра́нное рассужде́ние.

expatriate[1] /eks'pætrɪət, -'peɪtrɪət/ *n & adj* экспатриа́нт (*fem* -ка); **an** ~ **American** америка́нец-экспатриа́нт.

expatriate[2] /eks'pætrɪ,eɪt, -'peɪtrɪ,eɪt/ *vt* (*banish*) экспатрии́ровать (*impf, pf*).
● *vi* (*emigrate*) эмигри́ровать (*impf, pf*).

expatriation /eks,pætrɪ'eɪʃ(ə)n, -,peɪtrɪ'eɪʃ(ə)n/ *n* (*banishing*) экспатриа́ция; (*emigration*) эмигра́ция.

expect /ɪk'spekt/ *vt* **1** (*of future or probable event*) ждать (*impf*), ожида́ть (*impf*) + *g*; **I** ~ **to see him** я рассчи́тываю встре́титься с ним; **I'm** ~**ing him to dinner** я жду его́ к обе́ду; **you would** ~ **them to have thought of that** каза́лось бы, они́ должны́ бы́ли об э́том поду́мать; **just as I** ~**ed** так я и ду́мал.
2 (*require*) ожида́ть (*impf*) + *g*; рассчи́тывать (*impf*) на + *a*; тре́бовать (*impf*) + *g*; **I** ~ **you to be punctual** я наде́юсь/рассчи́тываю, что вы бу́дете пунктуа́льны.
3 (*suppose*) полага́ть (*impf*); предполага́ть (*impf*); **I** ~ **you are hungry** я полага́ю, вы го́лодны.
4: **she is** ~**ing** (*coll, pregnant*) она́ ожида́ет ребёнка.

expectancy /ɪk'spektənsɪ/ *n* ожида́ние; предвкуше́ние.

expectant /ɪk'spekt(ə)nt/ *adj* выжида́ющий; **an** ~ **mother** бу́дущая мать.

expectation /,ekspek'teɪʃ(ə)n/ *n* **1** (*anticipation*) ожида́ние; **in** ~ **of** в ожида́нии + *g*; **contrary to** ~ вопреки́ ожида́ниям; **come up to** ~**s** оправда́ть (*pf*) ожида́ния; **fall short of** ~**s** не оправда́ть (*pf*) ожида́ний. **2** (*prospect*) наде́жда; ~ **of life** вероя́тная продолжи́тельность жи́зни.

expectorant /ek'spektərənt/ *n* (*med*) отха́ркивающее сре́дство.

expectorate /ek'spektə,reɪt/ *vt & i* (*spit*) отха́рк|ивать(ся), -ать(ся), -нуть(ся).

expectoration /ek,spektə'reɪʃ(ə)n/ *n* отха́ркивание.

expedienc|e /ɪk'spi:dɪəns/, **-y** /ɪk'spi:dɪənsɪ/ *nn* (*suitability*) целесообра́зность; (*self interest*) вы́годность; (*pej*) оппортуни́зм.

expedient /ɪk'spi:dɪənt/ *n* приём, спо́соб.

● *adj* целесообра́зный; (*advantageous*) вы́годный.

expedite /ˈekspɪˌdaɪt/ *vt* уск|оря́ть, -о́рить.

expedition /ˌekspɪˈdɪʃ(ə)n/ *n* экспеди́ция.

expeditionary /ˌekspɪˈdɪʃənərɪ/ *adj* экспедицио́нный; **~ force** экспедицио́нные войска́.

expeditious /ˌekspɪˈdɪʃəs/ *adj* бы́стрый, ско́рый.

expeditiousness /ˌekspɪˈdɪʃəsnɪs/ *n* быстрота́, ско́рость.

expel /ɪkˈspel/ *vt* **(expelled, expelling)** (*emit*) пос|ыла́ть, -ла́ть; (*compel to leave*) исключ|а́ть, -и́ть; выгоня́ть, вы́гнать; (*dislodge, e.g. troops*) изг|оня́ть, -на́ть.

expend /ɪkˈspend/ *vt* (*capital*) расхо́довать, из-; тра́тить, ис-; (*ammunition*) расхо́довать, из-; (*time, efforts*) тра́тить, ис-/по-.

expendable /ɪkˈspendəb(ə)l/ *adj* (*of acceptable sacrifice*) ≈ расхо́дуемый.

expenditure /ɪkˈspendɪtʃə(r)/ *n* расхо́д, тра́та; **~ of energy** затра́та эне́ргии.

expense /ɪkˈspens/ *n* **1** (*monetary cost*) расхо́д; **at my ~** (*lit*) за мой счёт; **at public ~** за казённый счёт; **go to ~** нести́ (*det*) расхо́ды; **put s.o. to ~** ввести́ (*pf*) кого́-н. в расхо́д; **spare no ~** не жале́ть (*impf*) средств; **~ account** ава́нсовый отчёт; **travelling ~s** доро́жные расхо́ды. **2** (*detriment*): **a joke at my ~** шу́тка на мой счёт; **idealism at others' ~** идеали́зм за чужо́й счёт.

expensive /ɪkˈspensɪv/ *adj* дорого́й, дорогосто́ящий; **he has ~ tastes** у него́ вкус к дороги́м веща́м; **an ~ education** образова́ние, сто́ившее больши́х де́нег.

expensiveness /ɪkˈspensɪvnɪs/ *n* дороговизна.

experience /ɪkˈspɪərɪəns/ *n* **1** (*process of gaining knowledge etc.*) о́пыт; **we learn by ~** мы у́чимся на со́бственном о́пыте; **I know that from ~** я зна́ю э́то по о́пыту. **2** (*event*) слу́чай; **an unpleasant ~** неприя́тный слу́чай.

● *vt* испы́т|ывать, -а́ть; переж|ива́ть, -и́ть.

experienced /ɪkˈspɪərɪənst/ *adj* о́пытный.

experiment /ɪkˈsperɪmənt, -ˌment/ *n* экспериме́нт, о́пыт.

● *vi* эксперименти́ровать (*impf*).

experimental /ɪkˌsperɪˈment(ə)l/ *adj* эксперимента́льный, про́бный; **at the ~ stage** на ста́дии экспериме́нта.

experimentation /ɪkˌsperɪmenˈteɪʃ(ə)n/ *n* эксперименти́рование.

experimenter /ɪkˈsperɪˌmentə(r)/ *n* эксперимента́тор.

expert /ˈekspɜːt/ *n* экспе́рт, знато́к, специали́ст (*по чему*).

● *adj* квалифици́рованный; уме́лый; **an ~ driver** о́пытный шофёр; **~ advice** сове́т специали́ста; **he is ~ at persuading people** он ма́стер угова́ривать.

expertise /ˌekspɜːˈtiːz/ *n* (*skill, knowledge*) компете́нтность.

expiate /ˈekspɪˌeɪt/ *vt* искуп|а́ть, -и́ть.

expiation /ˌekspɪˈeɪʃ(ə)n/ *n* искупле́ние.

expiatory /ˈekspɪətərɪ, ˈekspɪˌeɪtərɪ/ *adj* искупи́тельный.

expiration /ˌekspɪˈreɪʃ(ə)n/ *n* (*breathing out*) вы́дох; (*expiry*) истече́ние (*срока*).

expire /ɪkˈspaɪə(r)/ *vi* **1** (*breathe out*) выдыха́ть, вы́дохнуть. **2** (*of period, truce, licence etc.*) ист|ека́ть, -е́чь. **3** (*die*) уг|аса́ть, -а́снуть.

expiry /ɪkˈspaɪərɪ/ *n* истече́ние (сро́ка).

explain /ɪkˈspleɪn/ *vt* объясн|я́ть, -и́ть; изъясн|я́ть, -и́ть; **~ o.s.** (*make o.s. clear*) разъясни́ть (*pf*) свою́ то́чку зре́ния; (*account for one's conduct*) опра́вд|ываться, -а́ться; **~ sth away** на|ходи́ть, -йти́ объясне́ние (*неудобному факту*); отгов|а́риваться, -ори́ться от чего́-н.

explainable /ɪkˈspleɪnəb(ə)l/ *adj* объясни́мый.

explanation /ˌekspləˈneɪʃ(ə)n/ *n* объясне́ние; **in (by way of) ~** в ка́честве объясне́ния.

explanatory /ɪkˈsplænətərɪ/ *adj* объясни́тельный.

expletive /ɪkˈspliːtɪv/ *n* (*oath*) бра́нное выраже́ние; (*gram*) вставно́е сло́во.

explicable /ɪkˈsplɪkəb(ə)l, ˈek-/ *adj* объясни́мый.

explicit /ɪkˈsplɪsɪt/ *adj* я́сный, чёткий, то́чный; (*of person*) прямо́й.

explicitness /ɪkˈsplɪsɪtnɪs/ *n* я́сность, чёткость, то́чность; (*of person*) прямота́.

explode /ɪkˈspləʊd/ *vt* вз|рыва́ть, -орва́ть; (*fig*): **~ a theory** опров|ерга́ть, -е́ргнуть тео́рию.

● *vi* вз|рыва́ться, -орва́ться; (*fig*): **he ~d with rage/laughter** он разрази́лся гне́вом/сме́хом.

exploit[1] /ˈeksplɔɪt/ *n* по́двиг.

exploit[2] /ɪkˈsplɔɪt/ *vt* **1** (*use or develop economically*) разраб|а́тывать, -о́тать; эксплуати́ровать (*impf*). **2** (*an advantage etc.*) по́льзоваться, вос- + *i*; испо́льзовать (*impf, pf*). **3** (*a person*) эксплуати́ровать (*impf*).

exploitable /ɪkˈsplɔɪtəb(ə)l/ *adj* го́дный для разрабо́тки.

exploitation /ˌeksplɔɪˈteɪʃ(ə)n/ *n* разрабо́тка; эксплуата́ция (*also of person*).

exploitative /ɪkˈsplɔɪtətɪv/ *adj* эксплуата́торский; эксплуатацио́нный.

exploiter /ɪkˈsplɔɪtə(r)/ *n* эксплуата́тор.

exploration /ˌekspləˈreɪʃ(ə)n/ *n* (*geog*) иссле́дование; (*of possibilities etc.*) изуче́ние.

exploratory /ɪkˈsplɒrətərɪ/ *adj* иссле́довательский; **~ talks** предвари́тельные перегово́ры.

explore /ɪkˈsplɔː(r)/ *vt* **1** (*geog*) иссле́довать (*impf, pf*); разве́д|ывать, -ать. **2** (*possibilities etc.*) изуч|а́ть, -и́ть. **3** (*by touch*) ощу́п|ывать, -ать.

explorer /ɪkˈsplɔːrə(r)/ *n* иссле́дователь (*m*) (*fem* -ница).

explosion /ɪkˈspləʊʒ(ə)n/ *n* (*of bomb etc.*) взрыв; (*of rage etc.*) вспы́шка; (*fig*): **population ~** демографи́ческий взрыв.

explosive /ɪkˈspləʊsɪv/ *n* взры́вчатое вещество́; **high ~** дробя́щее взры́вчатое вещество́.

● *adj* взры́вчатый, взрывно́й; (*situation*) взрывоопа́сный; **~ bomb** фуга́сная бо́мба; **~ bullet** разрывна́я пу́ля; (*fig*) вспы́льчивый.

explosiveness /ɪkˈspləʊsɪvnɪs/ *n* взрыва́емость, взры́вчатость.

exponent /ɪkˈspəʊnənt/ *n* **1** (*advocate*) сторо́нник; представи́тель (*m*). **2** (*math*) экспоне́нта, показа́тель (*m*) сте́пени.

exponential /ˌekspəˈnenʃ(ə)l/ *adj* (*math*) экспоненциа́льный, показа́тельный.

export[1] /ˈekspɔːt/ *n* э́кспорт, вы́воз; **~ duty** э́кспортная по́шлина; **~s increased in value** це́нность/сто́имость э́кспорта возросла́; **~s amounted to …** э́кспорт соста́вил…; **sugar is an important ~** са́хар — ва́жная статья́ э́кспорта.

export[2] /ekˈspɔːt, ˈek-/ *vt* экспорти́ровать (*impf, pf*); вывози́ть, вы́везти.

exportable /ekˈspɔːtəb(ə)l/ *adj* экспорти́руемый; го́дный на э́кспорт.

exportation /ˌekspɔːˈteɪʃ(ə)n/ *n* экспорти́рование.

exporter /ekˈspɔːtə(r)/ *n* экспортёр.

expose /ɪkˈspəʊz/ *vt* **1** (*physically*) выставля́ть, вы́ставить; **~ one's body to sunlight** подст|авля́ть, -а́вить те́ло со́лнцу; **~ o.s.** (*indecently*) обнаж|а́ться, -и́ться; **~d to the weather** не защищённый от непого́ды; **an ~d position** (*mil*) незащищённая пози́ция. **2** (*fig, subject*) подв|ерга́ть, -е́ргнуть; **he was ~d to insult** его́ сде́лали мише́нью для оскорбле́ний. **3** (*display*) выставля́ть, вы́ставить. **4** (*fig, unfold*) раскр|ыва́ть, -ы́ть. **5** (*unmask*) разоблач|а́ть, -и́ть. **6** (*phot*) экспони́ровать (*impf*).

exposé /ekˈspəʊzeɪ/ *n* разоблаче́ние.

exposition /ˌekspəˈzɪʃ(ə)n/ *n* (*setting forth facts etc.*) изложе́ние; (*exhibition*) экспози́ция, вы́ставка.

expository /ɪkˈspɒzɪtərɪ/ *adj* объясни́тельный.

ex post facto /ˌeks pəʊst ˈfæktəʊ/ *adj & adv* постфа́ктум.

expostulate /ɪkˈspɒstjʊˌleɪt/ *vi*: **~ with s.o.** увещева́ть (*impf*) кого́-н.; усо́вещивать (*impf*) кого́-н.

expostulation /ɪkˌspɒstjʊˈleɪʃ(ə)n/ *n* увещева́ние.

expostulatory /ɪkˈspɒstjʊlətərɪ/ *adj* увещева́тельный.

exposure /ɪkˈspəʊʒə(r)/ *n* **1** (*physical*): **~ to light** выставле́ние на свет; **indecent ~** обнаже́ние; **he died of ~** он поги́б от хо́лода; **house with a southern ~** дом о́кнами на юг. **2** (*subjection*): **~ to ridicule** выставле́ние на посме́шище. **3** (*unmasking*) разоблаче́ние. **4** (*phot*) экспози́ция; **~ meter** экспоно́метр.

expound /ɪk'spaʊnd/ *vt* (*a theory*) изл|ага́ть, -ожи́ть; (*a text*) толкова́ть (*impf*).

express[1] /ɪk'spres/ *n* (~ *train*) экспре́сс; курье́рский по́езд.
● *adj* (*urgent, high-speed*) сро́чный; **~ letter** сро́чное письмо́; **~ mail** э́кстренная по́чта.
● *adv* сро́чно, спе́шно; **the goods were sent ~** (*urgently*) това́р был отпра́влен экспре́ссом.

express[2] /ɪk'spres/ *adj* **1** (*clear*) чёткий; **~ orders** чёткие приказа́ния. **2** (*exact, specific*) то́чный, осо́бенный; **for the ~ purpose of** со специа́льной це́лью + *g*.
● *vt* **1** (*press out*) выжима́ть, вы́жать. **2** (*show in words etc.*) выража́ть, вы́разить; **~ o.s.** выража́ться, вы́разиться; выска́зывать, вы́сказать.

expressible /ɪk'spresɪb(ə)l/ *adj* вырази́мый.

expression /ɪk'spreʃ(ə)n/ *n* **1** (*act of expressing*) выраже́ние; **beyond ~** невырази́мый; **give ~ to** выража́ть, вы́разить; **find ~** выража́ться, вы́разиться. **2** (*mus*): **he plays with ~** он игра́ет вырази́тельно. **3** (*word, term*) выраже́ние (*also math*).

expressionism /ɪk'spreʃə,nɪz(ə)m/ *n* экспрессиони́зм.

expressionist /ɪk,spreʃə'nɪst/ *n* экспрессиони́ст.

expressionistic /ɪk,spreʃə'nɪstɪk/ *adj* экспрессиони́стский.

expressive /ɪk'spresɪv/ *adj* вырази́тельный.

expressiveness /ɪk'spresɪvnɪs/ *n* вырази́тельность.

expressway /ɪk'spresweɪ/ *n* (*US*) городска́я автомагистра́ль.

expropriate /eks'prəʊprɪ,eɪt/ *vt* (*person*) лиш|а́ть, -и́ть со́бственности; (*property*) экспроприи́ровать (*impf, pf*).

expropriation /eks,prəʊprɪ'eɪʃ(ə)n/ *n* экспроприа́ция; лише́ние со́бственности.

expulsion /ɪk'spʌlʃ(ə)n/ *n* изгна́ние; исключе́ние.

expunge /ɪk'spʌndʒ/ *vt* вычёркивать, вы́черкнуть.

expurgate /'ekspə,geɪt/ *vt*: **~ a book** исключ|а́ть, -и́ть (*or* изыма́ть, изъя́ть) нежела́тельные места́ из кни́ги.

expurgation /,ekspə'geɪʃ(ə)n/ *n* исключе́ние/изъя́тие нежела́тельных мест из кни́ги.

exquisite /'ekskwɪzɪt, ek'skwɪzɪt/ *adj* (*perfected*) утончённый; (*delicate*) то́нкий; **~ sensibility** обострённая чувстви́тельность; **~ pain** о́страя боль.

exquisiteness /eks'kwɪzɪtnɪs/ *n* утончённость; (*of pain*) острота́.

ex-service /eks'sɜːvɪs/ *adj* (*Br*) демобилизо́ванный, отставно́й.

ex-serviceman /eks'sɜːvɪsmən/ *n* (*pl* **ex-servicemen**) (*Br*) демобилизо́ванный; отставно́й вое́нный.

extant /ek'stænt, ɪk'st-, 'ekst(ə)nt/ *adj* сохрани́вшийся.

extemporaneous /ɪk,stempə'reɪnɪəs/ *adj* импровизи́рованный.

extempore /ɪk'stempərɪ/ *adj* импровизи́рованный.
● *adv* экспро́мтом.

extemporization /ɪks,tempəraɪ'zeɪʃ(ə)n/ *n* импровиза́ция.

extemporize /ɪk'stempə,raɪz/ *vt & i* и|мпровизи́ровать, сы-; **he ~d a speech** он произнёс импровизи́рованную речь.

extend /ɪk'stend/ *vt* **1** (*stretch out*) протя́|гивать, -ну́ть; **~ a rope between two posts** натя́|гивать, -ну́ть верёвку ме́жду двумя́ столба́ми; **an ~ed battle line** растя́нутая ли́ния фро́нта.
2 (*offer, accord*) ока́з|ывать, -а́ть; **~ a welcome** выка́зывать, вы́казать раду́шие; раду́шно встр|еча́ть, -е́тить (*кого*).
3 (*make longer, wider or larger*) удлин|я́ть, -и́ть; расш|иря́ть, -и́рить; **~ a railway** продли́ть (*pf*) железнодоро́жную ли́нию; **~ a table** (*by means of a leaf*) раздв|ига́ть, -и́нуть стол; **~ one's premises** расш|иря́ть, -и́рить помеще́ние.
4 (*prolong*) продл|ева́ть, -и́ть; **~ one's leave/passport** продл|ева́ть, -и́ть о́тпуск/па́спорт; **an ~ed** (*lengthy*) **visit** дли́тельный визи́т.
5 (*fig, enlarge, widen*) увели́чи|вать, -ть; расш|иря́ть, -и́рить; **~ one's influence** распростран|я́ть, -и́ть своё влия́ние.
6 (*exert*): **~ o.s.** напр|яга́ться, -я́чься; стара́ться (*impf*) изо всех сил; **we are fully ~ed** мы на преде́ле (на́ших) сил.
7: **~ed family** больша́я/расши́ренная/сло́жная семья́ (*семья в понимании, свойственном традиционному обществу: не только родители и их дети, но и другие проживающие совместно с ними родственники*).
● *vi* простира́ться (*impf*); **the garden ~s to the river** сад простира́ется до реки́; **my leave ~s till Tuesday** мой о́тпуск продолжа́ется до вто́рника; **this rule ~s to first-year students** э́то пра́вило распространя́ется и на первоку́рсников.

extend /ɪk'stend/ *vt* **1** (*stretch out*) протя́|гивать, -ну́ть; **~ a rope between two posts** натя́|гивать, -ну́ть верёвку ме́жду двумя́ столба́ми; **an ~ed battle line** растя́нутая ли́ния фро́нта.
2 (*offer, accord*) ока́з|ывать, -а́ть; **~ a welcome** выка́зывать, вы́казать раду́шие; раду́шно встр|еча́ть, -е́тить (*кого*).
3 (*make longer, wider or larger*) удлин|я́ть, -и́ть; расш|иря́ть, -и́рить; **~ a railway** продли́ть (*pf*) железнодоро́жную ли́нию; **~ a table** (*by means of a leaf*) раздв|ига́ть, -и́нуть стол; **~ one's premises** расш|иря́ть, -и́рить помеще́ние.
4 (*prolong*) продл|ева́ть, -и́ть; **~ one's leave/passport** продл|ева́ть, -и́ть о́тпуск/па́спорт; **an ~ed** (*lengthy*) **visit** дли́тельный визи́т.
5 (*fig, enlarge, widen*) увели́чи|вать, -ть; расш|иря́ть, -и́рить; **~ one's influence** распростран|я́ть, -и́ть своё влия́ние.
6 (*exert*): **~ o.s.** напр|яга́ться, -я́чься; стара́ться (*impf*) изо всех сил; **we are fully ~ed** мы на преде́ле (на́ших) сил.
● *vi* простира́ться (*impf*); **the garden ~s to the river** сад простира́ется до реки́; **my leave ~s till Tuesday** мой о́тпуск продолжа́ется до вто́рника; **this rule ~s to first-year students** э́то пра́вило распространя́ется и на первоку́рсников.

exten|dible /ɪk'stendɪb(ə)l/, **-sible** /ɪk'stensɪb(ə)l/ *adjs* (*e.g. table, ladder*) раздвижно́й.

extension /ɪk'stenʃ(ə)n/ *n* **1** (*extent*) протяже́ние. **2** (*stretching out*) вытя́гивание, удлине́ние. **3** (*enlarging in space or time*) расшире́ние, увеличе́ние; **~ of a railway** удлине́ние железнодоро́жной ли́нии; **~ of leave** продле́ние о́тпуска; **~ of time (to pay debt)** дополни́тельный срок (для упла́ты до́лга); **an ~ course in physics** дополни́тельный курс фи́зики; **~ lead** (*elec*) удлини́тель (*m*). **4** (*additional part of building etc.*) пристро́йка (**to:** к + *d*). **5** (*teleph*) (*telephone*) паралле́льный телефо́н; (*number*) доба́вочный (но́мер); **my number is 5652, ~ 10** мой но́мер 5652, доба́вочный 10.

extensive /ɪk'stensɪv/ *adj* (*wide, far-reaching*) простра́нный; **an ~ park** обши́рный парк; **~ knowledge** обши́рные зна́ния; **~ plans** далеко́ иду́щие пла́ны; (*opp intensive*) экстенси́вный.

extensiveness /ɪk'stensɪvnɪs/ *n* простра́нность; обши́рность.

extensor /ɪk'stensə(r)/ *n* (*also* **~ muscle**) разгиба́ющая мы́шца.

extent /ɪk'stent/ *n* **1** (*phys size, length etc.*) протяже́ние; **a vast ~ of marsh** обши́рное заболо́ченное простра́нство. **2** (*fig, range*) разме́р; круг; диапазо́н; **~ of s.o.'s knowledge** круг чьих-н. зна́ний; **~ of damage** разме́р поврежде́ний. **3** (*degree*) сте́пень; **to some (*or* a certain) ~** до не́которой/изве́стной сте́пени; **to a large ~** в значи́тельной ме́ре; **I have never played golf to any ~** я со́бственно почти́ никогда́ не игра́л в гольф; **he went to the ~ of borrowing money** он пошёл да́же на то, что́бы заня́ть де́ньги.

extenuat|e /ɪk'stenjʊ,eɪt/ *vt* преум|еньша́ть, -е́ньшить; **~ing circumstances** смягча́ющие обстоя́тельства.

extenuation /ɪkstenjʊ'eɪʃ(ə)n/ *n* приуменьше́ние; оправда́ние.

exterior /ɪk'stɪərɪə(r)/ *n* (*of object*) вне́шняя сторона́; (*archit*) экстерье́р; (*of person*) вне́шность; нару́жность.
● *adj* вне́шний.

exterminate /ɪk'stɜːmɪ,neɪt/ *vt* (*disease; ideas*) искорен|я́ть, -и́ть; (*people*) уничт|ожа́ть, -о́жить; (*people, vermin*) истреб|ля́ть, -и́ть.

extermination /ɪk,stɜːmɪ'neɪʃ(ə)n/ *n* искорене́ние; уничтоже́ние; истребле́ние.

exterminator /ɪk'stɜ:mɪˌneɪtə(r)/ *n* (*person, substance*) истреби́тель (*m*).

external /ɪk'stɜ:n(ə)l/ *n* вне́шность; **judge by ~s** суди́ть (*impf*) по вне́шнему ви́ду.
● *adj* вне́шний; **the ~ world** вне́шний мир; **~ affairs** иностра́нные дела́; **an ~ student** экстéрн, заóчни|к (*fem* -ца); **for ~ use only** то́лько для нару́жного употребле́ния.

externalize /ɪk'stɜ:nəˌlaɪz/ *vt* (*manifest*) проявл|я́ть, -и́ть.

extinct /ɪk'stɪŋkt/ *adj* (*of volcano*) поту́хший; (*of species, custom*) вы́мерший; (*of feelings etc.*) уга́сший.

extinction /ɪk'stɪŋkʃ(ə)n/ *n* угаса́ние; (*of species etc.*) вымира́ние; (*of a disease*) ликвида́ция, искорене́ние.

extinguish /ɪk'stɪŋgwɪʃ/ *vt* (*light, fire*) гаси́ть, по-; (*hopes etc.*) уб|ива́ть, -и́ть; (*a debt*) пога|ша́ть, -си́ть.

extinguisher /ɪk'stɪŋgwɪʃə(r)/ *n* (*for candle*) гаси́льник; (*fire ~*) огнетуши́тель (*m*).

extirpate /'ekstəˌpeɪt/ *vt* вырыва́ть, вы́рвать с ко́рнем; искорен|я́ть, -и́ть.

extirpation /ˌekstə'peɪʃ(ə)n/ *n* искорене́ние.

extol /ɪk'stəʊl, ɪk'stɒl/ *vt* (**extolled, extolling**) превозн|оси́ть, -ести́.

extort /ɪk'stɔ:t/ *vt* вымога́ть (*impf*).

extortion /ɪk'stɔ:ʃ(ə)n/ *n* вымога́тельство.

extortionate /ɪk'stɔ:ʃənət/ *adj* вымога́тельский.

extortioner /ɪk'stɔ:ʃənə(r)/ *n* вымога́тель (*m*).

extra /'ekstrə/ *n* **1** (*additional item*) что-н. дополни́тельное; **music is an ~** му́зыка преподаётся факультати́вно; **no ~s** без вся́ких припла́т; (*edition*) э́кстренный вы́пуск. **2** (*minor performer*) стати́ст (*fem* -ка), актёр (*fem* актри́са) массо́вки.
● *adj* **1** (*additional*) доба́вочный, дополни́тельный; **~ time** (*sport*) дополни́тельное вре́мя; **it costs £1, postage ~** э́то сто́ит 1 фунт без пересы́лки; **I paid an ~ £5** я заплати́л ли́шних 5 фу́нтов; **£5 ~** 5 фу́нтов дополни́тельно. **2** (*special*) осо́бый.
● *adv* сверх..., осо́бо; **~ strong** (*e.g. drink*) осо́бой кре́пости.

extracellular /ˌekstrə'seljʊlə(r)/ *adj* внекле́точный.

extract[1] /'ekstrækt/ *n* **1** (*concentrated substance*) экстра́кт; **beef ~** мясно́й экстра́кт. **2** (*from book etc.*) вы́держка.

extract[2] /ɪk'strækt/ *vt* (*cork*) выта́скивать, вы́тащить; (*tooth*) удал|я́ть, -и́ть; (*bullet from wound*) извл|ека́ть, -е́чь; (*information, admission*) вырыва́ть, вы́рвать; (*money*) вымога́ть (*impf*); (*math*) извл|ека́ть, -е́чь (*ко́рень*); (*pleasure from a situation*) извл|ека́ть, -е́чь; **~ passages** (*from a book*) де́лать, с- вы́держки; (*juices etc.*) выжима́ть, вы́жать.

extractable /ɪk'stræktəb(ə)l/ *adj* извлека́емый.

extraction /ɪk'strækʃ(ə)n/ *n* (*extracting*) извлече́ние; (*of tooth*) удале́ние, экстра́кция; (*descent, origin*) происхожде́ние.

extractive /ɪk'stræktɪv/ *adj*: **~ industries** добыва́ющие о́трасли промы́шленности.

extractor /ɪk'stræktə(r)/ *n* экстра́ктор; **~ fan** вентиля́тор, воздухоочисти́тель (*m*).

extra-curricular /ˌekstrəkə'rɪkjʊlə(r)/ *adj* проводи́мый сверх уче́бного пла́на; вне програ́ммы.

extraditable /'ekstrəˌdaɪtəb(ə)l/ *adj* (*person*) подлежа́щий вы́даче; (*crime*) обусло́вливающий вы́дачу.

extradite /'ekstrəˌdaɪt/ *vt* (*hand over*) выдава́ть, вы́дать (*обвиняемого преступника*); экстради́ровать (*impf, pf*).

extradition /ˌekstrə'dɪʃ(ə)n/ *n* вы́дача (престу́пника); экстради́ция.

extragalactic /ˌekstrəgə'læktɪk/ *adj* внегалакти́ческий.

extrajudicial /ˌekstrədʒu:'dɪʃ(ə)l/ *adj*: **~ confession** внесуде́бное призна́ние; **~ execution** казнь без суда́.

extralegal /ˌekstrə'li:g(ə)l/ *adj* не предусмо́тренный зако́ном.

extramarital /ˌekstrə'mærɪt(ə)l/ *adj*: **~ affair** внебра́чная связь.

extramural /ˌekstrə'mjʊər(ə)l/ *adj* (*outside city*) за́городный; (*Br, academic*): **~ student** ≈ заóчни|к, вече́рни|к (*fem* -ца) (*both coll*).

extraneous /ɪk'streɪnɪəs/ *adj* посторо́нний, чужо́й.

extraordinariness /ɪkstrə'ɔ:dɪnərɪnɪs/ *n* стра́нность, необыча́йность.

extraordinary /ɪk'strɔ:dɪnərɪ, ˌekstrə'ɔ:dɪnərɪ/ *adj* (*unusual*) необы́чный; (*impressive*) необыча́йный; (*specially convened*) чрезвыча́йный.

extrapolate /ɪk'stræpəˌleɪt/ *vt & i* (*math, fig*) экстраполи́ровать (*impf, pf*).

extrapolation /ɪkˌstræpə'leɪʃ(ə)n/ *n* (*math*) экстраполя́ция.

extrasensory /ˌekstrə'sensərɪ/ *adj*: **~ perception** сверхчу́вственное/экстрасенсо́рное восприя́тие, экстрасенсо́рика.

extraterrestrial /ˌekstrətɪ'restrɪəl/ *adj* внеземно́й.
● *n* инопланетя́н|ин (*fem* -ка).

extraterritorial /ˌekstrəˌterɪ'tɔ:rɪəl/ *adj* экстерриториа́льный.

extraterritoriality /ˌekstrəˌterɪˌtɔ:rɪ'ælɪtɪ/ *n* экстерриториа́льность.

extravagance /ɪk'strævəgəns/ *n* изли́шество; экстрава́гантность; расточи́тельность.

extravagant /ɪk'strævəgənt/ *adj* **1** (*excessive*) изли́шний. **2** (*fantastic*) экстрава́гантный, сумасбро́дный. **3** (*over-spending*) расточи́тельный; **he was ~ with the water** он расхо́довал сли́шком мно́го воды́.

extravaganza /ɪkˌstrævə'gænzə/ *n* фее́рия.

extravasate /ɪk'strævəˌseɪt/ *vi* вытека́ть, вы́течь из сосу́дов в ткань.

extravasation /ɪkˌstrævə'seɪʃ(ə)n/ *n* кровоподтёк, излия́ние кро́ви.

extravert /'ekstrəˌvɜ:t/ = **extrovert**

extreme /ɪk'stri:m/ *n* **1** (*high degree*) кра́йность; **wearisome in the ~** в вы́сшей сте́пени ску́чный. **2** (*of conduct etc.*) кра́йность; **he went to the opposite ~** он впал в другу́ю кра́йность; **he went to ~s to satisfy them** он пошёл на кра́йние ме́ры, что́бы угоди́ть им; **carry things to ~s** впада́ть (*impf*) в кра́йность. **3** (*in pl, opposing qualities etc.*): **~s of behaviour** кра́йности поведе́ния; **~s of heat and cold** экстрема́льно/кра́йне высо́кие и ни́зкие температу́ры.
● *adj* **1** (*furthest, utmost, last*) кра́йний, преде́льный; **the ~ edge of the city** са́мая окра́ина го́рода; **(the one) on the ~ right** кра́йний спра́ва; (*in politics*) кра́йне пра́вый; **~ old age** глубо́кая ста́рость; **the ~ penalty of the law** вы́сшая ме́ра наказа́ния; **~ unction** (*relig*) соборова́ние. **2** (*very great*) чрезвыча́йный. **3** (*taking sth to its highest pitch*) кра́йний, преде́льный; **an ~ fashion** (*in clothes*) экстрава́гантная мо́да.

extremely /ɪk'stri:mlɪ/ *adv* кра́йне.

extremeness /ɪk'stri:mnɪs/ *n* (*of measures etc.*) кра́йность.

extremism /ɪk'stri:mɪz(ə)m/ *n* экстреми́зм.

extremist /ɪk'stri:mɪst/ *n* экстреми́ст.
● *adj* экстреми́стский.

extremit|y /ɪk'stremɪtɪ/ *n* **1** (*end, extreme point*) край. **2** (*in pl, hands and feet*) коне́чности (*f pl*). **3** (*extreme quality*) кра́йность; **the ~y of his grief** безме́рность его́ го́ря. **4** (*hardship*) кра́йность; **reduced to ~y** доведённый до кра́йности. **5** (*in pl, extreme measures*) кра́йние ме́ры (*f pl*).

extricate /'ekstrɪˌkeɪt/ *vt* высвобожда́ть, вы́свободить; **~ o.s. from a difficulty** вы́путаться (*pf*) из затрудне́ния.

extrication /ˌekstrɪ'keɪʃ(ə)n/ *n* высвобожде́ние, выпу́тывание.

extrinsic /ek'strɪnsɪk/ *adj* посторо́нний; несуще́ственный.

extrovert /'ekstrəˌvɜ:t/ *n* челове́к с откры́той нату́рой, экстраве́рт.

extrude /ɪk'stru:d/ *vt* выта́лкивать, вы́толкнуть; вытесня́ть, вы́теснить.

extrusion /ɪk'stru:ʒ(ə)n/ *n* вытесне́ние, выта́лкивание.

exuberance /ɪg'zju:bərəns/ *n* (*profusion*) изоби́лие; (*of character*) экспанси́вность.

exuberant /ɪg'zju:bərənt/ *adj* (*of foliage etc.*) бу́йный; (*of imagination etc.*) бога́тый, бу́йный; (*of spirits etc.*) экспанси́вный.

exudation /ˌeksjʊ'deɪʃ(ə)n/ *n* выделе́ние.

exude /ɪg'zju:d/ *vi* проступ|а́ть, -и́ть; выделя́ть, вы́делить; **he ~d cheerfulness** он излуча́л весе́лье.

exult /ɪg'zʌlt/ *vi* торжествова́ть (*impf*); ликова́ть (*impf*).

exultant /ɪg'zʌltənt/ *adj* торжеству́ющий, лику́ющий.

exultation /ɪɡˌzʌlˈteɪʃ(ə)n/ *n* торжество́, ликова́ние.

eye /aɪ/ *n* **1** (*organ of vision*) глаз; (*diminutive*) глазо́к (*pl* гла́зки); (*archaic, poetical*) о́ко; **glass ~** стекля́нный глаз; **have a cast in one's ~** быть косогла́зым; **I can see well out of this ~** я хорошо́ ви́жу э́тим гла́зом; **I have sth in my ~** мне что́-то попа́ло в глаз; **blind in one ~** криво́й; **evil ~** дурно́й глаз; **put the evil ~ on** сгла́зить (*pf*).
2 (*various idioms*): **give s.o. a black ~** подби́ть (*pf*) глаз кому́-н.; **~s right!/left!** (*mil*) равне́ние напра́во/нале́во!; **have a straight ~** име́ть ве́рный глаз; **with the naked ~** невооружённым гла́зом; **with half an ~** одни́м глазко́м; **in the twinkling of an ~** в мгнове́ние о́ка; **make ~s at s.o.; give s.o. the glad ~** (*coll*) стро́ить (*impf*) гла́зки кому́-н.; **be all ~s** гляде́ть (*impf*) во все глаза́; **set, lay ~s on** зам|еча́ть, -е́тить; **fix one's ~s on** не спуска́ть (*impf*) глаз с + *g*; уста́виться (*pf*) на + *a*; **keep an ~ on** (*e.g. a saucepan, the time*) следи́ть (*impf*) за + *i*; (*e.g. children*) следи́ть (*impf*) за + *i*; присм|а́тривать, -отре́ть за + *i*; **keep one's ~s open, skinned** (*Br*), **peeled** (*coll*) смотре́ть (*impf*) в о́ба; **take one's ~s off s.o./sth** отв|оди́ть, -ести́ глаза́ от кого́/чего́-н.; **an ~ for an ~** о́ко за о́ко; **pull the wool over s.o.'s ~s** вт|ира́ть, -ере́ть очки́ кому́-н.; **under, before s.o.'s very ~s** на глаза́х у кого́-н.; **he has an ~ for colour** он чу́вствует цвет; **he has an ~ for the ladies** он зна́ет толк в же́нщинах; **cry one's ~s out** вы́плакать (*pf*) все глаза́; **dry one's ~** осуши́ть (*pf*) слёзы; **his ~s are bigger than his stomach** глаза́ у него́ завиду́щие; **in the mind's ~** мы́сленным взо́ром; **I could not believe my ~s** я не мог пове́рить свои́м глаза́м; **he ran his ~ (*or* cast an ~) over the paper** он пробежа́л глаза́ми газе́ту; **feast one's ~s on** (*a sight*) наслажда́ться (*impf*) (зре́лищем); **I caught her ~** я пойма́л её взгляд; **it offends the ~** э́то ре́жет глаз; **easy on the ~** (*coll*) прия́тной нару́жности; **have ~s at the back of one's head** всё ви́деть/подмеча́ть (*impf*); **see ~ to ~ with** сходи́ться (*impf*) во взгля́дах с + *i*; **up to the ~s in work** по́ уши в рабо́те; **I opened his ~s to the situation** я откры́л ему́ глаза́ на положе́ние веще́й; **he closed his ~s to the danger** он закрыва́л глаза́ на опа́сность; **turn a blind ~ to** смотре́ть (*impf*) сквозь па́льцы на + *a*; **in my ~s** (*judgment*) в мои́х глаза́х, на мой взгляд; **in the public ~** в це́нтре внима́ния; **with an ~ to pleasing her** что́бы понра́виться ей; **there is more in this than meets the ~** э́то не так про́сто, как ка́жется на пе́рвый взгляд.
3 (*special senses*): **~ of a needle** иго́льное ушко́; **in the ~ of the storm** в эпице́нтре бу́ри; **hooks and ~s** крючки́ (*m pl*) и пе́тли (*f pl*); (*of a potato*) глазо́к (*pl* глазки́); **~s of a peacock's tail** глазки́ павли́ньего хвоста́; **private ~** (*sl, detective*) ча́стный сы́щик.
● *vt* (**eyes, eyed, eyeing** *or* **eying**) разгля́д|ывать, -е́ть; наблюда́ть (*impf*); **he ~d me with suspicion** он разгля́дывал меня́ с подозре́нием.
● *cpds* **~ball** *n* глазно́е я́блоко; **~bath** (*Br*), **~cup** (*US*) *nn* глазна́я ва́нночка; **~bright** *n* (*bot*) оча́нка; **~brow** *n* бровь; **~brow pencil** каранда́ш для брове́й; **up to the ~brows** (*fig*) по́ уши; **raise one's ~brows** (*fig*) подня́ть (*pf*) бро́ви от удивле́ния, неодобре́ния *и т. п.*; **~-catching** *adj* эффе́ктный; **~cup** *n* = **~bath**; **~ doctor** *n* глазни́к, глазно́й врач, окули́ст; **~ dropper** *n* пипе́тка; **~ drops** глазны́е ка́пли; **~glass** *n* (*monocle*) моно́кль (*m*); (*in pl, spectacles*) очк|и́ (*pl, g* -о́в); **~hole** *n* (*spyhole*) глаз|о́к (*pl* -ки́); **~ hospital** *n* глазна́я больни́ца; **~lash** *n* ресни́ца; **~ level** *n*: **at ~ level** на у́ровне глаз; **~lid** *n* ве́ко; **without batting an ~lid** (*coll*) гла́зом не моргну́в; **~liner** *n* каранда́ш для подведе́ния глаз; **~-opener** *n* (*coll, revelation*) открове́ние; **~shadow** *n* те́ни (*f pl*) для век; **~sight** *n* зре́ние; **he has good ~sight** у него́ хоро́шее зре́ние; **his ~sight failed** его́ зре́ние уху́дшилось; **~ socket** *n* глазни́ца, глазна́я впа́дина; **~sore** *n* уро́дство; **~ strain** *n* напряже́ние зре́ния; **~ tooth** *n* глазно́й зуб; **~wash** *n* (*lotion*) примо́чка для глаз; (*fig, coll*) очковтира́тельство; **~witness** *n* очеви́дец.

-eyed /aɪd/ *comb form*: **blue~** голубогла́зый.

eyeful /ˈaɪfʊl/ *n* (*coll*) зре́лище.

eyeless /ˈaɪlɪs/ *adj* безгла́зый.

eyelet /ˈaɪlɪt/ *n* ушко́; пе́телька.

eyrie /ˈaɪərɪ, ˈɪərɪ, ˈeːrɪ/ *n* орли́ное гнездо́.

Ezekiel /ɪˈziːkɪəl/ *n* (*bibl*) Иезеки́ль (*m*).

Ezra /ˈezrə/ *n* (*bibl*) Е́зд(д)ра (*m*).

e

f

F[1] /ef/ *n* (*mus, also* **fa, fah**) фа (*nt indecl*).

F[2] /ˈfærən,haɪt/ (*abbr of* ***Fahrenheit***) F (= *гра́дусов по Фаренге́йту or по шкале́ Фаренге́йта*); **30°F** 30 °F (гра́дусов по Фаренге́йту).

FA (*abbr of* ***Football Association***) (*Br*) Футбо́льная ассоциа́ция; **~ Cup** Ку́бок Футбо́льной ассоциа́ции.

fa /fɑː/ *n* = **fah**

Fabian /ˈfeɪbɪən/ *n* (*socialist*) фабиа́нец. ● *adj* (*of socialism*) фабиа́нский; (*of tactics generally*) выжида́тельный, медли́тельный.

Fabianism /ˈfeɪbɪə,nɪz(ə)m/ *n* фабиа́нство.

fable /ˈfeɪb(ə)l/ *n* ба́сня.

fabled /ˈfeɪbəld/ *adj* (*celebrated*) легенда́рный; (*fictitious*) легенда́рный, ска́зочный.

fabric /ˈfæbrɪk/ *n* (*cloth*) ткань, мате́рия; (*of a building etc.*) констру́кция, структу́ра; (*fig*) структу́ра.

fabricate /ˈfæbrɪ,keɪt/ *vt* (*invent*) сочин|я́ть, -и́ть; (*falsify, forge*) фабрикова́ть, с-; подде́л|ывать, -ать; **a ~d charge** сфабрико́ванное обвине́ние.

fabrication /,fæbrɪˈkeɪʃ(ə)n/ *n* (*story etc.*) вы́думка; **complete ~** сплошна́я вы́думка; (*falsification*) фабрика́ция, подде́лка.

fabulist /ˈfæbjʊlɪst/ *n* баснопи́сец.

fabulous /ˈfæbjʊləs/ *adj* (*legendary*) легенда́рный; мифи́ческий; (*coll, marvellous*) роско́шный, баснословный.

facade /fəˈsɑːd/ *n* (*archit*) фаса́д; (*fig*): **his politeness is a ~** его́ ве́жливость чи́сто показна́я.

face /feɪs/ *n* **1** (*front part of head*) лицо́; (*diminutive*) ли́чико; **he fell on his ~** он упа́л ничко́м; **he hit him in the ~** он уда́рил его́ по лицу́; **look s.o. in the ~** (*lit*) посмотре́ть (*pf*) кому́-н. в глаза́; **I came ~ to ~ with him** я столкну́лся с ним лицо́м к лицу́; **I brought them ~ to face** я свёл их друг с дру́гом; **I told him so to his ~** я сказа́л ему́ э́то в лицо́; **I dare not show my ~ there** я не сме́ю глаз показа́ть там; **the sun was shining in our ~s** со́лнце свети́ло нам пря́мо в лицо́; **she laughed in my ~** она́ рассмея́лась мне в лицо́; **he shut the door in my ~** он захло́пнул дверь пе́ред мои́м но́сом; **red in the ~ (from anger/effort/embarrassment)** кра́сный/багро́вый (от гне́ва/уси́лия/смуще́ния); **it's written all over his ~** э́то у него́ на лице́/лбу/физионо́мии напи́сано; **you may talk till you are blue in the ~** мо́жете говори́ть, пока́ не охри́пнете; **she had her ~ lifted** ей подтяну́ли ко́жу на лице́; **in the ~ of danger** пе́ред лицо́м опа́сности; **in the ~ of difficulties** несмотря́ на тру́дности; **ruin stares us in the ~** нам грози́т разоре́ние.
2 (*facial expression*) лицо́; выраже́ние лица́; **he made a ~** он ско́рчил/состро́ил ро́жу; **he pulled a long ~** у него́ вы́тянулось лицо́; **he kept a straight ~** он храни́л невозмути́мый вид; **he put a bold ~ on the matter** он сде́лал хоро́шую ми́ну при плохо́й игре́; **his ~ fell** он измени́лся в лице́; у него́ вы́тянулось лицо́.
3 (*composure, effrontery*): **he saved his ~** он спас свою́ репута́цию; **he had the ~ to tell me ...** у него́ хвати́ло на́глости сказа́ть мне… .
4 (*outward show, aspect*) вне́шний вид; **on the ~ of it** (*apparently*) на вид, на пе́рвый взгляд; **this puts a new ~ on things** э́то представля́ет де́ло в но́вом све́те.
5 (*physical surface, facade*) лицо́; лицева́я сторона́; (*of clock*) цифербла́т; (*of banknote*) лицева́я сторона́; **they disappeared from the ~ of the earth** они́ исче́зли с лица́ земли́; **he laid the card ~ down** он положи́л ка́рту лицо́м вниз (*or* руба́шкой вверх); **the miner worked at the coal ~** шахтёр рабо́тал в у́гольном забо́е; **~ value** (*of currency*) номина́льная сто́имость; **I took his words at ~ value** я при́нял его́ слова́ за чи́стую моне́ту.
● *vt* **1** (*physically*) стоя́ть (*impf*) лицо́м к + *d*; смотре́ть (*impf*) на + *a*; **turn round and ~ me!** поверни́тесь ко мне лицо́м; **the man facing us** челове́к, сидя́щий (стоя́щий *и т. п.*) про́тив нас; **a seat facing the engine** сиде́нье по хо́ду по́езда.
2 (*confront*) смотре́ть (*impf*) в лицо́ *чему*; **we must ~ facts** на́до смотре́ть фа́ктам в лицо́; на́до счита́ться с фа́ктами; **let's ~ it!** (*coll*) на́до гляде́ть пра́вде в глаза́!; **~ s.o. down** оса|жда́ть, -ди́ть кого́-н.; **the problem that ~s us** зада́ча, стоя́щая пе́ред на́ми; **we are ~d with bankruptcy** мы стои́м пе́ред банкро́тством.
3 (*mil, cause to turn*) пов|ора́чивать, -ерну́ть; **he ~d his men about** он поверну́л солда́т круго́м.
4 (*cover*) облиц|о́вывать, -ева́ть; **a wall ~d with stone** стена́, облицо́ванная ка́мнем; **a coat ~d with silk** пальто́, отде́ланное шёлком.
● *vi*: **the house ~s south** дом обращён фаса́дом на юг; **the house ~s on to a park** о́кна до́ма выхо́дят на парк; дом обращён фаса́дом к па́рку; **their house ~s ours** их дом напро́тив на́шего; **he ~d up to the difficulties** он не испуга́лся тру́дностей; (*mil*) **about ~!** круго́м!; **please ~ (towards) the camera** пожа́луйста, смотри́те в объекти́в.
● *cpds* **~ card** *n* (*US*) фигу́ра; **~cloth** *n* махро́вая салфе́тка для лица́; **~ cream** *n* крем для лица́; **~lift** *n* подтя́жка ко́жи лица́; (*fig*) вне́шнее обновле́ние, космети́ческий ремо́нт; **~ pack** *n* (*Br*) космети́ческая ма́ска; **~ powder** *n* пу́дра; **~-saving** *adj* (*fig*) для спасе́ния репута́ции/прести́жа; **~worker** *n* (*miner*) забо́йщик.

faceless /ˈfeɪslɪs/ *adj* (*anonymous*) безли́чный, безли́кий.

facer /ˈfeɪsə(r)/ *n* (*Br coll, difficulty*) загво́здка.

facet /ˈfæsɪt/ *n* грань, фаце́т; (*fig*) аспе́кт.

faceted /ˈfæsɪtɪd/ *adj* гранёный.

facetious /fəˈsiːʃəs/ *adj* шутли́вый, шу́точный; (*pej*) неуме́стно шутли́вый; **talk ~ly** остри́ть (*impf*) (некста́ти).

facetiousness /fəˈsiːʃəsnɪs/ *n* (неуме́стная) шутли́вость.

facia /ˈfeɪʃɪə/ *n* (*Br*) = **fascia**

facial /ˈfeɪʃ(ə)l/ *n* масса́ж лица́. ● *adj* лицево́й; **~ expression** выраже́ние лица́.

facile /ˈfæsaɪl/ *adj* (*easy, fluent*) лёгкий, свобо́дный; (*superficial*) пове́рхностный.

facilitate /fəˈsɪlɪ,teɪt/ *vt* облегч|а́ть, -и́ть; спосо́бствовать (*impf*) + *d*; соде́йствовать (*impf*) + *d*.

facilitation /fə,sɪlɪˈteɪʃ(ə)n/ *n* облегче́ние (*чего*); соде́йствие (*чему*).

facilit|y /fəˈsɪlɪtɪ/ *n* (*ease*) лёгкость; (*skill*) спосо́бность (*к чему*); (*aid, appliance, installation*) сооруже́ние; **~ies for study** усло́вия (*nt pl*) для учёбы; **sports ~ies** спорти́вное обору́дование; помеще́ния (*nt pl*) для заня́тий спо́ртом.

facing /ˈfeɪsɪŋ/ *n* (*of wall etc.*) облицо́вка; (*of coat etc.*) отде́лка.

facsimile /fækˈsɪmɪlɪ/ *n* факси́миле (*nt indecl*); (*fax*) факс.

fact /fækt/ *n* факт; **the ~ that he was there shows that ...** тот факт, что он

был там, говори́т о том, что...; **as a matter of ~** факти́чески; на са́мом де́ле; **the ~ is that ...** де́ло в том, что...; **in (point of) ~** (*actually*) факти́чески; в/на са́мом де́ле; (*intensifying*): **very much, in ~** о́чень да́же; **I think so, in ~ I'm quite sure** я так ду́маю, бо́лее того́, я уве́рен в э́том; (*summing up*): **in ~ the whole thing is most unsatisfactory** в су́щности, всё э́то весьма́ неудовлетвори́тельно; **a story founded on ~** расска́з, осно́ванный на реа́льных собы́тиях.
● *cpd* **~-finding** *adj* занима́ющийся установле́нием фа́ктов, рассле́дованием обстоя́тельств; **~-finding tour** ознакоми́тельная пое́здка.

faction /'fækʃ(ə)n/ *n* фра́кция, группиро́вка.

factionalism /'fækʃənəl,ɪz(ə)m/ *n* фракцио́нность.

factious /'fækʃəs/ *adj* фракцио́нный.

factitious /fæk'tɪʃəs/ *adj* иску́сственный.

factor /'fæktə(r)/ *n* **1** (*math*) мно́житель (*m*), фа́ктор. **2** (*contributing cause*) фа́ктор; **this was a ~ in his success** э́то соде́йствовало его́ успе́ху.

factorial /fæk'tɔ:rɪəl/ *adj*: **~ 4** факториа́л 4 (четырёх).

factorize /'fæktə,raɪz/ *vt* разложи́ть (*pf*) на мно́жители.

factory /'fæktərɪ/ *n* **1** (*place of manufacture*) фа́брика, заво́д; (*attr*) фабри́чный, заводско́й. **2**: **~ ship** (*whaling*) плаву́чая китобо́йная ба́за.

factotum /fæk'təʊtəm/ *n* (*pl* **~s**) факто́тум, дове́ренный слуга́.

factual /'fæktjʊəl/ *adj* факти́ческий.

facult|y /'fækəltɪ/ *n* **1** (*power, aptitude*) спосо́бность; **in possession of one's ~ies** в здра́вом уме́. **2** (*Br, part of university*) факульте́т. **3** (*US, body of teachers*) профе́ссорско-преподава́тельский соста́в.

fad /fæd/ *n* (*craze*) увлече́ние, пове́трие; (*whim*) при́хоть, прихоть, причу́да.

faddiness /'fædɪnɪs/ *n* капри́зность.

faddish /'fædɪʃ/ *adj* прихотли́вый.

faddist /'fædɪst/ *n* привере́дник, чуда́к.

faddy /'fædɪ/ *adj* (**faddier, faddiest**) (*Br*) капри́зный.

fade /feɪd/ *vt* **1** (*cause to lose colour*) обесцве́|чивать, -тить; **the sunlight ~d the curtains** занаве́ски вы́горели на со́лнце. **2** (*cin, radio*): **~ one scene into another** пла́вно перев|оди́ть, -ести́ одну́ сце́ну в другу́ю; **~ out** постепе́нно ум|еньша́ть, -е́ньшить си́лу зву́ка; ув|оди́ть, -ести́ звук; **~ in** постепе́нно увели́чи|вать, -ть си́лу зву́ка.
● *vi* **1** (*lose colour*) обесцве́|чиваться, -титься; **the flowers ~d** цветы́ завя́ли/поблёкли; (*of sound*) зам|ира́ть, -ере́ть; (*of strength*) уг|аса́ть, -а́снуть. **2** (*fig*): **his hopes ~d** его́ наде́жды растаяли; **she is fading away** (*dying*) она́ та́ет на глаза́х.
● *cpds* **~-in** *n* (*cin, radio*) постепе́нное появле́ние зву́ка/изображе́ния; **~-out** *n* (*cin, radio*) постепе́нное исчезнове́ние зву́ка/изображе́ния.

faecal /'fi:k(ə)l/ (*US* **fecal**) *adj* фека́льный.

faeces /'fi:si:z/ (*US* **feces**) *n pl* фека́лии (*f pl*); испражне́ния (*nt pl*).

Faeroes /'feərəʊz/ = **Faroes**

Faeroese /,feərəʊ'i:z/ = **Faroese**

fag[1] /fæg/ *n* (*Br*) **1** (*coll, tiring task*) изнури́тельная рабо́та. **2** (*schoolboy*) мла́дший учени́к, прислу́живающий ста́ршему.
● *vt* (**fagged, fagging**) (*tire*) утом|ля́ть, -и́ть; выма́тывать, вы́мотать; **I am ~ged out** я вконе́ц вы́мотался.
● *vi* (**fagged, fagging**) (*toil*) корпе́ть (*impf*) (*над чем*).

fag[2] /fæg/ *n* (*Br coll, cigarette*) сигаре́та, папиро́ска.
● *cpd* **~ end** *n* (*Br, butt*) оку́рок, (*sl*) чина́рик; (*fig*) коне́ц (*чего*); оста́ток (*чего*).

fag[3] /fæg/ (*US*) = **faggot** *n* **2**

faggot /'fægət/ *n* **1** (*US* **fagot**) (*bundle of sticks*) вяза́нка; (*tech*) фаши́на. **2** (*US sl offens, homosexual*) гомосексуали́ст, пе́дик.

fa(h) /fɑ:/ *n* (*mus*) четвёртая но́та мажо́рной га́ммы; (*the note F*) фа (*nt indecl*).

Fahrenheit /'færən,haɪt/ *n* (*abbr* **F**) Фаренге́йт; **at 32° ~** при тридцати́ двух гра́дусах по Фаренге́йту (= *0 °C*); **at 212° ~** при двухста́х двена́дцати гра́дусах по Фаренге́йту (= *100 °C*).

faience /'faɪɑ̃s/ *n* фая́нс.

fail /feɪl/ *n*: **without ~** обяза́тельно, непреме́нно.
● *vt* **1** (*exam*) не сда|ва́ть, -ть; **she ~ed her French exam** она́ не сдала́ экза́мен по францу́зскому (языку́); (*drugs test; of sportsman/addict*) не про|ходи́ть, -йти́ (тест на до́пинг/нарко́тики). **2** (*person in an exam*): **the judges ~ed him for breaking the rules** су́дьи не засчита́ли его́ результа́т за наруше́ние пра́вил; **he was ~ed for driving too slowly** он не прошёл тест, прое́хав сли́шком ме́дленно. **3** (*disappoint, desert*) подв|оди́ть, -ести́; **his parents ~ed him by not encouraging him** его́ роди́тели подвели́ его́, не оказа́в подде́ржки; **words ~ me** я не нахожу́ слов; **his heart ~ed him** у него́ не хвати́ло ду́ху.
● *vi* **1** (*fall short, decline*) ух|удша́ться, -у́дшиться; недостава́ть (*impf*); **the crops ~ed** хлеб не уроди́лся; **the water supply ~ed** водоснабже́ние прекрати́лось; **his eyesight is ~ing** его́ зре́ние слабе́ет; **he is in ~ing health** его́ здоро́вье ухудша́ется. **2** (*not succeed*): **he ~ed in the exam** он провали́лся на экза́мене; **his scheme ~ed** его́ план провали́лся; **he ~ed to convince her** ему́ не удало́сь (*or* он не суме́л) убеди́ть её; **I ~ to see why ...** я не понима́ю, почему́... **3** (*omit*) упус|ка́ть, -ти́ть; **he never ~s to write** он никогда́ не забыва́ет писа́ть; **he ~ed to let us know** он не́ дал нам знать. **4** (*go bankrupt*): **the bank ~ed** банк ло́пнул.
● *cpd* **~-safe** *adj* самоотключа́ющийся (при ава́рии).

failing /'feɪlɪŋ/ *n* (*defect*) недоста́ток, сла́бость.
● *prep* за неиме́нием + *g*; **~ this** за неиме́нием э́того; е́сли э́того не случи́тся; **~ an answer** не получи́в отве́та.

failure /'feɪljə(r)/ *n* **1** (*unsuccess*) неуда́ча, неуспе́х, прова́л; **the venture was a ~** зате́я провали́лась. **2** (*person*) неуда́чник; **he was a ~ as a teacher** как педаго́г он никуда́ не годи́лся. **3** (*of crops etc.*) неурожа́й. **4** (*bankruptcy*) банкро́тство. **5** (*non-functioning*) ава́рия; **heart ~** остано́вка се́рдца; **engine ~** отка́з дви́гателя. **6** (*omission, neglect*): **his ~ to answer is a nuisance** о́чень доса́дно, что он не отвеча́ет.

fain /feɪn/ *adv* (*poetical*) охо́тно, с ра́достью.

faint /feɪnt/ *n* (*loss of consciousness*) о́бморок; **in a dead ~** в глубо́ком о́бмороке.
● *adj* **1** (*weak, indistinct*) сла́бый, неотчётливый; **his strength grew ~** его́ си́лы угаса́ли; **he was ~ with hunger** он осла́б от го́лода; **I haven't the ~est idea** я не име́ю ни мале́йшего поня́тия. **2** (*timid*) ро́бкий; **~ heart never won fair lady** сме́лость города́ берёт. **3** (*giddy, likely to swoon*) бли́зкий к о́бмороку; **I feel ~** мне ду́рно.
● *vi* (*lose consciousness*) па́дать, упа́сть в о́бморок; (*grow weak*) слабе́ть (*impf*); **he was ~ing with hunger** он е́ле стоя́л на нога́х от го́лода; **~ing fit** о́бморок.
● *cpds* **~-hearted** *adj* трусли́вый, малоду́шный; **~-heartedness** *n* тру́сость, малоду́шие.

faintly /'feɪntlɪ/ *adv* (*feebly*) сла́бо; (*slightly*) сла́бо, слегка́.

faintness /'feɪntnɪs/ *n* сла́бость; (*giddiness*), дурнота́.

fair[1] /feə(r)/ *n* (*trade fair*) (вы́ставка-)я́рмарка; (*fun fair*) я́рмарка; аттракцио́ны (*m pl*); **book ~** кни́жная я́рмарка.
● *cpd* **~ground** *n* я́рмарочная пло́щадь.

fair[2] /feə(r)/ *adj* **1** (*beautiful*) прекра́сный, краси́вый; **the ~ sex** прекра́сный пол. **2** (*specious*) показно́й; **~ words** краси́вые слова́. **3** (*of weather*) я́сный. **4** (*abundant, favourable*): **a ~ wind** попу́тный ве́тер; **a ~ amount** (*a lot*) значи́тельное/изря́дное коли́чество. **5** (*average*) сно́сный, посре́дственный; **he has a ~ chance of success** у него́ непло́хие ша́нсы на успе́х; **she has a ~ amount of sense** у неё доста́точно здра́вого смы́сла; **his performance was only ~** его́ выступле́ние бы́ло та́к себе; **'~'** (*as school mark*) посре́дственно; **~ to middling** та́к себе; нева́жный. **6** (*equitable*): **~ share** зако́нная до́ля; причита́ющаяся (*кому*) до́ля/часть; справедли́вая часть; **~ price**

подходя́щая цена́; ~ **play** че́стная игра́; справедли́вость; **by ~ means or foul** любы́ми сре́дствами; **it is ~ to say that …** со всей справедли́востью мо́жно сказа́ть, что…; ~ **and square** откры́тый, че́стный; ~ **game** зако́нная добы́ча; ~ **comment** справедли́вая кри́тика.
7 (*clean, unblemished*): ~ **copy** чистови́к.
8 (*of hair*) све́тлый, (*blond*) белоку́рый; **a ~ complexion** све́тлый цвет лица́; **a ~ man** блонди́н.
● *adv*: **he fought ~** он боро́лся че́стно (*or* по пра́вилам); **I hit him ~ (and square) in the midriff** я уда́рил его́ пря́мо в со́лнечное сплете́ние; **I tell you ~ and square that …** я скажу́ вам напрями́к, что… .
● *cpds* **~-complexioned** *adj* све́тлой ма́сти; ~ **dealing** *n* че́стность, прямота́; **~-dealing** *adj* че́стный, прямо́й; **~-haired** *adj* белоку́рый; **~-minded** *adj* справедли́вый; **~-mindedness** *n* справедли́вость; **~way** *n* (*naut*) фарва́тер; **~-weather** *adj*: **~-weather friends** ненадёжные друзья́, друзья́ до пе́рвой беды́.

fairish /ˈfeərɪʃ/ *adj* сно́сный (*tolerably good*); (*hair*) светлова́тый.

fairly /ˈfeəlɪ/ *adv* **1** (*completely, positively*) факти́чески, буква́льно; **he ~ shook with indignation** он буква́льно дрожа́л от негодова́ния.
2 (*moderately*) дово́льно, сно́сно, терпи́мо; **he writes ~ well** он дово́льно хорошо́ пи́шет. **3** (*justly*) че́стно, справедли́во.

fairness /ˈfeərnɪs/ *n* (*equity*) справедли́вость, че́стность; **in all ~** со всей справедли́востью.

fairy /ˈfeərɪ/ *n* **1** фе́я; **bad ~** зла́я фе́я; злой дух; (*attr*) волше́бный, ска́зочный; ~ **voices** волше́бные голоса́; ~ **lights** (*Br*) цветны́е фона́рики. **2** (*sl offens, homosexual*) пе́дик.
● *cpds* **~land** *n* волше́бное ца́рство; волше́бная/ска́зочная страна́; **~like** *adj* подо́бный фе́е; ~ **story,** ~ **tale** *nn* ска́зка; (*fig*) ска́зка, небыли́ца.

fait accompli /ˌfeɪt əˈkɒmpliː, əˈkɔ̃pliː/ *n* (*pl* ***faits accomplis*** *pronunc same*) сверши́вшийся факт.

faith /feɪθ/ *n* **1** (*trust*) ве́ра, дове́рие; **put one's ~ in s.o.** дов|еря́ться, -е́риться кому́-н.; **I have no ~ in doctors** я не ве́рю доктора́м. **2** (*relig conviction*) ве́ра. **3** (*relig system*) вероиспове́дание, ве́ра. **4** (*promise, warranty*) обеща́ние, руча́тельство; **keep/break ~ with s.o.** сдержа́ть/нару́шить (*pf*) обеща́ние, да́нное кому́-н.; **breach of ~** наруше́ние обеща́ния. **5** (*sincerity*) че́стность; **good ~** добросо́вестность; **in bad ~** с нече́стными наме́рениями; **in good ~** че́стно, добросо́вестно; с чи́стой со́вестью.
● *cpds* ~ **healer** *n* зна́хар|ь (*fem* -ка); ~ **healing** *n* зна́харство, лече́ние внуше́нием.

faithful /ˈfeɪθfʊl/ *adj* то́чный, достове́рный; **a ~ translation** то́чный перево́д; (*as n pl*) **the ~** (*believers*) правове́рные.

faithfully /ˈfeɪθfʊlɪ/ *adv* то́чно, ве́рно; **I promise you ~** я вам то́чно обеща́ю; **yours ~** (*Br, formal letter ending*) с уваже́нием; и́скренне ваш; **deal ~ with** (*treat candidly*) добросо́вестно относи́ться к + *d*.

faithfulness /ˈfeɪθfʊlnɪs/ *n* ве́рность.

faithless /ˈfeɪθlɪs/ *adj* вероло́мный.

faithlessness /ˈfeɪθlɪsnɪs/ *n* вероло́мство.

fake /feɪk/ *n* (*sham*) подде́лка, фальши́вка; (*attr*) подде́льный, фальши́вый; **a ~ antique** подде́лка под антиквариа́т.
● *vt* подде́л|ывать, -ать; **a ~d illness** притво́рная боле́знь.

faker /ˈfeɪkə(r)/ *n* (*fabricator*) подде́лыватель (*m*); (*fraudulent person*) обма́нщик.

fakery /ˈfeɪkərɪ/ *n* подде́лка; притво́рство.

fakir /ˈfeɪkɪə(r), fəˈkɪə(r)/ *n* faки́р.

falcon /ˈfɔːlkən, ˈfɒlkən/ *n* со́кол.

falconer /ˈfɔːlkənə(r), ˈfɒl-/ *n* соко́льничий; соколи́ный охо́тник.

falconry /ˈfɔːlkənrɪ, ˈfɒl-/ *n* соколи́ная охо́та.

Falkland /ˈfɔːlklənd/ *n*: **the ~s** (*also* **the ~ Islands**) Фолкле́ндские острова́ (*m pl*).

fall /fɔːl/ *n* **1** (*physical drop, act of ~ing*) паде́ние; **he had a bad ~** он упа́л и си́льно уши́бся; **a heavy ~ of rain** ли́вень (*m*), проливно́й дождь; ~ **of snow** снегопа́д.
2 (*moral*) паде́ние; ~ **from grace** нра́вственное паде́ние; паде́ние в чьих-то глаза́х; **the F~ of Man** (*relig*) грехопаде́ние.
3: **the ~ of the Roman Empire** паде́ние Ри́мской импе́рии.
4 (*diminution*) пониже́ние; ~ **in prices** паде́ние цен.
5 (*in pl, waterfall*) водопа́д; **Niagara F~s** Ниага́рский водопа́д.
6 (*US, autumn*) о́сень.
● *vi* (*past* **fell;** *pp* **fallen**)
1 па́дать, упа́сть; **he fell over a chair** он упа́л, споткну́вшись о стул; **he fell full length** он растяну́лся во весь рост; **rain fell at last** наконе́ц вы́пал дождь; **many trees fell in the storm** бу́рей повали́ло мно́го дере́вьев; **leaves ~** ли́стья летя́т/опада́ют; **the river ~s into the lake** река́ впада́ет в о́зеро; **the arrow fell short** стрела́ не долете́ла до це́ли; **he fell off his horse** он упа́л с ло́шади; **he fell on his feet** (*fig*) он счастли́во отде́лался; **the joke fell flat** шу́тка не име́ла успе́ха; **his work fell short of expectations** его́ рабо́та не оправда́ла ожида́ний/наде́жд; **he fell into the trap** он попа́л(ся) в лову́шку; ~ **over o.s.** (*coll*) (*from eagerness*) перестара́ться (*pf*); лезть (*impf*) из ко́жи вон.
2 (*drop, sink*) па́дать, упа́сть; **the river has ~en** вода́ в реке́ спа́ла; **prices fell** це́ны снизи́лись/упа́ли; **the temperature fell** температу́ра упа́ла; **my spirits fell ~** я упа́л/пал ду́хом; **the wind fell** ве́тер стих; **his voice fell to a whisper** он перешёл на шёпот.
3 (*of defeat etc.*) па́|дать, -сть; **the city fell** го́род пал; **he fell in battle** он пал в бою́; **the ~en** (*in war*) па́вшие (*m pl*) в боя́х; **the government fell** прави́тельство па́ло.
4 (*morally*): **~en women** па́дшие же́нщины.
5 (*hang down*) па́дать (*impf*); **his beard fell to his chest** борода́ па́дала емý на грудь; **her hair fell over her shoulders** во́лосы па́дали ей на пле́чи.
6 (*pass into a state*): **he fell silent** он замолча́л; **he fell ill** он заболе́л; **the rent fell due** подошёл срок плати́ть за кварти́ру; **he fell into disgrace** он впал в неми́лость; **the garden fell into neglect** сад пришёл в запусте́ние; **he fell in love with her** он влюби́лся в неё; **they fell into conversation** они́ разговори́лись.
7 (*come, alight*): **darkness fell** наступи́ла темнота́; **fear fell upon them** на них нашёл/напа́л страх; **I fell to wondering** я заду́мался; **his eye fell on a strange object** его́ взгляд упа́л на стра́нный предме́т; **suspicion fell on her** подозре́ние па́ло на неё; **stress falls on the first syllable** ударе́ние па́дает на пе́рвый слог; **the subject ~s into four parts** э́тот предме́т де́лится на четы́ре ча́сти; **it fell to his lot** емý вы́пало на до́лю; **it fell to me to welcome the speaker** мне на́до бы́ло приве́тствовать ора́тора; **Christmas Day ~s on a Tuesday** Рождество́ прихо́дится/выпада́ет на вто́рник; **Easter ~s early this year** в э́том году́ ра́нняя Па́сха.
8 (*be uttered*): **these words fell from his lips** э́то слете́ло у него́ с языка́; **she let ~ a few words** она́ oброни́ла не́сколько слов.
● *with preps* (*further examples*): ~ **for** (~ *in love with*) увл|ека́ться, -е́чься + *i*; влюб|ля́ться, -и́ться в + *a*; (*be taken in by*): **he fell for her story** он пове́рил её слова́м; он попа́лся на её у́дочку; ~ **over: he fell over a cliff** он сорва́лся со скалы́; **he fell over a bucket** он споткну́лся о ведро́ и упа́л; ~ **to** (*begin*): **he fell to work** он приня́лся за рабо́ту; ~ **upon** (*attack*) нап|ада́ть, -а́сть; набр|а́сываться, -о́ситься; **they fell upon the enemy** они́ напа́ли на врага́; **he fell upon his dinner** он набро́сился на еду́.
● *with advs*: ~ **about (with laughter)** (*Br coll*) лежа́ть (*impf*) (от сме́ха); **the audience fell about** (*Br*) пу́блика лежа́ла; ~ **apart** расп|ада́ться, -а́сться; ~ **away: his supporters fell away** сторо́нники поки́нули его́ (*or* отступи́лись от него́); **prejudices fell away** предрассу́дки исче́зли; ~ **back** (*mil*) отступ|а́ть, -и́ть; ~ **back on sth** приб|ега́ть, -е́гнуть к чему́-н.; ~ **behind** (*e.g. in walking*) отст|ава́ть, -а́ть; (*with letters*) задерж|иваться, -а́ться с отве́том; (*with rent*) зап|а́здывать, -озда́ть с упла́той за кварти́ру; ~ **down** (*lit*) па́дать, упа́сть; **he fell down on the task** (*coll*) он не спра́вился с зада́нием; ~ **in** впасть (*во что*); **the roof fell in** кры́ша ру́хнула/

обвали́лась; **the soldiers fell in** солда́ты ста́ли в строй (*or* построи́лись); **~ in!** (*mil*) станови́сь!; **he fell in with my views** он согласи́лся со мной; **~ off** па́дать, упа́сть (*с чего*); **attendance is ~ing off** посеща́емость па́дает; **the quality fell off** ка́чество сни́зилось; **~ing-off** (*deterioration*) паде́ние, упа́док; **~ out** выпада́ть, вы́пасть; **his hair fell out** у него́ вы́пали во́лосы; (*quarrel*) поссо́риться (*pf*); **~ing-out** (*quarrel*) размо́лвка, ссо́ра; (*mil*) выходи́ть, вы́йти из стро́я; разойти́сь (*pf*); **~ out!** разойди́сь!; (*withdraw*): **six competitors fell out** ше́стеро вы́пали из соревнова́ний; **~ over** па́дать, упа́сть; **he fell over backwards to please** он лез из ко́жи вон, что́бы угоди́ть + *d*; **~ through** прова́л|иваться, -и́ться; **~ to** (*start eating or fighting*) набр|а́сываться, -о́ситься (друг на дру́га) (на еду́).
● *cpd* **~out** *n* (*nuclear*) радиоакти́вные оса́дки (*m pl*); выпаде́ние радиоакти́вных оса́дков.

fallacious /fəˈleɪʃəs/ *adj* оши́бочный, ло́жный.

fallaciousness /fəˈleɪʃəsnɪs/ *n* оши́бочность, ло́жность.

fallacy /ˈfæləsɪ/ *n* (*false belief*) заблужде́ние; **popular ~** распространённое заблужде́ние; (*false reasoning*) оши́бочный вы́вод.

fallen /ˈfɔːl(ə)n/ *pp of* ⇒**fall**

fallibility /ˌfælɪˈbɪlɪtɪ/ *n* погреши́мость; подве́рженность оши́бкам.

fallible /ˈfælɪb(ə)l/ *adj* подве́рженный оши́бкам, могу́щий ошиба́ться.

Fallopian tube /fəˈləʊpɪən/ *n* фалло́пиева труба́.

fallow /ˈfæləʊ/ *adj* вспа́ханный под пар; **~ land** пар (*земля*); **lie ~** ост|ава́ться, -а́ться под па́ром.

fallow deer /ˈfæləʊ/ *n* лань.

false /fɒls, fɔːls/ *adj* **1** (*wrong, incorrect*) ло́жный, оши́бочный, фальши́вый; **a ~ note** фальши́вая но́та; **a ~ step** ло́жный шаг; **he was in a ~ position** он оказа́лся в ло́жном положе́нии; **is this statement true or ~?** ве́рно э́то утвержде́ние и́ли нет?; **~ pride** ло́жная го́рдость; **~ start** фальста́рт (*races*); срыв в са́мом нача́ле; **~ alarm** ло́жная трево́га.
2 (*deceitful, treacherous*) лжи́вый, вероло́мный; **bear ~ witness** лжесвиде́тельствовать (*impf*); **he was ~ to her** он был ей неве́рен; **sail under ~ colours** плыть (*impf*) под чужи́м фла́гом; (*fig*) выступа́ть (*impf*) под ма́ской/личи́ной; **~ pretences** обма́н, притво́рство; (*adv*): **he played me ~** он преда́л меня́.
3 (*sham, apparent*) фальши́вый; **~ hair** накладны́е во́лосы; **~ teeth** иску́сственные зу́бы; **~ bottom** двойно́е дно; **~ acacia** ло́жная ака́ция, лжеака́ция.

falsehood /ˈfɒlshʊd, ˈfɔːls-/ *n* ложь, непра́вда; **he told a ~** он сказа́л непра́вду.

falseness /ˈfɒlsnɪs, ˈfɔːlsnɪs/ *n* (*wrongness*) ло́жность, оши́бочность; (*insincerity*) нeiскренность; (*treachery*) лжи́вость.

falsetto /fɒlˈsetəʊ, fɔːl-/ *n* (*pl* **~s**) фальце́т.

falsification /ˌfɒlsɪfɪˈkeɪʃ(ə)n, ˌfɔːls-/ *n* фальсифика́ция.

falsifier /ˈfɒlsɪˌfaɪə(r), ˈfɔːls-/ *n* фальсифика́тор.

falsif|y /ˈfɒlsɪˌfaɪ, ˈfɔːls-/ *vt* (*e.g. accounts*) подде́л|ывать, -ать; фальсифици́ровать (*impf, pf*); **my hopes were ~ied** мои́ наде́жды бы́ли напра́сны.

falsity /ˈfɒlsɪtɪ, ˈfɔːlsɪtɪ/ *n* (*falsehood, inaccuracy*) ло́жность, оши́бочность.

falter /ˈfɒltə(r), ˈfɔːl-/ *vi* (*move or act hesitatingly*) спот|ыка́ться, -кну́ться; (*in speaking*) зап|ина́ться, -ну́ться.

faltering /ˈfɒltərɪŋ, ˈfɔːl-/ *adj* запина́ющийся, прерыва́ющийся; **~ gait** неве́рная похо́дка; **a ~ voice** дрожа́щий го́лос; **he spoke ~ly** он говори́л с запи́нкой.

fame /feɪm/ *n* сла́ва; репута́ция; **house of ill ~** публи́чный дом.
● *vt*: **he was ~d for valour** он просла́вился свое́й до́блестью.

familial /fəˈmɪlɪəl/ *adj* семе́йный, фами́льный.

familiar /fəˈmɪlɪə(r)/ *n* (*intimate*) бли́зкий друг.
● *adj* **1** (*common, usual*) обы́чный, привы́чный. **2** (*of acquaintance*) знако́мый; **I am ~ with the subject** я знако́м с э́тим предме́том; **your face is ~** ва́ше лицо́ мне знако́мо.
3 (*friendly*) дру́жеский. **4** (*casual, impudent*) бесцеремо́нный, фамилья́рный.

familiarity /fəˌmɪlɪˈærɪtɪ/ *n* **1** (*close acquaintance with person or thing*) бли́зкое знако́мство (с + *i*); **~ breeds contempt** чем бли́же зна́ешь челове́ка, тем ме́ньше его́ уважа́ешь.
2 (*of manner*) фамилья́рность.

familiarization /fəˌmɪlɪəraɪˈzeɪʃ(ə)n/ *n* ознакомле́ние (*с чем*).

familiarize /fəˈmɪlɪəˌraɪz/ *vt* ознак|омля́ть, -о́мить (*кого с чем*); **~ o.s. with sth** ознако́миться (*pf*) с чем-н.

family /ˈfæmɪlɪ, ˈfæmlɪ/ *n* **1** (*parents and children*) семья́; **extended ~** расши́ренная семья́; **nuclear ~** нуклеа́рная семья́; **the Holy F~** Свято́е семе́йство.
2 (*children*) де́т|и (*pl, g* -е́й); **they have a large ~** у них мно́го дете́й.
3 (*descendants of common ancestor*) семья́, род; **a man of good ~** челове́к из хоро́шей семьи́.
4 (*of animals etc.*) семе́йство.
5 (*attr*) семе́йный; **a ~ man** семьяни́н, семе́йный челове́к; **~ likeness** семе́йное/фами́льное схо́дство; **~ friend** друг семьи́; **~ name** (*surname*) фами́лия; **~ tree** родосло́вное де́рево; **~ planning** контро́ль (*m*) над рожда́емостью; **in the ~ way** (*coll*) в интере́сном положе́нии.

famine /ˈfæmɪn/ *n* го́лод.

famish /ˈfæmɪʃ/ *vt* мори́ть (*impf*) го́лодом; **I'm ~ed** я си́льно проголода́лся; я умира́ю с го́лоду; **the child looks half ~ed** у ребёнка голо́дный вид.

famous /ˈfeɪməs/ *adj* знамени́тый, просла́вленный; **the road is ~ for its views** э́та доро́га изве́стна тем, что о́чень живопи́сна.

fan[1] /fæn/ *n* ве́ер; (*ventilator*) вентиля́тор.
● *vt* (**fanned, fanning**): **~ o.s.** обма́хиваться (*impf*) ве́ером; **he ~ned the spark into a blaze** он разжёг из и́скры пла́мя; **the breeze ~ned our faces** ветеро́к обвева́л нам лицо́.
● *vi* (**fanned, fanning**): **~ out** (*e.g. roads*) расходи́ться (*impf*) ве́ером; (*e.g. soldiers*) разв|ора́чиваться, -ерну́ться ве́ером.
● *cpds* **~ belt** *n* реме́нь (*m*) вентиля́тора; **~light** *n* веерообра́зное окно́; **~ vaulting** *n* ребри́стый свод.

fan[2] /fæn/ *n* (*coll, devotee*) боле́льщи|к (*fem* -ца), фана́т (*fem* -ка), люби́тель (*m*) (*fem* -ница).
● *cpd* **~ mail** *n* пи́сьма (*nt pl*) от покло́нников.

fanatic /fəˈnætɪk/ *n* фана́тик.
● *adj* (*also* **~al**) фанати́чный, фанати́ческий.

fanaticism /fəˈnætɪˌsɪz(ə)m/ *n* фанати́зм.

fancier /ˈfænsɪə(r)/ *n* люби́тель (*m*), знато́к (*чего*).

fanciful /ˈfænsɪˌfʊl/ *adj* капри́зный; причу́дливый.

fancifulness /ˈfænsɪˌfʊlnɪs/ *n* прихотли́вость, причу́дливость.

fancy /ˈfænsɪ/ *n* **1** (*imagination*) фанта́зия, воображе́ние.
2 (*thing imagined, supposition*) фанта́зия.
3 (*liking*) скло́нность; **he took a ~ to her** он е́ю увлёкся; **it caught my ~** э́то мне понра́вилось (*or* пришло́сь по вку́су); **a passing ~** мимолётное увлече́ние.
4 (*as adj*) (**fancier, fanciest**): **~ cakes** фигу́рные пиро́жные; **~ dress** маскара́дный костю́м; **~-dress ball** костюми́рованный бал; **a ~ price** непоме́рная цена́; **~ goods** безделу́шки (*f pl*); **this dress is too ~ to wear to work** для рабо́ты ну́жно пла́тье поскромне́е.
● *vt* **1** (*imagine*) вообра|жа́ть, -зи́ть; **~ (that)!** вообрази́(те)!; поду́мать то́лько!; **~ his being here!** кто б мог поду́мать, что он здесь!
2 (*suppose, feel*) полага́ть (*impf*); счита́ть (*impf*); **I ~ he will come** мне сдаётся, что он придёт.
3 (*Br, like, wish*) хоте́ть (*impf*) + *g*; жела́ть (*impf*); **I don't ~ this place** мне не по душе́ (*or* не нра́вится) э́то ме́сто; **she fancies him** (*coll*) он ей нра́вится; **he fancies himself as a speaker** он вообража́ет себя́ ора́тором; **what do you ~ for dinner?** чего́ бы вам хоте́лось на у́жин?
● *cpd* **~-free** *adj* свобо́дный от привя́занностей; невлюблённый.

fanfare /ˈfænfeə(r)/ *n* фанфа́ра.

fang /fæŋ/ *n* (*of wolf etc.*) клык; (*of snake*) ядови́тый зуб.

fanny /ˈfænɪ/ *n (Br vulg, female genitals)* пиздá; *(US sl, buttocks)* зáдница, пóпка.
● *cpd* **~ pack** *n (US sl)* пояснóй кошелёк.

fantasia /fænˈteɪzɪə, ˌfæntəˈzɪə/ *n* фантáзия.

fantasize /ˈfæntəˌsaɪz/ *vi* фантази́ровать *(impf)*.

fantastic /fænˈtæstɪk/ *adj (wild, strange, absurd)* фантасти́ческий, фантасти́чный; *(coll, marvellous)* потрясáющий, изуми́тельный.

fantasy /ˈfæntəsɪ, -zɪ/ *n* фантáзия; *(genre)* фантáстика.

FAO 1 *(abbr of* ***Food and Agriculture Organization of the United Nations****)* ФÁО (Продовóльственная и сельскохозя́йственная организáция Объединённых Нáций). **2** *(abbr of* ***for the attention of****)* вним. (+ *g*), внимáнию (+ *g*).

FAQ *(abbr of* ***frequently asked questions****)* *(comput)* чáсто задавáемые вопрóсы.

far /fɑː(r)/ *n (of distance or amount)*: **have you come from ~?** вы издалекá приéхали?; **this is better by ~** э́то намнóго лу́чше.
● *adj* **(further, furthest** *or* **farther, farthest)** дáльний, далёкий, отдалённый; **a ~ country** далёкая странá; **a ~ journey** дáльнее путешéствие; **the F~ East** Дáльний Востóк; **at the ~ end of the street** на другóм концé у́лицы.
● *adv* **(further, furthest** *or* **farther, farthest)** далекó; **~ away, off** óчень далекó; **~ and near, wide** повсю́ду; **they came from ~ and wide** они́ съéхались отовсю́ду *(or* со всех концóв); **~ into the air** высокó в вóздух; **~ into the night** далекó зá полночь; **~ better** (на)мнóго/горáздо лу́чше; **~ different** совершéнно другóй; **~ (and away) the best** несравнéнно/намнóго лу́чше други́х; **it is ~ from true** э́то совсéм не так; **~ from satisfactory** весьмá неудовлетвори́тельный; **not ~ wrong** не так уж далекó от и́стины; **~ from it!** ничу́ть!; отню́дь нет!; **~ be it from me to condemn him** я далёк от тогó, чтóбы осуждáть егó; **~ from helping, he made things worse** он не тóлько не помóг дéлу, но прóсто всё испóртил; **as ~ back as January** ещё/ужé в январé; **so ~** *(until now)* до сих пор; покá (что); **so ~, so good** покá всё хорошó; **as, so ~ as** *(of distance)* до *(чего)*; *(of extent)* наскóлько; поскóльку; **as ~ as I know** наскóлько мне извéстно; **as ~ as I am concerned** что касáется меня́; **he went so ~ as to say ...** он дáже сказáл...; **in so ~ as** *(to the extent that)* поскóльку, настóлько; **how ~** *(of distance)* как далекó; *(of extent)* наскóлько; **he will go ~** *(succeed)* он далекó пойдёт; **£5 will not go ~** на пять фу́нтов далекó не уéдешь; **this will go ~ to pay our expenses** э́то почти́ покрóет нáши расхóды; **he has gone too ~ this time** на э́тот раз он зашёл сли́шком далекó; **he is ~ gone** *(of illness)* он совсéм плох; **few and ~ between** рéдкие *(pl)*.
● *cpds* **~away** *adj (distant)* далёкий, отдалённый; *(absent)*: **a ~away look** отсу́тствующий взгляд; **F~ Eastern** *adj* дальневостóчный; **~-fetched** *adj* с натя́жкой; притя́нутый зá волосы/уши; **~-flung** *adj* обши́рный; широкó раски́нувшийся; **~-off** *adj* отдалённый; **~-reaching** *adj* далекó иду́щий; **~-seeing** *adj* дальнови́дный, прозорли́вый; **~-sighted** *adj (prudent etc.)* дальнови́дный, предусмотри́тельный; *(long-sighted)* дальнозóркий.

farad /ˈfærəd/ *n (elec)* фарáда.

farce /fɑːs/ *n (theatr, fig)* фарс.

farcical /ˈfɑːsɪk(ə)l/ *adj* смехотвóрный, нелéпый.

fare¹ /feə(r)/ *n* **1** *(cost of journey)* плáта за проéзд; **what is the ~?** скóлько стóит проéзд/билéт? **2** *(passenger)* пассажи́р.
● *vi (progress, prosper)*: **how did you ~ on the journey?** как вы съéздили?; **how's he faring?** как у негó делá?; **she ~d well in the exam** онá хорошó сдалá экзáмен.
● *cpd* **~-paying** *adj* плáтящий за проéзд.

fare² /feə(r)/ *n (food)* стол; съестны́е припáс|ы *(pl, g* -ов); **bill of ~** меню́ *(nt indecl)*.

farewell /feəˈwel/ *n* прощáние; **~ dinner** прощáльный у́жин; **make one's ~s, bid ~ (to)** про|щáться, -сти́ться (с + *i*).
● *int* прощáй(те).

farinaceous /ˌfærɪˈneɪʃəs/ *adj* мучни́стый, мучнóй.

farm /fɑːm/ *n* фéрма; *(in former USSR, collective ~)* колхóз; **state ~** совхóз; **dairy ~** молóчная фéрма; **~ worker** рабóтни|к *(fem* -ца) на фéрме; сельскохозя́йственный рабóчий.
● *vt & i* **1** *(agric)* занимáться *(impf)* сéльским хозя́йством; быть фéрмером; **he ~s 200 hectares** он обрабáтывает 200 гектáров земли́. **2**: **~ out** *(taxes)* отд|авáть, -áть на óткуп; **~ out work** отдáть *(pf)* отд|авáть, -áть часть рабóты.
● *cpds* **~hand, ~ labourer** *(US* **laborer***)* *nn* рабóтник на фéрме; сельскохозя́йственный рабóчий; **~house** *n* фéрмерский дом; **~stead** *n* фéрма со слу́жбами; хозя́йство; **~yard** *n* двор фéрмы.

farmer /ˈfɑːmə(r)/ *n* фéрмер.
● *cpd* **~s' market** *n* ры́нок сельскохозя́йственной продýкции.

farming /ˈfɑːmɪŋ/ *n* сéльское хозя́йство; фéрмерство; *(attr)* сельскохозя́йственный; фéрмерский; **livestock ~** животновóдство; **sheep ~** овцевóдство; **dairy ~** молóчное животновóдство; **fish ~** разведéние ры́бы (искýсственным путём); рыбовóдство; **fur ~** пушнóе зверовóдство.

faro /ˈfeərəʊ/ *n* фарaóн.

Faroes /ˈfeərəʊz/ *n pl*: **the ~** *(also* **Faroe Islands)** Фарéрские островá *(m pl)*.

Faroese /ˌfeərəʊˈiːz/ *n (pl* **~***)* *(person)* фарéр|ец *(fem* -ка); *(language)* фарéрский язы́к.
● *adj* фарéрский.

farouche /fəˈruːʃ/ *adj* ди́кий, нелюди́мый.

farrago /fəˈrɑːgəʊ/ *n (pl* **~s** *or US* **~es***)* мешани́на; вся́кая вся́чина; *(nonsense)* чепухá.

farrier /ˈfærɪə(r)/ *n* кóвочный кузнéц; *(mil)* коновóд.

farrow /ˈfærəʊ/ *n* опорóс; **in ~** супорóс(н)ая.
● *vi* порóситься, о-.

fart /fɑːt/ *(vulg) n* пердёж *(euph:* пу́канье).
● *vi* пердéть, пёрнуть *(euph:* пу́к|ать, -нуть).

farther /ˈfɑːðə(r)/ *(see also* **⇒further***)* *adj* бóлее отдалённый; дальнéйший.
● *adv* дáльше, дáлее.

farthermost /ˈfɑːðəˌməʊst/ *adj* = **furthermost**

farthest /ˈfɑːðɪst/ *(see also* **⇒furthest***)* *adj* сáмый дáльний.
● *adv* дáльше всегó.

farthing /ˈfɑːðɪŋ/ *n (hist)* фáртинг.

farthingale /ˈfɑːðɪŋˌgeɪl/ *n (hist)* ю́бка с фи́жмами.

fascia /ˈfeɪʃə/ *n (pl* **fasciae** /-ʃiː/ *or* **fascias***)* *(Br, over shop front)* вы́веска; *(Br, dashboard)* прибóрная доскá; *(archit, flat piece of material)* полосá; пóяс.

fascicle /ˈfæsɪk(ə)l/ *n (bot)* пучóк, грóздь; *(of book)* (отдéльный) вы́пуск.

fascinate /ˈfæsɪˌneɪt/ *vt* очарóв|ывать, -áть; плен|я́ть, -и́ть.

fascinating /ˈfæsɪˌneɪtɪŋ/ *adj* очаровáтельный, плени́тельный; *(story)* захвáтывающий.

fascination /ˌfæsɪˈneɪʃ(ə)n/ *n* очаровáние, обая́ние, прéлесть.

Fascism /ˈfæʃɪz(ə)m/ *n* фаши́зм.

Fascist /ˈfæʃɪst/ *n* фаши́ст *(fem* -ка).
● *adj* фаши́стский.

fashion /ˈfæʃ(ə)n/ *n* **1** *(way)* óбраз, манéра; **after a ~** *(indifferently)* до нéкоторой стéпени; **after the ~ of** по образцу́ + *g*. **2** *(prevailing style)* мóда; **in ~** в мóде; **out of ~** вы́шедший из мóды; **in the height of ~** по послéдней мóде; послéдний крик мóды; **~ designer** модельéр; **~ house** дом модéлей; **~ magazine** журнáл мод; **~ parade/show** покáз мод.
● *vt (e.g. an object)* прид|авáть, -áть фóрму + *d*; *(e.g. s.o.'s taste)* формировáть, с-.
● *cpd* **~ plate** *n* мóдная карти́нка.

fashionable /ˈfæʃnəb(ə)l/ *adj* мóдный.

fashionableness /ˈfæʃ(ə)nəbəlnɪs/ *n* соотвéтствие мóде.

fast¹ /fɑːst/ *n* пост; **break one's ~** разгов|ля́ться, -éться.
● *vi* пости́ться *(impf)*.
● *cpd* **~ day** *n* пóстный день.

fast² /fɑːst/ *adj (firm, secure)* прóчный, крéпкий; **the post is ~ in the ground** столб прóчно вбит в зéмлю; **he made the boat ~** он привязáл лóдку; **the door is ~** дверь плóтно закры́та; **~ friends** вéрные друзья́; **~ colours** *(Br)*, **colors** *(US)* стóйкие цветá.

● *adv* про́чно, кре́пко; **she was ~ asleep** она́ кре́пко спала́; **he stood ~** он стоя́л твёрдо; (*fig*) он твёрдо стоя́л на своём; **the car stuck ~** маши́на застря́ла/завя́зла;

fast[3] /fɑːst/ *adj* **1** (*rapid*) ско́рый, бы́стрый; **~ lane** (*on road*) скоростно́й ряд; **~-food restaurant** рестора́н бы́строго обслу́живания; **he is a ~ worker** он бы́стро рабо́тает; **my watch is ~** мои́ часы́ спеша́т; **pull a ~ one on s.o.** над|ува́ть, -у́ть кого́-н. **2** (*dissipated*) беспу́тный; **a ~ woman** же́нщина лёгкого поведе́ния.

fasten /ˈfɑːs(ə)n/ *vt* **1** (*doors, windows*) зап|ира́ть, -ере́ть; (*dress, coat*) застёг|ивать, -ну́ть; (*shoelaces*) завя́з|ывать, -а́ть; (*seat belt*) пристёг|ивать, -ну́ть; (*with rope etc.*) привя́з|ывать, -а́ть; (*make firmer*) прикреп|ля́ть, -и́ть; **he ~ed the sheets of paper together** он скрепи́л вме́сте листы́ бума́ги. **2** (*fig*): **he ~ed his eyes on me** он уста́вился на меня́; **they ~ed the crime on him** ему́ приписа́ли э́то преступле́ние.

● *vi* **1** зап|ира́ться, -ере́ться; **the door won't ~** дверь не закрыва́ется/запира́ется; **the dress ~s down the back** пла́тье застёгивается на спине́. **2**: **he ~ed upon the idea** он ухвати́лся за э́ту мысль.

fasten|er /ˈfɑːs(ə)nə(r)/, **-ing** /ˈfɑːsnɪŋ/ *nn* запо́р, задви́жка; (*on dress*) застёжка.

fastidious /fæˈstɪdɪəs/ *adj* привере́дливый, щепети́льный; разбо́рчивый.

fastidiousness /fæˈstɪdɪəsnɪs/ *n* привере́дливость, щепети́льность; разбо́рчивость.

fastness /ˈfɑːstnɪs/ *n* (*of dyes etc.*) про́чность, сто́йкость; (*stronghold*) опло́т, цитаде́ль.

fat /fæt/ *n* **1** жир. **2** (*fig, richness*): **they live on the ~ of the land** они́ купа́ются в ро́скоши.

● *adj* (**fatter, fattest**) **1** (*of person etc.*) то́лстый, жи́рный, ту́чный; **get ~** толсте́ть, по-; **~ cheeks** пу́хлые щёки; **~ fingers** то́лстые па́льцы; (*of food*) жи́рный. **2** (*rich, fertile*): **a ~ profit** больша́я при́быль; (*pej*) жи́рный кусо́к. **3** (*coll, ironical*): **a ~ lot you care!** а тебе́ наплева́ть!; о́чень тебя́ э́то беспоко́ит!; **that's a ~ lot of use** мно́го с э́того то́лку.

● *cpds* **~head** *n* (*coll*) болва́н, тупи́ца (*cg*); **~-headed** *adj* тупоголо́вый.

fatal /ˈfeɪt(ə)l/ *adj* **1** (*causing death*) смерте́льный, ги́бельный, па́губный; **a ~ accident** несча́стный слу́чай со смерте́льным исхо́дом. **2** (*disastrous*) роково́й, фата́льный; **he made a ~ error** он сде́лал роково́ю оши́бку.

fatalism /ˈfeɪtəˌlɪz(ə)m/ *n* фатали́зм.

fatalist /ˈfeɪtəlɪst/ *n* фатали́ст.

fatalistic /ˌfeɪtəˈlɪstɪk/ *adj* фаталисти́ческий, фаталисти́чный.

fatality /fəˈtælətɪ/ *n* (*natural calamity*) стихи́йное бе́дствие; (*fatal accident*) смерть от несча́стного слу́чая; (*destiny*) рок, фата́льность.

fate /feɪt/ *n* **1** (*personified destiny*) судьба́, рок; **as sure as ~** несомне́нно. **2** (*what is in store for one*) судьба́, у́часть, уде́л, до́ля; **they met their various ~s** ка́ждому из них доста́лся свой уде́л. **3** (*death*) ги́бель, смерть; **he sent him to his ~** он посла́л его́ на ги́бель.

● *vt* предопредел|я́ть, -и́ть; **he was ~d to die** ему́ суждено́ бы́ло поги́бнуть.

fateful /ˈfeɪtfʊl/ *adj* роково́й.

father /ˈfɑːðə(r)/ *n* **1** (*male parent, also fig*) оте́ц, роди́тель (*m*); **the wish was ~ to the thought** он при́нял жела́емое за действи́тельное; **God the F~** Бог Оте́ц; **our Heavenly F~** Оте́ц Небе́сный; **Our F~** (*prayer*) О́тче наш. **2** (*in pl, ancestors*) отцы́, де́ды (*m pl*). **3** (*founder, leader*) оте́ц, родонача́льник; **city ~s** отцы́ го́рода; **the Pilgrim F~s** отцы́-пилигри́мы. **4** (*oldest member*) старе́йшина (*m*). **5** (*in personifications*): **F~ Christmas** Дед Моро́з; **F~ Thames** ма́тушка Те́мза; **F~ Time** вре́мя. **6** (*priest*) оте́ц, ба́тюшка; **the Holy F~** его́ святе́йшество; (*as title*): **F~ Sergius** оте́ц Се́ргий.

● *vt* **1** (*beget*) поро|жда́ть, -ди́ть; быть (*impf*)/стать (*pf*) отцо́м + *g*. **2** (*fig, originate*) поро|жда́ть, -ди́ть. **3** (*fix responsibility*): **do not ~ this scheme on me** не припи́сывайте э́тот пла́н мне.

● *cpds* **~ figure** *n* кто-н., заменя́ющий отца́; **~-in-law** *n* (*husband's ~*) свёкор; (*wife's ~*) тесть (*m*); **~land** *n* оте́чество, отчи́зна, ро́дина.

fatherhood /ˈfɑːðəˌhʊd/ *n* отцо́вство.

fatherless /ˈfɑːðəlɪs/ *adj* без отца́.

fatherliness /ˈfɑːðəlɪnɪs/ *n* оте́ческое отноше́ние.

fatherly /ˈfɑːðəlɪ/ *adj* оте́ческий.

fathom /ˈfæð(ə)m/ *n* морска́я саже́нь.

● *vt* (*lit*) изм|еря́ть, -е́рить глубину́ + *g*; (*fig*) пост|ига́ть, -и́гнуть; вн|ика́ть, -и́кнуть в + *a*.

fathomless /ˈfæðəmlɪs/ *adj* (*very deep*) бездо́нный; (*incomprehensible*) непостижи́мый.

fatigue /fəˈtiːg/ *n* уста́лость (*also, tech, metal ~*); (*mil*) (*in pl, menial tasks*) хозя́йственная рабо́та; (*in pl, dress*) рабо́чая оде́жда, спецоде́жда, комбинезо́н (*в армии*).

● *vt* (**fatigues, fatigued, fatiguing**) утом|ля́ть, -и́ть.

● *cpds* **~ dress** *n* рабо́чая оде́жда; спецоде́жда; **~ duty** *n* хозя́йственные рабо́ты (*f pl*); **~ party** *n* рабо́чая кома́нда.

fatness /ˈfætnɪs/ *n* полнота́.

fatted /ˈfætɪd/ *adj* отко́рмленный; **kill the ~ calf** *see* ⇒**calf**[1]

fatten /ˈfæt(ə)n/ *vt* (*animal*) отк|а́рмливать, -орми́ть на убо́й.

● *vi* жире́ть (*impf*); толсте́ть (*impf*).

fattening /ˈfæt(ə)nɪŋ/ *adj* калори́йный.

fattiness /ˈfætɪnɪs/ *n* (*of meat etc.*) жи́рность.

fattish /ˈfætɪʃ/ *adj* толстова́тый, полнова́тый.

fatty /ˈfætɪ/ *n* (*coll*) толстя́к.

● *adj* (**fattier, fattiest**) жи́рный, жирово́й; **~ bacon** жи́рный бeко́н; **~ tissue** жирова́я ткань.

fatuity /fəˈtjuːɪtɪ/ *n* самодово́льная глу́пость.

fatuous /ˈfætjʊəs/ *adj* самодово́льно-глу́пый; бессмы́сленный.

faucet /ˈfɔːsɪt/ *n* (*US, tap*) кран.

fault /fɒlt, fɔːlt/ *n* **1** (*imperfection*) недоста́ток, дефе́кт; **generous to a ~** чересчу́р ще́дрый; **find ~ with s.o.** на|ходи́ть, -йти́ недоста́тки у кого́-н.; прид|ира́ться, -ра́ться к кому́-н.; **my memory was at ~** па́мять мне измени́ла. **2** (*physical defect*) дефе́кт; **there was a ~ in the electric connection** в электри́ческой сети́ была́ неиспра́вность. **3** (*error*) оши́бка. **4** (*blame*) вина́; **it's (all) your ~** э́то ва́ша вина́; э́то всё из-за вас; **the ~ lies with him** он винова́т. **5** (*at tennis etc.*) непра́вильная пода́ча; **double ~** двойна́я оши́бка. **6** (*geol*) разло́м, сдвиг.

● *vt* на|ходи́ть, -йти́ недоста́тки в + *p*; прид|ира́ться, -ра́ться к + *d*; **I could not ~ his argument** я не мог приде́раться к его́ аргумента́ции.

● *cpds* **~-finder** *n* приди́ра (*cg*); **~-finding** *n* приди́рчивость; *adj* приди́рчивый.

faultiness /ˈfɒltɪnɪs, ˈfɔːltɪnɪs/ *n* оши́бочность.

faultless /ˈfɒltlɪs, ˈfɔːlt-/ *adj* (*without blame*) непогреши́мый; безоши́бочный; (*without blemish*): **~ precision** безупре́чная то́чность.

faulty /ˈfɒltɪ, ˈfɔːltɪ/ *adv* (**faultier, faultiest**) оши́бочный; с изъя́ном; **a ~ memory** сла́бая па́мять; **a ~ connection** (*tech*) повреждённое соедине́ние.

faun /fɔːn/ *n* фавн.

fauna /ˈfɔːnə/ *n* (*pl* **~s**) фа́уна.

faute de mieux /ˌfəʊt də ˈmjəː/ за неиме́нием лу́чшего.

faux pas /fəʊ ˈpɑː/ *n* (*pl* **~**) беста́ктность.

favour /ˈfeɪvə(r)/ (*US* **favor**) *n* **1** (*goodwill*) благоскло́нность; расположе́ние (к + *d*); **win s.o.'s ~**; **find ~ in s.o.'s eyes** сниска́ть (*pf*) чьё-н. расположе́ние (*or* чью-н. благоскло́нность); **look with ~ on** благоскло́нно/доброжела́тельно относи́ться (*impf*) к + *d*; **curry ~ with s.o.** заи́скивать (*impf*) пе́ред кем-н.; **he is out of ~ with his superiors** он не в че́сти́ у нача́льства; **I am in ~ of the plan** я — за э́тот план. **2** (*kindly act*) одолже́ние, любе́зность, услу́га; **he did me a ~** он оказа́л мне любе́зность; он сде́лал мне одолже́ние. **3** (*advantage, credit*) по́льза; **this is in his ~** э́то говори́т в его́ по́льзу; **the exchange rate is in our ~** курс обме́на валю́ты вы́годен для нас. **4** (*privilege*): **I don't ask for any ~s** я не прошу́ одолже́ний/привиле́гий. **5** (*prejudice*): **without fear or ~** беспристра́стно.

● *vt* **1** (*approve, support*) благоприя́тствовать (*impf*) + *d*; подде́рж|ивать, -а́ть; **fortune ~s the brave** сме́лость города́ берёт; **this ~s**

my theory э́то подтвержда́ет мою́ тео́рию.
2 (*choose*) предпоч|ита́ть, -е́сть; **I ~ the grey horse (to win)** по-мо́ему, у се́рой ло́шади бо́льше ша́нсов вы́играть; **she ~ed a pink dress** она́ вы́брала ро́зовое пла́тье.
3 (*treat with partiality*) ока́з|ывать, -а́ть предпочте́ние + *d*; быть приstrа́стным к + *d*; **he ~s certain pupils** он ока́зывает предпочте́ние не́которым ученика́м.
4 (*oblige, treat favourably*): **she ~ed us with a song** она́ оказа́ла нам любе́зность, испо́лнив пе́сню; **most ~ed nation** госуда́рство, на кото́рое распространя́ется режи́м наибо́льшего благоприя́тствования; **the ~ed few** немно́гие и́збранные.
5 (*resemble*) походи́ть (*impf*) на + *a*; **the child ~s its father** ребёнок похо́ж на своего́ отца́.

favourable /ˈfeɪvərəb(ə)l/ (*US* **favorable**) *adj* благоприя́тный, благоскло́нный; **~ weather** благоприя́тная пого́да; **a ~ report** положи́тельный отчёт.

favourableness /ˈfeɪvərəbəlnɪs/ (*US* **favorableness**) *n* благоприя́тность; благоприя́тное/благоскло́нное отноше́ние (к + *d*).

favourite /ˈfeɪvərɪt/ (*US* **favorite**) *n* (*preferred person*) люби́мец, фавори́т; (*preferred thing*) люби́мая вещь; (*horse*) фавори́т; (*comput*) «И́збранное», закла́дки (бра́узера).
● *adj* люби́мый, излю́бленный; **my ~ food** моя́ люби́мая еда́.

favouritism /ˈfeɪvərɪˌtɪz(ə)m/ (*US* **favoritism**) *n*: **a teacher shouldn't show ~** у учи́теля не должно́ быть люби́мчиков.

fawn¹ /fɔːn/ *n* (*deer*) оленёнок; (*colour*) желтова́то-кори́чневый цвет.
● *adj* (*also* **~-coloured**) желтова́то-кори́чневый.

fawn² /fɔːn/ *vi* (*of dog*) ласка́ться (*impf*); (*of person*): **~ on s.o.** подли́з|ываться, -а́ться к кому́-н.; выслу́живаться (*impf*) пе́ред кем-н.

fax /fæks/ *n* факс; **~ machine** факс, факси́мильный аппара́т.
● *vt* пос|ыла́ть, -ла́ть по фа́ксу (*or* фа́ксом).

faze /feɪz/ *vt* сму|ща́ть, -ти́ть; прив|оди́ть, -ести́ в недоуме́ние.

FBI (*abbr of* ***Federal Bureau of Investigation***) ФБР (Федера́льное бюро́ рассле́дований).

FC (*abbr of* ***football club***) ФК (футбо́льный клуб).

FCO (*abbr of* ***Foreign and Commonwealth Office***) (*Br*) МИД (Министе́рство иностра́нных дел).

fealty /ˈfiːəltɪ/ *n* ве́рность васса́ла феода́лу; **swear/do ~ to s.o.** присяг|а́ть, -ну́ть на ве́рность кому́-н.

fear /fɪə(r)/ *n* **1** (*terror, anxiety*) страх, боя́знь, опасе́ние; **in ~ and trembling** дрожа́ от стра́ха; **the ~ of God** страх бо́жий; **I put the ~ of God into him** (*coll*) я нагна́л на него́ стра́ху; **he was in ~ of his life** он боя́лся за свою́ жизнь; **I could not speak for ~** от стра́ха я не мог говори́ть; **your ~s are groundless** ва́ши опасе́ния напра́сны.
2 (*of precaution, likelihood*): **I was silent for ~ of offending him** я молча́л, боя́сь оби́деть его́; **we tethered the horse for ~ it should escape** мы привяза́ли ло́шадь, что́бы она́ не убежа́ла; **there is no ~ of my losing the money** не бо́йтесь, де́ньги я не потеря́ю; **no ~!** (*Br coll*) ни-ни́!; ни за что!
● *vt & i* боя́ться (*impf*) + *g*; опаса́ться (*impf*) + *g*; **he ~s death** он бои́тся сме́рти; **I ~ the worst** я опаса́юсь ху́дшего; **I ~ for his life** я опаса́юсь за его́ жизнь; **he will come, never ~!** не бо́йтесь, он придёт; (*expressing regret*): **I ~ you must stay** бою́сь, вам придётся оста́ться.

fearful /ˈfɪəfʊl/ *adj* (*terrible*) стра́шный, ужа́сный; (*coll, frightful*) ужа́сный, стра́шный; (*timorous*) ро́бкий, боязли́вый; **I was ~ of waking him** я боя́лся разбуди́ть его́.

fearfulness /ˈfɪəfʊlnɪs/ *n* страх, у́жас; (*timidity*) ро́бость, боязли́вость.

fearless /ˈfɪəlɪs/ *adj* бесстра́шный, неустраши́мый; **he was ~ of the consequences** он не боя́лся после́дствий.

fearlessness /ˈfɪəlɪsnɪs/ *n* бесстра́шие, неустраши́мость.

fearsome /ˈfɪəsəm/ *adj* устраша́ющий, гро́зный.

feasibility /ˌfiːzɪˈbɪlɪtɪ/ *n* осуществи́мость, выполни́мость; **feasibility study** изуче́ние техни́ческих возмо́жностей.

feasible /ˈfiːzɪb(ə)l/ *adj* осуществи́мый, выполни́мый.

feast /fiːst/ *n* **1** (*relig*) (церко́вный) пра́здник; **movable ~** подвижно́й пра́здник. **2** (*meal*) пир; **enough is as good as a ~** от добра́ добра́ не и́щут.
● *vt & i* пирова́ть (*impf*); пра́здновать (*impf*); **they ~ed away the night** они́ (про)пирова́ли всю ночь; **he ~ed his friends** он ще́дро угоща́л свои́х друзе́й; **he ~ed his eyes on the scene** он любова́лся э́тим зре́лищем.
● *cpd* **~ day** *n* пра́здник, пра́здничный день; **today is my ~ day** сего́дня мои́ имени́н|ы (*pl, g* —).

feaster /ˈfiːstə(r)/ *n* пиру́ющий, уча́стник пи́ра.

feat /fiːt/ *n* по́двиг; **~ of engineering** выдаю́щееся достиже́ние инжене́рного иску́сства; **it was a ~ to get him to come** бы́ло нелёгким де́лом затащи́ть его́ сюда́.

feather /ˈfeðə(r)/ *n* перо́; **that is a ~ in his cap** он мо́жет э́тим горди́ться; **you could have knocked me down with a ~** ни за что бы не пове́рил (э́тому).
● *vt* опер|я́ть, -и́ть; укр|аша́ть, -а́сить пе́рьями; **our ~ed friends** на́ши перна́тые друзья́; **~ one's nest** (*fig*) наб|ива́ть, -и́ть себе́ карма́н; **~ an oar** выноси́ть, вы́нести весло́ плашмя́.
● *cpds* **~ bed** *n* перина, пухови́к; **~-bed** *vt* (*fig*) балова́ть, из-; изнє́жи|вать, -ть; **~-bedding** *n* (*fig*) баловство́; (*econ*) иску́сственное раздува́ние шта́тов; **~-brain, ~-head** *nn* пуста́я башка́; **~-brained, ~-headed** *adjs* пустоголо́вый; **~weight** *n* вес пера́; *adj* в ве́се пера́; о́чень лёгкий.

feathery /ˈfeðərɪ/ *adj* пухово́й; лёгкий.

feature /ˈfiːtʃə(r)/ *n* **1** (*part of face*) черта́; **he has strong ~s** у него́ волево́е лицо́.
2 (*geog*) черта́/подро́бность релье́фа; **a ~ of the landscape** осо́бенность ландша́фта.
3 (*aspect*) черта́, осо́бенность; **the main ~s of his programme** основны́е пу́нкты (*m pl*) его́ програ́ммы.
4 (*object of special attention, main item*): **this journal makes a ~ of sport** э́тот журна́л широко́ освеща́ет спорти́вные собы́тия; **~ (article)** темати́ческая статья́; **~ (film)** худо́жественный фильм.
● *vt* (*give prominence to*) поме|ща́ть, -сти́ть на ви́дном ме́сте; **the newspaper ~d the murder story** газе́та помести́ла на ви́дном ме́сте сообще́ние об уби́йстве; **the film ~s a new actress** в фи́льме гла́вную роль поручи́ли но́вой актри́се.
● *vi* (*figure prominently*) быть/явля́ться (*both impf*) характе́рной черто́й.
● *cpds* **~-length** *adj* (*film*) полнометра́жный; **~ writer** *n* очерки́ст.

featureless /ˈfiːtʃəlɪs/ *n* невырази́тельный; (*of landscape*) соверше́нно ро́вный; **a ~ existence** бесцве́тное существова́ние.

febrifuge /ˈfebrɪˌfjuːdʒ/ *n* жаропонижа́ющее сре́дство.

febrile /ˈfiːbraɪl/ *adj* (*lit, fig*) лихора́дочный.

February /ˈfebrʊərɪ/ *n* февра́ль (*m*); (*attr*) февра́льский.

fec|al /ˈfiːk(ə)l/, **-es** /ˈfiːsiːz/ (*US*) = **faec|al, -es**

feckless /ˈfeklɪs/ *adj* безала́берный.

fecklessness /ˈfeklɪsnɪs/ *n* безала́берность.

fecund /ˈfiːkənd, ˈfek-/ *adj* плодоро́дный, плодови́тый.

fecundity /fɪˈkʌndɪtɪ/ *n* плодоро́дие, плодови́тость.

fed /fed/ *past and pp of* ⇒**feed**

federal /ˈfedər(ə)l/ *adj* федера́льный; (*in titles of states*) федерати́вный; **F~ Republic of Germany** Федерати́вная Респу́блика Герма́ния.

federalism /ˈfedərəˌlɪz(ə)m/ *n* федерали́зм.

federalist /ˈfedərəlɪst/ *n* федерали́ст.

federate¹ /ˈfedərət/ *adj* федерати́вный.

federate² /ˈfedəˌreɪt/ *vt & i* объедин|я́ть(ся), -и́ть(ся) на федерати́вных нача́лах.

federation /ˌfedəˈreɪʃ(ə)n/ *n* федера́ция; (*of societies etc.*) объедине́ние.

federative /ˈfedərətɪv/ *adj* федерати́вный.

fedora /fɪˈdɔːrə/ *n* мя́гкая мужска́я шля́па с продо́льной вмя́тиной.

fee /fiː/ *n* (*professional charge*) гонора́р; **school ~s** пла́та за обуче́ние; **club**

~s члéнские взнóсы (*m pl*) в клуб; **(TV/radio) licence ~** абонéнтская плáта.

● *vt* (**fee'd** *or* **feed**) платúть, за-/у- гонорáр + *d*.

feeble /ˈfiːb(ə)l/ *adj* (**feebler, feeblest**) хúлый, слáбый.

● *cpds* **~-minded** *adj* слабоýмный; **~-mindedness** *n* слабоýмие.

feebleness /ˈfiːbəlnɪs/ *n* хúлость, слáбость.

feed /fiːd/ *n* **1** (*animal's*) корм; (*baby's*) кормлéние; (*coll*): **we had a good ~** мы хорошó перекусúли.

2 (*of machine etc.*) питáние, подáча материáла.

● *vt* (*past and pp* **fed**)

1 (*give food to*) кормúть, на-; питáть, на-; да|вáть, -ть корм + *d*; **what do you ~ your dog on?** чем вы кóрмите свою собáку?; **the hotel ~s you well** в гостúнице хорошó кóрмят; **the child cannot ~ itself** ребёнок ещё не мóжет есть сам; **the child needs ~ing up** ребёнка нáдо подкормúть; **~ing bottle** (*Br*) (дéтский) рожóк; (*fig*): **I am fed up** (*coll*) я сыт по гóрло; мне надоéло.

2 (*give as food*) ск|áрмливать, -ормúть; **we ~ oats to horses** мы кóрмим лошадéй овсóм.

3 (*fig*): **the lake is fed by two rivers** э́то óзеро питáют две рекú; **he fed information into the computer** он ввёл дáнные в компью́тер.

● *vi* (*past and pp* **fed**) (*of animals*) кормúться (*impf*); (*graze*) пастúсь (*impf*); (*coll, of person*) питáться (*impf*).

● *cpds* **~back** *n* (*electronics*) обрáтная связь; (*fig*) óтклик, óтзыв(ы); реáкция; **~back from readers** óтклики читáтелей; **~ bag** *n* (*horse's*) тóрба; **~ pipe** *n* (*tech*) питáтельная/подаю́щая трубá.

feeder /ˈfiːdə(r)/ *n* **1** едóк; **he is a big ~** он обжóра; он лю́бит поéсть. **2** (*Br, feeding bottle*) (дéтский) рожóк. **3** (*Br, bib*) нагрýдник. **4** (*tributary*) притóк; **~ line** (*railway line*) вéтка; (*tech*) питáтель (*m*).

feel /fiːl/ *n* (*sensation*) ощущéние; (*contact*) осязáние; **cold to the ~** холóдный на óщупь; **have a ~ of this cloth** пощýпайте э́ту матéрию; **it has a soapy ~** на óщупь э́то похóже на мы́ло; **there will be frost tonight by the ~ of it** чýвствуется, что нóчью бýдет морóз; **there is money in that envelope by the ~ of it** похóже, что в э́том конвéрте дéньги; **if you practise you'll soon get the ~ of it** éсли вы бýдете упражня́ться, то скóро освóите э́тот приём (*or* набьёте рýку); **he has a ~ for language** у негó есть чýвство языкá.

● *vt* (*past and pp* **felt**) **1** (*explore by touch*) щýпать, по-; ощýп|ывать, -ать; прóбовать, по-; **~ the edge of a knife** трóгать, по- лéзвие ножá; **~ s.o.'s pulse** щýпать, по- комý-н. пýльс; (*fig*) прощýп|ывать, -ать когó-н.; **he felt my muscles** он потрóгал мой мы́шцы; **~ the weight of this box!** чýвствуете, скóлько вéсит э́тот я́щик!; **~ whether there are any bones broken** пощýпайте, не слóманы ли кóсти.

2 (*grope*) пробирáться (*impf*) óщупью; **he felt his way in the dark** он пробирáлся óщупью в темнотé; **they are ~ing their way towards an agreement** онú нащýпывают пóчву для соглашéния.

3 (*be aware of*) чýвствовать, по-; ощу|щáть, -тúть; испы́т|ывать, -áть; **I can ~ a nail in my shoe** я чýвствую, у меня́ в ботúнке гвоздь; **did you ~ the earthquake?** вы почýвствовали землетрясéние?

4 (*be affected by*) чýвствовать, по-; ощу|щáть, -тúть; переживáть (*impf*); **he felt the insult** он почýвствовал оскорблéние; **he ~s (*or* is ~ing) the heat** жарá плóхо дéйствует на негó; он плóхо перенóсит жарý; **he felt the loss of his mother keenly** он óстро переживáл смéрть мáтери.

5 (*be of opinion*): **I ~ you should go** по-мóему, вам слéдует пойтú/ сходúть; **I ~ the plan to be unwise** я считáю, что э́тот план неблагоразýмен.

● *vi* (*past and pp* **felt**)

1 (*experience sensation*): **I ~ cold** мне хóлодно; **I ~ hungry** я гóлоден; **I ~ sure** я увéрен; **I don't ~ quite myself** мне не по себé; **I ~ bound to say ...** я дóлжен сказáть...; **I ~ bad about not inviting him** мне сóвестно, что я не пригласúл егó; **I ~ as if my head were splitting** такóе впечатлéние, бýдто у меня́ сейчáс головá раскóлется/разлóмится пополáм; **I ~ strongly about this** у меня́ твёрдое мнéние на э́то счёт; **I ~ like (going for) a walk** мне хóчется прогуля́ться; **do you ~ like dancing?** хотúте потанцевáть?; **I don't ~ up to going** я не в состоя́нии идтú; **how do you ~ about going there?** как вы относúтесь к томý, чтóбы пойтú тудá?; **it ~s like rain** похóже, бýдет дождь; **I ~ for you** я вам сочýвствую.

2 (*produce sensation*) да|вáть, -ть ощущéние (*чего*); **your hands ~ cold** у вас холóдные рýки; **the air ~s chilly** здесь прохлáдно; **how does it ~ to be home?** каковó оказáться дóма?

3 (*grope*): **he felt in his pocket for a coin** он пошáрил в кармáне, ищá монéту; **he felt along the wall for the door** он пытáлся нащýпать дверь в стенé.

feeler /ˈfiːlə(r)/ *n* (*zool*) щýпальце, ýсик; (*fig*): **he put out ~s** он прозондúровал пóчву.

feeling /ˈfiːlɪŋ/ *n* **1** (*power of sensation*) ощущéние, чýвство; **sense of ~** ощущéние; **he lost all ~ in his legs** у негó онемéли нóги.

2 (*sense, sensation*) сознáние, чýвство; **I had a ~ of safety** я чýвствовал себя́ в безопáсности.

3 (*opinion*): **I have a ~ he won't come** у меня́ предчýвствие, что он не придёт; **the general ~ is that ...** óбщее мнéние таковó, что... .

4 (*emotion*) чýвство, страсть; **he spoke with ~** он говорúл с чýвством; **I have mixed ~s** у меня́ э́то вызывáет смéшанные чýвства; **good ~** доброжелáтельность; **no hard ~s, I hope** надéюсь, никакóй обúды; **~ ran high** стрáсти разгорéлись; **the speech aroused strong ~s** э́та речь разожглá стрáсти.

5 (*sensitivity*) чувствúтельность; **you hurt his ~s** вы егó обúдели.

6 (*sympathy*) сочýвствие; **have you no ~ for his troubles?** неужéли егó бéды не вызывáют у вас сочýвствия?

7 (*aptitude*) понимáние, чутьё; **he has a ~ for the work** у негó есть дáнные для э́той рабóты.

● *adj* (*sensitive*) чувствúтельный.

feet /fiːt/ *pl of* ⇒**foot**

feign /feɪn/ *vt* (*simulate*) притвор|я́ться, -úться + *i*; симулúровать (*impf, pf*); **~ madness** симулúровать безýмие.

feint¹ /feɪnt/ *n* (*pretence*) притвóрство; (*sham attack*) лóжная атáка, финт.

● *vi* нан|осúть, -естú отвлекáющий удáр.

feint² /feɪnt/ *adj* блéдный.

feisty /ˈfaɪstɪ/ *adj* (**feistier, feistiest**) (*person*) хрáбрый, смéлый; (*dog*) смéлый, бесстрáшный; (*action*) смéлый, решúтельный; (*spirit*) решúтельный.

feldspar /ˈfeldspɑː(r)/ *n* полевóй шпат.

felicitate /fəˈlɪsɪˌteɪt/ *vt* поздр|авля́ть, -áвить.

felicitations /fəˌlɪsɪˈteɪʃ(ə)nz/ *n pl* поздравлéние.

felicitous /fəˈlɪsɪtəs/ *adj* мéткий, умéстный, удáчный.

felicity /fəˈlɪsɪtɪ/ *n* (*bliss*) блажéнство; (*aptness*) умéстность.

feline /ˈfiːlaɪn/ *n* живóтное из семéйства кошáчьих.

● *adj* кошáчий.

fell¹ /fel/ *n* (*hill*) горá; (*moorland*) вéресковая пýстошь.

fell² /fel/ *vt* (*person*) сби|вáть, -ть с ног; (*tree*) рубúть, с-; валúть, с-/по-.

fell³ /fel/ *past of* ⇒**fall**

fellatio /feˈleɪʃɪəʊ, feˈlɑːtɪəʊ/ *n* минéт.

feller /ˈfelə(r)/ *n* (*of trees*) дровосéк.

fell|oe /ˈfeləʊ/, **-y** /ˈfelɪ/ *n* (*pl* **~oes** *or* **~ies**) óбод колесá, кося́к.

fellow /ˈfeləʊ/ *n* **1** (*chap; also coll* **fella, feller**) (*man, boy*) пáрень (*m*); **a good ~** слáвный мáлый; **my dear ~** дорогóй мой!; **old ~!** старинá (*m*), дружúще (*m*); **a little ~** малы́ш, мальчугáн; **poor ~** бедня́га (*m*); **what does the ~ want?** что э́тому человéку нýжно?

2 (*comrade, companion*) товáрищ, собрáт; **~s in misfortune** товáрищи по несчáстью.

3 (*equal, contemporary, etc.*) рáвный; свéрстник; товáрищ.

4 (*academic & professional*) коллéга; сотрýдник; (*Br, of a college*) член совéта кóлледжа.

● *cpds* **~ being** *n* бли́жний; **~ citizen** *n* согражд|анúн (*fem* -áнка); **~ countryman** *n* (*pl* **~ countrymen**) соотéчественник; **~ countrywoman** *n* (*pl* **~ countrywomen**) соотéчественница; **~ creature** *n* бли́жний; **~ feeling** *n* симпáтия, сочýвствие; **~ man** *n* (*pl* **~ men**) бли́жний; **~ student** *n* товáрищ по университéту; сокýрсник;

~-traveller (*US* **-traveler**) *n* (*lit, fig*) попу́тчик.

fellowship /'feləʊʃɪp/ *n* (*companionship*) това́рищество, бра́тство; **good ~** това́рищеские взаимоотноше́ния; (*association*) корпора́ция; колле́гия (*адвокатов и т. п.*); (*of a college*) зва́ние чле́на сове́та колле́джа.

felly /'felɪ/ = **felloe**

felon /'felən/ *n* уголо́вный престу́пник.

felonious /fɪ'ləʊnɪəs/ *adj* престу́пный.

felony /'felənɪ/ *n* (тя́жкое) уголо́вное преступле́ние.

felspar /'felspɑ:(r)/ = **feldspar**

felt¹ /felt/ *n* (*material*) во́йлок, фетр; **~ boots** ва́лен|ки (*pl, g* -ок); **~ hat** фе́тровая шля́па.
● *vt* (*cover with ~*) покр|ыва́ть, -ы́ть во́йлоком.
● *cpd* **~-tip (pen)** *n* флома́стер.

felt² /felt/ *past and pp of* **⇒feel**

felucca /fɪ'lʌkə/ *n* (*naut*) фелю́га.

female /'fi:meɪl/ *n* (*woman or girl*) же́нщина; (*pej*) ба́ба; (*animal*) са́мка, ма́тка; (*plant*) же́нская о́собь.
● *adj* же́нский; **~ child** де́вочка; **~ insect** насеко́мое-са́мка; **~ plant** же́нская о́собь; **~ worker** рабо́тница; **~ screw** га́йка.

feminine /'femɪnɪn/ *adj* же́нский; (*gram*) же́нский; же́нского ро́да.

femininity /,femɪ'nɪnɪtɪ/ *n* же́нственность.

feminism /'femɪ,nɪz(ə)m/ *n* фемини́зм.

feminist /'femɪnɪst/ *n* фемини́ст (*fem* -ка).

femme fatale /,fæm fə'tɑ:l/ *n* (*pl* ***femmes fatales*** *pronunc same*) рокова́я же́нщина.

femora /'femərə/ *pl of* **⇒femur**

femoral /'femər(ə)l/ *adj* бе́дренный.

femur /'fi:mə(r)/ *n* (*pl* **femurs** *or* **femora**) бедро́.

fen /fen/ *n* топь, боло́то.

fence¹ /fens/ *n* **1** (*barrier*) забо́р, и́згородь, огра́да; **sit on the ~** занима́ть (*impf*) нейтра́льную/выжида́тельную пози́цию; **mend one's ~** укреп|ля́ть, -и́ть свой пози́ции. **2** (*receiver of stolen goods*) бары́га (*m*).
● *vt* (*also* **~ in, off, about, round**) огор|а́живать, -оди́ть.

fence² /fens/ *vi* фехтова́ть.

fenceless /'fenslɪs/ *adj* (*unenclosed*) неогоро́женный.

fencer /'fensə(r)/ *n* фехтова́льщик.

fencing /'fensɪŋ/ *n* **1** (*fences*) и́згородь, забо́р, огра́да; (*material*) до́ски (*f pl*) для забо́ра; материа́л для и́згороди. **2** (*swordplay*) фехтова́ние.
● *cpd* **~ master** *n* учи́тель (*m*) фехтова́ния.

fend /fend/ *vt* отра|жа́ть, -зи́ть; пари́ровать (*impf, pf*); **~ off a blow** отра|жа́ть, -зи́ть уда́р.
● *vi*: **~ for o.s.** полага́ться (*impf*) на себя́.

fender /'fendə(r)/ *n* **1** (*in front of fire*) ≈ ками́нная решётка. **2** (*of train*) предохрани́тельная решётка. **3** (*US, of car*) крыло́.

fenestration /,fenɪ'streɪʃ(ə)n/ *n* (*archit*) распределе́ние о́кон в зда́нии.

feng shui /feŋ 'ʃu:ɪ/ *n* фэн-шу́й (*m & nt indecl*).

fennel /'fen(ə)l/ *n* фе́нхель (*m*), сла́дкий укро́п.

fenugreek /'fenju:,gri:k/ *n* па́житник.

feral /'fɪər(ə)l, 'fer(ə)l/ *adj* ди́кий, одича́вший.

ferment¹ /'fə:ment/ *n* заква́ска; ферме́нт; (*fig*): **in a ~** в броже́нии.

ferment² /fə'ment/ *vt* (*e.g. beer*) выха́живать, вы́ходить.
● *vi* броди́ть (*impf*).

fermentation /,fə:men'teɪʃ(ə)n/ *n* броже́ние (*also fig*).

fern /fə:n/ *n* (*pl* **~** *or* **~s**) па́поротник.

ferocious /fə'rəʊʃəs/ *adj* свире́пый, лю́тый.

ferocity /fə'rɒsɪtɪ/ *n* свире́пость, лю́тость.

ferret /'ferɪt/ *n* (*zool*) хорёк.
● *vt* (**ferreted, ferreting**): **~ out** (*fig*) выи́скивать, вы́искать; разню́х|ивать, -ать (*e.g. a secret*).
● *vi* (**ferreted, ferreting**) (*hunt with ~s*) охо́титься (*impf*) с хорько́м; **~ about** (*fig*) ры́скать (*impf*); ша́рить (*impf*).

ferrety /'ferɪtɪ/ *adj* хорько́вый; **~ eyes** ры́сьи глаза́.

Ferris wheel /'ferɪs/ *n* чёртово колесо́; колесо́ обозре́ния.

ferroconcrete /,ferəʊ'kɒŋkri:t/ *n* железобето́н.

ferromagnetic /,ferəʊmæg'netɪk/ *adj* ферромагни́тный.

ferrous /'ferəs/ *adj* желе́зистый; **~ metals** чёрные мета́ллы.

ferruginous /fə'ru:dʒɪnəs/ *adj* желе́зистый, железосодержа́щий; (*in colour*) цве́та ржа́вчины.

ferrule /'feru:l/ *n* (*tip*) металли́ческий наконе́чник; (*strengthening band*) обо́д; му́фта.

ferry /'ferɪ/ *n* (*boat*) паро́м.
● *vt* (*convey to and fro*) перев|ози́ть, -езти́ (*or* перепр|авля́ть, -а́вить) на паро́ме; отв|ози́ть, -езти́.
● *cpds* **~ boat** *n* паро́м; **~man** *n* (*pl* **~men**) паро́мщик, перево́зчик.

fertile /'fə:taɪl/ *adj* **1** (*of soil*) плодоро́дный; (*of eggs*) оплодотворённый; (*of humans, animals*) плодови́тый. **2** (*fig*): **a ~ imagination** бога́тое воображе́ние.

fertility /,fə:'tɪlɪtɪ/ *n* плодоро́дие; плодови́тость; **~ drug** препара́т от беспло́дия.

fertilization /,fə:tɪlaɪ'zeɪʃ(ə)n/ *n* (*biol*) оплодотворе́ние; (*of soil*) удобре́ние.

fertilize /'fə:tɪ,laɪz/ *vt* (*biol*) оплодотвор|я́ть, -и́ть; (*of soil*) уд|обря́ть, -о́брить.

fertilizer /'fə:tɪ,laɪzə(r)/ *n* (*of soil*) удобре́ние.

fervent /'fə:v(ə)nt/ *adj* (*fig*) горя́чий, пы́лкий.

fervid /'fə:vɪd/ *adj* пы́лкий, пла́менный.

fervour /'fə:və(r)/ (*US* **fervor**) *n* жар, пыл, страсть.

fester /'festə(r)/ *vi* гнои́ться, за-/на-; нагн|а́иваться, -ои́ться; **the cut ~ed** поре́з загнои́лся; **the insult ~ed** оскорбле́ние жгло (*его и т. п.*).

festival /'festɪv(ə)l/ *n* фестива́ль (*m*); пра́зднество; **Church ~** церко́вный пра́здник; **~ of music** фестива́ль (*m*) му́зыки.

festive /'festɪv/ *adj* пра́здничный.

festivit|y /fe'stɪvɪtɪ/ *n* пра́зднество, торжество́; **wedding ~ies** сва́дебные торжества́.

festoon /fe'stu:n/ *n* гирля́нда; (*archit*) фесто́н.
● *vt* укр|аша́ть, -а́сить гирля́ндами/фесто́нами.

Festschrift /'festʃrɪft/ *n* (*pl* **~en** *or* **~s**) юбиле́йный сбо́рник.

fetal /'fi:t(ə)l/ *adj* заро́дышевый, эмбриона́льный; **~ position** положе́ние эмбрио́на (в ма́тке).

fetch /fetʃ/ *vt* **1** (*go and get*) прин|оси́ть, -ести́; прив|оди́ть, -ести́; пойти́ (*pf*) за + *i*; (*children from school, dry-cleaning*) заб|ира́ть, -ра́ть;**~ me my hat** принеси́те мою́ шля́пу; **they ~ed the doctor** они́ вы́звали врача́. **2**: **I ~ed him a blow** я нанёс ему́ уда́р. **3** (*of price*): **his house ~ed £150,000** он вы́ручил 150 000 фу́нтов за свой дом; **it won't ~ more than £20** кра́сная цена́ э́тому — 20 фу́нтов (*coll*).
● *vi*: **~ up** (*coll, come to rest*) остан|а́вливаться, -ови́ться; **we ~ed up at the bar** в конце́ концо́в мы очути́лись в ба́ре.

fetching /'fetʃɪŋ/ *adj* привлека́тельный, соблазни́тельный.

fête /feɪt/ *n* пра́зднество, пра́здник; **village ~** се́льский пра́здник.
● *vt* пра́здновать, от-.

fetid /'fetɪd, 'fi:tɪd/ *adj* воню́чий, злово́нный.

fetish /'fetɪʃ/ *n* (*lit, fig*) фети́ш.

fetishism /'fetɪʃ,ɪz(ə)m/ *n* фетиши́зм (*also psychol*).

fetishist /'fetɪʃɪst/ *n* фетиши́ст.

fetishistic /,fetɪ'ʃɪstɪk/ *adj* фетиши́стский.

fetlock /'fetlɒk/ *n* щётка.

fetor /'fi:tə(r)/ *n* вонь, злово́ние.

fetter /'fetə(r)/ *n* (*in pl*) ножны́е кандал|ы́ (*pl, g* -о́в); (*fig*) око́в|ы (*pl, g* —).
● *vt* зако́в|ывать, -а́ть в кандалы́; (*of horse*) спу́т|ывать, -ать; (*fig*) ско́в|ывать, -а́ть.

fettle /'fet(ə)l/ *n*: **in fine ~** в хоро́шем состоя́нии (*condition*)/настрое́нии (*mood*).

fetus /'fi:təs/ *n* (*pl* **~es**) плод, заро́дыш.

feud /fju:d/ *n* вражда́; **blood ~** кро́вная месть; **be at ~ with** враждова́ть (*impf*) с + *i*.
● *vi* (*carry on a ~*) враждова́ть (*с кем*) (*impf*).

feudal /'fju:d(ə)l/ *adj* феода́льный; **~ lord** феода́л; **~ system** феода́льный строй.

feudalism /'fju:dəl,ɪz(ə)m/ *n* феодали́зм.

fever /ˈfiːvə(r)/ *n* **1** (*body temperature*) жар; высо́кая температу́ра; **he has a high ~** у него́ жар. **2** (*disease*) лихора́дка; **yellow ~** жёлтая лихора́дка; **rheumatic ~** ревмати́зм; **scarlet ~** скарлати́на. **3** (*fig*): **in a ~ of impatience** сгора́я от нетерпе́ния; **at ~ heat** в си́льном возбужде́нии; в са́мом разга́ре.

fevered /ˈfiːvəd/ *adj* лихора́дочный, горя́чечный; **a ~ brow** пыла́ющий лоб; **~ imagination** бу́йное воображе́ние.

feverfew /ˈfiːvəˌfjuː/ *n* пире́трум.

feverish /ˈfiːvərɪʃ/ *adj* лихора́дочный; **the child is ~** у ребёнка повы́шенная температу́ра.

few /fjuː/ *n pl* & *adj* немно́гие (*pl*); немно́го (+ *g*); ма́ло + *g*; **the discriminating ~** немно́гие знатоки́; **a faithful ~ stayed with him** с ним оста́лась ку́чка ве́рных; **~ (people) know the truth** немно́гие зна́ют пра́вду; **a ~ (people)** немно́гие (лю́ди); не́сколько челове́к; **a, some ~** немно́го, не́сколько (+ *g*); **a good ~** (*Br*), **quite a ~** дово́льно мно́го + *g*; **not a ~** нема́ло + *g*; **his friends are ~** у него́ ма́ло друзе́й; **the ~ books (that) I have** те не́сколько книг, что у меня́ есть; те немно́гие кни́ги, каки́е у меня́ есть; **~ and far between** ре́дкие; **every ~ minutes** ка́ждые не́сколько мину́т; **a man of ~ words** немногосло́вный челове́к.

fewer /ˈfjuːə(r)/ *n* & *adj* ме́нее, ме́ньше; **few know and even ~ will tell** немно́гие зна́ют, а гото́вых вы́сказаться ещё ме́ньше; **he wrote no ~ than 60 books** он написа́л ни мно́го ни ма́ло 60 книг.

fey /feɪ/ *adj* (*clairvoyant*) ясновидя́щий; (*whimsical*) шально́й, с чуди́нкой.

fez /fez/ *n* (*pl* **fezzes**) фе́ска.

fiancé /fɪˈɒnseɪ, fɪˈɑ̃seɪ/ *n* жени́х.

fiancée /fɪˈɒnseɪ, fɪˈɑ̃seɪ/ *n* неве́ста.

fiasco /fɪˈæskəʊ/ *n* (*pl* **~s**) фиа́ско (*indecl*), прова́л.

fiat /ˈfaɪæt, ˈfaɪət/ *n* декре́т, ука́з.

fib /fɪb/ *n* вы́думка, непра́вда.
● *vi* (**fibbed, fibbing**) выду́мывать, вы́думать; подвира́ть (*impf*).

fibber /ˈfɪbə(r)/ *n* врун (*fem* -ья); враль (*m*).

fibre /ˈfaɪbə(r)/ (*US* **fiber**) *n* **1** (*filament*) волокно́. **2** (*in diet*) клетча́тка. **3** (*substance made of ~s*) фи́бра (*also fig*); **moral ~** мора́льные усто́и (*m pl*).
● *cpds* **~board** *n* фи́бровый карто́н; листова́я фи́бра; **~glass** *n* стекловолокно́, фибергла́с; стеклопла́стик; **~-optic** *adj* волоко́нно-опти́ческий; **~ optics** *n pl* волоко́нная о́птика.

fibrositis /ˌfaɪbrəˈsaɪtɪs/ *n* фибро́зное воспале́ние.

fibrous /ˈfaɪbrəs/ *adj* волокни́стый, фибро́зный.

fibula /ˈfɪbjʊlə/ *n* (*pl* **fibulae** /-ˌliː/ *or* **fibulas**) (*brooch*) фи́була.

fickle /ˈfɪk(ə)l/ *adj* переме́нчивый, непостоя́нный.

fickleness /ˈfɪkəlnɪs/ *n* переме́нчивость, непостоя́нство.

fiction /ˈfɪkʃ(ə)n/ *n* **1** (*invention, pretence*) вы́мысел, вы́думка, фи́кция; **truth is stranger than ~** пра́вда поро́й чудне́е вы́мысла. **2** (*novels etc.*) беллетри́стика; **work of ~** худо́жественное произведе́ние; **~ writer** беллетри́ст, романи́ст.

fictional /ˈfɪkʃənəl/ *adj* вы́мышленный; беллетристи́ческий.

fictionalized /ˈfɪkʃənəlaɪzd/ *adj* беллетризо́ванный.

fictitious /fɪkˈtɪʃəs/ *adj* подло́жный, фикти́вный; **a ~ name** вы́мышленное и́мя.

fiddle /ˈfɪd(ə)l/ *n* **1** (*violin*) скри́пка; (*fig*): **fit as a ~** в до́бром здра́вии; **play second ~ to s.o.** игра́ть (*impf*) втору́ю скри́пку у кого́-н. (*or* при ком-н.). **2** (*Br sl, piece of cheating*) жу́льничество.
● *vt* (*Br, falsify*) подде́л|ывать, -ать; подтасо́в|ывать, -а́ть.
● *vi* **1** (*play ~*) игра́ть (*impf*) на скри́пке. **2** (*fidget, meddle, tamper*) верте́ться (*impf*); крути́ться (*impf*); вози́ться (*impf*); **he ~d with his tie** он теребил свой га́лстук; **don't ~ with my papers!** не тро́гайте мои́ бума́ги!
● *cpds* **~-faddle** *n* пустяки́ (*m pl*); чепуха́, вздор; **~sticks!** *int* чепуха́!, ерунда́!

fiddler /ˈfɪdlə(r)/ *n* (*musician*) скрипа́ч (*fem* -ка); (*Br coll, cheat*) моше́нник, жу́лик.

fiddling /ˈfɪdlɪŋ/ *adj* (*trifling*) пустя́чный, пустяко́вый.

fidelity /fɪˈdelɪtɪ/ *n* (*loyalty*) ве́рность; (*accuracy*) то́чность.

fidget /ˈfɪdʒɪt/ *n* **1** (*~y person*) непосе́да (*cg*), егоза́ (*cg*). **2**: **he's got the ~s** (*coll*) ему́ на ме́сте не сиди́тся.
● *vi* (**fidgeted, fidgeting**) (*make aimless movements*) ёрзать (*impf*); суети́ться (*impf*); (*show impatience*) не́рвничать (*impf*).

fidgety /ˈfɪdʒɪtɪ/ *adj* суетли́вый, непосе́дливый.

fiduciary /fɪˈdjuːʃərɪ/ *n* попечи́тель (*m*); опеку́н.
● *adj* дове́ренный, пору́ченный; **~ issue** (*fin*) вы́пуск банкно́т, не обеспе́ченных/покры́тых зо́лотом.

fief /fiːf/ *n* фео́д.

field /fiːld/ *n* **1** (*piece of ground*) по́ле; **a fine ~ of wheat** прекра́сное пшени́чное по́ле; **~ sports** спорти́вные заня́тия на откры́том во́здухе; **~ events** лёгкая атле́тика. **2** (*physical range, area*) по́ле; **~ of vision** по́ле зре́ния; **gravitational ~** гравитацио́нное по́ле; по́ле (земно́го) тяготе́ния. **3** (*mil*): **~ of battle** по́ле би́твы/сраже́ния; **~ artillery** полева́я артилле́рия; **~ officer** ста́рший офице́р; **~ hospital** полево́й го́спиталь. **4**: **in the ~** (*away from headquarters*) на места́х/ме́стности. **5** (*area of activity or study*) о́бласть; по́ле/сфе́ра де́ятельности; **an expert in his ~** специали́ст в свое́й о́бласти; **that is outside my ~** э́то не моя́ о́бласть; **in the international ~** на междунаро́дной аре́не. **6** (*participants in race etc.*) уча́стники (*m pl*) состяза́ния.
● *vt*: **~ a ball** прин|има́ть, -я́ть мяч; (*fig*): **~ a difficult question** спр|авля́ться, -а́виться с тру́дным вопро́сом; **~** (*muster*) **a team** выставля́ть, вы́ставить кома́нду.
● *vi* (*at cricket etc.*) находи́ться (*impf*) в по́ле.
● *cpds* **~ day** *n* (*fig, day of successful exploits*) знамена́тельный/па́мятный день; **~ glasses** *n pl* (*binoculars*) полево́й бино́кль; **~ marshal** (*Br*) ≈ ма́ршал (*высшее воинское звание*); **~ mouse** *n* полева́я мышь; **~sman** *n* (*pl* **~smen**) (*Br, cricket*) принима́ющий/полево́й игро́к (*крикет*); **~work** *n* (*research*) иссле́дования (*nt pl*) в есте́ственных усло́виях; **~worker** *n* (*researcher*) иссле́дователь (*m*) на ме́стности.

fieldfare /ˈfiːldfeə(r)/ *n* дрозд-ряби́нник.

fiend /fiːnd/ *n* (*devil*) дья́вол; (*evil person*) злоде́й, и́зверг; (*fig*): **a bridge ~** зая́длый игро́к в бридж.

fiendish /ˈfiːndɪʃ/ *adj* дья́вольский, злоде́йский.

fiendishness /ˈfiːndɪʃnɪs/ *n* злоде́йство.

fierce /ˈfɪəs/ *adj* (**fiercer, fiercest**) свире́пый, лю́тый; **~ heat** нестерпи́мая жара́; **~ competition** жесто́кая конкуре́нция.

fierceness /ˈfɪəsnɪs/ *n* свире́пость, лю́тость.

fieriness /ˈfaɪərɪnɪs/ *n* вспы́льчивость.

fiery /ˈfaɪərɪ/ *adj* (**fierier, fieriest**) о́гненный, пла́менный; **a ~ temper** вспы́льчивый/горя́чий хара́ктер; **a ~ horse** горя́чая ло́шадь.

fiesta /fɪˈestə/ *n* пра́здник, фие́ста.

FIFA /ˈfiːfə/ *n* (*abbr of* ***Fédération Internationale de Football Association***) ФИФА́ (Междунаро́дная федера́ция футбо́ла).

fife /faɪf/ *n* ду́дка; ма́ленькая фле́йта.

fifteen /fɪfˈtiːn, ˈfɪf-/ *n* пятна́дцать; **she is ~** ей пятна́дцать лет; **a girl of ~** пятнадцатиле́тняя де́вушка.
● *adj* пятна́дцать + *g pl*; **~ hundred** ты́сяча пятьсо́т, полторы ты́сячи.

fifteenth /fɪfˈtiːnθ, ˈfɪf-/ *n* (*date*) пятна́дцатое (число́); (*fraction*) одна́ пятна́дцатая; пятна́дцатая часть.
● *adj* пятна́дцатый.

fifth /fɪfθ/ *n* (*date*) пя́тое (число́); (*fraction*) одна́ пя́тая; пя́тая часть; (*mus*) кви́нта.
● *adj* пя́тый; **~ column** пя́тая коло́нна.

fifthly /ˈfɪfθlɪ/ *adv* в-пя́тых.

fiftieth /ˈfɪftɪɪθ/ *n* (*fraction*) одна́ пятидеся́тая; пятидеся́тая часть.
● *adj* пятидеся́тый.

fift|y /ˈfɪftɪ/ *n* пятьдеся́т, полсо́тни; **the ~ies** (*decade*) пятидеся́тые го́ды; (*latitude*) пятидеся́тые широ́ты; **he is in his ~ies** ему́ за пятьдеся́т (лет); ему́ пошёл шесто́й деся́ток; **we shared expenses ~y-~y** мы раздели́ли расхо́ды попола́м.
● *adj* пятьдеся́т + *g pl*.

fig[1] /fɪɡ/ *n* (*fruit*) инжи́р; **I don't care a ~** мне наплева́ть (**for:** на + *a*).

f

f

● *cpds* **~ leaf** *n* фиговый листо́к; **~ tree** *n* инжи́р, фи́говое де́рево.

fig² /fɪg/ *n* (*dress, get-up*): **in full ~** в по́лном облаче́нии.

fig. /fɪg/ *n* (*abbr of* ***figure* 4**) рис. (рису́нок); **in ~ 6** на рис. 6.

fight /faɪt/ *n* **1** бой, схва́тка, дра́ка; **stand-up ~** кула́чный бой; **free ~** всео́бщая потасо́вка; сва́лка; **he is spoiling for a ~** он и́щет ссо́ры; **~ to the finish** борьба́ до побе́дного конца́; **he put up a (good) ~** он (упо́рно) сопротивля́лся.
2 (*boxing match*) боксёрский поеди́нок/бой.
3 (*~ing spirit*) задо́р; **he has ~ in him yet** в нём ещё оста́лся боево́й задо́р; **the news took all the ~ out of him** от э́той но́вости он совсе́м приуны́л.
● *vt & i* (*past and pp* **fought**) дра́ться, по-; сра|жа́ться, -зи́ться; (*wage war*) воева́ть (*impf*); **the boys/dogs are ~ing** ма́льчики/соба́ки деру́тся; **Britain fought Germany** Великобрита́ния воева́ла с Герма́нией (*or* выступа́ла про́тив Герма́нии); **~ a battle** вести́ (*det*) бой; **~ a duel** дра́ться (*impf*) на дуэ́ли; **~ an election** вести́ (*det*) предвы́борную борьбу́; **~ a lawsuit** суди́ться (*impf*); **~ a case** (*law*) защища́ть (*impf*) де́ло в суде́; **the patient is ~ing for breath** больно́й задыха́ется; **he fought shy of the problem** он уклоня́лся от реше́ния э́той зада́чи; **he fought his way forward** он пробива́лся/прота́лкивался вперёд; **he fought like a lion** он сража́лся как лев; **he fought off a cold** он (бы́стро) спра́вился с просту́дой; **I fought off my desire to sleep** я переборо́л сон; **they fought off the enemy** они́ отби́ли врага́; **they fought it out (*or* to a finish)** они́ сража́лись/боро́лись до конца́; **~ back** *vi* отб|ива́ться, -и́ться; **~ down** *vt* (*repress, e.g. a feeling*) побе|жда́ть, -ди́ть; **you should ~ down that tendency** вам на́до боро́ться с э́той накло́нностью.

fighter /ˈfaɪtə(r)/ *n* **1** (*one who fights*) боец; (*fig*) боре́ц. **2** (*~ aircraft*) истреби́тель (*m*); **~ cover** прикры́тие истреби́телями.
● *cpds* **~-bomber** *n* истреби́тель-бомбардиро́вщик; **~ pilot** *n* лётчик-истреби́тель (*m*).

fighting /ˈfaɪtɪŋ/ *n* бой, сраже́ние; **hand-to-hand ~** рукопа́шный бой.
● *adj* боево́й; **we have a ~ chance** сто́ит попыта́ться.

figment /ˈfɪgmənt/ *n* вы́мысел; фи́кция; **a ~ of the imagination** плод воображе́ния.

figurative /ˈfɪgjʊrətɪv, ˈfɪgər-/ *adj* фигура́льный; перено́сный, метафори́ческий; (*pictorial*) изобрази́тельный.

figure /ˈfɪgə(r)/ *n* **1** (*numerical sign*) ци́фра; **double ~s** двузна́чные чи́сла; **a six-~ number** шестизна́чное число́; **I bought it at a low ~** я э́то дёшево купи́л.
2 (*geom*) фигу́ра, те́ло.
3 (*in pl, arithmetic*): **he is good at ~s** он силён в арифме́тике.
4 (*diagram, illustration*) рису́нок.
5 (*image, effigy*) о́браз, изображе́ние, ста́туя, фигу́ра; **lay ~** манеке́н.
6 (*human form*) фигу́ра; **I saw a ~ approaching** я уви́дел приближа́вшуюся ко мне фигу́ру; **she has a good ~** у неё хоро́шая фигу́ра; **a fine ~ of a man** хорошо́ сложённый мужчи́на; **he is a ~ of fun** он про́сто смешо́н; **landscape with ~s** пейза́ж с фигу́рами люде́й.
7 (*person of importance*) фигу́ра, выдаю́щаяся ли́чность; **he is a great ~ in this town** он изве́стная фигу́ра в э́том го́роде; **he was the greatest ~ of his age** он был са́мой выдаю́щейся ли́чностью своего́ вре́мени.
8 (*show, appearance*) вид; **he cut a brilliant ~** он блиста́л; **he cut a poor ~** он име́л жа́лкий вид.
9 (*~ of speech*) ритори́ческая фигу́ра; о́бразное выраже́ние.
10 (*in dancing*) фигу́ра.
● *vt* **1** (*make patterns etc. in*): **~d silk** узо́рчатый шёлк.
2: **~ out** (*calculate*) вычисля́ть, вы́числить; (*understand*) пон|има́ть, -я́ть; пост|ига́ть, -и́гнуть; **I can't ~ him out** я не могу́ его́ поня́ть (*or* раскуси́ть (*coll*)); **~ out how much we owe you** подсчита́йте, ско́лько мы вам должны́.
● *vi* **1** (*appear*) фигури́ровать (*impf*); **he ~s in history** он вошёл в исто́рию; **this did not ~ in my plans** э́то не входи́ло в мои́ пла́ны; **~ in a play** (*as actor*) игра́ть (*impf*) в пье́се; (*as character*) фигури́ровать (*impf*).
2 (*US coll*): **it ~s** (*makes sense, is plausible*) э́то похо́же на пра́вду; **I ~d on seeing him** я рассчи́тывал уви́деться с ним; **I ~ they'll be late** я ду́маю, что они́ опозда́ют.
● *cpds* **~head** *n* носово́е украше́ние, фигу́ра на носу́ корабля́; (*fig*) номина́льный руководи́тель; **~ of eight** *n* восьмёрка; **~ skater** *n* фигури́ст (*fem* -ка); **~ skating** *n* фигу́рное ката́ние.

figurine /ˌfɪgjʊˈriːn, ˈfɪg-/ *n* фигу́рка, статуэ́тка.

Fiji /ˈfiːdʒiː/ *n* Фи́джи (*indecl*: (*country*) *nt* & *f*; (*islands*) *pl*).

Fijian /fiːˈdʒiːən/ *n* фиджи́|ец (*fem* -йка).
● *adj* фиджи́йский.

filament /ˈfɪləmənt/ *n* (*animal fibre*) волокно́; (*bot*) нить; (*elec*) нить нака́ла; **~ lamp** ла́мпа нака́ливания.

filbert /ˈfɪlbət/ *n* (*tree*) лещи́на; (*nut*) фунду́к.

filch /fɪltʃ/ *vt* стяну́ть (*pf*) (*coll*).

file¹ /faɪl/ *n* (*tool*) напи́льник; (*nail ~*) пи́лочка для ногте́й.
● *vt* подпи́л|ивать, -и́ть; опи́л|ивать, -и́ть; **~ one's nails** подпи́л|ивать, -и́ть но́гти; **he ~d away the roughness** он отшлифова́л гру́бую пове́рхность.

file² /faɪl/ *n* **1** (*for papers*) па́пка/регистра́тор для бума́г, скоросшива́тель (*m*). **2** (*set of papers etc.*) де́ло, досье́ (*indecl*); **a newspaper ~** подши́вка газе́ты; **the correspondence is on our ~s** э́та перепи́ска храни́тся у нас в де́ле.
3 (*comput*) файл; **~ server** фа́йловый се́рвер, файл-се́рвер.
● *vt* **1** (*place on ~*) подш|ива́ть, -и́ть; регистри́ровать, за-; **the letters were ~d away** пи́сьма бы́ли подши́ты к де́лу. **2**: **~** (*lodge*) **a complaint** под|ава́ть, -а́ть жа́лобу; **~ suit against s.o.** возбу|жда́ть, -ди́ть суде́бное де́ло про́тив кого́-н.

file³ /faɪl/ *n* **1** (*rank, row*) ряд, шере́нга; коло́нна; **in single, Indian ~** гусько́м; по одному́; **rank and ~** (*mil*) рядовы́е (*m pl*); (*fig, as adj*) рядово́й (*рабо́тник и т. п.*). **2** (*chess*) вертика́ль.
● *vi* идти́ (*det*) гусько́м/коло́нной; **the prisoners ~d out** заключённые выходи́ли гусько́м друг за дру́гом.

filial /ˈfɪlɪəl/ *adj* (*pertaining to a son or daughter*) сыно́вний, доче́рний; (*dutiful*) почти́тельный.

filibuster /ˈfɪlɪˌbʌstə(r)/ *n* (*obstruction*) обстру́кция.
● *vi* (*fig*) тормози́ть (*impf*) приня́тие зако́на путём обстру́кции.

filigree /ˈfɪlɪˌgriː/ *n* филигра́нь; (*fig*) филигра́нная рабо́та; **a ~ brooch** филигра́нная брошь.

filing /ˈfaɪlɪŋ/ *n* (*of papers*) регистра́ция бума́г.
● *cpds* **~ cabinet** *n* шкаф, сейф; **~ clerk** *n* делопроизводи́тель (*m*), регистра́тор.

filings /ˈfaɪlɪŋz/ *n pl* металли́ческие опи́л|ки (*pl, g* -ок).

Filipino /ˌfɪlɪˈpiːnəʊ/ *n* (*pl* **~s**) филиппи́н|ец (*fem* -ка).
● *adj* филиппи́нский.

fill /fɪl/ *n*: **he ate his ~** он нае́лся до́сыта.
● *vt* **1** (*make full*) нап|олня́ть, -о́лнить; зап|олня́ть, -о́лнить; **he ~ed the tank with petrol** он напо́лнил бак бензи́ном; **he ~ed the hole with sand** он запо́лнил я́му песко́м; **smoke ~ed the room** ко́мната напо́лнилась ды́мом; **I was ~ed with admiration** я был по́лон восхище́ния; **tears ~ed her eyes** её глаза́ напо́лнились слеза́ми.
2: **~ a tooth** пломбирова́ть, за-.
3 (*fig, of office etc.*) зан|има́ть, -я́ть; **~ a vacancy** зап|олня́ть, -о́лнить вака́нтную до́лжность; ста́вить, по- кого́-н. на вака́нтное ме́сто; **~ s.o.'s place** зан|има́ть, -я́ть чьё-н. ме́сто.
4: **~ a need** удовлетвор|я́ть, -и́ть потре́бность.
● *vi* (*become full*) нап|олня́ться, -о́лниться; **the sails ~ed** (*with wind*) паруса́ наду́лись; **his cheeks ~ed (out)** у него́ округли́лись щёки.
● *with advs*: **~ in** *vt* (*Br, complete*) зап|олня́ть, -о́лнить; **he ~ed in the form** (*Br*) он запо́лнил бланк/анке́ту; **he ~ed in his name** он вписа́л своё и́мя; (*coll, inform*): **I ~ed him in** я ввёл его́ в курс де́ла; *vi*: **I am ~ing in while X is away** я замеща́ю X в его́ отсу́тствие; **~ out** *vt* (*US, a form*) зап|олня́ть, -о́лнить; *vi* расш|иря́ться, -и́риться; попр|авля́ться, -а́виться; нап|олня́ться, -о́лниться; **~ up** *vt* (*make full*) нап|олня́ть, -о́лнить; **we ~ed up** (*the car*) **with petrol** мы запра́вились (бензи́ном); (*a form*) зап|олня́ть, -о́лнить; *vi* (*become full*)

нап|олня́ться, -о́лниться.
● *cpd* **~-in** *n* (*person or thing*) заме́на.

fillet /ˈfɪlɪt/ *n* **1** (*headband*) ле́нта, повя́зка. **2** (*of meat, fish*) филе́ (*indecl*).
● *vt* (**filleted, filleting**) (*of fish, take off bone*) отдел|я́ть, -и́ть мя́со от косте́й.

filling /ˈfɪlɪŋ/ *n* (*in tooth*) пло́мба; (*in pie*) начи́нка.
● *adj* наполня́ющий, заполня́ющий; (*of food*) сы́тный.
● *cpd* **~ station** *n* автозапра́вочная/бензозапра́вочная ста́нция; (бензо)запра́вка.

fillip /ˈfɪlɪp/ *n* щелчо́к, толчо́к; (*fig*) **give a ~ to** да|ва́ть, -ть толчо́к + *d*; стимули́ровать (*pf*).

filly /ˈfɪlɪ/ *n* молода́я кобы́ла.

film /fɪlm/ *n* **1** (*thin coating*) плёнка; **a ~ of dust** налёт пы́ли; **a ~ of mist** ды́мка.
2 (*material for producing pictures*) (*phot*) фотоплёнка; (*cin*) киноплёнка; **a roll of ~** кату́шка фотоплёнки.
3 (*motion picture*) фильм; **~ actor** киноактёр; **~ actress** киноактри́са; **~ clip** отры́вок из фи́льма; **~ crew** съёмочная гру́ппа; **~ critic** кинообозрева́тель (*m*); **~ distributor** кинопрока́тчик; **~ star** кинозвезда́; **~ studies** киноведе́ние; **~ studio** киносту́дия; **~ test** кинопро́ба актёра; **~ projector** киноустано́вка; **~ rights** права́ на экраниза́цию; **~ set** съёмочная площа́дка.
● *vt* & *i* сн|има́ть, -ять.

filter /ˈfɪltə(r)/ *n* (*for liquid*) фильтр; (*for light*) светофи́льтр; **~ light** (*Br, traffic sign*) светофо́р со стре́лкой; **~ tip** (*cigarette*) сигаре́та с фи́льтром.
● *vt* (*purify*) фильтрова́ть, от-/про-; проце́|живать, -ди́ть.
● *vi* (*fig*): **the news ~ed out** но́вости просочи́лись.

filth /fɪlθ/ *n* грязь.

filthy /ˈfɪlθɪ/ *adj* (**filthier, filthiest**) гря́зный.

fin /fɪn/ *n* плавни́к.

finagle /fɪˈneɪg(ə)l/ *vi* (*coll*) моше́нничать (*impf*).

final /ˈfaɪn(ə)l/ *n* **1** (*Br, in pl, exam at end of degree course*) выпускно́й экза́мен; (*US, exam at end of term, year, class*) ито́говый экза́мен; **he took his ~s in June** он сдава́л выпускны́е/госуда́рственные экза́мены в ию́не.
2 (*match*) фина́л; **tennis ~s** фина́л по те́ннису. **3** (*newspaper edition*) после́дний вы́пуск.
● *adj* **1** (*last in order*) после́дний; заверша́ющий, заключи́тельный.
2 (*decisive*) оконча́тельный, реша́ющий; **I won't come, and that's ~** я не приду́, и э́то моё после́днее сло́во.

finale /fɪˈnɑːlɪ, -leɪ/ *n* (*mus, fig*) фина́л; **grand ~** торже́ственный фина́л.

finalist /ˈfaɪnəlɪst/ *n* финали́ст (*fem* -ка).

finality /faɪˈnælɪtɪ/ *n*: **he spoke with (an air of) ~** он говори́л об э́том, как о де́ле решённом.

finalization /ˌfaɪnəlaɪˈzeɪʃ(ə)n/ *n* заверше́ние.

finalize /ˈfaɪnəˌlaɪz/ *vt* (*give final form to*) заверш|а́ть, -и́ть; прид|ава́ть, -а́ть оконча́тельную фо́рму + *d*; (*settle, e.g. arrangements*) (оконча́тельно) ула́|живать, -дить.

finally *adv* (*after a long time*) в конце́ концо́в; (*once and for all*) оконча́тельно; (*lastly*) наконе́ц.

finance /ˈfaɪnæns, fɪˈnæns, faɪˈnæns/ *n* фина́нсы (*m pl*); дохо́ды (*m pl*); **Minister of F~** мини́стр фина́нсов; **my ~s are low** у меня́ с фина́нсами ту́го (*coll*).
● *vt* финанси́ровать (*impf, pf*).

financial /faɪˈnænʃ(ə)l, fɪ-/ *adj* фина́нсовый; **he is in ~ difficulties** у него́ де́нежные затрудне́ния.

financier /faɪˈnænsɪə(r), ˌfɪ-/ *n* финанси́ст.

finch /fɪntʃ/ *n* зя́блик.

find /faɪnd/ *n* (*discovery, esp valuable*) нахо́дка; **the new cook is a ~** но́вый по́вар — настоя́щая нахо́дка.
● *vt* (*past and pp* **found**) **1** (*discover, encounter*) на|ходи́ть, -йти́; (*by search*) раз|ыска́ть, от- (*both pf*); **I could ~ nothing to say** я не нашёлся, что сказа́ть; **he found his tongue** он обрёл дар ре́чи; **a letter was found on him** на нём нашли́ письмо́; **pine trees are found in several countries** сосна́ растёт/встреча́ется во мно́гих стра́нах; **I found him waiting for me** он уже́ ждал меня́; **the bullet found its mark** пу́ля попа́ла в цель; **water ~s its own level** вода́ устана́вливает свой у́ровень; **we found the beds comfortable** крова́ти оказа́лись удо́бными; **you must take us as you ~ us** вам придётся приня́ть нас таки́ми, каки́е мы есть; **I found I had forgotten the key** я обнару́жил, что забы́л ключ; **I ~ it hard to understand him** мне тру́дно поня́ть его́; **he found himself in hospital** он оказа́лся/очути́лся в больни́це; **I called, but found her out** я зашёл, но не заста́л её.
2 (*compute, ascertain, judge*): **I ~ the total to be £20** по мои́м подсчётам, о́бщая су́мма составля́ет 20 фу́нтов; **the jury found him guilty** прися́жные призна́ли его́ вино́вным; **the judge found for the plaintiff** судья́ реши́л де́ло в по́льзу истца́.
3 (*provide*) предост|авля́ть, -а́вить; **I will ~ the money for the excursion** я раздобу́ду де́ньги на экску́рсию.
4 (*obtain, achieve*) получ|а́ть, -и́ть; **I ~ pleasure in reading** я получа́ю удово́льствие от чте́ния; **he found time to read** он находи́л вре́мя для чте́ния; **he found courage to ask her to marry him** он набра́лся хра́брости и сде́лал ей предложе́ние.
5: **~ out** (*detect*) узн|ава́ть, -а́ть; (*ascertain*) выясня́ть, вы́яснить; **I found out the answer** я нашёл отве́т; **have you found out (about) the trains?** вы узна́ли расписа́ние поездо́в?

findable /ˈfaɪndəb(ə)l/ *adj* находи́мый.

finder /ˈfaɪndə(r)/ *n* (*person who finds*): **the ~ will be rewarded** наше́дший полу́чит вознагражде́ние; **~s keepers (losers weepers)** кто нашёл, того́ и бу́дет; нашёл — зна́чит моё; ≈ что упа́ло(, то пропа́ло); (*lens*) (видо)иска́тель (*m*).

finding /ˈfaɪndɪŋ/ *n* (*discovery*) откры́тие, нахо́дка, нахожде́ние; (*conclusion; also in pl*) вы́вод(ы); (*law*) постановле́ние, реше́ние.

fine[1] /faɪn/ *n* (*punishment*) штраф, пе́ня.
● *vt* штрафова́ть, о-; **he was ~d £5** его́ оштрафова́ли на 5 фу́нтов.

fine[2] /faɪn/ *adj* **1** (*of weather*) я́сный, хоро́ший; **it has turned ~** проясни́лось; **one ~ day, one of these ~ days** в оди́н прекра́сный день.
2 (*pleasant, handsome, excellent*) прекра́сный, замеча́тельный; **a ~ view** прекра́сный вид; **a ~ girl** (*looks or character*) преле́стная/чуде́сная де́вушка; **we had a ~ time** мы прекра́сно/замеча́тельно провели́ вре́мя; **that is all very ~, but ...** всё э́то о́чень хорошо́, но... .
3 (*noble, virtuous*) благоро́дный, возвы́шенный; **a ~ gentleman/lady** ба́рин/ба́рышня.
4 (*delicate, exquisite*) то́нкий; **~ workmanship** то́нкая рабо́та; **~ silk** то́нкий шёлк.
5 (*of small particles*) ме́лкий; **~ dust** ме́лкая пыль; **~ rain** ме́лкий дождь.
6 (*slender, thin, sharp*) то́нкий, о́стрый; **~ thread** то́нкая нить/ни́тка; **a pencil with a ~ point** о́стро отто́ченный каранда́ш.
7 (*refined, subtle*) утончённый, то́нкий; **a ~ distinction** то́нкое разли́чие; **the ~ arts** изобрази́тельные/изя́щные иску́сства.
8 (*elegant, distinguished*) изя́щный.
● *adv*: **he cut it ~** (*of time*) он оста́вил себе́ вре́мени в обре́з; **that suits me ~** (*coll*) э́то меня́ вполне́ устра́ивает.
● *cpds* **~-grained** *adj* мелкозерни́стый; **~-spun** *adj* то́нкий; **~-tooth(ed) comb** *n see* ⇒**tooth**

fineness /ˈfaɪnnɪs/ *n* (*delicacy*) то́нкость, утончённость, изя́щество.

finery /ˈfaɪnərɪ/ *n* пы́шный наря́д.

finesse /fɪˈnes/ *n* (*delicacy*) делика́тность, то́нкость.

finger /ˈfɪŋgə(r)/ *n* па́лец (*also of glove*); (*of clock*) стре́лка; **index ~** указа́тельный па́лец; **middle ~** сре́дний па́лец; **ring ~** безымя́нный па́лец; **little ~** мизи́нец; **eat sth with one's ~s** есть что-н. рука́ми; **I can twist him round my little ~** он всё сде́лает, что я ни захочу́; **lay a ~ on** (*touch, molest*) тро́|гать, -нуть па́льцем; **he put his ~ on it** он попа́л в са́мую то́чку; **I will not lift a ~ to help him** я и па́льцем не пошевельну́, что́бы помо́чь ему́; **he's all ~s and thumbs** (*Br*) у него́ ру́ки — крю́ки; **he has a ~ in the pie** он заме́шан в э́том; он приложи́л ру́ку к э́тому; **she worked her ~s to the bone** она́ рабо́тала не покладая рук; **snap one's ~s** (*lit*) щёлк|ать, -нуть па́льцами; **the criminal slipped through our ~s** престу́пник ускользну́л у нас из-под но́са; **he burnt his ~s in that business** он обжёгся на э́том де́ле; **they can be counted on the ~s of one hand** их по па́льцам мо́жно сосчита́ть.

f

● *vt* трóгать, по-; ~ **a piece of cloth** щýпать, по- матéрию.

● *cpds* ~ **alphabet** *n* (*for deaf and dumb*) áзбука глухонемы́х; ~ **bowl** *n* чáшка для ополáскивания пáльцев; ~ **hole** *n* (*mus*) клáпан; ~**mark** *n* пятнó от пáльца; ~**plate** *n* (*on door*) налúчник дверногó замкá; ~**post** *n* указáтельный столб; ~**nail** *n* нóготь (*m*); ~**print** *n* отпечáток пáльца; дактилоскопúческий отпечáток; *vt* (*take s.o.'s* ~*prints*) сн|имáть, -ять отпечáтки пáльцев у + *g*; ~**stall** *n* напáльчник; ~**tip** *n* кóнчик пáльца; **he has the subject at his** ~**tips** он знáет э́тот предмéт как свои пять пáльцев; **he is a musician to his** ~**tips** он музыкáнт до мóзга костéй.

fingering /ˈfɪŋgərɪŋ/ *n* (*mus*) аппликатýра, пальцóвка.

finial /ˈfɪnɪəl/ *n* (*archit*) шпиль (*m*); флерóн.

finic|al /ˈfɪnɪk(ə)l/, **-king** /ˈfɪnɪkɪŋ/, **-ky** /ˈfɪnɪkɪ/ *adjs* разбóрчивый, придúрчивый, привередливый.

finicky /ˈfɪnɪkɪ/ *adj* (чересчýр) разбóрчивый, привередливый.

finis /ˈfɪnɪs, ˈfi:nɪs, ˈfaɪnɪs/ *n* конéц.

finish /ˈfɪnɪʃ/ *n* **1** (*conclusion*) окончáние, конéц; **it was a close** ~ онú закóнчили почтú одноврéменно; **he was in at the** ~ он присýтствовал при развя́зке.
2 (*polish*) отдéлка; **mahogany** ~ отдéлка из крáсного дéрева; **his manners lack** ~ у негó грубовáтые манéры.

● *vt* **1** (*smooth, polish*) отдéл|ывать, -ать; **the work is beautifully** ~**ed** рабóта отличáется совершéнством.
2 (*perfect*) совершéнствовать (*impf*); **a** ~**ed performance** оттóченное исполнéние; ~**ing touch** послéдний штрих; ~**ing school** пансиóн для дéвушек (*готовящий их к светской жизни*).
3 (*end*) зак|áнчивать, -óнчить; кончáть, кóнчить; **I** ~**ed** (*sc. writing, reading*) **the book** я (за)кóнчил кнúгу; **he** ~**ed (off, up) the pie** он доéл весь пирóг; **we will** ~ **the job** мы закóнчим рабóту.
4 (*of manufacture*): ~**ed goods** готóвые издéлия.
5 (*coll, exhaust, kill*) изнур|я́ть, -úть; прик|áнчивать, -óнчить; **the climb** ~**ed me** (*coll*) э́тот подъём доконáл меня́; **the fever** ~**ed him off** лихорáдка доконáла/прикóнчила егó.

● *vi* кончáться, кóнчиться; зак|áнчиваться, -óнчиться; **they** ~**ed (off, up) by singing a song** в заключéние онú спéли пéсню; **have you** ~**ed with that book?** вам бóльше не нужнá э́та кнúга?; **I am** ~**ed with him** мéжду нáми всё кóнчено; (*in race*) финишúровать (*impf, pf*); **he** ~**ed fourth** он зáнял четвёртое мéсто; ~**ing post** фúниш.

finite /ˈfaɪnaɪt/ *adj* конéчный; имéющий предéл; (*gram*): ~ **verb** лúчный глагóл.

Finland /ˈfɪnlənd/ *n* Финля́ндия.

Finn /fɪn/ *n* фин|н (*fem* -ка).

Finnish /ˈfɪnɪʃ/ *n* (*language*) фúнский язы́к.

● *adj* фúнский.

Finno-Ugric /ˌfɪnəʊˈu:grɪk, -ˈju:grɪk/ *adj* фúнно-угóрский.

fiord /fjɔ:d/ *n* = **fjord**

fir /fə:(r)/ *n* (*also* ~**-tree**) ель; **Scotch** ~ соснá.

● *cpd* ~ **cone** *n* (*Br*) еловая шúшка.

fire /ˈfaɪə(r)/ *n* **1** (*phenomenon of combustion*) огóнь (*m*); **the house is on** ~ дом загорéлся/горúт; **set on** ~, **set** ~ **to** подж|игáть, -éчь; **he will never set the world** (*or* **Thames** (*Br*)) **on** ~ он пóроха не вы́думает; **catch** ~ загор|áться, -éться; **there is no smoke without** ~ нет ды́ма без огня́; **play with** ~ (*fig*) игрáть (*impf*) с огнём.
2 (*burning fuel*) огóнь (*m*); **camp** ~ костёр; **he lit a** ~ он разжёг огóнь/камúн; **lay a** ~ расклáдывать, разложúть огóнь; **make a** ~ (*indoors*) зат|áпливать, -опúть камúн; **light a** ~ разж|игáть, -éчь камúн; топúть, за-печь; **there is a** ~ **in the next room** в сосéдней кóмнате горúт камúн.
3 (*conflagration*) пожáр; ~**!** пожáр!; (*excl by someone in burning building*) горúм!; **where's the** ~**?** где горúт?
4 (*of* ~*arms*) огóнь (*m*), стрельбá; **open** ~ откр|ывáть, -ы́ть огóнь; **cease** ~ прекра|щáть, -тúть огóнь; **under** ~ (*lit, also fig, of criticism etc.*) под огнём; **draw s.o.'s** ~ (*fig*) стать (*pf*) мишéнью для чьих-н. напáдок; **hold one's** ~ (*fig*) сдéрж|иваться, -áться.
5 (*ardour*) пыл, огóнь (*m*); **a speech full of** ~ плáменная речь.

● *vt* **1** (*set fire to*) подж|игáть, -éчь; заж|игáть, -éчь; (*fig*): **it** ~**d her imagination** э́то воспламенúло её воображéние.
2 (*bake, e.g. bricks or pottery*) обж|игáть, -éчь.
3 (*fuel*): **an oil-**~**d furnace** тóпка, рабóтающая на жúдком тóпливе.
4 (*of* ~*arms*) стреля́ть (*impf*) из + *g*; ~ **a rifle** стреля́ть (*impf*) из ружья́; ~ **a shot** вы́стрелить (*pf*); ~ **a salute** (*of many guns*) произвестú (*pf*) артиллерúйский салю́т; **he** ~**d off his ammunition** он израсхóдовал все патрóны.

● *vi* (*of* ~*arms*) стреля́ть (*impf*); вы́стрелить (*pf*); **the troops** ~**d at the enemy** войскá стреля́ли по врагý; **they** ~**d at the target** онú стреля́ли в цель; **the guns** ~**d** орýдия стреля́ли; ~ **away!** (*fig, coll*) валя́й!; выклáдывай!

● *cpds* ~ **alarm** *n* (*alert*) пожáрная тревóга; (*device*) автоматúческий пожáрный сигнáл; ~**arm** *n* огнестрéльное орýжие; ~**ball** *n* (*meteor*) болúд; (*nuclear*) óгненный шар; ~**bird** *n* (*myth*) жар-птúца; ~**bomb** *n* зажигáтельная бóмба; ~**box** *n* тóпка, огневáя корóбка; ~**brand** *n* зачúнщик, подстрекáтель (*m*); ~**break** *n* заградúтельная противопожáрная полосá; ~**brick** *n* огнеупóрный кирпúч; ~ **brigade** *n* (*Br*) пожáрная комáнда; ~**clay** *n* огнеупóрная глúна; ~**cracker** *n* фейервéрк; ~**damp** *n* рудничный/ гремýчий газ; ~ **department** (*US*) = ~ **brigade**; ~**dog** *n* подстáвка для камúнного прибóра; ~ **drill** *n* пожáрное учéние, обучéние приёмам противопожáрной защúты; ~**-eater** *n* (*at circus*) пожирáтель (*m*) огня́; ~ **engine** *n* пожáрная машúна; ~ **escape** *n* пожáрная лéстница; ~ **extinguisher** *n* огнетушúтель (*m*); ~**fighter** *n* пожáрный; пожáрник (*coll*); ~**fly** *n* светля́к; ~**guard** *n* (*screen*) камúнная решётка; (*US*) = **fire-break**; ~ **hose** *n* пожáрный шланг; ~ **insurance** *n* страховáние от огня́; ~ **irons** *n pl* камúнный прибóр; ~**light** *n* свет от камúна; ~**lighter** *n* (*Br*) растóпка; ~**man** *n* (*pl* ~**men**) (*stoker*) кочегáр; (*member of* ~ *brigade*) пожáрный; пожáрник (*coll*); ~**place** *n* камúн, очáг; ~**plug** *n* (*US*) пожáрный кран, гидрáнт; ~**power** *n* огневáя мощь; ~**proof** *adj* огнеупóрный; **a** ~**proof door** несгорáемая дверь; *vt* прид|авáть, -áть огнестóйкость + *d*; ~**-raiser** *n* (*Br*) поджигáтель (*m*); ~ **screen** *n* (*ornamental*) камúнный экрáн; = **fire-guard**; ~**ship** *n* брáндер; ~**side** *n* мéсто óколо камúна; (*fig*) домáшний очáг; ~ **station** *n* пожáрное депó (*indecl*); ~ **tongs** *n pl* камúнные щипц|ы́ (*pl, g* -óв); ~ **trap** *n* «ловýшка» (*в случае пожара*); ~ **truck** (*US*) = ~**-engine**; ~**-watcher** *n* добровóлец пожáрной охрáны; дежýрный, следя́щий за зажигáтельными бóмбами; ~**-watching** *n* охрáна от зажигáтельных бомб; ~**water** *n* горячúтельные напúтки (*m pl*); ~**wood** *n* дров|á (*pl, g* —); ~**work(s)** *n* (*pl*) фейервéрк (*also fig*); ~**work display** фейервéрк; ~**-worshipper** *n* огнепоклóнник.

firing /ˈfaɪərɪŋ/ *n* (*shooting*) стрельбá.

● *cpds* ~ **line** *n* лúния огня́; ~ **party** *n* (*at funeral etc.*) салю́тная комáнда; (*for execution*) = ~ **squad**; ~ **squad** расстрéльная комáнда (*группа по приведению в исполнение смертных приговоров*).

firm[1] /fə:m/ *n* фúрма.

firm[2] /fə:m/ *adj* **1** (*physically*) крéпкий, твёрдый; ~ **ground** сýша; **we are on** ~ **ground in asserting this** мы с увéренностью утверждáем э́то. **2** (*fig*) устóйчивый, стóйкий, непоколебúмый; **he is** ~ **in his beliefs** он непоколебúм в своéй вéре; **you must be** ~ **with him** вы должны́ быть с ним построже; **a** ~ **offer** твёрдое предложéние.

● *adv* твёрдо, устóйчиво; **stand** ~ стоя́ть (*impf*) твёрдо.

● *vt* (*make* ~; *also* ~ **up**) (*e.g. a mixture*) уплотн|я́ть, -úть; (*e.g. a project*) укреп|ля́ть, -úть.

● *vi* (*also* ~ **up**) (*become* ~) уплотн|я́ться, -úться; укреп|ля́ться, -úться.

firmament /ˈfə:məmənt/ *n* небéсный свод.

firmness /ˈfə:mnɪs/ *n* (*physical*) твёрдость; (*moral*) стóйкость, непоколебúмость.

firmware /ˈfə:mweə(r)/ *n* (*comput*) микропрогрáмма, встрóенная

програ́мма; проши́вка (*sl*).
● *adj* (*comput*) аппара́тно-програ́ммный.

first /fɜ:st/ *n* **1** (*beginning*): **at ~** снача́ла, сперва́; **from ~ to last** с нача́ла до конца́; **from the ~** с са́мого нача́ла.
2 (*date*) пе́рвое (число́); **on the ~ of May** пе́рвого ма́я.
3 (*Br, academic mark*) вы́сшая оце́нка/отме́тка; **he got a ~ in physics** он получи́л вы́сшую оце́нку по фи́зике.
4 (*edition*) пе́рвое изда́ние.
● *adj* **1** (*in time or place*) пе́рвый; **on the ~ floor** (*Br*) на второ́м этаже́; (*US*) на пе́рвом этаже́; **at ~ glance** на пе́рвый взгляд; **hear sth at ~ hand** узн|ава́ть, -а́ть что-н. из пе́рвых рук; **at ~ light** как то́лько нача́ло/начнёт света́ть; **~ name** и́мя; **~ night** (*theatr*) премье́ра; **I asked the ~ person I saw** я спроси́л пе́рвого встре́чного; **~ person singular** пе́рвое лицо́ еди́нственного числа́; **in the ~ place** во-пе́рвых, в пе́рвую о́чередь; **I will go there ~ thing tomorrow** за́втра я пе́рвым де́лом зайду́ туда́; **he said the ~ thing that came to mind** он сказа́л пе́рвое, что пришло́ ему́ в го́лову; **the ~ time I saw him** когда́ я в пе́рвый раз уви́дел его́; **he got it right ~ time (off)** у него́ получи́лось э́то с пе́рвого ра́за; **he would be the ~ to admit that ...** он пе́рвый призна́ет, что... .
2 (*in rank or importance*) пе́рвый; **he travels ~ class** он е́здит пе́рвым кла́ссом; **put ~ things ~** де́лать (*impf*) в пе́рвую о́чередь са́мое гла́вное; **~ team** (*sport*) основно́й соста́в; **~ cousin** двою́родный брат, двою́родная сестра́; **~ violin** пе́рвая скри́пка.
3 (*basic*) основно́й; **~ principles** основны́е при́нципы; **he doesn't know the ~ thing about dogs** он ничего́ не понима́ет в соба́ках.
● *adv* **1** (*before all; also* **~ and foremost, ~ of all**) пре́жде всего́; в пе́рвую о́чередь; **~ come, ~ served** кто пе́рвым пришёл, того́ пе́рвым и обслу́жат.
2 (*initially*) сперва́, снача́ла; (*in the ~ place*) во-пе́рвых; (*for the ~ time*) впервы́е; **I ~ met him last year** я познако́мился с ним в про́шлом году́; **when they were ~ married** в нача́ле их супру́жеской жи́зни; когда́ они́ то́лько пожени́лись.
● *cpds* **~ aid** *adj* пе́рвая по́мощь; **~-aid kit** санита́рная су́мка; апте́чка; **~-aid post** пункт пе́рвой по́мощи; **~-aid room, station** медпу́нкт; **~born** *n* пе́рвенец; *adj* ста́рший; **~ class** *adj* (*excellent*) первокла́ссный; *adv* (*of travel*) пе́рвым кла́ссом; **~ floor** *adj* (*Br*) второ́го этажа́, на второ́м этаже́; (*US*) пе́рвого этажа́, на пе́рвом этаже́; **~ form** *n* (*Br*) пе́рвый класс; **~-former** *n* (*Br*) первокла́ссни|к (*fem* -ца); **~-grader** (*US*) = **~-former**; **~-hand** *adj & adv* из пе́рвых рук; **~-night** *attr adj*: **~-night nerves** волне́ние пе́ред премье́рой; **~-nighter** *n* завсегда́тай премье́р; **~-rate** *adj* первокла́ссный; *int* прекра́сно!; **~-strike** *adj*: **~-strike weapons** ору́жие для пе́рвого уда́ра.

firstly /'fɜ:stlɪ/ *adv* во-пе́рвых.

firth /fɜ:θ/ *n* зали́в; лима́н; **the F~ of Forth** зали́в Ферт-оф-Фо́рт.

fiscal /'fɪsk(ə)l/ *adj* фиска́льный, фина́нсовый.

fish /fɪʃ/ *n* (*pl* **~** *or* **~es**) ры́ба; **catch ~** лови́ть, пойма́ть ры́бу; **drink like a ~** пить (*impf*) запо́ем; **a ~ out of water** челове́к, попа́вший не в свою́ среду́; **neither ~, flesh, nor fowl** ни ры́ба ни мя́со; **I have other ~ to fry** у меня́ есть дела́ поважне́е; (*fig, creature*): **a cold ~** холо́дный челове́к.
● *vt & i* лови́ть/уди́ть (*impf*) ры́бу; **~ a river** лови́ть ры́бу в реке́; (*fig*): **~ for compliments** напра́шиваться (*impf*) на комплиме́нты; **~ for information** выу́живать, вы́удить све́дения; **he ~ed through his pockets** он поры́лся у себя́ в карма́нах.
● *with advs*: **~ out** *vt* выу́живать, вы́удить; **~ up** *vt* выта́скивать, вы́тащить.
● *cpds* **~ bone** *n* ры́бья кость; **~cake** *n* ≈ ры́бная котле́та; **~eye** *adj*: **~eye lens** фотообъекти́в «ры́бий глаз»; **~ farm** *n* рыбово́дческое/рыборазво́дное хозя́йство (*abbr* рыбхо́з), (*esp outside Russia and the former Soviet republics*) рыбово́дческая/рыборазво́дная фе́рма (*abbr* рыбфе́рма); **~ farming** *n* рыбово́дство; **~ finger** *n* (*Br*) ры́бная па́лочка; **~ hook** *n* рыболо́вный крючо́к; **~ knife** *n* нож для ры́бы; **~monger** *n* торго́вец ры́бой; **~net** *n* рыболо́вная сеть; **~nets/~net stockings** ажу́рные чулки́; **~ oil** *n* ры́бий жир; **~ pond** *n* пруд для разведе́ния ры́бы; ры́бный/рыборазво́дный садо́к; **~ slice** *n* (*Br*) нож для перевора́чивания ры́бы на сковороде́; **~ tank** *n* аква́риум; **~wife** *n* торго́вка ры́бой.

fisher /'fɪʃə(r)/ *n* (*archaic*) = **fisherman**

fisherman /'fɪʃəmən/ *n* (*pl* **fishermen**) рыба́к; (*angler for pleasure*) рыболо́в.

fishery /'fɪʃərɪ/ *n* рыболо́вство; ры́бный про́мысел.

fishing /'fɪʃɪŋ/ *n* ры́бная ло́вля; **~ rights** пра́во ры́бной ло́вли; **the boys have gone ~** ма́льчики ушли́ на рыба́лку.
● *cpds* **~ line** *n* ле́ска; **~ net** *n* рыболо́вная сеть; **~ rod** *n* уди́лище; **~ tackle** *n* рыболо́вные сна́сти (*f pl*).

fishy /'fɪʃɪ/ *adj* (**fishier, fishiest**) ры́бий, ры́бный; **a ~ taste** ры́бный при́вкус; (*coll, suspect*) нечи́стый, подозри́тельный.

fissile /'fɪsaɪl/ *adj* (*phys*) расщепля́ющийся; (*geol*) сланцева́тый.

fission /'fɪʃ(ə)n/ *n* (*biol*) размноже́ние путём деле́ния кле́ток; (*phys*) расщепле́ние/деле́ние (ядра́); **nuclear ~** а́томный распа́д.

fissionable /'fɪʃənəb(ə)l/ *adj* спосо́бный к я́дерному распа́ду; расщепля́емый.

fissure /'fɪʃə(r)/ *n* тре́щина, расще́лина.
● *vi* тре́скаться, по-; тре́снуть (*pf*).

fist /fɪst/ *n* кула́к; (*diminutive, e.g. baby's*) кулачо́к; **shake one's ~ at s.o.** грози́ть, по- кому́-н. кулако́м; **with clenched ~s** сжав кулаки́.

fistful /'fɪstfʊl/ *n* горсть, при́горшня.

fisticuffs /'fɪstɪˌkʌfs/ *n pl* кула́чный бой.

fistula /'fɪstjʊlə/ *n* (*pl* **fistulas** *or* **fistulae** /-ˌli:/) (*med*) фи́стула, свищ.

fit[1] /fɪt/ *n* **1** (*attack of illness*) при́ступ, припа́док; **apoplectic ~** апоплекси́ческий уда́р; **he was subject to ~s as a child** ребёнком он был подве́ржен припа́дкам; (*fig*): **she would have, throw a ~ if she knew** она́ закати́ла бы сце́ну/исте́рику, е́сли бы узна́ла. **2** (*outburst*): **~ of coughing** при́ступ ка́шля; **the book sent me into ~s of laughter** э́та кни́га рассмеши́ла меня́ до слёз; **his jokes had us in ~s** от его́ шу́ток мы пока́тывались со́ смеху; **in a ~ of passion** в поры́ве стра́сти. **3**: **by/in ~s and starts** уры́вками.

fit[2] /fɪt/ *n* (*of a garment etc.*): **this jacket is a tight ~** э́тот пиджа́к узкова́т; **six people in the car is a tight ~** шесть челове́к едва́ умеща́ются в маши́не.
● *adj* (**fitter, fittest**) **1** (*suitable*) го́дный, приго́дный, подходя́щий; **this food is not ~ to eat** э́та пи́ща несъедо́бна; **he was passed ~ for military service** его́ призна́ли го́дным к вое́нной слу́жбе; **survival of the ~test** есте́ственный отбо́р; **see, think ~** счита́ть, счесть ну́жным; **he'll come when he thinks ~** он придёт когда́ ему́ заблагорассу́дится; **a meal ~ for a king** ца́рская тра́пеза; **you are not ~ to be seen** вам нельзя́ пока́зываться в тако́м ви́де.
2 (*ready*) гото́вый, спосо́бный; **he was ~ to drop** он едва́ держа́лся на нога́х; **dressed ~ to kill** разоде́тый в пух и прах.
3 (*in good health*) здоро́вый; в хоро́шей фо́рме; **fighting ~** здоро́вый как бык; **keep (o.s.) ~** подде́рживать (*impf*) хоро́шую (спорти́вную) фо́рму.
● *vt* (**fitted, fitting**)
1 (*equip: also* **~ out, ~ up**) снаря|жа́ть, -ди́ть; снаб|жа́ть, -ди́ть; экипирова́ть (*impf, pf*); обору́довать (*impf, pf*); **the house is ~ted for electricity** в до́ме есть прово́дка; **he was ~ted out with a new suit** ему́ вы́дали но́вый костю́м; **he went to the tailors to be ~ted** он пошёл к портно́му на приме́рку; **~ a ship out** снаря|жа́ть, -ди́ть кора́бль (*m*).
2 (*install, fix in place*): **~ted carpet** (*Br*) ковёр во всю ко́мнату; **~ted kitchen** (*Br*) встро́енная ку́хня; **~ted wardrobe** (*Br*) встро́енный платяно́й шкаф; **he ~ted a new lock on the door** он вста́вил но́вый замо́к в дверь; (*fig, accommodate*): **I can ~ you in next week** я могу́ назна́чить вам встре́чу на сле́дующей неде́ле.
3 (*make suitable, adapt*) приспос|а́бливать, -о́бить; **he is not ~ted for heavy work** он не годи́тся для тяжёлых рабо́т; **they are well**

~ted for each other они́ подхо́дят друг дру́гу; **I had a suit ~ted** я приме́рил костю́м; **I ~ted in my holiday with his** я подогна́л вре́мя своего́ о́тпуска к его́; (*correspond to in dimensions*: *also vi*) под|ходи́ть, -ойти́ + *d*; **the dress ~s you** э́то пла́тье хорошо́ на вас сиди́т; **will the letter ~ (into) this envelope?** письмо́ войдёт в э́тот конве́рт?; **a key to ~ this lock** ключ к э́тому замку́; **that ~s in with my plans** э́то вполне́ совпада́ет с мои́ми пла́нами; **his story ~s in with hers** его́ расска́з подтвержда́ет её слова́.
4 (*insert*: *also vi*): **he ~ted the cigarette into the holder** он вста́вил сигаре́ту в мундшту́к; **tubes that ~ into one another** тру́бки, вставля́ющиеся одна́ в другу́ю.
5 (*suit*) соотве́тствовать (*impf*) + *d*; **he made the punishment ~ the crime** он определи́л наказа́ние, соотве́тствующее преступле́нию.

fitful /ˈfɪtfʊl/ *adj* неро́вный, преры́вистый.

fitment /ˈfɪtmənt/ *n* (*Br*) предме́т обстано́вки; часть обору́дования.

fitness /ˈfɪtnɪs/ *n* (*suitability*) соотве́тствие, приго́дность; (*health*) хоро́шее здоро́вье.

fitter /ˈfɪtə(r)/ *n* (*tailor's assistant*) портно́й, занима́ющийся приме́ркой; (*mechanic*) монтёр, сбо́рщик.

fitting /ˈfɪtɪŋ/ *n* **1** (*of clothes*) приме́рка. **2** (*fixture in building*) обору́дование; **light ~s** осветительные прибо́ры (*m pl*). **3** (*installation*) обору́дование, устано́вка.
● *adj* подходя́щий, го́дный.
● *cpd* **~ room** *n* приме́рочная.

five /faɪv/ *n* (число́/но́мер) пять; (~ *people*) пя́теро; пять челове́к; **we ~** нас пя́теро; **(the) ~ of us went** мы пошли́ впятеро́м; нас пошло́ пять челове́к; **~ each** по пяти́; **in ~s, ~ at a time** по пяти́, пятёрками; (*figure, thing numbered 5, group of ~*) пятёрка; (*of things purchased in ~s, e.g. eggs*) пято́к; (*with various nn expressed or understood*; *cf. also examples under* ⇒**two**): **~ (o'clock)** пять (часо́в); **chapter ~ (5)** пя́тая (5) глава́; **he is ~** ему́ пять лет; **at ~ (years old)** в пять лет; **~ of spades** пятёрка пик; **~ to 4 (o'clock)** без пяти́ четы́ре; **~ past 6** пять мину́т седьмо́го; **have you got this dress in a ~?** есть у вас пя́тый разме́р э́того пла́тья?; **she takes ~s in shoes** у неё пя́тый разме́р о́буви; **let's take five** (*coll*) пойдём на переку́р.
● *adj* пять + *g pl*; (*for people and pluralia tantum, also*) пя́теро + *g pl*; **~ sixes are thirty** пя́тью шесть — три́дцать; **~ times as good** впя́теро лу́чше.
● *cpds* **~-day** *adj*: **~-day week** пятидне́вная неде́ля, пятидне́вка; **~-finger** *adj*: **~-finger exercise** упражне́ние для пяти́ па́льцев; **~fold** *adj* пятикра́тный; *adv* впя́теро; **the crop has increased ~fold** урожа́й увели́чился в пять раз; **~-pound** *adj*: **~-pound note** (*Br*) пятифу́нтовая купю́ра/банкно́та/бума́жка (*coll*); **~-sided** *adj* пятисторо́нний; **~-sided figure** пятиуго́льник; **~-storey** *adj* пятиэта́жный; **~-year** *adj* пятиле́тний; **F~-Year Plan** пятиле́тний план, пятиле́тка; **~-year-old** *n* пятиле́тний ребёнок.

fiver /ˈfaɪvə(r)/ *n* (*Br*) пятёрка (*coll*) (*пятифунтовая банкнота*).

fix /fɪks/ *n* (*coll, dilemma*) затрудни́тельное положе́ние; затрудне́ние; (*determination of position*) определе́ние ме́ста; (*coll, injection of drug*) уко́л.
● *vt* **1** (*fasten, make firm*) укреп|ля́ть, -и́ть; (*fig*): **I ~ed him with a glance** я при́стально посмотре́л на него́; **the event was ~ed in his mind** э́то собы́тие запечатле́лось у него́ в мозгу́; **~ the blame on s.o.** взва́л|ивать, -и́ть вину́ на кого́-н.
2 (*direct steadily*) напр|авля́ть, -а́вить; **~ one's eyes (up)on** остан|а́вливать, -ови́ть взгля́д на + *p*; **~ one's attention on** сосредото́чи|вать, -ть внима́ние на + *p*; **~ed gaze** при́стальный/неподви́жный взгляд.
3 (*determine, settle*: *also vi*) **let us ~ (on) a date** дава́йте договори́мся о да́те.
4 (*chem*) сгу|ща́ть, -сти́ть; свя́з|ывать, -а́ть.
5 (*phot*) фикси́ровать (*impf, pf*).
6 (*provide*: *also* **~ up**): **can you ~ (up) a room for me?** (*or* **~ me up with a room?**) мо́жете ли вы найти́/подыска́ть для меня́ ко́мнату?
7 (*coll, repair*): **he ~ed the radio in no time** он в два счёта почини́л радиоприёмник; (*US, prepare*): **I will ~ the drinks** я пригото́влю напи́тки.

fixation /fɪkˈseɪʃ(ə)n/ *n* (*psychol*) фикса́ция.

fixative /ˈfɪksətɪv/ *n* фиксати́в, фикса́тор.

fixed /ˈfɪksd/ *adj* неподви́жный, закреплённый, постоя́нный; **~ idea** навя́зчивая иде́я, иде́я фикс; **~ point** (*geom*) постоя́нная то́чка; **~ rate** фикси́рованная ста́вка; **~ star** неподви́жная звезда́.

fixedly /ˈfɪksɪdlɪ/ *adv* при́стально; в упо́р.

fixer /ˈfɪksə(r)/ *n* (*phot*) фикса́ж; (*sl, arranger*) посре́дник.

fixture /ˈfɪkstʃə(r)/ *n* **1** (*fitting in building*) приспособле́ние. **2** (*tech*) неподви́жная/закреплённая дета́ль. **3** (*Br, sporting event*) предстоя́щее спорти́вное состяза́ние/мероприя́тие. **4** (*coll, permanent feature*) обы́чное явле́ние.

fizz /fɪz/ *n* (*sound*) шипе́ние; (*champagne*) игри́стое.
● *vi* шипе́ть (*impf*); и́скри́ться (*impf*).

fizzle /ˈfɪz(ə)l/ *vi* шипе́ть (*impf*); **~ out** выдыха́ться, вы́дохнуться; (*fig*) око́нчиться (*pf*) ниче́м.

fizzy /ˈfɪzɪ/ *adj* (**fizzier, fizziest**) шипу́чий.

fjord /fjɔːd/*n* фьорд, фио́рд.

flabbergast /ˈflæbəˌɡɑːst/ *vt* (*coll*) ошеломл|я́ть, -и́ть; ошара́ши|вать, -ть.

flabbiness /ˈflæbɪnɪs/ *n* вя́лость, дря́блость; (*fig*) сла́бость, слабохара́ктерность.

flabby /ˈflæbɪ/ *adj* (**flabbier, flabbiest**) вя́лый, дря́блый; (*fig*) сла́бый, слабохара́ктерный.

flaccid /ˈflæksɪd, ˈflæsɪd/ *adj* отви́слый, вя́лый.

flag[1] /flæɡ/ *n* (*emblem*) флаг, зна́мя (*nt*); **show the white ~** вывёшивать, вы́весить бе́лый флаг; **hoist, raise, run up the ~** подн|има́ть, -я́ть (*or* водру|жа́ть, -зи́ть) флаг; **lower, strike the ~** (*naut*) опус|ка́ть, -ти́ть флаг; (*surrender*) сд|ава́ться, -а́ться; **show the ~** подн|има́ть, -я́ть флаг; (*fig*) нап|омина́ть, -о́мнить о своём существова́нии; **~ of convenience** удо́бный флаг; **keep the ~ flying** (*fig*) высоко́ держа́ть (*impf*) зна́мя (*чего*); **put the ~s out** (*fig*) пра́здновать (*impf*) побе́ду; **F~ Day** (*US*) День установле́ния госуда́рственного фла́га США; **~ officer** адмира́л, коммодо́р; кома́ндующий.
● *vt* (**flagged, flagging**) **1** (*mark*) ме́тить, по-.
2 (*signal*: *also vi*) сигнализи́ровать (*impf, pf*) фла́гом; (*fig*): **~ (down) a passing car** остан|а́вливать, -ови́ть проезжа́ющую маши́ну.
● *cpds* **~ captain** *n* команди́р фла́гманского корабля́; **~ day** *n* (*Br*) день сбо́ра де́нег на благотвори́тельные це́ли; **~ lieutenant** *n* флаг-адъюта́нт; **~man** *n* (*pl* **~men**) сигна́льщик; **~pole** *n* флагшто́к; **~ship** *n* фла́гманский кора́бль, фла́гман; **~staff** *n* флагшто́к; **~-waving** *n* (*coll, demonstrative patriotism*) ура́-патриоти́зм.

flag[2] /flæɡ/ *n* (*bot*) каса́тик, и́рис.

flag[3] /flæɡ/ *n* (~ *stone*) ка́менная плита́, плитня́к.
● *vt* (**flagged, flagging**) выстила́ть, вы́стлать плитами.

flag[4] /flæɡ/ *vi* (**flagged, flagging**) (*grow weary*) ослаб|ева́ть, -е́ть; (*fig*): **the conversation was ~ging** разгово́р не кле́ился.

flagellant /ˈflædʒələnt, fləˈdʒelənt/ *n* (*eccl*) флагелла́нт.

flagellate /ˈflædʒəˌleɪt/ *vt* бичева́ть (*impf*).

flagellation /ˌflædʒəˈleɪʃ(ə)n/ *n* бичева́ние; (*self-~*) самобичева́ние.

flageolet /ˌflædʒəˈlet, ˈflædʒ-/ *n* (*mus*) флажоле́т.

flagon /ˈflæɡən/ *n* графи́н/кувши́н для вина́.

flagrancy /ˈfleɪɡrənsɪ/ *n* чудо́вищность, возмути́тельность.

flagrant /ˈfleɪɡrənt/ *adj* вопию́щий, возмути́тельный.

flagrante delicto /fləˈɡræntɪ dɪˈlɪktəʊ/ *adv*: **in ~** на ме́сте преступле́ния; **he was caught by his mother in ~ with two girls** он был по́йман свое́й ма́терью на «ме́сте преступле́ния» с двумя́ деви́цами.

flail /fleɪl/ *n* цеп.
● *vt & i* молоти́ть, с-; (*fig*) маха́ть (*impf*); **he charged with his hands ~ing** он наступа́л, разма́хивая рука́ми.

flair /ˈfleə(r)/ *n* нюх, чутьё; **a ~ for languages** способности (*f pl*) к языкам.

flak /flæk/ *n* зенитный огонь; **~ jacket** защитная куртка; (*fig*) **he took a lot of ~ from the critics** ему досталось от критиков.

flake /fleɪk/ *n* (*in pl*) хлопь|я (*pl, g* -ев); **~s of snow** снежинки (*f pl*); **corn ~s** корнфлекс; **soap ~s** мыльная стружка.
● *vi* (*peel*) шелушиться (*impf*); слоиться (*impf*); **the rust ~d off** ржавчина отслоилась; **~ out** (*coll*) зас|ыпать, -нуть; **~d out** (*coll*) измотанный.

flaky /ˈfleɪkɪ/ *adj* (**flakier, flakiest**) **1** слоистый; **~ pastry** слоёное тесто. **2** (*US coll*) чокнутый.

flamboyanc|e /flæmˈbɔɪəns/, **-y** /flæmˈbɔɪənsɪ/ *nn* цветистость; яркость.

flamboyant /flæmˈbɔɪənt/ *adj* (*person, behaviour*) колоритный; (*clothing*) броский, яркий; (*style*) цветистый.

flame /fleɪm/ *n* **1** (*burning gas; in pl, fire*) огонь (*m*), пламя (*nt*); **burst into ~(s)** вспых|ивать, -нуть; **the house was in ~s** дом был охвачен пламенем; **commit to the ~s** пред|авать, -ать огню; **add fuel to the ~s** (*fig*) подл|ивать, -ить масла в огонь. **2** (*blaze of light or colour*) пламя (*nt*), вспышка. **3** (*specific colour: also adj*) огненный (цвет). **4** (*coll, sweetheart*) предмет страсти; **she is an old ~ of mine** она моя старая пассия.
● *vi* гореть, пылать, пламенеть (*all impf*).
● *cpds* **~proof** *adj* огнестойкий; **~-thrower** *n* огнемёт.

flamenco /fləˈmeŋkəʊ/ *n* (*pl* **~s**) фламенко (*indecl*).

flaming /ˈfleɪmɪŋ/ *adj* **1** (*ablaze; very hot*) пылающий, горящий. **2** (*brightly coloured*) яркий, пламенеющий. **3** (*fig, violent*): **they had a ~ row** у них произошёл страшный скандал; **he was in a ~ temper** он был в бешенстве. **4** (*sl*): **it's a ~ nuisance** это чертовски досадно.

flamingo /fləˈmɪŋgəʊ/ *n* (*pl* **~s** *or* **~es**) фламинго (*m indecl*).

flammable /ˈflæməb(ə)l/ *adj* горючий; легко воспламеняющийся.

flan /flæn/ *n* открытый пирог.

Flanders /ˈflɑːndəz/ *n* Фландрия.

flâneur /flæˈnɜːr/ *n* фланёр.

flange /flændʒ/ *n* фланец, кромка.

flank /flæŋk/ *n* **1** (*of the body*) бок. **2** (*of a building*) торцовая сторона. **3** (*of a hill*) склон. **4** (*of an army*) фланг; **~ attack** фланговая атака.
● *vt* **1** (*be or go alongside*) находиться (*impf*) (*or* идти) сбоку. **2** (*menace or cut off by ~ing movement*) угрожать (*impf*) с фланга + *d*; отр|езать, -езать фланг; **he was ~ed by guards** по обе стороны от него шла/стояла стража.

flannel /ˈflæn(ə)l/ *n* **1** (*kind of cloth*) фланель. **2**: **face ~** (*Br*) махровая салфетка для лица. **3** (*in pl, trousers*) фланелевые брюк|и (*pl, g* —). **4** (*Br coll*) очковтирательство.
● *adj* фланелевый.

flannelette /ˌflænəˈlet/ *n* фланелет, байка.

flap¹ /flæp/ *n* **1** (*hinged piece etc.*): **the table has two ~s** у стола две откидные доски; **a jacket with a ~ at the back** пиджак с двумя разрезами сзади; **a hat with ~s** шапка с ушами; (*of pocket, envelope*) клапан; (*aeron*) закрылок; **with ~s down** с опущенными закрылками. **2** (*waving motion*) взмах. **3** (*sound*) хлопок.
● *vt & i* (**flapped, flapping**) взмах|ивать, -нуть + *i*; мах|ать, -нуть + *i*; хлоп|ать, -нуть; шлёп|ать, -нуть; развевать(ся) (*impf*); **the bird ~ped its wings** птица взмахнула крыльями; **the flags ~ped in the wind** флаги развевались на ветру; **he ~ped away the flies** он отгонял мух (хлопушкой).

flap² /flæp/ *n* (*coll, state of alarm*) переполох; **don't get into a ~!** не паникуйте!
● *vi* (**flapped, flapping**) переполошиться (*pf*).

flapdoodle /flæpˈduːd(ə)l, ˈflæp-/ *n* (*US sl*) чепуха, белиберда.

flapjack /ˈflæpdʒæk/ *n* **1** (*Br, biscuit*) овсяное печенье. **2** (*US, pancake*) блин.

flare¹ /fleə(r)/ *n* (*effect of flame*) сверкание; вспышка; (*illuminating device*) сигнальная ракета; осветительный патрон; **the ship sent up ~s** корабль выпустил сигнальные ракеты.
● *vi* сверк|ать, -нуть; гореть (*impf*) неровным пламенем; (*fig*) вспых|ивать, -нуть; вспылить (*pf*); **she ~s up at the least thing** она взрывается из-за каждого пустяка.
● *cpds* **~path** *n* освещённая взлётно-посадочная полоса; **~-up** *n* (*lit, fig*) вспышка.

flare² /fleə(r)/ *n* (*widening-out*) расширение; **~s** (*trousers*) брюки клёш.
● *vt & i* расш|иряться, -ириться; **~d skirt** юбка клёш.

flash /flæʃ/ *n* **1** (*burst of light*) вспышка, проблеск; **a ~ of lightning** вспышка молнии; **~ in the pan** (*fig*) осечка; **he had a ~ of inspiration** на него нашло вдохновение. **2** (*instant*) мгновение, миг; **he answered in a ~** он мгновенно ответил. **3** (*Br, on uniform*) нарукавная нашивка; эмблема части/соединения. **4**: **news ~** экстренное сообщение.
● *adj* (*gaudy*) шикарный, кричащий.
● *vt*: **he ~ed the light in my face** он направил свет мне в лицо; **they were ~ing signals to the enemy** они посылали световые сигналы врагу; (*fig*): **he ~ed a glance at her** он метнул на неё взгляд.
● *vi* сверк|ать, -нуть; вспых|ивать, -нуть; мельк|ать, -нуть; **the light ~ed on and off** свет то вспыхивал, то гас; **the lightning ~ed** сверкнула/блеснула молния; **~ing eyes** сверкающие глаза; **the thought ~ed across my mind** эта мысль промелькнула у меня в голове; **cars ~ed by** машины мчались мимо.
● *cpds* **~back** *n* (*cin*) ретроспектива, обратный кадр; **~bulb** *n* (*phot*) лампа-вспышка; **~ flood** *n* ливневый паводок; **~gun** *n* лампа для магниевой вспышки, «блиц»; **~light** *n* (*for signalling*) сигнальный огонь; прожектор; (*phot*) вспышка (магния); (*US, torch*) карманный/электрический фонарь; **~point** *n* температура вспышки; точка воспламенения.

flashiness /ˈflæʃɪnɪs/ *n* показуха.

flashy /ˈflæʃɪ/ *adj* (**flashier, flashiest**) кричащий, показной, эффектный.

flask /flɑːsk/ *n* фляга, фляжка; (*chem*) колба.

flat /flæt/ *n* **1** (*level object or area*) плоскость; плоская поверхность; **the ~ of the hand** ладонь; **on the ~** на плоскости. **2** (*mus*) бемоль (*m*). **3** (*Br, apartment*) квартира; **block of ~s** многоквартирный дом; **~mate** (*Br*) сосед (*fem* -ка) по квартире. **4** (*coll, punctured tyre*) спущенная шина.
● *adj & adv* (**flatter, flattest**) **1** (*level*) плоский, ровный; **~ car** (*US*) вагон-платформа; **he has ~ feet** у него плоскостопие; **~ race, racing** скачка без препятствий; **~ spin** (*aeron*) плоский штопор; **get into a ~ spin** (*Br sl*) впадать, впасть в панику; **~ trajectory fire** настильный огонь; **~ tyre** (*Br*), **tire** (*US*) спущенная шина; **the battery is ~** (*Br*) батарея села; **he fell ~ on his back** он упал навзничь; **my hair won't lie ~** у меня волосы не лежат. **2** (*uniform, undifferentiated*) однообразный; **~ rate** единая ставка. **3** (*unqualified*) прямой, категорический; **~ broke** вконец разорившийся; **~ out** (*sl, exhausted*) выдохшийся; **drive ~ out** (*coll, at top speed*) гнать (*impf*) на всю катушку; **in ten seconds ~** ровно за десять секунд; **I tell you ~!** я скажу вам прямо (*or* без обиняков)!; **I've said no, and that's ~** я сказал нет — и точка. **4** (*dull, insipid*) скучный, вялый, бесцветный; **the wine has gone ~** вино выдохлось; **the story fell ~** рассказ не вызвал интереса. **5** (*expressionless*) безжизненный, унылый. **6** (*mus*): **the key of A ~ major/minor** тональность ля-бемоль мажор/минор; **she sings ~ on the high notes** она фальшивит (*or* не дотягивает) на высоких нотах.
● *cpds* **~bed** *adj* (*comput*) планшетный; **~bed scanner** планшетный сканер; **~fish** *n* плоская рыба; **~-footed** *adj* страдающий плоскостопием; (*fig, clumsy*) неуклюжий; **~ iron** *n* утюг.

flatlet /ˈflætlət/ *n* (*Br*) однокомнатная/малогабаритная квартира.

flatly /ˈflætlɪ/ *adv* (*expressionlessly*) безжизненно, уныло; (*bluntly*) категорически, наотрез, прямо.

flatness /ˈflætnɪs/ *n* плоскость; (*fig*) банальность.

flatten /ˈflæt(ə)n/ *vt* **1** (*make smooth*) выравнивать, выровнять; разгла|живать, -дить. **2** (*reduce thickness of*) расплющи|вать, -ть; **he ~ed himself against the wall** он прижался к стене. **3** (*lay low*)

f

повали́ть, примя́ть (*both pf*); **the gale ~ed the corn** бу́рей примя́ло хлеба́; (*fig*): **he was ~ed by her look of scorn** он был изничто́жен её презри́тельным взгля́дом.

● *vi* выра́вниваться, вы́ровняться; **the pilot ~ed out at fifty metres** пило́т вы́ровнял самолёт на высоте́ 50 ме́тров; **the rise in prices will soon ~ out** це́ны ско́ро вы́ровняются.

flatter /ˈflætə(r)/ *vt* **1** (*praise insincerely or unduly*) льсти́ть, по- + *d*. **2** (*represent too favourably*) приукра́|шивать, -сить; **the picture ~s her** худо́жник ей польсти́л. **3** (*gratify vanity of*): **~ o.s.** те́шить (*impf*) себя́; льсти́ть (*impf*) себя́ наде́ждой; **it ~s his self-esteem** э́то льсти́т его́ самолю́бию; **I ~ myself I'm a good judge of horses** я сме́ю ду́мать, что разбира́юсь в лошадя́х.

flatterer /ˈflætərə(r)/ *n* льсте́ц.

flattering /ˈflætərɪŋ/ *adj* ле́стный, льсти́вый; (*of person*) льсти́вый; **that's a ~ hairstyle** э́та приче́ска вам о́чень к лицу́.

flattery /ˈflætərɪ/ *n* лесть.

flatulence /ˈflætjʊləns/ *n* скопле́ние га́зов; (*fig*) напы́щенность, высокопа́рность.

flatulent /ˈflætjʊlənt/ *adj* вызыва́ющий га́зы; взду́вшийся от га́зов; (*fig*) напы́щенный, высокопа́рный.

flaunt /flɔːnt/ *vt* афиши́ровать (*impf*); щегол|я́ть, -ьну́ть + *i*; выставля́ть, вы́ставить напока́з.

flautist /ˈflɔːtɪst/ *n* флейти́ст (*fem* -ка).

flavour /ˈfleɪvə(r)/ (*US* **flavor**) *n* арома́т, вкус; (*fig*) при́вкус.

● *vt* припр|авля́ть, -а́вить; (*fig*) прид|ава́ть, -а́ть при́вкус + *d*; сд|а́бривать, -о́брить.

flavourful /ˈfleɪvəfʊl/ (*US* **flavorful**) *adj* аппети́тный, арома́тный.

flavouring /ˈfleɪvərɪŋ/ (*US* **flavoring**) *n* припра́ва; спе́ции (*f pl*); эссе́нция.

flavourless /ˈfleɪvəlɪs/ (*US* **flavorless**) *adj* безвку́сный.

flavoursome /ˈfleɪvəsəm/ (*US* **flavorsome**) *adj* аппети́тный, арома́тный.

flaw /flɔː/ *n* (*crack*) тре́щина; (*defect*) изъя́н, недоста́ток; **I detect a ~ in your argument** я ви́жу сла́бое ме́сто в ва́ших доказа́тельствах.

● *vt* по́ртить, ис-; **all ~ed articles are reduced** брако́ванные това́ры продаю́тся по сни́женным це́нам.

flawless /ˈflɔːlɪs/ *adj* безупре́чный.

flax /flæks/ *n* (*plant*) лён; (*fibre*) куде́ль.

flaxen /ˈflæks(ə)n/ *adj* **1** (*of flax*) льняно́й. **2** (*colour*) све́тло-жёлтый, соло́менный.

● *cpd* **~-haired** *adj* с льняны́ми волоса́ми.

flay /fleɪ/ *vt* свежева́ть, о-; сдира́ть, содра́ть ко́жу с + *g*; **he will ~ me alive if he finds out** он с меня́ живьём шку́ру сдерёт, е́сли узна́ет; (*fig*): **~ one's opponents** разн|оси́ть, -ести́ в пух и пра́х.

flea /fliː/ *n* блоха́; **I sent him off with a ~ in his ear** он получи́л от меня́ хоро́ший разно́с; **~ market** барахо́лка, толку́чка.

● *cpds* **~ bite** *n* блоши́ный уку́с; (*coll*) ме́лочь, була́вочный уко́л; **~-bitten** *adj* поно́шенный, заса́ленный; **~pit** *n* (*Br sl, cinema*) кино́шка.

fleck /flek/ *n* кра́пинка, пятно́; (*of dust*) пыли́нка.

● *vt* покр|ыва́ть, -ы́ть пя́тнами/ кра́пинками.

fled /fled/ *past and pp of* ⇨**flee**

fledge /fledʒ/ *vt* (*bird, arrow*) опер|я́ть, -и́ть; **fully ~d** (*lit, fig*) оперя́вшийся.

fledg(e)ling /ˈfledʒlɪŋ/ *n* то́лько что оперя́вшийся птене́ц; (*fig*) желторо́тый юне́ц.

flee /fliː/ *vt* (*past and pp* **fled**) избе|га́ть, -жа́ть; **~ the country** бежа́ть из страны́.

● *vi* (*past and pp* **fled**) бежа́ть, с-; исч|еза́ть, -е́знуть.

fleece /fliːs/ *n* руно́, ове́чья шерсть.

● *vt* (*fig*) об|ира́ть, -обра́ть.

fleecy /ˈfliːsɪ/ *adj* (**fleecier, fleeciest**) шерсти́стый; **~ clouds** кудря́вые облака́; **~ lining** пуши́стая подкла́дка.

fleet¹ /fliːt/ *n* **1** (*collection of vessels*) флоти́лия, флот. **2** (*naval force*) вое́нно-морско́й флот; **Admiral of the F~** адмира́л фло́та. **3** (*of vehicles*) парк.

● *cpd* **F~ Admiral** *see* ⇨**admiral**

fleet² /fliːt/ *adj* (*literary*) бы́стрый, прово́рный; **~ of foot** быстроно́гий.

fleeting /ˈfliːtɪŋ/ *adj* бе́глый, мимолётный; **a ~ glimpse** бе́глый взгляд.

Fleet Street /fliːt/ *n* (*fig*) ло́ндонская пре́сса.

Fleming /ˈflemɪŋ/ *n* флама́нд|ец (*fem* -ка).

Flemish /ˈflemɪʃ/ *n* **1** (*language*) флама́ндский язы́к. **2** (**the ~**) (*pl, people*) флама́ндцы (*m pl*).

● *adj* флама́ндский.

flesh /fleʃ/ *n* **1** (*bodily tissue*) плоть, те́ло; **insist on one's pound of ~** (*fig*) ≈ безжа́лостно тре́бовать (*impf*) упла́ты до́лга (*и т. п.*); (*meat*) мя́со; **pig's ~** свини́на; (*surface of body*): **~ tint** теле́сный цвет; **~ wound** пове́рхностное ране́ние; **make s.o.'s ~ creep** (*fig*) прив|оди́ть, -ести́ кого́-н. в содрога́ние. **2** (*fig*): **he went the way of all ~** он раздели́л у́часть всех сме́ртных; **sins of the ~** пло́тские грехи́; **see s.o. in the ~** ви́деть, у- кого́-н. во пло́ти; **appear in ~ and blood** появ|ля́ться, -и́ться со́бственной персо́ной; **more than ~ and blood can stand** свы́ше сил челове́ческих; **my own ~ and blood** (*children*) моя́ плоть и кровь; (*relatives*) моя́ родня́. **3** (*of plant or fruit*) мя́коть.

● *vt* **1** : **~ a hound** приуч|а́ть, -и́ть соба́ку к охо́те вку́сом кро́ви. **2** (*fig*): **his characters are well ~ed out** его́ геро́и о́чень жи́зненны.

● *cpd* **~-coloured** (*US* **-colored**) *adj* теле́сного цве́та.

fleshly /ˈfleʃlɪ/ *adj* (**fleshlier, fleshliest**) (*carnal*) пло́тский, чу́вственный.

fleshy /ˈfleʃɪ/ *adj* (**fleshier, fleshiest**) (*of persons*) то́лстый, ту́чный; (*of meat, plant, fruit*) мяси́стый.

fleur-de-lis /ˌflɜːdəˈliː/ *n* (*pl* **fleurs-de-lis** *pronunc same*) (*heraldry*) геральди́ческая ли́лия.

flew /fluː/ *past of* ⇨**fly³**

flex¹ /fleks/ *n* (*Br*) (ги́бкий) шнур.

flex² /fleks/ *vt* сгиба́ть, согну́ть; **~ one's muscles** напр|яга́ть, -я́чь му́скулы.

flexibility /ˌfleksɪˈbɪlɪtɪ/ *n* эласти́чность; (*fig*) ги́бкость.

flexible /ˈfleksɪb(ə)l/ *adj* эласти́чный, ги́бкий; (*fig*) ги́бкий.

flexion /ˈflekʃ(ə)n/ *n* изги́б, изо́гнутость.

flexitime /ˈfleksɪˌtaɪm/ *n* ненорми́рованный рабо́чий день.

flexor /ˈfleksə(r)/ *n* (**~ muscle**) сгиба́ющая мы́шца.

flibbertigibbet /ˌflɪbətɪˈdʒɪbɪt, ˈflɪb-/ *n* болту́шка (*cg*).

flick /flɪk/ *n* **1** (*jerk*) толчо́к; **with a ~ of the wrist** взмахну́в ки́стью руки́; (*light touch*): **a ~ of the whip** лёгкий уда́р хлысто́м. **2** (*coll, film*) кинофи́льм; (*in pl, cinema*) кино́ (*indecl*).

● *vt* (*shake with a jerk*) встр|я́хивать, -яхну́ть; (*propel with finger end*) щёлк|ать, -нуть; (*touch e.g. with whip*) стегну́ть (*pf*); хлестну́ть (*pf*).

● *vi*: **~ through** просм|а́тривать, -отре́ть.

● *cpd* **~ knife** *n* (*Br*) пружи́нный нож.

flicker /ˈflɪkə(r)/ *n* (*of light*) мерца́ние; (*movement*) трепета́ние; (*fig*): **a ~ of hope** про́блеск наде́жды.

● *vi* (*flutter*) трепета́ть (*impf*); колыха́ться (*impf*); (*burn or shine fitfully*) мерца́ть (*impf*); (*fig*) мельк|а́ть, -ну́ть.

flier /ˈflaɪə(r)/ = **flyer**

flight¹ /flaɪt/ *n* **1** полёт; **shoot birds in ~** стреля́ть (*impf*) птиц на лету́; (*fig*) **the ~ of time** бег вре́мени; (*journey by air*): **a non-stop ~** беспоса́дочный полёт; **a round-the-world ~** полёт вокру́г све́та; (*a particular ~*) рейс; **the next ~ from London to Paris** сле́дующий рейс по маршру́ту «Ло́ндон — Пари́ж»; **~ number** но́мер ре́йса; **~ path** курс полёта; **~ recorder** бортово́й самопи́сец; **~ simulator** лётный тренажёр. **2** (*fig*): **~ of fancy** полёт фанта́зии. **3**: **~ of steps** ле́стничный марш; (*in front of house*) крыльцо́. **4**: **a ~ of birds** стая птиц.

● *cpds* **~ attendant** *n* стю́ард; (*fem* -е́сса); **~ case** *n* жёсткий футля́р; **~ deck** *n* (*of carrier*) полётная па́луба; (*of aircraft*) каби́на экипа́жа; **~ engineer** *n* бортмеха́ник; **~ lieutenant** *n* (*Br*) ≈ капита́н (*в авиации*); **~ sergeant** *n* ста́рший сержа́нт авиа́ции.

flight² /flaɪt/ *n* бе́гство, побе́г; **put to ~** обра|ща́ть, -ти́ть в бе́гство; **take (to) ~** обра|ща́ться, -ти́ться в бе́гство; **the soldiers took to ~** солда́ты бежа́ли;

the army was in full ~ áрмия стреми́тельно отступáла.

flightiness /ˈflaɪtɪnɪs/ *n* вéтреность.

flighty /ˈflaɪtɪ/ *adj* (**flightier, flightiest**) вéтреный, капри́зный.

flimsiness /ˈflɪmzɪnɪs/ *n* тóнкость, непрóчность.

flimsy /ˈflɪmzɪ/ *adj* (**flimsier, flimsiest**) тóнкий, непрóчный; **a ~ dress** óчень лёгкое плáтье; **a ~ structure** непрóчная постройка; **a ~ excuse** слáбое оправдáние.

flinch /flɪntʃ/ *vi* (*wince*) вздр|áгивать, -óгнуть; (*give way*) уклон|я́ться, -и́ться (*от чего*).

fling /flɪŋ/ *n* **1** (*sexual*) корóткий ромáн, интри́жка. **2**: **Highland ~** шотлáндский тáнец. **3**: **he had his ~** он повесели́лся/нагуля́лся вдóволю.

● *vt* (*past and pp* **flung**): **~ o.s. into a chair** бр|осáться, -óситься в крéсло; **~ o.s. into the saddle** вск|áкивать, -очи́ть в седлó; **he flung himself into the project** он с головóй окунýлся в осуществлéние проéкта; **he was flung into prison** егó брóсили в тюрьмý; **I ~ myself (up)on your mercy** я взывáю к вáшему милосéрдию; **she flung her arms around me** онá обнялá меня́.

● *vi* (*past and pp* **flung**): **~ out of the room** вы́скочить/вы́лететь (*both pf*) из кóмнаты.

● *with advs*: **~ o.s. about** разбрáсываться (*impf*); **~ one's money around** транжи́рить (*impf*) дéньги; сори́ть (*impf*) деньгáми; **he flung her aside** он оттолкнýл её в стóрону; **~ away an advantage** откáз|ываться, -áться от преимýщества; **~ o.s. down on the ground** бр|осáться, -óситься на зéмлю; **she flung her clothes off** онá сбрóсила с себя́ одéжду; **~ open the window** распáх|ивать, -нýть окнó; **he was flung out** егó вы́швырнули вон; **he flung a few things together** он нáскоро собрáл свои́ вéщи; **she flung up her arms in horror** онá в ýжасе всплеснýла рукáми.

flint /flɪnt/ *n* кремéнь (*m*); (*attr*) кремнёвый; кáменный.

flinty /ˈflɪntɪ/ *adj* (**flintier, flintiest**) кремнёвый, кремни́стый; (*fig*) кáменный, сурóвый.

flip /flɪp/ *n* **1** (*flick*) щелчóк. **2** (*coll*): **the ~ side of a record** обрáтная сторонá пласти́нки. **3**: **~ phone** телефóн с отки́дывающейся кры́шкой; раскладнóй телефóн, раскладýшка (*coll*).

● *adj* (*flippant*) дéрзкий.

● *vt* (**flipped, flipping**) (*flick*) щёлк|ать, -нуть; (*a coin*) подбр|áсывать, -óсить; **~ one's lid** (*or US* **wig**) (*coll, go crazy*) сходи́ть, сойти́ с умá.

● *vi* (*coll, go crazy*) с умá с|ходи́ть, -ойти́; **~ through** просм|áтривать, -отрéть.

flip-flop /ˈflɪpflɒp/ *n* **1** (*US, backward somersault*) сáльто-мортáле (*indecl*). **2** (*usu in pl*) (*footwear*) вьетнáмка (*обувь*). **3** (*elec*) три́ггер.

flippancy /ˈflɪpənsɪ/ *n* легкомы́слие, вéтреность.

flippant /ˈflɪpənt/ *adj* легкомы́сленный, вéтреный.

flipper /ˈflɪpə(r)/ *n* плавни́к, ласт; (*diver's appendage*) ласт; (*direction indicator of car*) стрéлка.

flirt /flɜːt/ *n* кокéтка; люби́тель (*m*) поухáживать.

● *vi* флиртовáть (*impf*) (с + *i*); кокéтничать (*impf*) (с + *i*); (*fig*): **~ with danger** игрáть (*impf*) с огнём; **~ with** (*an idea etc.*) подýмывать о + *p*.

flirtation /flɜːˈteɪʃ(ə)n/ *n* флирт; кокéтство (*fig*) игрá.

flirtatious /flɜːˈteɪʃəs/ *adj* кокéтливый.

flit /flɪt/ *n* (*Br*): **the tenants did a moonlight ~** жильцы́ потихóньку смы́лись (*coll*).

● *vi* (**flitted, flitting**) (*fly lightly*) порх|áть, -нýть; (*fig*): **the thought ~ted across my mind** э́та мысль пронеслáсь у меня́ в головé.

float /fləʊt/ *n* **1** (*for supporting line or net*) поплавóк, буй; (*of a seaplane*) поплавóк; (*for learning to swim*) плáвательная доскá. **2** (*Br, cart*) платфóрма на колёсах; **milk ~** электрокáр для развóзки молокá. **3** (*small change*) размéнные дéньги, мéлочь; (*Br, petty cash*) дéньги на мéлкие расхóды.

● *vt* спус|кáть, -ти́ть нá воду; (*stranded boat*) сн|имáть, -ять с мéли; (*comm*): **~ a company** учре|ждáть, -ди́ть акционéрное óбщество; **~ a loan** разме|щáть, -сти́ть заём; (*fin*): **~ the pound** перев|оди́ть, -ести́ фунт (стéрлингов) на плáвающий курс.

● *vi* **1** плáвать (*indet*), плыть (*det*); **oil ~s on water** мáсло не тóнет в водé; **the boat ~ed downriver** лóдку неслó течéнием вниз по рекé. **2** (*in air*) (*aeroplane*) плани́ровать (*impf*); (*clouds etc.*) плыть (*det*). **3** (*fig*): **his past ~ed before him** егó прóшлое пронеслóсь пéред ним.

floater /ˈfləʊtə(r)/ *n* (*Br, undecided voter*) колéблющийся избирáтель.

floating /ˈfləʊtɪŋ/ *adj* плáвающий, плавýчий; **~ bridge** понтóнный/наплавнóй мост; **~ capital** оборóтный капитáл; **~ debt** краткосрóчный долг; текýщая задóлженность; **~ dock** плавýчий док; **~ kidney** блуждáющая пóчка; **~ light** плавýчий маяк; **~ population** текýчее народонаселéние; **~ vote** избирáтели, на котóрых нельзя́ твёрдо рассчи́тывать; **~ voter** колéблющийся избирáтель.

flock /flɒk/ *n* (*of birds*) стáя; (*of sheep or goats*) стáдо; (*of people*) толпá; (*relig*) пáства.

● *vi* стекáться (*impf*); двигаться (*impf*) толпóй; **they ~ed for miles to hear him** они́ стекáлись отовсю́ду, чтóбы послýшать егó.

floe /fləʊ/ *n* плавýчая льди́на.

flog /flɒg/ *vt* (**flogged, flogging**) **1** (*beat*) стегáть, от-; порóть, вы́-; сечь, вы́-; **he is ~ging a dead horse** (*fig*) он пытáется возроди́ть то, что безнадёжно устарéло. **2** (*Br coll, sell*) заг|оня́ть, -нáть; толк|áть, -нýть (*both coll*).

flogging /ˈflɒgɪŋ/ *n* пóрка.

flood /flʌd/ *n* **1** (*tide*) прили́в. **2** (*inundation*) наводнéние, половóдье, разли́в; **the F~** (*bibl*) потóп; **the river is in ~** рекá разлилáсь. **3** (*torrent of water*) потóк. **4** (*fig*): **she burst into ~s of tears** онá разрыдáлась; **a ~ of abuse** потóк оскорблéний.

● *vt* затоп|ля́ть, -и́ть; наводн|я́ть, -и́ть; **the basement was ~ed** подвáл затопи́ло; **he was ~ed with replies** (*written*) óтклики/(*spoken*) рéплики так и посы́пались на негó.

● *vi* разл|ивáться, -и́ться; выходи́ть, вы́йти из берегóв; **the river ~s every spring** рекá разливáется кáждую веснý.

● *cpds* **~gate** *n* шлюз; **open the ~gates (to)** (*fig*) да|вáть, -ть вóлю (*чему*); **~light** *n* прожéктор; (*theatr*) юпи́тер; *vt* (*past and pp* **~lit**) осве|щáть, -ти́ть прожéкторами; **~lighting** *n* прожéкторное освещéние; **~ plain** *n* заливнóй луг; **~ tide** *n* прили́в.

flooding /ˈflʌdɪŋ/ *n* затоплéние.

floor /flɔː(r)/ *n* **1** пол; **the ring fell to the ~** кольцó упáло нá пол; **the child was playing on the ~** ребёнок игрáл на полý; **he could wipe the ~ with you** он мог бы смешáть вас с гря́зью; **~ lamp** (*US*) торшéр. **2**: **take the ~** (*in public assembly*) брать, взять слóво; (*in dance hall*) пойти́ (*pf*) танцевáть. **3** (*storey*) этáж; **ground ~** пéрвый этáж. **4**: **shop ~** цех; **threshing ~** гумнó, ток. **5** (*of ocean, cave*) дно. **6** (*minimum level of prices etc.*) минимáльный ýровень.

● *vt* **1** (*provide floor for*) наст|илáть, -лáть пол в + *p*. **2** (*coll, knock down*) сби|вáть, -ть с ног; (*fig, nonplus*) сра|жáть, -зи́ть; ошелом|ля́ть, -и́ть; стáвить, по- в тупи́к; **the question ~ed him** вопрóс срази́л егó.

● *cpds* **~board** *n* полови́ца; **~cloth** *n* (*Br*) половáя тря́пка; **~ polish** *n* мастика (для натирáния полóв); **~ polisher** *n* полотёр; **~ show** *n* представлéние в кабарé; **~ space** *n* плóщадь пóла; **~walker** *n* (*US*) дежýрный администрáтор в универмáге.

flooring /ˈflɔːrɪŋ/ *n* (*material*) насти́л, пол; (*action*) насти́лка полóв.

floo|sie, -zie /ˈfluːzɪ/ *n* (*sl*) шлю́ха, потаскýха (*both vulg*).

flop /flɒp/ *n* (*motion, sound*) шлепóк, хлопóк; (*coll, failure*) провáл.

● *vi* (**flopped, flopping**) **1** (*move limply*): **~ down in a chair** плю́х|аться, -нуться в крéсло; **~ around in slippers** шлёпать (*impf*) в домáшних тýфлях. **2** (*coll, fail*) провáл|иваться, -и́ться.

● *cpd* **~house** *n* (*US sl*) ночлéжка.

floppy /ˈflɒpɪ/ *adj* (**floppier, floppiest**) болтáющийся, свисáющий; мя́гкий, обви́слый; **~ disk** (*comput*) дискéта, ги́бкий диск.

f

f

flora /ˈflɔːrə/ *n* (*pl* **floras** *or* **florae** /-riː/) фло́ра.

floral /ˈflɔːr(ə)l, ˈflɒ-/ *adj* цвето́чный; ~ **tribute** подноше́ние цвето́в.

Florence /ˈflɒrəns/ *n* Флоре́нция.

Florentine /ˈflɒrənˌtaɪn/ *adj* флоренти́йский.

florescence /flɔːˈres(ə)ns, flɒ-/ *n* цвете́ние; (*fig*) расцве́т.

floriculture /ˈflɒrɪˌkʌltʃə(r), ˈflɔː-/ *n* цветово́дство.

florid /ˈflɒrɪd/ *adj* (*ornate*) цвети́стый, витиева́тый; (*ruddy*) кра́сный, багро́вый.

Florida /ˈflɒrɪdə/ *n* Флори́да.

florin /ˈflɒrɪn/ *n* (*hist*) флори́н.

florist /ˈflɒrɪst/ *n* продаве́ц цвето́в; (*fem*) цвето́чница.

floruit /ˈflɒrʊɪt, ˈflɔː-/ *n* пери́од де́ятельности (*кого*).

floss /flɒs/ *n* шёлк-сыре́ц; **dental** ~ зубна́я нить.

flossy /ˈflɒsɪ/ *adj* (**flossier, flossiest**) шелкови́стый.

flotation /fləʊˈteɪʃ(ə)n/ *n* распрода́жа а́кций компа́нии.

flotilla /fləˈtɪlə/ *n* флоти́лия (ме́лких судо́в).

flotsam /ˈflɒtsəm/ *n* (вы́брошенный и) пла́вающий на пове́рхности груз/му́сор; (*fig*) обло́мки (*m pl*).

flounce[1] /flaʊns/ *n* (*abrupt movement*) рыво́к.
● *vi* бр|оса́ться, -о́ситься; ~ **out (of a room)** вылета́ть, вы́лететь из ко́мнаты.

flounce[2] /flaʊns/ *n* (*trimming*) обо́рка.
● *vt* отде́л|ывать, -ать обо́рками.

flounder[1] /ˈflaʊndə(r)/ *n* (*zool*) ме́лкая ка́мбала.

flounder[2] /ˈflaʊndə(r)/ *vi* бара́хтаться (*impf*); (*fig*) пу́таться в слова́х.

flour /ˈflaʊə(r)/ *n* мука́.
● *cpd* ~ **mill** *n* мукомо́льная ме́льница; мукомо́льня.

flourish /ˈflʌrɪʃ/ *n* **1** (*wave of hand etc.*) широ́кий жест; разма́хивание. **2** (*embellishment of literary style*) цвети́стость; цвети́стое выраже́ние; (*fanfare*) фанфа́ры (*f pl*); туш; (*of penmanship*) ро́счерк, завиту́шка.
● *vt* разма́хивать (*impf*) + *i*.
● *vi* (*grow healthily*) пы́шно расти́ (*impf*); (*prosper; be active*) процвета́ть (*impf*).

flourishing /ˈflʌrɪʃɪŋ/ *adj* процвета́ющий, преуспева́ющий; **a** ~ **business** процвета́ющее де́ло.

floury /ˈflaʊərɪ/ *adj* (**flourier, flouriest**) (*of potato*) рассы́пчатый, мучни́стый.

flout /flaʊt/ *vt* поп|ира́ть, -ра́ть.

flow /fləʊ/ *n* тече́ние, пото́к; **ebb and** ~ прили́в и отли́в; (*fig*) тече́ние; **interrupt the** ~ **of conversation** прер|ыва́ть, -ва́ть пла́вное тече́ние разгово́ра; **in full** ~ в разга́ре.
● *vi* **1** течь, ли́ться (*both impf*); **a land** ~**ing with milk and honey** ≈ моло́чные ре́ки и кисе́льные берега́; **the wine** ~**ed freely** вино́ лило́сь реко́й; **the Oka** ~**s into the Volga** Ока́ впада́ет в Во́лгу. **2** (*fig, proceed, move freely*) ли́ться, течь (*both impf*).
● *cpd* ~ **chart/diagram** *n* блок-схе́ма.

flower /ˈflaʊə(r)/ *n* цвето́к; цветко́вое расте́ние; **in** ~ в цвету́; **come into** ~ расцве|та́ть, -сти́; ~ **arrangement** цвето́чная компози́ция; ~ **show** вы́ставка цвето́в; (*fig*): **the** ~ **of the nation's youth** цвет молодёжи страны́.
● *vi* (*blossom; flourish*) цвести́ (*impf*).
● *cpds* ~ **bed** *n* клу́мба; ~**pot** *n* цвето́чный горшо́к.

flowering /ˈflaʊərɪŋ/ *n* цвете́ние.
● *adj* цвету́щий.

flowery /ˈflaʊərɪ/ *adj* покры́тый цвета́ми; (*fig*) цвети́стый.

flowing /ˈfləʊɪŋ/ *adj*: ~ **hair** развева́ющиеся во́лосы; ~ **lines** мя́гкие/пла́вные ли́нии; ~ **style** гла́дкий стиль.

flown /fləʊn/ *pp of* ⇒**fly**[3]

flu /fluː/ *n* (*coll*) грипп; **go down with** ~ слечь (*pf*) с гри́ппом.

fluctuate /ˈflʌktjʊˌeɪt/ *vi* колеба́ться (*impf*).

fluctuation /ˌflʌktjʊˈeɪʃ(ə)n/ *n* колеба́ние.

flue /fluː/ *n* дымохо́д.
● *cpd* ~ **pipe** *n* (*tech*) жарова́я труба́.

fluency /ˈfluːənsɪ/ *n* пла́вность, бе́глость.

fluent /ˈfluːənt/ *adj* пла́вный, бе́глый; **he speaks Russian** ~**ly** он свобо́дно говори́т по-ру́сски.

fluff /flʌf/ *n* пух, пушо́к.
● *vt* **1** (*make fluffy*) взби|ва́ть, -ть; распуши́ть (*pf*); ~ **up a cushion** взби|ва́ть, -ть поду́шку; **the bird** ~**ed out its feathers** пти́ца распуши́ла пе́рья. **2** (*coll, bungle*) пу́тать, с-; ~ **one's lines** заб|ыва́ть, -ы́ть свои́ слова́.

fluffy /ˈflʌfɪ/ *adj* (**fluffier, fluffiest**) **1** (*like or covered with fluff*) пуши́стый, мя́гкий (как пух). **2** (*looking light*) (*dress, clouds; also, of food such as cake or pudding*) пы́шный, возду́шный; **beat the butter and sugar until light and** ~ взб|ива́ть, -ить ма́сло с са́харом до возду́шного состоя́ния (*or* до образова́ния пе́ны).

fluid /ˈfluːɪd/ *n* жи́дкость; **cleaning** ~ чи́стящее сре́дство; мо́ющая жи́дкость; **correction** ~ корректи́рующая жи́дкость.
● *adj* жи́дкий, теку́чий; (*fig*) неопределённый, переме́нчивый; ~ **ounce** жи́дкая у́нция.

fluidity /fluːˈɪdɪtɪ/ *n* теку́честь; (*fig*) переме́нчивость, неопределённость.

fluke[1] /fluːk/ *n* (*lucky stroke*) (неожи́данная) уда́ча, случа́йность.

fluke[2] /fluːk/ *n* (*worm*) глист.

flummox /ˈflʌməks/ *vt* (*coll*) ошелом|ля́ть, -и́ть.

flung /flʌŋ/ *past and pp of* ⇒**fling**

flunk /flʌŋk/ *vt & i* (*US coll*): **he** ~**ed his exam** он провали́лся/засы́пался на экза́мене.

flunkey /ˈflʌŋkɪ/ *n* лаке́й.

fluoresce /flʊəˈres/ *vi* флюоресци́ровать (*impf*).

fluorescence /flʊəˈres(ə)ns/ *n* флюоресце́нция.

fluorescent /flʊəˈres(ə)nt/ *adj* флюоресце́нтный; ~ **lamp** ла́мпа дневно́го све́та, люминесце́нтная ла́мпа.

fluoridate /ˈflʊərɪˌdeɪt/ *vt* фтори́ровать (*impf, pf*).

fluoridation /ˌflʊərɪˈdeɪʃ(ə)n/ *n* фтори́рование.

fluoride /ˈflʊəraɪd/ *n* фтори́д.

fluorine /ˈflʊəriːn/ *n* фтор.

fluor|ite /ˈflʊəraɪt/, **-spar** /ˈflʊəspɑː(r)/ *nn* флюори́т; пла́виковый шпат.

flurry /ˈflʌrɪ/ *n* (*gust, squall*) шквал; (*agitation*) волне́ние, сумато́ха.

flush[1] /flʌʃ/ *n* (*flow of water*) внеза́пный прили́в; пото́к; (*flow of blood; blush*) прили́в кро́ви; румя́нец; кра́ска на лице́; **hot** ~ прили́в; (*fig*): **in the** ~ **of youth** в расцве́те ю́ности.
● *vt* **1** (*swill clean*) пром|ыва́ть, -ы́ть; ~ **the lavatory** спус|ка́ть, -ти́ть во́ду в убо́рной. **2** (*make red*) зал|ива́ть, -и́ть кра́ской. **3**: **he is** ~**ed with pride** его́ распира́ет го́рдость.
● *vi* красне́ть, по-; зал|ива́ться, -и́ться кра́ской.

flush[2] /flʌʃ/ *n* (*cards*) ка́рты одно́й ма́сти; **royal** ~ флешь-роя́ль.

flush[3] /flʌʃ/ *adj* **1** (*coll, well supplied with money*): **he is** ~ у него́ де́нег ку́ры не клюю́т. **2** (*on the same level*) (находя́щийся) на одно́м у́ровне (*с чем*).

flush[4] /flʌʃ/ *vt* (*birds etc.*) вспу́г|ивать, -ну́ть.

flushed /flʌʃd/ *adj* охва́ченный (*чем*); упоённый; ~ **with victory** упоённый побе́дой.

fluster /ˈflʌstə(r)/ *n* суета́, волне́ние.
● *vt* волнова́ть, вз-; будора́жить, вз-.

flute[1] /fluːt/ *n* (*instrument*) фле́йта.

flute[2] /fluːt/ *n* (*groove*) желобо́к; каннелю́ра.
● *vt* желоби́ть (*impf*).

fluted /ˈfluːtɪd/ *adj* гофриро́ванный, рифлёный.

fluting /ˈfluːtɪŋ/ *n* (*archit*) каннелю́ры (*f pl*); рифл|и (*pl, g* -ей).

flutist /ˈfluːtɪst/ (*US*) = **flautist**

flutter /ˈflʌtə(r)/ *n* **1** (*of wings, leaves, flags, etc.*) трепета́ние, дрожь. **2** (*agitation*) волне́ние, тре́пет; **to be in a** ~ **of expectation** с тре́петом ждать (*impf*). **3** (*Br coll, small bet*): **he had a** ~ **on the horses** он попыта́л сча́стья на ска́чках.
● *vt* мах|а́ть, -ну́ть + *i*.
● *vi* трепета́ть (*impf*); (*of birds*) переп|а́рхивать, -орхну́ть.

fluvial /ˈfluːvɪəl/ *adj* речно́й.

flux /flʌks/ *n* **1** (*succession of changes*) постоя́нная сме́на; **everything was in a state of** ~ всё находи́лось в состоя́нии непреры́вного измене́ния. **2** (*med*) патологи́ческое оби́льное истече́ние. **3** (*metallurgy*) флюс, пла́вень (*m*).

fly[1] /flaɪ/ *n* му́ха; (*fig*): ~ **in the ointment** ло́жка дёгтя в бо́чке мёду; **there are no flies on him** к нему́ не подкопа́ешься (*coll*).
● *cpds* ~**blown** *adj* засиженный му́хами; ~**catcher** *n* (*bird*) мухоло́вка; ~**-fishing** *n* ло́вля ры́бы

на му́шку (*or* нахлы́стом); **~paper** *n* ли́пкая бума́га (*or* ли́пкая ле́нта) от мух; **~ spray** *n* (*fluid*) жи́дкость от мух; (*instrument*) аэрозо́ль (*m*) от мух; **~ swatter** *n* хлопу́шка для мух, мухобо́йка; **~weight** *n* вес «му́хи»; наилегча́йший боксёрский вес.

fly² /flaɪ/ *n* (*on trousers*) шири́нка; **his ~ is open, undone** у него́ шири́нка расстёгнута.

● *cpds* **~ button** *n* пу́говица шири́нки; **~leaf** *n* чи́стый лист в нача́ле/конце́ кни́ги; не прикреплённая к кры́шке переплёта страни́ца фо́рзаца; **~sheet** *n* (*Br*) наве́с; **~wheel** *n* махово́е колесо́, махови́к.

fly³ /flaɪ/ *vt* (*past* **flew;** *pp* **flown**): **~ the Atlantic** перелет|а́ть, -е́ть че́рез Атланти́ческий океа́н; **~ an aircraft** управля́ть (*impf*) самолётом; **~ home the wounded** дост|авля́ть, -а́вить ра́неных в тыл самолётом; **~ a kite** запус|ка́ть, -ти́ть змея́; (*fig, put out feeler or lure*) пус|ка́ть, -ти́ть про́бный шар; **~ a flag** выве́шивать, вы́весить флаг; (*naut*) носи́ть, нести́ флаг; **~ the British flag** пла́вать (*indet*) под брита́нским фла́гом.

● *vi* (*past* **flew;** *pp* **flown**) **1** (*move through the air*) лета́ть (*indet*), лете́ть, по- (*det*); **as the crow flies** напрями́к; по прямо́й; **he has never flown** он никогда́ не лета́л; **~ in the face of fortune** искуша́ть (*impf*) судьбу́; **the pieces flew in all directions** куски́ разлете́лись во все сто́роны.
2 (*move or pass swiftly*) пролет|а́ть, -е́ть; **I must ~!** ну, я побежа́л!; **he flew downstairs** он ку́барем скати́лся с ле́стницы; **the dog flew at him** соба́ка бро́силась на него́; **~ into a passion** вспыли́ть (*pf*); **~ to s.o.'s defence** бро́ситься (*pf*) на защи́ту кого́-н.; **let ~ (at s.o.)** вы́ругать (*pf*) кого́-н.; **~ off the handle** (*coll*) сорва́ться (*pf*); взорва́ться (*pf*); при|ходи́ть, -йти́ в я́рость; **send ~ing** швыр|я́ть, -ну́ть; (*of person*) сби|ва́ть, -ть с ног; **time flies** вре́мя лети́т; **the flag is ~ing** флаг развева́ется.
3 (*flee*) бежа́ть (*det*); **the bird has flown** (*fig*) пти́чка улете́ла.

● *with advs*: **leaves were ~ing about** повсю́ду кружи́лись ли́стья; **~ away** улет|а́ть, -е́ть; **the plane flew in to refuel and flew off again** самолёт прилете́л на запра́вку и вновь/сно́ва улете́л; **~ off at a tangent** сорва́ться (*pf*); отклон|я́ться, -и́ться; **the door flew open** дверь распахну́лась на́стежь; **she flew out to join her husband** она́ улете́ла к му́жу.

● *cpds* **~-by-night** *n* ненадёжный челове́к; **~over** *n* (*Br, bridge, overpass*) эстака́да; путепрово́д; **~-past** *n* (*Br*) возду́шный пара́д.

flyer, flier /ˈflaɪə(r)/ *n* **1** (*aviator*) лётчик. **2** (*handbill*) рекла́мный листо́к.

flying /ˈflaɪɪŋ/ *n* полёт; **he likes ~** он лю́бит лета́ть; **~ instructor** лётчик-инстру́ктор; **~ school** лётная шко́ла; **~ visit** блицвизи́т; кра́ткое посеще́ние.

● *adj*: **~ bomb** самолёт-снаря́д; **~ buttress** а́рочный контрфо́рс, аркбута́н; **pass with ~ colours** пройти́, сдать (*both pf*) с бле́ском; **~ leap** прыжо́к с разбе́га; **~ saucer** лета́ющая таре́лка; **~ squad** (*Br, of police etc.*) операти́вное подразделе́ние (*полиции и т. п.*); **get off to a ~ start** сра́зу пойти́ (*pf*) хорошо́ (*or* в го́ру); **pay a ~ visit** нанести́ (*pf*) мимолётный визи́т.

● *cpds* **~ boat** *n* лета́ющая ло́дка; **~ fish** *n* летучая ры́ба; **~ machine** *n* лета́тельный аппара́т; **~ officer** (*Br*) ≈ ста́рший лейтена́нт (*в авиации*).

FM *abbr of* **1** ***Field Marshal*** фельдма́ршал. **2** ***frequency modulation*** ЧМ (частóтная модуля́ция); **~ radio** FM/ФМ-ра́дио, часто́тно-модули́рованное ра́дио; **~ radio station** FM/ФМ-радиоста́нция.

FMCG (*abbr of* ***fast-moving consumer goods***) това́ры повседне́вного спро́са; **the ~ sector** произво́дство това́ров повседне́вного спро́са (*сектор экономики*).

FO (*abbr of* ***Foreign Office***) (*Br*) = **FCO**

foal /fəʊl/ *n* жеребёнок; **the mare is in ~** кобы́ла жерёбая.

● *vi* жереби́ться, о-.

foam /fəʊm/ *n* пе́на; **~ rubber** по́ристая рези́на; пенопла́ст.

● *vi* пе́ниться (*impf*); **he was ~ing at the mouth** у него́ была́ пе́на на губа́х; (*fig*) он весь кипе́л от зло́сти.

fob¹ /fɒb/ *n* (*watch pocket*) карма́шек для часо́в.

fob² /fɒb/ *vt* (**fobbed, fobbing**): **~ s.o. off with promises** корми́ть (*impf*) кого́-н. обеща́ниями; **~ off a cheap article on s.o.** всу́чивать, всучи́ть кому́-н. каку́ю-н. дешёвку.

f.o.b. (*abbr of* ***free on board***) фоб (*nt indecl*) (фра́нко-бо́рт (*nt indecl*)).

focal /ˈfəʊk(ə)l/ *adj* фо́кусный; **~ distance, length** фо́кусное расстоя́ние; **~ point** фока́льная то́чка; (*fig*): **the ~ point in his argument** гла́вный пункт его́ доказа́тельств.

foci /ˈfəʊsaɪ/ *pl of* ⇒**focus**

fo'c's'le /ˈfəʊks(ə)l/ *n* (*naut*) бак, полуба́к.

focus /ˈfəʊkəs/ *n* (*pl* **focuses** *or* **foci** /-saɪ/) (*math, phys, phot*) фо́кус; **bring into ~** поме|ща́ть, -сти́ть в фо́кусе; **out of ~** не в фо́кусе; (*fig*) центр, средото́чие; **he became the ~ of interest** он оказа́лся в це́нтре внима́ния.

● *vt* (**focused, focusing** *or* **focussed, focussing**) (*binoculars, camera*) настр|а́ивать, -о́ить; (*rays*) фокуси́ровать, с-; (*attention*) сосредо|та́чивать, -то́чить; **he ~(s)ed his attention on the book** он сосредото́чил всё своё внима́ние на кни́ге.

● *cpd* **~ group** *n* фо́кус-гру́ппа.

fodder /ˈfɒdə(r)/ *n* корм для скота́; фура́ж.

foe /fəʊ/ *n* враг, не́друг.

foetal /ˈfiːt(ə)l/ (*Br*) = **fetal**

foetus /ˈfiːtəs/ (*Br*) = **fetus**

fog /fɒg/ *n* тума́н; (*phot*) вуа́ль; (*fig*): **in a ~** как в тума́не.

● *vt* (**fogged, fogging**) оку́т|ывать, -ать тума́ном; затума́ни|вать, -ть; (*fig*): **the windows are ~ged up** о́кна запоте́ли.

● *cpds* **~ bank** *n* полоса́ тума́на над мо́рем; **~bound** *adj* (*US also* **~ed in**) (*enveloped in* ~) оку́танный тума́ном; (*delayed because of* ~) задержа́вшийся из-за тума́на; (*closed because of* ~) закры́тый из-за тума́на; **~horn** *n* тума́нный горн, тума́нная сире́на; **~ lamp/light** *n* противотума́нная фа́ра.

fog(e)y /ˈfəʊgɪ/ *n* (*pl* **fogeys** *or* **fogies**) старомо́дный/отста́лый челове́к.

fogg|y /ˈfɒgɪ/ *adj* (**foggier, foggiest**) тума́нный; (*fig*): **I haven't the ~iest idea** (*Br*) я не име́ю ни мале́йшего представле́ния.

foible /ˈfɔɪb(ə)l/ *n* сла́бость; сла́бая стру́нка.

foil¹ /fɔɪl/ *n* (*thin metal*) фольга́, станио́ль (*m*); **~ shaver** се́тчатая (электро)бри́тва; (*fig, contrast*) контра́ст, противопоставле́ние; **her plainness serves as a ~ to the others** её некраси́вая вне́шность оттеня́ет/подчёркивает красоту́ остальны́х.

foil² /fɔɪl/ *n* (*fencing sword*) рапи́ра; **~ fencer** рапири́ст (*fem* -ка).

foil³ /fɔɪl/ *vt* сби|ва́ть, -ть со сле́да; расстр|а́ивать, -о́ить (*or* срыва́ть, сорва́ть) пла́ны + *g*.

foist /fɔɪst/ *vt* навя́з|ывать, -а́ть (*что кому*).

fold¹ /fəʊld/ *n* скла́дка; **the ~s of a dress** скла́дки пла́тья; **a ~ in the hills** (*Br*) лощи́на.

● *vt* **1** (*double over*) скла́дывать, сложи́ть; св|ёртывать (*or* -ора́чивать), -ерну́ть; **~ one's arms** скре́|щивать, -сти́ть ру́ки на груди́; **~ back the bedclothes** отки́|дывать, -нуть одея́ло; **~ (up) the newspaper** скла́дывать, сложи́ть газе́ту.
2 (*embrace*) обн|има́ть, -я́ть; **she ~ed the child in her arms** она́ заключи́ла ребёнка в объя́тия; **the hills were ~ed in mist** холмы́ бы́ли оку́таны мгло́й.

● *vi* скла́дываться, сложи́ться; (*fig*): **the play ~ed after a week** пье́са сошла́ со сце́ны че́рез неде́лю; **their business ~ed** они́ сверну́ли де́ло.

fold² /fəʊld/ *n* (*for sheep*) заго́н; **return to the ~** (*fig*) верну́ться (*pf*) в ло́но (*церкви и т. п.*).

folder /ˈfəʊldə(r)/ *n* (*container for papers*) скоросшива́тель (*m*); (*also comput*) па́пка.

folding /ˈfəʊldɪŋ/ *adj* складно́й; **~ doors** складны́е две́ри.

● *cpds* **~ bed** *n* раскладу́шка; **~ chair** *n* складно́й стул.

foliage /ˈfəʊlɪɪdʒ/ *n* листва́; **~ plant** ли́ственное расте́ние.

folio /ˈfəʊlɪəʊ/ *n* (*pl* **folios**) (*book*) фолиа́нт; (*ledger sheet*) лист бухга́лтерской кни́ги.

folk(s) /fəʊk(s)/ *n pl* (*coll*) **1** (*coll, persons*) наро́д, лю́д|и (*pl, g* -е́й); **some ~ have all the luck!** везёт же лю́дям!; **the old ~s** старики́; роди́тели (*both m pl*); **old ~s' home** дом для

f

престаре́лых. **2** (*coll, relatives*) родня́, родны́е (*pl*).
● *cpds* **~ music** *n* наро́дная му́зыка; **~ song** *n* наро́дная пе́сня.

folklore /ˈfəʊklɔː(r)/ *n* фолькло́р.

folklorist /ˈfəʊk,lɔːrɪst/ *n* фолькслори́ст.

folksy /ˈfəʊksɪ/ *adj* (**folksier, folksiest**) (*coll*) простéцкий, фамилья́рный, панибра́тский.

follicle /ˈfɒlɪk(ə)l/ *n* (*anat*) фолли́кул; (*bot*) стручо́к.

follow /ˈfɒləʊ/ *vt & i* **1** (*proceed or happen after*) сле́довать, по- за + *i*; **the dog ~s him about** соба́ка хо́дит за ним по пята́м; **he ~ed his wife to the grave** (*died soon after*) он после́довал за жено́й в моги́лу; **he ~ed (in) his father's footsteps** он пошёл по стопа́м отца́; **~ the crowd** (*fig*) плыть (*det*) по тече́нию; **~ suit** (*at cards*) ходи́ть (*indet*) в масть; (*fig*) сле́довать, по- чьему-н. приме́ру; **the frost was ~ed by a thaw** моро́з смени́лся о́ттепелью; **as ~s** сле́дующим о́бразом; как сле́дует ни́же; **his plan was as ~s** его́ план был тако́в.
2 (*as inference*) сле́довать (*impf*) из + *g*; **it does not ~ that ...** э́то во́все не зна́чит, что... .
3 (*pursue*) следи́ть (*impf*) за + *i*; **he ~ed the ball with his eye** он следи́л за мячо́м; **don't look now, we're being ~ed** не огля́дывайтесь: за на́ми следя́т; (*fig*): **~ one's bent** сле́довать (*impf*) свои́м накло́нностям.
4 (*keep to*) приде́рживаться (*impf*) + *g*; **~ this road** сле́дуйте/иди́те по э́той доро́ге; **~ the policy of one's predecessor** продолжа́ть (*impf*) поли́тику своего́ предше́ственника; (*fig, engage in*): **~ a trade** име́ть (*impf*) профе́ссию; (*fig, be guided by*): **~ s.o.'s advice/example** сле́довать, по- чьему́-н. сове́ту/приме́ру.
5 (*fig, keep track of*): **~ s.o.'s arguments** следи́ть (*impf*) за хо́дом чьих-н. рассужде́ний; **I don't ~ you** я вас не понима́ю; **~ the news in the papers** следи́ть (*impf*) за новостя́ми в газе́тах.
● *with advs*: **~ on** *vt & i* сле́довать, по- (за + *i*); **~ through** *vt & i* сле́довать (*impf*) (за + *i*) до конца́; **~ up** *vt* (*look into*) раз|бира́ть, -обра́ть; **~ up a clue** рассле́доватьули́ку; **~ up a suggestion** уч|и́тывать, -е́сть чьё-н. предложе́ние.
● *cpd* **~-up** *n* продолже́ние; (*med*) контро́ль (*m*).

follower /ˈfɒləʊwə(r)/ *n* после́дователь (*m*) (*fem* -ница); сторо́нни|к (*fem* -ца).

following /ˈfɒləʊwɪŋ/ *n* после́дователи (*m pl*); приве́рженцы (*m pl*); **the preacher gained a large ~** пропове́дник собра́л мно́го приве́рженцев.
● *adj* **1** (*ensuing*) сле́дующий; **(on) the ~ day** на сле́дующий день; (*about to be specified*): **we shall need the ~** нам потре́буется сле́дующее. **2** (*coming behind*) попу́тный; **a ~ wind** попу́тный ве́тер.

folly /ˈfɒlɪ/ *n* (*foolishness*) глу́пость; (*building*) декорати́вное сооруже́ние.

foment /fəˈment, fəʊ-/ *vt* класть, положи́ть припа́рку к + *d*; (*fig*) подстрек|а́ть, -ну́ть.

fond /fɒnd/ *adj* **1** (*pred, with* **of**): **he became ~ of her** он привяза́лся к ней; **are you ~ of music?** вы лю́бите му́зыку? **2** (*loving*) не́жный, лю́бящий; (*nice*): **~ memories** прия́тные/до́брые воспомина́ния.
3 (*credulous*) дове́рчивый; **I ~ly imagined** я тще́тно вообража́л.

fondant /ˈfɒnd(ə)nt/ *n* (*cul*) ≈ пома́дка.

fondle /ˈfɒnd(ə)l/ *vt* ласка́ть (*impf*); гла́дить, по-.

font[1] /fɒnt/ *n* (*eccl*) купе́ль.

font[2] /fɒnt/ *n* (*printing*) шрифт.

food /fuːd/ *n* пи́ща, пита́ние; еда́; **~ supplies** продово́льственные припа́сы (*m pl*); провиа́нт; **~ and drink** еда́ и питьё; **go without ~** голода́ть (*impf*); **baby ~** де́тское пита́ние; (*fig*): **~ for thought** пи́ща для размышле́ний.
● *cpds* **~ poisoning** *n* пищево́е отравле́ние; **~ processor** *n* ку́хонный комба́йн; **~ store** *n* продово́льственный магази́н; **~stuff** *n* пищево́й проду́кт.

fool[1] /fuːl/ *n* (*simpleton*) дура́к, глупе́ц; **any ~ could do that** э́то ка́ждый дура́к мо́жет; **he is nobody's ~** он совсе́м не дура́к; **I was a ~ to accept** дура́к я был, что согласи́лся; **like a ~, I told him** я был так глуп, что сказа́л ему́; **he lived in a ~'s paradise** он жил в вы́думанном ми́ре; **~'s mate** (*at chess*) «де́тский» мат; (*jester*) шут; **~'s cap** шутовско́й колпа́к; **play the ~** дура́читься (*impf*); валя́ть (*impf*) дурака́; **April F~** апре́льский дура́к; **All F~s' Day** пе́рвое апре́ля; **make a ~ (out) of s.o.** дура́чить, о- кого́-н.; **make a ~ of o.s.** ста́вить, по- себя́ в дура́цкое положе́ние; позо́риться, о-.
● *adj* (*US coll*) глу́пый, безрассу́дный.
● *vt* (*delude, deceive*) одура́чи|вать, -ть; **he was ~ed into going there** обма́ном его́ убеди́ли пойти́ туда́.
● *vi* дура́читься (*impf*); **~ about, around** валя́ть (*impf*) дурака́; **don't ~ about with the watch, you may break it!** поосторо́жней с часа́ми, а то слома́ете их!
● *cpd* **~proof** *adj* (*reliable*) безотка́зный, ве́рный; (*simple*) несло́жный.

fool[2] /fuːl/ *n* (*Br, fruit dish*) ≈ десе́рт со взби́тыми сли́вками.

foolery /ˈfuːlərɪ/ *n* дура́чество, глу́пость; глу́пое поведе́ние.

foolhardiness /ˈfuːl,hɑːdɪnɪs/ *n* безрассу́дная хра́брость.

foolhardy /ˈfuːl,hɑːdɪ/ *adj* (**foolhardier, foolhardiest**) безрассу́дно хра́брый.

foolish /ˈfuːlɪʃ/ *adj* глу́пый; дура́цкий.

foolishness /ˈfuːlɪʃnɪs/ *n* глу́пость.

foolscap /ˈfuːlskæp/ *n* (*Br, stationery*) пи́счая бума́га форма́том 330 x 200 (или 400) мм.

foot /fʊt/ *n* (*pl* **feet**) **1** (*extremity of leg*) ступня́, нога́; стопа́ ноги́; (*diminutive*) но́жка; (*of an animal*) ла́па; (*lowest part, bottom*) ни́жняя часть, ни́жний край; **at the ~ of the hill** у подно́жия холма́; **at the ~ of the page** в конце́ страни́цы; **at the ~ of the stairs** внизу́ ле́стницы; **at the ~ of the bed** в нога́х крова́ти.
2 (*unit of length*) фут; **six ~ (or feet) tall** шести́ фу́тов ро́стом; **40-foot container** сорокафу́товый конте́йнер.
3 (*prosody*) стопа́.
4 (*Br, infantry*) пехо́та; **~ guards** гварде́йская пехо́та.
● *phrr*: **we came here on ~** мы пришли́ сюда́ пешко́м; **she is on her feet all day** она́ це́лый день на нога́х; **he was on his feet in an instant** он то́тчас вскочи́л на́ ноги; **the business got off on the wrong ~** де́ло с са́мого нача́ла пошло́ не так; **she was swept off her feet** (*fig*) она́ потеря́ла го́лову; **he fell on his feet** (*fig*) он счастли́во отде́лался; ему́ повезло́; **find one's feet** нащу́п|ывать, -ать по́чву под нога́ми; **get/rise to one's feet** подн|има́ться, -я́ться, вста|ва́ть, -ть; **have one ~ in the grave** стоя́ть (*impf*) одно́й ного́й в моги́ле; **have both feet on the ground** (*fig*) кре́пко стоя́ть (*impf*) на нога́х; **have feet of clay** (*fig*) стоя́ть (*impf*) на гли́няных нога́х; **keep one's feet** уде́рживаться (*pf*) на нога́х; **kneel at s.o.'s feet** па́дать, пасть на коле́ни пе́ред кем-н.; **put one's ~ down** (*fig*) зан|има́ть, -я́ть твёрдую/реши́тельную пози́цию; (*Br, accelerate*) дава́ть, дать га́зу; **put one's ~ in it** (*fig*) дать (*pf*) ма́ху; **put one's best ~ forward/foremost** приба́вить (*pf*) ша́гу; **put one's feet up** сиде́ть (*impf*) задра́в но́ги; (*fig*) отдыха́ть (*impf*); **set ~ in** ступ|а́ть, -и́ть в + *a*; **set s.o. on his feet again** подн|има́ть, -я́ть кого́-н. на́ ноги; **stand on one's own (two) feet** стоя́ть (*impf*) на нога́х; быть самостоя́тельным; **trample under ~** поп|ира́ть, -ра́ть; **it's wet under ~** на земле́ мо́кро; **wipe one's feet** вытира́ть, вы́тереть но́ги.
● *vt*: **~ the bill** опла́|чивать, -ти́ть счёт.
● *cpds* **~-and-mouth (disease)** *n* я́щур; **~ball** *n* (*Br*) футбо́л; (*US*) америка́нский футбо́л; **~ball match** (*Br*) футбо́льный матч; **~ball player** футболи́ст; **~baller** *n* (*Br*) футболи́ст; **~bath** *n* ножна́я ва́нна; **~brake** *n* ножно́й то́рмоз; **~bridge** *n* пешехо́дный мо́стик; **~-dragging** *n* проволо́чка, затя́гивание; **~hills** *n pl* предго́рье; **~hold** *n* то́чка опо́ры; (*mil*) опо́рный пункт; **~lights** *n pl* ра́мпа (*sg*); **~man** *n* (*pl* **~men**) лаке́й; **~mark** *n* след ноги́; **~note** *n* сно́ска; **~path** *n* тропа́, тропи́нка; **~plate** *n* (*Br*) площа́дка машини́ста; **~-pound** *n* (*tech*) футофу́нт; **~print** *n* след ноги́; **~rot** *n* копы́тная гниль; **~slog** *vi* тащи́ться (*impf*) пешко́м; **~slogger** *n* пехоти́нец; **~ soldier** *n* пехоти́нец; **~sore** *adj* со стёртыми нога́ми; **~step** *n* шаг, по́ступь; **~stool** *n* скаме́ечка для ног; **~sure** *adj* неспотыка́ющийся; уве́ренно ступа́ющий; (*fig*) уве́ренно иду́щий к це́ли; **~way** *n* (*Br*) пешехо́дная доро́жка, тротуа́р; **~wear** *n* о́бувь; **~work** *n* рабо́та ног.

footage /ˈfʊtɪdʒ/ *n* (*length*) метра́ж; (*cin*) киноматериа́л.

> **football pool — футбо́льный тотализа́тор**
>
> Популя́рная в Великобрита́нии аза́ртная игра́. Игроки́ пыта́ются предугада́ть результа́ты футбо́льных ма́тчей, ста́вят определённые су́ммы на свои́ прогно́зы и зано́сят предполага́емые результа́ты на специа́льные бла́нки. Вы́игрыши выпла́чиваются тем игрока́м, чьи прогно́зы оказа́лись наибо́лее то́чными. Разме́р вы́игрыша пря́мо пропорциона́лен ста́вке игрока́.

footer /ˈfʊtə(r)/ *n* (*line of text*) ни́жний колонти́тул.

footing /ˈfʊtɪŋ/ *n* (*foothold*) опо́ра для ног(и́); **lose one's ~** оступи́ться (*pf*); (*fig*) потеря́ть (*pf*) по́чву под нога́ми; **on an equal ~** на ра́вной ноге́; **on a friendly ~** на дру́жеской ноге́; **the army was placed on a war ~** а́рмия была́ приведена́ в боеву́ю гото́вность.

footle /ˈfuːt(ə)l/ *vi* (*Br coll*) дури́ть (*impf*); дура́читься (*impf*).

footling /ˈfuːtlɪŋ/ *adj* (*coll*) пустя́чный, ерундо́вый.

fop /fɒp/ *n* фат, хлыщ, щёголь (*m*).

foppish /ˈfɒpɪʃ/ *adj* фатова́тый, щеголева́тый, щегольско́й.

for /fə(r), fɔː(r)/ *prep* **1** (*with the object or purpose of*) для + *g*; ра́ди + *g*; **~ example** наприме́р; **I did it ~ fun** я сде́лал э́то для развлече́ния; **~ a laugh** шу́тки ра́ди; **~ the sake of peace** ра́ди ми́ра; **they have gone ~ a walk** они́ пошли́ гуля́ть; **who's coming ~ dinner?** кто придёт к у́жину?; **what ~?** заче́м?; **there is no need ~ this** в э́том нет никако́й на́добности; **a house ~ sale** дом на прода́жу; **save up ~ a house** копи́ть (*impf*) (де́ньги) на поку́пку до́ма; **he sent ~ the doctor** он посла́л за врачо́м; **I've come ~ the rent** я пришёл получи́ть за кварти́ру; **run ~ a train** бежа́ть (*det*), по- к по́езду; **run ~ it!** беги́те изо всех сил!; (*destination*) на + *a*; к + *d*; **the train ~ Moscow** по́езд на Москву́; **he left ~ home** он отпра́вился домо́й; **you're in ~ a shock** вас ждёт больша́я неприя́тность; (*aspiration*): **who could ask ~ more?** чего́ же ещё жела́ть?; **he begged ~ money** он проси́л де́нег; **a cry ~ help** крик о по́мощи; зов на по́мощь; **oh ~ a drink!** эх, вы́пить бы!; **greed ~ money** жа́дность к деньга́м; **longing ~ home** тоска́ по ро́дине; **demand ~ coal** спрос на у́голь; **prospecting ~ oil** разве́дка нефтяны́х месторожде́ний.
2 (*denoting reason*; *on account of*) ра́ди + *g*, для + *g*; **cry ~ joy** пла́кать (*impf*) от ра́дости; **~ fear of being found out** из боя́зни быть разоблачённым; **grateful ~ help** благода́рный за по́мощь; **you can't move here ~ books** из-за книг здесь не́где поверну́ться; **he can't see the wood ~ trees** он за дере́вьями не ви́дит ле́са; **~ the love of God** ра́ди бо́га; **~ shame!** как не сты́дно; **~ pity's sake!** пощади́те!; ра́ди бо́га!; **my shoes are the worse ~ wear** мой боти́нки поизноси́лись; **but** (*or* **if it had not been**) **~ me he would have died** ка́бы не я, он бы у́мер; **he is known ~ his generosity** он изве́стен свое́й ще́дростью; **they married ~ love** они́ жени́лись по любви́; **selected ~ their physique** отобранные по физи́ческим да́нным; (*accorded to*): **the penalty ~ treason is death** наказа́ние за госуда́рственную изме́ну — сме́ртная казнь; **a prize ~ a novel** пре́мия за рома́н; **a decoration ~ bravery** о́рден за отва́гу; (*on the occasion of*): **I gave him a book ~ his birthday** я подари́л ему́ кни́гу на день рожде́ния; **he went abroad ~ his holidays** он пое́хал за грани́цу в о́тпуск; **she wore black ~ the funeral** она́ наде́ла всё чёрное на по́хороны; **the church was decorated ~ Easter** це́рковь была́ укра́шена к Па́схе; **what are we having ~ dinner?** что у нас на у́жин?
3 (*representative of*): **A ~ Anna** «А» как в сло́ве «А́нна»; **the member (of parliament) ~ Oxford** член парла́мента от О́ксфорда; **red is ~ danger** кра́сный цвет означа́ет опа́сность; **he signed ~ the government** он поста́вил по́дпись от и́мени прави́тельства; (*in support*; *in favour of*): **a vote ~ freedom** го́лос за свобо́ду; **I'm all ~ it** я по́лностью за (э́то); **stand up ~ one's rights** отст|а́ивать, -оя́ть свои́ права́; (*denoting purpose*): **they need premises ~ a school** им ну́жно помеще́ние под шко́лу; **a report ~ the director** докладна́я на и́мя дире́ктора; **a candidate ~ the presidium** кандида́т в прези́диум; **the order ~ retreat** прика́з об отступле́нии; **this barrel is meant ~ wine** э́та бо́чка предназна́чена под вино́; **ready ~ departure** гото́в к отъе́зду; (*on behalf of*) за + *a*, от + *g*; **speak ~ yourself!** говори́те за себя́!; **see ~ yourself!** смотри́те са́ми!; **pray ~ the sick** моли́ться (*impf*) за больны́х.
4 (*denoting intended recipient*): **a dinner ~ 10 people** обе́д на де́сять челове́к; **there is a letter ~ you** вам письмо́; **votes ~ women** пра́во го́лоса для же́нщин.
5 (*denoting duration or extent*): **~ a time** на вре́мя; **~ a long time** на до́лгое вре́мя; в тече́ние до́лгого вре́мени; **he stayed ~ the night** он оста́лся на́ ночь; **he was away ~ ages** он о́чень до́лго был в отъе́зде; **I haven't seen him ~ (some) days** я не ви́дел его́ не́сколько дней; **the forest stretches ~ miles** лес простира́ется на мно́гие киломе́тры; **there is no house ~ miles** на мно́го киломе́тров вокру́г нет ни еди́ного до́ма; **a weather report ~ the past week** сво́дка пого́ды за про́шлую неде́лю; (*intended duration*): **~ ever and ever** навсегда́, на ве́ки ве́чные; **I've lost it ~ good** я навсегда́/оконча́тельно потеря́л э́то; **I shan't stay ~ long** я до́лго не задержу́сь; **~ the future we must be more careful** в бу́дущем мы должны́ быть бо́лее осторо́жными; **they are going away ~ a few days** они́ уезжа́ют на не́сколько дней.
6 (*denoting relationship*; *in respect of*): **I ~ my part ...** со свое́й стороны́ я...; **~ the rest** что каса́ется остально́го; **as ~ me/myself** что каса́ется меня́; **he is hard up ~ money** у него́ пло́хо/ту́го с деньга́ми; **luckily ~ her** на её сча́стье, к сча́стью для неё; **~ one thing it's too short, and ~ another I don't like it** во-пе́рвых, э́то о́чень ко́ротко, во-вторы́х, мне э́то не нра́вится; (*responsive to*): **an eye ~ a bargain** намётанный глаз на вы́годную поку́пку; **an ear ~ music** музыка́льный слух; **a weakness ~ sweets** сла́бость к сла́дкому; (*in relation to what is normal or suitable*): **warm ~ the time of year** тепло́ для э́того вре́мени го́да; **cold ~ summer** не по-ле́тнему холо́дный (*or* хо́лодно); **it's cold enough ~ snow** хо́лодно: того́ и гляди́ пойдёт снег; **he is too thoughtful ~ his age** он заду́мчив не по лета́м/года́м; **not bad ~ a beginner** непло́хо для новичка́; **that's no job ~ a woman** э́то не же́нская рабо́та; **how's that ~ a stroke of luck?** вот э́то уда́ча!
7 (*in return ~, instead of*): **an eye ~ an eye** о́ко за о́ко; **new lamps ~ old** но́вые ла́мпы вме́сто ста́рых; **get something ~ nothing** получ|а́ть, -и́ть что-н. да́ром; **so much ~ your promises!** вот чего́ сто́ят ва́ши обеща́ния; **not ~ the world** ни за что (на све́те); **once (and) ~ all** раз и навсегда́; **thank you ~ nothing!** ну уж, удружи́л — не́чего сказа́ть!; **seven ~ a pound** семь штук за фунт; **how many books can I buy ~ that money?** ско́лько книг я смогу́ купи́ть на э́ти де́ньги?; **you'll pay ~ this!** вы мне за э́то запла́тите!; **~ every good apple there were 10 bad ones** на ка́ждое хоро́шее я́блоко бы́ло 10 плохи́х.
8 (*as being*; *in the capacity of*): **what do you take me ~?** за кого́ вы меня́ принима́ете?; **take sth ~ granted** прин|има́ть, -я́ть что-н. как само́ собо́й разуме́ющееся.
9 (*up to*; *incumbent upon*): **it's ~ you to decide** вам реша́ть; **it's not ~ me to say** не мне́ суди́ть.
10 (*despite*): **~ all that, I still love him** но несмотря́ на всё, я его́ люблю́.
11 (*ethic dative*): **there's gratitude ~ you!** вот вам и благода́рность!; **there's a marvellous shot ~ you!** вот замеча́тельный вы́стрел!
12 (*with certain expressions of time*): **~ the first time** в пе́рвый раз; **~ the last time, will you shut up!** говорю́ тебе́ в после́дний раз — замолчи́!; **~ once I agree with you** на э́тот раз я с ва́ми согла́сен; **the wedding is arranged ~ June the 1st** сва́дьба назна́чена на пе́рвое ию́ня; **I ordered meat ~ Thursday** я заказа́л мя́со к четвергу́.
13 (*with following inf*): **it will be better ~ us all to leave** бу́дет лу́чше нам всем уйти́; **~ the experiment to succeed, certain conditions must be fulfilled** что́бы о́пыт уда́лся, должны́ быть вы́полнены определённые

усло́вия; **it was absurd ~ him to do that** э́то бы́ло неле́по с его́ стороны́. **14**: **~ all I know, he may he there already** почём я зна́ю, мо́жет быть он уже́ там; **~ all his boasting** при всём его́ хвастовстве́; ка́к бы он ни хва́стался; **you can go away ~ all I care** а по мне — хоть сейча́с уходи́те.
● *conj* так как, и́бо.

forage /'fɒrɪdʒ/ *n* фура́ж, корм.
● *vi* (*search*) разы́скивать (*impf*).
● *cpd* **~ cap** *n* пило́тка.

foray /'fɒreɪ/ *n* набе́г.
● *vi* соверш|а́ть, -и́ть набе́г.

forbade /fə'bæd, fə'beɪd/, **forbad** /fə'bæd/ *past of* ⇒**forbid**

forbear[1] /'fɔ:beə(r)/ *n* = **forebear**

forbear[2] /fɔ:'beə(r)/ *vt* & *i* (*past* **forbore;** *pp* **forborne**) возде́рж|иваться, -а́ться (*от чего*); быть терпели́вым.

forbearance /fɔ:'beərəns/ *n* возде́ржанность, терпели́вость, терпе́ние.

forbid /fə'bɪd/ *vt* (**forbidding;** *past* **forbade** *or* **forbad;** *pp* **forbidden**) запре|ща́ть, -ти́ть (*кому что*); **God ~!** бо́же упаси́!/сохрани́!

forbidden /fə'bɪd(ə)n/ *adj* запрещённый, запре́тный.

forbidding /fə'bɪdɪŋ/ *adj* (*repellent*) отта́лкивающий; (*unfriendly*) неприя́зненный; (*threatening*) гро́зный; **a ~ air** непристу́пный вид.

forbore /fɔ:'bɔ:(r)/ *past of* ⇒**forbear**[2]

forborne /fɔ:'bɔ:n/ *pp of* ⇒**forbear**[2]

force /fɔ:s/ *n* **1** (*strength*: *lit*, *fig*) си́ла; **use ~** приб|ега́ть, -е́гнуть к си́ле; **in full ~** в по́лном соста́ве; **by ~** си́лой, наси́льно; **from ~ of habit** в си́лу привы́чки; **by ~ of circumstance(s)** в си́лу обстоя́тельств; **the ~s of darkness** си́лы тьмы́.
2 (*body of men, usu armed*) вооружённый отря́д; **he attacked with a small ~** он атакова́л с небольши́м отря́дом; **Air F~** вое́нно-возду́шные си́лы; **(Police) F~** поли́ция; (*in pl*): **the (Armed) F~s** а́рмия, вооружённые си́лы.
3 (*binding power, validity*) де́йственность; **the agreement has the ~ of law** э́то соглаше́ние име́ет си́лу зако́на; **in ~** (*of law etc.*) в си́ле; **come into ~** вступ|а́ть, -и́ть в си́лу; (*significance, cogency*) смысл, значе́ние; **he explained the ~ of the word** он объясни́л то́чное значе́ние э́того сло́ва.
4 (*phys*) си́ла; **the ~ of gravity** си́ла притяже́ния.
● *vt* **1** (*compel, constrain*) заст|авля́ть, -а́вить; прин|ужда́ть, -у́дить; **he was ~ed to sell the house** он был вы́нужден прода́ть дом; **you are not ~d to answer** вы не обя́заны отвеча́ть; **~ s.o.'s hand** прин|ужда́ть, -у́дить кого́-н. к де́йствию; **~d** (*laugh etc.*) принуждённый; **~d labour** принуди́тельный труд; **~d landing** вы́нужденная поса́дка.
2 (*effect by ~*): **~ an entry** вл|а́мываться, -оми́ться; врыва́ться, ворва́ться; (*apply ~ to*): **~ (open) the door** выла́мывать, вы́ломать дверь; **~ a lock** взл|а́мывать, -ома́ть замо́к.
3 (*increase under stress*): **~ the pace** уск|оря́ть, -о́рить шаг; (*produce under stress*): **~ a laugh** смея́ться (*impf*) че́рез си́лу; выда́вливать, вы́давить из себя́ смешо́к.
4 (*plants*) выгоня́ть, вы́гнать.
● *cpds* **~-feed** *vt* корми́ть (*impf*) наси́льно; **~-feeding** *n* наси́льственное кормле́ние.

forceful /'fɔ:sfʊl/ *adj* си́льный, убеди́тельный.

force majeure /,fɔ:s mæ'ʒɜ:(r)/ *n* форс-мажо́р.

forcemeat /'fɔ:smi:t/ *n* фарш.

forceps /'fɔ:seps/ *n pl* хирурги́ческие щипц|ы́ (*pl*, *g* -о́в).

forcible /'fɔ:sɪb(ə)l/ *adj* наси́льственный; (*forceful*) ве́ский; убеди́тельный; **~ entry** наси́льственное вторже́ние.

ford /fɔ:d/ *n* брод.
● *vt* пере|ходи́ть, -йти́ вброд.

fore /fɔ:(r)/ *n* **1**: **he finished the race well to the ~** он зако́нчил бег, намно́го опереди́в други́х; **this subject has recently come to the ~** в после́днее вре́мя э́тот вопро́с оказа́лся в це́нтре внима́ния. **2** (*naut*) нос; носова́я часть.
● *adj* пере́дний; (*naut*) носово́й; (*as pref*) пред... .
● *adv* впереди́; **~ and aft** на носу́ и на корме́; вдоль всего́ су́дна.

forearm[1] /'fɔ:rɑ:m/ *n* предпле́чье.

forearm[2] /fɔ:r'ɑ:m/ *vt* зара́нее вооруж|а́ть, -и́ть; **forewarned is ~ed** кто предостережён, тот вооружён.

forebear /'fɔ:beə(r)/ *n* пре́док.

forebode /fɔ:'bəʊd/ *vt* (*portend*) предвеща́ть (*impf*) (дурно́е).

foreboding /fɔ:'bəʊdɪŋ/ *n* дурно́е предчу́вствие.

forecast /'fɔ:kɑ:st/ *n* предсказа́ние; (*also* **weather ~**) прогно́з пого́ды.
● *vt* (*past and pp* **forecast** *or* **forecasted**) предска́з|ывать, -а́ть; **weather ~ing** сино́птика.

forecaster /'fɔ:kɑ:stə(r)/ *n*: **weather ~** сино́птик.

forecastle /'fəʊks(ə)l/ *n* (*naut*) бак.

foreclose /fɔ:'kləʊz/ *vt* & *i* (*preclude*) исключ|а́ть, -и́ть; (*mortgage*) лиша́ть (*impf*) пра́ва вы́купа зало́женного иму́щества.

foreclosure /fɔ:'kləʊzjə(r)/ *n* (*law*) лише́ние пра́ва вы́купа зало́женного иму́щества.

forecourt /'fɔ:kɔ:t/ *n* пере́дний двор.

foredoom /fɔ:'du:m/ *vt* (зара́нее) обр|ека́ть, -е́чь.

forefather /'fɔ:,fɑ:ðə(r)/ *n* пре́док, пра́отец.

forefinger /'fɔ:,fɪŋgə(r)/ *n* указа́тельный па́лец.

forefoot /'fɔ:fʊt/ *n* пере́дняя ла́па/ нога́.

forefront /'fɔ:frʌnt/ *n* аванга́рд; **in the ~ of the battle** на передово́й (ли́нии); **at the ~ of his mind** пе́рвым де́лом на уме́.

foregather /fɔ:'gæðə(r)/*vi* соб|ира́ться, -ра́ться.

forego[1] /fɔ:'gəʊ/ *vi* (*3rd pers sg pres* **foregoes;** *past* **forewent;** *pp* **foregone**) (*arch*) (*precede*) предше́ствовать (*impf*) + *d*; **the ~ing** вышеупомя́нутое; **a ~ne conclusion** предрешённый исхо́д.

forego[2] /fɔ:'gəʊ/ = **forgo**

foreground /'fɔ:graʊnd/ *n* (*lit*, *fig*) пере́дний план.

forehand /'fɔ:hænd/ *adj* (*tennis*): **~ stroke** уда́р спра́ва.

forehead /'fɒrɪd, 'fɔ:hed/ *n* лоб.

foreign /'fɒrɪn, 'fɒrən/ *adj* **1** (*of or pertaining to another country or countries*) иностра́нный, загрании́чный; **~ affairs** междунаро́дные отноше́ния; **Ministry of F~ Affairs** Министе́рство иностра́нных дел; **F~ (and Commonwealth) Office** (*Br*) Министе́рство иностра́нных дел; **~ passport** заграни́чный па́спорт; **~ policy** вне́шняя поли́тика; **F~ Secretary** (*Br*) мини́стр иностра́нных дел; **F~ Service** (*institution or career*) дипломати́ческая слу́жба; **~ trade** вне́шняя торго́вля; **in ~ parts** в чужи́х края́х. **2** (*alien*) чужо́й, чу́ждый; **~ soil** чужа́я земля́, чужби́на. **3** (*med*) иноро́дный; **~ body** (*lit*, *fig*) иноро́дное те́ло.

foreigner /'fɒrɪnə(r), 'fɒrənə(r)/ *n* иностра́н|ец (*fem* -ка).

foreignness /'fɒrɪnnɪs, 'fɒrənnɪs/ *n* иностра́нное происхожде́ние; чу́ждость.

foreknow /fɔ:'nəʊ/ *vt* (*past* **foreknew;** *pp* **foreknown**) (*literary*) знать (*impf*) зара́нее.

foreknowledge /fɔ:'nɒlɪdʒ/ *n* предви́дение.

foreland /'fɔ:lænd/ *n* мыс.

foreleg /'fɔ:leg/ *n* пере́дняя ла́па/нога́.

forelock /'fɔ:lɒk/ *n* прядь воло́с на лбу; чуб; вихо́р.

foreman /'fɔ:mən/ *n* (*pl* **foremen**) ма́стер, деся́тник; про́ра́б (производи́тель рабо́т); **~ of the jury** старшина́ (*m*) прися́жных.

foremast /'fɔ:mɑ:st, -məst/ *n* фок-ма́чта.

foremost /'fɔ:məʊst/ *adj* са́мый пере́дний.
● *adv*: **first and ~** пре́жде всего́; в пе́рвую о́чередь.

forename /'fɔ:neɪm/ *n* и́мя (*nt*) (*в отличие от фамилии*).

forenoon /'fɔ:nu:n/ *n* вре́мя до полу́дня; у́тро.

forensic /fə'rensɪk/ *adj* суде́бный; **~ expert, scientist** суде́бно-медици́нский экспе́рт.

foreordain /,fɔ:rɔ:'deɪn/ *vt* предопредел|я́ть, -и́ть.

foreplay /'fɔ:pleɪ/ *n* предвари́тельные ла́ски, прелю́дия.

forerunner /'fɔ:,rʌnə(r)/ *n* предше́ственни|к (*fem* -ца).

foresail /'fɔ:seɪl, -s(ə)l/ *n* (*naut*) фок.

foresee /fɔ:'si:/ (*past* **foresaw;** *pp* **foreseen**) *vt* предви́деть (*impf*).

foreseeable /fɔ:'si:əb(ə)l/ *adj*: **in the ~ future** в обозри́мом бу́дущем.

foreshadow /fɔːˈʃædəʊ/ *vt* предвещáть (*impf*).
foreshore /ˈfɔːʃɔː(r)/ *n* берегова́я полосá, затопля́емая прили́вом.
foreshorten /fɔːˈʃɔːt(ə)n/ *vt* черти́ть, на- в рáкурсе.
foresight /ˈfɔːsaɪt/ *n* **1** (*knowledge of future*) предви́дение. **2** (*care for future*) предусмотри́тельность. **3** (*of gun*) му́шка.
foreskin /ˈfɔːskɪn/ *n* крáйняя плоть.
forest /ˈfɒrɪst/ *n* лес; ~ **fire** лесно́й пожáр; **a** ~ **of masts** лес мачт.
● *vt* засá|живать, -ди́ть ле́сом; **heavily ~ed country** леси́стая/леснáя ме́стность.
● *cpd* ~ **ranger** (*US*), **warden** (*Br*) *nn* лесни́к.
forestall /fɔːˈstɔːl/ *vt* предвосх|ищáть, -и́тить; опере|жáть, -ди́ть; предупре|ждáть, -ди́ть.
forester /ˈfɒrɪstə(r)/ *n* (*official*) лесни́к; (*specialist*) лесни́чий.
forestry /ˈfɒrɪstrɪ/ *n* лесово́дство; **F~ Commission** Коми́ссия по охрáне лесо́в; Коми́ссия по лесно́му хозя́йству.
foretaste /ˈfɔːteɪst/ *n* предвкуше́ние.
foretell /fɔːˈtel/ (*past and pp* **foretold**) *vt* предскáз|ывать, -áть.
forethought /ˈfɔːθɔːt/ *n* предусмотри́тельность.
forever /fəˈrevə(r)/ *adv* навсегдá, наве́чно; (*continually*) постоя́нно, ве́чно.
forewarn /fɔːˈwɔːn/ *vt* предупре|ждáть, -ди́ть; предостер|егáть, -е́чь; **~ed is forearmed** кто предостережён, тот вооружён.
forewoman /ˈfɔːˌwʊmən/ *n* (*pl* **forewomen**) (же́нщина-)деся́тник/мáстер; (*of a jury*) (же́нщина –) старшинá присяжных.
foreword /ˈfɔːwəːd/ *n* предисло́вие.
forfeit /ˈfɔːfɪt/ *n* (*penalty*) штраф, конфискáция; (*trivial fine, e.g. at games*) фант; **play at ~s** игрáть в фáнты.
● *vt* (**forfeited, forfeiting**) теря́ть, по- (прáво на) + *a*; **he ~ed his self-respect** он потеря́л уважéние к себé.
forfeiture /ˈfɔːfɪtʃə(r)/ *n* конфискáция; лишéние прáва (на + *a*).
forgather /fɔːˈgæðə(r)/ = **foregather**
forgave /fəˈgeɪv/ *past of* ⇨**forgive**
forge /fɔːdʒ/ *n* (*workshop*) ку́зница; (*hearth or furnace*) кузнéчный горн.
● *vt* & *i* **1** (*shape metal*) ковáть (*impf*). **2** (*fabricate*) изобре|тáть, -сти́; выду́мывать, вы́думать; (*counterfeit*) поддéл|ывать, -ать. **3**: ~ **ahead** вырывáться, вы́рваться вперёд.
forger /ˈfɔːdʒə(r)/ *n* поддéлыватель (*m*); фальсификáтор; (*of money*) фальшивомонéтчик.
forgery /ˈfɔːdʒərɪ/ *n* (*act*) поддéлка, подло́г; (*object*) поддéлка; подло́жный докумéнт.
forget /fəˈget/ *vt* & *i* (**forgetting; past forgot; pp forgotten** *or esp US* **forgot**) заб|ывáть, -ы́ть; **I forgot all about the lecture** я совершéнно забы́л о лéкции; **'What is his name?' — 'I ~'** «Как егó зову́т?» — «Я забы́л»; **his deeds will never be forgotten** егó дея́ния бу́дут по́мнить вéчно; **it is easy to ~** э́то легкó забывáется; **he drinks to ~** он пьёт, чтóбы забы́ться; **~ it!** (*coll*) лáдно!; брóсьте!; **~ o.s.** (*act unselfishly*) забывáть (*impf*) себя́ рáди други́х; (*act without decorum*) заб|ывáться, -ы́ться.
● *cpd* **~-me-not** *n* (*bot*) незабу́дка.
forgetful /fəˈgetfʊl/ *adj* забы́вчивый.
forgetfulness /fəˈgetfʊlnɪs/ *n* забы́вчивость.
forgivable /fəˈgɪvəb(ə)l/ *adj* прости́тельный.
forgive /fəˈgɪv/ *vt* & *i* (*past* **forgave;** *pp* **forgiven**) про|щáть, -сти́ть; **I ~ you for everything** я вам всё прощáю; **~ me, I didn't hear what you said** прости́те, я не расслы́шал, что вы сказáли.
forgiveness /fəˈgɪvnɪs/ *n* прощéние.
forgiving /fɔːˈgɪvɪŋ/ *adj* (все)прощáющий.
forgo, forego /fɔːˈgəʊ/ *vt* (**for(e)goes** /-ˈgəʊz/; *past* **for(e)went;** *pp* **for(e)gone** /-ˈgɒn/) (*go without*) откáз|ываться, -áться от + *g*; воздéрж|иваться, -áться от + *g*.
forgot /fəˈgɒt/ *past and esp US pp of* ⇨**forget**
forgotten /fəˈgɒt(ə)n/ *pp of* ⇨**forget**
fork /fɔːk/ *n* **1** (*for culinary or table use*) ви́лка. **2** (*agric*) ви́лы (*f pl*). **3** (*bifurcation*) разви́лка, разветвлéние.
● *vt* (*dig or turn with* ~): ~ **over a rose-bed** взрыхл|я́ть, -и́ть ви́лами гря́дку с рóзами; ~ **out, up** (*lit, dig roots etc.*) выкáпывать, вы́копать.
● *vi* (*bifurcate*) раздв|áиваться, -óиться; развет|вля́ться, -ви́ться; (*of road direction*): **you must ~ right at the church** у цéркви(, где дорóга разветвля́ется,) поверни́те напрáво; на разви́лке у цéркви поверни́те напрáво; ~ **out** (*sl, provide money*) отвáл|ивать, -и́ть; раскошéли|ваться, -ться (**for:** на + *a*).
● *cpd* **~lift** *n* (*in full* **~-lift truck**) автопогру́зчик.
forked /fɔːkt/ *adj* раздвóенный, разветвлённый, вилообрáзный; ~ **lightning** зигзагообрáзная мóлния; ~ **tongue** раздвóенный язы́к.
forlorn /fəˈlɔːn/ *adj* заброшенный, поки́нутый, жáлкий, несчáстный; ~ **hope** óчень слáбая надéжда; **he looked ~** у негó был жáлкий вид.
form /fɔːm/ *n* **1** (*shape, aspect*) фóрма, вид; (*figure, body*) фигу́ра. **2** (*species, kind, variant*) вид, фóрма; ~ **of government** госудáрственный строй; фóрма правлéния; (*gram*) фóрма. **3** (*accepted or expected behaviour*) нóрмы (*f pl*) прили́чия/поведéния; **that is not good ~** так вести́ себя́ не при́нято. **4** (*ritual, formality*) тип, вид; **~s of worship** обря́ды (*m pl*). **5** (*of health*) состоя́ние; **in good ~** в хорóшей фóрме; (*of spirits*): **he appeared in great ~** он был в отли́чной фóрме. **6** (*document*) бланк, анкéта. **7** (*Br, class in school*) класс. **8** (*Br, bench*) скамья́. **9** (*mould*) фóрма.
● *vt* **1** (*fashion, shape*) формировáть, с-; прид|авáть, -áть фóрму + *d*; **he ~ed the clay into a vase** гли́на под егó рукáми преврати́лась в вáзу; **the rocks are ~ed by wave action** скáлы формиру́ются под воздéйствием волн; **she ~s her letters well** онá хорошó вывóдит бу́квы; **he can ~ simple sentences** он умéет составля́ть простые предложéния; (*by discipline, training, etc.*) тренировáть, на-; дисциплини́ровать (*impf, pf*); разв|ивáть, -и́ть; **his character was ~ed at school** егó харáктер сформировáлся в шкóле (*or* был сформирóван шкóлой).
2 (*organize, create*) органи́з|óвывать, -овáть; образ|óвывать, -овáть; созд|авáть, -áть; формировáть, с-; **they ~ed an alliance** они́ сóздали/образовáли сою́з; **he was unable to ~ a government** он не смог сформировáть прави́тельство.
3 (*conceive*): **they ~ed a plan** они́ вы́работали план; ~ **an opinion** состáвить (*pf*) мнéние; **I ~ed the conclusion that …** я пришёл к заключéнию, что… .
4 (*develop, acquire*): **habits ~ed in childhood** привы́чки, сложи́вшиеся с дéтства.
5 (*constitute*) сост|авля́ть, -áвить; представля́ть собóй, явля́ться (*both impf*); **this ~s the basis of our discussion** э́то составля́ет оснóву нáшей диску́ссии; **the room ~s part of the museum** э́та кóмната составля́ет часть (*or* явля́ется чáстью) музéя.
6 (*gram*) образ|óвывать, -овáть; **the plural is ~ed by adding 's'** мнóжественное числó образу́ется при пóмощи добавлéния бу́квы «s».
7 (*mil etc.*) стрóить, по-; **the troops were ~ed (up) into line** солдáт вы́строили в ряд; ~ **a queue** (*Br*), **line** (*US*) образ|óвывать, -овáть óчередь.
● *vi* (*take shape, appear, come into being*): **mist was ~ing in the valley** в дoли́не собирáлся тумáн; **ice ~ed on the window** на окнé образовáлся/возни́к морóзный узóр; **an idea ~ed in his mind** в егó мозгу́ возни́кла идéя (*or* возни́кло представлéние); (*mil etc., also* ~ **up**) стрóиться, по-; **the children ~ed up in groups** дéти стрóились отдéльными гру́ппами/отря́дами.
● *cpds* **~-filling** *n* заполнéние блáнков; ~ **master/teacher** *n* (*Br*) клáссный руководи́тель; ~ **mistress/teacher** *n* (*Br*) клáссная руководи́тельница; ~ **room** *n* (*Br*) клáссная кóмната.
formal /ˈfɔːm(ə)l/ *adj* **1** (*in outward form*) внéшний; формáльный. **2** (*conventional*) общепри́нятый; надлежáщий; ~ **garden** англи́йский сад/парк. **3** (*official*) официáльный. **4** (*done for the sake of form*) для профóрмы. **5** (*ceremonious*) церемóнный.

formaldehyde /fɔːˈmældɪˌhaɪd/ *n* формальдеги́д.

formalism /ˈfɔːməˌlɪz(ə)m/ *n* формали́зм.

formalist /ˈfɔːməlɪst/ *n* формали́ст.

formalistic /ˌfɔːməˈlɪstɪk/ *adj* формалисти́ческий.

formality /fɔːˈmælɪtɪ/ *n* форма́льность.

formalization /ˌfɔːməlaɪˈzeɪʃ(ə)n/ *n* оформле́ние.

formalize /ˈfɔːməˌlaɪz/ *vt* оф|ормля́ть, -о́рмить.

format /ˈfɔːmæt/ *n* (*also comput*) форма́т.
● *vt* (*comput*) формати́ровать (*impf, pf*).

formation /fɔːˈmeɪʃ(ə)n/ *n* **1** (*creation*) образова́ние, формирова́ние. **2** (*mil*) строй, расположе́ние, поря́док; (*aeron*) боево́й поря́док; строй самолётов в во́здухе; **~ flying** полёт в боево́м поря́дке. **3** (*geol*) форма́ция.

formative /ˈfɔːmətɪv/ *adj* формиру́ющий, образу́ющий; **he spent his ~ years in France** го́ды, когда́ скла́дывался его́ хара́ктер, он провёл во Фра́нции.

former /ˈfɔːmə(r)/ *adj* **1** (*earlier*) предше́ствующий; **in ~ times** в пре́жние времена́; **my ~ husband** мой бы́вший муж. **2** (*first mentioned of two*) пе́рвый.

formerly /ˈfɔːməlɪ/ *adv* пре́жде, ра́ньше.

formic /ˈfɔːmɪk/ *adj*: **~ acid** муравьи́ная кислота́.

formidable /ˈfɔːmɪdəb(ə)l, *disp* fɔːˈmɪd-/ *adj* (*frightening*) устраша́ющий, гро́зный; (*huge*) огро́мный; (*task*) невероя́тно тру́дный.

formless /ˈfɔːmlɪs/ *adj* бесфо́рменный.

formula /ˈfɔːmjʊlə/ *n* (*pl* **formulas** *or* **formulae** /-ˌliː/) (*set form of words*) выраже́ние, формулиро́вка; (*recipe*) реце́пт; (*math, chem*) фо́рмула.

formulary /ˈfɔːmjʊlərɪ/ *n* спра́вочник; свод пра́вил; (*eccl*) тре́бник.

formulate /ˈfɔːmjʊˌleɪt/ *vt* формули́ровать, с-.

formulation /ˌfɔːmjʊˈleɪʃ(ə)n/ *n* формулиро́вка.

fornicate /ˈfɔːnɪˌkeɪt/ *vi* развра́тничать (*impf*); вести́ (*det*) распу́тную жизнь.

fornication /ˌfɔːnɪˈkeɪʃ(ə)n/ *n* развра́т.

fornicator /ˈfɔːnɪˌkeɪtə(r)/ *n* развра́тни|к (*fem* -ца).

forsake /fəˈseɪk, fɔː-/ *vt* (*past* **forsook** /-ˈsʊk/; *pp* **forsaken** /-ˈseɪk(ə)n/) пок|ида́ть, -и́нуть; ост|авля́ть, -а́вить; бр|оса́ть, -о́сить.

forsooth /fəˈsuːθ, fɔː-/ *adv* (*archaic*) вои́стину, пои́стине.

forswear /fɔːˈsweə(r)/ *vt* (*past* **forswore** /-ˈswɔː/; *pp* **forsworn** /-ˈswɔːn/) отр|ека́ться, -е́чься от + *g*.

fort /fɔːt/ *n* форт; **hold the ~** (*fig*) держа́ть/уде́рживать (*impf*) пози́цию.

forte¹ /ˈfɔːteɪ/ *n* (*strong point*) си́льная сторона́.

forte² /ˈfɔːteɪ/ *n* & *adv* (*mus*) фо́рте (*indecl*).

forth /fɔːθ/ *adv* вперёд, да́льше; **back and ~** взад и вперёд; **and so ~** и так да́лее; **from this day ~** с э́того дня; впредь; **let ~ a yell** изд|ава́ть, -а́ть вопль.

forthcoming /fɔːθˈkʌmɪŋ, *attr* ˈfɔːθ-/ *adj* предстоя́щий; (*helpful*) услу́жливый; **the money was not ~** де́ньги не поступа́ли; **the clerk was not very ~ with information** чино́вник не о́чень охо́тно дава́л све́дения.

forthright /ˈfɔːθraɪt/ *adj* прямо́й, прямолине́йный.

forthwith /fɔːθˈwɪθ, -ˈwɪð/ *adv* неме́дленно, то́тчас.

fortieth /ˈfɔːtɪɪθ/ *n* (*fraction*) одна́ сорокова́я; сорокова́я часть.
● *adj* сороково́й.

fortification /ˌfɔːtɪfɪˈkeɪʃ(ə)n/ *n* укрепле́ние, фортифика́ция.

fortif|y /ˈfɔːtɪˌfaɪ/ *vt* укреп|ля́ть, -и́ть; **~ied wines** креплёные ви́на; (*food*) витаминизи́ровать (*impf and pf*).

fortissi|mo /fɔːˈtɪsɪˌməʊ/ *n* & *adv* (*pl* **-mos** *or* **-mi** /-ˌmiː/) форти́ссимо (*indecl*); **a ~ passage** отры́вок/часть форти́ссимо.

fortitude /ˈfɔːtɪˌtjuːd/ *n* сто́йкость; си́ла ду́ха.

fortnight /ˈfɔːtnaɪt/ (*Br*) *n* две неде́ли; **next Tuesday ~** че́рез две неде́ли, счита́я со сле́дующего вто́рника; **last Tuesday ~** за две неде́ли до про́шлого вто́рника.

fortnightly /ˈfɔːtˌnaɪtlɪ/ *n* (*Br*) (*publication*) двухнеде́льное изда́ние.
● *adj* двухнеде́льный.
● *adv* раз в две неде́ли.

fortress /ˈfɔːtrɪs/ *n* кре́пость.

fortuitous /fɔːˈtjuːɪtəs/ *adj* случа́йный.

fortuit|ousness /fɔːˈtjuːɪtəsnɪs/, **-y** /fɔːˈtjuːɪtɪ/ *nn* случа́йность, слу́чай.

fortunate /ˈfɔːtjʊnət, -tʃənət/ *adj* счастли́вый, уда́чный; **he was ~ to escape** ему́ посчастли́вилось убежа́ть; **~ly** к сча́стью.

fortune /ˈfɔːtjuːn, -tʃuːn/ *n* **1** (*chance*) уда́ча, сча́стье, форту́на; **by good ~** по сча́стью; **he had ~ on his side** сча́стье бы́ло на его́ стороне́; **the ~s of war** вое́нная форту́на, превра́тности (*f pl*) войны́; **try one's ~** попыта́ть (*pf*) сча́стья. **2** (*fate*) судьба́; **the Gypsy (woman) told my ~** цыга́нка (по/на)гада́ла мне. **3** (*prosperity, large sum*) состоя́ние, бога́тство; **come into a ~** насле́довать, у- состоя́ние; получ|а́ть, -и́ть, насле́дство; **make a ~** разбогате́ть (*pf*); наж|ива́ть, -и́ть состоя́ние; **I spent a small ~ today** я истра́тил у́йму/ку́чу де́нег сего́дня.
● *cpd* **~-teller** *n* гада́лка, ворожея́.

fort|y /ˈfɔːtɪ/ *n* со́рок; **the ~ies** (*decade*) сороковы́е го́ды (*m pl*); **they are both in their ~ies** (*age*) им обо́им (*fem* обе́им) за со́рок; **the roaring ~ies** (*stormy ocean tracts*) реву́щие сороковы́е.
● *adj* со́рок + *g pl*; **a man of ~y** сорокале́тний челове́к; **have ~y winks** вздремну́ть (*pf*).

forum /ˈfɔːrəm/ *n* (*hist*) фо́рум; (*fig, court*) суд; **the ~ of conscience** суд со́вести; (*fig, discussion*) обсужде́ние; (*meeting*) фо́рум, съезд; **the magazine provides a ~ for discussion** журна́л предоставля́ет чита́телям возмо́жность вести́ диску́ссии.

forward /ˈfɔːwəd/ *n* (*sport*) напада́ющий.
● *adj* (*situated to the fore*) пере́дний; (*progressive*) прогресси́вный; (*precocious*) скороспе́лый, преждевре́менный; (*prompt, ready*) гото́вый (*на что*); (*pert*) нагловáтый, развя́зный.
● *adv* (*onward; towards one*) вперёд; **~, march!** ша́гом марш!; **please come ~** пожа́луйста, вы́йдите вперёд; **carry ~** (*on a ledger*) перен|оси́ть, -ести́ на другу́ю страни́цу; **the meeting has been brought ~ a day** собра́ние перенесли́ на́ день ра́ньше; **walk back(wards) and ~(s)** ходи́ть (*indet*) взад и вперёд; (*towards the future*): **I look ~ to meeting her** я с нетерпе́нием жду встре́чи с ней; **from this time ~** начина́я с э́того вре́мени; (*naut*) в носово́й ча́сти; в носову́ю часть.
● *vt* (*promote, encourage*) продв|ига́ть, -и́нуть; (*send*) пос|ыла́ть, -ла́ть; отпр|авля́ть, -а́вить; (*send on*) перес|ыла́ть, -ла́ть.
● *cpds* **~-looking** *adj* предусмотри́тельный, дальнови́дный; **~ slash** *n* коса́я черта́, слеш.

forwardness /ˈfɔːwədnɪs/ *n* ра́ннее разви́тие; (*impudence*) наха́льство.

forwent /fɔːˈwent/ *past of* ⇒**forgo**

fossil /ˈfɒs(ə)l/ *n* окамене́лость; (*also fig*) ископа́емое.
● *adj* окамене́лый, ископа́емый.

fossilization /ˌfɒsɪlaɪˈzeɪʃ(ə)n/ *n* окамене́ние.

fossilize /ˈfɒsɪlaɪz/ *vt* & *i* превра|ща́ть(ся), -ти́ть(ся) в окамене́лость; (*fig*) закосне́ть (*pf*).

foster /ˈfɒstə(r)/ *vt* (*rear*) воспи́т|ывать, а́ть; (*Br, assign to someone else to rear*) отд|ава́ть, -а́ть на воспита́ние; (*fig*) (*hope*) пита́ть (*impf*); (*hatred*) се́ять, по-; **~ evil thoughts** вына́шивать (*impf*) недо́брые мы́сли.
● *cpds* **~-brother** *n* моло́чный брат; **~-child** *n* приёмный ребёнок, воспи́танник; **~-father** *n* приёмный оте́ц; **~-mother** *n* приёмная мать.

fought /fɔːt/ *past and pp of* ⇒**fight**

foul /faʊl/ *n* (*sport*) наруше́ние (пра́вил игры́).
● *adj* гря́зный, отврати́тельный; **a ~ smell** злово́ние; **~ air** загрязнённый во́здух; **~ language** руга́тельства (*nt pl*); скверносло́вие, ру́гань; **~ weather** отврати́тельная пого́да; непого́да; **~ play** (*sport*) гру́бая игра́; (*violence*) нечи́стое де́ло; **by fair means or ~** любы́ми сре́дствами; **fall ~ of** поссо́риться (*pf*) с + *i*.
● *vt* (*defile*) загрязн|я́ть, -и́ть; па́чкать, за-; засор|я́ть, -и́ть; **~ one's own nest** (*fig*) га́дить, на- в своём гнезде́; (*obstruct*) образо́в|ывать, -а́ть зато́р в + *p*.
● *vi* (*become entangled*) запу́т|ываться, -аться.
● *cpds* **~-mouthed** *adj* скверносло́вящий; **~-mouthed person** сквернoсло́в; **~-up** *n* неразбери́ха, зару́ха.

foulard /fuːˈlɑːd/ *n* (*textiles*) фуля́р.

found[1] /faʊnd/ *vt* осно́в|ывать, -а́ть; за|кла́дывать, -ложи́ть; **~ a city** за|кла́дывать, -ложи́ть го́род; (*endow*) осно́в|ывать, -а́ть; учре|жда́ть, -ди́ть; (*base*) осно́в|ывать, -а́ть; **the story is ~ed on fact** расска́з осно́ван на реа́льных собы́тиях.

found[2] /faʊnd/ *vt* (*melt metal etc.*) пла́вить (*impf*); лить (*impf*).

found[3] /faʊnd/ *past and pp of* **⇒find**

foundation /faʊnˈdeɪʃ(ə)n/ *n* **1** (*establishing*) основа́ние, учрежде́ние; (*endowment*) учрежде́ние; (*founded institution*) учрежде́ние, существу́ющее на поже́ртвованный фонд; (*fund*) фонд. **2** (*base of building etc.*) фунда́мент; **lay the ~** за|кла́дывать, -ложи́ть фунда́мент/осно́ву; (*fig*) осно́ва; **lay the ~s of one's career** класть, положи́ть нача́ло свое́й карье́ре; **the story has no ~ in fact** (э́тот) расска́з не име́ет (под собо́й) никако́го документа́льного основа́ния. **3**: **~ cream** крем под пу́дру; **~ garment** корсе́т, гра́ция.

● *cpd* **~ stone** *n* фунда́ментный ка́мень; (*fig*) краеуго́льный ка́мень, осно́ва.

founder[1] /ˈfaʊndə(r)/ *n* основа́тель (*m*) (*fem* -ница); учреди́тель (*m*) (*fem* -ница).

● *cpd* **~ member** *n* член-основа́тель (*m*).

founder[2] /ˈfaʊndə(r)/ *n* (*metallurgy*) лите́йщик, плави́льщик.

founder[3] /ˈfaʊndə(r)/ *vi* (*collapse*) ос|еда́ть, -е́сть; (*of a horse, go lame*) хроме́ть, о-; (*from fatigue*) вали́ться, с-; (*of a ship*) идти́, по- ко дну.

foundling /ˈfaʊndlɪŋ/ *n* подки́дыш, найдёныш.

foundry /ˈfaʊndrɪ/ *n* лите́йная; **~ hand** лите́йщик.

fount[1] /faʊnt/ *n* (*source*) исто́чник, ключ.

fount[2] /faʊnt/ (*Br*) = **font**[2]

fountain /ˈfaʊntɪn/ *n* фонта́н; (*fig*) исто́чник; **drinking ~** фонта́нчик для питья́.

● *cpds* **~head** *n*: **go to the ~head** обрати́ться (*pf*) к первоисто́чнику; **~ pen** *n* авторучка.

four /fɔː(r)/ *n* (число́/но́мер) четы́ре; (**~** *people*) че́тверо; **we ~** нас че́тверо; **(the, all) ~ of us went** мы пошли́ вчетверо́м; нас пошло́ четы́ре челове́ка; **~ each** по четы́ре; **in ~s, ~ at a time** по четы́ре; четвёрками; (*figure; thing numbered 4; set, team, crew of* ~) четвёрка; (*cut, divide*) **in ~** на четы́ре ча́сти; **fold in ~** сложи́ть (*pf*) вче́тверо; (*with various nn expressed or understood: cf. also examples under* **⇒two**): **carriage and ~** каре́та, запряжённая четвёркой лошаде́й; **make up a ~ at bridge** сост|авля́ть, -а́вить па́ртию в бридж; **he got down on all ~s** он опусти́лся на четвере́ньки.

● *adj* четы́ре + *g sg*; (*for people and pluralia tantum, also*) че́тверо + *g pl* (*cf. examples under* **⇒two**); **he and ~ others** он и ещё че́тверо други́х; **~ fives are twenty** четы́режды (*or* четы́ре на) пять — два́дцать; **~ times as good** вче́тверо (*or* в четы́ре ра́за) лу́чше; **~ times as big** в четы́ре ра́за бо́льше; **from the ~ corners of the earth** со всех концо́в земли́; **~ figures** (*sum*) четырёхзна́чная су́мма.

● *cpds* **~-course** *adj*: **~-course meal** обе́д из четырёх блюд; **~fold** *adj* четырёхкра́тный; *adv* в четы́ре ра́за (бо́льше); **-footed** *adj* четвероно́гий; **~-hundredth** *adj* четырёхсо́тый; **~-lane** *adj*: **~-lane highway** шоссе́ с движе́нием в четы́ре ря́да; **~-legged** *adj* = **~-footed**; **~-letter** *adj*: **~-letter word** (*fig*) руга́тельство; непристо́йное сло́во; **~-poster (bed)** *n* крова́ть с по́логом на четырёх сто́лбиках; **~-square** *adj* квадра́тный; (*fig*) твёрдый, прямо́й; **~-stroke** *adj*: **~-stroke engine** четырёхта́ктный дви́гатель (вну́треннего сгора́ния); **~-wheel drive** *n* (*vehicle*) внедоро́жник, вездехо́д; (*transmission system*): **with ~-wheel drive** с при́водом на четы́ре колеса́.

foursome /ˈfɔːsəm/ *n* четвёрка; две па́ры; **we made a ~** мы игра́ли двое на́ двое (*or* вчетверо́м).

fourteen /fɔːˈtiːn/ *n* & *adj* четы́рнадцать (+ *g pl*).

fourteenth /fɔːˈtiːnθ/ *n* (*date*) четы́рнадцатое (число́); (*fraction*) одна́ четы́рнадцатая; четы́рнадцатая часть.

● *adj* четы́рнадцатый.

fourth /fɔːθ/ *n* **1** (*date*) четвёртое (число́). **2** (*fraction*) одна́ четвёртая; четвёртая часть; че́тверть. **3** (*mus*) ква́рта.

● *adj* четвёртый; **the ~ dimension** четвёртое измере́ние.

fowl /faʊl/ *n* (*pl* **~** *or* **~s**) (*domestic*) дома́шняя пти́ца; (*chicken*) ку́рица.

fowler /ˈfaʊlə(r)/ *n* птицело́в.

fox /fɒks/ *n* лиса́, лиси́ца; (*fur*) ли́сий мех; (*wily man*) хитре́ц; лиса́ (*cg*).

● *vt* (*deceive*) обма́н|ывать, -у́ть; (*puzzle*) ста́вить, по- в тупи́к; озада́чи|вать, -ть.

● *cpds* **~glove** *n* наперстя́нка; **~hole** *n* ли́сья нора́; (*mil*) стрелко́вая яче́йка; одино́чный око́п; **~hound** *n* го́нчая; **~-hunting** *n* (верхова́я) охо́та на лис; **~ terrier** *n* фокстерье́р; **~trot** *n* фокстро́т.

foxy /ˈfɒksɪ/ *adj* (**foxier, foxiest**) (*crafty*) хи́трый; (*coll, sexually attractive*) привлека́тельный.

foyer /ˈfɔɪeɪ/ *n* фойе́ (*indecl*).

Fr /ˈfɑːðə(r)/ *n* (*abbr of* **⇒Father**) (*in title of priest*) о. (*abbr of* оте́ц (*служитель культа, монах*)).

fr. /ˈfræŋk(z)/ *n* (*abbr of* **⇒franc(s)**) фр. (франк).

fracas /ˈfrækɑː/ (*pl* **~** /-kɑːz/) *n* сканда́л, шу́мная ссо́ра.

fraction /ˈfrækʃ(ə)n/ *n* **1** (*arith*) дробь; **decimal ~** десяти́чная дробь; **common, vulgar ~** простá́я дробь; **improper ~** непра́вильная дробь; **~ of a second** до́ля секу́нды. **2** (*small piece or amount*) части́ца, крупи́ца; **£5 and not a ~ less** пять фу́нтов — и ни пе́нсом/пе́нса ме́ньше. **3** (*chem*) фра́кция. **4** (*small sect or party*) фра́кция.

fractional /ˈfrækʃən(ə)l/ *adj* дро́бный, части́чный; **the difference is ~** ра́зница незначи́тельна.

fractious /ˈfrækʃəs/ *adj* капри́зный.

fracture /ˈfræktʃə(r)/ *n* тре́щина, разры́в; (*of a bone*) перело́м; **simple/compound ~** закры́тый/откры́тый перело́м.

● *vt* & *i* лома́ть(ся), с-; раск|а́лывать(ся), -оло́ть(ся).

fragile /ˈfrædʒaɪl, -dʒɪl/ *adj* (*brittle*) ло́мкий, хру́пкий; (*frail*) хру́пкий.

fragility /frəˈdʒɪlɪtɪ/ *n* ло́мкость, хру́пкость.

fragment /ˈfrægmənt/ *n* обло́мок, оско́лок; (*of writing or music*) фрагме́нт; **~s of conversation** обры́вки (*m pl*) разгово́ра.

fragmentary /ˈfrægməntərɪ/ *adj* отры́вочный, фрагмента́рный.

fragmentation /ˌfrægmənˈteɪʃ(ə)n/ *n* разры́в на ме́лкие ча́сти; **~ bomb** оско́лочная бо́мба.

fragrance /ˈfreɪgrəns/ *n* арома́т.

fragrant /ˈfreɪgrənt/ *adj* арома́тный.

frail /freɪl/ *adj* хру́пкий, непро́чный; (*in health*) хи́лый, хру́пкий, боле́зненный; (*in moral sense*) сла́бый, неусто́йчивый.

frailty /ˈfreɪltɪ/ *n* хру́пкость, непро́чность; (*of health*) хру́пкость, боле́зненность; (*of morals*) сла́бость, неусто́йчивость.

frame /freɪm/ *n* **1** (*structural skeleton*) скеле́т, костя́к; (*of a ship or aircraft*) ко́рпус, о́стов; (*textiles*) тка́цкий стано́к. **2** (*wood or metal surround*) ра́ма, ра́мка; **picture ~** ра́ма (для) карти́ны; **window ~** око́нная ра́ма. **3** (*hort*) парнико́вая ра́ма. **4** (*body*): **more than the human ~ can bear** свы́ше сил челове́ческих; **sobs shook her ~** рыда́ния сотряса́ли её (те́ло). **5**: **~ of mind** настрое́ние; расположе́ние ду́ха. **6** (*order, system*) структу́ра, систе́ма. **7** (*cin*) кадр.

● *vt* **1** (*compose, devise*) сост|авля́ть, -а́вить; созд|ава́ть, -а́ть; **~ a constitution/sentence** сост|авля́ть, -а́вить конститу́цию/предложе́ние; **he ~d his question carefully** он то́чно сформули́ровал свой вопро́с. **2** (*surround*): **~ a picture** вст|авля́ть, -а́вить карти́ну в ра́м(к)у; обр|амля́ть, -а́мить карти́ну; **he was ~d in the doorway** он стоя́л в прое́ме две́ри. **3** (*sl, concoct case against*) приши́ть (*pf*) де́ло + *d*; сфабрикова́ть (*pf*) ули́ку про́тив + *g*.

● *cpds* **~ house** *n* (*US*) карка́сный дом; **~ saw** *n* ра́мная пила́; **~-up** *n* (*sl*) сфабрико́ванное обвине́ние; **~work** *n* карка́с, о́стов; (*fig*): **within the ~work of the constitution** в ра́мках конститу́ции.

franc /fræŋk/ *n* франк.

France /frɑːns/ *n* Фра́нция.

franchise /ˈfræntʃaɪz/ *n* (*right of voting*) пра́во го́лоса; (*comm*)

привиле́гия, франши́за.
Franciscan /fræn'sɪskən/ *n* франциска́нец.
● *adj* франциска́нский.
Francophile /'fræŋkə,faɪl/ *n* франкофи́л.
● *adj* франкофи́льский.
francophone /'fræŋkə,fəʊn/ *n* & *adj* франкоязы́чный; говоря́щий на францу́зском языке́.
frank¹ /fræŋk/ *adj* открове́нный, и́скренний.
frank² /fræŋk/ *vt* франки́ровать (*impf*, *pf*); **~ing machine** франкирова́льная маши́на.
frankfurter /'fræŋk,fɜ:tə(r)/ *n* соси́ска (*копчёная*).
frankincense /'fræŋkɪn,sens/ *n* ла́дан.
frankness /'fræŋknɪs/ *n* открове́нность, и́скренность.
frantic /'fræntɪk/ *adj* неи́стовый, безу́мный; **she became ~ with grief** она́ обезу́мела от го́ря; **the noise is driving me ~** шум выво́дит меня́ из себя́; **he was in a ~ hurry** он ужа́сно спеши́л.
fraternal /frə'tɜ:n(ə)l/ *adj* бра́тский.
fraternity /frə'tɜ:nɪtɪ/ *n* бра́тство; (*student association*) студе́нческая общи́на.
fraternization /,frætənaɪ'zeɪʃ(ə)n/ *n* брата́ние.
fraternize /'frætə,naɪz/ *vi* брата́ться (*impf*).
fratricidal /,frætrɪ'saɪd(ə)l/ *adj* братоуби́йственный.
fratricide /'frætrɪ,saɪd/ *n* (*crime*) братоуби́йство; (*criminal*) братоуби́йца (*cg*).
fraud /frɔ:d/ *n* (*fraudulent act*) обма́н, моше́нничество; (*impostor*) обма́нщик, моше́нник; (*thing that deceives or disappoints*) фальши́вка, подде́лка.
fraudulence /'frɔ:djʊləns/ *n* обма́нчивость, фальши́вость.
fraudulent /'frɔ:djʊlənt/ *adj* обма́нный, фальши́вый, моше́ннический.
fraught /frɔ:t/ *adj* по́лный, преиспо́лненный, чрева́тый; **the expedition is ~ with danger** экспеди́ция чрева́та опа́сностями; (*tense*) напряжённый.
fray¹ /freɪ/ *n* дра́ка; побо́ище.
fray² /freɪ/ *vt* & *i* прот|ира́ть(ся), -ере́ть(ся); (*fig*): **her nerves are ~ed** у неё соверше́нно истрёпаны не́рвы.
frazzle /'fræz(ə)l/ *n*: **worn to a ~** доведённый до изнеможе́ния.
freak /fri:k/ *n* (*unusual occurrence*): **~ weather conditions** необы́чные пого́дные усло́вия; (*abnormal person or thing*) уро́д, вы́родок; уро́дство; (*absurd or fanciful idea*) причу́да, заско́к; **~ of nature** оши́бка приро́ды; (*enthusiast*) фана́т; **health ~** поме́шанный на здоро́вье; **film ~** киноман́.
● *vi*: **~ (out)** (*coll*) при|ходи́ть, -йти́ в возбужде́ние.
freakish /'fri:kɪʃ/ *adj* прічу́дливый, чудно́й.
freckle /'frek(ə)l/ *n* весну́шка.
● *vt* покр|ыва́ть, -ы́ть весну́шками; **a ~d face** весну́шчатое лицо́.
free /fri:/ *adj* (**freer** /'fri:ə(r)/, **freest** /'fri:ɪst/) **1** свобо́дный, во́льный; **you are ~ to leave** вы мо́жете уйти́; **they gave us a ~ hand** они́ предоста́вили нам по́лную свобо́ду де́йствий; **he let the thief go ~** он упусти́л во́ра; (*after capture*) он отпусти́л во́ра (на во́лю); **break ~** вырыва́ться, вы́рваться на во́лю; **set ~** освобо|жда́ть, -ди́ть; **~ of disease** здоро́вый; **~ from blame** неви́нный; **~ composition** сочине́ние на свобо́дную те́му; **~ enterprise** свобо́дное предпринима́тельство; **~ fall** свобо́дное паде́ние; **~ on board** фра́нко-борт (*nt indecl*); **~ speech** свобо́да сло́ва; **~ translation** во́льный перево́д; **~ verse** во́льный стих; **~ will** свобо́да во́ли; **he left of his own ~ will** он ушёл доброво́льно/сам (*or* по свое́й во́ле).
2 (*without constraint*) непринуждённый, раско́ванный; **~ and easy** непринуждённый; **make ~ with** свобо́дно распоряжа́ться (*impf*) + *i*; **he made ~ with my cigars** он распоряжа́лся мои́ми сига́рами, как свои́ми.
3 (*without payment*) беспла́тный; **the price is £5 post-~** цена́ 5 фу́нтов с беспла́тной доста́вкой по по́чте; **~ of charge** беспла́тный; **~ gift** полу́ченное да́ром; **~ pass** (*on railway etc.*) беспла́тный прое́зд; (*admission*) про́пуск.
4 (*unoccupied*) свобо́дный, неза́нятый; **my hands are ~** (*fig*) у меня́ развя́заны ру́ки.
5 (*liberal*) ще́дрый; **~ with one's money** ще́дрый, расточи́тельный; **~ with advice** всегда́ гото́вый дава́ть сове́ты.
6 (*chem*) несвя́занный.
● *vt* (*release, e.g. a rope*) высвобожда́ть, вы́свободить; (*liberate*) освобо|жда́ть, -ди́ть.
● *cpds* **~board** *n* надво́дный борт; **~booter** *n* граби́тель (*m*); пира́т; **~-for-all** *n* (*competition*) откры́тый (для всех) ко́нкурс; (*fight*) всео́бщая дра́ка/сва́лка; ку́ча-мала́ (*coll*); **~hand** *adj*: **~hand drawing** рису́нок, сде́ланный от руки́; **~hold** *n* неограни́ченное пра́во со́бственности на недви́жимость; **~holder** *n* свобо́дный со́бственник; **~lance(r)** *n* лицо́ свобо́дной профе́ссии; внешта́тный сотру́дник, внешта́тник (*coll*); **F~mason** *n* масо́н; **F~masonry** *n* (*lit*) масо́нство; **F~phone** *n* (*Br*) беспла́тный телефо́н; **~-range** *adj*: **~-range eggs** я́йца от кур на свобо́дном вы́гуле; **~-range hens** ку́ры на свобо́дном вы́гуле; **~thinker** *n* вольноду́м|ец (*fem* -ка); **~thinking** *adj* вольноду́мный; **~way** *n* (*US*) скоростна́я автостра́да; **~wheel** *vi* (*lit*) дви́гаться (*impf*) свобо́дным хо́дом; **~wheeling** *adj* (*fig*) во́льный, неско́ванный.
freedom /'fri:dəm/ *n* свобо́да; **~ of speech** свобо́да сло́ва.
freesia /'fri:zjə, -ʒə/ *n* фре́зия.
freez|e /fri:z/ *n* (*period of frost*) замора́живание; хо́лод, моро́з; **wage ~e** замора́живание за́работной пла́ты.
● *vt* (*past* **froze;** *pp* **frozen**) замор|а́живать, -о́зить; **frozen food** моро́женые проду́кты; **the news froze his blood** от э́того изве́стия его́ охвати́л у́жас; **~e assets/prices** замор|а́живать, -о́зить фо́нды/це́ны; **~e out** (*exclude*) вы́курить (*pf*) (*sl*).
● *vi* (*past* **froze;** *pp* **frozen**) **1** (*impers*) моро́зить (*impf*); **it's ~ing outside** на дворе́ стра́шный моро́з; **will it ~e tonight?** бу́дет сего́дня но́чью моро́з?
2 (*congeal with cold*): **the lake is frozen up, over, across** о́зеро покры́лось льдом; **the roads are frozen** доро́ги покры́лись льдом; **the pipes are frozen (up)** тру́бы промёрзли; **~ing point** то́чка замерза́ния.
3 (*fig, become rigid*) заст|ыва́ть, -ы́ть; **he froze where he stood** он засты́л на ме́сте; **his features froze** его́ лицо́ как бу́дто засты́ло; **'~e!'** (*as command*) стоя́ть!, ни с ме́ста!
4 (*become chilled*) зам|ерза́ть, -ёрзнуть; **he froze to death** он промёрз до косте́й; **I'm ~ing** я замёрз.
freezer /'fri:zə(r)/ *n* (*domestic appliance*) морози́льник; **~ compartment** морози́лка.
freight /freɪt/ *n* **1** (*carriage of goods*) фрахт, груз; **~ charge** сто́имость прово́за. **2** (*goods carried*) груз.
● *vt* (*transport*) перев|ози́ть, -езти́.
● *cpd* **~ train** *n* (*US*) това́рный по́езд.
freighter /'freɪtə(r)/ *n* (*vessel*) грузово́е су́дно; (*aircraft*) грузово́й самолёт.
French /frentʃ/ *n* **1** (*language*) францу́зский язы́к;
2 (**the ~**) (*pl, people*) францу́зы (*m pl*).
● *adj* францу́зский; **~ bean** (*Br*) фасо́ль; **French Canadian** франкокана́д|ец (*fem* -ка); **~ chalk** мы́льный ка́мень; портня́жный мел; **~ fried potatoes** (*Br*), **~ fries** (*US*) (жа́реный) карто́фель (*m*) соло́мкой/фри; **~ horn** валто́рна; **~ horn player** валторни́ст; **~ leave** (*coll*) прогу́л; (*mil*) самово́льная отлу́чка; **~ letter** (*Br coll, contraceptive*) презервати́в; **~ loaf** (дли́нный) бато́н; **~ polish** политу́ра; **~ Riviera** Лазу́рный Бе́рег; **~ window** двуство́рчатое окно́ до по́ла; (*in pl*) две́ри в сад.
● *cpds* **~man** *n* (*pl* **~men**) францу́з; **~woman** *n* (*pl* **~women**) францу́женка.
Frenchified /'frentʃɪ,faɪd/ *adj* офранцу́женный.
frenetic /frə'netɪk/ *adj* неи́стовый; лихора́дочный.
frenzied /'frenzɪd/ *adj* неи́стовый, взбешённый; **~ applause** неи́стовая ова́ция.
frenzy /'frenzɪ/ *n* неи́стовство, бе́шенство.
frequency /'fri:kwənsɪ/ *n* (*rate of something happening; also phys, elec, radio*) частота́; **high/low ~** высо́кая/ни́зкая частота́; **~ modulation** часто́тная модуля́ция.
frequent¹ /'fri:kwənt/ *adj* ча́стый.

frequent[2] /frɪ'kwent/ *vt* часто посещать (*impf*).

frequentative /frɪ'kwentətɪv/ *adj* (*gram*) многократный.

frequently /'fri:kwəntlɪ/ *adv* часто.

fresco /'freskəʊ/ *n* (*pl* **~s** *or* **~es**) фреска.

fresh /freʃ/ *adj* **1** (*new*) свежий, новый; (*more*): **make some ~ tea** заварить (*pf*) свежий чай. **2** (*recent in origin*): **~ bread** свежий хлеб; **~ paint** свежая краска; **~ from university** прямо с университетской скамьи; **it is still ~ in my memory** это ещё свежо в моей памяти. **3** (*as opposed to salt*) пресный. **4** (*cool, refreshing*) свежий, прохладный; **a ~ breeze** свежий ветерок. **5** (*unspoilt, unsullied*) свежий, незапятнанный; **~ air** свежий воздух; **a ~ complexion** свежий цвет лица. **6** (*lively*) бодрый, живой. **7** (*impudent*) развязный, дерзкий.
● *cpds* **~man** *n* (*pl* **~men**) новичок (в университете); первокурсник; **~water** *adj* пресноводный.

freshen /'freʃ(ə)n/ *vt* освеж|ать, -ить.
● *vi* свежеть, по-; **the wind is ~ing** ветер свежеет; **she's gone to ~ up** она пошла привести себя в порядок.

fresher /'freʃə(r)/ *n* (*Br coll*) = **freshman**

freshly /'freʃlɪ/ *adv* свежо, бодро; (*recently*) недавно; только что.

freshness /'freʃnɪs/ *n* (*novelty*) свежесть, оригинальность; (*coolness*) свежесть; (*brightness*) свежесть, яркость; (*impudence*) развязность, дерзость.

fret[1] /fret/ *n* (*of a guitar etc.*) лад.

fret[2] /fret/ *n* (*Br*) волнение.
● *vt* (**fretted, fretting**) (*wear by rubbing etc.*) изн|ашивать, -осить; разъ|едать, -есть; (*worry*) раздражать (*impf*); волновать, вз-.
● *vi* (**fretted, fretting**) волноваться; мучиться (*both impf*); **babies ~ in hot weather** маленькие дети плохо переносят жаркую погоду.

fret[3] /fret/ *vt* (**fretted, fretting**) (*decorate by cutting*) укр|ашать, -асить резьбой.
● *cpds* **~saw** *n* лобзик; пилка для металла; **~work** *n* резное украшение, резьба.

fretful /'fretfʊl/ *adj* раздражительный, капризный.

fretfulness /'fretfʊlnɪs/ *n* раздражительность, капризность.

Freudian /'frɔɪdɪən/ *n* фрейдист.
● *adj* фрейдистский; **~ slip** оговорка по Фрейду.

friable /'fraɪəb(ə)l/ *adj* крошащийся, рыхлый.

friar /'fraɪə(r)/ *n* монах (нищенствующего ордена).

friary /'fraɪərɪ/ *n* мужской монастырь.

fricassée /'frɪkə,si:/ *n* фрикасе (*indecl*).
● *vt* (**fricassées, fricasséed**) готовить (*impf*) фрикасе из + *g*.

fricative /'frɪkətɪv/ *n* & *adj* фрикативный (звук).

friction /'frɪkʃ(ə)n/ *n* трение; (*fig*) трения (*nt pl*).

Friday /'fraɪdeɪ, -dɪ/ *n* пятница; **Good ~** Страстная/Великая пятница.

fridge /frɪdʒ/ *n* (*coll*) холодильник.
● *cpd* **~-freezer** *n* (*Br*) двухкамерный холодильник.

friend /frend/ *n* **1** (*close* **~**) друг, приятель (*fem* -ница); (*acquaintance*) знаком|ый (*fem* -ая); (*woman's fem* **~**) подруга; **be ~s** дружить (*impf*) (с *кем*); **make ~s** подружиться (*pf*) (с *кем*); **he makes ~s easily** он легко сходится с людьми. **2** (*in addressing or referring to persons in public*) коллега (*cg*); **my honourable ~** (*Br*) мой достопочтенный коллега/собрат. **3** (*benefactor, sympathizer*) доброжелатель (*m*), сторонник; **I am no ~ to such measures** я не сочувствую таким мерам. **4** (*Quaker*) квакер; **Society of F~s** секта квакеров.

friendless /'frendlɪs/ *adj* не имеющий друзей.

friendliness /'frendlɪnɪs/ *n* дружелюбие.

friendly /'frendlɪ/ *adj* (**friendlier, friendliest**) дружеский, товарищеский; **F~ Society** общество взаимопомощи.

friendship /'frendʃɪp/ *n* дружба.

frieze /fri:z/ *n* (*decorative band*) бордюр, фриз.

frigate /'frɪgɪt/ *n* (*hist*) фрегат; (*small destroyer*) эскадренный миноносец; сторожевой корабль.
● *cpd* **~ bird** *n* фрегат.

frigging /'frɪgɪŋ/ *adj* (*vulg*) проклятый.

fright /fraɪt/ *n* **1** (*fear; frightening experience*) страх, испуг; **I almost died of ~** я чуть не умер от страха; **give s.o. a ~** испугать (*pf*) кого-н.; напугать (*pf*) кого-н.; **I got the ~ of my life** я жутко испугался. **2** (*absurd-looking person*) пугало, страшилище; **she looks a (perfect) ~** она выглядит страшнее пугала.

frighten /'fraɪt(ə)n/ *vt* пугать, на-/ис-; устраш|ать, -ить; **she is ~ed of the dark** она боится темноты; **don't ~ the birds away** не спугните птиц; **he was ~ed into signing** угрозами его заставили подписаться.

frightening /'fraɪtnɪŋ/ *adj* страшный.

frightful /'fraɪtfʊl/ *adj* (*terrible*) ужасный, страшный; (*coll, hideous*) безобразный; (*coll, very great*) колоссальный.

frigid /'frɪdʒɪd/ *adj* **1** (*cold*) холодный; **~ zone** арктический пояс. **2** (*unfeeling*) холодный, безразличный; (*sexually*) холодный, фригидный.

frigidity /,frɪ'dʒɪdɪtɪ/ *n* холодность, фригидность.

frill /frɪl/ *n* оборка; **~s** (*fig*) выкрутас|ы (*pl, g* -ов).
● *vt*: **a ~ed skirt** юбка с оборками.

frilly /'frɪlɪ/ *adj* (**frillier, frilliest**) с оборками.

fringe /frɪndʒ/ *n* **1** (*ornamental border*) бахрома. **2** (*Br, of hair*) чёлка. **3** (*fig, edge, margin*) край, кайма; **~ benefits** дополнительные льготы (*f pl*).
● *vt* окайм|лять, -ить.

frippery /'frɪpərɪ/ *n* мишура, дешёвые украшения; безделушки (*f pl*).

frisk[1] /frɪsk/ *vt* (*search*) обыск|ивать, -ать.

frisk[2] /frɪsk/ *vi* резвиться (*impf*); скакать (*impf*).

frisky /'frɪskɪ/ *adj* (**friskier, friskiest**) резвый, игривый.

frisson /'fri:sɔ̃/ *n* дрожь (*от предвкушаемого удовольствия*).

fritter[1] /'frɪtə(r)/ *n* (*cul*) кусочек мяса/овоща/фрукта в кляре(, обжаренный во фритюре).

fritter[2] /'frɪtə(r)/ *vt*: **~ away** транжирить, рас-; **~ one's time away** попусту тратить (*impf*) время.

frivolity /frɪ'vɒlɪtɪ/ *n* легкомыслие.

frivolous /'frɪvələs/ *adj* (*of object*) пустячный; (*of person*) легкомысленный, пустой.

frivolousness /'frɪvələsnɪs/ *n* легкомысленность.

frizz /frɪz/ *n* (*of hair*) кудри (*f pl*).
● *vt* зав|ивать, -ить.

frizzle /'frɪz(ə)l/ *vt* & *i* (*fry etc.*) жарить(ся) (*impf*) с шипением; **the bacon is all ~d up** бекон пережарен.

frizzy /'frɪzɪ/ *adj* (**frizzier, frizziest**) вьющийся, курчавый.

fro /frəʊ/ *adv*: **to and ~** взад и вперёд.

frock /frɒk/ *n* платье; **party ~** вечернее платье.
● *cpd* **~ coat** *n* сюртук.

frog /frɒg/ *n* **1** (*zool*) лягушка; **I've got a ~ in my throat** (*fig*) я охрип. **2** (**F~:** *sl pej, Frenchman*) французик.
● *cpds* **~man** *n* (*pl* **~men**) ныряльщик с аквалангом; **~march** *vt* вести (*impf*) силой/силком; **~spawn** *n* лягушачья икра.

froing /'frəʊɪŋ/ *see* ⇒**toing and froing**

frolic /'frɒlɪk/ *n* шалость; веселье, резвость.
● *vi* (**frolicked, frolicking**) шалить (*impf*); резвиться (*impf*).

frolicsome /'frɒlɪksəm/ *adj* шаловливый, резвый.

from /frəm, frɒm/ *prep* **1** (*denoting origin of movement, measurement or distance*): **the train ~ London to Paris** поезд из Лондона в Париж; **guests ~ Ukraine** гости с/из Украины; **where is he ~?** откуда он? (*родом и т. п.*); **10 miles ~ here** в десяти милях отсюда; **we are 2 hours' journey ~ there** мы в двух часах пути оттуда; **~ the beginning of the book** с начала книги; **~ cradle to grave** от колыбели до могилы; **the lamp hung ~ the ceiling** лампа свисала с потолка; **she rose ~ the piano** она встала из-за рояля; **extracts ~ a novel** отрывки из романа; **bark ~ a tree** кора с дерева; **~ end to end** от одного конца до другого; **~ the bottom** со дна; **~ the top** сверху; **~ my point of view** с моей точки зрения; **far ~ it!** отнюдь!; вовсе нет! **2** (*expressing separation*): **I took the key ~ him** я взял у него ключ; **part ~ s.o.** расст|аваться, -аться с кем-н.; **hide ~** прятаться, с- от + *g*; **saved ~ death** спасённый от смерти; **released ~ prison** выпущенный из тюрьмы.

3 (*denoting personal origin*): **a letter ~ my son** письмо́ от моего́ сы́на; **tell him ~ me** переда́йте ему́ от меня́; **she is ~ a good family** она́ из хоро́шей семьи́.
4 (*expressing material origin*): **wine is made ~ grapes** вино́ де́лается из виногра́да.
5 (*expressing origin in time*): **~ the very beginning** с са́мого нача́ла; **~ beginning to end** с нача́ла до конца́; **blind ~ birth** слепо́й от рожде́ния/приро́ды; **~ childhood** с де́тства; **~ the age of seven** с семиле́тнего во́зраста; **~ now on** с э́того моме́нта; **~ dusk to dawn** от зари́ до зари́; **~ day to day** изо дня в день; со дня на́ день; **~ February to October** с февраля́ по октя́брь; **~ spring to autumn** с весны́ до о́сени; **~ time to time** вре́мя от вре́мени.
6 (*expressing source or model*): **I see ~ the papers that ...** я зна́ю из газе́т, что...; **he quoted ~ memory** он цити́ровал по па́мяти; **judging ~ appearances** су́дя по вне́шности (*or* вне́шнему ви́ду); **he spoke ~ the heart** он говори́л от души́; **~ mouth to mouth** из уст в уста́; **paint ~ nature** писа́ть (*impf*) с нату́ры; **change ~ a rouble** сда́ча с рубля́.
7 (*expressing cause*) от/с + *g*; **~ grief** с го́ря; **suffer ~ arthritis** страда́ть (*impf*) артри́том; **die ~ poisoning** ум|ира́ть, -ере́ть от отравле́ния; **~ jealousy** из ре́вности; **~ the best of motives** из лу́чших побужде́ний; **he drinks ~ boredom** он пьёт от/со ску́ки.
8 (*expressing difference*): **I can't tell him ~ his brother** я не могу́ отличи́ть его́ от его́ бра́та; **they live differently ~ us** они́ живу́т не так, как мы.
9 (*expressing change*): **things went ~ bad to worse** дела́ шли всё ху́же и ху́же; **~ being a nonentity, he became famous** из ничто́жества он преврати́лся в знамени́тость.
10 (*with numbers*): **~ 1 to 10** от одного́ до десяти́; **it will last ~ 10 to 15 days** э́то продли́тся 10—15 дней; **~ 15 August to 10 September** с пятна́дцатого а́вгуста по деся́тое сентября́; **they cost ~ £5 (upwards)** они́ сто́ят 5 фу́нтов и вы́ше.
11 (*with advs*): **~ above** све́рху; **~ below** сни́зу; **~ inside** изнутри́; **~ outside** снару́жи; **~ afar** издалека́; **~ over the sea** из-за мо́ря; **~ under the table** из-под стола́.

frond /frɒnd/ *n* ветвь с ли́стьями; лист (па́поротника).

front /frʌnt/ *n* **1** (*foremost side or part*) перёд; пере́дняя сторона́; **he walked in ~ of the procession** он шёл впереди́ проце́ссии; **in ~ of the house** пе́ред до́мом; **at the ~ of the house** в пере́дней ча́сти до́ма; **in ~ of the children** при де́тях; **she sat at the ~ of the class** она́ сиде́ла на пере́дней па́рте; **back to ~** за́дом наперёд; **in the ~ of the book** в нача́ле кни́ги.
2 (*archit*) фаса́д.
3 (*fighting line*) фронт; **he was sent to the ~** его́ посла́ли на фронт; **on all ~s** на всех фронта́х; **in the ~ line** на передово́й ли́нии; **popular ~** (*pol*) наро́дный фронт; **present a united ~** выступа́ть, вы́ступить еди́ным фро́нтом.
4 (*Br, road bordering sea*) на́бережная.
5 (*meteorology*) фронт.
6 (*face, in fig senses*): **put on a bold ~** напус|ка́ть, -ти́ть на себя́ хра́брый вид; **have the ~ to** име́ть (*impf*) на́глость (*сделать что-н.*).
7 (*cover*): **~ (organization)** организа́ция, слу́жащая вы́веской (для чего́-н.).
8 (*attr*): **~ benches** (*pol*) скамьи́ для мини́стров и ли́деров оппози́ции в парла́менте; **~ door** пара́дная дверь; **~ garden** сад пе́ред до́мом; палиса́дник; **~ page** пе́рвая страни́ца/полоса́; **~ page news** основны́е но́вости в газе́те; **in the ~ rank** (*fig*) в пе́рвых ряда́х; **we had ~ seats** мы сиде́ли в пе́рвых ряда́х.
● *vt* **1** (*face on to*) выходи́ть (*impf*) на + *a*; быть обращённым к + *d*.
2: **~ed with stone** облицо́ванный ка́мнем.
3: **double-~ed house** дом с двумя́ вхо́дами.

frontage /ˈfrʌntɪdʒ/ *n* (*of building*) пере́дний фаса́д.

frontal /ˈfrʌnt(ə)l/ *adj* лобово́й; (*mil*) фронта́льный.

frontier /ˈfrʌntɪə(r), -ˈtɪə(r)/ *n* грани́ца; (*fig*) грани́ца, преде́л; **~s of knowledge** преде́лы зна́ний.
● *adj* пограни́чный.

frontiersman /ˈfrʌntɪəzmən, -ˈtɪəzmən/ *n* (*pl* **frontiersmen**) жи́тель (*m*) пограни́чной полосы́.

frontispiece /ˈfrʌntɪsˌpiːs/ *n* фронтиспи́с.

frost /frɒst/ *n* моро́з; **ten degrees of ~** (*Br*) де́сять гра́дусов моро́за; **black ~** моро́з без и́нея; **hard, sharp ~** си́льный моро́з; **hoar, white ~** ине́й; **Jack F~** ≈ Моро́з Кра́сный Нос; **the ~ has got my beans** мои́ бобы́ прихва́чены моро́зом.
● *vt*: **the windows were ~ed over** о́кна замёрзли; (*fig*): **~ a cake** (*US*) покр|ыва́ть, -ы́ть торт глазу́рью; **~ed glass** ма́товое стекло́.
● *cpds* **~bite** *n* обмороже́ние, отмороже́ние; **~bitten** *adj* обморо́женный; **~-bound** *adj* ско́ванный моро́зом.

frosting /ˈfrɒstɪŋ/ *n* (*US, cul*) глазу́рь.

frosty /ˈfrɒstɪ/ *adj* (**frostier, frostiest**) моро́зный; (*fig, unfriendly*) холо́дный, ледяно́й.

froth /frɒθ/ *n* пе́на; (*fig*) чепуха́, болтовня́.
● *vt* сби|ва́ть, -ть в пе́ну.
● *vi* пе́ниться (*impf*); **~ at the mouth** бры́згать (*impf*) слюно́й; **the milk ~ed up** молоко́ подняло́сь.

frothy /ˈfrɒθɪ/ *adj* (**frothier, frothiest**) пе́нистый; (*fig*) пусто́й.

frown /fraʊn/ *n* хму́рый взгляд.
● *vi* хму́риться, на-; **the authorities ~ on gambling** вла́сти неодобри́тельно отно́сятся к аза́ртным и́грам.

frowsty /ˈfraʊstɪ/ *adj* (**frowstier, frowstiest**) (*Br*) спёртый, за́тхлый.

froze /frəʊz/ *past of* ⇒**freeze**

frozen /ˈfrəʊz(ə)n/ *adj* замёрзший, засты́вший; (*icebound*) ско́ванный льдом; (*fig*): **~ smile** засты́вшая улы́бка.

FRS (*abbr of* ***Fellow of the Royal Society***) член Короле́вского о́бщества.

frugal /ˈfruːg(ə)l/ *adj* (*of person*) бережли́вый; **a ~ meal** ску́дная еда́.

frugality /ˌfruːˈgælɪtɪ/ *n* бережли́вость.

frugivorous /fruːˈdʒɪvərəs/ *adj* плодоя́дный.

fruit /fruːt/ *n* **1** (*class of food*) фрукт; **dried ~** сухофру́кты; **soft ~** плоды́ (*m pl*) фрукто́вых дере́вьев; **forbidden ~** (*fig*) запре́тный плод.
2 (*bot*) плод.
3 (*vegetable products*) плоды́, фру́кты; **the ~s of the earth** плоды́ земли́.
4 (*offspring*): **the ~ of his loins** плод его́ чресл; **the ~ of her womb** плод её чре́ва.
5 (*fig, result, reward*) плод; **enjoy the ~s of one's labours** наслажда́ться (*impf*) плода́ми свои́х трудо́в.
6 (*US, offens*) гомосексуали́ст.
● *cpds* **~ cake** *n* (фрукто́вый) кекс; **~cake** *n* (*coll, crazy person*) чуда́к; **~ fly** *n* плодо́вая му́шка; **~ grower** *n* плодово́д; **~-growing** *n* плодово́дство; **~ juice** *n* фрукто́вый сок; **~ machine** *n* (*Br*) игрово́й автома́т; **~ salad** *n* фрукто́вый сала́т; **~ tree** *n* фрукто́вое де́рево.

fruitarian /fruːˈteərɪən/ *n* челове́к, пита́ющийся исключи́тельно фру́ктами; фруктое́д.

fruiterer /ˈfruːtərə(r)/ *n* (*Br*) торго́вец фру́ктами.

fruitful /ˈfruːtfʊl/ *adj* (*of soil*) плодоро́дный; (*fig*) плодотво́рный, тво́рческий.

fruitfulness /ˈfruːtfʊlnɪs/ *n* плодоро́дие, плодотво́рность.

fruition /fruːˈɪʃ(ə)n/ *n* (*realization*) осуществле́ние; **come to ~** осуществ|ля́ться, -и́ться.

fruitless /ˈfruːtlɪs/ *adj* (*lit, fig*) беспло́дный.

fruity /ˈfruːtɪ/ *adj* (**fruitier, fruitiest**) фрукто́вый; напомина́ющий фру́кты; (*Br, sexually suggestive*) пика́нтный, сканда́льный; (*of voice*) со́чный, зву́чный.

frump /frʌmp/ *n* пло́хо и старомо́дно оде́тая же́нщина.

frumpish /ˈfrʌmpɪʃ/ *adj* = **frumpy**

frumpy /ˈfrʌmpɪ/ *adj* (**frumpier, frumpiest**) старомо́дно оде́тый.

frustrate /frʌˈstreɪt, ˈfrʌs-/ *vt* разочаро́в|ывать, -а́ть; расстр|а́ивать, -о́ить (*планы*); **I feel ~d** я обескура́жен.

frustration /frʌˈstreɪʃ(ə)n/ *n* **1** (*thwarting*) круше́ние (*планов/надежд*). **2** (*disappointment*) разочарова́ние; **sense of ~** чу́вство безысхо́дности. **3** (*psychol*) фрустра́ция.

frust|um /ˈfrʌstəm/ *n* (*pl* **~a** *or* **~ums**) усечённая пирами́да; усечённый ко́нус.

fry¹ /fraɪ/ *n pl* (*fish*) мальк|и́ (*pl, g* -о́в); **small ~** (*fig*) мелюзга́; ме́лкая со́шка.

fry² /fraɪ/ *vt* жа́рить, за-/из-/по-; **I have other fish to ~** у меня́ други́е забо́ты; **~ing pan** сковорода́; **out of the ~ing pan into the fire** из огня́ да в по́лымя.
● *vi* жа́риться (*impf*).

FSB *n* ФСБ (*abbr of* Федера́льная слу́жба безопа́сности).

fuchsia /ˈfjuːʃə/ *n* фу́ксия.

fuck /fʌk/ (*vulg*) *n*: **he doesn't give a ~** ему́ по́ хую (*or* по́ хуй) (*euph*: по́ фигу *or* по́ фиг).
● *vt* еба́ть, вы- (*euph*: тра́х|ать, -нуть); **~ it!** чёрт возьми́/побери́! (*euph*); блядь! (*euph*: блин!).
● *vi* еба́ться, по- (*euph*: тра́х|аться, -нуться).
● *with advs*: **~ about/around** *vi* занима́ться, страда́ть (*both impf*) хуйнёй (*euph*: хернёй); **~ off** *vi*: **~ off!** отъеби́сь (от меня́)!; пошёл/иди́ на́ хуй! (*euph*: на́ фиг!); **~ up** *vt* (*sth*) зап|а́рывать, -оро́ть (*no vulg eqv*); (*a game, contest, etc.*) прос|ира́ть, -ра́ть; про|ёбывать, -еба́ть; (*s.o.*) док|а́нывать, -она́ть (*no vulg eqv*); *vi* лажа́ть (*impf*), облажа́ться (*pf*) (*no vulg eqvs*); порта́чить, на- (*no vulg eqv*).
● *cpd* **~ all** *n* (*Br*) ни хуя́ (*euph*: ни хрена́); **to do ~ all** ни хуя́ не де́лать.

fucking /ˈfʌkɪŋ/ *adj* (*vulg expletive*) ёбаный (*euph*: до́лбаный).

fuddy-duddy /ˈfʌdɪˌdʌdɪ/ *n* & *adj* устаре́лый, с устаре́вшими взгля́дами.

fudge¹ /fʌdʒ/ *n* & *int* (*nonsense*) чепуха́, вздор.

fudge² /fʌdʒ/ *n* (*sweetmeat*) сли́вочная пома́дка.

fudge³ /fʌdʒ/ *vt* & *i*: **~ accounts** подде́л|ывать, -ать счета́; **~ up an excuse** вы́думать (*pf*) предло́г.

fuel /ˈfjuːəl/ *n* то́пливо, горю́чее; **~ gauge** бензиноме́р; то́пливный расходоме́р; **~ oil** мазу́т; **~ pump** бензопо́мпа; **add ~ to the flames** подл|ива́ть, -и́ть ма́сла в ого́нь; **smokeless ~s** безды́мное то́пливо; **lighter ~** бензи́н/газ для зажига́лок.
● *vt* (**fuelled, fuelling; US fueled, fueling**) снаб|жа́ть, -ди́ть то́пливом; запр|авля́ть, -а́вить горю́чим.
● *vi* (**fuelled, fuelling; US fueled, fueling**) запр|авля́ться, -а́виться горю́чим.

fug /fʌg/ *n* (*Br coll*) духота́.

fugal /ˈfjuːg(ə)l/ *adj* фу́говый.

fugitive /ˈfjuːdʒɪtɪv/ *n* бегле́ц.
● *adj* (*runaway*) бе́глый; (*fleeting*) бе́глый, мимолётный.

fugue /fjuːg/ *n* фу́га.

fulcr|um /ˈfʊlkrəm, ˈfʌl-/ *n* (*pl* **~a** *or* **~ums**) то́чка опо́ры; то́чка приложе́ния си́лы.

fulfil /fʊlˈfɪl/ (*US* **fulfill**) *vt* (**fulfilled, fulfilling**) выполня́ть, вы́полнить; исп|олня́ть, -о́лнить; **~ a task** выполня́ть, вы́полнить зада́чу; **~ all expectations** опра́вд|ывать, -а́ть все ожида́ния.

fulfilment /fʊlˈfɪl mənt/ (*US* **fulfillment**) *n* (*accomplishment*) выполне́ние, исполне́ние; осуществле́ние; (*satisfaction*) удовлетворе́ние.

full /fʊl/ *n* (*limit*): **enjoy sth to the ~** в по́лной ме́ре наслажда́ться (*impf*) чем-н.
● *adj* **1** (*filled to capacity*) по́лный; **~ to the brim** (*or* **to overflowing**) по́лный до краёв; **the hotel is ~ (up)** все ко́мнаты в гости́нице за́няты; **he ate till he was ~ (up)** он нае́лся до отва́ла; **my heart is too ~ for words** нет слов, что́бы вы́разить переполня́ющие меня́ чу́вства; **~ house** (*theatr*) все биле́ты про́даны; аншла́г; (*having plenty*): **~ of ideas** по́лный иде́й/за́мыслов; **~ of life** жизнера́достный; по́лный жи́зни; (*thinking or talking only*): **~ of o.s.** за́нятый одни́м собо́й; **she's very ~ of herself** она́ уж о́чень мно́го о себе́ мнит/вообража́ет.
2 (*copious*) подро́бный; **he gave ~ details** он сообщи́л все подро́бности.
3 (*complete*; *whole*; *reaching the limit*): **the radio was going ~ blast** ра́дио бы́ло включено́ на по́лную мо́щность; **in ~ bloom** в по́лном цвету́; **~ brother** родно́й брат; **~ dress** костю́м для торже́ственных слу́чаев; пара́дная фо́рма; **the ~ effect of the medicine** по́лное де́йствие лека́рства; **at ~ gallop** на по́лном скаку́; **we waited a ~ hour** мы жда́ли це́лый час; **he lay at ~ length** он растяну́лся во весь рост; **~ moon** полнолу́ние; **on ~ pay** на по́лной ста́вке; **at ~ speed** на по́лной ско́рости; **~ steam ahead!** по́лный вперёд!; **~ stop** то́чка; **he came to a ~ stop** он останови́лся; **in ~ swing** в по́лном разга́ре; **he ran ~ tilt into me** он так и налете́л на меня́.
4 (*plump*) по́лный; **~ in the face** круглоли́цый.
5 (*amply fitting*) широ́кий; **a ~ skirt** пы́шная ю́бка.
● *adv* **1** (*very*): **you know ~ well** вы са́ми прекра́сно зна́ете; вам прекра́сно изве́стно.
2 (*completely*): **she turned the radio on ~** она́ включи́ла ра́дио на по́лную мо́щность/гро́мкость; **~ out** по́лностью.
3 (*squarely*) пря́мо; **he took the blow ~ in the face** уда́р пришёлся ему́ пря́мо в лицо́.
● *cpds* **~back** *n* защи́тник; **~-blooded** *adj* полнокро́вный; **~-blown** *adj* распусти́вшийся; (*fig*) зре́лый; самостоя́тельный; **~-bodied** *adj* кре́пкий; **~ face** *adv* анфа́с; **~-fledged** *adj* вполне́ опери́вшийся; (*fig*) зако́нченный; полнопра́вный; **~-grown** *adj* взро́слый; **~-length** *adj* во всю длину́; **~-length dress** пла́тье до пят; **~-scale** *adj* в по́лном объёме; **~ term** *adj* (*baby*) доно́шенный; **~-time** *adj* (*of job*) занима́ющий всё (рабо́чее) вре́мя; **~-timer** *n* рабо́чий, за́нятый по́лную рабо́чую неде́лю.

fuller /ˈfʊlə(r)/ *n* (*craftsman*) валя́льщик, сукнова́л; **~'s earth** сукнова́льная/валя́льная гли́на.

fullness /ˈfʊlnɪs/ *n* **1** (*full state*) полнота́. **2** (*sense of repletion*) сы́тость. **3**: **in the ~ of time** в надлежа́щее вре́мя.

fully /ˈfʊlɪ/ *adv* вполне́, по́лностью, соверше́нно, до конца́; **~ satisfied** по́лностью удовлетворённый; **it will take ~ five hours** э́то займёт це́лых пять часо́в.
● *cpds* **~-clothed** *adj* по́лностью оде́тый; **~ fashioned** *adj*: **~ fashioned stockings** чулки́ со швом.

fulmar /ˈfʊlmə(r)/ *n* глупы́ш (*птица*).

fulminate /ˈfʌlmɪˌneɪt, ˈfʊl-/ *vi* (*flash*) сверк|а́ть, -ну́ть; (*fig, protest vehemently*) громи́ть (*impf*); мета́ть (*impf*) гро́мы и мо́лнии.

fulmination /ˌfʌlmɪˈneɪʃ(ə)n, ˌfʊl-/ *n* (*fig*) я́ростный проте́ст, инвекти́ва (*literary*).

fulness /ˈfʊlnɪs/ = **fullness**

fulsome /ˈfʊlsəm/ *adj* чрезме́рный, тошнотво́рный.

fumble /ˈfʌmb(ə)l/ *vt* тереби́ть (*impf*) в рука́х; **~ a ball** упусти́ть (*pf*) мяч.
● *vi* ры́ться (*impf*); копа́ться (*impf*); неуме́ло обраща́ться (*impf*) (*с чем-н.*); **he ~d in his pockets for a key** он ры́лся в карма́нах, ища́ ключ.

fume /fjuːm/ *n* (*usu in pl*) дым, ко́поть; **~s of wine** ви́нные пары́ (*m pl*); **he was overcome by ~s** он потеря́л созна́ние от удушли́вых га́зов.
● *vi* (*fig*): **fuming with rage** кипя́щий от гне́ва.

fumigate /ˈfjuːmɪˌgeɪt/ *vt* оку́р|ивать, -и́ть.

fumigation /ˌfjuːmɪˈgeɪʃ(ə)n/ *n* оку́ривание.

fumitory /ˈfjuːmɪtərɪ/ *n* дымя́нка.

fun /fʌn/ *n* шу́тка, весе́лье, заба́ва, (*coll*) хо́хма; **it was only meant in ~** э́то была́ шу́тка; **just for the ~ of it** про́сто ра́ди удово́льствия; **he never has any ~** он никогда́ не весели́тся/развлека́ется; **make ~ of, poke ~ at** насмеха́ться (*impf*) над + *i*; **he is ~ to be with** с ним не соску́чишься; **it's no ~ walking in the rain** что за удово́льствие броди́ть под дождём!; **what ~!** вот здо́рово!; как ве́село!; **when my father finds out there will be ~ and games** (*ironical*) когда́ оте́ц узна́ет об э́том, вот бу́дет поте́ха; **figure of ~** предме́т насме́шек; **we had ~ at the party** в гостя́х бы́ло ве́село.
● *cpds* **~fair** *n* (*Br*) увесели́тельный парк; **~ run** *n* джо́ггинг; **~ runner** *n* бегу́н-люби́тель.

funambulist /fjuːˈnæmbjʊlɪst/ *n* канатохо́дец.

function /ˈfʌŋkʃ(ə)n/ *n* **1** (*proper activity, purpose*) фу́нкция, назначе́ние. **2** (*social gathering*) ве́чер; приём. **3** (*math*) фу́нкция. **4**: **~ key** (*comput*) функциона́льная кла́виша.
● *vi* функциони́ровать, де́йствовать (*both impf*).

functional /ˈfʌŋkʃən(ə)l/ *adj* функциона́льный.

functionary /ˈfʌŋkʃənərɪ/ *n* функционе́р, должностно́е лицо́.

fund /fʌnd/ *n* фонд, запа́с, резе́рв; **a ~ of common sense** запа́с здра́вого смы́сла; (*sum of money*) фонд, капита́л; **relief ~** фонд по́мощи; **sinking ~** амортизацио́нный фонд; (*in pl, resources*) фо́нды (*m pl*); де́нежные сре́дства; **public ~s** госуда́рственные сре́дства; **he is in ~s** (*Br*) он при деньга́х.
● *vt* финанси́ровать (*impf, pf*); (*fin*) консолиди́ровать (*impf, pf*).
● *cpd* **~-raising** *n* сбор средств; **a ~-raising dinner** (*for charity*) благотвори́тельный банке́т.

fundamental /ˌfʌndəˈment(ə)l/ *n* **1** (*usu in pl, principle*) осно́ва, при́нцип; **the ~s of mathematics** осно́вы матема́тики. **2** (*mus*) основно́й тон.
● *adj* **1** (*basic*) основно́й, суще́ственный; **~ly** в основно́м; по существу́. **2** (*mus*) основно́й.

fundamentalism /ˌfʌndəˈmentəˌlɪz(ə)m/ *n* фундаментали́зм.

fundamentalist /ˌfʌndəˈmentəlɪst/ *n* фундаментали́ст.

funeral /ˈfjuːnər(ə)l/ *n* по́хор|оны (*pl, g* -о́н); **that's your ~!** э́то ва́ша забо́та!; **~ march** похоро́нный марш; **~ parlour** (*Br*), **parlor** (*US*), **~ home** похоро́нное бюро́; **~ pyre/pile** погреба́льный костёр; **~ rites** похоро́нный обря́д.

funereal /fjuːˈnɪərɪəl/ *adj* мра́чный; тра́урный.

fungi /ˈfʌŋgaɪ, ˈfʌndʒaɪ/ *pl of* ⇨**fungus**

fungicide /ˈfʌndʒɪˌsaɪd/ *n* фунги́ци́д.

fungoid /ˈfʌŋgɔɪd/ *adj* грибови́дный, грибообра́зный.

fungus /ˈfʌŋgəs/ *n* (*pl* **fungi** *or* **funguses**) грибо́к; (ни́зший) гриб.

funicular /fjuːˈnɪkjʊlə(r)/ *n* фуникулёр; кана́тная (желе́зная) доро́га.
● *adj* кана́тный.

funk /fʌŋk/ (*Br coll*) *n* (*fear*) страх; **in a (blue) ~** в у́жасе.
● *vt*: **he ~ed the contest** он увильну́л от уча́стия в соревнова́ниях.

funnel /ˈfʌn(ə)l/ *n* воро́нка; (*of ship*) дымова́я труба́.
● *vt* (**funnelled, funnelling;** *US* **funneled, funneling**) лить (*impf*) че́рез воро́нку; (*fig*): **applications are ~led through this office** заявле́ния направля́ются че́рез э́ту конто́ру.

funny /ˈfʌnɪ/ *adj* (**funnier, funniest**) **1** (*amusing*) смешно́й, заба́вный; **no ~ business!** без фо́кусов! **2** (*strange*) стра́нный; **I have a ~ feeling you're right!** я подозрева́ю, что вы пра́вы; **it's a ~ thing, but …** как э́то ни стра́нно, но…; **funnily enough I never met him** как э́то ни стра́нно, я никогда́ не встреча́лся с ним.
● *cpd* **~ bone** *n* локтево́й суста́в.

fur /fɜː(r)/ *n* **1** (*animal hair*) шерсть. **2** (*as worn*) мех (*pl* -а́); **a fox ~** ли́сий мех; **~ coat** мехово́е пальто́; мехова́я шу́ба. **3** (*coating of tongue*) налёт. **4** (*Br, deposit on kettle*) на́кипь.
● *vt* (**furred, furring**): **~red tongue** обло́женный язы́к; **~red kettle** (*Br*) ча́йник, покры́тый на́кипью.
● *cpd* **~-bearing** *adj* пушно́й; **~ seal** *n* ко́тик.

furbelow /ˈfɜːbɪˌləʊ/ *n* обо́рка.

furious /ˈfjʊərɪəs/ *adj* **1** (*violent*) бу́йный, неи́стовый; **a ~ struggle** я́ростная схва́тка; **drive at a ~ pace** е́хать (*det*) на бе́шеной ско́рости. **2** (*enraged*) взбешённый; **it makes me ~ to hear him abused** меня́ бе́сит, когда́ я слы́шу, как его́ поно́сят; **she was ~ with him** она́ разозли́лась на него́ не на шу́тку.

furl /fɜːl/ *vt* (*sails*) свёр|тывать, -ну́ть; (*umbrella*) скла́дывать, сложи́ть.

furlong /ˈfɜːlɒŋ/ *n* восьма́я часть ми́ли.

furlough /ˈfɜːləʊ/ *n* о́тпуск; **on ~** в о́тпуске, в отпуску́.

furnace /ˈfɜːnɪs/ *n* горн, оча́г, печь, то́пка; **blast ~** до́менная печь; до́мна.

furnish /ˈfɜːnɪʃ/ *vt* **1** (*provide*) снаб|жа́ть, -ди́ть (*кого чем*); предост|авля́ть, -а́вить (*что кому*). **2** (*equip with furniture*) обст|авля́ть, -а́вить; **fully ~ed house** по́лностью обста́вленный дом; **~ed apartment** меблиро́ванная кварти́ра.

furnishings /ˈfɜːnɪʃɪŋz/ *n pl* принадле́жности (*f pl*); (*furniture*) обстано́вка.

furniture /ˈfɜːnɪtʃə(r)/ *n* ме́бель; **~ polish** политу́ра/лак для ме́бели; **~ removers** аге́нтство по перево́зке ме́бели; **~ van** (*Br*) автофурго́н для перево́зки ме́бели.

furore /fjʊəˈrɔːrɪ/ *n* фуро́р.

furrier /ˈfʌrɪə(r)/ *n* меховщи́к, скорня́к.

furrow /ˈfʌrəʊ/ *n* **1** (*in the earth etc.*) борозда́, жёлоб; **plough a lonely ~** (*fig*) де́йствовать (*impf*) в одино́чку. **2** (*wrinkle*) глубо́кая морщи́на.
● *vt* борозди́ть, вз-; (*fig*): **~ed brow** намо́рщенный лоб.

furry /ˈfɜːrɪ/ *adj* (**furrier, furriest**) покры́тый ме́хом; пушно́й.

further /ˈfɜːðə(r)/ *adj* (*see also* ⇨**farther**) **1** дальне́йший; (*additional*) доба́вочный, дополни́тельный; **~ education** (*Br*) дальне́йшее образова́ние (*после школы, не высшее*); **until ~ notice** впредь до дальне́йшего уведомле́ния; **without ~ ado** без ли́шних хлопо́т, слов; **we need ~ proof** нам необходи́мы дополни́тельные доказа́тельства; **we need a ~ five pounds** нам ну́жно ещё пять фу́нтов. **2** (*more distant*) да́льний; **on the ~ side** на друго́й стороне́; по ту сто́рону.
● *adv* **1** (*additionally*) в дополне́ние; **~ to my last letter** в дополне́ние к моему́ после́днему письму́. **2** (*to or at a more distant point*) да́лее, да́льше; **I can go no ~** я не могу́ да́льше идти́; **I'll go ~ than that, he's a liar** бо́лее того́, он лгун; **we need look no ~** смотре́ть да́льше не́чего. **3** (*moreover*) бо́лее того́.
● *vt* продв|ига́ть, -и́нуть; соде́йствовать (*impf*) + *d*; спосо́бствовать (*impf*) + *d*.

furtherance /ˈfɜːðərəns/ *n* продвиже́ние; **in ~ of this plan** для осуществле́ния э́того пла́на.

> **further education**
>
> В Великобрита́нии да́нный те́рмин применя́ется ко всем ви́дам образова́ния (кро́ме университе́тского) для уча́щихся от 16 лет и ста́рше. Обяза́тельное шко́льное образова́ние ограни́чено во́зрастом 16 лет. Е́сли уча́щийся реша́ет не поступа́ть в университе́т, то он мо́жет продо́лжить обуче́ние в систе́ме профессиона́льно-техни́ческого и сре́днего специа́льного образова́ния. В Аме́рике, одна́ко, те́рмин *further education* применя́ется и к университе́тскому образова́нию.

furthermore /ˌfɜːðəˈmɔː(r)/ *adv* к тому́ же; кро́ме того́.

furthermost /ˈfɜːðəˌməʊst/ *adj* са́мый да́льний/отдалённый.

furthest /ˈfɜːðɪst/ *adj* са́мый да́льний.
● *adv* да́льше всего́; **the ~ I can go is to say that …** са́мое бо́льшее, что я могу́ сказа́ть, э́то то, что…

furtive /ˈfɜːtɪv/ *adj* (*of movements*) краду́щийся; та́йный; скры́тый; (*of a person*) скры́тный.

furtiveness /ˈfɜːtɪvnɪs/ *n* скры́тность.

fury /ˈfjʊərɪ/ *n* **1** (*violence*) неи́стовство, я́рость, бе́шенство; **the ~ of the elements** я́рость стихи́й. **2** (*fit of anger*) я́рость; **she flew into a ~** она́ пришла́ в я́рость. **3** (**F~:** *myth*) фу́рия. **4** (*fig, termagant*) фу́рия.

furze /fɜːz/ *n* утёсник.

fuse[1] /fjuːz/ *n* (*elec*) предохрани́тель (*m*), про́бка.
● *vt & i* **1** (*make or become liquid*) пла́вить(ся) (*impf*). **2** (*join by fusion*) спл|авля́ть(ся), -а́вить(ся); (*fig*) сли|ва́ть(ся), -ть(ся); (*Br, elec*): **he ~d the lights** он пережёг про́бки; **the lights ~d** про́бки перегоре́ли.
● *cpds* **~ box** *n* распредели́тельный щит(о́к) (с предохрани́телями/про́бками); **~ wire** *n* про́волока для предохрани́теля.

fuse[2] /fjuːz/ *n* (*igniting device*) запа́л, затра́вка, фити́ль (*m*); (*detonating device*) заря́дная тру́бка; взрыва́тель (*m*).
● *vt* вст|авля́ть, -а́вить взрыва́тель в + *a*.

fuselage /ˈfjuːzəˌlɑːʒ, -lɪdʒ/ *n* фюзеля́ж.

fusible /ˈfjuːzɪb(ə)l/ *adj* пла́вкий.

fusilier /ˌfjuːzɪˈlɪə(r), -zəˈlɪə(r)/ *n* фузилёр, стрело́к.

fusillade /ˌfjuːzɪˈleɪd/ *n* стрельба́.

fusion /ˈfjuːʒ(ə)n/ *n* **1** (*melting together*) сплавле́ние, пла́вка; **~ bomb** термоя́дерная бо́мба. **2** (*blending, coalition*) сплав, слия́ние.

fuss /fʌs/ *n* суета́, шум (из-за пустяко́в); **cause a lot of ~ and bother** причин|я́ть, -и́ть ма́ссу хлопо́т и забо́т; **get into a ~** разволнова́ться (*pf*); **make a ~ about, over sth** суети́ться (*impf*) вокру́г чего́-н.; **make a ~ of s.o.** (*Br*) суетли́во опека́ть (*impf*) кого́-н.
● *vi* суети́ться (*impf*); **she ~es over her**

children она́ ве́чно во́зится со свои́ми детьми́.

● *cpd* **~pot** *n* (*coll*) хлопоту́н (*fem* -ья); суетли́вый челове́к.

fusser /ˈfʌsə(r)/ *n* суетли́вый челове́к.

fussiness /ˈfʌsɪnɪs/ *n* суетли́вость.

fussy /ˈfʌsɪ/ *adj* (**fussier, fussiest**) **1** (*worrying over trifles*) суетли́вый, беспоко́йный. **2** (*coll, fastidious*) разбо́рчивый; **I'm not ~ (about) what I eat** я не привере́длив в еде́. **3** (*of dress, style, etc.*) вы́чурный.

fustian /ˈfʌstɪən/ *n* (*cloth*) бумазе́я, флане́ль; (*bombast*) напы́щенные высокопа́рные ре́чи (*f pl*).

fusty /ˈfʌstɪ/ *adj* (**fustier, fustiest**) (*stale-smelling*) за́тхлый, спёртый; (*fig, old-fashioned*) старомо́дный.

futile /ˈfjuːtaɪl/ *adj* напра́сный, тще́тный.

futility /ˌfjuːˈtɪlɪtɪ/ *n* тще́тность, бесполе́зность.

futon /ˈfuːtɒn/ *n* япо́нский матра́с (*в складной деревянной раме; расстилается на полу в качестве кровати или кресла*).

future /ˈfjuːtʃə(r)/ *n* **1** бу́дущее; **in (the) ~** в бу́дущем; **for the ~** на бу́дущее; **he has a great ~ before him** у него́ большо́е бу́дущее; ему́ предстои́т блестя́щая бу́дущность; **there's not much ~ in teaching** преподава́ние не сули́т блестя́щей карье́ры. **2** (*gram*) бу́дущее вре́мя. **3** (*in pl, comm*) фью́черс|ы (*pl, g* -ов).

● *adj* бу́дущий; **belief in a ~ life** ве́ра в загро́бную жизнь; (*gram*): **~ tense** бу́дущее вре́мя; **~ perfect tense** бу́дущее соверше́нное вре́мя.

futurism /ˈfjuːtʃəˌrɪz(ə)m/ *n* футури́зм.

futurist /ˈfjuːtʃərɪst/ *n* футури́ст.

futuristic /ˌfjuːtʃəˈrɪstɪk/ *adj* футуристи́ческий.

futurity /fjuːˈtjʊərɪtɪ/ *n* бу́дущее, бу́дущность.

futurological /ˌfjuːtʃərəˈlɒdʒɪk(ə)l/ *adj* футурологи́ческий.

futurologist /ˌfjuːtʃəˈrɒlədʒɪst/ *n* футуро́лог.

futurology /ˌfjuːtʃəˈrɒlədʒɪ/ *n* футуроло́гия.

fuze /fjuːz/ (*US*) = **fuse**[2]

fuzz[1] /fʌz/ *n* (*fluffy mass*) пух; (*blur*) мгла.

● *vt* (*blur*) затемн|я́ть, -и́ть.

fuzz[2] /fʌz/ *n* (*sl, police*): **the ~** мусор|а́ (*pl, g* -о́в), менту́ра.

fuzzy /ˈfʌzɪ/ *adj* (**fuzzier, fuzziest**) (*fluffy*) пуши́стый; (*blurred*) расплы́вчатый.

f

Gg

g

G /dʒiː/ *n* **1** (*mus*) соль (*nt indecl*). **2**: **G7, G8** *see* ⇒**group 3**.
● *cpds* **~-string** *n* (*garment*) стри́нг|и (*pl, g* -ов); **~-suit** *n* противоперегру́зочный костю́м.

g /græm/ *n* (*abbr of* ***gram(me)(s)***) г (грамм).

gab /gæb/ (*coll*) *n*: **he has the gift of the ~** у него́ хорошо́ подве́шен язы́к.
● *vi* (**gabbed, gabbing**) трепа́ться (*impf*), трепа́ть (*impf*) языко́м (*both coll*).

gabardine /ˈgæbəˌdiːn, -ˈdiːn/ = **gaberdine**

gabble /ˈgæb(ə)l/ *n* бормота́ние; (*sl*) трёп, трепотня́.
● *vt & i* бормота́ть, про-.

gabbler /ˈgæblə(r)/ *n* болту́н.

gabby /ˈgæbɪ/ *adj* (**gabbier, gabbiest**) (*coll*) болтли́вый, трепли́вый.

gaberdine /ˈgæbəˌdiːn, -ˈdiːn/ *n* (*material*) габарди́н; (*attr*) габарди́новый.

gable /ˈgeɪb(ə)l/ *n* щипе́ц; (*pediment*) фронто́н; **~(d) roof** двуска́тная/щипцо́вая кры́ша.

Gabon /gəˈbɒn/ *n* Габо́н.

gad /gæd/ *vi* (**gadded, gadding**) (*also* **~ about**) шля́ться (*impf*); шата́ться (*impf*).
● *cpd* **~about** *n & adj* праздношата́ющийся.

gadfly /ˈgædflaɪ/ *n* о́вод, слепе́нь (*m*).

gadget /ˈgædʒɪt/ *n* (*coll*) штуко́вина, хитроу́мное приспособле́ние; (*comput, mobile teleph*) га́джет.

gadgetry /ˈgædʒɪtrɪ/ *n* (*coll*) техни́ческие нови́нки (*f pl*).

Gaelic /ˈgeɪlɪk, ˈgæ-/ *n* (*language*) гэ́льский язы́к.
● *adj* гэ́льский.

gaff¹ /gæf/ *n* (*spear, stick*) баго́р, острога́; (*naut*) га́фель (*m*).
● *vt* багри́ть (*impf*).

gaff² /gæf/ *n*: **blow the ~** (*Br coll*) проболта́ться (*pf*).

gaffe /gæf/ *n* ло́жный шаг, оплo̲шность.

gaffer /ˈgæfə(r)/ *n* стари́к, дед; (*Br, foreman*) ма́стер (це́ха); (*cin*) бригади́р освети́телей.

gag /gæg/ *n* **1** (*to prevent speech etc.*) кляп; (*parl*) прекраще́ние пре́ний; (*fig*): **a ~ on free speech** подавле́ние свобо́ды сло́ва. **2** (*joke*) шу́тка, хо́хма.
● *vt* (**gagged, gagging**) вст|авля́ть, -а́вить кляп + *d*; (*fig*) зат|ыка́ть, -кну́ть рот + *d*; **the press was ~ged** пре́ссу заста́вили замолча́ть.
● *vi* (**gagged, gagging**) (*theatr*) шути́ть, хохми́ть (*both impf*); (*retch, choke*) дави́ться (*impf*).
● *cpds* **~man** (*pl* **~men**), **~ writer** *nn* (*theatr*) ко́мик; сочини́тель (*m*) остро́т и шу́ток (*для эстрады и т. п.*).

gaga /ˈgɑːgɑː/ *adj* (*sl*) чо́кнутый, слабоу́мный; **go ~** впа|да́ть, -сть в мара́зм; выжива́ть, вы́жить из ума́.

gage /geɪdʒ/ (*US*) = **gauge**

gaggle /ˈgæg(ə)l/ *n* (*of geese*) ста́я, ста́до; (*fig, joc*) ста́йка, толпа́.

gaiety /ˈgeɪətɪ/ (*US* **gayety**) *n* весёлость, весе́лье.

gain /geɪn/ *n* **1** (*profit*) при́быль; вы́года; вы́игрыш.
2 (*in pl, things ~ed*) дохо́ды (*m pl*); нажи́ва; (*achievements*) завоева́ния; **ill-gotten ~s** нече́стно на́житое, на́житое нече́стным путём.
3 (*increase*) увеличе́ние; **a ~ in weight** приба́вка в ве́се.
● *vt* **1** (*reach*) доб|ира́ться, -ра́ться до + *g*; дост|ига́ть, -и́гнуть + *g*; **the swimmer ~ed the shore** плове́ц дости́г бе́рега.
2 (*win, acquire*) овлад|ева́ть, -е́ть; доб|ива́ться, -и́ться + *g*; доб|ыва́ть, -ы́ть; приобре|та́ть, -сти́; **~ one's living** зараба́тывать (*impf*) на жизнь; **~ a victory** одержа́ть (*pf*) побе́ду; **~ the upper hand** взять (*pf*) верх (над + *i*); **~ time** вы́игрывать, вы́играть вре́мя; **what ~ed him such a reputation?** что со́здало ему́ таку́ю репута́цию?; **he ~ed 5 pounds in weight** он попра́вился на 5 фу́нтов; **the patient is ~ing strength** пацие́нт набира́ется сил.
● *vi* **1** (*reap profit, benefit, advantage*) извл|ека́ть, -е́чь по́льзу/вы́году; **how do I stand to ~ from it?** кака́я мне от э́того по́льза/вы́года?; **he has ~ed in experience** он приобрёл о́пыт.
2 (*move ahead*): **my watch ~s (three minutes a day)** мои́ часы́ спеша́т (на три мину́ты в день); **he ~ed on his rival** он нагоня́л сопе́рника.

gainer /ˈgeɪnə(r)/ *n*: **he was a ~ by the transaction** он вы́играл на э́той сде́лке.

gainful /ˈgeɪnfʊl/ *adj* при́быльный; дохо́дный; **~ employment** хорошо́ опла́чиваемая рабо́та.

gainsa|y /geɪnˈseɪ/ *vt* (*past and pp* **gainsaid** /-ˈsed/) (*literary*) противоре́чить (*impf*) + *d*; **the facts cannot be ~id** фа́кты неопровержи́мы.

gait /geɪt/ *n* похо́дка.

gaiter /ˈgeɪtə(r)/ *n* гама́ша; (*in pl*) ге́тр|ы (*pl, g* —).

gaitered /ˈgeɪtəd/ *adj* в гама́шах.

gal /gæl/ *n* (*joc*) = **girl**

gala /ˈgɑːlə/ *n* пра́зднество; **~ day** пра́здничный день; **~ night** (*theatr*) гала́-представле́ние.

galactic /gəˈlæktɪk/ *adj* галакти́ческий.

galantine /ˈgælənˌtiːn/ *n* заливно́е.

Galatians /gəˈleɪʃənz, -ʃɪənz/ *n pl* (*bibl*) гала́ты (*m pl*).

galaxy /ˈgæləksɪ/ *n* гала́ктика; (**the G~**) Гала́ктика; (*fig*) плея́да.

gale /geɪl/ *n* бу́ря; што́рм; **it is blowing a ~** ду́ет штормово́й ве́тер; (*fig*): **~s of laughter** взры́вы (*m pl*) хо́хота.

Galicia /gəˈlɪʃɪə, -ˈlɪʃə/ *n* (*in Spain*) Гали́сия; (*in Eastern Europe*) Гали́ция.

Galilee /ˈgælɪˌliː/ *n* Галиле́я; **the Sea of ~** Галиле́йское мо́ре.

gall¹ /gɔːl/ *n* **1** жёлчь; (*fig, bitterness*) жёлчность. **2** (*coll, impudence*) на́глость.
● *cpds* **~ bladder** *n* жёлчный пузы́рь; **~stone** *n* жёлчный ка́мень.

gall² /gɔːl/ *n* (*swelling; sore*) потёртость; сса́дина.
● *vt* (*lit*) ссади́ть (*pf*); нат|ира́ть, -ере́ть; (*fig*) зли́ть, разо-.

gall³ /gɔːl/ *n* (*bot*) галл, черни́льный/дуби́льный оре́шек.

gallant /ˈgælənt/ *adj* **1** (*attentive to ladies*) гала́нтный. **2** (*brave*) до́блестный.

gallantry /ˈgæləntrɪ/ *n* (*bravery*) до́блесть; (*courtliness to women*) гала́нтность.

galleon /ˈgælɪən/ *n* (*naut, hist*) галео́н.

gallery /ˈgælərɪ/ *n* **1** (*walk, passage*) галере́я; **shooting ~** тир. **2** (*picture ~*) карти́нная галере́я. **3** (*raised floor or platform*) хо́р|ы (*pl, g* -ов); **minstrels' ~** хо́ры (*pl*); **press ~** места́ для представи́телей пре́ссы, ме́сто для пре́ссы. **4** (*theatr*) балко́н; **play to the ~** (*fig*) иска́ть (*impf*) дешёвой популя́рности. **5** (*mining*) што́льня.

galley /ˈgælɪ/ *n* (*pl* **~s**) **1** (*ship*) гале́ра. **2** (*ship's kitchen*) ка́мбуз; (*in aircraft*) ку́хня на борту́ самолёта. **3** (*printing*) (**~ proof**) гра́нка.
● *cpd* **~ slave** *n* раб на гале́рах.

Gallic /ˈgælɪk/ *adj* (*Gaulish*) га́лльский; (*French*) францу́зский.

Gallicism /ˈgælɪˌsɪzəm/ *n* галлици́зм.

Gallicize /ˈgælɪˌsaɪz/ *vt* офранцу́зить (*pf*).

galling /'gɔːlɪŋ/ *adj* (*fig*) раздража́ющий.
gallium /'gælɪəm/ *n* га́ллий.
gallivant /'gælɪˌvænt/ *vi* (*coll*) шля́ться (*impf*); слоня́ться (*impf*).
Gallomania /ˌgæləʊ'meɪnɪə/ *n* галлома́ния.
gallon /'gælən/ *n* галло́н (*единица объёма/вместимости; Br = 4,55 л, US = 3,79 л*).
galloon /gə'luːn/ *n* галу́н.
gallop /'gæləp/ *n* гало́п; **at a ~** гало́пом; **he rode off at a/full ~** он поскака́л во весь опо́р; **we went for a ~** мы отпра́вились на верхову́ю прогу́лку.
● *vt*: **~ a horse** пус|ка́ть, -ти́ть ло́шадь гало́пом (*or* в гало́п); (*fig*): **we ~ed through our work** мы в спе́шке зако́нчили (на́шу/свою́) рабо́ту.
gallows /'gæləʊz/ *n pl* (*also* **~ tree**) ви́селица; **send s.o. to the ~** отпра́вить (*pf*) кого́-н. на ви́селицу.
● *cpd* **~ humour** (*US* **humor**) *n* ю́мор ви́сельника.
galore /gə'lɔː(r)/ *adv* (*coll*) в изоби́лии, ско́лько уго́дно.
galosh /gə'lɒʃ/ *n* гало́ша.
galvanic /gæl'vænɪk/ *adj* (*elec*) гальвани́ческий.
galvanism /'gælvəˌnɪz(ə)m/ *n* гальвани́зм.
galvanization /ˌgælvənaɪ'zeɪʃ(ə)n/ *n* гальваниза́ция.
galvanize /'gælvəˌnaɪz/ *vt* оцинко́в|ывать, -а́ть; гальванизи́ровать (*impf, pf*); **~d iron** оцинко́ванное желе́зо; (*fig*) побу|жда́ть, -ди́ть; возбу|жда́ть, -ди́ть.
galvanometer /ˌgælvə'nɒmɪtə(r)/ *n* гальвано́метр.
Gambia /'gæmbɪə/ *n* Га́мбия.
gambit /'gæmbɪt/ *n* (*chess*) гамби́т; (*trick*) ухва́тка.
gamble /'gæmb(ə)l/ *n* аза́ртная игра́; (*risky undertaking*) риско́ванное предприя́тие; **take a ~** пойти́ (*pf*) на риск.
● *vt* & *i* игра́ть (*impf*) в аза́ртные и́гры; **~ away a fortune** проигра́ть (*pf*) состоя́ние.
gambler /'gæmblə(r)/ *n* игро́к; картёжник.
gambling /'gæmblɪŋ/ *n* аза́ртные и́гры (*f pl*).
● *cpds* **~ den** *n* иго́рный прито́н; **~ game** *n* аза́ртная игра́.
gambol /'gæmb(ə)l/ *n* прыжо́к, скачо́к.
● *vi* (**gambolled, gambolling;** *US* **gamboled, gamboling**) пры́г|ать, -нуть.
game[1] /geɪm/ *n* **1** игра́; **we had a ~ of golf** мы сыгра́ли па́ртию в гольф; **he plays a good ~ of bridge** он хорошо́ игра́ет в бридж; **play the ~** (*fig*) игра́ть (*impf*) по пра́вилам; **I am off my ~** я не в фо́рме; **~s** (*Br, at school*) физкульту́ра; **Olympic G~s** Олимпи́йские и́гры; **what is the state of the ~?** (*score*) како́й счёт?; **he won two ~s in the first set** (*tennis*) в пе́рвом се́те он вы́играл две игры́ (*or* два ге́йма); **we bought the child a ~** мы купи́ли ребёнку насто́льную игру́; **beat s.o. at his own ~** поби́ть (*pf*) кого́-н. его́ же ору́жием.
2 (*scheme, plan, trick*) игра́; **what's the ~?** что за э́тим кро́ется?; **he is playing a deep ~** он ведёт сло́жную игру́; **you are playing his ~** вы игра́ете ему́ на́ руку; **two can play at that ~** (*fig*) я могу́ отплати́ть вам (*и т. п.*) той же моне́той; **he gave the ~ away** он раскры́л свои́ ка́рты; **the ~ is up** ста́вка би́та; ко́нчен бал!
3 (*hunted animal, quarry*) дичь; зверь (*m*); **big ~** кру́пный зверь; **fair ~** (*fig*) объе́кт тра́вли.
● *adj* боево́й; задо́рный; **are you ~ for a ten-mile walk?** у вас есть настрое́ние соверши́ть прогу́лку миль на де́сять?
● *vt* & *i* игра́ть, сыгра́ть; **gaming house** иго́рный дом; **gaming table** иго́рный стол.
● *cpds* **~ bird** *n* перна́тая дичь; **~ cock** *n* бойцо́вый пету́х; **~keeper** *n* лесни́к/е́герь(, занима́ющийся разведе́нием и/и́ли охра́ной ди́чи и заве́дующий охо́той) (*напр., в частных владениях в Англии*); **~ plan** *n* страте́гия; **~ reserve** *n* охо́тничий запове́дник; **~s console** *n* (*comput*) игрова́я консо́ль, игрова́я приста́вка; **~ show** *n* телеигра́, игрово́е шо́у (*nt indecl*); **~s master/mistress** *nn* (*Br*) преподава́тель (*m*)/-ница физкульту́ры; **~ theory** *n* (*math*) тео́рия игр; **~ warden** *n* е́герь(, присма́тривающий за ди́кими живо́тными и заве́дующий охо́той) (*напр., в заказнике в Африке*).
game[2] /geɪm/ *adj* (*lame*) хромо́й.
gamesmanship /'geɪmzmənʃɪp/ *n* (*joc*) ≈ иску́сство выи́грывать (*чаще сомнительными, хотя незапрещёнными приёмами*).
gamester /'geɪmstə(r)/ *n* игро́к; картёжник.
gamete /'gæmiːt, gə'miːt/ *n* (*biol*) гаме́та.
gamma /'gæmə/ *n*: **~ rays** га́мма-лучи́ (*m pl*).
gammon /'gæmən/ *n* (*Br, ham, bacon*) о́корок.
gammy /'gæmɪ/ *adj* (**gammier, gammiest**) (*Br coll*) хромо́й.
gamut /'gæmət/ *n* (*mus*) га́мма; (*fig*) диапазо́н, га́мма; **she ran the ~ of the emotions** она́ передала́ всю га́мму чувств.
gamy /'geɪmɪ/ *adj* (**gamier, gamiest**) (*of scent, flavour*) с душко́м.
gander /'gændə(r)/ *n* (*male goose*) гуса́к; (*sl, look*): **take a ~ at** взгля́|дывать, -ну́ть на + *a*.
gang /gæŋ/ *n* (*of workmen*) брига́да; (*of prisoners*) па́ртия (заключённых); (*of criminals*) ша́йка, ба́нда; (*coll or pej, company*) ша́йка, ватага.
● *vi*: **they ~ together** они́ собира́ются в ба́нду (*or* ба́ндой); **they ~ed up on me** они́ ополчи́лись про́тив/на меня́.
● *cpds* **~ bang** *n* (*sl*) группово́е изнаси́лование; **~-bang** *vt* (*sl*) наси́ловать, из- гру́ппой; пус|ка́ть, -ти́ть по кру́гу (*or* на круг) (*sl*); **~land** *n* престу́пный мир; **~master** *n* (*Br*) бригади́р; **~plank** *n* трап; **~way** *n* (*from ship to shore or aircraft to ground*) трап; (*Br, in theatre etc.*) прохо́д; (*coll int, clear the way!*) прочь с доро́ги!; сторони́сь!
ganger /'gæŋə(r)/ *n* (*Br*) деся́тник, бригади́р.
Ganges /'gændʒiːz/ *n* Ганг.
ganglia /'gæŋglɪə/ *pl of* ⇒**ganglion**
gangling /'gæŋglɪŋ/ *adj* долговя́зый.
gangli|on /'gæŋglɪən/ *n* (*pl* **~a** *or* **~ons**) (*anat*) га́нглий, не́рвный у́зел.
gangrene /'gæŋgriːn/ *n* гангре́на.
gangrenous /'gæŋgrɪnəs/ *adj* гангрено́зный.
gangster /'gæŋstə(r)/ *n* га́нгстер.
gannet /'gænɪt/ *n* (*bird*) о́луша; (*Br, fig, glutton*) обжо́ра.
gantry /'gæntrɪ/ *n* помо́ст; **~ crane** эстака́дный кран.
gaol /dʒeɪl/ (*Br*) = **jail**
gaoler /'dʒeɪlə(r)/ (*Br*) = **jailer**
gap /gæp/ *n* **1** (*in a wall etc.*) брешь, проло́м; (*in conversation*) па́уза; (*of 5 years etc.*) переры́в; (*between rich and poor, theory and practice*) разры́в; (*in application form, s.o.'s knowledge*) пробе́л; **fill a ~** (*supply deficiency*) устрани́ть (*pf*) недоста́тки; **he filled up the ~s in his education** он воспо́лнил пробе́лы в своём образова́нии; **there is a wide ~ between their views** они́ ре́зко расхо́дятся во взгля́дах; **export ~** э́кспортный дефици́т.
2 (*gorge, pass*) прохо́д; уще́лье.
● *cpds* **~-toothed** *adj* с ре́дкими зуба́ми; **~ year** *n* (*Br*) год пе́ред поступле́нием в университе́т (*который выпускник школы проводит работая или путешествуя*).
gap|e /geɪp/ *vi* (*stare*) зева́ть (*impf*) (по сторона́м); глазе́ть (*impf*) (на + *a*); **a ~ing wound** зия́ющая ра́на; **the chasm ~ed before him** пе́ред ним зия́ла про́пасть.
garage /'gærɑːdʒ, -rɪdʒ/ *n* (*for keeping a car*) гара́ж; (*where petrol is sold*) бензозапра́вочная ста́нция; (*for repairing cars*) автосе́рвис, автомастерска́я.
● *vt* ста́вить, по- в гара́ж.
garb /gɑːb/ *n* наря́д.
garbage /'gɑːbɪdʒ/ *n* (*US, rubbish*) отбро́сы (*m pl*); му́сор, хлам (*both also fig*); (*nonsense*) чепуха́, вздор.
● *cpds* **~ can** *n* (*US*) (*outside*) му́сорный бак; (*in kitchen*) му́сорное ведро́; (*in office*) му́сорная корзи́на; **~ collector** *n* (*US*) му́сорщик; **~ truck** *n* (*US*) мусороубо́рочная маши́на, мусорово́з.
garble /'gɑːb(ə)l/ *vt* (*distort*) иска|жа́ть, -зи́ть; кове́ркать, ис-.
garden /'gɑːd(ə)n/ *n* **1** (*plot of ground*) сад; **vegetable ~** огоро́д; **we haven't much ~** у нас сад небольшо́й; **lead up the ~ path** (*coll*) води́ть за́ нос (*indet*).
2 (*attr*) садо́вый; огоро́дный; **common or ~** обы́денный; зауря́дный; **~ flowers/plants** садо́вые цветы́/расте́ния; **~ centre** (*US* **center**)

g

садо́вый центр, магази́н «Всё для садово́да»; **~ city** го́род-сад; **~ gate** садо́вая кали́тка; **~ party** све́тский приём на откры́том во́здухе; **~ seat** садо́вая скамья́; **~ suburb** (*Br*) да́чный посёлок.
3 (*in pl, park*) сад; парк; **Zoological G~s** зоологи́ческий сад; зоопа́рк.
● *vi* занима́ться (*impf*) садово́дством; (*as a pastime, also*) рабо́тать (*impf*) в саду́.

gardener /ˈgɑːdnə(r)/ *n* (*professional*) садо́вник; (*amateur*) садово́д.

gardenia /gɑːˈdiːnɪə/ *n* garде́ния.

gardening /ˈgɑːd(ə)nɪŋ/ *n* садово́дство; **~ book** кни́га по садово́дству; **~ tools** садо́вые инструме́нты; **he is fond of ~** он лю́бит рабо́тать в саду́.
● *cpd* **~ leave** (*Br*) (*euph*) вы́нужденный/принуди́тельный о́тпуск с по́лным сохране́нием де́нежного содержа́ния (*в который отправляют сотрудника до истечения срока его контракта, напр., чтобы лишить его влияния в компании и/или предотвратить утечку информации*).

gargantuan /gɑːˈgæntjʊən/ *adj* гига́нтский, колосса́льный.

gargle /ˈgɑːg(ə)l/ *n* полоска́ние.
● *vi* полоска́ть, про- го́рло.

gargoyle /ˈgɑːgɔɪl/ *n* (*archit*) горгу́лья.

garish /ˈgeərɪʃ/ *adj* пёстрый, бро́ский, крича́щий.

garishness /ˈgeərɪʃnɪs/ *n* пестрота́, бро́скость.

garland /ˈgɑːlənd/ *n* гирля́нда; вено́к.
● *vt* укр|аша́ть, -а́сить гирля́ндами.

garlic /ˈgɑːlɪk/ *n* чесно́к; **clove of ~** зу́бчик/зубо́к чеснока́.

garment /ˈgɑːmənt/ *n* предме́т оде́жды; (*in pl, clothes*) оде́жда; **the ~ industry** (*dressmaking, tailoring*) шве́йная промы́шленность.

garner /ˈgɑːnə(r)/ *vt* (*literary*) сс|ыпа́ть, -ы́пать в амба́р; (*fig*): **~ experience** нак|а́пливать, -опи́ть о́пыт.

garnet /ˈgɑːnɪt/ *n* (*min*) грана́т.

garnish /ˈgɑːnɪʃ/ *n* отде́лка, украше́ние; (*cul*) гарни́р.
● *vt* (*decorate*) укр|аша́ть, -а́сить; отде́л|ывать, -ать; (*cul*) под|ава́ть, -а́ть (*что с чем*).

garret /ˈgærɪt/ *n* манса́рда; черда́к.

garrison /ˈgærɪs(ə)n/ *n* гарнизо́н; (*attr*) гарнизо́нный.
● *vt*: **~ a town** ста́вить, по- гарнизо́н в го́роде.

garrotte /gəˈrɒt/ (*US* **garrote**) *n* гарро́та (*орудие казни: железный ошейник как средство удушения*).
● *vt* (**garrotted, garrotting;** *US* **garroted, garroting**) души́ть, у-; дави́ть, у-.

garrulity /gəˈruːlɪtɪ/ *n* болтли́вость, говорли́вость.

garrulous /ˈgærʊləs/ *adj* болтли́вый, говорли́вый.

garter /ˈgɑːtə(r)/ *n* подвя́зка; **the G~** о́рден Подвя́зки; **~ belt** (*US*) по́яс с подвя́зками.
● *cpd* **~ snake** *n* подвя́зковая змея́.

gas /gæs/ *n* (*pl* **~es**) **1** (*aeriform fluid*) газ; **natural ~** приро́дный газ; **put the kettle on the ~** поста́вить ча́йник на газ; **turn the ~ on/off** включи́ть/вы́ключить газ; (*dentist's*) эфи́р; (*poison ~*) ядови́тый газ; отравля́ющее вещество́; (*mining*) грему́чий газ; (*flatulence*) га́зы (*m pl*).
2 (*attr*) га́зовый; **~ alarm, alert** хими́ческая трево́га; **~ bomb** хими́ческая бо́мба; **~ bracket** га́зовый рожо́к; **~ burner** га́зовая горе́лка; **~ chamber** (*for lethal purposes*) га́зовая ка́мера; **~ cooker** (*Br*) га́зовая плита́; **~ fire** (*Br*) га́зовый ками́н; **~ fitter** газовщи́к; **~ lighting** га́зовое освеще́ние; **~ main** газопрово́д; **~ mantle** кали́льная се́тка; **~ mask** противога́з; **~ meter** га́зовый счётчик; **~ oven** (*domestic*) га́зовая духо́вка; **~ pipe** га́зовая труба́; **~ ring** га́зовое кольцо́; **~ stove** га́зовая плита́; *see also cpds*.
3 (*US, petrol*) бензи́н, горю́чее; **step on the ~** (*coll*) да|ва́ть, -ть га́зу; **~ station** (*US*) бензозапра́вочная ста́нция; **~ tank** (*US*) бензоба́к.
4 (*coll, empty talk*) болтовня́, трепотня́.
● *vt* (**gases, gassed, gassing**)
1 (*poison with ~*) отрав|ля́ть, -и́ть га́зом; (*kill with ~*) умер|щвля́ть, -тви́ть га́зом.
2: **~ up a car** (*US coll*) = *vi* **2**
● *vi* (**gases, gassed, gassing**)
1 (*coll, talk long and emptily*) болта́ть (*impf*); моло́ть (*impf*).
2: **~ up** (*US coll, take in petrol*) запр|авля́ться, -а́виться горю́чим.
● *cpds* **~bag** *n* оболо́чка аэроста́та; (*coll, chatterer*) пустоме́ля (*cg*); **~ guzzler** (*coll*) *n* автомоби́ль, потребля́ющий мно́го то́плива; «прожо́рливый» автомоби́ль; **~holder** *n* газохрани́лище; **~light** *n* га́зовое освеще́ние; **~-lit** *adj* освещённый га́зом; **~man** *n* (*pl* **~men**) (*fitter*) (сле́сарь-)газовщи́к; (*inspector*) инспе́ктор слу́жбы га́за; **~-permeable** *adj* воздухопроница́емый; **~works** *n pl* га́зовый заво́д.

gaseous /ˈgæsɪəs/ *adj* га́зовый; газообра́зный.

gash /gæʃ/ *n* разре́з; глубо́кая ра́на.
● *vt* разр|еза́ть, -е́зать; полосну́ть (*pf*).

gasification /ˌgæsɪfɪˈkeɪʃ(ə)n/ *n* газифика́ция.

gasify /ˈgæsɪˌfaɪ/ *vt & i* газифици́ровать.

gasket /ˈgæskɪt/ *n* прокла́дка; тесьма́.

gasohol /ˈgæsəˌhɒl/ *n* бензоспи́рт.

gasol|ine, -ene /ˈgæsəˌliːn/ *n* газоли́н; (*US, petrol*) бензи́н.

gasometer /gæˈsɒmɪtə(r)/ *n* (*container*) газго́льдер.

gasp /gɑːsp/ *n* глото́к во́здуха; перехва́т дыха́ния; **at one's last ~** при после́днем издыха́нии.
● *vt & i* зад|ыха́ться, -охну́ться; а́хнуть (*pf*); **he ~ed out a few words** задыха́ясь, он произнёс не́сколько слов; **he was ~ing for breath** он задыха́лся; **he ~ed with astonishment** он откры́л рот от удивле́ния.

gassy /ˈgæsɪ/ *adj* (**gassier, gassiest**) (*of beer etc.*) газиро́ванный.

gasteropod /ˈgæstərəˌpɒd/ *n* ули́тка из кла́сса брюхоно́гих.

gastric /ˈgæstrɪk/ *adj* желу́дочный; **~ fever** брюшно́й тиф; **~ juice** желу́дочный сок; **~ ulcer** я́зва желу́дка.

gastritis /gæˈstraɪtɪs/ *n* гастри́т.

gastroenteritis /ˌgæstrəʊˌentəˈraɪtɪs/ *n* гастроэнтери́т.

gastronome /ˈgæstrəˌnəʊm/ *n* гастроно́м, гурма́н.

gastronomic /ˌgæstrəˈnɒmɪk/ *adj* гастрономи́ческий.

gastronomy /gæˈstrɒnəmɪ/ *n* гастроно́мия.

gate /geɪt/ *n* **1** вор|о́та (*pl, g* -о́т); кали́тка; (*city ~*) городски́е воро́та; (*garden ~*) садо́вая кали́тка; (*at airport*) вы́ход; (*sluice ~*) шлю́зные воро́та; **give s.o. the ~** (*US coll*) выгоня́ть, вы́гнать кого́-н.
2 (*fig*) (*size of audience*) коли́чество зри́телей; (*takings*) сбор, вы́ручка.
● *cpds* **~crash** *vt & i* при|ходи́ть, -йти́ без приглаше́ния; про|ходи́ть, -йти́ без биле́та; **~crasher** *n* незва́ный гость; (*spectator*) безбиле́тный зри́тель (*m*), «за́яц»; **~house** *n* сторо́жка; **~keeper** *n* приврá́тник; **~leg(ged)** *adj*: **~legged table** стол с откидно́й кры́шкой; **~ money** *n* входна́я пла́та; **~post** *n* воро́тный столб; **between you and me and the ~post** ме́жду на́ми (говоря́); **~way** *n* подворо́тня; (*fig*) подхо́д.

gateau /ˈgætəʊ/ *n* (*pl* **~s** *or* **~x** /-əʊz/) (*Br*) торт.

gather /ˈgæðə(r)/ *n* (*in cloth*) сбо́рки (*f pl*).
● *vt* **1** (*pick, cull: e.g. flowers, nuts, harvest; also* **~ in**) соб|ира́ть, -ра́ть.
2 (*collect, also* **~ up**) соб|ира́ть, -ра́ть; **things ~ dust** ве́щи собира́ют пыль; **he ~ed his papers together** он собра́л свои́ бума́ги; **~ experience** нака́пливать (*impf*) о́пыт.
3 (*receive addition of*) наб|ира́ть, -ра́ть + *a or g*; **the ship ~ed way** кора́бль набра́л ход.
4 (*understand, conclude*) заключ|а́ть, -и́ть; де́лать, с- вы́вод (*pf*) (*на основании чего-н.*); **I ~ he's abroad** он как бу́дто за грани́цей; **I ~ you don't like him** мне сдаётся, что он вам не нра́вится; **as far as I can ~** наско́лько я могу́ суди́ть.
5 (*draw, pull together*): **he ~ed his cloak about him** он заверну́лся в плащ; **he ~ed her in his arms** он заключи́л её в объя́тия; **~ one's thoughts, wits (together)** соб|ира́ться, -ра́ться с мы́слями.
6 (*sewing*) соб|ира́ть, -ра́ть в скла́дки.
● *vi* **1** (*collect*) соб|ира́ться, -ра́ться; **a crowd ~ed** собрала́сь толпа́.
2 (*increase*) нараст|а́ть, -и́; **the tale ~ed like a snowball** исто́рия разраста́лась как сне́жный ком.

gatherer /ˈgæðərə(r)/ *n* (*picker-up, collector*) сбо́рщи|к (*fem* -ца).

gathering /ˈgæðərɪŋ/ *n* (*assembly*) собра́ние; встре́ча.

GATT /gæt/ *n* (*abbr of* ***General Agreement on Tariffs and Trade***) ГАТТ (Генера́льное соглаше́ние по

тарифам и торговле).
gauche /gəʊʃ/ *adj* неловкий; неуклюжий.
gauche|ness /ˈgəʊʃnɪs/, **-rie** /ˈgəʊʃəˌri:/ *nn* неловкость, неуклюжесть.
gaudiness /ˈgɔ:dɪnɪs/ *n* безвкусица; крикливость.
gaudy /ˈgɔ:dɪ/ *n* (*Br, feast*) празднество. ● *adj* (**gaudier, gaudiest**) (*of colour*) кричащий; безвкусный.
gauge /geɪdʒ/ (*US* **gage**) *n* **1** (*thickness, diameter etc.*) размер; (*railways*): **standard ~** стандартная колея; **broad ~** широкая колея; **narrow ~** узкая колея. **2** (*instrument*) шаблон; лекало; эталон.
● *vt* **1** (*measure*) изм|ерять, -ерить. **2** (*fig, estimate*) оцен|ивать, -ить; взвесить (*pf*); **~ the strength of the wind** определ|ять, -ить силу ветра.
Gaul /gɔ:l/ *n* (*hist, country*) Галлия; (*inhabitant*) галл.
gaunt /gɔ:nt/ *adj* (*person*) исхудалый; измождённый; (*landscape*) пустынный; мрачный.
gauntlet[1] /ˈgɔ:ntlɪt/ *n* рукавица; (*armoured glove*) латная рукавица; **throw down the ~** (*fig*) бросить (*pf*) перчатку/вызов; **pick up the ~** принять (*pf*) вызов.
gauntlet[2] /ˈgɔ:ntlɪt/ *n*: **run the ~** про|ходить, -йти сквозь строй; (*fig, of criticism etc.*) подв|ергаться, -ергнуться суровой критике.
gauntness /ˈgɔ:ntnɪs/ *n* худоба.
gauze /gɔ:z/ *n* марля, газ.
gave /geɪv/ *past of* ⇒**give**
gavel /ˈgæv(ə)l/ *n* молоток.
gavotte /gəˈvɒt/ *n* гавот (*старинный танец*).
gawk /gɔ:k/ *vi* (*also* **gawp** (*Br*)) глазеть (*impf*); пялить (*impf*) глаза (на + *a*).
gawky /ˈgɔ:kɪ/ *adj* (**gawkier, gawkiest**) неловкий, неуклюжий.
gawp /gɔ:p/ = **gawk** *vi*
gay /geɪ/ *adj* (**gayer, gayest**) весёлый; **~ colours** яркие цвета; **the street was ~ with flags** улица пестрела флагами; (*coll, homosexual*) гомосексуальный, голубой; (*as n*) гей, гомосексуалист.
gayety /ˈgeɪətɪ/ (*US*) = **gaiety**
gaz|e /geɪz/ *n* пристальный взгляд; **a strange sight met his ~e** его взору открылось странное зрелище.
● *vi* пристально глядеть; **stop ~ing around!** перестаньте глазеть по сторонам!
gazebo /gəˈzi:bəʊ/ *n* (*pl* **~s** *or* **~es**) бельведер.
gazelle /gəˈzel/ *n* газель.
gazette /gəˈzet/ *n* (*official journal*) официальные ведомости (*f pl*); (*newspaper*) газета.
● *vt* (*Br*): **he was ~d colonel** он получил звание полковника.
gazetteer /ˌgæzɪˈtɪə(r)/ *n* словарь географических названий.
gazump /gəˈzʌmp/ *vt* (*Br coll*) делать, с- предложение о покупке дома по более высокой цене невзирая на имеющееся соглашение продавца с другим покупателем.
gazumping /gəˈzʌmpɪŋ/ *n* (*Br coll*) предложение о покупке дома по более высокой цене при имеющемся соглашении продавца с другим покупателем.
GB (*abbr of* ***Great Britain***) Великобритания.
GBH (*abbr of* ***grievous bodily harm***) (*Br, law*) тяжкие телесные повреждения.
GCSE (*abbr of* ***General Certificate of Secondary Education***) (*Br*) ≈ аттестат о неполном среднем образовании ((*correct but less common term*) аттестат об основном общем образовании).

> **GCSE — General Certificate of Secondary Education**
>
> Школьный экзамен в Англии и Уэльсе. Все учащиеся сдают эти экзамены после 5 лет обучения в средней школе независимо от их способностей. Большинство сдают экзамены по нескольким предметам. Экзаменационная оценка ставится за каждый предмет в отдельности.
> Учащиеся, намеревающиеся продолжать обучение на последней ступени средней школы и сдавать экзамены на **A Level**, должны успешно сдать определённое количество *GCSE*. Школьники могут сочетать *GCSE* с **GNVQ**.

GDP (*abbr of* ***gross domestic product***) ВВП (валовой внутренний продукт).
GDR (*abbr of* ***German Democratic Republic***) (*hist*) ГДР (Германская Демократическая Республика).
gear /gɪə(r)/ *n* **1** (*apparatus, mechanism*) механизм. **2** (*equipment, utensils, clothing*) принадлежности (*f pl*), аксессуары (*m pl*); одежда; (*sl, stylish clothing*) прикид; **hunting ~** охотничье снаряжение; **household ~** хозяйственные принадлежности. **3** (*of car etc.*) зубчатая передача; **high ~** высокая передача; **top ~** высшая передача; **bottom ~** первая передача; **low ~** низкая передача; **reverse ~** задний ход; **change ~** переключ|ать, -ить передачу; **the car is in ~** машина на передаче; у машины включена передача.
● *vt*: **~ up** готовить (*impf*); пригот|авливать, -овить; (*fig, adjust, correlate*) приспос|облять, -обить; **production is ~ed to demand** производство приспособлено к спросу.
● *cpds* **~box** *n* коробка передач; **~ lever** *n* (*Br*) рычаг переключения передач/скоростей; **~ ratio** *n* передаточное число; **~ shift** *n* (*US*) = **~ lever**; **~wheel** *n* зубчатое колесо.
gecko /ˈgekəʊ/ *n* (*pl* **~s** *or* **~es**) (*zool*) геккон.
gee[1]**(-gee)** /dʒi:/ *n* (*Br*) лошадка; **~ up!** но!
gee[2] /dʒi:/ *int* (*also* **~ whiz!**) вот здорово!; вот так штука!; ух ты!
geese /gi:s/ *pl of* ⇒**goose**
geezer /ˈgi:zə(r)/ *n* (*sl*) (*fellow*) тип, мужик; (*old fellow*) старикашка (*m*).
Geiger /ˈgaɪgə(r)/ *n*: **~ counter** счётчик Гейгера.
geisha /ˈgeɪʃə/ *n* (*pl* **~** *or* **~s**) гейша.
gel /dʒel/ *n* гель (*m*).
● *vi* (**gelled, gelling**) (*also* **jell**) (*coll, set into jelly*) заст|ывать, -ыть; (*fig*) формироваться, с-.
gelatine /ˈdʒeləˌti:n/ *n* желатин.
gelatinous /dʒɪˈlætɪnəs/ *adj* желатиновый.
geld /geld/ *vt* кастрировать (*impf, pf*).
gelding /ˈgeldɪŋ/ *n* мерин.
gelid /ˈdʒelɪd/ *adj* ледяной; студёный; леденящий.
gelignite /ˈdʒelɪgˌnaɪt/ *n* гелигнит.
gem /dʒem/ *n* (*jewel*) драгоценный камень; (*fig, outstanding specimen*) жемчужина, сокровище.
● *cpd* **~stone** *n* драгоценный камень.
Gemini /ˈdʒemɪˌnaɪ, -ˌni:/ *n* Близнецы (*m pl*).
gen /dʒen/ *n* (*Br coll*) данные (*nt pl*); информация.
gendarme /ˈʒɒndɑ:m/ *n* жандарм.
gendarmerie /ʒɒnˈdɑ:mərɪ/ *n* жандармерия.
gender /ˈdʒendə(r)/ *n* род; (*coll, sex*) пол.
gene /dʒi:n/ *n* ген; **~ therapy** генная терапия.
genealogical /ˌdʒi:nɪəˈlɒdʒɪk(ə)l/ *adj* родословный; генеалогический; **~ tree** генеалогическое дерево.
genealogist /ˌdʒi:nɪˈælədʒɪst/ *n* специалист по генеалогии.
genealogy /ˌdʒi:nɪˈælədʒɪ/ *n* генеалогия.
genera /ˈdʒenərə/ *pl of* ⇒**genus**
general /ˈdʒenər(ə)l/ *n* ≈ генерал армии.
● *adj* **1** (*universal or nearly so*) общий; генеральный; **~ rule** общее правило; **~ election** всеобщие выборы; **~ strike** всеобщая забастовка; **~ knowledge** общие знания; **~ practitioner** участковый врач; терапевт; **~ hospital** больница общего типа; **~ reader** массовый читатель; **G~ Assembly** (*of UN*) Генеральная Ассамблея; **~ store** небольшой универсальный магазин; **a book of ~ interest** неспециализированная книга. **2** (*usual, prevalent*) обычный; повсеместный; **~ opinion** общее мнение; **in ~, in a ~ way** вообще; **as a ~ rule** как правило, обыкновенно. **3** (*approximate; not specific*) общий; **~ resemblance** общее сходство; **~ idea** общее представление; **he spoke in ~ terms** он говорил в общих выражениях. **4** (*chief*) главный; **~ staff** генеральный штаб; **~ headquarters** главное командование, ставка; **G~ Post Office** главпочтамт.
● *cpds* **~-purpose** *adj* многоцелевой; универсальный; **~ of the air force** (*US*) ≈ маршал ВВС США (*высшее воинское звание в ВВС*); **~ of the army** (*US*) ≈ маршал (*высшее воинское звание*).

generalissimo /ˌdʒenərəˈlɪsɪˌməʊ/ *n* (*pl* **~s**) генерали́ссимус.

generalit|y /ˌdʒenəˈrælɪtɪ/ *n* **1** (*majority*) большинство́. **2** (*general statement*) о́бщее ме́сто, о́бщая фра́за; **he spoke in ~ies** он говори́л/отде́лался о́бщими фра́зами.

generalization /ˌdʒenərəlaɪˈzeɪʃ(ə)n/ *n* обобще́ние.

generalize /ˈdʒenərəˌlaɪz/ *vt & i* обобщ|а́ть, -и́ть; (*make general*) распростран|я́ть, -и́ть.

generally /ˈdʒenərəlɪ/ *adv* **1** (*usually*) обы́чно. **2** (*widely*) широко́; бо́льшей ча́стью; **the plan was ~ welcomed** план получи́л всео́бщее одобре́ние; **~ received ideas** общепри́нятые поня́тия. **3** (*approximately, summarily*) вообще́; **~ speaking** вообще́ говоря́. **4** (*as a class*): **this is true of Frenchmen ~** э́то отно́сится к францу́зам в це́лом.

generalship /ˈdʒenər(ə)lʃɪp/ *n* (*military skill*) вое́нное иску́сство.

generat|e /ˈdʒenəˌreɪt/ *vt* поро|жда́ть, -ди́ть; вызыва́ть, вы́звать; генери́ровать (*impf*); **~e heat** выделя́ть (*impf*) тепло́; **~e hatred** вызыва́ть (*impf*) не́нависть; **~ing station** электроста́нция.

generation /ˌdʒenəˈreɪʃ(ə)n/ *n* **1** (*of heat etc.*) генера́ция, генери́рование, произво́дство, образова́ние. **2** (*geneal*) поколе́ние; **from ~ to ~** из поколе́ния в поколе́ние; **the rising ~** подраста́ющее поколе́ние; **a ~ ago** в про́шлом поколе́нии; **I have known the family for three ~s** я знал (це́лых) три поколе́ния э́той семьи́; **the ~ gap** пробле́ма отцо́в и дете́й. **3** (*fig, of weapons etc.*) поколе́ние, эта́п разви́тия.

generative /ˈdʒenərətɪv/ *adj* (*productive*) производи́тельный, производя́щий; (*biol*) генерати́вный.

generator /ˈdʒenəˌreɪtə(r)/ *n* производи́тель (*m*); (*tech*) генера́тор.

generic /dʒɪˈnerɪk/ *adj* (*of a class*) родово́й; (*general*) о́бщий; (*of drug*) непатенто́ванный, о́бщего ти́па.

generosity /ˌdʒenəˈrɒsɪtɪ/ *n* великоду́шие; ще́дрость.

generous /ˈdʒenərəs/ *adj* **1** (*magnanimous*) великоду́шный. **2** (*liberal*) ще́дрый; **he is ~ with his time** он ще́дро/расточи́тельно тра́тит своё вре́мя. **3** (*plentiful*) оби́льный; **a ~ helping of meat** ще́драя/соли́дная по́рция мя́са.

genesis /ˈdʒenɪsɪs/ *n* гене́зис; возникнове́ние; **(Book of) G ~** кни́га Бытия́.

genetic /dʒɪˈnetɪk/ *adj* генети́ческий; **~ engineering** ге́нная инжене́рия; **~ fingerprinting** ге́нная дактилоскопи́я; **~ modification** генети́ческая модифика́ция; **~ally modified** генети́чески модифици́рованный; **~ profiling** генети́ческое профили́рование; **~ screening** генети́ческий скри́нинг (*массовое обследование с целью выявления предрасположенности к заболеваниям на генетическом уровне*).

geneticist /dʒɪˈnetɪsɪst/ *n* гене́тик.

genetics /dʒɪˈnetɪks/ *n* гене́тика.

Geneva /dʒɪˈniːvə/ *n* Жене́ва; **Lake ~** Жене́вское о́зеро; **~ Convention** Жене́вские конве́нции (*f pl*).

genial /ˈdʒiːnɪəl/ *adj* **1** (*jovial, kindly*) серде́чный, доброду́шный. **2** мя́гкий; **a ~ climate** мя́гкий/благотво́рный кли́мат.

geniality /ˌdʒiːnɪˈælɪtɪ/ *n* раду́шие; доброду́шие.

genie /ˈdʒiːnɪ/ *n* (*pl* **genii** *or* **genies**) джинн, дух.

genii /ˈdʒiːnɪaɪ/ *pl of* ⇨**genie**, ⇨**genius**

genital /ˈdʒenɪt(ə)l/ *adj* полово́й; (*in pl*) половы́е о́рганы (*m pl*), гени́талии (*f pl*).

genitive /ˈdʒenɪtɪv/ *adj & n* роди́тельный (паде́ж).

genito-urinary /ˌdʒenɪtəʊˈjʊərɪnərɪ/ *adj* мочеполово́й.

genius /ˈdʒiːnɪəs/ *n* (*pl* **geniuses** *or* **genii**) ге́ний; **a person of ~** гениа́льный челове́к.

Genoa /ˈdʒenəʊə/ *n* Ге́нуя.

genocidal /ˌdʒenəˈsaɪd(ə)l/ *adj* геноци́дный.

genocide /ˈdʒenəˌsaɪd/ *n* геноци́д.

genome /ˈdʒiːnəʊm/ *n* гено́м.

genre /ˈʒɑ̃rə/ *n* жанр; (*attr*) жа́нровый, бытово́й; **~ painter** жанри́ст; **~ painting** жанр, жа́нровая жи́вопись.

gent /dʒent/ *n* (*coll*) джентльме́н; **~s** (*Br, lavatory*) мужско́й туале́т.

genteel /dʒenˈtiːl/ *adj* благовоспи́танный; «благоро́дный»; с аристократи́ческими зама́шками; **they live in ~ poverty** они́ живу́т в го́рдой нищете́.

gentian /ˈdʒenʃ(ə)n, -ʃɪən/ *n* (*bot*) гореча́вка.

gentile /ˈdʒentaɪl/ *n* нееврé́й; (*bibl*) язы́чник.
● *adj* нееврé́йский; язы́ческий.

gentility /dʒenˈtɪlɪtɪ/ *n* благовоспи́танность.

gentle /ˈdʒent(ə)l/ *adj* (**gentler, gentlest**) **1**: **a person of ~ birth** челове́к благоро́дного происхожде́ния. **2** (*mild, tender, kind*) мя́гкий, ти́хий, делика́тный; **~ heat** уме́ренная жара́; **a ~ slope** поло́гий склон; **a ~ breeze** лёгкий ветеро́к; **a ~ hint** то́нкий намёк.
● *cpds* **~folk** *n pl* дворя́нство; знать; **~woman** *n* (*pl* **~women**) да́ма; ле́ди (*f indecl*).

gentleman /ˈdʒent(ə)lmən/ *n* (*pl* **gentlemen**) джентльме́н; **~'s agreement** джентльме́нское соглаше́ние; **a ~ has called to see you** како́й-то господи́н жела́ет вас ви́деть; **gentlemen!** господа́!
● *cpd* **~-at-arms** *n* лейб-гварде́ец.

gentleman|like /ˈdʒent(ə)lmənˌlaɪk/, **-ly** /ˈdʒent(ə)lmənlɪ/ *adjs* джентльме́нский; по-джентльме́нски.

gentleness /ˈdʒent(ə)lnɪs/ *n* мя́гкость, не́жность; делика́тность.

gently /ˈdʒentlɪ/ *adv* мя́гко; делика́тно; **hold it ~!** держи́те осторо́жно!; **the road slopes ~** доро́га идёт слегка́ под укло́н; **~!** (*not so fast*) полé́гче!; осторо́жно!

gentry /ˈdʒentrɪ/ *n* нетитуло́ванное дворя́нство.

genuflect /ˈdʒenjʊˌflekt/ *vi* преклон|я́ть, -и́ть коле́но.

genuflection /ˌdʒenjʊˈflekʃ(ə)n/ *n* коленопреклоне́ние.

genuine /ˈdʒenjʊɪn/ *adj* настоя́щий; по́длинный; **a ~ Rubens** по́длинный Ру́бенс; **~ sorrow** и́скренняя печа́ль; **a ~ person** прямо́й/и́скренний челове́к.

genus /ˈdʒiːnəs, ˈdʒenəs/ *n* (*pl* **genera**) род.

geocentric /ˌdʒiːəʊˈsentrɪk/ *adj* геоцентри́ческий.

geodesy /dʒiːˈɒdɪsɪ/ *n* геоде́зия.

geodetic /ˌdʒiːəʊˈdetɪk/ *adj* геодези́ческий.

geographer /dʒɪˈɒɡrəfə(r)/ *n* гео́граф.

geographic(al) /ˌdʒiːəˈɡræfɪk, ˌdʒiːəˈɡræfɪk(ə)l/ *adj* географи́ческий.

geography /dʒɪˈɒɡrəfɪ/ *n* геогра́фия.

geological /ˌdʒiːəˈlɒdʒɪk(ə)l/ *adj* геологи́ческий.

geologist /dʒɪˈɒlədʒɪst/ *n* гео́лог.

geology /dʒɪˈɒlədʒɪ/ *n* геоло́гия.

geometric(al) /ˌdʒɪəˈmetrɪk, ˌdʒɪəˈmetrɪk(ə)l/ *adj* геометри́ческий.

geometry /dʒɪˈɒmɪtrɪ/ *n* геоме́трия; **plane ~** планиме́трия; **solid ~** стереоме́трия.

geophysical /ˌdʒiːəʊˈfɪzɪk(ə)l/ *adj* геофизи́ческий.

geophysicist /ˌdʒiːəʊˈfɪzɪsɪst/ *n* геофи́зик.

geophysics /ˌdʒiːəʊˈfɪzɪks/ *n* геофи́зика.

geopolitical /ˌdʒiːəʊpəˈlɪtɪk(ə)l/ *adj* геополити́ческий.

geopolitics /ˌdʒiːəʊˈpɒlɪtɪks/ *n* геополи́тика.

Georgia /ˈdʒɔːdʒɪə/ *n* (*in Caucasus*) Гру́зия.

Georgian[1] /ˈdʒɔːdʒ(ə)n/ *n* грузи́н (*fem* -ка).
● *adj* грузи́нский.

Georgian[2] /ˈdʒɔːdʒ(ə)n/ *adj* (*Br*): **~ architecture** георгиа́нский стиль в архитекту́ре.

geoscience /ˌdʒiːəʊˈsaɪəns/ *n* (*also* **geosciences**) нау́ки о Земле́.

geostationary /ˌdʒiːəʊˈsteɪʃənərɪ/ *adj* геостациона́рный.

geranium /dʒəˈreɪnɪəm/ *n* гера́нь.

geriatric /ˌdʒerɪˈætrɪk/ *adj* гериатри́ческий, ста́рческий; **~ ward** гериатри́ческое отделе́ние.

geriatrician /ˌdʒerɪəˈtrɪʃ(ə)n/ *n* (врач-)гериа́тр.

geriatrics /ˌdʒerɪˈætrɪks/ *n* гериатри́я.

germ /dʒɜːm/ *n* микро́б, бакте́рия; **~ warfare** бактериологи́ческая война́; (*fig*) зача́ток; **the ~ of an idea** зарожде́ние иде́и.
● *cpd* **~ cell** *n* заро́дышевая кле́тка.

German /ˈdʒɜːmən/ *n* **1** (*person*) не́м|ец (*fem* -ка); **Swiss ~** (*or* **~ Swiss**) швейца́рский не́мец. **2** (*language*) неме́цкий язы́к.
● *adj* неме́цкий; (*esp pol*) герма́нский; **Old High ~** древневерхненеме́цкий;

High ~ верхненеме́цкий; **Low ~** нижненеме́цкий; **~ measles** красну́ха; **~ shepherd (dog)** неме́цкая овча́рка; **~ silver** нейзи́льбер; (*also, mistakenly, of cupro-nickel*) мельхио́р.

german /ˈdʒɜːmən/ *adj*: **cousin ~** двою́родный брат; двою́родная сестра́.

germane /dʒəˈmeɪn/ *adj* уме́стный; подходя́щий.

Germanic /dʒəˈmænɪk/ *adj* герма́нский; **~ studies** германи́стика.

Germanist /ˈdʒɜːmənɪst/ *n* германи́ст.

germanium /dʒəˈmeɪnɪəm/ *n* герма́ний.

Germany /ˈdʒɜːmənɪ/ *n* Герма́ния.

germicidal /ˌdʒɜːmɪˈsaɪd(ə)l/ *adj* бактерици́дный.

germicide /ˈdʒɜːmɪˌsaɪd/ *n* гермици́д, бактерици́дный препара́т.

germinal /ˈdʒɜːmɪn(ə)l/ *adj* заро́дышевый.

germinate /ˈdʒɜːmɪˌneɪt/ *vi* прораст|а́ть, -и́; (*fig*) дава́ть (*impf*) всхо́ды.

germination /ˌdʒɜːmɪˈneɪʃ(ə)n/ *n* прораста́ние; (*fig*) зарожде́ние; разви́тие.

gerontocracy /ˌdʒerɒnˈtɒkrəsɪ/ *n* правле́ние старе́йших.

gerontologist /ˌdʒerɒnˈtɒlədʒɪst/ *n* геронто́лог.

gerontology /ˌdʒerɒnˈtɒlədʒɪ/ *n* геронтоло́гия.

gerrymander(ing) /ˌdʒerɪˈmændə(rɪŋ)/ *n* джерриме́ндеринг, «избира́тельная геогра́фия», предвы́борные махина́ции (*f pl*) (*связанные с перекраиванием границ избирательных округов для обеспечения победы на выборах*).

gerund /ˈdʒerənd/ *n* геру́ндий.

gerundive /dʒeˈrʌndɪv/ *n* герунди́в.

gesso /ˈdʒesəʊ/ *n* (*pl* **~es**) гипс.

Gestapo /geˈstɑːpəʊ/ *n* (*hist*) геста́по (*indecl*); (*attr*) геста́повский; **~ man** геста́повец.

gestate /dʒeˈsteɪt/ *vt* вына́шивать, вы́носить.

gestation /dʒeˈsteɪʃ(ə)n/ *n* бере́менность; (*fig*) созрева́ние.

gesticulate /dʒeˈstɪkjʊˌleɪt/ *vi* жестикули́ровать (*impf*).

gesticulation /dʒeˌstɪkjʊˈleɪʃ(ə)n/ *n* жестикуля́ция.

gesture /ˈdʒestʃə(r)/ *n* жест.
● *vi* жестикули́ровать (*impf*).

get /get/ *vt* (**getting;** *past* **got** *or archaic* **gat;** *pp* **got** *or US* **gotten**)
1 (*obtain, receive*) получ|а́ть, -и́ть; **I got your telegram** я получи́л ва́шу телегра́мму; **we got dinner at the hotel** мы поу́жинали в гости́нице; **I got Paris on the radio** я пойма́л по приёмнику Пари́ж; **I've got it!** (*answer to problem etc.*) э́врика!; дошло́!; **I ~ you** (*coll, understand*) по́нял!; **have you got that (down)?** (*e.g. to secretary*) (вы э́то) записа́ли?; гото́во?; **I never ~ time to see him** ника́к не могу́ вы́брать вре́мя повида́ться с ним; **this room ~s a lot of sun** э́та ко́мната о́чень со́лнечная; **he got his own way** он доби́лся своего́; **I ~ 9.5** (*as answer to calculation*) у меня́ получи́лось 9,5; **I got** (*bought*) **a new suit** я приобрёл/купи́л но́вый костю́м; **I got a glimpse of him** я его́ уви́дел ме́льком.
2 (*of suffering etc.*): **he got 2 years** (*sentence*) он получи́л 2 го́да (тюрьмы́); **he got the measles** он заболе́л ко́рью; **he got a blow on the head** он получи́л уда́р по голове́; **she got her feet wet** она́ промочи́ла но́ги.
3 (*procure, fetch, reach, lay hands on*) дост|ава́ть, -а́ть; доб|ыва́ть, -ы́ть; **I got him a chair** я принёс ему́ стул; **the book is not in stock, but we can ~ it for you** э́той кни́ги нет на скла́де, но мы мо́жем её вам доста́ть; **we cannot ~ a plumber** мы не мо́жем найти́/доби́ться водопрово́дчика; **~ me the manager!** позови́те мне заве́дующего!; **I got him by telephone** я связа́лся с ним по телефо́ну.
4 (*bring into a position or state*): **we got him home** мы доста́вили его́ домо́й; **he got the sum right** он пра́вильно реши́л приме́р/зада́чу; **we got the room tidy** мы прибра́ли ко́мнату; мы убра́лись в ко́мнате; **we got the piano through the door** мы пронесли́ пиани́но че́рез дверь; **I got the clock going** я почини́л часы́; **I've got him where I want him** тепе́рь он у меня́ в рука́х.
5 (*pp, expressing possession*): **he has got a book** у него́ есть кни́га.
6 (*pp, expressing obligation*): **I have got to go** я до́лжен идти́; (*coll, expressing inference*) **you've got to be joking** вы, коне́чно (*or* должно́ быть), шу́тите.
7 (*induce, persuade*) заст|авля́ть, -а́вить; **I got him to talk** я заста́вил его́ рассказа́ть мне всё; **I could not ~ the tree to grow** я не суме́л вы́растить э́то де́рево; **I got the fire to burn** мне удало́сь разже́чь ого́нь.
8 (*factitive*): **I got my hair cut** я постри́гся; **I got the table made by the carpenter** я заказа́л стол у столяра́.
9 (*conquer, captivate*) завоё|вывать, -а́ть; **there you have got me** вот тут-то вы меня́ и пойма́ли.
10 (*denoting progress or achievement*): **I got to know him** я познако́мился с ним бли́же; **I could not ~ to see him** мне не удало́сь с ним уви́деться; **I got to like travelling** я полюби́л путеше́ствия; **they got to be friends** они́ ста́ли друзья́ми; они́ подружи́лись; **he got to be manager** он стал дире́ктором.
11 (*see, experience*): **you never ~ working men standing for parliament** вы не встре́тите рабо́чего, кото́рый бы выставля́л свою́ кандидату́ру в парла́мент; **you won't ~ me inviting him again** бу́дьте поко́йны: я его́ никогда́ бо́льше не позову́!
12 (*sl, kill, 'do for'*) поко́нчить (*pf*) с + *i*.
● *vi* (**getting;** *past* **got;** *pp* **got** *or US* **gotten**)
1 (*become, be*) ста|нови́ться, -ть; **he got red in the face** он покрасне́л; **he got angry** он разозли́лся; **he got drunk** он напи́лся; **he got married** он жени́лся; **he got going** он разошёлся; **he got ready** он пригото́вился; **he got left behind** он отста́л; **he got killed** его́ уби́ли; он поги́б; **we got talking** мы разговори́лись.
2 (*arrive*) приб|ыва́ть, -ы́ть; **when did you ~ here?** когда́ вы сюда́ при́были?; **I got to bed at 11** я лёг спать в 11 часо́в; **how far have you got in your work?** каку́ю часть рабо́ты (*or* ско́лько) вы сде́лали?; **he did not ~ beyond chapter 5** он не пошёл да́льше пя́той главы́; **where has my book got to?** куда́ де́лась/дева́лась моя́ кни́га?; **we cannot ~ home tonight** мы сего́дня не попадём домо́й.
● *with preps*: **he got above himself** он мно́го о себе́ возомни́л; **the officer got his troops across the river** офице́р перепра́вил свои́ войска́ че́рез ре́ку; **he got ahead of his competitors** он обогна́л свои́х сопе́рников; **I cannot ~ at the books** я не могу́ добра́ться до э́тих книг; **we must ~ at the truth** мы должны́ добра́ться до и́стины; **what is he ~ting at?** (*trying to say*) что он хо́чет сказа́ть?; куда́ он кло́нит?; **she is always ~ting at me** (*Br, criticizing, nagging*) она всегда́ ко мне придира́ется; **the witness was got at** на свиде́теля бы́ло ока́зано давле́ние со стороны́; **he got in(to) the taxi** он сел в такси́; **I cannot ~ into these shoes** я не могу́ влезть в э́ти ту́фли; **he got into a rage** он пришёл в я́рость; **what got into him?** что на него́ нашло́?; **he got into bad habits** у него́ завели́сь дурны́е привы́чки; **he got into bad company** он завёл (*or* попа́л в) плоху́ю компа́нию; **he got into the club** его́ при́няли в клуб; **he got into trouble** он попа́л в беду́; **he got it into his head** (*imagined wrongly*) **that …** он почему́-то реши́л (*or* вбил себе́ в го́лову), что…; **I could not ~ it into his head that …** я не мог вбить ему́ в го́лову, что…; **he got off his horse** он соскочи́л с коня́; **~ off the grass!** сойди́те с газо́на!; **she got the ring off her finger** она́ (с трудо́м) сняла́ кольцо́ с па́льца; **he got on his bicycle** он сел на велосипе́д; **he got on his feet** он встал/вскочи́л на́ ноги; **I got on to** (*contacted*) **him by telephone** я связа́лся с ним по телефо́ну; **the lion got out of its cage** лев вы́скочил из кле́тки; **I got out of going to the party** я отверте́лся/уклони́лся от вечери́нки; **he got out of the habit of seeing her** он переста́л с ней ви́деться/встреча́ться; **they got a confession out of him** они́ вы́рвали у него́ призна́ние; **I got £6 out of him** я вы́жал из него́ 6 фу́нтов; **what did you ~ out of his lecture?** что вы вы́несли/почерпну́ли из его́ ле́кции?; **we got over the wall** мы переле́зли че́рез сте́ну; **I cannot ~ over his rudeness** я не могу́ прийти́ в себя́ от его́ гру́бости; **he could not ~ over the loss** он не мог пережи́ть э́той утра́ты; **she got over her shyness** она́ преодоле́ла свою́ засте́нчивость; **we got round the difficulty** мы спра́вились с э́той пробле́мой; **she**

got round him ей удало́сь его́ уговори́ть/провести́; **I got through the work** я проде́лал всю рабо́ту; **he got through all his money** (*Br*) он истра́тил все свои́ де́ньги; **he got through his exam** он сдал экза́мен; **he got her through the exam** он помо́г ей сдать экза́мен; **he got the bill through parliament** он провёл законопрое́кт че́рез парла́мент; **the rescuers got to the drowning man** спаса́тели добрали́сь до утопа́ющего; **let us ~ to business** дава́йте присту́пим к де́лу; **I cannot ~ to the meeting** я не могу́ яви́ться на собра́ние; **we got to Paris by noon** мы добрали́сь до Пари́жа к полу́дню; **when it ~s to 10 o'clock I begin to feel tired** к десяти́ часа́м я начина́ю чу́вствовать уста́лость; *see also vt* **10**; **the children got up to mischief** (*Br*) де́ти расшали́лись; **we got up to 10,000 feet** мы подняли́сь на высоту́ 10 000 (десяти́ ты́сяч) фу́тов; **we got up to chapter 5** мы дошли́ до 5-й (пя́той) главы́.

● *with advs*: **~ about, ~ around** *vi*: **he ~s about a great deal** он постоя́нно в разъе́здах; **a car makes it easier to ~ about** с маши́ной ле́гче поспева́ть всю́ду; **the news got about** но́вость распространи́лась; **she's been around** (*coll*) за ней мно́го жи́зненного о́пыта; **~ across** *vt*: **the speaker got his point across** выступа́ющий чётко изложи́л свою́ то́чку зре́ния; **~ along** *vi*: **we can ~ along without him** мы мо́жем обойти́сь без него́; **they ~ along** (*agree*) **very well** они́ отли́чно ла́дят; **~ along/away with you!** (*Br*) брось!; иди́ ты!; да ну тебя́!; **I must be ~ting along** я до́лжен идти́; **~ around** *vi* = **~ about** *or* ⇒**~ round**; **~ away** *vt*: **we got him away to the seaside** мы увезли́ его́ к мо́рю; *vi*: **the prisoner got away** заключённый бежа́л; **you cannot ~ away from this fact** от э́того фа́кта не уйдёшь; **the thieves got away with the money** во́ры удра́ли с деньга́ми; **he got away with cheating** ему́ удало́сь сжу́льничать; **~ back** *vt*: **he got his books back** он получи́л обра́тно/наза́д свои́ кни́ги; **he got his own back** (*Br, revenge*) он отомсти́л за себя́; **I got him back to London** я привёз его́ обра́тно в Ло́ндон; *vi*: **he got back from the country** он верну́лся из дере́вни; **he got back into bed** он сно́ва лёг в крова́ть; **~ by** *vi*: **please let me ~ by** (*pass*) разреши́те мне пройти́, пожа́луйста; **can I ~ by** (*coll, pass muster*) **in a dark suit?** тёмный костю́м сойдёт?; **~ down** *vt*: **he got a book down from the shelf** он снял кни́гу с по́лки; **he got his weight down** он сбро́сил (ли́шний) вес; **the secretary got the conversation down** секрета́рша записа́ла разгово́р; **I could not ~ the medicine down** я не мог проглоти́ть лека́рство; **this weather ~s me down** э́та пого́да де́йствует на меня́ удруча́юще; **things got him down** его заéл быт; *vi*: **he got down from his horse** он соскочи́л/слез с коня́; **the child got down (from table)** ребёнок встал из-за стола́; **he got down to his work** он засе́л за рабо́ту; **let us ~ down to the facts** дава́йте займёмся фа́ктами; **~ in** *vt*: **they got the crops in** они́ убра́ли урожа́й; **we got a plumber in** мы позва́ли водопрово́дчика; **he got his blow in first** он пе́рвым нанёс уда́р; **I could not ~ a word in** я не мог вста́вить ни сло́ва; **I got my work in** (*done*) **before dinner** я зако́нчил рабо́ту до у́жина; *vi*: **the burglar got in through the window** вор прони́к в дом че́рез окно́; **the train got in early** по́езд пришёл ра́но; **we didn't ~ in to the concert** мы не попа́ли на конце́рт; **he got in** (*was elected*) **for Chester** он прошёл на вы́борах в Че́стере; **he got in with a bad crowd** он связа́лся с плохо́й компа́нией; **~ off** *vt* (*remove*) сн|има́ть, -я́ть; (*dispatch*): **we got the letters off** мы отпра́вили пи́сьма; **we got the children off to school** мы отпра́вили дете́й в шко́лу; **we got the baby off to sleep** мы (е́ле-е́ле) уложи́ли ребёнка спать; **his lawyer got him off** (*acquitted*) адвока́т доби́лся его́ оправда́ния; **I got him off** (*had him excused from*) **school** я попроси́л, что́бы ему́ разреши́ли пропусти́ть шко́лу; *vi*: **he got off at the next station** он сошёл (с по́езда) на сле́дующей ста́нции; **I got off (to sleep) early** я ра́но засну́л; **we got off** (*started*) **at 9 a.m.** мы вы́шли/вы́ехали/отпра́вились в 9 часо́в; **he got off with a fine** он отде́лался штра́фом; **I told him where to get/he got off** (*coll*) я поста́вил его́ на ме́сто; **~ off on** *vt* (*sl, get high on*) при|ходи́ть, -йти́ в возбуждённое состоя́ние от + *g*; **~ on** *vt*: **I cannot ~ the lid on** я не могу́ прила́дить/закры́ть кры́шку; **~ your clothes on!** оде́ньтесь!; *vi*: **how are you ~ting on?** как дела́?; **she is ~ting on** (*Br, making progress*) она́ де́лает успе́хи; (*growing old*) она́ старе́ет; **~ting on (in years)** в лета́х; **he is ~ting on for 70** (*Br*) ему́ уже́ к семи́десяти идёт; **~ting on for** (*nearly*) почти́; **it is ~ting on for 4 o'clock** уже́ почти́ 4 часа́; вре́мя идёт к четырём часа́м; **~ on with your work!** займи́тесь свое́й рабо́той!; **they ~ on (well) together** (*Br*) они́ ла́дят ме́жду собо́й; **he is easy to ~ on with** с ним легко́ ла́дить; **~ out** *vt*: **the chauffeur got the car out** шофёр вы́вел маши́ну; **he got out his spectacles** он вы́нул очки́; **they got the book out** (*published*) они́ изда́ли/вы́пустили кни́гу; **he managed to ~ out** (*utter*) **a few words** ему́ удало́сь вы́молвить не́сколько слов; *vi*: **~ out!** (*begone!*) убира́йтесь!; (*sl, expressing incredulity*) да ну́! иди́ ты!; **the secret got out** секре́т стал изве́стен; **~ over** *vt*: **I got the main point over to him** я внуши́л/растолкова́л ему́ гла́вное/суть; **I shall be glad to ~ the meeting over (with)** скоре́е бы уж состоя́лось э́то собра́ние!; **~ (a)round** *vi*: **I haven't got round to writing to him** я ника́к не соберу́сь написа́ть ему́; **~ through** *vt* (*an exam*) выде́рживать, вы́держать экза́мен; *vi* (*of a bill*) про|ходи́ть, -йти́ в парла́менте; **the message got through to him** поруче́ние/запи́ску ему́ пе́редали; (*fig, coll*) он по́нял, в чём де́ло; **~ together** *vt*: **he got an army together** он собра́л а́рмию; *vi*: **we must ~ together and have a talk** мы должны́ встре́титься и поговори́ть; **~ up** *vt*: **they got me up at 7** они́ по́дняли меня́ в 7 часо́в; **they got up a subscription** они́ организова́ли подпи́ску; **the engine driver got up steam** машини́ст развёл пары́; **she got herself up beautifully** она́ была́ прекра́сно оде́та; **he got himself up as a pirate** он наряди́лся пира́том; **I must ~ up my German** я до́лжен нажа́ть/нале́чь на неме́цкий; *vi* (*from bed, chair, etc.*) вста|ва́ть, -ть; **she got up behind him** (*on horse*) она́ усе́лась на ло́шадь сза́ди него́; **the wind/sea is ~ting up** поднима́ется ве́тер; мо́ре начина́ет волнова́ться.

● *cpds* **~-at-able** *adj* (*coll*) досту́пный; **~away** *n* бе́гство; **make one's ~** бежа́ть (*det*; *impf*, *pf*); **~-out** *n* (*Br, escape, subterfuge*) вы́ход; увёртка; **as all ~-out** (*US coll, extremely*) чрезвыча́йно, дья́вольски; **~-together** *n* (*meeting, gathering*) встре́ча, сбо́рище; (*entertainment*) вечери́нка; **~-up** *n* (*dress*) наря́д; **~-up-and-go** *n* (*coll, energy*) эне́ргия; предприи́мчивость.

gewgaw /'gju:gɔ:/ *n* безделу́шка; мишура́.

geyser /'gaɪzə(r), 'gi:-/ *n* (*hot spring*) ге́йзер; (*Br, apparatus*) коло́нка для нагре́ва воды́.

Ghana /'gɑ:nə/ *n* Га́на.

Ghanaian /gɑ:'neɪən/ *n* га́н|ец (*fem* -ка).

● *adj* га́нский.

ghastliness /'gɑ:stlɪnɪs/ *n* у́жас; отврати́тельность.

ghastly /'gɑ:stlɪ/ *adj* (**ghastlier, ghastliest**) ужа́сный, отврати́тельный, кошма́рный; **a ~ crime** ужа́сное преступле́ние; **a ~ accident** ужа́сная катастро́фа; **you look ~** у вас жу́ткий вид; **a ~ dinner** отврати́тельный у́жин.

● *adv* ужа́сно.

Ghent /gent/ *n* Гент.

gherkin /'gɜ:kɪn/ *n* корнишо́н.

ghetto /'getəʊ/ *n* (*pl* **~s** *or* **~es**) ге́тто (*indecl*); **~ blaster** (*coll*) переносно́й магнитофо́н, магнито́ла.

ghost /gəʊst/ *n* **1** (*life, spirit*): **give up the ~** испусти́ть (*pf*) дух; **Holy G~** Свято́й Дух. **2** (*of dead person*) привиде́ние; дух; **do you believe in ~s?** вы ве́рите в привиде́ния?; **he looked as if he had seen a ~** у него́ был тако́й вид, сло́вно ему́ яви́лось привиде́ние. **3** (*vestige*): **he hasn't the ~ of a chance** у него́ нет ни мале́йшего ша́нса; **the ~ of a smile** чуть заме́тная улы́бка. **4** (**~writer**) литобрабо́тчик, «невиди́мка».

● *vt* (*also* **~write**): **the autobiography was ~ed** автобиогра́фию за него́ написа́л друго́й.

● *cpds* **~buster** *n* охо́тник за привиде́ниями; **~like** *adj* = **ghostly**; **~ story** *n* расска́з с привиде́ниями;

~ town *n* го́род-при́зрак.

ghostly /ˈgəʊstlɪ/ *adj* (**ghostlier, ghostliest**) похо́жий на привиде́ние.

ghoul /guːl/ *n* **1** (*myth*) вампи́р. **2** (*person delighting in horror*) люби́тель (*m*) у́жасов.

ghoulish /ˈguːlɪʃ/ *adj* жу́ткий, отврати́тельный.

GHQ (*abbr of* ***General Headquarters***) ста́вка, гла́вное кома́ндование.

GI (*abbr of* ***government issue;*** = *American soldier*) (*pl* **GIs**) «джи-а́й» (*indecl*); (америка́нский) солда́т.

giant /ˈdʒaɪənt/ *n* **1** (*fabulous being*) гига́нт. **2** (*very tall person etc.*) велика́н, испо́ли́н. **3** (*fig*): **an intellectual ~** гига́нт мы́сли. **4** (*attr*) гига́нтский; исполи́нский; **~ cactus** исполи́нский ка́ктус; **G~ Panda** бамбу́ковый медве́дь; **he made ~ strides in his work** он сде́лал гига́нтские успе́хи в рабо́те.

giantess /ˈdʒaɪəntɪs/ *n* велика́нша.

gibber /ˈdʒɪbə(r)/ *vi* тарато́рить (*impf*); говори́ть (*impf*) невня́тно; лопота́ть (*impf*) (*coll*).

gibberish /ˈdʒɪbərɪʃ/ *n* тараба́рщина, лопота́ние.

gibbet /ˈdʒɪbɪt/ *n* ви́селица.
● *vt* (**gibbeted, gibbeting**) ве́шать, пове́сить.

gibbon /ˈgɪbən/ *n* гибб́он.

gibe /dʒaɪb/ = **jibe**[1]

giblets /ˈdʒɪblɪts/ *n* потрох|а́ (*pl, g* -о́в).

Gibraltar /gɪˈbrɔːltə/ *n* Гибралта́р; **Strait of ~** Гибралта́рский проли́в.

giddap /ˈgɪdæp/ *int* (*US*) но!

giddiness /ˈgɪdɪnɪs/ *n* головокруже́ние; ве́треность.

giddy /ˈgɪdɪ/ *adj* (**giddier, giddiest**) **1** головокружи́тельный; **I feel ~** у меня́ кру́жится голова́; **a ~ height** головокружи́тельная высота́. **2** (*capricious*): **a ~ girl** ве́треная девчо́нка.

giddy-up /ˌgɪdɪˈʌp/ *int* но!

gift /gɪft/ *n* **1** (*thing given*) пода́рок; дар; **~ shop** магази́н пода́рков; **~ voucher** (*Br*)/**token** (*Br*)/**certificate** (*US*) пода́рочный тало́н/купо́н. **2** (*talent*) дарова́ние; дар; **he has a ~ for languages** у него́ спосо́бности (*f pl*)/тала́нт к языка́м; **a man of many ~s** разносторо́нне одарённый челове́к. **3** (*coll, easy*): **the exam was a ~** экза́мен был пустяко́вый.
● *vt* **1** (*bestow*) дари́ть, по-. **2** (*endow with ~*) надел|я́ть, -и́ть; **he was ~ed with rare talents** он был наделён ре́дкими тала́нтами.
● *cpds* **~ horse** *n*: **don't/you must not look a ~ horse in the mouth** дарёному коню́ в зу́бы не смо́трят; **~ wrap** *n* пода́рочная упако́вка; **~-wrap** *vt* завёр|тывать, -ну́ть в пода́рочную упако́вку.

gifted /ˈgɪftɪd/ *adj* одарённый.

gig[1] /gɪg/ *n* **1** (*carriage*) двуко́лка. **2** (*boat*) ги́чка.

gig[2] /gɪg/ *n* (*coll*) (*performance*) выступле́ние, конце́рт (*особенно популярной или джазовой музыки*).

gig[3] /gɪg/ *n* (*comput, coll*) гиг (*coll abbr of* гигаба́йт).

giga- /ˈgɪgə, ˈgaɪgə/ *comb form* гига...; **~byte** гигаба́йт; **~watt** гигава́тт.

gigantic /dʒaɪˈgæntɪk/ *adj* гига́нтский.

giggle /ˈgɪg(ə)l/ *n* хихи́канье; **for a ~** сме́ха/шу́тки ра́ди; **he had a fit of the ~s** на него́ смех(у́нчик) напа́л.
● *vi* хихи́к|ать, -нуть.

gigolo /ˈʒɪgəˌləʊ, ˈdʒɪg-/ *n* (*pl* **~s**) жи́голо (*m indecl*).

gild /gɪld/ *vt* **1** (*cover or tinge with gold*) золоти́ть, по-. **2** (*fig*) укр|аша́ть, -а́сить; **~ the lily** переб|а́рщивать, -орщи́ть; ≈ ма́сло ма́сляное; **~ed youth** золота́я молодёжь.

gilding /ˈgɪldɪŋ/ *n* позоло́та.

gill[1] /gɪl/ *n* (*of fish*) жа́бра; **he looks green about the ~s** (*fig*) он вы́глядит больны́м.

gill[2] /dʒɪl/ *n* (*measure*) че́тверть пи́нты.

gillyflower /ˈdʒɪlɪˌflaʊə(r)/ *n* левко́й.

gilt /gɪlt/ *n* позоло́та; **take the ~ off the gingerbread** лиша́ть (*что*) привлека́тельности.
● *cpd* **~-edged** *adj* (*book etc.*) с золочёным обре́зом; **~-edged securities** первокла́ссные (*or* осо́бо надёжные) це́нные бума́ги.

gimbals /ˈdʒɪmb(ə)lz/ *n* карда́нов подве́с, карда́н.

gimcrack /ˈdʒɪmkræk/ *adj* мишу́рный.

gimlet /ˈgɪmlɪt/ *n* бура́в; бура́вчик.
● *cpd* **~-eyed** *adj* остроглáзый; проница́тельный.

gimmick /ˈgɪmɪk/ *n* (*coll*) трюк; финт, ухищре́ние.

gimmickry /ˈgɪmɪkrɪ/ *n* (*coll*) трю́ки (*m pl*); трюка́чество.

gimmicky /ˈgɪmɪkɪ/ *adj* (*coll*) трюка́ческий; с выкрута́сами.

gin[1] /dʒɪn/ *n* (*tech*) (*cotton ~*) джин, волокноотдели́тель (*m*).
● *vt* (**ginned, ginning**) оч|ища́ть, -и́стить.

gin[2] /dʒɪn/ *n* (*drink*) джин; **~ and tonic** джин с то́ником.

ginger /ˈdʒɪndʒə(r)/ *n* **1** (*bot, cul*) имби́рь (*m*); (*attr*) имби́рный. **2** (*mettle, dash*) задо́р; **~ group** (*Br*) активи́сты, инициати́вная гру́ппа; (*zest*) «изю́минка».
● *adj* (*colour*) ры́жий.
● *vt*: **~ up** подзадо́ри|вать, -ть.
● *cpds* **~ ale, ~ beer, ~ pop** *nn* имби́рное пи́во; **~bread** *n* имби́рная коври́жка; **~ nut, ~ snap** *nn* имби́рный пря́ник, имби́рное пече́нье.

gingerly /ˈdʒɪndʒəlɪ/ *adj* (кра́йне) осторо́жный.
● *adv* осторо́жно.

gingery /ˈdʒɪndʒərɪ/ *adj* **1** (*like ginger in taste etc.*) имби́рный. **2** (*colour*) рыжева́тый.

gingham /ˈgɪŋəm/ *n* пестротка́ная клётчатая мате́рия.

gingivitis /ˌdʒɪndʒɪˈvaɪtɪs/ *n* воспале́ние дёсен, гингиви́т.

gink /gɪŋk/ *n* (*US sl*) па́рень (*m*), ма́лый.

ginkgo /ˈgɪŋkgəʊ/, **gingko** /ˈgɪŋkəʊ/ *n* (*pl* **~s** *or* **~es**) (*bot*) ги́нкго (*indecl*).

ginormous /dʒaɪˈnɔːməs/ *adj* (*Br coll*) огрома́дный.

ginseng /ˈdʒɪnseŋ/ *n* женьше́нь (*m*).

Gipsy /ˈdʒɪpsɪ/ = **Gypsy**

giraffe /dʒɪˈrɑːf, -ˈræf/ *n* (*pl* **~** *or* **~s**) жира́ф.

girandole /ˈdʒɪrənˌdəʊl/ *n* канделя́бр.

gird /gəːd/ *vt* (*past and pp* **~ed** *or* **girt**) **1** (*with belt etc.*) опоя́с|ывать, -ать; **~ (up) one's loins** (*fig*) ≈ засучи́ть (*pf*) рукава́; собра́ться (*pf*) с си́лами; **~ on one's sword** прикрепи́ть (*pf*) са́блю к по́ясу. **2** (*encircle, e.g. fortress or island*) окруж|а́ть, -и́ть.

girder /ˈgəːdə(r)/ *n* (*beam*) ба́лка; брус; (*span of bridge etc.*) перекла́дина; фе́рма.

girdle /ˈgəːd(ə)l/ *n* **1** (*belt etc.*) по́яс; куша́к. **2** (*corset*) корсе́т.
● *vt* (*encircle*) окруж|а́ть, -и́ть.

girl /gəːl/ *n* (*child*) де́вочка; (*young woman*) де́вушка; (*pej*) девчо́нка; **G~ Guide, Scout** де́вочка-ска́ут, гёрлска́ут, гёрл-га́йд; (*maidservant*) служа́нка; (*sweetheart*) возлю́бленная; **old ~** (*coll, old woman; also as affectionate term of address*) стару́шка; (*ex-pupil of school*) выпускни́ца (*данной школы*).
● *cpd* **~friend** *n* (*female friend*) подру́га, прия́тельница; (*female sexual partner*) де́вушка.

girlhood /ˈgəːlhʊd/ *n* деви́чество, о́трочество; **in her ~** в деви́честве.

girlie /ˈgəːlɪ/ *n* (*coll*) де́вочка, девчу́шка; **~ magazine** журна́л с фотогра́фиями (полу)обнажённых же́нщин.

girlish /ˈgəːlɪʃ/ *adj* деви́ческий; (*of a boy*) изне́женный, (*coll*) как девчо́нка.

girlishness /ˈgəːlɪʃnɪs/ *n* поведе́ние, сво́йственное де́вочке.

girt /gəːt/ *past and pp of* ⇒**gird**

girth /gəːθ/ *n* (*of horse*) подпру́га; (*of tree, person etc.*) обхва́т; разме́р.

gist /dʒɪst/ *n* суть.

give /gɪv/ *n* **1** (*elasticity*) пода́тливость, эласти́чность; **there's no ~ in a stone floor** ка́менный пол не прогиба́ется; **there is no ~ in this rope** э́та верёвка не растя́гивается; **there is no ~ in his attitude** он за́нял непрекло́нную пози́цию. **2**: **~ and take** взаи́мные усту́пки (*f pl*).
● *vt* (*past* **gave;** *pp* **given** /ˈgɪv(ə)n/) **1** да|ва́ть, -ть; **~ lessons** дава́ть уро́ки; **I ~ you my word** даю́ вам сло́во; **I gave the porter my luggage ~** я о́тдал свой бага́ж носи́льщику; **you must ~ and take in this life** в жи́зни ну́жно не то́лько брать, но и дава́ть что-то взаме́н; **two years, ~ or take a month or so** о́коло двух лет, ме́сяцем бо́льше и́ли ме́ньше. **2** (*imperative, expressing preference*): **~ me the good old days!** где на́ше до́брое ста́рое вре́мя?!; **~ me Bach every time** я всем и всегда́ предпочита́ю Ба́ха. **3** (*present, bestow, surrender*) дари́ть, по-; **he was ~n a book** ему́ подари́ли кни́гу; **he gave him his daughter in marriage** он о́тдал ему́ свою́ дочь в

g

жёны; **she gave herself to him** она́ ему́ отдала́сь.
4 (*propose*): **I ~ you** (*the toast of*) **the Queen** я предлага́ю тост за короле́ву.
5 (*~ in exchange*): **I gave a good price for it** я за э́то хорошо́ заплати́л; **what will you ~ me for this coat?** ско́лько вы мне дади́те за э́то пальто́?; **I would ~ anything to know where she is** я бы всё отда́л, что́бы узна́ть, где она́; **he gave as good as he got** он отплати́л той же моне́той; **I don't ~ a damn!** а мне наплева́ть!
6 (*provide, furnish, impart, inflict*): **the sun ~s light** со́лнце — исто́чник све́та; **he ~s me a lot of trouble** он доставля́ет мне мно́го хлопо́т; **he has ~n me his cold** я зарази́лся от него́ на́сморком; **the place gave its name to the battle** би́тва берёт своё назва́ние от ме́стности; **he gave** (*cited*) **an example** он привёл приме́р; **he gave me to understand that ...** он дал мне поня́ть, что...; **~ him my regards** переда́йте ему́ приве́т от меня́; **a literal translation is ~n** приво́дится буква́льный перево́д; **~ evidence** (*in court*) да|ва́ть, -ть показа́ния; **~ pleasure** дост|авля́ть, -а́вить удово́льствие; **the court gave him 6 months** суд приговори́л его́ к шести́ ме́сяцам (тюрьмы́); ему́ да́ли 6 ме́сяцев; **I gave him a look** я серди́то (*и т. п.*) взгляну́л на него́; **the noise ~s me a headache** у меня́ голова́ боли́т от шу́ма; **he gave the signal to start** он дал сигна́л начина́ть; **he gave no sign of life** он не подава́л при́знаков жи́зни.
7 (*indicate*): **this book ~s you the answers** отве́ты вы найдёте в э́той кни́ге; **he gave no reason for his absence** он не объясни́л своего́ отсу́тствия.
8 (*decide*): **the case was ~n against him** де́ло реши́ли не в его́ по́льзу.
9 (*devote, sacrifice*) удел|я́ть, -и́ть; посвя|ща́ть, -ти́ть; **he gave a lot of time to the work** он удели́л э́той рабо́те мно́го вре́мени; **he gave his life for her** он о́тдал за неё жизнь; **he gave thought to the question** он мно́го ду́мал над э́тим вопро́сом; **he gave me his attention** он внима́тельно меня́ слу́шал.
10 (*allow, estimate*): **I ~ you an hour to get ready** я даю́ вам час на сбо́ры/приготовле́ния; **I ~ him three months to fail** вот уви́дите: че́рез три ме́сяца он провали́тся; **to ~ him his due, he tried hard** на́до отда́ть ему́ до́лжное: он о́чень стара́лся; **I would ~ him** (*estimate his age at*) **50** я бы дал ему́ лет 50.
11 (*organize*) устр|а́ивать, -о́ить; **they gave a dance** они́ устро́или танцева́льный ве́чер.
12 (*perform action*): **the horse gave a kick** ло́шадь (вз)брыкну́ла; **he gave a loud laugh** он гро́мко рассмея́лся; **the dog gave a bark** соба́ка зала́яла.
13 (*with pronominal object*): **~ it to him!** (*beating etc.*) дай ему́!; **I gave him what for** (*Br coll*) я за́дал ему́ трёпку; **I gave him one** (*a blow*) **over the head** я сту́кнул его́ по башке́.
14 (*special uses of* **~n**): **under the ~n** (*existing*) **conditions** в да́нных обстоя́тельствах/усло́виях; **~n time, it can be done** при нали́чии вре́мени э́то мо́жно сде́лать; **at a ~n** (*specified, agreed, particular*) **time** в определённое вре́мя; **~n name** (*forename*) и́мя (*nt*); **he is ~n to boasting** он скло́нен к хвастовству́; **~ that ...** при том, что... .
● *vi* (*past* **gave**; *pp* **given** /ˈgɪv(ə)n/)
1: **he ~s generously** он о́чень щедр; **~ of one's best** вложи́ть (*pf*) ду́шу.
2 (*yield*) подд|ава́ться, -а́ться; под|ава́ться, -а́ться; **the branch gave but did not break** ве́тка согну́лась, но не слома́лась; **his knees gave** его́ коле́ни подкоси́лись; **the ground gave under our feet** земля́ подала́сь под на́шими нога́ми; **the rope gave** (*broke*) верёвка оборвала́сь.
3 (*Br, face*): **the window ~s on to the yard** окно́ выхо́дит во двор.
● *with advs*: **~ away** *vt* дари́ть, по-; (*distribute, e.g. prizes*) разд|ава́ть, -а́ть; **he gave away the secret** он вы́дал секре́т; **don't ~ me away!** не выдава́йте меня́!; **he gave the game away** (*revealed a secret*) он проболта́лся; он вы́дал секре́т; **~ back** *vt* (*restore*) возвра|ща́ть, -ти́ть; отд|ава́ть, -а́ть; **~ forth** *vt* (*emit*) изд|ава́ть, -а́ть; испус|ка́ть, -ти́ть; **~ in** *vt*: **he gave in his** (*exam*) **paper** (*Br*) он сдал свою́ экзаменацио́нную рабо́ту; *vi* (*yield*) подд|ава́ться, -а́ться; уступ|а́ть, -и́ть; **he gave in to my persuasion** он подда́лся мои́м угово́рам; **~ off** *vt* (*emit, e.g. smell or smoke*) испус|ка́ть, -ти́ть; изд|ава́ть, -а́ть; **~ out** *vt* (*distribute*) распредел|я́ть, -и́ть; (*announce*) объяв|ля́ть, -и́ть; *vi* конча́ться, ко́нчиться; **the rations gave out** продово́льствие ко́нчилось; **his strength gave out** его́ си́лы иссякли́; **~ over** *vt* (*hand over*) перед|ава́ть, -а́ть; **he was ~n over to vice** он преда́лся поро́ку; **~ over!** (*Br coll, desist!*) бро́сьте!; **~ over pushing!** переста́ньте толка́ться!; (*devote*) **the time was ~n over to discussion** вре́мя бы́ло о́тдано/посвящено́ диску́ссии; **~ up** *vt* ост|авля́ть, -а́вить; (*resign, surrender*) отка́з|ываться, -а́ться + *g*; **he gave up his seat to her** он уступи́л ей ме́сто; **the murderer gave himself up** уби́йца сда́лся; (*desist from*) бр|оса́ть, -о́сить; **he gave up smoking** он бро́сил кури́ть; (*abandon hope of*) **they gave him up for lost** они́ реши́ли, что он пропа́л; **you were so late that we gave you up** вы пришли́ так по́здно, что мы вас и ждать переста́ли; **we gave it up as a bad job** (*desisted from hopeless attempt*) мы махну́ли руко́й на э́то де́ло; **after the quarrel she gave him up** по́сле ссо́ры она́ с ним порвала́; *vi* **the swimmer gave up** пловец сошёл с диста́нции; **I ~ up!** сдаю́сь!
● *cpd* **~away** *n* (*coll*) (*betrayal of secret etc.*): **her tears were a ~away** слёзы выдава́ли её; (*free gift*) пода́рок.

giver /ˈgɪvə(r)/ *n* даю́щий; **he is a generous ~** он о́чень щедр.

gizmo /ˈgɪzməʊ/ *n* (*pl* **~s**) штуко́вина.

gizzard /ˈgɪzəd/ *n* второ́й желу́док (*у птиц*); (*fig, coll*) желу́док; **it sticks in my ~** (*coll*) мне э́то поперёк го́рла ста́ло.

glacé /ˈglæseɪ/ *adj*: **~ fruits** заса́харенные фру́кты.

glacial /ˈgleɪʃ(ə)l, -sɪəl/ *adj* ледо́вый; ледяно́й; **~ period** леднико́вый пери́од.

glaciation /ˌgleɪsɪˈeɪʃ(ə)n/ *n* оледене́ние; замерза́ние.

glacier /ˈglæsɪə(r)/ *n* ледни́к; глетчер.

glacis /ˈglæsɪs, -si:/ *n* (*pl* **~** /-sɪz, -si:z/) (*mil*) гла́сис, пере́дний скат бру́ствера.

glad /glæd/ *adj* (**gladder, gladdest**)
1 (*pleased*) дово́льный; **I am ~ to meet you** рад с ва́ми познако́миться; **I should be ~ of a few pounds** я был бы рад (и) не́скольким фу́нтам.
2 (*happy*) ра́достный; **this is the ~dest day of my life** э́то са́мый счастли́вый день в мое́й жи́зни.
3 (*coll*): **~ rags** пра́здничное пла́тье.

gladden /ˈglæd(ə)n/ *vt* ра́довать, об-; **flowers ~ the scene** цветы́ оживля́ют вид; **wine ~s the heart** вино́ весели́т ду́шу.

glade /gleɪd/ *n* поля́на, прога́лина.

gladiator /ˈglædɪˌeɪtə(r)/ *n* гладиа́тор.

gladiatorial /ˈglædɪəˈtɔ:rɪəl/ *adj* гладиа́торский.

gladio|lus /ˌglædɪˈəʊləs/ *n* (*pl* **~li** /-laɪ/ *or* **~luses**) гладио́лус.

gladly /ˈglædlɪ/ *adv* (*joyfully*) ра́достно; (*willingly, with pleasure*) охо́тно.

gladness /ˈglædnɪs/ *n* ра́дость.

Glagolitic /ˌglægəˈlɪtɪk/ *adj* глаголи́ческий; **the ~ alphabet/script** глаго́лица.

glamor /ˈglæmə(r)/ (*US*) = **glamour**

glamorous /ˈglæmərəs/ *adj* обольсти́тельный; плени́тельный; (*of job etc.*) зама́нчивый, роско́шный.

glamour /ˈglæmə(r)/ (*US* **glamor**) *n* волшебство́, очарова́ние; шик.

glamo(u)rize /ˈglæməˌraɪz/ *vt* приукра́|шивать, -сить.

glanc|e /glɑ:ns/ *n* **1** (*quick look*) взгляд; **I took a ~e at the newspaper** я загляну́л в газе́ту; **I recognized him at a ~e** я узна́л его́ с пе́рвого взгля́да.
2 (*flash*) блеск, блик.
● *vt & i* **1** (*look*) взгляну́ть (*pf*); бро́сить (*pf*) взгляд; **he ~ed at the clock** он взгляну́л на часы́; **he ~ed round the room** он огляде́л ко́мнату; **he ~ed over the figures** он скользну́л взгля́дом по ци́фрам; **he ~ed down the page** он пробежа́л страни́цу глаза́ми. **2** (*bounce*) отск|а́кивать, -очи́ть; (*be reflected*) отра|жа́ться, -зи́ться; **a ~ing blow** скользя́щий уда́р.

gland /glænd/ *n* железа́.

glandular /ˈglændjʊlə(r)/ *adj* желе́зистый; **~ fever** воспале́ние гланд.

glare /gleə(r)/ *n* (*fierce light*) ослепи́тельный свет/блеск; (*fig*): **~ of publicity** рекла́мная шуми́ха; (*angry look*) свире́пый взгляд.
● *vt & i* ослепи́тельно сверка́ть; **the sun ~d down** со́лнце пали́ло; **~ at s.o.**

испепел|я́ть, -и́ть кого́-н. взгля́дом.

glaring /ˈgleərɪŋ/ *adj* (*e.g. headlights*) слепя́щий, ослепи́тельный; (*of colour*) крича́щий, я́ркий; (*fierce, angry*) свире́пый; (*of mistake etc.*) гру́бый.

glasnost /ˈglæznɒst, ˈglɑːs-/ *n* гла́сность.

glass /glɑːs/ *n* **1** (*substance*) стекло́; **~ eye** стекля́нный глаз; **~ case** стекля́нный колпа́к; **people who live in ~ houses should not throw stones** тот, кто сам не безупре́чен, не до́лжен осужда́ть други́х. **2** (*for drinking*) (*tumbler*) стака́н; (*wine* ~) рю́мка, бока́л; **they clinked ~es** они́ чо́кнулись. **3** (*~ware*) стекля́нная посу́да. **4**: **tomatoes under ~** (*in ~houses*) помидо́ры в тепли́це. **5** (*Br, mirror*) зе́ркало. **6** (*in pl, spectacles*) очк|и́ (*pl, g* -о́в).
● *vt*: **a ~ed-in veranda** застеклённая/остеклённая вера́нда.
● *cpds* **~-blower** *n* стеклоду́в; **~-blowing** *n* стеклоду́вное де́ло; **~house** *n* (*Br*) тепли́ца; **~-making** *n* стеко́льное де́ло; **~ware** *n* стекля́нная посу́да.

glassful /ˈglɑːsfʊl/ *n* стака́н (*чего*).

glassiness /ˈglɑːsɪnɪs/ *n* (*e.g. of eyes*) ту́склость, безжи́зненность; (*e.g. of river, lake*) зерка́льность.

glassy /ˈglɑːsɪ/ *adj* (**glassier, glassiest**): **a ~ stare** ту́склый/засты́вший взгляд; **a ~ lake** зерка́льная гладь о́зера.

glaucoma /glɔːˈkəʊmə/ *n* глауко́ма.

glaucous /ˈglɔːkəs/ *adj* ту́склый, серова́то-зелёный; (*bot*) покры́тый налётом.

glaze /gleɪz/ *n* глазу́рь.
● *vt* (*window*) застекл|я́ть, -и́ть; (*pottery, paint etc.*) покр|ыва́ть, -ы́ть глазу́рью.
● *vi*: **his eyes ~d over** его́ взгляд потускне́л.

glazier /ˈgleɪzjə(r)/ *n* стеко́льщик.

glazing /ˈgleɪzɪŋ/ *n* (*material*) глазу́рь; (*glasswork*) остекле́ние; **double ~** (*Br*) двойны́е ра́мы (*f pl*).

gleam /gliːm/ *n* про́блеск; **a ~ of hope** про́блеск наде́жды; **a dangerous ~ in the eye** опа́сный блеск в глаза́х; **without a ~ of humour** (*Br*), **humor** (*US*) без те́ни ю́мора.
● *vi* поблёскивать (*impf*); блесте́ть (*impf*).

glean /gliːn/ *vt* (*lit, also vi*) подбира́ть (*impf*) (колоски́); (*fig*) соб|ира́ть, -ра́ть (по крупи́цам).

gleanings /ˈgliːnɪŋz/ *n pl* (*fig*) крупи́цы (*f pl*).

glee /gliː/ *n* (*delight*) весе́лье; ликова́ние; (*song*) пе́ние «а капе́лла»; **~ club** клуб певцо́в-люби́телей.

gleeful /ˈgliːfʊl/ *adj* лику́ющий.

glen /glen/ *n* лощи́на.

glib /glɪb/ *adj* (**glibber, glibbest**) бо́йкий на язы́к; **a ~ excuse** благови́дный предло́г.

glibness /ˈglɪbnɪs/ *n* словоохо́тливость; краснобáйство.

glide /glaɪd/ *n* скольже́ние.
● *vi* скольз|и́ть, -ну́ть; (*in aircraft*) плани́ровать, с-.

glider /ˈglaɪdə(r)/ *n* пла́нер; **~ pilot** планери́ст.

gliding /ˈglaɪdɪŋ/ *n* (*sport*) планери́зм.

glimmer /ˈglɪmə(r)/ *n* ту́склый свет; мерца́ние; **a ~ of hope** про́блеск/луч наде́жды; **a ~ of intelligence** про́блеск ума́.
● *vi* мерца́ть (*impf*).

glimpse /glɪmps/ *n* про́блеск; **I caught a ~ of him** он промелькну́л у меня́ пе́ред глаза́ми.
● *vt* уви́деть (*pf*) ме́льком.

glint /glɪnt/ *n* блеск; (*reflection*) о́тблеск.
● *vi* блесте́ть (*impf*); (*flash*) вспы́х|ивать, -нуть.

glissade /glɪˈsɑːd, -ˈseɪd/ *n* **1** (*mountaineering*) соска́льзывание. **2** (*ballet*) глиссе́ (*indecl*).
● *vi* **1** скольз|и́ть, -ну́ть. **2** де́лать, с- глиссе́.

glissan|do /glɪˈsændəʊ/ *n* (*pl* **~di** /-dɪ/ *or* **~dos**) глисса́ндо (*indecl*).

glisten /ˈglɪs(ə)n/ *vi* сверк|а́ть, -ну́ть.

glitch /glɪtʃ/ *n* неожи́данное/небольшо́е затрудне́ние; (*malfunction of equipment, etc., esp comput*) (*software*) програ́ммная оши́бка; (*hardware*) аппара́тный сбой; (*software and/or hardware*) глюк (*sl*).

glitter /ˈglɪtə(r)/ *n* блеск, сверка́ние.
● *vi* блесте́ть (*impf*); сверка́ть (*impf*).

glitz /glɪts/ *n* (показно́й) блеск, шик.

glitzy /ˈglɪtsɪ/ *adj* (**glitzier, glitziest**) мишу́рный, показу́шный.

gloaming /ˈgləʊmɪŋ/ *n* (*literary*) су́мер|ки (*pl, g* -ек).

gloat /gləʊt/ *vi* смотре́ть (*impf*) с вожделе́нием (на + *a*); (*maliciously*) злора́дствовать (*impf*).

global /ˈgləʊb(ə)l/ *adj* (*total*) всео́бщий; (*worldwide*) глоба́льный; **~ warming** глоба́льное потепле́ние.

globalization /ˌgləʊbəlaɪˈzeɪʃ(ə)n/ *n* глобализа́ция.

globe /gləʊb/ *n* **1** (*spherical body*) шар; гло́бус; **~ artichoke** артишо́к. **2**: **terrestrial ~** земно́й шар.
● *cpd* **~trotter** *n* зая́длый тури́ст.

globular /ˈglɒbjʊlə(r)/ *adj* шарови́дный.

globule /ˈglɒbjuːl/ *n* ша́рик; ка́пелька.

glockenspiel /ˈglɒkən,spiːl, -,ʃpiːl/ *n* металлофо́н.

gloom /gluːm/ *n* (*dark*) тьма; мрак; (*despondency*) мра́чность; уны́ние; **the news cast a ~ over us** но́вость омрачи́ла/испо́ртила нам настрое́ние.

gloominess /ˈgluːmɪnɪs/ *n* мра́чность.

gloomy /ˈgluːmɪ/ *adj* (**gloomier, gloomiest**) (*dark*) мра́чный; (*depressing*) гнету́щий; (*depressed*) хму́рый; уны́лый.

glorification /ˌglɔːrɪfɪˈkeɪʃ(ə)n/ *n* прославле́ние, восхвале́ние.

glorif|y /ˈglɔːrɪ,faɪ/ *vt* **1** (*worship*) восхваля́ть (*impf*). **2** (*honour, extol*) просл|авля́ть, -а́вить. **3**: **the house is a ~ied barn** никако́й э́то не дом, а про́сто сара́й.

glorious /ˈglɔːrɪəs/ *adj* сла́вный, великоле́пный; **a ~ day** (*weather*) изуми́тельный день; (*ironical*) **he made a ~ mess of it** он запу́тал дела́ как нельзя́ лу́чше.

glor|y /ˈglɔːrɪ/ *n* **1** (*renown, honour*) сла́ва. **2** (*splendour*) великоле́пие. **3** (*source of honour*): **the ~ies of Rome** сла́ва/вели́чие Ри́ма.
● *vi* упива́ться (*impf*) + *i*; горди́ться (*impf*) + *i*; **~y in one's strength** упива́ться свое́й си́лой.
● *cpd* **~ hole** *n* (*coll*) сва́лка.

gloss[1] /glɒs/ *n* (*comment, explanation*) гло́сса, поясне́ние; (*interpretation*) толкова́ние.
● *vt* комменти́ровать, про-; толкова́ть (*impf*).

gloss[2] /glɒs/ *n* (*lit, fig*) лоск; **~ paint** блестя́щий лак, эма́ль.
● *vt*: **~ over faults** обойти́ (*pf*) оши́бки молча́нием; зама́з|ывать, -ать недоста́тки.

glossary /ˈglɒsərɪ/ *n* глосса́рий.

glossiness /ˈglɒsɪnɪs/ *n* лоск.

glossy /ˈglɒsɪ/ *adj* (**glossier, glossiest**) гля́нцевый; лощёный; **a ~ photograph** гля́нцевая фотогра́фия; **~ magazines** гля́нцевые журна́лы.

glottal /ˈglɒt(ə)l/ *adj* относя́щийся к голосово́й ще́ли; **~ stop** горта́нный взрыв, твёрдый при́ступ.

glottis /ˈglɒtɪs/ *n* голосова́я щель.

glove /glʌv/ *n* перча́тка; (*fig*): **fit like a ~** быть впо́ру; **handle s.o. with kid ~s** церемо́ниться (*impf*) с кем-н.; **with the ~s off** всерьёз; **~ compartment** (*in car*) бардачо́к.
● *vt*: **a ~d hand** рука́ в перча́тке.

glow /gləʊ/ *n* (*of bodily warmth*) жар; (*of fire, sunset etc.*) за́рево; (*of feelings*) пыл.
● *vi* (*incandesce*) накал|я́ться, -и́ться; (*shine*) свети́ться (*impf*), сверка́ть (*impf*); **~ing metal** раскалённый мета́лл; **a forest ~ing with autumn tints** лес, пыла́ющий осе́нними кра́сками; **he ~ed with pride** его́ распира́ла го́рдость; **he described the trip in ~ing colours** он опи́сывал путеше́ствие в ра́дужных тона́х.
● *cpd* **~-worm** *n* светля́к.

glower /ˈglaʊə(r)/ *vi* серди́то смотре́ть (*impf*) (**at:** на + *a*).

gloxinia /glɒkˈsɪnɪə/ *n* глокси́ния.

glucose /ˈgluːkəʊs, -kəʊz/ *n* глюко́за.

glue /gluː/ *n* клей.
● *vt* (**glues, glued, gluing** *or* **glueing**) прикле́и|вать, -ть; (*fig*): **he ~d his eyes to the floor** он уста́вился в пол; **he ~d his ear to the keyhole** он прини́к у́хом к замо́чной сква́жине.
● *cpds* **~-sniffer** *n* токсикома́н; **~-sniffing** *n* токсикома́ния.

gluey /ˈgluːɪ/ *adj* (**gluier, gluiest**) кле́йкий, ли́пкий.

glum /glʌm/ *adj* (**glummer, glummest**) угрю́мый.

glumness /ˈglʌmnɪs/ *n* угрю́мость.

glut /glʌt/ *n* избы́ток.
● *vt* (**glutted, glutting**) нас|ыща́ть, -ы́тить; **~ o.s.** нас|ыща́ться, -ы́титься; **~ the market** зава́л|ивать, -и́ть ры́нок; **the animals were ~ted** живо́тные нае́лись до отва́ла.

gluten /ˈgluːt(ə)n/ *n* клейкови́на.

g

glutinous /'glu:tɪnəs/ *adj* клéйкий, ли́пкий, вя́зкий.
glutton /'glʌt(ə)n/ *n* **1** обжóра (*cg*); **a ~ for work** жа́дный к рабóте. **2** (*zool*) росомáха.
gluttonous /'glʌtənəs/ *adj* прожóрливый.
gluttony /'glʌtənɪ/ *n* обжóрство.
glycerine /'glɪsə,ri:n/ (*US* **glycerin**) *n* глицери́н.
GM (*abbr of* ***genetically modified***): **~ foods** генети́чески модифици́рованные продýкты.
GMT = **Greenwich (mean) time**
gnarl|ed /nɑ:ld/, **-y** /'nɑ:lɪ/ *adjs* шишковáтый; сучковáтый.
gnash /næʃ/ *vt*: **~ one's teeth** скрежетáть (*impf*) зубáми.
gnat /næt/ *n* комáр, мóшка.
gnaw /nɔ:/ *vt* & *i* (*pp* **gnawed** *or* **gnawn**) грызть (*impf*); **the dog ~ed (at) a bone** собáка глодáла кость; **rats ~ed away the woodwork** кры́сы изгры́зли дéрево; **~ing pangs of hunger** мучи́тельные при́ступы гóлода; **~ing anxiety** грызýщее беспокóйство.
gneiss /naɪs/ *n* (*geol*) гнейс.
gnome /nəʊm/ *n* (*goblin etc.*) гном.
Gnostic /'nɒstɪk/ *n* гнóстик.
● *adj* гности́ческий.
Gnosticism /'nɒstɪ,sɪz(ə)m/ *n* гностици́зм.
GNP (*abbr of* ***Gross National Product***) ВНП (валовóй национáльный продýкт).
gnu /nu:, nju:/ *n* гну (*cg indecl*).
GNVQ (*abbr of* ***General National Vocational Qualification***) *n* (*Br*) Общенационáльное свидéтельство о профессионáльной квалификáции (*выдаётся по результатам профориентационных школьных экзаменов*).

> **GNVQ — General National Vocational Qualification**
>
> Шкóльный экзáмен, альтернати́вный **GCSE**. Э́ти экзáмены бы́ли введены́ в 1992 годý. Предмéты, по котóрым они́ сдаю́тся, имéют профессионáльно-техни́ческую направлéнность. Цель такóго обучéния — дать учáщимся определённые профессионáльные знáния, сориенти́ровав их таки́м óбразом на ры́нке трудá. Мнóгие шкóльники сочетáют *GNVQ* с **GCSE**.

go /gəʊ/ *n* (*pl* **~es**) **1** (*movement, animation*) движéние; ход; **she's on the ~ from morning to night** онá с утрá до вéчера на ногáх; **she has no ~ in her** нет в ней изю́минки/огонькá (*coll*).
2 (*turn, attempt, shot*) попы́тка; **now it's my ~** тепéрь моя́ óчередь; **why don't you have a ~?** почемý бы вам не попрóбовать?; **he scored 50 in one ~** он набрáл 50 очкóв в однóм захóде (*or* с однóй попы́тки).
3 (*coll, success*) успéх; **he tried to make a ~ of it** он старáлся доби́ться успéха (в э́том дéле); **it's no ~** э́то дéло безнадёжное.
4: **let ~ of** отпус|кáть, -ти́ть.
● *vi* (*3rd pers sg pres* **goes;** *past* **went;** *pp* **gone**) (*see also* ⇒**gone**).
1 (*on foot*) ходи́ть (*indet*), идти́ (*det*), пойти́ (*pf*); (*ride etc.*) éздить (*indet*), éхать (*det*), поéхать (*pf*); (*by train*) éздить (*indet*), éхать (*det*), поéхать (*pf*) пóездом; (*by plane*) летáть (*indet*), летéть (*det*), полетéть (*pf*) (самолётом); **the clock is ~ing** часы́ идýт/хóдят; **this train ~es to London** э́тот пóезд идёт в Лóндон; **he went cycling** он поéхал катáться на велосипéде; **who ~es there?** кто идёт?; **mind how you ~!** осторóжно!
2 (*fig, with general idea of motion or direction*): **~!** (*at games*) марш; **from the word ~** (*fig*) с сáмого начáла; **where do we ~ from here?** (*what is next step or development?*) что же дáльше?; **this road ~es to York** э́та дорóга ведёт в Йорк; **he ~es to school** (*is a schoolboy*) он хóдит в шкóлу; **he went to** (*was educated at*) **Eton** он окóнчил Итон; **he went sick** (*mil*) он получи́л освобождéние по болéзни; **let me ~!** отпусти́те меня́!; **there you ~ again!** ну вот, опя́ть!; **there is still an hour to ~** ещё час в запáсе; **where do these forks ~?** кудá положи́ть э́ти ви́лки?; **if you follow me, you can't ~ wrong** дéлайте как я, и вы не оши́бётесь; **his plans went wrong** егó плáны сорвали́сь; **his arguments went unheeded** к егó дóводам не прислýшались; **the criminal decided to ~ straight** престýпник реши́л исправи́ться.
3 (*with cognate etc. object*): **he went a long way** он пошёл/ушёл далекó; **they went halves** они́ раздели́ли всё попола́м; **can Britain ~ it alone?** спрáвится ли Великобритáния в одинóчку?; **he went one better than me** он превзошёл меня́; **the balloon went 'pop'** шар лóпнул; **the sheep went 'baa'** овцá заблéяла.
4 (*idea of progress or outcome*): **how's it ~ing?** (*health, affairs*) как делá?; как поживáете?; **everything is ~ing well** всё (идёт) хорошó; **here ~es!** приступáю!; **~ easy!** (*slowly, gently*) осторóжно!; **~ easy with the sugar!** не клади́те стóлько сáхару!; **he is ~ing strong** он пóлон сил; он молодéц; **he is ~ing all out to win** он изо всех сил старáется вы́играть; **the party/play went well** вечери́нка/пьéса прошлá хорошó; **how did the election ~?** (*who won it?*) как прошли́ вы́боры?; **she is 6 months ~ne** онá на седьмóм мéсяце (берéменности).
5 (*idea of extension or distance*): **the differences ~ deep** разноглáсия захóдят глубокó/далекó; **I will ~** (*offer*) **as high as £100** я готóв вы́ложить и сто фýнтов; **his land ~es as far as the river** егó зéмли простирáются до реки́; **£5 will not ~ far** пяти́ фýнтов надóлго не хвáтит; **he will ~ far** (*attain distinction*) он далекó пойдёт; **you ~ too far** (*impudence, presumption*) вы захóдите сли́шком далекó; **he is far ~ne** (*sick in mind or body*) он совсéм плох; плóхо егó дéло; **I will ~ so far as to say** я бы дáже сказáл, что…; **this is all right as far as it ~es** покá что всё в порядке.
6 (*expressing tenor or tendency*): **how does the poem ~?** как звучи́т э́то стихотворéние?; **the story ~es that …** расскáзывают, что…; **it ~es against the grain** э́то не по нутрý/душé/вкýсу (*кому*); **this ~es to show that he is wrong** э́то покáзывает, что он неправ; **qualities that ~ to make a hero** кáчества, необходи́мые герóю.
7 (*set out, depart*): **the post ~es at 5 p.m.** пóчта ухóдит в 5 часóв вéчера.
8 (*pass, come to an end, disappear*): **our holiday went in a flash** нáши кани́кулы пролетéли мгновéнно; **as soon as we buy cheese it ~es** не успéем мы купи́ть сыр, как егó ужé нет; **it's ~ne 4** (*o'clock*) ужé бóльше четырёх; пошёл пя́тый час; **the Minister must ~** (*be got rid of*) мини́стр дóлжен уйти́ в отстáвку; **be ~ne!** (*literary*) убирáйтесь!; **my sight is ~ing** я теряю зрéние; **I wish this pain would ~** хоть бы прошлá э́та боль!; **all my money is ~ne** все мои́ дéньги уплы́ли; **his interest in literature has ~ne** у негó пропáл интерéс к литератýре; **~ing, ~ne!** (*at auction*) кто бóльше? прóдано!; **the committee is not the same now that George has ~ne** пóсле ухóда Джóрджа комитéт ужé не тот.
9 (*be in a certain state*): **the children ~ barefoot** дéти хóдят босикóм; **I went hungry last night** я не ел вчерá вéчером.
10 (*become*): **the milk went sour** молокó прокисло; **she went red in the face** онá покраснéла.
11 (*function, succeed*): **I can't get my watch to ~** у меня́ не завóдятся часы́; **he made the party ~** он был душóй óбщества.
12 (*cease to function, die*): **if the bulb ~es, change it** éсли лáмпочка перегори́т, поменя́йте её; **poor old Smith has ~ne** бéдного Сми́та не стáло.
13 (*sound*): **come in when the bell ~es** входи́те, когдá зазвони́т звонóк.
14 (*make specified motion*): **~ like this with your left foot** сдéлайте так лéвой ногóй.
15 (*be known, accepted, usual*): **what he says ~es** егó слóво — закóн; **anything ~es** всё сойдёт; **I let it ~ at that** я реши́л э́то так остáвить; **it ~es without saying** э́то самó сóбой разумéется **he ~es by the name of Smith** он извéстен под и́менем Смит; **it is cheap as yachts ~** для я́хты э́то недóрого.
16 (*be sold, offered for sale*): **the picture went for a song** карти́ну прóдали за бесцéнок; **these cakes are ~ing cheap** э́ти пирóжные стóят дёшево (*or* идýт по дешёвке).
17 (*expressing impending or predicted action*): **I'm ~ing to sneeze** я сейчáс чихнý; **it's ~ing to rain** собирáется дождь; **you are ~ing to do as I tell you** вы сдéлаете то, что я вам скажý; **he's not ~ing to** (*shan't*) **cheat me** меня́ он не проведёт; **he's not ~ing to argue over 25 pence** он не стáнет спóрить из-за двадцати́ пяти́ пéнсов.
18 (*expressing intention*): **I am ~ing to ask him** я реши́л спроси́ть егó.

19 (*emphasizing v*): **don't ~ telling him the whole story** не вздýмайте рассказáть емý всё; **he went and told his mother** он взял и рассказáл мáтери; **what have you ~ne and done?** ну, что вы там натворúли?

● *with preps*: **how shall I ~ about this?** как мне за э́то взя́ться?; **he went about his business** он заня́лся свои́ми делáми; **if the price ~es above £50** éсли ценá превы́сит 50 фýнтов; **he went after** (*sought to win*) **the prize** он борóлся за приз; **the dog went after the hare** собáка погналáсь за зáйцем; **the decision went against them** решéние бы́ло не в их пóльзу; **it ~es against my principles** э́то противорéчит мои́м при́нципам; **he went at it like a bull at a gate** он брóсился очертя́ гóлову; **he went before the magistrates** он предстáл пéред судóм; **he went** (*passed*) **by the window** он прошёл ми́мо окнá; **his interests went by the board** с егó интерéсами совершéнно не посчитáлись; **I ~ by what I hear** я исхожý из тогó, что слы́шу; **this book is nothing to ~ by** по э́той кни́ге нельзя́ ни о чём суди́ть; **they went down the river** они́ поплы́ли вниз по рекé; **I went for a drink** я отпрáвился вы́пить; **the dog went for his legs** собáка хватáла егó зá ноги; **I went for** (*fetched*) **him** я пошёл за ним; (*attacked, verbally or physically*) я обрýшился на негó; **my efforts went for nothing** мои́ уси́лия ни к чемý не привели́; **he will always ~ for the best** он всегдá бýдет стреми́ться к лýчшему; **I ~ for that** (*like it*: *US coll*) э́то мне по душé/вкýсу; **that ~es for** (*applies to*) **you too** (*e.g. an order*) э́то вас тóже касáется; **he went into the house** он вошёл в дом; **the car went into a wall** маши́на врéзалась в стéну; **he had to ~ into hospital** емý пришлóсь лечь в больни́цу; **I shall not ~ into details** я не бýду вдавáться в подрóбности; **it won't ~ into the box** (*is too big*) э́то не войдёт в корóбку; **6 into 30 ~es 5 times** шесть содéржится в тридцати́ пять раз; **I will ~ into the matter** я э́то дéло рассмотрю́; **the law ~es into effect** закóн вхóдит в си́лу; **they went into mourning** они́ надéли трáур; **they went into raptures** они́ пришли́ в востóрг; **he went off his food** он перестáл есть; **he went off his head** он сошёл с умá; **I've ~ne off prawns** (*Br coll*) я разлюби́л кревéтки; **the children wanted to ~ on the swings** дéти хотéли покачáться на качéлях; **I am ~ing on a course** я поступáю на кýрсы; **all his money went on food** все егó дéньги пошли́/уходи́ли на едý; **he is ~ne on** (*obsessed by*) **her** он пó уши влюблён в неё; он помешáлся на ней; **he went on his way** он пошёл свои́м путём; **we have no evidence to ~ on** для э́того у нас нет никаки́х основáний; **~ out of sight** исч|езáть, -éзнуть из ви́ду/ви́да; **he went out of his mind** он сошёл с умá; **she went out of her way to help** онá вся́чески старáлась помóчь; **we went over the house** мы осмотрéли дом; **she went over the floor with a mop** онá прошлáсь швáброй пó полу; **the shell went over his head** снаря́д пролетéл у негó над головóй; **his words went right over my head** я пропусти́л егó словá ми́мо ушéй; **I went over his work with him** вмéсте с ним я прошёлся по егó рабóте; **we have ~ne over** (*discussed*) **that** мы э́то обсуждáли; **we went round the gallery** мы обошли́ галерéю; **we went round the block** мы обошли́ квартáл; **we have to ~ round the one-way system** здесь прихóдится дéлать объéзд из-за односторóннего движéния; **my trousers won't ~ round me any longer** на мне ужé не схóдятся брю́ки; **~ through the main gate!** проходи́те чéрез глáвные ворóта!; **the ball went through** (*i.e. broke*) **the window** мяч разби́л окнó; **she went through his pockets** онá обшáрила у негó все кармáны; **he has ~ne through a lot** емý доведлóсь мнóгое испытáть; **I went through his papers** я просмотрéл егó бумáги; **he went through the money in a week** он растрáтил дéньги за недéлю; **large sums went through his hands** чéрез егó рýки прошли́ больши́е сýммы дéнег; **they went through the ceremony** они́ прошли́ чéрез (*or* вы́держали) э́ту церемóнию; **I'll ~ through the main points again** я хочý повтори́ть глáвные пýнкты; **the estate went to her nephew** имýщество перешлó её племя́ннику; **the prize went to him** он вы́играл приз; **our best thanks ~ to Mr X** мы горячó благодари́м г-на X; **he went to great expense** он пошёл на больши́е расхóды; **~ to it!** (*Br*) за дéло!; **the money will ~ towards a new car** дéньги пойдýт на покýпку нóвой маши́ны; **this will ~ a long way towards satisfying him** э́то почти́ пóлностью егó устрóит; **he went under an assumed name** он жил под вы́мышленным/чужи́м и́менем; **~ up the hill** поднимáться (*impf*)/идти́/éхать (*both det*) в гóру; **he went up the stairs** он стал поднимáться (*or* пошёл вверх) по лéстнице; **this tie ~es with your suit** э́тот гáлстук подхóдит к вáшему костю́му; **five acres ~ with the house** пять áкров земли́ отхóдят с дóмом; **crime ~es with poverty** престýпность идёт рукá óб руку с бéдностью; **he has been ~ing with her for months** он встречáется с ней ужé нéсколько мéсяцев; **we went without a holiday** мы обошли́сь без óтпуска.

● *with advs*: **~ about** *vi*: **he ~es about looking for trouble** он тóлько и дéлает, что лéзет на рожóн; **the story is ~ing about that …** хóдят слýхи, что…; **they ~ about together** они́ повсю́ду хóдят вмéсте; **~ ahead!** вперёд!; **~ along** *vi*: **I went along to see** я пошёл посмотрéть; **they sang as they went along** они́ шли с пéснями; **the play got better as it went along** к концý пьéса смотрéлась лýчше; **will you ~ along to the station with him?** вы пойдёте с ним до стáнции?; вы доведёте егó до стáнции?; **I cannot ~ along with that** я не могý с э́тим согласи́ться; **~ around** *vi*: **he went around with a long face** он ходи́л/разгýливал с ки́слым ви́дом; **he is ~ing around with my sister** он встречáется с моéй сестрóй; (*US*) = **~ round** *vi*; **~ away** *vi* уходи́ть, уйти́; **~ away!** уходи́те!; **~ back** *vi* идти́ (*det*) назáд; возвра|щáться, -ти́ться; **to ~ back to what I was saying** возвращáясь к томý, что я сказáл; **he went back on his word** он не сдержáл своегó слóва; **this custom ~es back to the 15th century** э́тот обы́чай восхóдит к пятнáдцатому вéку; **~ before** *vi* (*die*): **those who have ~ne before** отошéдшие в мир инóй; **~ below** (*deck*) *vi*: **when the storm broke they went below** когдá разрази́лся шторм, они́ спусти́лись в каю́ту; **~ by** *vi*: **he let the opportunity ~ by** он упусти́л слýчай; **as the years ~ by** с годáми; с течéнием лет; **in days ~ne by** в минýвшие дни; **he has just ~ne by** он тóлько что прошёл ми́мо; **~ down** *vi*: спус|кáться, -ти́ться; **he went down on his knees** он опусти́лся на колéни; **the sun went down** сóлнце сéло; **the ship went down** корáбль затонýл; **she went down with flu** (*Br*) онá слеглá с гри́ппом; **the undergraduates ~ down in July** (*Br*) студéнты закáнчивают заня́тия в ию́ле; **he has ~ne down in the world** он опусти́лся; **prices are ~ing down** цéны пáдают; **~ing down!** (*of lift*) вниз!; **the pill won't ~ down** таблéтка не проглáтывается; **his story went down well** егó расскáз был хорошó при́нят; **the wind has ~ne down** вéтер ути́х; **~ forth** *vi*: **the order went forth** прикáз был опубликóван; **~ forward** *vi*: **the plan went forward** план вступи́л в дéйствие; **~ in** *vi* (*enter*) входи́ть, войти́; **the sun went in** сóлнце зашлó; **he ~es in for sport** он занимáется спóртом; **he went in for the competition** он при́нял учáстие в кóнкурсе; **~ off** *vi*: **he went off without a word** он ушёл без еди́ного слóва; **Hamlet ~es off** (*exits*) Гáмлет ухóдит; **the servant went off with** (*stole*) **the spoons** слугá укрáл лóжки и скры́лся; **the goods went off** (*were sent*) **today** товáр отпрáвили сегóдня; **the gun went off** ружьё вы́стрелило; **has the baby ~ne off** (*to sleep*) **?** ребёнок заснýл?; **the alarm clock went off** буди́льник зазвенéл; **the light has ~ne off** свет погáс; **the fruit has ~ne off** (*Br*) фрýкты погни́ли; **his work has ~ne off lately** в послéднее врéмя он стал рабóтать хýже; **the party went off well** вечери́нка прошлá хорошó; **it went off according to plan** всё прошлó соглáсно плáну; **~ on** *vi*: **the shoe will not ~ on** э́тот боти́нок не лéзет; **the lights went on** загорéлся свет; **I can't ~ on any longer** я так бóльше не могý; **~ on from where you left off** продолжáйте с тогó мéста, где останови́лись; **shall we ~ on to the next item?** давáйте перейдём к слéдующему пýнкту?; **~ on playing!** продолжáйте игрáть; **~ on!** (*coll, expressing incredulity*) да

g

g

ну́!; (*urging action*) дава́йте!; валя́йте!; **that is enough to ~** (*or* **be ~ing**) **on with** (*Br*) э́того пока́ хва́тит; **he went on to say that …** зате́м он сказа́л, что…; **it is ~ing on for a year since we met** (*Br*) уже́ почти́ год, как мы познако́мились; **what is ~ing on here?** что тут происхо́дит?; **~ on at** (*nag*) пили́ть (*impf*); набра́сываться (*impf*) на + *a*; **he does ~ on so** (*coll*) он ве́чно ну́дит; **he went on ahead of the others** он опереди́л/обогна́л остальны́х; **he went on** (*stage*) **after the interval** он вы́шел на сце́ну по́сле антра́кта; **the show must ~ on** что бы ни случи́лось, спекта́кль продолжа́ется; **as time ~es on** со вре́менем; **~ out** *vi* (*exit*) выходи́ть, вы́йти; **the light went out** свет пога́с; **he went out to Australia** он вы́ехал в Австра́лию; **the tide was ~ing out** шёл отли́в; **our hearts ~ out to them** мы всей душо́й с ни́ми; **he went all out for success** он рва́лся к успе́ху; **~ over** *vi*: **he went over to the shop** он пошёл в магази́н; **~ over to the enemy** перейти́ (*pf*) в стан врага́; **he went over to France** он перепра́вился во Фра́нцию; **the country went over to decimal coinage** страна́ перешла́ на десяти́чную моне́тную систе́му; **~ round** *vi*: **I went round to see him** (*Br*) я пошёл его́ навести́ть; **we had to ~ round by the park** (*Br*) нам пришло́сь идти́ в обхо́д че́рез парк; **he ~es round collecting money** (*Br*) он обхо́дит всех и собира́ет де́ньги; **is there enough food to ~ round?** (*Br*) хва́тит ли еды́ на всех?; **everything's ~ing round** (*describing dizziness*) всё идёт кру́гом; **~ through** *vi*: **I cannot ~ through with the plan** я не могу́ осуществи́ть э́тот план; **the deal went through** сде́лка состоя́лась; **has their divorce ~ne through?** они́ уже́ развели́сь?; **the bill went through** (*parl*) прое́кт был при́нят; **~ together** *vi*: **they were ~ing together** (*keeping company*) **for years** они́ встреча́лись мно́гие го́ды; **these colours ~ together** э́ти цвета́ гармони́руют; **poverty and disease ~ together** где бе́дность, там и боле́зни; **~ under** *vi*: **it is the poor who ~ under** бе́дному ху́же всех; **his business went under** его́ де́ло ло́пнуло; **~ up** *vi* подн|има́ться, -я́ться; **he went up to bed** он пошёл спать; **I went up to town** я пое́хал в го́род; **prices have ~ne up** це́ны повы́сились; **the lights went up** загоре́лся свет; **houses are ~ing up** (*being built*) дома́ поднима́ются/стро́ятся/расту́т; **the house went up in flames** дом сгоре́л; **his plans went up in smoke** его́ пла́ны разве́ялись как дым; **he ~es up to Oxford next year** (*Br*) он посту́пит в О́ксфордский университе́т в бу́дущий год; **he is ~ing up in the world** он выбива́ется в лю́ди.

● *cpds* **~-ahead** *n* разреше́ние, «добро́», «зелёная у́лица»; *adj* предприи́мчивый; насты́рный; **~-between** *n* посре́дник; **~-cart** *n* (*archaic, pushchair*) (де́тская) коля́ска; (*for racing, also* **~-kart**) карт; **~-getter** *n* (*coll*) проны́ра (*cg*); **~-getting** *adj* (*coll*) проны́рливый, пробивно́й; **~-slow** *n* (*Br*) части́чная забасто́вка, «ме́дленная рабо́та».

goad /gəʊd/ *n* кол; (*fig*) сти́мул.
● *vt* погоня́ть (*impf*); (*prod*) пришпо́ри|вать, -ть; (*tease, torment*) раздража́ть (*impf*).

goal /gəʊl/ *n* **1** (*destination, objective*) цель; **he set himself a difficult ~** он поста́вил себе́ тру́дную зада́чу/цель. **2** (*sport*) воро́т|а (*pl, g* —); **Jackson was in ~** в воро́тах стоя́л Дже́ксон; **keep ~** защи|ща́ть, -ти́ть воро́та; (*point scored*) гол; **our team won by three ~s to one** на́ша кома́нда вы́играла со счётом три — оди́н.
● *cpds* **~keeper** *n* врата́рь (*m*); **~ kick** *n* уда́р от воро́т; **~post** *n* шта́нга.

goalie /ˈgəʊlɪ/ *n* (*coll*) врата́рь (*m*).

goat /gəʊt/ *n* **1** коза́; (*male*) козёл; **he gets my ~** (*sl*) он меня́ раздража́ет; **separate the sheep from the ~s** (*fig*) отдели́ть (*pf*) а́гнцев от ко́злищ. **2** (*fig, lecherous man*) кобе́ль (*m*), (ста́рый) козёл.
● *cpds* **~herd** *n* козопа́с; **~skin** *n* ко́зья шу́ба; (*for wine*) бурдю́к.

goatee /gəʊˈtiː/ *n* козли́ная боро́дка.

gob[1] /gɒb/ *n* (*Br vulg*) (*of spittle*) плево́к.

gob[2] /gɒb/ *n* (*Br vulg*) (*mouth*) гло́тка; **shut your ~!** заткни́ гло́тку!

gobbet /ˈgɒbɪt/ *n* (*lit, fig*) кусо́к.

gobble[1] /ˈgɒb(ə)l/ *vt* жрать, по-/со-.
● *vi* ло́пать, с-; бы́стро и шу́мно есть (*impf*).

gobble[2] /ˈgɒb(ə)l/ *vi* (*of a turkey*) кулды́кать (*impf*).

gobbledygook /ˈgɒb(ə)ldɪˌguːk, -ˌgʊk/ *n* (*sl*) болтоло́гия, (пусто́й) набо́р слов; (*in speech of politicians also*) витиева́тая демаго́гия; (*in documents*) бюрократи́ческий жарго́н, канцеляри́т.

Gobelin /ˈgəʊbəlɪn, gɔˈblæ̃/ *n* (*tapestry*) гобеле́н.

goblet /ˈgɒblɪt/ *n* ку́бок, бока́л.

goblin /ˈgɒblɪn/ *n* домово́й, го́блин.

goby /ˈgəʊbɪ/ *n* (*zool*) бычо́к.

god /gɒd/ *n* **1** (*deity*) бог; **in the lap of the ~s** у Христа́ за па́зухой; **ye ~s!** (*joc*) бо́же мой!; си́лы небе́сные!; (*fig, revered object or person*) и́дол, куми́р; (**G~:** *supreme being*) Бог; божество́; **act of G~** стихи́йное бе́дствие; **Almighty G~** всемогу́щий Бог; **G~ bless** (*you*)! благослови́ вас Бог/Госпо́дь; (*after sneeze*) бу́дьте здоро́вы!; **my G~!** бо́же мой!; го́споди!; **G~ damn you!** чёрт вас возьми́!; **G~ help you!** да помо́жет вам Бог!; **on G~'s earth** на бо́жьем/бе́лом све́те; **G~ forbid!** бо́же сохрани́!; изба́ви бог!; **so help me G~** Госпо́дь свиде́тель; **G~ knows where he is** бог зна́ет, где он; **I've suffered enough, G~ knows** ви́дит Бог: я страда́л доста́точно; **for G~'s sake!** ра́ди бо́га!; **thank G~ (for that)!** сла́ва бо́гу!; **G~'s truth** свята́я пра́вда; **G~ willing** даст Бог; с Бо́жьей по́мощью; е́сли бу́дем жи́вы; **he is with G~** его́ Бог прибра́л. **2** (*in pl, theatr*) галёрка; **a seat in the ~s** ме́сто на галёрке.
● *cpds* **G~-awful** *adj* (*coll*) жу́ткий, богоме́рзкий; **~child** *n* кре́стни|к (*fem* -ца); **~dam** *adj* (*US sl*) чёртов; **~-daughter** *n* кре́стница; **~father** *n* крёстный (оте́ц); **G~-fearing** *adj* богобоя́зненный; **~forsaken** *adj* забро́шенный; **~forsaken place** медве́жий у́гол; **~mother** *n* крёстная (мать); **~parent** *n* крёстный (оте́ц); крёстная (мать); **~send** *n* нахо́дка; ≈ сам бог посла́л; **~son** *n* кре́стник; **G~speed!** с Бо́гом!

goddess /ˈgɒdɪs/ *n* боги́ня.

godhead /ˈgɒdhed/ *n* боже́ственность; божество́.

godless /ˈgɒdlɪs/ *adj* безбо́жный.

godlike /ˈgɒdlaɪk/ *adj* богоподо́бный.

godliness /ˈgɒdlɪnɪs/ *n* на́божность.

godly /ˈgɒdlɪ/ *adj* (**godlier, godliest**) на́божный.

> **God Save the Queen/King — Бо́же, храни́ короле́ву/короля́**
>
> Госуда́рственный гимн Великобрита́нии. Пе́сня, сочи́ненная неизве́стным а́втором и впервы́е испо́лненная в 1745 году́ в Ло́ндоне. В ка́честве госуда́рственного ги́мна при́нята в нача́ле девятна́дцатого ве́ка.

goer /ˈgəʊə(r)/ *n* **1** (*performer*): **this watch is a good ~** э́ти часы́ отли́чно иду́т. **2** (*coll, energetic person*) упо́рный челове́к. **3**: **comers and ~s** приезжа́ющие и отъезжа́ющие.

goes /gəʊz/ *3rd pers sg pres of* ⇒**go**

gofer /ˈgəʊfə(r)/ *n* (*US, coll*) иша́к (*coll*); ма́льчик/де́вушка на побегу́шках.

goffer /ˈgəʊfə(r), ˈgɒf-/ *vt* гофрирова́ть (*impf, pf*).

goggle /ˈgɒg(ə)l/ *vi* тара́щить (*impf*) глаза́; **she ~ed at the news** от э́той но́вости у неё глаза́ на лоб поле́зли.
● *cpds* **~-box** *n* (*Br sl*) те́лик, «я́щик»; **~-eyed** *adj* пучегла́зый.

goggles /ˈgɒg(ə)lz/ *n pl* тёмные/защи́тные очк|и́ (*pl, g* -о́в).

going /ˈgəʊɪŋ/ *n* **1** (*departure*) отъе́зд, ухо́д; **there will be no tears at his ~** по нём пла́кать не бу́дут. **2** (*state of track*) состоя́ние бегово́й доро́жки; **the next mile is rough ~** сле́дующая ми́ля бу́дет тру́дной. **3** (*progress, speed*) ско́рость; **fifty miles an hour is good ~** 50 миль в час — хоро́шая ско́рость; **let's get out while the ~ is good** смо́емся, пока не по́здно; **this book is heavy ~** э́та кни́га тру́дно чита́ется; **he is heavy ~** он ну́дный челове́к; **the conversation was heavy ~** разгово́р не кле́ился.
● *adj* **1** (*working, flourishing*): **a ~ concern** де́йствующее предприя́тие. **2** (*Br, to be had*): **one of the best newspapers ~** одна́ из лу́чших ны́нешних газе́т; **there are plenty of sandwiches ~** бутербро́дов предоста́точно (*or* ско́лько уго́дно).
● *cpd* **~-away** *adj*: **~-away dress** доро́жное пла́тье; **~-over** *n* (*coll, scrutiny*) осмо́тр; (*coll, cleaning*)

прочи́стка; (*sl, beating*) трёпка; **~s-on** *n pl* (*coll*) поведе́ние; посту́пки (*m pl*); дела́ (*nt pl*); «дели́шки» (*nt pl*); **there have been strange ~s-on lately** в после́днее вре́мя творя́тся стра́нные ве́щи.

goitre /ˈgɔɪtə(r)/ (*US* **goiter**) *n* зоб; базе́дова боле́знь.

gold /gəʊld/ *n & adj* (*metal*) зо́лото; **~ braid** суса́льное зо́лото; **~ medal** золота́я меда́ль; **~ plate** (*tableware*) золота́я посу́да; (*gilding*) позоло́та; **(made of) solid ~** из чи́стого зо́лота; **the ~ standard** золото́й станда́рт; **a currency backed by ~** валю́та, обеспе́ченная зо́лотом; **£50 in ~** 50 фу́нтов зо́лотом; **he's as good as ~** (*of child*) он зо́лото, а не ребёнок; **she has a heart of ~** у неё золото́е се́рдце.
● *cpds* **~-bearing** *adj* золотоно́сный; **~-digger** *n* золотоиска́тель (*m*); (*sl*) вымога́тельница; **~ dust** *n* золото́й песо́к; **~field** *n* золото́й при́иск; **~finch** *n* щего́л; **~fish** *n* золота́я ры́бка; **~ leaf** *n* суса́льное зо́лото; **~ mine** *n* золото́й рудни́к; (*fig*): **the shop is a ~ mine** э́тот магази́н — золото́е дно; **~ rush** *n* золота́я лихора́дка; **~smith** *n* золоты́х дел ма́стер.

golden /ˈgəʊld(ə)n/ *adj* (*lit, fig*) золото́й; (*of colour*) золоти́стый; **the ~ age** золото́й век; **~ rod** (*bot*) золота́рник; **~ syrup** (*Br*) све́тлая па́тока; **receive a ~ handshake on retirement** получи́ть (*pf*) вознагражде́ние при ухо́де на пе́нсию; **~ hours** золота́я пора́; **the ~ mean** золота́я середи́на; **miss a ~ opportunity** упусти́ть (*pf*) редча́йшую возмо́жность; **celebrate one's ~ wedding** пра́здновать, от- золоту́ю сва́дьбу.
● *cpd* **~-haired** *adj* золотоволо́сый.

golf /gɒlf/ *n* гольф.
● *vi* игра́ть (*impf*) в гольф.
● *cpds* **~ball** *n* мяч для игры́ в гольф; **~ club** *n* (*association*) клуб люби́телей игры́ в гольф; (*implement*) клю́шка; **~ course, ~ links** *nn* площа́дка/по́ле для игры́ в гольф.

golfer /ˈgɒlfə(r)/ *n* игро́к в гольф.

golfing /ˈgɒlfɪŋ/ *n* игра́ в гольф.

golliwog /ˈgɒlɪˌwɒg/ *n* чёрная ку́кла.

golly /ˈgɒlɪ/ *int* (*coll*) бо́же мой!; **by ~!** ей-бо́гу!

gonad /ˈgəʊnæd/ *n* гона́да; полова́я железа́.

gondola /ˈgɒndələ/ *n* (*boat; airship car*) гондо́ла.

gondolier /ˌgɒndəˈlɪə(r)/ *n* гондолье́р.

gone /gɒn/ *adj* (*see also* ⇒**go**).
1 (*departed, past*) уе́хавший; уше́дший. **2** (*US, doomed, hopeless*) пропа́щий. **3** (*dead*) уме́рший, усо́пший. **4** (*coll, in a stupor, drunk*) отъе́хавший (*sl*).

goner /ˈgɒnə(r)/ *n* (*sl*) ко́нченый челове́к, доходя́га (*sl*).

gong /gɒŋ/ *n* (*instrument*) гонг.

gonorrhoea /ˌgɒnəˈrɪə/ (*US* **gonorrhea**) *n* гоноре́я.

goo /guː/ *n* (*coll*) что-н. клёйкое, ли́пкое.

good /gʊd/ *n* **1** (*~ness, ~ action*) добро́, бла́го; **there is some ~ in everyone** в ка́ждом челове́ке есть что́-то хоро́шее; **he spends his life doing ~** всю жизнь он де́лает/твори́т добро́; **he is up to no ~** он заду́мал что́-то недо́брое.
2 (*benefit*) по́льза; **drink it! it will do you ~** вы́пейте э́то: вам поле́зно; **it's no ~ complaining** что то́лку жа́ловаться?; **that will do no ~** э́то не принесёт по́льзы; **what's the ~ of making a fuss?** како́й смысл поднима́ть шум?; **it's all to the ~** всё к лу́чшему; **for the ~ of the cause** для по́льзы де́ла; **much ~ may it do you!** (*ironical*) ну и на здоро́вье.
3: **for ~** (*permanently*) навсегда́.
4 (*in pl, property*) добро́; **~s and chattels** пожи́тк|и (*pl, g* -ов).
5 (*in pl, merchandise*) това́р(ы); **are you sure he can deliver the ~s?** (*coll, fig*) а вы уве́рены, что он не подведёт?; **~s train** това́рный по́езд; **~s vehicle** грузово́й автомоби́ль/фурго́н.
● *adj* (**better, best**)
1 (*in most senses*) хоро́ший; до́брый; (*of food*) вку́сный; **~ old Dad!** ай да папа́ша!; **that shows ~ sense** в э́том ви́ден здра́вый смысл; **~ idea!** прекра́сная мысль!; **very ~** (*expressing acquiescence*) ла́дно; хорошо́; (*servant's reply*) (*archaic*) слу́шаюсь; **~ works** до́брые дела́; **a ~ player** си́льный игро́к; **lead a ~ life** вести́ (*det*) досто́йную жизнь; **the G~ Book** Би́блия; **G~ Friday** Страстна́я пя́тница; **~ heavens!** бо́же мой!
2 (*of health, condition, etc.*) хоро́ший; здоро́вый; **I don't feel so ~ today** (*coll*) я себя́ нева́жно чу́вствую сего́дня; **these eggs are not very ~** э́ти я́йца не о́чень све́жие; **apples are ~ for you** я́блоки поле́зны для здоро́вья.
3 (*favourable, fortunate*): **~ luck!** жела́ю успе́ха; **a ~ sign** до́брый знак; **it's a ~ thing we stayed at home** хорошо́, что мы оста́лись до́ма; **he's gone, and a ~ thing too!** он ушёл, и сла́ва бо́гу!; **~ for you!** (*coll*) молодчи́на (*cg*).
4 (*kind*) любе́зный, до́брый; **be a ~ fellow** бу́дьте (так) добры́; **be so ~ as to let me in** бу́дьте добры́, впусти́те меня́; **that's very ~ of you** э́то о́чень ми́ло с ва́шей стороны́.
5 (*of skill*): **~ at** спосо́бный к + *d*; си́льный в + *p*; **she's ~ at maths** она́ спосо́бна к матема́тике; **he is ~ at French** он силён во францу́зском; **he is no ~ at his job** он взя́лся не за своё де́ло.
6 (*suitable*) подходя́щий.
7 (*well behaved*) воспи́танный; послу́шный; **be ~!** веди́ себя́ прили́чно!; **be a ~ boy!** веди́ себя́ хорошо́!; будь у́мницей!; **as ~ as gold** (*of child*) зо́лотко; **~ dog!** молоде́ц, соба́ка.
8 (*various*): **~ morning!** до́брое у́тро!; **I bade him ~night** я пожела́л ему́ споко́йной но́чи; **it's ~ to see you** прия́тно вас ви́деть; **a ~ joke** хоро́шая/заба́вная шу́тка; **~ looks** краси́вая вне́шность; **he's had a ~ few, many drinks already** он уже́ успе́л изря́дно вы́пить; **a ~ deal of noise** мно́го шу́ма; **a ~ way off** дово́льно далеко́; **a ~ while ago** давны́м-давно́; **the jug holds a ~ pint** кувши́н вмеща́ет до́брую пи́нту; **he was as ~ as his word** он сдержа́л своё сло́во; **he as ~ as refused to go** он факти́чески отказа́лся идти́; **the car is ~ for another 5 years** э́тот автомоби́ль прослу́жит ещё лет 5; **his credit is ~ for £5,000** он мо́жет по́льзоваться креди́том в 5 000 фу́нтов.
9: **make ~** *vt* (*fulfil*) исп|олня́ть, -о́лнить; (*substantiate*) обосно́в|ывать, -а́ть; (*recompense for*) возме|ща́ть, -сти́ть; (*repair*) прив|оди́ть, -ести́ в поря́док; *vi* (*coll, succeed*) преусп|ева́ть, -е́ть.
● *cpds* **~-for-nothing** *n* безде́льник, никчёмный челове́к; *adj* никуды́шный; никчёмный; **~-humoured** (*US* **-humored**) *adj* доброду́шный; **~-looking** *adj* краси́вый; хоро́ш/хороша́ собо́й; **~-natured** *adj* доброду́шный; **~-neighbourliness** (*US* **-neighborliness**) *n* добрососе́дство; **~-night** *n* проща́ние пе́ред сном; *int* споко́йной но́чи!; **~-tempered** *adj* доброду́шный; **~-timer** *n* гуля́ка (*cg*); весельча́к; **~will** *n* (*friendship*) доброжела́тельность; (*willingness*) до́брая во́ля; (*of business*) репута́ция.

goodbye /gʊdˈbaɪ/ *n* проща́ние; **a ~ kiss** проща́льный поцелу́й; **wave ~** помаха́ть (*pf*) руко́й на проща́нье.
● *int* до свида́ния!; проща́йте.

goodish /ˈgʊdɪʃ/ *adj* (*fairly good*) дово́льно хоро́ший, непло́хо́й; (*fairly large*) поря́дочный.

goodly /ˈgʊdlɪ/ *adj* (**goodlier, goodliest**) (*large*) кру́пный, значи́тельный.

goodness /ˈgʊdnɪs/ *n* **1** (*virtue*) доброта́. **2** (*kindness*) любе́зность; **please have the ~ to move** бу́дьте любе́зны, подви́ньтесь. **3** (*quality, nourishment*): **these apples are full of ~** э́ти я́блоки о́чень поле́зны/пита́тельны. **4** (*euph, God*): **G~ me!** вот те на́!; **G~ (only) knows** кто его́ зна́ет!; **I wish to ~ (that) ...** как бы мне хоте́лось, что́бы...; **thank ~!** сла́ва бо́гу!

goody /ˈgʊdɪ/ *n* (*coll*) **1** (*sweetmeat*) конфе́та. **2** (*Br, character in film etc.*) положи́тельный геро́й. **3** (*int, coll*) прекра́сно!; замеча́тельно!; отли́чно!
4: **~-~** па́инька (*cg*).

gooey /ˈguːɪ/ (*coll*) *adj* (**gooier, gooiest**) клёйкий; ли́пкий.

goof /guːf/ *n* балбе́с, пе́нтюх (*coll*).
● *vi* (*US sl*) зава́л|ивать, -и́ть де́ло.

google /ˈguːg(ə)l/ *vt & i* иска́ть (*impf*) в Интерне́те (*особенно в поисковой системе Google* (*propr*)).

goon /guːn/ *n* (*sl*) (*stupid person*) болва́н; (*US, thug*) громи́ла (*m*).

goosander /guːˈsændə(r)/ *n* большо́й кроха́ль.

goose /guːs/ *n* (*pl* **geese**) **1** гусь (*m*); (*fem also*) гусы́ня; **his ~ is cooked** (*fig*) его́ пе́сенка спе́та; **he killed the**

g

~ that laid the golden eggs (*proverb*) он зарезал ку́рицу, несу́щую золоты́е я́йца; **he wouldn't say boo to a ~** (*fig*) он и му́хи не оби́дит; **wild ~ chase** (*fig*) сумасбро́дная зате́я; пого́ня за химе́рами. **2** (*simpleton*) простофи́ля (*cg*).

● *cpds* **~berry** *n* крыжо́вник (*collect*); я́года крыжо́вника; **play ~berry** (*Br, coll*) оказ|ываться, -а́ться тре́тьим ли́шним; **~flesh** *n* гуси́ная ко́жа; **it gives me ~flesh** у меня́ от э́того мура́шки по те́лу бе́гают; **~-step** *n* строево́й шаг; *vi* ходи́ть (*indet*), идти́ (*det*) строевы́м ша́гом.

gopher /ˈgəʊfə(r)/ *n* го́фер; колумби́йский су́слик.

gore¹ /gɔː(r)/ *n* (*blood*) проли́тая/запёкшаяся кровь.

gore² /gɔː(r)/ *n* (*gusset*) клин, ла́стовица.

gore³ /gɔː(r)/ *vt* бода́ть, за-.

gorge /gɔːdʒ/ *n* **1** (*ravine*) уще́лье. **2**: **the sight made my ~ rise** меня́ затошни́ло от э́того зре́лища.

● *vt & i* объ|еда́ться, -е́сться; **the lion ~ed (itself) on its prey** лев жа́дно поглоща́л свою́ добы́чу.

gorgeous /ˈgɔːdʒəs/ *adj* (*magnificent*) великоле́пный; (*richly coloured*) кра́сочный; (*coll, enjoyable*) изуми́тельный; **we had a ~ time** мы великоле́пно провели́ вре́мя.

Gorgon /ˈgɔːgən/ *n* (*lit*) горго́на; (горго́на) Меду́за; (*fig*) мегéра, ве́дьма.

gorilla /gəˈrɪlə/ *n* гори́лла.

gormless /ˈgɔːmlɪs/ *adj* (*Br coll*) безду́мный; дура́шливый.

gorse /gɔːs/ *n* (*bot*) утёсник обыкнове́нный.

gory /ˈgɔːrɪ/ *adj* (**gorier, goriest**) (*covered in blood*) окрова́вленный; (*involving bloodshed*) кровопроли́тный; **~ details** крова́вые подро́бности.

gosh /gɒʃ/ *int* (*coll*) бо́же мой!

goshawk /ˈgɒshɔːk/ *n* тетеревя́тник.

gosling /ˈgɒzlɪŋ/ *n* гусёнок.

gospel /ˈgɒsp(ə)l/ *n* ева́нгелие; **preach the ~** пропове́довать (*impf*) Ева́нгелие; **the G~ according to St. John** Ева́нгелие от Иоа́нна; от Иоа́нна свято́е благове́ствование; (*fig*): **~ truth** и́стинная пра́вда; **she takes everything for ~** она́ всё принима́ет на ве́ру.

gossamer /ˈgɒsəmə(r)/ *n* **1** (*spider web*) осе́нняя паути́нка. **2** (*gauzy material*) газ.

gossip /ˈgɒsɪp/ *n* **1** (*talk*) сплётня; **they met to have a good ~** они́ встре́тились, чтобы хороше́нько посплéтничать. **2** (*person addicted to ~ing*) сплéтни|к (*fem* -ца). **3** (*attr*): **~ column/writer** коло́нка/репортёр све́тской хро́ники.

● *vi* (**gossiped, gossiping**) сплéтничать, на-.

gossipy /ˈgɒsɪpɪ/ *adj* болтли́вый, лю́бящий посплéтничать.

got /gɒt/ *past and pp of* ⇒**get**

Goth /gɒθ/ *n* гот.

Gothic /ˈgɒθɪk/ *n* **1** (*language*) го́тский язы́к. **2** (*archit*) готи́ческий стиль. **3** (*script*) готи́ческий шрифт.

● *adj* (*of style or script*) готи́ческий.

gotten /ˈgɒt(ə)n/ *US pp of* ⇒**get**

gouache /gʊˈɑːʃ, gwɑːʃ/ *n* гуа́шь.

gouge /gaʊdʒ/ *n* полукру́глое долото́.

● *vt* выда́лбливать, вы́долбить; **~ s.o.'s eyes out** выка́лывать, вы́колоть кому́-н. глаза́.

goulash /ˈguːlæʃ/ *n* гуля́ш.

gourd /gʊəd/ *n* (*bot*) горля́нка, ты́ква буты́лочная; (*vessel*) сосу́д из ты́квы.

gourmandize /ˈgɔːmən,daɪz/ *vi* объеда́ться (*impf*).

gourmet /ˈgʊəmeɪ/ *n* гурма́н.

gout /gaʊt/ *n* пода́гра.

govern /ˈgʌv(ə)n/ *vt* **1** (*rule; also vi*) пра́вить (*impf*) + *i*; **~ing body** (*of hospital, school etc.*) дире́кция, правле́ние; (*control, influence*) руководи́ть (*impf*) + *i*; управля́ть (*impf*) + *i*; **he finds it hard to ~ his tongue** он несде́ржан на язы́к; **be ~ed by my advice!** сле́дуйте моему́ сове́ту. **2** (*apply to*): **the same principle ~s both cases** оди́н и тот же при́нцип примени́м в обо́их слу́чаях. **3** (*gram*) управля́ть (*impf*) + *i*.

governance /ˈgʌvənəns/ *n* управле́ние (*чем*); руково́дство (*чем*).

governess /ˈgʌvənɪs/ *n* гуверна́нтка.

government /ˈgʌvənmənt/ *n* (*rule*) правле́ние; (*system*) фо́рма правле́ния; **local ~** ме́стное самоуправле́ние; (*pol*) прави́тельство; **central ~** центра́льное прави́тельство; **the Prime Minister formed a ~** премье́р-мини́стр сформирова́л прави́тельство; **G~ House** (*Br*) резиде́нция губерна́тора; **~ securities** госуда́рственные це́нные бума́ги.

governmental /,gʌvənˈment(ə)l/ *adj* прави́тельственный.

governor /ˈgʌvənə(r)/ *n* **1** (*ruling official*) губерна́тор. **2** (*member of governing body*) член правле́ния. **3** (*Br coll, boss*) хозя́ин; шеф. **4** (*regulating mechanism*) регуля́тор.

● *cpd* **G~ General** *n* генера́л-губерна́тор.

governorship /ˈgʌvənəʃɪp/ *n* губерна́торство.

gown /gaʊn/ *n* (*woman's*) пла́тье; (*academic or official*) ма́нтия.

GP (*abbr of* ***general practitioner***) врач о́бщей пра́ктики; **who's your ~?** кто ваш участко́вый врач?

> **GP (General Practitioner) — врач о́бщей пра́ктики; семе́йный врач**
>
> Ана́лог участко́вого врача́ в Росси́и. Таки́е врачи́ обслу́живают жи́телей определённого райо́на, зарегистри́рованных в ме́стной поликли́нике. Консульта́ция для пацие́нтов Национа́льной слу́жбы здравоохране́ния (**National Health Service**) беспла́тная. В слу́чае необходи́мости врач о́бщей пра́ктики направля́ет их на консульта́цию к врачу́-специали́сту.

GPS (*abbr of* ***Global Positioning System***) *n* глоба́льная спу́тниковая навигацио́нная систе́ма.

gr. /græm/ *n* (*abbr of* **gram(me)(s)**) г (грамм).

grab /græb/ *n* **1** (*snatch*): **he made a ~ for the money** он попыта́лся схвати́ть де́ньги. **2** (*mechanical device*) экскава́тор; черпа́к.

● *vt & i* (**grabbed, grabbing**) схва́т|ывать, -и́ть; **he ~bed me by the lapels** он схвати́л меня́ за ла́цканы; **how does that ~ you?** (*coll*) что вы на э́то ска́жете?

grace /greɪs/ *n* **1** (*elegance*) гра́ция, изя́щество; **airs and ~s** (*ironical*) жема́нство; (*quality*): **his speech had the saving ~ of brevity** его́ речь отлича́лась спаси́тельной кра́ткостью. **2** (*favour*) благоскло́нность; **act of ~** поми́лование; **by the ~ of God** Бо́жьей ми́лостью; **there, but for the ~ of God, go I** то́лько ми́лость Госпо́дня уберегла́ меня́ от тако́й же судьбы́; **I am not in his good ~s** я у него́ в неми́лости; (*dispensation*) отсро́чка; **the law allows 3 days' ~** по зако́ну полага́ется 3 дня отсро́чки (*or* льго́тных дня); **he fell from ~** он сошёл с пути́ и́стинного; (*fell into disgrace*) он впал в неми́лость; (*sense of the seemly*): **he had the ~ to apologize** он был насто́лько такти́чен, что извини́лся; (*easy or pleasant manner*): **he could lose the game with a good ~** он уме́л прои́грывать с досто́инством; **with an ill** (*or* **a bad**) **~** нелюбе́зно; (*prayer before meal*) моли́тва; **say ~** моли́ться (*impf*) пе́ред едо́й. **3** (*myth*): **the Three G~s** три гра́ции. **4** (*courtesy title*): **His G~** све́тлость/сия́тельство; (*eccl*) его́ преосвяще́нство.

● *vt* удост|а́ивать, -о́ить; награ|жда́ть, -ди́ть; **he ~d the meeting with his presence** он удосто́ил собра́ние свои́м прису́тствием; **she is ~d with good looks** она́ наделена́ прия́тной вне́шностью.

● *cpd* **~ note** *n* (*mus*) мели́зм; (*vocal*) фиориту́ра.

graceful /ˈgreɪsfʊl/ *adj* грацио́зный; изя́щный.

gracefulness /ˈgreɪsfʊlnɪs/ *n* грацио́зность; изя́щество.

graceless /ˈgreɪslɪs/ *adj* (*rude*) нетакти́чный; бессты́дный; (*inelegant*) неуклю́жий.

gracious /ˈgreɪʃəs/ *adj* ми́лостивый; любе́зный; **~ living** краси́вая жизнь.

● *int* **good(ness) ~ (me)!** ба́тюшки!; бо́же мой!

graciousness /ˈgreɪʃəsnɪs/ *n* ми́лость; любе́зность.

gradation /grəˈdeɪʃ(ə)n/ *n* града́ция.

grade /greɪd/ *n* **1** (*assessed category*) сте́пень; (*of quality*) сорт; **low-~ oil** нефть ни́зкого ка́чества; (*of rank*) сте́пень; класс; (*US, class in school*) класс; **~ school** (*US*) нача́льная шко́ла. **2** (*school rating*) отме́тка; оце́нка; (*fig, coll*): **he will scarcely make the ~** он едва́ ли с э́тим спра́вится. **3** (*US*): **~ crossing** (железнодоро́жный) перее́зд. **4** (*fig, coll*): **on the down ~** на спа́де.

● *vt* **1** (*classify*) сортирова́ть, рас-.

2 (*reduce slope of*) профили́ровать (*impf*).
grader /ˈgreɪdə(r)/ *n* (*road-building*) гре́йдер.

grade school
= elementary school

gradient /ˈgreɪdɪənt/ *n* **1** (*ratio of slope*) градие́нт; (*up/down*) градие́нт подъёма/укло́на; **a ~ of 1 in 5** укло́н оди́н к пяти́. **2** (*slope*) подъём; склон.
gradual /ˈgrædjʊəl/ *adj* постепе́нный.
gradualism /ˈgrædjʊəˌlɪz(ə)m/ *n* уче́ние о постепе́нной рефо́рме.
gradualist /ˈgrædjʊəˌlɪst/ *n* постепе́новец.
graduate¹ /ˈgrædjʊət/ *n* (*of university, school etc.*) выпускни́|к (*fem* -ца); **he is an Oxford ~** он выпускни́к О́ксфордского университе́та; **~ student** аспира́нт (*fem* -ка); **~ study/studies** (*US also* **~ school**) аспиранту́ра.
graduate² /ˈgrædjʊˌeɪt/ *vt* **1** (*mark with degrees*) градуи́ровать, про-. **2** (*arrange by grade*) распол|ага́ть, -ожи́ть на шкале́.
● *vi* (*from university*) ок|а́нчивать, -о́нчить университе́т/вуз/(*from school, US*) шко́лу; (*coll*) получи́ть (*pf*) дипло́м.

graduate school — аспиранту́ра
Э́тот те́рмин применя́ется в америка́нском вариа́нте англи́йского языка́. Студе́нты мо́гут поступи́ть в аспиранту́ру по́сле 3 и́ли 4 лет обуче́ния в университе́те.

graduation /ˌgrædjʊˈeɪʃ(ə)n/ *n* **1** (*marking with degrees*) градуиро́вка. **2** (*in pl, degrees so marked*) деле́ния (*nt pl*). **3** (*arrangement in grades*) расположе́ние на шкале́. **4** (*receiving degree*) получе́ние дипло́ма/сте́пени; (*US*) оконча́ние шко́лы.
graffiti /grəˈfiːtiː/ *n* (*sg* **graffito** /-təʊ/) граффи́ти (*indecl, pl*), на́дписи (*f pl*) (на стена́х/забо́рах).
graft¹ /grɑːft/ *n* **1** (*scion*) черено́к; (*tissue*) переса́женная ткань; (*process applied to trees*) приви́вка. **2** (*surgery*) опера́ция переса́дки. **3** (*Br coll*) (*hard work*) вка́лывание.
● *vt* (*surgery*) переса́|живать, -ди́ть; (*hort, also fig*) прив|ива́ть, -и́ть.
● *vi* (*Br coll*) вка́лывать (*impf*) (*sl*).
graft² /grɑːft/ *n* (*coll, bribery etc.*) взя́точничество; блат.
grafter¹ /ˈgrɑːftə(r)/ *n* (*coll*) (*hard worker*) трудя́га (*cg*).
grafter² /ˈgrɑːftə(r)/ *n* (*coll*) (*swindler*) жу́лик.
grail /greɪl/ *n*: **the Holy G~** Свято́й/Свяще́нный Гра́аль.
grain /greɪn/ *n* **1** (*collect, seed of cereal plants*) зерно́; хле́бные зла́ки (*m pl*); (*single seed*) зерно́, зёрнышко, крупи́нка. **2** (*small particle*) зёрнышко; крупи́нка; **~ of sand** песчи́нка; **you must take his words with a ~ of salt** его́ слова́ сле́дует принима́ть с огово́ркой; **this affords me some ~s of comfort** э́то даёт мне хоть како́е-то утеше́ние; **there is not a ~ of truth in it** в э́том нет ни крупи́цы/гра́на/ка́пли пра́вды. **3** (*weight*) гран. **4** (*of wood*) волокно́; **to saw along the ~** пили́ть (*impf*) вдоль волокна́. **5**: **it goes against the ~ with me** (*fig*) э́то мне не по душе́/нутру́.
gram /græm/ *n* грамм.
grammar /ˈgræmə(r)/ *n* грамма́тика; **this sentence is bad ~** э́то негра́мотная фра́за.
● *cpds* **~ book** *n* уче́бник грамма́тики; **~ school** *n* (*Br*) ≈ гимна́зия; сре́дняя шко́ла с гуманита́рным укло́ном.

grammar school
Тип сре́дней шко́лы в Великобрита́нии, эквивале́нтный гимна́зиям в Росси́и. В них мо́гут поступа́ть одарённые де́ти по достиже́нии 11—12 лет при усло́вии успе́шной сда́чи ко́нкурсных экза́менов. На да́нный моме́нт таки́х школ оста́лось о́чень ма́ло, так как с 1965 го́да их ста́ли заменя́ть общеобразова́тельными шко́лами, в кото́рые дете́й принима́ют незави́симо от спосо́бностей.

grammarian /grəˈmeərɪən/ *n* граммати́ст.
grammatical /grəˈmætɪk(ə)l/ *adj* граммати́ческий; **a ~ sentence** гра́мотное (*or* пра́вильно соста́вленное) предложе́ние.
gramme /græm/ (*Br*) = **gram**
gramophone /ˈgræməˌfəʊn/ *n* граммофо́н; **~ record** грампласти́нка.
gran /græn/ (*Br*) = **granny**
granary /ˈgrænərɪ/ *n* амба́р; зернохрани́лище.
grand /grænd/ *n* (*piano*) роя́ль (*m*); (*pl* **~**) (*sl, 1,000 dollars, pounds, etc.*) шту́ка (*in Moscow or elsewhere in Russia*), то́нна (*in St Petersburg*).
● *adj* **1** (*title*) вели́кий; **~ duke** вели́кий князь (*m*); **~master** (*chess*) гроссме́йстер. **2** (*great, important*) вели́кий; грандио́зный; **~ opera** больша́я о́пера; **~ piano** роя́ль (*m*). **3** (*elevated, imposing*) вели́чественный; **the ~ style** высо́кий стиль; **a ~ air** ва́жный вид. **4** (*all embracing*): **~ finale** торже́ственный фина́л; **~ total** о́бщая су́мма. **5** (*coll, very fine*) восхити́тельный; великоле́пный; **we had a ~ time** мы потряса́юще провели́ вре́мя.
● *cpds* **~child** *n* внук (*fem* вну́чка); **~(d)ad** *n* (*coll*) де́душка (*m*); **~daughter** *n* вну́чка; **~father** *n* де́душка (*m*); **~father clock** высо́кие напо́льные часы́; **~(ma(m))ma** *n* (*coll*) ба́бушка; **~mother** *n* ба́бушка; **teach one's ~mother to suck eggs** ≈ я́йца ку́рицу не у́чат; **~(pa)pa** *n* (*coll*) де́душка (*m*); **~parent** *n* де́душка (*fem* ба́бушка); **~son** *n* внук; **~stand** *n* трибу́на. *For kinship terms see also cpds of* ⇒**great**
grandee /grænˈdiː/ *n* гранд.
grandeur /ˈgrændjə(r), -ndʒə(r)/ *n* вели́чие; великоле́пие.
grandiloquence /ˌgrænˈdɪləkwəns/ *n* высокопа́рность.
grandiloquent /ˌgrænˈdɪləkwənt/ *adj* высокопа́рный.
grandiose /ˈgrændɪˌəʊs/ *adj* грандио́зный.
grange /greɪndʒ/ *n* (*Br, farmstead*) мы́за, фе́рма.
granite /ˈgrænɪt/ *n* грани́т.
● *adj* грани́тный.
granny /ˈgrænɪ/ *n* (*coll*) ба́бушка; **~ knot** «ба́бий» у́зел.
grant /grɑːnt/ *n* (*sum etc. conferred*) дота́ция; субси́дия; грант; (*to student*) стипе́ндия.
● *vt* **1** (*bestow*) дарова́ть (*impf, pf*); жа́ловать, по-; **I ~ my consent** я даю́ согла́сие; **~ me this favour!** сде́лайте мне э́то одолже́ние! **2** (*concede*) призн|ава́ть; -а́ть; **I ~ you that** в э́том вы пра́вы; **~ed, he has done all he could** согла́сен: он сде́лал всё, что мог. **3**: **he takes my help for ~ed** он принима́ет мою́ по́мощь как до́лжное.
granular /ˈgrænjʊlə(r)/ *adj* гранули́рованный.
granulate /ˈgrænjʊˌleɪt/ *vt & i* дроби́ть, раз-; **~d sugar** са́харный песо́к.
granule /ˈgrænjuːl/ *n* зерно́, гра́нула.
grape /greɪp/ *n*: **a ~** виногра́дина; **the ~, ~s** виногра́д (*collect*); **bunch of ~s** гроздь виногра́да; **sour ~s** (*fig*) зе́лен виногра́д.
● *cpds* **~fruit** *n* гре́йпфрут; **~shot** *n* кру́пная карте́чь; **~vine** *n* виногра́дная лоза́; (*fig*): **I heard on the ~vine that …** до меня́ дошли́ слу́хи (о том), что… .
graph /grɑːf, græf/ *n* гра́фик.
● *cpd* **~ paper** *n* бума́га в кле́тку, миллиметро́вка (*coll*).
graphic /ˈgræfɪk/ *adj* **1** (*pertaining to drawing etc.*) изобрази́тельный; **the ~ arts** изобрази́тельные иску́сства; гра́фика. **2** (*vivid*) кра́сочный; нагля́дный; **the papers give a ~ account of the events** газе́ты даю́т я́ркое описа́ние собы́тий. **3** (*using diagrams*) графи́ческий.
graphics /ˈgræfɪks/ *n* гра́фика.
● *cpds* **~ card** *n* (*comput*) видеока́рта, графи́ческая пла́та; **~ package** (*comput*) *n* графи́ческий паке́т.
graphite /ˈgræfaɪt/ *n* графи́т.
● *adj* графи́товый.
graphologist /grəˈfɒlədʒɪst/ *n* графо́лог.
graphology /grəˈfɒlədʒɪ/ *n* графоло́гия.
grapnel /ˈgræpn(ə)l/ *n* (*anchor*) шлю́почный я́корь; (*for boarding*) аборда́жный крюк.
grappl|e /ˈgræp(ə)l/ *vt* схва́т|ывать, -и́ть.
● *vi* схва́т|ываться, -и́ться; **~e with the enemy** схвати́ться с враго́м; **~e with a problem** бра́ться, взя́ться за пробле́му; **~ing iron** крюк.
grasp /grɑːsp/ *n* **1** (*grip*) хва́тка; (*fig*): **victory is within our ~** побе́да уже́ близка́. **2** (*comprehension*) понима́ние; **he has a good ~ of the subject** он хорошо́ в э́том разбира́ется; **it is beyond my ~** э́то вы́ше моего́ понима́ния.
● *vt* (*seize*) схва́т|ывать, -и́ть; **~ the**

nettle (*Br, fig*) взять (*pf*) быка́ за рога́; (*embrace*) обхва́т|ывать, -и́ть; (*comprehend*) схва́т|ывать, -и́ть смысл + *g*.
● *vi*: ~ **at, for** (*lit, fig*) ухвати́ться (*pf*) за + *a*; **a ~ing person** стяжа́тель (*fem* -ница).

grass /grɑːs/ *n* **1** трава́; **blade of ~** трави́нка; **he lets the ~ grow under his feet** он сиди́т сложа́ ру́ки; **the land was laid to ~** земля́ была́ отведена́/пу́щена под луг; (*gramineous species*) злак; (*pasture*) па́стбище; **the horse was put (out) to ~** ло́шадь вы́гнали на подно́жный корм; **~ court** травяно́й корт; **~ widow** соло́менная вдова́.
2 (*lawn*) газо́н; **keep off the ~** (*notice*) по траве́ не ходи́ть.
3 (*sl, marijuana*) марихуа́на, «тра́вка».
4 (*Br sl, police informer*) стука́ч.
● *vt* зас|ева́ть, -е́ять траво́й; об|кла́дывать, -ложи́ть дёрном; **the ground has been ~ed over** уча́сток засе́ян траво́й.
● *vi* (*Br sl, inform*) стуча́ть, на-.
● *cpds* **~hopper** *n* кузне́чик; **~land** *n* луг; **~-roots** *adj* (*coll*) низово́й, из низо́в; **~-roots opinion is against the plan** рядовы́е гра́ждане настро́ены про́тив э́того пла́на; **~ seed** *n* семена́ (*nt pl*) трав; **~ snake** *n* уж.

grassy /ˈgrɑːsɪ/ *adj* (**grassier, grassiest**) травяно́й; травяни́стый.

grate¹ /greɪt/ *n* (*fireplace*) ками́нная решётка; ками́н.

grate² /greɪt/ *vt* тере́ть (*impf*); **~d cheese** тёртый сыр; **~ one's teeth** скрежета́ть (*impf*) зуба́ми.
● *vi* **1** (*rub*) тере́ться (*impf*); **~ on** (*fig*) раздража́ть (*impf*); нерви́ровать (*impf*); **it ~s on my ear** э́то мне ре́жет слух. **2** (*make harsh sound*) скр|ипе́ть, -и́пнуть.

grateful /ˈgreɪtfʊl/ *adj* благода́рный; призна́тельный.

gratefulness /ˈgreɪtfʊlnɪs/ *n* благода́рность.

grater /ˈgreɪtə(r)/ *n* тёрка.

gratification /ˌgrætɪfɪˈkeɪʃ(ə)n/ *n* удовлетворе́ние.

gratify /ˈgrætɪˌfaɪ/ *vt* **1** (*give pleasure to*) дост|авля́ть, -а́вить удово́льствие + *d*; ублаж|а́ть, -и́ть; **the results were most ~ing** результа́ты бы́ли са́мыми обнадёживающими. **2** (*indulge*) удовлетвор|я́ть, -и́ть.

grating /ˈgreɪtɪŋ/ *n* решётка.

gratis /ˈgrɑːtɪs, ˈgreɪ-/ *adj* беспла́тный.
● *adv* беспла́тно.

gratitude /ˈgrætɪˌtjuːd/ *n* благода́рность.

gratuitous /grəˈtjuːɪtəs/ *adj*
1 (*unwarranted*) беспричи́нный; **a ~ insult** незаслу́женное оскорбле́ние.
2 (*free*) даровой; безвозме́здный; **~ advice** беспла́тный сове́т.

gratuity /grəˈtjuːɪtɪ/ *n* (*Br, bounty on retirement etc.*) посо́бие; пре́мия; (*tip*) чаевы́|е (*pl, g* -х).

grava|men /grəˈveɪmen/ *n* (*pl* **~mens** *or* **~mina** /-mɪnə/) (*law*) (*grievance*) жа́лоба; (*of accusation*) суть, основно́й пункт.

grave¹ /greɪv/ *n* моги́ла; **an old man with one foot in the ~** стари́к, стоя́щий одно́й ного́й в моги́ле; **he would turn in his ~ if he heard you** е́сли бы он вас услы́шал, он переверну́лся бы в гробу́; **someone is walking over my ~** меня́ ни с того́ ни с сего́ дрожь пробира́ет; (*death*) смерть; **he went to his ~** он сошёл в моги́лу; **life beyond the ~** загро́бная жизнь.
● *cpds* **~digger** *n* моги́льщик; **~side** *n*: **at the ~** на краю́ моги́лы; **~stone** *n* надгро́бная плита́; **~yard** *n* кла́дбище.

grave² /greɪv/ *adj* (*of person*) серьёзный; (*of events*) серьёзный, тяжёлый; **~ news** трево́жные ве́сти.

grave³ /grɑːv/ *adj* (*gram*): **~ accent** тупо́е ударе́ние.

grave⁴ /greɪv/ *vt* (*pp* **graven** *or* **graved**) высека́ть, высечь; гравирова́ть (*impf*); **her face is ~d on my memory** её лицо́ запечатле́лось в мое́й па́мяти; **~n image** и́дол, кумир.

gravel /ˈgræv(ə)l/ *n* гра́вий; **a ~ path** грави́йная тро́пка; доро́жка, посы́панная гра́вием.
● *vt* (**gravelled, gravelling;** *US* **graveled, graveling**) (*strew with ~*) пос|ыпа́ть, -ы́пать гра́вием.

gravelly /ˈgrævəlɪ/ *adj* грави́йный; (*fig, of the voice*) скрипу́чий.

graven /ˈgreɪv(ə)n/ *pp of* ⇒**grave⁴**

graver /ˈgreɪvə(r)/ *n* (*person*) ре́зчик, гравёр; (*tool*) резе́ц.

Graves /greɪvz/ *n*: **~' disease** базе́дова боле́знь.

gravitate /ˈgrævɪˌteɪt/ *vi* прит|я́гиваться, -яну́ться; (*fig*) тяготе́ть (*impf*) (**to(wards):** к + *d*).

gravitation /ˌgrævɪˈteɪʃ(ə)n/ *n* (*sinking*) опуска́ние; (*phys force*) гравита́ция, притяже́ние, тяготе́ние; (*fig*) тяготе́ние.

gravitational /ˌgrævɪˈteɪʃən(ə)l/ *adj* гравитацио́нный.

gravity /ˈgrævɪtɪ/ *n* **1** (*force*) си́ла притяже́ния. **2** (*weight*) тя́жесть; **centre of ~** центр тя́жести; **law of ~** зако́н всеми́рного тяготе́ния; **specific ~** уде́льный вес. **3** (*seriousness*) серьёзность; тя́жесть. **4** (*solemnity*) торже́ственность.

gravy /ˈgreɪvɪ/ *n* подли́вка.
● *cpd* **~ boat** *n* со́усник.

gray /greɪ/ (*US*) = **grey**

grayish /ˈgreɪɪʃ/ (*US*) = **greyish**

grayness /ˈgreɪnɪs/ (*US*) = **greyness**

graze¹ /greɪz/ *n* (*abrasion*) цара́пина; сса́дина.
● *vt* зад|ева́ть, -е́ть; сса́|живать, -ди́ть; **the bullet ~d his cheek** пу́ля оцара́пала ему́ щёку; **he fell and ~d his knee** он упа́л и оцара́пал/ссади́л коле́но.
● *vi*: **the bullet ~d past him** (*causing no injury*) пу́ля пролете́ла ми́мо, едва́/чуть не заде́в его́; (*causing minor injury*) пу́ля пролете́ла ми́мо, (лишь) слегка́ оцара́пав его́.

graze² /greɪz/ *vt* пасти́; **~ sheep** пасти́ ове́ц; **~ (feed in) a field** пасти́сь на по́ле/лугу́.
● *vi*: **he has 40 sheep out to ~** у него́ (в ста́де/ота́ре) пасётся 40 ове́ц.

grazier /ˈgreɪzɪə(r)/ *n* скотово́д.

grazing /ˈgreɪzɪŋ/ *n* па́стбище; **~ land** вы́пас.

grease /griːs/ *n* (*fat*) жир; (*lubricant*) сма́зка.
● *vt* сма́з|ывать, -ать; (*fig*): **~ s.o.'s palm** (*with a bribe*) «подма́зать» кого́-н.; **he ran off like ~d lightning** он помча́лся пу́лей.
● *cpds* **~ gun** *n* шприц для сма́зки; **~ monkey** *n* (*coll*) меха́ник; **~paint** *n* грим; **~proof** *adj* жиронепроница́емый.

greasy /ˈgriːsɪ, -zɪ/ *adj* (**greasier, greasiest**) жи́рный; (*of a road*) ско́льзкий; (*fig, unctuous*) еле́йный.

great /greɪt/ *adj* **1** большо́й, вели́кий; (*famous*) знамени́тый; **a ~ nuisance** большо́е неудо́бство; **they are ~ friends** они́ больши́е друзья́; **a ~ (big) boy** ро́слый ма́льчик; **a ~ many people** ма́сса наро́ду; **a ~ deal of courage** незауря́дная хра́брость; **I've a ~ mind to ...** мне бы о́чень хоте́лось...; **a ~ while ago** давны́м-давно́; **he lived to a ~ age** он до́жил до глубо́кой ста́рости; **the ~ majority** подавля́ющее большинство́; **take ~ care!** бу́дьте о́чень осторо́жны; **he shows ~ ignorance** он проявля́ет по́лное неве́жество (*в чём*).
2 (*enthusiastic, assiduous*): **a ~ reader** стра́стный чита́тель; **a ~ walker** завзя́тый ходо́к.
3 (*coll, splendid, marvellous*) замеча́тельный; **we had a ~ time** мы замеча́тельно провели́ вре́мя; **he thinks he's the ~est** (*sl*) он мно́го о себе́ вообража́ет; **he is ~ at repairing a car** он великоле́пно ремонти́рует маши́ну.
4 (*eminent, distinguished*) вели́кий; **~ minds think alike** вели́кие умы́ схо́дятся; **the G~ Powers** вели́кие держа́вы; **Peter the G~** Пётр Вели́кий; **a ~ occasion** торже́ственное собы́тие.
5 (*various*): **the G~ Bear** Больша́я Медве́дица; **G~ Britain** Великобрита́ния; **~ circle** большо́й круг; **~ circle sailing** пла́вание по ортодро́мии (*по дуге большого круга*).
● *cpds* **~-aunt** *n* двою́родная ба́бушка; **~coat** *n* пальто́ (*indecl*); **~-granddaughter** *n* пра́внучка; **~-grandfather** *n* пра́дед; **~-grandmother** *n* праба́бушка; **~-grandson** *n* пра́внук; **~-hearted** *adj* великоду́шный; **~-nephew** *n* внуча́тый племя́нник; **~-niece** *n* внуча́тая племя́нница; **~-uncle** *n* двою́родный дед.

greatly /ˈgreɪtlɪ/ *adv* о́чень, си́льно, значи́тельно; **I was ~ amused** э́то меня́ си́льно позаба́вило.

greatness /ˈgreɪtnɪs/ *n* вели́чие.

grebe /griːb/ *n* пога́нка (*птица*).

Grecian /ˈgriːʃ(ə)n/ *adj* гре́ческий.

Greece /griːs/ *n* Гре́ция.

greed /griːd/, **-iness** /ˈgriːdɪnɪs/ *nn* жа́дность; а́лчность; (*for food*) прожо́рливость.

greedy /ˈgriːdɪ/ *adj* (**greedier, greediest**) (*for money etc.*) жа́дный; а́лчный (*literary*); (*for honour etc.*) жа́ждущий + *g*; а́лчущий + *g* (*literary*); (*for food*) прожо́рливый.
● *cpd* **~-guts** *n* (*sl*) жа́дина (*cg*).

Greek /griːk/ *n* **1** (*person*) гре|к (*fem* -ча́нка). **2** (*language*) гре́ческий язы́к; **Ancient ~** древнегре́ческий язы́к; **Modern ~** новогре́ческий язы́к; **it's (all) ~ to me** э́то для меня́ кита́йская гра́мота.
● *adj* гре́ческий.

green /griːn/ *n* **1** (*colour*) зелёный цвет; зелёное; **dressed in ~** оде́тый в зелёное.
2 (*in pl, vegetables*) зе́лень; **spring ~s** ра́нние о́вощи (*m pl*); (*cut foliage*) ли́стья (*pl*).
3 (*grassy area*) лужа́йка; (*on golf course*) площа́дка вокру́г лу́нки.
● *adj* зелёный; **a ~ belt round the city** зелёный по́яс (вокру́г) го́рода; **he got the ~ light and went ahead** (*fig*) получи́в «зелёную у́лицу», он на́чал де́йствовать; **she has ~ fingers** (*Br*), **a ~ thumb** (*US*) она́ уме́лый садово́д; **~ with envy** зелёный от за́висти; (*unripe*) незре́лый; **~ wood** невы́держанная/«зелёная» древеси́на; (*fig, inexperienced, gullible*) «зелёный».
● *cpds* **~back** *n* (*US*) банкно́та; **~-eyed** *adj* зеленогла́зый; (*fig*) ревни́вый; **the ~-eyed monster** ре́вность; **~finch** *n* зелену́шка; **~fly** *n* (*Br*) тля; **~gage** *n* ренкло́д; **~grocer** *n* (*Br*) продав|е́ц (*fem* -щи́ца) зе́лени; **~grocery** *n* (*Br*) зеленна́я ла́вка; **~horn** *n* новичо́к; **~house** *n* тепли́ца; **~house effect** парнико́вый/тепли́чный эффе́кт; **~ room** *n* артисти́ческая; **~stuff** *n* о́вощ|и (*pl g* -е́й); **~sward** *n* (*archaic*) газо́н.

> **green card — грин-ка́рта, зелёная ка́рта**
> Докуме́нт, разреша́ющий жить и рабо́тать в Аме́рике лю́дям, не име́ющим америка́нского гражда́нства. Э́тот докуме́нт обяза́телен для тех, кто хо́чет жить и рабо́тать в Аме́рике постоя́нно.

greenery /ˈgriːnərɪ/ *n* зе́лень.

greenish /ˈgriːnɪʃ/ *adj* зеленова́тый.

Greenland /ˈgriːnlənd/ *n* Гренла́ндия.
● *adj* гренла́ндский.

greenness /ˈgriːnnɪs/ *n* зе́лень; (*fig*) нео́пытность.

Greenwich (Mean) Time /ˈgrenɪtʃ, ˈgrɪnɪdʒ/ *n* вре́мя по Гри́нвичу.

greet /griːt/ *vt* (*socially*) здоро́ваться, по- с + *i*; (*welcome*) приве́тствовать (*impf*); (*e.g. the dawn*) встр|еча́ть, -е́тить; **the soldiers were ~ed by abuse** солда́т встре́тили оскорбле́ниями; **a fine view ~ed us at the summit** с верши́ны нам откры́лся прекра́сный вид.

greeting /ˈgriːtɪŋ/ *n* (*on meeting*) приве́тствие; **~s** (*in a letter*) приве́т; **~s!** приве́т!; приве́тствую!; (*on a special occasion*): **birthday ~s** поздравле́ние с днём рожде́ния; **~s card** (*US* **~ card**) поздрави́тельная откры́тка.

gregarious /grɪˈgeərɪəs/ *adj* ста́дный; (*fig, also*) общи́тельный.

gregariousness /grɪˈgeərɪəsnɪs/ *n* ста́дность; общи́тельность.

Gregorian /grɪˈgɔːrɪən/ *adj* григориа́нский; **~ calendar** григориа́нский календа́рь (*но́вый стиль*).

gremlin /ˈgremlɪn/ *n* (*coll*) зло́й дух.

grenade /grɪˈneɪd/ *n* грана́та.

grenadier /ˌgrenəˈdɪə(r)/ *n* гренаде́р.

grew /gruː/ *past of* ⇨**grow**

grey /greɪ/ (*US* **gray**) *n* се́рый цвет; се́рое; **dressed in ~** оде́тый в се́рое.
● *adj* се́рый; **~ area** (*fig*) о́бласть неопределённости; **~ matter** (*fig*) «се́рое вещество́»; ум; «мозги́» (*m pl*); **he has gone quite ~** он си́льно поседе́л; **his face turned ~** он побледне́л.
● *cpds* **~beard** *n* стари́к; **~-haired, ~-headed** *adjs* седо́й, седовла́сый; **~hound** *n* англи́йская борза́я.

> **Greyhound Bus**
> Назва́ние авто́бусов са́мой большо́й в Аме́рике авто́бусной компа́нии. Сеть обслу́живания да́нной компа́нии охва́тывает большинство́ городо́в Аме́рики. Наибо́льшей популя́рностью э́тот вид тра́нспорта по́льзуется у молодёжи и тури́стов.

greyish /ˈgreɪɪʃ/ (*US* **grayish**) *adj* серова́тый.

greyness /ˈgreɪnɪs/ (*US* **grayness**) *n* се́рость; (*of hair*) седина́.

grid /grɪd/ *n* **1** (*grating*) решётка. **2** (*gridiron*) ра́шпер. **3** (*map reference squares*) координа́тная се́тка; **~ reference** координа́ты (*f pl*). **4** (*elec*) сеть электропереда́ч. **5** (*power supply system*) энергосисте́ма.
● *cpd* **~iron** *n* ра́шпер; (*US*) футбо́льное по́ле.

griddle /ˈgrɪd(ə)l/ *n* сковоро́дка.
● *cpd* **~ cake** *n* лепёшка; блин.

gridlock /ˈgrɪdlɒk/ *n* зато́р, про́бка; **~ed streets** заблоки́рованные у́лицы.

grief /griːf/ *n* (*sorrow*) го́ре, печа́ль; (*cause of sorrow*) огорче́ние; (*disaster*): **he will come to ~** он пло́хо ко́нчит.

grievance /ˈgriːv(ə)ns/ *n* прете́нзия; недово́льство; **he likes airing his ~s** он лю́бит излива́ть своё недово́льство.

grieve /griːv/ *vt* огорч|а́ть, -и́ть; печа́лить, о-; **I am ~d to hear of it** мне бо́льно э́то слы́шать.
● *vi* печа́литься, о-; горева́ть (*impf*); **she ~d for her husband** она́ горева́ла о му́же.

grievous /ˈgriːvəs/ *adj* го́рестный; печа́льный; **~ bodily** (*law*) **harm** тяжёлые теле́сные поврежде́ния (*nt pl*); **~ pain** мучи́тельная боль.

griffin /ˈgrɪfɪn/, **griffon** /ˈgrɪf(ə)n/, **gryphon** /ˈgrɪf(ə)n/ *n* грифо́н.

grill /grɪl/ *n* (*Br, on cooker*) гриль (*m*); (*gridiron*) ра́шпер; (*dish*) жа́реное мя́со; **mixed ~** ассорти́ (*nt indecl*) из жа́реного мя́са.
● *vt* (*Br, cook*) жа́рить, за- на гри́ле; (*coll, interrogate*) учин|я́ть, -и́ть допро́с + *d*.
● *vi* (*Br, of food*) жа́риться, за-, из- на гри́ле.
● *cpd* **~ room** *n* гриль-ба́р.

grille /grɪl/ *n* решётка.

grim /grɪm/ *adj* (**grimmer, grimmest**) суро́вый, мра́чный, гро́зный; **he held on like ~ death** он вцепи́лся мёртвой хва́ткой; **the prospect is ~** перспекти́вы мра́чные/безра́достные.

grimace /ˈgrɪməs, grɪˈmeɪs/ *n* грима́са.
● *vi* грима́сничать (*impf*).

grime /graɪm/ *n* са́жа; грязь.

grimy /ˈgraɪmɪ/ *adj* (**grimier, grimiest**) чума́зый; гря́зный.

grin /grɪn/ *n* усме́шка; ухмы́лка.
● *vi* (**grinned, grinning**) усмех|а́ться, -ну́ться; ухмыл|я́ться, -ьну́ться; ска́лить (*impf*) зу́бы; **you must ~ and bear it** вы должны́ му́жественно перенести́ э́то.

grind /graɪnd/ *n* (*coll*) изнури́тельный труд; рабо́та на изно́с; **this work is a fearful ~** э́та рабо́та до у́жаса изнуря́ет.
● *vt* (*past and pp* **ground**) **1** (*crush*) моло́ть, с-; **~ corn** моло́ть, пере- зерно́; **ground almonds** мо́лотый минда́ль.
2 (*wear down*) изн|а́шивать, -оси́ть; **ground glass** ма́товое стекло́; (*sharpen*) точи́ть, на-; **I have no axe to ~** (*fig*) у меня́ нет своекоры́стных це́лей; (*make smooth*) шлифова́ть, от-.
3: **~ one's teeth** скрежета́ть/скрипе́ть (*both impf*) зуба́ми.
4: **~ one's heel into the earth** вда́в|ливать, -и́ть каблу́к в зе́млю.
● *vi* (*past and pp* **ground**)
1 (*rub, grate*) раст|ира́ть, -ере́ть.
2 (*coll, work hard*) изм|а́тываться, -ота́ться; **~ away at one's studies** грызть (*impf*) грани́т нау́ки.
3: **~ to a halt** остан|а́вливаться, -ови́ться (с ля́згом); засто́пориться (*pf*).
● *cpd* **~stone** *n* точи́ло; **he kept his nose to the ~stone** он труди́лся без о́тдыха.

grinder /ˈgraɪndə(r)/ *n* **1** (*for crushing*) дроби́лка; (*coffee ~*) кофемо́лка, кофе́йная ме́льница. **2** (*for abrasive work*) точи́льный ка́мень; шлифова́льный стано́к.

grip /grɪp/ *n* **1** (*grasp*) схва́тывание; (*fig*) понима́ние; **he has a powerful ~** у него́ кре́пкая хва́тка; **he was in the ~ of an illness** боле́знь кре́пко держа́ла его́; **come to ~s with a problem** вплотну́ю заня́ться (*pf*) пробле́мой; **take a ~ of yourself!** возьми́те себя́ в ру́ки!; **he got a ~ of the facts** он разобра́лся в фа́ктах; **he is losing his ~** хва́тка у него́ уже́ не та.
2 (*handle; part held*) рукоя́тка; ру́чка.
3 (*travelling bag*) саквоя́ж.
● *vt* (**gripped, gripping**) (*hold tightly*) схва́т|ывать, -и́ть; (*of a disease*) не отпуска́ть, кре́пко держа́ть (*both impf*); (*hold the attention of*) захва́т|ывать, -и́ть; **a ~ping story** захва́тывающий расска́з.
● *vi* (**gripped, gripping**) схва́т|ываться, -и́ться; **the brakes failed to ~** тормоза́ отказа́ли.

gripe /graɪp/ (*coll*) *n* **1** (*in pl, colic pains*) ко́лик|и (*pl, g* —). **2** (*grumble,*

complaint) ворча́ние.
● *vi* (*complain*) ворча́ть (*impf*).
● *cpd* ~ **water** *n* (*Br*) укро́пная вода́.

grisly /ˈgrɪzlɪ/ *adj* (**grislier, grisliest**) ужаса́ющий.

grist /grɪst/ *n* помо́л; зерно́ для помо́ла; (*fig*): **it will bring ~ to the mill** э́то принесёт дохо́д; **all is ~ to his mill** он из всего́ извлека́ет вы́году.

gristle /ˈgrɪs(ə)l/ *n* хрящ.

gristly /ˈgrɪslɪ/ *adj* хрящево́й; с хряща́ми.

grit /grɪt/ *n* **1** (*small bits of stone*) гра́вий; песо́к; **I've a piece of ~ in my eye** мне в гла́з попа́ла сори́нка. **2** (*coll, courage and endurance*) вы́держка; му́жество. **3** (*in pl, coarse meal*) овся́нка.
● *vt* (**gritted, gritting**) **1** (*spread ~ on*): **the streets were ~ted at the first sign of frost** при пе́рвых при́знаках моро́за у́лицы посы́пали песко́м. **2**: **~ one's teeth** скрипе́ть (*impf*) зуба́ми; (*fig*) сти́снуть (*pf*) зу́бы.

gritty /ˈgrɪtɪ/ *adj* (**grittier, grittiest**) песча́ный; (*fig, of style*) шерохова́тый.

grizzle /ˈgrɪz(ə)l/ *vi* (*Br coll, fret*) капри́зничать (*impf*); хны́кать (*impf*).

grizzled /ˈgrɪz(ə)ld/ *adj* седо́й.

grizzly /ˈgrɪzlɪ/ *n* (**~ bear**) гри́зли (*m indecl*).

groan /grəʊn/ *n* стон.
● *vi* стона́ть, за-; **he was ~ing for help** он взыва́л о по́мощи.

groats /grəʊts/ *n pl* крупа́.

grocer /ˈgrəʊsə(r)/ *n* бакале́йщик.

grocery /ˈgrəʊsərɪ/ *n* (*trade*) бакале́йное де́ло; (*shop*) бакале́йная ла́вка; магази́н бакале́йных това́ров; (*in pl, goods*) бакале́я.

grog /grɒg/ *n* грог; пунш.

groggy /ˈgrɒgɪ/ *adj* (**groggier, groggiest**) нетвёрдо стоя́щий на нога́х.

groin /grɔɪn/ *n* (*anat*) пах; (*archit*) кресто́вый свод.

groom /gru:m/ *n* (*for horses*) ко́нюх; (*bride~*) жени́х.
● *vt* **1**: **~ a horse** ходи́ть (*impf*) за ло́шадью. **2**: **well-~ed** (*of person*) хорошо́ причёсанный и оде́тый; (*coll*) ухо́женный. **3** (*prepare, coach*) гото́вить; **he is being ~ed for President** его́ про́чат в президе́нты.

groove /gru:v/ *n* желобо́к; (*fig*) рути́на.
● *vt* прор|еза́ть, -е́зать кана́вки + *p*.

groovy /ˈgru:vɪ/ *adj* (**groovier, grooviest**) (*sl, smart in the fashion*) шика́рный; клёвый.

grope /grəʊp/ *vt & i* идти́ (*det*) о́щупью; ощу́п|ывать, -ать; **he ~d his way towards the door** он о́щупью добра́лся до две́ри; (*fig*): **~ after truth** доисќиваться (*impf*) пра́вды.

grosgrain /ˈgrəʊgreɪn/ *n* ткань в уто́чный ру́бчик.

gross /grəʊs/ *n* (*pl* **~**) (*number*) гросс (*12 дюжин*).
● *adj* **1** (*coarse; flagrant*) гру́бый; вульга́рный. **2** (*obese*) ту́чный. **3** (*opp net*) вало́вой; **~ domestic product** вало́вой вну́тренний проду́кт; **~ national product** вало́вой национа́льный проду́кт; **~ weight** вес бру́тто; **in the ~** (*wholesale*) о́птом; гурто́м.
● *vt* (*coll, make a ~ profit*): **we ~ed £1,000** мы получи́ли о́бщую при́быль в 1000 фу́нтов.

grossness /ˈgrəʊsnɪs/ *n* гру́бость; вульга́рность; (*obesity*) ту́чность.

grotesque /grəʊˈtesk/ *n* (*person, figure etc.*) гроте́ск.
● *adj* гроте́скный; (*cinema, role*) гроте́сковый.

grotto /ˈgrɒtəʊ/ *n* (*pl* **~es** *or* **~s**) грот.

grouch /graʊtʃ/ *n* (*coll*) (*complaint*) жа́лоба; **he has a ~ against me** он на меня́ в оби́де; (*grumbler*) ворчу́н; брюзга́ (*cg*).

grouchy /ˈgraʊtʃɪ/ *adj* (**grouchier, grouchiest**) (*coll*) ворчли́вый; брюзгли́вый.

ground[1] /graʊnd/ *n* **1** (*surface of earth*) земля́; грунт; **the tree fell to the ~** де́рево упа́ло на зе́млю; **he cut the ~ from under my feet** он вы́бил у меня́ по́чву из-под ног; **his plan fell to the ~** его́ план ру́хнул; **the plane was a long while getting off the ~** самолёт де́лал большо́й разбе́г пе́ред взлётом; **the plan will never get off the ~** прое́кт так и оста́нется на бума́ге; **he has both feet on the ~** (*fig*) он про́чно стои́т на нога́х; **thin on the ~** (*coll, sparse*) ≈ раз, два и обчёлся; **it suits me down to the ~** э́то меня́ вполне́ устра́ивает; **from the ~ up** сни́зу до́верху; **~ crew** наземная кома́нда; **~ control** назе́мное управле́ние; **~ floor** пе́рвый эта́ж; **~ forces** сухопу́тные войска́; **~ speed** (*aeron*) путева́я ско́рость; **~ staff** нелётный соста́в; **~ swell** мёртвая зыбь, до́нные во́лны (*f pl*); (*fig*) волна́.
2 (*soil, also fig*) по́чва; **~ frost** (*Br*) за́морозк|и (*pl, g* -ов); подмёрзшая земля́; **his words fell on stony ~** его́ слова́ бы́ли гла́сом вопию́щего в пусты́не; **this theory breaks fresh ~** э́та тео́рия прокла́дывает но́вые пути́; **you are** (*treading*) **on dangerous ~** вы вступи́ли на ско́льзкую по́чву.
3 (*position*) положе́ние; **our forces gained ~** на́ши ча́сти продвига́лись вперёд; **this opinion is gaining ~** э́та то́чка зре́ния получа́ет всё бо́льшее распростране́ние; **he had to give ~** он до́лжен был уступи́ть; **he stood his ~ like a man** он держа́лся как мужчи́на; **they held their ~ well** они́ сто́йко держа́лись; **he has shifted his ~ so many times** он сто́лько раз меня́л свою́ пози́цию; **I prefer to meet him on my own ~** я предпочита́ю встреча́ться с ним на свое́й террито́рии; **there is much common ~ between us** у нас мно́го о́бщего.
4 (*area, distance*) расстоя́ние; **we covered a lot of ~** (*distance*) мы покры́ли большо́е расстоя́ние; (*fig, work*) мы заме́тно продви́нулись вперёд.
5 (*defined area of activity*) площа́дка; **fishing ~s** места́, отведённые для ры́бной ло́вли; **football ~** футбо́льная площа́дка; **parade ~** плац; **sports ~** спорти́вная площа́дка; **home ~** своё по́ле.
6 (*in pl, estate*) сад, парк, зе́мли (*f pl*); **house and ~s** дом и земе́льный уча́сток.
7 (*in pl, dregs*) гу́ща; **coffee ~s** кофе́йная гу́ща.
8 (*reason*) основа́ние; **I have no ~s for complaint** у меня́ нет основа́ний жа́ловаться; **he has good ~(s) for saying so** у него́ есть все основа́ния так говори́ть.
9 (*surface for painting, printing etc.*) фон; **a design on a white ~** рису́нок на бе́лом фо́не.
10 (*US, elec*) земля́, заземле́ние.
● *vt* **1** (*run aground*) сажа́ть, посади́ть на мель.
2 (*prevent from flying*) запре|ща́ть, -ти́ть полёты + *g*.
3 (*base*) обосно́в|ывать, -а́ть; **his fears were well ~ed** его́ опасе́ния бы́ли по́лностью обосно́ваны.
4 (*give basic instruction to*) подгот|а́вливать, -о́вить.
5 (*US, elec, connect to earth*) заземл|я́ть, -и́ть.
● *vi* (*of a vessel*) сади́ться, сесть на мель.
● *cpds* **~bait** *n* (*Br*) до́нная блесна́; **~-floor** *adj* на пе́рвом этаже́; **~hog** *n* (североамерика́нский) лесно́й суро́к; **~nut** *n* земляно́й оре́х; **~ plan** *n* план пе́рвого этажа́ зда́ния; (*fig*) о́бщие наме́тки (*f pl*); **~ rent** *n* (*Br*) земе́льная ре́нта; **~-to-air** *adj*: **~-to-air missile** раке́та кла́сса «земля́ — во́здух»; **~work** *n* фунда́мент, осно́вы (*f pl*).

ground[2] /graʊnd/ *past and pp of* ⇒**grind**

grounding /ˈgraʊndɪŋ/ *n* (*basic instruction*) подгото́вка.

groundless /ˈgraʊndlɪs/ *adj* беспричи́нный, беспо́чвенный, необосно́ванный.

groundsel /ˈgraʊns(ə)l/ *n* (*bot*) кресто́вник.

groundskeeper /ˈgraʊndzˌki:pə(r)/ (*US*) = **groundsman**

groundsman /ˈgraʊndzmən/ *n* (*pl* **groundsmen**) (*Br*) (*of a sports ground*) те́хник-смотри́тель спорт(и́вной)площа́дки; (*of the grounds around a large building*) садо́вник-смотри́тель приуса́дебного уча́стка/хозя́йства.

group /gru:p/ *n* **1** (*assemblage*) гру́ппа; коллекти́в; (*for artistic purposes*) гру́ппа; анса́мбль (*m*); (*interest ~, e.g. at school*) кружо́к; (*political etc. unit*) группиро́вка; фра́кция. **2** (*attr*) группово́й; **~ practice** (*med*) гру́ппа враче́й, веду́щих приём в одно́м ме́сте; **~ therapy** группова́я психотерапи́я. **3**: **Group of Seven, Group of Eight** (*abbr* **G7, G8**) «Больша́я семёрка», «Больша́я восьмёрка».
● *vt & i* группирова́ть(ся), с-.
● *cpd* **~ captain** *n* (*Br*) ≈ полко́вник (*в авиации*).

grouping /ˈgru:pɪŋ/ *n* (*action*) группирова́ние, классифици́рование; (*group*) группиро́вка.

grouse[1] /graʊs/ *n* (*pl* ∼) (*bird*) шотла́ндская куропа́тка.

grouse[2] /graʊs/ *n* (*coll*) (*complaint*) жа́лоба; прете́нзия.
● *vi* ворча́ть (*impf*).

grout /graʊt/ *n* (*mortar*) цеме́нтный раство́р.
● *vt* зал|ива́ть, -и́ть цеме́нтом.

grove /grəʊv/ *n* ро́ща.

grovel /ˈgrɒv(ə)l/ *vi* (**grovelled, grovelling; US groveled, groveling**) лежа́ть (*impf*) ниц/распростёршись; (*fig*) пресмыка́ться (*impf*) (**to:** перед + *i*); па́|дать, -сть в но́ги.

grow /grəʊ/ *vt* (*past* **grew;** *pp* **grown**) расти́ть, вы́-; выра́щивать (*impf*); разводи́ть (*impf*); **cotton is ∼n in the South** хло́пок выра́щивают на ю́ге; **he is ∼ing a beard** он отра́щивает бо́роду.
● *vi* (*past* **grew;** *pp* **grown**) **1** (*of vegetable habitat*) расти́, вы́расти; **ivy ∼s on walls** плющ растёт на стена́х; **money doesn't ∼ on trees** де́ньги не расту́т на дере́вьях.
2 (*of vegetable or animal development*): **he has ∼n tall** он о́чень вы́рос/вы́тянулся; **he grew (by) 5 inches** он вы́рос на 5 дю́ймов; **she has ∼n into a young lady** она́ преврати́лась в молоду́ю же́нщину; **she is letting her hair ∼** она́ отра́щивает во́лосы; **he looks quite ∼n up** он вы́глядит совсе́м взро́слым; **∼n-ups** взро́слые (*pl*); **I grew to like him** со вре́менем он стал мне нра́виться; **it grew out of nothing** всё начало́сь с пустяка́; **it's a habit I've never ∼n out of** э́то привы́чка, от кото́рой я никогда́ не мог изба́виться; **he grew out of his clothes** он вы́рос из оде́жды; **full(y)-∼n** зре́лый; **a ∼n man** взро́слый челове́к; **∼ing pains** невралги́ческие/ревмати́ческие бо́ли в де́тском во́зрасте; (*fig*) боле́знь ро́ста; (*increase*) увели́чи|ваться, -ться; уси́ли|ваться, -ться; **he grew daily in wisdom** он с ка́ждым днём набира́лся ума́; **his influence is ∼ing** его́ влия́ние растёт; **he listened with ∼ing impatience** он слу́шал с расту́щим нетерпе́нием; **the tune ∼s on one** э́тот моти́в начина́ет нра́виться со вре́менем.
3 (*become*) ста|нови́ться, -ть; *also expressed by inchoative pref*; **it grew suddenly dark** вдруг ста́ло темно́ (*or* стемне́ло); **as he grew older, he ...** с во́зрастом он...; **she grew pale** она́ побледне́ла; **he grew rich** он разбогате́л.

grower /ˈgrəʊə(r)/ *n* (*cultivator*) садово́д; **a fast ∼** (*plant*) быстрорасту́щее расте́ние.

growl /graʊl/ *n* рыча́ние; (*of thunder*) гро́хот.
● *vi* рыча́ть (*impf*); греме́ть (*impf*).

grown /grəʊn/ *pp of* ⇨**grow**

growth /grəʊθ/ *n* (*development*) рост; (*increase*) приро́ст; **three days' ∼ of beard** трёхдне́вная щети́на; (*med*) новообразова́ние, о́пухоль; (*biol*) наро́ст.

grub[1] /grʌb/ *n* (*larva*) личи́нка; червь (*m*); (*food*) жратва́ (*coll*).

grub[2] /grʌb/ *vt* (**grubbed, grubbing**) выка́пывать, вы́копать; **a hoe for ∼bing out weeds** моты́га для пропо́лки сорняко́в.
● *vi* (**grubbed, grubbing**) ры́ться (*impf*); **pigs ∼ about for food** сви́ньи ро́ются вокру́г/повсю́ду в по́исках пи́щи.

grubby /ˈgrʌbɪ/ *adj* (**grubbier, grubbiest**) (*dirty*) гря́зный, запа́чканный.

grudg|e /grʌdʒ/ *n* прете́нзия, недоброжела́тельность; **I bear him no ∼e** я на него́ не в оби́де.
● *vt* зави́довать, по- (*чему*); жале́ть, по- (*чего*); **I do not ∼e him his success** я не зави́дую его́ успе́ху; **I ∼e paying so much** мне жаль сто́лько плати́ть; **∼ing praise** скупа́я похвала́; **he obeyed ∼ingly** он неохо́тно вы́полнил приказа́ние.

gruel /ˈgru:əl/ *n* (жи́дкая) каши́ца.

gruelling /ˈgru:əlɪŋ/ (*US* **grueling**) *adj* изма́тывающий; изнури́тельный.

gruesome /ˈgru:səm/ *adj* жу́ткий.

gruff /grʌf/ *adj* (*of demeanour*) ре́зкий, грубова́тый; (*of voice*) хри́плый.

gruffness /ˈgrʌfnɪs/ *n* ре́зкость, гру́бость; хри́плость.

grumble /ˈgrʌmb(ə)l/ *n* (*complaint*) ворча́ние; (*rumbling noise*) гро́хот.
● *vi* (*complain*) ворча́ть (*impf*); жа́ловаться, по-; (*rumble*) грохота́ть (*impf*).

grumbler /ˈgrʌmblə(r)/ *n* ворчу́н.

grumpy /ˈgrʌmpɪ/ *adj* (**grumpier, grumpiest**) сварли́вый.

grunt /grʌnt/ *n* (*animal*) хрю́канье; (*human*) ворча́ние.
● *vi* (*of animals*) хрю́к|ать, -нуть; (*of humans; also vt*) ворча́ть, про-.

gryphon /ˈgrɪf(ə)n/ = **griffin**

guano /ˈgwɑ:nəʊ/ *n* (*agric*) гуа́но (*indecl*).

guarantee /ˌgærənˈti:/ *n*
1 (*undertaking*) гара́нтия; поручи́тельство; **this watch carries a ∼** э́ти часы́ с гара́нтией.
2 (*guarantor*) гара́нт; поручи́тель (*m*); **will you stand ∼ for me?** вы за меня́ пору́читесь? **3** (*security*) гара́нтия (*чего*). **4** (*determinant*) зало́г; **money is no ∼ of success** де́ньги ещё не гаранти́руют успе́х.
● *vt* (**guarantees, guaranteed**)
1 (*stand surety; undertake, promise*) гаранти́ровать (*impf, pf*). **2** (*ensure*) обеспе́чи|вать, -ть. **3** (*coll, feel sure, wager*) руча́ться, поручи́ться.
4 (*insure*) страхова́ть, за-; **it is ∼d to last 10 years** срок го́дности/гара́нтии — 10 лет; **∼d against rust** гаранти́рованный от корро́зии.

guarantor /ˌgærənˈtɔ:(r), ˈgærəntə(r)/ *n* поручи́тель (*m*); гара́нт.

guaranty /ˈgærəntɪ/ *n* гара́нтия (по до́лгу), зало́г, поручи́тельство.

guard /gɑ:d/ *n* **1** (*state of alertness*) насторожённость; **be on your ∼ against pickpockets** остерега́йтесь карма́нников; **he was caught off his ∼** его́ заста́ли враспло́х; (*defence*): **his ∼ was down** (*fig*) его́ бди́тельность осла́бла; он осла́бил бди́тельность; (*mil*): **mount ∼** вступ|а́ть, -и́ть в карау́л; **on ∼ duty** на часа́х; в карау́ле; **they kept ∼ by day and night** они́ стоя́ли на стра́же днём и но́чью; **the soldiers stood ∼ over the prisoner** солда́ты охраня́ли заключённого.
2 (*man appointed to keep ∼*) охра́нник, карау́льный; (*collect*) охра́на, стра́жа; **advance ∼** аванга́рд; **a ∼ was set on the gates** у воро́т вы́ставили охра́ну; **changing of the ∼** сме́на карау́ла; **prison ∼** тюре́мный надзира́тель; охра́нник в тюрьме́; **∼ of honour** почётный карау́л.
3 (*in pl, collect*) гва́рдия; **Brigade of G∼s** гварде́йская брига́да.
4 (*Br, of a train*) проводни́к; **∼'s van** (*Br*) бага́жный ваго́н.
5 (*protective device*) защи́тное устро́йство, предохрани́тель (*m*); (*of a sword*) эфе́с.
● *vt* охраня́ть (*impf*); бере́чь (*impf*); **the prisoners were closely ∼ed** заключённые находи́лись под уси́ленной охра́ной; **he will ∼ your interests** он бу́дет охраня́ть ва́ши интере́сы; **you must ∼ your tongue** вам ну́жно быть бо́лее сде́ржанным на язы́к.
● *vi* бере́чься (*impf*), остерега́ться (*impf*) (**against:** + *g*); **everything was done to ∼ against infection** бы́ли при́няты все ме́ры про́тив инфе́кции.
● *cpds* **∼ dog** *n* сторожева́я соба́ка; **∼house** *n* карау́льное помеще́ние; карау́льня; **∼ rail** *n* пери́л|а (*pl, g* —); **∼room** *n* гауптва́хта; **∼sman** *n* (*pl* **∼smen**) гварде́ец.

guarded /ˈgɑ:dɪd/ *adj* сде́ржанный; осторо́жный.

guardian /ˈgɑ:dɪən/ *n* **1** (*protector*) опеку́н; попечи́тель (*m*); **∼ angel** а́нгел-храни́тель (*m*); **∼ of the public interest** защи́тник обще́ственных интере́сов. **2** (*law*) опеку́н.

guardianship /ˈgɑ:dɪənʃɪp/ *n* опе́ка; опеку́нство.

Guatemala /ˌgwɑ:təˈmɑ:lə/ *n* Гватема́ла.

Guatemalan /ˌgwɑ:təˈmɑ:lən/ *n* гватема́л|ец (*fem* -ка).
● *adj* гватема́льский.

guava /ˈgwɑ:və/ *n* гуайя́ва.

gudgeon /ˈgʌdʒ(ə)n/ *n* (*zool*) песка́рь (*m*).

guelder rose /ˈgeldə(r)/ *n* кали́на.

Guernsey /ˈgə:nzɪ/ *n* (о́стров) Ге́рнси (*m indecl*); (*attr*) гернсе́йский.

guer(r)illa /gəˈrɪlə/ *n* партиза́н; **∼ warfare** партиза́нская война́.

guess /ges/ *n* дога́дка; предположе́ние; **at a rough ∼** гру́бо/ориентиро́вочно; **my ∼ is that ...** мне сдаётся, что...; **it's anybody's ∼** никому́ не изве́стно; кто зна́ет?
● *vt* **1** (*estimate*) прики́|дывать, -нуть; **I would ∼ his age at 40** я дал бы ему́ лет 40. **2**: **∼ a riddle** отга́д|ывать, -а́ть зага́дку. **3** (*conjecture*) дога́д|ываться, -а́ться (*о чём*); уга́д|ывать, -а́ть; **I can't ∼ how it happened** ума́ не приложу́, как э́то случи́лось. **4** (*coll, expect, suppose*) полага́ть (*impf*); **I ∼ you are right** вероя́тно, вы пра́вы.
● *vi* гада́ть (*impf*); **she likes to keep him**

g

~**ing** ей нра́вится держа́ть его́ в неве́дении; ~**ing game** виктори́на; «угада́йка».
● *cpd* ~**work** *n* дога́дки (*f pl*).

guest /gest/ *n* **1** (*one privately entertained*) гость (*m*); **paying** ~ ≈ жиле́ц; ~ **of honour** почётный гость; ~ **artist, star** гастроли́рующий арти́ст; звезда́ на гастро́лях. **2** (*at a hotel etc.*) постоя́лец.
● *cpds* ~ **house** *n* пансио́н; ~ **night** *n* ≈ зва́ный ве́чер; ~ **room** *n* ко́мната для госте́й.

guff /gʌf/ *n* (*sl*) трёп; трепотня́.

guffaw /gʌ'fɔ:/ *n* го́гот.
● *vi* гогота́ть (*impf*).

guidance /'gaɪd(ə)ns/ *n* руково́дство.

guide /gaɪd/ *n* **1** (*leader*) руководи́тель (*m*); (*for travellers, tourists etc.*) гид, экскурсово́д; (*mil*) разве́дчик. **2** (*directing principle*) руково́дство. **3** (~**book**): ~ **to Germany** путеводи́тель (*m*) по Герма́нии; (*manual*) уче́бник; ~ **to fishing** руково́дство по ры́бной ло́вле. **4**: (**Girl**) **G**~ де́вочка-скау́т, гёрлскау́т, гёрл-га́йд.
● *vt* **1** (*lead, take around*) води́ть (*indet*), вести́ (*det*), по-; руководи́ть (*impf*) + *i*; **he** ~**d them around the city** он поводи́л их по го́роду; **be** ~**d by principles** руково́дствоваться (*impf*) при́нципами; **be** ~**d by circumstances** де́йствовать (*impf*) по обстоя́тельствам. **2** (*direct*) напр|авля́ть, -а́вить; ~**d missile** управля́емая раке́та.
● *cpds* ~**book** *n* путеводи́тель (*m*); ~ **dog** *n* соба́ка-поводы́рь; ~**line** *n* директи́ва; ~**post** *n* указа́тель (*m*).

guild /gɪld/ *n* **1** (*hist*) ги́льдия. **2** ассоциа́ция, сою́з.
● *cpd* ~**hall** *n* ра́туша.

guilder /'gɪldə(r)/ *n* гу́льден.

guile /gaɪl/ *n* кова́рство, хи́трость.

guileful /'gaɪlfʊl/ *adj* кова́рный, хи́трый.

guileless /'gaɪllɪs/ *adj* простоду́шный; бесхи́тростный.

guillemot /'gɪlɪ,mɒt/ *n* (*zool*) ка́йра.

guillotine /'gɪlə,ti:n/ *n* **1** гильоти́на. **2** (*for paper, metal, etc.*) ре́зальная маши́на. **3** (*Br, parl*) гильотини́рование пре́ний.
● *vt* (*execute*) гильотини́ровать (*impf, pf*); (*pages etc.*) обр|еза́ть, -е́зать.

guilt /gɪlt/ *n* вина́; ~ **complex** ко́мплекс вины́.

guiltiness /'gɪltɪnɪs/ *n* вино́вность.

guiltless /'gɪltlɪs/ *adj* невино́вный (*в чём*).

guilty /'gɪltɪ/ *adj* (**guiltier, guiltiest**) вино́вный; **he pleaded** ~ **to the crime** он призна́л себя́ вино́вным в преступле́нии; **he was found** ~ он был при́знан вино́вным; **a verdict of not** ~ верди́кт невино́вности; ~ **conscience** нечи́стая со́весть; **a** ~ **look** винова́тый вид.

Guinea /'gɪnɪ/ *n* Гвине́я.
● *cpds* **g**~**fowl, g**~ **hen** *nn* цеса́рка; **g**~ **pig** *n* (*lit*) морска́я сви́нка; (*fig*) «подо́пытный кро́лик».

guinea /'gɪnɪ/ *n* (*Br*) гине́я.

Guinean /gɪn'eɪən/ *n* гвине́|ец (*fem* -йка).
● *adj* гвине́йский.

guise /gaɪz/ *n* (*dress*) наря́д; (*pretence*) предло́г; **under the** ~ **of friendship** под ви́дом дру́жбы.

guitar /gɪ'tɑ:(r)/ *n* гита́ра.

guitarist /gɪ'tɑ:rɪst/ *n* гитари́ст (*fem* -ка).

gulch /gʌltʃ/ *n* (*US*) у́зкое уще́лье.

gulf /gʌlf/ *n* **1** (*deep bay*) зали́в; бу́хта; **the G**~ **Stream** Гольфстри́м. **2** (*abyss*) бе́здна. **3** (*fig*) про́пасть.

gull /gʌl/ *n* (*bird*) ча́йка.

gullet /'gʌlɪt/ *n* пищево́д; **it sticks in my** ~ (*fig*) э́то мне поперёк го́рла.

gullibility /,gʌlɪ'bɪlɪtɪ/ *n* легкове́рие.

gullible /'gʌlɪb(ə)l/ *adj* легкове́рный.

gully /'gʌlɪ/ *n* лощи́на; водосто́к.

gulp /gʌlp/ *n* большо́й глото́к; **at one** ~ за́лпом; **he took a** ~ **of tea** он глотну́л ча́ю.
● *vt* глот|а́ть, -ну́ть; **don't** ~ **down your food!** не глота́й еду́/пи́щу!; **she** ~**ed back her tears** она́ глота́ла слёзы.
● *vi*: **he** ~**ed with astonishment** он поперхну́лся от удивле́ния.

gum[1] /gʌm/ *n* (*anat*) десна́.
● *cpds* ~**boil** *n* флюс; ~**shield** *n* (*sport*) назу́бник.

gum[2] /gʌm/ *n* (*adhesive*) клей; (*resin*) каме́дь; (*chewing* ~) жева́тельная рези́нка.
● *vt* (**gummed, gumming**) скле́и|вать, -ть; ~ **up the works** (*sl*) испо́ртить (*pf*) всё де́ло.
● *cpds* ~**boots** *n pl* (*Br coll*) рези́новые сапоги́ (*m pl*); ~ **tree** *n*: **he was up a** ~ **tree** (*Br sl*) он попа́л в переде́лку.

gummy /'gʌmɪ/ *adj* (**gummier, gummiest**) кле́йкий.

gumption /'gʌmpʃ(ə)n/ *n* (*coll*) смышлёность; нахо́дчивость.

gun /gʌn/ *n* **1** (*cannon*) пу́шка, ору́дие; (*pistol*) пистоле́т; (*rifle*) ружьё; ~ **crew** ору́дийный расчёт; **heavy** ~**s** тяжёлая артилле́рия; **starting** ~ ста́ртовый пистоле́т; **the** ~**s fired a salute** был произведён ору́дийный залп; **he stuck to his** ~**s** (*fig*) он не сдал пози́ций; **jump the** ~ (*fig*) сова́ться, су́нуться ра́ньше вре́мени; **son of a** ~ (*sl*) па́рень (*m*), ма́лый; **spike s.o.'s** ~**s** (*fig*) сорва́ть (*pf*) чьи́-н. пла́ны. **2** (*device resembling* ~) пистоле́т. **3** (*Br, member of shooting party*) стрело́к; охо́тник.
● *vt* (**gunned, gunning**) стреля́ть (*impf*); **the refugees were** ~**ned down** бе́женцев расстреля́ли.
● *vi* (**gunned, gunning**) охо́титься (*impf*); **he is** ~**ning for me** (*sl*) он то́чит на меня́ нож.
● *cpds* ~ **barrel** *n* ду́ло; ~ **battle,** ~**fight** *nn* перестре́лка; ~**boat** *n* каноне́рская ло́дка, каноне́рка; ~ **carriage** *n* лафе́т; ~ **dog** *n* охо́тничья соба́ка; ~**fight** *n* = ~ **battle**; ~**fire** *n* ору́дийный ого́нь; ~**man** *n* (*pl* ~**men**) банди́т; террори́ст; ~**metal** *n* пу́шечный мета́лл; ~**point** *n*: **at** ~**point** угрожа́я ору́жием; под ду́лом пистоле́та; ~**powder** *n* по́рох; ~**room** *n* (*Br, nav*) каю́т-компа́ния; ~**runner** *n* контрабанди́ст, торгу́ющий ору́жием; ~**running** *n* незако́нный ввоз ору́жия; контраба́нда ору́жия; ~**ship** *n* вооружённый вертолёт; ~**shot** *n* руже́йный вы́стрел; ~**smith** *n* оруже́йный ма́стер.

gung-ho /gʌŋ'həʊ/ *adj* разуха́бистый, у́харский.

gunner /'gʌnə(r)/ *n* канони́р; артиллери́ст.

gunnery /'gʌnərɪ/ *n* артиллери́йское де́ло.

gunwale /'gʌn(ə)l/ *n* (*naut*) планши́р, планши́рь (*m*).

gurgle /'gə:g(ə)l/ *n* бу́льканье.
● *vi* бу́лькать (*impf*).

Gurkha /'gə:kə/ *n* (*Nepalese*) гуркх; (*mil, Nepalese recruit*) гурх.
● *adj* (*Nepalese*) гу́ркхский; (*mil, of Nepalese recruit*) гу́рхский.

guru /'gʊru:, 'gu:ru:/ *n* гуру́ (*m indecl*).

gush /gʌʃ/ *n* пото́к.
● *vi* хлы́нуть (*pf*); **the water** ~**ed from the tap** вода́ хлы́нула из кра́на; (*fig, speak effusively*) излива́ться (*impf*).

gushing /'gʌʃɪŋ/ *adj* (*person*) экспанси́вный, несде́ржанный; (*compliments etc.*) преувели́ченный, чрезме́рный.

gusset /'gʌsɪt/ *n* (*in a garment*) клин.

gust /gʌst/ *n* (*of wind etc.*) поры́в ве́тра; (*fig*) взрыв.

gustatory /'gʌstətərɪ/ *adj* вкусово́й.

gusto /'gʌstəʊ/ *n* (*relish*) смак; (*zeal*) жар, рве́ние.

gusty /'gʌstɪ/ *adj* (**gustier, gustiest**) бу́рный; поры́вистый; **a** ~ **day** ве́треный день.

gut /gʌt/ *n* **1** (*intestine*) кишка́; (*for strings of instrument*) струна́. **2** (*in pl*) (*intestines, stomach*) кишки́ (*f pl*); потрох|а́ (*pl, g* -о́в); (*fig, gist, essential contents*) су́щность; (*fig, courage and determination*) вы́держка; **he is a man with no** ~**s** он бесхара́ктерный челове́к; **he hadn't the** ~**s to tackle the burglar** у него́ не хвати́ло му́жества задержа́ть граби́теля; ~ **reaction** инстинкти́вная реа́кция; **I hate his** ~**s** (*coll*) я его́ на́ дух не принима́ю.
● *vt* (**gutted, gutting**) **1** (*eviscerate*) потроши́ть, вы́-. **2** (*destroy contents of*) опустош|а́ть, -и́ть; **the house was** ~**ted by fire** дом сгоре́л дотла́.

gutless /'gʌtlɪs/ *adj* бесхребе́тный, бесхара́ктерный.

gutsy /'gʌtsɪ/ *adj* (**gutsier, gutsiest**) упо́рный, де́рзкий.

gutta-percha /,gʌtə'pə:tʃə/ *n* гуттапе́рча.

gutted /'gʌtɪd/ *adj* (*Br coll*) кра́йне разочаро́ванный.

gutter[1] /'gʌtə(r)/ *n* (*under eaves*) водосто́чный жёлоб; (*at roadside*) сто́чная кана́ва; (*fig*): **his name was dragged into, through the** ~ его́ и́мя бы́ло втоптано в грязь; **the** ~ **press** (*Br*) бульва́рная пре́сса.
● *cpd* ~**snipe** *n* у́личный мальчи́шка.

gutter[2] /'gʌtə(r)/ *vi* (*of a candle*) опл|ыва́ть, -ы́ть.

guttural /ˈɡʌtər(ə)l/ *n* веля́рный/ задненёбный звук.
● *adj* горта́нный; горлово́й; (*phonetics*) веля́рный, задненёбный.

guy¹ /ɡaɪ/ *n* (**~ rope**) оття́жка.

guy² /ɡaɪ/ *n* (*Br, effigy*) пу́гало; (*coll, fellow*) ма́лый; **tough ~** желе́зный/ круто́й ма́лый; **wise ~** у́мник.
● *vt* (*hold up to ridicule*) осме́|ивать, -я́ть.

Guyana /ɡaɪˈænə/ *n* Гайа́на.

Guyanese /ˌɡaɪəˈniːz/ *n* гайа́н|ец (*fem* -ка).
● *adj* гайа́нский.

guzzle /ˈɡʌz(ə)l/ *vt* (*eat*) есть, съ- с жа́дностью; (*drink*) пить, вы́- с жа́дностью; (*fig, consume*) про|еда́ть, -е́сть.

guzzler /ˈɡʌzlə(r)/ *n* обжо́ра (*cg*).

gym /dʒɪm/ *n* (*coll*) (*gymnasium*) гимнасти́ческий зал; (*gymnastics*) гимна́стика.
● *cpds* **~ shoe** *n* спорти́вная та́почка; **~slip** *n* (*Br*) пла́тье-сарафа́н в скла́дку (*одежда школьниц*).

gymkhana /dʒɪmˈkɑːnə/ *n* конноспорти́вные состяза́ния (*nt pl*).

gymnasi|um /dʒɪmˈneɪzɪəm/ *n* (*pl* **~ums** *or* **~a**) гимнасти́ческий зал; (*school*) гимна́зия.

gymnast /ˈdʒɪmnæst/ *n* гимна́ст (*fem* -ка).

gymnastic /dʒɪmˈnæstɪk/ *adj* гимнасти́ческий.

gymnastics /dʒɪmˈnæstɪks/ *n* гимна́стика.

gynaecological /ˌɡaɪnɪkəˈlɒdʒɪk(ə)l/ (*US* **gynecological**) *adj* гинекологи́ческий.

gynaecologist /ˌɡaɪnɪˈkɒlədʒɪst/ (*US* **gynecologist**) *n* гинеко́лог.

gynaecology /ˌɡaɪnɪˈkɒlədʒɪ/ (*US* **gynecology**) *n* гинеколо́гия.

gyp /dʒɪp/ *n* (*Br sl*): **give s.o. ~** зад|ава́ть, -а́ть кому́-н. трёпку.

gypsum /ˈdʒɪpsəm/ *n* гипс.

Gypsy /ˈdʒɪpsɪ/ *n* цыга́н (*fem* -ка); **~ caravan** киби́тка; **g~ moth** непа́рный шелкопря́д.
● *adj* цыга́нский.

gyrate /ˌdʒaɪəˈreɪt/ *vi* враща́ться (*impf*).

gyration /ˌdʒaɪˈreɪʃ(ə)n/ *n* враще́ние.

gyratory /ˈdʒaɪrətərɪ, -ˈreɪtərɪ/ *adj* враща́тельный.

gyrfalcon /ˈdʒəːˌfɔːlkən/ *n* кре́чет.

gyro /ˈdʒaɪrəʊ/ *n* (*pl* **~s**) = **gyroscope**.
● *cpds* **~compass** *n* гироко́мпас; **~plane** *n* автожи́р.

gyroscope /ˈdʒaɪrəˌskəʊp/ *n* (*pl* **~s**) гироско́п.

gyroscopic /ˌdʒaɪrəˈskɒpɪk/ *adj* гироскопи́ческий.

g

Hh

h

H-bomb /ˈeɪtʃbɒm/ *n* водоро́дная бо́мба.

ha /hɑː/ *int* ага́!; ~, ~ (*expressing laughter*) ха-ха-ха́!

ha /ˈhekteə(r), -tɑː(r)/ *n* (*abbr of* ***hectare(s)***) га (гекта́р).

habeas corpus /ˌheɪbɪəs ˈkɔːpəs/ *n* (*law*) суде́бный прика́з о переда́че аресто́ванного в суд; ха́беас ко́рпус (*indecl*).

haberdasher /ˈhæbəˌdæʃə(r)/ *n* (*Br*) галантере́йщик.

haberdashery /ˈhæbəˌdæʃərɪ/ *n* (*Br*) (*shop*) галантере́йный магази́н; (*wares*) галантере́я.

habit /ˈhæbɪt/ *n* **1** (*settled practice*) привы́чка; обыкнове́ние; **get into the ~ of …ing** прив|ыка́ть, -ы́кнуть + *inf*; **get out of the ~ of …ing** отв|ыка́ть, -ы́кнуть + *inf*; **break (o.s.) of a bad ~** отуч|а́ть(ся), -и́ть(ся) от дурно́й привы́чки; **I am in the ~** (*or* **make a ~**) **of rising early** я обыкнове́нно встаю́ ра́но; **he got into bad ~s** он усво́ил дурны́е привы́чки; **from force of ~** в си́лу привы́чки; по привы́чке. **2** (*monk's dress*) ря́са. **3** (*riding* ~) амазо́нка (*платье*).
- ● *cpd* **~-forming** *adj* создаю́щий привы́чку.

habitable /ˈhæbɪtəb(ə)l/ *adj* приго́дный для жилья́.

habitat /ˈhæbɪˌtæt/ *n* есте́ственная среда́ (*растения, животного*).

habitation /ˌhæbɪˈteɪʃ(ə)n/ *n*: **unfit for ~** неприго́дный для жилья́; (*dwelling place*) жили́ще; (*process of inhabiting*) обита́ние.

habitual /həˈbɪtjʊəl/ *adj* привы́чный; обы́чный; **a ~ drunkard** беспробу́дный пья́ница; **a ~ liar** неисправи́мый лгун.

habituate /həˈbɪtjʊˌeɪt/ *vt* приуч|а́ть, -и́ть (*кого к чему*).

habitué /həˈbɪtjʊˌeɪ/ *n* завсегда́тай.

hachures /hæˈʃjʊəz/ *n pl* бергштрихи́, указа́тели (*m pl*) скло́на (*на горизонталях топографических карт*).

hack¹ /hæk/ *n* (*chopping blow*) ру́бящий уда́р.
- ● *vt* разруб|а́ть, -и́ть; руби́ть (*impf*).
- ● *vi* **1**: **a ~ing cough** си́льный сухо́й ка́шель. **2**: **~ into** (*comput*) прон|ика́ть, -и́кнуть в + *a*; взл|а́мывать, -ома́ть.
- ● *cpd* **~saw** *n* ножо́вка.

hack² /hæk/ *n* (*horse*) наёмная ло́шадь; (*writer*) писа́ка (*cg, coll*).
- ● *vi* ≈ ката́ться (*impf*) на ло́шади.
- ● *cpd* **~-work** *n* халту́ра.

hacker /ˈhækə(r)/ *n* (*comput*) ха́кер.

hackles /ˈhæk(ə)lz/ *n pl* пе́рья (*nt pl*) на ше́е петуха́; (*fig*) **it makes my ~ rise** э́то приво́дит меня́ в бе́шенство.

hackney /ˈhæknɪ/ *vt*: **~ed** (*expression, phrase, joke, slogan, subject, etc.*) изби́тый, зата́сканный, зае́зженный.
- ● *cpd* **~ carriage** *n* (*Br*) наёмный экипа́ж; (*car*) такси́ (*nt indecl*).

had /hæd/ *past and pp of* ⇒**have**

haddock /ˈhædək/ *n* (*pl* ~) пи́кша.

Hades /ˈheɪdiːz/ *n* Га́дес, Аи́д, преиспо́дняя.

haematite /ˈhiːməˌtaɪt/ (*US* **hematite**) *n* кра́сный железня́к.

haematological /ˌhiːmətəˈlɒdʒɪk(ə)l/ (*US* **hematological**) *adj* гематологи́ческий.

haematologist /ˌhiːməˈtɒlədʒɪst/ (*US* **hematologist**) *n* гемато́лог.

haematology /ˌhiːməˈtɒlədʒɪ/ (*US* **hematology**) *n* гематоло́гия.

haemoglobin /ˌhiːməˈgləʊbɪn/ (*US* **hemoglobin**) *n* гемоглоби́н.

haemophilia /ˌhiːməˈfɪlɪə/ (*US* **hemophilia**) *n* гемофили́я.

haemophiliac /ˌhiːməˈfɪlɪæk/ (*US* **hemophiliac**) *n* гемофи́лик.

haemorrhage /ˈhemərɪdʒ/ (*US* **hemorrhage**) *n* кровотече́ние; (*internal*) кровоизлия́ние; **brain ~** кровоизлия́ние в мозг.

haemorrhoids /ˈheməˌrɔɪdz/ (*US* **hemorrhoids**) *n pl* геморро́й.

haft /hɑːft/ *n* рукоя́тка.

hag /hæg/ *n* карга́.

haggard /ˈhægəd/ *adj* измождённый; осу́нувшийся.

haggle /ˈhæg(ə)l/ *vi* торгова́ться (*impf*).

hagiography /ˌhægɪˈɒgrəfɪ/ *n* житие́ святы́х, агиогра́фия.

Hague /heɪg/ *n*: **The ~** Гаа́га.

hail¹ /heɪl/ *n* (*frozen rain*) град; (*fig*) **a ~ of blows** град уда́ров.
- ● *vi*: **it is ~ing** идёт град; (*fig*): **~ down** сы́паться (*impf*) гра́дом.
- ● *cpds* **~stone** *n* гра́дина; **~storm** *n* гроза́ с гра́дом.

hail² /heɪl/ *n* (*salutation*) приве́тствие; **within ~** на расстоя́нии слы́шимости.
- ● *vt* **1** (*acclaim*) провозгла|ша́ть, -си́ть; (*praise*) превозноси́ть (*impf*); **he was ~ed by the critics** кри́тики превозноси́ли его́. **2** (*greet*) приве́тствовать (*impf*); окл|ика́ть, -и́кнуть; **he ~ed me in the street** он окли́кнул меня́ на у́лице. **3** (*summon*) под|зыва́ть, -озва́ть; **he ~ed a taxi** он подозва́л такси́.
- ● *vi* быть ро́дом из + *g*, быть уроже́нцем + *g*; **he ~s from Scotland** он ро́дом из Шотла́ндии.
- ● *cpd* **~-fellow-well-met** *adj* запанибра́тский.

hair /heə(r)/ *n* **1** (*single strand*) во́лос, волосо́к; **he came within a ~'s breadth of death** он был на волосо́к от сме́рти; **he came within a ~'s breadth of success** он был бли́зок к успе́ху; **he never turned a ~** он и бро́вью не повёл; **that is splitting ~s** э́то спор по пустяка́м; **you should take a ~ of the dog that bit you** вам сле́дует опохмели́ться. **2** (*diminutive, e.g. baby's*) волоси́к(и). **3** (*head of ~*) во́лосы (*m pl*); **~ conditioner** бальза́м (для воло́с); **have/get one's ~ cut** стри́чься, по-; **lose one's ~** лысе́ть, об-/по-; **keep your ~ on!** (*Br sl*) споко́йно!; не горячи́тесь!; **let one's ~ down** (*lit*) распус|ка́ть, -ти́ть во́лосы; (*fig*) рассл|абля́ться, -а́биться; **this will make your ~ stand on end** от э́того у вас во́лосы вста́нут ды́бом; **she put her ~ up** она́ подобрала́ во́лосы. **4** (*of animals*) шерсть, щети́на.
- ● *cpds* **~band** *n* ободо́к; **~brush** *n* щётка для воло́с; **~clip** *n* зако́лка; **~cut** *n* стри́жка; **have a ~cut** стри́чься, по-; **~do** *n* (*coll*) причёска; **~dresser** *n* парикма́хер; **~dresser's** *n* (*shop, salon*) парикма́херская; **~dressing** *n* парикма́херское иску́сство; **~dryer** *n* фен; **~grip** *n* (*Br*) зако́лка; **~line** *n* (*edge of ~*) ли́ния воло́с; **~line crack** волосна́я тре́щина; **~net** *n* се́тка для воло́с; **~ oil** *n* ма́сло для воло́с; **~piece** *n* накладны́е во́лосы, накла́дка; **~pin** *n* шпи́лька; **~pin bend** (*Br*), **turn** (*US*) круто́й поворо́т; **~-raising** *adj* жу́ткий; **~ restorer** *n* сре́дство от облысе́ния; **~ shirt** *n* власяни́ца; **~-splitting** *n* привере́дливость; *adj* привере́дливый, ме́лочный; **~spray** *n* лак для воло́с; **~spring** *n* волоско́вая пружи́на; **~style** *n* причёска; **~stylist** *n* парикма́хер; **~ trigger** *n* шне́ллер; **~-trigger** *adj* (*fig*) вспы́льчивый.

hairiness /ˈheərɪnɪs/ *n* волоса́тость.

hairless /ˈheəlɪs/ *adj* безволо́сый.

hairy /ˈheərɪ/ *adj* (**hairier, hairiest**) **1** волоса́тый. **2** (*sl*) (*frightening*) стра́шный.

Haiti /ˈheɪtɪ, hɑːˈiːtɪ/ *n* Гаи́ти (*nt indecl*).

Haitian /ˈheɪʃɪən, hɑːˈiːʃən/ *n* гаитя́н|ин (*fem* -ка).

● *adj* гаитя́нский.

hake /heɪk/ *n* хек.

halal /həˈlæl/ *n* & *adj* хала́л, халя́л(ь) (*all nt indecl*); ~ **meat** мя́со хала́л/халя́л(ь).

halberd /ˈhælbəd/ *n* алеба́рда.

halberdier /ˌhælbəˈdɪə(r)/ *n* во́ин, вооружённый алеба́рдой.

halcyon /ˈhælsɪən/ *adj* (*fig*) ти́хий, безмяте́жный.

hale /heɪl/ *adj* кре́пкий; ~ **and hearty** кре́пкий и бо́дрый.

half /hɑːf/ *n* (*pl* **halves**) **1** (*one of two equal parts*) полови́на; пол- (*pref*: *see examples and cpds*); **one and a** ~ полтора́; **he cut the loaf in** ~ он разре́зал хлеб попола́м; **getting there is** ~ **the battle** добра́ться туда́ — полови́на де́ла; ~ **an hour** полчаса́; ~ **an hour later** получа́сом по́зже; ~**-and-**~ попола́м, по́ровну; **I have** ~ **a mind to go** я не прочь пойти́; ~ **a minute!** (одну́) мину́точку!; ~ **past two** полови́на тре́тьего; (*coll*) полтре́тьего; **he is too clever by** ~ он чересчу́р уж у́мный; **they agreed to go halves** они́ согласи́лись подели́ть попола́м; **that's not the** ~ **of it!** э́то ещё далеко́ не всё.
2 (*one of two parts*) полови́на, часть; **my better** ~ моя́ дража́йшая/лу́чшая полови́на; **let's see how the other** ~ **lives** посмо́трим, как живу́т други́е.
3 (*of a game*) тайм, полови́на (игры́); (*of academic year*) семе́стр; (~*back*) полузащи́тник.

● *adj* (*see also cpds*): **he's not one for** ~ **measures** он не сторо́нник полуме́р.

● *adv*: ~ **asleep** со́нный; ~ **dead** полуживо́й; **I feel** ~ **dead** я едва́ жив; **the meat is only** ~ **done** мя́со недова́рено/недожа́рено; ~ **as much** вдво́е ме́ньше; ~ **as much again** в полтора́ ра́за бо́льше; **I** ~ **expected it** я почти́ ждал э́того; **that's not** ~ **bad!** (*coll*) э́то совсе́м непло́хо; **not** ~**!** (*Br coll*) ещё бы!; а как же!; **he wasn't** ~ **annoyed!** (*coll*) он был поря́дком раздоса́дован; **it was** ~ **raining,** ~ **snowing** шёл не то дождь, не то снег.

● *cpds* ~**-and-**~ *adv* полови́на на полови́ну; (*fig*) ни то ни сё; ~**back** *n* полузащи́тник; ~**-baked** *adj* недопечённый; (*fig*) недорабо́танный, непроду́манный; (*person*) незре́лый; ~**-breed** *n* (*offens*) = ~**-caste**; ~**-brother** *n* (*having same father*) единокро́вный брат; (*having same mother*) единоутро́бный брат; ~**-caste** *n* (*offens*) мети́с; ~**-cock** *n* предохрани́тельный взвод; **the scheme went off at** ~**-cock** в ход был пу́щен совсе́м ещё сыро́й план; ~**-dozen** *n*, *also* ~ **a dozen** полдю́жины; ~**-hearted** *adj* нереши́тельный; без энтузиа́зма; ~ **holiday** *n* коро́ткий рабо́чий/уче́бный день; ~**-hour** *n*, *also* ~ **an hour** полчаса́; **every** ~**-hour** ка́ждые полчаса́; **the last** ~**-hour** после́дние полча́са; **after the first** ~**-hour** по́сле пе́рвого получа́са; *adj* получасово́й; ~**-hourly** *adj* получасово́й; *adv* ка́ждые полчаса́; ~**-length** *n* (*portrait*) поясно́й портре́т; ~**-life** *n* (*phys*) пери́од полураспа́да; ~**-light** *n* полутьма́; ~ **mast** *n*: **at** ~ **mast** приспу́щенный (*флаг*); ~**-mile** *n*, *also* ~ **a mile** полми́ли; ~**-moon** *n* полуме́сяц; ~ **nelson** *n* (*sport*) полуне́льсон (*в борьбе: захват шеи из-под плеча одной рукой*); ~ **note** *n* (*US, mus*) полови́нная но́та; ~ **pay** *n* полови́нный/непо́лный окла́д; ~**-pound** *n*, *also* ~ **a pound** полфу́нта; *adj* полуфунто́вый; ~**-price** *adj* полцены́; **at** ~**-price** за полцены́; **children under 5** ~**-price** за дете́й до пяти́ лет пла́тят полцены́; ~**-sister** *n* (*having same father*) единокро́вная сестра́; (*having same mother*) единоутро́бная сестра́; ~**-term** *n* (*Br*): ~**-term (holiday)** (*Br*) кани́кул|ы (*pl, g* —) в середи́не триме́стра; ~**-timbered** *adj* фахве́рковый (*о строении с видимым деревянным стеновым каркасом и кирпичным/каменным заполнением*); деревя́нно-кирпи́чный; ~**-time** *n* коне́ц та́йма; переры́в ме́жду та́ймами; **the teams changed ends at** ~**-time** кома́нды поменя́лись места́ми по́сле пе́рвого та́йма; (*reduced working hours*): **the men were put on** ~**-time** рабо́чих перевели́ на непо́лную рабо́чую неде́лю; ~**-title** *n* шмуцти́тул (*лист книги, предшествующий титульному*); ~**-tone** *n* (*mus*) полуто́н; ~**-track** *n* полугу́сеничная автомаши́на; ~**-truth** *n* полупра́вда; ~**-turn** *n* пол-оборо́та; ~**-volley** *n* уда́р с полулёта; ~**way** *adj* лежа́щий на полпути́; ~**way house** (*fig*) компроми́сс; полуме́ра; *adv* на полпути́; **we met** ~**-way from the station** мы встре́тились на полпути́ от вокза́ла; **we turned back** ~**way** мы верну́лись с полпути́; **I'll meet you** ~**way** (*fig*) я гото́в пойти́ вам навстре́чу; ~**wit** *n* дура́к; ~**-witted** *adj* слабоу́мный, полоу́мный; ~**-yearly** *adj* шестиме́сячный; *adv* раз в полго́да.

halfpenny /ˈheɪpnɪ/ *n* полпе́нни (*indecl*).

halibut /ˈhælɪbət/ *n* (*pl* ~) па́лтус.

halitosis /ˌhælɪˈtəʊsɪs/ *n* дурно́й за́пах изо рта́.

hall /hɔːl/ *n* **1** (*place of assembly*) зал; **town** ~ ра́туша; (*college dining* ~) столо́вая. **2** (*Br, country mansion*) уса́дьба, поме́стье. **3** (*lobby; also* ~*way*) пере́дняя, прихо́жая, холл; ~ **of mirrors** ко́мната сме́ха; ~ **of residence** (*Br*) общежи́тие.

● *cpds* ~**mark** *n* пробирно́е клеймо́; про́ба; (*fig*) отличи́тельный при́знак; печа́ть; *vt* ста́вить, по- про́бу на + *p*; ~**stand** *n* ве́шалка в прихо́жей.

hallelujah /ˌhælɪˈluːjə/ *n* & *int* аллилу́йя.

hallo /həˈləʊ/ *n* & *int* (*greeting*) здра́вствуй(те)!; (*coll*) приве́т!; (*on telephone*) алло́!; (*expressing surprise*) вот те(бе́) (и) на́!

halloo /həˈluː/ *int* (*in hunting*) ату́!; (*calling attention*) эй!

● *vi* (**halloos, hallooed**) улюлю́кать (*impf*).

hallow /ˈhæləʊ/ *vt* освя|ща́ть, -ти́ть; ~**ed be thy name** да святи́тся и́мя твое́; **in** ~**ed memory of** све́тлой па́мяти + *g*.

Halloween /ˌhæləʊˈiːn/ *n* кану́н Дня Всех Святы́х (*31 октября*).

hallucination /həˌluːsɪˈneɪʃ(ə)n/ *n* галлюцина́ция; **have** ~**s** галлюцини́ровать (*impf*); (*recurrently*) страда́ть (*impf*) галлюцина́циями.

hallucin|atory /həˈluːsɪnətərɪ/, **-ogenic** /həˌluːsɪnəˈdʒenɪk/ *adjs* вызыва́ющий галлюцина́ции, галлюциноге́нный.

hallucinogen /həˈluːsɪnədʒen/ *n* галлюциноге́н.

halo /ˈheɪləʊ/ *n* (*pl* ~**es** *or* ~**s**) (*astron*) гало́ (*indecl*); сия́ние; (*round saint's head*) нимб; (*fig*) орео́л.

halt[1] /hɒlt, hɔːlt/ *n* (*in march or journey*) остано́вка; **come to a** ~ остан|а́вливаться, -ови́ться; прекра|ща́ться, -ти́ться; **the train came to a** ~ по́езд останови́лся; **bring to a** ~ остан|а́вливать, -ови́ть; прекра|ща́ть, -ти́ть; **his work was brought to a** ~ он был вы́нужден приостанови́ть рабо́ту; **call a** ~ де́лать, с- прива́л; (*fig*) да|ва́ть, -ть отбо́й; (*Br, stopping place on railway*) полуста́нок.

● *vt* остан|а́вливать, -ови́ть; **he** ~**ed his men** он останови́л солда́т; **progress was** ~**ed** прогре́сс был приостано́влен.

● *vi* (*stop*) остан|а́вливаться, -ови́ться; ~**! who goes there?** стой! кто идёт?

halt[2] /hɒlt, hɔːlt/ *vi* (*esp pres participle*: *limp, falter*) хрома́ть (*impf*); зап|ина́ться, -ну́ться; **a** ~**ing gait** неве́рная похо́дка; **a** ~**ing voice** запина́ющийся го́лос.

halter /ˈhɒltə(r), ˈhɔːl-/ *n* (*for a horse*) по́вод; недоу́здок.

halva /ˈhælvɑː/ *n* халва́.

halve /hɑːv/ *vt* (*divide in two*) дели́ть, раз- попола́м; (*reduce by half*) ум|еньша́ть, -е́ньшить (*or* сокра|ща́ть, -ти́ть) наполови́ну.

halves /hɑːvz/ *pl of* ⇒**half**

halyard /ˈhæljəd/ *n* (*naut*) фал.

ham /hæm/ *n* **1** (*thigh of pig*) о́корок; (*meat from this*) ветчина́; ~ **sandwich** бутербро́д с ветчино́й. **2** (*human thigh*) ля́жка; **he squatted on his** ~**s** он присе́л на ко́рточки. **3** (*sl, poor actor*) безда́рный актёр. **4** (*sl, amateur radio operator*) радиолюби́тель (*m*).

● *vt* & *i* (**hammed, hamming**) (*sl*) скве́рно игра́ть (*impf*); ~ **it up** переигр|ывать, -а́ть; превра|ща́ть, -ти́ть всё в мелодра́му.

● *cpds* ~**-fisted,** ~**-handed** *adjs* тяжёлый на́ руку; неуклю́жий; (*fig*) топо́рный; ~**string** *vt* (*past and pp* ~**strung**) подр|еза́ть, -е́зать поджи́лки + *d*; (*fig*) подр|еза́ть, -е́зать кры́лья + *d*.

Hamas /hæ'mæs/ *n* ХАМА́С (*m indecl*) (*палестинское фундаменталистское движение, т. н. «Исла́мское движе́ние сопротивле́ния»*).

hamburger /'hæm,bɜ:gə(r)/ *n* **1** га́мбургер. **2** (*US*) (*minced beef*) говя́жий фарш.

Hamitic /hə'mɪtɪk/ *adj* хами́тский.

hamlet /'hæmlɪt/ *n* деревушка.

hammer /'hæmə(r)/ *n* молото́к; (*large one*) мо́лот; **~ and sickle** серп и мо́лот; **throwing the ~** мета́ние мо́лота; **he went at it ~ and tongs** он бро́сил на э́то все си́лы; (*auctioneer's*) молото́к; **the estate came (*or* was brought) under the ~** име́ние пошло́ с молотка́.
● *vt* (*beat*) уд|аря́ть, -а́рить; (*defeat*) бить, по-; **~ in** вби|ва́ть, -ть; вкол|а́чивать, -оти́ть; приб|ива́ть, -и́ть; **he ~ed in the nails** он вбил гво́зди; **the smith ~s the metal into shape** кузне́ц куёт мета́лл; **the mechanic ~ed out the dents** меха́ник вы́ровнял зазу́брины молотко́м; **he was ~ing a box together** он скола́чивал я́щик; **the enemy got a good ~ing** неприя́телю кре́пко доста́лось; **the idea was ~ed into his head** э́ту мысль вби́ли ему́ в го́лову; **we ~ed out a plan** мы разрабо́тали план.
● *vi* стуча́ть (*impf*); колоти́ть (*impf*); **someone was ~ing on the door** кто́-то колоти́л в дверь; **he ~ed away on the piano** он бараба́нил по роя́лю; **he ~ed away at the problem** он упо́рно би́лся над э́той зада́чей.
● *cpds* **~ blow** *n* (*fig*) сокруши́тельный/тяжёлый уда́р; **~head** *n* голо́вка молотка́; (*shark*) мо́лот-ры́ба; **~ toe** *n* молоткообра́зное искривле́ние большо́го па́льца ноги́.

hammock /'hæmək/ *n* гама́к.

hammy /'hæmɪ/ *adj* (**hammier, hammiest**) переи́грывающий; **he is a ~ actor** он переи́грывает.

hamper¹ /'hæmpə(r)/ *n* корзи́на с кры́шкой.

hamper² /'hæmpə(r)/ *vt* меша́ть, по- + *d*; стесня́ть (*impf*).

hamster /'hæmstə(r)/ *n* хомя́к.

hand /hænd/ *n* **1** (*lit, fig*) рука́, кисть; **the ~ of God** перст Бо́жий; (*diminutive, e.g. baby's*) ру́чка; (*attr*) ручно́й; **~ luggage** ручна́я кладь; (*of animal*) ла́па, ла́пка; **she waits on him ~ and foot** она́ у него́ в по́лном подчине́нии; **he was bound ~ and foot** его́ связа́ли по рука́м и нога́м; **they won ~s down** побе́да доста́лась им легко́; **I shall have my ~s full next week** на сле́дующей неде́ле я бу́ду о́чень за́нят; **he was ~ in glove with the enemy** он был в сго́воре с враго́м; **~ in ~** (*lit, fig*) рука́ об ру́ку; (*lit only*): **walk ~in ~** ходи́ть (*impf*) (держа́сь за́ руку. **~s up!** ру́ки вверх!; **~s off!** ру́ки прочь (от + *g*)!; **he is making money ~ over fist** он загреба́ет де́ньги лопа́той; **they fought ~ to ~** они́ би́лись врукопа́шную; **it's too much for one pair of ~s** одно́й па́ры рук для э́того недоста́точно.
2 (*vbl phrr*): **he asked for her ~** (*in marriage*) он попроси́л её руки́; **the money changed ~s** де́ньги перешли́ в други́е ру́ки; **force s.o.'s ~** заст|авля́ть, -а́вить кого́-н. раскры́ть ка́рты; **he gained, got the upper ~** он взял/одержа́л верх; **get one's ~ in** наб|ива́ть, -и́ть ру́ку (*на чём*); осв|а́иваться, -о́иться с рабо́той; **let me give, lend you a ~!** дава́йте я вам помогу́!; **they gave the singer a big ~** (*coll*) певцу́ бу́рно аплоди́ровали; **he was given a free ~** ему́ предоста́вили по́лную свобо́ду де́йствий; **she had a ~ in his downfall** в его́ паде́нии она́ сыгра́ла не после́днюю роль; **I'll have no ~ in it!** я не хочу́ име́ть к э́тому никако́го отноше́ния; **they were holding ~s** они́ держа́лись за́ руки; **hold one's ~** (*restrain o.s.*) сдéрж|иваться, -а́ться; **keep one's ~ in** подде́рживать (*impf*) фо́рму; **if only I could lay my ~s on a dictionary** е́сли бы я то́лько мог раздобы́ть/доста́ть слова́рь; **don't dare to lay a ~ on her** не сме́й прикаса́ться к ней; **he rules with an iron ~** он пра́вит желе́зной руко́й; **he set his ~ to** (*set about*) **the work** он взя́лся за рабо́ту; **let me shake your ~** позво́льте пожа́ть ва́шу/вам ру́ку; **(let's) shake ~s on it!** по рука́м!; **try one's ~ at sth** про́бовать, по- себя́ в чём-н.; **my ~s are tied** (*fig*) у меня́ свя́заны ру́ки; **he can turn his ~ to anything** у него́ получа́ется всё, за что он ни возьмётся/берётся; **I wash my ~s of it** я умыва́ю ру́ки.
3 (*prepositional phrr*): **the hour is at ~** приближа́ется час/вре́мя; **he lives close at ~** он живёт совсе́м ря́дом; **she suffered at his ~s** она́ натерпе́лась от него́ (*or* с ним); **he started the car by ~** он завёл маши́ну вручну́ю; **the letter was delivered by ~** письмо́ бы́ло доста́влено с на́рочным; **he died by his own ~** он наложи́л на себя́ ру́ки; **the watch passed from ~ to ~** часы́ переходи́ли из рук в ру́ки; **he lives from ~ to mouth** он ко́е-ка́к сво́дит концы́ с конца́ми; **I have enough money in ~** у меня́ при себе́ доста́точно де́нег; **he took the matter in ~** он взял де́ло в свои́ ру́ки; **please attend to the matter in ~** пожа́луйста, займи́тесь э́тим вопро́сом; **you should take that child in ~** вы должны́ взять э́того ребёнка на́ руки; **we have the situation well in ~** мы по́лностью контроли́руем ситуа́цию; **the matter is no longer in my ~s** я бо́льше э́тим не занима́юсь; **he fell into the ~s of money lenders** он попа́л в ла́пы к ростовщика́м; **don't let this book fall into the wrong ~s** смотри́те, что́бы э́та кни́га не попа́ла в плохи́е ру́ки; **you are playing into his ~s** вы де́йствуете ему́ на́ руку; **my eldest daughter is off my ~s** моя́ ста́ршая дочь уже́ пристро́ена; **on ~** в нали́чии; в распоряже́нии; **he has a sick father on his ~s** у него́ на рука́х больно́й оте́ц; **he refused out of ~** он тут же отказа́лся; **things are getting out of ~** собы́тия выхо́дят из-под контро́ля; **the letters passed through his ~s** пи́сьма проходи́ли че́рез его́ ру́ки; **news has come to ~** дошли́ све́дения; есть све́дения, что...; **his gun was ready to ~** ружьё бы́ло у него́ под руко́й.
4 (*member of crew or team*): **all ~s on deck!** все наве́рх; **the ship went down with all ~s** кора́бль затону́л со всем экипа́жем; **factory ~** фабри́чный рабо́чий; **farm ~** рабо́тник на фе́рме.
5 (*practitioner*): **he is an old ~ (at the game)** он челове́к быва́лый; (*coll*) он тёртый кала́ч; **a picture by the same ~** карти́на того́ же худо́жника.
6 (*source*): **I heard it at first/second ~** я узна́л э́то из пе́рвых/вторы́х рук.
7 (*side*): **on the right ~** по пра́вую ру́ку; **at his right ~** по его́ пра́вую ру́ку; **on the one ~...., on the other ~** (*fig*) с одно́й стороны́..., с друго́й стороны́.
8 (*handwriting*): **a large/small ~** кру́пный/ме́лкий по́черк.
9 (*signature*): **I cannot set my ~ to this document** я не могу́ подписа́ться под э́тим докуме́нтом.
10 (*of a clock*) стре́лка.
11 (*measure*) ладо́нь (*мера длины, равная 4 дюймам (= 10,16 см)*).
12 (*player at cards*) игро́к; (*set of cards*) ка́рты (*f pl*); **show one's ~** (*fig*) раскр|ыва́ть, -ы́ть ка́рты; (*round in a card game*) кон, па́ртия.
● *vt* перед|ава́ть, -а́ть; под|ава́ть, -а́ть; **~ me the paper, please** переда́йте мне газе́ту, пожа́луйста; **I ~ it to you** (*coll, acknowledge your skill etc.*) отдаю́ вам до́лжное.
● *with advs*: **he ~ed back the money** он верну́л де́ньги; **~ me down that book from the shelf** сними́те мне э́ту кни́гу с по́лки; **the custom was ~ed down** э́тот обы́чай передава́лся из поколе́ния в поколе́ние; **will you ~ in your resignation?** вы подади́те заявле́ние об ухо́де?; **the estate was ~ed on to the heirs** име́ние перешло́ к насле́дникам; **the teacher ~ed out books** учи́тель разда́л кни́ги; **the king ~ed over his authority to parliament** коро́ль пе́редал власть парла́менту.
● *cpds* **~bag** *n* (*Br*) су́мочка, да́мская су́мка; **~ball** *n* (*game*) ручно́й мяч, гандбо́л; (*ball*) гандбо́льный мяч; **~bell** *n* колоко́льчик; **~bill** *n* рекла́мный листо́к; **~book** *n* посо́бие; руково́дство; **~brake** *n* ручно́й то́рмоз; **~cart** *n* ручна́я теле́жка; **~clap** *n* хлопо́к (рука́ми); **slow ~clap** ме́дленные аплодисме́нты в унисо́н; **~cuff** *n* нару́чник; *vt* над|ева́ть, -е́ть нару́чники + *d or* на + *a*; **~ drier** *n* (электро)суши́лка; **~ grenade** *n* (*shell*) ручна́я грана́та; **~grip** *n* (*grasp*) пожа́тие/сжа́тие руки́; (*handle*) рукоя́тка; **~-held** *adj* ручно́й; (*camera*) портати́вный; *n* (*comput*) карма́нный ПК, КПК, наладо́нник (*coll*); **~hold** *n* опо́ра; заце́пка (*coll*); **~made** *adj* сде́ланный вручну́ю; ручно́й рабо́ты; **~maid** *n* служа́нка; **~out** *n* (*gift*) подая́ние; ми́лостыня; (*for publicity*) рекла́мный листо́к; (*for students*) разда́точный материа́л;

~over *n* (*Br, e.g. of responsibility*) передáча; **~-picked** *adj* тщáтельно отóбранный; **~rail** *n* перил|a (*pl, g* —), пóручни (*m pl*); **~saw** *n* ножóвка; **~set** *n* (*telephone*) трýбка; **~s-free** (*device etc.*) *adj* оставля́ющий рýки свобóдными (*прибор и т. п.*); **~shake** *n* рукопожáтие; **golden ~shake** (*coll*) отстáвка с хорóшими наградны́ми; **~s-off** *adj*: **~s-off policy** полúтика невмешáтельства; **~s-on** *adj* практúческий, свя́занный с жúзнью; **~s-on experience** практúческий óпыт; **~spring** *n* «колесó», сáльто (*indecl*); **~stand** *n* стóйка на рукáх; **~-to-~** *adj* рукопáшный; **~-to-~ fighting** рукопáшный бой; **~-to-mouth** *adj*: **a ~-to-mouth existence** жизнь впрóголодь; **~work** *n* ручнáя рабóта; **~writing** *n* пóчерк; **~writing expert** графóлог; **~written** *adj* напúсанный от рукú.

handful /ˈhændfʊl/ *n* горсть; прúгоршня; (*fig, a small number*) гóрстка, горсть; (*coll*): **this child is a ~** с э́тим ребёнком хлопóт не оберёшься.

handicap /ˈhændɪˌkæp/ *n* **1** (*hindrance*) помéха, препя́тствие. **2** (*sport*) гандикáп.
● *vt* (**handicapped, handicapping**) **1** (*put at disadvantage*) чинúть (*impf*) препя́тствия (*кому*); стáвить, по- в невы́годное положéние; **~ped person** (*physically*) инвалúд; человéк с ограни́ченными возмóжностями; (*mentally*) ýмственно отстáлый человéк. **2** (*sport*) да|вáть, -ть гандикáп/фóру + *d*.

handicraft /ˈhændɪˌkrɑːft/ *n* ремеслó, ручнáя рабóта; (*attr*) ремéсленный; кустáрный.

handiwork /ˈhændɪˌwəːk/ *n* ручнáя рабóта; **this is his ~** э́то сдéлано егó рукáми; (*fig*) э́то егó рук дéло.

handkerchie|f /ˈhæŋkətʃɪf, -ˌtʃiːf/ *n* (*pl* **~fs** *or* **~ves**) носовóй платóк.

handle /ˈhænd(ə)l/ *n* (*of door, cup*) рýчка; (*of sword, tool*) рукоя́ть, рукоя́тка; (*fig*): **don't fly off the ~!** (*coll*) не кипятúсь!; не лезь в буты́лку!
● *vt* **1** (*take or hold in the hands*) трóгать (*impf*); брать, взять в рýки. **2** (*manage, deal with, treat*) обращáться (*impf*) с + *i*; обходúться (*impf*) с + *i*; спр|авля́ться, -áвиться с + *i*; **he can ~ a horse with skill** он умéет обращáться с лошадьмú; **he ~d the affair very well** он прекрáсно спрáвился с э́тим дéлом; **he ~d himself well** он хорошó держáлся; **the officer ~d his men well** офицéр умéло комáндовал свои́ми солдáтами. **3** (*comm, deal in*) торговáть (*impf*) + *i*.
● *vi*: **this car ~s well** э́та машúна удóбна в управлéнии.
● *cpd* **~bars** *n pl* (*of a bicycle*) руль (*m*); **~bar moustache** (*joc*) закрýченные вверх усы́ (*m pl*).

handler /ˈhændlə(r)/ *n* трéнер, дрессирóвщик.

handsome /ˈhænsəm/ *adj* (**handsomer, handsomest**) (*of appearance*) красúвый; (*generous*): **a ~ present** щéдрый подáрок; **~ is as ~ does** сýдят не по словáм, а по делáм.

handy /ˈhændɪ/ *adj* (**handier, handiest**) **1** (*clever with hands*) умéлый, мастеровúтый, рукáстый (*coll*); **he is ~** у негó золоты́е рýки. **2** (*easy to handle*) удóбный для пóльзования. **3** (*to hand, available*) (имéющийся) под рукóй. **4** (*convenient*) удóбный, (*coll*) сподрýчный; **it may come in ~** э́то мóжет пригодúться.
● *cpd* **~man** *n* (*pl* **~men**) разнорабóчий.

hang /hæŋ/ *n* **1** (*way in which a thing hangs*) вид (*висящей вещи*). **2** (*knack, sense*) смысл; «что к чемý»; **I can't get the ~ of this machine** (*or* **of his argument**) я не могý разобрáться в э́той машúне (*or* в егó дóводах). **3** (*coll*) **I don't give, care a ~** а мне какóе дéло?; мне (на)плевáть.
● *vt* (*past and pp* **hung,** *except in senses 4, 5: past and pp* **hanged**) **1** (*suspend*) вéшать, повéсить; **game must be hung for several days** дичь должнá висéть нéсколько дней; **this gate has been hung badly** ворóта плóхо повéсили; **~ the blame on s.o.** взвáл|ивать, -úть винý на когó-н. **2** (*let droop*) опус|кáть, -тúть; **she hung her head in shame** онá опустúла гóлову от стыдá. **3** (*decorate, furnish*) развé|шивать, -сить; **the hall was hung with flags** зал был увéшан флáгами. **4** (*execute by ~ing*) вéшать, повéсить; **Judas ~ed himself** Иýда повéсился. **5** (*as imprecation*): **~ it all!** чёрт возьмú!; пропадú всё прóпадом!; **I'll be ~ed if I'll go** (хоть) убéйте — не пойдý тудá!
● *vi* (*past and pp* **hung,** *except in sense 4: past and pp* **hanged**) **1** (*be suspended*) висéть (*impf*); (*fig*): **his life ~s by a thread** егó жизнь (висúт) на волоскé; **the outcome ~s in the balance** ещё не я́сно, чем всё э́то кóнчится (*or* какóй оборóт прúмет дéло); **the threat of dismissal hung over him** над ним навúсла угрóза увольнéния; **everything ~s on his decision** всё упирáется в егó решéние. **2** (*lean*) свé|шиваться, -ситься; **don't ~ out of the window** не высóвывайтесь из oкнá. **3** (*droop*) висéть (*impf*); свисáть (*impf*). **4** (*be executed*): **he will ~ for it** он попадёт за э́то на вúселицу. **5** (*loiter, stay close*): **he hung round the door** он задержáлся у двéри; **the children hung about their mother** дéти льнýли к мáтери.
● *with advs*: **~ about** (*Br*), **~ around** *vi* болтáться (*impf*); шатáться (*impf*); **~ back** *vi* отст|авáть, -áть; **~ on** *vi* (*cling*) держáться (*impf*) (**on:** за + *a*); цепля́ться (*impf*); (*persist*) упóрствовать (*impf*); не сдавáться (*impf*); **~ on!** (*coll*) погодúте!; постóйте!; **~ out** *vt* вывéшивать, вы́весить; **she hung out the washing** онá вы́весила бельё; *vi* (*protrude*): **his shirt was ~ing out** рубáшка вы́лезла у негó из брюк; (*coll, relax*) тусовáться (*impf*); **~ together** *vi* (*stand by one another*) держáться (*impf*) вмéсте; (*make sense*): **the story doesn't ~ together** ≈ концы́ с концáми не схóдятся; **~ up** *vt* (*fasten on peg, nail, etc.*) вешáть, повéсить; *vi* (*end telephone conversation*) вешáть, повéсить трýбку.
● *cpds* **~dog** *adj*: **a ~dog expression** затрáвленный вид; **~-glider** *n* (*craft*) дельтаплáн; (*person*) дельтапланерúст; **~-gliding** *n* дельтапланерúзм; **~man** *n* (*pl* **~men**) палáч; **~nail** *n* заусéнец; **~-out** *n* (*coll*) местожúтельство, местопребывáние; **~over** *n* (*survival*) пережúток, наслéдие; (*from drink*) похмéлье, перепóй; **I had a ~over** у меня́ разболéлась головá от похмéлья; **~-up** *n* (*coll*) (*obsession, inhibition*) бзик, заскóк (*both coll*); (*complex*) кóмплекс; **he has a ~-up about it** он зацúклился/заклúнился на э́том.

hangar /ˈhæŋə(r)/ *n* ангáр.

hanger /ˈhæŋə(r)/ *n* (*for clothes*) вéшалка.
● *cpd* **~-on** *n* (*dependant*) прихлебáтель (*m*); (*follower*) приспéшник.

hanging /ˈhæŋɪŋ/ *n* **1** висéние; (*execution*) повéшение; **it is not a ~ matter** (*fig*) э́то не такóе уж стрáшное преступлéние. **2** (*in pl, tapestry etc.*) портьéры (*f pl*); драпирóвка (*collect*).
● *adj* висячий.

hank /hæŋk/ *n* мотóк.

hanker /ˈhæŋkə(r)/ *vi*: **~ after/for** жáждать + *g*.

hanky /ˈhæŋkɪ/ (*coll*) = **handkerchief**

hanky-panky /ˌhæŋkɪˈpæŋkɪ/ *n* (*coll*) (*trickery*) продéл|ки (*pl, g* -ок); мошéнничество; (*sexual*) шýры-мýры (*pl indecl*).

Hanoi /hæˈnɔɪ/ *n* Ханóй; (*attr*) ханóйский.

Hanover /ˈhænəʊvə(r)/ *n* Ганновéр.

Hanoverian /ˌhænəˈvɪərɪən/ *adj* ганновéрский.

Hanseatic league /ˌhænsɪˈætɪk/ *n* Ганзéйский союз.

Hansen's disease /ˈhæns(ə)nz/ *n* прокáза.

hansom /ˈhænsəm/ *n* (**~ cab**) двухколёсный экипáж.

Hanukkah /ˈhænʊkə, ˈxæ-/ *n* (*relig*) Хáнука.

haphazard /hæpˈhæzəd/ *adj* случáйный.

hapless /ˈhæplɪs/ *adj* несчáстный; злополýчный.

happen /ˈhæp(ə)n/ *vi* **1** (*occur*) случ|áться, -úться; прои|сходúть, -зойтú; получ|áться, -úться; **accidents will ~** ≈ вся́кое бывáет; **I hope nothing has ~ed to him** надéюсь, с ним ничегó не случúлось. **2** (*chance*): **it (so) ~ed that I was there** случúлось так, что я был там; **as it ~s I can help you** в дáнном слýчае я могý вам помóчь; **do you ~ to know her?** вы случáйно не знáете её?; **I ~ed to be out** меня́ не оказáлось дóма; **we ~ed**

to meet мы неожи́данно/случа́йно встре́тились; **this ~s to be my birthday** сего́дня как раз мой день рожде́ния; **he ~ed to mention it** он ка́к-то упомяну́л об э́том. **3**: **~ on** случа́йно нат|ыка́ться, -кну́ться на + *a*.

happening /ˈhæpənɪŋ, -pnɪŋ/ *n* слу́чай; собы́тие.

happily /ˈhæpɪlɪ/ *adv* **1** (*contentedly*) сча́стливо; **and they lived ~ ever after** ≈ и ста́ли они́ жить-пожива́ть да добра́ нажива́ть. **2** (*fortunately*) к сча́стью. **3** (*gladly*) с удово́льствием.

happiness /ˈhæpɪnɪs/ *n* сча́стье.

happy /ˈhæpɪ/ *adj* (**happier, happiest**) **1** (*contented*) счастли́вый. **2** (*fortunate, felicitous*) счастли́вый, уда́чливый; уда́чный; **by a ~ coincidence** по счастли́вой случа́йности; **a ~ thought** счастли́вая/уда́чная мысль; **~ medium** золота́я середи́на; **her death was a ~ release** смерть была́ для неё счастли́вым избавле́нием; **~ birthday!** с днём рожде́ния!; **~ Christmas!** с Рождество́м (Христо́вым)! **3** (*pleased*) дово́льный (*чем*); **we shall be ~ to come** мы с удово́льствием придём; **I'm not ~ about/with that suggestion** мне э́то предложе́ние не нра́вится; меня́ э́то предложе́ние не устра́ивает.

● *cpd* **~-go-lucky** *adj* беззабо́тный; беспе́чный.

hara-kiri /ˌhærəˈkɪrɪ/ *n* хараки́ри (*nt indecl*).

harangue /həˈræŋ/ *n* разглаго́льствование; увещева́ние.

● *vt* увещева́ть (*impf*).

● *vi* разглаго́льствовать (*impf*).

harass /ˈhærəs, *disputed* həˈræs/ *vt* изв|оди́ть, -ести́; трави́ть, за-; **~ the enemy** изм|а́тывать, -ота́ть врага́.

harassment /ˈhærəsmənt, həˈræs-/ *n* тра́вля; изма́тывание; **sexual ~** сексуа́льное домога́тельство.

harbinger /ˈhɑːbɪndʒə(r)/ *n* предве́стник.

harbour /ˈhɑːbə(r)/ (*US* **harbor**) *n* га́вань, порт; **~ dues** порто́вые сбо́ры (*m pl*); (*fig*) убе́жище.

● *vt* да|ва́ть, -ть убе́жище + *d*; укр|ыва́ть, -ы́ть; **~ing a criminal** укрыва́тельство/сокры́тие престу́пника; **dirt ~s disease** грязь — расса́дник боле́зней; (*fig*): **I ~ no grudge against him** я не держу́ на него́ зла.

● *cpd* **~ master** *n* нача́льник по́рта.

hard /hɑːd/ *adj* **1** (*firm, resistant, solid*) твёрдый; про́чный; **~ core** (*fig, nucleus of resistance etc.*) ядро́; **~ and fast rules** жёсткие пра́вила; **~ bread** чёрствый хлеб; **~ copy** (*comput*) распеча́тка; **~ court** корт с твёрдым покры́тием; **~ disk** (*comput*) жёсткий диск; **~ hat** защи́тный шлем; **~ tack** гале́та, суха́рь (*m*).
2 (*of money*): **~ cash** нали́чность; нали́чные (де́ньги); **~ currency** твёрдая валю́та.
3 (*difficult*) тру́дный; **do sth the ~ way** идти́, по- тру́дным путём; **you're ~ to please** вам тру́дно угоди́ть; **she played ~ to get** она́ разы́грывала из себя́ недотро́гу; она́ набива́ла себе́ це́ну; **it's ~ to say yet** пока́ тру́дно сказа́ть; **bargains are ~ to come by** достава́ть ве́щи по невысо́ким це́нам непро́сто.
4: **~ of hearing** глухова́тый; туго́й на́ ухо.
5 (*unsentimental, relentless*): **he drives a ~ bargain** с ним не сторгу́ешься; **a ~ drinker** го́рький пья́ница; **don't be too ~ on her!** не бу́дьте к ней сли́шком стро́ги; **~ sell** навя́зывание това́ра; **~ words** ре́зкие/жёсткие слова́.
6 (*vigorous, harsh*): **~ times** тяжёлые времена́; **a ~ climate** суро́вый кли́мат; **it's a ~ life** жизнь трудна́; тру́дно живётся; **take a ~ line** зан|има́ть, -я́ть жёсткую пози́цию; **a ~ master** стро́гий хозя́ин; **as ~ as nails** (*fig*) (*physically*) закалённый; (*~-hearted*) чёрствый, жестокосе́рдный; **a ~ light** ре́зкий свет; **~ liquor** кре́пкие напи́тки; **~ drugs** сильноде́йствующие нарко́тики; **~ carriage** (*on train*) жёсткий ваго́н; **~ water** жёсткая вода́; **a ~ consonant** твёрдый согла́сный.
7 (*intensive*): **~ work** тяжёлая/тру́дная рабо́та; **a ~ blow** си́льный/жесто́кий уда́р; **~ labour** исправи́тельно-трудовы́е рабо́ты; (*fig*) ка́торга; **a ~ worker** усе́рдный/приле́жный рабо́тник.
8 (*coll, unfortunate*): **~ luck/cheese** (*Br*)**/lines** (*Br*)! не везёт!; **he told a ~-luck story** он пыта́лся разжа́лобить слу́шателей свои́ми го́рестями; **his parents are ~ up** его́ роди́тели — лю́ди небога́тые.

● *adv* **1** (*solid*): **the ground froze ~** земля́ промёрзла.
2 (*with force*): **it is raining ~** идёт си́льный дождь; **he had to brake ~** ему́ пришло́сь ре́зко затормози́ть; **~ hit** (*fig*) си́льно пострада́вший.
3 (*unremittingly*) усе́рдно; **he rode ~ all day** он проскака́л на ло́шади весь день, нигде́ не остана́вливаясь; **he was ~-pressed for money** он о́чень нужда́лся (в де́ньгах); **I was ~ put to it to answer** мне нелегко́ бы́ло найти́ отве́т.
4 (*adversely*): **it will go ~ with him** ему́ придётся ту́го; **~ done by** (*Br*) пострада́вший, оби́женный.
5 (*persistently*): **he looked ~ in my direction** он при́стально посмотре́л в мою́ сто́рону; **I looked ~ for the book** я до́лго иска́л кни́гу; **look ~!** хороше́нько поищи́те!; **did you look ~?** вы как сле́дует иска́ли?; **work** (*study*) **~** усе́рдно занима́ться (*impf*); **we worked ~** мы мно́го рабо́тали; **work ~er** рабо́тать (*impf*) (ещё) бо́льше/лу́чше; **I tried ~ to make him understand** я изо всех сил стара́лся разъясни́ть ему́ (*что*).

● *cpds* **~back** *n* (*book*) кни́га в жёстком переплёте (*or* в твёрдой обло́жке); **~ball** *n* (*US*) бейсбо́л; **~bitten** *adj* сто́йкий, несгиба́емый; **~board** *n* древе́сно-волокни́стая плита́, ДВП; **~-boiled** *adj* (*lit*) сва́ренный вкруту́ю; **a ~-boiled egg** круто́е яйцо́; яйцо́ вкруту́ю; (*fig*) прожжённый; вида́вший ви́ды; **~ core** *n* (*Br, rubble*) ще́бень (*m*); **~-core** *adj* (*criminal*) закорене́лый; (*pornography*) открове́нный; жёсткий; **~cover** *adj* в жёстком переплёте, в твёрдой обло́жке; **~-earned** *adj* зарабо́танный тяжёлым трудо́м; **~-faced** *adj* с суро́вым ви́дом; **~-fisted** *adj* прижи́мистый; **~-headed** *adj* тре́звый; практи́чный; **~-hearted** *adj* бессерде́чный; неумоли́мый; **~-hitting** *adj* (*e.g. speech*) жёсткий; бескомпроми́ссный; **~-line** *adj* неусту́пчивый, бескомпроми́ссный; **~liner** *n* (*coll, one who takes a ~ line*) сторо́нник жёсткой ли́нии; **~-nosed** *adj* тре́звый; **~-pressed** *adj* находя́щийся в тру́дном положе́нии; **~ware** *n* скобяны́е изде́лия/това́ры; (*mil, coll*) те́хника; (*comput*) аппарату́ра; аппара́тные сре́дства (*nt pl*); **~-wearing** *adj* но́ский; **~wood** *n* твёрдая древеси́на; **~-working** *adj* работя́щий; (*at studies*) уси́дчивый.

harden /ˈhɑːd(ə)n/ *vt* (*make hard*) де́лать, с- твёрдым; **~ed steel** закалённая сталь; (*fig*) ожесточ|а́ть, -и́ть; **he ~ed his heart** его́ се́рдце ожесточи́лось; **a ~ed criminal** закорене́лый престу́пник; рецидиви́ст.

● *vi* тверде́ть, за-; (*fig*) ожесточ|а́ться, -и́ться; **opinion ~ed** мне́ние укорени́лось; **suspicions ~ed** подозре́ния уси́ливались.

hardiness /ˈhɑːdɪnɪs/ *n* выно́сливость.

hardly /ˈhɑːdlɪ/ *adv* **1** (*with difficulty*) с трудо́м. **2** (*only just*) едва́; **I had ~ sat down when the phone rang** едва́ я сел, как зазвони́л телефо́н. **3** (*not reasonably*) вряд ли; **he can ~ have arrived yet** вряд ли он уже́ прие́хал; **you can ~ expect her to agree** вы едва́/вряд ли мо́жете рассчи́тывать на её согла́сие. **4** (*almost not*): **~ ever** почти́ никогда́; **I ~ know him** я его́ почти́ не зна́ю; **there's ~ any money left** де́нег почти́ не оста́лось; **I need ~ say** само́ собо́й разуме́ется; са́ми понима́ете (*coll*).

hardness /ˈhɑːdnɪs/ *n* (*of material*) твёрдость; (*of person, attitude*) жёсткость; (*of water*) жёсткость; (*of task*) тру́дность.

hardship /ˈhɑːdʃɪp/ *n* невзго́ды (*f pl*); испыта́ния (*nt pl*).

hardy /ˈhɑːdɪ/ *adj* (**hardier, hardiest**) **1** (*bold*) отва́жный; де́рзкий. **2** (*robust*) закалённый; выно́сливый; (*of plants*) морозосто́йкий, морозоусто́йчивый; **~ annual** морозосто́йкое одноле́тнее расте́ние.

hare /heə(r)/ *n* за́яц; **run with the ~ and hunt with the hounds** (*Br, fig*) служи́ть (*impf*) и на́шим и ва́шим; **mad as a March ~** одуре́вший, ошале́вший.

● *vi* (*sl*) уд|ира́ть, -ра́ть.

● *cpds* **~bell** *n* колоко́льчик (круглоли́ст(н)ый); **~-brained** *adj* опроме́тчивый; шально́й; **~lip** *n* за́ячья губа́.

Hare Krishna /ˌhɑːrɪ ˈkrɪʃnə/ *n* (*pl* **Hare Krishnas**) (*cult member*) кришнаит.
● *adj* кришнаитский.
harem /ˈhɑːriːm, hɑːˈriːm/ *n* гаре́м.
haricot /ˈhærɪˌkəʊ/ *n* (**~ bean**) фасо́ль (обыкнове́нная) (*collect*).
Harijan /ˈhʌrɪdʒ(ə)n, ˈhærɪˌdʒæn/ *n* хариджа́н, неприкаса́емый.
hark /hɑːk/ *vi* **1** (*listen*) вн|има́ть, -ять + *d*; **just ~ at him!** вы то́лько его́ послу́шайте! **2**: **~ back to** (*recall*) упом|ина́ть, -яну́ть; верну́ться (*pf*) к те́ме *и т. п.*
harlequin /ˈhɑːlɪkwɪn/ *n* арлеки́н.
harlot /ˈhɑːlət/ *n* (*archaic*) блудни́ца.
harm /hɑːm/ *n* вред, уще́рб; **it can do no ~** от э́того вреда́ не бу́дет; **there's no ~ (in) trying** попы́тка не пы́тка; **he will come to no ~** с ним ничего́ не слу́чится; **I meant no ~** я не хоте́л (вас *и т. п.*) оби́деть; **out of ~'s way** от греха́ пода́льше; **there is no ~ done** никто́ не пострада́л.
● *vt* вреди́ть, по- + *d*; причин|я́ть, -и́ть (*or* нан|оси́ть, -ести́) вред + *d*; об|ижа́ть, -и́деть; **be ~ed** страда́ть, по-.
harmful /ˈhɑːmfʊl/ *adj* вре́дный.
harmless /ˈhɑːmlɪs/ *adj* (*not injurious*) безвре́дный; безопа́сный; (*innocent*) безоби́дный.
harmonic /hɑːˈmɒnɪk/ *adj* гармони́ческий.
● *n* **1** (*mus*) (*overtone*) оберто́н; (*note on stringed instrument*) флажоле́т. **2** (*phys*) гармо́ника.
harmonica /hɑːˈmɒnɪkə/ *n* гармо́ника.
harmonious /hɑːˈməʊnɪəs/ *adj* (*lit, fig*) гармони́чный; (*amicable*) дру́жный; сла́женный; согла́сный.
harmonium /hɑːˈməʊnɪəm/ *n* фисгармо́ния.
harmonization /ˌhɑːmənaɪˈzeɪʃ(ə)n/ *n* (*lit, fig*) гармониза́ция.
harmonize /ˈhɑːməˌnaɪz/ *vt* **1** (*mus, put chords to melody*) гармонизи́ровать (*impf, pf*). **2** (*bring into agreement*) согласо́в|ывать, -а́ть; увя́з|ывать, -а́ть.
● *vi*: **these colours ~ well** э́ти цвета́ гармони́руют (ме́жду собо́й).
harmony /ˈhɑːmənɪ/ *n* **1** (*mus, theory*) гармо́ния. **2** (*of sounds, colours*) гармони́чность. **3** (*agreement*) гармо́ния; сла́женность; **their thoughts are in ~** их иде́и созву́чны.
harness /ˈhɑːnɪs/ *n* у́пряжь; (*fig*): **he died in ~** он у́мер на (трудово́м) посту́.
● *vt* запр|яга́ть, -я́чь; (*fig*) (*of natural forces*) обу́зд|ывать, -а́ть; покор|я́ть, -и́ть; (*of energies etc.*) мобилизова́ть (*impf, pf*).
harp /hɑːp/ *n* а́рфа.
● *vi* (*fig*): **~ on sth** тверди́ть (*impf*) о чём-н.
harper /ˈhɑːpə(r)/ *n* арфи́ст (*fem* -ка) (*исполнитель(ница) преимущественно народной музыки*).
harpist /ˈhɑːpɪst/ *n* арфи́ст (*fem* -ка).
harpoon /hɑːˈpuːn/ *n* гарпу́н.
● *vt* бить гарпуно́м; гарпу́нить, за-.
harpsichord /ˈhɑːpsɪˌkɔːd/ *n* клавеси́н.
harpy /ˈhɑːpɪ/ *n* (*myth*) га́рпия; (*fig, unscrupulous woman*) меѓера, га́рпия.
harridan /ˈhærɪd(ə)n/ *n* ста́рая карга́.
harrier /ˈhærɪə(r)/ *n* (*dog*) го́нчая.
harrow /ˈhærəʊ/ *n* борона́.
● *vt* **1** (*agric; also vi*) борони́ть, вз-. **2** (*fig, lacerate*) терза́ть, ис-; ра́нить (*impf, pf*) (*чувства*); **a ~ing tale** душераздира́ющая исто́рия.
harry /ˈhærɪ/ *vt* (*ravage*) разор|я́ть, -и́ть; опустош|а́ть, -и́ть; (*harass*) изв|оди́ть, -ести́; му́чить, из-.
harsh /hɑːʃ/ *adj* **1** (*rough*) гру́бый, ре́зкий; **a ~ taste** ре́зкий вкус; **~ colours** (*Br*), **colors** (*US*) ре́зкие цвета́. **2** (*severe*) суро́вый.
harshness /ˈhɑːʃnɪs/ *n* (*roughness*) ре́зкость; (*severity*) суро́вость.
hart /hɑːt/ *n* саме́ц оле́ня.
hartebeest /ˈhɑːtɪˌbiːst/ *n* коро́вья антило́па, буба́л.
harum-scarum /ˌheərəmˈskeərəm/ *adj* беззабо́тный, бесшаба́шный.
Harvard /ˈhɑːvəd/ *n* Га́рвард.
harvest /ˈhɑːvɪst/ *n* (*yield*) урожа́й; (**~ing**) жа́тва, сбор урожа́я; **the ~ is ripe** урожа́й созре́л; **~ festival** пра́здник урожа́я; **~ home** коне́ц жа́твы; (*fig*) плоды́ (*m pl*) труда́.
● *vt* соб|ира́ть, -ра́ть; жать, с-.
● *vi* соб|ира́ть, -ра́ть урожа́й.
harvester /ˈhɑːvɪstə(r)/ *n* (*reaper*) жн|ец (*fem* -и́ца); (*machine*) убо́рочная маши́на.
has /hæz, hæs/ *3rd pers sg pres of* **⇒have**
has-been /ˈhæzbiːn/ *n* (*coll*) челове́к, пережи́вший свою́ сла́ву; **he is a ~** его́ вре́мя прошло́.
hash[1] /hæʃ/ *n* блю́до из ме́лко наре́занного мя́са и овоще́й; (*fig*): **he made a ~ of it** он загуби́л всё де́ло; **I'll settle his ~** я сде́лаю из него́ котле́ту (*coll*); я его́ проучу́.
● *vt* (*also* **~ up**) ме́лко ре́зать, на- (*мясо*).
● *cpd* **~ browns** *n pl* (*esp US*) карто́фельные ола́дьи; ≈ дра́ники.
hash[2] /hæʃ/ *n* (*coll, drug*) гаши́ш.
hash[3] /hæʃ/ *n* (*also* **~ sign**) си́мвол но́мера (#), «решётка».
hashish /ˈhæʃiːʃ/ *n* гаши́ш.
Hasidic /hæˈsɪdɪk/ *adj* (*relig*) хаси́дский.
hasn't /ˈhæz(ə)nt/ *contracted neg of* **⇒has**
hasp /hɑːsp/ *n* засо́в.
hassle /ˈhæs(ə)l/ *n* (*coll*) каните́ль.
hassock /ˈhæsək/ *n* **1** (*Br*) поду́шечка для коленопреклоне́ния. **2** (*US*) пуф.
haste /heɪst/ *n* спе́шка, торопли́вость; **he went off in great ~** он поспе́шно ушёл; **make ~!** потора́пливайтесь!; **more ~, less speed** ти́ше е́дешь — да́льше бу́дешь.
hasten /ˈheɪs(ə)n/ *vt* (*hurry*) торопи́ть, по-; (*accelerate*) уск|оря́ть, -о́рить; убыстр|я́ть, -и́ть.
● *vi* торопи́ться, по-, спеши́ть (*impf*); **I ~ to add that …** спешу́ доба́вить, что… .
hasty /ˈheɪstɪ/ *adj* (**hastier, hastiest**) (*hurried*) поспе́шный, торопли́вый; (*rash, ill-considered*) поспе́шный, скоропали́тельный; (*quick-tempered*) вспы́льчивый, горя́чий.
hat /hæt/ *n* шля́па; (*fur, knitted*) ша́пка; (*cap*) ке́пка; **top ~** цили́ндр; **if he wins I'll eat my ~** (*coll*) разрази́ меня́ гром, е́сли он вы́играет; **keep it under your ~** (*coll*) никому́ об э́том ни сло́ва; **they passed, sent the ~ round** они́ пусти́ли ша́пку по кру́гу; **I take off my ~ to him** я склоня́ю го́лову/преклоня́юсь пе́ред ним; **he's talking through his ~** он несёт ахине́ю (*coll*); **at the drop of a ~** (*coll*) (*immediately*) неме́дленно, то́тчас же; (*on the slightest pretext*) по мале́йшему по́воду; **old ~** (*coll*) зата́сканный; **it's old ~!** (*coll*) ста́ро!
● *cpds* **~band** *n* шля́пная ле́нта; **~pin** *n* зако́лка для шля́пы; **~stand** *n* ве́шалка для шляп; **~-trick** *n*: **he scored a ~-trick** (*of footballer etc.*) он сде́лал хет-три́к.
hatch[1] /hætʃ/ *n* (*opening*) люк; (*cover*) кры́шка; две́рцы (*f pl*); **down the ~!** (*coll*) пей до дна!
● *cpds* **~back** *n* хетчбэ́к; **~way** *n* люк.
hatch[2] /hætʃ/ *vt* (*chick*) вы́сиживать, вы́сидеть; (*egg*) нас|и́живать, -иде́ть; (*in incubator*) выводи́ть, вы́вести; (*fig, plot*) вына́шивать, вы́носить; зам|ышля́ть, -ы́слить; **what are you ~ing?** что вы там замышля́ете?
● *vi* (*also* **~ out**) (*bird*) вылупля́ться, вы́лупиться; (*fish*) выклёвываться, вы́клюнуться; (*insect*) выводи́ться, вы́вестись.
hatchery /ˈhætʃərɪ/ *n* инкуба́тор.
hatchet /ˈhætʃɪt/ *n* топо́р, топо́рик; **let's bury the ~!** дава́йте поми́римся!
● *cpds* **~-faced** *adj* остроли́цый; **~ man** *n* (*pl* **~ men**) наёмник; (*killer*) ки́ллер.
hatching /ˈhætʃɪŋ/ *n* штрих, штрихо́вка.
hatchment /ˈhætʃmənt/ *n* мемориа́льная табли́чка с изображе́нием фами́льного герба́.
hate /heɪt/ *n* не́нависть.
● *vt* ненави́деть (*impf*); (*dislike strongly*) ненави́деть (*impf*), не выноси́ть (*impf*); **I ~ getting up early** я ненави́жу ра́но встава́ть; **I ~ to trouble you, but …** мне о́чень не хо́чется вас беспоко́ить, но… .
hateful /ˈheɪtfʊl/ *adj* ненави́стный.
hatred /ˈheɪtrɪd/ *n* не́нависть; **have a ~ of sth** ненави́деть что-н., не выноси́ть чего́-н.; **feel ~ for** пита́ть, испы́тывать не́нависть к + *d*.
hatter /ˈhætə(r)/ *n* шля́пник; **mad as a ~** сумасше́дший; полоу́мный; **he is as mad as a ~** у него́ не все до́ма.
haughtiness /ˈhɔːtɪnɪs/ *n* высокоме́рие, зано́счивость.
haughty /ˈhɔːtɪ/ *adj* (**haughtier, haughtiest**) высокоме́рный, зано́счивый.
haul /hɔːl/ *n* **1** (*distance pulled*) рейс, пробе́г; **a long ~** (*fig*) до́лгое де́ло. **2**: **a ~ of fish** уло́в; (*fig, booty*) добы́ча, уло́в.
● *vt* & *i* тяну́ть (*impf*); тащи́ть (*impf*); (*fig*): **they were ~ed before the magistrate** их привлекли́ к суду́.

h

● *with advs*: ~ **down** *vt*: **the flag was ~ed down** флаг был спу́щен; ~ **in** *vt* втя́г|ивать, -ну́ть; ~ **out** *vt* вытя́гивать, вы́тянуть; ~ **up** *vt* подн|има́ть, -я́ть; (*coll, summon*) притащи́ть (*pf*).

haulage /ˈhɔːlɪdʒ/ *n* транспортиро́вка, перево́зка; ~ **contractor** (*Br*) (грузо)перево́зчик.

hauler /ˈhɔːlə(r)/ (*US*) = **haulier**

haulier /ˈhɔːlɪə(r)/ *n* (*Br*) (грузо)перево́зчик.

haunch /hɔːntʃ/ *n* бедро́, ля́жка (*coll*); **he got down on his ~es** он присе́л на ко́рточки.

haunt /hɔːnt/ *n* излю́бленное ме́сто; **our childhood ~s** места́, где мы люби́ли быва́ть в де́тстве.

● *vt* & *i* неотсту́пно пресле́довать (*impf*); **a ~ed house** дом с привиде́ниями; **a ~ing melody** навя́зчивая мело́дия; **she ~s my memory** она́ пресле́дует меня́ в мои́х воспомина́ниях.

Havana /həˈvænə/ *n* Гава́на; (~ **cigar**) гава́нская сига́ра.

have /hæv, həv/ *n*: **the ~s and the ~-nots** иму́щие и неиму́щие.

● *vt* (*3rd pers sg pres* **has;** *past and pp* **had**) **1** име́ть; (*possess*) облада́ть + *i*; *often expressed by* у + *g*; **she has blue eyes** у неё голубы́е глаза́; **I ~ no doubt** у меня́ нет сомне́ний; **he has no equal** он не име́ет себе́ (*or* ему́ нет) ра́вных; ~ **the goodness to …** бу́дьте добры́; **he had the courage to refuse** у него́ хвати́ло му́жества отказа́ться; **I ~ no idea** поня́тия не име́ю; **he has no languages** он не зна́ет иностра́нных языко́в; **they cannot ~ children** они́ не мо́гут име́ть дете́й; **they ~ large reserves of oil** они́ владе́ют больши́ми запа́сами не́фти.

2 (*contain*): **June has 30 days** в ию́не 30 дней.

3 (*experience*): ~ **a good time!** жела́ю вам хорошо́ провести́ вре́мя; (*suffer from*): **he has a cold** у него́ на́сморк; **do you often ~ toothache?** у вас ча́сто боля́т зу́бы?

4 (*bear*) роди́ть (*impf, pf*); рожа́ть (*impf*); **she is having a baby in May** в ма́е у неё роди́тся ребёнок.

5 (*receive, obtain*): **we had news of him yesterday** вчера́ мы получи́ли изве́стие о нём; **you always ~ your own way** ты всегда́ поступа́ешь по-сво́ему; **there was nothing to be had** там ничего́ не́ было; **the play had a great success** пье́са име́ла большо́й успе́х; (*tolerate*): **I won't ~ it!** э́того я не потерплю́!

6 (*show, exercise*): ~ **pity on** сжа́литься над + *i*; ~ **pity on me** сжа́льтесь надо мно́й; **he had no mercy** он был безжа́лостен.

7 (*undertake, perform*): ~ **a game of tennis** сыгра́ть (*pf*) в те́ннис; ~ **a go** (*coll*) пыта́ться, по-; про́бовать, по-.

8 (*partake of, enjoy*): ~ **dinner** у́жинать (*impf*).

9 (*puzzle, put at a loss*): **you ~ me there** вы меня́ озада́чили.

10 (*coll, swindle*): **you've been had** вас провели́/наду́ли.

11 (*cause, order*): ~ **him come here!** заста́вьте его́ прийти́ сюда́; **I must ~ my shoes mended** мне на́до отда́ть ту́фли в почи́нку; я до́лжен почини́ть ту́фли; **I would ~ you know** да бу́дет вам изве́стно; **what would you ~ me do?** так что, по-ва́шему, я до́лжен де́лать?

12 (*with inf, be obliged to*) (*need to*): **I ~ to finish by tomorrow** я до́лжен зако́нчить к за́втрашнему дню; **I ~ to sit down** мне на́до сесть; **it has to be done** э́то на́до/необходи́мо сде́лать; (*be obliged*) быть обя́занным; **I ~ to report to my boss every day** я обя́зан отчи́тываться пе́ред нача́льником ка́ждый день; **you don't ~ to go** вы не обя́заны идти́; (*having no choice*) быть вы́нужденным; **I ~ to accept the invitation** я был вы́нужден приня́ть приглаше́ние; **I didn't want to, but I had to** я не хоте́л, но был вы́нужден.

13 (*phrr with it*): **I ~ it!** (*the answer, solution*) нашёл!; **let him ~ it!** (*sl, attack him*) дай ему́ хороше́нько!; покажи́ ему́!; **he's had it!** (*sl*) (*is too old or old-fashioned*) ему́ коне́ц; его́ пе́сенка спе́та; (*has missed an offer or opportunity*) пиши́ пропа́ло; **rumour has it that …** хо́дят слу́хи, что…; **as he would ~ it** как он утвержда́ет; **you can't ~ it both ways** (*coll*) и́ли то, и́ли друго́е; ≈ вы хоти́те, что́бы во́лки бы́ли сы́ты и о́вцы це́лы; **he had it coming (to him)** (*coll*) он сам на э́то нарва́лся; **he has it in for me** (*coll*) у него́ зуб на меня́; ~ **it off** (*Br*, ~ *sexual intercourse*) переспа́ть (*pf*); ~ **it out with s.o.** объясн|я́ться, -и́ться с кем-н.; **I had it in mind to go there** у меня́ была́ мысль пойти́ туда́; ~ **it your own way!** будь по ва́шему!; **he has never had it so good** ему́ ещё никогда́ так хорошо́ не жило́сь.

● *with advs*: **can I ~ my watch back?** могу́ я получи́ть свои́ часы́ обра́тно?; **may we ~ the blinds down?** мо́жно опусти́ть што́ры?; **we had her parents down** (*to stay*) у нас гости́ли её роди́тели; **we are having the painters in next week** на сле́дующей неде́ле к нам приду́т маляры́; ~ **we enough food in for the weekend?** у нас доста́точно проду́ктов на суббо́ту и воскресе́нье?; **he had his coat off** он был без пальто́; **she had his coat off** (*took it off him*) **in a moment** она́ сра́зу же сняла́ с него́ пальто́; **she had a red dress on** на ней бы́ло кра́сное пла́тье; ~ **you anything on tonight?** (*Br*) у вас есть пла́ны на сего́дняшний ве́чер?; **we ~ a lot of work on at present** (*Br*) у нас сейча́с мно́го/ма́сса рабо́ты; ~ **s.o. on** (*Br*) разы́гр|ывать, -а́ть кого́-н.; **I must ~ this tooth out** мне ну́жно удали́ть э́тот зуб; **they had the road up last week** на про́шлой неде́ле э́ту доро́гу ремонти́ровали; **we'll ~ the tent up in no time** мы ми́гом устано́вим пала́тку; **he was had up for speeding** (*Br coll*) его́ задержа́ли за превыше́ние ско́рости.

● *miscellaneous phrr*: **I ~ nothing against it** я ничего́ про́тив э́того не име́ю; **you had better/best give the book back** вам не меша́ло бы верну́ть кни́гу; ~ **done with sth** поко́нчить (*pf*) с чем-н.; **you might as well pay and ~ done with it** заплати́те — и де́лу коне́ц; **it has to do with his work** э́то свя́зано с его́ рабо́той; **it has nothing to do with you** к вам э́то (нико́им о́бразом) не отно́сится; вас э́то соверше́нно не каса́ется; **I'll ~ nothing to do with it** я не жела́ю име́ть никако́го отноше́ния к э́тому.

haven /ˈheɪv(ə)n/ *n* га́вань; (*fig*) прию́т, приста́нище; **tax ~** нало́говое убе́жище; **safe ~** убе́жище.

haven't /ˈhæv(ə)nt/ *contracted neg of* ⇨**have**

haver /ˈheɪvə(r)/ *vi* (*Br, dither*) ме́шкать, колеба́ться (*both impf*); (*Scottish, talk nonsense*) нести́ (*det*) чушь.

haversack /ˈhævəˌsæk/ *n* рюкза́к.

havoc /ˈhævək/ *n* (*destruction*) разгро́м; (*chaos*) беспоря́док, сумя́тица; (*fig*) **play ~ with** вн|оси́ть, -ести́ беспоря́док/ха́ос в + *a*.

haw¹ /hɔː/ *n* я́года боя́рышника.

● *cpd* **~thorn** *n* боя́рышник.

haw² /hɔː/ *vi see* ⇨**hum** *vt* & *i* **3**

Hawaii /həˈwaɪɪ/ *n* Гава́йи (*m pl*), Гава́йские острова́ (*m pl*).

Hawaiian /həˈwaɪən/ *n* гава́|ец (*fem* -йка).

● *adj* гава́йский.

hawk¹ /hɔːk/ *n* я́стреб (*also fig, pol*).

● *vi* охо́титься (*impf*) с я́стребом.

● *cpds* **~-eyed** *adj* зо́ркий, с орли́ным взгля́дом; **~moth** *n* бра́жник; су́меречная ба́бочка.

hawk² /hɔːk/ *vi* (*clear throat*) отка́шл|иваться, -яться.

hawk³ /hɔːk/ *vt* (*peddle*) торгова́ть (*impf*) вразно́с + *i*; (*fig*) быть разно́счиком + *g*.

hawker /ˈhɔːkə(r)/ *n* торго́вец вразно́с.

hawser /ˈhɔːzə(r)/ *n* (стально́й) трос.

hay /heɪ/ *n* се́но; ~ **fever** поллино́з, аллерги́я на пыльцу́ расте́ний, сенна́я лихора́дка; **hit the ~** (*sl, go to bed*) отпр|авля́ться, -а́виться на бокову́ю; **make ~** (*lit*) загот|а́вливать, -о́вить се́но; **make ~ while the sun shines** ≈ куй желе́зо, пока́ горячо́.

● *cpds* **~cock** *n* копна́; ~ **fork** *n* ви́л|ы (*pl, g* —); **~making** *n* сеноко́с, загото́вка се́на; **~rick** *n* стог се́на; **~stack** *n* стог се́на; **~wire** *n* (*sl*): **everything went ~wire** всё пошло́ наперекося́к.

hazard /ˈhæzəd/ *n* **1** (*risk*) риск. **2** (*danger*) опа́сность; **road ~s** опа́сности на доро́гах.

● *vt* **1** (*endanger*) риск|ова́ть, -ну́ть + *i*; **he ~ed his life for her** ра́ди неё он рискова́л жи́знью. **2** (*venture to say*) отва́ж|иваться, -иться + *inf or* на + *a*; **he ~ed a remark** он отва́жился вы́сказать замеча́ние.

● *cpd* ~ **lights** *n pl* авари́йные фа́ры (*f pl*).

hazardous /ˈhæzədəs/ *adj* риско́ванный; опа́сный.

● *cpd* ~ **waste** *n* вре́дные отхо́ды (*m pl*).

haze /heɪz/ *n* ды́мка; (*fig*) тума́н.

hazel /ˈheɪz(ə)l/ *n* (*tree*) лесно́й оре́х; (*colour*) оре́ховый цвет; ~ **eyes** ка́рие глаза́.
● *cpd* **~nut** *n* лесно́й оре́х.

haziness /ˈheɪzɪnɪs/ *n* (*atmospheric*) тума́нность; ды́мка; (*mental*) расплы́вчатость; тума́нность, сму́тность.

hazy /ˈheɪzɪ/ *adj* (**hazier, haziest**) подёрнутый ды́мкой; затума́ненный; (*fig*) сму́тный, тума́нный.

HDTV (*abbr of* ***high-definition television***) ТВЧ (телеви́дение высо́кой чёткости).

he[1] /hi:, hɪ/ *pron* (*obj* **him**) он; тот; (*in children's game*) водя́щий (*etc., according to game*); **who is '~'?** кто во́дит?; кому́ води́ть?; ~ **who believes** тот, кто ве́рит; **~'s a clever man, our teacher** он у́мный челове́к, наш учи́тель.
● *cpds* **~-goat** *n* козёл; **~-man** *n* (*pl* **~-men**) настоя́щий мужчи́на.

he[2] /hi:, hɪ/ *int* ~, ~ (*expressing laughter*) хи-хи́!

head /hed/ *n* **1** голова́; (*diminutive, e.g. baby's*) голо́вка; **he was hit on the ~** его́ уда́рили по голове́; **~ first, foremost** голово́й вперёд; **he was ~ over heels in love** он был по́ уши влюблён; **covered in dust from ~ to foot, toe** покры́тый пы́лью с головы́ до ног; **a good ~ of hair** густы́е во́лосы; **I could do it standing on my ~** я могу́ э́то сде́лать одно́й ле́вой; **he goes about with his ~ in the air** он задира́ет но́с; он задаётся; **his ~ is in the clouds** он вита́ет в облака́х; **he is keeping his ~ above water** (*fig*) он де́ржится на пове́рхности; **he will never hold up his ~ again** он бо́льше не смо́жет смотре́ть лю́дям в глаза́; **he hung his ~ for shame** он пону́рил го́лову от стыда́; **shake one's ~** кача́ть, по- голово́й; **he turned his ~** он поверну́л го́лову; **I cannot make ~ or tail of it** я не могу́ в э́том разобра́ться; **he was promoted over my ~** ему́ да́ли повыше́ние че́рез мою́ го́лову; **this is all completely over my ~** всё э́то вы́ше моего́ понима́ния; **keep your ~ down** (*lit*) пригни́тесь; опусти́те го́лову; (*fig*) не высо́вывайтесь; не ле́зьте на рожо́н; **it's time to get your ~ down** (*Br coll, go to bed*) пора́ на бокову́ю; **he can talk your ~ off** он вас заговори́т; **bury one's ~ in the sand** (*fig*) отка́зываться (*impf*) смотре́ть фа́ктам в лицо́; (*attr*) головно́й; **a ~ cold** на́сморк; **a ~ voice** головно́й реги́стр; **a ~ wind** встре́чный ве́тер.
2 (*as measure*): **he gave me a ~ start** он дал мне фо́ру; **he is taller by a ~** он на́ голову вы́ше; **he stands ~ and shoulders above the rest** (*fig*) он на́ голову вы́ше всех остальны́х.
3 (*mind, brain*): **two ~s are better than one** ум хорошо́, а два лу́чше; **he has a good ~ for figures** он хорошо́ счита́ет; **he's a bit weak in the ~** у него́ ви́нтика не хвата́ет (*coll*); **he's off his ~** он спя́тил (*coll*); **you can do the sum in your ~** вы мо́жете вы́числить э́то в уме́; **it came into my ~ that ...** мне пришло́ в го́лову, что...; **I can't keep it in my ~** э́то не де́ржится у меня́ в голове́; **they put their ~s together** они́ ста́ли ду́мать вме́сте; **I made it up out of my ~** я э́то вы́думал; **put it out of your ~!** вы́бросьте э́то из головы́!; **what put that into your ~?** отку́да вы э́то взя́ли?; **he took it into his ~ to invite them** ему́ взбрело́ в го́лову их пригласи́ть; **the date went clean out of my ~** да́та соверше́нно вы́скочила у меня́ из головы́; **it never entered my ~** мне э́то никогда́ не приходи́ло в го́лову; (*faculties*): **the wine went to his ~** вино́ уда́рило ему́ в го́лову; **success went to his ~** успе́х вскружи́л ему́ го́лову; (*balance, composure*): **he lost his ~** он потеря́л го́лову; **he kept his ~** он не теря́л головы́; **he has no ~ for heights** у него́ кру́жится голова́ от высоты́; он бои́тся высоты́; (*freedom, scope*): **he gave the horse its ~** он дал ло́шади по́лную во́лю.
4 (*on a coin*): **~s or tails?** орёл и́ли ре́шка?; **~s I win** е́сли орёл, я вы́играл.
5 (*personage*): **crowned ~s** корono ванные осо́бы.
6 (*unit*): **£5 a ~** пять фу́нтов с ка́ждого; **forty ~ of cattle** со́рок голо́в скота́.
7 (*life*): **it cost him his ~** он поплати́лся за э́то голово́й; **he had a price on his ~** за его́ го́лову бы́ло назна́чено вознагражде́ние; **on your own ~ be it!** на ваш страх и риск!
8 (*upper or principal end*): **at the ~ of the table** во главе́ стола́; **at the ~ of the stairs** на ве́рхней площа́дке ле́стницы; **at the ~ of the page** в нача́ле страни́цы; **at the ~ of the procession** во главе́ проце́ссии.
9 (*principal member*) глава́ (*cg*), ста́рший; **~ of state** глава́ госуда́рства; **~ of the family** глава́ семьи́; (*attr, principal*): **~ boy** ста́рший учени́к; ста́роста шко́лы; **~ waiter** метрдоте́ль (*m*); **~ office** гла́вная конто́ра, центр.
10 (*category*): **these all come under one ~** всё э́то отно́сится к одному́ разря́ду.
11 (*culmination*): **to come to a ~** назр|ева́ть, -е́ть; **things came to a ~** наступи́л перело́мный моме́нт; **the revolt came to a ~** бунт назре́л; **he brought the issue to a ~** он поста́вил вопро́с ребро́м.
12 (*of tool, plant, vegetable, flower*) голо́вка; **~ of cabbage** коча́н капу́сты; (*of river*) верхо́вье; (*of water, steam*) напо́р, давле́ние; (*froth*) пе́на; (*promontory*) мыс.
● *vt* **1** (*steer, direct*): **he is ~ed for home** он направля́ется домо́й; **I managed to ~ him off** (*fig*) мне удало́сь переключи́ть его на другу́ю те́му.
2 (*strike with head*): **he ~ed the ball into the net** он заби́л мяч в се́тку голово́й.
3 (*be first in*) возгл|авля́ть, -а́вить; **he ~ed the team** он возглавля́л кома́нду.
● *vi* (*move, steer*) напр|авля́ться, -а́виться; (*fig*): **he is ~ing for disaster** он пло́хо ко́нчит.
● *cpds* **~ache** *n* головна́я боль; **I have a ~ache** у меня́ боли́т голова́; **~band** *n* головна́я повя́зка; **~board** *n* спи́нка в изголо́вье крова́ти; **~dress** *n* (замыслова́тый/экзоти́ческий) головно́й убо́р; **~gear** *n* головно́й убо́р; **~hunter** *n* челове́к, собира́ющий го́ловы уби́тых как трофе́и; (*fig*) челове́к, перема́нивающий специали́стов из други́х организа́ций; **~lamp, ~light** *nn* фа́ра; **~land** *n* (*promontory*) мыс; **~light** *n* = **~lamp**; **~line** *n* заголо́вок; (*pl*) (гла́вные) ново́сти дня; **he hit the ~lines** его́ и́мя не сходи́ло с пе́рвых поло́с газе́т; **~long** *adj* (*fig*): **~long flight** стреми́тельное бе́гство; *adv* голово́й вперёд; (*in a rush*) стремгла́в; очертя́ го́лову; **~man** *n* (*pl* **~men**) глава́; **~master, ~mistress** *nn* (*Br*) дире́ктор шко́лы; **~-on** *adj* лобово́й, встре́чный; **a ~-on collision** лобово́е столкнове́ние; *adv*: **the wind blew ~-on** дул встре́чный ве́тер; **~phone** *n* нау́шник; **~quarters** *n* штаб-кварти́ра; (*mil*) штаб, ста́вка; **~rest** *n* подголо́вник; **~room** *n* габари́тная высота́; **~scarf** *n* косы́нка; **~set** *n* (*pair of ~phones*) нау́шники (*m pl*); (*with a microphone attached, esp a mobile phone accessory*) гарниту́ра; **~shrinker** *n* (*coll, joc*) психиа́тр; **~stone** *n* (*tombstone*) надгро́бный ка́мень; **~strong** *adj* своево́льный, упря́мый; **~ teacher** *n* дире́ктор шко́лы; **~waters** *n* исто́ки (*m pl*); **~way** *n* продвиже́ние вперёд; (*fig*): **we are not making much ~way** мы продвига́емся сли́шком ме́дленно; **~word** *n* загла́вное сло́во.

headed /ˈhedɪd/ *adj*: **~ notepaper** (*of organization*) ге́рбовая бума́га; (*of person*) имённая бума́га.

header /ˈhedə(r)/ *n* **1** (*fall*) паде́ние вниз голово́й; **he took a ~** он упа́л голово́й вниз; (*dive*) ныро́к. **2** (*in soccer*) уда́р голово́й. **3** (*line of text*) колонти́тул, ша́пка.

heading /ˈhedɪŋ/ *n* (*title*) заголо́вок, загла́вие; (*section*) ру́брика.

headless /ˈhedlɪs/ *adj* обезгла́вленный.

headship /ˈhedʃɪp/ *n* руково́дство.

heady /ˈhedɪ/ *adj* (**headier, headiest**) хмельно́й; (*also fig*) пьяня́щий.

heal /hi:l/ *vt* (*person*) исцел|я́ть, -и́ть; (*wound*) залеч|ивать, -и́ть; (*fig*): **time ~s all wounds** вре́мя всё ле́чит.
● *vi* заж|ива́ть, -и́ть; **his wounds ~ed up/over** его́ ра́ны зажи́ли.

healer /ˈhi:lə(r)/ *n* ле́карь (*m*); (ис)цели́тель (*m*); (*fig*): **time is the great ~** вре́мя — лу́чший ле́карь.

healing /ˈhi:lɪŋ/ *n* (*curing*) лече́ние; (*of wound*) заживле́ние.

health /helθ/ *n* **1** (*state of body or mind*) здоро́вье; **in good ~** здоро́вый; **he suffers from poor ~** у него́ сла́бое здоро́вье; **Ministry of H~** Министе́рство здравоохране́ния; **mental ~** душе́вное здоро́вье; **~ centre** (*Br*), **center** (*US*) поликли́ника; ~ **food** натура́льная пи́ща; ~ **insurance** медици́нская страхо́вка; ~ **resort** куро́рт, санато́рий; ~ **service** слу́жба здравоохране́ния, здравоохране́ние. **2** (*toast*): **we drank (to) his ~** мы вы́пили за его́ здоро́вье; **here's a ~ to her Majesty!** за здоро́вье Её Вели́чества!

healthful /ˈhelθfʊl/ *adj* здоро́вый, целе́бный.

healthy /ˈhelθɪ/ *adj* (**healthier, healthiest**) здоро́вый; **a ~ economy** стаби́льная эконо́мика.

heap /hiːp/ *n* **1** (*pile*) ку́ча, гру́да. **2** (*esp in pl, coll, large quantity*) ма́сса, ку́ча, у́йма; **he has ~s of money** у него́ у́йма/ку́ча де́нег; **I have ~s to tell you** у меня́ у́йма/ку́ча новосте́й для вас.

● *vt*: **a ~ed** (*Br*), **heaping** (*US*) **spoonful** ло́жка с ве́рхом; **they ~ed honours** (*US* **honors**) **on him** его́ осыпа́ли по́честями; **the table was ~ed with food** стол ломи́лся от яств.

hear /hɪə(r)/ *vt & i* (*past and pp* **heard** /hɜːd/) **1** (*perceive with ear*) слы́шать, у-; **I can't ~ a word** я не слы́шу ни сло́ва; **he can't ~ as well as he used to** он стал ху́же слы́шать; **I ~ someone coming** я слы́шу, что кто-то идёт *or* (чьи́-то) шаги́; **I ~d him shout** я услы́шал, как он закрича́л; **he was ~d to say** слы́шали, что/как он говори́л; **I have ~d it said that ...** я слы́шал, бу́дто...; **the shot was ~d a mile away** вы́стрел бы́ло слы́шно за ми́лю. **2** (*listen to*): **~ evidence** слу́шать, за- показа́ния свиде́телей; **his prayer was ~d** его́ моли́твы бы́ли услы́шаны; **~ s.o. out** выслу́шивать, вы́слушать кого́-н.; **I won't ~ of it!** я и слы́шать об э́том не хочу́! **3** (*be told; learn*) слы́шать, у-; **have you ~d the news?** вы слы́шали но́вости?; **have you ~d from your brother?** что слы́шно от ва́шего бра́та?; **I ~ he has been ill** я слы́шал, что он был бо́лен; **I ~d about it from a friend** я узна́л об э́том от моего́ дру́га; **I've never ~d of him** я о нём никогда́ не слы́шал; **I never ~d of such a thing** э́то неслы́ханно; **you will ~ more of this** вам э́то так не пройдёт. **4**: **~!, ~!** пра́вильно!; ве́рно ска́зано!

● *cpd* **~say** *n* слу́хи (*m pl*); то́лки (*m pl*); **by ~say** понаслы́шке; **~say evidence** показа́ние с чужи́х слов.

hearer /ˈhɪərə(r)/ *n* слу́шатель (*fem* -ница).

hearing /ˈhɪərɪŋ/ *n* **1** (*perception*) слух; **~ aid** слухово́й аппара́т; **he is hard of ~** он туг на́ ухо. **2** (*earshot*): **wait till he gets out of ~** да́йте ему́ сперва́ отойти́(, а то он мо́жет услы́шать); **don't say that in my ~** не говори́те э́того при мне. **3** (*attention*): **give him a fair ~** вы́слушайте его́; да́йте ему́ высказаться. **4** (*law*) слу́шание.

hearken /ˈhɑːkən/ *vi* вн|има́ть, -ять + *d*; слу́шать (*impf*).

hearse /hɜːs/ *n* катафа́лк, похоро́нные дро́г|и (*pl, g* —).

heart /hɑːt/ *n* **1** (*organ*) се́рдце; **~ attack** серде́чный при́ступ; инфа́ркт; **~ disease** боле́знь се́рдца; **~ failure** разры́в се́рдца; **~ surgery** кардиохирурги́я; **~ transplant** переса́дка се́рдца; **his ~ stopped beating** у него́ останови́лось се́рдце; **my ~ was in my mouth** у меня́ душа́ в пя́тки ушла́; **it will break his ~** он бу́дет в отча́янии; **his ~ sank** у него́ се́рдце за́мерло/закати́лось. **2** (*soul; seat of emotions*) се́рдце, душа́; **she has a ~ of gold** у неё золото́е се́рдце; **at ~** в глубине́ души́; **I am sick at ~** у меня́ тяжело́ на душе́; **he's a man after my own ~** он мне по душе́ (*or* по́ сердцу); **his ~ is in the right place** он серде́чный челове́к; **in one's ~ of ~s** в глубине́ души́; **to one's ~'s content** ско́лько душе́ уго́дно; **she achieved her ~'s desire** её заве́тное жела́ние осуществи́лось; **I agree with you ~ and soul** я всей душо́й с ва́ми согла́сен; **bless my ~!** бо́же мой!; вот те(бе́) на!; **bless his ~** дай Бог ему́ здоро́вья; **from the bottom of one's ~** от всего́ се́рдца; **he had a change of ~** он переду́мал/разду́мал; **she cried her ~ out** она́ вы́плакала все глаза́; **it did his ~ good to see her so happy** душа́ его́ ра́довалась, когда́ он гляде́л на её сча́стье; **I cannot find it in my ~ to be angry** я не в си́лах серди́ться; **he has your interests at ~** ему́ до́роги ва́ши интере́сы; **have a ~!** (*coll*) сжа́льтесь!; поми́луйте!; **I didn't have the ~ to tell him about it** у меня́ не хвати́ло ду́ху сказа́ть ему́ об э́том; **he lost his ~ to her** он полюби́л её всем се́рдцем; **my ~ goes out to you** я вам о́чень сочу́вствую; **with all my ~** всем се́рдцем; **he had set his ~ on winning** он стра́стно жела́л вы́играть; **he speaks from his ~** он говори́т от чи́стого се́рдца; **don't take it to ~** не принима́йте э́то бли́зко к се́рдцу; **he wears his ~ on his sleeve** у него́ душа́ нараспа́шку; **he won their ~s** он завоева́л их сердца́; (*enthusiasm*): **his ~ is not in his work** у него́ душа́ не лежи́т к рабо́те; (*courage*): **he lost ~** он пал ду́хом; **take ~!** не па́дайте ду́хом!; (*memory*): **I learnt it by ~** я вы́учил э́то наизу́сть. **3** (*centre*) середи́на, сердцеви́на; **in the ~ of the forest** в глуши́ лесно́й; **this book gets to the ~ of the matter** э́та кни́га затра́гивает са́мую суть де́ла. **4** (*in pl, cards*) чéрв|и (*pl, g* -е́й); **ace of ~s** черво́нный туз, туз черве́й.

● *cpds* **~ache** *n* серде́чная боль; **~beat** *n* сердцебие́ние; **~break** *n* большо́е го́ре; **~breaking** *adj* душераздира́ющий; **~broken** *adj* с разби́тым се́рдцем; **~burn** *n* изжо́га; **~felt** *adj* душе́вный, глубоко́ прочу́вствованный; **~land** *n* се́рдце, центр; **~-rending** *adj* душераздира́ющий; **~-searching** *n* душе́вные терза́ния; **~sease** *n* аню́тины гла́зки (*m pl*); **~strings** *n pl* душе́вные стру́ны (*f pl*); **he played on her ~strings** он игра́л её чу́вствами; **~-throb** *n* (*coll*) люби́мец; **~-to-~** *adj*: **a ~-to-~ talk** разгово́р по душа́м; **~-warming** *adj* ра́достный; тёплый; тро́гательный; **~wood** *n* ядро́вая древеси́на.

hearten /ˈhɑːt(ə)n/ *vt* ободр|я́ть, -и́ть; **a ~ing experience** поднима́ющее настрое́ние собы́тие.

hearth /hɑːθ/ *n* оча́г; (*fig, home*) дома́шний оча́г.

● *cpd* **~ rug** *n* ко́врик пе́ред ками́ном.

heartily /ˈhɑːtɪlɪ/ *adv* **1** (*from the heart*) серде́чно, и́скренне; **I am ~ sick of it** мне э́то до́ смерти надое́ло. **2** (*with relish, enthusiasm*) охо́тно, усе́рдно; **he agreed with me ~** он всеце́ло со мной согласи́лся; **the boys ate ~** ма́льчики е́ли с аппети́том.

heartiness /ˈhɑːtɪnɪs/ *n* серде́чность, доброду́шие.

heartless /ˈhɑːtlɪs/ *adj* бессерде́чный.

heartlessness /ˈhɑːtlɪsnɪs/ *n* бессерде́чие.

hearty /ˈhɑːtɪ/ *adj* (**heartier, heartiest**) **1** (*cordial, sincere*) серде́чный. **2** (*healthy, vigorous*): **he is still hale and ~** он всё ещё здоро́в и бодр; **a ~ appetite** прекра́сный аппети́т. **3** (*abundant*): **he ate a ~ breakfast** он пло́тно поза́втракал. **4** (*cheerful*) весёлый.

heat /hiːt/ *n* **1** (*hotness*) жара́; (*warmth*) тепло́, теплота́; **white ~** бе́лое кале́ние; **latent ~** уде́льная/скры́тая теплота́; (*hot weather*) жара́; **the ~ of the day** (*lit*) полу́денный зной; **he feels the ~** (*badly*) он пло́хо перено́сит жару́; **prickly ~** потни́ца; (*heating*) отопле́ние; **the ~ was turned on** (*lit*) отопле́ние бы́ло включено́; (*fig, pressure was applied*) бы́ло ока́зано давле́ние; **~ engine** теплово́й дви́гатель; **~ treatment** (*med*) теплолече́ние; (*metallurgy*) теплообрабо́тка. **2** (*warmth of feeling*) теплота́; (*passion*) горя́чность; **in the ~ of the moment** сгоряча́; **this took the ~ out of the situation** э́то разряди́ло обстано́вку. **3** (*in running*) забе́г; (*in horse racing*) зае́зд; (*in swimming*) заплы́в; **dead ~** одновре́менный фи́ниш. **4** (*of animals*) те́чка; **our dog in on ~** у на́шей соба́ки те́чка.

● *vt* **1** (*raise temperature of*) нагр|ева́ть, -е́ть; **the potatoes were ~ed up** карто́шку разогре́ли; **~ed swimming pool** бассе́йн с подогре́вом. **2** (*inflame*) накал|я́ть, -и́ть; горячи́ть, раз-; **a ~ed argument** жа́ркий спор; **he replied ~edly** он отве́тил запа́льчиво.

● *cpds* **~proof, ~-resistant** *adjs* жаросто́йкий, жаропро́чный; **~stroke** *n* теплово́й уда́р; **~wave** *n* полоса́/пери́од си́льной жары́.

heater /ˈhiːtə(r)/ *n* (*electric, gas, oil ~*) обогрева́тель (*m*); (*tech*) нагрева́тель; (*radiator*) батаре́я; (*large, connected to wall*) печь, пе́чка.

heath /hiːθ/ *n* **1** (*Br, waste land*) пу́стошь. **2** (*shrub*) ве́реск.

heathen /ˈhiːð(ə)n/ *n* язы́чник.

● *adj* язы́ческий

heathenism /ˈhiːðən,ɪz(ə)m/ *n* язы́чество.

heather /ˈheðə(r)/ *n* ве́реск.

heating /ˈhiːtɪŋ/ *n* обогрева́ние, отопле́ние; **central ~** центра́льное отопле́ние.

heave /hiːv/ *n* (*lifting effort*) подъём; (*throw*) бросо́к.
● *vt* (*past and pp* **heaved** *or esp naut* **hove**) (*lift*) подн|има́ть, -я́ть; (*throw*) бр|оса́ть, -о́сить; **~ a sigh** (тяжело́) взд|ыха́ть, -охну́ть.
● *vi* (*past and pp* **heaved** *or esp naut* **hove**) **1** (*pull*): **they ~d on the rope** они́ вы́брали кана́т; **~-ho!** раз-два, взя́ли!; эй, у́хнем! **2** (*retch*) ту́житься (*impf*) (при рво́те). **3** (*rise and fall*) вздыма́ться (*impf*); **her bosom was heaving** её грудь вздыма́лась; **heaving billows** вздыма́ющиеся во́лны. **4**: **~ to** (*naut*) ложи́ться, лечь в дрейф. **5**: **~ in sight** пока́з|ываться, -а́ться; яв|ля́ться, -и́ться глаза́м.

heaven /ˈhev(ə)n/ *n* **1** (*sky, firmament*) не́бо, небе́сный свод; **the ~s opened** (*of heavy rain*) разве́рзлись хля́би небе́сные (*joc*); **move ~ and earth** приложи́ть все уси́лия. **2** (*state of bliss*) блаже́нство; **in the seventh ~** на седьмо́м не́бе. **3** (*paradise*) рай, Ца́рство/Ца́рствие Небе́сное (*eccl*). **4** (*God, Providence*) Бог, Провиде́ние; **~ knows where he is** бог зна́ет, где он; **~ forbid!** бо́же упаси́!; **thank ~ for that** сла́ва бо́гу; **for ~'s sake** ра́ди бо́га; **(good) ~s (above)!** го́споди!; бо́же мой!
● *cpd* **~-sent** *adj* благода́тный.

heavenly /ˈhevənlɪ/ *adj* **1** (*in or of heaven*) небе́сный; **~ bodies** небе́сные тела́/свети́ла (*nt pl*). **2** (*coll, excellent, wonderful*) изуми́тельный; ди́вный; **we had a ~ time** мы ди́вно/чу́десно провели́ вре́мя.

heavily /ˈhevɪlɪ/ *adv* (*very, seriously*) значи́тельно, си́льно; **the rain is falling ~** идёт си́льный дождь; **he fell ~** он тяжело́ ру́хнул; **they were ~ defeated** они́ потерпе́ли тяжёлое пораже́ние.

heaviness /ˈhevɪnɪs/ *n* **1** (*weight*) тя́жесть. **2** (*drowsiness, lethargy*) вя́лость, апа́тия. **3**: **~ of heart** тя́жесть на се́рдце.

heavy /ˈhevɪ/ *adj* (**heavier, heaviest**) тяжёлый; **~ artillery** тяжёлая артилле́рия; **a ~ blow** (*lit, fig*) тяжёлый уда́р; **~ breathing** тяжёлое дыха́ние; **a ~ cold** си́льный на́сморк; **there will be a ~ crop this year** в э́том году́ бу́дет оби́льный урожа́й; **he had a ~ day** у него́ был тяжёлый день; **he is a ~ drinker** он си́льно пьёт; **he had a ~ fall** он си́льно уда́рился при паде́нии; **under ~ fire** под си́льным огнём; **~ food** тяжёлая пи́ща; **his book is ~ going** его́ кни́га тру́дно чита́ется; **with a ~ heart** с тяжёлым се́рдцем; **~ industry** тяжёлая промы́шленность; **~ losses** тяжёлые/больши́е поте́ри; **~ metal** (*coll, mus*) хе́ви-ме́тал; **a ~ programme** насы́щенная/напряжённая програ́мма; **~ rain** си́льный/проливно́й дождь; **a ~ sea** бу́рное мо́ре; **a ~ silence** тя́гостное молча́ние; **a ~ sleep** глубо́кий/тяжёлый сон; **he is a ~ sleeper** у него́ кре́пкий сон; **a ~ sky** хму́рое не́бо; **~ taxes** больши́е нало́ги; **~ traffic** интенси́вное движе́ние.
● *cpds* **~-duty** *adj* сверхпро́чный, но́ский; **~ goods vehicle** *n* (*Br*) большегру́зный автомоби́ль; **~-handed** *adj* неуклю́жий; **~-hearted** *adj* с тяжёлым се́рдцем; **~-laden** *adj* тяжело́ нагру́женный (*чем*); **~weight** *n* (*sport, fig*) тяжелове́с.

Hebraic /hiːˈbreɪɪk/ *adj* древнеевре́йский.

Hebraist /ˈhiːbreɪɪst/ *n* гебраи́ст.

Hebrew /ˈhiːbruː/ *n* **1** (*Jew*) евре́й. **2** (*language*) древнеевре́йский язы́к; (*modern*) иври́т.
● *adj* древнеевре́йский; (*modern*) иври́тский.

Hebridean /ˌhebrɪˈdiːən/ *adj* гебри́дский.

Hebrides /ˈhebrɪˌdiːz/ *n*: **the ~** Гебри́дские острова́ (*m pl*).

heckle /ˈhek(ə)l/ *vt* (*interrupt*) переб|ива́ть, -и́ть.
● *vi* переб|ива́ть, -и́ть ора́тора.

heckler /ˈheklə(r)/ *n* челове́к, кото́рый пыта́ется переби́ть ора́тора; крику́н.

hectare /ˈhekteə(r), -tɑː(r)/ *n* гекта́р.

hectic /ˈhektɪk/ *adj* (*busy*) лихора́дочный, бу́рный.

hectolitre /ˈhektəˌliːtə(r)/ (*US* **hectoliter**) *n* гектоли́тр.

hector /ˈhektə(r)/ *vt* набр|а́сываться, -о́ситься на +*a*.

hedge /hedʒ/ *n* жива́я и́згородь.
● *vt* **1** (*enclose*) оба́|живать, -ди́ть куста́рником; огор|а́живать, -оди́ть; (*fig*) **~d in, round with regulations** в тиска́х пра́вил и предписа́ний. **2**: **~ one's bets** (*fig*) перестрах|о́вываться, -ова́ться.
● *vi* (*prevaricate*) увил|ивать, -ьну́ть.
● *cpds* **~hog** *n* ёж; **~row** *n* шпале́ра, жива́я и́згородь; **~ sparrow** *n* завиру́шка лесна́я.

hedonism /ˈhiːdəˌnɪz(ə)m, ˈhe-/ *n* гедони́зм.

hedonist /ˈhiːdəˌnɪst, ˈhe-/ *n* гедони́ст.

hedonistic /ˌhiːdəˈnɪstɪk, ˈhe-/ *adj* гедонисти́ческий.

heed /hiːd/ *n* внима́ние; **she paid no ~ to his advice** она́ не вняла́ его́ сове́ту; **take ~!** вне́млите! (*poet*).
● *vt* уч|и́тывать, -е́сть; вн|има́ть, -ять + *d*.

heedful /ˈhiːdfʊl/ *adj* внима́тельный (*к чему*); (*careful*) предусмотри́тельный, осмотри́тельный.

heedfulness /ˈhiːdfʊlnɪs/ *n* внима́тельность; предусмотри́тельность, осмотри́тельность.

heedless /ˈhiːdlɪs/ *adj* беззабо́тный, беспе́чный; **she continued, ~ of danger** она́ продолжа́ла, невзира́я на опа́сность.

hee-haw /ˈhiːhɔː/ *n* и-а (*крик осла*); (*laugh*) ржа́ние.

heel[1] /hiːl/ *n* **1** (*part of foot*) пя́тка; **he arrived on John's ~s** он пришёл вслед за Джо́ном; **the dog followed at, on his ~s** соба́ка сле́довала за ним по пята́м; **he called the dog to ~** он позва́л соба́ку «к ноге́»; **he fell head over ~s** он полете́л вверх торма́шками; **he took to his ~s** он бро́сился наутёк; **he showed a clean pair of ~s** то́лько его́ и ви́дели; он показа́л пя́тки; **he turned on his ~** он кру́то поверну́лся; **they suffered under the ~ of a tyrant** они́ страда́ли под пято́й тира́на. **2** (*of a shoe*) (*whole unit*) каблу́к; (*lower replaceable part*) набо́йка; **my shoes are down at ~** у мои́х ту́фель сби́лись каблуки́. **3** (*of a sock*) пя́тка. **4** (*US sl, cad*) хам, подо́нок.
● *vt*: **~ shoes** ста́вить, по- набо́йки на ту́фли.

heel[2] /hiːl/ *vi* **the ship ~ed over** су́дно накрени́лось.

hefty /ˈheftɪ/ *adj* (**heftier, heftiest**) (*person*) здорове́нный, ро́слый; (*sum*) кру́пный; (*blow*) здоро́вый.

hegemony /hɪˈdʒemənɪ, -ˈgemənɪ/ *n* гегемо́ния.

heifer /ˈhefə(r)/ *n* тёлка, нéтель.

height /haɪt/ *n* **1** высота́; (*of person*) рост; **he was six feet in ~** он был ро́стом в 6 фу́тов; **a wall six feet in ~** стена́ высото́й в 6 фу́тов; **he drew himself up to his full ~** он встал во весь рост; **the house stands at a ~ of 500 feet** дом нахо́дится на высоте́ 500 фу́тов; **he fell from a great ~** он упа́л с большо́й высоты́; **the plane is losing ~** самолёт теря́ет высоту́. **2** (*high ground*) верши́на, верху́шка. **3** (*utmost degree*) вы́сшая сте́пень; **the ~ of folly** верх глу́пости; **the ~ of fashion** после́дний крик мо́ды; **the gale was at its ~** шторм был в разга́ре.

heighten /ˈhaɪt(ə)n/ *vt* (*make higher*) пов|ыша́ть, -ы́сить; (*increase*) уси́ли|вать, -ть; **~ed colour** (*of face*) румя́нец.
● *vi* (*fig*) уси́ли|ваться, -ться.

heinous /ˈheɪnəs, ˈhiːnəs/ *adj* гну́сный, омерзи́тельный.

heir /eə(r)/ *n* насле́дник; **~ apparent** прямо́й/непосре́дственный насле́дник; **~ presumptive** предполага́емый насле́дник.

heiress /ˈeərɪs/ *n* насле́дница.

heirloom /ˈeəluːm/ *n* фами́льная рели́квия.

held /held/ *past and pp of* ⇒**hold**

helical /ˈhelɪk(ə)l/ *adj* спира́льный, вито́й.

helices /ˈhiːlɪˌsiːz, ˈhel-/ *pl of* ⇒**helix**

helicopter /ˈhelɪˌkɒptə(r)/ *n* вертолёт.
● *vt* перебр|а́сывать, -о́сить на вертолёте.

heliograph /ˈhiːlɪəˌgrɑːf/ *n* гелио́граф.

heliotrope /ˈhiːlɪəˌtrəʊp, ˈhel-/ *n* гелиотро́п.
● *adj* (*colour*) лило́вый.

heliport /ˈhelɪˌpɔːt/ *n* вертолётный аэродро́м; (*small or at the top of building*) вертолётная площа́дка.

helium /ˈhiːlɪəm/ *n* ге́лий.

helix /ˈhiːlɪks/ *n* (*pl* **helices**) (*math*) спира́ль; (*archit*) завито́к.

hell /hel/ *n* **1** (*place or state*) ад; **he went through ~** он перенёс му́ки а́да; **he made her life ~** он преврати́л её

h

жизнь в ад; **I gave him** ~ (*coll*) я задал ему жару; **he hasn't a hope in** ~ (*coll*) ни черта у него не выйдет; **he will raise** ~ (*coll*) он поднимет страшный шум.
2 (*coll or sl, expressing vexation or emphasis*) **oh** ~! чёрт возьми!; **go to** ~! иди к чёрту; **what the** ~ **do you want?** что вам нужно, чёрт возьми/побери?; какого чёрта вам нужно?; **what the** ~! (*sc. does it matter*) какого чёрта!; **I wish to** ~ **I'd never done it!** чёрт меня попутал!; **'Do you agree?' — 'Like** ~ **I do!'** (*sc. not at all*) «Вы согласны?» — «Чёрта с два!»; **it hurts like** ~ чертовски больно; **to** ~ **with it!** чёрт с ним!; **they made the** ~ **of a noise** они ужасно шумели; **we had a** ~ **of a time** мы чертовски хорошо повеселились; **all** ~ **broke loose** началась свистопляска; **he rode** ~ **for leather** он мчался сломя голову; **just for the** ~ **of it** за здорово живёшь, просто так; **come** ~ **or high water** будь что будет; была не была.
● *cpds* **~-bent** *adj* (добивающийся чего-н.) с дьявольским упорством; **~fire** *n* адский огонь; **~raiser** *n* скандалист.

hellebore /ˈhelɪˌbɔ:(r)/ *n* морозник.

Hellene /ˈheli:n/ *n* эллин.

Hellenic /heˈlenɪk, -ˈli:nɪk/ *adj* эллинский.

Hellenist /ˈhelɪnɪst/ *n* эллинист.

Hellenistic /ˌhelɪˈnɪstɪk/ *adj* эллинистический.

Hellenize /ˈhelɪˌnaɪz/ *vt* подв|ергать, -ергнуть греческому влиянию.

hellish /ˈhelɪʃ/ *adj* адский.

hello /həˈləʊ/ *int* (*greeting*) здравствуй(те)!; (*coll*) привет!; (*on telephone*) алло!; (*Br, expressing surprise*) вот те(бе) на!

helm /helm/ *n* (*tiller*) руль, румпель (*both m*); **take the** ~ (*lit, fig*) вста|вать, -ть у штурвала/руля.
● *cpd* **~sman** *n* (*pl* **~smen**) рулевой.

helmet /ˈhelmɪt/ *n* шлем; (*modern soldier's or fireman's*) каска.

help /help/ *n* **1** (*assistance*) помощь; **he walks with the** ~ **of a stick** он ходит с палкой; **she manages without** (*domestic*) ~ она обходится без прислуги; **can I be of (any)** ~**?** я могу вам чем-нибудь помочь?; **your advice was a great** ~ **to us** ваш совет нам очень помог; **they were not (of) much** ~ **to me** они мне не особенно помогли.
2 (*remedy*): **there's no** ~ **for it** ничего не поделаешь.
3 (*domestic servant*) прислуга.
4 (*comput*) справка.
● *vt* **1** (*assist*) пом|огать, -очь; **please** ~ **me up** помогите мне, пожалуйста, подняться; **he** ~**ed her out of the car** он помог ей выйти из машины; **he** ~**ed her off with her coat** он помог ей снять пальто.
2 (*alleviate*) облегч|ать, -ить.
3 (*serve with food etc.*) уго|щать, -стить; класть, положить; да|вать, -ть; (*что кому*); **may I** ~ **you to salad?** могу я положить вам (ещё) немного салата?; ~ **yourself!** угощайтесь!; берите, пожалуйста!; **he** ~**ed himself to the spoons** он стащил ложки (*coll*).
4 (*avoid, prevent; also vi*): **I can't** ~ **it** я не могу ничего поделать; от меня это не зависит; **I can't** ~ **laughing** я не могу удержаться от смеха; я не могу не смеяться; **I won't go a step farther than I can** ~ я не сделаю ни одного лишнего шага; **don't stay longer than you can** ~ не оставайтесь дольше, чем надо; **it can't be** ~**ed** ничего не поделаешь.
5: **so** ~ **me (God)!** (*lit*) да поможет мне Бог; ≈ клянусь! (*форма заверения в правоте сказанного, напр. в суде*).
● *vi* (*avail, be of use*) быть полезным; **crying won't** ~ слезами горю не поможешь.
● *cpds* **~mate, ~meet** *nn* (*of woman*) подруга жизни, спутница жизни; (*of man*) спутник жизни.

helper /ˈhelpə(r)/ *n* помощник; (*of a craftsman*) подручный.

helpful /ˈhelpfʊl/ *adj* полезный; (*obliging*) услужливый.

helpfulness /ˈhelpfʊlnɪs/ *n* полезность; услужливость.

helping /ˈhelpɪŋ/ *n* порция.
● *adj*: **she lent a** ~ **hand** она протянула руку помощи.

helpless /ˈhelplɪs/ *adj* беспомощный, бессильный.

helplessly /ˈhelplɪslɪ/ *adv* беспомощно; ~ **drunk** пьяный вдребезги; **he was laughing** ~ он смеялся до упаду.

helplessness /ˈhelplɪsnɪs/ *n* беспомощность, бессилие.

Helsinki /ˈhelsɪŋkɪ, helˈsɪŋkɪ/ *n* Хельсинки (*m indecl*); (*attr*) хельсинкский.

helter-skelter /ˌheltəˈskeltə(r)/ *n* спиральная детская горка.
● *adv* беспорядочно, как попало; врассыпную.
● *adj* беспорядочный, сумбурный.

hem /hem/ *n* край, подол.
● *vt* (**hemmed, hemming**) **1** (*sew the edge of*) подш|ивать, -ить. **2**: ~ **in,** ~ **about,** ~ **round** окруж|ать, -ить.
● *cpds* **~line** *n* ≈ подол юбки; **~stitch** *n* подрубочный шов; *vt* подш|ивать, -ить.

hem- /ˈhi:mə/ (*US*) = **haem-**

hemisphere /ˈhemɪˌsfɪə(r)/ *n* полушарие.

hemispherical /ˌhemɪˈsferɪk(ə)l/ *adj* полусферический.

hemlock /ˈhemlɒk/ *n* **1** (*plant*) болиголов. **2** (*tree*) тсуга, гемлок, хемлок (*североамериканское хвойное дерево*).

hemo- /ˈhi:mə/ (*US*) = **haemo-**

hemp /hemp/ *n* (*plant*) конопля; (*fibre*) пенька; **Indian** ~ (*plant*) конопля индийская; (*drug*) (*dried leaves and flowers*) марихуана, анаша; (*resin*) гашиш.

hempen /ˈhempən/ *adj* конопляный; пеньковый.

hen /hen/ *n* (*domestic fowl*) курица; (*female of bird species*) самка птицы.
● *cpds* **~bane** *n* белена; ~ **coop,** **~house** *nn* курятник; ~ **party** *n* (*coll*) девичник; **~pecked** *adj*: **he is** **~pecked** жена держит его под каблуком; **~pecked husband** подкаблучник (*coll*).

hence /hens/ *adv* (*consequently, for this reason*) отсюда, следовательно; (*from now*): **3 years** ~ через три года; (*from here*) (*also* **from** ~) (*archaic*) отсюда; отсель (*archaic*).
● *cpds* **~forth, ~forward** *advs* впредь, с этого времени.

henchman /ˈhentʃmən/ *n* (*pl* **henchmen**) приспешник.

henna /ˈhenə/ *n* хна.
● *vt* (**hennaed, hennaing**): **~ed hair** волосы, крашенные хной.

hepatitis /ˌhepəˈtaɪtɪs/ *n* гепатит.

heptagon /ˈheptəgən/ *n* семиугольник.

her /hə:(r), hə(r)/ *obj of* **she; he loves** ~ он любит её; **he looks at** ~ он смотрит на неё; *possessive adj* её; ~ **husband** её муж; (*referring to subj of sentence*) свой; **she loves** ~ **husband** она любит своего мужа.

herald /ˈher(ə)ld/ *n* (*official*) член геральдической палаты; (*messenger, forerunner*) вестник.
● *vt* возве|щать, -стить; предвещать (*impf*).

heraldic /heˈrældɪk/ *adj* геральдический.

heraldry /ˈherəldrɪ/ *n* геральдика.

herb /hə:b/ *n* трава; (*as medicine*) лекарственное растение, лечебная трава; (*in pl, cul*) травы; ~ **tea** (*camomile etc.*) травяной чай; (*blackcurrant etc.*) фруктовый чай.

herbaceous /hə:ˈbeɪʃəs/ *adj* травяной; ~ **border** цветочный бордюр

herbal /ˈhə:b(ə)l/ *n* травник; ~ **medicine** траволечение.
● *adj* травяной; ~ **tea** = **herb tea**

herbalist /ˈhə:bəlɪst/ *n* специалист по лекарственным растениям.

herbari|um /hə:ˈbeərɪəm/ *n* (*pl* **~a**) гербарий.

herbert /ˈhə:bət/ *n* (*Br coll*) дуралей.

herbicide /ˈhə:bɪˌsaɪd/ *n* гербицид.

herbivore /ˈhə:bɪˌvɔ:(r)/ *n* травоядное животное.

herbivorous /ˌhə:ˈbɪvərəs/ *adj* травоядный.

Herculean /ˌhə:kjʊˈli:ən, -ˈkju:lɪən/ *adj* геркулесов; (*fig*): ~ **efforts** титанические усилия.

Hercules /ˈhə:kjʊˌli:z/ *n* Геркулес, Геракл; **the labours of** ~ подвиги Геракла.

herd /hə:d/ *n* (*animals*) стадо; (*people*) толпа; ~ **instinct** стадное чувство.
● *vt* сгонять, согнать (вместе).
● *vi* (*fig*) (*of animals*) ходить (*indet*) стадом; (*of people*) ходить (*indet*) скопом.
● *cpd* **~sman** *n* (*pl* **~smen**) пастух.

here /hɪə(r)/ *n*: **from** ~ **to there** отсюда — туда; **my house is near** ~ мой дом рядом.
● *adv* **1** (*in this place*) здесь, тут; **the book doesn't belong** ~ этой книге здесь не место.
2 (*to this place, in this direction*) сюда; **come** ~! идите сюда!; **look** ~! (*lit*)

посмотри́те сюда́; (*expressing emphasis, impatience, etc.*) послу́шайте! **3** (*demonstrative*) вот; **~ I am!** вот и я!; я тут!; **~ he comes!** вот и он!; **~ we are at last!** наконе́ц-то (мы) пришли́/прие́хали/при́были; **~ we go (again)!** (*coll, fig*) ну вот опя́ть; ≈ опя́ть два́дцать пять!; **~ goes!** (*coll*) будь что бу́дет!; **~'s how it happened** вот как э́то случи́лось; **~'s to our victory!** за на́шу побе́ду!; **Mr Smith ~ is a surgeon** вот ми́стер Смит, он хиру́рг. **4** (*with offers*): **~ you are!** пожа́луйста; **~ is my hand!** вот вам моя́ рука́. **5** (*at this point*): **~ she began to cry** тут она́ запла́кала. **6** (*for emphasis*): **~, take this** вот, возьми́те э́то. **7**: **same ~!** и я то́же! **8** (*miscellaneous phrr*): **he looked ~ and there** он поиска́л там и сям (*coll*); **I've been ~, there and everywhere** я был повсю́ду; **it's neither ~ nor there** э́то здесь ни при чём; э́то ни к селу́ ни к го́роду.

hereabouts /ˌhɪərəˈbaʊts/ *adv* побли́зости.

hereafter /hɪərˈɑːftə(r)/ *n*: **the ~** загро́бная жизнь.
● *adv* впосле́дствии.

hereby /hɪəˈbaɪ/ *adv* сим (*archaic*); э́тим; настоя́щим.

hereditary /hɪˈredɪtərɪ/ *adj* насле́дственный.

heredity /hɪˈredɪtɪ/ *n* насле́дственность.

herein /hɪəˈrɪn/ *adv*: **I enclose ~ ...** при сём прилага́ю... .

hereinafter /ˌhɪərɪnˈɑːftə(r)/ *adv* ни́же, в дальне́йшем.

heresy /ˈherəsɪ/ *n* е́ресь.

heretic /ˈherətɪk/ *n* ерети́|к (*fem* -чка).

heretical /hɪˈretɪk(ə)l/ *adj* ерети́ческий.

hereto /hɪəˈtuː/ *adv* к сему́, к э́тому.

heretofore /ˌhɪətʊˈfɔː(r)/ *adv* досе́ле, пре́жде, до сих пор.

hereupon /ˌhɪərəˈpɒn/ *adv* вслед за э́тим.

herewith /hɪəˈwɪð, -ˈwɪθ/ *adv* при сём.

heritable /ˈherɪtəb(ə)l/ *adj* насле́дуемый.

heritage /ˈherɪtɪdʒ/ *n* насле́дство; (*fig*) насле́дие.

hermaphrodite /hɜːˈmæfrəˌdaɪt/ *n* гермафроди́т.

hermetic /hɜːˈmetɪk/ *adj* гермети́ческий; **~ally sealed** гермети́чески закры́тый.

hermit /ˈhɜːmɪt/ *n* отше́льник.
● *cpd* **~ crab** *n* ра́к-отше́льник.

hermitage /ˈhɜːmɪtɪdʒ/ *n* прию́т отше́льника; **H~** (*art museum in St Petersburg*) Эрмита́ж.

her|nia /ˈhɜːnɪə/ *n* (*pl* **~nias** *or* **~niae** /-nɪˌiː/) гры́жа.

hero /ˈhɪərəʊ/ *n* (*pl* **~es**) геро́й.
● *cpd* **~ worship** *n* (*of a celebrity etc.*) (чрезме́рное) восхище́ние (*кем*)/обожа́ние (*кого*); **~-worship** *vt* (*a celebrity etc.*) (чрезме́рно) восхища́ться (*impf*) (*кем*), обожа́ть (*impf*).

heroic /hɪˈrəʊɪk/ *adj* (*person, attempt*) герои́ческий; (*action*) геро́йский.

heroics /hɪˈrəʊɪks/ *n pl* напы́щенность.

heroin /ˈherəʊɪn/ *n* герои́н.

heroine /ˈherəʊɪn/ *n* герои́ня.

heroism /ˈherəʊˌɪz(ə)m/ *n* герои́зм.

heron /ˈherən/ *n* ца́пля.

herpes /ˈhɜːpiːz/ *n* лиша́й.

herring /ˈherɪŋ/ *n* сельдь; (*as food*) селёдка; **red ~** (*fig*) отвлека́ющий манёвр.
● *cpds* **~bone** *n & adj*: **~bone stitch** переплете́ние «ло́маная са́ржа»; (*archit pattern*) кла́дка «в ёл(оч)ку».

hers /hɜːz/ *possessive pron* её; **is this handkerchief ~?** э́то её плато́к?; **your dress is prettier than ~** у вас пла́тье краси́вее, чем у неё; **I don't like that husband of ~** мне не нра́вится её муж!; **friends of ~** её друзья́.

herself /həˈself/ *pron* **1** (*refl*) себя́ (*d, p* себе́, *i* собо́й); -сь (*suff*); **she looked at ~ in the mirror** она́ посмотре́ла на себя́ в зе́ркало; **she fell down and hurt ~** она́ упа́ла и ушибла́сь. **2** (*emphatic*) сама́; **she said so ~** она́ сама́ э́то сказа́ла; **I saw the Queen ~** я ви́дел саму́ короле́ву. **3** (*after preps*) одна́; сама́; **she lives by ~** она́ живёт одна́; **can she do it by ~?** она́ мо́жет сама́ э́то сде́лать?; **she kept it to ~** она́ ни с кем э́тим не дели́лась. **4** (*her normal state*): **she is not ~ today** сего́дня она́ сама́ не своя́; **she will soon come to ~** она́ ско́ро придёт в себя́.

hertz /hɜːts/ *n* (*pl* **~**) герц.

hesitanc|e /ˈhezɪt(ə)ns/, **-y** /ˈhezɪtənsɪ/ *nn* колеба́ние; (*irresolution*) нереши́тельность.

hesitant /ˈhezɪt(ə)nt/ *adj* колеблю́щийся; (*irresolute*) нереши́тельный; **to be ~** колеба́ться (*impf*), сомнева́ться (*impf*).

hesitate /ˈhezɪˌteɪt/ *vi* колеба́ться (*impf*), сомнева́ться (*impf*); (*in speech*) зап|ина́ться, -ну́ться; **don't ~ to ask** непреме́нно спроси́те; **I ~ to say this** не зна́ю, сле́дует ли мне э́то сказа́ть; **he who ~s is lost** ≈ промедле́ние сме́рти подо́бно.

hesitation /ˌhezɪˈteɪʃ(ə)n/ *n* колеба́ние, сомне́ние; (*in speech*) запи́нка.

hessian /ˈhesɪən/ *n* (*cloth*) мешкови́на.

heterodox /ˈhetərəʊˌdɒks/ *adj* неортодокса́льный.

heterodoxy /ˈhetərəʊˌdɒksɪ/ *n* неортодокса́льность.

heterogeneity /ˌhetərəʊdʒɪˈniːɪtɪ/ *n* неоднoро́дность, разнохара́ктерность.

heterogeneous /ˌhetərəʊˈdʒiːnɪəs/ *adj* неодноро́дный, разнохара́ктерный.

heterosexual /ˌhetərəʊˈseksjʊəl/ *n* гетеросексуа́л(ьный челове́к).
● *adj* гетеросексуа́льный.

heterosexuality /ˌhetərəʊseksjʊˈælɪtɪ/ *n* гетеросексуа́льность.

hetman /ˈhetmən/ *n* (*pl* **hetmen**) ге́тман.

het up /het ˈʌp/ *pred adj* (*coll*) взви́нченный; **he got ~ up** он распсихова́лся (*sl*).

heuristic /hjʊəˈrɪstɪk/ *adj* эвристи́ческий.

hew /hjuː/ *vt* (*pp* **hewn** *or* **hewed**) (*chop, cut*) руби́ть (*impf*); (*cut into shape*) теса́ть (*impf*); **they ~ed down a tree** они́ сруби́ли де́рево; **a branch had been ~n off** ве́тка была́ сру́блена; **she ~ed a statue out of stone** она́ вы́тесала из ка́мня ста́тую.

hewer /ˈhjuːə(r)/ *n*: **~s of wood and drawers of water** (*fig*) тру́женики (*m pl*).

hewn /hjuːn/ *pp of* ⇒**hew**

hex /heks/ *n* (*US*) (*spell, curse*) дурно́й глаз; (*witch*) ве́дьма.
● *vt* сгла́зить (*pf*).

hexagon /ˈheksəgən/ *n* шестиуго́льник.

hexagonal /ˌhekˈsægən(ə)l/ *adj* шестиуго́льный.

hexameter /hekˈsæmɪtə(r)/ *n* гекза́метр.

hey /heɪ/ *int* эй!; **~ presto!** (*Br*) алле́-го́п!

heyday /ˈheɪdeɪ/ *n* расцве́т, зени́т.

Hezbollah /ˌhezbəˈlɑː/ *n* Хезболла́(х) (*f indecl*) (*экстремистская шиитская группировка*).

HGV (*abbr of* ***heavy goods vehicle***) (*Br*) большегру́зный автомоби́ль.

hi /haɪ/ *int* **1** (*to call attention*) эй! **2** (*in greeting, also* **~ there!**) приве́т!

hiatus /haɪˈeɪtəs/ *n* (*pl* **~es**) **1** (*gap*) про́пуск, пробе́л. **2** (*between vowels*) зия́ние.

hibernate /ˈhaɪbəˌneɪt/ *vi* впада́ть (*impf*) в зи́мнюю спя́чку; **these animals ~** э́ти живо́тные впада́ют в зи́мнюю спя́чку; **to be hibernating** находи́ться (*impf*) в зи́мней спя́чке.

hibernation /ˌhaɪbəˈneɪʃ(ə)n/ *n* зи́мняя спя́чка.

hibiscus /hɪˈbɪskəs/ *n* (*pl* **~es**) гиби́скус.

hicc|up, -ough /ˈhɪkʌp/ *n* ико́та; (*slight delay*) зами́нка.
● *vi* (**hiccuped, hiccuping**) ик|а́ть, -ну́ть.

hick /hɪk/ *n* (*US coll*) дереве́нщина (*cg*); **a ~ town** захолу́стный го́род.

hickory /ˈhɪkərɪ/ *n* пека́н.

hid /hɪd/ *past of* ⇒**hide²**

hide¹ /haɪd/ *n* (*skin*) шку́ра; (*leather*) ко́жа; **I'll tan his ~ for him** я зада́м ему́ взбу́чку; **he lied to save his ~** он солга́л, что́бы спасти́ свою́ шку́ру.
● *cpd* **~bound** *adj* ограни́ченный, с у́зким кругозо́ром.

hide² /haɪd/ *vt* (*past* **hid**; *pp* **hidden** /ˈhɪd(ə)n/) пря́тать, с-; скры|ва́ть, -ть; **~ one's face** закр|ыва́ть, -ы́ть лицо́ рука́ми; **~ one's feelings** скры|ва́ть, -ть свои́ чу́вства; **the house was hidden from the road** дом не́ был ви́ден с доро́ги; **clouds hid the sun** ту́чи закры́ли со́лнце; **a hidden meaning** скры́тый смысл.
● *vi* (*past* **hid**; *pp* **hidden** /ˈhɪd(ə)n/) пря́таться, с-; скр|ыва́ться, -ы́ться.
● *cpds* **~-and-seek** *n* пря́т|ки (*pl, g* -ок); **~away, ~out** *nn* укры́тие.

h

hideous /ˈhɪdɪəs/ *adj* (*ugly*) уро́дливый, безобра́зный; (*unpleasant*) ме́рзкий.

hideousness /ˈhɪdɪəsnɪs/ *n* уро́дливость, безобра́зие; ме́рзость.

hid(e)y-hole /ˈhaɪdɪˌhəʊl/ *n* (*coll*) **1** (*for hiding people*) укры́тие. **2** (*for hiding things*) тайни́к; (*store used by criminals, rebels, etc. also*) схрон (*coll*).

hiding¹ /ˈhaɪdɪŋ/ *n* (*coll, thrashing*): **she gave him a good ~** она́ его́ вы́порола как сле́дует.

hiding² /ˈhaɪdɪŋ/ *n* (*concealment*) укры́тие; **he went into ~** он скры́лся; (*revolutionary*) он ушёл в подпо́лье; **he is in ~** он скрыва́ется.
● *cpd* **~ place** *n* укры́тие.

hierarch /ˈhaɪəˌrɑːk/ *n* иера́рх.

hierarchical /ˌhaɪəˈrɑːkɪk(ə)l/ *adj* иерархи́ческий, иерархи́чный.

hierarchy /ˈhaɪəˌrɑːkɪ/ *n* иера́рхия.

hieroglyph /ˈhaɪərəglɪf/ *n* иеро́глиф.

hieroglyphic /ˌhaɪərəˈglɪfɪk/ *adj* иероглифи́ческий.

hieroglyphics /ˌhaɪərəˈglɪfɪks/ *n pl* иероглифи́ческое письмо́.

hi-fi /ˈhaɪfaɪ/ *n* (*pl* **~s**) (*coll*) (высокока́чественная) стереосисте́ма.

higgledy-piggledy /ˌhɪgəldɪˈpɪgəldɪ/ *adj* беспоря́дочный; сумбу́рный.
● *adv* вперемёшку; беспоря́дочно.

high /haɪ/ *n* **1** (*peak*) вы́сшая то́чка; **prices reached a new ~** це́ны дости́гли небыва́ло высо́кого у́ровня. **2** (*anticyclone*) антицикло́н. **3**: **on ~** на небеса́х; **from on ~** свы́ше.
● *adj* **1** (*tall, elevated*) высо́кий (*also mus*); **a ~ building** высо́кое/высо́тное зда́ние; **a ~ chair** высо́кий де́тский стул; **ten feet ~** высото́й в 10 фу́тов; **~ jump** прыжо́к в высоту́; **he's for the ~ jump** (*Br sl*) ему́ попадёт/влети́т; **~ tide, water** больша́я вода́, прили́в; **~ and dry** вы́брошенный на бе́рег; (*fig*) на мели́; **don't get on your ~ horse** (*coll*) не ва́жничайте; (*geog*): **~ latitudes** высо́кие широ́ты. **2** (*chief, important*): **~ altar** гла́вный престо́л; **~ command** вы́сшее кома́ндование; **~ days and holidays** (*Br*) выходны́е дни и пра́здники; **~ life** све́тская жизнь; **H~ Mass** торже́ственная ме́сса; **~ and mighty** (*coll, arrogant*) надме́нный, вла́стный; **the Most H~** Всевы́шний; **in ~ places** (*fig*) в верха́х, в вы́сших сфе́рах; **~ priest** первосвяще́нник; **~ school** сре́дняя шко́ла; **~ society** вы́сшее о́бщество; **the ~ spot of the evening** гвоздь програ́ммы; **~ street** (*Br*) гла́вная у́лица; **~ table** (*Br*) почётный стол; **~ tea** (*Br*) ≈ по́лдник; **~ treason** госуда́рственная изме́на. **3** (*greater than average; extreme*): **~ blood pressure** высо́кое (кровяно́е) давле́ние; **a ~ colour** (*complexion*) я́ркий румя́нец; **in the ~est degree** в вы́сшей сте́пени; **held in ~ esteem** по́льзующийся больши́м уваже́нием; **~ explosive** дробя́щее/бриза́нтное взры́вчатое вещество́; **in ~ gear** на большо́й ско́рости; **~ jinks** (*coll*) шу́мное весе́лье; **they are having a ~ old time** они́ веселя́тся вовсю́; **it is a ~ price to pay** цена́ сли́шком велика́; **on the ~ seas** в откры́том мо́ре; **in ~ spirits** в отли́чном/припо́днятом настрое́нии; **~ tension** си́льное напряже́ние; **H~ Tory** кра́йний консерва́тор; **a ~ wind** си́льный ве́тер. **4** (*at its peak*): **~ noon** по́лдень; **~ summer** середи́на/разга́р ле́та; **it is ~ time** давно́ пора́; **it is ~ time I was gone** мне уже́ давно́ пора́ идти́. **5** (*noble, lofty*): **a ~ calling** высо́кое призва́ние. **6** (*of food*) (*tainted*) с душко́м. **7** (*intoxicated*) навеселе́; (*on drugs*) под ка́йфом; **to be ~ on cocaine** быть под кокаи́ном.
● *adv* **1** (*aloft; at or to a height*): **~ up** высоко́; (*of direction*) ввысь; **the ball rose ~ into the air** мяч взлете́л высоко́ в во́здух; **you must aim ~** (*fig*) вы должны́ ме́тить вы́ше; **he held his head ~** (*fig*) он ходи́л с высоко́ по́днятой голово́й; **I searched ~ and low** я иска́л повсю́ду. **2** (*at a ~ level*): **the seas were running ~** мо́ре бы́ло неспоко́йно; **feelings ran ~** стра́сти разгоре́лись.
● *cpds* **~ball** *n* (*US*) ви́ски (*nt indecl*) с со́довой (*подаваемое в высоком стакане со льдом*); **~-born** *adj* зна́тный, зна́тного происхожде́ния; **~boy** *n* (*US*) высо́кий комо́д; **~brow** *n* интеллектуа́л; *adj* интеллектуа́льный, серьёзный; **~-calorie** *adj* калори́йный; **~-class** *adj* первокла́ссный, высо́кого кла́сса; **~falutin(g)** *adj* (*coll*) высокопа́рный, велере́чивый; **~-fidelity** *adj* с высо́кой то́чностью воспроизведе́ния; **~-flown** *adj* высокопа́рный; витиева́тый; **~-flyer, ~-flier** *nn* (*person likely to succeed*) подаю́щий больши́е наде́жды (*or* многообеща́ющий) челове́к; **~-frequency** *adj* высокочасто́тный; **~-grade** *adj* высокока́чественный; **~-handed** *adj* вла́стный, своево́льный; **~-hat** *adj* (*US coll*) спеси́вый, наду́тый (*coll*); *vt* (*US coll*) относи́ться (*impf*) высокоме́рно к + *d*; **~-heeled** *adj* на высо́ком каблуке́; **~ heels** *n pl* ту́фли на высо́ком каблуке́; **~land** *adj* го́рский; **H~lander** *n* го́р|ец (*fem* -я́нка); **the H~lands** *n pl* се́вер и се́веро-за́пад Шотла́ндии; **~-level** *adj* на высо́ком у́ровне; **~light** *n* (*in painting*) блик; (*in pl, in hair*) цветны́е пря́ди (*f pl*); (*phot*) светово́й эффе́кт; (*fig*) кульминацио́нный моме́нт; *vt* (*fig, emphasize*) выделя́ть, вы́делить (*also comput*); заостр|я́ть, -и́ть внима́ние на + *p*; **~lighter** *n* флома́стер; **~-minded** *adj* благоро́дный, великоду́шный; **~-pitched** *adj* высо́кий; **~-powered** *adj* (*of an engine*) мо́щный, большо́й мо́щности; (*of a person*) динами́чный, операти́вный; (*of a job*) отве́тственный; **~-priced** *adj* дорогостоя́щий; **~-ranking** *adj* высокопоста́вленный; **~-rise** *adj*: **~-rise apartment blocks** высо́тные многокварти́рные дома́; **~ road** *n* шоссе́ (*indecl*); **~-sounding** *adj* напы́щенный; **~-sounding words** гро́мкие слова́; **~-speed** *adj* скоростно́й; **~-spirited** *adj* оживлённый, весёлый; **~-strung** *adj* (*US*) = **highly strung**; **~-tech** *adj* высокотехнологи́чный; **~-tech company** (*using latest technology*) компа́ния, испо́льзующая передову́ю те́хнику и передовы́е техноло́гии; (*producing ~-tech goods*) компа́ния, производя́щая изде́лия высо́кой сло́жности; **~ technology** *n* техноло́гия высо́кой сло́жности; хай-те́к (*f indecl*); **~-up** *n* **the ~-ups** верхи́ (*m pl*); *adj* высокопоста́вленный; **~-water line** *n* ли́ния наибо́льшего прили́ва; **~-water mark** *n* у́ровень по́лной воды́; (*fig*) верши́на; **~way** *n* шоссе́ (*indecl*); **H~way Code** пра́вила доро́жного движе́ния; **~way robbery** (*lit*) грабёж на большо́й доро́ге; (*fig*) грабёж; **~wayman** *n* (*pl* **~waymen**) разбо́йник (с большо́й доро́ги).

higher /ˈhaɪə(r)/ *adj* (*senior, advanced*) вы́сший.
● *adv*: **~ up the hill** вы́ше на холме́; **~ up the road** да́льше по э́той доро́ге/у́лице.

highly /ˈhaɪlɪ/ *adv* весьма́, о́чень; **~ paid** высокоопла́чиваемый; **~ polished** (*lit*) хорошо́ отполиро́ванный; **he speaks ~ of you** он о вас о́чень хорошо́ отзыва́ется; **~ strung** (*Br*) взви́нченный, нерво́зный; **she is ~ thought of** её о́чень це́нят.

highness /ˈhaɪnɪs/ *n* **1** (*loftiness*) высота́, возвы́шенность. **2** (*title*) высо́чество; **His Royal H~** Его́ Короле́вское Высо́чество.

> **high school**
>
> Сре́дняя шко́ла в Аме́рике. Таки́е шко́лы име́ют две ступе́ни. Пе́рвая ступе́нь — так называ́емая мла́дшая шко́ла (**junior high school**) для дете́й от 12 до 14 лет. Втора́я ступе́нь — так называ́емая ста́ршая шко́ла (**senior high school**) для дете́й от 15 до 18 лет. По́сле оконча́ния сре́дней шко́лы уча́щиеся сдаю́т выпускны́е экза́мены (**ACT, SAT**), по результа́там кото́рых они́ мо́гут поступи́ть в университе́т.
>
> Да́нный те́рмин иногда́ испо́льзуется и в Великобрита́нии.

hijack /ˈhaɪdʒæk/ *n* уго́н, похище́ние.
● *vt* уг|оня́ть, -на́ть; пох|ища́ть, -и́тить.

hijacker /ˈhaɪˌdʒækə(r)/ *n* уго́нщик, похити́тель (*m*).

hike¹ /haɪk/ *n* (*coll, walk*) турпохо́д.
● *vi* броди́ть (*impf*).

hike² /haɪk/ (*coll*) *n* (*rise*) подъём.
● *vt* (*raise*) подн|има́ть, -я́ть.

hiker /ˈhaɪkə(r)/ *n* пе́ший тури́ст.

hiking /ˈhaɪkɪŋ/ *n* пе́ший тури́зм.

hilarious /hɪˈleərɪəs/ *adj* весёлый, умори́тельный.

hilarity /hɪˈlærɪtɪ/ *n* весе́лье, потёха.

hill /hɪl/ *n* холм; **down the ~** с горы́, по́д гору; **as old as the ~s** старо́ как мир; **the village lies just over the ~** дере́вня лежи́т пря́мо за холмо́м; **this car takes the ~s well** э́та маши́на

хорошо́ идёт в го́ру; **up the ~** в го́ру; **up ~ and down dale** повсю́ду.
● *cpds* **~man** *n* (*pl* **~men**) жи́тель (*m*) холми́стых мест; **~side** *n* склон холма́; **~top** *n* верши́на холма́.

hilliness /ˈhɪlɪnɪs/ *n* холми́стость.

hillock /ˈhɪlək/ *n* хо́лмик, буго́р.

hilly /ˈhɪlɪ/ *adj* (**hillier, hilliest**) холми́стый.

hilt /hɪlt/ *n* рукоя́тка, эфе́с.

him /hɪm/ *obj of* ⇒**he**[1]

Himalayan /ˌhɪməˈleɪən/ *adj* гимала́йский.

Himalayas /ˌhɪməˈleɪəz/ *n* Гимала́|и (*pl, g* -ев).

himself /hɪmˈself/ *pron* **1** (*refl*) себя́ (*d, p* себе́, *i* собо́й); -ся (*suff*); **I hope he behaves ~** наде́юсь, что он бу́дет вести́ себя́ прили́чно; **he fell and hurt ~** он упа́л и ушио́ся. **2** (*emphatic*) сам; **he did the job ~** он сам сде́лал э́ту рабо́ту; **I saw the king ~** я ви́дел самого́ короля́. **3** (*after preps*) оди́н; сам; **he lives by ~** он живёт оди́н; **he did it by ~** он сде́лал э́то сам; **he was talking to ~** он разгова́ривал сам с собо́й. **4** (*in his normal state*): **he will see you when he is ~ again** он повида́ется с ва́ми, когда́ придёт в себя́; **he is not ~ today** он сего́дня сам не свой.

hind[1] /haɪnd/ *n* (*deer*) са́мка оле́ня.

hind[2] /haɪnd/ *adj* за́дний; **the dog stood on its ~ legs** соба́ка вста́ла на за́дние ла́пы.
● *cpds* **~quarters** *n pl* зад; **~sight** *n* (*of gun*) за́дний приц́ел; (*coll, wisdom after the event*): **he spoke with ~sight** он говори́л, зна́я, чем ко́нчилось де́ло.

hinder /ˈhɪndə(r)/ *vt* меша́ть, по- (+ *d*); препя́тствовать, вос- + *d*; **he ~ed me from working** он меша́л мне рабо́тать.

Hindi /ˈhɪndɪ/ *n* (*language*) хи́нди (*m indecl*).

hindrance /ˈhɪndrəns/ *n* поме́ха, препя́тствие.

Hindu /ˈhɪnduː, -ˈduː/ *n* (*pl* **~s**) инду́с (*fem* -ка).
● *adj* инду́сский.

Hinduism /ˈhɪnduːˌɪz(ə)m/ *n* индуи́зм.

Hindustani /ˌhɪndʊˈstɑːnɪ/ *n* (*language*) хиндуста́ни (*m indecl*).

hinge /hɪndʒ/ *n* шарни́р; (*on door*) петля́; (*fig*) сте́ржень (*m*).
● *vt* (**hingeing** *or* **hinging**) наве́|шивать, -сить на пе́тли.
● *vi* (**hingeing** *or* **hinging**) висе́ть (*impf*); враща́ться (*impf*); (*fig*): **it all ~d on this event** всё бы́ло свя́зано с э́тим собы́тием.

hinny /ˈhɪnɪ/ *n* лоша́к.

hint /hɪnt/ *n* (*suggestion*) намёк; **can't you take a ~?** ты что, намёка не понима́ешь?; **he is always dropping ~s** он всегда́ говори́т намёками; **a broad/gentle ~** я́сный/то́нкий намёк; **there was a ~ of frost** начина́ло подмора́живать; **~ of garlic** чу́точка чеснока́; (*written advice*) сове́т; **~s for housewives** сове́ты домохозя́йкам.
● *vt & i* намек|а́ть, -ну́ть на + *a*; **I ~ed that I needed a holiday** я намекну́л, что мне ну́жен о́тпуск; **what are you ~ing (at)?** на что вы намека́ете?

hinterland /ˈhɪntəˌlænd/ *n* (*inland area*) райо́ны (*m pl*), удалённые от побере́жья; (*remote area*) глушь.

hip[1] /hɪp/ *n* бедро́; **he stood with his hands on his ~s** он стоя́л подбоче́нясь; **what do you measure round the ~s?** како́й у вас объём бёдер?
● *cpds* **~ bath** *n* сидя́чая ва́нна; **~ flask** *n* карма́нная фля́жка; **~ joint** *n* тазобе́дренный суста́в; **~ pocket** *n* за́дний карма́н.

hip[2] /hɪp/ *n* (*fruit*) я́года шипо́вника.

hip[3] /hɪp/ *int*: **~, ~, hooray!** гип-гип-ура́!

hip[4] /hɪp/ *adj* (**hipper, hippest**) (*coll*) мо́дный, круто́й (*sl*).

hip hop /ˈhɪphɒp/ *n* хип-хо́п (*стиль поп-музыки*).

hippie /ˈhɪpɪ/ = **hippy**

hippo /ˈhɪpəʊ/ *n* (*pl* **~s**) (*coll*) гиппопота́м, бегемо́т.

Hippocratic oath /ˌhɪpəˈkrætɪk/ *n* кля́тва Гиппокра́та.

hippodrome /ˈhɪpəˌdrəʊm/ *n* (*hist*) ипподро́м.

hippopota|mus /ˌhɪpəˈpɒtəməs/ *n* (*pl* **~muses** *or* **~mi** /-ˌmaɪ/) гиппопота́м, бегемо́т.

hippy /ˈhɪpɪ/ *n* (*coll*) хи́ппи (*cg, indecl*).

hire /ˈhaɪə(r)/ *n* (*engagement of person*) наём; (*of thing*) наём, прока́т; **cars for ~** маши́ны напрока́т; **he let his boat out on ~** он сдава́л свою́ ло́дку напрока́т.
● *vt* (*Br, a place*) сн|има́ть, -ять; (*Br, equipment, a car*) брать, взять напрока́т; (*a worker*) нан|има́ть, -я́ть; **they ~d the hall for a night** они́ сня́ли зал на ве́чер; **~d help** (*domestic servant*) прислу́га, домрабо́тница; **~ out** (*Br*) (*a place*) сда|ва́ть, -ть; (*equipment, a car*) сда|ва́ть, -ть напрока́т.
● *cpd* **~ purchase** *n* (*Br*) поку́пка в рассро́чку.

hireling /ˈhaɪəlɪŋ/ *n* наёмник, наймит.

hirer /ˈhaɪərə(r)/ *n* беру́щий напрока́т; (*employer*) работода́тель (*m*).

Hiroshima /ˌhɪrɒˈʃiːmə, hɪˈrɒʃɪmə/ *n* Хироси́ма.

hirsute /ˈhɜːsjuːt/ *adj* волоса́тый, косма́тый.

his /hɪz/ *possessive pron* его́; **is this book ~?** э́то его́ кни́га?; **what is ~ by right** то, что принадлежи́т ему́ по пра́ву; **my bicycle is newer than ~** у меня́ велосипе́д нове́е, чем у него́; **friends of ~** его́ друзья́; **I don't like that wife of ~** мне не нра́вится его́ жена́.
● *possessive adj* его́; **this is ~ book** э́то его́ кни́га; (*referring to subj of sentence*) свой; **he loves ~ children** он лю́бит свои́х дете́й.

Hispanic /hɪˈspænɪk/ *adj* испа́нский; латиноамерика́нский; **~ studies** испани́стика.

Hispanist /ˈhɪspənɪst/ *n* испани́ст.

hiss /hɪs/ *n* шипе́ние, свист.
● *vt* шипе́ть, про-; **'Be quiet,' he ~ed** «Помолчи́те», — прошипе́л он; (*an actor*) осви́ст|ывать, -а́ть; **he was ~ed off the stage** его́ освиста́ли.
● *vi* (*of snake*) шипе́ть, за-; (*of audience*) свисте́ть (*impf*).

histogram /ˈhɪstəˌgræm/ *n* гистогра́мма.

historian /hɪˈstɔːrɪən/ *n* исто́рик.

historic /hɪˈstɒrɪk/ *adj* истори́ческий; (*significant*) истори́ческий, знамена́тельный; (*gram*): **the ~ present** истори́ческое/ повествова́тельное настоя́щее.

historical /hɪˈstɒrɪk(ə)l/ *adj* истори́ческий.

historicity /ˌhɪstəˈrɪsɪtɪ/ *n* истори́чность.

history /ˈhɪstərɪ/ *n* исто́рия; **make (** *or* **go down in) ~** входи́ть, войти́ в исто́рию; **~ is silent on that point** исто́рия об э́том ума́лчивает; **that is ancient ~!** (*fig*) э́то ста́ро!
● *cpd* **~ book** *n* уче́бник исто́рии.

histrionic /ˌhɪstrɪˈɒnɪk/ *adj* (*stagy*) театра́льный, мелодрамати́ческий.

histrionics /ˌhɪstrɪˈɒnɪks/ *n* (*behaviour*) театра́льность.

hit /hɪt/ *n* (*blow*) уда́р, толчо́к; (*strike or shot which reaches target*) попада́ние; (*coll, success*) успе́х; (*popular song*) хит; шля́гер.
● *vt* (**hitting;** *past and pp* **~**) **1** (*strike*) уд|аря́ть, -а́рить; бить; (*impf*) сту́к|ать, -нуть; **he fell and ~ his head on a stone** он упа́л и уда́рился голово́й о ка́мень; **he was ~ on the head** его́ уда́рили по голове́; **don't ~ a man when he's down** лежа́чего не бьют; **the car ~ a tree** маши́на вре́залась в де́рево; **he was ~ by a car** его́ сби́ла маши́на; **to ~ the target/mark** поп|ада́ть, -а́сть в цель; **he ~ the nail on the head** (*fig*) он попа́л пря́мо в то́чку; **the bullet ~ him in the shoulder** пу́ля попа́ла ему́ в плечо́; **he was ~ by a falling stone** его́ заде́ло па́дающим ка́мнем. **2** (*fig uses*): **you've ~ it!** вы попа́ли в то́чку; **the idea suddenly ~ me** меня́ вдруг осени́ло; **the town was ~ by an earthquake** го́род пострада́л от землетрясе́ния; **~ the trail, road** (*coll*) отпр|авля́ться, -а́виться в путь; **he ~s the bottle now and again** (*coll*) он вре́мя от вре́мени прикла́дывается к буты́лке. **3** (*encounter*): **he ~ a bad patch** (*coll*) у него́ начала́сь полоса́ неуда́ч.
● *vi* (**hitting;** *past and pp* **~**): **he ~ on an idea** ему́ пришла́ в го́лову мысль.
● *with advs*: **~ back** *vt*: **he ~ the ball back** он отби́л мяч; **if he ~s you, ~ him back** е́сли он вас уда́рит, уда́рьте его́ то́же; (*fig, at critics etc.*) да|ва́ть, -ть отпо́р (+ *d*); **~ off** *vt*: **~ it off** ла́дить (*impf*); **~ out** *vi*: **he ~ out at his opponents** он дал ре́зкий отпо́р свои́м проти́вникам; **~ up** *vt*: **he ~ up a good score** он сыгра́л с хоро́шим счётом.
● *cpd* **~ man** (*pl* **~ men**) наёмный/ профессиона́льный уби́йца, ки́ллер; **~-or-miss** *adj* бестолко́вый, безала́берный.

hitch /hɪtʃ/ *n* (*jerk*) рыво́к; (*knot*) у́зел; (*temporary stoppage; snag*) заде́ржка, загво́здка; **without a ~** гла́дко.

h

● *vt* **1** (*fasten*) привя́з|ывать, -а́ть; прицеп|ля́ть, -и́ть. **2** (*lift*): **~ up one's trousers** подтя́|гивать, -ну́ть брю́ки. **3** (*coll*): **~ a lift** подъ|езжа́ть, -е́хать на попу́тной маши́не. **4** (*coll*): **get ~ed** (*of man*) жени́ться (*impf, pf*); (*of woman*) выходи́ть, вы́йти за́муж; (*of couple*) пожени́ться (*pf*).
● *vi* (*coll, travel by getting free rides*; *also* **~-hike**) е́здить автосто́пом.
● *cpds* **~-hiker** *n* (*coll*) путеше́ствующий автосто́пом; **~-hiking** *n* «голосова́ние», езда́ автосто́пом (*or* на попу́тных маши́нах).

hi-tech /haɪ'tek/ *adj* = **high-tech**

hither /'hɪðə(r)/ *adv* сюда́.
● *cpd* **~to** *adv* до сих пор.

Hittite /'hɪtaɪt/ *n* хетт; (*language*) хе́ттский язы́к.
● *adj* хе́ттский.

HIV (*med, abbr of* ***human immunodeficiency virus***) ВИЧ (ви́рус иммунодефици́та челове́ка); **~-positive** ВИЧ-инфици́рованный.

hive /haɪv/ *n* у́лей; (*fig*): **the office is a ~ of industry** рабо́та в о́фисе кипи́т.
● *vt* (*fig*): **they ~d off and formed a new party** они́ отколо́лись и со́здали но́вую па́ртию; **certain jobs were ~d off to other departments** (*Br*) не́которые ви́ды рабо́т бы́ли пору́чены други́м отде́лам.

hives /haɪvz/ *n* (*med*) крапи́вница.

hm /hm/ *int* гм!

HND (*abbr of* ***Higher National Diploma***) (*Br*) дипло́м о вы́сшем техни́ческом образова́нии.

ho /həʊ/ *int*: **~, ~!** (*laughter*) ха-ха́!; **westward ~!** на за́пад!

hoar /hɔː(r)/ *adj* седо́й.
● *cpd* **~ frost** *n* и́ней, и́зморозь.

hoard /hɔːd/ *n* (та́йный) запа́с, склад.
● *vt* припря́т|ывать, -ать; ск|а́пливать, -опи́ть больши́е запа́сы; **~ing food is illegal** зако́н запреща́ет припря́тывать продово́льствие.

hoarding /'hɔːdɪŋ/ *n* **1** (*Br, for poster display*) рекла́мный щит. **2** (*Br, fence round building site*) забо́р/огра́да вокру́г стройплоща́дки. **3** (*stocking up*) накопле́ние.

hoarse /hɔːs/ *adj* хри́плый, си́плый; **he talked himself ~** он договори́лся до хрипоты́.

hoarseness /'hɔːsnɪs/ *n* хрипота́, си́плость.

hoary /'hɔːrɪ/ *adj* (**hoarier, hoariest**) (*grey or white with age*) седо́й; (*old and trite*) изби́тый; **a ~ joke** борода́тый анекдо́т, анекдо́т с бородо́й.

hoax /həʊks/ *n* мистифика́ция; (*involving deceit*) надува́тельство; **~ call** ло́жный (телефо́нный) звоно́к.
● *vt* мистифици́ровать (*impf, pf*); над|ува́ть, -у́ть.

hoaxer /'həʊksə(r)/ *n* мистифика́тор.

hob /hɒb/ *n* (*Br*) пове́рхность ку́хонной плиты́.

hobble /'hɒb(ə)l/ *vt*: **~ a horse** трено́жить, с- ло́шадь.
● *vi* ковыля́ть (*impf*); прихра́мывать (*impf*).
● *cpd* **~ skirt** *n* дли́нная зау́женная кни́зу ю́бка.

hobby /'hɒbɪ/ *n* (*leisure pursuit*) хо́бби (*nt indecl*).
● *cpd* **~ horse** *n* игру́шечная лоша́дка; (*fig*) конёк.

hobgoblin /'hɒb,gɒblɪn/ *n* чертёнок, бесёнок.

hobnail /'hɒbneɪl/ *n*: **~ed boots** боти́нки с шипа́ми на подо́швах.

hobnob /'hɒbnɒb/ *vi* (**hobnobbed, hobnobbing**) води́ться (*impf*), зна́ться (*impf*) (*с кем*).

hobo /'həʊbəʊ/ *n* (*pl* **~es** *or* **~s**) (*US sl*) бродя́га (*m*).

Hobson's choice /'hɒbs(ə)nz/ *n* безальтернати́вная ситуа́ция.

Ho Chi Minh City /həʊ tʃɪ 'mɪn/ *n* Хошими́н (*город*).

hock[1] /hɒk/ *n* (*leg joint*) коле́нное сухожи́лие; (*joint of meat*) о́корок.

hock[2] /hɒk/ *n* (*Br, wine*) рейнве́йн.

hock[3] /hɒk/ *n* (*sl, pawn*): **in ~** в ломба́рде; в закла́де.
● *vt* за|кла́дывать, -ложи́ть.

hockey /'hɒkɪ/ *n* (*on field*) хокке́й на траве́; **ice ~** хокке́й с ша́йбой, хокке́й на льду.
● *cpds* **~ player** *n* хокке́ист (*fem* -ка); **~ stick** *n* клю́шка.

hocus-pocus /,həʊkəs'pəʊkəs/ *n* фо́кус, трюк.

hod /hɒd/ *n* (строи́тельный) лото́к.

hodgepodge /'hɒdʒpɒdʒ/ *n* (*coll*) мешани́на.

hoe /həʊ/ *n* моты́га, тя́пка.
● *vt & i* (**hoes, hoed, hoeing**) разрыхля́ть (*impf*) моты́гой; выпа́лывать, вы́полоть (моты́гой); **he ~d up the weeds** он вы́полол сорняки́.

hog /hɒg/ *n* бо́ров; (*US, also fig*) свинья́; **go the whole ~** дов|оди́ть, -ести́ де́ло до конца́; идти́, пойти́ на всё.
● *vt* (**hogged, hogging**) (*coll*) (*eat greedily*) жрать, со-; (*monopolize*): **he ~ged the conversation** он не дава́л никому́ сло́ва вста́вить.
● *cpds* **~back, ~'s back** *n* (*ridge*) гре́бень (*m*); хребе́т; **~shead** *n* (*barrel*) бо́чка; (*measure*) хо́гсхед (*мера ёмкости: 238,7 л для вина, 245,5 л для пива*) **~wash** *n* (*pigswill*) по́йло; (*coll, rubbish*) чушь, вздор.

Hogmanay /'hɒgmə,neɪ, -'neɪ/ *n* (*in Scotland*) кану́н Но́вого го́да.

hoi(c)k /hɔɪk/ *vt* (*Br, jerk, yank*) рвану́ть (*pf*).

hoi polloi /,hɔɪ pə'lɔɪ/ *n pl* простонаро́дье.

hoist /hɔɪst/ *n* подъёмник.
● *vt* подн|има́ть, -я́ть; **he was ~ by his own petard** он попа́л в со́бственную лову́шку.

hoity-toity /,hɔɪtɪ'tɔɪtɪ/ *adj* кичли́вый, высокоме́рный.

hokum /'həʊkəm/ *n* (*sl*) вздор, чепуха́.

hold /həʊld/ *n* **1** (*grasp, grip*) уде́рживание, захва́т; **he caught ~ of the rope** он ухвати́лся за кана́т; **he kept ~ of the reins** он не выпуска́л пово́дья из рук; **he laid, seized, took ~ of my arm** он схвати́л/взял меня́ за́ руку; **don't lose ~; don't let go your ~** держи́те, не отпуска́йте; **get ~ of** (*fig*) на|ходи́ть, -йти́; от|ы́скивать, -ыска́ть; **I got ~ of a plumber** я нашёл/отыска́л водопрово́дчика; **where did you get ~ of that idea?** отку́да вы э́то взя́ли?; **where did you get ~ of those tickets?** где вы доста́ли э́ти биле́ты; **it's difficult to get ~ of her** её тру́дно заста́ть.
2 (*in boxing or wrestling*) захва́т; **they fought with no ~s barred** они́ боро́лись с примене́нием любы́х захва́тов; (*fig*) они́ прибега́ли к всевозмо́жным уло́вкам.
3 (*means of pressure*): **she has a ~ on, over him** она́ име́ет над ним власть.
4 (*support*) опо́ра.
5 (*ship's*) трюм.
● *vt* (*past and pp* **held**)
1 (*clasp, grip*) держа́ть (*impf*); **they sat ~ing hands** они́ сиде́ли держа́сь за́ руки.
2 (*maintain, keep in a certain position*): **~ yourself straight!** держи́сь пря́мо!; **~ it!** (*coll*) (*don't move*) не дви́гайтесь!; не шевели́тесь!; (*fig, keep*): **he held himself in readiness** он был наготове; **they were held to a draw** их прину́дили к ничье́й; **they held the enemy at bay** они́ не подпуска́ли непри́ятеля; **I won't ~ you to your promise** я не тре́бую, что́бы вы сдержа́ли своё сло́во; **~ the line!** (*teleph*) не кла́дите тру́бку!; жди́те у телефо́на!
3 (*detain*) зад|е́рживать, -ержа́ть; **he was held prisoner** его́ держа́ли в плену́; **they held him for questioning** его́ задержа́ли для допро́са.
4 (*contain*) вме|ща́ть, -сти́ть; **the hall ~s a thousand** зал вмеща́ет ты́сячу челове́к; **~ one's liquor** переноси́ть (*impf*) спиртно́е; **his theory will not ~ water** (*fig*) его́ тео́рия несостоя́тельна (*or* не выде́рживает кри́тики).
5 (*consider, believe*) полага́ть (*impf*), счита́ть (*impf*); **the court held that …** суд призна́л, что…; **~ dear** высоко́ цени́ть (*impf*); **he is held in great esteem** он по́льзуется больши́м уваже́нием; **he was held responsible** ему́ пришло́сь держа́ть отве́т; **I don't ~ it against him** я не ста́влю ему́ э́то в вину́.
6 (*restrain*): **she held her breath** она́ зата́ила дыха́ние; **~ everything!** (*coll*) останови́тесь!; **~ your tongue!** помолчи́!, придержи́ язы́к!; **~ your horses** (*coll*) полегче на поворо́тах!; **there's no ~ing him** ему́ нет у́держу.
7 (*have, own*) владе́ть (*impf*) + *i*; **he ~s the ace** у него́ туз; **all this land is held by one man** всей э́той землёй владе́ет оди́н челове́к; **~ the record** быть рекордсме́ном; **~ shares** держа́ть (*impf*) а́кции; **this opinion is widely held** э́то мне́ние широко́ распространено́; **it is widely held that** широко́ распространено́ мне́ние, что; **we ~ the same views** мы приде́рживаемся одина́ковых взгля́дов.
8 (*occupy, remain in possession of*): **how long has he held office?** как давно́ он занима́ет э́ту до́лжность?; **he held his**

h

ground он не уступа́л; он не сдава́лся; **I can ~ my own against anyone** я могу́ потяга́ться с кем уго́дно; **he ~s the rank of sergeant** он име́ет зва́ние сержа́нта; **the sight held his attention** э́то зре́лище прикова́ло его́ внима́ние (*or* завладе́ло его́ внима́нием).
9 (*carry on, conduct, convene*) пров|оди́ть, -ести́; **they were ~ing a conversation** они́ бесе́довали; **the meeting was held at noon** собра́ние состоя́лось/провели́ в по́лдень.
● *vi* (*past and pp* **held**)
1 (*grasp*): **~ tight!** держи́тесь кре́пче/кре́пко.
2 (*adhere*): **he ~s firmly to his beliefs** он твёрдо де́ржится свои́х убежде́ний.
3 (*agree, approve*): **I don't ~ with that** я э́того не одобря́ю.
4 (*remain*): **he held aloof** он держа́лся особняко́м; **~ still!** не дви́гайтесь!; **the argument ~s good** до́вод сохраня́ет си́лу.
5 (*remain unbroken, unchanged, intact*): **will the rope ~?** вы́держит ли верёвка?; **how long will the weather ~?** до́лго ли продéржится/просто́ит така́я пого́да?
● *with advs*: **~ back** *vt* (*restrain*) удéрж|ивать, -а́ть; **I couldn't ~ him back** я не мог его́ удержа́ть; (*withhold*) удéрж|ивать, -а́ть; **he held back part of their wages** он удержа́л часть их зарпла́ты; (*repress*) сдéрж|ивать, -а́ть; **I had to ~ back a smile** мне пришло́сь сдержа́ть улы́бку; *vi* (*hesitate*) ме́шкать, по-; (*refrain*) воздéрж|иваться, -а́ться (*от чего*); **~ down** *vt* (*lit*): **~ your head down!** не поднима́йте головы́!; (*fig*): **do you think you can ~ the job down?** суме́ете ли вы удержа́ться на э́той до́лжности?; **we will try to ~ prices down** мы постара́емся сдержа́ть рост цен; **~ forth** *vi* (*coll, orate*) разглаго́льствовать (*impf*); веща́ть (*impf*); **~ in** *vt* (*lit*): **her waist was held in by a belt** её та́лия была́ стя́нута по́ясом; (*fig*): **I could hardly ~ myself in** я едва́ сдержа́лся; **~ off** *vt* (*keep away, repel*): **he held his dog off** он придержа́л соба́ку; **they held off the attack** они́ отби́ли ата́ку; **he held off going to the doctor** он откла́дывал визи́т к врачу́; *vi* (*stay away*): **the rain held off all morning** дождя́ так и не́ было всё у́тро; **~ on** *vt* (*keep in position*) прикреп|ля́ть, -и́ть; **the handle was held on with glue** ру́чка держа́лась на клею́; *vi* (*cling*) держа́ться (**to:** за + *a*); **she held on to the banisters** она́ держа́лась за пери́ла; (*fig*): **you should ~ on to those shares** вам на́до держа́ться за э́ти а́кции; (*coll, wait*): **~ on a minute till I'm ready** подожди́те: я бу́ду гото́в че́рез мину́ту; (*on the telephone*): **~ on, please!** не ве́шайте тру́бку!; **~ out** *vt* (*extend*) прот|я́гивать, -яну́ть; **he greeted me and held out his hand** он поздоро́вался и протяну́л мне ру́ку; (*fig, offer*): **I can't ~ out any hope** я не могу́ вас ниче́м обнадёжить; *vi* (*endure, refuse to yield*) держа́ться, про-; **the fortress held out for 6 weeks** кре́пость продержа́лась 6 неде́ль; **the men are ~ing out for more money** рабо́чие наста́ивают на повыше́нии зарпла́ты; (*last*): **supplies cannot ~ out much longer** запа́сов хва́тит не надо́лго; **~ over** *vt* (*defer*) от|кла́дывать, -ложи́ть; **~ together** *vt* (*a box etc.*) обхв|а́тывать, -ати́ть; (*fig, party etc.*) спл|а́чивать, -оти́ть; *vi* (*fig, of arguments*) быть непосле́довательным; **~ under** *vt* (*fig*) угнета́ть (*impf*); держа́ть (*impf*) в повинове́нии; **~ up** *vt* (*lift, hold erect*) подн|има́ть, -я́ть; **the boy held up his hand** ма́льчик по́днял ру́ку; (*fig, display, expose*): **he was held up as an example** его́ поста́вили в приме́р; **he was held up to ridicule** его́ вы́ставили на посме́шище; (*delay*) задéрж|ивать, -а́ть; **we were held up on the way** по доро́ге нас задержа́ли; **traffic was held up by fog** движе́ние останови́лось из-за тума́на; **work is (or has been) held up** рабо́та останови́лась/ста́ла; (*waylay*): **the robbers held them up at pistol point** банди́ты огра́били их, угрожа́я пистоле́том; *vi*: **do you think the table will ~ up under the weight?** вы ду́маете, стол вы́держит тако́й вес?; (*fig*): **if the weather ~s up, we can go out** е́сли така́я пого́да продéржится, мы мо́жем пойти́ куда́-нибудь.
● *cpds* **~all** *n* (*Br*) вещево́й мешо́к; **~-up** *n* (*stoppage, delay*) задéржка; **what's the ~-up?** за чем де́ло ста́ло?; (*robbery*) вооружённый грабёж.

holder /ˈhəʊldə(r)/ *n* **1** (*possessor, e.g. of a passport*) владе́лец; облада́тель (*m*); (*of securities, insurance policy*) держа́тель (*m*); **~ of an office** занима́ющий пост. **2** (*device for holding*) держа́тель (*m*).

holding /ˈhəʊldɪŋ/ *n* **1** (*of land*) уча́сток (земли́). **2** (*property*) вкла́ды (*m pl*), аву́ары (*m pl*). **3** (*in pl*) (*stock*) запа́с; (*of library*) фонд.
● *adj*: **~ company** хо́лдинг-компа́ния, компа́ния-держа́тель; **~ operation** опера́ция для сохране́ния существу́ющего положе́ния веще́й (*or* для удержа́ния пози́ций).

hole /həʊl/ *n* **1** (*cavity*) дыра́. **2** (*opening*) отве́рстие. **3** (*rent*) щель, про́резь. **4** (*burrow*) нора́. **5** (*pej of a place*) дыра́. **6** (*predicament*) беда́. **7** (*in golf*) лу́нка. **8** (*phrr*): **the purchase made a ~ in his savings** поку́пка оста́вила брешь в его́ сбереже́ниях; **he is always picking ~s** он ко всему́ придира́ется; **a square peg in a round ~** челове́к не на своём ме́сте; **~ in the wall** (*Br coll*) банкома́т.
● *vt* **1** (*make ~ in*) де́лать, с- отве́рстие в + *p*. **2** (*make ~ through*) дыря́вить, про-. **3** (*golf*) заг|оня́ть, -на́ть в лу́нку.
● *cpd* **~ punch(er)** *n* дыроко́л.

holiday /ˈhɒlɪˌdeɪ, -dɪ/ *n* (*Br*) **1** (*day off*) выходно́й (день); **bank ~** официа́льный нерабо́чий день(когда́ закры́ты ба́нки); **church ~** церко́вный пра́здник. **2** (*annual leave*) о́тпуск, о́тдых; (*school, university vacation*) кани́кул|ы (*pl, g* —); (*leisure time*) о́тдых; **he is on ~** он в о́тпуске/ отпуску́; у него́ кани́кулы; **I take my ~s in June** я беру́ о́тпуск в ию́не; **where are you spending your ~?** где вы бу́дете отдыха́ть?; **~ camp** (ле́тний) ла́герь; **~ home** дом о́тдыха.
● *cpd* **~maker** *n* отдыха́ющий; тури́ст (*fem* -ка).

holiness /ˈhəʊlɪnɪs/ *n* свя́тость, свяще́нность; **His H~ (the Pope)** Его́ Святе́йшество.

holistic /hɒˈlɪstɪk, həʊ-/ *adj* це́лостный.

Holland /ˈhɒlənd/ *n* (*country or province*) Голла́ндия.

holland /ˈhɒlənd/ *n* (*fabric*) холст.

holler /ˈhɒlə(r)/ *vt* & *i* (*US coll*) ора́ть (*impf*); вопи́ть (*impf*).

hollow /ˈhɒləʊ/ *n* **1** (*small depression*) вы́емка, впа́дина; (*hole within sth*) по́лость. **2** (*dell*) лощи́на, низи́на.
● *adj* **1** (*not solid*) пусто́й, по́лый. **2** (*of sounds*) глухо́й. **3** (*fig, false, insincere*) фальши́вый, лжи́вый; **~ laughter** неесте́ственный смех; (*of no value*) бессмы́сленный; **a ~ victory** беспло́дная побе́да. **4** (*sunken*) ввали́вшийся, впа́лый; **~ cheeks** ввали́вшиеся щёки.
● *adv*: **we beat them ~** (*coll*) мы разби́ли их в пух и прах.
● *vt* (*usu* **~ out**) выда́лбливать, вы́долбить.

hollowness /ˈhɒləʊnɪs/ *n* (*insincerity*) лжи́вость, фальшь.

holly /ˈhɒlɪ/ *n* остроли́ст.

hollyhock /ˈhɒlɪˌhɒk/ *n* алте́й ро́зовый.

Hollywood /ˈhɒlɪˌwʊd/ *n* Голливу́д; (*attr*) голливу́дский.

holm oak /həʊm/ *n* дуб ка́менный.

holocaust /ˈhɒləˌkɔːst/ *n* ма́ссовое уничтоже́ние; бо́йня; **the H~** холоко́ст; **nuclear ~** я́дерная катастро́фа.

Holocene /ˈhɒləˌsiːn/ (*geol*) *n* (**the ~**) голоце́н, послеледнико́вая эпо́ха.
● *adj* голоце́новый.

hologram /ˈhɒləˌgræm/ *n* гологра́мма.

holograph /ˈhɒləˌgrɑːf/ *n* собственнору́чно напи́санный докуме́нт.
● *adj* собственнору́чный.

hols /hɒlz/ *n pl* (*Br, coll*) (*annual leave*) о́тпуск; (*school, university vacation*) кани́кул|ы (*pl, g* —).

holster /ˈhəʊlstə(r)/ n. кобура́.

holy /ˈhəʊlɪ/ *n*: **the h~ of holies** (*lit, fig*) свята́я (*nt indecl*) святы́х.
● *adj* (**holier, holiest**) свяще́нный, свято́й; **H~ Communion** Свято́е прича́стие; **the H~ Father** Его́ Святе́йшество; **~ fool** юро́дивый; **the H~ Ghost, Spirit** Свято́й Дух; **the H~ Land** Свята́я земля́ (*об Израиле и Палестине*); **~ orders** духо́вный сан; **~ place** святи́лище; **H~ Russia** Свята́я Русь; **the H~ See** Святе́йший/ Свято́й престо́л; **a ~ terror** (*coll*) наказа́ние госпо́дне; **a ~ war** свяще́нная война́; **~ water** свята́я вода́; **H~ Week** Страстна́я неде́ля.

homage /ˈhɒmɪdʒ/ *n* почте́ние, преклоне́ние; **we pay ~ to his genius** мы преклоня́емся пе́ред его ге́нием.

h

home /həʊm/ *n* **1** (*place where one resides or belongs*) дом; (*attr*) дома́шний; **~ economics** домово́дство; **~ help** (*Br*) приходя́щая домрабо́тница; **it was a ~ from ~** там бы́ло как до́ма; **a ~ of one's own** со́бственный дом; **his ~ is in London** он жи́тель Ло́ндона; **he made his ~ in Bristol** он посели́лся в Бри́столе; **she left ~** она́ поки́нула (роди́тельский) дом; **at home** (*in one's house*) до́ма; (*on one's ~ ground*) у себя́; (*e.g. football*) на своём по́ле; **she is not at ~ to anyone** она́ никого́ не принима́ет; **make yourself at ~** бу́дьте как до́ма; **I feel at ~ here** я чу́вствую себя́ здесь как до́ма; **he is away from ~** он в отъе́зде.
2 (*institution*): **a ~ for the disabled** дом инвали́дов; **he put his parents into a ~** он помести́л свои́х роди́телей в дом престаре́лых.
3 (*habitat*) ме́сто распростране́ния, ареа́л.
4 (*in games*): **the ~ stretch** фи́нишная пряма́я.
5 (*attr, opp foreign; native, local*): **~ affairs** вну́тренние дела́; **H~ Counties** гра́фства, окружа́ющие Ло́ндон; **H~ Guard** ме́стное ополче́ние; **the ~ market** вну́тренний ры́нок; **H~ Office** (*Br*) Министе́рство вну́тренних дел; **H~ Secretary** (*Br*) мини́стр вну́тренних дел; **~ team** кома́нда хозя́ев по́ля; **~ rule** самоуправле́ние; **~ town** родно́й го́род.
● *adv* **1** (*at or to one's own house*): **is he ~ yet?** он (уже́) до́ма?; **he was on his way ~** он шёл/е́хал домо́й; **nothing to write ~ about** (*fig*) ничего́ осо́бенного; **he is ~ and dry** (*Br, fig*) он цел и невреди́м.
2 (*in or to one's own country*): **things are different back ~** (*coll*) у нас э́то не так (*or* ина́че); **he came ~ from abroad** он верну́лся из-за грани́цы.
3 (*to the point aimed at*): **the nails were driven ~** гво́зди бы́ли заби́ты; **he drove his argument ~** он растолкова́л свои́ до́воды; **bring sth ~ to s.o.** дов|оди́ть, -ести́ что-н. до чьего́-н. созна́ния; **it was brought ~ to him how lucky he was** ему́ ста́ло я́сно (*or* до него́ дошло́ (*coll*)), как ему́ повезло́; **his remarks struck ~** его́ замеча́ния попа́ли в цель; (*attr*) **~ truths** го́рькая пра́вда; нелицеприя́тные и́стины (*f pl*).
● *vi*: **homing instinct** тя́га домо́й; **homing pigeon** почто́вый го́лубь.
● *cpds* **~bird** *n* (*Br, fig*) домосе́д (*fem* -ка); **~-brewed** *adj* дома́шний, дома́шнего изготовле́ния; **~coming** *n* возвраще́ние домо́й; **~ entertainment system** *n* дома́шний развлека́тельный центр; **~-grown** *adj* (*vegetables*) дома́шний, с огоро́да; (*not foreign*) оте́чественный; **~land** *n* ро́дина, родна́я страна́; **~-lover** *n* домосе́д (*fem* -ка); **~-made** *adj* (*food, drink*) дома́шний; (*object*) самоде́льный; **~ page** *n* (*comput*) ста́ртовая страни́ца (в Интерне́те), гла́вная страни́ца; дома́шняя страни́ца; **~sick** *adj* скуча́ющий/тоску́ющий по до́му/ро́дине; **~sickness** *n* ностальги́я, тоска́ по до́му/ро́дине; **~spun** *n & adj* домотка́ный; (*fig*) сермя́жный, грубова́тый; **~stead** *n* уса́дьба; фе́рма; **~work** *n* дома́шнее зада́ние; **what was the ~work?** что бы́ло за́дано на́ дом?

homeless /'həʊmlɪs/ *adj* бездо́мный.

homeliness /'həʊmlɪnɪs/ *n* **1** (*cosiness*) дома́шний ую́т. **2** (*unpretentiousness*) непритяза́тельность, неприхотли́вость. **3** (*unattractiveness*) непригля́дность.

homely /'həʊmlɪ/ *adj* (**homelier, homeliest**) **1** (*Br, cosy*) дома́шний, ую́тный; **a ~ atmosphere** дома́шняя обстано́вка. **2** (*Br, unpretentious*): **a ~ old lady** ми́лая стару́шка; **a ~ meal** неприхотли́вая еда́. **3** (*US, unattractive*) некраси́вый.

homeopath /'həʊmɪəʊ,pæθ, 'hɒmɪ-/ *n* гомеопа́т.

homeopathic /,həʊmɪəʊ'pæθɪk, 'hɒmɪ-/ *adj* гомеопати́ческий.

homeopathy /,həʊmɪ'ɒpəθɪ, ,hɒmɪ-/ *n* гомеопа́тия.

homer /'həʊmə(r)/ *n* (*pigeon*) почто́вый го́лубь.

Homeric /həʊ'merɪk, hə'm-/ *adj* гоме́ровский; **the ~ poems** поэ́мы Гоме́ра; **~ laughter** гомери́ческий смех.

homeward /'həʊmwəd/ *adj* иду́щий/веду́щий к до́му; **~ voyage** обра́тный рейс/путь.
● *adv* (*also* **~s**) домо́й.

hom(e)y /'həʊmɪ/ *adj* (**homier, homiest**) (*US coll*) дома́шний, ую́тный.

homicidal /,hɒmɪ'saɪd(ə)l/ *adj* замышля́ющий уби́йство.

homicide /'hɒmɪ,saɪd/ *n* (*crime*) уби́йство.

homily /'hɒmɪlɪ/ *n* про́поведь; (*reprimand*) нота́ция.

hominy /'hɒmɪnɪ/ *n* марёная кукуру́за, мамалы́га.

homo /'həʊməʊ/ *n* (*pl* **~s**) (*offens*) го́мик (*coll*).

homoeopath /'həʊmɪəʊ,pæθ, 'hɒmɪ-/, **-ic** /,həʊmɪəʊ'pæθɪk, 'hɒmɪ-/, **-y** /,həʊmɪ'ɒpəθɪ, ,hɒmɪ-/ = **homeopath** *etc.*

homogeneity /,həʊmədʒɪ'ni:ɪtɪ/ *n* одноро́дность.

homogeneous /,həʊməʊ'dʒi:nɪəs, ,hɒməʊ-/ *adj* одноро́дный.

homogenization /həmɒdʒɪ,naɪ'zeɪʃ(ə)n/ *n* гомогениза́ция.

homogenize /hə'mɒdʒɪ,naɪz/ *vt* гомогенизи́ровать (*impf*).

homograph /'hɒmə,grɑ:f/ *n* омо́граф.

homonym /'hɒmənɪm/ *n* омо́ним.

homonymous /hə'mɒnɪməs/ *adj* омоними́ческий.

homophobe /'həʊmə,fəʊb/ *n* гомофо́б.

homophobia /,həʊmə'fəʊbɪə/ *n* не́нависть к гомосексуали́стам, гомофо́бия.

homophone /'hɒmə,fəʊn/ *n* омофо́н.

Homo sapiens /,həʊməʊ 'sæpɪenz/ *n* го́мо/хо́мо са́пиенс (*m indecl*), челове́к разу́мный.

homosexual /,həʊməʊ'seksjʊəl, ,hɒm-/ *n* гомосексуали́ст; **~ lobby** гомосексуали́стское ло́бби.
● *adj* гомосексуа́льный.

homosexuality /,həʊməʊ,seksjʊ'ælɪtɪ, ,hɒm-/ *n* гомосексуали́зм.

homy /'həʊmɪ/ = **homey**

Honduran /hɒn'djʊərən/ *n* гондура́с|ец (*fem* -ка).
● *adj* гондура́сский.

Honduras /hɒn'djʊərəs/ *n* Гондура́с.

hone /həʊn/ *vt* точи́ть, за-; (*tech*) хонингова́ть (*impf*); (*fig*) отт|а́чивать, -очи́ть.

honest /'ɒnɪst/ *adj* (*fair, straightforward*) че́стный; (*sincere*): **an ~ attempt** че́стная попы́тка; (*expressing honesty*) че́стный, откры́тый; **an ~ face** че́стное/откры́тое лицо́; (*candid*): **if you want the ~ truth** е́сли вы хоти́те знать всю/чи́стую пра́вду; **to be ~ (with you)** че́стно говоря́; (*legitimate*): **he turns an ~ penny** он зараба́тывает (на жизнь) че́стным путём.
● *cpds* **~-to-God, ~-to-goodness** *adjs* настоя́щий, взапра́вдашний (*coll*); *adv* че́стно!; ей-бо́гу!

honestly /'ɒnɪstlɪ/ *adv* **1** (*straightforwardly*) че́стно. **2** (*candidly*) пря́мо, чистосерде́чно; **~!** че́стное сло́во!; **~, that's all the money I have** э́то все мои де́ньги — че́стное сло́во. **3** (*remonstrance*) поми́луйте!; ну, зна́ете!

honesty /'ɒnɪstɪ/ *n* **1** (*integrity*) че́стность. **2** (*candour*) прямота́, и́скренность. **3** (*bot*) лу́нник, луна́рия.

honey /'hʌnɪ/ *n* мёд; (*US coll, darling*) дорого́й, ми́лый.
● *cpds* **~bee** *n* пчела́ медоно́сная; **~comb** *n* со́т|ы (*pl, g* -ов *or* —); *adj* (*structure*) яче́истый; **~dew** *n* медвя́ная роса́; (*melon*) муска́тная ды́ня; **~moon** *n* медо́вый ме́сяц; *vi* пров|оди́ть, -ести́ медо́вый ме́сяц; **~suckle** *n* жи́молость.

hon|eyed, -ied /'hʌnɪd/ *adj*: **~ words** сла́дкие ре́чи.

Hong Kong /hɒŋ'kɒŋ/ *n* Гонко́нг.

honk /hɒŋk/ *n* **1** (*of goose*) крик (ди́ких гусе́й). **2** (*of motor horn*) гудо́к.
● *vi* **1** крича́ть (*impf*). **2** гуде́ть (*impf*).

Honolulu /,hɒnə'lu:lu:/ *n* Гонолу́лу (*m indecl*).

honor /'ɒnə(r)/ (*US*) = **honour**

honorable /'ɒnərəb(ə)l/ (*US*) = **honourable**

honorari|um /,ɒnə'reərɪəm/ *n* (*pl* **~ums** *or* **~a**) гонора́р.

honorary /'ɒnərərɪ/ *adj* (*conferred as honour*) почётный; (*Br, unpaid*): **~ treasurer** казначе́й на обще́ственных нача́лах.

honorific /,ɒnə'rɪfɪk/ *n* почти́тельное обраще́ние; (*in oriental languages*) фо́рма ве́жливости.
● *adj* почти́тельный, ве́жливый; **an ~ post** почётный пост.

honour /'ɒnə(r)/ (*US* **honor**) *n* **1** (*good character, reputation*) честь; **a man of ~** благоро́дный/че́стный челове́к; **code of ~** ко́декс че́сти; **debt of ~**

долг че́сти; **he considered himself in ~ bound to obey** он счёл свои́м до́лгом подчини́ться; **his ~ is at stake** на ка́рту поста́влена его́ честь; **(on my) word of ~!** кляну́сь че́стью; че́стное сло́во; (*chastity*) честь, целому́дрие.
2 (*dignity, credit*) честь; **it's an ~ to work with him** рабо́тать с ним — больша́я честь; **guard of ~** почётный карау́л; **maid of ~** фре́йлина; **the reception was held in his ~** приём был устро́ен в его́ честь; **he won ~ in war** он был уве́нчан боево́й сла́вой; (*in polite formulae*): **will you do me the ~ of accepting this gift?** окажи́те мне честь, приня́в э́тот дар; **I have the ~ to inform you** име́ю честь сообщи́ть вам.
3 (*usu in pl, mark of respect, distinction*): **~s list** спи́сок пожа́лованных мона́рхом почётных зва́ний и ти́тулов; **he was buried with military ~s** он был похоро́нен с во́инскими по́честями; **let me do the ~s** я бу́ду за хозя́ина; (*as title*) **Your H~** ва́ша честь.
4 (*in pl, academic distinction*): **~s degree** ≈ сте́пень бакала́вра; **pass with ~s** сдать (*pf*) экза́мен с отли́чием.
● *vt* **1** (*respect, do ~ to*) ока́з|ывать, -а́ть честь + *d*.
2 (*confer dignity on*) удост|а́ивать, -о́ить; **he ~ed me with a visit** он удосто́ил меня́ визи́том.
3 (*fulfil obligation*) выполня́ть, вы́полнить; **he failed to ~ the agreement** он не вы́полнил соглаше́ния; **will the cheque be ~ed?** бу́дет ли упла́чено по э́тому че́ку?

honourable /ˈɒnərəb(ə)l/ (*US* **honorable**) *adj* **1** (*upright*) че́стный, досто́йный. **2** (*consistent with honour*): **an ~ peace** почётный мир; **are his intentions ~?** честны́ ли его́ наме́рения? **3** (*title*: *also* **right ~**) достопочте́нный.

hooch /huːtʃ/ *n* (*coll*) кре́пкое спиртно́е (*низкокачественное или запрещённое к продаже*).

hood /hʊd/ *n* **1** (*headgear*) капюшо́н, ка́пор. **2** (*Br, of car or carriage*) складно́й верх; откидна́я кры́ша. **3** (*US, of car engine*) капо́т. **4** (*US sl*) = **hoodlum**
● *vt* (*cover with ~*) покр|ыва́ть, -ы́ть капюшо́ном.

hoodie /ˈhʊdɪ/ = **hoody**

hoodlum /ˈhuːdləm/ *n* (*US sl*) (*gangster*) банди́т; (*hooligan*) хулига́н.

hoodoo /ˈhuːduː/ *n* по́рча, сглаз.
● *vt* (**hoodoos, hoodooed**) (*also* **put the ~ on**) нав|оди́ть, -ести́ по́рчу на + *a*; сгла́зить (*pf*).

hoodwink /ˈhʊdwɪŋk/ *vt* одура́чи|вать, -ть; (*coll*) пров|оди́ть, -ести́.

hoody /ˈhʊdɪ/ *n* (*coll*) толсто́вка с капюшо́ном.

hooey /ˈhuːɪ/ *n* (*sl*) бред, чушь.

hoof /huːf/ *n* (*pl* **hoofs** *or* **hooves**) копы́то; **on the ~** (*of cattle*) живо́й.
● *vt* (*sl*): **~ it** идти́ пёхом (*sl*).

hoo-ha /ˈhuːhɑː/ *n* (*sl*) суета́, шуми́ха.

hook /hʊk/ *n* **1** (*curved, usu metal, device*) крючо́к (*also for fishing*), крюк; **the receiver was off the ~** тру́бка была́ снята́; **~, line and sinker** (*fig*) (целико́м и) по́лностью; со всеми потроха́ми (*coll*); **he swallowed the tale ~, line and sinker** он попа́лся на у́дочку; **get off the ~** (*coll*) вызволя́ть, вы́зволить; **let off the ~** (*coll*) выруча́ть, вы́ручить; (*dress fastening*): **~ and eye** крючо́к; (*agric tool*) сека́ч; **by ~ or by crook** все́ми пра́вдами и непра́вдами.
2 (*boxing blow*) хук, боково́й уда́р.
● *vt* **1** (*catch*) лови́ть, пойма́ть; **she ~ed a rich husband** (*coll*) она́ подцепи́ла бога́того му́жа; **he is ~ed on drugs** (*sl*) он пристрасти́лся к нарко́тикам.
2 (*usu with advs, fasten*): **she ~ed up her dress** она́ застегну́ла пла́тье (на крючки́).
● *vi* (*fasten*): **the dress ~s (up) at the back** пла́тье застёгивается сза́ди.
● *cpds* **~-nosed** *adj* с крючкова́тым но́сом; **~-up** *n* подключе́ние; (*radio*) одновреме́нная трансля́ция; **~worm** *n* немато́да, анкилосто́ма.

hookah /ˈhʊkə/ *n* кальа́н.

hooker /ˈhʊkə(r)/ *n* (*coll, prostitute*) проститу́тка, пута́на (*coll*).

hookey /ˈhʊkɪ/ *n*: **play ~** (*US, sl*) прог|у́ливать, -уля́ть (уро́ки).

hooligan /ˈhuːlɪgən/ *n* хулига́н.

hooliganism /ˈhuːlɪgənɪz(ə)m/ *n* хулига́нство.

hoop /huːp/ *n* **1** (*of barrel etc.; plaything; in circus*) о́бруч; **they put him through the ~s** (*fig*) они́ подве́ргли его́ тру́дным испыта́ниям.
2 (*Br, croquet*) воро́т|а (*pl, g* —).
● *vt* (*bind with ~s*) скреп|ля́ть, -и́ть обручем.
● *cpds* **~la** *n* (*Br, game*) ко́льца (*nt pl*); **~ skirt** *n* криноли́н.

hoopoe /ˈhuːpuː/ *n* удо́д.

hooray! /hʊˈreɪ/ *int* ура́.

hoot /huːt/ *n* (*derisive noise*) кри́ки неодобре́ния, улюлю́канье; **he doesn't give two ~s (*or* a ~)** ему́ на э́то начха́ть (*coll*); (*owl's cry*) у́ханье; (*warning note of vessel, car, siren, etc.*) гудо́к, сигна́л.
● *vt* освис́т|ывать, -а́ть; **he was ~ed down; they ~ed him off (the stage)** его́ прогна́ли со сцены́ сви́стом.
● *vi* (*in derision or amusement*) улюлю́кать (*impf*); **we ~ed with laughter** мы пока́тывались со́ смеху; (*of an owl*) у́х|ать, -нуть; (*of a vessel, car, etc.*) гуде́ть, про-; сигна́лить, про-; да|ва́ть, -ть гудо́к.

hooter /ˈhuːtə(r)/ *n* **1** (*Br, of car, factory*) гудо́к. **2** (*sl*) (*nose*) руби́льник (*нос*).

Hoover /ˈhuːvə(r)/ (*Br*) *n* (*propr*) пылесо́с.
● *vt* (**h~**) пылесо́сить, про-.

hooves /huːvz/ *pl of* ⇨**hoof**

hop¹ /hɒp/ *n* **1** подско́к, скачо́к (на одно́й ноге́); **~, skip and jump** тройно́й прыжо́к; **I was caught on the ~** (*Br coll*) меня́ заста́ли враспло́х.
2 (*dance*) танцу́лька (*coll*). **3** (*stage of flight*) перелёт.
● *vt* (**hopped, hopping**): **~ it!** (*Br sl*) кати́сь!
● *vi* (**hopped, hopping**) пры́гать, скака́ть (*both impf*); **he ~ped over the ditch** он перепры́гнул че́рез кана́ву; **where has he ~ped off to?** (*coll*) куда́ э́то он ускака́л?; **he was ~ping mad** (*coll*) он рассвирепе́л.
● *cpd* **~scotch** *n* кла́ссы (*m pl*), кла́ссики (*m pl*) (*игра*).

hop² /hɒp/ *n* (*bot*) хмель (*m*).

hop|e /həʊp/ *n* наде́жда; **I have high ~es of him** я возлага́ю на него́ больши́е наде́жды; **we live in ~e** мы живём наде́ждой (*or* в наде́жде); **don't raise my ~es in vain** не обнадёживайте меня́ понапра́сну; **~e chest** (*US*) сунду́к для прида́ного; **his ~es were dashed** его́ наде́жды ру́хнули; **I can hold out little ~e** я не могу́ вас обнадёжить; **I went in the ~e of finding him** я пошёл в наде́жде найти́ его́; **there's not much ~e of that** на э́то ма́ло наде́жды; **things are past all ~e** положе́ние безнадёжно.
● *vt & i* наде́яться (*impf*); **I ~e to see you soon** наде́юсь, ско́ро вас уви́деть; **let's ~e so!** бу́дем наде́яться!; **I ~e not** наде́юсь, что нет; **I am ~ing against ~e** я наде́юсь, несмотря́ ни на что; **~ for** наде́яться на + *a*.

hopeful /ˈhəʊpfʊl/ *n*: **young ~** (*joc*) подаю́щий наде́жды ребёнок.
● *adj* **1** (*having hope*): **I am ~ of success** я наде́юсь/рассчи́тываю на успе́х.
2 (*inspiring hope*) обнадёживающий; **a ~ prospect** обнадёживающая перспекти́ва; **a ~ sign** обнадёживающий знак.

hopefully /ˈhəʊpfʊlɪ/ *adv* (*in sense 'it is hoped'*): **~ he will arrive soon** на́до наде́яться, он ско́ро прие́дет.

hopefulness /ˈhəʊpfʊlnɪs/ *n* наде́жда, оптими́зм.

hopeless /ˈhəʊplɪs/ *adj* **1** (*feeling no hope*) отча́явшийся. **2** (*affording no hope*) безнадёжный; **a ~ situation** безнадёжное положе́ние. **3** (*coll, incapable*): **he's quite ~ at science** то́чные нау́ки ему́ соверше́нно не даю́тся; **he is a ~ ass** он безнадёжно глуп. **4**: **~ly inadequate** соверше́нно недоста́точный; **he fell ~ly in love** он влюби́лся по́ уши.

hopelessness /ˈhəʊplɪsnɪs/ *n* безнадёжность.

hopper¹ /ˈhɒpə(r)/ *n* (*for grain*) загру́зочная воро́нка.

hopper² /ˈhɒpə(r)/ = **hop-picker**

horde /hɔːd/ *n* (*of nomads*) орда́; (*fig*) по́лчище.

horizon /həˈraɪz(ə)n/ *n* (*lit, fig*) горизо́нт; **over the ~** (*motion*) за горизо́нт; (*place*) за горизо́нтом.

horizontal /ˌhɒrɪˈzɒnt(ə)l/ *n* горизонта́ль.
● *adj* горизонта́льный.

hormone /ˈhɔːməʊn/ *n* гормо́н; (*attr*) гормо́нный, гормона́льный; **~ replacement therapy** гормона́льная терапи́я.

horn /hɔːn/ *n* **1** (*of cattle*) рог; **I took the bull by the ~s** (*fig*) я взял быка́ за рога́; **he drew in his ~s** (*fig*) он присмире́л/прити́х.
2 (*hist, drinking vessel*) рог; **~ of plenty** рог изоби́лия.

3 (*mus*): **French ~** валто́рна; (*hunting* ~) рог.
4 (*warning device*) гудо́к, свисто́к; (*of a car*) клаксо́н, гудо́к; **he sounded his ~** он дал сигна́л.
5 (*substance*) рог.
6: **on, between the ~s of a dilemma** в тиска́х диле́ммы.
7 (*geog*): **the H~** мыс Горн.
● *vi*: **he ~ed in on our conversation** (*coll*) он влез в наш разгово́р.
● *cpds* **~beam** *n* граб; **~bill** *n* пти́ца-носоро́г; **~blende** *n* амфибо́л, рогова́я обма́нка; **~pipe** *n* (*dance*) хо́рнпайп (*сольный, первоначально матросский, танец*); (*piece of music*) му́зыка, под кото́рую танцу́ют хо́рнпайп; **~-rimmed** *adj* рогово́й; в рогово́й опра́ве.

horned /hɔ:nd/ *adj* рога́тый, с рога́ми.

hornet /ˈhɔ:nɪt/ *n* ше́ршень (*m*); **his words stirred up a ~s' nest** его́ слова́ потрево́жили оси́ное гнездо́.

horny /ˈhɔ:nɪ/ *adj* (**hornier, horniest**) **1** рогово́й; **~ hands** мозо́листые ру́ки. **2** (*coll, lustful*) похотли́вый.
● *cpd* **~-handed** *adj* с мозо́листыми рука́ми.

horology /həˈrɒlədʒɪ/ *n* (*measuring time*) измере́ние вре́мени; (*making clocks*) часово́е де́ло.

horoscope /ˈhɒrəˌskəʊp/ *n* гороско́п.

horrendous /həˈrendəs/ *adj* ужа́сный, жу́ткий.

horri|ble /ˈhɒrɪb(ə)l/, **-d** /ˈhɒrɪd/ *adjs* ужа́сный, ужаса́ющий; (*coll, unpleasant*) ужа́сный, проти́вный; **you're being ~** ты проти́вный!

horrific /həˈrɪfɪk/ *adj* ужаса́ющий.

horrif|y /ˈhɒrɪˌfaɪ/ *vt* (*fill with horror*) ужас|а́ть, -ну́ть; (*shock*) потряс|а́ть, -ти́; **I was ~ied at his behaviour** его́ поведе́ние меня́ ужасну́ло.

horror /ˈhɒrə(r)/ *n* у́жас; **~s!** како́й у́жас!; жуть!; **the ~s of war** у́жасы войны́; **~ film** фильм у́жасов; (*extreme dislike*): **I have a ~ of cats** я терпе́ть не могу́ ко́шек; (*joc, shocking person*) жу́ткий тип.
● *cpd* **~-struck** *adj* объя́тый у́жасом.

hors de combat /ˌɔr də ˈkɔ̃bɑ:/ *adj* вы́шедший из стро́я.

hors d'oeuvre /ɔ:ˈdə:vr, -ˈdə:v/ *n* (*pl* ~ *or* **~s** *pronunc same or* /ˈdə:vz/) заку́ска.

horse /hɔ:s/ *n* **1** (*animal*) ло́шадь, конь (*m*); **he backs ~s** он игра́ет на ска́чках; **he lost (money) on the ~s** он проигра́лся на ска́чках; **he backed the wrong ~** (*fig*) он просчита́лся; он поста́вил не на ту ло́шадь; **he drove a ~ and cart** он е́хал на теле́ге; **he eats like a ~** он ест за семеры́х; **you are flogging a dead ~** зря стара́етесь!; ги́блое де́ло!; **hold your ~s!** (*coll*) поле́гче на поворо́тах!; **put the cart before the ~** (*fig*) ста́вить, по- всё с ног на́ голову; **he learnt to ride a ~** он научи́лся е́здить верхо́м; **a dark ~** тёмная лоша́дка; **I had it straight from the ~'s mouth** я узна́л э́то из пе́рвых рук; **he got on his high ~** он стал в по́зу.
2 (*cavalry*) ко́нница, кавале́рия; **H~ Guards** конногварде́йский полк.
3 (*in gymnasium*) конь (*m*).
● *cpds* **~back** *n*: **on ~back** верхо́м; **~back riding** (*US*) = **~-riding**; **~ blanket** *n* попо́на; **~box** *n* прице́п для перево́зки лошаде́й; фурго́н для перево́зки лошаде́й; **~ chestnut** *n* кашта́н ко́нский; **~ cloth** *n* попо́на; **~-drawn** *adj* ко́нный; **~flesh** *n* кони́на; **~fly** *n* слепе́нь (*m*); **~hair** *n* ко́нский во́лос; *adj* из ко́нского во́лоса; **~man** *n* (*pl* **~men**) нае́здник, вса́дник; **~manship** *n* иску́сство верхово́й езды́; **~play** *n* шу́мная игра́/возня́; **~power** *n* лошади́ная си́ла; **20 ~power** 20 лошади́ных сил; **~ race, ~ racing** *nn* ска́чки (*f pl*), бега́ (*m pl*); **~radish** *n* хрен; **~ riding** *n* верхова́я езда́; **~shoe** *n* подко́ва; **~-trading** (*fig*) полити́ческие сде́лки (*f pl*); **~whip** *n* хлыст; *vt* хлеста́ть; **~woman** *n* (*pl* **~women**) нае́здница, вса́дница.

hors(e)y /ˈhɔ:sɪ/ *adj* (**horsier, horsiest**) (*fond of horses*) лю́бящий лошаде́й.

hortatory /ˈhɔ:tətərɪ/ *adj* увещева́тельный, наստави́тельный.

horticultural /ˌhɔ:tɪˈkʌltʃər(ə)l/ *adj* садово́дческий.

horticultur(al)ist /ˌhɔ:tɪˈkʌltʃər(əl)ɪst/ *n* садово́д.

horticulture /ˈhɔ:tɪˌkʌltʃə(r)/ *n* садово́дство.

hosanna /həʊˈzænə/ *n* & *int* оса́нна.

hose /həʊz/ *n* **1** (*stockings*) чуло́чные изде́лия; (*US*) чулки́ (*m pl*). **2** (*tube, also* **~-pipe**) шланг; **fire ~** брандспо́йт, пожа́рный рука́в.
● *vt*: **he was hosing down the car** он помы́л маши́ну водо́й из шла́нга.

hosier /ˈhəʊzɪə(r), ˈhəʊʒə(r)/ *n* торго́вец чуло́чно-носо́чными изде́лиями.

hosiery /ˈhəʊzɪərɪ, ˈhəʊʒərɪ/ *n* (*shop*) магази́н чуло́чно-носо́чных изде́лий; (*wares*) чуло́чно-носо́чные изде́лия (*nt pl*).

hospice /ˈhɒspɪs/ *n* (*for terminal patients*) хо́спис, больни́ца для неизлечи́мо больны́х.

hospitable /ˈhɒspɪtəb(ə)l, hɒˈspɪt-/ *adj* гостеприи́мный.

hospital /ˈhɒspɪt(ə)l/ *n* больни́ца; **~ bed** больни́чная ко́йка; (*esp military*) го́спиталь (*m*); **he went into ~** он лёг в больни́цу; **he is in ~** он (лежи́т) в больни́це; **~ ship** плаву́чий го́спиталь.
● *cpd* **~ trust** *n* (*Br*) больни́чный трест (*больница Национальной службы здравоохранения, управляемая на правах доверительной собственности*).

hospitality /ˌhɒspɪˈtælɪtɪ/ *n* гостеприи́мство.

hospitalization /ˌhɒspɪtəlaɪˈzeɪʃ(ə)n/ *n* госпитализа́ция.

hospitalize /ˈhɒspɪtəˌlaɪz/ *vt* госпитализи́ровать (*impf, pf*); класть, положи́ть в больни́цу.

host¹ /həʊst/ *n* хозя́ин (*also zool*); **he is a good ~** он гостеприи́мный/раду́шный хозя́ин.
● *vt* организова́ть (*impf, pf*); **the conference was ~ed by the British** конфере́нция была́ организо́вана брита́нцами.

host² /həʊst/ *n* (*army, multitude*) мно́жество, ма́сса; **the Heavenly H~** си́лы небе́сные (*f pl*); **the Lord of ~s** Госпо́дь сил; **a ~ of difficulties** ма́сса тру́дностей.

host³ /həʊst/ *n* (*sacrament*) обла́тка, го́стия (*лепёшка из пресного пшеничного теста, употребляемая во время таинства причащения*).

hostage /ˈhɒstɪdʒ/ *n* зало́жник.

hostel /ˈhɒst(ə)l/ *n* общежи́тие; **youth ~** молодёжная тури́стская ба́за/турба́за.

hostelling /ˈhɒstəlɪŋ/ (*US* **hosteling**) *n*: **they like to go ~** они́ лю́бят путеше́ствовать, остана́вливаясь на молодёжных турба́зах.

hostelry /ˈhɒstəlrɪ/ *n* (*archaic, joc*) посто́ялый двор.

hostess /ˈhəʊstɪs/ *n* хозя́йка; (*on aircraft*) стюарде́сса; (*in nightclub*) «хозя́йка», официа́нтка.

hostile /ˈhɒstaɪl/ *adj* вражде́бный; (*person, attitude*) неприя́зненный; (*weather*) неблагоприя́тный; **to be ~ to sth/s.o.** относи́ться вражде́бно к + *d*.

hostility /hɒˈstɪlɪtɪ/ *n* (*enmity, ill will*) вражде́бность; (*in pl, warlike activity*) вое́нные де́йствия.

hostler /ˈɒslə(r)/ = **ostler**

hot /hɒt/ *adj* (**hotter, hottest**) **1** (*water, object*) горя́чий; (*weather*) жа́ркий; **I am ~** мне жа́рко; **he got ~ playing** ему́ ста́ло жа́рко от игры́; **~ air** (*coll*) бахва́льство; **these goods are selling like ~ cakes** э́тот това́р идёт нарасхва́т; **a ~ day** жа́ркий день; **~ dog** хот-до́г; **a ~ flush** прили́в кро́ви; **~ rod** (*sl*) маши́на с мо́щным мото́ром; **in the ~ seat** (*coll*) (*in responsible job*) на отве́тственной до́лжности; (*in responsible situation*) в отве́тственной ситуа́ции; **the issue is too ~ to handle** (*fig*) э́то сли́шком щекотли́вый вопро́с; **they made things ~ for him** они́ его́ прижа́ли; **you'll get into ~ water** вы попадёте в беду́; вам не поздоро́вится.
2 (*spicy*) о́стрый.
3 (*ardent*) горя́чий, пла́менный; **~ on the scent, trail** по горя́чему следу́.
4 (*angry*) раздражённый.
5 (*excited*) взволно́ванный, возбуждённый; **~ under the collar** (*coll*) распалённый, взбешённый.
6 (*exciting*) отли́чный, шика́рный; **not so ~** (*coll*) ничего́ осо́бенного; **~ stuff** (*coll*) (*outstanding person*) молодчи́на; (*something new and exciting*) блеск!; шик!
7 (*fresh*): **~ news** све́жие но́вости; **~ from the press** то́лько что из типогра́фии.
8 (*racing etc.*): **~ favourite** всео́бщий фавори́т; **a ~ tip** де́льный сове́т.
● *adv* (*fig*): **he blows ~ and cold** ≈ у него́ семь пя́тниц на неде́ле.
● *vt* (**hotted, hotting**): **~ up** (*Br coll, reinforce*) уси́л|ивать, -ить.
● *vi* (**hotted, hotting**): **~ up** (*Br coll, become more lively*): **the game ~ted up** игра́ оживи́лась.

● *cpds* **~bed** *n* парни́к; (*fig*) расса́дник, оча́г; **a ~bed of vice** расса́дник поро́ка; **~-blooded** *adj* пы́лкий, стра́стный; **~foot** *adv* стремгла́в, поспе́шно; **~head** *n* бу́йная/бедо́вая голова́; **~-headed** *adj* вспы́льчивый, горя́чий; **~house** *n* оранжере́я, тепли́ца; **~line** *n* (*for help, enquiries*) горя́чая ли́ния; (*between governments*) пряма́я телефо́нная связь; **~plate** *n* (*portable*) пли́тка; (*on cooker*) горе́лка; **~pot** *n* (*Br*) тушёное мя́со с овоща́ми; **~-tempered** *adj* вспы́льчивый; **~-water bottle** *n* гре́лка.

hotchpotch /ˈhɒtʃpɒtʃ/ *n* мешани́на.

hotel /həʊˈtel/ *n* гости́ница, оте́ль (*m*).

hotelier /həʊˈtelɪə(r)/ *n* хозя́ин гости́ницы.

hotly /ˈhɒtlɪ/ *adv* (*angrily*) ре́зко; (*passionately*) горя́чо, жа́рко; **her cheeks flushed ~** её щёки заде́лись.

hound /haʊnd/ *n* (*for hunting*) охо́тничья соба́ка; **he rides to ~s** он охо́тится на лиси́ц (с соба́ками); (*coll, any dog*) пёс, соба́ка.
● *vt* (*also fig*) трави́ть, за-; (*with adv*): **~ out** выжива́ть, вы́жить.

hour /aʊə(r)/ *n* **1** (*period*) час; **it will take me an ~** мне потре́буется час; **boats for hire by the ~** прока́т ло́док с почасово́й опла́той; **he works an 8-~ day** у него́ восьмичасово́й рабо́чий день; **~ after ~** час за ча́сом.
2 (*of clock time*): **the clock strikes the ~s and half-~s** часы́ отбива́ют час и полчаса́; **every ~ on the ~** в нача́ле ка́ждого ча́са; **every ~ on the half-~** ка́ждый час в середи́не ча́са; **at the eleventh ~** (*fig*) в после́дний моме́нт.
3 (*time of day or night*): **we are open at all ~s** мы откры́ты круглосу́точно; **at an early ~** ра́но; **they keep late ~s** они́ по́здно ложа́тся (и встаю́т); **in the small ~s** в предрассве́тные часы́; **regardless of the ~** в любо́е вре́мя (дня и но́чи).
4 (*specific period of time*): **our working ~s are long** у нас до́лгий рабо́чий день; **I had to work after ~s** мне пришло́сь рабо́тать сверхуро́чно; **in office ~s** в рабо́чее вре́мя; **out of ~s** в нерабо́чее вре́мя; **after ~s** по́сле оконча́ния рабо́чего дня.
5 (*fig, moment*) час; **the ~ has come** про́бил час; **in the ~ of danger** в мину́ту опа́сности.
● *cpds* **~glass** *n* песо́чные час|ы́ (*pl, g* -о́в); **~ hand** *n* часова́я стре́лка; **~-long** *adj* часово́й; продолжа́ющийся час.

hourly /ˈaʊəlɪ/ *adj* **1** (*occurring once an hour*) ежеча́сный. **2** (*constant*) постоя́нный, непреста́нный. **3**: **an ~ wage** почасова́я опла́та.
● *adv* (*once every hour*) ежеча́сно; (*at any time*) с ча́су на час; в любо́е вре́мя; (*constantly*) непреста́нно.

house[1] /haʊs/ *n* **1** (*habitation*) дом, зда́ние; **~ arrest** дома́шний аре́ст; **~ guest** гость (живу́щий в до́ме); **~ of cards** (*lit, fig*) ка́рточный до́мик; **~ of God** дом Бо́жий, це́рковь; **they get on like a ~ on fire** они́ прекра́сно ла́дят; **keep ~** вести́ (*det*) хозя́йство; **they kept open ~** у них был откры́тый дом; **put, set one's ~ in order** (*fig*) прив|оди́ть, -ести́ свои́ дела́ в поря́док; **as safe as ~s** (*Br*) в по́лной безопа́сности; **set up ~ together** зажи́ть (*pf*) вдвоём; **turn s.o. out of ~ and home** выгоня́ть, вы́гнать кого́-н. из дому; (*inn*): **public ~** паб, пивно́й бар; **have a drink on the ~** пить, вы- за счёт хозя́ина; (*parl*): **H~ of Commons** пала́та о́бщин; **H~ of Lords** пала́та ло́рдов; **H~ of Representatives** пала́та представи́телей; **the H~** (*Parliament*) парла́мент; (*Br, Stock Exchange*) би́ржа; (*US, House of Representatives*) пала́та представи́телей.
2 (*audience*) зал, аудито́рия; **they played to a full ~** на их выступле́нии зал был по́лон; **she brought down the ~** её выступле́ние произвело́ фуро́р; (*Br, performance*) (*theatr*) представле́ние; (*cin*) сеа́нс.
3 (*dynasty*) дом, дина́стия.
4 (*business concern*) учрежде́ние, фи́рма.
5 (*Br, at boarding school*) учени́ки́, живу́щие в одно́м общежи́тии.
● *cpds* **~ agent** *n* (*Br*) аге́нт по прода́же недви́жимости, рие́лтор; **~boat** *n* плаву́чий дом; **~bound** *adj*: **he is ~bound** он не выхо́дит из до́ма; **~boy** *n* (*boy*) ма́льчик-слуга́ (*m*); (*man*) слуга́ (*m*); **~breaker** *n* граби́тель, взло́мщик, дому́шник (*coll*); **~breaking** *n* (*Br*) кра́жа со взло́мом; **~broken** *adj* (*US*) = **~-trained**; **~coat** *n* (дома́шний) хала́т; **~father, ~mother** *nn* (*of boarding school, children's home*) заве́дующ|ий, -ая интерна́том/прию́том; **~fly** *n* му́ха ко́мнатная; **~hold** *n* дом; дома́шний круг; (*attr*): **~hold appliances** бытовы́е прибо́ры; **~hold goods** хозя́йственные това́ры; **~hold troops** гва́рдия; **a ~hold word** обихо́дное выраже́ние; **her name is a ~hold word; she is a ~hold name** её все зна́ют; **~holder** *n* домовладе́лец; **~-hunting** *n* по́иски (*m pl*) до́ма; **~ husband** *n* муж, веду́щий дома́шнее хозя́йство; **~keeper** *n* эконо́мка; **~keeping** *n* дома́шнее хозя́йство; **~keeping expenses** расхо́ды на хозя́йство; **~maid** *n* го́рничная; **~master** *n* ≈ коменда́нт (общежи́тия интерна́та); **~ painter** *n* маля́р; **~-proud** *adj* лю́бящий занима́ться благоустро́йством и украше́нием до́ма; **~room** *n*: **I wouldn't give it ~room** (*Br*) я не бу́ду захламля́ть э́тим дом; **~-to-~** *adj*: **a ~-to-~ search** о́быск всех домо́в подря́д; пова́льный о́быск; **~top** *n* кры́ша, кро́вля; **~-trained** *adj* (*Br*) приу́ченный жить (*or* не па́чкать) в до́ме (*о собаке, кошке*); **~-warming** *n* новосе́лье; **~wife** *n* домохозя́йка; **~work** *n* дома́шние дела́.

house[2] /haʊz/ *vt* **1** (*provide house(s) for*) предост|авля́ть, -а́вить жильё + *d*; сели́ть, по-. **2** (*accommodate*) вме|ща́ть, -сти́ть; **this building ~s the city council** в э́том зда́нии размеща́ется муниципалите́т. **3** (*store*) храни́ть (*impf*).

the House of Commons — пала́та о́бщин

Ни́жняя пала́та брита́нского парла́мента. Чле́ны парла́мента, заседа́ющие в э́той пала́те, избира́ются на всео́бщих вы́борах. В пала́те о́бщин обсужда́ют вопро́сы вну́тренней и вне́шней поли́тики и принима́ют но́вые зако́ны.

the House of Lords — пала́та ло́рдов

Ве́рхняя пала́та брита́нского парла́мента. Чле́ны э́той пала́ты не избира́ются на вы́борах, а назнача́ются от гла́вных полити́ческих па́ртий страны́. Кро́ме того́, часть мест в пала́те передаётся по насле́дству чле́нам аристократи́ческих фами́лий. В 1999 году́ коли́чество таки́х мест бы́ло ограни́чено 92. В фу́нкции пала́ты вхо́дит обсужде́ние и ратифика́ция зако́нов, ра́нее одо́бренных пала́той о́бщин. Одновре́менно пала́та ло́рдов явля́ется вы́сшим апелляцио́нным су́дом страны́.

the House of Representatives — пала́та представи́телей

Ни́жняя пала́та конгре́сса США. В неё вхо́дит 435 представи́телей от америка́нских шта́тов, кото́рые избира́ются ка́ждые два го́да. Число́ представи́телей от шта́тов зави́сит от чи́сленности их населе́ния. Пала́та представи́телей принима́ет но́вые зако́ны. Все принима́емые зако́ны должны́ быть одо́брены э́тим о́рганом.

the Houses of Parliament — Брита́нский парла́мент

Двухпала́тный о́рган, состоя́щий из пала́ты о́бщин и пала́ты ло́рдов. О́бе пала́ты заседа́ют в Вестми́нстерском дворце́. Э́тот дворе́ц представля́ет собо́й ко́мплекс зда́ний в це́нтре Ло́ндона.

housing /ˈhaʊzɪŋ/ *n* **1** (*provision of houses*) обеспе́чение жильём; **~ benefit** (*Br*) посо́бие на вы́плату квартпла́ты; **the ~ problem** жили́щная пробле́ма. **2** (*houses built in quantity*) жильё; **~ association** жили́щно-строи́тельная ассоциа́ция; **~ development, ~ estate** (*Br*), **~ project** (*US*) жило́й микрорайо́н. **3** (*casing*) ко́рпус, ко́жух.

hove /həʊv/ *esp naut past and pp of* ⇒**heave**

hovel /ˈhɒv(ə)l/ *n* лачу́га.

hover /ˈhɒvə(r)/ *vi* пари́ть (*impf*); (*fig*): **to ~ around s.o.** ви́ться (*impf*) вокру́г + *g*; **he ~ed around her** он ви́лся вокру́г неё; **he ~ed between life and death** он был ме́жду жи́знью и сме́ртью.
● *cpd* **~craft** *n* су́дно на возду́шной поду́шке.

how /haʊ/ *adv* **1** (*in direct and indirect questions*) как; каки́м о́бразом?; **~ come?** (*coll*) как э́то?; **~ the devil did you find out?** как вы э́то узна́ли, чёрт возьми́?; **~ on earth did it happen?** как же э́то случи́лось?; **~ come you are late?** почему́ э́то вы опа́здываете?; **~ are you?** как пожива́ете?; **~ do I know?** а я отку́да

знаю?; ~ **do you know that?** откуда вы это знаете?; ~ **do you mean?** что вы хотите сказать?; в каком смысле?; ~**'s that?** (*enquiring reason*) как это?; (*inviting comment*): ~**'s that for a jump!** ну, как прыжок!; ~ **about a drink?** не хотите ли выпить?; не выпить ли нам?; ~ **about that!** (*coll, expressing admiration etc.*) ну и ну!; (*praising one's own achievement*) как насчёт этого!; ~ **so?** почему это?; то есть?; ~ **ever does he do it?** как только он это делает?
2 (*with adjs and advs*): ~ **far is it?** как далеко это находится?; какое расстояние (до + *g*)?; ~ **many, much?** сколько?; ~ **old is she?** сколько ей лет?
3 (*in indirect statements or questions*): **I told him ~ I'd been abroad** я рассказал ему, как я съездил за границу.
4 (*in exclamations*): ~ **he goes on!** какой же он зануда!; ~ **I wish I were there!** как бы мне хотелось сейчас быть там!; **and ~!** (*coll*) ещё как!

however /haʊ'evə(r)/ *adv* (*with adj*) какой бы ни; как ни; ~ **strong he is** какой бы он ни был сильный; ~ **strong our anger is we must be objective** как ни велик наш гнев, мы должны быть объективны; (*with adv*) как бы ни; ~ **strongly he denied it** как бы решительно он ни отрицал это; ~ **hard he tried** как он ни старался; (*in questions*) как же; ~ **did you find out that?** как же вы узнали это?; (*nevertheless*) однако, и всё же; ~, **he forgot** однако он забыл.

howitzer /'haʊɪtsə(r)/ *n* гаубица.

howl /haʊl/ *n* (*cry of pain or grief*) вопль (*m*), стон; (*cry of derision*) вой, гул; (*of an animal*) вой; (*of the wind*) завывание.
● *vt & i* выть (*impf*); **the baby was ~ing its head off** ребёнок надрывался от плача; **he was ~ed down** его перекричали; **listen to the wolves ~ing!** послушайте, как воют волки; **the wind ~s in the chimney** ветер воет в трубе; **a ~ing gale** завывающий ветер.

howler /'haʊlə(r)/ *n* (*coll, solecism*) грубейшая ошибка, ляпсус.

HP = **h.p.**

h.p. **1** (*abbr of* ***horsepower***) л.с. (лошадиная сила). **2** (*abbr of* ***hire purchase***) (*Br*) покупка в рассрочку.

HQ (*abbr of* ***headquarters***) штаб-квартира; (*mil*) штаб, ставка.

hr (*abbr of* ***hour***) ч, час.

HRH (*abbr of* ***Her/His Royal Highness***) (*Br*) Её/Его Королевское Высочество.

HRT (*abbr of* ***hormone replacement therapy***) гормональная терапия.

HTML (*abbr of* ***Hypertext Markup Language***) (*comput*) (язык) HTML (*буквально «язык гипертекстовой разметки»*).

hub /hʌb/ *n* ступица; (*fig*): **the ~ of the universe** центр вселенной.
● *cpd* ~**cap** *n* колпак.

hubbub /'hʌbʌb/ *n* шум, говор, гомон, гвалт.

hubby /'hʌbɪ/ *n* (*coll*) муженёк (*coll*).

hubris /'hju:brɪs/ *n* гордыня, надменность.

hubristic /ˌhju:'brɪstɪk/ *adj* высокомерный, надменный.

huckleberry /'hʌkəlbərɪ/ *n* (*bush; fruit*) черника (*collect*); (*single berry*) ягода черники.

huckster /'hʌkstə(r)/ *n* торговец вразнос.

huddle /'hʌd(ə)l/ *n* **1** (*disorderly mass*) куча, груда, ворох. **2**: **they went into a ~** (*coll*) они стали тайно совещаться/шушукаться.
● *vi* толпиться, с-; **he lay ~d up** он лежал, свернувшись калачиком; **they ~d together for warmth** они прижались друг к другу, чтобы согреться.

hue¹ /hju:/ *n* (*colour*) оттенок, тон (*pl* -á).

hue² /hju:/ *n*: ~ **and cry** крик; (*outcry*) возмущение; **raise a ~ and cry** подн|имать, -ять крик.

huff /hʌf/ *n* вспышка раздражения/обиды; **he walked off in a ~** он ушёл вконец разобиженный.
● *vt* **1** (*in game of draughts*) брать, взять фук у + *g*; фук|ать, -нуть. **2**: **you can ~ and puff but you won't stop me** можете злиться, но меня это не остановит.

huffy /'hʌfɪ/ *adj* (**huffier, huffiest**) обиженный, рассерженный.

hug /hʌg/ *n* объятие.
● *vt* (**hugged, hugging**) **1** (*embrace*) обн|имать, -ять. **2** (*fig, cling to, keep close to*): **the ship ~ged the shore** корабль шёл вдоль самого берега.

huge /hju:dʒ/ *adj* огромный, громадный; (*event*) грандиозный; **he ate a ~ supper** он съел огромный ужин; **a ~ joke** великолепный розыгрыш.

hugely /'hju:dʒlɪ/ *adv* весьма, чрезвычайно.

hugeness /'hju:dʒnɪs/ *n* громадность, грандиозность.

Huguenot /'hju:gəˌnəʊ, -ˌnɒt/ *n* гугенот.
● *adj* гугенотский.

huh /hə/ *int* (*interrogation*) гм?, а?; (*expressing contempt*) хм!, гм!

hulk /hʌlk/ *n* (*body of dismantled ship*) корпус; (*unwieldy vessel*) неповоротливое судно, корыто; (*large clumsy person*) медведь (*m*); увалень (*m*).

hulking /'hʌlkɪŋ/ *adj* неуклюжий, неповоротливый.

hull¹ /hʌl/ *n* (*of ship*) корпус; (*of aircraft*) фюзеляж.
● *vt*: ~ **a ship** (*strike in ~*) проб|ивать, -ить корпус корабля.

hull² /hʌl/ *n* (*shell, pod*) кожура; шелуха.
● *vt* лущить (*impf*), шелушить (*impf*).

hullabaloo /ˌhʌləbə'lu:/ *n* шум, шумиха.

hullo /hʌ'ləʊ/ *int* (*greeting*) здравствуй(те)!; (*coll*) привет!; (*on telephone*) алло!; (*expressing surprise*) вот те на!

hum /hʌm/ *n* (*of insects*) жужжание; (*of machines*) гудение, гул.
● *vt & i* (**hummed, humming**) **1** (*make murmuring sound*) (*of insects*) жужжать (*impf*); (*of cars*) гудеть (*impf*); ~**ming bird** колибри (*cg indecl*). **2** (*sing with closed lips*) напевать (*impf*). **3**: ~ **and ha(w)** (*Br*) мямлить (*impf*). **4** (*coll, be active*) идти (*det*) полным ходом; кипеть (*impf*); **he made things ~** у него работа кипела.

human /'hju:mən/ *n* человек.
● *adj* человеческий; ~ **being** человек; ~ **error** ошибка, свойственная человеку; ~ **kind** человечество; ~ **nature** человеческая природа; **the ~ race** род людской; ~ **rights** права человека; ~ **shield** живой щит; **he did all that was ~ly possible** он сделал всё, что в человеческих силах.

humane /hju:'meɪn/ *adj* **1** (*compassionate*) гуманный, человечный. **2**: ~ **studies** гуманитарные науки (*f pl*).

humaneness /hju:'meɪnnɪs/ *n* гуманность, человечность.

humanism /'hju:məˌnɪz(ə)m/ *n* (*classical studies; non-religious ethics*) гуманизм.

humanist /'hju:mənɪst/ *n* гуманист.

humanistic /ˌhju:mə'nɪstɪk/ *adj* гуманистический.

humanitarian /hju:ˌmænɪ'teərɪən/ *n* гуманист.
● *adj* гуманитарный; гуманный; ~ **aid** гуманитарная помощь.

humanitarianism /hju:ˌmænɪ'teərɪəˌnɪz(ə)m/ *n* гуманитарность, гуманность.

humanit|y /hju:'mænɪtɪ/ *n* **1** (*human nature*) человечность, человеческие качества. **2** (*the human race*) человечество; род людской. **3** (*crowd*) толпа, народ. **4** (*humaneness*) гуманность. **5**: **the ~ies** гуманитарные науки (*f pl*).

humanize /'hju:məˌnaɪz/ *vt* (*make human*) очеловечи|вать, -ть; (*make humane*) делать, с- более человечным.

humble /'hʌmb(ə)l/ *adj* (**humbler, humblest**) **1** (*lacking self-importance*) скромный, покорный, смиренный; **in my ~ opinion** по моему скромному мнению; **your ~ servant** ваш покорный слуга; **he was made to eat ~ pie** ему пришлось извиниться. **2** (*lowly*) простой, скромный; **of ~ birth** из простонародья, из простых.
● *vt* смир|ять, -ить; ун|ижать, -изить; ~ **o.s.** уничижаться (*impf*).

humbleness /'hʌmbəlnɪs/ *n* смирение, скромность.

humbug /'hʌmbʌg/ *n* (*deceit, hypocrisy*) надувательство; (*hypocrite, fraud*) обманщик, очковтиратель (*m*); (*nonsense*) чушь, вздор; (*Br, boiled sweet*) леденец.
● *vt* (**humbugged, humbugging**) над|увать, -уть; провести (*pf*).

humdinger /'hʌmˌdɪŋə(r)/ *n* (*sl*) блеск, чудо.

humdrum /'hʌmdrʌm/ *adj* однообра́зный, ну́дный.

hume|rus /'hju:mərəs/ *n* (*pl* **~ri** /-,raɪ/) плечева́я кость.

humid /'hju:mɪd/ *adj* вла́жный.

humidifier /hju:'mɪdɪ,faɪ(ə)r/ *n* увлажни́тель (*m*) во́здуха.

humidity /hju:'mɪdɪtɪ/ *n* вла́жность.

humiliate /hju:'mɪlɪ,eɪt/ *vt* ун|ижа́ть, -и́зить.

humiliation /hju:,mɪlɪ'eɪʃ(ə)n/ *n* униже́ние.

humility /hju:'mɪlɪtɪ/ *n* смире́ние; скро́мность.

hummock /'hʌmək/ *n* буго́р, приго́рок.

humor /'hju:mə(r)/ (*US*) = **humour**

humoresque /,hju:mə'resk/ *n* юморе́ска.

humorist /'hju:mərɪst/ *n* (*facetious person*) остря́к, весельча́к; (*humorous writer etc.*) юмори́ст.

humorless /'hju:məlɪs/ (*US*) = **humourless**

humorous /'hju:mərəs/ *adj* юмористи́ческий; **a ~ author** писа́тель-юмори́ст; **a ~ situation** коми́ческая ситуа́ция.

humour /'hju:mə(r)/ (*US* **humor**) *n* **1** (*disposition*) нрав, душе́вный склад; **in an ill ~** не в ду́хе; в плохо́м настрое́нии; **this will put you in a good ~** э́то подни́мет вам настрое́ние; **he is out of ~** он не в ду́хе; **I am in no ~ for argument** я не настро́ен спо́рить; **he will work when the ~ takes him** он рабо́тает по настрое́нию. **2** (*amusement*) ю́мор; **his speech was full of ~** в его́ ре́чи бы́ло мно́го ю́мора; **he has little sense of ~** у него́ сла́бое чу́вство ю́мора.

● *vt* потака́ть (*impf*) + *d*; ублаж|а́ть, -и́ть.

humourless /'hju:məlɪs/ (*US* **humorless**) *adj* лишённый чу́вства ю́мора; ску́чный.

hump /hʌmp/ *n* **1** (*protuberance on back*) горб. **2** (*rounded hillock*) буго́р, бугоро́к; **we are over the ~ now** (*fig*) са́мое тру́дное позади́. **3** (*Br, irritation*) раздраже́ние, ки́слое настрое́ние; **it gives me the ~** э́то наводи́т на меня́ тоску́.

● *vt* **1** (*make ~-shaped*) выгиба́ть, вы́гнуть; го́рбить, с-; **the cat ~ed up its back** ко́шка вы́гнула спи́ну. **2** (*carry, shoulder*) тащи́ть (*det*) (на спине́); взва́ливать, взвали́ть на́ спину. **3** (*vulg, engage in sexual intercourse with*) тра́х|ать, -нуть.

● *vi* (*vulg, engage in sexual intercourse*) тра́х|аться, -нуться.

● *cpd* **~backed** *adj* горба́тый.

humph /həmf/ *int* хм!

humus /'hju:məs/ *n* гу́мус, перегно́й.

hunch /hʌntʃ/ *n* **1** (*hump*) горб. **2** (*US coll, intuitive feeling*) чутьё, интуи́ция; **I had a ~ he would come** я предчу́вствовал, что он придёт; **he acted on a ~** он де́йствовал интуити́вно.

● *vt*: **he ~ed (up) his shoulders** он ссуту́лился/сго́рбился.

● *cpd* **~back** *n* горбу́н.

hundred /'hʌndrəd/ *n* (*pl* **~s** *or* (*with numeral or qualifying word*) **~**) (число́, но́мер) сто; (*collect*) со́тня; **about 100** о́коло ста; **100 each** по́ сто; **up to 100** до ста; **page 100** со́тая страни́ца; **room 100** со́тая ко́мната, ко́мната но́мер сто; **a ~ and fifty** сто пятьдеся́т, полтора́ста; **~s of people** со́тни люде́й; **sell by the ~** прод|ава́ть, -а́ть по сто штук (*or* со́тнями); **~s of thousands** со́тни ты́сяч; **I have a ~ and one things to do** у меня́ ты́сяча дел; **~ per cent** (*as adj*) стопроце́нтный; (*adv*) стопроце́нтно, на (все) сто проце́нтов; **I'm one ~ per cent behind you** я стопроце́нтно (*or* целико́м и по́лностью) на ва́шей стороне́; **a ~ to one** наверняка́; оди́н шанс из ста; **it's a ~ to one they will not meet again** руча́юсь, что они́ бо́льше не встре́тятся; **he lived to be a ~** он до́жил до ста лет; **at fourteen ~ hours** (*mil*) в четы́рнадцать (часо́в) ноль-ноль (мину́т); в 14 часо́в ро́вно; **in the nineteen ~s** в девятисо́тые го́ды (*1900—1999*).

● *adj* сто + *g pl*; **two** (*etc. to* **nine**) **~** две́сти, три́ста, четы́реста, пятьсо́т, шестьсо́т, семьсо́т, восемьсо́т, девятьсо́т (*all* + *g pl*); **a ~ miles away** (*fig*) за ты́сячу вёрст; далеко́.

● *cpds* **~fold** *adj* стокра́тный; *adv* во́ сто крат, в сто раз; **~-rouble note** *n* сторублёвая бума́жка, сторублёвка; **~weight** *n* (*Imperial — approx 50.8 kilograms*) англи́йский це́нтнер; (*US — approx 45.4 kilograms*) америка́нский це́нтнер.

hundredth /'hʌndrədθ/ *n* (*fraction*) одна́ со́тая.

● *adj* со́тый.

hung /hʌŋ/ *past and pp of* ⇨**hang**

Hungarian /hʌŋ'geərɪən/ *n* (*person*) венгр (*fem* венге́рка); (*language*) венге́рский язы́к.

● *adj* венге́рский.

Hungary /'hʌŋgərɪ/ *n* Ве́нгрия.

hunger /'hʌŋgə(r)/ *n* го́лод; (*fig, strong desire*) жа́жда.

● *vi* (*fig*) жа́ждать (*impf*) (+ *g*); **she ~ed for excitement** она́ жа́ждала развлече́ний.

● *cpds* **~ march** *n* голо́дный марш; **~ strike** *n* голодо́вка.

hung-over /hʌŋ'əʊvə(r)/ *adj* (*coll*) страда́ющий с похме́лья/перепо́я.

hungry /'hʌŋgrɪ/ *adj* (**hungrier, hungriest**) голо́дный; (*fig, avid*) жа́ждущий.

hunk /hʌŋk/ *n* большо́й кусо́к; (*of bread*) ломо́ть (*m*) хле́ба.

hunkers /'hʌŋkəz/ *n* (*coll*) я́годицы (*f pl*); **on one's ~** на ко́рточках.

hunky-dory /,hʌŋkɪ'dɔ:rɪ/ *adj* (*coll*): **everything's ~** всё в ажу́ре.

hunt /hʌnt/ *n* **1** (*~ing expedition*) охо́та. **2** (*search*) охо́та (**for:** на+ *a*); по́иск|и (*pl, g* -ов) **for:** + *g*).

● *vt & i* (*e.g. animals*) охо́титься (*impf*) (на + *a*); (*persons or things*) охо́титься (*impf*) за + *i*; вести́ (*det*) по́иски + *g*; **he had a ~ed look** у него́ был затра́вленный вид.

● *with advs*: **the criminal was ~ed down** престу́пника пойма́ли; **she ~ed out some old clothes** она́ отыска́ла где́-то ста́рую оде́жду; **will you ~ up the address for me?** вы мо́жете разыска́ть для меня́ э́тот а́дрес?

hunter /'hʌntə(r)/ *n* **1** (*one who hunts*) охо́тник. **2** (*horse*) гу́нтер; охо́тничья ло́шадь.

hunting /'hʌntɪŋ/ *n* охо́та.

● *cpds* **~ crop** *n* охо́тничий хлыст; **~ ground** *n* охо́тничье уго́дье; **happy ~ ground** (*fig, heaven*) рай, раздо́лье; **~ horn** *n* охо́тничий рог.

huntress /'hʌntrɪs/ *n* охо́тница.

huntsman /'hʌntsmən/ *n* (*pl* **huntsmen**) охо́тник; (*hunt official*) е́герь (*m*).

hurdle /'hə:d(ə)l/ *n* (*fence*) (переносна́я) огра́да; (*in athletics & fig*) барье́р, препя́тствие.

● *vt* (*fence off*) огор|а́живать, -оди́ть.

● *vi* (*engage in hurdling*) уча́ствовать в бе́ге с барье́рами.

hurdler /'hə:dlə(r)/ *n* (*athlete*) барьери́ст (*fem* -ка).

hurdy-gurdy /'hə:dɪ,gə:dɪ/ *n* шарма́нка.

hurl /hə:l/ *vt* бр|оса́ть, -о́сить; швыр|я́ть, -ну́ть; **he ~ed abuse at me** он осы́пал меня́ оскорбле́ниями.

hurly-burly /'hə:lɪ,bə:lɪ/ *n* переполо́х, сумя́тица.

hurr|ah /hʊ'rɑ:/, **-ay** /hʊ'reɪ/ *n & int* ура́!

● *vi* крича́ть (*impf*) «ура́».

hurricane /'hʌrɪkən, -,keɪn/ *n* урага́н; **~ lamp** фона́рь «мо́лния».

hurried /'hʌrɪd/ *adj* (*departure*) поспе́шный; (*glance*) бы́стрый; **he had a ~ meal** он на́скоро перекуси́л.

hurr|y /'hʌrɪ/ *n* спе́шка, поспе́шность; **what's the ~y?** куда́/заче́м спеши́ть?; **there's no ~y!** спеши́ть не́куда; **she is always in a great ~y** она́ ве́чно торо́пится; **he was in no ~y to go** он не спеши́л уходи́ть; **in his ~y, he forgot his briefcase** в спе́шке он забы́л взять портфе́ль; **you won't need that again in a ~y** вам тепе́рь э́то не ско́ро пона́добится; **you won't beat that in a ~y** попро́буйте перепл́юнуть э́то! (*coll*).

● *vt* **1** (*cause to move hastily*) торопи́ть, по-; под|гоня́ть, -огна́ть; **if you ~y him, he'll make mistakes** е́сли вы бу́дете его́ торопи́ть/подгоня́ть, он наде́лает оши́бок. **2** (*perform hastily*): **don't ~y the job** рабо́тайте не спеша́.

● *vi* (*move hastily*) спеши́ть, по-; торопи́ться, по-; **he ~ied home** он спеши́л домо́й; **they ~ied to finish the work** они́ спеши́ли зако́нчить рабо́ту; **he ~ied over his breakfast** он поспе́шно съел свой за́втрак; **she ~ied down the road** она́ торопли́во (за)шага́ла вдоль у́лицы.

● *with advs*: **~y along there, please!** потора́пливайтесь, пожа́луйста!; **you need not ~y back** не спеши́те возвраща́ться; **he ~ied away, off** он бы́стро удали́лся; **the boy was ~ied off to bed** ма́льчика бы́стро уложи́ли спать; **~y up!** потора́пливайтесь!; **can't you ~ him up?** ра́зве вы не мóжете егó поторопи́ть?

hurt /hə:t/ *n* (*offence*) оби́да, оскорблéние; (*damage*) вред, ущéрб; (*bodily injury*) уши́б.

● *vt* (*past and pp* **~**) (*inflict pain on*) ушиб|áть, -и́ть; причин|я́ть, -и́ть боль + *d*; **I won't ~ you** я не причиню́ вам бóли (*or* не сдéлаю вам бóльно); **these shoes ~ (me)** э́ти ту́фли мне жмут; (*injure*) ушиб|áть, -и́ть; **he fell and ~ his back** он упáл и уши́б спи́ну; **he was more frightened than ~** он не стóлько уши́бся, скóлько испугáлся; **~ o.s.** ушиб|áться, -и́ться, ударя́ться, удáриться; (*damage*) вреди́ть, по-; **it won't ~ this chair to get wet** от воды́ э́тому сту́лу ничегó не бу́дет; (*offend, pain*) об|ижáть, -и́деть; зад|евáть, -éть; **she was deeply ~ by my remark** моё замечáние её óчень оби́дело/задéло; **now you've ~ his feelings** ну вот, вы егó и оби́дели; **a ~ expression** оби́женное/оскорблённое выражéние.

● *vi* (*past and pp* **~**) (*be sore*) болéть (*impf*): **my arm ~s** у меня́ боли́т/нóет рукá; **it didn't ~ a bit** нискóлько нéбыло бóльно; **where does it ~?** что/где у вас боли́т?; (*do damage*): **it wouldn't ~ to try it** (*coll*) попы́тка не пы́тка; **it won't ~ to wait** не мешáло бы подождáть.

hurtful /'hə:tfʊl/ *adj* оби́дный.

hurtle /'hə:t(ə)l/ *vt & i* нести́сь (*impf*), мчáться (*impf*).

husband /'hʌzbənd/ *n* муж (*pl* -ья́).

● *vt* берéчь (*impf*); **we must ~ our resources** мы должны́ берéчь/эконóмить нáши ресу́рсы.

husbandry /'hʌzbəndrɪ/ *n* **1** сéльское хозя́йство; **animal ~** скотовóдство. **2** (*management of resources*) ведéние хозя́йства.

hush /hʌʃ/ *n* молчáние, тишь.

● *vt*: **she ~ed the baby to sleep** онá убаю́кала ребёнка; **the scandal was ~ed up** скандáл замя́ли.

● *vi*: **~!** (*as int*) ти́ше!; молчи́те!

● *cpds* **~-~** *adj* (*coll*) тáйный, засекрéченный; **~ money** *n* взя́тка за молчáние.

husk /hʌsk/ *n* шелухá, скорлупá.

● *vt* очищáть, очи́стить; лущи́ть, об-.

huskiness /'hʌskɪnɪs/ *n* (*hoarseness*) хрипловáтость.

husky[1] /'hʌskɪ/ *n* (*Eskimo dog*) эскимóсская лáйка, хáски (*f indecl*).

husky[2] /'hʌskɪ/ *adj* (**huskier, huskiest**) **1** (*hoarse*) сухóй, хри́плый. **2** (*coll, brawny*) рóслый, здорóвый.

hussar /hʊ'zɑ:(r)/ *n* гусáр.

hussy /'hʌsɪ/ *n* (*pert girl*) дéрзкая девчóнка; (*trollop*) шлю́ха, потаску́ха (*both vulg*).

hustings /'hʌstɪŋz/ *n pl* предвы́борные ми́тинги (*m pl*).

hustle /'hʌs(ə)l/ *n* су́толока, дáвка.

● *vt* **1** (*jostle*) толкáть (*impf*); пихáть (*impf*); **he ~d his way through the crowd** он протолкáлся чéрез толпу́. **2** (*thrust, impel*) увол|áкивать, -óчь; **the police ~d him away** егó уволокли́ полицéйские.

● *vi* (*jostle*) толкáться (*impf*); проти́скиваться (*impf*); (*try to obtain sth*): **he was hustling for work** он выпрáшивал рабóту.

hustler /'hʌslə(r)/ *n* (*enterprising person*) проби́вной человéк; (*coll, prostitute*) проститу́тка.

hut /hʌt/ *n* (*small building*) хи́жина; (*barrack*) барáк.

hutch /hʌtʃ/ *n* (*for pets*) клéтка.

hyacinth /'haɪəsɪnθ/ *n* гиаци́нт.

hybrid /'haɪbrɪd/ *n* гибри́д.

● *adj* гибри́дный; смéшанный.

hybridization /,haɪbrɪdaɪ'zeɪʃ(ə)n/ *n* гибридизáция, скрéщивание.

hybridize /'haɪbrɪ,daɪz/ *vt* скрé|щивать, -сти́ть; гибридизи́ровать (*impf*).

hydra /'haɪdrə/ *n* ги́дра.

hydrangea /haɪ'dreɪndʒə/ *n* гортéнзия.

hydrant /'haɪdrənt/ *n* гидрáнт.

hydrate /'haɪdreɪt/ *n* гидрáт, гидрóкись.

● *vt* гидрати́ровать.

hydraulic /haɪ'drɔ:lɪk, -'drɒlɪk/ *adj* гидравли́ческий.

hydraulics /haɪ'drɔ:lɪks, -'drɒlɪks/ *n* гидрáвлика.

hydrocarbon /,haɪdrəʊ'kɑ:bən/ *n* углеводорóд.

hydrocephalus /,haɪdrə'sefələs/, **hydrocephaly** /,haɪdrə'sefəlɪ/ *nn* водя́нка головнóго мóзга, гидроцефáлия.

hydrochloric acid /,haɪdrə'klɔ:rɪk, -'klɒrɪk/ *n* соля́ная кислотá.

hydrodynamic /,haɪdrəʊdaɪ'næmɪk/ *adj* гидродинами́ческий.

hydroelectric /,haɪdrəʊɪ'lektrɪk/ *adj* гидроэлектри́ческий; **~ power station** гидроэлектростáнция (*abbr* ГЭС).

hydrofoil /'haɪdrə,fɔɪl/ *n* су́дно на подвóдных кры́льях; ракéта.

hydrogen /'haɪdrədʒ(ə)n/ *n* водорóд; **~ bomb** водорóдная бóмба.

hydrographer /haɪ'drɒgrəfə(r)/ *n* гидрóграф.

hydrographic /,haɪdrə'græfɪk/ *adj* гидрографи́ческий.

hydrography /haɪ'drɒgrəfɪ/ *n* гидрогрáфия.

hydrolysis /haɪ'drɒlɪsɪs/ *n* гидрóлиз.

hydrometer /haɪ'drɒmɪtə(r)/ *n* гидрóметр, водомéр.

hydrophobia /,haɪdrə'fəʊbɪə/ *n* водобоя́знь.

hydrophone /'haɪdrə,fəʊn/ *n* гидрофóн.

hydroplane /'haɪdrə,pleɪn/ *n* гидросамолёт.

hydroxide /haɪ'drɒksaɪd/ *n* гидрокси́д, гидрóкись, гидрáт óкиси.

hyena /haɪ'i:nə/ *n* гиéна.

hygiene /'haɪdʒi:n/ *n* гигиéна.

hygienic /haɪ'dʒi:nɪk/ *adj* гигиени́ческий.

hygienist /'haɪdʒi:nɪst/ *n* ассистéнт зубнóго врачá (*специалист по гигиене полости рта*).

hygrometer /haɪ'grɒmɪtə(r)/ *n* гигрóметр.

hymen /'haɪmen/ *n* (*anat*) дéвственная плевá.

hymn /hɪm/ *n* (церкóвный) гимн.

● *vt*: **he insists on ~ing my praises** он не перестаёт петь мне дифирáмбы.

● *cpd* **~ book** *n* (*also* **hymnal**) сбóрник церкóвных ги́мнов.

hype /haɪp/ *n* (*coll*) крикли́вая реклáма.

● *adj*: **~d-up** ду́тый, ли́повый.

hyperactive /,haɪpə'ræktɪv/ *adj* чрезмéрно акти́вный.

hyperactivity /,haɪpəræk'tɪvɪtɪ/ *n* повы́шенная акти́вность.

hyperbo|la /haɪ'pə:bələ/ *n* (*pl* **~las** *or* **~lae** /-,li:/) (*geom*) гипéрбола.

hyperbole /haɪ'pə:bəlɪ/ *n* гипéрбола, преувеличéние.

hyperbolical /,haɪpə'bɒlɪk(ə)l/ *adj* гиперболи́ческий, преувели́ченный.

hypercritical /,haɪpə'krɪtɪk(ə)l/ *adj* въéдливый, приди́рчивый.

hyperglycaemia /,haɪpəglaɪ'si:mɪə/ (*US* **hyperglycemia**) *n* гипергликеми́я.

hyperinflation /,haɪpərɪn'fleɪʃ(ə)n/ *n* гиперинфля́ция.

hyperlink /'haɪpəlɪŋk/ *n* (*comput*) гиперссы́лка, гипертéкстовая ссы́лка.

hypermarket /'haɪpə,mɑ:kɪt/ *n* (*Br*) гипермáркет.

hypersensitive /,haɪpə'sensɪtɪv/ *adj* с повы́шенной чувстви́тельностью.

hyperspace /'haɪpə,speɪs/ *n* гиперпространство.

hypertension /,haɪpə'tenʃ(ə)n/ *n* (*med*) высóкое кровянóе давлéние.

hypertext /'haɪpə,tekst/ *n* (*comput*) гипертéкст.

hypertrophy /haɪ'pə:trəfɪ/ *n* гипертрофи́я.

hyphen /'haɪf(ə)n/ *n* дефи́с, чёрточка (*coll*).

● *vt* **a ~ed word** слóво, пи́шущееся чéрез дефи́с/чёрточку.

hyphenate /'haɪfə,neɪt/ *vt* писáть, на- чéрез дефи́с/чёрточку.

hypnosis /hɪp'nəʊsɪs/ *n* гипнóз.

hypnotic /hɪp'nɒtɪk/ *n* (*subject*) загипнотизи́рованный; (*drug*) гипноти́ческое срéдство.

● *adj* гипноти́ческий.

hypnotism /'hɪpnə,tɪz(ə)m/ *n* гипноти́зм.

hypnotist /'hɪpnətɪst/ *n* гипнотизёр.

hypnotize /'hɪpnə,taɪz/ *vt* гипнотизи́ровать, за-.

hypo-allergenic /,haɪpəʊ,ælə'dʒenɪk/ *adj* гипоаллергéнный, с пони́женным содержáнием аллергéнов.

hypochondria /,haɪpə'kɒndrɪə/ *n* ипохóндрия.

hypochondriac /,haɪpə'kɒndrɪ,æk/ *n* ипохóндрик.

● *adj* ипохондри́ческий.

hypocrisy /hɪ'pɒkrɪsɪ/ *n* лицемéрие.

hypocrite /'hɪpəkrɪt/ *n* лицемéр.

hypocritical /,hɪpə'krɪtɪk(ə)l/ *adj* лицемéрный, нéискренний.

hypodermic /,haɪpə'də:mɪk/ *adj*: **~ injection** подкóжное впры́скивание; подкóжная инъéкция;

~ syringe/needle шприц/иглá для подкóжных инъéкций.

hypotenuse /haɪˈpɒtəˌnjuːz/ *n* гипотенýза.

hypothecate /haɪˈpɒθɪˌkeɪt/ *vt* за|клáдывать, -ложи́ть.

hypothermia /ˌhaɪpəʊˈθɜːmɪə/ *n* гипотерми́я.

hypothesis /haɪˈpɒθɪsɪs/ *n* (*pl* **hypotheses** /-ˌsiːz/) гипóтеза.

hypothesize /haɪˈpɒθɪˌsaɪz/ *vi* предпол|агáть, -ожи́ть; стрóить (*impf*) догáдки.

hypothetical /ˌhaɪpəˈθetɪk(ə)l/ *adj* гипотети́ческий.

hyssop /ˈhɪsəp/ *n* иссóп.

hysterectomy /ˌhɪstəˈrektəmɪ/ *n* удалéние мáтки.

hysteria /hɪˈstɪərɪə/ *n* истери́я.

hysterical /hɪˈsterɪk(ə)l/ *adj* истери́чный; **she was ~** онá былá в истéрике.

hysterics /hɪˈsterɪks/ *n* истéрика.

Hz (*abbr of* ***hertz***) Гц (герц).

Ii

I /aɪ/ *pron* (*obj* **me**) я; **it is ~** это я; **he and ~ were there** мы с ним были там; **~ too** и я тоже; **he is older than ~** он старше меня.
iambi /aɪ'æmbaɪ/ *pl of* ⇒**iambus**
iambic /aɪ'æmbɪk/ (*prosody*) *n* ямбический стих.
● *adj* ямбический.
iambus /aɪ'æmbəs/ *n* (*pl* **iambuses** *or* **iambi**) (*prosody*) ямб.
Iberia /aɪ'bɪərɪə/ *n* (*peninsula*) Иберия.
Iberian /aɪ'bɪərɪən/ *n* (*hist*) ибер (*fem* -ка).
● *adj* иберийский; **the ~ peninsula** Пиренейский полуостров; **the ~ Mountains** Иберийские горы (*к юго-западу от Пиренейских гор*).
ibex /'aɪbeks/ *n* (*pl* **~es**) каменный козёл, козерог.
ibid. /'ɪbɪd/ *adj* там же, в том же месте.
ibis /'aɪbɪs/ *n* (*pl* **~es**) ибис.
ICBM (*abbr of* ***intercontinental ballistic missile***) МБР (межконтинентальная баллистическая ракета).
ice /aɪs/ *n* **1** лёд; **black ~** гололедица; **he broke the ~** (*lit, fig*) он сломал/разбил лёд; **that cuts no ~ with me** это меня нисколько не впечатляет; **he is skating on thin ~** (*fig*) он играет с огнём; **the proposal was kept on ~** проект заморозили; **~ age** ледниковый период.
2 (*Br,* **~** *cream*) мороженое; **do they sell ~s?** они продают мороженое?
● *vt* **1** (*freeze; of wine, coffee, etc., chill*) замор|аживать, -озить.
2 (*cover with* **~**): **the pond was soon ~d over** пруд вскоре затянуло/сковало льдом.
3 (*cul*) глазировать (*impf, pf*).
● *cpds* **~ axe** *n* ледоруб; **~blink** *n* ледяной отблеск; **~boat** *n* буер; **~bound** *adj* затёртый/скованный льдами; **~box** *n* (*US, refrigerator*) холодильник; (*Br, compartment in a fridge*) отделение для льда (*в холодильнике*); **~-breaker** *n* ледокол; **~ bucket** *n* ведёрко со льдом; (*for making* **~** *cream*) мороженица; **~ cap** *n* ледниковый покров, ледник; **~-cold** *adj* ледяной; **~ cream** *n* мороженое; **~-cream man** мороженщик; **~-cream maker** (*appliance*) мороженица; **~-cream parlour** кафе-мороженое; **~ cube** *n* кубик льда; **~ field** *n* ледяное поле; **~ floe** *n* плавучая льдина; **~ hockey** *n* хоккей (на льду); **~ house** *n* льдохранилище; **~ lolly** *n* (*Br coll*) мороженое на палочке; **~man** *n* (*pl* **~men**) (*US*) развозчик/продавец льда; **~ pack** *n* (*pack~*) ледяной пак, торосистый лёд; (*med*) пузырь (*m*) со льдом; **~ pick** *n* кайла; (*cul*) пешня для льда; **~ rink** *n* каток; **~ run** *n* ледяная горка; **~ show** *n* балет на льду; **~ skate** *n* конёк; **~-skate** *vi* кататься (*impf*) на коньках; **~ yacht** *n* буер.
iceberg /'aɪsbəːg/ *n* айсберг.
Iceland /'aɪslənd/ *n* Исландия.
Icelander /'aɪsləndə(r)/ *n* исланд|ец (*fem* -ка).
Icelandic /aɪs'lændɪk/ *n* исландский язык.
● *adj* исландский.
ichneumon /ɪk'njuːmən/ *n* **1** (*animal*) ихневмон; фараонова мышь. **2** (*insect*) (*also* **~ fly** *or* **~ wasp**) наездник.
ichthyological /ˌɪkθɪə'lɒdʒɪk(ə)l/ *adj* ихтиологический.
ichthyologist /ˌɪkθɪ'ɒlədʒɪst/ *n* ихтиолог.
ichthyology /ˌɪkθɪ'ɒlədʒɪ/ *n* ихтиология.
ichthyosaurus /ˌɪkθɪə'sɔːrəs/ *n* ихтиозавр.
icicle /'aɪsɪk(ə)l/ *n* сосулька.
icing /'aɪsɪŋ/ *n* (*on cake*) сахарная глазурь; (*action*) глазировка; (**~-up**) обледенение.
icon, ikon /'aɪkɒn/ *n* икона; образ (*pl* -á); (*comput*) иконка, пиктограмма; **~ lamp** лампад(к)а.
iconoclasm /aɪ'kɒnəˌklæz(ə)m/ *n* иконоборство.
iconoclast /aɪ'kɒnəˌklæst/ *n* иконоборец; (*fig*) бунтарь (*m*).
iconoclastic /aɪˌkɒnə'klæstɪk/ *adj* (*fig*) иконоборческий.
iconography /ˌaɪkə'nɒgrəfɪ/ *n* иконография.
iconostasis /ˌaɪkə'nɒstəsɪs, aɪˌkɒnə'stæsɪs/ *n* (*pl* **iconostases** /-ˌsiːz/) иконостас.
icy /'aɪsɪ/ *adj* (**icier, iciest**) (*cold, lit, fig*) ледяной; (*covered with ice*) покрытый льдом.
ID (*abbr of* ***identification***) удостоверение личности; **have you got some ~?** у вас есть (при себе) какие-нибудь документы?
id /ɪd/ *n* (*psychol*) подсознание.
idea /aɪ'dɪə/ *n* **1** (*mental concept*) идея; **fixed ~** навязчивая идея; **he tried to force his ~s on me** он старался навязать мне свои идеи; **where did you get that ~?** откуда вы это взяли? **2** (*thought*) мысль; **I can't bear the ~ of it** (одна) мысль об этом мне противна; **he is disturbed by the ~ of a possible accident** его беспокоит мысль о возможной беде; **don't put ~s into his head** не внушайте ему ненужных идей; **the (very) ~ (of it)!** подумать только!
3 (*notion; understanding*) понятие; **I've no ~** (я) понятия не имею; **he has little ~ of physics** у него слабое представление о физике; **I have a good ~ of his abilities** я прекрасно представляю себе, на что он способен; **he gave me a general ~ of the story** он в общих чертах пересказал мне рассказ.
4 (*scheme; plan*) идея, замысел, намерение; **a bright ~** блестящая идея; **a man (full) of ~s** человек, полный идей; **my ~ is to start afresh** я думаю начать всё сначала; **what's the big ~?** (*coll*) в чём смысл всего этого?; это ещё зачем?; **I studied Russian with the ~ of visiting Moscow** я изучал русский язык с намерением съездить в Москву; **that's the ~!** вот именно!; это то, что нужно!
ideal /aɪ'diːəl/ *n* идеал.
● *adj* идеальный; совершенный; превосходный.
idealism /aɪ'dɪəˌlɪz(ə)m/ *n* идеализм.
idealist /aɪ'dɪəlɪst/ *n* идеалист.
idealistic /aɪˌdɪə'lɪstɪk/ *adj* идеалистический.
idealization /aɪdɪəˌlaɪ'zeɪʃ(ə)n/ *n* идеализация.
idealize /aɪ'dɪəˌlaɪz/ *vt* идеализировать (*impf, pf*).
idée fixe /ˌiːdeɪ 'fiːks/ *n* (*pl* ***idées fixes*** *pronunc same*) навязчивая идея, идея фикс.
idem /'ɪdem/ *n* тот же.
identical /aɪ'dentɪk(ə)l/ *adj* **1** (*the same*): **the ~ room where he was born** та самая комната, в которой он родился. **2** (*exactly similar*) тождественный, идентичный; **the handwriting in the two manuscripts is ~** почерк обеих рукописей идентичен; **~ twins** однояйцовые близнецы.
identification /aɪˌdentɪfɪ'keɪʃ(ə)n/ *n* **1** (*recognition; establishing identity*): **~ of a body** опознание трупа; **~ of a prisoner** установление личности арестованного; (*attr*) опознавательный; **~ marks** опознавательные знаки; **~ papers**

докуме́нты, удостоверя́ющие ли́чность; ~ **parade** (*Br*) = **identity parade**. **2** (*treating as identical*) отождествле́ние.

identif|y /aɪˈdentɪˌfaɪ/ *vt* **1** (*recognize; establish identity of*) опозн|ава́ть, -а́ть; выявля́ть, вы́явить; устан|а́вливать, -ови́ть ли́чность + *g*; идентифици́ровать (*impf, pf*). **2** (*treat as identical*) отождеств|ля́ть, -и́ть. **3** (*associate*), *also vi* (*coll*): **he ~ied (himself) with the movement** он стал убеждённым сторо́нником э́того движе́ния.

identikit /aɪˈdentɪkɪt/ *n* (*propr*): **an ~ (picture)** фоторо́бот (*подозреваемого преступника, составленный по описаниям очевидцев*).

identity /aɪˈdentɪtɪ/ *n* **1** (*sameness*) иденти́чность, тожде́ственность. **2** (*who one is*) ли́чность; **he proved his ~** он предста́вил удостовере́ние свое́й ли́чности; **a case of mistaken ~** (суде́бная/сле́дственная) оши́бка в установле́нии престу́пника *и т. п.*; **~ card** удостовере́ние ли́чности; **~ disc** (*Br*) ли́чный знак; **~ parade** (*Br*) процеду́ра опозна́ния подозрева́емого (*свидетелем или пострадавшим*); **~ theft** кра́жа ли́чной информа́ции (*с целью получить доступ к банковскому счёту и т. п.*).

ideo|gram /ˈɪdɪəˌgræm/, **-graph** /ˈɪdɪəˌgrɑːf/ *nn* идеогра́мма.

ideological /ˌaɪdɪəˈlɒdʒɪk(ə)l/ *adj* идеологи́ческий, иде́йный.

ideologist /ˌaɪdɪəˈlɒlədʒɪst/ *n* идео́лог.

ideology /ˌaɪdɪˈɒlədʒɪ/ *n* идеоло́гия.

Ides /aɪdz/ *n pl* и́д|ы (*pl, g* —).

idiocy /ˈɪdɪəsɪ/ *n* (*mental condition*) идиоти́зм; (*med*) слабоу́мие; (*stupidity; stupid behaviour*) идио́тство.

idiom /ˈɪdɪəm/ *n* (*expression*) идио́ма; (*language; way of speaking*) наре́чие, го́вор, язы́к; (*fig, style of writing etc.*) стиль (*m*).

idiomatic /ˌɪdɪəˈmætɪk/ *adj* идиомати́ческий; **he speaks ~ Russian** он свобо́дно владе́ет ру́сским языко́м; он говори́т по-ру́сски как ру́сский.

idiosyncrasy /ˌɪdɪəʊˈsɪŋkrəsɪ/ *n* своеобра́зие.

idiosyncratic /ˌɪdɪəʊsɪŋˈkrætɪk/ *adj* своеобра́зный.

idiot /ˈɪdɪət/ *n* идио́т (*fem* -ка), дура́к (*fem* ду́ра); **a drivelling ~** зако́нченный идио́т, кру́глый дура́к; **don't be an ~** (*coll*) не валя́йте дурака́; не дури́те.

idiotic /ɪdɪˈɒtɪk/ *adj* идио́тский, дура́цкий.

idle /ˈaɪd(ə)l/ *adj* (**idler, idlest**) **1** (*not working*) нерабо́тающий, безде́йствующий; (*unemployed*) безрабо́тный; **the strike made thousands ~** из-за забасто́вки ты́сячи люде́й оказа́лись без рабо́ты; (*unoccupied*) неза́нятый, свобо́дный; (*inactive*) безде́ятельный; **he stands ~ while others work** он безде́льничает, пока́ други́е рабо́тают; (*of factories etc.*) безде́йствующий; (*of machinery*) простáивающий; **the machines stood ~ all week** маши́ны простоя́ли це́лую неде́лю; (*of money*): **~ capital** мёртвый капита́л; (*of time*): **in an ~ moment** в свобо́дную мину́ту. **2** (*lazy; slothful*) пра́здный, лени́вый; **he leads an ~ existence** он ведёт пра́здную жизнь. **3** (*purposeless*): **out of ~ curiosity** из пра́здного/пусто́го любопы́тства; **~ talk** пуста́я болтовня́; **~ gossip** пусты́е спле́тни; (*fruitless; vain*): **an ~ attempt** тще́тная попы́тка; напра́сное уси́лие; **~ hopes** пусты́е/тще́тные наде́жды; **~ dreams** пусты́е мечты́.

● *vt*: **he ~d away his life** он растра́тил свою́ жизнь впусту́ю.

● *vi* **1** (*be ~*) безде́льничать (*impf*); **stop idling about!** переста́ньте безде́льничать!; (*loiter*): **they ~d about the streets** они́ пра́здно слоня́лись по у́лицам. **2** (*of an engine*): **the motor ~s well** мото́р хорошо́ рабо́тает на холосто́м ходу́.

idleness /ˈaɪd(ə)lnɪs/ *n* пра́здность; безде́лье; **she lives in ~** она́ живёт в пра́здности; она́ ведёт пра́здную жизнь.

idler /ˈaɪdlə(r)/ *n* безде́льник, лентя́й.

idly /ˈaɪdlɪ/ *adv* лени́во; (*absently*) рассе́янно.

idol /ˈaɪd(ə)l/ *n* и́дол, куми́р; **the ~ of the public** люби́мец пу́блики.

idolater /aɪˈdɒlətə(r)/ *n* идолопокло́нни|к (*fem* -ца).

idolatrous /aɪˈdɒlətrəs/ *adj* идолопокло́ннический, обоготворя́ющий; (*fig*) поклоня́ющийся (*кому*).

idolatry /aɪˈdɒlətrɪ/ *n* идолопокло́нство; (*fig*) обожа́ние.

idolization /ˌaɪdəlaɪˈzeɪʃ(ə)n/ *n* обоготворе́ние; (*fig*) обожа́ние.

idolize /ˈaɪdəˌlaɪz/ *vt* обоготвор|я́ть, -и́ть; (*fig*) боготвори́ть (*impf*); обожа́ть (*impf*).

IDP (*abbr of* ***internally displaced person***) вы́нужденный переселе́нец (*в пределах своей страны или страны проживания*).

idyll /ˈɪdɪl/ *n* иди́ллия.

idyllic /ɪˈdɪlɪk/ *adj* идилли́ческий.

i.e. (*abbr of* ***id est***) т.е. (то есть).

if /ɪf/ *n*: **I want no ~s and buts** (я не хочу́ слы́шать) никаки́х отгово́рок; **there are no ~s about it** никаки́х «е́сли»!; **it is a very big ~** э́то ещё о́чень сомни́тельно.

● *conj* **1** (*condition or supposition*) е́сли, е́сли бы; **~ he is reading** е́сли он чита́ет; **~ he were reading** е́сли бы он чита́л; **~ he comes** е́сли он придёт; **~ I were you** на ва́шем ме́сте; **~ necessary** е́сли необходи́мо; **~ so** е́сли/коль (*coll*) так; **as ~** бу́дто (бы); как бу́дто (бы); **he talks as ~ he were the boss** он говори́т, как бу́дто он нача́льник; **he stood there as ~ dumb** он стоя́л, бу́дто немо́й; **as ~ by chance** бу́дто бы случа́йно; **as ~ you didn't know!** как бу́дто вы не зна́ли!; **it's not as ~ you had no money** друго́е де́ло, е́сли б у вас не́ было де́нег; **even ~** е́сли да́же. **2** (*though*) хотя́, пусть; **~ they are poor, they are nevertheless happy** хотя́ они́ и бедны́, они́ всё же сча́стливы; **a pleasant, ~ chilly, day** прия́тный, хотя́ и прохла́дный день. **3** (*whether*): **do you know ~ he is at home?** вы не зна́ете, он до́ма?; **see ~ the door is locked** посмотри́те, заперта́ ли дверь. **4** (*in excl, with neg, expressing surprise or regret*): **~ it isn't John!** да ведь э́то (же) Джон!; **~ I haven't lost my gloves again!** поду́мать то́лько, я опя́ть потеря́л перча́тки! **5**: **~ anything** (*tentatively suggesting that something is the case, often the opposite of what was previously implied*): **better, ~ anything** вро́де бы лу́чше; **~ anything, she is more stupid than he** е́сли уж на то пошло́, она́ глупе́е его́. **6**: **~ only** (*in excl, expressing a wish*) е́сли бы то́лько **~ only they arrive in time!** хоть бы они́ прие́хали во́время!; **~ only I had known!** е́сли бы я то́лько знал!; (*even if for no other reason than*): **~ only to please him** хотя́ бы для того́, что́бы доста́вить ему́ удово́льствие.

igloo /ˈɪgluː/ *n* и́глу (*nt indecl*).

igneous /ˈɪgnɪəs/ *adj* (*of rock*) изве́рженный, пироге́нный; вулкани́ческого происхожде́ния.

ignite /ɪgˈnaɪt/ *vt* заж|ига́ть, -е́чь; воспламен|я́ть, -и́ть; (*fig*) возбу|жда́ть, -ди́ть; разж|ига́ть, -е́чь.

● *vi* заж|ига́ться, -е́чься; воспламен|я́ться, -и́ться.

ignition /ɪgˈnɪʃ(ə)n/ *n* (*igniting*) зажига́ние, воспламене́ние; (*~ system in engine*) зажига́ние; **~ key** ключ зажига́ния.

ignoble /ɪgˈnəʊb(ə)l/ *adj* (**ignobler, ignoblest**) (*base*) по́длый, ни́зкий, посты́дный; (*of lowly birth*) ни́зкого происхожде́ния.

ignominious /ˌɪgnəˈmɪnɪəs/ *adj* позо́рный, посты́дный; **an ~ death** бесcла́вная смерть.

ignominy /ˈɪgnəmɪnɪ/ *n* (*dishonour*) позо́р, бесче́стье.

ignoramus /ˌɪgnəˈreɪməs/ *n* (*pl* **~es**) неве́жда.

ignorance /ˈɪgnərəns/ *n* (*in general*) неве́жество; **he displayed total ~** он обнару́жил по́лное неве́жество; (*of certain facts*) незна́ние, неве́дение; **he did it in ~ of the facts** он сде́лал э́то по незна́нию фа́ктов (*or* по неве́дению); **in a state of blissful ~** в состоя́нии блаже́нного неве́дения.

ignorant /ˈɪgnərənt/ *adj* неве́жественный; **~ of music** несве́дущий в му́зыке; **I was ~ of his intentions** я не знал о его́ наме́рениях.

ignore /ɪgˈnɔː(r)/ *vt* игнори́ровать (*impf, pf*); не обра|ща́ть, -ти́ть внима́ния на + *a*.

iguana /ɪgˈwɑːnə/ *n* игуа́на.

ikon /ˈaɪkɒn/ = **icon**

i

i

ilk /ɪlk/ *n*: **and others of his ~** (*coll*) и другие того же рода; и ему подобные.

ill /ɪl/ *n* **1** (*evil, harm*) зло; **I meant him no ~** я не желал ему зла. **2** (*in pl, misfortunes*) беды (*f pl*), несчастья (*nt pl*).

● *adj* **1** (*unwell*) больной, нездоровый; **he looks ~** он выглядит больным; **he was taken** (*or* **fell**) **~ with a fever** он заболел лихорадкой (*or* слёг с высокой температурой); **I feel ~** мне нехорошо; я плохо себя чувствую; **the mentally ~** психически больные. **2** (*bad*): **~ effects** пагубные последствия; **~ fame, repute** дурная слава; плохая репутация; **house of ~ fame** публичный дом; **~ feeling** неприязнь, враждебность, обида; **I did it to show there was no ~ feeling** я сделал это, чтобы показать, что я не питаю обиды; **~ fortune** несчастье, неудача; **~ health** нездоровье, недомогание; **~ humour** (*US* **humor**), **temper** (*disposition*) дурной нрав/характер; (*mood*) дурное настроение; **in an ~ humour** (*US* **humor**) в раздражении; **he had ~ luck** ему не повезло; **as ~ luck would have it** как на зло; как на грех/беду; по несчастью; **a run of ~ luck** полоса невезения; **~ omen** дурное предзнаменование; **bird of ~ omen** (*fig*) предвестник беды/несчастья; **~-treatment** дурное обращение; **~ will** злая воля, злоба; *see also* **~ feeling; I bear you no ~ will** я не желаю вам зла; **it's an ~ wind (that blows nobody any good)** нет худа без добра.

● *adv* плохо, дурно; **~ at ease** не по себе; **to feel ~ at ease** чувствовать, по- себя неловко; **I can ~ afford it** я с трудом могу себе это позволить; **it ~ becomes you** это вам не идёт; **he behaved ~** (*literary*) он (по)вёл себя плохо/дурно; **he took it ~ that ...** он обиделся на то, что...; **it went ~ with him** ему не повезло; **I have never spoken ~ of him** я никогда не отзывался о нём плохо.

● *cpds* **~-advised** *adj* не(благо)разумный; **~-bred, ~-mannered** *adjs* невоспитанный, плохо воспитанный; **~-considered, ~-judged** *adjs* необдуманный; **~-defined** *adj* неопределённый; **~-disposed** *adj* (*malicious*) злобный, злонравный; (*unfavourable*) недоброжелательный (*к кому*); не расположенный (*к кому*); **~-fated** *adj* злосчастный, роковой; **~-favoured** *adj* (*US* **-favored**) (*in appearance*) непривлекательный, некрасивый; **~-gotten** *adj* нечестно нажитый; **~-humoured** *adj* (*US* **-humored**) дурного нрава, в дурном настроении; **~-informed** *adj* плохо осведомлённый; **~-intentioned** *adj* зловредный, злонамеренный; **~-judged** *adj* = **~-considered**; **~-mannered** *adj* = **~-bred**; **~-starred** *adj* злосчастный; **~-tempered** *adj* вспыльчивый, злобный; **~-timed** *adj* несвоевременный; **~-treat, ~-use** *vt* плохо об|ходиться, -ойтись с + *i*; плохо обращаться (*impf*) с + *i*; **~ will** *n* недоброжелательность, враждебность.

illegal /ɪ'li:g(ə)l/ *adj* незаконный, нелегальный.

illegality /,ɪlɪ'gælɪtɪ/ *n* незаконность, нелегальность.

illegibility /ɪ,ledʒɪ'bɪlɪtɪ/ *n* неразборчивость.

illegible /ɪ'ledʒɪb(ə)l/ *adj* неразборчивый.

illegitimacy /,ɪlɪ'dʒɪtɪməsɪ/ *n* (*of action*) незаконность; (*of birth*) незаконнорождённость.

illegitimate /,ɪlɪ'dʒɪtɪmət/ *adj* (*of action*) незаконный, нелегитимный; (*of person*) незаконнорождённый.

illiberal /ɪ'lɪbər(ə)l/ *adj* (*narrow-minded*) ограниченный; (*intolerant*) нетерпимый.

illiberality /ɪ,lɪbə'rælɪtɪ/ *n* ограниченность; нетерпимость.

illicit /ɪ'lɪsɪt/ *adj* незаконный, недозволенный.

illiteracy /ɪ'lɪtərəsɪ/ *n* неграмотность, безграмотность.

illiterate /ɪ'lɪtərət/ *n* неграмотный; (*pej*) неуч.

● *adj* (*esp of person*) неграмотный; (*esp of writing*) безграмотный.

illness /'ɪlnɪs/ *n* болезнь; **he caught a serious ~** он заразился тяжёлой болезнью; **she had a long ~** она перенесла длительную болезнь; **he was absent through ~** он отсутствовал по болезни; (*ill health*) нездоровье, слабое здоровье; (*incidence of ~*) заболеваемость; **has there been much ~ in your family?** страдали ли члены вашей семьи серьёзными заболеваниями?; (*onset of ~*) заболевание; **his ~ began with a chill** заболевание началось с озноба.

illogical /ɪ'lɒdʒɪk(ə)l/ *adj* нелогичный.

illogicality /ɪ,lɒdʒɪ'kælɪtɪ/ *n* нелогичность.

illuminat|e /ɪ'lu:mɪ,neɪt, ɪ'lju:-/ *vt* **1** (*light*) осве|щать, -тить; **an ~ed sign** светящаяся реклама. **2** (*decorate with lights*) иллюминировать (*impf, pf*); **the town was ~ed for the festival** к празднику в городе устроили иллюминацию. **3** (*of manuscripts etc.*) иллюминировать (*impf, pf*); **an ~ed manuscript** заставочная рукопись. **4** (*shed light on; explain*) осве|щать, -тить; прол|ивать, -ить свет на + *a*; **an ~ing talk** поучительная беседа.

illumination /ɪ,lu:mɪ'neɪʃ(ə)n, ɪ'lju:-/ *n* **1** (*lighting*) освещение. **2** (*in pl, decorative lights*) иллюминация; **let's go and see the ~s** пойдёмте посмотрим иллюминацию. **3** (*of manuscript*) заставка.

illumine /ɪ'lju:mɪn, ɪ'lu:-/ *vt* (*literary*) **1** (*light up*) осве|щать, -тить; (*with sunshine, a smile, etc.*) озар|ять, -ить. **2** (*enlighten*) просве|щать, -тить.

illusion /ɪ'lu:ʒ(ə)n, ɪ'lju:-/ *n* иллюзия, обман; **optical ~** оптическая иллюзия, обман зрения; **I was under an ~** я был во власти иллюзии; **I have no ~s about him** относительно него у меня нет никаких иллюзий.

illusionist /ɪ'lu:ʒənɪst, ɪ'lju:-/ *n* иллюзионист, фокусник.

illus|ive /ɪ'lu:sɪv, ɪ'lju:-/, **-ory** /ɪ'lu:sərɪ, ɪ'lju:-/ *adjs* иллюзорный, призрачный.

illustrate /'ɪlə,streɪt/ *vt* **1** (*decorate with pictures*) иллюстрировать (*impf, pf*). **2** (*make clear by examples*) иллюстрировать; поясн|ять, -ить; **this ~s the advantages of cooperation** это показывает преимущества сотрудничества.

illustration /,ɪlə'streɪʃ(ə)n/ *n* (*act*) иллюстрирование; (*picture, example*) иллюстрация; (*example*) пояснение.

illustrative /'ɪləstrətɪv/ *adj* иллюстративный, пояснительный; **a work ~ of his genius** произведение, показывающее его гениальность.

illustrator /'ɪlə,streɪtə(r)/ *n* иллюстратор.

illustrious /ɪ'lʌstrɪəs/ *adj* прославленный, знаменитый.

image /'ɪmɪdʒ/ *n* **1** (*representation*) изображение. **2** (*statue*) статуя, скульптура; **graven ~** идол, кумир. **3** (*likeness; counterpart*) копия, портрет; **he was the ~ of his father** он был точной копией (*or* живым портретом) своего отца. **4** (*idea; conception*) образ. **5** (*simile or metaphor*) образ; **he spoke in ~s** он говорил образно. **6** (*optics*) изображение; (*reflection*) отражение. **7** (*impression made on others*) имидж, репутация.

● *cpd* **~ consultant** *n* консультант по имиджу.

imagery /'ɪmɪdʒərɪ/ *n* (*in writing*) образность.

imaginable /ɪ'mædʒɪnəb(ə)l/ *adj* вообразимый; **we had the greatest trouble ~** у нас были невообразимые хлопоты.

imaginary /ɪ'mædʒɪnərɪ/ *adj* воображаемый, вымышленный; (*also math*) мнимый.

imagination /ɪ,mædʒɪ'neɪʃ(ə)n/ *n* воображение; **he let his ~ run riot** он дал волю своему воображению; **use your ~!** напрягите своё воображение!

imaginative /ɪ'mædʒɪnətɪv/ *adj* (*person*) одарённый/обладающий (большим/богатым) воображением; (*literature*) художественный; **~ writing** художественная литература, беллетристика.

imagin|e /ɪ'mædʒɪn/ *vt* **1** (*form mental picture of*) вообра|жать, -зить; **she is always ~ing things** ей вечно что-то мерещится. **2** (*conceive*) предст|авлять, -авить себе; **I cannot ~e how it happened** я не могу представить себе, как это случилось; **I ~e Peter to be tall** я представляю себе Петра высоким. **3** (*suppose*) предпол|агать, -ожить; полагать (*impf*); **do you ~e I like it?** неужели вы полагаете, что мне это нравится? **4** (*think*) думать, по-; **I ~ed I heard footsteps** мне показалось, что я слышал шаги. **5** (*fancy*): **~e seeing you here!** кто бы мог подумать, что я увижу вас здесь? **6** (*guess*) догад|ываться, -аться; пон|имать, -ять; **I cannot ~e what you mean** ума не приложу́, что вы име́ете в виду́.

imam /ɪˈmɑːm/ *n* има́м.

imbalance /ɪmˈbæləns/ *n* отсу́тствие равнове́сия, неусто́йчивость; несоотве́тствие.

imbecile /ˈɪmbɪˌsiːl/ *n* (*person of weak intellect*) крети́н; слабоу́мный; (*fool*) глупе́ц, дура́к (*fem* ду́ра) (*coll*).
● *adj* слабоу́мный; (*stupid*) глу́пый.

imbecility /ˌɪmbɪˈsɪlɪtɪ/ *n* (*med*) имбеци́льность, кретини́зм; слабоу́мие; (*stupidity*) глу́пость.

imbibe /ɪmˈbaɪb/ *vt* (*drink*) погло|ща́ть, -ти́ть; пить, вы́-; (*fig, assimilate*) усв|а́ивать, -о́ить; впи́т|ывать, -а́ть; **he ~d new ideas** он впита́л но́вые иде́и.

imbroglio /ɪmˈbrəʊlɪəʊ/ *n* (*pl* **~s**) пу́таница.

imbue /ɪmˈbjuː/ *vt* (**imbues, imbued, imbuing**) **1** (*lit, saturate*) пропи́т|ывать, -а́ть; (*dye*) окра́|шивать, -сить. **2** (*fig, inspire*) всел|я́ть, -и́ть (*что в кого*); (*fill*): **~d with hatred** прони́кнутый не́навистью.

IMF (*abbr of* ***International Monetary Fund***) МВФ (Междунаро́дный валю́тный фонд).

imitate /ˈɪmɪˌteɪt/ *vt* **1** (*follow example of*) подража́ть (*impf*) + *d*; **you should ~ his virtues** вы должны́ подража́ть его́ доброде́телям. **2** (*copy; mimic*) копи́ровать (*impf*); имити́ровать (*impf*); передра́зн|ивать, -и́ть. **3** (*make sth similar to*) имити́ровать (*impf*); подде́л|ывать, -ать; **fabric made to ~ silk** материа́л, имити́рующий шёлк.

imitation /ˌɪmɪˈteɪʃ(ə)n/ *n* **1** (*imitating; mimicry*) подража́ние; **in ~ of her teacher** в подража́ние своему́ учи́телю; **(built in) ~ Gothic** постро́енный в псевдоготи́ческом сти́ле; **he does bird ~s** он уме́ет подража́ть пти́цам. **2** (*copy*) имита́ция, подде́лка; **wood painted in ~ of marble** де́рево, окра́шенное под мра́мор; **beware of ~s!** остерега́йтесь подде́лок; (*attr*) иску́сственный, подде́льный; **~ leather** иску́сственная ко́жа; **~ antiques** подде́льные антиква́рные изде́лия.

imitative /ˈɪmɪtətɪv/ *adj*: **~ words** звукоподража́тельные слова́; **~ behaviour** подража́тельное поведе́ние.

imitator /ˈɪmɪˌteɪtə(r)/ *n* подража́тель (*fem* -ница).

immaculate /ɪˈmækjʊlət/ *adj* **1** (*pure*) незапя́тнанный; **the I~ Conception** непоро́чное зача́тие. **2** (*faultless*) безупре́чный, безукори́зненный.

immanence /ˈɪmənəns/ *n* прису́щность; (*philos*) иммане́нтность.

immanent /ˈɪmənənt/ *adj* (*inherent*) прису́щий; (*pervading*) вездесу́щий; (*philos*) иммане́нтный.

immaterial /ˌɪməˈtɪərɪəl/ *adj* (*not corporeal*) невеще́ственный; (*unimportant*) несуще́ственный; **it is quite ~ to me** мне реши́тельно всё равно́.

immature /ˌɪməˈtjʊə(r)/ *adj* незре́лый.

immaturity /ˌɪməˈtjʊərɪtɪ/ *n* незре́лость.

immeasurable /ɪˈmeʒərəb(ə)l/ *adj* неизмери́мый.

immediacy /ɪˈmiːdɪəsɪ/ *n* **1** (*directness*) непосре́дственность. **2** (*in time*) незамедли́тельность; (*urgency*) безотлага́тельность.

immediate /ɪˈmiːdɪət/ *adj* **1** (*direct, closest possible*) непосре́дственный, прямо́й, ближа́йший; (*next in order*) очередно́й; **in the ~ neighbourhood** в непосре́дственной бли́зости; **my ~ neighbours** мой ближа́йшие сосе́ди; **on his ~ left** сра́зу нале́во от него́; **in the ~ future** в ближа́йшем бу́дущем. **2** (*without delay*) неме́дленный, мгнове́нный; **there was an ~ silence** наступи́ла мгнове́нная тишина́. **3** (*urgent*) безотлага́тельный.

immediately /ɪˈmiːdɪətlɪ/ *adv* (*directly*) непосре́дственно; (*without delay, at once*) неме́дленно, то́тчас (же), сра́зу, мгнове́нно.
● *conj* (*Br*): **~ I heard the news** как то́лько я узна́л но́вости.

immemorial /ˌɪmɪˈmɔːrɪəl/ *adj* незапа́мятный; **from time ~** с незапа́мятных времён.

immense /ɪˈmens/ *adj* (*huge*) огро́мный, грома́дный; (*vast*) безме́рный, необозри́мый; (*coll, very great*): **it was an ~ disappointment** э́то бы́ло огро́мным разочарова́нием; **we enjoyed ourselves ~ly** мы получи́ли огро́мное удово́льствие; **she was ~ly proud of her son** она́ невероя́тно горди́лась свои́м сы́ном.

immensity /ɪˈmensɪtɪ/ *n* безме́рность, необъя́тность.

immerse /ɪˈmɜːs/ *vt* **1** погр|ужа́ть, -зи́ть; окун|а́ть, -у́ть; **~d in thought** поглощённый мы́слями; **she ~d herself in a book** она́ погрузи́лась в чте́ние. **2** (*fig, entangle*) запу́т|ывать, -ать; **he was ~d in debt** он погря́з в долга́х.

immersion /ɪˈmɜːʃ(ə)n/ *n* (*lit, fig*) погруже́ние; **~ heater** погружа́емый нагрева́тель.

immigrant /ˈɪmɪgrənt/ *n* иммигра́нт (*fem* -ка).

immigrate /ˈɪmɪˌgreɪt/ *vi* иммигри́ровать (*impf, pf*).

immigration /ˌɪmɪˈgreɪʃ(ə)n/ *n* иммигра́ция; **~ officer** сотру́дник иммиграцио́нного ве́домства (*or* иммиграцио́нной слу́жбы).

imminence /ˈɪmɪnəns/ *n* немину́емость.

imminent /ˈɪmɪnənt/ *adj* надвига́ющийся; **a storm was ~** надвига́лась гроза́; (*of danger*) непосре́дственный, нави́сший; (*departure*) бли́зкий, немину́емый.

immobile /ɪˈməʊbaɪl/ *adj* неподви́жный.

immobility /ˌɪməʊˈbɪlɪtɪ/ *n* неподви́жность.

immobilization /ɪˌməʊbɪlaɪˈzeɪʃ(ə)n/ *n* лише́ние подви́жности; остано́вка; (*med*) иммобилиза́ция; (*of troops*) ско́вывание.

immobilize /ɪˈməʊbɪˌlaɪz/ *vt* лиш|а́ть, -и́ть подви́жности; остан|а́вливать, -ови́ть; (*med*) фикси́ровать, за- (в неподви́жном состоя́нии) (*сло́манную но́гу*); (*mil*) ско́в|ывать, -а́ть; парализова́ть (*impf, pf*); **our troops were ~d** на́ши во́йска бы́ли парализо́ваны; **I was ~d by a broken leg** я не мог дви́гаться из-за сло́манной ноги́.

immoderate /ɪˈmɒdərət/ *adj* неуме́ренный.

immodest /ɪˈmɒdɪst/ *adj* нескро́мный; (*indecent*) неприли́чный.

immodesty /ɪˈmɒdɪstɪ/ *n* нескро́мность; (*indecency*) неприли́чие.

immolate /ˈɪməˌleɪt/ *vt* (*lit, fig*) прин|оси́ть, -ести́ в же́ртву.

immolation /ˌɪməˈleɪʃ(ə)n/ *n* жертвоприноше́ние.

immoral /ɪˈmɒr(ə)l/ *adj* безнра́вственный, амора́льный; **~ earnings** сомни́тельные дохо́ды.

immorality /ˌɪməˈrælɪtɪ/ *n* безнра́вственность, амора́льность.

immortal /ɪˈmɔːt(ə)l/ *n & adj* бессме́ртный; **~ fame** неувяда́емая сла́ва.

immortality /ˌɪmɔːˈtælɪtɪ/ *n* бессме́ртие.

immortalization /ɪˌmɔːtəlaɪˈzeɪʃ(ə)n/ *n* увекове́чение.

immortalize /ɪˈmɔːtəˌlaɪz/ *vt* увекове́чи|вать, -ть; обессме́ртить (*pf*).

immovability /ɪˌmuːvəˈbɪlɪtɪ/ *n* неподви́жность; (*steadfastness*) непоколеби́мость.

immovable /ɪˈmuːvəb(ə)l/ *n* (*usu in pl*) недви́жимость.
● *adj* (*that cannot be moved; stationary; fixed, e.g. of property*) недви́жимый; (*motionless*) неподви́жный; недви́жимый; (*steadfast*) непоколеби́мый; (*emotionless*) невозмути́мый.

immune /ɪˈmjuːn/ *adj*: **~ system** имму́нная систе́ма; **~ to disease** невосприи́мчивый к боле́зни; **~ from criticism** неподвла́стный кри́тике; **~ from taxes** свобо́дный/освобождённый от нало́гов.

immunity /ɪˈmjuːnɪtɪ/ *n* **1** (*to disease etc.*) иммуните́т, невосприи́мчивость (**to/against:** к + *d*, про́тив + *g*). **2** (*in law*) неприкоснове́нность, иммуните́т (**from:** от/про́тив + *g*); **diplomatic ~** дипломати́ческий иммуните́т. **3** (*from tax*) освобожде́ние (от нало́га/нало́гов).

immunization /ˌɪmjuːnaɪˈzeɪʃ(ə)n/ *n* иммуниза́ция.

immunize /ˈɪmjuːˌnaɪz/ *vt* вакцини́ровать (*impf, pf*) (**against:** от + *g*); делать, с- невосприи́мчивым (**against:** к + *d*).

immunology /ˌɪmjuːˈnɒlədʒɪ/ *n* иммуноло́гия.

immunotherapy /ˌɪmjuːnəʊˈθerəpɪ/ *n* иммунотерапи́я.

immure /ɪˈmjʊə(r)/ *vt* заточ|а́ть, -и́ть; замуро́в|ывать, -а́ть; зап|ира́ть, -ере́ть; **he ~d himself in his study** он за́перся в кабине́те.

immutability /ɪˌmju:təˈbɪlɪtɪ/ *n* неизме́нность, непрело́жность.

immutable /ɪˈmju:təb(ə)l/ *adj* неизме́нный, непрело́жный.

imp /ɪmp/ *n* (*lit; fig, mischievous child*) дьяволёнок, чертёнок, бесёнок; (*fig only*) постре́л.

impact /ˈɪmpækt/ *n* (*collision*) столкнове́ние; (*striking force*) уда́р, толчо́к; (*fig, effect, influence*) возде́йствие, влия́ние; **his words made an immediate ~** его́ слова́ возыме́ли неме́дленное де́йствие.

impacted /ɪmˈpæktɪd/ *adj* (*med*): **~ fracture** вколо́ченный перело́м; **~ tooth** ретини́рованный зуб.

impair /ɪmˈpeə(r)/ *vt* (*damage*) повре|жда́ть, -ди́ть; (*spoil*) по́ртить, ис-; (*undermine*) под|рыва́ть, -орва́ть; (*weaken*) осл|абля́ть, -а́бить; (*make worse*) ух|удша́ть, -у́дшить; **smoking will ~ your health** куре́ние подорвёт ва́ше здоро́вье; **his vision was ~ed** его́ зре́ние пострада́ло.

impairment /ɪmˈpeəmənt/ *n* поврежде́ние; по́рча; подры́в; ослабле́ние; ухудше́ние.

impale /ɪmˈpeɪl/ *vt* прок|а́лывать, -оло́ть; пронз|а́ть, -и́ть; прот|ыка́ть, -кну́ть; (*hist*) сажа́ть, посади́ть на́ кол; **he ~d himself on his sword** он пронзи́л себя́ мечо́м; **he fell and was ~d on the railings** он свали́лся на огра́ду и проткну́л себе́ живо́т.

impalpable /ɪmˈpælpəb(ə)l/ *adj* (*not felt by touch*) неосяза́емый; (*by senses or mind*) неощути́мый; (*elusive*) неулови́мый.

impart /ɪmˈpɑ:t/ *vt* **1** (*lend; give*) прид|ава́ть, -а́ть; **he ~ed a serious tone to the conversation** он прида́л разгово́ру серьёзный тон. **2** (*communicate, e.g. news*) перед|ава́ть, -а́ть; сообщ|а́ть, -и́ть. **3** (*pass on, e.g. knowledge*) дели́ться, по- + *i*; **he ~ed his skill to us** он подели́лся с на́ми свои́м уме́нием.

impartial /ɪmˈpɑ:ʃ(ə)l/ *adj* беспристра́стный.

impartiality /ɪmˌpɑ:ʃɪˈælɪtɪ/ *n* беспристра́стность.

impassable /ɪmˈpɑ:səb(ə)l/ *adj* (*on foot*) непроходи́мый; (*for vehicles*) непрое́зжий.

impasse /ˈæmpɑ:s/ *n* (*lit, fig*) тупи́к; **things reached an ~** дела́ зашли́ в тупи́к.

impassioned /ɪmˈpæʃ(ə)nd/ *adj* стра́стный, пылкий.

impassive /ɪmˈpæsɪv/ *adj* (*unmoved*) бесстра́стный; (*serene*) безмяте́жный.

impassivity /ˌɪmpæˈsɪvɪtɪ/ *n* бесстра́стие; безмяте́жность.

impasto /ɪmˈpæstəʊ/ *n* (*art*) наложе́ние кра́сок густы́м сло́ем.

impatience /ɪmˈpeɪʃəns/ *n* нетерпе́ние, нетерпели́вость; (*irritation*) раздраже́ние.

impatient /ɪmˈpeɪʃ(ə)nt/ *adj* нетерпели́вый; (*irritable*) раздражи́тельный, раздражённый; **he was growing, getting ~** он теря́л терпе́ние, он раздража́лся; **he is ~ of advice** он не те́рпит сове́тов; **she was ~ for a letter** она́ нетерпели́во ждала́ письма́; **he is ~ to begin** ему́ не те́рпится нача́ть.

impeach /ɪmˈpi:tʃ/ *vt* **1** (*accuse*) обвин|я́ть, -и́ть (*кого в чём*); подв|ерга́ть, -е́ргнуть импи́чменту; **he was ~ed (for treason)** ему́ предъяви́ли обвине́ние в госуда́рственной изме́не. **2** (*call in question*) осп|а́ривать, -о́рить; **are you ~ing my honour?** неуже́ли вы ста́вите под сомне́ние мою́ честь?

impeachment /ɪmˈpi:tʃmənt/ *n* **1** (*accusation*) обвине́ние; (*on charge of treason etc.*) импи́чмент. **2** (*calling in question*) выраже́ние сомне́ния в + *p* (*or* недове́рия + *d*).

impeccability /ɪmˌpekəˈbɪlɪtɪ/ *n* безупре́чность.

impeccable /ɪmˈpekəb(ə)l/ *adj* безупре́чный.

impecuniosity /ˌɪmpɪkju:nɪˈɒsɪtɪ/ *n* безде́нежье.

impecunious /ˌɪmpɪˈkju:nɪəs/ *adj* безде́нежный, малообеспе́ченный.

impedance /ɪmˈpi:d(ə)ns/ *n* (*elec*) по́лное сопротивле́ние; импеда́нс.

impede /ɪmˈpi:d/ *vt* (*obstruct*) препя́тствовать (*impf*) + *d*; прегра|жда́ть, -ди́ть; (*delay*) заде́рж|ивать, -а́ть; (*hinder*) меша́ть, по- (*кому/чему*); затрудн|я́ть, -и́ть; осложн|я́ть, -и́ть; **the traffic was ~d** у́личное движе́ние бы́ло затруднено́; **negotiations were ~d** перегово́ры затя́гивались/затяну́лись.

impediment /ɪmˈpedɪmənt/ *n* **1** (*obstruction*) препя́тствие, прегра́да, поме́ха; (*hindrance, delay*) заде́ржка; **an ~ to progress** препя́тствие на пути́ прогре́сса. **2** (*speech defect*) заика́ние; **he has an ~ in his speech** он заика́ется; у него́ дефе́кт ре́чи.

impedimenta /ɪmˌpedɪˈmentə/ *n pl* (*mil*) обо́зы (*m pl*); (*baggage*) бага́ж.

impel /ɪmˈpel/ *vt* (**impelled, impelling**) **1** (*propel*) прив|оди́ть, -ести́ в движе́ние. **2** (*drive; force*) прин|ужда́ть, -у́дить; пон|ужда́ть, -у́дить; заст|авля́ть, -а́вить; побу|жда́ть, -ди́ть; **conscience ~led him to speak the truth** со́весть заста́вила его́ говори́ть пра́вду; **I feel ~led to say** я вы́нужден сказа́ть.

impend /ɪmˈpend/ *vi* **1** (*be imminent; approach*) надв|ига́ться, -и́нуться; прибл|ижа́ться, -и́зиться; **war was ~ing** война́ надвига́лась; **his ~ing arrival** его́ предстоя́щий прие́зд. **2** (*threaten*) угрожа́ть (*impf*); нав|иса́ть, -и́снуть; **~ing danger** нави́сшая опа́сность/угро́за.

impenetrability /ɪmˌpenɪtrəˈbɪlɪtɪ/ *n* (*lit, fig*) непроница́емость.

impenetrable /ɪmˈpenɪtrəb(ə)l/ *adj* непроница́емый; **an ~ forest** непроходи́мый лес; **an ~ mystery** непостижи́мая та́йна; **~ darkness** непрогля́дная тьма.

impenitent /ɪmˈpenɪt(ə)nt/ *adj* нераска́янный, закосне́лый.

imperative /ɪmˈperətɪv/ *n* (*gram*) повели́тельное наклоне́ние, императи́в.

● *adj* **1** (*urgent; essential*): **an ~ request** настоя́тельное тре́бование; **it is ~ that you come at once** вам необходи́мо то́тчас яви́ться. **2** (*imperious*) повели́тельный, вла́стный. **3** (*gram*) повели́тельный.

imperceptible /ˌɪmpəˈseptɪb(ə)l/ *adj* (*that cannot be perceived*) незаме́тный; (*very slight, gradual*) незначи́тельный.

imperfect /ɪmˈpə:fɪkt/ *n* (*gram*) проше́дшее несоверше́нное вре́мя, имперфе́кт.

● *adj* (*faulty*) несоверше́нный, дефе́ктный; (*incomplete*) непо́лный; (*unfinished*) незако́нченный; (*gram*) проше́дший несоверше́нный, имперфе́ктный.

imperfection /ˌɪmpəˈfekʃ(ə)n/ *n* (*incompleteness, faultiness*) несоверше́нство, неполнота́; (*fault*) дефе́кт, изъя́н; недоста́ток.

imperfective /ˌɪmpəˈfektɪv/ *n & adj* (*gram*) несоверше́нный (вид).

imperial /ɪmˈpɪərɪəl/ *adj* **1** (*of an empire*) импе́рский; **~ Rome/Russia** Ри́мская/Росси́йская импе́рия. **2** (*of an emperor*) императо́рский; **the ~ crown** императо́рская коро́на; **His I~ Majesty** Его́ Императо́рское Вели́чество. **3** (*majestic*) великоле́пный; **with ~ disdain** с ца́рственным презре́нием. **4** (*of Br measures*) импе́рский, англи́йский.

imperialism /ɪmˈpɪərɪəˌlɪz(ə)m/ *n* империали́зм.

imperialist /ɪmˈpɪərɪəlɪst/ *n* империали́ст.

imperialist(ic) /ɪmˌpɪərɪəˈlɪst, ɪm ˌpɪərɪəˈlɪst(ɪk)/ *adj* империалисти́ческий, империали́стский.

imperil /ɪmˈperɪl/ *vt* (**imperilled, imperilling;** *US* **imperiled, imperiling**) подв|ерга́ть, -е́ргнуть опа́сности; ста́вить, по- под угро́зу.

imperious /ɪmˈpɪərɪəs/ *adj* (*domineering*) повели́тельный, вла́стный.

imperiousness /ɪmˈpɪərɪəsnɪs/ *n* повели́тельность, вла́стность.

imperishable /ɪmˈperɪʃəb(ə)l/ *adj* (*lit*) непо́ртящийся; (*fig*) нетле́нный.

impermanence /ɪmˈpə:mənəns/ *n* непостоя́нство.

impermanent /ɪmˈpə:mənənt/ *adj* непостоя́нный.

impermeability /ɪmˌpə:mɪəˈbɪlɪtɪ/ *n* непроница́емость.

impermeable /ɪmˈpə:mɪəb(ə)l/ *adj* непроница́емый.

impermissible /ˌɪmpəˈmɪsɪb(ə)l/ *adj* непозволи́тельный, недозво́ленный.

impersonal /ɪmˈpə:sən(ə)l/ *adj* безли́чный.

impersonality /ɪmˌpə:səˈnælɪtɪ/ *n* безли́чность.

impersonate /ɪmˈpə:səˌneɪt/ *vt* (*act the part of*) игра́ть (*impf*) роль + *g*; изобра|жа́ть, -зи́ть; (*pretend to be*) выдава́ть (*impf*) себя́ за + *a*.

impersonation /ɪmˌpə:səˈneɪʃ(ə)n/ *n* изображе́ние; **he gave an ~ of the professor** он изобрази́л профе́ссора.

impersonator /ɪmˈpɜːsəˌneɪtə(r)/ *n* пароди́ст, имита́тор; **female ~** эстра́дный арти́ст, изобража́ющий же́нщину.

impertinence /ɪmˈpɜːtɪnəns/ *n* де́рзость, на́глость, наха́льство.

impertinent /ɪmˈpɜːtɪnənt/ *adj* де́рзкий, на́глый, наха́льный.

imperturbability /ˌɪmpəˌtɜːbəˈbɪlɪtɪ/ *n* невозмути́мость.

imperturbable /ˌɪmpəˈtɜːbəb(ə)l/ *adj* невозмути́мый.

impervious /ɪmˈpɜːvɪəs/ *adj* непроница́емый; **~ to light** светонепроница́емый; (*fig*): **~ to criticism** глухо́й к кри́тике.

impetuosity /ɪmˌpetjʊˈɒsɪtɪ/ *n* стреми́тельность, поры́вистость, необду́манность, горя́чность.

impetuous /ɪmˈpetjʊəs/ *adj* (*moving violently*) стреми́тельный, поры́вистый; (*acting or done with rash energy*) стреми́тельный, поры́вистый; горя́чий; (*impulsive*) импульси́вный; (*unpremeditated*) необду́манный.

impetus /ˈɪmpɪtəs/ *n* толчо́к; и́мпульс; **the car travelled for several yards under its own ~** автомоби́ль прое́хал не́сколько ме́тров по ине́рции; (*fig*) толчо́к, сти́мул; **this will give an ~ to trade** э́то даст торго́вле толчо́к.

impiety /ɪmˈpaɪətɪ/ *n* не(благо)чести́вость.

impinge /ɪmˈpɪndʒ/ *vi* (**impinging**): **~ on** посяг|а́ть, -ну́ть на + *a*; (*phys*) ударя́ться (*impf*) о + *a*.

impious /ˈɪmpɪəs/ *adj* не(благо)чести́вый.

impish /ˈɪmpɪʃ/ *adj* прока́зливый, озорно́й.

impishness /ˈɪmpɪʃnɪs/ *n* прока́зливость, озорство́.

implacability /ɪmˌplækəˈbɪlɪtɪ/ *n* неумоли́мость.

implacable /ɪmˈplækəb(ə)l/ *adj* неумоли́мый, безжа́лостный.

implant *vt* /ɪmˈplɑːnt/ (*med*) вв|оди́ть, -ести́; вжив|ля́ть, -и́ть; импланти́ровать (*impf, pf*); (*fig, instil*) внедр|я́ть, -и́ть; наса|жда́ть, -ди́ть, всел|я́ть, -и́ть; **he ~ed a doubt in her mind** он посе́ял в ней сомне́ние.
● *n* /ˈɪmplɑːnt/ (*med*) импланта́т.

implausibility /ɪmˌplɔːzɪˈbɪlɪtɪ/ *n* неправдоподо́бность, невероя́тность.

implausible /ɪmˈplɔːzɪb(ə)l/ *adj* неправдоподо́бный, невероя́тный.

implement¹ /ˈɪmplɪmənt/ *n* ору́дие, инструме́нт; **farm ~s** сельскохозя́йственные ору́дия.

implement² /ˈɪmplɪˌment/ *vt* выполня́ть, вы́полнить; осуществ|ля́ть, -и́ть; пров|оди́ть, -ести́ в жизнь; **when the scheme is ~ed** когда́ план бу́дет осуществлён.

implementation /ˌɪmplɪmenˈteɪʃ(ə)n/ *n* выполне́ние, осуществле́ние.

implicate /ˈɪmplɪˌkeɪt/ *vt* вовл|ека́ть, -е́чь; вме́ш|ивать, -а́ть; заме́ш|ивать, -а́ть; впу́т|ывать, -ать; **the evidence ~d him** ули́ки пока́зывали на его́ причя́стность; **I refuse to be ~d** я отка́зываюсь быть прича́стным к э́тому; **he was ~d in a crime** он был заме́шан в (како́м-то) преступле́нии.

implication /ˌɪmplɪˈkeɪʃ(ə)n/ *n* (*involvement*) вовлече́ние; (*implying; thing implied*) скры́тый смысл; намёк; **by ~** ко́свенно; **I do not like your ~** мне не нра́вится ваш намёк; (*significance*) значе́ние.

implicit /ɪmˈplɪsɪt/ *adj* **1** (*implied*) подразумева́емый, недоска́занный; **~ threat** скры́тая угро́за; **~ consent** молчали́вое согла́сие; **~ in his statement was a denial** его́ заявле́ние подразумева́ло отка́з.
2 (*unquestioning*) безогово́рочный; **I have ~ belief in him** я безогово́рочно ве́рю в него́.

implore /ɪmˈplɔː(r)/ *vt* умол|я́ть, -и́ть; **he ~d my forgiveness** он моли́л меня́ о проще́нии.

imploringly /ɪmˈplɔːrɪŋlɪ/ *adv* умоля́юще.

impl|y /ɪmˈplaɪ/ *vt* **1** (*of a person: suggest, hint at*) подразумева́ть (*impf*); намека́ть (*impf*) на + *a*; **what are you ~ying by that?** что вы хоти́те э́тим сказа́ть?; **he ~ied that I was wrong** он намека́л на то (*or* дал поня́ть), что я непра́в. **2** (*of a statement, action, etc.*) подразумева́ть (*impf*); (об)означа́ть (*impf*); **what do his words ~y?** что означа́ют его́ слова́?; **I knew what was ~ied** я знал, что подразумева́лось; **silence ~ies consent** молча́ние — знак согла́сия.

impolite /ˌɪmpəˈlaɪt/ *adj* неве́жливый.

impoliteness /ˌɪmpəˈlaɪtnɪs/ *n* неве́жливость.

impolitic /ɪmˈpɒlɪtɪk/ *adj* не(благо)разу́мный, неполити́чный.

imponderable /ɪmˈpɒndərəb(ə)l/ *adj* (*fig*) неулови́мый.

import¹ /ˈɪmpɔːt/ *n* **1** (*bringing from abroad*) и́мпорт, ввоз; (*in pl, goods introduced*) и́мпортные/ввози́мые това́ры (*m pl*); (*attr*) и́мпортный, привозно́й; **~ duty** ввозна́я по́шлина, нало́г на и́мпорт. **2** (*meaning*) значе́ние; (*importance*) ва́жность; **a matter of great ~** весьма́ ва́жное де́ло.

import² /ɪmˈpɔːt, ˈɪm-/ *vt* **1** (*bring in*) импорти́ровать (*impf, pf*); вв|ози́ть, -езти́; **wheat is ~ed from abroad** пшени́ца вво́зится из-за грани́цы. **2** (*signify*) означа́ть (*impf*).

importance /ɪmˈpɔːt(ə)ns/ *n* значе́ние, значи́тельность, ва́жность; (*standing*) вес; **attach ~ to sth** придава́ть (*impf*) значе́ние чему́-н.; **it is of no ~** э́то не име́ет значе́ния; э́то незначи́тельно; **a person of some ~** ва́жное лицо́; ли́чность, име́ющая вес; **of little ~** малова́жный; **a matter of great ~** де́ло огро́мной ва́жности; **it is of the utmost ~ that …** кра́йне ва́жно, что́бы….

important /ɪmˈpɔːt(ə)nt/ *adj* значи́тельный, ва́жный; (*weighty*) ве́ский; **he went away on ~ business** он уе́хал по ва́жному де́лу; **~ people** ва́жные/влия́тельные лю́ди; **he likes to look ~** он лю́бит ва́жничать; **it is ~ for you to realize it** ва́жно, что́бы вы по́няли э́то; **more ~ly …** что ещё бо́лее ва́жно….

importation /ˌɪmpɔːˈteɪʃ(ə)n/ *n* и́мпорт, ввоз.

importer /ɪmˈpɔːtə(r)/ *n* импортёр.

importunate /ɪmˈpɔːtjʊnət/ *adj* назо́йливый, навя́зчивый, доку́чливый; **~ demands** настоя́тельные тре́бования.

importune /ɪmˈpɔːtjuːn, -ˈtjuːn/ *vt* докуча́ть (*impf*) + *d*; **he ~d me for a loan** он докуча́л мне про́сьбами о ссу́де.

importunity /ˌɪmpɔːˈtjuːnɪtɪ/ *n* назо́йливость, навя́зчивость, доку́чливость, домога́тельство.

impose /ɪmˈpəʊz/ *vt* (*obligation*) возл|ага́ть, -ожи́ть (*что на кого*); (*tax, penalty, etc.*) нал|ага́ть, -ожи́ть (*что на кого*); обл|ага́ть, -ожи́ть (*кого чем*); **the judge ~d a fine of 500 roubles** судья́ наложи́л штраф в 500 рубле́й; **the government ~d a tax on wealth** госуда́рство обложи́ло бога́тых нало́гом; **this will ~ a heavy burden on the people** э́то ля́жет тя́жким бре́менем на наро́д; **he ~d himself on our company** он навяза́лся/наби́лся к нам в компа́нию; **he ~s his views on everyone** он всем навя́зывает свои́ взгля́ды.
● *vi*: **~ on** (*take advantage of*): **he ~s on his friends** он испо́льзует свои́х друзе́й.

imposing /ɪmˈpəʊzɪŋ/ *adj* внуши́тельный, импоза́нтный, представи́тельный.

imposition /ˌɪmpəˈzɪʃ(ə)n/ *n* **1** (*imposing of obligation, burden, etc.*) возложе́ние, наложе́ние. **2** (*thing imposed; tax etc.*) обложе́ние, нало́г. **3** (*unreasonable demand*) чрезме́рное тре́бование.

impossibility /ɪmˌpɒsɪˈbɪlɪtɪ/ *n* невозмо́жность.

impossible /ɪmˈpɒsɪb(ə)l/ *adj* невозмо́жный; **don't ask me to do the ~** не тре́буйте от меня́ невозмо́жного; **an ~ person** невозмо́жный/несно́сный челове́к.

impost /ˈɪmpəʊst/ *n* нало́г.

impostor /ɪmˈpɒstə(r)/ *n* обма́нщи|к (*fem* -ца); самозва́н|ец (*fem* -ка).

imposture /ɪmˈpɒstʃə(r)/ *n* обма́н; самозва́нство.

impotence /ˈɪmpət(ə)ns/ *n* бесси́лие; (*sexual*) импоте́нция.

impotent /ˈɪmpət(ə)nt/ *adj* бесси́льный; **he is ~** (*sexually*) он импоте́нт.

impound /ɪmˈpaʊnd/ *vt* (*cattle etc.*) заг|оня́ть, -на́ть; (*property*) конфискова́ть (*impf, pf*).

impoverish /ɪmˈpɒvərɪʃ/ *vt* (*reduce to poverty*) обедн|я́ть, -и́ть; дов|оди́ть, -ести́ до бе́дности/обнища́ния; **become ~ed** бедне́ть, о-; нища́ть, об-; **~ed** (*adj*) бе́дный, обедне́вший; обнища́вший, ни́щий; (*of soil; make barren*) истощ|а́ть, -и́ть; (*of health*) расстр|а́ивать, -о́ить; (*of ideas, style, etc.*) обедн|я́ть, -и́ть; **an ~ed mind** убо́гий/ску́дный ум.

impoverishment /ɪmˈpɒvərɪʃmənt/ *n* обедне́ние, обнища́ние; истоще́ние.

impracticability /ɪmˌpræktɪkəˈbɪlɪtɪ/ *n* невыполни́мость, неисполни́мость, неосуществи́мость.

impracticable /ɪmˈpræktɪkəb(ə)l/ *adj* нереа́льный, невыполни́мый, неосуществи́мый.

impractical /ɪmˈpræktɪk(ə)l/ *adj* (*person*) непракти́чный; (*US*) = **impracticable**

imprecation /ˌɪmprɪˈkeɪʃ(ə)n/ *n* прокля́тие.

impregnability /ɪmˌpregnəˈbɪlɪtɪ/ *n* непристу́пность.

impregnable /ɪmˈpregnəb(ə)l/ *adj* непристу́пный; (*fig*): **an ~ argument** неопровержи́мый до́вод.

impregnate /ˈɪmpregˌneɪt/ *vt* (*fertilize*) оплодотвор|я́ть, -и́ть; (*saturate*) пропи́т|ывать, -а́ть; **~d wood** импрегни́рованная (*пропитанная*) древеси́на.

impregnation /ˌɪmpregˈneɪʃ(ə)n/ *n* оплодотворе́ние; пропи́тывание.

impresario /ˌɪmprɪˈsɑːrɪəʊ/ *n* (*pl* **~s**) импреса́рио (*m indecl*), антрепренёр.

impress¹ /ˈɪmpres/ *n* (*lit, printing*) о́ттиск; (*also fig*) отпеча́ток, печа́ть; **his work bears the ~ of genius** его́ рабо́та несёт печа́ть ге́ния.

impress² /ɪmˈpres/ *vt* **1** (*make by imprinting*) отти́с|кивать, -нуть; вытисня́ть, вы́тиснить; (*fig, on the mind*) запечатл|ева́ть, -е́ть; внуш|а́ть, -и́ть (*кому*); **the words were ~ed on his memory** слова́ запечатле́лись в его́ па́мяти; **we ~ed on them the need for caution** мы внуши́ли им необходи́мость соблюда́ть осторо́жность. **2** (*make imprint on*) де́лать, с- отпеча́ток на + *p*; (*fig, have a strong effect on*) произв|оди́ть, -ести́ впечатле́ние на + *a*; **he did not ~ me at all** он не произвёл на меня́ никако́го впечатле́ния.
● *vi* произв|оди́ть, -ести́ впечатле́ние.

impression /ɪmˈpreʃ(ə)n/ *n* **1** (*imprint*) отпеча́ток, о́ттиск; **his fingers left an ~** его́ па́льцы оста́вили отпеча́тки; **the dentist took an ~** зубно́й врач сде́лал сле́пок. **2** (*printing, copies printed*) тира́ж; (*Br, reprint*) печа́тание, перепеча́тка. **3** (*effect*) эффе́кт, результа́т; впечатле́ние; **make, create an ~** произв|оди́ть, -ести́ впечатле́ние. **4** (*notion*) впечатле́ние, представле́ние; **I have, get an ~** (*or* **my ~ is**) **that he is not sincere** у меня́ сложи́лось впечатле́ние, что он неи́скренен; **I was under the ~ that …** я полага́л, что…; **I have a strong ~ that …** я почти́ уве́рен, что…; **one cannot rely on first ~s** нельзя́ доверя́ть пе́рвому впечатле́нию.

impressionable /ɪmˈpreʃənəb(ə)l/ *adj* впечатли́тельный, восприи́мчивый; **she is at an ~ age** она́ о́чень впечатли́тельна — у неё тако́й во́зраст.

Impressionism /ɪmˈpreʃəˌnɪz(ə)m/ *n* импрессиони́зм.

impressionist /ɪmˈpreʃənɪst/ *n* **1** (*art*) импрессиони́ст. **2** (*mimic*) пароди́ст, имита́тор; (*attr*) импрессиони́стский.

impressionistic /ɪmˌpreʃəˈnɪstɪk/ *adj* импрессиони́стский, импрессионисти́ческий.

impressive /ɪmˈpresɪv/ *adj* внуши́тельный, впечатля́ющий, си́льный; **an ~ speech** я́ркая речь; **an ~ scene** впечатля́ющая/волну́ющая карти́на.

imprest /ˈɪmprest/ *n* ава́нс, подотчётная су́мма.

imprimatur /ˌɪmprɪˈmeɪtə(r), -ˈmɑːtə(r), -tʊə(r)/ *n* (*eccl*) разреше́ние (на печа́тание); (*fig, sanction*) са́нкция, одобре́ние.

imprint¹ /ˈɪmprɪnt/ *n* (*lit, fig*) отпеча́ток; (*fig*) печа́ть; **publisher's ~** выходны́е да́нные (*nt pl*); **her face bore the ~ of sorrow** на её лице́ запечатле́лась грусть.

imprint² /ɪmˈprɪnt/ *vt* отпеча́т|ывать, -ать; вытисня́ть, вы́тиснить; (*fig*) запечатл|ева́ть, -е́ть; **the words became ~ed on our minds** э́ти слова́ запа́ли нам в ду́шу; **he ~ed a kiss on her cheek** он запечатле́л поцелу́й на её щеке́.

imprison /ɪmˈprɪz(ə)n/ *vt* заключ|а́ть, -и́ть в тюрьму́; заточ|а́ть, -и́ть.

imprisonment /ɪmˈprɪzənmənt/ *n* тюре́мное заключе́ние; заточе́ние; **he was sentenced to life ~** его́ приговори́ли к пожи́зненному заключе́нию.

improbability /ɪmˌprɒbəˈbɪlɪtɪ/ *n* неправдоподо́бие, невероя́тность.

improbable /ɪmˈprɒbəb(ə)l/ *adj* неправдоподо́бный, невероя́тный.

improbity /ɪmˈprəʊbɪtɪ/ *n* бесче́стность.

impromptu /ɪmˈprɒmptjuː/ *n* (*pl* **~s**) (*mus*) экспро́мт.
● *adj* импровизи́рованный.
● *adv* экспро́мтом, без подгото́вки.

improper /ɪmˈprɒpə(r)/ *adj* **1** (*unsuitable*) неподходя́щий, несоотве́тствующий; неуме́стный; **behaviour ~ to the occasion** поведе́ние, не подходя́щее к слу́чаю; **an ~ question** неуме́стный вопро́с. **2** (*incorrect*) непра́вильный; **~ fraction** непра́вильная дробь; **put sth to ~ use** испо́льзовать что-н. не по назначе́нию. **3** (*unseemly, indecent*) неприли́чный, непристо́йный.

impropriety /ˌɪmprəˈpraɪətɪ/ *n* неуме́стность; непра́вильность; непристо́йность, неприли́чие.

improvable /ɪmˈpruːvəb(ə)l/ *adj* поддаю́щийся улучше́нию.

improv|e /ɪmˈpruːv/ *vt* (*make better*) ул|учша́ть, -у́чшить; **~ing** (*edifying*) **literature** поучи́тельная литерату́ра; **he has ~ed his French** он де́лает успе́хи во францу́зском (языке́).
● *vi* **1** (*become better*) ул|учша́ться, -у́чшиться; **wine ~es with age** с года́ми вино́ стано́вится лу́чше; **it will ~e with use** э́то бу́дет улучша́ться по ме́ре по́льзования; **things are ~ing** дела́ нала́живаются; **his health is ~ing** он (*or* его́ здоро́вье) поправля́ется. **2**: **~e on** (*produce sth better than*): **I can ~e on that** я могу́ предложи́ть не́что лу́чшее; **he ~ed on my ideas** он разви́л да́льше мои́ мы́сли; **the design cannot be ~ed upon** моде́ль не поддаётся дальне́йшему улучше́нию.

improvement /ɪmˈpruːvmənt/ *n* улучше́ние; **there has been an ~ in the weather** пого́да улу́чшилась; **your writing is in need of ~** вам сле́дует испра́вить ваш по́черк; **there is room for ~** могло́ бы быть лу́чше; **this is an ~ on your first attempt** ва́ша втора́я попы́тка значи́тельно лу́чше пе́рвой; (*rebuilding etc.*) перестро́йка; перестано́вка; **he is carrying out ~s on his house** он за́нят усоверше́нствованием своего́ до́ма.

improvidence /ɪmˈprɒvɪd(ə)ns/ *n* непредусмотри́тельность; расточи́тельность, небережли́вость.

improvident /ɪmˈprɒvɪd(ə)nt/ *adj* (*heedless of the future*) непредусмотри́тельный; (*wasteful*) расточи́тельный, небережли́вый.

improvisation /ˌɪmprəvaɪˈzeɪʃ(ə)n/ *n* импровиза́ция.

improvise /ˈɪmprəˌvaɪz/ *vt* & *i* (*music, speech etc.*) импровизи́ровать (*impf*); (*arrange as makeshift*) мастери́ть, с-; **she ~d a bed on the floor** она́ сооруди́ла посте́ль на полу́; **an ~d dinner** импровизи́рованный у́жин.

imprudence /ɪmˈpruːd(ə)ns/ *n* опроме́тчивость, неблагоразу́мие, неосторо́жность.

imprudent /ɪmˈpruːd(ə)nt/ *adj* опроме́тчивый, неблагоразу́мный, неосторо́жный.

impudence /ˈɪmpjʊd(ə)nt/ *n* де́рзость; бессты́дство; наха́льство; на́глость.

impudent /ˈɪmpjʊd(ə)nt/ *adj* (*audacious*) де́рзкий; (*shameless*) бессты́дный; (*insolent*) наха́льный, на́глый; **an ~ fellow** наха́л, нагле́ц.

impugn /ɪmˈpjuːn/ *vt* осп|а́ривать, -о́рить; **he ~ed my honesty** он подве́рг мою́ че́стность сомне́нию.

impulse /ˈɪmpʌls/ *n* (*lit, phys*) толчо́к; (*elec*) и́мпульс; (*fig, impetus, stimulus*): **the war gave an ~ to trade** война́ дала́ толчо́к торго́вле; **he lost all ~ to work** он потеря́л вся́кое влече́ние к рабо́те.

impulsion /ɪmˈpʌlʃ(ə)n/ *n* толчо́к, побужде́ние, и́мпульс.

impulsive /ɪmˈpʌlsɪv/ *adj* импульси́вный.

impunity /ɪmˈpjuːnɪtɪ/ *n*: **with ~** безнака́занно.

impure /ɪmˈpjʊə(r)/ *adj* нечи́стый, гря́зный; (*indecent*) непристо́йный.

impurity /ɪmˈpjʊərɪtɪ/ *n* нечистота́, грязь; (*unchastity*) нечистопло́тность; (*in pl, foreign substances*) при́меси (*f pl*).

imputable /ɪmˈpjuːtəb(ə)l/ *adj* припи́сываемый.

imputation /ɪmˌpjuːˈteɪʃ(ə)n/ *n* **1** (*imputing, ascription*) вмене́ние в вину́; обвине́ние, припи́сывание; **he could not avoid the ~ of dishonesty** он не мог избежа́ть подозре́ния в бесче́стности. **2** (*aspersion*) тень, пятно́; **~s were cast on his character** на его́ репута́цию была́ бро́шена тень.

impute /ɪmˈpjuːt/ *vt* вмен|я́ть, -и́ть; припи́с|ывать, -а́ть; **the faults ~d to him** недоста́тки, припи́сываемые ему́.

in /ɪn/ *n*: **he knew all the ~s and outs of the affair** он знал все то́нкости де́ла.

● *adj* (*coll, fashionable*) популя́рный, мо́дный; **he knows all the '~' people** он зна́ет всех ну́жных люде́й.

● *adv* **1** (*at home*) до́ма; **tell them I'm not ~** скажи́те, что меня́ нет до́ма; (*~ one's office etc.*): **the boss is not ~ yet** нача́льника ещё нет (*у себя в кабинете*); **he has been ~ and out all day** он весь день то приходи́л, то уходи́л.

2 (*arrived at station, port, etc.*): **the train has been ~ (for) 10 minutes** по́езд пришёл 10 мину́т тому́ наза́д.

3 (*inside*) внутри́, внутрь; **he wore a coat with the fur side ~** он носи́л пальто́ ме́хом вовну́трь.

4 (*harvested*): **the crops were ~** урожа́й был со́бран.

5 (*available for purchase*): **strawberries are ~** начался́ сезо́н клубни́ки.

6 (*~ fashion*): **short skirts are ~ again** коро́ткие ю́бки опя́ть в мо́де.

7 (*~ power*): **which party was ~ then?** кака́я па́ртия была́ тогда́ у вла́сти?

8 (*burning*): **is the fire still ~?** ками́н ещё гори́т?

9 (*batting*): **England was ~ all day** кома́нда А́нглии отбива́ла мяч весь день (*во время игры в крикет, бейсбол*).

10: **day ~, day out** изо дня в день.

11 (*involved*): **count me ~!** включи́те и меня́!; **he was ~ at, from the start** он принима́л уча́стие с са́мого нача́ла.

12 (*with preps*): **we are ~ for a storm** грозы́ не минова́ть; быть грозе́; **he is ~ for a surprise** его́ ожида́ет сюрпри́з; **~ for a penny, ~ for a pound** семь бед — оди́н отве́т; **he has got it ~ for me** (*coll*) он про́тив меня́ что́-то име́ет; **you'll be ~ for it when she finds out** вам доста́нется за э́то, когда́ она́ узна́ет; **are you ~ on his plans?** (*coll*) вы в ку́рсе его́ пла́нов?; **~ with** (*coll, on good terms with*) вхож в + *a*, к + *d*; **he is well ~ with the council** у него́ в сове́те свои́ лю́ди.

● *prep* **1** (*position*) в/на + *p*; (*inhabited places*): **~ Moscow** в Москве́; **he is the best worker ~ the village** он пе́рвый рабо́тник на селе́; (*countries and territories*): **~ France** во Фра́нции; **~ the Crimea** в Крыму́; **~ Ukraine** на/в Украи́не; **~ Western Ukraine** на/в За́падной Украи́не; (*islands and promontories*): **~ the British Isles** на Брита́нских острова́х; **~ Alaska** на Аля́ске; (*mountainous regions within Russia*): **~ the Caucasus** на Кавка́зе; (*mountainous regions elsewhere*): **~ the Alps** в А́льпах; (*open spaces and flat areas*): **~ the street** на у́лице; **~ the square** на пло́щади; **in the country(side)** в дере́вне; **~ the garden** в саду́; **~ the field** в/на по́ле; **~ the fields** в/на поля́х; (*buildings*): **~ the theatre** в теа́тре; (*places of learning*): **~ school** в шко́ле; **~ the university** в университе́те; (*places of work*): **~ the factory** на заво́де, фа́брике; (*activities*): **~ the lesson** на уро́ке; **~ the war** на войне́; во вре́мя войны́; **~ the Civil War** в гражда́нской войне́; (*groups*): **~ the crowd** в толпе́; (*points of compass*): **~ the (Far) East** на (Да́льнем) Восто́ке; (*vehicles*): **let's go ~ the car** поё́дем на маши́не; **they were travelling ~ his car** они́ е́хали в его́ маши́не; (*parts of body*): **hold this ~ your hand** держи́те э́то в руке́; **she had a child ~ her arms** у неё на рука́х был ребёнок; **he is lame ~ one leg** он хром на одну́ но́гу; (*natural phenomena*): **~ the sun** на со́лнце; **~ the fresh air** на свё́жем во́здухе; **~ darkness** в темноте́; **~ the rain** под дождём; **he went out ~ the rain** он вы́шел в дождь; **~ the sky** в/на не́бе; **~ a strong wind** при си́льном ве́тре; на си́льном ветру́; (*books*): **~ the Bible** в Би́блии; (*authors*): **~ Shakespeare** у Шекспи́ра; (*close to*): **she was sitting ~ the window** она́ сиде́ла у окна́.

2 (*motion*) в (*rarely* на) + *a*: **they arrived ~ the city** они́ при́были в го́род; **look ~ the mirror** посмотри́те в зе́ркало; **he threw the letter ~ the fire** он бро́сил письмо́ в ого́нь; **he whispered ~ my ear** он шепта́л мне на́ ухо.

3 (*time*) (*i*) (*specific centuries, years and decades*): **~ the 20th century** в двадца́том ве́ке; **~ 1975** в ты́сяча девятьсо́т се́мьдесят пя́том году́; **~ May** в ма́е; **~ (the) future** в бу́дущем; **~ childhood** в де́тстве; **~ old age** на ста́рости лет; **he is ~ his fifties** ему́ за пятьдеся́т; ему́ шесто́й деся́ток; (*ii*) (*ages of history, events, periods*): **~ the Middle Ages** в Сре́дние века́; **~ the Stone Age** в ка́менном ве́ке; **~ that period** в тот пери́од; **~ the sixties** в шестидеся́тые го́ды; **~ these days** в э́ти дни; **~ the days of my youth** в дни мое́й мо́лодости; **~ our day** в на́ши дни; **~ my time** в моё вре́мя; **~ my lifetime** на моём веку́; **~ peacetime** в ми́рное вре́мя; **injured ~ the explosion** ра́ненный во вре́мя взры́ва; **~ the course of** в тече́ние + *g* (*see also vii*); **3 times ~ one day** три ра́за в/за оди́н день; (*iii*): **~ the first minute of the game** на пе́рвой мину́те игры́; (*iv*) (*seasons*): **~ spring** весно́й; (*times of day*): **~ the morning** у́тром; **~ the mornings** по утра́м; **~ the afternoon** днём; по́сле полу́дня; (*v*) (*with gerund*): **~ crossing the river** при перехо́де реки́; переходя́ ре́ку; (*of reigns: during*): **~ Napoleon's time** при Наполео́не; (*vi*) (*at the end of*): **I shall finish this book ~ 3 days' time** я зако́нчу/дочита́ю э́ту кни́гу че́рез три дня; **~ less than 3 weeks** ра́ньше чем че́рез три неде́ли; (*vii*) (*in the course of*): **how many will come ~ one day?** ско́лько придёт за день?; **I haven't been there ~ the last 3 years** за после́дние три го́да я не́ был там; **I shall write the story ~ (the space of) 3 weeks** я напишу́ э́тот расска́з в три (*or* за три) неде́ли; **he wrote twice ~ one week** он написа́л два́жды за одну́ неде́лю; **he completed it ~ 6 weeks** он зако́нчил э́то за шест неде́ль.

4 (*condition, situation*): **~ his absence** в его́ отсу́тствие; **~ his presence** в его́ прису́тствии; **~ these circumstances** при/в э́тих усло́виях; **~ custody** под аре́стом; **cry out ~ fear** вскри́кнуть (*pf*) от стра́ха; **~ place** на ме́сте; **I am not ~ a position to** я не име́ю возмо́жности (+ *inf*); **~ power** у вла́сти; **~ the wake of** вслед за + *i*; **~ the way** (*lit*) попере́к доро́ги; (*fig*): **these books are ~ my way** э́ти кни́ги мне меша́ют.

5 (*dress*): **she was ~ white** она́ была́ в бе́лом (пла́тье); **he was dressed ~ …** на нём был…; **she dresses ~ bright colours** она́ одева́ется в я́ркие цвета́.

6 (*form; mode; arrangement; quantity*): **~ pairs** па́рами; **~ folds** скла́дками; **payment ~ silver** опла́та серебро́м; **they died ~ (their) thousands** они́ умира́ли ты́сячами; **~ writing** в пи́сьменном ви́де; пи́сьменно; **~ a row** в ряду́; (*successively*) подря́д; **~ a circle** в кругу́; **~ short** вкра́тце; в не́скольких слова́х.

7 (*manner*): **~ a whisper** шё́потом; **~ a businesslike way** делови́м о́бразом; по-делово́му; **~ a loud voice** гро́мким го́лосом; **~ detail** подро́бно; **~ full** по́лностью; **~ part** ча́стью, части́чно; **~ secret** под секре́том, по секре́ту; **~ succession** подря́д, после́довательно; **~ turn** по о́череди; **~ haste** в спе́шке, второпя́х.

8 (*language*): **~ Russian** по-ру́сски; **~ several languages** на не́скольких языка́х.

9 (*material*): **a statue ~ marble** ста́туя из мра́мора.

10 (*medium*): **he paints ~ oils** он пи́шет ма́слом.

11 (*cul*): **~ butter** на ма́сле.

12 (*solvent; diluent*): **take the medicine ~ water** лека́рство принима́ть с водо́й.

13 (*contained ~; inherent ~*): **there are 7 days ~ a week** в неде́ле семь дней; **there's no sense ~ complaining** жа́ловаться бессмы́сленно; **he hasn't got it ~ him to succeed** у него́ нет зада́тков к успе́ху; **there's nothing ~ it** (*coll, it is easy*) па́ра пустяко́в; (*coll, there is no difference*) нет никако́й ра́зницы; **there's nothing ~ it** (*coll, no benefit*) **for me** мне э́то ничего́ не даст.

14 (*consisting ~*): **we have lost a good friend ~ him** в нём (*or* в его́ лице́) мы потеря́ли хоро́шего дру́га.

15 (*ratio: out of*): **only 1 ~ every 10 survived** из ка́ждых десяти́ вы́жил то́лько оди́н; **he has 1 chance ~ 5 of success** его́ ша́нсы на успе́х — оди́н к четырём; **they had to pay 10p ~ the pound** им пришло́сь плати́ть де́сять пе́нсов с фу́нта.

16 (*division*): **he broke the plate ~ pieces** он разби́л таре́лку на куски́.

17 (*~ respect of*): **they differ ~ size but not ~ colour** они́ различа́ются по разме́ру, а не по цве́ту; **he was senior ~ rank** он был ста́рший по чи́ну; **a lecture ~ anatomy** ле́кция по анато́мии; **an expert ~ economics** специали́ст по эконо́мике; **strong ~ mathematics** си́льный в матема́тике; **weak ~ French** сла́бый во францу́зском языке́; **broad ~ the shoulders** широ́кий в плеча́х;

(*dimension*): **4 feet ~ length** четы́ре фу́та в длину́; (*of bodily defects*): **blind ~ one eye** слепо́й на оди́н глаз; (*of physique or natural characteristics*): **slight ~ build** хру́пкого сложе́ния; **poor ~ quality** плохо́го ка́чества; **he is young ~ appearance** он молодо́й на вид; **a land rich ~ iron** страна́, бога́тая желе́зом; **he was unfortunate ~ his friends** ему́ не везло́ с друзья́ми; **he is advanced ~ years** ему́ уже́ нема́ло лет; он уже́ не мо́лод; **they were 7 ~ number** их бы́ло се́меро.
18 (*according to*): **~ my opinion** по моему́ мне́нию; по-мо́ему.
19: **~ reply to** в отве́т на + *a*; **~ honour of** в честь + *g*; **~ memory of** в па́мять + *g*; **~ protest** в знак проте́ста.
20 (*engaged* ~): **~ business** в де́ле; **~ battle** в бою́; **~ search of** в по́исках + *g*; **~ self-defence** для самооборо́ны; в поря́дке самозащи́ты.
21 (*with other parts of speech, forming phrasal conjs*): **~ that** тем, что; так как; **~ between** ме́жду + *i*; **something ~ between** не́что сре́днее.

inability /ˌɪnəˈbɪlɪtɪ/ *n* неспосо́бность.

in absentia /ˌɪn æbˈsentɪə/ *adv* зао́чно.

inaccessibility /ˌɪnækˌsesɪˈbɪlɪtɪ/ *n* недосту́пность, непристу́пность.

inaccessible /ˌɪnækˈsesɪb(ə)l/ *adj* недосту́пный, непристу́пный.

inaccuracy /ɪnˈækjʊrəsɪ/ *n* нето́чность.

inaccurate /ɪnˈækjʊrət/ *adj* нето́чный.

inaction /ɪnˈækʃ(ə)n/ *n* безде́йствие.

inactive /ɪnˈæktɪv/ *adj* **1** безде́йственный, безде́йствующий; **he leads an ~ life** он ведёт безде́ятельный/пасси́вный о́браз жи́зни; **the machines were ~** маши́ны проста́ивали. **2** (*of chemicals etc.*) ине́ртный, неде́ятельный.

inactivity /ˌɪnækˈtɪvɪtɪ/ *n* безде́йствие.

inadequacy /ɪnˈædɪkwəsɪ/ *n* недоста́точность, неполноце́нность; (*personal*) неспосо́бность, неполноце́нность.

inadequate /ɪnˈædɪkwət/ *adj* (*insufficient*) недоста́точный; **words are ~ to express my joy** слов недостаёт (*or* не хвата́ет), что́бы вы́разить мою́ ра́дость; (*less than capable of*) неспосо́бный, неполноце́нный; **he was ~ to the task** он оказа́лся неспосо́бным к выполне́нию э́той зада́чи.

inadmissible /ˌɪnədˈmɪsɪb(ə)l/ *adj* (*unacceptable*) неприе́млемый; (*impermissible*) недопусти́мый.

inadvertence /ˌɪnədˈvɜːt(ə)ns/ *n* (*inattention*) невнима́тельность; (*oversight*) недосмо́тр; (*false step*) неосторо́жность.

inadvertent /ˌɪnədˈvɜːt(ə)nt/ *adj* неумы́шленный, неча́янный, нево́льный.

inadvisability /ˌɪnədvaɪzəˈbɪlɪtɪ/ *n* нецелесообра́зность, нежела́тельность.

inadvisable /ˌɪnədˈvaɪzəb(ə)l/ *adj* нецелесообра́зный, нежела́тельный.

inalienability /ɪnˌeɪlɪənəˈbɪlɪtɪ/ *n* неотъе́млемость.

inalienable /ɪnˈeɪlɪənəb(ə)l/ *adj* неотъе́млемый.

inalterable /ɪnˈɒltərəb(ə)l/ *adj* неизменя́емый, неизме́нный.

inane /ɪˈneɪn/ *adj* глу́пый, пусто́й, неле́пый.

inanimate /ɪnˈænɪmət/ *adj* неодушевлённый, неживо́й; **~ nature** нежива́я приро́да; **an ~ noun** неодушевлённое существи́тельное; (*lifeless; also fig, without animation*) безжи́зненный.

inanity /ˌɪnˈænɪtɪ/ *n* глу́пость; неле́пость.

inapplicability /ɪnˌæplɪkəˈbɪlɪtɪ, ˌɪnəˌplɪk-/ *n* неприменимость.

inapplicable /ɪnˈæplɪkəb(ə)l, ˌɪnəˈplɪk-/ *adj* непримени́мый; (*unsuitable*) неподходя́щий.

inapposite /ɪnˈæpəzɪt/ *adj* неуме́стный.

inappropriate /ˌɪnəˈprəʊprɪət/ *adj* неуме́стный, неподходя́щий.

inappropriateness /ˌɪnəˈprəʊprɪətnɪs/ *n* неуме́стность.

inapt /ɪnˈæpt/ *adj* неподходя́щий, неуме́стный.

inarticulate /ˌɪnɑːˈtɪkjʊlət/ *adj* (*of speech*) невня́тный, нечленоразде́льный; (*of person*) косноязы́чный.

inarticulateness /ˌɪnɑːˈtɪkjʊlətnɪs/ *n* нечленоразде́льность; косноязы́чие.

inartistic /ˌɪnɑːˈtɪstɪk/ *adj* нехудо́жественный.

inasmuch as /ˌɪnəzˈmʌtʃ/ *adv* так как; ввиду́ того́, что; поско́льку.

inattent|ion /ˌɪnəˈtenʃ(ə)n/, **-iveness** /ˌɪnəˈtentɪvnɪs/ *nn* невнима́ние, невнима́тельность (к + *d*).

inattentive /ˌɪnəˈtentɪv/ *adj* невнима́тельный.

inaudibility /ɪnˌɔːdɪˈbɪlɪtɪ/ *n* плоха́я слы́шимость; невня́тность.

inaudible /ɪnˈɔːdɪb(ə)l/ *adj* неслы́шный; (*indistinct*) невня́тный.

inaugural /ɪˈnɔːgjʊr(ə)l/ *n* торже́ственная речь при вступле́нии в до́лжность.
● *adj* вступи́тельный, инаугурацио́нный.

inaugurate /ɪˈnɔːgjʊˌreɪt/ *vt* **1** (*install with ceremony*) (торже́ственно) вв|оди́ть, -ести́ в до́лжность (*impf, pf*); **the President was ~d** президе́нт вступи́л в до́лжность. **2** (*launch; officiate at opening of*) откр|ыва́ть, -ы́ть; (*fig*): **they ~d many reforms** они́ ввели́ мно́го рефо́рм; **he ~d a new policy** он положи́л нача́ло но́вой поли́тике; **a new era was ~d** начала́сь но́вая э́ра.

inauguration /ɪˌnɔːgjʊˈreɪʃ(ə)n/ *n* вступле́ние в до́лжность; инаугура́ция; откры́тие; нача́ло.

inauspicious /ˌɪnɔːˈspɪʃəs/ *adj* (*of ill omen*) злове́щий; (*unlucky*) несчастли́вый.

in-basket /ˈɪnbɑːskɪt/ *n* (*US*) корзи́на для входя́щей корреспонде́нции.

in-between /ˌɪnbɪˈtwiːn/ *adj* промежу́точный.

inboard /ˈɪnbɔːd/ *adj* располо́женный внутри́ су́дна.

inborn /ˈɪnbɔːn/ *adj* врождённый, прирождённый.

inbox /ˈɪnbɒks/ *n.* (*comput*) входя́щие (сообще́ния); (*US, in tray*) корзи́на для входя́щей корреспонде́нции.

inbred /ɪnˈbred, ˈɪn-/ *adj* (*innate*) = **inborn**; (*result of inbreeding*) рождённый от роди́телей, состоя́щих в кро́вном родстве́ ме́жду собо́й.

inbreeding /ɪnˈbriːdɪŋ/ *n* (*of animals*) ро́дственное спа́ривание; инбри́динг; (*of people*) бра́чные отноше́ния ме́жду ро́дственниками.

inbuilt /ˈɪnbɪlt/ *adj* врождённый.

Inca /ˈɪŋkə/ *n* и́нка (*cg*).

incalculable /ɪnˈkælkjʊləb(ə)l/ *adj* **1** (*too great for calculation*) неисчисли́мый, бессчётный, бесчи́сленный, несме́тный; **it has done ~ harm** э́то причини́ло неисчисли́мый/огро́мный вред. **2** (*unpredictable*) капри́зный, причу́дливый.

in camera /ɪn ˈkæmərə/ *adv*: **the trial will be held ~** проце́сс бу́дет закры́тым (*or* бу́дет идти́ при закры́тых дверя́х).

incandescence /ˌɪnkænˈdes(ə)ns/ *n* нака́л, кале́ние.

incandescent /ˌɪnkænˈdes(ə)nt/ *adj* накалённый, раскалённый; (*of light*) светя́щийся от нагре́ва; **~ lamp** (*or* **light bulb**) ла́мпа нака́ливания.

incantation /ˌɪnkænˈteɪʃ(ə)n/ *n* заклина́ние, закля́тие.

incapability /ɪnˌkeɪpəˈbɪlɪtɪ/ *n* неспосо́бность.

incapable /ɪnˈkeɪpəb(ə)l/ *adj* **1** (*not having a particular capacity*) неспосо́бный; **he is ~ of understanding** он неспосо́бен поня́ть (*что*); он неспосо́бен к понима́нию; **~ of speech** невладе́ющий ре́чью; **~ of lying** неспосо́бный на ложь; **they are an ~ lot** э́то никчёмные лю́ди. **2** (*not susceptible*) не поддаю́щийся (*чему*) **~ of improvement** не поддаю́щийся улучше́нию.

incapacitate /ˌɪnkəˈpæsɪˌteɪt/ *vt*: **~ for, from** (*render incapable of or unfit for*) де́лать, с- неспосо́бным/ непригó́дным к + *d*; **his illness ~d him for work** из-за боле́зни он стал нетрудоспосо́бным; (*disable*): **he was ~d for 3 weeks** он вы́был из стро́я на три неде́ли; (*mil*) выводи́ть, вы́вести из стро́я; **the enemy's tanks were ~d** та́нки проти́вника бы́ли вы́ведены из стро́я.

incapacity /ˌɪnkəˈpæsɪtɪ/ *n* неспосо́бность.

incarcerate /ɪnˈkɑːsəˌreɪt/ *vt* заточ|а́ть, -и́ть (в тюрьму́).

incarceration /ɪnˌkɑːsəˈreɪʃ(ə)n/ *n* заточе́ние (в тюрьму́).

incarnate[1] /ɪnˈkɑːnət/ *adj* (*in bodily form*) воплощённый; **he is the Devil ~** он дья́вол во пло́ти; (*personified*) олицетворённый.

incarnate² /ˈɪnkɑːˌneɪt, -ˈkɑːneɪt/ *vt* вопло|ща́ть, -ти́ть; олицетвор|я́ть, -и́ть; **she ~d all the virtues** она́ воплоща́ла в себе́ (*or* олицетворя́ла собо́й) все доброде́тели.

incarnation /ˌɪnkɑːˈneɪʃ(ə)n/ *n* **1** (*taking on bodily form*): **the I~** воплоще́ние (божества́ в Христе́); (*rebirth*) инкарна́ция; **in a future ~** в но́вом рожде́нии. **2** (*embodiment, personification*) воплоще́ние, олицетворе́ние.

incautious /ɪnˈkɔːʃəs/ *adj* неосторо́жный, опроме́тчивый.

incendiarism /ɪnˈsendɪərˌɪz(ə)m/ *n* поджо́г.

incendiary /ɪnˈsendɪərɪ/ *n* **1** (*arsonist*) поджига́тель (*m*); (*fig, firebrand*) подстрека́тель (*m*). **2** (**~ bomb**) зажига́тельная бо́мба.
● *adj* зажига́тельный; (*fig*) подстрека́ющий.

incense¹ /ˈɪnsens/ *n* ла́дан, фимиа́м (*also fig*); **they were burning ~** они́ кади́ли ла́даном.
● *cpd* **~ burner** *n* (*vessel*) кади́льница.

incense² /ɪnˈsens/ *vt* разгнева́ть (*pf*); прив|оди́ть, -ести́ в я́рость; **she was ~d at, by his behaviour** его́ поведе́ние привело́ её в я́рость.

incentive /ɪnˈsentɪv/ *n* побужде́ние, сти́мул; **he lacks all ~ to work** у него́ нет никако́го сти́мула для рабо́ты; **~ bonus** поощри́тельная пре́мия.

inception /ɪnˈsepʃ(ə)n/ *n* нача́ло, начина́ние.

incertitude /ɪnˈsəːtɪˌtjuːd/ *n* неуве́ренность.

incessant /ɪnˈses(ə)nt/ *adj* непреста́нный, непреры́вный.

incest /ˈɪnsest/ *n* инце́ст, кровосмеше́ние.

incestuous /ɪnˈsestjʊəs/ *adj* кровосмеси́тельный; (*person*) вино́вный в кровосмеше́нии.

inch /ɪntʃ/ *n* дюйм (= *2,54 см*); **he moved forward by ~es** ма́ло-пома́лу он дви́гался вперёд; **the car missed me by ~es** автомоби́ль едва́ меня́ не задави́л; **he was every ~ a sailor** он был моряко́м до мо́зга косте́й; **he did not yield an ~** он не уступи́л ни на йо́ту; **give him an ~ and he'll take a mile** дай ему́ па́лец — он всю ру́ку отхва́тит; **he was flogged within an ~ of his life** его́ изби́ли до полусме́рти.
● *vi with advs*: **he was ~ing along** он ме́дленно тащи́лся; **the car began to ~ forward** маши́на ме́дленно тро́нулась с ме́ста.

inchoate /ɪnˈkəʊeɪt, ˈɪn-/ *adj* зача́точный.

inchoative /ɪnˈkəʊətɪv/ *adj* (*gram*) начина́тельный.

incidence /ˈɪnsɪd(ə)ns/ *n* **1** (*phys, falling; contact*) паде́ние, накло́н; **angle of ~** у́гол паде́ния. **2** (*range or scope of effect*) охва́т, сфе́ра де́йствия; **the ~ of taxation** охва́т налогообложе́нием; **the ~ of a disease** число́ заболе́вших.

incident /ˈɪnsɪd(ə)nt/ *n* слу́чай, собы́тие; происше́ствие, инциде́нт; **frontier ~** пограни́чный инциде́нт; **without ~** без происше́ствий; (*in play, novel etc.*) эпизо́д.
● *adj*: **~ to** (*connected with*) свя́занный с + *i*; (*characteristic of*) прису́щий + *d*, сво́йственный + *d*.

incidental /ˌɪnsɪˈdent(ə)l/ *adj* **1** (*casual*) случа́йный; (*passing*) попу́тный; (*inessential*) несуще́ственный; (*secondary*) побо́чный; **~ expenses** побо́чные расхо́ды; **~ music** музыка́льное сопровожде́ние. **2**: **~ to** (*accompanying, contingent on*) сопряжённый с + *i*; (*resulting from*) вытека́ющий из + *g*.

incidentally /ˌɪnsɪˈdentəlɪ/ *adv* (*in passing*) попу́тно; (*parenthetically*) ме́жду про́чим; кста́ти; к сло́ву сказа́ть.

incinerate /ɪnˈsɪnəˌreɪt/ *vt* испепел|я́ть, -и́ть; сж|ига́ть, -ечь дотла́.

incineration /ɪnˌsɪnəˈreɪʃ(ə)n/ *n* сжига́ние дотла́.

incinerator /ɪnˈsɪnəˌreɪtə(r)/ *n* (*for burning waste*) мусоросжига́тельная печь; (*for cremating human bodies*) кремацио́нная печь.

incipient /ɪnˈsɪpɪənt/ *adj* зарожда́ющийся.

incise /ɪnˈsaɪz/ *vt* (*make cut in*) надр|еза́ть, -е́зать; (*engrave*) выреза́ть, вы́резать.

incision /ɪnˈsɪʒ(ə)n/ *n* надре́з.

incisive /ɪnˈsaɪsɪv/ *adj* ре́жущий; (*fig*): **an ~ tone** ре́зкий тон; **an ~ mind** о́стрый/проница́тельный ум.

incisiveness /ɪnˈsaɪsɪvnɪs/ *n* ре́зкость; острота́, пронзи́тельность.

incisor /ɪnˈsaɪzə(r)/ *n* (*tooth*) резе́ц.

incite /ɪnˈsaɪt/ *vt* (*stir up*) возбу|жда́ть, -ди́ть; (*encourage, urge, impel*) побу|жда́ть, -ди́ть; подстрек|а́ть, -ну́ть; **he ~d them to revolt** он подстрека́л их к мятежу́.

incitement /ɪnˈsaɪtmənt/ *n* (*inciting*) подстрека́тельство; (*spur, stimulus*) побужде́ние, сти́мул.

incivility /ˌɪnsɪˈvɪlɪtɪ/ *n* неучти́вость, неве́жливость.

inclemency /ɪnˈklemənsɪ/ *n* суро́вость.

inclement /ɪnˈklemənt/ *adj* суро́вый.

inclination /ˌɪnklɪˈneɪʃ(ə)n/ *n* **1** (*bending; slanting*) наклоне́ние, накло́н; **an ~ of the head** киво́к; накло́н головы́. **2** (*slope*) накло́н, скат, отко́с; **the ~ of a roof** скат кры́ши. **3** (*tendency*) накло́нность, скло́нность; **an ~ to stoutness** скло́нность/предрасполо́женность к полноте́. **4** (*desire*) охо́та, жела́ние; **he has lost all ~ to work** он потеря́л вся́кое жела́ние рабо́тать; **I have no ~ to go out** у меня́ нет никако́го жела́ния выходи́ть.

incline¹ /ˈɪnklaɪn/ *n* накло́нная пло́скость, накло́н, скат.

incline² /ɪnˈklaɪn/ *vt* **1** (*cause to lean or slant*) наклон|я́ть, -и́ть; **~d plane** накло́нная пло́скость; (*bend forward or down*) склон|я́ть, -и́ть. **2** (*turn, direct*) напр|авля́ть, -а́вить; **he ~d his ear to their plea** он благоскло́нно вы́слушал их про́сьбу. **3** (*fig, dispose*) склон|я́ть, -и́ть; **his heart ~d him to pity** его́ до́брое се́рдце склоня́ло его́ к жа́лости; **I am ~d to agree with you** я скло́нен согласи́ться с ва́ми; **if you feel ~d (to do so)** е́сли вы располо́жены э́то сде́лать; **favourably ~d to** благоскло́нный к + *d*.
● *vi* **1** (*lean, slope*) наклон|я́ться, -и́ться; склон|я́ться, -и́ться. **2** (*tend*) склон|я́ться, -и́ться; **he ~s to(wards) leniency** он скло́нен проявля́ть снисходи́тельность; **I ~ to think that ...** я скло́нен ду́мать, что...

inclose /ɪnˈkləʊz/ = **enclose**

includ|e /ɪnˈkluːd/ *vt* включ|а́ть, -и́ть; (*place on a list*) вн|оси́ть, -ести́; **I ~e you among my friends** я включа́ю вас в число́ свои́х друзе́й; **they were all there, wives ~ed** все бы́ли в сбо́ре, включа́я жён; **5 members, ~ing the President** пять чле́нов, включа́я президе́нта; **we saw several of them, ~ing your brother** мы ви́дели не́которых из них, в том числе́ (и) ва́шего бра́та; **service ~ed** включа́я услу́ги; **your work will ~e sweeping the floor** в ва́ши обя́занности бу́дет входи́ть подмета́ние поло́в; (*contain*) заключа́ть (*impf*); содержа́ть (*impf*) в себе́; **this book ~es all his poems** в э́той кни́ге со́браны все его́ стихи́.

inclusion /ɪnˈkluːʒ(ə)n/ *n* включе́ние.

inclusive /ɪnˈkluːsɪv/ *adj & adv* **1**: **~ of** (*including*) включа́я; включа́ющий в себя́; содержа́щий в себе́. **2**: **from February 2nd to 20th ~** со второ́го февраля́ по двадца́тое включи́тельно. **3**: **~ terms** (*at hotel*) цена́ ко́мнаты с по́лным содержа́нием.

incognito /ˌɪnkɒgˈniːtəʊ/ *n, adj, & adv* (*pl* **~s**) инко́гнито (*nt indecl; cg indecl when referring to a person*).

incoherence /ˌɪnkəʊˈhɪərəns/ *n* несвя́зность, непосле́довательность, бессвя́зность.

incoherent /ˌɪnkəʊˈhɪərənt/ *adj* несвя́зный, непосле́довательный; (*of speech*) бессвя́зный.

incombustible /ˌɪnkəmˈbʌstɪb(ə)l/ *adj* негорю́чий, невоспламеня́емый, огнесто́йкий.

income /ˈɪnkʌm, ˈɪŋkəm/ *n* дохо́д, прихо́д; **earned ~** за́работок; **unearned ~** ре́нтный дохо́д; дохо́д от сбереже́ний, це́нных бума́г, недви́жимости; **private ~** ча́стные дохо́ды; **~ support** де́нежное посо́бие малоиму́щим; **live within one's ~** жить по сре́дствам; **live beyond one's ~** жить не по сре́дствам.
● *cpd* **~ tax** *n* подохо́дный нало́г.

incoming /ˈɪnˌkʌmɪŋ/ *n* (*in pl, income*) дохо́ды (*m pl*).
● *adj* входя́щий, поступа́ющий, прибыва́ющий; **~ passengers** прибыва́ющие пассажи́ры; **the ~ tide** прили́в; **the ~ president** новои́збранный президе́нт; **~ calls** поступа́ющие/входя́щие звонки́; **~ mail** входя́щая по́чта.

incommensurability /ˌɪnkəˌmenʃərəˈbɪlɪtɪ, -sjərəˈbɪlɪtɪ/ *n* несоизмери́мость.

i

incommensurable /ˌɪnkə ˈmenʃərəb(ə)l, -sjərəb(ə)l/ *adj* несоизмери́мый.

incommensurate /ˌɪnkəˈmenʃərət, -sjərət/ *adj* (*out of proportion*) несоразме́рный (с + *i*); (*inadequate*) несоотве́тствующий (+ *d*); (*incommensurable*) несоизмери́мый.

incommode /ˌɪnkəˈməʊd/ *vt* (*disturb, put out*) беспоко́ить, о-; (*make difficulties for*) стесн|я́ть, -и́ть; (*hinder*) меша́ть, по- + *d*.

incommunicable /ˌɪnkə ˈmjuːnɪkəb(ə)l/ *adj* невырази́мый.

incommunicado /ˌɪnkəˌmjuːnɪˈkɑːdəʊ/ *adj & adv* лишённый пра́ва перепи́ски и обще́ния; в изоля́ции.

incomparable /ɪnˈkɒmpərəb(ə)l/ *adj* (*not comparable to or with*) несравни́мый (с + *i*); (*matchless*) несравне́нный, бесподо́бный.

incompatibility /ˌɪnkəmˌpætɪˈbɪlɪtɪ/ *n* несоотве́тствие; несовмести́мость; **a divorce on grounds of ~** разво́д по причи́не несхо́дства хара́ктеров.

incompatible /ˌɪnkəmˈpætɪb(ə)l/ *adj* несовмести́мый; **they are ~** у них несовмести́мые хара́ктеры.

incompetence /ɪnˈkɒmpɪt(ə)ns/ *n* неспосо́бность, некомпете́нтность; неуме́ние.

incompetent /ɪnˈkɒmpɪt(ə)nt/ *adj* (*lacking ability*) неспосо́бный (*к чему or inf*); (*lacking qualifications*) некомпете́нтный (*в чём*); (*inefficient, unskilful*) неуме́лый.

incomplete /ˌɪnkəmˈpliːt/ *adj* (*not full*) непо́лный; **an ~ set** непо́лный компле́кт; (*defective, lacking*) несоверше́нный; (*unfinished*) незавершённый, незако́нченный.

incompleteness /ˌɪnkəmˈpliːtnɪs/ *n* неполнота́; несоверше́нство; незавершённость; незако́нченность.

incomprehensibility /ɪn ˌkɒmprɪhensɪˈbɪlɪtɪ/ *n* непоня́тность, непостижи́мость.

incomprehensible /ɪnˌkɒmprɪ ˈhensɪb(ə)l/ *adj* непоня́тный, непостижи́мый.

incomprehension /ɪnˌkɒmprɪ ˈhenʃ(ə)n/ *n* непонима́ние.

incompressible /ˌɪnkəmˈpresɪb(ə)l/ *adj* несжима́емый.

inconceivable /ˌɪnkənˈsiːvəb(ə)l/ *adj* (*incomprehensible*) непостижи́мый; (*unimaginable*) невообрази́мый; (*coll, unbelievable, most unlikely*) немы́слимый.

inconclusive /ˌɪnkənˈkluːsɪv/ *adj* (*of argument etc.*) неубеди́тельный; (*of action*) нереши́тельный; **the vote was ~** голосова́ние не́ дало определённых результа́тов.

inconclusiveness /ˌɪnkənˈkluːsɪvnɪs/ *n* неубеди́тельность; нереши́тельность, неопределённость.

incongruity /ˈɪnkɒŋˈgruːɪtɪ/ *n* несоотве́тствие; неуме́стность.

incongruous /ɪnˈkɒŋgrʊəs/ *adj* (*out of keeping*) несоотве́тствующий, неподходя́щий, несоотве́тственный; (*out of place, inappropriate*) неуме́стный.

inconsequence /ɪnˈkɒnsɪkwəns/ *n* непосле́довательность.

inconsequent /ɪnˈkɒnsɪkwənt/ *adj* (*not following logically*) непосле́довательный; (*irrelevant, immaterial*) несуще́ственный.

inconsequential /ɪnˌkɒnsɪˈkwenʃ(ə)l/ *adj* (*insignificant*) незначи́тельный; (*irrelevant, immaterial*) несуще́ственный.

inconsiderable /ˌɪnkənˈsɪdərəb(ə)l/ *adj* незначи́тельный; **his income was ~** его́ за́работок был ничто́жным.

inconsiderate /ˌɪnkənˈsɪdərət/ *adj* невнима́тельный (к други́м), нечу́ткий; **he is ~ of/to everyone** он невнима́телен ко всем.

inconsiderateness /ˌɪnkən ˈsɪdərətnɪs/ *n* невнима́тельность, нечу́ткость.

inconsistenc|y /ˌɪnkənˈsɪst(ə)nsɪ/ *n* непосле́довательность; противоречи́вость; **there are ~ies in his argument** его́ до́воды непосле́довательны (*or* полны́ противоре́чий).

inconsistent /ˌɪnkənˈsɪst(ə)nt/ *adj* (*incompatible, not in keeping*) несовмести́мый (*с чем*); (*of a person*) непосле́довательный; (*of an account*) противоречи́вый.

inconsolable /ˌɪnkənˈsəʊləb(ə)l/ *adj* неуте́шный, безуте́шный.

inconspicuous /ˌɪnkənˈspɪkjʊəs/ *adj* незаме́тный; **he made himself ~** он постара́лся оста́ться незаме́ченным.

inconstancy /ɪnˈkɒnst(ə)nsɪ/ *n* непостоя́нство, изме́нчивость, переме́нчивость; неве́рность.

inconstant /ɪnˈkɒnst(ə)nt/ *adj* непостоя́нный, изме́нчивый, переме́нчивый; (*in love or friendship*) неве́рный.

incontestable /ˌɪnkənˈtestəb(ə)l/ *adj* неоспори́мый.

incontinence /ɪnˈkɒntɪnəns/ *n* невозде́ржанность; несде́ржанность; (*of urine/faeces*) недержа́ние мочи́/ ка́ла.

incontinent /ɪnˈkɒntɪnənt/ *adj* невозде́ржанный (*esp sexually*); несде́ржанный; (*of urine/faeces*): **he was ~** он страда́л недержа́нием (мочи́/ка́ла).

incontrovertible /ˌɪnkɒntrəˈvəːtɪb(ə)l/ *adj* неоспори́мый.

inconvenience /ˌɪnkənˈviːnɪəns/ *n* неудо́бство, беспоко́йство; **he was put to great ~** ему́ причини́ли большо́е неудо́бство; **at great personal ~** цено́й большо́го неудо́бства для себя́. ● *vt* причин|я́ть, -и́ть неудо́бство + *d*; беспоко́ить, о-; стесн|я́ть, -и́ть.

inconvenient /ˌɪnkənˈviːnɪənt/ *adj* неудо́бный; **if it is not ~ to you** е́сли э́то вам удо́бно.

inconvertibility /ˌɪnkənvəːtɪˈbɪlɪtɪ/ *n* (*fin*) необрати́мость.

inconvertible /ˌɪnkənˈvəːtɪb(ə)l/ *adj* (*fin*) необрати́мый, неконверти́руемый; **~ currency** неконверти́руемая валю́та.

incorporate /ɪnˈkɔːpəˌreɪt/ *vt* **1** (*unite, combine*) объедин|я́ть, -и́ть; соедин|я́ть, -и́ть; **fertilizers should be ~d with the soil** удобре́ния должны́ быть переме́шаны с землёй. **2** (*include, introduce*) включ|а́ть, -и́ть; содержа́ть (*impf*); **his suggestions were ~d in the plan** его́ предложе́ния бы́ли включены́ в план; **~ in, into** (*annex to*) присоедин|я́ть, -и́ть; **Austria was ~d into Germany** А́встрия была́ включена́ в соста́в Герма́нии (*or* присоединена́ к Герма́нии). **3** (*form into corporation*) регистри́ровать, за- как корпора́цию.

incorporation /ɪnˌkɔːpəˈreɪʃ(ə)n/ *n* объедине́ние, соедине́ние; включе́ние (в соста́в); инкорпора́ция, присоедине́ние.

incorporeal /ˌɪnkɔːˈpɔːrɪəl/ *adj* (*not material*) невеще́ственный; (*without bodily form*) бестеле́сный.

incorrect /ˌɪnkəˈrekt/ *adj* (*inaccurate; displaying errors, of style etc.*) непра́вильный; (*untrue; erroneous, of statements etc.*) неве́рный.

incorrectness /ˌɪnkəˈrektnɪs/ *n* непра́вильность; неве́рность.

incorrigibility /ɪnˌkɒrɪdʒɪˈbɪlɪtɪ/ *n* неисправи́мость.

incorrigible /ɪnˈkɒrɪdʒɪb(ə)l/ *adj* неисправи́мый.

incorruptibility /ˌɪnkərʌptɪˈbɪlɪtɪ/ *n* (*honesty*) неподку́пность.

incorruptible /ˌɪnkəˈrʌptɪb(ə)l/ *adj* (*honest*) неподку́пный.

increase[1] /ˈɪnkriːs/ *n* (*measurable*) увеличе́ние; **~ of speed** увеличе́ние ско́рости; **~ in value** увеличе́ние сто́имости; (*growth*) рост, возраста́ние; увеличе́ние; **~ in population** рост населе́ния; **unemployment is on the ~** безрабо́тица растёт/увели́чивается; (*amount of ~*) приро́ст; **my shares show an ~ of 5%** мои́ а́кции подняли́сь на пять проце́нтов; **we had an ~ (of pay)** мы получи́ли приба́вку/надба́вку.

increase[2] /ɪnˈkriːs/ *vt* увеличи|вать, -ть; **he ~d his wealth** он увели́чил своё состоя́ние; (*extend*): **~ one's influence** расш|иря́ть, -и́рить своё влия́ние; (*raise*): **~ prices** пов|ыша́ть, -ы́сить це́ны; (*quicken*): **~ one's pace** уск|оря́ть, -о́рить шаг; (*multiply*): **~ one's efforts** умн|ожа́ть, -о́жить (*or* удв|а́ивать, -о́ить) уси́лия; (*strengthen*): **this merely ~d his determination** э́то то́лько укрепи́ло его́ реши́мость. ● *vi* увели́чи|ваться, -ться; (*grow*) расти́ (*impf*); возраст|а́ть, -и́ (с + *g*, до + *g*); (*intensify*) уси́ли|ваться, -ться; (*expand*) расш|иря́ться, -и́риться; **the speed ~d** ско́рость увели́чилась; **the pace of life ~s** темп жи́зни ускоря́ется; (*multiply*): **his efforts ~d tenfold** его́ уси́лия возросли́/ умно́жились в де́сять раз; (*rise*): **sugar ~d in price** са́хар повы́сился в цене́ (*or* подорожа́л).

increasingly /ɪnˈkriːsɪŋlɪ/ *adv* всё бо́лее; всё бо́льше и бо́льше; **it becomes ~ difficult** стано́вится всё трудне́е.

incredibility /ɪn͵kredɪˈbɪlɪtɪ/ *n* неправдоподо́бность, невероя́тность.

incredibl|e /ɪnˈkredɪb(ə)l/ *adj* (*lit, unbelievable*) неправдоподо́бный, невероя́тный, неимове́рный; (*coll, extraordinary*) невероя́тный, неслы́ханный; **he was ~y stupid** он был невероя́тно глуп.

incredulity /͵ɪnkrɪˈdjuːlɪtɪ/ *n* недове́рчивость.

incredulous /ɪnˈkredjʊləs/ *adj* недове́рчивый.

increment /ˈɪnkrɪmənt/ *n* (*increase*) рост, приро́ст; (*profit*) при́быль; (*amount of regular increase*) приба́вка.

incriminate /ɪnˈkrɪmɪ͵neɪt/ *vt* (*expose; show to be guilty*) изоблич|а́ть, -и́ть; **his confession ~d his brother in the affair** его́ призна́ние ука́зывало на прича́стность бра́та к де́лу; **he refused to ~ himself** он отказа́лся дава́ть показа́ния про́тив себя́.

incriminating /ɪnˈkrɪmɪ͵neɪtɪŋ/, **incriminatory** /ɪnˈkrɪmɪnətərɪ/ *adjs* изоблича́ющий.

incrust /ɪnˈkrʌst/ = **encrust**

incrustation /͵ɪnkrʌˈsteɪʃ(ə)n/ = **encrustation**

incubate /ˈɪŋkjʊbeɪt/ *vt* (*of a bird*) сиде́ть (*impf*) на (я́йцах); (*hatch by artificial heat*) инкуби́ровать (*impf, pf*).
● *vi* (*of a disease*) находи́ться (*impf*) в инкубацио́нном пери́оде.

incubation /͵ɪŋkjʊˈbeɪʃ(ə)n/ *n* (*of eggs; stage of disease*) инкуба́ция; **~ period** инкубацио́нный пери́од.

incubator /ˈɪŋkjʊ͵beɪtə(r)/ *n* инкуба́тор.

inculcate /ˈɪnkʌl͵keɪt/ *vt* внедр|я́ть, -и́ть; внуш|а́ть, -и́ть.

inculcation /͵ɪnkʌlˈkeɪʃ(ə)n/ *n* внедре́ние, внуше́ние.

incumbency /ɪnˈkʌmbənsɪ/ *n* (*holding of office*) пребыва́ние в до́лжности; (*eccl*) бенефи́ций.

incumbent /ɪnˈkʌmbənt/ *n* **1** (*eccl*) прихо́дский свяще́нник.
2 занима́ющий (*какую-н.*) до́лжность.
● *adj* (*holding office*) занима́ющий пост, до́лжность; **the ~ president** ны́нешний президе́нт; (*necessary as a duty*): **~ upon** возлежа́щий на + *p*; возло́женный на + *a*; **it is ~ upon you to warn them** вы обя́заны предупреди́ть их.

incur /ɪnˈkɜː(r)/ *vt* (**incurred, incurring**) (*bring on o.s.*) навл|ека́ть, -е́чь на себя́; **she ~red the blame** она́ навлекла́ на себя́ обвине́ния; (*run into*) подв|ерга́ться, -е́ргнуться + *d*; **I ~red his displeasure** я навлёк на себя́ его́ неудово́льствие; **he ~red heavy expenses** он понёс больши́е расхо́ды.

incurable /ɪnˈkjʊərəb(ə)l/ *adj* (*of sick person*) безнадёжный; (*fig*): **an ~ optimist** неисправи́мый оптими́ст; (*of disease*) неизлечи́мый; (*of habit etc.*) неискорени́мый.

incurious /ɪnˈkjʊərɪəs/ *adj* нелюбопы́тный.

incursion /ɪnˈkɜːʃ(ə)n/ *n* вторже́ние, налёт, набе́г.

indebted /ɪnˈdetɪd/ *adj* (*owing money*) в долгу́, до́лжный; (*owing gratitude*) обя́занный; **to whom am I ~ for this?** кому́ я обя́зан за э́то.

indebtedness /ɪnˈdetɪdnɪs/ *n* задо́лженность; обя́занность.

indecency /ɪnˈdiːs(ə)nsɪ/ *n* неприли́чие, непристо́йность; **an act of gross ~** непристо́йное де́йствие.

indecent /ɪnˈdiːs(ə)nt/ *adj* **1** (*unseemly*) неподоба́ющий, неблагови́дный; **she left with ~ haste** она́ ушла́ с неподоба́ющей поспе́шностью.
2 (*obscene*) неприли́чный, непристо́йный; **~ exposure** непристо́йное обнаже́ние те́ла.

indecipherable /͵ɪndɪˈsaɪfərəb(ə)l/ *adj* не поддаю́щийся расшифро́вке; (*of handwriting etc.*) неразбо́рчивый.

indecision /͵ɪndɪˈsɪʒ(ə)n/ *n* нереши́тельность, неуве́ренность.

indecisive /͵ɪndɪˈsaɪsɪv/ *adj* (*irresolute, hesitant*) нереши́тельный; (*not producing a decision or result*) не реша́ющий; **an ~ battle** бой, не име́ющий реша́ющего значе́ния; **an ~ argument** недоста́точно убеди́тельный аргуме́нт.

indeclinable /͵ɪndɪˈklaɪnəb(ə)l/ *adj* несклоня́емый.

indecorous /ɪnˈdekərəs/ *adj* (*improper*) неприли́чный; (*unseemly*) неподоба́ющий.

indecorum /͵ɪndɪˈkɔːrəm/ *n* наруше́ние прили́чий; неблагопристо́йность.

indeed /ɪnˈdiːd/ *adv* **1** (*really, actually*) действи́тельно; в са́мом де́ле; вот и́менно; **and ~** да и; (*confirmatory, 'to be sure'*) и то́чно; **if ~** е́сли то́лько/вообще́.
2 (*expressing emphasis*): **yes, ~** ну коне́чно!; ну да!; (а) ка́к же!; **very glad ~** о́чень, о́чень рад; **thanks very much ~** премно́го вам благода́рен; **no, ~** ну уж нет!; как бы не так; куда́!; где там!; **this is generosity ~** вот э́то ще́дрость!; **why ~?** действи́тельно, заче́м?; зачем со́бственно?; **"Will you come?" — "I will ~"** «Вы придёте?» — «Непреме́нно/Обяза́тельно»; **"Did you have any trouble?" — "We did ~"** «У вас бы́ли неприя́тности?» — «Ещё каки́е!».
3 (*expressing intensification*) к тому́ же; ма́ло/бо́лее того́; да́же; **she was worried, ~ desperate** она́ была́ озабо́чена, да́же в отчая́нии; **I saw him recently, ~ yesterday** я ви́дел его́ неда́вно, не да́лее как вчера́.
4 (*admittedly*) пра́вда; хотя́ (и); коне́чно; разуме́ется; **there are ~ exceptions** коне́чно, есть и исключе́ния; **I may ~ be wrong** допуска́ю, что я, мо́жет быть, непра́в; **he is ~ rich, but ...** он разуме́ется, бога́т, но… .
5 (*acknowledging information*) пра́вда?; вот как!
6 (*ironical*): **charity ~!** ничего́ себе́ благотвори́тельность!; **is it ~!** в са́мом де́ле!; **progress ~!** то́же мне шаг вперёд!; шаг вперёд, не́чего сказа́ть!

indefatigable /͵ɪndɪˈfætɪgəb(ə)l/ *adj* неутоми́мый.

indefeasible /͵ɪndɪˈfiːzɪb(ə)l/ *adj* неотъе́млемый.

indefensible /͵ɪndɪˈfensɪb(ə)l/ *adj* (*mil*) неприго́дный для оборо́ны; (*unjustified*) не име́ющий оправда́ния, непрости́тельный; **an ~ statement** неприе́млемое утвержде́ние.

indefinable /͵ɪndɪˈfaɪnəb(ə)l/ *adj* неопредели́мый.

indefinite /ɪnˈdefɪnɪt/ *adj* **1** (*not clearly defined*) неопределённый.
2 (*unlimited*) неограни́ченный, бессро́чный; **he was away for an ~ time** он уе́хал на неопределённый срок; **an ~ strike** бессро́чная забасто́вка. **3** (*gram*): **~ article** неопределённый арти́кль.

indelible /ɪnˈdelɪb(ə)l/ *adj* (*lit, fig*) несмыва́емый; **~ ink** несмыва́емые черни́ла; (*fig, unforgettable*) неизглади́мый.

indelicacy /ɪnˈdelɪkəsɪ/ *n* неделика́тность; беста́ктность.

indelicate /ɪnˈdelɪkət/ *adj* (*unrefined, immodest*) неделика́тный; (*tactless*) нетакти́чный, беста́ктный.

indemnification /ɪn͵demnɪfɪˈkeɪʃ(ə)n/ *n* страхова́ние; предоставле́ние индемните́та; возмеще́ние, компенса́ция.

indemnif|y /ɪnˈdemnɪ͵faɪ/ *vt* **1** (*insure, protect*) страхова́ть, за-; **~y s.o. against loss** застрахова́ть кого́-н. на слу́чай убы́тков. **2** (*give legal security to*) предост|авля́ть, -а́вить индемните́т + *d*; освобо|жда́ть, -ди́ть от отве́тственности. **3** (*compensate*) возме|ща́ть, -сти́ть (*что кому*); компенси́ровать (*impf, pf*) (*что кому*); **he was ~ied for all his expenses** ему́ бы́ли возмещены́ все расхо́ды.

indemnity /ɪnˈdemnɪtɪ/ *n* (*security against damage or loss*) гара́нтия возмеще́ния убы́тков; (*legal security*) индемните́т; (*compensation*) возмеще́ние; (*paid to war victor*) контрибу́ция.

indent /ɪnˈdent/ *vt* **1** (*make notches or recesses in*) зазу́бр|ивать, -и́ть; нас|ека́ть, -е́чь; **an ~ed coastline** изви́листая берегова́я ли́ния. **2** (*make dent in*) выда́лбливать, вы́долбить. **3** (*draw up in duplicate*) сост|авля́ть, -а́вить (докуме́нт) в двух экземпля́рах. **4** (*printing*): **~ed** (напи́санный/напеча́танный) с о́тступом; **the first line of each paragraph is ~ed** ка́ждый абза́ц начина́ется с кра́сной строки́.
● *n* /ˈɪndent/ (*printing*) абза́ц, о́тступ.

indentation /͵ɪndenˈteɪʃ(ə)n/ *n* (*notch, cut*) зубе́ц, вы́рез, зазу́брина; (*in coastline etc.*) изви́лина.

indenture /ɪnˈdentʃə(r)/ *n* контра́кт, догово́р ме́жду ученико́м и хозя́ином.
● *vt* свя́з|ывать, -а́ть контра́ктом.

independence /͵ɪndɪˈpend(ə)ns/ *n* незави́симость (**from:** от + *g*), самостоя́тельность; **war of ~** война́ за незави́симость; **I~ Day** День незави́симости.

independent /ˌɪndɪˈpend(ə)nt/ *n* (*pol*) незави́симый.
● *adj* незави́симый, самостоя́тельный; не зави́сящий (от + *g*); **~ proof** объекти́вное доказа́тельство; **an ~ witness** непредубеждённый свиде́тель; **an ~ clause** (*gram*) гла́вное предложе́ние; (*in adv sense*): **~ of** незави́симо от + *g*; поми́мо + *g*; **she is an ~ person** у неё незави́симый хара́ктер; **an ~ state** незави́симое госуда́рство; **an ~ income** незави́симый/самостоя́тельный дохо́д; **we are travelling ~ly** (*separately*) мы путеше́ствуем врозь/отде́льно.

independent school — незави́симая/ча́стная шко́ла

В Великобрита́нии так называ́ют шко́лы, кото́рые финанси́руются не госуда́рством, а роди́телями ученико́в, вомся́щими ежего́дную пла́ту за их обуче́ние. В э́ту катего́рию вхо́дят **public school** и **preparatory school**.

in-depth /ɪnˈdepθ/ *adj* обстоя́тельный, углублённый.
indescribable /ˌɪndɪˈskraɪbəb(ə)l/ *adj* неопису́емый.
indestructibility /ˌɪndɪstrʌktɪˈbɪlɪtɪ/ *n* неразруши́мость.
indestructible /ˌɪndɪˈstrʌktɪb(ə)l/ *adj* неразруши́мый.
indeterminable /ˌɪndɪˈtɜːmɪnəb(ə)l/ *adj* (*unascertainable, indefinable*) неопредели́мый.
indeterminacy /ˌɪndɪˈtɜːmɪnəsɪ/ *n* неопределённость.
indeterminate /ˌɪndɪˈtɜːmɪnət/ *adj* (*not fixed*; *indefinite*) неопределённый; **an ~ sentence** неопределённый пригово́р; (*not settled*; *undecided*) нерешённый; неоконча́тельный; **an ~ result** неоконча́тельный результа́т; (*vague*; *indefinable*) нея́сный, сму́тный.
indeterminateness /ˌɪndɪˈtɜːmɪnətnɪs/ = **indeterminacy**
index /ˈɪndeks/ *n* (*pl* **indexes** *or esp tech* **indices**) **1** (*indicator, pointer on instrument*) стре́лка.
2 (*indicative figure or value*) и́ндекс; **retail price ~** и́ндекс ро́зничных цен; (*fig, indication*) показа́тель (*m*); **his behaviour** (*Br*), **behavior** (*US*) **was an ~ of his true feelings** по его́ поведе́нию мо́жно бы́ло сде́лать вы́вод о его́ и́стинных чу́вствах.
3 (*alphabetical*) указа́тель (*m*); **subject ~** предме́тный указа́тель; **card ~** картоте́ка; **~ card** (картоте́чная) ка́рточка.
4 (*math*) показа́тель (*m*) сте́пени.
5: **~ finger** указа́тельный па́лец.
● *vt* **1** (*compile ~ to*) снаб|жа́ть, -ди́ть указа́телем.
2 (*insert in ~*) зан|оси́ть, -ести́ в указа́тель.
3 (*econ, also* **~-link** (*Br*)) индекси́ровать (*impf, pf*).
India /ˈɪndɪə/ *n* И́ндия; **~ paper** кита́йская бума́га, би́бльдрук.
● *cpd* **i~rubber** *n* рези́нка, ла́стик.
Indian /ˈɪndɪən/ *n* **1** (*native of India*) инди́|ец (*fem* -а́нка). **2 (American ~)** инд|е́ец (*fem* -иа́нка). **3**: **West ~** вы́ходец из (*or* жи́тель (*m*) (*fem* -ница)) стран(– острово́в) Кари́бского бассе́йна; вести́нд|ец (*fem* -ка).
● *adj* **1** (*of India*) инди́йский; **~ hemp** (*plant*) конопля́ инди́йская; (*drug*) (*resin*) гаши́ш; (*dried leaves*) марихуа́на; **~ ink** тушь; **~ Ocean** Инди́йский океа́н. **2** (*North American*) инде́йский; **~ club** булава́; **~ corn** кукуру́за, маи́с; **in ~ file** гусько́м; **~ summer** ба́бье ле́то. **3**: **West ~** вест-и́ндский.
indicate /ˈɪndɪˌkeɪt/ *vt* (*point out*) пока́з|ывать, -а́ть; ука́з|ывать, -а́ть (*кого/что or на кого/что*); **he ~d the way** он указа́л/показа́л путь; (*fig, point to*) ука́з|ывать, -а́ть; **he ~d the need for secrecy** он указа́л на необходи́мость соблюде́ния та́йны; (*show*) обозн|ача́ть, -а́чить; **the frontier is ~d in red** грани́ца обозна́чена кра́сным (цве́том); (*state*) выража́ть, вы́разить; **he ~d his intentions** он вы́разил свои́ наме́рения; (*be a sign of*) свиде́тельствовать (*impf*) о + *p*; означа́ть (*impf*); быть при́знаком + *g*; **his manner ~d willingness to assist** его́ поведе́ние свиде́тельствовало о жела́нии помо́чь; **rust ~s neglect** ржа́вчина свиде́тельствует о плохо́м ухо́де; (*call for*) тре́бовать (*impf*) + *g*; **an operation is ~d** опера́ция необходи́ма/пока́зана.
indication /ˌɪndɪˈkeɪʃ(ə)n/ *n* (*pointing out*) указа́ние; (*sign*) знак, указа́тель (*m*); **~ of a right of way** указа́тель пра́ва прое́зда; **all the ~s are that he has left the country** всё свиде́тельствует о том, что он уе́хал из страны́; (*suggestion*; *intimation*) при́знак, намёк; **he gave no ~ of his feelings** он ниче́м не вы́дал свои́х чувств; (*portent*) при́знак; **~s of trouble** при́знаки неприя́тностей.
indicative /ɪnˈdɪkətɪv/ *n* (*gram*) изъяви́тельное наклоне́ние.
● *adj* **1**: **~ of** (*suggesting, showing*) ука́зывающий на + *a*; свиде́тельствующий о + *p*; **a headache may be ~ of eye strain** головна́я боль иногда́ свиде́тельствует о перенапряже́нии глаз; **this may be ~ of his intentions** э́то, возмо́жно, ука́зывает на его́ наме́рения. **2** (*gram*) изъяви́тельный.
indicator /ˈɪndɪˌkeɪtə(r)/ *n* **1** (*pointer of instrument*) стре́лка; указа́тель (*m*).
2 (*other indicating device*) индика́тор; (*Br, on vehicle*) указа́тель (*m*) поворо́та; указа́тели направле́ния; **~ board** (*Br, showing train arrivals and departures*) табло́ (*indecl*). **3** (*chem*) индика́тор; **litmus paper is an ~ of acid** ла́кмусовая бума́га явля́ется индика́тором кислоты́. **4** (*fig, sign, symptom*) показа́тель (*m*), при́знак.
indices /ˈɪndɪˌsiːz/ *pl of* ⇒**index**
indict /ɪnˈdaɪt/ *vt* предъяв|ля́ть, -и́ть обвине́ние + *d*; **he was ~ed for theft** он был обвинён в кра́же.
indictable /ɪnˈdaɪtəb(ə)l/ *adj*: **an ~ offence** преступле́ние, пресле́дуемое по обвини́тельному а́кту.
indictment /ɪnˈdaɪtmənt/ *n* (*charge*) обвини́тельный акт; (*action*) предъявле́ние обвине́ния; **bring an ~ against s.o.** предъяв|ля́ть, -и́ть обвине́ние кому́-н.; (*fig*): **these figures are an ~ of government policy** э́ти ци́фры слу́жат обвини́тельным докуме́нтом про́тив поли́тики прави́тельства.
Indies /ˈɪndɪz/ *n pl*: **the East ~** Ост-И́ндия; **the West ~** Вест-И́ндия.
indifference /ɪnˈdɪfrəns/ *n* **1** (*absence of interest*) безразли́чие; индифферéнтность; равноду́шие; **he regarded the matter with ~** он отнёсся к э́тому де́лу с равноду́шием. **2** (*absence of feeling*) безразли́чие; равноду́шие; **he showed complete ~ to their sufferings** он прояви́л по́лное равноду́шие к их страда́ниям. **3** (*small importance*) малова́жность; **it is a matter of ~ to me** мне э́то безразли́чно; э́то для меня́ не име́ет значе́ния.
indifferent /ɪnˈdɪfrənt/ *adj* (*without interest*) безразли́чный; равноду́шный; индифферéнтный; (*mediocre*) посре́дственный.
indigence /ˈɪndɪdʒ(ə)ns/ *n* нищета́, нужда́.
indigenous /ɪnˈdɪdʒɪnəs/ *adj* тузе́мный; ме́стный; **kangaroos are ~ to Australia** кенгуру́ во́дятся в Австра́лии.
indigent /ˈɪndɪdʒ(ə)nt/ *adj* малоиму́щий, бе́дный, ни́щий.
indigestible /ˌɪndɪˈdʒestɪb(ə)l/ *adj* неудобовари́мый.
indigestion /ˌɪndɪˈdʒestʃ(ə)n/ *n* несваре́ние, диспепси́я; **the meal has given me ~** э́та еда́ вы́звала у меня́ несваре́ние желу́дка; **he gets ~ after eating** по́сле еды́ у него́ быва́ет изжо́га.
indignant /ɪnˈdɪgnənt/ *adj* возмущённый; негоду́ющий; **I was ~ at his remark** его́ замеча́ние меня́ возмути́ло; **he became ~ with me** он вознегодова́л на меня́; **an ~ protest** гне́вный проте́ст.
indignation /ˌɪndɪgˈneɪʃ(ə)n/ *n* возмуще́ние, негодова́ние, гнев; **the sight aroused his ~** э́то зре́лище вы́звало у него́ возмуще́ние; **he was full of ~ against the police** он был возмущён поведе́нием поли́ции.
indignit|y /ɪnˈdɪgnɪtɪ/ *n* униже́ние, оскорбле́ние; **we were subjected to various ~ies** мы подве́рглись вся́ческим униже́ниям.
indigo /ˈɪndɪˌgəʊ/ *n* (*pl* **~s**) (*dye*) инди́го (*indecl*); **~ blue** цвет инди́го; си́не-фиоле́товый цвет.
● *adj* тёмно-си́ний, си́не-фиоле́товый; (*colour of spectrum*) си́ний.
indirect /ˌɪndaɪˈrekt/ *adj* непрямо́й, ко́свенный; опосре́д(ств)ованный; **an ~ route** обходно́й/око́льный путь; **~ lighting** отражённый свет; **~ tax** ко́свенный нало́г; **an ~ reference** ко́свенная ссы́лка; (*secondary*) побо́чный, втори́чный; **~ effect** побо́чный/дополни́тельный эффе́кт; (*gram*): **~ object** ко́свенное

дополне́ние; ~ **speech** ко́свенная речь.

indiscernible /ˌɪndɪˈsɜːnɪb(ə)l/ *adj* неразличи́мый.

indiscipline /ɪnˈdɪsɪplɪn/ *n* недисциплини́рованность.

indiscreet /ˌɪndɪˈskriːt/ *adj* (*incautious*) неосторо́жный; неосмотри́тельный; (*tactless*) беста́ктный; **an ~ question** нескро́мный вопро́с.

indiscretion /ˌɪndɪˈskreʃ(ə)n/ *n* (*indiscreetness*) нескро́мность; (*indiscreet act*) неосторо́жный посту́пок; (*revelation of secret*) неосторо́жность в выска́зываниях; **he committed an ~** он проговори́лся.

indiscriminate /ˌɪndɪˈskrɪmɪnət/ *adj* **1** (*undiscriminating*) неразбо́рчивый; **an ~ reader** нетре́бовательный/неразбо́рчивый чита́тель; **to be ~ in one's friendships** води́ться (*impf*) с любы́м и ка́ждым; быть неразбо́рчивым в друзья́х. **2** (*random*) де́йствующий без разбо́ра; **he gives ~ praise** он хва́лит без разбо́ра; **he hit out ~ly** он наноси́л уда́ры куда́ попа́ло (*or* напра́во и нале́во). **3** (*disorderly*; *unselected*) беспоря́дочный; **an ~ mass of data** ку́ча беспоря́дочной информа́ции.

indispensability /ɪndɪˌspensəˈbɪlɪtɪ/ *n* необходи́мость; незамени́мость.

indispensable /ˌɪndɪˈspensəb(ə)l/ *adj* (*of thing*) необходи́мый; **air is ~ to life** во́здух необходи́м для жи́зни; (*of person*) незамени́мый.

indisposed /ˌɪndɪˈspəʊzd/ *adj* (*disinclined*): **I am ~ to believe you** я не скло́нен вам ве́рить; (*unwell*) (немно́го) нездоро́вый; **the Queen is ~** короле́ве нездоро́вится.

indisposition /ˌɪndɪspəˈzɪʃ(ə)n/ *n* (*disinclination*) нерасположе́ние, нежела́ние; (*feeling unwell*) недомога́ние.

indisputability /ˌɪndɪsˌpjuːtəˈbɪlɪtɪ/ *n* неоспори́мость.

indisputabl|e /ˌɪndɪˈspjuːtəb(ə)l/ *adj* неоспори́мый; **his genius is ~e** он бесспо́рно гениа́льный челове́к; **you are ~y correct** вы бесспо́рно пра́вы.

indissolubility /ˌɪndɪˌsɒljʊˈbɪlɪtɪ/ *n* нерушимость.

indissoluble /ˌɪndɪˈsɒljʊb(ə)l/ *adj* неразры́вный; неруши́мый; **~ bonds of friendship** неразры́вные у́зы дру́жбы; (*chem*) нераствори́мый.

indistinct /ˌɪndɪˈstɪŋkt/ *adj* (*of things seen or heard*) нея́сный; невня́тный; **his speech was ~** он говори́л невня́тно; (*vague*; *obscure*) сму́тный, расплы́вчатый; **I have only an ~ memory of him** я по́мню его́ о́чень сму́тно.

indistinctness /ˌɪndɪˈstɪŋktnɪs/ *n* (*of sense objects*) нея́сность, неотчётливость; (*of mental images*) расплы́вчатость, нея́сность.

indistinguishable /ˌɪndɪˈstɪŋgwɪʃəb(ə)l/ *adj* (*not recognizably different*) неразличи́мый, неотличи́мый; **he is ~ from his brother** его́ невозмо́жно отличи́ть от бра́та; **the two are ~** э́ти дво́е неразличи́мы.

individual /ˌɪndɪˈvɪdjʊəl/ *n* **1** (*single being*) ли́чность, индиви́дуум, едини́ца, о́собь; **the rights of the ~** права́ ли́чности. **2** (*type of person*) челове́к, тип, субъе́кт; **an unpleasant ~** неприя́тный тип.
● *adj* **1** (*single, particular*) отде́льный. **2** (*of or for one person*) ли́чный, ча́стный; **the teacher gave each pupil ~ attention** учи́тель уделя́л внима́ние ка́ждому ученику́. **3** (*distinctive*) характе́рный, осо́бенный; **he has an ~ style of writing** у него́ оригина́льный/осо́бый/своеобра́зный стиль письма́.

individualism /ˌɪndɪˈvɪdjʊəˌlɪz(ə)m/ *n* индивидуали́зм.

individualist /ˌɪndɪˈvɪdjʊəlɪst/ *n* индивидуали́ст.

individualistic /ˌɪndɪvɪdjʊəˈlɪstɪk/ *adj* индивидуалисти́ческий.

individuality /ˌɪndɪvɪdjʊˈælɪtɪ/ *n* индивидуа́льность.

individualization /ˌɪndɪvɪdjʊəlaɪˈzeɪʃ(ə)n/ *n* индивидуализа́ция.

individualize /ˌɪndɪˈvɪdjʊəˌlaɪz/ *vt* (*give distinct character to*) индивидуализи́ровать (*impf, pf*).

indivisibility /ˌɪndɪˌvɪzɪˈbɪlɪtɪ/ *n* недели́мость.

indivisible /ˌɪndɪˈvɪzɪb(ə)l/ *adj* недели́мый.

Indo-China /ˈɪndəʊˈtʃaɪnə/ *n* Индокита́й.

indoctrinate /ɪnˈdɒktrɪˌneɪt/ *vt* внуш|а́ть, -и́ть при́нципы + *d*; подв|ерга́ть, -е́ргнуть идеологи́ческой обрабо́тке.

indoctrination /ɪnˌdɒktrɪˈneɪʃ(ə)n/ *n* идеологи́ческая обрабо́тка.

Indo-European /ˌɪndəʊˌjʊərəˈpɪən/ *adj* индоевропе́йский.

indolence /ˈɪndələns/ *n* ле́ность, вя́лость.

indolent /ˈɪndələnt/ *adj* лени́вый, вя́лый.

indomitability /ɪnˌdɒmɪtəˈbɪlɪtɪ/ *n* неукроти́мость.

indomitable /ɪnˈdɒmɪtəb(ə)l/ *adj* неукроти́мый.

Indonesia /ˌɪndəʊˈniːzɪə/ *n* Индоне́зия.

Indonesian /ˌɪndəˈniːzjən, -ʒ(ə)n, -ʃ(ə)n/ *n* (*person*) индонези́|ец (*fem* -йка); (*language*) индонези́йский язы́к.
● *adj* индонези́йский.

indoor /ˈɪndɔː(r)/ *adj* ко́мнатный; **~ aerial** вну́тренняя/ко́мнатная анте́нна; **~ court** закры́тый корт; **~ games** ко́мнатные и́гры; **~ swimming pool** закры́тый бассе́йн.

indoors /ɪnˈdɔːz/ *adv* (*expressing position*) в до́ме; взаперти́; в четырёх сте́нах; **we stayed ~ all morning** мы просиде́ли до́ма (*or* никуда́ не выходи́ли) всё у́тро; (*expressing motion*) в дом, внутрь.

indubitable /ɪnˈdjuːbɪtəb(ə)l/ *adj* несомне́нный; бесспо́рный.

induc|e /ɪnˈdjuːs/ *vt* **1** (*persuade, prevail on*) убе|жда́ть, -ди́ть; возде́йствовать (*impf, pf*) на + *a*; **nothing will ~e him to change his mind** ничто́ не заста́вит его́ измени́ть реше́ние. **2** (*bring about*) вызыва́ть, вы́звать; **illness ~ed by fatigue** боле́знь, вы́званная переутомле́нием; **sleep-~ing drugs** снотво́рные сре́дства; **~e labour** (*Br*), **labor** (*US*)/**a birth** стимули́ровать (*impf, pf*) ро́ды. **3** (*elec*) индукти́ровать (*impf, pf*); **~ed current** индукти́рованный ток. **4** (*logic*) выводи́ть, вы́вести путём инду́кции.

inducement /ɪnˈdjuːsmənt/ *n* (*motive, incentive*) сти́мул; **there is no ~ for me to stay here** ничто́ не уде́рживает меня́ здесь; (*lure*) прима́нка; **the ~s of the capital** притяга́тельная си́ла столи́чной жи́зни (*or* столи́цы).

induct /ɪnˈdʌkt/ *vt* (*install in post*) вв|оди́ть, -ести́; назн|ача́ть, -а́чить на до́лжность; (*initiate*) вв|оди́ть, -ести́; посвя|ща́ть, -ти́ть; (*US, into armed forces*) приз|ыва́ть, -ва́ть на вое́нную слу́жбу.

inductance /ɪnˈdʌkt(ə)ns/ *n* индукти́вность.

induction /ɪnˈdʌkʃ(ə)n/ *n* **1** (*installation in post*) введе́ние в до́лжность; (*introduction, initiation*) введе́ние, вступле́ние; (*US, into armed forces*) призы́в на вое́нную слу́жбу. **2** (*logic*) инду́кция. **3** (*elec*) инду́кция. **4** (*med, of a birth*) стимуля́ция ро́дов.

inductive /ɪnˈdʌktɪv/ *adj* (*logic*) индукти́вный; (*elec*) индукти́вный; индукцио́нный.

indulge /ɪnˈdʌldʒ/ *vt* (*gratify, give way to*) потво́рствовать (*impf*) + *d*; потака́ть (*impf*) + *d*; **she ~d all his wishes** она́ потака́ла всем его́ жела́ниям; (*spoil*) по́ртить, ис-; баложа́ть, из-; **their children have been over~d** их де́ти избало́ваны; (*entertain*) пита́ть (*impf*); леле́ять (*impf*); **I still ~ the hope that …** я всё ещё леле́ю наде́жду, что…
● *vi* (*allow o.s. pleasure*) увлека́ться (*impf*) (*чем*); не отказа́ть (*pf*) себе́ в удово́льствии; **he ~s in a cigar** он позволя́ет себе́ вы́курить сига́ру; **she rarely ~s in a new dress** она́ ре́дко позволя́ет себе́ поку́пку но́вого пла́тья; (*coll, partake of drink*) выпива́ть (*impf*).

indulgence /ɪnˈdʌldʒ(ə)ns/ *n* **1** (*gratification of others*) потво́рство, потака́ние, побла́жка; (*of o.s.*) потво́рство свои́м при́хотям. **2** (*tolerance*) снисходи́тельность, терпи́мость. **3** (*pleasure indulged in*) удово́льствие; **smoking is his only ~** куре́ние — его́ еди́нственная сла́бость. **4** (*eccl*) индульге́нция.

indulgent /ɪnˈdʌldʒ(ə)nt/ *adj* (*compliant*) потво́рствующий; (*tolerant*) снисходи́тельный, терпи́мый; **~ criticism** снисходи́тельная кри́тика; **~ parents** не сли́шком стро́гие роди́тели.

Indus /ˈɪndəs/ *n* Инд.

industrial /ɪnˈdʌstrɪəl/ *adj* промы́шленный, индустриа́льный; **~ accident** несча́стный слу́чай на произво́дстве; **~ action** (*Br*) забасто́вочные де́йствия; **~ area** индустриа́льный райо́н; **~ design** промы́шленный диза́йн; **~ disease** профессиона́льное заболева́ние; **~ dispute** трудово́й конфли́кт;

~ estate (*Br*) промы́шленная зо́на; **~ park** (*US*) = **~ estate**; **~ relations** произво́дственные отноше́ния (ме́жду работода́телями и (их) рабо́тниками); **the I~ Revolution** (*hist*) промы́шленный переворо́т (*в Британии конца восемнадцатого — первой половины девятнадцатого веков*); **~ training** произво́дственное обуче́ние.

industrialism /ɪn'dʌstrɪə,lɪz(ə)m/ *n* индустриали́зм.

industrialist /ɪn'dʌstrɪəlɪst/ *n* промы́шленник; фабрика́нт.

industrialization /ɪn,dʌstrɪəlaɪ'zeɪʃ(ə)n/ *n* индустриализа́ция.

industrialize /ɪn'dʌstrɪə,laɪz/ *vt* индустриализи́ровать (*impf, pf*).

industrious /ɪn'dʌstrɪəs/ *adj* трудолюби́вый, усе́рдный.

industr|y /'ɪndəstrɪ/ *n* **1** (*branch of manufacture*) о́трасль; **home ~ies** о́трасли оте́чественной промы́шленности; **cottage ~y** надо́мный про́мысел; куста́рная промы́шленность; **a dying ~y** отмира́ющая о́трасль промы́шленности. **2** (*the world of manufacture*) индустри́я; промы́шленность; **he intends to go into ~y** он хо́чет заня́ться произво́дством. **3** (*diligence*) трудолю́бие; усе́рдие.

indwelling /ɪn'dwelɪŋ/ *adj* прису́щий.

inebriate[1] /ɪ'ni:brɪət/ *n* пья́ница (*cg*). ● *adj* пья́ный; опьянённый.

inebriate[2] /ɪ'ni:brɪ,eɪt/ *vt* (*usu in pp*) вызыва́ть, вы́звать опьяне́ние у + *g*; **~d** пья́ный; **he became ~d** он опьяне́л.

inedible /ɪn'edɪb(ə)l/ *adj* несъедо́бный.

ineducable /ɪn'edjʊkəb(ə)l/ *adj* необуча́емый.

ineffable /ɪn'efəb(ə)l/ *adj* неопису́емый, невырази́мый.

ineffective /,ɪnɪ'fektɪv/ *adj* неэффекти́вный; безрезульта́тный; (*of person, inefficient*) неуме́лый, неспосо́бный.

ineffectiveness /,ɪnɪ'fektɪvnɪs/ *n* неэффекти́вность; безрезульта́тность, неуме́ние, неспосо́бность.

ineffectual /ɪnɪ'fektjʊəl, -ʃʊəl/ *adj* безрезульта́тный, неуда́чный; **an ~ person** неуда́чник.

inefficacy /ɪn'efɪkəsɪ/ *n* бесполе́зность, неэффекти́вность.

inefficiency /,ɪnɪ'fɪʃ(ə)nsɪ/ *n* неэффекти́вность, неспосо́бность.

inefficient /,ɪnɪ'fɪʃ(ə)nt/ *adj* (*of persons*) неуме́лый, неспосо́бный; (*of organizations, measures, etc.*) неэффекти́вный; малопроизводи́тельный; (*of machines*) непроизводи́тельный.

inelegance /ɪn'elɪgəns/ *n* неэлега́нтность.

inelegant /ɪn'elɪgənt/ *adj* неэлега́нтный.

ineligibility /ɪn,elɪdʒɪ'bɪlɪtɪ/ *n* неприго́дность.

ineligible /ɪn'elɪdʒɪb(ə)l/ *adj* (*for office*) неподходя́щий; (*for military service*) него́дный (**for:** к + *d*); (*for a benefit*) не име́ющий пра́ва (**for:** на + *a*).

ineluctable /,ɪnɪ'lʌktəb(ə)l/ *adj* неотврати́мый, неизбе́жный.

inept /ɪ'nept/ *adj* (*clumsy*) неуме́лый.

ineptitude /ɪ'neptɪ,tju:d/ *n* неуме́ние; (*act*) глу́пая выходка.

inequalit|y /,ɪnɪ'kwɒlɪtɪ/ *n* (*lack of equality*) нера́венство; (*difference*) ра́зница; **~ies in wealth** иму́щественное нера́венство.

inequitable /ɪn'ekwɪtəb(ə)l/ *adj* несправедли́вый.

inequity /ɪn'ekwɪtɪ/ *n* несправедли́вость.

ineradicable /,ɪnɪ'rædɪkəb(ə)l/ *adj* неискорени́мый.

inert /ɪ'nə:t/ *adj* (*of substance*) ине́ртный; (*of the body, movements, etc.*) тяжёлый, неповоро́тливый; (*fig, of person*) вя́лый, безде́ятельный.

inertia /ɪ'nə:ʃə, -ʃɪə/ *n* (*phys*) ине́рция; (*inertness, sloth*) ине́ртность.

inertness /ɪ'nə:tnɪs/ = **inertia**

inescapable /,ɪnɪ'skeɪpəb(ə)l/ *adj* неизбе́жный.

inessential /,ɪnɪ'senʃ(ə)l/ *adj* незначи́тельный; несуще́ственный.

inestimable /ɪn'estɪməb(ə)l/ *adj* неоцени́мый.

inevitability /ɪn,evɪtə'bɪlɪtɪ/ *n* неизбе́жность.

inevitable /ɪn'evɪtəb(ə)l/ *adj* неизбе́жный, немину́емый; (*coll, customary*) неизме́нный.

inexact /,ɪnɪg'zækt/ *adj* нето́чный.

inexactitude /,ɪnɪg'zæktɪtju:d/ *n* нето́чность.

inexcusable /,ɪnɪk'skju:zəb(ə)l/ *adj* непрости́тельный.

inexhaustible /,ɪnɪg'zɔ:stɪb(ə)l/ *adj* (*unfailing*) неистощи́мый, неисчерпа́емый; **~ energy** неистощи́мая эне́ргия; **~ patience** неистощи́мое терпе́ние; **an ~ supply** неисчерпа́емый запа́с; (*untiring*) неутоми́мый.

inexorability /ɪn,eksərə'bɪlɪtɪ/ *n* неумоли́мость, непрекло́нность.

inexorable /ɪn'eksərəb(ə)l/ *adj* (*relentless, unyielding*) неумоли́мый, непрекло́нный; безжа́лостный; **~ demands** непрекло́нные/безжа́лостные тре́бования; **~ logic** неумоли́мая ло́гика.

inexpedient /,ɪnɪk'spi:dɪənt/ *adj* нецелесообра́зный.

inexpensive /,ɪnɪk'spensɪv/ *adj* недорого́й.

inexperience /,ɪnɪk'spɪərɪəns/ *n* нео́пытность.

inexperienced /,ɪnɪk'spɪərɪənsd/ *adj* нео́пытный.

inexpert /ɪn'ekspə:t/ *adj* неуме́лый.

inexplicable /,ɪnɪk'splɪkəb(ə)l, ɪn'eks-/ *adj* необъясни́мый.

inexplicit /,ɪnɪk'splɪsɪt/ *adj* непоня́тный; нея́сный.

inexpressible /,ɪnɪk'spresɪb(ə)l/ *adj* невырази́мый, неизъясни́мый.

inexpressive /,ɪnɪk'spresɪv/ *adj* невырази́тельный.

inextinguishable /,ɪnɪk'stɪŋgwɪʃəb(ə)l/ *adj* (*lit, fig*) неугаси́мый; (*fig*) неистреби́мый; **~ hatred** неугаси́мая не́нависть.

inextricabl|e /ɪn'ekstrɪkəb(ə)l, ,ɪnɪk'strɪk-/ *adj* неразры́вный; **~y linked** неразры́вно свя́занный.

infallibility /,ɪnfælɪ'bɪlɪtɪ/ *n* **1** (*incapability of error*) безоши́бочность, непогреши́мость; **Papal ~** непогреши́мость Па́пы. **2** (*dependability*) надёжность.

infallible /ɪn'fælɪb(ə)l/ *adj* (*action, plan, decision*) безоши́бочный; (*person*) непогреши́мый; (*unfailing*) надёжный; **an ~ method** надёжный/ ве́рный спо́соб; **~ proof** неопровержи́мое доказа́тельство.

infamous /'ɪnfəməs/ *adj* (*person*) бесла́вный; (*behaviour*) позо́рный.

infamy /'ɪnfəmɪ/ *n* (*evil repute*) дурна́я сла́ва; (*moral depravity*) ни́зость; (*infamous conduct*) позо́рное поведе́ние; (*shame, disgrace*) позо́р.

infancy /'ɪnfənsɪ/ *n* младе́нчество; **the child died in ~** ребёнок у́мер в младе́нчестве; **from his earliest ~** с ра́ннего де́тства.

infant /'ɪnf(ə)nt/ *n* младе́нец; **~ mortality** де́тская сме́ртность; **~ prodigy** вундерки́нд; **~ school** (*Br*) шко́ла для малыше́й, мла́дшие кла́ссы нача́льной шко́лы.

> **infant school**
>
> Пе́рвая ступе́нь нача́льной шко́лы в Великобрита́нии. Э́ти шко́лы получи́ли распростране́ние гла́вным о́бразом в А́нглии. Де́ти у́чатся в них три го́да. Они́ мо́гут быть самостоя́тельными и́ли явля́ться ча́стью по́лной нача́льной шко́лы, в кото́рой де́ти у́чатся до 11 лет.

infanticide /ɪn'fæntɪ,saɪd/ *n* (*person*) детоуби́йца (*cg*); (*crime*) детоуби́йство.

infantile /'ɪnfən,taɪl/ *adj* **1** де́тский, младе́нческий; **~ paralysis** де́тский парали́ч. **2** (*childish*) инфанти́льный.

infantilism /ɪn'fæntɪ,lɪz(ə)m/ *n* инфантили́зм.

infantry /'ɪnfəntrɪ/ *n* пехо́та; **~ regiment** пехо́тный полк. ● *cpd* **~man** *n* (*pl* **~men**) пехоти́нец.

infatuate /ɪn'fætjʊ,eɪt/ *vt*: **he is ~d with her** она́ покори́ла/плени́ла его́; **he was ~d with the idea** иде́я покори́ла его́.

infatuation /ɪn,fætjʊ'eɪʃ(ə)n/ *n* (*for s.o.*) влюблённость, увлече́ние; (*with sth*) увлече́ние.

infect /ɪn'fekt/ *vt* (*lit, fig*) зара|жа́ть, -зи́ть; **the wound became ~ed** ра́на загно́илась.

infection /ɪn'fekʃ(ə)n/ *n* (*infecting*) инфе́кция; (*infectious disease*) инфекцио́нное заболева́ние; **he caught the ~ from his brother** (*lit, fig*) он зарази́лся от бра́та.

infectious /ɪn'fekʃəs/ *adj* (*disease*) зара́зный, инфекцио́нный; (*person*) зара́зный; (*fig*) зарази́тельный; **his enthusiasm was ~** энтузиа́зм оказа́лся зарази́тельным.

infelicitous /,ɪnfɪ'lɪsɪtəs/ *adj* неуда́чный, неуме́стный.

infelicity /ˌɪnfɪˈlɪsɪtɪ/ *n* неуме́стность.

infer /ɪnˈfɜː(r)/ *vt* (**inferred, inferring**) **1** (*deduce*) заключ|а́ть, -и́ть; предпол|ага́ть, -ожи́ть; **am I to ~ that you disagree?** сле́дует ли мне заключи́ть, что вы не согла́сны?; **he ~red the worst from her expression** по выраже́нию её лица́ он предположи́л са́мое ху́дшее. **2** (*disputed, imply*) подразумева́ть (*impf*).

inferable /ɪnˈfɜːrəb(ə)l/ *adj* выводи́мый.

inference /ˈɪnfərəns/ *n* (*inferring*) выведе́ние; **by ~** путём выведе́ния; (*conclusion*) вы́вод; заключе́ние; **I drew the obvious ~** я сде́лал есте́ственный вы́вод.

inferential /ˌɪnfəˈrenʃ(ə)l/ *adj* (*inferred*) вы́веденный.

inferior /ɪnˈfɪərɪə(r)/ *n* (*in rank, social status, etc.*) подчинённый; (*in skill, mental attributes, etc.*): **he is her ~ in horsemanship** он е́здит на ло́шади ху́же, чем она́.

● *adj* **1** (*lower in position, rank, etc.*) ни́зший; **he held an ~ position** он занима́л (бо́лее) ни́зкое положе́ние; **the rank of captain is ~ to that of major** капита́н ни́же майо́ра по зва́нию. **2** (*poorer in quality*) ху́дший; **this batch is in no way ~ to the others** э́та па́ртия това́ра ничу́ть не ху́же други́х. **3** (*of poor quality*) плохо́й, скве́рный, низкосо́ртный, низкопро́бный; **an ~ specimen** плохо́й образе́ц. **4** (*of less importance*) неполноце́нный; **he makes me feel ~** в его́ прису́тствии у меня́ появля́ется ко́мплекс неполноце́нности.

inferiority /ɪnˌfɪərɪˈɒrɪtɪ/ *n* (*of position*) бо́лее ни́зкое положе́ние; (*of rank*) бо́лее ни́зкое зва́ние; (*of quality*) низкосо́ртность; (*of ability*) неполноце́нность; **~ complex** ко́мплекс неполноце́нности.

infernal /ɪnˈfɜːn(ə)l/ *adj* **1** (*of hell*) а́дский; **the ~ regions** ад, преиспо́дняя. **2** (*devilish, abominable*) а́дский, дья́вольский, инферна́льный; **an ~ machine** а́дская маши́на. **3** (*coll, confounded*) черто́вский; **an ~ nuisance** прокля́тие.

inferno /ɪnˈfɜːnəʊ/ *n* (*pl* **~s**) (*lit, fig*) ад; **the building became a blazing ~** дом преврати́лся в пыла́ющий/о́гненный ад.

infertile /ɪnˈfɜːtaɪl/ *adj* (*soil*) неплодоро́дный; (*woman, man*) беспло́дный; (*cell*) стери́льный.

infertility /ɪnˌfɜːˈtɪlɪtɪ/ *n* неплодоро́дность, беспло́дность, стери́льность.

infest /ɪnˈfest/ *vt* наводн|я́ть, -и́ть; **the house is ~ed with rats** дом наводнён кры́сами; **his clothes were ~ed with lice** его́ оде́жда кише́ла вша́ми; **pirates ~ed the coast** прибре́жные во́ды кише́ли пира́тами.

infestation /ˌɪnfeˈsteɪʃ(ə)n/ *n* (*of rats etc.*) наводне́ние; (*med*) зараже́ние парази́тами.

infidel /ˈɪnfɪd(ə)l/ *n & adj* (*rel*) неве́рный.

infidelity /ˌɪnfɪˈdelɪtɪ/ *n* неве́рность, изме́на (*супружеская*).

infighting /ˈɪnˌfaɪtɪŋ/ *n* (*boxing*) бой с бли́жней диста́нции, инфа́йтинг, бли́жний бой; (*fig*) междоусо́бица, вну́тренняя борьба́; вну́тренний конфли́кт.

infiltrate /ˈɪnfɪlˌtreɪt/ *vt* (*permeate*) пропи́т|ывать, -а́ть; (*fig*) прон|ика́ть, -и́кнуть; **the enemy ~d our lines** враг прони́к в наш тыл.

infiltration /ˌɪnfɪlˈtreɪʃ(ə)n/ *n* (*fig, mil and pol*) проникнове́ние, инфильтра́ция.

infinite /ˈɪnfɪnɪt/ *n*: **the ~** (*~ space*) бесконе́чность.

● *adj* (*boundless*) бесконе́чный, беспреде́льный; **the ~ goodness of God** беспреде́льная благода́ть Бо́жья; (*countless*) несме́тный; **there are ~ possibilities** возмо́жности неисчерпа́емы; (*very great*) огро́мный.

infinitesimal /ˌɪnfɪnɪˈtesɪm(ə)l/ *adj* бесконе́чно ма́лый.

infinitive /ɪnˈfɪnɪtɪv/ *n* инфинити́в, неопределённая фо́рма глаго́ла.

infinitude /ɪnˈfɪnɪˌtjuːd/ *n* (*boundlessness*) бесконе́чность, беспреде́льность; (*boundless number*) бесконе́чно большо́е число́.

infinity /ɪnˈfɪnɪtɪ/ *n* бесконе́чность.

infirm /ɪnˈfɜːm/ *adj* (*physically*) не́мощный, дря́хлый.

infirmary /ɪnˈfɜːmərɪ/ *n* (*hospital*) больни́ца; (*sick quarters*) изоля́тор.

infirmity /ɪnˈfɜːmɪtɪ/ *n* не́мощь; дря́хлость.

inflame /ɪnˈfleɪm/ *vt* **1**: **her eyes were ~d with weeping** от слёз у неё воспали́лись глаза́; **the wound became ~d** ра́на нагнои́лась/воспали́лась. **2** (*arouse*) возбу|жда́ть, -ди́ть; **~d with passion** пыла́ющий стра́стью.

inflammable /ɪnˈflæməb(ə)l/ *adj* легко́ воспламеня́ющийся, горю́чий.

inflammation /ˌɪnfləˈmeɪʃ(ə)n/ *n* воспале́ние.

inflammatory /ɪnˈflæmətərɪ/ *adj* (*lit*) воспали́тельный; (*fig*) зажига́тельный; подстрека́тельский.

inflatable /ɪnˈfleɪtəb(ə)l/ *n* (*boat*) надувна́я ло́дка; (*toy*) надувна́я игру́шка.

● *adj* надувно́й.

inflate /ɪnˈfleɪt/ *vt* **1** (*fill with air, gas, etc.*) над|ува́ть, -у́ть; нака́ч|ивать, -а́ть; (*fig*): **~d with pride** наду́тый от ва́жности; **~d language** напы́щенный язы́к; **~d importance** разду́тое значе́ние. **2** (*fin*): **~d prices** взви́нченные це́ны.

inflation /ɪnˈfleɪʃ(ə)n/ *n* (*of balloon, tyre, etc.*) надува́ние; (*econ*) инфля́ция, обесце́нивание.

inflationary /ɪnˈfleɪʃənərɪ/ *adj* инфляцио́нный.

inflect /ɪnˈflekt/ *vt* (*gram*) склоня́ть, про-; (*modulate*) модули́ровать (*impf*).

inflection /ɪnˈflekʃ(ə)n/ *n* (*gram*) склоне́ние; (*ending*) фле́ксия; (*of voice*) интона́ция.

inflexibility /ɪnˌfleksɪˈbɪlɪtɪ/ *n* неги́бкость, жёсткость; (*fig*) непрекло́нность, непоколеби́мость.

inflexible /ɪnˈfleksɪb(ə)l/ *adj* неги́бкий, жёсткий; (*fig*) непрекло́нный, непоколеби́мый.

inflict /ɪnˈflɪkt/ *vt* (*a blow*) нан|оси́ть, -ести́; (*pain*) причин|я́ть, -и́ть; **he ~ed a mortal blow on the enemy** он нанёс врагу́ смерте́льный уда́р; **a self-~ed wound** ра́на, нанесённая самому́ себе́; **the judge ~ed a severe penalty** судья́ наложи́л суро́вое наказа́ние; **I don't wish to ~ myself upon you** я не хочу́ навя́зываться вам.

infliction /ɪnˈflɪkʃ(ə)n/ *n* (*of blow*) нанесе́ние; (*of pain*) причине́ние; (*of penalty etc.*) наложе́ние.

in-flight /ˈɪnflaɪt/ *adj* происходя́щий в полёте (*or* на борту́) самолёта.

inflow /ˈɪnfləʊ/ *n* (*of liquid*) втека́ние; (*of goods, money, etc.*) напл́ыв, прито́к.

influence /ˈɪnflʊəns/ *n* (*power to affect or change*) влия́ние, возде́йствие; **she is a good ~ on him** она́ на него́ хорошо́ влия́ет; **he is an ~ for good** он хорошо́ возде́йствует/влия́ет на окружа́ющих; **fall under s.o.'s ~** поп|ада́ть, -а́сть под чьё-н. влия́ние; **under the ~ (of drink)** под возде́йствием (алкого́ля); **he has ~ with the government** он име́ет влия́ние на прави́тельство; (*power due to position or wealth*) влия́ние; авторите́т; **he used his ~ on my behalf** он испо́льзовал своё влия́ние, что́бы помо́чь мне; **a man of ~** влия́тельный челове́к.

● *vt* влия́ть, по- на + *a*; ока́з|ывать, -а́ть влия́ние на + *a*; де́йствовать, по- (*or* возде́йствовать (*impf, pf*)) на + *a*; **nothing will ~ me to change my mind** ничто́ не заста́вит меня́ измени́ть моё реше́ние; **he was ~d by what he saw** уви́денное повлия́ло на него́.

influential /ˌɪnflʊˈenʃ(ə)l/ *adj* влия́тельный.

influenza /ˌɪnflʊˈenzə/ *n* грипп.

influx /ˈɪnflʌks/ *n* (*fig*) напл́ыв.

inform /ɪnˈfɔːm/ *vt* **1** (*tell; make aware*) сообщ|а́ть, -и́ть + *d*; информи́ровать (*impf, pf*); осв|едомля́ть, -е́домить; ста́вить, по- в изве́стность; **I was not ~ed of the facts** мне не сообщи́ли о фа́ктах; **keep me ~ed** держи́те меня́ в ку́рсе дел; **according to ~ed opinion** согла́сно осведомлённым исто́чникам; **he is a well-~ed man** он о́чень осведомлённый челове́к; **an ~ed guess** обосно́ванная дога́дка. **2** (*inspire*) воодушев|ля́ть, -и́ть.

● *vi* дон|оси́ть, -ести́; **he ~ed against, on his comrades** он донóсил на свои́х това́рищей.

informal /ɪnˈfɔːm(ə)l/ *adj* неофициа́льный; непринуждённый; **it will be an ~ party** ве́чер бу́дет дру́жеский; **~ dress** повседне́вная оде́жда; **an ~ meeting** неофициа́льная встре́ча.

informality /ɪnˌfɔːˈmælɪtɪ/ *n* непринуждённость.

informant /ɪnˈfɔːmənt/ *n* информа́тор; исто́чник информа́ции; (*police informer*) осведоми́тель (*fem* -ница); (*ling*) информа́нт.

information /ˌɪnfəˈmeɪʃ(ə)n/ *n* информа́ция; све́дения (*nt pl*); спра́вка; да́нные (*nt pl*); **a useful piece of ~** поле́зная информа́ция; **according to my ~** согла́сно мои́м све́дениям; **can you give me any ~ about fares?** да́йте мне, пожа́луйста, спра́вку о сто́имости прое́зда?; **he is a mine of ~** он кла́дезь зна́ний; **for your ~** к ва́шему све́дению; **~ bureau** спра́вочное бюро́; **~ desk** спра́вочный стол; **~ science** информа́тика; **~ technology** информацио́нн|ые техноло́ги|и, -ая -я; (*subject taught at school, college, etc., also*) информа́тика.

informative /ɪnˈfɔːmətɪv/ *adj* информати́вный; поучи́тельный; **I found him most ~** он снабди́л меня́ о́чень поле́зной информа́цией; **an ~ article** содержа́тельная/поучи́тельная статья́.

informer /ɪnˈfɔːmə(r)/ *n* (*police ~*) осведоми́тель (*fem* -ница); (*against s.o.*) доно́счи|к (*fem* -ца).

infraction /ɪnˈfrækʃ(ə)n/ *n* наруше́ние.

infra dig /ˌɪnfrə ˈdɪg/ *pred adj* (*coll*) унизи́тельно.

infrared /ˌɪnfrəˈred/ *adj* инфракра́сный.

infrastructure /ˈɪnfrəˌstrʌktʃə(r)/ *n* инфраструкту́ра.

infrequency /ɪnˈfriːkwənsɪ/ *n* ре́дкость.

infrequent /ɪnˈfriːkwənt/ *adj* ре́дкий.

infringe /ɪnˈfrɪndʒ/ *vt & i* нар|уша́ть, -у́шить; посяг|а́ть, -ну́ть на + *a*; ущем|ля́ть, -и́ть; **this does not ~ on your rights** э́то не ущемля́ет ва́ших прав.

infringement /ɪnˈfrɪndʒmənt/ *n* наруше́ние; посяга́тельство; ущемле́ние.

infuriat|e /ɪnˈfjʊərɪˌeɪt/ *vt* прив|оди́ть, -ести́ в я́рость/бе́шенство; разъяр|я́ть, -и́ть; **an ~ing delay** возмути́тельная заде́ржка; **he became ~ed with me** он разозли́лся на меня́.

infuse /ɪnˈfjuːz/ *vt* (*pour in*) вли|ва́ть, -ть; (*steep in liquid*) зава́р|ивать, -и́ть; наст|а́ивать, -оя́ть; (*inspire*) всел|я́ть, -и́ть; внуш|а́ть, -и́ть.

● *vi* наст|а́иваться, -оя́ться; **let the tea ~ for 5 minutes** пусть чай наста́ивается пять мину́т.

infusion /ɪnˈfjuːʒ(ə)n/ *n* влива́ние; (*fig*) внуше́ние; (*of tea, herbs, etc.*) наста́ивание; (*liquid made by ~*) насто́йка.

ingenious /ɪnˈdʒiːnɪəs/ *adj* изобрета́тельный; остроу́мный; **an ~ solution** остроу́мное/оригина́льное реше́ние; (*of a device, machine etc.*) иску́сный; замыслова́тый.

ingenuity /ˌɪndʒɪˈnjuːɪtɪ/ *n* изобрета́тельность; оригина́льность.

ingenuous /ɪnˈdʒenjʊəs/ *adj* (*sincere*) и́скренний; (*candid*) открове́нный; (*simple, unsophisticated*) просто́й, простоду́шный; (*naive*) на́ивный, простоду́шный.

ingenuousness /ɪnˈdʒenjʊəsnɪs/ *n* и́скренность; простоду́шие.

ingest /ɪnˈdʒest/ *vt* глота́ть (*impf*), прогл|а́тывать, -оти́ть.

ingestion /ɪnˈdʒestʃ(ə)n/ *n* (*physiol*) приём (пи́щи).

inglenook /ˈɪŋg(ə)lˌnʊk/ *n* месте́чко у ками́на.

inglorious /ɪnˈglɔːrɪəs/ *adj* (*ignominious*) бесcла́вный; (*obscure*) незаме́тный.

ingot /ˈɪŋgɒt, -gət/ *n* сли́ток.

ingrained /ɪnˈgreɪnd, *attr* ˈɪn-/ *adj* **1** въе́вшийся; **~ dirt** въе́вшаяся грязь. **2** (*fig*) закорене́лый, врождённый; **~ prejudice** закорене́лый предрассу́док.

ingrate /ˈɪngreɪt, -ˈgreɪt/ *n* (*literary*) неблагода́рный челове́к.

ingratiat|e /ɪnˈgreɪʃɪˌeɪt/ *vt*: **~ o.s. with s.o.** сниск|ивать, -а́ть расположе́ние (+ *g*); **he ~ed himself with the new manager** он сниска́л расположе́ние но́вого нача́льника; **an ~ing smile** заи́скивающая улы́бка.

ingratitude /ɪnˈgrætɪˌtjuːd/ *n* неблагода́рность.

ingredient /ɪnˈgriːdɪənt/ *n* составна́я часть; (*of solution, mixture*) компоне́нт; ингредие́нт; **the ~s of a cake** ингредие́нты то́рта/ке́кса; **hard work is an important ~ of success** упо́рный труд — ва́жная составля́ющая успе́ха.

ingress /ˈɪngres/ *n* (*entry*) до́ступ; вхожде́ние; (*right of entry*) пра́во вхо́да.

ingrowing /ˈɪnˌgrəʊɪŋ/ *adj* враста́ющий; **~ toenail** враста́ющий но́готь (па́льца стопы́/ноги́).

Ingush /ˈɪŋgʊʃ/ *n* (*pl* **~** *or* **~es**) ингу́ш (*fem* -ка).

● *adj* ингу́шский.

● *cpd* **~ Republic** Ингуше́тия.

inhabit /ɪnˈhæbɪt/ *vt* (**inhabited, inhabiting**) жить (*impf*) в + *p*; обита́ть (*impf*) в + *p*; населя́ть (*impf*); **his family ~ed a large estate** его́ семья́ жила́ в большо́м поме́стье; **is the island ~ed?** э́тот о́стров обита́ем?; **the house was ~ed by foreigners** дом был населён иностра́нцами; **many birds ~ the forest** в лесу́ во́дится мно́го птиц.

inhabitable /ɪnˈhæbɪtəb(ə)l/ *adj* приго́дный для жилья́; жило́й.

inhabitant /ɪnˈhæbɪt(ə)nt/ *n* жи́тель (*fem* -ница); жиле́ц.

inhalation /ˌɪnhəˈleɪʃ(ə)n/ *n* вдыха́ние; (*med*) ингаля́ция.

inhale /ɪnˈheɪl/ *vt* вд|ыха́ть, -охну́ть.

● *vi* затя́гиваться (*сигаретой и т. п.*); **it is dangerous to ~** затя́гиваться вре́дно.

inhaler /ɪnˈheɪlə(r)/ *n* (*device*) ингаля́тор.

inharmonious /ˌɪnhɑːˈməʊnɪəs/ *adj* (*of sounds*) негармони́чный; (*fig*) негармони́рующий.

inhere /ɪnˈhɪə(r)/ *vi* быть прису́щим/сво́йственным; принадлежа́ть (*impf*) (+ *d*).

inherent /ɪnˈhɪərənt, ɪnˈherənt/ *adj* сво́йственный, прису́щий; (*inalienable*) неотъе́млемый.

inherit /ɪnˈherɪt/ *vt* (**inherited, inheriting**) насле́довать (*impf, pf; pf also* у-); получ|а́ть, -и́ть в насле́дство.

● *vi* (**inherited, inheriting**) полу|ча́ть, -и́ть насле́дство.

inheritable /ɪnˈherɪtəb(ə)l/ *adj* насле́дуемый.

inheritance /ɪnˈherɪt(ə)ns/ *n* (*inheriting*) насле́дование; (*sth inherited*) насле́дство.

inheritor /ɪnˈherɪtə(r)/ *n* насле́дни|к (*fem* -ца).

inhibit /ɪnˈhɪbɪt/ *vt* (**inhibited, inhibiting**) (*hinder, restrain*) угнета́ть (*impf*); подав|ля́ть, -и́ть; ско́в|ывать, -а́ть; **fear ~s his actions** страх ско́вывает его́ де́йствия; **an ~ed person** ско́ванный челове́к.

inhibition /ˌɪnhɪˈbɪʃ(ə)n/ *n* (*restraint*) подавле́ние; (*psychol*) торможе́ние.

inhospitable /ˌɪnhɒˈspɪtəb(ə)l, ɪn ˈhɒsp-/ *adj* негостеприи́мный, неприве́тливый; **an ~ coast** суро́вый бе́рег.

inhospitality /ɪnˌhɒspɪˈtælɪtɪ/ *n* негостеприи́мность, неприве́тливость.

inhuman /ɪnˈhjuːmən/ *adj* (*cruel*) бесчелове́чный; (*not human*) нечелове́ческий.

inhumane /ˌɪnhjuːˈmeɪn/ *adj* негума́нный, бесчелове́чный.

inhumanity /ˌɪnhjuːˈmænɪtɪ/ *n* бесчелове́чность, жесто́кость.

inhume /ɪnˈhjuːm/ *vt* погре|ба́ть, -сти́; пред|ава́ть, -а́ть земле́.

inimical /ɪˈnɪmɪk(ə)l/ *adj* (*hostile; conflicting*) вражде́бный; недружелю́бный; (*harmful*) вре́дный, неблагоприя́тный; **factors ~ to success** обстоя́тельства, препя́тствующие успе́ху.

inimitable /ɪˈnɪmɪtəb(ə)l/ *adj* неподража́емый; несравне́нный.

iniquitous /ɪˈnɪkwɪtəs/ *adj* (*unjust*) несправедли́вый; (*monstrous*) чудо́вищный.

iniquity /ɪˈnɪkwɪtɪ/ *n* (*injustice*) несправедли́вость; (*evil*) зло.

initial /ɪˈnɪʃ(ə)l/ *n* нача́льная/пе́рвая бу́ква; **what are your ~s?** ва́ши инициа́лы?; (*in pl, as signature*) инициа́лы (*m pl*).

● *adj* нача́льный, исхо́дный; **in the ~ stage** на первонача́льной ста́дии; **~ cost** первонача́льная сто́имость; **~ velocity** нача́льная ско́рость; **~ letter** нача́льная бу́ква.

● *vt* (**initialled, initialling;** *US* **initialed, initialing**): **~ a document** ста́вить, по- инициа́лы под докуме́нтом; (*diplomacy*) парафи́ровать (*impf, pf*) докуме́нт.

initially /ɪˈnɪʃəlɪ/ *adv* внача́ле, снача́ла.

initiate[1] /ɪˈnɪʃɪət/ *n* посвящённый.

initiate[2] /ɪˈnɪʃɪˌeɪt/ *vt* **1** (*set in motion*) нач|ина́ть, -а́ть. **2** (*introduce*) приобщ|а́ть, -и́ть (к + *d*); вв|оди́ть, -ести́ (в + *a*); посвя|ща́ть, -ти́ть (в + *a*); **they ~d him into society** они́ ввели́ его́ в о́бщество; **he was ~d into the mysteries of science** его́ посвяти́ли в та́йны нау́ки.

initiation /ɪˌnɪʃɪ'eɪʃ(ə)n/ *n* (*beginning*) основа́ние, установле́ние; (*admission; introduction*) посвяще́ние (в + *a*); введе́ние (в + *a*); **~ ceremonies** обря́ды посвяще́ния.

initiative /ɪ'nɪʃətɪv, ɪ'nɪʃɪətɪv/ *n* **1** (*lead*) инициати́ва, почи́н; **he took the ~** он взял инициати́ву на себя́; **he acted on his own ~** он де́йствовал по со́бственной инициати́ве. **2** (*enterprise*) инициати́ва, инициати́вность; **a man of ~** инициати́вный челове́к.

initiator /ɪ'nɪʃɪeɪtə(r)/ *n* инициа́тор.

inject /ɪn'dʒekt/ *vt* вв|оди́ть, -ести́; впры́с|кивать, -нуть; **the drug was ~ed into the bloodstream** лека́рство ввели́ в ве́ну; **the nurse ~ed his arm with morphia** сестра́ сде́лала ему́ уко́л мо́рфия в ру́ку; **he learned to ~ himself with insulin** он научи́лся де́лать себе́ уко́лы/инъе́кции инсули́на; (*fig*): **he will ~ new life into the government** он вдохнёт но́вую жизнь в де́ятельность прави́тельства.

injection /ɪn'dʒekʃ(ə)n/ *n* впры́скивание; инъе́кция; **have you had an ~ for cholera?** вы привива́лись про́тив холе́ры?

injudicious /ˌɪndʒu:'dɪʃəs/ *adj* неблагоразу́мный, неразу́мный.

injudiciousness /ˌɪndʒu:'dɪʃəsnɪs/ *n* неблагоразу́мие.

injunction /ɪn'dʒʌŋkʃ(ə)n/ *n* (*command*) прика́з, предписа́ние; (*law*) суде́бный запре́т.

injure /'ɪndʒə(r)/ *vt* (*physically*) ушиб|а́ть, -и́ть; повре|жда́ть, -ди́ть; ра́нить (*impf, pf*); **he was ~d in a fall** он ушйбся при паде́нии; **he fell and ~d himself** он упа́л и ушйбся; (*fig*): **he will ~ his own reputation** он сам испо́ртит себе́ репута́цию; (*offend*) ра́нить (*impf, pf*); об|ижа́ть, -и́деть; оскорб|ля́ть, -и́ть; **you have ~d his feelings** вы ра́нили/оскорби́ли его́ чу́вства.

injured /'ɪndʒəd/ *adj* (*suffering injury*) ра́неный; **an ~ soldier** ра́неный солда́т; **the ~ party** пострада́вшая сторона́; (*as n pl*): **the dead and ~** уби́тые и ра́неные; (*showing sense of wrong*) оби́женный, оскорблённый; **in an ~ voice** оби́женным то́ном.

injurious /ɪn'dʒʊərɪəs/ *adj* вре́дный, губи́тельный; **~ to health** вре́дный для здоро́вья; **remarks ~ to his reputation** замеча́ния, подрыва́ющие его́ репута́цию.

injur|y /'ɪndʒərɪ/ *n* (*to the body*) ра́на, ране́ние, уши́б, тра́вма; **a war ~y** боево́е ране́ние; **his ~ies were superficial** его́ ра́ны бы́ли лёгкие; **he sustained multiple ~ies** он получи́л мно́жество ране́ний; **he threatened to do me an ~y** он грози́лся меня́ поби́ть; (*to property etc.*) ущéрб; (*wrongful treatment*) оскорбле́ние; **that is adding insult to ~y** э́то равноси́льно но́вому оскорбле́нию; (*fig, damage*) вред, уще́рб; **this will do great ~y to our cause** э́то нанесёт большо́й вред на́шему де́лу.

injustice /ɪn'dʒʌstɪs/ *n* несправедли́вость; **you do him an ~** вы к нему́ несправедли́вы; **you are doing yourself an ~** вы де́йствуете себе́ во вред.

ink /ɪŋk/ *n* черни́л|а (*pl, g* —); **the words were underlined in red ~** слова́ бы́ли подчёркнуты кра́сными черни́лами; **an ~ drawing** рису́нок ту́шью.

● *with advs*: **~ in a drawing** покр|ыва́ть, -ы́ть рису́нок ту́шью; **~ over pencil lines** обв|оди́ть, -ести́ каранда́шные ли́нии черни́лами.

● *cpds* **~ blot** *n* черни́льная кля́кса; **~ bottle** *n* пузырёк для черни́л; **~jet** *adj*: **~jet printer** (*comput*) стру́йный при́нтер; **~-pad** *n* ште́мпельная поду́шечка; **~stand** *n* черни́льный прибо́р; **~well** *n* черни́льница.

inkling /'ɪŋklɪŋ/ *n* (*hint*) намёк; (*knowledge, suspicion*) подозре́ние; **I had not the least ~ of their intentions** я не име́л ни мале́йшего представле́ния об их наме́рениях.

inky /'ɪŋkɪ/ *adj* (**inkier, inkiest**) (*stained with ink*) запа́чканный черни́лами; (*black*) чёрный как смоль.

inland /'ɪnlənd, 'ɪnlænd/ *adj* располо́женный внутри́ страны/ материка́/контине́нта; **an ~ sea** вну́треннее мо́ре; **~ trade** (*Br*) вну́тренняя торго́вля; **I~ Revenue** (*Br*) Госуда́рственная нало́говая слу́жба.

● *adv* (*motion*) внутрь/вглубь страны́; (*place*) внутри́ страны́; **they travelled** (*Br*), **traveled** (*US*) **~** они́ е́хали вглубь страны́; **storms are more frequent ~** бу́ри быва́ют ча́ще в райо́нах, удалённых от мо́ря.

in-law /'ɪnlɔ:/ *n* ро́дственник со стороны́ му́жа/жены́; **~s** ро́дственники (*m pl*) со стороны́ му́жа/жены́, свояки́ (*coll*) (*m pl*).

inla|y /ɪn'leɪ/ *n* инкруста́ция; (*dentistry*) пло́мба.

● *vt* (*past and pp* **inlaid**) инкрусти́ровать (*impf, pf*); **an ~id floor** парке́тный пол с инкруста́цией.

inlet /'ɪnlet, -lɪt/ *n* **1** (*small arm of water*) у́зкий зали́в. **2** (*insertion in garment*) вста́вка. **3**: **~ valve** впускно́й кла́пан.

in loco parentis /ɪn ˌləʊkəʊ pə'rentɪs/ *adv* в ка́честве роди́телей.

inmate /'ɪnmeɪt/ *n* (*of house*) жиле́ц, обита́тель (*fem* -ница); (*of hospital etc.*) больно́й, пацие́нт; (*of prison*) заключённый.

in memoriam /ɪn mɪ'mɔ:rɪˌæm/ *prep* в па́мять + *g* (*or* о + *p*); па́мяти + *g*.

inmost /'ɪnməʊst, -məst/, **innermost** /'ɪnərməʊst, -məst/ *adjs* глубоча́йший; (*fig*) сокрове́ннейший.

inn /ɪn/ *n* тракти́р; постоя́лый двор.

● *cpds* **~keeper** *n* хозя́ин тракти́ра; тракти́рщи|к (*fem* -ца); **~ sign** *n* вы́веска тракти́ра.

innards /'ɪnədz/ *n pl* (*coll*) вну́тренности (*f pl*).

innate /ɪ'neɪt, 'ɪ-/ *adj* врождённый, приро́дный.

inner /'ɪnə(r)/ *adj* (*nearer to centre*) вну́тренний; **an ~ room** вну́тренняя ко́мната; **~ tube** ка́мера ши́ны; (*intimate*) инти́мный, сокрове́нный; **my ~ convictions** мои́ вну́тренние убежде́ния.

innermost /'ɪnəməʊst, -məst/ = **inmost**

inning /'ɪnɪŋ/ *n* (*US, baseball*) часть ма́тча, когда́ о́бе кома́нды отбива́ют мяч.

innings /'ɪnɪŋz/ *n* (*pl* **~** *or colloq* **~es**) (*cricket*) отбива́ние мяча́; (*fig*): **the Socialists had a long ~** социали́сты до́лго продержа́лись у вла́сти; **he had a good ~** (*Br*) он про́жил до́лгую жизнь.

innocence /'ɪnəs(ə)ns/ *n* **1** (*guiltlessness*) невино́вность; **his ~ was established** его́ невино́вность была́ дока́зана. **2** (*freedom from sin*) неви́нность; (*chastity*) целому́дрие. **3**: **I thought in my ~ that he would repay me** я по наи́вности наде́ялся, что он вернёт мне долг.

innocent /'ɪnəs(ə)nt/ *n pl*: **the ~** неви́нные/невино́вные (лю́ди); **slaughter of the I~s** (*bibl*) избие́ние младе́нцев.

● *adj* **1** (*law*) невино́вный. **2** (*harmless*) неви́нный, безоби́дный; **an ~ amusement** неви́нное развлече́ние. **3** (*without sin*) неви́нный, безгре́шный; **~ as a babe** неви́нный как дитя́. **4** (*naive, simple*) наи́вный, простоду́шный.

innocuous /ɪ'nɒkjʊəs/ *adj* безвре́дный, безоби́дный.

innovate /'ɪnəˌveɪt/ *vi* вв|оди́ть, -ести́ нововведе́ния/но́вшества.

innovation /ˌɪnə'veɪʃ(ə)n/ *n* нововведе́ние, но́вшество, новáторство.

innovative /'ɪnəˌveɪtɪv/ *adj* нова́торский.

innovator /'ɪnəˌveɪtə(r)/ *n* нова́тор.

innuendo /ˌɪnjʊ'endəʊ/ *n* (*pl* **~es** *or* **~s**) инсинуа́ция; (*hint*) намёк, недомо́лвка; **he spoke in ~es** он говори́л намёками.

innumerable /ɪ'nju:mərəb(ə)l/ *adj* бесчи́сленный, неисчисли́мый, бессчётный.

innumeracy /ɪ'nju:mərəsɪ/ *n* уме́ние счита́ть (и невладе́ние простейшими арифмети́ческими на́выками).

innumerate /ɪ'nju:mərət/ *adj* не уме́ющий счита́ть (и не владе́ющий просте́йшими арифмети́ческими на́выками).

inoculate /ɪ'nɒkjʊˌleɪt/ *vt* де́лать, с- приви́вку; прив|ива́ть, -и́ть; **he was ~d against smallpox** ему́ сде́лали приви́вку от о́спы; ему́ приви́ли о́спу.

inoculation /ɪˌnɒkjʊ'leɪʃ(ə)n/ *n* приви́вка; **I have to have an ~ for typhoid** мне ну́жно сде́лать приви́вку от ти́фа.

inoffensive /ˌɪnə'fensɪv/ *adj* (*giving no offence*) необи́дный, неоскорби́тельный; (*harmless*) безоби́дный.

inoperable /ɪnˈɒpərəb(ə)l/ *adj* (*untreatable by surgery*) неоперáбельный; (*unworkable*) неприменúмый; **the plan proved to be ~** план оказáлся невыполнúмым.

inoperative /ɪnˈɒpərətɪv/ *adj* неэффектúвный, недéйственный.

inopportune /ɪnˈɒpəˌtjuːn/ *adj* неумéстный, несвоеврéменный.

inordinate /ɪnˈɔːdɪnət/ *adj* непомéрный, чрезмéрный, неумéренный.

inorganic /ˌɪnɔːˈgænɪk/ *adj* неорганúческий.

inpatient /ˈɪnˌpeɪʃ(ə)nt/ *n* стационáрный/кóечный больнóй; **~ treatment** стационáрное лечéние.

input /ˈɪnpʊt/ *n* (*investment, resources*) вложéние; (*contribution*) вклад; (*comput, of data*) ввод; (*information fed in*) входны́е дáнные; (*electrical signal*) входнóй сигнáл; (*energy supplied*) подводúмая мóщность; (*device through which energy enters system*) вход.

● *vt* (**inputting;** *past and pp* **input** *or* **inputted**) (*comput*) вв|одúть, -ести́ (в + *a*).

inquest /ˈɪnkwest, ˈɪŋ-/ *n* (*official enquiry*) (администратúвное) расслéдование, дознáние; (*in criminal case*) слéдствие; (*Br, coroner's ~*) слéдствие, проводúмое кóронером и егó жюри́; (*investigation*) расслéдование, разбирáтельство.

inquir|e /ɪnˈkwaɪə(r), ɪŋ-/ (*see also* ⇒**enquire**) *vt* спр|áшивать, -оси́ть; узн|авáть, -áть; **may I ~e your name?** могу́ я узнáть, как вас зову́т?; **I ~ed of a passer-by how to find your house** я спроси́л прохóжего, как найтú ваш дом.

● *vi* спр|авля́ться, -áвиться; нав|одúть, -ести́ спрáвки; **we ~ed about the train service** мы спрáвились относúтельно расписáния поездóв; **she ~ed after your health** онá справля́лась о вáшем здорóвье; **has he ~ed for me?** он меня́ спрáшивал?; **we must ~e into the matter** мы должны́ расслéдовать э́то дéло; **an ~ing mind** пытли́вый ум.

inquirer /ɪnˈkwaɪərə(r), ɪŋ-/ *n* дéлающий запрóс.

inquir|y /ɪnˈkwaɪərɪ, ɪŋ-/ (*see also* ⇒**enquiry**) *n* **1** (*question*) наведéние спрáвок; **I made ~ies** я навёл спрáвки; **on ~y** в отвéт на вопрóс. **2** (*investigation*) расслéдование; **public ~** общéственное расслéдование; (*in criminal case*) слéдствие; **court of ~y** слéдственная комúссия; **the police are making ~ies** полúция расслéдует дéло; **there will be a full ~y** назнáчено пóлное расслéдование э́того дéла.

inquisition /ˌɪnkwɪˈzɪʃ(ə)n, ˌɪŋ-/ *n* (*questioning*) допрóс; **he was subjected to an ~** он был под слéдствием; (*hist*) инквизúция.

inquisitive /ɪnˈkwɪzɪtɪv, ɪŋ-/ *adj* любознáтельный, любопы́тный, пытли́вый.

inquisitiveness /ɪnˈkwɪzɪtɪvnɪs, ɪŋ-/ *n* любознáтельность, любопы́тство, пытли́вость.

inquisitor /ɪnˈkwɪzɪtə(r), ɪŋ-/ *n* (*hist*) инквизúтор.

inquisitorial /ɪnˌkwɪzɪˈtɔːrɪəl, ɪŋ-/ *adj* (*law*) слéдственный; (*prying*) инквизúторский.

inroad /ˈɪnrəʊd/ *n* (*raid*) набéг; (*encroachment*) посягáтельство; **the holiday will make a large ~ on my savings** канúкулы поглотя́т бóльшую/значúтельную часть моúх сбережéний.

inrush /ˈɪnrʌʃ/ *n* (*of water etc.*) внезáпный притóк.

insalubrious /ˌɪnsəˈluːbrɪəs, -ˈljuːbrɪəs/ *adj* нездорóвый.

insane /ɪnˈseɪn/ *adj* безу́мный, сумасшéдший; (*law*) невменя́емый; **he went ~** он лиши́лся рассу́дка; он сошёл с умá; **he was certified ~** врачú признáли егó сумасшéдшим/невменя́емым; (*as n*): **the ~** сумасшéдшие; **home for the ~** сумасшéдший дом; психиатри́ческая больнúца.

insanitary /ɪnˈsænɪtərɪ/ *adj* антисанитáрный, негигиенúчный.

insanity /ɪnˈsænɪtɪ/ *n* **1** (*madness*) сумасшéствие; безу́мие; (*law*) невменя́емость; **the defendant pleaded ~** обвиня́емый сослáлся на невменя́емость. **2** (*folly*) безу́мие; **it would be ~ to proceed** бы́ло бы безу́мием продолжáть.

insatiability /ɪnˌseɪʃəˈbɪlɪtɪ/ *n* ненасы́тность.

insatiable /ɪnˈseɪʃəb(ə)l/ *adj* ненасы́тный; **his appetite is ~** у негó ненасы́тный аппетúт.

inscribe /ɪnˈskraɪb/ *vt* **1** (*engrave*) высекáть, вы́сечь; вырезáть, вы́резать; начертáть (*pf*); **the stone was ~d with their names** их именá бы́ли вы́сечены на кáмне; **a verse is ~d on his tomb** на егó надгрóбном кáмне вы́сечена стихотвóрная эпитáфия. **2** (*autograph*) надпúс|ывать, -áть; **please ~ your name in the book** пожáлуйста, распишúтесь в кнúге. **3** (*geom*) впúс|ывать, -áть. **4** (*comm*): **~d stock** (*Br*) зарегистри́рованные цéнные бумáги.

inscription /ɪnˈskrɪpʃ(ə)n/ *n* нáдпись.

inscrutability /ɪnˌskruːtəˈbɪlɪtɪ/ *n* загáдочность, непроницáемость; непостижúмость.

inscrutable /ɪnˈskruːtəb(ə)l/ *adj* (*smile*) загáдочный; (*face*) непроницáемый; (*incomprehensible*) непостижúмый.

insect /ˈɪnsekt/ *n* насекóмое; **~ bite** уку́с насекóмого; **~ powder** порошóк от насекóмых.

insecticide /ɪnˈsektɪˌsaɪd/ *n* инсектицúд.

insectivorous /ɪnˌsekˈtɪvərəs/ *adj* насекомоя́дный.

insecure /ˌɪnsɪˈkjʊə(r)/ *adj* **1** (*unsafe; unreliable*) ненадёжный, небезопáсный; **the ladder was ~** лéстница былá неустóйчива; **the window was ~ly fastened** окнó бы́ло закры́то неплóтно; **his position in the firm is ~** егó положéние в фúрме шáткое. **2** (*lacking confidence*) неувéренный (в себé); **I feel ~ of the future** я не увéрен в бу́дущем.

insecurity /ˌɪnsɪˈkjʊrɪtɪ/ *n* ненадёжность, небезопáсность; неувéренность.

inseminate /ɪnˈsemɪˌneɪt/ *vt* оплодотвор|я́ть, -úть.

insemination /ɪnˌsemɪˈneɪʃ(ə)n/ *n* оплодотворéние; **artificial ~** иску́сственное оплодотворéние.

insensate /ɪnˈsenseɪt/ *adj* (*without sensibility*) бесчу́вственный, бездушный; (*senseless; mad*) безу́мный.

insensibility /ɪnˌsensɪˈbɪlɪtɪ/ *n* нечувствúтельность; (*unconsciousness*) бесчу́вствие; (*lack of appreciation; indifference*) бесчу́вственность, безразлúчие.

insensible /ɪnˈsensɪb(ə)l/ *adj* (*without physical sensation*) нечувствúтельный; **his hands were ~ with cold** от хóлода егó ру́ки потеря́ли чувствúтельность; (*unconscious*) бесчу́вственный; (*unaware*) не сознаю́щий; **he was ~ of his danger** он не сознавáл опáсности; (*without emotion; unsympathetic*) бесчу́вственный.

insensitive /ɪnˈsensɪtɪv/ *adj* нечувствúтельный; невосприúмчивый, равноду́шный; **~ to light** нечувствúтельный к свéту; **~ to beauty** равноду́шный к красотé.

insensitivity /ɪnˌsensɪˈtɪvɪtɪ/ *n* нечувствúтельность; (*indifference*) невосприúмчивость, равноду́шие.

insentient /ɪnˈsenʃ(ə)nt/ *adj* неодушевлённый, неживóй.

inseparable /ɪnˈsepərəb(ə)l/ *adj* нераздéльный, неразры́вный; **~ companions** неразлу́чные прия́тели; **he was ~ from his books** егó невозмóжно бы́ло оторвáть от книг.

insert[1] /ˈɪnsɜːt/ *n* встáвка; (*in book, newspaper etc.*) вклáдыш, вклáдка.

insert[2] /ɪnˈsɜːt/ *vt* вст|авля́ть, -áвить; поме|щáть, -стúть; **he ~ed the key in the lock** он встáвил ключ в замóк; **have you ~ed a coin?** вы опустúли монéту?; **I ~ed an advertisement in the paper** я поместúл объявлéние в газéте.

insertion /ɪnˈsɜːʃ(ə)n/ *n* (*inserting*) вклáдывание, помещéние, введéние; (*sth inserted*) встáвка.

inset[1] /ˈɪnset/ *n* (*in book*) вклáдка, вклéйка; (*small map*) кáрта-врéзка; (*in dress*) встáвка.

inset[2] /ɪnˈset/ *vt* (**insetting;** *past and pp* **inset** *or* **insetted**) (*insert*) вст|авля́ть, -áвить; вклáдывать, вложúть.

inshore /ɪnˈʃɔː(r), ˈɪn-/ *adj* прибрéжный.

● *adv* (*position*) у бéрега; (*motion*) к бéрегу, на взмóрье; **the wind was blowing ~** вéтер дул по направлéнию к бéрегу.

inside /ɪnˈsaɪd/ *n* **1** (*interior*) вну́треннее прострáнство; вну́тренняя часть; **have you seen the ~ of the house?** вы бы́ли внутрú

до́ма?; **the door was bolted on the ~** дверь была́ заперта́ изнутри́; **~ out** наизна́нку; **the thieves turned everything ~ out** во́ры переверну́ли всё вверх дном; **he knows the subject ~ out** он зна́ет предме́т вдоль и поперёк.
2 (*of a garment*) изна́нка.
3 (*of road*): **it is forbidden to pass on the ~** обго́н спра́ва (*in the US, Russia, etc.*)/сле́ва (*in the UK, Japan, etc.*) запрещён.
4 (*of circular objects*: *part nearest centre*) вну́тренняя пове́рхность; **the ~ of the bearing was worn** вну́тренняя пове́рхность подши́пника сноси́лась.
5 (*stomach*; *intestines*) вну́тренности (*f pl*); **he complained of a pain in his ~** он жа́ловался на боль в желу́дке.
● *adj* вну́тренний; **~ pocket** вну́тренний карма́н; **~ left/right** (*football*) ле́вый/пра́вый полусре́дний; **he received ~ information** он получи́л информа́цию из вну́тренних исто́чников; **it was an ~ job** (*coll*) э́то сде́лал кто́-то из свои́х.
● *adv* **1** (*in or on the inner surface*) внутрь; **she wore her coat with the fur ~** она́ носи́ла шу́бу ме́хом внутрь.
2 (*in the interior*) внутри́; **I opened the box and there was nothing ~** я откры́л коро́бку — внутри́ бы́ло пу́сто.
3 (*indoors*) внутри́, в помеще́нии, до́ма; **stay ~ till the rain stops** остава́йтесь до́ма, пока́ дождь не прекрати́тся; **come ~ out of the rain!** заходи́те внутрь: не сто́йте под дождём!
4 (*in prison*) за решёткой; **he did 6 weeks ~** (*coll*) он просиде́л 6 неде́ль за решёткой.
● *prep* **1** (*of place*) (*motion*) в + *a*, внутрь + *g*; **dogs are not allowed ~ the shop** с соба́ками вход в магази́н запрещён; (*position*) в + *p*, внутри́ + *g*; **she was just ~ the door** она́ стоя́ла пря́мо в дверя́х; **have you seen ~ the house?** вы ви́дели дом изнутри́?
2 (*of time*) в преде́лах + *g*, в тече́ние + *g*; **the job can't be done ~ (of) a month** э́ту рабо́ту невозмо́жно сде́лать/зако́нчить в тече́ние ме́сяца; **I shall be back ~ (of) a week** я верну́сь не поздне́е, чем че́рез неде́лю.

insider /ɪn'saɪdə(r)/ *n* свой/непосторо́нний челове́к; (*comm*) инса́йдер; **~ trading** (незако́нное) уча́стие в биржевы́х сде́лках с испо́льзованием информа́ции из вну́тренних исто́чников.

insidious /ɪn'sɪdɪəs/ *adj* кова́рный.

insidiousness /ɪn'sɪdɪəsnɪs/ *n* кова́рство.

insight /'ɪnsaɪt/ *n* проница́тельность; понима́ние; **he shows great ~ into human character** он демонстри́рует глубо́кое понима́ние челове́ческой души́; **gain an ~ into sth** пости́|гнуть, -чь что-н.; **a man of ~** проница́тельный челове́к; **she had a sudden ~ into the consequences** она́ вдруг предста́вила себе́ все после́дствия.

insignia /ɪn'sɪgnɪə/ *n pl* (*decorations*) зна́ки (*m pl*) отли́чия, награ́ды (*f pl*); (*badges of rank etc.*) зна́ки (*m pl*) разли́чия.

insignificance /ˌɪnsɪg'nɪfɪkəns/ *n* малова́жность, ничто́жность.

insignificant /ˌɪnsɪg'nɪfɪkənt/ *adj* малова́жный, ничто́жный.

insincere /ˌɪnsɪn'sɪə(r)/ *adj* неи́скренний.

insincerity /ˌɪnsɪn'serɪtɪ/ *n* неи́скренность.

insinuat|e /ɪn'sɪnjʊˌeɪt/ *vt* **1** (*introduce*): **he ~ed himself into their company** он втёрся/прони́к в их о́бщество. **2** (*hint*) намек|а́ть, -ну́ть на + *a*; внуш|а́ть, -и́ть; нашёпт|ывать, -а́ть (*coll*); говори́ть (*impf*) намёками; **what are you ~ing?** на что вы намека́ете?

insinuation /ɪnˌsɪnjʊ'eɪʃ(ə)n/ *n* (*hint*) намёк; (*libellous, slanderous*) инсинуа́ция; **there was an ~ of foul play** намека́ли на возмо́жность нече́стной игры́.

insipid /ɪn'sɪpɪd/ *adj* безвку́сный, пре́сный; (*fig*) ску́чный, вя́лый.

insipidity /ˌɪnsɪ'pɪdɪtɪ/ *n* отсу́тствие вку́са, пре́сность; (*fig*) ску́ка; вя́лость.

insist /ɪn'sɪst/ *vt* & *i* наст|а́ивать, -оя́ть на + *p*; тре́бовать, по- + *g*; **he ~ed on his rights** он наста́ивал на свои́х права́х; **he ~ed on his innocence** он наста́ивал на свое́й невино́вности; **he ~ed on my accompanying him** он настоя́л на том, что́бы я его́ сопровожда́л; **very well, if you ~!** ну ла́дно, е́сли/раз вы наста́иваете!

insistence /ɪn'sɪst(ə)ns/ *n* (*quality*) насто́йчивость; (*act*) настоя́ние, насто́йчивое тре́бование.

insistent /ɪn'sɪst(ə)nt/ *adj* (*repeatedly urged*) насто́йчивый; **~ demands** насто́йчивые/настоя́тельные тре́бования; **he was ~ that I should go** он наста́ивал на том, что́бы я пошёл.

in situ /ɪn 'sɪtju:/ *adv* на ме́сте.

insobriety /ˌɪnsə'braɪɪtɪ/ *n* нетре́звость, пья́нство.

insofar as /ˌɪnsəʊ'fɑ:(r)/ *conj* (посто́льку) поско́льку; в той ме́ре/сте́пени, в како́й...; наско́лько.

insole /'ɪnsəʊl/ *n* сте́лька.

insolence /'ɪnsələns/ *n* (*contempt*) де́рзость; (*insulting behaviour*) наха́льство.

insolent /'ɪnsələnt/ *adj* (*contemptuous*) де́рзкий; (*insulting*; *disrespectful*) наха́льный.

insolubility /ɪnˌsɒljʊ'bɪlɪtɪ/ *n* нераствори́мость; неразреши́мость.

insoluble /ɪn'sɒljʊb(ə)l/ *adj* (*of substance*) нераствори́мый; (*of problem*) неразреши́мый.

insolvency /ɪn'sɒlv(ə)nsɪ/ *n* неплатёжеспосо́бность; несостоя́тельность; банкро́тство.

insolvent /ɪn'sɒlv(ə)nt/ *adj* неплатёжеспосо́бный; несостоя́тельный.

insomnia /ɪn'sɒmnɪə/ *n* бессо́нница.

insomniac /ɪn'sɒmnɪˌæk/ *n* страда́ющий бессо́нницей.

insouciance /ɪn'su:sɪəns/ *n* небре́жность.

insouciant /ɪn'su:sɪənt, æ'susjɑ̃/ *adj* небре́жный.

inspect /ɪn'spekt/ *vt* (*by looking*) осм|а́тривать, -отре́ть; (*by examining*) обсле́довать (*impf, pf*); инспекти́ровать (*impf, pf*); **the Queen ~ed the troops** короле́ва произвела́ смотр во́йск.

inspection /ɪn'spekʃ(ə)n/ *n* (*examination*) осмо́тр, обсле́дование, инспе́кция; **on closer ~** при бо́лее внима́тельном рассмотре́нии; **medical ~** медици́нский осмо́тр; **the house is open to ~** дом откры́т для всео́бщего обозре́ния; **these goods will not pass ~** э́ти това́ры не пройду́т прове́рку; (*review*) пара́д, смотр; **the general held an ~** генера́л произвёл смотр во́йск.

inspector /ɪn'spektə(r)/ *n* (*inspecting official*) инспе́ктор; (*financial*) ревизо́р; (*police officer*) инспе́ктор (поли́ции).

inspectorate /ɪn'spektərət/ *n* (*body*) инспе́кция.

inspiration /ˌɪnspɪ'reɪʃ(ə)n/ *n* **1** (*source of creative activity*; *idea*) вдохнове́ние; **he drew his ~ from nature** он че́рпал вдохнове́ние в приро́де; **I had an ~** меня́ осени́ла мысль. **2** (*thing that inspires*; *stimulus*) вдохнове́ние; (*person*) вдохнови́тель (*m*).

inspire /ɪn'spaɪə(r)/ *vt* **1** (*influence creatively*) вдохнов|ля́ть, -и́ть; **his friend's death ~d him to write an elegy** смерть дру́га вдохнови́ла его́ на написа́ние эле́гии; **he is an ~d musician** он вдохнове́нный музыка́нт; **in an ~d moment** в моме́нт вдохнове́ния. **2** (*instil*; *imbue*) всел|я́ть, -и́ть; **she ~d hope in me** она́ всели́ла наде́жду в меня́; **his work does not ~ me with confidence** его́ рабо́та не вызыва́ет у меня́ дове́рия; **~ s.o. with courage** внуш|а́ть, -и́ть му́жество кому́-н.

inspirer /ɪn'spaɪərə(r)/ *n* вдохнови́тель (*fem* -ница).

inst. /ɪnst/ *n* (*comm, abbr of* ***instant*** *adj* **4**) с. м. (сего́ ме́сяца).

instability /ˌɪnstə'bɪlɪtɪ/ *n* нестаби́льность, неусто́йчивость; (*of character*) неуравнове́шенность.

install /ɪn'stɔ:l/ *vt* (**installed, installing**) **1** (*place in office*; *induct*) вв|оди́ть, -ести́ в до́лжность. **2** (*settle*) устр|а́ивать, -о́ить; поме|ща́ть, -сти́ть; **he ~ed his family in a hotel** он помести́л/устро́ил свою́ семью́ в гости́нице; **we are comfortably ~ed in our new home** мы удо́бно устро́ились в но́вом до́ме. **3** (*fix in position*) устан|а́вливать, -ови́ть; **the workmen came to ~ a new cooker** рабо́чие пришли́ установи́ть но́вую ку́хонную плиту́.

installation /ˌɪnstə'leɪʃ(ə)n/ *n* (*of person*) введе́ние в до́лжность; (*of thing*) устано́вка; (*equipment etc. installed*) устано́вка, устро́йство; (*comput, of software*) инсталля́ция, устано́вка; (*buildings etc. for tech purposes*) сооруже́ния (*nt pl*); **a military**

i

~ вое́нные сооруже́ния; вое́нные устано́вки (*f pl*); (*art*) инсталля́ция.

instalment /ɪnˈstɔːlmənt/ *n* (*US also* **installment**) **1** (*partial payment*) взнос; **we are paying for our carpet by ~s** (*or* **on the ~ plan**) мы пла́тим за ковёр в рассро́чку. **2** (*of published work*) отры́вок, вы́пуск; отде́льная часть.

instance /ˈɪnst(ə)ns/ *n* **1** (*example*) приме́р; **for ~** наприме́р; **let me give you an ~** я приведу́ вам приме́р. **2** (*particular case*) слу́чай; **in this ~** в э́том/да́нном слу́чае; **in the first ~** в пе́рвую о́чередь.
● *vt* прив|оди́ть, -ести́ в ка́честве приме́ра.

instant /ˈɪnst(ə)nt/ *n* **1** (*precise moment*) мгнове́ние; **come here this ~!** иди́ сюда́ сию́ же мину́ту!; **he left that very ~** он momента́льно (*or* в то́т же моме́нт) удали́лся; **I recognized him the ~ I saw him** я узна́л его́, как то́лько я его́ уви́дел. **2** (*momentary duration*) мгнове́ние, миг; **I shall be back in an ~** я верну́сь че́рез мину́ту (*or* ми́гом (*coll*)).
● *adj* **1** (*immediate*) мгнове́нный; неме́дленный; **I felt ~ relief** я то́тчас же почу́вствовал облегче́ние; **the book was an ~ success** кни́га име́ла мгнове́нный успе́х. **2** (*of food preparation*): **~ coffee** раствори́мый ко́фе. **3** (*abbr* **inst.**) теку́щий, сей; **your letter of the 5th ~** ва́ше письмо́ от пя́того числа́ сего́/теку́щего ме́сяца (*abbr* с. м.).

instantaneous /ˌɪnstənˈteɪnɪəs/ *adj* (*done in an instant*) мгнове́нный; **it was an ~ decision** э́то бы́ло решено́ мгнове́нно; (*immediate*) неме́дленный; **death was ~** смерть наступи́ла мгнове́нно.

instead /ɪnˈsted/ *adv* взаме́н (+ *g*); **~ of** вме́сто + *g*; **let me go ~ (of you)** дава́йте я пойду́ вме́сто вас; **if the steak is off I'll have chicken ~** е́сли бифште́ксов нет, я возьму́ ку́рицу; **why don't you go out ~ of reading?** вме́сто того, что́бы чита́ть, вы лу́чше бы пошли́ погуля́ть; **we are going by train ~ of by car** мы е́дем по́ездом, а не на маши́не.

instep /ˈɪnstep/ *n* подъём (ноги́).

instigate /ˈɪnstɪˌgeɪt/ *vt* подстрека́ть (*impf*), провоци́ровать, с-; **they were ~d to rebel** их подстрека́ли к бу́нту; **he ~d the murder** он спровоци́ровал уби́йство; (*introduce*) вв|оди́ть, -ести́.

instigation /ˌɪnstɪˈgeɪʃ(ə)n/ *n* подстрека́тельство, науще́ние; **the boy stole at his brother's ~** ма́льчик соверши́л кра́жу по науще́нию бра́та; (*initiative*) инициати́ва; **at her ~** по её инициати́ве.

instigator /ˈɪnstɪˌgeɪtə(r)/ *n* подстрека́тель (*fem* -ница).

instil /ɪnˈstɪl/ *vt* (**instilled, instilling**) (*lit*) вл|ива́ть, -и́ть; (*fig*) внуш|а́ть, -и́ть; прив|ива́ть, -и́ть; **he tried to ~ some discipline into his pupils** он пыта́лся приви́ть свои́м ученика́м чу́вство дисципли́ны (*or* приучи́ть свои́х ученико́в к дисципли́не); **his love of science was ~led at an early age** с ма́лых лет ему́ внуша́ли/привива́ли любо́вь к нау́ке.

instinct /ˈɪnstɪŋkt/ *n* инсти́нкт; **herd ~** ста́дное чу́вство; **my ~ told me to turn back** инсти́нкт подсказа́л мне поверну́ть наза́д; **he acted by, on ~** он де́йствовал по интуи́ции (*or* инстинкти́вно); (*natural liking or propensity*) спосо́бность, чутьё; **he has an ~ for a bargain** у него́ приро́дное чутьё к вы́годным поку́пкам; **he has an uncanny ~ for making mistakes** он облада́ет необыкнове́нной спосо́бностью де́лать оши́бки.

instinctive /ɪnˈstɪŋktɪv/ *adj* инстинкти́вный, безотчётный; **I took an ~ dislike to him** у меня́ возни́кла безотчётная неприя́знь к нему́.

institute /ˈɪnstɪˌtjuːt/ *n* институ́т.
● *vt* **1** (*found; establish*) устан|а́вливать, -ови́ть; учре|жда́ть, -ди́ть; **~ a law** вв|оди́ть, -ести́ зако́н. **2** (*set in motion*) нач|ина́ть, -а́ть; **the police ~d proceedings** поли́ция возбуди́ла де́ло; **they ~d a search** они́ произвели́ о́быск.

institution /ˌɪnstɪˈtjuːʃ(ə)n/ *n* **1** (*organization with social purpose*) учрежде́ние, организа́ция, заведе́ние, институ́т; **charitable ~** благотвори́тельное учрежде́ние; **mental ~** психиатри́ческая лече́бница. **2** (*setting up*) установле́ние, учрежде́ние. **3** (*established custom or practice*) институ́т.

institutional /ˌɪnstɪˈtjuːʃən(ə)l/ *adj* институцио́нный; **~ religion** организо́ванная рели́гия; **she is in need of ~ care** её сле́дует госпитализи́ровать; **~ investor** институцио́нный инве́стор; **~ reform** рефо́рма учрежде́ний.

instruct /ɪnˈstrʌkt/ *vt* **1** (*teach*) учи́ть, на- (*кого чему*); обуч|а́ть, -и́ть (*кого чему*). **2** (*order; direct*) инструкти́ровать (*impf, pf; pf also* про-); прика́з|ывать, -а́ть; **I was ~ed to call on you** мне бы́ло прика́зано зайти́ к вам; **I shall ~ my solicitor** (*Br*) я поручу́ де́ло своему́ адвока́ту.

instruction /ɪnˈstrʌkʃ(ə)n/ *n* **1** (*teaching*) обуче́ние; **he received ~ in mathematics** он получи́л математи́ческое образова́ние. **2** (*direction*) указа́ние; руково́дство; **follow the ~s on the packet** сле́дуйте указа́ниям на паке́те; (*order*) распоряже́ние, прика́з; **I have my ~s** мне был дан прика́з; **he had ~s to return** ему́ веле́ли/приказа́ли (*or* он получи́л распоряже́ние) верну́ться.
● *cpd* **~ book/manual** *n* руково́дство.

instructive /ɪnˈstrʌktɪv/ *adj* поучи́тельный.

instruct|or /ɪnˈstrʌktə(r)/, **-ress** /ɪnˈstrʌktrɪs/ *nn* (*sport*) инстру́ктор; (*teacher*) учи́тель (*fem* -ница); преподава́тель (*fem* -ница).

instrument /ˈɪnstrəmənt/ *n* **1** (*implement*) инструме́нт; **he was knocked out with a blunt ~** его́ оглуши́ли тупы́м предме́том; (*apparatus*) аппара́т, прибо́р; **~ panel** пульт управле́ния; (*machine or device*) ору́дие; **~ of torture** ору́дие пы́тки. **2** (*musical ~*) (музыка́льный) инструме́нт. **3** (*fig, means*) ору́дие; **he was the ~ of another's vengeance** он был ору́дием чужо́й ме́сти. **4** (*formal document*) докуме́нт; акт.
● *vt* инструментова́ть (*impf, pf*); оркестрова́ть (*impf, pf*); **the piece was ~ed for full orchestra** произведе́ние бы́ло инструменто́вано для по́лного соста́ва орке́стра.

instrumental /ˌɪnstrəˈment(ə)l/ *n* (*gram*) твори́тельный паде́ж.
● *adj* **1** (*serving as means*): **~ to our purpose** поле́зный для на́шей це́ли; **he was ~ in obtaining the order** он спосо́бствовал получе́нию (*or* соде́йствовал в получе́нии) зака́за. **2** (*mus*) инструмента́льный. **3** (*gram*) твори́тельный.

instrumentalist /ˌɪnstrəˈmentəlɪst/ *n* инструментали́ст.

instrumentality /ˌɪnstrəmenˈtælɪtɪ/ *n* соде́йствие; **by the ~ of** при соде́йствии + *g*.

instrumentation /ˌɪnstrəmenˈteɪʃ(ə)n/ *n* **1** (*mus*) инструменто́вка, оркестро́вка; (*composition of ensemble*) соста́в орке́стра/анса́мбля. **2** (*provision of tools etc.*) оснаще́ние инструме́нтами; (*collect, measuring instruments*) контро́льно-измери́тельные прибо́ры.

insubordinate /ˌɪnsəˈbɔːdɪnət/ *adj* непоко́рный; неподчиня́ющийся.

insubordination /ˌɪnsəˌbɔːdɪˈneɪʃ(ə)n/ *n* неподчине́ние; непоко́рность.

insubstantial /ˌɪnsəbˈstænʃ(ə)l, -ˈstɑːnʃ(ə)l/ *adj* (*not real, imaginary*) нереа́льный, иллюзо́рный; (*building, structure*) непро́чный; (*evidence*) сла́бый, неубеди́тельный; (*meal*) несы́тный.

insufferable /ɪnˈsʌfərəb(ə)l/ *adj* несно́сный, невыноси́мый.

insufficiency /ˌɪnsəˈfɪʃ(ə)nsɪ/ *n* недоста́точность, недоста́ток, нехва́тка.

insufficient /ˌɪnsəˈfɪʃ(ə)nt/ *adj* недоста́точный; **our food supply is ~ for a week** на́ших проду́ктов не хва́тит на неде́лю; **that in itself is ~ excuse** само́ по себе́ э́то недоста́точное оправда́ние.

insular /ˈɪnsjʊlə(r)/ *adj* островно́й; (*fig*) ограни́ченный, у́зкий.

insularity /ˌɪnsjʊˈlærɪtɪ/ *n* ограни́ченность, у́зость.

insulat|e /ˈɪnsjʊˌleɪt/ *vt* (*separate; detach*) отдел|я́ть, -и́ть; изоли́ровать (*impf, pf*); (*protect from escape of electricity*) изоли́ровать (*impf, pf*); **~ing tape** изоляцио́нная ле́нта; (*protect from escape of heat*) утепл|я́ть, -и́ть, теплоизоли́ровать (*impf, pf*); **~e one's roof** утепл|я́ть, -и́ть (*or* теплоизоли́ровать (*impf, pf*)) кры́шу.

insulation /ˌɪnsjʊˈleɪʃ(ə)n/ *n* (*against escape of electricity*) изоля́ция; (*against escape of heat*) теплоизоля́ция; (*substance*) изоляцио́нный материа́л.

insulator /ˈɪnsjʊˌleɪtə(r)/ *n* непроводни́к.

insulin /ˈɪnsjʊlɪn/ *n* инсули́н.

insult¹ /ˈɪnsʌlt/ *n* оскорбле́ние; оби́да; **this book is an ~ to the intelligence** э́та кни́га возмуща́ет ра́зум; **he took it as a personal ~** он э́то воспри́нял как ли́чное оскорбле́ние; *see also* ⇒**injury**

insult² /ɪnˈsʌlt/ *vt* оскорб|ля́ть, -и́ть; **I have never been so ~ed** меня́ в жи́зни никто́ так не оскорбля́л; **~ing language** оскорби́тельные выраже́ния.

insuperable /ɪnˈsuːpərəb(ə)l, ɪnˈsjuː-/ *adj* непреодоли́мый.

insupportable /ˌɪnsəˈpɔːtəb(ə)l/ *adj* нестерпи́мый, невыноси́мый, несно́сный.

insurable /ɪnˈʃʊərəb(ə)l/ *adj* могу́щий быть застрахо́ванным.

insurance /ɪnˈʃʊərəns/ *n* страхова́ние, страхо́вка; (*sum insured*) су́мма страхова́ния; **~ agent** страхово́й аге́нт; **~ company** страхова́я компа́ния; **~ policy** страхово́й по́лис; **~ premium** страхова́я пре́мия; **life ~** страхова́ние жи́зни; **National I~** (*Br*) госуда́рственное страхова́ние; **take out ~** страхова́ться, за-; **he is a bad ~ risk** его́ риско́ванно страхова́ть.

insure /ɪnˈʃʊə(r)/ *vt* **1** (*pay for guarantee of*) страхова́ть, за-; **he ~d his house for £200,000** он застрахова́л свой дом на 200 000 фу́нтов; **is your life ~d?** вы застрахова́ли свою́ жизнь?; **the ~d** (*person*) застрахо́ванный. **2** (*guarantee*) гаранти́ровать (*impf*); страхова́ть; **Lloyd's ~s ships** Ллойд страху́ет корабли́. **3** = **ensure**.
● *vi* страхова́ться, за-; **have you ~d against fire?** вы застрахова́лись от пожа́ра?

insurer /ɪnˈʃʊərə(r)/ *n* страхова́тель (*m*), страхо́вщик

insurgent /ɪnˈsɜːdʒ(ə)nt/ *n* повста́нец.
● *adj* восста́вший, (*army, troops*) повста́нческий.

insurmountable /ˌɪnsəˈmaʊntəb(ə)l/ *adj* непреодоли́мый.

insurrection /ˌɪnsəˈrekʃ(ə)n/ *n* восста́ние.

intact /ɪnˈtækt/ *adj* (*untouched*) нетро́нутый, це́лый; **I hope to keep my savings ~** наде́юсь, что мне уда́стся сохрани́ть свои́ сбереже́ния; (*unharmed*) (*person*) невреди́мый; (*thing*) нетро́нутый.

intake /ˈɪnteɪk/ *n* (*act*) впуск, вход; (*mechanism*) впускно́е устро́йство; (*Br, of recruits, students, etc.*) набо́р; (*amount taken into body*) потребле́ние; **~ of breath** вздох.

intangible /ɪnˈtændʒɪb(ə)l/ *adj* **1** (*non-material*) неосяза́емый, неулови́мый; **~ assets** нематериа́льные/неосяза́емые акти́вы. **2** (*vague, obscure*): **~ ideas** сму́тные/нея́сные представле́ния.

integer /ˈɪntɪdʒə(r)/ *n* це́лое число́.

integral /ˈɪntɪgr(ə)l/ *adj* **1** (*essential*) неотъе́млемый, суще́ственный. **2** (*whole; complete*) це́лостный, це́льный. **3** (*math*) интегра́льный; **~ calculus** интегра́льное исчисле́ние.

integrate /ˈɪntɪˌgreɪt/ *vt* **1** (*combine into whole*) объедин|я́ть, -и́ть в одно́ це́лое, интегри́ровать (*impf, pf*); **an ~d personality** це́льная ли́чность. **2** (*complete by adding parts*) заверш|а́ть, -и́ть; прид|ава́ть, -а́ть зако́нченный вид (*чему*). **3** (*assimilate*) ассимили́ровать (*impf, pf*), интегри́ровать (*impf, pf*); **racially ~d schools** шко́лы совме́стного обуче́ния для дете́й разли́чных рас. **4** (*math*) интегри́ровать (*impf, pf*).
● *vi* (*join together*) объедин|я́ться, -и́ться.

integrated /ˈɪntɪˌgreɪtɪd/ *adj*: **~ circuit** интегра́льная схе́ма.

integration /ˌɪntɪˈgreɪʃ(ə)n/ *n* интегра́ция, объедине́ние, интегри́рование.

integrity /ɪnˈtegrɪtɪ/ *n* **1** (*uprightness; honesty*) че́стность, це́льность; **a man of ~** че́стный/принципиа́льный челове́к. **2** (*complete state*) це́лостность; **territorial ~** территориа́льная це́лостность.

integument /ɪnˈtegjʊmənt/ *n* нару́жный покро́в.

intellect /ˈɪntɪˌlekt/ *n* интелле́кт, ум, рассу́док; **the great ~s of the age** вели́кие умы́ эпо́хи.

intellectual /ˌɪntɪˈlektjʊəl/ *n* интеллиге́нт (*fem* -ка), интеллектуа́л (*fem* -ка); (*in pl, collect*) интеллиге́нция.
● *adj* интеллектуа́льный, у́мственный; **~ process** мысли́тельный проце́сс; **~ pursuits** у́мственная рабо́та, заня́тие для ума́.

intellectualism /ˌɪntɪˈlektjʊəˌlɪz(ə)m/ *n* интеллектуали́зм.

intellectuality /ˌɪntɪlektjʊˈælɪtɪ/ *n* интеллектуа́льность; интеллиге́нтность.

intelligence /ɪnˈtelɪdʒ(ə)ns/ *n* **1** (*mental power*) ум, интелле́кт; **~ quotient** коэффицие́нт у́мственного разви́тия; **~ test** испыта́ние у́мственных спосо́бностей; **high/low ~** высо́кий/ни́зкий интелле́кт. **2** (*quickness of understanding; sagacity*) ум, сообрази́тельность; **he has ~** он сообрази́телен; **a person of ~** у́мный/неглу́пый челове́к; **I had the ~ to refuse his offer** у меня́ хвати́ло ума́ не приня́ть его́ предложе́ния. **3** (*news, information*) све́дения (*nt pl*); информа́ция. **4** (*mil*) разве́дка.

intelligent /ɪnˈtelɪdʒ(ə)nt/ *adj* у́мный, смышлёный, сообрази́тельный.

intelligentsia /ˌɪntelɪˈdʒentsɪə/ *n* интеллиге́нция.

intelligibility /ɪnˌtelɪdʒɪˈbɪlɪtɪ/ *n* поня́тность, вня́тность, вразуми́тельность.

intelligible /ɪnˈtelɪdʒɪb(ə)l/ *adj* поня́тный, вня́тный, вразуми́тельный; **his words were barely ~** его́ слова́ едва́ мо́жно бы́ло поня́ть.

intemperance /ɪnˈtempərəns/ *n* (*immoderation*) невозде́ржанность; (*lack of self-control*) несде́ржанность; (*immoderate drinking*) невозде́ржанность; приста́стие к спиртны́м напи́ткам.

intemperate /ɪnˈtempərət/ *adj* (*immoderate*) невозде́ржанный; (*lacking self-control*) несде́ржанный; (*addicted to drink*) невозде́ржанный, пьющий.

intend /ɪnˈtend/ *vt* **1** (*purpose; have in mind*) намерева́ться, хоте́ть, собира́ться (*all impf*); **I ~ed him to do it** (*or* **that he should do it**) я хоте́л, что́бы он э́то сде́лал; **was this ~ed?** э́то бы́ло сде́лано преднаме́ренно? **2** (*design; mean*) предназн|ача́ть, -а́чить; **a book ~ed for advanced students** кни́га, рассчи́танная на продви́нутый эта́п обуче́ния; **a measure ~ed to secure peace** ме́ра, напра́вленная на укрепле́ние ми́ра.

intended /ɪnˈtendɪd/ *n* (*betrothed*) наречённый, жени́х; (*fem*) наречённая, неве́ста.

intense /ɪnˈtens/ *adj* (**intenser, intensest**) **1** (*extreme*) си́льный, интенси́вный; **~ cold** си́льный хо́лод; **~ hatred** о́страя не́нависть; **~ly annoyed** кра́йне раздражённый. **2** (*ardent; emotionally charged*) напряжённый; **an ~ expression** напряжённое выраже́ние.

intenseness /ɪnˈtensnɪs/ *n* си́ла, напряже́ние, напряжённость.

intensification /ɪnˌtensɪfɪˈkeɪʃ(ə)n/ *n* интенсифика́ция, усиле́ние, увеличе́ние.

intensif|y /ɪnˈtensɪˌfaɪ/ *vt* уси́ли|вать, -ть; увели́чи|вать, -ть; **he ~ied his efforts** он приложи́л ещё бо́льше уси́лий; (*process, efforts*); интенсифици́ровать (*impf, pf*).

intensity /ɪnˈtensɪtɪ/ *n* си́ла, интенси́вность.

intensive /ɪnˈtensɪv/ *adj* интенси́вный; **~ methods of farming** интенси́вное земледе́лие; **~ care unit** отделе́ние интенси́вной терапи́и.

intent¹ /ɪnˈtent/ *n* наме́рение, цель; **I did it with good ~** я сде́лал э́то из до́брых побужде́ний; **to all ~s and purposes** факти́чески, на са́мом де́ле.

intent² /ɪnˈtent/ *adj* **1** (*earnest, eager*) увлечённый, ре́вностный; (*expression, gaze, look*) сосредото́ченный; **there was an ~ expression on his face** у него́ бы́ло сосредото́ченное выраже́ние лица́. **2** (*sedulously occupied*) погружённый (*во что*); увлечённый (*чем*); **he was ~ on his work** он был увлечён свое́й рабо́той. **3** (*resolved*) по́лный реши́мости; **he was ~ on getting a first** он был по́лон реши́мости получи́ть дипло́м с отли́чием.

intention /ɪnˈtenʃ(ə)n/ *n* наме́рение; у́мысел; **it was quite without ~** э́то бы́ло сде́лано/ска́зано без у́мысла; **I have no ~ of going to the party** у меня́ нет наме́рения идти́ на вечери́нку; **his ~s are good** у него́ хоро́шие наме́рения.

intentional /ɪnˈtenʃən(ə)l/ *adj* умы́шленный, наме́ренный; нaро́чный, сознáтельный; **my absence was not ~** моё отсу́тствие не́ было наме́ренным; **he ignored me ~ly** он наме́ренно не заме́тил меня́.

inter /ɪnˈtɜː(r)/ *vt* (**interred, interring**) хорони́ть, по-/за-; погре|ба́ть, -сти́.

inter- /ˈɪntə(r)/ *comb form* взаимо..., меж(ду)... .

interact /ɪntərˈækt/ *vi* взаимоде́йствовать (*impf*).

interaction /ˌɪntərˈækʃ(ə)n/ *n* взаимоде́йствие.

interactive /ˌɪntərˈæktɪv/ *adj* взаимоде́йствующий; (*comput*) интеракти́вный, диало́говый.

inter alia /ˌɪntər ˈeɪlɪə, ˈælɪə/ *adv* средй про́чих.

interbreed /ˌɪntəˈbriːd/ *vt* & *i* скр|е́щивать(ся), -ести́ть(ся).

intercede /ˌɪntəˈsiːd/ *vi* заступ|а́ться, -и́ться (*за кого перед кем*); хода́тайствовать, по- (*о ком/чём перед кем*).

intercept /ˌɪntəˈsept/ *vt* перехва́т|ывать, -и́ть; (*listen in on*) подслу́ш|ивать, -ать.

interception /ˌɪntəˈsepʃ(ə)n/ *n* перехва́тывание, перехва́т, подслу́шивание.

intercession /ˌɪntəˈseʃ(ə)n/ *n* хода́тайство; засту́пничество.

intercessor /ˌɪntəˈsesə(r)/ *n* засту́пник.

interchange /ˈɪntəˌtʃeɪndʒ/ *n* **1** (*transposition*) перестано́вка. **2** (*exchange*) обме́н; ~ **of views** обме́н мне́ниями. **3** (*alternation*) чередова́ние.
● *vt* **1** (*transpose*) перест|авля́ть, -а́вить. **2** (*exchange*) обме́н|ивать, -я́ть; обме́н|иваться, -я́ться + *i*. **3** (*alternate*) чередова́ть (*impf*).

interchangeability /ˌɪntəˌtʃeɪndʒəˈbɪlɪtɪ/ *n* (взаимо)заменя́емость; равноце́нность.

interchangeable /ˌɪntəˈtʃeɪndʒəb(ə)l/ *adj* взаимозаменя́емый; (*equivalent*) равноце́нный.

intercity /ˌɪntəˈsɪtɪ/ *adj* междугоро́дный.

intercollegiate /ˌɪntəkəˈliːdʒət/ *adj* межуниверсите́тский.

intercom /ˈɪntəˌkɒm/ *n* (*in an office, plane*) селе́ктор; (*to get into a house*) домофо́н.

intercommunicat|e /ˌɪntəkəˈmjuːnɪˌkeɪt/ *vi* (*of people*) обща́ться (*impf*); (**with:** с + *i*); ~**ing bedrooms** сме́жные спа́льни.

intercommunication /ˌɪntəkəˌmjuːnɪˈkeɪʃ(ə)n/ *n* обще́ние, связь.

interconnect /ˌɪntəkəˈnekt/ *vi* соедин|я́ться, -и́ться.

interconnected /ˌɪntəkəˈnektɪd/ *adj* взаимосвя́занный.

interconnecting /ˌɪntəkəˈnektɪŋ/ *adj*: ~ **rooms** сме́жные ко́мнаты.

interconnection /ˌɪntəkəˈnekʃ(ə)n/ *n* взаимосвя́зь.

intercontinental /ˌɪntəˌkɒntɪˈnent(ə)l/ *adj* межконтинента́льный.

intercourse /ˈɪntəˌkɔːs/ *n* (*social*) обще́ние; (*diplomatic or commercial*) сноше́ния (*nt pl*), свя́зи (*f pl*); (*sexual*) (полово́е) сноше́ние; **have ~ with s.o.** вступи́ть (*pf*) в полово́е сноше́ние с кем-н.

interdepartmental /ˌɪntəˌdiːpɑːtˈment(ə)l/ *adj* меж(ду)ве́домственный; (*in university*) межфакульте́тский.

interdependence /ˌɪntədɪˈpendəns/ *n* взаимозави́симость.

interdependent /ˌɪntədɪˈpendənt/ *adj* взаимозави́симый.

interdict /ˈɪntədɪkt/ *n* (*eccl*) интерди́кт.
● *vt* (*US*) запре|ща́ть, -ти́ть.

interdiction /ˌɪntəˈdɪkʃ(ə)n/ *n* запре́т.

interest /ˈɪntrəst, -trɪst/ *n* **1** (*attention, curiosity, concern*) интере́с; **feel, show, take a great, keen ~ in sth** прояв|ля́ть, -и́ть большо́й интере́с к чему́-н.; **I have no ~ in sport** спорт меня́ не интересу́ет. **2** (*quality arousing ~*) занима́тельность; **his books lack ~ for me** меня́ его́ кни́ги не занима́ют; **it is of ~ to note that ...** интере́сно заме́тить, что...; **it is of no ~ to me whether we win or lose** меня́ соверше́нно не интересу́ет, выи́граем мы и́ли нет; **matters of ~ to everybody** вопро́сы, ва́жные для всех. **3** (*pursuit*) интере́с; **my chief ~s are art and history** я интересу́юсь гла́вным о́бразом иску́сством и исто́рией; **a man of wide ~s** челове́к с широ́ким кру́гом интере́сов (*or* с широ́ким кругозо́ром). **4** (*often in pl, advantage, benefit*) интере́сы (*m pl*), по́льза, вы́года; **it is in, to your ~ to listen to his advice** в ва́ших же интере́сах прислу́шаться к его́ сове́там; **I acted in your ~s** я де́йствовал в ва́ших интере́сах; **you must look after your own ~s** вы должны́ блюсти́ свои́ интере́сы; **in the ~ s of truth** в интере́сах и́стины; **I know where my ~s lie** я зна́ю свою́ вы́году. **5** (*legal or financial right or share*) до́ля, часть; **he has an ~ in that firm** он име́ет до́лю в э́той фи́рме; **American ~s in Europe** америка́нские капиталовложе́ния в Евро́пе. **6** (*group having common concern*) заинтересо́ванные круги́ (*m pl*); **business ~s** торго́вые круги́ (*m pl*). **7** (*charge on loan*) (*paid*) ссу́дный проце́нт; проце́нты (*m pl*); (*received*) проце́нтный дохо́д; **pay ~ on a loan** плати́ть (*impf*) проце́нты по за́йму; **lend money at 7% ~ p.a.** дава́ть, дать де́ньги (в рост) под семь проце́нтов годовы́х; **rate of ~** проце́нтная ста́вка; **at a high rate of ~** под больши́е проце́нты; **he lives on the ~ from his investments** он живёт на дохо́д со свои́х вложе́ний; (*fig*): **my kindness was repaid with ~** меня́ ще́дро вознагради́ли за мою́ доброту́.
● *vt* интересова́ть (*impf*); **I shall be ~ed to know what happens** мне бу́дет интере́сно знать, что происхо́дит; **this will ~ you** вам э́то бу́дет интере́сно; (*cause a person to take interest*) заинтересова́ть (*pf*); **when he mentioned money I was ~ed at once** как то́лько он заговори́л о деньга́х, я то́тчас же заинтересова́лся; **can I ~ you in another drink?** могу́ я вам предложи́ть ещё рю́мочку?
● *cpds* **~-bearing** *adj* проце́нтный, принося́щий проце́нтный дохо́д; **~-free** *adj* & *adv* беспроце́нтный.

interested /ˈɪntrəstɪd, ˈɪntrɪstɪd/ *adj* **1** (*having or showing interest*) интересу́ющийся; **are you ~ in football?** вы интересу́етесь футбо́лом? **2** (*not impartial*) коры́стный (*pej*), заинтересо́ванный; **an ~ party** заинтересо́ванная сторона́.

interesting /ˈɪntrəstɪŋ, -trɪstɪŋ/ *adj* интере́сный; **it is ~** э́то интере́сно.

interethnic /ˌɪntəˈeθnɪk/ *adj* межнациона́льный.

interface /ˈɪntəˌfeɪs/ *n* стык; (*comput*) интерфе́йс; (*fig*) взаимосвя́зь, взаимоде́йствие.

interfer|e /ˌɪntəˈfɪə(r)/ *vi* **1** (*meddle; obtrude o.s.*) вме́ш|иваться, -а́ться; **don't ~e in my affairs** не вме́шивайтесь в мои́ дела́; **she is an ~ing old lady** она́ назо́йливая стару́ха; **don't ~e with this machine** не тро́гайте э́ту маши́ну; **my papers have been ~ed with** кто́-то тро́гал мои́ бума́ги. **2** (*come in the way; present an obstacle*) меша́ть, по- + *d*; **I am going to London tomorrow if nothing ~es** я за́втра пое́ду в Ло́ндон, е́сли ничто́ мне не помеша́ет.

interference /ˌɪntəˈfɪərəns/ *n* вмеша́тельство, поме́ха; (*radio, TV*) поме́хи (*f pl*); (*phys*) интерфере́нция.

intergalactic /ˌɪntəgəˈlæktɪk/ *adj* межгалакти́ческий.

intergovernmental /ˌɪntəˌgʌvənˈment(ə)l/ *adj* межправи́тельственный.

interim /ˈɪntərɪm/ *n* промежу́ток вре́мени; **in the ~** тем вре́менем.
● *adj* (*temporary*) вре́менный; (*provisional*) промежу́точный; **~ report** предвари́тельный докла́д.

interior /ɪnˈtɪərɪə(r)/ *n* **1** (*inside*) вну́тренняя часть, простра́нство внутри́; **the earth's ~** не́дра (*pl, g* —) земли́. **2** (*of building*) интерье́р; **~ decorator** худо́жник по интерье́ру; **~ decoration** вну́треннее оформле́ние; **~ design** диза́йн интерье́ра; **~ designer** диза́йнер интерье́ра. **3** (*painting*) интерье́р. **4** (*inland areas*) глуби́нные райо́ны (*m pl*); **he made a journey into the ~ of Brazil** он соверши́л путеше́ствие вглубь Брази́лии. **5** (*home affairs*): **Minister of the I~** мини́стр вну́тренних дел.
● *adj* вну́тренний.

interject /ˌɪntəˈdʒekt/ *vt* вст|авля́ть, -а́вить; (*coll*) вверну́ть (*pf*); **'It's not true,' he ~ed** «Э́то непра́вда», — вста́вил он.

interjection /ˌɪntəˈdʒekʃ(ə)n/ *n* восклица́ние; (*gram*) междоме́тие.

interlace /ˌɪntəˈleɪs/ *vt* & *i* перепле|та́ть(ся), -сти́(сь); спле|та́ть(ся), -сти́(сь).

interlard /ˌɪntəˈlɑːd/ *vt*: **his prose is ~ed with foreign words** его́ про́за пересы́пана иностра́нными слова́ми.

interleave /ˌɪntəˈliːv/ *vt* (**interleaves, interleaved, interleaving**) (*insert blank pages in*) про|кла́дывать, -ложи́ть чи́стые листы́ ме́жду страни́цами (+ *g*); **an ∼ed text** текст с проло́женными чи́стыми листа́ми; (*place sth between layers of*) просл|а́ивать, -ои́ть (**with:** + *i*).

interlibrary /ˌɪntəˈlaɪbrərɪ/ *adj*: **∼ loan** межбиблиоте́чный абоне́мент.

interline /ˌɪntəˈlaɪn/ *vt* (*insert extra lining*) ста́вить, по- дополни́тельную подкла́дку (на + *a*).

interlinear /ˌɪntəˈlɪnɪə(r)/ *adj* междустро́чный.

interlink /ˌɪntəˈlɪŋk/ *vt* (*sth abstract*) свя́з|ывать, -а́ть; (*sth concrete*) сцеп|ля́ть, -и́ть.
● *vi* (*sth abstract*): **these processes ∼** э́ти проце́ссы взаимосвя́заны; (*sth concrete*) сцеп|ля́ться, -и́ться; **∼ing loops/rings** сце́пленные (ме́жду собо́й) пе́тли/ко́льца.

interlock /ˌɪntəˈlɒk/ *vt* & *i* соедин|я́ть(ся), -и́ть(ся), сцеп|ля́ть(ся), -и́ть(ся); **they ∼ed hands** они́ сцепи́ли ру́ки.
● *n* (*mechanics, elec*) сцепле́ние, блокиро́вка.

interlocutor /ˌɪntəˈlɒkjʊtə(r)/ *n* собесе́дни|к (*fem* -ца).

interloper /ˈɪntəˌləʊpə(r)/ *n* незва́ный гость.

interlude /ˈɪntəˌluːd, -ˌljuːd/ *n* переры́в; (*theatr*) антра́кт; (*mus*) интерлю́дия.

intermarriage /ˌɪntəˈmærɪdʒ/ *n* межра́совый/межнациона́льный/ межэтни́ческий брак.

intermarry /ˌɪntəˈmærɪ/ *vi* сме́ш|иваться, -а́ться; родни́ться, по- путём бра́ка.

intermediary /ˌɪntəˈmiːdɪərɪ/ *n* посре́дни|к (*fem* -ца).
● *adj* (*acting as go-between*) посре́днический; (*intermediate*) промежу́точный, посре́дствующий.

intermediate /ˌɪntəˈmiːdɪət/ *adj* промежу́точный; **at an ∼ stage** на перехо́дной ста́дии.

interment /ɪnˈtɜːmənt/ *n* погребе́ние.

intermezz|o /ˌɪntəˈmetsəʊ/ *n* (*pl* **∼i** /-ɪ/ *or* **∼os**) интерме́ццо (*indecl*).

interminable /ɪnˈtɜːmɪnəb(ə)l/ *adj* бесконе́чный, несконча́емый, ве́чный.

intermingle /ˌɪntəˈmɪŋg(ə)l/ *vt* & *i* сме́ш|ивать(ся), -а́ть(ся).

intermission /ˌɪntəˈmɪʃ(ə)n/ *n* переры́в, па́уза; (*theatr*) антра́кт.

intermittent /ˌɪntəˈmɪt(ə)nt/ *adj* преры́вистый.

intermix /ˌɪntəˈmɪks/ *vt* & *i* переме́ш|ивать(ся), -а́ть(ся); сме́ш|ивать(ся), -а́ть(ся).

intermixture /ˌɪntəˈmɪkstʃə(r)/ *n* смесь; смеше́ние.

intern¹ /ˈɪntɜːn/ *n* (*US*) (*medical student*) молодо́й врач, инте́рн; (*trainee*) стажёр, практика́нт.

intern² /ɪnˈtɜːn/ *vt* интерни́ровать (*impf, pf*).

internal /ɪnˈtɜːn(ə)l/ *adj* вну́тренний; **∼ strife** вну́тренние конфли́кты (*m pl*); **∼ injuries** поврежде́ния вну́тренних о́рганов; **∼-combustion engine** дви́гатель (*m*) вну́треннего сгора́ния; **I∼ Revenue Service** (*US*) Госуда́рственная нало́говая слу́жба.

internally /ɪnˈtɜːn(ə)lɪ/ *adv* (*inside an object*) изнутри́, внутри́; (*inside an organization*) внутри́; (*in one's mind*) вну́тренне; **to shudder ∼** вну́тренне содрогну́ться (*pf*).

international /ˌɪntəˈnæʃən(ə)l/ *n* (*hist, socialist organization*) Интернациона́л; (*Br, sporting event*) междунаро́дные соревнова́ния (*nt pl*); (*participant*) уча́стник междунаро́дных соревнова́ний.
● *adj* междунаро́дный, интернациона́льный; **I∼ Monetary Fund** Междунаро́дный валю́тный фонд.

Internationale /ˌɪntəˌnæʃəˈnɑːl/ *n* Интернациона́л (*песня*).

internecine /ˌɪntəˈniːsaɪn/ *adj* (*destructive to both sides*) взаимоуничтожа́ющий, взаиморазруши́тельный; (*of conflict between groups*) междоусо́бный.

internee /ˌɪntɜːˈniː/ *n* интерни́рованный.

Internet *n* (**the ∼**) Интерне́т; **on the ∼** в Интерне́те; **∼ cafe** интерне́т-кафе́.

internment /ɪnˈtɜːnmənt/ *n* интерни́рование; **∼ camp** ла́герь (*m*) для интерни́рованных (лиц).

internship /ˈɪntɜːnʃɪp/ *n* (*US*) (*of medical student*) интерату́ра; (*traineeship*) стажиро́вка, пра́ктикум.

interpellation /ɪnˌtɜːpeˈleɪʃ(ə)n/ *n* запро́с, интерпелля́ция.

interpersonal /ˌɪntəˈpɜːsən(ə)l/ *adj* межли́чностный.

interplanetary /ˌɪntəˈplænɪtərɪ/ *adj* межплане́тный.

interplay /ˈɪntəˌpleɪ/ *n* взаимоде́йствие, взаимосвя́зь.

interpolate /ɪnˈtɜːpəˌleɪt/ *vt* интерполи́ровать (*impf, pf*); вст|авля́ть, -а́вить.

interpolation /ɪnˌtɜːpəˈleɪʃ(ə)n/ *n* интерполя́ция, вста́вка.

interpose /ˌɪntəˈpəʊz/ *vt* **1** (*remark, word*) вст|авля́ть, -а́вить; **∼ an objection** выдвига́ть, вы́двинуть возраже́ние. **2** (*place, insert, between two things*) ста́вить, по-, поме|ща́ть, -сти́ть (*что-н.*) ме́жду (+ *i*).
● *vi* (*intervene*) вмеш|иваться, -а́ться.

interposition /ˌɪntəpəˈzɪʃ(ə)n/ *n* (*intervention*) вмеша́тельство.

interpret /ɪnˈtɜːprɪt/ *vt* (**interpreted, interpreting**) **1** (*expound meaning of*) толкова́ть (*impf*); истолк|о́вывать, -ова́ть; интерпрети́ровать (*impf, pf*); **how do you ∼ this dream?** как вы объясня́ете э́тот сон?; **this passage has been ∼ed in various ways** э́тот отры́вок толкова́ли/ интерпрети́ровали по-ра́зному; (*of an actor*) интерпрети́ровать (*impf, pf*), трактова́ть (*impf*). **2** (*understand*) истолко́в|ывать, -а́ть; **I ∼ed his silence as a refusal** я истолкова́л его́ молча́ние как отка́з.
● *vi* перев|оди́ть, -ести́ (у́стно); **he ∼ed for the President** он был перево́дчиком президе́нта.

interpretation /ɪnˌtɜːprɪˈteɪʃ(ə)n/ *n* (*expounding; exposition*) интерпрета́ция, толкова́ние; (*by an actor*) тракто́вка, интерпрета́ция; (*understanding, construction*) толкова́ние; **he puts a different ∼ on the facts** он ина́че истолко́вывает э́ти фа́кты; (*oral translation*) (у́стный) перево́д.

interpreter /ɪnˈtɜːprɪtə(r)/ *n* (у́стный) перево́дчи|к (*fem* -ца).

interracial /ˌɪntəˈreɪʃ(ə)l/ *adj* межра́совый.

interregn|um /ˌɪntəˈregnəm/ *n* (*pl* **∼ums** *or* **∼a**) междуца́рствие.

interrelate /ˌɪntərɪˈleɪt/ *vt* взаимосвя́зывать (*impf*).

interrelation(ship) /ˌɪntərɪˈleɪʃ(ə)n(ʃɪp)/ *n* взаимоотноше́ние.

interrogate /ɪnˈterəˌgeɪt/ *vt* допр|а́шивать, -оси́ть.

interrogation /ɪnˌterəˈgeɪʃ(ə)n/ *n* допро́с.

interrogative /ˌɪntəˈrɒgətɪv/ *adj* вопроси́тельный.

interrogator /ɪnˈterəˌgeɪtə(r)/ *n* сле́дователь (*m*).

interrogatory /ˌɪntəˈrɒgətərɪ/ *adj* вопроси́тельный.

interrupt /ˌɪntəˈrʌpt/ *vt* **1** (*break in on; also vi*) прер|ыва́ть, -ва́ть; переб|ива́ть, -и́ть; **don't ∼ when I am speaking** не перебива́йте, когда́ я говорю́; **he ∼ed me as I was reading** он прерва́л моё чте́ние. **2** (*disturb*) нар|уша́ть, -у́шить; меша́ть, по- + *d*; **my sleep was ∼ed by the noise of trains** шум поездо́в нару́шил мой сон; **his performance was ∼ed by coughing** его́ выступле́ние прерыва́лось ка́шлем в за́ле. **3** (*obstruct*) заслон|я́ть, -и́ть; препя́тствовать (*impf*) + *d*; **these trees ∼ the view** э́ти дере́вья заслоня́ют вид.

interruption /ˌɪntəˈrʌpʃ(ə)n/ *n* поме́ха; наруше́ние; вторже́ние; **he continued to speak despite ∼s** он продолжа́л говори́ть, невзира́я на поме́хи; **∼ of communications** наруше́ние свя́зи.

intersect /ˌɪntəˈsekt/ *vt* & *i* перес|ека́ть(ся), -е́чь(ся); перекр|е́щивать(ся), -ести́ть(ся).

intersection /ˌɪntəˈsekʃ(ə)n/ *n* (*intersecting*) пересече́ние; (*point of ∼*) то́чка пересече́ния; (*crossroads*) перекрёсток.

intersperse /ˌɪntəˈspɜːs/ *vt* разбр|а́сывать, -оса́ть; расс|ыпа́ть, -ы́пать; **red flowers ∼d with yellow ones** кра́сные цветы́ впереме́жку с жёлтыми; **his talk was ∼d with anecdotes** он пересыпа́л своё выступле́ние анекдо́тами.

interstate /ˈɪntəˌsteɪt/ *adj* (*between regions of country*) межшта́тный; (*between countries*) межгосуда́рственный.

interstellar /ˌɪntəˈstelə(r)/ *adj* межзвёздный.

interstice /ɪnˈtɜːstɪs/ *n* (*intervening space*) промежу́ток; (*crevice*) расще́лина.

intertribal /ˌɪntəˈtraɪb(ə)l/ *adj* межплеменно́й.

intertwine /ˌɪntəˈtwaɪn/ *vt* & *i* спле|та́ть(ся), -сти́(сь); **their arms**

were ~d их ру́ки бы́ли сплетены́; **the two subjects are ~d** э́ти два предме́та те́сно свя́заны ме́жду собо́й.

interval /ˈɪntəv(ə)l/ *n* **1** (*of time*) промежу́ток, отре́зок вре́мени; интерва́л; **there was an ~ of a week between his two visits** ме́жду двумя́ его́ посеще́ниями прошла́ неде́ля; **we see each other at ~s** мы ви́димся вре́мя от вре́мени; **at ~s of an hour** с интерва́лами в час. **2** (*of place*) расстоя́ние; **the posts were set at ~s of 10 feet** столбы́ бы́ли расста́влены на расстоя́нии десяти́ фу́тов (друг от дру́га). **3** (*Br, theatr*) антра́кт. **4** (*mus*) интерва́л.

intervene /ˌɪntəˈviːn/ *vi* **1** (*of an event*): **we were to have met, but his death ~d** мы должны́ бы́ли встре́титься, но его́ смерть э́тому помеша́ла; **if nothing ~s** е́сли ничего́ не случи́тся; **some years ~d** с тех пор прошло́ не́сколько лет. **2** (*interpose one's influence*) вме́ш|иваться, -а́ться; **the government ~d in the dispute** в конфли́кт вмеша́лось прави́тельство.

intervention /ˌɪntəˈvenʃ(ə)n/ *n* вмеша́тельство; (*mil*) интерве́нция.

interventionism /ˌɪntəˈvenʃəˌnɪz(ə)m/ *n* поли́тика вмеша́тельства.

interventionist /ˌɪntəˈvenʃənɪst/ *n* интерве́нт.

interview /ˈɪntəˌvjuː/ *n* делова́я встре́ча; собесе́дование; (*with the media*) интервью́ (*nt indecl*); **an ~ for a job** собесе́дование при приёме на рабо́ту; **he gave an ~ to the press** он дал интервью́ журнали́стам.

● *vt & i* (*with the media*) интервьюи́ровать (*impf, pf*); брать, взять интервью́ у + *g*; **only certain candidates were ~ed** собесе́дование провели́ то́лько с не́сколькими кандида́тами; **he ~s well** (*acquits himself*) он хорошо́ де́ржится во вре́мя интервью́.

interviewee /ˌɪntəvjuːˈiː/ *n* интервьюи́руемый, даю́щий интервью́.

interviewer /ˈɪntəˌvjuːə(r)/ *n* (*for media*) интервьюе́р; (*for job*) проводя́щий собесе́дование.

interwar /ˌɪntəˈwɔː(r)/ *adj*: **~ period** пери́од ме́жду двумя́ мировы́ми во́йнами.

interweave /ˌɪntəˈwiːv/ *vt* (*past* **interwove** /ˌɪntəˈwəʊv/; *pp* **interwoven** /ˌɪntəˈwəʊv(ə)n/) впле|та́ть, -сти́; (*insert*) вст|авля́ть, -а́вить; **truth interwoven with fiction** пра́вда, переплета́ющаяся с вы́мыслом.

intestacy /ɪnˈtestəsɪ/ *n* отсу́тствие завеща́ния.

intestate /ɪnˈtestət/ *adj* уме́рший без завеща́ния.

intestinal /ˌɪnteˈstaɪn(ə)l/ *adj* кише́чный.

intestine /ɪnˈtestɪn/ *n* кише́чник.

intimacy /ˈɪntɪməsɪ/ *n* инти́мность, бли́зость.

intimate¹ /ˈɪntɪmət/ *n* бли́зкий друг.

● *adj* **1** (*close, familiar*) бли́зкий; **they are on ~ terms** они́ в бли́зких отноше́ниях. **2** (*private, personal*) инти́мный, ли́чный; **the ~ details of his life** подро́бности его́ ли́чной жи́зни. **3** (*detailed*) основа́тельный, глубо́кий, доскона́льный; **he has an ~ knowledge of the subject** он доскона́льно зна́ет предме́т.

intimate² /ˈɪntɪˌmeɪt/ *vt* (*convey*) ув|едомля́ть, -е́домить; (*hint, imply*) намек|а́ть, -ну́ть на + *a*.

intimation /ˌɪntɪˈmeɪʃ(ə)n/ *n* намёк, уведомле́ние.

intimidate /ɪnˈtɪmɪˌdeɪt/ *vt* запу́г|ивать, -а́ть; угрожа́ть (*impf*) + *d*.

intimidation /ɪnˌtɪmɪˈdeɪʃ(ə)n/ *n* запу́гивание, угро́зы (*f pl*).

into /ˈɪntʊ, ˈɪntə/ *prep* **1** (*expressing motion to a point within*) в + *a*; **I was going ~ the shop** я входи́л в магази́н. **2** (*expressing extent*) до; **far ~ the night** до по́здней но́чи. **3** (*expressing change or process*) *usu* в + *a or* на + *a*; **the rain turned ~ snow** дождь перешёл в снег; **translate ~ French** перев|оди́ть, -ести́ на францу́зский. **4** (*coll, of a devotee*): **I'm not ~ Shakespeare** я не увлека́юсь Шекспи́ром; **he's ~ jazz** он увлека́ется джа́зом.

intolerable /ɪnˈtɒlərəb(ə)l/ *adj* невыноси́мый.

intolerance /ɪnˈtɒlərəns/ *n* нетерпи́мость; **his body developed an ~ to antibiotics** у него́ развила́сь непереноси́мость антибио́тиков.

intolerant /ɪnˈtɒlərənt/ *n* нетерпи́мый; **~ of** (*unable to bear*) не выномя́щий + *g*.

intonation /ˌɪntəˈneɪʃ(ə)n/ *n* интона́ция.

intone /ɪnˈtəʊn/ *vt* (*utter in particular tone*) интони́ровать (*impf*); (*recite with prolonged sounds*) чита́ть нараспе́в (*impf*).

in toto /ɪn ˈtəʊtəʊ/ *adv* целико́м, по́лностью, в це́лом.

intoxicat|e /ɪnˈtɒksɪˌkeɪt/ *vt* (*lit, fig*) опьян|я́ть, -и́ть; **~ing liquor** опьяня́ющий напи́ток; **become ~ed** пьяне́ть, о-.

intoxication /ɪnˌtɒksɪˈkeɪʃ(ə)n/ *n* опьяне́ние.

intra- /ˈɪntrə/ *pref* внутри... .

intractability /ɪnˌtræktəˈbɪlɪtɪ/ *n* упря́мство, непоко́рность, несгово́рчивость.

intractable /ɪnˈtræktəb(ə)l/ *adj* (*of person*) упря́мый, непоко́рный, несгово́рчивый; (*of problems, metal*) неподa̍тливый; **~ illness** трудноизлечи́мое заболева́ние; **~ pain** неустрани́мая боль.

intransigence /ɪnˈtrænsɪdʒ(ə)ns, -zɪdʒ(ə)ns/ *n* непреклóнность.

intransigent /ɪnˈtrænsɪdʒ(ə)nt, -zɪdʒ(ə)nt/ *adj* непрекло́нный.

intransitive /ɪnˈtrænsɪtɪv, ɪnˈtrɑːn-, -zɪtɪv/ *adj* неперехо́дный.

intrauterine /ˌɪntrəˈjuːtəˌraɪn, -rɪn/ *adj*: **~ device** (*abbr* **IUD**) внутрима́точный контрацепти́в.

intravenous /ˌɪntrəˈviːnəs/ *adj* внутриве́нный.

in tray /ˈɪntreɪ/ *n* (*Br*) корзи́на для входя́щей корреспонде́нции.

intrepid /ɪnˈtrepɪd/ *adj* неустраши́мый, бесстра́шный.

intrepidity /ˌɪntrɪˈpɪdɪtɪ/ *n* неустраши́мость, бесстра́шие.

intricacy /ˈɪntrɪkəsɪ/ *n* запу́танность, сло́жность.

intricate /ˈɪntrɪkət/ *adj* запу́танный, сло́жный.

intrigu|e /ɪnˈtriːg, ˈɪn-/ *n* (*secret plotting*) интри́га; про́иски (*m pl*); (*amour*) любо́вная связь, интри́га, интри́жка (*coll*).

● *vt* (**intrigues, intrigued, intriguing**) интригова́ть, за-; интересова́ть, за-; **I was ~ed to learn** мне бы́ло интере́сно узна́ть; **an ~ing prospect** зама́нчивая перспекти́ва.

● *vi* (**intrigues, intrigued, intriguing**) интригова́ть (*impf*); **they ~ed against the king** они́ интригова́ли про́тив короля́.

intrinsic /ɪnˈtrɪnzɪk/ *adj* прису́щий, сво́йственный, по́длинный; **~ value** по́длинная це́нность/сто́имость.

intro /ˈɪntrəʊ/ *n* (*pl* **~s**) (*coll*) введе́ние.

introduc|e /ˌɪntrəˈdjuːs/ *vt* **1** (*insert*) вст|авля́ть, -а́вить; **he ~ed the key into the lock** он вста́вил ключ в замо́к. **2** (*bring in*) вв|оди́ть, -ести́; (при)вн|оси́ть, -ести́; **the motor works are ~ing a new model** автозаво́д вво́дит в произво́дство но́вую моде́ль; **many improvements have been ~ed** ввели́ мно́го усоверше́нствований; **tobacco was ~ed from America** таба́к был завезён из Аме́рики; **~e a bill** вв|оди́ть, -ести́ законопрое́кт; **~e a custom** зав|оди́ть, -ести́ обы́чай. **3** (*present*) предст|авля́ть, -а́вить; знако́мить, по- (*кого с кем*); **may I ~e my fiancée?** разреши́те предста́вить (вам) мою́ неве́сту; **have we been ~ed (to each other)?** мы знако́мы?; **my father ~ed me to chess** мой оте́ц познако́мил меня́ с ша́хматами. **4** (*begin*): **he ~ed his speech with a quotation** он на́чал своё выступле́ние с цита́ты.

introduction /ˌɪntrəˈdʌkʃ(ə)n/ *n* **1** (*inserting*) ввод, введе́ние, включе́ние. **2** (*bringing in, instituting*) введе́ние, установле́ние. **3** (*sth brought in*) но́вшество, нововведе́ние; **a recent ~ from abroad** но́вшество из-за рубежа́. **4** (*presentation*) представле́ние; **the hostess made ~s all round** хозя́йка всех перезнако́мила; **this wine needs no ~ from me** э́то вино́ в мое́й рекоменда́ции не нужда́ется; **letter of ~** рекоменда́тельное письмо́. **5** (*title of book*): **An I~ to Nuclear Physics** «Введе́ние в я́дерную фи́зику». **6** (*preliminary matter in book, speech, etc.*) введе́ние, вступле́ние.

introductory /ˌɪntrəˈdʌktərɪ/ *adj* вступи́тельный, вво́дный.

introspection /ˌɪntrəˈspekʃ(ə)n/ *n* интроспе́кция, самоана́лиз.

introspective /ˌɪntrəˈspektɪv/ *adj* интроспекти́вный.

introvert /ˈɪntrəˌvəːt/ *n* зáмкнутый человéк, интровéрт.
● *vt*: **an ∼ed nature** зáмкнутая натýра.

intrud|e /ɪnˈtruːd/ *vt* нав|я́зывать, -язáть; **he ∼ed himself into our company** он навязáл нам своё óбщество; **I don't wish to ∼e my opinions on you** я не хочý навя́зывать вам свои мнéния; **the thought ∼ed itself into my mind** э́та мысль засéла у меня́ в головé.
● *vi* вт|оргáться, -óргнуться; **I hope I'm not ∼ing** надéюсь, я вам не помешáю; **you are ∼ing on my time** вы посягáете на моё врéмя.

intruder /ɪnˈtruːdə(r)/ *n* (*intrusive person*) навя́зчивый человéк; (*burglar*) грабúтель (*m*).

intrusion /ɪnˈtruːʒ(ə)n/ *n* вторжéние; **an ∼ on my privacy** нарушéние моегó покóя; вторжéние в мою́ ли́чную жизнь.

intrusive /ɪnˈtruːsɪv/ *adj* назóйливый.

intuit /ɪnˈtjuːɪt/ *vt* пост|игáть, -и́гнуть интуити́вно.

intuition /ˌɪntjuːˈɪʃ(ə)n/ *n* интуи́ция; чутьё.

intuitive /ɪnˈtjuːɪtɪv/ *adj* интуити́вный; **women are more ∼ than men** жéнщины обладáют бóлее рáзвитой интуи́цией, чем мужчи́ны.

inundate /ˈɪnənˌdeɪt/ *vt* затоп|ля́ть, -и́ть; наводн|я́ть, -и́ть; **floods ∼d the valley** доли́на былá затóплена в результáте наводнéний; (*fig*) нап|олня́ть, -óлнить; наводн|я́ть, -и́ть; **I was ∼d with letters** меня́ засы́пали пи́сьмами; **the town was ∼d with tourists** гóрод был наводнён тури́стами.

inundation /ˌɪnənˈdeɪʃ(ə)n/ *n* наводнéние; (*fig*) напл́ыв.

inure /ɪˈnjʊə(r)/ *vt* приуч|áть, -и́ть; прив|ивáть, -и́ть нáвык (*к чему*); **working in the fields ∼d his body to heat and cold** рабóта в пóле приучи́ла егó органи́зм к жарé и хóлоду.

invade /ɪnˈveɪd/ *vt* вторгáться, втóргнуться в + *a*; **Germany ∼d France** Гермáния втóрглась во Фрáнцию; (*fig*) охвáт|ывать, -и́ть; наводн|я́ть, -и́ть; овлад|евáть, -éть + *i*; **doubts ∼d her mind** éю овладéли сомнéния; **crowds of tourists ∼d the restaurants** тóлпы тури́стов наводни́ли ресторáны.

invader /ɪnˈveɪdə(r)/ *n* захвáтчик.

invalid[1] /ˈɪnvəˌliːd, -lɪd/ *n* (*sick person*) больнóй; (*disabled person*) инвали́д.
● *vt* (**invalided, invaliding**): **he was ∼ed out (of the army)** егó демобилизовáли по состоя́нию здорóвья; егó комиссовáли.

invalid[2] /ɪnˈvælɪd/ *adj* (*groundless*) несостоя́тельный, непригóдный; **∼ argument** несостоя́тельный дóвод; (*having no legal force*) недействи́тельный, не имéющий (закóнной) си́лы.

invalidate /ɪnˈvælɪˌdeɪt/ *vt* (*argument*) дéлать, с- несостоя́тельным; (*treaty contract*) лиш|áть, -и́ть закóнной си́лы; аннули́ровать (*impf, pf*).

invalidation /ɪnˌvælɪˈdeɪʃ(ə)n/ *n* лишéние (закóнной) си́лы; аннули́рование.

invalidity /ˌɪnvəˈlɪdɪtɪ/ *n* **1** (*Br, being an invalid*) инвали́дность. **2** (*being invalid*) недействи́тельность.

invaluable /ɪnˈvæljʊəb(ə)l/ *adj* неоцени́мый, бесцéнный.

invariable /ɪnˈveərɪəb(ə)l/ *adj* неизмéнный, постоя́нный.

invasion /ɪnˈveɪʒ(ə)n/ *n* вторжéние, нашéствие; **the ∼ of Europe** вторжéние в Еврóпу; **∼ of privacy** вторжéние в ли́чную жизнь.

invective /ɪnˈvektɪv/ *n* инвекти́ва, брань.

inveigh /ɪnˈveɪ/ *vi*: **∼ against** я́ростно нап|адáть, -áсть на + *a*; поноси́ть (*impf*).

inveigle /ɪnˈveɪg(ə)l, -ˈviːg(ə)l/ *vt* соблазн|я́ть, -и́ть; оболь|щáть, -сти́ть; **they ∼d him into the conspiracy** они́ вовлекли́ егó в зáговор; **he was ∼d into signing a cheque** егó обмáном застáвили подписáть чек.

invent /ɪnˈvent/ *vt* (*devise, originate*) изобре|тáть, -сти́; **when was this machine ∼ed?** когдá былá изобретенá э́та маши́на?; (*think up*) придý́м|ывать, -ать; вы́дý́мывать, вы́думать.

invention /ɪnˈvenʃ(ə)n/ *n* (*designing; contrivance*) изобретéние; (*inventiveness*) изобретáтельность, нахóдчивость; (*fabrication*) вы́думка; **his story is pure ∼** егó расскáз — пóлная вы́думка; **a writer of great ∼** писáтель с богáтой фантáзией.

inventive /ɪnˈventɪv/ *adj* изобретáтельный, нахóдчивый.

inventor /ɪnˈventə(r)/ *n* изобретáтель (*m*).

inventory /ˈɪnvəntərɪ/ *n* инвентáрь (*m*).

inverse /ˈɪnvəːs, -ˈvəːs/ *adj* обрáтный, противополóжный; **in ∼ proportion to** (*or* **∼ly proportional to**) обрáтно пропорционáльный + *d*.

inversion /ɪnˈvəːʃ(ə)n/ *n* (*turning upside down*) перевёртывание; (*reversing order or relation*) перестанóвка; (*gram*) инвéрсия.

invert /ɪnˈvəːt/ *vt* (*turn upside down*) перев|орáчивать, -ернýть; **∼ed commas** (*Br*) кавы́чки (*f pl*); (*reverse order or relation*) перест|авля́ть, -áвить.

invertebrate /ɪnˈvəːtɪbrət, -ˌbreɪt/ *n* беспозвонóчное (живóтное).
● *adj* беспозвонóчный.

invest /ɪnˈvest/ *vt* **1** (*clothe, usu fig*) обл|екáть, -éчь; **he was ∼ed with full authority** егó облекли́ всéми полномóчиями. **2** (*lay out as ∼ment*) вклáдывать, вложи́ть; инвести́ровать (*impf, pf*).
● *vi* вклáдывать, вложи́ть дéньги/капитáл; (*coll, spend money usefully*): **I must ∼ in a new hat** мне придётся потрáтиться на нóвую шля́пу.

investigate /ɪnˈvestɪˌgeɪt/ *vt* (*crime, facts*) расслéдовать (*impf, pf*); (*study, research*) исслéдовать (*impf, pf*).

investigation /ɪnˌvestɪˈgeɪʃ(ə)n/ *n* (*criminal*) расслéдование, слéдствие; (*study, research*) исслéдование.

investigative /ɪnˈvestɪgətɪv/ *adj*: **∼ journalism** журнали́стика расслéдований.

investigator /ɪnˈvestɪˌgeɪtə(r)/ *n* (*in police*) слéдователь (*m*); (*researcher*) исслéдователь (*m*).

investiture /ɪnˈvestɪˌtjʊə(r)/ *n* инвеститýра; формáльное введéние в дóлжность; пожáлование звáния.

investment /ɪnˈvestmənt/ *n* (*investing*) инвести́рование, капиталовложéние, помещéние капитáла; **a wise ∼** разýмное вложéние дéнег; (*sum invested*) инвести́ция; вклад; **∼ bank** инвестициóнный банк; (*lucrative acquisition*) удáчное приобретéние.

investor /ɪnˈvestə(r)/ *n* вкля́дчик, инвéстор.

inveterate /ɪnˈvetərət/ *adj* закоренéлый, зая́длый.

invidious /ɪnˈvɪdɪəs/ *adj* оскорби́тельный; оби́дный; **an ∼ comparison** оби́дное/оскорби́тельное сравнéние.

invidiousness /ɪnˈvɪdɪəsnɪs/ *n* оскорби́тельность.

invigilate /ɪnˈvɪdʒɪˌleɪt/ *vt & i* (*Br*) надзирáть (*impf*) за (*кем*); наблюдáть (*impf*) за экзаменýющимися.

invigilation /ɪnˌvɪdʒɪˈleɪʃ(ə)n/ *n* наблюдéние за экзаменýющимися.

invigilator /ɪnˈvɪdʒɪˌleɪtə(r)/ *n* официáльный наблюдáтель (*на экзамене*).

invigorat|e /ɪnˈvɪgəˌreɪt/ *vt* укреп|ля́ть, -и́ть; прид|авáть, -áть си́лу + *d*; (*fig*) воодушев|ля́ть, -и́ть; вдохнов|ля́ть, -и́ть; **his ideas are ∼ing** егó идéи вдохновля́ют.

invincibility /ɪnˌvɪnsɪˈbɪlɪtɪ/ *n* непобеди́мость.

invincible /ɪnˈvɪnsɪb(ə)l/ *adj* непобеди́мый; **∼ will** несгибáемая вóля.

inviolability /ɪnˌvaɪələˈbɪlɪtɪ/ *n* нерушúмость; неприкосновéнность.

inviolable /ɪnˈvaɪələb(ə)l/ *adj* нерушúмый; неприкосновéнный.

inviolate /ɪnˈvaɪələt/ *adj* нетрóнутый.

invisibility /ɪnˌvɪzɪˈbɪlɪtɪ/ *n* неви́димость.

invisible /ɪnˈvɪzɪb(ə)l/ *adj* неви́димый, незри́мый; **∼ to the naked eye** незамéтный для невооружённого глáза; **∼ exports** неви́димый э́кспорт; **∼ ink** симпати́ческие черни́ла; **I∼ Man** (*hero of H. G. Wells' novel*) Человéк-неви́димка.

invitation /ˌɪnvɪˈteɪʃ(ə)n/ *n* приглашéние; **send out ∼s** ра|ссылáть, -зослáть приглашéния; **an ∼ to lunch** приглашéние на обéд; **I came at your ∼** я пришёл по вáшему приглашéнию; **admission by ∼ only** вход тóлько по пригласи́тельным билéтам.

invite[1] /ˈɪnvaɪt/ *n* (*coll, invitation*) приглашéние.

invit|e[2] /ɪnˈvaɪt/ *vt* **1** (*request to come*) пригла|шáть, -си́ть; **she ∼ed him into her flat** онá пригласи́ла егó к себé на

квартиру; **I am seldom ~ed out** меня редко куда-либо приглашают; **I was not ~ed** меня не приглашали/звали; **~e o.s.** напр|ашиваться, -оситься в гости.
2 (*request*) предл|агать, -ожить; просить, по-; **I ~ed him to reconsider** я предложил ему пересмотреть своё решение; **we were ~ed to choose** нам был предоставлен выбор; **the speaker ~ed questions from the audience** лектор предложил публике задавать вопросы.
3 (*encourage*) вызывать, вызвать; **his manner ~es confidence** его стиль вызывает доверие; (*provoke*) провоцировать, с-, напр|ашиваться -оситься на + *a*; **are you trying to ~e trouble?** вы что, напрашиваетесь на неприятности?
4 (*attract*) привл|екать, -ечь; **her clothes ~ed attention** её одежда привлекала внимание; **the water looks ~ing** вода манит.

invocation /ˌɪnvəˈkeɪʃ(ə)n/ *n* взывание (к Богу); молитва.

invoice /ˈɪnvɔɪs/ *n* счёт, счёт-фактура.
● *vt* выписывать, выписать счёт (*кому*).

invoke /ɪnˈvəʊk/ *vt* **1** (*call on*) взывать, воззвать; приз|ывать, -вать; **~ the law** взывать, воззвать к закону; **he ~d the dictionary in support of his statement** он сослался на словарь для подкрепления своего утверждения. **2** (*call for*) взывать, воззвать о + *p*; молить (*impf*) (о + *p*); **~ God's blessing** молить Бога о благословении; **she ~d his aid** она взывала к нему о помощи.

involuntary /ɪnˈvɒləntərɪ/ *adj* (*forced*) вынужденный; (*accidental, unintentional*) нечаянный; (*uncontrollable*) невольный, непроизвольный.

involve /ɪnˈvɒlv/ *vt* **1** (*entangle; implicate*) вовл|екать, -ечь; впут|ывать, -ать (*coll, pej*); **I don't want to get ~d in this business** я не хочу впутываться в это дело; **he is ~d with stocktaking just now** он сейчас занят инвентаризацией; **he was ~d in debt** он запутался в долгах; **it will not ~ you in any expense** это не потребует от вас никаких расходов. **2** (*have as consequence; entail*) влечь, по- за собой; вызывать, вызвать; **it would ~ my living in London** в таком случае мне бы пришлось жить в Лондоне; **I want to know what is ~d** я хочу знать, с чем это сопряжено.

involved /ɪnˈvɒlvd/ *adj* сложный, запутанный.

involvement /ɪnˈvɒlvmənt/ *n* (*participation*) причастность; (*complicated situation*) сложное положение; (*financial*) денежное затруднение; (*personal*) связь, вовлечённость.

invulnerability /ɪnˌvʌlnərəˈbɪlɪtɪ/ *n* неуязвимость.

invulnerable /ɪnˈvʌlnərəb(ə)l/ *adj* неуязвимый.

inward /ˈɪnwəd/ *adj* (*lit, fig*) внутренний; **I was ~ly relieved** внутренне (*or* в душе) я почувствовал облегчение.
● *adv* = **inward(s)**

inward(s) /ˈɪnwəd(z)/ *adv* (*expressing motion*) внутрь; **she turned her thoughts ~** она обратила мысли на себя.

in-your-face /ˌɪnjɔːˈfeɪs/ *adj* (*coll*) жёсткий, провокационный.

iodine /ˈaɪəˌdiːn, -ɪn/ *n* йод.

ion /ˈaɪən/ *n* ион.

Ionic /aɪˈɒnɪk/ *adj* ионический.

ionization /ˌaɪənaɪˈzeɪʃ(ə)n/ *n* ионизация.

ionize /ˈaɪəˌnaɪz/ *vt* ионизировать (*impf, pf*).

ionosphere /aɪˈɒnəˌsfɪə(r)/ *n* ионосфера.

iota /aɪˈəʊtə/ *n* (*lit, fig*) йота; **we will not yield one ~** мы не отступим ни на йоту; **I don't care one ~** мне решительно всё равно.

IOU /ˌaɪəʊˈjuː/ *n* долговая расписка.

IPA (*abbr of* ***International Phonetic Alphabet***) МФА (Международный фонетический алфавит).

ipso facto /ˌɪpsəʊ ˈfæktəʊ/ *adv* тем самым; в силу самого факта.

IQ (*abbr of* ***intelligence quotient***) коэффициент интеллекта (*or* умственного развития), ай-кью (*nt indecl*) (*often written in Roman letters*).

IRA 1 (*abbr of* ***Irish Republican Army***) ИРА (Ирландская республиканская армия). **2** (*abbr of* ***individual retirement account***) (*US*) индивидуальные пенсионные вклады (*m pl*).

Iran /ɪˈrɑːn/ *n* Иран.

Iranian /ɪˈreɪnɪən/ *n* иран|ец (*fem* -ка).
● *adj* иранский.

Iraq /ɪˈrɑːk/ *n* Ирак.

Iraqi /ɪˈrɑːkɪ/ *n* (*pl* **~s**) иракец, житель (*fem* -ница) Ирака.
● *adj* иракский.

irascibility /ɪˌræsɪˈbɪlɪtɪ/ *n* раздражительность, вспыльчивость.

irascible /ɪˈræsɪb(ə)l/ *adj* раздражительный, вспыльчивый.

irate /aɪˈreɪt/ *adj* сердитый, гневный.

irateness /aɪˈreɪtnɪs/ *n* гнев, злоба.

ire /ˈaɪə(r)/ *n* (*literary*) гнев, злоба.

Ireland /ˈaɪələnd/ *n* Ирландия.

iridescence /ˌɪrɪˈdes(ə)ns/ *n* радужность; игра цветов.

iridescent /ˌɪrɪˈdes(ə)nt/ *adj* радужный, переливчатый.

iridium /ɪˈrɪdɪəm/ *n* иридий.

iridologist /ˌɪrɪˈdɒlədʒɪst/ *n* иридолог.

iridology /ˌɪrɪˈdɒlədʒɪ/ *n* иридодиагностика.

iris /ˈaɪərɪs/ *n* **1** (*plant*) ирис. **2** (*of eye*) радужная оболочка.

Irish /ˈaɪərɪʃ/ *n* **1** (*language*) ирландский язык (*ирландский гэльский*). **2** (**the ~**) (*pl, people*) ирландцы (*m pl*).
● *adj* ирландский; **~ stew** баранина, тушёная с картофелем и луком; **the ~ Sea** Ирландское море.
● *cpds* **~man** *n* (*pl* **~men**) ирландец; **~woman** *n* (*pl* **~women**) ирландка.

irk /ɜːk/ *vt* надоедать (*impf*) + *d*; раздражать (*impf*).

irksome /ˈɜːksəm/ *adj* надоедливый, докучливый.

irksomeness /ˈɜːksəmnɪs/ *n* надоедливость, докучливость.

iron /ˈaɪən/ *n* **1** (*metal*) железо; **the I~ Age** железный век; **his muscles are of ~** у него стальные мускулы; **the ~ entered into his soul** «в железо вошла душа его» (*цитата из Библии*); он был подавлен горем; **strike while the ~ is hot** (*proverb*) куй железо, пока горячо.
2 (*flat ~ or smoothing ~*) утюг; **electric ~** электрический утюг; **run the ~ over my trousers, please** погладьте, пожалуйста, мои брюки.
3 (*in pl, fire irons*) каминный прибор; **he has too many ~s in the fire** он завален работой.
4 (*in pl, fetters*) оков|ы (*pl, g* —); (*handcuffs*) наручники (*m pl*).
5 (*support for leg*) ножной протез.
● *adj* (*lit, fig*) железный; **the I~ Curtain** железный занавес; **~ lung** аппарат (для) искусственного дыхания, боксовый респиратор; **~ rations** неприкосновенный запас; **he ruled with an ~ hand** он правил железной рукой; **the ~ hand in the velvet glove** «железный кулак в бархатной перчатке»; **an ~ will** железная воля.
● *vt* (*smooth with flat ~*) утюжить, вы-; гладить, по-/вы-; **~ out** (*fig*) сгла|живать, -дить; **the difficulties have all been ~ed out** все трудности устранены.
● *vi* гладить (*impf*); **she spent the whole evening ~ing** она гладила весь вечер.
● *cpds* **I~ Age** *adj* принадлежащий железному веку; **~clad** *n* броненосец; *adj* бронированный; (*fig*) твёрдый, жёсткий; **~ foundry** *n* чугунолитейный цех; **~-grey** *adj* стального цвета; **~master** *n* производитель (*m*) железа; **~monger** *n* (*Br*) торговец скобяными изделиями; **~monger's (shop)** (*Br*) магазин скобяных изделий/товаров; **~ware** *n* скобяные изделия (*nt pl*); **~work** *n* чугунные/железные изделия; **~works** *n* чугунолитейный завод.

ironic(al) /aɪˈrɒnɪk, aɪˈrɒnɪk(ə)l/ *adj* иронический.

ironing /ˈaɪənɪŋ/ *n* **1** (*action*) утюжка, глаженье, глажка (*coll*); **~ board** гладильная доска. **2** (*linen*) бельё для глаженья.

ironist /ˈaɪrənɪst/ *n* насмешник.

iron|y /ˈaɪrənɪ/ *n* ирония; **the ~y of fate** ирония судьбы; **one of life's ~ies** одна из превратностей судьбы; **the ~y of it is that ...** ирония в том, что... .

irradiate /ɪˈreɪdɪˌeɪt/ *vt* (*illuminate*) осве|щать, -тить; озар|ять, -ить; (*phys*) облуч|ать, -ить.

irradiation /ɪˌreɪdɪˈeɪʃ(ə)n/ *n* (*illumination*) освещение; (*phys*) облучение.

irrational /ɪˈræʃən(ə)l/ *adj* (*not endowed with reason*) неразу́мный; (*illogical; absurd*) иррациона́льный, нелоги́чный, неразу́мный; (*math*) иррациона́льный.

irrationality /ɪˌræʃəˈnælɪtɪ/ *n* неразу́мность, иррациона́льность, нелоги́чность.

irreconcilability /ɪˌrekənˌsaɪləˈbɪlɪtɪ/ *n* непримири́мость; несовмести́мость.

irreconcilable /ɪˈrekənˌsaɪləb(ə)l/ *adj* (*of persons*) непримири́мый; (*of ideas etc.*) несовмести́мый, противоречи́вый; **this is ~ with his previous statement** э́то противоре́чит его́ предыду́щему заявле́нию.

irrecoverable /ˌɪrɪˈkʌvərəb(ə)l/ *adj* невозмести́мый; (*irremediable*) непоправи́мый.

irredeemable /ˌɪrɪˈdiːməb(ə)l/ *adj* непоправи́мый; (*of currency*) неразме́нный; (*of an annuity*) не подлежа́щий вы́купу.

irreducible /ˌɪrɪˈdjuːsɪb(ə)l/ *adj* (*that cannot be simplified*) не поддаю́щий упроще́нию; (*that cannot be reduced*) преде́льный, минима́льный; **the ~ minimum** преде́льный ми́нимум; (*that cannot be controlled*): **~ to order** не поддаю́щийся упоря́дочению; (*math*) несократи́мый.

irrefutability /ɪˌrefjʊtəˈbɪlɪtɪ, ɪrɪˌfjuː-/ *n* неопровержи́мость.

irrefutable /ɪˈrefjʊtəb(ə)l, ˌɪrɪˈfjuː-/ *adj* неопровержи́мый.

irregular /ɪˈregjʊlə(r)/ *n* (*usu in pl, mil*) нерегуля́рные войска́.
● *adj* **1** (*contrary to rule*) непра́вильный; (*contrary to custom, norm*) непри́нятый; **~ proceeding** де́йствие, наруша́ющее заведённый поря́док; **he leads an ~ life** он ведёт беспоря́дочную жизнь.
2 (*variable in occurrence*) нерегуля́рный; **he keeps ~ hours** у него́ неупоря́доченный режи́м.
3 (*unsymmetrical*) непра́вильный, несимметри́чный; **an ~ polygon** несимметри́чный многоуго́льник.
4 (*uneven*) неро́вный; **~ teeth** неро́вные зу́бы; **an ~ surface** неро́вная пове́рхность.
5 (*unequal; heterogeneous*) неравноме́рный, неодина́ковый; **at ~ intervals** с неодина́ковыми интерва́лами.
6 (*not straight*) неро́вный; **an ~ coastline** изре́занная берегова́я ли́ния.
7 (*gram*) непра́вильный.

irregularity /ɪˌregjʊˈlærɪtɪ/ *n* (*of conduct*) беспоря́док; (*of procedure*) незако́нность; (*of occurrence*) непра́вильность, нерегуля́рность; (*of form*) несимметри́чность, непра́вильность, неро́вность.

irrelevanc|e /ɪˈrelɪv(ə)ns/, **-y** /ɪˈrelɪv(ə)nsɪ/ *nn* неуме́стность; (*remark*) неуме́стное замеча́ние.

irrelevant /ɪˈrelɪv(ə)nt/ *adj* неуме́стный, неподходя́щий; **~ to the matter in hand** не относя́щийся к де́лу.

irreligious /ˌɪrɪˈlɪdʒəs/ *adj* неве́рующий.

irremediable /ˌɪrɪˈmiːdɪəb(ə)l/ *adj* непоправи́мый.

irremovable /ˌɪrɪˈmuːvəb(ə)l/ *adj* неустрани́мый; (*from office*); **he is ~** его́ невозмо́жно смести́ть (с поста́).

irreparable /ɪˈrepərəb(ə)l/ *adj*: **an ~ mistake** непоправи́мая оши́бка; **an ~ loss** безвозвра́тная поте́ря/утра́та; **my watch suffered ~ harm** мои́ часы́ оконча́тельно слома́лись.

irreplaceable /ˌɪrɪˈpleɪsəb(ə)l/ *adj* незамени́мый.

irrepressible /ˌɪrɪˈpresɪb(ə)l/ *adj* неукроти́мый, неугомо́нный, неудержи́мый; **an ~ child** неугомо́нный ребёнок; **~ optimism** неистреби́мый оптими́зм.

irreproachable /ˌɪrɪˈprəʊtʃəb(ə)l/ *adj* безукори́зненный, безупре́чный.

irresistible /ˌɪrɪˈzɪstɪb(ə)l/ *adj* (*overwhelming*) непреодоли́мый; (*very attractive*) неотрази́мый; **an ~ impulse** безу́держный поры́в; **an ~ argument** неопровержи́мый до́вод; **her smile was ~** у неё была́ неотрази́мая улы́бка.

irresolute /ɪˈrezəˌluːt, -ˌljuːt/ *adj* нереши́тельный.

irresolut|ion /ɪˌrezəˈluːʃ(ə)n, -ˈljuːʃ(ə)n/, **-eness** /ɪˈrezəˌluːtnɪs, -ˌljuːtnɪs/ *nn* нереши́тельность.

irrespective /ˌɪrɪˈspektɪv/ *adj*: **~ of** невзира́я/несмотря́ на + *a*.

irresponsibility /ˌɪrɪˌspɒnsɪˈbɪlɪtɪ/ *n* безотве́тственность.

irresponsible /ˌɪrɪˈspɒnsɪb(ə)l/ *adj* безотве́тственный.

irretrievable /ˌɪrɪˈtriːvəb(ə)l/ *adj* (*unrecoverable*) невозмести́мый; (*beyond rescue*) безнадёжный; (*irreparable*) непоправи́мый.

irreverence /ɪˈrevərəns/ *n* непочти́тельность, неуваже́ние.

irreverent /ɪˈrevərənt/ *adj* непочти́тельный, неуважи́тельный.

irreversibility /ˌɪrɪˌvɜːsɪˈbɪlɪtɪ/ *n* необрати́мость.

irreversible /ˌɪrɪˈvɜːsɪb(ə)l/ *adj* (*process*) необрати́мый; (*decision*) неотменя́емый.

irrevocability /ɪˌrevəkəˈbɪlɪtɪ/ *n* бесповоро́тность.

irrevocable /ɪˈrevəkəb(ə)l/ *adj* бесповоро́тный.

irrigate /ˈɪrɪˌgeɪt/ *vt* **1** (*supply water to*) оро|ша́ть, -си́ть. **2** (*med*) пром|ыва́ть, -ы́ть; оро|ша́ть, -си́ть.

irrigation /ˌɪrɪˈgeɪʃ(ə)n/ *n* **1** (*supply of water*) ороше́ние, ирriга́ция; **~ canal** ирригацио́нный/ороси́тельный кана́л. **2** (*med*) промыва́ние, ороше́ние.

irritability /ˌɪrɪtəˈbɪlɪtɪ/ *n* раздражи́тельность; чувстви́тельность.

irritable /ˈɪrɪtəb(ə)l/ *adj* **1** (*easily annoyed*) раздражи́тельный. **2** (*of skin etc.*) чувстви́тельный.

irritant /ˈɪrɪt(ə)nt/ *n* раздражи́тель (*m*).
● *adj* раздража́ющий.

irritat|e /ˈɪrɪˌteɪt/ *vt* **1** (*annoy*) раздража́ть (*impf*); **he was in an ~ing mood** он был соверше́нно невозмо́жен. **2** (*cause discomfort to*) раздража́ть (*impf*); **the smoke ~es one's eyes** дым ест глаза́.

irritation /ˌɪrɪˈteɪʃ(ə)n/ *n* раздраже́ние.

irruption /ɪˈrʌpʃ(ə)n/ *n* вторже́ние.

IRS (*abbr of* ***Internal Revenue Service***) (*US*) Госуда́рственная нало́говая слу́жба.

is /ɪz/ *3rd pers sg pres of* ⇒**be**

Isaiah /aɪˈzaɪə/ *n* (*bibl*) Иса́йя (*m*).

ISA /ˈaɪsə/ *n* (*abbr of* ***individual savings account***) (*Br*) сберега́тельный счёт, не облага́емый нало́гом.

ISBN (*abbr of* ***international standard book number***) междунаро́дный станда́ртный кни́жный но́мер.

isinglass /ˈaɪzɪŋˌglɑːs/ *n* ры́бий клей/желати́н.

Islam /ˈɪzlɑːm, -læm, -ˈlɑːm/ *n* исла́м, мусульма́нство.

Islamic /ɪzˈlæmɪk/ *adj* мусульма́нский, исла́мский.

island /ˈaɪlənd/ *n* о́стров; **traffic ~** острово́к безопа́сности.

islander /ˈaɪləndə(r)/ *n* островитя́н|ин (*fem* -ка).

isle /aɪl/ *n* о́стров; **the British I~s** Брита́нские острова́.

islet /ˈaɪlɪt/ *n* острово́к.

isn't /ˈɪz(ə)nt/ *neg of* ⇒**is**

isobar /ˈaɪsəʊˌbɑː(r)/ *n* изоба́ра.

isolate /ˈaɪsəˌleɪt/ *vt* **1** изоли́ровать (*impf, pf*) (*also med*); разобщ|а́ть, -и́ть; **an ~d village** отдалённая дере́вня; **an ~d occasion** ча́стный/отде́льный слу́чай; **you cannot ~ one aspect of the problem** нельзя́ выделя́ть оди́н аспе́кт пробле́мы. **2** (*chem*) выделя́ть, вы́делить.

isolation /ˌaɪsəˈleɪʃ(ə)n/ *n* (*separation*) изоля́ция, разобще́ние; **a policy of ~** поли́тика изоля́ции; (*detachment*) уедине́ние; **he lives in splendid ~** он живёт в благослове́нном уедине́нии; **a case considered in ~** отде́льно взя́тый слу́чай; (*med*) изоля́ция; **~ hospital** инфекцио́нная больни́ца.

isolationism /ˌaɪsəˈleɪʃəˌnɪz(ə)m/ *n* изоляциони́зм.

isolationist /ˌaɪsəˈleɪʃəˌnɪst/ *n* изоляциони́ст.

isometric /ˌaɪsəʊˈmetrɪk/ *adj* изометри́ческий.

isosceles /aɪˈsɒsɪˌliːz/ *adj* равнобе́дренный.

isotherm /ˈaɪsəʊˌθɜːm/ *n* изоте́рма.

isotope /ˈaɪsəˌtəʊp/ *n* изото́п.

ISP (*abbr of* ***Internet service provider***) (интерне́т-)прова́йдер.

Israel /ˈɪzreɪl/ *n* (*bibl, pol*) Изра́иль (*m*); **children/sons of ~** сыны́ Изра́илевы.

Israeli /ɪzˈreɪlɪ/ *n* (*pl* **~s**) *n* израильтя́н|ин (*fem* -ка).
● *adj* изра́ильский.

Israelite /ˈɪzrəˌlaɪt/ *n* (*hist*) израильтя́н|ин (*fem* -ка).

issue /ˈɪʃuː, ˈɪsjuː/ *n* **1** (*outflowing; emergence*) вытека́ние; (*place of emergence*) вы́ход.
2 (*putting out, publication, production*)

выпуск, издáние; **an ~ of stamps** выпуск мáрок; **on the day of ~** в день выхода/выпуска; (*sth published or produced*) выпуск, издáние; **recent ~s of a magazine** послéдние номерá журнáла; **an ~ of winter clothing** комплéкт зи́мней одéжды.
3 (*question, topic*) вопрóс; предмéт обсуждéния; **the point at ~** предмéт обсуждéния **I don't want to make an ~ of it** я не хочý дéлать из э́того проблéму. **join, take ~ with s.o. on sth** нач|инáть, -áть спóрить с кем-н. о чём-н.
4 (*law, offspring*) потóмство.
● *vt* (**issues, issued, issuing**)
1 (*utter, publish*) выпускáть, вы́пустить; изд|авáть, -áть; **an order was ~d for everyone to remain at home** был и́здан прикáз не выходи́ть на ýлицу; **he ~d a solemn warning** он сдéлал серьёзное предупреждéние; **a book ~d last year** кни́га, и́зданная в прóшлом годý.
2 (*supply*) выдавáть, вы́дать; снаб|жáть, -ди́ть; **everyone was ~d with ration cards** всем вы́дали продовóльственные кáрточки.
● *vi* (**issues, issued, issuing**)
1 (*go, come out*) выходи́ть, вы́йти; вытекáть, вы́течь; **smoke ~d from the chimney** дым шёл/вали́л из трубы́; **water ~d from the rock** водá точи́лась из скалы́; **no sound ~d from his lips** он не издáл ни звýка.
2 (*proceed, emanate*) прои|сходи́ть, -зойти́; **where do these rumours** (*Br*), **rumors** (*US*) **~ from?** откýда происхóдят э́ти слýхи?

Istanbul /ˌɪstænˈbuːl, -ˈbʊl/ *n* Стамбýл.

isthmus /ˈɪsməs, ˈɪsθ-/ *n* (*pl* **~es**) перешéек, перемы́чка.

IT (*abbr of* ***information technology***) информациóнн|ые технолóги|и, -ая -я; (*subject taught at school, college, etc., also*) информáтика; **~ industry** индустри́я информациóнных технолóгий, IT-индустри́я; **~ man** компью́терщик (*coll*), специали́ст по компью́терной тéхнике; (*programmer only*) программи́ст (*fem* -ка).

it /ɪt/ *pron* **1** он (онá, онó); (*impersonal*) э́то; *often untranslated, see examples*: **he loved his country and died for ~** он люби́л свою́ странý и поги́б за неё; **who is ~?** кто э́то?; **~'s the postman** э́то почтальóн; **I don't speak Russian but I understand ~** я не говорю́ по-рýсски, но понимáю; **the shed has no roof over ~** у сарáя нет кры́ши; **that's just ~** тó-то и онó; в тóм-то и дéло; **that's not ~** э́то не то; не в э́том дéло.
2 (*impersonal or indefinite*): **~ is winter** (стои́т) зимá; **~ was in winter** дéло/э́то бы́ло зимóй; **~ is cold** хóлодно; **~ is 6 o'clock** (сейчáс) шесть часóв; **~ is raining** идёт дождь; **~ is 5 miles to Oxford** до Óксфорда пять миль; **we had to walk ~** нам пришлóсь пойти́ пешкóм; **run for ~!** беги́те изо всех сил (*or* что есть мóчи)!; **he had a bad time of ~** емý здóрово достáлось; **if ~ were not for him** éсли бы не он; не будь егó; **how goes ~?** как делá?; **~ is said** говоря́т; **~ is no use going there** нéзачем идти́ тудá.
3 (*anticipating logical subject*): **~ is hard to imagine** трýдно себé предстáвить; **I thought ~ best to inform you** я почёл за лýчшее сообщи́ть вам; **~ appears I was wrong** выхóдит, что я был непрáв.
4 (*emphasizing another word*): **~ was John who laughed** э́то Джон смея́лся; **~ is to him you must write** э́то емý вы должны́ написáть; **~ is here that the trouble lies** вот в чём бедá; **~ was here that I met her** здéсь-то мы с ней и встрéтились.
5 (*other emphatic uses*): **he thinks he's ~** (*coll*) он (поря́дком) зазнаётся; **that's ~** (*the problem*) вот и́менно; (*right*) (вот) и́менно, вéрно; (*coll, the end*) вот и всё; и тóчка; **this is ~** (*expected event*) наконéц-то.
6: **'~'** (*at children's games*) водя́щий (*etc., depending on game*; *see also* ⇨**he**): **who is ~?** кто вóдит?

Italian /ɪˈtæljən/ *n* (*person*) итальян|ец (*fem* -ка); (*language*) итальянский язы́к.
● *adj* итальянский.

italicize /ɪˈtælɪˌsaɪz/ *vt* выделя́ть, вы́делить курси́вом.

italics /ɪˈtælɪks/ *n* курси́в; **in ~** курси́вом.

Italy /ˈɪtəlɪ/ *n* Итáлия.

ITAR-Tass /ˈaɪtɑː/ *n* (*abbr of* ***Information Telegraph Agency of Russia-Telegraph Agency of the Soviet Union***) ИТÁР-ТÁСС (Информациóнное телегрáфное агéнтство России — Телегрáфное агéнтство Совéтского Союза).

itch /ɪtʃ/ *n* **1** (*irritation of skin*) зуд. **2** (*disease*) чесóтка. **3** (*hankering*) стремлéние; зуд; **he has an ~ to travel** он жáждет путешéствовать.
● *vi* **1** (*irritate*) чесáться (*impf*). **2** (*feel a longing*) испы́тывать (*impf*) зуд; **I was ~ing to strike him** у меня́ рукá так и зудéла/чесáлась удáрить егó.

itchy /ˈɪtʃɪ/ *adj* (**itchier, itchiest**) (*skin*) зудя́щий; (*causing itchiness*) вызывáющий зуд.

item /ˈaɪtəm/ *n* пункт, нóмер; **~s on the agenda** пýнкты повéстки дня; **the first ~ on the programme** (*entertainment*) пéрвый нóмер прогрáммы; **~ of expenditure** статья́ расхóда; **the list comprises 11 ~s** спи́сок включáет 11 предмéтов; **news ~** (корóткое) сообщéние.

itemization /ˌaɪtəmaɪˈzeɪʃ(ə)n/ *n* (*list*) пéречень (*m*); спи́сок.

itemize /ˈaɪtəˌmaɪz/ *vt* переч|исля́ть, -и́слить; сост|авля́ть, -áвить пéречень + *g*; **an ~d account** подрóбный счёт.

iterate /ˈɪtəˌreɪt/ *vt* повтор|я́ть, -и́ть; возобнов|ля́ть, -и́ть.

iteration /ˌɪtəˈreɪʃ(ə)n/ *n* повторéние, возобновлéние.

itinerant /aɪˈtɪnərənt, ɪ-/ *adj* стрáнствующий, скитáющийся; **~ musicians** стрáнствующие/бродя́чие музыкáнты; **~ worker** рабóчий-мигрáнт.

itinerary /aɪˈtɪnərərɪ, ɪ-/ *n* (*route*) маршрýт, план пути́ (*m*).

its /ɪts/ *possessive adj & pron* егó, её; (*pertaining to the subject of a sentence*) свой; **the horse broke ~ leg** лóшадь сломáла нóгу.

itself /ɪtˈself/ *n* **1** (*refl*) себя́ (*d, p* себé, *i* собóй); -ся/-сь (*suff*); **the cat was washing ~** кот умывáлся; **the monkey saw ~ in the mirror** обезья́на уви́дела себя́ в зéркале. **2** (*emphatic*) сам; **she is kindness ~** онá самá добротá; **the house ~ is not worth much** дом сам по себé мнóгого не стóит; **by ~** (*alone*) оди́н, одинóко, в отдалéнии; (*automatically*) самостоя́тельно; **in ~** сам по себé; **of ~** сам (по себé); **the house looked ~ again** дом приобрёл прéжний вид.

ITV (*abbr of* ***Independent Television***) (*Br*) Незави́симое (коммéрческое) телеви́дение (*телеканал в Великобритании*).

IUD (*abbr of* ***intra-uterine device***) ВМК (внутримáточный контрацепти́в).

IVF *n* (*abbr of* ***in vitro fertilization***) экстракорпорáльное оплодотворéние.

Ivorian /aɪˈvɔːrɪən/ *n* ивуари́|ец (*fem* -йка) (*житель(ница) Кот-д'Ивуара*).
● *adj* ивуари́йский, ивуáрский.

ivory /ˈaɪvərɪ/ *n* **1** (*substance*) слонóвая кость; **the I~ Coast** Кот-д'Ивуáр. **2** (*colour*) цвет слонóвой кóсти. **3** (*in pl, coll, piano keys*) клáвиши (*f pl*).
● *adj* (*made of ~*) из слонóвой кóсти; **~ brooch** брошь из слонóвой кóсти; (*of the colour of ~*) мáтовый, крéмовый; **~ skin** мáтовая кóжа.

ivy /ˈaɪvɪ/ *n* плющ.

the Ivy League

Э́то óбщее назвáние применя́ется к восьми́ старéйшим и сáмым прести́жным университéтам США. Все они́ нахóдятся на востóчном побережье страны́. В их числó вхóдят Гáрвардский (1636), Йéльский (1701), При́нстонский (1746), Пенсильвáнский (1749), Колумби́йский (1754), Брáунский (1764), Дáртмутский (1769) и Корнéллский (1865) университéты. Назвáние, при́нятое для э́тих университéтов, — буквáльно «Ли́га плющá» — оснóвано на представлéнии о том, что стáрые здáния э́тих университéтов со врéменем заросли́ плющóм. Обучéние в э́тих университéтах óчень дорогóе, но нéкоторые, одарённые студéнты получáют стипéндии.

Jj

jab /dʒæb/ *n* **1** (*sharp blow*) тычо́к; **he gave me a ~ in the ribs with his elbow** он ткнул меня́ ло́ктем в бок; (*with foot or knee*) пино́к.
2 (*Br coll, injection*) уко́л; **they gave him (*or* he got) a ~** ему́ сде́лали уко́л; **have you had your smallpox ~?** вам уже́ сде́лали приви́вку от о́спы?
● *vt* (**jabbed, jabbing**)
1 (*poke*) ты́кать, ткнуть; **don't ~ me in the eye with your umbrella!** смотри́те, не проткни́те мне глаз ва́шим зо́нтиком!; (*pierce*) кол|о́ть, -ьну́ть; пырну́ть (*pf*) (ножо́м) (*coll*); **he was ~bed with a bayonet** его́ проткну́ли штыко́м.
2 (*thrust*) втыка́ть, воткну́ть; **he ~bed his knee into my stomach** он пнул меня́ в живо́т коле́ном; **they ~bed a needle into his arm** они́ воткну́ли ему́ в ру́ку иго́лку.
● *vi* (**jabbed, jabbing**): **he ~bed at my chin** он ткнул меня́ в подборо́док; **a ~bing pain** колю́щая боль.

jabber /ˈdʒæbə(r)/ *n* трескотня́.
● *vt* тарато́рить, про-.
● *vi* треща́ть (*impf*), тарато́рить (*impf*).

jabot /ˈʒæbəʊ/ *n* жабо́ (*indecl*).

jacaranda /ˌdʒækəˈrændə/ *n* (*tree*) жакара́нда; (*timber*) палиса́ндровое де́рево.

jacinth /ˈdʒæsɪnθ, ˈdʒeɪ-/ *n* гиаци́нт.

jack /dʒæk/ *n* **1** (*name*): **J~ Frost** Моро́з Кра́сный/Си́ний Нос; **before you could say J~ Robinson** в мгнове́ние о́ка; ≈ и а́хнуть не успе́л; **J~ tar** (*Br*) матро́с; **every man ~** все до еди́ного; **~ of all trades** ма́стер на все ру́ки; **he is ~ of all trades and master of none** он за всё берётся и ничего́ то́лком не уме́ет; **~ rabbit** (*US*) кро́лик-саме́ц.
2 (*card*) вале́т; **~ of spades** вале́т пик, пи́ковый вале́т.
3 (*flag*) гюйс; **Union J~** госуда́рственный флаг Соединённого Короле́вства (Великобрита́нии и Се́верной Ирла́ндии).
4 (*lifting device*) домкра́т.
5 (**~** *socket*) вход, разъём, гнездо́.
● *vt*: **~ in** (*Br coll, give up*) бр|оса́ть, -о́сить; **~ up** (*of car etc.*) подн|има́ть, -я́ть домкра́том; (*fig, of prices etc.*) пов|ыша́ть, -ы́сить.
● *cpds* **~ass** *n* осёл; (*fool*) осёл, дура́к; **~boot** *n* (*worn by Nazis*) сапо́г; (*hist*) ботфо́рт; **~daw** *n* га́лка; **~-in-the-box** *n* чёрт(ик) в табаке́рке (*игрушка*); **~knife** *n* большо́й складно́й нож; (*fig, dive*) прыжо́к (в во́ду) согну́вшись; *vi* (*dive*) пры́гать (*impf*) в во́ду согну́вшись; (*of lorry*): **the lorry ~knifed** грузови́к занесло́; **~ plane** *n* шерхе́бель (*m*) (*вид рубанка*); **~ plug** *n* ште́кер; **~pot** *n* (*at cards*) банк при «пра́зднике»; (*in lottery*) джекпо́т; **he hit the ~pot** (*fig*) ему́ кру́пно повезло́.

jackal /ˈdʒæk(ə)l/ *n* шака́л.

jacket /ˈdʒækɪt/ *n* **1** ку́ртка; (*part of suit*) пиджа́к; (*woman's*) жаке́т. **2** (*tech, insulating cover*) кожу́х; обши́вка. **3** (*of book*) суперобло́жка. **4** (*skin of potato*) кожура́; **potatoes in their ~s** (*or* **~ potatoes** (*Br*)) карто́фель в мунди́ре.

Jacobin /ˈdʒækəbɪn/ *n* (*hist*) якоби́нец.
● *adj* якоби́нский.

Jacobinism /ˈdʒækəbɪˌnɪz(ə)m/ *n* (*hist*) якоби́нство.

Jacobite /ˈdʒækəˌbaɪt/ *n* (*hist*) якоби́т, приве́рженец Я́кова II.

jade[1] /dʒeɪd/ *n* **1** (*min*) нефри́т; (*attr*) нефри́товый. **2** (**~ green**) цвет нефри́та (*молочно-зелёный*).

jade[2] /dʒeɪd/ *vt* (*esp pp*): **you look ~d** у вас утомлённый вид; **a ~d appetite** вя́лый аппети́т.

jag /dʒæg/ *n* (*sharp projection*) о́стрый вы́ступ; зубе́ц; (*notch*) зазу́брина.

jagged /ˈdʒægɪd/ *adj* (*notched*) зазу́бренный; **~ mountain tops** зубча́тые верши́ны; (*unevenly cut, torn*) неро́вно наре́занный/ото́рванный.

jaguar /ˈdʒægjʊə(r)/ *n* ягуа́р.

jail /dʒeɪl/ *n* тюрьма́; (*imprisonment*) тюре́мное заключе́ние; **break ~** бежа́ть (*impf, pf*) из тюрьмы́.
● *vt* заключ|а́ть, -и́ть в тюрьму́.
● *cpds* **~bird** *n* (*coll*) закорене́лый престу́пник; **~break** *n* побе́г из тюрьмы́.

jailer /ˈdʒeɪlə(r)/ *n* тюре́мщик.

jalopy /dʒəˈlɒpɪ/ *n* (*sl, car*) драндуле́т.

jalousie /ˈʒælʊˌziː/ *n* (*blind*) жалюзи́ (*pl indecl*); (*shutter*) ста́вень (*m*).

jam[1] /dʒæm/ *n* (*Br, preserve*) джем; (*of runnier consistency*) варе́нье; **~ tart** пиро́г с варе́ньем; **it was money for ~** э́то бы́ло одно́ удово́льствие.
● *cpds* **~ jar, ~ pot** *nn* ба́нка для дже́ма; (*empty*) ба́нка из-под дже́ма.

jam[2] /dʒæm/ *n* **1** (*crush*) да́вка; **traffic ~** зато́р, про́бка.
2 (*stoppage*) остано́вка.
3 (*dilemma*) нело́вкое положе́ние; **get into a ~** влипа́ть, вли́пнуть (*coll*).
● *vt* (**jammed, jamming**)
1 (*cram*) зап|и́хивать, -ихну́ть; вти́с|кивать, -нуть; **she ~med everything into the cupboard** она́ всё запихну́ла в шка́ф; **he ~med his foot into the doorway** он просу́нул но́гу в дверь; **he ~med his hat on his head** он нахлобу́чил шля́пу; **they were ~med in like sardines** они́ наби́лись (туда́) как се́льди в бо́чке; (*force*): **a chair was ~med up against the door** дверь подпёрли кре́слом; **he ~med the brakes on** он ре́зко затормози́л.
2 (*trap*) прищем|ля́ть, -и́ть; **the child ~med its fingers in the door** ребёнок прищеми́л себе́ па́льцы две́рью.
3 (*cause to stick or stop*): **the machine got ~med** стано́к засто́порило/закли́нило; (*wedge*): **~ the door open!** закрепи́те дверь, что́бы она́ не закрыва́лась.
4 (*obstruct; crowd*) заб|ива́ть, -и́ть; **the crowds ~med every exit** толпа́ заби́ла все вы́ходы; **the roads were ~med with cars** доро́ги бы́ли заби́ты/запру́жены маши́нами; **the room was ~med with people** ко́мната была́ битко́м наби́та людьми́; **the room was ~med with furniture** ко́мната была́ загромождена́ ме́белью; (*radio*) глуши́ть, за-.
● *vi* (**jammed, jamming**) (*get stuck*) застр|ева́ть, -я́ть; за|еда́ть, -е́сть; **the door ~med** дверь зае́ло/закли́нило.
● *cpds* **~-packed** *adj* наби́тый до отка́за; битко́м наби́тый; **~ session** *n* джем-се́йш(е)н.

Jamaica /dʒəˈmeɪkə/ *n* Яма́йка.

Jamaican /dʒəˈmeɪkən/ *n* яма́|ец (*fem* -йка).
● *adj* яма́йский.

jamb /dʒæm/ *n* (*of door, window*) кося́к (*дверной и т. п.*).

jamboree /ˌdʒæmbəˈriː/ *n* **1** (*of Scouts etc.*) слёт. **2** (*celebration*) пра́зднество; (*spree*) весе́лье.

jangl|e /ˈdʒæŋg(ə)l/ *n* ре́зкий звук.
● *vi* издава́ть (*impf*) ре́зкий звук; бренча́ть (*impf*); **a ~ing piano** разби́тый роя́ль.
● *vt* (*irritate*) раздража́ть (*impf*); (*cause to make a sound*) звя́к|ать, -нуть в + *a*; бренча́ть (*impf*) на + *a*; **their voices ~ed my nerves** их голоса́ де́йствовали мне на не́рвы.

jani|ssary /ˈdʒænɪsərɪ/, **-zary** /-zərɪ/ *nn* янычáр.

janitor /ˈdʒænɪtə(r)/ *n* (*doorkeeper*) привра́тник, швейца́р; (*caretaker*) вахтёр.

January /ˈdʒænjʊərɪ/ *n* янва́рь (*m*); (*attr*) янва́рский.

Japan /dʒəˈpæn/ *n* Япо́ния; **the Sea of ~** Япо́нское мо́ре.

japan /dʒəˈpæn/ *n* (*varnish*) чёрный лак.
● *vt* (**japanned, japanning**) лакировáть, от-.

Japanese /ˌdʒæpəˈniːz/ *n* (*pl* ~) (*person*) япóн|ец (*fem* -ка); (*language*) япóнский язы́к.
● *adj* япóнский.

jape /dʒeɪp/ *n* рóзыгрыш, шýтка.
● *vi* шути́ть, по-.

japonica /dʒəˈpɒnɪkə/ *n* айвá япóнская.

jar[1] /dʒɑː(r)/ *n* (*vessel*) бáнка.

jar[2] /dʒɑː(r)/ *n* (*shock, vibration*) сотрясéние; (*on nerves or feelings*) шок; **the news gave him a** ~ извéстие потряслó егó.
● *vt* (**jarred, jarring**) (*shake*) сотряс|áть, -ти́; (*fig, shock*) потряс|áть, -ти́.
● *vi* (**jarred, jarring**) **1** (*emit harsh sound*) скрежетáть (*impf*) (*sound discordantly*) дисгармони́ровать (*impf*). **2**: ~ **on, against** (*strike with grating sound*) скрежетáть (*impf*) по + *d*; ~ **on** (*irritate, annoy*) раздраж|áть, -и́ть. **3** (*fig*): **these colours** ~ э́ти цветá не сочетáются.

jargon /ˈdʒɑːɡən/ *n* жаргóн.

jasmine /ˈdʒæsmɪn, ˈdʒæz-/, **jessamine** /ˈdʒesəmɪn/ *nn* жасми́н.

jasper /ˈdʒæspə(r)/ *n* я́шма.

jaundice /ˈdʒɔːndɪs/ *n* желтýха.
● *vt* (*usu pp*): **a** ~**d complexion** жёлтый цвет лицá; **he took a** ~**d view of the affair** он мрáчно смотрéл на э́то дéло.

jaunt /dʒɔːnt/ *n* увесели́тельная пoéздка/прогýлка.

jauntiness /ˈdʒɔːntɪnɪs/ *n* бóйкость, ли́хость; беспéчность, небрéжность.

jaunty /ˈdʒɔːntɪ/ *adj* (**jauntier, jauntiest**) (*sprightly*) бóйкий, лихóй; (*carefree*) беспéчный, небрéжный.

Java /ˈdʒɑːvə/ *n* Я́ва.

Javanese /ˌdʒɑːvəˈniːz/ *n* (*pl* ~) (*person*) явáн|ец (*fem* -ка); (*language*) явáнский язы́к.
● *adj* явáнский.

javelin /ˈdʒævəlɪn, -vlɪn/ *n* (метáтельное) копьё; **(throwing) the** ~ (*contest*) метáние копья́.
● *cpd* ~ **thrower** *n* метáтель (*fem* -ница) копья́.

jaw /dʒɔː/ *n* **1** чéлюсть; (*in pl, mouth*) рот; (*of animal*) пасть; **the dog held the bird in its** ~**s** собáка держáла пти́цу в зубáх; **in the** ~**s of a vice** в тискáх порóка; **in the** ~**s of death** в когтя́х смéрти. **2** (*coll, talk*): **they had a good** ~ они́ всласть наговори́лись.
● *vi* (*coll, talk at length*) рассусóливать (*impf*).
● *cpd* ~**bone** *n* челюстнáя кость.

jay /dʒeɪ/ *n* сóйка.
● *cpds* ~**walk** *vi* пере|ходи́ть, -йти́ ýлицу неосторóжно; ~**walker** *n* неосторóжный пешехóд.

jazz /dʒæz/ *n* джаз; **and all that** ~ (*sl*) и всё такóе прóчее; (*attr*), джáзовый.
● *vt*: ~ **up** (*fig, enliven*) ожив|ля́ть, -и́ть.
● *cpds* ~ **band** *n* джаз-оркéстр, джаз-бáнд; ~**man** *n* (*pl* ~**men**) джази́ст; учáстник джаз-оркéстра.

jazzy /ˈdʒæzɪ/ *adj* (**jazzier, jazziest**) (*like jazz*) джáзовый; (*showy*) брóский, я́ркий.

JCB /ˌdʒeɪsiːˈbiː/
● *n* (*Br propr*) экскавáтор.

JCR (*abbr of* ***Junior Common Room***) (*Br*) студéнческая кóмната óтдыха.

jealous /ˈdʒeləs/ *adj* **1** (*of affection etc.*) ревни́вый; **she was** ~ **of her husband's secretary** онá ревновáла мýжа к секретáрше; **a** ~ **god** бог-ревни́тель. **2** (*vigilant in defence*): **he is** ~ **of his rights** он ревни́во оберегáет свои́ правá. **3** (*envious*) зави́стливый; **I am** ~ **of his success!** я зави́дую егó успéху.

jealousy /ˈdʒeləsɪ/ *n* рéвность, ревни́вость; (*envy*) зáвисть.

jean /dʒiːn/ *n* (*textiles*) джинсóвая ткань.

jeans /dʒiːnz/ *n pl* джи́нс|ы (*pl, g* -ов).

jeep /dʒiːp/ *n* (*propr*) джип, внедорóжник.

jeer /dʒɪə(r)/ *n* (*scoff*) насмéшка; (*taunt*) глумлéние.
● *vt & i* (*taunt*) глуми́ться (*impf*) (над + *i*); (*deride*) насмехáться (*impf*) (над + *i*); **the crowd** ~**ed (at) him** толпá глуми́лась над ним; **he was** ~**ed off the stage** он ушёл со сцéны под улюлю́канье.

Jehovah /dʒəˈhəʊvə/ *n* Иегóва (*m*); ~**'s Witnesses** Свидéтели Иегóвы.

jejune /dʒɪˈdʒuːn/ *adj* (*shallow*) пустóй; бессодержáтельный; (*dry, uninteresting*) сухóй, неинтерéсный.

jejuneness /dʒɪˈdʒuːnnɪs/ *n* скýдность; бессодержáтельность.

jell /dʒel/ = **gel**

jellied /ˈdʒelɪd/ *adj* засты́вший; преврати́вшийся в желé; ~ **eels** заливнóе из угрéй.

jelly /ˈdʒelɪ/ *n* **1** (*Br*) желé (*indecl*); (*aspic*) стýдень (*m*). **2** (*US, jam*) джем. **3**: **royal** ~ мáточное молочкó (*пчёл*)
● *cpd* ~**fish** *n* медýза.

jemmy /ˈdʒemɪ/ (*US* **jimmy**) *n* отмы́чка, фóмка (*coll*).

jeopardize /ˈdʒepəˌdaɪz/ *vt* (*endanger*) подв|ергáть, -éргнуть опáсности; (*put at risk*) рисковáть (*impf*) + *i*; **he** ~**d his chances of success** он рисковáл свои́ми шáнсами на успéх.

jeopardy /ˈdʒepədɪ/ *n* (*danger*) опáсность; (*risk*) риск; **his life was in** ~ егó жизнь былá в опáсности.

jerboa /dʒɜːˈbəʊə/ *n* тушкáнчик.

Jeremiah /ˌdʒerɪˈmaɪə/ *n* (*bibl*) Иереми́я (*m*).

jerk /dʒɜːk/ *n* **1** (*pull*) рывóк; (*jolt; shock*) удáр; **the train stopped with a** ~ пóезд рéзко затормози́л; **he gave the handle a** ~ он дёрнул за рýчку. **2** (*twitch*) сýдорожное вздрáгивание; **with a** ~ **of his head** дёрнув головóй. **3**: **physical** ~**s** (*coll*) гимнáстика, заря́дка. **4** (*coll, idiot*) дýрень (*m*), тупи́ца (*cg*).
● *vt* (*push*) рéзко толк|áть, -нýть; (*pull, twitch*) дёр|гать, -нуть; (*throw*) швыр|я́ть, -нýть; **he** ~**ed his head back** он вски́нул гóлову.
● *vi*: **the train** ~**ed to a halt** пóезд рéзко останови́лся.

jerkin /ˈdʒɜːkɪn/ *n* кýртка-безрукáвка.

jerk|y /ˈdʒɜːkɪ/ *adj* (**jerkier, jerkiest**) (*moving in jerks*) дви́гающийся рéзкими толчкáми; ~**y movements** сýдорожные движéния; **we had a** ~**y ride** в дорóге нас си́льно тряслó; **he spoke** ~**ily** он говори́л отры́висто.

jerry /ˈdʒerɪ/ *n* (*Br*) **1** (*sl, chamber pot*) ночнóй горшóк. **2** (**J**~: *German*) фриц (*coll*).
● *cpds* ~**-builder** *n* строи́тель (*m*) недороги́х/непрóчных домóв; гóре-строи́тель (*m*) (*coll*); ~**-building** *n* недорогáя/непрóчная пострóйка; ~**-built** *adj* пострóенный недóрого/кóе-кáк (*coll*); ~**can** *n* кани́стра.

jersey /ˈdʒɜːzɪ/ *n* (*pl* ~**s**) (*fabric, garment*) джéрси́ (*nt indecl*); **football** ~ футбóлка; **J**~ **cow** джерсéйская корóва.

Jerusalem /dʒəˈruːsələm/ *n* Иерусали́м; ~ **artichoke** землянáя грýша.

jessamine /ˈdʒesəmɪn/ = **jasmine**

jest /dʒest/ *n* шýтка; **in** ~ в шýтку; **many a true word is spoken in** ~ в кáждой шýтке есть дóля прáвды.
● *vi* шути́ть, по-; ~ **at** шути́ть над + *i*.

jester /ˈdʒestə(r)/ *n* (*hist*) шут; **court** ~ придвóрный шут.

jesting /ˈdʒestɪŋ/ *adj* шутли́вый.

Jesuit /ˈdʒezjʊɪt/ *n* иезуи́т; (*attr*) иезуи́тский.

Jesuitical /ˌdʒezjʊˈɪtɪk(ə)l/ *adj* иезуи́тский.

Jesus /ˈdʒiːzəs/ *n* Иисýс; (*as expletive*): ~ **(Christ)!** бóже!

jet[1] /dʒet/ *n* (*min*) гагáт.
● *adj* гагáтовый; (~*-black*) чёрный как смоль.

jet[2] /dʒet/ *n* **1** (*stream of water etc.*) струя́. **2** (*spout, nozzle*) соплó. **3 (**~ **engine)** реакти́вный дви́гатель; **(**~ **aircraft)** реакти́вный самолёт; ~ **pilot** пилóт реакти́вного самолёта.
● *vi* (**jetted, jetting**) (*spurt, gush*) бить (*impf*) струёй; (*coll, fly by* ~) летáть (*indet*) на реакти́вном самолёте.
● *cpds* ~ **fighter** *n* реакти́вный истреби́тель; ~ **lag** *n* нарушéние сýточного ри́тма; ~**-propelled** *adj* реакти́вный; ~ **set** *n* ýзкий круг богáтых путешéственников; междунарóдная эли́та.

jetsam /ˈdʒetsəm/ *n* груз, вы́брошенный зá борт при угрóзе затоплéния.

jettison /ˈdʒetɪs(ə)n, -z(ə)n/ *vt* (*lit, fig*) выбрáсывать, вы́бросить (зá борт).

jetty /ˈdʒetɪ/ *n* при́стань, мол.

Jew /dʒuː/ *n* еврé (*fem* -ка).
● *cpd* ~**'s harp** *n* варгáн.

jewel /ˈdʒuːəl/ *n* (*precious stone*) драгоцéнный кáмень; (*in watch*) кáмень; (*ornament containing* ~) ювели́рное издéлие; драгоцéнность; (*fig, of person or thing*) сокрóвище.
● *vt* (**jewelled, jewelling; *US* jeweled, jeweling**) (*esp pp*): **a** ~**led watch** час|ы́ (*pl, g* -óв) на камня́х; (*set in* ~*s*) часы́, укрáшенные драгоцéнными камня́ми; **a** ~**led sword** меч, укрáшенный драгоцéнными камня́ми.
● *cpds* ~ **box,** ~ **case** *nn* футля́р/

шкату́лка для ювели́рных изде́лий.
jeweller /ˈdʒuːələ(r)/ (*US* **jeweler**) *n* ювели́р; **~'s (shop)** ювели́рный магази́н.
jewellery /ˈdʒuːəlrɪ/ (*US also* **jewelry**) *n* ювели́рные изде́лия; драгоце́нности (*f pl*).
Jewess /ˈdʒuːes/ *n* (*often offens*) евре́йка.
Jewish /ˈdʒuːɪʃ/ *adj* евре́йский.
Jewry /ˈdʒʊərɪ/ *n* (*collect, Jews*) евре́и (*m pl*), евре́йство.
Jezebel /ˈdʒezəˌbel/ *n* (*bibl*) Иезаве́ль; (*fig*) (*immoral*) распу́тная же́нщина; (*shameless*) на́глая же́нщина.
jib[1] /dʒɪb/ *n* **1** (*naut*) кли́вер. **2** (*of crane*) стрела́.
● *cpd* **~ boom** *n* утле́гарь (*m*).
jib[2] /dʒɪb/ *vi* (**jibbed, jibbing**) (*of horse or person*) уп|ира́ться, -ере́ться; **~ at sth** уклоня́ться (*impf*) от чего́-н.
jibe[1] /dʒaɪb/ *n* (*taunt*) насме́шка.
● *vi*: **~ at** насмеха́ться (*impf*) над + *i*.
jibe[2] /dʒaɪb/ (*US, agree, accord*) соотве́тствовать (+ *d*) (*impf*), соглас|о́вываться, -ова́ться (с + *i*).
jiffy /ˈdʒɪfɪ/ *n* (*coll*) миг; **wait a ~!** подожди́те мину́тку; **in a ~** ми́гом; **I'll come in a ~** я ми́гом.
jig[1] /dʒɪg/ *n* (*dance*) джи́га.
● *vt* (**jigged, jigging**): **she was ~ging the baby up and down** она́ подбра́сывала ребёнка.
● *vi* (**jigged, jigging**) (*dance*) танцева́ть (*impf*) джи́гу; (*move jerkily; fidget*): **~ about** припля́сывать (*impf*); **~ up and down** пры́гать (*impf*).
jig[2] /dʒɪg/ *n* (*tech*) зажи́мное приспособле́ние.
● *cpd* **~saw** *n* (*tool*) ажу́рная пила́; (*puzzle*) (составна́я) карти́нка-зага́дка, пазл.
jigger /ˈdʒɪgə(r)/ *vt* (*Br coll*): **I'll be ~ed!** (*expressing surprise*) ну и ну!; ну и дела́!; не мо́жет быть!
jiggery-pokery /ˌdʒɪgərɪˈpəʊkərɪ/ *n* (*Br coll*) ко́зн|и (*pl, g* -ей); плу́тни (*f pl*) (*coll*).
jiggle /ˈdʒɪg(ə)l/ *vt* пока́чивать (*impf*).
jihad /dʒɪˈhæd/ *n* (*relig*) джиха́д (*в исламе: священная война против неверных*).
jilt /dʒɪlt/ *vt* бр|оса́ть, -о́сить.
jimmy /ˈdʒɪmɪ/ = **jemmy**
jingle /ˈdʒɪŋg(ə)l/ *n* (*ringing sound*) звя́канье; (*advertising tune*) рекла́мная пе́сенка.
● *vt & i* звя́к|ать, -нуть (+ *i*); **he ~d the keys** он звя́кал ключа́ми; **the bell ~d** колоко́льчик звя́кнул.
jingo /ˈdʒɪŋgəʊ/ *n*: **by ~!** ей-бо́гу!
jingoism /ˈdʒɪŋgəʊˌɪz(ə)m/ *n* шовини́зм, ура́-патриоти́зм.
jingoistic /ˌdʒɪŋgəʊˈɪstɪk/ *adj* шовинисти́ческий.
jink /dʒɪŋk/ *n* (*coll*): **high ~s** (шу́мное/бу́рное) весе́лье.
jinx /dʒɪŋks/ *n* (*coll*) злы́е ча́ры (*f pl*); **put a ~ on** сгла́зить (*pf*).
jitter /ˈdʒɪtə(r)/ *n* (*coll*): **have the ~s** не́рвничать (*impf*); **it gave me the ~s** меня́ о́торопь взяла́.
● *vi* не́рвничать (*impf*).
● *cpd* **~bug** *n* (*nervous person*) псих (*coll*).
jittery /ˈdʒɪtərɪ/ *adj* (*coll*) не́рвный.
jive /dʒaɪv/ *n* джайв (*быстрая джазовая музыка*).
● *vi* танцева́ть (*impf*) под джайв.
Jnr /ˈdʒuːnɪə(r)/ *n* (*abbr of* ***Junior***) мл. (мла́дший).
Job /dʒəʊb/ *n* (*bibl*) Ио́в; **it would try the patience of ~** э́то и свято́го вы́ведет из терпе́ния; **a ~'s comforter** го́ре-утеши́тель (*m*).
job /dʒɒb/ *n* **1** (*piece of work; task*) рабо́та; зада́ние; **he does a good ~ (of work)** он хорошо́ рабо́тает; **my ~ is to wash the dishes** моя́ обя́занность — мыть посу́ду; **odd ~s** случа́йная рабо́та; **payment by the ~** сде́льная опла́та; (*difficult task*): **we had a ~ finding them** мы с трудо́м их отыска́ли.
2 (*product of work*): **you've made a good ~ of that** вы сде́лали э́то хорошо́; **just the ~** (*Br coll*) то, что на́до.
3 (*employment; position*) рабо́та; ме́сто; **what is your ~?** кака́я у вас рабо́та?; кем/где вы рабо́таете?; **he has a good ~** у него́ хоро́шая рабо́та; **he is good at his ~** он хоро́ший рабо́тник; **look for a ~** иска́ть (*impf*) рабо́ту; **get a ~** на|ходи́ть, -йти́ рабо́ту; **lose one's ~** теря́ть, по- рабо́ту/ме́сто; **out of a ~** без рабо́ты; **~s for the boys** (*Br*) «рабо́та для ма́льчиков» (*coll*).
4 (*coll, crime, esp theft*) воровство́, «де́ло».
5 (*circumstance, fact*): **a put-up ~** махина́ция; **it's a good ~ you stayed at home** (*Br*) хорошо́, что вы оста́лись до́ма; **it's a good ~ for you the inspector's not here** (*Br*) ва́ше сча́стье, что инспе́ктора здесь нет; **he's gone, and a good ~ too!** (*Br*) он ушёл — и сла́ва бо́гу!; **make the best of a bad ~** (*Br*) дово́льствоваться (*impf*) ма́лым; не уныва́ть (*impf*); **give up as a bad ~** махну́ть (*pf*) руко́й на + *a*.
● *vi* (**jobbed, jobbing**) (*deal in stocks*) быть ма́клером; (*do ~s*): **~bing gardener** наёмный садо́вник;
● *cpds* **~centre** *n* (*Br*) центр по трудоустро́йству, би́ржа труда́; **~ lot** *n* па́ртия разро́зненных това́ров; **~-seeker** *n* лицо́, и́щущее рабо́ту; **~-share** *vi* дели́ть (*impf*) рабо́чее ме́сто и зáрплату.
jobber /ˈdʒɒbə(r)/ *n* (*broker*) ма́клер.
jobbery /ˈdʒɒbərɪ/ *n* испо́льзование служе́бного положе́ния в коры́стных це́лях.

jobcentre — би́ржа труда́

Госуда́рственная слу́жба, соде́йствующая лю́дям, и́щущим рабо́ту. В число́ услу́г, предоставля́емых би́ржами труда́, вхо́дит рекла́ма вака́нсий, организа́ция собесе́дований с работода́телями. Би́ржи труда́ есть почти́ во всех города́х Великобрита́нии.

jobless /ˈdʒɒblɪs/ *adj* безрабо́тный.
jockey /ˈdʒɒkɪ/ *n* (*pl* **~s**) жоке́й.
● *vt* (**jockeys, jockeyed**) (*cheat*) обма́н|ывать, -у́ть; (*manoeuvre*): **~ s.o. into sth** обма́ном склон|я́ть, -и́ть кого́-н. к чему́-н.; **he was ~ed out of his job** его́ вы́толкали с рабо́ты.
● *vi* (**jockeys, jockeyed**): **~ for position** (*fig*) оттесня́ть (*impf*) друг дру́га (*в борьбе за выгодное положение и т. п.*).
jockstrap /ˈdʒɒkstræp/ *n* суспензо́рий.
jocose /dʒəˈkəʊs/ *adj* игри́вый.
jocos|eness /dʒəˈkəʊsnɪs/, **-ity** /dʒəˈkɒsɪtɪ/ *nn* игри́вость.
jocular /ˈdʒɒkjʊlə(r)/ *adj* (*merry*) весёлый; (*humorous*) шутли́вый, заба́вный.
jocularity /ˌdʒɒkjʊˈlærɪtɪ/ *n* весёлость; шутли́вость.
jocund /ˈdʒɒkənd/ *adj* (*cheerful*) весёлый; (*lively*) живо́й.
jodhpurs /ˈdʒɒdpəz/ *n pl* брю́к|и (*pl, g* —)/бри́дж|и (*pl, g* -ей) для верхово́й езды́.
jog /dʒɒg/ *n* **1** (*push; nudge*) толчо́к. **2** (*trot*) (*of animals*) рысь; (*of humans*) бег трусцо́й; оздорови́тельный бе́г.
● *vt* (**jogged, jogging**): **~ up and down** подбра́сывать (*impf*); **~ s.o.'s elbow** толк|а́ть, -ну́ть кого́-н. под ло́коть; **~ s.o.'s memory** освеж|а́ть, -и́ть чью-н. па́мять.
● *vi* (**jogged, jogging**) **1** (*run slowly*) бе́гать (*indet*) трусцо́й; **he ~ged along (on horseback)** он труси́л (на ло́шади); **business is ~ging along** дела́ иду́т свои́м чередо́м. **2**: **~ up and down** подпры́гивать (*impf*).
● *cpd* **~trot** *n*: **at a ~trot** ры́сью, рысцо́й.
jogger /ˈdʒɒgə(r)/ *n* люби́тель (*m*) оздорови́тельного бе́га.
jogging /ˈdʒɒgɪŋ/ *n* (*trot*) бег ры́сью/трусцо́й; (*sport*) оздорови́тельный бе́г; бег трусцо́й, джо́ггинг.
joggle /ˈdʒɒg(ə)l/ *vt & i* пока́чиваться (*impf*).
Johannesburg /dʒəʊˈhænɪsˌbəːg/ *n* Йоха́ннесбург.
john /dʒɒn/ *n* (*US coll, lavatory*) сорти́р (*coll*).
joie de vivre /ˌʒwɑː də ˈviːvrə/ *n* жизнера́достность.
join /dʒɔɪn/ *n* связь, соедине́ние.
● *vt* **1** (*connect*) соедин|я́ть, -и́ть; **the towns are ~ed by a railway** э́ти города́ соединя́ет желе́зная доро́га; **~ hands** бра́ться, взя́ться за́ руки; (*fasten*) свя́з|ывать, -а́ть (*что с чем*); (*unite*) объедин|я́ть, -и́ть; **they ~ed forces** они́ соедини́ли (свои́) си́лы; **~ in marriage** соедин|я́ть, -и́ть бра́ком.
2 (*enter*) вступ|а́ть, -и́ть в + *a*; **he ~ed the party** (*pol*) он вступи́л в па́ртию; **~ battle** вступ|а́ть, -и́ть в бой; **~ a club** вступ|а́ть, -и́ть в клуб; **~ the army** идти́, пойти́ в а́рмию; **~** (*sc. rejoin*) **one's regiment** (*or* **ship**) возвра|ща́ться, -ти́ться в полк (*or* на кора́бль).
3 (*enter s.o.'s company*) присоедин|я́ться, -и́ться к + *d*; (*side with*) прим|ыка́ть, -кну́ть к + *d*; (*meet*) встр|еча́ться, -е́титься с + *i*; **may I ~ you?** разреши́те присоедини́ться к вам?; **will you ~ us in a walk?** не хоти́те ли прогуля́ться с на́ми?; **he ~ed us in approving the decision** он

поддержа́л нас в одобре́нии э́того реше́ния.
4 (*flow or lead into*) соедин|я́ться, -и́ться с + *i*; сл|ива́ться, -и́ться с + *i*; **where the Cherwell ~s the Thames** там, где река́ Че́руэлл/Че́рвелл впада́ет в Те́мзу; **there is a restaurant where you ~ the motorway** у въе́зда на автостра́ду есть рестора́н.
● *vi* **1** (*be connected, fastened*) соедин|я́ться, -и́ться; свя́з|ываться, -а́ться; (*be united*) объедин|я́ться, -и́ться; (*come together*) сходи́ться, сойти́сь; (*flow together*) сл|ива́ться, -и́ться; (*border on each other*) грани́чить (*impf*) друг с дру́гом.
2 (*take part*): **may I ~ in the game?** мо́жно мне поигра́ть с ва́ми?; **he ~ed in the applause** он присоедини́лся к аплоди́рующим; **they all ~ed in the chorus** все пе́ли еди́ным хо́ром.
3 (*become a member*) стать (*impf*) чле́ном (*чего*).
● *with advs*: **~ in** *vi* (*take part*) прин|има́ть, -я́ть уча́стие; (*in conversation, discussion etc.*) вступ|а́ть, -и́ть в + *a*; **~ on** *vt* & *i* присоедин|я́ть(ся), -и́ть(ся); **~ together** *vt* свя́з|ывать, -а́ть; соедин|я́ть, -и́ть; **~ up** *vt* & *i* соедин|я́ть(ся), -и́ть(ся); *vi* (*coll, enlist*) идти́, пойти́ в а́рмию.

joiner /ˈdʒɔɪnə(r)/ *n* **1** (*woodworker*) столя́р; **~'s shop** столя́рная мастерска́я; **be a ~** столя́рничать (*impf*). **2** (*coll, one who joins societies etc.*) член мно́гих организа́ций и клу́бов.

joinery /ˈdʒɔɪnərɪ/ *n* столя́рная рабо́та; **do/practise ~** столя́рничать (*impf*).

joint /dʒɔɪnt/ *n* **1** (*place of juncture; means of joining*) соедине́ние; стык; **the pipe is leaking at the ~s** труба́ течёт на сты́ке; **ball-and-socket ~** шарни́р; шарово́е соедине́ние.
2 (*anat*) суста́в, сочлене́ние; **out of ~** (*pred*) вы́вихнут; (*fig*) не в поря́дке; **my ~s ache** у меня́ ло́мит в суста́вах.
3: **a ~ of meat** (*Br*) кусо́к мя́са (*к обеду*).
4 (*coll*) (*snack bar*) заку́сочная; (*dive*) прито́н.
5 (*sl, marijuana cigarette*) кося́к.
● *adj* **1** (*combined; shared*) совме́стный; **~ action** совме́стные де́йствия (*nt pl*); **take ~ action** де́йствовать (*impf*) сообща́; (*common*) о́бщий; **~ account** о́бщий/совме́стный счёт; **~ efforts** о́бщие/совме́стные уси́лия; **~ venture** совме́стное предприя́тие.
2 (*sharing*): **~ owner** совладе́лец; **~ author** соа́втор.
● *vt* **1** (*connect by ~s*) соедин|я́ть, -и́ть; **a ~ed doll** ку́кла на шарни́рах.
2 (*divide into ~s*) расчлен|я́ть, -и́ть.
● *cpd* **~-stock** *attr adj* акционе́рный.

joist /dʒɔɪst/ *n* ба́лка.

jok|e /dʒəʊk/ *n* шу́тка; (*story*) анекдо́т; (*witticism*) остро́та; (*laughing stock*) посме́шище; **it's no ~e** э́то не шу́тка!; **crack, make a ~e** шути́ть, по-; **make a ~e of sth** обора́чивать, оберну́ть что-н. в шу́тку; **play a ~e on s.o.** сыгра́ть (*pf*) шу́тку с кем-н.; подшу́|чивать, -ти́ть над кем-н.; **he couldn't see the ~e** он не по́нял шу́тки; **can't you take a ~e?** вы что, шу́ток не понима́ете?; **it was a standing ~e** э́то бы́ло объе́ктом постоя́нных шу́ток; **practical ~e** ро́зыгрыш; **the ~e was on him** э́то он оста́лся в дурака́х.
● *vi* шути́ть, по-; **I was only ~ing** я всего́ лишь пошути́л; **~ing apart** шу́тки в сто́рону; кро́ме шу́ток.

joker /ˈdʒəʊkə(r)/ *n* (*one who jokes*) шутни́к; (*coll, fellow*) па́рень (*m*); (*cards*) джо́кер.

jokey, joky /ˈdʒəʊkɪ/ *adj* (**jokier, jokiest**) шутли́вый.

jollification /ˌdʒɒlɪfɪˈkeɪʃ(ə)n/ *n* увеселе́ние.

jollity /ˈdʒɒlɪtɪ/ *n* весе́лье, увеселе́ние.

jolly /ˈdʒɒlɪ/ *adj* (**jollier, jolliest**) (*cheerful*) весёлый; (*festive; entertaining*) ра́достный, пра́здничный; (*coll, pleasant*) прия́тный.
● *adv* (*Br coll, very*) о́чень; **~ well** (*Br coll, definitely*) то́чно, о́чень да́же; **you'll ~ well have to do it** тебе́ то́чно придётся э́то сде́лать.
● *vt*: **~ s.o. along** ума́сл|ивать, -ить кого́-н. (*coll*).

jolt /dʒəʊlt, dʒɒlt/ *n* толчо́к; (*fig*) уда́р, потрясе́ние.
● *vt* & *i* трясти́(сь) (*impf*); **we were ~ed about** нас швыря́ло во все сто́роны; **the cart ~ed along** теле́гу трясло́; (*fig*) потряс|а́ть, -ти́; пора|жа́ть, -зи́ть; **it ~ed him out of his routine** э́то вы́било его́ из коле́й.

Jonah /ˈdʒəʊnə/ *n* (*bibl*) Ио́на (*m*).

jonquil /ˈdʒɒŋkwɪl/ *n* жонки́лия (*разновидность жёлтого нарцисса*).

Jordan /ˈdʒɔ:d(ə)n/ *n* **1** (*river*) Иорда́н. **2** (*country*) Иорда́ния.

Jordanian /dʒɔ:ˈdeɪnɪən/ *n* иорда́н|ец (*fem* -ка).
● *adj* иорда́нский.

josh /dʒɒʃ/ (*US sl*) *n* до́брая шу́тка.
● *vt* подшу́|чивать, -ти́ть над + *i*.
● *vi* шути́ть, по-.

joss stick /dʒɒs/ *n* паху́чая па́лочка.

jostle /ˈdʒɒs(ə)l/ *vt* толк|а́ть, -ну́ть; отт|ира́ть, -ере́ть; **I was ~d from every side** меня́ толка́ли со всех сторо́н.
● *vi* толка́ться (*impf*); **he ~d against me** он оттира́л меня́.

jot[1] /dʒɒt/ *n* (*small amount*) йо́та; **he was not one ~ the worse for it** э́то ему́ ничу́ть не повреди́ло.

jot[2] /dʒɒt/ *vt* (**jotted, jotting**): **~ down** набр|а́сывать, -оса́ть.

jotter /ˈdʒɒtə(r)/ *n* (*Br, pad*) блокно́т.

jottings /ˈdʒɒtɪŋz/ *n pl* за́писи (*f pl*).

joule /dʒu:l/ *n* джо́уль (*m*).

journal /ˈdʒə:n(ə)l/ *n* (*newspaper*) газе́та; (*periodical*) журна́л; (*ship's log*) (судово́й) журна́л; (*bookkeeping*) журна́л.

journalese /ˌdʒə:nəˈli:z/ *n* газе́тный штамп.

journalism /ˈdʒə:nəˌlɪz(ə)m/ *n* журнали́стика.

journalist /ˈdʒə:nəlɪst/ *n* журнали́ст (*fem* -ка).

journalistic /ˌdʒə:nəˈlɪstɪk/ *adj* журнали́стский.

journey /ˈdʒə:nɪ/ *n* (*pl* **~s**) (*expedition; trip*) (*long*) путеше́ствие; (*shorter*) пое́здка; (*of train, bus etc.*) рейс; **(under)take a ~** предприн|има́ть, -я́ть (*or* соверш|а́ть, -и́ть) путеше́ствие; **break one's ~** прер|ыва́ть, -ва́ть пое́здку; **be, go on a ~** путеше́ствовать (*impf*); **he did the ~ on foot** он соверши́л путеше́ствие пешко́м; **the bus makes 6 ~s a day** авто́бус соверша́ет шесть ре́йсов в день; (*travel; travelling time*) путь; **on the return ~** на обра́тном пути́; **will there be any refreshments on the ~?** бу́дут ли в пути́ корми́ть/дава́ть лёгкие заку́ски?; **London is 6 hours' ~ from here** отсю́да до Ло́ндона шесть часо́в езды́; **it was a wasted ~** путеше́ствие бы́ло напра́сным.
● *vi* (**journeys, journeyed**) путеше́ствовать (*impf*).
● *cpd* **~man** *n* (*pl* **~men**) (*hired worker*) наёмный рабо́тник.

joust /dʒaʊst/ *n* (ры́царский) турни́р.
● *vi* состяза́ться (*impf*) на турни́ре.

Jove /dʒəʊv/ *n* Юпи́тер; **by ~!** вот те на́!; ну и дела́!

jovial /ˈdʒəʊvɪəl/ *adj* (*merry*) весёлый; (*convivial*) общи́тельный.

joviality /ˌdʒəʊvɪˈælɪtɪ/ *n* весёлость; общи́тельность.

jowl /dʒaʊl/ *n* (*jaw*) че́люсть; (*dewlap*) подгру́док; (*chin*): **a heavy ~** тяжёлый подборо́док.

joy /dʒɔɪ/ *n* **1** (*gladness*) ра́дость; (*pleasure*) удово́льствие; **jump for ~** скака́ть (*impf*) от ра́дости; **one of the ~s of life** одна́ из ра́достей жи́зни; **life was no ~** жизнь была́ не в ра́дость. **2** (*Br coll, success, response*): **I kept phoning but got no ~** я звони́л-звони́л, но никако́го то́лку.
● *cpds* **~ride** *n* пое́здка ра́ди забавы на укра́денной автомаши́не; **~rider** *n* автово́р-лиха́ч, уго́нщик-лиха́ч; **~riding** *n* риско́ванная езда́ на уго́нном автомоби́ле; **~stick** *n* (*aeron, sl*) рыча́г/ру́чка управле́ния; (*comput*) джо́йстик.

joyful /ˈdʒɔɪfʊl/ *adj* ра́достный, счастли́вый.

joyfulness /ˈdʒɔɪfʊlnɪs/ *n* ра́дость.

joyless /ˈdʒɔɪlɪs/ *adj* безра́достный.

joylessness /ˈdʒɔɪlɪsnɪs/ *n* безра́достность.

joyous /ˈdʒɔɪəs/ *adj* ра́достный; (*happy*) весёлый.

JP (*abbr of* ***Justice of the Peace***) мирово́й судья́.

jubilant /ˈdʒu:bɪlənt/ *adj* лику́ющий; **be ~** ликова́ть (*impf*).

jubilation /ˌdʒu:bɪˈleɪʃ(ə)n/ *n* ликова́ние.

jubilee /ˈdʒu:bɪˌli:/ *n* (*anniversary*) юбиле́й; **golden/silver ~** пятидесятиле́тний/двадцатипятиле́тний юбиле́й; (*attr*) юбиле́йный.

Judaic /dʒu:ˈdeɪɪk/ *adj* иуде́йский.

Judaism /ˈdʒu:deɪˌɪz(ə)m/ *n* иудаи́зм.

Judas /ˈdʒu:dəs/ *n* (*bibl*) Иу́да (*m*); (*fig*) преда́тель (*m*).
● *cpd* **~ tree** *n* багря́н(н)ик; иу́дино де́рево.

judder /ˈdʒʌdə(r)/ *vi* (*Br*) вибри́ровать (*impf*) с гро́хотом.

judge /dʒʌdʒ/ *n* **1** (*legal functionary*) судья́ (*m*).
2 (*arbiter*) арби́тр, судья́; **let me be the ~ of that** мне суди́ть об э́том; **the ~s** (*of a contest*) су́дьи, жюри́ (*nt indecl*); **he is one of the ~s** он в соста́ве жюри́.
3 (*expert, connoisseur*) знато́к, цени́тель (*m*); **a ~ of wines** знато́к вин.
● *vt* **1** (*pass ~ment on*) суди́ть (*impf*) о + *i*; **don't ~ him by appearances!** не суди́те о нём по вне́шности!; **who ~d the race?** кто суди́л на э́том состяза́нии?; (*assess*) оце́н|ивать, -и́ть.
2 (*consider*) счита́ть (*impf*); **he was ~d to be innocent** его́ сочли́ невино́вным; (*suppose*) предпол|ага́ть, -ожи́ть; **I ~d him to be about 50** я предположи́л, что ему́ о́коло пяти́десяти.
3 (*hear and try*): **the case was ~d in secret** де́ло слу́шалось в закры́том суде́.
● *vi* **1** (*make an appraisal or decision*) суди́ть (*impf*); **to ~ from what you say** су́дя по тому́, что вы сказа́ли.
2 (*act as ~; arbitrate*) суди́ть (*impf*), быть арби́тром.

judg(e)ment /ˈdʒʌdʒmənt/ *n*
1 (*sentence*) суде́бное реше́ние, пригово́р; **pass ~ (on)** (*in court*) выноси́ть, вы́нести пригово́р + *d*; (*express opinion*) суди́ть (*impf*) о + *p*; **a reserved ~** отсро́ченное реше́ние; **the ~ was in his favour** реше́ние суда́ бы́ло в его́ по́льзу; (*act or process of judging*): **sit in ~** (*fig*) суди́ть (*impf*) други́х свысока́; **J~ Day** Су́дный день; **the Last J~** Стра́шный суд.
2 (*opinion; estimation*) мне́ние; сужде́ние; **in my ~** по моему́ мне́нию; **a hasty ~** опроме́тчивое сужде́ние; **against one's better ~** вопреки́ го́лосу ра́зума; **an error of ~** оши́бка в сужде́нии; **I reserve ~ about that** я (пока́) воздержу́сь от сужде́ния по э́тому по́воду.
3 (*criticism*) осужде́ние.
4 (*discernment*) рассуди́тельность; **he shows good ~** он здра́во су́дит.

judgeship /ˈdʒʌdʒʃɪp/ *n* суде́йская до́лжность.

judicial /dʒuːˈdɪʃ(ə)l/ *adj* **1** (*of a law court*) суде́бный; **~ proceedings** суде́бный проце́сс; (*of a judge*) суде́йский. **2** (*critical; impartial*) рассуди́тельный; беспристра́стный.

judiciary /dʒuːˈdɪʃɪərɪ/ *n* су́дьи (*m pl*); суде́бная власть.

judicious /dʒuːˈdɪʃəs/ *adj* здравомы́слящий, рассуди́тельный.

judiciousness /dʒuːˈdɪʃəsnɪs/ *n* рассуди́тельность.

judo /ˈdʒuːdəʊ/ *n* дзюдо́ (*indecl*).

judoist /ˈdʒuːdəʊɪst/ *n* дзюдои́ст (*fem* -ка).

jug /dʒʌg/ *n* (*vessel*) кувши́н; (*coll, prison*) тюря́га (*sl*).

jugful /ˈdʒʌgfʊl/ *n* по́лный кувши́н (*чего*).

juggernaut /ˈdʒʌgəˌnɔːt/ *n* (*fig*) безжа́лостная/неумоли́мая си́ла; (*Br, lorry*) многото́нный грузови́к, автопо́езд.

juggle /ˈdʒʌg(ə)l/ *vt* (*lit, fig, manipulate*) жонгли́ровать (*impf*) + *i*.
● *vi* (*lit, fig*) жонгли́ровать (*impf*).

juggler /ˈdʒʌglə(r)/ *n* жонглёр.

Jugoslav /ˈjuːgəˌslɑːv/ = **Yugoslav**

Jugoslavia /ˌjuːgəˈslɑːvɪə/ = **Yugoslavia**

jugular /ˈdʒʌgjʊlə(r)/ *n* **(~ vein)** яре́мная ве́на.

juice /dʒuːs/ *n* **1** (*bot, physiol*) сок; (*fruit ~*) (фрукто́вый) сок; **stew in one's own ~** (*coll*) вари́ться (*impf*) в со́бственном соку́. **2** (*sl, petrol*) бензи́н. **3** (*sl, elec current*) (электри́ческий) ток.

juicer /ˈdʒuːsə(r)/ *n* соковыжима́лка.

juiciness /ˈdʒuːsɪnɪs/ *n* со́чность.

juicy /ˈdʒuːsɪ/ *adj* **(juicier, juiciest)** со́чный; (*coll, racy, scandalous*) сма́чный.

ju-jitsu /dʒuːˈdʒɪtsuː/ *n* джи́у-джи́тсу (*nt indecl*).

jujube /ˈdʒuːdʒuːb/ *n* (*bot*) ю́юба (*кустарник со съедобными плодами*); (*US, lozenge*) ледене́ц (*от кашля и т. п.*)/пасти́лка со вку́сом ю́юбы.

jukebox /ˈdʒuːkbɒks/ *n* музыка́льный автома́т (*для проигрывания дисков*).

julep /ˈdʒuːlep/ *n*: **mint ~** (*US*) мя́тный напи́ток из ви́ски со льдом.

Julian /ˈdʒuːlɪən/ *adj*: **~ calendar** юлиа́нский календа́рь.

July /dʒuːˈlaɪ/ *n* (*pl* **Julys**) ию́ль (*m*); (*attr*) ию́льский.

jumble /ˈdʒʌmb(ə)l/ *n* (*untidy heap*) ку́ча; (*disorder, muddle*) беспоря́док, пу́таница; (*coll, unwanted articles*) хлам; **~ sale** (*Br*) дешёвая распрода́жа (*в благотворительных целях*).
● *vt* (*also* **~ up**) переме́ш|ивать, -а́ть.

jumbo /ˈdʒʌmbəʊ/ *n* (*pl* **~s**) (*coll, elephant*) слон; (*attr, very large*) гига́нтский; большу́щий; **~ jet** реакти́вный ла́йнер.

jump /dʒʌmp/ *n* прыжо́к, скачо́к; **long/high ~** прыжо́к в длину́/высоту́; **take a running ~** (*lit*) пры́г|ать, -нуть с разбе́га; (*fig, coll*): **I told him to take a running ~** я веле́л ему́ прова́ливать; (*obstacle in steeplechase*) препя́тствие; **water ~** ров с водо́й; (*fig, abrupt rise*) скачо́к; **there was a big ~ in the temperature** температу́ра си́льно подскочи́ла; (*fig, start, shock*) вздра́гивание.
● *vt* **1** (**~** *over, across*) перепры́г|ивать, -нуть че́рез + *a*.
2 (*cause to* **~**): **he ~ed his horse over the fence** он посла́л свою́ ло́шадь че́рез забо́р.
3 (*various fig uses*): **~ bail** нар|уша́ть, -у́шить усло́вия освобожде́ния под зало́г; **~ the gun** (*coll*) нач|ина́ть, -а́ть ска́чки до сигна́ла; (*fig*) нач|ина́ть, -а́ть что-н. ра́ньше вре́мени; **~ the queue** про|ходи́ть, -йти́ без о́череди; **the train ~ed the rails** по́езд сошёл с ре́льсов; **~ ship** дезерти́ровать (*impf, pf*) с су́дна; **you've ~ed a few lines** вы пропусти́ли (*or* перескочи́ли че́рез) не́сколько строк.
● *vi* **1** пры́г|ать, -нуть; (*on horseback*) вск|а́кивать, -очи́ть; (*with parachute*) пры́г|ать, -нуть с парашю́том.
2 (*fig*) переска́кивать (*impf*); **he ~ed from one topic to another** он переска́кивал с одно́й те́мы на другу́ю.
3 (*start*) подск|а́кивать, -очи́ть; **the noise made me ~** звук заста́вил меня́ подскочи́ть.
4 (*make sudden movement*) подск|а́кивать, -очи́ть; **shares ~ed to a new level** а́кции подскочи́ли в цене́.
5 (*fig uses*): **I would ~ at the chance** я бы ухвати́лся за э́ту возмо́жность; **he ~ed at my offer** он ухвати́лся за моё предложе́ние; **~ for joy** пры́гать/скака́ть (*impf*) от ра́дости; **~ on s.o.** (*attack*) набр|а́сываться, -о́ситься на кого́-н.; (*rebuke*) ре́зко оса|жда́ть, -ди́ть кого́-н.; **~ to conclusions** де́лать (*impf*) поспе́шные вы́воды; **~ to it!** потора́пливайтесь!; **he ~ed to his feet** он вскочи́л на́ ноги.
● *with advs*: **they ~ed about to keep warm** они́ пры́гали, что́бы согре́ться; **he ~ed back in surprise** он отпря́нул в удивле́нии; **she ~ed down from the fence** она́ спры́гнула с забо́ра; **he took off his clothes and ~ed in** он разде́лся и пры́гнул в во́ду; **if you want a lift, ~ in!** е́сли хоти́те, что́бы я вас подбро́сил, залеза́йте (в маши́ну)!; **don't ~ off before the bus stops!** не спры́гивайте на ходу́ (*or* до по́лной остано́вки авто́буса); **~ing-off point** (*fig*) отправна́я то́чка; **as the train began to move I ~ed on** я впры́гнул в по́езд, когда́ он уже́ тро́нулся; **~ up from one's chair** вск|а́кивать, -очи́ть со сту́ла; **~ up and down** пры́гать/подпры́гивать (*impf*) вверх и вниз; **~ed-up** *adj* (*coll*): **a ~ed-up person** вы́скочка (*cg*).
● *cpds* **~ jet** *n* реакти́вный самолёт вертика́льного взлёта; **~ lead** *n* (*Br*) электри́ческий ка́бель (для за́пуска дви́гателя автомоби́ля от посторо́ннего исто́чника эне́ргии); **~-off** *n* (*to decide tie*) дополни́тельный круг на бега́х с препя́тствиями (*при одинаковых результатах*); **~ rope** *n* (*US*) скака́лка; **~ seat** *n* откидно́е сиде́нье; **~suit** *n* комбинезо́н.

jumper /ˈdʒʌmpə(r)/ *n* (*athlete*) прыгу́н; (*horse*) скаку́н; (*Br, sweater*) дже́мпер; (*US, pinafore dress*) сарафа́н.
● *cpd* **~ cable** *n* (*US*) = **jump lead**

jumpy /ˈdʒʌmpɪ/ *adj* **(jumpier, jumpiest)** не́рвный, дёрганый.

junction /ˈdʒʌŋkʃ(ə)n/ *n* **1** (*joining*) соедине́ние, стык. **2** (*meeting point: of railways*) у́зел; узлово́й пункт; (*of roads*) пересече́ние (доро́г), перекрёсток; (*of rivers*) слия́ние.
3 (*elec*): **~ box** соедини́тельная му́фта.

juncture /ˈdʒʌŋktʃə(r)/ *n* (*joining*) соедине́ние; **at a critical ~** в крити́ческий моме́нт; **at this ~** в да́нный моме́нт.

Jun. = **Jnr**

June /dʒuːn/ *n* ию́нь (*m*); (*attr*) ию́ньский.

jungle /ˈdʒʌŋg(ə)l/ *n* джу́нгл|и (*pl, g* -ей); **concrete ~** ка́менные джу́нгли;

the law of the ~ закóн джýнглей; ~ **warfare** боевы́е дéйствия в джýнглях.

junior /ˈdʒuːnɪə(r)/ *n & adj* млáдший; **John Jones** ~ Джон Джонс-млáдший; **he is 6 years my** ~ он молóже меня́ на шесть лет; ~ **partner** млáдший партнёр; ~ **school** (*Br*) ≈ начáльная шкóла (*для детей 7—11 лет*); ~ **high school** (*US*) непóлная срéдняя шкóла (*7, 8, 9 классы*); ~ **common room** (*Br*) студéнческая кóмната óтдыха; **in his** ~ **year** (*US*) на предпослéднем кýрсе.

junior high school

Млáдшая срéдняя шкóла. В Амéрике так назывáют пéрвую ступéнь срéдней шкóлы. Дéти ýчатся в таки́х шкóлах пóсле окончáния начáльной шкóлы (**elementary school**).

juniper /ˈdʒuːnɪpə(r)/ *n* можжевéльник; (*attr*) можжевéловый.

junk[1] /dʒʌŋk/ *n* (*rubbish*) ру́хлядь, хлам; ~ **food** неполноцéнная пи́ща.
● *vt* (*sl, discard*) выбрáсывать, вы́бросить.
● *cpds* ~ **heap** *n*: **it is only fit for the** ~ **heap** э́то порá вы́бросить на свáлку; ~ **mail** *n* реклáмные рассы́лки; ~ **shop** *n* лáвка старьёвщика.

junk[2] /dʒʌŋk/ *n* (*sailing vessel*) джóнка.

junket /ˈdʒʌŋkɪt/ *n* **1** (*dish*) слáдкий твóрóг. **2** (*coll*) (*business trip at public expense*) увесели́тельная поéздка за казённый счёт; (*celebration*) прáздненство, пиру́шка.

junk|ie, -y /ˈdʒʌŋkɪ/ *n* (*sl, drug addict*) наркомáн, торчóк (*sl*).

junta /ˈdʒʌntə/ *n* хýнта.

Jupiter /ˈdʒuːpɪtə(r)/ *n* (*myth, astron*) Юпи́тер.

Jurassic /dʒʊ(ə)ˈræsɪk/ (*geol*) *n* (**the** ~) ю́рский перúод, юрá.
● *adj* ю́рский.

juridical /dʒʊəˈrɪdɪk(ə)l/ *adj* юриди́ческий.

jurisdiction /ˌdʒʊərɪsˈdɪkʃ(ə)n/ *n* (*legal authority*) юрисди́кция; **have** ~ **over** имéть (*impf*) юрисди́кцию над + *i*; **it does not lie within my** ~ э́то не вхóдит в мою́ компетéнцию.

jurisprudence /ˌdʒʊərɪsˈpruːd(ə)ns/ *n* юриспрудéнция.

jurist /ˈdʒʊərɪst/ *n* юри́ст.

juristic /ˌdʒʊəˈrɪstɪk/ *adj* юриди́ческий.

juror /ˈdʒʊərə(r)/ *n* (*in competition*) член жюри́; (*in court*) прися́жный (заседáтель).

jury /ˈdʒʊərɪ/ *n* (*in competition*) жюри́ (*nt indecl*); (*in court*) прися́жные (заседáтели) (*m pl*); **grand** ~ (*US*) большóе жюри́.
● *cpds* ~ **box** *n* скамья́ прися́жных; ~**man** *n* (*pl* ~**men**) прися́жный; ~**woman** *n* (*pl* ~**women**) жéнщина – прися́жный заседáтель.

just /dʒʌst/ *adj* (*equitable*) справедли́вый; **act** ~**ly to(wards) s.o.** быть справедли́вым (по отношéнию) к комý-н.; (*deserved*) справедли́вый, заслýженный; **receive one's** ~ **deserts** получ|áть, -и́ть по заслýгам; (*well grounded*) обоснóванный, справедли́вый.
● *adv* **1** тóчно, как раз, и́менно; **it was** ~ **3 o'clock** бы́ло рóвно три часá; ~ **then** как раз (*or* и́менно) тогдá; в ту минýту; **that's** ~ **the trouble** в тóм-то и бедá; ~ **how did you do it?** как и́менно вам удалóсь э́то сдéлать?
2: ~ **like/as** (*expressing comparison*) тóчно так же, как (и); тóчно, как; **that's** ~ **like him** (*typical*) э́то так похóже на негó; **that's** ~ **like me** ну тóчно, как я; **that's** ~ **it** вот и́менно; **that's** ~ **the point** в тóм-то и дéло; ~ **the thing** и́менно то, что нáдо; **the hat is** ~ **my size** шля́па мне в сáмую пóру; ~ **so** тóчно/и́менно так; (*exactly arranged*) тóчно; ~ **so** (*you are quite right*) так тóчно; **he is** ~ **as lazy as ever** он всё такóй же лени́вый; ~ **as much** стóлько же; **I'd** ~ **as soon stay at home** я предпочёл бы остáться дóма; **it's** ~ **as well I warned you** хорошó, что я вас предупреди́л; **thank you** ~ **the same** спаси́бо и на э́том.
3: ~ **about** (*approximately*): ~ **about right** почти́ так/прáвильно; (*almost*): **I've** ~ **about finished** я почти́ (за)кóнчил.
4 (*expressing time*) тóлько что; (*very recently*): **I saw him** ~ **now** я тóлько что ви́дел егó; **as you were** ~ **saying** как вы тóлько что сказáли; ~ **as** (*expressing time*) (как) тóлько; ~ **as he entered the room** тóлько он вошёл в кóмнату; (*at this moment*): **I'm** ~ **off** я ухожý пря́мо сейчáс (*or* как раз сейчáс); **the show is** ~ **beginning** представлéние как раз начинáется.
5 (*barely, no more than*) едвá; **I** ~ **caught the train** я едвá успéл на пóезд; **he had** ~ **come in when the phone rang** тóлько он вошёл, как зазвони́л телефóн; **I've got** ~ **enough for my fare** мои́х дéнег тóлько-тóлько (*or* едвá-едвá) хвáтит на билéт; **(wait)** ~ **a minute!** (однý) минýт(к)у!
6 (*merely, simply*) тóлько; ~ **listen to this!** вы тóлько послýшайте!; **I went** ~ **to hear him** я пошёл тóлько, чтóбы послýшать егó; **it's** ~ **that I don't like him** дéло прóсто в том, что он мне непри́ятен; ~ **fancy!** подýмать тóлько!; (тóлько) предстáвьте себé!; ~ **you wait!** ну, погоди́!; ~ **for fun** шýтки рáди; ~ **in case** на вся́кий слýчай.
7 (*positively, absolutely*) так и; прóсто(-нáпросто); **the coffee** ~ **would not boil** кóфе никáк не закипáл; **it's** ~ **splendid!** э́то прóсто великолéпно!; **don't I** ~**!** ещё бы!; **not** ~ **yet** ещё не/нет.

justice /ˈdʒʌstɪs/ *n* **1** (*fairness; equity*) справедли́вость; **do** ~ **to** отд|авáть, -áть дóлжное + *d*; **you are not doing yourself** ~ вы не проявля́ете себя́ в пóлную си́лу; **to do him** ~ отдавáя емý дóлжное; **with** ~ со всей справедли́востью. **2** (*system of institutions*) юсти́ция; (*judicial proceedings*) правосýдие; **administer** ~ отправля́ть (*impf*) правосýдие; **bring s.o. to** ~ отд|авáть, -áть когó-н. под суд; привл|екáть, -éчь когó-н. к судéбной отвéтственности; **Court of J**~ суд. **3** (*magistrate; judge*) судья́ (*m*); **J**~ **of the Peace** (*Br*) мировóй судья́.

justifiable /ˈdʒʌstɪˌfaɪəb(ə)l/ *adj* оправданный; ~ **homicide** убúйство в целях самооборóны/самозащи́ты *и т. п.*

justification /ˌdʒʌstɪfɪˈkeɪʃ(ə)n/ *n* **1** оправдáние; **he objected, and with** ~ он возрази́л и не без основáний. **2** (*printing*) вы́ключка строки́.

justificatory /ˈdʒʌstɪfɪˌkeɪtərɪ/ *adj* оправдáтельный.

justif|y /ˈdʒʌstɪˌfaɪ/ *vt* **1** (*establish rightness of*) опрáвд|ывать, -áть; **I was** ~**ied in suspecting ...** я имéл все основáния подозревáть...; ~**y o.s.** опрáвд|ываться, -áться. **2** (*printing*) выключáть, вы́ключить (*строку*).

jut /dʒʌt/ *vi* (**jutted, jutting**) (*usu* ~ **out**) выступáть (*impf*); выдавáться (*impf*).

jute /dʒuːt/ *n* джут.

juvenile /ˈdʒuːvəˌnaɪl/ *n* подрóсток.
● *adj* ю́ный, ю́ношеский; ~ **delinquent** несовершеннолéтний престýпник/правонаруши́тель; ~ **delinquency** престýпность среди́ несовершеннолéтних, подрóсткóвая престýпность; ~ **court** суд по делáм несовершеннолéтних.

juvenilia /ˌdʒuːvəˈnɪlɪə/ *n pl* ю́ношеские произведéния.

juxtapose /ˌdʒʌkstəˈpəʊz/ *vt* поме|щáть, -сти́ть бок ó бок; (*for comparison*) сопост|авля́ть, -áвить (*когó с кем or что с чем*).

juxtaposition /ˌdʒʌkstəpəˈzɪʃ(ə)n/ *n* сосéдство, бли́зость; (*for comparison*) сопоставлéние.

Kk

K *abbr of* **1** ***kelvin(s)*** К, ке́львин (*pl, g* —); **at 0 ~** при нуле́/ноле́ ке́львин(ов) (*or* при температу́ре ноль ке́львин) (≈ *–273 °C*); **at 273 ~** при двухста́х семи́десяти трёх ке́львинах (*or* при температу́ре две́сти се́мьдесят три ке́львина) (≈ *0 °C*). **2** ***kilobyte*** килоба́йт. **3** (*coll*) ***£1,000, $1,000,*** *etc.* ты́сяча фу́нтов, до́лларов *и т. п.*, шту́ка (*sl*); **he earns 35K a year** он зараба́тывает 35 ты́сяч/штук (*sl*) в год.

k (*abbr of* ***kilometre(s)***) км (киломе́тр).

Kabbalistic /ˌkæbəˈlɪstɪk/ *adj* (*relig*) каббалисти́ческий.

Kabul /kəˈbʊl, ˈkɑːbʊl/ *n* Кабу́л.

kaftan /ˈkæftæn/ кафта́н.

Kaiser /ˈkaɪzə(r)/ *n* ка́йзер.

kale /keɪl/ *n* листова́я капу́ста.

kaleidoscope /kəˈlaɪdəˌskəʊp/ *n* (*lit, fig*) калейдоско́п.

kaleidoscopic /kəˌlaɪdəˈskɒpɪk/ *adj* калейдоскопи́ческий.

kalends /ˈkælendz/ = **calends**

Kalmuck, Kalmyk /ˈkælmʌk/ *n* (*pl* **~** *or* **~s**) (*person*) калмы́|к (*fem* -чка); (*language*) калмы́кский язы́к.
● *adj* калмы́цкий.

kamikaze /ˌkæmɪˈkɑːzɪ/ *n* (*pilot*) камика́дзе (*m indecl*), лётчик-сме́ртник.

Kampuchea /ˌkæmpʊˈtʃɪə/ (*hist*) *n* Кампучи́я.

Kampuchean /ˌkæmpʊˈtʃɪən/ (*hist*) *n* кампучи́|ец (*fem* -йка).
● *adj* кампучи́йский.

kangaroo /ˌkæŋɡəˈruː/ *n* кенгуру́ (*m indecl*); **~ court** незако́нное суде́бное разбира́тельство, «басма́нное правосу́дие»; **this is a ~ court!** устро́или здесь суди́лище!

kaolin /ˈkeɪəlɪn/ *n* (*min*) каоли́н.

kapok /ˈkeɪpɒk/ *n* (*substance*) ва́та из семя́н капка́; (*tree*) капо́к.

Karachi /kəˈrɑːtʃɪ/ *n* Кара́чи (*m indecl*).

karakul /ˈkærəˌkʊl/ *n* кара́куль (*m*).

karaoke /ˌkærɪˈəʊkɪ/ *n* карао́ке (*nt indecl*).

karat /ˈkærət/ (*US*) = **carat**

karate /kəˈrɑːtɪ/ *n* карате́ (*nt indecl*).

karateka /kəˈrɑːtɪˌkɑː/ *n* карати́ст.

Karelia /kəˈriːlɪə/ *n* Каре́лия.

Karelian /kəˈriːlɪən/ *n* каре́л (*fem* -ка).
● *adj* каре́льский.

karma /ˈkɑːmə/ *n* (*relig*) ка́рма.

Kashmir /kæʃˈmɪə(r)/ *n* Кашми́р.

Kashmiri /kæʃˈmɪəri/ *n* (*person*) кашми́р|ец (*fem* -ка); (*language*) кашми́рский язы́к.

kayak /ˈkaɪæk/ *n* кая́к (*эскимосская лодка; лёгкая спортивная одноместная лодка*).

Kazakh /kəˈzɑːk, kɑː-/ *n* (*pl* **~s**) (*person*) каза́|х (*fem* -шка); (*language*) каза́хский язы́к.

Kazakhstan /ˌkɑːzɑːkˈstæn, -ˈstɑːn/ *n* Казахста́н.

Kazan /kəˈzæn, -ˈzɑːn/ *n* Каза́нь.

KB, Kb /ˈkɪləˌbaɪt(z)/ *n* (*comput, abbr of* ***kilobyte(s)***) КБ, Кб(айт), килоба́йт.

kebab /kɪˈbæb/ *n* кеба́б, шашлы́к; **~ house** кеба́бная, шашлы́чная.

keel /kiːl/ *n* (*of ship*) киль (*m*); **false ~** фальшки́ль (*m*); **on an even ~** не кача́ясь; (*fig*) усто́йчивый, стаби́льный.
● *vt* (*impf*) перев|ора́чивать, -ерну́ть ки́лем вверх; килева́ть (*impf, pf*).
● *vi*: **~ over** опроки́|дываться, -нуться.
● *cpd* **~haul** *vt* прота́скивать (*impf*) под ки́лем; (*fig, reprimand*) пропесо́чи|вать, -ть (*coll*).

keen¹ /kiːn/ *n* (*lament*) причита́ние/плач по поко́йнику.
● *vi* голоси́ть (*impf*).

keen² /kiːn/ *adj* (*lit, fig: sharp, acute*) о́стрый; **~ eyesight** о́строе зре́ние; **a ~ intellect** о́стрый/проница́тельный ум; (*piercing*) пронзи́тельный; **a ~ glance** пронзи́тельный/о́стрый взгляд; **a ~ wind** ре́зкий/прони́зывающий ве́тер; **~ frost** си́льный моро́з; (*strong, intense*) си́льный; **~ desire** си́льное/о́строе жела́ние; **~ interest** живо́й интере́с; (*eager; energetic*) ре́вностный; энерги́чный; **a ~ businessman** энерги́чный деле́ц; **a ~ pupil** усе́рдный/приле́жный учени́к; **~ competition** тру́дное соревнова́ние; **a ~ demand for sth** большо́й спрос на что-л.; (*enthusiastic*) стра́стный; **a ~ sportsman** стра́стный спортсме́н; энтузиа́ст/люби́тель (*m*) спо́рта; **be ~ on** си́льно/стра́стно увл|ека́ться, -е́чься + *i*; **I am not ~ on chess** я не осо́бенно увлека́юсь ша́хматами; **he is ~ on your coming** ему́ о́чень хо́чется, что́бы вы пришли́.

keenness /ˈkiːnnɪs/ *n* (*sharpness*) острота́; (*of cold etc.*) си́ла, интенси́вность; (*eagerness, enthusiasm*) усе́рдие; энтузиа́зм.

keep¹ /kiːp/ *n* (*tower*) гла́вная ба́шня (за́мка).

keep² /kiːp/ *n* **1** (*maintenance*) содержа́ние.
2 (*sustenance*) пропита́ние; **earn one's ~** зараб|а́тывать, -о́тать себе́ на пропита́ние; **he's not worth his ~** от него́ про́ку ма́ло.
3: **for ~s** насовсе́м (*coll*).
● *vt* (*past and pp* **kept**)
1 (*retain possession of*) держа́ть (*impf*), не отдава́ть (*impf*); ост|авля́ть, -а́вить (себе́ *or* при себе́); **~ the change!** сда́чи не на́до!; (*preserve*) храни́ть (*impf*); сохран|я́ть, -и́ть; (*save, put by*): **I shall ~ this paper to show my mother** я сохраню́ э́ту газе́ту, что́бы показа́ть ма́тери; **I'm ~ing this for a rainy day** я берегу́ э́то на чёрный день; **you can't ~ milk for more than a day** молоко́ ки́снет в тече́ние су́ток; **he ~s all her letters** он храни́т все её пи́сьма; (*hold on to*): **she kept the book a long time** она́ до́лго держа́ла (*or* не возвраща́ла) кни́гу; (*appropriate*) присв|а́ивать, -о́ить себе́; **when I lent you my umbrella I didn't mean you to ~ it** одолжи́в вам зо́нтик, я не ду́мал, что вы его́ присво́ите.
2 (*cause to remain*): **the traffic kept me awake** у́личное движе́ние не дава́ло мне спать; **the garden ~s me busy** сад не даёт мне сиде́ть сложа́ ру́ки; **this will ~ him quiet for a bit** всё э́то отвлечёт его́ немно́жко; **~ sth safe** храни́ть (*impf*) что-н. в безопа́сности; **~ o.s. alive** подде́рживать (*impf*) свою́ жизнь (*чем*); **~ hope alive** подде́рж|ивать, -а́ть наде́жду; **~ an issue alive** подде́рживать (*impf*) актуа́льность вопро́са; сохран|я́ть, -и́ть вопро́с в пове́стке дня; постоя́нно возвраща́ться (*impf*) к вопро́су; **~ the house clean** содержа́ть (*impf*) дом в чистоте́/поря́дке; **~ one's hands clean** держа́ть ру́ки чи́стыми; (*fig*) не мара́ть (*impf*) рук; **~ your mouth shut!** держи́те язы́к за зуба́ми!; **I want the door kept open** я хочу́, что́бы дверь остава́лась откры́той; **I'm ~ing my ears open** я держу́ у́шки на маку́шке; **~ s.o. supplied** снабжа́ть (*impf*) кого́-н.; **~ the grass cut** регуля́рно стричь (*impf*) траву́; **~ s.o. in the dark** держа́ть кого́-н. в неве́дении; **~ s.o. in suspense** держа́ть кого́-н. в напряжённом ожида́нии; **he kept his hands in his pockets** он держа́л ру́ки в карма́нах; **~ it to yourself** пома́лкивайте об э́том (*coll*); **~ an eye on sth** пригля́дывать (*impf*) за чем-н.; **~ your mind on your work** не

отвлека́йтесь от свое́й рабо́ты; **~ sth in mind, view** име́ть (*impf*) что-н. в виду́; **~ sth in order** держа́ть что-н. в поря́дке; **~ s.o. in order** держа́ть кого́-н. в узде́; **where do you ~ the salt?** где вы храни́те соль?
3 (*cause to continue*): **he kept me standing for an hour** он продержа́л меня́ на нога́х це́лый час; **I don't like to be kept waiting** я не люблю́, когда́ меня́ заставля́ют ждать; **they kept him working late** они́ заде́рживали его́ на рабо́те допоздна́; **that will ~ you going till lunchtime** тепе́рь вы проде́ржитесь до обе́да.
4 (*remain in, on*): **~ one's seat** (*remain sitting*) не встава́ть (*impf*); **~ the saddle** уде́рж|иваться, -а́ться в седле́; **~ one's feet** удержа́ться на нога́х, устоя́ть (*both pf*); (*retain, preserve*): **~ one's balance** сохраня́ть/уде́рживать (*both impf*) равнове́сие; **~ one's own counsel** молча́ть (*impf*); **~ one's distance** соблю|да́ть, -сти́ расстоя́ние/диста́нцию; **she has kept her figure** она́ сохрани́ла стро́йность; (*for phrr of the kind* **'~ company'**; **'~ guard'**; **'~ order'**; **'~ time'** *etc. see under nn*).
5 (*have charge of*; *manage, own*; *rear, maintain*) име́ть, держа́ть, содержа́ть (*all impf*); **who ~s the keys?** у кого́ храня́тся ключи́?; **the shop was kept by an Italian** владе́льцем ла́вки был италья́нец; **he wants to ~ pigs** он хо́чет держа́ть свине́й; **a kept woman** содержа́нка; **I have a wife and family to ~** у меня́ на иждиве́нии жена́ и де́ти; **that won't even ~ him in cigarettes** э́того ему́ не хва́тит да́же на сигаре́ты; **~ house** вести́ (*det*) (дома́шнее) хозя́йство; **he ~s open house** у него́ дом откры́т для всех; **a well-kept garden** хорошо́ ухо́женный сад.
6 (*maintain*, *~ entries in*) вести́ (*det*); **~ books/accounts** вести́ счета́; **do you ~ a diary?** ведёте ли вы дневни́к?; **how long have records been kept?** как до́лго вели́сь за́писи?; **are you ~ing the score?** вы ведёте счёт?
7 (*detain*) заде́рж|ивать, -а́ть; **I won't ~ you** я вас не задержу́; **there was nothing to ~ me there** меня́ там ничто́ не держа́ло; **they kept him in prison** его́ держа́ли в тюрьме́.
8 (*stock*; *have for sale*): **we don't ~ cigarettes** мы не продаём сигаре́ты; **we do not ~ such goods** таки́х това́ров мы не де́ржим.
9 (*defend*, *protect*): **~ goal** стоя́ть (*impf*) на воро́тах; защища́ть (*impf*) воро́та; **God ~ you!** да храни́т вас Госпо́дь!
10 (*observe*; *be faithful to*; *fulfil*) сде́рж|ивать, -а́ть; соблю|да́ть, -сти́; **~ the law** соблюда́ть зако́н; **~ one's word** держа́ть, с- сло́во; **~ faith** сохран|я́ть, -и́ть ве́рность; **I can't ~ the appointment** я не могу́ прийти́ на встре́чу.
11 (*celebrate*) пра́здновать, от-; отм|еча́ть, -е́тить.
12 (*guard*, *not divulge*) храни́ть (*impf*); сохран|я́ть, -и́ть.
● *vi* (*past and pp* **kept**)
1 (*remain*) держа́ться (*impf*); остава́ться (*impf*); **the weather kept fine** стоя́ла хоро́шая пого́да; **if it ~s fine** е́сли продержи́тся хоро́шая пого́да; е́сли пого́да не испо́ртится; **I can't ~ warm here** я не могу́ здесь согре́ться; **~ cool** (*fig*) не теря́ть (*impf*) головы́; **the food will ~ warm in the oven** в духо́вке еда́ оста́нется тёплой; **please ~ quiet!** пожа́луйста, не шуми́те!; **how are you ~ing?** (*Br*) как пожива́ете?; как жизнь? (*coll*); **I'm ~ing quite well** (*Br*) (я) на здоро́вье не жа́луюсь; **I exercise to ~ fit** я занима́юсь гимна́стикой/спо́ртом, что́бы быть в фо́рме; **we still ~ in touch** мы всё ещё подде́рживаем отноше́ния/связь; **~ in step** шага́ть (*impf*) в но́гу.
2 (*continue*) продолжа́ть (*impf*) + *inf*; **she ~s giggling** она́ всё хихи́кает; **~ going!** продолжа́йте идти́!; **~ straight on!** иди́те/поезжа́йте пря́мо вперёд!
3 (*remain fresh*): **the food will ~ in the refrigerator** еда́ в холоди́льнике не испо́ртится; (*fig*): **my news will ~ till tomorrow** с мои́ми новостя́ми мо́жно подожда́ть до за́втра.
● *with preps*: (*for phrr with* **in** *or* **on** + *n see under vt* **2** *or vi* **1** *or under nn*): **~ after** (*continue to pursue*) продолжа́ть (*impf*) пого́ню за + *i*; **we are ~ing ahead of schedule** мы продолжа́ем опережа́ть гра́фик; **he ~s his pupils at it** он заставля́ет ученико́в труди́ться; **you must ~ at it till it's finished** не отвлека́йтесь, пока́ не (за)ко́нчите; **I kept at him to start the job** я наста́ивал, что́бы он на́чал рабо́ту; **he kept his hands behind his back** он держа́л ру́ки за спино́й; **he kept behind me all the way** он шёл позади́ меня́ всю доро́гу; **his brothers kept his share from him** его́ бра́тья удержа́ли его́ до́лю; **what are you trying to ~ from me?** что вы скрыва́ете от меня́?; **my umbrella ~s me from getting wet** зо́нтик спаса́ет меня́ от дождя́; **I kept him from hurting himself** я не́ дал ему́ ушиби́ться; **I could hardly ~ (myself) from laughing** я едва́ удержа́лся от сме́ха; **'~ off the grass!'** «по газо́нам не ходи́ть»; **I have to ~ off sugar** мне на́до избега́ть са́хара; **he can't ~ off (the subject of) politics** он ника́к не мо́жет съе́хать с разгово́ров о поли́тике; **I couldn't ~ my eyes off her ~** я не мог отвести́ от неё глаз; **they tried to ~ me out of the room** они́ пыта́лись не пуска́ть меня́ в ко́мнату; **he kept out of the room** он не входи́л в ко́мнату; **I kept the sweets out of his reach** я держа́л конфе́ты пода́льше от него́; **they kept him out of the talks** его́ не допуска́ли к перегово́рам; **~ out of s.o.'s way** (*avoid him*) избега́ть (*impf*) кого́-н.; (*not hinder him*) не меша́ть (*impf*) кому́-н.; **I kept out of their quarrel** я не вме́шивался в их ссо́ру; **he cannot ~ out of trouble for long** он ве́чно попада́ет в исто́рии; **I kept him to his promise** я заста́вил его́ вы́полнить обеща́ние; **he kept the news to himself** он ни с кем не дели́лся но́востью; **he ~s his feelings to himself** он скрыва́ет свои́ чу́вства; **he ~s himself to himself** он замыка́ется в себе́; **we must ~ costs to a minimum** мы должны́ свести́ расхо́ды до ми́нимума; **~ to the path** держа́ться (*impf*) тропи́нки; **~ to the point** не отклоня́ться (*impf*) от те́мы; **he ~s the boys under control** он де́ржит ма́льчиков в узде́; **~ s.o. under observation** следи́ть (*impf*) за кем-н.
● *with advs*: **~ away** *vt*: **the rain kept people away** дождь отпугну́л наро́д; **she kept her daughter away from school** она́ не пуска́ла дочь в шко́лу; **a spray to ~ flies away** аэрозо́ль (*m*) для отпу́гивания мух; **we could not ~ him away from books** мы не могли́ удержа́ть его́ от чте́ния; *vi*: **he tried to ~ away from them** он стара́лся их избега́ть; **he kept away from spirits** он держа́лся пода́льше от спиртны́х напи́тков; **~ back** *vt* (*restrain*) сде́рж|ивать, -а́ть; **the police could not ~ the crowd back** поли́ция не могла́ сдержа́ть толпу́; (*retain*): **they ~ back £100 from my wages** из мое́й зарпла́ты уде́рживают сто фу́нтов; (*repress*): **she could hardly ~ back her tears** она́ едва́ сде́рживала слёзы; (*conceal*): **he kept back the sad news from her** он скрыва́л от неё печа́льные изве́стия; *vi* держа́ться (*impf*) в стороне́; **~ down** *vt*: **~ your head down!** не поднима́йте головы́!; (*fig, coll*) не высо́вывайся!; **~ your voice down!** не повыша́йте го́лоса!; (*limit, control*): **they tried to ~ down expenses** они́ стара́лись расхо́довать как мо́жно ме́ньше; **a mistaken policy was ~ing production down** оши́бочная поли́тика затормаживала произво́дство; **unemployment was kept down** безрабо́тице не дава́ли разраста́ться; **how do you ~ the weeds down?** как вы бо́ретесь с сорняка́ми?; (*oppress*) держа́ть (*impf*) в подчине́нии; (*suppress*) подав|ля́ть, -и́ть; (*digest*): **he can't ~ anything down** его́ желу́док ничего́ не принима́ет; *vi* (*lie low*) притаи́ться (*pf*); **~ in** *vt* (*confine*): **I ~ the children in when it rains** когда́ идёт дождь, я держу́ дете́й до́ма; **he was kept in after school** его́ оста́вили по́сле уро́ков; (*maintain*): **we ~ the fire in overnight** мы подде́рживаем ого́нь всю ночь; **I practise to ~ my eye/hand in** я трениру́юсь/практику́юсь, что́бы не отвы́кнуть; *vi*: **~ in with s.o.** подде́рживать (*impf*) хоро́шие отноше́ния с кем-н.; **~ off** *vt* (*restrain*): **they kept the hounds off till the signal was given** го́нчих не подпуска́ли, пока́ не́ да́ли сигна́л; (*ward off, repel*): **I kept his blows off with my stick** я отрази́л его́ уда́ры па́лкой; **my hat will ~ the rain off** моя́ шля́па защити́т меня́ от дождя́; *vi* (*stay at a distance*): **I hope the rain ~s off** я наде́юсь, что дождь не начнётся; **the crowd kept off till the very end** толпа́ до са́мого конца́ держа́лась в отдале́нии; **~ on** *vt* (*continue to wear*): **women ~ their hats on in church** в це́ркви же́нщины не

k

снимáют шляп; **~ your hair (***US* **shirt) on!** (*sl*) спокóйно!; не нéрвничайте!; (*continue to employ, educate*): **they kept the workers on** они́ остáвили рабóчих; **they won't ~ you on after 60** они́ уво́лят вас, когдá вам испóлнится 60 лет; **I'm ~ing my boy on (at school) for another year** я оставля́ю сы́на в шкóле ещё нá год; (*leave in place*): **~ the lid on** не снимáйте кры́шку; *vi* (*with pres participle, continue*): **he kept on reading** он продолжáл читáть; **she kept on glancing out of the window** онá то и дéло выгля́дывала из окнá; **he kept on falling** он постоя́нно пáдал; (*continue, persist*): **the rain kept on all day** дождь шёл весь день; **she kept on till the job was finished** онá рабóтала, покá всё не закóнчила; (*continue talking*): **he will ~ on about his dogs** он как заладит (*coll*) о собáках; (*nag*): **if you ~ on at him, he'll take you to the theatre** (*Br*), **theater** (*US*) éсли вы бýдете продолжáть настáивать, он в концé концóв свóдит вас в теáтр; **~ out** *vt* (*exclude*): **this coat ~s out the cold very well** э́то пальтó хорошó защищáет от хóлода; **we put up a fence to ~ out trespassers** мы пострóили/постáвили забóр, чтóбы посторóнние не заходи́ли на террито́рию; (*leave in view*): **I kept these papers out to show you** я остáвил э́ти бумáги, чтóбы показáть их вам; *vi*: **'Private — ~ out!'** (*notice*) «посторóнним вход воспрещён!»; **~ together** *vt*: **this folder will ~ your papers together** в э́ту пáпку вы смóжете сложи́ть все докумéнты; **he has hardly enough to ~ body and soul together** он едвá свóдит концы́ с концáми; **the conductor kept the band together** дирижёр сплоти́л оркéстр; *vi*: **the mountaineers kept together for safety** для безопáсности альпини́сты держáлись вмéсте; **~ under** *vt* держáть (*impf*) в подчинéнии; **~ up** *vt* (*prevent from falling or sinking*): **he could not ~ his trousers up** у негó всё врéмя свáливались брю́ки; **the wall was kept up by a buttress** стенá держáлась на подпóрке; (*fig, sustain, maintain*): **~ up one's spirits** не пáдать (*impf*) дýхом; **~ one's strength up** подкрепля́ть (*impf*) си́лы; **~ one's end up** держáть (*impf*) хвост пистолéтом (*coll*); не удáрить (*pf*) лицóм в грязь; **~ up appearances** соблюдáть (*impf*) прили́чия (*or* ви́димость прили́чий); **the house is expensive to ~ up** э́тот дом дóрого содержáть; содержáние э́того дóма обхóдится дóрого; **~ up the conversation** поддéрживать (*impf*) разговóр; (*continue*): **~ up the good work!** продолжáйте в том же дýхе!; **he can ~ it up for hours** он в э́том неутоми́м; **he could not ~ up the payments** он был не в состоя́нии регуля́рно плати́ть; **the custom has been kept up for centuries** э́тот обы́чай сохраня́лся столéтия; **I wish I had kept up my Latin** жаль, что я забрóсил латы́нь; (*prevent from going to bed*): **the baby kept us up half the night** ребёнок не давáл нам спать полнóчи; *vi* (*stay high, e.g. a kite; temperature*) держáться (*impf*); (*continue*): **if the weather ~s up we will have a picnic** éсли хорóшая погóда продéржится, мы устрóим пикни́к; (*stay level*): **we kept up with them the whole way** всю дорóгу мы не отставáли от них; **stop! I can't ~ up** подождите! я за вáми не поспевáю; **the unions demand that wages should ~ up with prices** профсою́зы трéбуют, чтóбы зарплáта рослá вмéсте с цéнами; **~ up with the times** не отставáть (*impf*) от собы́тий; шагáть (*impf*) в нóгу со врéменем; **~ up with the Joneses** быть не хýже други́х/людéй; (*remain in touch*): **I try to ~ up with the news** я старáюсь следи́ть за собы́тиями; **I ~ up with several old friends** я поддéрживаю отношéния кóе с кем из стáрых друзéй.

● *cpd* **~-fit** *n* (*Br*): **~-fit exercises** оздорови́тельная гимнáстика.

keeper /ˈkiːpə(r)/ *n* (*guardian*) храни́тель (*m*), стóрож; (*in zoo*) служи́тель (*m*) (зоопáрка); **I am not my brother's ~** я не стóрож моемý брáту; (*Br, museum ~*) смотри́тель (*m*); (*of shop, restaurant etc.*) владéлец; хозя́ин; (*goal~*) вратáрь (*m*).

keeping /ˈkiːpɪŋ/ *n* **1**: **in safe ~** в надёжных рукáх; в пóлной сохрáнности. **2**: **be in ~ with** соотвéтствовать (*impf*) + *d*; **that remark is out of ~ with his character** э́то замечáние для негó не типи́чно; **the furniture is not in ~ with the house** мéбель не в сти́ле дóма; обстанóвка не в сти́ле.

keepsake /ˈkiːpseɪk/ *n* сувени́р; **as a ~** на пáмять.

keg /keg/ *n* бочóнок.

kelvin /ˈkelvɪn/ *n* (*SI unit, abbr* **K**) кéльвин.

ken /ken/ *n*: **beyond my ~** вне моéй компетéнции; за предéлами мои́х познáний.

kennel /ˈken(ə)l/ *n* **1** конурá. **2** (*in pl, for hounds*) псáрня.

● *vt* (**kennelled, kennelling;** *US* **kenneled, kenneling**) (*keep in ~*) держáть (*impf*) в конурé; (*drive into ~*) заг|оня́ть, -нáть в конурý.

Kenya /ˈkenjə, ˈkiːnjə/ *n* Кéния.

Kenyan /ˈkenjən, ˈkiːnjən/ *n* кени́|ец (*fem* -йка).

● *adj* кени́йский.

kept /kept/ *past and pp of* ⇨**keep**

keratin /ˈkerətɪn/ *n* (*biol*) керати́н.

kerb /kɜːb/ (*US* **curb**) *n* обóчина.

● *cpds* **~-crawler** *n* (*Br*) человéк в автомоби́ле, и́щущий проститýтку (*éдущий для э́того вдоль обóчины на мáленькой скóрости*); **~stone** *n* бордю́рный кáмень.

kerchief /ˈkɜːtʃiːf, -tʃɪf/ *n* платóк, косы́нка.

kerfuffle /kəˈfʌf(ə)l/ *n* (*Br*) шум, заварýха.

kernel /ˈkɜːn(ə)l/ *n* (*of nut or fruit stone*) ядрó; (*of seed, e.g. wheat grain*) зернó; (*fig, essence*) суть, сýщность.

keros|ene, -ine /ˈkerəˌsiːn/ *n* кероси́н; (*attr*) кероси́новый.

kestrel /ˈkestr(ə)l/ *n* (*zool*) пустельгá.

ketch /ketʃ/ *n* (*naut*) кеч (*двухмáчтовое пáрусное сýдно*).

ketchup /ˈketʃʌp/ *n* кéтчуп.

kettle /ˈket(ə)l/ *n* чáйник; (*pot for boiling, e.g. fish*) котелóк; **here's a pretty ~ of fish!** вот так нóмер!; хорóшенькое дéло!; **that's quite another ~ of fish** э́то совсéм из другóй óперы.

● *cpds* **~drum** *n* литáвра; **~drummer** *n* литаври́ст, литáврщик.

key /kiː/ *n* (*pl* **keys**) **1** ключ; **~ to the door** ключ от двéри.

2 (*fig, sth providing access or solution*) ключ; **the ~ to understanding the political situation** ключ к понимáнию полити́ческой ситуáции; **the ~ to a mystery** разгáдка тáйны; **the ~ to success is hard work** залóг успéха — упóрная рабóта; (*to map*) легéнда.

3 (*attr, important, essential*) вáжный, важнéйший; ведýщий; **~ position** ключевáя пози́ция; **~ question** стержневóй вопрóс; **~ industries** ведýщие óтрасли промы́шленности.

4 (*of piano or computer*) клáвиша; (*in pl*) клавиатýра; (*of wind instrument*) клáпан.

5 (*mus*) ключ, тонáльность; **in a low ~** (*fig*) сдéржанно.

● *vt* (**keys, keyed**): **~ up** взви́н|чивать, -ти́ть.

● *cpds* **~board** *n* (*mus, comput*) клавиатýра; **~board instrument** клáвишный инструмéнт; **~boarder** *n* оперáтор компью́тера; **~hole** *n* замóчная сквáжина; **~hole surgery** *n* (*Br*) (хирурги́ческая) оперáция с применéнием мéтодов эндоскопи́и; **~note** *n* (*mus*) основнáя нóта ключá; (*fig*) лейтмоти́в; основнáя мысль; **~note address** *n* прогрáммная речь; **~pad** *n* панéль управлéния; **~ ring** *n* кольцó для ключéй; **~stone** *n* замкóвый кáмень; (*fig*) краеугóльный кáмень; **~stroke** *n* удáр по клáвише; **~word** *n* ключевóе слóво.

kg /ˈkɪləˌgræm/ *n* (*abbr of* ***kilogram(me)(s)***) кг (килогрáмм).

KGB *n* (*hist and Belorusian*) КГБ (*abbr of* Комитéт госудáрственной безопáсности); **~ agent** агéнт КГБ, кагебéшник, геби́ст (*both coll, usu pej*).

khaki /ˈkɑːkɪ/ *n* (*pl* **~s**) защи́тный цвет, хáки (*nt indecl*); **dressed in ~** одéтый в хáки.

● *adj*: **a ~ shirt** рубáшка цвéта хáки.

khan /kɑːn, kæn/ *n* хан.

khanate /ˈkɑːneɪt, ˈkæneɪt/ *n* хáнство.

Kharkiv /ˈhɑːkɪv/ *n* Хáрьков.

Khedive /kɪˈdiːv/ *n* (*hist*) хеди́в (*ти́тул прави́телей Еги́пта — намéстников осмáнского* (*турéцкого*) *султáна — в 1867—1914*).

Khmer /kmeə(r)/ *n* кхмер; **~ Rouge** крáсные кхмéры.

● *adj* кхмéрский.

kibbu|tz /kɪˈbʊts/ *n* (*pl* **~tzim** /-ˈtsiːm/) кибýц.

k

kibosh /ˈkaɪbɒʃ/ *n* (*sl*): **put the ~ on** прихло́пнуть (*pf*).

kick /kɪk/ *n* **1** уда́р, пино́к; **give s.o. a ~** уд|аря́ть, -а́рить (*or* ляг|а́ть, -ну́ть) кого́-н. ного́й; **give a ~** (*of horse*) ляг|а́ться, -ну́ться; (*soccer*): **the referee gave a free ~** судья́ назна́чил свобо́дный (штрафно́й) уда́р.
2 (*recoil*) отда́ча.
3 (*fig, resilience*): **he has no ~ left in him** он вы́дохся.
4 (*coll, stimulus*): **get a ~ out of sth** получ|а́ть, -и́ть удово́льствие от чего́-н.; **he does it for ~s** (*sl*) он де́лает э́то из озорства́; **this vodka has real ~ in it** в э́той во́дке есть гра́дус.
● *vt* уд|аря́ть, -а́рить ного́й; **he ~ed me on the shin** он уда́рил меня́ по го́лени; **you mustn't ~ a man when he's down** лежа́чего не бьют; **I could have ~ed myself** я рвал на себе́ во́лосы; **he ~ed the ball** он уда́рил по мячу́; **he ~ed a goal** он заби́л гол; **~ the bucket** дать (*pf*) ду́ба (*sl*); **~ one's heels** ждать (*impf*) с нетерпе́нием; **~ the habit** (*coll, give up addiction*) бро́сить (*pf*) кури́ть (*or* пить *or* употребля́ть нарко́тики *и т. п.*).
● *vi* (*of animals*) ляга́ться (*impf*); брыка́ться (*impf*); (*fig*): **~ at, against sth** протестова́ть (*impf*) про́тив чего́-н.; **~ over the traces** взбунтова́ться (*pf*); **he is still alive and ~ing** он всё ещё жив-здоро́в.
● *with advs*: **~ about, around** *vvt*: **they were ~ing a ball about** они́ гоня́ли мяч; (*discuss informally*): **~ an idea around** обсужда́ть (*impf*) пробле́му в ча́стном поря́дке; (*treat badly*): **he felt he had been ~ed around too long** он чу́вствовал, что с ним обраща́лись уж сли́шком несправедли́во; *vi* (*coll*): **is his father still ~ing around?** его́ оте́ц ещё жив?; **there are plenty of jobs ~ing around** круго́м полно́ предложе́ний рабо́ты; **~ back** *vt*: **the goalie ~ed the ball back into play** врата́рь ввёл мяч в игру́; *vi* (*retaliate*) соверши́ть (*pf*) отве́тный уда́р; (*recoil*) отдава́ть (*impf*); (*US coll, relax*) рассл|абля́ться, -а́биться; **~ in** *vt*: **~ the door in** взл|а́мывать, -ома́ть дверь; **~ s.o.'s teeth in** выбива́ть, вы́бить кому́-н. зу́бы; **~ off** *vt* (*e.g. shoes*) сбр|а́сывать, -о́сить; *vi* (*football*) нач|ина́ть, -а́ть игру́; (*coll, begin*) нач|ина́ть, -а́ть; **~ out** *vt* (*eject, expel*) выгоня́ть, вы́гнать; вы́швырнуть (*pf*); *vi* выбра́сывать, вы́бросить но́ги; ляга́ться (*impf*); **~ over** *vt* опроки́|дывать, -нуть; **~ up** *vt*: **the herd ~ed up a cloud of dust** ста́до по́дняло о́блако пы́ли; **the horse ~ed up its heels** ло́шадь взбрыкну́ла; **he ~ed up a stone** он подбро́сил ка́мень ного́й; (*coll, create*): **~ up a row** устр|а́ивать, -о́ить сканда́л; **~ up a din** подн|има́ть, -я́ть шум.
● *cpds* **~back** *n* (*recoil*) отда́ча; (*coll, payment*) магары́ч (*sl*); **~-boxing** *n* кикбо́ксинг; **~-off** *n* нача́ло (игры́); **~-start** *vt* (*lit and fig*): **to ~-start the economy** дать толчо́к эконо́мике; **~-starter** *n* ножно́й ста́ртер.

kicker /ˈkɪkə(r)/ *n* **1** (*sport*) игро́к, бью́щий по мячу́; (*in rugby*) бью́щий (*в регби*). **2** (*horse*) брыкли́вая ло́шадь. **3** (*US coll, clause in contract*) невы́годная статья́ (*в контракте*).

kid[1] /kɪd/ *n* **1** (*young goat*) козлёнок.
2 (*leather*) шевро́ (*indecl*); (*attr*) шевро́вый; (*for gloves*) ла́йка; **~ glove** ла́йковая перча́тка; **use, wear ~ gloves** (*fig*) осторо́жно/мя́гко обраща́ться (*impf*) (*с кем*). **3** (*coll, child*) малы́ш; **he's just a ~** он всего́ лишь ребёнок; **my ~ brother** мой мла́дший брат; **that's ~(s') stuff!** ≈ просто́е де́ло; раз плю́нуть.
● *cpd* **~-glove** *adj*: **~-glove methods** делика́тные/осторо́жные ме́тоды.

kid[2] /kɪd/ *vt* (**kidded, kidding**) **1** (*coll, deceive*) над|ува́ть, -у́ть; **who are you ~ding?** кого́ вы хоти́те обману́ть?; **don't ~ yourself!** не обма́нывайте себя́! **2** (*tease*) дразни́ть (*impf*); **~ s.o. on, along** води́ть (*impf*) кого́-н. за́ нос.
● *vi* (**kidded, kidding**) (*tease with untruths*): **you're ~ding!** врёшь!

kidnap /ˈkɪdnæp/ *vt* (**kidnapped, kidnapping;** *US* **kidnaped, kidnaping**) пох|ища́ть, -и́тить.

kidnapper /ˈkɪdnæpə(r)/ *n* похити́тель (*m*).

kidney /ˈkɪdnɪ/ *n* (*pl* **~s**) по́чка; **~ machine** аппара́т «иску́сственная по́чка»; **~ transplant** переса́дка по́чек.
● *cpds* **~ bean** *n* фасо́ль (*collect*); **~-shaped** *adj* почкови́дный; **~ stone** *n* по́чечный ка́мень.

Kiev /ˈkiːef/ *n* Ки́ев.

Kievan /ˈkiːev(ə)n/ *n* киевля́н|ин (*fem* -ка).
● *adj* ки́евский.

kill /kɪl/ *n* **1** (*of hunted animal*) отстре́л; (*of enemy aircraft etc.*) уничтоже́ние; **be in at the ~** (*fig*) прибы́ть (*pf*) к дележу́ добы́чи.
2 (*animal(s) ~ed*) добы́ча; **a good ~** бога́тая добы́ча.
● *vt* **1** уб|ива́ть, -и́ть; (*rats etc.*) трави́ть (*impf*); **he was ~ed in an accident** он поги́б при ава́рии; **~ed in action** уби́т в бою́ (*or* на по́ле сраже́ния); **~ o.s.** (*lit*) ко́нчить самоуби́йством; (*fig, coll*) перенапряга́ться (*impf*); **the villain gets ~ed in the end** злоде́й в конце́ концо́в погиба́ет; **~ two birds with one stone** уби́ть (*pf*) двух за́йцев (одни́м уда́ром); **the shock ~ed her** она́ умерла́ от потрясе́ния; **my feet are ~ing me** я без за́дних ног; **the frost ~ed my roses** мои́ ро́зы поги́бли от моро́за.
2 (*animals for food*) ре́зать, за-; (*esp in quantity*) заб|ива́ть, -и́ть; **the wolf ~ed the calf** волк заре́зал телёнка.
3 (*destroy, put an end to*) уничт|ожа́ть, -о́жить; разб|ива́ть, -и́ть; **this drug ~s the pain** э́то лека́рство снима́ет боль; **~ a proposal** провали́ть (*pf*) предложе́ние.
4 (*neutralize, e.g. colours*) нейтрализова́ть (*impf, pf*); **cigarettes ~ the appetite** сигаре́ты по́ртят аппети́т; **~ time** уб|ива́ть, -и́ть вре́мя.
5 (*coll, switch off*) выключа́ть, вы́ключить.
6 (*coll, finish off*): **shall we ~ the bottle?** разда́вим/прико́нчим буты́лку?
7 (*sport*): **~ the ball** (*football*) останови́ть (*pf*) мяч; (*tennis*) погаси́ть (*pf*) мяч.
8 (*overwhelm*): **~ s.o. with kindness** погуби́ть кого́-н. чрезме́рной доброто́й; **your jokes are ~ing me!** ва́ши шу́тки меня́ умори́ли!; **dressed to ~** разоде́тый в пух и прах.
● *vi*: **thou shalt not ~!** не убий!; **~ or cure** (*Br*) ≈ риско́ванное сре́дство.
● *with adv*: **~ off** *vt* переб|ива́ть, -и́ть.
● *cpd* **~joy** *n* брюзга́ (*cg*).

killer /ˈkɪlə(r)/ *n* (*murderer*) уби́йца (*cg*); (*coll, sth formidable*) что-н. производя́щее си́льный эффе́кт; **that wind's a ~** э́тот ве́тер невыноси́мый; **~ whale** коса́тка; (*coll, sth hilarious*) что-н. умори́тельное; (*fatal disease*): **typhus is a ~** тиф — смерте́льная боле́знь.

killing /ˈkɪlɪŋ/ *n* (*murder*) уби́йство; (*slaughter of animals*) убо́й, забо́й; (*fig, coll*): **he made a ~** он сорва́л большо́й куш.
● *adj* (*exhausting*) уби́йственный; (*amusing*) умори́тельный.

kiln /kɪln/ *n* печь.
● *cpd* **~-dry** *vt* суши́ть, вы- в печи́.

kilo /ˈkiːləʊ/ *n* (*pl* **kilos**) кило́ (*indecl*).

kilobyte /ˈkɪləˌbaɪt/ *n* килоба́йт.

kilogram(me) /ˈkɪləˌɡræm/ *n* килогра́мм.

kilohertz /ˈkɪləˌhɜːts/ *n* килоге́рц.

kilometre /ˈkɪləˌmiːtə(r), *disputed* kɪˈlɒmɪtə(r)/ (*US* **kilometer**) *n* киломе́тр.

kiloton /ˈkɪləˌtʌn/ *n* килото́нна.

kilowatt /ˈkɪləˌwɒt/ *n* килова́тт.
● *cpd* **~-hour** *n* килова́тт-час.

kilt /kɪlt/ *n* (шотла́ндская) ю́бка.

kimono /kɪˈməʊnəʊ/ *n* (*pl* **~s**) кимоно́ (*indecl*).

kin /kɪn/ *n* (*family*) семья́; (*relations*) родня́ (*collect*); ро́дственники (*m pl*); **kith and ~** родны́е и бли́зкие; (*fig*) бра́тья по крови́; **next of ~** ближа́йш|ий ро́дственни|к (*fem* -ая -ца).

kind /kaɪnd/ *n* **1** (*race*) род; **human ~** род челове́ческий.
2 (*class, sort, variety*) род, сорт, разнови́дность; **all ~s of goods** вся́кие/ра́зные това́ры; **something of the ~** что́-то (*or* что́-нибудь) в э́том ро́де; **of a different (or another) ~** друго́го ро́да; **nothing of the ~** ничего́ подо́бного; **an actor of a ~** в изве́стном смы́сле актёр; **a ~ of** своего́ ро́да; **he is a ~ of actor** он в своём ро́де актёр; **one of a ~** у́никум; уника́льный; **two of a ~** (*at cards*) па́ра; (*fig*) два сапога́ па́ра; **what ~ of?** что за?; како́й?; **what ~ of a painter is he?** что он за худо́жник?; **what ~ of box do you want?** како́го ро́да коро́бка вам нужна́?; **that ~ of person is never satisfied** тако́й челове́к всегда́ че́м-то недово́лен; **that ~ of thing** таки́е ве́щи/шту́ки; всё в тако́м ро́де; **these ~s of people annoy me** лю́ди тако́го ти́па меня́ раздража́ют.
3: **~ of** (*coll, to some extent*): **I ~ of**

k

expected it я как бы ожида́л э́того; **I felt ~ of sorry for him** мне его́ бы́ло ка́к-то жаль.
4 (*natural character*) ка́чество; **differ in ~** отлича́ться по ка́честву; различа́ться по свое́й приро́де.
5: **in ~** нату́рой; **pay in ~** плати́ть, за- нату́рой; **repay in ~** (*fig*) отпла́|чивать, -ти́ть то́й же моне́той.
● *adj* до́брый, любе́зный; **be so ~ as to close the door** бу́дьте любе́зны, закро́йте дверь; **with ~ regards** с серде́чным приве́том.
● *cpds* **~-hearted** *adj* добросерде́чный; **~-heartedness** *n* доброта́.

kinda /ˈkaɪndə/ *contraction of* ***kind of*** (*see* ⇨**kind 3**).

kindergarten /ˈkɪndəˌgɑ:t(ə)n/ *n* де́тский сад.

kindle /ˈkɪnd(ə)l/ *vt* разж|ига́ть, -е́чь; (*fig, arouse*) возбу|жда́ть, -ди́ть; (*evoke*) вызыва́ть, вы́звать.
● *vi* загор|а́ться, -е́ться; (*fig*) вспы́х|ивать, -нуть.

kindliness /ˈkaɪndlɪnɪs/ *n* доброта́.

kindling /ˈkɪndlɪŋ/ *n* (*firewood*) расто́пка; ще́пки (*f pl*).

kindly /ˈkaɪndlɪ/ *adj* (**kindlier, kindliest**) до́брый, доброду́шный; (*fig, of climate etc.*) благоприя́тный, мя́гкий.
● *adv* **1** (*in a kind manner*) любе́зно, ми́ло. **2** (*please*): **~ ring me tomorrow** бу́дьте добры́, позвони́те мне за́втра. **3**: **he took ~ to my suggestion** он хорошо́ отнёсся к моему́ предложе́нию; **he does not take ~ to criticism** он не лю́бит кри́тики.

kindness /ˈkaɪndnɪs/ *n* **1** (*benevolence, kind nature*) доброта́; **he was ~ itself** он был сама́ доброта́; **he did it out of (the) ~ (of his heart)** он сде́лал э́то по доброте́ (серде́чной). **2** (*kind act; service*) любе́зность; одолже́ние; **do s.o. a ~** ока́з|ывать, -а́ть кому́-н. любе́зность; де́лать, с- кому́-н. одолже́ние.

kindred /ˈkɪndrɪd/ *adj* (*lit, fig*) ро́дственный; **~ ideas** ро́дственные иде́и; **a ~ spirit** родна́я душа́.

kinetic /kɪˈnetɪk, kaɪ-/ *adj* кинети́ческий.

kinetics /kɪˈnetɪks, kaɪ-/ *n* кине́тика.

king /kɪŋ/ *n* **1** коро́ль (*m*); (*ancient and bibl*) царь (*m*); **the K~'s English** пра́вильный англи́йский язы́к; **K~ of K~s** (*Jesus Christ*) Царь Царе́й; (*metaphorical*) царь царе́й. **2** (*fig*): **~ of beasts/birds** царь звере́й/птиц; (*chess*): **White K~** бе́лый коро́ль; **~'s pawn** короле́вская пе́шка; (*draughts, checkers*) да́мка; (*cards*): **~ of diamonds** бубно́вый коро́ль.
● *cpds* **~fisher** *n* (голубо́й) зиморо́док; **~pin** *n* (*bolt*) (вертика́льная) ось поворо́та; (*fig*) гла́вное лицо́; **~-size(d)** *adj* кру́пный; бо́льшего разме́ра.

kingdom /ˈkɪŋdəm/ *n* короле́вство; **the United K~** Соединённое Короле́вство (*Великобритании и Северной Ирландии*); **the animal ~** живо́тное ца́рство; **the ~ of heaven** Ца́рство Небе́сное; **you'll wait from now to ~ come** (*coll*) ну, тепе́рь бу́дете ждать до второ́го прише́ствия.

king|like /ˈkɪŋlaɪk/, **-ly** /ˈkɪŋlɪ/ *adjs* короле́вский, ца́рский; (*fig*) вели́чественный.

kink /kɪŋk/ *n* (*in rope etc.*) переги́б; (*in metal*) изги́б; (*fig, in character*) причу́да.

kinky /ˈkɪŋkɪ/ *adj* (**kinkier, kinkiest**) (*twisted*) кручёный; (*coll, perverted*) извращённый; со стра́нностями.

kinsfolk /ˈkɪnzfəʊk/ *n pl* родня́ (*collect*).

kinship /ˈkɪnʃɪp/ *n* (*relationship*) родство́; (*similarity*) схо́дство.

kinsman /ˈkɪnzmən/ *n* (*pl* **kinsmen**) ро́дственник.

kinswoman /ˈkɪnzˌwʊmən/ *n* (*pl* **kinswomen**) ро́дственница.

kiosk /ˈki:ɒsk/ *n* кио́ск; **telephone ~** (*Br*) телефо́нная бу́дка, автома́т.

kip /kɪp/ (*Br*) *n* (*coll, sleep*) сон.
● *vi* (**kipped, kipping**) **1**: **~ down for the night** устро́иться (*pf*) на ночь. **2** (*sleep*) кема́рить, по- (*coll*).

kipper /ˈkɪpə(r)/ *n* копчёная селёдка.
● *vt* копти́ть, за-.

Kirghiz /ˈkə:gɪz/ = **Kyrgyz**

Kirghizia /kɪəˈgɪzɪə/ *n.* = **Kyrgyzstan**

kirk /kə:k/ *n* шотла́ндская (пресвитериа́нская) це́рковь.

kirsch /kɪəʃ/ *n* вишнёвая во́дка, киршва́ссер.

kiss /kɪs/ *n* поцелу́й; **give s.o. a ~ on the cheek** поцелова́ть (*pf*) кого́-н. в щёку; **blow s.o. a ~** посла́ть (*pf*) кому́-н. возду́шный поцелу́й; **steal a ~** сорва́ть (*pf*) поцелу́й; **~ of life** иску́сственное дыха́ние; **Judas ~** поцелу́й Иу́ды.
● *vt* целова́ть, по-; **he ~ed her (on the) lips/cheek** он поцелова́л её в гу́бы/щёку; **he ~ed her hand** он поцелова́л ей ру́ку; **he ~ed away her tears** поцелу́ями он осуши́л её слёзы; **they ~ed each other goodbye** они́ поцелова́лись на проща́ние; **you can ~ goodbye to the inheritance** вы мо́жете распроща́ться с насле́дством; пла́кало ва́ше насле́дство; **~ the rod** (*fig*) поко́рно прин|има́ть, -я́ть наказа́ние.
● *vi* целова́ться, по-.
● *cpd* **~-curl** *n* ло́кон на лбу (*or* у виска́).

kisser /ˈkɪsə(r)/ *n* (*sl, mouth*) ва́режка (*sl*).

kit /kɪt/ *n* (*Br, personal equipment, esp clothing*) снаряже́ние; **a soldier's ~** солда́тское снаряже́ние; (*workman's tools*) набо́р инструме́нтов; (*for particular sport or activity*) набо́р/компле́кт (спорти́вных) принадле́жностей; **survival ~** набо́р са́мого необходи́мого; (*set of parts for assembly*) констру́ктор.
● *vt* & *i* (**kitted, kitting**) (*Br*) (*usu* **~ out, up**) снаря|жа́ть(ся), -ди́ть(ся).
● *cpd* **~bag** *n* вещево́й мешо́к/ра́нец; вещмешо́к.

kitchen /ˈkɪtʃɪn, -tʃ(ə)n/ *n* ку́хня; **~ garden** огоро́д; **~ sink** мо́йка; ра́ковина.
● *cpd* **~ware** *n* ку́хонная у́тварь.

kitchenette /ˌkɪtʃɪˈnet, -tʃəˈnet/ *n* ма́ленькая ку́хонька.

kite /kaɪt/ *n* **1** (*bird*) ко́ршун. **2** (*toy*) (возду́шный/бума́жный) змей; **fly a ~** (*lit*) запус|ка́ть, -ти́ть зме́я; (*fig, to test reaction*) пус|ка́ть, -ти́ть про́бный шар.

kith /kɪθ/ *see* ⇨**kin**

kitsch /kɪtʃ/ *n* китч, дешёвка.

kitten /ˈkɪt(ə)n/ *n* котёнок; **our cat has had ~s** на́ша ко́шка окоти́лась; у на́шей ко́шки котя́та; **she nearly had ~s** (*coll*) она́ чуть на сте́нку не поле́зла.

kittenish /ˈkɪtənɪʃ/ *adj* игри́вый.

kittiwake /ˈkɪtɪˌweɪk/ *n* моёвка.

kitty /ˈkɪtɪ/ *n* (*at cards etc.*) пу́лька, банк; (*cat*) ки́ска.

kiwi /ˈki:wi:/ *n* (*pl* **kiwis**) ки́ви (*m indecl*); **K~** (*coll*) новозела́нд|ец (*fem* -ка); **~ fruit** ки́ви (*m* & *nt indecl*).

KKK /ˌku:klʌksˈlaeæn, ˌkju:-/ *n* (*abbr of* ***Ku Klux Klan***) ку-клукс-кла́н.

Klansman /ˈklænzmən/ *n* (*pl* **Klansmen**) куклукскла́новец.

klaxon /ˈklæks(ə)n/ *n* (*propr*) клаксо́н.

kleptomania /ˌkleptəʊˈmeɪnɪə/ *n* клептома́ния.

kleptomaniac /ˌkleptəʊˈmeɪnɪˌæk/ *n* клептома́н (*fem* -ка).

km /ˈkɪləˌmi:tə(r)(z), *disputed* kɪˈlɒmɪtə(r)(z)/ *n* (*abbr of* ***kilometre(s)***) км (киломе́тр).

knack /næk/ *n* (*skill, faculty*) сноро́вка, уме́ние; **have the ~ of** име́ть (*impf*) сноро́вку (**of/for:** в + *p*); **there's a ~ to it** де́ло тре́бует сноро́вки.

knacker /ˈnækə(r)/ *n* (*Br*) челове́к, занима́ющийся перерабо́ткой туш па́вших живо́тных и убо́ем ста́рых или нену́жных живо́тных для после́дующей перерабо́тки; **~'s yard** живодёрня.

knackered /ˈnækəd/ *adj* (*Br coll*) измо́танный.

knapsack /ˈnæpsæk/ *n* ра́нец.

knave /neɪv/ *n* **1** (*archaic, rogue*) плут, моше́нник. **2** (*cards*) вале́т; **~ of hearts** вале́т черве́й.

knavery /ˈneɪvərɪ/ *n* плутовство́.

knavish /ˈneɪvɪʃ/ *adj* плутовско́й.

knead /ni:d/ *vt* (*e.g. dough or clay*) меси́ть, за-; (*massage*) масси́ровать (*impf, pf*).

knee /ni:/ *n* коле́н|о (*pl* -и); **he was on his ~s** он стоя́л на коле́нях; **go down on one's ~s (or on bended ~)** стать/упа́сть (*pf*) на коле́ни (*fig*); **go on one's ~s to s.o.** на коле́нях моли́ть (*impf*) кого́-н.; **bring s.o. to his ~s** ста́вить, по- кого́-н. на коле́ни; **I went weak at the ~s** у меня́ задрожа́ли поджи́лки (*or* подкоси́лись но́ги); **I learnt it at my mother's ~** я впита́л э́то с молоко́м ма́тери; **they were up to their ~s in mud** они́ бы́ли по коле́но в грязи́; **the ~s of his trousers were worn** его́ брю́ки протёрлись в коле́нках.
● *vt* (**knees, kneed, kneeing**) уд|аря́ть, -а́рить коле́ном.
● *cpds* **~ bend** *n* приседа́ние; **~ breeches** *n pl* бри́дж|и (*pl, g* -ей); **~cap** *n* коле́нная ча́шечка;

(*protection*) наколéнник; **~capping** *n* (*Br*) вы́стрел в колéнную ча́шку; **~-deep** *pred adj & adv*: **he stood ~-deep in water** он стоя́л по колéно в водé; **~-high** *pred adj & adv* (*reaching to the ~*): **the grass was ~-high** трава́ была́ по колéно; **~-jerk** *adj* автомати́ческий, непроизво́льный; **~ joint** *n* (*anat*) колéнный суста́в; (*tech*) колéнчатое сочленéние; **~-length** *adj* до колéн; **~s-up** *n* (*Br coll*) весёлая вечери́нка.

kneel /ni:l/ *vi* (*past and pp* **knelt** *or esp US* **kneeled**) **1** (*also* **~ down:** *go down on one's knees*) ста|нови́ться, -ть на колéни; **~ to s.o.** преклон|я́ть, -и́ть колéна пéред кем-н. **2** (*be in ~ing position*) стоя́ть (*impf*) на колéнях; **they knelt in prayer** они́ моли́лись на колéнях.

knell /nel/ *n* погреба́льный/ похоро́нный звон; (*fig*): **his death sounded the ~ of their hopes** его́ смерть означа́ла конéц их надéждам.

knelt /nelt/ *past and pp of* ⇨**kneel**

knew /nju:/ *past of* ⇨**know**

knickerbockers /'nɪkə,bɒkə(r)z/ *n pl* бри́дж|и (*pl, g* -ей).

knickers /'nɪkəz/ *n pl* (*Br, undergarment*) тру́сик|и (*pl, g* -ов).

(k)nick-(k)nack /'nɪknæk/ *n* безделу́шка.

knife /naɪf/ *n* (*pl* **knives**) нож; (*pocket ~*) но́жик; **hold a ~ to s.o.'s throat** прист|ава́ть, -а́ть с ножо́м к го́рлу к кому́-н.; **you could cut the atmosphere with a ~** во́здух был тако́й, что хоть топо́р вéшай; атмосфéра была́ накалённая.

● *vt* (*kill*) зак|а́лывать, -оло́ть ножо́м; (*injure*) ра́нить (*impf, pf*).

● *cpds* **~-edge** *n* (*blade*) остриё ножа́; **on a ~-edge** (*fig*) вися́щий на волоскé; **~ grinder** *n* точи́льщик; **~point** *n*: **at ~point** угрожа́я ножо́м.

knight /naɪt/ *n* **1** (*hist*) ры́царь (*m*). **2** (*member of order*) кавалéр; **K~ of the Garter** кавалéр о́рдена Подвя́зки. **3** (*chess*) конь (*m*).

● *vt* (*hist*) возв|оди́ть, -ести́ в ры́царское досто́инство; (*modern*) ≈ присв|а́ивать, -о́ить (*кому*) ры́царское (ненаслéдственное дворя́нское) зва́ние.

● *cpds* **~ errant** *n* стра́нствующий ры́царь; **~-errantry** *n* донкихо́тство.

knighthood /'naɪthʊd/ *n* ры́царство; ры́царское зва́ние; **he was recommended for a ~** его́ предста́вили к ры́царскому зва́нию.

knit /nɪt/ *vt* (**knitting;** *past and pp* **knitted** *or* **knit**) **1**: **~ wool into stockings** (*or* **stockings from wool**) вяза́ть, с- чулки́ из шéрсти; **~ up** (*repair*) што́пать, за-; **hand-/machine-~ted garments** вя́заная/трикота́жная одéжда. **2** (*fasten; also* **~ together**) скреп|ля́ть, -и́ть; (*unite*) соедин|я́ть, -и́ть. **3**: **~ one's brows** хму́рить, на- бро́ви; хму́риться, на-.

● *vi* (**knitting;** *past and pp* **knitted** *or* **knit**) **1** (*do ~ting*) вяза́ть (*impf*). **2** (*of bones*) сраст|а́ться, -и́сь.

● *cpd* **~wear** *n* трикота́жные издéлия.

knitting /'nɪtɪŋ/ *n* (*action*) вяза́ние; (*fig*) скреплéние, соединéние; (*material being knitted*) вяза́нье.

● *cpds* **~ machine** *n* вяза́льная маши́на; **~ needle** *n* вяза́льная спи́ца; **~ yarn** *n* трикота́жная пря́жа.

knives /naɪvz/ *pl of* ⇨**knife**

knob /nɒb/ *n* **1** (*protuberance*) вы́пуклость; (*on body*) ши́шка. **2** (*handle*) ру́чка; (*button*) кно́пка. **3** (*of butter etc.*) кусо́чек.

knobbly /'nɒblɪ/ *adj* шишкова́тый, бугóрчатый.

knock /nɒk/ *n* **1** (*rap, rapping sound*) стук; **double ~** двукра́тный стук; **give a ~ on the door** стуча́ть, по- в дверь; **there came a loud ~** разда́лся гро́мкий стук.
2 (*sound of ~ing in engine*) (детонацио́нный) стук; детона́ция; **anti-~** (*additive*) антидетона́тор.
3 (*blow*) уда́р; **he got a nasty ~ on the head** он си́льно уда́рился голово́й.
4 (*fig*): **the pound has taken some ~s lately** в послéднее врéмя положéние фу́нта (стéрлингов) си́льно пошатну́лось.

● *vt* **1** (*hit*) удар|я́ть, -а́рить; **the blow ~ed him flat** уда́р сбил его́ с ног; **he ~ed the ball into the net** он заби́л мяч в сéтку; **he ~ed the table with his hammer** он уда́рил по́ столу молотко́м; **she ~ed her arm against the chair** она́ сту́кнулась руко́й о стул; **he ~ed a nail into the wall** он вбил гвоздь в стéну; **he ~ed a hole in, through the wall** он проби́л ды́рку в стенé; **he ~ed the glass off the table** он смахну́л стака́н со стола́; **~ s.o. on, over the head** уда́рить/ сту́кнуть (*both pf*) кого́-н. по головé; **I ~ed the gun out of his hand** я вы́бил из его́ руки́ пистолéт.
2 (*fig uses*): **the idea was ~ed on the head** (*Br*) э́тому предложéнию нé дали ходу́; **I tried to ~ some sense into his head** я пыта́лся впра́вить емý мо́зги (*or* образу́мить его́); **~ into shape** прив|оди́ть, -ести́ в поря́док; **he ~ed the ash off his cigarette** он стряхну́л пéпел с папиро́сы; **I'll ~ a pound off the price** я сбро́шу/ски́ну/сба́влю фунт с цены́; **he ~ed five seconds off the record time** он поби́л реко́рд на пять секу́нд.
3 (*criticize*) ха́ять (*impf*) (*coll*).

● *vi* **1** (*rap*) стуча́ть; **~ at the door** стуча́ть(ся), по- в дверь; **'~ before entering'** «без сту́ка не входи́ть»; **~ on wood** (*US*) тьфу-тьфу́, чтоб не сгла́зить!
2: **~ against** (*collide with*) нат|ыка́ться, -кну́ться на + *a*; (*coll, meet*) столкну́ться (*pf*) с + *i*.
3 (*of engine*) стуча́ть (*impf*).
4 (*coll, travel*): **he spent a year ~ing round Europe** он год болта́лся по Евро́пе.

● *with advs*: **~ about** *vt* (*treat roughly*) помя́ть/намя́ть (*pf*) бока́ (*кому*); лома́ть, по-/с- (*что*); *vi also* **~ (a)round** (*travel, wander*): **he's ~ed about a bit in his time** он в своё врéмя поброди́л/поéздил по свéту; (*Br coll, keep company*): **she's ~ing around with a married man** она́ связа́лась с жена́тым человéком; **~ back** *vt* (*lit*): **the electric shock ~ed him back against the wall** уда́ром то́ка его́ отбро́сило к стенé; (*Br, disconcert*): **the news ~ed me back** извéстие привело́ меня́ в замеша́тельство; (*coll, consume*): **he can ~ back 5 pints in as many minutes** он за пять мину́т мо́жет опроки́нуть/вы́лакать пять кру́жек (пи́ва); (*Br coll, cost*): **that will ~ me back a bit** э́то ста́нет мне в копéечку; **~ down** *vt* (*strike to ground*) сби|ва́ть, -ть с ног; вали́ть, с-; **he was ~ed down by a car** его́ сби́ла маши́на; **you could have ~ed me down with a feather** я был поражён как мо́лнией; (*demolish*) сн|оси́ть, -ести́; (*dismantle*) раз|бира́ть, -обра́ть; (*reduce*) сн|ижа́ть, -и́зить; **~ in** *vt*: **~ a nail in** вби|ва́ть, -ть (*or* заб|ива́ть, -и́ть) гвоздь; **~ off** *vt* (*lit*) сби|ва́ть, -ть; сшиб|а́ть, -и́ть; смах|ивать, -ну́ть; (*coll uses*): (*deduct from price*) сб|авля́ть, -а́вить; (*compose or complete rapidly*): **he can ~ off an article in half an hour** он мо́жет состря́пать/наката́ть (*sl*) статью́ за полчаса́; (*Br, steal*) тащи́ть, с-/у-; (*kill*) прик|а́нчивать, -о́нчить (*coll*); *vi* (*stop work*) св|ора́чиваться, -ерну́ться (*sl*); **~ out** *vt* (*lit*): **he ~ed a pane out** он вы́бил стекло́ из ра́мы; **he ~ed two of my teeth out** он вы́бил мне два зу́ба; (*empty by ~ing*): **he ~ed out his pipe** он вы́колотил/вы́бил тру́бку; (*make unconscious*) оглуш|а́ть, -и́ть; **the blow on his head ~ed him out** он был оглушён уда́ром по головé; (*boxing*) нокаути́ровать (*impf, pf*); (*overwhelm*) потряс|а́ть, -ти́; (*eliminate from contest*): **he was ~ed out in the first round** он вы́был в пéрвом ту́ре; **~ over** *vt* опроки́|дывать, -нуть; **~ together** *vt*: **he ~ed together a cupboard** он на́спех сколоти́л шкаф; **~ up** *vt* (*Br, prepare*): **I can soon ~ up a meal** я на́скоро/бы́стренько пригото́влю еду́; (*Br, waken*) буди́ть, раз-; (*sl, exhaust*) выма́тывать, вы́мотать; (*US, make pregnant*) обрюха́тить (*pf*) (*sl*); *vi* (*Br, tennis*) разм|ина́ться, -я́ться (*coll*).

● *cpds* **~about** *adj*: **~about humour** гру́бый фарс; **~-down** *adj*: **at a ~-down price** по дешёвке (*coll*); **~-kneed** *adj* с вы́вернутыми внутрь колéнями; **~out** *n* (*boxing*) нока́ут; (*Br, competition*) соревнова́ния (*nt pl*) по олимпи́йской систéме; (*fig, sth striking*) нéчто сногсшиба́тельное; (*attr*): **~out blow** сокруши́тельный уда́р; **~-up** *n* (*Br, tennis*) рaзми́нка.

knocker /'nɒkə(r)/ *n* (*on door*) (дверно́й) молото́к.

knocking /'nɒkɪŋ/ *n* (*noise*) стук.

knocking shop /'nɒkɪŋ ʃɒp/ *n* (*Br sl*) публи́чный дом.

knoll /nəʊl/ *n* хо́лмик, буго́р, бугоро́к.

knot /nɒt/ *n* **1** (*in rope etc.; in wood; measure of speed*) у́зел; **tie a ~ in a rope** завя́з|ывать, -а́ть у́зел на верёвке; **tie sth in a ~** завя́з|ывать, -а́ть что-н. узло́м; **tie o.s. (up) in(to) ~s** (*fig*) запу́таться (*pf*); **cut the Gordian ~** разруби́ть (*pf*) го́рдиев у́зел; **a vessel of 20 ∼s** су́дно со ско́ростью два́дцать узло́в; **we are flying at 500 ∼s** мы лети́м со ско́ростью 500 узло́в. **2** (*group, cluster*) ку́чка.

● *vt & i* (**knotted, knotting**) завя́з|ывать(ся), -а́ть(ся).

● *cpd* **∼hole** *n* дыра́ от сучка́.

knotted /ˈnɒtɪd/ *adj* **1** (*also* **knotty: *gnarled***) узлова́тый, сучкова́тый. **2**: **a ∼ rope** верёвка с узла́ми; верёвка, завя́занная узло́м.

knotty /ˈnɒtɪ/ *adj* (**knottier, knottiest**) **1** = **knotted 1**. **2**: **a ∼ problem** запу́танная/тру́дная пробле́ма.

knout /naʊt, nu:t/ *n* кнут.

know /nəʊ/ *n*: **be in the ∼** быть в ку́рсе де́ла.

● *vt* (*past* **knew;** *pp* **known**) **1** (*be aware, have knowledge of*) знать (*impf*): **I ∼ nothing about it** я об э́том ничего́ не зна́ю; **I ∼ for a fact that …** я достове́рно зна́ю, что…; **as far as I ∼** наско́лько мне изве́стно; **for all I ∼** почём (*sl*) мне знать; кто его́ зна́ет; **don't I ∼!** мне да (*or* мне ли э́того) не знать!; **who ∼s?** как знать?; **I wouldn't ∼** пра́во, не зна́ю; отку́да мне знать?; **he let it be ∼n that …** он дал поня́ть, что…; **never let it be ∼n** никогда́ в э́том не признава́йтесь; **you (should) ∼ best** вам лу́чше знать; **father ∼s best** оте́ц зна́ет лу́чше; **before I knew it we had arrived** я не успе́л огляну́ться, как мы при́были; **before you ∼ where you are** не успе́ешь огляну́ться; в два счёта; **I knew it!** (я) так и знал!; **I don't ∼ that I like this** я не уве́рен, что мне э́то нра́вится; мне э́то не сли́шком нра́вится; **he ∼s what's what** он зна́ет, что к чему́; **he ∼s his own mind** он зна́ет, чего́ (он) хо́чет; **he doesn't ∼ his own mind** он сам не зна́ет, чего́ хо́чет; он не мо́жет ни на что реши́ться; **he ∼s a thing or two** он ко́е в чём разбира́ется; он зна́ет, что к чему́; **he has been ∼n to be wrong** у него́ быва́ли оши́бки; **he has been ∼n to steal** ворова́ть ему́ не внове́; **he is ∼n to have been married before** изве́стно, что он уже́ был жена́т; **I ∼ what!** вот что!; зна́ете что?; **you ∼ what? (*US* you ∼ something?)** зна́ете что?; **you ∼ what he is** (ну, да) вы его́ зна́ете; вы зна́ете, како́й он; **he ∼s what he is about** он своё де́ло зна́ет; **I meant to be early, but you ∼ what it is** я собира́лся прийти́ пора́ньше, но зна́ете, как э́то быва́ет.

2 (*recognize, distinguish*) знать, у-; узн|ава́ть, -а́ть; отлич|а́ть, -и́ть; **I ∼ him by sight** я зна́ю его́ в лицо́; **he knew her at once** он сра́зу её узна́л; **I shouldn't ∼ him from his brother** я его́ не отличи́л бы от бра́та; **I don't ∼ him from Adam** я его́ (в жи́зни) в глаза́ не вида́л; **I knew him for a liar** я знал, что он лжец; **I'd ∼ him anywhere** я узна́ю его́ да́же во сне; **he is ∼n as a gambler** за ним во́дится сла́ва игрока́; **he is ∼n to his friends as Jumbo** друзья́ кли́чут его́ Слоно́м; **he ∼s a good thing when he sees it** он понима́ет, что хорошо́ и что пло́хо; у него́ губа́ не ду́ра.

3 (*be acquainted, familiar with*) знать (*impf*); быть знако́мым с + *i*; **get to ∼ s.o.** знако́миться, по- с кем-н.; **I have ∼n him since childhood** я знако́м с ним де́тства; **I ∼ him slightly** у меня́ с ним ша́почное знако́мство; **I don't ∼ him to speak to** я с ним недоста́точно знако́м, что́бы вступа́ть в разгово́р; **make o.s. ∼n to s.o.** предст|авля́ться, -а́виться кому́-н.; **he is ∼n to the police** он у поли́ции на заме́тке.

4 (*be versed in; understand; have experience in*) зна́ть (*impf*), понима́ть (*impf*), разбира́ться (*impf*) в + *p*; **he ∼s Russian** он зна́ет ру́сский язы́к; он владе́ет ру́сским языко́м; **∼ by heart** знать наизу́сть/назубо́к (*coll*); **∼ how to** уме́ть, с-.

5 (*experience*): **he ∼s no peace** он не зна́ет поко́я; **he has ∼n many privations** он пе́режил/испыта́л мно́го лише́ний; **I have ∼n worse to happen** мне изве́стны слу́чаи и похуже́; **I have never ∼n him tell a lie** я не по́мню, что́бы он когда́-нибудь солга́л.

6 (*be subject to*): **he ∼s no shame** он не ве́дает стыда́; **her happiness knew no bounds** её сча́стье не зна́ло грани́ц; её сча́стью не́ было преде́ла; *see also* ⇨**known**.

● *vi* (*past* **knew;** *pp* **known**): **let s.o. ∼** сообщ|а́ть, -и́ть (*or* да|ва́ть, -ть знать) кому́-н.; **will you let me ∼?** вы сообщи́те мне?; **(the) Lord only ∼s!** бог его́ зна́ет!; одному́ бо́гу изве́стно; **how should I ∼?** почём я зна́ю?; **what do you ∼ (about that)?** поду́майте (то́лько)!; ишь ты!; **you never ∼** как знать?; **he doesn't want to ∼** (*refuses to take notice, interest*) он (и) знать не хо́чет; **you never ∼, he may come back** как знать, он мо́жет и верну́ться; **I ∼ better than to …** я не так прост, что́бы…; **I should have ∼n better than to ask his advice** и дёрнуло же меня́ спроси́ть его́ сове́та!; **(do) you ∼** (*in parenthesis*) зна́ете ли; понима́ете; **it's too hot to work, you ∼** жа́рко рабо́тать-то; **do you ∼ of a good restaurant?** вы зна́ете (*or* вы мо́жете порекомендова́ть) хоро́ший рестора́н?; **'Have you met him?' — 'Not that I ∼ of'** «Вы встреча́лись с ним?» — «Наско́лько мне изве́стно, нет»; **I don't ∼ him, but I ∼ of him** ли́чно я с ним незнако́м, но наслы́шан о нём; **did you ∼ about the accident?** вы зна́ли об э́том несча́стном слу́чае?; **he ∼s about cars** он разбира́ется в маши́нах; **I don't ∼ about that** (*expressing doubt*) я не зна́ю; сомнева́юсь; *see also* ⇨**known**.

● *cpds* **∼-all** *n* (*US* **∼-it-all**) всезна́йка (*cg*); **∼-how** *n* (*skill*) уме́ние; о́пыт; у́ровень (*m*) зна́ний; (*technology*) секре́ты (*m pl*) произво́дства; техноло́гия; но́у-ха́у (*nt indecl*); **have the ∼-how** облада́ть (*impf*) уме́нием; (*body of experience*): **professional/technical ∼-how** профессиона́льные/техни́ческие на́выки (*m pl*).

knowable /ˈnəʊəb(ə)l/ *adj* познава́емый.

knowing /ˈnəʊɪŋ/ *n*: **there's no ∼ what may happen** невозмо́жно предви́деть, что мо́жет случи́ться/произойти́; **I did it without ∼** я сде́лал э́то бессозна́тельно.

● *adj* (*significant*): **a ∼ look** понима́ющий/многозначи́тельный взгляд.

knowingly /ˈnəʊɪŋlɪ/ *adv* (*significantly*) многозначи́тельно; (*intentionally, consciously*) наро́чно, созна́тельно.

knowledge /ˈnɒlɪdʒ/ *n* зна́ние; **he has a thorough ∼ of Russian** у него́ основа́тельные зна́ния по ру́сскому языку́; **field/branch of ∼** о́бласть зна́ния; о́трасль нау́ки; (*understanding*): **our ∼ of the subject is as yet limited** на́ши позна́ния в э́той о́бласти пока́ ограни́чены; (*experience*) о́пыт; (*information*) изве́стия (*nt pl*), све́дения (*nt pl*); **our earliest ∼ of the Slavs** на́ши пе́рвые све́дения о славя́нах; **I have no ∼ of that** я не име́ю об э́том све́дений; (*range of information or experience*): **to the best of my ∼** наско́лько мне изве́стно; **it came to my ∼ that …** мне ста́ло изве́стно, что…; **to my certain ∼** как мне достове́рно изве́стно; **not to my ∼** мне э́то неизве́стно; наско́лько я зна́ю — нет; **without s.o.'s ∼** без чьего́-н. ве́дома.

knowledgeable /ˈnɒlɪdʒəb(ə)l/ *adj* хорошо́ осведомлённый.

known /nəʊn/ *adj* изве́стный; **it is a ∼ fact that …** изве́стно, что…; **a scene ∼ to him from childhood** карти́на, знако́мая ему́ с де́тства; *see also* ⇨**know** *vt & i*

knuckle /ˈnʌk(ə)l/ *n* **1** (*anat*) суста́в; **rap s.o. over the ∼s** (*fig*) дать (*pf*) нагоня́й кому́-н.; **near the ∼** (*Br coll*) на гра́ни неприли́чного; скабрёзный, риско́ванный. **2** (*joint of meat*) но́жка, голя́шка.

● *vi*: **∼ down to one's work** прин|има́ться, -я́ться за де́ло; **∼ under (to)** уступ|а́ть, -и́ть (+ *d*); покор|я́ться, -и́ться (+ *d*).

● *cpds* **∼ bone** *n* ба́бка; **∼duster** *n* касте́т.

KO (*abbr of* ***knockout***) нока́ут.

● *vt* нокаути́ровать (*impf, pf*).

koala /kəʊˈɑ:lə/ *n* (**∼ bear**) коа́ла (*m*), су́мчатый медве́дь.

kohlrabi /kəʊlˈrɑ:bɪ/ *n* (*pl* **∼es**) кольра́би (*f indecl*).

kolinsky /kəˈlɪnskɪ/ *n* колоно́к; (*fur*) мех колонка́.

Kolkata /kɒlˈkɑ:tə/ *n* Кальку́тта.

kolkhoz /ˈkɒlkɒz, kʌlkˈhɔ:z/ *n* колхо́з.

Komsomol /ˈkɒmsəˌmɒl/ *n* (*hist*) (*association*) комсомо́л; (*member*) комсомо́л|ец (*fem* -ка); (*attr*) комсомо́льский.

kopek, kopeck, copeck /ˈkəʊpek, ˈkɒpek/ *n* копе́йка.

Koran /kɔ:ˈrɑ:n, kə-/ *n* Кора́н.

Korea /kəˈri:ə/ *n* Коре́я.

Korean /kəˈri:ən/ *m* (*person*) коре́|ец (*fem* -я́нка); (*language*) коре́йский язы́к.

● *adj* коре́йский.

k

koruna /ˈkɒrʊnə, kəˈruːnə/ *n* (*Czech and Slovakian currency*) кро́на (*Чехии и Словакии*).

kosher /ˈkəʊʃə(r), ˈkɒʃ-/ *adj* коше́рный.

Kosovan /ˈkɒsəv(ə)n/ *n* жи́тель (*fem* -ница) Ко́сово/Ко́сова.
● *adj* ко́совский.

Kosovar /ˈkɒsə,vɑː(r)/ *n* & *adj* = **Kosovan**

Kosovo /ˈkɒsəvə/ *n* Ко́сово (*nt decl and indecl*).

koumiss /ˈkuːmɪs/ *n* кумы́с.

ko(w)tow /kaʊˈtaʊ/ *n* ни́зкий покло́н.
● *vi* де́лать, с- ни́зкий покло́н; (*fig*) раболе́пствовать (*impf*), пресмыка́ться (*impf*) (*перед кем*).

kremlin /ˈkremlɪn/ *n* кремль (*m*); **the K∼** Кремль; (*attr*) кремлёвский.

Kremlinologist /,kremlɪnˈɒlədʒɪst/ *n* кремлеве́д, кремлено́лог.

Kremlinology /,kremlɪnˈɒlədʒɪ/ *n* кремлеве́дение, кремленоло́гия.

kron|a /ˈkrəʊnə/ *n* **1** (*pl* **∼or**, *pronunc same*) (*Swedish currency*) кро́на (*Швеции*). **2** (*pl* **∼ur**, *pronunc same*) (*Icelandic currency*) кро́на (*Исландии*).

krone /ˈkrəʊnə/ *n* (*pl* **∼r**, *pronunc same*) (*Danish, Norwegian currency*) кро́на (*Дании, Норвегии*).

kroon /kruːn/ *n* (*pl* **∼s** *or* **∼i** /-ɪ/) (*Estonian currency*) кро́на (*Эстонии*).

krypton /ˈkrɪptɒn/ *n* (*chem*) крипто́н.

kudos /ˈkjuːdɒs/ *n* сла́ва.

Ku Kluxer /ˈkuːklʌksə(r)/ куклукскла́новец.

Ku Klux Klan /,kuːklʌksˈklæn/ *n* ку-клукс-кла́н.

kulak /ˈkuːlæk/ *n* (*hist*) кула́к.

kumquat, cumquat /ˈkʌmkwɒt/ *n* кумква́т (*дерево семейства цитрусовых с очень маленькими плодами оранжевого цвета; плоды этого дерева*).

kung fu /kʊŋ ˈfuː, kʌŋ/ *n* кун(г)-фу́ (*nt indecl*).

Kurd /kəːd/ *n* курд (*fem* -янка).

Kurdish /ˈkəːdɪʃ/ *n* ку́рдский язы́к.
● *adj* ку́рдский.

Kurdistan /,kəːdɪˈstɑːn/ *n* Курдиста́н.

Kuwait /kʊˈweɪt/ *n* Куве́йт.

Kuwaiti /kʊˈweɪtɪ/ *n* куве́йт|ец (*fem* -ка).
● *adj* куве́йтский.

kvass /kvɑːs/ *n* квас.

kW /ˈkɪlə,wɒt/ *n* (*abbr of* ***kilowatt(s)***) кВт (килова́тт).

Kyrgyz /ˈkəːgɪz/ *n* (*pl* **∼**) (*person*) кирги́з (*fem* -ка); (*language*) кирги́зский язы́к.
● *adj* кирги́зский.

Kyrgyzstan /,kəːgɪˈstɑːn/ *n* Кыргызста́н.

k

Ll

L (*abbr of* **learner**) (*Br*): **~-plate** ≈ «У», предупрежда́ющий знак на уче́бной маши́не.

l /ˈliːtə(r)(z)/ *n* (*abbr of* **litre(s)**) л (литр).

la /lɑː/ *n* = **lah**

lab /læb/ (*coll*) = **laboratory**

label /ˈleɪb(ə)l/ *n* ярлы́к, этике́тка; (**stick-on ~**) накле́йка; (*tag*) би́рка; (*grammar or stylistic ~, gloss*) поме́та; **pin/stick a ~ on** (*lit, fig*) прикле́и|вать, -ть ярлы́к/этике́тку + *d*; (*lit only*) накле́и|вать, -ть ярлы́к/этике́тку на + *a*.

● *vt* (**labelled, labelling;** *US* **labeled, labeling**) (*stick ~ on*) накле́и|вать, -ть ярлы́к/этике́тку на + *a*; (*fasten ~ to*) привя́з|ывать, -а́ть ярлы́к/би́рку к + *d*; (*fig*): **he was ~led a fascist** ему́ прикле́или ярлы́к фаши́ста; на него́ наве́сили ярлы́к фаши́ста.

labial /ˈleɪbɪəl/ *n* (**~ consonant**) губно́й/лабиа́льный согла́сный.

● *adj* (*of the lips*) губно́й; (*phonetics*) губно́й, лабиа́льный.

labile /ˈleɪbaɪl, -bɪl/ *adj* (*phys, chem*) неусто́йчивый, лаби́льный.

labiodental /ˌleɪbɪəʊˈdent(ə)l/ *adj* гу́бно-зубно́й, лабиодента́льный.

labor /ˈleɪbə(r)/ *etc. see* ⇒**labour** *etc.*; **~ union** (*US*) профсою́з.

laboratory /ləˈbɒrətərɪ/ *n* лаборато́рия; (*in school*) кабине́т; **in ~ conditions** в лаборато́рных усло́виях; **~ assistant** лабора́нт (*fem* -ка).

laborious /ləˈbɔːrɪəs/ *adj* **1** (*difficult*) тру́дный, тяжёлый, тя́жкий; (*toilsome*) трудоёмкий; (*wearying*) утоми́тельный. **2** (*of style, forced*) вы́мученный; (*involved*) громо́здкий, тяжёлый.

laboriousness /ləˈbɔːrɪəsnɪs/ *n* трудоёмкость; (*of style*) громо́здкость.

labour /ˈleɪbə(r)/ (*US* **labor**) *n* **1** (*toil, work*) труд, рабо́та; **manual ~** физи́ческий труд; **a ~ of love** бескоры́стный труд; **~ camp** исправи́тельно-трудово́й ла́герь.
2 (*pol, workers*) трудя́щиеся, рабо́чий класс; **Ministry of L~** (*Br, hist*) министе́рство труда́; **International L~ Organization (ILO)** Междунаро́дная организа́ция труда́ (МОТ); **L~ Day** День (*m*) труда́ (*официальный нерабочий день в США и Канаде (первый понедельник сентября), Новой Зеландии (четвёртый понедельник октября) и Австралии (в разных штатах и территориях даты отличаются)*).
3 (*workforce*) рабо́чие (*pl*), рабо́чая си́ла; **skilled ~** квалифици́рованные рабо́чие; **shortage of ~** нехва́тка рабо́чей си́лы; **~ dispute** трудово́й конфли́кт; **~ exchange** би́ржа труда́; **~ relations** трудовы́е отноше́ния.
4: **(L~ Party)** лейбори́стская па́ртия, лейбори́сты (*m pl*); **Vote L~!** голосу́йте за лейбори́стскую па́ртию!; **the L~ government** лейбори́стское прави́тельство; **a L~ MP** член парла́мента от лейбори́стской па́ртии.
5 (*childbirth*) ро́д|ы (*pl, g* -ов); **~ pains** родовы́е схва́тки (*f pl*); **~ ward** роди́льная пала́та; **she went into ~** у неё начали́сь ро́ды; **be in ~** рожа́ть (*impf*).

● *vt*: **~ a point** вдава́ться (*impf*) в изли́шние подро́бности; распространя́ться (*impf*) о чём-н.

● *vi* **1** (*toil, work*) труди́ться, рабо́тать (*both impf*); **a ~ing man** рабо́чий.
2 (*strive, exert o.s.*): **he is ~ing to finish his book** он прилага́ет все уси́лия, что́бы (за)ко́нчить кни́гу.
3 (*move, work, etc. with difficulty*): **~ for breath** дыша́ть (*impf*) с трудо́м; **the car ~ed up the hill** маши́на с трудо́м взбира́лась в го́ру.
4: **~ under** (*suffer from*): **you are ~ing under a delusion** вы нахо́дитесь в заблужде́нии.

● *cpds* **~-intensive** *adj* трудоёмкий; **~-saving** *adj* рационализа́торский; трудосберега́ющий.

laboured /ˈleɪbəd/ (*US* **labored**) *adj* **1** (*difficult*): **~ breathing** затруднённое дыха́ние. **2** (*forced*): **~ style/compliment** вы́мученный стиль/комплиме́нт.

labourer /ˈleɪbərə(r)/ (*US* **laborer**) *n* рабо́чий.

Labourite /ˈleɪbəˌraɪt/ (*US* **Laborite**) *n* лейбори́ст (*fem* -ка).

● *adj* лейбори́стский.

Labrador /ˈlæbrəˌdɔː(r)/ *n* Лабрадо́р; (*dog*) лабрадо́р.

laburnum /ləˈbɜːnəm/ *n* бобо́вник, золото́й дождь.

labyrinth /ˈlæbərɪnθ/ *n* (*lit, fig*) лабири́нт.

labyrinthine /ˌlæbəˈrɪnθaɪn/ *adj* (*lit*) лабири́нтный; (*fig*) запу́танный.

lac /læk/ *n* (*resin*) приро́дная смола́ (*насекомых*), неочи́щенный шелла́к; (*varnish*) лак из приро́дной смолы́.

lace /leɪs/ *n* **1** (*open-work fabric*) кру́жево, кружева́ (*nt pl*); **~ collar** кружевно́й воротни́к. **2** (*braid*) позуме́нт; (*mil*) галу́н. **3** (*of shoe etc.*) шнуро́к.

● *vt* **1** (*fasten or tighten with ~*) шнурова́ть, за-; зашнуро́в|ывать, -а́ть; **he ~d up his shoes** он зашнурова́л боти́нки. **2** (*interlace*) спле|та́ть, -сти́.
3 (*fortify*): **~ coffee with rum** подл|ива́ть, -и́ть ром в ко́фе.

● *vi*: **~ into s.o.** намя́ть (*pf*) бока́ кому́-н. (*coll*).

● *cpds* **~maker** *n* (*fem*) кружевни́ца; **~making** *n* (*by hand*) плете́ние кру́жев; (*by machine*) произво́дство кру́жев; **~-ups** *n pl* (*Br*) о́бувь на шнуро́вке/шнурка́х.

lacerate /ˈlæsəˌreɪt/ *vt* (*lit, fig*) терза́ть, рас-/ис-; растерз|ывать, -а́ть; (*wound*) ра́нить (*impf, pf*).

laceration /ˌlæsəˈreɪʃ(ə)n/ *n* (*tearing*) терза́ние, разрыва́ние; (*wound*) рва́ная ра́на.

lachrymal /ˈlækrɪm(ə)l/ *adj* слёзный.

lachrymose /ˈlækrɪˌməʊs/ *adj* слезли́вый, плакси́вый.

lack /læk/ *n* недоста́ток; **for ~ of money** из-за недоста́тка (*or* за неиме́нием) де́нег; **for ~ of evidence** за отсу́тствием ули́к; **there was no ~ of water** воды́ бы́ло вполне́ доста́точно.

● *vt* & *i*: **he ~s sth** ему́ чего́-то недостаёт; **he ~s, is ~ing in courage** у него́ не хвата́ет хра́брости; **we ~ money** мы нужда́емся в деньга́х; **a subject on which information is ~ing** предме́т, о кото́ром ничего́ не изве́стно; **a week ~ing in incident** неде́ля, бе́дная собы́тиями (*or* на собы́тия); **he ~s for nothing** у него́ ни в чём нет недоста́тка.

● *cpd* **~lustre** (*US* **~luster**) *adj* ту́склый, без бле́ска.

lackadaisical /ˌlækəˈdeɪzɪk(ə)l/ *adj* вя́лый, апати́чный; **in a ~ manner** спустя́ рукава́, без воодушевле́ния.

lackey /ˈlækɪ/ *n* (*pl* **~s**) (*lit, fig*) лаке́й; (*fig*) подхали́м.

laconic /ləˈkɒnɪk/ *adj* (*of person*) неразгово́рчивый, немногосло́вный; (*of speech etc.*) лакони́чный, сжа́тый.

lacon(ic)ism /ˈlækəˌnɪz(ə)m, ləˈkɒnɪˌsɪz(ə)m/ *n* лакони́зм.

lacquer /ˈlækə(r)/ *n* политу́ра (*no pl*); лак.

● *vt* лакирова́ть (*impf*).

● *cpd* **~ware** *n* лакиро́ванные изде́лия.

lacrosse /ləˈkrɒs/ *n* (*sport*) лакро́сс.

lactate /lækˈteɪt/ *vi* выделя́ть (*impf*) молоко́.

lactation /læk'teɪʃ(ə)n/ *n* лактáция, выделéние молокá; (*breast-feeding*) кормлéние грýдью.

lactic /'læktɪk/ *adj* молóчный.

lacuna /lə'kju:nə/ *n* (*pl* **lacunae** /-ni:/ *or* **lacunas**) пробéл, лакýна.

lad /læd/ *n* (*boy*) мáльчик; (*fellow, youth*) пáрень (*m*), мáлый; (*in pl*) ребя́т|а (*pl, g* —); **good ~!** молодéц!; **a bit of a ~** (*Br*) гуля́ка (*m*).

ladder /'lædə(r)/ *n* **1** лéстница; **folding/extending ~** складнáя/выдвижнáя лéстница; (*fig*): **~ of success** путь к успéху; **climb the social ~** продв|игáться, -йнуться в óбществе; **he has one foot on the ~** он нáчал дéлать карьéру. **2** (*on a ship*) трап. **3** (*Br, in stocking*) спусти́вшаяся петля́.
● *vt* & *i* (*Br*): **I have ~ed my stocking; my stocking has ~ed** у меня́ спусти́лась петля́ на чулкé; **you have ~ed my stocking** вы мне порвáли чулóк.

laddie /'lædɪ/ = **lad**

lade /leɪd/ *vt* (*pp* **laden** /'leɪd(ə)n/) (*usu pp*) грузи́ть, на-; нагру|жáть, -зи́ть; **he returned ~n with books** он вернýлся нагрýженный кни́гами; **the table was ~n with food** стол ломи́лся от еды́/яств; **she was ~n with cares** онá былá обремененá забóтами.

la-di-da /,lɑ:dɪ'dɑ:/ *adj* (*coll*) манéрный, жемáнный.

ladies /'leɪdɪs/ *n see* ⇨**lady 6**

lading /'leɪdɪŋ/ *n* (*process*) погрýзка; (*cargo*) груз; (*on hired ship*) фрахт; **bill of ~** коносамéнт, трáнспортная накладнáя.

ladle /'leɪd(ə)l/ *n* (*cul*) поварёшка (*coll*), полóвник (*coll*); (*tech*) ковш.
● *vt* чéрпать (*impf*); отчéрп|ывать, -áть; **~ out soup** разл|ивáть, -и́ть суп.

lady /'leɪdɪ/ *n* **1** (*woman of social status*) дáма, лéди (*indecl*); **society ~** свéтская дáма; **first ~** (*US*) пéрвая дáма; супрýга президéнта; (*as title*) лéди (*f indecl*).
2 (*relig*): **Our L~** Богорóдица; **L~ chapel** придéл Богомáтери; **L~ Day** Благовéщение.
3 (*courteous or formal for woman*) дáма, госпожá; **Ladies and Gentlemen** дáмы и господá; **ladies first!** дорóгу дáмам; **old ~** пожилáя жéнщина; **young ~** бáрышня; (*sweetheart*) возлю́бленная; (*fiancée*) невéста; **leading ~** (*theatr*) ведýщая актри́са; **ladies' man** дáмский угóдник, волоки́та (*m*).
4 (*attr*): **~ doctor** жéнщина-врач.
5 (*wife*): **your good ~; your ~ wife** вáша супрýга.
6: **the ladies'** (*or* **ladies**) (*sg, Br*), **ladies' room** (*US*) (*lavatory*) жéнский туалéт.
● *cpds* **~bird** (*Br*), **~bug** (*US*) *nn* бóжья корóвка; **~-in-waiting** *n* фрéйлина; **~killer** *n* сердцеéд; **~like** *adj* (*refined, elegant*) изя́щный, деликáтный, благорóдный; **~-love** *n* возлю́бленная; **~'s maid** *n* камери́стка.

ladyship /'leɪdɪʃɪp/ *n*: **her/your L~** её/вáша ми́лость.

lag¹ /læg/ *n* (*delay*) запáздывание.
● *vi* (**lagged, lagging**) отст|авáть, -áть; **the children were ~ging (behind)** дéти плели́сь позади́.

lag² /læg/ *n* (*Br coll, convict*) катoржáнин, кáторжник; **old ~** рецидиви́ст.

lag³ /læg/ *vt* (**lagged, lagging**) (*wrap in felt etc.*) изоли́ровать/покрывáть (*impf*) (вóйлоком).

lager /'lɑ:gə(r)/ *n* свéтлое пи́во.
● *cpd* **~ lout** *n* (*Br coll*) пья́ный хулигáн.

laggard /'lægəd/ *n* лóдырь (*m*); отстаю́щий.

lagging /'lægɪŋ/ *n* (*for pipes etc.*) утепли́тельный материáл; (*tech*) термоизоля́ция.

lagoon /lə'gu:n/ *n* лагýна.

la(h) /lɑ:/ *n* (*mus*) шестáя нóта мажóрной гáммы; (*the note A*) ля (*indecl*).

laicization /,leɪɪsaɪ'zeɪʃ(ə)n/ *n* секуляризáция.

laicize /'leɪɪ,saɪz/ *vt* секуляризи́ровать (*impf, pf*).

laid /leɪd/ *past and pp of* ⇨**lay²**

laid-back /leɪd'bæk/ *adj* непринуждённый, спокóйный.

lain /leɪn/ *pp of* ⇨**lie²**

lair /leə(r)/ *n* лóговище; (*of bear*) берлóга; (*fig*): **thieves' ~** воровскóй прито́н.

laird /'leəd/ *n* помéщик (в Шотлáндии).

laissez-faire /,leseɪ'feə(r)/ *n* невмешáтельство; поли́тика невмешáтельства прави́тельства в эконóмику.

laity /'leɪɪtɪ/ *n* (*relig*) миря́не (*m pl*); (*non-professionals*) профáны (*m pl*); непрофессионáлы (*m pl*).

lake¹ /leɪk/ *n* óзеро; (*attr*): **L~ District** Озёрный край; **L~ Superior** Вéрхнее óзеро.
● *cpds* **~ dwelling** *n* свáйная пострóйка; **~side** *n* бéрег óзера.

lake² /leɪk/ *n* (*pigment*) крáсочный лак.

lam /læm/ *vt* (**lammed, lamming**) (*coll*) колоти́ть, от-.
● *vi* (**lammed, lamming**): **~ into s.o.** (*coll, attack*) набр|áсываться, -óситься на когó-н.

lama /'lɑ:mə/ *n* (*relig*)лáма (*m*).

Lamaism /'lɑ:mə,ɪz(ə)m/ *n* ламаи́зм.

lamasery /'lɑ:məsərɪ, lə'mɑ:sərɪ/ *n* ламаи́стский монасты́рь.

lamb /læm/ *n* ягнёнок, барáшек; **L~ of God** А́гнец Бóжий; **Persian ~** карáкуль (*m*); **lead like a ~ to the slaughter** повести́ (*pf*) как áгнца на заклáние; **as well be hanged for a sheep as a ~** семь бед — оди́н отвéт; (*fig, of child or mild person*) ягнёнок, овéчка; (*meat*) барáшек; **~ chop** барáнья отбивнáя; **leg of ~** барáнья ногá.
● *vi* (*of ewe*) ягни́ться, о(бь)-; **the ~ing season** врéмя ягнéния.
● *cpds* **~skin** *n* овчи́на; барáшек; мерлýшка; **~swool** *n* пóярок.

lambast(e) /læm'beɪst, læm'bæst/ *vt* дубáсить, от- (*coll*).

lambent /'læmbənt/ *adj* (*flickering*) игрáющий, мерцáющий; (*glowing*) светя́щийся, сия́ющий.

lame /leɪm/ *adj* **1** хромóй; **be, walk ~** хромáть (*impf*); **he is ~ in one leg** он хромáет на однý нóгу; **go ~** хромéть, о-. **2** (*fig, of argument, speech etc.*) слáбый; **a ~ excuse** слáбая отговóрка.
● *vt* калéчить, ис-; (*maim*) увéчить, из-.
● *cpd* **~ duck** *n* неудáчни|к (*fem* -ца).

lamé /'lɑ:meɪ/ *n* ламé (*indecl*) (*ткань с вотканными серебряными или золотыми нитями*).

lameness /'leɪmnɪs/ *n* хромотá; (*fig, of excuse etc.*) неубеди́тельность.

lament /lə'ment/ *n* (*expression of grief*) сéтование, причитáние; (*in music or verse*) плач; элéгия.
● *vt*: **~ one's fate** сéтовать, по- (*or* роптáть, воз-) на судьбý; **~ one's youth** оплáк|ивать, -ать свою́ мóлодость; **~ the death of a friend** оплáк|ивать, -ать смерть дрýга; **late ~ed** покóйный, незабвéнный.
● *vi* сéтовать, по-; причитáть (*impf*) (по + *d*).

lamentable /'læməntəb(ə)l/ *adj* плачéвный; прискóрбный, жáлкий.

lamentation /,læmən'teɪʃ(ə)n/ *n* (*lamenting*) сéтование, причитáние; (*lament*) плач, жáлобы (*f pl*); **L~s** (*bibl*) Плач Иереми́и.

laminate¹ /'læmɪnət/ *adj* (*in plates*) пласти́нчатый; (*in layers*) расслоённый, слои́стый.

laminate² /'læmɪ,neɪt/ *vt* **1** (*overlay with protective layer*) ламини́ровать (*impf, pf*). **2** (*roll into plates*) прокáт|ывать, -áть в листы́. **3** (*split into layers*) рассл|áивать, -ои́ть.

lamination /,læmɪ'neɪʃ(ə)n/ *n*
1 (*overlaying*) ламини́рование.
2 (*rolling*) прокáтка; раскáтывание.
3 (*geol*) слои́стость.

lamp /læmp/ *n* лáмпа; **standard ~** торшéр; **table ~** настóльная лáмпа; (*on vehicle*) фáра; (*lantern; street ~*) фонáрь (*m*); (*electric bulb*) лáмп(очк)а; (*icon ~*) лампáда.
● *cpds* **~light** *n* (*indoors*) свет лáмпы; (*in street*) фонáрный свет; **~lighter** *n* фонáрщик; **~ post, ~ standard** *nn* ýличный фонáрь; **~shade** *n* абажýр.

lampoon /læm'pu:n/ *n* пáсквиль (*m*).
● *vt* писáть, на- пáсквиль на + *a*.

lampoonist /læm'pu:nɪst/ *n* пасквилянт.

lamprey /'læmprɪ/ *n* (*pl* **~s**) минóга.

LAN (*abbr of* ***local area network***) (*comput*) локáльная сеть.

lance /lɑ:ns/ *n* (*for throwing*) копьё; (*cavalry weapon*) пи́ка; (*for fishing*) острогá.
● *vt* (*pierce with ~*) колóть, за- пи́кой; (*med*) вскры|вáть, -ть ланцéтом.
● *cpd* **~ corporal** *n* млáдший капрáл, ≈ ефрéйтор.

lancer /'lɑ:nsə(r)/ *n* улáн; (*in pl, regiment*) улáнский полк; (*in pl, dance*) лансьé (*indecl*).

lancet /'lɑ:nsɪt/ *n* (*surgery*) ланцéт; (*archit*): **~ arch** ланцéтная/стрéльчатая áрка; **~ window** стрéльчатое окнó.

land /lænd/ *n* **1** земля́; **~ mass** земéльный масси́в; (*dry ~*) сýша; **they**

sighted ~ они́ уви́дели су́шу/зе́млю; **travel by ~** е́хать (*det*) су́шей (*or* по су́ше); **~ forces** (*mil*) сухопу́тные войска́; **reach, make ~** дост|ига́ть, -и́гнуть су́ши/земли́; **~ breeze** берегово́й ве́тер; **see how the ~ lies** (*fig*) пров|еря́ть, -е́рить, как обстоя́т дела́.
2 (*ground, soil*) грунт, по́чва; **he works on the ~** он рабо́тает на земле́; **work the ~** обраба́тывать (*impf*) зе́млю; **good farming ~** плодоро́дная по́чва; **a house with some ~** дом с земе́льным уча́стком; **~ tax** поземе́льный нало́г.
3 (*country*) земля́, страна́; (*state*) госуда́рство; **~ of dreams** страна́ грёз; **native ~** ро́дина, отчи́зна; край родно́й; оте́чество; **in a foreign ~** за грани́цей; **in the ~ of the living** в живы́х; **no man's ~** ничья́ земля́; (*mil*) ниче́йная полоса́.
4 (*property*) земля́, име́ние; **he owns ~** он владе́ет землёй; **his ~s extend for several miles** его́ владе́ния простира́ются на не́сколько миль.
● *vt* **1** (*bring to shore*): **~ a vessel** прив|оди́ть, -ести́ су́дно к бе́регу; **~ cargo** выгружа́ть, вы́грузить груз; **~ passengers** выса́живать, вы́садить пассажи́ров.
2: **~ an aircraft** сажа́ть, посади́ть (*or* приземл|я́ть, -и́ть) самолёт.
3: **~ a fish** выта́скивать, вы́тащить ры́бу на бе́рег; **a ~ed fish** по́йманная ры́ба.
4 (*win*) выи́грывать, вы́играть; (*secure*): **he ~ed himself a good job** он пристро́ился на хоро́шую рабо́ту.
5 (*get, involve*): **that will ~ you in jail** э́то доведёт вас до тюрьмы́; **he ~ed himself in trouble** он навлёк на себя́ беду́; **he ~ed himself with a lot of work** он загрузи́л себя́ рабо́той.
6 (*deal*): **I ~ed him one on the nose** я заéхал емý пó носу (*coll*).
● *vi* **1** (*of passengers*) выса́живаться, вы́садиться.
2 (*of aircraft*) приземл|я́ться, -и́ться; де́лать, с- поса́дку; (*on water*) приводн|я́ться, -и́ться; (*spacecraft on moon*) прилун|я́ться, -и́ться; (*on Mars*) приземл|я́ться, -и́ться (*or* соверш|а́ть, -и́ть поса́дку) на Ма́рсе.
3 (*of athlete, after jump*) приземл|я́ться, -и́ться.
4 (*fall, lit or fig*): **she ~ed in trouble** она́ попа́ла в беду́; **we ~ed in a bog** мы угоди́ли в боло́то; **the ball ~ed on his head** мяч попа́л ему́ в го́лову.
5: **~ up** (*coll, arrive*) приб|ыва́ть, -ы́ть; **I ~ed up in the wrong street** я очути́лся не на той у́лице.
● *cpds* **~ agent** *n* (*Br*) (*steward*) управля́ющий име́нием; (*dealer in property*) аге́нт по прода́же земе́льных уча́стков; **~fall** *n*: **make a ~fall** под|ходи́ть, -ойти́ к бе́регу; **~ girl** *n* (*Br, hist*) рабо́тница на фе́рме; **~holder** *n* землевладе́л|ец (*fem* -ица); **~lady** *n* (*Br, of pub*) хозя́йка; (*of building*) домовладе́лица, хозя́йка; **~line** *n* назе́мная ли́ния свя́зи; **~locked** *adj* окружённый су́шей, закры́тый; без вы́хода к мо́рю; **~lord** *n* (*Br, of pub*) хозя́ин; (*owner of ~*) землевладе́лец; (*of building*) домовладе́лец, хозя́ин; **~lubber** *n* сухопу́тная кры́са; **~mark** *n* (*prominent feature*) заме́тный объе́кт на ме́стности; (назе́мный) ориенти́р; (*fig*) ве́ха; **~mine** *n* фуга́с; **~owner** *n* землевладе́л|ец (*fem* -ица); **~slide** *n* о́ползень (*m*); (*pol*): **they won by a ~slide** они́ победи́ли с огро́мным переве́сом (голосо́в); **~slip** *n* (*Br*) о́ползень (*m*); **~sman** *n* (*pl* **~smen**) неморя́к; **~ surveying** *n* (геодези́ческая) съёмка, межева́ние; **~ surveyor** *n* землеме́р; **~ tax** *n* земе́льный нало́г.

landau /ˈlændɔː/ *n* ландо́ (*indecl*), четырёхколёсный экипа́ж с откидны́м ве́рхом.

landed /ˈlændɪd/ *adj* **1** (*possessing land*) землевладе́льческий; **~ gentry** поме́щики (*m pl*). **2** (*consisting of land*): **~ property** земе́льные владе́ния.

lander /ˈlændə(r)/ *n* (*aeron*) спуска́емый аппара́т.

landing /ˈlændɪŋ/ *n* **1** (*bringing or coming to earth*) поса́дка, приземле́ние; **~ approach** захо́д на поса́дку; **forced ~** вы́нужденная поса́дка. **2** (*on water*) приводне́ние; (*on the moon*) прилуне́ние. **3** (*putting ashore; depositing by air*) вы́садка; (*of goods*) вы́грузка. **4** (*mil*) деса́нт, вы́садка деса́нта. **5** (*on stairs*) (ле́стничная) площа́дка.
● *cpds* **~ craft** *n* деса́нтное су́дно; **~ field** *n* лётное по́ле; **~ gear** *n* шасси́ (*nt indecl*); **~ ground** *n* взлётно-поса́дочная площа́дка; **~ net** *n* подсачо́к, рыболо́вный сачо́к; **~ party** *n* деса́нтная гру́ппа, деса́нт; **~ stage** *n* дебарка́дер, при́стань; **~ strip** *n* поса́дочная полоса́.

landless /ˈlændlɪs/ *adj* безземе́льный.

landscape /ˌlændskeɪp, ˈlæns-/ *n* (*picture*) пейза́ж; (*scenery*) ландша́фт.
● *cpds* **~ gardening** *n* ландша́фтный диза́йн; **~ painter** *n* пейзажи́ст; **~ painting** *n* (*picture*) пейза́ж; (*art*) иску́сство пейза́жа.

landscapist /ˈlændˌskeɪpɪst, ˈlænˌs-/ *n* пейзажи́ст.

landward /ˈlændwəd/ *n*: **to ~** к бе́регу.
● *adj*: **on the ~ side** со стороны́ су́ши.
● *adv* (*also* **~s**) к бе́регу.

lane /leɪn/ *n* **1** (*narrow street*) переу́лок, у́зкая у́лочка; (*country road*) доро́жка. **2** (*of traffic*) ряд; **get into ~** вста|ва́ть, -ть в ряд; **four-~ highway** автостра́да с четырьмя́ ряда́ми движе́ния. **3** (*air route*) тра́сса. **4** (*for shipping*) морско́й путь. **5** (*on racetrack, swimming pool*) доро́жка.

language /ˈlæŋgwɪdʒ/ *n* язы́к; (*esp spoken*) речь; **~ and literature** (*as subj of study*) филоло́гия; **in a foreign ~** на иностра́нном языке́; **they don't speak the same ~** (*fig*) они́ говоря́т на ра́зных языка́х; **a degree in ~s** дипло́м фило́лога; (*words, expressions*): **he has a great command of ~** он прекра́сно владе́ет языко́м; **bad ~** скверносло́вие; **strong ~** си́льные выраже́ния; **science of ~** языкове́дение, языкозна́ние; **native ~** родно́й язы́к; **spoken ~** разгово́рный язы́к; **~ student** (*at university*) фило́лог; **~ laboratory** лингафо́нный кабине́т.

languid /ˈlæŋgwɪd/ *adj* то́мный, вя́лый.

languish /ˈlæŋgwɪʃ/ *vi* томи́ться (*impf*); изныва́ть (*impf*); **a ~ing look** то́мный взгляд.

languor /ˈlæŋgə(r)/ *n* то́мность, вя́лость; (*pleasant*) исто́ма.

languorous /ˈlæŋgərəs/ *adj* то́мный; по́лный исто́мы.

lank /læŋk/ *adj*: **~ hair** гла́дкие/прямы́е во́лосы.

lanky /ˈlæŋkɪ/ *adj* (**lankier, lankiest**) долговя́зый; **~ person** верзи́ла (*cg*) (*coll*).

lanolin /ˈlænəlɪn/ *n* ланоли́н.

lantern /ˈlænt(ə)n/ *n* **1** фона́рь (*m*). **2** (*of lighthouse*) светова́я ка́мера.
● *cpd* **~-jawed** *adj* с впа́лыми щека́ми.

lanthanum /ˈlænθənəm/ *n* лента́н.

lanyard /ˈlænjəd, -jɑːd/ *n* (*cord*) реме́нь (*m*); (*for securing sail*) та́лреп; (*mil*) вытяжно́й шнур.

Laos /laʊz, laʊs/ *n* Лао́с.

Laotian /ˈlaʊʃɪən, lɑːˈuːʃɪən/ *n* **1** (*person*) лао́с|ец (*fem* -ка). **2** (*language*) лао́сский язы́к.
● *adj* лао́сский.

lap[1] /læp/ *n* **1**: **the boy sat on his mother's ~** ма́льчик сиде́л у ма́тери на коле́нях; **the cat climbed on to my ~** ко́шка забрала́сь ко мне на коле́ни; (*fig*): **in the ~ of the gods** в рука́х бо́жьих; **he lives in the ~ of luxury** ≈ он живёт в (обстано́вке) ро́скоши. **2** (*of garment*) пола́, подо́л, фа́лда.
● *cpds* **~ dance** *n* эроти́ческий та́нец, исполня́емый в непосре́дственной бли́зости к клие́нту, заказа́вшему его́; **~dog** *n* боло́нка; **~top** *n* (*also* **~top computer**) портати́вный компью́тер; ноутбу́к; лэпто́п.

lap[2] /læp/ *n* **1** (*coil or turn e.g. of rope*) вито́к, оборо́т. **2** (*circuit of racetrack*) круг; **he won by 3 ~s** он победи́л, обойдя́ проти́вника на 3 кру́га.
● *vt* (**lapped, lapping**) **1** (*wrap*): **~ cloth round sth** обёр|тывать, -ну́ть что-н. мате́рией; **~ sth in cloth** зав|ора́чивать, -ерну́ть что-н. в мате́рию; (*fig, surround, enfold*) окруж|а́ть, -и́ть. **2** (*sport*: *be a ~ ahead of*) об|ходи́ть, -ойти́ (*or* об|гоня́ть, -огна́ть) (*кого*) на круг.

lap[3] /læp/ *n* (*sound of waves*) плеск.
● *vt* (**lapped, lapping**) **1** (*drink with tongue*) лака́ть, вы́-; **the cat ~ped up the milk** ко́шка вы́лакала молоко́. **2** (*fig, accept eagerly*) жа́дно глота́ть (*impf*); **he ~ped up their compliments** он жа́дно лови́л их комплиме́нты.
● *vi* (**lapped, lapping**) (*of waves*) плеска́ться (*impf*); **waves ~ on the beach** во́лны пле́щутся о бе́рег.

lapel /ləˈpel/ *n* ла́цкан, отворо́т.

lapidary /ˈlæpɪdərɪ/ *n* (*gem cutter*) грани́льщик; (*polisher*) шлифова́льщик; (*engraver*) гравёр.

● *adj* **1** грани́льный. **2** (*fig*) лапида́рный.

lapis lazuli /ˌlæpɪs ˈlæzjuːlɪ, -laɪ/ *n* (*min*) ля́пис-лазу́рь.

Lapland /ˈlæplænd/ *n* Лапла́ндия.

Laplander /ˈlæpˌlændə(r)/ *n* лапла́нд|ец (*fem* -ка).

Lapp /læp/ *n* **1** (*person*) саа́ми (*cg and pl indecl*), саа́м (*fem* -ка); лопа́р|ь (*fem* -ка). **2** (*also* **~ish:** *language*) саа́мский/лопа́рский язы́к; язы́к саа́ми.

● *adj* **1** (*also* **~ish**) лопа́рский, саа́мский. **2** (*of Lapland*) лапла́ндский.

lapse /læps/ *n* **1** (*slight mistake, slip*) упуще́ние, опло́шность; (*of memory*) прова́л (в) па́мяти; (*of the pen*) опи́ска; (*of the tongue*) огово́рка, обмо́лвка.
2 (*moral deviation*) просту́пок; (*decline*) паде́ние.
3 (*law, ending of right etc.*) прекраще́ние; недействи́тельность.
4 (*passage of time*) тече́ние; **after the ~ of a month** по истече́нии ме́сяца; (*interval*) промежу́ток.

● *vi* **1** (*decline morally; slip back*) пасть (*pf*); **they ~d into heresy** они́ впа́ли в е́ресь; **he ~d into his old ways** он приня́лся́ за ста́рое; **~ into idleness** облени́ться (*pf*); **~ into silence** зам|олка́ть, -о́лкнуть; **a ~d Catholic** бы́вший като́лик.
2 (*law, become void*) теря́ть, по- си́лу; (*revert*): **the property ~d to the Crown** име́ние отошло́ к казне́.
3 (*of time*) про|ходи́ть, -йти́; минова́ть (*impf, pf*).

lapwing /ˈlæpwɪŋ/ *n* чи́бис, пи́галица.

larcenous /ˈlɑːsənəs/ *adj* воровско́й; **with ~ intent** с наме́рением соверши́ть кра́жу.

larceny /ˈlɑːsənɪ/ *n* кра́жа; **grand/petty ~** кру́пная/ме́лкая кра́жа.

larch /lɑːtʃ/ *n* (*tree*) ли́ственница; (**~wood**) древеси́на ли́ственницы.

lard /lɑːd/ *n* лярд, топлёное свино́е са́ло.

● *vt* (*cul*) шпигова́ть, на-; (*fig*) перес|ыпа́ть, -ы́пать, перегру|жа́ть, -зи́ть (*речь цитатами и т. п.*).

larder /ˈlɑːdə(r)/ *n* кладова́я.

lares /ˈlɑːriːz/ *n pl*: **~ and penates** ла́ры и пена́ты, родны́е пена́ты (*родной дом; домашний очаг*).

large /lɑːdʒ/ *n*: **at ~** (*free*) на во́ле, на свобо́де; **set at ~** освобо|жда́ть, -ди́ть; (*in general*) целико́м; во всём объёме; **the public at ~** широ́кая пу́блика; **people at ~ were dissatisfied** наро́д в основно́м был недово́лен; **ambassador-at-~** (*US*) посо́л по осо́бым поруче́ниям.

● *adj* большо́й, кру́пный; **on a ~ scale** в большо́м/кру́пном масшта́бе; **~ handwriting** кру́пный по́черк; **in ~ type** кру́пным шри́фтом; **a ~ population** многочи́сленное/большо́е населе́ние; (*spacious*) просто́рный; (*considerable*) значи́тельный; (*copious*) оби́льный; (*extensive*) широ́кий; (*fat*) по́лный; **as ~ as life** (*fig*) во всей красе́; **here he is, as ~ as life** он тут как тут; **he turned up as ~ as life** он яви́лся со́бственной персо́ной; **~r than life** бо́лее чем в натура́льную величину́; (*fig, flamboyant*) колори́тный.

● *adv*: **by and ~** вообще́ говоря́.

● *cpds* **~-hearted** *adj* великоду́шный; **~-minded** *adj* широ́ких взгля́дов; **~-scale** *adj* крупномасшта́бный; **a ~-scale map** крупномасшта́бная ка́рта.

largely /ˈlɑːdʒlɪ/ *adv* (*to a great extent*) по бо́льшей ча́сти; в значи́тельной сте́пени.

largess(e) /lɑːˈʒes/ *n* щедро́ты (*f pl*).

largish /ˈlɑːdʒɪʃ/ *adj* дово́льно большо́й; великова́тый.

largo /ˈlɑːgəʊ/ *n, adj & adv* (*pl* **largos**) ла́рго (*indecl*).

lark[1] /lɑːk/ *n* (*bird*) жа́воронок; **rise with the ~** вста|ва́ть, -ть с петуха́ми.

● *cpd* **~spur** *n* (*bot*) жи́вокость, шпо́рник.

lark[2] /lɑːk/ *n* (*coll*), (*prank*) прока́за; (*amusement*) заба́ва; **for a ~** шу́тки ра́ди; **what a ~!** вот потéха!

● *vi*: **~ about** резви́ться (*impf*).

larrikin /ˈlærɪkɪn/ *n* хулига́н.

larrup /ˈlærəp/ *vt* (**larruped, larruping**) (*coll*) поро́ть, вы́-; да|ва́ть, -ть (*кому*) трёпку/по́рку.

larva /ˈlɑːvə/ *n* (*pl* **larvae** /-viː/) личи́нка.

laryngeal /ləˈrɪndʒɪəl/ *adj* горта́нный.

larynges /ləˈrɪn(d)ʒiːz/ *pl of* ⇨**larynx**

laryngitis /ˌlærɪnˈdʒaɪtɪs/ *n* ларинги́т.

laryngoscope /ləˈrɪŋgəˌskəʊp/ *n* ларингоско́п.

larynx /ˈlærɪŋks/ *n* (*pl* **larynges**) горта́нь.

lascivious /ləˈsɪvɪəs/ *adj* похотли́вый.

lasciviousness /ləˈsɪvɪəsnɪs/ *n* по́хоть, похотли́вость.

laser /ˈleɪzə(r)/ *n* ла́зер; (*attr*) ла́зерный; **~ printer** (*comput*) ла́зерный при́нтер.

lash[1] /læʃ/ *n* (**eye ~**) ресни́ца.

lash[2] /læʃ/ *n* **1** (*thong*) реме́нь (*m*); **he got the ~** он был нака́зан плётью.
2 (*stroke*) уда́р (плётью); **he got fifty ~es** он получи́л пятьдеся́т уда́ров плётью; (*fig*): **the ~ of criticism** бич кри́тики; **he felt the ~ of her tongue** он по себе́ знал, како́й у неё о́стрый язы́к.

● *vt* **1** (*with whip; also of wind, rain*) хлест|а́ть, -ну́ть; (*fig, with satire, criticism, abuse*) бичева́ть (*impf*).
2 (*wave about*): **the dog ~ed its tail** соба́ка би́ла хвосто́м.
3 (*fasten with rope etc.*) свя́з|ывать, -а́ть; привя́з|ывать, -а́ть.

● *vi*: **the rain ~ed against the window** дождь хлеста́л в окно́; **he ~ed into his opponent** он набро́сился на своего́ проти́вника.

● *with advs*: **~ down** *vt* привя́з|ывать, -а́ть (*что к чему*); **~ out** *vi* (*with fists*) наки́|дываться, -нуться (*на кого*); (*kick*) ляг|а́ть, -ну́ть; (*verbally*) набр|а́сываться, -о́ситься (с кри́тикой) (**at:** на + *a*); (*Br coll, spend lavishly*) сори́ть (*impf*) деньга́ми; **~ together** *vi* свя́з|ывать, -а́ть.

lashing /ˈlæʃɪŋ/ *n* (*whipping*) по́рка; (*in pl, Br coll, plenty*): **~s of cream** ма́сса сли́вок.

lass /læs/, **-ie** /ˈlæsɪ/ *nn* (*child*) де́вочка; (*young woman*) де́вушка.

lassitude /ˈlæsɪˌtjuːd/ *n* уста́лость, утомле́ние, вя́лость.

lasso /læˈsuː, ˈlæsəʊ/ *n* (*pl* **~s** *or* **~es**) арка́н, лассо́ (*indecl*).

● *vt* (**lassoes, lassoed**) арка́нить, за-.

last[1] /lɑːst/ *n* (*shoemaker's*) коло́дка; **stick to your ~!** (*fig*) занима́йся свои́м де́лом!; ≈ всяк сверчо́к знай свой шесто́к.

last[2] /lɑːst/ *n* (*final or most recent person or thing*): **he was the ~ of his line** он был после́дним в роду́; **he was the ~ to go** он ушёл после́дним; **our house is the ~ in the road** наш дом после́дний/кра́йний на у́лице; **the ~ of the wine** оста́тки (*m pl*) вина́; **the ~ shall be first** ≈ мно́гие после́дние бу́дут пе́рвыми; **on the ~ of the month** в после́дний день ме́сяца; **breathe one's ~** испусти́ть (*pf*) после́дний вздох; **we have seen the ~ of him** мы его́ бо́льше не уви́дим; **he remained impenitent to the ~** он не раска́ялся до са́мого конца́; **at ~** наконе́ц; (*as excl*) наконе́ц-то!; **at long ~** в конце́ концо́в, наконе́ц.

● *adj* **1** (*latest; final;* **~** *of series*) после́дний; **in the ~ 7 years** в после́дние 7 лет; **at the very ~ moment** в са́мый после́дний моме́нт; **the L~ Judgement** Стра́шный суд; Су́дный день; светопреставле́ние; **~ rites, sacrament** причаще́ние пе́ред сме́ртью; **this chair is on its ~ legs** э́тот стул е́ле ды́шит; **~ name** фами́лия; **~ but not least of his talents** после́дний по счёту, но не по ва́жности из его́ тала́нтов; **~ but one** предпосле́дний; **~ but two** тре́тий от конца́; **the ~ thing I heard was that he was getting married** после́днее, что я о нём слы́шал, э́то то, что он собира́ется жени́ться; **~ thing at night** по́здно ве́чером; пре́жде чем лечь спать; пе́ред сном.
2 (*preceding, of time*) про́шлый; **in the ~ century/year/month** в про́шлом столе́тии/году́/ме́сяце; **~ week** на про́шлой неде́ле; **~ night we got home late** вчера́ ве́чером мы по́здно верну́лись (домо́й); **~ night I slept badly** про́шлой но́чью я пло́хо спал; **the week before ~** позапро́шлая неде́ля; **the night before ~** позавчера́ ве́чером.
3 (*least likely or suitable*): **he is the ~ person I expected to see** вот кого́ я ме́ньше всего́ ожида́л уви́деть; **she is the ~ person to help** от неё ме́ньше всего́ мо́жно ожида́ть по́мощи; **that's the ~ thing I would have expected** э́того я ника́к не ожида́л.

● *adv* **1** (*in order*) по́сле всех; **he finished ~** он (за)ко́нчил после́дним.
2 (*for the ~ time*) в после́дний раз; **when I ~ saw him** когда́ я в после́дний раз ви́дел его́.
3 (*~ly, in the ~ place*) на после́днем ме́сте; **~ but not least I wish you**

success и наконе́ц, — но отню́дь не в после́днюю о́чередь — я жела́ю вам успе́ха.

● *vi* **1** (*go on, continue*) дли́ться, про-; прод|олжа́ться, -о́лжиться; **winter ~s six months** зима́ дли́тся шесть ме́сяцев; **the rain won't ~ long** дождь ско́ро пройдёт; **if the good weather ~s** е́сли продéржится/простои́т хоро́шая пого́да.
2 (*endure, be sustained*) выде́рживать, вы́держать; **as long as my health ~s (out)** пока́ у меня́ хва́тит здоро́вья; (*be preserved, survive*) сохран|я́ться, -и́ться; **the tradition has ~ed until today** э́та тради́ция сохрани́лась до настоя́щего вре́мени.
3 (*remain usable*): **this suit has ~ed well** э́тот костю́м хорошо́ но́сится; **built to ~** про́чный, надёжный, долгове́чный; **this car is built to ~** э́тот автомоби́ль прослу́жит до́лго.
4 (*of the dying*): **he won't ~ long** он до́лго не протя́нет (*coll*).

● *vi* & *t* (*be sufficient*) хват|а́ть, -и́ть (*for s.o.*: + *d*; *for a certain amount of time*: на + *a*); **£100 ~s (me) a week** ста фу́нтов (мне) хвата́ет на неде́лю; **the bread won't ~ us today** хле́ба нам на сего́дня не хва́тит.

● *cpds* **~-ditch** *adj* отча́янный; **a ~-ditch stand** упо́рная оборо́на; **~-minute** *adj* (сде́ланный) в после́днюю мину́ту; **~ name** *n* фами́лия; **~-named** *adj* после́дний (из упомя́нутых).

lasting /ˈlɑːstɪŋ/ *adj* (*durable, enduring*) про́чный, продолжи́тельный; **~ peace** про́чный мир; **a ~ monument** ве́чный па́мятник; (*persistent, permanent*) постоя́нный; **~ regrets** постоя́нное чу́вство сожале́ния; **leave a ~ impression** произв|оди́ть, -ести́ неизглади́мое впечатле́ние.

lastly /ˈlɑːstlɪ/ *adv* в заключе́ние; наконе́ц.

latch /lætʃ/ *n* (*bar*) щеко́лда; (*lock*) защёлка; **on the ~** на щеко́лде/защёлке.
● *vt* (*put on ~*) закр|ыва́ть, -ы́ть на щеко́лду.
● *vi*: **~ on to** смекну́ть (*pf*) (*coll*).
● *cpd* **~key** *n* ключ (от америка́нского замка́); соба́чка; **key child** безнадзо́рный ребёнок.

late /leɪt/ *adj* **1** (*far on in time*) по́здний; **it is ~** по́здно; **it's getting ~** де́ло идёт к но́чи; **in the ~ evening** по́здним ве́чером; **in ~ summer** к концу́ ле́та; **in ~ May** к концу́ ма́я; в конце́ (*or* в после́дних чи́слах) ма́я; **the ~ 19th century** коне́ц девятна́дцатого ве́ка; **he is in his ~ 40s** ему́ почти́/под пятьдеся́т; **~ edition** вече́рний вы́пуск; **keep ~ hours** по́здно ложи́ться (*impf*) спать; **it is ~ in the day for that** для э́того позднова́то; **~r events** после́дующие собы́тия; **at/by 2 o'clock at the ~st** са́мое по́зднее в 2 часа́.
2 (*behind time*): **be ~ for the train** оп|а́здывать, -озда́ть на по́езд (**for the theatre** в теа́тр; **for dinner** к у́жину); **he was an hour ~** он опозда́л на ча́с; **the train is running an hour ~** по́езд идёт с опозда́нием в (оди́н) час; по́езд опа́здывает на час; **the concert began an hour ~** конце́рт нача́лся часо́м/на час по́зже; **I was ~ in replying** я опозда́л отве́тить (*or* с отве́том); **plums are ~ this year** сли́вы в э́том году́ поспе́ли по́здно; **he is a ~ riser** он по́здно встаёт.
3 (*recent*) неда́вний; после́дний; **in ~ years** за после́дние го́ды; **his ~st book** его́ после́дняя кни́га; **~st news** после́дние изве́стия.
4 (*former*) пре́жний; (*immediately preceding*) бы́вший; **the ~ government** пре́жнее прави́тельство.
5 (*deceased*) поко́йный.
6 (*belated*) запозда́лый; **a few ~ swallows** не́сколько запозда́лых ла́сточек.

● *adv* по́здно; **better ~ than never** лу́чше по́здно, чем никогда́; **sooner or ~r** ра́но и́ли по́здно; **stay up ~** по́здно ложи́ться (*impf*); **~ in life** в пожило́м во́зрасте; на ста́рости лет; **a year ~r** спустя́ год; **see you ~r!** увиди́мся!; пока́!; **~ into the night** до по́здней но́чи; **of ~** (в/за) после́днее вре́мя.

● *cpd* **~-night** *adj* ночно́й (*сеанс и т. п.*).

latecomer /ˈleɪtˌkʌmə(r)/ *n* опозда́вший.

lately /ˈleɪtlɪ/ *adv* неда́вно; **have you seen him ~?** ви́дели ли вы его́ в после́днее вре́мя?; **I've been working hard ~** после́днее вре́мя я мно́го рабо́тал.

latency /ˈleɪt(ə)nsɪ/ *n* скры́тое состоя́ние; (*tech*) лате́нтность; **~ period** (*med*) инкубацио́нный пери́од.

lateness /ˈleɪtnɪs/ *n*: **the ~ of the train** опозда́ние по́езда; **despite the ~ of the hour** несмотря́ на по́здний час.

latent /ˈleɪt(ə)nt/ *adj* скры́тый, лате́нтный; (*chem*) свя́занный.

lateral /ˈlætər(ə)l/ *adj* боково́й, горизонта́льный; **~ section** попере́чный разре́з.

latest /ˈleɪtɪst/ *adj* после́дний; са́мый но́вый; **the ~ thing** после́днее сло́во, но́вость, нови́нка; *see also* ⇨**late**

latex /ˈleɪteks/ *n* (*pl* **latexes** *or* **latices**) ла́текс; млéчный сок (*каучуконосного растения*); **~ paint** (*US*) (водо)эмульсио́нная кра́ска.

lath /lɑːθ/ *n* ре́йка, пла́нка; **~ and plaster** дра́нка и штукату́рка; (*on roof*) обрешётка; **~ fence** штаке́тник.

lathe /leɪð/ *n* тока́рный стано́к.

lather /ˈlɑːðə(r), ˈlæðə(r)/ *n* (мы́льная) пе́на; (*on horse*) мы́ло, пе́на; **in a ~** в мы́ле; (*fig, agitated*) в запа́рке.
● *vt* мы́лить (*impf*); намы́ли|вать, -ть; (*coll, thrash*) взду́ть (*pf*); да|ва́ть, -ть трёпку + *d*.
● *vi* (*of soap*) мы́литься (*impf*).

lathering /ˈlɑːðərɪŋ, ˈlæðərɪŋ/ *n* (*coll*) трёпка, взбу́чка.

latices /ˈleɪtɪˌsiːz/ *pl of* ⇨**latex**

Latin /ˈlætɪn/ *n* **1** (*language*) латы́нь; лати́нский язы́к. **2** (*Frenchman, Italian, etc.*) челове́к рома́нского происхожде́ния.
● *adj* лати́нский; **~ America** Лати́нская Аме́рика; **~ languages/nations** рома́нские языки́/наро́ды; **~ scholar** латини́ст.
● *cpd* **~ American** *adj* латиноамерика́нский; *n* латиноамерика́н|ец (*fem* -ка).

Latinism /ˈlætɪˌnɪz(ə)m/ *n* латини́зм.

Latinist /ˈlætɪnɪst/ *n* латини́ст (*fem* -ка).

Latino /ləˈtiːnəʊ/ *n* (*pl* **~s**) & *adj* = **Latin American**

latish /ˈleɪtɪʃ/ *adj* поздновáтый.

latitude /ˈlætɪˌtjuːd/ *n* **1** (*distance from equator*; *in pl, regions*) широта́; **~ 25° N** (*читается*: **~ 25 degrees North**) 25 гра́дусов се́верной широты́.
2 (*freedom of action*) свобо́да (де́йствий); (*liberality*) широта́ (взгля́дов). **3** (*breadth, extent*) обши́рность.

latitudinal /ˌlætɪˈtjuːdɪn(ə)l/ *adj* широ́тный.

latitudinarian /lætɪˌtjuːdɪˈneərɪən/ *adj* веротерпи́мый.

latrine /ləˈtriːn/ *n* убо́рная, отхо́жее ме́сто.

latter /ˈlætə(r)/ *pron* & *adj* после́дний, второ́й; **in the ~ half of June** во второ́й полови́не ию́ня; **the former ... the ~** пе́рвый... второ́й/после́дний; **of cream and yogurt, the ~ is healthier** что каса́ется сли́вок и йо́гурта, то после́дний поле́знее.
● *cpd* **~-day** *adj* совреме́нный, нове́йший; **L~-Day Saints** мормо́ны (*m pl*).

latterly /ˈlætəlɪ/ *adv* (*of late*) (в/за) после́днее вре́мя; (*towards the end*) к концу́, под коне́ц.

lattice /ˈlætɪs/ *n* решётка; (*attr*; *also* **~d**) решётчатый.

Latvia /ˈlætvɪə/ *n* Ла́твия.

Latvian /ˈlætvɪən/ *n* (*person*) латви́|ец (*fem* -йка); латы́ш (*fem* -ка); (*language*) латы́шский язы́к.
● *adj* латви́йский, латы́шский.

laud /lɔːd/ *vt* восхвал|я́ть, -и́ть; сла́вить (*impf*).

laudability /ˌlɔːdəˈbɪlɪtɪ/ *n* похва́льность.

laudable /ˈlɔːdəb(ə)l/ *adj* похва́льный.

laudanum /ˈlɔːdnəm, ˈlɒd-/ *n* насто́йка о́пия.

laudatory /ˈlɔːdətərɪ/ *adj* хвале́бный.

laugh /lɑːf/ *n* смех; (*loud ~*) хо́хот; **it was a ~** сме́ху-то бы́ло; **we had a good ~ over it** мы от души́ посмея́лись над э́тим; **he had the last ~** в конце́ концо́в посмея́лся он; **have the ~ on s.o.** ост|авля́ть, -а́вить кого́-н. в дурака́х; **the ~ was on him** он оста́лся в дурака́х; **I could not raise a ~** меня́ э́то ничу́ть не рассмеши́ло; **he joined in the ~** он присоедини́лся к о́бщему сме́ху; **he gave a loud ~** он гро́мко рассмея́лся.
● *vt*: **~ to scorn** высме́ивать, вы́смеять; **he was ~ed out of court** он был осмея́н; **he was ~ing his head off** он хохота́л как безу́мный.
● *vi* смея́ться (*impf*) (**at:** над + *i*); хохот|а́ть, -ну́ть; (*begin ~ing*) засмея́ться (*pf*); **burst out ~ing**

рассмея́ться (*pf*); расхохота́ться (*pf*); **I almost burst out ∼ing** я чуть бы́ло не пры́снул; **he who ∼s last, ∼s longest** хорошо́ смеётся тот, кто смеётся после́дним; **he ∼s at my jokes** он смеётся, когда́ я шучу́; **who/what are you ∼ing at?** над чем/кем вы смеётесь?; **it's nothing to ∼ at** ничего́ смешно́го; **I should ∼ if he came in** бы́ло бы смешно́, е́сли бы он вошёл; **he ∼ed in my face** он рассмея́лся мне в лицо́; **he ∼ed fit to burst** (*coll*) он чуть не ло́пнул со́ смеху; **I ∼ed till I cried** я смея́лся до слёз; **he was ∼ing up his sleeve** он смея́лся в кула́к (*or* исподти́шка́); **he'll soon be ∼ing on the other side of his face** ему́ ско́ро бу́дет не до сме́ху; **make s.o. ∼** смеши́ть, рас- кого́-н.; **don't make me ∼!** (*ironical*) не смеши́те (меня́); **I couldn't help ∼ing** я не мог удержа́ться от сме́ха; **I couldn't stop ∼ing** я смея́лся так, что не мог останови́ться.

● *with adv*: **∼ off** *vt*: **∼ it off** отшу́|чиваться, -ти́ться; **∼ sth off** отде́л|ываться, -аться от чего́-н. шу́ткой; св|оди́ть, -ести́ что-н. на шу́тку.

laughable /ˈlɑːfəb(ə)l/ *adj* смешно́й, смехотво́рный.

laughing /ˈlɑːfɪŋ/ *n* смех; **I was in no mood for ∼** мне бы́ло не до сме́ху; **I couldn't speak for ∼** от сме́ха я не мог произнести́ ни сло́ва; **it is no ∼ matter** э́то не шу́точное де́ло; **he burst out ∼** он рассмея́лся/расхохота́лся.

● *cpds* **∼ gas** *n* веселя́щий газ; **∼ stock** *n* посме́шище; **make a ∼ stock of s.o.** выставля́ть, вы́ставить кого́-н. на посме́шище.

laughter /ˈlɑːftə(r)/ *n* смех; (*loud*) хо́хот; **die of, with ∼** ум|ира́ть, -ере́ть со́ смеху; смея́ться (*impf*) до упа́ду; **roar with ∼** хохота́ть (*impf*) во всё го́рло.

launch¹ /lɔːntʃ/ *n* (*motor boat*) ка́тер.

launch² /lɔːntʃ/ *n* (*of ship*) спуск (на́ воду); (*of rocket or spacecraft*) за́пуск; (*of torpedo, missile*) пуск; (*of product*) вы́пуск.

● *vt* (*set afloat*): **∼ a ship** спус|ка́ть, -ти́ть кора́бль на́ воду; (*send into air*): **∼ a rocket** запус|ка́ть, -ти́ть раке́ту; (*aircraft from flight deck*) катапульти́ровать (*impf, pf*); (*hurl, discharge*): **∼ a spear** мет|а́ть, -ну́ть (*or* бр|оса́ть, -о́сить) копьё; **∼ a torpedo** выпуска́ть, вы́пустить торпе́ду; (*initiate*): **∼ an attack** нач|ина́ть, -а́ть ата́ку; **∼ a campaign** нач|ина́ть, -а́ть (*or* откр|ыва́ть, -ы́ть) кампа́нию; **∼ an enterprise/product** пус|ка́ть, -ти́ть предприя́тие/проду́кт в прода́жу.

● *vi* пус|ка́ться, -ти́ться; **he ∼ed into an argument** он пусти́лся в спор; **we are ∼ing (out) on, into a new enterprise** мы начина́ем но́вое де́ло.

● *cpds* **∼(ing) pad** *n* ста́ртовая площа́дка; **∼(ing) site** *n* ста́ртовая пози́ция; **∼(ing) tower** *n* пускова́я вы́шка; **∼ vehicle** *n* раке́та-носи́тель (*f, 2nd part decl as m*).

launder /ˈlɔːndə(r)/ *vt & i*
1 стира́ть(ся), вы́-; **this cloth ∼s well** э́та мате́рия хорошо́ стира́ется.
2 (*fig*): **∼ money** отм|ыва́ть, -ы́ть де́ньги; **money ∼ing** отмыва́ние де́нег.

laund(e)rette /lɔːnˈdret/ *n* (*Br*) пра́чечная самообслу́живания.

laundress /ˈlɔːndrɪs/ *n* пра́чка.

laundromat /ˈlɔːndrəˌmæt/ *n* (*US propr*) = **laund(e)rette**

laundry /ˈlɔːndrɪ/ *n* **1** (*establishment*) пра́чечная; **send to the ∼** отд|ава́ть, -а́ть в сти́рку (*or* в пра́чечную); **my shirt came back torn from the ∼** в пра́чечной мне порва́ли руба́шку.
2 (*clothes*) бельё (для сти́рки *or* из сти́рки).

● *cpd* **∼man** *n* (*pl* **∼men**) рабо́чий в пра́чечной.

laureate /ˈlɒrɪət, ˈlɔː-/ *n*: **Poet L∼** поэ́т-лауреа́т.

laurel /ˈlɒr(ə)l/ *n* лавр; (*attr*) ла́вро́вый; (*fig, in pl*): **reap, win ∼s** пожина́ть (*impf*) ла́вры; **rest on one's ∼s** поч|ива́ть, -и́ть на ла́врах; **look to one's ∼s** защи|ща́ть, -ти́ть своё пе́рвенство.

lava /ˈlɑːvə/ *n* ла́ва; **∼ bed** пласт ла́вы; **∼ flow** пото́к ла́вы.

lavatory /ˈlævətərɪ/ *n* (*WC*) туале́т; (*washroom*) умыва́льная (ко́мната); **∼ paper** (*Br*) туале́тная бума́га.

lave /leɪv/ *vt* (*literary*) омыва́ть (*impf*).

lavender /ˈlævɪndə(r)/ *n* лава́нда; **∼ water** лава́ндовая вода́; **a ∼ gown** пла́тье бле́дно-лило́вого цве́та.

lavish /ˈlævɪʃ/ *adj* **1** (*generous*) ще́дрый; (*prodigal*) расточи́тельный; **he is ∼ in his praise** он щедр на похвалы́; **a ∼ reception** бога́тый приём. **2** (*abundant*) оби́льный.

● *vt*: **∼ money on sth** пром|а́тывать, -ота́ть де́ньги на что-н.; **∼ praise on s.o.** расточа́ть (*impf*) похвалы́ кому́-н.; **∼ care on s.o.** окружа́ть (*impf*) кого́-н. чрезме́рными забо́тами.

lavishness /ˈlævɪʃnɪs/ *n* ще́дрость; расточи́тельность.

law /lɔː/ *n* **1** (*rule or body of rules for society*) зако́н; **the ∼ of the land** зако́н страны́; **the bill became ∼** законопрое́кт был при́нят; **above the ∼** вы́ше зако́на; **by ∼** по зако́ну; **within the ∼** в ра́мках (*or* без наруше́ния) зако́на; **break, violate the ∼** нар|уша́ть, -у́шить зако́н; **keep, observe the ∼** соблюда́ть (*impf*) зако́н; **pass a ∼** прин|има́ть, -я́ть зако́н; **his word is ∼** его́ сло́во — зако́н; **he is a ∼ unto himself** он живёт по со́бственным зако́нам; **natural ∼** зако́н приро́ды; **the ∼ of supply and demand** зако́н спро́са и предложе́ния; **the ∼s of the game** пра́вила (*nt pl*) игры́.
2 (*as subj of study, profession, system*) пра́во, юсти́ция; **civil ∼** гражда́нское пра́во; **in international ∼** по междунаро́дному пра́ву; **declare martial ∼** объяв|ля́ть, -и́ть вое́нное положе́ние; **∼ and order** правопоря́док; **rule of ∼** правопоря́док; **∼ school** юриди́ческий вуз; **read, study ∼** изуч|а́ть, -и́ть пра́во; **go in for the ∼** учи́ться, вы́- на юри́ста; **follow, practise ∼** быть юри́стом; **doctor of ∼s** до́ктор юриди́ческих нау́к; **court of ∼** суд.
3 (*process of ∼*; **∼suit**) суде́бный проце́сс; **go to ∼** возбу|жда́ть, -ди́ть суде́бное де́ло; **have the ∼ on s.o.** пода́ть (*pf*) на кого́-н. в суд; **take the ∼ into one's own hands** поступ|а́ть, -и́ть самочи́нно; верши́ть (*impf*) самосу́д.
4 (*phys, math*): **∼ of gravity** зако́н всеми́рного тяготе́ния; **∼ of probability** тео́рия вероя́тностей.

● *cpds* **∼-abiding** *adj* законопослу́шный; **∼breaker** *n* правонаруши́тель (*m*) (*fem* -ница); **∼ court** *n* суд; **∼ enforcement** *n* (*attr*): **∼-enforcement agencies** правоохрани́тельные о́рганы; **∼giver, ∼maker** *nn* законода́тель (*m*) (*fem* -ница); **∼man** *n* (*pl* **∼men**) (*US*) полице́йский, шери́ф; **∼suit** *n* суде́бный проце́сс; **bring a ∼suit against s.o.** возбу|жда́ть, -ди́ть (суде́бное) де́ло про́тив кого́-н.

lawful /ˈlɔːfʊl/ *adj* зако́нный.

lawfulness /ˈlɔːfʊlnɪs/ *n* зако́нность.

lawless /ˈlɔːlɪs/ *adj* (*of country etc.*) ди́кий, анархи́чный; (*of person*) непоко́рный, мяте́жный.

lawlessness /ˈlɔːlɪsnɪs/ *n* беззако́ние; непоко́рность, мяте́жность.

lawn¹ /lɔːn/ *n* (*area of grass*) газо́н; **∼ tennis** те́ннис.

● *cpd* **∼mower** *n* газонокоси́лка.

lawn² /lɔːn/ *n* (*linen*) бати́ст.

lawyer /ˈlɔɪə(r), ˈlɔːjə(r)/ *n* юри́ст; (*advocate, barrister*) адвока́т.

lax /læks/ *adj* (*negligent, inattentive*) небре́жный; (*not strict*) нестро́гий; **∼ discipline** сла́бая дисципли́на; **∼ morals** распу́щенные нра́вы.

laxative /ˈlæksətɪv/ *n* слаби́тельное (сре́дство).

● *adj* слаби́тельный.

lax|ity /ˈlæksɪtɪ/, **-ness** /ˈlæksnɪs/ *nn* небре́жность; (*of morals*) распу́щенность.

lay¹ /leɪ/ *n* (*literary*) пе́сня, балла́да.

lay² /leɪ/ *n* **1** (*vulg*): **she's an easy ∼** она́ дава́лка (*sl*).
2 *see* ⇨**lie²** *n*

● *vt* (*past and pp* **laid**)
1 (*put down, deposit*) класть, положи́ть; **he laid his hand on my shoulder** он положи́л ру́ку мне на плечо́; **∼ a child to sleep** укла́дывать, уложи́ть ребёнка (спать); **∼ to rest** (*bury*) хорони́ть, по-; (*fig*): **his fears were laid to rest** его́ опасе́ния исче́зли; **∼ an egg** нести́, с- яйцо́; (*US coll, fail*) пров|а́ливаться, -али́ться; (*set in position*): **∼ bricks** класть (*impf*) кирпичи́; **∼ a foundation** (*lit, fig*) за|кла́дывать, -ложи́ть фунда́мент; **∼ a carpet** стлать, по- ковёр; **∼ cable/pipes** про|кла́дывать, -ложи́ть ка́бель/тру́бы; **∼ rails** укла́дывать, уложи́ть ре́льсы; **∼ an ambush** устр|а́ивать, -о́ить заса́ду; **∼ a trap** ста́вить, по- лову́шку.
2 (*fig, place*): **∼ a bet** держа́ть (*impf*) пари́; **∼ £10 on a horse** ста́вить, по-

10 фу́нтов на ло́шадь; **~ the facts before s.o.** дов|оди́ть, -ести́ фа́кты до све́дения кого́-н.; **~ a charge** предъяв|ля́ть, -и́ть обвине́ние (*кому в чём*); **the scene is laid in London** де́йствие происхо́дит в Ло́ндоне.
3 (*prepare*): **~ a fire** пригото́вить (*pf*) всё, что́бы развести́ ого́нь; **~ the table for dinner** накр|ыва́ть, -ы́ть стол к обе́ду; **~ plans** сост|авля́ть, -а́вить пла́ны.
4 (*cause to subside*): **~ a ghost** изг|оня́ть, -на́ть ду́ха.
5 (*cover*) укла́дывать, уложи́ть; покр|ыва́ть, -ы́ть; **a floor laid with linoleum** пол, покры́тый лино́леумом.
6 (*cause to be*): **~ bare** (*lit*) обнаж|а́ть, -и́ть; (*fig*, *reveal*) раскр|ыва́ть, -ы́ть; **~ low** (*knock over*) вали́ть, с-; (*overthrow*) низл|ага́ть, -ожи́ть; **he was laid low with a fever** он слёг с лихора́дкой; **~ o.s. open to attack** подст|авля́ть, -а́вить себя́ под уда́р; **~ o.s. open to suspicion** навл|ека́ть, -е́чь на себя́ подозре́ние; **~ waste** опустош|а́ть, -и́ть.
7 (*vulg*, *copulate with*) тра́х|ать, -нуть.
● *vi* (*past and pp* **laid**)
1 (*sc. eggs*) нести́сь (*impf*).
2 (*sc. the table*): **she laid for six** она́ накры́ла на шестеры́х.
3 (*strike*): **~ about s.o.** колоти́ть, по- кого́-н.; **~ about one** раздава́ть (*impf*) уда́ры напра́во и нале́во; **~ into s.o.** набр|а́сываться, -о́ситься на кого́-н.; нап|ада́ть, -а́сть на кого́-н.
● *with advs*: **~ aside** (*also* **~ by**) *vt* (*lit*) от|кла́дывать, -ложи́ть; **he laid aside his work** он отложи́л рабо́ту; (*relinquish, abandon*) ост|авля́ть, -а́вить; **you must ~ aside your prejudices** вы должны́ оста́вить/(от)бро́сить свои́ предрассу́дки; (*save*) от|кла́дывать, -ложи́ть; **~ back** *vt*: **the dog laid back its ears** соба́ка прижа́ла у́ши; **~ by** *vt* = **~ aside**; **~ down** *vt* (*on ground, bed etc.*) укла́дывать, уложи́ть; **~ down one's arms** (*surrender*) скла́дывать, сложи́ть ору́жие; **~ down a field to grass** пус|ка́ть, -ти́ть по́ле под траву́; (*formulate, prescribe*): **~ down conditions/rules** устан|а́вливать, -ови́ть (*or* формули́ровать, с- *or* выраба́тывать, вы́работать) усло́вия/пра́вила; **he laid it down as a condition that …** он поста́вил усло́вием, что́бы…; **this is laid down in the regulations** э́то предпи́сано пра́вилами; **he is fond of ~ing down the law** он лю́бит диктова́ть/распоряжа́ться; (*sacrifice*): **~ down one's life for one's friends** же́ртвовать, по- жи́знью (*or* отд|ава́ть, -а́ть жизнь) за друзе́й; (*begin to build*): **~ down a ship** за|кла́дывать, -ложи́ть кора́бль; **~ in** *vt* (*stock up with*) загот|а́вливать (*or* -овля́ть), -о́вить; запас|а́ть, -ти́; запас|а́ться, -ти́сь + *i*; **~ off** *vt* (*suspend from work*) ув|ольня́ть, -о́лить (со слу́жбы); отстран|я́ть, -и́ть (от рабо́ты); (*coll, desist from*) перест|ава́ть, -а́ть; *vi*: **~ off!** (*coll*) бро́сь(те)!; отста́нь(те)!; **~ on** *vt* (*Br, provide supply of*) пров|оди́ть, -ести́; **is water laid on here?** здесь есть водопрово́д?; (*coll*): **he promised to ~ on some drinks** он обеща́л поста́вить вы́пивку; (*arrange*) устр|а́ивать, -о́ить; **it's all laid on** всё устро́ено; (*fig*): **~ it on thick** (*coll, of exaggerated praise*) гру́бо льсти́ть (*impf*); **~ out** *vt* (*arrange for display etc.*) выставля́ть, вы́ставить; **~ out clothes** выкла́дывать, вы́ложить оде́жду; (*design*) плани́ровать, рас-; (*garden etc.*) разб|ива́ть, -и́ть; (*for burial*): **~ out a corpse** уб|ира́ть, -ра́ть поко́йника; (*spend*) тра́тить, ис-; (*knock down*) сби|ва́ть, -ть (с ног); **~ to** *vi* (*of ship*) ложи́ться, лечь в дрейф (*or* на курс); **~ up** *vt* (*save, store*) копи́ть, на-; запас|а́ть, -ти́; **you are ~ing up trouble for yourself** вы лишь навлечёте неприя́тности себе́ на́ голову; (*make inactive*): **my car was laid up all winter** всю зи́му моя́ маши́на просто́яла; **he was laid up with a broken leg** он был прико́ван к посте́ли из-за сло́манной ноги́.
● *cpds* **~about** *n* (*coll*) лентя́й (*fem* -ка); **~-by** *n* (*Br*) придоро́жная площа́дка для стоя́нки автомоби́лей; **~-off** *n* (*of workers*) сокраще́ние шта́тов; **~out** *n* (*arrangement*) расположе́ние; (*of town etc.*) планиро́вка; (*of garden etc.*) разби́вка; (*plan*) чертёж, план.

lay[3] /leɪ/ *adj* **1** (*opp clerical*) мирско́й; **~ brother** беле́ц. **2** (*opp professional*): **~ opinion** непрофессиона́льное мне́ние.
● *cpds* **~man** *n* (*pl* **~men**) (*relig*) миря́нин; (*non-specialist*) непрофессиона́л, неспециали́ст; **~woman** *n* (*pl* **~women**) (*relig*) миря́нка; (*non-specialist*) непрофессиона́лка.

layer[1] /ˈleɪə(r)/ *n* (*thickness, stratum*) слой, пласт; (*inserted* **~**) прокла́дка; **~ cake** слоёный пиро́г.
● *vt* (*lay or cut in* **~s**) пластова́ть (*impf*); насл|а́ивать, -о́ить.

layer[2] /ˈleɪə(r)/ *n* (*person laying flooring, rails*) укла́дчик; (*laying hen*) несу́шка; **these hens are good ~s** э́ти ку́ры хорошо́ несу́тся.

layette /leɪˈet/ *n* прида́ное новорождённого.

lay figure /leɪ/ *n* манеке́н.

laying /leɪɪŋ/ *n* (*of eggs*) кла́дка; (*of cable*) прокла́дка; (*of bricks*) укла́дка; (*of carpet*) расстила́ние; (*of turf*) дерно́вка; (*of rails, pipes*) укла́дка.
● *cpd* **~-on** *n*: **~-on of hands** рукоположе́ние.

laze /leɪz/ *vt & i*: **~ about** слоня́ться (*impf*) без де́ла; **~ away the time** безде́льничать (*impf*).

laziness /ˈleɪzɪnɪs/ *n* лень, ле́ность.

lazy /ˈleɪzɪ/ *adj* (**lazier, laziest**) лени́вый; **become ~** разле́н|иваться, -и́ться; **be ~** лени́ться (*impf*); **I was too ~ to write to him** мне бы́ло лень ему́ (на)писа́ть.
● *cpds* **~bones** *n* лентя́й (*fem* -ка), ло́дырь (*m*); (*coll*) лежебо́ка (*cg*); **~ Susan** *n* враща́ющийся подно́с для ку́шаний; **~ tongs** *n* пантогра́фный захва́т.

lb /paʊnd(z)/ *n* (*abbr of* ***libra***) фунт (*ме́ра ве́са*).

LCD (*abbr of* ***liquid-crystal display***) ЖК-диспле́й (жидкокристалли́ческий диспле́й).

L/Cpl. /lɑːns ˈkɔːpər(ə)l/ *n* (*abbr of* ***Lance-Corporal***) мла́дший капра́л.

LEA (*abbr of* ***local education authority***) (*Br*) ме́стные о́рганы образова́ния.

leach /liːtʃ/ *vt & i* выщела́чивать(ся), вы́щелочить(ся) (*о почве, горной породе*).

lead[1] /led/ *n* **1** (*metal*) свине́ц; (*attr*) свинцо́вый; **red ~** свинцо́вый су́рик; **white ~** свинцо́вые бели́ла; **~ poisoning** отравле́ние свинцо́м.
2 (*in pencil*) графи́т, гри́фель (*m*); **~ pencil** (графи́товый) каранда́ш; **the ~ keeps breaking** гри́фель постоя́нно лома́ется. **3** (*on fishing line*) грузи́ло; (*as ammunition*) дробь; (*bullets*) пу́ли (*f pl*). **4** (*naut, for sounding*) лот.
5 (*printing*) шпон. **6** (*in pl, Br, on roof*) свинцо́вые листы́ (*m pl*) для покры́тия кры́ши. **7** (*in pl, on window*) свинцо́вые ра́мки (*f pl*).
● *vt* (*cover with* **~**) освинц|о́вывать, -ева́ть, покр|ыва́ть, -ы́ть свинцо́м.
● *cpd* **~-free** *adj* неэтили́рованный.

lead[2] /liːd/ *n* **1** (*direction, guidance; initiative*) руково́дство; инициати́ва; **give a ~ to s.o.** под|ава́ть, -а́ть приме́р кому́-н.; **take the ~** брать, взять на (себя́) руково́дство/инициати́ву; **follow s.o.'s ~** (*lit, fig*) сле́довать, по- за кем-н.
2 (*first place*): **be in the ~** стоя́ть (*impf*) во главе́; (*sport*) быть впереди́; вести́ (*det*); (*fig*) стоя́ть (*impf*) во главе́, пе́рвенствовать (*impf*); **take the ~** (*sport*) выходи́ть, вы́йти вперёд; **he had a ~ of 10 metres** он опереди́л други́х на 10 ме́тров.
3 (*clue*): **give s.o. a ~ on sth** нав|оди́ть, -ести́ кого́-н. на след чего́-н.; **the police are looking for a ~** поли́ция пыта́ется напа́сть на след.
4 (*Br, cord, strap*) поводо́к, при́вязь; **'dogs must be kept on a ~'** (*notice*) «соба́к держа́ть на поводке́».
5 (*elec*) про́вод (*pl* -а́).
6 (*theatr*) гла́вная роль; актёр, игра́ющий гла́вную роль.
7 (*cards*) ход; **your ~!** ваш ход!
● *vt* (*past and pp* **led**)
1 (*conduct*) води́ть (*indet*), вести́, по- (*det*), **~ by the hand** вести́ за́ руку; **~ a horse by the bridle** вести́ ло́шадь под уздцы́; **~ s.o. by the nose** вести́ кого́-н. на поводу́; **~ astray** сбива́ть (*impf*) с пути́ и́стинного; **he led his troops into battle** он повёл солда́т в бой; **~ the way** идти́ (*det*) во главе́; **he was led off the premises** его́ вы́вели из помеще́ния.
2 (*fig, bring, incline, induce*): **what led you to this idea?** что навело́ вас на э́ту мысль?; **~ s.o. to believe** созда́ть (*pf*) впечатле́ние у кого́-н., что…; **he led us to expect much** он пробуди́л у нас больши́е наде́жды.
3 (*cause to go, e.g. water*) пров|оди́ть, -ести́.
4 (*be in charge of*): **~ an expedition/orchestra** руководи́ть (*impf*)

l

экспедицией/оркестром; (*direct*) управлять (*impf*) + *i*; (*command*) командовать (*impf*) + *i*; (*act as chief or head of*) возгл|авлять, -авить; (*be in the forefront of*): **the choir ~s the procession** хор идёт во главе процессии.
5 (*pass, spend*): **~ an idle life** вести (*det*) праздную жизнь; **~ a wretched existence** влачить (*impf*) жалкое существование.
6 (*cause to spend or undertake*): **~ s.o. a (merry) dance** (*Br*) заст|авлять, авить кого-н. поплясать/помучиться.
7 (*cards*): **~ trumps** ходить, пойти с козыря.
● *vi* (*past and pp* **led**)
1 (*of a road etc.*) вести (*det*): **all roads ~ to Rome** все дороги ведут в Рим; (*fig*) вести; прив|одить, -ести; **this method will ~ to difficulties** этот метод вызовет сложности.
2 (*be first or ahead*) быть впереди; вести (*det*); лидировать (*impf*); **our team is ~ing by 5 points** наша команда впереди на пять очков.
3 (*cards*) ходить, пойти.
4 (*journalism*): **the Times led with an article on the strike** «Таймс» посвятила свою передовую статью забастовке.
● *with advs*: **~ away** *vt* отв|одить, -ести; ув|одить, -ести; **~ in** *vt* вв|одить, -ести; **~ off** *vt* (*take away*) ув|одить, -ести; (*start*): **they led off the dance** они открыли танец; *vi*: **he led off with an apology** он начал с извинения; **~ on** *vt* (*lit*): **he led his troops on to victory** он вёл свои войска к победе; (*encourage*) поощр|ять, -ить; (*deceive*) обман|ывать, -уть; (*flirt with*): **she is ~ing him on** она его завлекает; *vi*: **~ on!** вперёд!; **~ up** *vi*: **~ up to** (*lit*) подв|одить, -ести к + *d*; (*precede, form preparation for*) подгот|овлять, -овить; **the events that led up to the war** события, приведшие к войне; (*direct conversation towards*) нав|одить, -ести разговор на + *a*; **what are you ~ing up to?** куда вы клоните?
● *cpd* **~-in** *n* (*introduction*) введение, ввод; (*elec*) ввод.

leaded /ˈledɪd/ *adj* (*petrol*) этилированный; (*window*) со свинцовыми рамами.

leaden /ˈled(ə)n/ *adj* (*lit, fig*) свинцовый.

leader /ˈliːdə(r)/ *n* **1** (*pol*) руководитель (*m*), лидер; (*comm*) лидер; (*rhetorical*) вождь (*m*). **2** (*of group*) вожак; (*of gang*) главарь (*m*). **3** (*mil*) командир. **4** (*Br, of orchestra*) первая скрипка; (*US, conductor*) дирижёр. **5** (*front horse in team*) передняя лошадь. **6** (*Br, leading article*) передовая (статья), передовица.

leadership /ˈliːdərˌʃɪp/ *n* (*role of leader; group of leaders*) руководство; (*pre-eminence*) первенство; (*qualities of a leader*) лидерство, инициативность.

leading /ˈliːdɪŋ/ *adj* (*foremost*) ведущий; (*outstanding*) выдающийся; **~ aircraftman** рядовой авиации первого класса; **~ article** (*Br*) передовая (статья), передовица; **~ company** (*comm*) лидирующая компания; **~ lady** исполнительница главной роли; **~ light** (*of art, science, etc.*) светило, корифей; (*of society*) знаменитость, светило; **~ question** наводящий вопрос; **~ team** (*sport*) лидирующая команда.
● *cpd* **~ rein** *n* повод; **~ seaman** *see* ⇒**seaman**

leaf /liːf/ *n* (*pl* **leaves**) **1** (*of tree or plant*) лист (*pl* -ья); **in ~** покрытый листвой; **come into ~** распус|каться, -титься; **tobacco ~** листовой табак.
2 (*of book*) лист (*pl* -ы); (*fig*): **take a ~ out of s.o.'s book** брать, взять пример с кого-н.; **turn over a new ~** нач|инать, -ать новую жизнь, исправиться (*pf*). **3** (*of metal etc.*) лист (*pl* -ы); **gold ~** листовое золото. **4** (*of table etc.*) откидная доска; (*inserted section*) вставная доска. **5** (*of shutter*) створка.
● *vt*: **~ over, through** перелист|ывать, -ать.
● *cpds* **~-green** *adj* цвета зелёной листвы; **~ mould** (*US* **mold**) *n* лиственный перегной.

leafless /ˈliːflɪs/ *adj* безлистный.

leaflet /ˈliːflɪt/ *n* **1** (*bot*) листок.
2 (*printed*) брошюрка; (*fold-out*) буклет; (*pol*) листовка.

leafy /ˈliːfɪ/ *adj* (**leafier, leafiest**) густолиственный.

league[1] /liːg/ *n* (*measure*) лье (*indecl*).

league[2] /liːg/ *n* (*alliance*) лига; **L~ of Nations** (*hist*) Лига наций; **in ~ with** в союзе с + *i*; (*pej*) в сговоре с + *i*; **be not in the same ~ as s.o.** быть не того класса; **football ~** футбольная лига; **~ table** (*Br*) (*sport*) таблица результатов; (*fig*) сравнительный график.
● *vi* (**leagues, leagued, leaguing**): **~ together** образов|ывать, -ать союз; (*pej*) сгов|ариваться, -ориться.

leak /liːk/ *n* (*hole*) течь; **spring a ~** да|вать, -ть течь; **stop a ~** остан|авливать, -овить течь; (*escape of fluid*) утечка; (*fig, of information*) утечка информации.
● *vt* (*fig*) выдавать, выдать.
● *vi* (*lit*) течь (*impf*); протекать (*impf*); прос|ачиваться, -очиться; (*fig*): **the affair ~ed out** дело выплыло наружу; **take a ~** (*coll, urinate*) отл|ивать, -ить.
● *cpd* **~-proof** *adj* непроницаемый, герметичный.

leakage /ˈliːkɪdʒ/ *n* (*lit, fig*) утечка.

leaky /ˈliːkɪ/ *adj* (**leakier, leakiest**) дырявый, имеющий течь; **a ~ pipe/roof** протекающая труба/крыша; **these barrels are ~** эти бочки текут.

lean[1] /liːn/ *n* (*of meat*) постная часть.
● *adj* **1** (*thin*) тощий; (*fig*): **~ years** скудные годы; **a ~ harvest** скудный/плохой урожай. **2** (*of meat*) нежирный, постный.

lean[2] /liːn/ *n* (*inclination*) уклон, наклон.
● *vt* (*past and pp* **leaned** /liːnd, lent/ *or esp Br* **leant**) прислон|ять, -ить (*что к чему*); оп|ирать, -ереть (*что обо что*); **~ the ladder against the wall!** прислоните лестницу к стене!; **he was ~ing his arm on the table** он опирался рукой о стол.
● *vi* (*past and pp* **leaned** /liːnd, lent/ *or esp Br* **leant**) **1** (*incline from vertical*) наклон|яться, -иться; **the tower ~s slightly** башня слегка наклонилась; **the trees are ~ing in the wind** деревья клонятся от ветра; **the L~ing Tower of Pisa** Падающая башня в Пизе; **sit ~ing backward/forward** сидеть (*impf*), подавшись назад/вперёд; **he ~s over backwards to help** (*fig*) он из кожи вон лезет, чтобы помочь; **~ out of the window** высовываться, высунуться из окна; **he ~ed over to her** он наклонился к ней; **he was ~ing over my shoulder** он заглядывал мне через плечо; **he ~t towards clemency** он был склонен к милосердию; **I ~ towards the same opinion** я склонен думать то же самое.
2 (*support o.s.*) прислон|яться, -иться; оп|ираться, -ереться; **he was ~ing against a tree** он стоял, прислонившись к дереву; **he walked ~ing on a stick** он шёл, опираясь на трость; (*fig*): **he ~s** (*depends*) **on his wife for support** он опирается на поддержку жены; **I had to ~** (*coll, put pressure*) **on him to get results** мне пришлось нажать на него, чтобы добиться результатов.
● *cpd* **~-to** *n* односкатная пристройка.

leaning /ˈliːnɪŋ/ *n* (*inclination*) склонность; (*tendency*) пристрастие.

leanness /ˈliːnnɪs/ *n* худоба, истощение.

leant /lent/ *esp Br past and pp of* ⇒**lean**[2]

leap /liːp/ *n* прыжок, скачок; **take a ~** прыгнуть (*pf*); **his heart gave a ~** сердце у него дрогнуло/ёкнуло; (*fig*): **a ~ in the dark** прыжок в неизвестность; **by ~s and bounds** стремительно.
● *vt* (*past and pp* **leaped** /liːpt, lept/ *or* **leapt** /lept/) (**~** *over*) переск|акивать, -очить (*or* перепрыг|ивать, -нуть) через + *a*.
● *vi* (*past and pp* **leaped** /liːpt, lept/ *or* **leapt** /lept/) прыг|ать, -нуть; **my heart ~t for joy** у меня сердце подскочило от радости; **~ to one's feet** вск|акивать, -очить; **he ~t** (*fig*) **at my offer** он ухватился за моё предложение.
● *cpds* **~frog** *n* чехарда; *vt* перепрыг|ивать, -нуть через + *a*; (*surpass, overtake*) обск|акивать, -акать; (*avoid an obstacle*) об|ходить, -ойти; **~ year** *n* високосный год.

learn /ləːn/ *vt* (*past and pp* **learned** /ləːnt, ləːnd/ *or esp Br* **learnt**) **1** (*get knowledge of*) учиться, на- + *d or inf*; изуч|ать, -ить; (*study*) заниматься (*impf*) + *i*; **he ~ed (how) to ride** он научился ездить верхом; (**~** *a trade*) обуч|аться, -иться + *d or inf*; **he is ~ing to be an interpreter** он учится на переводчика; (**~** *off or by heart*) учить, вы-; выучиться (*pf*) + *d*; **he ~t French** он выучился французскому языку; **where did you ~ Russian?** где вы изучали русский язык?; **she is ~ing her part** она учит/разучивает

свою́ роль; **he ~t the prayer by heart** он вы́учил моли́тву наизу́сть/назубо́к; **he ~t his lesson** (*fig*) он получи́л хоро́ший уро́к.
2 (*be informed*) узн|ава́ть, -а́ть; **I have yet to ~ where we are going** я ещё не зна́ю, куда́ мы пойдём.
● *vi* (*past and pp* **learned** /lə:nt, lə:nd/ *or esp Br* **learnt**): **he ~s slowly** он у́чится с трудо́м; **you can ~ from his mistakes** учи́тесь на его́ оши́бках; **I was sorry to ~ of your illness** я с сожале́нием узна́л о ва́шей боле́зни.

learned /ˈlə:nɪd/ *adj* учёный; **my ~ friend** (*Br, Counsel*) мой учёный колле́га; **a ~ society** нау́чное о́бщество.

learner /ˈlə:nə(r)/ *n* начина́ющий; **he is a good ~** он хорошо́ у́чится; (*~ driver*) начина́ющий води́тель(, не име́ющий води́тельских прав); шофёр-учени́|к (*fem* -ца).

learning /ˈlə:nɪŋ/ *n* (*process*) уче́ние; изуче́ние; **~ did not come easily to him** уче́ние ему́ дава́лось нелегко́; (*possession of knowledge*) учёность, эруди́ция; (*body of knowledge*) нау́ка; **seat of ~** оча́г просвеще́ния.
● *cpd* **~ curve** *n* гра́фик приобрете́ния на́выка.

learnt /lə:nt/ *esp Br past and pp of* ⇒**learn**

lease /li:s/ *n* аре́нда; **long ~** долгосро́чная аре́нда; **the ~ is running out** срок аре́нды истека́ет; **we took the house on a 20-year ~** мы взя́ли дом в аре́нду на 20 лет; (*fig*): **the doctors gave him a new ~ of life** врачи́ ему́ продли́ли жизнь; **he took on a new ~ of life** он сло́вно за́ново роди́лся.
● *vt* (*of lessee*) арендова́ть (*impf, pf*); брать, взять в аре́нду (*or* внаём); (*of lessor*) сд|ава́ть, -ать в аре́нду.
● *cpds* **~hold** *n* аре́нда; владе́ние на права́х аре́нды; **~hold property** арендо́ванная со́бственность; **~holder** *n* арендо́ватор.

leash /li:ʃ/ *n* при́вязь, поводо́к; **let off the ~** (*lit*) спус|ка́ть, -ти́ть с поводка́; (*fig*) развяза́ть (*pf*) ру́ки + *d*; **strain at the ~** (*fig*) рва́ться (*impf*) в бой.
● *vt* брать, взять на поводо́к.

least /li:st/ *n*: **~ said, soonest mended** чем ме́ньше ска́зано, тем ле́гче испра́вить де́ло; **to say the ~** мя́гко говоря́; **the ~ he could do is to pay for the damage** он мог бы по кра́йней ме́ре возмести́ть уще́рб; **at ~** по кра́йней ме́ре; са́мое ме́ньшее; не ме́ньше + *g*; **at the very ~** по ме́ньшей ме́ре; **give me ten at the (very) ~** да́йте мне ми́нимум де́сять; **at ~ once a year** не ре́же чем раз в год; **he is at ~ as tall as you** он ва́шего ро́ста, а мо́жет быть и вы́ше; **you should at ~ have warned me** вы бы хоть предупреди́ли меня́; **you can at ~ try** попы́тка не пы́тка; **not in the ~** ни в мале́йшей сте́пени, ничу́ть, нисколько; **he is not in the ~ interested** он совсе́м не заинтересо́ван.
● *adj* (*smallest*) наиме́ньший; минима́льный; **that's the ~ of my worries** э́то меня́ ме́ньше всего́ волну́ет; (*slightest*) мале́йший; **he hasn't the ~ idea about it** он не име́ет ни мале́йшего поня́тия об э́том.
● *adv* ме́ньше всего́; **I like this the ~ of all his plays** э́та его́ пье́са мне нра́вится ме́ньше всех други́х; **it is the ~ successful of his books** э́то наиме́нее уда́чная из его́ книг; **no one can complain, you ~ of all** никто́ не мо́жет жа́ловаться, а вы и пода́вно; **with the ~ possible trouble** с наиме́ньшими хло́потами; с наиме́ньшей затра́той сил; **not ~** не в после́днюю о́чередь.

leather /ˈleðə(r)/ *n* **1** ко́жа; **patent ~** лакиро́ванная ко́жа; **imitation ~** кожими́т; **as tough as ~** жёсткий как подо́шва. **2** (*for polishing*) за́мша (*для полировки*). **3** (*~ thong*) реме́нь (*m*).
● *adj* **1** (*made of ~*) ко́жаный; **~ jacket** ко́жаная ку́ртка; ко́жанка.
2 (*pertaining to ~*) коже́венный; **~ goods** коже́венный това́р.
● *vt* (*thrash*) лупи́ть, от- (*coll*); поро́ть, вы́-.

leatherette /ˌleðəˈret/ *n* кожими́т.

leathery /ˈleðərɪ/ *adj* (*tough*) жёсткий; **~ skin** загрубе́вшая ко́жа.

leave /li:v/ *n* **1** (*permission*) позволе́ние, разреше́ние; **who gave you ~ to go?** кто дал вам разреше́ние уйти́?; **I take ~ to remark** я позво́лю себе́ заме́тить; **by your ~** с ва́шего разреше́ния; **without (so much as) a 'by your ~'** без спро́са/спро́су.
2 (*~ of absence*) о́тпуск; **he is on ~** он в о́тпуске; **when are you going on ~?** когда́ вы ухо́дите в о́тпуск?; **~ pass** увольни́тельная запи́ска; отпускно́е свиде́тельство.
3 (*farewell*): **take (one's) ~ (of s.o.)** про|ща́ться, -сти́ться (с кем-н.); **take ~ of one's senses** с ума́ сойти́ (*pf*); (*coll*) рехну́ться (*pf*).
● *vt* (*past and pp* **left**)
1 (*allow or cause to remain*) ост|авля́ть, -а́вить; **the wound left a scar** от ра́ны оста́лся шрам; **his words left a deep impression** его́ слова́ произвели́ большо́е впечатле́ние; **I was left with the feeling that …** у меня́ оста́лось чу́вство, что…; **let us ~ it at that** пусть так; **you can take it or ~ it!** ва́ша во́ля!; **has anyone left a message?** никто́ ничего́ не передава́л?; **he left a wife and three children** по́сле его́ сме́рти жена́ оста́лась одна́ с тремя́ детьми́; **two from five ~s three** пять ми́нус два равня́ется трём; (*with indication of state or circumstances*): **~ me alone!** оста́вьте меня́ (в поко́е)!; **~ my books alone!** не тро́гайте мои́ кни́ги; **~ well alone!** от добра́ добра́ не и́щут; лу́чшее — враг хоро́шего; **it ~s me cold** (*fig*) э́то меня́ не тро́гает; **I left him in no doubt as to my intention** я ему́ я́сно объясни́л своё наме́рение; **they left him in the lurch** они́ бро́сили его́ в беде́; **it ~s much to be desired** э́то оставля́ет жела́ть мно́го лу́чшего; **~ the door open!** оста́вьте дверь откры́той!; не закрыва́йте дверь!; **he ~s himself open to attack** он ста́вит себя́ под уда́р; **some things are better left unsaid** о не́которых веща́х лу́чше не говори́ть; **she was left a widow** она́ оста́лась вдово́й; **the illness left him weak** по́сле боле́зни он осла́б; (*pp, remaining*): **I have no money left** у меня́ не оста́лось де́нег; **how much milk is there left?** ско́лько оста́лось молока́?
2 (*~ behind by accident*) заб|ыва́ть, -ы́ть; **I left my umbrella at home** я забы́л зо́нтик до́ма.
3 (*bequeath*) завеща́ть (*impf, pf*); ост|авля́ть, -а́вить в насле́дство; **she was left a large inheritance by her uncle** дя́дя оста́вил ей большо́е насле́дство.
4 (*abandon*) бр|оса́ть, -о́сить; пок|ида́ть, -и́нуть; **he left his wife for another woman** он бро́сил свою́ жену́ ра́ди друго́й же́нщины.
5 (*relinquish*): **~ hold, go of** выпуска́ть, вы́пустить из рук.
6 (*commit, entrust*) предост|авля́ть, -а́вить; **I ~ the decision to you** предоставля́ю реше́ние вам; **it was left to him to decide** реша́ть до́лжен был он; **~ it to him** пусть он э́то сде́лает; **~ it to me** я э́тим займу́сь; **he ~s nothing to chance** он чрезвыча́йно осторо́жен; **he was left to himself** он был предоста́влен самому́ себе́.
7 (*go away from*) выходи́ть, вы́йти из + *g*; (*by vehicle*) выезжа́ть, вы́ехать из + *g*; (*by air*) вылета́ть, вы́лететь из + *g*; (*for vv used when subj is a mode of transport, see vi*); **I ~ the house at eight** я выхожу́ и́з дому в во́семь часо́в; **~ the room!** вы́йдите из ко́мнаты; **the train was an hour late leaving Oxford** по́езд о́тбыл из О́ксфорда с часовы́м опозда́нием; **I left him in good health** когда́ я его́ поки́нул, он был соверше́нно здоро́в; (*come off*): **the train left the rails** по́езд сошёл с ре́льсов; (*rise from*): **~ the table** вст|ава́ть, -ать из-за стола́; (*~ for good, quit*) бр|оса́ть, -о́сить; пок|ида́ть, -и́нуть; **he left his job** он бро́сил свою́ рабо́ту; **our typist left us** на́ша машини́стка уво́лилась; **he left the Communist party** он вы́шел из коммунисти́ческой па́ртии; **has he left the country for good?** он навсегда́ поки́нул страну́?; **he left home at 16** в 16 лет он ушёл и́з дому; **he ~s school this year** он конча́ет шко́лу в э́том году́.
● *vi* (*past and pp* **left**)
1 (*of person on foot*) уходи́ть, уйти́; (*by transport*) уезжа́ть, уе́хать; (*by air*) улет|а́ть, -е́ть; **when do you ~ for the south?** когда́ вы уезжа́ете на юг?; (*~ for good*): **she left** (*her job*) **without giving notice** она́ ушла́ с рабо́ты, не уве́домив нача́льства.
2 (*of train*) от|ходи́ть, -ойти́; (*of boat*) от|ходи́ть, -ойти́; отпл|ыва́ть, -ы́ть; (*of aircraft*) вылета́ть, вы́лететь.
● *with advs*: **~ about, ~ around** *vt*: **don't ~ your money around** не оставля́йте де́ньги где попа́ло; **~ aside** *vt* ост|авля́ть, -а́вить в стороне́; **leaving expense aside, it's not a practical idea** э́то бесполе́зная зате́я, уж не говоря́ о расхо́дах; **~ behind** *vt* ост|авля́ть, -а́вить

после себя; (*forget to take*): **he left his hat behind** он забыл свою шляпу; (*abandon*): **he was left behind on the island** он оказался брошенным на острове; (*bequeath*): **he left behind a tidy sum** он оставил изрядную сумму; (*outstrip*): **we left him far behind** мы оставили его далеко позади; **~ down** *vt*: **~ the blinds down!** не поднимайте шторы!; **~ in** *vt*: **we ~ the fire in overnight** у нас камин горит всю ночь; **he left in all the quotations** он сохранил все цитаты; **~ off** *vt* (*not put on*): **I posted the letter but left off the stamp** я отослал письмо, но не приклеил марки; (*not wear*): **I ~ off my waistcoat in hot weather** в жару я не ношу жилета; (*stop*) перест|авать, -ать + *inf*; кончать, кончить + *a*; **~ off smoking** бр|осать, -осить курить; *vi* (*halt*) остан|авливаться, -овиться; **where did we ~ off?** на чём мы остановились?; **~ on** *vt*: **I left the light on** я оставил свет включённым; **I left my jacket on** я не снял пиджака; **~ out** *vt*: **she left the washing out in the rain** она оставила бельё под дождём; (*omit*) пропус|кать, -тить; **~ me out of this!** не втягивайте меня в это!; **I felt left out** я почувствовал себя лишним; **~ over** *vt* (*defer*) от|кладывать, -ложить; (*pass, remain*): ост|аваться, -аться; **a lot was left over after dinner** после обеда осталось ещё много еды.

● *cpd* **~-taking** *n* прощание, расставание.

leaven /ˈlev(ə)n/ *n* (*lit, fig*) закваска.
● *vt* (*lit*) заква|шивать, -сить; (*fig*): **he ~ed his speech with a few jokes** он оживил свою речь двумя-тремя анекдотами.

leavening /ˈlevənɪŋ/ *n* закваска.

leaves /liːvz/ *pl of* ⇒**leaf**

leavings /ˈliːvɪŋz/ *n pl* остатки (*m pl*); (*of food also*) объедки (*m pl*).

Lebanese /ˌlebəˈniːz/ *n* (*pl* ~) ливан|ец (*fem* -ка).
● *adj* ливанский.

Lebanon /ˈlebəˌnən/ *n* Ливан.

lecher /ˈletʃə(r)/ *n* развратник, распутник.

lecherous /ˈletʃərəs/ *adj* развратный, распутный.

lecherousness /ˈletʃərəsnɪs/ *n* развратность, распутство.

lechery /ˈletʃərɪ/ *n* разврат.

lectern /ˈlektəːn, -t(ə)n/ *n* аналой (*в церкви*); (*in lecture room*) пюпитр.

lector /ˈlektɔː(r)/ *n* доцент, преподаватель (*m*).

lecture /ˈlektʃə(r)/ *n* **1** (*dissertation*) лекция; **attend a ~** слушать, про- лекцию; **give a ~** читать, про- (*or* прочесть) лекцию. **2** (*reproof*) нотация; **give/read s.o. a ~** читать, про- нотацию кому-н.
● *vt* читать, про- лекцию/нотацию + *d*.
● *vi*: **he ~s in Russian** он читает лекции по русскому языку; **he ~s in Roman law** он преподаёт римское право.
● *cpds* **~ hall, ~ room, ~ theatre** *nn* аудитория.

lecturer /ˈlektʃərə(r)/ *n* (*speaker*) докладчи|к (*fem* -ца); (*professional ~*) лектор; (*at a university*) преподаватель (*m*).

lectureship /ˈlektʃəʃɪp/ *n* лекторство; (*senior ~*) доцентура.

LED (*abbr of* ***light-emitting diode***) светодиод, светоизлучающий диод.

led /led/ *past and pp of* ⇒**lead²**

ledge /ledʒ/ *n* (*shelf*) планка, полочка; (*projection*) выступ; (*edge*) край; (*under water*) шельф, бар.

ledger /ˈledʒə(r)/ *n* (*book*) гроссбух; (главная) учётная книга.

ledger line /ˈledʒə(r)/ = **leger line**

lee /liː/ *n* (*shelter*): **under the ~ of** под защитой + *g*; (*~ side*) подветренная сторона; **~ shore** подветренный берег.
● *cpd* **~way** *n* (*naut*) дрейф; (*fig*) свобода действий; **make up ~way** (*lit*) компенсировать (*impf, pf*) снос ветром; (*Br, fig*) навёрст|ывать, -ать упущенное; **he has much ~way to make up** ему предстоит многое наверстать.

leech /liːtʃ/ *n* (*worm*) пиявка.

leek /liːk/ *n* лук-порей.

leer /lɪə(r)/ *n* ухмылка.
● *vi* ухмыл|яться, -ьнуться; **~ at** хитро/злобно смотреть, по- на + *a*.

leery /ˈlɪərɪ/ *adj* (**leerier, leeriest**) (*sl*) хитрый; (*wary*) недоверчивый.

lees /liːz/ *n pl* (*lit, fig*) подонки (*m pl*); **drain to the ~** (*lit*) выпить (*pf*) до дна; (*fig*) испить (*pf*) чашу (*чего*).

leeward /ˈliːwəd, *naut* ˈluːəd/ *n* подветренная сторона; **to ~ (of)** на подветренной стороне (от + *g*).
● *adj* подветренный.
● *adv* под ветром.

left¹ /left/ *n* **1** (*side, direction*): **from the ~** слева; **from ~ to right** слева направо; **on the ~ of the street** по левой стороне улицы; **on/to my ~** (*location or motion*) налево от меня; **on/from my ~** слева от меня; **he turned to the ~** он повернул налево. **2** (*mil*: *~ flank*) левый фланг. **3** (*pol*): **the L~** левые (*pl*) (партии).
● *adj* левый; **~ turn** левый поворот; **~ wing** (*pol*) левое крыло.
● *adv* налево; **turn ~** св|орачивать, -ернуть налево; **~ turn!** (*mil*) налево!
● *cpds* **~-hand** *adj* левый; **on the ~-hand side of the street** по левой стороне улицы; **~-hand service** (*tennis*) подача левой рукой; **car with ~-hand drive** машина с левосторонним управлением (*or* с рулём слева); **~-hand screw** винт с левым ходом; **~-handed** *adj* делающий всё левой рукой, леворукий; **~-handed person** левша (*cg*); **~-handed blow** удар левой рукой; **~-handed compliment** сомнительный комплимент; **~-wing** *adj* левый, с левыми тенденциями; **~-winger** *n* представитель (*m*) левого крыла (партии), левый.

left² /left/ *past and pp of* ⇒**leave**

leftism /ˈleftɪz(ə)m/ *n* левизна, левые взгляды (*m pl*).

leftist /ˈleftɪst/ *n* лева|к (*fem* -чка).
● *adj* левый.

leftovers /ˈleftˌəʊvəz/ *n pl* остатк|и (*pl g* -ов); (*food*) объедк|и (*pl g* -ов).

leftwards /ˈleftwədz/ *adv* налево, влево.

lefty /ˈleftɪ/ *n* (*coll*) (*left-handed person*) левша (*cg*); (*pol*) лева|к (*fem* -чка).

leg /leg/ *n* **1** нога; (*diminutive*) ножка; (*of bird*) лапа, лапка; **with one's ~s in the air** вверх ногами; **he is on his ~s again** (*after illness*) он встал на ноги; **I've been on my ~s all day** я был на ногах целый день; **he is on his last ~s** (*dying*) он дышит на ладан; **the car is on its last ~s** машина вот-вот развалится; **get on one's hind ~s** (*of dog etc.*) вста|вать, -ть на задние лапы; **give s.o. a ~ up** (*lit*) помочь (*pf*) кому-н. взобраться; (*fig, assist*) оказ|ывать, -ать помощь кому-н.; **pull s.o.'s ~** разыгр|ывать, -ать кого-н.; подшу|чивать, -тить над кем-н.; **be run off one's ~s** сб|иваться, -иться с ног; **shake a ~** (*coll, dance*) танцевать (*impf*); (*coll, get going*) двигаться (*impf*); шевелить (*impf*) ногами; **show a ~!** (*Br coll*) подъём!; **he hasn't a ~ to stand on** ему нет оправдания; его доводы не выдерживают (ни малейшей) критики; **stretch one's ~s** размять (*pf*) ноги.
2 (*meat*): **~ of lamb** баранья нога; **~ of pork** окорок.
3 (*of furniture etc.*) ножка.
4 (*of garment*): **trouser ~** штанина; (*of sock or stocking*) паголенок.
5 (*stage of journey etc.*) этап.
● *vt* (**legged, legging**): **~ it** (*coll*) идти (*det*) пешком; **we ~ged it for 20 miles** мы отмахали 20 миль пешком.
● *cpds* **~-pull** *n* (*coll*) мистификация, розыгрыш; **~room** *n* место для ног.

legacy /ˈlegəsɪ/ *n* наследство, наследие.

legal /ˈliːg(ə)l/ *adj* **1** (*pertaining to or based on law*) юридический, правовой; **~ department** юридический отдел; **~ aid** (*Br*) бесплатная юридическая помощь неимущим; **~ obligation** правовое обязательство; **~ practitioner** адвокат; **~ adviser** юрисконсульт; **the ~ profession** профессия юриста; (*lawyers*) юристы, адвокаты (*both m pl*); **take ~ advice** консультироваться, про- с юристом.
2 (*permitted or ordained by law*) законный, легальный; **~ holiday** (*US*) официальный нерабочий день; **~ tender** законное платёжное средство; **~ offence** правонарушение; **within one's ~ rights** вправе (*по закону*) (+ *inf*).
3 (*involving court proceedings*) судебный; **~ action** судебный иск; судебное дело; **take ~ action against** возбу|ждать, -дить дело против + *g*; под|авать, -ать в суд на + *a*; предъяв|лять, -ить иск (к) + *d*; **~ costs** судебные издержки.

legalism /ˈliːgəˌlɪz(ə)m/ *n* буквоедство, бюрократизм.

legalist /ˈliːgəˌlɪst/ *n* законник.

legalistic /ˌliːgəˈlɪstɪk/ *adj* бюрократический.

legality /lɪ'gælɪtɪ, li:'g-/ *n* зако́нность, лега́льность.

legalization /ˌli:gəlaɪ'zeɪʃ(ə)n/ *n* узако́нивание, легализа́ция.

legalize /'li:gəˌlaɪz/ *vt* узако́ни|вать, -ть; легализи́ровать (*impf*, *pf*).

legate /lɪ'geɪt/ *n* лега́т.

legatee /ˌlegə'ti:/ *n* насле́дни|к (*fem* -ца), легата́рий.

legation /lɪ'geɪʃ(ə)n/ *n* представи́тельство, ми́ссия.

legato /lɪ'gɑ:təʊ/ *n* & *adv* (*pl* **~s**) (*mus*) лега́то (*indecl*).

legend /'ledʒ(ə)nd/ *n* **1** леге́нда. **2** (*inscription, explanatory matter*) на́дпись, леге́нда.

legendary /'ledʒəndərɪ/ *adj* легенда́рный.

legerdemain /ˌledʒədə'meɪn/ *n* (*sleight of hand*) ло́вкость рук; (*trickery*) надува́тельство; (*trick*) уло́вка.

leger line /'ledʒə(r)/ *n* (*mus*) доба́вочная лине́йка (*нотного стана*).

leggings /'legɪŋz/ *n pl* (*stretch trousers*) ле́гинс|ы (*pl*, *g* -ов); (*gaiters*) гама́ши (*f pl*); кра́ги (*f pl*).

leggy /'legɪ/ *adj* (**leggier, leggiest**) длинноно́гий.

legibility /ˌledʒɪ'bɪlɪtɪ/ *n* разбо́рчивость.

legible /'ledʒɪb(ə)l/ *adj* разбо́рчивый.

legion /'li:dʒ(ə)n/ *n* **1** (*body of soldiers*) легио́н; **Foreign L~** иностра́нный легио́н; **L~ of Honour** о́рден Почётного легио́на. **2** (*multitude*) легио́н, тьма; **her fans are ~** у неё тьма (*or* це́лая а́рмия) покло́нников; **their name is ~** и́мя им легио́н.

legion|ary /'li:dʒənərɪ/, **-naire** /ˌli:dʒə'neə(r)/ *nn* легионе́р.

legislate /'ledʒɪsˌleɪt/ *vi* изд|ава́ть, -а́ть зако́ны.

legislation /ˌledʒɪs'leɪʃ(ə)n/ *n* законода́тельство.

legislative /'ledʒɪslətɪv/ *adj* законода́тельный.

legislator /'ledʒɪsˌleɪtə(r)/ *n* законода́тель (*m*) (*fem* -ница).

legislature /'ledʒɪsˌleɪtʃə(r), -lətʃə(r)/ *n* (*assembly*) законода́тельный о́рган; (*institutions*) законода́тельные учрежде́ния.

legit /lɪ'dʒɪt/ *adj* (*coll*) (*lawful*) зако́нный; (*honest*) че́стный.

legitimacy /lɪ'dʒɪtɪməsɪ/ *n* зако́нность.

legitimate[1] /lɪ'dʒɪtɪmət/ *adj* **1** (*lawful*) зако́нный; **~ sovereign** зако́нный мона́рх; (*justifiable*): **~ demands** справедли́вые тре́бования; (*reasonable, admissible*) обосно́ванный. **2** (*by birth*) законнорождённый.

legitimate[2] /lɪ'dʒɪtɪˌmeɪt/ *vt*, **legitimation** /lɪˌdʒɪtɪ'meɪʃ(ə)n/ *n* = **legitimize**, **⇒legitimization**

legitim|ization /lɪˌdʒɪtɪmaɪ'zeɪʃ(ə)n/, **-ation** /lɪˌdʒɪtɪ'meɪʃ(ə)n/ *nn* узаконе́ние, узако́нивание, легитима́ция.

legitim|ize /lɪ'dʒɪtɪˌmaɪz/, **-ate** /lɪ'dʒɪtɪˌmeɪt/ *vt* узако́ни|вать, -ть.

legless /'leglɪs/ *adj* безно́гий; (*Br coll, drunk*) пья́ный в сте́льку.

legume /'legju:m/ *n* (*pod*) стручо́к; (*in pl, crops*) бобо́вые (*pl*).

leguminous /lɪ'gju:mɪnəs/ *adj* бобо́вый, стручко́вый.

Le Havre /lə'hɑ:vrə/ *n* Гавр.

Leipzig /'laɪpsɪg/ *n* Ле́йпциг.

leisure /'leʒə(r)/ *n* свобо́дное вре́мя; досу́г; **at ~** на досу́ге; **at one's ~** (*in free time*) в свобо́дное вре́мя; (*unhurriedly*) не спеша́; **I have ~ for reading** у меня́ есть вре́мя для чте́ния; **~ centre** спорти́вно-развлека́тельный ко́мплекс; **~ clothes** дома́шняя оде́жда; **in one's ~ hours** в свобо́дное вре́мя; **~ time** вре́мя досу́га.

leisured /'leʒəd/ *adj* досу́жий, пра́здный; **the ~ classes** нетрудовы́е кла́ссы.

leisureliness /'leʒəlɪnɪs/ *n* неторопли́вость.

leisurely /'leʒəlɪ/ *adj* неспе́шный, неторопли́вый; **at a ~ pace** споко́йным ша́гом.

● *adv* не спеша́, ме́дленно.

leitmoti|f, -v /'laɪtməʊˌti:f/ *n* лейтмоти́в.

lemming /'lemɪŋ/ *n* (*zool*) ле́мминг.

lemon /'lemən/ *n* **1** (*fruit, tree*) лимо́н; (*attr*) лимо́нный; **~ drop** лимо́нный ледене́ц; **~-squeezer** соковыжима́лка для лимо́на. **2** (*colour*) лимо́нный цвет.

lemonade /ˌlemə'neɪd/ *n* **1** (*Br, carbonated drink*) лимона́д. **2** (*drink of lemon juice and water*) напи́ток из со́ка лимо́на с водо́й.

lemon sole /'lemən/ *n* морско́й язы́к.

lemur /'li:mə(r)/ *n* лему́р.

lend /lend/ *vt* (*past and pp* **lent**)
1 да|ва́ть, -ть взаймы́; од|а́лживать, -олжи́ть; ссу|жа́ть, -ди́ть (*кого чем or что кому*); **~ me £5** одолжи́те мне (*or* да́йте мне взаймы́) пять фу́нтов; **~ me the book for a while** да́йте мне кни́гу на вре́мя; **he lent me the book to read** он дал мне почита́ть э́ту кни́гу.
2 (*impart*) прид|ава́ть, -а́ть; **their costumes lent a note of gaiety to the scene** их костю́мы придава́ли карти́не жизнера́достный тон.
3 (*proffer*): **~ an ear to** выслу́шивать, вы́слушать; **~ a hand** (*help*) ока́з|ывать, -а́ть по́мощь (*кому*); (*cooperate*) ока́з|ывать, -а́ть соде́йствие (*кому*); (*help out in difficulty*) выруча́ть, вы́ручить.
4: **~ o.s. to** (*agree to*) позво́лить (*pf*) себе́ согласи́ться на + *a*; (*accommodate o.s. to*) подд|ава́ться, -а́ться на + *a*; **the novel ~s itself to filming** рома́н подхо́дит для экраниза́ции; (*allow of*) допус|ка́ть, -ти́ть; **the affair ~s itself to many interpretations** де́ло мо́жно толкова́ть по-ра́зному; (*be serviceable for*) годи́ться (*impf*) на + *a* (*or* для + *g*).

● *with adv*: **~ out** *vt* (*of library etc.*) выдава́ть, вы́дать на́ дом.

lender /'lendə(r)/ *n* заимода́вец, кредито́р.

lending /'lendɪŋ/ *n* ссу́да; (*of money*) да́ча взаймы́; **he does not approve of ~** он не одобря́ет долго́в; **~ library** библиоте́ка (с вы́дачей книг на́ дом).

length /leŋθ, leŋkθ/ *n* **1** (*dimension, measurement*) длина́; **2 metres in ~** 2 ме́тра длино́й; **this material is sold by ~** э́та мате́рия продаётся на ме́тры/я́рды; **he lay at full ~** он лежа́л вы́тянувшись во всю длину́; **he travelled the ~ and breadth of Europe** он изъе́здил Евро́пу вдоль и попёрек.
2 (*racing etc.*): **the horse won by a ~** ло́шадь опереди́ла други́х на ко́рпус; **they lost (the boat race) by half a ~** (в состяза́ниях по гре́бле) они́ отста́ли на полко́рпуса.
3 (*of time*) продолжи́тельность, дли́тельность, срок; **the ~ of the visit was excessive** визи́т затяну́лся; **the chief fault of this film is its ~** гла́вный недоста́ток э́того фи́льма — его́ растя́нутость; **he objected to the ~ of the play** он счита́л, что пье́са сли́шком дли́нная; **seniority by ~ of service** старшинство́ по вы́слуге лет; **I shall be away for a certain ~ of time** меня́ не бу́дет не́которое вре́мя; **~ of the course** (*of study*) срок обуче́ния; **at ~** (*finally*) наконе́ц; (*in detail*) во всех подро́бностях; **he explained at some ~** он объясни́л дово́льно простра́нно; (*for a long time*) до́лго; **he spoke at great** он говори́л о́чень до́лго.
4 (*distance, extent*) расстоя́ние; **keep s.o. at arm's ~** (*fig*) держа́ть (*impf*) кого́-н. на почти́тельном расстоя́нии; **the ships passed at a cable's ~ apart** суда́ прошли́ друг от дру́га на расстоя́нии ка́бельтова.
5 (*extent, degree*): **go to any ~(s)** идти́ (*det*) на всё; ни пе́ред чем не остана́вливаться (*impf*); **he went to great ~s not to offend them** он сде́лал всё возмо́жное, что́бы не оби́деть их; **she went to all ~s to get her own way** она́ из ко́жи ле́зла, что́бы доби́ться своего́.
6 (*of vowel or syllable*) долгота́.
7 (*piece of material*) кусо́к; отре́з.

lengthen /'leŋθ(ə)n, 'leŋkθ(ə)n/ *vt* & *i* удлин|я́ть(ся), -и́ть(ся).

lengthening /'leŋθənɪŋ, 'leŋkθənɪŋ/ *n* удлине́ние.

lengthiness /'leŋθɪnɪs, 'leŋkθɪnɪs/ *n* растя́нутость.

length|ways /'leŋθweɪz, 'leŋkθ-/, **-wise** /'leŋθwaɪz, 'leŋkθ-/ *adv* (*along its length*): **fold the blanket ~** сложи́те одея́ло вдоль; (*in length*): **this piece measures not quite 3 feet ~** в длину́ в э́том куске́ без ма́лого три фу́та.

lengthy /'leŋθɪ, 'leŋkθɪ/ *adj* (**lengthier, lengthiest**) дли́нный, затя́нутый; (*in time*) дли́тельный; (*of speech etc.*) растя́нутый, простра́нный.

leniency /'li:nɪənsɪ/ *n* снисхожде́ние; мя́гкость.

lenient /'li:nɪənt/ *adj* (*of person*) снисходи́тельный; (*of punishment etc.*) мя́гкий.

Leningrad /'lenɪnˌgræd/ *n* (*hist*) Ленингра́д; (*attr*) ленингра́дский.

Leninism /'lenɪˌnɪz(ə)m/ *n* ленини́зм.

Leninist /'lenɪˌnɪst/ *n* ле́нинец.

● *adj* ле́нинский.

lenity /ˈlenɪtɪ/ *n* милосе́рдие.

lens /lenz/ *n* (*anat, optics*) ли́нза; (*anat*) хруста́лик гла́за; (*phot*) объекти́в.

Lent /lent/ *n* Вели́кий пост; (*Br*) **~ term** весе́нний триме́стр.

lent /lent/ *past and pp of* ⇒**lend**

Lenten /ˈlent(ə)n/ *adj* (*of Lent*) великопо́стный; (*fasting*): **~ fare** по́стный стол.

lentil /ˈlentɪl/ *n* чечеви́ца; **~ soup** чечеви́чная похлёбка.

lento /ˈlentəʊ/ *adv* ле́нто (*indecl*).

Leo /ˈliːəʊ/ *n* (*pl* **Leos**) (*astr*) Лев.

leonine /ˈliːəˌnaɪn/ *adj* льви́ный.

leopard /ˈlepəd/ *n* леопа́рд; **snow, mountain ~** сне́жный леопа́рд/барс, и́рбис; **a ~ cannot change his spots** ≈ горба́того моги́ла испра́вит.

leopardess /ˈlepədɪs/ *n* са́мка леопа́рда.

leotard /ˈliːəˌtɑːd/ *n* трико́ (*indecl*), леота́рд.

leper /ˈlepə(r)/ *n* прокажённый.

lepidoptera /ˌlepɪˈdɒptərə/ *n pl* чешуекры́лые (*pl*).

lepidopterous /ˌlepɪˈdɒptərəs/ *adj* чешуекры́лый.

leprechaun /ˈleprəˌkɔːn/ *n* гном.

leprosy /ˈleprəsɪ/ *n* прока́за.

leprous /ˈleprəs/ *adj* (*infected by leprosy*) прокажённый.

lesbian /ˈlezbɪən/ *n* (*homosexual*) лесбия́нка.
● *adj* лесби́йский.

lesbianism /ˈlezbɪənˌɪz(ə)m/ *n* лесби́йская любо́вь.

lèse majesté /liːz ˈmædʒɪstɪ/ *n* оскорбле́ние мона́рха.

lesion /ˈliːʒ(ə)n/ *n* поврежде́ние, пораже́ние.

less /les/ *n* ме́ньшее коли́чество; **you should eat ~** вам сле́дует ме́ньше есть; **I cannot accept ~ than £50** ме́ньше чем на 50 фу́нтов я не соглашу́сь; **no ~ than £500** не ме́нее пятисо́т фу́нтов; **no more and no ~ than ...** не что ино́е, как...; всего́ лишь...; ро́вно сто́лько(, ско́лько...) (*or* то(, что...), *etc. depending on the context*); (*when followed by quantity*) не бо́лее и не ме́нее (+ *g*); ро́вно; **all the ~ because ...** ещё ме́ньше из-за того́, что...; **it is nothing ~ than disgraceful** э́то позо́р и бо́льше ничего́; **he knew it would mean nothing ~ than the sack** он знал, что за э́то ему́ не минова́ть увольне́ния; **in ~ than no time** в одно́ мгнове́ние; **in ~ than an hour** ме́ньше чем за час; **you will see ~ of me in future** впосле́дствии вы не бу́дете ви́деть меня́ так ча́сто; **(I want) ~ of your cheek!** не хами́те!; **the ~ said, the better** чем ме́ньше слов, тем лу́чше; **I don't think any the ~ of him for that** э́то не умаля́ет моего́ мне́ния о нём; **he was a father to them, no ~** он был для них как родно́й оте́ц.
● *adj* **1** (*smaller*) ме́ньший; **of ~ importance** ме́ньшей ва́жности; **of ~ magnitude** ме́ньшего разме́ра; **in a ~(er) degree** в ме́ньшей сте́пени; **grow ~** ум|еньша́ться, -е́ньшиться. **2** (*not so much*) ме́ньше; **eat ~ meat!** е́шьте ме́ньше мя́са!; **~ noise!** поти́ше! **3** (*of lower rank*): **no ~ a person than ...** не кто ино́й, как... .
● *adv* ме́ньше, ме́нее; не так, не сто́лько; **he is ~ intelligent than his sister** он не так умён, как его́ сестра́; **the ~ you think about it the better** чем ме́ньше об э́том ду́мать, тем лу́чше; **~ and ~** всё ме́ньше и ме́ньше.
● *prep* ми́нус; за вы́четом + *g*; **I paid him his wages, ~ what he owed me** я вы́дал ему́ зарпла́ту за вы́четом су́ммы, кото́рую он мне задолжа́л.

lessee /leˈsiː/ *n* (*of house etc.*) съёмщик; (*of land*) аренда́тор, нанима́тель (*m*) (*fem* -ница).

lessen /ˈles(ə)n/ *vt & i* ум|еньша́ть(ся), -е́ньшить(ся).

lessening /ˈlesənɪŋ/ *n* уменьше́ние.

lesser /ˈlesə(r)/ *adj* ме́ньший; (*of plants, animals*) ма́лый; **the ~ evil** ме́ньшее из двух зол.

lesson /ˈles(ə)n/ *n* **1** уро́к, заня́тие; **English ~s** уро́ки англи́йского языка́; **give ~s in physics** да|ва́ть, -ть уро́ки фи́зики; **~s begin on 1 September** (*Br*) заня́тия начина́ются пе́рвого сентября́; **take ~s** брать (*impf*) уро́ки; **teach s.o. a ~** (*rebuke, punish*) дать (*pf*) уро́к кому́-н.; проучи́ть (*pf*) кого́-н.; **let that be a ~ to you!** да бу́дет э́то вам нау́кой! **2** (*eccl*) чте́ние.

lessor /leˈsɔː(r)/ *n* арендода́тель (*m*), сдаю́щий в аре́нду (*or* внаём).

lest /lest/ *conj* что́бы не; **I fear ~ he should see her** я бою́сь, как бы он её не уви́дел.

let[1] /let/ *n* **1**: **without ~ or hindrance** беспрепя́тственно. **2** (*tennis*): **~ ball!** се́тка!

let[2] /let/ *n* (*Br, of property*) аре́нда; **take a house on a long ~** снять (*pf*) дом на дли́тельный срок.
● *vt* (**letting;** *past and pp* **let**) (*also* **~ out**) сда|ва́ть, -ть внаём; **the flat is already ~** кварти́ра уже́ сдана́; **'house to ~ furnished'** (*notice*) «сдаётся дом с ме́белью».
● *vi* (**letting;** *past and pp* **let**): **this house would ~ easily** э́тот дом сни́мут бы́стро.

let[3] /let/ *vt* (**letting;** *past and pp* **let**) **1** (*allow*) позв|оля́ть, -о́лить + *d*; разреш|а́ть, -и́ть + *d*; **~ me help you** позво́льте вам помо́чь; **why not ~ him try?** да́йте ему́ возмо́жность попро́бовать; **he won't ~ me work** он не даёт мне рабо́тать; **~ s.o. be** ост|авля́ть, -а́вить кого́-н. в поко́е; **~ sth be** не тро́|гать, -нуть чего́-н.; **~ drop, fall** роня́ть, урони́ть; **~ fly at** (*go for*) **s.o.** напус|ка́ться, -ти́ться на кого́-н.; **~ fly at** (*shoot at*) **sth** стреля́ть (*impf*) во что-н.; **~ go** (*relax grip on*) выпуска́ть, вы́пустить из рук; отпус|ка́ть, -ти́ть; **~ go (of) my hand** отпусти́те мою́ ру́ку; **~ o.s. go** увл|ека́ться, -е́чься; (*set free*) выпуска́ть, вы́пустить; **~ things go** вести́ (*det*) дела́ спустя́ рукава́; (*sell*): **he ~ the chair go for a song** он про́дал стул по дешёвке; (*ignore*): **this was untrue but I ~ it go/pass** э́то бы́ло непра́вдой, но я не стал возража́ть; **~ one's hair grow** отпус|ка́ть, -ти́ть во́лосы; **we ~ the storm pass and then went out** мы пережда́ли грозу́, пото́м вы́шли; **~ slide** пусти́ть (*pf*) на само́тёк (*see also* ⇒**~ go**); **~ slip** (*chance etc.*) упус|ка́ть, -ти́ть.
2 (*cause to*): **~ s.o. have it** (*coll, punish*) суро́во нак|а́зывать, -аза́ть кого́-н.; **~ s.o. know** да|ва́ть, -ть кому́-н. знать; сообщ|а́ть, -и́ть кому́-н.; **~ it not be said that we were afraid** да не обвиня́т нас в тру́сости.
3 (*in imperative or hortatory sense*): **~ me see** (*reflect*) погоди́те; да́йте поду́мать; **~ him do it** пусть он э́то сде́лает; **just ~ him try it!** пусть то́лько попро́бует!; **~ X equal the height of the building** пусть высота́ зда́ния равня́ется X; **~ us drink** вы́пьем(те); дава́й(те) вы́пьем/пить; **~ us pray** помо́лимся; **~ us not be greedy** не бу́дем жа́дничать; **~ them come in** пусть войду́т; **~ there be light** да бу́дет свет.
4 (**~ come or go**): **he ~ me into the room** он впусти́л меня́ в ко́мнату; **shall I ~ you into a secret?** хоти́те я раскро́ю вам та́йну?; **he was ~ out of prison** его́ вы́пустили из тюрьмы́.
● *with advs*: **~ alone** *vt* ост|авля́ть, -а́вить (*кого*) в поко́е; не тро́|гать, -нуть (*чего*); **~ him alone to finish it** не меша́йте ему́ зако́нчить э́то; **~ alone** (*not to mention*) не то́лько что, не говоря́ уже́ о + *p*; **they haven't got a radio, ~ alone television** у них и ра́дио нет, не говоря́ уже́ о телеви́зоре; **he can't even walk, ~ alone run** он и ходи́ть-то не мо́жет, а бе́гать и пода́вно; **~ well alone** не вме́шиваться без нужды́; **~ down** *vt* (*lower*) опус|ка́ть, -ти́ть; **~ one's hair down** (*lit*) распус|ка́ть, -ти́ть во́лосы; (*fig*) разоткрове́нничаться (*pf*); **~ s.o. down gently** (*fig*) щади́ть, по- чьё-н. самолю́бие; (*disappoint*) разочаро́в|ывать, -а́ть; **he feels ~ down** он разочаро́ван; (*fail to support*) подв|оди́ть, -ести́ (*coll*); **I was badly ~ down** меня́ здо́рово подвели́; (*Br, deflate*): **~ down tyres** спус|ка́ть, -ти́ть ши́ны; (*lengthen*): **~ down a dress** отп|уска́ть, -усти́ть пла́тье; **~ in** *vt* (*admit*) впус|ка́ть, -ти́ть; **the window doesn't ~ in much light** че́рез э́то окно́ проника́ет ма́ло све́та; **my shoes ~ in water** мои́ ту́фли протека́ют/промока́ют; **he ~ himself in** он сам откры́л дверь и вошёл; **he ~ me in for endless trouble** он впу́тал меня́ в бесконе́чные неприя́тности; **what have I ~ myself in for?** во что я ввяза́лся?; **we ~ him in on the secret** мы посвяти́ли его́ в та́йну; (*insert*) вст|авля́ть, -а́вить; (*into garment*) вши|ва́ть, -ть; (*engage*): **~ the clutch in** включ|а́ть, -и́ть сцепле́ние; **~ off** *vt* (*discharge*) разря|жа́ть, -ди́ть; **~ off fireworks** запуска́ть (*impf*) фейерве́рк; (*emit*): **~ off steam** (*lit, fig*) выпуска́ть, вы́пустить пары́; **~ off a smell** испуска́ть (*impf*) за́пах; (*allow to dismount*): **~ me off at the next stop** ссади́те меня́ на сле́дующей

остано́вке; (*acquit*; *not punish*) не нака́зывать (*impf*); **he was ~ off lightly** он легко́ отде́лался; (*excuse*) про|ща́ть, -сти́ть + *d*, **they ~ him off his debt** ему́ прости́ли долг; (*liberate*) освобо|жда́ть, -ди́ть; **he ~ them off work for the day** он их освободи́л от рабо́ты на день; *vi* (*fire*) вы́стрелить (*pf*); **~ on** *vt* & *i* (*coll*, *divulge*) прогов|а́риваться, -ори́ться; **don't ~ on about it** ни сло́ва об э́том!; (*pretend*) прики́|дываться, -нуться; **~ out** *vt* выпуска́ть, вы́пустить; **~ the air out of a tyre** выпуска́ть, вы́пустить во́здух из ши́ны; спусти́ть (*pf*) ши́ну; **~ the water out of the bath** выпуска́ть, вы́пустить (*or* спус|ка́ть, -ти́ть) во́ду из ва́нны; **~ out a scream** завизжа́ть (*pf*); взви́згнуть (*pf*); **~ out a secret** прогов|а́риваться, -ори́ться; проболта́ться (*pf*); **he ~ out the whole story** он вы́болтал всю исто́рию; **she ~ out the sleeves** она́ вы́пустила рукава́; **~ the fire out** да|ва́ть, -ть потýхнуть огню́; **~ past** *vt* да|ва́ть, -ть пройти́; **~ through** *vt* пропус|ка́ть, -ти́ть; **~ up** *vi* (*weaken*, *diminish*) ослаб|ева́ть, -е́ть; (*stop for a while*) приостан|а́вливаться, -ови́ться; (*relax*, *take a rest*) перед|ыха́ть, -охну́ть; **he never ~s up in his work** он рабо́тает без переды́шки (*or* не покладая рук).

● *cpds* **~-down** *n* (*disappointment*, *anticlimax*) разочарова́ние; **~-off** *n*: **that was a ~-off!** пронесло́!; **~-out** *n* (*Br*) возмо́жность отступле́ния; **a ~-out clause** пункт об освобожде́нии от (догово́рных) обяза́тельств; **~-up** *n* (*respite*) переды́шка; остано́вка.

lethal /ˈli:θ(ə)l/ *adj* (*fatal*) смерте́льный; **a ~ dose** смерте́льная до́за; (*designed to kill*) смертоно́сный.

lethargic /lɪˈθɑ:dʒɪk/ *adj* вя́лый; (*med*) летарги́ческий.

lethargy /ˈleθədʒɪ/ *n* вя́лость; летарги́я.

Lett /let/ *n* латы́ш (*fem* -ка).

letter /ˈletə(r)/ *n* **1** (*of alphabet*) бу́ква; **capital ~** прописна́я бу́ква; **the word is written with a capital ~** э́то сло́во пи́шется с прописно́й бу́квы; **small ~** строчна́я бу́ква; **it was written in small ~s** э́то бы́ло напи́сано строчны́ми бу́квами; (*fig*, *precise detail*): **to the ~** буква́льно; **the ~ of the law** бу́ква зако́на; **he follows the law to the ~** он соблюда́ет зако́н до после́дней запято́й; **in ~ and in spirit** по фо́рме и по существу́.

2 (*written communication*) письмо́; (*official*) паке́т; **registered ~** заказно́е письмо́; **~ of intent** протоко́л о наме́рениях; **~ of introduction** рекоменда́тельное письмо́.

3 (*in pl*, *literature*) литерату́ра; **man of ~s** литера́тор.

● *vt* **1** (*impress title on*) отти́с|кивать, -нуть загла́вие на + *a*; **the title was ~ed in gold** загла́вие бы́ло вы́теснено золоты́ми бу́квами.

2 (*classify by means of ~s*) пом|еча́ть, -е́тить бу́квами.

● *cpds* **~ bomb** *n* письмо́, начинённое взрывча́ткой; бо́мба в конве́рте; **~ box** *n* (*Br*) почто́вый я́щик; **~head, ~ heading** *n* (*heading*) ша́пка на фи́рменном бла́нке; (*paper*) фи́рменный бланк; **~press** *n* (*Br*, *text*, *captions*) печа́тный текст; (*printing from raised type*) высо́кая печа́ть.

lettering /ˈletərɪŋ/ *n* (*inscription*) на́дпись; (*impressing of title*) тисне́ние (бу́квами); (*script*) шрифт.

Lettish /ˈletɪʃ/ *n* латы́шский язы́к.

● *adj* латы́шский.

lettuce /ˈletɪs/ *n* сала́т(лату́к) (*растение*).

leucocyte /ˈlu:kəˌsaɪt/ *n* лейкоци́т.

leukaemia /lu:ˈki:mɪə/ (*US* **leukemia**) *n* белокро́вие, лейкеми́я.

levee /ˈlevɪ, lɪˈvi:/ *n* (*US*, *embankment*) на́бережная.

level /ˈlev(ə)l/ *n* **1** (*instrument*) ватерпа́с; у́ровень (*m*); **spirit ~** спиртово́й у́ровень.

2 (*horizontal plane or line*) у́ровень; **on a ~ with** на одно́м у́ровне с + *i*; **at eye ~** на у́ровне гла́за; (*fig*, *coll*): **on the ~!** че́стно!; **is he on the ~?** мо́жно ли ему́ ве́рить?

3 (*social etc.*, *standing*): **students at an advanced ~** бо́лее продви́нутые студе́нты; **a higher ~ of civilization** бо́лее высо́кий у́ровень цивилиза́ции; **subsistence ~** прожи́точный ми́нимум; **talks at Cabinet ~** перегово́ры на прави́тельственном у́ровне.

4 (*geog*, *plain*) равни́на.

● *adj* (*even*) ро́вный; (*flat*) пло́ский; (*horizontal*) горизонта́льный; **~ crossing** (*Br*) (железнодоро́жный) перее́зд; **the room was ~ with the street** ко́мната была́ на одно́м у́ровне с у́лицей; **the water was ~ with the banks** вода́ была́ вро́вень с берега́ми; **draw ~ with** наг|оня́ть, -на́ть; **have, keep a ~ head** сохраня́ть (*impf*) споко́йствие; **do one's ~ best** че́стно стара́ться (*impf*).

● *vt* (**levelled, levelling;** *US* **leveled, leveling**)

1 (*make ~*) ур|а́внивать, -овня́ть; выра́внивать, вы́ровнять.

2 (*raze to ground*) ср|а́внивать, -овня́ть с землёй.

3 (*geol*) нивели́ровать (*impf*, *pf*).

4 (*direct*, *aim*) нав|оди́ть, -ести́; наце́ли|вать, -ть; **she ~led a gun at his head** она́ прице́лилась ему́ в го́лову; (*criticism*, *accusation*) напр|авля́ть, -а́вить (**at:** про́тив + *g*).

● *with advs*: **~ down** *vt* выра́внивать, вы́ровнять; (*fig*) нивели́ровать (*impf*, *pf*); **~ off, ~ out** *vvt* (*smooth out*) сгла́|живать, -дить; (*make ~*, *even*, *identical*) ур|а́внивать, -овня́ть; *vi* (*of aircraft*) выра́вниваться, вы́ровняться; **~ up** *vt* ур|а́внивать, -овня́ть.

● *cpd* **~-headed** *adj* тре́звый, рассуди́тельный.

lever /ˈli:və(r)/ *n* (*lit*, *fig*) рыча́г.

● *vt*: **~ sth out** высвобожда́ть, вы́свободить что-н. рычаго́м; **~ sth up** подн|има́ть, -я́ть что-н. рычаго́м; **he ~ed the stone into position** он установи́л ка́мень с по́мощью рычага́.

leverage /ˈli:vərɪdʒ/ *n* (*action*) де́йствие/уси́лие рычага́; **use ~ on s.o.** (*fig*) повлия́ть (*pf*) на кого́-н.

leveret /ˈlevərɪt/ *n* зайчо́нок.

leviathan /lɪˈvaɪəθ(ə)n/ *n* (*bibl*) Левиафа́н; (*fig*) левиафа́н.

levitate /ˈlevɪˌteɪt/ *vt* & *i* подн|има́ть(ся), -я́ть(ся) в во́здух.

levitation /ˌlevɪˈteɪʃ(ə)n/ *n* левита́ция.

Leviticus /lɪˈvɪtɪkəs/ *n* (*bibl*) Леви́т.

levity /ˈlevɪtɪ/ *n* легкомы́слие.

levy /ˈlevɪ/ *n* **1** (*collection of taxes etc.*) сбор; (*imposition*) обложе́ние; (*raising*) взима́ние; **capital ~** нало́г на капита́л. **2** (*of recruits*) набо́р.

● *vt* **1** (*raise*) взима́ть (*impf*) (**on:** с + *g*). **2** (*recruit*) наб|ира́ть, -ра́ть.

lewd /lju:d/ *adj* (*of person*) развра́тный; (*of joke*, *suggestion*) непристо́йный, гря́зный.

lewdness /ˈlju:dnɪs/ *n* (*of person*) развра́тность; (*of joke*, *suggestion*) непристо́йность.

lexical /ˈleksɪk(ə)l/ *adj* лекси́ческий.

lexicographer /ˌleksɪˈkɒgrəfə(r)/ *n* лексико́граф.

lexicographical /ˌleksɪkəˈgræfɪk(ə)l/ *adj* лексикографи́ческий.

lexicography /ˌleksɪˈkɒgrəfɪ/ *n* лексикогра́фия.

lexicon /ˈleksɪkən/ *n* (*dictionary*) слова́рь, лексико́н; (*vocabulary of writer etc.*) ле́ксика.

lexis /ˈleksɪs/ *n* ле́ксика, слова́рь.

Lhasa /ˈlɑ:sə/ *n* Лха́са (*столица Тибета*).

liabilit|y /ˌlaɪəˈbɪlɪtɪ/ *n* **1** (*responsibility*) отве́тственность; **limited ~y company** компа́ния с ограни́ченной отве́тственностью; **admit ~y for sth** призн|ава́ть, -а́ть себя́ отве́тственным за что-н. **2** (*obligation*) обяза́тельство; **meet one's ~ies** выполня́ть, вы́полнить обяза́тельства; (*in pl*, *debts*) долги́ (*m pl*). **3** (*burden*, *handicap*): **he's nothing but a ~y** он про́сто обу́за; **this is a terrible ~y** э́то нам стра́шно меша́ет; **I shall only be a ~y** я бу́ду то́лько поме́хой.

liable /ˈlaɪəb(ə)l/ *adj* **1** (*answerable*) отве́тственный (за + *a*). **2** (*subject*): **he is ~ to a heavy fine** его́ мо́гут подве́ргнуть большо́му штра́фу. **3** (*apt*, *likely*): **difficulties are ~ to arise** мо́гут возни́кнуть тру́дности; **she is ~ to forget it** она́ скло́нна забыва́ть об э́том.

liaise /lɪˈeɪz/ *vi* (*coll*) устана́вливать/подде́рживать (*impf*) связь (с + *i*).

liaison /lɪˈeɪzɒn/ *n* **1** (*mil etc.*) связь; **~ officer** (*mil*) офице́р свя́зи; (*non-military*) челове́к, отве́тственный за поддержа́ние свя́зи ме́жду организа́циями. **2** (*love affair*) (любо́вная) связь.

liana /lɪˈɑ:nə/ *n* лиа́на.

liar /ˈlaɪə(r)/ *n* лгун (*fem* -ья).

lib /lɪb/ *n* (*coll*): **Women's ~** фемини́стское движе́ние (*за равенство женщин и мужчин*).

libation /laɪˈbeɪʃ(ə)n, lɪ-/ *n* возлия́ние.

libel /ˈlaɪb(ə)l/ *n* клевета́; **~ action** де́ло по обвине́нию в клевете́; **law of ~** зако́н о диффама́ции.

l

● *vt* (**libelled, libelling;** *US* **libeled, libeling**) клеветáть (*на кого*), о- (*кого*), на- (*на кого*); **they ~led me** они́ оклеветáли меня́, они́ наклеветáли на меня́.

libeller /'laɪbələ(r)/ (*US* **libeler**) *n* клеветни́|к (*fem* -ца).

libellous /'laɪbələs/ (*US* **libelous**) *adj* клеветни́ческий.

liberal /'lɪbər(ə)l/ *n* либерáл.
● *adj* **1** (*generous, open-handed*) щéдрый; (*abundant*) оби́льный. **2** (*open or broadminded*): **a man of ~ views** человéк широ́ких взгля́дов; (*progressive*) передово́й; (*non-specialist*): **a ~ education** гуманитáрное образовáние; **the ~ arts** гуманитáрные нау́ки. **3** (*pol*) либерáльный; **the L~s** либерáльная пáртия.
● *cpds* **L~ Democrat** *n* (*pol*) либерáл-демокрáт; **~ democratic** *adj* либерáльно-демократи́ческий.

liberalism /'lɪbərəl,ɪz(ə)m/ *n* либерали́зм.

liberality /,lɪbə'rælɪtɪ/ *n* щéдрость; широтá взгля́дов.

liberalization /,lɪbərəlaɪ'zeɪʃ(ə)n/ *n* демократизáция, либерализáция.

liberalize /'lɪbərə,laɪz/ *vt*: **~ trade** облегч|áть, -и́ть усло́вия торго́вли; (*ideas, regime*) либерализовáть (*impf, pf*).

liberate /'lɪbə,reɪt/ *vt* освобо|ждáть, -ди́ть.

liberation /,lɪbə'reɪʃ(ə)n/ *n* освобождéние.

liberator /'lɪbə,reɪtə(r)/ *n* освободи́тель (*fem* -ница).

Liberia /laɪ'bɪərɪə/ *n* Либéрия.

Liberian /laɪ'bɪərɪən/ *n* либери́|ец (*fem* -йка).
● *adj* либери́йский.

libertarian /,lɪbə'teərɪən/ *n* (*advocate of freedom*) борéц за демократи́ческие свобо́ды.

libertine /'lɪbə,tiːn, -tɪn, -,taɪn/ *n* распу́тник.
● *adj* распу́щенный.

libertinism /'lɪbətiːn,ɪz(ə)m, -tɪn,ɪz(ə)m, -taɪn,ɪz(ə)m/ *n* распу́щенность.

libert|y /'lɪbətɪ/ *n* **1** (*freedom*) свобо́да; **~y of the subject** (*Br*) свобо́да по́дданного; **~y of action** свобо́да дéйствий; **at ~y** находя́щийся на свобо́де; **you are at ~y to go** вы вольны́ уйти́; **set at ~y** выпускáть, вы́пустить на во́лю/свобо́ду; **regain one's ~y** (*escape*) вернýть (*pf*) себé свобо́ду; (*be released*) быть вы́пущенным на свобо́ду. **2** (*licence*) во́льность; **take ~ies** позв|оля́ть, -о́лить себé во́льности; **the author takes ~ies with facts** áвтор сли́шком во́льно обращáется с фáктами; **take the ~y** осмéли|ваться, -ться + *inf*; позв|оля́ть, -о́лить себé + *inf*; **may I take the ~y of asking your name?** позво́льте спроси́ть, как вас зовýт?

libidinous /lɪ'bɪdɪnəs/ *adj* похотли́вый.

libido /lɪ'biː,dəʊ, lɪ'baɪdəʊ/ *n* (*pl* **~s**) либи́до (*indecl*).

Libra /'liːbrə, 'lɪb-, 'laɪb-/ *n* (*astron*) Вес|ы́ (*pl, g* -о́в).

librarian /laɪ'breərɪən/ *n* библиотéкарь (*m*).

librarianship /laɪ'breərɪənʃɪp/ *n* библиотéчное дéло, библиотековéдение.

library /'laɪbrərɪ/ *n* библиотéка; (*reading room*) читáльный зал; **reference ~** спрáвочная библиотéка; (*attr*) библиотéчный; **sound ~** фонотéка; **~ ticket** читáтельский билéт.

libretti /lɪ'bretɪ/ *pl of* ⇨**libretto**

librettist /lɪ'bretɪst/ *n* либретти́ст.

librett|o /lɪ'bretəʊ/ *n* (*pl* **~i** *or* **~os**) либрéтто (*indecl*).

Libya /'lɪbɪə, 'lɪbjə/ *n* Ли́вия.

Libyan /'lɪbɪən, 'lɪbjən/ *n* ливи́|ец (*fem* -йка).
● *adj* ливи́йский.

licence /'laɪs(ə)ns/ (*US* **license**) *n* **1** (*permission*) разрешéние; (*for trade*) лицéнзия; **grant s.o. a ~** выдавáть, вы́дать лицéнзию комý-н. **2** (*permit, certificate*) свидéтельство; **driving ~** води́тельские правá. **3** (*freedom*) во́льность, свобо́да; **poetic ~** поэти́ческая во́льность.
● *cpds* **~-holder** *n* = **licensee**; **~ plate** *n* (*US*) номерно́й знак.

license /'laɪs(ə)ns/ (*US also* **licence**) *vt* **1** (*permit, authorize*) разреш|áть, -и́ть *что*; да|вáть, -ть разрешéние на *что*; **the police would not ~ his gun** поли́ция отказáла емý в разрешéнии на огнестрéльное орýжие. **2** (*grant permit, permission to*) разреш|áть, -и́ть + *d*; **a shop ~d to sell tobacco** лáвка, обладáющая лицéнзией на продáжу табáчных издéлий; **~d premises** (*inn*) заведéние, обладáющее лицéнзией на продáжу спиртны́х напи́тков.
● *cpd* **~-holder** *n* = **licencee**

licensee /,laɪsən'siː/ *n* обладáтель (*fem* -ница) разрешéния/лицéнзии; (*of public house*) хозя́|ин (*fem* -йка) бáра.

licensing /'laɪsənsɪŋ/ *n* лицензи́рование; **~ hours** (*Br*) часы́ продáжи спиртны́х напи́тков; **~ system** лицензио́нная систéма.

licentiate /laɪ'senʃɪət, -ʃət/ *n* лиценциáт; обладáтель (*fem* -ница) дипло́ма.

licentious /laɪ'senʃəs/ *adj* распу́щенный.

licentiousness /laɪ'senʃəsnɪs/ *n* распу́щенность.

lichee /'laɪtʃɪ, 'lɪ-/ *n* = **lychee**

lichen /'laɪkən, 'lɪtʃ(ə)n/ *n* лишáйник.

lichgate /'lɪtʃgeɪt/ = **lychgate**

licit /'lɪsɪt/ *adj* закóнный.

lick /lɪk/ *n* **1**: **he gave the stamp a ~** он лизнýл мáрку. **2** (*sl, speed*): **he went at a fair ~** он мчáлся очертя́ го́лову.
● *vt* **1** лиз|áть, -нýть; (**~ *all over***) обли́з|ывать, -áть; **~ one's lips**/(*coll*) **chops** обли́з|ывать, -áть гу́бы; обли́з|ываться, -áться; (*fig*): **~ s.o.'s boots** лизáть (*impf*) сапоги́ комý-н.; **~ one's wounds** зали́з|ывать, -áть рáны; **~ sth into shape** прид|авáть, -áть вид чемý-н.; **~ s.o. into shape** обтёс|ывать, -áть когó-н. **2** (*coll, thrash*) зад|авáть, -áть взбýчку + *d*. **3** (*coll, defeat*) поб|ивáть, -и́ть.

● *vt*: **~ off, ~ up** сли́з|ывать, -áть (*or* -нýть).
● *cpd* **~spittle** *n* подхали́м.

licking /'lɪkɪŋ/ *n* (*coll*): **he took a ~** (*thrashing*) емý достáлась взбýчка; (*was defeated*) он был разби́т в пух и прах.

licorice /'lɪkərɪs, -rɪʃ/ (*US*) = **liquorice**

lid /lɪd/ *n* кры́шка; (*fig*): **flip one's ~** *see* ⇨**flip**; **keep the ~ on** (*keep secret*) держáть (*impf*) в секрéте; **take the ~ off** (*disclose*) вытáскивать, вы́тащить на свет бóжий.

lido /'liːdəʊ, 'laɪ-/ *n* (*pl* **lidos**) (общéственный) пляж.

lie[1] /laɪ/ *n* (*falsehood*) ложь; **white ~** ложь во спасéние; **tell a ~** лгать, со-; **give the ~ to sth** опров|ергáть, -éргнуть что-н.
● *vt* (**lies, lied, lying**): **he ~d his way out** он вы́путался с по́мощью лжи.
● *vi* (**lies, lied, lying**) лгать, со-; врать, со-/на-; **he ~d to me** он мне солгáл; **~ through one's teeth** нáгло/бессты́дно лгать, со-; **the camera cannot ~** фотогрáфия не (со)врёт.
● *cpd* **~ detector** *n* детéктор лжи, полигрáф.

lie[2] /laɪ/ *n* (*also* **lay**): **the ~ of the land** харáктер мéстности; обстано́вка.
● *vi* (**lying;** *past* **lay;** *pp* **lain**) **1** (*repose*) лежáть, по-; **she lay on the grass all morning** онá всё ýтро пролежáла на травé; **here ~s …** здесь покóится прах + *g*; (*remain*): **~ in wait for s.o.** выжидáть (*impf*) когó-н. в засáде; **~ low** притаи́ться (*pf*); **~ idle** (*of machinery etc.*) прост|áивать, -оя́ть. **2** (*be; be situated*) находи́ться (*impf*); быть располóженным; **~ at anchor** стоя́ть (*impf*) на я́коре; **London ~s on the Thames** Ло́ндон стои́т на Тéмзе; **the town lay in ruins** гóрод лежáл в руи́нах; **see how the land ~s** (*fig*) узн|авáть, -áть, как обстои́т дéло; **the coast ~s open to attack** бéрег не защищён от нападéния. **3** (*fig, reside, rest*): **the choice ~s with you** вы́бор зави́сит от вас; вам выбирáть; **do you know what ~s behind it all?** вы знáете, что за э́тим крóется?; **do your interests ~ in that direction?** э́та óбласть вас интересýет?; **she knows where her interests ~** онá своегó не упýстит; **the blame ~s at his door** винá на нём; **I will do all that ~s in my power** сдéлаю всё, что в мои́х си́лах. **4** (**~ *down***) ложи́ться, лечь; прилéчь (*pf*); **he went and lay on the bed** он лёг на кровáть.
● *with advs*: **~ about, ~ around** валя́ться (*impf*); быть разбрóсанным; **~ ahead** предстоя́ть (*impf*); **~ back** (*in chair etc.*) отки́|дываться, -нуться; (*take things easy*) сидéть (*impf*) сложá рýки; **~ down** ложи́ться, лечь; **I shall ~ down for an hour** я прилягу на час/часóк; **take an insult lying down** безрóпотно прин|имáть, -я́ть оскорблéние; **~ down on the job** (*fig, slack*) лени́ться (*impf*); **~ in** (*Br*) оставáться (*impf*) в постéли; не вставáть (*impf*); **~ to** (*naut*) лежáть (*impf*) в дрéйфе;

~ up (*naut*) находи́ться (*impf*) в до́ке.
● *cpds* **~-down** *n* (*Br*): **she had a ~** она́ полежа́ла; **~-in** *n* (*Br*): **we had a ~** мы вста́ли по́здно.

liege /li:dʒ/ (*hist*) *n* (*feudal superior*) (*also* **~ lord**) сеньо́р; (*vassal*) ле́нник, васса́л.
● *adj* ле́нный, васса́льный.
● *cpd* **~man** *n* (*pl* **~men**) ле́нник, васса́л.

lien /'li:ən/ *n* пра́во удержа́ния.

lieu /lju:/ *n*: **in ~ of** вме́сто + *g*.

lieutenancy /lef'tenənsɪ/ *n* зва́ние лейтена́нта.

lieutenant /lef'tenənt/ *n* **1** (*mil*) (*Br*) ≈ ста́рший лейтена́нт (*в ВМС*); **first ~** помо́щник команди́ра корабля́ (*в ВМС*); (*US*) ≈ ста́рший лейтена́нт; **second ~** ≈ (мла́дший) лейтена́нт; **sub ~** (*Br*) ≈ (мла́дший) лейтена́нт (*в ВМС*); **~ junior grade** (*US*) ≈ лейтена́нт (*в ВМС*). **2** (*civilian*) замести́тель (*m*).
● *cpds* **~ colonel** *n* ≈ подполко́вник; **~ commander** *n* (*nav*) ≈ капита́н-лейтена́нт; **~ general** *n* ≈ генера́л-полко́вник.

life /laɪf/ *n* (*pl* **lives**) **1** (*being alive*) жизнь, (*coll*) житьё; **a matter of ~ and death** вопро́с жи́зни и сме́рти; **bring back to ~** (*from the dead*) воскре|ша́ть, -си́ть; возвра|ща́ть, -ти́ть к жи́зни; **escape with one's ~** вы́жить (*pf*), уцеле́ть (*pf*); **give (or lay down) one's ~ for s.o.** отда́ть/положи́ть (*both pf*) жизнь за кого́-н.; **lose one's ~** ги́бнуть, по-; **many lives were lost** мно́гие поги́бли; мно́го наро́ду поги́бло; **great loss of ~** мно́го челове́ческих жертв; **run for one's ~ (or for dear ~)** бежа́ть (*det*) сломя́ го́лову; **save one's ~** спас|а́ться, -ти́сь от сме́рти; **save s.o.'s ~** спасти́ (*pf*) кого́-н. от сме́рти; спасти́ жизнь кому́-н.; **take one's (own) ~** конча́ть, (по)ко́нчить с собо́й; **take one's ~ in one's hands** рискова́ть (*impf*) жи́знью; **take s.o.'s ~** лиши́ть (*pf*) кого́-н. жи́зни; **upon my ~!** че́стное сло́во!; ей-бо́гу!; **not on your ~!** ни за что!; **I couldn't for the ~ of me ...** хоть убе́й, я не мог (бы)...; **insure one's ~** страхова́ть, за- свою́ жизнь; **~ insurance**/(*Br*) **assurance** страхова́ние жи́зни; (*existence*): **this (earthly) ~** земно́е бытие́; **the next ~, ~ beyond the grave** загро́бная/потусторо́нняя жизнь; **~ eternal/everlasting** ве́чная жизнь; **do you believe in a future ~?** вы ве́рите в загро́бную жизнь?; **that's ~!** такова́ жизнь!; **what a ~!** (*pej*) ра́зве э́то жизнь?; **make ~ easy for s.o.** облегча́ть (*impf*) кому́-н. жизнь; **with all the pleasure in ~** с превеликим удово́льствием; (*way or style of ~*) быт; **family ~** дома́шний быт; **country/village ~** дереве́нская жизнь; **a dog's ~** соба́чья жизнь; **high ~** све́тская жизнь; **low ~** жизнь низо́в; **the simple ~** просто́й о́браз жи́зни; **this is the ~!** вот э́то жизнь!; **anything for a quiet ~!** ли́шь бы поко́й!; (*department of ~*): **in private/public ~** в ча́стной/obще́ственной жи́зни; **sex ~** полова́я жизнь; **see ~** повида́ть (*pf*) свет.
2 (*period, span of ~*): **at my time of ~** в моём во́зрасте; **get the fright of one's ~** перепуга́ться (*pf*) на́смерть; **have the time of one's ~** прекра́сно проводи́ть (*impf*) вре́мя; **he has had a good/quiet ~** он про́жил хоро́шую/споко́йную жизнь; **he got ~; he is in for ~** (*coll*) он получи́л пожи́зненное заключе́ние; **~ peerage** ли́чное/пожи́зненное пэ́рство; **~ sentence** пожи́зненное заключе́ние (*как пригово́р*); **it was his ~ work** э́то бы́ло трудо́м (всей) его́ жи́зни; (*of inanimate things, durability*) долгове́чность; срок слу́жбы; **these machines have an average ~ of 10 years** сре́дний срок слу́жбы э́тих маши́н 10 лет.
3 (*animation*) жи́вость, оживле́ние; **put some ~ into it!** живе́е!; пошеве́ливайтесь!; **the ~ and soul of the party** душа́ о́бщества; **the child is full of ~** ребёнок о́чень живо́й; **there's no ~ in her playing** её игра́ безжи́зненна; **bring (back) to ~** (*after fainting etc.*) прив|оди́ть, -ести́ в чу́вства; (*fig*) вдохну́ть (*pf*) жизнь в + *a*; воскре|ша́ть, -си́ть; **come to ~** (*recover senses*) очну́ться (*pf*); **the play came to ~ in the third act** к тре́тьему де́йствию пье́са оживи́лась.
4 (*living things*) жизнь; **is there ~ on Mars?** есть ли жизнь на Ма́рсе?; **animal ~** живо́тный мир; **marine ~** морска́я фа́уна; **still ~** натюрмо́рт; **~life** жива́я приро́да; **draw from ~** рисова́ть, на- с нату́ры; **~ model** нату́рщи|к (*fem* -ца); моде́ль.
5 (*actuality*): **true to ~** реалисти́чный; **as large as ~** в натура́льную величину́; как живо́й; со́бственной персо́ной; **larger than ~** преувели́ченный; **that's him to the ~!** э́то вы́литый он!
6 (*biography*) жизнь, биогра́фия; **lives of the saints** жи́тия святы́х; **the ~ history of a plant** жи́зненный цикл расте́ния; **he told me his ~ story** он пове́дал мне исто́рию свое́й жи́зни.
● *cpds* **~-and-death** *adj* жи́зненно ва́жный, реша́ющий; **a ~-and-death struggle** борьба́ не на жизнь, а на́ смерть; **~belt** *n* (*Br*) спаса́тельный круг; **~blood** *n* кровь; (*fig*) жи́зненная си́ла; **~boat** *n* спаса́тельная ло́дка; **~buoy** *n* (*Br*) спаса́тельный круг; **~ coach** *n* персона́льный наста́вник; **~ cycle** *n* жи́зненный цикл; цикл разви́тия; **~ expectancy** *n* вероя́тная продолжи́тельность жи́зни; **~ force** *n* жи́зненная си́ла; **~-giving** *adj* живи́тельный; **~guard, ~saver** *nn* спаса́тель (*fem* -ница) (на пля́же); **~ jacket** *n* спаса́тельный жиле́т; **~like** *adj* реалисти́чный; **~line** *n* (*of communication line*) связу́ющий мост (**to:** с + *i*); (*naut*) спаса́тельный коне́ц; (*diver's*) сигна́льный коне́ц; (*palmistry*) ли́ния жи́зни; (*fig*) еди́нственная наде́жда; спаси́тельное сре́дство; **~long** *adj* пожи́зненный; **they were ~long friends** они́ бы́ли друзья́ми всю жизнь; **~ preserver** *n* (*Br, weapon*) дуби́нка, запо́лненная свинцо́м; (*US, lifebelt*) спаса́тельный по́яс; **~saver** *n* = **~guard**; (*US*) = **~belt, ~ jacket**; (*fig*) спасе́ние; **~-saving** *n* спасе́ние; *adj* спаса́тельный; **~-size(d)** *adj* в натура́льную величину́; **~span** *n* (*of person, animal*) продолжи́тельность жи́зни; (*of machine, tool*) срок эксплуата́ции/слу́жбы; **~style** *n* о́браз жи́зни; **~-support** *adj*: **~-support system** систе́ма жизнеобеспе́чения; **~time** *n* жизнь; **in s.o.'s ~time** при жи́зни кого́-н.; **the chance of a ~ time** ре́дкий/исключи́тельный слу́чай; **it's a ~time since I saw her** я не ви́дел её це́лую ве́чность.

lifeless /'laɪflɪs/ *adj* (*dead*) мёртвый; (*inanimate*) неживо́й; (*inert, without animation*) безжи́зненный.

lifelessness /'laɪflɪsnɪs/ *n* безжи́зненность.

lifer /'laɪfə(r)/ *n* (*coll*) приговорённый к пожи́зненному заключе́нию.

lift /lɪft/ *n* **1** (*act of raising*) подня́тие, подъём; (*extent of rise*) высота́ подъёма; (*aeron, upward pressure*) подъёмная си́ла.
2 (*transport by air*) возду́шные перево́зки (*f pl*).
3 (*transport of passenger in car etc.*): **give s.o. a ~** подв|ози́ть, -езти́ кого́-н.; (*coll*) подки́|дывать, -нуть кого́-н.; **he thumbed a ~ to London** он доéхал на попу́тных маши́нах до Ло́ндона.
4 (*fig, of spirits*): **the news gave her a ~** от э́той но́вости она́ воспря́нула ду́хом.
5 (*Br, apparatus*) лифт; (*tech*) подъёмник; **~ attendant, operator** лифтёр (*fem* -ша); **~ cage** кле́тка подъёмника; **take the ~** подн|има́ться, -я́ться ли́фтом (*or* на ли́фте).
● *vt* **1** (*raise*) подн|има́ть, -я́ть; **he barely ~ed his eyes to her** он едва́ взгляну́л на неё; **he did not ~ a finger** (*fig*) он и па́льцем не пошевельну́л.
2 (*dig up*): **~ potatoes** выка́пывать, вы́копать карто́фель.
3 (*transport by air*): **the troops were ~ed to Africa** войска́ бы́ли доста́влены в А́фрику по во́здуху.
4 (*steal*) сопере́ть (*pf*) (*coll*); (*of a plagiarist*) спи́с|ывать, -а́ть, красть, у-.
5 (*remove*): **~ a ban** сн|има́ть, -ять запре́т.
● *vi* (*rise*) подн|има́ться, -я́ться; (*disperse*) рассе́|иваться, -яться; (*cease*) прекра|ща́ться, -ти́ться.
● *with advs*: **~ down** *vt* снять (*pf*) и поста́вить (*pf*) на́ пол (*or* на зе́млю); **~ off** *vt* сн|има́ть, -ять; *vi* (*of rocket*) от|рыва́ться, -орва́ться от земли́; **~ out** *vt* вынима́ть, вы́нуть; **~ up** *vt* подн|има́ть, -я́ть; **~ up one's voice** (*sing*) запе́ть (*pf*).
● *cpds* **~ boy** *n* (*Br*) лифтёр; **~-off** *n* отры́в от земли́.

ligament /'lɪgəmənt/ *n* свя́зка.

ligature /'lɪgətʃə(r)/ *n* (*med, printing*) лигату́ра; (*mus*) ли́га.

light[1] /laɪt/ *n* **1** свет; **in the ~** на свету́; **in the ~ of day** при дневно́м све́те; **in artificial ~** при иску́сственном освеще́нии; **at first ~** на рассве́те;

stand against the ~ стоять (*impf*) против света; **get in s.o.'s ~** заслон|ять, -ить свет кому-н.; (*attr*) световой; (*fig*): **see the ~ (of day)** (*be born*) увидеть (*pf*) свет; (*be made public*) быть обнародованным, увидеть (*pf*) свет; **see the ~** (*realize truth*) прозр|евать, -еть; **in the ~ of experience** исходя из опыта; **bring to ~** выводить, вывести на чистую воду; раскр|ывать, -ыть; **come to ~** обнаружи|ваться, -ться; выплывать, выплыть; **shed/throw ~ on sth** прол|ивать, -ить свет на что-н.; **hide one's ~ under a bushel** зарывать (*impf*) свой талант в землю; (*brightness*): **Northern L~s** северное сияние; **there was a ~ in his eyes** у него блестели глаза; (*in a picture*): **effects of ~ and shade** эффекты света и тени; светотень; (*lighting*) освещение; **electric ~** электрическое освещение; (*fig*): **this book shows him in a bad ~** эта книга показывает его в невыгодном свете; **there was a ~ in the window** в окне был свет; окно светилось; **put on the ~** заж|игать, -ечь свет; (*point of ~*): **the ~s of the town** огни города.

2 (*lamp*) лампа; **~ bulb** лампочка; **'L~s out!'** «погасить огонь/свет!»; (*of car*) фара; **we saw the ~s of a car** мы увидели свет автомобильных фар; **dip the ~s** переключ|ать, -ить на ближний свет; **navigation ~s** (*of ship*) сигнально-отличительные огни; (*of aircraft*) аэронавигационные огни; **traffic ~s** светофор; **go against the ~s** ехать (*impf*) (*or* про|езжать, -ехать) на красный свет; **give s.o. the green ~** (*fig*) да|вать, -ть зелёную улицу кому-н.; **see the red ~** (*fig*) зам|ечать, -етить опасность; (*fig*): **a leading ~** (*in society*) светило, знаменитость.

3 (*flame*) огонь (*m*); **strike a ~** (*with match*) заж|игать, -ечь спичку; **have you a ~?** у вас огонька/огоньку не будет?; **give me a ~** дайте прикурить.

4 (*fig, natural ability*): **according to one's ~s** по мере своих способностей.

5 (*archit*) окно; просвет.

● *adj* **1** (*opp dark*) светлый; **get ~** рассве|тать, -сти; **we must leave while it's still ~** нам надо уйти засветло.
2 (*in colour*) светлый; светлого цвета; **~ green** светло-зелёный.

● *vt* (*past* **lit**; *pp* **lit** *or* (*attr*) **lighted**) (*also* **~ up**)
1 (*kindle*) заж|игать, -ечь; **~ a fire** разв|одить, -ести огонь; **~ (up) a cigarette** закур|ивать, -ить папиросу.
2 (*illuminate*) осве|щать, -тить; **the house is lit by electricity** в доме электрическое освещение; **the town is lit up for the carnival** по случаю карнавала в городе иллюминация; **~ the way for s.o.** светить, по- кому-н.; (*fig*): **a smile lit up his face** улыбка озарила его лицо.

● *vi* (*past* **lit; pp lit** *or* (*attr*) **lighted**): **~ up** (*switch on ~s*) включ|ать, -ить свет; **~ing-up time** (*Br*) время для включения фар; (*of the face*) светиться, за-; ожив|ляться, -иться; (*start smoking*) закур|ивать, -ить.

● *cpds* **~-emitting** *adj*: **~-emitting diode** светоизлучающий диод, светодиод; **~house** *n* маяк; **~house keeper** смотритель (*m*) маяка; **~ meter** *n* экспонометр; **~ship** *n* плавучий маяк; **~ year** *n* световой год.

light² /laɪt/ *adj* (*opp heavy*) лёгкий; **~ artillery** лёгкая артиллерия; **a ~ blow** лёгкий удар; **our casualties were light** наши потери были незначительны; **a ~ crop** скудный урожай; **a ~ diet** облегчённая диета; **with a ~ heart** с лёгким сердцем; **~ industry** лёгкая промышленность; **a ~ meal** неплотная еда; **we had a ~ meal** мы перекусили; **~ music** лёгкая музыка; **~ rain** небольшой/мелкий дождь; **~ reading** лёгкое чтение; **a ~ sentence** мягкий приговор; **a ~ sleep** лёгкий/чуткий/неглубокий сон; **I am a ~ sleeper** я чутко сплю; **~ soil** рыхлая почва; **traffic is ~ today** сегодня неинтенсивное движение; **the bridge is suitable for ~ traffic only** мост годится только для легковых машин; **in ~ type** светлым шрифтом; **give s.o. ~ weight** обве|шивать, -сить кого-н.; **he made ~ work of it** он легко справился с этим делом; **he made ~ of the difficulties** он преуменьшал трудности.

● *adv*: **travel ~** путешествовать (*impf*) налегке.

● *cpds* **~-armed** *adj* (*with ~ weapons*) легковооружённый; **~-fingered** *adj* нечистый на руку; **~-footed** *adj* проворный, легконогий; **~-headed** *adj*: **she felt ~-headed** у неё закружилась голова; **~-hearted** *adj* (*carefree*) беспечный; (*gay*) весёлый; (*thoughtless*) легкомысленный; (*of action*) необдуманный; (*joking*) игривый, шутливый; **~-heartedness** *n* беспечность; **~weight** *n* (*sportsman*) легковес; борец/боксёр лёгкого веса; (*fig*) несерьёзный человек; *adj* (*suit*) лёгкий; (*fig*) несерьёзный, легковесный.

light³ /laɪt/ *vi* (*past and pp* **lit** *or* **lighted**): **~ on** (*encounter*) набрести (*pf*) на + *a*; **his eyes ~ed on her face** его взгляд упал на её лицо.

light|- /laɪt/ *comb form* **1** (*before colours*) светло-; **~ green** светло-зелёный; **~ blue** светло-голубой. **2** (*before haired etc.*) светло... (*no hyphen*); **~-haired** светловолосый; **~-skinned** светлокожий.

lighten¹ /'laɪt(ə)n/ *vt* (*make less heavy or easier*) облегч|ать, -ить; **it ~ed our task** это облегчило нашу задачу; (*mitigate*): **~ a sentence** смягч|ать, -ить приговор.

● *vi*: **his heart ~ed** у него стало легче на душе; **~ up** (*become less serious*) **~ up!** будьте повеселее!

lighten² /'laɪt(ə)n/ *vt* (*illuminate, make brighter*) осве|щать, -тить; просветл|ять, -ить.

● *vi* **1** (*grow brighter*) светлеть, по-; проясн|яться, -иться. **2** (*of lightning*) сверк|ать, -нуть; **it is ~ing** сверкает молния.

lighter¹ /'laɪtə(r)/ *n* (*for cigarettes etc.*) зажигалка.

lighter² /'laɪtə(r)/ *n* (*boat*) лихтер.

● *cpd* **~man** *n* (*pl* **~men**) матрос на лихтере.

lighting /'laɪtɪŋ/ *n* освещение.

lightish /'laɪtɪʃ/ *adj* (*of colour*) светловатый.

lightly /'laɪtlɪ/ *adv* легко; **tread ~** легко/осторожно ступать (*impf*); **he touched ~ on the past** он слегка коснулся прошлого; **he jumped ~ to the ground** он ловко спрыгнул на землю; **it's not a thing to enter upon ~** за такие дела не следует браться необдуманно; **he takes everything ~** он ничего не принимает всерьёз; **you have got off ~** вы легко отделались; **the accused got off ~** обвиняемый отделался лёгким наказанием.

lightness /'laɪtnɪs/ *n* (*of weight*) лёгкость; (*nimbleness*) ловкость; (*mildness*) мягкость; (*of colour*) светлость, светлота.

lightning /'laɪtnɪŋ/ *n* молния; **forked ~** зигзагообразная молния; **sheet, summer ~** зарница; **swift as ~** молниеносный; **he was struck by ~** в него ударила молния.

● *adj*: **with ~ speed** молниеносно; **a ~ attack** молниеносная атака.

● *cpds* **~ conductor** (*Br*), **~ rod** (*US*) *nn* громоотвод.

lights /laɪts/ *n pl* (*animal's lungs*) лёгкие (*nt pl*).

lightsome /'laɪtsəm/ *adj* (*graceful*) лёгкий, грациозный; (*merry*) беспечный, весёлый.

lignite /'lɪgnaɪt/ *n* (*min*) лигнит, бурый уголь.

lignum vitae /,lɪgnəm 'vaɪtɪ, 'vi:taɪ/ *n* гваяковое/бакаутовое дерево (*один из видов т. н. железного дерева*).

likable /'laɪkəb(ə)l/ = **lik(e)able**

like¹ /laɪk/ *n* (*sth equal or similar*) подобное; **did you ever hear the ~ (of it)?** слышали ли вы что-нибудь подобное?; как вам это нравится?; **music, dancing and the ~** музыка, танцы и тому подобное; (*person*) подобный; **we shall not look upon his ~ again** такого (человека) мы никогда больше не встретим; **the ~s of me/us** наш брат; **the ~s of you** ваш брат.

● *adj* (**more like, most like**) подобный, похожий; **in ~ manner** подобным образом; **as ~ as two peas** похожи как две капли воды; **~ father, ~ son** яблоко от яблони недалеко падает; (*equal*) равный; **~ poles repel each other** одноимённые полюса отталкиваются; *see also prep uses.*

● *adv* **1** (*probably*): **~ enough, most ~** (*archaic*) весьма возможно; **(as) ~ as not** вернее всего.
2 (*coll, as it were*) вроде, похоже, так сказать, как бы сказать.

● *prep* **1** (*similar to, characteristic of*) похожий на + *a*; **she is ~ her mother** она похожа на мать; **that's just ~ him!** это похоже на него!; узнаю

его́!; **what's she ~?** что она́ за челове́к?; кака́я она́?; что она́ собо́й представля́ет?; **I don't care for films ~ that** я не люблю́ подо́бных фи́льмов; **a house ~ yours** дом вро́де ва́шего; **don't be ~ that!** (*coll, behave unhelpfully*) бро́сьте!; **there's nothing ~ walking to keep you fit** для здоро́вья нет ничего́ поле́знее, чем ходьба́; **his second book is nothing ~ as good as the first** его́ втора́я кни́га значи́тельно ху́же пе́рвой; **that is nothing ~ enough** э́того ника́к не хва́тит; **£500 would be more ~ it** скоре́е фу́нтов 500; **they sold something ~ 1,000 copies** они́ про́дали (что́-то) о́коло 1000 экземпля́ров; **look ~** *see* ⇨**look** *vi* **3**; **it smells ~ something burning** па́хнет горе́лым; **it sounds ~ thunder** как бу́дто гром греми́т; **the crowd buzzed ~ a swarm of bees** толпа́ гуде́ла, как потрево́женный у́лей; **it sounds ~ a good idea** э́то, пожа́луй, хоро́шая иде́я; **he drinks ~ a fish** он пьёт как бо́чка; **don't talk ~ that!** не на́до так говори́ть; **a person ~ that** тако́й челове́к; **he was working ~ anything** он труди́лся изо всех сил; **it's ~ nothing on earth** э́то ни на что не похо́же.
2 (*inclined towards*): **do you feel ~ going for a walk?** вам (не) хо́чется пройти́сь?; **I don't feel ~ it** мне (что́-то) не хо́чется; **I felt ~ crying** мне хоте́лось пла́кать; **I feel ~ an ice cream** я бы не прочь съесть моро́женого; **I feel ~ nothing on earth** (*dreadful*) я себя́ отврати́тельно чу́вствую.
● *conj* (*coll*): **he talks ~ I do** он говори́т так же, как я.
● *cpd* **~-minded** *adj* приде́рживающийся тех же взгля́дов; **~-minded person** единомы́шленник.

like² /laɪk/ *n*: **~s and dislikes** симпа́тии и антипа́тии (*both f pl*); **she has her ~s and dislikes** у неё о́чень определённый вкус.
● *vt* (*take pleasure in*) люби́ть (*impf*), цени́ть (*impf*); **he ~s living in Paris** ему́ нра́вится жить в Пари́же; **she ~d dancing** она́ люби́ла танцева́ть; **I ~ him** он мне нра́вится; **we ~d the play** пье́са нам понра́вилась; **how do you ~ that?** как вам э́то нра́вится?; **I ~ that!** (*ironical*) ничего́ себе́!; ну и ну!; **I ~ his impudence** вот э́то наха́льство!; **what don't you ~ about it?** что вас в э́том не устра́ивает?; **I don't ~** (*am reluctant*) **to disturb you** прости́те, что беспоко́ю вас; **(you can) ~ it or lump it!** (*coll*) нра́вится — не нра́вится, а ничего́ не поде́лаешь; **whether you ~ it or not** во́лей-нево́лей; **would you ~ a drink?** хоти́те вы́пить (чего́-нибудь)?; **if you ~** е́сли хоти́те; **I should ~ to meet him** мне хоте́лось бы познако́миться с ним; **he would ~ to come** он хоте́л бы прийти́; **I would have ~d to** (*or* **would like to have**) **come** я жале́ю, что не мог прийти́; **I ~ this picture better than that** мне э́та карти́на нра́вится бо́льше, чем та; **I wouldn't ~ there to be any misunderstanding** я хоте́л бы, что́бы меня́ по́няли пра́вильно; **I ~ to think he values my advice** мне хоте́лось бы ду́мать (*or* я наде́юсь), что он це́нит мой сове́т; **I ~ people to tell the truth** (я) люблю́, когда́ (лю́ди) говоря́т пра́вду; **I ~ to be sure** я предпочита́ю знать наверняка́; **how do you ~ your tea?** вы пьёте чай с са́харом/молоко́м (*и т. п.*)?; **as you ~** как уго́дно; **come whenever you ~** приходи́те в любо́е вре́мя; **he was outspoken if you ~, but not rude** он был, е́сли хоти́те, открове́нен, но ника́к не груб.

lik(e)able /ˈlaɪkəb(ə)l/ *adj* симпати́чный.

likelihood /ˈlaɪklɪˌhʊd/ *n* вероя́тность; **in all ~** по всей вероя́тности; **there is little ~ of his coming** ма́ло вероя́тно, что он прие́дет.

likely /ˈlaɪklɪ/ *adj* (**likelier, likeliest**) **1** (*probable*) вероя́тный; (*plausible*) правдоподо́бный; **a ~ story!** (*ironical*) так я и пове́рил! **2** (*suitable*) подходя́щий; (*promising*) многообеща́ющий. **3** (*to be expected*): **he is ~ to come** он, вероя́тно, придёт; **that is never ~ to happen** э́то вряд ли когда́-нибудь случи́тся.
● *adv* вероя́тно; **most, very ~** наве́рно; скоре́е всего́; **not ~!** (на)вря́д ли!; как бы не так!; **as ~ as not** вполне́ вероя́тно/возмо́жно; не исключено́.

liken /ˈlaɪkən/ *vt* упод|обля́ть, -о́бить (*кого/что кому/чему*); сра́вн|ивать, -и́ть (*кого/что с кем/чем*).

likeness /ˈlaɪknɪs/ *n* **1** (*resemblance*) схо́дство, подо́бие; **a family ~** фами́льное схо́дство; **in his own image and ~** по своему́ о́бразу и подо́бию. **2** (*guise*) обли́чие; **in the ~ of** в ви́де + *g*; под личи́ной + *g*. **3** (*representation, portrait*) изображе́ние, портре́т.

likewise /ˈlaɪkwaɪz/ *adv* подо́бно.
● *conj* таки́м же о́бразом.

liking /ˈlaɪkɪŋ/ *n* симпа́тия (*к кому*); расположе́ние (*к чему*); **he has a ~ for quotations** он лю́бит цита́ты; **I took a ~ to him** я почу́вствовал к нему́ симпа́тию; **she has no ~ for this work** э́та рабо́та ей не по душе́; **is the meat done to your ~?** э́то мя́со пригото́влено, как вы лю́бите?

lilac /ˈlaɪlək/ *n* сире́нь.
● *adj* (*pertaining to ~*; *~-coloured*) сире́невый.

Lilliputian /ˌlɪlɪˈpju:ʃ(ə)n/ *adj* миниатю́рный, кро́шечный.

lilo /ˈlaɪləʊ/ *n* (*propr*) (*pl* **~s**) надувно́й (пля́жный) матра́с.

lilt /lɪlt/ *n* (*tune*) напе́в; (*rhythm*) ритм.
● *vi*: **a ~ing melody** мелоди́чный напе́в.

lily /ˈlɪlɪ/ *n* ли́лия; **~ of the valley** ла́ндыш.
● *cpds* **~-livered** *adj* трусли́вый; **~ pond** *n* пруд с ли́лиями; **~-white** *adj* лиле́йный.

limb /lɪm/ *n* **1** (*of body; also fig*) член; коне́чность; **escape with life and ~** вы́йти (*pf*) це́лым и невреди́мым; **tear s.o. ~ from ~** раз|рыва́ть, -орва́ть кого́-н. на ча́сти. **2** (*branch of tree*) сук, ветвь; **out on a ~** (*fig*) в невы́годном/опа́сном положе́нии.

limber¹ /ˈlɪmbə(r)/ *n* (*mil*) передо́к.

limber² /ˈlɪmbə(r)/ *adj* (*flexible, pliable*) ги́бкий, пода́тливый; (*nimble*) прово́рный.
● *vi*: **~ up** разми|на́ться, -я́ться.

limbless /ˈlɪmlɪs/ *adj* (*armless*) безру́кий; (*legless*) безно́гий.

limbo /ˈlɪmbəʊ/ *n* (*pl* **~s**) **1** (*relig*) лимб; преддве́рие а́да. **2** (*fig*) неопределённость, перехо́дное состоя́ние; **our plans are in ~** на́ши пла́ны повиса́ют в во́здухе.

lime¹ /laɪm/ *n* (*fruit*) лайм; **~ juice** сок ла́йма.

lime² /laɪm/ *n* (*tree*) ли́па; (*attr*) ли́повый.

lime³ /laɪm/ *n* (*calcium oxide*) и́звесть; **slaked/quick ~** гашёная/негашёная и́звесть; **~ water** известко́вая вода́.
● *vt* (*soil*) известкова́ть (*impf, pf*); уд|обря́ть, -о́брить и́звестью.
● *cpds* **~kiln** *n* печь для о́бжига и́звести; **~light** *n* (*lit*) свет ра́мпы; (*fig*): **be in the ~light** быть знамени́тостью; быть в це́нтре внима́ния; быть на виду́; **come into the ~light** ста|нови́ться, -ть знамени́тостью; **~stone** *n* известня́к; (*attr*) известняко́вый.

Limey /ˈlaɪmɪ/ *n* (*pl* **~s**) (*US sl*) англича́нин.

limit /ˈlɪmɪt/ *n* **1** (*terminal point*) преде́л; (*comm*) лими́т; **the ~s of endurance** преде́лы выно́сливости; **he exceeded the speed ~** он превы́сил устано́вленную ско́рость; **set, fix a ~ to sth** устан|а́вливать, -ови́ть преде́л чему́-н.; **lower/upper ~** ми́нимум/ма́ксимум; **that's the ~!** э́то перехо́дит все грани́цы; **he is the (very) ~!** он невозмо́жен!; **without ~** без конца́; (*endlessly*) бесконе́чно; **there is a ~ to what I can stand** моему́ терпе́нию есть преде́л; **his greed knows no ~s** его́ жа́дность не зна́ет преде́лов; **I am willing to help you, within ~s** я гото́в помо́чь вам в преде́лах возмо́жного (*or* в изве́стных преде́лах).
2 (*border, boundary*) грани́ца; **he has gone beyond the ~s of decency** он перешёл грани́цы прили́чия; **city ~s** городска́я черта́; **'off ~s to military personnel'** (*US*) «вход военнослу́жащим запрещён».
3 (*time ~*) (преде́льный) срок; **age ~** преде́льный во́зраст.
● *vt* (**limited, limiting**) ограни́чи|вать, -ть (*кого/что чем*); **I shall ~ myself to a single chapter** я ограни́чусь одно́й главо́й; **~ed monarchy** ограни́ченная/конституцио́нная мона́рхия (*напр., Великобритания, Дания и т. д.*); **~ed edition** изда́ние, вы́пущенное ограни́ченным тиражо́м; **~ed (liability) company** (*Br*) компа́ния с ограни́ченной отве́тственностью.

limitation /ˌlɪmɪˈteɪʃ(ə)n/ *n* (*limiting, being limited*) ограниче́ние; (*condition*) огово́рка; (*drawback*) недоста́ток; **he has his ~s** он не лишён недоста́тков.

l

limitless /ˈlɪmɪtlɪs/ *adj* безграни́чный, беспреде́льный; (*of time*) бесконе́чный.

limousine /ˈlɪmʊˌziːn, ˌlɪmʊˈziːn, ˈlɪməˌziːn/ *n* лимузи́н.

limp¹ /lɪmp/ *n* хромота́; **he has (***or* **walks with) a ~** он хрома́ет/прихра́мывает.
● *vi* хрома́ть (*impf*); **he was ~ing along the street** он ковыля́л по у́лице; (*fig*): **the plane ~ed back to base** самолёт с трудо́м добра́лся до ба́зы.

limp² /lɪmp/ *adj* **1** (*flexible*) мя́гкий; **a book in ~ covers** кни́га в мя́гком переплёте. **2** (*without energy; flabby*) вя́лый; **I feel ~** я совсе́м без сил; **go ~** обм|яка́ть, -я́кнуть.

limpet /ˈlɪmpɪt/ *n* блю́дечко (*моллюск*); **stick like a ~** приста́ть (*pf*) как ба́нный лист; **~ mine** прилипа́ющая ми́на.

limpid /ˈlɪmpɪd/ *adj* прозра́чный.

limpidity /ˌlɪmˈpɪdɪtɪ/ *n* прозра́чность.

limy /ˈlaɪmɪ/ *adj* **(limier, limiest)** (*of soil*) известко́вый.

linchpin, lynchpin /ˈlɪntʃpɪn/ *n* чека́; (*fig, of person or thing*) тот/то, на ком/чём всё де́ржится; незамени́мый челове́к; опо́ра.

linctus /ˈlɪŋktəs/ *n* (*Br*) миксту́ра.

linden /ˈlɪnd(ə)n/ *n* ли́па.

line¹ /laɪn/ *n* **1** (*cord*) верёвка; **hang washing on the ~** разве́сить (*pf*) бельё на верёвке; (*fishing* **~**) ле́ска; (*plumb* **~**) отве́с.
2 (*wire, cable for communication*) ли́ния (свя́зи); ка́бель (*m*); про́вод; **direct ~** пряма́я ли́ния; **party ~** паралле́льные телефо́ны; **hot ~** (*coll*) прямо́й про́вод; **the ~ is bad** пло́хо слы́шно; **the ~ is engaged** (*US, busy*) ли́ния занята́; **he is on the ~** он говори́т по телефо́ну; он у телефо́на; **give me a ~ to the Ministry** соедини́те меня́ с министе́рством; **an outside ~, please** да́йте го́род, пожа́луйста; **hold the ~!** подожди́те у телефо́на!; не ве́шайте тру́бку!; **lay ~s** про|кла́дывать, -ложи́ть ка́бель.
3 (*railways*) ли́ния; **~s of communication** (*mil*) коммуника́ции (*f pl*); **main ~** гла́вный путь, магистра́ль; **branch ~** (железнодоро́жная) ве́тка; **he has reached the end of the ~** (*fig*) он дошёл до ру́чки/то́чки/преде́ла; (*track*) полотно́; ре́льсы (*m pl*); (ре́льсовый) путь; **I crossed the ~ by the bridge** я перешёл ли́нию по мосту́.
4 (*transport system*) ли́ния; **air ~s** возду́шные ли́нии.
5 (*long narrow mark*) ли́ния, черта́; (*geom, geog etc.*): **~s of force** силовы́е ли́нии; **date~** ли́ния су́точного вре́мени; (*imagined straight* **~**): **~ of fire** направле́ние стрельбы́.
6 (*on face etc.*) скла́дка, морщи́ны.
7 (*drawn, painted etc.*) штрих; **~ drawing** штрихово́й/каранда́шный рису́нок; **in broad ~s** в о́бщих черта́х; **drawn in bold ~s** нарисо́ванный сме́лыми штриха́ми; (*in pl, contour, outline, shape*) ко́нтур, очерта́ние; **~s of a ship** обво́ды (*m pl*) корабля́.
8 (*boundary, limit*) грани́ца, преде́л, черта́; **dividing ~** раздели́тельная черта́; (*fig*): **draw a ~ between** различ|а́ть, -и́ть; **draw the ~** пров|оди́ть, -ести́ грани́цу; **one must draw the ~ somewhere** всему́ есть преде́л; **I draw the ~ at that** я категори́чно про́тив э́того; (*sport*): **the ball went over the ~** мяч перешёл черту́; **at the starting ~** на ста́рте; **toe the ~** (*fig*) беспрекосло́вно слу́шаться/подчиня́ться (*impf*); ходи́ть (*indet*) по ни́точке.
9 (*row*) ряд, ли́ния; **stand in ~** стоя́ть (*impf*) в ряд; (*US, queue*) стоя́ть (*impf*) в о́череди; (в)стать (*pf*) в о́чередь; **in ~ with** в одну́ ли́нию (*or* в ряд) с + *i*; (*fig*) в согла́сии/соотве́тствии с + *i*; **bring into ~** (*fig*) привле́чь (*pf*) *кого* на свою́ сто́рону; согласо́в|ывать, -а́ть (*что*); **come/fall into ~** согла|ша́ться, -си́ться; (*fig*) согласова́ться (*impf, pf*); **be out of ~** (*fig*) не соотве́тствовать (*impf*) но́рме; (*mil*): **in ~** в развёрнутом строю́; **draw up in ~** стро́ить, по- в ряд.
10 (*mil, entrenched position*): **front ~** ли́ния фро́нта; **in the front ~** на передово́й; **~s of defence** оборони́тельный рубе́ж; **behind the enemy ~s** за расположе́нием (*or* в (бли́жнем) тылу́) проти́вника; **he was beaten all along the ~** (*fig*) он потерпе́л пораже́ние на всех фронта́х.
11 (*mil, nav: main, not auxiliary, formation*): **~ regiment** лине́йный полк; **ship of the ~** лине́йный кора́бль (*abbr* линко́р).
12 (*of print or writing*) строка́; **on ~ 10 there's a mistake** в деся́той строке́ оши́бка; **begin a new ~!** начни́те с но́вой строки́!; **read between the ~s** (*fig*) чита́ть (*impf*) ме́жду строк; **marriage ~s** (*Br*) свиде́тельство о бра́ке; **send (***coll, drop***) s.o. a ~ (***or* **a few ~s)** черкну́ть (*pf*) кому́-н. не́сколько слов; (*in pl, verse*) стихи́ (*m pl*); (*in pl, actor's part*) роль.
13 (*lineage*) ли́ния; **in direct ~ of descent** по прямо́й (нисходя́щей) ли́нии; **the last of a long ~ of kings** после́дний в стари́нном короле́вском роду́; **in the male ~** по мужско́й ли́нии.
14 (*course, direction, track*) направле́ние, ли́ния; **~ of action** ли́ния поведе́ния/де́йствия; **take a firm, hard, strong ~** зан|има́ть, -я́ть твёрдую пози́цию; стро́го об|ходи́ться, -ойти́сь (*с кем*); **take the ~ of least resistance** пойти́ (*pf*) по ли́нии наиме́ньшего сопротивле́ния; **follow the party ~** приде́рживаться (*impf*) парти́йной ли́нии; **take a different ~** зан|има́ть, -я́ть ину́ю пози́цию; **get a ~ on sth** навести́ (*pf*) спра́вки о чём-нибудь; **on similar ~s** аналоги́чным о́бразом; на тех же основа́ниях; **you and I are thinking along the same ~s** мы с ва́ми ду́маем в одно́м направле́нии; **on different ~s** по-друго́му; (*principle*): **the business is run on cooperative ~s** предприя́тие де́йствует на кооперати́вных нача́лах.
15 (*province, sphere of activity*): **cards are not in my ~** ка́рточная игра́ — не по мое́й ча́сти; **in the ~ of duty** при исполне́нии служе́бных обя́занностей; **his ~ of business** род его́ заня́тий; **what's your ~?** чем вы занима́етесь?; кака́я у вас профе́ссия?
16 (*class of goods*) сорт, род, моде́ль (това́ра); **they are bringing in a new ~ in bicycles** они́ вво́дят/внедря́ют но́вую моде́ль велосипе́да; **consumer ~s** потреби́тельские това́ры (*m pl*).
17 (*in pl, coll, fortune*): **it was hard ~s on him** (ужа́сно) не повезло́ ему́; **hard ~s!** бедня́га! (*cg*).
● *vt* **1** (*mark with* **~s**) линова́ть, раз-; **~d paper** лино́ванная бума́га; **his face was deeply ~d** его́ лицо́ бы́ло изборождено́ морщи́нами.
2 (*form a* **~** *along*) стоя́ть (*impf*) (*or* быть расста́вленными) вдоль + *g*; **police ~d the street** полице́йские стоя́ли по обе́им сторона́м у́лицы; **the road was ~d with trees** доро́га была́ обса́жена дере́вьями.
● *with adv*: **~ up** *vt* (*align*) выстра́ивать, вы́строить в ряд/ли́нию; **they were ~d up against a wall** их вы́строили вдоль стены́; (*coll, arrange*): **I have something ~d up for you** я для вас ко́е-что́ устро́ил; *vi* выстра́иваться, вы́строиться в ряд/ли́нию; (*queue up*) ста|нови́ться, -ть в о́чередь.
● *cpds* **~man** *n* (*pl* **~men**) (*railways*) путево́й обхо́дчик; (*US, teleph, elec*) лине́йный надсмо́трщик; **~sman** *n* (*pl* **~smen**) (*sport*) боково́й судья́, судья́ на ли́нии; (*Br, teleph*) лине́йный монтёр; (*elec*) (лине́йный) электромонтёр; **~-up** *n* (*sport*) соста́в кома́нды; (*mus*) соста́в анса́мбля/(поп-)гру́ппы; (*TV*) расписа́ние переда́ч; (*US, queue*) о́чередь; (*US, identification parade*) процеду́ра опозна́ния подозрева́емого.

line² /laɪn/ *vt* **1** (*put lining into*) ста́вить, по- на подкла́дку; подб|ива́ть, -и́ть; **~ a coat with silk** поста́вить (*pf*) пальто́ на шёлковую подкла́дку; **her coat is ~d with silk** у неё пальто́ на шёлковой подкла́дке. **2** (*fig*) заст|авля́ть, -а́вить; **the wall was ~d with books** стена́ была́ заста́влена кни́гами; (*fig, fill*): **~ one's pockets** наб|ива́ть, -и́ть себе́ карма́ны; **~ one's stomach** подкреп|ля́ться, -и́ться. **3** (*tech, of walls etc.*) облиц|о́вывать, -ева́ть.

lineage /ˈlɪnɪɪdʒ/ *n* (*ancestry*) происхожде́ние; (*genealogy*) родосло́вная.

lineal /ˈlɪnɪəl/ *adj* происходя́щий по прямо́й ли́нии (*от кого*).

lineament /ˈlɪnɪəmənt/ *n* черта́; (*in pl*) очерта́ния (*nt pl*), ко́нтуры (*m pl*).

linear /ˈlɪnɪə(r)/ *adj* лине́йный.

linen /ˈlɪnɪn/ *n* **1** (*material: smooth*) лён, (льняно́е) полотно́; (*coarse*) холст. **2** (**~** *articles*) бельё; (*clothing*) (носи́льное) бельё; (*bed* **~**) посте́льное бельё; **table ~** столо́вое

бельё; **wash one's dirty ~ in public** (*fig*) выносить (*impf*) сор из избы.
● *adj* **1** (*pertaining to flax*) льняной; **~ industry** льняная промышленность; **~ cloth** льняное полотно. **2** (*made of ~*) полотняный.

liner /ˈlaɪnə(r)/ *n* (*ship*) лайнер; **air ~** воздушный лайнер.

ling[1] /lɪŋ/ *n* (*heather*) вереск.

ling[2] /lɪŋ/ *n* (*fish*) (*genus Molva*) мольва, морская щука; (*Lotella callarias*) ≈ морской налим (*австралийская разновидность*); (*Genypterus blacodes*) чёрный конгрио, морской угорь; (*Lota lota*) налим (*пресноводный*).

linger /ˈlɪŋgə(r)/ *vi* (*take one's time*) медлить (*impf*); мешкать (*impf*); **without ~ing a minute** не медля ни минуты; **she ~ed over her dressing** она долго одевалась; **a ~ing death** медленная смерть; (*stay on*) задерж|иваться, -аться; **~ing disease** затяжная болезнь; **I have ~ing doubts** мои сомнения не рассеялись; **the guests ~ed over their coffee** гости засиделись за кофе; **she gave him a ~ing glance** она посмотрела на него долгим взглядом; (*of time*: *drag*) затягиваться (*impf*); (*continue to live*): **the old man ~ed for another week** старик протянул ещё одну неделю.
● *with advs*: **~ about, ~ around** *vi* болтаться (*impf*); **~ on** *vi* (*of doubt etc.*: *remain*) ост|аваться, -аться; (*of customs*; *be preserved*) сохраняться (*impf*); (*of invalid*) влачить (*impf*) существование.

lingerie /ˈlæ̃ʒərɪ/ *n* дамское бельё.

lingo /ˈlɪŋgəʊ/ *n* (*pl* **~s** *or* **~es**) (*pej*) (иностранный) язык; (*jargon*) жаргон.

lingua franca /ˌlɪŋgwə ˈfræŋkə/ *n* (*pl* **lingua francas**) язык межъязыкового общения.

lingual /ˈlɪŋgw(ə)l/ *adj* язычный.

linguist /ˈlɪŋgwɪst/ *n* (*speaker of foreign languages*): **he is a good ~** ему легко даются языки; он очень способен к языкам; (*philologist*) лингвист, языковед.

linguistic /lɪŋˈgwɪstɪk/ *adj* лингвистический, языковедческий; **~ problems** проблемы языка.

linguistics /lɪŋˈgwɪstɪks/ *n* лингвистика, языкознание, языковедение.

liniment /ˈlɪnɪmənt/ *n* мазь.

lining /ˈlaɪnɪŋ/ *n* (*of garment*) подкладка; (*of walls etc.*) облицовка; (*of stomach*) стенки (*f pl*); **brake ~** тормозная прокладка; **every cloud has a silver ~** ≈ нет худа без добра.

link /lɪŋk/ *n* **1** (*of chain*; *also fig*) звено; **missing ~** недостающее звено. **2** (*connection*) связь; (*comput*) ссылка.
● *vt* (*unite*) соедин|ять, -ить; (*join*) связ|ывать, -ать; (*tech, couple*) сцеп|лять, -ить; **~ arms with s.o.** идти (*det*) под руку с кем-н.; **~ one's arm through another's** взять кого-н. под руку.
● *vi*: **~ on to sth** прим|ыкать, -кнуть к чему-н.; **~ with** (*fit in with*) **sth** вязаться (*impf*) с чем-н.
● *with advs*: **~ together** *vt* связ|ывать, -ать; **~ up** *vt* & *i* соедин|яться, -иться.
● *cpds* **~man** *n* (*pl* **~men**) (*Br, on radio/TV*) ведущий программы; **~-up** *n* связь, соединение.

linkage /ˈlɪŋkɪdʒ/ *n* (*chem*) связь; (*pol*) **a ~ policy** политика «увязок».

links /lɪŋks/ *n* (*golf ~*) поле для игры в гольф.

linnet /ˈlɪnɪt/ *n* коноплянка.

lino /ˈlaɪnəʊ/ (*pl* **linos**) (*Br*) = **linoleum**

linocut /ˈlaɪnəʊˌkʌt/ *n* гравюра на линолеуме, линогравюра.

linoleum /lɪˈnəʊlɪəm/ *n* линолеум.

Linotype /ˈlaɪnəʊˌtaɪp/ *n* (*printing, propr*) линотип.

linseed /ˈlɪnsiːd/ *n* льняное семя; **~ cake** льняные жмыхи (*m pl*); **~ oil** льняное масло.

lint /lɪnt/ *n* **1** (*Br, med*) корпия; (*gauze*) марля. **2** (*fluff*) пух.

lintel /ˈlɪnt(ə)l/ *n* притолока (*верхний брус дверной/оконной рамы*).

lion /ˈlaɪən/ *n* лев; **~'s share** (*fig*) львиная доля.
● *cpds* **~ cub** *n* львёнок; **~hearted** *adj* неустрашимый.

lioness /ˈlaɪənɪs/ *n* львица.

lionize /ˈlaɪəˌnaɪz/ *vt*: **~ s.o.** носиться (*impf*) с кем-нибудь, как со знаменитостью.

lip /lɪp/ *n* **1** губа (*diminutive* губка); **lower/upper ~** нижняя/верхняя губа; **bite one's ~** (*in vexation*) кусать (*impf*) губы; (*in thought*) закус|ывать, -ить губу; **curl one's ~** (*in scorn*) презрительно кривить, с- губы; **not a word escaped, passed his ~s** он не проронил ни слова; **keep a stiff upper ~** сохран|ять, -ить самообладание; **lick one's ~s** облиз|ываться, -нуться; **smack one's ~s** чмок|ать, -нуть; **I heard it from his own ~s** я слышал это от него самого; **the news is on everyone's ~s** новость у всех на устах.
2 (*edge of cup, wound etc.*) край; (*of ladle*) носик.
3 (*coll, impudence*) дерзость; **none of your ~!** не дерзи!; **I won't take any ~ from him!** я ему покажу дерзить!; пусть он не пробует мне дерзить.
● *cpds* **~ balm** *n* = **~ salve**; **~-read** *vt* & *i* (*past and pp* **~read** /-red/) читать (*impf*) с губ; **~-reading** *n* чтение с губ; **~salve** *n* (*Br*) гигиеническая губная помада; **~ service** *n* неискренние признания/заверения; **pay ~ service to sth** призн|авать, -ать что-н. только на словах; **~stick** *n* (*substance*) губная помада; (*applicator*) тюбик губной помады.

lipped /lɪpd/ *adj* (*of vessel*) с носиком; (*of edge*) загнутый.
● *comb form*: **thick-~** толстогубый.

liquefaction /ˌlɪkwɪˈfækʃ(ə)n/ *n* расплавление; сжижение.

liquefy /ˈlɪkwɪˌfaɪ/ *vt* & *i* (*of metals etc.*) распл|авлять(ся), -авить(ся); (*of gas*) сжи|жать(ся), -дить(ся).

liqueur /lɪˈkjʊə(r)/ *n* ликёр.
● *cpd* **~ glass** *n* ликёрная рюм(оч)ка.

liquid /ˈlɪkwɪd/ *n* **1** (*substance*) жидкость; **~ measure** мера жидкости. **2** (*phonetics*) плавный.
● *adj* **1** (*in ~ form*) жидкий; **~ oxygen** жидкий кислород. **2** (*translucent*): **~ eyes** ясные глаза. **3** (*of sounds*) певучий, мелодичный, плавный. **4**: **~ assets** ликвидные активы.
● *cpd* **~ crystal** *adj*: **~ crystal display** жидкокристаллический дисплей.

liquidate /ˈlɪkwɪˌdeɪt/ *vt* (*all senses*) ликвидировать (*impf, pf*).

liquidation /ˌlɪkwɪˈdeɪʃ(ə)n/ *n* ликвидация; **go into ~** ликвидироваться (*impf, pf*); **~ of debts** погашение долгов.

liquidator /ˈlɪkwɪˌdeɪtə(r)/ *n* ликвидатор.

liquidity /lɪˈkwɪdɪtɪ/ *n* (*fin*) ликвидность.

liquidize /ˈlɪkwɪˌdaɪz/ *vt* (*Br, cul*) пропус|кать, -тить через смеситель/миксер; (*by hand*) прот|ирать, -ереть сквозь сито.

liquidizer /ˈlɪkwɪˌdaɪzə(r)/ *n* (*Br, cul*) смеситель (*m*), миксер.

liquor /ˈlɪkə(r)/ *n* **1** (*alcoholic drink*) (спиртной) напиток; **~ store** (*US*) винный магазин. **2** (*liquid*) жидкость.

liqu|orice (*US* **lic-**) /ˈlɪkərɪs, -rɪʃ/ *n* (*plant*) солодка, лакричник; (*substance*) лакрица.

lira /ˈlɪərə/ *n* (*pl* **lire** /ˈlɪərə, ˈlɪəreɪ, ˈlɪərɪ/) лира (*денежная единица Италии и Ватикана* (*до введения евро*), *Мальты, Турции*).

Lisbon /ˈlɪzbən/ *n* Лиссабон.

lisle /laɪl/ *n* (**~ thread**) фильдекос; **~ stockings** фильдекосовые чулки.

lisp /lɪsp/ *n* шепелявость; **he has** (*or* **speaks with**) **a ~** он шепелявит.
● *vi* шепелявить (*impf*); (*of younger children*) лепетать (*impf*).

lissom(e) /ˈlɪsəm/ *adj* гибкий.

list[1] /lɪst/ *n* (*roll, inventory, enumeration*) список, перечень (*m*); **black ~** чёрный список; **casualty ~** список потерь; **enter sth on a ~** вн|осить, -ести что-н. в список; **make a ~** сост|авлять, -авить список; **~ price** цена по прейскуранту.
● *vt* (*make a ~ of*) сост|авлять, -авить список + *g*; (*enter on a ~*) вн|осить, -ести в список; (*enumerate*) переч|ислять, -ислить; **~ed building** здание, находящееся под охраной государства.

list[2] /lɪst/ *n* (*leaning*) крен; наклон; **have a ~** крениться (*impf*).
● *vi* (*of ship*) накреняться (*impf*); крениться, на-.

listen /ˈlɪs(ə)n/ *vi* слушать, по-; **~ to** слушать, по- + *a*; **do you ~ (in) to the radio?** вы слушаете радио?; (*pay attention*; *heed to*) прислуш|иваться, -аться к + *d*; **don't ~ to him!** не обращайте на него внимания!; **I was ~ing for the bell** я (напряжённо) ждал звонка; (*hear out*) выслушивать, выслушать; **~ to me and then decide** выслушайте меня, а потом решайте!; (*for a certain time*) прослуш|ивать, -ать; **he ~s to the radio all evening** он целый вечер слушает радио; **the doctor ~ed to his heart** врач прослу́шал его́ се́рдце; (*overhear, eavesdrop on*) подслу́ш|ивать, -ать; **he ~ed in on their conversation** он подслу́шал их разгово́р; **~ing post** пост подслу́шивания.

listener /ˈlɪsənə(r)/ *n* слу́шатель (*m*); **he is a good ~** он уме́ет слу́шать; (*to radio*) радиослу́шатель (*m*).

listing /ˈlɪstɪŋ/ *n* (*list*) спи́сок; (*entry*) упомина́ние.

listless /ˈlɪstlɪs/ *adj* апати́чный, вя́лый.

listlessness /ˈlɪstlɪsnɪs/ *n* апа́тия, вя́лость.

lit /lɪt/ *past and pp of* ⇨**light**[1,3]

litany /ˈlɪtənɪ/ *n* (*Orthodox*) ектенья́; (*Catholic*) лита́ния; (*fig, tedious enumeration*) ску́чное перечисле́ние.

liter /ˈliːtə(r)/ (*US*) = **litre**

literacy /ˈlɪtərəsɪ/ *n* гра́мотность.

literal /ˈlɪtər(ə)l/ *adj* **1** (*of, or expressed in, letters*) бу́квенный; **~ error** опеча́тка, бу́квенная оши́бка.
2 (*following the text exactly; taking words in primary sense*) буква́льный; **he has a ~ mind** у него́ педанти́чный/прозаи́ческий ум.

literalness /ˈlɪtərəlnɪs/ *n* буква́льность.

literary /ˈlɪtərərɪ/ *adj* **1** (*pertaining to literature, books, writing*) литерату́рный; (*of ~ studies*) литературове́дческий; **~ history** исто́рия литерату́ры; **a ~ man** литера́тор. **2** (*of style or vocabulary*) кни́жный.

literate /ˈlɪtərət/ *adj* гра́мотный.

literati /ˌlɪtəˈrɑːtiː/ *n* литера́торы (*m pl*)

literature /ˈlɪtərətʃə(r), ˈlɪtrə-/ *n* литерату́ра; **student of ~** литературове́д; **study of ~** литературове́дение; (*printed matter*) литерату́ра; кни́ги, брошю́ры *и т. п.*

lithe /laɪð/ *adj* ги́бкий.

litheness /ˈlaɪðnɪs/ *n* ги́бкость.

lithium /ˈlɪθɪəm/ *n* ли́тий.

lithograph /ˈlɪθəˌgrɑːf, ˈlaɪθə-/ *n* литогра́фия; **~ print** литогра́фский о́ттиск.
● *vt* литографи́ровать (*impf, pf*).

lithographer /lɪˈθɒgrəfə(r)/ *n* лито́граф.

lithographic /ˌlɪθəˈgræfɪk/ *adj* литогра́фский.

lithography /lɪˈθɒgrəfɪ/ *n* литогра́фия.

Lithuania /ˌlɪθjuːˈeɪnɪə, ˌlɪθuː-/ *n* Литва́.

Lithuanian /ˌlɪθjuːˈeɪnɪən, ˌlɪθuː-/ *n* (*person*) лито́в|ец (*fem* -ка); (*language*) лито́вский язы́к.
● *adj* лито́вский.

litigant /ˈlɪtɪgənt/ *n* тя́жущаяся сторона́.

litigate /ˈlɪtɪˌgeɪt/ *vi* суди́ться (*impf*).

litigation /ˌlɪtɪˈgeɪʃ(ə)n/ *n* тя́жба; суде́бный проце́сс.

litigious /lɪˈtɪdʒəs/ *adj* **1** (*fond of going to law*) сутя́жнический; **a ~ person** сутя́га (*cg*); сутя́жни|к (*fem* -ца).
2 (*pertaining to litigation*): **~ procedure** процеду́ра суде́бного разбира́тельства.

litmus /ˈlɪtməs/ *n* ла́кмус; **~ paper** ла́кмусовая бума́га.

litre /ˈliːtə(r)/ (*US* **liter**) *n* литр.

litter /ˈlɪtə(r)/ *n* **1** (*refuse*) сор, отбро́с|ы (*pl, g* -ов). **2** (*straw etc. for animals*) подсти́лка; **cat ~** коша́чья подсти́лка. **3** (*newly-born animals*) помёт. **4** (*hist, means of transport*) паланки́н; (*stretcher*) носи́л|ки (*pl, g* -ок).
● *vt* **1** (*make untidy*) сори́ть, на-; **he ~ed the room with paper** он разброса́л бума́гу по всей ко́мнате; **the table is ~ed with books** стол зава́лен кни́гами. **2** (*provide with straw for bedding*): **~ a horse** де́лать, с- подсти́лку для ло́шади.
● *vi* (*give birth: of dogs*) щени́ться, о-; (*of pigs*) пороси́ться, о-.
● *cpds* **~ bin** *n* (*Br*) му́сорный я́щик; **~bug** *n* челове́к, соря́щий в обще́ственных места́х.

littérateur /ˌlɪtərɑːˈtəː(r)/ *n* литера́тор.

little /ˈlɪt(ə)l/ *n* (*not much*) ма́ло, немно́го, немно́жко + *g*; **there was ~ left** оста́лось ма́ло/немно́го; **it had ~ to do with me** э́то де́ло меня́ ма́ло каса́лось; **he makes ~ of physical pain** он не бои́тся физи́ческой бо́ли; **he thinks ~ of me** он о́бо мне ни́зкого/невысо́кого мне́ния; **it takes ~ to make him angry** его́ нетру́дно рассерди́ть; **I see ~ of him now** я тепе́рь ре́дко ви́жу его́; **~ or nothing** почти́ ничего́; ма́ло что; **he has done ~ or nothing for us** он нам почти́ ниче́м не помо́г; (*small amount*): **I did what ~ I could** я сде́лал то немно́гое, что мог; **I'd like a ~ of that salad** я бы хоте́л немно́го/чу́точку э́того сала́та; **he knows a ~ Japanese** он немно́го зна́ет япо́нский; **he knows a ~ of everything** он зна́ет обо всём понемно́гу; (*short time or distance*): **after a ~ he returned** вско́ре он верну́лся; **won't you stay (for) a ~?** побу́дьте/посиди́те ещё немно́го!; **~ by ~** ма́ло-пома́лу; постепе́нно.
● *adj* (**littler, littlest; less** *or* **lesser; least**) **1** (*small*) ма́ленький, небольшо́й; **~ finger** мизи́нец; **~ toe** мизи́нец ноги́; **L~ Bear** (*astron*) Ма́лая Медве́дица; (*expressed by diminutive, e.g.*); **~ house** до́мик; **~ man** челове́чек.
2 (*young*): **~ boy** (ма́ленький) ма́льчик; **~ girl** (ма́ленькая) де́вочка; **my ~ brother** мой брати́шка; **~ ones** (*children*) де́т|и (*pl, g* -е́й); малыши́ (*m pl*); де́тки (*f pl*); (*animals*) детёныши (*m pl*).
3 (*trivial, unpretentious*) ме́лкий; незначи́тельный; **the ~ things of life** жите́йские ме́лочи (*f pl*).
4 (*not tall or long*) невысо́кий; недли́нный; **he was a ~ man** он был челове́к небольшо́го ро́ста; **I went a ~ way with him** я с ним прошёл не́сколько шаго́в; **wait here for a ~ while** подожди́те здесь немно́жко.
5 (*small, of quantity*) ма́ло, немно́го, немно́жко + *g*; **there is ~ butter left** ма́сла оста́лось ма́ло; **he knows ~ Japanese** он пло́хо зна́ет япо́нский; **have a ~ something to eat!** перекуси́те чу́точку!; ску́шайте что-нибудь!; **it gives me no ~ pleasure** э́то доста́вит мне и́стинное удово́льствие.
6 (*in various emotive senses*): **that poor ~ girl!** бедня́жка!; **he's quite the ~ gentleman** э́тот ма́льчик — настоя́щий джентльме́н; **so that's your ~ game!** так вы вон что заду́мали!; **I know your ~ ways** я зна́ю ва́ши шту́чки; зна́ем мы вас!; **you ~ liar!** ах ты, лгуни́шка! (*cg*).
● *adv* (**less, least**)
1 (*not much*) ма́ло; **I see him very ~** я ма́ло/ре́дко с ним ви́жусь; **~ more** ненамно́го/немно́гим бо́льше; **it is ~ more than speculation** э́то но́сит предположи́тельный хара́ктер; **he is ~ better than a thief** он про́сто-на́просто вор; **~ short of madness** су́щее безу́мие; (*not at all*): **~ did he know I was following him** он и не подозрева́л, что я иду́ за ним; **we ~ thought he would go to those lengths** мы ника́к не ожида́ли, что он дойдёт до тако́й кра́йности.
2 (**a ~:** *slightly, somewhat*) немно́го, немно́жко; **this hat is a ~ too big for me** э́та шля́па мне немно́го велика́; **I was a ~ afraid you would not come** я немно́го боя́лся, что вы не придёте; **he was not a ~ annoyed** он был не на шу́тку раздражён; **I am a ~ happier now** тепе́рь я не́сколько успоко́ился; **she is a ~ over 40** ей немно́гим бо́льше сорока́.

littoral /ˈlɪtər(ə)l/ *n* побере́жье.
● *adj* прибре́жный.

liturgical /lɪˈtəːdʒɪk(ə)l/ *adj* литурги́ческий.

liturgy /ˈlɪtədʒɪ/ *n* (*eccl*) литурги́я.

livable /ˈlɪvəb(ə)l/ = **liv(e)able**

live[1] /laɪv/ *adj* **1** (*living*) живо́й; **~ bait** живе́ц; (*pertaining to a living person or thing*): **~ birth** рожде́ние живо́го ребёнка; **~ weight** живо́й вес; (*fig*): **a ~ issue** актуа́льный вопро́с.
2 (*burning*): **~ coals** горя́щие у́гли.
3 (*not spent or exploded*): **~ ammunition** боевы́е патро́ны; **~ rail** токопроводя́щий рельс; **a ~ wire** (*lit*) про́вод под то́ком/напряже́нием; (*fig*) энерги́чный/неугомо́нный челове́к.
4 (*not recorded*): **~ broadcast** пряма́я переда́ча; (*away from studio*) внестуди́йная переда́ча; **~ music** музыка́льное выступле́ние; **~ performance** публи́чное выступле́ние; **the game was broadcast ~** матч трансли́ровался непосре́дственно со стадио́на (*or* шёл в прямо́й трансля́ции).
● *cpd* **~stock** *n* дома́шний скот.

live[2] /lɪv/ *vt* (*spend, experience*) пров|оди́ть, -ести́; прож|ива́ть, -и́ть; **he ~d his whole life there** он там про́жил всю жизнь; **he is living a double life** он ведёт двойну́ю жизнь; **he ~s life to the full** он живёт по́лной жи́знью; **life is not worth living** жить не сто́ит; **~ a lie** жить (*impf*) притво́рством; жить (*impf*) в посто́янной лжи.
● *vi* **1** (*be alive*) жить (*impf*); (*of habitat*) води́ться, обита́ть (*both impf*).
2 (*subsist*): **they ~ on vegetables** они́ пита́ются овоща́ми; **you can't ~ on**

air нельзя́ пита́ться во́здухом; **they ~ off the land** они́ ко́рмятся со свое́й земли́; **they ~ from hand to mouth** они́ перебива́ются с хле́ба на во́ду; они́ е́ле сво́дят концы́ с конца́ми.
3 (*depend for one's living*) жить (*impf*); **he ~s on his wife** он живёт на иждиве́нии жены́; **he ~s on his earnings** он живёт на свои́ за́работки; **they ~ quietly, within their income** они́ живу́т скро́мно, по сре́дствам; **he ~s on, off his friends** он живёт за счёт друзе́й; **he ~s on his reputation** он живёт за счёт бы́лых заслу́г.
4 (*conduct o.s.*) жить (*impf*); **he ~s up to his principles/reputation** он стро́го приде́рживается свои́х при́нципов; **he ~d up to my expectations** он не обману́л мои́х ожида́ний; (*arrange one's diet, habits, etc.*): **he ~s well** он живёт хорошо́ (*or* на широ́кую но́гу); **two can ~ as cheaply as one** вдвоём жить не доро́же, чем одному́; **~ like a lord** ката́ться (*impf*) как сыр в ма́сле.
5 (*enjoy life*): **now at last I'm really living** вот э́то я называ́ю жи́знью!; **if you've never been to Paris, you haven't ~d** кто в Пари́же не быва́л, тот жи́зни не вида́л.
6 (*continue alive*): **the doctors think he won't ~** врачи́ ду́мают, что он не вы́живет; **he ~d to a great (*or* ripe old) age** он до́жил до глубо́кой ста́рости; **they ~d happily ever after** они́ ста́ли жить-пожива́ть да добра́ нажива́ть; **he ~d to regret it** впосле́дствии он об э́том жале́л; **he did not ~ to finish the work** он у́мер, не заверши́в рабо́ту; **long ~ the Queen!** да здра́вствует короле́ва!; **she has ~d through a great deal** она́ мно́го пережила́; **you, we ~ and learn** век живи́ — век учи́сь; **~ and let ~** сам живи́ и други́м не меша́й; **I have nothing to ~ for** мне не́зачем жить; **he ~s for his work** он живёт свое́й рабо́той; для него́ рабо́та — всё; (*fig, survive*): **his fame will ~ for ever** сла́ва его́ не умрёт.
7 (*reside*) жить, прожива́ть (*both impf*); обита́ть (*impf*); **where do you ~?** где вы живёте?; **I ~ at No. 17** я живу́ в до́ме но́мер 17; **the house has a ~d-in appearance** у до́ма обжито́й вид; **he is living with his secretary** он живёт/сожи́тельствует с секрета́ршей; **they are living apart** (*of married couple*) они́ живу́т врозь; они́ разъе́хались; **~ with** (*fig tolerate*) мири́ться, при- с + *i*.
● *with advs*: **~ down** *vt* загла́|живать, -дить; **he will never ~ down the scandal** ему́ никогда́ не уда́стся загла́дить сканда́л; **~ in** *vi* (*of student*) жить (*impf*) в общежи́тии; **the servants all ~ in/out** вся прислу́га — живу́щая/приходя́щая; **~ on** *vi*: **his memory ~s on** па́мять о нём жива́; **~ out** *vi* (*of student*) не жить (*impf*) в общежи́тии; **most officers ~ out** бо́льшая часть офице́ров не живёт в каза́рмах; *see also* ⇒**~ in**; **~ together** *vi*: **are they married or only living together?** они́ жена́ты и́ли так живу́т (*or* сожи́тельствуют)?; **France and Germany have learnt to ~ together** Фра́нция и Герма́ния научи́лись жить в ми́ре; **~ up** *vt*: **~ it up** (*coll*) жить (*impf*) широко́, вести́ (*impf*) бу́рную жизнь.
● *cpds* **~-in** *adj*: **~-in nanny** ня́ня, живу́щая в семье́; **~-in lover** сожи́тель (*fem* -ница); **~long** *adj* це́лый; **the ~long day** день-деньско́й.

liv(e)able /ˈlɪvəb(ə)l/ *adj* **1** (*of house etc.*) го́дный для жилья́. **2** (*of life*) сно́сный. **3**: **~-with** (*of person*) тако́й, с кото́рым мо́жно ужи́ться.

livelihood /ˈlaɪvlɪˌhʊd/ *n* сре́дства (*nt pl*) к существова́нию; **earn, gain one's ~** зараба́тывать (*impf*) на жизнь; добыва́ть (*impf*) сре́дства к существова́нию.

liveliness /ˈlaɪvlɪnɪs/ *n* жи́вость, оживлённость.

lively /ˈlaɪvlɪ/ *adj* (**livelier, liveliest**) (*lit, fig*) живо́й; **take a ~ interest in sth** проявля́ть (*impf*) живо́й интере́с к чему́-н.; (*animated*) оживлённый; **trade was ~** торго́вля шла бо́йко; (*energetic*) живо́й, де́ятельный; (*bright*): **~ colours** я́ркие кра́ски; (*brisk*): **we walked at a ~ pace** мы шли бы́стрым ша́гом; **look ~!** быстре́е!; жи́во!; повора́чивайся!

liven /ˈlaɪv(ə)n/ *vt & i* (*also* **~ up**) ожив|ля́ть(ся), -и́ть(ся).

liver[1] /ˈlɪvə(r)/ *n* (*anat*) пе́чень; **~ complaint** боле́знь пе́чени; (*food*) печёнка; **~ sausage** (*Br*) ли́верная колбаса́.
● *cpd* **~ fluke** *n* печёночная двуу́стка.

liver[2] /ˈlɪvə(r)/ *n*: **loose ~** распу́тник; **fast ~** прожига́тель (*m*) жи́зни.

liveried /ˈlɪvərɪd/ *adj* ливре́йный.

liver|ish /ˈlɪvərɪʃ/, **-y** /ˈlɪvərɪ/ *adjs*: **he is feeling ~ish** у него́ поша́ливает пе́чень; (*fig, peevish*) жёлчный.

livery[1] /ˈlɪvərɪ/ *n* (*of servants*) ливре́я; (*of a guild etc.*) фо́рма; (*for horses*) прокo'рм; **~ stable** пла́тная коню́шня.

livery[2] /ˈlɪvərɪ/ = **liverish**

lives[1] /laɪvz/ *pl of* ⇒**life**

lives[2] /lɪvz/ *see* ⇒**live**[2]

livid /ˈlɪvɪd/ *adj* (*grey-blue*) серова́то-си́ний; (*crimson*) багро́вый; (*coll, of temper*): **be ~** черне́ть, по-; **I was ~** я был взбешён.

living /ˈlɪvɪŋ/ *n* **1** (*process, manner of ~*): **~ conditions** усло́вия жи́зни; **a ~ wage** прожи́точный ми́нимум; **the art of ~** уме́ние жить; **loose ~** распу́тство; **cost of ~** сто́имость жи́зни; **standard of ~** жи́зненный у́ровень.
2 (*livelihood*) сре́дства (*nt pl*) к жи́зни; **earn one's ~** зараб|а́тывать, -о́тать себе́ на жизнь; **he makes his ~ by teaching** он зараба́тывает преподава́нием; **the world owes us a ~** о́бщество обя́зано содержа́ть нас.
3 (*fare*): **good, high ~** бога́тый стол; **plain ~** просто́й стол.
4 (*Br, eccl*) бенефи́ций.
● *adj* **1** (*alive*) живо́й; **a ~ language** живо́й язы́к; **a ~ death** жа́лкое существова́ние; **within ~ memory** на па́мяти живу́щих; **not a ~ soul** (*as obj*) ни (одно́й) живо́й души́; **no man ~ could do better** никто́ на све́те не мог бы сде́лать лу́чше; (*as n pl*) **the ~** живы́е (*pl*); **he is in the land of the ~** он ещё жив; он ещё не поки́нул э́тот свет.
2 (*true to life*): **he is the ~ image of his father** он вы́литый оте́ц.
3 (*contemporary*): **he is the greatest of ~ writers** он видне́йший/велича́йший из совреме́нных писа́телей.
● *cpds* **~ room** *n* гости́ная; **~ space** *n* жи́зненное простра́нство.

lizard /ˈlɪzəd/ *n* я́щерица.

Ljubljana /luːˈbljɑːnə/ *n* Любля́на.

llama /ˈlɑːmə/ *n* ла́ма (*живо́тное*).

lo /ləʊ/ *int* (*archaic*): **~ and behold** и вдруг; о чу́до.

loach /ləʊtʃ/ *n* (*zool*) голе́ц.

load /ləʊd/ *n* **1** (*what is carried; burden*) но́ша; груз, нагру́зка; тя́жесть; (*fig*) бре́мя; **a ~ of worries** бре́мя забо́т; **that was a ~ off my mind** у меня́ как гора́ с плеч; **you have taken a ~ off my mind** от ва́ших слов мне ста́ло ле́гче.
2 (*amount carried by vehicle etc.*) груз; **a ~ of bricks** груз кирпиче́й; (*fig, coll*): **it's a ~ of rubbish** э́то сплошна́я чепуха́.
3 (*phys, elec*) нагру́зка; **test under ~** испы́т|ывать, -а́ть под нагру́зкой.
4 (*in pl, coll, large amount*) у́йма, ма́сса.
● *vt* **1** (*cargo etc.*) грузи́ть, по-; **the goods were ~ed on to the ship** това́ры погрузи́ли на кора́бль.
2 (*ship, vehicle, etc.*) грузи́ть, на-; нагру|жа́ть, -зи́ть (*что чем*).
3 (*fig, with cares etc.*) обремен|я́ть, -и́ть (*кого чем*); **don't ~ yourself with extra work** не взва́ливайте на себя́ ли́шнюю рабо́ту.
4 (*with gifts, praises, etc.*) ос|ыпа́ть, -ы́пать (*кого чем*).
5 (*firearm, camera, etc.*) заря|жа́ть, -ди́ть; **he ~ed the camera with film** он заряди́л аппара́т (плёнкой).
6 (*weight with lead*) нал|ива́ть, -и́ть свинцо́м; **~ed dice** нали́тые свинцо́м ко́сти; **the dice were ~ed against him** (*fig*) все ша́нсы бы́ли про́тив него́; (*fig*): **a ~ed question** провокацио́нный вопро́с.
7 (*fill to capacity*): **the bus was ~ed with people** авто́бус был перепо́лнен.
8 (*sl*): **he's ~ed** (*rich*) он (по́лностью/хорошо́) упако́ван; (*US, drunk*) он набра́лся.
9 (*comput*) загру|жа́ть, -зи́ть.
● *vi* грузи́ться, на-.
● *with advs*: **~ down** *vt* обремен|я́ть, -и́ть; **~ up** *vt* нагру|жа́ть, -зи́ть; *vi* грузи́ться, на-.
● *cpds* **~-bearing** *adj*: **~-bearing capacity** грузоподъёмность; **~ line** *n* грузова́я ватерли́ния; **~stone** *see* ⇒**lode-**

loader /ˈləʊdə(r)/ *n* (*person*) гру́зчик.

loading /ˈləʊdɪŋ/ *n* **1** (*of cargo*) погру́зка. **2** (*of ship, vehicle, etc.*) нагру́зка; **~ bay** разгру́зочная площа́дка; **~ berth** погру́зочный прича́л; **~ hatch** грузово́й люк. **3** (*of gun, camera, etc.*) заря́дка. **4** (*elec*) нагру́зка. **5** (*comput*) загру́зка.

loaf[1] /ləʊf/ *n* (*pl* **loaves**) **1** (*of bread*) буха́нка; **cottage ~** карава́й; **small ~** бу́лка; **half a ~ is better than no**

bread (*proverb*) лу́чше ма́ло, чем ничего́; ≈ на безры́бье и рак ры́ба; (~*shaped food*): **meat** ~ мясно́й руле́т; **sugar** ~ са́харная голова́. **2** (*Br sl, head*) башка́; **use one's** ~ шевели́ть (*impf*) мозга́ми.

loaf² /ləʊf/ *vi* (*coll; also* ~ **about**) ло́дырничать (*impf*); слоня́ться, шата́ться (*both impf*) без де́ла.

loafer /ˈləʊfə(r)/ *n* ло́дырь (*m*); праздношата́ющийся; (*propr, shoe*) ко́жаная ту́фля ти́па мокаси́н.

loam /ləʊm/ *n* сугли́нок.

loamy /ˈləʊmɪ/ *adj* сугли́нистый.

loan /ləʊn/ *n* **1** (*sum lent*) заём, ссу́да; **government** ~**s** госуда́рственные за́ймы (*m pl*); **student** ~ студе́нческий заём; **he asked for a** ~ **of £10** он попроси́л 10 фу́нтов взаймы́. **2** (*lending or being lent*): **take on** ~; **have the** ~ **of** (*of money*) брать, взять взаймы́; (*of objects*) брать, взять на вре́мя; **may I have the** ~ **of this book?** могу́ ли я взять на вре́мя э́ту кни́гу?; **this exhibit is on** ~ **from the museum** э́тот экспона́т вре́менно взят из музе́я.

● *vt* одолж|а́ть, -и́ть; да|ва́ть, -ть взаймы́.

● *cpds* ~ **shark** *n* (*coll*) ростовщи́к; ~ **translation** *n* (*ling*) ка́лька; ~**word** *n* (*ling*) заи́мствованное сло́во.

loaner /ˈləʊnə(r)/ *n* (*US, car*) маши́на, предоставля́емая (напрока́т) ремо́нтной мастерско́й на вре́мя ремо́нта со́бственного автомоби́ля зака́зчика.

lo(a)th /ləʊθ/ *pred adj*: **he was** ~ **to do anything** он ничего́ не хоте́л де́лать.

loathe /ləʊð/ *vt* (*detest*) ненави́деть (*impf*); (*feel disgust for*) чу́вствовать/испы́тывать (*impf*) отвраще́ние к + *d*; (*be unable to bear*) быть не в состоя́нии терпе́ть; **I** ~ **asking him about it** мне ужа́сно неприя́тно его́ спра́шивать об э́том.

loathing /ˈləʊðɪŋ/ *n* отвраще́ние; **feel** ~ **for** испы́тывать (*impf*) отвраще́ние к + *d*.

loathsome /ˈləʊðsəm/ *adj* отврати́тельный, омерзи́тельный.

loaves /ləʊvz/ *pl of* ⇒**loaf¹**

lob /lɒb/ *n* (*high-pitched ball*) свеча́.

● *vt* (**lobbed, lobbing**): ~ **a ball** под|ава́ть, -а́ть свечу́.

lobby /ˈlɒbɪ/ *n* вестибю́ль (*m*); (*theatr*) фойе́ (*nt indecl*); (*in Parliament*) кулуа́р|ы (*pl, g* -ов); (*group*) ло́бби (*nt indecl*).

● *vt* агити́ровать (*impf*) (в кулуа́рах).

lobbying /ˈlɒbɪɪŋ/ *n* агита́ция (в кулуа́рах), лобби́рование.

lobbyist /ˈlɒbɪɪst/ *n* лобби́ст.

lobe /ləʊb/ *n* (*of liver, brain etc.*) до́ля; (*of ear*) мо́чка.

lobelia /ləˈbiːlɪə/ *n* (*bot*) лобе́лия.

lobotomy /ləˈbɒtəmɪ/ *n* лоботоми́я.

lobster /ˈlɒbstə(r)/ *n* ома́р; **red as a** ~ кра́сный как рак.

● *cpd* ~ **pot** *n* ве́рша (*рыболо́вная снасть*) для ома́ров.

local /ˈləʊk(ə)l/ *n* (*inhabitant*) ме́стный жи́тель; (*paper*) ме́стная газе́та; (*train*) ме́стный по́езд; (*Br, public house*) ме́стный паб, ме́стная пивна́я.

● *adj* ме́стный; зде́шний; (*of that place*) (*coll*) та́мошний; ~ **anaesthetic** ме́стный нарко́з; ~ **authority** (*Br*) ме́стные вла́сти; ~ **call** ме́стный телефо́нный разгово́р; ~ **colour** ме́стный колори́т; ~ **government** ме́стное самоуправле́ние; ~ **pain** локализо́ванная боль; ~ **population** коренно́е населе́ние; ~ **showers** ≈ места́ми дожди́; **2 o'clock** ~ **time** два часа́ по ме́стному вре́мени; **he is a** ~ **man** он из зде́шних мест; он зде́шний.

locale /ləʊˈkɑːl/ *n* ме́сто (де́йствия); ме́стность.

localism /ˈləʊkəˌlɪz(ə)m/ *n* (*local custom or idiom*) ме́стный обы́чай; ме́стное/областно́е выраже́ние.

locality /ləʊˈkælɪtɪ/ *n* ме́стность; (*neighbourhood*): **there is no cinema in the** ~ нигде́ побли́зости нет кино́/кинотеа́тра.

localization /ˌləʊkəlaɪˈzeɪʃ(ə)n/ *n* локализа́ция.

localize /ˈləʊkəˌlaɪz/ *vt* локализова́ть (*impf, pf*).

locally /ˈləʊkəlɪ/ *adv*: **he is well known** ~ он изве́стен в э́тих края́х; **he works** ~ он рабо́тает побли́зости.

locate /ləʊˈkeɪt/ *vt* **1** (*establish in a place*) поме|ща́ть, -сти́ть; (*designate place of*) назн|ача́ть, -а́чить ме́сто (*чему́ or для чего́*); **be** ~**d** (*situated*) находи́ться (*impf*). **2** (*determine position of*) определ|я́ть, -и́ть ме́сто/местоположе́ние + *g*; **has the fault been** ~**d?** нашли́ поврежде́ние?; определи́ли ли ме́сто поврежде́ния?; (*discover*) обнару́жи|вать, -ть; **he** ~**d the source of the Nile** он нашёл исто́ки Ни́ла.

location /ləʊˈkeɪʃ(ə)n/ *n* **1** (*determining of place*) определе́ние (ме́ста). **2** (*position, situation*) местонахожде́ние, местоположе́ние, расположе́ние. **3**: **on** ~ (*cin*) на нату́ре; в есте́ственных усло́виях; вне сту́дии; на приро́де; **shooting on** ~ нату́рная съёмка.

locative /ˈlɒkətɪv/ *n* & *adj* (*gram*) ме́стный (паде́ж).

loch /lɒk, lɒx/ *n* о́зеро (*в Шотла́ндии*); **L**~ **Ness** о́зеро Лох-Не́сс.

loci /ˈləʊsaɪ, ˈləʊkaɪ, ˈləʊkiː/ *pl of* ⇒**locus**

loci classici /ˌləʊsaɪ ˈklæsɪˌsaɪ, ˌləʊkiː ˈklæsɪˌkiː/ *pl of* ***locus classicus***

lock¹ /lɒk/ *n* (*of hair*) ло́кон, прядь.

lock² /lɒk/ *n* **1** (*on door or firearm*) замо́к; **under** ~ **and key** под замко́м; ~, **stock and barrel** целико́м и по́лностью; (*on door or gate*) запо́р; (*on mechanism*) сто́пор. **2** (*of vehicle's wheels*) у́гол поворо́та; **full** ~ до упо́ра; **other** ~ поворо́т в другу́ю сто́рону. **3** (*wrestling hold*) захва́т. **4** (*on canal*) шлюз.

● *vt* **1** (*secure; restrict movement of*) зап|ира́ть, -ере́ть (на замо́к); **is the door** ~**ed?** дверь заперта́?; **she** ~**ed him into the bedroom** она́ заперла́ его́ в спа́льне; **I was** ~**ed out** дверь была́ заперта́, и я не мог войти́. **2** (*cause to stop moving or revolving*) тормози́ть, за-; **he** ~**ed the steering** он заблоки́ровал руль. **3** (*engage, interlace*) спле|та́ть, -сти́; **his fingers were** ~**ed together** он сцепи́л ру́ки; **they were** ~**ed in an embrace** они́ сжима́ли друг дру́га в объя́тиях.

● *vi* **1**: **does this chest** ~? э́тот сунду́к запира́ется? **2** (*become rigid or immovable*) застр|ева́ть, -я́ть. **3** (*interlace*) перепле|та́ться, -сти́сь; сцеп|ля́ться, -и́ться; **the parts** ~ **into each other** дета́ли взаи́мно блоки́руются.

● *with advs*: ~ **away** *vt* спря́тать (*pf*) под замо́к; ~ **in** *vt* зап|ира́ть, -ере́ть *кого́* в ко́мнате/до́ме *и т. п.*; **he** ~**ed himself in** он за́перся на ключ; ~ **out** *vt* зап|ира́ть, -ере́ть дверь и не впуска́ть; **the workers were** ~**ed out** рабо́чих подве́ргли локау́ту; ~ **up** *vt* зап|ира́ть, -ере́ть на замо́к; (*imprison*) сажа́ть, посади́ть (*в тюрьму́*); (*invest, making money invested not easily accessible*): **his capital is** ~**ed up in land** весь его́ капита́л в земе́льных владе́ниях; *vi*: **when do you** ~ **up for the night?** в кото́ром часу́ вы ве́чером закрыва́етесь?

● *cpds* ~ **gate** *n* шлю́зные воро́та; ~**jaw** *n* тризм, спазм жева́тельных мышц; ~**-keeper** *n* смотри́тель (*m*) шлю́за; ~**out** *n* локау́т; ~**smith** *n* сле́сарь (*m*); ~**smith's trade** сле́сарное де́ло; ~**-up** *n* (*for prisoners*) катала́жка (*coll*); (*Br, shed*) сара́й; (*Br, garage*) гара́ж.

locker /ˈlɒkə(r)/ *n* (*cupboard*) шка́фчик; (*naut*) рунду́к.

● *cpd* ~ **room** *n* раздева́лка.

locket /ˈlɒkɪt/ *n* медальо́н.

loco¹ /ˈləʊkəʊ/ (*pl* **locos**) (*coll*) = **locomotive**

loco² /ˈləʊkəʊ/ *adj* (*coll, insane*) чо́кнутый (*sl*).

locomotion /ˌləʊkəˈməʊʃ(ə)n/ *n* передвиже́ние.

locomotive /ˌləʊkəˈməʊtɪv/ *n* локомоти́в; (*steam*) парово́з; (*electric*) электрово́з; (*diesel*) ди́зель (*m*), теплово́з; ~ **shed** депо́ (*indecl*).

● *adj* дви́жущий, двига́тельный; ~ **engine** = *n*

locum /ˈləʊkəm/ (*pl* ~**s**) (*coll*) = **locum tenens**

locum tenens /ˌləʊkəm ˈtiːnenz, ˈtenenz/ *n* (*pl* **locum tenentes** /ˌləʊkəm tɪˈnentiːz/) (*doctor or clergyman*) вре́менный замести́тель (*m*).

locus /ˈləʊkəs, ˈlɒkəs/ *n* (*pl* **loci**) (*math*) траекто́рия; ~ **of points** геометри́ческое ме́сто то́чек.

locus classicus /ˌləʊkəs ˈklæsɪkəs, ˌlɒkəs/ *n* (*pl* ***loci classici***) класси́ческая цита́та, наибо́лее подходя́щая в да́нном слу́чае.

locust /ˈləʊkəst/ *n* (*insect*) саранча́ (*also collect*).

locution /ləkˈjuːʃ(ə)n/ *n* оборо́т (ре́чи), идио́ма.

lode /ləʊd/ *n* ру́дная жи́ла.

● *cpds* ~**star** *n* (*fig*) путево́дная

звезда́; **~stone** (*also* **loadstone**) *n* магни́тный железня́к; (*fig*) магни́т.

lodge /lɒdʒ/ *n* **1** (*cottage e.g. at entrance to park*) дом привра́тника. **2** (*porter's apartment*) сторо́жка. **3** (*hunting* ~) охо́тничий до́мик. **4** (*freemason's* ~) масо́нская ло́жа. **5** (*trade union branch*) ме́стная профсою́зная организа́ция. **6** (*beaver's etc. lair*) нора́.
● *vt* **1** (*accommodate*) да|ва́ть, -ть помеще́ние + *d*; поме|ща́ть, -сти́ть. **2** (*deposit*) сда|ва́ть, -ть на хране́ние. **3** (*fig, enter*): ~ **a complaint/appeal** обра|ща́ться, -ти́ться с жа́лобой/апелля́цией; ~ **a claim** предъяв|ля́ть, -и́ть претéнзию; ~ **an objection** заяв|ля́ть, -и́ть проте́ст.
● *vi* **1** (*reside*) жить (*impf*); прожива́ть (*impf*); **he ~s with us** он наш жиле́ц. **2** (*become embedded, stuck*) застр|ева́ть, -я́ть; **a bone ~d in his throat** кость застря́ла у него́ в го́рле.

lodger /'lɒdʒə(r)/ *n* жил|е́ц; (*occupant of flat*) квартира́нт (*fem* -ка).

lodging /'lɒdʒɪŋ/ *n* (*dwelling place*) жильё; (*rented accommodation*) наёмная кварти́ра; (*in pl*) меблиро́ванные ко́мнаты (*f pl*); **he lives in ~s** он снима́ет ко́мнату.

loess /'ləʊɪs, lɜ:s/ *n* (*geol*) лёсс.

loft /lɒft/ *n* (*room in roof*) черда́к; (*hay*~) сенова́л; (*pigeon* ~) голубя́тня; (*organ* ~) хо́р|ы (*pl, g* -ов).
● *vt*: ~ **a ball** пос|ыла́ть, -ла́ть мяч высоко́/вверх.

loftiness /'lɒftɪnɪs/ *n* (больша́я) высота́; возвы́шенность; (*fig, haughtiness*) высокоме́рие, надме́нность.

lofty /'lɒftɪ/ *adj* (**loftier, loftiest**) (*high*) высо́кий; (*exalted*) возвы́шенный; (*haughty*) высокоме́рный, надме́нный.

log¹ /lɒg/ *n* **1** (*of wood*) бревно́, чурба́н; **2** (*for fire*) поле́но; **he slept like a ~** он спал как уби́тый; ~ **cabin** (бреве́нчатая) хижи́на.
● *cpds* **~jam** *n* зато́р; (*fig*) засто́й, тупи́к; **~rolling** *n* (*US fig*) поли́тика «ты мне — я тебе́».

log² /lɒg/ *n* (*~book*) ва́хтенный журна́л; (*of aircraft*) бортово́й журна́л; формуля́р; (*of lorry or car*) формуля́р.
● *vt* (**logged, logging**) (*record*) занос|и́ть, -ести́ в ва́хтенный журна́л; регистри́ровать (*impf, pf*); (*attain*) разв|ива́ть, -и́ть (*скорость по лагу*); ~ **in/on** (*comput*) входи́ть, войти́ в систе́му; ~ **out/off** (*comput*) выходи́ть, вы́йти из систе́мы.
● *cpd* **~book** *n* = **log²** *n*

log³ /lɒg/ = **logarithm**

loganberry /'ləʊgənbərɪ/ *n* лога́нова я́года (*гибрид малины с ежевикой*).

logarithm /'lɒgə,rɪð(ə)m/ *n* логари́фм.

logarithmic /,lɒgə'rɪðmɪk/ *adj* логарифми́ческий.

loggerhead /'lɒgə,hed/ *n*: **they are at ~s** они́ в ссо́ре (*or* не в лада́х) друг с дру́гом.

loggia /'ləʊdʒə, 'lɒ-/ *n* ло́джия.

logging /'lɒgɪŋ/ *n* (*tree-felling*) лесозагото́вки (*f pl*).

logic /'lɒdʒɪk/ *n* ло́гика.
● *cpd* ~ **chopping** *n* софи́стика.

logical /'lɒdʒɪk(ə)l/ *adj* (*based on logic, e.g. conclusion, explanation*) логи́ческий; (*reasonable, e.g. action*) логи́чный.

logician /lə'dʒɪʃ(ə)n/ *n* ло́гик.

logistics /lə'dʒɪstɪks/ *n* (*mil*) материа́льно-техни́ческое обеспе́чение.

logo /'ləʊgəʊ, 'lɒgəʊ/ *n* (*pl* **logos**) эмбле́ма.

loin /lɔɪn/ *n* **1** (*in pl*) поясни́ца; **gird up one's ~s** препоя́сать (*pf*) свой чре́сла (*bibl*). **2** (*joint of meat*) филе́ (*indecl*) (*мясное*).
● *cpd* **~cloth** *n* набе́дренная повя́зка.

Loire /lwɑ:(r)/ *n* Луа́ра (*река во Франции*).

loiter /'lɔɪtə(r)/ *vi* (*dawdle*) ме́шкать (*impf*); заме́шкаться (*pf*); (*hang about*) слоня́ться (*impf*) (без де́ла).

loiterer /'lɔɪtərə(r)/ *n* праздношата́ющийся.

loll /lɒl/ *vi* **1** (*sit or stand in lazy attitude*) сиде́ть/стоя́ть (*impf*) разваля́сь. **2** (*of tongue etc.: hang loose*) выва́ливаться (*impf*).

lollipop /'lɒlɪ,pɒp/ *n* леденéц на па́лочке.

lollop /'lɒləp/ *vi* (**lolloped, lolloping**): ~ **along** идти́ (*det*) вразва́лку.

lolly /'lɒlɪ/ *n* (*Br*) **1** (*coll*) = **lollipop**. **2** (*sl, money*) де́н|ьги (*pl g* -ег).

London /'lʌnd(ə)n/ *n* Ло́ндон; (*attr*) ло́ндонский.
● *cpd* ~ **pride** *n* (*bot*) камнело́мка тени́стая.

Londoner /'lʌndənə(r)/ *n* ло́ндон|ец (*fem* -ка).

lone /ləʊn/ *adj* одино́кий, уединённый; ~ **wolf** (*lit, fig*) бирю́к; **play a ~ hand** де́йствовать (*impf*) в одино́чку.

loneliness /'ləʊnlɪnɪs/ *n* одино́чество.

lonely /'ləʊnlɪ/ *adj* (**lonelier, loneliest**) **1** (*solitary, alone*) одино́кий; **feel ~** чу́вствовать (*impf*) себя́ одино́ким; **lead a ~ existence** вести́ (*det*) одино́кий о́браз жи́зни; жить (*impf*) уединённо. **2** (*isolated*) уединённый.

loner /'ləʊnə(r)/ *n coll*) одино́чка (*cg*).

lonesome /'ləʊnsəm/ *adj* одино́кий; **on one's ~** (*Br coll*) оди́н-одинёшенек; **feel ~** тоскова́ть (*impf*); томи́ться (*impf*) одино́чеством.

long¹ /lɒŋ/ *n* **1** (*a ~ time*): **I shan't be away for ~** я уезжа́ю ненадо́лго; я ско́ро верну́сь; **it won't take ~** э́то не займёт мно́го вре́мени; **will you take ~ over it?** вы ско́ро ко́нчите?; **he did not take ~ to answer** он не заме́длил отве́тить; **it is ~ since he was here** он давно́ здесь не́ был; **at the ~est** са́мое бо́льшее.
2: **the ~ and the short of it is that ...** сло́вом, де́ло в том, что...
● *adj* **1** (*of space, measurement*) дли́нный; **the table is 2 metres ~** длина́ э́того стола́ — 2 ме́тра; **how ~ is this river?** какова́ длина́ э́той реки́?; ~ **form** (*of Russian adj*) по́лная фо́рма; ~ **jump** прыжо́к в длину́; ~ **measure** ме́ра длины́; **in the ~ run** в коне́чном ито́ге/счёте; с тече́нием вре́мени; ~ **in the tooth** (*fig*) не пе́рвой мо́лодости; **on ~ wave** на дли́нной волне́.
2 (*of distance*) да́льний; **a ~ journey** да́льний/до́лгий путь; **a ~ way off** далеко́; **from a ~ way off** издалека́.
3 (*of time*) до́лгий; **a ~ life** до́лгая жизнь; **a ~ memory** хоро́шая па́мять; **my holiday is 2 weeks ~** мой о́тпуск дли́тся две неде́ли; **a quarrel of ~ standing** да́вняя/многоле́тняя ссо́ра; **for a ~ time** до́лго, давно́; надо́лго; **a ~ time ago** мно́го вре́мени тому́ наза́д; давны́м-давно́; **a ~ time before the war** задо́лго до войны́; **it will be a ~ time before we meet again** мы встре́тимся сно́ва ещё не ско́ро.
4 (*prolonged*) дли́тельный; **a ~ illness** затяжна́я боле́знь.
● *adv* **1** (*a ~ time*): **I shan't be ~** я ско́ро верну́сь; я не задержу́сь; **she is ~ since dead** она́ давно́ умерла́; **it was ~ past midnight** бы́ло далеко́ за́ полночь; ~ **after** (*prep*) до́лгое вре́мя по́сле + *g*; ~ **before** (*prep*) задо́лго до + *g*; ~ **after(wards)** до́лгое вре́мя спустя́; гора́здо по́зже/поздне́е; ~ **before** (*adv*) давно́, гора́здо ра́ньше; **these events are ~ past** всё э́то случи́лось давно́; ~ **ago** (давны́м-)давно́; **before ~** вско́ре, ско́ро.
2 (*for a ~ time*): **I have ~ thought so** я давно́ так ду́маю; **how ~ have you been here?** как давно́ вы здесь?; ~ **live the Queen!** да здра́вствует короле́ва!
3 (*throughout*): **all day ~** це́лый день; **all night ~** всю ночь напролёт.
4: **as ~ as I live** пока́ я жив; **stay as ~ as you like** остава́йтесь, ско́лько хоти́те; **as ~ as you don't mind** е́сли вам всё равно́; е́сли вы не возража́ете.
5: **so ~!** пока́! (*coll*).
6: **no ~er** бо́льше не; **I can't wait much ~er** намно́го до́льше ждать я не могу́.
● *cpds* **~-awaited** *adj* долгожда́нный; **~boat** *n* барка́с; **~bow** *n* большо́й лук; **~-distance** *adj*: **~-distance call** междугоро́дный/междунаро́дный вы́зов; **~-distance train** по́езд да́льнего сле́дования; **~-distance runner** ста́йер, бегу́н на дли́нные диста́нции; **~-drawn-out** *adj* (*of conversation*) затяну́вшийся; (*of story*) растя́нутый; (*of illness*) затяжно́й; **~-haired** *adj* длинноволо́сый; **~hand** *n* обы́чное письмо́ (от руки́); ~ **johns** *n pl* кальсо́н|ы (*pl, g* —); **~-legged** *adj* длинноно́гий; **~-lived** *adj* долгове́чный; **~-lost** *adj* давно́ поте́рянный/утра́ченный; **~-playing** *adj* долгоигра́ющий; **~-range** *adj* (*of gun*) дальнобо́йный; (*of aircraft*) да́льнего де́йствия; (*of forecast, policy etc.*) долгосро́чный; **~shoreman** *n* (*pl* **~shoremen**) порто́вый гру́зчик; **~-sighted** *adj* дальнозо́ркий; (*fig*) дальнови́дный; **~-standing** *adj* стари́нный, долголе́тний; **a ~-standing promise** да́внее обеща́ние; **~-suffering** *adj* многострада́льный; **~-term** *adj* долгосро́чный; (*of plans etc.*) перспекти́вный; **~-wave** *adj*

длинноволно́вый; **~-winded** *adj* многосло́вный.

long² /lɒŋ/ *vi*: **~ for sth** жа́ждать (*impf*) чего́-н.; **we are ~ing for your return** мы ждём не дождёмся ва́шего возвраще́ния; **I ~ed for a drink** я ужа́сно хоте́л пить; я томи́лся жа́ждой; **~ for s.o.** тоскова́ть (*impf*) по кому́-н.; скуча́ть (*impf*) по кому́-н.; **~ to do sth** мечта́ть (*impf*) де́лать что́-н.; **he ~ed to get away from town** ему́ не терпе́лось уе́хать из го́рода.

longevity /lɒn'dʒevɪtɪ/ *n* (*of person*) долголе́тие; (*of thing*) долгове́чность.

longing /'lɒŋɪŋ/ *n* жела́ние, жа́жда (**for:** + *g*); тоска́ (**for:** по + *d*).
● *adj* тоску́ющий; **he looked at the books with ~ eyes** он смотре́л на кни́ги с вожделе́нием.

longish /'lɒŋɪʃ/ *adj* (*of size*) длиннова́тый; (*of duration*) долгова́тый.

longitude /'lɒŋgɪ,tju:d, 'lɒndʒ-/ *n* долгота́; **at 20° ~ West** на двадца́том гра́дусе за́падной долготы́.

longitudinal /,lɒŋgɪ'tju:dɪn(ə)l, ,lɒndʒ-/ *adj* (*of longitude*) долго́тный; (*lengthwise*) продо́льный.

longw|ays /'lɒŋweɪz/, **-ise** /'lɒŋwaɪz/ *adv* в длину́.

loo /lu:/ *n* (*Br coll, lavatory*) сорти́р (*coll*); **I need (to use) the ~** мне на́до ко́е-куда́ сбе́гать; мне на́до в «одно́ ме́сто».

loofah /'lu:fə/ *n* (*bot*) люфа́.

look /lʊk/ *n* **1** (*glance*) взгляд; **he gave me a ~** он бро́сил взгляд (*or* взгляну́л) на меня́; **there were angry ~s from the crowd** толпа́ гляде́ла с негодова́нием; **give s.o. a black ~** зло́бно посмотре́ть/взгляну́ть (*pf*) на кого́-н.; **may I have, take a ~ at your paper?** позво́льте просмотре́ть ва́шу газе́ту.
2: **have, take a ~ at** (*examine*) осм|а́тривать, -отре́ть; рассм|а́тривать, -отре́ть; **the doctor had a good ~ at his throat** до́ктор внима́тельно посмотре́л его́ го́рло; (*fig*): **we must take a long ~ at these terms** мы должны́ разобра́ться в поста́вленных усло́виях тща́тельно (*or* как сле́дует).
3: **have a ~ for** (*search for*) иска́ть, по-.
4 (*expression*) выраже́ние; **there was a ~ of horror on his face** его́ лицо́ выража́ло у́жас; **a ~ of pleasure came over her features** выраже́ние удово́льствия разлило́сь по её лицу́.
5 (*appearance*) вид; **he had an odd ~ about him** у него́ был стра́нный вид; **this house has a homely ~** у э́того до́ма ую́тный вид; **I don't like the ~ of things** пло́хо де́ло!; **he has given the shop a new ~** он (по́лностью) преобрази́л магази́н; **this is the new ~ in evening wear** вот но́вый фасо́н вече́рних туале́тов; (*in pl, personal appearance*) нару́жность, вне́шность; **~s don't count** по вне́шности не су́дят; **she has good ~s** она́ хороша́ собо́й; **lose one's (good) ~s** дурне́ть, по-.
● *vt* **1** (*inspect, scrutinize*): **~ s.o. in the face, eye** смотре́ть, по- в глаза́ кому́-н.; **don't ~ a gift horse in the mouth** дарёному коню́ в зу́бы не смо́трят; **~ s.o. up and down** сме́рить (*pf*) кого́-н. взгля́дом.
2 (*express with eyes*): **she ~ed daggers at him** она́ зло́бно посмотре́ла на него́.
3 (*have the appearance of; see also vi* **3**) вы́глядеть (*impf*) + *i*: **he ~s an old man** он вы́глядит старико́м; **he made me ~ a fool** он поста́вил меня́ в дура́цкое положе́ние; **he ~s his age** ему́ вполне́ дашь его́ го́ды; **she is thirty, but she does not ~ it** ей три́дцать, но ей сто́лько не дашь; **he is not ~ing himself** на нём лица́ нет; **you are ~ing yourself again** тепе́рь вы сно́ва ста́ли похо́жи на себя́; **she ~s her best in blue** си́нее ей бо́льше всего́ к лицу́.
4 (*with indirect questions: observe*) смотре́ть, по-; **~ who's here!** кого́ я ви́жу!; **now ~ what you've done!** смотри́те, что вы наде́лали!; **~ where you're going!** смотри́те, куда́ идёте!
● *vi* **1** (*use one's eyes; pay attention*) смотре́ть, по-; **he ~ed out of the window to see if she was coming** он посмотре́л в окно́, не идёт ли она́; **~ over there!** посмотри́те/взгляни́те туда́!; **~ before you leap** ≈ семь раз отме́рь, оди́н отре́жь; не зна́я бро́ду, не су́йся в во́ду; **~ here!** послу́шайте; **~ lively, sharp!** живе́й!; потора́пливайтесь!; (*fig, consider*) вду́м|ываться, -аться; **when one ~s more closely** при ближа́йшем рассмотре́нии; (*search*) иска́ть, по-.
2 (*face*) выходи́ть (*impf*); **the windows ~ on to the garden (street)** о́кна выхо́дят в сад (на у́лицу).
3 (*appear; see also vt* **3**) вы́глядеть (*impf*) + *i*; **she is ~ing well** она́ хорошо́ вы́глядит; **everybody ~ed tired** у всех был уста́лый вид; **that ~s tasty** у э́того блю́да аппети́тный вид; **that hat ~s well on you** вам идёт (*or* к лицу́) э́та шля́па; **he made me ~ small** он меня́ уни́зил; **things ~ black** пло́хо де́ло; **the situation ~s promising** ситуа́ция как бу́дто благоприя́тная/обнадёживающая; **that ~s suspicious** э́то подозри́тельно; **it ~s as if …** ка́жется (, что)…; похо́же на то, что…; **~ like** (*resemble*) вы́глядеть (*impf*) + *i*; походи́ть (*impf*) на + *a*; **the old man ~s like a tramp** у старика́ вид бродя́ги; **he ~s like his father** он похо́ж на отца́; **she ~s like nothing on earth** она́ бог зна́ет на что похо́жа; (*give expectation of*): **it ~s like rain** собира́ется (*or* похо́же, (что) бу́дет дождь; **it ~s like a fine day** день обеща́ет быть хоро́шим; **'Shall we be late?' — 'It ~s like it'** «Мы опа́здываем?» — «Похо́же(, что так)»; **he ~s like winning** он, ка́жется, вы́йдет победи́телем; похо́же, что он вы́играет.
● *with preps*: **~ about one** огля́д|ываться, -е́ться; **he ~ed about the room** он обвёл глаза́ми ко́мнату; **~ after** (*follow with eye*) следи́ть (*impf*) глаза́ми за + *i*; (*care for*) смотре́ть (*impf*) за + *i*; присма́тривать (*impf*) за + *i*; уха́живать (*impf*) за + *i*; **she has four children to ~ after** на её попече́нии че́тверо дете́й; **he needs ~ing after** он нужда́ется в ухо́де; **he seems well ~ed after** у него́ ухо́женный вид; **he had to ~ after himself** ему́ приходи́лось всё де́лать самому́; **I can ~ after myself** я не нужда́юсь в посторо́нней по́мощи; **~ after yourself!** (*in leave-taking*) береги́те себя́!; (*keep safe*) храни́ть (*impf*); **I gave my valuables to the bank to ~ after** я сдал свои́ це́нности в банк на хране́ние; (*be responsible for*) вести́ (*det*); занима́ться (*impf*) + *i*; **a lawyer is ~ing after my affairs** мои́ми дела́ми ведёт юри́ст; **don't worry, I'll ~ after the bill** не беспоко́йтесь, я займу́сь счётом; **~ at** (*direct gaze on*) смотре́ть, по- на + *a*; **he was ~ing at a book** он смотре́л на кни́гу; **just ~ at the time!** поду́майте, как по́здно!; **he's not much to ~ at** вне́шность у него́ не сли́шком внуши́тельная; **to ~ at him, you would think …** су́дя по его́ ви́ду, мо́жно поду́мать, что…; **he won't even ~ at milk** он и смотре́ть не хо́чет на молоко́; (*inspect, examine*) смотре́ть, по- на + *a*; осм|а́тривать, -отре́ть; **the doctor ~ed at the patient** врач осмотре́л больно́го; **I must get my car ~ed at** на́до, что́бы посмотре́ли мою́ маши́ну; **the customs men ~ed at our luggage** тамо́женники осмотре́ли наш бага́ж; (*fig, consider*) вду́маться (*impf*) в + *a*; обра|ща́ть, -ти́ть внима́ние на + *a*, **we must ~ at the matter carefully** на́до как сле́дует поду́мать об э́том де́ле (*or* разобра́ться в э́том вопро́се); **I ~ed down the street** я оки́нул взгля́дом у́лицу; **he ~ed down the page** он пробежа́л страни́цу глаза́ми; **~ for** (*seek*) иска́ть, по-; **he is ~ing for his wife** он и́щет свою́ жену́; **he is ~ing for a wife** он и́щет себе́ жену́; **he is ~ing for a job** он и́щет ме́сто/рабо́ту; **he is ~ing for trouble** он напра́шивается на неприя́тности; (*hope for, expect*) наде́яться (*impf*) на + *a*; ожида́ть (*impf*) + *g*; **I ~ed for better things from him** я ожида́л от него́ лу́чшего; **we obtained the ~ed-for result** мы доби́лись жела́емого результа́та; **~ in the mirror** смотре́ться, по- в зе́ркало; **~ into** (*lit*) смотре́ть, по- в + *a*; (*investigate, examine*) иссле́довать (*impf*); рассм|а́тривать, -отре́ть; **it is something that needs ~ing at** с э́тим на́до разобра́ться; **I shall ~ into the matter** я займу́сь э́тим вопро́сом; **~ on** (*regard*) счита́ть (*impf*); **I ~ on him as my son** я счита́ю его́ свои́м сы́ном; **he ~ed on the remark as an insult** он восприня́л замеча́ние как оскорбле́ние; **he ~s on me with contempt** он меня́ презира́ет; **~ on the bright side** смотре́ть (*impf*) оптимисти́чески; **~ on to** (*face*) *see vi* **2**; **he ~ed out of the window** он посмотре́л в окно́; **he ~ed over the wall** он посмотре́л че́рез стену́; **~ over one's shoulder** огля́|дываться, -ну́ться; **~ over s.o.'s shoulder** смотре́ть, по- кому́-н. че́рез плечо́;

the teacher was ~ing over our homework учи́тель просма́тривал на́шу дома́шнюю рабо́ту; **he left us to ~ over the house** он оста́вил нас одни́х осма́тривать дом; **~ round** (*inspect*) осм|а́тривать, -отре́ть; **he ~ed through the window** он посмотре́л в окно́; **he ~ed right through** (*ignored*) **me** он смотре́л ми́мо меня́; **they ~ed through** (*examined*) **our papers** они́ просмотре́ли на́ши бума́ги; **he quickly ~ed through the newspaper** он бы́стро пробежа́л глаза́ми газе́ту; **~ to** (*turn to*) обра|ща́ться, -ти́ться к + *d*; **we ~ed to him for help** мы рассчи́тывали на его́ по́мощь; (*heed*): **he should ~ to his manners** ему́ сле́дует обрати́ть внима́ние на свои́ мане́ры; **~ upon** *see* ⇒**~ at, ~ on**
● *with advs*: **~ about, ~ around** *vi* осм|а́триваться, -отре́ться; **~ ahead** *vi* (*lit, fig*) смотре́ть (*impf*) вперёд; **~ around** *see* ⇒**~ about, ~ round**; **~ aside** *vi* смотре́ть, по- в сто́рону; **~ away** *vi* отв|ора́чиваться, -ерну́ться; **~ back** *vi* (*lit, fig*) огл|я́дываться, -яну́ться; **once started, there was no ~ing back** раз уж мы на́чали, отступа́ть бы́ло по́здно; **~ back on** вспомина́ть (*impf*); припомина́ть (*impf*); **~ behind** *vi* смотре́ть, по- наза́д; **~ down** *vi* (*lower one's gaze*) опус|ка́ть, -ти́ть глаза́; **~ down on** смотре́ть (*impf*) свысока́ на + *a*; презира́ть (*impf*); **~ forward** смотре́ть (*impf*) вперёд; **~ forward to** предвкуша́ть (*impf*); ждать (*impf*) + *g* с нетерпе́нием; **I ~ forward to meeting you** жду с нетерпе́нием, когда́ уви́жусь с ва́ми; **I am so ~ing forward to it** я так жду э́того; **I ~ forward to his arrival** я жду не дожду́сь его́ прие́зда; **~ in** *vi*: **~ in** (*call*) **on s.o.** загля́|дывать, -ну́ть (*or* забе|га́ть, -жа́ть) к кому́-н.; **~ on** *vi* наблюда́ть, смотре́ть (*both impf*); **~ out** *vt* (*Br, select*): **I must ~ out some old dresses** мне на́до отобра́ть каки́е-то ста́рые пла́тья; **he ~ed out some examples** он подыска́л не́сколько приме́ров; *vi* (*from a window*) смотре́ть, по- в окно́; (*be careful*) быть начеку́/настороже́; **~ out!** осторо́жно!; **if you don't ~ out you'll lose your ticket** смотри́те, как бы не потеря́ть биле́т!; (*keep one's eyes open*): **she stood at the door ~ing out for the postman** она́ стоя́ла в дверя́х, высма́тривая почтальо́на; **we are ~ing out for a house** мы присма́триваем дом; **~ over** *vt* (*scrutinize*) просм|а́тривать, -отре́ть; **~ round, ~ around** *vi* (*turn one's head*) огля́|дываться, -ну́ться; озира́ться (*impf*); (*make an inspection*) осм|а́триваться, -отре́ться; **~ round for** (*seek*) поды́скивать (*impf*); **~ up** *vt* (*visit*) наве|ща́ть, -сти́ть; (*~ for, seek information on*) оты́ск|ивать, -а́ть; и|ска́ть, разы-; **~ up trains** посмотре́ть (*pf*) расписа́ние; *vi* (*raise one's eyes*) подн|има́ть, -я́ть глаза́ (**at s.o.:** на кого́-н.); (*improve*) ул|учша́ться, -у́чшиться; **things are ~ing up** дела́ иду́т на попра́вку; **~ up to** (*respect*) уважа́ть (*impf*); **he is ~ed up to by everybody** все его́ уважа́ют.
● *cpds* **~alike** *n* двойни́к; **a Prince Charles ~alike** вы́литый принц Чарл(ь)з, двойни́к при́нца Чарл(ь)за; **~-in** *n*: **I didn't get a ~-in** меня́ не подпусти́ли к пирогу́; **~out** *n* (*watchman*) наблюда́тель (*m*); (*post*) наблюда́тельный пункт; (*watch*): **be on the ~out** быть начеку́ (*or* настороже́ *or* на стра́же); **be on the ~out for** (*e.g. a house*) присма́тривать (*impf*) себе́; **be on the ~out for the enemy** подстерега́ть (*impf*) непри́ятеля; (*Br, prospect*): **it's a poor ~-out for us** у нас перспекти́ва нева́жная; (*Br, concern*): **that's his ~out** э́то его́ де́ло/забо́та; **~-see** *n* (*coll*) бе́глый просмо́тр.

looker-on /'lʊkə(r)/ *n* зри́тель (*m*), наблюда́тель (*m*).

looking glass /'lʊkɪŋ,glɑːs/ *n* зе́ркало.

loom¹ /luːm/ *n* тка́цкий стано́к.

loom² /luːm/ *vi* **1** (*appear indistinctly*; *also* **~ up**) нея́сно вырисо́вываться (*impf*); мая́чить (*impf*); **a black shape ~ed in the distance** что-то черне́ло вдали́. **2** (*impend*) нав|иса́ть, -и́снуть; **~ large** (*threateningly*) прин|има́ть, -я́ть угрожа́ющие разме́ры; (*prominently*): **the risk ~ed large in his mind** мысль об опа́сности его́ пресле́довала неотсту́пно.

loon /luːn/ *n* (*US, bird*) гага́ра.

loony /'luːnɪ/ *n* & *adj* (**loonier, looniest**) (*coll*) рехну́вшийся; чо́кнутый (*coll*), псих (*coll*).
● *cpd* **~ bin** *n* (*coll offens*) психбольни́ца.

loop /luːp/ *n* **1** петля́. **2** (*also* **~ line**) (*Br, railways*) ве́тка. **3** (*aeron*) мёртвая петля́. **4** (*comput*) цикл.
● *vt* **1** (*form into* ~) де́лать, с- петлю́ из + *g*. **2** (*fasten with* ~) закреп|ля́ть, -и́ть петлёй. **3**: **~ the ~** (*aeron*) де́лать, с- мёртвую петлю́.

loophole /'luːphəʊl/ *n* (*fig*) лазе́йка.

loopy /'luːpɪ/ *adj* (**loopier, loopiest**) (*coll*) рехну́вшийся (*coll*).

loose /luːs/ *n*: **on the ~** в загу́ле; на свобо́де; на во́ле.
● *adj* **1** (*free, unconfined, unrestrained*) свобо́дный; **break ~** вы́рваться (*pf*) на свобо́ду; (*of a dog*) сорва́ться с цепи́; **let ~** (*e.g. a dog*) спус|ка́ть, -ти́ть с цепи́; (*e.g. lion, maniac*) выпуска́ть, вы́пустить; **~ box** (*Br*) денни́к.
2 (*not fastened or held together*): **~ papers** отде́льные листы́; **~ cover** (*Br, on armchair etc.*) чехо́л; **he carries his change ~ in his pocket** ме́лочь у него́ пря́мо в карма́не (без кошелька́); **she wears her hair ~** она́ хо́дит с распу́щенными волоса́ми; (*not packed*) без упако́вки.
3 (*not secure or firm*): **a ~ end** (*of rope*) свобо́дный коне́ц; **at a ~ end** (*fig*) без де́ла; **he was at a ~ end** он не знал, за что приня́ться; **I have a ~ tooth** у меня́ зуб шата́ется; **the nut is ~** га́йка разболта́лась; **the button is ~** пу́говица болта́ется; **the screw came, worked ~** винт развинти́лся; **he has a screw ~** (*sl*) у него́ ви́нтика не хвата́ет; **the string is ~** верёвка сла́бо завя́зана; **the string came ~** верёвка развяза́лась; **hang ~** болта́ться (*impf*).
4 (*slack*) сла́бо натя́нутый; **with a ~ rein** с отпу́щенными вожжа́ми; **~ bowels** поно́с; **he has a ~ tongue** он сли́шком болтли́в; **~ clothes** широ́кая/просто́рная оде́жда; **a ~ collar** свобо́дный во́рот.
5 (*not compact or dense*): **~ soil** ры́хлая по́чва; **~ weave** непло́тная ткань.
6 (*imprecise*): **a ~ translation** приблизи́тельный/во́льный перево́д; **~ thinking** нечёткость мы́сли.
7 (*morally lax*) распу́щенный; **~ living** распу́тство; распу́тный о́браз жи́зни; **a ~ woman** распу́тная же́нщина.
● *vt* (*release*) освобо|жда́ть, -ди́ть; отпус|ка́ть, -ти́ть; (*undo*) развя́з|ывать, -а́ть; (*relax*) распус|ка́ть, -ти́ть.
● *cpds* **~-fitting** *adj* широ́кий, просто́рный; **~-leaf** *adj* со вкладны́ми листка́ми; **~-leaf binder** скоросшива́тель (*m*); **~-limbed** *adj* ги́бкий; **~-tongued** *adj* болтли́вый.

loosen /'luːs(ə)n/ *vt* (*tongue*) развя́з|ывать, -а́ть; (*screw*) отви́н|чивать, -ти́ть; (*by shaking or pulling*) расша́т|ывать, -а́ть; (*soil*) разрыхл|я́ть, -и́ть; (*tie, rope, belt etc.*) осл|абля́ть, -а́бить; **the wine ~ed his tongue** вино́ развяза́ло ему́ язы́к; **~ one's grip** осла́бить (*pf*) хва́тку; **~ one's hold on sth** выпуска́ть, вы́пустить что-н. из рук.

looseness /'luːsnɪs/ *n* (*slackness*) сла́бость; (*of morals*) распу́щенность; (*of bowels*) поно́с.

loosestrife /'luːsstraɪf/ *n* (*bot*) верб́ейник.

loot /luːt/ *n* добы́ча, награ́бленное добро́.
● *vt* гра́бить, раз-.
● *vi* ун|оси́ть, -ести́ добы́чу.

looter /'luːtə(r)/ *n* маро́дёр, граби́тель (*m*).

looting /'luːtɪŋ/ *n* маро́дёрство, грабёж.

lop /lɒp/ *vt* (**lopped, lopping**) (*also* **~ off**) руби́ть (*impf*); отруб|а́ть, -и́ть.

lope /ləʊp/ *vi* бежа́ть (*det*) вприпры́жку.

lop-eared /'lɒp,ɪəd/ *adj* вислоу́хий.

lopsided /lɒp'saɪdɪd/ *adj* (*building*) кривобо́кий; (*grin*) криво́й; (*fig*) неравноме́рный, односторо́нний.

loquacious /lɒ'kweɪʃəs/ *adj* словоохо́тливый, болтли́вый.

loquaci|ousness /lɒ'kweɪʃəsnɪs/, **-ty** /lɒ'kwæsɪtɪ/ *n* словоохо́тливость, болтли́вость.

lord /lɔːd/ *n* **1** (*ruler*; *also fig*) власти́тель (*m*), властели́н; **~ of the manor** владе́лец поме́стья; **live like a ~** жить (*impf*) припева́ючи/по-ба́рски; **drunk as a ~** пьян в сте́льку (*or* как сапо́жник).
2 (*Br, nobleman*) лорд; **House of L~s** пала́та ло́рдов; **L~s temporal and spiritual** «све́тские» и «духо́вные» ло́рды; **my ~!** мило́рд!
3 (*God*) Госпо́дь; **Our L~** (*Christ*)

Госпо́дь; **L~ have mercy!** Го́споди, поми́луй!; **(the) L~ only knows** бог (его́) зна́ет; **in the year of our L~ ...** в ... году́ от рождества́ Христо́ва; **L~'s Day** воскре́сный день; **L~'s Prayer** моли́тва госпо́дня, О́тче наш; **L~'s Supper** Евхари́стия.

● *vt*: **~ it over s.o.** кома́ндовать (*impf*) кем-н.

● *cpd* **L~ Mayor** *n* (*Br*) лорд-мэ́р.

lordly /'lɔ:dlɪ/ *adj* (**lordlier, lordliest**) (*magnificent*) пы́шный; (*haughty*) надме́нный.

lordship /'lɔ:dʃɪp/ *n*: **Your L~** ва́ша све́тлость/ми́лость.

lore /lɔ:(r)/ *n* (специа́льные) зна́ния (*nt pl*); **bird ~** зна́ния о пти́цах; (*traditions*) преда́ния (*nt pl*).

lorgnette /lɔ:'njet/ *n* лорне́т.

lorry /'lɒrɪ/ *n* (*Br*) грузови́к.

Los Angeles /lɒs 'ændʒɪ,li:z/ *n* Лос-А́нджелес.

los|e /lu:z/ *vt* (*past and pp* **lost**)

1 теря́ть, по-; утра́|чивать, -тить; лиш|а́ться, -и́ться + *g*; **give sth up for ~t** счита́ть (*impf*) что-н. (безвозвра́тно) пропа́вшим; **the goods were ~t in transit** това́ры пропа́ли в пути́; **~t property office** (*Br*), **~t and found department** (*US*) бюро́ нахо́док; **I ~t count of his mistakes** я потеря́л счёт его́ оши́бкам; **I am beginning to ~e faith in him** я начина́ю теря́ть ве́ру в него́; **he ~t his head** (*fig*) он потеря́л го́лову; **Charles I ~t his head** Карл I был обезгла́влен; **~e heart** па́|дать, -сть ду́хом; **the plane was ~ing height** самолёт теря́л высоту́; **he ~t a leg** он потеря́л но́гу, он лиши́лся ноги́; **~e one's mind** сходи́ть, сойти́ с ума́; **~e patience** выходи́ть, вы́йти из терпе́ния; **~e one's place** (*job*) быть уво́ленным; (*in queue*) теря́ть, по- о́чередь; (*while reading*) сби́ться (*pf*), потеря́ть (*pf*) ме́сто; **~e one's reason** лиш|а́ться, -и́ться рассу́дка; сходи́ть, сойти́ с ума́; **~e** (*forfeit*) **one's rights** утра́|чивать, -тить свои́ права́; **~e sight of** (*lit*) упус|ка́ть, -ти́ть из ви́ду/ви́да; (*fig*) не уч|и́тывать, -е́сть; заб|ыва́ть, -ы́ть; **~e one's sight** сле́пнуть, о-; теря́ть, по- зре́ние; **~e one's temper** серди́ться, рас-; **have you ~t your tongue?** вы что, язы́к проглоти́ли?; **I ~t touch with him** я потеря́л связь с ним; **we ~t track of the time** мы утра́тили вся́кое представле́ние о вре́мени; **he ~t the use of his legs** у него́ отняли́сь но́ги; **he ~t his voice** он потеря́л/сорва́л го́лос; **~e one's way** заблуди́ться (*pf*); **I am trying to ~e weight** я стара́юсь похуде́ть; **a ~t art** утра́ченное иску́сство; **a ~t cause** безнадёжное де́ло; (*person*) неисправи́мый челове́к; **a ~t soul** заблу́дшая душа́; (*fig*) пропа́щий челове́к; **I am ~t without her** без неё я как без рук.

2 (*~e by death*): **~e an old friend** лиши́ться (*pf*) ста́рого дру́га; **he ~t his wife** у него́ умерла́ жена́; **he ~t his son in the war** у него́ на войне́ поги́б сын; **she ~t the baby** (*by miscarriage*) у неё был вы́кидыш; **be ~t** (*perish, die*) ги́бнуть (*impf*); пог|иба́ть, -и́бнуть; **the ship was ~t with all hands** су́дно со всем экипа́жем поги́бло.

3: **be/get ~t** (*~e one's way*) заблуди́ться (*pf*); **get ~t!** исче́зни!, кати́сь! (*coll*); (*fig*): **~t in thought** заду́мавшись; **~e o.s. in sth** погру|жа́ться, -зи́ться во что-н.

4 (*cease to see, understand, etc.*): **I've ~t you; you've ~t me** (*coll, I can't follow you*) я потеря́л нить ва́шей мы́сли (*or* ва́ших рассужде́ний); **be ~t** (*disappear*) исч|еза́ть, -е́знуть; проп|ада́ть, -а́сть; **the church was ~t in the fog** це́рковь скры́лась в тума́не; **what he said was ~t in the noise** его́ слова́ потону́ли в шу́ме.

5 (*fail to use; waste*): **~e an opportunity** упус|ка́ть, -ти́ть возмо́жность; **he ~t no opportunity** он по́льзовался вся́кой возмо́жностью; **~e time** теря́ть, по- вре́мя; **he ~t no time in getting away** он тут же убежа́л, не теря́я вре́мени; **there is not a moment to be ~t** нельзя́ теря́ть ни мину́ты (вре́мени); вре́мя не те́рпит; **make up for ~t time** навёрст|ывать, -а́ть упу́щенное вре́мя; **the joke was ~t on him** шу́тка не дошла́ до него́.

6 (*in contest, sport, gambling*) прои́гр|ывать, -а́ть; **he ~t the argument** его́ победи́ли в спо́ре; **the motion was ~t** предложе́ние не прошло́; **they ~t the match** они́ проигра́ли; **I ~t my bet** я проигра́л пари́.

7 (*of a clock*) отст|ава́ть, -а́ть на + *a*; **my watch ~es 5 minutes a day** мои́ часы́ отстаю́т на 5 мину́т в день.

● *vi* **1** прои́гр|ывать, -а́ть; теря́ть, по-; **fight a ~ing battle** вести́ (*det*) безнадёжную борьбу́; **they ~t by 3 points** они́ недобра́ли трёх очко́в; **he ~t on the deal** в э́той сде́лке он оста́лся в про́игрыше; **~e out** (*coll*) потерпе́ть (*pf*) неуда́чу.

2 (*of a clock*): **my watch is ~ing** мои́ часы́ отстаю́т.

loser /'lu:zə(r)/ *n* (*at a game*) проигра́вший; (*person who habitually fails*) неуда́чник; **he is a good** (*or* **bad**) **~** он уме́ет (*or* не уме́ет) досто́йно прои́грывать; **come off** (*or* **be**) **a ~** оста́ться (*pf*) в про́игрыше.

losings /'lu:zɪŋz/ *n* про́игрыш.

loss /lɒs/ *n* **1** поте́ря; **~ of sight** поте́ря зре́ния; **~ of heat** теплопоте́ря; **~ of life** поте́ри уби́тыми; челове́ческие же́ртвы (*f pl*); **suffer heavy ~es** понести́ (*pf*) больши́е поте́ри.

2 (*detriment*) утра́та; **his death was a great ~** его́ смерть была́ большо́й утра́той; **his resignation is no great ~** его́ отста́вка — небольша́я поте́ря; **it's your ~, not mine** э́то ва́ша беда́, (а) не моя́.

3 (*monetary*) убы́ток; **cover a ~** покр|ыва́ть, -ы́ть убы́ток; **incur ~es** терпе́ть, по- убы́тки; **meet a ~** нести́ (*det*) убы́ток; **sell at a ~** прод|ава́ть, -а́ть с убы́тком (*or* в убы́ток); **dead ~** чи́стый убы́ток; (*coll, useless person etc.*) пусто́е ме́сто; **gambling ~es** про́игрыши (*m pl*) (в ка́ртах, на бега́х *и т. п.*).

4 (*destruction, wreck*) ги́бель.

5: **I am at a ~ to answer** я затрудня́юсь отве́тить; **he was at a ~ what to say** он не нашёлся, что сказа́ть; **in my presence he was always at a ~** при мне он всегда́ теря́лся.

lost /lɒst/ *past and pp of* ⇨**lose**

lot /lɒt/ *n* **1**: **decide by ~** реш|а́ть, -и́ть жеребьёвкой; **cast ~s** бр|оса́ть, -о́сить жре́бий; **draw ~s** тяну́ть (*impf*) жре́бий; (*fig, destiny*) судьба́, у́часть, до́ля; **cast in one's ~ with s.o.** свя́з|ывать, -а́ть свою́ судьбу́ с кем-н.; **it fell to his ~ to go** ему́ вы́пал жре́бий (*or* пришло́сь) идти́.

2 (*plot of land*) уча́сток; **parking ~** (*US*) стоя́нка для маши́н/автомоби́лей.

3 (*Br coll, of persons*) наро́д; **our/your ~** наш/ваш брат.

4 (*in auction*) па́ртия, лот; (*Br coll*): **he is a bad ~** он плохо́й челове́к.

5: **the ~** (*Br coll, everything*) всё; **that's the ~!** вот и всё!

6 (**a ~, ~s:** *a large number, amount*) мно́го; **a ~ of people** мно́го наро́ду; мно́гие; **what a ~ of people there were!** ско́лько бы́ло наро́ду!; **I have seen a ~ in my time** на своём веку́ я мно́гое повида́л; **I don't see a ~ of him nowadays** тепе́рь мы с ним ма́ло/ре́дко ви́димся; **he has ~s of friends** у него́ мно́го друзе́й; **there were ~s of apples left** оста́лась у́йма/ку́ча я́блок; **he plays a ~ of football** он мно́го игра́ет в футбо́л.

● *adv* (**a ~**)

1 (*often*) ча́сто; **we went to the theatre a ~** мы ча́сто ходи́ли в теа́тр.

2 (*with comps*: *much*) гора́здо, намно́го; **a ~ worse** гора́здо ху́же; **a ~ better** куда́ лу́чше; **the patient became a ~ worse** больно́му ста́ло намно́го ху́же.

loth /ləʊθ/ = **lo(a)th**

Lothario /lə'θɑ:rɪəʊ, -'θeərɪəʊ/ *n* (*pl* **~s**) (*fig*) волоки́та (*m*), пове́са (*m*), донжуа́н.

lotion /'ləʊʃ(ə)n/ *n* примо́чка; (*cosmetic*) лосьо́н.

lottery /'lɒtərɪ/ *n* лотере́я; **~ ticket** лотере́йный биле́т.

lotto /'lɒtəʊ/ *n* лото́ (*indecl*).

lotus /'ləʊtəs/ *n* (*bot, myth*) ло́тос.

● *cpd* **~-eater** *n* сибари́т.

loud /laʊd/ *adj* гро́мкий; (*noisy*) шу́мный; (*fig*): **~ colours** крича́щие/крикли́вые кра́ски/цвета́.

● *adv* гро́мко; **we laughed ~ and long** мы до́лго и гро́мко смея́лись; **out ~** вслух.

● *cpds* **~hailer** *n* (*Br*) ру́пор; **~-mouthed** *adj* крикли́вый; **~speaker** *n* громкоговори́тель (*m*), дина́мик.

loudness /'laʊdnɪs/ *n* гро́мкость; (*of colour*) крикли́вость.

lough /lɒk, lɒx/ *n* о́зеро (*в Ирландии и на севере Англии*); **L~ Ree** о́зеро Лох-Ри́.

lounge /laʊndʒ/ *n* (*Br, sitting room*) гости́ная; (*public room*) сало́н; (*at*

airport) зал ожидáния; (*bar*) бар пéрвого клáсса; (*US, couch*) кушéтка.
● *vi* (*sit in relaxed position*) сидéть (*impf*) развалясь/вразвáлку; (*sit or stand, leaning against sth*) сидéть/стоять (*impf*) прислонясь (*к чему*); **~ about** (*idly*) бездéльничать (*impf*); слонятьcя (*impf*).
● *cpds* **~ lizard** *n* (*sl*) свéтский бездéльник; **~ suit** *n* (*Br*) костюм, пиджáчная пáра.

lounger /'laʊndʒə(r)/ *n* шезлóнг.

lour /'laʊə(r)/, **lower** /'ləʊə(r)/ *vi* (*lit, fig*) насýп|ливаться, -иться; **he ~ed at me** он смотрéл на меня насýпившись; **a ~ing sky** мрáчное нéбо; **a ~ing expression** угрюмое выражéние.

louse /laʊs/ *n* **1** (*pl* **lice**) (*insect*) вошь. **2** (*pl* **~s**) (*coll, person*) гнидá.
● *vt* **~ up** (*coll*) испóртить, испогáнить (*both pf*).

lousiness /'laʊzɪnɪs/ *n* вшивость; (*fig*) гнýсность.

lousy /'laʊzɪ/ *adj* (**lousier, lousiest**) **1** (*infested with lice*) вшивый. **2** (*coll, disgusting, rotten*) парши́вый, отврати́тельный; **he played a ~ trick on me** он мне сдéлал гáдость; он подложи́л мне свинью; **I feel ~ today** я сегóдня чýвствую себя отврати́тельно.

lout /laʊt/ *n* хам.

loutish /'laʊtɪʃ/ *adj* хáмский; неотёсанный.

loutishness /'laʊtɪʃnɪs/ *n* хáмство; неотёсанность.

louvre /'lu:və(r)/ *n* (*US also* **louver**) (*slatted opening; also* **~-boards**) жалюзи́ (*pl indecl*); (*skylight*) слуховóе окнó.

lovable /'lʌvəb(ə)l/ *adj* ми́лый, обая́тельный.

lovage /'lʌvɪdʒ/ *n* (*bot*) люби́сток лекáрственный.

love /lʌv/ *n* **1** любóвь; **he has a ~ of adventure** он большóй люби́тель приключéний; **feel ~ for, towards s.o.** испы́тывать (*impf*) любóвь к комý-н.; **show ~ to s.o.** проявл|я́ть, -и́ть любóвь к комý-н.; **for ~ of** из любви́ к + *d*; рáди + *g*; **for the ~ of God** рáди бóга; **labour of ~** бескоры́стный труд; люби́мое дéло; **he sent you his ~** он проси́л передáть вам сердéчный привéт; **there is no ~ lost between them** они́ друг дрýга недолю́бливают; **not for ~ or money** ни за что на свéте; **they were playing for ~** они́ игрáли не на дéньги; **they married for ~** они́ жени́лись по любви́; **be in ~ (with s.o.)** быть влюблённым в когó-н.; **fall in ~ with s.o.** влюб|ля́ться, -и́ться в когó-н.; **fall out of love with s.o.** разлюби́ть (*pf*) когó-н.; **make ~ to** (*court*) yхáживать (*impf*) за + *i*; **make ~** (*have sexual intercourse*) зан|имáться, -я́ться любóвью; **his ~ was not returned** он люби́л без взаи́мности; **unrequited ~** неразделённая любóвь; любóвь без взаи́мности; **~ affair** ромáн; (*pej*) любóвная связь; **~ story** ромáн про любóвь; (*Br, in address*): **(my) ~!** (мой) ми́лый!; (моя́) ми́лая!
2 (*delightful person, esp child*) прéлесть; (*sweetheart, mistress*) люби́мая, ми́лая, возлю́бленная; **he has had many ~s** он люби́л мнóго раз.
3 (*zero score*) ноль (*m*); **~ all** счёт ноль-ноль; **~ game** «сухáя».
● *vt* люби́ть (*impf*); **I ~ the way he smiles** мне ужáсно нрáвится, как он улыбáется; я люблю́ егó улы́бку; **I ~ my work** я люблю́ мою́ рабóту; **I ~ walking in the rain** я обожáю гуля́ть под дождём; **he ~s finding fault** он вéчно придирáется; **I'd ~ to go to Italy** мне óчень хотéлось бы съéздить в Итáлию; **I'd ~ you to come** я был бы счáстлив, éсли бы вы пришли́; **'Will you come?' — 'Yes. I'd ~ to'** «Вы придёте?» — «Да, с удовóльствием/рáдостью».
● *cpds* **~bird** *n* (попугáй(чик)-)неразлýчник; (*in pl, fig*) влюблённые; **~ child** *n* дитя́ (*nt*) любви́; **~-hate** *adj*: **they have a ~-hate relationship** в их отношéниях любóвь и нéнависть то и дéло сменя́ют друг дрýга; **~-in-a-mist** *n* (*bot*) чернýшка; **~ letter** *n* любóвная запи́ска; **~lorn** *adj* безнадёжно влюблённый; **~-making** *n* (*intimacy*) физи́ческая бли́зость; **~ match** *n* брак по любви́; **~ nest** *n* гнёздышко; **~ seat** *n* крéсло-дивáн на двои́х; **~sick** *adj* снедáемый любóвью; **~ song** *n* любóвная пéсня.

loveless /'lʌvlɪs/ *adj* нелю́бящий, без любви́; **~ marriage** брак без любви́.

loveliness /'lʌvlɪnɪs/ *n* (*beauty*) красотá; (*attractiveness*) очаровáние.

lovely /'lʌvlɪ/ *adj* (**lovelier, loveliest**) (*beautiful*) краси́вый, прекрáсный; (*charming, attractive*) прелéстный, милови́дный; **we had a ~ time** мы прекрáсно провели́ врéмя; **~!** (*excellent!*) замечáтельно!; отли́чно!

lover /'lʌvə(r)/ *n* **1** любóвни|к (*fem* -ца); (*pl*) влюблённые; **they became ~s** (*had intercourse*) они́ сошли́сь/сбли́зились. **2** (*devotee*) люби́тель (*m*) (*fem* -ница); поклóнни|к (*fem* -ца).

lovey /'lʌvɪ/ *n* (*pl* **loveys**) (*Br coll*) ми́лый, голýбчик.

loving /'lʌvɪŋ/ *n*: **the child needs a lot of ~** ребёнок нуждáется в любви́ и лáске.
● *adj* лю́бящий; **from your ~ father** от лю́бящего тебя́ отцá; (*tender*) нéжный.
● *cpds* **~ cup** *n* кругова́я чáша; **~ kindness** *n* нéжная забóтливость; милосéрдие.

low[1] /ləʊ/ *n* **1** (*meteorology*) циклóн.
2 (**~** *point or level*): **the pound fell to an all-time ~** фунт дости́г небывáло ни́зкого ýровня.
● *adj* **1** ни́зкий, невысóкий; **the chair is too ~** стул сли́шком ни́зкий/ни́зок; **of ~ stature** невысóкого рóста; **the switch was very ~ down** выключáтель был располóжен óчень ни́зко; **~ gear** пéрвая скóрость; **the sun was ~ in the sky** сóлнце стоя́ло ни́зко (над горизóнтом); **~ pressure/voltage** ни́зкое давлéние/напряжéние; **~ blood pressure** пони́женное кровянóе давлéние; **~ tide/water** мáлая водá, отли́в; **at ~ tide/water** во врéмя отли́ва; **~ visibility** пони́женная/плохáя/слáбая ви́димость; (*geog*, **~***-lying*) ни́зкий, ни́зменный; **Low Countries** Нидерлáнды, Бéльгия и Люксембýрг; (*of pitch of sound*) ни́зкий; **in a ~ key** (*fig*) приглушённо, сдéржанно, без шýма; (*of volume of sound*) негрóмкий, ти́хий; **he spoke in a ~ voice** он говори́л, пони́зив гóлос (*or* ти́хим гóлосом); **keep a ~ profile** вести́ себя́ сдéржанно; **I have a ~ opinion of him** я невысóкого/невáжного мнéния о нём; **~ birth** ни́зкое происхождéние.
2 (*vulgar, common*): **~ life** жизнь низóв; **L~ Latin** вульгáрная латы́нь; **a ~ style** вульгáрный стиль; **~ comedy** ни́зкая комéдия; фарс.
3 (*base*) ни́зкий, пóдлый; **a ~ trick** пóдлая ýловка; **~ cunning** ни́зкое ковáрство.
4 (*nearly empty*; *scanty*): **the river is ~** рекá мелкá/обмелéла; **a ~ attendance** ни́зкая/плохáя посещáемость; **we are getting ~ on sugar** у нас остаётся маловáто сáхара.
5 (*poor, depressed*): **in ~ spirits** в подáвленном настроéнии; **I was feeling ~** я чýвствовал себя́ невáжно.
● *adv* ни́зко; **bow ~** отвéсить (*pf*) ни́зкий поклóн; ни́зко кля́няться, поклони́ться; **lay ~** (*fig*) низв|ергáть, -éргнуть; **lie ~** (*fig*) затá|иваться, -и́ться; **stocks are running ~** запáсы кончáются; **sink ~** опус|кáться, -ти́ться; **sink ~ in the water** глубокó погру|жáться, -зи́ться в вóду; **he sank ~ in my esteem** он ни́зко пал в мои́х глазáх; **I didn't think he would stoop so ~** я не ожидáл, что он падёт так ни́зко.
● *cpds* **~-alcohol** *adj* слабоалкогóльный; **~-born** *adj* ни́зкого происхождéния; **~brow** *n* человéк, обладáющий нерáзвитым вкýсом; *adj* нерáзвитый, обывáтельский; **~brow tastes** мещáнские вкýсы; **~-calorie** *adj* малокалори́йный; **~-cut** *adj* с ни́зким/глубóким вы́резом; **~-down** *n* (*information*) подногóтная (*coll*); *adj* пóдлый, сквéрный; **~-fat** *adj* маложи́рный; **~-frequency** *adj* низкочастóтный; **~-grade** *adj* низкосóртный; (*of ore*) бéдный; **~-key** *adj* (*fig*) сдéржанный; **~land** *n* (*usu in pl*) ни́зменность, низи́на; *adj* низи́нный; **~-lying** *adj* ни́зменный; **~-lying areas** ни́зменности (*f pl*); **~-necked** *adj* с ни́зким/глубóким вы́резом; **~-paid** *adj* малооплáчиваемый; **~-pitched** *adj* (*of sound*) ни́зкий; ни́зкого тóна; (*of roof*) полóгий; **~-powered** *adj* маломóщный; **~-profile** *adj* сдéржанный; ти́хий; **~-spirited** *adj* уны́лый, подáвленный; **~ water** *adj*: **~-water mark** отмéтка ýровня ни́зкой воды́.

low[2] /ləʊ/ *vi* (*of cattle*) мычáть, за-.

lower[1] /'ləʊə(r)/ *adj* ни́жний; **~ case** (*printing*) стрóчные бýквы (*f pl*); **the L~ Chamber/House** ни́жняя палáта; палáта óбщин; **~ deck** ни́жняя

L

па́луба; **on a ~ floor** (этажо́м) ни́же; **the ~ orders** ни́зшие сосло́вия; **~ reaches** (*of a river*) низо́вь|е, -я; **the ~ regions** (*hell*) преиспо́дняя; **~ school** (*Br*) мла́дшие кла́ссы; пе́рвая ступе́нь.
● *vt* **1** (*e.g. boat, flag*) спус|ка́ть, -ти́ть; (*eyes*) опус|ка́ть, -ти́ть; пот|упля́ть, -у́пить; (*price*) сн|ижа́ть, -и́зить; (*voice*) пон|ижа́ть, -и́зить. **2** (*decrease*) ум|еньша́ть, -е́ньшить. **3** (*debase*) ун|ижа́ть, -и́зить.
● *cpd* **~-class** *adj* принадлежа́щий к ни́зшему сосло́вию.

lower² /ˈləʊə(r)/ = **lour**

lowermost /ˈləʊəməʊst/ *adj* нижа́йший; (са́мый) ни́жний.

lowlander /ˈləʊləndə(r)/ *n* жи́тель (шотла́ндских) низи́н.

lowliness /ˈləʊlɪnɪs/ *n* скро́мность, непритяза́тельность.

lowly /ˈləʊlɪ/ *adj* (**lowlier, lowliest**) (*humble*) скро́мный; (*primitive*) ни́зший.

loyal /ˈlɔɪəl/ *adj* (*faithful*) ве́рный; **he is ~ to his comrades** он ве́рен това́рищам; (*devoted*) пре́данный; **a ~ wife** пре́данная жена́; **~ supporters of the local team** постоя́нные боле́льщики ме́стной кома́нды; (*pol, supporting established authority*) верноподданный, лоя́льный.

loyalist /ˈlɔɪəlɪst/ *n* лояли́ст (*fem* -ка).

loyalty /ˈlɔɪəltɪ/ *n* ве́рность, пре́данность, лоя́льность; **political ~** полити́ческая благонадёжность.

lozenge /ˈlɒzɪndʒ/ *n* (*shape*) ромб; (*pastille*) табле́тка(-леденец), пасти́лка; **cough ~s** леденцы́ от ка́шля.
● *cpd* **~-shaped** *adj* ромбови́дный.

LP (*abbr of* ***long-playing record***) долгоигра́ющая пласти́нка.

LSD *abbr of* **1** (*Br*) ***pounds, shillings and pence*** де́н|ьги (*pl, g* -ег). **2** (*pharm*) ***lysergic acid diethylamide*** ЛСД (диэтилами́д лизерги́новой кислоты́).

Lt /lefˈtenənt/ *n* (*abbr of* ***Lieutenant***) л-т (лейтена́нт).

Ltd /ˈlɪmɪtɪd/ *adj* (*Br, comm, abbr of* ***limited liability company***) ООО (о́бщество с ограни́ченной отве́тственностью).

lubricant /ˈluːbrɪkənt/ *n* сма́зка, мазь.

lubricat|e /ˈluːbrɪˌkeɪt/ *vt* сма́з|ывать, -ать; **~ing oil** сма́зочное ма́сло.

lubrication /ˌluːbrɪˈkeɪʃ(ə)n/ *n* сма́зывание.

lubricator /ˈluːbrɪˌkeɪtə(r)/ *n* (*oil*) сма́зка; (*machine component*) лубрика́тор.

lubricious /luːˈbrɪʃəs/ *adj* (*lewd*) похотли́вый.

lubricity /luːˈbrɪsɪtɪ/ *n* похотли́вость.

lucerne /luːˈsəːn/ *n* люце́рна.

lucid /ˈluːsɪd/ *adj* я́сный; **he has a ~ mind** у него́ я́сная голова́; **a ~ interval** све́тлый промежу́ток; про́блеск созна́ния.

lucidity /ˌluːˈsɪdɪtɪ/ *n* я́сность.

luck /lʌk/ *n*: **good/bad ~** сча́стье/несча́стье; везе́ние/невезе́ние; уда́ча/неуда́ча; **good ~!; the best of ~!** жела́ю сча́стья/уда́чи/успе́ха!; **... and good ~ to him** ...дай ему́ Бог; **bad/hard ~!** не повезло́!; **what rotten ~!** како́е невезе́ние!; **worse ~!** к несча́стью/сожале́нию; **no such ~!** увы́, нет; **as ~ would have it** по/к сча́стью; (*unfortunately*) по/к несча́стью; как назло́; (*in neutral sense*) получи́лось так, что...; **it was just a matter of ~** э́то был вопро́с везе́ния; **just my ~!** тако́е уж у меня́ везе́ние!; **I had the (good) ~ to be selected** мне посчастли́вилось попа́сть в число́ и́збранных; **he had the bad ~ to break his leg** как на грех, он слома́л себе́ но́гу; **we're in ~** нам везёт; **we're out of ~** (нам) не везёт; **he's down on his ~** ему́ не везёт; **it was a great piece of ~** э́то была́ больша́я/ре́дкая уда́ча; **I did it by sheer ~** мне про́сто повезло́; **a run of (bad) ~** полоса́ (не)везе́ния; **his ~ is in** ему́ везёт; **try one's ~** пыта́ть, по- сча́стья; **push one's ~** искуша́ть (*impf*) судьбу́; **you never know your ~** как знать, вдруг да и посчастли́вится; **he wears a mascot for ~** он но́сит талисма́н на сча́стье.

luckily /ˈlʌkɪlɪ/ *adv* к сча́стью.

luckless /ˈlʌklɪs/ *adj* несчастли́вый, незада́чливый.

lucky /ˈlʌkɪ/ *adj* (**luckier, luckiest**) **1** (*of person*) счастли́вый, уда́чливый; (*of things, actions, events*) уда́чный; **a ~ person** счастли́вец, уда́чник; **~ dog/beggar** счастли́вчик; **he's ~ in everything** ему́ во всём везёт; **he's ~ in business** он уда́члив в дела́х; **~ for you he's not here** ва́ше сча́стье, что его́ здесь нет; **you're ~ to be alive** скажи́ спаси́бо, что оста́лся в живы́х; **a ~ shot** уда́чный вы́стрел; (*fig, guess*) счастли́вая дога́дка; ≈ попа́л в то́чку. **2** (*bringing luck*): **a ~ charm** счастли́вый талисма́н.

lucrative /ˈluːkrətɪv/ *adj* (*profitable*) при́быльный; (*remunerative*) дохо́дный.

lucre /ˈluːkə(r)/ *n* при́быль, нажи́ва; **filthy ~** презре́нный мета́лл.

ludicrous /ˈluːdɪkrəs/ *adj* (*absurd*) неле́пый; (*laughable*) смехотво́рный, смешно́й.

lug¹ /lʌg/ *n* (*projection*) ушко́; (*sl, ear*) у́хо.

lug² /lʌg/ *vt* (**lugged, lugging**) (*coll*) волочи́ть (*impf*); тащи́ть (*impf*).

luggage /ˈlʌgɪdʒ/ *n* бага́ж; **piece of ~** вещь, ме́сто; **left ~ office** (*Br*) ка́мера хране́ния.
● *cpds* **~ carrier** *n* (*e.g. on bicycle*) бага́жник; **~ label** *n* бага́жный ярлы́к; **~ rack** *n* (*in train*) се́тка/по́лка для багажа́; **~ trolley** *n* бага́жная теле́жка; **~ van** *n* (*Br*) бага́жный ваго́н.

lugubrious /luːˈguːbrɪəs, lʊ-/ *adj* (*mournful*) ско́рбный; (*dismal*) мра́чный.

lugubriousness /luːˈguːbrɪəsnɪs, lʊ-/ *n* мра́чность.

lugworm /ˈlʌgwəːm/ *n* (*zool*) (морско́й) пескожи́л.

lukewarm /luːkˈwɔːm, ˈluːk-/ *adj* теплова́тый, чуть тёплый; (*fig, indifferent*) прохла́дный.

lull /lʌl/ *n* (*in storm, fighting etc.*) зати́шье; (*in conversation*) па́уза, переры́в.
● *vt* (**~** *to sleep*) убаю́к|ивать, -ать; (*allay*) усып|ля́ть, -и́ть; рассе́|ивать, -ять.

lullaby /ˈlʌləˌbaɪ/ *n* колыбе́льная (пе́сня).

lumbago /lʌmˈbeɪgəʊ/ *n* люмба́го (*indecl*); простре́л.

lumbar /ˈlʌmbə(r)/ *adj* поясни́чный.

lumber¹ /ˈlʌmbə(r)/ *n* (*Br, disused furniture etc.*) ру́хлядь, хлам; (*US, timber*) пиломатериа́лы (*m pl*).
● *vt* (*fill, obstruct, make untidy with* **~**) зава́л|ивать, -и́ть (*что чем*); (*Br, encumber*) обременя́ть (*impf*); **I'm ~ed with my mother-in-law** тёща сиди́т у меня́ на ше́е.
● *vi* (*work on tree-felling etc.*) руби́ть/вали́ть (*impf*) дере́вья; распи́ливать/загота́вливать (*impf*) лес.
● *cpds* **~jack** *n* лесору́б; **~jacket** *n* (коро́ткая) рабо́чая ку́ртка; **~man** (*pl* **~men**) **~ mill** *n* (*US*) лесопи́льный заво́д; **~ room** *n* (*Br*) чула́н; **~yard** *n* (*US*) склад лесоматериа́лов/пиломатериа́лов.

lumber² /ˈlʌmbə(r)/ *vi* (*also* **~ along**) дви́гаться (*impf*) тяжело́; перева́ливаться (*impf*).

lumbering¹ /ˈlʌmbərɪŋ/ *n* (*US, tree-felling*) лесозагото́вки (*f pl*).

lumbering² /ˈlʌmbərɪŋ/ *adj* (*of person*) дви́гающийся тяжело́/неуклю́же; (*of cart etc.*) громыха́ющий.

luminary /ˈluːmɪnərɪ/ *n* (*lit, fig*) свети́ло.

luminescence /ˌluːmɪˈnes(ə)ns/ *n* свече́ние, люминесце́нция.

luminescent /ˌluːmɪˈnes(ə)nt, ˌljuː-/ *adj* светя́щийся, люминесце́нтный.

luminosity /ˌluːmɪˈnɒsɪtɪ, ˈljuː-/ *n* освещённость, я́ркость.

luminous /ˈluːmɪnəs, ˈljuː-/ *adj* светя́щийся; (*bright*) све́тлый, я́ркий.

lumme /ˈlʌmɪ/ *int* (*Br coll*) бо́же мой!

lump /lʌmp/ *n* **1** (*of earth, dough, etc.*) ком; **~ of clay** ком гли́ны; (*large piece*) (кру́пный) кусо́к; **~ of sugar** кусо́к са́хара; **~ sugar** пилёный/кусково́й са́хар; **~ of ice/snow** гли́ба льда/сне́га; **~ of wood** чурба́н; **~ in the throat** ком(о́к) в го́рле. **2** (*swelling*) ши́шка, о́пухоль. **3** (*coll, person*) дуби́на (*cg*). **4**: **~ sum** единовре́менно выпла́чиваемая су́мма; единовре́менная/ра́зовая вы́плата; **you can receive a ~ sum of £12 for every £1 of your annual pension you give up** за ка́ждый фунт (из) ва́шей годово́й пе́нсии, от кото́рого вы отка́зываетесь, вы мо́жете получи́ть 12 фу́нтов (в ви́де) единовре́менной вы́платы.
● *vt* **1**: **~ together** (*collect into heap*) вали́ть (*impf*), сва́л|ивать, -и́ть в ку́чу; (*treat alike; place in single category*) ста́вить (*impf*) на одну́ до́ску; **the passengers were ~ed in with the crew** пассажи́ров помести́ли

вме́сте с экипа́жем.
2: **~ it** (*coll, put up with it*) примири́ться (*pf*) (*с чем*); **you must ~ it** нра́вится — не нра́вится, а придётся проглоти́ть.
● *cpd* **~fish** *n* морско́й воробе́й.
lumpectomy /lʌmˈpektəmɪ/ *n* удале́ние о́пухоли моло́чной железы́.
lumpish /ˈlʌmpɪʃ/ *adj* неуклю́жий.
lumpy /ˈlʌmpɪ/ *adj* (**lumpier, lumpiest**) комкова́тый.
lunacy /ˈlu:nəsɪ/ *n* безу́мие.
lunar /ˈlu:nə(r), ˈlju:-/ *adj* лу́нный; **~ rover** луно́ход.
lunatic /ˈlu:nətɪk/ *n* сумасше́дший; душевнобольно́й.
● *adj* (*mad*) сумасше́дший; **~ asylum** сумасше́дший дом; психиатри́ческая больни́ца; (*foolish, senseless*) безу́мный; (*eccentric*) чуда́ческий; **~ fringe** ку́чка фана́тиков.
lunch /lʌntʃ/ *n* (*midday meal*) обе́д; (второ́й) за́втрак, ланч.
● *vi* обе́дать, по-; за́втракать, по-.
● *cpds* **~ break, ~ hour, ~time** *nn* обе́денный переры́в; **~ party** *n* зва́ный обе́д/за́втрак.
luncheon /ˈlʌntʃ(ə)n/ *n* обе́д.
● *cpds* **~ meat** *n* мясно́й руле́т; **~ voucher** *n* (*Br*) тало́н на обе́д.
lung /lʌŋ/ *n* лёгкое; **~ cancer** рак лёгк|ого/-их.
lunge[1] /lʌndʒ, lju:-/ *n* (*forward movement*) бросо́к; (*in fencing*) вы́пад.
● *vi* (**lungeing** *or* **lunging**): бро́ситься (*pf*), ри́нуться (*pf*) (**forward:** вперёд; **at:** на + *a*); (*fencing, boxing, etc.*) сде́лать (*pf*) вы́пад (**at:** про́тив + *g*).
lunge[2] /lʌndʒ/ *n* (*rein*) ко́рда.
● *vt* (**lungeing**) гоня́ть (*impf*) на ко́рде.
lupin /ˈlu:pɪn/ *n* люпи́н.
lupine /ˈlu:paɪn/ *adj* во́лчий.
lupus /ˈlu:pəs/ *n* волча́нка; туберкулёз ко́жи.
lurch[1] /lə:tʃ/ *n*: **leave s.o. in the ~** пок|ида́ть, -и́нуть кого́-н. в беде́; подв|оди́ть, -ести́ кого́-н.
lurch[2] /lə:tʃ/ *n*: (*stagger*) **the ship gave a ~** кора́бль дал крен (*or* накрени́лся).
● *vi* шата́ться (*impf*); поша́т|ываться, -ну́ться; **the drunken man ~ed across the street** пья́ный, поша́тываясь, перешёл у́лицу.
lure /ljʊə(r), lʊə(r)/ *n* (*decoy*) прима́нка; (*fig, enticement*) собла́зн; **the ~ of foreign travel** зама́нчивость загрни́чных путеше́ствий.
● *vt* (*fish*) прима́н|ивать, -и́ть; (*persons*) зама́н|ивать, -и́ть; завле|ка́ть, -е́чь; **a rival firm ~d him away** конкури́рующая фи́рма перемани́ла его́ (к себе́); **I was ~d (on) by the promise of a reward** меня́ соблазни́ла перспекти́ва награ́ды; **they were ~d on to destruction** их замани́ли на (по)ги́бель.
lurid /ˈljʊərɪd, ˈlʊə-/ *adj* (*gaudy*) крича́щий, аляпова́тый; (*fiery, crimson*) о́гненный, багро́вый; (*sensational*) сенсацио́нный; **a ~ novel** бульва́рный рома́н; **~ details** жу́ткие подро́бности.
lurk /lə:k/ *vi* прита́|иваться, -и́ться; **~ about** ждать (*impf*) притаи́вшись.
luscious /ˈlʌʃəs/ *adj* (*succulent*) со́чный; (*ripe, also fig*) наливно́й.
lusciousness /ˈlʌʃəsnɪs/ *n* со́чность.
lush[1] /lʌʃ/ *n* (*US, drunkard*) пьянчу́жка (*cg*), алка́ш (*sl*).
lush[2] /lʌʃ/ *adj* пы́шный, роско́шный.
lust /lʌst/ *n* **1** (*sexual passion*) по́хоть, вожделе́ние. **2** (*craving*): **~ for power** жа́жда вла́сти.
● *vi*: **~ for, after s.o.** испы́т|ывать, -а́ть вожделе́ние к кому́-н.; жела́ть (*impf*) кого́-н.
luster /ˈlʌstə(r)/ (*US*) = **lustre**
lustful /ˈlʌstfʊl/ *adj* похотли́вый.
lustfulness /ˈlʌstfʊlnɪs/ *n* похотли́вость.
lustiness /ˈlʌstɪnɪs/ *n* (*health*) здоро́вье; (*vigour*) бо́дрость.
lustre /ˈlʌstə(r)/ (*US* **luster**) *n* (*glaze*) глазу́рь; (*gloss, brilliance*) блеск, гля́нец; (*bright light*) сия́ние; (*splendour, glory*) сла́ва; **add ~ to sth** прид|ава́ть, -а́ть блеск чему́-н.
lustreless /ˈlʌstərlɪs/ (*US* **lusterless**) *adj* ту́склый.
lustrous /ˈlʌstrəs/ *adj* (*brilliant*) блестя́щий; (*glossy*) глянцеви́тый.
lusty /ˈlʌstɪ/ *adj* (**lustier, lustiest**) (*healthy*) здоро́вый; (*robust*) здорове́нный; (*vigorous*) бо́дрый.
lutenist /ˈlu:tənɪst, ˈlju:-/ *n* игра́ющий на лю́тне.
lute /lu:t, lju:t/ *n* (*mus*) лю́тня.
Lutheran /ˈlu:θərən, ˈlju:-/ *n* лютера́н|ин (*fem* -ка).
● *adj* лютера́нский.
Lutheranism /ˈlu:θərən,ɪz(ə)m, ˈlju:-/ *n* лютера́нство.
Luxembourg /ˈlʌksəm,bə:g/ *n* Люксембу́рг.
● *adj* люксембу́ргский.
Luxembourger /ˈlʌksəm,bə:gə(r)/ *n* люксембу́рж|ец (*fem* -(ен)ка).
luxuriance /lʌgˈzjʊərɪəns, lʌkˈsj-, lʌgˈʒʊə-/ *n* изоби́лие; бога́тство; пы́шность.
luxuriant /lʌgˈzjʊərɪənt, lʌkˈsj-, lʌgˈʒʊə-/ *adj* (*profuse*) оби́льный; (*of imagination etc.*) бога́тый; (*splendid*) пы́шный; (*of growth*) бу́йный.
luxuriate /lʌgˈzjʊərɪ,eɪt, lʌkˈsj-, lʌgˈʒʊə-/ *vi* (*enjoy o.s.*): **~ in sth** наслажда́ться (*impf*) чем-н.
luxurious /lʌgˈzjʊərɪəs, lʌkˈsj-, lʌgˈʒʊə-/ *adj* (*sumptuous*) роско́шный; (*splendid*) пы́шный; (*self-indulgent*) расточи́тельный.
luxury /ˈlʌkʃərɪ/ *n* **1** (*luxuriousness*) ро́скошь; **live in the lap of ~** жить (*impf*) в ро́скоши; (*pleasure*) удово́льствие. **2** (*object of ~*) предме́т ро́скоши; **wine is my only ~** еди́нственная ро́скошь, кото́рую я себе́ позволя́ю, — э́то вино́; **~ goods** предме́ты ро́скоши; **~ apartment** роско́шная кварти́ра; но́мер люкс.
LV /ˈlʌntʃ(ə)n ˈvaʊtʃə(r)/ *n* (*Br*) (*abbr of* ***luncheon voucher***) тало́н на обе́д.
LW (*abbr of* ***long wave***) ДВ (дли́нные во́лны).
lycée /ˈli:seɪ/ *n* лице́й.
lychee /ˈlaɪtʃɪ, ˈlɪ-/ *n* ли́чи (*m & nt indecl*), кита́йский крыжо́вник (*collect*).
lychgate, lichgate /ˈlɪtʃgeɪt/ *n* кры́тый вход на кла́дбище (*для вноса гробов*).
lye /laɪ/ *n* щёлок.
lying[1] /ˈlaɪɪŋ/ *n* (*telling lies*) ложь, враньё.
● *adj* ло́жный, лжи́вый.
lying[2] /ˈlaɪɪŋ/ *n*: **~-in-state** до́ступ к те́лу имени́того поко́йника.
lymph /lɪmf/ *n* (*physiol*) ли́мфа.
lymphatic /lɪmˈfætɪk/ *adj* лимфати́ческий.
lynch /lɪntʃ/ *n*: **~ law** суд/зако́н Ли́нча; самосу́д.
● *vt* линчева́ть (*impf, pf*).
lynchpin /ˈlɪntʃpɪn/ = **linchpin**
lynx /lɪŋks/ *n* рысь.
● *cpd* **~-eyed** *adj* остроглазый.
lyre /ˈlaɪə(r)/ *n* ли́ра.
● *cpd* **~bird** *n* пти́ца-ли́ра, лирохво́ст.
lyric /ˈlɪrɪk/ *n* **1** (**~** *poem*) лири́ческое стихотворе́ние; (*in pl*) лири́ческие стихи́ (*m pl*); (**~** *poetry*) ли́рика. **2** (*usu in pl; words of song*) слова́ (*nt pl*)/текст пе́сни.
● *adj* лири́ческий; **~ writer** ли́рик; поэ́т-пе́сенник.
lyrical /ˈlɪrɪk(ə)l/ *adj* лири́ческий; **he waxed ~ about/over ...** он расчу́вствовался, говоря́ о...; **he was ~ in his praise of the play** он с воодушевле́нием расхва́ливал пье́су.
lyricism /ˈlɪrɪ,sɪz(ə)m/ *n* лири́зм.
lyricist /ˈlɪrɪsɪst/ *n* а́втор слов/те́кста (*песни/мюзикла*).

l

Mm

m /'mi:tə(r)(z)/ *n* (*abbr of* ***metre(s)***) м (метр).

m- *pref* мобильный; **m-commerce** мобильная коммéрция (*с использованием сотовой связи*).

MA (*abbr of* ***Master of Arts***) магистр гуманитáрных наýк.

ma /mɑ:/ *n* (*coll*) мáма.

ma'am /mæm, mɑ:m, məm/ *n* **1** (*Br*) мэм, мадáм (*почтительное обращение к женщине – члену королевской семьи, в т. ч. королеве; а также к старшей по званию женщине-полицейскому или женщине-военному*). **2** (*US*) мэм (*вежливое обращение к любой женщине*).

mac /mæk/ (*Br coll*) = **mac(k)intosh**

macabre /mə'kɑ:br/ *adj* мрáчный, жýткий.

macadam /mə'kædəm/ *n* щебёночное покры́тие, макадáм.

macadamized /mə'kædəmaɪzd/ *adj*: **~d road** дорóга с щебёночным покры́тием.

macaroni /,mækə'rəʊnɪ/ *n* макарóн|ы (*pl, g* —).

macaroon /,mækə'ru:n/ *n* миндáльное печéнье.

macaw /mə'kɔ:/ *n* áра (*m indecl*) (*попугай*).

mace[1] /meɪs/ *n* (*club; staff of office*) булавá; жезл.
● *cpd* **~-bearer** *n* булавонóсец, жезлонóсец.

mace[2] /meɪs/ *n* (*spice*) мускáт.

Macedonia /,mæsə'dəʊnɪə/ *n* Македóния.

Macedonian /,mæsə'dəʊnɪən/ *n* македóн|ец (*fem* -ка).
● *adj* македóнский.

macerate /'mæsə,reɪt/ *vt* вымáчивать, вы́мочить; мацери́ровать (*impf, pf*).
● *vi* вымáчиваться, вы́мочиться.

maceration /,mæsə'reɪʃ(ə)n/ *n* вымáчивание, мацерáция.

machete /mə'tʃetɪ, mə'ʃetɪ/ *n* мачéте (*m & nt indecl*).

Machiavellian /,mækɪə'velɪən/ *adj* макиавéллиевский.

machination /,mækɪ'neɪʃ(ə)n, ,mæʃ-/ *n* (*usu in pl*) махинáция; кóзни (*f pl*); интри́га.

machine /mə'ʃi:n/ *n* **1** (*mechanical device, apparatus*) маши́на, механи́зм; (*vending* **~**) автомáт; **the ~ age** век маши́н/тéхники; **~ translation** маши́нный перевóд; **~ shop** механи́ческий цех; (**~** *tool*) станóк; **grinding ~** шлифовáльный станóк.
2 (*means of transport*) маши́на.
3 (*controlling organization*) аппарáт; **party ~** парти́йный аппарáт.
● *vt* (*on lathe etc.*) обрабá|тывать, -óтать (на станкé *or* механи́ческим спóсобом); (*Br, on sewing* **~**) шить, с- на маши́не.
● *cpds* **~ code** *n* маши́нный код; **~ gun** *n* пулемёт; **~-gun fire** пулемётный огóнь; *vt* (*fire at*) обстрéл|ивать, -я́ть; (*shoot down*) расстрéл|ивать, -я́ть; **~-gunner** *n* пулемётчик; **~ language** *n* маши́нный язы́к; **~-made** *adj*: **~-made goods** товáр фабри́чного произвóдства; **~ minder** *n* рабóчий у станкá; **~ operator** *n* (*agric*) механизáтор; **~-readable** *adj* (*comput*) машиночитáемый.

machinery /mə'ʃi:nərɪ/ *n* (*collect, machines*) маши́ны (*f pl*), тéхника; (*mechanism*) механи́зм; (*fig*): **the ~ of government** прави́тельственные структýры (*f pl*).

machinist /mə'ʃi:nɪst/ *n* (*operator*) операто́р станкá; (*esp Br, sewing machine operator*) оперáтор ткáцкого станкá, (*fem*) швея́.

macintosh *see* ⇒**mac(k)intosh**

mack /mæk/ (*coll*) = **mac(k)intosh**

mackerel /'mækr(ə)l/ *n* (*pl* **~** *or* **~s**) скýмбрия, макрéль; **~ sky** нéбо в барáшках.

mac(k)intosh /'mækɪn,tɒʃ/ *n* (*Br*) дождеви́к, непромокáемый плащ.

macramé /mə'krɑ:mɪ/ *n* макрамé (*indecl*).

macro /'mækrəʊ/ *n* (*pl* **~s**) (*comput*) мáкрос, макрокомáнда.

macrocosm /'mækrəʊ,kɒz(ə)m/ *n* макрокóсм(ос).

macroeconomic /,mækrəʊ,i:kə'nɒmɪk, -,ekə'nɒmɪk/ *adj* макроэкономи́ческий.

macroeconomics /,mækrəʊ,i:kə'nɒmɪks, -,ekə'nɒmɪks/ *n* макроэконóмика.

mad /mæd/ *adj* (**madder, maddest**)
1 (*insane*) сумасшéдший; **he is as ~ as a hatter** он совершéнно сумасшéдший; **go ~** сходи́ть, сойти́ с умá; **drive s.o. ~** св|оди́ть, -ести́ когó-н. с умá; **this is bureaucracy gone ~** э́то бюрокрáтия, доведённая до безýмия.
2 (*of animals*) бéшеный; **~ cow disease** корóвье бéшенство.
3 (*wildly foolish*) шальнóй; **a ~ escapade** безрассýдная вы́ходка; **that was a ~ thing to do** поступи́ть так бы́ло прóсто безýмием; **~ly in love** безýмно влюблённый; **~ly expensive** безýмно дорогóй.
4 (*coll, angry, annoyed*) серди́тый; **be, get ~** вы́йти (*pf*) из себя́; **I was ~ at missing the train** я был вне себя́ из-за тогó, что опоздáл на пóезд; **be, get ~ with s.o.** серди́ться, рас- на когó-н.; **she was ~ with me for breaking the vase** онá разозли́лась на меня́ за то, что я разби́л вáзу.
5: **~ about** (*infatuated with, enthusiastic for*) в востóрге (*or* без пáмяти) от + *g*; **she was ~ about him** онá была́ от негó без умá; **the boy is ~ about ice cream** мáльчик обожáет морóженое; **his wife was ~ about cats** егó женá былá помéшана на кóшках.
6: **like ~** безýдержно; **I rushed like ~** я помчáлся как угорéлый; **he is working like ~** он рабóтает как одержи́мый; **he drove like ~** он éхал с бéшеной скóростью.
● *cpds* **~cap** *n* сорвиголовá (*cg*); *adj* сумасбрóдный; **~house** *n* сумасшéдший дом; **~man** *n* (*pl* **~men**) сумасшéдший; **~woman** *n* (*pl* **~women**) сумасшéдшая.

Madagascar /,mædə'gæskə(r)/ *n* Мадагаскáр.

madam /'mædəm/ *n* (*form of address*) мадáм, госпожá; (*coll, brothel-keeper*) «мáмка» (*sl*), содержáтельница бордéля (*or* при́тона для заня́тия проститýцией).

madden /'mæd(ə)n/ *vt* (*persons*) раздраж|áть, -и́ть; (*animals*) беси́ть, вз-.

maddening /'mædənɪŋ/ *adj* несносный.

madder /'mædə(r)/ *n* (*plant*) марéна; (*dye*) марéновый краси́тель, крапп.

made /meɪd/ *past and pp of* ⇒**make**

Madeira /mə'dɪərə/ *n* Мадéйра; (*wine*) мадéра.

made-to-measure /'meɪdtə'meʒə(r)/ *adj* (*Br*) сдéланный (как) на закáз.

madness /'mædnɪs/ *n* (*insanity*) сумасшéствие; (*of animals*) бéшенство; (*folly*) безýмие.

madonna /mə'dɒnə/ *n* мадóнна; **~ lily** бéлая ли́лия.

Madrid /mə'drɪd/ *n* Мадри́д.

madrigal /'mædrɪg(ə)l/ *n* мадригáл.

maelstrom /'meɪlstrəm/ *n* водоворóт; (*fig*) вихрь (*m*).

maestro /'maɪstrəʊ/ *n* (*pl* **maestri** /-strɪ/ *or* **~s**) маэ́стро (*m indecl*).

Mafia /ˈmæfɪə, ˈmɑː-/ *n* мáфия; (*fig*) клика.

Mafio|so /ˌmæfɪˈəʊsəʊ, -zəʊ/ *n* (*pl* **~si** /-sɪ, -zɪ/) мафиóзи (*m & pl indecl*), мафиóзо (*m indecl, not used as pl n*).

magazine[1] /ˌmægəˈziːn/ *n* **1** (*mil store*) склад боеприпáсов. **2** (*cartridge chamber*) магазин (*автомата*); (*attr*) магазинный.

magazine[2] /ˌmægəˈziːn/ *n* (*periodical*) журнáл; (*TV, radio*) тележурнáл, радиожурнáл; (*attr*) журнáльный.

magenta /məˈdʒentə/ *n* красновáто-лилóвый, пурпýрный цвет.
● *adj* красновáто-лилóвый; (*clothes*) малиновый, пурпýрный; (*dye, ink*) пурпýрный.

maggot /ˈmægət/ *n* личинка.

maggoty /ˈmægətɪ/ *adj* червивый.

Magi /ˈmeɪdʒaɪ/ *n*: **the ~** волхвы́ (*m pl*); **Adoration of the ~** поклонéние волхвóв.

magic /ˈmædʒɪk/ *n* (*lit, fig*) мáгия, волшебствó; **as if by ~** как по волшебствý.
● *adj* волшéбный, магический; **~ lantern** волшéбный фонáрь; **~ wand** волшéбная пáлочка.

magical /ˈmædʒɪk(ə)l/ *adj* феерический, волшéбный.

magician /məˈdʒɪʃ(ə)n/ *n* (*sorcerer*) волшéбник; (*conjurer*) фóкусник.

magisterial /ˌmædʒɪˈstɪərɪəl/ *adj* (*of a magistrate*) судéйский; (*authoritative*) авторитéтный.

magistracy /ˈmædʒɪstrəsɪ/, **magistrature** /ˈmædʒɪstrəˌtjʊə(r)/ *nn* магистратýра, мировы́е сýдьи.

magistrate /ˈmædʒɪstrət/ *n* судья́ (*m*) (ни́зшей инстáнции), мировóй судья́.

Magna Carta /ˌmægnə ˈkɑːtə/ *n* Вели́кая хáртия вóльностей.

magnanimity /ˌmægnəˈnɪmɪtɪ/ *n* великодýшие.

magnanimous /mægˈnænɪməs/ *adj* великодýшный.

magnate /ˈmægneɪt, -nɪt/ *n* магнáт.

magnesia /mægˈniːʒə, -ʃə, -zjə/ *n* магнéзия, óкись мáгния.

magnesium /mægˈniːzɪəm/ *n* мáгний.

magnet /ˈmægnɪt/ *n* (*lit, fig*) магни́т.

magnetic /mægˈnetɪk/ *adj* магни́тный; **~ tape** магни́тная лéнта; (*fig*): **~ personality** притягáтельная/магнети́ческая ли́чность.

magnetism /ˈmægnɪˌtɪz(ə)m/ *n* магнети́зм; (*fig*) притягáтельность.

magnetization /ˌmægnɪtaɪˈzeɪʃ(ə)n/ *n* (*process*) намагни́чивание; (*state*) намагни́ченность.

magnetize /ˈmægnɪˌtaɪz/ *vt* намагни́|чивать, -тить; (*fig*) гипнотизи́ровать, за-.

magneto /mægˈniːtəʊ/ *n* (*pl* **~s**) магнéто (*indecl*).

magnification /ˌmægnɪfɪˈkeɪʃ(ə)n/ *n* увеличéние; (*of a radio signal*) усилéние; (*exaggeration*) преувеличéние.

magnificence /mægˈnɪfɪs(ə)ns/ *n* великолéпие.

magnificent /mægˈnɪfɪs(ə)nt/ *adj* великолéпный.

magnify /ˈmægnɪˌfaɪ/ *vt* (*cause to appear larger*) увели́чи|вать, -ть; **~ing glass** увеличи́тельное стеклó, лýпа; (*exaggerate*) преувели́чи|вать, -ть.

magniloquence /mægˈnɪləkwəns/ *n* высокопáрность.

magniloquent /mægˈnɪləkwənt/ *n* высокопáрный.

magnitude /ˈmægnɪˌtjuːd/ *n* (*size*) величинá; **a star of the first ~** звездá пéрвой величины́; (*importance*) вáжность; **a matter of the first ~** дéло первостепéнной вáжности.

magnolia /mægˈnəʊlɪə/ *n* магнóлия.

magnum /ˈmægnəm/ *n* (*pl* **~s**) ви́нная буты́ль, вмещáющая полторá ли́тра.

magpie /ˈmægpaɪ/ *n* сорóка; (*fig, collector, hoarder*) барахóльщик.

Magyar /ˈmægjɑː(r)/ *n* **1** (*person*) мадья́р (*fem* -ка); венг|р (*fem* -éрка). **2** (*language*) венгéрский язы́к.
● *adj* мадья́рский, венгéрский.

Maharaja(h) /ˌmɑːhəˈrɑːdʒə/ *n* магарáджа (*m*).

mah-jong /mɑːˈdʒɒŋ/ *n* маджóнг (*китайская игра*).

mahogany /məˈhɒgənɪ/ *n* (*wood, tree*) крáсное дéрево; (*colour*) цвет крáсного дéрева.

maid /meɪd/ *n* **1** (*girl, unmarried woman*) дéва, деви́ца; **old ~** стáрая дéва; **~ of honour** фрéйлина. **2** (*domestic servant*) прислýга, домрабóтница; (*in hotel*) гóрничная.
● *cpd* **~servant** *n* прислýга, служáнка.

maiden /ˈmeɪd(ə)n/ *n* дéва.
● *adj* **1** (*of a girl*) дéвичий; **~ name** дéвичья фами́лия. **2** (*unmarried*): **~ aunt** незамýжняя тётка. **3** (*first*): **~ speech** пéрвая речь (новои́збранного члéна парлáмента); **~ voyage** пéрвый рейс.
● *cpds* **~hair (fern)** *n* адиáнтум; **~head** *n* дéвственность; **~ly** *adj* дéви́чий.

mail[1] /meɪl/ *n* **1** (*postal system*) пóчта; **~ order** почтóвый закáз/перевóд. **2** (**~** *train*) почтóвый пóезд. **3** (*letters*) пóчта, пи́сьма (*nt pl*); **has the ~ come?** пóчта былá?; **I had a lot of ~ today** я получи́л сегóдня мнóго писем.
● *vt* **1** (*send a letter, parcel*) отпр|авля́ть, -áвить (по пóчте) (**to:** + *d*); **where can I ~ this letter?** где тут почтóвый я́щик?; **~ing list** (*also comput*) спи́сок адресáтов; **the firm has me on its ~ing list** я состою́ в спи́ске подпи́счиков фи́рмы. **2** (*comput, send an email to*) пос|ыла́ть, -ла́ть электрóнное письмó (*кому-н.*).
● *cpds* **~bag** *n* мешóк для почтóвой корреспондéнции; **~box** *n* (*US postbox; also comput*) почтóвый я́щик; **~ coach** *n* почтóвая карéта; **~man** *n* (*pl* **~men**) (*US*) почтальóн; **~-order** *adj* торгýющий по почтóвым закáзам; **~-order firm** торгóво-посы́лочная фи́рма; **~shot** *n* (*Br*) реклáмная рассы́лка; реклáма, разóсланная по пóчте; **~ van** *n* (*Br*) (*road*) автомоби́ль, собирáющий и развозя́щий пóчту; (*railways*) почтóвый вагóн.

mail[2] /meɪl/ *n* (*coat of* **~**) кольчýга.

mailed /meɪld/ *adj*: **~ fist** (*fig*) брониро́ванный кулáк.

maim /meɪm/ *vt* калéчить, ис-; **he was ~ed for life** он остáлся калéкой на всю жизнь.

main /meɪn/ *n* **1**: **in the ~** в основнóм. **2**: **with might and ~** изо всех сил. **3** (*archaic, sea*) (откры́тое) мóре. **4** (*in sg and (Br) in pl, principal supply line*) магистрáль; (*sewerage*) канализáция; **our house is not on the ~s** к нáшему дóму не подведенá канализáция; (*water*) водопровóд; водопровóдная магистрáль; **turn the water off at the ~(s)!** перекрóйте водопровóд; (*gas*) газопровóд; (*electricity*) кáбель (*m*); **~s supply** электроснабжéние; **the ~s voltage is 250** напряжéние электросéти 250 вольт.
● *adj* глáвный, основнóй; **~ course** (*of meal*) основнóе блю́до; **~ line** (*railways*) железнодорóжная магистрáль; **the ~ point** основнóй/глáвный пункт, суть; **~ road** магистрáль, глáвная дорóга; **~ street** глáвная ýлица.
● *cpds* **~ brace** *n* (*naut*) грóта-брáс; **splice the ~ brace** (*coll, serve rum ration*) вы́дать (*pf*) дополни́тельную пóрцию рóма; (*take a drink*) напи́ться (*pf*); **~ deck** *n* глáвная пáлуба; **~land** *n* (*continent*) матери́к; (*opp island*): **they live on the ~land** они́ живýт на большóй землé; **~mast** *n* грот-мáчта; **~sail** *n* грот; **~spring** *n* (*of watch*) ходовáя пружи́на; (*fig*) глáвная дви́жущая си́ла; **~stay** *n* (*naut*) грóта-штáг; (*fig*) опóра; **~stream** *n* (*fig*) господ́ствующая тендéнция.

mainframe /ˈmeɪnfreɪm/ *adj*: **~ computer** мейнфрéйм, большáя ЭВМ.

mainly /ˈmeɪnlɪ/ *adv* глáвным óбразом.

maintain /meɪnˈteɪn/ *vt* **1** (*keep up*) поддéрживать (*impf*); (*preserve*) сохран|я́ть, -и́ть; (*continue*) продолжáть (*impf*); **the pilot ~ed a constant speed** пилóт поддéрживал постоя́нную скóрость; **if prices are ~ed** éсли цéны удéржатся на прéжнем ýровне; **law and order must be ~ed** законопоря́док дóлжен соблюдáться; **he ~ed his ground** он стоя́л на своём; **he ~ed silence** он храни́л молчáние. **2** (*support*) содержáть (*impf*); **he has a wife and child to ~** емý прихóдится содержáть женý и ребёнка. **3** (*keep in repair*): **he ~s his car himself** он ремонти́рует свою́ маши́ну сам. **4** (*defend*) отст|áивать, -оя́ть; **he ~ed his rights** он отстáивал свои́ правá. **5** (*assert as true*) утверждáть (*impf*); **he ~ed his innocence** он настáивал на своéй невинóвности.

maintenance /ˈmeɪntənəns/ *n* **1** (*maintaining*) поддержáние; сохранéние; **price ~** поддержáние цен. **2** (*payment in support of dependants*) содержáние. **3** (*care or repair of machinery etc.*) техни́ческое

m

обслу́живание; ~ **crew** ремо́нтная брига́да/кома́нда; ~ **manual** руково́дство по ухо́ду и обслу́живанию.

maisonette /ˌmeɪzəˈnet/ *n* двухэта́жная кварти́ра.

maître d'hôtel /ˌmetrə dəʊˈtel, ˌmeɪt-/ *n* (*pl* ***maîtres d'hôtel*** *pronunc same*) метрдоте́ль (*m*).

maize /meɪz/ *n* кукуру́за, маи́с.

Maj. /ˈmeɪdʒə(r)/ *n* (*abbr of* ***Major(-)***) м-р, м. (майо́р).

majestic /məˈdʒestɪk/ *adj* величе́ственный.

majesty /ˈmædʒɪstɪ/ *n* (*stateliness*) величе́ственность; (*title*): **His/Her M~** Его́/Её Вели́чество.

majolica /məˈjɒlɪkə, məˈdʒɒl-/ *n* майо́лика.

major /ˈmeɪdʒə(r)/ *n* **1** (*rank*) ≈ майо́р. **2** (*mus*: ~ **key**) мажо́р. **3** (*US, main subj of study*) основно́й предме́т (*в колледже*).

● *adj* **1** (*greater*) бо́льший; **the ~ part** бо́льшая часть; (*principal, more important*) гла́вный; ~ **road** гла́вная доро́га; **the ~ part in a play** гла́вная роль в пье́се. **2** (*significant*) кру́пный; **a ~ success** кру́пный успе́х; ~ **advances in science** кру́пные/значи́тельные успе́хи в нау́ке; **a ~ operation** кру́пная опера́ция; **a ~ war** больша́я война́. **3** (*Br, elder*): **Smith M~** Смит ста́рший. **4** (*mus*) мажо́рный; ~ **key** мажо́рная тона́льность; ~ **third** больша́я те́рция.

● *vi*: **he ~ed in physics** (*US*) он специализи́ровался по фи́зике.

● *cpds* **~-domo** *n* мажордо́м; ~ **general** *n* ≈ генера́л-лейтена́нт.

Majorca /məˈjɔːkə, -ˈdʒɔː-/ *n* Мальо́рка, Майо́рка.

majority /məˈdʒɒrɪtɪ/ *n* **1** (*greater part or number*) бо́льшая часть; большинство́; (*in elections etc.*): **absolute ~** абсолю́тное большинство́; **they gained a ~ of 30** они́ получи́ли на 30 голосо́в бо́льше; **the government has a ~ of 60** у прави́тельства — большинство́ в 60 голосо́в; **he won by a large ~** он победи́л значи́тельным большинство́м (голосо́в); ~ **verdict** пригово́р, за кото́рый проголосова́ло бо́льше полови́ны прися́жных заседа́телей. **2** (*full age*) совершенноле́тие; **when will he attain his ~?** когда́ он дости́гнет совершенноле́тия?

make /meɪk/ *n* (*product of particular firm or person*): **a good ~ of car** автомоби́ль хоро́шей ма́рки.

● *vt* (*past and pp* **made**) **1** (*fashion, create, construct*) де́лать, с-; (*build*) стро́ить, по-; **what is this made of?** из чего́ э́то сде́лано?; **you must think I'm made of money** вы, наве́рно, ду́маете, что я де́нежный мешо́к; **this chair is made to last** э́тот стул сде́лан про́чно/добро́тно; **they were made for each other** они́ бы́ли со́зданы друг для дру́га. **2** (*sew together*) шить, с-; **a suit made to order** костю́м, сши́тый на зака́з. **3** (*utter*) произн|оси́ть, -ести́; **he made a speech** он произнёс речь; он вы́ступил с ре́чью; **she made a remark** она́ сде́лала замеча́ние; **don't ~ a noise** не шуми́те; соблюда́йте тишину́. **4** (*compile, compose*) сост|авля́ть, -а́вить; ~ **a list!** соста́вьте спи́сок!; **have you made your will?** вы соста́вили завеща́ние? **5** (*bodily movements etc.: execute*) де́лать, с-; *see also under n obj*. **6** (*manufacture, produce*) изгот|а́вливать, -о́вить; произв|оди́ть, -ести́; **the factory ~s shoes** фа́брика произво́дит о́бувь; **paper is made here** здесь произво́дится бума́га; **he made a good impression** он произвёл хоро́шее впечатле́ние; **he made a sketch** он сде́лал рису́нок/набро́сок; ~ **a film** сн|има́ть, -ять фильм. **7** (*prepare*) гото́вить, при-; вари́ть, с-; **she made breakfast** она́ пригото́вила за́втрак; **is the coffee made?** ко́фе гото́в?; ~ **a fire** разв|оди́ть, -ести́ ого́нь; ~ **a bed** (*prepare it for sleeping*) стели́ть, по- посте́ль; (*tidy it after use*) уб|ира́ть, -ра́ть посте́ль. **8** (*establish, create*): ~ **a rule** устан|а́вливать, -ови́ть пра́вило; **he ~s a rule of going to bed early** он взял (себе́) за пра́вило ложи́ться ра́но. **9** (*equal, result in*) равня́ться (*impf*) + *d*; **four plus two ~s six** четы́ре плюс два равня́ется шести́; **it ~s no difference** всё равно́; **this book ~s pleasant reading** э́ту кни́гу чита́ешь с удово́льствием; (*constitute*) **he ~s a good chairman** он хоро́ший председа́тель; **it ~s (good) sense** э́то разу́мно; (*become, turn out to be*): **she will ~ a good pianist** из неё вы́йдет хоро́шая пиани́стка. **10** (*construe, understand*) пон|има́ть, -я́ть; **can you ~ anything of it?** вы что́-нибудь тут понима́ете?; **what do you ~ of this sentence?** как вы понима́ете э́то предложе́ние?; (*estimate, consider to be*): **what do you ~ the time?** кото́рый час на ва́ших часа́х? **11**: ~ **much of: he has not made much of his opportunities** он ма́ло испо́льзовал свои́ возмо́жности; **the author ~s much of his childhood** а́втор придаёт большо́е значе́ние своему́ де́тству; ~ **little of** не придава́ть (*impf*) большо́го значе́ния + *d*; (*minimize*) преум|еньша́ть, -е́ньшить; ~ **the best of** испо́льзовать наилу́чшим о́бразом; ~ **the best of a bad job** де́лать, с- хоро́шую ми́ну при плохо́й игре́; ~ **the most of** испо́льзовать (*impf, pf*) максима́льно; **you only have a week, so ~ the most of it** у вас всего́ неде́ля, так что проведи́те её с максима́льной по́льзой. **12** (*reach*) дост|ига́ть, -и́чь + *g*; **we made the bridge by dusk** мы добра́лись до моста́, когда́ ста́ло смерка́ться; **we just made the train** мы е́ле поспе́ли на по́езд; **he made it** (*succeeded*) **after three years** он дости́г успе́ха че́рез три го́да; (*gain*) получ|а́ть, -и́ть; **he made a clear profit** он получи́л чи́стую при́быль; (*earn*) зараб|а́тывать, -о́тать; **he ~s a good living** он хорошо́ зараба́тывает; (*ensure*) обеспе́чи|вать, -ть; **this success made his career** э́тот успе́х обеспе́чил ему́ карье́ру; **he's got it made (for him)** (*coll*) ему́ обеспе́чен успе́х. **13** (*cause to be*) де́лать, с- + *a and i*; **the rain ~s the road slippery** от дождя́ доро́га де́лается ско́льзкой; **she made his life miserable** она́ отрави́ла ему́ жизнь; ~ **s.o. angry** серди́ть, рас- кого́-н.; (*appoint, elect*): **I made him my helper** я сде́лал его́ свои́м помо́щником; **they made him a general** его́ произвели́ в генера́лы; **they made him chairman** его́ вы́брали председа́телем. **14** (*compel, cause to*) заст|авля́ть, -а́вить; побу|жда́ть, -ди́ть; **he made them suffer for it** за э́то он им отплати́л; **he was made to kneel** его́ заста́вили стать на коле́ни; **I'll ~ you pay for this!** вы у меня́ за э́то запла́тите!; **don't ~ me laugh!** не смеши́те меня́!; **the book made me laugh, but it made her cry** меня́ кни́га рассмеши́ла, а её расстро́гала до слёз; **it ~s you think** э́то заставля́ет заду́маться; **look what you made me do!** ≈ всё из-за вас!; смотри́, до чего́ ты меня́ довёл!; **she made believe she was crying** она́ сде́лала вид, бу́дто пла́чет; ~ **sth do,** ~ **do with sth** об|ходи́ться, -ойти́сь чем-н.; ~ **do without sth** об|ходи́ться, -ойти́сь без чего́-н.; **we must ~ do on our pension** мы должны́ обойти́сь одно́й пе́нсией; **can you ~ do without coal for another week?** мо́жете ли вы обойти́сь ещё одну́ неде́лю без угля́?

● *vi* (*past and pp* **made**) **1** (*with certain preps: move, proceed*): ~ **after** пус|ка́ться, -ти́ться в пого́ню (*or* вслед) за + *i*; ~ **for** (*head towards*) напр|авля́ться, -а́виться на + *a or* к + *d*; (*assail*) кида́ться, ки́нуться на + *a*; (*conduce to*) спосо́бствовать (*impf*) + *d*; ~ **with** (*US coll, hurry up, get on*): ~ **with the drinks!** неси́те скоре́е напи́тки! **2** (*act, behave*): **he made as if to go** он сде́лал вид, что хо́чет уйти́; **may I ~ so bold as to come in?** позво́льте мне взять на себя́ сме́лость войти́. **3** (~ *a profit*): **did you ~ on the deal?** ну как, получи́ли при́быль на э́той сде́лке? (*coll*).

● *with advs*: ~ **away** *vi* = ~ **off**; ~ **away with** (*get rid of*) изб|авля́ться, -а́виться от + *g*; (*kill*) прик|а́нчивать, -о́нчить; ~ **away with o.s.** (*or* **one's life**) поко́нчить (*pf*) с собо́й; ~ **off** *vi* (*hurry away*) сбе|га́ть, -жа́ть; **he made off with all speed** он пусти́лся бежа́ть со всех ног; (*escape, abscond*) скр|ыва́ться, -ы́ться; **the thieves made off with the jewellery** во́ры скры́лись, захвати́в с собо́й драгоце́нности; ~ **out** *vt* (*write out*): ~ **out a bill/cheque** выпи́сывать, вы́писать счёт/чек; ~ **out a report** сост|авля́ть, -а́вить отчёт; (*assert, maintain*) утвержда́ть (*impf*); **they ~ out he was drunk** они́ утвержда́ют, что он был пьян; **you ~ me out to be a liar** по-ва́шему выхо́дит, что я лгу; (*conclude*): **how do you ~ that out?** как э́то у вас получа́ется?; (*argue*): **he made out a good case for it** он привёл ве́ские до́воды в по́льзу э́того; (*understand*) раз|бира́ться, -обра́ться в + *p*; **I can't ~ him out** я не могу́ его́ поня́ть; (*discern, distinguish*) различ|а́ть, -и́ть; *vi* (*coll, get on*): **how did he ~ out?** как он спра́вился (с э́той зада́чей)?; **~ over** *vt* (*refashion*) переде́л|ывать, -ать; (*transfer*) перев|оди́ть, -ести́; **he made the money over to me** он перевёл де́ньги на моё и́мя; **~ up** *vt* (*complete*): **~ up the complement** сост|авля́ть, -а́вить кома́нду, гру́ппу *и т. п.*; (*pay; pay the residue of*) допла́|чивать, -ти́ть; **I shall ~ up the difference out of my own pocket** я доплачу́ ра́зницу из своего́ карма́на; (*repay*) возме|ща́ть, -сти́ть; **we must ~ it up to him somehow** мы должны́ ка́к-то возмести́ть ему́ э́то; (*recover*) наве́рст|ывать, -а́ть; (*fig*): **he quickly made up leeway in his studies** он бы́стро ликвиди́ровал отстава́ние в свои́х заня́тиях; **he made up his losses in a single night** он возмести́л свои́ убы́тки за одну́ ночь; (*prepare, ~ ready*) гото́вить, при-/из-; **ask the chemist to ~ up this prescription** попроси́те фармаце́вта пригото́вить лека́рство по э́тому реце́пту; **~ up a bed** заст|ила́ть, -ели́ть посте́ль; **~ up a road** асфальти́ровать (*impf, pf*) доро́гу; **we ~ up the fire before going to bed** пе́ред сном мы разжига́ем ками́н; (*printing: set up*) верста́ть, с-; (*sew together*) шить, с-; (*fig*): **~ up one's mind** реш|а́ть, -и́ть; **my mind is made up** я при́нял реше́ние; **~ up your mind!** реша́йтесь (уже́) на что́-нибудь!; (*form, compose; compile*) сост|авля́ть, -а́вить; **life is made up of disappointments** жизнь полна́ разочарова́ний; (*concoct, invent*) выду́мывать, вы́думать; сочин|я́ть, -и́ть; **the whole story was made up** вся э́та исто́рия была́ вы́думана; **he ~s it up as he goes along** он сочиня́ет на ходу́; (*assemble*) соб|ира́ть, -ра́ть; (*settle*) ула́|живать, -дить; **~ (it) up** (*be reconciled*) мири́ться, по-; **let's ~ it up and be friends** дава́йте помири́мся; (*for a stage performance*) гримирова́ть, за-; **he was made up to look the part** его́ загримирова́ли, как тре́бовалось для ро́ли; (*with cosmetics*) кра́сить, по-; ма́зать(ся), на-; **she was heavily made up** она́ была́ си́льно накра́шена; *vi* (*be reconciled*) мири́ться, по-; (*for the stage*) гримирова́ться, за-; (*use cosmetics*) кра́ситься, на-; **~ up for** (*compensate for*) возме|ща́ть, -сти́ть; **this will ~ up for everything** э́тим всё бу́дет компенси́ровано; **he was lazy at school but he has made up for it since** в шко́ле он лени́лся, но пото́м наверста́л всё (с лихво́й); **~ up to** (*curry favour with*) подли́з|ываться, -а́ться к + *d*.

● *cpds* **~-believe** *n*: **he lives in a world of ~-believe** он живёт в ми́ре грёз; **it's all ~-believe** э́то — сплошна́я фанта́зия; **~shift** *n* вре́менное приспособле́ние/сре́дство; (*attr*): **a ~shift shelter** на́скоро сколо́ченное укры́тие; время́нка; **a ~shift dinner** на́скоро/на́спех пригото́вленный обе́д; **~-up** *n* (*composition*): **there is some cowardice in his ~-up** он не́сколько трусова́т; (*theatr, etc.*) грим; **~-up room** *n* гриме́рная; **put on ~-up** гримирова́ться, за-; (*cosmetics*) макия́ж, косме́тика; **she wears, uses a lot of ~-up** она́ си́льно кра́сится; **~weight** *n* (*fig & lit*) дове́сок; (*lit only*) противове́с.

maker /ˈmeɪkə(r)/ *n* (*manufacturer*) производи́тель (*m*), изготови́тель (*m*); (*relig, creator*): **the M~ of the universe** Творе́ц вселе́нной.

making /ˈmeɪkɪŋ/ *n* **1** (*that which makes s.o. successful etc.; decisive influence*): **this incident was the ~ of him** благодаря́ э́тому собы́тию он вы́шел в лю́ди. **2** (*in pl, profits*) за́работок. **3** (*in pl, potential qualities*): **he has all the ~s of a general** у него́ есть все зада́тки, что́бы стать генера́лом. **4** (*construction*) стро́йка, построе́ние; (*creation*) созда́ние; **the difficulties were not of my ~** э́ти тру́дности возни́кли не из-за меня́; (*compilation*) составле́ние; (*manufacture, production*) изготовле́ние, произво́дство; (*preparation*) приготовле́ние.

malachite /ˈmæləˌkaɪt/ *n* малахи́т; (*attr*) малахи́товый.

maladjusted /ˌmæləˈdʒʌstɪd/ *adj* (*fig, of person*) пло́хо приспосо́бленный; **~ children** трудновоспиту́емые де́ти.

maladjustment /ˌmæləˈdʒʌstmənt/ *n* плоха́я приспособля́емость.

maladministration /ˌmælədˌmɪnɪˈstreɪʃ(ə)n/ *n* плохо́е управле́ние.

maladroit /ˌmæləˈdrɔɪt, ˈmæl-/ *adj* (*clumsy*) нело́вкий; (*tactless*) беста́ктный.

maladroitness /ˌmæləˈdrɔɪtnɪs/ *n* нело́вкость; беста́ктность.

malady /ˈmælədɪ/ *n* (*lit, fig*) неду́г, боле́знь.

Malagasy /ˌmæləˈgæsɪ/ *n* (*person*) малагаси́|ец (*fem* -йка); (*language*) малагаси́йский язы́к.

● *adj* малагаси́йский.

malaise /məˈleɪz/ *n* (*bodily discomfort*) недомога́ние; (*disquiet*) беспоко́йство.

malapropism /ˈmæləprɒˌpɪz(ə)m/ *n* непра́вильное употребле́ние слов.

malaria /məˈleərɪə/ *n* маляри́я.

malarial /məˈleərɪəl/ *adj* маляри́йный.

Malawi /məˈlɑːwɪ/ *n* Мала́ви (*nt indecl*).

Malay /məˈleɪ/ *n & adj* = **Malayan**

Malaya /məˈleɪə/ *n* Мала́йя.

Malayan /məˈleɪən/ *n* (*person*) мала́|ец (*fem* -йка); (*language*) мала́йский язы́к.

● *adj* мала́йский.

Malaysia /məˈleɪzɪə, -ʒə/ *n* Мала́йзия.

Malaysian /məˈleɪzɪən, -ʒ(ə)n/ *adj* малайзи́йский.

● *n* малайзи́|ец (*fem* -йка).

malcontent /ˈmælkənˌtent/ *n & adj* недово́льный.

male /meɪl/ *n* (*person*) мужчи́на (*m*); (*animal etc.*) саме́ц.

● *adj* мужско́й; **~ animal** саме́ц; **~ model** манеке́нщик; **~ nurse** санита́р; **~(-voice) choir** мужско́й хор; (*tech*): **~ screw** винт, болт, шуру́п.

malediction /ˌmælɪˈdɪkʃ(ə)n/ *n* прокля́тие.

malefactor /ˈmælɪˌfæktə(r)/ *n* злоде́й.

maleficent /məˈlefɪs(ə)nt/ *adj* (*hurtful*) па́губный; (*criminal*) престу́пный.

malevolence /məˈlevələns/ *n* недоброжела́тельность, злора́дство.

malevolent /məˈlevələnt/ *adj* недоброжела́тельный, злора́дный.

malfeasance /mælˈfiːz(ə)ns/ *n* должностно́е преступле́ние.

malformation /ˌmælfɔːˈmeɪʃ(ə)n/ *n* непра́вильное образова́ние; уро́дство.

malformed /mælˈfɔːmd/ *adj* непра́вильно/пло́хо сформиро́ванный; уро́дливый.

malfunction /mælˈfʌŋkʃ(ə)n/ *n* неиспра́вная рабо́та, отка́з.

● *vi* неиспра́вно де́йствовать (*impf*).

Mali /ˈmɑːlɪ/ *n* Мали́ (*nt & f indecl*).

Malian /ˈmɑːlɪən/ *n* мали́|ец (*fem* -йка).

● *adj* мали́йский.

malice /ˈmælɪs/ *n* **1** (*ill will*) зло́ба; **bear ~ to(wards)/against s.o.** таи́ть, за- зло́бу на кого́-н. (*or* про́тив кого́-н.); **I bear you no ~** я не пита́ю к вам зло́бы. **2** (*law, wrongful intent*): **with ~ aforethought** злоумы́шленно.

malicious /məˈlɪʃəs/ *adj* (*of person*) злой; (*of thought, act, etc.*) зло́бный; **~ tongues** злы́е языки́; **~ intent** престу́пное наме́рение.

malign /məˈlaɪn/ *adj* па́губный.

● *vt* (*slander*) клевета́ть, о- (*кого*), на- (*на кого*); (*defame*) поро́чить, о-; **he ~ed me** он оклевета́л меня́, он наклевета́л на меня́; **much-~ed** оклеве́танный.

malignancy /məˈlɪgnənsɪ/ *n* зло́бность; (*med*) злока́чественность.

malignant /məˈlɪgnənt/ *adj* злой, зло́бный; (*med*) злока́чественный.

malignity /məˈlɪgnɪtɪ/ *n* зло́бность.

malinger /məˈlɪŋgə(r)/ *vi* симули́ровать (*impf, pf*) боле́знь.

malingerer /məˈlɪŋgərə(r)/ *n* симуля́нт (*fem* -ка).

mall /mæl, mɔːl/ *n* алле́я; (*shopping precinct*) торго́вый центр.

mallard /ˈmælɑːd/ *n* (*pl* ~ *or* ~**s**) кря́ква.

malleability /ˌmælɪəˈbɪlɪtɪ/ *n* ко́вкость; (*fig*) пода́тливость.

malleable /ˈmælɪəb(ə)l/ *adj* (*of metal etc.*) ко́вкий; (*of person*) пода́тливый.

mallet /ˈmælɪt/ *n* деревя́нный молото́к; колоту́шка.

mallow /ˈmæləʊ/ *n* ма́льва, просвирня́к.

malnutrition /ˌmælnjuːˈtrɪʃ(ə)n/ *n* недоеда́ние.

malodorous /mælˈəʊdərəs/ *adj* зловóнный.

malpractice /mælˈpræktɪs/ *n* (*wrongdoing*) противозако́нное де́йствие; (*law, of physician*) престу́пная небре́жность (врача́); (*law, abuse of trust*) злоупотребле́ние дове́рием.

m

malt /mɔːlt, mɒlt/ *n* со́лод; **~ liquor** солодо́вый напи́ток.
● *vt* (*make into* ~) солоди́ть (*impf*), насолоди́ть (*pf*).
● *cpd* **~house** *n* солодо́вня.

Malta /ˈmɔːltə, ˈmɒltə/ *n* Ма́льта.

Maltese /mɔːlˈtiːz, mɒl-/ *n* (*pl* ~) (*person*) мальти́|ец (*fem* -йка); (*language*) мальти́йский язы́к.
● *adj* мальти́йский.

Malthusian /mælˈθjuːzɪən/ *n* мальтузиа́нец.
● *adj* мальтузиа́нский.

maltreat /mælˈtriːt/ *vt* ду́рно обраща́ться (*impf*) с + *i*; **he was jailed for ~ing his children** он был заключён в тюрьму́ за дурно́е обраще́ние с детьми́.

maltreatment /mælˈtriːtmənt/ *n* дурно́е обраще́ние (*с кем*).

malversation /ˌmælvəˈseɪʃ(ə)n/ *n* злоупотребле́ние по слу́жбе.

mama /ˈmæmə, məˈmɑː/, **mamma** /ˈmæmə/, **mammy** /ˈmæmɪ/ *n* ма́ма, ма́мочка; **~'s boy** ма́менькин сыно́к.

mamba /ˈmæmbə/ *n* ма́мба (*ядовитая змея*).

mamma /ˈmæmə/ = **mama**

mammal /ˈmæm(ə)l/ *n* млекопита́ющее (живо́тное).

mammalian /ˌmæˈmeɪlɪən/ *adj* относя́щийся к млекопита́ющим.

mammary /ˈmæmərɪ/ *adj*: **~ gland** моло́чная железа́.

mammogram /ˈmæməˌɡræm/ *n* маммогра́мма.

Mammon /ˈmæmən/ *n* (*also* **m~**, *fig*) бога́тство, мамо́на.

mammoth /ˈmæməθ/ *n* ма́монт.
● *adj* (*huge*) гига́нтский, грома́дный.

mammy /ˈmæmɪ/ = **mama**

Man /mæn/ *n*: **the Isle of ~** о́стров (*abbr* о./о-в) Мэн.

man /mæn/ *n* (*pl* **men**) **1** (*person, human being*) челове́к (*pl* лю́ди); **what can a ~ do?** что (тут) поде́лаешь?; **as one ~** все как оди́н; **to a ~** все до одного́; **any ~** = **anybody**; **no ~** = **nobody**; **~ about town** све́тский челове́к; **~ in the street** сре́дний челове́к; **a ~ in a thousand** ре́дкостный челове́к; **~ of action** челове́к де́йствия/де́ла; **~ of character** челове́к с хара́ктером; **~ of God** (*saint*) свято́й уго́дник; (*priest*) свяще́нник; **~ of honour** челове́к че́сти; че́стный челове́к; **~ of ideas** изобрета́тельный челове́к; **~ of letters** литера́тор; **~ of means** состоя́тельный челове́к; **~ of the moment** челове́к, по́сланный само́й судьбо́й; **~ of principle** принципиа́льный челове́к; **~ of property** состоя́тельный челове́к; **~ of taste** челове́к со вку́сом; **~ of his word** челове́к сло́ва; **~ of few words** немногосло́вный челове́к; **~ of the world** быва́лый челове́к; **he is an Oxford ~** он выпускни́к О́ксфорда; **the inner ~** душа́; вну́треннее «я»; (*joc*) желу́док; **I feel a new ~** я чу́вствую себя́ обновлённым; **he is his own ~** он сам себе́ хозя́ин; **he's just the ~ for the job** он со́здан для э́того; **I'm your ~** я и́менно тот, кто вам ну́жен.
2 (*mankind*) челове́к, челове́чество; **the rights of ~** права́ челове́ка; (*typifying an era*): **Renaissance ~** челове́к эпо́хи Возрожде́ния; **Neanderthal ~** неандерта́лец.
3 (*adult male*) мужчи́на (*m*); **they talked ~ to ~** они́ говори́ли как мужчи́на с мужчи́ной; **I have known him ~ and boy** я его́ зна́ю с де́тства; **old ~** стари́к; **young ~** молодо́й челове́к; (*implying virility or fortitude*): **it will make a ~ of him** э́то сде́лает из него́ настоя́щего мужчи́ну; **be a ~!** бу́дьте мужчи́ной!
4 (*in address*): **speak up, ~!** говори́те же!; **tell me, my (good) ~ …** (*Br*) скажи́те мне, дружо́к…; **old ~** старина́ (*m*).
5 (*husband*) муж; **they lived as ~ and wife** они́ жи́ли как муж и жена́; **my old ~'s a dustman** мой стари́к рабо́тает му́сорщиком.
6: **best ~** (*at wedding*) ша́фер.
7 (*servant, esp valet*) слуга́ (*m*).
8 (*in pl, soldiers*) солда́ты; (*sailors*) матро́сы; (*employees*) рабо́чие.
9 (*piece in chess*) ша́хматная фигу́ра; (*in draughts, checkers*) ша́шка; (*in other games*) фи́шка.
● *vt* (**manned, manning**)
1 (*mil, equip*) укомплекто́в|ывать, -а́ть ли́чным соста́вом.
2 (*occupy*) зан|има́ть, -я́ть; **~ the guns** обслу́живать (*impf*) ору́дия; **a ~ned spacecraft** пилоти́руемый косми́ческий кора́бль.
● *cpds* **~-at-arms** *n* (*archaic*) во́ин, солда́т; **~eater** *n* людое́д; **~-eating tiger** тигр-людое́д; **~hole** *n* люк; **~-hour** *n* челове́ко-ча́с; **~hunt** *n* ро́зыск, полице́йская обла́ва; **~-made** *adj* иску́сственный; (*textiles*) синтети́ческий; **~-of-war, ~-o'-war** *nn* (*hist*) вое́нный кора́бль; **~power** *n* рабо́чая си́ла; **~servant** *n* слуга́; **~-size(d)** *adj* для взро́слого челове́ка; **~trap** *n* западня́.

manacle /ˈmænək(ə)l/ *n* нару́чник; (*in pl, fetters, lit, fig*) око́в|ы (*pl, g* —).
● *vt* над|ева́ть, -е́ть нару́чники + *d*.

manag|e /ˈmænɪdʒ/ *vt* **1** (*control, conduct*) управля́ть, руководи́ть, заве́довать (*all impf* + *i*); **they ~ed the business between them** они́ вдвоём управля́ли предприя́тием; **the estate was ~ed by his brother** име́нием управля́л его́ брат; **~e a household** вести́ (*det*) (дома́шнее) хозя́йство; **~ing director** дире́ктор-распоряди́тель (*m*).
2 (*handle*) владе́ть (*impf*) + *i*; **she can ~e a bicycle** она́ уме́ет е́здить на велосипе́де; **can you ~e the car by yourself?** вы мо́жете са́ми спра́виться с маши́ной?; **I can't ~e it** э́то мне не по си́лам.
3 (*be ~er of*): **he has ~ed the team for 10 years** он руководи́л кома́ндой в тече́ние десяти́ лет; **the singer was looking for someone to ~e him** певе́ц поды́скивал себе́ импреса́рио; **who ~es this department?** кто заве́дует э́тим отде́лом?
4 (*cope with*) спр|авля́ться, -а́виться с + *i*; **I can't ~e this work** я не спра́влюсь с э́той рабо́той; э́та рабо́та мне не по плечу́; **can't you ~e another sandwich?** неуже́ли вы не оси́лите ещё оди́н бутербро́д?
5 (*contrive*) суме́ть (*pf*); умудр|я́ться, -и́ться; ухитр|я́ться, -и́ться; **he ~ed to answer** он суме́л отве́тить; **I ~ed to convince him** мне удало́сь убеди́ть его́; **he ~ed to break his neck** он умудри́лся слома́ть себе́ ше́ю; **can you ~ dinner?** вы смо́жете пообе́дать с на́ми?
● *vi* (*cope*) спр|авля́ться, -а́виться; **you will never ~e on your pension** вы ни за что не проживёте на свою́ пе́нсию; (*get by, make do*) об|ходи́ться, -ойти́сь; **we must ~e without bread today** сего́дня нам придётся обойти́сь без хле́ба.

manageable /ˈmænɪdʒəb(ə)l/ *adj* (*of task etc.*) выполни́мый; **of ~ dimensions** удо́бных разме́ров; (*of person*) сгово́рчивый.

management /ˈmænɪdʒmənt/ *n*
1 (*control, controlling*) управле́ние (*чем*), руково́дство, ме́неджмент, организа́ция; **estate ~** управле́ние име́нием; **it was all due to bad ~** всё де́ло бы́ло в плохо́м управле́нии.
2 (*handling person or thing*) обраще́ние; уме́ние владе́ть + *i*; **staff ~** обраще́ние с ли́чным соста́вом.
3 (*governing body*) правле́ние; (*managerial staff*) администра́ция; (*senior staff*) дире́кция.

manager /ˈmænɪdʒə(r)/ *n* **1** (*controller of business etc.*) заве́дующий (*чем*); нача́льник, дире́ктор, ме́неджер; (*sport*) ста́рший тре́нер; (*of s.o.'s career*) ме́неджер; **sales ~** заве́дующий отде́лом сбы́та.
2 (*person with administrative skill*) администра́тор. **3** (*comput*): **program ~** диспе́тчер програ́мм.

manageress /ˌmænɪdʒəˈres/ *n* заве́дующая; **canteen ~** заве́дующая столо́вой.

managerial /ˌmænɪˈdʒɪərɪəl/ *adj* администрати́вный; управле́нческий.

manatee /ˌmænəˈtiː/ *n* (*zool*) ламанти́н.

Manchuria /mænˈtʃʊərɪə/ *n* Маньчжу́рия.

mandarin[1] /ˈmændərɪn/ *n* **1** (*official*) мандари́н; (*bureaucrat*) чино́вник.
2 (*M~, language*) мандари́нское наре́чие (кита́йского языка́).

mandarin[2] /ˈmændərɪn/ *n* (*orange*) мандари́н.

mandate /ˈmændeɪt/ *n* (*official order*) манда́т; (*authority*) полномо́чие; (*hist, to govern territory*) манда́т; (*given by voters*) нака́з; (*law*) постановле́ние суда́.
● *vt*: (*authorize*) уполномо́чи|вать, -ть; (*require*) тре́бовать, по- + *g*; **~d territory** подманда́тная террито́рия.

mandatory /ˈmændətərɪ/ *adj* (*compulsory*) обяза́тельный.

mandible /ˈmændɪb(ə)l/ *n* (*of mammals*) ни́жняя че́люсть; (*of birds*) ство́рка клю́ва; (*of insects*) жва́ло.

mandolin /ˌmændəˈlɪn/ *n* мандоли́на.

m

mandrake /ˈmændreɪk/ *n* мандрагóра.
mandrill /ˈmændrɪl/ *n* (*zool*) мандри́л.
mane /meɪn/ *n* гри́ва.
manège /mæˈneɪʒ/ *n* манéж.
maneuver /məˈnuːvə(r)/, **-ability** /mə ˌnuːvrəˈbɪlɪtɪ/, **-able** /məˈnuːvrəb(ə)l/ (*US*) = **manoeuvre** *etc.*
manful /ˈmænfʊl/ *adj* мýжественный.
manganese /ˈmæŋgəˌniːz/ *n* мáрганец.
● *adj* мáрганцевый.
mange /meɪndʒ/ *n* паршá.
mangel(-wurzel) /ˈmæŋg(ə)l(ˌwəːz(ə)l)/ *n* кормовáя свёкла.
manger /ˈmeɪndʒə(r)/ *n* я́сл|и (*pl*, *g* -ей); **dog in the ~** собáка на сéне.
mangle¹ /ˈmæŋg(ə)l/ (*Br*) *n* (отжи́мный) катóк.
● *vt* отж|имáть, -áть.
mangle² /ˈmæŋg(ə)l/ *vt* (*mutilate*) урóдовать, из-; (*cut to pieces*) кромсáть, ис-; (*fig*) искa|жáть, -зи́ть.
mango /ˈmæŋgəʊ/ *n* (*pl* **~es** *or* **~s**) мáнго (*indecl*).
mangold /ˈmæŋg(ə)ld/ *n* = **mangel(-wurzel)**
mangrove /ˈmæŋgrəʊv/ *n* мáнгровое дéрево.
mangy /ˈmeɪndʒɪ/ *adj* (**mangier, mangiest**) парши́вый, шелуди́вый (*coll*).
manhandle /ˈmænˌhænd(ə)l/ *vt* (*move by manual effort*) та|скáть (*indet*), -щи́ть (*det*) (вручнýю); (*treat roughly*) изб|ивáть, -и́ть.
manhood /ˈmænhʊd/ *n* **1** (*state of being a man*; *adult status*) возмужáлость; взрóслость, зрéлость, совершеннолéтие. **2** (*manly qualities*) мýжественность.
mania /ˈmeɪnɪə/ *n* мáния; (*lit*, *fig*) **a ~ for work** мáния рабóты/рабóтать.
maniac /ˈmeɪnɪˌæk/ *n* маньяк; (*fig*): **football ~** заядлый футболи́ст; **homicidal ~** маньяк с навя́зчивой идéей уби́йства; **speed ~** люби́тель (*m*) скóрости.
● *adj* (*also* **~al, manic**) маниакáльный.
manic-depressive /ˈmænɪk/ *adj* страдáющий маниакáльно-депресси́вным психóзом.
manicur|e /ˈmænɪˌkjʊə(r)/ *n* маникю́р; (*attr*) маникю́рный.
● *vt* дéлать, с- маникю́р + *d*; **she was ~ing her nails** онá дéлала себé маникю́р.
manicurist /ˈmænɪˌkjʊərɪst/ *n* (*fem*) маникю́рша.
manifest /ˈmænɪˌfest/ *adj* я́вный, очеви́дный; **he was ~ly disturbed** он был я́вно взволнóван.
● *vt* (*show clearly*) я́сно покáз|ывать, -áть; (*exhibit*) прояв|ля́ть, -и́ть; **he ~ed a desire to leave** он прояви́л желáние уйти́; **this tendency ~s itself in...** э́та тендéнция проявля́ется в...; (*prove*) докáз|ывать, -áть.
manifestation /ˌmænɪfeˈsteɪʃ(ə)n/ *n* проявлéние.
manifesto /ˌmænɪˈfestəʊ/ *n* (*pl* **~s**) манифéст.
manifold /ˈmænɪˌfəʊld/ *adj* (*numerous*) многочи́сленный; (*various*) разнообрáзный.
manikin /ˈmænɪkɪn/ *n* (*undersized person*) человéчек; (*dwarf*) кáрлик; (*artist's dummy*) манекéн.
Manila /məˈnɪlə/ *n* Мани́ла.
● *adj* мани́льский; **~ paper** мани́льская бумáга.
manipulate /məˈnɪpjʊˌleɪt/ *vt* (*lit*, *fig*; *also pej*) манипули́ровать (*impf*) + *i*; (*influence*) влия́ть, по- на + *a*; (*distort*) подтас|óвывать, -овáть; **he ~d the arguments in his own favour** он умéло орýдовал дóводами в свою́ пóльзу.
manipulation /məˌnɪpjʊˈleɪʃ(ə)n/ *n* манипуля́ция, махинáция, подтасóвка.
manipulator /məˈnɪpjʊˌleɪtə(r)/ *n* манипуля́тор.
mankind /mænˈkaɪnd/ *n* человéчество, человéческий род.
manlike /ˈmænlaɪk/ *adj* мужскóй; (*of a woman*) мужеподóбная; (*of animal*) похóжий на человéка.
manliness /ˈmænlɪnɪs/ *n* мýжественность.
manly /ˈmænlɪ/ *adj* (**manlier, manliest**) (*bold*, *resolute*) мýжественный; (*of qualities etc.*) подобáющий мужчи́не.
manna /ˈmænə/ *n* мáнна; **like ~ from heaven** мáнна небéсная.
mannequin /ˈmænɪkɪn/ *n* (*dummy*) манекéн; (*archaic*, *person*) манекéнщи|к (*fem* -ца).
manner /ˈmænə(r)/ *n* **1** (*way*, *fashion*, *mode*) óбраз; **in, after this ~** таки́м óбразом; **in a ~ of speaking** в нéкотором смы́сле; **~ of proceeding** при́нятый поря́док (*чего*).
2 (*in pl*, *ways of life*; *customs*) обы́чаи (*m pl*); нрáвы (*m pl*); **comedy of ~s** комéдия нрáвов.
3 (*personal bearing*, *style of behaviour*) манéра; **he has a strange ~ of speaking** у негó стрáнная манéра говори́ть; **he has an awkward ~** он дéржится нелóвко; (*style in literature or art*): **after the ~ of Dickens** в сти́ле Ди́ккенса.
4 (*in pl*, *behaviour*) манéры (*f pl*); **good, bad ~s** хорóшие/плохи́е манéры; **it is bad ~s to yawn** зевáть неприли́чно; **the children have good table ~s** дéти умéют себя́ вести́ за столóм; (*polite behaviour*): **have you no ~s?** как ты себя́ ведёшь?; **have you forgotten your ~s?** вы забы́ли, как нáдо себя́ вести́?
5 (*kind*): **what ~ of man is he?** что он за человéк?; **all ~ of things** вся́кого рóда вéщи; **by no ~ of means** никóим óбразом.
mannered /ˈmænəd/ *adj* (*showing mannerism*) манéрный.
mannerism /ˈmænəˌrɪz(ə)m/ *n* манéра, манéрность; (*style of art*) маньери́зм.
mannerist /ˈmænəˌrɪst/ *n* (*art*) маньери́ст.
mannerly /ˈmænəlɪ/ *adj* вéжливый.
mannish /ˈmænɪʃ/ *adj* (*of a woman*) мужеподóбная.
manoeuvrability /məˌnuːvrəˈbɪlɪtɪ/ (*US* **maneuverability**) *n* манёвренность, подви́жность.
manoeuvrable /məˈnuːvrəb(ə)l/ (*US* **maneuverable**) *adj* манёвренный, подвижнóй.
manoeuvre /məˈnuːvə(r)/ (*US* **maneuver**) *n* **1** (*mil*) манёвр; **on ~s** на манёврах; **the Army is holding ~s** сухопýтные войскá провóдят манёвры. **2** (*adroit management*) манёвр, махинáция; **the conditions leave us no room for ~** обстанóвка таковá, что маневри́ровать невозмóжно; (*intrigue*) интри́га.
● *vt* маневри́ровать (*impf*) + *i*; **I ~d him to his chair** мне удалóсь подвести́ его́ к стýлу; **he ~d his queen out of a difficult position** он вы́вел ферзя́ из трýдного положéния.
● *vi* (*lit*, *fig*) маневри́ровать (*impf*).
manometer /məˈnɒmɪtə(r)/ *n* манóметр.
manor /ˈmænə(r)/ *n* (*estate*) помéстье; **lord of the ~** помéщик; (**~ house**) особня́к.
manorial /məˈnɔːrɪəl/ *adj* манориáльный.
manqué /ˈmɒŋkeɪ/ *adj*: **a poet ~** неудáвшийся поэ́т.
mansard /ˈmænsɑːd/ *n* (**~ roof**) мансáрдная кры́ша; (*garret*) мансáрда.
manse /mæns/ *n* дом пáстора (*в Шотландии*).
mansion /ˈmænʃ(ə)n/ *n* особня́к; **country ~** зáгородный дом; (*in pl*, *Br*, *house of flats*) многокварти́рный дом.
manslaughter /ˈmænˌslɔːtə(r)/ *n* непредумы́шленное уби́йство; уби́йство по неосторóжности.
mantel(piece) /ˈmænt(ə)lˌ(piːs)/ *n*ками́нная пóлка.
mantilla /mænˈtɪlə/ *n* манти́лья.
mantis /ˈmæntɪs/ *n* (*pl* **~** *or* **~es**) (*zool*): (**praying ~**) богомóл.
mantissa /mænˈtɪsə/ *n* манти́сса.
mantle /ˈmænt(ə)l/ *n* **1** (*cloak*) мáнтия; (*fig*): **he assumed the prophet's ~** он взял на себя́ роль прорóка. **2** (*fig*, *covering*) покрóв. **3** (*for gas jet*) кали́льная сéтка.
● *vt* (*literary*): **the fields were ~d with snow** поля́ бы́ли покры́ты снéгом.
manual /ˈmænjʊəl/ *n* (*handbook*) руковóдство; пособие.
● *adj* (*operated by hand*) ручнóй; **~ly** ручны́м спóсобом, вручнýю (*coll*); (*performed by hand*): **~ labour** физи́ческий труд.
manufactur|e /ˌmænjʊˈfæktʃə(r)/ *n* изготовлéние; (*on large scale*) произвóдство; **goods of foreign ~e** издéлия инострáнного произвóдства.
● *vt* **1** (*produce*) изготов|ля́ть, -ить; произв|оди́ть, -ести́; **~ed goods** промтовáры (*m pl*); **~ing industry** обрабáтывающая промы́шленность; **~ing town** промы́шленный гóрод.
2 (*make up*, *invent*) фабриковáть, с-.
manure /məˈnjʊə(r)/ *n* навóз.
● *vt* унавó|живать, -зить.
manuscript /ˈmænjʊskrɪpt/ *n* рýкопись; **the book is still in ~** кни́га ещё в рýкописи; (*attr*) рукопи́сный.
● *cpd* **~ paper** (*mus*) нóтная бумáга.

m

Manx /mæŋks/ *n* (*language*) мэ́нский язы́к; **the ~** (*people*) жи́тели (*m pl*) о́строва Мэн.
● *adj* мэ́нский; **~ cat** (ко́шка поро́ды) манкс, бесхво́стая ко́шка.
● *cpds* **~man** *n* (*pl* **~men**) жи́тель/урожéнец о́строва Мэн; **~woman** *n* (*pl* **~women**) жи́тельница/урожéнка о́строва Мэн.

many /ˈmenɪ/ *adj* (**more, most**) мно́гие; **a good/great ~** большо́е коли́чество + *g*; **~ people** мно́го люде́й; мно́гие (лю́ди); **~ years passed** прошло́ мно́го лет; **~ a one** мно́гие; **~ a time, ~ times** мно́го раз; **~'s the time** о́чень ча́сто, частéнько; **half as ~** вдвóе мéньше; **twice as ~** вдвóе бóльше; **I haven't seen him for ~ a day** я его́ давно́ не ви́дел; **as/so ~ (as)** сто́лько(, ско́лько); **not as ~ as** не так мно́го, как; **there were as ~ as forty people there** там бы́ло цéлых со́рок человéк; **not ~** немно́го, не так уж мно́го; **~ more** гора́здо бо́льше + *g*; **one too ~** (*not wanted*; *in the way*) трéтий ли́шний; **he's had one too ~** (*coll*) он вы́пил ли́шнего.
● *cpds* **~-coloured** (*US* **-colored**) *adj* пёстрый, многоцвéтный; **~-sided** *adj* (*lit, fig*) многосторо́нний.

Maoism /ˈmaʊɪz(ə)m/ *n* маои́зм.

Maoist /ˈmaʊɪst/ *adj* маои́стский.

Maori /ˈmaʊrɪ/ *n* (*pl* **~** *or* **~s**) (*person*) ма́ори (*cg indecl*); (*language*) ма́ори (*m indecl*), маори́йский язы́к.
● *adj* маори́йский.

map /mæp/ *n* ка́рта; (*e.g. of railway system*) схéма; **town ~** план го́рода; **they wiped the village off the ~** они́ стёрли дерéвню с лица́ земли́; **this scandal put the village on the ~** село́ получи́ло извéстность из-за э́того сканда́ла.
● *vt* (**mapped, mapping**): (*make ~ of*): **this district was first ~ped a hundred years ago** ка́рта э́того райо́на была́ впервы́е соста́влена сто лет наза́д; **he ~ped out his route before leaving** он соста́вил маршру́т пéред отъéздом; (*fig, plan*) плани́ровать, рас-; сост|авля́ть, -а́вить план + *g*; **he ~ped out his plans** он прики́нул, что ему́ ну́жно дéлать; **~ping pen** рейсфéдер.
● *cpds* **~-maker** *n* картóграф; **~-reader** *n*: **he is an excellent ~-reader** он прекра́сно чита́ет ка́рту; **~-reading** *n* чтéние карт.

maple /ˈmeɪp(ə)l/ *n* клён; **~ sugar/syrup** кленóвый са́хар/сиро́п.
● *cpds* **~ leaf** *n* кленóвый лист; **~wood** *n* клён; (*attr*) кленóвый.

maquette /məˈket/ *n* макéт.

mar /mɑː(r)/ *vt* (**marred, marring**) по́ртить, ис-.

marabou /ˈmærəˌbuː/ *n* (*zool*) мараб́у (*m indecl*).

maraschino /ˌmærəˈskiːnəʊ/ *n* (*pl* **~s**) мараски́н (*вишнёвый ликёр*).

marathon /ˈmærəθ(ə)n/ *n* (**~ race**) марафо́н, марафо́нский бег; **~ runner** марафо́нец; (*attr*): **a ~ effort** гига́нтское уси́лие.

maraud /məˈrɔːd/ *vi* мародёрствовать (*impf*).

marauder /məˈrɔːdə(r)/ *n* мародёр.

marble /ˈmɑːb(ə)l/ *n* **1** (*substance*) мра́мор; (*in pl, collection of statuary*) коллéкция скульпту́р из мра́мора. **2** (*in child's game*) стекля́нный ша́рик; **play ~s** игра́ть (*impf*) в ша́рики.
● *adj* (*lit, fig*) мра́морный.
● *vt* раскра́|шивать, -сить под мра́мор; **~d paper** мра́морная бума́га.
● *cpd* **~-topped** *adj* с мра́морным вéрхом.

March /mɑːtʃ/ *n* март; (*attr*) ма́ртовский.

march /mɑːtʃ/ *n* (*mil*) марш; **on the ~** в похо́де; **~ past** (*Br*) торжéственный марш; **forced ~** форси́рованный марш; **quick/slow ~** бы́стрый/мéдленный марш; (*mus*): **in ~ time** в тéмпе ма́рша; (*pol*) марш, демонстра́ция; **peace ~** похо́д за мир; (*fig, distance*): **it was a long day's ~** был дли́нный перехо́д; **steal a ~ on one** опере|жа́ть, -ди́ть; (*fig, progress*): **~ of events** ход собы́тий; **the ~ of time** по́ступь врéмени.
● *vt* **1** (*cause to ~*) води́ть (*indet*), вести́, по- стро́ем; **he ~ed them up to the top of the hill** он повёл их стро́ем на верши́ну холма́.
2 (*cover by* **~ing**) про|ходи́ть, -йти́.
● *vi* **1** (*mil*) маршировáть, про-; **German troops ~ed into Austria** немéцкие войска́ вступи́ли в А́встрию; **we watched them ~ past** мы смотрéли, как они прошли́ стро́ем; **quick ~!** ша́гом марш!
2 (*walk determinedly*): **he ~ed into the room** он смéло вошёл в ко́мнату; **with these words he ~ed out** с э́тими слова́ми он демонстрати́вно вы́шел.
● *with advs*: **~ along** *vi*: **they were ~ing along singing** они́ маршировáли с пéснями; **~ back** *vt*: **I caught him running off and ~ed him back** я пойма́л его́, когда́ он убега́л, и препроводи́л обра́тно; *vi*: **they ~ed back to barracks** они́ стро́ем верну́лись в каза́рмы; **~ by** *vi* прошага́ть (*pf*) ми́мо; **~ in** *vt*: **he was ~ed in to see the boss** его́ ввели́ в кабинéт нача́льника; *vi*: **when the soldiers ~ed in** когда́ солда́ты вступи́ли (в го́род *u m. n.*); **~ off** *vt*: **he was ~ed off to prison** его́ препроводи́ли в тюрьму́; *vi*: **she ~ed off in disgust** ей ста́ло проти́вно, и она́ вы́шла; **~ out** *vt*: выводи́ть, вы́вести *vi*: **the workers ~ed out on strike** рабо́чие вы́шли на забасто́вку; **~ up** *vi*: **they ~ed up to the wall** они́ прошага́ли к стенé; **he ~ed up and hit her** он реши́тельно подошёл к ней и уда́рил её.

marcher /ˈmɑːtʃə(r)/ *n* демонстра́нт (*fem* -ка).

marching /ˈmɑːtʃɪŋ/ *n* похо́дное движéние; **~ drill** строева́я подгото́вка; **in ~ order** в похо́дном поря́дке; **~ orders** (*mil*) прика́з о выступлéнии; (*fig*): **get one's ~ orders** получ|а́ть, -и́ть расчёт; **they gave him his ~ orders** они́ уво́лили его́.

marchioness /ˌmɑːʃəˈnes, ˈmɑː-/ *n* марки́за.

Mardi Gras /ˌmɑːdɪ ˈgrɑː/ *n* вто́рник на Ма́сленой недéле.

mare /meə(r)/ *n* кобы́ла.

margarine /ˌmɑːdʒəˈriːn, ˌmɑːgə-, ˈmɑː-/ *n* маргари́н.

marge /mɑːdʒ/ (*Br coll*) = **margarine**

margin /ˈmɑːdʒɪn/ *n* **1** (*edge, border*) край; (*of page*) по́ле (*usu in pl*); **in the ~** на поля́х. **2** (*extra amount*) запа́с; коэффициéнт; **safety ~** запа́с про́чности; **he won by a narrow ~** он победи́л с небольши́м преиму́ществом; **~ of/for error** допусти́мая погрéшность; **he was allowed a certain ~** ему́ оста́вили ко́е-какую свобо́ду дéйствий; **profit ~** при́быль, размéр при́были.

marginal /ˈmɑːdʒɪn(ə)l/ *adj* **1** (*written in margin*) (напи́санный) на поля́х; **~ notes** замéтки (*f pl*) (на поля́х).
2 (*pertaining to an edge or limit*) краево́й; предéльный; **~ utility** предéльная полéзность; **~ land** малоплодоро́дная земля́.
3 (*insignificant, minimal*) незначи́тельный; минима́льный; **~ seat** (*Br*) мéсто в парла́менте, завоёванное минима́льным перевéсом голосо́в.

marginalia /ˌmɑːdʒɪˈneɪlɪə/ *n pl* замéтки (*f pl*) на поля́х.

marguerite /ˌmɑːgəˈriːt/ *n* нивя́ник (*крупная полевая ромашка*).

marigold /ˈmærɪˌgəʊld/ *n* (*also called* **common/pot ~**, *genus Calendula*) ноготки́ (*m pl*); (*also called* **French/African ~**, *genus Tagetes*) ба́рхатцы (*m pl*).

mari|juana, -huana /ˌmærɪˈ(h)wɑːnə/ *n* марихуа́на.

marina /məˈriːnə/ *n* мари́на, при́стань для яхт.

marinade /ˌmærɪˈneɪd, ˈmæ-/ *n* марина́д.
● *vt* (*also* **marinate**) маринова́ть, за-.

marine /məˈriːn/ *n* **1** (*fleet*): **mercantile, merchant ~** торго́вый флот. **2** (*naval infantryman*) солда́т морско́й пехо́ты, морско́й пехоти́нец; **the M~s** морска́я пехо́та; **tell that to the (Horse) M~s!** расскажи́те э́то свое́й ба́бушке! (*coll*).
● *adj* морско́й; **~ engineer** судово́й меха́ник.

mariner /ˈmærɪnə(r)/ *n* мореплáватель (*m*); **master ~** капита́н, шки́пер; **~'s compass** морско́й ко́мпас.

marionette /ˌmærɪəˈnet/ *n* марионéтка.

marital /ˈmærɪt(ə)l/ *adj* (*of marriage*): **~ union** бра́чный сою́з; (*of husband or wife*): **~ rights** супру́жеские права́; **~ status** семéйное положéние.

maritime /ˈmærɪˌtaɪm/ *adj* (*of the sea*): **~ law** морско́е пра́во; (*situated by the sea*) примо́рский.

marjoram /ˈmɑːdʒərəm/ *n* (*also called* **sweet ~**) майора́н садо́вый; (*also called* **wild ~**) души́ца.

mark[1] /mɑːk/ *n* **1** (*surface imperfection; stain, spot, etc.*) пятно́; **the horse has a white ~ on its nose** у ло́шади на носу́ бéлое пятно́; (*scratch*) цара́пина; (*cut*) порéз; (*scar*) рубéц, шрам; **there were ~s of smallpox on his face** его́

лицо́ бы́ло изры́то о́спой.
2 (*trace*) след; **tyre** (*Br*), **tire** (*US*) **~s** следы́ шин; **you have left dirty ~s on the floor** вы наследи́ли на полу́.
3 (*sign, symbol*) знак; **punctuation ~s** зна́ки препина́ния; **question ~** вопроси́тельный знак; **as a ~ of goodwill** в знак расположе́ния; (*indication, feature, symptom*) при́знак; **politeness is the ~ of a gentleman** ве́жливость — отличи́тельная черта́ джентльме́на.
4 (*for purpose of distinction or identification*) ме́тка; (*fig*): **make one's ~** выдвига́ться, вы́двинуться; (*as signature*): **he could not write his name but made his ~** он вме́сто по́дписи поста́вил крест; (*on an industrial product*) фабри́чная ма́рка; (*fig, stamp*): **it bears the ~ of hurried work** ви́дно, что э́то де́лалось в спе́шке.
5 (*reference point*) ме́тка; **the ~s show the depth of water in feet** отме́тки пока́зывают глубину́ воды́ в фу́тах; (*fig, standard*): **his work was not up to the ~** его́ рабо́та была́ не на высоте́; **I'm not quite up to the ~ today** я сего́дня не совсе́м в фо́рме; **come up to the ~** опра́вд|ывать, -а́ть ожида́ния; **overstep the ~** (*fig*) выходи́ть, вы́йти за грани́цы дозво́ленного.
6 (*starting line*) старт; **get off the ~** стартова́ть (*impf, pf*); **quick/slow off the ~** (*fig*) лёгкий/тяжёлый на подъём; **on your ~s, get set, go!** на старт, внима́ние, марш!
7 (*assessment of performance*) отме́тка; **he always gets good ~s** он всегда́ получа́ет хоро́шие отме́тки; **she got top ~s in the exam** она́ сдала́ (экза́мен) на «отли́чно»; (*unit of assessment*) балл; **they gave him 7 ~s out of 10** он набра́л 7 ба́ллов из 10; (*fig*): **I give him full ~s for trying** я высоко́ ценю́ его́ стара́тельность; **this is a black ~ against him** э́то ему́ припо́мнят.
8 (*target*) цель; **hit the ~** (*lit, fig*) поп|ада́ть, -а́сть в цель; **miss (or fall wide of) the ~** прома́х|иваться, -ну́ться; **you're way off the ~** вы попа́ли па́льцем в не́бо (*coll*).
● *vt* **1** (*stain, scar, scratch, etc.*): **a tablecloth ~ed with coffee stains** ска́терть, забры́зганная ко́фе; **the table was badly ~ed** стол был си́льно запа́чкан; **features ~ed by grief** черты́ лица́, отме́ченные го́рем.
2 (*for recognition purposes*) ме́тить, по-; **~ed cards** краплёные ка́рты; (*with price*): **all the goods are ~ed** на всех това́рах проста́влена цена́.
3 (*distinguish*): **his reign was ~ed by great victories** его́ ца́рствование бы́ло ознамено́вано вели́кими побе́дами; **he called for champagne to ~ the occasion** он заказа́л шампа́нское, что́бы отме́тить (э́то) собы́тие.
4 (*indicate*) отм|еча́ть, -е́тить; **is our village ~ed on this map?** на́ша дере́вня нанесена́ на э́ту ка́рту?; **the prices are clearly ~ed** це́ны чётко проста́влены; **to ~ his displeasure he remained silent** он храни́л молча́ние в знак недово́льства.
5 (*record*) запи́с|ывать, -а́ть; (*observe and remember*): **a ~ed man** челове́к, взя́тый на заме́тку; (*promising*) многообеща́ющий челове́к; (*Br, football etc.: follow closely*) закр|ыва́ть, -ы́ть; (*notice; pay heed to*) зам|еча́ть, -е́тить; **~ you, I don't agree with all he says** (*Br*) заме́тьте, я согла́сен не со все́м, что он говори́т; **~ my words!** помяни́те моё сло́во!
6 (*assign ~s to; assess*): **~ an exercise** пров|еря́ть, -е́рить упражне́ние; **the judges ~ed his performance very high** су́дьи высоко́ оцени́ли его́ выступле́ние.
7: **~ time** (*mil*) обознача́ть (*impf*) шаг на ме́сте; **~ time!** на ме́сте ша́гом — марш!; (*fig*) топта́ться (*impf*) на ме́сте; тяну́ть (*impf*) вре́мя.
● *with advs*: **~ down** *vt* (*reduce price of*): **all the goods were ~ed down for the sale** для распрода́жи це́ны на все това́ры бы́ли сни́жены; (*give low ~ to*): **he was ~ed down for bad spelling** ему́ сни́зили оце́нку за орфографи́ческие оши́бки; **~ off** *vt* отм|еча́ть, -е́тить; **an area was ~ed off for the guests** часть мест *и т. п.* была́ отведена́ для госте́й; **~ out** *vt*: **a tennis court had been ~ed out** те́ннисный корт был расчéрчен/ разме́чен; (*plan*): **their course was ~ed out several weeks in advance** их маршру́т был разрабо́тан не́сколькими неде́лями ра́нее; (*preselect, destine*): **he was ~ed out for promotion** его́ наме́тили на повыше́ние; **cattle ~ed out for slaughter** скот, ото́бранный на убо́й; **~ up** *vt* (*raise; raise price of*): **prices were ~ed up every month** це́ны повыша́ли ка́ждый ме́сяц; **goods were ~ed up after the budget** це́ны бы́ли повы́шены по́сле объявле́ния фина́нсовой сме́ты; (*record*): **who will ~ up the score?** кто бу́дет запи́сывать счёт?; (*raise ~s of*) зав|ыша́ть, -ы́сить оце́нку + *d*.
● *cpd* **~up** *n* наце́нка.
mark² /mɑːk/ *n* (*hist*) (*currency*) ма́рка.
marked /mɑːkt/ *adj* (*distinct, noticeable*) заме́тный.
markedly /ˈmɑːkɪdlɪ/ *adv*: **they were ~ different** они́ заме́тно отлича́лись друг от дру́га.
marker /ˈmɑːkə(r)/ *n* (*recorder of score*) маркёр; (*indicator*) индика́тор; (*flag*) сигна́льный флажо́к; (*beacon*) ма́ркерный (радио)мая́к; (*buoy*) буёк; (*bookmark*) закла́дка; (*tool*) отме́тчик; (*pen*) флома́стер; (*of exams*) челове́к, проверя́ющий экзаменацио́нные рабо́ты.
market /ˈmɑːkɪt/ *n* **1** (*gathering; event; place of business*) ры́нок, база́р; **he sends his pigs to ~** он продаёт свои́х свине́й на база́ре; (*attr*) ры́ночный, база́рный; **~ hall** ры́ночный павильо́н/зал; (*fig, area of sale*): **world ~** мирово́й ры́нок; **the Common M~** (*hist*) О́бщий ры́нок (*неофициальное название ЕЭС и Европейского союза в 60-е—70-е годы двадцатого века*).
2 (*trade*) торго́вля; **the ~ in wool** торго́вля ше́рстью; (*opportunity for sale*) сбыт; **there is no ~ for these goods** на э́ти това́ры нет спро́са; **they will find a ready ~** они́ легко́ найду́т сбыт.
3 (*rates of purchase and sale; share prices*) це́ны (*f pl*); **the ~ is falling** це́ны па́дают; **the coffee ~ is steady** цена́ на ко́фе стаби́льна (*or* де́ржится твёрдо); **play the ~** спекули́ровать (*impf*) на би́рже; **~ research** изуче́ние конъюнкту́ры/возмо́жностей ры́нка; **~ value** ры́ночная сто́имость.
4: **in the ~ for** (*ready to buy*) обду́мывающий поку́пку (*чего*).
5: **on the ~** (*available for purchase*): **he put his house on the ~** он вы́ставил свой дом на прода́жу; **his estate will soon come on to the ~** его́ име́ние ско́ро посту́пит в прода́жу.
● *vt* (**marketed, marketing**) (*sell in ~*) продава́ть (*impf*); (*put up for sale*) пус|ка́ть, -ти́ть в прода́жу.
● *cpds* **~ day** *n* (*Br*) база́рный день; **~ economy** *n* ры́ночная эконо́мика; **~ forces** *n pl* ры́ночные си́лы (*f pl*); **~ garden** *n* (*Br*) огоро́д (для выра́щивания овоще́й на прода́жу); **~ gardener** *n* (*Br*) владе́лец огоро́дного хозя́йства; **~ gardening** *n* (*Br*) выра́щивание овоще́й на прода́жу; **~ leader** *n* ли́дер ры́нка; **~place** *n* база́рная пло́щадь; (*fig*) ры́нок; **~ research** *n* иссле́дование ры́нка; **~ share** *n* до́ля ры́нка; **~ town** *n* (небольшо́й) го́род с ры́нком.
marketable /ˈmɑːkɪtəb(ə)l/ *adj* (*produced for sale*) това́рный; (*selling quickly*) хо́дкий.
marketing /ˈmɑːkɪtɪŋ/ *n* ма́ркетинг; **~ department** отде́л ма́ркетинга; **~ manager** ме́неджер по ма́ркетингу.
marking /ˈmɑːkɪŋ/ *n* **1** (*coloration of animals etc.*) окра́ска. **2** (*for identification*): **aircraft ~s** опознава́тельные зна́ки (*m pl*) самолёта. **3** (*assessment*) оце́нка.
marksman /ˈmɑːksmən/ *n* (*pl* **marksmen**) стрело́к; **a good ~** ме́ткий стрело́к; (*sniper*) сна́йпер.
marksmanship /ˈmɑːksmənˌʃɪp/ *n* ме́ткая стрельба́; стрелко́вое мастерство́.
marl /mɑːl/ *n* (*geol*) ме́ргель (*m*).
marmalade /ˈmɑːməˌleɪd/ *n*: **orange ~** апельси́новый джем.
Marmara /ˈmɑːmərə/ *n*: **the Sea of ~** Мра́морное мо́ре.
marmoreal /mɑːˈmɔːrɪəl/ *adj* (*fig*) мра́морный.
marmoset /ˈmɑːməˌzet/ *n* марты́шка.
marmot /ˈmɑːmət/ *n* суро́к.
maroon¹ /məˈruːn/ *n* & *adj* (*colour*) тёмно-бордо́вый цвет.
maroon² /məˈruːn/ *vt* выса́живать, высадить на необита́емый о́стров *и т. п.*; (*fig, passive*) застр|ева́ть, -я́ть; **we were ~ed in Paris** мы застря́ли в Пари́же; **we were ~ed by the tide** мы бы́ли отре́заны прили́вом.
marquee /mɑːˈkiː/ *n* (*Br*) (больша́я) пала́тка.
marquetry /ˈmɑːkɪtrɪ/ *n* маркетри́ (*nt indecl*), инкруста́ция по де́реву.
marqu|is /ˈmɑːkwɪs/, **-ess** /ˈmɑːkwɪs/ *n* марки́з.
marquise /mɑːˈkiːz/ *n* марки́за.

marriage /ˈmærɪdʒ/ *n* **1** (*ceremony*) сва́дьба; бракосочета́ние.
2 (*contraction of* ~ *by man*) жени́тьба; **his ~ to Liza** его́ жени́тьба на Ли́зе; **he made her an offer of ~** он сде́лал ей предложе́ние; **he took her in ~** он взял её в жёны; (*by woman*) вы́ход за́муж; **he gave his daughter in ~** он вы́дал дочь за́муж.
3 (*married state*) брак, супру́жество; (*of woman, also*) заму́жество; **~s are made in heaven** бра́ки заключа́ются на небеса́х; **~ of convenience** фикти́вный брак; брак по расчёту; **they were joined in ~** они́ сочета́лись бра́ком; **their ~ broke up** их брак распа́лся; **relative by ~** сво́йственни|к (*fem* -ца); ро́дственни|к (*fem* -ца) по му́жу/жене́.
4 (*attr*) бра́чный; **~ bureau** бра́чное аге́нтство; **~ certificate** свиде́тельство о бра́ке; **~ guidance** (*Br*) семе́йная консульта́ция; **~ licence** (*Br*), **license** (*US*) разреше́ние на брак; **~ portion** прида́ное; **~ settlement** (*Br*) бра́чный контра́кт.
5 (*fig, union*) сочета́ние.
● *cpds* **~ bed** *n* бра́чное/супру́жеское ло́же; **~ broker** *n* сват; (*fem*) сва́ха; **~ lines** *n pl* (*Br*) свиде́тельство о бра́ке.

marriageable /ˈmærɪdʒəb(ə)l/ *adj*: **of ~ age** бра́чного во́зраста; **a ~ girl** де́вушка на вы́данье (*coll*); неве́ста.

married /ˈmærɪd/ *adj* **1** (*of man*) жена́тый (**to:** на + *p*); (*of woman*) заму́жняя, (*pred*) за́мужем (**to:** за + *i*); **they are ~** (*to each other*) они́ жена́ты. **2** (*pertaining to marriage*) супру́жеский; **a ~ couple** супру́жеская па́ра; **~ life** супру́жеская жизнь, супру́жество; (*n pl*) **young ~s** молодожёны.

marrow /ˈmærəʊ/ *n* **1** (*anat*) (ко́стный) мозг; **I was chilled to the ~** я продро́г до мо́зга косте́й. **2 (vegetable ~)** (*Br*) кабачо́к.
● *cpd* **~bone** *n* мозгова́я кость.

marr|y /ˈmærɪ/ *vt* **1** (*of man*) жени́ться (*impf, pf*) на + *p*. **2** (*of woman*) выходи́ть, вы́йти за́муж за + *a*. **3** (*of parent*; *give daughter in marriage*) выдава́ть, вы́дать за́муж (*за кого*); (*give son in marriage*) жени́ть (*на ком*). **4** (*of priest*) венча́ть, об-. **5** (*fig, join*) сочета́ть (*impf, pf*); (*devote*): **he was ~ied to his work** он был поглощён свое́й рабо́той.
● *vi* (*of man*) жени́ться (*impf, pf*); (*of woman*) выходи́ть, вы́йти за́муж; (*of couple*) пожени́ться (*pf*); вступ|а́ть, -и́ть в брак; (*relig*) венча́ться, об-.

Mars /mɑːz/ *n* (*myth, astron*) Марс.

Marseillaise /ˌmɑːseɪˈjeɪz, ˌmɑːsəˈleɪz/ *n* Марселье́за.

Marseilles /mɑːˈseɪ/ *n* Марсе́ль (*m*).

marsh /mɑːʃ/ *n* боло́то; (*attr*) боло́тный.
● *cpds* **~land** *n* боло́тистая ме́стность; топь; **~mallow** *n* (*plant*) алте́й лека́рственный; (*confection*) пастила́; **~ marigold** *n* калу́жница боло́тная.

marshal /ˈmɑːʃ(ə)l/ *n* **1** (*mil*) ма́ршал; **air ~** ≈ генера́л-полко́вник (*в авиации*); **M~ of the RAF** ма́ршал ВВС Великобрита́нии (*высшее воинское звание в ВВС*). **2** (*organizer of ceremonies*) обер-церемонийме́йстер. **3** (*US, head of police department*) нача́льник полице́йского уча́стка.
● *vt* (**marshalled, marshalling;** *US* **marshaled, marshaling**) **1** (*draw up in order*): **~ troops** выстра́ивать, вы́строить войска́; (*fig*): **~ one's forces** соб|ира́ть, -ра́ть си́лы; **~ facts, arguments** прив|оди́ть, -ести́ фа́кты/до́воды в систе́му. **2** (*direct*): **~ a crowd** напр|авля́ть, -а́вить толпу́; **they were ~led into the dining room** они́ бы́ли торже́ственно введены́ в столо́вую. **3** (*railways*) сортирова́ть (*impf*); **~ling yard** сортиро́вочная (ста́нция).

marshy /ˈmɑːʃɪ/ *adj* (**marshier, marshiest**) боло́тистый, то́пкий.

marsupial /mɑːˈsuːpɪəl/ *n* су́мчатое живо́тное.
● *adj* су́мчатый.

mart /mɑːt/ *n* (*marketplace*) ры́нок; (*centre of trade*) торго́вый центр; (*auction room*) аукцио́нный зал.

marten /ˈmɑːtɪn/ *n* куни́ца.

martial /ˈmɑːʃ(ə)l/ *adj* (*military*) вое́нный; **~ arts** спорти́вная борьба́; **~ law** вое́нное положе́ние.

Martian /ˈmɑːʃ(ə)n/ *n* марсиа́н|ин (*fem* -ка).
● *adj* марсиа́нский.

martin /ˈmɑːtɪn/ *n*: **house ~** городска́я ла́сточка; **sand ~** берегова́я ла́сточка.

martinet /ˌmɑːtɪˈnet/ *n* приди́рчивый нача́льник; сторо́нник стро́гой дисципли́ны.

martingale /ˈmɑːtɪŋˌgeɪl/ *n* мартинга́л (*часть упряжи*).

martlet /ˈmɑːtlɪt/ *n* стриж (чёрный).

martyr /ˈmɑːtə(r)/ *n* му́чени|к (*fem* -ца); (*fig, sufferer*) страда́л|ец (*fem* -ица); **be a ~ to, for a cause** страда́ть, по- за де́ло; **she makes a ~ of herself** она́ стро́ит из себя́ му́ченицу.
● *vt* му́чить, за-; (*fig*): **she had a ~ed air** у неё был му́ченический вид.

martyrdom /ˈmɑːtədəm/ *n* му́ченичество; (*ordeal*) муче́ние; **suffer ~** (*lit, fig*) быть му́чеником.

marvel /ˈmɑːv(ə)l/ *n* чу́до; **he's a ~** он чуде́сный челове́к; **she is a ~ of patience** она́ само́ терпе́ние; **it's a ~ that he escaped** э́то су́щее чу́до, что ему́ удало́сь спасти́сь; **the medicine worked ~s** лека́рство сотвори́ло чудеса́.
● *vt* & *i* (**marvelled, marvelling;** *US* **marveled, marveling**) (*wonder*) диви́ться (*impf*) + *d*; удив|ля́ться, -и́ться + *d*; **he ~led that ...** он порази́лся тому́, что...; **~ at** (*be surprised at*) изум|ля́ться, -и́ться + *d*; (*admire*) восхи|ща́ться, -ти́ться + *i*.

marvellous /ˈmɑːvələs/ (*US* **marvelous**) *adj* (*astonishing*) изуми́тельный; (*splendid*) чуде́сный.

Marxism /ˈmɑːksɪz(ə)m/ *n* маркси́зм.

Marxist /ˈmɑːksɪst/ *n* маркси́ст (*fem* -ка).
● *adj* маркси́стский.

marzipan /ˈmɑːzɪˌpæn, -ˈpæn/ *n* марципа́н (*кондитерское изделие; начинка, глазурь*).

mascara /mæˈskɑːrə/ *n* тушь для ресни́ц.

mascot /ˈmæskɒt/ *n* талисма́н.

masculine /ˈmæskjʊlɪn, ˈmɑːs-/ *n* (**~ gender**) мужско́й род; (**~ noun**) существи́тельное мужско́го ро́да.
● *adj* мужско́й; (*manly*) му́жественный; (*of a woman*) мужеподо́бная.

masculinity /ˌmæskjʊˈlɪnɪtɪ/ *n* му́жественность.

mash /mæʃ/ *n* (*for brewing*) су́сло; (*animal fodder*) ме́сиво, болту́шка из отрубе́й; (*Br, potato*) пюре́ (*indecl*).
● *vt* (*brewing*): **~ malt** зава́р|ивать, -и́ть со́лод; (*cul*): **~ turnips** де́лать, с- пюре́ из ре́пы; **~ed potatoes** карто́фельное пюре́.

mask /mɑːsk/ *n* ма́ска; **under the ~ of friendship** под личи́ной дру́жбы; **he threw off the ~** (*fig*) он сбро́сил ма́ску/личи́ну.
● *vt* над|ева́ть, -е́ть ма́ску на + *a*; **~ed men** лю́ди в ма́сках; **~ed ball** маскара́д; (*fig*) **she ~ed her feelings** она́ скрыва́ла свои́ чу́вства; **the drug ~ed the pain** лека́рство притупи́ло боль; (*cover*) закр|ыва́ть, -ы́ть.

masochism /ˈmæsəˌkɪz(ə)m/ *n* мазохи́зм.

masochist /ˈmæsəˈkɪst/ *n* мазохи́ст.

masochistic /ˌmæsəˈkɪstɪk/ *adj* мазохи́стский.

mason /ˈmeɪs(ə)n/ *n* (*builder*) ка́менщик; (*stone dresser*) каменотёс; **(M~, Free~)** масо́н.

Masonic /məˈsɒnɪk/ *adj* масо́нский; **~ lodge** масо́нская ло́жа.

masonry /ˈmeɪsənrɪ/ *n* (*stonework*) ка́менная кла́дка; **(M~, Free~)** масо́нство.

masquerad|e /ˌmɑːskəˈreɪd, ˌmæs-/ *n* (*lit, fig*) маскара́д.
● *vi*: **he ~ed as a general** он выдава́л себя́ за генера́ла; **he is ~ing under an assumed name** он скрыва́ется под вы́мышленной фами́лией.

Mass /mæs/ *n* (*relig*) ме́сса, литурги́я; (*in Orthodox church*) обе́дня; **High ~** торже́ственная ме́сса; **Low ~** ме́сса без пе́ния; **~es were said for his soul** за упоко́й его́ души́ служи́ли обе́дни.

mass /mæs/ *n* **1** (*phys etc.*) ма́сса; **in the ~** в ма́ссе, в це́лом; **his body is a ~ of bruises** он весь в синяка́х; **his story was a ~ of lies** его́ расска́з был сплошно́й ло́жью; **a ~ of earth/rock** гру́да земли́/камне́й.
2 (*large number*) мно́жество; **~es of people** ма́сса наро́ду; **the ~es** (наро́дные/широ́кие) ма́ссы; (*in pl, coll, a large amount*): **there's ~es of food** полно́ еды́.
3 (*greater part*) бо́льшая часть.
4 (*attr*) ма́ссовый; **~ destruction** ма́ссовое уничтоже́ние; **~ education** всеобщее обуче́ние/образова́ние; **the ~ media** сре́дства ма́ссовой информа́ции (*abbr* СМИ); масс(-)ме́диа (*pl indecl*); **~ market** ма́ссовый спрос; **~ meeting** ма́ссовый ми́тинг; **~ production** ма́ссовое произво́дство.

● *vt* соб|ира́ть, -ра́ть; **~ troops** сосредото́чи|вать, -ть войска́; **~ed bands** объединённые (вое́нные) орке́стры; **the flowers were ~ed for effect** для созда́ния эффе́кта цветы́ бы́ли со́браны вме́сте.
● *vi* соб|ира́ться, -ра́ться; **the clouds are ~ing** собира́ются облака́.
● *cpd* **~-produce** *vt*: **these toys are ~-produced** э́ти игру́шки ма́ссового/сери́йного произво́дства.

massacre /ˈmæsəkə(r)/ *n* бо́йня.
● *vt* переб|ива́ть, -и́ть; (*fig, in sport*) разгроми́ть (*pf*).

massage /ˈmæsɑːʒ, -sɑːdʒ/ *n* масса́ж.
● *vt* масси́ровать (*impf, pf*).

masseur /mæˈsɜː(r)/ *n* массажи́ст.

masseuse /mæˈsɜːz/ *n* массажи́стка.

massif /ˈmæsiːf, mæˈsiːf/ *n* (го́рный) масси́в.

massive /ˈmæsɪv/ *adj* масси́вный; (*very considerable, substantial*): **he received ~ support** он получи́л огро́мную подде́ржку.

mast[1] /mɑːst/ *n* (*ship's ~, flagpole, radio ~*) ма́чта.
● *cpd* **~head** *n* (*naut*) топ ма́чты; (*US, of newspaper*) заголо́вок газе́ты.

mast[2] /mɑːst/ *n* (*bot*) плодоко́рм.

mastectomy /mæsˈtektəmɪ/ *n* мастэктоми́я (*ампутация молочной железы*).

master /ˈmɑːstə(r)/ *n* **1** (*one in control, boss*) хозя́ин; (*owner*) владе́лец; **~ of the house** хозя́ин до́ма; **is the ~ in?** до́ма хозя́ин?; **be one's own ~** быть самому́ по себе́; ни от кого́ не зави́сеть; **be ~ of o.s.** владе́ть (*impf*) собо́й; **~ of ceremonies** распоряди́тель (*m*), конферансье́ (*indecl*); **~ of the situation** хозя́ин положе́ния; **like ~, like man** ≈ како́в поп, тако́в и прихо́д; (*of a ship*) капита́н; **~ mariner** капита́н, шки́пер.
2 (*Br, teacher*) учи́тель (*m*); **maths ~** учи́тель матема́тики; (*in university*): **M~ of Arts** маги́стр гуманита́рных нау́к.
3 (*skilled craftsman, expert*) ма́стер; **~ builder** строи́тель-подря́дчик; **he was a ~ of satire** он был ма́стером сати́ры; **old ~s** (*artists*) ста́рые мастера́; (*paintings*) карти́ны ста́рых мастеро́в; **grand ~** (*chess*) гроссме́йстер; **he made himself ~ of the language** он овладе́л языко́м.
4 (*original*) по́длинник, моде́ль, оригина́л.
5 (*pref to boy's name*) ма́стер, господи́н.
6 (*attr*): **~ bedroom** гла́вная спа́льня; **~ plan** генера́льный план; **~ race** ра́са госпо́д; **~ switch** гла́вный выключа́тель; **~ touch** рука́ ма́стера.
● *vt* **1** (*gain control of, deal with*) спр|авля́ться, -а́виться с + *i*; **the problem was easily ~ed** с пробле́мой легко́ удало́сь спра́виться.
2 (*acquire knowledge of, skill in*) овлад|ева́ть, -е́ть + *i*; **it is a language which can be ~ed in 6 months** э́тим языко́м мо́жно овладе́ть за шесть ме́сяцев.
3 (*overcome*) овлад|ева́ть, -е́ть + *i*; **~ one's feelings** владе́ть, о- свои́ми чу́вствами.
● *cpds* **~-at-arms** *n* гла́вный старшина́ корабе́льной поли́ции; **~-hand** *n* ма́стер, специали́ст; **~ key** *n* отмы́чка; **~mind** *n* (*genius*) ге́ний; (*leader*) руководи́тель (*m*); *vt*: **he ~minded the plan** он разрабо́тал весь план; **~piece** *n* шеде́вр; **~ stroke** *n* гениа́льный ход.

masterful /ˈmɑːstəˌfʊl/ *adj* (*imperious*) вла́стный; (*skilful*) мастерско́й.

masterfulness /ˈmɑːstəˌfʊlnɪs/ *n* вла́стность, деспоти́чность; уве́ренность; мастерство́.

masterly /ˈmɑːstəlɪ/ *adj* ма́стерский; **in (a) ~ fashion** ма́стерски.

mastery /ˈmɑːstərɪ/ *n* **1** (*authority*) власть; (*supremacy*) госпо́дство; **~ of the seas** госпо́дство на мо́ре; **gain the ~ of** доб|ива́ться, -и́ться госпо́дства над + *i*. **2** (*skill*) мастерство́.
3 (*knowledge*) владе́ние; **~ of a subject** основа́тельное зна́ние предме́та.

mastic /ˈmæstɪk/ *n* (*resin*) масти́ка; (*tree*) масти́ковое де́рево.

masticate /ˈmæstɪˌkeɪt/ *vt & i* жева́ть, раз-.

mastication /ˌmæstɪˈkeɪʃ(ə)n/ *n* жева́ние.

mastiff /ˈmæstɪf, ˈmɑːs-/ *n* масти́ф (*порода собак*).

mastitis /mæˈstaɪtɪs/ *n* масти́т.

mastodon /ˈmæstəˌdɒn/ *n* мастодо́нт.

mastoid /ˈmæstɔɪd/ *n* (*also ~ process*) сосцеви́дный отро́сток; (*in pl, coll, mastoiditis*) мастоиди́т.

masturbate /ˈmæstəˌbeɪt/ *vi* мастурби́ровать (*impf*), онани́ровать (*impf*).

masturbation /ˌmæstəˈbeɪʃ(ə)n/ *n* мастурба́ция, онани́зм.

mat[1] /mæt/ *n* **1** (*floor covering*) ко́врик; **(door~)** рого́жка, полови́к; **wipe your feet on the ~** вы́трите но́ги о полови́к; **the boss had him on the ~** (*fig, coll*) хозя́ин дал ему́ нагоня́й.
2 (*placed under an object to protect surface*) подста́вка, подсти́лка.

mat[2] /mæt/ *n* (*tangled mass of hair etc.*) колту́н, клубо́к.
● *vt* (**matted, matting**): **his hair was ~ted with blood** его́ во́лосы сли́плись от кро́ви.

mat[3] /mæt/ *adj* (*US*) = **matt(e)**

matador /ˈmætəˌdɔː(r)/ *n* матадо́р.

match[1] /mætʃ/ *n* (*for producing flame*) спи́чка; **box of ~es** коро́бка спи́чек; **put a ~ to** заж|ига́ть, -е́чь; подж|ига́ть, -е́чь; **strike a ~** заж|ига́ть, -е́чь спи́чку; чи́ркнуть (*pf*) спи́чкой; **safety ~es** безопа́сные/обыкнове́нные спи́чки.
● *cpds* **~board** *n* шпунтова́я доска́; **~box** *n* спи́чечная коро́бка; **~stick** *n*: **he's as thin as a ~stick** он худо́й как ще́пка; **he drew ~stick figures** он рисова́л па́лочных челове́чков; **~wood** *n* (*splinters*) спи́чечная соло́мка; **make ~wood of** разб|ива́ть, -и́ть вдре́безги.

match[2] /mætʃ/ *n* **1** (*equal in strength or ability*) па́ра, ро́вня; **he's no ~ for her** он ей не па́ра; куда́ ему́ с ней равня́ться; **he found, met his ~** он нашёл/встре́тил досто́йного проти́вника; **he was more than a ~ for me** он был сильне́е меня́.
2 (*thing resembling or suiting another*): **these curtains are a good ~ for the carpet** э́ти занаве́ски подхо́дят к ковру́; **a perfect ~ of colours** прекра́сное сочета́ние цвето́в; **I can't find a ~ for this glove** я не могу́ подобра́ть па́ру к э́той перча́тке; (*of man and woman*): **they are, make a good ~** они́ хоро́шая па́ра.
3 (*marriage; possible marriage partner*) па́ртия; **she wants to make a good ~ for her daughter** она́ и́щет хоро́шую па́ртию для свое́й до́чери.
4 (*contest; game*) соревнова́ние, состяза́ние; матч, игра́; **wrestling ~** состяза́ние по борьбе́; **football ~** футбо́льный матч; **doubles ~** па́рная игра́; **the ~ was drawn** игра́ ко́нчилась вничью́; **we lost all our away ~es** мы проигра́ли все и́гры/ма́тчи на чужо́м по́ле.
● *vt* **1** (*suit; correspond to*) под|ходи́ть, -ойти́ к + *d*; гармони́ровать (*impf*) с + *i*; **her hat doesn't ~ her dress** её шля́па не подхо́дит к пла́тью; **a hat trimmed with velvet to ~** шля́па, отде́ланная ба́рхатом подходя́щего цве́та; **she bought six chairs and six cushions to ~** она́ купи́ла шесть сту́льев и к ним шесть поду́шек соотве́тствующего цве́та; (*find a ~ for*): **can you ~ this button?** мо́жете ли вы подобра́ть таку́ю же пу́говицу?; **we try to ~ the jobs with the applicants** мы стара́емся подбира́ть подходя́щую рабо́ту для кандида́тов; **the contestants were well ~ed** уча́стники состяза́ния бы́ли уда́чно подо́браны.
2 (*equal*) сравня́ться (*impf*) с + *i*.
3 (*pit, oppose*) противопост|авля́ть, -а́вить (*кого/что кому/чему*); **she ~ed her wits against his strength** она́ противопоста́вила его́ си́ле свою́ хи́трость.
● *vi* (*correspond: be identical*): **the handbag and gloves don't ~** су́мочка и перча́тки не гармони́руют друг с дру́гом.
● *cpds* **~maker** *n* сват; (*fem*) сва́ха; (*fig*) (*go-between in business*) посре́дник; **~ point** *n* очко́, реша́ющее исхо́д ма́тча; матч-по́йнт.

matchless /ˈmætʃlɪs/ *adj* несравне́нный.

mate[1] /meɪt/ *n* **1** (*Br, friend, companion*) (*coll*) друг (*fem also* подру́га); (*form of address between men or boys*) (*to a friend*) стари́к, дружи́ще; брат (*обращение к хорошему знакомому*); (*to a stranger*) друг, прия́тель; брат (*обращение к незнакомцу*); (*fellow worker*) напа́рни|к (*fem* -ца); (*schoolmate*) однокла́ссни|к (*fem* -ца).
2 (*one of a pair of animals or birds*) саме́ц; (*fem*) са́мка; (*marriage partner*) супру́г (*fem* -а).
3 (*assistant*) помо́щник; **surgeon's ~** ассисте́нт хиру́рга.
4 (*ship's ~*) помо́щник капита́на; **second ~** второ́й помо́щник.

m

● *vt & i* спáри|вать(ся), -ть(ся).

mate² /meɪt/ *n* (*chess*) мат; **~!** шах и мат!

● *vt* дéлать, с- мат + *d*.

matelot /ˈmætləʊ/ *n* (*Br coll*) моря́к.

material /məˈtɪərɪəl/ *n* **1** (*substance*) материáл; **raw ~(s)** сырьё; (*fig, of person*): **he is good officer ~** из негó вы́йдет хорóший офицéр; (*subject matter*): **there is good ~ there for a novel** там есть хорóший материáл для ромáна.
2 (*fabric, stuff*) матéрия; **dress ~** платянáя ткань; **made of waterproof ~** сдéланный из непромокáемого материáла.
3 (*in pl*): **writing ~s** пи́сьменные принадлéжности.

● *adj* **1** (*pertaining to matter or material; physical; bodily*) материáльный; **~ needs** физи́ческие потрéбности; **the ~ world** материáльный мир; **~ pleasures** земны́е рáдости.
2 (*important, essential*) сущéственный; **a ~ witness** вáжный свидéтель; **~ evidence** вещéственные доказáтельства; **the position has not changed ~ly** положéние по существý не измени́лось.

materialism /məˈtɪərɪəˌlɪz(ə)m/ *n* материали́зм.

materialist /məˈtɪərɪəˌlɪst/ *n* материали́ст.

materialistic /məˌtɪərɪəˈlɪstɪk/ *adj* материалисти́ческий.

materialization /məˌtɪərɪəlaɪˈzeɪʃ(ə)n/ *n* (*taking bodily form*) материализáция; (*fulfilment*) осуществлéние; материализáция.

materialize /məˈtɪərɪəˌlaɪz/ *vt* материализовáть (*impf, pf*).

● *vi* материализовáться; (*come to pass, be fulfilled*) осуществ|ля́ться, -и́ться.

materiel /məˌtɪərɪˈel/ *n* (*mil*) материáльная часть, тéхника.

maternal /məˈtəːn(ə)l/ *adj* (*motherly*) матери́нский; (*on mother's side*): **~ uncle** дя́дя с матери́нской стороны́ (*or* по мáтери).

maternity /məˈtəːnɪtɪ/ *n* матери́нство; (*attr*): **~ benefit** посóбие рожени́це; **~ dress** плáтье для берéменных; **~ hospital** роди́льный дом; **~ leave** декрéтный óтпуск.

mat(e)y /ˈmeɪtɪ/ *adj* (**matier, matiest**) (*Br*) общи́тельный, компанéйский.

math /mæθ/ *n* (*US coll, abbr*) = **mathematics**

mathematical /ˌmæθɪˈmætɪk(ə)l/ *adj* математи́ческий.

mathematician /ˌmæθɪməˈtɪʃ(ə)n/ *n* матемáтик.

mathematics /ˌmæθɪˈmætɪks/ *n* матемáтика.

maths /mæθs/ *n* (*Br coll, abbr*) = **mathematics**

matinee /ˈmætɪˌneɪ/ *n* дневнóе представлéние; ýтренник; **~ idol** актёр, пóльзующийся популя́рностью у зая́длых театрáлок.

mating /ˈmeɪtɪŋ/ *n* спáривание; **~ season** сезóн спáривания.

matins /ˈmætɪnz/ *n* (за)ýтреня.

matriarchy /ˈmeɪtrɪˌɑːkɪ/ *n* матриархáт.

matrices /ˈmeɪtrɪˌsiːz/ *pl of* ⇨**matrix**

matricide /ˈmeɪtrɪˌsaɪd/ *n* (*crime*) матереуби́йство; (*criminal*) матереуби́йца (*cg*).

matriculate /məˈtrɪkjʊˌleɪt/ *vi* быть при́нятым в вы́сшее учéбное заведéние.

matriculation /məˌtrɪkjʊˈleɪʃ(ə)n/ *n* зачислéние в вы́сшее учéбное заведéние.

matrilineal /ˌmætrɪˈlɪnɪəl/ *adj* по матери́нской ли́нии.

matrimonial /ˌmætrɪˈməʊnɪəl/ *adj* супрýжеский; брáчный.

matrimony /ˈmætrɪmənɪ/ *n* брак.

matri|x /ˈmeɪtrɪks/ *n* (*pl* **~ces** /-ˌsiːz/ *or* **~xes**) мáтрица.

matron /ˈmeɪtrən/ *n* **1** (*elderly married woman*) матрóна. **2** (*Br, in hospital*) стáршая сестрá; сестрá-хозя́йка. **3** (*in school*) эконóмка.

matronly /ˈmeɪtrənlɪ/ *adj* подобáющий почтённой жéнщине.

matt(e) /mæt/ *adj* (*US* **mat**) мáтовый; **~ paint** мáтовая крáска.

matter /ˈmætə(r)/ *n* **1** (*phys, philos*) матéрия; (*substance*) веществó.
2 (*physiol*): **grey ~** сéрое веществó; (*pus*) гной.
3 (*content, opp form or style*) содержáние.
4 (*material for reading*) материáлы (*m pl*); **printed ~** печáтный материáл; (*as category for postal purposes*) ≈ бандерóль.
5 (*material for discussion*) тéма, предмéт; **the article provided ~ for debate** статья́ далá пи́щу для дискýссии; (*question; issue*) вопрóс; дéло; **that's quite another ~** э́то совсéм другóе дéло; **it is a ~ of course** самó собóй разумéется; **as a ~ of fact** (*to tell the truth*) по прáвде сказáть; (*in reality*) на сáмом дéле; (*incidentally*) сóбственно (говоря́); **a ~ of some importance** вáжный вопрóс; **it is a ~ for the police** э́то дéло поли́ции; **it's no laughing ~** э́то дéло не шýточное; **a ~ of life and death** вопрóс жи́зни и смéрти; **it's a ~ of money** всё дéло в деньгáх; **that's a ~ of opinion** э́то спóрный вопрóс; **a ~ of principle** дéло при́нципа; **a ~ of taste** дéло вкýса; **it's only a ~ of time before he gives in** рáно и́ли пóздно он сдáстся; **a ~ of urgency** срóчное дéло; (*in pl, affairs*) делá; **money ~s** дéнежные делá; **as ~s stand** при тепéрешнем положéнии дел; **to make ~s worse** в довершéние ко всем бéдам.
6: **the ~** (*wrong, amiss*): **what's the ~?** в чём дéло?; **is (there) anything the ~?** чтó-нибудь не лáдно?; **what's the ~ with him?** что с ним?; **there's nothing the ~ (with me)** (у меня́) всё в поря́дке.
7 (*importance*): **(it's) no ~** э́то невáжно; **no ~ what I do, the result will be the same** что бы я ни сдéлал, результáт бýдет тот же; **he could not do it, no ~ how he tried** как он ни старáлся, он не мог э́того сдéлать.
8: **a ~ of** (*a few*): **he was back again in a ~ of hours** он вернýлся чéрез нéсколько часóв.
9: **for that ~; for the ~ of that** éсли уж на то пошлó.
10: **in the ~ of** в отношéнии + *g*; относи́тельно + *g*; что касáется + *g*.

● *vi* имéть (*impf*) значéние; **it doesn't ~ to me** э́то не имéет для меня́ значéния; **does it ~ if I come late?** ничегó, éсли я опоздáю? **it doesn't ~ much if you come late** ничегó стрáшного, éсли вы опоздáете; **what does it ~ what I say?** рáзве мои́ словá имéют хоть какóе-то значéние?; **what can it possibly ~ to him?** какóе значéние, в концé концóв, э́то имéет для негó?

● *cpd* **~-of-fact** *adj* приземлённый, лишённый фантáзии; сухóй, деловóй.

matting /ˈmætɪŋ/ *n* рогóжка, цинóвка.

mattins /ˈmætɪnz/ = **matins**

mattock /ˈmætək/ *n* моты́га.

mattress /ˈmætrɪs/ *n* матрáц; **air ~** надувнóй матрáц.

maturation /ˌmætjʊˈreɪʃ(ə)n/ *n* созревáние.

mature /məˈtjʊə(r)/ *adj* (**maturer, maturest**) **1** (*of fruit etc., ripe*) спéлый; (*lit, fig, ripe, developed*) зрéлый; **on ~ consideration** по зрéлом размышлéнии; **a person of ~ years** человéк зрéлых лет; **~ student** (*Br*) студéнт (*fem* -ка) зрéлого вóзраста.
2 (*ready, prepared*) готóвый.
3 (*comm, ready for payment*) подлежáщий оплáте; (*of debt*) подлежáщий погашéнию.

● *vt* (*crops, wine, etc.*) вы́держивать, вы́держать.

● *vi* **1** (*lit, fig, ripen, develop*) созр|евáть, -éть; **the grapes ~d in the sun** виногрáд созрéл на сóлнце; **children ~ earlier nowadays** в нáши дни дéти развивáются быстрéе; **his plans have not yet ~d** егó плáны ещё не созрéли/офóрмились.
2 (*become due for payment*): **the policy ~s next year** в бýдущем годý наступáет срок вы́платы по страховóму пóлису.

maturity /məˈtjʊərɪtɪ/ *n* зрéлость.

matzo /ˈmɑːtsəʊ/ *n* (*pl* **matzos** *or* **matzoth** /-əʊt/) мацá.

maudlin /ˈmɔːdlɪn/ *adj* слюня́во сентиментáльный; плакси́вый во хмелю́.

maul /mɔːl/ *vt* **1** (*of person*) изби|вáть, -и́ть; **stop ~ing me about!** перестáньте меня́ терзáть!; (*of animal*) терзáть, рас-; **he was ~ed to death by a tiger** егó растерзáл тигр.
2 (*fig, by criticism*) громи́ть, раз-; **his last book got a ~ing from the critics** кри́тики разгроми́ли егó послéднюю кни́гу в пух и прах.

Maundy Thursday /ˈmɔːndɪ/ *n* Страстнóй/Вели́кий четвéрг.

Mauritania /ˌmɒrɪˈteɪnɪə/ *n* Маврита́ния; (*hist*) Мавретáния.

Mauritanian /ˌmɒrɪˈteɪnɪən/ *n* маврита́н|ец (*fem* -ка); (*hist*) мавретáн|ец (*fem* -ка).

● *adj* маврита́нский; (*hist*) мавретáнский.

Mauritius /məˈrɪʃəs/ *n* Маври́кий.

mausole|um /ˌmɔːsəˈliːəm/ *n* (*pl* **~a** *or* **~ums**) мавзолéй.

mauve /məʊv/ *n* & *adj* розовáто-лилóвый (цвет).

mauvish /ˈməʊvɪʃ/ *adj*: **~ blue** лиловáто-голубóй.

maverick /ˈmævərɪk/ *n* (*US, calf*) неклеймёный телёнок; (*fig, dissenter*) диссидéнт, «бéлая ворóна»; (*attr*) неприкáянный.

maw /mɔː/ *n* утрóба; (*fig*) пасть.

mawkish /ˈmɔːkɪʃ/ *adj* при́торный.

mawkishness /ˈmɔːkɪʃnɪs/ *n* при́торность.

maxilla /mækˈsɪlə/ *n* (*pl* **maxillae** /-liː/) вéрхняя чéлюсть.

maxillary /mækˈsɪlərɪ/ *adj* верхнечелюстнóй.

maxim /ˈmæksɪm/ *n* (*aphorism*) афори́зм; (*principle*) при́нцип.

maxima /ˈmæksɪmə/ *pl of* **⇒maximum**

maximize /ˈmæksɪˌmaɪz/ *vt* максимáльно увели́чи|вать, -ть.

maxim|um /ˈmæksɪməm/ *n* (*pl* **~a** *or* **~ums**) мáксимум.

● *adj* максимáльный.

May /meɪ/ *n* **1** (*month*) май; **~ Day** Пéрвое мая; прáздник Пéрвого мáя; **~ Day parade** первомáйск|ий парáд, -ая демонстрáция. **2** (*attr*) мáйский. **3 (m~)** (*hawthorn*) боя́рышник.

● *cpds* **~day** *n* (*distress signal*) сигнáл бéдствия; **~fly** *n* подёнка; **~pole** *n* мáйское дéрево.

may /meɪ/ *v aux* (*3rd pers sg pres* **may;** *past* **might**) **1** (*expressing possibility*) мóжет быть; пожáлуй; **it ~ be true** возмóжно, э́то прáвда; **it ~ not be true** возмóжно, э́то не так; **he ~, might lose his way** он мóжет заблуди́ться; **he might have lost his way without my help** без моéй пóмощи он мог бы заблуди́ться; **I was afraid he might have lost his way** я боя́лся, как бы он не заблуди́лся; **you ~ well be right** вполнé возмóжно, вы и прáвы; **we ~, might as well stay** почемý бы нам не остáться; **and who ~, might you be?** а кто вы такóй?; **that's as ~ be** э́то ещё вопрóс; **be that as it ~** как бы то ни́ бы́ло. **2** (*expressing permission*): **~ I come and see you?** мóжно мне (*or* могý я) к вам зайти́?; **you ~ go if you wish** éсли хоти́те, мóжете идти́; **you ~ not smoke** нельзя́ кури́ть; **where have you been, ~ I ask?** могý я узнáть, где вы пропадáли? **3** (*expressing suggestion*): **you might call at the butcher's** вы бы зашли́ к мясникý. **4** (*expressing reproach*): **you might offer to help!** вы могли́ бы предложи́ть свою́ пóмощь!; **you might have asked my permission** мóжно бы́ло бы спроси́ть моегó соглáсия. **5** (*in subord clauses, expressing purpose, fear, wish, hope*): **I wrote (so) that you might know** я вам написáл, чтóбы вы знáли; **I fear he ~ be dead** я бою́сь, что он ýмер; **I hope he ~ come** надéюсь, он придёт; **I hoped he might come** я надéялся, что он придёт. **6** (*in main clause, expressing wish or hope*): **~ you live long!** желáю вам дóлгой жи́зни!; **~ you live to repent it!** надéюсь, вы об э́том ещё пожалéете!; **~ the best man win!** да победи́т сильнéйший! **7** (*be able*): **try as I ~, I shall never learn to speak Russian well** как бы я ни старáлся, я никогдá не научýсь хорошó говори́ть по-рýсски.

● *cpd* **~be** *adv* мóжет быть.

mayhem /ˈmeɪhem/ *n* (*chaos*) разгрóм; **cause, create ~** учин|я́ть, -и́ть разгрóм.

mayn't /ˈmeɪənt/ *contracted neg of* **⇒may**

mayonnaise /ˌmeɪəˈneɪz/ *n* майонéз.

mayor /meə(r)/ *n* городскóй головá; мэр.

mayoralty /ˈmeərəltɪ/ *n* (*office*) дóлжность мэ́ра; (*period*): **during his ~** в бы́тность егó мэ́ром.

mayoress /ˈmearɪs/ *n* (*mayor's wife*) женá мэ́ра; (*female mayor*) жéнщина-мэр.

maze /meɪz/ *n* лабири́нт; (*fig*) пýтаница.

mazurka /məˈzɜːkə/ *n* мазýрка.

MB, Mb /ˈmegəˌbaɪt(s)/ *n* (*comput, abbr of* ***megabyte(s)***) мегабáйт.

MBA (*abbr of* ***Master of Business Administration***) маги́стр мéнеджмента.

MBE (*abbr of* ***Member of the Order of the British Empire***) кавалéр óрдена Бритáнской импéрии 5-й (*низшей*) стéпени.

MC (*abbr of* ***Master of Ceremonies***) конферансьé (*indecl*), распоряди́тель (*m*).

MD 1 (*abbr of* ***Doctor of Medicine***) дóктор медици́ны. **2** (*abbr of* ***Managing Director***) (*Br*) дирéктор-распоряди́тель.

ME 1 (*abbr of* ***myalgic encephalitis***) миалги́ческий энцефали́т, синдрóм хрони́ческой устáлости. **2** (*abbr of* ***medical examiner***) (*US*) судéбно-медици́нский экспéрт.

me[1] /miː/ *obj of* **⇒I**

me[2] /miː/ (*mus*) трéтья нóта мажóрной гáммы; (*the note E*) ми (*nt indecl*).

mead /miːd/ *n* (*drink*) мёд.

meadow /ˈmedəʊ/ *n* луг.

● *cpds* **~ grass** *n* мя́тлик луговóй; **~lark** *n* жáворонок луговóй; **~ saffron** *n* безвремéнник осéнний, зимóвник; **~sweet** *n* тáволга; лабáзник.

meagre /ˈmiːgə(r)/ (*US* **meager**) *adj* **1** (*of person, thin*) худóй, тóщий. **2** (*poor, scanty*) скýдный; **~ fare** пóстная едá.

meal[1] /miːl/ *n* (*ground grain*) мукá (грýбого помóла).

meal[2] /miːl/ *n* едá, трáпеза; **don't talk during ~s** не разговáривайте во врéмя еды́; **have a good ~** плóтно поéсть (*pf*); **have a light ~** закýс|ывать, -и́ть; **it's a long time since I had a square ~** я давнó сы́тно не ел; **don't make a ~ of it** (*Br coll, fig*) не раздувáйте из э́того цéлую истóрию; **we have 3 ~s a day** мы еди́м три рáза в день; **we have our ~s in the canteen** мы питáемся в столóвой; **let's have a ~ out this evening** давáйте сегóдня пoýжинаем в ресторáне; **shall we ask them round for a ~?** не пригласи́ть ли их пообéдать/пoýжинать с нáми?; **evening ~** ýжин; **midday ~** обéд.

● *cpds* **~ ticket** *n* талóн на обéд; **he is my ~ ticket** я живý за егó счёт; **~time** *n*: **at ~times** за едóй.

mealy /ˈmiːlɪ/ *adj* (**mealier, mealiest**) **1** (*consisting of meal*) мучни́стый; (*resembling meal, floury*): **~ potatoes** рассы́пчатый картóфель. **2** (*fig, of complexion*) мучни́стый.

● *cpd* **~-mouthed** *adj* чрезмéрно деликáтный.

mean[1] /miːn/ *n* (*intermediate or average point, condition etc.*) середи́на; **a happy** (*or* **the golden**) **~** золотáя середи́на; (*math*) срéдняя величинá; (*in pl, method, resources*) *see* **⇒means**

● *adj* срéдний; **Greenwich M~ Time** срéднее врéмя по Гри́нвичу.

● *cpds* **~time** *n*: **in the ~time** мéжду тем; **~while** *adv* мéжду тем, тем врéменем.

mean[2] /miːn/ *adj* **1** (*lowly*) ни́зкий. **2** (*inferior*): **he is a man of no ~ abilities** он человéк незауря́дных спосóбностей. **3** (*shabby, squalid*): **~ streets** убóгие ýлицы (*f pl*). **4** (*niggardly*) скупóй. **5** (*ignoble; discreditable*) ни́зкий, пóдлый. **6** (*ill-natured, spiteful*) злóбный; **don't be ~ to him** не обижáйте егó.

mean[3] /miːn/ *vt* (*past and pp* **meant**) **1** (*intend*) имéть (*impf*) в видý; намеревáться (*impf*); **I ~ to solve this problem** я намéрен реши́ть э́тот вопрóс; **he ~s business** он берётся за дéло всерьёз; **he ~s mischief** у негó дурны́е намéрения; **he ~s well by you** он желáет вам добрá; **I ~t no harm** я не желáл зла; **I ~t it as a joke** я хотéл пошути́ть; **I ~t to leave yesterday, but couldn't** я собирáлся вчерá уéхать, но не смог; **I didn't ~ to hurt you** я не хотéл вас оби́деть. **2** (*design, destine*) предназн|ачáть, -áчить; **his parents ~t him to be a doctor** роди́тели прóчили егó в доктopá; **they were ~t for each other** они́ бы́ли сóзданы друг для дрýга; **this letter is ~t for you** э́то письмó предназначáется вам. **3** (*of person, intend to convey*) хотéть (*impf*) сказáть; **what do you ~?** что вы э́тим хоти́те сказáть?; **he ~s what he says** он говори́т то, что дýмает; **do you ~ Charles I or Charles II?** вы говори́те о Кáрле I и́ли о Кáрле II?; **what do you ~ by it?** (*how dare you?*) как вы смéете? **4** (*of words etc., signify*) знáчить (*impf*), означáть (*impf*); **this sentence ~s nothing to me** э́то предложéние ничегó мне не говори́т; **what is ~t by this word?** как нáдо понимáть э́то слóво?; **modern music ~s nothing to me** совремéнная мýзыка мне совершéнно непоня́тна; **this ~s we can't go** знáчит, мы не смóжем

m

пойти́; **her promises don't ~ a thing** её обеща́ния ничего́ не стоя́т; **does my friendship ~ nothing to you?** неуже́ли моя́ дру́жба ничего́ для вас не зна́чит?; (*entail, involve*): **organizing a fête ~s a lot of hard work** подгото́вка к пра́зднику тре́бует мно́го уси́лий; (*portend*): **this ~s war** э́то приведёт к войне́; зна́чит, бу́дет война́.

meander /mɪ'ændə(r)/ *vi* (*of streams, roads etc.*) извива́ться, ви́ться (*both impf*); **a ~ing river** изви́листая река́; (*of person, wander along*) броди́ть (*impf*); (*in speech etc.*) сбива́ться (*impf*) с мы́слей/мы́сли (в ре́чи *и т. п.*).

meaning /'mi:nɪŋ/ *n* значе́ние; **what is the ~ of this word?** что э́то сло́во означа́ет; **get the ~ of** пон|има́ть, -я́ть смысл + *g*; **what is the ~ of this?** (*querying another's action*) что э́то зна́чит?

meaningful /'mi:nɪŋfʊl/ *adj* (*full of meaning*) многозначи́тельный; (*making sense*) содержа́тельный, толко́вый.

meaningless /'mi:nɪŋlɪs/ *adj* бессмы́сленный.

meanness /'mi:nnɪs/ *n* по́длость, ни́зость; ску́пость.

means /mi:nz/ *n* **1** (*instrument, method*) спо́соб; **a ~ to an end** сре́дство для достиже́ния це́ли; **we shall find ways and ~ of persuading him** мы найдём спо́соб убеди́ть его́; **by ~ of** посре́дством + *g*; с по́мощью + *g*; **by all (manner of) ~** все́ми сре́дствами; **by all ~** (*US, without fail*) непреме́нно; (*expressing permission*) коне́чно; пожа́луйста; **by no ~** нико́им о́бразом; **it was by no ~ easy** э́то бы́ло отню́дь не про́сто.
2 (*facilities*): **~ of communication** (*transport*) сре́дства сообще́ния; (*telecommunication*) сре́дства свя́зи.
3 (*resources*) сре́дства; **~ of existence** сре́дства к существова́нию; **a man of ~** челове́к со сре́дствами; **he has private ~** у него́ есть со́бственные сре́дства; **~ test** прове́рка нужда́емости; **live beyond one's ~** жить (*impf*) не по сре́дствам.

meant /ment/ *past and pp of* ⇨**mean**[3]

measles /'mi:z(ə)lz/ *n* корь; **German ~** красну́ха; **a child with ~** ребёнок, больно́й ко́рью.

measly /'mi:zlɪ/ *adj* (**measlier, measliest**) (*coll, miserably small*) жа́лкий.

measurable /'meʒərəb(ə)l/ *adj* измери́мый.

measure /'meʒə(r)/ *n* **1** (*calculated quantity, size, etc.; system of ~ment*) ме́ра; **dry ~** ме́ра сыпу́чих тел; **linear ~** лине́йная ме́ра; **liquid ~** ме́ра жи́дкостей; **clothes made to ~** оде́жда, сши́тая на зака́з; **short ~** (*of weight*) недове́с; (*of length etc.*) недоме́р; **full ~** по́лная ме́ра; (*portion, of whisky etc.*) по́рция; (*fig*): **he repaid my kindness in full ~** он отплати́л мне за мою́ доброту́ сполна́; **it took him less than a day to get the ~ of his new assistant** не прошло́ и дня, как он раскуси́л своего́ но́вого помо́щника.
2 (*degree, extent*) сте́пень; **his reply showed the ~ of his intelligence** по его́ отве́ту мо́жно бы́ло суди́ть о сте́пени его́ ума́; **in large ~** во мно́гом; **in some ~** до не́которой сте́пени; (*prescribed limit, extent*) преде́л; **she was irritated beyond ~** она́ пришла́ в невероя́тное раздраже́ние.
3 (*measuring rod; tape measure*) измери́тельная лине́йка; руле́тка; **litre** (*Br*), **liter** (*US*) **~** литро́вый ме́рный сосу́д.
4 (*proceeding, step*) ме́ра, мероприя́тие; **take ~s against** прин|има́ть, -я́ть ме́ры про́тив + *g*; **adopt severe ~s** примен|я́ть, -и́ть стро́гие ме́ры.
5 (*law*) зако́н; **pass a ~** приня́ть (*pf*) зако́н.
6 (*verse rhythm*) разме́р; (*US, mus*) такт.
7 (*mineral stratum*): **coal ~s** каменноу́гольные пласты́ (*m pl*).
● *vt* **1** (*find size etc. of*) ме́рить, с-; изм|еря́ть, -е́рить; **he was ~d for a suit** с него́ сня́ли ме́рку для костю́ма; (*fig*): **I ~d him up and down** я сме́рил его́ взгля́дом.
2 (*amount to when ~d*): **the room ~s 12 ft across** ко́мната ширино́й в двена́дцать фу́тов.
● *with advs*: **~ off, ~ out** *vvt* отм|еря́ть, -е́рить; **he ~d out a litre of milk** он отме́рил литр молока́; **the football pitch had been ~d out** футбо́льное по́ле бы́ло уже́ разме́чено; **~ up** *vi*: **the team has not ~d up to our expectations** кома́нда не оправда́ла на́ших ожида́ний.

measured /'meʒəd/ *adj* **1** (*rhythmical*) разме́ренный; **~ tread** ме́рная по́ступь. **2** (*of speech, moderate*) уме́ренный; (*carefully considered*) обду́манный, осторо́жный.

measureless /'meʒələs/ *adj* безме́рный.

measurement /'meʒəmənt/ *n* (*measuring*) измере́ние; (*dimension*) разме́р; **take s.o.'s ~s** снять (*pf*) ме́рку с кого́-н.; **waist ~** объём та́лии.

meat /mi:t/ *n* мя́со; **one man's ~ is another man's poison** что поле́зно одному́, то друго́му вре́дно; ≈ что ру́сскому здо́рово, то не́мцу смерть; **argument is ~ and drink to him** (*Br*) его́ хле́бом не корми́, дай поспо́рить.
● *cpds* **~ball** *n* фрикаде́лька; **~-eater** *n* (*animal*) плотоя́дное живо́тное; (*person*) челове́к, употребля́ющий мя́со в пи́щу; мясое́д (*coll*); **~-eating** *adj* плотоя́дный; **~ pie** *n* пиро́г с мя́сом; **~ safe** *n* (*Br*) холоди́льник для хране́ния мя́са.

meaty /'mi:tɪ/ *adj* (**meatier, meatiest**) мяси́стый; (*fig, pithy*) содержа́тельный.

Mecca /'mekə/ *n* Ме́кка (*also fig*).

mechanic /mɪ'kænɪk/ *n* меха́ник.

mechanical /mɪ'kænɪk(ə)l/ *adj* **1** (*pertaining to machines*) механи́ческий; **~ engineer** инжене́р-меха́ник; **~ engineering** машинострое́ние; **a ~ failure** механи́ческое поврежде́ние; **~ly operated** с механи́ческим управле́нием. **2** (*of person or movements: automatic*) машина́льный.
● *cpd* **~ pencil** (*US*) механи́ческий/автомати́ческий каранда́ш.

mechanics /mɪ'kænɪks/ *n* (*lit, fig*) меха́ника.

mechanism /'mekə,nɪz(ə)m/ *n* механи́зм.

mechanistic /,mekə'nɪstɪk/ *adj* (*philos*) механисти́ческий.

mechanization /,mekənaɪ'zeɪʃ(ə)n/ *n* механиза́ция.

mechanize /'mekə,naɪz/ *vt & i* механизи́ровать(ся) (*impf, pf*).

Med /med/ *n* (*Br coll, abbr*): **the ~** Средизе́мное мо́ре.

medal /'med(ə)l/ *n* меда́ль; (*mil award*) о́рден (*pl* -а́).

medallion /mɪ'dæljən/ *n* медальо́н.

medallist /'medəlɪst/ (*US* **medalist**) *n* (*recipient*) медали́ст (*fem* -ка); призёр; (*engraver*) медалье́р.

meddle /'med(ə)l/ *vi*: **~ in** (*interfere in*) вмеш|иваться, -а́ться в + *a*; **~ with** (*touch, tamper with*) тро́|гать, -нуть.

meddlesome /'medəlsəm/ *adj* назо́йливый; **he is a ~ person** он всё вре́мя вме́шивается не в свои́ дела́.

media /'mi:dɪə/ *see* ⇨**medium** *n* **6**

mediaeval /,medɪ'i:v(ə)l/ = **medi(a)eval**

median /'mi:dɪən/ *n* (*math, statistics*) медиа́на.
● *adj* среди́нный.

mediate /'mi:dɪ,eɪt/ *vt*: **the settlement was ~d by Britain** соглаше́ние бы́ло дости́гнуто при посре́дничестве Великобрита́нии.
● *vi* выступа́ть, вы́ступить посре́дником; посре́дничать (*impf*).

mediation /,mi:dɪ'eɪʃ(ə)n/ *n* посре́дничество.

mediator /'mi:dɪ,eɪtə(r)/ *n* посре́дник.

mediatory /'mi:dɪətərɪ/ *adj* посре́днический.

medic /'medɪk/ *n* (*coll*) (студе́нт-)ме́дик.

> **Medicaid**
> Тип медици́нского страхова́ния, предоставля́емого прави́тельством США малоиму́щим лю́дям моло́же 65 лет.

medical /'medɪk(ə)l/ *n* (*coll, ~ examination*): **have a ~** про|ходи́ть, -йти́ медици́нский осмо́тр (*abbr* медосмо́тр).
● *adj* медици́нский; враче́бный; (*opp surgical*) терапевти́ческий; **~ certificate** спра́вка от врача́; **~ examiner** (*US, forensic scientist*) суде́бно-медици́нский экспе́рт; **~ history** исто́рия боле́зни; **~ man, practitioner** врач, терапе́вт; **~ officer** (*Br*) офице́р медици́нской слу́жбы; **~ orderly** санита́р; **~ service** медици́нское обслу́живание; **~ unit** санита́рная часть; санча́сть.

medicament /mɪ'dɪkəmənt, 'medɪkəmənt/ *n* лека́рство, медикаме́нт.

Medicare
Тип медици́нского страхова́ния, предоставля́емого прави́тельством США лю́дям ста́рше 65 лет.

medicate /ˈmedɪˌkeɪt/ *vt* (*treat medically*) лечи́ть (*impf*); (*impregnate*) нас|ыща́ть, -ы́тить лека́рством.
medication /ˌmedɪˈkeɪʃ(ə)n/ *n* (*medicine*) лека́рство; (*treatment*) лече́ние.
medicinal /mɪˈdɪsɪn(ə)l/ *adj* (*of medicine*) лека́рственный; (*curative*) целе́бный.
medicine /ˈmedsɪn, -dɪsɪn/ *n* **1** (*science, practice*) медици́на; **practise ~** практикова́ть/рабо́тать (*impf*) врачо́м. **2** (*substance*) лека́рство; медикаме́нт, миксту́ра; **he is taking ~ for a cough** он принима́ет лека́рство от ка́шля; **I gave him a taste of his own ~** (*fig*) я ему́ отплати́л той же моне́той.
● *cpds* **~ ball** *n* (*sport*) медицинбо́л; **~ cabinet, ~ chest** *nn* апте́чка; **~ man** *n* (*pl* **~ men**) зна́харь (*m*).
medico /ˈmedɪˌkəʊ/ *n* (*pl* **~s**) (*coll*) ме́дик.
medieval /ˌmedɪˈiːv(ə)l/ *adj* средневеко́вый.
medievalist /ˌmedɪˈiːv(ə)lɪst/ *n* медиеви́ст.
mediocre /ˌmiːdɪˈəʊkə(r)/ *adj* посре́дственный.
mediocrity /ˌmiːdɪˈɒkrɪtɪ/ *n* посре́дственность.
meditate /ˈmedɪˌteɪt/ *vt* замышля́ть (*impf*).
● *vi* размышля́ть (*impf*) (**on:** о + *p*); (*relig*) медити́ровать (*impf*).
meditation /ˌmedɪˈteɪʃ(ə)n/ *n* размышле́ние; (*relig*) медита́ция.
meditative /ˈmedɪtətɪv/ *adj* заду́мчивый.
Mediterranean /ˌmedɪtəˈreɪnɪən/ *n*: **the ~ (Sea)** Средизе́мное мо́ре.
● *adj* средиземномо́рский.
medium /ˈmiːdɪəm/ *n* (*pl* **media** *or* **mediums**) **1** (*middle quality*) середи́на; **he strikes a happy ~** он приде́рживается золото́й середи́ны.
2 (*phys, intervening substance*) среда́.
3 (*means, agency*) сре́дство; **through the ~ of** посре́дством + *g*.
4 (*solvent*) раствори́тель (*m*).
5 (*spiritualist*) ме́диум.
6 (*means or channel of expression*) сре́дство; **the media** (*sc. of communication*) сре́дства ма́ссовой информа́ции; (*of sculptor*) материа́л.
7 (*phys*) среда́.
● *adj* (*intermediate*) промежу́точный; (*average*) сре́дний; **a man of ~ height** челове́к сре́днего ро́ста.
● *cpds* **~-dry** *adj* полусухо́й; **~-sized** *adj* сре́днего разме́ра; **~-wave** *adj* (*Br*) средневолно́вый.
medlar /ˈmedlə(r)/ *n* (*bot*) мушмула́.
medley /ˈmedlɪ/ *n* (*pl* **medleys**) смесь; (*mus*) попурри́ (*nt indecl*); (*of modern pop music*) микс (из ра́зных пе́сен).
medusa /mɪˈdjuːsə/ *n* (*pl* **medusae** /-ziː, -siː/ *or* **medusas**) (*zool*) меду́за.
meek /miːk/ *adj* кро́ткий.
meekness /ˈmiːknɪs/ *n* кро́тость.
meerschaum /ˈmɪəʃəm/ *n* (*clay*) морска́я пе́нка; (*pipe*) пе́нковая тру́бка.
meet /miːt/ *n* (*of sportsmen, etc.*) сбор.
● *vt* (*past and pp* **met**) **1** (*encounter*) встр|еча́ть, -е́тить; **fancy ~ing you!** ну и встре́ча!; **~ s.o. halfway** (*fig*) идти́, пойти́ навстре́чу кому́-н.; (*greet*): **she met her guests at the door** она́ встре́тила госте́й в дверя́х; **a bus ~s all trains** к прихо́ду ка́ждого по́езда подаю́т авто́бус; **they were met by a hail of bullets** они́ бы́ли встре́чены шква́льным огнём; (*make acquaintance of*) знако́миться, по- с + *i*; **I met your sister in Moscow** я познако́мился с ва́шей сестро́й в Москве́; **(I want you to) ~ my fiancée** я хочу́ познако́мить вас с мое́й неве́стой.
2 (*reach point of contact with*): **where the river ~s the sea** там, где река́ впада́ет в мо́ре; при впаде́нии реки́ в мо́ре; **there is more in this than ~s the eye** здесь де́ло не так про́сто.
3 (*face*): **they advanced to ~ the enemy** они́ продви́нулись навстре́чу проти́внику; **I am ready to ~ your challenge** я гото́в приня́ть ваш вы́зов.
4 (*experience, suffer*): **~ one's death** поги́бнуть (*pf*); **he met misfortune with a smile** он му́жественно переноси́л невзго́ды.
5 (*satisfy, answer, fulfil*): **I cannot ~ your wishes** я не могу́ вы́полнить (*pf*) ва́ши тре́бования; **the request was met by a sharp refusal** про́сьба натолкну́лась на ре́зкий отка́з; **he met all their objections** он учёл все их возраже́ния.
6 (*pay, settle*): **~ a bill** упла́|чивать, -ти́ть по счёту; **this will barely ~ my expenses** э́то с трудо́м покро́ет мои́ расхо́ды.
● *vi* (*past and pp* **met**)
1 (*of persons, come together*) встр|еча́ться, -е́титься; **we seldom ~** мы ре́дко встреча́емся; **haven't we met before?** мы с ва́ми не знако́мы?; **I hope to ~ you again soon** я наде́юсь ско́ро с ва́ми встре́титься; **our eyes met** на́ши глаза́ встре́тились; (*become acquainted*) знако́миться, по-; **we met at a dance** мы познако́мились на та́нцах.
2 (*assemble*) соб|ира́ться, -ра́ться; **the council met to discuss the situation** сове́т собра́лся, что́бы обсуди́ть положе́ние.
3 (*of things, qualities etc.*: *come into contact, unite*) сходи́ться (*impf*); **this belt won't ~ round his waist** э́тот по́яс на нём не схо́дится; **there are traffic lights where the roads ~** на перекрёстке — светофо́р; **the rivers Oka and Volga ~ at Nizhni Novgorod** Ни́жний Но́вгород — ме́сто слия́ния рек Оки́ и Во́лги; **make (both) ends ~** (*fig*) св|оди́ть, -ести́ концы́ с конца́ми.
4 ~ with: **~ with difficulties** испы́т|ывать, -а́ть затрудне́ния; **I met with much opposition** я натолкну́лся на си́льное сопротивле́ние; **~ with approval/refusal** встре́тить (*pf*) одобре́ние/отка́з; **he met with an accident** с ним произошёл несча́стный слу́чай.
● *with advs*: **~ together** *vi* соб|ира́ться, -ра́ться; **~ up** *vi* (*coll*): **we met up** (*or* **I met up with him**) **in London** мы встре́тились в Ло́ндоне.
meeting /ˈmiːtɪŋ/ *n* **1** (*encounter*) встре́ча; **our ~ was purely accidental** мы встре́тились соверше́нно случа́йно; (*by arrangement*) свида́ние.
2 (*gathering*) собра́ние; **address a ~** выступа́ть, вы́ступить на собра́нии; (*political ~*) ми́тинг; (*session*) заседа́ние. **3** (*sports ~*) (спорти́вное) состяза́ние; (*race ~*) ска́чки (*f pl*).
● *cpds* **~ house** *n* моли́твенный дом; **~ place, point** *nn* ме́сто встре́чи.
meg /meg/ *n* (*comput, coll*) мег (*coll of* мегаба́йт).
megabucks /ˈmegəˌbʌks/ *n pl* (*coll*) ку́ча де́нег; бе́шеные де́ньги/ба́бки (*coll*).
megabyte /ˈmegəˌbaɪt/ *n* (*comput*) мегаба́йт.
megacycle /ˈmegəˌsaɪk(ə)l/ *n* мегаге́рц.
megalith /ˈmegəlɪθ/ *n* мегали́т.
megalithic /ˌmegəˈlɪθɪk/ *n* мегалити́ческий.
megalomania /ˌmegələˈmeɪnɪə/ *n* ма́ния вели́чия, мегалома́ния.
megalomaniac /ˌmegələˈmeɪnɪˌæk/ *n* страда́ющий ма́нией вели́чия.
megaphone /ˈmegəˌfəʊn/ *n* мегафо́н.
megaton /ˈmegəˌtʌn/ *n* мегато́нна.
megawatt /ˈmegəˌwɒt/ *n* мегава́тт.
meiosis /maɪˈəʊsɪs/ *n* (*pl* **meioses** /-siːz/) **1** (*biol*) мейо́з. **2** (*rhetorical*) мейо́зис.
melancholia /ˌmelənˈkəʊlɪə/ *n* меланхо́лия.
melancholy /ˈmelənkəlɪ/ *n* уны́ние.
● *adj* (*of person*) уны́лый; (*of things*: *saddening*) гру́стный, печа́льный.
Melanesia /ˌmeləˈniːzɪə, -ʃə/ *n* Melане́зия.
Melanesian /ˌmeləˈniːzɪən, -ʃ(ə)n/ *n* меланези́|ец (*fem* -йка).
● *adj* меланези́йский.
mélange /meɪˈlɑ̃ʒ/ *n* смесь.
melee /ˈmeleɪ/ *n* (*also* **mêlée**) сва́лка.
mellifluous /mɪˈlɪfluəs/ *adj* медоточи́вый.
mellow /ˈmeləʊ/ *adj* **1** (*of wine*) вы́держанный; (*of fruit*) мя́гкий; спе́лый и со́чный. **2** (*of voice, sound, colour, light*) со́чный. **3** (*of character*: *softened*) подобре́вший; (*genial*) доброду́шный. **4** (*coll, tipsy*) подвы́пивший.
● *vt*: **age has ~ed him** го́ды смягчи́ли его́ хара́ктер.
● *vi* (*of wine*) станови́ться (*impf*) вы́держанным; (*of voice*) станови́ться (*impf*) сочне́е; (*of person*) смягч|а́ться, -и́ться; добре́ть, по-.
mellowness /ˈmeləʊnɪs/ *n* вы́держанность; со́чность; мя́гкость.
melodic /mɪˈlɒdɪk/ *adj* мелоди́чный.
melodious /mɪˈləʊdɪəs/ *adj* мелоди́чный; **~ voice** певу́чий го́лос.
melodiousness /mɪˈləʊdɪəsnɪs/ *n* мелоди́чность, певу́честь.

m

melodrama /ˈmelə,drɑːmə/ *n* (*lit, fig*) мелодра́ма.
melodramatic /,melədrəˈmætɪk/ *adj* мелодрамати́ческий.
melody /ˈmelədɪ/ *n* (*tune*) мело́дия; (*tunefulness*) мелоди́чность.
melon /ˈmelən/ *n* ды́ня; **(water~)** арбу́з.
melt /melt/ *vt* **1** (*reduce to liquid: of ice, snow, butter, wax*) раст|а́пливать, -опи́ть; (*of metal*) пла́вить, рас-. **2** (*dissolve*) раствор|я́ть, -и́ть. **3** (*fig, soften*) размягч|а́ть, -и́ть.
● *vi* **1** (*become liquid: of ice, snow, butter, wax*) та́ять, рас-; (*of metal*) пла́виться, рас-. **2** (*dissolve*) раствор|я́ться, -и́ться. **3** (*fig, soften*) смягч|а́ться, -и́ться; та́ять, от-; **her heart ~ed at the sight** её се́рдце смягчи́лось при ви́де э́того. **4** (*change slowly; merge*): **one colour ~ed into another** оди́н цвет переходи́л в друго́й. **5** (*coll, suffer from heat*): **I'm ~ing!** я весь распла́вился (от жары́).
● *with advs*: **~ away** *vi* (*lit, fig, disappear*) та́ять, рас-; (*fig, disperse*) рассе́|иваться, -яться; **~ down** *vt* распл|авля́ть, -а́вить.
melting /meltɪŋ/ *n* плавле́ние.
● *adj* (*fig, of looks*) то́мный.
● *cpds* **~ point** *n* температу́ра плавле́ния; **~ pot** *n* ти́гель (*m*); (*fig*): **throw into the ~ pot** подв|ерга́ть, -е́ргнуть коренно́му измене́нию.
member /ˈmembə(r)/ *n* член, уча́стни|к (*fem* -ца) (*общества и т. п.*); **~s only** вход то́лько для чле́нов; **full ~** полнопра́вный член.
membership /ˈmembəʃɪp/ *n* (*being a member*) чле́нство; (*collect, members*) чле́ны (*m pl*); (*number of members*) число́ чле́нов; (*composition*) соста́в; **admission to ~** приня́тие (*в клуб и т. п.*); **~ card** чле́нский биле́т.
membrane /ˈmembreɪn/ *n* перепо́нка, мембра́на.
memento /mɪˈmentəʊ/ *n* (*pl* **~es** *or* **~s**) сувени́р; **as a ~** на па́мять.
memo /ˈmeməʊ/ *n* (*pl* **~s**) = **memorandum**
memoir /ˈmemwɑː(r)/ *n* (*brief biography*) (биографи́ческая) заме́тка; (*in pl, autobiography*) воспомина́ния (*nt pl*), мемуа́р|ы (*pl, g* -ов); **author of ~s** мемуари́ст.
memorabilia /,memərəˈbɪlɪə/ *n pl* па́мятные ве́щи.
memorable /ˈmemərəb(ə)l/ *adj* па́мятный; незабыва́емый.
memorand|um /,meməˈrændəm/ *n* (*pl* **~a** *or* **~ums**) (*written reminder*) запи́ска; (*record of events, facts, transactions etc.*) докладна́я запи́ска; (*diplomacy*) мемора́ндум; **memo(randum) book, pad** записна́я кни́жка; блокно́т.
memorial /mɪˈmɔːrɪəl/ *n* (*commemorative object, custom etc.*) па́мятник; (*in pl, chronicles*) хро́ника, ле́топись.
● *adj*: **~ plaque** мемориа́льная доска́; **~ service** помина́льная слу́жба.
memorialize /mɪˈmɔːrɪə,laɪz/ *vt* (*commemorate*) увекове́чи|вать, -ть.
memorize /ˈmemə,raɪz/ *vt* (*commit to memory*) зап|омина́ть, -о́мнить; (*learn by heart*) зау́ч|ивать, -и́ть (наизу́сть).
memory /ˈmemərɪ/ *n* **1** (*faculty; its use*) па́мять; **I have a bad ~ for faces** у меня́ плоха́я па́мять на ли́ца; **a ~ like a sieve** дыря́вая па́мять; **search, rack one's ~** ры́ться, по- в па́мяти; **play from ~** игра́ть (*impf*) на па́мять, по па́мяти; **lose one's ~** лиш|а́ться, -и́ться па́мяти; **loss of ~** поте́ря па́мяти; **it escapes my ~** я не по́мню э́того; **may I refresh, jog your ~?** позво́льте вам напо́мнить; **in ~ of** в па́мять + *g*; **within living ~** на па́мяти живу́щих. **2** (*recollection*) воспомина́ние; **I have a clear ~ of what happened** я я́сно по́мню, что случи́лось. **3** (*comput*) па́мять; запомина́ющее устро́йство.
men /men/ *pl of* ⇨**man**.
● *cpd* **~'s room** *n* (*US*) мужска́я убо́рная.
menace /ˈmenɪs/ *n* (*threat*) угро́за; (*obnoxious person*) (*coll*) зану́да (*cg*).
● *vt* угрожа́ть (*impf*) + *d*.
ménage /meɪˈnɑːʒ/ *n* хозя́йство; **~ à trois** брак втроём.
menagerie /mɪˈnædʒərɪ/ *n* (*lit, fig*) звери́нец.
menarche /meˈnɑːkɪ/ *n* (*first ocurrence of menstruation*) мена́рхе (*indecl*), пе́рвая менструа́ция.
mend /mend/ *n* **1** (*patch*) запла́та; (*darn*) што́пка. **2**: **be on the ~** идти́ (*det*) на попра́вку.
● *vt* **1** (*repair; make sound again*) чини́ть, по-; заш|ива́ть, -и́ть; **~ socks** што́пать, за- носки́; **the road was ~ed only last week** доро́гу почини́ли то́лько на про́шлой неде́ле. **2** (*improve, reform*) испр|авля́ть, -а́вить; **~ one's ways** испр|авля́ться, -а́виться.
● *vi* (*regain health*) выздора́вливать, вы́здороветь; **his leg is ~ing nicely** его́ нога́ заживает хорошо́.
mendacious /menˈdeɪʃəs/ *adj* лжи́вый.
mendacity /menˈdæsɪtɪ/ *n* лжи́вость.
mendicant /ˈmendɪkənt/ *n* & *adj* ни́щий.
mending /ˈmendɪŋ/ *n* (*of clothes*) почи́нка, што́пка; **invisible ~** худо́жественная што́пка.
menfolk /ˈmenfəʊk/ *n pl* мужчи́ны (*m pl*).
menial /ˈmiːnɪəl/ *n* слуга́, лаке́й.
● *adj* лаке́йский; **~ work** чёрная рабо́та.
meningitis /,menɪnˈdʒaɪtɪs/ *n* менинги́т.
menis|cus /mɪˈnɪskəs/ *n* (*pl* **~ci** /-saɪ/) (*phys*) мени́ск.
menopause /ˈmenə,pɔːz/ *n* кли́макс.
menses /ˈmensiːz/ *n pl* менструа́ции (*f pl*).
Menshevik /ˈmenʃəvɪk/ *n* меньшеви́к; (*attr*) меньшеви́стский.
menstrual /ˈmenstrʊəl/ *adj* менструа́льный.
menstruate /ˈmenstrʊ,eɪt/ *vi* менструи́ровать (*impf*).
menstruation /,menstrʊˈeɪʃ(ə)n/ *n* менструа́ция.
menswear /ˈmenzweə(r)/ *n* мужска́я оде́жда.
mental /ˈment(ə)l/ *adj* **1** (*of the mind*) у́мственный; **~ powers** у́мственные спосо́бности; **he has a ~ age of 7** у него́ у́ровень семиле́тнего ребёнка; **~ deficiency** слабоу́мие; **~ly handicapped** у́мственно отста́лый. **2** (*pertaining to ~ illness*) психи́ческий; **~ disease** психи́ческая боле́знь; **~ home, hospital** психиатри́ческая больни́ца; **~ patient** душевнобольно́й. **3** (*carried out in the mind*) мы́сленный; **~ reservation** мы́сленная огово́рка; **he made a ~ note of the number** он отме́тил но́мер в уме́; **~ arithmetic** у́стный счёт.
mentality /menˈtælɪtɪ/ *n* (*way of thinking*) мента́льность, менталите́т, склад ума́, умонастрое́ние; (*capacity*) у́мственные спосо́бности (*f pl*).
menthol /ˈmenθɒl/ *n* (*chem*) ментóл.
mentholated /ˈmenθə,leɪtɪd/ *adj* менто́ловый.
mention /ˈmenʃ(ə)n/ *n* упомина́ние; **there was a ~ of him in the paper** в газе́те упомина́лось его́ и́мя; **receive a ~** быть упомя́нутым; **honourable ~** похва́льный о́тзыв; **he made no ~ whatever of your illness** он ни сло́вом не обмо́лвился о ва́шей боле́зни.
● *vt* упом|ина́ть, -яну́ть (*кого/что or о ком/чём*); **I shall ~ it to him** я скажу́ ему́ об э́том; **~ s.o.'s name** наз|ыва́ть, -ва́ть чьё-н. и́мя; **forgive me for ~ing it, but …** прости́те, что я говорю́ об э́том, но…; **don't ~ it!** не́ за что!; ничего́; не сто́ит!; **not to ~** (*or* **without ~ing**) не говоря́ уже́ о + *p*; **yes, now you ~ it** ах да, вы мне напо́мнили.
mentor /ˈmentɔː(r)/ *n* наста́вник, ме́нтор.
menu /ˈmenjuː/ *n* (*also comput*) меню́ (*nt indecl*); **pop-up ~** (*comput*) всплыва́ющее меню́; **pull-down ~** (*comput*) выпада́ющее меню.
meow /mɪˈaʊ/ *n US* = **miaow**
MEP (*abbr of* ***Member of the European Parliament***) депута́т Европарла́мента.
mercantile /ˈmɜːkən,taɪl/ *adj* торго́вый; **~ marine** торго́вый флот.
mercenary /ˈmɜːsɪnərɪ/ *n* наёмник.
● *adj* (*hired*) наёмный; (*motivated by money*) коры́стный.
merchandise /ˈmɜːtʃən,daɪz/ *n* това́ры (*m pl*).
merchant /ˈmɜːtʃ(ə)nt/ *n* **1** (*hist, trader*) купе́ц; (*attr*) купе́ческий; **the ~ class** купе́чество; (*with qualifying word: dealer, tradesman*) торго́вец; **wine ~** торго́вец ви́нами; (*attr*) торго́вый; **~ ship** торго́вое су́дно; **~ marine** (*US*), **navy** (*Br*) торго́вый флот; **~ bank** (*Br*) комме́рческий банк. **2** (*coll, in cpds: addict*): **speed ~** лиха́ч.
● *cpd* **~man** *n* (*pl* **~men**) торго́вое су́дно.
merciful /ˈmɜːsɪ,fʊl/ *adj* милосе́рдный, сострада́тельный; **Lord, be ~ to us** Го́споди, сми́луйся над на́ми; **his**

m

death was a ~ release смерть была́ для него́ бла́гом; **we were ~ly spared the details** к сча́стью, нас не посвяти́ли во все подро́бности.

mercifulness /ˈmɜ:sɪfʊlnɪs/ *n* милосе́рдие.

merciless /ˈmɜ:sɪlɪs/ *adj* беспоща́дный, безжа́лостный.

mercilessness /ˈmɜ:sɪlɪsnɪs/ *n* беспоща́дность, безжа́лостность.

mercurial /mɜ:ˈkjʊərɪəl/ *adj* **1** (*of mercury*) рту́тный; **~ poisoning** отравле́ние рту́тью. **2** (*of person, lively*) живо́й; (*volatile*) непостоя́нный, изме́нчивый.

mercuric /mɜ:ˈkjʊərɪk/ *adj*: **~ chloride** сулема́; **~ oxide** о́кись рту́ти.

Mercury /ˈmɜ:kjʊrɪ/ *n* (*myth, astron*) Мерку́рий.

mercury /ˈmɜ:kjʊrɪ/ *n* (*metal*) ртуть; **~ column** (*of barometer*) рту́тный столб.

merc|y /ˈmɜ:sɪ/ *n* **1** (*compassion, forbearance, clemency*) милосе́рдие; поща́да; **beg for ~y** проси́ть (*impf*) поща́ды; **show ~y to** (*or* **have ~y on**) щади́ть, по-; **they were given no ~y** им не́ было поща́ды; **throw o.s. on s.o.'s ~y** сда́ться (*pf*) на ми́лость кого́-н.; (*law, pardon*) помилова́ние; **act of ~y** акт милосе́рдия; **~y killing** эйтана́зия, умерщвле́ние неизлечи́мых больны́х; **God's ~y** ми́лость Бо́жья; **Lord, have ~y upon us!** Го́споди, поми́луй!
2 (*power*): **at the ~y of** во вла́сти + *g*; **they left him to the ~y of fate** они́ оста́вили его́ на произво́л судьбы́; **he was left to Natasha's tender ~ies** (*ironical*) его́ оста́вили на ми́лость/ попече́ние Ната́ши.
3 (*blessing*): **it's a ~y he wasn't drowned** сча́стье, что он не утону́л; **one must be thankful for small ~ies** на́до ра́доваться и ма́лому.

mere¹ /mɪə(r)/ *n* (*lake*) о́зеро.

mere² /mɪə(r)/ *adj* (**merest**) **1** (*simple; pure*) просто́й; чи́стый; (*absolute*) су́щий; (*no more than, nothing but*) не бо́лее чем; всего́ лишь; то́лько; **~ coincidence** просто́е совпаде́ние; **by the ~st chance** по чи́стой случа́йности; **it's a ~ trifle** э́то су́щая ме́лочь; **he is a ~ child** он всего́ лишь ребёнок; **they received a ~ pittance** они́ получа́ли су́щие гроши́. **2** (*used for emphasis; alone*) оди́н (то́лько); **~ words are not enough** слова́ми де́лу не помо́жешь; **at the ~ thought** при одно́й мы́сли; **the ~ sight of him disgusts me** оди́н его́ вид вызыва́ет у меня́ отвраще́ние.

merely /ˈmɪəlɪ/ *adv* (*simply*) про́сто; (*only*) то́лько.

meretricious /ˌmerɪˈtrɪʃəs/ *adj* мишу́рный.

merganser /mɜ:ˈgænsə(r)/ *n* (*zool*) крoха́ль (*m*).

merge /mɜ:dʒ/ *vt & i* сл|ива́ть(ся), -и́ть(ся); **twilight ~d into darkness** су́мерки смени́лись темното́й.

merger /ˈmɜ:dʒə(r)/ *n* слия́ние; (*comm*) объедине́ние.

meridian /məˈrɪdɪən/ *n* (*geog*) меридиа́н; **Greenwich/principal ~** гри́нвичский/нулево́й меридиа́н; (*astr and fig*) зени́т.

meringue /məˈræŋ/ *n* безе́ (*indecl*), мере́нга.

merino /məˈri:nəʊ/ *n* (*pl* **~s**) (*sheep*) мерино́с; (*wool*) мерино́совая шерсть.

merit /ˈmerɪt/ *n* (*deserving quality, worth*) досто́инство; **a man of ~** челове́к с несомне́нными досто́инствами; **the suggestion has ~; there is some ~ in the suggestion** в э́том предложе́нии есть свои́ плю́сы; (*action etc. deserving recognition*) заслу́га; **he was rewarded according to his ~s** он был вознаграждён по заслу́гам; (*in pl, rights and wrongs*): **one must decide each question on its ~s** на́до реша́ть ка́ждый вопро́с по существу́.
● *vt* (**merited, meriting**) заслу́ж|ивать, -и́ть.

meritocracy /ˌmerɪˈtɒkrəsɪ/ *n* о́бщество, управля́емое людьми́ с наибо́льшими спосо́бностями.

meritorious /ˌmerɪˈtɔ:rɪəs/ *adj* похва́льный.

merlin /ˈmɜ:lɪn/ *n* (*zool*) дё́рбник.

mermaid /ˈmɜ:meɪd/ *n* руса́лка.

merriment /ˈmerɪmənt/ *n* весе́лье.

merry /ˈmerɪ/ *adj* (**merrier, merriest**) (*happy, full of gaiety*) весёлый; **make ~** (*have fun*) весели́ться, по-; **M~ Christmas!** с Рождество́м (Христо́вым)!
● *cpds* **~-go-round** *n* карусе́ль; **~making** *n* весе́лье, потёха.

mésalliance /meɪˈzælɪˌɑ̃s/ *n* нера́вный брак, мезалья́нс.

mescalin(e) /ˈmeskəˌli:n/ *n* мескали́н.

Mesdames /meɪˈdɑ:m, -ˈdæm/ *n pl* да́мы, госпожи́ (*f pl*).

mesdemoiselles /ˌmeɪdəmwəˈzel/ *pl of* **⇒mademoiselle**

mesh /meʃ/ *n* **1** (*space in net etc.*) яче́йка се́т(к)и; отве́рстие (*решета, сита*); **~ bag** аво́ська. **2** (*net, netting*) сеть, се́тка; **(a) wire ~** про́волочная се́тка. **3** (*in sg or pl; fig, snare*) се́ти (*f pl*); **be caught in a ~ of lies** запу́т|ываться, -аться в сетя́х лжи. **4** (*netting material*) се́тчатый материа́л. **5**: **in ~** (*mechanics*) сце́пленный.
● *vt* (*catch*) зацеп|ля́ть, -и́ть.
● *vi* (*interlock*) зацеп|ля́ться, -и́ться; (*fig, harmonize, of people*) найти́ (*pf*) о́бщий язы́к.

mesh /meʃ/ *n* **1** (*space in net etc.*) яче́йка; отве́рстие; **~ bag** аво́ська. **2** (*net, netting*) сеть, се́тка; **(a) wire ~** про́волочная се́тка; (*in sg or pl; fig, snare*) се́ти (*f pl*); **be caught in a ~ of lies** запу́т|ываться, -таться в сетя́х лжи. **3** (*netting material*) се́тчатый материа́л. **4**: **in ~** (*mechanics*) сце́пленный.
● *vt* (*catch*) зацеп|ля́ть, -и́ть.
● *vi* (*interlock*) зацеп|ля́ться, -и́ться; (*fig, harmonize, of people*) найти́ (*pf*) о́бщий язы́к.

mesmeric /mezˈmerɪk/ *adj* гипноти́ческий.

mesmerism /ˈmezməˌrɪz(ə)m/ *n* гипноти́зм.

mesmerist /ˈmezmərɪst/ *n* гипнотизёр.

mesmerize /ˈmezməˌraɪz/ *vt* (*lit, fig*) гипнотизи́ровать, за-.

Mesolithic /ˌmezəʊˈlɪθɪk/ *adj* мезолити́ческий; **~ age** сре́дний ка́менный век.

meson /ˈmezɒn, ˈmi:zɒn/ *n* (*phys*) мезо́н.

Mesozoic /ˌmesəˈzəʊɪk, ˌmi:-/ (*geol*) *n* (**the ~**) мезозо́й(ская э́ра).
● *adj* мезозо́йский.

mess¹ /mes/ *n* **1** (*disorder*) беспоря́док; **the room was in a complete ~** ко́мната была́ в соверше́нном беспоря́дке; **make a ~ of** (*spoil; bungle*) прова́л|ивать, -и́ть; **he made a ~ of his life** он загуби́л свою́ жизнь. **2** (*dirt*) грязь; **your shirt is in a ~** у вас руба́шка запа́чкалась; **make a ~ of** (*soil*) па́чкать, за-. **3** (*confusion*) пу́таница. **4** (*trouble*) неприя́тность, беда́, го́ре; **get o.s. into a ~** вли́пнуть (*pf*) (*coll*).
● *vt* (*make dirty, esp with excrement*): **Johnny's ~ed his pants** Джо́нни замара́л штани́шки.
● *vi*: **~ with** (*interfere with*) вме́шиваться (*impf*) в + *a*.
● *with advs*: **~ about** *vt* (*Br, inconvenience*) причиня́ть (*impf*) неудо́бство + *d*; *vi* (*work half-heartedly or without plan*) ковыря́ться (*impf*); (*potter, idle about*) канители́ться (*impf*); **~ about with** (*fiddle with*) вози́ться (*impf*) с + *i*; **don't ~ about with matches** не игра́йте со спи́чками; **~ around** *vt & i* = **~ about**; **~ up** *vt* (*make dirty*) па́чкать, пере-; (*bungle*) прова́л|ивать, -и́ть; (*put into confusion*) перепу́т|ывать, -ать.

mess² /mes/ *n* (*eating place*) столо́вая; **officers' ~** офице́рский клуб; (*on ship*) каю́т-компа́ния.
● *cpds* **~ hall** *n* (*US*) столо́вая; **~ jacket** *n* обе́денный ки́тель; **~ kit** *n* (*utensils*) столо́вый набо́р; (*uniform*) пара́дная фо́рма оде́жды; **~ tin** *n* (*Br*) котело́к.

message /ˈmesɪdʒ/ *n* **1** (*formal; also email*) сообще́ние; (*informal*) запи́ска, за́пись; **I received a ~ by telephone** мне переда́ли по телефо́ну; **can I take a ~ for him?** что ему́ переда́ть?; **have you got the ~?** (*understood*) до вас дошло́?; поня́тно?; усекли́? **2** (*writer's theme*) иде́йное содержа́ние; (*prophet's teaching*) уче́ние.

messenger /ˈmesɪndʒə(r)/ *n* курье́р, посы́льный.
● *cpd* **~ boy** *n* ма́льчик на посы́лках.

Messiah /mɪˈsaɪə/ *n* Месси́я (*m*).

Messianic /ˌmesɪˈænɪk/ *adj* месси́анский.

Messrs /ˈmesəz/ *n pl* (*abbr of* ***Messieurs***) господ|а́ (*pl g* —).

messy /ˈmesɪ/ *adj* (**messier, messiest**) (*untidy*) неу́бранный; (*dirty*) гря́зный; (*slovenly*) неря́шливый; (*difficult, unpleasant*) неприя́тный.

met /met/ *past and pp of* **⇒meet**

m

metabolic /ˌmetəˈbɒlɪk/ *adj*: **~ disease** нарушéние обмéна веществ.

metabolism /mɪˈtæbəˌlɪz(ə)m/ *n* обмéн веществ.

metacarpal /ˌmetəˈkɑːp(ə)l/ *n* (*also* **~ bone**) пя́стная кость.
● *adj* пя́стный.

metacar|pus /ˌmetəˈkɑːpəs/ *n* (*pl* **~pi** /-paɪ, -piː/) (*anat*) пясть.

metal /ˈmet(ə)l/ *n* **1** метáлл; **ferrous/ non-ferrous ~s** чёрные/цвéтные метáллы. **2** (**road ~**) щéбень (*m*). **3** (*in pl, rails*) рéльсы (*m pl*); **the train jumped the ~s** пóезд сошёл с рéльсов.
● *adj* металли́ческий.
● *vt* (**metalled, metalling;** *US* **metaled, metaling**) **1** (*covered with metal*) покр|ывáть, -ы́ть метáллом. **2** (*Br*): **~led road** шоссé (*indecl*).
● *cpds* **~ detector** *n* металлоискáтель (*m*); **~work** *n* металлообрабóтка; **~worker** *n* слéсарь (*m*).

metallic /mɪˈtælɪk/ *adj* металли́ческий.

metalliferous /ˌmetəˈlɪfərəs/ *adj* рудонóсный.

metallurgic(al) /ˌmetəˈlɜːdʒɪk, ˌmetəˈlɜːdʒɪk(ə)l/ *adj* металлурги́ческий.

metallurgist /meˈtælədʒɪst/ *n* металлу́рг.

metallurgy /mɪˈtælədʒɪ, ˈmetəˌlɜːdʒɪ/ *n* металлурги́я.

metamorphose /ˌmetəˈmɔːfəʊz/ *vt* превра|щáть, -ти́ть.

metamorphosis /ˌmetəˈmɔːfəsɪs, ˌmetəmɔːˈfəʊsɪs/ *n* (*pl* **metamorphoses** /-siːz/) метаморфóза.

metaphor /ˈmetəˌfɔː(r)/ *n* метáфора; **mixed ~** смéшанная метáфора.

metaphorical /ˌmetəˈfɒrɪk(ə)l/ *adj* метафори́ческий; **~ly speaking** óбразно говоря́.

metaphysical /ˌmetəˈfɪzɪk(ə)l/ *adj* метафизи́ческий; **~ poet** поэ́т метафизи́ческой шкóлы.

metaphysics /ˌmetəˈfɪzɪks/ *n* метафи́зика.

metatarsal /ˌmetəˈtɑːsəl/ *n* (*also* **~ bone**) плюсневáя кость.
● *adj* плюсневóй.

metatar|sus /ˌmetəˈtɑːsəs/ *n* (*pl* **~si** /-saɪ, -siː/) (*anat*) плюснá.

metathesis /mɪˈtæθɪsɪs/ *n* (*pl* **metatheses** /-ˌsiːz/) (*gram, phonetics*) перестанóвка букв/звýков; метатéза.

mete /miːt/ *vt*: **with what measure ye ~, it shall be measured to you again** (*bibl*) какóю мéрою мéрите, такóю и вам бу́дут мéрить (*or* такóю же отмéрится и вам); **~ out** определ|я́ть, -и́ть; назн|ачáть, -áчить.

meteor /ˈmiːtɪə(r)/ *n* метеóр; **~ shower** метеóрный дождь/потóк.

meteoric /ˌmiːtɪˈɒrɪk/ *adj* **1** (*of meteors*) метеóрный; (*fig*): **a ~ career** головокружи́тельная карьéра; **a ~ rise to success** стреми́тельный/ головокружи́тельный взлёт к успéху. **2** (*of the atmosphere*) метеорологи́ческий.

meteorite /ˈmiːtɪəˌraɪt/ *n* метеори́т; (*attr*) метеори́тный.

meteorological /ˌmiːtɪərəˈlɒdʒɪk(ə)l/ *adj* метеорологи́ческий; **M~ Office** (*US* **Center**) глáвная метео(рологи́ческая)слу́жба страны́; (*in Russia, Ukraine, Belarus*) Гидромет(ео)цéнтр.

meteorologist /ˌmiːtɪəˈrɒlədʒɪst/ *n* метеорóлог.

meteorology /ˌmiːtɪəˈrɒlədʒɪ/ *n* метеороло́гия.

meter[1] /ˈmiːtə(r)/ *n* (*apparatus*) счётчик; **gas ~** гáзовый счётчик; **a man came to read the ~** слу́жащий пришёл снять показáния счётчика.
● *vt* изм|еря́ть, -éрить; зам|еря́ть, -éрить.

meter[2] /ˈmiːtə(r)/ (*US*) = **metre**

methane /ˈmiːθeɪn, ˈmeθeɪn/ *n* метáн.

method /ˈmeθəd/ *n* (*mode, way*) мéтод, спóсоб; (*system*) систéма, метóдика; **there's ~ in his madness** в егó безу́мии есть систéма.

methodical /mɪˈθɒdɪk(ə)l/ *adj* (*systematic*) системати́ческий; (*of regular habits*) методи́чный.

Methodism /ˈmeθəˌdɪz(ə)m/ *n* методи́зм.

Methodist /ˈmeθədɪst/ *n* методи́ст (*fem* -ка); (*attr*) методи́стский.

methodological /ˌmeθədəˈlɒdʒɪk(ə)l/ *adj* методологи́ческий.

meths /meθs/ (*Br coll*) = **methylated spirit**

Methuselah /mɪˈθjuːzələ/ *n* Мафусаи́л.

methyl /ˈmiːθaɪl, ˈmeθɪl/ *n* мети́л; (*attr*): **~ alcohol** мети́ловый спирт.

methylated /ˈmeθɪˌleɪtɪd/ *adj*: **~ spirit** денатурáт.

meticulous /məˈtɪkjʊləs/ *adj* тщáтельный, аккурáтный.

meticulousness /məˈtɪkjʊləsnɪs/ *n* тщáтельность, аккурáтность.

métier /ˈmetjeɪ/ *n* (*profession*) профéссия; (*trade*) ремеслó.

metre /ˈmiːtə(r)/ (*US* **meter**[2]) *n* (*unit of length*) метр; (*verse rhythm*) размéр.

metric /ˈmetrɪk/ *adj* метри́ческий; **~ system** метри́ческая систéма мер.

metrical /ˈmetrɪk(ə)l/ *adj* (*of, or composed in, metre*) метри́ческий; (*pertaining to measurement*) измери́тельный.

metrication /ˌmetrɪˈkeɪʃ(ə)n/ *n* введéние метри́ческой систéмы.

metrics /ˈmetrɪks/ *n* мéтрика.

Metro /ˈmetrəʊ/ *n* (*pl* **~s**) метрó (*indecl*).

metronome /ˈmetrəˌnəʊm/ *n* метронóм.

metropolis /mɪˈtrɒpəlɪs/ *n* столи́ца.

metropolitan /ˌmetrəˈpɒlɪt(ə)n/ *n* (*eccl*) митрополи́т.
● *adj* (*of capital*) столи́чный; (*of see*) митропóличий.

mettle /ˈmet(ə)l/ *n* (*strength of character*) си́ла харáктера; **show one's ~** прояв|ля́ть, -и́ть си́лу харáктера; (*spirit, combativeness*) боевóе настроéние.

mettlesome /ˈmetəlsəm/ *adj* (*of person*) рья́ный; (*of horse*) рети́вый.

mew[1] /mjuː/ *n* (*of cat*) мя́уканье.
● *vi* мя́укать (*impf*).

mew[2] /mjuː/ *n* (*gull*) чáйка.

mewl /mjuːl/ *vi* попи́скивать (*impf*).

mews /mjuːz/ *n* (*Br*) коню́шни (*f pl*) (передéланные в жилóе помещéние).

Mexican /ˈmeksɪkən/ *n* мексикáн|ец (*fem* -ка).
● *adj* мексикáнский.

Mexico /ˈmeksɪˌkəʊ/ *n* Мéксика; **~ City** Мéхико (*m indecl*).

mezzanine /ˈmetsəˌniːn, ˈmez-/ *n* мезони́н, полуэтáж.

mezzo /ˈmetsəʊ/ *adv* полу-; **~ forte** довóльно грóмко.
● *cpd* **~-soprano** *n* (*pl* **~s**) (*singer*) мéццо-сопрáно (*f indecl*); (*voice*) мéццо-сопрáно (*nt indecl*).

mezzotint /ˈmetsəʊtɪnt/ *n* мéццо-ти́нто (*nt indecl*) (*спóсоб глубóкой печáти*).

mg /ˈmɪlɪˌgræm(z)/ *n* (*abbr of* ***milligram(me)(s)***) мг (миллигрáмм).

Mgr /mɒnˈsiːnjə(r)/ *n abbr of* **1** ***manager*** завéдующий (+ *i*). **2** ***Monsignor*** монсеньóр.

mi /miː/ = **me**[2]

MIA (*abbr of* ***missing in action***) пропáвший бéз вести.

MI5 (*abbr of* ***Military Intelligence Section 5***) (*Br*) МИ(-)5, слу́жба (госудáрственной) безопáсности (*официáльное назвáние с 1964 гóда: the Security Service*).

MI6 (*abbr of* ***Military Intelligence Section 6***) (*Br*) МИ(-)6, секрéтная развéдывательная слу́жба (*официáльное назвáние с 1964 гóда: the Secret Intelligence Service*).

miaow /mɪˈaʊ/ *n* мя́уканье; (*as int* **~!**) мя́у!
● *vi* мя́укать (*impf*).

miasma /mɪˈæzmə, maɪ-/ *n* (*pl* **~ta** *or* **~s**) миáзм|ы (*pl, g* —).

mica /ˈmaɪkə/ *n* слюдá; (*attr*) слюдянóй.

mice /maɪs/ *pl of* ⇒**mouse**

Michaelmas /ˈmɪkəlməs/ *n* Михáйлов день (*29 сентября́*); **~ term** (*Br, academic*) осéнний триместр.

mickey /ˈmɪkɪ/ *n* (*Br sl*): **take the ~ out of s.o.** издевáться (*impf*) над кем-н.

Mickey Finn /ˌmɪkɪ ˈfɪn/ *n* (*drink*) ёрш (*sl*).

Mickey Mouse /ˌmɪkɪ ˈmaʊs/ *adj* (*pej*) ребя́ческий.

microbe /ˈmaɪkrəʊb/ *n* микрóб.

microbiological /ˌmaɪkrəʊbaɪəˈlɒdʒɪk(ə)l/ *adj* микробиологи́ческий.

microbiologist /ˌmaɪkrəʊbaɪˈɒlədʒɪst/ *n* микробиóлог.

microbiology /ˌmaɪkrəʊbaɪˈɒlədʒɪ/ *n* микробиолóгия.

microchip /ˈmaɪkrəʊtʃɪp/ *n* микросхéма, чип.

microcircuit /ˈmaɪkrəʊˌsəːkɪt/ *n* микросхéма.

microcomputer /ˈmaɪkrəʊkəmˈpjuːtə(r)/ *n* микрокомпью́тер.

microcosm /ˈmaɪkrəˌkɒz(ə)m/ *n* микрокóсм.

microeconomic /ˌmaɪkrəʊˌiːkə ˈnɒmɪk, -ˌekəˈnɒmɪk/ *adj* микроэкономи́ческий.

microeconomics /ˌmaɪkrəʊˌiːkə ˈnɒmɪks, -ˌekəˈnɒmɪks/ *n* микроэконо́мика.

microelectronics /ˌmaɪkrəʊɪlek ˈtrɒnɪks/ *n* микроэлектро́ника.

microfibre /ˈmaɪkrəʊˌfaɪbə(r)/ *n* (*US* **microfiber**) микроволокно́.

microfiche /ˈmaɪkrəʊˌfiːʃ/ *n* микрофи́ша (*несколько фотографий на микроплёнке*).

microfilm /ˈmaɪkrəʊfɪlm/ *n* микрофи́льм, микроплёнка.
● *vt* микрофильми́ровать (*impf*); де́лать, с- микрофи́льм + *g*.

microlight /ˈmaɪkrəʊˌlaɪt/ *n* (*Br*) сверхлёгкий персона́льный самолёт; (*motorized hang glider*) мотодельтапла́н.

micrometer /maɪˈkrɒmɪtə(r)/ *n* микро́метр (*измерительный инструмент*).

micron /ˈmaɪkrɒn/ *n* микро́н.

micro-organism /ˌmaɪkrəʊ ˈɔːgənɪz(ə)m/ *n* микроорганизм.

microphone /ˈmaɪkrəˌfəʊn/ *n* микрофо́н.

microprocessor /ˌmaɪkrəʊ ˈprəʊsesə(r)/ *n* микропроце́ссор.

microscope /ˈmaɪkrəˌskəʊp/ *n* микроско́п.

microscopic /ˌmaɪkrəˈskɒpɪk/ *adj* микроскопи́ческий.

microsurgery /ˈmaɪkrəʊˌsɜːdʒərɪ/ *n* микрохирурги́я.

microwave /ˈmaɪkrəʊˌweɪv/ *n* микроволна́; (*attr*) микроволно́вый; **~ oven** микроволно́вая печь.

mid /mɪd/ *adj* & *pref*: **in ~-air** (высоко́) в во́здухе; **in ~ Channel** посреди́ Ла-Ма́нша; **in ~ course** посреди́не пути́; **from ~ June to ~ July** с середи́ны ию́ня до середи́ны ию́ля; **she interrupted him in ~ sentence** она́ прервала́ его́ на полусло́ве.
● *cpds* **~day** *n* по́лдень (*m*); *adj*: **the ~day sun** полу́денное со́лнце; **~land** *adj* располо́женный внутри́ страны; **the M~lands** центра́льные гра́фства А́нглии; **~night** *n* по́лночь; **during the ~night hours** в полночь; **he was burning the ~night oil** он рабо́тал по ноча́м; он полуно́чничал; **~night sun** полу́но́чное со́лнце; **~summer** *n* середи́на ле́та; **at ~summer** среди́ ле́та; *adj* **M~summer Day** Ива́нов день (*24 июня*); **~way** *adv* на полпути́; **the M~west** *n* Сре́дний За́пад США; **~winter** *n* середи́на зимы́.

midden /ˈmɪd(ə)n/ *n* наво́зная ку́ча.

middle /ˈmɪd(ə)l/ *n* **1** середи́на; **in the ~ of** среди́ + *g*; **there is a pain in the ~ of my back** у меня́ боль в поясни́це; **in the ~ of nowhere** бог зна́ет где; (*of time*): **in the ~ of the night** посреди́ но́чи; **I was in the ~ of getting ready** в тот моме́нт я как раз собира́лся.
2 (*waist*) та́лия; **he caught her round the ~** он о́бнял/схвати́л её за та́лию.
● *adj* сре́дний; **in ~ age** в сре́днем во́зрасте; **the M~ Ages** Сре́дние века́; **the ~ classes** сре́дние слои́ о́бщества; сре́дний класс; **the ~ classes** сре́дние слои́ о́бщества; сре́дний класс; **he followed a ~ course** он держа́лся уме́ренного ку́рса; он вы́брал сре́дний путь; **~ distance** сре́дний план; **M~ America** сре́дняя Аме́рика; **M~ American** сре́дний америка́нец; **M~ East** Бли́жний Восто́к; **M~ English** среднеангли́йский язык; **~ finger** сре́дний па́лец; **in ~ life** в середи́не жи́зни; **his ~ name is George** его́ второ́е и́мя — Гео́ргий/ Джордж; **~ school** (*Br*) сре́дняя шко́ла.
● *cpds* **~-aged** *adj* сре́дних лет; **~-class** *adj* буржуа́зный; **~man** *n* (*pl* **~men**) посре́дник; **~-of-the-road** *adj* (*pol*) уме́ренных (полити́ческих) взгля́дов; (*mus*) лёгкий; **~weight** *n* & *adj* (боксёр) сре́днего ве́са.

> **Middle England — сре́дняя А́нглия**
>
> Э́то выраже́ние ча́сто применя́ется к сре́днему кла́ссу Великобрита́нии. Так как э́та гру́ппа населе́ния составля́ет са́мую большу́ю часть электора́та, полити́ческие па́ртии стремя́тся получи́ть на вы́борах их голоса́. Выраже́ние *middle income Britain* име́ет аналоги́чное употребле́ние.

middling /ˈmɪdlɪŋ/ *adj* сре́дний, второсо́ртный; **fair to ~** та́к себе.

midge /mɪdʒ/ *n* мо́шка.

midget /ˈmɪdʒɪt/ *n* ка́рлик; (*attr*) ка́рликовый.

midi /ˈmɪdɪ/ *n* (*pl* **midis**) ми́ди (*юбка и т. п.*).

midpoint /ˈmɪdˌpɔɪnt/ *n* сре́дняя то́чка.

midriff /ˈmɪdrɪf/ *n* ве́рхняя часть живота́.

midshipman /ˈmɪdʃɪpmən/ *n* (*pl* **midshipmen**) ми́чман, гардемари́н.

midst /mɪdst/ *n* середи́на; **in the ~ of** среди́, в разга́р + *g*, ме́жду + *i*; **a stranger in our ~** чужо́й среди́ нас.

midwife /ˈmɪdwaɪf/ *n* акуше́рка.

midwifery /ˈmɪdˌwɪfərɪ/ *n* акуше́рство.

mien /miːn/ *n* (*literary*) вид, нару́жность.

miff /mɪf/ *vt* (*coll*): **he was ~ed by my remark** моё замеча́ние оби́дело/ заде́ло его́.

might[1] /maɪt/ *n* **1** (*power to enforce will*) мощь; **~ is right** си́льный всегда́ прав. **2** (*strength*) си́ла; **with (all his) ~ and main** изо всех сил; что бы́ло мо́чи.

might[2] /maɪt/ *v aux see* ⇨**may**

mightiness /ˈmaɪtɪnɪs/ *n* (*power*) мо́щность; (*size*) вели́чие.

mightn't /maɪt(ə)nt/ *contracted neg of* ⇨**might**

mighty /ˈmaɪtɪ/ *adj* (**mightier, mightiest**) **1** (*powerful*) мо́щный; (*great*) вели́кий; **high and ~** (*pompous, arrogant*) зано́счивый. **2** (*massive*) грома́дный.
● *adv* (*US coll*) о́чень.

mignonette /ˌmɪnjəˈnet/ *n* резеда́.

migraine /ˈmiːgreɪn, ˈmaɪ-/ *n* мигре́нь.

migrant /ˈmaɪgrənt/ *n* переселе́нец; (*bird*) перелётная пти́ца.
● *adj* кочу́ющий; перелётный.

migrate /maɪˈgreɪt/ *vi* пересел|я́ться, -и́ться; мигри́ровать (*impf*); (*of birds*) соверш|а́ть, -и́ть перелёт.

migration /maɪˈgreɪʃ(ə)n/ *n* мигра́ция; перелёт.

migratory /maɪˈgreɪtərɪ/ *adj* перелётный.

mike /maɪk/ (*coll*) = **microphone**

milage /ˈmaɪlɪdʒ/ = **mil(e)age**

milch /mɪltʃ/ *adj*: **~ cow** до́йная коро́ва.

mild /maɪld/ *adj* мя́гкий; (*of person*) кро́ткий, ти́хий; **a ~ reproof** мя́гкий упрёк; **to put it ~ly** мя́гко говоря́; **a ~ day** тёплый день; **a ~ cheese** нео́стрый/мя́гкий сыр; **~ steel** мя́гкая сталь; **~ tobacco** сла́бый таба́к.

mildew /ˈmɪldjuː/ *n* (*disease of plants*) ми́лдью (*f & nt indecl*), ложномучни́стая роса́; (*on paper, leather*) пле́сень.

mildness /ˈmaɪldnɪs/ *n* мя́гкость; (*of food etc.*) пре́сность.

mile /maɪl/ *n* ми́ля; **for ~s around** на мно́го миль вокру́г; **30 ~s an hour** 30 миль в час; **he ran the ~ in 4 minutes** он пробежа́л ми́лю за 4 мину́ты; (*fig*): **I am feeling ~s better** мне намно́го лу́чше; **I was ~s away** я замечта́лся; **it sticks out a ~** э́то броса́ется в глаза́; э́то ви́дно за версту́.
● *cpd* **~stone** *n* ка́мень с указа́нием расстоя́ния; (*fig*) ве́ха.

mil(e)age /ˈmaɪlɪdʒ/ *n* **1** (*distance in miles*) расстоя́ние в ми́лях; (*of car*) пробе́г автомоби́ля (в ми́лях); **~ indicator** счётчик про́йденного пути́. **2** (*travel expenses*) проездны́е (*pl*). **3** (*coll, benefit*) по́льза, вы́года.

miler /ˈmaɪlə(r)/ *n* (*athlete*) бегу́н на диста́нцию в одну́ ми́лю.

milieu /mɪˈljɜː, ˈmiːljɜː/ *n* (*pl* **~x** *or* **~s**) окруже́ние, среда́.

militancy /ˈmɪlɪt(ə)nsɪ/ *n* вои́нственность.

militant /ˈmɪlɪt(ə)nt/ *n* бое́ц, боре́ц; воя́ка (*m*); активи́ст (*fem* -ка).
● *adj* вои́нствующий; **~ students** вои́нственно настро́енные студе́нты.

militarism /ˈmɪlɪtəˌrɪz(ə)m/ *n* милитари́зм.

militarist /ˈmɪlɪtərɪst/ *n* милитари́ст.

militaristic /ˌmɪlɪtəˈrɪstɪk/ *adj* милитаристи́ческий.

militarize /ˈmɪlɪtəˌraɪz/ *vt* милитаризи́ровать (*impf, pf*).

military /ˈmɪlɪtərɪ/ *n*: **the ~** военнослу́жащие (*m pl*), войска́ (*nt pl*).
● *adj* вое́нный; **of ~ age** призывно́го во́зраста; **~ band** вое́нный орке́стр; **~ engineering** вое́нно-инжене́рное де́ло; **a ~ man** военнослу́жащий, вое́нный; **~ service** вое́нная слу́жба; (*as liability*) во́инская пови́нность; **~ training** вое́нная подгото́вка.

militate /ˈmɪlɪˌteɪt/ *vi*: **~ against** препя́тствовать (*impf*) + *d*; говори́ть (*impf*) про́тив + *g*; **his age ~s against him** ему́ меша́ет во́зраст.

m

militia /mɪ'lɪʃə/ *n* милиция.
● *cpd* **~man** *n* (*pl* **~men**) милиционер.

milk /mɪlk/ *n* молоко; **it's no good crying over spilt ~** слезами горю не поможешь; (*attr*) молочный; **~ pudding** (*Br*) молочный пудинг; **~ tooth** молочный зуб.
● *vt* доить, по-; (*fig*): **they ~ed him of all his cash** они выкачали из него все деньги.
● *vi*: **the cows are ~ing well** коровы хорошо доятся.
● *cpds* **~ bar** *n* (*Br*) кафе-молочная; **~ churn** *n* маслобойка; **~ float** *n* (*Br*) тележка для развозки молока; **~maid** *n* доярка; **~man** *n* (*pl* **~men**) продавец молока, молочник; **~ powder** *n* порошковое молоко; **~shake** *n* молочный коктейль; **~sop** *n* тряпка (*fig*); мямля (*cg*); **~-white** *adj* молочно-белый.

milky /'mɪlkɪ/ *adj* (**milkier, milkiest**) молочный; **the M~ Way** Млечный Путь.

mill /mɪl/ *n* (*for grinding corn*) мельница; **coffee ~** кофейная мельница, кофемолка; **pepper ~** мельница для перца; (*factory*) фабрика; **paper ~** бумажная фабрика; (*fig*): **she's been through the ~** ей пришлось/довелось много(е)/немало пережить; **they put him through the ~** они подвергли его тяжёлым испытаниям.
● *vt* **1** (*grind*) молоть, пере-. **2** (*cut with ~ing machine*) фрезеровать (*impf*); **a coin with a ~ed edge** монета с насечкой/насечками по краю.
● *vi* (*coll*): **a crowd was ~ing around the entrance** люди толпились у входа.
● *cpds* **~pond** *n* мельничный пруд; **the sea is like a ~pond** море совершенно спокойно; море как зеркало; **~ race** *n* (*trough*) мельничный лоток; **~stone** *n* жёрнов; (*fig*) камень (*m*) на шее; **~ wheel** *n* мельничное колесо.

millennia /mɪ'lenɪə/ *pl of* **⇒millennium**

millennial /mɪ'lenɪəl/ *adj* тысячелетний.

millenni|um /mɪ'lenɪəm/ *n* (*pl* **~ums** *or* **~a**) тысячелетие; (*fig*) золотой век; **~ bug** (*comput*) компьютерная проблема двухтысячного года.

miller /'mɪlə(r)/ *n* мельник.

millet /'mɪlɪt/ *n* (*plant*) просо; (*grain*) пшено.

millibar /'mɪlɪ,bɑ:(r)/ *n* миллибар.

milligram(me) /'mɪlɪ,græm/ *n* миллиграмм.

millilitre /'mɪlɪ,li:tə(r)/ (*US* **-liter**) *n* миллилитр.

millimetre /'mɪlɪ,mi:tə(r)/ (*US* **-meter**) *n* миллиметр.

milliner /'mɪlɪnə(r)/ *n* (*fem*) модистка.

millinery /'mɪlɪnərɪ/ *n* (*trade*) производство/продажа дамских шляп; (*women's hats*) дамские шляпки (*f pl*).

million /'mɪljən/ *n* & *adj* (*pl* **~s** *or* (*with numeral or qualifying word*) **~**) миллион (+ *g*); **thanks a ~** (*coll*) огромное спасибо.

millionaire /,mɪljə'neə(r)/ *n* миллионер.

millionairess /,mɪljə'neərɪs/ *n* женщина-миллионер, миллионерша (*coll*).

millionth /'mɪljənθ/ *n* миллионная часть.
● *adj* миллионный.

millipede /'mɪlɪ,pi:d/ *n* многоножка.

millivolt /'mɪlɪ,vɒlt/ *n* милливольт.

milometer /maɪ'lɒmɪtə(r)/ *n* (*Br*) счётчик пробега.

milt /mɪlt/ *n* семенники (*m pl*).

mime /maɪm/ *n* (*performance; technique*) пантомима; (*artist*) артист пантомимы.
● *vt* (*act by miming*) изобра|жать, -зить пантомимой.
● *vi* (*pretend to sing*) петь, с-/про- под фонограмму.

mimeograph /'mɪmɪə,grɑ:f/ *n* мимеограф.
● *vt* печатать на мимеографе.

mimic /'mɪmɪk/ *n* имитатор; мимическ|ий акт|ёр (*fem* -ая -риса); **he is a good ~** он обладает даром подражания.
● *vt* (**mimicked, mimicking**) **1** (*ridicule by imitation*) передразн|ивать, -ить; пародировать (*impf*). **2** (*biol*) принимать (*impf*) защитную окраску + *g*.

mimicry /'mɪmɪkrɪ/ *n* (*imitation*) имитирование; подражание (+ *d*); (*biol*) мимикрия.

mimosa /mɪ'məʊzə/ *n* мимоза.

min. /'mɪnɪt(z)/ *n* (*abbr of* ***minute(s)***) мин., м. (минута).

minaret /,mɪnə'ret/ *n* минарет.

minatory /'mɪnətərɪ/ *adj* угрожающий.

mince /mɪns/ *n* (*Br, chopped meat*) фарш.
● *vt* (*chop small*) рубить (*impf*); пропус|кать, -тить через мясорубку; **~d beef** говяжий фарш; **mincing machine** мясорубка; (*fig*): **he does not ~ matters** он говорит открыто/прямо.
● *vi* (*behave affectedly*) жеманиться (*impf*); (*of walk*) семенить (*impf*); **he ~d up to me** он подошёл ко мне семенящей походкой.
● *cpds* **~meat** *n* сладкая начинка из изюма для пирожков; **they made ~meat of our team** (*fig*) они разгромили нашу команду в пух и прах; **~ pie** *n* (*Br*) ≈ сладкий пирожок (с начинкой из изюма).

mincer /'mɪnsə(r)/ *n* мясорубка.

mind /maɪnd/ *n* **1** (*intellect*) ум, разум; **he has a very good ~** он очень способный; **you must be out of your ~** вы с ума сошли; **a triumph of ~ over matter** торжество духа над материей; **his ~ has gone; he has lost his ~** он не в своём уме; **great ~s** великие умы; **he is one of the best ~s of our time** он один из величайших/лучших умов нашего времени.
2 (*remembrance*): **bear in ~** помнить (*impf*); **bring to ~** нап|оминать, -омнить о + *p*; **I called his words to ~** я вспомнил его слова; **it puts me in ~ of something** это мне что-то напоминает; **the tune went clean out of my ~** я начисто забыл эту мелодию; **out of sight, out of ~** с глаз долой — из сердца вон; **time out of ~** испокон веков.
3 (*opinion*) мнение; **he spoke his ~ on the subject** он откровенно высказался на эту тему; **I gave him a piece of my ~** я ему выложил всё, что думал; **we are of one (*or* of the same) ~** мы одинакового мнения; **is he still of the same ~?** он всё ещё того же мнения?; **he doesn't know his own ~** он сам не знает, чего он хочет; **try to keep an open ~!** постарайтесь быть объективн|ым (*fem* -ой).
4 (*intention*) намерение; **I have a good (*or* half a) ~ not to go** я склонен не ходить/идти; **he changed his ~** он передумал; **I have made up my ~ to stay** я решил остаться; **my ~ is made up** я твёрдо решил; **I was in two ~s whether to accept the invitation** я колебался, принять мне приглашение или нет.
5 (*direction of thought or desire*): **she set her ~ on a holiday abroad** ей очень хотелось провести каникулы за границей.
6 (*thought*) мысли (*f pl*); **my ~ was on other things** я думал о другом; **I had something on my ~** меня что-то тревожило; **I set his ~ at rest** я его успокоил; **it took her ~ off her troubles** это отвлекло её от (её) забот/невзгод; **I cannot read his ~** я не могу угадать/прочесть его мысли; **I can see him in my ~'s eye** он стоит у меня перед глазами.
7 (*way of thinking*) настроение; **in his present frame, state of ~** в его нынешнем состоянии; **to my ~** на мой взгляд; мне кажется (*or* я считаю), что.
8 (*attention*): **he turned his ~ to his work** он сосредоточился на своей работе; **if you set your ~ to your work** если вы настроитесь на работу; **keep your ~ on what you are doing** не отвлекайтесь; **absence of ~** рассеянность; **he showed great presence of ~** он проявлял огромное присутствие духа.
● *vt* **1** (*take care, charge of*) присм|атривать, -отреть за + *i*; **~ your own business!** не вмешивайтесь не в своё дело!
2 (*worry about*) заботиться (*impf*) о + *p*; беспокоиться о + *p*; **never ~ the expense** не думайте о расходах; **~ your head!** осторожнее, не ушибите голову.
3 (*object to*) возра|жать, -зить на + *a*; иметь (*impf*) что-н. против + *g*; **I don't ~ the cold** я не боюсь холода; **would you ~ opening the door?** откройте, пожалуйста, дверь; **I wouldn't ~ going for a walk** я не прочь прогуляться; **I don't ~ going alone** мне всё равно, я могу пойти один.
4 (*heed, note*) прислуш|иваться, -аться к + *d*; слушаться (*impf*) + *g*; **if I had ~ed his advice** если бы я прислушался к его совету; **~ you lock the door!** не забудьте запереть/закрыть дверь!

● *vi* **1** (*worry*) беспоко́иться (*impf*); трево́житься (*impf*); **we're rather late, but never ~** мы немно́го опа́здываем, ну, ничего́!; **but I do ~!** но мне не всё равно́!; **'Where have you been?' — 'Never you ~!'** «Где вы бы́ли?» — «Не ва́ше де́ло!».
2 (*object*) возра|жа́ть, -зи́ть; **do you ~ if I smoke?** вы не про́тив, е́сли я закурю́?; **if you don't ~** с ва́шего разреше́ния; **do you ~, you're treading on my foot!** прости́те, вы наступи́ли мне на́ ногу.
3 (*bear sth in ~*) не заб|ыва́ть, -ы́ть; **~ you, I don't altogether approve** ме́жду про́чим, я э́то не совсе́м одобря́ю; **not a word, ~!** смотри́те, никому́ ни сло́ва!
● *cpds* **~-bending** *adj* умопомрачи́тельный (*coll*); **~-boggling** *adj* порази́тельный; **~-reader** *n* телепа́т; **~-reading** *n* телепа́тия.

minded /ˈmaɪndɪd/ *adj* **1** (*disposed*): **I am ~ to go and see him** мне хо́чется его́ повида́ть. **2** (*as suff expressing interest*) скло́нный к + *d*; проявля́ющий интере́с к + *d*; **mathematically-~** с математи́ческими накло́нностями.

minder /ˈmaɪndə(r)/ *n* (*Br, child minder*) ня́ня; (*coll, bodyguard*) телохрани́тель (*m*).

mindful /ˈmaɪndfʊl/ *adj* забо́тливый; **we must be ~ of the children** мы должны́ ду́мать о де́тях; **I was ~ of his advice** я по́мнил его́ сове́т; **he was ~ of his duty** он сознава́л свой долг.

mindless /ˈmaɪndlɪs/ *adj* **1** (*without care*) беззабо́тный; **~ of danger** не сознава́я опа́сности. **2** (*not requiring intelligence*): **~ drudgery** механи́ческий труд. **3** (*without intelligence*) глу́пый; **~ youths** безмо́зглые юнцы́.

mindlessness /ˈmaɪndlɪsnɪs/ *n* (*unconcern*) беззабо́тность; легкомы́слие; (*stupidity*) глу́пость, безмо́зглость.

mine¹ /maɪn/ *n* **1** (*excavation*) ша́хта; рудни́к; копь; **(gold ~)** (золото́й) при́иск; **the men went down the ~** рабо́чие спусти́лись в ша́хту; (*fig*) сокро́вищница; кла́дезь (*m*); **he is a ~ of information** он неиссяка́емый исто́чник информа́ции.
2 (*explosive device*) ми́на.
● *vt* **1** (*excavate*): **~ coal/ore** добыва́ть (*impf*) у́голь/руду́.
2 (*mil*) мини́ровать, за-; под|рыва́ть, -орва́ть; **they ~d the approaches to the harbour** они́ замини́ровали подхо́ды к га́вани; **the vessel was ~d** су́дно подорва́ли.
● *vi* разраб|а́тывать, -о́тать рудни́к; **they were mining for gold** они́ добыва́ли зо́лото; **the mining industry** го́рная промы́шленность; **a mining town** шахтёрский го́род/посёлок; **mining engineer** го́рный инжене́р.
● *cpds* **~-detector** *n* миноиска́тель (*m*); **~field** *n* ми́нное по́ле; **~layer** *n* ми́нный загради́тель; **~laying** *n* мини́рование; **~sweeper** *n* ми́нный тра́льщик.

mine² /maɪn/ *possessive pron*: **that book is ~** э́то моя́ кни́га; **a friend of ~** (оди́н) мой друг/знако́мый.

miner /ˈmaɪnə(r)/ *n* (*coal ~*) шахтёр; (*gold ~*) золотоиска́тель (*m*).

mineral /ˈmɪnər(ə)l/ *n* минера́л, руда́.
● *adj* минера́льный; **~ oil** нефть; **~ water** минера́льная вода́.

mineralogical /ˌmɪnərəˈlɒdʒɪk(ə)l/ *adj* минералоги́ческий.

mineralogist /ˌmɪnəˈrælədʒɪst/ *n* минерало́г.

mineralogy /ˌmɪnəˈrælədʒɪ/ *n* минерало́гия.

minestrone /ˌmɪnɪˈstrəʊnɪ/ *n* италья́нский овощно́й суп с ме́лкими макаро́нными изде́лиями.

mingle /ˈmɪŋg(ə)l/ *vt* сме́ш|ивать, -а́ть.
● *vi* сме́шиваться (*impf*); **~ with** (*frequent*) обща́ться (*impf*) с + *i*; враща́ться (*impf*) среди́ + *g*.

mingy /ˈmɪndʒɪ/ *adj* (**mingier, mingiest**) (*coll*) скупо́й, прижи́мистый.

mini /ˈmɪnɪ/ *n* (*pl* **minis**) (*garment*) ми́ни (*юбка и т. п.*).

miniature /ˈmɪnɪtʃə(r)/ *n* (*portrait*; *branch of painting*) миниатю́ра; (*small-scale model*) маке́т; (*fig*): **she is her mother in ~** она́ вы́литая мать, то́лько в миниатю́ре.
● *adj* миниатю́рный.

miniaturist /ˈmɪnɪtʃərɪst/ *n* миниатюри́ст.

miniaturization /ˌmɪnɪtʃəraɪˈzeɪʃ(ə)n/ *n* миниатюриза́ция.

minibus /ˈmɪnɪˌbʌs/ *n* микроавто́бус.

minicab /ˈmɪnɪˌkæb/ *n* (*Br*) такси́ (*nt indecl*).

minidisc /ˈmɪnɪˌdɪsk/ *n* миниди́ск.

minim /ˈmɪnɪm/ *n* (*Br, mus*) полови́нная но́та.

minima /ˈmɪnɪmə/ *pl of* ⇒**minimum**

minimal /ˈmɪnɪm(ə)l/ *adj* (*least possible*) минима́льный; (*minute*) о́чень ма́ленький, наиме́ньший.

minimize /ˈmɪnɪˌmaɪz/ *vt* (*reduce to minimum*) дов|оди́ть, -ести́ до ми́нимума; (*make light of*) преум|еньша́ть, -е́ньшить.

minim|um /ˈmɪnɪməm/ *n* (*pl* **~a** *or* **~ums**) ми́нимум; (*attr*) минима́льный; **~ wage** минима́льная за́работная пла́та.

mining /ˈmaɪnɪŋ/ *n* го́рное де́ло, го́рная промы́шленность; *see also* ⇒**mine** *vt*

minion /ˈmɪnjən/ *n* приспе́шник.

miniskirt /ˈmɪnɪˌskɜːt/ *n* ми́ни-ю́бка.

minister /ˈmɪnɪstə(r)/ *n* **1** (*head of government department*) мини́стр; **Prime M~** премье́р-мини́стр. **2** (*in diplomatic service*) посла́нник.
3 (*clergyman*) свяще́нник, па́стор.
● *vi*: **~ to** служи́ть (*impf*) + *d*; прислу́живать (*impf*) + *d*; **he ~ed to her wants** он ей прислу́живал; **a ~ing angel** а́нгел-храни́тель (*m*).

ministerial /ˌmɪnɪˈstɪərɪəl/ *adj* министе́рский.

ministration /ˌmɪnɪˈstreɪʃ(ə)n/ *n* (*in pl, services*) по́мощь; обслу́живание; (*of a priest*) отправле́ние свяще́нником свои́х обя́занностей.

ministry /ˈmɪnɪstrɪ/ *n* **1** (*department of state*) министе́рство. **2** (*period of government*) срок пребыва́ния у вла́сти. **3** (*relig*): **he entered the ~** он при́нял духо́вный сан.

mink /mɪŋk/ *n* но́рка; (*attr*) но́рковый; **~ coat** но́рковое пальто́/манто́.

minnow /ˈmɪnəʊ/ *n* песка́рь (*m*).

Minoan /mɪˈnəʊən/ *adj* мино́йский.

minor /ˈmaɪnə(r)/ *n* (*person under age*) несовершенноле́тний.
● *adj* **1** (*of lesser importance*) второстепе́нный; малозначи́тельный, ме́лкий, небольшо́й; **~ repairs** ме́лкий ремо́нт. **2** (*Br, younger*) ме́ньший, мла́дший; **Smith M~** Смит мла́дший. **3** (*mus*) мино́рный, ма́лый.

minority /maɪˈnɒrɪtɪ/ *n* **1** (*being under age*) несовершенноле́тие. **2** (*smaller number of votes etc.*) меньшинство́, ме́ньшая часть; **you are in the ~** вы в меньшинстве́; (*attr*): **~ group** меньшинство́. **3** (*~ nationality*) национа́льное меньшинство́.

Minsk *n* Минск.

minster /ˈmɪnstə(r)/ *n* кафедра́льный собо́р.

minstrel /ˈmɪnstr(ə)l/ *n* менестре́ль (*m*).

mint¹ /mɪnt/ *n* (*bot*) мя́та; **~ sauce** со́ус из мя́ты; (*a sweet*) мя́тная конфе́та.

mint² /mɪnt/ *n* (*fin*) моне́тный двор; **he made a ~ of money** он сколоти́л (*coll*) состоя́ние; (*attr, lit, fig*) но́венький, но́вый.
● *vt* чека́нить (*impf*).

minuet /ˌmɪnjʊˈet/ *n* менуэ́т.

minus /ˈmaɪnəs/ *n* ми́нус; **two ~es make a plus** (*in multiplication*) ми́нус на ми́нус даёт плюс.
● *adj* отрица́тельный; **~ sign** (знак) ми́нус; **~ quantity** отрица́тельная величина́.
● *prep* ми́нус; без + *g*; **~ 1** ми́нус оди́н; **he came back ~ an arm** он верну́лся без руки́.

minuscule /ˈmɪnəˌskjuːl/ *adj* о́чень ма́ленький, кро́хотный, кро́шечный.

minute¹ /ˈmɪnɪt/ *n* **1** (*fraction of hour or degree*) мину́та; **he left it to the last ~** он отложи́л всё до после́дней мину́ты; **the train left several ~s ago** по́езд отошёл не́сколько мину́т наза́д.
2 (*moment*) мгнове́ние, моме́нт, миг; **I'll come in a ~** я сейча́с/ми́гом приду́; **come here this ~!** сейча́с же иди́ сюда́!; **just a ~** одну́ мину́тку!; **I won't be a ~** я на мину́тку; сейча́с верну́сь!; **I'll tell him the ~ he arrives** как то́лько он придёт, я ему́ скажу́; **he came in and the next ~ he was gone** он пришёл и че́рез секу́нду его́ не́ было; **they left at 2 o'clock to the ~** они́ ушли́ в 2 часа́ ро́вно; **he is always up to the ~ with his news** он всегда́ в ку́рсе после́дних новосте́й.
3 (*usu in pl, record*) протоко́л; **the ~s of the last meeting** протоко́л после́днего совеща́ния; (*memorandum*) (делова́я) запи́ска.
● *vt* вести́ протоко́л + *g*; запис|ывать, -а́ть.
● *cpd* **~ hand** *n* мину́тная стре́лка.

minute[2] /maɪ'nju:t/ *adj* (**minutest**, *no comp*) (*tiny*) мéлкий, крóхотный; **in ~ detail** подробнéйшим óбразом; (*detailed*) подрóбный, детáльный.

minutiae /maɪ'nju:ʃɪ,i:, mɪ-/ *n* мéлочи (*f pl*); детáли (*f pl*).

minx /mɪŋks/ *n* озорни́ца; (*coquette*) кокéтка.

Miocene /'maɪə,si:n/ (*geol*) *n* (**the ~**) миоцéн.

● *adj* миоцéновый.

miracle /'mɪrək(ə)l/ *n* чýдо; **~ play** мирáкль (*m*); **he escaped by a ~** он чýдом уцелéл; **a ~ of ingenuity** чýдо изобретáтельности.

miraculous /mɪ'rækjʊləs/ *adj* (*surprising*) чудéсный; (*miracle-working*) чудотвóрный.

mirage /'mɪrɑ:ʒ/ *n* (*lit, fig*) мирáж.

mire /'maɪə(r)/ *n* тряси́на; болóто; **his name was dragged through the ~** егó смешáли с гря́зью.

mirror /'mɪrə(r)/ *n* зéркало; **~ image** (*lit, fig*) (зеркáльное) отображéние.

● *vt* отра|жáть, -зи́ть; (*fig*) отобра|жáть, -зи́ть; изобра|жáть, -зи́ть.

mirth /mɜ:θ/ *n* (*gladness*) весéлье, рáдость; (*laughter*) смех.

mirthful /'mɜ:θfʊl/ *adj* весёлый, рáдостный.

mirthless /'mɜ:θlɪs/ *adj* безрáдостный.

miry /'maɪərɪ/ *adj* болóтистый; грязный.

misadventure /,mɪsəd'ventʃə(r)/ *n* несчáстье, несчáстный слýчай; **death by ~** смерть от несчáстного слýчая.

misalliance /,mɪsə'laɪəns/ *n* мезалья́нс.

misandrist /mɪ'zændrɪst/ *n* мужененави́стница.

misanthrope /'mɪzən,θrəʊp, 'mɪs-/ *n* мизантрóп.

misanthropic /,mɪzən'θrɒpɪk, 'mɪs-/ *adj* мизантропи́ческий, человеконенави́стнический.

misanthropy /mɪ'zænθrəpɪ/ *n* мизантрóпия.

misapplication /mɪs,æplɪ'keɪʃ(ə)n/ *n* непрáвильное испóльзование (+ *g*); злоупотреблéние (+ *i*).

misapply /,mɪsə'plaɪ/ *vt* непрáвильно испóльзовать (*impf, pf*); злоупотреб|ля́ть, -и́ть + *i*.

misapprehend /,mɪsæprɪ'hend/ *vt* пон|имáть, -я́ть преврáтно.

misapprehension /,mɪsæprɪ'henʃ(ə)n/ *n* преврáтное понимáние; недоразумéние; **I was under a ~** я заблуждáлся.

misappropriate /,mɪsə'prəʊprɪ,eɪt/ *vt* (незакóнно) присв|áивать, -óить; соверш|áть, -и́ть растрáту + *g*.

misappropriation /,mɪsə,prəʊprɪ'eɪʃ(ə)n/ *n* незакóнное присвоéние; растрáта.

misbehave /,mɪsbɪ'heɪv/ *vi* дýрно себя́ вести́ (*det*).

misbehaviour /,mɪsbɪ'heɪvɪə(r)/ *n* дурнóе поведéние.

miscalculate /,mɪs'kælkjʊ,leɪt/ *vt* плóхо рассчи́т|ывать, -áть.

● *vi* просчи́т|ываться, -áться.

miscalculation /,mɪskælkjʊ'leɪʃ(ə)n/ *n* просчёт.

miscarriage /'mɪs,kærɪdʒ, mɪs'kærɪdʒ/ *n* **1** (*biol*) вы́кидыш; **she had a ~** у неё произошёл вы́кидыш. **2**: **~ of justice** оши́бка правосýдия.

miscarr|y /mɪs'kærɪ/ *vi* **1** (*of a woman*) имéть (*impf*) вы́кидыш. **2** (*fail*) терпéть (*impf*) неудáчу; **his plans ~ied** егó плáны провали́лись.

miscast /mɪs'kɑ:st/ *vt* (*past and pp* **~**) да|вáть, -ть неподходя́щую роль + *d*; **he was ~ as Falstaff** емý не слéдовало поручáть роль Фальстáфа; **the play was ~** рóли в пьéсе бы́ли распределены́ неудáчно.

miscellanea /,mɪsə'leɪnɪə/ *n pl* рáзное.

miscellaneous /,mɪsə'leɪnɪəs/ *adj* смéшанный; разнообрáзный.

miscellany /mɪ'selənɪ/ *n* смесь, вся́кая вся́чина; **literary ~** литератýрный альманáх/сбóрник.

mischance /mɪs'tʃɑ:ns/ *n* неудáча; невезéние; **by ~** к несчáстью.

mischief /'mɪstʃɪf/ *n* **1** (*harm, damage*) вред; **put that knife away, or you'll do someone a ~** уберúте нож, а то когó-нибудь порáните. **2** (*discord, ill feeling*) раздóр; **he is out to make ~ between us** он хóчет нас поссóрить. **3** (*naughtiness*) озорствó; прокáзы (*f pl*); **he is always getting into ~** он всегдá прокáзничает/шали́т; **can't you keep him out of ~?** неужéли вы не мóжете удержáть егó от прокáз? **4** (*mockery*) **his eyes were full of ~** егó глазá бы́ли полны́ лукáвства. **5** (*coll, mischievous child*) озорни́к; прокáзник.

● *cpds* **~-maker** *n* интригáн, смутья́н; **~-making** *n* интри́ги (*f pl*), интригáнство.

mischievous /'mɪstʃɪvəs/ *adj* (*harmful*) врéдный; (*spiteful, malicious*) злой, злóбный; (*given to pranks*) озорнóй, шаловли́вый.

misconceive /,mɪskən'si:v/ *vt* непрáвильно пон|имáть, -я́ть.

misconception /,mɪskən'sepʃ(ə)n/ *n* непрáвильное представлéние/понимáние.

misconduct[1] /mɪs'kɒndʌkt/ *n* **1** (*mismanagement*) плохóе ведéние (дел). **2** (*improper conduct*) дурнóе поведéние; **professional ~** нарушéние профессионáльной э́тики; дóлжностнóе преступлéние.

misconduct[2] /,mɪskən'dʌkt/ *vt* (*mismanage*) плóхо вести́ (*det*) (делá); **~ o.s.** дýрно себя́ вести́ (*det*).

misconstruction /,mɪskən'strʌkʃ(ə)n/ *n* непрáвильное/невéрное толковáние; **his words were open to ~** егó словá могли́ быть истолкóваны невéрно/непрáвильно.

misconstrue /,mɪskən'stru:/ *vt* непрáвильно истолкóв|ывать, -áть.

miscount *n* /'mɪskaʊnt/ непрáвильный подсчёт.

● *vt & i* /mɪs'kaʊnt/ ошиб|áться, -и́ться в подсчёте; обсчи́т|ываться, -áться.

miscreant /'mɪskrɪənt/ *n* подлéц, негодя́й.

miscue *n* /'mɪskju:/ непрáвильный/плохóй удáр (*в бильярде*).

● *vi* /mɪs'kju:/ (**miscues, miscued, miscueing/miscuing**) дéлать, с- плохóй удáр; промáх|иваться, -нýться.

● *vt* /mɪs'kju:/ (**miscues, miscued, miscueing/miscuing**) промáх|иваться, -нýться по + *d*; **he ~d the ball** он промахнýлся (при удáре) по шарý.

misdate /mɪs'deɪt/ *vt* непрáвильно дати́ровать (*impf, pf*).

misdeal *n* /'mɪs'di:l/ непрáвильная сдáча.

● *vi* /mɪs'di:l/ (*past and pp* **misdealt** /mɪs'delt/) ошиб|áться, -и́ться при сдáче карт.

misdeed /mɪs'di:d/ *n* преступлéние.

misdemeanour /,mɪsdɪ'mi:nə(r)/ (*US* **misdemeanor**) *n* простýпок.

misdiagnose /,mɪsdaɪəg'nəʊz/ *vt* (*med*) стáвить, по- невéрный диáгноз; **her depression was ~d as stress** у неё былá депрéссия, а ей оши́бочно постáвили диáгноз «стрéсс».

misdirect /,mɪsdaɪ'rekt, -dɪ'rekt/ *vt* невéрно напр|авля́ть, -áвить; **the letter was ~ed** письмó бы́ло непрáвильно адресóвано; **his efforts were ~ed** егó уси́лия бы́ли напрáвлены не по áдресу; **the jury was ~ed** прися́жным дáли непрáвильное напýтствие.

misdirection /,mɪsdaɪ'rekʃ(ə)n, -dɪ'rekʃ(ə)n/ *n* непрáвильное указáние направлéния/пути́.

mise-en-scène /,mi:z ɑ̃ 'sen/ *n* мизансцéна; (*fig, setting, environment*) окружáющая обстанóвка.

miser /'maɪzə(r)/ *n* скря́га (*cg*), скуп|óй (*fem* -áя).

miserable /'mɪzərəb(ə)l/ *adj* **1** (*wretched; unhappy*) жáлкий, несчáстный. **2** (*causing wretchedness*) плохóй, сквéрный; **what ~ weather!** какáя сквéрная погóда!; **a ~ hovel** жáлкая лачýга/хибáрка. **3** (*mean; contemptible*): **a ~ sum (of money)** ничтóжная/ми́зерная сýмма.

miserliness /'maɪzəlɪnɪs/ *n* скýпость, скáредность.

miserly /'maɪzəlɪ/ *adj* скупóй.

misery /'mɪzərɪ/ *n* **1** (*suffering; wretchedness*) страдáние; мучéние; **he put the dog out of its ~** он положи́л конéц страдáниям собáки. **2** (*extreme poverty*) нищетá, бéдность. **3** (*Br coll, person who complains*) занýда (*cg*), ны́тик.

misfire *n* /'mɪsfaɪə(r)/ осéчка.

● *vi* /mɪs'faɪə(r)/ да|вáть, -ть осéчку; (*tech, of ignition*) выпадáть, вы́пасть; **the gun ~d** ружьё дáло осéчку; (*fig*) не состоя́ться (*impf*); **his plans ~d** егó план сорвáлся.

misfit /'mɪsfɪt/ *n* (*person*) неприспосóбленный человéк; (*failure*) неудáчник.

misfortune /mɪs'fɔ:tʃu:n, -tju:n/ *n* (*bad luck*) бедá, несчáстье; **I had the ~ to lose my purse** я имéл несчáстье потеря́ть кошелёк; **companions in ~** друзья́ по несчáстью; (*stroke of bad luck*) несчáстье, неудáча.

misgiving /mɪs'gɪvɪŋ/ *n* опасéние; дурнóе предчýвствие.

m

misgovern /mɪs'gʌv(ə)n/ *vt* плóхо управля́ть (*impf*) + *i*; плóхо руководи́ть (*impf*) + *i*.

misgovernment /mɪs'gʌvənmənt/ *n* плохóе управлéние/руковóдство (*чем*).

misguided /mɪs'gaɪdɪd/ *adj*: **I was ~ enough to trust him** я имéл неосторóжность довéриться емý; **~ enthusiasm** энтузиáзм, достóйный лýчшего применéния.

mishandle /mɪs'hænd(ə)l/ *vt* (*ill-treat*) плóхо/дýрно обращáться (*impf*) с + *i*; (*manage inefficiently*) плóхо вести́ (*det*) (дéло).

mishap /'mɪshæp/ *n* неудáча; неприя́тное происшéствие.

mishear /mɪs'hɪə(r)/ *vt* (*past and pp* **misheard** /mɪs'hə:d/) нетóчно расслы́шать (*pf*).

mishit /'mɪshɪt; *v* mɪs'hɪt/ *n* прóмах.
● *vt* (**mishitting;** *past and pp* **~**) промáх|иваться, -нýться по + *d*, не поп|адáть, -áсть по + *d*.
● *vi* (**mishitting;** *past and pp* **~**) промáх|иваться, -нýться, не поп|адáть, -áсть.

mishmash /'mɪʃmæʃ/ *n* (*coll*) пýтаница, мешани́на.

misinform /,mɪsɪn'fɔ:m/ *vt* непрáвильно информи́ровать (*impf, pf*).

misinformation /,mɪsɪnfə'meɪʃ(ə)n/ *n* невéрная информáция; дезинформáция.

misinterpret /,mɪsɪn'tə:prɪt/ *vt* (**misinterpret, misinterpreting**) непрáвильно пон|имáть, -я́ть; непрáвильно истолкóв|ывать, -áть.

misinterpretation /,mɪsɪn,tə:prɪ'teɪʃ(ə)n/ *n* непрáвильное понимáние/толковáние.

misjudge /mɪs'dʒʌdʒ/ *vt* невéрно оцéн|ивать, -и́ть; **he ~d the distance and fell** он не рассчитáл расстоя́ние и упáл; **he has been ~d** о нём состáвили непрáвильное мнéние; егó недооцени́ли.

misjudg(e)ment /mɪs'dʒʌdʒmənt/ *n* непрáвильное мнéние/суждéние.

mislay /mɪs'leɪ/ *vt* (*past and pp* **mislaid**) (*lose*) затéривать, затеря́ть; (*put in wrong place*) класть, положи́ть не на мéсто.

mislead /mɪs'li:d/ *vt* (*past and pp* **misled**) (*fig, cause to do wrong*) сби|вáть, -ть с пути́; (*fig, give wrong impression to*) вв|оди́ть, -ести́ в заблуждéние; **a ~ing statement** заявлéние, вводя́щее в заблуждéние.

mismanage /mɪs'mænɪdʒ/ *vt* плóхо управля́ть (*impf*) + *i*; плóхо руководи́ть (*impf*) + *i*.

mismanagement /mɪs'mænɪdʒmənt/ *n* плохóе управлéние/руковóдство; (*inefficiency*) нераспоряди́тельность.

misname /mɪs'neɪm/ *vt* невéрно именовáть (*impf*).

misnomer /mɪs'nəʊmə(r)/ *n* непрáвильное назвáние/и́мя.

misogynist /mɪ'sɒdʒɪnɪst/ *n* женоненави́стник.

misogyny /mɪ'sɒdʒɪnɪ/ *n* женоненави́стничество.

misplace /mɪs'pleɪs/ *vt* положи́ть (*pf*) не на мéсто.

misplaced /mɪs'pleɪst/ *adj* (*out of place*) неумéстный; (*unfounded*) безосновáтельный.

misprint /'mɪsprɪnt/ *n* опечáтка.

mispronounce /,mɪsprə'naʊns/ *vt* непрáвильно произн|оси́ть, -ести́.

mispronunciation /,mɪsprə,nʌnsɪ'eɪʃ(ə)n/ *n* непрáвильное произношéние.

misquotation /mɪs,kwəʊ'teɪʃ(ə)n/ *n* нетóчная цитáта.

misquote /mɪs'kwəʊt/ *vt* нетóчно цити́ровать, про-; **I have been ~d** мои́ словá искази́ли.

misread /mɪs'ri:d/ *vt* (*past and pp* **misread** /mɪs'red/) (*read incorrectly*) читáть, про- непрáвильно; (*misinterpret*) непрáвильно истолкóв|ывать, -áть.

misremember /,mɪsrɪ'membə(r)/ *vt & i* плóхо/нетóчно пóмнить (*impf*).

misrepresent /,mɪsreprɪ'zent/ *vt* искa|жáть, -зи́ть; **he ~ed the facts** он искази́л фáкты; **I was ~ed** меня́ представи́ли в лóжном свéте.

misrepresentation /mɪs,reprɪzen'teɪʃ(ə)n/ *n* искажéние (фáктов).

misrule /mɪs'ru:l/ *n* (*bad government*) плохóе правлéние; (*lawlessness*) беспоря́док, анáрхия.

miss[1] /mɪs/ *n* (*failure to hit etc.*) прóмах; **a ~ is as good as a mile** «чуть-чýть» не считáется; **near ~** (*lit*) попадáние/разры́в вблизи́ цéли; (*fig*) бли́зкая догáдка *и т. п.*; **I gave the meeting a ~** (*Br*) я не пошёл на собрáние.
● *vt* **1** (*fail to hit or catch*): **he ~ed the ball** он пропусти́л мяч; **he ~ed the target** он не попáл в цель; **the bullet ~ed him by inches** пýля чуть-чýть егó не задéла; **he ~ed the bus** (*lit*) он опоздáл на автóбус; (*fig*) он упусти́л слýчай.
2 (*fig, fail to grasp*) не пон|имáть, -я́ть; не улови́ть (*pf*); **you have ~ed the point** вы не пóняли сýти.
3 (*fail to secure*): **he ~ed his footing and fell** он оступи́лся и упáл.
4 (*fail to hear or see*) не услы́шать (*pf*); пропус|кáть, -ти́ть; **I ~ed your last remark** я прослýшал вáше послéднее замечáние; **you must not ~ this film** не пропусти́те э́тот фильм; **you haven't ~ed much** вы немнóго потеря́ли; **it's the corner house; you can't ~ it** э́то угловóй дом — вы егó не мóжете не замéтить.
5 (*fail to meet*): **you've just ~ed him!** вы с ним чуть-чýть разминýлись!
6 (*escape by chance*) избе|гáть, -жáть; **we just ~ed having an accident** мы чуть не попáли в катастрóфу; ещё немнóго и мы попáли бы в катастрóфу.
7 (*discover or regret absence of*): **when did you ~ your purse?** когдá вы обнарýжили, что у вас нет кошелькá?; **she ~es her husband** онá скучáет по мýжу; **he ~ed Moscow** он соскучи́лся по Москвé; **we ~ed you** нам вас недоставáло; **he won't be ~ed** егó отсýтствия не замéтят; (*sc. lamented*) никтó не пожалéет, что егó нет; **I ~ his talks** я скучáю по егó лéкциям; **he wouldn't ~ a hundred pounds** что емý сто фýнтов!
● *vi* **1** (*fail to hit target*) промáх|иваться, -нýться; не поп|адáть, -áсть в цель; **he shot at me but ~ed** он вы́стрелил в меня́, но промахнýлся.
2 (*of an engine*): **it is ~ing on one cylinder** оди́н цили́ндр барахли́т.
● *with adv*: **~ out** *vt* упус|кáть, -ти́ть; пропус|кáть, -ти́ть; **you have ~ed out the most important thing** вы пропусти́ли/упусти́ли сáмое вáжное; **I shall ~ out the first course** я не бýду есть пéрвое; *vi* (*coll*): **he ~ed out on all the fun** он пропусти́л сáмое весéлье; **I felt I was ~ing out** я чýвствовал, что мнóгое упускáю.

miss[2] /mɪs/ *n* (*young girl; also voc*) дéвушка; (**M~:** *as title, abbr of* ***mistress***) мисс.

missal /'mɪs(ə)l/ *n* служéбник, моли́твенник.

mis-sell /mɪs'sel/ *vt* прод|авáть, -áть обмáнным/нечéстным путём.

missel thrush /'mɪs(ə)l/ = **mistle thrush**

misshapen /mɪs'ʃeɪpən/ *adj* урóдливый, деформи́рованный.

missile /'mɪsaɪl/ *n* **1** (*object thrown*) метáтельный предмéт. **2** (*weapon thrown or fired*) снаря́д. **3** (*rocket weapon*) ракéта; **guided ~** управля́емая ракéта; **ballistic ~** баллисти́ческая ракéта; **~ site** стáртовая пози́ция; стáртовый кóмплекс.

missing /'mɪsɪŋ/ *adj* недостаю́щий; потеря́вшийся; **there is a page ~** не хватáет страни́цы; **he was ~ for a whole day** он гдé-то пропадáл цéлый день; **he went ~** он пропáл (бéз вести); **the dead and ~** уби́тые и пропáвшие бéз вести; **the ~ link** недостаю́щее звенó.
● *quasi-prep* (*coll, short of*): **I am ~ two shirt buttons** у меня́ на рубáшке оторвали́сь две пýговицы.

mission /'mɪʃ(ə)n/ *n* **1** (*errand*) поручéние; командирóвка.
2 (*vocation*) ми́ссия, призвáние; **his ~ in life** цель егó жи́зни. **3** (*mil, sortie or task*) задáние. **4** (*diplomacy*) ми́ссия, (*to UN*) делегáция. **5** (*relig*) ми́ссия.

missionary /'mɪʃənərɪ/ *n* миссионéр (*fem* -ка).
● *adj* миссионéрский.

missis /'mɪsɪz/ = **missus**

missive /'mɪsɪv/ *n* послáние.

misspell /mɪs'spel/ *vt & i* (*past and pp* **misspelled** *or esp Br* **misspelt**) непрáвильно написáть (*pf*); сдéлать (*pf*) орфографи́ческую оши́бку.

misspelling /mɪs'spelɪŋ/ *n* непрáвильное написáние.

misspen|d /mɪs'spend/ *vt* (*past and pp* **misspent**) (*of funds*) трáтить, рас-; **a ~t youth** (напрáсно) растрáченная мóлодость.

misstate /mɪs'steɪt/ *vt* дéлать, с- лóжное заявлéние о + *p*; предст|авля́ть, -áвить в лóжном свéте.

m

misstatement /mɪsˈsteɪtmənt/ *n* ло́жное заявле́ние.

missus /ˈmɪsəz/ *n* (*coll*) жена́; хозя́йка.

mist /mɪst/ *n* (*lit, fig*) тума́н, ды́мка, мгла.
● *vt & i* затума́ни|вать(ся), -ть(ся); **my glasses have ~ed over** у меня́ запоте́ли очки́.

mistakable /mɪˈsteɪkəb(ə)l/ *adj*: **he is easily ~ for his brother** его́ легко́ приня́ть за бра́та.

mistak|e /mɪˈsteɪk/ *n* оши́бка; заблужде́ние; **by ~e** по оши́бке; **make no ~e (about it)** бу́дьте уве́рены.
● *vt* (*misunderstand*) ошиб|а́ться, -и́ться в + *p*; **there is no ~ing his meaning** смысл его́ слов преде́льно я́сен; (*misrecognize*): **he mistook me for my brother** он при́нял меня́ за моего́ бра́та.

mistaken /mɪˈsteɪkən/ *adj* **1** (*in error*): **if I am not ~** е́сли я не ошиба́юсь. **2** (*ill-judged; erroneous*) неосмотри́тельный; оши́бочный, непра́вильный; **a ~ kindness** медве́жья услу́га.

mister /ˈmɪstə(r)/ *n* (*coll, as voc*) ми́стер, сэр; граждани́н.

mistime /mɪsˈtaɪm/ *vt* (*action*) сде́лать (*pf*) не во́время; **he ~d his blow** он пло́хо/не рассчита́л уда́р; (*speech*) сказа́ть (*pf*) не во́время; **a ~d remark** неуме́стное замеча́ние.

mistiness /ˈmɪstɪnɪs/ *n* тума́нность.

mistle thrush /ˈmɪs(ə)l/ *n* дрозд-деря́ба.

mistletoe /ˈmɪs(ə)lˌtəʊ/ *n* оме́ла.

mistral /ˈmɪstrɑːl, mɪˈstrɑːl/ *n* мистра́ль (*m*).

mistranslate /ˌmɪstrænzˈleɪt, ˌmɪstrɑː-, -sˈleɪt/ *vt* непра́вильно перев|оди́ть, -ести́.

mistranslation /ˌmɪstrænzˈleɪzeɪʃ(ə)n, ˌmɪstrɑː-, -sˈleɪzeɪʃ(ə)n/ *n* непра́вильный перево́д.

mistress /ˈmɪstrɪs/ *n* **1** (*of household etc.*) хозя́йка; **~ of the situation** хозя́йка положе́ния. **2** (*Br, schoolteacher*) учи́тельница. **3** (*lover*) любо́вница.

mistrial /mɪsˈtraɪəl/ *n* непра́вильное суде́бное разбира́тельство.

mistrust /mɪsˈtrʌst/ *n* недове́рие.
● *vt* не доверя́ть (*impf*) + *d*.

mistrustful /mɪsˈtrʌstfʊl/ *adj* недове́рчивый.

misty /ˈmɪstɪ/ *adj* (**mistier, mistiest**) тума́нный; (*fig*) сму́тный.

misunder|stand /ˌmɪsʌndəˈstænd/ *vt* (*past and pp* **misunderstood**) непра́вильно пон|има́ть, -я́ть; **she felt ~stood** она́ чу́вствовала, что её не понима́ют.

misunderstanding /ˌmɪsʌndəˈstændɪŋ/ *n* недоразуме́ние.

misuse[1] /mɪsˈjuːs/ *n* непра́вильное употребле́ние; злоупотребле́ние (*чем*); дурно́е обраще́ние (*с чем*).

misuse[2] /mɪsˈjuːz/ *vt* (*use improperly*) непра́вильно употреб|ля́ть, -и́ть; (*treat badly*) ду́рно обраща́ться (*impf*) с + *i*.

mite[1] /maɪt/ *n* (*small coin*) полу́шка; грош; (*fig, small contribution*) ле́пта; (*bit*) чу́точка, ка́пелька; **he was not a ~ ashamed** ему́ не́ было ни ка́пельки сты́дно; (*small child*) малю́тка (*cg*), кро́шка.

mite[2] /maɪt/ *n* (*insect*) клещ.

miter /ˈmaɪtə(r)/ (*US*) = **mitre**

mitigat|e /ˈmɪtɪˌɡeɪt/ *vt* смягч|а́ть, -и́ть; облегч|а́ть, -и́ть; **~ing circumstances** смягча́ющие обстоя́тельства.

mitigation /ˌmɪtɪˈɡeɪʃ(ə)n/ *n* смягче́ние, ослабле́ние; **a plea in ~** хода́тайство о смягче́нии пригово́ра.

mitre[1] /ˈmaɪtə(r)/ (*US* **miter**) *n* (*headgear*) ми́тра.

mitre[2] /ˈmaɪtə(r)/ (*US* **miter**) *n* (*joint*) соедине́ние в ус.
● *vt* соедин|я́ть, -и́ть в ус.

mitt /mɪt/ *n* **1** = **mitten**. **2** (*fingerless mitten*) митéнка.

mitten /ˈmɪt(ə)n/ *n* рукави́ца, ва́режка.

mix /mɪks/ *n* смесь; соста́в; **cake ~** порошо́к для ке́кса *и т. п.*
● *vt* **1** (*mingle*) сме́ш|ивать, -а́ть; (*combine*) сочета́ть (*impf*); **you can't ~ oil and water** ма́сло с водо́й не сме́шивается; **I like to ~ business with pleasure** я люблю́ сочета́ть прия́тное с поле́зным. **2** (*prepare by ~ing*) сме́ш|ивать, -а́ть; переме́ш|ивать, -а́ть; **~ me a cocktail** пригото́вьте мне кокте́йль. **3** (*in sound recording etc.*) микши́ровать (*impf, pf*), св|оди́ть, -ести́; **~ing desk** ми́кшерский пульт.
● *vi* (*mingle*) сме́шиваться (*impf*); (*combine*) сочета́ться (*impf*); (*of persons*) обща́ться (*impf, pf*); **she won't ~ with her neighbours** она́ не хо́чет обща́ться с сосе́дями.
● *with advs*: **~ in** *vt* заме́|шивать, -си́ть; **beat the eggs and ~ in the flour** взбе́йте я́йца и смеша́йте с муко́й; **~ up** *vt* (**~ thoroughly**) (хорошо́) переме́ш|ивать, -а́ть; (*confuse*) перепу́т|ывать, -ать; **I ~ed him up with his father** я перепу́тал его́ с его́ отцо́м; **I ~ed up the dates** я перепу́тал чи́сла; **a ~ed-up child** (*coll*) тру́дный ребёнок; (*involve*) впу́т|ывать, -ать; **I don't want to become ~ed up in the affair** я не хочу́ ввя́зываться в э́то де́ло.
● *cpd* **~-up** *n* недоразуме́ние.

mixed /mɪkst/ *adj* сме́шанный, переме́шанный; (**place for**) **~ bathing** о́бщий пляж; **a ~ bunch** (*of flowers*) сме́шанный буке́т; (*of people*) разноше́рстная компа́ния; **~ doubles** сме́шанная па́рная игра́; **~ farming** сме́шанное хозя́йство; **I have ~ feelings about it** у меня́ на э́тот счёт противоречи́вые чу́вства; **~ grill** (*Br*) ассорти́ (*nt indecl*) из жа́реного мя́са; **~ marriage** сме́шанный брак; **~ metaphor** сме́шанная мета́фора; **~ school** шко́ла совме́стного обуче́ния.

mixer /ˈmɪksə(r)/ *n* **1** (*for cement*) меша́лка; (*for food*) ми́ксер; **~ tap** (*Br*) смеси́тель (*m*). **2** (*sociable person*): **he is a good ~** он общи́тельный челове́к. **3** (*cin etc.*) ми́кшер.

mixture /ˈmɪkstʃə(r)/ *n* (*mixing*) сме́шивание; (*sth mixed*) смесь; **cough ~** миксту́ра от ка́шля.

miz(z)en /ˈmɪz(ə)n/ *n* (**~sail**) биза́нь.
● *cpd* **~mast** *n* биза́нь-ма́чта.

ml *n abbr of* **1** ***millilitre(s)*** /ˈmɪlɪˌliːtə(r)(z)/ мл (миллили́тр). **2** ***mile(s)*** /maɪl(z)/ ми́ля.

mm /ˈmɪlɪˌmiːtə(r)(z)/ *n* (*abbr of* ***millimetre(s)***) мм (миллиме́тр).

MMR (*abbr of* ***measles, mumps, and rubella***) (*med*) MMR, приви́вка «корь-сви́нка-красну́ха».

MMS (*abbr of* ***Multimedia Message/ Messaging Service***): **~ message** MMS-сообще́ние.

mnemonic /nɪˈmɒnɪk/ *n* (*aid to memory*) мнемони́ческий приём.
● *adj* мнемони́ческий.

mo /məʊ/ (*pl* **mos**) (*Br coll*) = **moment**

moan /məʊn/ *n* стон; (*coll, complaint*) стон, нытьё.
● *vt & i* стона́ть (*impf*); (*coll, complain*) ныть (*impf*); (*fig*) выть (*impf*); завыва́ть (*impf*); **the ~ing of the wind** завыва́ние ве́тра.

moaner /ˈməʊnə(r)/ *n* ны́тик (*coll*).

moat /məʊt/ *n* ров с водо́й.

mob /mɒb/ *n* **1** (*rabble, crowd*) толпа́. **2**: **the ~** (*common people*) толпа́; чернь; **~ rule** самосу́д; суд Ли́нча. **3**: **the Mob** (*mafia*) ма́фия.
● *vt* (**mobbed, mobbing**) нап|ада́ть, -а́сть на + *a*; **the singer was ~bed by his fans** певца́ осажда́ли покло́нники.

mobile /ˈməʊbaɪl/ *n* **1** подвесна́я констру́кция, «моба́йл». **2** (*Br*) моби́льный/со́товый телефо́н.
● *adj* **1** (*easily moved*) передвижно́й, переносно́й; **~ home** жило́й автоприце́п; **~ phone** моби́льный/ со́товый телефо́н; **~ troops** подви́жные войска́. **2** (*lively, agile*) подви́жный; моби́льный; **~ features** живо́е лицо́.

mobility /məˈbɪlɪtɪ/ *n* подви́жность, моби́льность.

mobilization /ˌməʊbɪlaɪˈzeɪʃ(ə)n/ *n* мобилиза́ция.

mobilize /ˈməʊbɪˌlaɪz/ *vt* мобилизова́ть (*impf, pf*); **he ~d all his resources to help us** он мобилизова́л все свои́ ресу́рсы, что́бы нам помо́чь.
● *vi* мобилизова́ться (*impf, pf*).

mobster /ˈmɒbstə(r)/ *n* банди́т; (*Mafioso*) мафио́зи (*m & pl indecl*), мафио́зо (*m indecl, not used as pl n*).

moccasin /ˈmɒkəsɪn/ *n* мокаси́н.

mocha /ˈmɒkə/ *n* ко́фе (*m*) мо́кко.

mock /mɒk/ *n*: **this makes a ~ of all my work** э́то сво́дит всю мою́ рабо́ту на нет.
● *adj* подде́льный, фальши́вый; **~ battle** уче́бный бой; **~ examination** (*Br*) предэкзаменацио́нная прове́рка; **~ trial** инсцени́рованный проце́сс.
● *vt* **1** (*ridicule*) насмеха́ться (*impf*) над + *i*; издева́ться (*impf*) над + *i*; высме́ивать, вы́смеять; **they ~ed the teacher** они́ издева́лись над учи́телем. **2** (*mimic*) передра́зни|вать, -ть; **~ingbird** пересме́шник.
● *vi*: **~ at** = **~** *vt* **1**.
● *cpds* **~-heroic** *adj* ироикоми́ческий; **~ turtle soup** *n* суп из теля́чьей головы́; **~-up** *n* маке́т.

mocker /'mɒkə(r)/ *n* насме́шни|к (*fem* -ца).

mockery /'mɒkərɪ/ *n* (*ridicule*) издева́тельство, осмея́ние; **he was held up to ~** над ним издева́лись; (*parody*) паро́дия; **the trial was a ~ of justice** суд был паро́дией на правосу́дие.

MOD (*abbr of* ***Ministry of Defence***) Министе́рство оборо́ны.

mod /mɒd/ *n* (*Br sl*) стиля́га (*cg*), мо́дник.

● *adj*: **~ cons** (*Br*) совреме́нные удо́бства; **with all ~ cons** (*Br*) (*in advertisement*) со всеми удо́бствами.

modal /'məʊd(ə)l/ *adj* (*logic, gram*) мода́льный; (*mus*) ла́довый.

modality /mə'dælɪtɪ/ *n* (*method, procedure*) ме́тод, приём, мето́дика.

mode /məʊd/ *n* **1** (*manner*) ме́тод, спо́соб; **~ of operation** спо́соб рабо́ты; **~ of life** о́браз жи́зни. **2** (*fashion*) мо́да; обы́чай. **3** (*mus*) лад; тона́льность.

model /'mɒd(ə)l/ *n* **1** (*representation*) моде́ль, маке́т, схе́ма; **working ~** де́йствующая моде́ль; **~ aircraft** моде́ль самолёта.
2 (*pattern*) образе́ц, станда́рт; **he made each box on the ~ of the first** он сде́лал все коро́бки по образцу́ пе́рвой; **he is a ~ of gallantry** он образе́ц гала́нтности; **a ~ husband** идеа́льный муж.
3 (*person posing for artist*) нату́рщи|к (*fem* -ца); **life ~** жива́я моде́ль.
4 (*woman displaying clothes etc.*) манеке́нщица, моде́ль; **male ~** манеке́нщик.
5 (*dress*) моде́ль.
6 (*design*) моде́ль, тип; **sports ~** (*car*) спорти́вный автомоби́ль.

● *vt* (**modelled, modelling;** *US* **modeled, modeling**) де́лать, с- моде́ль + *g*; **he ~led her face in wax** он вы́лепил из во́ска её лицо́; **she ~led the dress** (*wore it as a ~*) она́ демонстри́ровала пла́тье; **clay ~ling** ле́пка из гли́ны; (*fig*): **he ~s himself upon his father** он сле́дует приме́ру своего́ отца́; **she ~s for a living** она́ рабо́тает манеке́нщицей.

modeller /'mɒdlə(r)/ *n* ле́пщик, моде́льщик.

modem /'məʊdem/ *n* моде́м; **ADSL ~** ADSL-моде́м.

moderate[1] /'mɒdərət/ *n* уме́ренный челове́к; челове́к, приде́рживающийся уме́ренных взгля́дов.

● *adj* уме́ренный; сре́дний; **~ appetite** уме́ренный аппети́т; **~ drinker** уме́ренно пью́щий челове́к; **~ly well dressed** дово́льно хорошо́ оде́тый.

moderat|e[2] /'mɒdə,reɪt/ *vt* ум|еря́ть, -е́рить; смягч|а́ть, -и́ть; **he ~ed his demands** он уме́рил свои́ тре́бования; **~e your language** выбира́йте выраже́ния.

● *vi* **1** (*become less violent*) смягч|а́ться, -и́ться. **2** (*preside*) председа́тельствовать (*impf*).

moderation /,mɒdə'reɪʃ(ə)n/ *n* (*moderating*) сде́рживание; регули́рование; (*moderateness*) уме́ренность, сде́ржанность; **in ~** уме́ренно.

moderator /'mɒdə,reɪtə(r)/ *n* (*mediator*) арби́тр, посре́дник; (*chairman*) председа́тель (*m*).

modern /'mɒd(ə)n/ *adj* совреме́нный; **~ languages** но́вые языки́; **~ history** но́вая исто́рия.

modernism /'mɒdə,nɪz(ə)m/ *n* модерни́зм.

modernist /'mɒdə,nɪst/ *n* модерни́ст.

modernistic /,mɒdə'nɪstɪk/ *adj* модерни́стский.

modernity /mɒ'dɜːnɪtɪ/ *n* совреме́нность.

modernization /,mɒdənaɪ'zeɪʃ(ə)n/ *n* модерниза́ция.

modernize /'mɒdə,naɪz/ *vt* модернизи́ровать (*impf, pf*).

modest /'mɒdɪst/ *adj* скро́мный.

modesty /'mɒdɪstɪ/ *n* скро́мность.

modicum /'mɒdɪkəm/ *n* о́чень ма́лое коли́чество.

modification /,mɒdɪfɪ'keɪʃ(ə)n/ *n* модифика́ция; видоизмене́ние.

modif|y /'mɒdɪ,faɪ/ *vt* **1** (*make changes in*) модифици́ровать (*impf*); видоизмен|я́ть, -и́ть. **2** (*make less severe, violent, etc.*) смягч|а́ть, -и́ть; ум|еря́ть, -е́рить. **3** (*gram*) определ|я́ть, -и́ть; **the adverb ~ies the verb** наре́чие определя́ет глаго́л.

modi operandi /,məʊdɪ ,ɒpə'rændɪ/ *pl of* ***modus operandi***

modish /'məʊdɪʃ/ *adj* мо́дный.

modi vivendi /,məʊdɪ vɪ'vendɪ/ *pl of* ***modus vivendi***

modulate /'mɒdjʊ,leɪt/ *vt* (*vary pitch of; also radio*) модули́ровать (*impf*).

modulation /,mɒdjʊ'leɪʃ(ə)n/ *n* модуля́ция.

modular /'mɒdjulə(r)/ *adj* бло́чный.

module /'mɒdjuːl/ *n* (*independent unit*) блок, се́кция; (*unit of study*) курс; (*spacecraft*) отсе́к; **command ~** кома́ндный отсе́к; **lunar ~** лу́нная ка́псула.

modus operandi /,məʊdəs ,ɒpə'rændɪ/ *n* (*pl* ***modi operandi***) спо́соб де́йствия.

modus vivendi /,məʊdəs vɪ'vendɪ/ *n* (*pl* ***modi vivendi***) мо́дус виве́нди (*m indecl*).

mogul /'məʊg(ə)l/ *n* (*fig, tycoon*) магна́т.

mohair /'məʊheə(r)/ *n* мохе́р; (*attr*) мохе́ровый.

moir /'mwɑː(r)/ *adj* муа́ровый.

moire /mwɑː(r)/ *n* муа́р.

moiré /'mwɑːreɪ/ = **moir**

moist /mɔɪst/ *adj* вла́жный, сыро́й.

moisten /'mɔɪs(ə)n/ *vt* увлажн|я́ть, -и́ть; см|а́чивать, -очи́ть; **she ~ed the cloth** она́ смочи́ла тря́пку; **he ~ed his lips** он облизну́л гу́бы.

moisture /'mɔɪstʃə(r)/ *n* вла́жность, вла́га.

moisturize /'mɔɪstʃə,raɪz/ *vt* увлажн|я́ть, -и́ть.

moisturizer /'mɔɪstʃə,raɪzə(r)/ *n* увлажня́ющий крем.

molar /'məʊlə(r)/ *n* коренно́й зуб.

● *adj* коренно́й.

molasses /mə'læsɪz/ *n* мела́сса, чёрная па́тока.

mold /məʊld/, **-er** /'məʊldə(r)/, **-ing** /'məʊldɪŋ/, **-y** /'məʊldɪ/ (*US*) = **mould** *etc.*

Moldavia /mɒl'deɪvɪə/ *n* Молда́вия.

Moldavian /mɒl'deɪvɪən/ *n* (*person*) молдава́н|ин (*fem* -ка); (*language*) молда́вский язы́к.

● *adj* молда́вский.

Moldova /mɒl'dəʊvə/ *n* Молдо́ва.

Moldovan /mɒl'dəʊv(ə)n/ *n* молдава́н|ин (*f* -ка).

● *adj* молда́вский.

mole[1] /məʊl/ *n* (*blemish*) ро́динка.

mole[2] /məʊl/ *n* (*zool*) крот; (*secret agent*) аге́нт, внедри́вшийся в иностра́нную разве́дку.

● *cpds* **~hill** *n* крото́вина; **~skin** *n* крото́вый мех; *adj* крото́вый.

mole[3] /məʊl/ *n* (*breakwater*) мол, да́мба.

molecular /mə'lekjʊlə(r)/ *adj* молекуля́рный.

molecule /'mɒlɪ,kjuːl/ *n* моле́кула.

molest /mə'lest/ *vt* прист|ава́ть, -а́ть к + *d*.

molestation /,mɒle'steɪʃ(ə)n, ,məʊl-/ *n* пристава́ние.

moll /mɒl/ *n* (*gangster's mistress*) любо́вница во́ра; ма́ра, мару́ха (*both sl*).

mollify /'mɒlɪ,faɪ/ *vt* смягч|а́ть, -и́ть; успок|а́ивать, -о́ить.

mollusc /'mɒləsk/ *n* моллю́ск.

mollycoddle /'mɒlɪ,kɒd(ə)l/ *n* не́женка.

● *vt* не́жить (*impf*); балова́ть, из-.

Molotov cocktail /'mɒlətɒf/ *n* буты́лка с зажига́тельной сме́сью.

molt /məʊlt/ (*US*) = **moult**

molten /'məʊlt(ə)n/ *adj* распла́вленный; **~ metal** распла́вленный мета́лл.

molybdenum /mə'lɪbdɪnəm/ *n* молибде́н.

mom /mɒm/ *n* (*US coll*) ма́ма.

moment /'məʊmənt/ *n* **1** (*instant; short period of time*) моме́нт, миг; **this ~ (at once)** сию́ мину́ту; **at the right ~** в подходя́щий моме́нт; **at the last ~** в после́днюю мину́ту; **he will be here (at) any ~ now** он здесь бу́дет с мину́ты на мину́ту; **half, just a ~!** оди́н моме́нт; мину́точку!; **it was all done in a ~** всё бы́ло сде́лано в миг; **I am busy at the ~** я сейча́с за́нят; **at this ~** в да́нную мину́ту; **only a ~ ago** мину́ту наза́д; **at odd ~s** ме́жду де́лом; **I would not agree to that for a ~** я ника́к не могу́ с э́тим согласи́ться; **the ~** (*as soon as*) **I saw him** как то́лько я его́ уви́дел.
2 (*mechanics*) моме́нт.
3 (*importance*) ва́жность, значе́ние; **affairs of (great) ~** ва́жные дела́; дела́ первостепе́нной ва́жности.

momenta /mə'mentə/ *pl of* **⇒momentum**

momentarily /'məʊməntərɪlɪ/ *adv* на мгнове́ние; (*US, very soon*) че́рез не́сколько мину́т.

momentary /'məʊməntərɪ, -trɪ/ *adj* (*lasting a moment*) момента́льный.

m

momentous /məˈmentəs/ *adj* ва́жный, знамена́тельный.

momentum /məˈmentəm/ *n* (*pl* **momenta**) (*phys*) ине́рция; (*fig, impetus*) дви́жущая си́ла; и́мпульс; **the conspiracy gathered ~** за́говор разраста́лся.

mommy /ˈmɒmɪ/ *n* (*US coll*) ма́ма, ма́мочка.

Monaco /ˈmɒnəˌkəʊ, məˈnɑːkəʊ/ *n* Мона́ко (*indecl*).

monarch /ˈmɒnək/ *n* мона́рх.

monarchic(al) /məˈnɑːkɪk, məˈnɑːkɪk(ə)l/ *adj* монархи́ческий.

monarchism /ˈmɒnəˌkɪz(ə)m/ *n* монархи́зм.

monarchist /ˈmɒnəkɪst/ *n* монархи́ст (*fem* -ка).
● *adj* монархи́стский.

monarchy /ˈmɒnəkɪ/ *n* мона́рхия.

monastery /ˈmɒnəstərɪ, -strɪ/ *n* монасты́рь (*m*).

monastic /məˈnæstɪk/ *adj* (*of monasteries*) монасты́рский; **~ order** мона́шеский о́рден; **~ life** мона́шеская жизнь.

monasticism /məˈnæstɪˌsɪz(ə)m/ *n* мона́шество.

Monday /ˈmʌndeɪ, -dɪ/ *n* понеде́льник.

Monégasque /ˌmɒneɪˈgæsk/ *n* монега́ск.
● *adj* монега́сский.

monetarism /ˈmʌnɪtəˌrɪz(ə)m/ *n* монетари́зм.

monetarist /ˈmʌnɪtəˌrɪst/ *n* монетари́ст.
● *adj* монетари́стский.

monetary /ˈmʌnɪtərɪ/ *adj* де́нежный; моне́тный; **~ unit** де́нежная едини́ца; **~ reform** де́нежная рефо́рма; **~ fund** валю́тный фонд.

money /ˈmʌnɪ/ *n* (*pl* **moneys** *or* **monies**) де́н|ьги (*pl g* -ег); **ready ~** нали́чные (*pl*); **he's after your ~** он охо́тится за ва́шими деньга́ми; **for ~** для/ра́ди/из-за де́нег; **they play** (*cards*) **for ~** они́ игра́ют на де́ньги; **for my ~** (*fig*) на мой взгляд; **I got my ~'s worth** я получи́л сполна́ за свои́ де́ньги; **make ~** (*earn money*) зараб|а́тывать, -о́тать; (*become rich*) разбогате́ть (*pf*); **do you think I'm made of ~?** вы ду́маете, у меня́ де́нег полно́?; **he put his ~ into the business** он вложи́л свой капита́л в де́ло; **I put my ~ on the favourite** я поста́вил на фавори́та; **throw good ~ after bad** упо́рствовать (*impf*) в безнадёжном де́ле; **~ for jam** (*or* **for old rope**) (*Br coll*) де́ньги, полу́ченные ни за что́; **there's ~ in it for you** вы́годное для вас де́ло; **~ talks** с деньга́ми всего́ мо́жно доби́ться.
● *cpds* **~ box** *n* (*Br*) копи́лка; **~ changer** *n* меня́ла (*m*); **~-grubber** *n* стяжа́тель (*m*); **~-grubbing** *adj* стяжа́тельский; **~ laundering** *n* отмыва́ние де́нег; **~lender** *n* ростовщи́к; **~ market** *n* де́нежный/валю́тный ры́нок; **~ order** *n* почто́вый перево́д; **~-spinner** *n* (*Br coll*) де́нежное де́ло.

moneyed /ˈmʌnɪd/ *adj*: **a ~ man** де́нежный челове́к.

moneyless /ˈmʌnɪlɪs/ *adj* безде́нежный.

Mongol /ˈmɒŋg(ə)l/ *n* (*racial type*) монго́л (*fem* -ка); (**m~:** *offens, sufferer from Down's syndrome*) челове́к, страда́ющий боле́знью Да́уна.
● *adj* монго́льский.

Mongolia /mɒŋˈgəʊlɪə/ *n* Монго́лия.

Mongolian /mɒŋˈgəʊlɪən/ *n* (*person*) монго́л (*fem* -ка); (*language*) монго́льский язы́к.
● *adj* монго́льский.

mongolism /ˈmɒŋgəˌlɪz(ə)m/ *n* (*offens*) боле́знь Да́уна.

mongoose /ˈmɒŋguːs/ *n* (*pl* **~s**) мангу́ста.

mongrel /ˈmʌŋgr(ə)l, ˈmɒŋ-/ *n* дворня́жка, по́месь, ублю́док.
● *adj* нечистокро́вный, беспоро́дный.

monies /ˈmʌnɪz/ *pl of* ⇒**money**

monitor /ˈmɒnɪt(ə)r/ *n* **1** (*in school*) ста́роста (*cg*). **2** (*of broadcasts*) слуха́ч; сотру́дник слу́жбы радиопрослу́шивания. **3** (*detector apparatus*) устано́вка для радиоперехва́та. **4** (*TV, comput*) монито́р; **LCD/CRT ~** ЖК/ЭЛТ-монито́р.
● *vt* следи́ть (*impf*) за + *i*; проверя́ть, контроли́ровать, изуча́ть (*all impf*); **~ a treaty** наблюда́ть (*impf*) за исполне́нием догово́ра.

monitoring /ˈmɒnɪt(ə)ˌrɪŋ/ *n* монито́ринг, слеже́ние; **environmental ~** монито́ринг за окружа́ющей средо́й.

monk /mʌŋk/ *n* мона́х.

monkey /ˈmʌŋkɪ/ *n* (*pl* **~s**) обезья́на; **~ business, tricks** (*Br*) ша́лости (*f pl*), проде́лки (*f pl*); **he made a ~ out of me** (*fig*) он вы́ставил меня́ на посме́шище; **you young ~!** ах ты, прока́зник/озорни́к!
● *vi* (**monkeys, monkeyed**) дура́читься (*impf*); забавля́ться (*impf*); **stop ~ing about with the radio!** переста́ньте копа́ться в приёмнике!
● *cpds* **~ jacket** *n* матро́сская ку́ртка; **~ nut** *n* (*Br*) ара́хис; **~ puzzle** *n* араука́рия; **~ wrench** *n* разводно́й га́ечный ключ.

mono /ˈmɒnəʊ/ *n* мо́но; **recorded in ~** запи́санный монофони́чески.
● *adj* монофони́ческий.

monochrome /ˈmɒnəˌkrəʊm/ *n* однокра́сочное изображе́ние.
● *adj* монохро́мный.

monocle /ˈmɒnək(ə)l/ *n* моно́кль (*m*).

monogamous /məˈnɒgəməs/ *adj* монога́мный, единобра́чный.

monogamy /məˈnɒgəmɪ/ *n* монога́мия, единобра́чие.

monogram /ˈmɒnəˌgræm/ *n* моногра́мма.

monograph /ˈmɒnəˌgrɑːf/ *n* моногра́фия.

monohull /ˈmɒnəʊˌhʌl/ *n* однокорпусное су́дно.

monolith /ˈmɒnəlɪθ/ *n* моноли́т.

monolithic /ˌmɒnəˈlɪθɪk/ *adj* (*lit, fig*) моноли́тный.

monologue /ˈmɒnəˌlɒg/ *n* моноло́г.

monomania /ˌmɒnəˈmeɪnɪə/ *n* монома́ния.

monomaniac /ˌmɒnəˈmeɪnɪæk/ *n* монома́н.

monophonic /ˌmɒnəˈfɒnɪk/ *adj* монофони́ческий.

monoplane /ˈmɒnəˌpleɪn/ *n* монопла́н.

monopolist /məˈnɒpəlɪst/ *n* монополи́ст.

monopolistic /məˌnɒpəˈlɪstɪk/ *adj* монополисти́ческий.

monopolize /məˈnɒpəˌlaɪz/ *vt* монополизи́ровать (*impf, pf*); **he ~s the conversation** он не даёт никому́ вста́вить сло́ва.

monopoly /məˈnɒpəlɪ/ *n* монопо́лия.

monorail /ˈmɒnəʊˌreɪl/ *n* одноре́льсовая/моноре́льсовая подвесна́я желе́зная доро́га.

monosodium glutamate /mɒnəˈsəʊdɪəm ˈgluːtəˌmeɪt/ *n* глутам(ин)а́т/глютам(ин)а́т на́трия (*пищевая добавка*).

monosyllabic /ˌmɒnəsɪˈlæbɪk/ *adj* односло́жный.

monosyllable /ˈmɒnəˌsɪləb(ə)l/ *n* односло́жное сло́во.

monotheism /ˈmɒnəˌθiːɪz(ə)m/ *n* монотеи́зм, единобо́жие.

monotheistic /ˌmɒnəʊθiːˈɪstɪk/ *adj* монотеисти́ческий.

monotone /ˈmɒnəˌtəʊn/ *n*: **in a ~** без вся́кого выраже́ния, моното́нно.

monotonous /məˈnɒtənəs/ *adj* моното́нный.

monotony /məˈnɒtənɪ/ *n* моното́нность, однообра́зие.

monotype /ˈmɒnəˌtaɪp/ *n* моноти́п.

monoxide /məˈnɒksaɪd/ *n* одноо́кись; **carbon ~** уга́рный газ, о́кись углеро́да.

Monsignor /mɒnˈsiːnjə(r), -ˈnjɔː(r)/ *n* (*pl* ***Monsignori*** /-ˈnjɔːrɪ/) монсеньо́р.

monsoon /mɒnˈsuːn/ *n* (*wind*) муссо́н; (*season*) сезо́н дожде́й.

monster /ˈmɒnstə(r)/ *n* (*misshapen creature*) уро́д; (*imaginary animal*) чудо́вище; (*person of exceptional cruelty etc.*) чудо́вище, и́зверг; (*sth abnormally large*) грома́дина; (*attr*) чудо́вищный.

monstrosity /mɒnˈstrɒsɪtɪ/ *n* (*quality*) уро́дство, чудо́вищность; (*object*) чудо́вище.

monstrous /ˈmɒnstrəs/ *adj* (*monster-like*) ужа́сный, безобра́зный; (*huge*) грома́дный, исполи́нский; (*outrageous*) чудо́вищный, ужа́сный.

montage /mɒnˈtɑːʒ/ *n* (*cinema*) монта́ж; (*composite picture*) фотомонта́ж.

Mont Blanc /mɔ̃ ˈblɑ̃/ *n* Монбла́н.

Monte Carlo /ˌmɒntɪ ˈkɑːləʊ/ *n* Мо́нте-Ка́рло (*m & nt indecl*).

Montenegrin /ˌmɒntɪˈniːgrɪn/ *n* черного́р|ец (*fem* -ка).
● *adj* черного́рский.

Montenegro /mɒntɪˈniːgrəʊ/ *n* Черного́рия.

month /mʌnθ/ *n* ме́сяц; **he will never do it in a ~ of Sundays** он никогда́ э́того не сде́лает; **the last six ~s**

послéдние полгóда.

monthly /ˈmʌnθlɪ/ *n* (*periodical*) ежемéсячник; (*in pl, coll, woman's period*) мéсячные (*pl*).

● *adj* мéсячный.

● *adv* ежемéсячно.

Montreal /ˌmɒntrɪˈɔ:l/ *n* Монреáль (*m*).

monty /ˈmɒntɪ/ *n*: **the full ~** (*Br coll*) (*the full amount*) до откáза, до концá, в пóлную мéру.

monument /ˈmɒnjʊmənt/ *n* пáмятник, монумéнт; **a ~ to Pushkin** пáмятник Пýшкину; **ancient ~** дрéвний пáмятник; (*fig model, example*) образéц, примéр.

monumental /ˌmɒnjʊˈment(ə)l/ *adj* увековéчивающий, монументáльный; **~ mason** (*Br*) мáстер, дéлающий надгрóбные плиты; (*fig*) колоссáльный; **a ~ achievement** колоссáльное достижéние; **he showed ~ ignorance** он проявил поразительное невéжество.

moo /mu:/ *n* (*pl* **moos**) мычáние.

● *vi* (**moos, mooed**) мычáть, про-.

mooch /mu:tʃ/ *vi* **1** (*usu* **~ about/ around**) (*Br coll, loiter*) слоняться (*impf*) (без дéла). **1** (*US coll, cadge*) попрошáйничать (*impf*).

mood[1] /mu:d/ *n* (*state of mind*) настроéние; **I am not in the ~ for conversation** я не располóжен к разговóру; **he works as the ~ takes him** он рабóтает по настроéнию; **she is in one of her ~s** онá опять не в дýхе.

mood[2] /mu:d/ *n* (*gram*) наклонéние.

moodiness /ˈmu:dɪnɪs/ *n* угрюмость; капризность.

moody /ˈmu:dɪ/ *adj* (**moodier, moodiest**) (*gloomy*) угрюмый; (*subject to changes of mood*) капризный; перемéнчивого настроéния.

moon[1] /mu:n/ *n* лунá; (*astron*) Лунá; (*esp poetical*) мéсяц; **is there a ~ tonight?** ночь сегóдня лýнная?; **new ~** молодóй мéсяц, новолýние; **the ~ was full** бы́ло полнолýние; **the ~s of Jupiter** спýтники Юпи́тера; (*month*): **many ~s ago** давны́м-давнó; **once in a blue ~** раз в год по обещáнию.

● *cpds* **~beam** *n* луч луны́; **~-faced** *adj* круглолицый; **~ landing** *n* прилунéние; **~light** *n* лýнный свет; **by ~light** при лунé; **a ~light walk** прогýлка при лунé; **do a ~light flit** (*sl*) тáйно съéхать с квартиры (*чтобы не платить за неё*); *vi* (*coll*) подхалтýри|вать, -ть; **~lighter** *n* (*coll, one who does a second job*) халтýрщик; **~lighting** *n* (*coll*) халтýра; **~lit** *adj* зáлитый лýнным свéтом; **~scape** *n* лýнный ландшáфт; **~shine** *n* (*visionary talk etc.*) фантáзия; бред; (*US, smuggled spirits*) контрабáндный спирт; **~ shot** *n* зáпуск на Лунý; **~stone** *n* лýнный кáмень; **~struck** *adj* помéшанный.

moon[2] /mu:n/ *vi*: **stop ~ing around the house!** перестáньте слоняться/болтáться по дóму!

moonless /ˈmu:nlɪs/ *adj* безлýнный.

moony /ˈmu:nɪ/ *adj* (**moonier, mooniest**) (*listless*) вя́лый; (*dreamy*) мечтáтельный.

Moor /mʊə(r), mɔ:(r)/ *n* мавр (*fem* мавретáнка).

moor[1] /mʊə(r), mɔ:(r)/ *n* мéстность, порóсшая вéреском.

● *cpds* **~hen** *n* камы́шница; **~land** *n* вéресковая пýстошь.

moor[2] /mʊə(r), mɔ:(r)/ *vt* стáвить, по- на причáл; швартовáть, при-; **the boat was ~ed to a stake** лóдка былá зачáлена за кóлышек.

● *vi*: **they ~ed in the harbour** они́ пришвартовáлись в гáвани.

mooring /ˈmʊərɪŋ, ˈmɔ:rɪŋ/ *n* (*often in pl*) (*gear*) мёртвые якоря́; (*place*) мéсто стоя́нки; причáл.

● *cpd* **~ line/rope** *nn* швартóв.

Moorish /ˈmʊərɪʃ, ˈmɔ:rɪʃ/ *adj* мавретáнский, мáврский.

moose /mu:s/ *n* (*pl* **~**) америкáнский лось.

moot /mu:t/ *adj*: **a ~ point** спóрный пункт.

● *vt*: **the question was ~ed** вопрóс постáвили на обсуждéние.

mop /mɒp/ *n* швáбра; **~ of hair** копнá волóс.

● *vt* (**mopped, mopping**) прот|ирáть, -ерéть; вытирáть, вы́тереть; **she ~ped the floor** онá протёрла пол; **he ~ped his brow** он вы́тер лоб.

● *with adv*: **~ up** *vt & i* (*fig*): **~ping-up operations** (*mil*) прочёсывание райóна; очи́стка захвáченной террито́рии от проти́вника.

mope /məʊp/ *vi* хандри́ть (*impf*).

moped /ˈməʊped/ *n* мопéд.

moquette /mɒˈket/ *n* ковёр «мокéт»; плюш «мокéт».

moraine /məˈreɪn/ *n* (*geol*) морéна.

moral /ˈmɒr(ə)l/ *n* **1** морáль; **the ~ of this story is ...** морáль сей бáсни таковá...; **the book points a ~** в кни́ге содéржится нравоучéние.

2 (*in pl*) нрáв|ы (*pl, g* -ов); **loose ~s** свобóдные нрáвы, распýщенность; **a man without ~s** безнрáвственный человéк.

● *adj* **1** (*ethical*) морáльный; нрáвственный; **~ sense** умéние отличáть добрó от зла; **~ standards** морáльные критéрии/устóи; **~ philosophy** э́тика.

2 (*virtuous*) нрáвственный; **he leads a ~ life** он ведёт добродéтельную жизнь.

3 (*capable of ~ action*): **man is a ~ agent** человéк — носи́тель эти́ческого начáла.

4 (*conducive to ~ behaviour*) нравоучи́тельный; **a ~ tale** нравоучи́тельный расскáз.

5 (*non-physical*) морáльный, духóвный; **he won a ~ victory** он одержáл морáльную побéду; **I gave him ~ support** я оказáл емý морáльную поддéржку; **he had the ~ courage to refuse** у негó хвати́ло си́лы дýха отказáть.

morale /məˈrɑ:l/ *n* морáльное состоя́ние.

moralist /ˈmɒrəlɪst/ *n* морали́ст (*fem* -ка).

morality /məˈrælɪtɪ/ *n* **1** (*moral conduct*) морáль. **2** (*system of morals*) нрáвственность, э́тика.

moralize /ˈmɒrəˌlaɪz/ *vi* морализи́ровать (*impf*).

morass /məˈræs/ *n* бóлото; тряси́на.

moratorium /ˌmɒrəˈtɔ:rɪəm/ *n* (*pl* **moratoriums** *or* **moratoria** /-rɪə/) морато́рий; **impose a ~** объяв|ля́ть, -и́ть морато́рий.

morbid /ˈmɔ:bɪd/ *adj* **1** (*pertaining to disease*): **~ anatomy** патологи́ческая анатóмия; **~ growth** (злокáчественное) новообразовáние. **2** (*unwholesome*) болéзненный, нездорóвый.

morbid|ity /mɔ:ˈbɪdɪtɪ/, **-ness** /ˈmɔ:bɪdnɪs/ *n* болéзненность.

mordant /ˈmɔ:d(ə)nt/ *adj* кóлкий; язви́тельный.

mordent /ˈmɔ:d(ə)nt/ *n* (*mus*) мордéнт.

Mordvin /ˈmɔ:dvɪn/ *n* мордви́н (*fem* -ка).

Mordvinia /mɔ:ˈdvɪnɪə/ *n* Мордóвия.

more /mɔ:(r)/ *n & adj* (*greater amount or number*) бóльше, бóлее; **a little ~** побóльше; **he received ~ than I did** он получи́л бóльше меня́; **~ than enough** предостáточно; **you thanked her, which is ~ than I did** вы поблагодари́ли её, чегó я не сдéлал; (*additional amount or number*) ещё; бóльше; **~ tea** ещё чáю; **I hope to see ~ of you** я надéюсь ви́деться с вáми почáще; **and what is ~** а крóме тогó; и бóльше тогó; **have you any ~ matches?** у вас ещё остáлись спи́чки?; **there is no ~ soup** сýпа бóльше нет; **twice ~** ещё два рáза.

● *adv* бóльше, бóлее; (*rather*) скорéе; **~ or less** бóлее и́ли мéнее; **I like beef ~ than mutton** я предпочитáю говя́дину барáнине; **he is no ~ a professor than I am** он такóй же профéссор, как я; **~ ridiculous** бóлее смехотвóрный; **she is ~ beautiful than her sister** онá краси́вее своéй сестры́; **~ and ~** всё бóлее и бóлее; **I became ~ and ~ tired** я всё бóльше уставáл; **the ~ the better** чем бóльше, тем лýчше; **~ than once** не раз; **once ~** снóва, опя́ть, ещё раз; **I saw him no ~** я егó бóльше не ви́дел; **he is no ~** егó ужé нет с нáми (*or* нет в живы́х); **all the ~ because ...** тем бóлее, что... .

morel /məˈrel/ *n* (*mushroom*) сморчóк.

morello /məˈreləʊ/ *n* (*pl* **~s**) ви́шня морéль.

moreover /mɔ:ˈrəʊvə(r)/ *adv* крóме тогó; сверх тогó.

mores /ˈmɔ:reɪz, -ri:z/ *n pl* нрáвы (*m pl*).

morganatic /ˌmɔ:gəˈnætɪk/ *adj* морганати́ческий.

morgue /mɔ:g/ *n* морг.

moribund /ˈmɒrɪˌbʌnd/ *adj* (*person*) умирáющий; (*thing*) отмирáющий.

Mormon /ˈmɔ:mən/ *n* мормóн (*fem* -ка).

Mormonism /ˈmɔ:mənˌɪz(ə)m/ *n* мормóнство.

morn /mɔ:n/ *n* (*poetical*) ýтро.

m

morning /'mɔ:nɪŋ/ *n* **1** у́тро; **in the ~** у́тром; **it began to rain in the ~** дождь пошёл с утра́; **on Monday ~** в понеде́льник у́тром; **next ~** на (сле́дующее) у́тро; **three o'clock in the ~** три часа́ но́чи/пополу́ночи; **this ~** сего́дня у́тром; **from ~ till night** с утра́ до ве́чера; **one ~** в одно́ у́тро; одна́жды у́тром; **when he awoke it was ~** когда́ он просну́лся, света́ло; **good ~!** до́брое у́тро! **2** (*attr*) у́тренний; **~ coat** визи́тка; **~ glory** вьюно́к пурпу́рный; **~ sickness** тошнота́ и рво́та бере́менных по утра́м; **~ star** У́тренняя звезда́, Вене́ра.

Moroccan /mə'rɒkən/ *n* марокка́н|ец (*fem* -ка).
● *adj* марокка́нский.

Morocco /mə'rɒkəʊ/ *n* Маро́кко (*indecl*); (**m~:** *leather*) сафья́н, (*attr*) сафья́новый.

moron /'mɔ:rɒn/ *n* слабоу́мный.

moronic /mə'rɒnɪk/ *adj* слабоу́мный, идио́тский.

morose /mə'rəʊs/ *adj* (*gloomy*) мра́чный; (*unsociable*) необщи́тельный.

moroseness /mə'rəʊsnɪs/ *n* мра́чность; необщи́тельность.

morpheme /'mɔ:fi:m/ *n* морфе́ма.

morphine /'mɔ:fi:n/ *n* мо́рфий.

morphological /,mɔ:fə'lɒdʒɪk(ə)l/ *adj* морфологи́ческий.

morphology /mɔ:'fɒlədʒɪ/ *n* морфоло́гия.

morris dance /'mɒrɪs/ *n* мо́ррис (*народный английский танец*).

morrow /'mɒrəʊ/ *n* (*archaic or literary*): **on the ~** на сле́дующий день.

Morse /mɔ:s/ *n* (**~ code**) а́збука Мо́рзе.

morsel /'mɔ:s(ə)l/ *n* кусо́чек; (*fig*) ка́пелька.

mortal /'mɔ:t(ə)l/ *n* сме́ртный.
● *adj* **1** (*subject to death*) сме́ртный; **in this ~ life** в э́той преходя́щей жи́зни. **2** (*leading to death*) смерте́льный, смерто́носный; **a ~ accident** катастро́фа со смерте́льным исхо́дом; **a ~ wound** смерте́льная ра́на; **~ combat** сме́ртный бой; **they were ~ enemies** они́ бы́ли смерте́льные враги́; **~ sin** сме́ртный грех. **3** (*extreme*) смерте́льный, ужа́сный; **~ fear** смерте́льный страх; **he was in a ~ hurry** он был в стра́шной спе́шке.

mortality /mɔ:'tælɪtɪ/ *n* (*being mortal; number or rate of deaths*) сме́ртность; **the ~ rate was high** проце́нт сме́ртности был высо́кий.

mortar[1] /'mɔ:tə(r)/ *n* (*building material*) известко́вый раство́р.
● *vt* скреп|ля́ть, -и́ть известко́вым раство́ром.
● *cpd* **~ board** (*used in building*) со́кол; (*cap*) академи́ческая ша́почка.

mortar[2] /'mɔ:tə(r)/ *n* (*bowl*) сту́п(к)а.

mortar[3] /'mɔ:tə(r)/ *n* (*mil*) миномёт.
● *vt* обстре́л|ивать, -я́ть миномётным огнём.
● *cpd* **~ fire** *n* миномётный ого́нь.

mortgage /'mɔ:gɪdʒ/ *n* ссу́да на поку́пку до́ма; **pay off the ~** вы́купить (*pf*) зало́женный дом; **raise a ~** получ|а́ть, -и́ть заём под закладну́ю.
● *vt* за|кла́дывать, -ложи́ть; **the house was ~d for £100,000** дом был зало́жен за 100 000 фу́нтов сте́рлингов.

mortgagee /,mɔ:gɪ'dʒi:/ *n* залогодержа́тель (*m*).

mortgagor /,mɔ:gɪ'dʒɔ:(r)/ *n* должни́к по закладно́й.

mortice /'mɔ:tɪs/ = **mortise**

mortician /mɔ:'tɪʃ(ə)n/ *n* (*US*) похоро́нных дел ма́стер.

mortification /,mɔ:tɪfɪ'keɪʃ(ə)n/ *n* **1** (*hurt, humiliation, grief*) оби́да, униже́ние. **2** (*subduing*) подавле́ние, укроще́ние; **~ of the flesh** умерщвле́ние пло́ти. **3** (*med*) омертве́ние, некро́з.

mortify /'mɔ:tɪ,faɪ/ *vt* **1** (*cause shame or humiliation to*) об|ижа́ть, -и́деть; ун|ижа́ть, -и́зить; **a ~ing defeat** унизи́тельное пораже́ние. **2** (*subdue*) под|авля́ть, -ави́ть; укро|ща́ть, -ти́ть; умерщв|ля́ть, -и́ть.
● *vi* гангренизи́роваться (*impf, pf*); мертве́ть, о-.

mort|ise, -ice /'mɔ:tɪs/ *n* гнездо́; **~ lock** врезно́й замо́к.
● *vt* запус|ка́ть, -ти́ть в паз.

mortuary /'mɔ:tjʊərɪ/ *n* морг, поко́йницкая.
● *adj* похоро́нный, погреба́льный.

Mosaic /məʊ'zeɪɪk/ *adj* Моисе́ев; **the ~ Law** Моисе́евы зако́ны.

mosaic /məʊ'zeɪɪk/ *n* моза́ика.
● *adj* моза́ичный.

Moscow /'mɒskəʊ/ *n* Москва́; (*attr*) моско́вский; **in the ~ area** в райо́не Москвы́; под Москво́й.

Moselle /məʊ'zel/ *n* Мо́зель (*m*); (*wine*) мозельве́йн.

mosey /'məʊzɪ/ *vi* (*coll*) (*walk in a leisurely manner*) идти́ лени́вой похо́дкой; **~ around** слоня́ться (*impf*) по (+ *d*).

Moslem /'mɒzləm/ = **Muslim**

mosque /mɒsk/ *n* мече́ть.

mosquito /mɒs'ki:təʊ/ *n* (*pl* **~es**) кома́р.
● *cpd* **~ net** *n* противомоски́тная се́тка; накома́рник.

moss /mɒs/ *n* мох.
● *cpd* **~ green** *adj* тёмно-зелёный.

mossy /'mɒsɪ/ *adj* (**mossier, mossiest**) мши́стый.

most /məʊst/ *n* (*greatest part*) бо́льшая часть; **I was in bed ~ of the time** бо́льшую часть вре́мени я провёл в посте́ли; (*greatest amount*) наибо́льшее коли́чество; **who scored the ~?** кто получи́л наибо́льшее коли́чество очко́в?; **at (the) ~** са́мое бо́льшее; ма́ксимум; максима́льно; не бо́льше (+ *g or* чем...); **£5 at the ~** ма́ксимум 5 фу́нтов; **that is the ~ I can do** э́то ма́ксимум того́, что я могу́ сде́лать; **you must make the ~ of your chances** вам ну́жно наилу́чшим о́бразом испо́льзовать свои́ возмо́жности.
● *adj*: **the play was boring for the ~ part** в основно́м пье́са была́ ску́чная; **~ people** большинство́ люде́й; **~ of us** большинство́ из нас; **who has the ~ money?** у кого́ бо́льше всех де́нег?
● *adv* **1** (*expressing comparison*): **what I ~ desire** чего́ я бо́льше всего́ хочу́; **the ~ beautiful** са́мый краси́вый. **2** (*very*) о́чень, весьма́, в вы́сшей сте́пени.

mostly /'məʊstlɪ/ *adv* гла́вным о́бразом; **the weather was ~ dull** в основно́м пого́да стоя́ла па́смурная.

MOT (*abbr of* ***Ministry of Transport***) (*Br*) Министе́рство тра́нспорта; **~ (test)** ≈ техосмо́тр; **~ certificate** листо́к техосмо́тра.

mote /məʊt/ *n* (*speck*) пыли́нка; **he sees the ~ in his brother's eye** (*fig*) он ви́дит лишь чужи́е недоста́тки.

motel /məʊ'tel/ *n* моте́ль (*m*).

motet /məʊ'tet/ *n* (*mus*) моте́т.

moth /mɒθ/ *n* мотылёк, ночна́я ба́бочка; **(clothes) ~** (платяна́я) моль.
● *cpds* **~ball** *n* нафтали́новый ша́рик; **in ~balls** (*fig*) на хране́нии; *vt* (*fig*): **the ship was ~balled** кора́бль поста́вили на консерва́цию; **~-eaten** *adj* (*lit*) изъе́денный мо́лью; (*fig*) устаре́вший.

mother /'mʌðə(r)/ *n* **1** мать; (*diminutive*) ма́ма, ма́тушка; **she was like a ~ to him** она́ была́ ему́ как родна́я мать; **unmarried ~** мать-одино́чка; (*fig origin*) исто́чник, нача́ло; **necessity is the ~ of invention** (*proverb*) голь на вы́думки хитра́.
2 (*attr*) матери́нский; **~ country** ро́дина; **M~ Earth** земля́-корми́лица; мать сыра́ земля́; **~ ship** плаву́чая ба́за; **~ tongue** родно́й язы́к; **~ wit** здра́вый смысл.
3 (*head of religious community*): **M~ Superior** мать-игу́менья.
● *vt* относи́ться (*impf*) по-матери́нски к + *d*; уха́живать (*за кем*) как за ребёнком; вск|а́рмливать, -орми́ть; **a child needs ~ing** ребёнку нужна́ матери́нская забо́та; **M~ing Sunday** (*Br*) матери́нское воскресе́нье (*четвёртое воскресенье Великого поста; день, в который принято делать подарки матери*).
● *cpds* **~board** *n* (*comput*) матери́нская пла́та; **~-in-law** *n* (*wife's mother*) тёща; (*husband's mother*) свекро́вь; **~land** *n* ро́дина, отчи́зна, оте́чество; **~-of-pearl** *n* перламу́тр; *adj* перламу́тровый; **~'s help** *n* ня́ня.

motherhood /'mʌðə,hʊd/ *n* матери́нство.

motherless /'mʌðəlɪs/ *adj* лишённый ма́тери.

motherliness /'mʌðəlɪnɪs/ *n* матери́нская не́жность/забо́тливость.

motherly /'mʌðəlɪ/ *adj* не́жный, забо́тливый.

motif /məʊ'ti:f/ *n* (*in music, literature*) лейтмоти́в; гла́вная мысль; (*in painting*) моти́в; (*ornament on dress*) вы́шитое украше́ние.

motion /'məʊʃ(ə)n/ *n* **1** (*movement*) движе́ние; **perpetual ~** ве́чное движе́ние; **the car was in ~** маши́на

m

двигалась; **he put the machine in ~** он привёл машину в действие; **he set the plan in ~** он приступил к осуществлению плана; **~ picture** (*US*) кинофильм; (*fig*) **he went through the ~s of asking my permission** он попросил моего разрешения лишь для проформы.
2 (*gesture*) телодвижение; жест; **I made a ~ to him to stop** я показал ему жестом, чтобы он остановился.
3 (*proposal*) предложение; **the ~ was carried** предложение было принято; **we put the ~ to the vote** мы поставили предложение на голосование.
● *vt & i*: **he ~ed to them to leave** он показал жестом, чтобы они ушли; **he ~ed to the auctioneer** он дал знак аукционисту.

motionless /'məʊʃənlɪs/ *adj* неподвижный.

motivate /'məʊtɪ,veɪt/ *vt* (*induce*) побу|ждать, -дить; толк|ать, -нуть; **he is highly ~d** у него есть мощный стимул; **he is insufficiently ~d** ему не хватает стимула.

motivation /,məʊtɪ'veɪʃ(ə)n/ *n* побуждение, стимул; (*interest*) заинтересованность.

motive /'məʊtɪv/ *n* (*inducement, cause*) повод, мотив, побуждение; (*motif*) мотив.
● *adj* движущий; **~ power/force** движущая сила.

motley /'mɒtlɪ/ *adj* (**motlier, motliest**) (*multicoloured*) разноцветный, пёстрый; (*varied*): **a ~ crowd** разношёрстная/пёстрая толпа.

motocross /'məʊtəʊ,krɒs/ *n* мотокросс; **~ racer** мотокроссмен.

motor /'məʊtə(r)/ *n* **1** (*engine*) двигатель (*m*), мотор; **electric ~** электродвигатель (*m*); **~ oil** автол; **~ vehicle** автомашина, автомобиль (*m*).
2 (~ car) (легковой) автомобиль (*m*); **~ show** автосалон; **the ~ trade** торговля автомобилями.
3 (*anat*): **~ nerve** двигательный нерв; **~ neuron(e) disease** болезнь двигательных нейронов.
● *vi* (*Br*) **they ~ed down to the country** они поехали на автомобиле за город.
● *cpds* **~bicycle, ~bike** (*coll*) *nn* мотоцикл; **~ boat** *n* моторная лодка; **~ car** *n* автомобиль (*m*); **~ coach** *n* экскурсионный/междугородный автобус; **~cycle** *n* мотоцикл; **~cycle racing** мотогонки (*f pl*); **~cyclist** *n* мотоциклист; **~ racing** *n* (*Br*) автомобильные гонки (*abbr* автогонки) (*f pl*); **~ scooter** *n* мотороллер; **~ ship** *n* теплоход; **~way** *n* (*Br*) автострада, автомагистраль.

motorcade /'məʊtə,keɪd/ *n* автоколонна; кортеж автомобилей.

motorist /'məʊtərɪst/ *n* автомобилист (*fem* -ка).

motorize /'məʊtə,raɪz/ *vt* моторизовать (*impf, pf*).

mottled /'mɒtəld/ *adj* пятнистый, крапчатый.

motto /'mɒtəʊ/ *n* (*pl* **~es** *or* **~s**) **1** (*inscription*) эпиграф; (*heraldry*) надпись на гербе. **2** (*maxim*) девиз; лозунг.

moue /mu:/ *n* гримаса.

moujik /'mu:ʒɪk/ = **muzhik**

mould[1] /məʊld/ (*US* **mold**) *n* (*hollow form for casting etc.*) литейная форма; (*for making jellies etc.*) формочка, форма; (*fig*): **they are not cast in the same ~** они люди разные.
● *vt* отливать (*impf*); формовать (*impf*): **she ~ed the dough into loaves** она формовала буханки из теста; **the head was ~ed in clay** голова была вылеплена из глины (*or* в глине); (*fig*) формировать (*impf*); **his character was ~ed by experience** его характер сформировался под влиянием жизненного опыта.

mould[2] /məʊld/ (*US* **mold**) *n* (*fungus*) плесень.

mould[3] /məʊld/ (*US* **mold**) *n* (*loose earth*) взрыхлённая земля.

moulder[1] /'məʊldə(r)/ (*US* **molder**) *n* формовщик, литейщик.

moulder[2] /'məʊldə(r)/ (*US* **molder**) *vi* расс|ыпаться, -ыпаться; **~ing ruins** ветхие развалины.

moulding /'məʊldɪŋ/ (*US* **molding**) *n* **1** (*shaping*) формовка; отливка. **2** (*archit*) лепное украшение.

mould|y /'məʊldɪ/ (*US* **moldy**) *adj* (**mo(u)ldier, mo(u)ldiest**) (*affected by mould*) заплесневелый; (*stale*) чёрствый; (*coll, inferior*) скверный, паршивый.

moult /məʊlt/ (*US* **molt**) *n* линька.
● *vi* линять (*impf*); менять (*impf*) оперение.

mound /maʊnd/ *n* (*for burial or fortification*) насыпь; курган; (*heap*) куча.

mount /maʊnt/ *n* **1** (*mountain; hill*): **M~ Everest** гора Эверест.
2 (*horse*) (верховая) лошадь.
3 (*of a picture*) паспарту (*nt indecl*).
4 (*glass slide for specimens*) предметное стекло.
5 (*of a jewel*) оправа.
6 (*mil*) станок, лафет.
● *vt* **1** (*ascend, get on to*) вз|бираться, -обраться на + *a*; подн|иматься, -яться на + *a*; **he ~ed the hill** он поднялся на холм; **he ~ed his horse** он сел на лошадь; **he ~ed the throne** он взошёл на престол; **the stallion ~ the mare** жеребец покрыл кобылу.
2 (*provide with horse*): **~ed police** конная полиция.
3 (*put, fix on a ~*) вст|авлять, -авить в оправу; опр|авлять, -авить; **do you want your photographs ~ed?** вы хотите наклеить фотографии на паспарту?; **the guns were ~ed** орудия были установлены на лафеты.
4 (*set up*): **they ~ed guard over the jewels** они охраняли драгоценности; **the enemy ~ed an offensive** враг предпринял наступление.
5 (*present on stage or for display*) ставить, по-; **the play was lavishly ~ed** спектакль был пышно оформлен.
● *vi* **1** (*increase*) расти (*impf*); (*also* **~ up**) нак|апливаться, -опиться.
2: **he ~ed and rode off** он вскочил в седло и ускакал.

mountain /'maʊntɪn/ *n* **1** гора; **he is making a ~ out of a molehill** он делает из мухи слона. **2** (*attr*) горный; **~ chain, range** горная цепь; **~ sickness** горная болезнь; **~ ash** рябина (ликёрная); **~ bike** туристский велосипед; **~ lion** пума, кугуар. **3** (*fig*) масса, куча; **a ~ of debts** масса долгов; **a butter ~** (*glut*) избыток масла.
● *cpd* **~side** *n* горный скат.

mountaineer /,maʊntɪ'nɪə(r)/ *n* альпинист (*fem* -ка).

mountaineering /,maʊntɪ'nɪərɪŋ/ *n* альпинизм.

mountainous /'maʊntɪnəs/ *adj* гористый; (*huge*) громадный.

mountebank /'maʊntɪ,bæŋk/ *n* шарлатан.

mourn /mɔ:n/ *vt* оплакивать (*impf*); **he ~ed the loss of his wife** он скорбел по поводу смерти своей жены.
● *vi* скорбеть (*impf*); печалиться (*impf*); **she ~ed for her child** она оплакивала смерть своего ребёнка.

mourner /'mɔ:nə(r)/ *n* присутствующий на похоронах; (*hired*) плакальщи|к (*fem* -ца).

mournful /'mɔ:nfʊl/ *adj* скорбный, траурный.

mourning /'mɔ:nɪŋ/ *n* **1** (*grief; respect for the dead*) скорбь; траур; **day of ~** траурный день. **2** (*black clothes*) траур; **she was in deep ~** она была в глубоком трауре.
● *cpd* **~ band** *n* траурная повязка.

mouse /maʊs/ *n* (*pl* **mice**) мышь; (*fig*) мышка, мышонок; (*comput, pl also* **~s**) мышь, мышка.
● *vi* (*of cat*) ловить (*impf*) мышей.
● *cpds* **~-coloured** (*US* **-colored**) *adj* мышиного цвета; **~ mat** (*Br*), **~ pad** (*US*) *nn* коврик для мыши; **~trap** *n* мышеловка.

mouser /'maʊsə(r)/ *n* мышелов.

mousse /mu:s/ *n* мусс.

moustache /mə'stɑ:ʃ/ (*US* **mustache**) *n* ус|ы (*pl, g* -ов).

mousy /'maʊsɪ/ *adj* (**mousier, mousiest**) **1** (*timid*) робкий, тихий. **2** (*colour*) мышиный.

mouth[1] /maʊθ/ *n* рот; (*diminutive, e.g. baby's*) ротик; **I shouldn't have opened my ~** мне не следовало говорить; **keep your ~ shut!** молчи!; помалкивай!; **he was down in the ~** он ходил как в воду опущенный; **the word passed from ~ to ~** новость передавалась из уст в уста; **by word of ~** устно; **they live from hand to ~** они еле сводят концы с концами; **don't put words into my ~** не приписывайте мне того, что я не говорил; **you have taken the words out of my ~** именно это я и хотел сказать; **the food made his ~ water** при виде еды у него потекли слюнки; (*fig*): **~ of a bottle** горлышко; **~ of a cave** вход в пещеру; **~ of a river** устье реки.
● *cpds* **~ organ** *n* губная гармоника; **~piece** *n* (*of instrument, pipe, etc.*)

мундшту́к; (*fig, spokesman*) ру́пор; глаша́тай; **~-to-~ resuscitation** *n* иску́сственное дыха́ние; **~wash** *n* полоска́ние для рта; **~-watering** *adj* вку́сный, аппети́тный.

mouth² /maʊð/ *vt*: **the actor ~ed his words** актёр напы́щенно деклами́ровал; **he ~ed the words 'Go away'** «Уйди́те», — сказа́л он одни́ми губа́ми.

mouthful /'maʊθfʊl/ *n* кусо́к, глото́к; (*fig, long word*) тру́днопроизноси́мое сло́во.

movable /'mu:vəb(ə)l/ *adj* (*portable*) подвижно́й, портати́вный; (*varying in date*): **~ feast** переходя́щий.

movables /'mu:vəb(ə)lz/ *n* (*furniture etc.*) дви́жимое иму́щество.

move /mu:v/ *n* **1** (*in games*) ход; **it's your ~** ваш ход!; **make a ~** (*also fig*) де́лать, с- ход; (*fig, action*) посту́пок; ход, шаг.
2 (*initiation of action or motion*) движе́ние; **it's time we made a ~** (*Br*) нам пора́ дви́гаться; **they made a ~ to go** они́ ста́ли собира́ться уходи́ть; **what's the next ~?** что тепе́рь на́до де́лать?; **get a ~ on!** дви́гайтесь!, потора́пливайтесь!; **the enemy is on the ~** враг на ма́рше.
3 (*change of residence*) перее́зд; **when does your ~ take place?** когда́ вы переезжа́ете?
● *vt* **1** (*change position of; put in motion*) дви́гать (*impf*); передв|ига́ть, -и́нуть; **he ~d his chair nearer the fire** он пододви́нул стул к ками́ну; **~ your books out of the way!** убери́те свои́ кни́ги!; **do you mind moving your car?** бу́дьте любе́зны, переста́вьте свою́ маши́ну; **he couldn't ~ his queen** (*at chess*) он не мог продви́нуть ферзя́; **he never ~d a muscle** он не шевельну́л ни одни́м му́скулом; (*fig*) он и бро́вью не повёл; **I ~d heaven and earth to get him the job** я сде́лал всё возмо́жное, что́бы устро́ить его́ на э́ту рабо́ту.
2 (*affect, provoke*) тро́гать (*impf*); волнова́ть (*impf*); **the play ~d me deeply** пье́са меня́ глубоко́ взволнова́ла; **the sight ~d him to tears** зре́лище тро́нуло его́ до слёз; **a moving experience** волну́ющее пережива́ние; **he is easily ~d to anger** его́ легко́ рассерди́ть.
3 (*prompt, induce*) побу|жда́ть, -ди́ть; заст|авля́ть, -а́вить; **I was ~d to intervene** я не мог не вмеша́ться; **he works when the spirit ~s him** он рабо́тает, когда́ у него́ есть настрое́ние.
4 (*propose*) вн|оси́ть, -ести́ предложе́ние; **I ~ that the meeting be adjourned** я предлага́ю отложи́ть заседа́ние.
● *vi* **1** (*change position; be in motion*) дви́|гаться, -нуться; шевел|и́ться, -ьну́ться; **the lever won't ~** рыча́г не сдвига́ется; **don't ~!** не дви́гайтесь!; **a moving staircase** эскала́тор; **moving pictures** кинокарти́на; **we were certainly moving** (*going fast*) мы бы́стро мча́лись/дви́гались.
2 (*in games*) ходи́ть (*impf*); **whose turn is it to ~?** чей ход?
3 (*change one's residence*) пере|езжа́ть, -е́хать; **moving day** день перее́зда; **moving van** (*US*) фурго́н для перево́зки ме́бели.
4 (*make progress*) развива́ться (*impf*); **things began to ~ fast** собы́тия на́чали бы́стро развива́ться; **work ~s slowly** рабо́та идёт ме́дленно; **one must ~ with the times** на́до шага́ть в но́гу со вре́менем.
5 (*stir*) шевели́ться (*impf*); **nobody ~d to help him** никто́ не пошевели́лся, что́бы ему́ помо́чь.
6 (*go about*) враща́ться (*impf*); **he ~s in exalted circles** он враща́ется в высших сфе́рах.
7 (*law, make application*) хода́тайствовать (*impf*); **I ~ for a new trial** я хода́тайствую о пересмо́тре де́ла.
● *with advs*: **~ about, ~ around** *vt* перест|авля́ть, -а́вить; **they ~d the furniture about** они́ переста́вили ме́бель; **he was ~d about a lot** его́ ча́сто переводи́ли с одно́й до́лжности на другу́ю; *vi* пере|езжа́ть, -е́хать; разъезжа́ть (*impf*); **he ~s about a lot** он мно́го разъезжа́ет; **~ along** *vi*: **~ along there, please!** проходи́те, пожа́луйста!; **~ around** *vt* = **~ about, ~ round**; **~ aside** *vt & i* отодв|ига́ть(ся), -и́нуть(ся); **~ away** *vt & i* удал|я́ть(ся), -и́ть(ся); **~ your hand away!** убери́те ру́ку!; **they ~d away from here** они́ перее́хали отсю́да; **~ back** *vt*: **he ~d the books back** (*away from him*) он отодви́нул кни́ги; (*to where they had been*) он поста́вил кни́ги наза́д (на по́лку); *vi*: **he ~d** (*stepped*) **back** он отошёл; **they ~d back** (*to where they had lived*) они́ верну́лись (на ста́рую кварти́ру *и т. п.*); **~ forward** *vt & i* дви́|гать(ся), -нуть(ся) вперёд; **~ in** *vt*: **troops were ~d in** бы́ли введены́ войска́; *vi* (*take up abode*): **they ~d in next door** они́ посели́лись в сосе́днем до́ме; **~ off** *vi*: **the train was moving off** по́езд на́чал отходи́ть (*or* тро́нулся); **~ on** *vt* продв|ига́ть, -и́нуть; **he ~d the hands** (*of the clock*) **on** он переста́вил стре́лки вперёд; **the police ~d the crowd on** поли́ция не дава́ла толпе́ собира́ться; *vi* продв|ига́ться, -и́нуться; идти́ (*det*) да́льше; **she stopped and then ~d on** она́ останови́лась, а зате́м опя́ть продо́лжила путь; **he ~d on to a better job** он перешёл на бо́лее подходя́щую рабо́ту; **~ out** *vt*: **the squatters were ~d out** незако́нно/самово́льно посели́вшихся вы́селили; *vi*: **we have to ~ out tomorrow** мы должны́ съе́хать за́втра; **~ over** *vt* отодв|ига́ть, -и́нуть; *vi* (*to make room*) подв|ига́ться, -и́нуться; **~ round** *vt*: **she ~d the furniture round** она́ переста́вила ме́бель; *vi*: **the sails of the windmill ~d round** кры́лья ме́льницы враща́лись; **~ together** *vt* сдв|ига́ть, -и́нуть; *vi* сходи́ться, сойти́сь; съ|езжа́ться, -е́хаться; **~ up** *vt*: **~ up a chair!** пододви́ньте стул!; **he was ~d up into the next class** его́ перевели́ в сле́дующий класс; *vi* подв|ига́ться, -и́нуться; **~ up and let me sit down!** подви́ньтесь и да́йте мне сесть; **they ~d up in the world** они́ вы́шли в лю́ди.

movement /'mu:vmənt/ *n* **1** (*state of moving, motion*) движе́ние, перемеще́ние; **his hands were in constant ~** ру́ки у него́ не зна́ли поко́я; **what are your ~s today?** како́е у вас сего́дня расписа́ние?
2 (*of the body or part of it*) жест, телодвиже́ние; **he made a ~ to go** он собра́лся уходи́ть; **with a ~ of his head** движе́нием головы́.
3 (*mil evolution*) передвиже́ние.
4 (*from one place to another*) переселе́ние; **~ of populations** переселе́ние наро́дов.
5 (*of the bowels*) акт дефека́ции.
6 (*mus, section of composition*) часть; **slow ~** ме́дленная часть.
7 (*moving parts*) ход; механи́зм; **a clock's ~** ход часо́в.
8 (*group united by common purpose*) движе́ние; **the labour ~** рабо́чее движе́ние; **peace ~** движе́ние за мир.
9 (*change*) измене́ние, сдвиг.

mover /'mu:və(r)/ *n* **1** (*initiator of idea etc.*) инициа́тор. **2** (*of proposal*) а́втор предложе́ния. **3**: **prime ~** перви́чный дви́гатель.

movie /'mu:vɪ/ *n* (*coll*) фильм, кинокарти́на; **he's gone to the ~s** он пошёл в кино́.
● *cpds* **~goer** *n* люби́тель (*fem* -ница) кино́; **~maker** *n* режиссёр.

moving /'mu:vɪŋ/ *adj* волну́ющий, тро́гательный.

mow /məʊ/ *vt & i* (*pp* **mowed** *or* **mown**) коси́ть, с-; **they were ~ing the hay** они́ коси́ли се́но; **he ~ed the lawn** он подстри́г траву́/газо́н.
● *with adv*: **~ down** (*fig*) ск|а́шивать, -оси́ть; **they were ~n down by a burst of machine-gun fire** их скоси́ла пулемётная о́чередь.

mower /'məʊə(r)/ *n* коси́лка.

Mozambican /ˌməʊzæm'bi:kən/ *n* мозамби́кец; жи́тель (*fem* -ница) Мозамби́ка.
● *adj* мозамби́кский.

Mozambique /ˌməʊzæm'bi:k/ *n* Мозамби́к.

MP (*abbr of* ***Member of Parliament***) чле́н парла́мента.

> **MP (Member of Parliament) — член парла́мента**
>
> Э́то выраже́ние применя́ется то́лько к чле́нам пала́ты о́бщин. Они́ представля́ют 659 избира́тельных округо́в А́нглии, Уэ́льса, Шотла́ндии и Се́верной Ирла́ндии.

mpg (*abbr of* ***miles per gallon***) (*сто́лько-то*) миль на галло́н бензи́на.

mph (*abbr of* ***miles per hour***) (*сто́лько-то*) миль в час.

MP3 *n* (*comput*) MP3, МП3 (*форма́т сжа́тия аудиода́нных*); **~ player** MP3-пле́ер.

Mr /'mɪstə(r)/ *n* (*abbr of* ***mister***) (*pl* **Messrs**) г-н (господ|и́н (*pl* -а́)); ми́стер.

Mrs /'mɪsɪz/ *n* (*abbr of* ***mistress***) (*pl* ~) г-жа (госпожа́); ми́ссис.

MS *abbr of* **1** ***manuscript*** /ˈmænjʊskrɪpt/ ру́копись. **2** ***multiple sclerosis*** рассе́янный склеро́з.

Ms /mɪz, məz/ *n* г-жа (госпожа́).

MSc (*abbr of* ***Master of Science***) маги́стр (есте́ственных) нау́к.

MSRP (*abbr of* ***manufacturer's suggested retail price***) (*US*) рекоменду́емая производи́телем ро́зничная цена́.

Mt /maʊnt/ *n* (*abbr of* ***Mount***) г. (гора́).

much /mʌtʃ/ *n* & *adj* (**more, most**) мно́гое; мно́го + *g*; **~ of what you say is true** мно́гое из того́, что вы говори́те, справедли́во; **I have ~ to tell you** мне есть что вам рассказа́ть; **I will say this ~** сто́лько (и не бо́льше) я гото́в сказа́ть; **his work is not up to ~** его́ рабо́та не отлича́ется высо́ким ка́чеством; **too ~** сли́шком (мно́го); мно́го; **it was too ~ for me** э́то бы́ло для меня́ (уж) сли́шком; **he thinks too ~ of himself** он сли́шком высо́кого мне́ния о себе́; **don't make too ~ of the incident** не придава́йте э́той исто́рии сли́шком большо́го значе́ния; **I couldn't make ~ of the lecture** ле́кция была́ мне не о́чень поня́тна; **I don't see ~ of him** я его́ ре́дко ви́жу; **he doesn't read ~** он ма́ло чита́ет; **he is not ~ of an actor** он актёр нева́жный; **she is not ~ to look at** она́ далеко́ не краса́вица; **I don't think ~ of this cheese** мне не о́чень нра́вится э́тот сыр; **we are not devoting ~ attention** мы не уделя́ем большо́го внима́ния; мы уделя́ем ма́ло внима́ния; **how ~** ско́лько + *g*; **very ~** о́чень (мно́го); о́чень си́льно; **as ~ again** ещё сто́лько же; **I thought as ~** я так и ду́мал; **I didn't get as ~ as he** я получи́л ме́ньше его́; **as ~ as to say** как бы говоря́; **it is as ~ my idea as yours** э́то в тако́й же сте́пени моя́ иде́я, в како́й и ва́ша; **it was as ~ as I could do to stop laughing** я с трудо́м уде́рживался от сме́ха; **so ~** сто́лько + *g*; **without so ~ as a 'by your leave'** не сказа́в да́же «с ва́шего позволе́ния»; **that's a bit ~** (*coll*) э́то уж сли́шком/чересчу́р; э́то уже́ перебо́р (*coll*).

● *adv* (**more, most**) **1** (*by far*) гора́здо; **~ better** гора́здо лу́чше; **~ the best** гора́здо лу́чше други́х/остальны́х. **2** (*greatly*) о́чень; нема́ло; **I am ~ obliged to you** премно́го вам обя́зан; **I was ~ amused** мне бы́ло о́чень заба́вно; **it doesn't ~ matter** э́то не име́ет большо́го значе́ния; **it does not differ ~** э́то немно́гим отлича́ется; **so ~ the better** тем лу́чше; **he was not ~ the worse** он не о́чень пострада́л; **I couldn't see him, ~ less speak to him** я не смог его́ уви́деть, не то что поговори́ть с ним; **how ~ do you love me?** как си́льно ты меня́ лю́бишь?; **~ to my surprise** к моему́ вели́кому удивле́нию; **~ as I should like to go** как бы я ни хоте́л пойти́; **not ~!** (*coll, very ~*) о́чень да́же!; а как же! **3** (*about*) приме́рно, почти́; **his condition is ~ the same** его́ состоя́ние приме́рно тако́е же; **they are ~ of a size** они́ почти́ одного́ разме́ра; **~ of a ~ness** (*coll*) приме́рно одного́ ка́чества; почти́ одина́ково.

mucilage /ˈmju:sɪlɪdʒ/ *n* (*viscous secretion*) расти́тельная слизь; (*US, glue*) клей.

muck /mʌk/ (*coll*) *n* **1** (*manure*) наво́з. **2** (*dirt*) грязь; (*fig, anything disgusting*) дрянь. **3** (*Br, mess*): **he tried to finish the job and made a ~ of it** он попыта́лся доде́лать рабо́ту и то́лько загуби́л её.

● *with advs*: **~ about** (*Br*) *vt* (*inconvenience*) причин|я́ть, -и́ть неудо́бство + *d*; *vi*: **he was ~ing about with the radio** он вози́лся с ра́дио; **~ in** *vi* (*Br*): **if we all ~ in we shall soon get it done** е́сли мы вме́сте за э́то возьмёмся, то бы́стро э́то сде́лаем; **~ out** *vt*: **he ~ed out the stables** он почи́стил коню́шни; **~ up** *vt* (*make dirty*) загрязн|я́ть, -и́ть; па́чкать, ис-; (*spoil, bungle*) испо́ртить (*pf*); напорта́чить (*pf*); **I ~ed up my exam** я завали́л экза́мен.

● *cpds* **~ heap** *n* наво́зная ку́ча; **~raker** *n* (*fig*) выгреба́тель (*m*) му́сора; **~raking** *n* копа́ние в грязи́; **~-up** *n* пу́таница.

mucky /ˈmʌkɪ/ *adj* (**muckier, muckiest**) (*coll*) гря́зный; пога́ный.

mucous /ˈmju:kəs/ *adj* сли́зистый; **~ membrane** сли́зистая оболо́чка.

mucus /ˈmju:kəs/ *n* слизь.

mud /mʌd/ *n* грязь; сля́коть; **his name was ~** (*fig*) он был опозо́рен; его́ и́мя бы́ло опоро́чено; (*attr*): **~ flat** вя́зкое дно, обнажа́ющееся при отли́ве; **~ hut** землянка.

● *cpds* **~bath** *n* грязева́я ва́нна; **~guard** *n* крыло́; **~ pack** *n* космети́ческая ма́ска; **~-slinging** *n* (*fig*) клевета́.

muddle /ˈmʌd(ə)l/ *n* **1** (*mess; disorder*) беспоря́док; неразбери́ха; **you have made a ~ of it** вы всё перепу́тали; **things have got into a ~** всё перепу́талось/смеша́лось; **he left everything in a dreadful ~** он оста́вил по́сле себя́ ужа́сный беспоря́док. **2** (*confusion of mind*) пу́таница; **I was in a ~ over the dates** я запу́тался в да́тах.

● *vt* **1** (*bring into disorder*) перепу́т|ывать, -ать; вн|оси́ть, -ести́ беспоря́док в + *a*; **you have ~d (up) my papers** вы смеша́ли мои́ бума́ги. **2** (*confuse*) пу́тать, на-; сби|ва́ть, -ть с то́лку; **don't ~ me (up)** не сбива́йте меня́ с то́лку.

● *vi*: **~ along, ~ through** вози́ться (*impf*); копа́ться (*impf*); **they ~ed along** они́ де́йствовали наобу́м; **we shall ~ through somehow** мы ко́е-ка́к спра́вимся.

● *cpds* **~-headed** *adj* бестолко́вый; **~-headedness** *n* бестолко́вость.

muddy /ˈmʌdɪ/ *adj* (**muddier, muddiest**) **1** (*covered or soiled with mud*) гря́зный, запа́чканный; **a ~ road** гря́зная доро́га; **~ boots** забры́зганные гря́зью боти́нки. **2** (*of colours*) нечи́стый, гря́зный. **3** (*of liquids*) му́тный; **a ~ stream** му́тный руче́й.

● *vt* обры́зг|ивать, -ать (*or* забры́зг|ивать, -ать) гря́зью.

muesli /ˈm(j)u:zlɪ/ *n* мю́сли (*смесь злаков, орехов и сухих фруктов*) (*nt indecl*).

muezzin /mu:ˈezɪn/ *n* муэдзи́н.

muff[1] /mʌf/ *n* (*for hands*) му́фта.

muff[2] /mʌf/ *vt* (*coll*) ма́зать, про-; пропус|ка́ть, -ти́ть; **he ~ed the catch** он пропусти́л мяч; (*spoil*) по́ртить, ис-; **the actor ~ed his lines** актёр перепу́тал ре́плики.

muffin /ˈmʌfɪn/ *n* (*Br*) ≈ горя́чая бу́лочка; (*US*) сдо́бная бу́лочка.

muffle /ˈmʌf(ə)l/ *vt* **1** (*wrap up*) ку́тать, за-; **he was ~d up in an overcoat** он был заку́тан в пальто́. **2** (*of sound*) глуши́ть, за-; **a ~d peal of bells** приглушённый звон колоколо́в; **~ed voices** приглушённые голоса́.

muffler /ˈmʌflə(r)/ *n* (*scarf*) кашне́ (*indecl*), шарф; (*silencer*) глуши́тель (*m*).

mufti[1] /ˈmʌftɪ/ *n* (*in Islam*) му́фтий.

mufti[2] /ˈmʌftɪ/ *n* (*civilian clothes*) шта́тское пла́тье; **in ~** в шта́тском.

mug[1] /mʌg/ *n* (*vessel*) кру́жка; (*sl, face*) мо́рда.

● *cpd* **~ shot** *n* (*coll*) официа́льное фо́то.

mug[2] /mʌg/ *n* (*Br coll, simpleton*) балбе́с; **it's a ~'s game** э́то для дурако́в; безнадёжное де́ло.

mug[3] /mʌg/ *vt* (**mugged, mugging**): **~ up** (*Br coll, study hard*) зубри́ть, вы-.

mug[4] /mʌg/ *vt* (**mugged, mugging**) (*Br coll, attack*) нап|ада́ть, -а́сть на + *a*; (*rob*) гра́бить, о-; **~ging** у́личный грабёж.

mugger /ˈmʌgə(r)/ *n* у́личный граби́тель.

muggins /ˈmʌgɪnz/ *n* (*pl* **~** *or* **~es**) (*Br sl, fool, dupe*) простофи́ля (*cg*).

muggy /ˈmʌgɪ/ *adj* (**muggier, muggiest**) (*damp and warm*) вла́жный и тёплый; (*close*) ду́шный, уду́шливый.

Muhammad /məˈhæməd/ *n* Муха́ммед.

mujahedin /ˌmodʒɑ:hɪˈdi:n/ *n pl* моджахе́ды (*m pl*); **~ fighter** моджахе́д.

mulatto /mju:ˈlætəʊ/ *n* (*pl* **~s** *or* **~es**) мула́т (*fem* -ка).

mulberry /ˈmʌlbərɪ/ *n* (*tree*) ту́товое де́рево, шелкови́ца; (*fruit*) ту́товая я́года; (*attr, colour*) багро́вый.

mulch /mʌltʃ, mʌlʃ/ *n* му́льча (*защитная подстилка из сухой травы, листьев, навоза и т. п.*).

● *vt* мульчи́ровать (*impf, pf*).

mulct /mʌlkt/ *vt* (*fine*) штрафова́ть, о-; (*swindle*): **he was ~ed of £5** у него́ вы́манили 5 фу́нтов; его́ нагре́ли (*coll*) на 5 фу́нтов.

mule[1] /mju:l/ *n* мул; (*fig, of person*) упря́мый осёл.

mule[2] /mju:l/ *n* (*slipper*) шлёпанец.

muleteer /ˌmju:lɪˈtɪə(r)/ *n* пого́нщик му́лов.

mulish /ˈmju:lɪʃ/ *adj* упря́мый.

mull[1] /mʌl/ *vt*: **~ wine** вари́ть, с- глинтве́йн.

mull² /mʌl/ *vt*: ~ **over** (*ponder*) размышля́ть (*impf*) над + *i*; обду́м|ывать, -ать.

mullah /ˈmʌlə/ *n* мулла́ (*m*).

mullet /ˈmʌlɪt/ *n* кефа́ль.

mulligatawny /ˌmʌlɪgəˈtɔːnɪ/ *n* о́стрый инди́йский суп.

mullion /ˈmʌljən/ *n* сре́дник; ~**ed window** сво́дчатое окно́.

multi- /ˈmʌltɪ/ *comb form* много…, мульти… .

multicoloured /ˈmʌltɪˌkʌləd/ (*US* **multicolored**) *adj* многоцве́тный, кра́сочный.

multicultural /ˌmʌltɪˈkʌltʃər(ə)l/ *adj* многокульту́рный, многонациона́льный.

multiculturalism /ˌmʌltɪˈkʌltʃərəlɪz(ə)m/ *n* мультикультурали́зм.

multifaceted /ˌmʌltɪˈfæsɪtɪd/ *adj* многогра́нный.

multifarious /ˌmʌltɪˈfeərɪəs/ *adj* разнообра́зный.

multiform /ˈmʌltɪˌfɔːm/ *adj* многообра́зный.

multilateral /ˌmʌltɪˈlætər(ə)l/ *adj* многосторо́нний.

multilingual /ˌmʌltɪˈlɪŋgw(ə)l/ *adj* многоязы́чный, разноязы́чный.

multimedia /ˌmʌltɪˈmiːdɪə/ *n* мультиме́диа (*pl indecl*).
● *adj* мультимеди́йный.

multimillionaire /ˌmʌltɪˌmɪljəˈneə(r)/ *n* мультимиллионе́р.

multinational /ˌmʌltɪˈnæʃən(ə)l/ *n* междунаро́дная корпора́ция.
● *adj* многонациона́льный.

multipartite /ˌmʌltɪˈpɑːtaɪt/ *adj* многосторо́нний.

multiparty /ˌmʌltɪˈpɑːtɪ/ *adj* многопарти́йный.

multiple /ˈmʌltɪp(ə)l/ *n* кра́тное число́; **lowest common** ~ наиме́ньшее о́бщее кра́тное.
● *adj* составно́й; многочи́сленный; ~ **injuries** многочи́сленные ране́ния/тра́вмы; ~ **sclerosis** рассе́янный склеро́з; ~ **store** (*Br*) фи́рменный магази́н; ~ **warhead** многозаря́дная боеголо́вка.
● *cpd* ~**-choice** *adj*: ~**-choice test/exam** пи́сьменный тест/экза́мен, в кото́ром уча́щийся из не́скольких отве́тов выбира́ет пра́вильный.

multiplex /ˈmʌltɪˌpleks/ *adj* составно́й, сло́жный.

multiplication /ˌmʌltɪplɪˈkeɪʃ(ə)n/ *n* умноже́ние; ~ **table** табли́ца умноже́ния.

multiplicity /ˌmʌltɪˈplɪsɪtɪ/ *n* многочи́сленность, разнообра́зие.

multiplier /ˈmʌltɪˌplaɪə(r)/ *n* мно́житель (*m*).

multipl|y /ˈmʌltɪˌplaɪ/ *vt* **1** (*math*) умн|ожа́ть, -о́жить; **seven** ~**ied by two** два́жды семь; **66** ~**ied by 36** 66 помно́женное на 36. **2** (*increase*) увеличи|вать, -ть; мно́жить, по-/у-.
● *vi* размн|ожа́ться, -о́житься; **rabbits** ~ **rapidly** кро́лики бы́стро размножа́ются.

multi-purpose /ˌmʌltɪˈpɜːpəs/ *adj* многоцелево́й.

multiracial /ˌmʌltɪˈreɪʃ(ə)l/ *adj* многонациона́льный, многора́совый.

multi-storey /ˌmʌltɪˈstɔːrɪ/ (*US* **multi-story**) *adj* многоэта́жный.

multitask /ˈmʌltɪˌtɑːsk/ *vi* **1** (*comput*) рабо́тать (*impf*) в многозада́чном режи́ме. **2** (*fig*) де́лать, с- мно́го дел одновре́менно.

multitasking /ˌmʌltɪˈtɑːskɪŋ/ *n* (*comput*) многозада́чный режи́м (рабо́ты).

multitude /ˈmʌltɪˌtjuːd/ *n* (*great number*) мно́жество, ма́сса; **the** ~ (*mass of people*) толпа́; чернь, ма́сса.

multitudinous /ˌmʌltɪˈtjuːdɪnəs/ *adj* многочи́сленный, многообра́зный.

multivitamins /ˌmʌltɪˈvɪtəmɪnz/ *n pl* поливитами́н|ы (*pl*, *g* -ов).

mum¹ /mʌm/ *n* (*Br coll, mother*) маму́ля, ма́ма.

mum² /mʌm/ *adj* (*coll, quiet*): **I kept** ~ **about it** я об э́том пома́лкивал; ~**'s the word** молчо́к!; ни сло́ва!

mumble /ˈmʌmb(ə)l/ *n* бормота́ние.
● *vt* & *i* (*mutter*) бормота́ть, про-.

mumbo-jumbo /ˌmʌmbəʊˈdʒʌmbəʊ/ *n* тараба́рщина.

mummer /ˈmʌmə(r)/ *n* ря́женый.

mummery /ˈmʌmərɪ/ *n* (*dumbshow*) пантоми́ма; (*pej, ceremonial*) неле́пый ритуа́л; маскара́д.

mummify /ˈmʌmɪˌfaɪ/ *vt* мумифици́ровать (*impf, pf*).

mummy¹ /ˈmʌmɪ/ *n* (*embalmed corpse*) му́мия.

mummy² /ˈmʌmɪ/ *n* (*Br coll, mother*) ма́ма, ма́мочка; ~**'s boy/darling** ма́менькин сыно́к.

mumps /mʌmps/ *n* сви́нка (*заболевание*).

munch /mʌntʃ/ *vt* & *i* жева́ть (*impf*); ча́вкать (*impf*).

mundane /mʌnˈdeɪn/ *adj* земно́й, мирско́й, све́тский.

Munich /ˈmjuːnɪk/ *n* Мю́нхен.

municipal /mjuːˈnɪsɪp(ə)l/ *adj* муниципа́льный, городско́й.

municipality /mjuːˌnɪsɪˈpælɪtɪ/ *n* муниципалите́т.

munificence /mjuːˈnɪfɪs(ə)ns/ *n* ще́дрость.

munificent /mjuːˈnɪfɪs(ə)nt/ *adj* ще́дрый.

muniments /ˈmjuːnɪmənts/ *n pl* (*law*) гра́моты; докуме́нты.

munitions /mjuːˈnɪʃ(ə)ns/ *n pl* снаряже́ние, вооруже́ние; (*attr*) ~ **factory** вое́нный заво́д.

mural /ˈmjʊər(ə)l/ *n* фре́ска, стенна́я ро́спись.
● *adj* стенно́й.

murder /ˈmɜːdə(r)/ *n* уби́йство; **he was accused of** ~ его́ обвини́ли в уби́йстве; ~ **weapon** ору́дие уби́йства; ~ **will out** (*fig*) ≈ ши́ла в мешке́ не утаи́шь; (*fig*): **the traffic was (sheer)** ~ (*coll*) движе́ние бы́ло стра́шное/смертоуби́йственное.
● *vt* уб|ива́ть, -и́ть; **a man was** ~**ed** уби́ли челове́ка; челове́к уби́т; (*fig, of a bad performance*) по́ртить (*impf*); губи́ть (*impf*); **she** ~**ed the sonata** она́ загуби́ла сона́ту; **he** ~**s the language** он кове́ркает язы́к.
● *vi*: **he** ~**ed for gain** он соверши́л преднаме́ренное уби́йство с це́лью нажи́вы.

murderer /ˈmɜːdərə(r)/ *n* уби́йца (*cg*).

murderess /ˈmɜːdərɪs/ *n* (же́нщина-)уби́йца.

murderous /ˈmɜːdərəs/ *adj* смертоно́сный, уби́йственный.

murk /mɜːk/ *n* мрак, темнота́.

murkiness /ˈmɜːkɪnɪs/ *n* мра́чность.

murky /ˈmɜːkɪ/ *adj* (**murkier, murkiest**) мра́чный, тёмный; **his** ~ **past** его́ тёмное про́шлое.

murmur /ˈmɜːmə(r)/ *n* **1** (*low sound*) бормота́ние, шёпот; **his voice sank to a** ~ он заговори́л шёпотом; его́ го́лос пони́зился до шёпота; **a** ~ **of conversation** ти́хая бесе́да; **the** ~ **of bees** жужжа́ние пчёл; **the** ~ **of the waves** ро́пот волн; **a heart** ~ (*med*) шумы́ (*m pl*) в се́рдце. **2** (*fig, complaint*) ро́пот, ворча́ние; ~**s of discontent** выраже́ние (*nt pl*) недово́льства; **he paid up without a** ~ он заплати́л без зву́ка.
● *vt* & *i* говори́ть (*impf*) ти́хо; бормота́ть, про-; шепта́ть, про-; **he** ~**ed a prayer** он прошепта́л моли́тву; (*complain*) ропта́ть (*impf*); ворча́ть (*impf*).

muscatel /ˌmʌskəˈtel/ *n* (*wine*) муска́т.

muscle /ˈmʌs(ə)l/ *n* мы́шца, му́скул; **he didn't move a** ~ (*remained motionless*) он не (по)шевельну́лся; он и у́хом не повёл.
● *vi* (*coll*): **he** ~**d in on the conversation** он ввя́зался в разгово́р.
● *cpd* ~**man** *n* (*pl* ~**men**) сила́ч, геркуле́с; (*bouncer*) вышиба́ла (*m*).

Muscovite /ˈmʌskəˌvaɪt/ *n* (*native of Moscow*) москви́ч (*fem* -ка).
● *adj* моско́вский.

Muscovy /ˈmʌskəvɪ/ *n* Моско́вия.

muscular /ˈmʌskjʊlə(r)/ *adj* (*pertaining to muscle*) мы́шечный; ~ **dystrophy** му́скульная дистрофи́я; (*with strong muscles*; *robust*) мускули́стый; си́льный.

musculature /ˈmʌskjʊlətʃə(r)/ *n* мускулату́ра.

muse¹ /mjuːz/ *n* (*myth*) му́за.

muse² /mjuːz/ *vi* размышля́ть (*impf*); заду́мываться (*impf*).

museum /mjuːˈziːəm/ *n* музе́й; ~ **piece** (*lit, fig*) музе́йный экспона́т; музе́йная ре́дкость.

mush /mʌʃ/ *n* (*pulpy mass*) ка́ша, кашица́; (*US, boiled meal*) ка́ша; (*coll, sentimental writing or music*) сентимента́льщина.

mushroom /ˈmʌʃrʊm, -ruːm/ *n* гриб; ~ **cloud** грибови́дное о́блако.
● *vi* (*pick* ~*s*) собира́ть (*impf*) грибы́; (*fig, grow rapidly*) бы́стро распространя́ться (*impf*); расти́ (*impf*) как грибы́ под дождём.

mushy /ˈmʌʃɪ/ *adj* (**mushier, mushiest**) мя́гкий; (*fig*) слаща́вый.

music /ˈmjuːzɪk/ *n* **1** му́зыка; **the lines were set to** ~ **by Brahms** Брамс положи́л стихи́ на му́зыку; **it was** ~ **to his ears** э́то ласка́ло его́ слух; **you will have to face the** ~ (*criticism, outcry*) вам придётся за э́то

распла́чиваться. **2** (*attr*) ~ **centre** (*Br*) музыка́льный центр; ~ **lesson** уро́к му́зыки; ~ **teacher** учи́тель (*m*) му́зыки. **3** (*sheet* ~, ~*al score*) но́ты (*f pl*).
● *cpds* ~ **hall** *n* (*place, entertainment*) мю́зик-холл; ~**-hall artist** эстра́дный арти́ст (*fem* -ка); ~ **room** *n* музыка́льная ко́мната; ~ **stand** *n* пюпи́тр.

musical /ˈmju:zɪk(ə)l/ *n* мю́зикл.
● *adj* (*pertaining to, fond of music*) музыка́льный; ~ **box** (*Br*) музыка́льная шкату́лка; ~ **glasses** стекля́нная гармо́ника; **a** ~ **voice** мелоди́чный го́лос; ~ **talent** музыка́льность.

musicality /ˌmju:zɪˈkælɪtɪ/ *n* музыка́льность.

musician /mju:ˈzɪʃ(ə)n/ *n* музыка́нт.

musicianship /mju:ˈzɪʃənʃɪp/ *n* музыка́льность.

musicologist /ˌmju:zɪˈkɒlədʒɪst/ *n* музыкове́д.

musicology /ˌmju:zɪˈkɒlədʒɪ/ *n* музыкове́дение.

musk /mʌsk/ *n* му́скус.
● *cpds* ~ **deer** *n* му́скусный оле́нь; ~ **melon** *n* ды́ня му́скусная; ~ **ox** *n* овцебы́к; ~**rat** *n* онда́тра; ~ **rose** *n* му́скусная ро́за.

musket /ˈmʌskɪt/ *n* мушке́т.

musketeer /ˌmʌskɪˈtɪə(r)/ *n* мушкетёр.

musketry /ˈmʌskɪtrɪ/ *n* (*small arms firing*) стрельба́ из винто́вки.

musky /ˈmʌskɪ/ *adj* (**muskier, muskiest**) му́скусный, па́хнущий му́скусом.

Muslim /ˈmʊzlɪm, ˈmʌ-/, **Moslem** /ˈmɒzləm/ *n* мусульма́н|ин (*fem* -ка).
● *adj* мусульма́нский.

muslin /ˈmʌzlɪn/ *n* мусли́н, кисея́.
● *adj* мусли́новый, кисе́йный.

musquash /ˈmʌskwɒʃ/ *n* (*Br, fur*) мех онда́тры.

muss /mʌs/ *vt* (*US coll*): ~ **up** (*e.g. hair*) взъеро́шить (*pf*); растрепа́ть (*pf*).

mussel /ˈmʌs(ə)l/ *n* ми́дия.

must /mʌst/ *n* (*coll, necessary item*): **the Tower of London is a** ~ **for visitors** тури́сты должны́ непреме́нно посмотре́ть Ло́ндонский Та́уэр.
● *v aux* (*3rd pers sg pres* **must;** *past* **had to** *or in indirect speech* **must**)
1 (*expressing necessity*): **one** ~ **eat to live** что́бы жить, ну́жно есть; ~ **you go so soon?** неуже́ли вам уже́ на́до уходи́ть?; **if you** ~, **you** ~ в конце́ концо́в, ну́жно зна́чит ну́жно; ~ **you behave like that?** неуже́ли вы ина́че не мо́жете?; (*expressing obligation*): **you** ~ **do as you're told** ты до́лжен слу́шаться; **we** ~ **not be late** нам нельзя́ опа́здывать; **you** ~ **not forget to write** непреме́нно напиши́те; **I** ~ **ask you to leave** я вы́нужден попроси́ть вас уйти́; **I** ~ **admit** я до́лжен призна́ть; **we** ~ **see what can be done** сле́дует поду́мать, что здесь мо́жно сде́лать.
2 (*with neg, expressing prohibition*): **cars** ~ **not be parked here** стоя́нка маши́н запрещена́.
3 (*expressing certainty or strong probability*): **you** ~ **be tired** вы, наве́рно, уста́ли; **this** ~ **be the bus coming now** э́то, вероя́тно/наве́рно (*or* должно́ быть), авто́бус; **you** ~ **have known that** не мо́жет быть, что́бы вы э́того не зна́ли.

mustache /məˈstɑ:ʃ/ (*US*) = **moustache**

mustang /ˈmʌstæŋ/ *n* муста́нг.

mustard /ˈmʌstəd/ *n* (*plant; relish*) горчи́ца; **keen as** ~ (*Br*) по́лный энтузиа́зма; ~ **gas** горчи́чный газ, ипри́т.
● *cpds* ~ **plaster** *n* горчи́чник; ~ **pot** *n* горчи́чница.

muster /ˈmʌstə(r)/ *n* **1** (*mil, assembly*) сбор, смотр. **2** (*numbers attending a function*) о́бщее число́. **3** (*inspection; roll-call*) пове́рка; перекли́чка; **will his work pass** ~**?** (*fig*) его́ рабо́та годи́тся? **4** (~ *book*, ~ *roll*) спи́сок ли́чного соста́ва.
● *vt* (*summon together*) соз|ыва́ть, -ва́ть; соб|ира́ть, -ра́ть; (*fig*) **he** ~**ed up all his courage** он собра́лся с ду́хом.
● *vi* (*assemble*) соб|ира́ться, -ра́ться.

mustiness /ˈmʌstɪnɪs/ *n* за́тхлость; ко́сность, отста́лость.

mustn't /ˈmʌs(ə)nt/ *contracted neg of* ⇒**must**

musty /ˈmʌstɪ/ *adj* (**mustier, mustiest**) (*smelling of mould or age*) за́тхлый; (*fig, ancient; out-of-date*) ко́сный, отста́лый, устаре́лый.

mutability /ˌmju:təˈbɪlɪtɪ/ *n* изме́нчивость.

mutable /ˈmju:təb(ə)l/ *adj* изме́нчивый.

mutant /ˈmju:t(ə)nt/ *adj* мута́нтный; мути́рующий.
● *n* мута́нт.

mutate /mju:ˈteɪt/ *vi* (*biol*) мути́ровать (*impf, pf*); (*change*) видоизмен|я́ться, -и́ться.

mutation /mju:ˈteɪʃ(ə)n/ *n* измене́ние; (*biol*) мута́ция.

mutatis mutandis /mu:ˌtɑ:tɪs mu:ˈtændɪs, mju:-, -i:s/ *adv* внося́ необходи́мые измене́ния.

mute /mju:t/ *n* **1** (*dumb person*) немо́й. **2** (*mus*) сурди́н(к)а.
● *adj* **1** (*silent*) безмо́лвный; **he made a** ~ **appeal** он бро́сил моля́щий взгля́д. **2** (*dumb*) немо́й. **3** (*phonetics, silent*) немо́й, непроизноси́мый.
● *vt* приглуш|а́ть, -и́ть; **they played with** ~**d strings** они́ игра́ли под сурди́нку.

mutilate /ˈmju:tɪˌleɪt/ *vt* уве́чить, из-; кале́чить, ис-; (*fig*) иска|жа́ть, -зи́ть; **the book was** ~**d in the film version** в фи́льме содержа́ние кни́ги бы́ло искажено́.

mutilation /ˌmju:tɪˈleɪʃ(ə)n/ *n* уве́чье; (*fig*) искаже́ние.

mutineer /ˌmju:tɪˈnɪə(r)/ *n* мяте́жник.

mutinous /ˈmju:tɪnəs/ *adj* мяте́жный.

mutiny /ˈmju:tɪnɪ/ *n* мяте́ж.
● *vi* бунтова́ть, взбунтова́ться; под|ыма́ть, -ня́ть мяте́ж.

mutt /mʌt/ *n* (*sl*) (*stupid person*) остоло́п, о́лух; (*dog*) пёс.

mutter /ˈmʌtə(r)/ *n* бормота́ние; **he spoke in a** ~ он бормота́л.
● *vt & i* бормота́ть (*impf*); говори́ть (*impf*) невня́тно; **he** ~**ed an apology** он пробормота́л извине́ние; ~**ings of discontent** глухо́й ро́пот недово́льства.

mutton /ˈmʌt(ə)n/ *n* бара́нина; ~ **dressed as lamb** (*Br, fig*) молодя́щаяся стару́шка; ~ **chop** бара́нья отбивна́я; ~ **chops** (*or* ~ **chop whiskers**) ба́к|и (*pl, g* —).

mutual /ˈmju:tʃʊəl, -tjʊəl/ *adj* взаи́мный; ~ **admiration society** (*ironical*) о́бщество взаи́много восхище́ния/восхвале́ния; ~ **aid** взаимопо́мощь; **our** ~ **friend** наш о́бщий друг.

muzhik, moujik /mu:ˈʒɪk/ *n* мужи́к.

muzzle /ˈmʌz(ə)l/ *n* **1** (*animal's*) мо́рда, ры́ло. **2** (*guard for this*) намо́рдник. **3** (*of firearm*) ду́ло; ~ **velocity** нача́льная ско́рость.
● *vt* над|ева́ть, -е́ть намо́рдник на + *a*; (*fig*) заст|авля́ть, -а́вить молча́ть; зат|ыка́ть, -кну́ть; **he tried to** ~ **the press** он пыта́лся заста́вить печа́ть молча́ть.
● *cpd* ~**-loading** *adj* заряжа́ющийся с ду́ла.

muzzy /ˈmʌzɪ/ *adj* (**muzzier, muzziest**) (*coll*) нея́сный; тума́нный.

MW /ˈmegəˌwɒt(s)/ *n abbr of*
1 ***megawatt(s)*** МВт (мегава́тт).
2 ***medium wave*** СВ (сре́дние во́лны).

my /maɪ/ *possessive adj* мой; (*belonging to speaker*) свой; **I lost** ~ **pen** я потеря́л свою́ ру́чку; **for** ~ **part** что каса́ется меня́; **I was all on** ~ **own** я был оди́н-одинёшенек/оди́н-одинёхонек (*or* соверше́нно оди́н); **I did it all on** ~ **own** я сде́лал э́то самостоя́тельно (*or* без посторо́нней по́мощи); (*with words of address*): ~ **dear** дорого́й; ~ **dear fellow** дорого́й мой; ~ **good man/woman** мой друг; (*in exclamations*): ~ **goodness!; oh,** ~**!** бо́же мой!; ~, ~! ну и ну́! поду́мать то́лько!

Myanmar /maɪənˈmɑ:(r)/ *n* Мья́нма.

Mycenae /maɪˈsi:ni:/ *n* Мике́н|ы (*pl, g* —).

Mycen(a)ean /ˌmaɪsɪˈni:ən/ *adj* мике́нский.

mycology /maɪˈkɒlədʒɪ/ *n* миколо́гия.

myna(h) /ˈmaɪnə/ *n* ма́йна.

myopia /maɪˈəʊpɪə/ *n* миопи́я, близору́кость.

myopic /maɪˈɒpɪk/ *adj* миопи́ческий, близору́кий.

myriad /ˈmɪrɪəd/ *n* мириа́д|ы (*pl, g* —).
● *adj* несчётный.

myrmidon /ˈmə:mɪd(ə)n/ *n* (*fig*) прислу́жник; ~**s of the law** блюсти́тели (*m pl*) зако́на/поря́дка.

myrrh /mə:(r)/ *n* (*resin*) ми́рра.

myrtle /ˈmə:t(ə)l/ *n* мирт.

myself /maɪˈself/ *pron* **1** (*refl*) себя́ (*d, p* себе́, *i* собо́й); -ся/-сь (*suff*); **I said to** ~ я сказа́л себе́; **I felt pleased with** ~ я был дово́лен собо́й; **I hurt** ~ я ушибся. **2** (*emphatic*) сам; **I** ~ **did it** э́то я сде́лал; **I did it** ~ я сам э́то сде́лал; **I did it by** ~ (*without help*) я э́то сде́лал сам; **I am not** ~ **today** я сего́дня немно́го не в фо́рме (*or* сам

m

не свой). **3** (*after preps*): **for ~, I prefer tea** что каса́ется меня́, я предпочита́ю чай; **dancing takes me out of ~** та́нцы развлека́ют меня́. **4** (*representing 'I' or 'me'*): **my wife and ~ were there** мы с жено́й бы́ли там.

mysterious /mɪ'stɪərɪəs/ *adj* таи́нственный, зага́дочный.

mystery /'mɪstərɪ/ *n* **1** (*secret, secrecy; obscurity*) та́йна, секре́т, зага́дка; **the murder remained a ~** э́то уби́йство оста́лось зага́дкой/та́йной; **their origins are wrapped in ~** их происхожде́ние покры́то мра́ком неизве́стности; **don't make a ~ of it** не де́лайте из э́того та́йну. **2** (*relig*) та́инство, та́йные обря́ды (*m pl*); **~ play** мисте́рия. **3** (*novel etc.*) детекти́в.

mystic /'mɪstɪk/ *n* ми́стик.
● *adj* (*also* **~al** /'mɪstɪk(ə)l/) мисти́ческий.

mysticism /'mɪstɪ,siz(ə)m/ *n* ми́стика, мистици́зм.

mystification /,mɪstɪfɪ'keɪʃ(ə)n/ *n* мистифика́ция.

mystify /'mɪstɪ,faɪ/ *vt* мистифици́ровать (*impf, pf*); озада́чи|вать, -ть.

mystique /mɪ'sti:k/ *n* таи́нственность, зага́дочность.

myth /mɪθ/ *n* (*lit, fig*) миф.

mythic(al) /'mɪθɪk, 'mɪθɪk(ə)l/ *adj* мифи́ческий.

mythological /,mɪθə'lɒdʒɪk(ə)l/ *adj* мифологи́ческий.

mythology /mɪ'θɒlədʒɪ/ *n* мифоло́гия.

myxomatosis /,mɪksəmə'təʊsɪs/ *n* миксомато́з (*заболевание кроликов*).

m

NAACP (*abbr of* ***National Association for the Advancement of Colored People***) (*US*) Национа́льная ассоциа́ция соде́йствия прогре́ссу цветно́го населе́ния.

nab /næb/ *vt* (**nabbed, nabbing**) (*arrest*) накр|ыва́ть, -ы́ть (*coll*); (*catch in wrongdoing*) заст|ига́ть, -и́чь/-и́гнуть, засту́к|ивать, -ать (*coll*).

nadir /ˈneɪdɪə(r), ˈnæd-/ *n* (*astron*) нади́р; (*fig*) ни́зшая то́чка.

naff /næf/ *adj* (*Br*) безвку́сный.

nag[1] /næg/ *n* лоша́дка; (*pej*) кля́ча.

nag[2] /næg/ *vt* (**nagged, nagging**) пили́ть (*impf*); **she ~ged him into going to the theatre** она́ пили́ла его́, пока́ он не согласи́лся пойти́ с ней в теа́тр.
● *vi* брюзжа́ть (*impf*); **~ at s.o.** пили́ть (*impf*) кого́-н.

nagger /ˈnægə(r)/ *n* брюзга́ (*cg*).

nagging /ˈnægɪŋ/ *n* (*harassing*) пиле́ние; (*grumbling*) брюзжа́ние; (*criticism*) приди́рки (*f pl*).
● *adj* приди́рчивый; (*quarrelsome*) сварли́вый; **a ~ pain** но́ющая боль.

naiad /ˈnaɪæd/ *n* (*pl* **naiads** *or* **naiades** /ˈnaɪə,di:z/) ная́да.

nail /neɪl/ *n* **1** (*on finger or toe*) но́готь (*m*); **bite one's ~s with impatience** куса́ть (*impf*) но́гти от нетерпе́ния.
2 (*metal spike*) гвоздь (*m*); **he's as hard as ~s** (*unfeeling*) э́то жесто́кий, бесчу́вственный челове́к; (*physically*) у него́ желе́зное здоро́вье; **you've hit the ~ on the head** вы попа́ли в (са́мую) то́чку; **he pays on the ~** он распла́чивается на ме́сте. **a ~ in s.o.'s coffin** (*fig*) гвоздь (*m*) в чей-н. гроб.
● *vt* **1** приби́|вать, -ть (*что к чему*); пригво|жда́ть, -зди́ть; **he ~ed the picture (on) to the wall** он приби́л карти́ну к стене́; **I am ~ing the lid down** я прибива́ю кры́шку; **the windows were ~ed up** о́кна бы́ли заколо́чены; (*fig*): **he stood ~ed to the ground** он стоя́л как вко́панный; его́ сло́вно к земле́ пригвозди́ли; **he ~ed his colours** (*Br*), **colors** (*US*) **to the mast** он стоя́л на своём.
2 (*catch, get hold of*): **he ~ed me as I was leaving** он перехвати́л меня́ на вы́ходе; (*pin down*): **he tried to evade the issue but I ~ed him down** он пыта́лся уйти́ от пробле́мы, но я прижа́л его́ к сте́нке; (*confute*): **that lie must be ~ed** э́ту ложь на́до разоблачи́ть.
● *cpds* **~ brush** *n* щёт(оч)ка для ногте́й; **~ file** *n* пи́л(оч)ка (для ногте́й); **~ polish** *n* лак для ногте́й; **~ scissors** *n pl* но́жниц|ы (*pl, g —*) для ногте́й; **~ varnish** *n* (*Br*) лак для ногте́й.

Nairobi /naɪˈrəʊbɪ/ *n* Найро́би (*m indecl*).

naive /nɑːˈiːv, naɪˈiːv/ *adj* наи́вный, простоду́шный; (*of art*) примити́вный.

naivety, naïvety /nɑɪˈiːvtɪ, nɑː-/ *n* наи́вность, простоду́шие.

naked /ˈneɪkɪd/ *adj* го́лый; **strip ~** разд|ева́ть(ся), -е́ть(ся) (догола́); **~ wire** го́лый/оголённый про́вод; **~ flame/light** откры́тый ого́нь; (*of natural objects*: *bare*) го́лый, откры́тый; (*plain, undisguised, unadorned*) просто́й; **the ~ truth** го́лая пра́вда/и́стина; **with the ~ eye** невооружённым гла́зом.

nakedness /ˈneɪkɪdnɪs/ *n* нагота́, обнажённость.

namby-pamby /ˌnæmbɪˈpæmbɪ/ *adj* (*weak*) мягкоте́лый; (*sentimental*) слаща́вый, сентимента́льный.

name /neɪm/ *n* **1** (*esp* **fore~**) и́мя (*nt*); (*surname*) и́мя, фами́лия; (*of pet*) кли́чка; **what is his ~?** как его́ зову́т/фами́лия?; **a man by/of the ~ of …** челове́к по и́мени/фами́лии…; **your ~ was given to me by Ivanov** Ивано́в сказа́л мне о вас; **a certain doctor, Crippen by ~** не́кий до́ктор по фами́лии Кри́ппен; **they are known to me by ~** мне изве́стны их имена́; я зна́ю их понаслы́шке; **he goes by various ~s** он изве́стен под ра́зными имена́ми/фами́лиями; **he knows all the staff by ~** он зна́ет и́мя ка́ждого сотру́дника; **he goes by/under the ~ of Smith** он изве́стен под и́менем Смит; **in heaven's ~** (*in questions*): (*expressing anger*) **where in heaven's ~ have you been?** где, спра́шиваю я вас, вы бы́ли?; (*expressing surprise*) **where in heaven's ~ did you get it?** где, предста́вить себе́ не могу́ (*or* не могу́ себе́ предста́вить/вообрази́ть), вы э́то взя́ли?; **in the ~** (*on behalf*) **of** от и́мени + *g*; **in the ~ of common sense** во и́мя здра́вого смы́сла; **in the ~ of the law** и́менем зако́на; **he kept the money in his own ~** он держа́л де́ньги на своё и́мя; **he published the book in his own ~** он изда́л кни́гу под свои́м и́менем (*or* под свое́й фами́лией); **she was his wife in ~ only** она́ была́ его́ жено́й лишь форма́льно; **he lent his ~ to their petition** он поддержа́л пети́цию свои́м авторите́том; **I put my ~ down for a flat** я записа́лся в о́чередь на кварти́ру; **he has a house to his ~** у него́ со́бственный дом; **she hasn't a penny to her ~** у неё за душо́й нет ни гроша́; **he has £500 to his ~** он мо́жет похва́статься пятью́ста́ми фу́нтами; **you may use my ~** мо́жете сосла́ться на меня́.
2 (*of a thing*) назва́ние; **what is the ~ of your school?** как называ́ется ва́ша шко́ла?; **this street has changed its ~** э́ту у́лицу переименова́ли.
3 (*personage*) и́мя, ли́чность; **the great ~s of history** вели́кие истори́ческие имена́/ли́чности.
4 (*reputation*) и́мя, репута́ция; **he made a ~ for himself** он со́здал/сде́лал себе́ и́мя; **he has a bad ~** у него́ дурна́я репута́циая; **this firm has a ~ for honesty** э́та фи́рма изве́стна свое́й че́стностью.
5: **call s.o. ~s** руга́ть (*impf*) кого́-н (нехоро́шими слова́ми).
● *vt* **1** (*give ~ to*) наз|ыва́ть, -ва́ть; да|ва́ть, -ть и́мя + *d*; **they haven't yet ~d the baby** они́ ещё не́ дали ребёнку и́мя; **he was ~d Andrew after his grandfather** его́ назва́ли Андре́ем в честь де́да; **the street is ~d after Napoleon** у́лица но́сит и́мя Наполео́на; **the Moscow underground railway was ~d after Lenin** Моско́вскому метрополите́ну бы́ло присво́ено и́мя Ле́нина; **Cape Kennedy was ~d in honour of the President** мыс Ке́ннеди был на́зван в честь президе́нта.
2 (*recite*) наз|ыва́ть, -ва́ть; **the pupil ~d the chief cities of Europe** учени́к назва́л/перечи́слил гла́вные города́ Евро́пы; (*state, mention*) наз|ыва́ть, -ва́ть; **~ your price!** назна́чьте це́ну!; **you ~ it, we've got it** (*coll*) чего́ то́лько у нас нет!; (*identify*): **how many stars can you ~** (*sc. identify*)? ско́лько звёзд вы мо́жете определи́ть?; (*appoint*) назн|ача́ть, -а́чить; **he asked her to ~ the day** он проси́л её назна́чить день (сва́дьбы); (*nominate*): **he was ~d for the professorship** (*proposed*) его́ кандидату́ра была́ вы́двинута на до́лжность профе́ссора; (*appointed*) он был назна́чен профе́ссором; (*as an example*) прив|оди́ть, -ести́.
● *cpds* **~ day** *n* имени́н|ы (*pl, g —*); **~-dropping** *n* (*coll*) ≈ хвастовство́ свои́ми знако́мствами/свя́зями;

n

~plate *n* доще́чка/табли́чка с и́менем; **~sake** *n* (*with same first* ~) тёзка (*cg*); (*with same surname, but unrelated*) однофами́л|ец (*fem* -ица); **~ tag** *n* именно́й значо́к; **~ tape** *n* тесьма́ с фами́лией (*для метки белья и т. п.*).

nameless /ˈneɪmlɪs/ *adj* (*without a name*) безымя́нный; (*unnamed, unmentioned*) нена́званный, неупомя́нутый; **someone who shall be ~** не́кто, кого́ мы не ста́нем называ́ть по и́мени; (*unmentionable, unspeakable*): **~ horror** невырази́мый у́жас.

namely /ˈneɪmlɪ/ *adv* (а) и́менно; то есть.

Namibia /nəˈmɪbɪə/ *n* Нами́бия.

Namibian /nəˈmɪbɪən/ *adj* намиби́йский.

nancy (boy) /ˈnænsɪ/ *n* ба́ба (*о мужчине*); (*homosexual*) пе́дик (*sl*).

nankeen /næŋˈkiːn, næn-/ *n* на́нка, кита́йка.

nanny /ˈnænɪ/ *n* (*for child*) ня́ня, ня́нечка.

● *cpd* **~ goat** *n* коза́.

nanosecond /ˈnænəʊˌsekənd/ *n* наносеку́нда.

nanotechnology /ˌnænəʊtekˈnɒlədʒɪ/ *n* нанотехноло́гия.

nap¹ /næp/ *n* (*short sleep*) коро́ткий сон; **have/take a ~** вздремну́ть (*pf*); **catch s.o. ~ping** заста́ть/засти́гнуть (*pf*) кого́-н. врасплох.

nap² /næp/ *n* ворс, начёс.

nap³ /næp/ *n* (*game*) наполео́н (*карточная игра*); **go ~** ста́вить, по- всё на ка́рту.

napalm /ˈneɪpɑːm/ *n* напа́лм; (*attr*) напа́лмовый.

nape /neɪp/ *n* загри́вок.

napery /ˈneɪpərɪ/ *n* столо́вое бельё.

naphtha /ˈnæfθə/ *n* (*chem*) лигрои́н.

naphthalene /ˈnæfθəˌliːn/ *n* нафтали́н.

napkin /ˈnæpkɪn/ *n* (**table ~**) салфе́тка.

● *cpd* **~ ring** *n* кольцо́ для салфе́тки.

Napoleonic /nəˌpəʊlɪˈɒnɪk/ *adj* наполео́новский.

nappy /ˈnæpɪ/ *n* (*Br coll*) подгу́зник; **~ rash** потни́ца.

narc /nɑːk/ *n* (*US coll, narcotics agent*) аге́нт поли́ции (*or* полице́йский) из отде́ла по борьбе́ с распростране́нием нарко́тиков.

narcissi /nɑːˈsɪsaɪ/ *pl of* ⇒**narcissus**

narcissism /ˈnɑːsɪˌsɪz(ə)m, nɑːˈsɪs-/ *n* нарцисси́зм, самолюбова́ние.

narcissistic /ˌnɑːsɪˈsɪstɪk/ *adj* самовлюблённый.

narciss|us /nɑːˈsɪsəs/ *n* (*pl* **~i** *or* **~uses**) нарци́сс.

narcosis /nɑːˈkəʊsɪs/ *n* нарко́з.

narcotic /nɑːˈkɒtɪk/ *n* нарко́тик.

● *adj* наркоти́ческий.

nark¹ /nɑːk/ (*Br coll*) *vt* раздраж|а́ть, -и́ть.

● *n* (*police decoy or spy*) та́йный аге́нт поли́ции, лега́вый (*coll*); (*informer*) осведоми́тель, стука́ч (*coll*).

nark² /nɑːk/ = **narc**

narrate /nəˈreɪt/ *vt* **1** (*story*) расска́з|ывать, -а́ть; (*events*) изл|ага́ть, -ожи́ть. **2**: **~ a film/broadcast** чита́ть (*impf*) текст от а́втора.

narration /nəˈreɪʃ(ə)n/ *n* **1** (*of story*) повествова́ние; (*of events*) изложе́ние; (*story*) по́весть. **2** (*of film, broadcast*) а́вторский коммента́рий.

narrative /ˈnærətɪv/ *n* (*story*) расска́з.

● *adj* повествова́тельный.

narrator /nəˈreɪtə(r)/ *n* расска́зч|ик (*fem* -ица); (*theatr, cin*) а́вторский го́лос, ди́ктор.

narrow /ˈnærəʊ/ *n* (*usu in pl, strait*) (у́зкий) проли́в.

● *adj* (**narrower, narrowest**) (*lit, fig*) **1** у́зкий; **within ~ limits** в у́зких преде́лах/ра́мках; **a ~ circle of acquaintances** у́зкий/те́сный круг знако́мых; **a ~ mind** у́зкий/ограни́ченный ум; **take a ~ view of sth** у́зко под|ходи́ть, -ойти́ к чему́-н. **2** (*with little margin*): **a ~ majority** незначи́тельное большинство́; **a ~ victory** побе́да с небольши́м преиму́ществом; **he had a ~ escape from death** он чу́дом избежа́л сме́рти; **he ~ly escaped drowning** он чуть не утону́л. **3** (*close; precise*): **he was ~ly watched** за ним при́стально наблюда́ли.

● *vt* сужа́ть, су́|живать (*both impf*), -зить; **~ one's eyes, gaze** сощу́ри|ваться, -ться; (*limit*) ограни́чи|вать, -ть; **the choice was ~ed down to two candidates** вы́бор свёлся к двум кандидату́рам; **this ~s the field** (*of search*) э́то сужа́ет круг по́исков.

● *vi* (*of river etc.*) су́|живаться, -зиться; **his eyes ~ed** он прищу́рился; он сощу́рил глаза́.

● *cpds* **~ gauge** *adj* узкоколе́йный; **~-minded** *adj* узколо́бый, ограни́ченный; **~-mindedness** *n* у́зость взгля́дов, ограни́ченность.

narrowness /ˈnærəʊnɪs/ *n* у́зость.

narwhal /ˈnɑːw(ə)l/ *n* нарва́л.

NASA /ˈnæsə/ *n* (*abbr of* ***National Aeronautics and Space Administration***) НА́СА (*nt indecl*) (Национа́льное управле́ние по аэрона́втике и иссле́дованию косми́ческого простра́нства).

nasal /ˈneɪz(ə)l/ *n* (*phonetics*) носово́й (звук).

● *adj* **1** (*of, for the nose*) носово́й; (*of the voice*) гнуса́вый; **speak in a ~ voice** говори́ть (*impf*) в нос; гнуса́вить (*impf*). **2** (*phonetics*) носово́й, наза́льный.

nasalization /ˌneɪzəlaɪˈzeɪʃ(ə)n/ *n* назализа́ция.

nasalize /ˈneɪzəlaɪz/ *vt* назализи́ровать (*impf, pf*); произн|оси́ть, -ести́ в нос; **this sound has become ~d** э́тот звук назализи́ровался (*or* преврати́лся в носово́й).

nascent /ˈnæs(ə)nt, ˈneɪs-/ *adj* зарожда́ющийся.

nastiness /ˈnɑːstɪnɪs/ *n* (*of actions*) гну́сность; (*of smell, disposition*) проти́вность.

nasturtium /nəˈstɜːʃəm/ *n* насту́рция.

nasty /ˈnɑːstɪ/ *adj* (**nastier, nastiest**) **1** (*offensive, e.g. smell or taste*) неприя́тный, проти́вный; **the medicine tastes ~** у э́того лека́рства неприя́тный/проти́вный вкус; (*repellent, sickening*) отврати́тельный. **2** (*morally offensive*) ме́рзкий, га́дкий, гну́сный; **a ~ piece of work!** (*of man*) ну и мерза́вец!; (*of woman*) ну и мерза́вка! **3** (*unkind, spiteful, unpleasant*) злой; **a ~ remark** зло́е замеча́ние; **a ~ temper** тяжёлый хара́ктер; **he played a ~ trick on me** он сыгра́л со мной злу́ю шу́тку; **turn ~** обозли́ться (*pf*); (*of the elements*): **~ weather** скве́рная пого́да; **a ~ wind** прони́зывающий ве́тер; **there's a ~ storm brewing** надвига́ется си́льный шторм. **4** (*threatening*) опа́сный; **there was a ~ look in his eye** его́ вид не предвеща́л ничего́ до́брого. **5** (*troublesome*): **a ~ bout of bronchitis** тяжёлый при́ступ бронхи́та; **he had a ~ fall** он неуда́чно упа́л. **6** (*difficult*): **that's a ~ rock to climb** на э́ту скалу́ нелегко́ взобра́ться; **it's a ~ situation to be in** очу́титься в тако́м положе́нии неприя́тно; **that's a ~ one!** (*question*) тру́дный вопро́с!; (*insult*) э́то уж чересчу́р!

nation /ˈneɪʃ(ə)n/ *n* на́ция; (*people*) наро́д; (*state*) госуда́рство; (*country*) страна́.

● *cpd* **~wide** *adj* общенациона́льный, всенаро́дный; **a ~wide search** ро́зыск/по́иски (*m pl*) по всей стране́; **~wide poll** всенаро́дный опро́с.

national /ˈnæʃən(ə)l/ *n* (*citizen*) гражд|ани́н (*fem* -а́нка); (*subject*) по́дданн|ый (*fem* -ая).

● *adj* (*of the state*) госуда́рственный; (*of the country or population as a whole*) наро́дный, всенаро́дный; (*central*; *opp provincial*) центра́льный; (*pertaining to a particular nation or ethnic group*) национа́льный; **~ anthem** госуда́рственный гимн; **~ debt** госуда́рственный долг; **~ economy** национа́льная эконо́мика, наро́дное хозя́йство; **~ elections** всео́бщие вы́боры; **~ emergency** чрезвыча́йное положе́ние в стране́; **~ feeling** национали́зм, патриоти́зм; **~ flag** госуда́рственный флаг; **~ government** национа́льное/центра́льное прави́тельство; **a ~ (*all-party*) government** коалицио́нное прави́тельство; **~ holiday/income/language** госуда́рственный пра́здник/дохо́д/язы́к; **N~ Health Service** Национа́льная слу́жба здравоохране́ния; **N~ Insurance** Госуда́рственное страхова́ние; **~ newspapers** центра́льные газе́ты; **~ park** запове́дник, национа́льный парк; **~ service** во́инская пови́нность; **~ theatre** национа́льный теа́тр.

the National Health Service (NHS) — Национа́льная слу́жба здравоохране́ния

В Великобрита́нии систе́ма здравоохране́ния финанси́руется госуда́рством и медици́нская по́мощь в основно́м беспла́тная. Одна́ко пацие́нты должны́ плати́ть за зубовраче́бные услу́ги и лека́рства. Исключе́ние составля́ют де́ти до 18 лет, пенсионе́ры и бере́менные же́нщины. Им э́ти услу́ги предоставля́ются беспла́тно.

National Insurance (NI) — Госуда́рственное страхова́ние

Взно́сы по э́тому страхова́нию обяза́тельны для рабо́тающей ча́сти населе́ния и для работода́телей. Они́ отчисля́ются из за́работной пла́ты и иду́т в фонд опла́ты разли́чных социа́льных услу́г (медици́нского обслу́живания, посо́бий по безрабо́тице, пе́нсий и т. д.).

nationalism /ˈnæʃənəˌlɪz(ə)m/ *n* национали́зм.

nationalist /ˈnæʃənəˌlɪst/ *n* национали́ст (*fem* -ка).
● *adj* (*also* **-ic**) националисти́ческий.

nationality /ˌnæʃəˈnælɪtɪ/ *n* (*membership of a nation, country*) по́дданство; гражда́нство; **(of) what ~ are you?** како́е у вас по́дданство/гражда́нство?; (*ethnic group, e.g. within Russia*) национа́льность; (*smaller one*) наро́дность.

nationalization /ˌnæʃənəlaɪˈzeɪʃ(ə)n/ *n* национализа́ция.

nationalize /ˈnæʃənəˌlaɪz/ *vt* национализи́ровать (*impf, pf*); **steel was ~d** сталелите́йная промы́шленность была́ национализи́рована.

the National Lottery — национа́льная лотере́я

В Великобрита́нии дохо́ды, получа́емые от ро́зыгрышей лотере́и, иду́т на финанси́рование культу́рных и спорти́вных прое́ктов, на охра́ну па́мятников и на ра́зного ро́да благотвори́тельные це́ли.

the National Trust

Доброво́льная обще́ственная организа́ция по охра́не архитекту́рных, истори́ческих и приро́дных па́мятников Великобрита́нии. Она функциони́рует за счёт взно́сов чле́нов организа́ции и дохо́дов, получа́емых от её владе́ний. За го́ды своего́ существова́ния э́та организа́ция вы́купила и́ли получи́ла в дар огро́мные земе́льные уго́дья, це́лые дере́вни и большо́е коли́чество зда́ний, представля́ющих архитекту́рную и́ли истори́ческую це́нность. Не́сколько ме́сяцев в году́ дома́-музе́и и други́е владе́ния организа́ции откры́ты для посеще́ния.

native /ˈneɪtɪv/ *n* **1** (*indigenous inhabitant*) тузе́м|ец (*fem* -ка); коренн|о́й жи́тель (*fem* -а́я -ница).
2: **a ~ of** (*born in*) уроже́н|ец (*fem* -ка) + *g*; (*living in*) жи́тель (*fem* -ница) + *g*.
3 (*of animal*): **the kangaroo is a ~ of Australia** кенгуру́ во́дятся в Австра́лии; (*of plant*): **the eucalyptus is a ~ of Australia** ро́дина эвкали́пта — Австра́лия.
● *adj* **1** (*innate*) врождённый, приро́дный.
2 (*of one's birth*) родно́й; **~ language** родно́й язы́к; **~ land** ро́дина, родна́я земля́.
3 (*indigenous, esp of non-European countries*) тузе́мный; **N~ American** америка́нск|ий инде́ец (*fem* -ая индиа́нка); **~ customs** тузе́мные/ме́стные обы́чаи (*m pl*); **~ population** тузе́мное/коренно́е/ме́стное населе́ние; **go ~** отузе́миться (*pf*) (*coll*); **~ plants** ме́стные расте́ния.
4 (*natural, in natural state*) есте́ственный; (*of minerals*): **~ gold** саморо́дное зо́лото.

Native American — коренно́й америка́нец

В настоя́щее вре́мя в Аме́рике так при́нято называ́ть коренны́х жи́телей Се́верной и Ю́жной Аме́рики, а та́кже Кари́бских острово́в. Э́тому те́рмину отдаётся предпочте́ние в официа́льных конте́кстах, так как он счита́ется бо́лее то́чным, чем сло́во «инде́ец», кото́рое появи́лось в результа́те оши́бки, сде́ланной Х. Колу́мбом. Уве́ренный в том, что он дости́г И́ндии, он назва́л ме́стных жи́телей инде́йцами. Тем не ме́нее, сло́во *инде́ец* име́ет широ́кое распростране́ние, и коренны́е жи́тели обе́их Аме́рик не счита́ют его́ оскорби́тельным.

Nativity /nəˈtɪvɪtɪ/ *n* (*usu* **the ~**) (*birth of Christ; picture of this; Christmas*) Рождество́ Христо́во; (*N~ of the Virgin*) Рождество́ Богоро́дицы.

NATO, Nato /ˈneɪtəʊ/ *n* (*abbr of* ***North Atlantic Treaty Organization***) НА́ТО (*nt indecl*) (Организа́ция Североатланти́ческого догово́ра); **~ member** (*country*) страна́ – уча́стница НА́ТО; **~ soldier/official** на́товец (*coll*).
● *adj* на́товский (*coll*); **~ troops** войска́ НА́ТО; **~ generals** генера́лы НА́ТО.

natter /ˈnætə(r)/ (*Br coll*) *n*: **I came in for a ~** я зашёл поболта́ть.
● *vi* болта́ть (*impf*).

natt|y /ˈnætɪ/ *adj* (**nattier, nattiest**) (*coll, spruce, trim*) элега́нтный; **he is ~ily dressed** он оде́т с иго́лочки.

natural /ˈnætʃər(ə)l/ *n* **1** (*mus sign*) бека́р.
2: **he's a ~ for the part** он рождён/со́здан для э́той ро́ли.
● *adj* **1** (*found in, established by, conforming or pertaining to nature*) есте́ственный, приро́дный; стихи́йный; **~ death** есте́ственная смерть; **she died a ~ death** она́ умерла́ есте́ственной/свое́й сме́ртью; **~ forces** си́лы приро́ды; **~ gas** приро́дный газ; **~ history** естествозна́ние; **~ law** есте́ственное пра́во; **~ life** земно́е существова́ние; **for the rest of one's ~ life** до конца́ жи́зни; **~ phenomena** явле́ния приро́ды; **~ resources** приро́дные ресу́рсы/бога́тства; **~ sciences** есте́ственные нау́ки; **~ selection** есте́ственный отбо́р.
2 (*normal, ordinary, not surprising*) есте́ственный, норма́льный; **he spoke in his ~ voice** он говори́л свои́м обы́чным го́лосом; **his presence seems quite ~** его́ прису́тствие ка́жется вполне́ есте́ственным; **it is ~ for parents to love their children** для роди́телей есте́ственно люби́ть свои́х дете́й.
3 (*unforced, spontaneous*) есте́ственный, непринуждённый; (*simple, unaffected*) просто́й; простоду́шный.
4 (*innate*) врождённый, приро́дный; **~ gifts** приро́дные дарова́ния.
5 (*destined by nature*): **he is a ~ linguist** он прирождённый лингви́ст.
6 (*illegitimate*) побо́чный, внебра́чный.
7 (*mus*): **B ~** си-бека́р.
● *cpd* **~-born** *adj* прирождённый.

naturalism /ˈnætʃərəˌlɪz(ə)m/ *n* натурали́зм.

naturalist /ˈnætʃərəlɪst/ *n* **1** (*student of animals etc.*) натурали́ст, естествоиспыта́тель (*m*). **2** (*in art*) натурали́ст.

naturalistic /ˌnætʃərəˈlɪstɪk/ *adj* натуралисти́ческий.

naturalization /ˌnætʃərəlaɪˈzeɪʃ(ə)n/ *n* натурализа́ция; акклиматиза́ция.

naturalize /ˈnætʃərəˌlaɪz/ *vt* (*admit to citizenship*) натурализова́ть (*impf, pf*); (*of animals, plants: introduce to another country*) акклиматизи́ровать (*impf, pf*).

naturally /ˈnætʃərəlɪ/ *adv* **1** (*not surprisingly*) есте́ственно; (*of course*) есте́ственно, коне́чно.
2 (*spontaneously, without affectation*) есте́ственно. **3** (*by nature*) от рожде́ния; по приро́де (свое́й); (*as by instinct*): **he took ~ to swimming** пла́вание дало́сь ему́ легко́; **oratory comes ~ to him** он прирождённый ора́тор.

naturalness /ˈnætʃərəlnɪs/ *n* (*absence of affectation*) непринуждённость, есте́ственность.

nature /ˈneɪtʃə(r)/ *n* **1** (*force, natural phenomena*) приро́да; **N~'s laws** зако́ны приро́ды; **in the course of ~** есте́ственным хо́дом/путём; **against (*or* contrary to) ~** противоесте́ственный; **~ reserve** запове́дник; **~ study** природове́дение; **paint from ~** писа́ть (*impf*) с нату́ры; **one of N~'s gentlemen** джентльме́н по приро́де (свое́й); **in a state of ~** (*e.g. primitive man*) в ди́ком/первобы́тном состоя́нии; (*naked*) в чём мать родила́.
2 (*of humans or animals: character, temperament*) нату́ра, хара́ктер; **a generous ~** ще́дрый хара́ктер; **she was cautious by ~** она́ была́ от приро́ды (*or* по нату́ре (свое́й)) осторо́жна; **human ~** челове́ческая приро́да; **second ~** втора́я нату́ра; **it was his ~ to be proud** он был го́рдым по нату́ре.
3 (*of things: essential quality*) приро́да, хара́ктер; **the ~ of the evidence** хара́ктер доказа́тельств; **by, in the**

n

(very) ~ of things по приро́де веще́й; the ~ of gases сво́йства (*nt pl*) га́зов; (*sort, kind*) род; things of this ~ тако́го ро́да ве́щи; our talk was of a confidential ~ на́ша бесе́да носи́ла конфиденциа́льный хара́ктер; something in the ~ of a disappointment не́что вро́де разочарова́ния.

naturism /ˈneɪtʃəˌrɪz(ə)m/ *n* (*nudism*) нуди́зм.

naturist /ˈneɪtʃərɪst/ *n* (*nudist*) нуди́ст (*fem* -ка).

naturopath /ˌneɪtʃərəˈpæθ/ *n* натуропа́т.

naturopathy /ˌneɪtʃəˈrɒpəθɪ/ *n* натуропа́тия.

naught /nɔːt/ *n* (*archaic except in phrr*): come to ~ св|оди́ться, -ести́сь к нулю́; ни к чему́ не прив|оди́ть, -ести́; set at ~ ни во что не ста́вить (*impf*); *see also* ⇒**nought**

naughtiness /ˈnɔːtɪnɪs/ *n* озорство́.

naughty /ˈnɔːtɪ/ *adj* (**naughtier, naughtiest**) **1** (*badly behaved*) непослу́шный, шаловли́вый, озорно́й; be ~ озорнича́ть (*impf*); балова́ться (*impf*); you were ~ today ты сего́дня пло́хо себя́ вёл; that is ~ of you (*to adult*) э́то нехорошо́ с ва́шей стороны́; don't be ~! не шали́!; (*to child*) не балу́йся! **2** (*risqué*) риско́ванный.

nausea /ˈnɔːzɪə, -sɪə/ *n* (*physical*) тошнота́; I was overcome by ~ меня́ затошни́ло/стошни́ло; (*mental disgust*) отвраще́ние.

nauseat|e /ˈnɔːzɪˌeɪt, -sɪˌeɪt/ *vt* **1** (*physically*) вызыва́ть, вы́звать тошноту́ у + *g*; ~ing тошнотво́рный; I find rich food ~ing меня́ тошни́т от жи́рной пи́щи. **2** (*fig, disgust*) вызыва́ть, вы́звать отвраще́ние у + *g*; прети́ть (*impf*) + *d*; I am ~ed by hypocrisy мне проти́вно лицеме́рие; ~ing отврати́тельный.

nauseous /ˈnɔːzɪəs, -sɪəs/ *adj* тошнотво́рный; (*fig*) отврати́тельный.

nautical /ˈnɔːtɪk(ə)l/ *adj* морско́й; ~ mile морска́я ми́ля.

nauti|lus /ˈnɔːtɪləs/ *n* (*pl* **~luses** *or* **~li** /-ˌlaɪ, -ˌliː/) наути́лус, кора́блик (*моллюск*).

naval /ˈneɪv(ə)l/ *adj* **1** морско́й; (*of the navy*) вое́нно-морско́й; (*of a fleet*) фло́тский; ~ barracks морска́я каза́рма; ~ base вое́нно-морска́я ба́за; ~ officer морско́й офице́р; ~ stores шки́перское иму́щество. **2** (*pertaining to ships*) корабе́льный, судово́й; ~ architect инжене́р-судострои́тель (*m*); ~ yard вое́нная верфь; судострои́тельный заво́д.

nave /neɪv/ *n* (*of church*) неф.

navel /ˈneɪv(ə)l/ *n* пупо́к.

navigability /ˌnævɪgəˈbɪlɪtɪ/ *n* судохо́дность.

navigable /ˈnævɪgəb(ə)l/ *adj* (*of river, sea*) судохо́дный.

navigate /ˈnævɪˌgeɪt/ *vt* **1** (*of person*): ~ a ship/aircraft управля́ть (*impf*) кораблём/самолётом; вести́ (*det*) кора́бль/самолёт; ~ a river/sea пла́вать (*indet*), плыть (*det*) по реке́/мо́рю; (*fig*): he ~d the difficulties with skill он уме́ло обходи́л тру́дности. **2** (*of vessel*): the yacht easily ~d the locks я́хта легко́ прошла́ шлю́зы.
● *vi* (*in ship*) пла́вать (*indet*), плыть (*det*); (*in aircraft*) лет|а́ть (*indet*), -е́ть (*det*).

navigation /ˌnævɪˈgeɪʃ(ə)n/ *n* **1** (*process*) управле́ние (кораблём, самолётом *и т. п.*). **2** (*skill*) навига́ция; ~ lights навигацио́нные огни́. **3** (*passage of ships*) судохо́дство; inland ~ речно́е судохо́дство.

navigator /ˈnævɪˌgeɪtə(r)/ *n* (*naut, aeron*) шту́рман, навига́тор; (*hist, explorer*) морепла́ватель (*m*).

navvy /ˈnævɪ/ *n* (*Br*) землеко́п; чернорабо́чий.

navy /ˈneɪvɪ/ *n* **1** (*naval forces*) вое́нно-морски́е си́лы (*f pl*); (*ships of war*) вое́нно-морско́й флот; merchant ~ торго́вый флот; ~ yard (*US*) вое́нная верфь. **2** (*department of naval affairs*) вое́нно-морско́е ве́домство. **3** (~ *blue*) тёмно-си́ний цвет.
● *cpd* **~-blue** *adj* тёмно-си́ний.

nay /neɪ/ *adv* (*archaic*) нет; he asked, ~ begged us to stay он проси́л, нет, умоля́л нас оста́ться.

Nazareth /ˈnæzərəθ/ *n* Назаре́т; Jesus of ~ Иису́с из Назаре́та; Иису́с Назаря́нин/Назоре́й.

Nazi /ˈnɑːtsɪ, ˈnɑːzɪ/ *n* (*pl* **Nazis**) наци́ст (*fem* -ка).
● *adj* наци́стский.

Nazism /ˈnɑːtsɪz(ə)m/ *n* наци́зм.

NB (*abbr of* ***nota bene***) нотабе́не (*indecl*), нотабе́на.

> **NBC, National Broadcasting Company — Национа́льная веща́тельная компа́ния**
>
> Пе́рвая веща́тельная компа́ния США. Она́ была́ осно́вана в 1926 году́. Пе́рвый телевизио́нный кана́л *NBC* на́чал свою́ рабо́ту в 1940 году́.

NCO *n* = **non-commissioned officer**

Neanderthal /nɪˈændəˌtɑːl/ *n* (~ man) неандерта́лец; неандерта́льский челове́к.

neap /niːp/ *n* (~ tide) квадрату́рный прили́в.

Neapolitan /nɪəˈpɒlɪt(ə)n/ *adj* неаполита́нский.

near /nɪə(r)/ *adj* **1** (*close at hand, in space or time*) бли́зкий; how ~ is the sea? (как) бли́зко/далеко́ отсю́да мо́ре?; the station is quite ~ (to) our house ста́нция (нахо́дится) совсе́м бли́зко от на́шего до́ма; which is the ~est way to the stadium? како́й са́мый коро́ткий путь до стадио́на?; in the ~ future в ближа́йшем бу́дущем; spring is ~ бли́зится весна́; I spoke to the man ~est me я заговори́л со свои́м ближа́йшим сосе́дом; the N~ East Бли́жний Восто́к; ~ sight близору́кость. **2** (*closely connected*) бли́зкий; a ~ relative бли́зкий ро́дственник; his ~est and dearest его́ бли́зкие (*pl*). **3**: the ~ side (*of road or vehicle or horse in Britain*) ле́вая сторона́. **4** (*narrowly achieved*): he had a ~ escape он едва́ избежа́л (*чего*); a ~ miss непрямо́е попада́ние; we won, but it was a ~ thing мы победи́ли, но с трудо́м.
● *adv* **1** (*of place or time*) бли́зко; he was standing ~ at hand (*or* ~ by) он стоя́л бли́зко/ря́дом; they looked far and ~ они́ иска́ли повсю́ду; people came from far and ~ лю́ди прибыва́ли отовсю́ду (*or* со всех концо́в страны́); the procession drew ~ проце́ссия приближа́лась; Christmas is drawing ~ бли́зится Рождество́; it is ~ (up)on midnight почти́ по́лночь; come a little ~er подойди́те побли́же. **2** (*fig*): I came ~ to believing him я чуть бы́ло ему́ не пове́рил; as ~ as I can guess наско́лько я могу́ суди́ть; the bus was nowhere ~ full авто́бус был далеко́ не по́лный; she is nowhere ~ as old as her husband она́ далеко́ не так стара́, как её муж; она́ гора́здо моло́же (своего́) му́жа.
● *vt* прибл|ижа́ться, -и́зиться к + *d*; he is ~ing his end он при́ смерти.
● *prep* о́коло, во́зле, близ, бли́зко от, у (*all* + *g*); she sat ~ the door она́ сиде́ла о́коло/во́зле две́ри; there are woods ~ the town о́коло го́рода есть лес; he lives ~ us он живёт во́зле нас; ~ here недалеко́ отсю́да; is there a hotel ~ here? есть здесь побли́зости гости́ница?; come ~er the fire! подвига́йтесь кками́ну; I'm getting ~ the end of the book я зака́нчиваю кни́гу; it must be ~ dinner time ско́ро до́лжен быть обе́д; no one can come ~ him for skill никто́ не мо́жет сравни́ться с ним в мастерстве́; we are no ~er a solution мы ничу́ть не прибли́зились/бли́же к реше́нию.
● *cpds* **~by** *adj* располо́женный побли́зости; близлежа́щий, сосе́дний; *adv* бли́зко, ря́дом; **~side** *adj* (*in Britain*) ле́вый; **~sighted** *adj* близору́кий.

nearly /ˈnɪəlɪ/ *adv* (*almost*) почти́; we are ~ there мы почти́ прие́хали/пришли́; I was ~ run over меня́ чуть не сби́ла маши́на; he ~ fell он чуть не упа́л; there is not ~ enough to eat еды́ далеко́ не доста́точно.

nearness /ˈnɪənɪs/ *n* бли́зость.

neat /niːt/ *adj* **1** (*of appearance: tidy*) опря́тный, аккура́тный; a ~ figure изя́щная фигу́ра. **2** (*clear, precise, e.g. of handwriting, style*) чёткий, изя́щный. **3** (*of liquor etc., undiluted*) неразба́вленный; drink one's whisky ~ пить (*impf*) чи́стое ви́ски. **4** (*skilful*) иску́сный; he made a ~ job of it он вы́полнил рабо́ту иску́сно; он э́то здо́рово сде́лал (*coll*). **5** (*US coll, excellent*) отли́чный, кла́ссный.

neatness /ˈniːtnɪs/ *n* опря́тность; аккура́тность; изя́щность; чёткость; иску́сность.

Nebuchadnezzar /ˌnebjuːkədˈnezə(r)/ *n* Навуходоно́сор.

nebula /ˈnebjʊlə/ *n* (*pl* **nebulae** /-ˌliː/ *or* **nebulas**) (*astron*) тума́нность.

nebular /ˈnebjʊlə(r)/ *adj* небуля́рный.

nebulizer /ˈnebjʊˌlaɪzə(r)/ *n* пульвериза́тор.

n

nebulosity /ˌnebjʊˈlɒsɪtɪ/ *n* (*cloudiness*) о́блачность; (*fig, vagueness*) тума́нность.

nebulous /ˈnebjʊləs/ *adj* (*cloudy*) о́блачный; (*fig*) тума́нный, сму́тный.

necessarily /ˈnesəsərɪlɪ, -ˈserɪlɪ/ *adv* обяза́тельно; **it is not ~ true** э́то не обяза́тельно так.

necessar|y /ˈnesəsərɪ/ *n*: **I did the ~y** я сде́лал (всё), что необходи́мо.
● *adj* (*indispensable*) необходи́мый; (*compulsory, obligatory*) необходи́мый, обяза́тельный; (*inevitable, inescapable*) неизбе́жный; **food is ~y to life** пи́ща необходи́ма для жи́зни; **it is ~y to eat in order to live** что́бы жить, необходи́мо пита́ться; **it is not ~y to dress for dinner** переодева́ться к обе́ду необяза́тельно; мо́жно не одева́ться к обе́ду; **a ~y evil** неизбе́жное зло.

necessitate /nɪˈsesɪˌteɪt/ *vt* (*a person*) вынужда́ть, вы́нудить; (*make necessary*) вызыва́ть, вы́звать; обусло́в|ливать, -ить; **his illness ~d his retirement** из-за боле́зни он вы́нужден был пода́ть в отста́вку; **the weather ~s a change of plan** пого́да обусло́вила измене́ние пла́нов.

necessitous /nɪˈsesɪtəs/ *adj* (*needy*) нужда́ющийся, бе́дный.

necessity /nɪˈsesɪtɪ/ *n* **1** (*inevitability*) неизбе́жность; **logical ~** логи́ческая неизбе́жность. **2** (*compulsion, need*) нужда́, необходи́мость; **physical ~** физи́ческая необходи́мость; **of ~** по необходи́мости; **in case of ~** в слу́чае необходи́мости; **~ is the mother of invention** ≈ голь на вы́думки хитра́. **3** (*necessary thing*): **the telephone is a ~** телефо́н не ро́скошь, а предме́т пе́рвой необходи́мости.

neck /nek/ *n* **1** ше́я; (*diminutive*) ше́йка; **I have a stiff ~** мне проду́ло ше́ю; **break s.o.'s ~** свёр|тывать, -ну́ть (*or* лома́ть, с-) ше́ю кому́-н.; **he got it in the ~** ему́ да́ли по ше́е; **he's a pain in the ~** он ужа́сный зану́да (*coll*); **risk one's ~** рискова́ть (*impf*) голово́й; **save one's ~** спас|а́ть, -ти́ свою́ го́лову/шку́ру; **stick one's ~ out** (*coll*) ста́вить, по- себя́ под уда́р; **he was up to his ~ in water** он стоя́л по го́рло в воде́; **he is up to his ~ in debt** у него́ долго́в по го́рло; **he is up to his ~ in work** у него́ рабо́ты по го́рло; **the horse won by a ~** ло́шадь опереди́ла други́х на го́лову; **wring s.o.'s ~** свёр|тывать, -ну́ть ше́ю кому́-н.; **I'll wring his ~** (*fig*) я ему́ го́лову/ше́ю сверну́; **~ and ~** ноздря́ в ноздрю́; голова́ в го́лову.
2 (*geog, promontory*) мыс; (*isthmus*) переше́ек.
3 (*of various objects*): **~ of a bottle** го́рлышко буты́лки; **~ of a violin** гриф скри́пки; **~ of a shirt** во́рот руба́шки; **grab s.o. by the ~** хвата́ть, схвати́ть кого́-н. за ши́ворот.
4 (*sl, impudence*) наха́льство.
● *vi* не́жничать (*impf*).
● *cpds* **~lace** *n* ожере́лье; **~line** *n* вы́рез (пла́тья); **low ~line** декольте́ (*indecl*); **~tie** *n* га́лстук.

necrology /neˈkrɒlədʒɪ/ *n* (*obituary notice*) некроло́г; (*list of deaths*) спи́сок уме́рших.

necromancer /ˈnekrəʊˌmænsə(r)/ *n* некрома́нт; колду́н.

necromancy /ˈnekrəʊˌmænsɪ/ *n* некрома́нтия; колдовство́; чёрная ма́гия.

necromantic /ˌnekrəʊˈmæntɪk/ *adj* колдовско́й.

necrophilia /ˌnekrəˈfɪlɪə/ *n* некрофили́я.

necropolis /neˈkrɒpəlɪs/ *n* некро́поль (*m*).

necrosis /neˈkrəʊsɪs/ *n* омертве́ние, некро́з.

nectar /ˈnektə(r)/ *n* некта́р.

nectarine /ˈnektərɪn, -ˌriːn/ *n* нектари́н, гла́дкий пе́рсик.

née /neɪ/ *adj* урождённая.

need /niːd/ *n* (*want, requirement*) нужда́; **be, stand in ~ of** нужда́ться (*impf*) в + *p*; **the house is in ~ of repair** дом нужда́ется в ремо́нте; **I have ~ of a rest** мне ну́жен о́тдых; **she feels a ~ for** (*or* **the ~ of**) **company** у неё есть потре́бность в обще́нии; ей не хвата́ет обще́ния; **my ~s are few** у меня́ скро́мные потре́бности; (*emergency*) нужда́; **in one's (hour of) ~** в нужде́; **a friend in ~ is a friend indeed** друзья́ позна́ются в беде́; (*necessity*) необходи́мость; **if ~ be** в слу́чае необходи́мости; **is there any ~ to hurry?** ра́зве ну́жно торопи́ться?; **there's no ~ to get upset** не́зачем расстра́иваться; **there is no ~ for him to read the whole book** ему́ необяза́тельно/не́зачем чита́ть всю кни́гу.
● *vt* **1** (*want, require*) нужда́ться (*impf*) в + *p*; **the grass ~s cutting** газо́н сле́дует подстри́чь; **the tap ~s a new washer** в кра́не ну́жно смени́ть прокла́дку; **he ~s a haircut** ему́ пора́ (по)стри́чься; **we shall ~ every penny** нам потре́буется/пона́добится ка́ждая копе́йка; **what he ~s is a good hiding** его́ сле́дует хороше́нько вы́пороть.
2 (*with inf, be obliged, under necessity*): **~ I come today?** мне ну́жно приходи́ть сего́дня?; **you ~n't do it all tomorrow** вам не обяза́тельно ко́нчить всю рабо́ту за́втра; **one ~s to be on one's guard with him** с ним сле́дует/ну́жно держа́ть у́хо востро́; **it ~s to be done** э́то ну́жно сде́лать; **don't be away longer than you ~** не заде́рживайтесь до́льше, чем ну́жно/необходи́мо; **~ she have come at all?** на́до ли бы́ло ей приходи́ть вообще́?; **you ~ not have bothered** напра́сно вы беспоко́ились; **I ~ not** (*have no reason to*) мне не́зачем; **he ~ not come** он мо́жет не (*or* он не до́лжен *or* ему́ не на́до) приходи́ть.
● *vi* (*be in want*) нужда́ться (*impf*).

needful /ˈniːdfʊl/ *adj* необходи́мый.

needle /ˈniːd(ə)l/ *n* **1** (*for sewing etc.*) игла́, иго́лка; **thread a ~** вд|ева́ть, -еть ни́тку в иго́лку; **eye of a ~** (иго́льное) ушко́; **as sharp as a ~** (*fig*) у́мный как чёрт; черто́вски проница́тельный; **look for a ~ in a haystack** иска́ть (*impf*) иго́лку в сто́ге се́на; **gramophone ~** патефо́нная игла́; (*for knitting*) спи́ца; (*instrument pointer*) стре́лка.
2 (*leaf of conifer*): **pine/fir ~** сосно́вая/ело́вая игла́; (*in pl*) хво́я (*collect*).
● *vt* (*irritate, tease*) подд|ева́ть, -е́ть.
● *cpds* **~ case** *n* иго́льник; **~craft** *n* рукоде́лие; **~point** *n* (*embroidery*) ручна́я вы́шивка га́русом по канве́; (*lace*) иго́льное кру́жево; **~woman** *n* (*pl* **~women**) швея́; (*non-professional*) рукоде́льница; **~work** *n* (*sewing, embroidery*) рукоде́лие; (*sewing*) шитьё (*embroidery*) вышива́ние.

needless /ˈniːdlɪs/ *adj* (*unnecessary*) нену́жный; (*superfluous*) (из)ли́шний; (*inappropriate, uncalled for*) неуме́стный; **~ to say** (само́ собо́й) разуме́ется.

needlessness /ˈniːdlɪsnɪs/ *n* нену́жность; неуме́стность.

needn't /ˈniːd(ə)nt/ *contracted neg of* ⇒**need**

needs /niːdz/ *adv* (*literary*): **I ~ must go** я непреме́нно до́лжен идти́; **~ must when the devil drives** ≈ про́тив рожна́ не попрёшь.

needy /ˈniːdɪ/ *adj* (**needier, neediest**) нужда́ющийся; (*as n*): **the poor and ~** беднота́.

ne'er /neə(r)/ *adv* (*archaic*) никогда́.
● *cpd* **~-do-well** *n* него́дник.

nefarious /nɪˈfeərɪəs/ *adj* злоде́йский.

negate /nɪˈgeɪt/ *vt* (*deny*) отрица́ть (*impf*); отрица́ть существова́ние + *g*; (*nullify*) св|оди́ть, -ести́ на нет; (*be opposite of, contradict*) противоре́чить (*impf*) (+ *d*).

negation /nɪˈgeɪʃ(ə)n/ *n* (*denial*) отрица́ние; (*nullification*) опроверже́ние; (*contradiction*): **this is a ~ of common sense** э́то противоре́чит здра́вому смы́слу.

negative /ˈnegətɪv/ *n* **1** (*statement, reply, word*) отрица́ние; **he answered in the ~** он дал отрица́тельный отве́т; **a sentence in the ~** отрица́тельное предложе́ние. **2** (*elec*) отрица́тельный по́люс. **3** (*phot*) негати́в.
● *adj* **1** отрица́тельный; **take a ~ attitude** отрица́тельно/негати́вно отн|оси́ться, -ести́сь (**towards:** к + *d*); **~ sign** (*math*) знак ми́нус. **2** (*phot*) негати́вный.
● *vt* (*reject, veto*) отв|ерга́ть, -е́ргнуть; (*disprove*) опров|ерга́ть, -е́ргнуть; (*contradict*) противоре́чить (*impf*) + *d*.

negativism /ˈnegətɪˌvɪz(ə)m/ *n* негативи́зм.

neglect /nɪˈglekt/ *n* **1** (*failure to attend to*) пренебреже́ние + *i*; **~ of one's duties** пренебреже́ние свои́ми обя́занностями, хала́тность; **~ of one's appearance** пренебреже́ние свое́й вне́шностью.
2 (*lack of care*) запу́щенность; **the wound festered through ~** ра́на загнои́лась оттого́, что была́ запу́щена; **~ of one's children** отсу́тствие забо́ты о свои́х де́тях.
3 (*failure to notice; disregard*) невнима́ние (**of:** к + *d*); **she scolded**

him for his ~ of her она́ его́ руга́ла за невнима́ние к ней.
4 (*uncared-for state*) запу́щенность, забро́шенность; **the house was in a state of ~** дом был запу́щен/забро́шен.
● *vt* **1** (*leave undone, let slip*) запус|ка́ть, -ти́ть; забр|а́сывать, -о́сить; (*duty*) пренебр|ега́ть, -е́чь; **he ~ed his studies** он запусти́л заня́тия; **you ~ed your duty** вы пренебрегли́ свои́м до́лгом.
2 (*leave uncared for*) забр|а́сывать, -о́сить, ост|авля́ть, -а́вить без внима́ния; **he ~s his family** он забро́сил свою́ семью́; **~ed children** безнадзо́рные/забро́шенные де́ти; **a ~ed garden** запу́щенный/забро́шенный сад; **you have been ~ing me all these months** все э́ти ме́сяцы вы не обраща́ли на меня́ никако́го внима́ния; (*of books, writers, etc.*): **he is a ~ed composer** он (несправедли́во) забы́тый компози́тор.
3 (*with inf, fail, forget*) заб|ыва́ть, -ы́ть; **he ~ed to wind up the clock** он забы́л завести́ часы́.

neglectful /nɪˈglektfʊl/ *adj* небре́жный, невнима́тельный; **he is ~ of his interests** он не забо́тится о со́бственных интере́сах.

negligee /ˈneglɪˌʒeɪ/ *n* пеньюа́р.

negligence /ˈneglɪdʒ(ə)ns/ *n* небре́жность, хала́тность; **criminal ~** престу́пная небре́жность; невнима́тельность.

negligent /ˈneglɪdʒ(ə)nt/ *adj* (*careless*) небре́жный; **he is ~ of his duties** он отно́сится небре́жно/хала́тно к свои́м обя́занностям; (*inattentive*) невнима́тельный; (*slovenly*) неря́шливый; **he is ~ in dress/appearance** он одева́ется неря́шливо.

negligible /ˈneglɪdʒɪb(ə)l/ *adj* незначи́тельный.

negotiable /nɪˈgəʊʃəb(ə)l/ *adj* **1**: **~ conditions/terms** усло́вия, кото́рые мо́гут служи́ть предме́том перегово́ров. **2** (*of cheques etc.*) с пра́вом переда́чи; (*of securities*) обраща́ющийся, оборо́тный.
3 (*navigable*) проходи́мый; (*of roads*) прое́зжий.

negotiate /nɪˈgəʊʃɪˌeɪt/ *vt* **1** (*arrange*) догов|а́риваться, -ори́ться о + *p*; (*conduct negotiations over*) вести́ (*impf*) перегово́ры о + *p*; (*conclude agreement on*) при|ходи́ть, -йти́ к соглаше́нию о + *p*. **2** (*get over or through*) проб|ира́ться, -ра́ться че́рез + *a*; **~ a corner** брать, взять поворо́т; (*fig, surmount*): **~ an obstacle/difficulty** преодол|ева́ть, -е́ть препя́тствие/тру́дность.
● *vi* догов|а́риваться, -ори́ться.

negotiation /nɪˌgəʊʃɪˈeɪʃ(ə)n, nɪˌgəʊsɪˈeɪʃ(ə)n/ *n* **1** (*process*) обсужде́ние; **~ of terms** обсужде́ние усло́вий; (*talks*) перегово́ры (*m pl*); **conduct ~s** вести́ перегово́ры. **2** (*fig*): **~ of difficulties** преодоле́ние тру́дностей.

negotiator /nɪˈgəʊʃɪˌeɪtə(r)/ *n* уча́стник перегово́ров; (*representative*) представи́тель (*m*).

Negress /ˈniːgrɪs/ *n* (*archaic or offens*) негритя́нка.

Negritude /ˈniːgrɪˌtjuːd/ *n* принадле́жность к негро́идной ра́се.

Negro /ˈniːgrəʊ/ *n* (*pl* **Negroes**) (*archaic or offens*) негр.
● *adj* негритя́нский.

Negroid /ˈniːgrɔɪd/ (*archaic or offens*) *adj* негро́идный.

neigh /neɪ/ *n* ржа́ние.
● *vi* ржать (*impf*).

neighbour /ˈneɪbə(r)/ (*US* **neighbor**) *n* (*lit, and of countries, guests at dinner, etc.*) сосе́д (*fem* -ка); **my next-door ~** мой ближа́йший сосе́д (по у́лице); **this house and its ~s** э́тот и сосе́дние с ним дома́; **love of one's ~** любо́вь к бли́жнему; **love thy ~!** возлюби́ бли́жнего своего́!
● *vi*: **~ on** прилега́ть (*impf*) к + *d*; сосе́дствовать (*impf*) с + *i*; **~ing countries** сосе́дние стра́ны; пограни́чные госуда́рства.

neighbourhood /ˈneɪbəˌhʊd/ (*US* **neighborhood**) *n* **1** (*locality*) ме́стность, окре́стность; (*district*) райо́н; (*vicinity*) сосе́дство; **in the ~ of the park** о́коло (*or* недалеко́ от) па́рка; **in the ~ of 20 tons** в райо́не двадцати́ тонн; приблизи́тельно два́дцать тонн. **2** (*neighbours; community*) сосе́ди (*m pl*); окружа́ющие (*pl*).

neighbourliness /ˈneɪbəlɪnɪs/ (*US* **neighborliness**) *n* добрососе́дское отноше́ние.

neighbourly /ˈneɪbəlɪ/ (*US* **neighborly**) *adj* добрососе́дский; **in a ~ fashion** по-сосе́дски; **that's not a ~ thing to do** э́то не по-сосе́дски.

neither /ˈnaɪðə(r), ˈniːð-/ *pron & adj* ни тот, ни друго́й; **~ of them knows** ни оди́н (*or* никто́) из них не зна́ет; они́ о́ба не зна́ют; **~ of them likes it** э́то не нра́вится ни тому́, ни друго́му; **he took ~ side in the argument** в спо́ре он не присоедини́лся ни к той, ни к друго́й стороне́ (*or* ни к одно́й из сторо́н).
● *adv* **1**: **~ … nor** ни… ни; **~ one thing nor the other** ни то, ни друго́е; ни ры́ба ни мя́со; **one must ~ smoke nor spit here** здесь нельзя́ ни кури́ть, ни плева́ть; **he ~ knows nor cares** он не зна́ет и не хо́чет знать; **it's of no interest to you, nor to me ~** (*sl: ненормативное употребление neither (т. н. двойное отрицание, не свойственное английскому языку)*) э́то никому́ не интере́сно: ни вам, ни мне; **that's ~ here nor there** ≈ э́то тут ни к селу́ ни к го́роду; э́то тут ни при чём; **~ he nor I went** ни он, ни я не пошли́.
2 (*after neg clause*): **he didn't go and ~ did I** он не пошёл, и я то́же.

nelson /ˈnels(ə)n/ *n* (*usu* **full ~**) (*wrestling hold*) (двойно́й/по́лный) не́льсон (*в борьбе: захват шеи из-под плеч двумя руками (сзади)*).

nem. con. /nem ˈkɒn/ *adv* (*abbr of* ***nemine contradicente***) без возраже́ний.

nemesis /ˈnemɪsɪs/ *n* (*pl* **nemeses** /-ˌsiːz/) (*retribution*) возме́здие, ка́ра.

neoclassical /ˌniːəʊˈklæsɪk(ə)l/ *adj* неоклассици́ческий.

neoclassicism /ˌniːəʊˈklæsɪˌsɪz(ə)m/ *n* неоклассици́зм.

neocolonial /ˌniːəʊkəˈləʊnɪəl/ *adj* неоколониали́стский.

neocolonialism /ˌniːəʊkəˈləʊnɪəˌlɪz(ə)m/ *n* неоколониали́зм.

neo-fascist /ˌniːəʊˈfæʃɪst/ *n* неофаши́ст.
● *adj* неофаши́стский.

Neogene /ˈniːəˌdʒiːn/ (*geol*) *n* (**the ~**) неоге́н(овый пери́од).
● *adj* неоге́новый.

Neolithic /ˌniːəˈlɪθɪk/ *n* (*the ~ period*) неоли́т.
● *adj* неолити́ческий.

neologism /niːˈɒləˌdʒɪz(ə)m/ *n* неологи́зм.

neon /ˈniːɒn/ *n* нео́н.
● *adj* нео́новый; **~ light** нео́новый свет; **~ sign** нео́новая рекла́ма.

neonate /ˈniːəˌneɪt/ *n* новорождённый.

neo-Nazi /ˌniːəʊˈnɑːtsɪ/ *n* неонаци́ст (*fem* -ка).

neophyte /ˈniːəˌfaɪt/ *n* неофи́т.

Nepal /nɪˈpɔːl/ *n* Непа́л.

Nepal|ese /ˌnepəˈliːz/, **-i** /nɪˌpɔːlɪ/ *n* (*pl* **~ese, ~i** *or* **~is**) (*person*) непа́л|ец (*fem* -ка); (*language*) непа́льский язы́к.
● *adj* непа́льский.

nephew /ˈnevjuː, ˈnef-/ *n* племя́нник.

nephrite /ˈnefraɪt/ *n* нефри́т.

nephritic /nɪˈfrɪtɪk/ *adj* по́чечный.

nephritis /nɪˈfraɪtɪs/ *n* нефри́т.

ne plus ultra /ˌneɪ plʊs ˈʊltrɑː/ *n* вы́сшая то́чка + *g*.

nepotism /ˈnepəˌtɪz(ə)m/ *n* непоти́зм, кумовство́.

Neptune /ˈneptjuːn/ *n* (*myth, astron*) Непту́н.

nerd /nɜːd/ *n* зану́да (*cg*).

nerve /nɜːv/ *n* **1** нерв; **~ gas** не́рвно-паралити́ческий газ; **he has ~s of steel** у него́ желе́зные не́рвы; **he doesn't know what ~s are** он не зна́ет, что тако́е не́рвы; **he's just a bundle of ~s** он про́сто комо́к не́рвов; **he suffers from ~s** у него́ расстро́ены не́рвы; **he gets on my ~s** он де́йствует мне на не́рвы.
2 (*courage, assurance*) сме́лость; **lose one's ~** робе́ть, о-; (*coll, impudence*): **have the ~ to …** име́ть на́глость + *inf*; **he's got a ~** ну и нагле́ц!; **he had the ~ to ask me …** у него́ хвати́ло на́глости спроси́ть меня́….
3 (*sinew*) жи́ла; **strain every ~ to …** напр|яга́ть, -я́чь все си́лы, что́бы… .
● *vt* (*impart vigour/courage to*): **he ~d himself to make a speech** он собра́лся с ду́хом и произнёс речь.
● *cpds* **~ cell** *n* не́рвная кле́тка; **~ centre** (*US* **center**) *n* не́рвный центр; **~-racking** *adj* (*situation*) нерво́зный; (*time*) напряжённый.

nerveless /ˈnɜːvlɪs/ *adj* (*inert*) ине́ртный; (*limp, flabby*) вя́лый; (*powerless*) бесси́льный; (*confident*) уве́ренный; **his arm fell ~ to his side** его́ рука́ бесси́льно упа́ла.

nervous /ˈnɜːvəs/ *adj* **1** (*pertaining to nerves*) не́рвный; **~ system** не́рвная систе́ма; **~ strain** не́рвное напряже́ние; **he had a ~ breakdown** у него́ бы́ло не́рвное расстро́йство; **he's a ~ wreck** э́то челове́к с подо́рванной не́рвной систе́мой. **2** (*highly strung*) не́рвный. **3** (*agitated*) не́рвный, взволно́ванный; **I'm ~** я не́рвничаю; **he was ~ before making his speech** он волнова́лся/не́рвничал пе́ред выступле́нием. **4** (*apprehensive*) не́рвный, не́рвничающий; **I am ~ of asking him** я не реша́юсь спроси́ть его́.

nervousness /'nə:vəsnɪs/ *n* не́рвность, нерво́зность.

nervy /'nə:vɪ/ *adj* (**nervier, nerviest**) **1** (*Br, nervous*) не́рвный, нерво́зный; **feel ~** не́рвничать (*impf*). **2** (*US, impudent*) наха́льный, на́глый.

nest /nest/ *n* гнездо́, (*diminutive*) гнёздышко; (*fig*) **feather one's ~** ≈ наб|ива́ть, -и́ть себе́ карма́н; наж|ива́ться, -и́ться; нагре́ть (*pf*) ру́ки; **foul one's own ~** ≈ плева́ть (*impf*) в со́бственный коло́дец; **~ of tables** компле́кт сто́ликов (*вставляющихся один в другой*).
● *vi* **1** (*of birds*) гнезди́ться (*impf*). **2** (*hunt for birds' ~s*) охо́титься (*impf*) за гнёздами.
● *cpd* **~ egg** *n* (*fig, savings*) сбереже́ния (*nt pl*).

nestle /'nes(ə)l/ *vt & i*: **~ (one's head/face) against s.o./sth** приж|има́ться, -а́ться (голово́й/лицо́м) к кому́/чему́-н.; **~ down** устр|а́иваться, -о́иться поудо́бнее, приюти́ться (*pf*); **~ up to s.o.** ласка́ться, при- к кому́-н.; льну́ть, при- к кому́-н.; **a village (lay) ~d at the foot of the hill** у подно́жия горы́ приюти́лась дере́вня.

nestling /'neslɪŋ, 'nest-/ *n* птене́ц, пте́нчик (*diminutive*).

net[1] /net/ *n* **1** (*fruit ~, mosquito ~, etc.*) се́тка; (*snare for birds, fishing ~, and fig*) сеть, се́ти (*f pl*); (*hair~, tennis, cricket ~, etc.*) се́тка; (*butterfly ~*) сачо́к. **2** (*fabric*) тюль (*m*); **~ curtains** тю́левые занаве́ски. **3** (*network, of communications etc.*) сеть. **4: the Net** (*comput*) Сеть, Интерне́т.
● *vt* (**netted, netting**) **1** (*fish, birds, etc.*) лови́ть, пойма́ть в сеть/се́ти. **2** (*fruit etc.*) накр|ыва́ть, -ы́ть се́ткой. **3: he ~ted the ball** он заки́нул мяч в се́тку; (*at football*) он заби́л гол.
● *cpds* **~ball** *n* нетбо́л (*род баскетбола*); **~work** *n* сеть; *vt* (*Br, TV, radio*) перед|ава́ть, -а́ть по (телевизио́нной/радиотрансляцио́нной) се́ти; (*comput*) свя́з|ывать, -а́ть в о́бщую сеть; *vi* (*fig*) нала́|живать, -дить конта́кты/свя́зи; **~worked** *adj* (*comput*) сетево́й.

net[2], **nett** /net/ *adj* чи́стый; **~ income** чи́стый дохо́д; **~ weight** чи́стый вес; вес не́тто.
● *vt* (**netted, netting**) (*obtain as profit*) получ|а́ть, -и́ть чи́стыми; де́лать, с-; **he ~ted a handsome profit** он получи́л соли́дную при́быль.

nether /'neðə(r)/ *adj* ни́жний; **~ regions** преиспо́дняя.
● *cpd* **~most** *adj* са́мый ни́жний.

Netherlander /'neðələndə(r)/ *n* голла́нд|ец (*fem* -ка).

Netherlandish /'neðələndɪʃ/ *adj* нидерла́ндский.

Netherlands /'neðələndz/ *n* Нидерла́нд|ы (*pl, g* -ов).

nett /net/ (*Br*) = **net**[2]

netting /'netɪŋ/ *n* се́тка.

nettle /'net(ə)l/ *n* крапи́ва.
● *vt* (*fig*) зад|ева́ть, -е́ть; раздраж|а́ть, -и́ть.
● *cpd* **~rash** *n* (*med*) крапи́вница.

neural /'njʊər(ə)l/ *adj* не́рвный.

neuralgia /njʊə'rældʒə/ *n* невралги́я.

neuralgic /njʊə'rældʒɪk/ *adj* невралги́ческий.

neurasthenia /,njʊərəs'θi:nɪə/ *n* неврастени́я.

neurasthenic /,njʊərəs'θenɪk/ *n* неврасте́н|ик (*fem* -и́чка).
● *adj* неврастени́ческий.

neuritis /njʊə'raɪtɪs/ *n* неври́т.

neurological /,njʊərə'lɒdʒɪk(ə)l/ *adj* неврологи́ческий.

neurologist /njʊə'rɒlədʒɪst/ *n* невропато́лог, невро́лог.

neurology /njʊə'rɒlədʒɪ/ *n* невроло́гия.

neuron /'njʊərɒn/ *n* нейро́н.

neuropathologist /,njʊərəʊpə'θɒlədʒɪst/ *n* невропато́лог.

neuropathology /,njʊərəʊpə'θɒlədʒɪ/ *n* невропатоло́гия.

neurosis /njʊə'rəʊsɪs/ *n* (*pl* **neuroses** /-si:z/) невро́з.

neurotic /njʊə'rɒtɪk/ *n* невро́тик.
● *adj* невроти́ческий.

neuter /'nju:tə(r)/ *n* (*gram, gender*) сре́дний род.
● *adj* (*gram*) сре́дний; сре́днего ро́да; (*zool*) кастри́рованный; (*bot*) беспо́лый.
● *vt* кастри́ровать (*impf, pf*).

neutral /'nju:tr(ə)l/ *n* (*of gears*) холосто́й ход; **in ~** в нейтра́льном положе́нии; на нейтра́льной переда́че; **put the car in(to) ~** поста́вить (*pf*) маши́ну на нейтра́льную переда́чу.
● *adj* **1** (*of state or person*) нейтра́льный; **be ~** зан|има́ть, -я́ть нейтра́льную пози́цию. **2** (*of colour etc., indeterminate*) неопределённый, нейтра́льный. **3** (*chem*) сре́дний. **4** (*elec*) нулево́й, нейтра́льный. **5** (*of gears*) холосто́й.

neutrality /nju:'trælɪtɪ/ *n* нейтралите́т.

neutralization /,nju:trəlaɪ'zeɪʃ(ə)n/ *n* нейтрализа́ция.

neutralize /'nju:trə,laɪz/ *vt* нейтрализова́ть (*impf, pf*); (*paralyse*) парализова́ть (*impf, pf*).

neutron /'nju:trɒn/ *n* нейтро́н; **~ bomb** нейтро́нная бо́мба.

Neva /'ni:və/ *n* Нева́.

never /'nevə(r)/ *adv* **1** никогда́ (... не); (*not once*) ни ра́зу (... не); **~ a dull moment!** не соску́чишься!; **you ~ know** как знать?; **~ before** никогда́ ра́ньше; **I have ~ before (or in my life) seen such tomatoes** я в жи́зни не ви́дел таки́х помидо́ров; **I believed him once, but ~ again** одна́жды я ему́ пове́рил, но бо́льше никогда́ не пове́рю; (*emphatic for not*) так и не; **that will ~ do** э́то никуда́ не годи́тся; **he ~ even tried** он да́же не попро́бовал; **I ~ slept a wink** я глаз не сомкну́л; (*Br, expressing incredulity*) **~!** не мо́жет быть!; (*with imperative*): **~ fear!** не бо́йтесь!; не беспоко́йтесь!; **~ say die!** не отча́ивайтесь!; **~ mind** (*don't trouble yourself*) не беспоко́йтесь!; (*in answer to apology*) не ва́жно; ничего́! (*coll*). **2** (*expressing surprise*): **surely you ~ told him!** неуже́ли вы ему́ сказа́ли?; **well, I ~ (did)!** не мо́жет быть!; на́до же!
● *cpds* **~-ceasing** *adj* беспреста́нный, непреры́вный; **~-ending** *adj* бесконе́чный; **it's a ~-ending job** э́той рабо́те конца́ нет; **~-failing** *adj* надёжный; **~more** *adv* никогда́ бо́льше/впредь; **~-~** *n*: **~-~ land** (*sc. of plenty*) ска́зочная страна́ изоби́лия; **he bought his car on the ~-~** (*Br coll*) он купи́л маши́ну в рассро́чку; **~theless** *adv* одна́ко; *conj* тем не ме́нее; **~-to-be-forgotten** *adj* незабве́нный.

new /nju:/ *adj* **1** но́вый; **the N~ World** Но́вый Свет; **the N~ Testament** Но́вый Заве́т; **N~ Year** Но́вый год; *see also* ⇨**Year**; **as good as ~** совсе́м как но́вый; **what's ~?** что но́вого?; **he became a ~ man** он стал други́м челове́ком. **2** (*modern, advanced*) нове́йший, после́дний; **the ~est fashions** нове́йшие/после́дние мо́ды. **3** (*fresh*) молодо́й; **~ potatoes** молодо́й карто́фель; **~ moon** молодо́й ме́сяц, новолу́ние; **~ wine** молодо́е вино́. **4** (*unaccustomed*): **I am ~ to this work** я в э́том де́ле новичо́к; (*unfamiliar*) **this work is ~ to me** э́та рабо́та для меня́ непривы́чна.
● *cpds* **N~ Age** *n* филосо́фская систе́ма, бази́рующаяся на ве́ре в альтернати́вный о́браз жи́зни; **~born** *adj* новорождённый; **~comer** *n* новичо́к; **he's a ~comer to the village** он посели́лся в э́той дере́вне неда́вно; **~fangled, ~-fashioned** *adjs* новомо́дный; **~-found** *adj*: **a ~-found interest** но́вое увлече́ние (+ *i*); **N~foundland** *n* Ньюфа́ундленд (*остров; провинция Канады*); (*dog*) ньюфа́ундленд, водола́з; **~-laid** *adj* све́жий; **~-mown** *adj* свежеско́шенный; **~ year** *adj* нового́дний.

newel /'nju:əl/ *n* коло́нна винтово́й ле́стницы; баля́сина.

New Guinea /nju: 'gɪnɪ/ *n* Но́вая Гвине́я (*остров*).

newly /'nju:lɪ/ *adv* **1** (*recently*) неда́вно, но́во-; **~ arrived** неда́вно прибы́вший, новоприбы́вший. **2** (*anew*) вновь; **a ~ painted gate** свежевы́крашенная кали́тка. **3** (*in a new way*) за́ново; по-ино́му; по-но́вому.
● *cpds* **~-built** *adj* неда́вно вы́строенный; **~-wed** *n*: **the ~-weds** молодожён|ы (*pl, g* -ов); *adj* новобра́чный.

n

newness /'nju:nɪs/ *n* новизна́.

news /nju:z/ *n* **1** но́вости (*f pl*); (*piece of* ~) но́вость, весть; **have you heard the ~?** вы слы́шали но́вость?; **is there any** (*or* **what's the**) **~?** что но́вого?, каки́е но́вости?; **what ~ of him?** что слы́шно о нём?; **that's good ~!** рад слы́шать!; э́то прия́тная но́вость!; **I had bad ~ from home** я получи́л плохи́е но́вости/ве́сти из до́му; **he brought bad ~** он принёс дурну́ю весть; **that's no ~ to me!** для меня́ э́то не но́вость; я э́то и ра́ньше знал; **no ~ is good ~** отсу́тствие весте́й — хоро́шая весть; **we had ~ from him** мы получи́ли от него́ ве́сточку; **have you had ~ of the results?** вам уже́ изве́стны результа́ты?
2 (*in press or radio*) но́вости (*f pl*), после́дние изве́стия; **he is in the ~** о нём сообща́ют в новостя́х; **~ agency** информацио́нное аге́нтство; **~ bulletin** (*Br*) вы́пуск новосте́й; информацио́нный бюллете́нь **~ conference** пресс-конфере́нция; **~ flash** э́кстренное сообще́ние.
● *cpds* **~agent** *n* (*Br*) (*shop*) газе́тный кио́ск; (*person*) = **~vendor**; **~boy** *n* ма́льчик-газе́тчик; **~cast** *n* после́дние изве́стия (*по радио/телевидению*); **~caster** *n* ди́ктор; **~dealer** *n* (*US*) = **~agent**; **~girl** *n* де́вочка-газе́тчица; **~letter** *n* информацио́нный бюллете́нь; **~monger** *n* спле́тни|к (*fem* -ца); **~paper** *n* газе́та; (*attr*) газе́тный; **~print** *n* газе́тная бума́га; **~reader** *n* (*Br*) ди́ктор (*последних известий*); **~reel** *n* кинохро́ника; **~room** *n* отде́л новосте́й; **~-sheet** *n* информацио́нный листо́к; **~-stand** *n* газе́тный лото́к; **~vendor** *n* (*Br*) продав|е́ц (*fem* -щи́ца) газе́т; (газе́тный) киоскёр; **~worthy** *adj* интере́сный; представля́ющий интере́с для пре́ссы.

newsy /'nju:zɪ/ *adj* (**newsier, newsiest**) (*coll*) по́лный новосте́й.

newt /nju:t/ *n* трито́н.

Newtonian /nju:'təʊnɪən/ *adj* ньюто́нов(ский).

New York /nju:' jɔ:k/ *n* Нью-Йо́рк; (*attr*) нью-йо́ркский.

New Zealand /nju: 'zi:lənd/ *n* Но́вая Зела́ндия; (*attr*) новозела́ндский.

New Zealander /nju: 'zi:ləndə(r)/ *n* новозела́нд|ец (*fem* -ка).

next /nekst/ *n* (*in order*): **the week after ~** че́рез неде́лю; **~, please!** сле́дующий!; **~ of kin** ближа́йший ро́дственник.
● *adj* **1** (*of place: nearest*) ближа́йший; (*adjacent*) сосе́дний, сме́жный; **in the ~ house** в сосе́днем до́ме; **the house ~ to ours** дом ря́дом с на́шим; **he lives ~ door** он живёт ря́дом; **he lives ~ door but one to us** он живёт че́рез дом от нас; **the chair was ~ to the fire** стул стоя́л во́зле ками́на.
2: **~ to** (*fig, almost*) почти́; **it was ~ to impossible** э́то бы́ло почти́ невозмо́жно; **I got it for ~ to nothing** я купи́л э́то за бесце́нок.
3 (*in a series*) очередно́й; (*future*) бу́дущий, сле́дующий; (*past or future*) сле́дующий; **~ day** на друго́й/сле́дующий день; **~ Friday** в сле́дующую пя́тницу; **~ October** в сле́дующем октябре́; **the ~ day but one was a holiday** э́то бы́ло за́ два дня до пра́здника; **~ week** на бу́дущей/сле́дующей неде́ле; **~ year** в бу́дущем году́; **~ time we'll go to London** в сле́дующий раз мы пое́дем в Ло́ндон; **better luck ~ time!** мо́жет, в сле́дующий раз бо́льше повезёт!; **he is ~ in line** он пе́рвый на о́череди; он сле́дующий; **the ~ thing I knew, I was lying on the floor** в сле́дующую мину́ту я уже́ лежа́л на полу́; **the ~ world** друго́й/потусторо́нний мир.
● *adv*: **~ to** ря́дом с + *i*; **he stood ~ to the fire** он стоя́л во́зле ками́на; **he placed his chair ~ to hers** он поста́вил свой стул ря́дом с её (сту́лом); **what ~?** э́того ещё не хвата́ло!; **what will he do ~?** что он тепе́рь наду́мает?; **when I ~ saw him** когда́ я уви́дел его́ в сле́дующий раз; **~ we come to the library** да́льше (*or* а тепе́рь) — библиоте́ка.
● *cpd* **~-door** *adj* сосе́дний; **~-door neighbour** ближа́йший сосе́д.

nexus /'neksəs/ *n* (*pl* **nexuses**) (*connection*) связь.

NHS (*abbr of* ***National Health Service***) Национа́льная слу́жба здравоохране́ния.

nib /nɪb/ *n* перо́.

nibble /'nɪb(ə)l/ *n*: **have/take a ~ at sth** надку́с|ывать, -и́ть что-н.
● *vt* поку́сывать (*impf*); (*at bait*) дёр|гать, -нуть; (*at grass*) щипа́ть (*impf*); пощи́пывать (*impf*); (*of fish*) кл|ева́ть, -ю́нуть.
● *vi*: **~ at sth** грызть (*impf*) что-н.

Nicaragua /,nɪkə'rægjʊə/ *n* Никара́гуа (*nt & f indecl*).

Nicaraguan /,nɪkə'rægjʊən/ *n* никарагуа́н|ец (*fem* -ка).
● *adj* никарагуа́нский.

nice /naɪs/ *adj* **1** (*agreeable*) прия́тный, ми́лый; (*good*) хоро́ший; (*of person*) прия́тный, ми́лый, симпати́чный, любе́зный; **they have a ~** (*comfortable*) **home** у них ми́лый/прия́тный дом; **that's very ~ of you** э́то о́чень ми́ло с ва́шей стороны́; **this soup tastes ~** э́тот суп вку́сный; **the house was ~ and big** дом был просто́рный; **get the room ~ and tidy!** хороше́нько убери́те ко́мнату!; **the soup was ~ and hot** суп был по-настоя́щему горя́чий; **the children were ~ and clean** де́ти бы́ли чи́стенькие; (*ironical*): **a ~ state of affairs!** хоро́шенькое де́ло!
2 (*subtle*) то́нкий; **a ~ shade of meaning** то́нкий смыслово́й отте́нок; **~ distinctions** то́нкие разли́чия.
● *cpd* **~-looking** *adj* ми́лый, симпати́чный.

nicely /'naɪslɪ/ *adv* (*well, satisfactorily*) хорошо́; **he is getting along ~** у него́ всё хорошо́; (*of progress*) он де́лает успе́хи; (*of invalid*) он поправля́ется; (*agreeably*) прия́тно; (*kindly*) ми́ло; **that will suit me ~** э́то мне вполне́ подойдёт; (*aptly*): **~ put** ме́тко ска́зано.

niceness /'naɪsnɪs/ *n* (*amiability*) любе́зность; (*exactitude*) то́чность.

nicety /'naɪsɪtɪ/ *n* **1** (*exactness*) то́чность; (*accuracy*) аккура́тность; **to a ~** то́чно. **2** (*subtle quality*) то́нкость; **a point of great ~** о́чень то́нкий вопро́с. **3** (*minute distinction, detail*) ме́лочь, ме́лкая подро́бность (*f pl*).

niche /nɪtʃ, ni:ʃ/ *n* ни́ша; (*fig*) ни́ша, ме́сто.

Nick /nɪk/ *n*: **Old ~** (*coll*) чёрт, Сатана́ (*m*).

nick /nɪk/ *n* **1** (*notch*) зару́бка. **2** (*Br sl*) (*prison*) тюрьма́, куту́зка (*coll*); (*police station*) (полице́йский) уча́сток, (*as in Russia*) отделе́ние (мили́ции). **3**: **in good ~** (*Br coll*) в хоро́шем состоя́нии; **in the ~ of time** в (са́мый) после́дний моме́нт; как раз вовре́мя.
● *vt* **1** (*cut notch in*) де́лать, с- зару́бку на + *p*; **he ~ed his chin shaving** он поре́зал себе́ подборо́док во вре́мя бритья́. **2** (*Br sl, arrest*) брать, взять; заб|ира́ть, -ра́ть. **3** (*Br coll, steal*) спере́ть (*pf*) (*sl*).

nickel /'nɪk(ə)l/ *n* (*metal*) ни́кель (*m*); (*US coin*) пятице́нтовик.
● *adj* ни́келевый.
● *vt* (**nickelled, nickelling;** *US* **nickeled, nickeling**) никелирова́ть (*impf, pf*).
● *cpd* **~-plated** *adj* никелиро́ванный.

nick-nack /'nɪknæk/ = **knick-knack**

nickname /'nɪkneɪm/ *n* про́звище, кли́чка.
● *vt* прозва́ть (*pf*) + *a and i*; **he was ~d Shorty** его́ прозва́ли Коротышко́й.

nicotine /'nɪkə,ti:n/ *n* никоти́н; **~ poisoning** отравле́ние никоти́ном.
● *cpd* **~-stained** *adj* жёлтый от таба́ка.

niece /ni:s/ *n* племя́нница.

niello /nɪ'eləʊ/ *n* чернь (*на металле*).

nifty /'nɪftɪ/ *adj* (**niftier, niftiest**) (*sl*) (*adept*) ло́вкий; (*stylish*) сти́льный.

Niger[1] /'naɪdʒə(r)/ *n* (*river*) Ни́гер (*река*).

Niger[2] /ni:'ʒeə(r)/ *n* (*country*) Ни́гер (*государство*).

Nigeria /naɪ'dʒɪərɪə/ *n* Ниге́рия.

Nigerian /naɪ'dʒɪərɪən/ *n* ниге́ри|ец (*fem* -йка).
● *adj* ниге́рийский.

Nigerien /ni:'ʒeərɪən/ *n* ни́гер|ец (*fem* -ка *or* жи́тельница Ни́гера).
● *adj* ни́герский.

niggard /'nɪgəd/ *n* скря́га (*cg*).

niggardliness /'nɪgədlɪnɪs/ *n* ску́пость.

niggardly /'nɪgədlɪ/ *adj* скупо́й.

nigger /'nɪgə(r)/ *n* (*offens*) черномá́зый (*offens*).

niggle /'nɪg(ə)l/ *vt* (*irritate*) дёргать, придира́ться (*both impf*) к + *d*.
● *vi* (*fuss over detail*) мелочи́ться (*impf*).

niggling /'nɪglɪŋ/ *adj* (*nagging*) приди́рчивый; (*petty*) ме́лочный; **~ criticism** ме́лочная кри́тика, приди́рки (*f pl*).

nigh /naɪ/ (*archaic*) = **near**

night /naɪt/ *n* **1** ночь; (*waking hours of darkness*) ве́чер; **dark/black as ~** чёрный как смоль; **all ~ (long)** всю ночь (напролёт); **last ~** вчера́

n

вéчером/нóчью; **tomorrow ~** зáвтра вéчером/нóчью; **at/by ~** нóчью; **at ~s** по ночáм; **at dead of ~** в глухýю ночь; **~ and day** днём и нóчью; **we reached home before ~** мы пришлú домóй зáсветло; **on Saturday ~** в суббóту вéчером; **on the ~ of the 12th/13th** в ночь с двенáдцатого на тринáдцатое; **good ~!**; (*coll*) **~-~!** спокóйной нóчи!; **have a good ~('s sleep)** хорошó спать (*impf*); **it's my ~ off today** сегóдня у меня свобóдный вéчер; **stay the ~** ночевáть, пере-; **work ~s** рабóтать (*impf*) по ночáм.
2 (*attr*) ночнóй; **~ life** ночнáя жизнь (гóрода); **~ shift** ночнáя смéна.
● *cpds* **~bird** *n* (*fig*) полунóчник, совá; **~ blindness** *n* курúная слепотá; **~cap** *n* (*clothing*) ночнóй колпáк; (*beverage*) стакáн (*чего*) нá ночь; **~club** *n* ночнóй клуб; **~dress** *n* ночнáя сорóчка/рубáшка; **~fall** *n* сýмер|ки (*pl, g* -ек); **by ~fall** к вéчеру; **~gown** *n* ночнáя рубáшка/сорóчка; **~jar** *n* козодóй; **~ light** *n* ночнúк; **~-long** *adj* продолжáющийся всю ночь; **~mare** *n* (*also fig*) кошмáр; **have a ~mare** вúдеть (*impf*) кошмáрный сон; **he had ~s all through the night** всю ночь емý снúлись кошмáры; **~marish** *adj* кошмáрный; **~ owl** *n* (*fig*) = **~bird**; **~ porter** *n* ночнóй швейцáр/портьé (*m indecl*); **~ school** *n* вечéрняя шкóла; **~shade** *n* паслён; **deadly ~shade** красáвка, белладóнна; **~shirt** *n* ночнáя рубáшка; **~ soil** *n* нечистóты (*f pl*); **~-time** *n* ночнóе врéмя; **in the ~-time** нóчью; **~watchman** *n* (*pl* **~watchmen**) ночнóй стóрож; **~ work** *n* ночнáя рабóта.

nightie /ˈnaɪtɪ/ *n* ночнáя рубáшка/сорóчка.

nightingale /ˈnaɪtɪŋˌgeɪl/ *n* соловéй.

nightly /ˈnaɪtlɪ/ *adj* (*happening every night*) еженóщный; ежевечéрний; **~ performances** ежеднéвные вечéрние представлéния.
● *adv* еженóщно; кáждую ночь; кáждый вéчер.

nihilism /ˈnaɪɪˌlɪz(ə)m, ˈnaɪhɪˌlɪz(ə)m/ *n* нигилúзм.

nihilist /ˈnaɪɪlɪst, ˈnaɪhɪlɪst/ *n* нигилúст (*fem* -ка).

nihilistic /ˌnaɪɪˈlɪstɪk, ˌnaɪhɪˈlɪstɪk/ *adj* нигилистúческий, нигилúстский.

nil /nɪl/ *n* нуль (*m*); **his influence is ~** егó влияние равнó нулю́.

Nile /naɪl/ *n* Нил; **Blue ~** Голубóй Нил.

nimbi /ˈnɪmbaɪ/ *pl of* ⇨**nimbus**

nimble /ˈnɪmb(ə)l/ *adj* (**nimbler, nimblest**) (*agile*) проворный, шýстрый (*coll*); (*lively*) живóй; (*swift*) бы́стрый; (*dextrous*) лóвкий; **he is ~ on his feet** он óчень провóрен; (*mentally quick, sharp*) нахóдчивый; **a ~ wit** живóй ум.
● *cpds* **~-footed** *adj* быстронóгий; **~-witted** *adj* нахóдчивый, остроýмный.

nimbus /ˈnɪmbəs/ *n* (*pl* **nimbi** *or* **nimbuses**) (*halo*) нимб; (*meteorology*) дождевóе óблако.

nincompoop /ˈnɪŋkəmˌpuːp/ *n* дурáк, болвáн.

nine /naɪn/ *n* (числó/нóмер) дéвять; (**~** *people*) дéвятеро, дéвять человéк; **~ each** по девятú кáждый; **in ~s, ~ at a time** по девятú, девя́тками; (*figure*; *thing numbered 9*; *group of* **~**) девя́тка; (*with various nn expressed or understood*: *cf. examples under* ⇨**five**); **dressed (up) to the ~s** разодéтый в пух и прах.
● *adj* дéвять + *g pl*; **~ twos are eighteen** два помнóжить на дéвять— восемнáдцать; **a ~ days' wonder** скоропреходя́щая сенсáция; **~ times out of ten** в девятú слýчаях из десятú.
● *cpds* **~fold** *adj* девятикрáтный; *adv* вдéвятеро, в дéвять раз; **~pins** *n* кéгл|и (*pl, g* -ей).

nineteen /naɪnˈtiːn/ *n* девятнáдцать; **in the 1920s** в двадцáтые гóды двадцáтого вéка; **talk ~ to the dozen** таратóрить (*impf*); трещáть (*impf*) без ýмолку.
● *adj* девятнáдцать + *g pl*.

nineteenth /naɪnˈtiːnθ/ *n* (*date*) девятнáдцатое числó; (*fraction*) однá девятнáдцатая, девятнáдцатая часть.
● *adj* девятнáдцатый.

ninetieth /ˈnaɪntɪɪθ/ *n* однá девянóстая; девянóстая часть.
● *adj* девянóстый.

ninet|y /ˈnaɪntɪ/ *n* девянóсто; **he is in his ~ies** емý за девянóсто; **in the ~ies** (*decade*) в девянóстых годáх; (*temperature*) за девянóсто грáдусов (по Фаренгéйту).
● *adj* девянóсто + *g pl*; **~y-nine times out of a hundred** в девянóста девятú слýчаях из ста.

ninny /ˈnɪnɪ/ *n* дурачóк.

ninth /naɪnθ/ *n* (*date*) девя́тое числó; (*fraction*) однá девя́тая; девя́тая часть; (*mus interval*) нóна.
● *adj* девя́тый.

nip /nɪp/ *n* **1** (*pinch*) щипóк.
2 (*small bite*) укýс; **the puppy gave his finger a ~** щенóк укусúл егó за пáлец.
3 (*of frost*): **there's a ~ in the air today** сегóдня морóз пощúпывает.
4 (*of liquor etc.*) рю́мочка.
● *vt* (**nipped, nipping**)
1 (*pinch*) щип|áть, -нýть; **his fingers were ~ped in the door** емý прищемúло пáльцы двéрью.
2 (*bite*) укусúть, куснýть (*both pf*).
3 (*of frost etc.*) щип|áть, -нýть; **the blossom was ~ped by the frost** зáморозки побúли рáнний цвет; **~ sth in the bud** (*fig*) подавúть (*pf*) что-н. в зарóдыше.
4: **~ off** откýс|ывать, -úть.
● *vi* (**nipped, nipping**)
1 (*pinch*) щипáться (*impf*); **a crab can ~ quite severely** краб óчень бóльно щúплется.
2 (*of cold*) щипáть (*impf*).
3 (*Br, usu with advs, move smartly*): **I must ~ along to the shop** мне нýжно сбéгать в магазúн; **he ~ped in just ahead of me** он заскочúл как раз пéредо мной; **he ~ped off home** он удрáл домóй; **I'll (just) ~ on ahead** я побегý вперёд; **he ~ped out to have a smoke** он вы́скочил покурúть.

nipper /ˈnɪpə(r)/ *n* (*claw*) клешня́; (*in pl, pincers*) клéщ|и (*pl, g* -éй); (*sl, child*) малы́ш, крóшка.

nipple /ˈnɪp(ə)l/ *n* (*of breast*) сосóк; (*of feeding bottle*) сóска; (*tech*) нúппель (*m*).

nippy /ˈnɪpɪ/ *adj* (**nippier, nippiest**) **1** (*nimble*) провóрный. **2** (*chilly*): **a ~ wind** рéзкий вéтер; **the weather is ~** морóзит.

nirvana /nəːˈvɑːnə, nɪə-/ *n* нирвáна.

nisi /ˈnaɪsaɪ/ *conj*: **decree ~** услóвный развóд.

nit /nɪt/ *n* гнúда; (*Br sl, fool*) óлух (*coll*).
● *cpds* **~-pick** *vi* (*sl*) придирáться (*impf*) к мелочáм; **~-picking** *adj* придúрчивый.

niter /ˈnaɪtə(r)/ (*US*) = **nitre**

nitrate /ˈnaɪtreɪt/ *n* нитрáт, соль/эфúр азóтной кислоты́; (*fertilizer*) нитрáт; **copper ~** азотнокúслая медь.

nitre /ˈnaɪtə(r)/ (*US* **niter**) *n* селúтра.

nitric /ˈnaɪtrɪk/ *adj* азóтный; **~ acid** азóтная кислотá; **~ oxide** óкись азóта.

nitrogen /ˈnaɪtrədʒ(ə)n/ *n* азóт.
● *adj* азóтный.

nitrogenous /ˌnaɪˈtrɒdʒɪnəs/ *adj* азóтный.

nitroglycerine /ˌnaɪtrəʊˈglɪsərɪn/ *n* нитроглицерúн.

nitrous /ˈnaɪtrəs/ *adj* азóтистый; **~ acid** азóтистая кислотá; **~ oxide** зáкись азóта, веселя́щий газ.

nitty-gritty /ˌnɪtɪˈgrɪtɪ/ *n* (*sl*) суть дéла; детáли (*f pl*); кýхня (*coll*); **the ~ of politics** политúческая кýхня.

nitwit /ˈnɪtwɪt/ *n* придýрок (*coll*), дурáк, болвáн.

no /nəʊ/ *n* (*pl* **noes**) (*refusal*) откáз; (*vote against*) гóлос прóтив; **the ~es have it** большинствó (голосóв) прóтив.
● *adj* **1** (*not any*) никакóй; **there's ~ food in the house** в дóме нет (никакóй) еды́; **~ two people are alike** нет двух одинáковых людéй; **it's ~ use complaining** нет (никакóго) смы́сла жáловаться; **~ doubt** несомнéнно; **~ end of sth** óчень мнóго чегó-н., бесконéчно мнóго чегó-н.; **in ~ way** (*not at all*) ничýть; нискóлько; **it's ~ go** не вы́йдет/пойдёт (*coll*); **~ way** (*coll, certainly not*) ни в кóем слýчае; **~ words can describe ...** словá бессúльны описáть...; **there is ~ question of that** об э́том не мóжет быть и рéчи; **they are in ~ way alike** онú ни в чём не похóжи; **~ man, ~ one** никтó; **I spoke to ~ one** я ни с кем не говорúл; **~ one was there** там никогó нé было; **~ one man can do this** в одинóчку э́то никомý не под сúлу; *see also* ⇨**nobody**.
2 (*not a; quite other than*) не; **he's ~ fool** он (вóвсе) не дурáк; он совсéм не глуп; **he's ~ friend of mine** он мне отню́дь не друг; **it's ~ distance at all** э́то совсéм недалекó; **in ~ time** (*very*

n

quickly) в коро́ткий срок, в два счёта (*coll*).
3 (*expressing refusal or prohibition*): **~ children!** де́ти не допуска́ются!; **~ smoking** кури́ть воспреща́ется; **~ talking!** разгова́ривать воспреща́ется!; **~ entry** вход воспрещён; нет вхо́да.
● *adv* (*with comps, not at all, in no way*) не; **~ better than before** ничу́ть не лу́чше, чем ра́ньше; **he is ~ less than a scoundrel** он про́сто-на́просто подле́ц; **he gave him ~ less than 10,000** он дал ему́ це́лых де́сять ты́сяч; **we saw the president, ~ less** мы да́же ви́дели самого́ президе́нта; **he ~ longer lives there** он там бо́льше не живёт; **I have ~ more to say** мне бо́льше не́чего сказа́ть; **there is ~ more bread** хле́ба бо́льше нет; **he is ~ more a professor than I am** он тако́й же профе́ссор, как я; **~ sooner said than done!** ска́зано — сде́лано!; **~ sooner had he said it than …** не успе́л он сказа́ть, как… .
● *particle* **1** (*in replies*) нет; **~ thank you** нет, спаси́бо; **he can never say ~ to an invitation** он никогда́ не отка́зывается от приглаше́ния; **he will not take ~ for an answer** он не при́мет отка́за; (*after negative statement or question, sometimes*) да; **"You don't like him, do you?" — "No, I don't"** «Ведь он вам не нра́вится?» — «Да, не нра́вится»; **"He's not a nice man" — "No, he isn't"** «Он челове́к нева́жный» — «Да, нева́жный».
2 (*expressing incredulity*) **~!** не мо́жет быть!
● *cpds* **~-fly** *adj*: **~-fly zone** запре́тная возду́шная зо́на; **~-go** *adj*: **~-go area** (*Br*) запре́тная о́бласть; **~-good** *adj* никчёмный; **~-man's-land** *n* ниче́йная земля́; нейтра́льная зо́на; **~ one** *pron*: *see* ⇒**no** *adj* **1**, ⇒**nobody**; **~-show** *n* (*person*) нея́вившийся пассажи́р.

No. /ˈnʌmbə(r)/ *n* (*abbr of* ***number***) №.
nob /nɒb/ *n* (*Br sl, bigwig*) (больша́я) ши́шка.
nobble /ˈnɒb(ə)l/ *vt* (*Br sl*) **1** (*horse*) по́ртить, ис-. **2** (*bribe*) подма́з|ывать, -ать; подкуп|а́ть, -и́ть.
Nobel Prize /ˈnəʊbel, -ˈbel/ *n* Нобе́левская пре́мия.
nobility /nəʊˈbɪlɪtɪ/ *n* (*quality*) благоро́дство; (*titled class*) дворя́нство.
noble /ˈnəʊb(ə)l/ *n* дворя|ни́н (*fem* -я́нка).
● *adj* (**nobler, noblest**) **1** (*of character or conduct*) благоро́дный. **2** (*belonging to the nobility*) дворя́нский; **of ~ birth** дворя́нского происхожде́ния. **3** (*imposing, impressive*) внуши́тельный; (*majestic*) велича́вый; (*excellent*) превосхо́дный. **4**: **~ metal** благоро́дный мета́лл.
● *cpds* **~man** *n* (*pl* **~men**) дворяни́н; **~-minded** *adj* великоду́шный, благоро́дный; **~-mindedness** *n* (душе́вное) благоро́дство; **~woman** *n* (*pl* **~women**) дворя́нка.
noblesse /nəʊˈbles/ *n*: **~ *oblige*** положе́ние обя́зывает.

nobody /ˈnəʊbədɪ/ *n* ничто́жный челове́к, ничто́жество.
● *pron* (*also* **no one**) никто́ (… не); **~ knows** никто́ не зна́ет; **there was ~ present** никого́ не́ было; **it's ~'s business but his own** э́то никого́ не каса́ется, кро́ме его́ самого́; *see also* ⇒**no** *adj* **1**
nocturnal /nɒkˈtɜːn(ə)l/ *adj* ночно́й.
nocturne /ˈnɒktɜːn/ *n* ноктю́рн.
nod /nɒd/ *n* киво́к; **give a ~ of the head to s.o.** кив|а́ть, -ну́ть голово́й кому́-н.; **he was given the job on the ~** (*Br*) он получи́л рабо́ту с хо́ду; **to pass a motion on the ~** (*Br*) приня́ть (*pf*) предложе́ние без голосова́ния; **the land of ~** (*joc*) со́нное ца́рство.
● *vt* (**nodded, nodding**): **~ one's head** кив|а́ть, -ну́ть; **~ assent** кив|а́ть, -ну́ть в знак согла́сия.
● *vi* (**nodded, nodding**) **1** кив|а́ть, -ну́ть; **he ~ded to me in the street** он кивну́л мне на у́лице; **a ~ding acquaintance** ша́почное знако́мство. **2** (*become drowsy*) клева́ть (*impf*) но́сом (*coll*); **he ~ded off during the lecture** он задрема́л на ле́кции.
node /nəʊd/ *n* (*bot, phys*) у́зел; (*astron, math*) то́чка пересече́ния.
nodule /ˈnɒdjuːl/ *n* (*bot, med*) узело́к.
noggin /ˈnɒgɪn/ *n* кру́жечка.
noise /nɔɪz/ *n* **1** (*din*) шум; **make a ~** шуме́ть, за-; **don't make so much ~!** не шуми́те так! **2** (*sound*) звук; **can you hear a funny ~?** вы слы́шите э́тот стра́нный звук?; **he made sympathetic ~s** (*coll*) он подава́л сочу́вственные сигна́лы. **3**: **a big ~** (*coll*) ши́шка. **4** (*elec, TV, radio*) поме́хи (*f pl*).
● *vt*: **~ abroad** распростран|я́ть, -и́ть.
noiseless /ˈnɔɪzlɪs/ *adj* бесшу́мный.
noisiness /ˈnɔɪzɪnɪs/ *n* (*of person*) шумли́вость; (*of sound, machine*) гро́мкость.
noisome /ˈnɔɪsəm/ *adj* (*harmful*) вре́дный; (*fetid*) злово́нный; (*offensive*) отврати́тельный.
noisy /ˈnɔɪzɪ/ *adj* (**noisier, noisiest**) (*of thing*) шу́мный; **a ~ party** шу́мная вечери́нка; **your engine sounds ~** у вас шуми́т мото́р; (*of person*) шумли́вый; **~ laughter** гро́мкий смех.
nomad /ˈnəʊmæd/ *n* коче́вник; (*attr*) кочево́й.
nomadic /nəʊˈmædɪk/ *adj* кочево́й; **lead a ~ life** кочева́ть (*impf*); вести́ (*impf*) кочево́й о́браз жи́зни.
nom de plume /ˌnɒm də ˈpluːm/ *n* (*pl* ***noms de plume*** *pronunc same*) псевдони́м.
nomenclature /nəʊˈmenklətʃə(r), ˈnəʊmənˌkleɪtʃə(r)/ *n* номенклату́ра.
nominal /ˈnɒmɪn(ə)l/ *adj* номина́льный.
nominate /ˈnɒmɪˌneɪt/ *vt* (*appoint, e.g. date, place, person*) назн|ача́ть, -а́чить; (*propose, e.g. candidate*) выставля́ть, вы́ставить кандидату́ру + *g*; (*for a prize*) номини́ровать (*impf, pf*) (**for:** на + *a*).
nomination /ˌnɒmɪˈneɪʃ(ə)n/ *n* назначе́ние; выставле́ние кандидату́ры; **how many ~s are there for chairman?** ско́лько вы́ставлено кандида́тов на пост председа́теля?; (*for an Oscar*) номина́ция.

nominative /ˈnɒmɪnətɪv/ *n* (**~ case**) имени́тельный паде́ж.
● *adj* имени́тельный.
nominee /ˌnɒmɪˈniː/ *n* кандида́т; (*for a prize*) номина́нт.
non- /nɒn/ *pref* не…
non-addictive /ˌnɒnəˈdɪktɪv/ *adj* не вызыва́ющий привыка́ния, не выраба́тывающий зави́симости.
non-aggression /ˌnɒnəˈgreʃ(ə)n/ *n*: **~ pact** догово́р о ненападе́нии.
non-alcoholic /ˌnɒnælkəˈhɒlɪk/ *adj* безалкого́льный.
non-aligned /ˌnɒnəˈlaɪnd/ *adj* (*pol*) неприсоедини́вшийся.
non-alignment /ˌnɒnəˈlaɪnmənt/ *n* поли́тика неприсоедине́ния.
non-appearance /ˌnɒnəˈpɪərəns/ *n* нея́вка.
non-attendance /ˌnɒnəˈtend(ə)ns/ *n* непосеще́ние, нея́вка.
non-believer /ˌnɒnbɪˈliːvə(r)/ *n* неве́рующий.
non-belligerency /ˌnɒnbəˈlɪdʒərənsɪ/ *n* неуча́стие в войне́.
non-belligerent /ˌnɒnbəˈlɪdʒərənt/ *n* & *adj* не уча́ствующий в войне́; нево́юющий.
non-biodegradable /ˌnɒnbaɪəʊdɪˈgreɪdəb(ə)l/ *adj* не разлага́емый микрооргани́змами.
nonce /nɒns/ *n*: **for the ~** для да́нного слу́чая; на э́то вре́мя.
● *cpd* **~ word** *n* (*ling*) окказиона́льное сло́во.
nonchalance /ˈnɒnʃələns/ *n* беззабо́тность; безразли́чие.
nonchalant /ˈnɒnʃələnt/ *adj* (*carefree*) беззабо́тный; (*indifferent*) безразли́чный.
non-combatant /nɒnˈkɒmbət(ə)nt/ *n* (*non-fighting soldier*) нестроево́й солда́т; (*in pl civilians*) гражда́нское населе́ние.
● *adj* небоево́й; (*of units*) нестроево́й.
non-commissioned /ˌnɒnkəˈmɪʃ(ə)nd/ *adj*: **~ officer** сержа́нт; военнослу́жащий сержа́нтского соста́ва.
non-committal /ˌnɒnkəˈmɪt(ə)l/ *adj* (*evasive*) укло́нчивый.
non-compliance /ˌnɒnkəmˈplaɪəns/ *n*: **~ with regulations** несоблюде́ние пра́вил.
non compos mentis /ˌnɒn kɒmpɒs ˈmentɪs/ *adj* невменя́емый.
non-conducting /ˌnɒnkənˈdʌktɪŋ/ *adj* непроводя́щий.
non-conductor /ˌnɒnkənˈdʌktə(r)/ *n* непроводни́к.
nonconformism /ˌnɒnkənˈfɔːmɪz(ə)m/ *n* нонконформи́зм.
nonconformist /ˌnɒnkənˈfɔːmɪst/ *n* нонконформи́ст (*fem* -ка); челове́к незави́симых взгля́дов; (*pol*) инакомы́слящий; (*relig*) секта́нт, раско́льник.
● *adj* нонконформи́стский; незави́симый; секта́нтский.
nonconformity /ˌnɒnkənˈfɔːmɪtɪ/ *n* несоблюде́ние (пра́вил),

неподчине́ние; (*relig*) секта́нтство, раско́л.

non-contributary /ˌnɒnkən'trɪbjʊtərɪ/ *adj* не тре́бующий взно́сов.

non-cooperation /ˌnɒnkəʊˌɒpə'reɪʃ(ə)n/ *n* (*lack of cooperation*) нежела́ние сотру́дничать; (*failure to cooperate*) отка́з от сотру́дничества.

non-delivery /ˌnɒndɪ'lɪvərɪ/ *n* (*of mail, goods*) недоста́вка.

nondescript /'nɒndɪskrɪpt/ *adj* невзра́чный, безли́чный.

none /nʌn/ *pron* (*person*) никто́; **~ of us is perfect** никто́ из на́с не явля́ется соверше́нством; **I saw ~ of the people I wanted to** я не ви́дел никого́ из ну́жных мне люде́й; **it was ~ other than Smith himself** э́то был не кто ино́й, как Смит; **~ of the people died** ни оди́н челове́к не у́мер; (*thing*) ничто́; **there is ~ of it left** из э́того ничего́ не оста́лось; **~ of this is mine** ничто́ из э́того мне не принадлежи́т; **~ of the books is red** среди́ э́тих книг нет ни одно́й кра́сной; **~ of the houses collapsed** ни оди́н дом не ру́хнул; **~ of the exhibition is worth seeing** на вы́ставке нет ничего́ сто́ящего; **it's better than ~ at all** э́то лу́чше, чем ничего́; **he would have ~ of it** он и слу́шать не хоте́л; **~ of that!** так не пойдёт!; дово́льно!; **~ of your impudence!** без де́рзостей, пожа́луйста!; **it's ~ of your business** э́то не ва́ше де́ло; **you have money and I have ~** у вас есть де́ньги, а у меня́ нет.
● *adv*: **I feel ~ the better for seeing the doctor** по́сле визи́та к врачу́ мне ниско́лько/ничу́ть не лу́чше; **he is ~ the worse for his accident** он ничу́ть не пострада́л по́сле ава́рии; **the pay is ~ too high** пла́та отню́дь не высо́кая; **~ the less** = **nonetheless**.

nonentity /nɒ'nentɪtɪ/ *n* (*person*) ничто́жество.

non-essential /ˌnɒnɪ'senʃ(ə)l/ *n* несуще́ственная вещь.
● *adj* несуще́ственный.

nonetheless /ˌnʌnðə'les/ *adv* тем не ме́нее.

non-European /nɒnˌjʊərə'pɪən/ *n* неевропе́|ец (*fem* -йка).
● *adj* неевропе́йский.

non-event /ˌnɒnɪ'vent/ *n* собы́тие сомни́тельной ва́жности.

non-existence /ˌnɒnɪg'zɪst(ə)ns/ *n* небытие́.

non-existent /ˌnɒnɪg'zɪst(ə)nt/ *adj* несуществу́ющий.

non-ferrous /nɒn'ferəs/ *adj*: **~ metals** цветны́е мета́ллы.

non-fiction /nɒn'fɪkʃ(ə)n/ *n* документа́льная про́за/литерату́ра.

non-flammable /nɒn'flæməb(ə)l/ *adj* невоспламеня́ющийся.

non-fulfilment /ˌnɒnfʊl'fɪlmənt/ *n* невыполне́ние.

non-interference /ˌnɒnɪntə'fɪərəns/ *n* невмеша́тельство.

non-intervention /ˌnɒnɪntə'venʃ(ə)n/ *n* невмеша́тельство.

non-member /nɒn'membə(r)/ *n* не член.

non-metal /nɒn'met(ə)l/ *n* немета́лл, металло́ид.

non-metallic /ˌnɒnmɪ'tælɪk/ *adj* неметалли́ческий.

non-negotiable /ˌnɒnnɪ'gəʊʃəb(ə)l/ *adj* (*comm*) непередава́емый, необраща́ющийся; (*not for discussion*) не подлежа́щий обсужде́нию.

non-nuclear /nɒn'nju:klɪə(r)/ *adj* нея́дерный; (*State*) не облада́ющий я́дерным ору́жием; (*of zone, area*) безъя́дерный; (*of weapons*) обы́чный, нея́дерный.

non-observance /ˌnɒnəb'zɜ:v(ə)ns/ *n* несоблюде́ние, невыполне́ние, наруше́ние.

no-nonsense /ˌnəʊ'nɒns(ə)ns/ *adj* (*serious*) серьёзный, нешу́точный (*coll*); (*businesslike*) делово́й; (*strict*) стро́гий.

nonpareil /'nɒnpər(ə)l, ˌnɒnpə'reɪl/ *n* (*perfect specimen*) верх соверше́нства; идеа́л.

non-party /nɒn'pɑ:tɪ/ *adj* беспарти́йный.

non-payment /nɒn'peɪmənt/ *n* неупла́та, невы́плата.

nonplus /nɒn'plʌs/ *vt* (**nonplussed, nonplussing**) прив|оди́ть, -ести́ в замеша́тельство; сму|ща́ть, -ти́ть.

non-political /ˌnɒnpə'lɪtɪk(ə)l/ *adj* неполити́ческий.

non-polluting /ˌnɒnpə'lu:tɪŋ/ *adj* экологи́чески чи́стый; не загрязня́ющий окружа́ющую среду́.

non-productive /ˌnɒnprə'dʌktɪv/ *adj* непроизводи́тельный.

non-profit /nɒn'prɒfɪt/ *adj* некомме́рческий.

non-profit-making /nɒn'prɒfɪt ˌmeɪkɪŋ/ *adj* (*Br*) = **non-profit**

non-proliferation /ˌnɒnprəˌlɪfə'reɪʃ(ə)n/ *n* нераспростране́ние (я́дерного ору́жия).

non-recognition /ˌnɒnrekəg'nɪʃ(ə)n/ *n* непризна́ние.

non-renewable /ˌnɒnrɪ'nju:əb(ə)l/ *adj* невозобновля́емый.

non-residence /nɒn'rezɪd(ə)ns/ *n* непрожива́ние (*где-л.*).

non-resident /nɒn'rezɪd(ə)nt/ *n* & *adj* непрожива́ющий (*где-л.*); прие́зжий.

non-resistance /ˌnɒnrɪ'zɪst(ə)ns/ *n* непротивле́ние (*кому/чему*).

non-resistant /ˌnɒnrɪ'zɪst(ə)nt/ *adj* (*person*) не ока́зывающий сопротивле́ния; (*material*) неусто́йчивый.

non-sectarian /ˌnɒnsek'teərɪən/ *adj* включа́ющий все рели́гии.

nonsense /'nɒns(ə)ns/ *n* **1** (*sth without meaning*) бессмы́слица; (*rubbish*) вздор; ерунда́ (*coll*); чепуха́ (*coll*); **talk ~** говори́ть (*impf*) вздор/ерунду́. **2** (*foolish conduct*) глу́пость; **let's have no more ~!** хва́тит валя́ть дурака́!; **what ~ is this?** э́то что за глу́пости!

nonsensical /nɒn'sensɪk(ə)l/ *adj* бессмы́сленный; неле́пый, глу́пый.

non sequitur /nɒn 'sekwɪtə(r)/ *n* нелоги́чное заключе́ние.

non-skid /nɒn'skɪd/ *adj* небуксу́ющий.

non-slip /nɒn'slɪp/ *adj* нескольз́кий.

non-smoker /nɒn'sməʊkə(r)/ *n* (*person*) некуря́щий; (*Br, compartment*) *see* ⇨**non-smoking**

non-smoking /nɒn'sməʊkɪŋ/ *adj*: **~ compartment** купе́ (*indecl*) для некуря́щих.

non-starter /nɒn'stɑ:tə(r)/ *n* (*coll*) (*of plan, idea*) до́хлый но́мер, до́хлое де́ло.

non-stick /nɒn'stɪk/ *adj*: **a ~ saucepan** кастрю́ля с непригора́ющим покры́тием.

non-stop /nɒn'stɒp/ *adj* **1** (*of train or coach*) иду́щий/е́дущий без остано́вок; (*of aircraft or flight*) беспоса́дочный. **2** (*continuous*) непреры́вный.
● *adv* **1** беспоса́дочно; без остано́вок. **2**: **he talks ~** он говори́т без у́молку.

nonsuit /nɒn'sju:t, -'su:t/ *vt*: **~ a plaintiff** прекра|ща́ть, -ти́ть иск.

non-swimmer /nɒn'swɪmə(r)/ *n* не уме́ющий пла́вать.

non-transferable /ˌnɒntræns'fɜ:rəb(ə)l/ *adj* не подлежа́щий переда́че (друго́му).

non-U /nɒn'ju:/ *adj* (*Br*) просте́цкий (*coll*); (*pej*) плебе́йский.

non-union /nɒn'ju:nɪən/ *adj*: **he employs ~ labour** (*Br*), **labor** (*US*) он принима́ет на рабо́ту не чле́нов профсою́за.

non-violence /nɒn'vaɪələns/ *n* отка́з от примене́ния наси́лия/наси́льственных ме́тодов.

non-violent /nɒn'vaɪələnt/ *adj* ненаси́льственный.

non-white /nɒn'waɪt/ *n* & *adj* (*of race*) цветно́й.

noodles /'nu:d(ə)lz/ *n pl* (*cul*) лапша́.

nook /nʊk/ *n* уголо́к; **I searched every ~ and cranny** я обша́рил ка́ждый уголо́к.

noon /nu:n/ *n* (*also* **~day, ~tide, ~time, high ~**) по́лдень (*m*); **at ~** в по́лдень; **12 ~** двена́дцать часо́в дня; (*attr*) полу́денный, полдне́вный.

noose /nu:s/ *n* (*loop*) петля́; (*lasso*) арка́н; **put one's head in the ~** (*fig*) лезть (*impf*) в пе́тлю.

nor /nɔ:(r), nə(r)/ *conj*: **they had neither arms ~ provisions** у них не́ было ни ору́жия, ни провиа́нта; **he can't do it, ~ can I** он не мо́жет э́того сде́лать, да и я то́же; **you are not well, ~ am I** вам нездоро́вится, и мне то́же; **I said I had not seen him, ~ had I** я сказа́л, что не ви́дел его́, и э́то пра́вда; **he had neither the means ~, apparently, the inclination** у него́ не́ было средств, да, похо́же, и жела́ния; **~ will I deny that …** не ста́ну та́кже отрица́ть, что…; **~ is this all** и э́то ещё не всё.

Nordic /'nɔ:dɪk/ *adj* (*north-European*) норди́ческий; (*Scandinavian*) скандина́вский.

norm /nɔ:m/ *n* но́рма, пра́вило.

normal /'nɔ:m(ə)l/ *adj* (*regular, standard*) норма́льный; **it is ~ weather for the time of year** э́то обы́чная/норма́льная пого́да для э́того вре́мени го́да; (*usual*) обы́чный; **I ~ly use the bus** обы́чно я е́ду автóбусом; (*sane, well balanced*) нормáльный.

normal|cy /'nɔ:məlsɪ/ (*US*) = **normality**

normality /nɔ:'mælɪtɪ/ *n* нормáльность; обы́чное состоя́ние.

normalization /,nɔ:məlaɪ'zeɪʃ(ə)n/ *n* нормализáция.

normalize /'nɔ:mə,laɪz/ *vt* нормализовáть (*impf, pf*).
● *vi* нормализовáться (*impf, pf*).

Norman /'nɔ:mən/ *n* нормáнд|ец (*fem* -ка).
● *adj* нормáндский; **the ~ Conquest** Нормáндское завоевáние Áнглии; **~ architecture** ромáнский стиль в архитектýре.

Normandy /'nɔ:məndɪ/ *n* Нормáндия.

normative /'nɔ:mətɪv/ *adj* нормати́вный.

Norse /nɔ:s/ *n*: **Old ~** древнескандинáвский язы́к.
● *adj* нормáннский.
● *cpd* **~man** *n* (*pl* **~men**) нормáнн; (*Russian hist*) варя́г.

north /nɔ:θ/ *n* сéвер; (*naut*) норд; **the far ~** Крáйний Сéвер; **the ~ of England** сéвер Áнглии, сéверная часть Áнглии; **the ~ of Europe** Сéверная Еврóпа; **in the ~** на сéвере; **from the ~** с сéвера; **to the ~** на сéвер; **to the ~ of** к сéверу от + *g*; сéвернее + *g*; **magnetic ~** сéверный магни́тный пóлюс; **~ by east/west** сéверо-сéверо-востóк/зáпад, (*naut*) норд-тень-ост/вест.
● *adj* сéверный; **N~ America** Сéверная Амéрика; **N~ American** (*n*) североамерикáн|ец (*fem* -ка); (*adj*) североамерикáнский; **the ~ country** сéверная Áнглия; **the N~ Pole** Сéверный пóлюс; **the N~ Sea** Сéверное мóре; **the N~ Star** Поля́рная звездá.
● *adv*: **we went ~** мы поéхали на сéвер;
● *cpds* **~bound** *adj* направля́ющийся на сéвер; **~-countryman** *n* (*pl* **~countrymen**) урожéнец сéверной Áнглии; **~-east** *n* сéверо-востóк; (*naut*) норд-óст; *adj* (*also* **~-easterly, ~-eastern**) сéверо-востóчный; **~-east wind** (*also* **~-easter** *n*) норд-óст; *adv* (*also* **~-easterly, ~-eastward**) к сéверо-востóку; на сéверо-востóк; **~-west** *n* сéверо-зáпад; (*naut*) норд-вéст; *adj* (*also* **~-westerly, ~-western**) сéверо-зáпадный; **~-west wind** (*also* **~-wester(ly)** *nn*) норд-вéст; *adv* (*also* **~-westerly, ~-westward**) к сéверо-зáпаду; на сéверо-зáпад.

northerly /'nɔ:ðəlɪ/ *n* (*wind*) сéверный вéтер.
● *adj* сéверный.

northern /'nɔ:ð(ə)n/ *adj* сéверный; **N~ Ireland** Сéверная Ирлáндия; **N~ Irish** североирлáндский; **N~ lights** сéверное сия́ние.

northerner /'nɔ:ðənə(r)/ *n* северя́н|ин (*fem* -ка).

northernmost /'nɔ:ðən,məʊst/ *adj* сáмый сéверный.

northward /'nɔ:θwəd/ *n*: **to ~** к сéверу.
● *adj* сéверный.
● *adv* на сéвер.

Norway /'nɔ:weɪ/ *n* Норвéгия.

Norwegian /nɔ:'wi:dʒ(ə)n/ *n* (*person*) норвéж|ец (*fem* -ка); (*language*) норвéжский язы́к.
● *adj* норвéжский; **the ~ Sea** Норвéжское мóре.

nose /nəʊz/ *n* **1** нос; (*diminutive*) нóсик; **my ~ is bleeding** у меня́ идёт кровь из нóса (*or* и́з носу); **his ~ is running** у негó нáсморк; **I have a stuffy ~** у меня́ заложи́ло нос; **with one's ~ in the air** (*fig*) задрáв нос; **as plain as the ~ on your face** я́сно как двáжды два — четы́ре; **blow one's ~** сморкáться, вы́-; **bury one's ~ in a book** уткнýться (*pf*) нóсом в кни́гу; **cut off one's ~ to spite one's face** с досáды сдéлать (*pf*) хýже себé; **follow one's ~** (*go straight ahead*) идти́ (*det*) пря́мо (вперёд); (*be guided by instinct*) руковóдствоваться (*impf*) интуи́цией/чутьём; **hold one's ~** заж|имáть, -áть нос; **keep one's ~ clean** (*coll, avoid trouble*) держáться (*impf*) подáльше от грехá; **keep your ~ out of my business!** не сýйте нос в мои́ делá; **keep one's ~ to the grindstone** не отрывáться (*impf*) от дéла; рабóтать (*impf*) не поклáдая рук; **keep s.o.'s ~ to the grindstone** не давáть (*impf*) комý-н. ни óтдыху, ни срóку; **lead s.o. by the ~** вести́ (*det*) когó-н. на повóду; **look down one's ~ at s.o.** смотрéть, по- свысокá на когó-н.; **pay through the ~** плати́ть, за- втри́дорога; **poke one's ~ into sth** совáть, сýнуть нос во что-н.; **punch s.o. on the ~** да|вáть, -ть комý-н. пó носу; **put s.o.'s ~ out of joint** ≈ ут|ирáть, -ерéть нос комý-н.; **rub s.o.'s ~ in sth** ты́кать, ткнуть когó-н. нóсом во что-н.; **he can see no further than his ~** он дáльше своегó нóса не ви́дит; **talk through one's ~** говори́ть (*impf*) в нос; **turn up one's ~ at sth** вороти́ть (*impf*) нос от чегó-н.; **under one's ~** под сáмым нóсом; **he stole the purse from under my ~** он укрáл у меня́ кошелёк из-под нóса.
2 (*sense of smell; also fig, flair*) нюх, чутьё; **my dog has a good ~** у моéй собáки хорóший нюх (*or* хорóшее чутьё); **he has a ~ for gossip** у негó настоя́щий нюх на сплéтни.
3 (*of car, aircraft, etc.*) нос; **they were driving ~ to tail** они́ éхали вплотнýю друг за дрýгом (*or* бáмпер в бáмпер).
4 (*of wine*) букéт.
● *vt* **1** (*of animals, smell*) чýять (*impf*).
2 (*nuzzle*) ты́каться, ткнýться нóсом в + *a*.
3: **~ one's way** проб|ирáться, -рáться; **the ship ~d her way through the channel** корáбль мéдленно шёл по фарвáтеру.
4: **~ into** (*pry, meddle*) совáться, сýнуться (*or* совáть, сýнуть нос) в + *a*.
● *with advs*: **~ about** *vi* (*sniff, smell*) ню́хать (*impf*); **the dog ~d about the room** собáка обню́хивала кóмнату; **~ out** *vt* (*of animals*) учýять (*pf*); разню́х|ивать, -ать; оты́ск|ивать, -áть чутьём; (*fig*) разню́х|ивать, -ать, развéд|ывать, -ать.
● *cpds* **~bag** *n* тóрба; **~bleed** *n*: **he has frequent ~bleeds** у негó чáсто идёт нóсом (*or* из нóса *or* и́з носу) кровь; **~ cone** *n* (*of rocket etc.*) носовóй кóнус; **~dive** *n* пики́рование, пикé (*indecl*); **prices took a ~dive** цéны рéзко упáли; *vi* пики́ровать (*impf, pf*); **~gay** *n* букéт души́стых цветóв.

noseless /'nəʊzlɪs/ *adj* безнóсый.

nosey /'nəʊzɪ/ = **nosy**

nosh /nɒʃ/ *n* жратвá (*sl*).

nostalgia /nɒ'stældʒɪə, -dʒə/ *n* ностальги́я.

nostalgic /nɒ'stældʒɪk/ *adj* (*person*): **be ~ for** тосковáть (*impf*) по + *d*.; (*thing*) ностальги́ческий, вызывáющий воспоминáния.

nostril /'nɒstrɪl/ *n* ноздря́.

no-strings /nəʊ'strɪŋz/ *adj* (*coll*): **~ agreement** безуслóвный договóр.

nostrum /'nɒstrəm/ *n* (*lit, fig*) панацéя.

nos|y, -ey /'nəʊzɪ/ *adj* (**nosier, nosiest**) (*coll*) любопы́тный.

not /nɒt/ *adv* **1** не; (*as pred*) нет; **it is my book, ~ yours** э́то моя́ кни́га, а не вáша; **~ till after dinner** тóлько пóсле обéда; **she is ~ here** её здесь нет.
2 (*elliptical phrr*): **guilty or ~, he is my son** винóвен он и́ли нет, а он мой сын; **if it's fine, we'll go, but if ~ we'll stay here** éсли бýдет хорóшая погóда, мы поéдем, а éсли нет — остáнемся здесь; **we must hurry, if ~ we may be late** нáдо поторáпливаться, а (не) то мы опоздáем; **whether or ~** так и́ли ины́че; **I hope ~** надéюсь, что нет; **'are you afraid?' — 'I should say ~!'** «Вы бои́тесь?» — «Да ничýть!».
3 (*~ even*): **~ one of them moved** ни оди́н из них не подви́нулся; **there's ~ a drop left** не остáлось ни (однóй) кáпли; **~ a day passed without ...** и дня не проходи́ло без (тогó, чтóбы)...; **'Have you heard any news?' — 'N~ a thing'** «Вы слы́шали каки́е-нибýдь нóвости?» — «Никаки́х».
4 (*litotes*): **~ a few** мнóгие, довóльно мнóго; **~ infrequently** довóльно чáсто; **~ unconnected with ...** имéющий нéкоторую связь с + *i*; **'Was he annoyed?' — 'N~ half!'** «Он рассерди́лся?» — «Ещё как!».
5 (*~ at all*): **'Do you mind if I smoke?' — 'N~ at all!'** «Вы не возражáете, éсли я закурю́?» — «Нискóлько/ничýть»; **'Many thanks!' — 'N~ at all!'** «Большóе спаси́бо!» — «Не стóит! (*or* Пожáлуйста!)»; **it's ~ at all clear** совсéм/вóвсе не я́сно.
6 (*introducing concession*): **it's ~ that I don't want to, I can't** я не то чтóбы не хочý, а не могý; **(it is) ~ that I fear him, but ...** я не то чтóбы егó боя́лся, а... .
7 (*various phrr*): **~ for the world** ни за что на свéте; **~ on your life** ни в кóем слýчае; **~ really!** (*not very much*) (пожáлуй) не óчень; (*when disbelieving*) да нет!; не мóжет быть!; **~ in the least** ничýть; нискóлько; **he's ~ much of an actor** он невáжный (*or* тáк себé) актёр.

notability /,nəʊtə'bɪlɪtɪ/ *n* знамени́тость.

notable /ˈnəʊtəb(ə)l/ *n* знаменитость.
● *adj* (*perceptible*) заме́тный; (*worthy of note, remarkable*) замеча́тельный; (*eminent, outstanding*) ви́дный, выдаю́щийся; (*well known*) изве́стный; (*celebrated*) знамени́тый; (*noteworthy*) достопримеча́тельный; (*famed, renowned*) сла́вящийся, изве́стный (*чем*); **a city ~ for its buildings** го́род, сла́вящийся свое́й архитекту́рой.

notably /ˈnəʊtəblɪ/ *adv* осо́бенно; в осо́бенности; (*perceptibly*) заме́тно.

notary /ˈnəʊtərɪ/ *n* (*also* **~ public**) нота́риус.

notation /nəʊˈteɪʃ(ə)n/ *n* нота́ция; **musical ~** но́тное письмо́.

notch /nɒtʃ/ *n* зару́бка.
● *vt* **1** (*mark with* ~) де́лать, с- зару́бку на + *p*. **2**: **~ up a point** (*in game*) выи́грывать, вы́играть очко́.

note /nəʊt/ *n* **1** (*mus, as written, sounded or sung*) но́та; (*key of instrument*) кла́виша; **eighth/quarter ~** (*US*) восьма́я/четвёртая но́та; **strike the ~s** брать, взять но́ты; ударя́ть, уда́рить по кла́вишам; (*fig*): **he sounded a ~ of warning** он вы́разил опасе́ние; **there was a ~ of irony in his voice** в его́ го́лосе слы́шалась иро́ния; **the ~ of pessimism in his writings** пессимисти́ческая но́тка в его́ сочине́ниях; **strike the right ~** поп|ада́ть, -а́сть в тон; **strike a false ~** не поп|ада́ть, -а́сть в тон; брать, взять неве́рный тон.
2 (*distinction*): **a family of ~** изве́стная семья́; **a man of ~** ва́жное лицо́.
3 (*attention, notice*) внима́ние; **take ~ of** (*observe*) прин|има́ть, -я́ть во внима́ние; (*heed*) прин|има́ть, -я́ть к све́дению; **worthy of ~** заслу́живающий внима́ния.
4 (*written record*) за́пись; **make a ~ of sth** запи́с|ывать, -а́ть что-н.; **he made, took ~s of the lecture** он законспекти́ровал ле́кцию; **he made a ~ in his diary** он сде́лал за́пись в дневнике́; **he spoke from ~s** он говори́л по конспе́кту; **compare ~s** (*fig*) обме́н|иваться, -я́ться впечатле́ниями.
5 (*annotation*) примеча́ние.
6 (*communication*) запи́ска; **he left a ~ for you** он оста́вил вам запи́ску; **diplomatic ~** дипломати́ческая но́та.
7 (*Br, currency*) банкно́та; ба́нковский биле́т.
● *vt* **1** (*observe, notice*) зам|еча́ть, -е́тить; (*heed*) обра|ща́ть, -ти́ть внима́ние на + *a*.
2: **~ down** (*in writing*) запи́с|ывать, -а́ть.
● *cpds* **~book** *n* записна́я кни́жка, (*pad*) блокно́т, (*exercise book*) тетра́дь; **~book computer** *n* ноутбу́к; **~pad** *n* блокно́т; **~paper** *n* пи́счая бума́га; **~worthy** *adj* досто́йный внима́ния; (*of thing*) достопримеча́тельный.

noted /ˈnəʊtɪd/ *adj* изве́стный, знамени́тый; **~ for his courage** изве́стный свои́м му́жеством.

nothing /ˈnʌθɪŋ/ *n* (*trifle*) ме́лочь, пустя́к; **a mere ~** су́щий пустя́к; **sweet ~s** ми́лый вздор; (*nonentity*) ничто́, ничто́жество; (*zero*) нуль (*m*).
● *pron* ничто́, ничего́ (*coll*); **~ came of it** из э́того ничего́ не вы́шло; **~ I did was right** что бы я ни де́лал, всё бы́ло не так; **~ whatever** ро́вно ничего́; **~ interests him** он ниче́м не интересу́ется; **~ worries him** ничто́ не забо́тит его́; **he's a politician and ~ more** он поли́тик и ничего́ бо́лее; **~ but peace can save mankind** то́лько мир мо́жет спасти́ челове́чество; **I heard ~ but reproaches** я не слы́шал ничего́, кро́ме упрёков; я слы́шал одни́ упрёки; **he is ~ but a liar** он про́сто-на́просто лгун; **in ~ but a shirt** в одно́й руба́шке; **he is ~ if not conscientious** чего́-чего́, а добросо́вестности у него́ хвата́ет; **she is ~ to me** она́ для меня́ ничто́; она́ мне безразли́чна; **it's ~ to what I felt** э́то ничто́ по сравне́нию с тем, что мне пришло́сь пережи́ть; **it's ~ to him to work all night** ему́ ничего́ не сто́ит прорабо́тать всю ночь; **it's ~ to him what I say** мои́ слова́ для него́ — ничто́; **there's ~ to do (*or* be done)** не́чего де́лать; **there's ~ to be ashamed of** в э́том нет ничего́ посты́дного; **there's ~ worse than getting wet through** нет ничего́ ху́же, чем промо́кнуть насквозь; **~ doing!** не вы́йдет!; (э́тот) но́мер не пройдёт!; **there was ~ for it but to tell the truth** (*Br*) оста́лось то́лько сказа́ть пра́вду; **there's ~** (*no difficulty*) **to it** э́то пустяки́; **there's ~** (*no truth*) **in it** э́то (сплошна́я) вы́думка; **there's ~** (*no advantage*) **in it for me** мне э́то ничего́ не даст; **there's ~ like a hot bath** нет ничего́ лу́чше горя́чей ва́нны; **~ much** ма́ло; **what's wrong? ~ much!** что случи́лось? ничего́ осо́бенного!; **there's ~ wrong with that** ничего́ в э́том плохо́го нет; **bring to ~** св|оди́ть, -ести́ на нет; **our efforts came to ~** на́ши уси́лия ниче́м не увенча́лись; **that music does ~ for me** э́та му́зыка меня́ не тро́гает; **he did ~ to help** он ниче́м не помо́г; **you knew, and did ~ about it** вы зна́ли и ничего́ не сде́лали; **he did ~ but look at her** он то́лько и де́лал, что смотре́л на неё; **you do ~ but complain** вы то́лько и зна́ете, что жа́ловаться; **I feel like ~ (on earth)** я чу́вствую себя́ (пре)отврати́тельно; **I have ~ to do** мне не́чего де́лать; **it has ~ to do with me** э́то меня́ не каса́ется; я здесь ни при чём; **they had ~ to eat** им не́чего бы́ло есть, у них не́ было никако́й еды́; **I have ~ against him** я ничего́ про́тив него́ не име́ю; **I have ~ but praise for him** я не могу́ им нахвали́ться; **I had ~ to do with him** я с ним ника́к не́ был свя́зан (*or* не име́л никаки́х дел); **he had ~ on** (*was naked*) он был соверше́нно го́лый; **the police have ~ on me** (*to my discredit*) у поли́ции не мо́жет быть ко мне никаки́х прете́нзий; **our investigations led to ~** на́ши рассле́дования ни к чему́ не привели́; **I like ~ better than …** я бо́льше всего́ люблю́…; **he looks like ~ on earth** он вы́глядит соверше́нным пу́галом; **I could make ~ of his statement** я ничего́ не по́нял из его́ заявле́ния; **he made ~ of his illness** он не придава́л никако́го значе́ния свое́й боле́зни; **~ of the kind** ничего́ подо́бного; **does it mean ~ to you that I am unhappy?** а то, что я несча́стен, для вас ничто́?; **to say ~ of the expense** не говоря́ уже́ о расхо́дах; **he started from ~** он на́чал с нуля́; **he will stop at ~** он ни пе́ред чем не остано́вится; **he thinks ~ of walking 20 miles** ему́ ничего́ не сто́ит пройти́ два́дцать миль пешко́м; **when it first happened I thought ~ of it** в пе́рвый раз я не прида́л э́тому никако́го значе́ния; **think ~ of it!** (*replying to thanks etc.*) э́то пустяки́!; ничего́!; **for ~** (*without cause*) ни за что́ ни про что́; (*to no purpose*) зря, напра́сно, да́ром; (*free of charge*) беспла́тно; **he was not his father's son for ~** неда́ром он был сы́ном своего́ отца́; **she wants for ~** она́ ни в чём не нужда́ется.
● *adv*: **she is ~ like her sister** она́ совсе́м не похо́жа на сестру́; **this exam is ~ like as hard as the last** э́тот экза́мен гора́здо/куда́ ле́гче предыду́щего; **it is ~ short of scandalous** э́то настоя́щее/су́щее безобра́зие.

nothingness /ˈnʌθɪŋnɪs/ *n* (*non-existence*) небытие́; (*insignificance*) ничто́жество.

notice /ˈnəʊtɪs/ *n* **1** (*intimation*) предупрежде́ние; **give ~ of sth to s.o.** предупре|жда́ть, -ди́ть кого́-н. о чём-н.; **have ~ of sth** быть предупреждённым о чём-н.; **~ is hereby given** настоя́щим сообща́ется.
2 (*time limit*): **he gave me a week's ~** (*of dismissal*) он предупреди́л меня́ об увольне́нии за неде́лю; **I have to give my employer a month's ~** (*of resignation*) я до́лжен предупреди́ть хозя́ина за ме́сяц (об ухо́де с рабо́ты); **the employees were all given ~** всем слу́жащим объяви́ли об увольне́нии; **the landlord gave the tenant ~ to quit** домовладе́лец предупреди́л съёмщика о расторже́нии контра́кта; **he gave me due/ample ~** он предупреди́л меня́ своевре́менно/заблаговре́менно; **at short ~** в после́днюю мину́ту; в сро́чном поря́дке; **at a moment's ~** то́тчас, незамедли́тельно; **till further ~** впредь до дальне́йшего уведомле́ния.
3 (*written or printed announcement*) объявле́ние; **obituary ~** (*reporting death*) объявле́ние о сме́рти.
4 (*attention*) внима́ние; **it has come to my ~ that …** мне ста́ло изве́стно, что…; до меня́ дошли́ све́дения о том, что…; **he took no ~ of me** он не обраща́л на меня́ внима́ния; **he sat up and took ~** он внеза́пно заинтересова́лся.
5 (*critique*) реце́нзия, о́тзыв; **the play got good ~s** пье́са получи́ла положи́тельные о́тзывы в пре́ссе.
● *vt* (*observe*) зам|еча́ть, -е́тить; **he didn't even ~ me** он меня́ да́же не заме́тил; **I couldn't help but ~ what she was wearing** я нево́льно обрати́л внима́ние на её оде́жду; **I ~d fear in**

n

his voice я почу́вствовал страх в его́ го́лосе; **he ~s things** он наблюда́тельный челове́к; он всё замеча́ет.
● *cpd* **~board** *n* (*Br*) доска́ объявле́ний.

noticeable /ˈnəʊtɪsəb(ə)l/ *adj* заме́тный.

notifiable /ˈnəʊtɪˌfaɪəb(ə)l/ *adj* (*of disease etc.*) подлежа́щий регистра́ции.

notification /ˌnəʊtɪfɪˈkeɪʃ(ə)n/ *n* (*announcement*) объявле́ние, извеще́ние, предупрежде́ние; (*official registration*) регистра́ция.

notif|y /ˈnəʊtɪˌfaɪ/ *vt* **1** (*give notice of, announce*) объяв|ля́ть, -и́ть о + *p*; **he ~ied the loss of his wallet to the police** он заяви́л в поли́цию о пропа́же своего́ бума́жника; (*register*) регистри́ровать (*impf, pf*); **all births must be ~ied** все рожде́ния подлежа́т регистра́ции. **2** (*inform*) изве|ща́ть, -сти́ть; сообщ|а́ть, -и́ть + *d*; **I was ~ied of your arrival** меня́ извести́ли (*or* мне сообщи́ли) о ва́шем (предстоя́щем) прие́зде; **he ~ied me of his address** он сообщи́л мне свой а́дрес.

notion /ˈnəʊʃ(ə)n/ *n* **1** (*idea, conception*) поня́тие, представле́ние; (*opinion*) мне́ние, взгляд; (*impulse, idea*) мысль, иде́я; **I haven't the slightest ~** я не име́ю ни мале́йшего поня́тия; **I had no ~ of leaving my country** я и в мы́слях не держа́л покида́ть ро́дину; **the ~ of my resigning is absurd** предположе́ние, что я уйду́ в отста́вку, абсу́рдно; **he got the ~ of selling the house** ему́ пришло́ в го́лову прода́ть дом; **his head is full of stupid ~s** голова́ его́ наби́та дура́цкими иде́ями. **2** (*in pl, US, small wares*) галантере́я.

notional /ˈnəʊʃən(ə)l/ *adj* (*ostensible, imaginary*) вообража́емый, мни́мый.

notoriety /ˌnəʊtəˈraɪətɪ/ *n* дурна́я сла́ва, печа́льная изве́стность; **his arrest won him a brief ~** его́ аре́ст со́здал/принёс ему́ на вре́мя печа́льную изве́стность.

notorious /nəʊˈtɔːrɪəs/ *adj* (*well known*) (обще)изве́стный; **a ~ criminal** изве́стный престу́пник; (*pej*) преслову́тый; печа́льно изве́стный.

notwithstanding /ˌnɒtwɪðˈstændɪŋ, -wɪθˈstændɪŋ/ *adv* всё-таки.
● *prep* несмотря́ на + *a*.
● *conj*: **~ that ...** несмотря́ на то что... .

nougat /ˈnuːgɑː/ *n* нуга́.

nought /nɔːt/ *n* **1** (*nothing*) = **naught**. **2** (*zero*) нуль (*m*); **6 from 6 leaves ~** шесть ми́нус шесть равня́ется нулю́. **3** (*figure 0*) ноль (*m*); **add a ~** приб|авля́ть, -а́вить ноль; **~ point one (0.1)** ноль це́лых и одна́ деся́тая (0,1).
● *cpd* **~s and crosses** *n pl* кре́стики-но́лики (*игра*).

noun /naʊn/ *n* (и́мя) существи́тельное.

nourish /ˈnʌrɪʃ/ *vt* (*lit, fig*) пита́ть (*impf*); **~ing food** пита́тельная еда́; **he was ~ed on radical ideas** с де́тства ему́ привива́ли радика́льные иде́и; он вы́рос на радика́льных иде́ях.

nourishment /ˈnʌrɪʃmənt/ *n* пита́ние; **he is able to take ~ again** он сно́ва мо́жет принима́ть пи́щу.

nous /naʊs/ *n* (*Br, common sense*) здра́вый смысл; (*coll*) смётка.

nouveau riche /ˌnuːvəʊ ˈriːʃ/ *n* (*pl* **nouveaux riches** *pronunc same*) нувори́ш.

nova /ˈnəʊvə/ *n* (*pl* **novae** /-viː/ *or* **novas**) но́вая звезда́.

Nova Scotia /ˈnəʊvə ˈskəʊʃə/ *n* Но́вая Шотла́ндия (*провинция Канады; полуостров*).

Novaya Zemlya /ˈnɒvəjə ˈzemljə/ *n* Но́вая Земля́.

novel /ˈnɒv(ə)l/ *n* рома́н.
● *adj* (*new*) но́вый; (*unusual*) необы́чный.

novelist /ˈnɒvəlɪst/ *n* писа́тель (*fem* -ница); романи́ст (*fem* -ка).

novella /nəˈvelə/ *n* (*pl* **~s**) по́весть, нове́лла.

novelt|y /ˈnɒvəltɪ/ *n* (*newness*) новизна́; (*new thing*) нови́нка; но́вшество; **it was a ~y for him to travel by plane** бы́ло ему́ в нови́нку путеше́ствовать самолётом; **the shops were full of Christmas ~ies** магази́ны бы́ли полны́ рожде́ственскими нови́нками.

November /nəˈvembə(r)/ *n* ноя́брь (*m*); (*attr*) ноя́брьский; **on ~ the fifth** пя́того ноября́.

novice /ˈnɒvɪs/ *n* **1** (*relig*) послу́шни|к (*fem* -ца). **2** (*beginner*) новичо́к.

novi|ciate, -tiate /nəˈvɪʃɪət/ *n* послу́шничество; (*fig, probation*) искус, испыта́ние.

now /naʊ/ *adv* **1** (*at the present time*) тепе́рь, сейча́с, ны́не; в настоя́щее вре́мя; (*opp previously*): **I'm married ~** я тепе́рь жена́т; **(it's) ~ or never** тепе́рь и́ли никогда́; **~ and again** вре́мя от вре́мени; **(every) ~ and then** вре́мя от вре́мени; поро́й; **~ he's cheerful, ~ he's sad** он то ве́сел, то гру́стен; **~ he says one thing, ~ another** он говори́т то одно́, то друго́е; (*with preps*): **before ~** (*hitherto*) до сих пор; (*in the past*) в про́шлом; **by ~** к э́тому вре́мени; **he should be here by ~** он до́лжен уже́ быть здесь; **from ~ on** впредь; отны́не; **till (*or* up to) ~** до сих пор.
2 (*this time*): **~ you've broken the glass** ну, вот вы и разби́ли стака́н; **~ you're talking!** (*coll*) э́то друго́е де́ло.
3 (*at once; at this moment*) сейча́с; **I must go ~** мне пора́ (уходи́ть); **he was here just ~** он то́лько что был здесь; **only ~** то́лько тепе́рь.
4 (*in historic narrative*) тепе́рь; (*then*) тогда́; (*by then*) к тому́ вре́мени; (*next*) по́сле э́того, тогда́.
5 (*introducing new factor or aspect; summing up*) так вот; и вот; **~ it turned out that** и вот оказа́лось, что; **~ there lived a blacksmith in the village** так вот, в селе́ жил кузне́ц.
6 (*emphatic*) ну, так, ита́к; **~ you just listen to me** нет, вы послу́шайте, что я вам скажу́; **~ don't get upset** вы то́лько не расстра́ивайтесь; **~ what do you mean by that?** что вы, со́бственно, хоти́те э́тим сказа́ть?; **~ what's the matter with you?** что э́то с ва́ми?; **~ then** ну́-ка; ну-ну́; послу́шайте!; **~ why didn't I think of that?** как же я об э́том не поду́мал?
● *conj* (*also* **~ that**) по́сле того́ как; **~ you mention it, I do remember** тепе́рь, когда́ вы упомяну́ли об э́том, я вспо́мнил; **~ that I know you better** ... тепе́рь, узна́в вас бли́же... (*or* зна́я вас лу́чше... *or* познако́мившись с ва́ми бли́же...); **~ (that) he has come** раз/поско́льку он пришёл.

nowadays /ˈnaʊəˌdeɪz/ *adv* в на́ши дни; в на́ше вре́мя; ны́не.

nowhere /ˈnəʊweə(r)/ *adv* нигде́; (*motion*) никуда́; **the house was ~ near the park** дом стоя́л о́чень далеко́ от па́рка; **he was ~ near 60** ему́ ещё бы́ло далеко́ до шести́десяти (лет); **£5 is ~ near enough** пять фу́нтов далеко́ не доста́точно; **this conversation is getting us ~** э́тот разгово́р нас ни к чему́ не приведёт; **a bottle of vodka appeared from ~** отку́да ни возьми́сь, появи́лась буты́лка во́дки; **there's ~ to sit** не́где сесть; **he has ~ to go** ему́ не́куда идти́; **in the middle of ~** у чёрта на кули́чках.

noxious /ˈnɒkʃəs/ *adj* вре́дный, па́губный.

nozzle /ˈnɒz(ə)l/ *n* сопло́; **jet ~** форсу́нка; **fire ~** брандспо́йт.

NSPCC (*abbr of* ***National Society for the Prevention of Cruelty to Children***) Национа́льное о́бщество защи́ты дете́й от жесто́кого обраще́ния.

nth /enθ/ *adj* э́нный; **to the ~ degree** (*fig*) в вы́сшей сте́пени.

nuance /ˈnjuːɑ̃s/ *n* отте́нок, нюа́нс.

nub /nʌb/ *n* (*fig, point, gist*) суть.

nubile /ˈnjuːbaɪl/ *adj* (*mature*) зре́лый, созре́вший; (*alluring*) прельсти́тельный.

nuclear /ˈnjuːklɪə(r)/ *adj* **1** (*phys*) я́дерный; **~ bomb** я́дерная бо́мба; **~ energy** я́дерная эне́ргия; **~ fallout** радиоакти́вные оса́дки (*m pl*); **~ physics** я́дерная фи́зика; **~ power station** а́томная электроста́нция; **~ reactor** а́томный/я́дерный реа́ктор; **~ test** испыта́ние я́дерного ору́жия; **~ warfare** я́дерная война́; **~ weapons** я́дерное ору́жие. **2**: **~ family** ма́лая/нуклеа́рная/проста́я/основна́я семья́ (*родители и проживающие с ними дети*).

nuclei /ˈnjuːklɪˌaɪ/ *pl of* ⇒**nucleus**

nucleus /ˈnjuːklɪəs/ *n* (*pl* **nuclei**) (*phys, fig*) ядро́; (*biol*) заро́дыш.

nude /njuːd/ *n* **1** (*art*) обнажённая (фигу́ра). **2**: **in the ~** в го́лом ви́де, нагишо́м (*coll*).
● *adj* го́лый, обнажённый, наго́й.

nudge /nʌdʒ/ *n* толчо́к ло́ктем; **give s.o. a ~** (*lit, fig*) подт|а́лкивать, -олкну́ть кого́-н.
● *vt* подт|а́лкивать, -олкну́ть.

nudism /ˈnjuːdɪz(ə)m/ *n* нуди́зм.

nudist /ˈnjuːdɪst/ *n* нуди́ст (*fem* -ка).

nudity /ˈnjuːdɪtɪ/ *n* нагота́.

n

nugatory /ˈnjuːgətərɪ/ *adj* пусто́й, пустя́чный.

nugget /ˈnʌgɪt/ *n* саморо́док (*золота*).

nuisance /ˈnjuːs(ə)ns/ *n* (*annoyance*) доса́да; (*inconvenience*) неудо́бство; **what a ~!** кака́я доса́да!; **that boy is a perfect ~** э́тот мальчи́шка — су́щее наказа́ние; **go away, you are a ~!** уходи́, ты мне меша́ешь!; **be a ~ to s.o.** (*of person*) доса|жда́ть, -ди́ть кому́-н.; (*of thing*) раздража́ть (*impf*) кого́-н.; **make a ~ of o.s. to s.o.** надо|еда́ть, -е́сть кому́-н.; **he makes a ~ of himself** он тако́й надое́дливый.

nuke /njuːk/ (*coll*) *n* (*weapon*) я́дерное ору́жие; (*power station*) а́томная электроста́нция.

● *vt* атакова́ть (*impf, pf*), испо́льзуя я́дерное ору́жие.

null /nʌl/ *adj* недействи́тельный; **become ~ and void** утра́|чивать, -тить (зако́нную) си́лу.

nullification /ˌnʌlɪfɪˈkeɪʃ(ə)n/ *n* аннули́рование.

nullify /ˈnʌlɪˌfaɪ/ *vt* (*annul*) аннули́ровать (*impf, pf*); (*bring to nothing*) св|оди́ть, -ести́ к нулю́.

nullity /ˈnʌlɪtɪ/ *n* (*invalidity*) недействи́тельность; **~ decree** суде́бное реше́ние о призна́нии бра́ка недействи́тельным.

numb /nʌm/ *adj* **1** (*of body*) онеме́лый, онеме́вший; (*of extremities*: **~** *with cold*) окочене́лый; **go ~** неме́ть, о-. **2** (*of mind, senses*) онеме́вший, оцепене́вший; **go ~** неме́ть, о-, цепене́ть, о-.

● *vt*: **my hand was ~ed with cold** моя́ рука́ окочене́ла от хо́лода; **my senses were ~ed with terror** я оцепене́л/онеме́л от у́жаса.

number /ˈnʌmbə(r)/ *n* **1** (*numeral*) число́, ци́фра; **odd and even ~s** чётные и нечётные чи́сла; **in round ~s** в кру́глых ци́фрах; приме́рно. **2** (*quantity, amount, total*) число́, коли́чество; **the average ~ in a class is 30** сре́дняя чи́сленность кла́сса — 30 челове́к/ученико́в; **we were 20 in ~** нас бы́ло два́дцать (челове́к); **there were a large ~ of people there** там бы́ло мно́го наро́ду (*or* большо́е коли́чество люде́й); **a ~ of professors attended the lecture** ле́кцию слу́шали не́сколько профессоро́в; **a ~ of people thought otherwise** (*some*) не́которые/(*a lot*) мно́гие ду́мали ина́че; **a small ~ of children** небольша́я гру́ппа дете́й; **they won by force of ~s** они́ победи́ли благодаря́ чи́сленному превосхо́дству; (*company*): **among our ~ there were several students** среди́ нас бы́ло не́сколько уча́щихся; **times without ~** несчётное число́ раз. **3** (*identifying*) но́мер; **he was ~ 3 on the list** он шёл тре́тьим но́мером в спи́ске; **look after ~ one** (*fig*) забо́титься (*impf*) о со́бственной персо́не; **he lives at ~ 5** он живёт в до́ме но́мер 5; **telephone ~** но́мер телефо́на; **what is your ~?** како́й у вас но́мер?; **you have the wrong ~** вы не туда́ звони́те/попа́ли; **a car's (registration) ~** номера́ автомоби́ля; **catalogue ~** шифр по катало́гу; **he's got your ~** (*fig, has sized you up*) он вас раскуси́л; **when your ~ comes up** (*fig*) когда́ придёт ваш черёд (*or* ва́ша о́чередь); **his ~ is up** (*coll*) его́ пе́сенка спе́та; (*issue of magazine*): **the current ~** после́дний/очередно́й но́мер; **back ~** ста́рый но́мер; (*song or item in stage performance*) но́мер; (*coll, garment*): **she wore a fetching little ~** на ней бы́ло преми́ленькое пла́тьице. **4** (*gram*) число́.

● *vt* **1** (*count*) переч|исля́ть, -и́слить; **his days are ~ed** его́ дни сочтены́. **2** (*give ~ to*) нумерова́ть, про-/за-; **all the seats are ~ed** все места́ пронумеро́ваны. **3** (*amount to*) насчи́тываться (*impf*); **they ~ed sixty all told** их в о́бщей сло́жности насчи́тывалось шестьдеся́т (челове́к). **4** (*include*) включ|а́ть, -и́ть; **I ~ him among my friends** я включа́ю его́ в число́ свои́х друзе́й.

● *cpd* **~ plate** *n* (*Br*) номерно́й знак.

numberless /ˈnʌmbəlɪs/ *adj* бесчи́сленный.

numbness /ˈnʌmnɪs/ *n* оцепене́ние, онеме́ние.

numbskull, numskull /ˈnʌmskʌl/ *n* тупи́ца (*cg*), о́лух.

numeracy /ˈnjuːmərəsɪ/ *n* зна́ние арифме́тики.

numeral /ˈnjuːmər(ə)l/ *n* **1** ци́фра; **Arabic/Roman ~s** ара́бские/ри́мские ци́фры. **2** (*gram*) (и́мя) числи́тельное.

numerate /ˈnjuːmərət/ *adj* со зна́нием арифме́тики.

numeration /ˌnjuːməˈreɪʃ(ə)n/ *n* (*numbering*) нумера́ция; (*calculation*) вычисле́ние.

numerator /ˈnjuːməˌreɪtə(r)/ *n* числи́тель (*m*).

numerical /njuːˈmerɪk(ə)l/ *adj* чи́сленный, числово́й; **~ superiority** чи́сленное превосхо́дство; **~ly superior** превосходя́щий чи́сленностью; **~ value** числово́е значе́ние.

numerous /ˈnjuːmərəs/ *adj* многочи́сленный.

numismatics /ˌnjuːmɪzˈmætɪks/ *n* нумизма́тика.

numismatist /ˌnjuːˈmɪzmətɪst/ *n* нумизма́т.

numskull /ˈnʌmskʌl/ = **numbskull**

nun /nʌn/ *n* мона́хиня, мона́шенка.

nuncio /ˈnʌnʃɪəʊ, -sɪəʊ/ *n* (*pl* **~s**) ну́нций.

nunnery /ˈnʌnərɪ/ *n* же́нский монасты́рь.

nuptial /ˈnʌpʃ(ə)l/ *adj* сва́дебный.

nuptials /ˈnʌpʃ(ə)lz/ *n pl* сва́дьба.

Nuremberg /ˈnjʊərəmˌbəːg/ *n* Ню́рнберг.

nurse /nəːs/ *n* **1** (**~** *maid*) ня́ня, ня́нька (*coll*). **2** (*of the sick*) сиде́лка; (*orderly*) санита́рка; (*senior* **~**) медсестра́; **male ~** (*orderly*) санита́р; (*senior*) медбра́т.

● *vt* **1** (*suckle*) корми́ть (*impf*) (гру́дью); **nursing mother** кормя́щая мать. **2** (*take charge of; attend to*) уха́живать (*impf*) за + *i*. **3** (*hold in one's arms*) держа́ть (*impf*) на рука́х. **4** (*fig*): **~ hopes** леле́ять (*impf*) наде́жду; **~ a grudge, grievance against s.o.** таи́ть (*impf*) оби́ду про́тив кого́-н.; **~ a cold** (сиде́ть (*impf*) до́ма и) лечи́ться (*impf*) от на́сморка.

● *vi* (*US, feed at the breast*) соса́ть (*impf*) грудь.

nursery /ˈnəːsərɪ/ *n* **1** (*room*) де́тская. **2** (*institution etc. for care of young*): **day ~** (дневны́е) ясл|и (*pl, g* -ей). **3**: **~ nurse** (*Br*) воспита́тель(ница) ясле́й (*or* де́тского са́да); **~ school** де́тский сад, детса́д; **~ rhyme** де́тские стишки́ (*m pl*); де́тская пе́сенка; **~ slopes** (*Br, skiing*) спу́ски для начина́ющих лы́жников. **4** (*hort*) расса́дник, пито́мник.

● *cpd* **~man** *n* (*pl* **~men**) (*proprietor*) владе́лец пито́мника; (*employee*) рабо́тник пито́мника.

nursing /ˈnəːsɪŋ/ *n* (*career*) профе́ссия медсестры́; **take up ~** учи́ться (*impf*) на медсестру́; (*of man*) учи́ться (*impf*) на медбра́та; **~ sister** медици́нская сестра́, медсестра́; **~ home** (ча́стная) лече́бница, (ча́стный) санато́рий; (*old people's home*) дом (для) престаре́лых.

nursling /ˈnəːslɪŋ/ *n* (*baby*) грудно́й младе́нец.

nurture /ˈnəːtʃə(r)/ *n* (*nourishment*) пита́ние; (*training*) воспита́ние; (*care*) ухо́д.

● *vt* (*nourish*) пита́ть (*impf*); (*rear*) воспи́т|ывать, -а́ть.

nut /nʌt/ *n* **1** оре́х; **crack ~s** раск|а́лывать, -оло́ть (*or* щёлкать, *impf*) оре́хи; **a hard ~ to crack** (*fig*) кре́пкий оре́шек; **he can't sing for ~s** (*coll*) он соверше́нно не уме́ет петь. **2** (*for securing bolt*) га́йка; **~s and bolts** (*fig, practical details*) практи́ческая сторона́ де́ла. **3** (*sl, head*) башка́; **he is off his ~** он спя́тил; **do one's ~** (*Br*) беси́ться, вз-. **4** (*in pl, coll, crazy*): **he is ~s** у него́ не все до́ма; **he is ~s about motorcycles** он поме́шан на мотоци́клах. **5** (*in pl, vulg, testicles*) яйца́ (*nt pl*).

● *cpds* **~-brown** *adj* кашта́новый; **~case** *n* (*sl*) псих; **~crackers** *n pl* щипц|ы́ (*pl, g* -о́в) для оре́хов; **~hatch** *n* попо́лзень (*m*); **~house** *n* (*sl*) психу́шка, дурдо́м; **~shell** *n* оре́ховая скорлупа́; **in a ~shell** (*fig*) кра́тко; в двух слова́х; **he put the problem in a ~shell** он кра́тко и чётко сформули́ровал пробле́му; **~ tree** *n* оре́х(овое де́рево); (*hazel tree*) оре́шник.

nutmeg /ˈnʌtmeg/ *n* муска́тный оре́х.

nutria /ˈnjuːtrɪə/ *n* ну́трия.

nutrient /ˈnjuːtrɪənt/ *n* пита́тельное вещество́.

nutrition /njuːˈtrɪʃ(ə)n/ *n* пита́ние; (*food*) пи́ща.

nutritional /njuːˈtrɪʃən(ə)l/ *adj* (*deficiency, standards, value*) пита́тельный; (*advice, information, requirement*) диети́ческий; **~ status** состоя́ние пита́ния.

nutritionist /njuːˈtrɪʃənɪst/ *n* дието́лог.

n

nutritious /nju:ˈtrɪʃəs/ *adj* пита́тельный.

nutritive /ˈnju:trɪtɪv/ *adj* пита́тельный.

nutter /ˈnʌtə(r)/ *n* (*Br sl*) псих.

nutty /ˈnʌtɪ/ *adj* (**nuttier, nuttiest**) **1** (*of taste*) с при́вкусом оре́ха. **2** (*crazy*) чо́кнутый (*coll*).

nuzzle /ˈnʌz(ə)l/ *vt* & *i*: ~ **(up against, up to) s.o./sth** (*prod, rub with nose*) ты́каться (*impf*) но́сом в кого́-н./что-н.

NY /nju ˈjɔ:k/ *n* (*abbr of* ***New York***) Нью-Йо́рк.

nylon /ˈnaɪlɒn/ *n* нейло́н; (*in pl*, ~ *stockings*) нейло́новые чулки́ (*m pl*). ● *adj* нейло́новый.

nymph /nɪmf/ *n* **1** (*myth*) ни́мфа; **water** ~ наяда; (*Russian*) руса́лка; **sea** ~ нереида; **wood** ~ дриа́да. **2** (*zool*) ни́мфа.

nymphet, -te /ˈnɪmfet/, /nɪmˈfet/ *n* нимфе́тка.

nympho /ˈnɪmfəʊ/ *n* (*pl* **~s**) (*coll*) = **nymphomaniac**

nymphomania /ˌnɪmfəˈmeɪnɪə/ *n* нимфома́ния.

nymphomaniac /ˌnɪmfəˈmeɪnɪæk/ *n* нимфома́нка.

NZ /nju ˈzi:lənd/ *n* (*abbr of* ***New Zealand***) Но́вая Зела́ндия; (*attr*) новозела́ндский.

n

Oo

O /əʊ/ *n* (*nought*) нуль (*m*), ноль (*m*).
● *int* o!; ~ **God!** о бо́же!; *see also* ⇒**oh**

oaf /əʊf/ *n* (*pl* ~**s**) (*awkward lout*) у́вален (*m*); (*stupid person*) ду́рень (*m*).

oafish /ˈəʊfɪʃ/ *adj* (*clumsy*) неуклю́жий; (*stupid*) придурковáтый.

oak /əʊk/ *n* (*tree*; *wood*) дуб; (*attr*) дубо́вый.
● *cpds* ~ **apple,** ~ **gall** *nn* черни́льный оре́шек; ~ **wood** *n* (*copse*) дубо́вая ро́ща, дубрáва; (*timber*) дуб.

oaken /ˈəʊkən/ *adj* дубо́вый.

oakum /ˈəʊkəm/ *n* пáкля.

OAP (*abbr of* ***old-age pensioner***) (*Br*) пенсионе́р (*fem* -ка) (по стáрости).

oar /ɔː(r)/ *n* **1** весло́; **put, shove, stick one's** ~ **into sth** вме́шиваться/влезáть (*both impf*) в чужи́е делá. **2** (*rower*) гребе́ц; **he is a good** ~ он хоро́ший гребе́ц; он хорошо́ гребёт.
● *cpds* ~**lock** *n* (*US*) уклю́чина; ~**sman** *n* (*pl* ~**smen**) гребе́ц; ~**smanship** *n* иску́сство гребли́; ~**swoman** *n* (*pl* ~**women**) (же́нщина-)гребе́ц.

oared /ɔːd/ *adj* & *comb form* (-)вёсельный.

oasis /əʊˈeɪsɪs/ *n* (*pl* **oases** /-siːz/) оáзис.

oast house /ˈəʊsthaʊs/ *n* хмелесуши́льня.

oat /əʊt/ *n* (*in pl*) овёс; **he is off his** ~**s** (*coll*) у него́ пропáл аппети́т; **sow one's wild** ~**s** (*fig*) прож|игáть, -е́чь мо́лодость; перебеси́ться (*pf*); **he has sown his wild** ~**s** он уже́ перебеси́лся/остепени́лся.
● *adj* овся́ный.
● *cpds* ~**cake** *n* овся́ная лепёшка; ~**meal** *n* толокно́; овся́ная крупá.

oath /əʊθ/ *n* **1** прися́га; **on** (*Br*), **under** ~ под прися́гой; ~ **of allegiance** прися́га на ве́рность; **take, swear an** ~ да|вáть, -ть кля́тву; прися́г|áть, -ну́ть. **2** (*profanity*) прокля́тие, ругáтельство.

OAU (*abbr of* ***Organization of African Unity***) ОАЕ (Организáция африкáнского еди́нства).

Obadiah /ˌəʊbəˈdaɪə/ *n* (*bibl*) А́вдий.

obbligato /ˌɒblɪˈɡɑːtəʊ/ *n* (*mus*) (*pl* ~**s**) облигáто (*indecl*).

obduracy /ˈɒbdjʊrəsɪ/ *n* упря́мство; ожесточе́ние.

obdurate /ˈɒbdjʊrət/ *adj* (*stubborn*) упря́мый; (*hard-headed*) ожесточённый.

OBE (*abbr of* ***Officer of the Order of the British Empire***) кавале́р о́рдена Британской импе́рии 4-й сте́пени.

obedience /əʊˈbiːdɪəns/ *n* послушáние, поко́рность, повинове́ние; ~ **to rules** повинове́ние прáвилам; ~ **to one's parents** послушáние роди́телям; **in** ~ **to the law** соглáсно зако́ну; в соотве́тствии с зако́ном.

obedient /əʊˈbiːdɪənt/ *adj* послу́шный, поко́рный.

obeisance /əʊˈbeɪs(ə)ns/ *n* (*bow*) покло́н; (*curtsey*) реверáнс; (*fig, homage*) почте́ние, уваже́ние; **do/pay** ~ **to** выражáть, вы́разить почте́ние + *d*.

obelisk /ˈɒbəlɪsk/ *n* **1** обели́ск. **2** = **obelus**

obelus /ˈɒbələs/ *n* (*pl* **obeli** /-ˌlaɪ, -ˌliː/) **1** (*dagger as reference mark*) кре́стик (*знак † как знак ссылки/сноски в полиграфии*). **2** (*in ancient manuscripts*) тире́ (с двумя́ то́чками: над и под ним) (*знак – или ÷ в рукописях как указание на сомнение в достоверности информации*).

obese /əʊˈbiːs/ *adj* ту́чный.

obesity /əʊˈbiːsɪtɪ/ *n* ту́чность; (*med*) ожире́ние.

obey /əʊˈbeɪ/ *vt* (*comply with*): ~ **the laws** подчин|я́ться, -и́ться закóнам; (*be obedient to*): ~ **one's parents** слу́шаться, по- роди́телей; (*execute*): ~ **an order** выполня́ть, вы́полнить комáнду/прикáз/приказáние; (*act in response to*): ~ **an impulse** подд|авáться, -áться поры́ву.
● *vi* повиновáться (*impf, pf*).

obfuscate /ˈɒbfʌˌskeɪt/ *vt* (*darken, obscure*) затемн|я́ть, -и́ть; (*confuse*) смущ|áть, -ти́ть.

obfuscation /ˌɒbfʌsˈkeɪʃ(ə)n/ *n* затемне́ние; смуще́ние.

obituary /əˈbɪtjʊərɪ/ *n* некроло́г.
● *adj*: некрологи́ческий.

object[1] /ˈɒbdʒɪkt/ *n* **1** (*material thing*) предме́т, вещь; ~ **lesson** (*lit*) нагля́дный уро́к; (*fig*): **he is an** ~ **lesson in courtesy** он образе́ц ве́жливости.
2 (*focus of feeling, effort, etc.*) предме́т, объе́кт; **an** ~ **of curiosity** предме́т любопы́тства; **a suitable** ~ **for study** объе́кт, подходя́щий для изуче́ния.
3 (*purpose, aim*) цель; **what was your** ~ **in writing that?** с како́й це́лью вы э́то писáли?; **I had no particular** ~ **in view** никако́й определённой це́ли я не пресле́довал; **I visited him with the** ~ **of settling my debts** я пошёл к нему́ с це́лью расплати́ться с долгáми; **his one** ~ **in life** цель всей его́ жи́зни.
4 (*consideration*): **money/time is no** ~ де́ньги/вре́мя не преграда.
5 (*philos*) объе́кт.
6 (*gram*) дополне́ние; **a transitive verb takes a direct** ~ перехо́дный глаго́л тре́бует прямо́го дополне́ния.

object[2] /əbˈdʒekt/ *vi* возрa|жáть, -зи́ть (про́тив + *g*); протестовáть (*impf*) (про́тив + *g*); выдвигáть, вы́двинуть возраже́ния (про́тив + *g*); **I** ~ **to being treated like this** я протесту́ю про́тив тако́го обраще́ния; я не желáю, что́бы со мной так обращáлись; **do you** ~ **to my smoking?** вам не меша́ет, что я курю́?; **I'll open a window if you don't** ~ я откро́ю окно́, е́сли вы не возражáете.

objection /əbˈdʒekʃ(ə)n/ *n* возраже́ние, проте́ст; **raise (an)** ~ **to/against sth** возра|жáть, -зи́ть про́тив чего́-н.; **are there any** ~**s?** есть возраже́ния?; ~ **overruled/sustained** возраже́ние отклоня́ется/принимáется; **I have no** ~ **to your going abroad** я не возражáю (*or* я ничего́ не име́ю) про́тив вáшей пое́здки за грани́цу.

objectionable /əbˈdʒekʃənəb(ə)l/ *adj* (*undesirable*; *unpleasant*) нежелáтельный; неприе́млемый.

objective /əbˈdʒektɪv/ *n* **1** (*aim*) цель. **2** (*mil*) объе́кт, цель. **3** (*gram*) объе́ктный паде́ж. **4** (*lens*) объекти́в.
● *adj* (*various senses*) объекти́вный.

objectivity /ˌɒbdʒekˈtɪvɪtɪ/ *n* объекти́вность.

objector /əbˈdʒektə(r)/ *n* возражáющий; **conscientious** ~ челове́к, откáзывающийся от вое́нной слу́жбы по убежде́ниям.

objet d'art /ˌɒbʒeɪ ˈdɑː/ *n* (*pl* ***objets d'art*** *pronunc same*) предме́т иску́сства.

oblation /əʊˈbleɪʃ(ə)n/ *n* жертвоприноше́ние; же́ртва.

obligate /ˈɒblɪˌɡeɪt/ *vt* обя́з|ывать, -áть.

obligation /ˌɒblɪˈɡeɪʃ(ə)n/ *n* (*promise, engagement*) обязáтельство; (*duty, responsibility*) обя́занность; **be under an** ~ **to s.o.** быть обя́занным кому́-н.; быть в долгу́ пе́ред ке́м-н.; **fulfil, repay an** ~ выполня́ть, вы́полнить обязáтельство; отблагодари́ть (*pf*); **meet one's** ~**s** покр|ывáть, -ы́ть свои́ обязáтельства; **you are under no** ~ **to reply** вы не обя́заны отвечáть.

obligatory /əˈblɪɡətərɪ/ *adj* обязáтельный.

O

oblige /ə'blaɪdʒ/ *vt* **1** (*bind by promise etc.; require*) обя́з|ывать, -а́ть. **2** (*compel*) вынужда́ть, вы́нудить; **we are ~d to remind you** мы вы́нуждены напо́мнить вам; **I am ~d to say** я до́лжен (вам) сказа́ть; **if you do not leave I shall be ~d to call the police** е́сли вы не поки́нете помеще́ние, я бу́ду вы́нужден вы́звать поли́цию. **3** (*do favour to*) обя́з|ывать, -а́ть; **I would be ~d if you would close the door** сде́лайте одолже́ние, закро́йте, пожа́луйста, дверь; **I am much ~d to you** я вам о́чень обя́зан/благода́рен/призна́телен; **can you ~ me with a pen?** не мо́жете ли вы одолжи́ть мне ру́чку?
● *vi*: **he ~d with a song** он любе́зно спел пе́сню.

obliging /ə'blaɪdʒɪŋ/ *adj* услу́жливый, любе́зный.

oblique /ə'bli:k/ *adj* **1** (*slanting*) косо́й; **~ surface** накло́нная пло́скость. **2** (*gram and fig*) ко́свенный.

obliterate /ə'blɪtəˌreɪt/ *vt* (*lit, fig, erase, wipe out*) ст|ира́ть, -ере́ть (с лица́ земли́); (*destroy*) уничт|ожа́ть, -о́жить.

obliteration /əˌblɪtə'reɪʃ(ə)n/ *n* стира́ние; уничтоже́ние.

oblivion /ə'blɪvɪən/ *n* забве́ние; **fall, sink into ~** быть забы́тым (*or* пре́данным забве́нию).

oblivious /ə'blɪvɪəs/ *adj* (*forgetful*) забы́вчивый; (*not aware*): **to be ~ of** не име́ть никако́го поня́тия о + *p*; **he was ~ of the time** он (соверше́нно) забы́л о вре́мени; **he was ~ to her objections** он был глух к её возраже́ниям.

obliviousness /ə'blɪvɪəsnɪs/ *n* забы́вчивость.

oblong /'ɒblɒŋ/ *n* (*figure*) продолгова́тая фигу́ра; (*object*) продолгова́тый предме́т.
● *adj* продолгова́тый.

obloquy /'ɒbləkwɪ/ *n* (*defamation*) клевета́; (*reproach*) поноше́ние.

obnoxious /əb'nɒkʃəs/ *adj* (*offensive*) проти́вный; (*intolerable*) несно́сный.

obnoxiousness /əb'nɒkʃəsnɪs/ *n* проти́вность; несно́сность.

oboe /'əʊbəʊ/ *n* гобо́й.

oboist /'əʊbəʊɪst/ *n* гобои́ст (*fem* -ка).

obscene /əb'si:n/ *adj* непристо́йный, неприли́чный.

obscenit|y /əb'senɪtɪ/ *n* непристо́йность, нецензу́рное сло́во; **he was shouting ~ies** он гро́мко выкри́кивал непристо́йности (*or* нецензу́рные слова́).

obscurantism /ˌɒbskjʊə'ræntɪz(ə)m/ *n* мракобе́сие, обскуранти́зм.

obscurantist /ˌɒbskjʊə'ræntɪst/ *n* мракобе́с.
● *adj* обскуранти́стский.

obscuration /əbˌskjʊə'reɪʃ(ə)n/ *n* помраче́ние; (*astron*) затме́ние.

obscure /əb'skjʊə(r)/ *adj* **1** (*not easily understood or clearly expressed*) непоня́тный, нея́сный; невня́тный; **his motives were ~** моти́вы его́ бы́ли нея́сны́. **2** (*remote; hidden*) уединённый; скры́тый; **an ~ village** глуха́я дереву́шка; (*inconspicuous; little known*) незаме́тный, малоизве́стный, безве́стный; **an ~ poet** малоизве́стный поэ́т; **a man of ~ origins** челове́к скро́много происхожде́ния. **3** (*dark, sombre, dim, dull*) тёмный, сму́тный.
● *vt* (*darken; also fig, make less noticeable or clear*) затемн|я́ть, -и́ть; (*dim the glory of; eclipse*) затм|ева́ть, -и́ть; (*conceal from sight*) заслон|я́ть, -и́ть; загор|а́живать, -оди́ть.

obscurity /əb'skjʊərɪtɪ/ *n* (*darkness, gloom*) тьма, мрак; (*vagueness, lack of clarity*) нея́сность; (*unintelligibility*) непоня́тность; (*being unknown or unheard of*) неизве́стность, безве́стность.

obsequies /'ɒbsɪkwɪz/ *n pl* погребе́ние, по́хор|оны (*pl, g* -о́н).

obsequious /əb'si:kwɪəs/ *adj* подобостра́стный, раболе́пный.

obsequiousness /əb'si:kwɪəsnɪs/ *n* подобостра́стие, раболе́пие.

observable /əb'zə:vəb(ə)l/ *adj* заме́тный, различи́мый.

observance /əb'zə:v(ə)ns/ *n* **1** (*of rule, law, custom, etc.*) соблюде́ние. **2** (*rite, ceremony*) обря́д; (*ritual*) ритуа́л.

observant /əb'zə:v(ə)nt/ *adj* **1** (*attentive*) наблюда́тельный; внима́тельный. **2**: **~ of the rules** соблюда́ющий пра́вила.

observation /ˌɒbzə'veɪʃ(ə)n/ *n* **1** (*observing, surveillance*) наблюде́ние; **keep s.o. under ~** держа́ть (*impf*) кого́-н. под наблюде́нием; **he was sent to hospital for ~** его́ положи́ли в больни́цу на обсле́дование; **~ post** наблюда́тельный пункт. **2** (*remark*) замеча́ние, выска́зывание.

observatory /əb'zə:vətərɪ/ *n* обсервато́рия; (*meteorological*) наблюда́тельная ста́нция.

observe /əb'zə:v/ *vt* **1** (*notice*) зам|еча́ть, -е́тить; (*see*) ви́деть, у-. **2** (*watch*) наблюда́ть (*impf*) за + *i*; следи́ть (*impf*) за + *i*; (*examine, study*) изуч|а́ть, -и́ть. **3** (*keep, adhere to*) соблю|да́ть, -сти́; **~ silence** храни́ть (*impf*) молча́ние. **4** (*remark, comment*) зам|еча́ть, -е́тить. **5** (*commemorate*) отм|еча́ть, -е́тить. **6** (*celebrate*) пра́здновать, от-.

observer /əb'zə:və(r)/ *n* **1** (*spectator, watcher*) наблюда́тель (*m*). **2**: **he is an ~ of old customs** он соблюда́ет ста́рые обы́чаи; он приде́рживается ста́рых обы́чаев.

obsess /əb'ses/ *vt* завлад|ева́ть, -е́ть (*or* овлад|ева́ть, -е́ть) (*чьим-л.*) умо́м; (*haunt*) пресле́довать, му́чить (*both impf*); **he was ~ed by the thought of failure** его́ пресле́довала мы́сль о неуда́че; **he is ~ed by money** он поме́шан на деньга́х.

obsession /əb'seʃ(ə)n/ *n* (*being obsessed*) одержи́мость; (*fixed idea*) навя́зчивая иде́я; **dieting became an ~ with him** он был одержи́м/поглощён мы́слью о дие́те.

obsess|ive /əb'sesɪv/, **-ional** /əb'seʃənəl/ *adjs* навя́зчивый, всепоглоща́ющий.

obsolescence /ˌɒbsə'les(ə)ns/ *n* устарева́ние; **planned/built-in ~** заплани́рованная устаре́лость (*това́ра*).

obsolescent /ˌɒbsə'les(ə)nt/ *adj* устарева́ющий.

obsolete /'ɒbsəˌli:t/ *adj* устаре́лый; вы́шедший из употребле́ния; **become ~** выходи́ть, вы́йти из употребле́ния; отж|ива́ть, -и́ть.

obstacle /'ɒbstək(ə)l/ *n* (*physical obstruction*) препя́тствие; **~ course** (*sport*) полоса́ препя́тствий; **~ race** бег/ска́чки с препя́тствиями; **clear an ~** брать, взять препя́тствие; (*hindrance*) препя́тствие, поме́ха; **put, throw ~s in s.o.'s way** чини́ть (*impf*) препя́тствия кому́-н.; **~s to world peace** препя́тствия на пути́ к всео́бщему ми́ру.

obstetric(al) /əb'stetrɪk, əb'stetrɪk(ə)l/ *adj* акуше́рский, родовспомога́тельный.

obstetrician /ˌɒbstə'trɪʃ(ə)n/ *n* акуше́р (*fem* -ка).

obstetrics /əb'stetrɪks/ *n* акуше́рство.

obstinacy /'ɒbstɪnəsɪ/ *n* упря́мство; насто́йчивость.

obstinate /'ɒbstɪnət/ *adj* (*stubborn*) упря́мый; (*persistent*) насто́йчивый.

obstreperous /əb'strepərəs/ *adj* (*unruly*) бу́йный; (*noisy*) шу́мный.

obstreperousness /əb'strepərəsnɪs/ *n* бу́йность, шумли́вость.

obstruct /əb'strʌkt/ *vt* меша́ть (*impf*) + *d*, препя́тствовать (*impf*) + *d*; **~ the road** загра|жда́ть, -ди́ть доро́гу; **~ s.o.'s movement** препя́тствовать, вос- кому́-н.; **~ progress** препя́тствовать прогре́ссу; **~ the view** заслон|я́ть, -и́ть вид; **~ the light** загор|а́живать, -оди́ть свет.

obstruction /əb'strʌkʃ(ə)n/ *n* загражде́ние; (*hindrance*) препя́тствие, поме́ха; (*parl*) обстру́кция.

obstructive /əb'strʌktɪv/ *adj* (*policy*) препя́тствующий; (*object*) загора́живающий; (*parl*) обструкцио́нный.

obstructiveness /əb'strʌktɪvnɪs/ *n* обструкцио́нность.

obtain /əb'teɪn/ *vt* **1** (*receive*) получ|а́ть, -и́ть; **he ~ed a prize** он получи́л приз; **have you ~ed permission?** вы получи́ли разреше́ние. **2** (*procure*) доб|ыва́ть, -ы́ть; **he ~ed the services of a secretary** он получи́л возмо́жность по́льзоваться услу́гами секретаря́; (*acquire*) приобре|та́ть, -сти́; **this book was ~ed for me by the library** библиоте́ка вы́писала э́ту кни́гу для меня́. **3** (*attain*) дост|ига́ть, -и́гнуть + *g*; **they ~ed good results** они́ дости́гли/доби́лись хоро́ших результа́тов.
● *vi* (*be current, prevalent*) нали́чествовать, существова́ть (*both impf*); **these views no longer ~** э́ти взгля́ды уже́ устаре́ли.

obtainable /əb'teɪnəb(ə)l/ *adj* достижи́мый, досту́пный; **is this model still ~?** э́ту моде́ль ещё мо́жно приобрести́?

obtrude /əb'tru:d/ *vt* навя́з|ывать, -а́ть; **~ o.s. on s.o.** навя́з|ываться, -а́ться кому́-н.

O

● *vi* навя́з|ываться, -а́ться.

obtrusive /əb'tru:sɪv/ *adj* (*importunate*) навя́зчивый, назо́йливый; (*conspicuous*) броса́ющийся в глаза́.

obtrusiveness /əb'tru:sɪvnɪs/ *n* навя́зчивость, назо́йливость; (*prominence*) заме́тность.

obtuse /əb'tju:s/ *adj* (*lit, fig*) тупо́й.

obtuseness /əb'tju:snɪs/ *n* ту́пость.

obverse /'ɒbvə:s/ *n* (*of a coin etc.*) лицева́я сторона́.

obviate /'ɒbvɪ,eɪt/ *vt* (*evade, circumvent*) избе|га́ть, -жа́ть + *g*; (*remove*) устран|я́ть, -и́ть.

obvious /'ɒbvɪəs/ *adj* очеви́дный, я́сный; **for an ~ reason** по вполне́ поня́тной причи́не.

obviousness /'ɒbvɪəsnɪs/ *n* очеви́дность, я́сность.

ocarina /,ɒkə'ri:nə/ *n* (*mus*) окари́на.

occasion /ə'keɪʒ(ə)n/ *n* **1** слу́чай; **on many ~s** во мно́гих слу́чаях; ча́сто; **I was there on one ~** я там был оди́н раз; **on ~** (*when the ~ arises*) при слу́чае; (*now and then*) вре́мя от вре́мени, иногда́; **on the ~ of his marriage** по слу́чаю его́ бра́ка; **today is a special ~** сего́дня осо́бый день; **he was dressed for the ~** он был оде́т соотве́тственно; **profit by the ~** воспо́льзоваться (*pf*) слу́чаем; **choose one's ~** выбира́ть, вы́брать подходя́щий моме́нт; **rise to the ~** ока́з|ываться, -а́ться на высоте́ положе́ния.
2 (*reason, ground*) причи́на, основа́ние; **give ~ to** служи́ть, по- причи́ной/основа́нием для + *g*; **I had no ~ to meet him** у меня́ не́ было по́вода встреча́ться с ним; **there is no ~ for laughter** здесь сме́яться не́чему.
● *vt* (*cause*) причин|я́ть, -и́ть; вызыва́ть, вы́звать; **his behaviour ~ed his parents much anxiety** его́ поведе́ние доставля́ло роди́телям мно́го волне́ний; (*be reason for*) служи́ть, по- по́водом к + *d*.

occasional /ə'keɪʒən(ə)l/ *adj* случа́йный; (*infrequent*) ре́дкий; **~ table** сто́лик.

occasionally /ə'keɪʒən(ə)lɪ/ *adv* вре́мя от вре́мени, поро́й, иногда́, и́зредка; **very ~** ре́дко.

Occident /'ɒksɪd(ə)nt/ *n* За́пад.

occidental /,ɒksɪ'dent(ə)l/ *adj* за́падный.

occipital /ɒk'sɪpɪt(ə)l/ *adj* заты́лочный.

occiput /'ɒksɪ,pʌt/ *n* заты́лок.

occlude /ə'klu:d/ *vt* (*obstruct, block*) прегра|жда́ть, -ди́ть; (*stop, close up*) закр|ыва́ть, -ы́ть; (*pores*) заку́пори|ва́ть, -ть.

occlusion /ə'klu:ʒ(ə)n/ *n* прегражде́ние; закры́тие; заку́порка; (*dental*) при́кус (зубо́в).

occult[1] /ɒ'kʌlt, 'ɒkʌlt/ *n*: **the ~** оккульти́зм.
● *adj* (*secret*) окку́льтный; (*powers*) маги́ческий, та́йный.

occult[2] /ɒ'kʌlt/ *vt* (*astron*) затм|ева́ть, -и́ть; заслон|я́ть, -и́ть.

occultation /,ɒkʌl'teɪʃ(ə)n/ *n* (*astron*) затме́ние.

occultism /ɒ'kʌl,tɪz(ə)m/ *n* оккульти́зм.

occupancy /'ɒkjʊpənsɪ/ *n* заня́тие; (*taking, holding possession*) завладе́ние; (*holding on lease*) аре́нда, владе́ние.

occupant /'ɒkjʊpənt/ *n* **1** (*inhabitant*) жи́тель (*fem* -ница). **2** (*tenant, lessee*) жиле́ц, аренда́тор, нанима́тель (*m*). **3**: **the ~s of the car** е́хавшие в маши́не; пассажи́ры автомоби́ля.

occupation /,ɒkjʊ'peɪʃ(ə)n/ *n* **1** (*taking possession*) завладе́ние; **the house is ready for immediate ~** дом гото́в для неме́дленного вселе́ния; (*forcible ~ of building etc.*) захва́т. **2** (*mil*) оккупа́ция; **army of ~** оккупацио́нная а́рмия. **3** (*holding, inhabiting as owner or tenant*) прожива́ние (в до́ме *и т. п.*). **4** (*way of spending time*) заня́тие, вре́мя(пре)провожде́ние.
5 (*employment*) заня́тие; профе́ссия; **what is his ~?** чем он занима́ется?; кто он по профе́ссии?

occupational /,ɒkjʊ'peɪʃən(ə)l/ *adj* профессиона́льный; **~ disease** профессиона́льное заболева́ние; **~ hazard** риск, свя́занный с хара́ктером рабо́ты; профессиона́льный/ произво́дственный риск; **~ therapy** трудотерапи́я.

occupier /'ɒkjʊ,paɪə(r)/ *n* (*Br, person living in a property*) прожива́ющий; (*Br, owner*) владе́л|ец (*fem* -ица); (*Br, lessee*) съёмщи|к (*fem* -ца); (*conqueror*) оккупа́нт.

occup|y /'ɒkjʊ,paɪ/ *vt* **1** (*take over or move into property, house, country, etc.; take possession of*) зан|има́ть, -я́ть; завлад|ева́ть, -е́ть + *i*; **the building was ~ied by squatters** зда́ние бы́ло самово́льно/незако́нно заселено́.
2 (*be in possession of; hold*) занима́ть (*impf*); (*mil*) оккупи́ровать (*impf, pf*); **all the rooms are ~ied** все ко́мнаты за́няты; **he ~ied the position of treasurer** он занима́л до́лжность казначе́я.
3 (*take up*): **the bed ~ies most of the room** крова́ть занима́ет бо́льшую часть ко́мнаты; **the whole day was ~ied in shopping** весь день ушёл на хожде́ние по магази́нам; **the work ~ies my whole attention** рабо́та занима́ет всё моё внима́ние.
4 (*employ*): **he ~ies his time with crossword puzzles** он посвяща́ет всё своё вре́мя разга́дыванию/реше́нию кроссво́рдов; **my day is fully ~ied** мой день по́лностью за́нят; я за́нят весь день; **~y o.s. with sth** зан|има́ться, -я́ться чем-н.

occur /ə'kə:(r)/ *vi* (**occurred, occurring**) **1** (*be met, found*) встр|еча́ться, -е́титься. **2** (*take place*) случ|а́ться, -и́ться; прои|сходи́ть, -зойти́; **~ again** повтор|я́ться, -и́ться. **3** (*of thought, ideas*) при|ходи́ть, -йти́ в го́лову (*or* на ум); **it ~red to me that ...** мне пришло́ в го́лову, что... .

occurrence /ə'kʌrəns/ *n* (*incident, event*) происше́ствие, слу́чай; (*phenomenon*) явле́ние; **an everyday ~** обы́чное явле́ние; (*incidence*): **of frequent ~** ча́сто встреча́ющийся, распространённый.

ocean /'əʊʃ(ə)n/ *n* океа́н; (*attr*) океа́нский.
● *cpd* **~-going** *adj* океа́нский.

Oceania /,əʊsɪ'ɑ:nɪə, ,əʊʃɪ-/ *n* Океа́ния.

oceanic /,əʊʃɪ'ænɪk, ,əʊsɪ-/ *adj* океани́ческий, океа́нский.

oceanographer /,əʊʃə'nɒgrəfə(r)/ *n* океано́граф.

oceanographic /,əʊʃənə'græfɪk/ *adj* океанографи́ческий.

oceanography /,əʊʃə'nɒgrəfɪ/ *n* океаногра́фия.

ocelot /'ɒsɪ,lɒt/ *n* (*zool*) оцело́т.

ochre /'əʊkə(r)/ *n* (*US* **ocher**) о́хра.

o'clock /ə'klɒk/ *adv*: **two ~** два часа́; **at 10 ~ at night** в де́сять часо́в ве́чера; **the 8 ~ train** восьмичасово́й по́езд; **the 9 ~ news** девятичасовы́е но́вости.

OCR (*comput*) (*abbr of* ***optical character recognition***) опти́ческое распознава́ние си́мволов; **~ software/ program/utility** систе́ма/програ́мма опти́ческого распознава́ния те́кста.

octagon /'ɒktəgən/ *n* восьмиуго́льник.

octagonal /ɒk'tægən(ə)l/ *adj* восьмиуго́льный.

octahedra /,ɒktə'hi:drə, -'hedrə/ *pl of* **⇒octahedron**

octahedral /,ɒktə'hi:dr(ə)l/ *adj* восьмигра́нный.

octahedr|on /,ɒktə'hi:drən, -'hedrən/ *n* (*pl* **~a** *or* **~ons**) восьмигра́нник, окта́эдр.

octane /'ɒkteɪn/ *n* окта́н; **high-~** высокоокта́новый.

octave /'ɒktɪv/ *n* окта́ва.

octet /ɒk'tet/ *n* окте́т.

October /ɒk'təʊbə(r)/ *n* октя́брь (*m*); (*attr*) октя́брьский; **the ~ Revolution** (*1917, in Russia*) Октя́брьская револю́ция.

octogenarian /,ɒktəʊdʒɪ'neərɪən/ *n* восьмидесятиле́тний стари́к; (*fem*) восьмидесятиле́тняя стару́ха.
● *adj* восьмидесятиле́тний.

octopus /'ɒktəpəs/ *n* (*pl* **octopuses**) осьмино́г, спрут.

octosyllabic /,ɒktəʊsɪ'læbɪk/ *adj* восьмисло́жный.

ocular /'ɒkjʊlə(r)/ *adj* глазно́й.

oculist /'ɒkjʊlɪst/ *n* окули́ст.

odd /ɒd/ *adj* **1** (*not even*) нечётный; **~ numbers** нечётные чи́сла; **houses with ~ numbers** дома́ с нечётными номера́ми.
2 (*not matching*) непа́рный; **I was wearing ~ socks** я был в ра́зных носка́х.
3 (*not in a set*) разро́зненный.
4 (*with some remainder or excess*) с ли́шним; **40 ~** со́рок с ли́шним (*or* с чем-то); **£12 ~** двена́дцать с ли́шним фу́нтов; **~ change** сда́ча; (*small coins*) ме́лочь.
5 (*spare, extra*) доба́вочный; **~ player** запасно́й игро́к; **~ man out** (*person or thing outside group*) исключе́ние.
6 (*occasional, casual*) случа́йный; **~ jobs** случа́йная рабо́та; **at ~ times** (*now and then*) поро́й; **he made the**

O

~ **mistake** (*coll*) ему́ случа́лось ошиба́ться; (*unoccupied*): **in an ~ moment** ме́жду де́лом.
7 (*strange*) стра́нный, эксцентри́чный, чудно́й; **his behaviour was very ~** он о́чень стра́нно себя́ вёл.
● *cpds* **~ball** *n* (*sl*) чуда́к, оригина́л; **~ job** *n* (*attr*): **~-job man** разнорабо́чий; **~-looking** *adj* стра́нного ви́да; чудно́й.

oddity /'ɒdɪtɪ/ *n* (*quality*) стра́нность, чудакова́тость; (*person*) чуда́|к (*fem* -чка); (*thing*) причу́дливая вещь; (*event*) стра́нное/необы́чное явле́ние.

oddly /'ɒdlɪ/ *adv*: **~ enough** как (э́то) ни стра́нно; предста́вьте себе́.

oddment /'ɒdmənt/ *n* (*left-over piece*) оста́ток; (*odd item*) шту́ка.

oddness /'ɒdnɪs/ *n* стра́нность.

odds /ɒdz/ *n pl* **1** (*difference*) ра́зница; **it makes no ~** (*Br, coll*) без ра́зницы (*coll*); **what's the ~?** кака́я ра́зница?
2 (*balance of advantage*): **the ~ are in our favour** переве́с на на́шей стороне́; **the ~ were against his winning** у него́ бы́ло ма́ло ша́нсов на вы́игрыш; **he won against heavy ~** он вы́играл про́тив значи́тельного превосхо́дства сил; **by long ~** намно́го, значи́тельно.
3 (*chances, likelihood*): **the ~ are that he will do so** вероя́тнее всего́, что он так и посту́пит.
4 (*equalizing allowance*): **give s.o. ~** да|ва́ть, -ть кому́-н. преиму́щество.
5 (*betting*): **lay, give ~ of 10 to 1** ста́вить, по- де́сять про́тив одного́; **long ~** нера́вные ша́нсы (*m pl*); **short ~** почти́ ра́вные ша́нсы; **it is ~ on that he will win** его́ ша́нсы на вы́игрыш вы́ше, чем у проти́вника; **over the ~** (*Br, fig, excessive*) чересчу́р.
6 (*variance*): **be at ~ with s.o.** не ла́дить (*impf*) с кем-н.
7: **~ and ends** (*leftovers*) оста́тки (*m pl*); (*sundries*) вся́кая вся́чина; (*of material*) обре́зки (*m pl*).

ode /əʊd/ *n* о́да.

odious /'əʊdɪəs/ *adj* (*hateful*) ненави́стный, одио́зный; (*foul, vile*) гну́сный; (*repulsive*) отврати́тельный.

odiousness /'əʊdɪəsnɪs/ *n* гну́сность, отврати́тельность.

odium /'əʊdɪəm/ *n* (*hatred*) не́нависть; (*disgust*) отвраще́ние; (*reprobation*) осужде́ние, позо́р.

odometer /əʊ'dɒmɪtə(r)/ *n* одо́метр.

odor /'əʊdə(r)/ (*US*) = **odour**

odor|iferous /,əʊdə'rɪfərəs/, **-ous** /'əʊdərəs/ *adjs* благоуха́ющий, благово́нный.

odorless /'əʊdəlɪs/ (*US*) = **odourless**

odour /'əʊdə(r)/ (*US* **odor**) *n* (*smell*) за́пах; (*aroma*) арома́т; (*fig, savour, trace*) при́вкус; (*fig, repute, reputation*): **be in good/bad ~ with s.o.** быть в ми́лости/неми́лости у кого́-н.

odourless /'əʊdəlɪs/ (*US* **odorless**) *adj* без за́паха.

odyssey /'ɒdɪsɪ/ *n* (*pl* **~s**) одиссе́я, приключе́ния (*nt pl*).

oedema /ɪ'di:mə/ (*US* **edema**) *n* отёк.

Oedipus /'i:dɪpəs/ *n* Эди́п; **~ complex** эди́пов ко́мплекс.

o'er /'əʊə(r)/ = **over**

oersted /'ə:sted/ *n* (*phys*) эрсте́д.

oesopha|gus /i:'sɒfəgəs/ (*US* **esophagus**) *n* (*pl* **~gi** /-,dʒaɪ/ *or* **~guses**) пищево́д.

oestrogen /'i:strədʒ(ə)n/ (*US* **estrogen**) *n* эстроге́н.

oestrus /'i:strəs/ (*US* **estrus**) *n* те́чка.

oeuvre /'ə:vr/ *n* труды́ (*m pl*); произведе́ния (*nt pl*).

of /ɒv, əv/ *prep, expressed by g and/or various preps*: **1** (*origin*): **he is ~ noble descent** он благоро́дного происхожде́ния; **there was one child ~ that marriage** от э́того бра́ка роди́лся оди́н ребёнок; **Lawrence ~ Arabia** Ло́уренс Арави́йский; **that's what comes ~ being careless** вот к чему приво́дит неосторо́жность; **what will become ~ us?** что с на́ми бу́дет?
2 (*cause*): **he died ~ fright** он у́мер от испу́га; **he did it ~ necessity** он сде́лал э́то из необходи́мости; **~ one's own accord** доброво́льно; по со́бственному жела́нию; **it happened ~ itself** э́то произошло́ само́ по себе́.
3 (*authorship*): **the works ~ Shakespeare** произведе́ния Шекспи́ра.
4 (*material*) из + *g*; **what is it made ~?** из чего́ э́то сде́лано?; **a house ~ cards** ка́рточный до́мик.
5 (*composition*): **a bunch ~ keys** свя́зка ключе́й; **a family ~ 8** семья́ из восьми́ челове́к; **a work ~ 250 pages** рабо́та в 250 страни́ц; **a loan ~ £2,000** заём в 2000 фу́нтов.
6 (*contents*): **a bottle ~ milk** (*full*) буты́лка молока́.
7 (*qualities, characteristics*): **a man ~ strong character** челове́к си́льного хара́ктера (*or* с си́льным хара́ктером); **a man ~ ability** спосо́бный челове́к.
8 (*description*): **a case ~ smallpox** слу́чай (чёрной) о́спы; **an accusation ~ theft** обвине́ние в кра́же; **a vow ~ friendship** кля́тва в дру́жбе; **an act ~ violence** акт наси́лия; **the King ~ Denmark** коро́ль Да́нии, да́тский коро́ль; **a man ~ 80** челове́к восьми́десяти лет; восьмидесятиле́тний стари́к.
9 (*identity, definition*): **the name ~ George** и́мя Гео́ргий/Джордж; **the city ~ Rome** (го́род) Рим; **the Port ~ London** Ло́ндонский порт; **that fool ~ a driver** э́тот глу́пый води́тель; **a letter ~ introduction** рекоменда́тельное письмо́; **a letter ~ complaint** письмо́ с жа́лобой; **your letter ~ the 14th** ва́ше письмо́ от 14-го числа́.
10 (*objective*): **a lover ~ music** люби́тель (*m*) му́зыки; **love ~ study** любо́вь к заня́тиям; **the use ~ a car** по́льзование маши́ной; **a view ~ the river** вид на́ реку; **a copy ~ the letter** ко́пия (с) письма́.
11 (*subjective*): **the love ~ a mother** любо́вь ма́тери; матери́нская любо́вь.
12 (*possession, belonging*): **the property ~ the state** госуда́рственная со́бственность; **a thing ~ the past** де́ло про́шлого.
13 (*partitive*): **some ~ us** не́которые (*or* ко́е-кто́) из нас; **5 ~ us** пя́теро из нас; **a quarter ~ an hour** че́тверть ча́са; **most ~ all** осо́бенно; бо́льше всего́/всех; **~ all the cheek!** (*Br*) ну и на́глость!; **here ~ all places you expect punctuality** где-где́, а здесь мо́жно рассчи́тывать на то́чность; **a friend ~ ours** оди́н из на́ших знако́мых; **a great friend ~ ours** большо́й наш друг; **he is ~ the same opinion** он того́ же мне́ния.
14 (*concerning*): **we talked ~ politics** мы говори́ли о поли́тике; **what ~ it?** что из того́?; ну и что?
15 (*during*): **~ an evening** ве́чером; по вечера́м; **~ late years** в после́дние го́ды.
16 (*separation, distance, direction*): **within 10 miles ~ London** в десяти́ ми́лях от Ло́ндона; **north ~** к се́веру от + *g*; се́вернее + *g*.
17 (*on the part ~*): **it was good ~ you** бы́ло о́чень ми́ло с ва́шей стороны́.

off /ɒf/ *n* (*Br, start of race*): **they were waiting for the ~** они́ жда́ли ста́рта.
● *adj* **1** (*nearer to centre of road*): **on the ~ side** (*in Britain*) на пра́вой стороне́.
2 (*improbable*): **I went on the ~ chance of finding him in** я пошёл туда́ наудачу — вдруг заста́ну (его́).
3 (*substandard*): **it was one of my ~ days** в тот день я был не в само́й лу́чшей фо́рме.
4 (*inactive*): **the ~ season** мёртвый сезо́н; (*sport*) межсезо́нье.
● *adv* (*for phrasal vv with* **off** *see relevant v entries*)
1 (*away*): **two miles ~** в двух ми́лях отту́да/отсю́да; **the elections are still two years ~** до вы́боров ещё два го́да; **~ with you!** пойди́те прочь!; **he's ~ to France tomorrow** за́втра он уезжа́ет во Фра́нцию; **it's time I was ~; I must be ~** мне пора́ (уходи́ть); **~ we go!** пошли́!; **they're ~!** (*racing*) они́ старту́ют!; **~ with his head!** го́лову с плеч!
2 (*removed*): **hats ~!** (*fig*) ша́пки доло́й.
3 (*disconnected*): **the light is ~** свет отключён; **the electricity was ~** электри́чество бы́ло отключено́; **are the brakes ~?** вы отпусти́ли тормоза́?; (*Br, not available*): **ice cream is ~** моро́женое ко́нчилось.
4 (*ended, cancelled*): **their engagement is ~** их помо́лвка расто́ргнута; **the match is ~** матч отменён.
5 (*not working*): **day ~** выходно́й (день); **today is my day ~** я (*or* у меня́) сего́дня выходно́й; **night ~** свобо́дный ве́чер; **he was ~ sick** он отсу́тствовал (*or* не́ был) на рабо́те по боле́зни; **he was always taking time ~** он постоя́нно брал отгу́лы; **I'm ~ now till Monday** меня́ не бу́дет до понеде́льника.
6 (*of food: not fresh; tainted*): **the fish is ~** ры́ба испо́ртилась (*or* с душко́м (*coll*)).
7 (*theatr*): **noises ~** шум за сце́ной.
8 (*Br coll, ill-behaved*): **I thought it a bit ~ when he left me to pay the bill** по-мо́ему, бы́ло не о́чень краси́во с его́ стороны́ оста́вить меня́ распла́чиваться.

9 (*supplied*): **they are quite well ~** они́ вполне́ обеспе́чены; **he is badly ~** он бе́ден; он нужда́ется; **how are you ~ for money?** как у вас с деньга́ми? **10**: **~ and on** (*intermittently*) с переры́вами; вре́мя от вре́мени.

● *prep* (*from; away from; up or down from*): **the car went ~ the road** маши́на съе́хала с доро́ги; **~ the beaten track** по непроторённой доро́ге; **just ~ the High Street** неподалёку от гла́вной у́лицы; **~ balance** несбаланси́рованный; **~-centre** смещённый от це́нтра; ассиметри́чный; **~ work** не на рабо́те; **~-colour** (*Br, out of sorts*) нездоро́вый; не в фо́рме; не в себе́; (*risqué*) риско́ванный; **he fell ~ the ladder** он упа́л с ле́стницы; **he took 50p ~ the price** он сни́зил це́ну на пятьдеся́т пе́нсов; он сба́вил с цены́ пятьдеся́т пе́нсов; **I picked it up ~ the floor** я по́днял э́то с по́ла; **they were eating ~ the same plate** они́ е́ли из одно́й таре́лки; **I won £5 ~ him** (*coll*) я вы́играл у него́ пять фу́нтов; **the ship lay ~ the coast** су́дно стоя́ло недалеко́ от бе́рега; **I broke the spout ~ the teapot** я отби́л у ча́йника но́сик; **I was run ~ my feet** я сби́лся с ног; **~ form** не в фо́рме; **he was ~ his game** он был не в лу́чшей фо́рме; **he must be ~ his head** он, должно́ быть, спя́тил; **he got ~ the point** он сби́лся с те́мы; (*disinclined for*): **he is ~ his food** он потеря́л аппети́т; **I'm ~ smoking** мне надое́ло кури́ть; (*have given it up*) я бро́сил кури́ть.

offal /ˈɒf(ə)l/ *n* (*of meat*) потроха́ (*m pl*); (*entrails*) требуха́.

offbeat /ˈɒfbi:t/ *n* (*mus*) неуда́рная но́та.

● *adj* (*fig*) необы́чный, оригина́льный.

off-centre /ɒfˈsentə(r)/ (*US* **-center**) *adj* смещённый от(носи́тельно) це́нтра; (*unusual*) нетрадицио́нный, нестанда́ртный.

off-colour /ɒfˈkʌlə(r)/ (*US* **-color**) *adj* (*risqué*) риско́ванный.

offence /əˈfens/ (*US* **offense**) *n* **1** (*wrongdoing*) просту́пок; (*crime*) правонаруше́ние, преступле́ние; **an ~ against the law** наруше́ние зако́на; **commit an ~** соверш|а́ть, -и́ть правонаруше́ние. **2** (*affront; wounded feeling; annoyance*) оби́да; **cause, give ~ to** оскорб|ля́ть, -и́ть; **take ~ at** об|ижа́ться, -и́деться на + *a*; **quick to take ~** оби́дчивый; **no ~ (meant)!** не в оби́ду бу́дет ска́зано! **3** (*mil*) наступле́ние.

offend /əˈfend/ *vt* **1** (*give offence to; wound*) об|ижа́ть, -и́деть; **I hope you won't be ~ed** наде́юсь, вы не оби́дитесь; **are you ~ed with me?** вы на меня́ (не) оби́делись? **2** (*outrage*) оскорб|ля́ть, -и́ть; **it ~s my sense of decency** э́то оскорбля́ет моё чу́вство прили́чия.

● *vi* греши́ть (*impf*); **~ against the law** нар|уша́ть, -у́шить зако́н; **he deleted the ~ing words** он вы́черкнул слова́, вызва́вшие возраже́ния.

offender /əˈfendə(r)/ *n* (*against law*) правонаруши́тель (*m*) (*fem* -ница); престу́пни|к (*fem* -ца); **first ~** соверши́вш|ий (*fem* -ая) преступле́ние впервы́е.

offense /əˈfens/ (*US*) = **offence**

offensive /əˈfensɪv/ *n* нападе́ние; (*mil*) наступле́ние; **take (*or* go on) the ~** пере|ходи́ть, -йти́ в наступле́ние; (*fig*) зан|има́ть, -я́ть наступа́тельную пози́цию.

● *adj* **1** (*causing offence*) оскорби́тельный; (*of person*) отврати́тельный, проти́вный. **2** (*repulsive*) отврати́тельный. **3** (*mil*) наступа́тельный; **~ weapon** наступа́тельное ору́жие.

offer /ˈɒfə(r)/ *n* **1** предложе́ние; **make an ~** де́лать, с- предложе́ние; **decline an ~** отклон|я́ть, -и́ть предложе́ние. **2**: **be on ~** (*Br, for sale at reduced price*) прод|ава́ться, -а́ться со ски́дкой.

● *vt* **1** (*present for acceptance or refusal*) предл|ага́ть, -ожи́ть; **~ one's hand** (*lit*) протя́|гивать, -ну́ть ру́ку; (*in marriage*) де́лать, с- предложе́ние; предл|ага́ть, -ожи́ть ру́ку; **he ~ed me a drink** он предложи́л мне вы́пить; **I was ~ed a lift** меня́ предложи́ли подвезти́; **they are ~ing a reward** объя́влено вознагражде́ние; **may I ~ my congratulations?** позво́льте вас поздра́вить!; **~ sth for sale** выставля́ть, вы́ставить что-н. на прода́жу; **~ an opinion** выража́ть, вы́разить своё мне́ние; **~ an apology** прин|оси́ть, -ести́ извине́ния; **~ one's services** предл|ага́ть, -ожи́ть свои́ услу́ги; **he did not ~ to help** он не предложи́л помо́чь; **~ prayers** возн|оси́ть, -ести́ моли́твы. **2** (*provide*) предост|авля́ть, -а́вить. **3** (*attempt*): **~ resistance** ока́з|ывать, -а́ть сопротивле́ние.

● *vi*: **as opportunity ~s** как/когда́ предста́вится слу́чай.

offering /ˈɒfərɪŋ/ *n* **1** предложе́ние. **2** (*of a sacrifice*) жертвоприноше́ние; (*thing or creature offered*) подноше́ние, же́ртва. **3** (*contribution*) поже́ртвование.

offertory /ˈɒfətərɪ, -trɪ/ *n* (*collection*) церко́вные поже́ртвования (*nt pl*).

offhand /ɒfˈhænd, ˈɒfhænd/ *adj* (*also* **offhanded**) развя́зный, бесцеремо́нный.

● *adv* сра́зу, без подгото́вки.

office /ˈɒfɪs/ *n* **1** (*position of responsibility; service*) до́лжность, слу́жба; **the party in ~** па́ртия, находя́щаяся у вла́сти; **he held ~ for 10 years** он занима́л до́лжность/пост де́сять лет; **take *or* enter upon) ~** вступ|а́ть, -и́ть в до́лжность; **run for ~** (*US*) выставля́ть, вы́ставить свою́ кандидату́ру; **term of ~** срок полномо́чий. **2** (*premises*) о́фис, конто́ра, канцеля́рия; (*room, also doctor's or dentist's*) кабине́т; **~ block** администрати́вное зда́ние; **~ equipment** оргте́хника; **~ hours** часы́ рабо́ты; рабо́чее/служе́бное вре́мя; **she's at the office** она́ на рабо́те. **3** (*for services*) бюро́ (*indecl*); **booking ~** биле́тная ка́сса; **enquiry ~** спра́вочное бюро́; **lost property ~** бюро́/стол нахо́док; **recruitment ~** (*mil*) призывно́й пункт; (*non-military*) бюро́ по на́йму; (*department, agency*) отде́л, департа́мент; управле́ние; **editorial ~** реда́кция; **branch ~** филиа́л, отделе́ние; (*of central government*) ве́домство; **Home/Foreign O~** Министе́рство вну́тренних/иностра́нных дел; **Record O~** Госуда́рственный архи́в. **4** (*usu in pl, service, assistance*) услу́га; **through his good ~s** благодаря́ его́ посре́дничеству. **5** (*rite*) обря́д; **the last ~s** погреба́льный обря́д.

● *cpds* **~ boy** *n* рассы́льный; посы́льный; **~ work** *n* канцеля́рская/о́фисная рабо́та; **~ worker** *n* (о́фисн|ый/конто́рск|ий) слу́жащ|ий (*fem* (-ая/-ая) -ая), о́фисн|ый рабо́тни|к (*fem also* -ая -ца).

officer /ˈɒfɪsə(r)/ *n* **1** (*in armed forces*) офице́р; (*in pl, collect*) офице́рский соста́в; **commanding ~** команди́р; **~s' mess** офице́рская столо́вая. **2** (*official*) должностно́е лицо́, чино́вник; **medical ~ of health** санита́рный инспе́ктор; **customs ~** тамо́женник; **research ~** нау́чный сотру́дник; **~s of a club** руково́дство (*or* чле́ны правле́ния) клу́ба.

official /əˈfɪʃ(ə)l/ *n* должностно́е лицо́, чино́вник; **government ~s** прави́тельственные чино́вники.

● *adj* (*relating to an office*) служе́бный, должностно́й; **~ duties** служе́бные обя́занности; **~ position** служе́бное положе́ние; (*formal*): **an ~ style** форма́льный стиль; (*authoritative*) официа́льный; **~ language** официа́льная терминоло́гия; (*of a country*) госуда́рственный язы́к; **~ly I am not here** официа́льно меня́ здесь нет.

officialdom /əˈfɪʃəldəm/ *n* чино́вничество, бюрократи́ческий аппара́т.

officialese /əˌfɪʃəˈli:z/ *n* казённый язы́к, бюрократи́ческий жарго́н.

officiate /əˈfɪʃɪˌeɪt/ *vi*: **~ at a wedding** соверш|а́ть, -и́ть обря́д бракосочета́ния; **~ as host** быть за хозя́ина; **~ as chairman** председа́тельствовать (*impf*).

officious /əˈfɪʃəs/ *adj* навя́зчивый, назо́йливый.

officiousness /əˈfɪʃəsnɪs/ *n* навя́зчивость, назо́йливость.

offing /ˈɒfɪŋ/ *n*: **in the ~** (*fig*) в перспекти́ве.

off-key /ɒfˈki:/ *adj* (*lit, fig*) фальши́вый.

off-licence /ˈɒflaɪs(ə)ns/ *n* (*Br*) ви́нный магази́н.

offline /ɒfˈlaɪn/ *adj* (*comput*) автоно́мный; (*disconnected*) отключённый.

offload /ˈɒfləʊd, ɒfˈləʊd/ *vt* разгру|жа́ть, -зи́ть.

off-peak /ˈɒfpi:k/ *adj* непи́ковый; **~ hours** часы́ зати́шья, непи́ковые часы́.

offprint /ˈɒfprɪnt/ *n* о́ттиск.

off-putting /ˈɒfpʊtɪŋ/ *adj* (*coll*) отта́лкивающий.

off-season /ˈɒfsi:z(ə)n/ *adj* несезо́нный.

O

offset /ˈɒfset/ *n* (*compensation*) возмеще́ние; (*printing*) офсе́т.
● *vt* **1** (*take into consideration*) засчи́т|ывать, -а́ть; **donations to charity can be ~ against tax** поже́ртвования на благотвори́тельные це́ли мо́гут засчи́тываться при упла́те нало́гов. **2** (*compensate for*) возме|ща́ть, -сти́ть.

offshoot /ˈɒfʃuːt/ *n* побе́г; (*fig*) о́трасль.

offshore /ˈɒfʃɔː(r)/ *adj* (*close to shore*) прибре́жный; (*at a distance*) морско́й; (*foreign*) загрании́чный; (*fin*) офшо́рный; **~ wind** берегово́й ве́тер; **~ fishery** морско́й рыболо́вный про́мысел.

offside /ɒfˈsaɪd/ *n* (*football*) положе́ние вне игры́, офса́йд.

offspring /ˈɒfsprɪŋ/ *n* (*pl* **~**) (*child, descendant*) пото́мок, о́тпрыск; (*in pl, children, descendants*) пото́мство; (*fig, result*) плод.

offstage /ɒfˈsteɪdʒ/ *adj* (*life, behaviour*) реа́льный; **~ whisper** шёпот за кули́сами.

off-the-cuff /ˌɒfðəˈkʌf/ *adj* импровизи́рованный.

off-the-peg /ˌɒfðəˈpeg/ *adj* гото́вый (*об одежде*).

off-the-record /ˌɒfðəˈrekɔːd/ *adj* неофициа́льный.

off-the-shelf /ˌɒfðəˈʃelf/ *adj* станда́ртный, типово́й.

off-white /ˈɒfwaɪt/ *adj* гря́зно-бе́лый.

often /ˈɒf(ə)n, ˈɒft(ə)n/ *adv* (**oftener, oftenest**) ча́сто; **every so ~** вре́мя от вре́мени; **as ~ as not** нере́дко; **more ~ than not** бо́льшей ча́стью, в большинстве́ слу́чаев.

ogee /ˈəʊdʒiː, -ˈdʒiː/ *n* си́нус; (*archit*) гусёк.

ogle /ˈəʊg(ə)l/ *vt* пожира́ть (*impf*) глаза́ми.

ogre /ˈəʊgə(r)/ *n* велика́н-людое́д.

ogress /ˈəʊgrɪs/ *n* велика́нша-людое́дка.

oh /əʊ/ *int* о!, ах!; (*expressing surprise, fright, pain*) ой!; **~ yes, ~ really?** пра́вда?; неуже́ли?; да?; **~ for a drink!** ах, как хо́чется пить!

ohm /əʊm/ *n* ом.

oho /əʊˈhəʊ/ *int* ого́.

OHP (*abbr of* ***overhead projector***) графопрое́ктор.

oil /ɔɪl/ *n* **1** ма́сло; **mineral/vegetable ~** минера́льное/расти́тельное ма́сло; **fixed/volatile ~s** жи́рные/эфи́рные масла́; **cod liver ~** ры́бий жир; **engine ~** маши́нное ма́сло; **fuel ~** мазу́т; **burn the midnight ~** рабо́тать (*impf*) по ноча́м; **pour ~ on troubled waters** снима́ть, снять напряже́ние. **2** (*petroleum*) нефть; **strike ~** обнару́жи|вать, -ть (*or* на|ходи́ть, -йти́) месторожде́ние не́фти. **3** (*paint, usu in pl*) ма́сляная кра́ска; (*painting*) ма́сло; **paint in ~s** писа́ть (*impf*) ма́слом.
● *vt* (*lubricate*) сма́з|ывать, -ать; **~ the wheels** (*fig*) ула́|живать, -дить де́ло; (*treat with* **~**) пропи́т|ывать, -а́ть ма́слом; **well ~ed** (*drunk*) навеселе́ (*coll*).
● *cpds* **~-bearing** *adj* нефтено́сный; **~can** *n* маслёнка; **~cloth** *n* клеёнка; (*linoleum*) лино́леум; **~ colour** (*US* **color**) *n* ма́сляная кра́ска; **~field** *n* месторожде́ние не́фти; **~ filter** *n* ма́сляный фильтр; **~-fired** *adj*: **~-fired central heating** (*Br*), **oil heat** (*US*) центра́льное отопле́ние на жи́дком то́пливе (*напр. на мазуте*); **~ gauge** *n* индика́тор у́ровня ма́сла; **~ heater** *n* парафи́новая пе́чка; **~ lamp** *n* кероси́новая ла́мпа; **~ paint** *n* ма́сляная кра́ска; **~ painting** *n* (*activity*): **he does ~ painting** он пи́шет ма́слом; (*genre*) ма́сло; (*object*) ма́сло, холст, карти́на; **she's no ~ painting** (*Br*) она́ далеко́ не краса́вица; **~ rig** *n* нефтяна́я вы́шка; **~skin** *n* (*material*) клеёнка; (*garment*) непромока́емый костю́м; **~ slick** *n* плёнка не́фти на воде́; **~stone** *n* точи́льный ка́мень; **~ tank** *n* нефтяна́я цисте́рна; **~ tanker** *n* (*ship*) та́нкер; (*vehicle*) нефтево́з; **~ well** *n* нефтяна́я сква́жина.

oiliness /ˈɔɪlɪnɪs/ *n* масляни́стость, вя́зкость; (*fig*) еле́йность.

oily /ˈɔɪlɪ/ *adj* (**oilier, oiliest**) **1** ма́сляный; **~ cheese** масляни́стый сыр. **2** (*fig, fawning, unctuous*) елейный.

ointment /ˈɔɪntmənt/ *n* мазь.

OK, okay /əʊˈkeɪ/ *n* (*pl* **~s**) (*coll*) одобре́ние, «добро́».
● *adj* (*safe, well*): **she is ~** она́ в поря́дке; (*acceptable*): **are you sure it's ~?** э́то ничего́?; **I'll be back soon, ~?** я ско́ро верну́сь, ла́дно?; **it's ~** ничего́; годи́тся; **it's ~ by me** я согла́сен; **it looks ~ to me** по-мо́ему, ничего́/норма́льно; **an ~ expression** прие́млемое выраже́ние.
● *adv*: **the meeting went off ~** собра́ние прошло́ норма́льно; **he is doing ~** у него́ всё хорошо́/норма́льно.
● *vt* (**OK's, OK'd, OK'ing**) од|обря́ть, -о́брить; **he OK'd the proposal** он одо́брил э́то предложе́ние.
● *int* (*agreeing*) ла́дно!, хорошо́!; (*marking the end of topic etc.*) ла́дно, ну вот.

okra /ˈəʊkrə, ˈɒkrə/ *n* (*bot*) о́кра, ба́мия; (*fruit*) о́кра, го́мбо (*indecl*).

old /əʊld/ *n* **1**: **the ~** (*people*) старики́ (*m pl*), пожилы́е/престаре́лые (лю́ди); **young and ~** (*everyone*) стар и млад. **2**: **of ~** в пре́жнее вре́мя; в пре́жние времена́; **in days of ~** в старину́.
● *adj* (**older, oldest**) **1** ста́рый; (*object, house*) стари́нный; **~ age** ста́рость; **~-age pension** (*Br*) пе́нсия по ста́рости; **~ man** (*also coll, husband or father*) стари́к; **~ woman** (*also coll, wife*) стару́ха; **~ lady** ста́рая да́ма, стару́ха; **~ folk** старики́; **~ folks'/people's home** дом престаре́лых; **~ maid** ста́рая де́ва; **grow ~** ста́риться, со-. **2** (*expressing age in years etc.*): **how ~ is he?** ско́лько ему́ лет?; **my son is 4 years ~** моему́ сы́ну четы́ре го́да; **he is ~ enough to understand** в его́ во́зрасте пора́ понима́ть э́то; **he is ~ enough to be her father** он ей в отцы́ годи́тся; **he could read at 4 years ~** в четы́ре го́да он уже́ чита́л; **a four-year-~** четырёхле́тний; **this newspaper is two weeks ~** э́та газе́та двухнеде́льной да́вности. **3** (*practised, experienced*) о́пытный; (*inveterate*) закорене́лый; **he is an ~ hand at such things** он в таки́х дела́х ма́стер. **4** (*Br coll, expressing familiarity*): **~ man/chap/fellow** старина́ (*m*), стари́к; **~ boy/thing** дружо́к, дружи́ще (*m*); **the ~ man** (*employer*) стари́к, хозя́ин, шеф; (*father, husband*) стари́к; **we had a good/fine/high ~ time** мы хорошо́/здо́рово провели́ вре́мя. **5** (*coll, whatever*): **any ~ time** когда́ уго́дно; **he dresses any ~ how** он одева́ется, как попа́ло. **6** (*dating from the past; ancient; longstanding*) стари́нный, давни́шний; **an ~ family** стари́нный род; **one of the ~ school** челове́к ста́рого зака́ла; **that story is as ~ as the hills** э́тот расска́з стар как мир; **they are ~ friends** они́ стари́нные/да́вние друзья́; **the ~ guard** ста́рая гва́рдия; **the O~ World** Ста́рый Свет; **the O~ Testament** Ве́тхий Заве́т; **he was paying off ~ scores** он своди́л ста́рые счёты. **7** (*former*) бы́вший, пре́жний; **an ~ boy** (*of school*) бы́вший учени́к; пито́мец; **~ boy network** круг бы́вших однока́шников; **the good ~ days** до́брое ста́рое вре́мя; **the ~ country** ро́дина (отцо́в); **O~ English** (*language*) древнеангли́йский (язы́к); **O~ French** старофранцу́зский (язы́к); **~ ways** стари́нные обы́чаи; **~ master** (*artist*) ста́рый ма́стер; (*painting*) карти́на ста́рого ма́стера; **see the ~ year out** встр|еча́ть, -е́тить Но́вый год. **8** (*worn, shabby*) поно́шенный, потрёпанный; **I was wearing my ~est clothes** я был в са́мом поно́шенном из мои́х костю́мов.
● *cpds* **~-established** *adj* да́вний, стари́нный; **~-fashioned** *adj* старомо́дный; (*obsolete*) устаре́лый; **~-maidish** *adj* староде́вичий, чо́порный; **~-time** *adj* стари́нный; **~-timer** *n* старожи́л; **~-womanish** *adj* стару́шечий; **~-world** *adj* (*ancient*) стари́нный; (*belonging to former days*) старозаве́тный, старосве́тский.

olden /ˈəʊld(ə)n/ *adj* (*archaic*) ста́рый, было́й; **in ~ days, times** в было́е времена́.

olde worlde /ˈəʊldɪ/ *adj* (*coll*) стилизо́ванный под старину́.

oldish /ˈəʊldɪʃ/ *adj* storова́тый.

oleaginous /ˌəʊlɪˈædʒɪnəs/ *adj* (*oily*) масляни́стый; (*yielding oil*) масли́чный.

oleander /ˌəʊlɪˈændə(r)/ *n* олеа́ндр.

O level /ˈəʊ lev(ə)l/ *n* (*Br*) экза́мен (по програ́мме сре́дней шко́лы) на обы́чном у́ровне.

olfactory /ɒlˈfæktərɪ/ *adj* обоня́тельный; **~ organ** о́рган обоня́ния.

oligarch /ˈɒlɪˌgɑːk/ *n* олига́рх.

oligarchic(al) /ˌɒlɪˈgɑːkɪk, ˌɒlɪˈgɑːkɪk(ə)l/ *adj* олигархи́ческий.
oligarchy /ˈɒlɪˌgɑːkɪ/ *n* олига́рхия.
Oligocene /ˈɒlɪgəˌsiːn/ (*geol*) *n* (**the ~**) олигоце́н.
● *adj* олигоце́новый.
olive /ˈɒlɪv/ *n* **1** (*tree*) оли́вковое де́рево; масли́на; (*fruit*) оли́вка, масли́на. **2** (*colour*) оли́вковый цвет.
● *adj* оли́вковый; **hold out an ~ branch** (*fig*) предл|ага́ть, -ожи́ть мири́ться; **~ oil** оли́вковое ма́сло.
Olympiad /əˈlɪmpɪˌæd/ *n* олимпиа́да.
Olympian /əˈlɪmpɪən/ *n* (*godlike person*; *participant in Olympic Games*) олимпи́ец.
● *adj* олимпи́йский.
Olympic /əˈlɪmpɪk/ *adj* олимпи́йский; **~ Games, ~s** Олимпи́йские и́гры.
Olympus /əˈlɪmpəs/ *n* Оли́мп.
Oman /əʊˈmɑːn/ *n* Ома́н.
Omani /əʊˈmɑːnɪ/ *n* ома́н|ец (*fem* -ка).
● *adj* ома́нский.
ombudsman /ˈɒmbʊdzmən/ *n* (*pl* **ombudsmen**) о́мбудсмен; уполномо́ченный по права́м челове́ка.
omega /ˈəʊmɪgə/ *n* оме́га.
omelet(te) /ˈɒmlɪt/ *n* омле́т; **you can't make an ~ without breaking eggs** ≈ лес ру́бят — ще́пки летя́т.
omen /ˈəʊmən, -men/ *n* предзнаменова́ние; (*sign*) знак.
ominous /ˈɒmɪnəs/ *adj* злове́щий.
omission /əˈmɪʃ(ə)n/ *n* **1** (*thing excluded*; *act of excluding*) про́пуск. **2** (*failure to do sth*) упуще́ние.
omit /əˈmɪt/ *vt* (**omitted, omitting**) **1** (*leave out*) пропус|ка́ть, -ти́ть. **2** (*neglect*) упус|ка́ть, -ти́ть; **I ~ted to lock the door** я забы́л запере́ть дверь.
omnibus /ˈɒmnɪbəs/ *n* **1** (*obs*) о́мнибус, авто́бус. **2** (**~** *volume*) сбо́рник, антоло́гия.
omnipotence /ɒmˈnɪpət(ə)ns/ *n* всемогу́щество.
omnipotent /ɒmˈnɪpət(ə)nt/ *adj* всемогу́щий.
omnipresence /ˌɒmnɪˈprez(ə)ns/ *n* вездесу́щность.
omnipresent /ˌɒmnɪˈprez(ə)nt/ *adj* вездесу́щий.
omniscience /ɒmˈnɪsɪəns, -ʃɪəns/ *n* всеве́дение.
omniscient /ɒmˈnɪsɪənt, -ʃɪənt/ *adj* всеве́дущий.
omnivorous /ɒmˈnɪvərəs/ *adj* (*lit, fig*) всея́дный.
on /ɒn/ *adv* (*for phrasal vv with* **on** *see relevant v entries*). **1** (*expressing continuation*): **straight ~** пря́мо; **and so ~** и так да́лее; **from now ~** (начина́я) с э́того дня; **read ~!** продолжа́йте чита́ть!; чита́йте да́льше!; **he looked at me and then walked ~** он взгляну́л на меня́ и пошёл да́льше; **we walked ~ and ~** мы всё шли и шли; **he went ~ (and ~) about his dog** он без конца́ говори́л о свое́й соба́ке; **what is he ~ about?** (*Br coll*) о чём э́то он?; **he was ~ at me to lend him my bicycle** (*Br*) он пристава́л ко мне, что́бы я одолжи́л ему́ мой велосипе́д; (*expressing extension*): **further ~** да́льше; **later ~** по́зже; **a garage has been built ~ (to the house)** (к до́му) пристро́или гара́ж.
2 (*placed, fixed, spread, etc.* **~** *sth*): **the kettle is ~** ча́йник поста́влен/включён; **the light switch is ~** свет включён; **he had his glasses ~** он был в очка́х; он наде́л очки́; **your badge is ~ upside down** у вас значо́к вверх нога́ми.
3 (*arranged, available*): **what's ~ this week?** (*at theatre*) что идёт/даю́т на э́той неде́ле?; **what's ~ tonight?** (*TV*) что сего́дня ве́чером по програ́мме?; что сего́дня ве́чером пока́зывают?; **he is ~** (*performing*) **tonight** он выступа́ет сего́дня ве́чером; **have you anything ~ next week?** у вас что́-нибудь наме́чено на бу́дущую неде́лю?; **is the match still ~?** матч не отмени́ли/отменён?
4 (*turned, switched* **~**): **the radio was ~ full blast** ра́дио бы́ло включено́ на всю мощь; **the tap was left ~** кран оста́вили незакры́тым; **leave the light ~!** не гаси́те свет!; **is the brake ~?** то́рмоз включён?
5 (**~** *stage*): **you're ~ next!** сле́дующий вы́ход — ваш!
6 (*expressing contact*): **I've been ~ to him this morning** (*by telephone*) я связа́лся с ним (по телефо́ну) сего́дня у́тром; **he's ~ to a good thing** (*coll*) ему́ повезло́; **the police are ~ to him** (*coll*) поли́ция его́ раскуси́ла.
7: **you're ~!** (*coll, I accept your offer, bet, etc.*) идёт!; **it's not ~** (*coll, feasible*) так не пойдёт.
● *prep* (*for some senses see also* ⇨**upon**) **1** (*expressing position*) на + *p*; **~ the table** на столе́; **Rostov-~-Don** Росто́в-на-Дону́; (*supported by*): **stand ~ one leg** стоя́ть (*impf*) на одно́й ноге́; **he walks ~ crutches** он хо́дит на костыля́х; **the look ~ his face** выраже́ние его́ лица́; (*as means of transport*) на + *p*; **ride ~ a donkey** е́хать (*det*) верхо́м на осле́; **~ horseback** верхо́м; **~ foot** пешко́м; **I came ~ the bus** я прие́хал на авто́бусе; (**~** *one's person*): **I have no money ~ me** у меня́ нет при себе́ де́нег; **a gun was found ~ him** у него́ нашли́ ору́жие; (*over the surface of*; *along*) по + *d*; **the fly was crawling ~ the ceiling** му́ха по́лзала по потолку́; **the boat floated ~ the current** ло́дка плыла́ по тече́нию; (*expressing relative position, with* **left, right, side, hand,** *etc.*): **~ all sides** со всех сторо́н; повсю́ду; **~ my left** сле́ва от меня́; **~ my part** с мое́й стороны́; **~ the one hand ... ~ the other (hand)** с одно́й стороны́… с друго́й (стороны́); **~ either side of the street** по о́бе сто́роны у́лицы; **he walked ~ the other side of the street** он шёл по противополо́жной стороне́ у́лицы; **uncle ~ the father's side** дя́дя со стороны́ отца́.
2 (*expressing final position of movement or action*) на + *a*; **she threw her gloves ~(to) the floor** она́ бро́сила перча́тки на́ пол; **he sat down ~ the sofa** он сел на дива́н; **they went ~ deck** они́ вы́шли на па́лубу; **the windows open ~ (to) the garden** о́кна выхо́дят в сад.
3 (*expressing point of contact*): **he hit me ~ the head** он уда́рил меня́ по голове́; **I hit my head ~ a stone** я уда́рился голово́й о ка́мень; **I cut my finger ~ the glass** я поре́зал себе́ па́лец о стекло́; **he kissed her ~ the lips** он поцелова́л её в гу́бы; **he knocked ~ the door** он постуча́л в дверь; **I cut my finger ~ a knife** я поре́зал себе́ па́лец ножо́м; **she dried her hands ~ a towel** она́ вы́терла ру́ки полоте́нцем; **her dress caught ~ a nail** она́ зацепи́лась пла́тьем за гвоздь.
4 (*of musical instrument*) на + *p*; **he played a tune ~ the fiddle** он сыгра́л мело́дию на скри́пке.
5 (*of a medium of communication*) по + *d*; **~ the radio/telephone/television** по ра́дио/телефо́ну/телеви́зору.
6 (*expressing membership*) в + *p*; **she is ~ the committee** она́ член комите́та; **~ our staff** у нас в шта́те.
7 (*expressing time*): **~ that same day** в тот же день; **~ Tuesday** во вто́рник; **~ time** во́время; своевре́менно; **~ the instant** то́тчас; **~ the next day** на сле́дующий день; **~ this occasion** на э́тот раз; **~ the 8th of May** восьмо́го ма́я; **~ the morning of the 8th of May** у́тром восьмо́го ма́я; **~ a winter morning** зи́мним у́тром; **~ Tuesdays** по вто́рникам; **~ our holidays we work on a farm** во вре́мя о́тпуска мы рабо́таем на фе́рме; **~ the occasion of his death** по слу́чаю его́ сме́рти.
8 (*at the time of*; *immediately after*): **~ his arrival** по его́ прие́зде; **~ my return** по возвраще́нии; когда́ я верну́лся/верну́сь; **cash ~ delivery** опла́та по доста́вке; **~ seeing him she ran off** уви́дев его́, она́ убежа́ла; **~ his father's death** по/по́сле сме́рти отца́; (*during*): **~ my way home** по доро́ге домо́й; **~ his rounds** во вре́мя (его́) обхо́да; **~ examination** при осмо́тре.
9 (*concerning*): **an article ~ Pushkin** статья́ о Пу́шкине; **decisions ~ reparations** реше́ния по репара́циям; **a poem ~ X's death** стихотворе́ние на смерть X; **~ that subject** на э́ту те́му, по э́той те́ме.
10 (*on the strength, basis of*) на + *p*; **he was acquitted ~ my evidence** он был опра́вдан на осно́ве мои́х показа́ний; **~ easy terms** на льго́тных усло́виях; **~ half pay** на полста́вки.
11 (*expressing direction of effort*): **work ~ a book** рабо́та над кни́гой; **work ~ building a house** рабо́та по постро́йке до́ма; **I spent two hours ~ that job** я потра́тил на э́ту рабо́ту два часа́; **he spent £5,000 ~ his daughter's wedding** он потра́тил пять ты́сяч фу́нтов на сва́дьбу до́чери.
12 (*at the expense of*): **drinks are ~ me** я угоща́ю; **the joke was ~ me** шу́тка оберну́лась про́тив меня́; **he lives ~ his friends** он живёт за счёт друзе́й.
13 (*by means of*) на + *a or p*; **he lives ~ slender means** он живёт на ску́дные сре́дства; **he lives ~ fish** он пита́ется ры́бой; **the machine runs ~ oil** маши́на рабо́тает на ма́сле.

14 (*imposed* ~) на + *a*; **a tax ~ tobacco** пошлина на табачные изделия.
15 (*taking drugs etc.*): **he's ~ drugs** он (регулярно) принимает наркотики; он сидит на наркотиках (*coll*); **she's ~ medicine** она принимает лекарство.

onanism /ˈəʊnəˌnɪz(ə)m/ *n* онанизм.

on-board /ˈɒnbɔːd/ *adj* бортовой.

once /wʌns/ *adv* **1** (один) раз; **he read the letter only ~** он прочитал письмо только один раз; **~ is enough** одного раза (вполне) достаточно; **~ six is six** одиножды шесть — шесть; **it happened only that ~** это случилось в тот единственный раз; **more than ~** не раз; **~ a day** (один) раз в день; **~ every 6 weeks** каждые шесть недель; раз в шесть недель; **just (for) this ~** только на этот раз, в виде исключения; хотя бы на этот раз; **for ~** хотя бы на сей раз; **~ again, more** ещё раз; **(every) ~ in a while** (*occasionally*) изредка; время от времени; **~ (and) for all** (*finally*) раз и навсегда; **~ or twice** несколько раз, пару раз; **not ~** ни разу, никогда.
2 (*whenever, as soon as*): **~ he understands this** как только он поймёт это; **~ you hesitate you are lost** стоит (только) заколебаться — и ты пропал.
3 (*at one time, formerly*) некогда; одно время; однажды; когда-то; (*at some point*) как-то; **~ upon a time there was** (давным-давно) жил-был; (*on one occasion in the past*) однажды.
4: **at ~** (*immediately*) сейчас же; сразу же; тотчас; немедленно; (*simultaneously*) в то же время; **don't all talk at ~!** не говорите все сразу/вместе!; **all at ~** (*suddenly*) внезапно/вдруг.
● *conj see adv* **2**
● *cpd* **~-over** *n* (*coll*): **give s.o./sth the ~-over** бегло осм|атривать, -отреть кого/что-н.

oncological /ˌɒŋkəˈlɒdʒɪk(ə)l/ *adj* онкологический.

oncologist /ɒŋˈkɒlədʒɪst/ *n* онколог.

oncology /ɒŋˈkɒlədʒɪ/ *n* онкология.

oncoming /ˈɒnˌkʌmɪŋ/ *adj* приближающийся, наступающий.

OND (*abbr of* ***Ordinary National Diploma***) (*Br*) диплом о среднем техническом образовании.

on-duty /ˈɒndjuːtɪ/ *adj* дежурный.

one /wʌn/ *n* **1** (*number*) один; (*in counting*): **~, 2, 3** раз/один, два, три; (*figure 1*) один; единица; **minus ~** минус один; **a row of ~s** ряд единиц; **they came in, by ~s and twos** они входили по одному и по двое; **5 ~s are 5** пятью один — пять; **~ or two** (*several*) несколько; (*a few*) немного; **~ in 10** один из десяти; **ten to ~ he will forget** ставлю десять против одного: он забудет; **he's ~ in a thousand** таких, как он, — один на тысячу; **last but ~** предпоследний; **~ and a half** полтора + *g*; **you're ~ up on me** (одно) очко в вашу пользу; вы меня опередили.
2 (*in a series*): **Part O~** часть первая, первая часть; **Volume O~** том 1 (*read as* том первый *or* первый том); **Act I** действие первое; **room ~** комната (номер) один; первая комната; (*in hotel*) первый номер; **a No. 1** (*bus*) первый номер; **he looks after number ~** (*i.e. himself*) он заботится (лишь) о самом себе.
3 (*hour*) час; **I'll see you at ~** я вас увижу в час; **it was past ~** шёл второй час; **quarter/half past ~** четверть/половина второго; **at a quarter to ~** (в) без четверти час; **~ o'clock** (*am*) час ночи; (*pm*) час дня.
4 (*age*): **he's only ~** ему всего/только год(ик).
5 (*expressing unity or identity*): **he is a scholar and a musician all in ~** он и учёный, и музыкант; **we are at ~ in thinking …** мы согласны в том, что…; **it's all ~ to me** мне безразлично (*or* всё равно).
6 (*being, person, creature*): **the Evil O~** чёрт, дьявол, нечистый; **little ~s** дети; **our loved ~s** наши близкие; **he fought like ~ possessed** он боролся, как одержимый; **he is not ~ to refuse** он не из тех, кто отказывается; **what a ~ you are for making excuses!** вы мастер находить предлоги; **he is ~ who never complains** он не из тех, кто жалуется.
7 (*member of a group*) один; **~ of my friends** один из моих друзей; **he was ~ of the first to arrive** он пришёл одним из первых; **many a ~** многие, не один; **~ of the women** одна/кто-то из женщин; **the ~ with the beard** тот(, который) с бородой; **which ~ of you did it?** кто из вас это сделал?; **~ and all** все как один; **I for ~ don't believe him** что касается меня, то я не верю ему; **~ of these days** как-нибудь на днях; **he is not ~ of our customers** это не наш клиент; он не из наших клиентов; **not ~ of them** ни один из них; никто из них; **~ another** друг друга; **~ after the other; ~ by ~** один за другим; **(the) ~ … the other …** один/тот… другой…; **~ each** по одному (каждому); **~ at a time** по одному; по очереди; **~ of a kind** (*unique specimen*) единственный в своём роде.
8 (*referring to category specified or understood*): **Do you play the piano? There's ~ in the study** Играете ли вы на рояле? В кабинете есть рояль; **which book do you want, the red or the green ~?** какую книгу вы хотите: красную или зелёную?; **'Take my pen!' — 'Thanks, I have ~'** «Возьмите мою ручку!» — «Спасибо, у меня есть»; **this pencil is better than that ~** этот карандаш лучше того; **this book is more interesting than the ~ I read yesterday** эта книга интереснее чем та, которую я читал вчера; **I gave him ~** (*a blow*) **on the chin** я дал ему в челюсть (*or* по зубам); **that's ~ in the eye for you/him** (*fig*) получил!; **we had** (*drink*) **for the road** мы выпили на дорожку; **let's have a quick ~!** пропустим по одной! (*coll*); **he had ~ too many** он выпил лишнего.
● *pron*: **~ never knows** никогда не знаешь; кто его знает?; **~ doesn't say that in Russian** по-русски так не говорят; **~ can say anything nowadays** в наше время можно говорить всё угодно; **how can ~ do it?** как это делается?; **~ gets used to anything** человек ко всему привыкает; **~'s own** свой (собственный).
● *adj* **1** один; (*sometimes untranslated, e.g.*) **price ~ rouble** цена (один) рубль; (*with pluralia tantum*) одни; **~ watch** одни часы; **~ hundred and ~** сто один; **not ~ man in a hundred will understand you** вас не поймёт даже один из ста; **I have ~ or two things to do** у меня есть кое-какие дела.
2 (*only*) единственный; **the ~ way to do it** единственный способ сделать это; **the ~ thing I detest is …** больше всего я ненавижу…; что я ненавижу — так это…; (*single*): **no ~ man can lift it** одному это никак не поднять; **with ~ accord** как один, единодушно; **they spoke with ~ voice** они говорили в один голос.
3 (*the same*) тот же самый; **all in ~ direction** всё в том же (самом) направлении; **at ~ and the same time** в одно и то же время.
4 (*particular but unspecified*): **at ~ time** когда-то; одно время; некогда; **~ evening** как-то/однажды вечером; **~ day** (*in past*) однажды; (*in future*) когда-нибудь; **~ fine day** в один прекрасный день.
5 (*a certain*) некий; **we bought the house from ~ Jones** мы купили дом у некоего Джонса.
6 (*opp other*): **I'll go ~ way and you go the other** я пойду в одну сторону, а вы — в другую; я пойду одной дорогой, а вы — другой; **neither ~ thing nor the other** ни то ни другое, ни то ни сё (*coll*); **(just) ~ thing after another** не одно, так другое; **for ~ thing, I'm not ready** во-первых, я не готов.
● *cpds* **~-act** *adj* одноактный; **~-armed** *adj* однорукий; **~-armed bandit** (*sl*) игровой автомат; **~-eyed** *adj* одноглазый; **~-horse** *adj*: **~-horse town** захолустный городишко; **~-legged** *adj* одноногий; **~-man** *adj* (*seating ~ man*) одноместный; **~-man band** человек-оркестр; **~-man exhibition/show** персональная выставка; **~-man show** (*theatr*) театр одного актёра; **~-man business** единоличное предприятие; **~-night** *adj*: **~-night stand** (*theatr*) единственное представление; (*liaison*) роман на одну ночь; **~-off** *adj* (*Br coll*) уникальный, единственный; **~-parent family** *n* семья с одним родителем; **~-piece** *adj* цельный; **~-shot** *adj* (*US coll*) = **~-off**; **~-sided** *adj* (*prejudiced*) однобокий, односторонний; **~-time** *adj* бывший; былой; *see also* ⇒**~-off**; **~-to-one** *adj* непосредственный; **~-track** *adj* (*railways*) одноколейный; (*fig*): **~-track mind** узкий кругозор; **~-upmanship** *n* умение добиться чувства превосходства; **~-way** *adj*: **~-way traffic** одностороннее

O

движе́ние; ~**-way street** у́лица с односторо́нним движе́нием; ~**-way ticket** биле́т в одну́ сто́рону (*or* в одно́м направле́нии).

oneness /ˈwʌnnɪs/ *n* (*unity*) еди́нство; (*uniqueness*) еди́нственность, едини́чность.

onerous /ˈɒnərəs, ˈəʊn-/ *adj* обремени́тельный, тя́гостный.

onerousness /ˈɒnərəsnɪs, ˈəʊn-/ *n* обремени́тельность, тя́гостность.

oneself /wʌnˈself/ *pron* (*refl*) себя́, -ся (*suff*); **talk to** ~ говори́ть (*impf*) с сами́м собо́й; **sit by** ~ сиде́ть (*impf*) в стороне́/одино́честве; **for** ~ самостоя́тельно; **cooking for** ~ **is a bore** ску́чно гото́вить для самого́ себя́ (*or* для себя́ одного́); **see for** ~ убеди́ться самому́.

ongoing /ˈɒn,gəʊɪŋ/ *adj* (*continuing*): ~ **conflict** непрекраща́ющийся конфли́кт; ~ **process** поступа́тельный проце́сс; (*in progress*) теку́щий; ~ **negotiations** теку́щие перегово́ры; проходя́щие сейча́с перегово́ры.

onion /ˈʌnjən/ *n* (*single bulb*) лу́ковица; (*collect or in pl*) (ре́пчатый) лук; **rice with** ~**(s)** рис с лу́ком; **spring** (*Br*)/**green** (*US*) ~**s** зелёный лук; (*attr*) лу́ковый; ~ **dome** ку́пол-лу́ковка.
● *cpd* ~ **skin** *n* лу́ковичная шелуха́.

online /ɒnˈlaɪn/ *adj* (*comput*) (*information, program*) онла́йновый, диало́говый, интеракти́вный; (*connected*) подключённый.

onlooker /ˈɒn,lʊkə(r)/ *n* зри́тель (*m*), наблюда́тель (*m*); (*witness*) свиде́тель (*m*).

only /ˈəʊnlɪ/ *adj* еди́нственный; **one and** ~ оди́н еди́нственный; **she was an** ~ **child** она́ была́ еди́нственным ребёнком; **this ring is the** ~ **one of its kind** э́то кольцо́ — еди́нственное в своём ро́де; **she is not the** ~ **one** она́ не исключе́ние; **I was the** ~ **one there** кро́ме меня́ там никого́ не́ было; **he was the** ~ **one to object** он оди́н возража́л; ~ **women attended the meeting** на заседа́нии бы́ли одни́/то́лько же́нщины; ~ **a month ago** не да́лее как ме́сяц тому́ наза́д; **the** ~ **thing is, I can't afford it** де́ло то́лько/лишь в том, что мне э́то не по сре́дствам; **the** ~ **thing for flu is to go to bed** про́тив гри́ппа есть то́лько/лишь одно́ сре́дство — отлежа́ться (в посте́ли).
● *adv* то́лько; всего́; ~ **just** (*recently*) то́лько что; (*barely*) едва́; **I have** ~ **just arrived** я то́лько что при́был; **he was** ~ **just in time** он чуть (бы́ло) не опозда́л; он едва́ успе́л; **if** ~ **you knew** е́сли бы вы то́лько зна́ли; **I am** ~ **too pleased** я о́чень рад; **the engine started,** ~ **to stop again** мото́р завёлся, но тут же загло́х; **the soup was** ~ **warm** суп был е́ле тёплый.
● *conj* но; **I would go myself,** ~ **I'm tired** я пошёл бы сам, но я уста́л; **he's a good speaker,** ~ **he shouts a lot** он хоро́ший ора́тор, то́лько сли́шком кричи́т.
● *cpd* ~**-begotten** *adj* единоро́дный.

o.n.o. (*abbr of* ***or near(est) offer***) (*Br*) ≈ цена́ в райо́не да́нной су́ммы.

on-off /ˈɒnˈɒf/ *adj*: ~**-off switch** выключа́тель (*m*).

onomastic /,ɒnəˈmæstɪk/ *adj* ономасти́ческий.

onomastics /,ɒnəˈmæstɪks/ *n* онома́стика.

onomatopoeia /,ɒnə,mætəˈpiːə/ *n* звукоподража́ние.

onomatopoeic /,ɒnə,mætəˈpiːɪk/ *adj* звукоподража́тельный.

onrush /ˈɒnrʌʃ/ *n* на́тиск; (*attack*) ата́ка.

on-screen /ɒnˈskriːn/ *adj* (*comput*) экра́нный; ~ **graphics** экра́нная гра́фика; **follow the** ~ **instructions** сле́дуйте инстру́кциям на экра́не.

onset /ˈɒnset/ *n* нача́ло, наступле́ние.

onshore /ˈɒnʃɔː(r)/ *adj*: ~ **wind** морско́й ве́тер.

on-site /ˈɒnsaɪt/ *adj* на места́х/ме́сте.

onslaught /ˈɒnslɔːt/ *n* ата́ка, нападе́ние.

onto /ˈɒntuː/ = **on** *prep* **2**

ontological /,ɒntəˈlɒdʒɪk(ə)l/ *adj* онтологи́ческий.

ontology /ɒnˈtɒlədʒɪ/ *n* онтоло́гия.

onus /ˈəʊnəs/ *n* (*pl* **onuses**) бре́мя, отве́тственность; ~ **of proof** бре́мя доќазывания.

onward /ˈɒnwəd/ *adj* продвига́ющийся; ~ **movement** движе́ние вперёд.
● *adv* (*also* ~**s**) вперёд, да́лее; **from now** ~ впредь, отны́не; **from then** ~ с тех пор; с той поры́; (*in future*) с того́ вре́мени.

onyx /ˈɒnɪks/ *n* о́никс.

oodles /ˈuːd(ə)lz/ *n pl* (*coll*) ма́сса, у́йма, ку́ча; ~ **of money** ку́ча де́нег.

ooh /uː/ *int* (*expressing surpsise, delight*) ух ты! (*от удивления, восхищения*); (*expressing pain*) ой!, уй! (*от боли*).

oolite /ˈəʊə,laɪt/ *n* (*geol*) ооли́т.

oolitic /,əʊəˈlɪtɪk/ *adj* ооли́товый.

oomph /ʊmf/ *n* эне́ргия.

oops /uːps, ʊps/ *int* (*coll*) ой!

ooze /uːz/ *n* (*slime*) ил, ти́на; (*wet mud*) жи́жа; (*exudation*) проса́чивание.
● *vt* (*emit*): **the wound** ~**d blood** из ра́ны сочи́лась кровь; (*fig*): **he** ~**d self-confidence** он источа́л самоуве́ренность.
● *vi* (*flow slowly*) ме́дленно течь (*impf*); (*in drops*) сочи́ться (*impf*); (*fig*): ~ **away** уб|ыва́ть, -ы́ть; **his strength** ~**d away** си́лы покида́ли его́.

opacity /əˈpæsɪtɪ/ *n* **1** непрозра́чность. **2** (*obscurity*) нея́сность; сму́тность.

opal /ˈəʊp(ə)l/ *n* опа́л.
● *adj* опа́ловый; ~ **glass** моло́чное/ма́товое стекло́.

opal|escent /,əʊpəˈles(ə)nt/, **-ine** /ˈəʊpəlɪn/ *adjs* опа́ловый.

opaque /əʊˈpeɪk/ *adj* (**opaquer, opaquest**) непрозра́чный; (*dark, obscure*) тёмный; (*obtuse, dull-witted*) тупо́й, глу́пый.

opaqueness /əʊˈpeɪknɪs/ *n* непрозра́чность; темнота́; ту́пость, глу́пость.

op art /ɒpˈɑːt/ *n* оп-иску́сство.

op. cit. /ɒp ˈsɪt/ (*abbr of* ***opere citato***) в цити́рованном труде́.

OPEC /ˈəʊpek/ *n* (*abbr of* ***Organization of the Petroleum Exporting Countries***) ОПЕ́К (Организа́ция стран – экспортёров не́фти).

open /ˈəʊpən/ *n* **1** (~ *space*; ~ *air*) откры́тое простра́нство; **in the** ~ под откры́тым не́бом; на откры́том во́здухе.
2 (*fig*): **bring sth into the** ~ выявля́ть, вы́явить; выводи́ть, вы́вести что-н. на чи́стую во́ду (*coll*); **come into the** ~ выявля́ться, вы́явиться; (*be frank*) быть открове́нным.
● *adj* **1** откры́тый; **in the** ~ **air** на откры́том во́здухе; **receive, welcome with** ~ **arms** (*fig*) встр|еча́ть, -е́тить с распростёртыми объя́тиями (*or* тепло́/раду́шно); ~ **boat** беспа́лубное су́дно; ~ **car** откры́тая маши́на; ~ **carriage** откры́тый экипа́ж; ~ **competition** откры́тое соревнова́ние; ~ **contempt** я́вное/нескрыва́емое презре́ние; **in** ~ **country** на откры́той/непересечённой ме́стности; среди́ поле́й и луго́в; **in** ~ **court** на откры́том суде́бном заседа́нии; ~ **day** (*Br, at school*) день откры́тых двере́й; **keep one's ears** ~ прислу́шиваться (*impf*); навостри́ть (*pf*) у́ши; **with** ~ **eyes** (*or* **one's eyes** ~) с откры́тыми глаза́ми; (*fig*) вполне́ созна́тельно; ~ **flower** распусти́вшийся цвето́к; ~ **hostility** откры́тая вражда́; **they keep** ~ **house** у них откры́тый/гостеприи́мный дом; ~ **letter** откры́тое письмо́; ~ **market** откры́тый ры́нок; **have an** ~ **mind on sth** не име́ть предвзя́того мне́ния о + *p*; ~ **prison** (*Br*) тюрьма́ откры́того ти́па; **an** ~ **question** откры́тый/нерешённый вопро́с; **on the** ~ **road** на пусто́й/свобо́дной доро́ге; **on the** ~ **sea** в откры́том мо́ре; ~ **season** охо́тничий сезо́н; ~ **secret** секре́т Полишине́ля; ~ **space** откры́тое простра́нство; ~ **ticket** биле́т с откры́той да́той; ~ **verdict** смерть при неустано́вленных обстоя́тельствах; ~ **warfare** откры́тая война́; ~ **winter** мя́гкая зима́; ~ **wound** откры́тая/незажи́вшая ра́на; **break** ~ (*vt*) вскры|ва́ть, -ть; (*letter*) распеча́т|ывать, -ать; взл|а́мывать, -ома́ть; **the door flew** ~ дверь распахну́лась; **he threw the window** ~ он распахну́л окно́; **we left the matter** ~ мы оста́вили вопро́с откры́тым.
2 (*accessible, available*) досту́пный; **the road is** ~ **to traffic** доро́га откры́та для движе́ния; **the chairman threw the debate** ~ председа́тель объяви́л пре́ния откры́тыми; ~ **to attack** уязви́мый; ~ **to question** спо́рный; ~ **to misinterpretation** спосо́бный вы́звать непра́вильное толкова́ние; ~ **to offer** гото́вый рассмотре́ть предложе́ние.
3 (*frank*) откры́тый, открове́нный.
● *vt* **1** откр|ыва́ть, -ы́ть; (*unseal*) распеча́т|ывать, -ать; (*unwrap*) разв|ора́чивать, -ерну́ть; (*book,

O

newspaper) откр|ыва́ть, -ы́ть; раскр|ыва́ть, -ы́ть; (*vein*; *parcel at customs etc.*) вскр|ыва́ть, -ы́ть; (*bottle*) отку́пори|вать, -ть; ~ **wide** (*e.g. door*) распа́х|ивать, -ну́ть; **he ~ed his mouth wide** он широко́ откры́л рот; **don't ~ your umbrella indoors** не раскрыва́йте зо́нтик в ко́мнате.
2 (*fig*): **she ~ed her heart to me** она́ откры́ла мне ду́шу; **I ~ed his eyes to the situation** я откры́л ему́ глаза́ на положе́ние дел; **he ~ed an account** он откры́л счёт; **the secretary ~ed the debate** секрета́рь откры́л пре́ния; **the enemy ~ed fire** неприя́тель откры́л ого́нь; **we ~ed negotiations** мы приступи́ли к перегово́рам; **a new business has been ~ed** откры́ли но́вый би́знес.
3: **a road was ~ed through the forest** че́рез лес проложи́ли доро́гу; **they are planning to ~ a mine** они́ собира́ются заложи́ть ша́хту.
● *vi* **1** откр|ыва́ться, -ы́ться; (*unfold*, ~ *wide*) раскр|ыва́ться, -ы́ться; **the heavens ~ed** (*fig*) разве́рзлись хля́би небе́сные.
2 (*fig*, *begin*) нач|ина́ться, -а́ться; **the play ~s with a long speech** пье́са начина́ется дли́нным моноло́гом; **the new play ~s on Saturday** но́вая пье́са идёт с суббо́ты; **I shall ~ by reading the minutes** я начну́ с чте́ния протоко́ла.
3 (*of door, room etc.*): **the study ~s into the drawing room** кабине́т сообща́ется с гости́ной; **the windows ~ on to a courtyard** о́кна выхо́дят во двор.
● *with advs*: ~ **out** *vi*: **the roses ~ed out** ро́зы распусти́лись; ~ **up** *vt*: ~ **up!** (*command to open*) откро́йте дверь!; **he ~ed up the boot (of the car)** он откры́л бага́жник; (*territory*) осв|а́ивать, -о́ить; **his stories ~ up a new world** его́ расска́зы раскрыва́ют но́вый мир; *vi*: **he ~ed up about his visit** он открове́нно рассказа́л о свое́й пое́здке; **a machine gun ~ed up** пулемёт на́чал стреля́ть.
● *cpds* **~-air** *adj*: **~-air life** жизнь на откры́том во́здухе; **~cast** *adj* (*Br*): **~cast mining** откры́тые го́рные рабо́ты; **~-ended** *adj* (*fig*) (*with no preconditions*) не име́ющий зара́нее предусмо́тренных усло́вий; (*with no time limit*) бессро́чный; **~-handed** *adj* ще́дрый; **~-heart** *adj*: **~-heart operation** опера́ция, проводи́мая на отключённом се́рдце; **~-hearted** *adj* (*sincere*) чистосерде́чный; (*generous*) великоду́шный; **~-hearth** *adj*: **~-hearth furnace** марте́новская печь; **~-minded** *adj* непредвзя́тый, непредубеждённый; **~-mouthed** *adj* рази́нувший (от удивле́ния) рот; **~-plan** *adj* с откры́той планиро́вкой; **~work** *n* мере́жка; ажу́рная стро́чка; *adj* ажу́рный.

opener /ˈəʊpənə(r), ˈəʊpnə(r)/ *n* (*for cans etc.*) консе́рвный нож; открыва́лка/открыва́шка (*coll, also for bottles*).

opening /ˈəʊpənɪŋ, ˈəʊpnɪŋ/ *n* **1** (*vbl senses*) откры́тие, раскры́тие, вскры́тие. **2** (*aperture*) отве́рстие; прохо́д. **3** (*beginning*) нача́ло; (*of play, speech*) вступле́ние; (*initial part*) вступи́тельная часть. **4** (*job*) ме́сто, вака́нсия. **5** (*favourable opportunity*) удо́бный слу́чай; благоприя́тная возмо́жность. **6** (*chess*) дебю́т.
● *adj* (*initial*) нача́льный, пе́рвый; (*introductory*) вступи́тельный; ~ **remarks** вступи́тельные замеча́ния; ~ **night** премье́ра; (*working*): ~ **hours** рабо́чие часы́; часы́ рабо́ты.

openly /ˈəʊpənlɪ/ *adv* откры́то; (*frankly*) открове́нно; (*publicly*) публи́чно, откры́то.

openness /ˈəʊpənnɪs/ *n* (*frankness*) откры́тость, открове́нность; (*pol*) гла́сность.

the Open University

Зао́чный университе́т в Великобрита́нии. Обуче́ние на всех факульте́тах прово́дится на зао́чной осно́ве. В э́том университе́те у́чатся студе́нты всех во́зрастов. Они́ рабо́тают самостоя́тельно и отсыла́ют пи́сьменные рабо́ты свои́м преподава́телям. Сте́пень, полу́ченная в э́том университе́те, равноце́нна сте́пени любо́го друго́го университе́та.

opera[1] /ˈɒpərə/ *n* о́пера; **at the ~** на о́пере; **to the ~** на о́перу; (*branch of art*) о́перное иску́сство, о́пера.
● *cpds* ~ **glass(es)** *n* (*pl*) театра́льный бино́кль; ~ **house** *n* о́перный теа́тр; ~ **singer** *n* о́перн|ый пев|е́ц (*fem* -ая -и́ца).

opera[2] /ˈɒpərə/ *pl of* ⇒**opus**

operable /ˈɒpərəb(ə)l/ *adj* **1** (*med*) опера́бельный. **2** (*workable*) де́йствующий, функциони́рующий.

operate /ˈɒpəˌreɪt/ *vt* **1** (*control work of*) управля́ть (*impf*) + *i*; эксплуати́ровать (*impf*); **he ~s a lathe** он рабо́тает на тока́рном станке́; **the company ~s three factories** э́та компа́ния управля́ет тремя́ фа́бриками; **the machine is ~d by electricity** э́та маши́на рабо́тает на электри́честве.
2 (*bring into motion*) прив|оди́ть, -ести́ в движе́ние.
3 (*put into effect*): **we ~ a simple system** мы применя́ем просту́ю систе́му.
● *vi* **1** (*work, act*) рабо́тать (*impf*); де́йствовать (*impf*); **the brakes failed to ~** тормоза́ отказа́ли.
2 (*produce effect or influence*) ока́з|ывать, -а́ть влия́ние (на + *a*); де́йствовать, по- (на + *a*).
3: ~ **on** (*med*) опери́ровать (*impf, pf*) (**for:** по по́воду + *g*).
4 (*mil*) де́йствовать (*impf*); опери́ровать (*impf, pf*).

operatic /ˌɒpəˈrætɪk/ *adj* о́перный.

operating /ˈɒpəˌreɪtɪŋ/ *adj* **1** (*med*): ~ **room** (*US*), **theatre** (*Br*) операцио́нная; ~ **table** операцио́нный стол. **2**: ~ **costs** эксплуатацио́нные расхо́ды.
3 (*comput*): ~ **system** операцио́нная систе́ма.

operation /ˌɒpəˈreɪʃ(ə)n/ *n* **1** (*action, effect*) де́йствие; рабо́та; **bring into ~** прив|оди́ть, -ести́ в де́йствие; **come into ~** нач|ина́ть, -а́ть де́йствовать; **go out of ~** выходи́ть, вы́йти из строя́. **2** (*force, validity*) си́ла, де́йствие. **3** (*process*) проце́сс, опера́ция. **4** (*control, making work*) эксплуата́ция, управле́ние.
5 (*business transaction*) опера́ция.
6 (*mil*) опера́ция, де́йствия (*nt pl*); **combined ~s** совме́стные де́йствия; **~s room** кома́ндный пункт. **7** (*med*) опера́ция; операти́вное вмеша́тельство; **an ~ for cancer** опера́ция по по́воду ра́ка; **perform an ~** де́лать, с- (*or* произв|оди́ть, -ести́) опера́цию. **8** (*math*) де́йствие.

operational /ˌɒpəˈreɪʃən(ə)l/ *adj* **1** (*mil*) операти́вный; ~ **unit** боево́е подразделе́ние. **2** де́йствующий; **the fleet is ~** флот нахо́дится в состоя́нии боево́й гото́вности; **the factory is fully ~** заво́д по́лностью гото́в к эксплуата́ции. **3** (*needed for operating*): ~ **data** рабо́чие да́нные.

operative /ˈɒpərətɪv/ *n* (*machine operator*) стано́чник, опера́тор (*какого-н. устройства*); (*on production line*) квалифици́рованный рабо́чий.
● *adj* **1** (*working, operating*) де́йствующий; (*having force*) действи́тельный; (*effective*) де́йственный; **become ~** (*of law etc.*) входи́ть, войти́ в си́лу. **2** (*practical*) операти́вный.

operator /ˈɒpəˌreɪtə(r)/ *n* **1** (*one who works a machine*) опера́тор.
2 (*telephonist*) телефони́ст (*fem* -ка); (*radio ~*) связи́ст, ради́ст (*fem* -ка).
3 (*comm*) деле́ц.

operetta /ˌɒpəˈretə/ *n* опере́тта.

ophthalmic /ɒfˈθælmɪk/ *adj* глазно́й; ~ **optician** (*Br*) окули́ст.

ophthalmological /ˌɒfθælməˈlɒdʒɪk(ə)l/ *adj* офтальмологи́ческий.

ophthalmologist /ˌɒfθælˈmɒlɒdʒɪst/ *n* офтальмо́лог.

ophthalmology /ˌɒfθælˈmɒlədʒɪ/ *n* офтальмоло́гия.

ophthalmoscope /ɒfˈθælməˌskəʊp/ *n* офтальмоско́п.

opiate /ˈəʊpɪət/ *n* опиа́т; (*fig*) о́пиум.

opine /əʊˈpaɪn/ *vt* (*literary*) (*express one's opinion*) выска́зывать, вы́сказать мне́ние (**that:** (о том), что...).

opinion /əˈpɪnjən/ *n* (*judgement, belief*) мне́ние; (*view*) взгляд; **in the ~ of** по мне́нию + *g*; **in my ~** по моему́ мне́нию, по-мо́ему, на мой взгляд; **be of the ~ that ...** держа́ться (*impf*) того́ мне́ния, что...; полага́ть (*impf*) (*or* счита́ть (*impf*)), что...; **change one's ~** меня́ть (*impf*), перемени́ть (*pf*) мне́ние; **form an ~** сост|авля́ть, -а́вить себе́ мне́ние; **that is a matter of ~** э́то зави́сит от то́чки зре́ния; ~ **poll** опро́с обще́ственного мне́ния; (*estimate*): **have a high/low ~ of** быть высо́кого/невысо́кого мне́ния о + *p*; (*conviction*) убежде́ние; (*expert judgment*) заключе́ние; **I wish to get another ~** я хоте́л бы пригласи́ть ещё одного́ специали́ста.

opinionated /əˈpɪnjəˌneɪtɪd/ *adj* догмати́чный.

opium /ˈəʊpɪəm/ *n* о́пиум; ~ **den** прито́н кури́льщиков о́пиума.

opossum /ə'pɒsəm/ *n* опóссум.

opponent /ə'pəʊnənt/ *n* оппонéнт, прoти́вник; (*sport*) прoти́вник, сопéрник.

opportune /'ɒpə,tju:n/ *adj* (*timely*) своеврéменный, умéстный; (*suitable*) подходя́щий.

opportunism /,ɒpə'tju:nız(ə)m, 'ɒpə-/ *n* оппортуни́зм.

opportunist /,ɒpə'tju:nıst/ *n* оппортуни́ст.
● *adj* оппортунисти́ческий.

opportunistic /,ɒpətju:'nıstık/ *adj* оппортунисти́ческий.

opportunit|y /,ɒpə'tju:nıtı/ *n* (*favourable circumstance*) удóбный слу́чай; (*good chance*) возмóжность; **as ~y offers** при слу́чае; **there were few ~ies of, for hearing music** почти́ нé было возмóжности слу́шать му́зыку; **I had no ~y to thank him** у меня́ нé было возмóжности поблагодари́ть егó; **ring me up if you get the ~y!** позвони́те, éсли бу́дет возмóжность (*or* предстáвится слу́чай); **he seized, took the ~y to ...** он воспóльзовался слу́чаем, чтóбы...; **he let slip a golden ~y** он упусти́л блестя́щую возмóжность.

oppos|e /ə'pəʊz/ *vt* **1** (*set against or in contrast to*) противопост|авля́ть, -áвить (*что чему*); **two ~ed ideas** две противополóжные идéи; **as ~ed to** в отли́чие от + *g*; **I am firmly ~ed to the idea** я реши́тельно прóтив э́той идéи. **2** (*set o.s. against*) возра|жáть, -зи́ть (*or* выступáть, вы́ступить) прóтив + *g*; **the ~ing side** проти́вная сторонá; (*sport*) комáнда проти́вника; (*show opposition to*) проти́виться (*impf*) + *d*; окáз|ывать, -áть сопротивлéние + *d*; (*reject; propose rejection of*) отклон|я́ть, -и́ть; **he ~ed my request** он отклони́л мою́ прóсьбу.

opposite /'ɒpəzıt/ *n* противополóжность; **he was quite the ~ of what I expected** он оказáлся пóлной противополóжностью тогó, что я ожидáл; **just the ~** как раз наоборóт.
● *adj* противополóжный; **the ~ sex** противополóжный пол; **his house is ~ ours** егó дом (стои́т) напрóтив нáшего; **in the ~ direction** в обрáтном направлéнии; **~ poles** (*elec*) разноимённые пóлюсы; **~ number** лицó, занимáющее таку́ю же дóлжность в другóй организáции.
● *adv* напрóтив.
● *prep* (на)прóтив + *g*; **put a tick ~ your name** постáвьте гáлочку прóтив вáшей фами́лии.

opposition /,ɒpə'zıʃ(ə)n/ *n* **1** (*placing or being placed opposite*) противопоставлéние; **they found themselves in ~ (to each other)** они́ оказáлись в противополóжных лáгерях. **2** (*contrast*) противополóжность. **3** (*resistance, contrary action*) сопротивлéние, противодéйствие, оппози́ция; **the infantry encountered heavy ~** пехóта встрéтила си́льное сопротивлéние; **he offered no ~** он не оказáл никакóго сопротивлéния. **4** (*Br, pol*) оппози́ция; **the Leader of the O~** ли́дер оппози́ции; **the party was in ~** пáртия находи́лась в оппози́ции. **5** (*astron*) противостоя́ние.

oppositionist /,ɒpə'zıʃənıst/ *n* оппозиционéр.

oppress /ə'pres/ *vt* **1** (*of a ruler or government*) угнетáть (*impf*); притесн|я́ть, -и́ть; подав|ля́ть, -и́ть. **2** (*weigh down; weary*) удруч|áть, -и́ть; томи́ть (*impf*); **feel ~ed with the heat** томи́ться (*impf*) от жары́.

oppression /ə'preʃ(ə)n/ *n* (*oppressing*) угнетéние, гнёт, притеснéние, тирани́я; (*being oppressed*) угнетённость.

oppressive /ə'presıv/ *adj* угнетáющий, давя́щий; (*tyrannical*) деспоти́ческий; (*burdensome*) тя́гостный; (*wearisome*) утоми́тельный; **~ weather** угнетáющая/ду́шная погóда.

oppressor /ə'presə(r)/ *n* угнетáтель (*m*).

opprobrious /ə'prəʊbrıəs/ *adj* (*injurious*) оскорби́тельный; (*shameful*) позóрный.

opprobrium /ə'prəʊbrıəm/ *n* (*reproach*) напáдки (*m pl*); негодовáние, возмущéние; (*shame, disgrace*) позóр.

opt /ɒpt/ *vi*: **~ for** выбирáть, вы́брать; **~ out of** откáз|ываться, -áться от учáстия в + *p*; (доброво́льно) выбывáть, вы́быть из + *g*.
● *cpd* **~-out** *n* откáз от учáстия в чём-н.

optative /ɒp'teıtıv, 'ɒptətıv/ *n* (**~ mood**) оптати́в, желáтельное наклонéние.
● *adj* оптати́вный.

optic /'ɒptık/ *n* **1** (*lens*) ли́нза. **2** (*joc, eye*) глаз.
● *adj* зри́тельный, глазнóй; **~ angle** у́гол зрéния; **~ nerve** зри́тельный нерв.

optical /'ɒptık(ə)l/ *adj* опти́ческий; **~ fibre** (*Br*), **fiber** (*US*) опти́ческое волокнó; **~ illusion** опти́ческий обмáн.

optician /ɒp'tıʃ(ə)n/ *n* окули́ст.

optics /'ɒptıks/ *n* óптика.

optimism /'ɒptı,mız(ə)m/ *n* оптими́зм.

optimist /'ɒptımıst/ *n* оптими́ст (*fem* -ка).

optimistic /,ɒptı'mıstık/ *adj* оптимисти́ческий, оптимисти́чный.

optimum /'ɒptıməm/ *adj* оптимáльный.

option /'ɒpʃ(ə)n/ *n* **1** (*choice*) вы́бор; (возмóжный) вариáнт (вы́бора); (*addition to the main product, esp car ~*) óпция; **soft ~** лёгкий вы́бор; **I have no ~ but to ...** у меня́ нет другóго вы́бора, (крóме) как...; **keep, leave one's ~s open** ост|авля́ть, -áвить вы́бор за собóй. **2** (*right of choice*) прáво вы́бора; **I have an ~ on the house** я обладáю преиму́щественным прáвом на поку́пку э́того дóма. **3** (*comput*) комáнда/пункт меню́. **4** (*stock exchange etc.*) опциóн; **~ price** курс прéмий (*fin*).

optional /'ɒpʃən(ə)l/ *adj* необязáтельный, факультати́вный; (*marketing*) опционáльный.

optometrist /ɒp'tɒmıtrıst/ *n* (*US*) окули́ст.

opulence /'ɒpjʊləns/ *n* богáтство, оби́лие, изоби́лие.

opulent /'ɒpjʊlənt/ *adj* (*wealthy*) богáтый; (*abundant*) оби́льный.

opus /'əʊpəs, 'ɒp-/ *n* (*pl* **opuses** *or* **opera**) **1** (*mus*) óпус. **2**: **magnum ~** труд всей жи́зни.

or /ɔ:(r), ə(r)/ *conj* **1** и́ли; **will you be here ~ not?** вы здесь бу́дете и́ли нет?; **he came for a day ~ two** он приéхал на день-другóй; **two ~ three** два-три. **2** (**~ else**) и́ли, инáче; и́ли же; а (не) то; **wear your coat ~ you'll catch cold** надéньте пальтó, инáче (*or* а то) (вы) просту́дитесь; **we must hurry ~ we'll be late** ну́жно поторáпливаться, а то (мы) опоздáем; **do as I say ~ else!** дéлай, что скáзано, и́ли пеня́й на себя́! **3**: **there were 20 ~ so people present** там бы́ло человéк 20 (*or* óколо двадцати́ человéк). **4**: **storm ~ no storm, I shall go** грозá не грозá, а я пойду́.

oracle /'ɒrək(ə)l/ *n* орáкул; (*oracular statement*) прорицáние, предсказáние.

oracular /ə'rækjʊlə(r)/ *adj* (*prophetic*) прорóческий; (*ambiguous*) двусмы́сленный; (*obscure*) загáдочный.

oral /'ɔ:r(ə)l/ *n* у́стный экзáмен.
● *adj* (*by word of mouth*) у́стный; **~ history** информáция(, полу́ченная) из сохрани́вшихся аудиозáписей очеви́дцев какóго-л. собы́тия; (*pertaining to mouth*) стоматологи́ческий; **~ cavity** ротовáя пóлость; **~ hygiene** гигиéна пóлости рта; **~ contraceptive** противозачáточная таблéтка, орáльный контрацепти́в; **~ sex** орáльный секс.

orange /'ɒrındʒ/ *n* **1** (*fruit*) апельси́н; (*attr*) апельси́новый (*see also cpds*); **Seville ~** померáнец. **2** (*tree*) апельси́новое дéрево; **~ marmalade** апельси́новый джем. **3** (*colour*) орáнжевый цвет.
● *adj* (*colour*) орáнжевый.
● *cpds* **~ blossom** *n* флёрдорáнж; померáнцевые цветы́ (*m pl*); **~ juice** *n* апельси́новый сок; **O~man** *n* (*pl* **O~men**) (*Br, pol*) оранжи́ст; **~ peel** *n* апельси́нная кóрка; (*candied*) апельси́нный цукáт; **~ pip** (*Br*), **seed** (*US*) *nn* зёрнышко апельси́на.

orangeade /,ɒrındʒ'eıd/ *n* (*Br*) оранжáд (*напиток*).

orangery /'ɒrındʒərı/ *n* оранжерéя (для вырáщивания апельси́новых дерéвьев).

orang-utan /ɔ:,ræŋu:'tæn/ *n* орангутáн(г).

orate /ɔ:'reıt/ *vi* орáторствовать (*impf*).

oration /ɔ:'reıʃ(ə)n, ə-/ *n* речь.

orator /'ɒrətə(r)/ *n* орáтор.

oratorical /,ɒrə'tɒrık(ə)l/ *adj* орáторский.

oratorio /,ɒrə'tɔ:rıəʊ/ *n* (*pl* **~s**) орaтóрия.

oratory /'ɒrətərı/ *n* (*rhetoric*) красноречие, ритóрика; (*chapel*) молéльня.

O

orb /ɔ:b/ *n* (*globe, sphere*) шар, сфéра; (*heavenly body*) небéсное светѝло; (*part of regalia*) держáва.

orbit /ˈɔ:bɪt/ *n* **1** (*of planet etc.*) орбѝта; (*circuit completed by space vehicle*) витóк. **2** (*eye socket*) глазнáя впáдина, орбѝта, глазнѝца. **3** (*fig, sphere of action*) сфéра дéятельности, орбѝта.
● *vt* (**orbited, orbiting**) (*move in ~ round*) вращáться (*impf*) вокрýг (+ *g*).
● *vi* (**orbited, orbiting**) (*move in ~*) вращáться (*impf*) по орбѝте.

orbital /ˈɔ:bɪt(ə)l/ *adj* (*astron*) орбитáльный; (*Br, of road*) кольцевóй; (*of eye*) глазнóй.

Orcadian /ɔ:ˈkeɪdɪən/ *n* жѝтель (*fem* -ница) Оркнéйских островóв; оркнé|ец (*fem* -йка).
● *adj* оркнéйский.

orchard /ˈɔ:tʃəd/ *n* (фруктóвый) сад; **cherry ~** вѝшнёвый сад.

orchestra /ˈɔ:kɪstrə/ *n* оркéстр; **full ~** симфонѝческий оркéстр; **~ pit** оркестрóвая я́ма; **~ stalls** (*Br*) партéр.

orchestral /ˌɔ:ˈkestr(ə)l/ *adj* оркестрóвый.

orchestrate /ˈɔ:kɪˌstreɪt/ *vt* оркестровáть (*impf, pf*); (*fig*) организóв|ывать, -áть.

orchestration /ˌɔ:kɪˈstreɪʃ(ə)n/ *n* оркестрóвка.

orchid /ˈɔ:kɪd/ *n* орхидéя.

ordain /ɔ:ˈdeɪn/ *vt* **1** (*eccl*) посвя|щáть, -тѝть в духóвный сан; **he was ~ed priest** он был посвящён в свящéнники. **2** (*destine, decree*) предпѝс|ывать, -áть.

ordeal /ɔ:ˈdi:l/ *n* мýка; (*unpleasant situation*) тяжёлое испытáние.

order /ˈɔ:də(r)/ *n* **1** (*arrangement*) поря́док; (*sequence, succession*) послéдовательность; **~ of the day** (*agenda*) повéстка дня; **in alphabetical ~** в алфавѝтном поря́дке; **in ~ of size** по размéру; **in ~ of importance** по стéпени вáжности; **out of ~, not in the right ~** не по поря́дку; не на (том) мéсте; **put sth in ~** прив|одѝть, -естѝ что-н. в поря́док.
2 (*mil formation*) строй; **battle ~** боевóй поря́док.
3 (*result of arrangement or control*) поря́док; **everything is in ~** всё в поря́дке; (*settled state*): **keep ~** поддéрживать/соблюдáть (*both impf*) поря́док; **restore ~** восстан|áвливать, -овѝть поря́док; **law and ~** правопоря́док; (*efficient state*) поря́док; (*of machinery*) испрáвность; **out of ~** неисправный, в плохóм состоя́нии; **the bell is out of ~** звонóк не рабóтает (*or* в неиспрáвности); **he got the typewriter into working ~** он починѝл (*or* привёл в поря́док) машѝнку.
4 (*procedure*) поря́док; (*procedural rules*) реглáмент; **call s.o. to ~** приз|ывáть, -вáть когó-н. к поря́дку; **call a meeting to ~** откр|ывáть, -ы́ть заседáние; **maintain, keep ~ (in the hall)** обеспéчи|вать, -ть соблюдéние поря́дка (в зáле); следѝть (*impf*) за поря́дком; **O~!** к поря́дку!; **he raised a point of ~** он вы́ступил по поря́дку ведéния заседáния; **is it in ~ to ask questions?** позволя́ется ли задавáть вопрóсы?; **out of ~** (*against procedure*) в нарушéние процедýры.
5 (*command, instruction*) прикáз, распоряжéние, поручéние; **by ~ of the president** по поручéнию/прикáзу президéнта; **give an/the ~** отд|авáть, -áть прикáз; **I won't take ~s from you** вы мной не распоряжáйтесь/комáндуйте; **obey ~s** подчин|я́ться, -ѝться прикáзу; **till further ~s** до дальнéйшего распоряжéния; **under s.o.'s ~s** под комáндой когó-н.; **get one's marching ~s** (*dismissal*) (*fig*) получ|áть, -ѝть отстáвку; (*warrant*) óрдер (*pl* -á); **~ to view (a house)** (*Br*) смотровóй óрдер.
6 (*direction to supply*) закáз (на + *a*); **on ~** по закáзу; **is on ~** закáзан; **put in an ~ for** закáз|ывать, -áть; **I am having a suit made to ~** я шью себé костю́м на закáз; **that's a tall ~** (*fig*) э́то нелёгкая/трýдная задáча.
7 (*direction to bank*): **standing ~** прикáз о регуля́рных платежáх; (*in pl, parl*) прáвила (*nt pl*) процедýры.
8 (*direction to Post Office*): **money/postal ~** дéнежный/почтóвый перевóд.
9 (*social group, stratum*) социáльная грýппа; слой; **lower ~s** нѝзшие слоѝ;
10 (*in pl, eccl*): **holy ~s** духóвный сан; **confer ~s on** рукопол|агáть, -ожѝть; **take ~s** прин|имáть, -я́ть духóвный сан.
11 (*distinction; insignia*) óрден (*pl* -á); **O~ of Lenin** (*hist*) óрден Лéнина; **he was awarded the O~ of the Garter** егó наградѝли óрденом Подвя́зки.
12 (*kind, sort, category*) сорт, род; **talent of another ~** талáнт инóго поря́дка; (*math*) поря́док; **a sum of the ~ of £10** сýмма поря́дка десятѝ фýнтов; (*biol*) отря́д; (*archit*) óрдер (*pl* -ы), óрден (*pl* -ы).
13 (*of chivalry or relig*) óрден (*pl* -ы).
14: **in ~ to** (для тогó,) чтóбы + *inf*; **in ~ that** (для тогó,) чтóбы + *past tense*.
● *vt* **1** (*arrange, regulate*) прив|одѝть, -естѝ в поря́док.
2 (*command*) прикáз|ывать, -áть; распоря|жáться, -дѝться; **he ~ed an enquiry** он приказáл (*or* дал распоряжéние) провестѝ расслéдование; **he ~ed the soldiers to leave** он приказáл солдáтам разойтѝсь; **he ~ed the gates to be closed** он приказáл закры́ть ворóта; **he was ~ed home** емý приказáли вернýться домóй.
3 (*prescribe*) пропѝс|ывать, -áть.
4 (*reserve; request; arrange for supply of*) закáз|ывать, -áть.
5: **~ s.o. about** комáндовать (*impf*) + *i*; **I don't like being ~ed about** я не люблю́, когдá мнóю комáндуют/распоряжáются.
● *cpds* **~ book** *n* (*Br*) кнѝга закáзов; **~ form** *n* бланк закáза.

orderliness /ˈɔ:dəlɪnɪs/ *n* (*order*) поря́док; (*methodical nature*) аккурáтность; (*good behaviour*) хорóшее поведéние, послушáние.

orderly /ˈɔ:dəlɪ/ *n* (*mil*) ординáрец; (*in hospital*) санитáр.
● *adj* **1** (*organized*) организóванный. **2** (*quiet; well-behaved*) тѝхий, послýшный. **3** (*methodical, neat, tidy*) аккурáтный, опря́тный. **4** (*mil*): **~ officer** (*Br*) дежýрный офицéр.

ordinal /ˈɔ:dɪn(ə)l/ *n* (**~** *number*) поря́дковое числѝтельное.

ordinance /ˈɔ:dɪnəns/ *n* укáз; (*decree*) декрéт.

ordinand /ˈɔ:dɪnənd/ *n* ожидáющий рукоположéния.

ordinariness /ˈɔ:dɪnərɪnɪs/ *n* обы́чность, заурядность.

ordinary /ˈɔ:dɪnərɪ/ *n*: **out of the ~** необы́чный, незауря́дный.
● *adj* (*usual*) обы́чный; (*average, common*) обыкновéнный; (*simple*) простóй; (*normal*) нормáльный; (*commonplace*) зауря́дный.
● *cpd* **~ seaman** *see* **⇒seaman**

ordination /ˌɔ:dɪˈneɪʃ(ə)n/ *n* (*eccl*) рукоположéние.

ordnance /ˈɔ:dnəns/ *n* (*artillery*) артиллéрия; **piece of ~** орýдие; (*military stores and material*) артиллерѝйско-технѝческое и вещевóе снабжéние; **O~ Survey** (*Br*) государственное картографѝческое управлéние; **O~ Survey map** кáрта картографѝческого управлéния.

Ordovician /ˌɔ:dəˈvɪʃɪən/ (*geol*) *n* (**the ~**) ордовѝкский периóд.
● *adj* ордовѝкский.

ordure /ˈɔ:djʊə(r)/ *n* (*dung*) навóз; (*filth*) грязь.

ore /ɔ:(r)/ *n* рудá.

oregano /ɒrɪˈgɑ:nəʊ/ *n* душѝца обыкновéнная, дѝкий майорáн.

organ /ˈɔ:gən/ *n* **1** (*mus*) оргáн, (*attr*) оргáнный; **mouth ~** губнáя гармóника, (*coll*) гармóшка; **street ~** шармáнка. **2** (*biol, pol etc.*) óрган; **~ donor** дóнор; **~ transplant** пересáдка óргана.
● *cpds* **~-grinder** *n* шармáнщик; **~ loft** *n* хóр|ы (*pl, g* -ов); галерéя; **~ pipe** *n* оргáнная трубá; **~ stop** *n* регѝстр оргáна.

organdie /ˈɔ:gəndɪ, -ˈgændɪ/ (*US also* **organdy**) *n* органдѝ (*f indecl*); кисея́.

organic /ɔ:ˈgænɪk/ *adj* органѝческий; **~ food** натурáльные пищевы́е продýкты; **~ whole** едѝное цéлое.

organism /ˈɔ:gəˌnɪz(ə)m/ *n* органѝзм.

organist /ˈɔ:gənɪst/ *n* органѝст (*fem* -ка).

organization /ˌɔ:gənaɪˈzeɪʃ(ə)n/ *n* организáция.

organize /ˈɔ:gəˌnaɪz/ *vt* организóв|ывать, -áть; устр|áивать, -óить; (*play, performance*) стáвить, по-; **it took him a long time to get ~d** он дóлго собирáлся; **she is an ~d person** онá человéк организóванный; **~d crime** организóванная престýпность.

organizer /ˈɔ:gəˌnaɪzə(r)/ *n* организáтор; **personal ~** органáйзер.

organophosphate /ɔ:ˌgænəʊˈfɒsfeɪt/ *n* органофосфáт.

orgasm /ˈɔ:gæz(ə)m/ *n* оргáзм.

O

orgiastic /ˌɔːdʒɪˈæstɪk/ *adj* (*fig*) разну́зданный.

orgy /ˈɔːdʒɪ/ *n* о́ргия; (*fig*) разгу́л.

oriel /ˈɔːrɪəl/ *n* э́ркер; **~ window** э́ркер.

Orient /ˈɔːrɪənt/ *n* Восто́к.
● *vt* = **orient(ate)**

oriental /ˌɔːrɪˈent(ə)l, ˌɒr-/ *adj* восто́чный; **~ studies** востокове́дение, ориентали́стика.

orientalism /ˌɔːrɪˈentəlɪz(ə)m, ˌɒr-/ *n* ориентали́зм.

orientalist /ˌɔːrɪˈentəlɪst, ˌɒr-/ *n* востокове́д, ориентали́ст.

orient(ate) /ˈɒrɪənt, ˈɒrɪənˌteɪt, ˈɔːr-/ *vt* (*determine position of*) ориенти́ровать (*impf, pf*) (*pf also* с-); определ|я́ть, -и́ть местонахожде́ние + *g*; **~ o.s.** ориенти́роваться (*impf, pf*) (*pf also* с-).

orientation /ˌɒrɪənˈteɪʃ(ə)n, ˌɔːr-/ *n* (*lit, fig*) ориентиро́вка, ориента́ция.

orienteering /ˌɔːrɪənˈtɪərɪŋ, ˌɒr-/ *n* спорти́вное ориенти́рование, ориенти́рование на ме́стности.

orifice /ˈɒrɪfɪs/ *n* (*aperture*) отве́рстие; (*mouth*) у́стье.

origin /ˈɒrɪdʒɪn/ *n* (*beginning, source*) нача́ло, исто́чник; (*derivation, extraction*) происхожде́ние; **he is of peasant ~** он вы́ходец из крестья́н.

original /əˈrɪdʒɪn(ə)l/ *n* **1** по́длинник, оригина́л; **a copy of the ~** ко́пия с по́длинника/оригина́ла; **I am reading Tolstoy in the ~** я чита́ю Толсто́го в по́длиннике (*or* в оригина́ле). **2** (*eccentric*) оригина́л, чуда́к.
● *adj* **1** (*first, earliest*) первонача́льный; **~ sin** перворо́дный грех; **the ~ inhabitants** иско́нные жи́тели. **2** (*archetypal; genuine*) по́длинный; **~ manuscript** по́длинная ру́копись. **3** (*constructive, inventive*) оригина́льный, самобы́тный; **an ~ mind** изобрета́тельный/самобы́тный ум. **4** (*novel, fresh*) но́вый, све́жий; своеобра́зный.

originality /əˌrɪdʒɪˈnælɪtɪ/ *n* оригина́льность, самобы́тность.

originally /əˈrɪdʒɪnəlɪ/ *adv* (*in the first place*) первонача́льно, исхо́дно; (*in origin*) по происхожде́нию.

originate /əˈrɪdʒɪˌneɪt/ *vt* **1** (*cause to begin, initiate*) порожд|а́ть, -и́ть; дав|а́ть, -ть нача́ло + *d*. **2** (*create*) созд|ава́ть, -а́ть; поро|жда́ть, -ди́ть.
● *vi* брать, взять нача́ло; (*arise*) возн|ика́ть, -и́кнуть; (*of sth bad*) зав|оди́ться, -ести́сь; **the quarrel ~d in a remark of mine** ссо́ра возни́кла из-за моего́ замеча́ния.

origination /əˌrɪdʒɪˈneɪʃ(ə)n/ *n* (*source, origin*) нача́ло, происхожде́ние; (*creation*) созда́ние.

originator /əˈrɪdʒɪˌneɪtə(r)/ *n* (*initiator*) инициа́тор; (*author*) а́втор; (*creator*) созда́тель (*m*); (*inventor*) изобрета́тель (*m*); (*sender of message*) отправи́тель (*m*).

oriole /ˈɔːrɪəʊl/ *n* и́волга.

Orkney /ˈɔːknɪ/ *n*: **the ~s** (*also* **the ~ Islands**) Оркне́йские острова́ (*m pl*); (*attr*) оркне́йский.

ormolu /ˈɔːməˌluː/ *n* золочёная бро́нза.

ornament¹ /ˈɔːnəmənt/ *n* **1** (*adornment, embellishment*) украше́ние. **2** (*decorative article or feature*) орна́мент.

ornament² /ˈɔːnəˌment/ *vt* укр|аша́ть, -а́сить.

ornamental /ˌɔːnəˈment(ə)l/ *adj* орнамента́льный; (*decorative*) декорати́вный.

ornamentation /ˌɔːnəmenˈteɪʃ(ə)n/ *n* украше́ние.

ornate /ɔːˈneɪt/ *adj* бога́то укра́шенный; (*of style*) витиева́тый, цвети́стый.

ornithological /ˌɔːnɪθəˈlɒdʒɪk(ə)l/ *adj* орнитологи́ческий.

ornithologist /ˌɔːnɪˈθɒlədʒɪst/ *n* орнито́лог.

ornithology /ˌɔːnɪˈθɒlədʒɪ/ *n* орнитоло́гия.

orotund /ˈɒrəˌtʌnd, ˈɔːr-/ *adj* (*of voice*) зву́чный, полнозву́чный; (*of style*) высокопа́рный; (*pretentious*) напы́щенный.

orphan /ˈɔːf(ə)n/ *n* сирота́ (*cg*).
● *adj* сиро́тский.
● *vt* лиш|а́ть, -и́ть (*кого*) роди́телей; де́лать, с- сирото́й; **an ~ed child** осироте́вший ребёнок.

orphanage /ˈɔːfənɪdʒ/ *n* прию́т для сиро́т.

orris /ˈɒrɪs/ *n* (*bot*) каса́тик флоренти́йский.
● *cpd* **~ root** *n* фиа́лковый ко́рень; (*powder*) порошо́к из фиа́лкового ко́рня.

orthodox /ˈɔːθəˌdɒks/ *adj* (*relig*) ортодокса́льный (*also fig*), правове́рный; **the O~ Church** правосла́вная це́рковь.

orthodoxy /ˈɔːθəˌdɒksɪ/ *n* (*relig*) ортодокса́льность (*also fig*), правове́рность; (*denomination*) правосла́вие.

orthographic(al) /ˌɔːθəˈɡræfɪk, ˌɔːθəˈɡræfɪk(ə)l/ *adj* орфографи́ческий.

orthography /ɔːˈθɒɡrəfɪ/ *n* правописа́ние, орфогра́фия.

orthopaedic /ˌɔːθəˈpiːdɪk/ (*US* **orthopedic**) *adj* ортопеди́ческий.

orthopaedics /ˌɔːθəˈpiːdɪks/ (*US* **orthopedics**) *n* ортопе́дия.

orthopaedist /ˌɔːθəˈpiːdɪst/ (*US* **orthopedist**) *n* ортопе́д.

ortolan /ˈɔːtələn/ *n* садо́вая овся́нка (*птица*).

oryx /ˈɒrɪks/ *n* сернобы́к.

Oscar /ˈɒskə(r)/ *n* (*cin*) пре́мия О́скара.
● *cpds* **~-winner** *n* лауреа́т пре́мии О́скара; **~-winning** *adj*: **~-winning picture** фильм, получи́вший О́скара.

oscillate /ˈɒsɪˌleɪt/ *vt* кача́ть (*impf*).
● *vi* (*swing*) кача́ться (*impf*); (*elec, radio; also fig*) колеба́ться (*impf*).

oscillation /ˌɒsɪˈleɪʃ(ə)n/ *n* колеба́ние; (*elec*) осцилля́ция.

oscillator /ˈɒsɪˌleɪtə(r)/ *n* осцилля́тор; (*radio*) генера́тор.

oscillatory /ɒˈsɪlətərɪ, ˈɒsɪˌleɪtərɪ/ *adj* колеба́тельный.

oscillograph /əˈsɪləˌɡrɑːf/ *n* осцилло́граф.

oscilloscope /əˈsɪləˌskəʊp/ *n* осциллоско́п.

osier /ˈəʊzɪə(r)/ *n* (*plant*) и́ва; (*shoot*) лоза́.
● *adj* и́вовый.
● *cpd* **~ bed** *n* ивня́к.

Oslo /ˈɒzləʊ/ *n* О́сло (*m indecl*).

osmium /ˈɒzmɪəm/ *n* (*chem*) о́смий.

osmosis /ɒzˈməʊsɪs/ *n* (*biol, chem*) о́смос.

osmotic /ɒzˈmɒtɪk/ *adj* (*biol, chem*) осмоти́ческий.

osprey /ˈɒspreɪ, -prɪ/ *n* (*pl* **~s**) (*zool*) скопа́.

osseous /ˈɒsɪəs/ *adj* (*of bone*) костяно́й; (*bony*) кости́стый.

ossification /ˌɒsɪfɪˈkeɪʃ(ə)n/ *n* окостене́ние (*also fig*).

ossif|y /ˈɒsɪˌfaɪ/ *vt & i* превра|ща́ть(ся), -ти́ть(ся) в кость; (*fig*) заст|ыва́ть, -ы́ть; костене́ть, о-.

Ostend /ɒˈstend/ *n* Остенде (*m indecl*) (*порт в Бельгии, связывающий паромным сообщением Британию с континентом*).

ostensibl|e /ɒˈstensɪb(ə)l/ *adj* (*for show*) показно́й; (*professed*) мни́мый; **he called ~y to thank me** он пришёл я́кобы для того́, что́бы поблагодари́ть меня́.

ostentation /ˌɒstenˈteɪʃ(ə)n/ *n* (*display*) выставле́ние напока́з; (*boasting*) хвастовство́, бахва́льство.

ostentatious /ˌɒstenˈteɪʃəs/ *adj* показно́й, хвастли́вый.

osteoarthritis /ˌɒstɪəʊɑːˈθraɪtɪs/ *n* остеоартри́т.

osteopath /ˈɒstɪəˌpæθ/ *n* остеопа́т.

osteopathic /ˌɒstɪəˈpæθɪk/ *adj* остеопати́ческий.

osteopathy /ˌɒstɪˈɒpəθɪ/ *n* остеопа́тия.

osteoporosis /ˌɒstɪəʊpəˈrəʊsɪs/ *n* остеопоро́з.

ostler /ˈɒslə(r)/ (*also* **hostler**) *n* ко́нюх.

ostracism /ˈɒstrəˌsɪz(ə)m/ *n* (*hist, fig*) остраќизм; (*fig*) изгна́ние (из о́бщества).

ostracize /ˈɒstrəˌsaɪz/ *vt* подв|ерга́ть, -е́ргнуть остраќизму; изг|оня́ть, -на́ть.

ostrich /ˈɒstrɪtʃ/ *n* стра́ус (*африканский*); (*attr*) страуси́ный.

other /ˈʌðə(r)/ *pron* друго́й, ино́й; **the ~** (*literary, person referred to*) тот; **one (thing) or the ~** одно́ из двух; **~s may disagree with you** други́е/ины́е мо́гут с ва́ми не согласи́ться; **as an example to ~s** в приме́р други́м/про́чим; **'~s'** (*in classification*) про́чие; **one after the ~** оди́н за други́м; **we talked of this, that and the ~** мы говори́ли о том о сём (*coll*); **someone or ~** кто́-нибудь; **some day or ~** когда́-нибудь, ка́к-нибудь; **somehow or ~** ка́к-нибудь; **I want this book and no ~** я хочу́ и́менно э́ту кни́гу; **it was none ~ than Mr Brown** э́то был не кто ино́й, как сам г-н Бра́ун; **no one ~ than he** никто́ кро́ме него́; **I could do no ~ than agree** мне не остава́лось ничего́ друго́го, как согласи́ться; (*expressing reciprocity*): **they were in love with each ~** они́ бы́ли влюблены́ друг в дру́га; **they got in each ~'s way** они́ друг дру́гу

O

мешáли; (*in pl, additional ones; more*) ещё + *g*; **let me see some ~s** покажи́те ещё каки́е-нибудь!; **there are no ~s** други́х нет; (*remaining ones*) остальны́е; **the ~s had already gone** остальны́е уже́ ушли́; **why this day of all ~s?** почему́ и́менно сего́дня?

● *adj* **1** друго́й; **on the ~ hand** с друго́й стороны́; **on the ~ side of the road** на друго́й/той стороне́ доро́ги; **the ~ world** тот свет; **the ~ side of the moon** обра́тная сторона́ Луны́; **we must find some ~ way** мы должны́ найти́ друго́й спо́соб; **there was no ~ place to go** бо́льше идти́ бы́ло не́куда; **some ~ time** в друго́й раз. **2** (*additional*) ещё + *g*; **how many ~ children have you?** ско́лько у вас ещё дете́й? **3** (*remaining*) остально́й; **we shall visit the ~ museums tomorrow** мы посети́м остальны́е музе́и за́втра; **~ things being equal** при про́чих ра́вных усло́виях. **4**: **the ~ day** на дня́х; **every ~** ка́ждый второ́й; **every ~ day** че́рез день. **5**: **~ ranks** (*Br, mil*) сержа́нтско-рядово́й соста́в.

● *adv*: *see* ⇨**otherwise** *adv* **1**

● *cpd* **~-worldly** *adj* (*not of this world*) не от ми́ра сего́; (*relating to life after death*) потусторо́нний.

otherness /ˈʌðənɪs/ *n* непохо́жесть, отли́чие.

otherwise /ˈʌðəˌwaɪz/ *adj*: **the matter is quite ~** де́ло обстои́т совсе́м ина́че/не так.

● *adv* **1** (*in a different way*) ина́че, по-друго́му, други́м спо́собом; **I was ~ engaged** я был за́нят други́м (де́лом); **~ known as ...** та́кже имену́емый + *i*; (*of person*) он же; **I could do no ~ (or other)** я не мог поступи́ть ина́че. **2** (*in other respects or circumstances*): в други́х отноше́ниях; **the house is cold but ~ comfortable** дом холо́дный, но в остально́м удо́бный; **I will go if you do, but not ~** я пойду́, то́лько е́сли вы то́же пойдёте. **3** (*if not; or else*) ина́че, а то; **I went, ~ I would have missed them** я пошёл, ина́че я бы их не заста́л; **shut the windows, ~ it will be noisy** закро́йте о́кна, а то бу́дет шу́мно. **4**: **the merits or ~ of the plan** досто́инства и́ли недоста́тки э́того пла́на.

otiose /ˈəʊʃɪəʊs, ˈəʊt-, -əʊz/ *adj* изли́шний.

otitis /əˈtaɪtɪs/ *n* оти́т.

OTT (*abbr of* ***over-the-top***) (*Br coll*) чрезме́рный; **it's/that's ~** э́то уже́ сли́шком.

Ottawa /ˈɒtəwə/ *n* Отта́ва.

otter /ˈɒtə(r)/ *n* вы́дра; **sea ~** кала́н, морска́я вы́дра.

Ottoman /ˈɒtəmən/ *n* (*pl* **Ottomans**) (*hist*) оттома́н.

● *adj* оттома́нский.

ottoman /ˈɒtəmən/ *n* (*pl* **ottomans**) (*sofa*) оттома́нка, тахта́.

ouch /aʊtʃ/ *int* ой!, ай!

ought /ɔːt/ *v aux* **1** (*expressing duty*) до́лжен; **you ~ to go there** вы должны́ (*or* вам сле́дует) туда́ пойти́; **you ~ to have gone yesterday** вам сле́довало пойти́ туда́ вчера́; **he ~ never to have done it** он ни в ко́ем слу́чае не до́лжен был так поступа́ть. **2** (*expressing desirability*) до́лжен; на́до (+ *d*); **you ~ to see that film** вы (непреме́нно) должны́ посмотре́ть э́тот фильм; **you ~ to have seen his face** на́до бы́ло ви́деть его́ лицо́; **I told him the house ~ to be painted** я сказа́л ему́, что дом на́до покра́сить. **3** (*expressing probability*) должно́ быть, вероя́тно; **if he started early he ~ to be there by now** е́сли он отпра́вился ра́но, то сейча́с он, вероя́тно (*or* должно́ быть), уже́ там; **it ~ not to take you long** э́то не должно́ заня́ть у вас мно́го вре́мени.

oughtn't /ˈɔːt(ə)nt/ *contracted neg of* ⇨**ought**

ouija board /ˈwiːdʒə/ *n* планше́тка для спирити́ческих сеа́нсов.

ounce[1] /aʊns/ *n* (*weight*) у́нция (= *28,35 г*); (*fig*): **he hasn't an ~ of sense** у него́ нет ни ка́пли/гра́мма здра́вого смы́сла.

ounce[2] /aʊns/ *n* (*zool*) и́рбис.

our /ˈaʊə(r)/ *possessive adj* наш; **O~ Father** О́тче наш; **O~ Lady** Бо́жья Ма́терь, Пресвята́я Де́ва; **in ~ midst** среди́ нас, в на́шей среде́; **in ~ opinion** (*i.e. of the writer, editor*) по на́шему мне́нию.

ours /ˈaʊəz/ *possessive pron* наш; **~ is a blue car** на́ша маши́на си́няя; **this tree is ~** э́то де́рево на́ше; **this government of ~** э́то на́ше прави́тельство; **if you are short of chairs, borrow ~** е́сли у вас не хвата́ет сту́льев, возьми́те на́ши (*or* у нас).

ourselves /aʊəˈselvz/ *pron* **1** (*refl*) себя́ (*d, p* себе́, *i* собо́й); -сь (*suff*); **we washed ~** мы умы́лись; (*after preps*): **we can only depend on ~** мы мо́жем полага́ться то́лько на себя́ (сами́х); **we were not satisfied with ~** мы бы́ли недово́льны собо́й. **2** (*emphatic*) са́ми; **we ~ were not present** са́ми мы не прису́тствовали. **3**: **by ~** (*alone*) са́ми (по себе́); (*without aid*) са́ми, одни́; **we can't do it by ~** мы не мо́жем сде́лать э́то са́ми/одни́.

oust /aʊst/ *vt* (*force out; also fig*) вытесня́ть, вы́теснить; (*expel*) выгоня́ть, вы́гнать.

out /aʊt/ *pred adj & adv* (*for phrasal vv see relevant v entries*) **1** (*away from home, office, room, usual place, etc.*): **he is ~** его́ нет до́ма; **he is/was ~ for lunch** он ушёл обе́дать; **let's have dinner ~!** пойдёмте обе́дать в рестора́н!; **the jury was ~ for 2 hours** прися́жные совеща́лись два часа́; **the book was ~** (*of the library*) кни́га была́ вы́дана (*or* на рука́х); **the children are ~** (*of school*) **early today** сего́дня дете́й отпусти́ли ра́но; (*of expulsion*): **the crowd were shouting 'Stevens ~!'** толпа́ крича́ла: «Доло́й Сти́венса!» (*or* «Сти́венса вон!»); **the workers are ~** (*on strike*) рабо́чие басту́ют; (*sport*) вне игры́; **~!** (*at tennis*) а́ут! **2** (**~** *of doors*) на дворе́; на у́лице; **it is quite warm ~ today** сего́дня на дворе́ тепло́; **he was ~ and about all day** он был на нога́х весь день; **we were ~ in the garden** мы бы́ли в саду́; (*fig, intent*): **they are ~ to get him** они́ (во что бы то ни ста́ло) наме́рены его́ пойма́ть; **he is ~ for my blood** он жа́ждет мое́й кро́ви; **he is ~ for what he can get** он блюдёт свои́ интере́сы. **3** (*extracted*): **you will feel better when the tooth is ~** вы почу́вствуете себя́ лу́чше, когда́ вам удаля́т зуб. **4** (*open*): **the blossom is ~** цветы́ распусти́лись; (*visible*): **the moon came ~** луна́ показа́лась/появи́лась; **the stars are ~** (на не́бе) вы́сыпали звёзды; **the sun will be ~ this afternoon** по́сле полу́дня пока́жется/появи́тся со́лнце; (*revealed*): **the secret is, was ~** секре́т раскры́лся (*or* стал всем изве́стен); **murder will ~** ≈ ши́ла в мешке́ не утаи́шь; **~ with it!** выкла́дывайте!; говори́те же, что́ у вас на уме́!; (*published, issued*): **my book is ~ at last** моя́ кни́га наконе́ц вы́шла (из печа́ти); **when will the results be ~?** когда́ объя́вят результа́ты?; **there is a warrant ~ for his arrest** на его́ аре́ст вы́писан/вы́дан о́рдер. **5** (*with superl*): **whisky is the best thing ~ for a cold** ви́ски — лу́чшее сре́дство от просту́ды. **6** (*at departure*): **will you see me ~?** вы меня́ прово́дите (до двере́й)?; **on the voyage ~** на пути́ туда́; **he stumbled on the way ~** выходя́, он споткну́лся; (*at a distance*): **he is ~ in the Far East** он на Да́льнем Восто́ке; **~ at sea** в откры́том мо́ре; **when they were four days ~** на четвёртый день пла́вания; **the tide is ~** сейча́с отли́в. **7** (*coll, ~ of favour, fashion*): **short hair is ~** коро́ткая стри́жка сейча́с не в мо́де; (*inadmissible*): **that idea is ~ for a start** э́та иде́я исключа́ется с са́мого нача́ла; (*astray, wrong*): **be ~ in one's calculations** ошиб|а́ться, -и́ться в расчётах; **I wasn't far ~** я не намно́го оши́бся; **my watch is 10 minutes ~** мои́ часы́ отстаю́т/спеша́т/(*coll*) врут на де́сять мину́т. **8** (*ended, over*): **before the week is ~** до оконча́ния неде́ли; (*extinguished*): **the fire is ~** ого́нь поту́х; (*conflagration*) пожа́р ко́нчился; **lights ~!** гаси́те свет!; (*unconscious*) без созна́ния; **he was ~ (for the count)** он был в нока́уте. **9**: **~ and ~** соверше́нно, по́лностью; **~ and away** безусло́вно, несравне́нно. **10**: **~ of** (*movement*) из + *g*; **he fell ~ of the window** он вы́пал из окна́; **as they came ~ of the theatre** когда́ они́ вы́шли из теа́тра; **he leapt ~ of bed** он вскочи́л с посте́ли; (*material*): **made ~ of silk** (сши́тый) из шёлка, шёлковый; (*from among*): **2 students ~ of 40** два студе́нта из сорока́; **one week ~ of ten** одна́ неде́ля из десяти́; (*motive*): **~ of pity/love/respect** из жа́лости/любви́/уваже́ния (*к кому/чему*); **~ of grief/joy** с го́ря/ра́дости;

O

~ of boredom от/со ску́ки; (*outside*): **~ of danger** вне опа́сности; **~ of doors** на у́лице, на дворе́, на во́здухе; **~ of hours** вне рабо́чего вре́мени; не в приёмные часы́; **~ of (its) place** не на ме́сте; **it's ~ of the question** об э́том не мо́жет быть и ре́чи; **~ of town** за́ городом; **he is ~ of town** его́ нет в го́роде; он уе́хал; **feel ~ of it** чу́вствовать (*impf*) себя́ чужи́м (*or* ни при чём); (*not conforming or amenable to*): **~ of condition** не в фо́рме; **~ of control** вне контро́ля; **~ of fashion** не в мо́де; **get ~ of hand** выходи́ть, вы́йти из-под контро́ля; отби́ться (*pf*) от рук; **~ of sorts** не в свое́й таре́лке; не в ду́хе/настрое́нии; **~ of step** не в но́гу; **~ of tune** расстро́енный; не в тон; (*without*): **~ of breath** запыха́вшийся; **~ of work** безрабо́тный; **we are ~ of sugar** у нас ко́нчился са́хар; (*origin*): **a scene ~ of a play** сце́на из пье́сы.
● *vt* (*knock ~*) нокаути́ровать (*impf, pf*); (*coll, expose as being homosexual*) изоблич|а́ть, -и́ть в гомосексуали́зме.

outage /'aʊtɪdʒ/ *n* (*of machine*) безде́йствие, просто́й; (*of power supply*) отключе́ние.

out-and-out /ˌaʊtənd'aʊt/ *adj* соверше́нный, по́лный, отъя́вленный.

outback /'aʊtbæk/ *n* глушь.

outbid /aʊt'bɪd/ *vt* (*at auction*): **~ s.o.** предл|ага́ть, -ожи́ть бо́лее высо́кую це́ну, чем кто-н.

outboard /'aʊtbɔːd/ *adj*: **~ motor** подвесно́й мото́р.

outbound /'aʊtbaʊnd/ *adj* выходя́щий/уходя́щий в рейс.

outbox /'aʊtbɒks/ *n* (*comput*) исходя́щие (сообще́ния); (*US, out tray*) корзи́на для исходя́щей корреспонде́нции.

outbreak /'aʊtbreɪk/ *n* (*of disease, anger, etc.*) вспы́шка; **~ of hostilities** нача́ло вое́нных де́йствий.

outbuilding /'aʊtˌbɪldɪŋ/ *n* надво́рное строе́ние, надво́рная постро́йка.

outburst /'aʊtbəːst/ *n* (*of rage etc.*) вспы́шка, взрыв; (*of applause or laughter*) взрыв.

outcast /'aʊtkɑːst/ *n* изгна́нник, отве́рженный.
● *adj* и́згнанный, отве́рженный.

outclass /aʊt'klɑːs/ *vt* прев|осходи́ть, -зойти́.

outcome /'aʊtkʌm/ *n* (*result*) исхо́д, результа́т; (*consequence*) (по)сле́дствие.

outcrop /'aʊtkrɒp/ *n* (*geol*) обнаже́ние.
● *vi* (**outcropped, outcropping**) обнаж|а́ться, -и́ться; выходи́ть, вы́йти на пове́рхность.

outcry /'aʊtkraɪ/ *n* (*noise*) крик, вы́крик; (*protest*) проте́ст, (обще́ственное) негодова́ние.

outdated /aʊt'deɪtɪd/ *adj* устаре́лый, устаре́вший.

outdistance /aʊt'dɪst(ə)ns/ *vt* перег|оня́ть, -на́ть.

outdo /aʊt'duː/ *vt* (*3rd pers sg pres* **outdoes;** *past* **outdid;** *pp* **outdone**) прев|осходи́ть, -зойти́.

outdoor /'aʊtdɔː(r)/ *adj*: **~ games** и́гры на откры́том во́здухе, подви́жные и́гры; **~ clothes** ве́рхнее пла́тье.

outdoors /aʊt'dɔːz/ *n*: **the great ~** ма́тушка-приро́да.
● *adv* на откры́том во́здухе, на дворе́; (*expressing motion*) на во́здух.

outer /'aʊtə(r)/ *adj* (*external*) вне́шний; **the ~ world** вне́шний мир; (*turned to the outside*) нару́жный; (*further away*): **~ space** ко́смос; **the ~ suburbs** да́льний при́город (*collect*).

outermost /'aʊtəˌməʊst/ *adj* са́мый да́льний.

outface /aʊt'feɪs/ *vt* (*defy*) сму|ща́ть, -ти́ть; конфу́зить, с-.

outfall /'aʊtfɔːl/ *n* (*of river*) у́стье; (*of drain*) вы́ход.

outfield /'aʊtfiːld/ *n* (*sport*) да́льняя часть по́ля; (*outlying land*) отдалённое по́ле.

outfit /'aʊtfɪt/ *n* **1** (*set of equipment*) снаряже́ние, компле́кт; (*of clothes*) компле́кт (оде́жды). **2** (*coll, group of people*) компа́ния, гру́ппа, ба́нда (*coll*).

outfitter /'aʊtˌfɪtə(r)/ *n*: **gentlemen's ~** (*Br*) магази́н мужско́й оде́жды.

outflank /aʊt'flæŋk/ *vt* об|ходи́ть, -ойти́ (*or* охва́т|ывать, -и́ть) фланг + *g*; (*fig, outwit*) перехитри́ть (*pf*).

outflow /'aʊtfləʊ/ *n* (*of liquid*) истече́ние; (*e.g. of currency*) уте́чка.

outfox /aʊt'fɒks/ *vt* (*coll*) перехитри́ть (*pf*).

outgoing /'aʊtˌgəʊɪŋ/ *adj* **1** (*departing*): **~ ship** уходя́щее су́дно; **~ mail** исходя́щая по́чта; **the ~ president** президе́нт, уходя́щий с поста́. **2** (*sociable*): **an ~ person** общи́тельный/ужи́вчивый челове́к.

outgoings /'aʊtˌgəʊɪŋz/ *n pl* (*Br*) расхо́ды (*m pl*), изде́ржки (*f pl*).

outgrow /aʊt'grəʊ/ *vt* (*past* **outgrew;** *pp* **outgrown**) **1** (*grow taller than*) перераст|а́ть, -и́; (*grow too large for*) выраста́ть, вы́расти из + *g*; **my family has ~n our house** наш дом стал те́сен для мое́й семьи́. **2** (*discard with time*) выраста́ть, вы́расти из + *g*.

outgrowth /'aʊtgrəʊθ/ *n* **1** (*of plants etc.*) наро́ст. **2** (*result, development*) проду́кт, результа́т. **3** (*offshoot*) о́тпрыск, побе́г.

outgun /aʊt'gʌn/ *vt* (**outgunned, outgunning**) (*be better armed than*) дост|ига́ть, -и́чь огнево́го превосхо́дства над + *i*; (*shoot better than*) стреля́ть (*impf*) лу́чше, чем (*or* лу́чше + *g*).

outhouse /'aʊthaʊs/ *n* надво́рное строе́ние; (*US, lavatory*) убо́рная во дворе́, отхо́жее ме́сто.

outing /'aʊtɪŋ/ *n* прогу́лка, экску́рсия; (*on foot*) похо́д; (*picnic*) пикни́к.

outlandish /aʊt'lændɪʃ/ *adj* дико́винный, чудно́й.

outlast /aʊt'lɑːst/ *vt* (*outlive*) переж|ива́ть, -и́ть.

outlaw /'aʊtlɔː/ *n* лицо́, объя́вленное вне зако́на.
● *vt* объяв|ля́ть, -и́ть вне зако́на.

outlay /'aʊtleɪ/ *n* (*expenses*) изде́ржки (*f pl*), затра́ты (*f pl*); **~ on clothes** расхо́ды (*m pl*) на оде́жду.

outlet /'aʊtlet, -lɪt/ *n* **1** (*lit*) выходно́е/выпускно́е отве́рстие. **2** (*market*) сбыт; (*shop*) фи́рменный магази́н. **3** (*for energies etc.*) отду́шина, вы́ход. **4** (*elec*) ште́псельная розе́тка.

outline /'aʊtlaɪn/ *n* **1** (*contour*) ко́нтур, очерта́ние (*often in pl*); (*of badly visible object*) очерта́ние; (*attr*) ко́нтурный. **2** (*summary*) план, схе́ма; (*of speech, article*) конспе́кт; **in ~** в о́бщих черта́х.
● *vt* **1** (*drawing*) рисова́ть, на- ко́нтур (*чего*). **2** (*give an ~ of*) нам|еча́ть, -е́тить в о́бщих черта́х; набр|а́сывать, -оса́ть.

outlive /aʊt'lɪv/ *vt* переж|ива́ть, -и́ть.

outlook /'aʊtlʊk/ *n* **1** (*prospect, lit, fig*) вид, перспекти́ва; **the ~ for trade is good** перспекти́вы для торго́вли хоро́шие; (*weather etc.*) прогно́з. **2** (*point of view*) то́чка зре́ния; (*mental horizon*) кругозо́р.

outlying /'aʊtˌlaɪɪŋ/ *adj* отдалённый, удалённый.

outmanoeuvre /ˌaʊtmə'nuːvə(r)/ (*US* **outmaneuver**) *vt* (*fig*) перехитри́ть (*pf*).

outmatch /aʊt'mætʃ/ *vt* прев|осходи́ть, -зойти́.

outmoded /aʊt'məʊdɪd/ *adj* старомо́дный, немо́дный, устаре́лый.

outnumber /aʊt'nʌmbə(r)/ *vt* прев|осходи́ть, -зойти́ *кого/что* чи́сленно.

out-of-court /ˌaʊtəv'kɔːt/ *n*: **~ settlement** (*law*) мирова́я сде́лка, урегули́рованная вне суда́.

out-of-date /ˌaʊtəv'deɪt/ *adj* устаре́лый, старомо́дный.

out-of-fashion /ˌaʊtəv'fæʃən/ *adj* старомо́дный, немо́дный.

out-of-the-way /ˌaʊtəvˌðə'weɪ/ *adj* **1** (*remote*) отдалённый, удалённый. **2** (*obscure*) малоизве́стный.

out-of-work /ˌaʊtəv'wəːk/ *adj* безрабо́тный.

outpace /aʊt'peɪs/ *vt* об|гоня́ть, -огна́ть.

outpatient /'aʊtˌpeɪʃ(ə)nt/ *n* амбулато́рный больно́й; **~ department** поликли́ника, амбулато́рное отделе́ние.

outperform /ˌaʊtpə'fɔːm/ *vt* прев|осходи́ть, -зойти́.

outplay /aʊt'pleɪ/ *vt* обыгр|ывать, -а́ть.

outpost /'aʊtpəʊst/ *n* (*mil*) аванпо́ст; (*settlement*) отдалённое поселе́ние.

outpouring /'aʊtˌpɔːrɪŋ/ *n* излия́ние.

output /'aʊtpʊt/ *n* **1** (*production*) вы́пуск, проду́кция, произво́дство; **literary ~** литерату́рная проду́кция; (*of mine*) добы́ча; (*of power station*) мо́щность; (*of computer*) выходя́щая информа́ция. **2** (*productivity*) производи́тельность.
● *vt* (**outputting;** *past and pp* **output**) (*comput*) выводи́ть, вы́вести.

outrage /'aʊtreɪdʒ/ *n* (*outrageous situation*) безобра́зие; (*outrageous act*) безобра́зный посту́пок; (*anger*) негодова́ние.

● *vt* (*offend, insult*) оскорб|ля́ть, -и́ть; (*anger*) вызыва́ть, вы́звать негодова́ние у + *g*, возму|ща́ть, -ти́ть.

outrageous /aʊtˈreɪdʒəs/ *adj* безобра́зный, возмути́тельный, вопию́щий, сканда́льный; **an ~ remark** возмути́тельное замеча́ние.

outré /ˈuːtreɪ/ *adj* (*eccentric*) экстравага́нтный; (*improper*) неприе́млемый.

outrider /ˈaʊtˌraɪdə(r)/ *n* (*usu in pl*) эско́рт.

outrigger /ˈaʊtˌrɪgə(r)/ *n* (*rowlock*) выносна́я уклю́чина; (*boat*) аутри́гер.

outright /ˈaʊtraɪt/ *adj* (*open, direct*) прямо́й, откры́тый; (*absolute*) соверше́нный; **an ~ scoundrel** отъя́вленный моше́нник; **he gave an ~ denial** он категори́чески отрица́л (свою́ вину́ *и т. п.*).

● *adv* (*openly, right out*) пря́мо, откры́то; (*at once*) сра́зу; (*once and for all*) раз и навсегда́; **own sth ~** владе́ть (*impf*) чем-н. по́лностью.

outrun /aʊtˈrʌn/ *vt* (**outrunning;** *past* **outran;** *pp* **outrun**) (*outstrip*) опере|жа́ть, -ди́ть; (*run farther than*) перег|оня́ть, -на́ть.

outsell /aʊtˈsel/ *vt* (*past and pp* **outsold**): **~ sth** продава́ться (*impf*) бо́льше, чем что-н.; **~ s.o.** прод|ава́ть, -а́ть бо́льше, чем кто-н.

outset /ˈaʊtset/ *n* нача́ло; **at the ~** внача́ле; **from the ~** с са́мого нача́ла.

outshine /aʊtˈʃaɪn/ *vt* (*past and pp* **outshone**) (*lit, fig*) затм|ева́ть, -и́ть.

outside /aʊtˈsaɪd, ˈaʊtsaɪd/ *n* нару́жная сторона́; (*outer surface*) вне́шняя пове́рхность; (*of cloth*) лицева́я сторона́, лицо́; **from ~** извне́; **from, on the ~** снару́жи; **the door opens from the ~** дверь открыва́ется снару́жи; **the ~ of the house needs painting** нару́жные сте́ны до́ма нужда́ются в покра́ске; **at the (very) ~** са́мое бо́льшее.

● *adj* **1** (*external, exterior*) нару́жный, вне́шний; **~ repairs** нару́жный ремо́нт; **~ broadcast** (*Br*) внестуди́йная переда́ча.

2 (*extreme*) кра́йний; **he has an ~ chance of winning** у него́ есть при́зрачные ша́нсы на вы́игрыш; **~ left/right** (*sport*) ле́вый/пра́вый кра́йний.

3 (*not belonging*) посторо́нний, вне́шний; **~ help** посторо́нняя по́мощь; **the ~ world** вне́шний мир.

● *adv* снару́жи; извне́; (*to the ~*) нару́жу; (*out of doors*) на у́лице; на дворе́; (*in the open air*) на откры́том во́здухе.

● *prep* **1** вне + *g*, из + *g* (*beyond bounds of*) за преде́лами + *g*; **~ the door/window** за две́рью/окно́м; **he went ~ the house** он вы́шел из до́ма; **it is ~ my field** э́то не вхо́дит в мою́ компете́нцию.

2 (*apart from*) за исключе́нием + *g*, кро́ме + *g*; **he has no interests ~ his work** кро́ме/вне рабо́ты его ничего́ не интересу́ет.

outsider /aʊtˈsaɪdə(r)/ *n* посторо́нний; (*in contest, lit, fig*) аутса́йдер.

outsize /ˈaʊtsaɪz/ *n* разме́р бо́льше станда́ртного.

● *adj* нестанда́ртный; больши́х разме́ров.

outskirts /ˈaʊtskɜːts/ *n pl* (*of town*) окра́ина.

outsmart /aʊtˈsmɑːt/ *vt* (*coll*) перехитри́ть (*pf*).

outsource /aʊtˈsɔːs/ *vt* (*econ*) отд|ава́ть, -а́ть на́ сторону (*or* на субподря́д).

outspoken /aʊtˈspəʊkən/ *adj* прямо́й, открове́нный.

outspread /aʊtˈspred, ˈaʊtspred/ *adj* распростёртый.

outstanding /aʊtˈstændɪŋ/ *adj* (*prominent, eminent*) выдаю́щийся; (*still to be done*) невы́полненный; (*unpaid*) неопла́ченный.

outstay /aʊtˈsteɪ/ *vt* (*other guests*) переси|живать, -де́ть; **~ one's welcome** загости́ться (*pf*); злоупотреб|ля́ть, -и́ть гостеприи́мством.

outstretched /ˈaʊtstretʃd, aʊtˈstretʃd/ *adj* (*hand*) протя́нутый; (*body*) растяну́вшийся.

outstrip /aʊtˈstrɪp/ *vt* (**outstripped, outstripping**) (*lit, fig*) опере|жа́ть, -ди́ть; об|гоня́ть, -огна́ть.

out tray /ˈaʊttreɪ/ *n* корзи́нка/я́щик для исходя́щей корреспонде́нции.

outvote /aʊtˈvəʊt/ *vt*: **~ s.o.** наб|ира́ть, -ра́ть бо́льше голосо́в, чем кто-н.

outward /ˈaʊtwəd/ *adj* (*external*) нару́жный, вне́шний; **~ calm** вне́шнее споко́йствие; **~ form** вне́шность; (*visible*) ви́димый; **to all ~ appearances** су́дя по вне́шности; (*superficial*) пове́рхностный.

● *adv* = **outwards**; **~ bound** выходя́щий/уходя́щий в пла́вание/рейс.

outwardly /ˈaʊtwədlɪ/ *adv* вне́шне, снару́жи; (*at sight*) на вид.

outwards /ˈaʊtwədz/ *adv* нару́жу.

outweigh /aʊtˈweɪ/ *vt* переве́|шивать, -сить.

outwit /aʊtˈwɪt/ *vt* (**outwitted, outwitting**) перехитри́ть (*pf*).

outworn /aʊtˈwɔːn/ *adj* (*lit*) изно́шенный; (*of ideas etc.*) устаре́лый, изби́тый.

ouzel /ˈuːz(ə)l/ *n* чёрный дрозд.

ova /ˈəʊvə/ *pl of* ⇒**ovum**

oval /ˈəʊv(ə)l/ *n* ова́л.

● *adj* ова́льный.

ovarian /əˈveərɪən/ *adj* яи́чниковый; **~ cancer** рак яи́чников.

ovary /ˈəʊvərɪ/ *n* яи́чник.

ovation /əʊˈveɪʃ(ə)n/ *n* ова́ция.

oven /ˈʌv(ə)n/ *n* духо́вка; (*baker's, industrial*) печь.

● *cpds* **~ glove** *n* ку́хонная рукави́чка; **~proof** *adj* жаропро́чный; **~ware** *n* огнеупо́рная посу́да.

over[1] /ˈəʊvə(r)/ *n* (*cricket*) се́рия бросков.

over[2] /ˈəʊvə(r)/ *adv* (*for phrasal vv with* **over** *see relevant v*) **1** (*across; to, on the other side*): **~ there** (вон) там; **~ against** (*opposite*) про́тив/напро́тив + *g*; (*compared to*) по сравне́нию с + *i*; **I asked him ~** я пригласи́л его́ к себе́; **he's ~!** (*has jumped clear*) он перепры́гнул!; он взял высоту́!; **~ (to you)!** (*said by radio operator*) перехожу́ на приём!; **see ~** (*instruction to reader*) смотри́/см. на оборо́те!; (*to the ground*): **one push and ~ I went!** толчо́к — и я растяну́лся на земле́!

2 (*covering surface*): **all ~** (*everywhere*) повсю́ду; **hills covered ~ with trees** холмы́, сплошь покры́тые дере́вьями; **your shoes are all ~ mud** ва́ши ту́фли все в грязи́; **the whole world ~** по всему́ ми́ру; во всём ми́ре; **I felt hot and cold all ~** меня́ (всего́) броса́ло то в жар, то в хо́лод; **that's John all ~** э́то типи́чный Джон.

3 (*at an end*): **the meeting is ~** собра́ние ко́нчилось; **the holidays are half ~** уже́ прошла́/минова́ла полови́на кани́кул; **I shall be glad to get it ~ (with)** я бу́ду рад, когда́ всё э́то зако́нчится; **it's all ~ with their marriage** их супру́жеской жи́зни пришёл коне́ц; **the doctor could see it was all ~ with him** врачу́ бы́ло я́сно, что он безнадёжен.

4 (*also* **~ again:** *for a second time; once more*) опя́ть, сно́ва, ещё раз; **~ and ~ again** ты́сячу раз, сно́ва и сно́ва; **he read it three times ~** он три́жды э́то перечита́л; **if I had my life ~ again** е́сли б мне довело́сь прожи́ть жизнь за́ново.

5 (*in excess*): **sums of £5 and ~** су́ммы в/от 5 фу́нтов и вы́ше; **the parcel weighs 2 pounds or ~** посы́лка ве́сит фу́нта два, е́сли не бо́льше (*or* а то и бо́льше); **I had £3 (left) ~** у меня́ ещё остава́лось три фу́нта.

● *prep* **1** (*above*) над + *i*; **a roof ~ one's head** кры́ша над голово́й; **the threat hanging ~ them** нави́сшая над ни́ми угро́за; **a seagull flew ~ us** над на́ми пролете́ла ча́йка; (*expressing division*): **five ~ two** (*math*) пять дробь два; **1 ~ 2** одна́ втора́я; (*fig*): **the lecture was ~ their heads** ле́кция была́ вы́ше их понима́ния; **his voice was heard ~ the crowd** его́ го́лос раздава́лся над толпо́й.

2 (*to the far side of*) че́рез + *a*; **a bridge ~ the river** мост че́рез ре́ку; **he climbed ~ the fence** он переле́з че́рез забо́р; **~ the sea** за́ море; **~ the hills** за го́ры; **I threw the ball ~ the wall** я переки́нул мяч че́рез сте́ну; **he jumped ~ the puddles** он перепры́гнул (че́рез) лу́жи; **he swam ~ the river** он переплы́л ре́ку; **he looked ~ his shoulder** он огляну́лся; **he read the letter ~ my shoulder** он чита́л письмо́, загля́дывая че́рез моё плечо́; **he looked at her ~ his spectacles** он смотре́л на неё пове́рх очко́в; (*down from*): **he fell ~ the cliff** он упа́л со скалы́; (*against*): **he tripped ~ a stone** он споткну́лся о ка́мень.

3 (*on the far side of*): **he lives ~ the ocean** он живёт по ту сто́рону океа́на (*or* за океа́ном); **he lives ~ the way** он живёт че́рез у́лицу; **she is ~ the operation** опера́ция прошла́ у неё благополу́чно.

4 (*resting on; covering*): **he carried a raincoat ~ his arm** он шёл переки́нув

плащ чéрез рýку; **he pulled his cap ~ his eyes** он надви́нул шáпку на глазá; **crossing one leg ~ the other** заки́нув нóгу нá ногу; **a change came ~ him** с ним произошлá перемéна; **what has come ~ you?** что с вáми случи́лось?; что на вас нашлó?; (*across, ~ the surface of*) по + *d*; **~ the whole country** по всей странé; **a flush spread ~ her face** крáска залилá её лицó (*or* разлилáсь по её лицý); **all ~ the world** во всём ми́ре; по всемý свéту; **the news was all ~ town** нóвость разошлáсь по всемý гóроду; **he was all ~ me** (*coll, of flattery, attention*) он засы́пал меня́ комплимéнтами.
5 (*more than*) бóльше/свы́ше + *g*; **~ a year ago** бóльше/свы́ше гóда (томý) назáд; **he can't be ~ 60** емý (никáк) не бóльше шести́десяти (лет); **~ and above his wages** в добавлéние к егó зарплáте; **~ and above that** (*moreover*) к томý же; **children ~ 5** дéти стáрше пяти́ лет; **~ 600** свы́ше шестисóт.
6 (*in command, charge, control of*): **he was ruler ~ several tribes** он был вождём нéскольких племён; **I have two people ~ me** нáдо мной ещё два начáльника; **have you no control ~ your dog?** вы что, не мóжете спрáвиться со своéй собáкой?; **he has an advantage ~ me** у негó есть пéредо мной преимýщество; **a victory ~ the forces of reaction** побéда над си́лами реáкции.
7 (*as long as*): **can you stay ~ the whole week?** мóжете ли вы остáться на всю/цéлую недéлю?; **I can only stay ~ Saturday night** я могý остáться тóлько до воскресéнья; (*during*): **much has happened ~ the past two years** за послéдние два гóда мнóгое случи́лось.
8 (*near; leaning, bending ~*): **they were sitting ~ the fire** они́ сидéли у ками́на; **I stood ~ him while he finished it** я не отходи́л от негó, покá он не (за)кóнчил.
9 (*while engaged in*): **he takes too long ~ his work** он сли́шком дóлго вóзится со своéй рабóтой; **he fell asleep ~ the job** он заснýл за рабóтой; (*while consuming*): **we chatted ~ a bottle of wine** мы болтáли за буты́лкой винá.
10 (*on the subject of; because of*): **he laughed ~ our misfortune** он смея́лся над нáшей бедóй; **it's no good crying ~ spilt milk** потéрянного не вóротишь; слезáми гóрю не помóжешь; **he gets angry ~ nothing** он зли́тся из-за пустякóв; **a quarrel ~ money** ссóра из-за дéнег.
11 (*through the medium of*): **I heard it ~ the radio** я слы́шал э́то по рáдио.

over-abundance /ˌəʊvərəˈbʌnd(ə)ns/ *n* изби́ток.

over-abundant /ˌəʊvərəˈbʌnd(ə)nt/ *adj* изби́точный.

overact /ˌəʊvərˈækt/ *vt & i* переигр|ывать, -áть.

overactive /ˌəʊvərˈæktɪv/ *adj* сверхакти́вный.

overactivity /ˌəʊvərækˈtɪvɪtɪ/ *n* повы́шенная акти́вность.

overall /ˈəʊvərˌɔːl/ *n* (*Br*) рабóчий халáт; (*in pl*) комбинезóн.
● *adj* (*total*) пóлный; (*general*) (все)óбщий; **~ dimensions** габари́тные/предéльные размéры.
● *adv* (*taken as a whole*) в цéлом.

overambitious /ˌəʊvəræmˈbɪʃəs/ *adj* чересчýр честолюби́вый.

overanxious /ˌəʊvərˈæŋkʃəs/ *adj* сли́шком обеспокóенный; **~ mother** изли́шне забóтливая мать.

overarching /ˌəʊvərˈɑːtʃɪŋ/ *adj* (*all-embracing*) всеобъéмлющий, всеохвáтывающий.

overarm /ˈəʊvərˌɑːm/ *adj & adv* с рукóй, пóднятой над головóй; **~ throw** вéрхняя подáча.

overawe /ˌəʊvərˈɔː/ *vt* внуш|áть, -и́ть благоговéйный страх + *d*.

overbalance /ˌəʊvəˈbæləns/ (*Br*) *vt* (*knock over*) опроки́|дывать, -нуть; (*capsize*) перев|орáчивать, -ернýть.
● *vi* теря́ть, по- равновéсие.

overbear /ˌəʊvəˈbeə(r)/ *vt* (*past* **overbore;** *pp* **overborne**) подав|ля́ть, -и́ть; **an ~ing manner** влáстная манéра.

overblown /ˌəʊvəˈbləʊn/ *adj* (*inflated, pretentious*) раздýтый; (*of flower etc.*) осыпáющийся; **an ~ beauty** перезрéлая красáвица.

overboard /ˈəʊvəˌbɔːd/ *adv*: **man ~!** человéк за бортóм!; **go ~** (*fig*) переб|áрщивать, -орщи́ть; **throw ~** (*also fig*) выки́дывать, вы́кинуть зá борт.

overbook /ˌəʊvəˈbʊk/ *vt*: **the plane was ~ed** билéтов на самолёт бы́ло прóдано бóльше, чем имéлось мест.

overbuild /ˌəʊvəˈbɪld/ *vt & i* (*past and pp* **overbuilt**) (чрезмéрно) застр|áивать, -óить.

overburden /ˌəʊvəˈbɜːd(ə)n/ *vt* перегру|жáть, -зи́ть.

overcareful /ˌəʊvəˈkeəfʊl/ *adj* чрезмéрно осторóжный.

overcast /ˈəʊvəˌkɑːst/ *adj* (*of sky*) покры́тый облакáми; (*of weather*) хмýрый.

overcautious /ˌəʊvəˈkɔːʃəs/ *adj* чрезмéрно осторóжный/рóбкий; изли́шне предусмотри́тельный.

overcharge /ˌəʊvəˈtʃɑːdʒ/ *vt* назн|ачáть, -áчить завы́шенную цéну (*комý*) (**for:** за + *a*); (*elec*) перезаря|жáть, -ди́ть; (*fig*) перегру|жáть, -зи́ть.

overcloud /ˌəʊvəˈklaʊd/ *vt* заст|илáть, -лáть облакáми/тýчами; (*fig*) омрач|áть, -и́ть.

overcoat /ˈəʊvəˌkəʊt/ *n* пальтó (*indecl*); (*mil*) шинéль.

overcome /ˌəʊvəˈkʌm/ *vt* (*past* **overcame;** *pp* **overcome**) (*prevail over, get the better of*) преодол|евáть, -éть; (*be victorious over*) побе|ждáть, -ди́ть; (*of emotion*) охвáт|ывать, -и́ть; **he was ~ by rage** он был охвáчен я́ростью; **~ by the sight** растрóганный зрéлищем; (*of heat*) изнур|я́ть, -и́ть; (*of hunger*) истощ|áть, -и́ть.

overconfidence /ˌəʊvəˈkɒnfɪd(ə)ns/ *n* самонадéянность, самоувéренность.

overconfident /ˌəʊvəˈkɒnfɪd(ə)nt/ *adj* самонадéянный, самоувéренный; **he was ~ of success** он был сли́шком увéрен в успéхе.

overcook /ˌəʊvəˈkʊk/ *vt* (*by roasting, frying*) пережáр|ивать, -ить; (*by boiling*) перевáр|ивать, -и́ть.

overcritical /ˌəʊvəˈkrɪtɪk(ə)l/ *adj* чрезмéрно крити́чный/сурóвый.

overcrop /ˌəʊvəˈkrɒp/ *vt* (**overcropped, overcropping**) истощ|áть, -и́ть (*пóчву*).

overcrowd /ˌəʊvəˈkraʊd/ *vt* переп|олня́ть, -óлнить.

overdevelop /ˌəʊvədɪˈveləp/ *vt* (**overdeveloped, overdeveloping**) (*phot*) передéрж|ивать, -áть (при проявлéнии); **~ed** чрезмéрно разви́тый.

overdo /ˌəʊvəˈduː/ *vt* (*3rd pers sg pres* **overdoes;** *past* **overdid;** *pp* **overdone**) (*by roasting, frying*) пережáри|вать, -ть; (*by boiling*) перевáр|ивать, -и́ть; **the comic scenes were ~ne** они́ перестарáлись в коми́ческих сцéнах; **~ it** перестарáться (*pf*); переб|áрщивать, -орщи́ть (*coll*); переусéрдствовать (*pf*) (*в чём*); **don't ~ it** (*work too hard*) не перенапрягáйтесь/переутомля́йтесь.

overdose /ˈəʊvəˌdəʊs/ *n* передозирóвка, чрезмéрная дóза; **she died of an ~** онá умерлá от передозирóвки (*наркотика и т. п.*).

overdraft /ˈəʊvəˌdrɑːft/ *n* (*deficit in bank account*) овердрáфт, перерасхóд; превышéние креди́та; (*agreement*) разрешéние на превышéние креди́та.

overdraw /ˌəʊvəˈdrɔː/ *vt* (*past* **overdrew;** *pp* **overdrawn**)
1: **~ one's account** прев|ышáть, -ы́сить креди́т; **I am £100 ~n** я превы́сил креди́т в бáнке на 100 фýнтов. **2** (*exaggerate*): **his characters are ~n** егó персонáжи карикатýрны.

overdress /ˌəʊvəˈdres/ *vt & i*: **she ~es (or is ~ed)** онá одевáется/одéта сли́шком нарядно.

overdrive /ˈəʊvəˌdraɪv/ *n* (*of vehicle*) ускоря́ющая передáча.

overdue /ˌəʊvəˈdjuː/ *adj* запоздáлый; **the train is ~** пóезд опáздывает; **recognition of his services is long ~** давнó порá признáть егó заслýги; **the baby is 2 weeks ~** ребёнок дóлжен был роди́ться две недéли томý назáд; (*of payment*) просрóченный.

overeager /ˌəʊvərˈiːgə(r)/ *adj* сли́шком усéрдный/рéвностный.

overeat /ˌəʊvərˈiːt/ *vi* (*past* **overate;** *pp* **overeaten**) пере|едáть, -éсть; объ|едáться, -éсться.

overemphasis /ˌəʊvərˈemfəsɪs/ *adj* изли́шнее подчёркивание.

overemphasize /əʊvərˈemfəˌsaɪz/ *vt* изли́шне подчёрк|ивать, -нýть.

overenthusiasm /ˌəʊvərɪnˈθjuːzɪˌæz(ə)m, -ˈθuːzɪˌæz(ə)m/ *n* чрезмéрный энтузиáзм.

overenthusiastic /ˌəʊvərɪnˌθjuːzɪˈæstɪk, -θuːzɪˈæstɪk/ *adj* с изли́шним энтузиáзмом; **he was not ~** он нé был в востóрге.

O

overestimate[1] /ˌəʊvər'estɪˌmət/ *n* переоце́нка (*неоправданно высокая оценка чему-л.*).

overestimate[2] /ˌəʊvər'estɪˌmeɪt/ *vt* переоце́н|ивать, -и́ть (*неоправданно высоко оценивать что-л.*).

overexcite /ˌəʊvərɪk'saɪt/ *vt* кра́йне возбу|жда́ть, -ди́ть.

overexcitement /ˌəʊvərɪk'saɪtmənt/ *n* перевозбужде́ние.

overexert /ˌəʊvərɪg'zə:t/ *vt* перенапр|яга́ть, -я́чь.

overexertion /ˌəʊvərɪg'zə:ʃ(ə)n/ *n* перенапряже́ние.

overexpose /ˌəʊvərɪk'spəʊz/ *vt* (*phot*) передéрж|ивать, -а́ть; (*fig*) сли́шком ча́сто упомина́ть (*impf*) в печа́ти *и т. п.*

overexposure /ˌəʊvərɪk'spəʊzjə(r)/ *n* передéржка; (*fig*) сли́шком ча́стое упомина́ние в печа́ти *и т. п.*

overfamiliar /ˌəʊvəfə'mɪlɪə(r)/ *adj* сли́шком фамилья́рный.

overfamiliarity /ˌəʊvəfəˌmɪlɪ'ærɪtɪ/ *n* чрезме́рная фамилья́рность.

overfeed /ˌəʊvə'fi:d/ *vt* (*past and pp* **overfed**) перек|а́рмливать, -орми́ть.

overfeeding /ˌəʊvə'fi:dɪŋ/ *n* перека́рмливание.

overfish /ˌəʊvə'fɪʃ/ *vt* истощ|а́ть, -и́ть запа́сы ры́бы в + *p*.

overflight /'əʊvəˌflaɪt/ *n* перелёт.

overflow /'əʊvəˌfləʊ/ *n* (*flowing* ~) разли́в; (*superfluity*) изби́ток; (*outlet*) сливно́е отве́рстие.
● *vt & i* перел|ива́ться, -и́ться (*через что*); **the river ~s its banks** река́ залива́ет берега́ (*or* выхо́дит из берего́в); **~ing with** перепо́лненный + *i*; (*fig*) преиспо́лненный + *g*.

overfly /ˌəʊvə'flaɪ/ *vt* (*past* **flew;** *pp* **flown**) перелет|а́ть, -е́ть че́рез + *a*.

overfond /ˌəʊvə'fɒnd/ *adj*: **I am not ~ of skating** я не сли́шком-то люблю́ ката́ться на конька́х.

overfulfil /ˌəʊvəfʊl'fɪl/ (*US* **overfulfill**) *vt* (**overfulfilled, overfulfilling**) перев|ыполня́ть, -ы́полнить.

overfulfilment /ˌəʊvəfʊl'fɪlmənt/ (*US* **overfulfillment**) *n* перевыполне́ние.

overfull /ˌəʊvə'fʊl/ *adj* перепо́лненный (+ *i*).

overgenerous /ˌəʊvə'dʒenərəs/ *adj* сли́шком ще́дрый.

overglaze /'əʊvəˌgleɪz/ *n* ве́рхний слой глазу́ри.

overground /'əʊvəˌgraʊnd/ *adj* надзе́мный.

overgrow /ˌəʊvə'grəʊ/ *vt* (*past* **overgrew;** *pp* **overgrown**): **be ~n (with)** зараст|а́ть, -и́ (+ *i*); **the garden was ~n with nettles** сад зарóс крапи́вой.

overgrowth /ˌəʊvə'grəʊθ/ *n* (*excessive growth*) чрезме́рный рост; (*of weeds etc.*) за́росль.

overhand /'əʊvəˌhænd/ *adj* (*delivery of ball*) производи́мый све́рху вниз.
● *adv* све́рху вниз.

overhang /'əʊvəˌhæŋ/ *n* вы́ступ.
● *vt & i* (*past and pp* **overhung**) выступа́ть, выдава́ться (*both impf*) над + *i*; (*fig*) нав|иса́ть, -и́снуть над + *i*.

overhasty /ˌəʊvə'heɪstɪ/ *adj* опроме́тчивый, сли́шком поспе́шный.

overhaul /'əʊvəˌhɔ:l/ *n* (*of machine, equipment*) осмо́тр; (*reconditioning*) восстановле́ние; (*thorough repair*) капита́льный ремо́нт; (*of plan, system*) пересмо́тр.
● *vt* **1** осм|а́тривать, -отре́ть; восстан|а́вливать, -ови́ть; ремонти́ровать, от-; пересм|а́тривать, -отре́ть. **2** (*Br, overtake*) дог|оня́ть, -на́ть.

overhead /'əʊvəˌhed/ *n* (*usu in pl*) накладны́е расхо́ды (*m pl*).
● *adj* **1** (*above ground level*): **~ projector** диапрое́ктор; **~ railway** надзе́мная желе́зная доро́га; **~ wires/lines** возду́шные провода́. **2** (*comm*): **~ charges/costs** накладны́е расхо́ды.
● *adv* наверху́, вверху́; (*above one's head*) над голово́й; (*in the sky*) на не́бе.

overhear /ˌəʊvə'hɪə(r)/ *vt* (*past and pp* **overheard** /ˌəʊvə'hə:d/) (*intentionally*) подслу́ш|ивать, -ать; (*accidentally*) неча́янно услы́шать (*pf*).

overheat /ˌəʊvə'hi:t/ *vt & i* перегр|ева́ть(ся), -е́ть(ся).

overindulge /ˌəʊvərɪn'dʌldʒ/ *vt* (*spoil*) сли́шком балова́ть, из-.
● *vi*: **~ in sth** злоупотреб|ля́ть, -и́ть чем-н.

overindulgence /ˌəʊvərɪn'dʌldʒəns/ *n* чрезме́рное баловство́; злоупотребле́ние (+ *i*).

overindulgent /ˌəʊvərɪn'dʌldʒənt/ *adj* потака́ющий, сли́шком снисходи́тельный.

overjoyed /ˌəʊvə'dʒɔɪd/ *adj* вне себя́ от ра́дости.

overkill /'əʊvəkɪl/ *n* (*fig*) вы́ход за преде́лы необходи́мости; ≈ пу́шками по воробья́м.

overladen /ˌəʊvə'leɪd(ə)n/ *adj* перегру́женный.

overland /'əʊvəˌlænd/ *adj* сухопу́тный.
● *adv* по су́ше.

overlap /'əʊvəˌlæp/ *n* (*tech*) перекры́тие; (*fig*) части́чное совпаде́ние.
● *vt* (**overlapped, overlapping**) покр|ыва́ть, -ы́ть части́чно.
● *vi* (**overlapped, overlapping**) за|ходи́ть, -йти́ оди́н на друго́й; (*coincide*) (части́чно) совп|ада́ть, -а́сть; **my holidays ~ with yours** мой о́тпуск части́чно совпада́ет с ва́шим.

overlay /'əʊvəˌleɪ/ *n* покры́тие.
● *vt* (*past and pp* **overlaid**) покр|ыва́ть, -ы́ть.

overleaf /ˌəʊvə'li:f/ *adv* на обороте (страни́цы).

overl|ie /ˌəʊvə'laɪ/ *vt* (**overlying;** *past* **overlay;** *pp* **overlain**) лежа́ть (*impf*) над + *i*.

overload /'əʊvəˌləʊd/ *n* перегру́зка.
● *vt* перегру|жа́ть, -зи́ть.

overlong /ˌəʊvə'lɒŋ/ *adj* сли́шком дли́нный/до́лгий.
● *adv* сли́шком до́лго.

overlook /ˌəʊvə'lʊk/ *vt* **1** (*look down on*) смотре́ть, по- све́рху на + *a*; (*tower above*) возвыша́ться (*impf*) над (+ *i*); **the mountains ~ the sea** го́ры возвыша́ются над мо́рем.
2 (*open on to*) выходи́ть (*impf*) на + *a*; **our house is not ~ed** наш дом защищён от посторо́нних взгля́дов; **a view ~ing the lake** вид на о́зеро.
3 (*fail to notice*) просмотре́ть (*pf*), проглядéть (*pf*), пропус|ка́ть, -ти́ть; **the mistake was completely ~ed** оши́бку по́лностью просмотре́ли/ проглядéли; (*disregard*) упус|ка́ть, -ти́ть; **you've ~ed one important thing** вы упусти́ли из ви́ду/ви́да одно́ ва́жное обстоя́тельство; **he was ~ed** (*not promoted*) его́ обошли́.
4 (*excuse*) про|ща́ть, -сти́ть; **I will ~ his mistakes** я прощу́ ему́ его́ оши́бки.

overlord /'əʊvəˌlɔ:d/ *n* (*feudal*) сюзере́н; (*master*) повели́тель (*m*).

overly /'əʊvəlɪ/ *adv* сли́шком, чересчу́р.

overman /ˌəʊvə'mæn/ *vt* (**overmanned, overmanning**): **the department is ~ned** в отде́ле разду́ты шта́ты; отде́л перегру́жен людьми́.

overmanning /ˌəʊvə'mænɪŋ/ *n* раздува́ние шта́тов.

overmantel /'əʊvəˌmænt(ə)l/ *n* украше́ние надками́ном.

overmastering /ˌəʊvə'mɑ:stərɪŋ/ *adj* непреодоли́мый.

over-modest /ˌəʊvə'mɒdɪst/ *adj* чересчу́р скро́мный.

overmuch /ˌəʊvə'mʌtʃ/ *adv* сли́шком мно́го; чрезме́рно.

overnight /ˌəʊvə'naɪt/ *adj*: **~ preparations** подгото́вка накану́не; **an ~ stay** ночёвка, ночле́г; **~ bag** доро́жная су́мка, небольшо́й чемода́н; **~ train** ночно́й по́езд.
● *adv* (*on the previous evening*) накану́не ве́чером; (*through the night*) всю ночь; (*during the night*) за́ ночь; **stay ~** ночева́ть, за-; (*fig*) **he rose to fame ~** сла́ва пришла́ к нему́ в одноча́сье.

overpass /'əʊvəˌpɑ:s/ *n* эстака́да.

overpay /ˌəʊvə'peɪ/ *vt* (*past and pp* **overpaid**) перепла́|чивать, -ти́ть.

overpayment /ˌəʊvə'peɪmənt/ *n* перепла́та.

overplay /ˌəʊvə'pleɪ/ *vt* (*overact*) переигр|ывать, -а́ть; (*overemphasize*) прид|ава́ть, -а́ть чрезме́рное значе́ние + *d*; **~ one's hand** (*fig*) переоце́н|ивать, -и́ть свои́ возмо́жности.

overpopulated /ˌəʊvə'pɒpjʊˌleɪtɪd/ *adj* перенаселённый.

overpopulation /ˌəʊvəpɒpjʊ'leɪʃ(ə)n/ *n* перенаселе́ние.

overpower /ˌəʊvə'paʊə(r)/ *vt* одол|ева́ть, -е́ть; (*overwhelm*) сокруш|а́ть, -и́ть; **~ing grief** сокруша́ющее го́ре; **~ing smell** о́чень си́льный за́пах; **I found the heat ~ing** я изнемога́л от жары́.

overpraise /ˌəʊvə'preɪz/ *vt* перехва́л|ивать, -и́ть.

overproduce /ˌəʊvəprəˈdjuːs/ *vt* перепроизв|оди́ть, -ести́.

overproduction /ˌəʊvəprəˈdʌkʃ(ə)n/ *n* перепроизво́дство.

overrate /ˌəʊvəˈreɪt/ *vt* переоце́н|ивать, -и́ть.

overreach /ˌəʊvəˈriːtʃ/ *vt* (*outwit*) перехитри́ть (*pf*); ~ **o.s.** (*defeat one's object*) перестара́ться (*pf*).

overreact /ˌəʊvərɪˈækt/ *vi* реаги́ровать, от-/про- чрезме́рно ре́зко.

over|ride /ˌəʊvəˈraɪd/ *vt* (*past* **overrode;** *pp* **overridden**) (*reject*) отв|ерга́ть, -е́ргнуть; **he ~rode my objections** он отве́рг/отмёл мои́ возраже́ния; **~riding** (*aim, importance*) основно́й, первостепе́нный; (*factor, consideration*) гла́вный, реша́ющий; **an ~riding objection** неопровержи́мое возраже́ние.

overrider /ˈəʊvəˌraɪdə(r)/ *n* (*Br*) клык ба́мпера.

overripe /ˌəʊvəˈraɪp/ *adj* перезре́лый.

overrule /ˌəʊvəˈruːl/ *vt* (*annul*) аннули́ровать (*impf, pf*); отмен|я́ть, -и́ть; ~ **a claim/objection** отв|ерга́ть, -е́ргнуть (*or* отклон|я́ть, -и́ть) прете́нзию/возраже́ние; **I was ~d** моё возраже́ние отве́ргли.

overrun /ˌəʊvəˈrʌn/ *vt* (**overrunning;** *past* **overran;** *pp* **overrun**) **1** (*of enemy*) соверш|а́ть, -и́ть набе́г на + *a*. **2** (*of vermin, weeds, etc.: infest*): **the garden is ~ with weeds** сад заро́с сорняка́ми; **the house is ~ with rats** дом киши́т кры́сами. **3** (*go beyond*): **the speaker overran his time** выступа́ющий превы́сил регла́мент.
● *vi* (**overrunning;** *past* **overran;** *pp* **overrun**): **the broadcast is ~ning by 20 minutes** переда́ча идёт на 20 мину́т до́льше поло́женного вре́мени.

overseas /ˈəʊvəˌsiːz/ *adj* (*trip*) загранúчный; (*visitor*) иностра́нный; ~ **trade** вне́шняя торго́вля.
● *adv* за́ мо́рем; (*abroad*) за грани́цей; **go ~** е́хать (*det*), по- за грани́цу.

oversee /ˌəʊvəˈsiː/ *vt* (*past* **oversaw;** *pp* **overseen**) надзира́ть (*impf*) за + *i*.

overseer /ˈəʊvəˌsiːə(r)/ *n* надсмо́трщик, надзира́тель (*m*).

oversensitive /ˌəʊvəˈsensɪtɪv/ *adj* чересчу́р чувстви́тельный.

oversensitiveness /ˌəʊvəˈsensɪtɪvnɪs/ *n* чрезме́рная чувстви́тельность.

oversexed /ˌəʊvəˈsekst/ *adj* чрезме́рно чу́вственный.

overshadow /ˌəʊvəˈʃædəʊ/ *vt* (*lit, fig*) заслон|я́ть, -и́ть; затм|ева́ть, -и́ть.

overshoe /ˈəʊvəˌʃuː/ *n* гало́ша.

overshoot /ˈəʊvəˌʃuːt/ *n* (*aeron*) перелёт (*при поса́дке*).
● *vt* (*past and pp* **overshot**) (*junction, traffic lights*) про|езжа́ть, -е́хать; проск|а́кивать, -очи́ть; ~ **the mark** (*lit*) брать, взять вы́ше це́ли; (*fig*) за|ходи́ть, -йти́ сли́шком далеко́.
● *vi* (*past and pp* **shot**): **the plane overshot on landing** самолёт перелете́л (установленную) то́чку приземле́ния.

oversight /ˈəʊvəˌsaɪt/ *n* (*failure to notice*) недосмо́тр, упуще́ние; (*supervision*) надзо́р.

oversimplification /ˌəʊvəsɪmplɪfɪˈkeɪʃ(ə)n/ *n* чрезме́рное упроще́ние; вульгариза́ция.

oversimplify /ˌəʊvəˈsɪmplɪˌfaɪ/ *vt* сли́шком упро|ща́ть, -сти́ть.

oversize(d) /ˈəʊvəˌsaɪz(d)/ *adj* о́чень/ сли́шком большо́го разме́ра.

oversleep /ˌəʊvəˈsliːp/ *vi* (*past and pp* **overslept**) прос|ыпа́ть, -па́ть.

overspend /ˌəʊvəˈspend/ *vi* (*past and pp* **overspent**) тра́тить, по- сли́шком мно́го.

overspill /ˈəʊvəspɪl/ *n* (*Br, of population*) избы́ток населе́ния.

overstate /ˌəʊvəˈsteɪt/ *vt* преувели́ч|ивать, -ить.

overstatement /ˈəʊvəˌsteɪtmənt/ *n* преувеличе́ние.

overstay /ˌəʊvəˈsteɪ/ *vt*: ~ **one's welcome** загости́ться (*pf*); злоупотреб|ля́ть, -и́ть гостеприи́мством.

overstep /ˌəʊvəˈstep/ *vt* (**overstepped, overstepping**) переступ|а́ть, -и́ть.

overstock /ˌəʊvəˈstɒk/ *vt* (*with goods*) переп|олня́ть, -о́лнить.

overstrain /ˌəʊvəˈstreɪn/ *n* перенапряже́ние.
● *vt* перенапр|яга́ть, -я́чь; (*overexert*) переутом|ля́ть, -и́ть.

overstress /ˌəʊvəˈstres/ *vt* (*overstrain*) перенапр|яга́ть, -я́чь; (*overemphasize*) изли́шне подчёрк|ивать, -ну́ть.

oversubscribe /ˌəʊvəsəbˈskraɪb/ *vt*: **the course is ~ed** курс перепо́лнен; **the school is ~d** шко́ла перепо́лнена; **the share issue was ~d** бы́ло сли́шком мно́го жела́ющих на приобрете́ние а́кций.

overt /əʊˈvəːt, ˈəʊvəːt/ *adj* (*open*) откры́тый; (*obvious, evident*) я́вный, очеви́дный.

overtak|e /ˌəʊvəˈteɪk/ *vt* (*past* **overtook;** *pp* **overtaken**) (*outstrip*) об|гоня́ть, -огна́ть; перег|оня́ть, -на́ть; **no ~ing!** обго́н запрещён!; **misfortune overtook him** его́ пости́гло несча́стье.

overtax /ˌəʊvəˈtæks/ *vt* (*lit*) обремен|я́ть, -и́ть чрезме́рными нало́гами; (*strength, patience etc.*) истощ|а́ть, -и́ть.

over-the-top /ˌəʊvəðəˈtɒp/ *adj* чрезме́рный.

overthrow[1] /ˈəʊvəˌθrəʊ/ *n* ниспроверже́ние, сверже́ние.

overthrow[2] /ˌəʊvəˈθrəʊ/ *vt* (*past* **overthrew;** *pp* **overthrown**) ниспров|ерга́ть, -е́ргнуть; св|ерга́ть, -е́ргнуть.

overtime /ˈəʊvəˌtaɪm/ *n* сверхуро́чное вре́мя; (*work*) сверхуро́чная рабо́та.
● *adv* сверхуро́чно.

overtired /ˌəʊvəˈtaɪəd/ *adj* переутомлённый.

overtone /ˈəʊvəˌtəʊn/ *n* оберто́н; (*fig, also*) отте́нок.

overtrousers /ˈəʊvəˌtraʊzəz/ *n pl* ве́рхние непромока́емые брю́к|и (*pl, g* —).

overture /ˈəʊvəˌtjʊə(r)/ *n* **1** (*mus*) увертю́ра. **2** (*in pl*): **peace ~s** ми́рные предложе́ния, ми́рная инициати́ва.

overturn /ˌəʊvəˈtəːn/ *vt & i* опроки́|дывать(ся), -нуть(ся).

overvalue /ˌəʊvəˈvæljuː/ *vt* переоц|е́нивать, -ени́ть.

overview /ˈəʊvəˌvjuː/ *n* обзо́р.

overweening /ˌəʊvəˈwiːnɪŋ/ *adj* (*arrogant*) высокоме́рный; (*pride, ambition*) чрезме́рное.

overweight /ˈəʊvəˌweɪt/ *adj* ве́сящий бо́льше но́рмы; **he is several pounds ~** он ве́сит на не́сколько фу́нтов бо́льше но́рмы.

overwhelm /ˌəʊvəˈwelm/ *vt* (*weigh down*) подав|ля́ть, -и́ть; (*submerge*) погру|жа́ть, -зи́ть; (*in battle*) сокруш|а́ть, -и́ть; (*fig*): **his kindness ~ed me** я был ошеломлён/потрясён его́ добрито́й; **I was ~ed with joy** моё се́рдце перепо́лнилось ра́достью; **he was ~ed with grief** он был охва́чен го́рем; **~ing majority** подавля́ющее большинство́.

overwind /ˌəʊvəˈwaɪnd/ *vt* (*past and pp* **overwound**): ~ **a watch** перекр|у́чивать, -ути́ть пружи́ну у часо́в.

overwork /ˌəʊvəˈwəːk/ *n* (*overstrain*) перенапряже́ние, переутомле́ние.
● *vt & i* переутом|ля́ть(ся), -и́ть(ся); (*fig*): **that phrase has been ~ed** э́то выраже́ние зата́скано.

overwrite /ˌəʊvəˈraɪt/ *vt* (*past* **overwrote;** *pp* **overwritten**) (*comput*) (*a file*) перезапи́с|ывать, -а́ть; (*data*) запи́с|ывать, -а́ть пове́рх (+ *g*).

overwrought /ˌəʊvəˈrɔːt/ *adj* сли́шком возбуждённый, не́рвный; **she is ~** у неё не́рвное истоще́ние.

oviduct /ˈəʊvɪˌdʌkt/ *n* яйцево́д.

ovoid /ˈəʊvɔɪd/ *adj* яйцеви́дный.

ovulate /ˈɒvjʊˌleɪt/ *vi* овули́ровать (*impf, pf*).

ovulation /ˌɒvjʊˈleɪʃ(ə)n/ *n* овуля́ция.

ovum /ˈəʊvəm/ *n* (*pl* **ova**) яйцо́.

owe /əʊ/ *vt & i* **1** (*be under obligation to pay*) быть до́лжным + *d*; **you ~ us £50** вы должны́ нам 50 фу́нтов; **I ~d him a large sum** я до́лжен был ему́ большу́ю су́мму; **I ~ you for the ticket** я до́лжен вам за биле́т; **he ~s 4 roubles** он до́лжен четы́ре рубля́; **he still ~s for last year** он ещё до́лжен (*or* у него́ ещё задо́лженность) за про́шлый год; **you ~ it to yourself to take a holiday** вам необходи́мо взять о́тпуск. **2** (*be indebted for*) быть обя́занным (*кому чем*); **I ~ it to you that I am still alive** я обя́зан вам жи́знью; **he ~s his success to hard work** свои́м успе́хом он обя́зан неуста́нной рабо́те.

owing /ˈəʊɪŋ/ *adj* **1** (*yet to be paid*) причита́ющийся; **there is 100 roubles ~ to you from me** (вам) с меня́ причита́ется сто рубле́й. **2**: ~ **to** (*attributable to; caused by*) по причи́не + *g*; вследствие + *g*; (*thanks to*) благодаря́ + *d*; (*on account of, because*

O

of) из-за + *g*; ~ **to fog we were late** из-за тума́на мы опозда́ли.

owl /aʊl/ *n* сова́; **barn** ~ сипу́ха; **little** ~ домо́вый сыч; **tawny** ~ нея́сыть.

owlish /'aʊlɪʃ/ *adj* (*fig*) серьёзный.

own /əʊn/ *pron*: **come into one's** ~ доб|ива́ться, -и́ться призна́ния; **each to his/their** ~ ка́ждому нра́вится (что́-то) своё; **get one's** ~ **back on s.o.** поквита́ться (*pf*) с кем-н.; **hold one's** ~ стоя́ть (*impf*) на своём; **on one's** ~ (*alone*) в одино́честве; (*unaided, independently*) самостоя́тельно, сам (по себе́).

● *adj* со́бственный, свой; **my** ~ **house** мой со́бственный дом; **this house is not my** ~ э́тот дом мне не принадлежи́т; **I want a dog of** (*or* **for**) **my very** ~ я хочу́ соба́ку для себя́; **my time is my** ~ я хозя́ин своего́ вре́мени; **can I have a room of my** ~? мо́жно получи́ть отде́льную ко́мнату?; **a flavour all its** ~ осо́бенный арома́т; **with one's** ~ **hand** собственнору́чно; **he died by his** ~ **hand** он поко́нчил с собо́й; он наложи́л на себя́ ру́ки; **he had reasons of his** ~ у него́ бы́ли (на то) свои́ причи́ны; **he has nothing of his** ~ он ничего́ не име́ет; **I love truth for its** ~ **sake** я люблю́ пра́вду ра́ди пра́вды; **of one's** ~ **accord** по со́бственному побужде́нию; по со́бственной во́ле, доброво́льно; **he is his** ~ **master** он сам себе́ хозя́ин; **she makes all her** ~ **clothes** она́ сама́ себя́ обшива́ет; **my** ~ **father** мой родно́й оте́ц.

● *vt* (*have as property*) владе́ть (*impf*) + *i*; **who** ~**s this bag?** чья э́то су́мка?; **to be** ~**ed (by)** принадлежа́ть (*impf*) (+ *d*); **the land was** ~**ed by my father** (э́та) земля́ принадлежа́ла моему́ отцу́ (*or* э́той землёй владе́л мой оте́ц).

● *vi* **1**: ~ **to** (*literary*) (*acknowledge, admit*) призн|ава́ть, -а́ть *что*; **she** ~**ed to feelings of jealousy** она́ призна́лась в том, что ревнова́ла.
2: ~ **up (to sth)** (*admit to wrongdoing etc.*) призн|ава́ться, -а́ться (в чём-н.); **I** ~**ed up to having told a lie** я призна́лся, что солга́л.

● *cpd* ~ **goal** *n* автого́л; гол в со́бственные воро́та.

owner /'əʊnə(r)/ *n* владе́л|ец (*fem* -ица); хозя́|ин (*fem* -йка); **at** ~**'s risk** на отве́тственность владе́льца; **joint** ~ совладе́л|ец (*fem* -ица).

● *cpd* ~**-occupier** *n* (*Br*) домовладе́л|ец (*fem* -ица), квартировладе́л|ец (*fem* -ица).

ownerless /'əʊnəlɪs/ *adj* бесхо́зный, без хозя́ина.

ownership /'əʊnəʃɪp/ *n* владе́ние (**of:** + *i*); со́бственность (**of:** на + *a*); **joint** ~ о́бщее владе́ние; **private/state** ~ ча́стная/госуда́рственная со́бственность.

ox /ɒks/ *n* (*pl* **oxen**) бык; (*castrated*) вол.

● *cpds* ~**bow** *n* (*geog*) подковообра́зная излу́чина (*реки*); ~**hide** *n* воло́вья/бы́чья шку́ра; ~**tail** *n* воло́вий/бы́чий хвост; ~ **tongue** *n* воло́вий/бы́чий язы́к.

oxalic /ɒk'sælɪk/ *adj* щаве́левый.

Oxbridge /'ɒksbrɪdʒ/ *n* (*coll*) О́ксфорд и Ке́мбридж (*университеты*).

> **Oxbridge**
>
> Сраще́ние, образо́ванное от назва́ний *Oxford* и *Cambridge*. Оно́ отно́сится к университе́там О́ксфорда и Ке́мбриджа и подчёркивает их прести́ж и осо́бое положе́ние среди́ други́х университе́тов.

oxen /'ɒks(ə)n/ *pl of* ⇒**ox**

Oxford /'ɒksfəd/ *n* О́ксфорд; (*attr*) о́ксфордский.

oxidation /,ɒksɪ'deɪʃ(ə)n/ = **oxidization**

oxide /'ɒksaɪd/ *n* о́кись, окси́д.

oxidization /,ɒksɪ,daɪ'zeɪʃ(ə)n/ *n* окисле́ние.

oxidize /'ɒksɪ,daɪz/ *vt* окисл|я́ть, -и́ть.

oxyacetylene /,ɒksɪə'setɪ,li:n/ *adj* кислоро́дно-ацетиле́новый.

oxygen /'ɒksɪdʒ(ə)n/ *n* кислоро́д; ~ **mask** кислоро́дная ма́ска; ~ **tent** кислоро́дная пала́тка.

oxygenate /'ɒksɪdʒə,neɪt, ɒk'sɪ-/ *vt* нас|ыща́ть, -ы́тить кислоро́дом.

oxygenation /,ɒksɪdʒə'neɪʃ(ə)n/ *n* насыще́ние кислоро́дом.

oxymoron /,ɒksɪ'mɔ:rɒn/ *n* оксю́морон.

oyster /'ɔɪstə(r)/ *n* у́стрица; **the world is his** ~ весь мир у его́ ног.

● *cpds* ~ **bed** *n* у́стричный садо́к; ~**catcher** *n* (*zool*) кули́к-соро́ка.

Oz /ɒz/ *n* (*Australian* & *NZ coll*) Австра́лия.

oz /aʊns(ɪz)/ *n* (*abbr of* ***ounce(s)***) у́нция.

ozone /'əʊzəʊn/ *n* озо́н; ~ **layer** озо́нный/озо́новый слой; ~ **hole** озо́новая дыра́.

● *cpd* ~**-friendly** *adj* не разруша́ющий озо́нный/озо́новый слой.

O

Pp

P /piː/ *n*: **we must mind our ~'s and Q's** нáдо быть осторóжным; нáдо соблюдáть прилѝчия.

p *n abbr of* **1** ***penny*** /'penɪ/ (*pl* ***pence***) (*Br*) пéнни (*nt indecl*), пенс. **2** ***page*** /peɪdʒ/ с(тр)., странѝца.

PA *abbr of* **1** (*Br*) ***personal assistant*** лѝчный секретáрь. **2** ***public address (system)*** звукоусилѝтельная аппаратýра.

pa /pɑː/ *n* (*coll*) пáпа (*m*).

p.a. /pər 'ænəm/ *adv* (*abbr of* ***per annum***) в год.

pace /peɪs/ *n* **1** (*step*) шаг.
2 (*speed of progression*): **mend/quicken one's ~** уск|орять, -óрить шаг; **keep ~ with** посп|евáть, -éть за + *i*; **at a snail's ~** с черепáшьей скóростью; (*fig*): **this pupil sets the ~ for the whole class** э́тот ученѝк задаёт темп всемý клáссу.
3 (*gait, esp of horse*) аллю́р; (*of person*) пóступь; **he put the horse through its ~s** он пускáл лóшадь рáзными аллю́рами; (*fig*) **she put me through my ~s** онá меня́ как слéдует погоня́ла (*coll*).
● *vt* **1** (*measure out, traverse in ~s*) шагáть (*impf*) по + *d*; расхáживать (*impf*) по + *d*; **he ~d the floor** он мéрил кóмнату шагáми; **I ~d out the distance ~** я измéрил расстоя́ние шагáми.
2 (*set the ~ for*) зад|авáть, -áть темп + *d*.
● *vi* ходѝть (*indet*); расхáживать (*impf*); **he ~d up and down** он ходѝл взад и вперёд.
● *cpd* **~maker** *n* лѝдер, задаю́щий темп; (*cardiac aid*) (электро)кардиостимуля́тор, электрѝческий стимуля́тор сéрдца.

pace /'pɑːtʃeɪ, 'peɪsɪ/ *prep*: **~ the critics** с позволéния крѝтиков.

pachyderm /'pækɪ,dəːm/ *n* толстокóжее (живóтное).

pacific /pə'sɪfɪk/ *n*: **the P~ (Ocean)** Тѝхий океáн; (*attr*) тихоокеáнский; **the P~ Islands** Океáния.
● *adj* (*peaceful, calm*) спокóйный; (*promoting peace*) миролю́бѝвый.

pacification /,pæsɪfɪ'keɪʃ(ə)n/ *n* успокоéние; умиротворéние.

pacifier /'pæsɪ,faɪə(r)/ *n* (*one who soothes*) успокóитель (*m*); (*bringer of peace*) миротвóрец; (*US, child's dummy*) сóска, пусты́шка.

pacifism /'pæsɪ,fɪz(ə)m/ *n* пацифѝзм.

pacifist /'pæsɪfɪst/ *n* пацифѝст (*fem* -ка) (*attr*) пацифѝстский.

pacify /'pæsɪ,faɪ/ *vt* (*soothe*; *appease*) успок|áивать, -óить; умиротвор|я́ть, -ѝть; (*bring peace to, esp by force*) усмир|я́ть, -ѝть.

pack /pæk/ *n* **1** (*knapsack*) рáнец; (*rucksack*) рюкзáк; (*carried by animal*) вьюк.
2 (*packet*; *packaged quantity of goods*) пáчка, пакéт.
3 (*collection*) набóр; **it's all a ~ of lies** э́то сплошнáя ложь; **a ~ of thieves** шáйка ворóв.
4 (*animals*): **~ of hounds** свóра гóнчих; **~ of wolves** стáя вóлков.
5 (*Rugby forwards*) нападéние.
6 (*Br, cards*) колóда.
● *vt* **1** (*put into container*) упакóв|ывать, -áть; уклáдывать, уложѝть; **~ed lunch** бутербрóды с собóй, сухóй паёк; (*for preservation*) консервѝровать, за-.
2 (*put into small space*) наб|ивáть, -ѝть; **they were ~ed in there like sardines** онѝ набѝлись тудá как сéльди в бóчке.
3 (*cover for protection in transit etc.*) упакóв|ывать, -áть; **the glass is ~ed in cotton wool** стеклó упакóвано в вáту.
4 (*fill*) зап|олня́ть, -óлнить; **he ~ed his bags and left** он уложѝл чемодáны и уéхал; **the hall was ~ed** зал был биткóм набѝт.
5: **~ a jury/committee** под|бирáть, -обрáть состáв жюрѝ/комитéта.
6: **he ~s a punch** (*coll*) у негó сѝльный удáр.
● *vi* **1** (**~ one's clothes**) уклáдываться, уложѝться.
2 (*crowd together*): **they ~ed into the car** онѝ втѝснулись в автомобѝль.
3: **send s.o. ~ing** прог|оня́ть, -нáть когó-н.
● *with advs*: **~ away** *vt* от|клáдывать, -ложѝть; **I ~ed my overcoat away for the summer** я убрáл своё пальтó на лéто; **~ down** *vt* уплотн|я́ть, -ѝть; **the soil should be ~ed down firmly** грýнт слéдует хорошó утрамбовáть; **~ in** *vt*: **she took her bag and ~ed everything in** онá взялá сýмку и всё в неё уложѝла; (*fig, accomplish in given time*): **I'm only going for a week, so I have a lot to ~ in** я éду тóлько на недéлю, и поэ́тому у меня́ бýдет óчень плóтная прогрáмма; (*coll, stop, give up*) прекра|щáть, -тѝть; **he's ~ing in his job** он бросáет рабóту; **~ it in, will you!** брóсьте (э́то), пожáлуйста; *vi*: **it was a small car but they all ~ed in somehow** автомобѝль был мáленький, но все кóе-кáк в негó втѝснулись; **~ off** *vt* (*dispatch*) отгру|жáть, -зѝть; отпр|авля́ть, -áвить; **she ~ed the children off to school** онá отпрáвила детéй в шкóлу; **~ out** *vt* (*Br*): **the hall was ~ed out** зал был запóлнен до откáза; **~ up** *vt*: **have the presents been ~ed up yet?** подáрки ужé упакóваны?; (*coll, stop*): **I ~ed up smoking last year** я брóсил курѝть в прóшлом годý; *vi*: **we spent the day ~ing up** мы цéлый день уклáдывались; (*coll, stop working*): **the workmen ~ed up at 5** рабóчие закóнчили в 5 часóв; **the engine ~ed up** (*Br*) мотóр отказáл.
● *cpds* **~ drill** *n* (*mil*) наказáние марширóвкой с пóлной вы́кладкой; **~horse** *n* вью́чная лóшадь; **~ ice** *n* пак; пáковый лёд; **~saddle** *n* вью́чное седлó.

package /'pækɪdʒ/ *n* (*parcel*) посы́лка; (*bundle*) свёрток, пакéт; (*comput*) пакéт; (*fig*): **~ deal** кóмплексная сдéлка.
● *vt* упак|óвывать, -овáть; (*fig*): **a ~ holiday/tour** (*Br*) организóванная туристѝческая поéздка; поéздка по путёвке.

packer /'pækə(r)/ *n* (*person*) упакóвщик; (*firm*) упакóвочная фѝрма.

packet /'pækɪt/ *n* **1** (*of cigarettes, biscuits*) пáчка; (*of crisps*) пакéт. **2** (*Br coll, large sum of money*): **that must have cost him a ~** э́то, навéрное, стóило емý ýйму дéнег.

packing /'pækɪŋ/ *n* **1** (*action, process*) упакóвка; **I have all my ~ to do tonight** я дóлжен собрáться сегóдня вéчером. **2** (*material*) упакóвка, упакóвочный материáл; (*seal for pipes etc.*) уплотнѝтельный материáл.
● *cpd* **~ case** *n* упакóвочный я́щик.

pact /pækt/ *n* соглашéние, договóр; пакт.

pad /pæd/ *n* **1** (*small cushion*) подýшечка; (*for protection*) проклáдка; **he played with ~s on his shins** он игрáл в щиткáх.
2 (*block of paper*) блокнóт.
3 (*of animal's foot*) подýшечка.
4 (*launching platform*) пусковóй/ стáртовый стол; (*for rockets*) стáртовая площáдка.
5 (*sl, home*) пристáнище, свой ýгол.
● *vt* (**padded, padding**)
1 (*provide with padding*) (*cushion*) наб|ивáть, -ѝть; (*coat*) подб|ивáть, -ѝть; **~ded cell** палáта, обѝтая вóйлоком; **~ded shoulders** плечевы́е наклáдки (*f pl*).

p

2 (*fig, also* ~ **out**) перегру|жа́ть, -зи́ть; разб|авля́ть, -а́вить; **his essays are ~ded out with quotations** его́ о́черки перегру́жены цита́тами.
● *vi* (**padded, padding**) (*coll, move softly*) бесшу́мно дви́гаться (*impf*).

padding /'pædɪŋ/ *n* (*lit*) (*for cushion*) наби́вка; (*for coat*) подби́вка; (*fig*) многосло́вие; вода́.

paddle¹ /'pæd(ə)l/ *n* (*oar*) (*single-bladed*) гребо́к (*весло*); (*two-bladed*) байда́рочное весло́.
● *vt* & *i* грести́ (*impf*); **I learned to ~ my own canoe** (*fig*) я научи́лся де́йствовать самостоя́тельно.
● *cpds* ~ **steamer** *n* колёсный парохо́д; ~ **wheel** *n* гребно́е колесо́.

paddl|e² /'pæd(ə)l/ *n*: **the children have gone for a ~e** де́ти пошли́ поплеска́ться в воде́.
● *vi* (*walk in shallow water*) шлёпать (*impf*) по воде́; мочи́ть (*impf*) но́ги; **~ing pool** (*Br*) де́тский бассе́йн, лягуша́тник (*coll*).

paddock /'pædək/ *n* (*small field, esp for horses*) вы́гул; (*at racecourse, track*) па́ддо́к (*техническая зона на ипподроме между конюшнями и беговой дорожкой, где лошадей готовят к забегу; аналогичное место для гоночных машин непосредственно возле трассы*).

Paddy /'pædɪ/ *n* (*coll, often offens Irishman*) пэ́дди (*m indecl*) (*презрительное название ирландца*).

paddy¹/'pædɪ/ *n*: ~ **field** *n* (заливно́е) ри́совое по́ле.

paddy² /'pædɪ/ *n* (*Br coll, fit of temper*) я́рость.

padlock /'pædlɒk/ *n* вися́чий замо́к.
● *vt* ве́шать, пове́сить замо́к на + *a*.

padre /'pɑːdrɪ, -dreɪ/ *n* (*coll*) па́дре (*m indecl*).

paean /'piːən/ *n* хвале́бная/побе́дная песнь.

paederast /'pedə,ræst/, **-y** /'pedə,ræstɪ/ = **pederast**, ⇒**pederasty**

paediatric /,piːdɪ'ætrɪk/ (*US* **pediatric**) *adj* педиатри́ческий.

paediatrician /,piːdɪə'trɪʃ(ə)n/ (*US* **pediatrician**) *n* педиа́тр.

paediatrics /,piːdɪ'ætrɪks/ (*US* **pediatrics**) *n* педиатри́я.

paedophile /'piːdə,faɪl/ (*US* **pedophile**) *n* педофи́л; ~ **ring** сеть педофи́лов.

paedophilia /,piːdə'fɪlɪə/ (*US* **pedophilia**) *n* педофили́я.

paedophiliac /,piːdə'fɪlɪæk/ (*US* **pedophiliac**) *adj* педофи́льский.

paella /paɪ'elə/ *n* (*cul*) пае́лья.

pagan /'peɪgən/ *n* язы́чни|к (*fem* -ца).
● *adj* язы́ческий.

paganism /'peɪgən,ɪz(ə)m/ *n* язы́чество.

page¹ /peɪdʒ/ *n* (*of a book etc.; also comput and fig*) страни́ца; ~ **proof** корректу́ра в листа́х; вёрстка (*collect*).
● *vt* нумерова́ть, про- страни́цы + *g*.

page² /peɪdʒ/ *n* (*boy servant*) ма́льчик-слуга́; (*attending person of rank*) паж; (*at wedding*) ма́льчик, несу́щий шлейф неве́сты.
● *vt*: **please have Mr Smith ~d** пожа́луйста, вызовите господи́на Сми́та по пе́йджеру.

pageant /'pædʒ(ə)nt/ *n* (*sumptuous spectacle*) церемо́ния, проце́ссия; (*open-air enactment of historical events*) представле́ние, де́йство.

pageantry /'pædʒəntrɪ/ *n* пы́шность, пара́дность.

pager /'peɪdʒə(r)/ *n* пе́йджер.

paginate /'pædʒɪ,neɪt/ *vt* нумерова́ть, про- страни́цы + *g*.

pagination /,pædʒɪ'neɪʃ(ə)n/ *n* нумера́ция страни́ц.

pagoda /pə'gəʊdə/ *n* па́года.

paid /peɪd/ *past and pp of* ⇒**pay**; **put ~ to** (*coll*) класть, положи́ть коне́ц + *d*.

pail /peɪl/ *n* ведро́.

paillasse /'pælɪ,æs/ = **palliasse**

pain /peɪn/ *n* **1** (*suffering*) боль; **he is in great ~** его́ му́чают бо́ли; **he cried out in ~** он вскри́кнул от бо́ли; **her words caused me ~** её слова́ причини́ли мне боль; (*particular or localized*): **he had severe stomach ~s** у него́ бы́ли о́стрые бо́ли в желу́дке; **she felt her (labour) ~s coming on** она́ чу́вствовала приближе́ние (родовы́х) схва́ток; **he is a ~ in the neck** (*coll*) он стои́т всем поперёк го́рла.
2 (*in pl, trouble, effort*) стара́ния (*nt pl*), хлоп|оты (*pl, g* -о́т); **she spared no ~s to make us comfortable** она́ приложи́ла все уси́лия, что́бы устро́ить нас поудо́бнее; **he takes great ~s over every picture** он подо́лгу рабо́тает над ка́ждой карти́ной; **he was at ~s to show us everything** он позабо́тился о том, что́бы показа́ть нам всё; **you will get nothing for your ~s** вы ничего́ не полу́чите за свои́ труды́.
3 (*penalty*): **he goes there on ~ of death** он идёт туда́ под стра́хом сме́рти.
● *vt* причин|я́ть, -и́ть боль + *d*; **it ~s me to have to say this** мне бо́льно э́то говори́ть; **a ~ed expression** оби́женное выраже́ние лица́.
● *cpd* **~killer** *n* болеутоля́ющее (сре́дство).

painful /'peɪnfʊl/ *adj* (*of part of body*) больно́й; (*causing mental or physical pain*) боле́зненный, мучи́тельный; **it is my ~ duty to tell you ...** мой тя́гостный долг сообщи́ть вам, что... .

painfully /'peɪnfʊlɪ/ *adv* боле́зненно, мучи́тельно; ~ **slow** мучи́тельно ме́дленный; ~ **familiar** до бо́ли знако́мый; **he was ~ aware ...** он мучи́тельно сознава́л... .

painfulness /'peɪnfʊlnɪs/ *n* боле́зненность, мучи́тельность.

painless /'peɪnlɪs/ *adj* безболе́зненный.

painlessness /'peɪnlɪsnɪs/ *n* безболе́зненность.

painstaking /'peɪnz,teɪkɪŋ/ *adj* стара́тельный, усе́рдный; кропотли́вый.

paint /peɪnt/ *n* кра́ска; **wet ~!** осторо́жно, окра́шено!; **that door could do with a touch of ~** э́ту дверь хорошо́ бы подкра́сить.
● *vt* **1** (*portray in colours*) рисова́ть, на-; писа́ть, на- кра́сками; (*fig, in words*) распи́с|ывать, -а́ть; **he's not as black as he is ~ed** не так уж он плох, как его́ опи́сывают.
2 (*cover or adorn with ~*) кра́сить, по-/вы́-; **the house is ~ed white** дом вы́крашен в бе́лый цвет; **she never ~s her face** она́ никогда́ не кра́сится; **they ~ed the town red** (*fig*) они загуля́ли (*or* устро́или кутёж); **~ed lady** (*butterfly*) репе́йница, чертополо́ховка.
● *vi* рисова́ть (*impf*); писа́ть (*impf*) кра́сками; **he ~s** он худо́жник; он занима́ется жи́вописью.
● *with advs*: ~ **in** *vt* впи́с|ывать, -а́ть; ~ **out** *vt* закра́|шивать, -сить.
● *cpds* **~box** *n* набо́р кра́сок; **~brush** *n* кисть; ~ **remover, stripper** *nn* раствори́тель (*m*); ~ **roller** *n* ва́лик; **~work** *n* (*Br*) кра́ска.

painter¹ /'peɪntə(r)/ *n* (*artist*) худо́жник; (*decorator*) маля́р.

painter² /'peɪntə(r)/ *n* (*rope*) (носово́й) фа́линь (*m*).

painterly /'peɪntəlɪ/ *adj* худо́жественный, живопи́сный.

painting /'peɪntɪŋ/ *n* **1** (*profession*) жи́вопись; **he took up ~** он заня́лся жи́вописью. **2** (*work of art*) карти́на.

pair /peə(r)/ *n* па́ра; **I have only one ~ of hands** у меня́ всего́ две ру́ки; **I have found one boot, but its ~ is missing** я нашёл оди́н боти́нок, а па́рного нет; **they walked along in ~s** они́ шли па́рами; ~ **of scissors** но́жниц|ы (*pl, g* —); **one ~ of scissors** одни́ но́жницы; ~ **of spectacles** очк|и́ (*pl, g* -о́в); **two ~s of trousers** дво́е (*or* две па́ры) брюк.
● *vt* (*unite*) спа́ри|вать, -ть; (*mate*) случ|а́ть, -и́ть.
● *with adv*: ~ **off** *vt* & *i* разб|ива́ть(ся), -и́ть(ся) на па́ры; (*coll, marry*) жени́ться (*impf, pf*), пожени́ться (*pf*).

pajamas /pɪ'dʒɑːməz, pə-/ (*US*) = **pyjamas**

Paki /'pækɪ/ *n* (*pl* **~s**) (*Br coll, offens*) пакиста́н|ец (*fem* -ка).
● *adj* пакиста́нский.

Pakistan /,pɑːkɪ'stɑːn, ,pækɪ-/ *n* Пакиста́н.

Pakistani /,pɑːkɪ'stɑːnɪ, ,pækɪ-/ *n* (*pl* **~s**) пакиста́н|ец (*fem* -ка).
● *adj* пакиста́нский.

pal /pæl/ (*coll*) *n* ко́реш, дружо́к; **he was a real ~ to me** он был мне настоя́щим дру́гом; **be a ~ and lend me a cigarette** будь дру́гом, дай закури́ть.
● *vi* (**palled, palling**): ~ **up** подружи́ться (*pf*).

palace /'pælɪs/ *n* дворе́ц.

Palaeogene /'pælɪə(ʊ),dʒiːn, 'peɪ-/ (*US* **Paleogene**) (*geol*) *n* (**the ~**) палеоге́н(овый пери́од).
● *adj* палеоге́новый.

palaeographer /,pælɪ'ɒgrəfə(r)/ (*US* **paleographer**) *n* палео́граф.

palaeographic /,pælɪə'græfɪk/ (*US* **paleographic**) *adj* палеографи́ческий.

palaeography /ˌpælɪˈɒɡrəfɪ/ (*US* **paleography**) *n* палеогра́фия.
Palaeolithic /ˌpælɪəʊˈlɪθɪk/ (*US* **paleolithic**) *adj* палеолити́ческий.
palaeontologist /ˌpælɪɒnˈtɒlədʒɪst, ˌpeɪlɪ-/ (*US* **paleontologist**) *n* палеонто́лог.
palaeontology /ˌpælɪɒnˈtɒlədʒɪ, ˌpeɪlɪ-/ (*US* **paleontology**) *n* палеонтоло́гия.
Palaeozoic /ˌpælɪəˈzəʊɪk, ˌpeɪ-/ (*US* **Paleozoic**) (*geol*) *n* (**the ~**) палеозо́й(ская э́ра).
● *adj* палеозо́йский.
palatable /ˈpælətəb(ə)l/ *adj* вку́сный; (*fig*) прие́млемый.
palatal /ˈpælət(ə)l/ *n* (*phonetics*) палата́льный звук.
● *adj* палата́льный.
palatalization /ˌpælətəlaɪˈzeɪʃ(ə)n/ *n* палатализа́ция, смягче́ние.
palatalize /ˈpælətəˌlaɪz/ *vt* палатализи́ровать (*impf*); смягч|а́ть, -и́ть.
palate /ˈpælət/ *n* (*roof of mouth*) нёбо; (*lit, fig taste*) вкус.
palatial /pəˈleɪʃ(ə)l/ *adj* роско́шный, великоле́пный.
palaver /pəˈlɑːvə(r)/ *n* (*coll*) суета́.
pale¹ /peɪl/ *n* (*stake*) кол; (*boundary*) черта́, грани́ца; **his conduct puts him beyond the ~** (*fig*) его́ поведе́ние перехо́дит все грани́цы; **~ of settlement** (*hist*) черта́ осе́длости.
pale² /peɪl/ *adj* **1** (*of complexion*) бле́дный; **she turned ~** она́ побледне́ла; (*of colours*) све́тлый; **~ ale** све́тлое пи́во; **~ blue** све́тло-голубо́й. **2** (*dim*) бле́дный, ту́склый; **a ~ reflection of its former glory** бле́дная тень было́й сла́вы.
● *vi* бледне́ть, по-; (*fig*) тускне́ть, по-; **the event ~d into insignificance** э́то собы́тие отошло́ на за́дний план.
● *cpd* **~-faced** *adj* бледноли́цый.
paleness /ˈpeɪlnɪs/ *n* бле́дность.
paleo- (*US*) = **palaeo-**
Palaeocene /ˈpælɪəˌsiːn, ˈpeɪ-/ (*US* **Paleocene**) (*geol*) *n* (**the ~**) палеоце́н.
● *adj* палеоце́новый.
Palestine /ˈpælɪˌstaɪn/ *n* Палести́на.
Palestinian /ˌpælɪˈstɪnɪən/ *n* палести́н|ец (*fem* -ка).
● *adj* палести́нский.
palette /ˈpælɪt/ *n* (*lit, fig*) пали́тра.
● *cpd* **~ knife** *n* (*art*) шпа́тель (*m*).
palimpsest /ˈpælɪmpˌsest/ *n* палимпсе́ст.
palindrome /ˈpælɪnˌdrəʊm/ *n* палиндро́м.
paling /ˈpeɪlɪŋ/ *n* палиса́д, частоко́л.
palisade /ˌpælɪˈseɪd/ *n* (*wooden*) частоко́л; (*iron*) огра́да.
palish /ˈpeɪlɪʃ/ *adj* бледнова́тый.
pall¹ /pɔːl/ *n* покро́в; **a ~ of smoke hung over the city** пелена́ ды́ма висе́ла над го́родом.
● *cpd* **~-bearer** *n* несу́щий гроб.
pall² /pɔːl/ *vi* при|еда́ться, -е́сться/ надо|еда́ть, -е́сть (**on:** + *d*).
pallet¹ /ˈpælɪt/ *n* (*straw bed*) соло́менный тюфя́к.
pallet² /ˈpælɪt/ *n* (*for loads*) поддо́н.
palliasse /ˈpælɪˌæs/ *n* тюфя́к.
palliate /ˈpælɪˌeɪt/ *vt* (*alleviate*) облегч|а́ть, -и́ть; (*extenuate*) смягч|а́ть, -и́ть.
palliative /ˈpælɪətɪv/ *n* паллиати́в, полуме́ра.
● *adj* паллиати́вный; смягча́ющий.
pallid /ˈpælɪd/ *adj* бле́дный.
pallor /ˈpælə(r)/ *n* бле́дность.
pally /ˈpælɪ/ *adj* (**pallier, palliest**) (*coll*) (*friendly*) дружелю́бный; **be ~ with s.o.** быть с кем-н. на коро́ткой ноге́.
palm¹ /pɑːm/ *n* (*tree*) па́льма; (*branch, symbol of victory*) па́льмовая ветвь; **P~ Sunday** Ве́рбное воскресе́нье.
● *cpd* **~ oil** *n* па́льмовое ма́сло.
palm² /pɑːm/ *n* (*of hand*) ладо́нь; **he greased the doorman's ~** (*bribed him*) он подма́зал портье́ (*coll*).
● *vt*: **~ sth off on s.o.** (*or* **s.o. off with sth**) подс|о́вывать, -у́нуть что-н. кому́-н.
● *cpd* **~top** *n* (*comput*) (*PDA*) карма́нный ПК, КПК; наладо́нник (*coll*).
palmist /ˈpɑːmɪst/ *n* хирома́нт (*fem* -ка).
palmistry /ˈpɑːmɪstrɪ/ *n* хирома́нтия.
palmtop /ˈpɑːmtɒp/ *n* (*PDA*) карма́нный ПК, КПК, наладо́нник (*coll*).
palomino /ˌpæləˈmiːnəʊ/ *n* (*horse*) ≈ све́тло-игре́невая ло́шадь (*светло-рыжая или бледно-золотистая со светлой/белой гривой и хвостом*); **chocolate ~** тёмно-игре́невая ло́шадь.
palpable /ˈpælpəb(ə)l/ *adj* ощути́мый; **a ~ error** я́вная оши́бка.
palpate /pælˈpeɪt/ *vt* пальпи́ровать (*impf*).
palpitate /ˈpælpɪˌteɪt/ *vi* (*pulsate*) пульси́ровать (*impf*); (*tremble*) трепета́ть (*impf*).
palpitation /ˌpælpɪˈteɪʃ(ə)n/ *n* сердцебие́ние; **just to watch him gave me ~s** оди́н его́ вид приводи́л меня́ в тре́пет.
pals|y /ˈpɔːlzɪ, ˈpɒl-/ *n* парали́ч.
paltriness /ˈpɔːltrɪnɪs, ˈpɒl-/ *n* ничто́жность.
paltry /ˈpɔːltrɪ, ˈpɒl-/ *adj* (**paltrier, paltriest**) (*worthless*) ничто́жный; (*petty, mean*) ме́лкий; (*contemptible*) презре́нный.
pampas /ˈpæmpəs/ *n* пампа́с|ы (*pl, g* -ов).
● *cpd* **~ grass** *n* трава́ пампа́сная.
pamper /ˈpæmpə(r)/ *vt* балова́ть, из-; **she ~ed herself and stayed in bed all morning** она́ не́жилась в посте́ли всё у́тро.
pamphlet /ˈpæmflɪt/ *n* (*printed leaflet*) брошю́ра; (*satirical*) памфле́т.
pamphleteer /ˌpæmflɪˈtɪə(r)/ *n* памфлети́ст.
pan¹ /pæn/ *n* **1** (*kitchen utensil; sauce~*) кастрю́ля; (**frying ~**) сковорода́. **2** (*of scales*) ча́шка. **3** (*Br, of water closet*) унита́з. **4** (*ore-washing screen*) лото́к, поддо́н.
● *vt* (**panned, panning**) **1** (*coll, criticize severely*) разн|оси́ть, -ести́. **2** (*also* **~ out:** *wash gravel etc.*) пром|ыва́ть, -ы́ть.
● *vi* (**panned, panning**) (*fig*): **everything ~ned out well** (всё) вы́шло как нельзя́ лу́чше.
● *cpds* **~handle** *n* (*US*) у́зкий вы́ступ земли́; *vt & i* (*US*) попроша́йничать (*impf*); **~tile** *n* жело́бчатая черепи́ца.
pan² /pæn/ *n* (*camera movement*) панорами́рование.
● *vt* (**panned, panning**) панорами́ровать (*impf*).
● *vi* (**panned, panning**) (*of camera*) повора́чиваться (*impf*).
pan³ /pæn/: **~ pipes** *n pl* фле́йта Па́на.
pan-⁴ /pæn/ *comb form* пан... .
panacea /ˌpænəˈsiːə/ *n* панаце́я.
panache /pəˈnæʃ/ *n* (*flamboyance*) рисо́вка, щегольство́.
Panama /ˈpænəˌmɑː/ *n* Пана́ма; **~ Canal** Пана́мский кана́л; **~ hat** пана́ма.
Panamanian /ˌpænəˈmeɪnɪən/ *n* пана́м|ец (*fem* -ка); жи́тель (*fem* -ница) Пана́мы.
● *adj* пана́мский.
Pan-American /ˌpænəˈmerɪkən/ *adj* панамерика́нский.
pancake /ˈpæŋkeɪk/ *n* блин; ола́дья; **P~ Day** вто́рник на Ма́сленой неде́ле, в кото́рый пеку́т блины́.
panchromatic /ˌpænkrəʊˈmætɪk/ *adj* панхромати́ческий.
pancreas /ˈpæŋkrɪəs/ *n* поджелу́дочная железа́.
pancreatic /ˌpæŋkrɪˈætɪk/ *adj* панкреати́ческий.
panda /ˈpændə/ *n* па́нда, бамбу́ковый медве́дь; **~ car** (*Br coll*) полице́йская патру́льная автомаши́на.
pandemic /pænˈdemɪk/ *n* пандеми́я.
● *adj* всео́бщий.
pandemonium /ˌpændɪˈməʊnɪəm/ *n* стра́шный шум (*скандал*), смяте́ние, столпотворе́ние.
pander /ˈpændə(r)/ *vi* (*minister*) потво́рствовать (*impf*) (**to:** + *d*); **this newspaper ~s to the lowest tastes** э́та газе́та потво́рствует са́мым ни́зменным вку́сам.
Pandora's box /pænˈdɔːrəz/ *n* я́щик Пандо́ры.
pane /peɪn/ *n* око́нное стекло́.
panegyric /ˌpænɪˈdʒɪrɪk/ *n* панеги́рик.
panel /ˈpæn(ə)l/ *n* **1** (*of door etc.*) пане́ль. **2** (*of cloth*) вста́вка. **3** (*register*) спи́сок. **4** (*group of speakers*) ≈ кру́глый стол; **~ of judges** жюри́ (*nt indecl*), суде́йская гру́ппа; **~ of experts** гру́ппа экспе́ртов; **~ game** (*Br*) виктори́на. **5** (*for instruments*) пульт; **control ~** пульт управле́ния.
● *vt* (**panelled, panelling;** *US* **paneled, paneling**) общ|ива́ть, -и́ть (пане́лями).
panelling /ˈpænəlɪŋ/ (*US* **paneling**) *n* пане́льная обши́вка; (*in frame*) филёнка.
panellist /ˈpænəlɪst/ (*US* **panelist**) *n* (*in discussion*) уча́стник диску́ссии/ кру́глого стола́; (*judge*) член жюри́.

P

Pan-European /ˌpænˌjʊrəˈpɪən/ *adj* панъевропе́йский.

pang /pæŋ/ *n* **1** (*physical*) боль; (*sharp pain*) ко́лики (*f pl*), резь; **~s of hunger** голо́дные бо́ли; **birth ~s** родовы́е схва́тки (*f pl*). **2** (*mental*) му́ки (*f pl*); **a ~ of conscience** угрызе́ния (*nt pl*) со́вести.

panic /ˈpænɪk/ *n* па́ника; **~ measures** отча́янные ме́ры.
● *vt* (**panicked, panicking**) (*coll*): **they were ~ked into surrender** они́ впа́ли в па́нику и сдали́сь.
● *vi* (**panicked, panicking**) впа|да́ть, -сть в па́нику; паникова́ть (*impf*).
● *cpds* **~-monger** *n* паникёр; **~-stricken** *adj* охва́ченный па́никой.

panicky /ˈpænɪkɪ/ *adj* (*coll*) (*action*) пани́ческий; (*person*): **he was ~** он паникова́л.

pannier /ˈpænɪə(r)/ *n* корзи́на.

panoplied /ˈpænəplɪd/ *adj* во всеору́жии (*pred*).

panoply /ˈpænəplɪ/ *n* доспе́х|и (*pl, g* -ов).

panorama /ˌpænəˈrɑːmə/ *n* (*lit, fig*) панора́ма.

panoramic /ˌpænəˈræmɪk/ *adj* панора́мный.

pansy /ˈpænzɪ/ *n* (*flower*) аню́тин|ы гла́з|ки (*pl, g* -ых -ок); (*coll, homosexual*) пе́дик.

pant /pænt/ *vi* тяжело́ дыша́ть (*impf*); пыхте́ть (*impf*); задыха́ться (*impf*).

pantaloon /ˌpæntəˈluːn/ *n* (*in pl*) (*hist*) пантало́н|ы (*pl, g* —); (*coll, trousers*) штан|ы́ (*pl, g* -о́в).

pantechnicon /pænˈteknɪkən/ *n* (*Br, van*) фурго́н.

pantheism /ˈpænθɪˌɪz(ə)m/ *n* пантеи́зм.

pantheist /ˈpænθɪˌɪst/ *n* пантеи́ст.

pantheistic /ˌpænθɪˈɪstɪk/ *adj* пантеисти́ческий.

pantheon /ˈpænθɪən/ *n* (*lit, fig*) пантео́н.

panther /ˈpænθə(r)/ *n* панте́ра; (*US*) пу́ма.

panties /ˈpæntɪz/ *n pl* тру́сик|и (*pl, g* -ов).

panto /ˈpæntəʊ/ (*pl* **~s**) (*Br coll*) = **pantomime**

pantograph /ˈpæntəˌɡrɑːf/ *n* панто́граф.

pantomime /ˈpæntəˌmaɪm/ *n* (*Br, entertainment*) рожде́ственское представле́ние; (*dumb show*) пантоми́ма; (*fig*) фарс.

pantry /ˈpæntrɪ/ *n* кладова́я.

pants /pænts/ *n pl* (*Br, underwear*) трус|ы́ (*pl, g* -о́в); (*long*) кальсо́н|ы (*pl, g* —); (*coll or US, trousers*) брю́к|и (*pl, g* —); штан|ы́ (*pl, g* -о́в); **~** (*or* **pant**) **suit** (*US*) (же́нский) брю́чный костю́м.

pantyhose /ˈpæntɪˌhəʊz/ *n pl* (*US*) колго́т|ки (*pl, g* -ок).

panzer /ˈpæntsə(r), ˈpænz-/ *adj* бронета́нковый.

pap /pæp/ *n* (*soft food*) каши́ца; (*trivial reading matter*) чти́во, макулату́ра.

papa /pəˈpɑː/ *n* па́па (*m*).

papacy /ˈpeɪpəsɪ/ *n* па́пство.

papal /ˈpeɪp(ə)l/ *adj* па́пский.

papara|zzo /ˌpæpəˈrætsəʊ/ *n* (*pl* **~zzi** /-tsɪ/) папара́цци (*cg indecl*); фотокорреспонде́нт, рабо́тающий на бульва́рную пре́ссу.

papaw, pawpaw /pəˈpɔː/ *n* **1** (*Carica papaya*) (*tree*) папа́йя, ды́нное де́рево; (*fruit*) папа́йя, плод ды́нного де́рева. **2** (*Asimina triloba*) азими́на (*m. н. «банановое дерево»*).

paper /ˈpeɪpə(r)/ *n* **1** бума́га; (*attr*): **~ bag** бума́жный паке́т; **~ handkerchief, tissue** бума́жная салфе́тка; **~ napkin** бума́жная салфе́тка; **a ~ tiger** бума́жный тигр. **2** (**news~**) газе́та; **what do the ~s say?** что пи́шут газе́ты?; (*attr*): **~ round** доста́вка газе́т (на́ дом); **~ shop** газе́тный кио́ск. **3** (*currency*) банкно́ты (*f pl*), бума́жные де́н|ьги (*pl, g* -ег). **4** (*in pl, documents*) докуме́нты (*m pl*), бума́ги (*f pl*). **5** (**examination ~**) (*Br*) экзаменацио́нная рабо́та. **6** (*essay, lecture*) докла́д; (*school essay*) сочине́ние. **7** (**wall~**) обо́|и (*pl, g* -ев).
● *vt* (*put wall~ on*) окле́и|вать, -ть обо́ями.
● *with adv*: **~ over** *vt* заклеи́|вать, -ть бума́гой; (*fig*): **his speech merely ~ed over the cracks in the party** его́ речь была́ попы́ткой замаза́ть раско́л в па́ртии.
● *cpds* **~back** *n* кни́га в бума́жном/мя́гком переплёте; **~ boy** *n* (ма́льчик –)разно́счик газе́т; **~chase** *n* (*Br*) игра́ «за́яц и соба́ки» с бума́жным «сле́дом»; **~ clip** *n* канцеля́рская скре́пка; **~ girl** *n* (де́вушка –)разно́счица газе́т; **~hanger** *n* обо́йщик; **~knife** *n* листоре́з; **~ mill** *n* бума́жная фа́брика; **~weight** *n* пресс-папье́ (*indecl*); **~work** *n* канцеля́рская рабо́та.

papier mâché /ˌpæpjeɪ ˈmæʃeɪ/ *n* папье́-маше́ (*indecl*).

papist /ˈpeɪpɪst/ *n* (*pej*) папи́ст; като́лик.

papistry /ˈpeɪpɪstrɪ/ *n* (*pej*) папи́зм, католици́зм.

papoose /pəˈpuːs/ *n* инде́йский ребёнок.

paprika /ˈpæprɪkə, pəˈpriːkə/ *n* (*spice*) па́прика.

Papuan /ˈpæpjʊən/ *n* папуа́с (*fem* -ка).
● *adj* (*related to ~s or their language*) папуа́сский; (*related to Papua*) папуа́нский.

Papua New Guinea /ˈpæpjʊə njuːˈɡɪnɪ/ *n* Па́пуа – Но́вая Гвине́я.

Papua New Guinean /ˈpæpjʊə njuːˈɡɪnɪən/ *n* (па́пуа-)новогвине́|ец (*fem* -йка).
● *adj* па́пуа-новогвине́йский.

papyrus /pəˈpaɪərəs/ *n* (*pl* **papyri** /-raɪ, -riː/) папи́рус.

par /pɑː(r)/ *n* **1** (*equality*) ра́венство; **this is on a ~ with his other work** (э́та) рабо́та на у́ровне его́ други́х. **2** (*face value*) цена́; **above ~** вы́ше номина́льной цены́; **at ~** по номина́льной цене́; **below ~** ни́же номина́льной цены́. **3** (*standard, normal condition*) норма́льное состоя́ние; **I feel below ~ today** я сего́дня нева́жно себя́ чу́вствую; **~ for the course** (*fig, coll*) сре́дняя но́рма.

para /ˈpærə/ (*coll*) *abbr of* ***paratrooper*** (авиа)деса́нтник.

parable /ˈpærəb(ə)l/ *n* при́тча.

parabola /pəˈræbələ/ *n* (*pl* **parabolas** *or* **parabolae** /-ˌliː/) пара́бола.

parabolic /ˌpærəˈbɒlɪk/ *adj* (*math*) параболи́ческий.

paracetamol /ˌpærəˈsiːtəˌmɒl/ *n* (*Br*) парацетамо́л.

parachute /ˈpærəˌʃuːt/ *n* парашю́т; (*attr*) **~ jump/landing** прыжо́к/приземле́ние с парашю́том; **~ troops** возду́шно-деса́нтные войска́.
● *vt*: **the stores were ~d to the ground** припа́сы бы́ли сбро́шены с парашю́том.
● *vi*: **the pilot ~d out of the aircraft** пило́т вы́бросился из самолёта с парашю́том.
● *cpds* **~-jumper** *n* парашюти́ст (*fem* -ка); **~-jumping** *n* прыжки́ (*m pl*) с парашю́том.

parachuting /ˈpærəˌʃuːtɪŋ/ *n* прыжки́ (*m pl*) с парашю́том.

parachutist /ˈpærəˌʃuːtɪst/ *n* парашюти́ст (*fem* -ка).

parade /pəˈreɪd/ *n* **1** (*public procession*) ше́ствие, пара́д; (*display*) пока́з; **fashion ~** пока́з мод. **2** (*muster of troops*) пара́д; **be on ~** уча́ствовать (*impf*) в пара́де. **3** (*Br, public promenade*) промена́д.
● *vt* (*display*) выставля́ть, вы́ставить напока́з; (*flaunt*) щеголя́ть + *i* (*coll*); (*march through*) ше́ствовать *impf* по + *d*; (*muster*) стро́ить, вы́-/по-.
● *vi* (*muster*) стро́иться, вы́-/по-; (*march in procession*) ше́ствовать (*impf*); маршировáть (*impf*).
● *cpd* **~ ground** *n* плац.

paradigm /ˈpærəˌdaɪm/ *n* паради́гма.

paradisal /ˈpærəˌdaɪs(ə)l/ *adj* ра́йский.

paradise /ˈpærəˌdaɪs/ *n* рай; **bird of ~** ра́йская пти́ца; **a ~ on earth** рай на земле́, рай земно́й; **he is living in a fool's ~** он живёт в ми́ре иллю́зий.

paradox /ˈpærəˌdɒks/ *n* парадо́кс.

paradoxical /ˌpærəˈdɒksɪk(ə)l/ *adj* парадокса́льный.

paraffin /ˈpærəfɪn/ *n* **1** (*Br*, **~ oil**) кероси́н; **~ heater** кероси́новый обогрева́тель; **~ lamp** кероси́новая ла́мпа. **2** (**~ wax**) парафи́н; **liquid ~** парафи́новое ма́сло.

paragon /ˈpærəɡən/ *n* образе́ц.

paragraph /ˈpærəˌɡrɑːf/ *n* абза́ц, пара́граф; (*of legal document*) пара́граф.

Paraguay /ˈpærəˌɡwaɪ/ *n* Парагва́й.

Paraguayan /ˌpærəˈɡwaɪən/ *n* парагва́|ец (*fem* -йка).
● *adj* парагва́йский.

parakeet /ˈpærəˌkiːt/ *n* длиннохво́стый попуга́й, попуга́йчик (*название подсемейства*); **shell/grass ~** (*US*) волни́стый попуга́й(чик) (*Melopsittacus undulatus*) (*вид*).

parallax /'pærə,læks/ *n* (*astron*) паралла́кс.

parallel /'pærə,lel/ *n* **1** (*line or direction*) паралле́льная ли́ния; **in ~** паралле́льно; (*of latitude*) паралле́ль. **2** (*fig, similar thing; comparison*) паралле́ль; **one cannot draw a ~ between the two wars** невозмо́жно провести́ паралле́ль ме́жду э́тими двумя́ во́йнами.
● *adj* паралле́льный; **~ bars** (паралле́льные) бру́сь|я (*pl, g* -ев); (*analogous, similar*) аналоги́чный.
● *vt* (**paralleled, paralleling**) (*correspond to*) соотве́тствовать (*impf*) + *d*.

parallelepiped /,pærəlel'epɪ,ped, -lə 'paɪpɪd/ *n* параллелепи́пед.

parallelism /'pærəlel,ɪz(ə)m/ *n* (*lit, fig*) паралелли́зм.

parallelogram /,pærə'lelə,græm/ *n* параллелогра́мм.

Paralympics /,pærə'lɪmpɪks/ *n pl* Параолимпи́йские и́гры (*f pl*), Параолимпиа́да.

paralyse /'pærə,laɪz/ (*US* **paralyze**) *vt* (*lit, fig*) парализова́ть (*impf, pf*).

paralysis /pə'rælɪsɪs/ *n* (*pl* **paralyses** /-,si:z/) (*lit, fig*) парали́ч.

paralytic /,pærə'lɪtɪk/ *n* парали́тик.
● *adj* (*lit*) паралити́ческий, парализо́ванный; (*Br coll, incapably drunk*) мертве́цки пья́ный.

paralyze /'pærə,laɪz/ (*US*) = **paralyse**

paramedic /,pærə'medɪk/ *n* медрабо́тник (*без высшего образования*).

parameter /pə'ræmɪtə(r)/ *n* (*math, comput; also fig*) пара́метр.

paramilitary /,pærə'mɪlɪtərɪ/ *adj* военизи́рованный.

paramount /'pærə,maʊnt/ *adj* первостепе́нный; **his influence was ~** он име́л огро́мное влия́ние.

paramour /'pærə,mʊə(r)/ *n* (*archaic*) любо́вни|к (*fem* -ца).

paranoia /,pærə'nɔɪə/ *n* парано́йя.

paranoi|d /'pærə,nɔɪd/, **-ac, -c** /,pærə 'nəʊɪk, -'nɔɪk/ *nn* парано́ик.
● *adjs* парано́идный, параноı́ческий; **you think I'm paranoid** ты ду́маешь, что я парано́ик.

paranormal /,pærə'nɔ:m(ə)l/ *adj* паранорма́льный.

parapet /'pærəpɪt/ *n* (*low wall*) парапе́т; (*trench defence*) бру́ствер.

paraphernalia /,pærəfə'neɪlɪə/ *n sg or pl* (*belongings*) ли́чные ве́щи (*f pl*); (*trappings*) причинда́л|ы (*pl, g* -ов) (*coll, joc*).

paraphrase /'pærə,freɪz/ *n* переска́з.
● *vt* переска́з|ывать, -а́ть.

paraplegia /,pærə'pli:dʒə/ *n* параплеги́я.

paraplegic /,pærə'pli:dʒɪk/ *adj* парализо́ванный.

parapsychology /,pærəsaɪ'kɒlədʒɪ/ *n* парапсихоло́гия.

parasailing *n* (*sport*) парасе́йлинг (*полёты на парашюте за катером*).

parasite /'pærə,saɪt/ *n* парази́т; (*fig*) парази́т; тунея́дец.

parasitic /,pærə'sɪtɪk/ *adj* (*lit, fig*) паразити́ческий.

parasol /'pærə,sɒl/ *n* зо́нтик (от со́лнца).

paratrooper /'pærə,tru:pə(r)/ *n* (авиа)деса́нтник.

paratroops /'pærə,tru:ps/ *n pl* парашю́тно-деса́нтные войска́ (*nt pl*).

paratyphoid /,pærə'taɪfɔɪd/ *n* парати́ф.

parboil /'pɑ:bɔɪl/ *vt* слегка́ отв|а́ривать, -ари́ть.

parcel /'pɑ:s(ə)l/ *n* **1** (*for posting*) паке́т, бандеро́ль, посы́лка; (*wrapped object*) свёрток. **2** (*archaic, portion*) часть; **a ~ of land** уча́сток земли́; **part and ~** составна́я/неотъе́млемая часть (*чего*).
● *vt* (**parcelled, parcelling;** *US* **parceled, parceling**) (*pack up; also* **~ up**) пакова́ть, у-; (*divide; also* **~ out**) дроби́ть, раз-.

parch /pɑ:tʃ/ *vt* иссуш|а́ть, -и́ть; **the ground was ~ed** земля́ вы́сохла; **his throat was ~ed with thirst** от жа́жды у него́ пересо́хло в го́рле; **my lips are ~ed** у меня́ запекли́сь гу́бы.

parchment /'pɑ:tʃmənt/ *n* перга́мент.

pardon /'pɑ:d(ə)n/ *n* **1** извине́ние, проще́ние; **I beg your ~** (*apology*) прошу́ проще́ния; (*request for repetition*) повтори́те, пожа́луйста!; прости́те, не рассы́шал. **2** (*law*) поми́лование; **they were granted a free ~** их поми́ловали.
● *vt* (*forgive*) про|ща́ть, -сти́ть; (*excuse*) извин|я́ть, -и́ть; **if you'll ~ the expression** извини́те за выраже́ние; (*law*) ми́ловать, по-.

pardonabl|e /'pɑ:dənəb(ə)l/ *adj* прости́тельный.

pare /peə(r)/ *vt* (*trim*) стричь, о(б)-; (*peel*) чи́стить, по-; (*reduce; also* **~ away, ~ down**) ур|е́зывать (*or* -еза́ть), -е́зать.

parent /'peərənt/ *n* (*father or mother*) роди́тель (*fem* -ница); (*attr, original*) первонача́льный; **~ company** компа́ния-учреди́тель; **~ stock** (*bot*) корнева́я по́росль.

parentage /'peərəntɪdʒ/ *n* происхожде́ние; **he is of mixed ~** он происхо́дит от сме́шанного бра́ка.

parental /pə'rent(ə)l/ *adj* роди́тельский.

parenthes|is /pə'renθəsɪs/ *n* (*pl* **parentheses** /-,si:z/) (*word*) вво́дное сло́во; (*sentence*) вво́дное предложе́ние; (*in pl, text mark*) кру́глые ско́бки (*f pl*); **in ~es** в ско́бках.

parenthetic(al) /,pærən'θetɪk, ,pærən 'θetɪk(ə)l/ *adj* вво́дный.

parenthetically /,pærən'θetɪkəlɪ/ *adv* ме́жду де́лом/про́чим.

parenthood /'peərənt,hʊd/ *n* (*fatherhood*) отцо́вство; (*motherhood*) матери́нство; **planned ~** плани́рование семьи́.

parenting /'peərəntɪŋ/ *n* воспита́ние.

pareu /'pɑ:reɪu:/, **pareo** /'pɑ:reɪəʊ/ *n* паре́о (*indecl*).

par excellence /,pɑ:r eksə'lɑ̃s/ *adv*: **this is the fashionable quarter ~** э́то са́мый что ни на есть мо́дный райо́н.

pariah /pə'raɪə/ *n* (*lit, fig*) па́рия (*cg*).

parings /'peərɪŋz/ *n pl*: **nail ~s** обре́зки (*m pl*) ногте́й.

Paris /'pærɪs/ *n* Пари́ж.

parish /'pærɪʃ/ *n* (*eccl*) прихо́д; (*Br, civil*) о́круг; **~ council** (*Br*) окружно́е управле́ние.

parishioner /pə'rɪʃənə(r)/ *n* прихожа́н|ин (*fem* -ка).

Parisian /pə'rɪzɪən/ *n* парижа́н|ин (*fem* -ка).
● *adj* пари́жский.

parity /'pærɪtɪ/ *n* (*equality*) ра́венство, парите́т.

park /pɑ:k/ *n* **1** (*public garden*) парк. **2** (*protected area of countryside*) запове́дник; парк. **3** (*grounds of country mansion*) уго́д|ья (*pl, g* -ий). **4** (*Br, for vehicles etc.*) стоя́нка, парк.
● *vt* паркова́ть, при-; (*coll, stow, dispose*) скла́дывать, сложи́ть; **you can ~ your things in my room** вы мо́жете оста́вить свои́ ве́щи в мое́й ко́мнате; **he ~ed himself in the best chair** он усе́лся в лу́чшее кре́сло.
● *vi* паркова́ться, при-; ста́вить, по- маши́ну (на стоя́нку).
● *cpds* **~-and-ride** *n* систе́ма перифери́йных автостоя́нок, где автовладе́льцы оставля́ют свои́ автомоби́ли и переса́живаются на обще́ственный тра́нспорт (*буквально, «парку́йся и поезжа́й (да́льше)»*); **she usually leaves her car in the ~-and-ride** она́ обы́чно оставля́ет свою́ маши́ну на парко́вке/стоя́нке с переса́дкой (*or* с возмо́жностью переса́дки) на обще́ственный тра́нспорт; **~-keeper** *n* сто́рож (при па́рке).

parka /'pɑ:kə/ *n* па́рка.

parking /'pɑ:kɪŋ/ *n* (авто)стоя́нка; **'no ~!'** «стоя́нка запрещена́!»
● *cpds* **~ light** *n* подфа́рник; **~ lot** *n* (*US*) стоя́нка; ме́сто стоя́нки; **~ meter** *n* счётчик на стоя́нке; **~ place** *n* ме́сто для парко́вки; **~ ticket** *n* штраф за наруше́ние пра́вил стоя́нки/парко́вки.

Parkinson's disease /'pɑ:kɪns(ə)nz/ *n* боле́знь Паркинсо́на.

Parkinson's law /'pɑ:kɪns(ə)nz/ *n* зако́н Паркинсо́на.

parkland /'pɑ:klənd/ *n* парк, па́рковая террито́рия; **the house is set in ~** дом располо́жен на террито́рии па́рка.

parkway /'pɑ:kweɪ/ *n* (*US*) шоссе́, обса́женное дере́вьями.

parky /'pɑ:kɪ/ *adj* (**parkier, parkiest**) (*Br coll*) холоднова́тый.

parlance /'pɑ:ləns/ *n* язы́к; мане́ра выраже́ния; **in common ~** в просторе́чии.

parley /'pɑ:lɪ/ *n* (*pl* **~s**) перегово́р|ы (*pl, g* -ов).
● *vi* (**parleys, parleyed**) вести́ (*impf*) перегово́ры.

parliament /'pɑ:ləmənt/ *n* парла́мент; **P~ is sitting** парла́мент заседа́ет; **P~ rose** парла́мент око́нчил заседа́ние; **the Queen opened P~** короле́ва откры́ла се́ссию парла́мента.

P

Parliament — парла́мент

Брита́нский парла́мент — вы́сший законода́тельный о́рган страны́. Он состои́т из двух пала́т: пала́ты о́бщин и пала́ты ло́рдов. Парла́мент собира́ется в Вестми́нстерском дворце́. Вы́боры в парла́мент прохо́дят ка́ждые 5 лет. Все чле́ны пала́ты о́бщин должны́ переизбира́ться. Ца́рствующий мона́рх открыва́ет но́вые се́ссии парла́мента и подпи́сывает зако́ны.

parliamentarian /ˌpɑːləmenˈteərɪən/ *n* (*member of parliament*) парламента́рий.

parliamentary /ˌpɑːləˈmentərɪ/ *adj* парла́ментский, парламента́рный.

parlour /ˈpɑːlə(r)/ (*US* **parlor**) *n* (*in house*) гости́ная; **beauty ~** космети́ческий кабине́т/сало́н; **funeral ~** похоро́нное бюро́ (*indecl*); **ice-cream ~** кафе́-моро́женое.
● *cpd* **~ game** *n* фа́нт|ы (*pl, g* -ов).

parlous /ˈpɑːləs/ *adj* (*archaic, joc*) стра́шный.

Parmesan /ˌpɑːmɪˈzæn, ˈpɑː-/ *n* (**~ cheese**) (сыр) пармеза́н.

parochial /pəˈrəʊkɪəl/ *adj* прихо́дский; (*fig*) ограни́ченный, у́зкий.

parochialism /pəˈrəʊkɪəˌlɪz(ə)m/ *n* ограни́ченность, у́зость.

parodist /ˈpærədɪst/ *n* пароди́ст.

parody /ˈpærədɪ/ *n* паро́дия.
● *vt* пароди́ровать (*impf, pf*).

parole /pəˈrəʊl/ *n* че́стное сло́во; **he was released on ~** его́ освободи́ли под че́стное сло́во.
● *vt* освобо|жда́ть, -ди́ть под че́стное сло́во (*or* на пору́ки).

paroxysm /ˈpærəkˌsɪz(ə)m/ *n* (*med, also fig*) при́ступ.

parquet /ˈpɑːkɪ, -keɪ/ *n* парке́т; **~ floor** парке́тный пол.

parrot /ˈpærət/ *n* (*lit, fig*) попуга́й.
● *vt* (**parroted, parroting**) повтор|я́ть, -и́ть как попуга́й.
● *cpd* **~-fashion** *adv* как попуга́й.

parry /ˈpærɪ/ *vt* отра|жа́ть, -зи́ть; (*question*) пари́ровать (*impf, pf*).

parse /pɑːz/ *vt* & *i* де́лать, с- граммати́ческий разбо́р (*чего*).

parsimonious /ˌpɑːsɪˈməʊnɪəs/ *adj* скупо́й.

parsimony /ˈpɑːsɪmənɪ/ *n* ску́пость.

parsley /ˈpɑːslɪ/ *n* петру́шка.

parsnip /ˈpɑːsnɪp/ *n* пастерна́к.

parson /ˈpɑːs(ə)n/ *n* па́стор; **~'s nose** (*of fowl*) «архиере́йский нос», кури́ная гу́зка.

parsonage /ˈpɑːsənɪdʒ/ *n* пастора́т.

part /pɑːt/ *n* **1** часть; (*portion*) до́ля; **the greater ~** (*majority*) бо́льшая часть; **for the most ~** бо́льшей ча́стью; по бо́льшей ча́сти; **in ~** части́чно, отча́сти; **this book is good in ~s** э́та кни́га хороша́ места́ми; **inquisitiveness is ~ of being young** мо́лодости сво́йственна любозна́тельность; **~ and parcel** *see* ⇒**parcel** *n* **2**; (*equal division*): **he received a fifth ~ of the estate** он получи́л пя́тую часть состоя́ния; (*instalment*): **the journal comes out in weekly ~s** журна́л выхо́дит еженеде́льными вы́пусками; (*component*): **spare ~s** запасны́е ча́сти; (*gram*): **~s of speech** ча́сти ре́чи; **principal ~s of a verb** основны́е фо́рмы (*f pl*) глаго́ла.
2 (*share, contribution*) уча́стие; **take ~ in** прин|има́ть, -я́ть уча́стие в + *p*; **I'll have no ~ in it** я не бу́ду принима́ть в э́том уча́стия; **I have done my ~** я сде́лал своё де́ло (*or* свою́ часть рабо́ты).
3 (*actor's role or lines*) роль; **he is only playing a ~** он про́сто игра́ет (роль); **luck played a large ~ in his success** уда́ча сыгра́ла большу́ю роль в его́ успе́хе.
4 (*side in dispute etc.*) сторона́; **take s.o.'s ~** вст|ава́ть, -ать на чью-н. сто́рону; **there will be no objection on his ~** с его́ стороны́ возраже́ний не бу́дет; **for my ~** с мое́й стороны́, что каса́ется меня́; **he took my criticism in good ~** он не оби́делся на мою́ кри́тику.
5 (*region*) места́ (*nt pl*), край; **in our ~ of the world** в на́ших края́х; **I'm a stranger in these ~s** я в э́тих места́х чужо́й; **do you know these ~s?** зна́ете вы э́ти места́/края́?
6 (*mus*) па́ртия; **it is a difficult ~ to sing** э́ту па́ртию тру́дно петь; **a song for four ~s** пе́сня на четы́ре го́лоса.
7 (*US, in one's hair*) пробо́р.
8 (*in pl, abilities*) спосо́бности (*f pl*); **a man of ~s** спосо́бный челове́к.
● *adv* части́чно, ча́стью, отча́сти; **the wall is ~ brick and ~ stone** стена́ сло́жена части́чно из кирпича́, части́чно из ка́мня.
● *vt* раздел|я́ть, -и́ть; **he ~ed the fighters** он разня́л деру́щихся; **the policeman ~ed the crowd** полице́йский раздви́нул толпу́; **his hair was ~ed in the middle** его́ во́лосы бы́ли расчёсаны на прямо́й пробо́р; **he ~s it at the side** он де́лает пробо́р сбо́ку; **we ~ed company** (*went different ways*) мы разошли́сь/разъе́хались; (*ended our relationship*) мы расста́лись; (*differed*) мы разошли́сь во мне́ниях.
● *vi* расст|ава́ться, -а́ться; **the crowd ~ed** толпа́ расступи́лась; **they ~ed friends** они́ расста́лись друзья́ми; **she has ~ed from her husband** она́ разошла́сь с му́жем; **he hates to ~ with his money** он о́чень не лю́бит расстава́ться с деньга́ми.
● *cpds* **~ exchange** *n* (*Br*) сде́лка, при кото́рой ста́рая вещь обме́нивается на но́вую с допла́той; **~-exchange** *vt*: **she ~-exchanged her car for a new one** она́ обменя́ла свою́ ста́рую маши́ну на но́вую с допла́той; **~-owner** *n* совладе́лец; **~-time** *adj, adv* на полста́вки; **I want a ~-time job** я хочу́ рабо́тать на полста́вки; **a ~-time teacher** учи́тель (*fem* -ница), рабо́тающ|ий (*fem* -ая) на полста́вки (*or* по совмести́тельству), подме́нн|ый учи́тель (*fem* -ая -ница); **he works ~-time** он рабо́тает на полста́вки.

partake /pɑːˈteɪk/ *vi* (*past* **partook** /-ˈtʊk/; *pp* **partaken** /-ˈteɪk(ə)n/) (*take a share*) прин|има́ть, -я́ть уча́стие; **they partook of our meal** они́ пое́ли с на́ми.

parterre /pɑːˈteə(r)/ *n* (*in garden*) цветни́к; (*US, theatr*) парте́р.

parthenogenesis /ˌpɑːθɪnəʊˈdʒenɪsɪs/ *n* партеногене́з.

Parthian /ˈpɑːθɪən/ *adj*: **a ~ shot** парфя́нская стрела́ (*fig*).

partial /ˈpɑːʃ(ə)l/ *adj* **1** (*opp total*) части́чный; **~ eclipse** непо́лное затме́ние. **2** (*biased*) пристра́стный. **3**: **~ to** (*fond of*) неравноду́шный к + *d*.

partiality /ˌpɑːʃɪˈælɪtɪ/ *n* (*bias*) пристра́стность; (*fondness*) неравноду́шие (*к кому/чему*).

participant /pɑːˈtɪsɪpənt/ *n* уча́стник.

participate /pɑːˈtɪsɪˌpeɪt/ *vi* (*take part*) уча́ствовать (*impf*).

participation /pɑːˌtɪsɪˈpeɪʃ(ə)n/ *n* уча́стие.

participle /ˈpɑːtɪˌsɪp(ə)l/ *n* прича́стие; **past ~ (active/passive)** (действи́тельное/страда́тельное) прича́стие проше́дшего вре́мени; **present ~ (active/passive)** (действи́тельное/страда́тельное) прича́стие настоя́щего вре́мени.

particle /ˈpɑːtɪk(ə)l/ *n* **1** части́ца, крупи́ца; **a ~ of dust** пыли́нка. **2** (*gram*) части́ца.

particoloured /ˈpɑːtɪˌkʌləd/ (*US* **particolored**) *adj* разноцве́тный.

particular /pəˈtɪkjʊlə(r)/ *n* ча́стность; **in ~** (*specifically*) в ча́стности; (*especially*) осо́бенно; (*in pl*) да́нные (*pl*); **let me take down your ~s** разреши́те мне записа́ть ва́ши да́нные; **they sent me ~s of the house** они́ присла́ли мне (подро́бное) описа́ние до́ма.
● *adj* **1** (*specific, special*) осо́бенный, осо́бый; **for no ~ reason** без осо́бой причи́ны. **2** (*detailed*) обстоя́тельный; **a ~ account** обстоя́тельный/дета́льный отчёт. **3** (*fastidious*) привере́дливый; **I am not ~ what I eat** я неразбо́рчив в еде́; **she is not ~ about her dress** ей всё равно́, что наде́ть.

particularity /pəˌtɪkjʊˈlærɪtɪ/ *n* специ́фика.

particularize /pəˈtɪkjʊləˌraɪz/ *vt* переч|исля́ть, -и́слить.

particularly /pəˈtɪkjʊləlɪ/ *adv* осо́бенно.

parting /ˈpɑːtɪŋ/ *n* **1** (*leave-taking*) проща́ние; **a kiss at ~** поцелу́й на проща́ние; **a ~ gift** проща́льный пода́рок; **~ shot** = **Parthian shot**. **2** (*separation*) расстава́ние; проща́ние; **at the ~ of the ways** (*lit, fig*) на распу́тье. **3** (*Br, of the hair*) пробо́р.

parti|san /ˈpɑːtɪˌzæn, ˌpɑːtɪˈzæn/ *n* **1** (*zealous supporter*) приве́рженец; **you say that in a ~ spirit** вы говори́те пристра́стно. **2** (*resistance fighter*) партиза́н (*fem* -ка).
● *adj* пристра́стный.

partisanship /ˈpɑːtɪˌzænʃɪp/ *n* приве́рженность.

partition /pɑːˈtɪʃ(ə)n/ *n* (*division*) разде́л; **the ~ of Yugoslavia** разде́л

Югосла́вии; (*dividing structure*) перегоро́дка.

● *vt* дели́ть, раз-/по-; ~ **off** отгор|а́живать, -оди́ть.

partitive /ˈpɑːtɪtɪv/ *adj* (*gram*) раздели́тельный.

partly /ˈpɑːtlɪ/ *adv* части́чно, отча́сти.

partner /ˈpɑːtnə(r)/ *n* (*business, sexual, cards, dancing etc.*) партнёр (*fem coll* -ша) (*coll*); **~s in crime** соуча́стники (*m pl*) преступле́ния; (*in marriage*) супру́г (*fem* -a).

● *vt* (*be ~ to*) быть партнёром + *g*.

partnership /ˈpɑːtnəʃɪp/ *n* това́рищество; партнёрство; **to go into ~ (with)** входи́ть, войти́ в партнёрство (с + *i*); образ|о́вывать, -ова́ть това́рищество (с + *i*).

partridge /ˈpɑːtrɪdʒ/ *n* (*pl* ~ *or* **~s**) куропа́тка.

parturition /ˌpɑːtjʊˈrɪʃ(ə)n/ *n* разреше́ние от бре́мени; ро́д|ы (*pl, g* -ов).

party /ˈpɑːtɪ/ *n* **1** (*political group*) па́ртия; **~ line** поли́тика (*or* полити́ческий курс) па́ртии; **~ politics** парти́йная поли́тика; **the ~ system** парти́йная систе́ма.
2 (*group with common interests or pursuits*) компа́ния, гру́ппа; **we travelled abroad in a ~** мы пое́хали за грани́цу гру́ппой.
3 (*social gathering*) вечери́нка; (*official*) приём; **~ dress** вече́рнее пла́тье; **he lacks the ~ spirit** он не компане́йский челове́к.
4 (*outing*) экску́рсия.
5 (*participant in contract etc.*) сторона́; **the wife was the injured ~** жена́ была́ пострада́вшей стороно́й; **I won't be ~ to such a scheme** я не приму́ уча́стия в э́той зате́е.
6 (*attr, shared*): **~ line** (*teleph*) о́бщая телефо́нная ли́ния (*see also sense* **1**); **~ wall** о́бщая стена́.

● *cpd* **~ political** *adj* парти́йный; **~ political broadcast** (*Br*) пропаганди́стское выступле́ние па́ртии по ра́дио и́ли телеви́дению.

paschal /ˈpæsk(ə)l/ *adj* пасха́льный.

pas de deux /pɑː də ˈdɜː/ *n* (*pl* ~) па-де-де́ (*m, nt indecl*).

pass /pɑːs/ *n* **1** (*qualifying standard in exam*) сда́ча экза́мена; **he got a ~ in French** он сдал экза́мен по францу́зскому языку́.
2 (*situation*) положе́ние; **things reached a pretty ~** дела́ при́няли скве́рный оборо́т.
3 (*permit, document*) про́пуск (*pl* -á); **free ~** свобо́дный вход.
4 (*transfer of ball in game*) пас, переда́ча.
5 (*lunge, thrust*) вы́пад; (*coll, amorous approach*): **he made a ~ at her** он к ней пристава́л (*coll*).
6 (*mountain defile*) уще́лье, перева́л.
7 (*at cards*) пас.

● *vt* **1** (*go by*) про|ходи́ть, -йти́ (ми́мо + *g*); **he ~es the shop on his way to work** по доро́ге на рабо́ту он прохо́дит ми́мо магази́на; **I ~ed him in the street** я прошёл ми́мо него́ на у́лице.
2 (*overtake*) об|гоня́ть, -огна́ть.
3 (*go, get through*) про|ходи́ть, -йти́; **not a word ~ed his lips** он не произнёс ни сло́ва; **will your car ~ the test** пройдёт ли ва́ша маши́на прове́рку?; **~ an exam** сдать (*pf*) экза́мен.
4 (*spend*) пров|оди́ть, -ести́; **he ~ed a pleasant evening there** он провёл там прия́тный ве́чер.
5 (*surpass, exceed*) прев|ыша́ть, -ы́сить; **it ~es all reason** э́то выхо́дит за преде́лы разу́много.
6 (*examine and accept*) пропус|ка́ть, -ти́ть; **only one candidate was ~ed by the board** коми́ссия утверди́ла то́лько одну́ кандидату́ру. (*approve, sanction*) од|обря́ть, -о́брить.
7 (*hand over*) перед|ава́ть, -а́ть; **~ (me) the salt, please!** переда́йте мне соль, пожа́луйста!
8 (*utter*) произн|оси́ть, -ести́; **he refrained from ~ing judgement** он воздержа́лся выноси́ть сужде́ние; **the judge ~ed sentence** судья́ вы́нес пригово́р; **we met and ~ed the time of day** мы встре́тились и поздоро́вались.
9 (*cause to go, move*): **he ~ed his eye over the goods** он просмотре́л това́ры; **he ~ed a rope round his waist** он обвяза́л свою́ та́лию верёвкой; **~ a ball** перед|ава́ть, -а́ть (*or* бр|оса́ть, -о́сить) мяч.
10 (*excrete*) испус|ка́ть, -ти́ть; **he could not ~ water** он не мог мочи́ться.

● *vi* **1** (*proceed, move*) про|ходи́ть, -йти́; перепр|авля́ться, -а́виться; **he ~ed by the window** он прошёл ми́мо окна́; **he ~ed through the door** он прошёл в/че́рез дверь; **she ~ed out of sight** она́ исче́зла из ви́ду/ви́да; (*get through*): **let me ~!** да́йте мне пройти́!, разреши́те пройти́!; (*circulate*) перед|ава́ться, -а́ться; **the magazine ~ed from hand to hand** журна́л передава́лся/переходи́л из рук в ру́ки; (*in opposite directions*) минова́ть (*impf, pf*); **they ~ed without speaking** они́ мо́лча прошли́ ми́мо друг дру́га.
2 (*be transferred*): **the business ~ed into other hands** предприя́тие перешло́ в други́е ру́ки; (*by inheritance*): **the estate ~ed to his son** име́ние бы́ло унасле́довано сы́ном.
3 (*overtake*) об|гоня́ть, -огна́ть; **~ing prohibited for 2 miles** обго́н запрещён на две ми́ли.
4 (*go by, elapse*) про|ходи́ть, -йти́; **the procession ~ed** проце́ссия прошла́ ми́мо; **time ~es slowly** вре́мя прохо́дит ме́дленно; **six years have ~ed since then** с тех пор прошло́ шесть лет.
5 (*change*) превра|ща́ться, -ти́ться; **day ~es into night** день перехо́дит в ночь; **his mood ~ed from fear to anger** страх смени́лся в нём я́ростью.
6 (*be said or done*) прои|сходи́ть, -зойти́; **did you hear what ~ed between them?** вы зна́ете, что произошло́ ме́жду ни́ми?
7 (*go without comment*): **his words ~ed unnoticed** его́ слова́ оста́лись незаме́ченными; на его́ слова́ никто́ не обрати́л внима́ния; **let it ~!** не на́до об э́том говори́ть!
8 (*come to an end*) про|ходи́ть, -йти́; прекра|ща́ться, -ти́ться; **the pain will ~** боль пройдёт.
9 (*qualify in exam etc.*; *be valid, accepted, recognized*) про|ходи́ть, -йти́; **he ~es for an expert** он счита́ется специали́стом.
10 (*at cards*) пасова́ть, с-.

● *with advs*: **~ along** *vi* про|ходи́ть, -йти́; **~ away** *vi* (*die*) сконча́ться (*pf*); **~ by** *vt* & *i* про|ходи́ть, -йти́ (ми́мо + *g*); **~ down** *vt* перед|ава́ть, -а́ть; **the custom was ~ed down from father to son** обы́чай передава́лся от отца́ к сы́ну; **~ off** *vt* (*dismiss*): **he ~ed off the whole affair as a joke** он обрати́л всё де́ло в шу́тку; (*palm off, get rid of*) подс|о́вывать, -у́нуть; сбы|ва́ть, -ть; (*falsely represent*): **he ~es himself off as a foreigner** он выдаёт себя́ за иностра́нца; **he tried to ~ off the picture as genuine** он выдава́л карти́ну за по́длинник; *vi* (*go away*) прекра|ща́ться, -ти́ться; **the pain was slow to ~ off** боль проходи́ла ме́дленно; (*be carried through*) про|ходи́ть, -йти́; **the wedding ~ed off without a hitch** сва́дьба прошла́ без пробле́м; **~ on** *vt* перед|ава́ть, -а́ть; (*charge, tax, etc.*) пере|кла́дывать, -ложи́ть (*на кого*); *vi* про|ходи́ть, -йти́; **let us ~ on to other topics** дава́йте перейдём/переключи́мся на други́е те́мы; (*euph, die*) сконча́ться (*pf*); **~ out** *vi* (*Br, qualify, graduate*) про|ходи́ть, -йти́; **~ing-out parade** пара́д выпускнико́в; (*coll, lose consciousness*) отключ|а́ться, -и́ться; **~ over** *vt* (*hand over*) перед|ава́ть, -а́ть; (*omit, overlook, ignore*) пропус|ка́ть, -ти́ть; **we shall ~ over your previous offences** мы не бу́дем инкримини́ровать вам преды́дущие наруше́ния; **he was ~ed over for a younger man** они́ ему́ предпочли́ бо́лее молодо́го челове́ка; *vi* про|ходи́ть, -йти́; **the storm ~ed over** буря́ прошла́; (*euph, die*) сконча́ться (*pf*); **~ round** *vt* перед|ава́ть, -а́ть; **~ the hat round** пус|ка́ть, -ти́ть ша́пку по кру́гу; **~ through** *vt* прод|ева́ть, -е́ть; **~ up** *vt* (*hand up*) под|ава́ть, -а́ть; (*coll, refuse*) отка́з|ываться, -а́ться от + *g*.

● *cpds* **~book** *n* ба́нковская кни́жка; **~ key** *n* отмы́чка; **P~over** *n* евре́йская Па́сха; **~word** *n* (*also comput*) паро́ль (*m*).

passable /ˈpɑːsəb(ə)l/ *adj* (*affording passage*) проходи́мый, прое́зжий; (*tolerable*) сно́сный.

passage /ˈpæsɪdʒ/ *n* **1** (*going by*) прохо́д; **the ~ of time** тече́ние вре́мени; (*going across, over*) перее́зд; перелёт; **a bird of ~** перелётная пти́ца; (*transition, change*) перехо́д; (*going through, way through*) прохо́д; **the police forced a ~ through the crowd** поли́ция проложи́ла себе́ путь че́рез толпу́; (*right to go through*) пра́во прохо́да.
2 (*crossing by ship etc.*) рейс; **have you booked your ~?** вы заказа́ли биле́т на парохо́д?; **we had a rough ~** на́ше

P

пла́вание бы́ло бу́рным; (*fig*): **the bill had a rough ~** законопрое́кт был при́нят по́сле бу́рного обсужде́ния; **work one's ~** отраб|а́тывать, -о́тать свой прое́зд.
3 (*passing of law etc.*) проведе́ние.
4 (*corridor*) коридо́р.
5 (*alley*) прохо́д.
6 (*coll, duct in body*) прохо́д, прото́к; **back ~** (*rectum*) за́дний прохо́д; (*in pl, breathing tubes*) дыха́тельные пут|и́ (*pl, g* -е́й).
7 (*literary excerpt*) отры́вок, текст; (*mus*) пасса́ж.
● *cpd* **~way** *n* коридо́р; прохо́д.

passé /'pæseɪ/ *adj* устаре́лый, немо́дный.

passenger /'pæsɪndʒə(r)/ *n* пассажи́р; **~ train** пассажи́рский по́езд; **~ seat** ме́сто ря́дом с води́телем.

passer-by /ˌpɑːsə'baɪ/ *n* прохо́жий.

passim /'pæsɪm/ *adv* везде́, повсю́ду.

passing /'pɑːsɪŋ/ *n* **1** (*going by*) прохожде́ние; **I just called in ~** я зашёл мимохо́дом; **I will mention in ~** я замéчу попу́тно (*or* вскользь *or* ме́жду про́чим). **2** (*death*) смерть, кончи́на.
● *adj* (*transient*): **a ~ fancy** мимолётное увлече́ние; **the ~ fashion** преходя́щая мо́да.
● *cpd* **~ note** *n* (*mus*) перехо́дная но́та.

passion /'pæʃ(ə)n/ *n* **1** (*strong emotion; sexual feeling*) страсть; **his ~s were quickly aroused** его́ бы́ло нетру́дно разъяри́ть; (*burst of anger*) взрыв; **fly into a ~** при|ходи́ть, -йти́ в я́рость; (*enthusiasm*) страсть, пыл; **she has a ~ for Bach** она́ стра́стно увлечена́ му́зыкой Ба́ха. **2** (*relig*): **the P~** стра́сти Госпо́дни (*f pl*); кре́стные му́ки (*f pl*); **P~ play** библе́йская мисте́рия.

passionate /'pæʃənət/ *adj* (*having strong emotions*) стра́стный, пы́лкий; (*sexually ardent*) стра́стный; (*impassioned, of language etc.*) пы́лкий, стра́стный, пла́менный.

passionately /'pæʃənətlɪ/ *adv* стра́стно, пы́лко; **he is ~ fond of golf** он стра́стно (*or* до стра́сти) увлечён го́льфом.

passive /'pæsɪv/ *n* (*gram*) (*form of verb*) пасси́вная фо́рма; (*voice*) страда́тельный зало́г.
● *adj* пасси́вный; **~ smoking** пасси́вное куре́ние; (*gram*) пасси́вный, страда́тельный.

passiv|eness /'pæsɪvnɪs/, **-ity** /pæ'sɪvɪtɪ/ *nn* пасси́вность.

passport /'pɑːspɔːt/ *n* (*lit*) па́спорт; (*fig*) зало́г (+ *g*), путёвка (к + *d*); **hard work is the ~ to success** усе́рдие — зало́г успе́ха.

past /pɑːst/ *n* **1** про́шлое; **courtesy is a thing of the ~** ве́жливость вы́шла из мо́ды; **in the ~** в про́шлом; **one cannot undo the ~** нельзя́ зачеркну́ть про́шлое.
2 (*gram*) проше́дшее вре́мя.
● *adj* **1** (*bygone*) мину́вший, про́шлый; **that is all ~ history** всё э́то уже́ исто́рия; (*pred, gone by*) ми́мо; **the time for that is ~** вре́мя (для) э́того давно́ минова́ло; **that is all ~ and done with** с э́тим поко́нчено; **what's ~ is ~** де́ло про́шлое.
2 (*preceding*) про́шлый, после́дний; **for the ~ few days** за после́дние не́сколько дней; **during the ~ week** за после́днюю/э́ту неде́лю.
3 (*gram*) проше́дший; **~ participle** прича́стие проше́дшего вре́мени; **~ tense** проше́дшее вре́мя.
4: **a ~ master** (*Br*) непревзойдённый ма́стер.
● *adv* ми́мо; **the soldiers marched ~** солда́ты прошли́ ми́мо; **he pushed ~** он протолка́лся/проби́лся вперёд.
● *prep* **1** (*after*) по́сле + *g*; **it is ~ eight (o'clock)** сейча́с девя́тый час; **ten ~ one** де́сять мину́т второ́го; **he lived to be ~ eighty** ему́ бы́ло за во́семьдесят, когда́ он у́мер.
2 (*by*) ми́мо + *g*; **he drove ~ the house** он прое́хал ми́мо до́ма; **he hurried ~ me** он пробежа́л ми́мо меня́.
3 (*to the far side of*) за + *a*; (*on the far side of*) за + *i*; **you've gone ~ the turning** вы прое́хали поворо́т; **his house is ~ the church** его́ дом за це́рковью.
4 (*beyond, exceeding*) свы́ше + *g*, сверх + *g*; **I am ~ caring** тепе́рь мне уже́ всё равно́; **he was a fine actor, but he's ~ it now** (*coll*) когда́-то он был хоро́шим актёром, но э́то в про́шлом; **this is ~ a joke** э́то перехо́дит грани́цы шу́ток; **I wouldn't put it ~ him to steal the money** я ду́маю, что он спосо́бен укра́сть де́ньги.

pasta /'pæstə/ *n* макаро́н|ы (*pl, g* —); макаро́нные изде́лия.

paste /peɪst/ *n* (*soft dough*) те́сто; (*malleable mixture; savoury preparation*) па́ста; (*adhesive*) клей; (*gem substitute*) страз.
● *vt* **1** (*stick*) накле́|ивать, -ить; прикле́|ивать, -ить; **the notice was ~ed up on the wall** объявле́ние бы́ло прикле́ено к стене́; **she ~d the pictures into her album** она́ вкле́ила карти́нки в альбо́м. **2** (*sl, beat*) бить, по-; **their team got a good pasting** их кома́нду здо́рово поби́ли. **3** (*comput*) вст|авля́ть, -а́вить.
● *cpd* **~board** *n* клеёный карто́н.

pastel /'pæst(ə)l/ *n* (*crayon*) пасте́ль; **~ shades** пасте́льные кра́ски; (*drawing in ~*) рису́нок пасте́лью.

pasteurization /ˌpɑːstjəraɪ'zeɪʃ(ə)n, -tʃəraɪ'zeɪʃ(ə)n, ˌpæst-/ *n* пастериза́ция.

pasteurize /'pɑːstjəˌraɪz, -tʃəˌraɪz, 'pæst-/ *vt* пастеризова́ть (*impf, pf*).

pastiche /pæ'stiːʃ/ *n* (*literary imitation*) стилиза́ция (**of:** под + *a*); подде́лка.

pastille /'pæstɪl/ *n* пастила́.

pastime /'pɑːstaɪm/ *n* вре́мя(пре)провожде́ние.

pastor /'pɑːstə(r)/ *n* па́стор.

pastoral /'pɑːstər(ə)l/ *n* (*literary or artistic work*) пастора́ль.
● *adj* (*pertaining to country life*) пастора́льный; (*pertaining to the clergy*) па́сторский.

pastry /'peɪstrɪ/ *n* (*dough*) те́сто; (*tart, cake*) пиро́жное.
● *cpd* **~ cook** *n* конди́тер.

pasturage /'pɑːstʃərɪdʒ/ *n* (*grazing land*) па́стбище; (*grazing*) вы́пас.

pasture /'pɑːstjə(r)/ *n* = **pasturage**; **the sheep were put out to ~** ове́ц вы́гнали на па́стбище.
● *vt* (*put to graze*) пасти́ (*impf*).

pasty[1] /'pæstɪ/ *n* (*Br*) пирожо́к.

pasty[2] /'peɪstɪ/ *adj* (**pastier, pastiest**) (*like paste*) тестообра́зный; (*palefaced*) бле́дный.

pat[1] /pæt/ *n* **1** (*light touch or sound*) хлопо́к; шлепо́к; **he deserves a ~ on the back** (*fig*) он заслу́живает одобре́ния/похвалы́. **2** (*small mass*): **the butter was served in ~s** ма́сло по́дали кро́хотными кусо́чками.
● *vt* (**patted, patting**) похло́п|ывать, -ать; (*a dog*) гла́дить, по-; **he ~ted my shoulder** он похло́пал меня́ по плечу́.

pat[2] /pæt/ *adj* гото́вый; **he had his lesson off (US down) ~** он вы́учил уро́к назубо́к; **stand ~** (*US, stick to one's decision or bet*) стоя́ть (*impf*) на своём; (*at cards etc.*) ост|ава́ться, -а́ться при свои́х; не брать, взять при́купа.
● *cpd* **~-a-cake** *n* (*child's game*) ла́душ|ки (*pl, g* -ек).

patch /pætʃ/ *n* **1** (*covering over hole*) запла́та; **he wore ~es on his elbows** у него́ на локтя́х бы́ли запла́ты; (*over wound*) пла́стырь (*m*); (*over eye*) повя́зка; (*fig, coll*): **the film is not a ~ on the book** (*Br*) фильм не идёт ни в како́е сравне́ние с кни́гой.
2 (*superficial mark or stain*) пятно́; (*distinctive area*) клочо́к; **~es of blue sky** клочки́ голубо́го не́ба; **we ran into a fog ~** мы попа́ли в полосу́ тума́на; **there were ~es of ice on the road** на доро́ге места́ми была́ гололе́дица; (*fig*): **he has struck a bad ~** (*Br*) ему́ не везёт; **in ~es** места́ми.
3 (*piece of ground*) уча́сток.
4 (*scrap, remnant*) лоску́т.
5 (*comput*) патч, запла́т(к)а.
● *vt* (*mend*) лата́ть, за-.
● *with adv*: **~ up** *vt* (*lit*) чини́ть, по-; заде́л|ывать, -ать; (*fig*) ула́|живать, -дить; **the quarrel was soon ~ed up** ссо́ра была́ вско́ре ула́жена.
● *cpds* **~ pocket** *n* накладно́й карма́н; **~work** *n* (*needlework*) лоску́тное шитьё; **~work of fields** моза́ика поле́й; (*fig, muddle*) мешани́на; **~work quilt** лоску́тное одея́ло.

patchy /'pætʃɪ/ *adj* (**patchier, patchiest**) (*marked with patches, blotchy*) пятни́стый; (*fig, of knowledge, information*) отры́вочный; (*fig, of uneven quality*) неро́вный.

pate /peɪt/ *n* (*archaic*) башка́.

pâté /'pæteɪ/ *n* паште́т; **~ *de foie gras*** гуси́ный паште́т.

patella /pə'telə/ *n* (*pl* **patellae** /-liː/) (*anat*) пате́лла.

patent /'peɪt(ə)nt, 'pæt-/ *n* пате́нт; **P~ Office** пате́нтное бюро́.
● *adj* **1** (*protected by ~*) патенто́ванный; **~ leather** лакиро́ванная ко́жа; **~-leather shoes** лакиро́ванные ту́фли. **2** (*obvious*) очеви́дный.
● *vt* патентова́ть, за-.

patentee /ˌpeɪtən'tiː/ *n* патентодержа́тель (*m*).

paterfamilias /ˌpeɪtəfəˈmɪlɪˌæs/ *n* глава́ (*m*) семьи́.

paternal /pəˈtɜːn(ə)l/ *adj* **1** (*fatherly*) отцо́вский; (*of feelings*) оте́ческий; **~ instinct** отцо́вский инсти́нкт; (*fig*): **~ government** прави́тельство, оте́чески относя́щееся к наро́ду. **2** (*related through father*) ро́дственный по отцу́, по отцо́вской ли́нии; **~ grandmother** ба́бушка со стороны́ отца́.

paternalism /pəˈtɜːnəˌlɪz(ə)m/ *n* покрови́тельство, попече́ние; (*pol*) патернали́зм.

paternalistic /pəˌtɜːnəˈlɪstɪk/ *adj* (*pol*) патернали́стский; (*manner, tone*) покрови́тельственный.

paternity /pəˈtɜːnɪtɪ/ *n* отцо́вство; **~ leave** о́тпуск по ухо́ду за ребёнком (для отца́); **~ suit** иск по установле́нию отцо́вства.

path /pɑːθ/ *n* (*track for walking*) тропа́, тропи́нка; доро́жка; **~ through the woods** лесна́я тропа́/тропи́нка; **garden ~** садо́вая доро́жка; (*fig*) путь (*m*); **if ever he crosses my ~** е́сли он когда́-нибудь встре́тится мне на пути́; **he swept aside all who stood in his ~** он смета́л всех, кто стоя́л на его́ пути́; **he followed the ~ of duty** он ве́рно сле́довал до́лгу; **our ~s diverged** на́ши доро́ги/пути́ разошли́сь; (*course, trajectory*) траекто́рия; **the ~ of a bullet** траекто́рия полёта пу́ли.
● *cpds* **~finder** *n* (*explorer*) иссле́дователь (*m*), первопрохо́дец; (*aircraft*) самолёт наведе́ния; **~way** *n* тропа́, путь (*m*).

pathetic /pəˈθetɪk/ *adj* (*arousing pity*) печа́льный, жа́лкий; (*coll, wretchedly inadequate*) жа́лкий.

pathless /ˈpɑːθlɪs/ *adj* бездоро́жный.

pathological /ˌpæθəˈlɒdʒɪk(ə)l/ *adj* патологи́ческий.

pathologist /pəˈθɒlədʒɪst/ *n* пато́лог.

pathology /pəˈθɒlədʒɪ/ *n* патоло́гия.

pathos /ˈpeɪθɒs/ *n* го́речь, печа́ль.

patience /ˈpeɪʃ(ə)ns/ *n* **1** терпе́ние; **I have no ~ with him** он бы́стро выво́дит меня́ из терпе́ния; **she lost ~ with him** она́ потеря́ла с ним вся́кое терпе́ние; **my ~ is exhausted** моё терпе́ние ко́нчилось/ло́пнуло (*coll*). **2** (*Br, card game*) пасья́нс.

patient /ˈpeɪʃ(ə)nt/ *n* пацие́нт, больно́й.
● *adj* терпели́вый.

patina /ˈpætɪnə/ *n* (*pl* **~s**) па́тина.

patio /ˈpætɪəʊ/ *n* (*pl* **~s**) па́тио (*indecl*), дво́рик.

patois /ˈpætwɑː/ *n* (*pl* **~** /-wɑːz/) ме́стный го́вор.

patriarch /ˈpeɪtrɪˌɑːk/ *n* патриа́рх.

patriarchal /ˌpeɪtrɪˈɑːk(ə)l/ *adj* патриарха́льный.

patriarchate /ˈpeɪtrɪˌɑːkət/ *n* (*eccl*) патриа́ршество.

patriarchy /ˈpeɪtrɪˌɑːkɪ/ *n* патриарха́т.

patrician /pəˈtrɪʃ(ə)n/ *n* (*Roman noble*) патри́ций; (*aristocrat*) аристокра́т.
● *adj* патрициа́нский; аристократи́ческий.

patricide /ˈpætrɪˌsaɪd/ *n* (*crime*) отцеуби́йство; (*criminal*) отцеуби́йца (*cg*).

patrimony /ˈpætrɪmənɪ/ *n* (*inheritance from father*) отцо́вское насле́дие; (*fig*) насле́дие.

patriot /ˈpeɪtrɪət, ˈpæt-/ *n* патрио́т (*fem* -ка).

patriotic /ˌpeɪtrɪˈɒtɪk, ˌpæt-/ *adj* патриоти́ческий.

patriotism /ˈpeɪtrɪəˌtɪz(ə)m, ˈpæt-/ *n* патриоти́зм.

patrol /pəˈtrəʊl/ *n* **1** (*action*) патрули́рование, дозо́р; **on ~** в дозо́ре; **~ car** (полице́йская) патру́льная маши́на; **~ vessel** сторожево́й кора́бль. **2** (*~ling body*) патру́ль (*m*); (*~ling official*) патру́льный.
● *vt & i* (**patrolled, patrolling**) патрули́ровать (*impf*).
● *cpd* **~man** *n* (*pl* **~men**) (*US, policeman*) полице́йский.

patron /ˈpeɪtrən/ *n* **1** (*supporter, protector*) покрови́тель (*m*), патро́н; **a ~ of the arts** покрови́тель иску́сств, мецена́т; **~ saint** свят|о́й засту́пни|к (*fem* -а́я -ца). **2** (*customer*) (постоя́нный) клие́нт, покупа́тель (*m*).

patronage /ˈpætrənɪdʒ/ *n* (*support, sponsorship*) покрови́тельство, ше́фство; (*right of appointment*) пра́во назначе́ния на до́лжность; (*customer's support*) постоя́нная клиенту́ра.

patroness /ˈpeɪtrənɪs/ *n* покрови́тельница, патроне́сса.

patroniz|e /ˈpætrəˌnaɪz/ *vt* (*support, encourage*) покрови́тельствовать (*impf*) + *d*; (*visit as customer*) постоя́нно посеща́ть (*impf*); (*treat condescendingly*) отн|оси́ться, -ести́сь свысока́ к + *d*; **~ing airs** покрови́тельственные/ снисходи́тельные мане́ры (*f pl*).

patronymic /ˌpætrəˈnɪmɪk/ *n* (*Russian*) о́тчество.

patter[1] /ˈpætə(r)/ *n* (*of salesman, conjurer etc.*) скорогово́рка.

patter[2] /ˈpætə(r)/ *n* (*tapping sound*) стук, посту́кивание; (*of feet*) то́пот.
● *vi* бараба́нить (*impf*), (*of feet*) топота́ть (*impf*) (*coll*); **the rain ~ed on the windows** дождь бараба́нил по о́кнам; **her footsteps ~ed down the hall** её шаги́ простуча́ли по за́лу.

pattern /ˈpæt(ə)n/ *n* **1** (*decorative design*) узо́р. **2** (*laudable example*) образе́ц; **a ~ of virtue** образе́ц доброде́тели; (*attr*) образцо́вый. **3** (*model for production*) вы́кройка; **dress ~** вы́кройка пла́тья. **4** (*model*) моде́ль. **5** (*arrangement, system*) о́браз, мане́ра; **new ~s of behaviour** (*Br*), **behavior** (*US*) но́вые но́рмы (*f pl*) поведе́ния; **events are following the usual ~** дела́ иду́т свои́м чередо́м.
● *vt* **1** (*model*) копи́ровать, с-; **he ~ed himself on his father** он брал приме́р со своего́ отца́. **2** (*decorate with design*) укр|аша́ть, -а́сить; **a ~ed dress** пла́тье с узо́рами.

patty /ˈpætɪ/ *n* (*pie*) пирожо́к; (*of minced meat*) котле́та.

paucity /ˈpɔːsɪtɪ/ *n* нехва́тка, ску́дость.

paunch /pɔːntʃ/ *n* брюшко́, живо́т.

paunchy /ˈpɔːntʃɪ/ *adj* (**paunchier, paunchiest**) пуза́тый.

pauper /ˈpɔːpə(r)/ *n* бедня́к, па́упер (*literary*).

pauperism /ˈpɔːpəˌrɪz(ə)m/ *n* (ма́ссовая) нищета́, паупери́зм (*literary*).

pauperization /ˌpɔːpəraɪˈzeɪʃ(ə)n/ *n* (ма́ссовое) обнища́ние, пауперизá́ция (*literary*).

pause /pɔːz/ *n* (*intermission, temporary halt*) переры́в; переды́шка; (*in speaking, reading, mus*) па́уза; **give s.o. pause (for thought)** заст|авля́ть, -а́вить кого́-н. заду́маться.
● *vi* остан|а́вливаться, -ови́ться; **she scarcely ~d for breath** она́ не переводи́ла дыха́ния; **if you ~ to think** е́сли заду́маться.

pavan(e) /pəˈvɑːn/ *n* (*mus*) пава́на.

pave /peɪv/ *vt* мости́ть, вы́-; **~d road** мощёная доро́га; **the road to hell is ~d with good intentions** благи́ми наме́рениями вы́мощена доро́га в ад; (*fig*): **his proposal ~d the way to a lasting peace** его́ предложе́ние проложи́ло путь к про́чному ми́ру.

pavement /ˈpeɪvmənt/ *n* **1** (*Br, footway*) тротуа́р; **~ artist** худо́жник, рису́ющий на тротуа́ре. **2** (*US, paved surface*) мостова́я.

pavilion /pəˈvɪljən/ *n* (*Br, sport*) павильо́н; (*large tent*) шатёр.

paving /ˈpeɪvɪŋ/ *n* (*material*) доро́жное покры́тие; (*act*) моще́ние.
● *cpd* **~ stone** *n* брусча́тка.

paw /pɔː/ *n* ла́па; (*coll*): **take your ~s off me!** ру́ки проч!
● *vt* (*of animal*) тро́гать, по- ла́пой; **the horse ~ed the ground** конь бил зе́млю копы́тами; (*coll, of person*) ла́пать (*impf*) (*coll*).

pawn[1] /pɔːn/ *n* (*chessman, also fig*) пе́шка.

pawn[2] /pɔːn/ *n* (*pledge*) зало́г, закла́д; **in ~** зало́женный в закла́де; **he took his watch out of ~** он вы́купил часы́ из закла́да.
● *vt* за|кла́дывать, -ложи́ть.
● *cpds* **~broker** *n* челове́к, даю́щий де́ньги под зало́г (веще́й); **~shop** *n* ломба́рд.

pawpaw /ˈpɔːpɔː/ = **papaw**

pay /peɪ/ *n* (*for work, goods, services*) пла́та, (*wages*) зарпла́та; жа́лованье; **~ clerk** бухга́лтер-расчётчик; **a ~ cut** сниже́ние зарпла́ты; **a ~ increase** повыше́ние зарпла́ты; **on half ~** на полови́нной ста́вке; **he is in the ~ of the enemy** он на слу́жбе у врага́.
● *vt* (*past and pp* **paid**) **1** (*give in return for sth*) плати́ть, за-, у-; **she always ~s cash** она́ всегда́ пла́тит нали́чными; **he has paid the penalty for his greed** он поплати́лся за свою́ жа́дность; (*contribute*): **everyone must ~ his share** ка́ждый до́лжен внести́ свою́ до́лю; **I'll ~ the difference** я доплачу́ ра́зницу; **~ one's fare** плати́ть, за- за прое́зд; опла́|чивать, -ти́ть прое́зд. **2** (*remunerate, recompense*) плати́ть, за-, опла́|чивать, -ти́ть (**s.o.:** + *d*); **they are paid by the hour** они́ получа́ют почасову́ю опла́ту; **we are**

P

paid on Fridays нам пла́тят по пя́тницам; мы получа́ем зарпла́ту по пя́тницам; **he who pays the ~ calls the tune** кто пла́тит, тот и распоряжа́ется (*or* тот и зака́зывает (му́зыку)); **there will be the devil to ~** бу́дет гранди́озный сканда́л.
3 (*settle*, ~ *for*) упла́|чивать, -ти́ть; **the defendant must ~ costs** обвиня́емый до́лжен уплати́ть суде́бные изде́ржки; **he paid his way through college** он сам зараба́тывал себе́ на вы́сшее образова́ние.
4 (*bestow, render*): **~ attention to me!** послу́шайте меня́!; **~ s.o. a compliment** де́лать, с- кому́-н. комплиме́нт; **~ heed to** обра|ща́ть, -ти́ть внима́ние на + *a*; **~ one's respects to** свиде́тельствовать, за- своё почте́ние + *d*; **~ s.o. a visit** наве|ща́ть, -сти́ть кого́-н.
5 (*benefit, profit*): **it will ~ you to wait** вам сто́ит подожда́ть.
● *vi* (*past and pp* **paid**)
1 (*give money*) распла́|чиваться, -ти́ться; **he ~s on the nail** он пла́тит на ме́сте; **I paid through the nose for it** я заплати́л за э́то бе́шеные де́ньги.
2 (*suffer*) плати́ть, за-; плати́ться, по- (**for:** за + *a*); **you'll ~ dearly for this** вы за э́то до́рого запла́тите; **he paid for his carelessness** он поплати́лся за своё легкомы́слие.
3 (*yield a return*) окуп|а́ться, -и́ться; дава́ть, дать при́быль; (*fig*) име́ть смысл; опра́вд|ывать, -а́ть себя́; **it ~s to advertise** рекла́ма окупа́ется.
● *with advs*: **~ back** *vt* (*return*) возвра|ща́ть, -ти́ть (*also* верну́ть); **he paid back every penny** он верну́л всё до после́дней копе́йки; (*reimburse*): **he paid me back in person** он ли́чно верну́л мне де́ньги; (*have revenge on*) отплати́ть (*pf*) + *d*; **I'll ~ you back for this** я вам за э́то отплачу́; **~ in** *vt* вн|оси́ть, -ести́; **~ off** *vt* рассчи́т|ываться, -а́ться с + *i*; **the workers were paid off** с рабо́чими рассчита́лись; **I have paid off my debts** я расплати́лся со свои́ми долга́ми; **he is ~ing off old scores** он сво́дит ста́рые счёты; (~ *wages and discharge*) рассчи́т|ывать, -а́ть; (*bribe*) подкуп|а́ть, -и́ть; *vi* (*bring profit*) окуп|а́ться, -и́ться; **~ out** *vt* (*expend, make payment of*) выпла́чивать, вы́платить; (*rope etc.*) отпус|ка́ть, -ти́ть; трави́ть, по-; **~ up** *vt* (*settle*) выпла́чивать, вы́платить; **a paid-up account** закры́тый счёт; *vi* (~ *amount due*) рассчи́т|ываться, -а́ться сполна́.
● *cpds* **~ day** *n* платёжный день; **~ desk** *n* ка́сса; **~ envelope** (*US*) = **~ packet**; **~load** *n* (*of vehicle*) поле́зный груз; (*of missile*) поле́зная нагру́зка; **~master** *n* касси́р; **P~master General** (*Br*) гла́вный казначе́й; **~-off** *n* (*settlement*) вы́плата; (*profit, reward*) награ́да; (*bribe*) взя́тка; (*coll, climax, e.g. of a joke*) развя́зка; **~ packet** (*Br*) *n* за́работок, (*coll*) полу́чка; **~phone** *n* телефо́н-автома́т; **~roll, ~sheet** *nn* платёжная ве́домость; **there are 500 men on the ~roll** в платёжной ве́домости (*or* в шта́те) чи́слится 500 челове́к; **~slip** *n* (*Br*) квита́нция о вы́даче зарпла́ты; **~ station** (*US*) = **~phone**; **~ TV** *n* пла́тное телеви́дение.

payable /ˈpeɪəb(ə)l/ *adj* опла́чиваемый; подлежа́щий упла́те.

PAYE (*abbr of* ***pay-as-you-earn***) (*Br*) автомати́ческое отчисле́ние подохо́дного нало́га из зарпла́ты.

payee /peɪˈiː/ *n* получа́тель (*fem* -ница) (де́нег).

payer /ˈpeɪə(r)/ *n* плате́льщи|к (*fem* -ца).

payment /ˈpeɪmənt/ *n* (*paying*) опла́та, платёж; (*sum paid*) пла́та; (*of debt etc.*) упла́та; **prompt ~ is requested** про́сьба уплати́ть неме́дленно; **he made a cash ~ of £50** он заплати́л 50 фу́нтов нали́чными; (*requital*): **this is in ~ of your services** э́то вознагражде́ние за ва́ши услу́ги.

PC *abbr of* **1** (*Br*) ***Police Constable*** полице́йский, консте́бль (*m*).
2 ***personal computer*** ПК, (персона́льный) компью́тер.
3 ***politically correct*** полит(и́чески)корре́ктный; ***political correctness*** полит(и́ческая)корре́ктность.

PDA (*abbr of* ***Personal Digital Assistant***) *n* карма́нный (персона́льный) компью́тер, КПК, наладо́нник; (*handheld PC with advanced mobile phone capabilities such as BlackBerry*) коммуника́тор; (*mobile phone with advanced handheld PC capabilities*) смартфо́н (*термин PDA («электро́нный помо́щник») широко применяется для обозначения любых портативных электронных вычислительных устройств*).

p.d.q. (*abbr of* ***pretty damn quick***) (*coll*) в те́мпе.

PE (*abbr of* ***physical education***) физкульту́ра.

pea /piː/ *n* горо́шина; (*in pl, collect*) горо́х; **they are as like as two ~s** они́ похо́жи как две ка́пли воды́; **~ soup** горо́ховый суп; **split ~s** ко́лотый горо́х.
● *cpds* **~-green** *adj* я́рко-зелёный; **~nut** *n* ара́хис, земляно́й оре́х; **~nut butter** па́ста из тёртого ара́хиса; **~nuts** *n pl* (*US sl, trifling amount*) гроши́ (*m pl*); **~-shooter** *n* тру́бка для стрельбы́ горо́хом; **~-souper** *n* (*coll, fog*) густо́й тума́н.

peace /piːs/ *n* **1** (*freedom from war*) мир; **our countries are at ~ again** ме́жду на́шими стра́нами сно́ва устано́влен мир; **~ talks** ми́рные перегово́ры; **~ treaty** ми́рный догово́р; (*fig*): **make one's ~ with s.o.** мири́ться, по- с кем-н.
2 (*freedom from civil disorder*) споко́йствие, поря́док; **they were bound over to keep the ~** им предписа́ли соблюда́ть поря́док; **breach of the ~** наруше́ние обще́ственного поря́дка; **Justice of the P~** мирово́й судья́.
3 (*rest, quiet*) споко́йствие, поко́й; **~ be with you!** мир вам!; **may he rest in ~** мир пра́ху его́; **she found ~** (*died*) **at last** она́, наконе́ц, упоко́илась/нашла́ ве́чный поко́й; **can we have some ~ and quiet?** нельзя́ ли поти́ше?; **~ of mind** споко́йствие ду́ха; **he never gives me a moment's ~** он не даёт мне ни мину́ты поко́я.
● *cpds* **~keeping** *adj*: **~keeping force** миротво́рческие войска́ (*nt pl*)/си́лы (*f pl*); **~-loving** *adj* миролюби́вый; **~maker** *n* миротво́рец; **~ offering** *n* (*relig*) благода́рственная же́ртва; (*fig*) задо́бривание; **~ pipe** *n* тру́бка ми́ра; **~time** *n* ми́рное вре́мя.

peaceable /ˈpiːsəb(ə)l/ *adj* миролюби́вый, ми́рный.

peaceful /ˈpiːsfʊl/ *adj* ми́рный; **~ coexistence** ми́рное сосуществова́ние.

peach¹ /piːtʃ/ *n* **1** (*fruit*) пе́рсик.
2 (*tree*) пе́рсиковое де́рево. **3** (*coll, superb specimen*) пе́рвый сорт. **4** (*coll, attractive girl*) красо́тка (*coll*).
● *cpd* **~-coloured** (*US* **-colored**) *adj* пе́рсиковый, пе́рсикового цве́та.

peach² /piːtʃ/ *vi* стуча́ть, на- (*на кого*) (*sl*).

peacock /ˈpiːkɒk/ *n* павли́н; **~ blue** перели́вчатый си́ний цвет.

peahen /ˈpiːhen/ *n* па́ва, са́мка павли́на.

pea jacket /ˈpiːˌdʒækɪt/ *n* бушла́т, тужу́рка.

peak /piːk/ *n* **1** (*mountain top*) пик, верши́на. **2** (*of cap*) козырёк. **3** (*fig, highest point, maximum*) пик, верши́на; **at the ~ of her career** на верши́не свое́й карье́ры; **~ load** (*elec*) максима́льная нагру́зка; **his excitement reached its ~** его́ возбужде́ние дости́гло преде́ла; **~ hours** часы́ пик; **~ viewing hours** прайм-та́йм.
● *vi*: **demand ~ed** спрос дости́г вы́сшей то́чки.

peaked /piːkd/ *adj* **1** остроконе́чный; **~ cap** (фо́рменная) фура́жка.
2 (*haggard*; *also* **peaky**) осу́нувшийся; измождённый.

peaky /ˈpiːkɪ/ *adj* (**peakier, peakiest**) = **peaked 2**

peal /piːl/ *n* (*of bell*) звон; (*of bells*) трезво́н; (*of thunder*) гро́хот, раска́т; (*of laughter*) взрыв.
● *vi* (*of bells*) трезво́нить (*impf*); (*of thunder*) греме́ть, про-; (*of laughter*) разд|ава́ться, -а́ться.

pear /peə(r)/ *n* **1** (*fruit*) гру́ша. **2** (*tree*) гру́шевое де́рево, гру́ша. **3**: **prickly ~** (*bot*) опу́нция.

pearl /pəːl/ *n* жемчу́жина; (*in pl, collect*) же́мчуг; (*mother-of-~*) (*bot*) перламу́тр; (*fig*) перл; **cast ~s before swine** мета́ть (*impf*) би́сер пе́ред сви́ньями; **(mother-of-)~ buttons** перламу́тровые пу́говицы.
● *cpds* **~ barley** *n* перло́вая крупа́; **~ diver, ~ fisher** *nn* лове́ц/иска́тель (*m*) же́мчуга.

pearly /ˈpəːlɪ/ *adj* (**pearlier, pearliest**) жемчу́жного цве́та, жемчу́жный.

peasant /ˈpez(ə)nt/ *n* крестья́н|ин (*fem* -ка).

peasantry /ˈpezəntrɪ/ *n* крестья́нство.

pease pudding /piːz/ *n* (*Br*) горо́ховая запека́нка.

P

peat /pi:t/ *n* торф.
● *cpd* ~ **bog** *n* торфяно́е боло́то.
pebble /ˈpeb(ə)l/ *n* га́лька, голы́ш (*coll*).
● *cpd* ~**-dash** (*Br*) *n* грави́йная набро́ска; *adj* грави́йный.
pebbly /ˈpeblɪ/ *adj* покры́тый га́лькой.
pecan /ˈpi:kən/ *n* оре́х пека́н.
peccadillo /ˌpekəˈdɪləʊ/ *n* (*pl* ~**es** *or* ~**s**) грешо́к.
peck /pek/ *n* (*made by beak*) клево́к; (*fig, hasty kiss*): **he gave her a ~ on the cheek** он чмо́кнул её в щё(ч)ку.
● *vt* клева́ть, клю́нуть; поклева́ть (*pf*).
● *vi* (*fig*): **she ~ed at her food** она́ едва́ дотро́нулась до еды́; она́ немно́жко поклева́ла и всё; ~**ing order** ≈ неофициа́льная иера́рхия.
pecker /ˈpekə(r)/ *n* **1** (*Br sl*): **keep your ~ up!** не ве́шай но́са! **2** (*US sl, penis*) член.
peckish /ˈpekɪʃ/ *adj* (*Br coll*) голо́дный.
pectoral /ˈpektər(ə)l/ *adj* грудно́й.
peculiar /pɪˈkju:lɪə(r)/ *adj* **1** (*exclusive, distinctive*) осо́бенный, своеобра́зный; **this custom is ~ to the English** э́то чи́сто англи́йский обы́чай. **2** (*particular*) осо́бенный; **a building of ~ interest** зда́ние, представля́ющее осо́бый интере́с. **3** (*strange*) стра́нный; **his behaviour was rather ~** он вёл себя́ дово́льно стра́нно.
peculiarity /pɪˌkju:lɪˈærɪtɪ/ *n* (*characteristic*) сво́йство; осо́бенность; (*oddity*) стра́нность.
pecuniary /pɪˈkju:nɪərɪ/ *adj* де́нежный.
pedagogic(al) /ˌpedəˈgɒgɪk, ˌpedəˈgɒgɪk(ə)l, -ˈgɒdʒɪk-/ *adj* педагоги́ческий.
pedagogue /ˈpedəˌgɒg/ *n* педаго́г.
pedagogy /ˈpedəˌgɒdʒɪ, -ˌgɒgɪ/ *n* педаго́гика.
pedal /ˈped(ə)l/ *n* педа́ль.
● *vi* (**pedalled, pedalling;** *US* **pedaled, pedaling**) (*cycle*) е́хать (*det*) на велосипе́де; (*turn pedals*) крути́ть (*impf*) педа́ли.
● *vt* (**pedalled, pedalling;** *US* **pedaled, pedaling**): **she ~led her bicycle into town** она́ е́хала в го́род на велосипе́де.
● *cpd* ~ **cycle** *n* велосипе́д.
pedalo /ˈpedəˌləʊ/ *n* (*pl* ~**s** *or* ~**es**) (*Br*) морско́й/во́дный велосипе́д.
pedant /ˈped(ə)nt/ *n* педа́нт (*fem* -ка).
pedantic /pɪˈdæntɪk/ *adj* педанти́чный.
pedantry /ˈped(ə)ntrɪ/ *n* педанти́чность.
peddle /ˈped(ə)l/ *vt* торгова́ть (*impf*) вразно́с; **he ~s his wares in every town** он разво́зит свои́ това́ры по всем города́м; (*fig*): **she likes to ~ gossip** она́ лю́бит разноси́ть спле́тни.
peddler /ˈpedlə(r)/ *n* **1** (*of drugs*) торго́вец нарко́тиками. **2** (*US*) = **pedlar**
pe|derast, pae- /ˈpedəˌræst/ *n* педера́ст, (гомосексуали́ст-)педофи́л.
pe|derasty, pae- /ˈpedəˌræstɪ/ *n* педера́стия, педофили́я.
pedestal /ˈpedɪst(ə)l/ *n* (*of column or statue*) пьедеста́л; **he set her on a ~** (*fig*) он вознёс её на пьедеста́л; (*of desk etc.*) основа́ние.
pedestrian /pɪˈdestrɪən/ *n* пешехо́д.
● *adj* **1** (*of or for walking*) пешехо́дный; ~ **crossing** (*Br*) перехо́д; ~ **precinct** пешехо́дная зо́на. **2** (*fig, prosaic*) прозаи́ческий, ску́чный.
pedestrianization /pɪˌdestrɪəˌnaɪˈzeɪʃ(ə)n/ *n* созда́ние пешехо́дных зон.
pedestrianize /pɪˈdestrɪəˌnaɪz/ *vt* запре|ща́ть, -ти́ть автомоби́льное движе́ние в + *p*.
pediatric /ˌpi:dɪˈætrɪk/, **-ian** /ˌpi:dɪəˈtrɪʃ(ə)n/, **-s** /ˌpi:dɪˈætrɪks/ (*US*) = **paediatric** *etc.*
pedicure /ˈpedɪˌkjʊə(r)/ *n* (*treatment*) педикю́р; (*person*) педикю́рша.
pedigree /ˈpedɪˌgri:/ *n* (*genealogical table*) родосло́вная; (*line of descent*) происхожде́ние; (*ancient descent*): **a man of ~** челове́к с хоро́шей родосло́вной; (*attr*): ~ **cattle** племенно́й скот.
pediment /ˈpedɪmənt/ *n* фронто́н.
pedlar /ˈpedlə(r)/ (*US* **peddler**) *n* разно́счик, коробе́йник.
pedometer /pɪˈdɒmɪtə(r)/ *n* шагоме́р.
pedophile /ˈpi:dəˌfaɪl/ (*US*) = **paedophile**
pedophilia /ˌpi:dəˈfɪlɪə/ (*US*) = **paedophilia**
pedophiliac /ˌpi:dəˈfɪlɪæk/ (*US*) = **paedophiliac**
pee /pi:/ (*coll*) *n* (*urination*) пи-пи́ (*nt indecl*); (*urine*) моча́.
● *vi* (**pees, peed**) мочи́ться, по-.
peek /pi:k/ (*coll*) *n* взгляд укра́дкой.
● *vi* взгля́|дывать, -ну́ть; ~ **in** загля́|дывать, -ну́ть; ~ **out** выгля́дывать, вы́глянуть.
peel /pi:l/ *n* (*thin skin of fruit*) кожура́; (*of vegetables*) шелуха́; (*rind of orange etc.*) ко́рка.
● *vt* **1** (*remove skin from*) оч|ища́ть, -и́стить; (*fig*): **he kept his eyes ~ed** (*coll*) он смотре́л в о́ба. **2** (*remove from surface*) сн|има́ть, -ять; **he ~ed the stamp off the envelope** он откле́ил ма́рку от конве́рта.
● *vi* **1** (*lose skin, bark etc.*) шелуши́ться (*impf*); **the sun makes my arms ~** у меня́ шелуша́тся пле́чи от со́лнца; **the walls were ~ing with the damp** сте́ны обле́зли от сы́рости. **2** (*come away from surface; also* ~ **away,** ~ **off**) слез|а́ть, -ть; обл|еза́ть, -е́зть; **the paint has begun to ~ (off)** кра́ска начала́ облеза́ть.
● *with advs*: ~ **away** *vt* сн|има́ть, -ять; *vi* = **peel** *vi* **2**; ~ **off** *vt*: **he ~ed off his clothes and dived in** он сбро́сил с себя́ оде́жду и нырну́л; *vi* (*lit*) = **peel** *vi* **2**; (*fig, detach o.s. from group*) отрыва́ться, оторва́ться; выходи́ть, вы́йти из стро́я; **the aircraft ~ed off to attack** самолёт оторва́лся для ата́ки.
peeler /ˈpi:lə(r)/ *n* (*device for peeling*) овощечи́стка; **potato ~** картофелечи́стка.
peelings /ˈpi:lɪŋz/ *n pl* (*of fruit*) кожура́; (*of vegetables*) шелуха́; **potato ~** карто́фельные очи́стки (*f pl*).
peep[1] /pi:p/ *n* **1** (*furtive or hasty look*) взгляд укра́дкой; ~**ing Tom** ≈ любопы́тная Варва́ра; **take, have a ~ at** взгляну́ть (*pf*) на + *a*. **2** (*first appearance*) про́блеск; **at ~ of day, dawn** на рассве́те.
● *vi* погля́д|ывать, -е́ть; **he ~ed in at the window** он загляну́л в окно́; **during the morning the sun ~ed out** у́тром вы́глянуло со́лнце.
● *cpds* ~**hole** *n* глазо́к; ~ **show** *n* кинетоско́п; (*erotic*) пип-шо́у (*nt indecl*).
peep[2] /pi:p/ *n* (*chirp*) писк, чири́канье; (*fig*): **I couldn't get a ~ out of him** я не смог вы́жать из него́ ни сло́ва.
● *vi* пища́ть, пи́скнуть; чири́к|ать, -нуть.
peer[1] /pɪə(r)/ *n* **1** (*equal*) ра́вн|ый (*fem* -ая); (*person of the same age*) рове́сни|к (*fem* -ца), све́рстни|к (*fem* -ца); **you will not find his ~** вы не найдёте ему́ ра́вного; ~ **group** гру́ппа све́рстников, све́рстники (*m pl*); ~ **group pressure** давле́ние/влия́ние гру́ппы (све́рстников). **2** (*noble*) лорд, пэр; **he was made a ~** его́ возвели́ в ло́рды.
peer[2] /pɪə(r)/ *vi* (*look closely*) всм|а́триваться, -отре́ться (в + *a*).
peerage /ˈpɪərɪdʒ/ *n* (*body of peers*) сосло́вие пэ́ров; (*rank*) пэ́рство, ти́тул пэ́ра.
peeress /ˈpɪərɪs/ *n* супру́га пэ́ра; же́нщина, име́ющая ти́тул пэ́ра.
peerless /ˈpɪəlɪs/ *adj* несравне́нный.
peeve /pi:v/ (*coll*) *n* (*grievance*) прете́нзия.
● *vt*: **he looks ~d** у него́ недово́льный вид.
peevish /ˈpi:vɪʃ/ *adj* брюзгли́вый; капри́зный.
peewit /ˈpi:wɪt/ *n* (*Br*) чи́бис.
peg /peg/ *n* ко́лышек; (**clothes ~**) (*Br*) крючо́к; (**hat ~, coat ~**) ве́шалка; **he buys his clothes off the ~** (*Br*) он покупа́ет гото́вую оде́жду; (**tent ~**) ко́лышек для натя́гивания пала́тки; (*fig*): **he is a square ~ in a round hole** он не на своём ме́сте; **it provided a ~ to hang a discussion on** э́то послужи́ло по́водом для бесе́ды; **he should be taken down a ~** с него́ на́до сбить спесь; его́ на́до поста́вить на ме́сто.
● *vt* (**pegged, pegging**) (*fasten*) прикреп|ля́ть, -и́ть; (*comm, fix level of*): ~ **prices** замор|а́живать, -о́зить це́ны.
● *with advs*: ~ **away** *vi* вка́лывать (*impf*); корпе́ть (*impf*) (*coll*); ~ **down** *vt* (*lit*) укреп|ля́ть, -и́ть; (*fig, restrict*) связ|ывать, -а́ть; ~ **out** *vt* (*mark with ~s*): **he ~ged out his claim** (*lit*) он отме́тил грани́цы своего́ уча́стка; (*fig*) он закрепи́л своё пра́во; (*hang out with ~s*): ~ **out the clothes** разве́|шивать, -сить оде́жду; *vi* (*Br sl, expire*) выдыха́ться, вы́дохнуться.
● *cpd* ~ **leg** *n* (*leg*) деревя́нная нога́; (*person*) челове́к с деревя́нной ного́й.
peignoir /ˈpeɪnwɑ:(r)/ *n* пеньюа́р.
pejorative /pɪˈdʒɒrətɪv, ˈpi:dʒə-/ *adj* уничижи́тельный, пренебрежи́тельный.
peke /pi:k/ (*coll*) = **pekin(g)ese 2**

P

Pekin(g)ese /ˌpiːkɪˈniːz/ *n* (*pl* ~) (*dog*) пекинéс, китáйский мопс.

pelargonium /ˌpeləˈɡəʊnɪəm/ *n* герáнь, пеларгóния.

pelican /ˈpelɪkən/ *n* пеликáн; ~ **crossing** (*Br*) пешехóдный перехóд со светофóром, включáемым пешехóдом.

pellet /ˈpelɪt/ *n* шáрик; (*small shot*) пýлька.

pell-mell /pelˈmel/ *adv* вперемéшку; беспорядочно.

pellucid /pɪˈluːsɪd, -ˈljuːsɪd/ *adj* прозрáчный.

pelmet /ˈpelmɪt/ *n* ламбрекéн.

pelt[1] /pelt/ *n* (*skin*) кóжа, шкýра.

pelt[2] /pelt/ *n*: **at full** ~ пóлным хóдом.
● *vt* (*assail*) забр|áсывать, -осáть; **they** ~**ed him with stones/insults** они забросáли егó камнями/оскорблéниями.
● *vi* стучáть, барабáнить (*both impf*); **the rain was** ~**ing down** дождь барабáнил вовсю́.

pelvic /ˈpelvɪk/ *adj* тáзовый; ~ **girdle** тáзовый пóяс.

pelvis /ˈpelvɪs/ *n* (*pl* **pelvises**) таз.

pen[1] /pen/ *n* (*writing instrument*) рýчка; **he never puts** ~ **to paper** он никогдá не берётся за перó.
● *vt* (**penned, penning**) писáть, на-; сочин|ять, -ить.
● *cpds* ~**-and-ink** *adj* нарисóванный перóм; **a** ~**-and-ink drawing** рисýнок перóм/тýшью; ~**friend** *n* (*Br*) друг (*fem* подрýга) по перепи́ске; ~**knife** *n* перочи́нный нóж(ик); ~**manship** *n* каллигрáфия; ~**-name** *n* (литератýрный) псевдони́м; ~ **nib** *n* перó (*писчее*); ~ **pal** (*US*) = ~**-friend**; ~**-pusher** *n* (*coll*) писáка (*cg*).

pen[2] /pen/ *n* (*enclosure*) загóн.
● *vt* (**penned, penning**) (*also* ~ **in,** ~ **up**) зап|ирáть, -ерéть.

penal /ˈpiːn(ə)l/ *adj*: ~ **code** уголóвный кóдекс; ~ **colony** исправи́тельная колóния; **P**~ **Laws** уголóвное прáво; ~ **offence** уголóвное преступлéние; ~ **servitude** кáторжные, исправи́тельно-трудовые рабóты.

penalize /ˈpiːnəˌlaɪz/ *vt* накáз|ывать, -áть; (*to fine*) штрафовáть, о-; **he was** ~**d for a foul** он был наказáн за грýбую игрý.

penalty /ˈpenəltɪ/ *n* (*punishment*) наказáние; (*fine*) штраф; **on, under** ~ **of death** под стрáхом смéртной кáзни; (*football, also* ~ **kick**) пенáльти (*m indecl*); **they won on penalties** они́ вы́играли по пенáльти; ~ **area** штрафнáя плóщадка; ~ **clause** (*comm*) пункт о штрáфах (за невыполнéние услóвий договóра).

penance /ˈpenəns/ *n* епитимья́; покаяние; **he must do** ~ **for his sins** он дóлжен замоли́ть/искупи́ть свои́ грехи́.

pence /pens/ *n see* ⇨**penny**

penchant /ˈpɑ̃ʃɑ̃/ *n* склóнность (**for:** к + *d*).

pencil /ˈpensɪl/ *n* карандáш; **coloured** ~ цветнóй карандáш; **eyebrow** ~ карандáш для бровéй; **a** ~ **drawing** рисýнок карандашóм.
● *vt* (**pencilled, pencilling;** *US* **penciled, penciling**) рисовáть, на-; ~**led eyebrows** подрисóванные брóви; **the corrections were** ~**led in** поправки бы́ли внесены́ карандашóм. ~ **in** (*arrange provisionally*) дéлать, с- предвари́тельную замéтку насчёт + *g*.
● *cpds* ~ **case** *n* пенáл; ~ **sharpener** *n* точи́лка.

pendant /ˈpend(ə)nt/ *n* (*attached to necklace*) кулóн, подвéска.

pendent /ˈpend(ə)nt/ *adj* (*lit, hanging*) свисáющий, вися́чий; (*fig, incomplete, in suspense*) нерешённый.

pending /ˈpendɪŋ/ *adj* рассмáтриваемый; нерешённый; ~ **tray/file** я́щик/пáпка для бумáг, отлóженных для рассмотрéния; пáпка «К рассмотрéнию».
● *prep* **1** (*during*) во врéмя + *g*; в течéние + *g*. **2** (*until*) до + *g*; в ожидáнии + *g*.

pendulous /ˈpendjʊləs/ *adj* подвеснóй.

pendulum /ˈpendjʊləm/ *n* мáятник.

penetrability /ˌpenɪtrəˈbɪlɪtɪ/ *n* проницáемость.

penetrable /ˈpenɪtrəb(ə)l/ *adj* проницáемый.

penetrate /ˈpenɪˌtreɪt/ *vt* **1** (*pierce, find access to*) прон|икáть, -и́кнуть в + *a*; **the bullet** ~**d his brain** пýля прони́кла емý в мозг; **they** ~**d the enemy's defences** они́ прони́кли чéрез оборóну проти́вника; (*see through*): **our eyes could not** ~ **the darkness** мы не могли́ ничегó разглядéть в темнотé; (*fig*) прон|икáть, -и́кнуть в + *a*; разгáд|ывать, -áть; **I soon** ~**d his designs** я вскóре разгадáл егó намéрения.
2 (*pervade*) прон|икáть, -и́кнуть в + *a*; прони́з|ывать, -áть; **the smell** ~**d the whole house** зáпах распространи́лся по всемý дóму.
● *vi* **1** (*make one's way*) проб|ирáться, -рáться, прон|икáть, -и́кнуть (**into:** в + *a*); **Livingstone** ~**d into the interior of Africa** Ли́вингстон прони́к вглубь Áфрики.
2 (*be heard clearly*): **his voice** ~**d into the next room** егó гóлос доноси́лся в сосéднюю кóмнату.

penetrating /ˈpenɪˌtreɪtɪŋ/ *adj* си́льный; óстрый; **a** ~ **mind** проницáтельный/óстрый ум; **a** ~ **voice** пронзи́тельный гóлос.

penetration /ˌpenɪˈtreɪʃ(ə)n/ *n* (*penetrating*) проникáние; проникновéние; (*mil, breach of defences*) прорыв; (*mental acumen*) проницáтельность; (*sexual*) проникновéние.

penetrative /ˈpenɪtrətɪv/ *adj*: (*able to penetrate*) проникáющий; (*perspicacious*) проницáтельный.

penguin /ˈpeŋɡwɪn/ *n* пингви́н.

penicillin /ˌpenɪˈsɪlɪn/ *n* пеницилли́н.

peninsula /pɪˈnɪnsjʊlə/ *n* полуóстров.

peninsular /pɪˈnɪnsjʊlə(r)/ *adj* полуостровнóй.

penis /ˈpiːnɪs/ *n* (*pl* **penises**) пéнис, половóй член.

penitence /ˈpenɪt(ə)ns/ *n* раскáяние.

penitent /ˈpenɪt(ə)nt/ *n* кáющийся грéшник.
● *adj* раскáивающийся.

penitential /ˌpenɪˈtenʃ(ə)l/ *adj* покая́нный.

penitentiary /ˌpenɪˈtenʃərɪ/ *n* (*house of correction*) исправи́тельный дом; (*prison*) тюрьмá.

pennant /ˈpenənt/ *n* флажóк, вы́мпел.

penniless /ˈpenɪlɪs/ *adj* безденéжный, без грошá (*pred*).

pennon /ˈpenən/ *n* флажóк, вы́мпел.

penny /ˈpenɪ/ *n* (*pl for separate coins* **pennies,** *for a sum of money* **pence,** *US* **cents**) пéнни (*nt indecl*), пенс; (*US cent*) цент; **a** ~ **for your thoughts** о чём вы задýмались?; **in for a** ~, **in for a pound** ≈ взя́лся за гуж, не говори́, что не дюж; **he turned up like a bad** ~ ≈ тóлько егó не хватáло; **that cost him a pretty** ~ э́то влетéло емý в копéечку; **at last the** ~ **has dropped!** (*Br coll*) наконéц-то дошлó; **I must (go and) spend a** ~ (*coll*) мне нýжно кой-кудá.
● *cpds* ~**-farthing** *n* (*hist, bicycle*) велосипéд-паýк (*с разновеликими колесами*); ~**-pinching** *adj* скупóй; *n* скýпость.

pension /ˈpenʃ(ə)n/ *n* пéнсия; **old-age** ~ пéнсия по стáрости; **war** ~ пéнсия ветерáна войны́; **widow's** ~ вдóвья пéнсия.
● *with adv*: ~ **off** *vt* отпр|авля́ть, -áвить на пéнсию.

pension /pɑ̃sjɔ̃/ *n* (*boarding house*) пансиóн.

pensionable /ˈpenʃənəb(ə)l/ *adj*: **he is a** ~ **employee** он имéет прáво на пéнсию; **his job is** ~ э́то рабóта даёт емý прáво на пéнсию.

pensioner /ˈpenʃənə(r)/ *n* пенсионéр (*fem* -ка).

pensive /ˈpensɪv/ *adj* задýмчивый.

pensiveness /ˈpensɪvnɪs/ *n* задýмчивость.

pent /pent/ *adj* зáпертый; ~**-up feelings** сдéрживаемые/подавля́емые чýвства.

pentagon /ˈpentəɡən/ *n* пятиугóльник; **the P**~ (*US War Department*) Пентагóн.

pentagram /ˈpentəˌɡræm/ *n* пентагрáмма, маги́ческий пятиугóльник.

pentameter /penˈtæmɪtə(r)/ *n* пентáметр.

Pentateuch /ˈpentəˌtjuːk/ *n* (*bibl*) Пятикни́жие.

pentathlete /penˈtæθliːt/ *n* пятибóрец.

pentathlon /penˈtæθlən/ *n* пятибóрье.

Pentecost /ˈpentɪˌkɒst/ *n* Пятидеся́тница; (*Orthodox*) Трóица, Трóицын день.

Pentecostal /ˌpentɪˈkɒst(ə)l/ *adj* (*pertaining to the* ~ *sect*) пятидеся́тнический; (*pertaining to the Pentecost*) пятидеся́тницын, относя́щийся к Пятидеся́тнице; (*pertaining to the Orthodox Christian festival*) трóицын.

Pentecostalist /ˌpentɪˈkɒstəlɪst/ *n* пятидесятни|к (*fem* -ца) (*последователь(ница) направления протестантизма*).

penthouse /ˈpenthaʊs/ *n* (*apartment*) роско́шная кварти́ра на после́днем этаже́ небоскрёба; пентха́ус.

penultimate /pɪˈnʌltɪmət/ *adj* предпосле́дний.

penumbra /pɪˈnʌmbrə/ *n* (*pl* **penumbrae** /-briː/ *or* **penumbras**) полуте́нь.

penurious /pɪˈnjʊərɪəs/ *adj* (*poor*) бе́дный; (*mean*) скупо́й.

penury /ˈpenjʊrɪ/ *n* бе́дность, нужда́.

peony /ˈpiːənɪ/ *n* пио́н.

people /ˈpiːp(ə)l/ *n pl* (*except in sense* **1**) **1** (*race, nation*) наро́д; **the ~s of the former Soviet Union** наро́ды бы́вшего Сове́тского Сою́за; **~'s republic** наро́дная респу́блика. **2** (*proletariat*) наро́д; **the common ~** просто́й наро́д; **a man of the ~** челове́к из наро́да. **3** (*inhabitants*) жи́тели (*m pl*); (*citizens*) гра́ждане (*m pl*). **4** (*persons grouped by class, place etc.*): **poor ~** бедняки́ (*m pl*), бе́дные лю́ди; **country ~** се́льские жи́тели; **young ~** молодёжь, молоды́е лю́ди; **old ~** старики́ (*m pl*); **our ~** на́ши лю́ди. **5** (*relatives, parents*) родны́е (*pl*). **6** (*persons in general*) лю́д|и (*pl, g* -е́й); **few ~** ма́ло люде́й; **four ~** че́тыре челове́ка; че́тверо; **there were 20 ~ present** прису́тствовало 20 челове́к; **most ~ will object** большинство́ (люде́й) бу́дет про́тив; **~ say he's mad** говоря́т, что он сумасше́дший; **he doesn't care what ~ say** ему́ всё равно́, что о нём говоря́т.
● *vt* засел|я́ть, -и́ть; **a thickly-~d district** густонаселённый райо́н.

pep /pep/ (*coll*) *n* бо́дрость ду́ха; эне́ргия; **put some ~ into it!** веселе́е!; живе́е!; **~ pill** стимули́рующая табле́тка (*наркотик*); **~ talk** нака́чка.
● *vt* (**pepped, pepping**) (*usu* **~ up**) ожив|ля́ть, -и́ть; стимули́ровать (*impf, pf*).

pepper /ˈpepə(r)/ *n* (*condiment*) пе́рец; (*vegetable*) (*sweet* ~) (сла́дкий) пе́рец; (*chilli* ~) стручко́вый пе́рец.
● *vt* **1** (*sprinkle or season with* ~) пе́рчить, на-/по-. **2** (*fig, sprinkle*) усе́|ивать, -ять. **3** (*fig, pelt*) забр|а́сывать, -оса́ть; **he was ~ed with questions** его́ заброса́ли вопро́сами.
● *cpds* **~corn** *n* пе́речное зерно́, горо́шина пе́рца; (*Br, fig, rent*) номина́льная аре́ндная пла́та; **~ mill** *n* ме́льница для пе́рца; **~mint** *n* (*plant; its essence*) мя́та пе́речная; (*flavoured sweet*) мя́тный леденéц; **~ pot** (*US* **~ shaker**) *n* пе́речница.

peppery /ˈpepərɪ/ *adj* (*of food*) напе́рченный; (*fig, irascible*) вспы́льчивый.

Pepsi(-Cola) /ˈpepsɪ, ˌpepsɪˈkəʊlə/ *n* (*propr*) пе́пси(-ко́ла).

pepsin /ˈpepsɪn/ *n* пепси́н.

peptic /ˈpeptɪk/ *adj* пепти́ческий, пищевари́тельный; **~ ulcer** я́зва желу́дка.

per /pɜː(r)/ *prep* **1** (*for each*) в + *a*; на + *a*; с + *g*; **60 miles ~ hour** 60 миль в час; **grams ~ square centimetre** (*Br*), **centimeter** (*US*) гра́ммы на оди́н квадра́тный сантиме́тр; **they collected 20 pence ~ man** они́ собра́ли по 20 пе́нсов с челове́ка. **2**: **as ~ usual** (*coll*) по обыкнове́нию.

perambulate /pəˈræmbjʊˌleɪt/ *vt* расха́живать (*impf*) по + *d*.

perambulation /pəˌræmbjʊˈleɪʃ(ə)n/ *n* прогу́лка.

perambulator /pəˈræmbjʊˌleɪtə(r)/ *n* (*Br*) де́тская коля́ска.

per annum /pər ˈænəm/ *adv* в год.

per capita /pə ˈkæpɪtə/ *adv* на ду́шу (населе́ния).

perceivable /pəˈsiːvəb(ə)l/ *adj* ощути́мый.

perceive /pəˈsiːv/ *vt* (*with mind*) пост|ига́ть, -и́гнуть, -и́чь; пон|има́ть, -я́ть; (*through senses*) восприн|има́ть, -я́ть; ощу|ща́ть, -ти́ть.

per cent /pə ˈsent/ (*US* **percent**) *n, adv* проце́нт; **three ~** три проце́нта; **a discount of 20 ~** ски́дка в два́дцать проце́нтов; **in 20 ~ of cases** в двадцати́ проце́нтах таки́х слу́чаев.

percentage /pəˈsentɪdʒ/ *n* (*rate per cent*) проце́нтное содержа́ние; (*proportion*) проце́нт; (*share in profits*) до́ля, часть.

perceptibility /pəˌseptɪˈbɪlɪtɪ/ *n* ощути́мость.

perceptibl|e /pəˈseptɪb(ə)l/ *adj* ощути́мый; **he was ~y moved** он был заме́тно растро́ган.

perception /pəˈsepʃ(ə)n/ *n* (*process or faculty of perceiving*) восприя́тие, ощуще́ние; (*quality of discernment*) осозна́ние, понима́ние.

perceptive /pəˈseptɪv/ *adj* восприи́мчивый; (*observant*) проница́тельный.

perceptiveness /pəˈseptɪvnɪs/ *n* восприи́мчивость; проница́тельность.

perch[1] /pɜːtʃ/ *n* (*pl* **~** *or* **~es**) (*zool*) о́кунь (*m*).

perch[2] /pɜːtʃ/ *n* (*of bird*) насе́ст, жёрдочка.
● *vt & i* сади́ться, сесть; устр|а́иваться, -о́иться; **birds ~ on the boughs** пти́цы садя́тся на ве́тви; **he ~ed (himself) on a stool** он присе́л на табуре́т; **the town was ~ed on a hill** го́род расположи́лся на верши́не холма́.

perchance /pəˈtʃɑːns/ *adv* (*archaic or joc*) случа́йно.

percipience /pəˈsɪpɪəns/ *n* спосо́бность восприя́тия.

percipient /pəˈsɪpɪənt/ *adj* воспринима́ющий.

percolate /ˈpɜːkəˌleɪt/ *vt* про|ходи́ть, -йти́ че́рез + *a*.
● *vi* прос|а́чиваться, -очи́ться; **water ~s through sand** вода́ проса́чивается/прохо́дит сквозь песо́к; **I'm waiting for the coffee to ~** я жду, пока́ ко́фе профильтру́ется; **~ through** (*fig*) (*news, idea, fashion*) (постепе́нно) распростран|я́ться, -и́ться, получ|а́ть, -и́ть распростране́ние (*среди людей, в обществе*); (*news also*) (постепе́нно) ста|нови́ться, -ть изве́стным (**to:** + *d*).

percolator /ˈpɜːkəˌleɪtə(r)/ *n* (*cul*) перколя́тор, кофева́рка.

percussion /pəˈkʌʃ(ə)n/ *n* **1** (*striking*) уда́р; **~ cap** уда́рный писто́н. **2** (**~ instruments**) уда́рные инструме́нты (*m pl*).

percussionist /pəˈkʌʃ(ə)nɪst/ *n* уда́рник.

per diem /pə ˈdiːem, ˈdaɪem/ *adv* в день.

perdition /pəˈdɪʃ(ə)n/ *n* ги́бель.

peregrination /ˌperɪgrɪˈneɪʃ(ə)n/ *n* стра́нствие, стра́нствование.

peregrine /ˈperɪgrɪn/ *n* (**~ falcon**) со́кол; сапса́н.

peremptory /pəˈremptərɪ, ˈperɪm-/ *adj* (*imperious*) повели́тельный; непререка́емый.

perennial /pəˈrenɪəl/ *n* (*plant*) многоле́тнее расте́ние, многоле́тник; **hardy ~** (*lit*) выно́сливый многоле́тник.
● *adj* (*plant*) многоле́тний; (*enduring*) ве́чный; (*regularly repeated*) повторя́ющийся.

perestroika /ˌperɪˈstrɔɪkə/ *n* перестро́йка.

perfect[1] /ˈpɜːfɪkt/ *n* (*gram*) перфе́кт; **the future ~** бу́дущее соверше́нное вре́мя.
● *adj* **1** (*entire, complete; absolute*) соверше́нный; по́лный; **the child was a ~ nuisance** ребёнок всем до́ смерти надое́л; **that is ~ nonsense** э́то по́лный абсу́рд; э́то абсолю́тная чепуха́; **you have a ~ right to your opinion** вы име́ете по́лное пра́во приде́рживаться своего́ мне́ния; **a ~ stranger** соверше́нно чужо́й (челове́к); **I am ~ly sure of it** я соверше́нно/по́лностью уве́рен в э́том. **2** (*faultless*) соверше́нный, безупре́чный; **a ~ diamond** безупре́чный алма́з; **he speaks ~ English** он в соверше́нстве владе́ет англи́йским (языко́м); (*thoroughly accomplished*) соверше́нный; **the actors were word-~** актёры зна́ли роль назубо́к; (*corresponding to an ideal*) соверше́нный, идеа́льный; (*corresponding to definition; archetypal*): **a ~ circle** то́чный круг; **he committed the ~ murder** он соверши́л класси́ческое уби́йство. **3** (*exact, precise*) абсолю́тный; **~ pitch** (*mus*) абсолю́тный слух; (*corresponding to requirements*) безупре́чный; **the dress is a ~ fit** пла́тье сиди́т безупре́чно. **4** (*gram*) перфе́ктный, соверше́нный; **~ tense** перфе́кт. **5** (*mus*): **~ fifth** чи́стая квинта.

perfect[2] /pəˈfekt/ *vt* (*complete; accomplish, achieve*) заверш|а́ть, -и́ть; выполня́ть, вы́полнить; (*bring to highest standard*) соверше́нствовать, у-.

perfection /pəˈfekʃ(ə)n/ *n* **1** (*perfecting*) заверше́ние, соверше́нствование. **2** (*faultlessness,*

P

excellence) соверше́нство; **she dances to ~** она́ безупре́чно танцу́ет. **3** (*ideal or its embodiment*) зако́нченность; **the ~ of beauty** верх красоты́.

perfectionism /pəˈfekʃə,nɪz(ə)m/ *n* стремле́ние к соверше́нству, перфекциони́зм.

perfectionist /pəˈfekʃənɪst/ *n* взыска́тельный челове́к, перфекциони́ст.

perfective /pəˈfektɪv/ *n* (*gram*) соверше́нный вид.
● *adj* соверше́нный; соверше́нного ви́да.

perfidious /,pəːˈfɪdɪəs/ *adj* вероло́мный, кова́рный.

perfid|iousness /,pəːˈfɪdɪəsnɪs/, **-y** /ˈpəːfɪdɪ/ *nn* вероло́мство, кова́рство.

perforate /ˈpəːfə,reɪt/ *vt* перфори́ровать (*impf, pf*); **a ~d appendix** прободно́й/перфорати́вный аппендици́т.

perforation /,pəːfəˈreɪʃ(ə)n/ *n* (*piercing*) перфора́ция; (*row of pierced holes*) перфори́рованный ряд.

perform /pəˈfɔːm/ *vt* **1** (*carry out*) выполня́ть, вы́полнить; исп|олня́ть, -о́лнить. **2** (*enact*) исп|олня́ть, -о́лнить; **Hamlet will be ~ed next week** «Га́млета» даю́т/игра́ют на сле́дующей неде́ле; **~ing rights** права́ на постано́вку/исполне́ние; **he ~ed conjuring tricks** он пока́зывал фо́кусы.
● *vi* **1** (*act, play instrument, etc.*) игра́ть, сыгра́ть; выступа́ть, вы́ступить; (*execute tricks*): **~ing seal** дрессиро́ванный тюле́нь. **2** (*function*) рабо́тать (*impf*); **my car ~s well on hills** моя́ маши́на хорошо́ идёт в го́ру.

performance /pəˈfɔːməns/ *n* **1** (*execution*) исполне́ние, выполне́ние, проведе́ние; **in the ~ of his duty** при исполне́нии до́лга. **2** (*achievement, feat*) успе́х, сверше́ние. **3** (*of a machine, vehicle, etc.*) ход, характери́стика. **4** (*public appearance*) выступле́ние. **5** (*of play etc.*) представле́ние; постано́вка; (*play*) спекта́кль (*m*); (*of music*) исполне́ние; (*concert*) конце́рт. **6** (*coll, tedious process, fuss*): **he made a ~ of it** он устро́ил из э́того це́лую исто́рию.

performer /pəˈfɔːmə(r)/ *n* исполни́тель (*m*) (*fem* -ница); **he is a fine ~ on the flute** он прекра́сно игра́ет на фле́йте.

performing arts /pəˈfɔːmɪŋ/ *n pl* исполни́тельские ви́ды иску́сства.

perfume /ˈpəːfjuːm/ *n* (*odour*) благоуха́ние; (*fluid*) дух|и́ (*pl, g* -о́в), парфю́м.
● *vt* (*impart odour to*) де́лать, с- благоуха́нным; (*apply scent to*) души́ть, на-.

perfumer /pəˈfjuːmə(r)/ *n* парфюме́р.

perfumery /pəˈfjuːmərɪ/ *n* (*business*) парфюме́рия; (*shop*) парфюме́рный магази́н; **~ department** парфюме́рия.

perfunctoriness /pəˈfʌŋktərɪnɪs/ *n* пове́рхностность; небре́жность.

perfunctory /pəˈfʌŋktərɪ/ *adj* (*glance, inspection*) пове́рхностный; (*kiss, smile*) небре́жный.

pergola /ˈpəːgələ/ *n* садо́вая а́рка, а́рка из вью́щихся расте́ний.

perhaps /pəˈhæps/ *adv* мо́жет быть; возмо́жно; пожа́луй; **~ not** мо́жет быть и нет; (*in requests*) пожа́луйста, бу́дьте добры́; **could you ~ read this?** бу́дьте добры́, прочти́те э́то.

pericardium /,perɪˈkɑːdɪəm/ *n* (*pl* **pericardia** /-dɪə/) (*anat*) перика́рд.

perigee /ˈperɪ,dʒiː/ *n* (*astron*) периге́й.

perihelion /,perɪˈhiːlɪən/ *n* (*pl* **perihelia** /-lɪə/) (*astron*) периге́лий.

peril /ˈperɪl/ *n* опа́сность; риск; **at one's ~** на свой страх и риск; **he goes in ~ of his life** его́ жизнь в постоя́нной опа́сности.

perilous /ˈperɪləs/ *adj* опа́сный; риско́ванный.

perimeter /pəˈrɪmɪtə(r)/ *n* (*of a geom figure*) пери́метр; (*of an airfield etc.*) вне́шняя грани́ца, пери́метр; **~ fence** окружна́я и́згородь.

period /ˈpɪərɪəd/ *n* **1** (*also geol, astron, math*) пери́од; **she has ~s of depression** у неё быва́ют пери́оды депре́ссии; **he will be away for a long ~** его́ не бу́дет до́лгое вре́мя. **2** (*previous age*) эпо́ха; **she wore the dress of the ~** она́ была́ оде́та в сти́ле эпо́хи; **~ furniture** ме́бель в сти́ле определённой эпо́хи; стари́нная ме́бель; **a ~ play** пье́са, рису́ющая нра́вы определённой эпо́хи. **3** (*session of instruction*) уро́к. **4** (*menses*) ме́сячные (*pl*); **~ pains** (*Br*) ме́сячные бо́ли (*f pl*). **5** (*US, full stop*) то́чка.

periodic /,pɪərɪˈɒdɪk/ *adj* периоди́ческий; **~ table** (*chem*) периоди́ческая табли́ца.

periodical /,pɪərɪˈɒdɪk(ə)l/ *n* периоди́ческое изда́ние; (*in pl*) перио́дика (*collect*).
● *adj* = **periodic**

periodicity /,pɪərɪəˈdɪsɪtɪ/ *n* периоди́чность.

peripatetic /,perɪpəˈtetɪk/ *adj* (*teacher*) приходя́щий; (*itinerant*) бродя́чий.

peripheral /pəˈrɪfər(ə)l/ *n* (*comput*) перифери́йное устро́йство.
● *adj* (*lit*) перифери́йный; (*fig, not central to a subject*) несуще́ственный; побо́чный.

periphery /pəˈrɪfərɪ/ *n* (*boundary*) грани́ца, черта́; (*also fig*) перифери́я.

periphrasis /pəˈrɪfrəsɪs/ *n* (*pl* **periphrases** /-,siːz/) перифра́за.

periphrastic /,perɪˈfræstɪk/ *adj* перифрасти́ческий.

periscope /ˈperɪ,skəʊp/ *n* переско́п.

periscopic /,perɪˈskɒpɪk/ *adj* перископи́ческий; **~ sight** переско́пный прице́л.

perish /ˈperɪʃ/ *vt*: **we were ~ed with cold** (*Br*) мы погиба́ли от хо́лода; **strong sun will ~ rubber** си́льные со́лнечные лучи́ разруша́ют рези́ну.
● *vi* **1** пог|иба́ть, -и́бнуть; **they shall ~ by the sword** они́ поги́бнут от меча́; **~ the thought!** бо́же упаси́! **2**: **the rubber has ~ed** рези́на пришла́ в него́дность.

perishable /ˈperɪʃəb(ə)l/ *adj* непро́чный, скоропо́ртящийся; (*in pl, as n*) скоропо́ртящийся това́р.

perishing /ˈperɪʃɪŋ/ *adj* (*Br coll*) (*cold*): **it's ~ here** здесь а́дский хо́лод; (*wretched*) ужа́сный, стра́шный.

peristyle /ˈperɪ,staɪl/ *n* (*archit*) перисти́ль (*m*).

peritone|um /,perɪtəˈniːəm/ *n* (*pl* **~ums** *or* **~a**) брюши́на.

peritonitis /,perɪtəˈnaɪtɪs/ *n* перитони́т.

periwig /ˈperɪwɪg/ *n* (пу́дреный) пари́к.

periwinkle /ˈperɪ,wɪŋk(ə)l/ *n* **1** (*plant*) барви́нок. **2** (*also* **winkle**) (*mollusc*) litори́на.

perjure /ˈpəːdʒə(r)/ *vt*: **~ o.s.** да|ва́ть, -ть ло́жное показа́ние под прися́гой, лжесвиде́тельствовать (*impf*); **a ~d witness** лжесвиде́тель (*fem* -ница).

perjurer /ˈpəːdʒərə(r)/ *n* лжесвиде́тель (*fem* -ница).

perjury /ˈpəːdʒərɪ/ *n* лжесвиде́тельство; **commit ~** = **perjure o.s.**

perk[1] /pəːk/ *n* (*coll*) = **perquisite**

perk[2] /pəːk/ *vt* **1** (*move smartly*): **the dog ~ed up its tail** соба́ка задрала́ хвост. **2**: **~ up** (*enliven*) ожив|ля́ть, -и́ть.
● *vi* **~ up** (*liven up*) ожив|ля́ться, -и́ться; **I hope the weather ~s up** (*coll*) наде́юсь, что пого́да проясни́тся/улу́чшится.

perkiness /ˈpəːkɪnɪs/ *n* бо́йкость, весёлость, оживлённость.

perky /ˈpəːkɪ/ *adj* (**perkier, perkiest**) (*coll*) (*cheerful*) весёлый, оживлённый; (*cheeky*) бо́йкий.

perm /pəːm/ *n* (*coll, permanent wave*) перманéнтная зави́вка, перманéнт.
● *vt*: **she had her hair ~ed** она́ сде́лала себе́ перманéнтную зави́вку/перманéнт.

permafrost /ˈpəːmə,frɒst/ *n* ве́чная мерзлота́.

permanence /ˈpəːmənəns/ *n* неизме́нность.

permanent /ˈpəːmənənt/ *adj* постоя́нный; **~ wave** перманéнт.

permanganate /pəːˈmæŋgə,neɪt, -nət/ *n* перманганáт; **potassium ~** марганцовоки́слый ка́лий.

permeability /,pəːmɪəˈbɪlɪtɪ/ *n* проница́емость.

permeable /ˈpəːmɪəb(ə)l/ *adj* проница́емый.

permeate /ˈpəːmɪ,eɪt/ *vt* пропи́т|ывать, -а́ть; прон|ика́ть, -и́кнуть в + *a*.
● *vi* прос|а́чиваться, -очи́ться.

permeation /,pəːmɪˈeɪʃ(ə)n/ *n* (*lit*) проникнове́ние, проса́чивание; (*fig*) проникнове́ние.

Permian /ˈpəːmɪən/ (*geol*) *n* (**the ~**) пе́рмский пери́од.
● *adj* пе́рмский.

permissible /pəˈmɪsɪb(ə)l/ *adj* допусти́мый, позволи́тельный.

permission /pəˈmɪʃ(ə)n/ *n* позволе́ние, разреше́ние; **you must get ~ to go there** что́бы пойти́ туда́, необходи́мо получи́ть разреше́ние; **she has my ~ to stay** я разреша́ю ей оста́ться; **with your ~ I'll leave** с ва́шего позволе́ния я ухожу́.

permissive /pəˈmɪsɪv/ *adj*: ~ **society** о́бщество вседозво́ленности.

permissiveness /pəˈmɪsɪvnɪs/ *n* вседозво́ленность.

permit[1] /ˈpɜːmɪt/ *n* разреше́ние, про́пуск (*pl* -á); **work** ~ разреше́ние на рабо́ту; **residence** ~ вид на жи́тельство.

permit[2] /pəˈmɪt/ *vt* (**permitted, permitting**) разреш|а́ть, -и́ть, позв|оля́ть, -о́лить; **smoking ~ted** кури́ть разреша́ется; **if I may be ~ted to speak** е́сли мне бу́дет позво́лено вы́сказаться.
● *vi* (**permitted, permitting**): **if circumstances** ~ е́сли обстоя́тельства позво́лят; **weather ~ting** е́сли пого́да позво́лит; **the situation ~s of no delay** ситуа́ция не те́рпит отлага́тельства.

Permo–Triassic /ˌpɜːməʊtraɪˈæsɪk/ (*geol*) *n* (**the** ~) пе́рмско-триа́совый пери́од (*пермский и триасовый периоды как одно целое*).
● *adj* пе́рмско-триа́совый.

permutation /ˌpɜːmjʊˈteɪʃ(ə)n/ *n* (*math*) перестано́вка; (*fig*) вариа́нт, модифика́ция.

pernicious /pəˈnɪʃəs/ *adj* па́губный, вре́дный; ~ **anaemia** злока́чественное малокро́вие.

perniciousness /pəˈnɪʃəsnɪs/ *n* па́губность.

pernickety /pəˈnɪkɪtɪ/ *adj* (*coll*) приверéдливый.

peroxide /pəˈrɒksaɪd/ *n* пе́рекись; **hydrogen** ~ пе́рекись водоро́да; **a** ~ **blonde** кра́шеная блонди́нка.
● *vt* обесцве́|чивать, -тить.

perpendicular /ˌpɜːpənˈdɪkjʊlə(r)/ *n* перпендикуля́р; **out of the** ~ невертика́льный.
● *adj* (*at right angles*) перпендикуля́рный; (*vertical*) вертика́льный.

perpetrate /ˈpɜːpɪˌtreɪt/ *vt* соверш|а́ть, -и́ть.

perpetration /ˌpɜːpɪˈtreɪʃ(ə)n/ *n* соверше́ние.

perpetrator /ˈpɜːpɪˌtreɪtə(r)/ *n* вино́вник (+ *g*), вино́вный (в + *p*); ~ **of crime** престу́пник.

perpetual /pəˈpetjʊəl/ *adj* ве́чный; ~ **motion** ве́чное движе́ние; (*for life*) бессро́чный, пожи́зненный.

perpetuate /pəˈpetjʊˌeɪt/ *vt* увекове́чи|вать, -ть.

perpetuation /pəˌpetjʊˈeɪʃ(ə)n/ *n* увекове́чение.

perpetuity /ˌpɜːpɪˈtjuːɪtɪ/ *n* ве́чность; **in** ~ навсегда́, (на)ве́чно.

perplex /pəˈpleks/ *vt* (*puzzle*) озада́чи|вать, -ть; (*complicate*) усложн|я́ть, -и́ть; запу́т|ывать, -ать.

perplexity /pəˈpleksɪtɪ/ *n* (*bewilderment*) озада́ченность, недоуме́ние.

perquisite /ˈpɜːkwɪzɪt/ *n* льго́та.

per se /pɜː ˈseɪ/ *adv* сам (*fem* -а, *nt* -о) по себе́.

persecute /ˈpɜːsɪˌkjuːt/ *vt* пресле́довать (*impf*).

persecution /ˌpɜːsɪˈkjuːʃ(ə)n/ *n* пресле́дование; ~ **mania** ма́ния пресле́дования.

persecutor /ˈpɜːsɪˌkjuːtə(r)/ *n* пресле́дователь (*m*) (*fem* -ница).

perseverance /ˌpɜːsɪˈvɪərəns/ *n* упо́рство, насто́йчивость.

persever|e /ˌpɜːsɪˈvɪə(r)/ *vi* прояв|ля́ть, -и́ть упо́рство/насто́йчивость (в + *p*); **you must ~e in/at/with your work** вы должны́ прояви́ть упо́рство/насто́йчивость в свое́й рабо́те; **he is very ~ing** он о́чень упо́рный.

Persia /ˈpɜːʃə/ *n* (*hist*) Пе́рсия.

Persian /ˈpɜːʃ(ə)n/ *n* (*person*) перс (*fem* -ия́нка); (*language*) перси́дский язы́к.
● *adj* перси́дский; ~ **Gulf** Перси́дский зали́в; ~ **lamb** кара́куль (*m*).

persiflage /ˈpɜːsɪˌflɑːʒ/ *n* подшу́чивание.

persimmon /pɜːˈsɪmən/ *n* хурма́.

persist /pəˈsɪst/ *vi* **1** (*resist dissuasion*) упо́рствовать (*impf*); **he ~ed in his opinion** он упо́рствовал в своём мне́нии; он упо́рно отста́ивал своё мне́ние; **he ~ed in coming with me** он настоя́л на том, чтобы пойти́ со мной. **2** (*continue to exist, remain*) сохран|я́ться, -и́ться; **the custom ~s to this day** э́тот обы́чай сохрани́лся по сей день; **fog will ~ all day** тума́н продержи́тся весь день.

persistence /pəˈsɪst(ə)ns/ *n* (*obstinacy*) упо́рство, насто́йчивость; (*continuation*) продолже́ние.

persistent /pəˈsɪst(ə)nt/ *adj* **1** (*obstinate*) упо́рный. **2** (*slow to go or change*) усто́йчивый, постоя́нный.

person /ˈpɜːs(ə)n/ *n* **1** (*individual*) челове́к; **a young** ~ молодо́й челове́к; **not a single** ~ **was injured** ни оди́н челове́к не был ра́нен; (*of particular category*) лицо́; **a very important** ~ о́чень ва́жное/значи́тельное лицо́; **displaced ~s** перемещённые ли́ца. **2** (*body*) лицо́; **an offence against the** ~ преступле́ние про́тив ли́чности; **he appeared in** ~ он яви́лся со́бственной персо́ной. **3** (*gram*) лицо́; **first** ~ **singular** пе́рвое лицо́ еди́нственного числа́.

persona /pɜːˈsəʊnə/ *n* (*pl* **personas** *or* **personae** /-niː/) нару́жность, вне́шняя сторона́; ~ **(non) grata** персо́на (нон) гра́та (*indecl*).

personable /ˈpɜːsənəb(ə)l/ *adj* привлека́тельный.

personage /ˈpɜːsənɪdʒ/ *n* (*important person*) ли́чность, персо́на; (*in a play*) персона́ж.

personal /ˈpɜːsən(ə)l/ *adj* ли́чный; **she is a** ~ **acquaintance of mine** я её ли́чно зна́ю; **she has great** ~ **charm** у неё большо́е ли́чное обая́ние; ~ **assistant** ли́чный секрета́рь; ~ **column** (*of newspaper*) коло́нка ча́стных объявле́ний; ~ **computer** персона́льный компью́тер; ~ **estate** (*law*) дви́жимое иму́щество; ~ **organizer** органа́йзер; ~ **pronoun** ли́чное местоиме́ние; ~ **stereo** пле́ер; **don't make** ~ **remarks!** не переходи́те на ли́чности!

personality /ˌpɜːsəˈnælɪtɪ/ *n* **1** (*character*) ли́чность; **a strong** ~ си́льная ли́чность; ~ **cult** культ ли́чности. **2** (*famous person*) знамени́тость. **3** (*in pl, offensive remarks*) вы́пады (*m pl*).

personalize /ˈpɜːsənəˌlaɪz/ *vt* вноси́ть, -ести́ ли́чный элеме́нт в + *a*; **~d stationery** имення́я пи́счая бума́га.

personally /ˈpɜːsənəlɪ/ *adv* ли́чно; **he was** ~ **involved** он был ли́чно заме́шан; **don't take it ~!** не принима́йте э́то на свой счёт!; ~ **I prefer this** ли́чно я предпочита́ю э́то.

personification /pəˌsɒnɪfɪˈkeɪʃ(ə)n/ *n* олицетворе́ние, воплоще́ние; **he is the** ~ **of selfishness** он явля́ется воплоще́нием эгои́зма.

personif|y /pəˈsɒnɪˌfaɪ/ *vt* (*give personal attributes to*) олицетвор|я́ть, -и́ть; (*exemplify*) вопло|ща́ть, -ти́ть; **she was kindness ~ied** она́ была́ воплоще́нием доброты́.

personnel /ˌpɜːsəˈnel/ *n pl* персона́л; штат; ка́дры (*m pl*); ~ **officer** рабо́тник отде́ла ка́дров; ~ **department** отде́л ка́дров.

perspective /pəˈspektɪv/ *n* **1** (*system of representation*) перспекти́ва; **the roof is out of** ~ (*in a drawing*) кры́ша изображена́ вне перспекти́вы. **2** (*fig*): **you must see, get things in (their right)** ~ на́до ви́деть ве́щи в их и́стинном све́те.
● *adj* перспекти́вный; ~ **drawing** чертёж в перспекти́ве.

perspex /ˈpɜːspeks/ *n* (*Br propr*) плексигла́с, органи́ческое стекло́.

perspicacious /ˌpɜːspɪˈkeɪʃəs/ *adj* проница́тельный.

perspicacity /ˌpɜːspɪˈkæsɪtɪ/ *n* проница́тельность.

perspicuous /pəˈspɪkjʊəs/ *adj* я́сный, поня́тный.

perspicu|ousness /pəˈspɪkjʊəsnɪs/, **-ity** /ˌpɜspɪˈkjuːɪtɪ/ *nn* я́сность, поня́тность.

perspiration /ˌpɜːspɪˈreɪʃ(ə)n/ *n* (*sweating*) поте́ние; (*sweat*) пот.

perspire /pəˈspaɪə(r)/ *vi* поте́ть, вс-.

persuadable /pəˈsweɪdəb(ə)l/ *adj* внуша́емый; поддаю́щийся убежде́нию.

persuade /pəˈsweɪd/ *vt* **1** (*convince*) убе|жда́ть, -ди́ть; **I ~d him of my innocence** я убеди́л его́ в мое́й невино́вности. **2** (*induce*) угов|а́ривать, -ори́ть; **he was ~d to sing** его́ уговори́ли спеть.

persuasion /pəˈsweɪʒ(ə)n/ *n* (*persuading*) убежде́ние; (*persuasiveness*) убеди́тельность; (*conviction*) убежде́ние; (*denomination*) вероиспове́дание.

persuasive /pəˈsweɪsɪv/ *adj* убеди́тельный; (*of person*) облада́ющий да́ром убежде́ния.

persuasiveness /pəˈsweɪsɪvnɪs/ *n* убеди́тельность.

pert /pɜːt/ *adj* де́рзкий, наха́льный.

pertain /pəˈteɪn/ *vi* (*relate*) относи́ться (*impf*) (**to:** к + *d*).

pertinacious /ˌpɜːtɪˈneɪʃəs/ *adj* упря́мый, неусту́пчивый.

pertinac|iousness /ˌpɜ:tɪˈneɪʃəsnɪs/, **-ity** /ˌpɜ:tɪˈnæsɪtɪ/ *nn* упря́мство, неусту́пчивость.

pertinence /ˈpɜ:tɪnəns/ *n* уме́стность.

pertinent /ˈpɜ:tɪnənt/ *adj* уме́стный; подходя́щий.

pertness /ˈpɜ:tnɪs/ *n* де́рзость, наха́льство.

perturb /pəˈtɜ:b/ *vt* трево́жить, вс-; волнова́ть, вз-.

perturbation /ˌpɜ:təˈbeɪʃ(ə)n/ *n* встрево́женность, волне́ние.

Peru /pəˈru:/ *n* Перу́ (*nt & f indecl*).

perusal /pəˈru:z(ə)l/ *n* (внима́тельное) чте́ние.

peruse /pəˈru:z/ *vt* (*read*) внима́тельно чита́ть, про-, вчи́тываться (*impf*) в + *a*; (*examine*) рассм|а́тривать, -отре́ть.

Peruvian /pəˈru:vɪən/ *n* перуа́н|ец (*fem* -ка).
● *adj* перуа́нский.

pervade /pəˈveɪd/ *vt* (*smell*) прон|ика́ть, -и́кнуть, распростран|я́ться, -и́ться по + *d*; (*influence, quality*) прон|и́зывать, -иза́ть, прон|ика́ть, -и́кнуть.

pervasion /pəˈveɪʒ(ə)n/ *n* распростране́ние; наполне́ние.

pervasive /pəˈveɪsɪv/ *adj* (*able to pervade*) всепроника́ющий; (*pervading*) насто́йчивый, неотсту́пный.

pervasiveness /pəˈveɪsɪvnɪs/ *n* проникнове́ние; неотсту́пность.

perverse /pəˈvɜ:s/ *adj* (*unreasonable*) превра́тный; (*persistent in wrongdoing*) поро́чный, извращённый.

pervers|eness /pəˈvɜ:snɪs/, **-ity** /pəˈvɜ:sɪtɪ/ *nn* превра́тность; извращённость.

perversion /pəˈvɜ:ʃ(ə)n/ *n* (*distortion, misrepresentation*) искаже́ние; (*corruption, leading astray*) извраще́ние; (*sexual deviation*) извраще́ние, перве́рсия.

pervert[1] /ˈpɜ:vɜ:t/ *n* (*sexual deviant*) извраще́нец.

pervert[2] /pəˈvɜ:t/ *vt* (*distort*) извра|ща́ть, -ти́ть; (*corrupt*) развра|ща́ть, -ти́ть; **~ the course of justice** иска|жа́ть, -зи́ть ход правосу́дия.

pervious /ˈpɜ:vɪəs/ *adj* (*allowing passage; permeable*) проходи́мый; досту́пный; (*receptive*) восприи́мчивый.

peseta /pəˈseɪtə/ *n* песе́та.

pesky /ˈpeskɪ/ *adj* (**peskier, peskiest**) (*US coll*) доку́чливый, зану́дный.

pessary /ˈpesərɪ/ *n* (*med*) песса́рий.

pessimism /ˈpesɪˌmɪz(ə)m/ *n* пессими́зм.

pessimist /ˈpesɪmɪst/ *n* пессими́ст (*fem* -ка).

pessimistic /ˌpesɪˈmɪstɪk/ *adj* пессимисти́ческий; (*person*) пессимисти́чный.

pest /pest/ *n* (*harmful creature*) вреди́тель (*m*); (*of person*) зану́да (*cg*).

pester /ˈpestə(r)/ *vt* докуча́ть (*impf*); **he keeps ~ing me for money** он всё вре́мя пристаёт ко мне насчёт де́нег; **she ~ed her father to take her with him** она́ пристава́ла к отцу́, что́бы он взял её с собо́й.

pesticide /ˈpestɪˌsaɪd/ *n* пестици́д.

pestilence /ˈpestɪləns/ *n* чума́.

pestilent /ˈpestɪlənt/ *adj* смертоно́сный; (*fig*) губи́тельный.

pestilential /ˌpestɪˈlenʃ(ə)l/ *adj* чумно́й; па́губный.

pestle /ˈpes(ə)l/ *n* пе́стик.

pet /pet/ *n* **1** (*animal, bird, etc.*) пито́мец, дома́шнее живо́тное; **~ food** корм для дома́шних живо́тных; **~ shop** зоомагази́н. **2** (*favourite*) люби́м|ец (*fem* -ица), ба́ловень (*m*); **teacher's ~** люби́мчик учи́теля; **his ~ subject** его́ излю́бленная те́ма; **onions are my ~ aversion** я бо́льше всего́ не люблю́ лук; **~ name** ласка́тельное/уменьши́тельное и́мя.
● *vt* (**petted, petting**) (*treat with affection*) балова́ть, из-; (*fondle*) ласка́ть, при-.
● *vi* (**petted, petting**) (*coll, fondle each other*) обнима́ться (*impf*).

petal /ˈpet(ə)l/ *n* лепесто́к.

petard /pɪˈtɑ:d/ *n* петарда; **he was hoist with his own ~** он попа́л в со́бственную лову́шку.

Peter /ˈpi:tə(r)/ *n*: **he is robbing ~ to pay Paul** берёт у одного́, что́бы отда́ть друго́му.

peter /ˈpi:tə(r)/ *vi*: **~ out** (*run dry, low*) исс|яка́ть, -я́кнуть; (*of a path, road*) постепе́нно исч|еза́ть, -е́знуть; **the track ~ed out** след постепе́нно пропа́л.

petit bourgeois /ˌpətɪ ˈbʊəʒwɑ:/ *adj* (*pl* **petits bourgeois** *pronunc same*) мелкобуржуа́зный.

petite /pəˈti:t/ *adj* ма́ленький, миниатю́рный.

petite bourgeoisie /pəˈti:t ˌbʊəʒwɑ:ˈzi:/ *n* ме́лкая буржуази́я.

petit four /ˌpetɪ ˈfɔ:(r)/ *n* (*pl* **petits fours**) петифу́р.

petition /pɪˈtɪʃ(ə)n/ *n* (*signed by many people*) пети́ция; (*formal request*) хода́тайство, проше́ние; (*application to court*) исково́е заявле́ние.
● *vt* под|ава́ть, -а́ть проше́ние *кому or во что*; хода́тайствовать (*impf, pf*) *перед кем or в чём* (= *где*).
● *vi*: **~ for** взыва́ть, воззва́ть о + *p*; под|ава́ть, -а́ть проше́ние *о чём*; хода́тайствовать (*impf, pf*) *о чём*; **~ for divorce** под|ава́ть, -а́ть заявле́ние о разво́де.

petitioner /pɪˈtɪʃənə(r)/ *n* (*with request*) проси́тель (*m*); (*in a divorce suit*) ист|е́ц (*fem* -и́ца); (*pol*) пода́тель (*m*) пети́ции.

petits bourgeois *pl of* ⇒**petit bourgeois**

petits fours /ˌpetɪ ˈfɔ:z/ *pl of* ⇒**petit four**

petits pois /ˌpetɪ ˈpwɑ:/ *n* ме́лкий зелёный горо́шек.

petrel /ˈpetr(ə)l/ *n* буреве́стник; **storm ~** (*zool*) кячу́рка ма́лая.

petrification /ˌpetrɪfɪˈkeɪʃ(ə)n/ *n* (*lit*) петрифика́ция, окамене́ние; (*fig*) оцепене́ние.

petrif|y /ˈpetrɪˌfaɪ/ *vt* (*lit*) превра|ща́ть, -ти́ть в ка́мень; (*fig*) прив|оди́ть, -ести́ в оцепене́ние; **I was ~ied** я остолбене́л/оцепене́л.

petrochemicals /ˌpetrəʊˈkemɪk(ə)ls/ *n pl* нефтепроду́кты (*m pl*), нефтехими́ческие проду́кты (*m pl*).

petrodollar /ˈpetrəʊˌdɒlə(r)/ *n* нефтедо́ллар.

petrol /ˈpetr(ə)l/ *n* (*Br*) бензи́н; **fill up with ~** запр|авля́ться, -а́виться бензи́ном; **~ bomb** буты́лка с зажига́тельной сме́сью; **~ can** кани́стра для бензи́на; **~ engine** бензи́новый дви́гатель; **~ pump** (*at garage*) бензоколо́нка; (*in engine*) бензонасо́с; **~ pump attendant** слу́жащий бензоколо́нки; **~ station** бензозапра́вочная ста́нция, бензоколо́нка; **~ tank** бензоба́к; **~ tanker** бензово́з.

petroleum /pɪˈtrəʊlɪəm/ *n* нефть; **the ~ industry** нефтяна́я промы́шленность; **~ jelly** вазели́н.

petticoat /ˈpetɪˌkəʊt/ *n* ни́жняя ю́бка.

pettifogger /ˈpetɪˌfɒgə(r)/ *n* крючкотво́р.

pettifogging /ˈpetɪˌfɒgɪŋ/ *n* крючкотво́рство.
● *adj* ме́лочный.

pettiness /ˈpetɪnɪs/ *n* ме́лочность.

petty /ˈpetɪ/ *adj* (**pettier, pettiest**) **1** (*trivial*) ме́лкий, малова́жный. **2** (*small-minded*) ме́лочный. **3** (*of small amounts*): **~ cash** де́ньги на ме́лкие расхо́ды; **~ theft** ме́лкая кра́жа. **4** (*nav*): **~ officer** ≈ старшина́ (*m*) 1-й статьи́; **chief ~ officer** ≈ гла́вный старшина́ (*m*); **senior chief ~ officer** (*US*) ≈ гла́вный корабе́льный старшина́ (*m*).

petulance /ˈpetjʊləns/ *n* раздражи́тельность.

petulant /ˈpetjʊlənt/ *adj* раздражи́тельный.

petunia /pɪˈtju:nɪə/ *n* пету́ния.

pew /pju:/ *n* (*enclosed compartment*) отгоро́женное ме́сто в це́ркви; (*bench*) (церко́вная) скамья́; **take a ~!** (*Br coll*) приса́живайтесь!

pewter /ˈpju:tə(r)/ *n* (*alloy*) сплав о́лова с ме́дью (*or* со свинцо́м); (*vessels made of ~*) оловя́нная посу́да.
● *adj* оловя́нный.

pfennig /ˈpfenɪg, ˈfenɪg/ (*hist*) *n* пфе́нниг.

phaeton /ˈfeɪt(ə)n/ *n* фаэто́н.

phalan|x /ˈfælæŋks/ *n* (*pl* **~xes** *or* **~ges** /fəˈlændʒi:z/) (*hist*) фала́нга; (*anat*) фала́нга па́льца.

phalarope /ˈfæləˌrəʊp/ *n* (*zool*) плаву́нчик.

phalli /ˈfælaɪ, ˈfæli:/ *pl of* ⇒**phallus**

phallic /ˈfælɪk/ *adj* фалли́ческий; **~ symbol** фалли́ческий си́мвол.

phallus /ˈfæləs/ *n* (*pl* **phalli** *or* **phalluses**) фа́ллос.

Phanerozoic /ˌfænərəˈzəʊɪk/ (*geol*) *n* (**the ~**) фанерозо́й(ский эо́н).
● *adj* фанерозо́йский.

phantasm /ˈfænˌtæz(ə)m/ *n* (*ghost*) фанто́м, при́зрак.

phantasmagoria /ˌfæntæzməˈgɔ:rɪə/ *n* фантасмаго́рия.

phantasy /ˈfæntəsɪ, -zɪ/ = **fantasy**

phantom /ˈfæntəm/ *n* **1** (*ghost*) при́зрак, фанто́м; (*attr*) при́зрачный. **2** (*illusion*): a **~ of the imagination** плод воображе́ния/фанта́зии.

Pharaoh /ˈfeərəʊ/ *n* фарао́н.

Pharisaical /ˌfærɪˈseɪɪk(ə)l/ *adj* (*fig*) фарисе́йский; (*fig*) ха́нжеский.

Pharisaism /ˈfærɪseɪˌɪz(ə)m/ *n* фарисе́йство; (*fig*) ханжество́.

Pharisee /ˈfærɪˌsiː/ *n* фарисе́й; (*fig*) ханжа́ (*cg*).

pharmaceutical /ˌfɑːməˈsjuːtɪk(ə)l/ *adj* фармацевти́ческий; **~ chemist** фармаце́вт, апте́карь (*m*).

pharmaceuticals /ˌfɑːməˈsjuːtɪk(ə)lz/ *n pl* медикаме́нты (*m pl*).

pharmaceutics /ˌfɑːməˈsjuːtɪks/ *n* (*pharmaceutical industry*) фармаце́втика; (*dispensing*) апте́чное де́ло.

pharmacist /ˈfɑːməsɪst/ *n* фармаце́вт.

pharmacologist /ˌfɑːməˈkɒlədʒɪst/ *n* фармако́лог.

pharmacology /ˌfɑːməˈkɒlədʒɪ/ *n* фармаколо́гия.

pharmacopoeia /ˌfɑːməkəˈpiːə/ *n* фармакопе́я.

pharmacy /ˈfɑːməsɪ/ *n* (*dispensary*) апте́ка; (*dispensing*) апте́чное де́ло, о́тпуск лека́рственных средств.

pharyng(e)al /ˌfærɪŋˈdʒiːəl, fəˈrɪŋg(ə)l/ *adj* гло́точный.

pharynges /fəˈrɪndʒiːz/ *pl of* **⇒pharynx**

pharyngitis /ˌfærɪŋˈdʒaɪtɪs/ *n* фаринги́т.

pharynx /ˈfærɪŋks/ *n* (*pl* **pharynges**) зев; гло́тка.

phase /feɪz/ *n* фа́за; (*stage*) ста́дия; **be in (out of) ~ with** (не) совпада́ть с + *i*.
● *vt*: **a ~d withdrawal** поэта́пный вы́вод; **~ out** (*weapons*) поэта́пно сн|има́ть, -ять с вооруже́ния; (*bases*) поэта́пно св|ёртывать, -ерну́ть; ликвиди́ровать (*impf*, *pf*).

PhD (*abbr of* ***Doctor of Philosophy***) ≈ сте́пень кандида́та нау́к.

pheasant /ˈfez(ə)nt/ *n* фаза́н.

phenomena /fɪˈnɒmɪnə/ *pl of* **⇒phenomenon**

phenomenal /fɪˈnɒmɪn(ə)l/ *adj* (*perceptible*) ощуща́емый; (*extraordinary, prodigious*) феномена́льный.

phenomenon /fɪˈnɒmɪnən/ *n* (*pl* **phenomena**) (*object of perception*) фено́мен, явле́ние; (*remarkable person or thing*) фено́мен, чу́до.

phew /fjuː/ *int* (*expressing astonishment*) ну и ну!; **~, what a crowd!** ну и толпа́!; (*discomfort*): **~, isn't it hot!** уф, ну и жара́!; (*weariness*): **~, what a day it's been!** уф, ну и денёк вы́дался; (*disgust*): **~, that meat's bad!** фу, э́то мя́со проту́хло!; (*relief*): **~, that was a near one!** ф-фу/уф, пронесло́! (*coll*).

phial /ˈfaɪəl/ *n* пузырёк.

philander /fɪˈlændə(r)/ *vi* флиртова́ть (*impf*).

philanderer /fɪˈlændərə(r)/ *n* волоки́та (*cg*).

philanthropic /ˌfɪlənˈθrɒpɪk/ *adj* филантропи́ческий.

philanthropist /fɪˈlænθrəpɪst/ *n* филантро́п (*fem* -ка).

philanthropy /fɪˈlænθrəpɪ/ *n* филантро́пия.

philatelic /ˌfɪləˈtelɪk/ *adj* филателисти́ческий.

philatelist /fɪˈlætəlɪst/ *n* филатели́ст (*fem* -ка).

philately /fɪˈlætəlɪ/ *n* филатели́я.

philharmonic /ˌfɪlhɑːˈmɒnɪk/ *n* (**~** *society*) филармо́ния.
● *adj* филармони́ческий.

philippic /fɪˈlɪpɪk/ *n* (*fig*) обличи́тельная речь, фили́ппика.

Philippine /ˈfɪlɪˌpiːn/ *adj* филиппи́нский; **the ~s** (*islands*/*country*) Филиппи́н|ы (*pl*, *g* —).

philistine /ˈfɪlɪˌstaɪn/ *n* (*bibl* **P~**) филисти́млянин; (*fig*) обыва́тель (*m*), фили́стер.
● *adj* обыва́тельский.

philistinism /ˈfɪlɪstɪˌnɪz(ə)m/ *n* меща́нство, фили́стерство.

Phillips /ˈfɪlɪps/ *n* (*propr*): **~ screwdriver** крестообра́зная/крестова́я (*coll*) отвёртка.

philological /ˌfɪləˈlɒdʒɪk(ə)l/ *adj* языкове́дческий; филологи́ческий.

philologist /fɪˈlɒlədʒɪst/ *n* языкове́д; фило́лог.

philology /fɪˈlɒlədʒɪ/ *n* (*language*) языкове́дение; (*language and literature*) филоло́гия.

philosopher /fɪˈlɒsəfə(r)/ *n* фило́соф.

philosophic(al) /ˌfɪləˈsɒfɪk, ˌfɪləˈsɒfɪk(ə)l/ *adj* филосо́фский.

philosophize /fɪˈlɒsəˌfaɪz/ *vi* филосо́фствовать (*impf*).

philosophy /fɪˈlɒsəfɪ/ *n* филосо́фия.

philtre /ˈfɪltə(r)/ *n* любо́вный напи́ток.

phishing /ˈfɪʃɪŋ/*n* (*comput*) фи́шинг (*рассылка электронных сообщений пользователям сети Интернет от имени солидных компаний с целью получения их личных данных*).

phlegm /flem/ *n* (*secretion*) мокро́та; (*fig*) флегмати́чность.

phlegmatic /flegˈmætɪk/ *adj* флегмати́чный.

phlox /flɒks/ *n* флокс.

phobia /ˈfəʊbɪə/ *n* фо́бия, страх.

Phoenician /fəˈnɪʃ(ə)n, fəˈniː-/ *adj* финики́йский.

phoenix /ˈfiːnɪks/ *n* фе́никс.

phone /fəʊn/ (*see also* **⇒telephone**) *n* телефо́н; (*attr*) телефо́нный.
● *vt* & *i* звони́ть, по- (*кому*).
● *with advs*: **~ back** *vt* & *i* сде́лать (*pf*) отве́тный телефо́нный звоно́к; перезвони́ть (*pf*); **~ up** *vt* & *i* звони́ть, по- (*кому*).
● *cpds* **~card** *n* телефо́нная ка́рточка; **~-in** *n* програ́мма «Звони́те — отвеча́ем».

phoneme /ˈfəʊniːm/ *n* фоне́ма.

phonetic /fəˈnetɪk/ *adj* фонети́ческий.

phonetician /ˌfəʊnɪˈtɪʃ(ə)n/, **phoneticist** /fəˈnetɪsɪst/ *n* фонети́ст.

phonetics /fəˈnetɪks/ *n* фоне́тика.

phon(e)y /ˈfəʊnɪ/ (*sl*) *n* (*pl* **phoneys** *or* **phonies**) (*person*) шарлата́н, обма́нщик; (*thing*) подде́лка, фальши́вка, ли́па (*coll*).
● *adj* (**phonier, phoniest**) подде́льный, фальши́вый, ли́повый.

phonograph /ˈfəʊnəˌgrɑːf/ *n* (*US*, *gramophone*) граммофо́н, патефо́н.

phonological /ˌfəʊnəˈlɒdʒɪk(ə)l, ˌfɒn-/ *adj* фонологи́ческий.

phonologist /fəˈnɒlədʒɪst/ *n* фоно́лог.

phonology /fəˈnɒlədʒɪ/ *n* фоноло́гия.

phony /ˈfəʊnɪ/ = **phon(e)y**

phosgene /ˈfɒzdʒiːn/ *n* фосге́н.

phosphate /ˈfɒsfeɪt/ *n* фосфа́т.

phosphorescence /ˌfɒsfəˈres(ə)ns/ *n* фосфоресце́нция.

phosphorescent /ˌfɒsfəˈres(ə)nt/ *adj* фосфоресци́рующий.

phosphoric /ˌfɒsˈfɒrɪk/ *adj* фосфори́ческий.

phosphorous /ˈfɒsfərəs/ *adj* фо́сфористый.

phosphorus /ˈfɒsfərəs/ *n* фо́сфор.

photo /ˈfəʊtəʊ/ *n* (*pl* **photos**) (*coll*) фо́то (*indecl*), сни́мок; **~ call** (*Br*), **~ opportunity** сеа́нс фотосъёмки, фотосе́ссия (*для прессы*).
● *cpds* **~copier** *n* фотокопирова́льный аппара́т; **~copy** *n* фотоко́пия, ксероко́пия; *vt* сн|има́ть, -ять фотоко́пию (с) + *g*; **~ finish** *n* фотофи́ниш; **~fit** *n* (*Br*) фотокомпозицио́нный портре́т.

photoelectric /ˌfəʊtəʊɪˈlektrɪk/ *adj* фотоэлектри́ческий.

photogenic /ˌfəʊtəʊˈdʒenɪk, -ˈdʒiːnɪk/ *adj* (*photographing well*) фотогени́чный.

photograph /ˈfəʊtəˌgrɑːf/ *n* фотогра́фия.
● *vt* фотографи́ровать, с-.
● *vi*: **she ~s well** она́ хорошо́ выхо́дит на фотогра́фиях.

photographer /fəˈtɒgrəfə(r)/ *n* фото́граф.

photographic /ˌfəʊtəˈgræfɪk/ *adj* фотографи́ческий.

photography /fəˈtɒgrəfɪ/ *n* фотогра́фия, фотосъёмка.

photogravure /ˌfəʊtəʊgrəˈvjʊə(r)/ *n* фотогравю́ра.

photojournalism /ˌfəʊtəʊˈdʒɜːnəˌlɪz(ə)m/ *n* фотожурнали́стика.

photojournalist /ˌfəʊtəʊˈdʒɜːnəlɪst/ *n* фотожурнали́ст (*fem* -ка).

photostat /ˈfəʊtəʊˌstæt/ *n* (*propr*) фотоко́пия.
● *vt* (**photostatted, photostatting**) сн|има́ть, -ять фотоко́пию (с) + *g*.

photosynthesis /ˌfəʊtəʊˈsɪnθɪsɪs/ *n* фотоси́нтез.

phototypesetter /ˌfəʊtəʊˈtaɪpˌsetə(r)/ *n* (*phototypesetting machine*) фотонабо́рный аппара́т.

phrase /freɪz/ *n* (*group of words or mus notes*) фра́за; (*expression*) оборо́т, словосочета́ние; **empty ~s** пусты́е слова́.
● *vt* **1** (*express in words*) формули́ровать, с-. **2** (*mus*) фрази́ровать (*impf*).
● *cpd* **~ book** *n* разгово́рник.

phraseological /ˌfreɪzɪəˈlɒdʒɪk(ə)l/ *adj* фразеологи́ческий.

phraseology /ˌfreɪzɪˈɒlədʒɪ/ *n* фразеоло́гия.

P

phrenological /ˌfrɪnəˈlɒdʒɪk(ə)l/ *adj* френологи́ческий.
phrenologist /frɪˈnɒlədʒɪst/ *n* френо́лог.
phrenology /frɪˈnɒlədʒɪ/ *n* френоло́гия.
phylum /ˈfaɪləm/ *n* (*pl* **phyla**) (*biol*) тип, фи́лум.
physical /ˈfɪzɪk(ə)l/ *adj* физи́ческий; **~ properties** физи́ческие сво́йства; **the ~ universe** материа́льный мир; **it is a ~ impossibility** э́то физи́чески невозмо́жно; (*relating to the body*): **~ education** физи́ческое воспита́ние; физкульту́ра; **~ exercises** гимнасти́ческие упражне́ния; заря́дка; **~ly handicapped** физи́чески неполноце́нный; **have you had your ~ (examination)?** вы прошли́ медици́нский осмо́тр?
physician /fɪˈzɪʃ(ə)n/ *n* врач.
physicist /ˈfɪzɪsɪst/ *n* фи́зик.
physics /ˈfɪzɪks/ *n* фи́зика.
physiognomy /ˌfɪzɪˈɒnəmɪ/ *n* физионо́мия; (*of country etc.*) о́блик.
physiological /ˌfɪzɪəˈlɒdʒɪk(ə)l/ *adj* физиологи́ческий.
physiologist /ˌfɪzɪˈɒlədʒɪst/ *n* физио́лог.
physiology /ˌfɪzɪˈɒlədʒɪ/ *n* физиоло́гия.
physiotherapist /ˌfɪzɪəʊˈθerəpɪst/ *n* физиотерапе́вт.
physiotherapy /ˌfɪzɪəʊˈθerəpɪ/ *n* физиотерапи́я.
physique /fɪˈziːk/ *n* телосложе́ние.
pi /paɪ/ *n* (*geom*) число́ «пи».
pianissi|mo /ˌpɪəˈnɪsɪˌməʊ/ *n, adj,* & *adv* (*pl* **~mos** *or* **~mi** /-mɪ/) пиани́ссимо (*indecl*).
pianist /ˈpɪənɪst/ *n* пиани́ст (*fem* -ка).
piano[1] /pɪˈænəʊ/ *n* (*pl* **pianos**) фортепиа́но/фортепья́но (*both indecl*), роя́ль (*m*); (*upright*) пиани́но (*indecl*); **~ accordion** аккордео́н; **~ lessons** уро́ки игры́ на фортепиа́но.
● *cpds* **~forte** *n* фортепья́но (*indecl*); **~ player** *n* пиани́ст (*fem* -ка); (*instrument*) пиано́ла; **~ stool** *n* табуре́т для пиани́ста; **~ tuner** *n* настро́йщик (пиани́но).
piano[2] /pɪˈænəʊ/ *adj* & *adv* (*mus*) пиа́но; **a ~ passage** пасса́ж пиа́но.
pianola /pɪəˈnəʊlə/ *n* пиано́ла.
piastre /pɪˈæstə(r)/ *n* пиа́стр.
piazza /pɪˈætsə/ *n* (*square*) пло́щадь; (*marketplace*) ры́ночная пло́щадь; (*in names*) пья́цца; (*US, verandah*) вера́нда.
picador /ˈpɪkəˌdɔː(r)/ *n* пикадо́р.
picaresque /ˌpɪkəˈresk/ *adj* плутовско́й.
piccalilli /ˌpɪkəˈlɪlɪ/ *n* марино́ванные о́вощ|и (*pl, g* -е́й).
piccolo /ˈpɪkəˌləʊ/ *n* (*pl* **~s**) пи́кколо (*indecl*).
pick /pɪk/ *n* **1** (**~axe**) кирка́, кайла́.
2 (*probing instrument, e.g. dentist's*) про́бник.
3 (*selection*) отбо́р, вы́бор; **take your ~!** выбира́йте!; **I had first ~** мне пе́рвому доста́лось; **the ~ of the bunch** са́мый лу́чший; (*of many objects*) отбо́рный.
● *vt* **1** (*pluck*) рвать, со-; (*gather*) соб|ира́ть, -ра́ть; **they were ~ing apples** они́ собира́ли я́блоки; **don't ~ the flowers!** не рви́те цветы́!; **she ~ed the thread from her dress** она́ сняла́ ни́тку с пла́тья.
2 (*extract contents of*): **he is ~ing your brains** он испо́льзует ва́ши иде́и/позна́ния; **his pocket was ~ed in the crowd** в толпе́ ему́ зале́зли в карма́н.
3 (*remove flesh from*) обгл|а́дывать, -ода́ть; **the birds ~ed the bones clean** пти́цы склева́ли с косте́й всё мя́со; **I have a bone to ~ with you** (*fig*) у меня́ к вам кру́пный разгово́р.
4 (*probe*) ковыря́ть (*impf*); **it's not nice to ~ one's teeth** ковыря́ть в зуба́х — некраси́во; **stop ~ing your nose!** не ковыря́й в носу́!; (*probe to open*) откр|ыва́ть, -ы́ть отмы́чкой; **the lock has been ~ed** замо́к взло́ман.
5 (*pull apart*) (*fig*): **he ~ed my argument to pieces** он разнёс мою́ аргумента́цию в пух и прах.
6 (*make by ~ing*): **he ~ed a hole in the cloth** он продыря́вил ткань; **he ~s holes in everything I say** он придира́ется ко вся́кому моему́ сло́ву.
7 (*select*) выбира́ть, вы́брать; **he ~ed his words carefully** он тща́тельно подбира́л слова́; **she ~ed her way through the mud** она́ осторо́жно ступа́ла по гря́зи; **the captains ~ed sides** капита́ны определи́ли соста́в(ы) кома́нд; **can you ~ the winner?** вы мо́жете зара́нее угада́ть победи́теля?; **he's trying to ~ a quarrel** он и́щет по́вод(а) для ссо́ры.
● *vi* (*select*) выбира́ть, вы́брать; **~ and choose** быть разбо́рчивым.
● *with preps*: **~ at** ковыря́ть, по-; **the child ~ed at** (*trifled with*) **his food** ребёнок поковыря́л еду́ ви́лкой; **~ on** (*find fault with*) прид|ира́ться, -ра́ться к + *d*; (*single out*) выбира́ть, вы́брать.
● *with advs*: **~ off** *vt* (*pluck*) срыва́ть, сорва́ть; (*shoot by deliberate aim*) подстр|е́ливать, -ели́ть; **~ out** *vt* (*select*): **he ~ed out the best for himself** са́мое лу́чшее он отобра́л для себя́; (*distinguish*): **I ~ed him out in the crowd** я узна́л его́ в толпе́; **the pattern was ~ed out in red** узо́р выделя́лся кра́сным цве́том; (*play note by note*): **she can ~ out tunes by ear** она́ подбира́ет мело́дии по слу́ху; **~ over** *vt* (*examine*) переб|ира́ть, -ра́ть; **~ up** *vt* (*lift*) подн|има́ть, -я́ть; **he ~ed himself up off the ground** он подня́лся с земли́; **he ~ed up his bag** он взял свою́ су́мку; (*acquire, gain*) приобре|та́ть, -сти́; **he has ~ed up an American accent** он приобрёл америка́нский акце́нт; **he went there to ~ up information** он пошёл туда́ раздобы́ть све́дения; **I ~ed up a bargain at the sale** я сде́лал вы́годную поку́пку на распрода́же; **he ~ed her up on the street corner** он подцепи́л (*coll*) её на у́лице; **where can I have ~ed up this germ?** где я мог подцепи́ть э́ту инфе́кцию (*coll*)?; **the car began to ~ up speed** маши́на начала́ набира́ть ско́рость; **can you ~ up Moscow on your radio?** вы мо́жете пойма́ть Москву́ на своём приёмнике?; (*provide transport for*) заб|ира́ть, -ра́ть, под|бира́ть, -обра́ть; **the train stops to ~ up passengers** по́езд остана́вливается, что́бы забра́ть пассажи́ров; **I never ~ up hitch-hikers** я никогда́ не беру́ «голосу́ющих» на доро́ге; (*collect*): **I ~ her up from school** я забира́ю её из шко́лы; (*apprehend*) заде́рж|ивать, -а́ть; **the culprit was ~ed up by the police** престу́пник был заде́ржан поли́цией; (*regain*) приобре|та́ть, -сти́; **he soon ~ed up spirits** он вскоре повеселе́л; (*resume*) возобнов|ля́ть, -и́ть; **he ~ed up the thread where he had left off** он возобнови́л бесе́ду с того́ ме́ста, где останови́лся; *vi* (*recover health*) опр|авля́ться, -а́виться, попр|авля́ться, -а́виться; **he soon ~ed up after his illness** он бы́стро опра́вился по́сле боле́зни; (*improve*) ул|учша́ться, -у́чшиться; **trade is ~ing up** торго́вля оживля́ется; (*gain speed*): **after a slow start the engine ~ed up** по́сле ме́дленного ста́рта мото́р зарабо́тал как сле́дует.
● *cpds* **~axe** (*US also* **~ax**) *n* кирка́; **~-me-up** *n* тонизи́рующее сре́дство; **~pocket** *n* карма́нник, карма́нный вор; **~up** *n* (*microphone*) да́тчик; (*of record player*) ада́птер; (*van*) пика́п; (*casual acquaintance*) случа́йное знако́мство, (*acceleration*) ускоре́ние.
pickaback /ˈpɪkəˌbæk/, **piggyback** /ˈpɪgɪˌbæk/ *adv* на спине́; на заку́рках.
picker /ˈpɪkə(r)/ *n* (*of fruit etc.*) сбо́рщи|к (*fem* -ца).
picket /ˈpɪkɪt/ *n* **1** (*pointed stake*) кол; **~ fence** частоко́л.
2 (*also* **picquet**, *small body of troops*) заста́ва, карау́л.
3 (*of strikers*) пике́т; (*individual*) пике́тчик.
● *vt* (**picketed, picketing**)
1 (*secure with stakes*) обн|оси́ть, -ести́ частоко́лом; (*tether*): **the horse was ~ed nearby** ло́шадь была́ привя́зана неподалёку.
2 (*guard*) охраня́ть (*impf*); **the camp was securely ~ed** ла́герь надёжно охраня́лся.
3 (*deploy as guards*) выставля́ть, вы́ставить; **he ~ed his men round the house** он вы́ставил свои́х люде́й охраня́ть дом.
4 (*mount guards on*): **the enemy has ~ed the bridge** враг вы́ставил карау́л у моста́.
5 (*deny entry to*) пикети́ровать (*impf*); **the workers are ~ing the factory** рабо́чие пикети́руют фа́брику.
pickings /ˈpɪkɪŋz/ *n pl* **1** (*remains*) оста́тки (*m pl*); объе́дки (*m pl*).
2 (*profits*) нажи́ва.
pickle /ˈpɪk(ə)l/ *n* **1** (*preservative*) (*in vinegar*) марина́д; (*in salt*) рассо́л.
2 (*usu in pl, preserved vegetables*) соле́нья (*pl*). **3** (*coll, predicament*) напа́сть; (*mess*) завару́ха.
● *vt* **1** мариновáть, за-; **~d herrings** марино́ванная селёдка. **2**: **he came home ~d** он пришёл домо́й под гра́дусом/га́зом (*coll*).
picky /ˈpɪkɪ/ *adj* (**pickier, pickiest**) (*US coll*) разбо́рчивый, приди́рчивый.
picnic /ˈpɪknɪk/ *n* пикни́к; (*fig, coll, sth easily done*) па́ра пустяко́в, де́тская

игрá; **it was no ~** э́то бы́ло нелёгкое дéло.
● *vi* (**picnicked, picnicking**) устр|áивать, -óить пикни́к.
● *cpd* **~ basket** *n* корзи́нка для пикникá.
picnicker /ˈpɪknɪkə(r)/ *n* учáстни|к (*fem* -ца) пикникá.
picquet /ˈpɪkɪt/ = **picket** *n* **2**
Pict /pɪkt/ *n* пикт.
pictogram /ˈpɪktəˌgræm/ *n* пиктогрáмма.
pictograph /ˈpɪktəˌgrɑːf/ = **pictogram**
pictorial /pɪkˈtɔːrɪəl/ *n* иллюстри́рованное издáние.
● *adj* изобрази́тельный; (*illustrated*) иллюстри́рованный.
picture /ˈpɪktʃə(r)/ *n* **1** (*depiction; pictorial composition*) карти́на; **~s** (*in general*) жи́вопись; (*illustration*) изображéние; (*portrait*) портрéт; (*fig*): **she is the very ~ of her mother** онá вы́литая мать/кóпия мáтери; (*drawing*) рису́нок; (*image on TV screen*) карти́нка, изображéние.
2 (*beautiful object*) карти́нка.
3 (*embodiment*) олицетворéние; **he looks the ~ of health** он пы́шет здорóвьем.
4 (*coll, of information*): **he will soon put you in the ~** он вскóре введёт вас в курс дéла; **don't fail to keep me in the ~** не забу́дьте держáть меня́ в ку́рсе дéла.
5 (*film*) (кино)фи́льм, (кино)карти́на; (*in pl, cinema show, cinema*) кинó (*indecl*); **what's on at the ~s?** что идёт в кинó?
● *vt* (*depict*) опи́с|ывать, -áть; изобра|жáть, -зи́ть; **~ to yourself** вообрази́те/предстáвьте себé.
● *cpds* **~ book** *n* кни́жка с карти́нками; **~ card** *n* (*court card*) фигу́рная кáрта; **~ gallery** *n* карти́нная галерéя.
picturesque /ˌpɪktʃəˈresk/ *adj* живопи́сный.
piddle /ˈpɪd(ə)l/ *vi* (*coll*) мочи́ться, по-.
piddling /ˈpɪdlɪŋ/ *adj* (*coll, trifling*) пустя́чный.
pidgin /ˈpɪdʒɪn/, **pigeon** /ˈpɪdʒɪn, -dʒ(ə)n/ *n*: **that's not my ~** э́то не моя́ забóта; (*language*) пи́джин; **~ English** англи́йский пи́джин.
pie /paɪ/ *n* (*pastry with filling*) пирóг; (*small one*) пирожóк; (*fig*): **~ in the sky** ≈ журáвль в нéбе; (*misleading promise*) пусты́е посу́лы; **it's as easy as ~** э́то плёвое дéло (*coll*); **he has a finger in the ~** он замéшан в э́том дéле.
● *cpds* **~crust** *n* кóрочка (пирогá); **~-eyed** *adj* (*sl*) косóй, пья́ный вдрызг.
piebald /ˈpaɪbɔːld/ *n* пéгая лóшадь.
● *adj* пéгий.
piece /piːs/ *n* **1** (*portion, fragment, bit*) кусóк; **a ~ of bread** кусóк хлéба; **a ~ of cake** (*lit*) кусóк тóрта; (*coll, sth easily accomplished*) лéгче лёгкого, пáра пустякóв; **a ~ of paper** листóк бумáги, бумáжка; **(all) of a ~ with** в соотвéтствии с + *i*; **all in one ~** неразóбранный; (*fig, unharmed*) цéлый и невреди́мый; **the record was smashed to ~s** пласти́нка разби́лась вдрéбезги; **he took the watch to ~s** он разобрáл часы́; **to pull, tear to ~s** раз|рывáть, -orвáть на чáсти/куски́; **he was left to pick up the ~s** (*fig*) егó остáвили расхлёбывать кáшу (*coll*); **to go to ~s** ломáться, с-; **he went to ~s under interrogation** он сломáлся на допрóсе; **he went to ~s after his wife's death** он совсéм сломáлся пóсле смéрти жены́.
2 (*small area*) учáсток; **a ~** (*plot*) **of land** учáсток земли́.
3 (*example, instance*) образéц; **a ~ of news** нóвость; **here's a ~ of luck!** вот э́то удáча!; **may I give you a ~ of advice?** мóжно дать вам оди́н совéт?; **I gave him a ~ of my mind** я егó отчитáл.
4 (*single composition*) произведéние; **a ~ of music** пьéса.
5 (*object of art or craft*) произведéние (искýсства); вещь, вещи́ца; **there were some nice ~s at the sale** на распродáже бы́ло нéсколько хорóших вещéй; **~ of furniture** предмéт мéбели; **three-~ suite** дивáн с двумя́ крéслами; **museum ~** (*lit*) музéйная вещь; (*fig*) музéйная рéдкость; **a beautiful ~ of work** великолéпная рабóта; **nasty ~ of work** (*coll*) проти́вный тип.
6 (*one of a set*): **he set out the ~s on the chessboard** он расстáвил фигу́ры на шáхматной доскé; **a 52-~ dinner service** обéденный серви́з из пяти́десяти двух предмéтов.
7 (*coin*) монéта; **a ten-cent ~** монéта в дéсять цéнтов.
8 (*instrument*) инструмéнт; **a six-~ band** секстéт.
● *with adv*: **~ together** *vt* соедин|я́ть, -и́ть; (*fig*) свя́з|ывать, -áть.
● *cpds* **~meal** *adj* части́чный; *adv* по частя́м; **~ rates** *n pl* сдéльная оплáта; **~work** *n* сдéльная рабóта; **~worker** *n* сдéльщи|к (*fem* -ца).
pièce de résistance /ˌpjes də reɪ ˈziːstɑ̃s/ *n* (*pl* ***pièces de résistance*** *pronunc same*) (*cul*) глáвное блю́до; (*fig*) достопримечáтельность.
pied /paɪd/ *adj* пёстрый; **P~ Piper** Крысолóв, Ду́дочник (в пёстром костю́ме) из Гáмельна (*герой немецкого фольклора, который спас город от нашествия крыс при помощи игры на волшебной дудочке, но, не получив обещанного вознаграждения, увёл с собой всех детей*); (*fig*) соблазни́тель, искуси́тель.
pied-à-terre /ˌpjeɪdɑːˈteə(r)/ *n* (*pl* ***pieds-à-terre*** *pronunc same*) пристáнище.
pier /pɪə(r)/ *n* **1** (*structure projecting into sea*) пирс; (*landing stage*) причáл; (*breakwater*) мол. **2** (*bridge support*) бык, (берегóвóй) устóй (*опора моста*). **3** (*masonry between windows*) простéнок.
● *cpd* **~ glass** *n* трюмó (*indecl*).
pierc|e /pɪəs/ *vt* прок|áлывать, -олóть; **she had her ears ~ed** онá проколóла у́ши; **~ing cold** пронзи́тельный хóлод; **a ~ing cry** пронзи́тельный крик; **a ~ing gaze** проницáтельный взгляд.
● *vi* прон|икáть, -и́кнуть; проб|ивáться, -и́ться; **they ~ed through the enemy lines** они́ прорвали́сь сквозь ли́нии укреплéний врагá.
pietà /ˌpɪeˈtɑː/ *n* пиетá, плач Богомáтери.
piety /ˈpaɪɪtɪ/ *n* нáбожность.
piffle /ˈpɪf(ə)l/ *n* (*coll*) вздор, чепухá.
piffling /ˈpɪflɪŋ/ *adj* (*coll, trifling*) ничтóжный, пустя́чный.
pig /pɪg/ *n* **1** (*animal*) свинья́; **~s might fly** (*Br*) ≈ бывáет, что корóвы летáют; **he bought a ~ in a poke** он купи́л котá в мешкé; (*greedy or disagreeable person*): **he made a ~ of himself** он наéлся/объéлся как свинья́. **2** (*mass of iron*) брусóк.
● *cpds* **~ farm** *n* свинофéрма; **~-headed** *adj* упря́мый, крепкоголóвый; **~ iron** *n* чу́шковый чугу́н; **~skin** *n* свинáя кóжа; **~sty** *n* (*lit, fig*) свинáрник; **~swill** *n* помó|и (*pl, g* -ев); **~tail** *n* коси́чка.
pigeon[1] /ˈpɪdʒɪn, -dʒ(ə)n/ *n* гóлубь (*m*); **carrier, homing ~** почтóвый гóлубь; **clay ~** тарéлочка (для стрельбы́).
● *cpds* **~-breasted, ~-chested** *adjs* с «кури́ной» гру́дью; **~hole** *n* (*compartment*) отделéние для бумáг; я́щик для корреспондéнции; (*fig*) категóрия; *vt* (*categorize*) классифици́ровать (*impf, pf*), наклéи|вать, -ть ярлы́к на + *a*; (*put aside*) от|клáдывать, -ложи́ть; **~-toed** *adj* косолáпый.
pigeon[2] /ˈpɪdʒɪn, -dʒ(ə)n/ = **pidgin**
piggery /ˈpɪgərɪ/ *n* (*sty*) свинáрник; (*farm*) свинофéрма.
piggy /ˈpɪgɪ/ *n* (*piglet; greedy child*) поросёнок.
● *adj* (**piggier, piggiest**) свинóй, порося́чий.
● *cpds* **~back** *adv* = **pickaback**; **~ bank** *n* копи́лка; **~ in the middle** *n* (*Br*) (*game*) «собáчка» (*детская игра*); (*person*) (оказáвш|ийся (*fem* -аяся)) мéж(ду) двух огнéй (*or* мéжду мóлотом и наковáльней).
piglet /ˈpɪglɪt/ *n* поросёнок.
pigment /ˈpɪgmənt/ *n* пигмéнт.
pigmentation /ˌpɪgmənˈteɪʃ(ə)n/ *n* пигментáция.
pigmented /ˈpɪgməntɪd/ *adj* пигменти́рованный.
pigmy /ˈpɪgmɪ/ = **pygmy**
pike /paɪk/ *n* **1** (*pl* **~s**) (*weapon*) копьё. **2** (*pl* **~**) (*fish*) щу́ка.
● *cpd* **~staff** *n*: **plain as a ~staff** я́сный как день.
pila|f(f) /pɪˈlæf/, **-u** /pɪˈlaʊ/ *n* пилáв, плов.
pilaster /pɪˈlæstə(r)/ *n* пиля́стр(а).
pilau /pɪˈlaʊ/ = **pilaf(f)**
pilchard /ˈpɪltʃəd/ *n* сарди́на-пи́льчард, европéйская сарди́на.
pile[1] /paɪl/ *n* (*stake, post*) свáя.
● *cpd* **~driver** *n* сваебóйная маши́на, копёр.
pile[2] /paɪl/ *n* **1** (*heap*) ку́ча, гру́да; (*coll, of money*): **he made his ~** он нáжил

P

состоя́ние; (*coll, any large quantity*) ку́ча, ма́сса.
2 (*massive building*) строе́ние грома́да.
3 (*elec*) батаре́я.
4: **atomic ~** а́томный реа́ктор.
● *vt* **1** (*heap up*) сва́л|ивать, -и́ть в ку́чу; **he ~d coal on to the fire** он подбро́сил угля́ в ками́н.
2 (*load*) нава́л|ивать, -али́ть; заст|авля́ть, -а́вить; **the table was ~d high with dishes** стол был заста́влен вся́кими я́ствами.
● *with advs*: **~ in** *vi* (*coll, crowd into a vehicle etc.*) наб|ива́ться, -и́ться; **~ on** *vt* нава́л|ивать, -и́ть; (*fig*) преувели́чи|вать, -ть; **~ up** *vt* (*heap up objects*) сва́л|ивать, -и́ть; (*debts*) наде́лать (*pf*); (*store up*) копи́ть, на-/с-; *vi* (*accumulate*) (*of objects*) нагромо|жда́ться, -зди́ться; (*of work, debts*) нак|а́пливаться, -опи́ться.
● *cpd* **~-up** *n* (*crash*) столкнове́ние не́скольких маши́н.

pile³ /paɪl/ *n* (*down, soft hair*) шерсть, во́лос; (*nap on cloth, carpet, etc.*) ворс.

piles /paɪlz/ *n pl* (*haemorrhoids*) геморро́й.

pilfer /ˈpɪlfə(r)/ *vt & i* ворова́ть (*impf*), таска́ть (*impf*).

pilfer|age /ˈpɪlfərɪdʒ/, **-ing** /ˈpɪlfərɪŋ/ *nn* ме́лкая кра́жа.

pilferer /ˈpɪlfərə(r)/ *n* вори́шка (*cg*); (*from work place*) несу́н.

pilgrim /ˈpɪlɡrɪm/ *n* пало́мник.

pilgrimage /ˈpɪlɡrɪmɪdʒ/ *n* пало́мничество; **they went on a ~ to Lourdes** они́ соверши́ли пало́мничество в Лурд.

pill /pɪl/ *n* пилю́ля, табле́тка; **take ~s** прин|има́ть, -я́ть пилю́ли; (*fig*): **a bitter ~** го́рькая пилю́ля; **contraceptive ~** противозача́точная табле́тка; **she is on the ~** она́ принима́ет противозача́точные табле́тки.
● *cpd* **~box** *n* (*receptacle*) коро́бочка для табле́ток; (*mil*) долговре́менная огнева́я то́чка (*abbr* дот); (*hat*) шля́пка без поле́й.

pillage /ˈpɪlɪdʒ/ *n* маролёрство, грабёж.
● *vt* гра́бить, раз-.
● *vi* маролёрствовать (*impf*); гра́бить (*impf*).

pillager /ˈpɪlɪdʒə(r)/ *n* маролёр.

pillar /ˈpɪlə(r)/ *n* (*column*) столб, коло́нна; (*support*) опо́ра; **he was driven from ~ to post** он мета́лся с ме́ста на ме́сто; (*fig*) столп; **~s of society** столпы́ о́бщества.
● *cpd* **~ box** *n* (*Br*) (стоя́чий) почто́вый я́щик.

pillion /ˈpɪljən/ *n* (*on motor cycle*) за́днее сиде́нье; **she rode ~** она́ е́хала на за́днем сиде́нье мотоци́кла.

pillock /ˈpɪlək/ *n* (*Br coll*) идио́т (*fem* -ка).

pillory /ˈpɪlərɪ/ *n* позо́рный столб.
● *vt* (*fig*) пригво|жда́ть, -зди́ть к позо́рному столбу́.

pillow /ˈpɪləʊ/ *n* поду́шка.
● *vt*: **~ one's head** класть, положи́ть го́лову (на + *a*); **he ~ed his head in his hands** он подпёр го́лову рука́ми.
● *cpds* **~case, ~slip** *nn* на́волочка.

pilot /ˈpaɪlət/ *n* **1** (*of vessel*) ло́цман; (*of aircraft*) лётчи|к (*fem* -ца), пило́т.
2 (*attr, fig*) про́бный, о́пытный; **~ scheme** экспериме́нт.
● *vt* (**piloted, piloting**) (*lit*) пилоти́ровать (*impf*); (*fig*) напр|авля́ть, -а́вить.
● *cpds* **~ boat** *n* ло́цманское су́дно; **~fish** *n* ры́ба-ло́цман; **~ light** *n* (*burner*) га́зовая горе́лка; (*indicator light*) контро́льная/сигна́льная ла́мпа; **~ officer** (*Br*) ≈ лейтена́нт (*в авиации*).

pilotage /ˈpaɪlətɪdʒ/ *n* пилота́ж.

pim(i)ento /ˌpɪmɪˈentəʊ, pɪmˈjentəʊ/ *n* (*pl* **~s**) (*sweet pepper*) (кра́сный) сла́дкий пе́рец; (**pimento**) (*allspice*) гвозди́чный/души́стый пе́рец.

pimp /pɪmp/ *n* сутенёр.
● *vi* быть сутенёром.

pimpernel /ˈpɪmpəˌnel/ *n* (*bot*) о́чный цвет.

pimple /ˈpɪmp(ə)l/ *n* прыщ, пры́щик.

pimply /ˈpɪmplɪ/ *adj* прыща́вый.

PIN /pɪn/ *n* (*abbr of* ***personal identification number***) ли́чный (идентификацио́нный) но́мер, ли́чный код; (*as used for credit cards, mobile phones*) ПИН-ко́д, PIN-ко́д.

pin /pɪn/ *n* **1** була́вка; (*for hair, hat*) шпи́лька; **for two ~s I'd knock you down** ещё немно́го, и я вас сту́кну; **you could have heard a ~ drop** мо́жно бы́ло услы́шать, как му́ха пролети́т; **~s and needles** (*tingling sensation*) колотьё по́сле до́лгого сиде́нья; **I've got ~s and needles in my leg** у меня́ нога́ затекла́.
2 (*securing peg*) прище́пка.
3 (*in pl, coll, legs*) но́ги (*f pl*).
● *vt* (**pinned, pinning**)
1 (*fasten*) прик|а́лывать, -оло́ть; **she ~ned a rose to her dress** она́ приколо́ла ро́зу к пла́тью; (*fig*): **~ accusation, blame on s.o.** сва́л|ивать, -и́ть вину́ на кого́-н.; **I ~ my faith on the captain** я возлага́ю все наде́жды на капита́на.
2 (*immobilize*) приж|има́ть, -а́ть; **the bandits ~ned him against the wall** банди́ты прижа́ли его́ к стене́; **he was ~ned beneath the vehicle** его́ придави́ло маши́ной; **his arms were ~ned behind him** ему́ связа́ли ру́ки за спино́й.
● *with advs*: **~ down** *vt* (*lit*) прик|а́лывать, -оло́ть; (*fig, commit to an action or opinion*) прип|ира́ть, -ере́ть к сте́нке; **~ on** *vt* прик|а́лывать, -оло́ть; **~ together** *vt* ск|а́лывать, -оло́ть; скреп|ля́ть, -и́ть; **~ up** *vt* прик|а́лывать, -оло́ть; ве́шать, пове́сить; **she ~ned up her hair** она́ заколо́ла во́лосы.
● *cpds* **~ball** *n* (*game, machine*) пинбо́л; **~ball machine** билья́рд-автома́т; **~cushion** *n* иго́льник; **~ money** *n* де́ньги на ме́лкие расхо́ды; **~point** *n* (*lit*) остриё була́вки; *vt* (*fig*) то́чно определ|я́ть, -и́ть; **~prick** *n* (*lit*) була́вочный уко́л; (*fig*) шпи́лька, ме́лкая приди́рка; **~stripe** (*suit*) *n* костю́м в то́нкую све́тлую поло́ску; **~-up** *n* фотогра́фия красо́тки (в журна́ле); **~-up girl** красо́тка.

pinafore /ˈpɪnəˌfɔː(r)/ *n* (*Br, apron*) фа́ртук, пере́дник; **~ dress** пла́тье-сарафа́н.

pince-nez /pæ̃sˈneɪ/ *n* (*pl* **~**) пенсне́ (*indecl*).

pincer|s /ˈpɪnsəz/ *n pl* **1** (*of crab*) клешн|и́ (*pl, g* -е́й). **2** (*tech*) щипц|ы́ (*pl, g* -о́в); кле́щ|и (*pl, g* -е́й); **~ movement** (*mil*) захва́т в кле́щи.

pinch /pɪntʃ/ *n* **1** (*nip*) щипо́к; **he gave her a ~ on the cheek** он ущипну́л её за щёку; (*fig, constraint*) тру́дность; **at a ~; if it comes to the ~** в кра́йнем слу́чае; е́сли придётся ту́го (*or* е́сли прижмёт).
2 (*small amount*) щепо́тка; **a ~ of snuff** поню́шка табака́; **you must take that with a ~ of salt** (*fig*) вы до́лжны отнести́сь к э́тому крити́чески.
● *vt* **1** (*nip, squeeze*) (*objects*) прищем|ля́ть, -и́ть; (*person*) щипа́ть, ущипну́ть; **his fingers were ~ed in the door** он прищеми́л па́льцы две́рью; (*fig*): **his face was ~ed with cold** моро́з щипа́л ему́ лицо́.
2 (*Br coll, steal*) стяну́ть, стащи́ть (*both pf*) (*both coll*).
3 (*Br coll, arrest, charge*) сца́пать, заца́пать (*both pf*) (*both sl*).
● *vi* (*be niggardly*) скупи́ться, по-; **she had to ~ and scrape to make ends meet** ей приходи́лось эконо́мить на всём, что́бы своди́ть концы́ с конца́ми.

pine¹ /paɪn/ *n* сосна́.
● *cpds* **~apple** *n* анана́с; **~apple juice** анана́совый сок; **~ cone** *n* сосно́вая ши́шка; **~ needle** *n* хво́я.

pin|e² /paɪn/ *vi* **1** (*languish, waste*) ча́хнуть, за-; томи́ться (*impf*); **she is ~ing away** она́ ча́хнет. **2** (*long*): **~e for** жа́ждать (*impf*) + *g*; **I ~e for sea air** так хо́чется подыша́ть морски́м во́здухом.

pineal /ˈpɪnɪəl, ˈpaɪ-/ *adj* шишкови́дный.

ping /pɪŋ/ *n* звон.
● *vi* звони́ть (*impf*).

ping-pong /ˈpɪŋpɒŋ/ *n* пинг-по́нг.

pinion¹ /ˈpɪnjən/ *n* (*end of wing*) оконе́чность пти́чьего крыла́; (*poetical, wing*) крыло́.
● *vt* (*immobilize by cutting wing*) подр|еза́ть, -е́зать кры́лья + *g*; (*bind arms of*) свя́з|ывать, -а́ть ру́ки + *d*.

pinion² /ˈpɪnjən/ *n* (*cogwheel*) шестерня́.

pink¹ /pɪŋk/ *n* (*flower*) гвозди́ка; (*colour*) ро́зовый цвет; (*perfection*): **he is in the ~ (of health)** он пы́шет здоро́вьем.
● *adj* (*of colour*) ро́зовый; (*pol*) ле́вый.

pink² /pɪŋk/ *vt* (*prick with sword*) прок|а́лывать, -оло́ть; (*decorate by perforation*) укр|аша́ть, -а́сить ды́рочками; **~ing shears** фесто́нные но́жницы.

pink³ /pɪŋk/ *vi* (*Br, of engine*) стреля́ть (*impf*).

pinnacle /ˈpɪnək(ə)l/ *n* (*of building*) шпиц; (*fig*) верши́на.

pinny /ˈpɪnɪ/ *n* (*coll*) пере́дничек.

pint /paɪnt/ *n* пи́нта; **~ jug** кувши́н ёмкостью в пи́нту.

● *cpd* **~-sized** *adj* (*fig*) мáленький, крóхотный.

pioneer /ˌpaɪəˈnɪə(r)/ *n* (*one who is first in the field*) пионéр, новáтор, первооткрывáтель (*m*); (*mil*) сапёр; **P~ Corps** сапёрно-строúтельные чáсти.

● *vt* & *i* быть пионéром (*в чём*); про|клáдывать, -ложúть путь (*в чём*); **~ing** *adj* новáторский; первопрохóдческий.

pious /ˈpaɪəs/ *adj* набóжный.

pip /pɪp/ *n* **1** (*Br, fruit seed*) сéмечко; зёрнышко. **2** (*Br, sound*) гудóк, сигнáл. **3** (*spot on playing card etc.*) очкó. **4** (*Br coll, star on officer's uniform*) звёздочка.

● *vt* (**pipped, pipping**) (*Br sl, defeat*) бить, по-; **he was ~ped at the post** егó победúли в послéднюю минýту.

● *cpd* **~squeak** *n* (*coll*) ничтóжество.

pipe /paɪp/ *n* **1** (*conduit*) трубá; (*small, thin one*) трýбка.
2 (*mus instrument*) свирéль; дýдка; (*bagpipe*) волы́нка.
3 (*shrill voice or sound*) вопль (*m*); писк; (*note of bird*) свист; пéние.
4 (*for smoking*) трýбка; **your ~ has gone out** вáша трýбка потýхла; **put that in your ~ and smoke it!** (*coll*) зарубú (э́то) себé на носý!
5 (*cask of wine*) бóчка (*вместимостью около 477 литров*).

● *vt* **1** (*also vi*) (*play on ~*) игрáть, сыгрáть на свирéли/дýдке/волы́нке.
2 (*lead, summon by piping*) свистéть (*impf*), свистáть (*impf*); **he ~d all hands on deck** он свистáл всех навéрх.
3 (*utter in shrill voice*) визжáть, про-.
4 (*decorate cake*) покр|ывáть, -ы́ть крéмом; (*ornament dress*) отдéл|ывать, -ать кáнтом.
5 (*convey by ~s*) пус|кáть, -тúть по трýбам; **a ~d water supply** водопровóд.
6: **~d music** музыкáльная трансля́ция (в общéственном мéсте).

● *with advs*: **~ down** *vi* (*restrain o.s.*) сбавля́ть, сбáвить тон (*coll*); **~ up** (*coll*) (*start to speak*) под|авáть, -áть гóлос; (*start to sing*) запéть (*pf*); (*start to play*) заигрáть (*pf*).

● *cpds* **~clay** *n* бéлая глúна; трýбочная глúна; *vt* отб|éливать, -елúть трýбочной глúной; **~ cleaner** *n* ёршик для чúстки трýбки; **~ dream** *n* несбы́точная мечтá; **~line** *n* трубопровóд; (*for oil*) нефтепровóд; (*fig*) коммуникациóнная лúния; **in the ~line** (*fig*) на подхóде (*coll*); **~ rack** *n* подстáвка для трýбок; **~ tobacco** *n* трýбочный табáк.

piper /ˈpaɪpə(r)/ *n* (*bag ~*) волы́нщи|к (*fem* -ца); **he who pays the ~ calls the tune** кто плáтит, тот и распоряжáется (*or* тот и закáзывает (мýзыку)).

pipette /pɪˈpet/ *n* пипéтка.

piping /ˈpaɪpɪŋ/ *n* (*system of pipes*) трубопровóд; (*ornamental cord*) кант; (*cake decoration*) отдéлка, узóр.

● *adj* (*of voice etc.*) пронзúтельный.

● *adv*: **~ hot** с пы́лу, с жáру.

piquancy /ˈpiːkənsɪ, -kɑːnsɪ/ *n* (*lit, fig*) пикáнтность.

piquant /ˈpiːkənt, -kɑːnt/ *adj* (*lit, fig*) пикáнтный.

pique /piːk/ *n* досáда; раздражéние; **in a fit of ~** в поры́ве раздражéния.

● *vt* (**piques, piqued, piquing**) (*hurt the pride of*) уязв|ля́ть, -úть; (*stimulate*) возбу|ждáть, -дúть.

piqué /ˈpiːkeɪ/ *n* пикé (*indecl*).

piquet /pɪˈket/ *n* пикéт.

piracy /ˈpaɪrəsɪ/ *n* пирáтство.

pirate /ˈpaɪərət/ *n* пирáт; **~ ship** пирáтский корáбль; (*infringer of copyright*) нарушúтель (*m*) áвторского прáва, пирáт; **~ radio station** пирáтская радиостáнция.

● *vt* (*literary work*) публиковáть, о- в нарушéние áвторских прав; **~d edition** пирáтское издáние; (*video, software*) выпускáть, вы́пустить пирáтскую кóпию + *g*.

piratical /ˌpaɪəˈrætɪk(ə)l/ *adj* пирáтский.

pirouette /ˌpɪrʊˈet/ *n* пируэ́т.

● *vi* дéлать, с- пируэ́т.

Pisces /ˈpaɪsiːz, ˈpɪskiːz/ *n* (*pl* ~) Ры́бы (*f pl*).

pisciculture /ˈpɪsɪˌkʌltʃə(r)/ *n* рыбоводство.

piss /pɪs/ *n* (*vulg*) мочá; **~ artist** (*Br, drunkard*) забулды́га (*cg*); **take the ~ (out of)** (*Br*) насмехáться (*impf*) (над + *i*).

● *vt*: **~ blood** мочúться, по- крóвью; **~ s.o. off** злить, обо- когó-н.

● *vi* ссать, по- (*vulg*); **~ off!** (*Br*) отцепúсь!; провáливай!

● *cpds* **~-taker** *n* (*Br*) насмéшник; **~-taking** *n* (*Br*) насмехáтельство; **~-up** *n* (*Br*) выпивóн (*попойка*).

pissed /pɪst/ *adj* (*vulg*) **1** (*Br, drunk*) в жóпу/говнó пья́ный (*vulg*). **2** (*US, annoyed*) обозлённый; **~ off** (*US also* ~) обозлённый.

pistachio /pɪˈstɑːʃɪəʊ/ *n* (*pl* **~s**) фистáшка.

pistil /ˈpɪstɪl/ *n* пéстик.

pistol /ˈpɪst(ə)l/ *n* пистолéт.

● *cpds* **~ shot** *n* пистолéтный вы́стрел; **~-whip** *vt* бить, по- рукоя́ткой пистолéта.

piston /ˈpɪst(ə)n/ *n* пóршень (*m*); (*mus*) пистóн.

● *cpds* **~ engine** *n* поршневóй двúгатель; **~ ring** *n* поршневóе кольцó; **~ rod** *n* поршневóй шток.

pit[1] /pɪt/ *n* **1** (*hole*) я́ма; (*a large hole*) котловáн; (*for gravel*) карьéр; **gravel from the ~** грáвий из карьéра.
2 (*coal mine*) шáхта; **he works down the ~** он рабóтает в шáхте; **~ pony** (*Br*) шáхтная лóшадь.
3 (*covered hole, trap*) западня́, ловýшка; **the ~** (*hell*) преиспóдняя, ад; **the ~s** (*sl*) (ситуáция) хýже нéкуда (*or* хýже не бывáет).
4 (*depression*) углублéние, я́мка; **~ of the stomach** подлóжечная я́мка.
5 (*scar*) рябúна; (*after smallpox*) óспина.
6 (*theatr*) оркестрóвая я́ма; **~ stalls** партéр.
7 (*in workshop*) ремóнтная я́ма, смотровáя канáва; (*on motor-racing circuit*) ремóнтная площáдка, пит.

● *vt* (**pitted, pitting**)
1 (*oppose*): **he ~ted his wits against the law** он пытáлся обойтú закóн.
2 (*scar*): **his face was ~ted by smallpox** егó лицó бы́ло изры́то óспой.

● *cpds* **~ bull terrier** *n* питбýль (*m*); **~fall** *n* (*lit, fig*) западня́, капкáн; **~head** *n* надшáхтное здáние; **~ prop** *n* рудничная стóйка/подпóрка.

pit[2] /pɪt/ *n* (*US, fruit stone*) кóсточка.

● *vt* (**pitted, pitting**) (*remove stones from*) вынимáть, вы́нуть кóсточки из + *g*.

pit-a-pat /ˈpɪtəˌpæt/ *n* биéние, трéпет.

● *adv* топ-тóп; с биéнием/трéпетом; **her heart went ~** её сéрдце затрепетáло.

pitch[1] /pɪtʃ/ *n* **1** (*plunging motion of ship*) (килевáя) кáчка; (*lurch forward*) бросóк.
2 (*throw*) бросóк; (*delivery of ball*) подáча.
3 (*Br, area for games*) пóле, площáдка.
4 (*Br, spot where trader or entertainer operates*) (постоя́нное/обы́чное) мéсто.
5 (*of voice or instrument*) высотá.
6 (*height, intensity, degree*) ýровень (*m*), стéпень; **excitement reached fever ~** возбуждéние достúгло истерúческого накáла; **things came to such a ~ that ...** дéло дошлó до тогó, что... .
7 (*slope of roof*) скат.

● *vt* **1** (*set up, erect*): **they ~ed camp for the night** онú разбúли нá ночь лáгерь; **a ~ed battle** заплани́рованное сражéние.
2 (*throw*) бр|осáть, -óсить; (*fig*): **he was ~ed into the centre of events** он очутúлся в сáмом цéнтре собы́тий.
3 (*mus*): **the song is ~ed too high for me** э́та пéсня слúшком высокá для моегó гóлоса.

● *vi* (*of ship*): **the ship was ~ing** корáбль испы́тывал килевýю кáчку; (*of person, fall forwards*) пáдать, упáсть нáвзничь; (*lurch forward*) качнýться (*pf*); (*fig*) набр|áсываться, -óситься; **he ~ed into the work** он окунýлся в рабóту; **he ~ed into me** он набрóсился на меня́.

● *with adv*: **~ in** *vi* (*join in with vigour*) горячó/энергúчно брáться, взя́ться (*за что*).

● *cpd* **~fork** *n* (сенны́е) вúл|ы (*pl, g* —).

pitch[2] /pɪtʃ/ *n* (*bituminous substance*) смолá; **~ darkness** тьма кромéшная.

● *cpds* **~-black** *adj* чёрный как смоль; **~blende** *n* уранинúт; **~-dark** *adj*: **it is ~-dark here** здесь тьма кромéшная; здесь темны́м-темнó (*coll*); **~ pine** *n* (*Pinus rigida*) соснá жёсткая; (*Pinus palustris*) соснá болóтная.

pitcher /ˈpɪtʃə(r)/ *n* (*jug*) кувшúн; (*at baseball*) подающий.

piteous /ˈpɪtɪəs/ *adj* жáлкий; (*voice, song, words*) жáлобный.

pith /pɪθ/ *n* (*plant tissue*) паренхúма; сердцевúна; (*essential part*) суть; (*vigour, force*) энéргия, сúла.

pithy /ˈpɪθɪ/ *adj* (**pithier, pithiest**) (*fig*) сжáтый; содержáтельный.

pitiable /ˈpɪtɪəb(ə)l/ *adj* несчáстный; (*contemptible*) жáлкий.

P

pitiful /ˈpɪtɪˌfʊl/ *adj* жа́лкий.
pitiless /ˈpɪtɪlɪs/ *adj* безжа́лостный.
pittance /ˈpɪt(ə)ns/ *n* жа́лкие гроши́ (*m pl*).
pitter-patter /ˈpɪtəˌpætə(r)/ *n & adv* топ-то́п.
● *vi* посту́кивать (*impf*).
pituitary /pɪˈtjuːɪtərɪ/ *n* (*also* ~ **gland**) гипо́физ.
pit|y /ˈpɪtɪ/ *n* **1** (*compassion*) жа́лость; **have/take ~y on** сжа́литься (*pf*) над + *i*; **I feel ~y for him** мне его́ жа́лко; **he married her out of ~y** он жени́лся на ней из жа́лости; **for ~y's sake!** (*expressing impatience*) го́споди бо́же мой! **2** (*cause for regret*) жаль; **what a ~y!** как жаль/жа́лко!; **more's the ~y** тем ху́же; **it's a great ~y** о́чень жаль.
● *vt* жале́ть, по-; **she is much to be ~ied** её о́чень жаль.
pivot /ˈpɪvət/ *n* то́чка враще́ния; (*fig*) то́чка опо́ры.
● *vi* (**pivoted, pivoting**) враща́ться (*impf*); верте́ться (*impf*); **everything ~s on his decision** всё упира́ется в его́ реше́ние.
pivotal /ˈpɪvətəl/ *adj* осево́й; центра́льный; (*fig*) центра́льный, основно́й.
pixel /ˈpɪks(ə)l/ *n* (*comput*) пи́ксель (*m*), пи́ксел, элеме́нт изображе́ния.
pix|y, -ie /ˈpɪksɪ/ *n* эльф.
pizza /ˈpiːtsə/ *n* пи́цца; ~ **parlour** (*Br*), **parlor** (*US*) пиццери́я.
piz(z)azz /ˌpɪˈzæz/ *n* огонёк, аза́рт.
pizzeria /ˌpiːtsəˈriːə/ *n* пиццери́я.
pizzica|to /ˌpɪtsɪˈkɑːtəʊ/ *n, adj & adv* (*pl* **~tos** *or* **~ti** /-tɪ/) (*mus*) пицциќато (*indecl*).
pl. /ˈplʊər(ə)l/ *n abbr of* **1** ***plural*** мн. ч. (мно́жественное число́). **2** ***plate*** (*illustration*) вкладна́я иллюстра́ция, вкле́йка. **3** (**Pl.**) ***Place*** (*in street names*) Плейс.
placard /ˈplækɑːd/ *n* плака́т; (*advertising performance*) афи́ша.
placate /pləˈkeɪt, ˈplæ-, ˈpleɪ-/ *vt* умиротвор|я́ть, -и́ть; успок|а́ивать, -о́ить.
placatory /pləˈkeɪtərɪ/ *adj* задабривающий; умиротворя́ющий.
place /pleɪs/ *n* **1** ме́сто; **I have put my money in a safe ~** я положи́л де́ньги в надёжное ме́сто; **all over the ~** (*everywhere*) повсю́ду; (*in confusion*) повсю́ду, в беспоря́дке; (*correct, appropriate ~*): **everything is in ~** всё на ме́сте; **there's a time and a ~ for everything** всему́ своё вре́мя и ме́сто; **her hair was out of ~** её причёска растрепа́лась; **your laughter is out of ~** ваш смех неуме́стен; **that put him in his ~** э́то поста́вило его́ на ме́сто; (*reserved, occupied ~*): **he took his ~ in the queue** (*Br*), **in (the) line** (*US*) он за́нял ме́сто в о́череди; (*seat*): **he gave up his ~ to a lady** он уступи́л своё ме́сто да́ме; **take your ~s!** займи́те свои́ места́!; (*fig, position*): **put yourself in my ~** поста́вьте себя́ на моё ме́сто; **in your ~ I would go** на ва́шем ме́сте я бы пошёл; (*at table*): **six ~s were laid** стол был накры́т на шесть персо́н; (*fig*): **take ~** (*occur*) состоя́ться (*pf*); име́ть (*impf*) ме́сто; **when will the race take ~?** когда́ состоя́тся го́нки?; **take the ~ of** (*replace*) замен|я́ть, -и́ть; **give ~ to** смен|я́ться, -и́ться + *i*; **her tears gave ~ to smiles** её слёзы смени́лись улы́бкой; **in ~ of** вме́сто + *g*.
2 (*locality; specific area or point*) ме́сто; **in ~s** (*here and there*) места́ми; **we visited all the ~s of interest** мы осмотре́ли все интере́сные места́; **small ~s are not marked on the map** ме́лкие пу́нкты не обозна́чены на ка́рте; **there's no ~ like home** ≈ в гостя́х хорошо́, а до́ма лу́чше.
3 (*building; domicile*) дом; жили́ще; **~ of worship** моли́твенный дом; **~ of work** ме́сто рабо́ты; **he has a little ~ in the country** у него́ есть небольшо́й до́мик в дере́вне; **come round to my ~!** заходи́те ко мне!
4 (*employment*) ме́сто, слу́жба.
5 (*point or passage in book etc.*) ме́сто, страни́ца; **I put in a pencil to mark my ~** я заложи́л страни́цу карандашо́м.
6 (*position in race or contest*) ме́сто; **our team took first ~** на́ша кома́нда заняла́ пе́рвое ме́сто; (*stage, position in series*): **in the first ~** во-пе́рвых.
7 (*math*): **correct to three decimal ~s** с то́чностью до тре́тьего зна́ка (по́сле запято́й) (*Russians write 0.914 as 0,914*).
● *vt* **1** (*stand*) ста́вить, по-; (*lay*) класть, положи́ть; (*set*) сажа́ть, посади́ть; (*dispose*) разме|ща́ть, -сти́ть; расс|тавля́ть, -а́вить.
2 (*appoint*) поме|ща́ть, -сти́ть.
3 (*comm*) поме|ща́ть, -сти́ть (*деньги и т. п.*); **I ~d an order with them** я помести́л у них зака́з.
4 (*repose*) возл|ага́ть, -ожи́ть (*надежды и т. п.*); **no one ~s any confidence in his reports** его́ сообще́ния не вызыва́ют ни у кого́ дове́рия.
5 (*identify*) определ|я́ть, -и́ть; **I know those lines, but I cannot ~ them** мне знако́мы э́ти стро́чки, но я не могу́ вспо́мнить, отку́да они́.
● *cpds* ~ **kick** *n* уда́р по неподви́жному мячу́; ~ **mat** *n* подста́вка/салфе́тка под столо́вый прибо́р; ~ **name** *n* географи́ческое назва́ние; ~ **names** (*collect*) топони́мика, топони́мия.
placebo /pləˈsiːbəʊ/ *n* (*pl* **~s**) (*med*) плаце́бо (*indecl*); имита́ция лека́рственного сре́дства.
placement /ˈpleɪsmənt/ *n* (*action*) размеще́ние; (*for work*) назначе́ние.
placen|ta /pləˈsentə/ *n* (*pl* **~tae** /-tiː/ *or* **~tas**) плаце́нта.
placid /ˈplæsɪd/ *adj* споко́йный, безмяте́жный.
placidity /pləˈsɪdɪtɪ/ *n* споко́йствие, безмяте́жность.
plagiarism /ˈpleɪdʒəˌrɪz(ə)m/ *n* плагиа́т.
plagiarist /ˈpleɪdʒərɪst/ *n* плагиа́тор.
plagiarize /ˈpleɪdʒəˌraɪz/ *vi* занима́ться (*impf*) плагиа́том.
● *vt*: **he ~d my book** его́ рабо́та цели́ком спи́сана с мое́й кни́ги.
plague /pleɪɡ/ *n* **1** (*pestilence*) чума́. **2** (*infestation*) бе́дствие; **a ~ of rats** наше́ствие крыс. **3** (*annoyance*) напа́сть, зара́за (*coll*).
● *vt* (**plagues, plagued, plaguing**) (*afflict*) нас|ыла́ть, -ла́ть чуму́/бе́дствие на + *a*; (*pester*) докуча́ть (*impf*) + *d*.
plaice /pleɪs/ *n* (*pl* ~) ка́мбала.
plaid /plæd/ *n* (*garment*) плед; (*fabric*) шотла́ндка (*ткань*).
plain /pleɪn/ *n* равни́на.
● *adj* **1** (*clear, evident*) я́сный, я́вный; **it is as ~ as the nose on one's face** э́то я́сно как день; **her distress was ~ to see** она́ я́вно страда́ла; **it was ~ sailing from then on** с тех пор всё пошло́ как по ма́слу.
2 (*easy to understand*) я́сный, поня́тный; **why can't you speak ~ English?** почему́ вы не говори́те просты́м языко́м?
3 (*straightforward, candid*) прямо́й, открове́нный; **I am a ~ man** я челове́к просто́й; **I will be ~ with you** я бу́ду с ва́ми открове́нен; **~ dealing** че́стность, прямота́.
4 (*not patterned*): **~ wallpaper** одното́нные (*or* гла́дкие) обо́и; **~ blue shirt** одното́нная (*or* гла́дкая) голуба́я руба́шка; **~ paper** нелино́ванная бума́га; (*simple, ordinary, unembellished*) просто́й, скро́мный, неприхотли́вый; **~ clothes** (*opp to uniform*) шта́тское (пла́тье); **~ food** проста́я пи́ща; **~ living** скро́мная жизнь; **~ words** просты́е слова́.
5 (*unattractive*) некраси́вый.
6: **~ chocolate** чёрный шокола́д; **~ flour** (*Br*) мука́ без доба́вок.
● *adv* я́сно, про́сто.
● *cpds* **~chant, ~song** *nn* одното́нный напе́в; **~ clothes** *adj* оде́тый в шта́тское; **~-clothes man, officer** оде́тый в шта́тское полице́йский; **~-spoken** *adj* открове́нный, прямо́й.
plainness /ˈpleɪnnɪs/ *n* (*candour*) прямота́, открове́нность; (*simplicity*) простота́, скро́мность, неприхотли́вость; (*unattractiveness*) непривлека́тельность.
plaintiff /ˈpleɪntɪf/ *n* ист|е́ц (*fem* -и́ца).
plaintive /ˈpleɪntɪv/ *adj* печа́льный, гру́стный.
plait /plæt/ *n* (*Br*) коса́; **she wears her hair in a ~** она́ но́сит ко́су (*or* заплета́ет во́лосы в ко́су).
● *vt* запле|та́ть, -сти́.
plan /plæn/ *n* план; (*drawing, diagram*) чертёж; **~s were drawn up** бы́ли соста́влены пла́ны; (*map*) ка́рта, план; **a ~ of the city** план го́рода; (*schedule*): **all went according to ~** всё прошло́ по пла́ну; (*project*) план, прое́кт; **Five-Year P~** пятиле́тний план; **master ~** генера́льный план; **they made ~s for the future** они́ стро́или пла́ны на бу́дущее; (*system*) за́мысел; **on the instalment ~** в рассро́чку; **an open-~ house** дом откры́той плани́ровки.
● *vt* (**planned, planning**) **1** (*make a ~ of*) плани́ровать, рас-.
2 (*arrange*) плани́ровать, за-; (*design*) проекти́ровать, с-; **~ned economy** пла́новая эконо́мика.
● *vi* (**planned, planning**) намерева́ться, плани́ровать (*both*

P

impf); **where are you ~ning to go this year?** куда́ вы плани́руете пое́хать в э́том году́?; **we must ~ ahead** на́до ду́мать о бу́дущем.

planchette /plɑːˈnʃet/ *n* планше́тка (для спирити́ческих сеа́нсов).

plane¹ /pleɪn/ *n* (*tree*) плата́н.

plane² /pleɪn/ *n* (*tool*) руба́нок, струг.
● *vt* строга́ть, вы́-.
● *vi* строга́ть (*impf*).
● *with advs*: **~ away, ~ down** *vt* состр|а́гивать, -ога́ть.

plane³ /pleɪn/ *n* **1** (*flat surface*) пло́скость. **2** (*aeroplane*) самолёт. **3** (*fig, level*) у́ровень (*m*); **her thoughts are on a higher ~** у неё бо́лее высо́кий строй мы́слей.
● *adj* пло́ский, плоскостно́й.

planet /ˈplænɪt/ *n* плане́та.

planetari|um /ˌplænɪˈteərɪəm/ *n* (*pl* **~ums** *or* **~a**) планета́рий.

planetary /ˈplænɪtərɪ/ *adj* планета́рный, плане́тный.

plangent /ˈplændʒ(ə)nt/ *adj* (*plaintive*) зауны́вный.

plank /plæŋk/ *n* доска́; (*fig, item in election programme*) пункт предвы́борной програ́ммы.
● *vt* (*US coll, also* **plunk**): **he ~ed down his money on the table** он вы́ложил де́ньги на стол.

planking /ˈplæŋkɪŋ/ *n* (*flooring*) насти́л; (*planks*) до́ски (*f pl*).

plankton /ˈplæŋkt(ə)n/ *n* планкто́н.

planner /ˈplænə(r)/ *n* планови́к; проектиро́вщик.

planning /ˈplænɪŋ/ *n* плани́рование; **long-term ~** перспекти́вное плани́рование; **family ~** плани́рование семьи́; **town ~** градострои́тельство; **~ department** отде́л плани́рования и застро́йки; **~ permission** (*Br*) разреше́ние на строи́тельство.

plant /plɑːnt/ *n* **1** (*vegetable organism*) расте́ние; **house ~** ко́мнатное расте́ние. **2** (*industrial fixtures or machinery*) обору́дование. **3** (*factory*) заво́д. **4** (*coll, article placed to incriminate; incrimination*) сфабрико́ванная ули́ка.
● *vt* **1** (*put in ground*) сажа́ть, посади́ть; (*seeds*) се́ять, по-; **I have ~ed out the cabbages** я вы́садил капу́сту в грунт. **2** (*furnish with ~s*) заса́|живать, -ди́ть; **the beds were ~ed with roses** гря́дки бы́ли заса́жены ро́зами. **3** (*fig*): **he ~ed a doubt in my mind** он посе́ял во мне сомне́ние; **he ~ed himself in front of the fire** он расположи́лся пе́ред ками́ном; **~ a blow** нан|оси́ть, -ести́ то́чный уда́р; **~ a bomb** под|кла́дывать, -ложи́ть бо́мбу; **~ evidence** подбр|а́сывать, -о́сить ули́ки; подде́л|ывать, -ать доказа́тельства.

plantain /ˈplæntɪn/ *n* (*herb*) подоро́жник; (*tropical tree*) ди́кий бана́н.

plantation /plænˈteɪʃ(ə)n, plɑːn-/ *n* (*area of planted trees*) насажде́ния (*pl*), зелёный масси́в; (*estate*) планта́ция.

planter /ˈplɑːntə(r)/ *n* (*person who plants seeds, bulbs, trees*) сажа́льщик, се́ятель (*of seeds only*); (*plantation owner*) планта́тор; (*agricultural machine*) се́ялка; (*container for plants*) декорати́вный горшо́к (для расте́ний).

plaque /plæk, plɑːk/ *n* (*tablet*) доще́чка; (*on teeth*) зубно́й ка́мень.

plash /plæʃ/ *n* (*splashing sound*) плеск, вплеск.
● *vi* плес|ка́ть, -ну́ть; плеска́ться (*impf*).

plasm(a) /ˈplæz(ə)m, ˈplæzmə/ *n* пла́зма; **plasma screen** (*TV, comput*) пла́зменный экра́н.
● *adj* пла́зменный.

plaster /ˈplɑːstə(r)/ *n* **1** (*for coating walls etc.*) штукату́рка; **~ cast** ги́псовый сле́пок; **~ of Paris** гипс. **2** (*Br, med*) пла́стырь (*m*).
● *vt* **1** (*coat with ~*) штукату́рить, о-; (*coat*) покр|ыва́ть, -ы́ть; **his boots were ~ed with mud** его́ боти́нки бы́ли облеплены гря́зью. **2** (*cover*) облеп|ля́ть, -и́ть; **the trunk was ~ed with labels** чемода́н был весь обле́плен накле́йками. **3**: **get ~ed** (*sl, drunk*) нализа́ться, упи́ться (*both pf, both sl*).
● *cpd* **~board** *n* суха́я штукату́рка.

plasterer /ˈplɑːstərə(r)/ *n* штукату́р.

plastic /ˈplæstɪk/ *n* пла́стик, пластма́сса; (*coll, credit/debit card*) пла́стиковая ка́рт(очк)а (*кредитная/дебетовая карта*).
● *adj* **1** (*made of ~*) пластма́ссовый; пла́стиковый; **~ bag** полиэтиле́новый паке́т/мешо́к; **~ bomb** пла́стиковая бо́мба. **2** (*pertaining to moulding; sculptural*) лепно́й; скульпту́рный; **the ~ arts** пласти́ческие иску́сства; **~ surgery** (*medical practice*) пласти́ческая хирурги́я; (*operation*) пласти́ческая опера́ция. **3** (*malleable*) пласти́чный.

plasticine /ˈplæstɪˌsiːn/ *n* (*propr*) пластили́н.

plasticity /ˌplæsˈtɪsɪtɪ/ *n* пласти́чность.

plate /pleɪt/ *n* **1** (*shallow dish*) (ме́лкая) таре́лка; **side ~** таре́лка для хле́ба; (*fig*): **he has a lot on his ~** (*Br*) у него́ дел по го́рло (*coll*); **the game was handed to him on a ~** ему́ преподнесли́ побе́ду на блю́дечке. **2** (*collect, metal tableware*) посу́да; **silver ~** сере́бряная посу́да. **3** (*sheet of metal, glass, etc.*) лист, пласти́н(к)а; **a ~ on the door gave the doctor's name** на двери́ была́ табли́чка с фами́лией до́ктора; **the battery has zinc ~s** батаре́я име́ет ци́нковые пласти́ны; **armour** (*Br*), **armor** (*US*) **~** броневы́е пли́ты (*f pl*). **4** (*phot*) фотопласти́нка; **half ~** полуто́новое клише́ (*indecl*). **5** (*lithographic*) гальваноклише́ (*indecl*); (*illustration*) вкладна́я иллюстра́ция, вкле́йка. **6** (*printing*) стереоти́п. **7** (**dental ~**) вставна́я че́люсть, (зубно́й) проте́з. **8** (*cup as racing prize*) ку́бок. **9** (*railways*) ре́льсовая накла́дка. **10** (*number ~*) номерно́й знак.
● *vt* **1** (*cover with metal ~s*) общ|ива́ть, -и́ть. **2** (*coat with layer of metal*) плакирова́ть (*impf*); нан|оси́ть, -ести́ покры́тие на + *a*; **silver-~d spoons** посеребрённые ло́жки.
● *cpds* **~ glass** *adj* из зерка́льного стекла́; **~layer** *n* (*Br*) путево́й рабо́чий; **~ rack** *n* (*Br*) суши́лка для посу́ды; **~ tectonics** *n* плитотекто́ника.

plateau /ˈplætəʊ/ *n* (*pl* **~x** /-z/ *or* **~s**) плато́ (*indecl*).

plateful /ˈpleɪtfʊl/ *n* (по́лная) таре́лка (*чего*).

platen /ˈplæt(ə)n/ *n* (*of typewriter*) ва́лик.

platform /ˈplætfɔːm/ *n* **1** (*at station*) платфо́рма, перро́н; **at ~ No. 3** на платфо́рме № 3; **~ ticket** (*Br*) перро́нный биле́т. **2** (*for speakers*) трибу́на; (*fig, pol*) (полити́ческая) платфо́рма. **3** (*comput*) платфо́рма.

plating /ˈpleɪtɪŋ/ *n* покры́тие; обши́вка.

platinum /ˈplætɪnəm/ *n* пла́тина; **~ blonde** пла́тиновая блонди́нка (*с волосами серебристого цвета*).

platitude /ˈplætɪˌtjuːd/ *n* изби́тая фра́за, бана́льность.

platitudinous /ˌplætɪˈtjuːdɪnəs/ *adj* бана́льный, изби́тый.

platonic /pləˈtɒnɪk/ *adj* платони́ческий.

platoon /pləˈtuːn/ *n* взвод.

platter /ˈplætə(r)/ *n* блю́до; **cold ~** холо́дное ассорти́ (*indecl*).

platypus /ˈplætɪpəs/ *n* (*pl* **platypuses**) утконо́с.

plaudits /ˈplɔːdɪts/ *n pl* (*applause*) аплодисме́нт|ы (*pl, g* -ов); (*praise*) похвала́ (*sg*).

plausibility /ˌplɔːzɪˈbɪlɪtɪ/ *n* вероя́тность, правдоподо́бие.

plausible /ˈplɔːzɪb(ə)l/ *adj* (*story, statement*) правдоподо́бный, вероя́тный; (*person*) убеди́тельный.

play /pleɪ/ *n* **1** (*recreation, amusement*) игра́; **the children were at ~** де́ти игра́ли; **mathematics is child's ~ to him** матема́тика для него́ — де́тская игра́ (*or* де́тские игру́шки); **~ on words** игра́ слов. **2** (*conduct of game etc.*) игра́; мане́ра игры́; **there was a lot of rough ~** бы́ло мно́го гру́бой игры́; **I am here to see fair ~** я слежу́ за тем, что́бы игра́ вела́сь по пра́вилам; **the police suspect foul ~** поли́ция подозрева́ет незако́нные де́йствия (*or* подозрева́ет, что де́ло нечи́сто (*coll*)). **3** (*state of being played with*): **the ball was out of ~** мяч был вне игры́. **4** (*fig, action*) де́йствие, де́ятельность; **all his strength was brought into ~** он мобилизова́л все свои́ си́лы; **the ~ of market forces** возде́йствие ры́ночных фа́кторов. **5** (*dramatic work*) пье́са; (*in theatre*) спекта́кль (*m*). **6** (*visual effect*) игра́; перели́вы (*m pl*); **the ~ of light on the water** игра́ све́та на воде́. **7** (*free movement*) люфт, свобо́дный ход; **there is too much ~ in the brake pedal** тормозна́я педа́ль име́ет сли́шком большо́й свобо́дный ход. **8** (*fig, scope*) во́ля; просто́р; **she allowed her curiosity free ~** она́ дала́

P

во́лю своему́ любопы́тству.
● *vt* **1** (*perform, take part in*) игра́ть, сыгра́ть в + *a*; **~ football** игра́ть (*impf*) в футбо́л; **he wouldn't ~ ball** (*coll, cooperate*) он не хоте́л сотру́дничать; **~ it cool** (*coll*) сохраня́ть (*impf*) хладнокро́вие.
2 (*perform on*) игра́ть, сыгра́ть на + *p*; **can you ~ the piano?** вы игра́ете на роя́ле?; **he ~s second fiddle** (*fig*) он игра́ет втору́ю скри́пку.
3 (*perform piece of music*) исп|олня́ть, -о́лнить; (*record*) про|игрывать, -игра́ть; **they ~ed records** они́ поста́вили/проигра́ли пласти́нки; **he ~ed it by ear** (*fig, of extempore action*) он де́йствовал в зави́симости от обстоя́тельств.
4 (*perpetrate*): **he is always ~ing tricks on me** он всегда́ надо мно́й подшу́чивает; **my memory ~s tricks** па́мять меня́ подво́дит.
5 (*enact role of*) игра́ть, сыгра́ть; **I ~ed Horatio** я игра́л Гора́цио; **stop ~ing the fool!** переста́ньте валя́ть дурака́; **~ truant** прогу́л|ивать, -я́ть заня́тия/уро́ки.
6 (*enact drama of*) дава́ть (*impf*); дава́ть представле́ние + *g*, игра́ть (*impf*); **they are ~ing Othello** (в теа́тре) даю́т/игра́ют «Оте́лло».
7 (*contend against*): **will you ~ me at chess?** вы сыгра́ете со мной в ша́хматы?
8 (*cards*): **he ~ed the ace** он пошёл с туза́; **he ~ed his trump card** (*fig*) он пусти́л в ход свой ко́зырь; **he ~ed his cards well** (*fig*) он де́йствовал уме́ло.
9 (*use as ~er*): **they ~ed Jones at full back** Джо́нса поста́вили игра́ть защи́тником.
10 (*strike, propel*) уд|аря́ть, -а́рить; (*fig*): **he ~ed the affair skilfully** он иску́сно провёл де́ло.
● *vi* **1** игра́ть, сыгра́ть; (*amuse o.s., have fun*) игра́ть, забавля́ться (*both impf*); **they were ~ing at soldiers** они́ игра́ли в войну́; **what are you ~ing at?** что за игру́ вы ведёте?; **she ~ed on his vanity** она́ игра́ла на его́ тщесла́вие; **he is fond of ~ing on words** он лю́бит каламбу́ры; **she is ~ing with his affections** она́ игра́ет его́ чу́вствами; **I am ~ing with the idea of resigning** я поду́мываю об отста́вке; **he ~ed with his glasses while he was talking** разгова́ривая, он верте́л в рука́х очки́; **don't ~ with fire!** (*fig*) не игра́йте с огнём!; (*take part in game or sport*) игра́ть (*impf*); **they ~ed to win** они́ игра́ли с аза́ртом; **two can ~ at that game!** (*fig*) посмо́трим ещё, чья возьмёт!; **I have always ~ed fair with you** я всегда́ поступа́л с ва́ми че́стно; (*gamble*) игра́ть (*impf*); **what shall we ~ for?** по ско́льку бу́дем игра́ть/ста́вить?; **he is ~ing for high stakes** (*fig*) он игра́ет по-кру́пному; (*perform music*): **it's an old instrument but it ~s well** э́то ста́рый инструме́нт, но у него́ хоро́ший звук; (*on stage etc.*): **they ~ed to full houses** они́ игра́ли при по́лном за́ле; **~ to the gallery** (*fig*) иска́ть (*impf*) дешёвой популя́рности; игра́ть (*impf*) на пу́блику; (*move, be active*): **a smile ~ed on her lips** улы́бка игра́ла на её губа́х; **a breeze ~ed in the trees** в дере́вьях шелесте́л ветеро́к; **the light ~ed on the water** на воде́ игра́ли светов́ые бли́ки; **the fountains were ~ing** би́ли фонта́ны.
2 (*be directed*): **searchlights ~ed on the aircraft** проже́кторы бы́ли напра́влены на самолёт.
3 (*strike ball*) де́лать, с- бросо́к; (*fig*): **he ~ed into my hands** он сыгра́л мне на́ руку.
● *with advs*: **~ about, ~ around** *vi* игра́ть (*impf*); резви́ться (*impf*); **the children were ~ing about in the garden** де́ти резви́лись в саду́; **~ back** *vt* воспроизв|оди́ть, -ести́; прослу́ш|ивать, -ать; **the tape was ~ed back** плёнку проигра́ли; **~ down** *vt* (*fig, minimize*) преум|еньша́ть, -е́ньшить; **I ~ed down his faults in my report** в своём отчёте я не заостря́лся на его́ недоста́тках; **~ o.s. in** *vt* (*Br*) разы́гр|ываться, -а́ться; входи́ть, войти́ в игру́/рабо́ту; **~ off** *vt* (*replay*): **the drawn game must be ~ed off next week** ничья́ должна́ быть переи́грана на сле́дующей неде́ле; (*set in opposition*) натра́в|ливать, -и́ть (*кого на кого*); **he ~ed his rivals off against one another** он стра́вливал свои́х сопе́рников; **~ out** *vt* (**~** *to the end, to a result*) дои́гр|ывать, -а́ть; (*passive, be exhausted*) выдыха́ться, вы́дохнуться; **~ over** *vt* переи́гр|ывать, -а́ть; **may I ~ over my new composition?** мо́жно вам проигра́ть моё но́вое произведе́ние?; **~ through** *vt* игра́ть, сыгра́ть (целико́м); **the conductor made them ~ the movement through again** дирижёр заста́вил их сыгра́ть/проигра́ть э́ту часть за́ново; **~ up** *vt* (*give emphasis, importance to*) обы́гр|ывать, -а́ть; **he ~ed up the advantages of the scheme** он обыгра́л преиму́щества пла́на; (*Br coll, give trouble to*) му́чить, за-; **Tommy has been ~ing me up all morning** То́мми досажда́л мне всё у́тро; **my car is ~ing me up again** моя́ маши́на опя́ть барахли́т; *vi* (*Br, misbehave*) распус|ка́ться, -ти́ться; **the boys ~ up when their father is away** ма́льчики распуска́ются, когда́ отца́ нет до́ма; **~ up to** (*humour*) подда́к|ивать, -нуть; **she ~s up to her husband** она́ подда́кивает своему́ му́жу; (*give flattering attention to*) льстить (*impf*) + *d*; подли́зываться (*impf*) к + *d*.
● *cpds* **~-act** *vi* притворя́ться (*impf*); **~-acting** *n* (*fig*) притво́рство, на́игрыш (*coll*); **~back** *n* воспроизведе́ние; **~bill** *n* (*poster*) театра́льная афи́ша; **~box** *n* я́щик для игру́шек; **~boy** *n* плейбо́й, пове́са (*m*); **~fellow, ~mate** *nn*: **the child needs a ~fellow** ребёнку на́до с ке́м-то игра́ть; **~goer** *n* театра́л; **~ground** *n* (*at school*) площа́дка для игр; (*fig*) излю́бленное ме́сто развлече́ния; **~group** *n* (*Br*) дошко́льная гру́ппа; **~house** *n* теа́тр; **~mate** *n* = **~fellow**; **~-off** *n* реша́ющая встре́ча; повто́рная встре́ча по́сле ничье́й; **~pen** *n* де́тский мане́ж; **~school** *n* ≈ де́тский сад; **~suit** *n* спорти́вный костю́м; **~thing** *n* (*lit, fig*) игру́шка; **~time** *n* (шко́льная) переме́на; **~wright** *n* драмату́рг.

player /ˈpleɪə(r)/ *n* **1** (*of game*) игро́к; спортсме́н. **2** (*actor*) актёр.
3 (*musician*) исполни́тель; **a ~ on the clarinet, a clarinet ~** кларнети́ст.
4 (*record ~*) прои́грыватель (*m*).
● *cpd* **~-piano** *n* пиано́ла.

playful /ˈpleɪfʊl/ *adj* игри́вый, шаловли́вый.

playfulness /ˈpleɪfʊlnɪs/ *n* игри́вость.

playing /ˈpleɪɪŋ/ *n* игра́.
● *cpds* **~ card** *n* игра́льная ка́рта; **~ field** *n* спорти́вное по́ле.

playlet /ˈpleɪlɪt/ *n* пье́ска, небольша́я пье́са.

plaza /ˈplɑːzə/ *n* пло́щадь.

plc, PLC (*abbr of* ***public limited company***) (*Br*) откры́тая/публи́чная компа́ния с ограни́ченной отве́тственностью.

plea /pliː/ *n* **1** (*law*) заявле́ние (отве́тчика); **he entered a ~ of guilty** он призна́л себя́ вино́вным. **2** (*excuse*) предло́г; **on the ~ of ill health** под предло́гом боле́зни. **3** (*request, appeal*) про́сьба.
● *cpd* **~-bargaining** *n* (*law*) призна́ние подсуди́мым вино́вности в соверше́нии ме́нее тя́жкого преступле́ния в обме́н на бо́лее мя́гкий пригово́р.

plead /pliːd/ *vt* **1** (*case*) вести́ (*impf*); **he had a lawyer to ~ his case** его́ де́ло вёл адвока́т; (*cause*) защища́ть (*impf*); **he ~ed the cause of the pensioners** он защища́л интере́сы пенсионе́ров.
2 (*offer as excuse*) ссыла́ться, сосла́ться на + *a*; **the defendant ~ed insanity** подсуди́мый сосла́лся на невменя́емость; **I must ~ ignorance of the facts** я до́лжен призна́ться, что мне неизве́стны э́ти фа́кты. **3** (*declare o.s.*): **my client ~s (not) guilty** мой клие́нт (не) признаёт себя́ вино́вным.
● *vi* **1** (*address court as advocate*) выступа́ть, вы́ступить в суде́.
2 (*appeal, entreat*) приз|ыва́ть, -ва́ть; умоля́ть (*impf*); **the prisoners ~ed for mercy** заключённые проси́ли о поми́ловании; **he ~ed with me to stay** он умоля́л меня́ оста́ться.

pleading /ˈpliːdɪŋ/ *n* выступле́ние защи́ты; хода́тайство; (*of cause of an action*) заявле́ние основа́ний и́ска; (*of defence*) защи́та про́тив и́ска; **special ~** тенденцио́зный подбо́р фа́ктов/аргуме́нтов.

pleasant /ˈplez(ə)nt/ *adj* (**pleasanter, pleasantest**) прия́тный.

pleasantness /ˈplezəntnɪs/ *n* прия́тность.

pleasantry /ˈplezəntrɪ/ *n* (*amiable remark*) любе́зность.

please /pliːz/ *vt* нра́виться, по- + *d*; ра́довать, по-; дост|авля́ть, -а́вить удово́льствие + *d*; **it ~s the eye** э́то ра́дует глаз; **his attitude ~s me** меня́ ра́дует его́ отноше́ние; **I was not very**

~d at, by, with the results я был не óчень довóлен результáтами; **I feel better, I'm ~d to say** рад сообщи́ть, что я чу́вствую себя́ лу́чше; **I was ~d to note** мне бы́ло прия́тно отмéтить; **I shall be ~d to attend** я бу́ду рад приня́ть учáстие; **~ God** (*with clause beginning with let('s), do(n't), etc.*) дай Бог; (*with clause beginning with n (phr) or pron*) даст Бог, Бог даст; **~ yourself** как вам бу́дет угóдно; **he ~s himself what he does** он поступáет(так), как емý заблагорассу́дится.
● *vi* **1** (*give pleasure*) уго|ждáть, -ди́ть; **she is very anxious to ~** онá óчень старáется угоди́ть. **2** (*think fit*) извóлить (*impf*); **do as you ~** дéлайте, как хоти́те; **take as many as you ~** возьми́те скóлько угóдно/хоти́те. **3** (*polite request*): **~ shut the door** пожáлуйста, закрóйте дверь; **won't you ~ sit down?** пожáлуйста, сади́тесь; **~ do try the jam** пожáлуйста (*or* прошу́ вас), попрóбуйте варéнья; **~ forgive our long silence** óчень прóсим извини́ть нас за дóлгое молчáние; **if you ~** éсли вам угóдно; óчень вас прошу́; (*ironical*): **he's taken a day's leave, if you ~** предстáвьте себé (*or* поду́мать тóлько), он взял выходнóй.

pleasing /ˈpli:zɪŋ/ *adj* прия́тный.

pleasurable /ˈpleʒərəb(ə)l/ *adj* прия́тный, отрáдный.

pleasure /ˈpleʒə(r)/ *n* **1** (*enjoyment*) удовóльствие; **it's a ~!** (*sc. to oblige*) не стóит!; **it gives me great ~ to see you** мне óчень прия́тно вас ви́деть; **may I have the ~ of a dance?** разреши́те пригласи́ть вас на тáнец?; **he takes ~ in teasing her** емý доставля́ет удовóльствие подтру́нивать над ней. **2** (*will, desire*) желáние; **at your ~** по вáшему желáнию.
● *cpds* **~ boat** *n* прогу́лочный кáтер; **~ ground** *n* сад; парк; **~-seeking** *adj* и́щущий удовóльствий.

pleat /pli:t/ *n* склáдка.
● *vt* плиссировáть (*impf*); **~ed skirt** плиссирóванная ю́бка; ю́бка в склáдку.

plebeian /plɪˈbi:ən/ *n* плебéй.
● *adj* плебéйский.

plebiscite /ˈplebɪsɪt, -ˌsaɪt/ *n* плебисци́т.

plebs /plebz/ *n* плебс.

plectr|um /ˈplektrəm/ *n* (*pl* **~ums** *or* **~a**) (*mus*) (*for guitar etc.*) медиáтор, плектр.

pledge /pledʒ/ *n* **1** (*thing left as earnest of intent; token*) залóг. **2** (*promise*) обéт, обещáние; **he has signed the** (*temperance*)**~** он дал зарóк не пить.
● *vt* **1** (*give as security*) отд|авáть, -áть в залóг; (*pawn*) за|клáдывать, -ложи́ть; **~ o.s.** обя́з|ываться, -áться; ручáться, поручи́ться; **I ~ my word** даю́ слóво; ручáюсь. **2** (*enjoin*): **I ~d him to secrecy** я взял с негó слóво не разглашáть э́то.

> **the Pledge of Allegiance — кля́тва вéрности**
>
> В америкáнских шкóлах кáждый учéбный день начинáется с перекли́чки и с кля́твы америкáнскому флáгу. Учени́ки произнóсят кля́тву вéрности и прéданности Амéрике: «Я кляну́сь в вéрности флáгу Соединённых Штáтов Амéрики и респу́блике, котóрую он представля́ет, её нарóду, еди́ному пéред Бóгом, свобóде и справедли́вости для всех».
>
> Иммигрáнты, принимáющие америкáнское граждáнство принóсят таку́ю же кля́тву.

Pleiades /ˈplaɪəˌdi:z/ *n sg* (*astron*) Плея́д|ы (*pl, g —*).

Pleistocene /ˈplaɪstəˌsi:n/ (*geol*) *n* (**the ~**) плейстоцéн.
● *adj* плейстоцéновый.

plenary /ˈpli:nərɪ/ *adj*: **~ powers** неограни́ченные полномóчия; **~ session** пленáрное заседáние, плéнум.

plenipotentiary /ˌplenɪpəˈtenʃərɪ/ *n* полномóчный представи́тель.
● *adj* (*having power*) полномóчный, (*absolute*) неограни́ченный.

plenitude /ˈplenɪˌtju:d/ *n* (*fullness*) полнотá; (*abundance*) изоби́лие, оби́лие.

plenteous /ˈplentɪəs/ *adj* оби́льный.

plentiful /ˈplentɪˌfʊl/ *adj* изоби́льный, оби́льный.

plenty /ˈplentɪ/ *n* **1** (*abundance*) изоби́лие; **there was food in ~** едá былá в изоби́лии. **2** (*large quantity or number*) мнóго; мнóжество; **we have ~** у нас мнóго; **he has ~ of money** у негó мнóго/пóлно (*coll*) дéнег; **we have ~ of time to spare** у нас мнóго врéмени в запáсе. **3** (*sufficient*) достáток; **that will be ~** э́того бу́дет (пре)достáточно.

plenum /ˈpli:nəm/ *n* плéнум.

plesiosaur /ˌpli:sɪəˈsɔ:(r)/ *n* плезиозáвр.

plethora /ˈpleθərə/ *n* (*med*) полнокрóвие; (*fig, over-abundance*) избы́ток.

pleurisy /ˈplʊərɪsɪ/ *n* плеври́т.

plexus /ˈpleksəs/ *n* (*pl* **~** *or* **~es**) сплетéние; **solar ~** сóлнечное сплетéние.

pliability /ˌplaɪəˈbɪlɪtɪ/ *n* ги́бкость; устýпчивость, сговóрчивость.

pliable /ˈplaɪəb(ə)l/ *adj* (*material*) ги́бкий; (*person*) устýпчивый, сговóрчивый

pliant /ˈplaɪənt/ *adj* = **pliable**

pliers /ˈplaɪəz/ *n pl* (*for holding things*) щипц|ы́ (*pl, g* -óв); (*for pulling things out*) клéщ|и (*pl, g* -éй); (*for bending, cutting*) плоскогу́бц|ы (*pl, g* -ев).

plight /plaɪt/ *n* (незави́дная) у́часть.

plimsoll /ˈplɪms(ə)l/ *n* **1** (*Br, light shoe*): **~s** паруси́новые ту́фли (*f pl*); спорти́вные тáпочки (*f pl*). **2**: **P~ line** грузовáя мáрка (*судна*).

plinth /plɪnθ/ *n* пли́нт.

Pliocene /ˈplaɪəˌsi:n/ (*geol*) *n* (**the ~**) плиоцéн.
● *adj* плиоцéновый.

PLO (*abbr of* ***Palestine Liberation Organization***) ОÓП (Организáция освобождéния Палести́ны).

plod /plɒd/ *n* (*walk*) тяжёлая пóступь.
● *vt & i* (**plodded, plodding**) тащи́ться (*impf*); **he ~ded home** он устáло тащи́лся домóй; (*fig*): **~ away at sth** корпéть (*impf*) над чем-н.

plodder /ˈplɒdə(r)/ *n* (*fig*) трудя́га (*cg*); работя́га (*cg*).

plonk /plɒŋk/ *n* (*Br sl, cheap wine*) дешёвое винó, бормотýха (*coll*).
● *vt* (*coll, put down heavily*) грóх|ать, -нуть; бáх|ать, -нуть; **he ~ed himself in an armchair** он плю́хнулся в крéсло.

plonker /ˈplɒŋkə(r)/ *n* (*Br coll*) деби́л, дуби́на.

plop /plɒp/ *n* булты́х.
● *adv*: **fall ~** бултыхнýться (*pf*).
● *vi* (**plopped, plopping**) шлёпаться, шлёпнуться, бултыхнýться (*pf*).
● *int* бух!

plosive /ˈpləʊsɪv/ *n* (*phonetics*) взрывнóй звук.
● *adj* взрывнóй.

plot /plɒt/ *n* **1** (*piece of ground*) учáсток (земли́). **2** (*outline of play etc.*) фáбула, сюжéт. **3** (*conspiracy*) зáговор.
● *vt* (**plotted, plotting**) **1** (*conspire to achieve*): **they ~ted his ruin** они́ готóвили емý ги́бель. **2** (*mark on a chart or graph*) нан|оси́ть, -ести́ (*данные*) на кáрту/грáфик. **3** (*naut, aeron*) про|клáдывать, -ложи́ть (*курс*).
● *vi* (**plotted, plotting**) (*conspire*) организ|óвывать, -овáть зáговор.

plotter /ˈplɒtə(r)/ *n* **1** (*person*) заговóрщи|к (*fem* -ца). **2** (*instrument*) графопострои́тель (*m*), плóттер.

plough /plaʊ/ (*US* **plow**) *n* **1** плуг; **we have 100 acres under ~** у нас 100 áкров пáшни (*or* пáхотной земли́); (**snow ~**) снегоочисти́тель (*m*). **2**: **the P~** (*astron*) Большáя Медвéдица.
● *vt* пахáть, вс-; **he ~s a lonely furrow** (*fig*) он дéйствует в одинóчку; (*fig*): **he ~ed his way through the mud** он шлёпал по грязи́.
● *vi* (*fig*) продв|игáться, -и́нуться; **the ship ~ed through the waves** корáбль рассекáл вóлны; **I ~ed through the book** я с трудóм оси́лил кни́гу.
● *with advs*: **~ back** *vt*: **profits are ~ed back** при́быль вклáдывается в дéло/реинвести́руется; **~ in** *vt* запáх|ивать, -áть; **~ up** *vt* распáх|ивать, -áть.
● *cpds* **~land** *n* пáхотная земля́; **~man** *n* (*pl* **~men**) пáхарь (*m*); **~man's lunch** «зáвтрак пáхаря» (*традиционное блюдо в пабах: хлеб с сыром; подаётся с солениями и салатом из свежих овощей*); **~share** *n* плу́жный лéмех.

plover /ˈplʌvə(r)/ *n* (*zool*) ржáнка.

plow /plaʊ/ = **plough**

ploy /plɔɪ/ *n* (*manoeuvre*) улóвка.

pluck /plʌk/ *n* **1** (*pull*) дёрганье; (*twitch*) щипóк. **2** (*coll, courage*) смéлость, отвáга.
● *vt* **1** (*flowers*) срывáть, сорвáть; соб|ирáть, -рáть. **2** (*bird*) ощи́п|ывать, -áть. **3** (*eyebrows*) выщи́пывать,

P

вы́щипать. **4** (*mus*) перебира́ть (*impf*) стру́ны + *g*; **~ed instrument** щипко́вый инструме́нт. **5** (*twitch, pull at; also vi*) дёр|гать, -нуть.
● *with advs*: **~ off** *vt* выдёргивать, вы́дернуть; **~ out** *vt* выщи́пывать, вы́щипать; **~ up** *vt*: **~ up courage** соб|ира́ться, -ра́ться с ду́хом.

plucky /ˈplʌkɪ/ *adj* (**pluckier, pluckiest**) (*coll*) сме́лый, отва́жный.

plug /plʌg/ *n* **1** (*stopper, e.g. of bath*) про́бка, заты́чка; **ear~** заты́чка для уше́й.
2 (*elec connector*) ви́лка; (*socket*) розе́тка.
3 (*spark ~*) свеча́ зажига́ния.
4 (*coll, advertisement*) рекла́ма.
● *vt* (**plugged, plugging**) (*stop up*) зат|ыка́ть, -кну́ть; (*coll, boost*) рекламировать (*impf, pf*), прота́лкивать (*impf*); (*US sl, shoot*) уложи́ть, хло́пнуть (*both pf*).
● *with advs*: **~ away** *vi* (*coll, persevere*) корпе́ть (*impf*); **~ in** *vt* включ|а́ть, -и́ть; **~ up** *vt* (*hole*) зат|ыка́ть, -кну́ть.
● *cpds* **~hole** *n* (*Br*) сто́чное отве́рстие; **~-in** *adj* вставно́й; **~-ugly** *n* (*US sl*) (*thug*) хулига́н; (*ruffian*) банди́уга.

plum /plʌm/ *n* **1** (*fruit, tree*) сли́ва.
2 (*raisins*) изю́м; (*currants*) кори́нка; **~ pudding** изю́мный пу́динг (*традиционное рождественское блюдо*). **3** (*colour*) насы́щенный красновáто-лило́вый (*or* фиоле́тов(о-бордо́в)ый) цвет. **4** (*fig, prized object or possession*) ла́комый кусо́чек; **a ~ job** тёплое месте́чко.

plumage /ˈplu:mɪdʒ/ *n* опере́ние.

plumb /plʌm/ *n* отве́с, грузи́ло; **out of ~** накло́нный, отве́сный.
● *adj* (*vertical*) вертика́льный.
● *adv* (*coll*) (*exactly*) то́чно; (*US, utterly*) соверше́нно, совсе́м.
● *vt* (*sound*) изм|еря́ть, -е́рить ло́том; (*fig*) прон|ика́ть, -и́кнуть в + *a*; **he ~ed the depths of absurdity** он дошёл до по́лного абсу́рда; **~ in** (*install*) подсоедин|я́ть, -и́ть.
● *cpd* **~ line** *n* отве́с.

plumber /ˈplʌmə(r)/ *n* водопрово́дчик.

plumbing /ˈplʌmɪŋ/ *n* (*occupation*) слеса́рно-водопрово́дное де́ло; (*installation*) канализа́ция, водопрово́дно-канализацио́нная сеть.

plume /plu:m/ *n* **1** (*feather*) перо́; **a ~ of smoke** шлейф ды́ма. **2** (*in headdress*) султа́н, плюма́ж.
● *vt*: **the bird ~s its feathers** пти́ца охора́шивается (*or* чи́стит пёрышки); (*fig*): **he ~s himself on his skill** он кичи́тся свои́м мастерство́м.

plummet /ˈplʌmɪt/ *vi* (**plummeted, plummeting**) об|рыва́ться, -орва́ться; (*fig*): **shares ~ed** а́кции ре́зко упа́ли.

plummy /ˈplʌmɪ/ *adj* (**plummier, plummiest**) (*Br coll, of voice*) со́чный.

plump[1] /plʌmp/ *adj* (*rounded, chubby*) пу́хлый, округлый; (*fattish*) по́лный.
● *vt*: **~ up 1** (*fatten*) отк|а́рмливать, -орми́ть. **2** (*shake up*) взб|ива́ть, -и́ть; **she ~ed up the cushions** она́ взби́ла поду́шки.

plump[2] /plʌmp/ *vt* (*drop; usu* **~ down**) бу́х|ать, -нуть; швыр|я́ть, -ну́ть.
● *vi* (*fall heavily; usu* **~ down**) бу́х|аться, -нуться; шлёп|аться, -нуться; (*make one's choice*) реш|а́ть, -и́ть; **I ~ for the roast beef** я — за ро́стбиф.

plunder /ˈplʌndə(r)/ *n* (*looting*) грабёж; (*loot*) добы́ча.
● *vt* (*a person*) гра́бить, о-; (*goods*) расх|ища́ть, -и́тить; (*place*) разгр|абля́ть, -а́бить.

plunge /plʌndʒ/ *n* **1** (*dive*) ныря́ние; (*fig*): **he took the ~** он реши́л: была́ не была́. **2** (*violent movement*) бросо́к.
● *vt* погру|жа́ть, -зи́ть; **the room was ~d into darkness** ко́мната погрузи́лась во мрак; **he ~d his hands into water** он погрузи́л ру́ки в во́ду; **they were ~d into despair** они́ бы́ли пове́ргнуты в отча́яние.
● *vi* **1** (*dive*) окун|а́ться, -у́ться; (*fig*): **a plunging neckline** глубо́кий вы́рез.
2 (*lunge forward*) бр|оса́ться, -о́ситься (вперёд); **the horse ~d forward** ло́шадь рвану́лась вперёд; **the ship ~d through the waves** кора́бль шёл, рассека́я во́лны; (*fig*) погру|жа́ться, -зи́ться.

plunger /ˈplʌndʒə(r)/ *n* (*for clearing pipes*) прока́чка; (*in mechanism*) плу́нжер, по́ршень (*m*).

plunk /plʌŋk/ = **plank** *vt*

pluperfect /plu:ˈpɜ:fɪkt/ *n* плюсквамперфе́кт, давнопроше́дшее вре́мя.
● *adj* плюсквамперфе́ктный, давнопроше́дший.

plural /ˈplʊər(ə)l/ *n* мно́жественное число́.
● *adj*: **~ noun** существи́тельное во мно́жественном числе́.

pluralism /ˈplʊərəˌlɪz(ə)m/ *n* плюрали́зм.

pluralistic /plʊərəˈlɪstɪk/ *adj* плюралисти́ческий.

plurality /plʊəˈrælɪtɪ/ *n* (*plural state*) мно́жественность; (*large number*) мно́жество; (*relative majority*) относи́тельное большинство́.

plus /plʌs/ *n* **1** (*symbol*) плюс.
2 (*additional or positive quantity*) доба́вочное коли́чество.
● *adj* (*additional, extra*) доба́вочный; (*math, elec*) положи́тельный; **~ sign** (знак) плюс.
● *prep* плюс; **3 ~ 4 is 7** три плюс четы́ре — семь; **~ or minus** плюс-ми́нус.
● *cpd* **~ fours** *n pl* го́льф|ы (*pl, g* -ов).

plush /plʌʃ/ *n* плюш.
● *adj* (*made of* **~**) плю́шевый; (*sl, sumptuous; also* **plushy**) шика́рный.

plutocracy /plu:ˈtɒkrəsɪ/ *n* плутокра́тия.

plutocrat /ˈplu:təˌkræt/ *n* плутокра́т.

plutocratic /ˌplu:təˈkrætɪk/ *adj* плутократи́ческий.

plutonium /plu:ˈtəʊnɪəm/ *n* плуто́ний; **weapons-grade ~** оруже́йный плуто́ний.

ply[1] /plaɪ/ *n* (*layer*) слой; (*strand*) нить (*отдельная*); **three-~** (*plywood*) трёхсло́йная фане́ра; **three-~ yarn** трёхни́точная пря́жа.
● *cpd* **~wood** *n* фане́ра; *adj* фане́рный.

ply[2] /plaɪ/ *vt* **1** (*manipulate*) ору́довать (*impf*) + *i*; **they plied the oars** они́ налега́ли на вёсла. **2** (*work at*): **he plies an honest trade** он зараба́тывает на хлеб че́стным трудо́м. **3** (*keep supplied*) корми́ть, на-; **I was plied with food** меня́ хорошо́ накорми́ли; **they plied him with questions** они́ засы́пали его́ вопро́сами.
● *vi* курси́ровать (*impf*).

PM (*abbr of* ***Prime Minister***) премье́р-мини́стр.

p.m. (*abbr of* ***post meridiem***) пополу́дни; **at 3 p.m.** в 3 часа́ дня/пополу́дни; **at 5 p.m.** в 5 часо́в ве́чера/пополу́дни.

PMS (*abbr of* ***premenstrual syndrome***) предменструа́льный синдро́м.

PMT (*abbr of* ***premenstrual tension***) (*Br*) предменструа́льное напряже́ние.

pneumatic /nju:ˈmætɪk/ *adj* пневмати́ческий; возду́шный; **~ drill** пневмати́ческий отбо́йный молото́к.

pneumonia /nju:ˈməʊnɪə/ *n* воспале́ние лёгких, пневмони́я.

PO *abbr of* **1** ***Post Office*** по́чта. **2** ***postal order*** (де́нежный) почто́вый перево́д. **3** ***Petty Officer*** (*nav*) старшина́ 1-й статьи́.
● *cpd* **~ box** *n* абоне́нтский я́щик.

po-faced /pəʊˈfeɪst/ *adj* (*Br*) надме́нный, самодово́льный, чва́нный.

poach[1] /pəʊtʃ/ *vt* (*cul*): **~ eggs** вари́ть, с- (яйцо́-)пашо́т.

poach[2] /pəʊtʃ/ *vt & i*: **~ game** занима́ться браконье́рством, браконье́рствовать, незако́нно охо́титься (*or* лови́ть ры́бу) (*all impf*); **you are ~ing on my preserves** вы вме́шиваетесь в мои́ дела́.

poacher /ˈpəʊtʃə(r)/ *n* браконье́р.

pocket /ˈpɒkɪt/ *n* **1** (*in clothing*) карма́н; **they live in each other's ~s** они́ неразлу́чны; **he has the chairman in his ~** председа́тель у него́ в карма́не.
2 (*money resources*): **your ~ will suffer** ваш карма́н пострада́ет; э́то уда́рит по ва́шему карма́ну; **he was in ~ at the end of the day** под коне́ц дня он сде́лал при́быль (*or* был в вы́игрыше); **I shall be out of ~** у меня́ бу́дет убы́ток; я бу́ду в про́игрыше; **out-of-~ expenses** расхо́ды, опла́чиваемые нали́чными.
3 (*at billiards*) лу́за.
4 (*small area*): **~ of resistance** оча́г сопротивле́ния; **~s of unemployment** райо́ны безрабо́тицы.
5: **air ~** возду́шная я́ма; возду́шный мешо́к.
6 (*geol*) карма́н, гнездо́.
7 (*attr, miniature*) карма́нный; **~ edition** карма́нное изда́ние.
● *vt* (**pocketed, pocketing**)
1 класть, положи́ть в карма́н; (*fig, appropriate*) прикарма́ни|вать, -ть.
2: **he ~ed the ball** (*billiards*) он загна́л шар в лу́зу.
● *cpds* **~ book** *n* (*Br, notebook*) записна́я кни́жка; (*US, handbag*) су́мочка; (*US, wallet*) бума́жник; **~ handkerchief** *n* носово́й плато́к; **~ knife** *n* карма́нный

P

нóж(ик); ~ **money** *n* (*Br*) кармáнные дéн|ьги (*pl, g* -ег); **~-size(d)** *adj* кармáнного фóрмата; миниатю́рный.

pocketful /ˈpɒkɪtˌfʊl/ *n* пóлный кармáн (*чего*).

pockmarked /ˈpɒkmɑːkt/ *adj* рябóй.

pod /pɒd/ *n* (*seed vessel*) стручóк.
● *vt* (**podded, podding**) (*shell*) лущи́ть (*impf*).

podcast /ˈpɒdkɑːst/ *n* (*file(s) available for use with ~ing*) подкáст (*файл или группа файлов, доступные в формате подкастинга*).

podcasting /ˈpɒdkɑːstɪŋ/ *n* (*method of distributing multimedia files*) подкáстинг (*способ распространения мультимедийных файлов через Интернет для последующего проигрывания на переносном плеере, мобильном телефоне, компьютере и проч.*).

podgy /ˈpɒdʒɪ/ *adj* (**podgier, podgiest**) (*Br*) тóлстенький, приземи́стый; (*of face*) пу́хлый, толстощёкий.

podiatrist /pəˈdaɪətrɪst/ *n* врач-ортопéд, специализи́рующийся на лечéнии заболевáний стоп; (врач-)подиáтр.

podiatry /pəˈdaɪətrɪ/ *n* лечéние заболевáний стоп.

podi|um /ˈpəʊdɪəm/ *n* (*pl* **~ums** *or* **~a**) (*raised platform*) возвышéние/пóдиум; (*archit*) пóдиум; (*rostrum*) трибу́на.

poem /ˈpəʊɪm/ *n* стихотворéние; (*long narrative*) поэ́ма.

poet /ˈpəʊɪt/ *n* поэ́т.

poetess /ˈpəʊɪtɪs/ *n* поэтéсса.

poetic /pəʊˈetɪk/ *adj* поэти́ческий; ~ **licence** поэти́ческая вóльность; ~ **justice** справедли́вое возмéздие.

poetical /pəʊˈetɪk(ə)l/ *adj* поэти́ческий, поэти́чный; ~ **works** поэти́ческие произведéния.

poetry /ˈpəʊɪtrɪ/ *n* (*also fig*) поэ́зия; (*poetical work*) стих|и́ (*pl, g* -óв); (*poetical quality*) поэти́чность.

pogrom /ˈpɒgrəm, -rɒm/ *n* погрóм (*этнический*).

poignancy /ˈpɔɪnjənsɪ/ *n* остротá; гóречь.

poignant /ˈpɔɪnjənt/ *adj* (*of taste etc.*) óстрый; (*painfully moving*) óстрый, гóрький.

point /pɔɪnt/ *n* **1** (*sharp end*) остриё; **not to put too fine a ~ on it** (*fig*) без обинякóв; не деликáтничая.
2 (*tip*) кóнчик.
3 (*promontory*) мыс.
4 (*dot*) тóчка; **full ~** тóчка; **decimal ~** (*in Russian usage*) запятáя (*отделяющая десятичную дробь от целого числа*); **two ~ five (2.5)** две цéлых (и) пять деся́тых; **forty-five ~ nought (45.0)** сóрок пять цéлых и ноль десяты́х; **36.6** (*human temperature Centigrade*) три́дцать шесть и шесть.
5 (*mark, position*) мéсто, пункт; **~ of contact** (*lit, fig*) тóчка соприкосновéния; **~ of departure** отправнáя/исхóдная тóчка; **~ of view** тóчка зрéния; **they have reached the ~ of no return** возвратá назáд для них ужé нет.
6 (*moment*) момéнт; **at this ~ he turned round** в э́тот момéнт/тут он поверну́лся; **I was on the ~ of leaving** я ужé собрáлся уходи́ть; **at the ~ of death** при́ смéрти; **when it came to the ~, he refused** в решáющий момéнт он отказáлся.
7 (*mark on scale*) отмéтка, делéние; (*unit*) едини́ца; **boiling ~** тóчка кипéния; **up to a ~** до извéстной стéпени.
8 (*of the compass*) странá свéта.
9 (*unit of evaluation, score*) пункт, очкó; **they won on ~s** они́ вы́играли по очкáм.
10 (*chief idea, meaning, purpose*) суть, вопрóс, смысл; **that is beside the ~** не в э́том суть/дéло; **come to the ~** до|ходи́ть, -йти́ до глáвного/су́ти (дéла); **that's just the ~** вот и́менно; в тóм-то и дéло; **I don't see the ~ of the joke** э́та шу́тка мне непоня́тна; **you have a ~ there** тут вы прáвы; **a case in ~** нагля́дный примéр; **in ~ of fact** в действи́тельности, факти́чески; **I made a ~ of seeing him** я счёл необходи́мым повидáться с ним; **you missed the ~** вы не пóняли су́ти (дéла); **there was no ~ in staying** не имéло смы́сла оставáться; **that's not the ~** не в э́том суть; **off the ~** некстáти, не к мéсту; **he is off the ~** он говори́т не по существу́; **I see your ~** я вас понимáю; **what's the ~ of it?** какóй в э́том смысл?
11 (*item*) пункт; **we agree on certain ~s** по нéкоторым пу́нктам мы схóдимся; **I explained the theory ~ by ~** я разъясни́л теóрию по пу́нктам; **I suppose we can stretch a ~** я полагáю, мы мóжем сдéлать ски́дку; **it is a ~ of honour** (*Br*), **honor** (*US*) **with him** для негó э́то вопрóс чéсти; **~ of order** вопрóс по реглáменту (*or* по поря́дку ведéния); **that is a ~ in his favour** э́то говори́т в егó пóльзу.
12 (*quality, trait*) чертá; **the plan has its good ~s** э́тот план не лишён достóинств; **singing is not my strong ~** я не силён в пéнии.
13 (*in pl, in internal combustion engine*) контáктные прерывáтели (*m pl*); (*in pl, railways*) (*Br*) стрéлочный перевóд; стрéлки (*f pl*).
14 (*printing*) пункт.
● *vt* **1** (*aim*) укáз|ывать, -áть; покáз|ывать, -áть; **he ~ed a gun at her** он навёл на неё пистолéт; **he ~ed a finger at her** он укáзал пáльцем на неё.
2 (*fill with mortar*): ~ **brickwork** расш|ивáть, -и́ть швы клáдки.
● *vi* укáз|ывать, -áть (**at, to:** на + *a*); **she ~ed at/to the door** онá укáзала на дверь; **the sign ~ed to the station** дорóжный знак укáзывал направлéние к стáнции; **everything ~s to his guilt** всё укáзывает на егó вину́.
● *with adv*: **~ out** *vt* укáз|ывать, -áть на + *a*; подчё|ркивать, -еркну́ть; **he ~ed out my mistakes** он укáзал мне на мои́ оши́бки.
● *cpds* **~-blank** *adj* (*lit*) прямóй; (*fig*) категори́ческий; *adv* прямо, в упóр; ~ **duty** *n* (*Br*) обязанности (*f pl*) регулирóвщика движéния; **~sman** *n* (*pl* **~smen**) (*Br, railways*) стрéлочник; **~-to-~** *n* (*race*) скáч|ки (*pl, g* -ек) кросс по пересечённой мéстности.

pointed /ˈpɔɪntɪd/ *adj* **1** (*e.g. a stick*) остроконéчный. **2** (*significant, directed against s.o.*) óстрый, кóлкий; подчёркнутый; **she gave me a ~ look** онá на меня́ многозначи́тельно посмотрéла.

pointer /ˈpɔɪntə(r)/ *n* **1** (*rod*) укáзка. **2** (*of balance etc.*) стрéлка, укáзатель (*m*). **3** (*indication, hint*) намёк. **4** (*dog*) пóйнтер.

pointillism /ˈpwæntɪˌlɪz(ə)m/ *n* (*art*) пуантили́зм.

pointillist /ˈpwæntɪlɪst/ *n* (*art*) пуантили́ст.

pointing /ˈpɔɪntɪŋ/ *n* (*of wall etc.*) расши́вка швов.

pointless /ˈpɔɪntlɪs/ *adj* бессмы́сленный.

poise /pɔɪz/ *n* (*equilibrium*) равновéсие; (*self-possession*) уравновéшенность, самообладáние.
● *vt* удéрж|ивать, -áть в равновéсии; **he is ~d to attack** он готóв к нападéнию.

poison /ˈpɔɪz(ə)n/ *n* яд, отрáва.
● *vt* (*lit, fig*) отрав|ля́ть, -и́ть; **food ~ing** пищевóе отравлéние; **he has food ~ing** он отрави́лся.
● *cpds* ~ **gas** *n* ядови́тый газ; ~ **ivy** *n* сумáх ядонóсный; **~-pen** *adj*: ~ **pen letter** анони́мное письмó, анони́мка (*coll*).

poisoner /ˈpɔɪzənə(r)/ *n* отрави́тель (*fem* -ница).

poisonous /ˈpɔɪzənəs/ *adj* ядови́тый; (*fig*) врéдный; (*vicious*) злой, ядови́тый.

poke /pəʊk/ *n* (*prod*) толчóк; **give the fire a ~!** помешáйте у́гли вками́не!; **he gave me a ~ in the ribs** он ткнул меня́ в бок.
● *vt* **1** (*prod*) ты́кать, ткнуть; **to ~ the fire** мешáть, по- у́гли в ками́не.
2 (*thrust*) пихáть, пихну́ть; совáть, су́нуть; **he ~d his stick through the fence** он просу́нул пáлку чéрез забóр; **he ~d his tongue out** он вы́сунул язы́к; **he ~s his nose into other people's business** он суёт нос не в своё дéло; **he ~d fun at me** он насмехáлся надо мнóй. **3** (*cause by prodding*): **the boy ~d a hole in his drum** мáльчик продыря́вил барабáн.
● *vi*: **he ~d about among the rubbish** он ры́лся в му́соре.

poker /ˈpəʊkə(r)/ *n* **1** (*for a fire*) кочергá; **gas ~** гáзовая зажигáлка. **2** (*game*) пóкер.
● *cpds* ~ **face** *n* бесстрáстное/кáменное лицó; **~-faced** *adj* с кáменным лицóм; **~work** *n* (*Br*) выжигáние по дéреву.

poky /ˈpəʊkɪ/ *adj* (**pokier, pokiest**) (*coll*) тéсный, убóгий.

Poland /ˈpəʊlənd/ *n* Пóльша.

polar /ˈpəʊlə(r)/ *adj* **1** (*of or near either Pole*) поля́рный; ~ **bear** бéлый медвéдь; ~ **exploration** поля́рные

P

иссле́дования (*nt pl*). **2** (*elec*) поля́рный, по́люсный. **3** (*geom*) поля́рный.

polarity /pəˈlærɪtɪ/ *n* (*lit, fig*) поля́рность.

polarization /ˌpəʊlərаɪˈzeɪʃ(ə)n/ *n* (*lit, fig*) поляриза́ция.

polarize /ˈpəʊləˌraɪz/ *vt* & *i* (*lit, fig*) поляризова́ть(ся) (*impf, pf*).

Pole /pəʊl/ *n* (*person*) поля́к (*fem* по́лька).

pole¹ /pəʊl/ *n* (*post, rod etc.*) столб, шест.

● *cpds* **~ dancing** *n* та́нец у шеста́ (*напр. эротический*); **~-jumping** *n* прыжки́ (*m pl*) с шесто́м; **~ vault** *nn* прыжо́к с шесто́м; **~-vaulter** *n* прыгу́н (*fem* -ья) с шесто́м, шестови́к; **~-vaulting** *n* прыжки́ (*m pl*) с шесто́м.

pole² /pəʊl/ *n* (*of the earth*; *also elec and fig*) по́люс; **an expedition to the P~** поля́рная экспеди́ция; **he and his sister are ~s apart** они́ с сестро́й — две противополо́жности.

● *cpd* **P~ Star** *n* Поля́рная звезда́.

poleaxe /ˈpəʊlæks/ (*US also* **poleax**) *n* (*old weapon*) секи́ра; (*butcher's implement*) топо́р.

● *vt* заб|ива́ть, -и́ть (*скот*).

polecat /ˈpəʊlkæt/ *n* лесно́й хорёк.

polemic /pəˈlemɪk/ *n* поле́мика, спор.

● *adj* (*also* **~al**) полеми́ческий, спо́рный.

polemicist /pəˈlemɪsɪst/ *n* полеми́ст; спо́рщик.

police /pəˈliːs/ *n* поли́ция, (*in Russia*) мили́ция; **~ constable** (*Br*) полице́йский; **~ force** поли́ция; **~ inquiry** рассле́дование де́ла поли́цией; **a ~ state** полице́йское госуда́рство.

● *vt* охраня́ть, подде́рживать (*both impf*) поря́док в + *p*; нести́ (*det*) полице́йскую слу́жбу в + *p*.

● *cpds* **~man** *n* (*pl* **~men**) полице́йский; (*in Russia*) милиционе́р; **~ officer** *n* полице́йский; **~ station** *n* (полице́йский) уча́сток; (*in Russia*) отделе́ние мили́ции; **~woman** *n* (*pl* **~women**) же́нщина-полице́йский/милиционе́р.

policy /ˈpɒlɪsɪ/ *n* (*planned course of action*) поли́тика; (*insurance*) (страхово́й) по́лис.

● *cpd* **~holder** *n* держа́тель (*m*) страхово́го по́лиса.

polio(myelitis) /ˈpəʊlɪəʊ, ˌpəʊlɪəʊˌmaɪ ˈlaɪtɪs/ *n* полиомиели́т.

Polish /ˈpəʊlɪʃ/ *n* (*language*) по́льский язы́к.

● *adj* по́льский.

polish /ˈpɒlɪʃ/ *n* **1** (*smoothness, brightness*) полиро́вка. **2** (*substance used for* **~ing**) полирова́льная па́ста. **3** (*act of* **~ing**) полиро́вка; **I must give my shoes a ~** я до́лжен почи́стить/вы́чистить ту́фли/о́бувь. **4** (*fig, refinement*) лоск, блеск.

● *vt* полирова́ть, от-; (*metal*) шлифова́ть, от-; (*fig*) шлифова́ть, от-; **~ed** (*behaviour etc.*) све́тский, утончённый.

● *with advs*: **~ off** *vt* (*coll, finish*) разде́л|ываться, -аться с + *i*, поко́нчить (*pf*) с + *i*; **I must ~ off this letter** я до́лжен поко́нчить с э́тим письмо́м; **he ~ed off the cake** он бы́стро распра́вился с пирого́м; **~ up** *vt* (*lit, give gloss to*) нат|ира́ть, -ере́ть; **she ~ed up the silver** она́ до бле́ска начи́стила серебро́; (*fig, improve*) соверше́нствовать, у-; **I must ~ up my French** мне ну́жно освежи́ть (в па́мяти) францу́зский язы́к.

polisher /ˈpɒlɪʃə(r)/ *n* (*workman*) полиро́вщик; (*machine*) полирова́льная маши́на.

Politburo /ˈpɒlɪtˌbjʊərəʊ/ *n* (*pl* **~s**) (*hist*) политбюро́ (*indecl*).

polite /pəˈlaɪt/ *adj* (**politer, politest**) ве́жливый, учти́вый; **~ society** изы́сканное/благовоспи́танное о́бщество.

politeness /pəˈlaɪtnɪs/ *n* ве́жливость, учти́вость.

politic /ˈpɒlɪtɪk/ *adj* **1** (*prudent*) благоразу́мный. **2**: **the body ~** госуда́рство.

political /pəˈlɪtɪk(ə)l/ *adj* полити́ческий; (*pertaining to internal politics*) внутриполити́ческий; **~ correctness** полит(и́ческая)корре́ктность; **~ly correct** полит(и́чески)корре́ктный; **~ prisoner** полит(и́ческий)заключённый; **~ science** политоло́гия; **~ scientist** полито́лог.

> **politically correct, PC — полити́чески корре́ктный, политкорре́ктный**
>
> Иде́я полити́ческой корре́ктности появи́лась в 80-х года́х двадца́того ве́ка. Суть её заключа́ется в вы́работке и повсеме́стном закрепле́нии языковы́х и поведе́нческих норм, лишённых любы́х предрассу́дков: будь то предрассу́дки ра́совые, половы́е, национа́льные или ины́е. В проце́ссе заме́ны ста́рых выраже́ний но́выми — полити́чески корре́ктными — в языке́ наме́тилась тенде́нция к избавле́нию от мно́гих спо́рных те́рминов. Очеви́дно, что слова́ *афроамерика́нец* и *коренно́й америка́нец* в бо́льшей ме́ре соотве́тствуют истори́ческой пра́вде, не́жели употребля́емые в тех же значе́ниях, соотве́тственно, *чёрный* (или *негр*) и *инде́ец*. Одна́ко не́которые эвфеми́змы, возни́кшие на э́той по́чве, греша́т неопределённостью. Таки́м, наприме́р, явля́ется выраже́ние *involuntarily leisured* (досло́вно «на вы́нужденном о́тдыхе»), испо́льзуемое вме́сто сло́ва *unemployed* (безрабо́тный).

politician /ˌpɒlɪˈtɪʃ(ə)n/ *n* поли́тик; (*pej*) политика́н.

politicization /pəˌlɪtɪsaɪˈzeɪʃ(ə)n/ *n* политиза́ция.

politicize /pəˈlɪtɪˌsaɪz/ *vt* политизи́ровать (*impf, pf*).

politics /ˈpɒlɪtɪks/ *n* поли́тика; **party ~** парти́йная поли́тика; **he went into ~ as a young man** он заня́лся поли́тикой/вступи́л на полити́ческое по́прище в мо́лодости; (*political views*) полити́ческие взгля́ды (*m pl*)/убежде́ния (*nt pl*); **what are his ~?** каковы́ его́ полити́ческие взгля́ды/убежде́ния?

polka /ˈpɒlkə, ˈpəʊlkə/ *n* по́лька (*танец*).

● *cpd* **~-dot** *n* (*pattern*) узо́р в горо́шек; (*attr*): **~-dot dress** пла́тье в горо́шек.

poll /pəʊl/ *n* (*voting process*) голосова́ние; **the country will go to the ~s in May** в стране́ бу́дут вы́боры в ма́е; **he came head of the ~** он получи́л наибо́льшее коли́чество/число́ голосо́в; (*number of votes*) коли́чество по́данных голосо́в; (*opinion canvass*) опро́с.

● *vt* **1** (*receive*) получ|а́ть, -и́ть, наб|ира́ть, -ра́ть; **he ~ed 60,000 votes** он получи́л/набра́л 60 000 голосо́в. **2** (*take votes of*): **they ~ed the meeting** они́ поста́вили вопро́с на голосова́ние.

● *cpd* **~ tax** *n* (*hist*) поду́шный нало́г.

pollard /ˈpɒləd/ *n* подстри́женное де́рево; (*attr*) подстри́женный.

● *vt* подстр|ига́ть, -и́чь (*дерево*).

pollen /ˈpɒlən/ *n* цвето́чная пыльца́.

pollinate /ˈpɒlɪˌneɪt/ *vt* опыл|я́ть, -и́ть.

pollination /ˌpɒlɪˈneɪʃ(ə)n/ *n* опыле́ние.

polling /ˈpəʊlɪŋ/ *n* голосова́ние.

● *cpds* **~ booth** *n* (*Br*) каби́на для голосова́ния; **~ day** *n* день вы́боров; **~ station** *n* избира́тельный уча́сток.

pollster /ˈpəʊlstə(r)/ *n* лицо́, производя́щее опро́с обще́ственного мне́ния.

pollutant /pəˈluːtənt/ *n* загрязни́тель (*m*); поллюта́нт.

pollute /pəˈluːt/ *vt* загрязн|я́ть, -и́ть.

pollution /pəˈluːʃ(ə)n/ *n* загрязне́ние; **environmental ~** загрязне́ние окружа́ющей среды́.

polo /ˈpəʊləʊ/ *n* по́ло (*indecl*).

● *cpd* **~ neck** (*sweater*) *n* (*Br*) сви́тер с кру́глым высо́ким воротнико́м; (*of thin material*) водола́зка.

polonaise /ˌpɒləˈneɪz/ *n* полоне́з.

polonium /pəlˈəʊnɪəm/ *n* поло́ний.

poltergeist /ˈpɒltəˌgaɪst/ *n* полтерге́йст.

polyandry /ˈpɒlɪˌændrɪ/ *n* многому́жие, полиа́ндрия.

polyanthus /ˌpɒlɪˈænθəs/ *n* (*pl* **polyanthuses**) при́мула высо́кая.

polyclinic /ˈpɒlɪˌklɪnɪk/ *n* поликли́ника.

polygamist /pəˈlɪgəmɪst/ *n* полигами́ст.

polygamous /pəˈlɪgəməs/ *adj* полига́мный.

polygamy /pəˈlɪgəmɪ/ *n* полига́мия, многобра́чие.

polyglot /ˈpɒlɪˌglɒt/ *n* полигло́т.

● *adj* многоязы́чный.

polygon /ˈpɒlɪgən, -ˌgɒn/ *n* многоуго́льник.

polygonal /pəˈlɪgən(ə)l/ *adj* многоуго́льный.

polygraph /ˈpɒlɪˌgrɑːf/ *n* полигра́ф (*детектор лжи*).

polymath /ˈpɒlɪˌmæθ/ *n* эруди́т, всесторо́нне образо́ванный челове́к.

polymer /ˈpɒlɪmə(r)/ *n* полиме́р.

P

Polynesia /ˌpɒlɪˈniːʒə/ *n* Полинéзия.

Polynesian /ˌpɒlɪˈniːʒ(ə)n/ *n* полинезú|ец (*fem* -йка).
● *adj* полинезúйский.

polyp /ˈpɒlɪp/ *n* (*zool, med*) полúп.

polyphonic /ˌpɒlɪˈfɒnɪk/ *adj* полифонúческий.

polyphony /pəˈlɪfənɪ/ *n* полифонúя.

polypropylene /ˌpɒlɪˈprəʊpɪˌliːn/ *n* полипропилéн.

polystyrene /ˌpɒlɪˈstaɪəˌriːn/ *n* полистирóл.

polysyllabic /ˌpɒlɪsɪˈlæbɪk/ *adj* многослóжный.

polytechnic /ˌpɒlɪˈteknɪk/ *n* политéхникум.
● *adj* политехнúческий инститýт, политéх (*coll*).

polytheism /ˈpɒlɪθiːˌɪz(ə)m/ *n* политеúзм.

polytheist /ˈpɒlɪˌθiːɪst/ *n* политеúст.

polytheistic /ˌpɒlɪθiːˈɪstɪk/ *adj* политеистúческий.

polythene /ˈpɒlɪˌθiːn/ *n* (*Br*) полиэтилéн; (*attr*) полиэтилéновый.

polyunsaturated /ˌpɒlɪʌnˈsætʃəˌreɪtɪd/ *adj*: **~ fats** полиненасы́щенные жиры́.

polyurethane /ˌpɒlɪˈjʊərəˌθeɪn/ *n* полиуретáн.

pomade /pəˈmɑːd/ *n* помáда.
● *vt* помáдить, на-.

pomander /pəˈmændə(r)/ *n* шáрик с ароматúческими трáвами.

pomegranate /ˈpɒmɪˌgrænɪt, ˈpɒmˌgrænɪt/ *n* гранáт (*дерево, плод*).

Pomeranian /ˌpɒməˈreɪnɪən/ *n* (*dog*) шпиц.

pommel /ˈpʌm(ə)l/ *n* (*of saddle*) лукá; (*of sword*) голóвка.
● *vt* (**pommelled, pommelling;** *US* **pommeled, pommeling**) = **pummel**

pomp /pɒmp/ *n* пы́шность, пóмпа.

pom-pom /ˈpɒmpɒm/ *n* (*Br, mil*) малокалúберная зенúтная установка.

pompom /ˈpɒmpɒm/**, pompon** /ˈpɒmpɒn/ *nn* (*tuft*) помпóн.

pomposity /pɒmˈpɒsɪtɪ/ *n* помпéзность; (*of person*) напы́щенность.

pompous /ˈpɒmpəs/ *adj* помпéзный; (*of person*) напы́щенный.

ponce /pɒns/ (*Br*) *n* (*coll*) сутенёр.
● *vi*: **~ about/around** шиковáть (*impf*), вы́пендриваться (*impf*) (*sl*).

poncho /ˈpɒntʃəʊ/ *n* (*pl* **~s**) пóнчо (*indecl*).

pond /pɒnd/ *n* пруд.
● *cpds* **~ life** *n* прудовáя фáуна; **~weed** *n* (*bot*) рдест.

ponder /ˈpɒndə(r)/ *vt* обдýм|ывать, -ать; взвé|шивать, -сить.
● *vi* размышля́ть (*impf*).

ponderous /ˈpɒndərəs/ *adj* (*heavy*) тяжёлый; (*bulky*) массúвный; (*of style etc.*) тяжеловéсный.

pong /pɒŋ/ *n* (*Br coll*) вонь, зловóние.

pontiff /ˈpɒntɪf/ *n*: **supreme ~** (*the Pope*) Пáпа Рúмский.

pontifical /pɒnˈtɪfɪk(ə)l/ *adj* пáпский; (*fig*) догматúческий.

pontificate /pɒnˈtɪfɪkət/ *vi* (*fig, lay down the law*) вещáть (*impf*) (*говорить важно, напыщенно*).

pony /ˈpəʊnɪ/ *n* (*horse*) пóни (*m indecl*).
● *cpd* **~tail** *n* хвóстик (*причёска*).

poodle /ˈpuːd(ə)l/ *n* пýдель (*m*).

poof(ter) /pʊf, ˈpʊftə(r)/ *n* (*Br pej sl*) пéдик.

pooh /puː/ *int* фу!; уф!

pooh-pooh /puːˈpuː/ *vt* фы́ркать (*impf*) на + *a*; относúться (*impf*) пренебрежúтельно к + *d*.

pool[1] /puːl/ *n* (*small body of water*) пруд; (*puddle*) лýжа; **(swimming ~)** (плáвательный) бассéйн; (*still place in river*) зáводь.

pool[2] /puːl/ *n* **1** (*total of staked money*) совокýпность стáвок; (*in cards*) банк; **football ~s** футбóльный тотализáтор. **2** (*cartel*) пул. **3** (*common reserve*) óбщий фонд. **4** (*billiards game*) пул; **~ hall, ~ room** помещéние для игры́ в пул. **5**: **typing ~** машинопúсное бюрó (*indecl*).
● *vt* объедин|я́ть, -úть (в óбщий фонд); **we ~ed our resources** мы объединúли нáши ресýрсы.

poop /puːp/ *n* (*of ship*) кормá.

poor /pʊə(r)/ *n* (*collect*: **the ~**) беднотá, бедняки́ (*m pl*), бéдные (*pl*).
● *adj* **1** (*indigent*) бéдный. **2** (*unfortunate, deserving of sympathy*) бéдный, несчáстный; **~ fellow** бедня́га (*m*); **~ little chap!** бедня́жка! (*cg*). **3** (*small, scanty*) скýдный; плохóй; **a ~ supply** плохóе снабжéние; **a ~ harvest** нúзкий урожáй; **a ~ response** слáбый óтклик. **4** (*of low quality*) плохóй; **~ soil** бéдная, неплодорóдная пóчва; **~ health** плохóе/слáбое здорóвье. **5** (*miserable, spiritless*) несчáстный, жáлкий.

poorly /ˈpʊəlɪ/ *adj* (*Br*) нездорóвый; **are you feeling ~?** вам нездорóвится?
● *adv* бéдно; плóхо; **his parents are ~ off** егó родúтели живýт бéдно; **this book is ~ written** э́та кнúга плóхо напúсана.

poorness /ˈpʊənɪs/ *n* (*poor quality*) бéдность; недостáточность; **the ~ of the soil** скýдость/неплодорóдность пóчвы.

pop[1] /pɒp/ *n* (*explosive sound*) щелчóк, хлопóк; (*coll, gaseous drink*) газирóвка.
● *adv*: **the balloon went ~** шáрик лóпнул; **the cork went ~** прóбка хлóпнула/вы́стрелила.
● *vt* (**popped, popping**) **1** (*cause to explode*): **~ a balloon** прок|áлывать, -олóть шáрик.
2 (*put suddenly*) совáть, сýнуть; **he ~ped his head through the window** он вы́сунул гóлову из окнá; **~ the question** (*coll*) дéлать, с- предложéние.
● *vi* (**popped, popping**) (*make explosive sound*) хлóп|ать, -нуть, щёлк|ать, -нуть; **the sound of a cork ~ping** звук вы́стрелившей прóбки; (*shoot*) стрел|я́ть, -ьнýть; **they were ~ping away at the target** онú палúли по мишéни.
● *with advs* (*coll*): **they ~ped in for a drink** онú заскочúли/забежáли вы́пить; **I am ~ping off home now** ну, я побежáл домóй; **he ~ped off** (*died*) **last week** на прóшлой недéле он отдáл концы́ (*sl*); **she kept ~ping out all day** онá весь день кудá-то выскáкивала; **his eyes ~ped out** он вы́лупил глазá; **I'll ~ over to the shop** я сбéгаю в магазúн; **he ~ped up unexpectedly** он появúлся неожúданно; (*comput*): **a map automatically ~s up** кáрта автоматúчески открывáется во всплывáющем окнé.
● *cpds* **~corn** *n* попкóрн, воздýшная кукурýза; **~gun** *n* пугáч; **~-up** *n* (*comput*) всплывáющее окнó.

pop[2] /pɒp/ *n* (*coll, abbr of* ***popular* 2**) (*music*) поп-мýзыка.
● *adj*: **~ art** поп-áрт; **~ concert** поп-концéрт; **~ group** поп-грýппа; **~ singer** поп-пев|éц (*fem* -úца); поп-музыкáнт; **~ star** поп-звездá.

pop[3] /pɒp/ *n* (*US coll, father*) пáпка, бáтька (*both m*).

pope /pəʊp/ *n* (*usu* **the P~**) Пáпа (Рúмский) (*m*); (*Orthodox priest*) (правослáвный) свящéнник, поп (*coll or pej*).

popery /ˈpəʊpərɪ/ *n* (*pej*) папúзм.

popish /ˈpəʊpɪʃ/ *adj* (*pej*) католúческий.

poplar /ˈpɒplə(r)/ *n* тóполь (*m*).

poplin /ˈpɒplɪn/ *n* поплúн (*ткань*)

poppa /ˈpɒpə/ *n* (*US coll*) пáпка, пáпа (*both m*).

popper /ˈpɒpə(r)/ *n* (*Br coll*) кнóпка.

poppet /ˈpɒpɪt/ *n* (*Br, as term of endearment*) крóшка, малы́шка; **she is a ~** онá прéлесть.

poppy /ˈpɒpɪ/ *n* мак; (*attr*) мáковый.
● *cpd* **~-seed** *n* мак.

poppycock /ˈpɒpɪˌkɒk/ *n* (*coll*) чепухá, чушь, ерундá (*all coll*).

Poppy Day

В Великобритáнии так назывáют день, в котóрый странá отмечáет годовщúну окончáния Пéрвой мировóй войны́. В э́тот день, назывáемый тáкже *Remembrance Sunday* (Пáмятное воскресéнье) úли *Armistice Day* (День перемúрия), поминáют жертв обéих мировы́х войн. Мнóгие лю́ди вдевáют в петлúцы крáсные бумáжные мáки. Мáки символизúруют цветóчные поля́ Фрáнции и Бéльгии, на котóрых похорóнены солдáты, пáвшие в Пéрвой и Вторóй мировы́х вóйнах. Бумáжные мáки продаю́тся благотворúтельными организáциями. Срéдства, вы́рученные от их продáжи, идýт на пóмощь ветерáнам войны́.

populace /ˈpɒpjʊləs/ *n* (*the masses*) мáссы (*f pl*).

popular /ˈpɒpjʊlə(r)/ *adj* **1** (*of the people*) нарóдный; **~ front** нарóдный фронт. **2** (*suited to the needs, tastes, etc. of the people*): **the ~ press** мáссовая прéсса/печáть; **~ prices** общедостýпные цéны; **~ science** нау́чно-популя́рная литератýра; **~ song** популя́рная пéсня. **3** (*generally liked*) пóльзующийся óбщей симпáтией; **she is ~ at school** её лю́бят в шкóле; **he is ~ with the ladies** он имéет успéх у жéнщин.

popularity /ˌpɒpjʊˈlærɪtɪ/ *n* популя́рность; успéх.

P

popularization /ˌpɒpjʊləraɪˈzeɪʃ(ə)n/ *n* популяриза́ция.
popularize /ˈpɒpjʊləˌraɪz/ *vt* популяризи́ровать (*impf, pf*).
popularly /ˈpɒpjʊləlɪ/ *adv*: **he was ~ supposed to be a magician** в наро́де его́ счита́ли волше́бником.
populate /ˈpɒpjʊˌleɪt/ *vt* насел|я́ть, -и́ть; засел|я́ть, -и́ть.
population /ˌpɒpjʊˈleɪʃ(ə)n/ *n* населе́ние; жи́тели (*m pl*).
populism /ˈpɒpjʊlɪz(ə)m/ *n* попули́зм; (*Russian hist*) наро́дничество.
populist /ˈpɒpjʊlɪst/ *n* попули́ст; (*Russian hist*) наро́дник.
● *adj* попули́стский; наро́днический.
populous /ˈpɒpjʊləs/ *adj* многолю́дный, густонаселённый.
porcelain /ˈpɔːsəlɪn/ *n* фарфо́р; (*attr*) фарфо́ровый.
porch /pɔːtʃ/ *n* (*covered entrance*) крыльцо́; (*a grand one*) подъе́зд; (*of church*) па́перть; (*US, veranda*) вера́нда.
porcine /ˈpɔːsaɪn/ *adj* свино́й.
porcupine /ˈpɔːkjʊˌpaɪn/ *n* дикобра́з.
pore¹ /pɔː(r)/ *n* по́ра.
pore² /pɔː(r)/ *vi*: **he likes to ~ over old books** он лю́бит сиде́ть над ста́рыми кни́гами.
pork /pɔːk/ *n* свини́на; **~ chop** свина́я отбивна́я (котле́та); **~ pie** пиро́г со свини́ной.
● *cpd* **~ butcher** *n* забо́йщик свине́й.
porker /ˈpɔːkə(r)/ *n* отко́рмленный на убо́й поросёнок.
pork|y /ˈpɔːkɪ/ *n* (*Br sl*): **tell ~ies** залива́ть (*impf*), врать (*impf*).
● *adj* (**porkier, porkiest**) (*coll*) то́лстый.
porn(o) /pɔːn, ˈpɔːnəʊ/ *n* (*coll*) порногра́фия, по́рно (*indecl*) (*coll*), порну́ха (*coll*).
pornographer /pɔːˈnɒgrəfə(r)/ *n* (*producer*) изготови́тель порногра́фии; (*dealer*) распространи́тель порногра́фии.
pornographic /ˌpɔːnəˈgræfɪk/ *adj* порнографи́ческий.
pornography /pɔːˈnɒgrəfɪ/ *n* порногра́фия.
porosity /pɔːˈrɒsɪtɪ/ *n* по́ристость.
porous /ˈpɔːrəs/ *adj* по́ристый.
porphyry /ˈpɔːfɪrɪ/ *n* (*geol*) порфи́р.
porpoise /ˈpɔːpəs/ *n* (*zool*) морска́я свинья́ (*дельфин*).
porridge /ˈpɒrɪdʒ/ *n* овся́ная ка́ша.
port¹ /pɔːt/ *n* (*harbour*) порт, га́вань; **P~ of London** Ло́ндонский порт; **~ of call** порт захо́да; **free ~** во́льная га́вань.
port² /pɔːt/ *n* (*left side*) ле́вый борт; **hard to ~!** ле́во руля́!; **on the ~ bow** сле́ва по́ носу.
port³ /pɔːt/ *n* (*wine*) портве́йн.
port⁴ /pɔːt/ *n* (*comput*) порт.
portability /ˌpɔːtəˈbɪlɪtɪ/ *n* портати́вность.
portable /ˈpɔːtəb(ə)l/ *adj* портати́вный.
portage /ˈpɔːtɪdʒ/ *n* перепра́ва (*судна*) во́локом; (*place*) во́лок.
● *vt* перепр|авля́ть, -а́вить во́локом.
portal /ˈpɔːt(ə)l/ *n* порта́л.
portcullis /pɔːtˈkʌlɪs/ *n* опускна́я решётка.
portend /pɔːˈtend/ *vt* предвеща́ть (*impf*).
portent /ˈpɔːtent, -t(ə)nt/ *n* (*omen*) предзнаменова́ние; (*marvel*) чу́до.
portentous /pɔːˈtentəs/ *adj* (*prophetic*) ве́щий; (*significant*) многозначи́тельный; (*pompous*) напы́щенный.
porter /ˈpɔːtə(r)/ *n* **1** (*carrier of luggage etc.*) носи́льщик. **2** (*US, sleeping car attendant*) проводни́к. **3** (*Br, doorkeeper*) швейца́р. **4** (*type of beer*) по́ртер.
porterage /ˈpɔːtərɪdʒ/ *n* перено́ска.
portfolio /pɔːtˈfəʊlɪəʊ/ *n* (*pl* **~s**) **1** (*case*) портфе́ль (*m*); (*artist's*) па́пка (*с образцами работ*); (*fashion model's*) портфо́лио (*indecl*). **2** (*of investments*) портфе́ль (*m*). **3** (*ministerial office*) портфе́ль (*m*); **Minister without P~** мини́стр без портфе́ля.
porthole /ˈpɔːthəʊl/ *n* иллюмина́тор.
portico /ˈpɔːtɪˌkəʊ/ *n* (*pl* **~es** *or* **~s**) по́ртик.
portière /ˌpɔːtɪˈeə(r)/ *n* портье́ра.
portion /ˈpɔːʃ(ə)n/ *n* (*part, share*) часть; до́ля; (*of food*) по́рция.
● *vt* (*divide*) дели́ть, раз-; **~ out** (*distribute*) распредел|я́ть, -и́ть.
portliness /ˈpɔːtlɪnɪs/ *n* доро́дство, полнота́, ту́чность.
portly /ˈpɔːtlɪ/ *adj* (**portlier, portliest**) доро́дный, по́лный, ту́чный.
portmanteau /pɔːtˈmæntəʊ/ *n* (*pl* **~s** *or* **~x** /-z/) (складно́й) саквоя́ж.
portrait /ˈpɔːtrɪt/ *n* портре́т.
portraitist /ˈpɔːtrɪtɪst/ *n* портрети́ст.
portraiture /ˈpɔːtrɪtʃə(r)/ *n* портре́тная жи́вопись.
portray /pɔːˈtreɪ/ *vt* (*depict, describe*) рисова́ть, на- портре́т + *g*; изобра|жа́ть, -зи́ть; (*act part of*) игра́ть, сыгра́ть; созд|ава́ть, -а́ть о́браз + *g*.
portrayal /pɔːˈtreɪəl/ *n* (*process*) изображе́ние; (*image*) о́браз.
Portugal /ˈpɔːtjʊg(ə)l/ *n* Португа́лия.
Portuguese /ˌpɔːtjʊˈgiːz, ˌpɔːtʃ-/ *n* (*pl* **~**) **1** (*person*) португа́л|ец (*fem* -ка); **the P~** (*pl*) португа́льцы (*m pl*). **2** (*language*) португа́льский язы́к.
● *adj* португа́льский.
● *cpd* **~ man-of-war** *n* (*zool*) португа́льский кора́блик.
pose /pəʊz/ *n* (*of body or mind*) по́за.
● *vt* (*put forward, propound*) предл|ага́ть, -ожи́ть; изл|ага́ть, -ожи́ть; **this ~s an awkward problem** э́то создаёт серьёзную пробле́му.
● *vi* **1** (*take up a position or attitude*) пози́ровать (*impf*); **they ~d for the photograph** они́ пози́ровали для фотогра́фии; **he ~s as an expert** он выдаёт себя́ за знатока́/специали́ста. **2** (*behave in an affected way*) рисова́ться (*impf*).
poser /ˈpəʊzə(r)/ *n* (*problem*) головоло́мка; (*person*) позёр.
poseur /pəʊˈzɜː(r)/ *n* позёр.
posh /pɒʃ/ *adj* (*coll*) шика́рный, фешене́бельный; (*people*) све́тский.
posit /ˈpɒzɪt/ *vt* (**posited, positing**) (*postulate*) постули́ровать (*impf, pf*).
position /pəˈzɪʃ(ə)n/ *n* **1** (*place occupied by s.o. or sth*) ме́сто, положе́ние; **he took up his ~ by the door** он за́нял своё ме́сто у две́ри; (*mil*) пози́ция; **the enemy's ~s were stormed** пози́ции врага́ бы́ли взя́ты шту́рмом. **2** (*situation, circumstances*) положе́ние; **the ~ is desperate** положе́ние отча́янное; **that puts me in an awkward ~** э́то ста́вит меня́ в неудо́бное/нело́вкое положе́ние; **I am not in a ~ to say** я не в состоя́нии сказа́ть. **3** (*posture*) по́за, положе́ние; **he assumed a sitting ~** он при́нял сидя́чую по́зу. **4** (*attitude, opinion*) пози́ция; **allow me to state my ~** разреши́те мне вы́сказать свою́ то́чку зре́ния. **5** (*place in society, status*) положе́ние; **he is a man of wealth and ~** у него́ есть и бога́тство, и положе́ние. **6** (*post, employment*) до́лжность, ме́сто; **I am looking for a ~ as tutor** я ищу́ ме́сто репети́тора.
● *vt* (*place in ~*) поме|ща́ть, -сти́ть; ста́вить, по-.
positive /ˈpɒzɪtɪv/ *n* (*gram*) положи́тельная сте́пень; (*math*) положи́тельное число́, положи́тельная величина́; (*phot*) позити́в.
● *adj* **1** (*definite, explicit*) несомне́нный, определённый; **~ proof** несомне́нное доказа́тельство. **2** (*convinced, certain*) уве́ренный, убеждённый; **are you ~ you saw him?** вы уве́рены, что ви́дели его́?; **I am quite ~ on that point** я в э́том абсолю́тно убеждён. **3** (*assertive*) самоуве́ренный. **4** (*practical, helpful*) позити́вный, конструкти́вный; **a ~ suggestion** де́льное предложе́ние; **~ discrimination** дискримина́ция в по́льзу определённой гру́ппы. **5** (*downright*) положи́тельный, зако́нченный; **he is a ~ fool** он зако́нченный дура́к. **6** (*gram, math, elec*) положи́тельный; **a ~ charge** положи́тельный заря́д; **the ~ sign** знак плюс. **7** (*phot*) позити́вный.
positively /ˈpɒzɪtɪvlɪ/ *adv* несомне́нно, я́сно, абсолю́тно; положи́тельно; **she was ~ rude to me** она́ была́ со мной про́сто груба́.
positivism /ˈpɒzɪtɪˌvɪz(ə)m/ *n* позитиви́зм.
positivist /ˈpɒzɪtˌvɪst/ *n* позитиви́ст.
positron /ˈpɒzɪˌtrɒn/ *n* позитро́н.
posse /ˈpɒsɪ/ *n* отря́д полице́йских.
possess /pəˈzes/ *vt* **1** (*own, have*) владе́ть (*impf*) + *i*; облада́ть (*impf*) + *i*; име́ть (*impf*); **all I ~ is yours** всё, что я име́ю, — ва́ше. **2** (*dominate, influence*) овлад|ева́ть, -е́ть; захва́т|ывать, -и́ть; **he is ~ed by one idea** он одержи́м одно́й иде́ей; **whatever ~ed him to do that?** что его́ заста́вило/дёрнуло (*coll*) поступи́ть таки́м о́бразом?
possession /pəˈzeʃ(ə)n/ *n* **1** (*ownership, occupation*) владе́ние;

they took ~ of the house они́ ста́ли владе́льцами до́ма; **the documents are in my ~** докуме́нты в мои́х рука́х/в моём владе́нии; **he is in full ~ of his senses** он в здра́вом уме́; **~ is nine points of the law** владе́ние иму́ществом почти́ равно́ пра́ву на него́. **2** (*property*) иму́щество, со́бственность. **3** (*territory*) владе́ния (*nt pl*). **4** (*diabolic etc.*) одержи́мость.

possessive /pə'zesɪv/ *n* (*gram*) притяжа́тельный паде́ж.
● *adj* **1** (*gram*) притяжа́тельный. **2** (*of person*) со́бственнический; (*jealous*) ревни́вый; **she is a ~ mother** она́ вла́стная мать.

possessiveness /pə'zesɪvnɪs/ *n* ревни́вость, собственни́ческий инсти́нкт.

possessor /pə'zesə(r)/ *n* (*owner*) владе́лец, облада́тель (*m*).

possibilit|y /ˌpɒsɪ'bɪlɪtɪ/ *n* возмо́жность; (*likelihood*) вероя́тность; **there is no ~y of his coming** возмо́жность его́ прихо́да исключена́; **it is within the bounds of ~y** э́то в преде́лах возмо́жного; (*in pl, potentiality*) возмо́жности (*f pl*); перспекти́вы (*f pl*).

possible /'pɒsɪb(ə)l/ *n* (*~ choice*) возмо́жное.
● *adj* возмо́жный; (*achievable*) осуществи́мый; **as soon as ~** как мо́жно скоре́е; **I have done everything ~ to help** я сде́лал всё возмо́жное, что́бы помо́чь.

possibly /'pɒsɪblɪ/ *adv* **1** (*in accordance with what is possible*) возмо́жно; вероя́тно; **how can I ~ do that?** как же я могу́ э́то сде́лать?; **I can't ~** я ника́к не смогу́. **2** (*perhaps*) возмо́жно; мо́жет быть.

post¹ /pəʊst/ *n* (*of wood, metal etc.*) столб; **starting ~** ста́ртовый столб; **winning ~** фи́нишный столб.
● *vt* **1** (*display publicly*) выве́шивать, вы́весить; **'~ no bills'** «раскле́йка объявле́ний запрещена́»; **the results will be ~ed (up) on the board** результа́ты бу́дут вы́вешены на доске́.
2 (*announce, publish*) объяв|ля́ть, -и́ть; **the ship was ~ed as missing** су́дно бы́ло объя́влено пропа́вшим бе́з вести; (*make available on the Internet*): **the list was ~ed on the Internet** спи́сок был опублико́ван в Интерне́те; (*send to a bulletin board on the Internet*): **he ~ed a message to the newsgroup** он отпра́вил сообще́ние в новостну́ю гру́ппу; **she ~ed a message to the bulletin board** она́ оста́вила сообще́ние на фо́руме (*or* (*esp of a specialized bulletin board*) в конфере́нции).

post² /pəʊst/ *n* (*Br, mail*) по́чта; **by ~** по́чтой, по по́чте; **by return of ~** с обра́тной по́чтой; **parcel ~** почто́во-посы́лочная слу́жба; **I must take these letters to the ~** я до́лжен отнести́ э́ти пи́сьма на по́чту; **if you hurry you will catch the ~** е́сли вы поспеши́те, то успе́ете до отпра́вки по́чты; **has the ~ come yet?** по́чта уже́ была́/пришла́?; **the letter came by the first ~** письмо́ пришло́ с у́тренней по́чтой.
● *vt* **1** (*Br, dispatch by mail*) отпр|авля́ть, -а́вить по по́чте.
2 (*bookkeeping*) перен|оси́ть, -ести́ в гроссбу́х; зан|оси́ть, -ести́ в бухга́лтерские кни́ги; (*fig*) изве|ща́ть, -сти́ть; **keep me ~ed (of events)** держи́те меня́ в ку́рсе (дел).
● *cpds* **~bag** *n* (*Br*) су́мка почтальо́на; (*mail received*) по́чта; **~box** *n* почто́вый я́щик; **~card** *n* откры́тка; **picture ~card** худо́жественная откры́тка; **~code** *n* (*Br*) почто́вый и́ндекс; **~-free** (*Br*) *adj* опла́ченный отправи́телем; *adv* беспла́тно; **~-haste** *adv* о́чень бы́стро; **~man** *n* (*pl* **~men**) (*Br*) почтальо́н; **~mark** *n* почто́вый ште́мпель; *vt* ста́вить, по- почто́вый ште́мпель на + *a*/*p*; **~master** *n* нача́льник почто́вого отделе́ния; **~mistress** *n* нача́льница почто́вого отделе́ния; **~ office** *n* по́чта; (*branch office*) отделе́ние свя́зи; (*main office*) почта́мт; **~-paid** *adj* с опла́ченными почто́выми расхо́дами; *adv* беспла́тно; **~woman** *n* (*pl* **~women**) (*Br*) почтальо́н, почтальо́нка (*coll*).

post³ /pəʊst/ *n* **1** (*place of duty*) пост; **at one's ~** на посту́. **2** (*fort*) форт. **3** (*trading station*) торго́вый пост; факто́рия. **4** (*appointment, job*) до́лжность, пост. **5** (*bugle call*): **last ~** сигна́л отбо́я, пове́стка пе́ред вече́рней заре́й; (*at military funerals*) сигна́л го́рном (на вое́нных похорона́х).
● *vt* **1** (*assign to place of duty*) назн|ача́ть, -а́чить на до́лжность.
2 (*mil, guard, sentry*) выставля́ть, вы́ставить.

post- /pəʊst/ *pref* по..., после..., пост... .

postage /'pəʊstɪdʒ/ *n* почто́вые расхо́ды (*m pl*); почто́вый сбор.
● *cpd* **~ stamp** *n* почто́вая ма́рка.

postal /'pəʊst(ə)l/ *adj* почто́вый; **~ order** (*Br*) (де́нежный) почто́вый перево́д.

post-communist /pəʊst 'kɒmjʊnɪst/ *adj* посткоммунисти́ческий.

post-date /pəʊst'deɪt/ *vt* **1** (*give a date later than the actual one*) дати́ровать (*impf*) бо́лее по́здним число́м.
2 (*occur later than*) сле́довать, по- за + *i*.

poster /'pəʊstə(r)/ *n* (*placard*) афи́ша, плака́т; (*advertising*) по́стер; **(bill~)** раскле́йщик афи́ш.
● *cpd* **~ paint** *n* плака́тная тушь.

poste restante /ˌpəʊst re'stɑ̃t/ *n* (*Br*) до востре́бования.

posterior /pɒ'stɪərɪə(r)/ *n* зад.
● *adj* (*subsequent*) после́дующий; (*behind*) за́дний.

posterity /pɒ'sterɪtɪ/ *n* (*descendants*) пото́мство; (*future generations*) пото́мк|и (*pl*, *g* -ов); после́дующие поколе́ния (*nt pl*); **go down to ~** жить (*impf*) в века́х, войти́ (*pf*) в века́.

postern /'pɒst(ə)n, 'pəʊ-/ *n* (*back door*) за́дняя дверь; (*side entrance*) боково́й вход.

postgraduate /pəʊst'grædjʊət/ *n*: **~ student** аспира́нт (*fem* -ка); **~ study/studies** аспиранту́ра.
● *adj* аспира́нтский.

posthumous /'pɒstjʊməs/ *adj* посме́ртный.

postil(l)ion /pɒ'stɪljən/ *n* форе́йтор.

post-Impressionism /ˌpəʊstɪm'preʃəˌnɪz(ə)m/ *n* постимпрессиони́зм.

post-Impressionist /ˌpəʊstɪm'preʃənɪst/ *n* постимпрессиони́ст.

post-industrial /ˌpəʊstɪn'dʌstrɪəl/ *adj* постиндустриа́льный.

postmodern /pəʊst'mɒd(ə)n/ *adj* постмодерни́стский.

postmodernism /pəʊst'mɒdəˌnɪz(ə)m/ *n* постмoдерни́зм.

post-mortem /pəʊst'mɔːtəm/ *n* (*on dead body*) вскры́тие (тру́па), аутопси́я; (*coll, on game etc.*) разбо́р.

post-natal /pəʊst'neɪt(ə)l/ *adj* послеродово́й.

postpone /pəʊst'pəʊn, pə'spəʊn/ *vt* отсро́чи|вать, -ть; от|кла́дывать, -ложи́ть.

postponement /pəʊst'pəʊnmənt, pə'spəʊnmənt/ *n* отсро́чка, откла́дывание.

postprandial /pəʊst'prændɪəl/ *adj* послеобе́денный.

postscript /'pəʊstskrɪpt, 'pəʊskrɪpt/ *n* постскри́птум.

postulate¹ /'pɒstjʊlət/ *n* постула́т.

postulate² /'pɒstjʊˌleɪt/ *vt* постули́ровать (*impf, pf*).

posture /'pɒstʃə(r)/ *n* (*physical attitude*) по́за; (*carriage of body*) оса́нка; (*situation, condition*) положе́ние.
● *vi* пози́ровать (*impf*).

posturer /'pɒstʃərə(r)/ *n* позёр.

post-war /pəʊst'wɔː(r), 'pəʊst-/ *adj* послевое́нный.

posy /'pəʊzɪ/ *n* буке́т цвето́в.

pot¹ /pɒt/ *n* **1** (*vessel*) горшо́к; (*of glass*) ба́нка; (*of metal*) котело́к; **a ~ of jam** ба́нка варе́нья; **~s and pans** ку́хонная посу́да/у́тварь; **a ~ of tea** ча́йник с зава́ренным ча́ем; **~ plant** (*Br*) горшéчное расте́ние; **~ roast** туше́ное мя́со; **his work is going to ~** (*coll*) его́ рабо́та идёт насма́рку; **a watched ~ never boils** кто над ча́йником стои́т, у того́ он не кипи́т.
2 (*coll, usu in pl, large sum*): **~s of money** ку́ча де́нег.
3 (*coll, prize cup*) ку́бок.
4 (*coll, paunch*) пу́зо.
● *vt* **(potted, potting)**
1 (*e.g. preserves*) консерви́ровать, за-; **~ted meat** консерви́рованное мя́со.
2 (*e.g. plants*) сажа́ть, посади́ть в горшо́к; **~ting shed** помеще́ние для переса́дки расте́ний.
3 (*fig, abridge*) сокра|ща́ть, -ти́ть; уре́з|ывать, -ать; **~ted history** кра́ткая исто́рия.
4 (*billiards*) заг|оня́ть, -на́ть в лу́зу.
5 (*coll, kill with a ~shot*) подстре́л|ивать, -и́ть.
● *cpds* **~-bellied** *adj* пуза́тый; **~ belly** *n* (большо́й) живо́т, пу́зо; **~boiler** *n* (*coll, book etc.*) халту́ра; **~ holder** *n* ку́хонная рукави́ца, прихва́тка; **~hole** *n* (*in road surface*)

P

вы́боина, ры́твина; (*in the ground*) котлови́на; (*underground*) прова́л; **~holer** *n* (спортсме́н-)спелео́лог; **~holing** *n* (*Br*) спелеоло́гия; **~ roast** *n* мя́со, тушённое в горшо́чке; **~-roast** *vt* туши́ть, по- в горшо́чке; **~shot** *n* неприце́льный вы́стрел.

pot² /pɒt/ *n* (*coll, marijuana*) тра́вка, анаша́, дурь (*sl*); **~ smoker** люби́тель тра́вки/анаши́/ду́ри (*sl*).
● *cpd* **~head** *n* (*coll*) постоя́нный кури́льщик тра́вки/анаши́/ду́ри (*sl*).

potash /ˈpɒtæʃ/ *n* (*chem*) пота́ш; (*hydroxide*) гидрокси́д ка́лия, е́дкое ка́ли (*indecl*); (*carbonate*) карбона́т ка́лия.

potassium /pəˈtæsɪəm/ *n* ка́лий; (*attr*) ка́лиевый.

potato /pəˈteɪtəʊ/ *n* (*pl* **~es**) (*collect, and in pl*) карто́фель (*m*), (*coll*) карто́шка; (*single* **~**) карто́фелина; **mashed ~es** карто́фельное пюре́ (*indecl*); **~ crop** урожа́й карто́феля; **~ chips** (*US*), **~ crisps** (*Br*) хрустя́щий карто́фель, чи́пс|ы (*pl, g* -ов).

potency /ˈpəʊt(ə)nsɪ/ *n* си́ла; могу́щество; эффекти́вность; (*of alcoholic drink*) кре́пость; (*sexual*) поте́нция.

potent /ˈpəʊt(ə)nt/ *adj* (*powerful*) си́льный, могу́щественный; (*efficacious*) эффекти́вный; (*of alcoholic drink*) кре́пкий.

potentate /ˈpəʊtənˌteɪt/ *n* повели́тель (*m*), властели́н.

potential /pəˈtenʃ(ə)l/ *n* потенциа́л.
● *adj* потенциа́льный.

potentialit|y /pəˌtenʃɪˈælɪtɪ/ *n* потенциа́льность; **he has great ~ies** у него́ больши́е зада́т|ки (*pl, g* -ов)/возмо́жности.

potion /ˈpəʊʃ(ə)n/ *n* насто́йка, сна́добье; **love ~** любо́вный напи́ток.

potpourri /pəʊˈpʊərɪ, -ˈriː/ *n* (*pl* **~s**) (*lit, fig*) попурри́ (*nt indecl*).

potsherd /ˈpɒtʃɜːd/ *n* черепо́к.

pottage /ˈpɒtɪdʒ/ *n* (*archaic*) похлёбка.

potter¹ /ˈpɒtə(r)/ *n* гонча́р; **~'s wheel** гонча́рный круг.

potter² /ˈpɒtə(r)/ *vi* (*e.g. in garden*) копа́ться, ковыря́ться (*both impf*); **he ~ed along the road** он плёлся по доро́ге.

pottery /ˈpɒtərɪ/ *n* (*ware*) кера́мика; (*craft*) гонча́рное де́ло; (*workshop*) гонча́рня.

potty¹ /ˈpɒtɪ/ *n* (*coll, chamber pot*) горшо́к.

potty² /ˈpɒtɪ/ *adj* (**pottier, pottiest**) (*Br*) (*trifling*) ме́лкий, пустяко́вый; (*crazy*) чо́кнутый (*coll*).

pouch /paʊtʃ/ *n* су́мочка, мешо́чек; **tobacco ~** кисе́т; (*container for documents etc.*) па́пка; **diplomatic ~** (*US*) дипломати́ческая по́чта; (*kangaroo's*) су́мка; (*fig, loose skin*) мешо́к.

pouf(fe) /puːf/ *n* (*seat*) пуф.

poulterer /ˈpəʊltərə(r)/ *n* (*Br*) торго́вец пти́цей и ди́чью.

poultice /ˈpəʊltɪs/ *n* припа́рка.
● *vt* ста́вить, по- припа́рки на + *a*.

poultry /ˈpəʊltrɪ/ *n* дома́шняя пти́ца (*collect*).
● *cpds* **~ farm** *n* птицефе́рма; **~ farmer** *n* птицево́д; **~ farming** *n* птицево́дство; **~ house** *n* пти́чник; **~man** *n* (*pl* **~men**) птицево́д; торго́вец дома́шней пти́цей; **~ run** *n* волье́р(а) для птиц; **~ yard** *n* пти́чий двор.

pounce /paʊns/ *n* (*swoop*) налёт, прыжо́к.
● *vi* набр|а́сываться, -о́ситься; **the cat ~d on the mouse** ко́шка бро́силась на мышь; (*fig*) кида́ться, ки́нуться (*or* наки́|дываться, -нуться) (*на кого/что*).

pound¹ /paʊnd/ *n* **1** (*weight*) фунт (≈ *0,4536 кг*); **sugar is 35p a ~** са́хар сто́ит 35 пе́нсов за фунт. **2** (*money*) фунт (сте́рлингов); **a five-~ note** пятифу́нтовая банкно́та, банкно́та (досто́инством) в 5 фу́нтов сте́рлингов.

pound² /paʊnd/ *n* (*enclosure*) заго́н.

pound³ /paʊnd/ *vt* **1** (*crush*) разб|ива́ть, -и́ть; **the ship was ~ed on the rocks** кора́бль уда́рило о ска́лы. **2** (*thump*) колоти́ть (*impf*).
● *vi* **1** (*thump*): **the guns were ~ing away** ору́дия бу́хали/пали́ли (*both coll*) вовсю́; **he ~ed at the door** он колоти́л в дверь; **his feet ~ed on the stairs** он то́пал по ле́стнице; **her heart was ~ing with excitement** её се́рдце колоти́лось от волне́ния. **2** (*run heavily*) мча́ться/нести́сь (*both impf*) с гро́хотом.

poundage /ˈpaʊndɪdʒ/ *n* (*weight*) вес (в фу́нтах); (*Br, percentage paid per pound*) проце́нт, отчисля́емый с фу́нта сте́рлингов.

-pounder /ˈpaʊndə(r)/ *comb form*: **he caught a three~** (*fish*) он пойма́л ры́бу ве́сом в три фу́нта; (*gun firing shot of — pounds*) **100~** ≈ 152-мм (*read as* стопятидесятидвухмиллиметро́вая) пу́шка.

pour /pɔː(r)/ *vt* лить (*impf*); нал|ива́ть, -и́ть; **will you ~ me (out) a cup of tea?** нале́йте мне, пожа́луйста, ча́шку ча́я; **who will ~** (*the tea*)? кто бу́дет разлива́ть чай?; (*fig*): **he ~ed scorn on the idea** он вы́смеял э́ту иде́ю; **he tried to ~ oil on troubled waters** он пыта́лся остуди́ть стра́сти; **he ~ed cold water on my suggestion** он раскритикова́л моё предложе́ние.
● *vi* ли́ться (*impf*); **water ~ed from the roof** вода́ лила́сь/струи́лась с кры́ши; **sweat ~ed off his brow** с него́ ли́лся/кати́лся пот; (*fig*): **the crowd ~ed out of the theatre** (*Br*), **theater** (*US*) толпа́ повали́ла из теа́тра (*coll*); (*of rain*) лить (*impf*) как из ведра́; **it's going to ~** бу́дет ли́вень; **it was ~ing with rain** шёл проливно́й дождь, дождь лил как из ведра́.
● *with advs* (*fig*): **letters ~ed in** посы́пались пи́сьма; **she ~ed out a tale of woe** она́ излила́ своё го́ре; **his words ~ed out in a flood** слова́ лили́сь из него́ пото́ком.

pout /paʊt/ *n* наду́тые гу́бы (*f pl*).
● *vi* над|ува́ть, -у́ть гу́бы; ду́ться, на-.

pouter /ˈpaʊtə(r)/ *n* (*pigeon*) зоба́стый го́лубь.

poverty /ˈpɒvətɪ/ *n* бе́дность, нищета́; **on the ~ line** на гра́ни нищеты́; (*fig*) (*scarcity*) нехва́тка; (*lack*) отсу́тствие; **~ of ideas** ску́дость мы́слей.
● *cpds* **~-stricken** *adj* (*lit*) ни́щий; (*fig*) убо́гий; **~ trap** *n* состоя́ние неизбе́жной бе́дности.

POW (*abbr of* ***prisoner of war***) военнопле́нный.

powder /ˈpaʊdə(r)/ *n* (*chem, med etc.*) порошо́к; (*cosmetic*) пу́дра; (*explosive*) по́рох; **keep your ~ dry** (*fig*) держи́те по́рох сухи́м; бу́дьте начеку́.
● *vt* **1** (*reduce to* **~**) превра|ща́ть, -ти́ть в порошо́к; **~ed milk** порошко́вое/сухо́е молоко́. **2** (*apply* **~** *to*) пу́дрить, на-.
● *cpds* **~-blue** *adj* зеленова́то-голубо́й; **~ magazine** *n* порохово́й по́греб; **~ puff** *n* пухо́вка; **~ room** *n* да́мская (туале́тная) ко́мната.

powdery /ˈpaʊdərɪ/ *adj* порошкообра́зный; рассы́пчатый.

power /ˈpaʊə(r)/ *n* **1** (*ability, capacity*) си́ла, мощь; **I will do all in my ~** я сде́лаю всё, что в мои́х си́лах; **it is not within my ~** э́то не в мое́й вла́сти; **purchasing ~** покупа́тельная спосо́бность; **his voice has great carrying ~** у него́ о́чень си́льный го́лос; **his ~s of resistance are low** у него́ сла́бая сопротивля́емость; **this ring has the ~ to make you invisible** э́то кольцо́ облада́ет сво́йством де́лать челове́ка неви́димым; **the ~ to express one's thoughts** спосо́бность выража́ть свои́ мы́сли.
2 (*in pl, faculties*): **he is a man of considerable ~s** он наделён больши́ми спосо́бностями; **he was at the height of his ~s** он был в расцве́те сил; **his ~s are failing** его́ си́лы угаса́ют.
3 (*vigour, strength*) эне́ргия; **more ~ to your elbow!** (*Br*), **to you!** (*US*) жела́ю уда́чи!
4 (*electrical energy*) эне́ргия; **electric ~** электроэне́ргия; **there was a ~ cut** электроэне́ргию вре́менно отключи́ли; (*mechanical energy*) мо́щность; **the machine is on full ~** маши́на рабо́тает на по́лную мо́щность.
5 (*authority, control*) власть; **I have him in my ~** он в мое́й вла́сти; **he has no ~ over me** он на́до мной не вла́стен; у него́ нет на́до мной вла́сти; **France was at the height of her ~** Фра́нция находи́лось в расцве́те своего́ могу́щества; **in ~** у вла́сти; **the party in ~** пра́вящая па́ртия; **they are out of ~** они́ потеря́ли власть; **balance of ~** равнове́сие сил; **~ politics** поли́тика с пози́ции си́лы.
6 (*right, authorization*) полномо́чия (*nt pl*), пра́во; **the judge exceeded his ~s** судья́ превы́сил свои́ полномо́чия; **the committee has ~ to co-opt members** комите́т име́ет пра́во кооптирова́ть чле́нов.
7 (*influential person or organization*) си́ла; **he is a great ~ for good** его́ влия́ние весьма́ благотво́рно; **the ~s that be** си́льные (*pl*) ми́ра сего́.

P

8 (*state*) держа́ва; **the Great P~s** вели́кие держа́вы.
9 (*supernatural force*) си́ла; **the ~s of darkness** си́лы тьмы.
10 (*coll, large number or amount*) ма́сса, мно́жество; **this medicine has done me a ~ of good** э́то лека́рство принесло́ мне огро́мную по́льзу.
11 (*math*) сте́пень; **two to the ~ of ten** два в деся́той сте́пени.
● *vt* (*supply with electrical energy*) снаб|жа́ть, -ди́ть эне́ргией; (*supply with mechanical energy*) прив|оди́ть, -ести́ в де́йствие; **an aircraft ~ed by four jets** самолёт, приводи́мый в де́йствие четырьмя́ реакти́вными дви́гателями.
● *cpds* **~boat** *n* мото́рный ка́тер; **~ dive** *n* пики́рование с рабо́тающим мото́ром; **~ drill** *n* электри́ческая дрель; **~-driven** *adj* с механи́ческим при́водом; **~house** *n* силова́я ста́нция; **~ line** *n* ли́ния электропереда́чи; **~ plant, ~ station** *nn* электроста́нция; **~ point** *n* (*Br*) электрово́д, ште́псельная розе́тка; **~ tool** *n* электри́ческий инструме́нт.

powerful /ˈpaʊəˌfʊl/ *adj* си́льный, мо́щный; **a ~ voice** си́льный го́лос; **a ~ argument** мо́щный/убеди́тельный до́вод; **a ~ nation** могу́щественный наро́д; **a ~ speech** я́ркая/впечатля́ющая речь.

powerless /ˈpaʊəlɪs/ *adj* беспо́мощный; **I was ~ to move** я был не в си́лах дви́нуться; **he is ~ in the matter** он бесси́лен что́-либо сде́лать.

powwow /ˈpaʊwaʊ/ (*coll*) *n* сове́т совеща́ние.
● *vi* совеща́ться (*impf*).

pox /pɒks/ *n* (*coll*) си́филис.

poxy /ˈpɒksɪ/ *adj* (**poxier, poxiest**) (*Br coll*) никуды́шный, парши́вый.

pp (*abbr of* ***per procurationem***): **John Brown pp A. Smith** по дове́ренности Джо́на Бра́уна подписа́л А. Смит.

pp. /ˈpeɪdʒɪz/ *n* (*abbr of* ***pages***) сс., стр., страни́цы.

PR *abbr of* **1** ***public relations*** пиа́р. **2** ***proportional representation*** пропорциона́льное представи́тельство.

practicability /ˌpræktɪkəˈbɪlɪtɪ/ *n* осуществи́мость, реа́льность.

practicable /ˈpræktɪkəb(ə)l/ *adj* (*feasible*) осуществи́мый, реа́льный.

practical /ˈpræktɪk(ə)l/ *adj* **1** (*concerned with practice*) практи́ческий; **a ~ joke** ро́зыгрыш, шу́тка; **play a ~ joke on** разы́гр|ывать, -а́ть; **he is a ~ man** он практи́чный челове́к; **you must be ~ about it** вы должны́ смотре́ть на э́то с практи́ческой то́чки зре́ния.
2 (*useful in practice*) практи́чный; (*workable, feasible*) осуществи́мый, реа́льный; **this is not a ~ suggestion** э́то предложе́ние нереа́льно.
3 (*virtual*) факти́ческий; **it is a ~ impossibility** э́то практи́чески невозмо́жно.

practicality /ˌpræktɪˈkælɪtɪ/ *n* практи́чность.

practically /ˈpræktɪkəlɪ/ *adv* **1** (*in a practical manner*) практи́чески; на де́ле; **look at a question ~** смотре́ть на вопро́с с практи́ческой то́чки зре́ния. **2** (*almost*) практи́чески, факти́чески; почти́.

practice /ˈpræktɪs/ *n* **1** (*performance*) пра́ктика; **the idea will not work in ~** э́та иде́я на пра́ктике неосуществи́ма; **he put his plan into ~** он осуществи́л свой план.
2 (*regular or habitual performance*) обы́чай, обыкнове́ние; **he makes a ~ of early rising** он взял себе́ за пра́вило ра́но встава́ть; **my usual ~ is to tip** я име́ю обыкнове́ние дава́ть чаевы́е; **borrowing money is a bad ~** брать де́ньги в долг — скве́рная привы́чка; **this ~ must stop** э́ту пра́ктику на́до прекрати́ть; **sharp ~** моше́нничество, махина́ции (*f pl*); **put into ~** осуществ|ля́ть, -и́ть.
3 (*repeated exercise*) упражне́ние, трениро́вка, пра́ктика; **~ makes perfect** ≈ повторе́ние мать уче́ния; на́вык ма́стера ста́вит; **your game needs more ~** вам на́до бо́льше тренирова́ться; **I am badly out of ~** я давно́ не упражня́лся/практикова́лся.
4 (*work of doctor, lawyer, etc.*) пра́ктика; **he is in ~ in York** он име́ет пра́ктику в Йо́рке.
● *vt* & *i*: (*US*) = **practise**

practician /prækˈtɪʃ(ə)n/ *n* пра́ктик.

practis|e /ˈpræktɪs/ (*US* **practice**) *vt* **1** (*perform habitually*) де́лать, с- по привы́чке; **you should ~e what you preach** ва́ши слова́ не должны́ расходи́ться с де́лом; (*for exercise*) упражня́ть (*impf*), отраб|а́тывать, -о́тать; **you should ~e this stroke** вам ну́жно отрабо́тать э́тот уда́р; (*sport, game, etc.*) упражня́ться (*impf*) в + *p*; (*instrument*): **she was ~ing the piano** она́ упражня́лась на роя́ле/фортепиа́но. **2** (*a profession etc.*) практикова́ть (*impf*); **a ~ing physician** практику́ющий врач.
● *vi* упражня́ться (*impf*); тренирова́ться (*impf*).

practitioner /prækˈtɪʃənə(r)/ *n* (*med*) практику́ющий специали́ст; **general ~** участко́вый врач, врач о́бщей пра́ктики.

pragmatic /prægˈmætɪk/ *adj* прагмати́ческий.

pragmatism /ˈprægməˌtɪz(ə)m/ *n* прагмати́зм.

pragmatist /ˈprægmətɪst/ *n* прагма́тик.

Prague /prɑːg/ *n* Пра́га.

prairie /ˈpreərɪ/ *n* пре́рия.

praise /preɪz/ *n* похвала́; **his work is beyond ~** его́ рабо́та вы́ше вся́кой похвалы́; **he was loud in her ~s** он гро́мко хвали́л её; **~ be (to God)!** сла́ва Бо́гу!
● *vt* (*voice approval, admiration of*) хвали́ть, по-; (*give glory to*) восхвал|я́ть, -и́ть.
● *cpd* **~worthy** *adj* досто́йный похвалы́, похва́льный.

pram /præm/ *n* (*Br*) (де́тская) коля́ска.

prance /prɑːns/ *n* (*leap*) скачо́к.
● *vi* (*of horse*) гарцева́ть (*impf*); (*of person*) ва́жничать (*impf*), форси́ть (*impf*) (*coll*).

prang /præŋ/ (*Br coll*) *n* ава́рия, столкнове́ние.
● *vt* разби|ва́ть, -ть.

prank /præŋk/ *n* вы́ходка, проде́лка; **he is up to his ~s again** он опя́ть взя́лся за свои́ прока́зы; **play ~s on** разы́грывать (*impf*); **play a ~ on** разыгра́ть (*pf*).

prankster /ˈpræŋkstə(r)/ *n* шутни́к, прока́зник.

prat /præt/ *n* (*Br coll, idiot*) идио́т (*fem* -ка).

prate /preɪt/ *vi* трепа́ться (*impf*).

prattle /ˈpræt(ə)l/ *n* болтовня́; (*childish*) ле́пет.
● *vi* болта́ть (*impf*); (*of child*) лепета́ть, про-.

prattler /ˈprætlə(r)/ *n* болту́н.

prawn /prɔːn/ *n* креве́тка.

pray /preɪ/ *vt* (*supplicate*) моли́ть (*impf*); умол|я́ть, -и́ть; **~ God he comes in time** дай Бог, что́бы он пришёл во́время.
● *vi* моли́ться, по-; **the farmers ~ed for rain** фе́рмеры моли́ли Бо́га, что́бы пошёл дождь; **we will ~ for the Queen** мы бу́дем моли́ться за короле́ву.

prayer /ˈpreə(r)/ *n* **1** (*act of praying*) моле́ние, моли́тва. **2** (*formula, petition*) моли́тва; **the Lord's P~** О́тче наш; **say one's ~s** моли́ться, по-. **3** (*entreaty*) мольба́, про́сьба. **4** (*also in pl, religious service*) богослуже́ние.
● *cpds* **~ book** *n* моли́твенник; **~ mat, ~ rug** *nn* моли́твенный ко́врик; **~ meeting** *n* моли́твенное собра́ние.

pre- /priː/ *pref* (*beforehand, in advance*) до…, пред…; зара́нее; (*dating from before*) до… .

preach /priːtʃ/ *vt* пропове́довать (*impf*); **go out and ~ the gospel!** иди́те и неси́те лю́дям Ева́нгелие!; **he ~ed the virtue of thrift** он пропове́довал бережли́вость.
● *vi* (*deliver sermon*) чита́ть про́поведь; (*give moral advice*) наставля́ть (*impf*), поуча́ть (*impf*) (*coll*); **~ to the converted** ≈ ломи́ться (*impf*) в откры́тую дверь.

preacher /ˈpriːtʃə(r)/ *n* пропове́дник.

preamble /priːˈæmb(ə)l, ˈpriː-/ *n* преа́мбула.

prearrange /ˌpriːəˈreɪndʒ/ *vt* организо́в|ывать, -а́ть зара́нее; **at a ~d signal** по усло́вленному зна́ку/сигна́лу.

prearrangement /ˌpriːəˈreɪndʒmənt/ *n* предвари́тельная подгото́вка/договорённость.

prebend /ˈprebənd/ *n* пребе́нда.

prebendary /ˈprebəndərɪ/ *n* пребенда́рий.

Precambrian /priːˈkæmbrɪən/ (*geol*) *n* (**the ~**) доке́мбрий.
● *adj* докембри́йский.

precarious /prɪˈkeərɪəs/ *adj* **1** (*uncertain*) ненадёжный; **a ~ foothold** ненадёжная опо́ра; **~ health** сла́бое здоро́вье; **he makes a ~ living** он едва́ зараба́тывает на

P

жизнь. **2** (*dangerous, risky*) опа́сный, риско́ванный.

precaution /prɪˈkɔ:ʃ(ə)n/ *n* предосторо́жность; **it is wise to take ~s against fire** разу́мно приня́ть ме́ры предосторо́жности про́тив (*or* на слу́чай) пожа́ра.

precautionary /prɪˈkɔ:ʃənərɪ/ *adj* предупреди́тельный, профилакти́ческий; **~ measures** ме́ры предосторо́жности.

preced|e /prɪˈsi:d/ *vt* (*take ~ence of, come before*) предше́ствовать (*impf*) + *d*; (*walk ahead of*): **he was ~ed by his wife** жена́ шла впереди́ него́.
● *vi*: **in the ~ing sentence** в преды́дущем предложе́нии.

precedence /ˈpresɪd(ə)ns/ *n* **1** (*priority, superiority*) первоочерёдность, приорите́т; **this question takes ~** э́тот вопро́с до́лжен рассма́триваться в пе́рвую о́чередь. **2** (*right of preceding others*) старшинство́.

precedent /ˈpresɪd(ə)nt/ *n* прецеде́нт; **there is no ~ for this** э́то не име́ет прецеде́нта; **create, set a ~** созд|ава́ть, -а́ть (*or* устан|а́вливать, -ови́ть) прецеде́нт.

precept /ˈpri:sept/ *n* (*moral instruction*) наставле́ние; (*command*) предписа́ние.

pre-Christian /pri:ˈkrɪstɪən/ *adj* дохристиа́нский.

precinct /ˈpri:sɪŋkt/ *n* **1** (*enclosed space*) двор. **2** (*in pl, environs*) окре́стности (*f pl*). **3** (*Br, area of restricted access*): **pedestrian ~** пешехо́дная зо́на; **shopping ~** торго́вый центр. **4** (*US, police or electoral district*) уча́сток.

precious /ˈpreʃəs/ *adj* **1** (*of great value*) драгоце́нный; **~ stones** драгоце́нные ка́мни (*m pl*); (*as endearment*) люби́мый; **my ~** мой люби́мый/ненагля́дный. **2** (*affected, over-refined*) мане́рный.
● *adv* (*coll*) о́чень, здо́рово; **I got ~ little for the ring** я получи́л за кольцо́ о́чень ма́ло; **there is ~ little hope** наде́жды почти́ нет.

preciousness /ˈpreʃəsnɪs/ *n* (*value*) драгоце́нность; (*affectation*) мане́рность.

precipice /ˈpresɪpɪs/ *n* про́пасть, обры́в; **fall over a ~** срыва́ться, сорва́ться с обры́ва.

precipitate[1] /prɪˈsɪpɪtət/ *adj* (*headlong*) стреми́тельный; (*rash*) опроме́тчивый.

precipitate[2] /prɪˈsɪpɪˌteɪt/ *vt* **1** (*throw down*) низв|ерга́ть, -е́ргнуть; (*fig*) вв|ерга́ть, -е́ргнуть; **the country was ~d into war** страну́ вве́ргли в войну́. **2** (*bring on rapidly*) уск|оря́ть, -о́рить. **3** (*chem*) оса|жда́ть, -ди́ть.

precipitation /prɪˌsɪpɪˈteɪʃ(ə)n/ *n* (*rain etc.*) оса́д|ки (*pl, g* -ов).

precipitous /prɪˈsɪpɪtəs/ *adj* (*steep*) обры́вистый, круто́й; (*hasty*) поспе́шный.

precipitousness /prɪˈsɪpɪtəsnɪs/ *n* (*steepness*) обры́вистость, крутизна́; (*haste*) поспе́шность.

precis /ˈpreɪsi:/ *n* (*pl* **~** /-si:z/) резюме́, конспе́кт.

precise /prɪˈsaɪs/ *adj* (*exact*) то́чный, аккура́тный; (*punctilious*) тща́тельный.

precisely /prɪˈsaɪslɪ/ *adv* то́чно; (*with numbers or quantities*) ро́вно; **at ~ two o'clock** ро́вно в два часа́; **~ nothing** ро́вно ничего́; (*as reply: 'quite so'*) соверше́нно ве́рно; вот и́менно.

preciseness /prɪˈsaɪsnɪs/ *n* то́чность, чёткость; тща́тельность.

precision /prɪˈsɪʒ(ə)n/ *n* то́чность; аккура́тность; **~ bombing** прице́льное бомбомета́ние; **~ instrument** то́чный прибо́р.

preclude /prɪˈklu:d/ *vt* (*prevent*) предотвра|ща́ть, -ти́ть; (*make impossible*) исключ|а́ть, -и́ть.

precocious /prɪˈkəʊʃəs/ *adj* ра́но разви́вшийся, ра́нний.

precoci|ousness /prɪˈkəʊʃəsnɪs/, **-ty** /prɪˈkɒsɪtɪ/ *nn* ра́ннее разви́тие.

precognition /ˌpri:kɒgˈnɪʃ(ə)n/ *n* предви́дение.

preconceived /ˌpri:kənˈsi:vd/ *adj* предвзя́тый.

preconception /ˌpri:kənˈsepʃ(ə)n/ *n* предвзя́тое мне́ние.

precondition /ˌpri:kənˈdɪʃ(ə)n/ *n* предвари́тельное усло́вие.

precursor /pri:ˈkɜ:sə(r)/ *n* предше́ственни|к (*fem* -ца); (*of event*) предве́стник.

pre-date /pri:ˈdeɪt/ *vt* (*antedate*) дати́ровать (*impf, pf*) за́дним (*or* бо́лее ра́нним) число́м; (*precede*) предше́ствовать (*impf*) + *d*.

predator /ˈpredətə(r)/ *n* хи́щник.

predatory /ˈpredətərɪ/ *adj* (*animal*) хи́щный; (*fig*) хи́щный, граби́тельский; (*instinct*) хи́щнический.

predecease /ˌpri:dɪˈsi:s/ *vt* **he ~d her** он у́мер ра́ньше её.

predecessor /ˈpri:dɪˌsesə(r)/ *n* предше́ственник; **this car is bigger than its ~** э́то маши́на бо́льше ста́рой/пре́жней.

predestination /pri:ˌdestrˈneɪʃ(ə)n/ *n* предопределе́ние.

predestine /pri:ˈdestɪn/ *vt* предопредел|я́ть, -и́ть.

predetermination /ˌpri:dɪtɜ:mɪˈneɪʃ(ə)n/ *n* предопределе́ние.

predetermine /ˌpri:dɪˈtɜ:mɪn/ *vt* предреш|а́ть, -и́ть.

predicament /prɪˈdɪkəmənt/ *n* тру́дная ситуа́ция, тру́дное положе́ние, затрудне́ние; **that puts me in a ~** э́то ста́вит меня́ в тру́дное положе́ние.

predicate[1] /ˈpredɪkət/ *n* (*gram*) сказу́емое; (*logic*) предика́т, утвержде́ние.

predicate[2] /ˈpredɪˌkeɪt/ *vt* утвер|жда́ть, -ди́ть.

predication /ˌpredɪˈkeɪʃ(ə)n/ *n* предика́ция, утвержде́ние.

predicative /prɪˈdɪkətɪv/ *adj* предикати́вный.

predict /prɪˈdɪkt/ *vt* предска́з|ывать, -а́ть.

predictable /prɪˈdɪktəb(ə)l/ *adj* предсказу́емый.

prediction /prɪˈdɪkʃ(ə)n/ *n* предсказа́ние.

predilection /ˌpri:dɪˈlekʃ(ə)n/ *n* пристра́стие, скло́нность (**for:** к + *d*).

predispose /ˌpri:dɪˈspəʊz/ *vt* предраспол|ага́ть, -ожи́ть; **I am ~d in his favour** (*Br*), **favor** (*US*) я предраспо́ложен в его́ по́льзу; **my mother is ~d to rheumatism** моя́ мать предраспо́ложена к ревмати́зму.

predisposition /ˌpri:dɪspəˈzɪʃ(ə)n/ *n* предрасположе́ние, скло́нность (*к чему*).

predominance /prɪˈdɒmɪnəns/ *n* (*control; superiority*) превосхо́дство; госпо́дство; (*preponderance*) преоблада́ние, домини́рование.

predominant /prɪˈdɒmɪnənt/ *adj* (*without rival*) преоблада́ющий, превосходя́щий; (*preponderant*) домини́рующий.

predominate /prɪˈdɒmɪˌneɪt/ *vi* преоблада́ть (*impf*); домини́ровать (*impf*).

pre-election /ˌpri:ɪˈlekʃ(ə)n/ *adj* предвы́борный.

pre-eminence /pri:ˈemɪnəns/ *n* превосхо́дство, преиму́щество.

pre-eminent /pri:ˈemɪnənt/ *adj* выдаю́щийся.

pre-empt /pri:ˈempt/ *vt* (*appropriate*) присв|а́ивать, -о́ить; завлад|ева́ть, -е́ть + *i*; (*forestall*) предупре|жда́ть, -ди́ть.

pre-emption /pri:ˈempʃ(ə)n/ *n* присвое́ние.

pre-emptive /pri:ˈemptɪv/ *adj* опережа́ющий; **~ strike** упрежда́ющий уда́р.

preen /pri:n/ *vt* (*of bird*): **~ one's feathers** чи́стить, по- пе́рья/пёрышки; (*of person*): **~ o.s.** прихор|а́шиваться, -оши́ться (*coll*).

pre-existence /ˌpri:ɪgˈzɪstəns/ *n* предсуществова́ние.

pre-existent /ˌpri:ɪgˈzɪstənt/ *adj* предсуществу́ющий.

prefabricate /pri:ˈfæbrɪˌkeɪt/ *vt*: **~d house** (*coll* **prefab**) сбо́рный дом.

prefabrication /pri:ˌfæbrɪˈkeɪʃ(ə)n/ *n* изготовле́ние сбо́рных дета́лей.

preface /ˈprefəs/ *n* (*written*) предисло́вие; (*spoken*) вво́дное сло́во; (*fig*) вступле́ние, проло́г.
● *vt* де́лать, с- вступле́ние к + *d*; предпос|ыла́ть, -ла́ть; **he ~d his remarks with a quotation** он нача́л свои́ замеча́ния с цита́ты.

prefatory /ˈprefətərɪ/ *adj* вступи́тельный, вво́дный.

prefect /ˈpri:fekt/ *n* **1** (*official*) префе́кт. **2** (*Br, at school*) ста́рший учени́к, ста́роста (*cg*), префе́кт.

prefecture /ˈpri:fektjʊə(r)/ *n* префекту́ра.

prefer /prɪˈfɜ:(r)/ *vt* (**preferred, preferring**) **1** (*like better*) предпоч|ита́ть, -е́сть; **I ~ juice to water** я предпочита́ю сок воде́. **2** (*submit*): **~ charges** предъяв|ля́ть, -и́ть обвине́ния.

preferable /ˈprefərəb(ə)l/ *adj* предпочти́тельный; **it's not a comfortable bed, but it's ~ to sleeping on the floor** э́та крова́ть не о́чень удо́бна, но я предпочита́ю спать на ней, а не на полу́.

preference /ˈprefərəns/ *n* (*greater liking*) предпочте́ние; **he has a ~ for silk ties** он пита́ет сла́бость к шёлковым га́лстукам; **have you any ~?** что вы предпочита́ете?; **I chose this in ~ to the other** я предпочёл э́то тому́; **we cannot give you ~ over everyone else** мы не мо́жем дать вам предпочте́ние пе́ред все́ми други́ми; (*preferred thing*) вы́бор.

preferential /ˌprefəˈrenʃ(ə)l/ *adj* предпочти́тельный; льго́тный.

preferment /prɪˈfə:mənt/ *n* продвиже́ние по слу́жбе.

prefix /ˈpri:fɪks/ *n* (*at beginning of word*) приста́вка, пре́фикс; (*title such as* 'Mr') ти́тул.
● *vt* присоедин|я́ть, -и́ть (*приставку к слову*).

pregnancy /ˈpregnənsɪ/ *n* бере́менность.

pregnant /ˈpregnənt/ *adj* бере́менная; **become ~** забере́менеть (*pf*); (*fig*) чрева́тый; **words ~ with meaning** слова́, испо́лненные смы́сла; **a ~ silence** многозначи́тельное молча́ние.

preheat /pri:ˈhi:t/ *vt* предвари́тельно подогр|ева́ть, -е́ть.

prehensile /pri:ˈhensaɪl/ *adj* (*zool*) хвата́тельный.

prehistoric /ˌpri:hɪˈstɒrɪk/ *adj* доистори́ческий.

prehistory /ˌpri:ˈhɪstərɪ/ *n* предысто́рия.

prejudge /pri:ˈdʒʌdʒ/ *vt* предреш|а́ть, -и́ть.

prejudgement /pri:ˈdʒʌdʒmənt/ *n* предреше́ние.

prejudice /ˈpredʒʊdɪs/ *n*
1 (*preconceived opinion*) предрассу́док, предубежде́ние. **2** (*detriment*) уще́рб, вред. **3** (*prejudgement*): **without ~** без уще́рба (для + *g*); (*law*) не отка́зываясь от свои́х прав.
● *vt* **1** (*cause to have a ~*) предубе|жда́ть, -ди́ть; **you are ~d against him** вы отно́ситесь к нему́ с предубежде́нием. **2** (*harm*) нан|оси́ть, -ести́ уще́рб + *d*.

prejudicial /ˌpredʒʊˈdɪʃ(ə)l/ *adj* (*detrimental*) вре́дный; ущемля́ющий; нанося́щий уще́рб + *d*.

prelate /ˈprelət/ *n* прела́т.

prelim /ˈpri:lɪm, prɪˈlɪm/ *n* (*in pl, printing*) сбо́рный лист.

preliminary /prɪˈlɪmɪnərɪ/ *n* подготови́тельное мероприя́тие; (*in pl, remarks*) предвари́тельные замеча́ния; (*in pl, sport*) отбо́рочные соревнова́ния (*nt pl*).
● *adj* предвари́тельный.

prelude /ˈprelju:d/ *n* (*mus*) прелю́дия; (*fig*): **this was the ~ to the storm** э́то был пе́рвый гром пе́ред бу́рей.
● *vt* (*serve as ~ to*) служи́ть (*impf*) вступле́нием к + *d*.

premarital /pri:ˈmærɪt(ə)l/ *adj* добра́чный.

premature /ˈpreməˌtjʊə(r), -ˈtjʊə(r)/ *adj* преждевре́менный; **~ birth** преждевре́менные ро́д|ы (*pl, g* -ов); **~ baby** недоно́шенный ребёнок; **~ decision** необду́манное/поспе́шное реше́ние.

premeditate /pri:ˈmedɪˌteɪt/ *vt*: **~d murder** преднаме́ренное уби́йство.

premeditation /pri:ˌmedɪˈteɪʃ(ə)n/ *n* преднаме́ренность.

premenstrual /pri:ˈmenstrʊəl/ *adj* предменструа́льный.

premier /ˈpremɪə(r)/ *n* премье́р(-мини́стр).
● *adj* пе́рвый; гла́вный.

premiere /ˈpremɪˌeə(r)/ *n* премье́ра; **the film had its ~ last night** премье́ра фи́льма состоя́лась вчера́.

premiership /ˈpremɪəʃɪp/ *n* премье́рство.

premise /ˈpremɪs/ *n* (*logic, Br also* **premiss**) посы́лка; предположе́ние.

premises /ˈpremɪsɪz/ *n pl* (*house and land*) помеще́ние; **drinks are to be consumed on the ~s** напи́тки продаю́тся для распи́тия на ме́сте (прода́жи); **licensed ~s** помеще́ние, в кото́ром разрешена́ прода́жа спиртны́х напи́тков.

premium /ˈpri:mɪəm/ *n* (*pl* **~s**)
1 (*reward*) награ́да; **this will put a ~ on dishonesty** э́то бу́дет поощря́ть нече́стность. **2** (*amount paid for insurance*) (страхова́я) пре́мия.
3 (*additional charge or payment*) припла́та. **4**: **at a ~** вы́ше номина́ла; с при́былью; (*in demand*) по́льзующийся спро́сом.

premonition /ˌpreməˈnɪʃ(ə)n, ˌpri:-/ *n* предчу́вствие.

prenatal /pri:ˈneɪt(ə)l/ *adj* предродово́й.

preoccupation /pri:ˌɒkjʊˈpeɪʃ(ə)n/ *n* (*mental absorption*) озабо́ченность, поглощённость; (*absorbing subject*) забо́та; **his one ~ is making money** его́ еди́нственная забо́та — де́лать де́ньги.

preoccup|y /pri:ˈɒkjʊˌpaɪ/ *vt* забо́тить, о-; **the match ~ied his thoughts** матч занима́л все его́ мы́сли; **he was too ~ied to pay attention** он не обрати́л внима́ния, так как был сли́шком поглощён свои́ми мы́слями.

preordain /ˌpri:ɔ:ˈdeɪn/ *vt* предназн|ача́ть, -а́чить.

prep /prep/ (*Br*) *n* (*coll, school work set*) уро́ки (*m pl*).
● *adj*: **~ school** (ча́стная) нача́льная шко́ла.

pre-packed /pri:ˈpækd/ *adj* расфасо́ванный.

preparation /ˌprepəˈreɪʃ(ə)n/ *n*
1 (*process of preparing or being prepared*) подгото́вка, приготовле́ние; **she was packing in ~ for the journey** она́ укла́дывала ве́щи, гото́вясь к пое́здке; **a second edition is in ~** гото́вится второ́е изда́ние; (*in pl, preparatory measures*) приготовле́ния (*nt pl*); **~s are well under way** подгото́вка идёт по́лным хо́дом; **he made ~s to leave** он сде́лал приготовле́ния к отъе́зду; он подгото́вился к отъе́зду. **2** (*medicine*) лека́рство.

preparatory /prɪˈpærətərɪ/ *adj* подготови́тельный.
● *adv*: **~ to** пре́жде чем (+ *inf*); до того́ как (+ *finite v*); **~ to leaving** пре́жде чем уе́хать, пе́ред отъе́здом.

> **preparatory school**
>
> *see* **prep school**

prepare /prɪˈpeə(r)/ *vt* гото́вить (*impf*); пригот|а́вливать, -о́вить; подгот|а́вливать, -о́вить; **she ~d a meal** она́ пригото́вила еду́; **I was ~d for the worst** я был гото́в/пригото́вился к са́мому ху́дшему; **the tutor ~d him for his exams** учи́тель подгото́вил его́ к экза́менам; **he ~d his speech in advance** он подгото́вил свою́ речь зара́нее.
● *vi* подгот|а́вливаться, -о́виться; пригот|а́вливаться, -о́виться; **they ~d for an attack** они́ пригото́вились к ата́ке.

preparedness /prɪˈpeərɪdnɪs/ *n* гото́вность.

prepay /pri:ˈpeɪ/ *vt* (*past and pp* **prepaid**) опла́|чивать, -ти́ть зара́нее.

preponderance /prɪˈpɒndərəns/ *n* переве́с, преиму́щество.

preponderant /prɪˈpɒndərənt/ *adj* преоблада́ющий.

preponderate /prɪˈpɒndəˌreɪt/ *vi* преоблада́ть (*impf*); переве́|шивать, -сить.

preposition /ˌprepəˈzɪʃ(ə)n/ *n* (*gram*) предло́г.

prepositional /ˌprepəˈzɪʃənəl/ *n* & *adj* (*gram*) предло́жный (паде́ж).

prepossessing /ˌpri:pəˈzesɪŋ/ *adj* располага́ющий, привлека́тельный.

prepossession /ˌpri:pəˈzeʃ(ə)n/ *n* предрасположе́ние.

preposterous /prɪˈpɒstərəs/ *adj* (*absurd*) нele̍пый, бредо́вый; (*outrageous*) возмути́тельный.

> **prep school**
>
> В Великобрита́нии так называ́ют ча́стные нача́льные шко́лы. Де́ти у́чатся в них с 7 и до 13 лет. Не́которые из э́тих школ явля́ются интерна́тами. Обуче́ние в них, как пра́вило, разде́льное для ма́льчиков и де́вочек. Ученики́, око́нчившие таки́е шко́лы, обы́чно поступа́ют в ча́стные сре́дние шко́лы.
>
> В Аме́рике да́нное выраже́ние отно́сится к о́чень прести́жным ча́стным сре́дним шко́лам, кото́рые гото́вят уча́щихся к поступле́нию в лу́чшие университе́ты страны́.

Pre-Raphaelite /pri:ˈræfəˌlaɪt/ *n* прерафаэли́т (*представитель английской школы живописи девятнадцатого века*).
● *adj* прерафаэли́тский.

pre-recorded /ˌpri:rɪˈkɔ:dɪd/ *adj* предвари́тельно запи́санный.

prerequisite /pri:ˈrekwɪzɪt/ *n* предпосы́лка.

pre-revolutionary /ˌpri:ˌrevəˈlju:ʃənərɪ/ *adj* дореволюцио́нный.

P

prerogative /prɪˈrɒgətɪv/ *n* (*of ruler etc.*) прерогати́ва; (*privilege*) привиле́гия.

presage /ˈpresɪdʒ/ *n* (*portent*) предзнаменова́ние, при́знак; (*presentiment*) (дурно́е) предчу́вствие. ● *vt* (*portend*) предвеща́ть (*impf*).

Presbyterian /ˌprezbɪˈtɪərɪən/ *n* пресвитериа́н|ин (*fem* -ка). ● *adj* пресвитериа́нский.

preschool /ˈpriːskuːl/ *adj* дошко́льный.

prescience /ˈpresɪəns/ *n* предви́дение.

prescient /ˈpresɪənt/ *adj* предви́дящий.

prescribe /prɪˈskraɪb/ *vt* **1** (*lay down, impose*) предпи́с|ывать, -а́ть; **penalties ~d by the law** ме́ры наказа́ния, предусмо́тренные зако́ном. **2** (*med*) пропи́с|ывать, -а́ть.

prescription /prɪˈskrɪpʃ(ə)n/ *n* **1** (*prescribing*) предпи́сывание; (*recommendation*) распоряже́ние, предписа́ние. **2** (*from doctor*) реце́пт; (*medicine*) лека́рство. **3** (*law*) (*claim founded on long use*) пра́во да́вности; (*ancient custom*) неписа́ный зако́н.

prescriptive /prɪˈskrɪptɪv/ *adj* **1** (*giving directions*) предпи́сывающий. **2** (*law*): **~ right** пра́во, осно́ванное на да́вности.

preselect /ˌpriːsɪˈlekt/ *vt* предвари́тельно отбира́ть, отобра́ть.

presence /ˈprez(ə)ns/ *n* **1** (*being present*) прису́тствие; **~ of mind** прису́тствие ду́ха; **a military ~** вое́нное прису́тствие; континге́нт во́йск. **2** (*impressive bearing*) внуши́тельная оса́нка. ● *cpd* **~ chamber** *n* приёмный зал.

present¹ /ˈprez(ə)nt/ *n* **1** (*time now at hand*) настоя́щее (вре́мя); **there's no time like the ~** ≈ лу́чше не откла́дывать; **at ~** в настоя́щее вре́мя; сейча́с; **for the ~** пока́; **he lives in the ~** он живёт сего́дняшним днём. **2** (*gram*, **~ tense**) настоя́щее вре́мя. ● *adj* **1** (*at hand*) прису́тствующий; **~ company excepted** о прису́тствующих не говоря́т; **no one else was ~** никого́ бо́льше не́ было; **all ~ and correct** все налицо́; всё в поря́дке. **2** (*in question, under consideration*) да́нный, настоя́щий; **in the ~ case** в да́нном слу́чае; **the ~ writer** пи́шущий э́ти стро́ки. **3** (*existent, prevalent*) настоя́щий, ны́нешний (*coll*); (*available, to hand*) име́ющийся; **at the ~ time** в настоя́щее вре́мя; сейча́с; **the ~ holder of the title** ны́нешний облада́тель ти́тула; **under ~ circumstances** в да́нных обстоя́тельствах; **~ value** (*of an object*) тепе́решняя цена́. **4** (*gram*) настоя́щего вре́мени; **~ participle** прича́стие настоя́щего вре́мени. ● *cpd* **~-day** *adj* совреме́нный, ны́нешний.

present² /ˈprez(ə)nt/ *n* (*gift*) пода́рок; **I will make you a ~ of this shawl** я вам подарю́ э́ту шаль.

present³ /prɪˈzent/ *vt* **1** (*tender, offer, put forward*) дари́ть, по-; вруч|а́ть, -и́ть; преподн|оси́ть, -ести́; **the little girl ~ed a bouquet** де́вочка преподнесла́ буке́т цвето́в; **the waiter ~ed the bill** официа́нт предъяви́л счёт; **he ~ed himself for duty** он яви́лся на слу́жбу; **as soon as an opportunity ~s itself** как то́лько предста́вится слу́чай; **he ~ed his case well** он хорошо́ изложи́л свои́ до́воды; (*expound*) изл|ага́ть, -ожи́ть; (*give, furnish*) предост|авля́ть, -а́вить; **she ~ed her husband with a son** она́ подари́ла му́жу сы́на; **I was ~ed with a choice** мне предоста́вили вы́бор. **2** (*introduce*) предст|авля́ть, -а́вить; **may I ~ my wife?** разреши́те предста́вить вам мою́ жену́; **she was ~ed at court** она́ была́ предста́влена ко двору́. **3** (*put on stage*) пока́з|ывать, -а́ть; **this play was first ~ed in New York** э́ту пье́су впервы́е показа́ли/поста́вили в Нью-Йо́рке. **4** (*TV, radio*) вести́ (*impf*). **5** (*exhibit*): **the situation ~s a threat** положе́ние чрева́то опа́сностью; **he ~ed a bold front** он напусти́л на себя́ хра́брый вид. **6** (*mil*): **~ arms** брать, взять на карау́л; (*as command*) на карау́л!

presentable /prɪˈzentəb(ə)l/ *adj* прили́чный, респекта́бельный.

presentation /ˌprezənˈteɪʃ(ə)n/ *n* **1** (*making a present*) подноше́ние, вруче́ние; **~ copy** (*of a book*) да́рственный экземпля́р. **2** (*introduction, esp at court*) представле́ние; (*of a product*) презента́ция. **3** (*theatr*) пока́з, постано́вка. **4** (*production, submission*) предъявле́ние; **the cheque is payable on ~** чек бу́дет опла́чен по предъявле́нии. **5** (*exposition*) изложе́ние, пода́ча.

presenter /prɪˈzentə(r)/ *n* (*TV, radio*) веду́щ|ий (*fem* -ая).

presentiment /prɪˈzentɪmənt, -ˈsentɪmənt/ *n* предчу́вствие; **he had a ~ of danger** он предчу́вствовал опа́сность.

presently /ˈprezəntlɪ/ *adv* (*soon*) вско́ре; (*US, at present*) сейча́с, в настоя́щее вре́мя, в да́нный моме́нт.

preservation /ˌprezəˈveɪʃ(ə)n/ *n* **1** (*act of preserving*) сохране́ние; консерви́рование; (*of materials*) консерва́ция; **~ of life** сохране́ние жи́зни; **~ of food** консерви́рование проду́ктов; (*of monuments etc.*) охра́на. **2** (*state of being preserved*) сохра́нность; **the building is in a fine state of ~** э́то зда́ние прекра́сно сохрани́лось.

preservative /prɪˈzɜːvətɪv/ *n* (*in food*) консерва́нт.

preserve /prɪˈzɜːv/ **1** (*jam*) варе́нье. **2** (*area for protection of game etc.*) запове́дник; (*fig*): **this subject is his private ~** э́то его́ о́бласть. ● *vt* **1** (*save; protect from harm*) сохран|я́ть, -и́ть; **God ~ us!** упаси́ нас Бог/Госпо́дь! **2** (*keep from decomposition etc.*) консерви́ровать, за-. **3** (*game etc. from poachers*) охраня́ть (*impf*) от браконье́рства. **4** (*keep alive, youthful, etc.*) сохран|я́ть, -и́ть; **his name will be ~d for ever** его́ и́мя оста́нется в века́х; **she is well ~d** она́ хорошо́ сохрани́лась. **5** (*maintain*) подде́рж|ивать, -а́ть; храни́ть, со-; **he ~d his dignity** он сохрани́л своё досто́инство; **she ~d a discreet silence** она́ благоразу́мно храни́ла молча́ние.

preside /prɪˈzaɪd/ *vi* председа́тельствовать (*impf*); **the mayor ~d over the council** мэр председа́тельствовал на заседа́нии сове́та.

presidency /ˈprezɪdənsɪ/ *n* президе́нтство.

president /ˈprezɪd(ə)nt/ *n* (*of State etc.*) президе́нт; (*of college*) ре́ктор, дире́ктор; (*US, of company, bank, etc.*) президе́нт, глава́ (*cg*).

presidential /ˌprezɪˈdenʃ(ə)l/ *adj* президе́нтский; ре́кторский.

presidium /prɪˈsɪdɪəm, -ˈzɪdɪəm/ *n* прези́диум.

press /pres/ *n* **1** (*act of ~ing*): **he gave her hand a ~** он пожа́л ей ру́ку; **she gave his trousers a ~** она́ погла́дила ему́ брю́ки. **2** (*machine for ~ing*) пресс. **3** (*printing machine*) пресс; печа́тный стано́к; **we go to ~ tomorrow** за́втра но́мер идёт в печа́ть; **newspaper hot from the ~** све́жий но́мер газе́ты; **stop ~ (news)** э́кстренное сообще́ние; **'stop ~'** (*heading*) «в после́днюю мину́ту». **4** (*printing or publishing house*) изда́тельство. **5** (*newspaper world*) печа́ть, пре́сса; **~ agency** аге́нтство печа́ти; **~ agent** аге́нт по дела́м печа́ти; **~ campaign** кампа́ния в печа́ти; **~ conference** пресс-конфере́нция; **~ pass** про́пуск корреспонде́нта; **~ release** сообще́ние для печа́ти; пресс-рели́з; (*newspaper reaction*) о́тклик, реце́нзия; **a good ~ helps to sell a book** хоро́шие о́тклики в печа́ти спосо́бствуют сбы́ту кни́ги; **the bill had a bad ~** пре́сса недоброжела́тельно встре́тила э́тот законопрое́кт. **6** (*cupboard*) шкаф. **7** (*for racket*) зажи́м для раке́тки. ● *vt* **1** (*exert physical pressure on*) наж|има́ть, -а́ть; нада́в|ливать, -и́ть; **~ the trigger/button** наж|има́ть, -а́ть (на) куро́к/кно́пку. **2** (*push*) приж|има́ть, -а́ть; **he ~ed his nose against the window** он прижа́л нос к окну́. **3** (*iron*) гла́дить, по-; утю́жить, от-; **my suit needs ~ing** мой костю́м нужда́ется в гла́жке; (*grapes*) дави́ть (*impf*); **the villagers are ~ing the grapes** жи́тели дере́вни да́вят виногра́д; (*fruit*) выжима́ть, вы́жать; **the juice ~ed from a lemon** сок из вы́жатого лимо́на. **4** (*embrace*) приж|има́ть, -а́ть; **she ~ed the child to her bosom** она́ прижа́ла ребёнка к груди́; (*clasp*)

сжима́ть, сжать; **he ~ed her hand** он сжал ей ру́ку.
5 (*fig, sustain vigorously*): **our team ~ed home its attack** на́ша кома́нда энерги́чно атакова́ла; **he ~ed his claim** он наста́ивал на своём тре́бовании; **~ charges** выдвига́ть, вы́двинуть обвине́ние.
6 (*fig, harry, exert pressure on*): **our forces were hard ~ed** враг си́льно тесни́л на́ши войска́; **he was hard ~ed for an answer** он не нашёл, что отве́тить; **I was ~ed for time** у меня́ бы́ло вре́мени в обре́з.
7 (*urge, importune*): **they ~ed me to stay** они́ угова́ривали меня́ оста́ться; **he ~ed me for a decision** он торопи́л меня́ с реше́нием.
8 (*insist on acceptance of*) нав|я́зывать, -яза́ть; **he ~ed money on me** он навя́зывал мне де́ньги.
9 (*recruit forcibly*) наси́льно вербова́ть, за-; **every available chair was ~ed into service** все име́ющиеся сту́лья пошли́ в ход.
● *vi*: **if you ~ too hard, the pencil will break** е́сли сли́шком нажима́ть, каранда́ш слома́ется; (*fig*): **his responsibilities ~ed heavily upon him** обя́занности легли́ на него́ тя́жким бре́менем; **time ~es** вре́мя не те́рпит/ждёт; **~ for** (*reform, enquiry, etc.*) добива́ться (*impf*) + *g*.
● *with advs*: **~ back** *vt* оттесн|я́ть, -и́ть; **~ down** *vt* приж|има́ть, -а́ть; прида́в|ливать, -и́ть; **~ forward** *vi* прот|а́лкиваться, -олкну́ться (вперёд); **~ on** *vi* продолжа́ть (*impf*); **~ on regardless!** продолжа́йте несмотря́ ни на что!; **~ out** *vt* выжима́ть, вы́жать; **~ up** *vt* тесни́ть, по-.
● *cpds* **~-button** *n* (*Br*) нажимна́я кно́пка; **~ clipping, ~ cutting** *nn* газе́тная вы́резка; **~ gallery** *n* ло́жа пре́ссы; **~ gang** *n* (*hist*) отря́д вербо́вщиков во флот; *vt* наси́льно вербова́ть во флот; (*fig*) ока́з|ывать, -а́ть давле́ние на + *a*; **~man** *n* (*pl* **~men**) (*Br*) журнали́ст, газе́тчик, репортёр; **~ stud** *n* (*Br*) кно́пка (*на одежде*); **~-up** *n* (*Br*) отжима́ние; **do ~-ups** отж|има́ться, -а́ться (от по́ла); **he did 50 ~-ups** он отжа́лся 50 раз.

pressing¹ /ˈpresɪŋ/ *n* (*of clothing*) гла́женье, гла́жка, утю́жка (*both coll*).

pressing² /ˈpresɪŋ/ *adj* (*urgent*) настоя́тельный, неотло́жный; (*insistent*) насто́йчивый.

pressure /ˈpreʃə(r)/ *n* **1** давле́ние; **the tyre** (*Br*), **tire** (*US*) **~s are low** давле́ние в ши́нах ни́зкое; **~ suit** пневмокостю́м; (*fig*) напряже́ние; **they are working at high ~** они́ рабо́тают о́чень напряжённо.
2 (*compulsive influence*) давле́ние, возде́йствие; **bring ~ to bear on** ока́з|ывать, -а́ть давле́ние на + *a*; **they brought ~ to bear on him to sign** они оказа́ли на него́ давле́ние, что́бы он подписа́лся; **put ~ on** ока́з|ывать, -а́ть давле́ние/нажи́м на + *a*; **the police put ~ on him** поли́ция оказа́ла нажи́м/давле́ние на него́; **~ group** ≈ инициати́вная гру́ппа; движе́ние (*напр. «Гри́нпис»*).

pressurize /ˈpreʃəˌraɪz/ *vt* **1** герметизи́ровать (*impf*); **~d cabin** герметизи́рованная каби́на. **2** (*fig*) ока́з|ывать, -а́ть давле́ние на + *a*; **he was ~d into writing a confession** его́ заста́вили написа́ть призна́ние.

prestige /preˈstiːʒ/ *n* прести́ж.

prestigious /preˈstɪdʒəs/ *adj* прести́жный.

prestissimo /preˈstɪsɪˌməʊ/ *n, adj* & *adv* (*pl* **~s**) (*mus*) прести́ссимо (*indecl*).

presto¹ /ˈprestəʊ/ *n, adj* & *adv* (*pl* **~s**) (*mus*) пре́сто (*indecl*).

presto² /ˈprestəʊ/ *int*: **(hey) ~!** гопля́!

prestressed /priːˈstrest/ *adj* предвари́тельно напряжённый.

presumably /prɪˈzjuːməblɪ/ *adv* вероя́тно; на́до полага́ть, что… .

presume /prɪˈzjuːm/ *vt* **1** (*assume, take for granted*) полага́ть (*impf*); **you are married, I ~?** я полага́ю, вы жена́ты? **2** (*with inf: venture*) брать, взять на себя́ сме́лость; осме́ли|ваться, -ться; **I would not ~ to argue with you** я не возьму́ на себя́ сме́лость с ва́ми спо́рить.
● *vi*: **~ on** (*take liberties with*): **he ~d on my good nature** он злоупотреби́л мое́й доброто́й.

presumption /prɪˈzʌmpʃ(ə)n/ *n* **1** (*assumption*) предположе́ние, (*philos, law*) презу́мпция; **~ of innocence** презу́мпция невино́вности; **I left on the ~ he would follow** я ушёл, предполага́я, что он после́дует за мной; **the ~ is that he is lying** на́до исходи́ть из того́, что он лжёт.
2 (*arrogance, boldness*) самомне́ние, самонаде́янность.

presumptive /prɪˈzʌmptɪv/ *adj* предположи́тельный.

presumptuous /prɪˈzʌmptjʊəs/ *adj* самонаде́янный.

presumptuousness /prɪˈzʌmptjʊəsnɪs/ *n* самомне́ние, самонаде́янность.

presuppose /ˌpriːsəˈpəʊz/ *vt* (зара́нее) предпол|ага́ть, -ожи́ть; допус|ка́ть, -ти́ть.

presupposition /priːˌsʌpəˈzɪʃ(ə)n/ *n* предположе́ние, допуще́ние; (*thing assumed*) исхо́дная предпосы́лка.

pre-tax /priːˈtæks/ *adj* начи́сленный до вы́чета нало́гов; **~ profits** при́быль до нало́га.

pretence /prɪˈtens/ (*US* **pretense**) *n* **1** (*pretending, make-believe*) притво́рство; **he made a ~ of reading the newspaper** он притвори́лся, что чита́ет газе́ту; **by/under/on false ~s** обма́нным путём. **2** (*pretext, excuse*) предло́г, отгово́рка; **he called under the ~ of asking advice** он зашёл под предло́гом спроси́ть сове́та. **3** (*claim*) прете́нзия; **I make no ~ to scholarship** я не претенду́ю на учёность. **4** (*ostentation*) претенцио́зность, прете́нзия; **a man without ~** челове́к без прете́нзий.

pretend /prɪˈtend/ *vt* & *i* **1** (*make believe*) притворя́ться (*impf*); де́лать (*impf*) вид; **she is ~ing to be asleep** она́ притворя́ется, что спит; **let's ~ to be pirates!** дава́йте игра́ть в пира́тов! **2** (*claim*) претендова́ть (*impf*); **I don't ~ to understand Einstein** я не претенду́ю на то, что понима́ю Эйнште́йна; **they both ~ed to the throne** они́ о́ба претендова́ли на престо́л.

pretender /prɪˈtendə(r)/ *n* претенде́нт (*fem* -ка).

pretense /prɪˈtens/ (*US*) = **pretence**

pretension /prɪˈtenʃ(ə)n/ *n* **1** (*claim*) притяза́ние, прете́нзия; **I make no ~ to literary style** я во́все не претенду́ю на литерату́рный стиль. **2** (*pretentiousness*) претенцио́зность.

pretentious /prɪˈtenʃəs/ *adj* претенцио́зный; показно́й.

pretentiousness /prɪˈtenʃəsnɪs/ *n* претенцио́зность.

preterite /ˈpretərɪt/ *n* (*gram*) претери́т.
● *adj* претери́тный.

preternatural /ˌpriːtəˈnætʃər(ə)l/ *adj* сверхъесте́ственный.

pretext /ˈpriːtekst/ *n* предло́г, отгово́рка; **on, under the ~ of** под предло́гом + *g*.

prettify /ˈprɪtɪˌfaɪ/ *vt* укр|аша́ть, -а́сить.

prettiness /ˈprɪtɪnɪs/ *n* милови́дность; пре́лесть, привлека́тельность.

pretty /ˈprɪtɪ/ *adj* (**prettier, prettiest**) **1** (*attractive*) краси́вый, хоро́шенький. **2** (*ironical*) хоро́шенький, весёленький; **a ~ mess you have made of it!** ну и ка́шу вы завари́ли! **3** (*considerable*) значи́тельный; **this will cost you a ~ penny** э́то вам обойдётся в копе́ечку.
● *adv* **1** (*fairly*) доста́точно, дово́льно; **I have ~ well finished my work** я почти́ что зако́нчил свою́ рабо́ту; **~ much** о́чень, в значи́тельной сте́пени; почти́. **2**: **he is sitting ~** он непло́хо устро́ился.
● *cpd* **~-~** *adj* (*of person*) смазли́вый, ку́кольный; (*of thing*) хоро́шенький; как карти́нка; как конфе́тка.

pretzel /ˈprets(ə)l/ *n* кренделёк.

prevail /prɪˈveɪl/ *vi* **1** (*win*) торжествова́ть, вос-; (*idea, principle*) возоблада́ть (*impf*); **truth will ~** пра́вда восторжеству́ет; **~ over** одол|ева́ть, -е́ть. **2** (*be widespread*) преоблада́ть (*impf*), госпо́дствовать (*impf*), превали́ровать (*impf*); **~ing winds** преоблада́ющие ве́тры; **the fashion still ~s** э́та мо́да ещё госпо́дствует; **calm ~s** цари́т споко́йствие. **3**: **~ on** (*persuade*) убе|жда́ть, -ди́ть.

prevalence /ˈprevələns/ *n* распростране́ние.

prevalent /ˈprevələnt/ *adj* распространённый.

prevaricate /prɪˈværɪˌkeɪt/ *vi* виля́ть (*impf*), увил|ивать, -ьну́ть.

prevarication /prɪˌværɪˈkeɪʃ(ə)n/ *n* уви́ливание.

prevent /prɪˈvent/ *vt* (*stop happening*) предотвра|ща́ть, -ти́ть; (*make unable to do*) меша́ть, по- + *d*; препя́тствовать, вос- + *d*; **illness ~ed him from coming** боле́знь помеша́ла ему́ прийти́.

P

preventable /prɪˈventəb(ə)l/ *adj* предотвратимый.

preventative /prɪˈventətɪv/ = **preventive**

prevention /prɪˈvenʃ(ə)n/ *n* предотвращение, предупреждение; (*of illness*) профилактика; ~ **is better than cure** профилактика лучше лечения.

prevent|ive /prɪˈventɪv/, **-ative** /prɪˈventətɪv/ *n* предупредительная мера.
• *adj* предупредительный; ~ **detention** превентивное заключение; ~ **medicine** профилактическая медицина, профилактика.

preview /ˈpriːvjuː/ *n* (*of film*) (предварительный) просмотр; (*of exhibition*) вернисаж.
• *vt* предварительно просм|атривать, -отреть.

previous /ˈpriːvɪəs/ *adj* (*earlier, former*) предыдущий; **on a ~ occasion** в предыдущем случае; **on the ~ day** за день до этого.
• *adv*: ~ **to** прежде + *g*, до + *g*; ~ **to that he was in the army** до этого он был в армии.

previously /ˈpriːvɪəslɪ/ *adv* **1** (*earlier*) заранее, раньше. **2** (*formerly*) раньше, до этого; ~ **he had lived with his brother** до этого он жил со своим братом.

pre-war /priːˈwɔː(r), ˈpriːwɔː(r)/ *adj* довоенный, предвоенный.

prey /preɪ/ *n* добыча; **bird of ~** хищная птица; (*fig*) жертва; **he fell an easy ~ to their cunning** он оказался лёгкой жертвой их коварства; **she was a ~ to anxiety** её одолевало/мучило беспокойство.
• *vi* охотиться (*impf*); **owls ~ on mice** совы охотятся на мышей; (*fig*): **he ~ed upon credulous women** он выбирал себе в жертвы доверчивых женщин; **the crime ~ed upon his mind** (совершённое) преступление мучило его (*or* не давало ему покоя).

price /praɪs/ *n* **1** цена; **asking ~** запрашиваемая цена; **he bought it at cost ~** он купил это по себестоимости; **what is the ~ of eggs?** сколько стоят яйца?; **there is a ~ on his head** объявлена награда за его голову; **every man has his ~** все люди продажны; **they wanted peace at any ~** им нужен был мир любой ценой; **I wouldn't have your job at any ~** я бы не согласился на вашу работу ни за какие деньги; **he got the job, but at a ~** он получил работу, но дорогой ценой.
2 (*value*) ценность; **a pearl of great ~** жемчужина большой ценности; **good health is beyond ~** хорошее здоровье — бесценно; **what ~ honour** (*Br*), **honor** (*US*)? чего теперь стоит честь?
3 (*betting odds*) шансы (*m pl*); **what ~ the favourite** (*Br*), **favorite** (*US*)? какова выплата за фаворита?
• *vt* (*fix ~ of*) назн|ачать, -ачить цену на + *a*; оцен|ивать, -ить; **the goods are highly ~d** товар оценён высоко; **he will ~ himself out of the market** он называет такие высокие цены, что (он) не удержится на рынке.
• *cpds* ~ **list** *n* прайс-лист, прейскурант; ~ **tag** *n* ценник, ярлык (*с указанием цены*).

priceless /ˈpraɪslɪs/ *adj* (*invaluable*) бесценный; (*coll, very amusing*) бесподобный.

pricey /ˈpraɪsɪ/ *adj* (**pricier, priciest**) (*coll*) дорогой.

prick /prɪk/ *n* **1** шип; колючка; (*puncture*) прокол; (*fig*): **the ~s of conscience** угрызения (*nt pl*) совести.
2 (*mark made by ~ing*) укол.
3 (*archaic, goad*): **it is no use kicking against the ~s** не стоит лезть на рожон? **4** (*vulg, penis*) хуй (*vulg*).
• *vt* (*cause pain to*) колоть, у-; (*puncture*) прок|алывать, -олоть; (*fig*): **my conscience has been ~ing me** меня мучила совесть.
• *vi* колоться, у-.
• *with advs*: ~ **off,** ~ **out** *vt* (*plants*) перес|аживать, -адить; ~ **up** *vt*: ~ **up one's ears** навострить (*pf*) уши.

prickle /ˈprɪk(ə)l/ *n* (*thorn*) колючка, шип; (*of hedgehog etc.*) игла.
• *vt* & *i* колоть(ся), у-.

prickly /ˈprɪklɪ/ *adj* (**pricklier, prickliest**) (*having spines or thorns*) колючий; ~ **pear** (*bot*) опунция; (*causing a prickling sensation*) колкий, колющий(ся); (*fig, easily offended*) обидчивый.

pride /praɪd/ *n* **1** (*self-esteem, conceit*) гордость; (*pej*) спесь; ~ **goes before a fall** гордыня до добра не доведёт; **pocket, swallow one's ~** смир|ять, -ить гордость; поступ|аться, -иться своим самолюбием.
2 (*consciousness of worth; dignity*) гордость, чувство собственного достоинства; **proper ~** самоуважение; **I have too much ~ to accept charity** гордость не позволяет мне принять милостыню; **false ~** ложная гордость; **he takes ~ in his work** он гордится своей работой.
3 (*object of satisfaction*) гордость; **the yacht was his ~ and joy** эта яхта была его гордостью и отрадой.
4 (*primacy*): **his book takes ~ of place** его книге принадлежит почётное место.
5: **a ~ of lions** стая львов, прайд.
• *vt*: ~ **o.s. on** гордиться (*impf*) + *i*; **she ~s herself on her cooking** она гордится своими кулинарными способностями.

priest /priːst/ *n* (*Christian*) священник; (*in Buddhism, paganism*) жрец; **high ~** верховный жрец.

priestess /ˈpriːstɪs/ *n* жрица.

priesthood /ˈpriːsthʊd/ *n* (*office*) священство; (*clergy*) духовенство; (*in Buddhism, paganism*) жречество.

priestly /ˈpriːstlɪ/ *adj* священнический; (*in Buddhism, paganism*) жреческий.

prig /prɪg/ *n* педант; (*hypocrite*) ханжа (*cg*).

priggish /ˈprɪgɪʃ/ *adj* педантичный; ханжеский.

priggishness /ˈprɪgɪʃnɪs/ *n* педантичность; ханжество.

prim /prɪm/ *adj* (**primmer, primmest**) (*also* ~ **and proper**) чопорный.

prima /ˈpriːmə/ *adj*: ~ **ballerina** прима-балерина; ~ **donna** (*lit*) примадонна, дива; (*fig*) примадонна.

primacy /ˈpraɪməsɪ/ *n* (*pre-eminence*) главенство.

prima facie /ˌpraɪmə ˈfeɪʃiː/ *adj*: ~ **evidence** доказательство, достаточное при отсутствии возражений.
• *adv* с первого взгляда.

primal /ˈpraɪm(ə)l/ *adj* (*original*) первоначальный; (*chief*) главный.

> **primaries — праймериз**
>
> В США так называют выборы делегатов, направляемых на партийные съезды, во время которых выдвигаются кандидаты в президенты и в вице-президенты.

primarily /ˈpraɪmərɪlɪ, -ˈmerɪlɪ/ *adv* (*originally*) первоначально; (*principally, essentially*) в основном; главным образом; в первую очередь.

primary /ˈpraɪmərɪ/ *n* (*US, election*) праймериз (*pl indecl*), предварительные выбор|ы (*pl, g* -ов) (*see also* ⇒**primaries**).
• *adj* **1** (*original*) первоначальный; ~ **school** (*Br*) начальная школа.
2 (*fundamental, basic, principal*) основной; ~ **colours** (*Br*), **colors** (*US*) основные цвета; **of ~ importance** первостепенной важности.

primate /ˈpraɪmeɪt/ *n* (*archbishop*) примас; (*mammal*) примат.

prime /praɪm/ *n* (*perfection, best part*) расцвет; **in the ~ of life** в расцвете сил; **he is past his ~** его лучшие дни/годы (остались) позади.
• *adj* **1** (*principal*) главный; ~ **minister** премьер-министр.
2 (*excellent*) первоклассный; ~ **beef** говядина высшего сорта; ~ **time** (*TV, radio*) прайм-тайм.
3 (*fundamental*) основной; ~ **cost** себестоимость; ~ **mover** (*source of motive power*) первичный двигатель; (*fig*) инициатор; ~ **number** простое число.
• *vt* **1** (*firearm*) заря|жать, -дить; (*engine, pump*) запр|авлять, -авить.
2 (*supply with facts etc.*) инструктировать (*impf, pf*); натаск|ивать, -ать.
3 (*fill with food*) накормить (*pf*); (*fill with drink*) напоить (*pf*).
4 (*cover with first coat of paint etc.*) грунтовать, за-.

primer /ˈpraɪmə(r)/ *n* **1** (*school book*) букварь (*m*). **2** (*for igniting*) запал, капсюль (*m*). **3** (*paint*) грунтовка.

primeval /praɪˈmiːv(ə)l/ *adj* первобытный, первозданный.

priming /ˈpraɪmɪŋ/ *n* (*firing charge*) заправка, (*liquid*) заливка; (*paint*) грунт, грунтовка.

primitive /ˈprɪmɪtɪv/ *n* (*painter*) примитивист; (*painting*) примитивистская картина, примитив (*coll*).
• *adj* (*unsophisticated, simple; art*) примитивный; (*of earliest man, tribes*) первобытный; ~ **man** первобытный человек.

primness /ˈprɪmnɪs/ *n* чопорность.

primogenitor /ˌpraɪməʊˈdʒenɪtə(r)/ *n* прароди́тель (*m*).

primogeniture /ˌpraɪməʊˈdʒenɪtʃə(r)/ *n* первоpо́дство.

primordial /praɪˈmɔːdɪəl/ *adj* перви́чный, первобы́тный; (*fundamental*) основно́й.

primrose /ˈprɪmrəʊz/ *n* **1** (*flower*) первоцве́т (*лесное растение*). **2** (*colour*) бле́дно-жёлтый цвет.

primula /ˈprɪmjʊlə/ *n* при́мула.

Primus /ˈpraɪməs/ *n* (*propr*) **(~ stove)** при́мус.

prince /prɪns/ *n* **1** князь (*m*); (*son of royalty*) принц; **P~ of Wales/Denmark** принц Уэ́льский/Да́тский; **~ consort** принц-консо́рт, консо́рт. **2** (*fig*): **the P~ of Peace** (*m*) Христо́с (*not «Князь мира» which always means 'Prince of the World'*); **the P~ of Darkness** Сатана́ (*m*), Князь Тьмы.

princedom /ˈprɪnsdəm/ *n* (*land*) кня́жество.

princely /ˈprɪnslɪ/ *adj* (**princelier, princeliest**) кня́жеский; (*splendid*) великоле́пный; (*generous*): **~ sum** ца́рская су́мма.

princess /prɪnˈses/ *n* (*wife of non-royal prince*) княги́ня; (*their daughter*) княжна́; (*daughter or daughter-in-law of sovereign*) принце́сса; **~ royal** ста́ршая дочь короля́/короле́вы.

principal /ˈprɪnsɪp(ə)l/ *n* **1** (*head of school, college etc.*) дире́ктор, ре́ктор. **2** (*person for whom another acts*) довери́тель (*m*). **3** (*in pl, chief actors*) веду́щие исполни́тели (*m pl*). **4** (*sum of money*) капита́л.
● *adj* гла́вный, основно́й.

principality /ˌprɪnsɪˈpælɪtɪ/ *n* кня́жество.

principally /ˈprɪnsɪpəlɪ/ *adv* гла́вным о́бразом, преиму́щественно.

principle /ˈprɪnsɪp(ə)l/ *n* при́нцип, нача́ло; **the ~ of the wheel** при́нцип колеса́; **Archimedes' ~** зако́н Архиме́да; **the first ~s of geometry** осно́вы (*f pl*) геоме́трии; **in ~** в при́нципе; **on ~** из при́нципа; **a man of ~** принципиа́льный челове́к.

prink /prɪŋk/ *vt* наря|жа́ть, -ди́ть.
● *vi* наря|жа́ться, -ди́ться.

print /prɪnt/ *n* **1** (*mark made on surface by pressure*) след; отпеча́ток. **2** (*letters etc.*) шрифт; печа́ть; **~ run** тира́ж; **he looked forward to seeing his name in ~** он предвкуша́л моме́нт появле́ния своего́ и́мени в печа́ти; **the book is in ~** кни́га ещё продаётся; **the book is out of ~** кни́га бо́льше не продаётся; **3** (*picture*) гравю́ра, эста́мп; (*by photography*) репроду́кция. **4** (*phot*) отпеча́ток. **5** (*cotton fabric*) си́тец; **a ~ dress** си́тцевое пла́тье.
● *vt* **1** (*impress*) печа́тать, на-/от-; (*fig*) запечатл|ева́ть, -е́ть; **her face was ~ed on his memory** её лицо́ запечатле́лось у него́ в па́мяти. **2** (*produce by ~ing process*) печа́тать, на-/от-; **where did you get it ~ed?** где вам э́то напеча́тали?; (*comput*) распеча́т|ывать, -ать. **3** (*write in imitation of ~*) писа́ть, на- печа́тными бу́квами. **4** (*mark with coloured design*) наб|ива́ть, -и́ть.
● *with advs*: **~ off, ~ out** *vt* (*phot*) де́лать, с- фотоотпеча́тки + *g*; **~ out** *vt* (*comput*) распеча́т|ывать, -ать.
● *cpd* **~out** *n* (*comput*) распеча́тка.

printable /ˈprɪntəb(ə)l/ *adj* (*fit to print*) досто́йный напеча́тания.

printed /ˈprɪntɪd/ *adj*: **~ circuit** (*elec*) печа́тная схе́ма.

printer /ˈprɪntə(r)/ *n* (*operator of press*) печа́тник, типо́граф; (*printing house*) типогра́фия; (*owner of printing business*) владе́лец типогра́фии; (*comput*) при́нтер.

printing /ˈprɪntɪŋ/ *n* (*act or process*) печа́тание; (*trade*) печа́тное де́ло; (*material printed in one operation*) печа́тное изда́ние.
● *cpds* **~ house, office** *nn* типогра́фия; **~ machine** *n* печа́тная маши́на; **~ press** *n* печа́тный стано́к.

prior[1] /ˈpraɪə(r)/ *n* (*eccl*) прио́р, настоя́тель (*m*).

prior[2] /ˈpraɪə(r)/ *adj* (*earlier*) пре́жний; (*more important*) первоочередно́й.
● *adv*: **~ to** до + *g*.

prioress /ˈpraɪərɪs/ *n* настоя́тельница.

prioritize /praɪˈɒrɪtaɪz/ *vt* определ|я́ть, -и́ть приорите́ты в + *p*.

priorit|y /praɪˈɒrɪtɪ/ *n* (*order of importance*) приорите́т; (*importance*) пе́рвенствующее положе́ние; **safety is our first, highest, top ~y** мы придаём безопа́сности первостепе́нное значе́ние; **have you got your ~ies right?** пра́вильно ли вы оцени́ли/определи́ли ва́ши приорите́ты?

priory /ˈpraɪərɪ/ *n* монасты́рь (*m*).

prise /praɪz/ (*US* **prize**) *vt* взл|а́мывать, -ома́ть; **the box was ~d open** я́щик взлома́ли; **he ~d up the paving stone** он припо́днял плиту́ с по́мощью рычага́; (*fig*) разн|има́ть, -я́ть; **they ~d the combatants apart** они́ разня́ли деру́щихся.

prism /ˈprɪz(ə)m/ *n* при́зма.

prismatic /prɪzˈmætɪk/ *adj* призмати́ческий.

prison /ˈprɪz(ə)n/ *n* **1** тюрьма́; **he is in ~ for murder** он (сиди́т) в тюрьме́ за уби́йство; **he was sent to ~ for a year** его́ посади́ли в тюрьму́ на́ год. **2** (*attr*) тюре́мный; **~ camp** исправи́тельно-трудово́й ла́герь; (*prisoner-of-war camp*) ла́герь (*m*) для военнопле́нных; **~ officer** (*Br*) тюре́мный надзира́тель; **~ sentence** тюре́мный срок.
● *cpd* **~-breaking** *n* побе́г из тюрьмы́.

prisoner /ˈprɪznə(r)/ *n* **1** (*detained by civil authorities*) заключённый; **~ at the bar** подсуди́мый; **~ of conscience** у́зни|к (*fem* -ца) со́вести; (*fig*) пле́нник; **he was a ~ to his habits** он был пле́нником свои́х привы́чек. **2** (**~** *of war*) пле́нный, военнопле́нный; **they were all taken ~** их всех взя́ли в плен.

prissy /ˈprɪsɪ/ *adj* (**prissier, prissiest**) чо́порный, жема́нный; (*of style*) вы́чурный.

pristine /ˈprɪstiːn, ˈprɪstaɪn/ *adj* (*fresh, pure*) чи́стый; нетро́нутый.

privacy /ˈprɪvəsɪ, ˈpraɪ-/ *n* (*seclusion*) уедине́ние; **in the ~ of one's own home** в уедине́нии своего́ до́ма; **there's no ~** здесь нельзя́ уедини́ться; **this is an invasion of my ~** э́то — вмеша́тельство в мою ли́чную/ча́стную жизнь.

private /ˈpraɪvət, -vɪt/ *n* **1** (*soldier*) рядово́й; **~ first class** (*US*) рядово́й 1-го кла́сса, ≈ ефре́йтор. **2**: **in ~** (*meet, talk*) с гла́зу на глаз; **he drinks a great deal in ~** он мно́го пьёт в одино́чку; **can we discuss this in ~?** мо́жно нам поговори́ть об э́том с гла́зу на глаз?
● *adj* **1** (*personal*) ча́стный, ли́чный; **my ~ affairs** мои́ ли́чные дела́; **~ enterprise** ча́стное предпринима́тельство; **in ~ life** в ли́чной жи́зни; **~ means** (*Br*) ли́чное состоя́ние; **~ property** ча́стная со́бственность; **for ~ reasons** по ли́чным причи́нам; **~ secretary** ли́чный секрета́рь. **2** (*not open to the general public*) закры́тый; **~ view** закры́тый просмо́тр, вернисáж. **3** (*secret*) та́йный, секре́тный; **~ parts** инти́мные места́. **4** (*without official status*) ча́стный; неофициа́льный; прива́тный; **in one's ~ capacity** как ча́стное лицо́; **~ eye** (*coll*) ча́стный сы́щик, детекти́в; **~ member** (*of Parliament*) депута́т парла́мента, не входя́щий в прави́тельство; **a doctor in ~ practice** ча́стный врач.

privation /praɪˈveɪʃ(ə)n/ *n* (*hardship*) лише́ния (*nt pl*); нужда́; (*loss*) утра́та; лише́ние.

privatization /ˌpraɪvəˌtaɪˈzeɪʃ(ə)n/ *n* приватиза́ция.

privatize /ˈpraɪvəˌtaɪz/ *vt* приватизи́ровать (*impf, pf*).

privatizer /ˈpraɪvəˌtaɪzə(r)/ *n* приватиза́тор.

privet /ˈprɪvɪt/ *n* бирючи́на.

privilege /ˈprɪvɪlɪdʒ/ *n* привиле́гия; (*in Parliament*) депута́тская неприкоснове́нность; (*fig*): **it was a ~ to listen to him** слу́шать его́ бы́ло привиле́гией.
● *vt* да|ва́ть, -ть привиле́гию + *d*; **I was ~d to be there** я име́л сча́стье/честь быть там.

privileged /ˈprɪvɪlɪdʒd/ *adj* привилегиро́ванный.

privy /ˈprɪvɪ/ *n* (*latrine*) убо́рная.
● *adj* **1**: **~ to** прича́стный к + *d*; посвящённый в + *a*; **he was ~ to her intentions** он был посвящён в её пла́ны. **2** (*pertaining to the sovereign*): **P~ Council** та́йный сове́т; **the ~ purse** су́ммы, ассигно́ванные на ли́чные расхо́ды мона́рха.

prize[1] /praɪz/ *n* **1** (*reward for merit in sport etc.*) приз; (*esp monetary*) пре́мия; награ́да. **2** (*attr, awarded as prize*) призово́й; **~ money** призовы́е де́н|ьги (*pl, g* -ег); (**~**-*winning*) премиро́ванный; **~ poem** поэ́ма, удосто́енная пре́мии; (*excellent*) великоле́пный; (*possession*)

P

бесцéнный; (*coll, egregious*) класси́ческий; **he is a ~ idiot** он рéдкий дурáк.
● *vt* высокó цени́ть (*impf*); **he ~s his honour** (*Br*), **honor** (*US*) **above everything** он цéнит своЮ честь бóльше всегó остальнóго.
● *cpds* **~fight** *n* матч боксёров-профессионáлов; **~fighter** *n* боксёр-профессионáл; **~-giving** *n* (*Br*) церемóния вручéния наград; **~ ring** *n* ринг; **~winner** *n* призёр.

prize² /praɪz/ (*US*) = **prise**

PRO (*abbr of* ***public relations officer***) *see* ⇒**public** *adj* **1**

pro¹ /prəʊ/ *n* (*pl* **pros**) (*point in favour*): **~s and cons** за и прóтив.
● *prep* (*coll, in favour of*) за + *a*; **are you ~ the bill?** вы за э́тот законопроéкт?

pro² /prəʊ/ *n* (*pl* **pros**) (*coll*) (*professional actor, sportsman, etc.*) профессионáл; прóфи (*m indecl*) (*coll*); (*prostitute*) профессионáлка (*coll*).

pro|- *pref* (*supporting*) про-; **~-American** проамерикáнский.

proactive /prəʊ'æktɪv/ *adj* дéйственный.

probability /ˌprɒbə'bɪlɪtɪ/ *n* вероя́тность; **in all ~** по всей вероя́тности; **there is a strong ~ that ...** весьмá вероя́тно, что....

probable /'prɒbəb(ə)l/ *adj* вероя́тный.

probate /'prəʊbeɪt, -bət/ *n* (*proving of will*) утверждéние завещáния; **~ has been granted** завещáние бы́ло утвержденó; (*copy of will*) заве́ренная кóпия завещáния.

probation /prə'beɪʃ(ə)n/ *n* **1** (*law*) испытáтельный срок, услóвное освобождéние; **be on ~** быть услóвно осуждённым; **~ officer** должностнóе лицó, осуществля́ющее надзóр за услóвно осуждёнными. **2** (*at work etc.*) испытáние; (*period of testing*) испытáтельный срок; **be on ~** про|ходи́ть, -йти́ испытáтельный срок; **he was on ~ for two years** он прошёл двухлéтний испытáтельный срок.

probationary /prə'beɪʃənərɪ/ *adj* испытáтельный.

probationer /prə'beɪʃənə(r)/ *n* (*trainee*) стажёр; практикáнт; (*offender on probation*) услóвно осуждённый.

probe /prəʊb/ *n* (*instrument*) зонд; (*fig, investigation*) расслéдование; (*space exploration*): **moon ~** испытáтельный полёт на Лунý; (*spacecraft*) исслéдовательская/зонди́рующая ракéта.
● *vt* & *i* зонди́ровать, про-; (*fig, also*) исслéдовать (*impf, pf*); вн|икáть, -и́кнуть в + *a*; **it would be unwise to ~ too deeply into the matter** неблагоразýмно вникáть в э́то дéло сли́шком глубокó.

probity /'prəʊbɪtɪ, 'prɒ-/ *n* чéстность; **a man of ~** человéк безукори́зненной чéстности.

problem /'prɒbləm/ *n* проблéма, вопрóс; **he was faced with the ~ of moving house** пéред ним встáла проблéма переéзда; **~ child** трýдный ребёнок; (*math etc.*) задáча.

problematic(al) /ˌprɒblə'mætɪk, ˌprɒblə'mætɪk(ə)l/ *adj* проблемати́чный.

probo|scis /prəʊ'bɒsɪs/ *n* (*pl* **~sces** /-si:z/, **~scides** /-sɪˌdi:z/, **~scises** /-sɪˌsi:z/) (*of elephant etc.*) хобот; (*of insect*) хоботóк.

pro-British /ˌprəʊ'brɪtɪʃ/ *adj* пробритáнский.

procedural /prə'si:djərəl, -dʒərəl/ *adj* процедýрный.

procedure /prə'si:djə(r), -dʒə(r)/ *n* процедýра; **rules of ~** прáвила процедýры, реглáмент.

proceed /prə'si:d, prəʊ-/ *vi* **1** (*go on*) прод|олжáть, -óлжить. **2** (*start*) прин|имáться, -я́ться (за + *a*); **she ~ed to lay the table** онá принялáсь накрывáть на стол; **shall we ~ to business?** перейдём к дéлу? **3** (*make one's way*) напр|авля́ться, -áвиться. **4** (*originate*) исходи́ть (*impf*); **the noise appeared to ~ from the next room** казáлось, что шум исхóдит из сосéдней кóмнаты. **5** (*take legal action*): **will you ~ against him?** вы собирáетесь возбуди́ть дéло прóтив негó?

proceeding /prə'si:dɪŋ/ *n* **1** (*piece of conduct*) постýпок; (*in pl, conduct*) поведéние; (*in pl, activity*) дéятельность. **2** (*in pl, records of society etc.*) труды́ (*m pl*), запи́ски (*f pl*). **3** (*in pl, legal action*) судéбное дéло, иск; **he took ~s against his employer** он возбуди́л (судéбное) дéло прóтив своегó работодáтеля.

proceeds /'prəʊsi:dz/ *n pl* вы́ручка, дохóд; **the ~ will go to charity** вы́ручка (*or* вы́рученная сýмма) пойдёт на благотвори́тельные цéли.

process¹ /'prəʊses/ *n* **1** процéсс. **2** (*course*) течéние, ход; **we're in the ~ of buying a house** сейчáс мы покупáем дом; **the house is in ~ of construction** дом стрóится. **3** (*method of manufacture etc.*) процéсс; спóсоб. **4** (*law, a summons*) (судéбная) повéстка; **a ~ was served on him** емý прислáли повéстку в суд; егó вы́звали в суд.
● *vt* **1** (*treat in special way; also comput*) обрáб|áтывать, -óтать; **~ed cheese** плáвленый сыр. **2** (*subject to routine handling*) оф|ормля́ть, -óрмить; **it will take a week to ~ your request** потрéбуется недéля, чтóбы рассмотрéть вáшу прóсьбу.

process² /'prəʊses/ *vi* (*walk in procession*) шéствовать (*impf*).

procession /prə'seʃ(ə)n/ *n* процéссия, шéствие; **walk in ~** шéствовать (*impf*); идти́ (*det*) мáршем.

processor /'prəʊsesə(r)/ *n* (*comput*) процéссор.

proclaim /prə'kleɪm/ *vt* (*announce*) провозгла|шáть, -си́ть.

proclamation /ˌprɒklə'meɪʃ(ə)n/ *n* провозглашéние.

proclivity /prə'klɪvɪtɪ/ *n* склóнность, наклóнность.

proconsul /prəʊ'kɒns(ə)l/ *n* замести́тель (*m*) кóнсула.

procrastinate /prəʊ'kræstɪˌneɪt/ *vi* мéдлить (*impf*); тянýть (*impf*) врéмя.

procrastination /prəʊˌkræstɪ'neɪʃ(ə)n/ *n* промедлéние.

procreate /'prəʊkrɪˌeɪt/ *vt* & *i* произв|оди́ть, -ести́ (потóмство).

procreation /ˌprəʊkrɪ'eɪʃ(ə)n/ *n* воспроизведéние; (*of animals*) размножéние.

proctor /'prɒktə(r)/ *n* **1** (*Br, university official*) прóктор, надзирáтель (*m*). **2** (*US*) официáльный наблюдáтель (*на экзамене*).

procurable /prə'kjʊərəb(ə)l/ *adj* достýпный.

procurator /'prɒkjʊˌreɪtə(r)/ *n* **1** (*magistrate*) повéренный; **public ~** прокурóр; **~ fiscal** прокурóр (*в Шотландии*). **2** (*proxy*) повéренный, довéренное лицó.

procure /prə'kjʊə(r)/ *vt* **1** (*obtain*) дост|авáть, -áть. **2** (*bring about*): **he ~d her dismissal** он добился тогó, что её увóлили.
● *vi* (*act as procurer*) свóдничать (*impf*).

procurement /prə'kjʊəmənt/ *n* приобретéние, получéние; (*of equipment etc.*) постáвка.

procurer /prə'kjʊərə(r)/ *n* поставщи́к; (*pimp*) свóдник.

procuress /prə'kjʊərɪs/ *n* свóдница, свóдня.

prod /prɒd/ *n* тычóк.
● *vt* (**prodded, prodding**) ты́кать, ткнуть; (*fig*) подстрекáть (*impf*); **he has to be ~ded into action** егó прихóдится подтáлкивать к дéйствиям.

prodigal /'prɒdɪg(ə)l/ *adj* (*wasteful*) расточи́тельный; **the P~ Son** блýдный сын; (*lavish*) щéдрый.

prodigality /ˌprɒdɪ'gælɪtɪ/ *n* расточи́тельность, мотовствó; щéдрость.

prodigious /prə'dɪdʒəs/ *adj* (*amazing*) потрясáющий; (*enormous*) огрóмный.

prodigy /'prɒdɪdʒɪ/ *n* чýдо; **child/infant ~** вундерки́нд.

produce¹ /'prɒdju:s/ *n* продýкты (*m pl*) (*пищевые*).

produce² /prə'dju:s/ *vt* **1** (*make, manufacture*) произв|оди́ть, -ести́; выпускáть, вы́пустить. **2** (*bring about*) вызывáть, вы́звать; прин|оси́ть, -ести́; **this method ~s good results** э́тот мéтод принóсит хорóшие результáты. **3** (*bring forward*) предст|авля́ть, -áвить; **can you ~ proof of your words?** мóжете ли вы предстáвить чтó-либо в доказáтельство/подтверждéние вáших слов? **4** (*bring out, into view*) предъяв|ля́ть, -и́ть; дост|авáть, -áть; **you must ~ a ticket** вы должны́ предъяви́ть билéт. **5** (*yield, bear*) прин|оси́ть, -ести́; произв|оди́ть, -ести́; **France ~s the best wine** Фрáнция произвóдит лýчшее винó; **this soil ~s good crops** э́то пóчва даёт хорóший урожáй; **his wife ~d an heir** егó женá произвелá наслéдника; **our country has ~d many great men** нáша странá далá ми́ру мнóго вели́ких людéй. **6** (*compose, write*) созд|авáть, -áть. **7** (*bring before public*) стáвить, по-; **the opera was first ~d in Vienna** э́та о́пера была́ впервы́е поста́влена в Ве́не; (*cin*) выпуска́ть, вы́пустить. **8** (*geom*): **~ a line** прод|олжа́ть, -о́лжить ли́нию.

producer /prə'dju:sə(r)/ *n* **1** (*of goods*) производи́тель (*m*). **2** (*stage, TV*) режиссёр-постано́вщик, режиссёр, постано́вщик. **3** (*film, pop singer's*) продю́сер. **4**: **~ gas** генера́торный газ.

product /'prɒdʌkt/ *n* (*article produced*) проду́кт, изде́лие; (*in pl*) проду́кция (*collect*), това́ры (*m pl*); (*result*) результа́т, плод; (*math*) произведе́ние.

production /prə'dʌkʃ(ə)n/ *n* **1** (*manufacture*) произво́дство; **mass ~** ма́ссовое произво́дство; **~ line** произво́дственная ли́ния. **2** (*yield*) производи́тельность. **3** (*composing; composition*) произведе́ние. **4** (*stage, film*) постано́вка, режиссу́ра.

productive /prə'dʌktɪv/ *adj* (*tending to produce*) производи́тельный; (*yielding well, fertile*) плодоро́дный; **a ~ author** плодови́тый а́втор; (*efficient*) продукти́вный.

productivity /ˌprɒdʌk'tɪvɪtɪ/ *n* производи́тельность, продукти́вность.

prof /prɒf/ (*coll*) = **professor 2**

profanation /ˌprɒfə'neɪʃ(ə)n/ *n* профана́ция, оскверне́ние.

profane /prə'feɪn/ *adj* (*secular*) мирско́й; (*heathen*) язы́ческий; (*irreverent*) богоху́льный.
● *vt* профани́ровать (*impf, pf*); оскверн|я́ть, -и́ть.

profanit|y /prə'fænɪtɪ/ *n* (*irreverence*) богоху́льство; (*swearing*) скверносло́вие; **to utter ~ies** сквернosло́вить (*impf*).

profess /prə'fes/ *vt* **1** (*claim to have or feel*) заяв|ля́ть, -и́ть; **he ~es an interest in architecture** он заявля́ет, что интересу́ется архитекту́рой. **2** (*claim, pretend*) претендова́ть (*impf*); **I don't ~ to know much about music** я не претенду́ю на больши́е позна́ния в му́зыке; **he ~es to be an expert at chess** он выдаёт себя́ за первокла́ссного шахмати́ста. **3** (*affirm belief in*) испове́довать (*impf*).

professed /prə'fest/ *adj* **1** (*self-declared*) откры́тый, я́вный. **2** (*alleged, ostensible*) мни́мый.

profession /prə'feʃ(ə)n/ *n* **1** (*occupation*) профе́ссия; **he is a teacher by ~** он по профе́ссии учи́тель. **2** (*declaration; admission*) заявле́ние; завере́ние; **~s of love** завере́ния в любви́.

professional /prə'feʃən(ə)l/ *n* профессиона́л.
● *adj* профессиона́льный; **~ advice** сове́т специали́ста; **~ musician** профессиона́льный музыка́нт; **~ people** квалифици́рованные специали́сты.

professionalism /prə'feʃənəˌlɪz(ə)m/ *n* профессионали́зм.

professor /prə'fesə(r)/ *n* (*holder of university chair*) профе́ссор; (*US, university teacher*) преподава́тель; **assistant ~** (*US*) ≈ ста́рший преподава́тель; **associate ~** (*US*) ≈ доце́нт.

professorial /ˌprɒfɪ'sɔ:rɪəl/ *adj* профе́ссорский.

professorship /prə'fesəʃɪp/ *n* профе́ссорство.

proffer /'prɒfə(r)/ *n* предложе́ние.
● *vt* предл|ага́ть, -ожи́ть; **he ~ed his hand** он протяну́л ру́ку.

proficiency /prə'fɪʃ(ə)nsɪ/ *n* мастерство́, уме́ние.

proficient /prə'fɪʃ(ə)nt/ *adj* уме́лый; **she is ~ at typing** она́ хорошо́ печа́тает; **he is ~ in French** он хорошо́ владе́ет францу́зским.

profile /'prəʊfaɪl/ *n* (*side view, esp of face*) про́филь (*m*); **seen in ~** в про́филь; (*fig*) пози́ция; **to adopt a low/high ~** де́йствовать сде́ржанно/акти́вно; **he kept a low ~** он стара́лся не выделя́ться; (*biographical sketch*) (биографи́ческий) о́черк.

profit /'prɒfɪt/ *n* **1** (*advantage*) по́льза, вы́года; **he discovered to his ~ that ...** он узна́л к собственной вы́годе, что...; **he studied to little ~** уче́ние не принесло́ ему́ почти́ никако́й по́льзы; **there is no ~ in further discussion** продолжа́ть диску́ссию бесполе́зно; **with ~** вы́годно. **2** (*pecuniary gain*) при́быль; **he made a ~ out of the deal** он получи́л при́быль от э́той сде́лки; **he sold the land at a ~** он про́дал зе́млю с вы́годой; **the ~ motive** пого́ня за при́былью; **~ and loss account** счёт при́былей и убы́тков; **~ margin** разме́р при́были.
● *vt* (**profited, profiting**) прин|оси́ть, -ести́ по́льзу + *d*; **what will it ~ him?** что э́то принесёт ему́?
● *vi* (**profited, profiting**) по́льзоваться, вос- (+ *i*); извл|ека́ть, -е́чь по́льзу (из + *g*); **he has not ~ed from his experience** он не воспо́льзовался свои́м о́пытом; **I ~ed by your advice** ваш сове́т пошёл мне на по́льзу; **he ~ed by his wife's death** смерть жены́ оказа́лась ему́ вы́годной.
● *cpd* **~-sharing** *n* уча́стие в при́были.

profitability /ˌprɒfɪtə'bɪlɪtɪ/ *n* дохо́дность, при́быльность, рента́бельность.

profitable /'prɒfɪtəb(ə)l/ *adj* (*advantageous*) поле́зный, вы́годный; (*lucrative*) дохо́дный, при́быльный, рента́бельный.

profiteer /ˌprɒfɪ'tɪə(r)/ *n* спекуля́нт.
● *vi* спекули́ровать (*impf*).

profiteering /ˌprɒfɪ'tɪərɪŋ/ *n* спекуля́ция.

profiterole /prə'fɪtəˌrəʊl/ *n* (*cul*) профитро́ль (*m*).

profitless /'prɒfɪtlɪs/ *adj* бесполе́зный; бесплo´дный.

profligacy /'prɒflɪgəsɪ/ *n* (*dissoluteness*) распу́тство; (*extravagance*) расточи́тельность.

profligate /'prɒflɪgət/ *n* (*dissolute person*) развра́тник; (*extravagant person*) расточи́тель (*m*).
● *adj* (*dissolute*) распу́тный; (*extravagant*) расточи́тельный.

pro forma /prəʊ 'fɔ:mə/ *adj*: **~ invoice** предвари́тельный счёт-факту́ра.
● *adv phr* для профо́рмы.

profound /prə'faʊnd/ *adj* (**profounder, profoundest**) глубо́кий; **~ ignorance** по́лное неве́жество; **a ~ subject** сло́жный предме́т.

profundity /prə'fʌndɪtɪ/ *n* глубина́.

profuse /prə'fju:s/ *adj* (*plentiful*) оби́льный; (*lavish*) ще́дрый; **he apologized ~ly** он рассыпа́лся в извине́ниях.

profusion /prə'fju:ʒ(ə)n/ *n* изоби́лие.

progenitor /prəʊ'dʒenɪtə(r)/ *n* прароди́тель (*m*), пре́док; (*predecessor*) предше́ственник.

progeny /'prɒdʒɪnɪ/ *n* пото́мство.

progesterone /prəʊ'dʒestəˌrəʊn/ *n* прогестеро́н.

prognosis /prɒg'nəʊsɪs/ *n* (*pl* **prognoses** /-si:z/) прогно́з.

prognosticate /prɒg'nɒstɪˌkeɪt/ *vt* (*foretell*) предска́з|ывать, -а́ть; (*indicate, betoken*) предвеща́ть (*impf*).

prognostication /prɒgˌnɒstɪ'keɪʃ(ə)n/ *n* предсказа́ние; (*omen*) предзнаменова́ние.

program /'prəʊgræm/ *n* (*comput*) програ́мма; (*US*) = **programme**
● *vt* (**programmed, programming**) (*comput, also fig*) программи́ровать, за-; (*US*) = **programme**

programme /'prəʊgræm/ *n* програ́мма; (*radio, TV*) переда́ча; (*plan*) програ́мма, план; **what's (on) the ~ for tonight?** каки́е у нас пла́ны на ве́чер?; **he has a full ~ tomorrow** за́втра он по́лностью за́нят.
● *vt* (**programmed, programming**) (*make plan of*) сост|авля́ть, -а́вить програ́мму + *g*; **the meeting is ~d for today** собра́ние назна́чено на сего́дня.

programmer /'prəʊgræmə(r)/ *n* (*comput*) программи́ст (*fem coll* -ка).

programming /'prəʊgræmɪŋ/ *n* (*comput*) программи́рование; **~ language** язы́к программи́рования.

progress[1] /'prəʊgres/ *n* **1** (*forward movement*) движе́ние вперёд; **the horses made slow ~** ло́шади дви́гались ме́дленно. **2** (*advance, development*) прогре́сс; **~ report** докла́д о хо́де рабо́ты; **the patient is making good ~** больно́й поправля́ется; **a meeting is in ~** идёт заседа́ние; **preparations are in ~** веду́тся приготовле́ния.

progress[2] /prə'gres/ *vi* прогресси́ровать (*impf*); продв|ига́ться, -и́нуться (вперёд); **how are things ~ing?** как иду́т дела́?; **he has hardly ~ed at all with his studies** он не доби́лся ско́ль-нибудь зна́чимых успе́хов в учёбе.

progression /prə'greʃ(ə)n/ *n* (*progress*) продвиже́ние; (*math*) прогре́ссия; (*mus*) прогре́ссия, секве́нция.

progressive /prə'gresɪv/ *n* прогресси́вный челове́к.
● *adj* **1** (*favouring progress*) прогресси́вный, передово́й. **2** (*gradual*) поступа́тельный,

P

постепе́нный. **3** (*of disease etc.*) прогресси́рующий.

prohibit /prəˈhɪbɪt/ *vt* (**prohibited, prohibiting**) запре|ща́ть, -ти́ть; воспре|ща́ть, -ти́ть; **smoking ~ed** кури́ть воспреща́ется.

prohibition /ˌprəʊhɪˈbɪʃ(ə)n, ˌprəʊɪˈb-/ *n* запреще́ние; (*P~, of sale of intoxicants*) «сухо́й зако́н».

Prohibitionist /ˌprəʊhɪˈbɪʃənɪst, ˌprəʊɪˈb-/ *n* сторо́нник введе́ния «сухо́го зако́на».

prohibitive /prəʊˈhɪbɪtɪv/ *adj* запрети́тельный, запреща́ющий; **~ prices** недосту́пные це́ны.

prohibitory /prəˈhɪbɪtərɪ/ *adj* запреща́ющий.

project¹ /ˈprɒdʒekt/ *n* (*scheme*) прое́кт, план; (*at school*) рабо́та.

project² /prəˈdʒekt/ *vt* **1** (*devise*) проекти́ровать, за-. **2** (*throw, impel*) выбра́сывать, вы́бросить. **3** (*light*) броса́ть (*impf*); (*shadow*) отбр|а́сывать, -о́сить. **4** (*with projector; also math*) проеци́ровать (*impf, pf*). **5** (*fig*): **he ~ed himself into the future** он мы́сленно перенёсся в бу́дущее.
● *vi* (*protrude*) выдава́ться (*impf*); выступа́ть (*impf*).

projectile /prəˈdʒektaɪl/ *n* снаря́д.

projection /prəˈdʒekʃ(ə)n/ *n* **1** (*planning*) проекти́рование. **2** (*throwing, propulsion*) отбра́сывание. **3** (*cin*) прое́кция (изображе́ния); **~ room** (кино)проекцио́нная каби́на. **4** (*psychol, geom*) прое́кция. **5** (*protrusion*) вы́ступ.

projectionist /prəˈdʒekʃənɪst/ *n* (*of film etc.*) киномеха́ник.

projector /prəˈdʒektə(r)/ *n* (*apparatus*) прое́ктор.

prolapse /ˈprəʊlæps/ *n* прола́пс, выпаде́ние.

proletarian /ˌprəʊlɪˈteərɪən/ *n* пролета́рий.
● *adj* пролета́рский.

proletariat /ˌprəʊlɪˈteərɪət/ *n* пролетариа́т.

pro-life /prəʊˈlaɪf/ *adj* защища́ющий «пра́во на жизнь»; возража́ющий про́тив або́ртов.

pro-lifer /prəʊˈlaɪfə(r)/ *n* защи́тни|к (*fem* -ца) «пра́ва на жизнь».

proliferate /prəˈlɪfəˌreɪt/ *vi* размн|ожа́ться, -о́житься; (*fig*) распростран|я́ться, -и́ться.

proliferation /prəˌlɪfəˈreɪʃ(ə)n/ *n* размноже́ние, пролифера́ция; (*fig*) распростране́ние.

prolific /prəˈlɪfɪk/ *adj* (*lit*) плодоро́дный; (*fig*) плодови́тый.

prolix /ˈprəʊlɪks, prəˈlɪks/ *adj* (*lengthy*) многосло́вный; (*tedious*) ну́дный.

prolixity /ˌprəʊˈlɪksɪtɪ, prəˈlɪksɪtɪ/ *n* многосло́вие, ну́дность.

prologue /ˈprəʊlɒɡ/ (*US* **prolog**) *n* проло́г.

prolong /prəˈlɒŋ/ *vt* продл|ева́ть, -и́ть; **he ~ed his leave by a day** он продли́л свой о́тпуск на оди́н день; **a ~ed argument** до́лгий спор.

prolongation /ˌprəʊlɒŋˈɡeɪʃ(ə)n/ *n* продле́ние.

prom /prɒm/ (*coll*) = **promenade** *n* **2, 3**

> **prom**
>
> В Аме́рике так называ́ют шко́льный бал в конце́ уче́бного го́да.

promenade /ˌprɒməˈnɑːd/ *n* **1** (*walk for pleasure etc.*) прогу́лка; **~ concert** (*Br*) промена́дный конце́рт. **2** (*Br, place of pedestrian resort*) ме́сто для гуля́ния. **3** (*US, students' ball*) бал (*в школе/колледже*).
● *vi* прогу́л|иваться, -я́ться.

> **Promenade Concerts**
>
> *see* **the Proms**

Promethean /prəˈmiːθɪən/ *adj* промете́ев.

prominence /ˈprɒmɪnəns/ *n* (*importance*) ви́дное положе́ние.

prominent /ˈprɒmɪnənt/ *adj* **1** (*projecting*) выступа́ющий. **2** (*conspicuous*) заме́тный. **3** (*important, distinguished*) выдаю́щийся.

promiscuity /ˌprɒmɪˈskjuːɪtɪ/ *n* неразбо́рчивость; распу́щенность.

promiscuous /prəˈmɪskjʊəs/ *adj* неразбо́рчивый; (*sexually*) распу́щенный.

promise /ˈprɒmɪs/ *n* **1** (*assurance*) обеща́ние; **he gave his solemn ~ never to steal again** он дал торже́ственное обеща́ние бо́льше не ворова́ть; **he kept his ~** он сдержа́л своё обеща́ние; **breach of ~** наруше́ние обеща́ния. **2** (*ground for expectation*) наде́жда; **he shows ~** он подаёт наде́жды; **a writer of ~** многообеща́ющий писа́тель.
● *vt & i* **1** (*undertake, assure*) обеща́ть, по-; **he ~d to be here by 7** он обеща́л быть здесь к 7 часа́м; **I ~d myself a quiet evening** я реши́л споко́йно провести́ ве́чер; **it will not be easy, I ~ you** уверя́ю вас, что э́то бу́дет нелегко́; **the P~d Land** (*bibl*) Земля́ обетова́нная. **2** (*give grounds for expecting*): **it ~s to be a warm day** день обеща́ет быть тёплым; **the boy ~s well** ма́льчик подаёт больши́е наде́жды.

promising /ˈprɒmɪsɪŋ/ *adj* перспекти́вный; многообеща́ющий, подаю́щий наде́жды.

promissory /ˈprɒmɪsərɪ/ *adj*: **~ note** долгово́е обяза́тельство.

promontory /ˈprɒməntərɪ/ *n* мыс.

promote /prəˈməʊt/ *vt* **1** (*raise to higher rank*) продв|ига́ть, -и́нуть; пов|ыша́ть, -ы́сить (в чи́не/зва́нии); **he was ~d (to) sergeant** ему́ присво́или зва́ние сержа́нта. **2** (*encourage, support*) поощр|я́ть, -и́ть; подде́рж|ивать, -а́ть; соде́йствовать, по- + *d.* **3** (*publicize to boost sales*) реклами́ровать (*impf*); соде́йствовать прода́же + *g.*

promoter /prəˈməʊtə(r)/ *n* (*e.g. of concert*) (*person*) промо́утер (*кого/чего*), аге́нт (*кого*); (*company*) организа́тор (*чего*), промо́утер (*кого/чего*); (*e.g. of peace*) пропаганди́ст (*fem* -ка).

promotion /prəˈməʊʃ(ə)n/ *n* (*in rank*) продвиже́ние, повыше́ние; (*encouragement, support*) поощре́ние, подде́ржка, соде́йствие; (*publicizing*) рекла́ма, промо́ушен.

prompt¹ /prɒmpt/ *n* (*theatr*) подска́зка; (*comput*) приглаше́ние.
● *vt & i* **1** (*assist memory of*) подска́з|ывать, -а́ть + *d*; (*theatr*) суфли́ровать (*impf*) + *d.* **2** (*impel, induce*) побу|жда́ть, -ди́ть.

prompt² /prɒmpt/ *adj* бы́стрый, неме́дленный; **he was ~ in coming forward** он сра́зу же (*or* тут же) откли́кнулся; **he arrived ~ly at 9** он прие́хал то́чно в де́вять; **a ~ answer** неме́дленный отве́т.

prompter /ˈprɒmptə(r)/ *n* суфлёр.

prompt|itude /ˈprɒmpˌtɪtjuːd/, **-ness** /ˈprɒmptnɪs/ *nn* быстрота́, гото́вность.

> **the Proms — промена́дные конце́рты**
>
> Ежего́дный фестива́ль класси́ческой му́зыки, проходя́щий в королéвском А́льберт-хо́лле в Ло́ндоне. Заключи́тельный ве́чер промена́дных конце́ртов явля́ет собо́й шу́мное зре́лище. Зри́тели пою́т под аккомпанеме́нт орке́стра традицио́нные пе́сни *Land of Hope and Glory* и *Rule Britannia!* Сло́во *Proms* явля́ется сокраще́нием от выраже́ния *promenade concert* — промена́дные конце́рты, кото́рые называ́ются так потому́, что значи́тельная часть зри́телей слу́шает конце́рты сто́я.

promulgate /ˈprɒməlˌɡeɪt/ *vt* обнаро́довать (*pf*); провозгла|ша́ть, -си́ть.

promulgation /ˌprɒməlˈɡeɪʃ(ə)n/ *n* обнаро́дование, провозглаше́ние.

prone /prəʊn/ *adj* **1** (*face downwards*) лежа́щий ничко́м, лежа́щий вниз лицо́м. **2**: **~ to** (*disposed, liable to*) скло́нный к + *d*; **he is ~ to make mistakes** ему́ сво́йственно ошиба́ться; **I am ~ to accidents** со мной ве́чно что́-то случа́ется.

proneness /ˈprəʊnnɪs/ *n* скло́нность.

prong /prɒŋ/ *n* зубе́ц.

pronominal /prəʊˈnɒmɪn(ə)l/ *adj* местоиме́нный.

pronoun /ˈprəʊnaʊn/ *n* местоиме́ние.

pronounc|e /prəˈnaʊns/ *vt* **1** (*declare*) объяв|ля́ть, -и́ть; **~e judgement** (*law*) выноси́ть, вы́нести суде́бное реше́ние. **2** (*utter*) произн|оси́ть, -ести́; вygова́ривать, вы́говорить; **how is this word ~ed?** как произно́сится э́то сло́во?
● *vi* **1** (*give one's opinion*) выска́зываться, высказа́ться; **the jury ~ed for the defendant** прися́жные оправда́ли подсуди́мого. **2**: **a ~ing dictionary** орфоэпи́ческий слова́рь.

pronounced /prəˈnaʊnst/ *adj* (*decided*) я́вный; **he walks with a ~ limp** он си́льно/заме́тно хрома́ет.

pronouncement /prəˈnaʊnsmənt/ *n* заявле́ние; выска́зывание.

pronto /ˈprɒntəʊ/ *adv* (*coll*) жи́во, бы́стро.

pronunciation /prəˌnʌnsɪˈeɪʃ(ə)n/ *n* произноше́ние.

proof /pruːf/ *n* **1** доказа́тельство; **as ~ of his good intentions** в доказа́тельство свои́х до́брых наме́рений.

2 (*demonstration*): **is it capable of ~?** это доказу́емо?
3 (*test, trial*) испыта́ние; прове́рка; **his courage was put to the ~** его́ сме́лость подве́рглась испыта́нию; **the ~ of the pudding is in the eating** ≈ обо всём су́дят по результа́там.
4 (*of alcoholic liquor*) кре́пость.
5 (*printing*) корректу́ра.
● *adj* **1** (*of tried or prescribed strength*) устано́вленной кре́пости; **~ spirit** раство́р спи́рта определённой кре́пости.
2 (*impenetrable, resistant*): **~ against bullets** пуленепроница́емый; **~ against weather** погодоусто́йчивый; (*of clothing*) непромока́емый.
● *vt* (*waterproof*) де́лать, с- непроница́емым.
● *cpds* **~read** *vt* & *i* чита́ть, про- (*or* держа́ть) корректу́ру; **~reader** *n* корре́ктор; **~reading** *n* чте́ние корректу́ры; **~ sheet** *n* корректу́ра.

prop[1] /prɒp/ *n* (*support*) сто́йка; подпо́рка; (*fig*) опо́ра, подде́ржка.
● *vt* (**propped, propping**)
1 подп|ира́ть, -ере́ть; **~ open a door** подп|ира́ть, -ере́ть дверь, что́бы она́ не захло́пнулась; **he sat ~ped up in bed** он сиде́л в крова́ти, опира́ясь на поду́шки; **~ the ladder against the wall!** приста́вьте ле́стницу к стене́!
2 (*fig*) подде́рж|ивать, -а́ть.

prop[2] /prɒp/ *n* (*coll, theatr*) бутафо́рия, реквизи́т.

prop[3] /prɒp/ (*coll*) = **propeller**

propaganda /ˌprɒpəˈgændə/ *n* пропага́нда; (*attr*) пропаганди́стский.

propagandist /ˌprɒpəˈgændɪst/ *n* пропаганди́ст.

propagandize /ˌprɒpəˈgændaɪz/ *vt* пропаганди́ровать (*impf*).

propagate /ˈprɒpəˌgeɪt/ *vt* (*multiply by reproduction*) размн|ожа́ть, -о́жить; разв|оди́ть, -ести́; (*disseminate*) распростран|я́ть, -и́ть.
● *vi* размн|ожа́ться, -о́житься.

propagation /ˌprɒpəˈgeɪʃ(ə)n/ *n* размноже́ние; (*fig*) распростране́ние.

propagator /ˈprɒpəˌgeɪtə(r)/ *n* (*person*) распространи́тель (*fem* -ница); (*for plants*) микропарни́к.

propane /ˈprəʊpeɪn/ *n* пропа́н.

propel /prəˈpel/ *vt* (**propelled, propelling**) прив|оди́ть, -ести́ в движе́ние; **~ling pencil** (*Br*) механи́ческий/автомати́ческий каранда́ш.

propellant /prəˈpelənt/ *n* дви́жущая си́ла; (*fuel*) раке́тное то́пливо.

propeller /prəˈpelə(r)/ *n* (*of ship*) (гребно́й) винт; (*of aircraft*) пропе́ллер, (возду́шный) винт.

propensity /prəˈpensɪtɪ/ *n* предрасполо́женность, скло́нность.

proper /ˈprɒpə(r)/ *adj* **1** (*belonging especially*) сво́йственный, прису́щий.
2 (*suitable, appropriate*) подходя́щий, ну́жный; **at the ~ time** в своё вре́мя.
3 (*decent, respectable*) (благо)присто́йный, прили́чный.
4 (*correct, accurate*) пра́вильный; **in the ~ sense of the word** в прямо́м смы́сле сло́ва. **5** (*gram*): **~ noun** и́мя со́бственное. **6** (*strictly so called*): **within the sphere of architecture ~** в о́бласти со́бственно архитекту́ры.
7 (*Br coll thorough*) соверше́нный, по́лный; **his room was in a ~ mess** в его́ ко́мнате цари́л по́лный беспоря́док.

properly /ˈprɒpəlɪ/ *adv* (*correctly*) подоба́юще, как сле́дует, до́лжным о́бразом; **~ speaking** со́бственно говоря́; **you must be ~ dressed** вы должны́ оде́ться подоба́юще/подоба́ющим о́бразом.

propertied /ˈprɒpətɪd/ *adj* име́ющий со́бственность; иму́щий; **the ~ classes** иму́щие кла́ссы; землевладе́льцы.

propert|y /ˈprɒpətɪ/ *n* **1** (*possession(s)*) со́бственность; иму́щество; **a man of ~y** собственник; **the news is common ~y** но́вость изве́стна всем. **2** (*house*) дом; (*estate*) име́ние; (*real estate*) недви́жимость. **3** (*attribute, quality*) сво́йство; **this plant has healing ~ies** э́то расте́ние облада́ет целе́бными сво́йствами. **4** (*theatr*) бутафо́рия, реквизи́т.
● *cpds* **~ man** (*pl* **~ men**) (*fem* **~ mistress**) *n* (*theatr*) реквизи́тор.

prophecy /ˈprɒfɪsɪ/ *n* предсказа́ние, проро́чество.

prophesy /ˈprɒfɪˌsaɪ/ *vt* & *i* предска́з|ывать, -а́ть; проро́чить, на-.

prophet /ˈprɒfɪt/ *n* проро́к, предсказа́тель (*m*).

prophetess /ˈprɒfɪtɪs/ *n* проро́чица; предсказа́тельница.

prophetic /prəˈfetɪk/ *adj* проро́ческий.

prophylactic /ˌprɒfɪˈlæktɪk/ *n* профилакти́ческое сре́дство.
● *adj* профилакти́ческий.

prophylaxis /ˌprɒfɪˈlæksɪs/ *n* профила́ктика.

propinquity /prəˈpɪŋkwɪtɪ/ *n* (*closeness*) бли́зость, сосе́дство; (*kinship*) родство́.

propitiate /prəˈpɪʃɪˌeɪt/ *vt* (*appease*) умиротвор|я́ть, -и́ть; ут|еша́ть, -е́шить.

propitiation /prəˌpɪʃɪˈeɪʃ(ə)n/ *n* умиротворе́ние; утеше́ние.

propitiatory /prəˈpɪʃɪətərɪ/ *adj* утеша́ющий; примири́тельный.

propitious /prəˈpɪʃəs/ *adj* (*benevolent*) благожела́тельный; (*favourable*) благоприя́тный.

proponent /prəˈpəʊnənt/ *n* пропаганди́ст, побо́рник (*чего*).

proportion /prəˈpɔːʃ(ə)n/ *n* **1** (*part*) часть, до́ля; **a large ~ of the earth's surface** бо́льшая часть земно́й пове́рхности. **2** (*ratio*) пропо́рция, соотноше́ние; **the ~ of imports to exports is high** пропорциона́льно и́мпорта бо́льше, чем э́кспорта; **in ~** пропорциона́льно, соразме́рно.
3 (*math, equality of ratios*) пропо́рция.
4 (*due relation*) сора́змерность; **keep a sense of ~** сохран|я́ть, -и́ть чу́вство ме́ры; **his ambitions are out of all ~** его́ честолю́бие выхо́дит за вся́кие ра́мки. **5** (*in pl, dimensions*) разме́р, разме́ры (*m pl*); **a house of stately ~s** дом внуши́тельных разме́ров.
● *vt* соразм|еря́ть, -е́рить; дози́ровать (*impf*).

proportional /prəˈpɔːʃən(ə)l/ *adj* пропорциона́льный; **~ representation** пропорциона́льное представи́тельство.

proportionate /prəˈpɔːʃənət/ *adj* соразме́рный; **payment will be ~ to effort** опла́та бу́дет соотве́тствовать затра́ченным уси́лиям.

proposal /prəˈpəʊz(ə)l/ *n* предложе́ние.

propose /prəˈpəʊz/ *vt* **1** (*suggest*) предл|ага́ть, -ожи́ть; **he ~d (marriage) to her** он сде́лал ей предложе́ние (*стать его женой*).
2 (*nominate, put forward*) выдвига́ть, вы́двинуть; **his name was ~d for secretary** его́ выдвига́ли на пост секретаря́. **3**: **~ a toast** провозгла|ша́ть, -си́ть тост; предл|ага́ть, -ожи́ть тост; **a toast to his health was ~d** провозгласи́ли тост за его́ здоро́вье. **4** (*intend*) предпол|ага́ть, -ожи́ть; намерева́ться (*impf*); **I ~ to leave tomorrow** намерева́юсь е́хать за́втра.

proposition /ˌprɒpəˈzɪʃ(ə)n/ *n* **1** (*statement*) заявле́ние. **2** (*proposed scheme*) предложе́ние. **3** (*coll, undertaking, problem etc.*) де́ло; **he is a tough ~** с ним тру́дно име́ть де́ло.
4 (*coll, immoral proposal*) гну́сное предложе́ние.
● *vt* (*coll*) де́лать, с- гну́сное предложе́ние + *d*.

propound /prəˈpaʊnd/ *vt* предл|ага́ть, -ожи́ть на обсужде́ние; изл|ага́ть, -ожи́ть.

proprietary /prəˈpraɪətərɪ/ *adj* со́бственнический; (*pertaining to a firm*) фи́рменный; **~ medicines** патенто́ванные лека́рства; **~ rights** пра́во со́бственности.

proprietor /prəˈpraɪətə(r)/ *n* владе́лец, хозя́ин.

proprietorial /prəˌpraɪəˈtɔːrɪəl/ *adj* со́бственнический.

proprietress /prəˈpraɪətrɪs/ *n* владе́лица, хозя́йка.

propriet|y /prəˈpraɪɪtɪ/ *n* (*fitness*) уме́стность; (*correctness of behaviour or morals*) пра́вила поведе́ния; пра́вила прили́чия, (благо)присто́йность; (*in pl, rules of behaviour*) **the ~ies must be observed** на́до соблюда́ть пра́вила прили́чия.

propulsion /prəˈpʌlʃ(ə)n/ *n* движе́ние вперёд; **jet ~** реакти́вное движе́ние.

propulsive /prəˈpʌlsɪv/ *adj* дви́жущий вперёд; **~ force** дви́жущая си́ла.

pro rata /prəʊ ˈrɑːtə, ˈreɪtə/ *adv* пропорциона́льно; соотве́тственно.

prorogation /ˌprərəʊˈgeɪʃ(ə)n/ *n* переры́в в рабо́те парла́мента (*по указу главы государства*), пророга́ция.

prorogue /prəˈrəʊg/ *vt* (**prorogues, prorogued, proroguing**) назн|ача́ть, -а́чить переры́в в рабо́те + *g* (*парламента и т. п.*).

prosaic /prəˈzeɪɪk, prəʊ-/ *adj* прозаи́ческий.

p

prosceni|um /prəˈsiːnɪəm, prəʊ-/ *n* (*pl* **~ums** *or* **~a**) просце́ниум, пере́дняя часть сце́ны.

proscribe /prəˈskraɪb/ *vt* запре|ща́ть, -ти́ть.

proscription /prəˈskrɪpʃ(ə)n/ *n* запреще́ние.

prose /prəʊz/ *n* **1** про́за; (*attr*) прозаи́ческий; **~ writers** (писа́тели-)проза́ики; **~ poem** стихотворе́ние в про́зе; (*fig*) про́за, прозаи́чность. **2** (*piece set for translation*) отры́вок для перево́да (*на иностранный язык*).

prosecute /ˈprɒsɪˌkjuːt/ *vt* **1** (*carry on*) занима́ться (*impf*) + *i*; вести́, по-; **he ~d the inquiry with vigour** (*Br*), **vigor** (*US*) он энерги́чно повёл рассле́дование. **2** (*law*) возбу|жда́ть, -ди́ть де́ло про́тив + *g*; **~ a claim** возбу|жда́ть, -ди́ть иск; **trespassers will be ~d** нарушители бу́дут пресле́доваться по зако́ну.

prosecution /ˌprɒsɪˈkjuːʃ(ə)n/ *n* **1** (*pursuit*) веде́ние; **in the ~ of his duty** при исполне́нии свои́х обя́занностей. **2** (*carrying on legal proceedings*) обвине́ние; предъявле́ние и́ска. **3** (*prosecuting party*) обвине́ние; **counsel for the ~** обвини́тель (*m*) (в уголо́вном проце́ссе).

prosecutor /ˈprɒsɪˌkjuːtə(r)/ *n* обвини́тель (*m*); **Public P~** прокуро́р.

proselyte /ˈprɒsɪˌlaɪt/ *n* прозели́т (*fem* -ка).

proselytize /ˈprɒsɪlɪˌtaɪz/ *vt* (*convert*) обра|ща́ть, -ти́ть в другу́ю ве́ру.

prosiness /ˈprəʊzɪnɪs/ *n* ну́дность.

prosodic /prəˈsɒdɪk/ *adj* просоди́ческий.

prosody /ˈprɒsədɪ/ *n* просо́дия.

prospect¹ /ˈprɒspekt/ *n* **1** (*extensive view*) вид, панора́ма; (*fig, mental scene*) перспекти́ва. **2** (*expectation, hope*) перспекти́ва; **there is no ~ of success** нет наде́жды на успе́х; **a job without ~s** рабо́та без перспекти́в; **I have nothing in ~ at present** в настоя́щее вре́мя у меня́ нет ничего́ в перспекти́ве. **3** (*coll, possible customer*) потенциа́льный покупа́тель/зака́зчик.

prospect² /prəˈspekt/ *vt* иссле́довать (*impf, pf*); разве́д|ывать, -ать.
● *vi*: **they were ~ing for gold** они́ иска́ли зо́лото.

prospective /prəˈspektɪv/ *adj* **1** (*applicable to future*) бу́дущий, предполага́емый. **2** (*expected*) ожида́емый. **3** (*future*) бу́дущий.

prospector /prəˈspektə(r)/ *n* разве́дчик, стара́тель (*m*).

prospectus /prəˈspektəs/ *n* (*pl* **~es**) проспе́кт (*рекламное издание*).

prosper /ˈprɒspə(r)/
● *vi* преусп|ева́ть, -е́ть; процвета́ть (*impf*).

prosperity /prɒˈsperɪtɪ/ *n* процвета́ние.

prosperous /ˈprɒspərəs/ *adj* процвета́ющий, зажи́точный.

prostaglandin /ˌprɒstəˈglændɪn/ *n* простагланди́н.

prostate /ˈprɒsteɪt/ *n* (*also* **~ gland**) проста́та, предста́тельная железа́.

prosthe|sis /ˈprɒsθɪsɪs, -ˈθiːsɪs/ *n* (*pl* **~ses** /-siːz/) проте́з.

prosthetic /prɒsˈθetɪk/ *adj* проте́зный.

prostitute /ˈprɒstɪˌtjuːt/ *n* проститу́тка; **male ~** мужчи́на-проститу́тка.
● *vt*: **~ o.s.** зан|има́ться, -я́ться проститу́цией; (*fig*) торгова́ть (*impf*) собо́й; **he ~d his talents** он про́дал свой тала́нт.

prostitution /ˌprɒstɪˈtjuːʃ(ə)n/ *n* (*lit, fig*) проститу́ция.

prostrate¹ /ˈprɒstreɪt/ *adj* **1** (*lying face down*) распростёртый; лежа́щий ничко́м. **2** (*overcome, overthrown*) пове́рженный; **she was ~ with grief** она́ была́ сло́млена го́рем. **3** (*exhausted*) измождённый.

prostrate² /prɒˈstreɪt, prə-/ *vt* **1** (*lay flat on ground*) опроки́|дывать, -нуть; вали́ть, по-; **trees were ~d by the gale** бу́ря повали́ла дере́вья; **he ~d himself before the altar** он пал ниц пе́ред алтарём. **2** (*overcome*) изнур|я́ть, -и́ть.

prostration /prɒˈstreɪʃ(ə)n, prə-/ (*exhaustion*) изнеможе́ние; простра́ция.

prosy /ˈprəʊzɪ/ *adj* (**prosier, prosiest**) ну́дный.

protagonist /prəʊˈtægənɪst/ *n* (*chief actor*) гла́вный геро́й; (*in contest etc.*) протагони́ст; (*advocate*) побо́рник.

protean /ˈprəʊtɪən, -ˈtiːən/ *adj* многообра́зный, изме́нчивый.

protect /prəˈtekt/ *vt* **1** (*keep safe, shelter*) защи|ща́ть, -ти́ть; **the house is well ~ed against fire** дом хорошо́ защищён от огня́. **2** (*fit with safety device*) обезопа́сить (*pf*).

protection /prəˈtekʃ(ə)n/ *n* **1** (*defence*) защи́та; **his clothing afforded him no ~ from the cold** оде́жда была́ ему́ плохо́й защи́той от хо́лода; **~ money** о́ткуп от рэкети́ров; **~ racket** рэ́кет. **2** (*shelter*) огражде́ние. **3** (*care*) попече́ние; **under my ~** на моём попече́нии. **4** (*econ*) протекциони́зм.

protectionism /prəˈtekʃ(ə)ˌnɪz(ə)m/ *n* протекциони́зм.

protectionist /prəˈtekʃ(ə)nɪst/ *n* протекциони́ст.

protective /prəˈtektɪv/ *adj* защи́тный; **~ colouring** (*Br*), **coloring** (*US*) защи́тная окра́ска; **~ custody** защити́тельное содержа́ние под стра́жей.

protector /prəˈtektə(r)/ *n* (*person*) защи́тни|к (*fem* -ца); (*hist, regent*) ре́гент; (*protective device*) защи́тное приспособле́ние.

protectorate /prəˈtektərət/ *n* (*territory*) протектора́т.

protectress /prəˈtektrɪs/ *n* защи́тница.

protégé /ˈprɒtɪˌʒeɪ, -teˌʒeɪ, ˈprəʊ-/ *n* (*fem* **protégée**) протеже́ (*cg, indecl*).

protein /ˈprəʊtiːn/ *n* протеи́н, бело́к.

pro tem /prəʊ ˈtem/ *adv* вре́менно, пока́.

Proterozoic /ˌprəʊtərəˈzəʊɪk/ (*geol*) *n* (**the ~**) протерозо́й(ский эо́н).
● *adj* протерозо́йский.

protest¹ /ˈprəʊtest/ *n* проте́ст; возраже́ние; **without ~** не протесту́я; **~ march** марш проте́ста; **~ vote** го́лос, по́данный в знак проте́ста.

protest² /prəˈtest/ *vt* **1** (*affirm*) утвержда́ть (*impf*); **he continued to ~ his innocence** он продолжа́л наста́ивать на свое́й невино́вности. **2** (*US, object to*) возража́ть/протестова́ть (*impf*) про́тив + *g*.
● *vi*: **~ against** протестова́ть (*impf*) про́тив + *g*; **~ about** выража́ть, вы́разить недово́льство + *i*; (*appeal*) опротест|о́вывать, -ова́ть; **they ~ed against the decision** они́ опротестова́ли реше́ние.

Protestant /ˈprɒtɪst(ə)nt/ *n* протеста́нт (*fem* -ка).
● *adj* протеста́нтский.

Protestantism /ˈprɒtɪstənˌtɪz(ə)m/ *n* протестанти́зм.

protestation /ˌprɒtɪˈsteɪʃ(ə)n/ *n* (*affirmation*) (торже́ственное) заявле́ние; (*protest*) проте́ст.

protest|er, -or /prəʊˈtestə(r)/ *nn* протесту́ющ|ий (*fem* -ая).

protocol /ˌprəʊtəˈkɒl/ *n* протоко́л.

proton /ˈprəʊtɒn/ *n* прото́н.

protoplasm /ˈprəʊtəˌplæz(ə)m/ *n* протопла́зма.

prototype /ˈprəʊtəˌtaɪp/ *n* прототи́п, первонача́льный образе́ц.

protozoa /ˌprəʊtəˈzəʊə/ *n pl* протозо́а (*pl indecl*), просте́йшие (*nt pl*).

protract /prəˈtrækt/ *vt* затя́|гивать, -ну́ть; **a ~ed visit** затяну́вшийся визи́т; **a ~ed war** затяжна́я война́.

protractor /prəˈtræktə(r)/ *n* транспорти́р.

protrud|e /prəˈtruːd/ *vi* выдава́ться (*impf*); **~ing teeth** выпира́ющие зу́бы; **~ing ears** торча́щие/оттопы́ренные (*coll*) у́ши.

protrusion /prəˈtruːʒ(ə)n/ *n* высо́вывание; вы́ступ.

protuberance /prəˈtjuːbərəns/ *n* вы́пуклость; (*on body*) бугоро́к, ши́шка (*coll*).

protuberant /prəˈtjuːbərənt/ *adj* вы́пуклый.

proud /praʊd/ *adj* го́рдый; **he is a ~ man** он го́рдый челове́к; **he was too ~ to complain** он был сли́шком горд, что́бы жа́ловаться; **to be ~ (of)** горди́ться (+ *i*); **he was ~ of his garden** он горди́лся свои́м са́дом; **he was the ~ father of twins** он был счастли́вым отцо́м двойни́; **this is a ~ day for the school** э́то торже́ственный/ра́достный день для шко́лы; (*arrogant*) надме́нный.
● *adv*: **it was a sumptuous meal: they did us ~** они́ нас угости́ли на сла́ву.

provable /ˈpruːvəb(ə)l/ *adj* доказу́емый.

prove /pruːv/ *vt* (*pp* **proved** *or* **proven** /ˈpruːv(ə)n, ˈprəʊ-/) **1** (*demonstrate*) дока́з|ывать, -а́ть; **he ~d his worth** он показа́л себя́ досто́йным челове́ком; **he cannot be ~d guilty** нельзя́ доказа́ть, что он вино́вен; **he needs to ~ himself to others** ему́ на́до утверди́ть себя́ в глаза́х други́х.

2 (*put to the test*) испы́т|ывать, -а́ть; **the exception ~s the rule** исключе́ние подтвержда́ет пра́вило. **3** (*law*): **~ a will** утвер|жда́ть, -ди́ть завеща́ние.
● *vi* (*pp* **proved** *or* **proven** /ˈpru:v(ə)n, ˈprəʊ-/) (*turn out*) ока́з|ываться, -а́ться; **the alarm ~d (to be) a hoax** трево́га оказа́лась ло́жной; **the play ~d a success** пье́са име́ла успе́х; **the report ~d true** сообще́ние подтверди́лось.

proven /ˈpru:v(ə)n, ˈprəʊ-/ *adj* дока́занный.

provenance /ˈprɒvɪnəns/ *n* происхожде́ние.

provender /ˈprɒvɪndə(r)/ *n* фура́ж.

proverb /ˈprɒvə:b/ *n* посло́вица; **(the Book of) P~s** Кни́га при́тчей Соломо́новых.

proverbial /prəˈvə:bɪəl/ *adj* **1** (*pertaining to proverbs*) воше́дший в погово́рку/посло́вицу; как *кто-н.*/*что-н.* из той погово́рки/посло́вицы; **~ wisdom** наро́дная му́дрость. **2** (*notorious*) общеизве́стный.

provide /prəˈvaɪd/ *vt* **1**: **~ s.o. with sth** обеспе́чи|вать, -ть кого́-н. чем-н.; снаб|жа́ть, -ди́ть кого́-н. чем-н.; **who will ~ the food?** кто позабо́тится о пи́ще?; **they are well ~d with money** у них доста́точно де́нег; **students must ~ their own textbooks** студе́нты обя́заны приобрета́ть уче́бники са́ми. **2** (*prescribe*) предусм|а́тривать, -отре́ть.
● *vi* (*prepare o.s.*) пригот|а́вливаться, -о́виться; **~ against one's old age** обеспе́чи|вать, -ть себя́ в ста́рости; **she had three children to ~ for** у неё на содержа́нии бы́ло тро́е дете́й.

provid|ed /prəˈvaɪdɪd/, **-ing** /prəˈvaɪdɪŋ/ *conjs* при усло́вии, что; е́сли.

providence /ˈprɒvɪd(ə)ns/ *n* **1** (*foresight*) предусмотри́тельность; (*thrift*) расчётливость. **2** (*protective care of God or nature*): **he escaped by a special ~** его́ спасло́ (то́лько) Провиде́ние; (**P~:** *God or nature*) Провиде́ние, про́мысл Бо́жий.

provident /ˈprɒvɪd(ə)nt/ *adj* предусмотри́тельный; расчётливый.

providential /ˌprɒvɪˈdenʃ(ə)l/ *adj* (*lucky*) счастли́вый; **it was ~ that you came** вас сам Бог посла́л.

provider /prəˈvaɪdə(r)/ *n* снабже́нец; поставщи́|к (*fem* -ца); (*breadwinner*): **her husband is a good ~** её муж хорошо́ обеспе́чивает семью́; (*comput*) прова́йдер.

providing /prəˈvaɪdɪŋ/ = **provided**

province /ˈprɒvɪns/ *n* **1** (*division of country*) о́бласть, прови́нция. **2**: **the ~s** прови́нция, перифери́я; **in the ~s** в прови́нции, на перифери́и. **3** (*sphere, department*) компете́нция; о́бласть.

provincial /prəˈvɪnʃ(ə)l/ *n* (*person from provinces*) провинциа́л (*fem* -ка).
● *adj* (*lit, fig*) провинциа́льный.

provincialism /prəˈvɪnʃəˌlɪz(ə)m/ *n* провинциа́льность.

provision /prəˈvɪʒ(ə)n/ *n* **1** (*supplying*) снабже́ние. **2** (*in pl, supplies, esp food*) прови́зия; съестны́е припа́сы (*m pl*). **3** (*preparation*) обеспе́чение; **their father had made ~ for them** оте́ц обеспе́чил их на бу́дущее. **4** (*item of agreement, law, etc.*) усло́вие; положе́ние.
● *vt* снаб|жа́ть, -ди́ть продово́льствием.

provisional /prəˈvɪʒən(ə)l/ *n*: **the P~s** Вре́менное крыло́ ИРА́.
● *adj* вре́менный; (*approximate*) ориентиро́вочный; **~ driving licence** (*Br*) вре́менные води́тельские права́ (*nt pl*); **he gave ~ consent** он дал предвари́тельное согла́сие; **~ government** вре́менное прави́тельство; **P~ IRA** Вре́менное крыло́ ИРА́.

proviso /prəˈvaɪzəʊ/ *n* (*pl* **~s**) усло́вие, огово́рка; **with the ~ that ...** с усло́вием (*or* с огово́ркой), что... .

Provo /ˈprəʊvəʊ/ *n* (*pl* **~s**) (*coll*) член Вре́менного крыла́ ИРА́.

provocation /ˌprɒvəˈkeɪʃ(ə)n/ *n* провока́ция; **at the slightest ~** по мале́йшему по́воду; **I did it under ~** меня́ спровоци́ровали на э́то.

provocative /prəˈvɒkətɪv/ *adj* (*challenging*) вызыва́ющий; (*alluring*) соблазни́тельный; **race is a ~ subject** ра́совая те́ма всегда́ вызыва́ет поле́мику.

provoke /prəˈvəʊk/ *vt* **1** (*cause, arouse*; *challenge*) вызыва́ть, вы́звать; провоци́ровать, с-. **2** (*impel*) побу|жда́ть, -ди́ть. **3** (*anger*) серди́ть, рас-; выводи́ть, вы́вести из себя́; **he is easily ~d** его́ легко́ вы́вести из себя́.

provoking /prəˈvəʊkɪŋ/ *adj* раздража́ющий, доса́дный.

provost /ˈprɒvəst/ *n* (*Br, head of college*) ре́ктор; (*Scottish, mayor*) мэр; **~ marshal** нача́льник вое́нной поли́ции.

prow /praʊ/ *n* нос (*судна*).

prowess /ˈpraʊɪs/ *n* (*skill*) мастерство́; (*valour*) до́блесть.

prowl /praʊl/ *n*: **cats on the ~ after mice** ко́шки, высма́тривающие мыше́й; **~ car** (*US*) полице́йская патру́льная маши́на.
● *vt* (*a place*) ры́скать (*impf*) по + *d*, шныря́ть (*impf*) (*coll*) по + *d*; **thieves ~ the streets** во́ры шныря́ют по у́лицам.
● *vi* ры́скать (*impf*); шныря́ть (*impf*) (*coll*); **wolves were ~ing outside the tent** во́лки ры́скали вокру́г пала́тки.

prowler /ˈpraʊlə(r)/ *n* челове́к, закра́дывающий на чужу́ю террито́рию.

proximate /ˈprɒksɪmət/ *adj* ближа́йший.

proximity /prɒkˈsɪmɪtɪ/ *n* бли́зость; сосе́дство; **in (close) ~ to** вблизи́/побли́зости от + *g*, ря́дом с + *i*.

proxy /ˈprɒksɪ/ *n* **1** (*authorization*) полномо́чие, дове́ренность; **they voted by ~** они́ голосова́ли по дове́ренности. **2** (*substitute*) замести́тель (*m*); **he stood ~ for his brother** он представля́л своего́ бра́та; (*attr*): **~ vote** голосова́ние по дове́ренности. **3** (*comput*): **~ server** про́кси-се́рвер.

prude /pru:d/ *n* ханжа́ (*cg*).

prudence /ˈpru:d(ə)ns/ *n* благоразу́мие, предусмотри́тельность.

prudent /ˈpru:d(ə)nt/ *adj* благоразу́мный, предусмотри́тельный.

prudery /ˈpru:dərɪ/ *n* стыдли́вость; (*pej*) ха́нжество́.

prudish /ˈpru:dɪʃ/ *adj* стыдли́вый; (*pej*) ха́нжеский.

prudishness /ˈpru:dɪʃnɪs/ *n* стыдли́вость; (*pej*) ха́нжество́.

prune¹ /pru:n/ *n* черносли́в.

prun|e² /pru:n/ *vt* **1** (*trim*) обр|еза́ть, -е́зать; подр|еза́ть, -е́зать; **~ing hook** приви́вочный нож; (*fig*) сокра|ща́ть, -ти́ть; **the department was ~ed of superfluous staff** весь ли́шний штат в отде́ле сократи́ли. **2** (*simplify*) упро|ща́ть, -сти́ть.

prurienc|e /ˈprʊərɪəns/, **-y** /ˈprʊərɪənsɪ/ *nn* по́хоть.

prurient /ˈprʊərɪənt/ *adj* похотли́вый.

Prussia /ˈprʌʃə/ *n* (*hist*) Пру́ссия.

Prussian /ˈprʌʃ(ə)n/ *n* (*hist*) прусса́|к (*fem* -чка).
● *adj* пру́сский; **~ blue** берли́нская лазу́рь.

prussic /ˈprʌsɪk/ *adj*: **~ acid** сини́льная кислота́.

pry /praɪ/ *vi* вме́ш|иваться, -а́ться (в чужи́е дела́).

pry bar /ˈpraɪbɑ:(r)/ *n* (*US*) (монта́жный) лом, монтиро́вка.

PS (*abbr of* ***postscript***) постскри́птум, припи́ска.

psalm /sɑ:m/ *n* псало́м.

psalter /ˈsɔ:ltə(r), ˈsɒl-/ *n* псалты́рь (*f eccl or m coll*); (**the ~**) (*the Book of Psalms*) Псалты́рь, Псалти́рь (*both f eccl or m coll*).

PSBR (*abbr of* ***Public Sector Borrowing Requirement***) (*Br*) потре́бность госуда́рственного се́ктора в креди́тах.

psephologist /seˈfɒlədʒɪst, pse-/ *n* псефо́лог; специали́ст, изуча́ющий результа́ты голосова́ния.

psephology /seˈfɒlədʒɪ, pse-/ *n* псефоло́гия, изуче́ние результа́тов голосова́ния (*на выборах*).

pseud /sju:d/ *n* позёр.

pseudo /ˈsju:dəʊ/ *adj* фальши́вый.

pseudo- /ˈsju:dəʊ/ *comb form* псе́вдо..., лже... .

pseudonym /ˈsju:dənɪm/ *n* псевдони́м.

psoriasis /səˈraɪəsɪs/ *n* псориа́з.

psst /pst/ *int* ≈ хм-хм/гм-гм (*when spoken in hushed tones like a slight cough*) (*чтобы незаметно привлечь внимание*).

psych /saɪk/ *vt*: **~ o.s. up** настр|а́ивать, -о́ить себя́.

psyche /ˈsaɪkɪ/ *n* душа́; дух.

psychedelic /ˌsaɪkɪˈdelɪk/ *adj* (*experience*) психодели́ческий; (*clothes, colours*) чудно́й; (*drug*) психодислепти́ческий.

psychiatric /ˌsaɪkɪˈætrɪk/ *adj* психиатри́ческий.

psychiatrist /saɪˈkaɪətrɪst/ *n* психиа́тр.

psychiatry /saɪˈkaɪətrɪ/ *n* психиатри́я.

p

psychic /ˈsaɪkɪk/ *n* экстрасе́нс; ме́диум.
● *adj* **1** (*attr, of powers*) экстрасенсо́рный, сверхъесте́ственный; (*pred, of clairvoyant*) ≈ ясновидящий. **2** (*of the soul or mind*) психи́ческий, душе́вный.

psychical /ˈsaɪkɪk(ə)l/ *adj*: ~ **research** иссле́дования (*nt pl*) паранорма́льных явле́ний.

psycho /ˈsaɪkəʊ/ *n* (*pl* ~**s**) (*coll*) псих.

psychoanalyse /ˌsaɪkəʊˈænəˌlaɪz/ (*US* **psychoanalyze**) *vt* подв|ерга́ть, -е́ргнуть психоана́лизу.

psychoanalysis /ˌsaɪkəʊəˈnælɪsɪs/ *n* психоана́лиз.

psychoanalyst /ˌsaɪkəʊˈænəlɪst/ *n* психоанали́тик.

psychoanalytic /ˌsaɪkəʊˌænəˈlɪtɪk/ *adj* психоаналити́ческий.

psycholinguistics /ˌsaɪkəʊlɪŋˈgwɪstɪks/ *n* психолингви́стика.

psychological /ˌsaɪkəˈlɒdʒɪk(ə)l/ *adj* психологи́ческий.

psychologist /saɪˈkɒlədʒɪst/ *n* психо́лог.

psychology /saɪˈkɒlədʒɪ/ *n* психоло́гия.

psychopath /ˈsaɪkəˌpæθ/ *n* психопа́т (*fem* -ка).

psychopathic /ˌsaɪkəˈpæθɪk/ *adj* психопати́ческий; **he is** ~ он психопа́т.

psychopathology /ˌsaɪkəʊpəˈθɒlədʒɪ/ *n* психопатоло́гия.

psychosis /saɪˈkəʊsɪs/ *n* (*pl* **psychoses** /-siːz/) психо́з.

psychosomatic /ˌsaɪkəʊsəˈmætɪk/ *adj* психосомати́ческий.

psychotherapeutic /ˌsaɪkəʊθerəˈpjuːtɪk/ *adj* психотерапевти́ческий.

psychotherapist /ˌsaɪkəʊˈθerəpɪst/ *n* психотерапе́вт.

psychotherapy /ˌsaɪkəʊˈθerəpɪ/ *n* психотерапи́я.

psychotic /saɪˈkɒtɪk/ *adj* психоти́ческий, душевнобольно́й.

PT (*abbr of* ***physical training***) физи́ческая подгото́вка.

pt. /paɪnt(z)/ *n* (*abbr of* ***pint(s)***) пи́нта.

PTA (*abbr of* ***parent-teacher association***) ассоциа́ция учителе́й и роди́телей, учи́тельско-роди́тельский комите́т.

ptarmigan /ˈtɑːmɪgən/ *n* тундряна́я куропа́тка.

Pte /ˈpraɪvət/ *n* (*abbr of* ***Private***) (*Br, mil*) рядово́й.

pterodactyl /ˌterəˈdæktɪl/ *n* птерода́ктиль (*m*).

PTO (*abbr of* ***please turn over***) см. на об. (смотри́ на оборо́те).

pub /pʌb/ *n* (*Br coll*) пивна́я; паб; каба́к.
● *cpd* ~ **crawl** *n* (*coll*) шата́ние по пивны́м/ба́рам.

puberty /ˈpjuːbətɪ/ *n* полово́е созрева́ние, пуберта́тный пери́од.

pubes[1] /ˈpjuːbiːz/ *n* (*pl* ~) лобко́вая о́бласть.

pubes[2] /ˈpjuːbiːz/ *pl of* ⇒**pubis**

pubescence /pjuːˈbes(ə)ns/ *n* полово́е созрева́ние.

pubescent /pjuːˈbes(ə)nt/ *adj* дости́гший полово́й зре́лости, половозре́лый.

pubic /ˈpjuːbɪk/ *adj* лобко́вый, ло́нный; ~ **hair** лобко́вые во́лосы, во́лосы на лобке́.

pubis /ˈpjuːbɪs/ *n* (*pl* **pubes**) лобко́вая/ло́нная кость.

public /ˈpʌblɪk/ *n* **1** (*community*) обще́ственность; наро́д; **the British** ~ англи́йский наро́д; **the library is open to the** ~ вход в библиоте́ку свобо́дный; **members of the (general)** ~ представи́тели (широ́кой) обще́ственности (*or* широ́кой пу́блики).
2 (*section of community*) пу́блика; **the theatre-going** ~ театра́льная пу́блика.
3 (*audience*) пу́блика; **he refuses to appear before the** ~ он отка́зывается выступа́ть пе́ред пу́бликой; **I have never spoken in** ~ я никогда́ не выступа́л пе́ред пу́бликой.
● *adj* **1** (*pertaining to people in general*) обще́ственный; ~ **opinion** обще́ственное мне́ние; **a matter of** ~ **concern** де́ло, представля́ющее обще́ственный интере́с; **he is in the** ~ **eye** он (нахо́дится) на виду́; ~ **health** здравоохране́ние; **it is** ~ **knowledge** э́то общеизве́стно; ~ **relations** свя́зи с обще́ственностью; **public** ~**s officer** сотру́дник (отде́ла) по свя́зям с обще́ственностью; сотру́дник отде́ла информа́ции; **in the** ~ **interest** в интере́сах о́бщества/госуда́рства; ~ **enemy** враг наро́да.
2 (*pertaining to politics or the state*) обще́ственный, госуда́рственный; **a** ~ **figure** обще́ственный де́ятель; **he entered** ~ **life** он заня́лся обще́ственной де́ятельностью; **he held** ~ **office** он был вы́сшим должностны́м лицо́м; **P**~ **Record Office** госуда́рственный архи́в; ~ **prosecutor** прокуро́р, госуда́рственный обвини́тель; ~ **sector** госуда́рственный се́ктор.
3 (*accessible to all; shared by the community*) публи́чный, обще́ственный, общенаро́дный; ~ **convenience** (*Br*) обще́ственный де́ятель; ~ **holiday** устано́вленный зако́ном пра́здник; ~ **library** публи́чная библиоте́ка; ~ **transport** обще́ственный тра́нспорт; ~ **utilities** коммуна́льные услу́ги.
4 (*done openly, in view of others*) публи́чный, гла́сный, откры́тый; ~ **inquiry** публи́чное/откры́тое рассле́дование; ~ **speaking** ора́торское иску́сство; **he does a lot of** ~ **speaking** он ча́сто выступа́ет публи́чно; ~ **protest** обще́ственный проте́ст.
● *cpds* ~ **address system** *n* набо́р звукоусили́тельной аппарату́ры для выступле́ний; ~ **house** *n* (*Br*) пивна́я, паб; ~ **school** *n* (*Br*) ча́стная шко́ла; (*US*) госуда́рственная шко́ла; ~**-spirited** *adj* дви́жимый интере́сами обще́ственности.

publican /ˈpʌblɪkən/ *n* (*Br*) содержа́тель (*m*) (*fem* -ница) ба́ра/па́ба.

publication /ˌpʌblɪˈkeɪʃ(ə)n/ *n* (*of news etc.*) публика́ция, опублико́вание, изда́ние; (*published work*) изда́ние; произведе́ние.

publicist /ˈpʌblɪsɪst/ *n* (*writer on current topics*) публици́ст.

publicity /pʌbˈlɪsɪtɪ/ *n* **1** (*public notice, dissemination*) гла́сность, огла́ска; **the report was given full** ~ сообще́ние получи́ло широ́кую огла́ску.
2 (*advertisement*) реклами́рование, рекла́ма, паблиси́ти (*nt indecl*) ~ **agent** аге́нт по рекла́ме; ~ **campaign** рекла́мная кампа́ния.

publicize /ˈpʌblɪˌsaɪz/ *vt* реклами́ровать (*impf*); огла|ша́ть, -си́ть.

> **public school — ча́стная шко́ла**
>
> Несмотря́ на своё назва́ние, э́ти шко́лы явля́ются ча́стными. Обы́чно в них у́чатся де́ти из привилегиро́ванных и бога́тых семе́й. Э́то свя́зано с тем, что пла́та за обуче́ние в таки́х шко́лах чрезвыча́йно высо́кая. В осо́бенности э́то отно́сится к наибо́лее прести́жным из них: И́тону (*Eton*), Хэ́рроу (Ха́рроу) (*Harrow*), Ви́нчестеру (*Winchester*), Ра́гби (*Rugby*). Все э́ти шко́лы предоставля́ют стипе́ндии одарённым де́тям из малоиму́щих семе́й. Большинство́ э́тих школ явля́ется интерна́тами. Кро́ме того́, обуче́ние в них разде́льно для ма́льчиков и де́вочек.
>
> В Аме́рике выраже́ние *public school* отно́сится к госуда́рственным шко́лам.

publish /ˈpʌblɪʃ/ *vt* **1** (*information, news*) (*in print*) публикова́ть, о-; (*not in print*) огла|ша́ть, -си́ть. **2** (*books, newspapers*) печа́тать, на-; изд|ава́ть, -а́ть; выпуска́ть, вы́пустить; (*letter, article; author*) публикова́ть, о-.

publishable /ˈpʌblɪʃəb(ə)l/ *adj* приго́дный для печа́ти.

publisher /ˈpʌblɪʃə(r)/ *n* изда́тель (*m*).

publishing /ˈpʌblɪʃɪŋ/ *n* изда́тельское де́ло; ~ **house** изда́тельство.

puce /pjuːs/ *adj* красновато-кори́чневый.

puck /pʌk/ *n* (*in ice hockey*) ша́йба.

pucker /ˈpʌkə(r)/ *n* (*fold, crease*) скла́дка; (*wrinkle*) морщи́на.
● *vt & i* мо́рщить(ся), на-/с-; (*vi*) морщи́ть (*impf*) (*coll*) **his brow was** ~**ed** он насу́пился; **this coat** ~**s up at the shoulders** э́то пальто́ морщи́т в плеча́х.

puckish /ˈpʌkɪʃ/ *adj* прока́зливый.

pud /pʊd/ (*Br coll*) = **pudding**

pudding /ˈpʊdɪŋ/ *n* пу́динг, запека́нка; (*Br, sweet course*) сла́дкое; **black** ~ кровяна́я колбаса́.

puddle /ˈpʌd(ə)l/ *n* (*pool*) лу́жа.

pudendum /pjuːˈdendəm/ *n* (*pl* **pudenda**) (же́нские) нару́жные половы́е о́рганы (*m pl*).

pudgy /ˈpʌdʒɪ/ *adj* (**pudgier, pudgiest**) пу́хлый.

puerile /ˈpjʊəraɪl/ *adj* де́тский, инфанти́льный.

puerility /pjʊəˈrɪlɪtɪ/ *n* инфанти́льность.

puerperal /pju:'ɜ:pər(ə)l/ *adj* роди́льный; ~ **fever** роди́льная горя́чка.

Puerto Rican /ˌpwɜ:təʊ 'ri:kən/ *n* пуэрторика́н|ец (*fem* -ка).
● *adj* пуэрто-рика́нский.

Puerto Rico /ˌpwɜ:təʊ 'ri:kəʊ/ *n* Пуэ́рто-Ри́ко (*indecl*).

puff /pʌf/ *n* **1** (*of breath*) вы́дох.
2 (*of smoke, steam etc.*) дымо́к, клуб; **he took a ~ at his cigar** он затяну́лся сига́рой.
3 (*sound*) пыхте́ние.
4 (*of air or wind*) дунове́ние.
5 (*coll, publicity*) ду́тая рекла́ма.
6 (*cake*) сло́йка; слоёный пирожо́к; ~ **pastry** слоёное те́сто.
● *vt* **1** (*breathe out*) выдыха́ть, вы́дохнуть; **he ~ed smoke in my face** он вы́дохнул дым мне в лицо́.
2 (*make out of breath*): **I was ~ed after the climb** по́сле подъёма у меня́ появи́лась оды́шка.
3: ~ **out** (*smoke*) выпуска́ть, вы́пустить; (*chest*): **he ~ed out his chest with pride** он го́рдо вы́пятил грудь; ~ **up** (*a balloon*) над|ува́ть, -у́ть.
4: **~ed-up** (*haughty*) надутый.
● *vi* **1** (*come out in ~s*) клуби́ться (*impf*).
2 (*breathe quickly*): **he was ~ing and panting** он не мог отдыша́ться; он пыхте́л.
3 (*emit smoke*) дыми́ться (*impf*); **he ~ed away at his pipe** он попы́хивал тру́бкой.
4: ~ **up** (*swell*) расп|уха́ть, -у́хнуть; **his hand was ~ed up** его́ рука́ распу́хла.

puffin /'pʌfɪn/ *n* ту́пик, топо́рик (*птица*).

puffy /'pʌfɪ/ *adj* (**puffier, puffiest**) (*eyes*) опу́хший; (*face*) отёчный.

pug /pʌg/ *n* мопс.
● *cpd* **~-nosed** *adj* курно́сый.

pugilism /'pju:dʒɪˌlɪz(ə)m/ *n* кула́чный бой.

pugilist /'pju:dʒɪlɪst/ *n* боксёр.

pugilistic /ˌpju:dʒɪ'lɪstɪk/ *adj* кула́чный.

pugnacious /pʌg'neɪʃəs/ *adj* драчли́вый, вои́нственный.

pugnacity /pʌg'næsɪtɪ/ *n* драчли́вость, вои́нственность.

puissance /'pju:ɪs(ə)ns, 'pwɪs-/ *n* (*archaic*) могу́щество, мощь.

puissant /'pju:ɪs(ə)nt, 'pwi:s-, 'pwɪs-/ *adj* (*archaic*) могу́щественный, мо́щный.

puke /pju:k/ *n* (*coll*) рво́та, блево́тина (*sl*).
● *vi* блева́ть (*impf*) (*coll*); **he ~d** его́ вы́рвало.

pukka /'pʌkə/ *adj* (*coll*) (*genuine*) настоя́щий, (*good-quality*) важне́цкий.

pull /pʊl/ *n* **1** (*traction*) тя́га; (*act*) дёрганье; **he gave a ~ on the rope** он дёрнул (за) верёвку.
2 (*handle*) ру́чка; шнуро́к.
3 (*effort*) уси́лие, напряже́ние; (*force*) си́ла; **the tide exerts a strong ~** прили́в облада́ет большо́й си́лой; **it was a long hard ~ up the hill** взобра́ться на́ гору сто́ило больши́х уси́лий.
4 (*coll, influence*) свя́зи (*f pl*), блат; **he has a lot of ~** у него́ больши́е свя́зи.
● *vt* **1** (*draw towards one, tug, jerk*) тяну́ть, по-; тащи́ть, по-; **the boy ~ed his sister's hair** ма́льчик дёрнул сестру́ за́ волосы; **he ~ed me by the sleeve** он потяну́л меня́ за рука́в.
2 (*Br, obtain by ~ing*): **the barman ~ed a glass of beer** ба́рмен накача́л стака́н пи́ва.
3 (*fig*): ~ **the strings** стоя́ть (*impf*) за *чем*; быть (*impf*) и́стинным заправи́лой (*чего*); ~ **strings** испо́льзовать (*impf, pf*) (все) свои́ свя́зи (*or* (всё) своё влия́ние); наж|има́ть, -а́ть на все кно́пки (*fig*); **he is good at ~ing strings** он ма́стер нажима́ть на кно́пки; ~ **s.o.'s leg** разыгр|ывать, -а́ть кого́-н.; **she ~ed a face at him** она́ ско́рчила ему́ грима́су; **he is trying to ~ a fast one** он стара́ется нас объего́рить (*coll*).
4 (*extract, pluck*) выта́скивать, вы́тащить; выдёргивать, вы́дернуть; ~ **a tooth** вырыва́ть, вы́рвать зуб; **he ~ed a gun on me** он вы́хватил пистоле́т и навёл его́ на меня́.
5 (*propel by ~ing*) тяну́ть (*impf*); **the carriage was ~ed by horses** каре́та была́ запряжена́ лошадьми́; **he is not ~ing his weight** (*fig*) он рабо́тает вполси́лы.
6 (*strain, e.g. muscle*) растя́|гивать, -ну́ть.
7 (*attract as a customer*) завлека́ть, -е́чь; **market traders ~ huge crowds by shouting out about their bargains** ры́ночные торго́вцы завлека́ют то́лпы наро́да, гро́мко заявля́я о свои́х вы́годных це́нах; (*Br coll, attract sexually*): **he used his sense of humour to ~ girls** он испо́льзовал своё чу́вство ю́мора для завлека́ния де́вушек.
● *vi* **1** (*exert drawing force*) тяну́ть, по-; **they ~ed on the rope** они́ потяну́ли за верёвку; **he ~ed at the bell** он дёрнул звоно́к; **the boatman ~ed hard on the oars** ло́дочник усе́рдно налега́л на вёсла; **the horse ~ed against the bit** ло́шадь натяну́ла удила́.
2 (*suck*) тяну́ть, по-; **he ~ed on his pipe** он потя́гивал тру́бку.
3 (*propel boat, car etc.*) е́хать, про-; **he had to ~ across the road** ему́ на́до бы́ло перее́хать на другу́ю сто́рону.
4 (*move under propulsion*) дви́гаться (*impf*); **the car is ~ing to the left** маши́ну зано́сит вле́во; **the train ~ed out of the station** по́езд отошёл от ста́нции.
5 (*Br coll, have sexual encounter*): **the teenagers went to the disco with the sole aim of ~ing** подро́стки пошли́ на дискоте́ку с еди́нственной це́лью кого́-нибудь подцепи́ть.
● *with advs*: ~ **about** *vt* (*treat roughly*) теребить (*impf*); трепа́ть, по-; **the dog ~ed the cushion about** соба́ка теребила поду́шку; ~ **apart** *vt* (*also* ~ **to pieces**) раз|рыва́ть, -орва́ть (на куски́); (*fig, criticize severely*) разн|оси́ть, -ести́ в пух и прах; ~ **aside** *vt* оття́|гивать, -ну́ть; ~ **away** *vt*: **he ~ed his hand away** он убра́л ру́ку; *vi* (*move off*) от|ходи́ть, -ойти́; от|рыва́ться, -орва́ться; **the boat ~ed away from the quay** ло́дка отошла́ от при́стани; ~ **back** *vt* оття́|скивать, -щи́ть; оття́|гивать, -ну́ть; **he ~ed her back from the window** он оттащи́л её от окна́; ~ **back the curtains!** отдёрните занаве́ски!; *vi* отсту|па́ть, -и́ть; ~ **down** *vt* (*lower by ~ing*) спус|ка́ть, -ти́ть; ~ **down the blinds!** опусти́те што́ры!; **he ~ed the branch down** он нагну́л ве́тку; (*knock down*) вали́ть, по-; (*demolish*) сн|оси́ть, -ести́; ~ **in** *vt* (*haul on, draw towards one*) тащи́ть, вы-; тяну́ть, по-; (*retract*) втя́|гивать, -ну́ть; **the rope was ~ed in** верёвку натяну́ли; (*curtail*) сокра|ща́ть, -ти́ть; **he ~ed in his horse** он осади́л ло́шадь; (*coll, arrest*) заб|ира́ть, -ра́ть, аресто́в|ывать, -а́ть; (*coll, earn*): **he ~s in £500 a week** он зараба́тывает 500 фу́нтов в неде́лю; (*attract to an event*) привл|ека́ть, -е́чь; **this violinist always ~s in a large audience** э́тот скрипа́ч всегда́ привлека́ет большо́е коли́чество зри́телей; *vi* (*drive or move to a standstill*) остан|а́вливаться, -ови́ться; **the train ~ed in** по́езд подошёл к перро́ну; **he ~ed in to the kerb** (*Br*), **up to the curb** (*US*) он подъе́хал к тротуа́ру; (*drive or move towards near side of road*): **he ~ed in to avoid a collision** он прижа́лся к обо́чине, что́бы избежа́ть столкнове́ния; ~ **off** *vt* (*remove, detach*) стя́|гивать, -ну́ть; сн|има́ть, -ять; **he ~ed the buttons off** он сорва́л/оторва́л пу́говицы; **he ~ed his shoes off** он стащи́л ту́фли; (*coll, achieve*) успе́шно заверш|а́ть, -и́ть; **if he ~s it off** е́сли у него́ вы́йдет/вы́горит; *vi* тро́|гаться, -нуться; **the car ~ed off in a hurry** маши́на бы́стро отъе́хала; ~ **on** *vt* натя́|гивать, -ну́ть; **he ~ed his socks on** он натяну́л носки́; ~ **out** *vt* (*extract*) вытаскивать, вы́тащить; **he ~ed out his watch** он вы́тащил часы́; **he ~ed out the drawer** он вы́двинул я́щик; **the weeds should be ~ed out** сорняки́ на́до вы́дернуть/вы́полоть; (*withdraw*) выводи́ть, вы́вести; **the troops should be ~ed out** войска́ сле́дует вы́вести; *vi* (*drive or move away*) от|ходи́ть, -ойти́; **he caught the train as it was ~ing out** он вскочи́л в по́езд на ходу́; (*of driving manoeuvres*) отъ|езжа́ть, -е́хать; **he ~ed out to overtake** он пошёл на обго́н; (*troops*) от|ходи́ть, -ойти́; **the drawer won't ~ out** я́щик не выдвига́ется; **he ~ed out** (*of the business*) он отказа́лся от уча́стия в э́том де́ле; ~ **round** *vt* выле́чивать, вы́лечить; **the brandy will soon ~ you round** конья́к ско́ро приведёт вас в чу́вство; *vi* (*Br, recover*) попр|авля́ться, -а́виться; **he will ~ round in a day or so** он придёт в себя́ (*or* попра́вится) че́рез день-друго́й; (*reverse direction*) разв|ора́чиваться, -ерну́ться; ~ **through** *vt* (*lit*) прота́|скивать, -щи́ть; (*fig*) спас|а́ть, -ти́; **he dreaded the exam but his determination ~ed him through** он ужа́сно боя́лся экза́мена, но реши́лся сдать и сдал; *vi* (*recover from illness*) попр|авля́ться,

P

-авиться; **he was gravely ill, but ~ed through somehow** он был тяжело болен, но кое-как сумел поправиться; (*surmount difficulties, survive*): **we shall ~ through in the end** в конце концов мы выкрутимся; **~ together** *vt*: **~ yourself together!** возьмите себя в руки!; держите себя в руках!; *vi* (*fig*) сраб|атываться, -отаться; **if we all ~ together, we shall win** объединившись, мы победим; **~ up** *vt* (*uproot*) вырывать, вырвать; **the plant had been ~ed up by the roots** растение вырвали с корнем; (*raise*) вытягивать, вытянуть; **he ~ed himself up to his full height** он выпрямился во весь рост; **you must ~ your socks up** (*fig, coll*) вам надо взяться за ум; (*draw nearer*) придв|игать, -инуть; **~ up a chair!** придвиньте стул!; (*bring to a halt*) остан|авливать, -овить; (*reprimand*) отчит|ывать, -ать; *vi* (*come to a halt*) остан|авливаться, -овиться; **don't get off the bus until it ~s up** не выходите из автобуса до его полной остановки.
● *cpds* **~-in** *n* (*Br*) придорожная стоянка; **~-out** *n* (*detachable section*) вкладка; (*withdrawal*) вывод, отвод; **~ of troops** вывод войск; **~-up** *n* (*gymnastic exercise*) подтягивание.

pullet /'pʊlɪt/ *n* молодка, молодая курица.

pulley /'pʊlɪ/ *n* (*pl* **pulleys**) (*wheel for cord*) шкив; (*turned by belt*) блок.

pullover /'pʊləʊvə(r)/ *n* пуловер, свитер.

pulmonary /'pʌlmənərɪ/ *adj* лёгочный.

pulp /pʌlp/ *n* **1** (*of fruit*) мякоть. **2** (*of animal tissue*) пульпа. **3** (*of wood etc. for making paper*) древесная масса, пульпа. **4** (*fig*) месиво; бесформенная масса; **his arm was crushed to a ~** ему раздробило руку; **~ literature** макулатура.
● *vt* (*make into ~*) превра|щать, -тить в пульпу.

pulpit /'pʊlpɪt/ *n* кафедра (*в церкви*).

pulpy /'pʌlpɪ/ *adj* мясистый; сочный.

pulsar /'pʌlsɑ:(r)/ *n* пульсар.

pulsate /pʌl'seɪt, 'pʌl-/ *vi* пульсировать (*impf*).

pulsation /pʌl'seɪʃ(ə)n/ *n* пульсация.

puls|e¹ /pʌls/ *n* пульс; **the doctor took his ~e** врач пощупал ему пульс; **what is your ~e rate?** какой у вас пульс?; (*fig*) пульсация, биение; **he has his finger on the nation's ~e** он знает, чем дышит страна; (*of music*) ритм.
● *vi* пульсировать (*impf*); биться (*impf*).

pulse² /pʌls/ *n* (*usu in pl*) (*collect, legumes*) бобовые (растения).

pulverize /'pʌlvə,raɪz/ *vt* (*reduce to powder*) размельч|ать, -ить; (*fig, smash, demolish*) уничт|ожать, -ожить.

puma /'pju:mə/ *n* пума.

pumice /'pʌmɪs/ *n* (*also* **~ stone**) пемза.

pummel, pommel /'pʌm(ə)l/ *vt* (**pummelled, pummelling;** *US* **pummeled, pummeling**) колотить, по- (*кулаками*), колошматить, от- (*coll*).

pump¹ /pʌmp/ *n* насос, помпа; **~ attendant** (*at filling station*) служащий бензоколонки.
● *vt* **1** (*transfer by ~ing*) качать, на-; **they ~ed water out of the hold** они выкачали воду из трюма; **the tyre** (*Br*), **tire** (*US*) **needs more air ~ing into it** шину надо подкачать; (*fig*): **I had maths ~ed into me at school** в меня вдалбливали математику в школе.
2 (*affect or empty by ~ing*) выкачивать, выкачать; **the well had been ~ed dry** колодец полностью осушили; (*fig*): **I ~ed him for information** я выспрашивал его; я выведывал у него сведения.
3 (*agitate as in ~ing*): **he ~ed my hand (up and down)** он долго тряс мне руку.
4 (*also* **~ up:** *inflate*) накач|ивать, -ать.
● *cpd* **~ room** *n* (*at spa*) зал для питья минеральной воды.

pump² /pʌmp/ *n* (*for sport*) кед, спортивная тапочка.

pumpernickel /'pʌmpə,nɪk(ə)l, 'pʊ-/ *n* (немецкий) ржаной хлеб.

pumpkin /'pʌmpkɪn/ *n* тыква.

pun /pʌn/ *n* игра слов, каламбур.
● *vi* (**punned, punning**) каламбурить (*impf*).

Punch /pʌntʃ/ *n* (*puppet character*) Панч, Петрушка (*m*); **~ and Judy show** кукольное (ярмарочное) представление; **he was as pleased as ~** он расплылся/сиял от удовольствия.

punch¹ /pʌntʃ/ *n* **1** (*blow with fist*) удар кулаком; **I gave him a ~ on the nose** я дал ему кулаком по носу.
2 (*fig, energy*) энергия, огонь (*m*); **his performance lacked ~** он играл вяло; его игре недоставало огня.
3 (*tool for perforating, e.g. paper*) дырокол; (*for tickets etc.*) компостер.
● *vt* **1** (*hit with fist*) уд|арять, -арить кулаком; **he was ~ed on the chin** он получил кулаком в челюсть.
2 (*perforate*) компостировать (*impf*); **the conductor ~ed our tickets** кондуктор прокомпостировал/пробил наши билеты; **~ holes** проб|ивать, -ить отверстия; **~ed card** перфокарта.
● *cpds* **~bag** *n* (*Br*) подвесная груша (*для боксирования*); **~ball** *n* (*Br*) подвесная груша (*для боксирования*); (*US*) панчбол (*уличная командная игра с маленьким резиновым мячом, удары по которому разрешены кулаком и головой: упрощённая разновидность бейсбола без биты и подающего*); **~-drunk** *adj* ошарашенный; **~line** *n* концовка, развязка (*анекдота и т. п.*); **~-up** *n* (*Br, coll*) драка, потасовка.

punch² /pʌntʃ/ *n* (*beverage*) пунш.

punching /'pʌntʃɪŋ/ *attr*: **~ bag/ball** (*US*) подвесная груша (*для боксирования*).

punctilious /pʌŋk'tɪlɪəs/ *adj* скрупулёзный.

punctiliousness /pʌŋk'tɪlɪəsnɪs/ *n* скрупулёзность.

punctual /'pʌŋktjʊəl/ *adj* пунктуальный, точный; **let us try to be ~ for meals** давайте не опаздывать к столу.

punctuality /,pʌŋktjʊ'ælɪtɪ/ *n* пунктуальность, точность.

punctuate /'pʌŋktjʊ,eɪt/ *vt* (*insert punctuation marks in*) ставить, по- знаки препинания в + *a*; (*fig, interrupt, intersperse*) прер|ывать, -вать.

punctuation /,pʌŋktjʊ'eɪʃ(ə)n/ *n* пунктуация; **~ mark** знак препинания.

puncture /'pʌŋktʃə(r)/ *n* прокол; **his bicycle had a ~** он проткнул шину своего велосипеда.
● *vt* прок|алывать, -олоть.

pundit /'pʌndɪt/ *n* знаток, специалист.

pungency /'pʌndʒ(ə)nsɪ/ *n* острота, едкость.

pungent /'pʌndʒ(ə)nt/ *adj* острый.

punish /'pʌnɪʃ/ *vt* **1** (*inflict penalty on*) наказ|ывать, -ать; карать, по-; **the thief was ~ed by a fine** на вора наложили штраф. **2** (*inflict penalty for*): **theft was severely ~ed** за кражу сурово наказывали/карали. **3** (*tax strength of*) изнур|ять, -ить; изм|атывать, -отать; **he set a ~ing pace** он задал убийственный темп. **4** (*treat roughly*): **England were ~ed in the second half** англичанам всыпали во втором тайме.

punishable /'pʌnɪʃəb(ə)l/ *adj*: **treason is ~ by death** измена карается смертной казнью.

punishment /'pʌnɪʃmənt/ *n* наказание, кара.

punitive /'pju:nɪtɪv/ *adj* карательный; **~ taxation** высокое налогообложение.

punk /pʌŋk/ *n* **1** (*admirer of ~ rock*) панк; (*~ rock*) панк-рок. **2** (*tinder*) трут. **3** (*US coll*) (*worthless person*) дрянь; (*hooligan*) хулиган; (*novice*) новичок.
● *adj* **1** панковский. **2** (*US sl, inferior*) никудышный, дрянной.

punnet /'pʌnɪt/ *n* (*Br*) корзин(оч)ка.

punster /'pʌnstə(r)/ *n* каламбурист.

punt /pʌnt/ *n* (*boat*) плоскодонка.
● *vi* плыть (*impf*), отталкиваясь шестом.

punter /'pʌntə(r)/ *n* **1** (*Br*) (*at cards*) понтёр; (*at races*) игрок; (*client*) клиент (*fem* -ка). **2** (*in American football and rugby*) игрок, бьющий по подброшенному мячу.

puny /'pju:nɪ/ *adj* (**punier, puniest**) (*undersized, feeble*) тщедушный, хилый.

pup /pʌp/ *n* (*young dog*) щенок.

pupa /'pju:pə/ *n* (*pl* **pupae** /-pi:/) куколка (*бабочки*).

pupate /pju:'peɪt/ *vi* окукли|ваться, -ться.

pupil /'pju:pɪl, -p(ə)l/ *n* **1** (*one being taught*) учени|к (*fem* -ца). **2** (*of eye*) зрачок.

pupil(l)age /'pju:pɪlɪdʒ/ *n* ученичество.

puppet /'pʌpɪt/ *n*: **glove ~** кукла; **string ~** марионетка; (*fig*)

марионе́тка; ~ **state** марионе́точное госуда́рство.
● *cpd* ~ **show** *n* ку́кольное представле́ние, ку́кольный спекта́кль.

puppy /ˈpʌpɪ/ *n* (*young dog*) щено́к; ~ **fat** де́тская пу́хлость; ~ **love** де́тская любо́вь.

purblind /ˈpəːblaınd/ *adj* подслеповáтый; (*fig*) недальнови́дный.

purchase /ˈpəːtʃɪs, -tʃəs/ *n* **1** (*buying*) поку́пка, приобрете́ние, заку́пка; ~ **price** покупна́я цена́. **2** (*thing bought*) поку́пка, приобрете́ние, ку́пленная вещь; **she came home laden with ~s** она́ верну́лась домо́й, нагру́женная поку́пками. **3** (*lever*) рыча́г; (*firm hold, leverage*) зажи́м, захва́т.
● *vt* (*buy*) покупа́ть, купи́ть; **purchasing power** покупа́тельная спосо́бность.
● *cpd* ~ **tax** *n* нало́г на поку́пку.

purchaser /ˈpəːtʃɪsə(r), -tʃəsə(r)/ *n* покупа́тель (*fem* -ница).

purdah /ˈpəːdə/ *n* **1** (*curtain*) за́навес, отделя́ющий же́нскую полови́ну; (*covering body*) чадра́. **2** (*segregation of women*) затво́рничество же́нщин; (*fig*) затво́рничество; **he went into ~ for several days** он уедини́лся на не́сколько дней.

pure /pjʊə(r)/ *adj* (*in var senses*) чи́стый; (*unmixed*) беспри́месный; ~ **mathematics** теорети́ческая/чи́стая матема́тика; **it was a ~ accident** э́то была́ чи́стая случа́йность.
● *cpd* **~-bred** *adj* чистокро́вный.

purée /ˈpjʊəreɪ/ *n* пюре́ (*nt indecl*).

purely /ˈpjʊəlɪ/ *adv* исключи́тельно, соверше́нно, чи́сто.

pureness /ˈpjʊənɪs/ = **purity**

purgative /ˈpəːgətɪv/ *n* слаби́тельное (сре́дство).
● *adj* (*aperient*) слаби́тельный, очисти́тельный.

purgatory /ˈpəːgətərɪ/ *n* чисти́лище; (*fig*) ад.

purge /pəːdʒ/ *n* (*clearance; cleansing*) очище́ние; очи́стка; (*pol*) чи́стка, репре́ссии (*f pl*).
● *vt* (*lit, fig, cleanse*) оч|ища́ть, -и́стить; **he was ~d of his sins** ему́ отпусти́ли грехи́; **he ~d himself of all suspicion** он очи́стил себя́ от всех подозре́ний; **the party was ~d of its rebels** па́ртию очи́стили от бунтовщико́в.

purification /ˌpjʊərɪfɪˈkeɪʃ(ə)n/ *n* очи́стка, очище́ние.

purificatory /ˈpjʊrɪfɪˌkeɪtərɪ/ *adj* очисти́тельный, очища́ющий.

purify /ˈpjʊərɪˌfaɪ/ *vt* оч|ища́ть, -и́стить.

purism /ˈpjʊərɪz(ə)m/ *n* пури́зм.

purist /ˈpjʊərɪst/ *n* пури́ст.

puritan /ˈpjʊərɪt(ə)n/ *n* (*lit, fig*) пурита́н|ин (*fem* -ка).
● *adj* пурита́нский.

puritanical /ˌpjʊərɪˈtænɪk(ə)l/ *adj* пурита́нский.

puritanism /ˈpjʊərɪtənˌɪz(ə)m/ *n* пуритани́зм.

purity /ˈpjʊərɪtɪ/ *n* (*var senses*) чистота́; (*absence of adulteration*) беспри́месность.

purl[1] /pəːl/ *n* (*knitting*) вяза́ние изна́ночными пе́тлями; (*stitch*) изна́ночная петля́.
● *vi* вяза́ть (*impf*) петлёй наизна́нку.

purl[2] /pəːl/ *n* (*sound of brook*) журча́ние.
● *vi* журча́ть (*impf*).

purlieus /ˈpəːljuːz/ *n pl* (*environs*) окре́стности (*f pl*).

purloin /pəˈlɔɪn/ *vt* пох|ища́ть, -и́тить.

purple /ˈpəːp(ə)l/ *n* **1** (*colour*) (*light*) лило́вый цвет, (*dark*) фиоле́товый цвет. **2** (**the ~:** *robes of emperor etc.*) порфи́ра; **born in the ~** (*fig*) зна́тного ро́да.
● *adj* (*light*) лило́вый, (*dark*) фиоле́товый; (*deep red*) багро́вый; ~ **patch, passage** цвети́стый/пы́шный пасса́ж; **he turned ~ with rage** он побагрове́л от я́рости.
● *vt* & *i* обагр|я́ть(ся), -и́ть(ся).

purplish /ˈpəːplɪʃ/ *adj* (*deep red*) багряни́стый; ~ **red/blue** (*light shade*) лилова́то-кра́сный/си́ний/голубо́й; (*dark shade*) фиоле́тово-кра́сный/си́ний/голубо́й.

purport[1] /ˈpəːpɔːt/ *n* смысл, суть.

purport[2] /pəˈpɔːt/ *vt* (*state*) подразумева́ть (*impf*); (*claim*): **this book is not all it ~s to be** э́та кни́га не совсе́м така́я, како́й она́ претенду́ет быть.

purpose /ˈpəːpəs/ *n* **1** (*design, aim*) цель; (*intention*) наме́рение; **what was your ~ in coming?** с како́й це́лью вы пришли́?; **this tool will serve my ~** э́тот инструме́нт мне подойдёт; **for practical ~s the war is over** война́ практи́чески око́нчена; **for various ~s** для разли́чных це́лей; **on ~** наро́чно, специа́льно; **I went there to no ~** я напра́сно туда́ ходи́л; **she went out with the ~ of buying clothes** она́ вы́шла с це́лью купи́ть оде́жду.
2 (*determination, resolve*) целеустремлённость.
● *cpd* **~-built** *adj* (*Br*) вы́строенный специа́льно.

purposeful /ˈpəːpəsˌfʊl/ *adj* целеустремлённый.

purposeless /ˈpəːpəslɪs/ *adj* бесце́льный.

purposely /ˈpəːpəslɪ/ *adv* наро́чно, (пред)наме́ренно, специа́льно.

purr /pəː(r)/ *n* (*of cat*) мурлы́канье; (*of engine etc.*) урча́ние.
● *vi* (*of cat; also fig*) мурлы́кать (*impf*); (*of engine etc.*) урча́ть (*impf*).

purse /pəːs/ *n* **1** (*bag for money*) кошелёк; (*US, handbag*) су́мочка.
2 (*fig, monetary resources*) де́н|ьги (*pl, g* -ег), сре́дства (*nt pl*); **the public ~** госуда́рственная казна́. **3** (*prize money*) де́нежный приз.
● *vt* мо́рщить, с-; **he ~d (up) his lips** он поджа́л гу́бы.
● *cpd* ~ **strings** *n pl*: **her husband holds the ~ strings** (*fig*) её муж распоряжа́ется деньга́ми.

purser /ˈpəːsə(r)/ *n* судово́й казначе́й.

pursuance /pəˈsjuːəns/ *n* выполне́ние; **in ~ of one's duties** по до́лгу слу́жбы.

pursuant /pəˈsjuːənt/ *adj*: ~ **to** в соотве́тствии с + *i*, согла́сно + *d*; ~ **to your instructions** согла́сно ва́шим указа́ниям.

pursue /pəˈsjuː/ *vt* (**pursues, pursued, pursuing**) **1** (*hunt, chase, beset*) пресле́довать (*impf*). **2** (*strive after, aim at*) добива́ться (*impf*) + *g*.
3 (*course, plan*) сле́довать (*impf*) + *d*; (*interest*) занима́ться (*impf*) + *i*; (*activity*) предприн|има́ть, -я́ть; (*policy*) проводи́ть (*impf*); **the policy ~d by the government** поли́тика, проводи́мая прави́тельством.
4 (*continue*) прод|олжа́ть, -о́лжить.

pursuer /pəˈsjuːə(r)/ *n* пресле́дователь (*m*).

pursuit /pəˈsjuːt/ *n* **1** (*chase*) пресле́дование; пого́ня; **he escaped, with the police in hot ~** он бежа́л, пресле́дуемый поли́цией по пята́м.
2 (*following, seeking*) по́иск|и (*pl, g* -ов); **he will stop at nothing in ~ of his ends** он не остано́вится ни пе́ред чем для достиже́ния свои́х це́лей.
3 (*profession or recreation*) заня́тие.

purulent /ˈpjuːrʊlənt/ *adj* гно́йный.

purvey /pəˈveɪ/ *vt* (*supply*) снаб|жа́ть, -ди́ть (*кого чем*).
● *vi* (*supply provisions*) пост|авля́ть, -а́вить продово́льствие.

purveyance /pəˈveɪəns/ *n* поста́вка.

purveyor /pəˈveɪə(r)/ *n* поставщи́|к (*fem* -ца).

purview /ˈpəːvjuː/ *n* (*range, scope*) сфе́ра; о́бласть де́йствия; **this is beyond the ~ of the inquiry** э́то выхо́дит за грани́цы рассле́дования; **these matters fall within my ~** э́ти дела́ вхо́дят в мою́ компете́нцию.

pus /pʌs/ *n* гной.

push /pʊʃ/ *n* **1** (*act of propulsion*) толчо́к; **he closed the door with a ~** он захло́пнул дверь; **my car won't start; can you give me a ~?** моя́ маши́на не заво́дится, вы мо́жете её подтолкну́ть?
2 (*Br coll, dismissal*) увольне́ние; **they have given me the ~** меня́ вы́гнали.
3 (*self-assertion*) напо́ристость; **in this job you need plenty of ~** в э́той рабо́те нужна́ предприи́мчивость.
4 (*vigorous effort*) нажи́м, рыво́к; **we must make a ~ to be there by 8** мы должны́ поднажа́ть, что́бы успе́ть туда́ к восьми́ (часа́м); **the enemy's ~ was successful** на́тиск врага́ был успе́шным.
5: **at a ~** (*Br coll*) в кра́йнем слу́чае.
● *vt* **1** (*propel; exert pressure to move*) толк|а́ть, -ну́ть; пих|а́ть, -ну́ть; **stop ~ing me!** переста́ньте меня́ толка́ть!; **he ~es all the dirty jobs on to me** он спи́хивает/сва́ливает всю гря́зную рабо́ту на меня́.
2 (*fig, urge, impel*) подт|а́лкивать, -олкну́ть; вынужда́ть, вы́нудить; **he had to ~ himself to finish the job** ему́ пришло́сь сде́лать (над собо́й) уси́лие, что́бы зако́нчить рабо́ту; **I didn't want to go, I was ~ed into it** я не хоте́л идти́, меня́ вы́нудили.
3 (*force*) прот|а́лкивать, -олкну́ть; **I ~ed my way through the crowd** я проти́снулся сквозь толпу́.
4 (*press*) наж|има́ть, -а́ть; ~ **the button and the bell will ring** нажми́те

P

кно́пку, и звоно́к зазвони́т.
5 (*put under pressure*) ока́з|ывать, -а́ть давле́ние на + *a*; **I am ~ed for time** у меня́ вре́мени в обре́з.
6 (*exploit*): **don't ~ your luck!** (*coll*) не испы́тывайте судьбу́!
7 (*promote, advertise*) реклами́ровать (*impf*); прот|а́лкивать, -олкну́ть.
● *vi* **1** (*exert force*) толка́ться (*impf*); **~ hard at the door!** толкни́те дверь посильне́е!; **don't ~!** не толка́йтесь!; не напира́йте!
2 (*force one's way*) прот|а́лкиваться, -олкну́ться; **he ~ed between us** он проти́снулся ме́жду на́ми; **they all ~ed into the room** они́ все ввали́лись в ко́мнату; **I had to ~ through the crowd** мне пришло́сь проти́скиваться сквозь толпу́; **he ~ed past me** он проле́з вперёд, оттолкну́в меня́.
● *with advs*: **~ about** *vt* (*coll*) трепа́ть, по-; помя́ть (*pf*); **~ along** *vt* (*lit*): **the boy was ~ing his barrow along** ма́льчик кати́л та́чку; (*fig*) спеши́ть, по-; пот|ора́пливать, -ороп́ить; *vi* (*Br coll*) убира́ться, убра́ться; **it's getting late, I must ~ along** стано́вится по́здно, мне пора́ в путь; **~ around** *vt* перест|авля́ть, -а́вить; передв|ига́ть, -и́нуть; (*fig*) кома́ндовать (*impf*) (*кем*); **I won't be ~ed around** я не позво́лю кома́ндовать (на́до) мно́й; **~ aside** *vt* отт|а́лкивать, -олкну́ть; **~ away** *vt* = **~ aside;** *vi*: **they ~ed away from the shore** они́ отплы́ли от бе́рега; **~ back** *vt* (*repulse*) отбр|а́сывать, -о́сить; (*move away*) отодв|ига́ть, -и́нуть; **she ~ed back the bedclothes** она́ отки́нула одея́ло; **~ down** *vt* вали́ть, по-; **every time he tried to stand up he was ~ed down** при ка́ждой попы́тке встать его́ вали́ли с ног; **~ forward** *vt* толк|а́ть, -ну́ть вперёд; *vi* (*make progress*) продв|ига́ться, -и́нуться (вперёд); **~ in** *vt* вт|а́лкивать, -олкну́ть; **have you ~ed the plug fully in?** вы по́лностью воткну́ли ви́лку?; *vi* втира́ться, втере́ться; **don't ~ in!** (*intrude*) не ле́зьте!; **~ off** *vt* отт|а́лкивать, -олкну́ть; **in the struggle his hat was ~ed off** в потасо́вке ему́ сби́ли шля́пу; **they ~ed the boat off from shore** они́ оттолкну́ли ло́дку от бе́рега; *vi* (*in a boat*) отт|а́лкиваться, -олкну́ться от бе́рега; (*coll, leave*) см|ыва́ться, -ы́ться; **~ on** *vi* продв|ига́ться, -и́нуться (вперёд); **next day they ~ed on again** на сле́дующий день они́ продолжа́ли путь; **~ out** *vt*: **plants are ~ing out new leaves** у расте́ний распуска́ются но́вые ли́стья; **he opened the door and ~ed me out** он откры́л дверь и вы́толкнул меня́; *vi* выдава́ться (*impf*) вперёд; **they ~ed out to sea** они́ вы́шли в мо́ре; **~ over** *vt* опроки́|дывать, -нуть; **I was nearly ~ed over in the rush** в толкотне́ меня́ чуть не сби́ли с ног; **~ past** *vi* прот|а́лкиваться, -олкну́ться; **~ through** *vt* (*lit, fig*) прот|а́лкивать, -олкну́ть; **the bill was ~ed through against opposition** законопрое́кт протолкну́ли, несмотря́ на оппози́цию; *vi* проти́|скиваться, -сну́ться; **~ to** *vt* (*close*) закр|ыва́ть, -ы́ть; **~ together** *vt* (*e.g. books on a shelf*) сдв|ига́ть, -и́нуть; **~ up** *vt* (*shift, move*) сдв|ига́ть, -и́нуть; (*increase*) увели́чи|вать, -ть; *vi*: **he ~ed up against me** он прижа́лся ко мне.
● *cpds* **~bike** *n* (*Br coll*) велосипе́д; **~-button** *n* нажимна́я кно́пка; **~cart** *n* ручна́я теле́жка; **~chair** *n* (*Br*) (де́тская) прогу́лочная коля́ска; **~over** *n* (*coll*) (*someone easily overcome*) слаба́к; (*something easily accomplished*) па́ра пустяко́в; **~-up** *n* (*US*) отжима́ние; **do ~-ups** отж|има́ться, -а́ться (от по́ла).

pusher /ˈpʊʃə(r)/ *n* (*coll*) (*drug ~*) наркоторго́вец.

pushful /ˈpʊʃfʊl/ *adj* (*go-getting*) пробивно́й; (*pushy*) напо́ристый.

pushy /ˈpʊʃɪ/ *adj* (**pushier, pushiest**) напо́ристый.

pusillanimity /ˌpju:sɪləˈnɪmɪtɪ/ *n* малоду́шие.

pusillanimous /ˌpju:sɪˈlænɪməs/ *adj* малоду́шный.

puss¹ /pʊs/ *n* (*cat*) ко́шечка, ки́ска; **~, ~!** кис-ки́с!

puss² /pʊs/ *n* (*US sl, face*) мо́рда, табло́ (*both sl*) (*как объект для удара*).

pussy /ˈpʊsɪ/ *n* **1** ки́са, ки́ска, ко́тик, ко́ш(еч)ка. **2** (*vulg, woman's genitals*) же́нские (нару́жные) половы́е о́рганы, ки́ска (*sl*).
● *cpds* **~cat** *n* = **~**; **~foot** *vi* (*coll, behave cautiously*) виля́ть (*impf*); темни́ть (*impf*); **~ willow** *n* (*as found in the US*) и́ва разноцве́тная; (*as found in Britain*) (*goat willow*) и́ва ко́зья, бреди́на, раки́та; (*grey willow*) и́ва пе́пельная.

pustule /ˈpʌstju:l/ *n* пу́стула; прыщ.

put /pʊt/ *vt* (**putting;** *past and pp* **put**)
1 (*move into a certain position*) класть, положи́ть; (*stand*) ста́вить, по-; (*set*) сажа́ть, посади́ть; **~ the glasses on the tray!** поста́вьте стака́ны на подно́с!; **~ the money in your pocket!** положи́те де́ньги в карма́н!; **he ~ his hands in his pockets** он засу́нул ру́ки в карма́ны; **I'll ~ you in the best bedroom** я вас помещу́ в са́мой лу́чшей ко́мнате; **~ some milk in my tea!** нале́йте мне молока́ в чай!; **don't ~ sugar in my tea!** не клади́те мне са́хар в чай; **he was ~ in prison** его́ посади́ли в тюрьму́; **I ~ myself in your hands** я отдаю себя́ в ва́ши ру́ки; **~ yourself in my place!** поста́вьте себя́ на моё ме́сто; **I ~ him in his place** (*fig*) я поста́вил его́ на ме́сто; **I ~ the matter into the hands of my lawyer** я поручи́л э́то де́ло своему́ адвока́ту; **they are sure to ~ him inside** (*i.e. prison*) его́ наверняка́ поса́дят; **he ~ me on my way** он показа́л мне доро́гу; **she ~ the clothes on the line** она́ разве́сила бельё; **she ~ a cloth on the table** она́ накры́ла стол ска́тертью; **she ~ her daughter on to the swing** она́ посади́ла дочь на каче́ли; **he ~ a shawl round her shoulder** он накры́л ей пле́чи ша́лью; **the postman ~ a letter through the box** почтальо́н опусти́л письмо́ в я́щик; **she ~ the children to bed** она́ уложи́ла дете́й; **he ~ the glass to his lips** он поднёс стака́н к губа́м; **~ a napkin under the plate!** подложи́те салфе́тку под таре́лку!; **the sweep ~ his brush up the chimney** трубочи́ст просу́нул щётку в дымохо́д; **where did I ~ that book** куда́ я дел э́ту кни́гу?
2 (*move with force; thrust*) вонз|а́ть, -и́ть; **she ~ a knife between his ribs** она́ вонзи́ла ему́ нож ме́жду рёбер; **he ~ a bullet through his head** он пусти́л себе́ пу́лю в лоб; **he ~ his fist through the window** он проби́л окно́ кулако́м.
3 (*bring into a certain state or relationship*): **that ~s me at a disadvantage** э́то ста́вит меня́ в невы́годное положе́ние; **that will ~ the whole project at risk** э́то поста́вит весь план под угро́зу; **he ~ his past behind him** он порва́л со свои́м про́шлым; **the dinner ~ him in a good mood** обе́д привёл его́ в хоро́шее расположе́ние ду́ха; **you ~ me in mind of your mother** вы напомина́ете мне ва́шу мать; **the least thing ~s him in a rage** любо́й пустя́к приво́дит его́ в я́рость; **that ~s us level** (*at game etc.*) тепе́рь мы квиты́; **his cold ~ him off his food** из-за просту́ды он потеря́л аппети́т; **his antics ~ me off my game** его́ проде́лки меша́ли мне игра́ть; **he was ~ on oath** его́ привели́ к прися́ге; **the bark of the dog ~ him on his guard** лай соба́ки предостерёг его́; **he ~ the poor creature out of its misery** он изба́вил бедня́гу от страда́ний; **he ~ me right on this point** в э́том вопро́се он меня́ попра́вил; **the boiler needs to be ~ right** на́до почини́ть коло́нку; **the examiner ~ him through it** (*tested severely*) экзамена́тор его́ как сле́дует погоня́л (*coll*); **he ~ my suggestion to the test** он подве́рг моё предложе́ние испыта́нию; **he was ~ to death** его казни́ли; **let's ~ it to the vote** дава́йте поста́вим вопро́с на голосова́ние; **I was ~ to great expense** меня́ ввели́ в огро́мный расхо́д; **I was hard ~ to it not to laugh** я с трудо́м удержа́лся от сме́ха; **your generosity ~s me to shame** ва́ша ще́дрость заставля́ет меня́ красне́ть; (*impose, bring in*): **the tax ~s a heavy burden on the rich** нало́г ложи́тся тяжёлым бре́менем на бога́тых; **~ an end to** прекра|ща́ть, -ти́ть; положи́ть (*pf*) коне́ц + *d*; **he ~ an end to his life** он поко́нчил с собо́й; **he ~ the blame on me** он свали́л вину́ на меня́; **the government ~ a tax on wealth** прави́тельство ввело́ нало́г на состоя́ние; (*set, arrange*): **~ in order** прив|оди́ть, -ести́ в поря́док; **the party should ~ its house in order** па́ртии сле́дует навести́ поря́док в свои́х ряда́х; **he tried to ~ matters right** он стара́лся попра́вить дела́; (*appoint to a job*) ста́вить, по-; **~ s.o. in charge of** ста́вить, по- кого́-н. во главе́ + *g*; (*apply*): **if you ~ your mind to it** е́сли вы займётесь э́тим всерьёз; **he ~s his knowledge to good use** он испо́льзует свои́ зна́ния с то́лком;

(*offer, present*): **they ~ their house on the market** они́ объяви́ли о прода́же до́ма; (*instil, inspire*) всел|я́ть, -и́ть; вдыха́ть, вдохну́ть; (*stake*) ста́вить, по-; (*invest*) вкла́дывать, вложи́ть; поме|ща́ть, -сти́ть; **I ought to ~ the money into property** я бы до́лжен вложи́ть де́ньги в недви́жимость; (*make s.o. succumb or resort to*): **he ~ his opponent to flight** он обрати́л своего́ проти́вника в бе́гство; **take a tablet to ~ you to sleep** приими́те табле́тку, что́бы усну́ть; **the dog had to be ~ to sleep** соба́ку пришло́сь усыпи́ть.
4 (*write; mark*) писа́ть, на-; ста́вить, по- (*знак и т. п.*); **I cannot ~ my name to that document** я не могу́ подписа́ть тако́й докуме́нт; **this ~ paid to his ambitions** э́то положи́ло коне́ц его́ наде́ждам.
5 (*estimate, consider*): **he ~s a high value on courtesy** он высоко́ це́нит ве́жливость; **I wouldn't care to ~ a price on it** я бы предпочёл не называ́ть то́чную це́ну; **I would ~ her (age) at about 65** я дал бы ей лет 65; **I wouldn't ~ it past him to be lying** с него́ ста́нется: соврёт и де́нег не возьмёт.
6 (*submit, propound*) выдвига́ть, вы́двинуть; зад|ава́ть, -а́ть; **may I ~ a suggestion?** мо́жно мне внести́ предложе́ние?
7 (*express; present*) изл|ага́ть, -ожи́ть; **how can I ~ it?** как бы э́то сказа́ть?; **will you ~ that in writing?** вы мо́жете изложи́ть э́то на бума́ге?; **I can't ~ it into words** я не могу́ вы́разить э́то слова́ми; **that's ~ting it mildly!** мя́гко говоря́!
8 (*translate*) перев|оди́ть, -ести́.
9 (*mus, set*): **his poems have been ~ to music many times** его́ стихи́ бы́ли мно́го раз поло́жены на му́зыку.
10 (*hurl*): **~ting the shot** толка́ние ядра́.
● *vi* (**putting;** *past and pp* **put**)
1 (*impose*): **don't let him ~ upon you** смотри́те, что́бы он не сел вам на ше́ю.
2: **~ to sea** (*of vessel or crew*) уходи́ть, уйти́ в мо́ре.
● *with advs*: **~ about** *vt* (*spread*) распростран|я́ть, -и́ть; **the news was ~ about that he was missing** разнёсся/распространи́лся слух, что он пропа́л; (*turn round*): **he ~ the boat about** он разверну́л ло́дку; *vi* пов|ора́чиваться, -ерну́ться; **~ across** *vt* (*convey over river, road, etc.*) перепр|авля́ть, -а́вить; (*make clear, communicate*) объясн|я́ть, -и́ть; **he failed to ~ his idea across** ему́ не удало́сь поясни́ть свою́ мысль/иде́ю; **~ aside** *vt* (*lay to one side; save*) от|кла́дывать, -ложи́ть; (*ignore*) отбр|а́сывать, -о́сить; **these objections cannot be ~ aside** э́ти возраже́ния нельзя́ отбра́сывать; **~ away** *vt* (*tidy*) уб|ира́ть, -ра́ть; (*save*) от|кла́дывать, -ложи́ть; (*coll, eat*) ум|ина́ть, -я́ть, ло́пать, с-; **it's amazing how much that boy can ~ away** про́сто удиви́тельно, ско́лько э́тот ма́льчик мо́жет съесть/(*coll*) сло́пать; (*coll*, **~** *into confinement*) упря́т|ывать, -ать (за решётку *or* в сумасше́дший дом); **~ back** *vt* (*replace, restore*) класть, положи́ть на ме́сто; (*move backwards*) отодв|ига́ть, -и́нуть; передв|ига́ть, -и́нуть наза́д; (*of clock*) перев|оди́ть, -ести́ наза́д; (*retard, delay*) заде́рж|ивать, -а́ть; **heavy rains ~ back the harvest** си́льные дожди́ задержа́ли убо́рку урожа́я; (*postpone*) от|кла́дывать, -ложи́ть; *vi* возвра|ща́ться, -ти́ться; **~ by** *vt* (*save*) от|кла́дывать, -ложи́ть; **~ down** *vt* (*place on ground etc.*) класть, положи́ть на зе́млю; **~ your gun down!** бро́сьте ору́жие!; опусти́те ружьё!; **he ~ his head down and was soon asleep** он положи́л го́лову на поду́шку и вско́ре засну́л; **~ one's foot down** (*be firm*) наст|а́ивать, -оя́ть на своём; (*accelerate*) наж|има́ть, -а́ть на газ; (*allow to alight*): **the bus stopped to ~ down passengers** авто́бус останови́лся, что́бы вы́садить пассажи́ров; (*place in storage*): **I ~ down a supply of port** я сде́лал запа́с портве́йна; (*make deposit of*) вн|оси́ть, -ести́ (*задаток*); (*lower, reduce*) сн|ижа́ть, -и́зить; (*bring in to land*): **the pilot ~ his machine down safely** пило́т благополу́чно посади́л маши́ну; (*repress*) подав|ля́ть, -и́ть; **the rebellion was quickly ~ down** восста́ние бы́ло бы́стро пода́влено; (*write down*) запи́с|ывать, -а́ть; **you may ~ me down for £5** я даю́ 5 фу́нтов; **~ these groceries down to my account** запиши́те э́ти проду́кты на мой счёт; (*consider*) счита́ть, счесть; **I would ~ her down as about 25** я дал бы ей лет 25; (*attribute*) припи́с|ывать, -а́ть; (*kill, of animals*) усып|ля́ть, -и́ть; умерщв|ля́ть, -и́ть; **~ forth** *vt* (*exert*) напр|яга́ть, -я́чь; (*produce*): **the trees are ~ting forth new leaves** на дере́вьях распуска́ются но́вые ли́стья; **~ forward** *vt* (*advance*): **the clocks are ~ forward in spring** весно́й часы́ перево́дят вперёд; (*propose*) выдвига́ть, вы́двинуть; **he ~ forward a theory** он вы́двинул тео́рию; **his name was ~ forward** была́ вы́двинута его́ кандидату́ра; (*bring nearer*) передв|ига́ть, -и́нуть вперёд; **the meeting has been ~ forward to Tuesday** собра́ние перенесли́ на вто́рник; **~ in** *vt* (*cause to enter; insert*) вст|авля́ть, -а́вить; **he ~ his head in at the window** он вс́унул го́лову в окно́; **have you ~ the meat in yet?** вы уже́ поста́вили мя́со в духо́вку?; (*install*) вст|авля́ть, -а́вить; **they are ~ting in a telephone** они́ ста́вят (себе́) телефо́н; им ста́вят телефо́н; (*elect to office*) изб|ира́ть, -ра́ть; **we helped to ~ the Conservatives in** мы помогли́ консерва́торам прийти́ к вла́сти; (*contribute*): **I ~ in a word for him** я вста́вил за него́ слове́чко; (*submit, present*) под|ава́ть, -а́ть; **he is ~ting in a claim for damages** он предъявля́ет иск об убы́тках; **I ~ in an application** я по́дал заявле́ние; **~ in an appearance** появ|ля́ться, -и́ться; (*work*): **I ~ in 6 hours today** я сего́дня отрабо́тал 6 часо́в; *vi* (*of boat or crew*) за|ходи́ть, -йти́ в порт; **the ship ~ in at Gibraltar** кора́бль зашёл в Гибралта́р; (*apply*): **she ~ in for a job as secretary** она́ подала́ заявле́ние на до́лжность/ме́сто секретаря́; **~ off** *vt* (*postpone*) от|кла́дывать, -ложи́ть; отсро́чи|вать, -ть; (*cancel engagement with*) отмен|я́ть, -и́ть встре́чу с + *i*; (*postpone*): **I shall have to ~ you off till next week** мне придётся перенести́ встре́чу с ва́ми на сле́дующую неде́лю; (*fob off*): **he ~ me off with promises** он отде́лался от меня́ обеща́ниями; (*deter*) отпу́г|ивать, -ну́ть; **we were ~ off by the weather** мы переду́мали из-за пого́ды; (*repel*) отт|а́лкивать, -олкну́ть; **I was ~ off by his tactlessness** меня́ оттолкну́ла его́ беста́ктность; (*distract*): **I can't recite if you keep ~ting me off** я не могу́ деклами́ровать, когда́ вы меня́ отвлека́ете; (*allow to alight*): **will you ~ me off at the next stop?** вы мо́жете вы́садить меня́ на сле́дующей остано́вке?; **~ on** *vt* (*clothes etc.*) над|ева́ть, -е́ть; **you should ~ more clothes on** вы должны́ потепле́е оде́ться; (*place in position*): **when the pot is full, ~ the lid on** когда́ кастрю́ля напо́лнится, накро́йте её кры́шкой; **~ the potatoes on (to boil)!** поста́вьте (вари́ть) карто́шку!; (*add*) приб|авля́ть, -а́вить; **he ~ more coal on** он подбро́сил угля́; (*assume*): **he ~ on an air of innocence** он напусти́л на себя́ неви́нный вид; **she is fond of ~ting on airs** она́ лю́бит ва́жничать; (*increase*) увели́чи|вать, -ть; **you're ~ting on weight** вы полне́ете/поправля́етесь; (*light, radio, etc.*) включ|а́ть, -и́ть; (*make available*) примен|я́ть, -и́ть; **they are ~ting on extra trains** они пуска́ют дополни́тельные поезда́; (*play, concert, etc.*) ста́вить, по-; **the children are ~ting on a play** де́ти ста́вят пье́су; **she ~ on a first-class meal** она́ пригото́вила отли́чный обе́д/у́жин; (*advance*) передв|ига́ть, -и́нуть вперёд; **watches should be ~ on an hour** часы́ на́до перевести́ на час вперёд; (*stake*) ста́вить, по-; **~ out** *vt*: (*thrust out, eject*): **his family was ~ out into the street** его́ семью́ вы́ставили/вы́бросили на у́лицу; (*place outside door*) выставля́ть, вы́ставить за дверь; **~ the cat out** вы́пустите ко́шку!; (*extend, protrude*): **~ your tongue out!** покажи́те язы́к!; **he ~ out his hand in welcome** он протяну́л ру́ку для приве́тствия; **she opened the window and ~ her head out** она́ откры́ла окно́ и вы́сунула го́лову; **the snail ~ out its horns** ули́тка вы́пустила щу́пальца; (*arrange so as to be seen*) выставля́ть, вы́ставить; выкла́дывать, вы́ложить; **the shopkeeper ~ out his best wares** ла́вочник вы́ложил/вы́ставил свой лу́чший това́р; **the valet ~ out my clothes** камерди́нер вы́ложил мою́ оде́жду; (*hang up outside*) выве́шивать, вы́весить; **~ out the flags!** вы́весите фла́ги!; **she ~ the washing out to dry** она́ вы́весила бельё суши́ться; (*produce*) выпуска́ть, вы́пустить; **this firm ~s out shoddy**

goods эта фи́рма выпуска́ет дрянно́й това́р; (*issue*) выпуска́ть, вы́пустить; **they ~ out invitations** они́ разосла́ли приглаше́ния; (*send away for a purpose*): **repairs are done here, not ~ out** ремо́нт выполня́ют на ме́сте (*у себя в мастерской*) — никуда́ не отсыла́ют; (*extinguish*) туши́ть, по-; гаси́ть, по-; **~ the lights out!** потуши́те свет!; **~ your cigarette out!** погаси́те сигаре́ту!; **~ out the fire before going to bed!** потуши́те ого́нь (в ками́не) пе́ред тем, как идти́ спать; **the firemen ~ out the blaze** пожа́рные потуши́ли пла́мя; (*dislocate*) выви́хивать, вы́вихнуть; (*inconvenience*) нар|уша́ть, -у́шить пла́ны + *g*; **would it ~ you out to come at 3?** вас не затрудни́т прийти́ в 3 часа́?; (*vex*) раздраж|а́ть, -и́ть; (*allow to alight*) выса́живать, вы́садить; **I asked the driver to ~ me out at the station** я попроси́л шофёра вы́садить меня́ у ста́нции; *vi*: **the lifeboat ~ out to sea** спаса́тельная шлю́пка вы́шла в мо́ре; **~ over** *vt* (*convey*) перед|ава́ть, -а́ть; изл|ага́ть, -ожи́ть; **he ~ over his meaning effectively** он хорошо́ изложи́л свою́ мысль; **he is trying to ~ one over on you** (*coll*) он пыта́ется вас одура́чить; **~ through** *vt* (*accomplish*) осуществ|ля́ть, -и́ть; выполня́ть, вы́полнить; **he ~ through a successful deal** он проверну́л вы́годную сде́лку; (*connect by telephone*) соедин|я́ть, -и́ть; **~ together** *vt* (*bring close or into contact*) соедин|я́ть, -и́ть; (*assemble*) сост|авля́ть, -а́вить; (*construct from components*) соб|ира́ть, -ра́ть; (*collect*) соб|ира́ть, -ра́ть; **~ your things together ready for the journey!** собери́те ве́щи в доро́гу!; **better than all the rest ~ together** лу́чше всех остальны́х вме́сте взя́тых; **~ up** *vt* (*raise, hold up*) подн|има́ть, -я́ть; **~ up your hand if you know the answer!** кто зна́ет отве́т, подними́те ру́ку!; **~ your hands up!** (*coll*) ру́ки вверх!; **~ one's feet up** полёживать (*impf*); **he ~s my back up** (*coll*) он меня́ раздража́ет/бе́сит; (*display*) выставля́ть, вы́ставить; (*erect*) воздв|ига́ть, -и́гнуть; стро́ить, по-; **this house was ~ up in six weeks** э́тот дом постро́или за шесть неде́ль; **shall we ~ the curtains up?** бу́дем ве́шать занаве́ски?; (*increase*) пов|ыша́ть, -ы́сить; **~ up prices** (*Br*) подн|има́ть, -я́ть це́ны; (*offer*) выдвига́ть, вы́двинуть; **he ~ up no resistance** он не оказа́л никако́го сопротивле́ния; **our men ~ up a good show** на́ши лю́ди хорошо́ себя́ показа́ли/прояви́ли; **the house was ~ up for sale** дом был вы́ставлен на прода́жу; (*propose*) выдвига́ть, вы́двинуть (*в кандидаты*); **they ~ up three candidates** они́ вы́двинули трёх кандида́тов; (*supply*) вн|оси́ть, -ести́; **I will ~ up £1,000 to support him** я внешу́ ты́сячу фу́нтов в его́ по́льзу; (*accommodate*): **he ~ me up for the night** я переночева́л у него́; (*coll, introduce*): **I ~ him up to that trick** я его́ научи́л э́тому приёму/трю́ку; (*coll, prompt*): **who ~ him up to it, I wonder?** интере́сно, кто его́ надоу́мил?; *vi* (*stay*) остан|а́вливаться, -ови́ться; ночева́ть, пере-; (*tolerate*) мири́ться, при- (*с кем/чем*); **I won't ~ up with any nonsense** я не потерплю́ никаки́х глу́постей.

● *cpds* **~-down** *n* (*snub*) ре́зкость; **~-off** *n* (*evasion*) уло́вка; **~-up** *adj*: **a ~-up job** подстро́енное де́ло; **~-upon** *adj* оби́женный, трети́руемый.

putative /'pju:tətɪv/ *adj* мни́мый, предполага́емый.

putrefaction /ˌpju:trɪ'fækʃ(ə)n/ *n* гние́ние; разложе́ние.

putrefy /'pju:trɪˌfaɪ/ *vi* (*go bad*) гнить, с-; (*fester*) разл|ага́ться, -ожи́ться.

putrescence /pju:'tres(ə)ns/ *n* гние́ние.

putrescent /pju:'tres(ə)nt/ *adj* гнию́щий; разлага́ющийся.

putrid /'pju:trɪd/ *adj* (*decomposed*) гнило́й; (*coll, unpleasant*) отврати́тельный.

putsch /pʊtʃ/ *n* путч.

putt /pʌt/ *n* уда́р, загоня́ющий мяч в лу́нку (*в гольфе*).

● *vi* (**putted, putting**) заг|оня́ть, -на́ть мяч в лу́нку; **~ing green** лужа́йка с лу́нками (*в гольфе*).

puttee /'pʌtɪ/ *n* обмо́тка; (*US, legging*) кра́га.

putty /'pʌtɪ/ *n* зама́зка, шпаклёвка.

● *vt* шпаклева́ть, за-.

puzzle /'pʌz(ə)l/ *n* зага́дка; (*for entertainment*) головоло́мка, пазл.

● *vt* озада́чи|вать, -ть; прив|оди́ть, -ести́ в недоуме́ние; **don't ~ your brains over it** не лома́йте го́лову над э́тим.

● *vi*: **he ~d over the problem all night** он всю ночь би́лся над э́той зада́чей.

● *with adv*: **~ out** *vt* разг|а́дывать, -ада́ть; на|ходи́ть, -йти́ реше́ние + *g*.

puzzlement /'pʌzəlmənt/ *n* замеша́тельство, недоуме́ние.

PVC (*abbr of* ***polyvinyl chloride***) ПВХ (поливинилхлори́д).

pye-dog /'paɪdɒg/ *n* бродя́чая соба́ка, дворня́жка.

pygmy, pigmy /'pɪgmɪ/ *n* пигме́й.

pyjamas /pɪ'dʒɑ:məz, pə-/ (*US* **pajamas**) *n pl* пижа́ма; **~ trousers** пижа́мные штаны́.

pylon /'paɪlən, -lɒn/ *n* (*for electricity*) опо́ра (*линии электропередач*).

Pyongyang /'pjɒŋ'jæŋ/ *n* Пхенья́н.

pyorrhoea /ˌpaɪə'ri:ə/ (*US* **pyorrhea**) *n* (*med*) пиоре́я.

pyramid /'pɪrəmɪd/ *n* (*lit, fig*) пирами́да.

pyramidal /pɪ'ræmɪd(ə)l/ *adj* (*shape*) пирамида́льный; (*pertaining to pyramids*) пирами́дный.

pyre /'paɪə(r)/ *n* (*also* **funeral ~**) погреба́льный костёр.

Pyrenean /ˌpɪrə'ni:ən/ *adj* пирене́йский (*только о горах*).

Pyrenees /ˌpɪrə'ni:z/ *n* Пирене́|и (*pl, g* -ев) (*только о горах*).

pyrites /paɪ'raɪti:z/ *n* серни́стые мета́ллы (*m pl*).

pyromania /ˌpaɪərəʊ'meɪnɪə/ *n* пирома́ния.

pyromaniac /ˌpaɪərəʊ'meɪnɪˌæk/ *n* пирома́н.

pyrotechnic /ˌpaɪərəʊ'teknɪk/ *adj* пиротехни́ческий.

pyrotechnics /ˌpaɪərəʊ'teknɪks/ *n* (*art of making fireworks*) пироте́хника; (*firework display; also fig*) фейерве́рк.

Pyrrhic /'pɪrɪk/ *adj*: **a ~ victory** пи́ррова побе́да.

Pythagoras /paɪ'θægərəs/ *n*: **~' theorem** теоре́ма Пифаго́ра.

python /'paɪθ(ə)n/ *n* пито́н.

p

Qq

Qatar /kæˈtɑː, ˈkʌtɑː/ *n* Катáр.

QC (*abbr of **Queen's Counsel***) адвокáт вы́сшего рáнга.

QED (*abbr of **quod erat demonstrandum***) ч. т. д., что и трéбовалось доказáть.

q.t. (*abbr of **quiet***) **to do sth on the ~** дéлать, с- что-н. втихаря́.

quack¹ /kwæk/ *n* (*sound*) кря́канье.
● *vi* кря́кать (*impf*).

quack² /kwæk/ *n* (*bogus doctor etc.*) шарлатáн.

quackery /ˈkwækərɪ/ *n* шарлатáнство.

quad /kwɒd/ (*coll*) **1** = **quadrangle**. **2** = **quadruplet**

quadrangle /ˈkwɒdˌræŋg(ə)l/ *n* (*courtyard*) четырёхугóльный двóр.

quadrangular /ˌkwɒdˈræŋgjʊlə(r)/ *adj* четырёхугóльный.

quadrant /ˈkwɒdrənt/ *n* (*of circle*) квадрáнт; (*instrument*) сéкторный ру́мпель.

quadraphonic /ˌkwɒdrəˈfɒnɪk/ *adj* квадрофони́ческий.

quadratic /kwɒˈdrætɪk/ *adj* квадрáтный.

quadrilateral /ˌkwɒdrɪˈlætər(ə)l/ *n* четырёхугóльник.
● *adj* четырёхсторóнний.

quadrille /kwɒˈdrɪl/ *n* (*dance*) кадри́ль.

quadruped /ˈkwɒdrʊˌped/ *n* четвероногóе (живóтное).

quadruple /ˈkwɒdrʊp(ə)l/ *adj* (*fourfold*) учетверённый; (*whisky; murder*) четвернóй; (*alliance*) четырёхсторóнний; **his income is ~ mine** егó дохóд бóльше моегó в четы́ре рáза.
● *vt* учетвер|я́ть, -и́ть.
● *vi* учетвер|я́ться, -и́ться; увеличи|ваться, -ться в четы́ре рáза.

quadruplets /ˈkwɒdrʊplɪts, kwɒˈdruːplɪts/ *n* четверня́ (*coll*); **she gave birth to ~** онá родилá четвернЮ (*coll*) (*or* четверы́х близнецóв).

quaff /kwɒf, kwɑːf/ *vt & i* пить, вы́-зáлпом.

quagmire /ˈkwɒgˌmaɪə(r), ˈkwæg-/ *n* (*also fig*) болóто.

quail¹ /kweɪl/ *n* (*pl* **~** *or* **~s**) пéрепел.

quail² /kweɪl/ *vi* тру́сить, с-.

quaint /kweɪnt/ *adj* причу́дливый, чуднóй; **he has some ~ notions** он человéк со стрáнными поня́тиями.

quaintness /ˈkweɪntnɪs/ *n* причу́дливость.

quak|e /kweɪk/ *n* (*coll, earth~*) землетрясéние.
● *vi* дрожáть (*impf*); содрог|áться, -ну́ться; **I woke up ~ing with fright** я просну́лся, дрожá от стрáха.

Quaker /ˈkweɪkə(r)/ *n* квáкер (*fem* -ша); (*attr*) квáкерский.

qualification /ˌkwɒlɪfɪˈkeɪʃ(ə)n/ *n* **1** (*modification, limiting factor*) ограничéние, оговóрка; **without ~** безоговóрочно. **2** (*skill*) квалификáция.

qualifier /ˈkwɒlɪˌfaɪə(r)/ *n* **1** (*sport*) (*contest, match*) отбóрочное соревновáние, отбóрочный матч; (*person, team*) человéк, прошéдший (*or* комáнда, прошéдшая) отбóрочные соревновáния. **2** (*gram*) определéние.

qualif|y /ˈkwɒlɪˌfaɪ/ *vt* **1** (*for job*) готóвить (*impf*) **I am not ~ied to advise you** я недостáточно компетéнтен, чтóбы давáть вам совéты; (*make entitled*) давáть, дать прáво + *g or* на + *a*; **his age ~ies him for the vote** вóзрасту даёт емý прáво гóлоса; **~ying examination** отбóрочный экзáмен; **he is a ~ied doctor** он дипломи́рованный врач. **2** (*limit, modify*) огов|áривать, -ори́ть; уточн|я́ть, -и́ть; **I must ~y my statement** я дóлжен сдéлать оговóрку; **I gave the idea my ~ied approval** я одóбрил э́ту идéю с нéкоторыми оговóрками. **3** (*describe*) оцéн|ивать, -и́ть; определ|я́ть, -и́ть; **adjectives ~y nouns** прилагáтельные определя́ют существи́тельные.
● *vi* (*be eligible* (*for*)) имéть (*impf*) прáво (на + *a*); **he will ~y after three years** чéрез три гóда он полу́чит диплóм; **will you ~y for a pension?** бу́дете ли вы имéть прáво на пéнсию?; (*sport*): **our team failed to ~** нáша комáнда не прошлá отбóрочные соревновáния; **he ~ied for the final** он вы́шел в финáл.

qualitative /ˈkwɒlɪtətɪv, -ˌteɪtɪv/ *adj* кáчественный.

quality /ˈkwɒlɪtɪ/ *n* **1** (*degree of merit*) кáчество; **of poor ~** ни́зкого кáчества; **a high-~ fabric** высококáчественная ткань; (*excellence*) высóкое кáчество, доброкáчественность; **~ goods** товáры высóкого кáчества. **2** (*faculty, characteristic, attribute*) кáчество, свóйство; **he has the ~ of inspiring confidence** он обладáет свóйством внушáть довéрие; **he has many good qualities** у негó мнóго цéнных кáчеств; **her voice has a shrill ~** у неё визгли́вый гóлос.
● *adj* (высоко)кáчественный; **~ newspapers** (*Br*) соли́дные газéты.

qualm /kwɑːm, kwɔːm/ *n* сомнéние, колебáние; **~s of conscience** угрызéния (*nt pl*) сóвести.

quandary /ˈkwɒndərɪ/ *n* затрудни́тельное положéние; **I was in a ~ which way to go** я был в затруднéнии (*or* не знал), какóй вы́брать путь.

quango /ˈkwæŋgəʊ/ *n* (*pl* **~s**) (*Br coll*) полуавтонóмная организáция.

quanta /ˈkwɒntə/ *pl of* ⇒**quantum**

quantifiable /ˈkwɒntɪˌfaɪəb(ə)l/ *adj* измери́мый.

quantify /ˈkwɒntɪˌfaɪ/ *vt* (*determine quantity of*) определ|я́ть, -и́ть коли́чество + *g*; (*express as quantity*) выражáть, вы́разить коли́чественно.

quantitative /ˈkwɒntɪtətɪv, -ˌteɪtɪv/ *adj* коли́чественный.

quantit|y /ˈkwɒntɪtɪ/ *n* **1** (*measurable property*) коли́чество; **~ surveyor** (*Br*) инженéр-планови́к. **2** (*thing having ~y*) величинá; числó; **unknown ~y** (*math*) неизвéстная величинá, неизвéстное; (*person*) человéк-загáдка. **3** (*sum or amount*) коли́чество; **she buys in small ~ies** онá покупáет в небольши́х коли́чествах; (*considerable sum or amount*) большóе коли́чество.

quantum /ˈkwɒntəm/ *n* (*pl* **quanta**) (*phys*) квант; **~ leap** (*phys*) квáнтовый скачóк; (*fig*) скачóк; **~ theory** квáнтовая теóрия.

quarantine /ˈkwɒrənˌtiːn/ *n* каранти́н.
● *vt* содержáть (*impf*) в каранти́не.

quark /kwɑːk/ *n* (*phys*) кварк.

quarrel /ˈkwɒr(ə)l/ *n* **1** (*altercation, contention*) ссóра. **2** (*cause for complaint*) пóвод для ссóры, претéнзия; **I have no ~ with him on that score** у меня́ нет к немý претéнзий по э́тому пóводу.
● *vt* (**quarrelled, quarrelling;** *US* **quarreled, quarreling**) (*contend, dispute*) ссóриться, по-; (*take issue*) спóрить, по-; **I cannot ~ with his logic** я не могý не согласи́ться с егó лóгикой.

quarrelsome /ˈkwɒrəlsəm/ *adj* сварли́вый.

quarry¹ /ˈkwɒrɪ/ *n* (*object of pursuit; prey*) добы́ча.

quarr|y² /ˈkwɒrɪ/ *n* (*for stone, clay, sand*) карьéр; (*for stone only*) каменолóмня.
● *vt* (*extract*) доб|ывáть, -ы́ть.
● *cpd* **~yman** *n* (*pl* **~ymen**) каменобóец, каменотёс.

q

quart /ˈkwɔːt/ *n* квáрта (*единица объёма, равная ¼ галлона или 2 пинтам: Br = 1,136 л (для жидкостей); US = 0,946 л (для жидкостей) и 1,101 л (для сыпучих тел)*).

quarter /ˈkwɔːtə(r)/ *n* **1** (*fourth part*) чéтверть; (*of hour*): **a ~ to six** без чéтверти шесть; **a ~ past six** чéтверть седьмóго; **an hour and a ~** час с чéтвертью; **a ~ of an hour later** на пятнáдцать минýт пóзже; **the clock strikes the ~s** часы́ бьют кáждые пятнáдцать минýт; (*lunar period*): **the first ~ of the moon** пéрвая чéтверть Луны́; (*of year*) квартáл; **(court of) ~ sessions** (*Br*) суд квартáльных сéссий; **we pay a ~'s rent in advance** мы плáтим квартплáту за (оди́н) квартáл вперёд. **2** (*of carcase*) четверти́на (тýши); **fore/hind ~s** перéдняя/зáдняя часть; **the dog got up on its hind ~s** собáка вcтáла на зáдние лáпы. **3** (*US coin*) двáдцать пять цéнтов. **4** (*fig, direction, place*) мéсто; **the boys came running from every ~** мáльчики бежáли со всех сторóн; **there is a belief in certain ~s that ...** в нéкоторых кругáх считáется, что... . **5** (*district of town*) квартáл; **residential ~** жилóй квартáл. **6** (*in pl, lodgings*) казáрмы (*f pl*); кварти́ры (*f pl*); **the army went into winter ~s** áрмия перешлá на зи́мние кварти́ры. **7**: **at close ~s** в тéсном сосéдстве, вблизи́; **they were fighting at close ~s** они́ вели́ бли́жний бой; **when I saw him at close ~s I was appalled** я ужаснýлся, когдá уви́дел егó вблизи́. **8** (*mercy*) пощáда; **no ~ was asked and none was given** никтó пощáды не проси́л, никтó пощáды не давáл.
● *vt* **1** (*divide into four*) дели́ть, раз- на четы́ре чáсти; **traitors were hanged, drawn and ~ed** предáтелей вéшали и четвертовáли. **2** (*put into lodgings*) расквартирóв|ывать, -áть; **where are you ~ed?** где вы останови́лись/посели́лись?
● *cpds* **~back** *n* (*in American football*) ведýщий игрóк; **~ day** *n* (*Br*) день, начинáющий квартáл; **~deck** *n* (*naut*) шкáнц|ы (*pl, g* -ев), квартердéк; (*fig, officers*) офицéрский состáв; **~-final** *n* четвертьфинáл; **~-hour** *n* чéтверть чáса; **~-hourly** *adv* кáждую чéтверть чáса; **~-light** *n* (*Br*) мáлое боковóе oкнó; **~master** *n* квартирмéйстер; **~-mile** *n* чéтверть ми́ли; **~-miler** *n* бегýн на чéтверть ми́ли; **~ note** *n* (*US, mus*) четвертнáя нóта.

quarterly /ˈkwɔːtəlɪ/ *n* (*periodical*) ежеквартáльное издáние.
● *adj* квартáльный; **~ payment** поквартáльная оплáта; оплáта раз в три мéсяца.
● *adv* ежеквартáльно; раз в три мéсяца.

quartet(te) /kwɔːˈtet/ *n* квартéт.

quarto /ˈkwɔːtəʊ/ *n* (*pl* **~s**) (*size of paper*) (ин-)квáрто (*indecl*); (*book of ~ sheets*) кни́га формáта ин-квáрто.

quartz /kwɔːts/ *n* кварц; (*attr*) квáрцевый.

quasar /ˈkweɪzɑː(r), -sɑː(r)/ *n* (*astron*) квазáр.

quash /kwɒʃ/ *vt* (*cancel*) отмен|я́ть, -и́ть; аннули́ровать (*impf, pf*); (*supress*) подав|ля́ть, -и́ть.

quasi- /ˈkweɪzaɪ, ˈkwɑːzɪ/ *comb form* квáзи...; полу... .

quatercentenary /ˌkwætəsenˈtiːnərɪ/ *n* четырёхсотлéтие.
● *adj* четырёхсотлéтний.

quaternary /kwəˈtɜːnərɪ/ *n* (*geol*, **the Q~**) четверти́чный периóд.
● *adj* **1** (*of four parts*) состоя́щий из четырёх частéй. **2** (*geol*, **Q~**) четверти́чный.

quatrain /ˈkwɒtreɪn/ *n* четверости́шие.

quaver /ˈkweɪvə(r)/ *n* **1** (*trembling tone*) дрожáние; **there was a ~ in his voice** егó гóлос дрожáл. **2** (*Br, mus*) восьмáя нóта.
● *vi* дрожáть (*impf*).

quay /kiː/ *n* причáл.
● *cpd* **~side** *n* при́стань.

queasiness /ˈkwiːzɪnɪs/ *n* тошнотá.

queasy /ˈkwiːzɪ/ *adj* (**queasier, queasiest**) подвéрженный тошнотé; **my stomach feels a little ~** меня́ немнóго/слегкá тошни́т; меня́ потáшнивает/подтáшнивает (*coll*); **he turned ~ at the sight of food** егó затошни́ло при ви́де еды́.

Quebec /kwɪˈbek/ *n* Квебéк.

queen /kwiːn/ *n* **1** королéва; **~ consort** супрýга цáрствующего короля́; **~ dowager** вдóвствующая королéва; **~ mother** королéва-мать. **2** (*fig*) королéва, цари́ца; **Q~ of the May** королéва мáя; **beauty ~** королéва красоты́. **3** (**~** *bee*, **~** *wasp*, **~** *ant*) мáтка. **4** (*at chess*) ферзь (*m*), королéва; **~'s pawn** фéрзевая пéшка. **5** (*at cards*) дáма; **~ of hearts** червóнная дáма, дáма червéй. **6**: **Q~'s Counsel** адвокáт вы́сшего рáнга; **he can't speak the Q~'s English** он не умéет прáвильно говори́ть по-англи́йски; **Q~'s evidence** обвиня́емый, даю́щий показáния прóтив свои́х сообщникóв; *see also* **⇒king**. **7** (*sl, pej, homosexual*) гомосексуали́ст, голубóй (*sl*).
● *vt* **1** : **she ~ed it over the other girls** онá разы́грывала принцéссу пéред подрýгами. **2** (*chess*): **~ a pawn** пров|оди́ть, -ести́ пéшку в ферзи́.

queenly /ˈkwiːnlɪ/ *adj* (**queenlier, queenliest**) цáрственный, королéвский.

> **Queen's Speech — речь королéвы**
>
> Э́та речь готóвится для королéвы британским прави́тельством. Онá произнóсит её в палáте лóрдов на ежегóдной церемóнии официáльного откры́тия парлáмента. Речь королéвы — вáжное собы́тие в полити́ческом календарé, так как в ней освещáются плáны прави́тельства на ближáйший год.

queer /kwɪə(r)/ *n* (*sl, offens, homosexual*) пéдик (*coll*).
● *adj* (*strange, odd*) стрáнный, чудаковáтый; **he's a ~ customer** он стрáнный тип; (*causing suspicion*) подозри́тельный, сомни́тельный; (*Br, unwell*) недомогáющий; **the heat is making me feel ~** мне нехорошó от жары́; (*sl, offens, homosexual*) гомосексуáльный.
● *vt* (*coll*) погáнить, ис-.

quell /kwel/ *vt* подав|ля́ть, -и́ть.

quench /kwentʃ/ *vt* (*extinguish*) гаси́ть, по-; туши́ть, по-; (*slake*): **~ one's thirst** утол|я́ть, -и́ть жáжду.

querulous /ˈkwerʊləs/ *adj* ворчли́вый.

querulousness /ˈkwerʊləsnɪs/ *n* ворчли́вость.

quer|y /ˈkwɪərɪ/ *n* (*question*) вопрóс.
● *vt* **1** (*ask, inquire*) осв|едомля́ться, -éдомиться. **2** (*call in question*) выражáть, вы́разить сомнéние в + *p*; усомни́ться (*pf*) в + *p*; **he ~ied my reasons for coming** он усомни́лся в причи́нах моегó прихóда.

quest /kwest/ *n* пóиски (*m pl*); **the ~ for happiness** пóиски счáстья; **he went in ~ of food** он отпрáвился на пóиски пи́щи.

question /ˈkwestʃ(ə)n/ *n* **1** (*interrogation; problem*) вопрóс; **I put the ~ to him** я зáдал емý вопрóс; **a leading ~** наводя́щий вопрóс; **a good ~!** закóнный/толкóвый вопрóс!; **beg the ~** исходи́ть (*impf*) из тогó, что ещё не докáзано; прив|оди́ть, -ести́ в кáчестве аргумéнта спóрное положéние; **it is only a ~ of finding the money** дéло тóлько за тем, чтóбы найти́ дéньги; **the ~ is, can we afford it?** вопрóс в том, мóжем ли мы э́то себé позвóлить?; **a holiday is out of the ~** об óтпуске не мóжет быть и рéчи; **that's not the ~** не в э́том дéло; **the man in ~** человéк, о котóром идёт речь; **come into ~** станови́ться, стать предмéтом обсуждéния; **the ~ does not arise** такóй вопрóс не возникáет. **2** (*doubt, objection*) сомнéние; **his statements were called in ~** егó заявлéния бы́ли постáвлены под сомнéние; **his veracity is open to ~** егó правди́вость ещё под вопрóсом; **without, beyond ~** бесспóрно; **there is no ~ of his not succeeding** егó успéх не подлежи́т сомнéнию.
● *vt* **1** (*interrogate*) допр|áшивать, -оси́ть; (*seek information*) расспр|áшивать, -оси́ть; **I ~ed him closely on his theory** я подрóбно расспроси́л егó о егó теóрии; **he is wanted for ~ing by the police** поли́ция разы́скивает егó для допрóса. **2** (*cast doubt on*) стáвить, по- под сомнéние; осп|áривать, -óрить.
● *cpds* **~ mark** *n* вопроси́тельный знак; **~ master** *n* (*Br*) ведýщий виктори́ны.

questionable /ˈkwestʃənəb(ə)l/ *adj* (*doubtful*) сомни́тельный; ненадёжный; (*disreputable*) сомни́тельный, подозри́тельный.

q

questioner /ˈkwestʃənə(r)/ *n* задаю́щий/зада́вший вопро́с(ы); (*in poll*) интервьюе́р.

questionnaire /ˌkwestʃəˈneə(r), ˌkestjə-/ *n* анке́та, вопро́сник.

queue /kjuː/ (*Br*) *n* о́чередь; **he was trying to jump the ~** он пыта́лся пройти́ без о́череди.
● *vi* (**queues, queued, queuing** *or* **queueing**) (*also* **~ up**) станови́ться, стать в о́чередь.

quibbl|e /ˈkwɪb(ə)l/ *n* (*petty objection*) приди́рка; (*evasion*) увёртка.
● *vi* (*argue*) пререка́ться (*impf*); (*be evasive*) увил|ивать, -ьну́ть; **I won't ~e over 20p** я не бу́ду пререка́ться из-за двадцати́ пе́нсов.

quibbler /ˈkwɪblə(r)/ *n* казуи́ст.

quiche /kiːʃ/ *n* откры́тый пиро́г с сы́ром, беко́ном, овоща́ми *и т. п.*

quick /kwɪk/ *n*: **he bit his nails to the ~** он искуса́л все но́гти; **his words cut me to the ~** его́ слова́ заде́ли меня́ за живо́е.
● *adj* **1** (*rapid*) бы́стрый, ско́рый; **this is the ~est way home** э́то са́мая коро́ткая доро́га домо́й; **be ~ about it!** потороп́итесь!, бы́стро!; **he is a ~ worker** он бы́стро рабо́тает; **in ~ succession** оди́н за други́м; **~ march!** ша́гом марш!; **we got there in double ~ time** мы добрали́сь туда́ в два счёта.
2 (*lively, prompt*) бы́стрый; живо́й; (*quick-minded*) сообрази́тельный; **he has a ~ temper** он о́чень вспы́льчив; **she is ~ to take offence** она́ о́чень оби́дчива.
● *adv* бы́стро; **~, get a doctor!** скоре́е позови́те врача́!; **I'll come as ~ as I can** я приду́, как то́лько смогу́.
● *cpds* **~lime** *n* негашёная и́звесть; **~sand(s)** *n* (*pl*) зыбу́чий песо́к; зыбу́чие пески́; **~silver** *n* ртуть; **~step** *n* (*dance*) квиксте́п; **~-tempered** *adj* вспы́льчивый; **~-witted** *adj* смышлёный, нахо́дчивый.

quicken /ˈkwɪkən/ *vt* (*make quicker*) уск|оря́ть, -о́рить; **he ~ed his pace** он приба́вил ша́гу; (*stimulate*) возбу|жда́ть, -ди́ть.
● *vi* (*become quicker*) уск|оря́ться, -о́риться; **her pulse ~ed** её пульс уско́рился/участи́лся.

quickie /ˈkwɪkɪ/ *n* (*coll*): **we've just time for one more question, so let's make it a ~** у нас оста́лось вре́мя то́лько для одного́ вопро́са, так что дава́йте по-бы́строму.

quickness /ˈkwɪknɪs/ *n* быстрота́; (*of eye, ear, etc.*) острота́; (*of mind*) жи́вость.

quid /kwɪd/ *n* (*pl* ~) (*Br coll, £1*) фунт (сте́рлингов).

quid pro quo /ˌkwɪd prəʊ ˈkwəʊ/ *n* (*pl* **quid pro quos**) услу́га за услу́гу.

quiescence /kwɪˈes(ə)ns/ *n* неподви́жность; безде́йствие.

quiescent /kwɪˈes(ə)nt/ *adj* неподви́жный; безде́йствующий.

quiet /ˈkwaɪət/ *n* (*stillness, silence*) тишина́; **absolute ~ reigned** цари́ла по́лная тишина́; (*repose*) поко́й, споко́йствие; **there is peace and ~ in the countryside** в дере́вне тишина́ и поко́й.
● *adj* (**quieter, quietest**) **1** (*making little or no sound*) ти́хий; бесшу́мный; **a ~ car** бесшу́мная маши́на; **be ~!** ти́хо!, помолчи́те!; **can't you keep ~?** ты не мо́жешь помолча́ть?; **this will keep him ~ for a bit** э́то его́ на вре́мя утихоми́рит; **the baby was ~ at last** наконе́ц младе́нец утих.
2 (*making little motion*) ти́хий; неподви́жный; **a ~ sea** споко́йное мо́ре.
3 (*undisturbed*) споко́йный, ми́рный; **we had a ~ night** ночь прошла́ споко́йно.
4 (*of gentle or inactive disposition*) споко́йный, ти́хий.
5 (*unobtrusive*) нея́ркий; **~ colours** (*Br*), **colors** (*US*) приглушённые/споко́йные цвета́.
6 (*private; concealed*) та́йный; скры́тый; **keep it ~!** об э́том молчо́к!; **on the ~** (*coll*) (*secretly*) тайко́м; втихомо́лку; (*in confidence*) под (больши́м) секре́том.
7 (*informal, unostentatious*) скро́мный.
● *vt* успок|а́ивать, -о́ить.
● *int* ти́ше!

quieten /ˈkwaɪət(ə)n/ *vt* & *i* (*Br, also* **~ down**) успок|а́ивать(ся), -о́ить(ся).

quietness /ˈkwaɪətnɪs/ *n* (*stillness*) тишина́; (*repose*) поко́й; (*of manner, character*) невозмути́мость, споко́йствие.

quietude /ˈkwaɪɪˌtjuːd/ *n* (*literary*) поко́й, споко́йствие.

quiff /kwɪf/ *n* (*Br*) чёлка; (*tuft*) зачёс.

quill /kwɪl/ *n* (*feather*) (*птичье*) перо́; (**~ pen**) гуси́ное перо́; (*of porcupine*) игла́ (*дикобраза*).

quilt /kwɪlt/ *n* стёганое одея́ло.
● *vt* стега́ть, вы-/про-; **~ed dressing gown** стёганый хала́т; **~ed bedcover** стёганое покрыва́ло.

quin /kwɪn/ (*Br coll*) = **quintuplet**

quince /kwɪns/ *n* (*fruit, tree*) айва́; (*attr*) айво́вый.

quincentenary /ˌkwɪnsenˈtiːnərɪ/ *n* пятисотле́тие.

quinine /ˈkwɪniːn, -ˈniːn/ *n* хини́н.

quinsy /ˈkwɪnzɪ/ *n* флегмоно́зная анги́на.

quintessence /kwɪnˈtes(ə)ns/ *n* квинтэссе́нция.

quintessential /ˌkwɪntɪˈsenʃ(ə)l/ *adj* наибо́лее суще́ственный; коренно́й.

quintet(te) /kwɪnˈtet/ *n* квинте́т.

quintuple /ˈkwɪntjʊp(ə)l/ *n* пятикра́тное коли́чество.
● *adj* пятикра́тный.
● *vt(i)* увели́чи|вать(ся), -ть(ся) в пять раз.

quintuplet /ˈkwɪntjʊplɪt, -ˈtjuːplɪt/ *n* оди́н из пяти́ близнецо́в.

quip /kwɪp/ *n* острота́.
● *vi* (**quipped, quipping**) остри́ть, с-.

quire /ˈkwaɪə(r)/ *n* (*of paper*) десть.

quirk /kwəːk/ *n* (*oddity*) причу́да; **through some ~ of fate** по капри́зу судьбы́.

quirky /ˈkwəːkɪ/ *adj* (**quirkier, quirkiest**) причу́дливый.

quisling /ˈkwɪzlɪŋ/ *n* изме́нник, преда́тель (*m*).

quit /kwɪt/ *vt* (**quitting;** *past and pp* **quitted** *or* **quit**) **1** (*leave*) ост|авля́ть, -а́вить. **2** (*coll, stop*) прекра|ща́ть, -ти́ть; бр|оса́ть, -о́сить; **the men ~ work** рабо́чие прекрати́ли рабо́ту; (*US*): **~ grumbling!** бро́сьте ворча́ть!
● *vi* (**quitting;** *past and pp* **quitted** *or* **quit**) **1** (*leave premises, job, etc.*): **the tenant was asked to ~** жильца́ попроси́ли съе́хать с кварти́ры; **the maid was given notice to ~** го́рничную предупреди́ли об увольне́нии. **2** (*leave off*) перест|ава́ть, -а́ть.

quite /kwaɪt/ *adv* **1** (*entirely*) совсе́м, соверше́нно, вполне́; **I ~ agree** я вполне́/соверше́нно согла́сен; **~ right!** соверше́нно ве́рно!; **~!** безусло́вно!, несомне́нно!, ве́рно!, (вот) и́менно!; **have you ~ finished?** ну, вы ко́нчили?; **this is ~ the best book** э́то, безусло́вно, са́мая хоро́шая кни́га; **that is ~ another matter** э́то совсе́м друго́е де́ло; **I am not ~ myself today** я сего́дня немно́го не в себе́. **2** (*to a certain extent*) дово́льно; **it is ~ cold here** здесь дово́льно хо́лодно; **I ~ like cycling** я не прочь поката́ться на велосипе́де; **~ a long time** дово́льно мно́го вре́мени; **~ a few** дово́льно мно́го; нема́ло.

quits /kwɪts/ *pred adj*: **I will be ~ with you yet** я ещё с ва́ми расквита́юсь; **now we are ~** тепе́рь мы квиты́.

quitter /ˈkwɪtə(r)/ *n* (*coll*) (*coward*) трус; (*shirker*) прогу́льщик.

quiver[1] /ˈkwɪvə(r)/ *n* (*for arrows*) колча́н.

quiver[2] /ˈkwɪvə(r)/ *n* (*vibration*) дрожь.
● *vi* дрожа́ть, за-; трясти́сь, за-.

qui vive /kiː ˈviːv/ *n*: **on the ~** наготове, начеку́, настороже́.

quixotic /kwɪkˈsɒtɪk/ *adj* донкихо́тский.

quiz /kwɪz/ *n* (*pl* **quizzes**) (*Br, interrogation*) опро́с; (*test of knowledge, esp as entertainment*) виктори́на; (*US, school test*) контро́льная (рабо́та).
● *vt* (**quizzed, quizzing**) (*interrogate*) выспра́шивать, вы́спросить.
● *cpd* **~master** *n* (*Br*) веду́щий виктори́ны.

quizzical /ˈkwɪzɪk(ə)l/ *adj* насме́шливый, ирони́ческий.

quoit /kɔɪt/ *n* мета́тельное кольцо́; **~s** (*game*) мета́ние коле́ц в цель.

quorum /ˈkwɔːrəm/ *n* кво́рум.

quota /ˈkwəʊtə/ *n* (*pl* **~s**) кво́та, но́рма.

quotable /ˈkwəʊtəb(ə)l/ *adj* досто́йный цити́рования/повторе́ния.

quotation /kwəʊˈteɪʃ(ə)n/ *n* **1** (*quoting*) цити́рование; **~ marks** кавы́ч|ки (*pl, g* -ек); (*passage quoted*) цита́та. **2** (*estimate of cost*) цена́, сто́имость.

quot|e /kwəʊt/ *n* **1** (*coll, quotation*) цита́та. **2** (*in pl, coll, quotation marks*) кавы́ч|ки (*pl, g* -ек).
● *vt* **1** (*repeat words of*) цити́ровать, про-; **he is always ~ing Shakespeare** он всегда́ цити́рует Шекспи́ра; **can I**

q

~**e you on that?** могу́ ли я сосла́ться на ва́ши слова́?; '~ ... **unquote**' «откры́ть кавы́чки... закры́ть кавы́чки». **2** (*adduce*) ссыла́ться, сосла́ться на + *a*; **can you ~ an instance?** мо́жете ли вы привести́ приме́р? **3**: ~ **a price** назн|ача́ть, -а́чить це́ну; **this is the best price I can ~ you** э́то са́мая лу́чшая цена́, каку́ю я могу́ вам предложи́ть.

quotient /ˈkwəʊʃ(ə)nt/ *n* ча́стное; **intelligence ~** (*abbr* **IQ**) коэффицие́нт интелле́кта (*or* у́мственного разви́тия), ай-кью́ (*nt indecl*).

q.v. (*abbr of* ***quod vide***) см. (смотри́).

Rr

R /ɑː(r)/ *n*: **the three ~s** ≈ азы́ (*m pl*) нау́ки.
rabbi /ˈræbaɪ/ *n* (*pl* **~s**) равви́н.
rabbinical /rəˈbɪnɪk(ə)l/ *adj* равви́нский.
rabbit /ˈræbɪt/ *n* **1** кро́лик; **breed like ~s** размножа́ться, плоди́ться (*both impf*) как кро́лики. **2**: **Welsh ~** (*also* **rarebit**) гре́нка с сы́ром.
● *vi* (**rabbited, rabbiting**) **1** (*hunt* **~s**) охо́титься (*impf*) на за́йцев/кро́ликов. **2** (*Br, babble*) трепа́ться (*impf*) (*coll*).
● *cpds* **~ hole** *n* кро́личья нора́; **~ hutch** *n* кро́личья кле́тка; **~ warren** *n* крольча́тник; (*fig*) лабири́нт.
rabble /ˈræb(ə)l/ *n* сброд, чернь.
● *cpds* **~-rouser** *n* демаго́г; **~-rousing** *n* демаго́гия.
Rabelaisian /ˌræbəˈleɪzɪən/ *adj* раблезиа́нский.
rabid /ˈræbɪd, ˈreɪ-/ *adj* **1** (*affected with rabies*) бе́шеный. **2** (*furious, violent*) бе́шеный, я́ростный. **3** (*extremist*): **a ~ socialist** оголте́лый социали́ст.
rabies /ˈreɪbiːz/ *n* бе́шенство.
RAC (*abbr of* ***Royal Automobile Club***) Короле́вский автомоби́льный клуб.
rac|coon, -oon /rəˈkuːn/ *n* ено́т.
race[1] /reɪs/ *n* **1** (*contest*) бег на ско́рость, го́нка; забе́г; **(horse) ~s** ска́чки (*f pl*); **how many horses are in the first ~?** ско́лько лошаде́й уча́ствуют в пе́рвом забе́ге?; **a racing man** завсегда́тай тотализа́тора; **let's have a ~** дава́йте побежи́м наперего́нки; **it was a ~ against time** вре́мени бы́ло в обре́з.
2 (*swift current*) бы́стрый пото́к.
● *vt* **1** (*compete in speed with*): **I'll ~ you to the corner** посмо́трим, кто быстре́е добежи́т до угла́.
2 (*cause to compete in* **~**): **how often do you ~ your horses?** как ча́сто ва́ши ло́шади уча́ствуют в ска́чках?
3 (*cause to move fast*): **they ~d the bill through** они́ в спе́шном поря́дке протащи́ли билль че́рез парла́мент; **~ an engine** перегру|жа́ть, -зи́ть мото́р.
● *vi* **1** (*compete in speed*) состяза́ться (*impf*) в ско́рости.
2 (*participate in horse racing*) уча́ствовать (*impf*) в ска́чках.
3 (*move at speed*) нести́сь (*impf*); мча́ться, по-.
● *cpds* **~ car** *n* (*US*) го́ночный автомоби́ль; **~ card** *n* програ́мма ска́чек; **~course** *n* ипподро́м; **~horse** *n* скакова́я ло́шадь; **~ meeting** *n* (*Br*) день (*m*) ска́чек; **~track** *n* тре́к.
race[2] /reɪs/ *n* (*ethnic*) ра́са; (*attr*) ра́совый; **the human ~** челове́ческая ра́са.
raceme /rəˈsiːm/ *n* гроздь (*m*), кисть.
racer /ˈreɪsə(r)/ *n* (*racing driver, cyclist*) го́нщик; (*rider*) нае́здник; (*horse*) скакова́я ло́шадь; (*car, yacht, etc.*) го́ночная маши́на/я́хта *и т. п.*
racial /ˈreɪʃ(ə)l/ *adj* ра́совый.
racialism /ˈreɪʃəˌlɪz(ə)m/ = **racism**
racialist /ˈreɪʃəˌlɪst/ = **racist**
raciness /ˈreɪsɪnɪs/ *n* острота́, пря́ность, те́рпкость.
racing /ˈreɪsɪŋ/ *n* (**horse-~**) ска́чки (*f pl*); (**motor-~**) автого́нки (*f pl*); **~ car** го́ночный автомоби́ль; **~ cyclist** велого́нщик; **~ driver** го́нщик.
racism /ˈreɪsɪz(ə)m/ *n* раси́зм.
racist /ˈreɪsɪst/ *n* раси́ст (*fem* -ка).
● *adj* раси́стский.
rack[1] /ræk/ *n* **1** (*frame*) сто́йка (с по́лками); стелла́ж; (*for fodder*) я́сл|и (*pl, g* -ей); (*plate* **~**) подста́вка для посу́ды; (*hat* **~**) ве́шалка; (*luggage* **~** *on bus, train*) бага́жная по́лка/се́тка; **CD/DVD ~** сто́йка для CD/DVD.
2 (*toothed bar*) зубча́тая ре́йка.
rack[2] /ræk/ *n* (*hist, instrument of torture*) дыба.
● *vt* **1** (*torture*) му́чить, из-; терза́ть, ис-; **he was ~ed with pain** он ко́рчился от бо́ли; (*fig*): **I ~ed my brains for an answer** я лома́л го́лову над отве́том.
2 (*shake violently*): **the cough ~ed his whole body** всё его́ те́ло сотряса́лось от ка́шля.
● *cpd* **~ rent** *n* грабительская аре́ндная пла́та.
rack[3] /ræk/ *n* (*destruction*): **everything went to ~ and ruin** всё пошло́ пра́хом.
rac|ket[1], -quet /ˈrækɪt/ *n* **1** (*for tennis etc.*) раке́тка. **2**: **squash ~s** сквош.
racket[2] /ˈrækɪt/ *n* **1** (*din, uproar*) шум, гам. **2** (*coll*) (*dishonest scheme*) жу́льническое предприя́тие; (*extortion*) ре́кет, вымога́тельство.
racketeer /ˌrækɪˈtɪə(r)/ *n* (*swindler*) моше́нник, афери́ст; (*extorter*) рэкети́р.
raconteur /ˌrækɒnˈtɜː(r)/ *n* хоро́ший расска́зчик.
racoon /rəˈkuːn/ = **raccoon**
racquet /ˈrækɪt/ = **racket[1]**
racy /ˈreɪsɪ/ *adj* (**racier, raciest**) (*piquant, lively*) о́стрый, пря́ный; **a ~ style** бо́йкий/я́ркий стиль.
RADA /ˈrɑːdə/ *n* (*abbr of* ***Royal Academy of Dramatic Art***) Короле́вская акаде́мия театра́льного иску́сства.
radar /ˈreɪdɑː(r)/ *n* (*system*) радиолока́ция; (*apparatus*) радиолока́тор, рада́р; (*attr*) рада́рный, радиолокацио́нный; **~ screen** экра́н рада́ра.
radial /ˈreɪdɪəl/ *adj* радиа́льный; (*anat*) лучево́й.
radiance /ˈreɪdɪəns/ *n* сия́ние, блеск; **the sun's ~** со́лнечное сия́ние.
radiant /ˈreɪdɪənt/ *adj* **1** (*lit, fig*) сия́ющий; **she was ~ with happiness** она́ сия́ла от сча́стья; **he is in ~ health** он пы́шет здоро́вьем.
2 (*transmitted by radiation*) лучи́стый; **~ heat** теплово́е излуче́ние.
radiate /ˈreɪdɪˌeɪt/ *vt* & *i* излуч|а́ть(ся), -и́ть(ся); (*fig*): **his face ~d happiness** его́ лицо́ свети́лось ра́достью.
radiation /ˌreɪdɪˈeɪʃ(ə)n/ *n* радиа́ция, излуче́ние; **~ treatment** радиотерапи́я; **~ sickness** лучева́я боле́знь.
radiator /ˈreɪdɪˌeɪtə(r)/ *n* (*heating device*) батаре́я, радиа́тор; (*of car*) радиа́тор.
radical /ˈrædɪk(ə)l/ *n* (*math, philology*) ко́рень (*m*); (*pol*) радика́л.
● *adj* (*fundamental*) коренно́й; (*pol*) радика́льный; (*math*) относя́щийся к ко́рню; (*philology, bot*) корнево́й.
radicalism /ˈrædɪkəˌlɪz(ə)m/ *n* радикали́зм.
radii /ˈreɪdɪˌaɪ/ *pl of* ⇒**radius**
radio /ˈreɪdɪəʊ/ *n* (*pl* **radios**) (*means of communication*) ра́дио (*indecl*); (*broadcasting system*) радиовеща́ние; (*receiving/transmitting apparatus*) радиоприёмник; **~ car** радиофици́рованный автомоби́ль; **~ cassette (recorder)** магнито́ла; **~-controlled** радиоуправля́емый; **~ ham** радиолюби́тель (*m*); **~ programme** (*Br*), **program** (*US*) радиопереда́ча; **~ station** радиоста́нция; **~-telephone** радиотелефо́н; **~ telescope** радиотелеско́п.
● *vt* (**radioes, radioed**) **1** (*send by* **~**) перед|ава́ть, -а́ть (по ра́дио).
2 (*contact by* **~**) ради́ровать (*pf*) + *d.*
radioactive /ˌreɪdɪəʊˈæktɪv/ *adj* радиоакти́вный.
radioactivity /ˌreɪdɪəʊækˈtɪvɪtɪ/ *n* радиоакти́вность.
radiobiology /ˌreɪdɪəʊbaɪˈɒlədʒɪ/ *n* радиобиоло́гия.

radiocarbon /ˌreɪdɪəʊˈkɑːbən/ *n* радиоакти́вный углеро́д; **~ dating** датиро́вка радиоуглеро́дным ме́тодом.

radiochemical /ˌreɪdɪəʊˈkemɪk(ə)l/ *adj* радиохими́ческий.

radiochemistry /ˌreɪdɪəʊˈkemɪstrɪ/ *n* радиохи́мия.

radiogram /ˈreɪdɪəʊˌɡræm/ *n* (*picture*) рентгеногра́мма; (*telegram*) радиогра́мма; (*Br, gramophone with radio*) радио́ла.

radiographer /ˌreɪdɪˈɒɡrəfə(r)/ *n* рентгено́лог, радиографи́ст.

radiographic /ˌreɪdɪəˈɡræfɪk/ *adj* радиографи́ческий.

radiography /ˌreɪdɪˈɒɡrəfɪ/ *n* рентгеногра́фия, радиогра́фия.

radiological /ˌreɪdɪəˈlɒdʒɪk(ə)l/ *adj* радиологи́ческий.

radiologist /ˌreɪdɪˈɒlədʒɪst/ *n* радио́лог, рентгено́лог.

radiology /ˌreɪdɪˈɒlədʒɪ/ *n* рентгеноло́гия, радиоло́гия.

radiotherapy /ˌreɪdɪəʊˈθerəpɪ/ *n* лучева́я терапи́я, радиотерапи́я.

radish /ˈrædɪʃ/ *n* (*single* ~) реди́ска, (*in pl, collect*) реди́с; **bunch of ~es** пучо́к реди́ски.

radium /ˈreɪdɪəm/ *n* ра́дий.

radius /ˈreɪdɪəs/ *n* (*pl* **radii** *or* **radiuses**) ра́диус; (*anat*) лучева́я кость; **within a ~ of** в ра́диусе + *g*.

RAF (*abbr of* ***Royal Air Force***) ВВС (*f pl*) (вое́нно-возду́шные си́лы) Великобрита́нии.

raffia /ˈræfɪə/ *n* ра́фия (*род пальм; волокно этих пальм, применяемое для плетения корзин, шляп и т. п.*).

raffish /ˈræfɪʃ/ *adj* (*dissipated*) беспу́тный; (*in appearance*) потрёпанный.

raffle /ˈræf(ə)l/ *n* лотере́я.
● *vt* (*also* **~ off**) разы́гр|ывать, -а́ть в лотере́е.

raft /rɑːft/ *n* (сплавно́й) плот.

rafter /ˈrɑːftə(r)/ *n* стропи́ло.

rag¹ /ræɡ/ *n* **1** (*small, esp torn, piece of cloth*) тря́пка, лоску́т; **they tore his shirt to ~s** они́ разорва́ли его́ руба́шку в кло́чья; (*in pl, torn or tattered clothing*) лохмо́ть|я (*pl, g* -ев); отре́пья (*nt pl*); **he went about in ~s** он ходи́л как оборва́нец; **his coat is in ~s** его́ пальто́ изно́шено до дыр. **2** (*pej or joc, garment*) тря́пки (*f pl*); **the ~ trade** (*coll*) швейная промы́шленность; **glad ~s** (*coll*) пара́дное облаче́ние. **3** (*pej, newspaper*) газетёнка.
● *cpds* **~(-and-bone)man** *n* (*pl* **~(-and-bone)men**) старьёвщик; **~bag** *n* (*fig*) вся́кая вся́чина; **~ doll** *n* тряпи́чная ку́кла; **~picker** *n* старьёвщик; **~tag (and bobtail)** *n* подо́нки (*m pl*), сброд; **~time** *n* ре́гтайм.

rag² /ræɡ/ *n* (*Br, students' prank*) подтру́нивание, прока́зы (*f pl*).
● *vt* (**ragged, ragging**) (*play prank on; tease*) разы́гр|ывать, -а́ть; изводи́ть (*impf*).

ragamuffin /ˈræɡəˌmʌfɪn/ *n* оборва́нец.

rag|e /reɪdʒ/ *n* **1** (*violent anger*) я́рость, гнев; **he flew into a ~e** он пришёл в я́рость. **2** (*dominant fashion*) после́дний крик мо́ды.
● *vi*: **he ~ed at his wife** он наки́нулся на свою́ жену́; **the wind ~ed all day** ве́тер бушева́л весь день; **a ~ing torrent** бушу́ющий пото́к; **a ~ing thirst** мучи́тельная жа́жда.

ragged /ˈræɡɪd/ *adj* **1** (*torn, frayed*) рва́ный, потрёпанный; (*wearing torn clothes*) обо́рванный. **2** (*rough or uneven in outline*): **a ~ beard** косма́тая борода́; **~ clouds** рва́ные облака́. **3** (*wanting polish or uniformity*): **their singing is ~** они́ пою́т нестро́йно.

raglan /ˈræɡlən/ *n*: **~ sleeve** рука́в регла́н.

ragout /ræˈɡuː/ *n* рагу́ (*nt indecl*).

raid /reɪd/ *n* (*by police*) обла́ва, рейд; (*by criminals*) налёт; (*mil*) рейд, налёт; (*of cavalry*) набе́г; **he was killed during a ~ on London** он был уби́т во вре́мя налёта на Ло́ндон; **the police made a ~ on the club** поли́ция устро́ила обла́ву в клу́бе; **bank ~** налёт на банк; **there was a ~ on sterling** была́ сде́лана попы́тка подорва́ть курс фу́нта.
● *vt*: **our bombers ~ed Hamburg** на́ши бомбардиро́вщики соверши́ли налёт на Га́мбург; **the flat was ~ed in his absence** в его́ отсу́тствие кварти́ру огра́били; **he had to ~ his savings** ему́ пришло́сь воспо́льзоваться ча́стью свои́х сбереже́ний.

raider /ˈreɪdə(r)/ *n* (*criminal*) налётчик, граби́тель (*m*).

rail¹ /reɪl/ *n* **1** (*bar for protection, support etc.*) перекла́дина, ре́йка; (*of staircase*) пери́л|а (*pl, g* —); (*for hanging things on*) ве́шалка; **~ fence** огра́да; **the horse was forced to the ~s** ло́шадь оказа́лась прижа́той к огра́де (ипподро́ма); **they were leaning over the ship's ~** они́ стоя́ли, облокоти́вшись о борт па́лубы. **2** (*of railway or tram track*) рельс; **live ~** конта́ктный рельс; **the train ran off the ~s** по́езд сошёл с ре́льсов; (*fig*): **after his wife's death he went off the ~s** он был соверше́нно вы́бит из коле́и сме́ртью жены́; (*railway transport*): **by ~** по́ездом; **~ fares are going up** сто́имость прое́зда по желе́зной доро́ге повыша́ется.
● *vt*: **~ in** огор|а́живать, -оди́ть; **~ off** отгор|а́живать, -оди́ть.
● *cpds* **~car** *n* (*Br*) дрези́на; (*US*) железнодоро́жный ваго́н; **~road** *n* (*US*) желе́зная доро́га; *vt* (*coll*): **they were ~roaded into agreement** их с хо́ду втяну́ли в соглаше́ние; **~way** *n* (*track, system, company*) желе́зная доро́га; **model ~way** игру́шечная желе́зная доро́га; (*attr*) железнодоро́жный; **~wayman** *n* (*pl* **~waymen**) (*Br*) железнодоро́жник.

rail² /reɪl/ *vi* (*literary*) руга́ться (*impf*); **he ~ed at me** он стал на меня́ ора́ть; **it's no use ~ing against the system** како́й смысл поноси́ть систе́му?

railing(s) /ˈreɪlɪŋ(z)/ *n* (*pl*) и́згородь, огра́да.

raillery /ˈreɪlərɪ/ *n* (доброду́шное) подшу́чивание.

raiment /ˈreɪmənt/ *n* (*literary*) одея́ние.

rain /reɪn/ *n* дождь (*m*); **I was caught in the ~** я попа́л под дождь; **don't go out in the ~** не выходи́те под дождь; **I think I felt a drop of ~** вро́де начина́ет накра́пывать; **a shower of ~** ли́вень (*m*); **a light ~ was falling** мороси́л до́ждик; **~ or shine** в любу́ю пого́ду; **as right as ~** в по́лном поря́дке; **a ~ of congratulations** пото́к поздравле́ний.
● *vt*: **it is ~ing cats and dogs** льёт как из ведра́; (*fig*): **she ~ed blows on his head** она́ колоти́ла его́ по голове́.
● *vi*: **it is ~ing** идёт дождь; **it was ~ing hard** шёл си́льный/проливно́й дождь; **it never ~s but it pours** пришла́ беда́ — отворя́й ворота́.
● *with advs*: **~ in** *vi*: **it is ~ing in under the door** дождь подтека́ет под дверь; **~ off** (*Br*), **out** (*US*) *vt*: **the match was ~ed off** матч был со́рван из-за дождя́.
● *cpds* **~bow** *n* ра́дуга; **her dress was all the colours of the ~bow** её пла́тье отлива́ло все́ми цвета́ми ра́дуги; **~ check** *n* (*US*) обеща́ние приня́ть приглаше́ние в друго́й раз; **~ cloud** *n* ту́ча; **~coat** *n* плащ; **~drop** *n* ка́пля дождя́; **~fall** *n* оса́дк|и (*pl, g* -ов); **~ gauge** *n* дождеме́р; **~proof** *adj* непромока́емый; **~storm** *n* ли́вень (*m*); **~water** *n* дождева́я вода́; **~wear** *n* непромока́емая оде́жда и о́бувь.

rainforest /ˈreɪnˌfɒrɪst/ *n* тропи́ческий лес.

rainy /ˈreɪnɪ/ *adj* (**rainier, rainiest**) дождли́вый; **you should save for a ~ day** вы должны́ откла́дывать на чёрный день.

raise /reɪz/ *n* (*US, rise in salary*) приба́вка; (*increase in stake or bid*) повыше́ние.
● *vt* **1** (*lift; cause to rise*) подн|има́ть, -я́ть; **the anchor was ~d** я́корь был по́днят; **he barely ~d his eyes** он почти́ не поднима́л глаз; **he ~d his hat** он приподня́л шля́пу; (*make higher*) пов|ыша́ть, -ы́сить; **the government ~d the duty on tobacco** прави́тельство повы́сило по́шлину на таба́к; **the news ~d my hopes** изве́стие укрепи́ло мои́ наде́жды; **the stakes were ~d** ста́вки бы́ли повы́шены; (*make louder, more vehement*): **don't ~ your voice** не повыша́йте го́лоса; **voices were ~d in anger** разда́лись гне́вные голоса́; (*cause to stand*): **I ~d him from his knees** я помо́г ему́ подня́ться с коле́н; (*arouse*): **the heat ~d blisters on his skin** от жары́ он весь покры́лся волдыря́ми; **the carriage ~d a cloud of dust** каре́та подняла́ о́блако пы́ли; **Lazarus was ~d from the dead** Ла́зарь был воскрешён из мёртвых; (*fig*): **he ~d hell** он устро́ил стра́шный сканда́л; (*elevate*): **he was ~d to the peerage** его́ произвели́ в пэ́ры; (*erect*): **a monument was ~d to his memory** ему́ был воздви́гнут па́мятник. **2** (*bring up*): **may I ~ one question?** мо́жно мне зада́ть вопро́с?; **the issue will never be ~d** э́тот вопро́с никогда́

r

не бу́дет по́днят; **several objections were ~d** бы́ло сде́лано не́сколько возраже́ний; (*evoke*): **his words hardly ~d a laugh** почти́ никто́ не засмея́лся в отве́т; **you ~d a doubt in my mind** вы зарони́ли мне в ду́шу сомне́ние; (*summon up*): **I couldn't ~ a smile** я не мог себя́ заста́вить улыбну́ться; **he could hardly ~ the energy to get up** он е́ле собра́лся с си́лами, что́бы встать.
3 (*give voice to*): **she ~d the alarm** она́ подняла́ трево́гу.
4 (*collect, procure*): **she ~d money for charity** она́ собрала́ де́ньги на благотвори́тельные це́ли; **I tried to ~ a loan** я попыта́лся взять де́ньги в долг; (*levy*): **the king ~d an army** коро́ль собра́л а́рмию.
5 (*rear*): **they ~d a family** они́ вы́растили дете́й; **sheep are ~d on the downs** ове́ц разво́дят в холми́стых райо́нах.
6 (*siege etc.*) сн|има́ть, -ять.

raisin /ˈreɪz(ə)n/ *n* изю́минка; (*in pl, collect*) изю́м.

raison d'être /ˌreɪzɔ̃ ˈdetr/ *n* (*pl* ***raisons d'être*** *pronunc same*) смысл, разу́мное основа́ние.

Raj /rɑːdʒ/ *n* (*hist*) брита́нское правле́ние в И́ндии.

raja(h) /ˈrɑːdʒə/ *n* ра́джа́ (*m*).

rake[1] /reɪk/ *n* (*implement*) гра́бл|и (*pl, g* -ель *or* -ле́й); **as thin as a ~** худо́й как ще́пка.
● *vt*: **he ~d the soil level** он разрыхли́л грунт.
● *vi* (*fig*): **he ~d among his papers** он переворoши́л свои́ бума́ги.
● *with advs*: **~ in** *vt*: **he ~d in the money** (*fig, coll*) он загреба́л де́ньги лопа́той; **~ out** *vt* выгреба́ть, вы́грести; **she ~d out the ashes** она́ вы́гребла пе́пел; **~ together** *vt* сгре|ба́ть, -сти́ в ку́чу; **~ up** *vt* сгре|ба́ть, -сти́; (*fig*): **why ~ up an old quarrel?** заче́м вороши́ть ста́рую ссо́ру?
● *cpd* **~-off** *n* (*coll*) магары́ч (*sl*); комиссио́нные (*pl*).

rake[2] /reɪk/ *n* (*archaic, dissolute person*) пове́са (*m*).

rakish /ˈreɪkɪʃ/ *adj* (*of man*) распу́тный, бесшаба́шный; (*of hat*) залихва́тски/ли́хо/небре́жно наде́тый.

rallentan|do /ˌrælənˈtændəʊ/ *n, adj, & adv* (*pl* **~dos** *or* **~di** /-dɪ/) (*mus*) раллента́ндо (*indecl*), замедля́я.

rall|y /ˈrælɪ/ *n* **1** (*mass gathering*) сбор, слёт, ми́тинг. **2** (*recovery, revival*) восстановле́ние сил; попра́вка. **3** (*at tennis etc.*) (затяжно́й) обме́н уда́рами, се́рия. **4** (*motor race*) автора́лли (*nt indecl*); **~y driver** авторалли́ст.
● *vt* **1** (*reassemble*) соб|ира́ть, -ра́ть (в строй); спл|а́чивать, -оти́ть. **2** (*revive*): **his words ~ied their spirits** его́ слова́ воодушеви́ли их.
● *vi* **1** (*reassemble*) соб|ира́ться, -ра́ться; спл|а́чиваться, -оти́ться; **they ~ied round the leader** они́ сплоти́лись вокру́г вождя́; **they ~ied to the cause** де́ло сплоти́ло их. **2** (*revive*): **he ~ied from his illness** он опра́вился от боле́зни; **the market ~ied** ры́нок о́жил/оживи́лся.

RAM /ræm/ *n* (*comput*) (*abbr of* ***random-access memory***) операти́вная па́мять, ОЗУ (операти́вное запомина́ющее устро́йство).

ram /ræm/ *n* **1** (*male sheep*) бара́н. **2** (*astron*: **the R~**) О́ве́н. **3** (*battering ~*) тара́н.
● *vt* (**rammed, ramming**) **1** (*drive or compress by force*): **stakes were ~med into the ground** ко́лья бы́ли вби́ты в зе́млю; **the soil was ~med down** грунт был утрамбо́ван; **he ~med his clothes into a drawer** он запихну́л свою́ оде́жду в я́щик (шка́фа/комо́да); (*fig*): **he ~med the point home** он вдолби́л им свою́ мысль.
2 (*strike with force*): **the ship ~med the bridge** (*by accident*) кора́бль наскочи́л на мост; **he ~med the enemy flagship** он протара́нил фла́гман проти́вника.
● *cpds* **~ raid** *n* ограбле́ние с испо́льзованием тяжёлой (строи́тельной) те́хники; **~rod** *n* шо́мпол.

Ramadan /ˈræməˌdæn/ *n* (*relig*) Рамаза́н, Рамада́н.

rambl|e /ˈræmb(ə)l/ *n* прогу́лка.
● *vi* **1** (*walk for pleasure*) прогу́л|иваться, -я́ться. **2** (*of plants*) ползти́, ви́ться (*both impf*). **3** (*fig, of speech or writing*) болта́ть (*impf*) языко́м; бубни́ть (*impf*); **a ~ing speaker** многосло́вный ора́тор; **a ~ing speech** бессвя́зная речь; (*of sick person*) загова́риваться (*impf*). **4**: **a ~ing house** беспоря́дочно вы́строенный дом.

rambler /ˈræmblə(r)/ *n* (*hiker*) люби́тель пешехо́дного тури́зма; (*speaker*) пустоме́ля (*cg*); (*rose*) вью́щаяся ро́за.

rambling /ˈræmblɪŋ/ *n* пешехо́дный тури́зм.

ramification /ˌræmɪfɪˈkeɪʃ(ə)n/ *n* разветвле́ние; (*consequence*) после́дствие.

ramif|y /ˈræmɪˌfaɪ/ *vt & i* разветв|ля́ть(ся), -и́ть(ся); **a ~ied system of railways** разветвлённая систе́ма желе́зных доро́г.

ramp /ræmp/ *n* (*slope*) скат, укло́н.

rampage /ˈræmpeɪdʒ/ *n* бу́йство, разгу́л.
● *vi* бу́йствовать, буя́нить (*both impf*).

rampant /ˈræmpənt/ *adj* **1** (*heraldry*): **lion ~** взды́бленный лев.
2 (*unchecked, widespread*) свире́пствующий, безу́держный; **disease was ~** боле́знь свире́пствовала. **3** (*rank, luxuriant*) бу́йный, пы́шный.

rampart /ˈræmpɑːt/ *n* крепостно́й вал; парапе́т.

ramshackle /ˈræmˌʃæk(ə)l/ *adj* (*e.g. house*) обветша́лый; (*e.g. car*) разби́тый.

ran /ræn/ *past of* ⇨**run**

ranch /rɑːntʃ/ *n* ра́нчо (*indecl*), фе́рма.
● *vi* занима́ться (*impf*) се́льским хозя́йством.
● *vt* разв|оди́ть, -ести́.

rancher /ˈrɑːntʃə(r)/ *n* владе́лец ра́нчо; скотово́д.

rancid /ˈrænsɪd/ *adj* прого́ркный, ту́хлый.

rancor /ˈræŋkə(r)/ (*US*) = **rancour**

rancorous /ˈræŋkərəs/ *adj* озло́бленный, злопа́мятный.

rancour /ˈræŋkə(r)/ (*US* **rancor**) *n* зло́ба, озло́бленность; злопа́мятство.

rand /rænd/ *n* (*currency*) ранд.

R & B (*abbr. of* ***rhythm and blues***) ри́тм-энд-блю́з; (*modern style*) ар-эн-би́ (*m indecl*) (*usu written in Roman*).

R & D (*abbr of* ***research and development***) нау́чно-иссле́довательская рабо́та.

random /ˈrændəm/ *n*: **at ~** наобу́м, науга́д, наудачу; **shoot at ~** стреля́ть (*impf*) не це́лясь; **he hit out at ~** он бил, куда́ придётся.
● *adj* случа́йный; **~ bullet** шальна́я пу́ля; **~ choice** случа́йный вы́бор; **~ remark** случа́йное замеча́ние.

randy /ˈrændɪ/ *adj* (**randier, randiest**) (*Br*) распу́тный, похотли́вый.

rang /ræŋ/ *past of* ⇨**ring**[2]

range /reɪndʒ/ *n* **1** (*row, line, series*) цепь, ряд; **a ~ of mountains** го́рная цепь; **a ~ of buildings** ряд зда́ний.
2 (*grazing area*) неогоро́женное па́стбище; (*hunting ground*) охо́тничье уго́дье.
3 (*area for firing, bombing etc.*) полиго́н; **rifle ~** стре́льбище; тир.
4 (*operating distance*) да́льность, ра́диус; **the missile has a ~ of 1,000 miles** ра́диус де́йствия раке́ты — 1000 миль; **~ of an aircraft** да́льность полёта самолёта; **the enemy was out of ~ of our guns** враг был вне досяга́емости на́ших ору́дий.
5 (*distance to target*) расстоя́ние, да́льность; **they fired at close ~** они́ стреля́ли с бли́зкого расстоя́ния.
6 (*limit of audibility or visibility*) преде́л, -ы; **beyond the ~ of vision** вне преде́лов ви́димости.
7 (*extent; distance between limits*) диапазо́н; **her voice has a remarkable ~** у неё замеча́тельный диапазо́н.
8 (*selection*) набо́р; (*assortment*) ассортиме́нт; **this fabric comes in a wide ~ of colours** э́та ткань выпуска́ется са́мых разли́чных цвето́в.
9 (*scope*): **the subject is outside my ~** э́тот вопро́с — не по мое́й ча́сти.
10 (*cooking stove*) ку́хонная плита́.
● *vt* **1** (*place in row*) распол|ага́ть, -ожи́ть (*or* выстра́ивать, вы́строить) в ряд; **they ~d themselves against the wall** они́ вы́строились вдоль стены́.
2 (*traverse*): **wolves ~d the prairie** во́лки ры́скали по сте́пи; **police ~d the woods** (*in their search*) поли́ция прочёсывала лес.
● *vi* **1** (*wander, roam*): **tigers ~d through the jungle** ти́гры броди́ли по джу́нглям.
2 (*extend*) простира́ться (*impf*); **my research ~s over a wide field** мои́ иссле́дования охва́тывают широ́кую о́бласть.
3 (*vary between limits*) колеба́ться (*impf*); **prices ~ from £10 to £50** це́ны

r

колéблются от десятí до пятидесяти фýнтов.
4 (*of guns etc., carry*): **the gun ~s over 5 miles** дальнобóйность пýшки — 5 миль.
● *cpd* **~finder** *n* дальномéр.
ranger /ˈreɪndʒə(r)/ *n* (*guard of forest or parkland*) лесни́к, объéздчик; (*in pl, mounted troops*) кóнная охрáна.
rank¹ /ræŋk/ *n* **1** (*row*) ряд; (*taxi ~*) (*Br*) стоя́нка такси́.
2 (*line of soldiers*) шерéнга; **in the front ~** (*lit*) в пéрвой шерéнге; (*fig, pre-eminent*) в пéрвых рядáх; **the men broke ~(s)** солдáты нарýшили строй; **an artist of the first ~** первоклáссный худóжник; **among the ~s of the unemployed** в рядáх безрабóтных.
3 (*usu in pl, common soldiers*): **~ and file** (*mil etc.*) рядовы́е; **he rose from the ~s** он вы́служился из рядовы́х; **he was reduced to the ~s** егó разжáловали в рядовы́е.
4 (*in armed forces*) звáние, чин; **he has the ~ of captain** он имéет чин капитáна.
5 (*official position*) служéбное положéние; (*social position*): **persons of ~** высокопостáвленные ли́ца; **people of all ~s of society** представи́тели всех слоёв óбщества.
● *vt* (*class, assess*) классифици́ровать (*impf, pf*); **he was ~ed among the great poets** егó причисля́ли к вели́ким поэ́там.
● *vi* (*have a place*): **a major ~s above a captain** майóр — вы́ше капитáна по чи́ну; **a high-~ing officer** стáрший офицéр; **France ~s among the great powers** Фрáнция вхóдит в числó вели́ких держáв.
rank² /ræŋk/ *adj* **1** (*too luxuriant, coarse*) бýйный, пы́шный; **~ vegetation** бýйная расти́тельность; **a garden ~ with weeds** сад, зарóсший сорнякáми. **2** (*foul to smell or taste; offensive*): **the skunk gives off a ~ odour** (*Br*), **odor** (*US*) от скýнса исхóдит зловóние. **3** (*loathsome, corrupt*) гнýсный. **4** (*gross*) чрезмéрный; **~ indecency** ди́кая непристóйность; **~ injustice** вопиющая несправедли́вость; **~ nonsense** сýщая чепухá; **~ outsider** совершéнно посторóнний человéк.
rank-and-file /ˈræŋkəndˌfaɪl/ *adj* рядовóй.
ranker /ˈræŋkə(r)/ *n* (*Br, private soldier*) рядовóй.
rankle /ˈræŋk(ə)l/ *vi* (*torment*) терзáть, мучи́ть (*both impf*).
rankness /ˈræŋknɪs/ *n* (*excess*) изоби́лие, чрезмéрность; (*offensiveness*) гнýсность.
ransack /ˈrænsæk/ *vt* **1** (*search*) обшáри|вать, -ть; переры́ть (*pf*).
2 (*plunder*) грáбить, раз-.
ransom /ˈrænsəm/ *n* вы́куп; **he was held to ~** (*lit*) за негó трéбовали вы́куп; (*fig*) егó шантажи́ровали.
● *vt* (*pay ~ for*) плати́ть, за- вы́куп за + *a*.
rant /rænt/ *n* тирáда; разглагóльствование.
● *vi* разглагóльствовать (*impf*).
ranter /ˈræntə(r)/ *n* фразёр, краснобáй.
rap /ræp/ *n* **1** (*light blow*) лёгкий удáр, стук; **I heard a ~ at the window** я услы́шал стук в окнó; **he received a ~ on the knuckles** (*fig, reproof*) емý дáли по рукáм. **2** (*blame*): **who will take the ~ for this?** кто бýдет за э́то отдувáться? (*coll*). **3** (**~ music**) рэп.
● *vt* (**rapped, rapping**) слегкá уд|аря́ть, -áрить по + *d*.
● *vi* (**rapped, rapping**) ст|учáть, -ýкнуть; постý|кивать, -чáть; **he ~ped on the door** он постучáл в дверь.
● *with adv*: **~ out** *vt* (*utter brusquely*) говори́ть (*impf*) отры́висто; **he ~ped out his orders** он выкри́кивал свои́ приказáния.
rapacious /rəˈpeɪʃəs/ *adj* жáдный, ненасы́тный.
rape¹ /reɪp/ *n* изнаси́лование; **gang ~** группово́е изнаси́лование; **statutory ~** (*US, law*) половáя связь с лицóм, не дости́гшим совершеннолéтия.
● *vt* наси́ловать, из-.
rape² /reɪp/ *n* (*bot*) рапс.
rapid /ˈræpɪd/ *n* (*in pl*) речнóй порóг; **shoot ~s** преодол|евáть, -éть порóги.
● *adj* (**rapider, rapidest**) (*swift*) бы́стрый, скóрый.
rapidity /rəˈpɪdɪtɪ/ *n* быстротá, скóрость.
rapier /ˈreɪpɪə(r)/ *n* рапи́ра.
rapist /ˈreɪpɪst/ *n* наси́льник.
rapport /ræˈpɔː(r)/ *n* взаимопонимáние, контáкт.
rapprochement /ræˈprɒʃmɑ̃/ *n* сближéние, (*establishment*) установлéние/(*resumption*) восстановлéние дрýжественных отношéний (*между государствами*).
rapt /ræpt/ *adj* (*enraptured*) восхищённый; (*absorbed*) поглощённый; **he was ~ in contemplation** он был погружён в раздýмье; **she listened with ~ attention** онá слýшала, затáив дыхáние.
rapture /ˈræptʃə(r)/ *n* востóрг; **she went into ~s over the play** онá былá в (ди́ком) востóрге от пьéсы.
rapturous /ˈræptʃərəs/ *adj* востóрженный.
rare¹ /reə(r)/ *adj* (**rarer, rarest**) **1** (*not dense*): **a ~ atmosphere** разрежённая атмосфéра. **2** (*uncommon*) рéдкий; **it is ~ for him to smile** он рéдко улыбáется; **this flower is ~ in Britain** э́тот цветóк рéдко встречáется в Великобритáнии. **3** (*remarkably good*): рéдкостный; **we had a ~ old time** (*coll*) мы на рéдкость хорошó провели́ врéмя; **he has a ~ wit** он на рéдкость остроýмен.
rare² /reə(r)/ *adj* (**rarer, rarest**) (*undercooked*) недожáренный; **a ~ steak** бифштéкс с крóвью.
rarebit /ˈreəbɪt/ = **rabbit** *n* **2**
raref|action /ˌreərɪˈfækʃ(ə)n/, **-ication** /ˌreərɪfɪˈkeɪʃ(ə)n/ *nn* разрежéние, разрежённость.
rarefy /ˈreərɪˌfaɪ/ *vt* разре|жáть, -ди́ть; (*fig*) утонч|áть, -и́ть; рафини́ровать (*impf, pf*).
● *vi* разре|жáться, -ди́ться.
rarely /ˈreəlɪ/ *adv* рéдко, нечáсто, и́зредка.
raring /ˈreərɪŋ/ *adj* (*coll*): **he was ~ to go** емý не терпéлось приступи́ть к дéлу.
rarity /ˈreərɪtɪ/ *n* (*uncommonness, infrequency*) рéдкость; (*thing valued for this*) (большáя) рéдкость.
rascal /ˈrɑːsk(ə)l/ *n* (*rogue*) мошéнник, плут; (*mischievous child*) шалýн.
rascally /ˈrɑːskəlɪ/ *adj* мошéннический, нечéстный.
rash¹ /ræʃ/ *n* сыпь; **he broke out in a ~** у негó вы́ступила сыпь.
rash² /ræʃ/ *adj* опромéтчивый, необдýманный.
rasher /ˈræʃə(r)/ *n* лóмтик (бекóна).
rashness /ˈræʃnɪs/ *n* опромéтчивость, необдýманность.
rasp /rɑːsp/ *n* (*file*) тёрка, рáшпиль (*m*); (*grating sound*) скрéжет.
● *vt* (*scrape*) скрести́, скобли́ть, терéть (*all impf*).
● *vi* скрежетáть (*impf*); **a ~ing voice** скрипýчий гóлос.
● *with advs*: **~ away, ~ off** *vvt* соск|áбливать, -обли́ть; **~ out** *vt* (*e.g. an order*) гáркнуть (*pf*).
raspberry /ˈrɑːzbərɪ/ *n* **1** (*fruit*) мали́на (*collect*); **a ~** я́года мали́ны; **~ cane** куст мали́ны; **~ jam** мали́новое варéнье. **2** (*sl, sound or gesture of derision*): **he blew me a ~** он показáл мне нос.
Rasta /ˈræstə/ *n* & *adj* (*coll*) = **Rastafarian**
Rastafarian /ˌræstəˈfeərɪən/ *n* (*relig*) растафáри (*cg indecl*).
● *adj* растафариáнский.
rat /ræt/ *n* **1** (*rodent*) кры́са; **he looked like a drowned ~** он походи́л на мóкрую кýрицу; **I smell a ~** я чýю подвóх; здесь чтó-то нечи́сто.
2 (*traitor*) измéнник, ренегáт.
● *vi* (**ratted, ratting**) **1** (*hunt ~s*) лови́ть (*impf*) крыс. **2**: **~ on** (*break faith with*) **s.o.** измен|я́ть, -и́ть комý-н.
● *cpds* **~-catcher** *n* крысолóв; **~ race** *n* бéшеная погóня за успéхом/богáтством; **~ trap** *n* крысолóвка.
ratable /ˈreɪtəb(ə)l/ = **rat(e)able**
rat-a-tat /ˌrætəˈtæt/ = **rat-tat**
ratchet /ˈrætʃɪt/ *n* (*toothed mechanism*) храповóй механи́зм, храпови́к; (**~ wheel**) храповóе колесó.
rate¹ /reɪt/ *n* **1** (*numerical proportion*) нóрма, размéр; стáвка; **~ of exchange** курс обмéна; **~ of interest** процéнтная стáвка; **bank ~** учётная стáвка бáнка; **birth ~** рождáемость; **death ~** смéртность.
2 (*speed*) скóрость; **at a steady ~** с постоя́нной скóростью; **we shall never get there at this ~** при таки́х тéмпах мы тудá никогдá не доберёмся.
3 (*price*) расцéнка, тари́ф; **his ~s are high** он дóрого берёт; **the letter ~ goes up every year** тари́ф на пи́сьма повышáется ежегóдно.
4 (*Br, tax on property etc.*) мéстный налóг; **water ~** плáта за водоснабжéние.
5: **at any ~** (*in any case*) во вся́ком

слу́чае; **at that ~** (*on that basis*) **you will never succeed** в тако́м слу́чае вы никогда́ не добьётесь успе́ха.
● *vt* **1** (*estimate, consider*) оце́н|ивать, -и́ть; **how do you ~ my chances?** как вы оце́ниваете мои́ ша́нсы?; **do you ~ him among your friends?** счита́ете ли вы его́ свои́м дру́гом?
2 (*Br, assess for purposes of levy*) оце́н|ивать, -и́ть в це́лях налогообложе́ния.
3 (*deserve*): **he ~s a prize** он заслу́живает награ́ды.
● *vi*: **~ as** (*be considered*) счита́ться (*impf*) + *i*; **he ~s high in my esteem** я его́ о́чень ценю́/уважа́ю.
● *cpd* **~payer** *n* (*Br*) платёльщик ме́стных нало́гов.

rate² /reɪt/ *vt* (*literary, scold*) брани́ть (*impf*).

rat(e)able /ˈreɪtəb(ə)l/ *adj* подлежа́щий обложе́нию нало́гом/нало́гами.

rather /ˈrɑːðə(r)/ *adv* **1** (*by preference or choice*): **I would ~ die than consent** я скоре́е умру́, чем соглашу́сь; **I'd ~ have coffee** я предпочёл бы ко́фе; **I'd ~ not say** я лу́чше промолчу́; **~ than annoy him, she agreed** она́ согласи́лась, что́бы не серди́ть его́.
2 (*more truly or precisely*) скоре́е, верне́е; **last night, or ~ this morning** вчера́ ве́чером, и́ли, верне́е/точне́е (сказа́ть), сего́дня у́тром; **she is shy ~ than unsociable** она́ скоре́е засте́нчива, чем необщи́тельна.
3 (*somewhat*) дово́льно, не́сколько; **the result was ~ surprising** результа́т был дово́льно неожи́данным; **he is ~ taller than his brother** он немно́го вы́ше своего́ бра́та; **it is ~ a pity** а жаль всё же; **I ~ think you are mistaken** а мне сдаётся, что вы ошиба́етесь; **the effect was ~ spoiled** эффе́кт был сма́зан/подпо́рчен.
4 (*Br coll, assuredly*) ещё бы!

ratification /ˌrætɪfɪˈkeɪʃ(ə)n/ *n* ратифика́ция.

ratify /ˈrætɪˌfaɪ/ *vt* ратифици́ровать (*impf, pf*).

rating¹ /ˈreɪtɪŋ/ *n* **1** (*of property etc.*) оце́нка; (*assessment of worth*) определе́ние сто́имости; (*in opinion poll*) ре́йтинг; (*of vehicles etc.*) классифика́ция. **2** (*Br, sailor*) матро́с, специали́ст рядово́го и́ли старши́нского соста́ва.

rating² /ˈreɪtɪŋ/ *n* (*scolding*) нагоня́й.

ratio /ˈreɪʃɪəʊ/ *n* (*pl* **~s**) отноше́ние, соотноше́ние; **in the ~ of 3 to 2** в отноше́нии три к двум.

ration /ˈræʃ(ə)n/ *n* рацио́н, паёк; **~ book** продово́льственная кни́жка; **~ card** продово́льственная ка́рточка; **iron ~s** неприкоснове́нный запа́с; **they were on short ~s** они́ бы́ли на ску́дном пайке́; (*in pl, food*) продово́льствие.
● *vt*: **they were ~ed to one loaf a week** их паёк своди́лся к одно́й буха́нке в неде́лю; **meat was severely ~ed** мя́со бы́ло стро́го нормиро́вано.

rational /ˈræʃən(ə)l/ *adj* (*based on reason*) разу́мный, рациона́льный; (*endowed with reason*) разу́мный, мы́слящий; (*math*) рациона́льный.

rationale /ˌræʃəˈnɑːl/ *n* основна́я причи́на; логи́ческое обоснова́ние.

rationalism /ˈræʃənəˌlɪz(ə)m/ *n* рационали́зм.

rationalist /ˈræʃənəlɪst/ *n* рационали́ст.

rationalistic /ˌræʃənəˈlɪstɪk/ *adj* рационалисти́ческий.

rationality /ˌræʃəˈnælɪtɪ/ *n* разу́мность, рациона́льность.

rationalization /ˌræʃənəlaɪˈzeɪʃ(ə)n/ *n* (*explanation*) обоснова́ние, разу́мное объясне́ние; (*justification*) оправда́ние; (*improvement*) рационализа́ция.

rationalize /ˈræʃənəˌlaɪz/ *vt* (*give or find reasons for*) разу́мно объясн|я́ть, -и́ть; опра́вд|ывать, -а́ть; (*make more efficient*) рационализи́ровать (*impf, pf*).

rattan /rəˈtæn/ *n* (*material*) рота́нг; (*cane*) трость.

rat-tat(-tat) /ˌrættætˈtæt/ (*also* **rat-a-tat**) *n* тук-ту́к.

ratter /ˈrætə(r)/ *n* (*rat-catcher*) крысоло́в.

rattle /ˈræt(ə)l/ *n* **1** (*sound*) треск, гро́хот; **the ~ of machine guns** пулемётная дробь; (*of crockery*) гро́хот.
2 (*child's toy*) погрему́шка.
3 (*for sports fans etc.*) трещо́тка.
● *vt* **1** (*cause to ~*): **he ~d the money box** он встряхну́л копи́лку; **the wind ~d the windows** о́кна дребезжа́ли от ве́тра.
2 (*coll, agitate*): **he is not easily ~d** его́ нелегко́ вы́вести из равнове́сия.
● *vi*: **the hail ~d on the roof** град бараба́нил по кры́ше; **the car ~d over the stones** маши́на громыха́ла по камня́м.
● *with advs*: **he ~d off a list of names** он вы́палил це́лый спи́сок фами́лий; **he ~d on about his family** он продолжа́л тарато́рить о свое́й семье́.
● *cpds* **~snake** *n* гремучая змея́; **~trap** *n* драндуле́т.

rattling /ˈrætlɪŋ/ *adj & adv* (*coll*): **he set off at a ~ pace** он бо́дро зашага́л; **we had a ~ (good) time** мы шика́рно провели́ вре́мя.

ratty /ˈrætɪ/ *adj* (**rattier, rattiest**) (*coll*) (*Br, irritable*) злой, раздражи́тельный; **don't get ~ with me!** не огрыза́йся!; (*unkempt*) растрёпанный; (*shabby*) потрёпанный.

raucous /ˈrɔːkəs/ *adj* ре́зкий, хри́плый.

raunchy /ˈrɔːntʃɪ/ *adj* (**raunchier, raunchiest**) (*US coll*) распу́тный.

ravage /ˈrævɪdʒ/ *n* (*usu in pl*) разруше́ние, опустоше́ние; (*fig*): **the ~s of time** следы́ (*m pl*) вре́мени.
● *vt* опустош|а́ть, -и́ть; (*fig*): **her face was ~d by suffering** на её лице́ была́ печа́ть страда́ния.

rave /reɪv/ *n* (*party*) весёлая вечери́нка; (*very large party with dancing to loud electronic music; music played at ~*) рейв.
● *adj*: **~ review** восто́рженный о́тзыв.
● *vi* (*in delirium*) бре́дить (*impf*); (*fig, in anger*) неи́стовствовать (*impf*); (*in delight*): **they ~d about the play** они́ бы́ли в восто́рге от пье́сы; (*see also* ⇒**raving**).
● *cpd* **~-up** *n* (*Br coll*) = **rave**

ravel /ˈræv(ə)l/ *vt & i* (**ravelled, ravelling; *US* raveled, raveling**) запу́т|ывать(ся), -ать(ся); спу́т|ывать(ся), -ать(ся); **the wool became ~led (up)** ни́тки спу́тались.
● *with advs*: **~ out** *vt* распу́т|ывать, -ать; **~ up** *vt* пу́тать (*or* запу́тывать), за-.

raven /ˈreɪv(ə)n/ *n* во́рон.
● *cpd* **~-haired** *adj* с волоса́ми цве́та во́ронова крыла́.

ravenous /ˈrævənəs/ *adj* (*voracious*) прожо́рливый, хи́щный; **a ~ appetite** во́лчий аппети́т; **I am ~** я го́лоден как волк.

raver /ˈreɪvə(r)/ *n* (*pleasure-seeker*) гуля́ка (*cg*); (*person regularly going to raves*) ре́йвер.

ravine /rəˈviːn/ *n* овра́г, уще́лье.

raving /ˈreɪvɪŋ/ *n* бред; **the ~s of an idiot** бред сумасше́дшего.
● *adj & adv* **1** (*insane*): **a ~ lunatic** бу́йно поме́шанный; **you must be ~ mad** ты совсе́м спя́тил. **2**: **a ~ beauty** сногсшиба́тельная краса́вица; **a ~ success** оглуши́тельный успе́х.

ravioli /ˌrævɪˈəʊlɪ/ *n pl* равио́л|и (*m pl, g* -ей).

ravish /ˈrævɪʃ/ *vt* (*enchant*) восхи|ща́ть, -ти́ть; **a ~ing view** восхити́тельный вид.

raw /rɔː/ *n*: **my remarks touched him on the ~** мои́ слова́ заде́ли его́ за живо́е.
● *adj* **1** (*uncooked*) сыро́й, све́жий; **I prefer my fruit ~** я предпочита́ю све́жие фру́кты. **2** (*in natural state, unprocessed*) необрабо́танный; **~ data** необрабо́танные да́нные; **~ materials** сырьё; **~ sugar** нерафини́рованный са́хар. **3** (*callow, inexperienced*) нео́пытный, зелёный. **4** (*unprotected by skin, sensitive*): **a ~ wound** све́жая/незажи́вшая ра́на; **the wind has made my face ~** у меня́ обве́трилось лицо́. **5** (*of weather*) сыро́й; холо́дный и вла́жный. **6** (*harsh*) суро́вый; **he got a ~ deal** (*coll*) с ним суро́во обошли́сь.
● *cpd* **~hide** *adj* сде́ланный из недублёной ко́жи.

Rawlplug /ˈrɔːlplʌg/ *n* (*Br propr*) што́рь (*m*), дю́бель (*m*) (*пластиковая вставка для вкручивания шурупов в стену и т. п.*).

rawness /ˈrɔːnɪs/ *n* **1** (*lack of experience*) нео́пытность. **2** (*of weather*) сы́рость.

ray¹ /reɪ/ *n* (*lit, fig*) луч; **the sun's ~s** со́лнечные лучи́; **a ~ of hope** луч/про́блеск наде́жды.

ray² /reɪ/ *n* (*fish*) скат.

ray³ /reɪ/ = **re¹**

rayon /ˈreɪɒn/ *n* иску́сственный шёлк, виско́за.

raze /reɪz/ *vt* **1** (*demolish*) разр|уша́ть, -у́шить до основа́ния; **the city was ~d to the ground** го́род сравня́ли с землёй. **2** (*efface*) ст|ира́ть, -ере́ть.

razor /ˈreɪzə(r)/ *n* бри́тва; **electric ~** электробри́тва; **cut-throat** (*Br*),

r

straight ~ (*US*) опасная бри́тва; safety ~ безопа́сная бри́тва.
● *cpds* **~bill** *n* (*zool*) гага́рка; **~ blade** *n* ле́звие; **~ edge** *n* (*fig*) остриё ножа́; **on a ~ edge** на краю́ про́пасти.

razzle(-dazzle) /ˈræzəl,(dæz(ə)l)/ *n* (*sl*) кутёж; **they have gone on the ~** они́ загуля́ли.

RC (*abbr of* ***Roman Catholic***) като́лик.

Rd. /rəʊd/ *n* (*abbr of* ***road***) ул. (у́лица).

RE (*abbr of* ***Religious Education***) религио́зное обуче́ние.

re¹ /reɪ/ *n* (*mus*) втора́я но́та мажо́рной га́ммы; (*the note D*) ре (*indecl*).

re² /riː, rɪ, re/ *prep* по де́лу + *g*; каса́тельно + *g*.

reach /riːtʃ/ *n* **1** (*stretching movement*): **he made a ~ for the railing** он протяну́л ру́ку к пери́лам; (*extent of this*) разма́х рук, длина́ руки́; **the apples were beyond their ~** они́ не могли́ дотяну́ться до я́блок; (*fig*): **we are within easy ~ of London** от нас легко́ добра́ться до Ло́ндона, от нас до Ло́ндона руко́й пода́ть.
2 (*stretch of river etc.*): **the upper ~es of the Thames** верхо́вья (*nt pl*) Те́мзы.
● *vt* **1** (*attain, fetch with outstretched hand*) дотя́|гиваться, -ну́ться до + *g*; **I can just ~ the shelf** я е́ле-е́ле доста́ю (*or* могу́ дотяну́ться) до по́лки; **please ~ me that book** доста́ньте мне, пожа́луйста, э́ту кни́гу.
2 (*arrive at*) дост|ига́ть, -и́гнуть + *g*; **we shall ~ town in 5 minutes** мы бу́дем в го́роде че́рез 5 мину́т; **the ladder will not ~ the window** ле́стница не доста́нет до окна́; **your letter ~ed me only yesterday** ва́ше письмо́ дошло́ до меня́ то́лько вчера́; **~ agreement** прийти́ (*pf*) к соглаше́нию; **~ a conclusion** прийти́ (*pf*) к заключе́нию.
3 (*make contact with*): **can I ~ you by telephone?** с ва́ми мо́жно связа́ться по телефо́ну?
4 (*rise or sink to*): **his genius ~ed new heights** его́ ге́ний дости́г небыва́лых высо́т; **the pound ~ed a new low** курс фу́нта (сте́рлингов) упа́л до небыва́лой отме́тки (*or* до небыва́ло ни́зкого у́ровня).
● *vi* **1** (*stretch out hand*) тяну́ться, по-руко́й; **he ~ed for his rifle** он потяну́лся к винто́вке.
2 (*extend*) простира́ться, тяну́ться (*both impf*); **his voice ~ed to the back of the hall** его́ го́лос был слы́шен в конце́ за́ла; **the park ~es from here to the river** парк тя́нется отсю́да до реки́.
● *with advs*: **~ down** *vt* (*fetch down*) дост|ава́ть, -а́ть; сн|има́ть, -ять; брать, взять; *vi*: **he ~ed down and picked up the coin** он нагну́лся и по́днял моне́ту; **the well ~es down for over 100 feet** коло́дец ухо́дит вглубь бо́лее чем на 100 фу́тов; **~ forward** *vi*: **he ~ed forward to save her** он протяну́л ру́ку, что́бы удержа́ть её; **~ out** *vi*: **he ~ed out to catch the ball** он протяну́л ру́ки, что́бы пойма́ть мяч; **~ up** *vi* (*stretch hand up*) протяну́ть (*pf*) ру́ку вверх; (*rise*): **the tree ~es up to the sky** де́рево тя́нется к не́бу.

reachable /ˈriːtʃəb(ə)l/ *adj* достижи́мый.

react /rɪˈækt/ *vi* реаги́ровать, от-/про-; (*have an effect*) вызыва́ть, вы́звать реа́кцию; **these two influences ~ on each other** э́ти два влия́ния взаимоде́йствуют; (*chem*): **acids ~ together** кисло́ты вступа́ют в реа́кцию; (*respond*) реаги́ровать (*impf*); отв|еча́ть, -е́тить (на + *a*); **animals ~ to kindness** живо́тные реаги́руют на ла́ску; **she ~ed by bursting into tears** в отве́т она́ распла́калась; (*act in opposition*) проти́виться, вос-; сопротивля́ться (*impf*).

reaction /rɪˈækʃ(ə)n/ *n* (*various senses*) реа́кция; **my first ~ was one of disbelief** снача́ла э́то вы́звало у меня́ недове́рие; **chain ~** цепна́я реа́кция.

reactionary /rɪˈækʃənərɪ/ *n* реакционе́р.
● *adj* реакцио́нный.

reactivate /rɪˈæktɪˌveɪt/ *vt* реактиви́ровать (*impf, pf*); вдохну́ть (*pf*) но́вую жизнь в + *a*.

reactivation /rɪˌæktɪˈveɪʃ(ə)n/ *n* реактива́ция; возобновле́ние де́ятельности.

reactive /rɪˈæktɪv/ *adj* реакти́вный.

reactivity /ˌrɪækˈtɪvɪtɪ/ *n* реакти́вность.

reactor /rɪˈæktə(r)/ *n* (*tech*) реа́ктор.

read /riːd/ *n* (*Br*) чте́ние; **a good ~** (*book*) интере́сная/захва́тывающая кни́га; **I shall have a ~ and then go to bed** я немно́го почита́ю и ля́гу спать.
● *vt* (*past and pp* **read** /red/) **1** (*peruse*) чита́ть, про- (*or* проче́сть); **have you ~ this book?** вы чита́ли э́ту кни́гу?; **he can ~ several languages** он уме́ет чита́ть на не́скольких языка́х; **he ~ the letter to himself** он прочёл письмо́ про себя́; **this author is widely ~** у э́того а́втора мно́го чита́телей; **can you ~ music?** вы уме́ете игра́ть по но́там?; **Johnny learnt to ~ the time** Джо́нни научи́лся понима́ть вре́мя по часа́м; **~ the letter to me!** прочита́йте мне письмо́!; **he likes being ~ to** он лю́бит, когда́ ему́ чита́ют; **the bill was ~** (*parl*) состоя́лось чте́ние законопрое́кта.
2 (*discern, make out*): **he ~ my thoughts** он чита́л мои́ мы́сли; **he can ~ shorthand** он уме́ет расшифро́вывать стеногра́ммы; **she had her hand ~** ей погада́ли по руке́; **you ~ too much into my words** вы вкла́дываете в мои́ слова́ то, чего́ в них нет; **you (have) ~ too much into the text** вы вы́читали из те́кста то, чего́ в нём нет.
3 (*interpret*): **do not ~ my silence as consent** не прими́те моё молча́ние за согла́сие.
4 (*take as correct*): **for X ~ Y** вме́сто (напеча́танного) X сле́дует чита́ть Y; **for Copperfield ~ Dickens** напи́сано Ко́пперфилд, а подразумева́ется Ди́ккенс.
5 (*Br, study*) изуча́ть (*impf*); **he is ~ing law** он у́чится на юриди́ческом факульте́те.
6 (*examine*): **~ a meter** сн|има́ть, -ять показа́ния счётчика; **~ proofs** держа́ть (*impf*) корректу́ру; пра́вить, вы́- корректу́ру.
● *vi* (*past and pp* **read** /red/)
1: **he can neither ~ nor write** он не уме́ет ни чита́ть, ни писа́ть; **I ~ about it in the papers** я прочёл об э́том в газе́тах; **have you ~ of him before?** вы чита́ли о нём ра́ньше?; **you must ~ between the lines** (*fig*) сле́дует чита́ть ме́жду строк; **she ~s to the children at bedtime** она́ чита́ет де́тям пе́ред сном.
2 (*consist of specified words etc.*): **the document ~s as follows** докуме́нт гласи́т сле́дующее; **the letter ~s ...** в письме́ говори́тся/ска́зано...; **how does the sentence ~ now?** как тепе́рь звучи́т э́то предложе́ние?; **the thermometer ~s 20 degrees below** термо́метр пока́зывает ми́нус 20 гра́дусов.
3 (*produce effect when read*): **this ~s like a threat** э́то звучи́т как угро́за; **the play ~s well** пье́са хорошо́ чита́ется.
● *with advs*: **~ back** *vt* повтор|я́ть, -и́ть; **the operator ~ the telegram back** телефони́ст(ка) повтори́л(а) телегра́мму; **~ off** *vt* (*e.g. list*) прочи́т|ывать, -а́ть; (*from dial etc.*) сн|има́ть, -ять (*показа́ния*); счи́т|ывать, -а́ть; **~ out** *vt* прочи́т|ывать, -а́ть; огла|ша́ть, -си́ть; **~ over** *vt* перечи́т|ывать, -а́ть; прочи́т|ывать, -а́ть; **~ through** *vt* прочи́т|ывать, -а́ть; **~ up on** *vt* подчита́ть (*pf*); чита́ть (*impf*) для подгото́вки; **he ~ up on the subject** он подчита́л ко́е-что́ по э́тому предме́ту.
● *cpd* **~-out** *n* вы́вод/вы́дача да́нных.

readability /ˌriːdəˈbɪlɪtɪ/ *n* (*legibility*) разбо́рчивость; (*interest*) чита́бельность.

readable /ˈriːdəb(ə)l/ *adj* **1** (*legible*) разбо́рчивый. **2** (*enjoyable*) (*coll*) интере́сный; **this is a ~ novel** э́тот рома́н хорошо́ чита́ется.

readdress /ˌriːəˈdres/ *vt* переадресо́в|ывать, -а́ть.

reader /ˈriːdə(r)/ *n* **1** (*of books etc.*) чита́тель (*fem* -ница); **he is a fast ~** он бы́стро чита́ет. **2** (*Br, university teacher*) ≈ доце́нт. **3** (*textbook*) хрестома́тия; кни́га для чте́ния.

readership /ˈriːdəʃɪp/ *n* (*readers*) круг чита́телей; (*Br, university post*) до́лжность доце́нта; доценту́ра.

readily /ˈredɪlɪ/ *adv* (*willingly*) охо́тно; (*without difficulty*) легко́, без труда́.

readiness /ˈredɪnɪs/ *n* гото́вность, охо́та.

reading /ˈriːdɪŋ/ *n* **1** (*act or pursuit*) чте́ние. **2** (*version*) вариа́нт, формулиро́вка. **3** (*interpretation*) толкова́ние; **what is your ~ of events?** как вы оце́ниваете собы́тия? **4** (*of instrument*) показа́ние. **5** (*stage in passage of bill*) чте́ние; **on the second ~** при второ́м чте́нии.
● *cpds* **~ desk** *n* пюпи́тр; **~ lamp** *n* насто́льная ла́мпа; **~ room** *n*

чита́льный зал, чита́льня.

readjust /ˌriːəˈdʒʌst/ *vt* попр|авля́ть, -а́вить; испр|авля́ть, -а́вить; приспос|а́бливать, -о́бить; **he ~ed his tie** он попра́вил га́лстук.
● *vi*: **after the war he found it hard to ~** по́сле войны́ ему́ бы́ло тру́дно приспосо́биться к ми́рной жи́зни.

readjustment /ˌriːəˈdʒʌstmənt/ *n* приспособле́ние, регулиро́вка, перестро́йка; **the speedometer needs ~** спидо́метр на́до отрегули́ровать.

ready /ˈredɪ/ *n*: **he held his rifle at the ~** он держа́л винто́вку в положе́нии для стрельбы́.
● *adj* (**readier, readiest**) (*prepared*; *in a fit state*) гото́вый (*к чему*); пригото́вленный, подгото́вленный; **I'm just getting ~** я почти́ гото́в; **she got the children ~ for school** она́ собрала́ дете́й в шко́лу; **~! go!** внима́ние — марш!; (*willing*) гото́вый, проявля́ющий гото́вность; **I am ~ to admit I was wrong** гото́в призна́ть, что я был непра́в; **he is ~ for anything** он гото́в ко всему́ (*or* на всё); (*quick, facile*) скло́нный; **he is always ~ with an excuse** у него́ всегда́ найдётся отгово́рка; **a ~ wit** нахо́дчивость; (*available*) (име́ющийся) нагото́ве; **~ cash/money** нали́чные де́ньги.
● *adv*: **they sell meat ~ cooked** там продаётся мясна́я кулинари́я.
● *cpds* **~-made** *adj* гото́вый; **~-to-wear** *adj* гото́вый.

reaffirm /ˌriːəˈfəːm/ *vt* (вновь) подтвер|жда́ть, -ди́ть.

reaffirmation /riːˌæfəˈmeɪʃ(ə)n/ *n* (повто́рное) подтвержде́ние.

reafforestation /ˌriːəfɒrɪˈsteɪʃ(ə)n/ (*Br*) = **reforestation**

reagent /riːˈeɪdʒ(ə)nt/ *n* (*chem*) реакти́в.

real /riːl/ *n*: **for ~** (*coll*) по-настоя́щему; всерьёз.
● *adj* (*actual*) реа́льный; настоя́щий; (*genuine*) по́длинный; (*sincere*) и́скренний, неподде́льный; (*substantial, fundamental*) реа́льный, суще́ственный; **was it ~ or a dream?** э́то бы́ло во сне и́ли наяву́?; **in ~ life** в жи́зни; **~ silver** настоя́щее/чи́стое серебро́; **the ~ McCoy** (*coll*) са́мый настоя́щий; ≈ не придерёшься; **that is not the ~ reason** настоя́щая причи́на не в том; **a ~ gentleman** настоя́щий джентльме́н; **he has a ~ grievance** его́ прете́нзии обосно́ваны; **the ~ point is ...** суть вопро́са в том, что... .
● *adv* (*US coll*): **we had a ~ nice time** мы здо́рово провели́ вре́мя.
● *cpds* **~ ale** *n* (*Br*) бочково́е пи́во, подаю́щееся без по́мощи углеки́слого га́за; **~ estate** *n* недви́жимость; **~ estate agent** *n* (*US*) аге́нт по прода́же недви́жимости; **~ time** *n* (*comput*) реа́льное вре́мя; **~-time** *adj* (*comput*) (рабо́тающий/происходя́щий) в режи́ме реа́льного вре́мени.

realign /ˌriːəˈlaɪn/ *vt* перестр|а́ивать, -о́ить.

realignment /ˌriːəˈlaɪnmənt/ *n* перестро́йка.

realism /ˈriːəˌlɪz(ə)m/ *n* реали́зм.

realist /ˈrɪəlɪst/ *n* реали́ст (*fem* -ка).

realistic /rɪəˈlɪstɪk/ *adj* (*practical*) реалисти́чный, практи́чный; (*in art etc.*) реалисти́ческий.

reality /rɪˈælɪtɪ/ *n* реа́льность, действи́тельность; **in ~** в/на са́мом де́ле; в действи́тельности; **it is time he was brought back to ~** ему́ на́до откры́ть глаза́ на фа́кты.
● *cpd* **~ TV** *n* реа́лити-ТВ (*nt indecl*).

realization /ˌrɪəlaɪˈzeɪʃ(ə)n/ *n* (*recognition*) осозна́ние; (*achievement*) осуществле́ние; (*conversion into money*) реализа́ция, прода́жа.

realize /ˈrɪəlaɪz/ *vt* **1** (*be aware of*) осозн|ава́ть, -а́ть; (*grasp mentally*) сообра|жа́ть, -зи́ть; **he ~d his mistake at once** он сра́зу же осозна́л свою́ оши́бку; **I ~ what you must think of me** представля́ю, что вы обо мне ду́маете; **do you ~ what you have done?** вы понима́ете, что вы сде́лали?; **I didn't ~ you wanted it** до меня́ не дошло́, что э́то вам ну́жно.
2 (*convert into fact*) осуществ|ля́ть, -и́ть; **I will help you to ~ your ambition** я помогу́ вам осуществи́ть ва́ши стремле́ния; **her worst fears were ~d** оправда́лись её са́мые ху́дшие опасе́ния.
3 (*convert into money*) реализо́в|ывать, -а́ть.
4 (*fetch*) выруча́ть, вы́ручить; **the sale ~d over £5,000** при прода́же бы́ло вы́ручено бо́лее пяти́ ты́сяч фу́нтов.
5 (*amass, gain*) получ|а́ть, -и́ть; **they ~d an enormous profit** они́ получи́ли огро́мную при́быль.

really /ˈrɪəlɪ/ *adv* действи́тельно; в/на са́мом де́ле; **do you ~ mean it?** вы серьёзно?; **he is ~ not such a bad fellow** на са́мом де́ле он не тако́й уж плохо́й челове́к; **did that ~ happen last year?** ра́зве э́то случи́лось в про́шлом году́?; **I am ~ sorry for you** мне вас и́скренне жаль; **I ~ think you should stay** по-мо́ему, вам непреме́нно ну́жно оста́ться; **~, you should be more careful** пра́во же, вам сле́дует быть осторо́жнее; **~?** (*expressing surprise*) серьёзно?, неуже́ли?; (*acknowledging information*) да?, пра́вда?; **~!** (*expressing indignation*) ну, зна́ете!; **not ~** не о́чень, не осо́бенно.

realm /relm/ *n* короле́вство; (*fig*) сфе́ра, о́бласть, мир; **peer of the ~** пэр (Великобрита́нии); (*fig*): **you are entering the ~s of fancy** вы перено́ситесь/вступа́ете в ца́рство фанта́зии.

realtor /ˈriːəltə(r)/ *n* (*US*) аге́нт по прода́же недви́жимости, рие́лтор.

realty /ˈriːəltɪ/ *n* (*law*) недви́жимость.

ream /riːm/ *n* (*quantity of paper*) стопа́ (= *480 листам*); (*fig*): **he wrote ~s of nonsense** он написа́л бе́здну вся́кой чепухи́.

reap /riːp/ *vt* & *i* жать, с-; пож|ина́ть, -а́ть ; **~ing machine** жа́тка; (*fig*): **he is ~ing the fruits of his folly** он пожина́ет плоды́ свое́й глу́пости.

reaper /ˈriːpə(r)/ *n* **1** (*labourer*) жн|ец (*fem* -и́ца); **the (Grim) R~** стару́ха с косо́й, смерть. **2** (*machine*) жа́тка.

reappear /ˌriːəˈpɪə(r)/ *vi* сно́ва появ|ля́ться, -и́ться.

reappearance /ˌriːəˈpɪərəns/ *n* но́вое появле́ние; возрожде́ние; возвраще́ние.

reappoint /ˌriːəˈpɔɪnt/ *vt* повто́рно назн|ача́ть, -а́чить.

reappointment /ˌriːəˈpɔɪntmənt/ *n* повто́рное назначе́ние.

reappraisal /ˌriːəˈpreɪzəl/ *n* переоце́нка.

reappraise /ˌriːəˈpreɪz/ *vt* пересм|а́тривать, -отре́ть; за́ново оце́н|ивать, -и́ть; переоце́н|ивать, -и́ть.

rear[1] /rɪə(r)/ *n* **1** за́дняя ча́сть, сторона́; **the kitchen is at the ~ of the house** ку́хня — в за́дней ча́сти до́ма. **2** (*of army etc.*) тыл; хвост коло́нны; **they were attacked in the ~** их атакова́ли с ты́ла; **he was a slow runner and always brought up the ~** он пло́хо бежа́л и всегда́ ока́зывался в хвосте́. **3** (*coll, buttocks*) зад, за́дница.
● *adj*: **~ entrance** чёрный ход; **~ wheel** за́днее колесо́.
● *cpds* **~ admiral** *n* ≈ контр-адмира́л; **~guard** *n* арьерга́рд; **~guard action** арьерга́рдный бой, **~most** *adj* са́мый за́дний; после́дний; **~-view mirror** *n* зе́ркало за́днего ви́да.

rear[2] /rɪə(r)/ *vt* **1** (*raise, erect*) воздв|ига́ть, -и́гнуть; **jealousy ~ed its head** (в нём *и т. п.*) зашевели́лась ре́вность. **2** (*bring up*) расти́ть (*or* выра́щивать), вы́-; воспи́т|ывать, -а́ть; **the children were ~ed by foster-parents** дете́й воспита́ли/вы́растили приёмные роди́тели; (*breed*) разв|оди́ть, -ести́; **cattle are ~ed on the plains** скот разво́дят на равни́нах.
● *vi* (*also* **~ up**) ста|нови́ться, -ть на дыбы́; **the horse ~ed in terror** ло́шадь (в)стала́ на дыбы́ от испу́га.

rearm /riːˈɑːm/ *vt* & *i* перевооруж|а́ть(ся), -и́ть(ся).

rearmament /riːˈɑːməmənt/ *n* перевооруже́ние.

rearrange /ˌriːəˈreɪndʒ/ *vt* (*objects, furniture*) перест|авля́ть, -а́вить; (*a meeting*) передв|ига́ть, -и́нуть вре́мя + *g*.

rearrangement /ˌriːəˈreɪndʒmənt/ *n* перестано́вка.

rearward /ˈrɪəwəd/ *adj* тылово́й, за́дний.

rearwards /ˈrɪəwədz/ *adv* наза́д; в тыл; на попя́тную.

reascend /ˌriːəˈsend/ *vt* & *i* сно́ва подн|има́ться, -я́ться; сно́ва восходи́ть, взойти́ (на + *a*).

reascent /ˌriːəˈsənt/ *n* повто́рный подъём; но́вое восхожде́ние.

reason /ˈriːz(ə)n/ *n* **1** (*cause, ground*) причи́на; **he refused to give his ~s** он отказа́лся объясни́ть; **there is ~ to believe that ...** есть основа́ния полага́ть, что...; **that is no ~ for thinking ...** э́то не даёт основа́ния ду́мать, что...; **with ~** обосно́ванно;

r

for no good ~ без уважи́тельной причи́ны; **he resigned for ~s of health** он уво́лился по состоя́нию здоро́вья; **for the simple ~ that …** по той просто́й причи́не, что… .
2 (*intellectual faculty*) ра́зум, рассу́док; **he lost his ~** он лиши́лся рассу́дка.
3 (*good sense, moderation*) благоразу́мие; **he will not listen to ~** он не прислу́шивается к го́лосу ра́зума; **he was brought to ~** его́ удало́сь образу́мить; **it stands to ~** разуме́ется; **I will do anything in ~** я сде́лаю всё в преде́лах разу́много; **there is ~ in what you say** то, что вы говори́те, разу́мно/резо́нно.
● *vt* **1** (*argue, contend*) дока́зывать (*impf*).
2 (*express logically*): **a ~ed argument** обосно́ванный до́вод.
3: **~ out** (*solve by ~ing*) разга́д|ывать, -а́ть.
● *vi*: **it is useless to ~ with him** его́ бесполе́зно убежда́ть; ло́гика на него́ не де́йствует.

reasonable /ˈriːzənəb(ə)l/ *adj* **1** (*sensible, amenable to reason*) (благо)разу́мный. **2** (*acceptable, moderate*) уме́ренный, прие́млемый; (*fairly good*) дово́льно хоро́ший, неплохо́й, прили́чный; **the shoes are quite ~** ту́фли дово́льно прили́чные; **he has a ~ chance of success** у него́ неплохи́е ша́нсы на успе́х. **3** (*of price*) недорого́й; **the shoes are quite ~** ту́фли сто́ят недо́рого.

reasonableness /ˈriːzənəb(ə)lnɪs/ *n* благоразу́мие; (*of prices*) уме́ренность.

reasoning /ˈriːzənɪŋ/ *n* рассужде́ние, аргумента́ция; **the ~ faculty, powers of ~** спосо́бность рассужда́ть.

reassemble /ˌriːəˈsemb(ə)l/ *vt* сно́ва соб|ира́ть, -ра́ть; (*tech*) переб|ира́ть, -ра́ть.
● *vi* сно́ва соб|ира́ться, -ра́ться; сно́ва встр|еча́ться, -е́титься.

reassembly /ˌriːəˈsemb(ə)lɪ/ *n* (*of committee etc.*) возобновлённое заседа́ние (по́сле переры́ва); (*tech*) перебо́рка.

reassert /ˌriːəˈsəːt/ *vt* сно́ва подтвер|жда́ть, -ди́ть; сно́ва выдвига́ть, вы́двинуть; **~ o.s.** самоутвержда́ться (*impf*).

reassertion /ˌriːəˈsəːʃ(ə)n/ *n* повто́рное завере́ние, подтвержде́ние.

reassess /ˌriːəˈses/ *vt* переоце́н|ивать, -и́ть.

reassessment /ˌriːəˈsesmənt/ *n* переоце́нка.

reassign /ˌriːəˈsaɪn/ *vt* назн|ача́ть, -а́чить на друго́е ме́сто; перев|оди́ть, -ести́; перераспредел|я́ть, -и́ть.

reassignment /ˌriːəˈsaɪnmənt/ *n* перево́д, перераспределе́ние.

reassume /ˌriːəˈsjuːm/ *vt* сно́ва брать, взять (*or* прин|има́ть, -я́ть) на себя́.

reassumption /ˌriːəˈsʌmpʃ(ə)n/ *n* повто́рное приня́тие (на себя́).

reassurance /ˌriːəˈʃʊərəns/ *n* (повто́рное) завере́ние, подтвержде́ние.

reassur|e /ˌriːəˈʃʊə(r)/ *vt* успок|а́ивать, -о́ить; подбодр|я́ть, -и́ть; зав|еря́ть, -е́рить; **I can ~e you on that point** я могу́ успоко́ить вас на э́тот счёт; **his words were most ~ing** его́ слова́ звуча́ли са́мым ободря́ющим о́бразом.

reattach /ˌriːəˈtætʃ/ *vt* сно́ва прикреп|ля́ть, -и́ть.

reattachment /ˌriːəˈtætʃmənt/ *n* повто́рное прикрепле́ние.

reawaken /ˌriːəˈweɪkən/ *vt* сно́ва пробу|жда́ть, -ди́ть; возро|жда́ть, -ди́ть.

reawakening /ˌriːəˈweɪkənɪŋ/ *n* но́вое пробужде́ние; возрожде́ние.

rebarbative /rɪˈbɑːbətɪv/ *adj* непривлека́тельный.

rebate /ˈriːbeɪt/ *n* (*refund*) возвра́т перепла́ченной су́ммы; (*discount*) ски́дка, усту́пка.

rebel¹ /ˈreb(ə)l/ *n* (*against government*) повста́нец, мяте́жник; бунтовщи́|к (*fem* -ца), бунта́рь (*m*); (*attr*) повста́нческий; бунта́рский.

rebel² /rɪˈbel/ *vi* (**rebelled, rebelling**) восст|ава́ть, -а́ть; бунтова́ть, взбунтова́ться; **the tribes ~led against the government** племена́ восста́ли про́тив прави́тельства; **such treatment would make anyone ~** про́тив тако́го обраще́ния кто уго́дно взбунту́ется.

rebellion /rɪˈbeljən/ *n* восста́ние, мяте́ж, бунт.

rebellious /rɪˈbeljəs/ *adj* (*in revolt*) восста́вший, мяте́жный, повста́нческий; (*disobedient*) непоко́рный.

rebelliousness /rɪˈbeljəsnɪs/ *n* бунта́рство, непоко́рность.

rebind /riːˈbaɪnd/ *vt* за́ново перепле|та́ть, -сти́.

rebirth /riːˈbəːθ, ˈriː-/ *n* возрожде́ние.

reboot /riːˈbuːt/ *vt* (*comput*) перезагру|жа́ть, -зи́ть.

reborn /riːˈbɔːn/ *adj* возрождённый.

rebound¹ /rɪˈbaʊnd/ *n* отско́к, рикоше́т; **on the ~** на отско́ке; (*fig*): **he married her on the ~** он жени́лся на ней по́сле разочарова́ния в любви́ к друго́й.

rebound² /rɪˈbaʊnd/ *vi* отск|а́кивать, -очи́ть; **the ball ~ed against the wall** мяч отскочи́л от стены́.

rebuff /rɪˈbʌf/ *n* отпо́р, ре́зкий отка́з.
● *vt* дава́ть, дать отпо́р + *d*; ре́зко отклон|я́ть, -и́ть; (*mil*): **the enemy's attack was ~ed** ата́ка неприя́теля была́ отражена́.

rebuild /riːˈbɪld/ *vt* сно́ва стро́ить, по-; перестр|а́ивать, -о́ить; реконструи́ровать (*impf, pf*).

rebuke /rɪˈbjuːk/ *n* упрёк, уко́р; вы́говор, замеча́ние.
● *vt* упрек|а́ть, -ну́ть; укоря́ть (*impf*); де́лать, с- замеча́ние/вы́говор + *d*.

rebus /ˈriːbəs/ *n* (*pl* **rebuses**) ре́бус.

rebut /rɪˈbʌt/ *vt* (**rebutted, rebutting**) опров|ерга́ть, -е́ргнуть.

rebuttal /rɪˈbʌtəl/ *n* опроверже́ние.

recalcitrance /rɪˈkælsɪtrəns/ *n* непоко́рность.

recalcitrant /rɪˈkælsɪtrənt/ *adj* непоко́рный.

recalculate /riːˈkælkjʊˌleɪt/ *vt* пересчи́т|ывать, -а́ть.

recalculation /riːˌkælkjʊˈleɪʃ(ə)n/ *n* пересчёт.

recall¹ /ˈriːkɔːl/ *n* **1** (*summons to return*) о́тзыв; (*signal to return*) сигна́л к возвраще́нию; (*bringing back*): **the letters are lost beyond ~** э́ти пи́сьма бессле́дно исче́зли. **2** (*recollection*) воспомина́ние; па́мять; **total ~** по́лное восстановле́ние в па́мяти.

recall² /rɪˈkɔːl/ *vt* **1** (*summon back*) от|зыва́ть, -озва́ть; **the ambassador was ~ed** посла́ отозва́ли. **2** (*bring back to mind*) нап|омина́ть, -о́мнить; **this ~s my childhood to me** э́то напомина́ет мне де́тство; **I ~ed his words** я вспо́мнил его́ слова́; **can you ~ where you lost the bag?** вы мо́жете припо́мнить, где вы оста́вили су́мку? **3** (*revoke*) отмен|я́ть, -и́ть.

recant /rɪˈkænt/ *vt & i* публи́чно ка́яться, рас- (*в чём*); отр|ека́ться, -е́чься (*от чего*).

recantation /ˌriːkænˈteɪʃ(ə)n/ *n* отрече́ние; публи́чное покая́ние.

recap /ˈriːkæp/ (*coll*) *n* повторе́ние.
● *vt & i* (**recapped, recapping**) = **recapitulate**

recapitulate /ˌriːkəˈpɪtjʊˌleɪt/ *vt* повтор|я́ть, -и́ть; резюми́ровать (*impf, pf*).

recapitulation /ˌriːkəˌpɪtjʊˈleɪʃ(ə)n/ *n* повторе́ние; резюме́ (*indecl*); сумми́рование.

recapture /riːˈkæptʃə(r)/ *n* повто́рный захва́т; взя́тие обра́тно.
● *vt* взять (*pf*) обра́тно; пойма́ть (*pf*); **the prisoner was ~d** заключённого пойма́ли; (*fig*) восстан|а́вливать, -ови́ть в па́мяти; **I tried to ~ my first impressions** я пыта́лся восстанови́ть свои́ пе́рвые впечатле́ния.

recast /riːˈkɑːst/ *vt* **1** (*cast again, e.g. a gun*) отл|ива́ть, -и́ть за́ново. **2** (*rewrite, rephrase*) перера́б|атывать, -о́тать. **3** (*remodel, refashion*) переде́л|ывать, -ать. **4** (*change cast*) перераспредел|я́ть, -и́ть ро́ли в (*пьесе*).

recce /ˈrekɪ/ (*Br coll*) = **reconnaissance**

reced|e /rɪˈsiːd/ *vi* **1** (*move back*) отступ|а́ть, -и́ть; (*move away*) удал|я́ться, -и́ться; **the tide was ~ing** вода́ спада́ла; **~ing hair** реде́ющие во́лосы. **2** (*slope back*) отклоня́ться (*impf*) наза́д; **a ~ing chin** сре́занный подборо́док. **3** (*diminish*) ум|еньша́ться, -е́ньшиться.

receipt /rɪˈsiːt/ *n* **1** (*receiving*) получе́ние; **on ~ of the news** по получе́нии изве́стия; **I am in ~ of your letter** Ва́ше письмо́ мно́ю полу́чено. **2** (*in pl, money received*) де́нежные поступле́ния, прихо́д. **3** (*written acknowledgement*) распи́ска, квита́нция.
● *vt*: **~ a bill** распи́с|ываться, -а́ться на счёте.

receive /rɪˈsiːv/ *vt* **1** (*get, be given*) получ|а́ть, -и́ть; **your letter will ~ attention** ва́ше письмо́ бу́дет рассмо́трено; **he ~d a warm welcome** ему́ оказа́ли тёплый приём; **he ~d injuries** он получи́л ране́ния; **he ~d severe punishment** он подве́ргся суро́вому наказа́нию; **information has not yet been ~d** све́дения ещё не поступи́ли; **he ~s stolen goods** (*Br*) он укрыва́ет (*or* скупа́ет) кра́деное. **2** (*admit*) прин|има́ть, -я́ть; допу́с|ка́ть, -ти́ть; **I am not receiving guests** я не принима́ю госте́й; (*give reception to, greet*) прин|има́ть, -я́ть; **he was ~d with open arms** его́ встре́тили с распростёртыми объя́тиями; **how was your speech ~d?** как бы́ло встре́чено ва́ше выступле́ние?; **how did he ~ the news?** как он воспри́нял э́ту но́вость? **3** (*accept as true, accurate etc.*) призн|ава́ть, -а́ть пра́вильным; **~d pronunciation** нормати́вное произноше́ние. **4** (*obtain signals from*): **are you receiving me?** вы меня́ слы́шите?; **can you ~ the BBC?** ваш приёмник принима́ет Би-би-си́?

received pronunciation (RP) — нормати́вное произноше́ние

Произноше́ние англи́йского языка́, при́нятое за но́рму в Великобрита́нии. Э́то произноше́ние свобо́дно от влия́ния каки́х-либо региона́льных диале́ктов и ча́сто ассоции́руется с ре́чью люде́й из привилегиро́ванных слоёв. Произноше́ние, при́нятое на ра́дио и телеви́дении, ча́сто ориенти́руется на э́ту но́рму, хотя́ в после́дние го́ды произноси́тельный диапазо́н ди́кторов стал включа́ть и региона́льные вариа́нты.

receiver /rɪˈsiːvə(r)/ *n* **1** получа́тель (*m*); (*Br, of stolen goods*) укрыва́тель (*m*)/ску́пщик кра́деного. **2** (*Br also* **official ~**) ликвида́тор, управля́ющий ко́нкурсной ма́ссой. **3 (telephone ~)** (телефо́нная) тру́бка; **lift the ~** подн|има́ть, -я́ть тру́бку; **replace the ~** класть, положи́ть тру́бку. **4 (radio ~)** (радио)приёмник.

recension /rɪˈsenʃ(ə)n/ *n* испра́вленный вариа́нт; (*act*) реда́кция.

recent /ˈriːs(ə)nt/ *adj* **1** (*occurring lately*) неда́вний; **within ~ memory** за после́днее вре́мя. **2** (*modern*) совреме́нный.

recently /ˈriːsəntlɪ/ *adv* неда́вно, на днях, за после́днее вре́мя; **until quite ~** ещё совсе́м неда́вно.

receptacle /rɪˈseptək(ə)l/ *n* вмести́лище.

reception /rɪˈsepʃ(ə)n/ *n* **1** (*of guests etc.*) приём; **they are having a ~** они́ даю́т приём; **~ centre** (*Br*), **center** (*US*) приёмник; **~ desk** (*in hotel*) регистра́ция, конто́рка портье́; (*in hospital*) регистрату́ра; **~ room** приёмная. **2** (*greeting, display of feeling*) встре́ча, приём; **he was given a great ~** ему́ устро́или великоле́пный приём; **his book had a lukewarm ~** его́ кни́га была́ встре́чена хо́лодно. **3** (*of ideas etc.*) восприя́тие. **4** (*of radio signals*) приём; **~ is good in this area** в э́том райо́не хоро́ший приём.

receptionist /rɪˈsepʃənɪst/ *n* (*in hotel, hospital*) регистра́тор, дежу́рный; (*in a business firm*) секрета́рь (*m*) по приёму посети́телей.

receptive /rɪˈseptɪv/ *adj* восприи́мчивый.

receptivity /ˌriːsepˈtɪvɪtɪ/ *n* восприи́мчивость.

recess /rɪˈses, ˈriːses/ *n* **1** (*vacation*) переры́в; **Parliament has gone into ~** парла́мент распу́щен на кани́кулы; (*US, between classes*) переме́на. **2** (*alcove, niche*) ни́ша, алько́в. **3** (*secret place*) тайни́к; **in the ~es of the heart** в глубине́ души́.
- *vt* (*set back*) отодв|ига́ть, -и́нуть наза́д.
- *vi* (*US, adjourn*): **the court ~ed** был объя́влен переры́в в заседа́нии суда́.

recession /rɪˈseʃ(ə)n/ *n* (*slump*) спад.

recessive /rɪˈsesɪv/ *adj*: **~ characteristic** (*biol*) рецесси́вный при́знак; **~ gene** рецесси́вный ген.

recharge /riːˈtʃɑːdʒ/ *vt* перезаря|жа́ть, -ди́ть; **he ate to ~ his energies** он ел, что́бы восстанови́ть свой си́лы.

recherché /rəˈʃeəʃeɪ/ *adj* экзоти́ческий; изы́сканный.

rechristen /riːˈkrɪs(ə)n/ *vt* (*fig*) переименов|ывать, -а́ть.

recidivism /rɪˈsɪdɪvˌɪz(ə)m/ *n* рециди́в.

recidivist /rɪˈsɪdɪvɪst/ *n* рецидиви́ст.

recipe /ˈresɪpɪ/ *n* (*lit, fig*) реце́пт; **a ~ for happiness** секре́т сча́стья.

recipient /rɪˈsɪpɪənt/ *n* получа́тель (*fem* -ница).

reciprocal /rɪˈsɪprək(ə)l/ *adj* (*mutual*) взаи́мный (*also gram*), обою́дный.

reciprocate /rɪˈsɪprəˌkeɪt/ *vt* отв|еча́ть, -е́тить взаи́мностью; **she ~ed his feelings** она́ отвеча́ла ему́ взаи́мностью.
- *vi* **1** (*move back and forth*) дви́гаться (*impf*) взад и вперёд; **~ing engine** поршнево́й дви́гатель. **2** (*make a return*) отпла́|чивать, -ти́ть; отвеча́ть (*impf*) тем же; **I bought him a drink and he ~ed** я угости́л его́ вино́м, а он — меня́.

reciprocation /rɪˌsɪprəˈkeɪʃ(ə)n/ *n* отве́тное де́йствие; обме́н.

reciprocity /ˌresɪˈprɒsɪtɪ/ *n* взаи́мность; взаимоде́йствие; обме́н.

recital /rɪˈsaɪt(ə)l/ *n* (*narration*) изложе́ние; (*entertainment*) со́льный конце́рт.

recitation /ˌresɪˈteɪʃ(ə)n/ *n* деклама́ция; **there is to be a ~ from Shakespeare** бу́дут чита́ть отры́вки из Шекспи́ра.

recitative /ˌresɪtəˈtiːv/ *n* речитати́в.

recite /rɪˈsaɪt/ *vt* (*declaim from memory*) деклами́ровать, про-; (*enumerate*) переч|исля́ть, -и́слить.

reckless /ˈreklɪs/ *adj* безрассу́дный; отча́янный; **a ~ disregard of consequences** безду́мное пренебреже́ние после́дствиями; **he drove ~ly** он неосторо́жно вёл маши́ну.

recklessness /ˈreklɪsnɪs/ *n* безрассу́дность, отча́янность.

reckon /ˈrekən/ *vt* **1** (*calculate*) счита́ть, по-; **he never ~s the cost** он никогда́ не учи́тывает расхо́дов; **charges are ~ed from the first of the month** пла́та исчисля́ется с пе́рвого числа́ ка́ждого ме́сяца. **2** (*consider, rate*) счита́ть (*impf*); **do you ~ him to be a great writer?** вы счита́ете его́ вели́ким писа́телем? **3** (*coll, opine*) полага́ть (*impf*); **I ~ he will win** я ду́маю, что он победи́т.
- *vi* **1** (*count*) счита́ть (*impf*); **he is a man to be ~ed with** с таки́м челове́ком, как он, ну́жно счита́ться; **he ~ed without the English climate** он не взял в расчёт англи́йский кли́мат. **2** (*rely, depend*) рассчи́тывать (*impf*) (*на кого/что*); **he ~ed on making a clear profit** он рассчи́тывал на чи́стую при́быль.

reckoner /ˈrekənə(r)/ *n*: **ready ~** сбо́рник вычисли́тельных табли́ц.

reckoning /ˈrekənɪŋ/ *n* **1** (*calculation*) счёт, вычисле́ние; **dead ~** (*nav, aeron*) навигацио́нное счисле́ние; **he is out in his ~** он оши́бся в расчётах. **2** (*account*) распла́та; **day of ~** (*fig*) час распла́ты.

reclaim /rɪˈkleɪm/ *vt* **1** (*bring under cultivation*) осв|а́ивать, -о́ить. **2** (*demand return of*) тре́бовать, по- обра́тно.

reclamation /ˌrekləˈmeɪʃ(ə)n/ *n* освое́ние.

reclassification /riːˌklæsɪfɪˈkeɪʃ(ə)n/ *n* перево́д в другу́ю катего́рию; пересортиро́вка.

reclassify /riːˈklæsɪˌfaɪ/ *vt* перев|оди́ть, -ести́ в другу́ю катего́рию; пересортиро́в|ывать, -а́ть; переклассифици́ровать (*impf, pf*).

recline /rɪˈklaɪn/ *vt* отк|и́дывать, -и́нуть; **she ~d her head on his shoulder** она́ склони́ла го́лову ему́ на плечо́; **he ~d his head against the back of the chair** он сиде́л откину́в го́лову на спи́нку кре́сла.
- *vi* (полу)лежа́ть (*impf*); возлежа́ть (*impf*); **they ~d on the ground** они́ разлегли́сь на земле́; **reclining nude** лежа́щая обнажённая.

recluse /rɪˈkluːs/ *n* затво́рник, отше́льник.

recognition /ˌrekəgˈnɪʃ(ə)n/ *n* **1** (*knowing again*) опознава́ние, узнава́ние; **he changed beyond ~** он измени́лся до неузнава́емости. **2** (*acknowledgement*) призна́ние; **he received a cheque** (*Br*), **check** (*US*) **in ~ of his services** он получи́л чек в знак призна́ния его́ услу́г. **3** (*comput*) распознава́ние.

recognizable /ˈrekəgˌnaɪzəb(ə)l/ *adj* опознава́емый.

recognize /ˈrekəgˌnaɪz/ *vt* **1** (*know again*) узн|ава́ть, -а́ть; **I could barely ~ him** я его́ е́ле узна́л. **2** (*acknowledge*) призн|ава́ть, -а́ть; **he was ~d as the lawful heir** он был при́знан зако́нным насле́дником.

recoil /ˈriːkɔɪl/ *n* отско́к; отда́ча.
- *vi* **1** (*shrink back*) отпря́нуть (*pf*); отпры́г|ивать, -нуть; отшá|тываться, -ну́ться; **the sight made him ~ with horror** зре́лище заста́вило его́

r

отпря́нуть в у́жасе. **2** (*of gun*) отка́т|ываться, -и́ться; (*of rifle*) отд|ава́ть, -а́ть.

recollect /ˌrekəˈlekt/ *vt* всп|омина́ть, -о́мнить; прип|омина́ть, -о́мнить.

recollection /ˌrekəˈlekʃ(ə)n/ *n* па́мять; воспомина́ние; **to the best of my ~** наско́лько я по́мню.

recommence /ˌriːkəˈmens/ *vt* возобнов|ля́ть, -и́ть; нач|ина́ть, -а́ть сно́ва.
● *vi* возобнов|ля́ться, -и́ться.

recommend /ˌrekəˈmend/ *vt* **1** (*speak well of; suggest as suitable*) рекомендова́ть (*impf, pf*), от-/по- (*pf*); сове́товать, по-; **he was ~ed for promotion** его́ вы́двинули на повыше́ние. **2** (*advise*) рекомендова́ть, по- + *d*; сове́товать, по- + *d*.

recommendation /ˌrekəˌmenˈdeɪʃ(ə)n/ *n* рекоменда́ция; **I bought the shares on your ~** я купи́л а́кции по ва́шей рекоменда́ции; **my ~ would be to sell them** я бы посове́товал прода́ть их; **letter of ~** рекоменда́тельное письмо́.

recompense /ˈrekəmˌpens/ *n* компенса́ция; **in ~ for your help** в награ́ду за ва́шу по́мощь.
● *vt* компенси́ровать (*impf, pf*); **he was amply ~d for his trouble** его́ ще́дро вознагради́ли за его́ уси́лия.

reconcilable /ˈrekənˌsaɪləb(ə)l/ *adj* (*compatible*) совмести́мый (*с чем*).

reconcile /ˈrekənˌsaɪl/ *vt* **1** (*make friendly*) мири́ть, по-; **they finally became ~d** они́ наконе́ц помири́лись. **2** (*settle, compose*) ула́|живать, -дить; **their differences were ~d** они́ ула́дили свои́ разногла́сия. **3** (*cause to agree, make compatible*) совме|ща́ть, -сти́ть; согласо́в|ывать, -а́ть; **how can you ~ this with your principles?** (и) как э́то сочета́ется с ва́шими при́нципами? **4** (*resign*): **~ o.s.** смир|я́ться, -и́ться (**to:** с + *i*); примир|я́ться, -и́ться (**to:** с + *i*); **you must ~ yourself to a life of poverty** вы должны́ примири́ться с пожи́зненной бе́дностью.

reconciliation /ˌrekənˌsɪlɪˈeɪʃ(ə)n/ *n* примире́ние; ула́живание.

recondite /ˈrekənˌdaɪt, rɪˈkɒn-/ *adj* (*incomprehensible*) зау́мный; (*little known*) малоизве́стный.

recondition /ˌriːkənˈdɪʃ(ə)n/ *vt* ремонти́ровать, от-.

reconnaissance /rɪˈkɒnɪs(ə)ns/ *n* разве́дка, рекогносциро́вка; **~ party** разве́дывательная гру́ппа.

reconnoitre /ˌrekəˈnɔɪtə(r)/ (*US* **reconnoiter**) *vt* & *i* разве́дывать (*impf*); производи́ть (*impf*) разве́дку/ рекогносциро́вку.

reconquer /riːˈkɒŋkə(r)/ *vt* отвоёв|ывать, -а́ть.

reconquest /riːˈkɒŋkwest/ *n* возвраще́ние, возвра́т (поте́рянной террито́рии *и т. п.*).

reconsider /ˌriːkənˈsɪdə(r)/ *vt* пересм|а́тривать, -отре́ть.
● *vi* переду́мать (*pf*).

reconsideration /ˌriːkənˌsɪdəˈreɪʃ(ə)n/ *n* пересмо́тр; измене́ние реше́ния; **on ~ he decided to stay** поду́мав, он реши́л оста́ться.

reconstitute /riːˈkɒnstɪˌtjuːt/ *vt* воспроизв|оди́ть, -ести́.

reconstitution /ˌriːkɒnstɪˈtjuːʃ(ə)n/ *n* воспроизведе́ние, воссозда́ние.

reconstruct /ˌriːkənˈstrʌkt/ *vt* (*in the original form*) восстан|а́вливать, -ови́ть; воссозд|ава́ть, -а́ть; (*changing the original*) перестр|а́ивать, -о́ить; реконструи́ровать (*impf, pf*); (*fig*) воспроизв|оди́ть, -ести́; **the police ~ed the crime** поли́ция воспроизвела́ карти́ну преступле́ния.

reconstruction /ˌriːkənˈstrʌkʃ(ə)n/ *n* восстановле́ние, воссозда́ние; перестро́йка, реконстру́кция; (*of acts etc.*) воспроизведе́ние, воссозда́ние.

reconvene /ˌriːkənˈviːn/ *vt* соз|ыва́ть, -ва́ть вновь.
● *vi* соб|ира́ться, -ра́ться вновь.

reconversion /ˌriːkənˈvɜːʃ(ə)n/ *n* (*e.g. of currency*) реконве́рсия; (*of industry*) перево́д на ми́рные ре́льсы.

reconvert /ˌriːkənˈvɜːt/ *vt* пров|оди́ть, -ести́ реконве́рсию + *g*; (*industry*) перев|оди́ть, -ести́ на ми́рные ре́льсы.

record[1] /ˈrekɔːd/ *n* **1** (*written note, document*) за́пись, учёт; **the teacher keeps a ~ of attendance** учи́тель ведёт учёт посеща́емости; **weather ~s** да́нные наблюде́ний за пого́дными явле́ниями; **~s department** отде́л учёта; **R~ Office** госуда́рственный архи́в.
2 (*state of being recorded, esp as evidence*) за́пись; **it is a matter of ~** э́то зафикси́ровано/ зарегистри́ровано; **it is on ~ that you lost every game** изве́стно, что вы проигра́ли все ма́тчи; **it was the hottest day on ~** э́то был са́мый жа́ркий день из ра́нее зафикси́рованных; **I went on ~ as opposing the plan** в протоко́ле бы́ло отме́чено, что я про́тив э́того пла́на; **this is off the ~** э́то не должно́ быть пре́дано огла́ске.
3 (*relic of past*) па́мятник; **~s of past civilizations** па́мятники про́шлых цивилиза́ций.
4 (*chronicle*) ле́топись; **the film provides an interesting ~ of the war** э́тот фильм интере́сен как ле́топись войны́.
5 (*past conduct, achievement*) про́шлое; **attendance ~** посеща́емость; **he has an honourable** (*Br*), **honorable** (*US*) **~ of service** у него́ безупре́чный послужно́й спи́сок; **this firm has a bad ~ for strikes** э́та фи́рма изве́стна многочи́сленными забасто́вками; **his ~ is against him** его́ про́шлое говори́т про́тив него́; **the defendant had a (criminal) ~** у обвиня́емого ра́нее име́лись суди́мости.
6 (*sound recording*) (грам)пласти́нка; **long-playing ~** долгоигра́ющая пласти́нка; **they made a new ~ of the song** вы́пустили ещё одну́ за́пись э́той пе́сни.
7 (*best performance*) реко́рд; **world ~** мирово́й реко́рд; **she set a new ~ for the mile** она́ установи́ла но́вый реко́рд в бе́ге на одну́ ми́лю; **England held the ~ for some years** э́тот реко́рд принадлежа́л А́нглии не́сколько лет; **he will easily beat the ~** он легко́ побьёт реко́рд; (*attr*) реко́рдный, небыва́лый; **cars have had ~ sales** про́дано реко́рдное коли́чество маши́н.
● *cpds* **~-breaking** *adj* реко́рдный; **~ holder** *n* рекордсме́н (*fem* -ка); **~ player** *n* прои́грыватель (*m*).

record[2] /rɪˈkɔːd/ *vt* **1** (*set down in writing, or fig*) запи́с|ывать, -а́ть; **the book ~s his early years** в кни́ге отражены́ его́ молоды́е го́ды. **2** (*on tape, film, etc.*) запи́с|ывать, -а́ть (на плёнку). **3** (*of instrument: register*) регистри́ровать, за-; **the thermometer ~ed zero** термо́метр пока́зывал ноль.

recorder /rɪˈkɔːdə(r)/ *n* **1** (*tape ~*) магнитофо́н; (*DVD etc. ~*) реко́рдер. **2** (*keeper of official records*) регистра́тор; протоколи́ст; (*unofficial*) летопи́сец. **3** (*Br, magistrate*) реко́рдер (*адвокат(, проработавший не менее 10 лет) в должности (мирового) судьи по совместительству*). **4** (*mus*) (англи́йская) фле́йта.

recording /rɪˈkɔːdɪŋ/ *n* (*putting on record*) за́пись, регистра́ция; (*registering of sound or TV*) звукоза́пись; видеоза́пись; (*recorded performance etc.*) за́пись.
● *cpd* **~ studio** *n* сту́дия звукоза́писи.

recount[1] /riːˈkaʊnt/ *n* (*second count*) пересчёт.
● *vt* пересчи́т|ывать, -а́ть.

recount[2] /rɪˈkaʊnt/ *vt* (*narrate*) расска́з|ывать, -а́ть.

recoup /rɪˈkuːp/ *vt* **1** (*recover*): **~ one's losses** возвраща́ть, верну́ть поте́рянное. **2** (*compensate*) возме|ща́ть, -сти́ть (*что кому*). **3** (*law, deduct*) удерж|ивать, -а́ть.

recourse /rɪˈkɔːs/ *n* прибе́жище; вы́ход; **your only ~ is legal action** вам ничего́ не остаётся де́лать, как обрати́ться в суд; **have ~ to** приб|ега́ть, -е́гнуть к + *d*.

recover /rɪˈkʌvə(r)/ *vt* **1** (*regain, retrieve*) получ|а́ть, -и́ть обра́тно; доста́ть (*pf*), верну́ть (*pf*); **he tried to ~ his losses** он пыта́лся верну́ть поте́рянное; **he quickly ~ed his health** он бы́стро вы́здоровел; **she never ~ed consciousness** она́ так и не пришла́ в созна́ние; **he ~ed his appetite** к нему́ возврати́лся аппети́т; **she was badly shocked, but ~ed herself** она́ была́ си́льно потрясена́, но пото́м пришла́ в себя́; **he staggered, but ~ed himself** он оступи́лся, но сохрани́л равнове́сие; (*win back*) отвоёв|ывать, -а́ть; **much land has been ~ed from the sea** мно́го су́ши отвоёвано у мо́ря.
2 (*secure by legal process*) взыск|ивать, -а́ть в суде́бном поря́дке; **an action to ~ damages** иск о возмеще́нии уще́рба.
● *vi* **1** (*revive*) попр|авля́ться, -а́виться; опр|авля́ться, -а́виться; **has he quite ~ed (from his illness)?** оконча́тельно ли он опра́вился от боле́зни?; **I have quite ~ed** я по́лностью вы́здоровел; **it**

r

took me some time to ~ from my astonishment я до́лго не мог прийти́ в себя́ от удивле́ния; we must help the country to ~ мы должны́ помо́чь стране́ сно́ва встать на́ ноги.
2 (*law*) возме|ща́ть, -сти́ть по суду́.

re-cover /riːˈkʌvə(r)/ *vt* перекр|ыва́ть, -ы́ть; **the chair needs ~ing** стул на́до оби́ть за́ново.

recovery /rɪˈkʌvərɪ/ *n* **1** (*regaining possession*; *reclamation*) возвра́т; возмеще́ние; **the ~ of your money will take time** пройдёт вре́мя, пре́жде чем вы полу́чите свои́ де́ньги обра́тно; **the ~ of marshland** осуше́ние боло́т. **2** (*revival*; *restoration to health*) выздоровле́ние; **he made a rapid ~** он бы́стро попра́вился; **his business made a ~** его́ дела́ пошли́ на попра́вку. **3** (*rehabilitation*; *restoration to use*) восстановле́ние; **~ vehicle** авари́йный автомоби́ль.

recreate /ˌriːkrɪˈeɪt/ *vt* вновь созд|ава́ть, -а́ть; воссозд|ава́ть, -а́ть.

recreation /ˌrekrɪˈeɪʃ(ə)n/ *n* о́тдых; развлече́ние; **he plays chess for ~** он отдыха́ет, игра́я в ша́хматы; **~ ground** (*Br*) спортплоща́дка; площа́дка для игр.

recrimination /rɪˌkrɪmɪˈneɪʃ(ə)n/ *n* встре́чное обвине́ние.

recrudescence /ˌriːkruːˈdesəns, ˌrek-/ *n* (*of illness*) втори́чное заболева́ние; (*fig*) рециди́в; но́вая вспы́шка.

recruit /rɪˈkruːt/ *n* (*mil*) новобра́нец; **raw ~** (*fig*) нович́ок; (*new member*) но́вый член/уча́стник.
● *vt* (*enlist*) вербова́ть, за-; наб|ира́ть, -ра́ть; **~ing sergeant** сержа́нт по вербо́вке на вое́нную слу́жбу.

recruitment /rɪˈkruːtmənt/ *n* вербо́вка.

recta /ˈrektə/ *pl of* ⇨**rectum**

rectangle /ˈrekˌtæŋg(ə)l/ *n* прямоуго́льник.

rectangular /rekˈtæŋgjʊlə(r)/ *adj* прямоуго́льный.

rectification /ˌrektɪfɪˈkeɪʃ(ə)n/ *n* (*correction*) исправле́ние; (*elec*) выпрямле́ние.

rectifier /ˈrektɪˌfaɪə(r)/ *n* (*elec*) выпрями́тель (*m*).

rectify /ˈrektɪˌfaɪ/ *vt* **1** (*correct*) испр|авля́ть, -а́вить; **I am trying to ~ the situation** я пыта́юсь испра́вить положе́ние. **2** (*elec*) выпрямля́ть, вы́прямить.

rectilinear /ˌrektɪˈlɪnɪə(r)/ *adj* прямолине́йный.

rectitude /ˈrektɪˌtjuːd/ *n* че́стность, прямота́.

recto /ˈrektəʊ/ *n* (*pl* **~s**) лицева́я сторона́.

rector /ˈrektə(r)/ *n* (*Br*) (*clergyman*) ≈ прихо́дский свяще́нник; (*of university*) ре́ктор.

rectory /ˈrektərɪ/ *n* (*Br*) дом прихо́дского свяще́нника.

rectum /ˈrektəm/ *n* (*pl* **rectums** *or* **recta**) пряма́я кишка́.

recumbent /rɪˈkʌmbənt/ *adj* лежа́чий, лежа́щий; **in a ~ posture** в лежа́чем положе́нии.

recuperate /rɪˈkuːpəˌreɪt/ *vi* попр|авля́ться, -а́виться.

recuperation /rɪˌkuːpəˈreɪʃ(ə)n/ *n* выздоровле́ние.

recur /rɪˈkɜː(r)/ *vi* (**recurred, recurring**) **1** (*occur repeatedly*) повтор|я́ться, -и́ться; **a ~ring headache** хрони́ческие головны́е бо́ли (*f pl*); **it is a ~ring problem** э́то постоя́нно возника́ющая пробле́ма; **~ring decimal** периоди́ческая десяти́чная дробь. **2** (*return*) возвра|ща́ться, -ти́ться; **the thought often ~s to me** э́та мысль ча́сто меня́ посеща́ет.

recurrence /rɪˈkʌrəns/ *n* повторе́ние; возвра́т.

recurrent /rɪˈkʌrənt/ *adj* повторя́ющийся.

recycle /riːˈsaɪk(ə)l/ *vt* перераб|а́тывать, -о́тать; **~d paper** бума́га из ути́ля.

recycling /riːˈsaɪklɪŋ/ *n* повто́рное испо́льзование, перерабо́тка.

red /red/ *n* **1** кра́сный цвет; **the article made me see ~** (*fig*) статья́ привела́ меня́ в бе́шенство; (*of clothes*): **~ doesn't suit her** кра́сное ей не идёт; **she was dressed in ~** она́ была́ оде́та в кра́сное.
2 (*debit side of account*) долг, задо́лженность; **in the ~** в долга́х; **my account is in the ~** у меня́ задо́лженность в ба́нке; **how can I get out of the ~?** как мне вы́йти из долго́в?
3 (*coll, Communist*) «кра́сный».
● *adj* (**redder, reddest**)
1 кра́сный; а́лый; **she went ~ in the face** она́ покрасне́ла; **he was ~ with anger** он покрасне́л от гне́ва; **let's go out and paint the town ~!** (*coll*) пошли́/пойдём гульнём!; **R~ Admiral** (*butterfly*) ба́бочка-адмира́л; **R~ Crescent** Кра́сный Полуме́сяц; **R~ Cross** Кра́сный Крест; **~ deer** благоро́дный оле́нь; **~ flag** (*danger signal*) кра́сный флажо́к; (*pol*) кра́сный флаг, кра́сное зна́мя; **~ heat** кра́сное кале́ние; **R~ Indian** (*offens*) красноко́жий, инде́ец; (*adj*) красноко́жий; **~ lead** (*min*) свинцо́вый су́рик; **~ light** (*warning signal*) сигна́л опа́сности; **~-light district** кварта́л публи́чных домо́в; **~ meat** «кра́сное мя́со» (*напр., говядина и баранина; в противоположность «белому мясу» — мясу птицы*); **it was like a ~ rag to a bull** э́то подействовало, как кра́сная тря́пка на быка́; **the R~ Sea** Кра́сное мо́ре; **~ tape** (*fig*) (канцеля́рская) волоки́та.
2 (*coll, Soviet*): **the R~ Air Force** сове́тские вое́нно-возду́шные си́лы.
● *cpds* **~-blooded** *adj* (*fig*) энерги́чный; му́жественный; **~breast** *n* (*Br*) мали́новка; **~-cheeked** *adj* краснощёкий; **~currant** *n* кра́сная сморо́дина; **~-eyed** *adj* (*from weeping*) с глаза́ми, кра́сными от слёз; **~-haired** *adj* рыжеволо́сый; **~-handed** *adj*: **he was caught ~-handed** его́ пойма́ли на ме́сте преступле́ния (*or* с поли́чным); **~head** *n* ры́жий (*человек*); **~-headed** *adj* ры́жий; **~-hot** *adj* раскалённый докрасна́; (*fig*) (*fervent*) горя́чий, пы́лкий; **a ~-hot socialist** пла́менный социали́ст; (*exciting*): **~-hot news** сенсацио́нное сообще́ние; **~-letter** *adj* пра́здничный; **it was a ~-letter day for me** э́то бы́ло для меня́ пра́здником; **~wood** *n* (*bot*) секво́йя.

redden /ˈred(ə)n/ *vt* окра́|шивать, -сить в кра́сный цвет.
● *vi* красне́ть, по-; покр|ыва́ться, -ы́ться багря́нцем.

reddish /ˈredɪʃ/ *adj* краснова́тый.

redecorate /riːˈdekəˌreɪt/ *vt* отде́л|ывать, -ать; ремонти́ровать, от-.

redecoration /riːˌdekəˈreɪʃ(ə)n/ *n* отде́лка; ремо́нт.

redeem /rɪˈdiːm/ *vt* **1** (*get back, recover*) выкупа́ть, вы́купить; восстан|а́вливать, -ови́ть; **the mortgage was ~ed** зало́г был вы́плачен; **he was able to ~ his honour** он смог восстанови́ть свою́ честь. **2** (*fulfil*) выполня́ть, вы́полнить; **he ~ed his promise** он вы́полнил обеща́ние. **3** (*save from sin*): **Christ came to ~ sinners** Христо́с пришёл искупи́ть грехи́ люде́й.
4 (*compensate, make up for*) искуп|а́ть, -и́ть; компенси́ровать (*impf, pf*); **he has one ~ing feature** у него́ есть одно́ положи́тельное ка́чество.

redeemable /rɪˈdiːməb(ə)l/ *adj* (*subject to purchase*) подлежа́щий вы́купу/погаше́нию.

redeemer /rɪˈdiːmə(r)/ *n* спаси́тель, искупи́тель (*both m*).

redefine /ˌriːdɪˈfaɪn/ *vt* определ|я́ть, -и́ть за́ново.

redefinition /ˌriːdefɪˈnɪʃ(ə)n/ *n* но́вое определе́ние.

redemption /rɪˈdempʃ(ə)n/ *n* **1** (*repurchase*) вы́куп. **2** (*fulfilment*): **~ of a promise** выполне́ние обеща́ния. **3** (*deliverance*) искупле́ние; **past ~** без наде́жды на спасе́ние.

redemptive /rɪˈdemptɪv/ *adj* искупи́тельный, искупа́ющий.

redeploy /ˌriːdɪˈplɔɪ/ *vt & i* (*mil*) передислоци́ровать(ся) (*impf, pf*); (*of resources*) перераспредел|я́ть, -и́ть.

redeployment /ˌriːdɪˈplɔɪmənt/ *n* передислока́ция; перераспределе́ние.

redesign /ˌriːdɪˈzaɪn/ *vt* за́ново сконструи́ровать (*pf*).

redevelop /ˌriːdɪˈveləp/ *vt* перестр|а́ивать, -о́ить.

redevelopment /ˌriːdɪˈveləpmənt/ *n* перестро́йка.

redial /riːˈdaɪ(ə)l/ *vt & i* повто́рно наб|ира́ть, -ра́ть (но́мер).

redirect /ˌriːdaɪˈrekt, -dɪˈrekt/ *vt* (*e.g. letters*) переадресо́в|ывать, -а́ть; (*re-route*): **the traffic was ~ed** тра́нспорт был напра́влен по друго́му маршру́ту; (*fig*): **his efforts were ~ed to a new goal** его́ уси́лия бы́ли обращены́ на другу́ю цель.

redirection /ˌriːdaɪˈrekʃ(ə)n, -dɪˈrekʃ(ə)n/ *n* (*of letter*)

r

переадресова́ние; (*transfer*) перебро́ска.

rediscover /ˌriːdɪˈskʌvə(r)/ *vt* откр|ыва́ть, -ы́ть за́ново.

rediscovery /ˌriːdɪˈskʌvərɪ/ *n* за́ново сде́ланное откры́тие.

redistribute /ˌriːdɪˈstrɪˌbjuːt/ *vt* перераспредел|я́ть, -и́ть.

redistribution /riːˌdɪstrɪˈbjuːʃ(ə)n/ *n* перераспределе́ние.

redo /riːˈduː/ *vt* переде́л|ывать, -ать.

redolent /ˈredələnt/ *adj*: ~ (*fig, suggestive*) **of** отдаю́щий (*чем*), напомина́ющий (*что*).

redouble /riːˈdʌb(ə)l/ *vt & i* удв|а́ивать(ся), -о́ить(ся); **he ~d his efforts** он удво́ил свои́ уси́лия.

redoubt /rɪˈdaʊt/ *n* реду́т.

redoubtable /rɪˈdaʊtəb(ə)l/ *adj* гро́зный; устраша́ющий.

redound /rɪˈdaʊnd/ *vi*: ~ **to** спосо́бствовать (*impf*) + *d*; **this will ~ to your credit** э́то укрепи́т ва́шу репута́цию.

redraft /riːˈdrɑːft/ *n* но́вый прое́кт; но́вая формулиро́вка, реда́кция.

● *vt* перепи́с|ывать, -а́ть.

redraw /riːˈdrɔː/ *vt* (*past* **redrew;** *pp* **redrawn**) (*draw again*) рисова́ть, наза́ново; (*reformulate*) сост|авля́ть, -а́вить за́ново; (*change*) измен|я́ть, -и́ть.

redress /rɪˈdres/ *n* возмеще́ние; **I shall seek ~** я бу́ду добива́ться компенса́ции.

● *vt* возме|ща́ть, -сти́ть; **their victory ~ed the balance of forces** их побе́да восстанови́ла равнове́сие сил; **her grievances were ~ed** её жа́лобы бы́ли удовлетворены́.

reduce /rɪˈdjuːs/ *vt* **1** (*make less or smaller*) ум|еньша́ть, -е́ньшить; сокра|ща́ть, -ти́ть; **we must ~ our expenditure** мы должны́ сократи́ть расхо́ды; **in ~d circumstances** в стеснённых обстоя́тельствах; **exercise will ~ your weight** заря́дка помо́жет вам сба́вить вес; (*lower*) сн|ижа́ть, -и́зить; сб|авля́ть, -а́вить; **'~ speed now'** «води́тель, притормози́!»; **all prices are ~d** все це́ны сни́жены; (*shorten*) сокра|ща́ть, -ти́ть; **his sentence was ~d to 6 months** ему́ сократи́ли пригово́р до шести́ ме́сяцев; (*make narrower*) сужа́ть, су́зить; (*weaken*) осл|абля́ть, -а́бить; (*demote*) пон|ижа́ть, -и́зить в до́лжности; **he was ~d to the ranks** его́ разжа́ловали в рядовы́е.
2 (*bring, compel*) дов|оди́ть, -ести́ (*до чего*); вынужда́ть, вы́нудить; **the film ~d her to tears** фильм растро́гал её до слёз; **I was ~d to silence** мне пришло́сь промолча́ть; **the rebels were ~d to submission** мятéжников заста́вили прекрати́ть сопротивле́ние; **the family was ~d to begging** семья́ была́ обречена́ на нищету́.
3 (*convert*) превра|ща́ть, -ти́ть; **the proposition, ~d to its simplest terms** предложе́ние в преде́льно упрощённом ви́де; **all fractions can be ~d to decimals** все дро́би мо́жно перевести́ в десяти́чные; **the logs were ~d to ashes** поле́нья сгоре́ли дотла́; **he was ~d to a skeleton** он преврати́лся в скеле́т.

● *vi* **1** (*become less*) сн|ижа́ться, -и́зиться; ум|еньша́ться, -е́ньшиться; **interest is paid at a reduced rate** проце́нт выпла́чивается по пони́женной ста́вке.
2 (*US, lose weight*) худе́ть (*impf*); соблюда́ть (*impf*) дие́ту для похуде́ния; **a reducing diet** дие́та для поте́ри ве́са.

reducible /rɪˈdjuːsɪb(ə)l/ *adj*: ~ **to** своди́мый к + *d*.

reductio ad absurdum /rɪˌdʌktɪəʊ æd æbˈzɜːdəm/ *n* доведе́ние до абсу́рда; сведе́ние к абсу́рду.

reduction /rɪˈdʌkʃ(ə)n/ *n* **1** (*decrease*) сокраще́ние; сниже́ние; **a ~ in numbers** коли́чественное сокраще́ние; **price ~s** сниже́ние цен; **is there a ~ for children?** есть ли ски́дка для дете́й?; **~ in rank** пониже́ние в зва́нии; **~ of armaments** сокраще́ние вооруже́ний; **~ of temperature** сниже́ние температу́ры; (*shortening*) сокраще́ние; (*narrowing*) суже́ние; (*demotion*) пониже́ние; **~ to the ranks** разжа́лование (в солда́ты/рядовы́е).
2 (*conversion*) перево́д; превраще́ние.
3 (*reduced copy of picture etc.*) уме́ньшенная ко́пия.

redundancy /rɪˈdʌnd(ə)nsɪ/ *n* (*superfluity*) изли́шек, избы́точность; (*Br, in workforce*) (*unemployment*) безрабо́тица; (*dismissal*) увольне́ние; **there will be more ~ies in the building industry** в строи́тельной промы́шленности ожида́ются но́вые увольне́ния.

redundant /rɪˈdʌnd(ə)nt/ *adj* изли́шний, избы́точный; **the last sentence is ~** после́днее предложе́ние изли́шне; **many workers were made ~** (*Br*) мно́гих рабо́чих уво́лили.

reduplicate /rɪˈdjuːplɪˌkeɪt/ *vt* удв|а́ивать, -о́ить.

reduplication /rɪˌdjuːplɪˈkeɪʃ(ə)n/ *n* удвое́ние.

re-echo /riːˈekəʊ/ *vi* повтор|я́ться, -и́ться э́хом; откл|ика́ться, -и́кнуться.

● *vt* повтор|я́ть, -и́ть ещё раз.

reed /riːd/ *n* **1** (*bot*) тростни́к, камы́ш.
2 (*mus*) язычо́к; **the ~s** (*of an orchestra*) язычко́вые инструме́нты (*m pl*).

re-edit /riːˈedɪt/ *vt* (**re-edited, re-editing**) за́ново отредакти́ровать (*pf*).

re-educate /riːˈedjʊˌkeɪt/ *vt* перевоспи́т|ывать, -а́ть.

re-education /riːˌedjʊˈkeɪʃ(ə)n/ *n* перевоспита́ние.

reedy /ˈriːdɪ/ *adj* (**reedier, reediest**) **1** (*full of reeds*) тростнико́вый; заро́сший тростнико́м. **2** (*of sounds*) пронзи́тельный.

reef[1] /riːf/ *n* (*geog*) риф; подво́дная скала́.

reef[2] /riːf/ *n* (*naut*) риф.

● *vt*: **~ a sail** брать, взять ри́фы.

● *cpd* **~ knot** *n* ри́фовый/прямо́й у́зел.

reefer[1] /ˈriːfə(r)/ *n* (*jacket*) бушла́т.

reefer[2] /ˈriːfə(r)/ *n* (*sl, marijuana cigarette*) сигаре́та с марихуа́ной; ко́ся́к, косячо́к (*both sl*).

reek /riːk/ *n* вонь.

● *vi* воня́ть, про-; **his clothes ~ed of tobacco** от его́ оде́жды несло́ табако́м; (*fig*) попа́хивать, па́хнуть (*both impf*); **the affair ~s of corruption** де́ло па́хнет корру́пцией.

reel[1] /riːl/ *n* (*winding device*) кату́шка; руло́н; **a ~ of thread, cotton** кату́шка ни́ток; **a ~ of film for a camera** кату́шка плёнки для фотоаппара́та.

● *vt* нам|а́тывать, -ота́ть.

● *with advs*: **the fisherman ~ed in the line** рыба́к смота́л у́дочку; **the guide ~ed off a lot of dates** гид вы́палил це́лый ряд истори́ческих дат.

reel[2] /riːl/ *vi* кружи́ться (*impf*); верте́ться (*impf*); **he ~ed under the blow** он зашата́лся от уда́ра; **it makes the mind ~** от э́того голова́ кру́гом идёт; **the drunkard went ~ing home** шата́ясь, пья́ница поплёлся домо́й.

reel[3] /riːl/ *n* (*dance*) рил (*быстрый шотландский/ирландский народный танец*); хорово́д.

re-elect /ˌriːɪˈlekt/ *vt* переизб|ира́ть, -ра́ть.

re-election /ˌriːɪˈlekʃ(ə)n/ *n* переизбра́ние.

re-embark /ˌriːɪmˈbɑːk/ *vi* возвра|ща́ться, -ти́ться на́ борт.

re-embarkation /ˌriːɪmˌbɑːˈkeɪʃ(ə)n/ *n* возвраще́ние на́ борт.

re-emerge /ˌriːɪˈmɜːdʒ/ *vi* вновь появ|ля́ться, -и́ться.

re-emergence /ˌriːɪˈmɜːdʒəns/ *n* появле́ние вновь.

re-emphasis /riːˈemfəsɪs/ *n* повто́рное подчёркивание.

re-emphasize /riːˈemfəˌsaɪz/ *vt* подчёрк|ивать, -ну́ть сно́ва (*or* ещё раз).

re-enact /ˌriːɪˈnækt/ *vt* (*an event*) проигр|ывать, -а́ть в ли́цах; (*a law*) вновь вв|оди́ть, -ести́ в де́йствие.

re-enactment /ˌriːɪˈnæktmənt/ *n* прои́грывание в ли́цах; повто́рный ввод в де́йствие.

re-engage /ˌriːɪnˈgeɪdʒ/ *vt*: **he ~d the clutch** он вновь включи́л сцепле́ние; **the workers were laid off and then ~d** рабо́чих уво́лили, а пото́м вновь при́няли на рабо́ту.

re-engagement /ˌriːɪnˈgeɪdʒmənt/ *n* **1** (*of clutch, gearing, etc.*) повто́рное включе́ние. **2** (*of workers*) восстановле́ние на рабо́те.

re-enlist /ˌriːɪnˈlɪst/ *vi* поступ|а́ть, -и́ть на сверхсро́чную слу́жбу.

re-enlistment /ˌriːɪnˈlɪstmənt/ *n* поступле́ние на сверхсро́чную слу́жбу.

re-enter /riːˈentə(r)/ *vi* сно́ва входи́ть, войти́ в + *a*; возвраща́ться, верну́ться в + *a*.

re-entry /riːˈentrɪ/ *n* вхожде́ние/вступле́ние за́ново; **~ module** возвраща́емый отсе́к; **~ into the atmosphere** возвра́т в атмосфе́ру.

re-equip /ˌriːɪˈkwɪp/ *vt* переосна|ща́ть, -сти́ть.

re-equipment /ˌriːɪˈkwɪpmənt/ *n* переоснащéние.
re-establish /ˌriːɪˈstæblɪʃ/ *vt* восстан|áвливать, -ови́ть.
re-establishment /ˌriːɪˈstæblɪʃmənt/ *n* восстановлéние.
re-examination /ˌriːɪgˌzæmɪˈneɪʃ(ə)n/ *n* повтóрное рассмотрéние; переэкзаменóвка.
re-examine /ˌriːɪgˈzæmɪn/ *vt* вновь рассм|áтривать, -отрéть; пересм|áтривать, -отрéть; (*academic*) втори́чно экзаменовáть, про-.
re-export /riːˈekspɔːt/ *n* реэ́кспорт.
● *vt* реэкспорти́ровать (*impf, pf*).
ref /ref/ (*coll*) = **referee 2**
reface /riːˈfeɪs/ *vt* зáново отдéл|ывать, -ать.
refashion /riːˈfæʃ(ə)n/ *vt* перемодели́ровать (*impf, pf*); переинáчи|вать, -ть.
refectory /rɪˈfektərɪ, ˈrefɪktərɪ/ *n* (*in monastery*) трáпезная; (*in school, college*) столóвая.
refer /rɪˈfɜː(r)/ *vt* (**referred, referring**) (*pass on, direct*) от|сылáть, -ослáть; напр|авля́ть, -áвить; **the clerk ~red me to the manager** слу́жащий отослáл меня́ к начáльнику; **the dispute was ~red to the UN** спор был пéредан на рассмотрéние OÓH; **the note ~s the reader to the appendix** примечáние отсылáет читáтеля к приложéнию.
● *vi* (**referred, referring**) **1** (*have recourse*) спр|авля́ться, -áвиться; **he ~red to the dictionary** он спрáвился в словарé; **the speaker ~red to his notes** орáтор заглянýл в конспéкт. **2** (*allude*): **~ to** (*mention*) упом|инáть, -янýть; подразумевáть (*impf*); **all his writings ~ to the war** все егó произведéния посвящены́ войнé; **are you ~ring to me?** вы имéете в видý меня́?; (*cite*) ссылáться, сослáться на + *a*.
referee /ˌrefəˈriː/ *n* **1** (*arbitrator*) арби́тр. **2** (*at games*) судья́ (*m*); рéфери (*m indecl*). **3** (*person supplying testimonial*) поручи́тель (*m*); рецензéнт-экспéрт.
● *vt* & *i* (**referees, refereed**): **he agreed to ~ the match** он согласи́лся суди́ть матч; **~ing** судéйство.
reference /ˈrefərəns/ *n* **1** (*referring for decision, consideration, etc.*) отсы́лка; **he acted without ~ to his superiors** он дéйствовал без согласовáния с начáльством; **terms of ~** компетéнция, круг полномóчий, вéдение.
2 (*relation*) отношéние; **with ~ to your letter** в связи́ с вáшим письмóм.
3 (*allusion*) упоминáние, ссы́лка; **he made frequent ~ to our agreement** он чáсто ссылáлся на нáше соглашéние; **the book contains many ~s to the Queen** в книге чáсто упоминáется королéва.
4 (*in text*) ссы́лка, снóска.
5 (*referring for information*) спрáвка; **you should make ~ to a dictionary** вам слéдует обрати́ться к словарю́; **~ book** спрáвочник; **~ library** спрáвочная библиотéка.
6 (*testimonial*) óтзыв, рекомендáция, характери́стика; (*person supplying ~*) поручи́тель (*m*); **he gave his professor as a ~** он назвáл профéссора в кáчестве своегó поручи́теля; он назвáл профéссора, котóрый напи́шет емý характери́стику.
referend|um /ˌrefəˈrendəm/ *n* (*pl* **~ums** *or* **~a**) рефeрéндум.
referral /rɪˈfɜːr(ə)l/ *n* направлéние.
refill[1] /ˈriːfɪl/ *n* (*of fuel*) (до)заправка; (*of drink*) доли́тая рю́мка; (*for pen etc.*) запаснóй стéржень.
refill[2] /riːˈfɪl/ *vt* нап|олня́ть, -óлнить вновь; **may I ~ your glass?** позвóльте подли́ть?
● *vi* запр|авля́ться, -áвиться.
refinance /riːˈfaɪnæns/ *vt* брать, взять втори́чный заём на финанси́рование + *g*.
refine /rɪˈfaɪn/ *vt* **1** (*purify*) оч|ищáть, -и́стить; **~d sugar** сáхар-рафинáд. **2** (*make more elegant or cultured*) совершéнствовать, у-; **~d manners** утончённые/изы́сканные манéры.
refinement /rɪˈfaɪnmənt/ *n* **1** (*purification*) очищéние, очи́стка. **2** (*improving change, addition*) улучшéние, усовершéнствование. **3** (*of feeling, taste, etc.*) утончённость, тóнкость; (*of breeding or manners*) благовоспи́танность; **lack of ~** неотёсанность. **4** (*subtle or ingenious manifestation*) утончённость.
refinery /rɪˈfaɪnərɪ/ *n* (*oil*) нефтеочисти́тельный завóд.
refit[1] /ˈriːfɪt/ *n* ремóнт, переоборýдование.
refit[2] /riːˈfɪt/ *vt* (**refitted, refitting**) чини́ть, по-; переоборýдовать (*impf, pf*); ремонти́ровать, от-.
reflate /riːˈfleɪt/ *vi* (*econ*) пров|оди́ть, -ести́ рефля́цию.
reflation /riːˈfleɪʃ(ə)n/ *n* (*econ*) рефля́ция.
reflect /rɪˈflekt/ *vt* (*light, heat, etc.*) отра|жáть, -зи́ть; **light is ~ed from a white surface** свет отражáется от бéлой повéрхности; (*fig, express, reveal*): **her thoughts were ~ed in her face** все её мы́сли отражáлись на её лицé.
● *vi* **1** (*produce a reflection*) отра|жáться, -зи́ться; **is the light ~ing in your eyes?** вам свет не бьёт в глазá?; (*fig, bring discredit*): **your behaviour** (*Br*), **behavior** (*US*) **~s on us all** вáше поведéние ложи́тся пятнóм на нас всех. **2** (*consider, ponder*) задýматься (*pf*) (над + *i*); размышля́ть (*impf*); **I ~ed (on/upon) how fortunate I had been** я подýмал о том, как мне повезлó.
reflection /rɪˈflekʃ(ə)n/ *n* **1** (*of light, heat, etc.*) отражéние; **she saw his ~ in the mirror** онá уви́дела егó отражéние в зéркале. **2** (*consideration*) размышлéние; **he acts without ~** он дéйствует неосмотри́тельно; **she was lost in ~** онá былá погруженá в свои́ мы́сли; **on ~, I may have been wrong** поразмы́слив, я реши́л, что, возмóжно, (я) был непрáв. **3** (*expression of idea*) соображéние; замечáние. **4** (*cause of credit or discredit*): **it is a ~ on my honour** (*Br*), **honor** (*US*) э́то задевáет мою́ честь.
reflective /rɪˈflektɪv/ *adj* (*of a surface*) отражáющий; (*thoughtful*) мы́слящий; задýмчивый.
reflector /rɪˈflektə(r)/ *n* рефлéктор.
reflex /ˈriːfleks/ *n* (*also* **~ action**) рефлéкс.
● *adj* рефлектóрный; **~ camera** зеркáльный фотоаппарáт.
reflexive /rɪˈfleksɪv/ *adj* возврáтный.
reflexologist /ˌriːflekˈsɒlədʒɪst/ *n* рефлексотерапéвт.
reflexology /ˌriːflekˈsɒlədʒɪ/ *n* рефлексотерапи́я.
refloat /riːˈfləʊt/ *vt* подн|имáть, -я́ть (*затонувшее судно*); сн|имáть, -ять с мéли.
refocus /riːˈfəʊkəs/ *vt* перефокуси́ровать (*impf, pf*).
reforestation /riːˌfɒrɪˈsteɪʃ(ə)n/ *n* восстановлéние лесны́х масси́вов.
reform /rɪˈfɔːm/ *n* рефóрма.
● *vt* (*a system*) ул|учшáть, -ýчшить; реформи́ровать (*impf, pf*); (*a person*) перевоспи́т|ывать, -áть; испр|авля́ть, -áвить.
● *vi* испр|авля́ться, -áвиться.
re-form /riːˈfɔːm/ *vt* (*reshape, form again*) переформирóв|ывать, -áть.
● *vi* перестр|áиваться, -óиться; **the soldiers ~ed into two ranks** солдáты перестрóились в две шерéнги.
reformat /riːˈfɔːmæt/ *vt* (*comput*) формати́ровать, от- зáново.
reformation /ˌrefəˈmeɪʃ(ə)n/ *n* (*change, improvement*) преобразовáние; **the R~** Реформáция.
re-formation /ˌriːfɔːˈmeɪʃ(ə)n/ *n* (*forming again*) переформировáние.
reformative /rɪˈfɔːmətɪv/ *adj* исправи́тельный.
reformatory /rɪˈfɔːmətərɪ/ *n* (*US hist*) исправи́тельное заведéние.
● *adj* исправи́тельный.
reformer /rɪˈfɔːmə(r)/ *n* реформáтор; преобразовáтель (*m*).
refract /rɪˈfrækt/ *vt* прелом|ля́ть, -и́ть.
refraction /rɪˈfrækʃ(ə)n/ *n* преломлéние; рефрáкция.
refractor /rɪˈfræktə(r)/ *n* рефрáктор.
refractory /rɪˈfræktərɪ/ *n* огнеупóрный материáл.
● *adj* **1** (*of person*) упря́мый, непослýшный. **2** (*of illness*) упóрный. **3** (*fire-resisting*) огнеупóрный.
refrain[1] /rɪˈfreɪn/ *n* рефрéн, припéв; **they joined in the ~** они́ подхвати́ли припéв.
refrain[2] /rɪˈfreɪn/ *vi* сдéрж|иваться, -áться; воздéрж|иваться, -áться; **I could hardly ~ from laughing** я éле сдéрживался от смéха; **I ~ed from comment** я воздержáлся от замечáний/комментáриев.
refresh /rɪˈfreʃ/ *vt* освеж|áть, -и́ть; **I woke ~ed** сон освежи́л меня́; **~ o.s.** (*with food and drink*) подкреп|ля́ться, -и́ться; **let me ~ your memory** позвóльте напóмнить вам.
refresher /rɪˈfreʃə(r)/ *n* (*also* **~ course/training**) курс переподготóвки (*or* повышéния квалификáции).

r

refreshing /rɪˈfreʃɪŋ/ *adj* освежа́ющий; **he was ~ly frank** его́ и́скренность была́ умили́тельна.

refreshment /rɪˈfreʃmənt/ *n* **1** (*reinvigoration*) восстановле́ние сил. **2** (*food or drink*) еда́; питьё; **won't you take some ~?** не хоти́те ли подкрепи́ться/перекуси́ть?; **~s are served on the train** в по́езде мо́жно перекуси́ть; **~ room** буфе́т.

refrigerate /rɪˈfrɪdʒəˌreɪt/ *vt* замор|а́живать, -о́зить.

refrigeration /rɪˌfrɪdʒəˈreɪʃ(ə)n/ *n* замора́живание.

refrigerator /rɪˈfrɪdʒəˌreɪtə(r)/ *n* холоди́льник.

refuel /riːˈfjuːəl/ *vi* (**refuelled, refuelling**, *US* **refueled, refueling**) запр|авля́ться, -а́виться.
● *vt* запр|авля́ть, -а́вить.

refuge /ˈrefjuːdʒ/ *n* (*shelter*) убе́жище; приста́нище; **the cat took ~ beneath the table** кот спря́тался под столо́м; (*fig*) утеше́ние; **take ~ in lies** приб|ега́ть, -е́гнуть ко лжи.

refugee /ˌrefjʊˈdʒiː/ *n* бе́жен|ец (*fem* -ка); **~ camp** ла́герь (*m*) бе́женцев; **political ~** политэмигра́нт.

refund[1] /ˈriːfʌnd/ *n* возмеще́ние убы́тков; **they gave me a ~** мне верну́ли де́ньги.

refund[2] /rɪˈfʌnd/ *vt* (*pay back*) возвраща́ть, верну́ть (*деньги*); (*reimburse*) возме|ща́ть, -сти́ть.

refurbish /riːˈfɜːbɪʃ/ *vt* отде́л|ывать, -ать.

refurbishment /riːˈfɜːbɪʃmənt/ *n* (капита́льный) ремо́нт.

refurnish /riːˈfɜːnɪʃ/ *vt* за́ново меблирова́ть (*impf, pf*).

refusal /rɪˈfjuːz(ə)l/ *n* отка́з; **he would take no ~** он не при́нял отка́за; **when I sell the house I will give you first ~** когда́ я бу́ду продава́ть дом, я предложу́ его́ вам в пе́рвую о́чередь.

refuse[1] /ˈrefjuːs/ *n* му́сор; **~ collection** убо́рка му́сора; **~ dump** сва́лка.

refuse[2] /rɪˈfjuːz/ *vt* & *i* (*decline to give or grant*) отка́з|ывать, -а́ть (*кому в чём*); (*reject*) отв|ерга́ть, -е́ргнуть; (*decline sth offered*) отка́з|ываться, -а́ться от + *g*; **the request was ~d** в про́сьбе бы́ло отка́зано; **the invitation was ~d** приглаше́ние не бы́ло при́нято; **they ~d me permission** мне не́ дали разреше́ния; **children were ~d admittance** дете́й не впусти́ли; **it is an offer not to be ~d** тако́е предложе́ние не сле́дует отклоня́ть; **he proposed to her and was ~d** он сде́лал ей предложе́ние и получи́л отка́з; **the horse ~d (the fence)** пе́ред барье́ром ло́шадь заарта́чилась.

refusenik /rɪˈfjuːznɪk/ *n* отка́зни|к (*fem* -ца).

refutable /rɪˈfjuːtəb(ə)l/ *adj* опроверж́имый.

refutation /ˌrefjʊˈteɪʃ(ə)n/ *n* опроверже́ние.

refute /rɪˈfjuːt/ *vt* опров|ерга́ть, -е́ргнуть.

regain /rɪˈgeɪn/ *vt* **1** (*recover*) получ|а́ть, -и́ть обра́тно; **the prisoners ~ed their freedom** у́зники вновь обрели́ свобо́ду; **he never ~ed consciousness** он так и не пришёл в созна́ние; **he ~ed his footing** он сно́ва нащу́пал опо́ру ного́й; (*mil, recapture*) отвоё|вывать, -а́ть. **2** (*reach again*) сно́ва дост|ига́ть, -и́гнуть; **they ~ed the shore** они́ вновь дости́гли бе́рега.

regal /ˈriːg(ə)l/ *adj* короле́вский.

regale /rɪˈgeɪl/ *vt* уго|ща́ть, -сти́ть; по́тчевать (*impf*).

regalia /rɪˈgeɪlɪə/ *n* рега́ли|и (*pl, g* -й).

regard /rɪˈgɑːd/ *n* **1** (*gaze*) взгляд.
2 (*point of attention, respect*) отноше́ние; **in this ~** в э́том отноше́нии; **in, with ~ to your request** что каса́ется ва́шей про́сьбы.
3 (*heed*) внима́ние; **he pays no ~ to my warnings** он не прислу́шивается к мои́м предупрежде́ниям.
4 (*consideration*) внима́ние, забо́та; **he paid no ~ to her feelings** он не счита́лся с её чу́вствами.
5 (*esteem*) уваже́ние (к + *d*); **he holds your opinion in high ~** он о́чень высоко́ це́нит ва́ше мне́ние.
6 (*in pl, greetings*) приве́т; (*formula at end of letter*) с приве́том; **give him my warmest ~s** переда́йте ему́ от меня́ серде́чный приве́т.
● *vt* **1** (*look at*) разгля́д|ывать, -е́ть; **he ~ed me with hostility** он разгля́дывал меня́ с неприя́знью.
2 (*consider*) расце́н|ивать, -и́ть; сч|ита́ть, -есть; **I ~ his behaviour** (*Br*), **behavior** (*US*) **with suspicion** я отношу́сь к его́ посту́пкам с подозре́нием; **he was ~ed as a hero** его́ счита́ли геро́ем.
3 (*give heed to*) счита́ться (*impf*) с + *i*; **he seldom ~s my advice** он ре́дко принима́ет мои́ сове́ты.
4 (*respect, esteem*) уважа́ть (*impf*); **we all ~ him highly** мы все его́ о́чень уважа́ем.
5 (*concern*): **as ~s, ~ing** относи́тельно + *g*; что каса́ется + *g*; насчёт + *g*; **he is careless as ~s money** он легкомы́слен в де́нежных дела́х.

regardful /rɪˈgɑːdfʊl/ *adj*: **he was ~ of my advice** он внял моему́ сове́ту.

regardless /rɪˈgɑːdlɪs/ *adj* невнима́тельный (к + *d*); **~ of expense** не счита́ясь с расхо́дами; **he pressed on ~** (*coll*) он рва́лся вперёд, невзира́я ни на что.

regatta /rɪˈgætə/ *n* рега́та.

regency /ˈriːdʒənsɪ/ *n* ре́гентство; **R~ architecture** архитекту́ра эпо́хи ре́гентства.

regenerate[1] /rɪˈdʒenərət/ *adj* возрождённый.

regenerate[2] /rɪˈdʒenəˌreɪt/ *vt* & *i* возро|жда́ть(ся), -ди́ть(ся).

regeneration /rɪˌdʒenəˈreɪʃ(ə)n/ *n* перерожде́ние, возрожде́ние.

regent /ˈriːdʒ(ə)nt/ *n* ре́гент; **Prince R~** принц-ре́гент.

reggae /ˈregeɪ/ *n* ре́гги (*m indecl*).

regicide /ˈredʒɪˌsaɪd/ *n* (*crime*) цареуби́йство; (*criminal*) цареуби́йца (*cg*).

regime /reɪˈʒiːm/ *n* режи́м, строй; **under the old ~** при ста́ром режи́ме.

regimen /ˈredʒɪˌmen/ *n* (*set of rules*) режи́м; поря́док; (*med, esp diet*) режи́м, дие́та.

regiment[1] /ˈredʒɪmənt/ *n* полк.

regiment[2] /ˈredʒɪˌment/ *vt* подчин|я́ть, -и́ть стро́гой дисципли́не.

regimental /ˌredʒɪˈment(ə)l/ *adj* полково́й.

regimentals /ˌredʒɪˈment(ə)lz/ *n pl* обмундирова́ние; **they paraded in full ~** они́ марширова́ли в по́лной фо́рме.

regimentation /ˌredʒɪmənˈteɪʃ(ə)n/ *n* стро́гая регламента́ция/дисципли́на.

region /ˈriːdʒ(ə)n/ *n* райо́н, о́бласть; регио́н; **the Arctic ~s** А́рктика (*sg*); (*of body*) по́лость; **the abdominal ~** брюшна́я по́лость; **in the ~ of the heart** в о́бласти се́рдца; (*fig*) о́бласть, сфе́ра; **in the ~ of £5,000** приблизи́тельно 5000 фу́нтов.

regional /ˈriːdʒənəl/ *adj* райо́нный, областно́й; региона́льный; **a ~ accent** ме́стный акце́нт/вы́говор.

register /ˈredʒɪstə(r)/ *n* **1** (*record, list*) рее́стр; за́пись; (*in school*) журна́л; **hotel ~** регистрацио́нная кни́га; **~ of voters** спи́сок избира́телей; **parish ~** прихо́дская кни́га; **~ office = registry office**.
2 (*mus*) реги́стр.
3 (*linguistic level*) стилисти́ческий у́ровень.
4 (*mechanical recording device*) счё́тчик; **cash ~** ка́сса.
● *vt* **1** (*enter on official record*) регистри́ровать, за-; оф|ормля́ть, -о́рмить; **all cars must be ~ed** все маши́ны должны́ быть зарегистри́рованы; **~ed letter** заказно́е письмо́.
2 (*make mental note of*) отм|еча́ть, -е́тить; зап|омина́ть, -о́мнить; **his mind did not ~ the fact** э́тот факт не запечатле́лся у него́ в уме́.
3 (*of an instrument*: *record*) пока́з|ывать, -а́ть; отм|еча́ть, -е́тить; **the thermometer ~ed 20°C** термо́метр пока́зывал 20 гра́дусов по Це́льсию.
4 (*express*) выража́ть, вы́разить; **the audience ~ed their disapproval** пу́блика вы́разила своё недово́льство; **her face ~ed surprise** на её лице́ отрази́лось удивле́ние.
● *vi* **1** (*record one's name*) регистри́роваться, за-.
2 (*coll, correspond to sth known*): **your name doesn't ~ with him** ва́ше и́мя ничего́ ему́ не говори́т.
3 (*be impressed on memory*) зап|омина́ться, -о́мниться; **his words ~ed with me** его́ слова́ запа́ли мне в па́мять.

registrar /ˌredʒɪsˈtrɑː(r), ˈredʒ-/ *n* (*keeper of records*) регистра́тор; (*head of register office*) заве́дующий (райо́нного) отделе́ния за́гса; (*of university etc.*) регистра́тор, секрета́рь (*m*); (*Br, in hospital*) врач, проходя́щий пра́ктику по специа́льности.

registration /ˌredʒɪˈstreɪʃ(ə)n/ *n* регистра́ция; **~ number of a car** (*Br*) (регистрацио́нный) но́мер маши́ны.

registry /ˈredʒɪstrɪ/ *n* **1** (*registration*) регистра́ция. **2**: **~ office** (*Br*) регистратýра; **they were married at a** ~ они расписáлись в зáгсе; они́ зарегистри́ровались.

regress /rɪˈgres/ *vi* двигáться (*impf*) в обрáтном направлéнии, регресси́ровать (*impf*).

regression /rɪˈgreʃ(ə)n/ *n* возвращéние (к + *d*); (*decline*) упáдок, регрéсс.

regressive /rɪˈgresɪv/ *adj* регресси́вный.

regret /rɪˈgret/ *n* сожалéние; **I found to my** ~ **that I was late** я обнаружи́л, к своемý сожалéнию, что опоздáл; **I have no** ~**s** я ни о чём не жалéю.
● *vt* (**regretted, regretting**) **1** (*feel sorrow for*) сожалéть (*impf*); **I** ~ **losing my temper** я сожалéю, что вы́шел из себя́; **I** ~ **to say ...** к сожалéнию, я дóлжен сказáть...; **it is to be** ~**ted that ...** к сожалéнию...; мóжно тóлько пожалéть, что...; **you will live to** ~ **this** вы ещё пожалéете об э́том.
2 (*feel loss of*): **he** ~**s his lost opportunities** он (со)жалéет об утрáченных возмóжностях.

regretful /rɪˈgretfʊl/ *adj* опечáленный; пóлный сожалéния.

regrettable /rɪˈgretəb(ə)l/ *adj* прискóрбный; достóйный сожалéния.

regroup /riːˈgruːp/ *vt & i* перегруппирóв|ывать(ся), -áть(ся).

regular /ˈregjʊlə(r)/ *n* **1** (*also* ~ **soldier**) солдáт регуля́рной áрмии.
2 (*also* ~ **customer**) завсегдáтай; постоя́нный посети́тель.
● *adj* **1** (*orderly in appearance, symmetrical*) прáвильный, регуля́рный; ~ **features** прáвильные черты́; **a** ~ **hexagon** прáвильный шестиугóльник.
2 (*steady, unvarying, systematic*) регуля́рный, нормáльный; ~ **breathing** спокóйное дыхáние; **a** ~ **pulse** ритми́чный пульс; **I have no** ~ **work** у меня́ нет постоя́нной рабóты; **he keeps** ~ **hours** у негó стрóгий/чёткий режи́м (дня); (*usual, routine*) очереднóй.
3 (*conventional, proper*) при́нятый, установлéнный; **the** ~ **procedure** при́нятая/обы́чная процедýра.
4 (*gram*) прáвильный.
5 (*properly appointed*) регуля́рный; кáдровый; ~ **army** регуля́рная/постоя́нная áрмия.
6 (*coll, thorough, real*) сýщий, настоя́щий; **she is a** ~ **nuisance** онá ужáсная занýда.
7 (*US, ordinary, standard*) регуля́рный, обы́чный.
8 (*US, likeable*): **a** ~ **guy** (*coll*) слáвный мáлый.

regularity /ˌregjʊˈlærɪtɪ/ *n* (*symmetry*) прáвильность; (*systematic occurrence*) регуля́рность.

regularize /ˈregjʊləˌraɪz/ *vt* упоря́дочи|вать, -ть.

regulate /ˈregjʊˌleɪt/ *vt* **1** (*control*) регули́ровать (*impf*). **2** (*adjust*) (*clock*) выверя́ть, вы́верить.

regulation /ˌregjʊˈleɪʃ(ə)n/ *n* **1** (*control*) регули́рование. **2** (*adjustment*) вы́верка. **3** (*rule*) прáвило; **the** ~**s say we must wear black** соглáсно/по прáвилам/устáву мы должны́ ходи́ть в чёрном. **4** (*attr, standard*) установлéнный.

regulator /ˈregjʊˌleɪtə(r)/ *n* (*person*) ответ́ственное лицó; (*body*) ответ́ственная организáция; (*device*) регуля́тор, стабилизáтор.

regulatory /ˌregjʊˈleɪtərɪ/ *adj* регули́рующий; ~ **body** óрган управлéния.

regurgitate /rɪˈgɜːdʒɪˌteɪt/ *vt* отры́г|ивать, -нýть.

regurgitation /rɪˌgɜːdʒɪˈteɪʃ(ə)n/ *n* отры́гивание.

rehabilitate /ˌriːhəˈbɪlɪˌteɪt/ *vt* (*re-educate*) перевоспи́т|ывать, -áть; (*exculpate*) реабилити́ровать (*impf, pf*).

rehabilitation /ˌriːhəˌbɪlɪˈteɪʃ(ə)n/ *n* перевоспитáние; реабилитáция.

rehash /ˈriːhæʃ/ *n* перекрóйка; перетасóвка.
● *vt* перекр|áивать, -ои́ть; перетас|óвывать, -овáть.

rehear /riːˈhɪə(r)/ *vt* (*past and pp* **reheard** /riːˈhɜːd/): **the case will be** ~**d** дéло бýдет слýшаться повтóрно.

rehearing /riːˈhɪərɪŋ/ *n* втори́чное слýшание дéла.

rehearsal /rɪˈhɜːs(ə)l/ *n* **1** (*practice*) репети́ция; **dress** ~ генерáльная репети́ция. **2** (*recitation, list*) перечислéние.

rehearse /rɪˈhɜːs/ *vt* (*practise*) репети́ровать, от-; (*recite, recount*) переч|исля́ть, -и́слить.

rehouse /riːˈhaʊz/ *vt* пересел|я́ть, -и́ть.

Reich /raɪx/ *n* рейх.

reign /reɪn/ *n* цáрствование, власть; **in the** ~ **of Peter the Great** в цáрствование Петрá Вели́кого; (*fig*) власть, госпóдство.
● *vi* цáрствовать (*impf*); (*fig*) цари́ть (*impf*); **silence** ~**ed** цари́ла тишинá.

reignite /ˌriːɪgˈnaɪt/ *vt* вновь разж|игáть, -éчь.

reimburse /ˌriːɪmˈbɜːs/ *vt* возме|щáть, -сти́ть (*что кому*); оплá|чивать, -ти́ть (*что кому*).

reimbursement /ˌriːɪmˈbɜːsmənt/ *n* возмещéние, возвращéние.

reimpose /ˌriːɪmˈpəʊz/ *vt* восстан|áвливать, -ови́ть; снóва вв|оди́ть, -ести́.

reimposition /ˌriːɪmpəˈzɪʃ(ə)n/ *n* восстановлéние.

rein /reɪn/ *n* пóвод (*pl* -á *or* повóдья), вожжá; (*fig*): **you are giving** ~ **to your imagination** у вас разыгрáлось воображéние; **we must keep a tight** ~ **on our spending** мы должны́ стрóго контроли́ровать нáши расхóды.
● *vt* (*fig*) держáть (*impf*) в уздé; ~ **in a horse** придéрж|ивать, -áть лóшадь.

reincarnate /ˌriːɪnˈkɑːneɪt/ *vt* перевопло|щáть, -ти́ть.

reincarnation /ˌriːɪnkɑːˈneɪʃ(ə)n/ *n* перевоплощéние, реинкарнáция.

reindeer /ˈreɪndɪə(r)/ *n* (*pl* ~ *or* ~**s**) сéверный олéнь.

reinfect /ˌriːɪnˈfekt/ *vt* вновь зара|жáть, -зи́ть.

reinfection /ˌriːɪnˈfekʃ(ə)n/ *n* повтóрное заражéние.

reinforce /ˌriːɪnˈfɔːs/ *vt* уси́ли|вать, -ть; **the army was** ~**d** áрмия получи́ла подкреплéние; **this** ~**s my argument** э́то подкрепля́ет мои́ дóводы; ~**d concrete** железобетóн.

reinforcement /ˌriːɪnˈfɔːsmənt/ *n* усилéние; (*in pl, troops*) подкреплéние.

reinsert /ˌriːɪnˈsɜːt/ *vt* вв|оди́ть, -ести́ вновь.

reinsertion /ˌriːɪnˈsɜːʃ(ə)n/ *n* втори́чный ввод.

reinstate /ˌriːɪnˈsteɪt/ *vt* восстан|áвливать, -ови́ть в правáх/дóлжности/положéнии.

reinstatement /ˌriːɪnˈsteɪtmənt/ *n* восстановлéние в правáх/дóлжности/положéнии.

reinsurance /ˌriːɪnˈʃʊərəns/ *n* (*lit, fig*) перестрахóвка.

reinsure /ˌriːɪnˈʃʊə(r)/ *vt* (*lit, fig*) перестрахóв|ывать, -áть; возобнов|ля́ть, -и́ть страхóвку (+ *g*).

reinter /ˌriːɪnˈtɜː(r)/ *vt* (**reinterred, reinterring**) перезахорони́ть (*pf*).

reinterment /ˌriːɪnˈtɜːrmənt/ *n* перезахоронéние.

reinterpret /ˌriːɪnˈtɜːprɪt/ *vt* (**reinterpreted, reinterpreting**) интерпрети́ровать (*impf, pf*) по-нóвому.

reinterpretation /ˌriːɪnˌtɜːprɪˈteɪʃ(ə)n/ *n* нóвая интерпретáция.

reintroduce /ˌriːɪntrəˈdjuːs/ *vt* вновь вв|оди́ть, -ести́.

reintroduction /ˌriːɪntrəˈdʌkʃ(ə)n/ *n* повтóрное введéние.

reinvest /ˌriːɪnˈvest/ *vt & i* снóва поме|щáть, -сти́ть (капитáл).

reinvestment /ˌriːɪnˈvestmənt/ *n* повтóрное инвести́рование.

reinvigorate /ˌriːɪnˈvɪgəˌreɪt/ *vt* вдохнýть (*pf*) нóвые си́лы в + *a*.

reissue /riːˈɪʃuː, -sjuː/ *n* переиздáние; повтóрный вы́пуск.
● *vt* переизд|авáть, -áть; снóва выпускáть, вы́пустить.

reiterate /riːˈɪtəˌreɪt/ *vt* повтор|я́ть, -и́ть; тверди́ть (*impf*).

reiteration /riːˌɪtəˈreɪʃ(ə)n/ *n* повторéние.

reject[1] /ˈriːdʒekt/ *n* (*discarded article*) неподходя́щая вещь; (*comm*) бракóванное издéлие; (*in pl, collect*) брак; (*discarded person*) неподходя́щая кандидатýра.

reject[2] /rɪˈdʒekt/ *vt* **1** (*throw away*) отбр|áсывать, -óсить. **2** (*refuse to accept*) отв|ергáть, -éргнуть; отклон|я́ть, -и́ть; **my offer was** ~**ed out of hand** моё предложéние срáзу же отклони́ли; **I** ~ **your accusation** я не принимáю вáше обвинéние; **he was** ~**ed by the board** он не прошёл коми́ссию; **his stomach** ~**s food** егó желýдок не принимáет пи́щу.

rejection /rɪˈdʒekʃ(ə)n/ *n* (*refusal to accept*) откáз, отклонéние; ~ **slip** уведомлéние редáкции об откáзе напечáтать произведéние.

rejig /riːˈdʒɪg/ *vt* (**rejigged, rejigging**) (*Br*) перестр|áивать, -óить.

r

rejoice /rɪ'dʒɔɪs/ *vi* ра́доваться, об- (*чему*).

rejoicing /rɪ'dʒɔɪsɪŋ/ *n* весе́лье, ра́дость.

rejoin[1] /riː'dʒɔɪn/ *vt* **1** (*join together again*) вновь присоедин|я́ть, -и́ть. **2** (*return to*) присоедин|я́ться, -и́ться вновь + *d*; прим|ыка́ть, -кну́ть вновь к + *d*; **he ~ed his regiment** он верну́лся в свой полк; **he ~ed his companions** он присоедини́лся к друзья́м.

rejoin[2] /rɪ'dʒɔɪn/ *vt & i* (*answer*) отв|еча́ть, -е́тить; возра|жа́ть, -зи́ть.

rejoinder /rɪ'dʒɔɪndə(r)/ *n* отве́т; возраже́ние.

rejuvenate /rɪ'dʒuːvɪˌneɪt/ *vt* омол|а́живать, -оди́ть.

rejuvenation /rɪˌdʒuːvɪ'neɪʃ(ə)n/ *n* омоложе́ние.

rekindle /riː'kɪnd(ə)l/ *vt* разж|ига́ть, -е́чь вновь.
● *vi* вновь разгор|а́ться, -е́ться.

relapse /rɪ'læps/ *n* рециди́в; **she suffered a ~** она́ сно́ва заболе́ла.
● *vi* сно́ва преда́ться (*pf*) (*чему*); сно́ва впасть (*pf*) (*в какое-н. состояние*); **he ~d into bad ways** он сно́ва сби́лся с пути́; **she ~d into silence** она́ (сно́ва) замолча́ла.

relate /rɪ'leɪt/ *vt* **1** (*narrate*) расска́з|ывать, -а́ть о + *p*; **strange to ~** как э́то ни стра́нно. **2** (*establish relation between*) свя́з|ывать, -а́ть (*что с чем*); *see also* ⇨**related**
● *vi* **1** (*be relevant*) относи́ться (*impf*) (**to:** к + *d*); име́ть (*impf*) отноше́ние (**to:** к + *d*). **2** (*establish contact*): **he does not ~ well to people** он пло́хо схо́дится с людьми́.

related /rɪ'leɪtɪd/ *adj* **1** (*logically connected*) свя́занный (**to:** с + *i*); взаимосвя́занный (друг с дру́гом). **2** (*by blood or marriage*): **he is ~ to the royal family** он в родстве́ с короле́вской семьёй; **he and I are ~** мы с ним ро́дственники; **we are distantly ~** мы в да́льнем родстве́.

relatedness /rɪ'leɪtɪdnɪs/ *n* отноше́ние.

relation /rɪ'leɪʃ(ə)n/ *n* **1** (*connection, correspondence*) отноше́ние, зави́симость; **in/with ~ to** что каса́ется + *g*; относи́тельно + *g*; **the cost bears no ~ to the results** расхо́ды несоизмери́мы с результа́тами.
2 (*in pl, dealings*) отноше́ния (*nt pl*); **international ~s** междунаро́дные отноше́ния; **they broke off diplomatic ~s** они́ порва́ли дипломати́ческие отноше́ния; **public ~s officer** нача́льник/сотру́дник отде́ла информа́ции и рекла́мы; **sexual ~s** сексуа́льные отноше́ния; **~s are strained between them** у них натя́нутые отноше́ния.
3 (*kinsman, kinswoman*) ро́дственни|к (*fem* -ца); (*in pl*) родня́ (*sg*); **a near, close ~** бли́зкий ро́дственник; **~s by marriage** ро́дственники по му́жу/жене́; свойственники.

relationship /rɪ'leɪʃənʃɪp/ *n* (*relevance*) связь, отноше́ние; (*association, liaison*) взаимоотноше́ния (*nt pl*), связь; (*kinship*) родство́.

relative /'relətɪv/ *n* (*kinsman, kinswoman*) ро́дственни|к (*fem* -ца).
● *adj* **1** (*comparative*) относи́тельный, сравни́тельный; **he is a ~ newcomer** он здесь относи́тельно неда́вно; (*not absolute*) относи́тельный, усло́вный; **beauty is a ~ term** красота́ — поня́тие относи́тельное; **~ly speaking** вообще́ говоря́. **2**: **~ to** (*having reference to*) каса́ющийся + *g*; относя́щийся к + *d*; **the facts ~ to the situation** обстоя́тельства, относя́щиеся к де́лу. **3** (*gram*): **~ pronoun** относи́тельное местоиме́ние.

relativism /'relətɪˌvɪz(ə)m/ *n* релятиви́зм.

relativity /ˌrelə'tɪvɪtɪ/ *n* относи́тельность; **theory of ~** тео́рия относи́тельности.

relax /rɪ'læks/ *vt* рассл|абля́ть, -а́бить; **he ~ed his grip** он разжа́л ру́ку; **we must not ~ our efforts** мы не должны́ ослабля́ть уси́лий; **the rules may be ~ed** распоря́док мо́жет быть ме́нее жёстким; **a ~ing climate** кли́мат, де́йствующий расслабля́юще.
● *vi* (*weaken*) осл|абева́ть, -а́бнуть; (*rest*) рассл|абля́ться, -а́биться; отдыха́ть (*impf*); **I like to ~ in the sun** я люблю́ посиде́ть/поваля́ться на со́лнце; **a ~ed atmosphere** споко́йная атмосфе́ра.

relaxation /ˌriːlæk'seɪʃ(ə)n/ *n* **1** (*slackening*) уменьше́ние; смягче́ние; **~ of discipline** ослабле́ние дисципли́ны. **2** (*recreation*) о́тдых, развлече́ние; **take one's ~** отдыха́ть (*impf*). **3** (*relief of tension*) разря́дка.

relay[1] /'riːleɪ/ *n* **1** (*fresh team*) сме́на; (*in pl*): **they worked in ~s** они́ рабо́тали посме́нно. **2** (*in full* **~ race**) эстафе́тный бег. **3** (*elec*) реле́ (*indecl*). **4** (*retransmitting device*) ретрансля́ция; **~ station** ретрансляцио́нная ста́нция.
● *vt* (*past and pp* **relayed**) (*transmit*) трансли́ровать (*impf, pf*).

relay[2] /riː'leɪ/ *vt* (*past and pp* **relaid**) пере|кла́дывать, -ложи́ть.

relearn /riː'lɜːn/ *vt* (*past and pp* **relearned** *or esp Br* **relearnt**) вы́учить (*pf*) за́ново.

release /rɪ'liːs/ *n* **1** (*liberation, deliverance*) освобожде́ние; **~ from prison** освобожде́ние из тюрьмы́; **death was a happy ~ for him** смерть изба́вила его́ от тя́жких страда́ний. **2** (*letting go, unfastening*) освобожде́ние; **~ of bombs** сбра́сывание бомб. **3** (*device for doing this*) спуск; **~ button** спускова́я кно́пка. **4** (*publication, issue*) вы́пуск; **press ~** сообще́ние для печа́ти; **the latest ~s** (*films*) нови́нки (*f pl*) экра́на; **this film is on general ~** э́тот фильм в широ́ком прока́те.
● *vt* **1** (*liberate*) освобо|жда́ть, -ди́ть; изб|авля́ть, -а́вить. **2** (*unfasten, let go*) отпус|ка́ть, -ти́ть; выпуска́ть, вы́пустить; **do not ~ the brake** не отпуска́йте то́рмоз; **he ~d her hand** он отпусти́л её ру́ку. **3** (*make over, surrender*) отд|ава́ть, -а́ть. **4** (*issue for circulation*) выпуска́ть, вы́пустить; **the news was ~d** сообще́ние бы́ло пре́дано огла́ске; **the film was ~d** фильм был вы́пущен (на экра́ны).

relegate /'relɪˌgeɪt/ *vt* от|сыла́ть, -осла́ть; **the team was ~d to the second division** (*Br*) кома́нду перевели́ во второ́й дивизио́н; **his works have been ~d to oblivion** его́ произведе́ния бы́ли пре́даны забве́нию.

relegation /ˌrelɪ'geɪʃ(ə)n/ *n* пониже́ние, перево́д (в бо́лее ни́зкий класс *и т. п.*).

relent /rɪ'lent/ *vi* смягч|а́ться, -и́ться; подобре́ть (*pf*); **the storm ~ed** бу́ря ути́хла; **his sufferings made her ~** его́ страда́ния разжа́лобили её.

relentless /rɪ'lentlɪs/ *adj* (*merciless*) безжа́лостный; **~ persecution** жесто́кие гоне́ния; (*persistent*) упо́рный, неукло́нный.

relentlessness /rɪ'lentlɪsnɪs/ *n* безжа́лостность; упо́рство.

relet /riː'let/ *vt* (**reletting;** *past and pp* **relet**) (*Br*) сда|ва́ть, -ть сно́ва.

relevance /'relɪv(ə)ns/ *n* отноше́ние к де́лу; уме́стность.

relevant /'relɪv(ə)nt/ *adj* относя́щийся к де́лу; уме́стный; **~ to** относя́щийся к + *d*.

reliability /rɪˌlaɪə'bɪlɪtɪ/ *n* надёжность; достове́рность.

reliable /rɪ'laɪəb(ə)l/ *adj* надёжный; (*of a source, statement etc.*) достове́рный.

reliance /rɪ'laɪəns/ *n* (*trust*) дове́рие; **I place great ~ upon him** я ему́ о́чень доверя́ю; (*dependence*) зави́симость; **~ on drugs** зави́симость от нарко́тиков.

reliant /rɪ'laɪənt/ *adj* (*dependent*) зави́симый, зави́сящий; **they are completely ~ on their pension** они́ по́лностью зави́сят от свое́й пе́нсии.

relic /'relɪk/ *n* **1** (*of saint etc.*) рели́квия. **2** (*object from past*) рели́квия; (*custom etc.*) пережи́ток. **3** (*in pl, all that is left of sth*) оста́ток.

relief /rɪ'liːf/ *n* **1** (*alleviation, deliverance*) облегче́ние; **she heaved a sigh of ~** она́ издала́ вздох облегче́ния; **it was a great ~ to me** у меня́ отлегло́ от се́рдца. **2** (*abatement*) сниже́ние, смягче́ние; **~ road** (*Br*) вспомога́тельная доро́га. **3** (*assistance to poor, distressed etc.*) посо́бие; **~ agency** организа́ция по оказа́нию по́мощи; **famine ~** по́мощь голода́ющим; **a ~ fund for flood victims** фонд по́мощи же́ртвам наводне́ния. **4** (*liberation*) освобожде́ние; (*raising of siege*) сня́тие оса́ды. **5** (*replacement*) сме́на (дежу́рных); (*person*) сме́на. **6** (*contrast*) переме́на, контра́ст; **a blank wall without ~** глуха́я ро́вная стена́; **Shakespeare introduces comic ~** Шекспи́р прибега́ет к коми́ческой разря́дке.

r

7 (*sculpture etc.*) релье́ф; **high/low ~** горелье́ф/барелье́ф; **in high ~** о́чень вы́пукло; **~ design** релье́фный узо́р; **~ map** релье́фная ка́рта.

relieve /rɪˈliːv/ *vt* **1** (*alleviate*) облегч|а́ть, -и́ть; **I was ~d to get your letter** я был рад получи́ть ва́ше письмо́; **it ~s the monotony** э́то вно́сит разнообра́зие. **2** (*bring assistance to*) при|ходи́ть, -йти́ на по́мощь + *d*; выруча́ть, вы́ручить. **3** (*unburden*) освобо|жда́ть, -ди́ть (*кого от чего*); **this ~s me of the necessity to speak** э́то освобожда́ет меня́ от необходи́мости говори́ть; **swearing ~s one's feelings** когда́ вы́ругаешься, стано́вится ле́гче; **he ~d himself** (*urinated*) **against the wall** он помочи́лся/облегчи́лся у сте́нки; **may I ~ you of your bags?** позво́льте мне взять ва́ши чемода́ны. **4** (*replace on duty*) смен|я́ть, -и́ть; **you will be ~d at 10 o'clock** вас сме́нят в 10 часо́в.

religion /rɪˈlɪdʒ(ə)n/ *n* рели́гия, ве́ра; вероисповеда́ние; **she makes a ~ of housework** она́ де́лает культ из дома́шнего хозя́йства.

religious /rɪˈlɪdʒəs/ *n* (*pl* **~**) ≈ мона́х; (*pl*) чёрное духове́нство.

● *adj* **1** религио́зный. **2** (*fig, scrupulous*): **he attended every meeting ~ly** он добросо́вестно посеща́л все собра́ния.

reline /riːˈlaɪn/ *vt* меня́ть, смени́ть подкла́дку у + *g* (*or* на + *p*).

relinquish /rɪˈlɪŋkwɪʃ/ *vt* (*give up, abandon*) ост|авля́ть, -а́вить; **she ~ed all hope** она́ оста́вила вся́кую наде́жду; **I ~ed the habit** я бро́сил э́ту привы́чку; (*surrender*) сд|ава́ть, -ать; ост|авля́ть, -а́вить; **he ~ed his claims** он отказа́лся от свои́х тре́бований; (*let go*) разж|има́ть, -а́ть; осл|абля́ть, -а́бить; **the dog ~ed its hold** соба́ка разжа́ла зу́бы.

relinquishment /rɪˈlɪŋkwɪʃmənt/ *n* оставле́ние, сда́ча, отка́з (*от чего*).

reliquary /ˈrelɪkwərɪ/ *n* ра́ка, ковче́г (*для мощей*).

relish /ˈrelɪʃ/ *n* **1** (*attractive quality*) пре́лесть, привлека́тельность; **sport lost its ~ for me** спорт потеря́л для меня́ свою́ пре́лесть; (*zest, liking*) (большо́е/нескрыва́емое) удово́льствие; **he ate with ~** он ел с аппети́том. **2** (*sauce, garnish*) припра́ва.

● *vt* получ|а́ть, -и́ть удово́льствие от + *g*; смакова́ть (*impf*) (*coll*); **I don't ~ the prospect** меня́ не прельща́ет перспекти́ва; **you will not ~ what I have to say** то, что я скажу́, не придётся вам по вку́су.

relive /riːˈlɪv/ *vt* переж|ива́ть, -и́ть вновь.

reload /riːˈləʊd/ *vt* (*a vehicle etc.*) нагру|жа́ть, -зи́ть за́ново; (*a weapon*) перезаря|жа́ть, -ди́ть.

relocate /ˌriːləʊˈkeɪt/ *vt & i* переме|ща́ть(ся), -сти́ть(ся); перебази́ровать(ся) (*pf*).

relocation /ˌriːləʊˈkeɪʃən/ *n* перемеще́ние.

reluctance /rɪˈlʌkt(ə)ns/ *n* нежела́ние; неохо́та.

reluctant /rɪˈlʌkt(ə)nt/ *adj* неохо́тный; **she was ~ to leave home** ей не хоте́лось покида́ть дом.

rely /rɪˈlaɪ/ *vi* (**relying;** *past and pp* **relied**) полага́ться (*impf*); наде́яться (*impf*) (*both* на + *a*); **you can ~ on me** вы мо́жете на меня́ положи́ться.

remain /rɪˈmeɪn/ *vi* ост|ава́ться, -а́ться; **little ~ed of the original building** от первонача́льного зда́ния почти́ ничего́ не оста́лось; **it only ~s for me to thank you** мне то́лько остаётся вас поблагодари́ть; **that ~s to be seen** поживём — уви́дим; (*stay*) пребыва́ть (*impf*); **he ~ed a week in Paris** он про́был неде́лю в Пари́же; **he ~ed silent** он храни́л молча́ние; **his servants ~ed faithful to him** слу́ги оста́лись ве́рны ему́; **these things ~ the same** э́ти ве́щи не меня́ются; **please ~ seated!** пожа́луйста, не встава́йте!; **one thing ~s certain** одно́ безусло́вно я́сно; **I ~ yours truly** остаю́сь пре́данный Вам.

remainder /rɪˈmeɪndə(r)/ *n* **1** (*residue, rest*) оста́т|ок, -ки (*m pl*); **he is selling the ~ of his estate** он продаёт оста́вшуюся часть своего́ поме́стья; (*of people*) остальны́е (*pl*). **2** (*arith*) оста́ток. **3** (*of book left unsold*) нераспро́данный тира́ж.

● *vt* уцен|я́ть, -и́ть нераспро́данный тира́ж; **the book was ~ed** кни́га была́ уценена́.

remains /rɪˈmeɪnz/ *n pl* оста́тки (*m pl*), оста́нк|и (*pl, g* -ов); **the ~ of daylight** оста́тки дневно́го све́та; **the ~ of a meal** оста́тки еды́; (*ruins*) разва́лин|ы (*pl, g* —); (*corpse*): **the ~ were cremated** оста́нки бы́ли сожжены́.

remake /ˈriːmeɪk/ *n* (*e.g. of a film*) реме́йк, пересня́тый фильм; переде́лка.

● *vt* переде́л|ывать, -ать; (*a bed*) перест|ила́ть, -ла́ть.

remand /rɪˈmɑːnd/ *n* содержа́ние (аресто́ванного) под стра́жей; **on ~** под стра́жей; **~ home** (*Br*) исправи́тельный дом для несовершенноле́тних.

● *vt*: **he was ~ed in custody** он содержа́лся под стра́жей.

remark /rɪˈmɑːk/ *n* **1** (*notice*) наблюде́ние; **it is worthy of ~** э́то досто́йно внима́ния; **it passed without ~** э́то прошло́ незаме́ченным. **2** (*spoken observation*) замеча́ние; **he made rude ~s about my clothes** он отпуска́л неве́жливые замеча́ния по по́воду мое́й оде́жды.

● *vt* (*comment, notice*) зам|еча́ть, -е́тить; **'You are late,' he ~ed** «Вы опозда́ли», — заме́тил он.

● *vi* выска́зываться, вы́сказаться; **he ~ed upon your absence** он отме́тил ва́ше отсу́тствие.

remarkable /rɪˈmɑːkəb(ə)l/ *adj* (*extraordinary*) удиви́тельный; замеча́тельный; (*notable*): **this year has been ~ for its lack of rain** э́то был на ре́дкость засу́шливый год.

remarriage /riːˈmærɪdʒ/ *n* (вступле́ние в) но́вый брак.

remarry /riːˈmærɪ/ *vi* вступ|а́ть, -и́ть в но́вый брак.

remediable /rɪˈmiːdɪəb(ə)l/ *adj* поправи́мый, излечи́мый.

remedial /rɪˈmiːdɪəl/ *adj* исправля́ющий, лече́бный; (*education*) корректи́вный; **~ work** рабо́та с отста́ющими.

remed|y /ˈremɪdɪ/ *n* (*cure*) сре́дство, лека́рство (**for:** от + *g*); **a ~y for warts** сре́дство про́тив/от борода́вок.

● *vt* испр|авля́ть, -а́вить; **this cannot ~y the situation** э́то не popра́вит положе́ния; **these ills must be ~ied** э́ти недоста́тки должны́ быть испра́влены.

remember /rɪˈmembə(r)/ *vt* **1** (*keep in the memory*) по́мнить (*impf*); уде́рживать/храни́ть (*impf*) в па́мяти; **I ~ her as a girl** я по́мню её де́вочкой. **2** (*recall*) всп|омина́ть, -о́мнить; прип|омина́ть, -о́мнить; **I can't ~ his name** я не могу́ вспо́мнить его́ и́мя; **he couldn't remember how many meetings he had had in the past days** он не смог вспо́мнить число́ встреч, на кото́рых он побыва́л за после́дние дни; **I ~ you saying it** я по́мню, что вы э́то сказа́ли; **not that I can ~** наско́лько я по́мню, нет; **he ~ed himself in time** он во́время опо́мнился. **3** (*not forget; be mindful of*) не заб|ыва́ть, -ы́ть; име́ть (*impf*) в виду́; **~ to turn out the light** не забу́дьте погаси́ть свет; **~ you are still a young man** не забыва́йте, что вы ещё мо́лоды. **4** (*implying gift or gratuity*): **~ the waiter!** не забу́дьте дать официа́нту на чай!; **he ~ed her in his will** он упомяну́л её в своём завеща́нии. **5** (*convey greetings*): **~ me to your mother** переда́йте приве́т ва́шей ма́тери.

remembrance /rɪˈmembrəns/ *n* **1** (*memory; recollection*) па́мять; воспомина́ние; **in ~ of** в па́мять о + *p*; **it put me in ~ of my youth** э́то напо́мнило мне мо́лодость; **a service in ~ of the dead** помина́льная слу́жба; **R~ Sunday/Day** день па́мяти поги́бших (в Пе́рвую и Втору́ю мировы́е во́йны). **2** (*memento*) суве́ни́р.

remind /rɪˈmaɪnd/ *vt* нап|омина́ть, -о́мнить (*кому что or о чём or* + *inf*); **he ~s me of my father** он напомина́ет мне отца́; **I was ~ed of the last time we met** э́то напо́мнило мне о на́шей после́дней встре́че; **he ~ed me to buy bread** он напо́мнил мне купи́ть хле́ба; **that ~s me!** кста́ти!; **visitors are ~ed that there is no admission after 6** посети́телей про́сят име́ть в виду́, что впуск прекраща́ется в 6 часо́в.

reminder /rɪˈmaɪndə(r)/ *n* напомина́ние; **I sent him a ~** я посла́л ему́ пи́сьменное напомина́ние; **he needs a gentle ~** ему́ на́до осторо́жно напо́мнить.

reminisce /ˌremɪˈnɪs/ *vi* пред|ава́ться, -а́ться воспомина́ниям.

reminiscence /ˌremɪˈnɪs(ə)ns/ *n* воспомина́ние; **he wrote ~s of the war** он написа́л вое́нные мемуа́ры.

r

reminiscent /ˌremɪˈnɪs(ə)nt/ *adj* **1** (*of person, recalling the past*): **he became ~** он предáлся воспоминáниям. **2**: **~ of** (*tending to remind one of sth., suggesting sth.*) напоминáющий; вызывáющий воспоминáния о + *p*; **his music is ~ of Brahms** егó мýзыка напоминáет Брáмса.

remiss /rɪˈmɪs/ *adj* халáтный; нерадúвый; **that was very ~ of me** э́то с моéй стороны́ бы́ло недобросóвестно.

remission /rɪˈmɪʃ(ə)n/ *n* **1** (*forgiveness*) прощéние; **~ of sins** отпущéние грехóв. **2** (*discharge*): **~ of a debt** освобождéние от дóлга. **3** (*abatement, decrease*) уменьшéние; **the noise went on without ~** шум не умолкáл; (*med*) ремúссия. **4** (*reduction of prison sentence*) сокращéние срóка заключéния.

remit[1] /ˈriːmɪt, rɪˈmɪt/ *n* (*terms of reference*) задáчи (*f pl*), компетéнция.

remit[2] /rɪˈmɪt/ *vt* (**remitted, remitting**) **1** (*forgive*) про|щáть, -стúть; отпус|кáть, -тúть (*грехи*). **2** (*excuse payment of*) освобо|ждáть, -дúть (*кого*) от + *g*; **~ a tax** сн|имáть, -ять налóг. **3** (*send, transfer*) перес|ылáть, -лáть; перев|одúть, -естú (*деньги*).

remittance /rɪˈmɪt(ə)ns/ *n* (*sending of money*) перевóд дéнег; (*money sent*) дéнежный перевóд; переводúмые дéн|ьги (*pl, g* -ег).

remix[1] /ˈriːmɪks/ *n* (*in sound recording*) ремúкс.

remix[2] /riːˈmɪks/ *vt* (*in sound recording*) дéлать, с- ремúкс (+ *g*).

remnant /ˈremnənt/ *n* (*remains*) остáток; (*of cloth*) остáток; (*survival*) пережúток.

remodel /riːˈmɒd(ə)l/ *vt* (**remodelled, remodelling; *US* remodeled, remodeling**) передéл|ывать, -ать.

remold /riːˈməʊld/ (*US*) = **remould**[2]

remonstrance /rɪˈmɒnstrəns/ *n* протéст.

remonstrate /ˈremənˌstreɪt/ *vi* протестовáть (*impf*); возра|жáть, -зúть; (*exhort*): **he ~d with me** он увещевáл меня́.

remorse /rɪˈmɔːs/ *n* **1** (*repentance; regret*) угрызéния (*nt pl*) сóвести; **do you feel no ~ for what you did?** вас не мýчит сóвесть, что вы так поступúли? **2** (*compunction*) жáлость; **without ~** безжáлостно.

remorseful /rɪˈmɔːsfʊl/ *adj* пóлный раскáяния.

remorseless /rɪˈmɔːslɪs/ *adj* безжáлостный.

remortgage /riːˈmɔːɡɪdʒ/ *vt* (*fin*) переза|клáдывать, -ложúть.

remote /rɪˈməʊt/ *adj* (**remoter, remotest**) отдалённый, глухóй; **a ~ village** глухóе селó; **a ~ ancestor** далёкий прéдок; **~ control** (*control from a distance*) дистанциóнное управлéние; (*device*) пульт ДУ, пульт дистанциóнного управлéния; **there is a ~ possibility of its happening** не исключенó, что э́то случúтся; **I haven't the ~st idea** не имéю ни малéйшего поня́тия; **he was not even ~ly interested** он не проявúл ни малéйшего интерéса (к + *d*).

● *cpd* **~-controlled** *adj* с дистанциóнным управлéнием.

remould[1] /ˈriːməʊld/ *n* (*Br, tyre*) шúна с восстанóвленным протéктором.

remould[2] /riːˈməʊld/ (*US* **remold**) *vt* лепúть, вы́- зáново; (*fig*) преобра|жáть, -зúть.

remount /riːˈmaʊnt/ *vt* **1** (*climb again*): **he ~ed the ladder** он снóва подня́лся на лéстницу; **he ~ed his horse** он снóва сел на лóшадь. **2** (*a photograph etc.*) переклéить (*pf*) на другóе паспартý.

● *vi* снóва садúться/сесть на лóшадь.

removable /rɪˈmuːvəb(ə)l/ *adj* (*detachable*) съёмный; (*from office*) устранúмый, сменя́емый.

removal /rɪˈmuːv(ə)l/ *n* (*taking away*) удалéние; (*from office etc.*) смещéние, отстранéние; (*of obstacles etc.*) устранéние; (*Br, of furniture*) перевóзка; **~ firm** (*Br*) трансагéнтство; **~ men** (*Br*) перевóзчики мéбели; **~ van** (*Br*) автофургóн для перевóзки мéбели.

remove /rɪˈmuːv/ *n* (*degree of distance*) стéпень отдалéния; **this is only one ~ from treason** от э́того тóлько одúн шаг до измéны; **at this ~** на э́том расстоя́нии.

● *vt* **1** (*take away, off*) уб|ирáть, -рáть; ун|осúть, -естú; **how can I ~ these stains?** как мóжно вы́вести э́ти пя́тна?; **the boy was ~d from school** мáльчика забрáли из шкóлы; **he ~d his hat** он снял шля́пу; **this will ~ all your doubts** э́то рассéет все вáши сомнéния. **2** (*dismiss*) сме|щáть, -стúть; **he was ~d from office** егó сня́ли с рабóты. **3** (*eliminate*) устран|я́ть, -úть. **4** (*separate*): *see* **⇒removed**

removed /rɪˈmuːvd/ *pp* **1** (*distant*) далёкий, отдалённый; **what you have heard is not far ~ from the truth** то, что вы слы́шали, не так далекó от úстины. **2** (*of relationships*): **first cousin once ~** (*cousin's child*) ребёнок двоюрóдного брáта (*or* двоюрóдной сестры́); (*parent's cousin*) двоюрóдный дя́дя, двоюрóдная тётя.

remover /rɪˈmuːvə(r)/ *n*: **furniture ~** (*Br*) перевóзчик мéбели; **paint, varnish ~** растворúтель (*m*); **stain ~** пятновыводúтель (*m*).

remunerate /rɪˈmjuːnəˌreɪt/ *vt* (*person*) вознагра|ждáть, -дúть; (*work*) оплá|чивать, -тúть.

remuneration /rɪˌmjuːnəˈreɪʃ(ə)n/ *n* вознаграждéние; оплáта.

remunerative /rɪˈmjuːnərətɪv/ *adj* вы́годный, хорошó оплáчиваемый.

renaissance /rɪˈneɪs(ə)ns, rəˈn-, -sɑ̃s/ *n* (**R~,** *hist*) Ренессáнс, Возрождéние; **R~ art** искýсство эпóхи Возрождéния; (*revival*) возрождéние.

renal /ˈriːn(ə)l/ *adj* пóчечный.

rename /riːˈneɪm/ *vt* переименóв|ывать, -áть.

rend /rend/ *vt* (*past and pp* **rent**) **1** (*tear apart*) раз|рывáть, -орвáть; раз|дирáть, -одрáть; **the country was rent by civil war** странý раздирáла граждáнская войнá; **an explosion rent the air** взрыв сотря́с вóздух. **2** (*tear away*) от|рывáть, -орвáть; от|дирáть, -одрáть.

render /ˈrendə(r)/ *vt* **1** (*give when required or due*) возд|авáть, -áть; отд|авáть, -áть; **let us ~ thanks to God** возблагодарúм же Бóга; **~ unto Caesar (the things that are Caesar's)** кéсарю кéсарево; **doctors ~ valuable service** врачú дéлают полéзное дéло; **I was called on to ~ assistance** меня́ попросúли оказáть пóмощь. **2** (*present, submit*) предст|авля́ть, -áвить; **you must ~ an account of your expenditure** вы должны́ отчитáться в своúх расхóдах. **3** (*perform, portray*) исп|олня́ть, -óлнить; **the sonata was beautifully ~ed** сонáта былá прекрáсно испóлнена. **4** (*translate*) перев|одúть, -естú. **5** (*cause to be*): **he was ~ed speechless** он онемéл; **the car accident ~ed him helpless** в результáте автомобúльной катастрóфы он остáлся инвалúдом. **6** (*melt and clarify*) топúть, пере-. **7** (*cover with plaster*) штукатýрить, о-.

● *n* штукатýрка.

rendering /ˈrendərɪŋ/ *n* (*performance*) исполнéние; (*translation*) перевóд; (*plaster coating*) штукатýрка.

rendezvous /ˈrɒndɪˌvuː, -deɪˌvuː/ *n* (*pl* ~ /-ˌvuːz/) (*meeting*) рандевý (*nt indecl*), свидáние; (*place*) мéсто свидáния; (*mil*) сбор.

● *vi* (**rendezvouses** /-ˌvuːz/; **rendezvoused** /-ˌvuːd/; **rendezvousing** /-ˌvuːɪŋ/) встр|ечáться, -éтиться.

rendition /renˈdɪʃ(ə)n/ *n* (*performance*) исполнéние; (*translation*) перевóд.

renegade /ˈrenɪˌɡeɪd/ *n* ренегáт, отстýпник.

● *adj* ренегáтский, отстýпнический.

reneg(u)e /rɪˈneɪɡ, -ˈniːɡ/ *vi*: **he ~d on his promise** он нарýшил своё обещáние.

renew /rɪˈnjuː/ *vt* **1** (*replace*) обнов|ля́ть, -úть; замен|я́ть, -úть; **she ~ed the water in his glass** онá поменя́ла емý вóду в стакáне. **2** (*restore, mend*) восстан|áвливать, -овúть; **with ~ed vigour** с удвóенной энéргией; с нóвыми сúлами. **3** (*repeat, continue*) возобнов|ля́ть, -úть; **the game was ~ed** игрá возобновúлась; **your subscription needs ~ing** вам нýжно возобновúть/продлúть пóдписку.

renewable /rɪˈnjuːəb(ə)l/ *adj* могýщий быть обновлённым/продлённым; **~ resources** возобновля́емые ресýрсы; **the lease is ~ next year** срок арéнды слéдует продлúть в бýдущем годý.

renewal /rɪˈnjuːəl/ *n* (*replacement*) обновлéние; замéна; (*restoration*) восстановлéние; (*resumption*) возобновлéние, продлéние.

rennet /ˈrenɪt/ *n* (*curdled milk*) сычýжина.

renounc|e /rɪˈnaʊns/ *vt* (*surrender*) откáз|ываться, -áться от + *g*;

отр|екáться, -éчься от + *g*; **he ~ed the world** он отрёкся от ми́ра.

renouncement /rɪˈnaʊnsmənt/ *n* отречéние, откáз.

renovate /ˈrenəˌveɪt/ *vt* (*renew*) обнов|ля́ть, -ви́ть; восстан|áвливать, -ови́ть; (*repair*) ремонти́ровать, от-; реставри́ровать (*impf, pf*) (*pf also* от-).

renovation /ˌrenəˈveɪʃ(ə)n/ *n* обновлéние; восстановлéние; (*repair*) реставрáция; реконстру́кция; ремóнт; **the builders carried out ~s** строи́тели произвели́ ремóнт.

renovator /ˈrenəˌveɪtə(r)/ *n* реставрáтор.

renown /rɪˈnaʊn/ *n* слáва; извéстность; **a preacher of ~** проповéдник, пóльзующийся большóй извéстностью; **he won ~ on the battlefield** он завоевáл слáву на пóле бóя.

renowned /rɪˈnaʊnd/ *adj* прослáвленный, извéстный; **he is ~ for his eloquence** он слáвится свои́м красноречием.

rent[1] /rent/ *n* (*tear, split*) дырá; прорéха.

rent[2] /rent/ *n* (*for premises*) арéндная плáта; (*for a flat*) квартплáта; (*for telephone*) плáта за телефóн; **she pays a high, heavy ~ for her flat** онá óчень мнóго плáтит за кварти́ру; **I pay £50 a week in ~** я плачу́ 50 фу́нтов в недéлю за кварти́ру; **the ~ is fixed at £50** арéндная плáта установлена в размéре пяти́десяти фу́нтов; **I shall charge you ~ for the use of my car** я бу́ду брать с вас плáту за пóльзование мои́м автомоби́лем.

● *vt* **1** (*car, equipment*) брать, взять напрокáт; (*a place*) сн|имáть, -ять. **2**: **~ (out)** (*car, equipment*) давáть, дать напрокáт; (*building*) сд|авáть, -ать; **~ed accommodation** сня́тое жильё. **3** (*US, be let*): **these old houses ~ cheap** э́ти стáрые домá сдаю́тся дёшево.

● *cpds* **~ book** *n* кни́га учёта арéндной плáты; **~ boy** *n* (*Br, coll*) мужчи́на-проститу́тка; **~ collector** *n* сбóрщик кварти́рной плáты; **~-free** *adj* & *adv* освобождённый (*or* с освобождéнием) от кварти́рной плáты.

rent[3] /rent/ *past and pp of* ⇨**rend**

rental /ˈrent(ə)l/ *n* (*income from rents*) рéнтный дохóд; (*rate of rent*) размéр арéндной плáты.

renter /ˈrentə(r)/ *n* нанимáтель (*m*), арендáтор.

rentier /ˈrɑ̃tɪˌeɪ/ *n* рантьé (*m indecl*).

renumber /riːˈnʌmbə(r)/ *vt* перенумерóв|ывать, -áть.

renunciation /rɪˌnʌnsɪˈeɪʃ(ə)n/ *n* (*surrender*) откáз, отречéние.

reoccupation /riːˌɒkjʊˈpeɪʃ(ə)n/ *n* повтóрный захвáт.

reoccupy /riːˈɒkjʊˌpaɪ/ *vt* вновь зан|имáть, -я́ть; вновь оккупи́ровать (*impf, pf*).

reopen /riːˈəʊpən/ *vt* вновь/снóва откр|ывáть, -ы́ть; возобнов|ля́ть, -и́ть; **she ~ed the window** онá снóва откры́ла окнó; **the discussion was ~ed** дискýссия возобнови́лась; **I intend to ~ my bank account** я собирáюсь вновь откры́ть бáнковский счёт.

● *vi*: **the shops will ~ after the holidays** пóсле прáздников магази́ны открóются снóва.

reorder /riːˈɔːdə(r)/ *n* повтóрный закáз.

● *vt* (*rearrange*) перестр|áивать, -óить; (*renew order for*) повтор|я́ть, -и́ть закáз на + *a*.

reorganization /riːˌɔːgəˌnaɪˈzeɪʃ(ə)n/ *n* реорганизáция.

reorganize /riːˈɔːgəˌnaɪz/ *vt* реорганизóв|ывать, -áть.

reorient /riːˈɒrɪənt, riːˈɔːr-/ *vt* переориенти́ровать (*impf, pf*); **~ o.s.** переориенти́роваться (*impf, pf*).

reorientate /riːˈɒrɪənˌteɪt, riːˈɔːr-/ = **reorient**

rep[1], **repp** /rep/ *n* (*textiles*) репс.

rep[2] /rep/ (*coll*) = **representative** *n*

rep[3] /rep/ (*coll*) = **repertory 2**

repaint /riːˈpeɪnt/ *vt* перекрá|шивать, -сить.

repair[1] /rɪˈpeə(r)/ *n* **1** (*restoring to sound condition*) ремóнт; **minor/running ~s** мéлкий/текýщий ремóнт; **the shop is closed for ~s** магази́н закры́т на ремóнт; **the road is under ~** дорóгу ремонти́руют; **my shoes need ~** мне нýжно почини́ть тýфли; **~ shop** ремóнтная мастерскáя. **2** (*good condition*) гóдность, испрáвность; **the house is in good ~** дом в хорóшем состоя́нии.

● *vt* (*mend, renovate*) ремонти́ровать, от-; чини́ть, по-; испр|авля́ть, -áвить; (*restore*) восстан|áвливать, -ови́ть.

● *cpd* **~man** *n* (*pl* **~men**) мáстер, ремóнтник.

repair[2] /rɪˈpeə(r)/ *vi* (*go*) напр|авля́ться, -áвиться.

repairable /rɪˈpeərəb(ə)l/ *adj* поддаю́щийся ремóнту/исправлéнию.

repairer /rɪˈpeərə(r)/ *n* мáстер, ремóнтник.

reparable /ˈrepərəb(ə)l/ *adj* поправи́мый, исправи́мый.

reparation /ˌrepəˈreɪʃ(ə)n/ *n* компенсáция; возмещéние ущéрба; (*in pl, compensation for war damage*) (воéнные) репарáции (*f pl*).

repartee /ˌrepɑːˈtiː/ *n* остроýмный разговóр; **gift of ~** остроýмие.

repast /rɪˈpɑːst/ *n* (*literary*) трáпеза; (*banquet*) пи́ршество.

repatriate[1] /riːˈpætrɪˌeɪt/ *n* репатриáнт (*fem* -ка).

repatriate[2] /riːˈpætrɪˌeɪt/ *vt* репатрии́ровать (*impf, pf*).

repatriation /riːˌpætrɪˈeɪʃ(ə)n/ *n* репатриáция.

repay /riːˈpeɪ/ *vt* (*past and pp* **repaid**) (*a loan, debt*) выплáчивать, вы́платить (*комý*); отплá|чивать, -ти́ть (*комý*); (*recompense*) возме|щáть, -сти́ть (*комý*); **how can I ~ you?** как я могý вас отблагодари́ть?; **I shall ~ him in kind** я отплачý емý тем же (*or* той же монéтой); **I repaid his visit** я нанёс емý отвéтный визи́т.

repayable /riːˈpeɪəb(ə)l/ *adj* подлежáщий уплáте.

repayment /riːˈpeɪmənt/ *n* вы́плата, возмещéние.

repeal /rɪˈpiːl/ *n* отмéна, аннули́рование.

● *vt* аннули́ровать (*impf, pf*).

repeat /rɪˈpiːt/ *n* повторéние; **~ order** повтóрный закáз.

● *vt* (*say or do again*) повтор|я́ть, -и́ть; **he is always ~ing himself** он постоя́нно повторя́ется; **after ~ed attempts** пóсле неоднокрáтных попы́ток; **don't ~ what I have told you** не говори́те никомý тогó, что я вам сказáл.

● *vi* **1** (*recur*) повтор|я́ться, -и́ться; встречáться (*impf*). **2** (*of food*): **onions ~ on me** (*coll*) у меня́ отры́жка от лýка. **3**: **~ing rifle** магази́нная винтóвка.

repeatedly /rɪˈpiːtɪdlɪ/ *adv* неоднокрáтно, многокрáтно, то и дéло.

repel /rɪˈpel/ *vt* (**repelled, repelling**) **1** (*phys*) отт|áлкивать, -олкнýть. **2** (*repulse*) от|гоня́ть, -огнáть; отб|ивáть, -и́ть; **the attack was ~led** атáка былá отби́та; **measures to ~ the enemy** мéры для оказáния отпóра врагý; **she ~led his advances** онá отвéргла егó yхáживания. **3** (*be repulsive to*) оттáлкивать (*impf*); вызывáть, вы́звать отвращéние у + *g*.

repellent /rɪˈpelənt/ *n*: **insect ~** срéдство от насекóмых.

● *adj* (*repulsive*) оттáлкивающий.

repent /rɪˈpent/ *vt* & *i* кáяться (*impf*); раскá|иваться, -яться (*в чём*).

repentance /riːˈpənt(ə)ns/ *n* раскáяние.

repentant /riːˈpənt(ə)nt/ *adj* кáющийся, раскáивающийся; **he is not in the least ~** он нискóлько не раскáивается.

repercussion /ˌriːpəˈkʌʃ(ə)n/ *n* (*usu in pl*) послéдствия (*nt pl*); **this event will have wide ~s** э́то собы́тие бýдет имéть далекó идýщие послéдствия.

repertoire /ˈrepəˌtwɑː(r)/ *n* репертуáр.

repertory /ˈrepətərɪ/ *n* **1** (*repertoire*) репертуáр. **2** (*also* ⇨**rep**, *coll*): **~ company** постоя́нная трýппа с определённым репертуáром; **~ theatre** (*Br*), **theater** (*US*) репертуáрный теáтр. **3** (*fig, store*) запáс.

repetition /ˌrepɪˈtɪʃ(ə)n/ *n* (*repeating, recurrence*) повторéние; **let there be no ~ of this** чтóбы э́того бóльше нé было.

repetitious /ˌrepɪˈtɪʃəs/ = **repetitive**

repetitive /rɪˈpetɪtɪv/ *adj* повторя́ющийся; изоби́лующий повторéниями; скýчный; **~ strain injury** трáвма, вы́званная повторя́ющимся движéнием.

rephrase /riːˈfreɪz/ *vt* перефрази́ровать (*impf, pf*).

replace /rɪˈpleɪs/ *vt* **1** (*put back, return*) класть, положи́ть (*or* стáвить, по-) на мéсто; возвра|щáть, -ти́ть; **~ the receiver** положи́ть телефóнную трýбку. **2** (*provide substitute for*) замен|я́ть, -и́ть; **the vase cannot be**

r

~**d** это уника́льная ва́за; ~ **sth with sth** замен|я́ть, -и́ть (*что-н. чем-н.*). **3** (*take the place of; succeed*) заме|ща́ть, -сти́ть; **he ~d me as secretary** он замеща́л/смени́л меня́ в до́лжности секретаря́.

replaceable /rɪˈpleɪsəb(ə)l/ *adj* заменя́емый, замени́мый.

replacement /rɪˈpleɪsmənt/ *n* (*restitution*) возмеще́ние; (*provision of substitute or successor*) замеще́ние, заме́на; (*substitute, successor*) заме́на.

replant /riːˈplɑːnt/ *vt* сно́ва саж|а́живать, -ди́ть; переса́|живать, -ди́ть; **the shrubs were ~ed wider apart** кусты́ бы́ли переса́жены с бо́льшими интерва́лами.

replay¹ /ˈriːpleɪ/ *n* (*of a game*) переигро́вка; (*of a record etc.*) (повто́рное) прои́грывание, повто́р.

replay² /riːˈpleɪ/ *vt* (*sport*) переигр|ывать, -а́ть; (*a tape etc.*) (повто́рно) проигр|ывать, -а́ть.

replenish /rɪˈplenɪʃ/ *vt* (*one's wardrobe*) поп|олня́ть, -о́лнить; (*a fire*) под|кла́дывать, -ложи́ть дров/угля́ в + *a*; **he ~ed his glass** он сно́ва напо́лнил стака́н.

replenishment /rɪˈplenɪʃmənt/ *n* пополне́ние; дозапра́вка.

replete /rɪˈpliːt/ *adj* напо́лненный; сы́тый, бога́тый (*чем*); ~ **with food** нае́вшийся вдо́воль.

repletion /rɪˈpliːʃ(ə)n/ *n* (*satiety*) сы́тость, насыще́ние; **full to ~** по́лный до отка́за.

replica /ˈreplɪkə/ *n* то́чная ко́пия, ре́плика.

reply /rɪˈplaɪ/ *n* отве́т; **in (*or* by way of) ~** в отве́т (на + *a*); **I rang but there was no ~** я звони́л, но никто́ не отве́тил; **~-paid** с опла́ченным отве́том.
● *vi* отв|еча́ть, -е́тить.

repoint /riːˈpɔɪnt/ *vt* за́ново расш|ива́ть, -и́ть швы кирпи́чной кла́дки.

repopulate /riːˈpɒpjʊleɪt/ *vt* за́ново засел|я́ть, -и́ть.

repopulation /riːˌpɒpjʊˈleɪʃ(ə)n/ *n* втори́чное заселе́ние.

report /rɪˈpɔːt/ *n* **1** (*account, statement*) докла́д, отчёт; **newspaper ~** сообще́ние, изве́стие, репорта́ж; **school ~** (*Br*), **~ card** (*US*) отчёт об успева́емости; **progress ~** отчёт о хо́де выполне́ния; **the policeman made a full ~** полице́йский соста́вил подро́бный протоко́л. **2** (*rumour*) молва́, слух; **we have only ~s to go on** наш еди́нственный исто́чник — слу́хи; **by all ~s, he is doing well** по всем све́дениям он процвета́ет. **3** (*sound of explosion or shot*) звук взры́ва/вы́стрела.
● *vt* **1** (*give news or account of*) сообщ|а́ть, -и́ть; сост|авля́ть, -а́вить отчёт о + *p*; перед|ава́ть, -а́ть; **it has been ~ed that ...** сообща́лось, что...; **he was ~ed missing** он счита́лся пропа́вшим бе́з ве́сти; **he ~ed having lost the money** он заяви́л о поте́ре де́нег; **the trial was ~ed in the press** проце́сс освеща́лся в печа́ти; (*gram*): **~ed (*indirect*) speech** ко́свенная речь. **2** (*inform against, make known*) жа́ловаться, по- на + *a*; **I shall ~ you for insolence** я пожа́луюсь на вас за ва́шу де́рзость.
● *vi* **1** (*give information*) до|кла́дывать, -ложи́ть; де́лать, с- докла́д; предст|авля́ть, -а́вить отчёт. **2** (*present o.s.*) яв|ля́ться, -и́ться (*куда-н.*); приб|ыва́ть, -ы́ть (*куда-н.*); **he was told to ~ to headquarters** ему́ бы́ло ве́лено яви́ться в штаб.

reportage /ˌrepɔːˈtɑːʒ/ *n* репорта́ж.

reportedly /rɪˈpɔːtɪdlɪ/ *adv* по сообще́ниям; (*allegedly*) я́кобы.

reporter /rɪˈpɔːtə(r)/ *n* репортёр.

repose /rɪˈpəʊz/ *n* (*rest, sleep*) о́тдых, переды́шка; **her face is beautiful in ~** её лицо́ прекра́сно, когда́ споко́йно; (*restfulness, tranquillity*) поко́й, безмяте́жность.
● *vt* (*lay down*) класть, положи́ть; (*fig, place*): **he ~s confidence in her** он ей целико́м доверя́ет.
● *vi* **1** (*take one's rest*) отд|ыха́ть, -охну́ть; лечь (*pf*) отдохну́ть. **2** (*lie*) лежа́ть (*impf*); поко́иться (*impf*); **his remains ~ in the churchyard** его́ прах поко́ится на кла́дбище.

repository /rɪˈpɒzɪtərɪ/ *n* (*receptacle*) храни́лище, вмести́лище; (*store*) склад; (*fig*): **he is a ~ of information** он (—) неиссяка́емый исто́чник информа́ции.

repossess /ˌriːpəˈzes/ *vt* из|ыма́ть, -ъя́ть за неплатёж.

repossession /ˌriːpəˈzeʃ(ə)n/ *n* изъя́тие иму́щества за неплатёж.

repp /rep/ = **rep¹**

reprehensible /ˌreprɪˈhensɪb(ə)l/ *adj* досто́йный осужде́ния; предосуди́тельный.

represent /ˌreprɪˈzent/ *vt* **1** (*portray*) изобра|жа́ть, -зи́ть; **what does this picture ~?** что изображено́ на э́той карти́не? **2** (*symbolize, correspond to*) символизи́ровать (*impf, pf*), изобража́ть (*impf*), обознача́ть (*impf*); **one inch on the map ~s a mile** оди́н дю́йм на ка́рте равня́ется одно́й ми́ле. **3** (*make out*): **he ~ed himself as an expert** он выдава́л себя́ за знатока́. **4** (*speak or act for*) представля́ть (*impf*); **he ~s Britain at the UN** он представля́ет Великобрита́нию в ОО́Н; **who ~s the defendant?** кто явля́ется защи́тником обвиня́емого?

representation /ˌreprɪzenˈteɪʃ(ə)n/ *n* **1** (*portrayal*) изображе́ние. **2**: (*in pl*) (*statements*): **diplomatic ~s** дипломати́ческие представле́ния (*заявления*). **3** (*delegation, deputizing*) представи́тельство; **proportional ~** пропорциона́льное представи́тельство.

representational /ˌreprɪzenˈteɪʃən(ə)l/ *adj*: **~ art** репрезентати́вное (*or* предме́тно-изобрази́тельное) иску́сство.

representative /ˌreprɪˈzentətɪv/ *n* представи́тель (*m*) (*fem* -ница); **House of R~s** пала́та представи́телей.
● *adj* показа́тельный, типи́чный; **~ government** представи́тельное прави́тельство; **he is ~ of his age** он типи́чный представи́тель свое́й эпо́хи.

repress /rɪˈpres/ *vt* **1** (*put down, curb*) подав|ля́ть, -и́ть; угнета́ть (*impf*); **the revolt was ~ed** восста́ние бы́ло пода́влено. **2** (*restrain*) сде́рж|ивать, -а́ть; **I could not ~ my laughter** я не мог удержа́ться от сме́ха; **a ~ed personality** пода́вленная ли́чность.

repression /rɪˈpreʃ(ə)n/ *n* (*of feelings*) подавле́ние; (*of people*) репре́ссия.

repressive /rɪˈpresɪv/ *adj* репресси́вный.

reprieve /rɪˈpriːv/ *n* (*law*) отсро́чка исполне́ния (сме́ртного) пригово́ра; (*fig*) переды́шка, вре́менное облегче́ние.
● *vt*: **the murderer was ~ed** казнь уби́йцы отсро́чили.

reprimand /ˈreprɪmɑːnd/ *n* вы́говор, замеча́ние.
● *vt* де́лать, с- вы́говор/замеча́ние + *d*.

reprint¹ /ˈriːprɪnt/ *n* перепеча́тка; репри́нт.

reprint² /riːˈprɪnt/ *vt* перепеча́т|ывать, -ать.

reprisal /rɪˈpraɪz(ə)l/ *n* отве́тное де́йствие, отме́стка; **by way of ~** в отме́стку.

reproach /rɪˈprəʊtʃ/ *n* **1** (*rebuke*) упрёк, уко́р; **his honesty is above ~** он безупре́чно че́стен; **he gave me a look of ~** он посмотре́л на меня́ с укори́зной; **~es were heaped upon him** его́ засы́пали упрёками. **2** (*disgrace*) позо́р; **he brought ~ on himself** он себя́ опозо́рил.
● *vt* упрек|а́ть, -ну́ть; укоря́ть (*impf*); **I have nothing to ~ myself for** мне не́ в чем себя́ упрекну́ть; (*fig*): **his eyes ~ed me** я прочита́л упрёк в его́ глаза́х.

reproachful /rɪˈprəʊtʃfʊl/ *adj* укори́зненный.

reprobate /ˈreprəˌbeɪt/ *n* негодя́й, нечести́вец.
● *adj* нечести́вый; безнра́вственный.

reprobation /ˌreprəˈbeɪʃ(ə)n/ *n* порица́ние.

reproduce /ˌriːprəˈdjuːs/ *vt* **1** (*copy, imitate*) воспроизв|оди́ть, -ести́; **the artist has ~d your features well** худо́жник хорошо́ воспроизвёл ва́ши черты́; (*of pictures*) репродуци́ровать (*impf, pf*). **2** (*beget*): **living things ~ their kind** живы́е существа́ размножа́ются.
● *vi* **1** (*be copied*): **this picture ~s well** с э́той карти́ны легко́ де́лать репроду́кцию. **2** (*of animals*) размн|ожа́ться, -о́житься.

reproducible /ˌriːprəˈdjuːsɪb(ə)l/ *adj* воспроизводи́мый.

reproduction /ˌriːprəˈdʌkʃ(ə)n/ *n* воспроизведе́ние; (*of picture*) репроду́кция; (*of offspring*) размноже́ние.

reproductive /ˌriːprəˈdʌktɪv/ *adj* воспроизводи́тельный; (*biol*) полово́й; **~ organs** о́рганы размноже́ния, репродукти́вное о́рганы.

reprography /rɪˈprɒgrəfɪ/ *n* репрогра́фия.

r

reproof¹ /rɪˈpru:f/ *n* (*reprimand*) порица́ние; вы́говор; (*reproach*) уко́р; **the teacher administered a sharp ~** учи́тель сде́лал ре́зкое замеча́ние.

reproof² /ri:ˈpru:f/ *vt* (*Br, e.g. a coat*) вновь пропи́т|ывать, -а́ть водоотта́лкивающим соста́вом.

reprove /rɪˈpru:v/ *vt* де́лать, с- вы́говор + *d*.

reptile /ˈreptaɪl/ *n* пресмыка́ющееся, репти́лия.

reptilian /repˈtɪlɪən/ *adj* (*fig*) пресмыка́ющийся, по́длый.

republic /rɪˈpʌblɪk/ *n* респу́блика; **People's R~** наро́дная респу́блика; **R~ of South Africa** Ю́жно-Африка́нская Респу́блика.

republican /rɪˈpʌblɪkən/ *n* республика́нец; **R~** (*US*) член Республика́нской па́ртии.
● *adj* республика́нский.

republicanism /rɪˈpʌblɪkənɪz(ə)m/ *n* республикани́зм.

republication /ˌrɪpʌblɪˈkeɪʃ(ə)n/ *n* переизда́ние.

republish /ri:ˈpʌblɪʃ/ *vt* переизд|ава́ть, -а́ть.

repudiate /rɪˈpju:dɪˌeɪt/ *vt* отв|ерга́ть, -е́ргнуть; отр|ека́ться, -е́чься от + *g*; **I ~ your accusation** я отверга́ю ва́ше обвине́ние; **he ~s the authority of the law** он не призна́ёт вла́сти зако́на.

repudiation /rɪˌpju:dɪˈeɪʃ(ə)n/ *n* отрече́ние; отрица́ние; отка́з.

repugnance /rɪˈpʌgnəns/ *n* отвраще́ние.

repugnant /rɪˈpʌgnənt/ *adj* отврати́тельный.

repulse /rɪˈpʌls/ *n* отпо́р, отраже́ние.
● *vt* (*drive back*) отб|ива́ть, -и́ть; (*rebuff, refuse*) отт|а́лкивать, -олкну́ть; отв|ерга́ть, -е́ргнуть.

repulsion /rɪˈpʌlʃ(ə)n/ *n* **1** (*aversion*) отвраще́ние. **2** (*phys*) отта́лкивание.

repulsive /rɪˈpʌlsɪv/ *adj* **1** (*disgusting*) отврати́тельный. **2** (*phys*) отта́лкивающий.

repurchase /ri:ˈpə:tʃɪs/ *n* поку́пка ра́нее про́данного това́ра.
● *vt* вновь покупа́ть, купи́ть (ра́нее про́данный това́р).

reputable /ˈrepjʊtəb(ə)l/ *adj* почте́нный, уважа́емый.

reputation /ˌrepjʊˈteɪʃ(ə)n/ *n* **1** (*name*) репута́ция; **he has a ~ for courage** он сла́вится хра́бростью; **he lived up to his ~** он доказа́л, что заслу́живает свое́й репута́ции. **2** (*respectability*) до́брое и́мя; **persons of ~** почте́нные лю́ди.

repute /rɪˈpju:t/ *n* (*reputation*) репута́ция; **I know him by ~** я зна́ю о нём понаслы́шке; (*good reputation, renown*) до́брое и́мя; **an artist of ~** худо́жник с и́менем.
● *vt*: **he is ~d to be rich** он счита́ется бога́тым; говоря́т, что он бога́т; **the ~d father** предполага́емый оте́ц.

reputedly /rɪˈpju:tɪdlɪ/ *adv* по о́бщему мне́нию.

request /rɪˈkwest/ *n* про́сьба; **at my ~** по мое́й про́сьбе; **~ stop** (*Br*) остано́вка по тре́бованию; **I have a ~ to make of you** у меня́ к вам про́сьба; **put in a ~ for** пода́ть (*pf*) заявле́ние/зая́вку на + *a*; **a programme** (*Br*), **program** (*US*) **of ~s** конце́рт по зая́вкам.
● *vt* проси́ть, по-; **he ~ed to be allowed to remain** он попроси́л разреше́ния оста́ться; **that is all I ~ of you** э́то всё, чего́ я от вас прошу́; **passengers are ~ed not to smoke** пассажи́ров про́сят не кури́ть; **may I ~ the pleasure of a dance?** разреши́те пригласи́ть вас на та́нец.

requiem /ˈrekwɪˌem/ *n* (*mus*) ре́квием; (*relig*) панихи́да.

require /rɪˈkwaɪə(r)/ *vt* **1** (*need*) нужда́ться (*impf*) в + *p*; тре́бовать (*impf*) + *g*; **when do you ~ the job to be done?** к како́му сро́ку должна́ быть завершена́ рабо́та?; **it ~d all his skill to ...** ему́ пона́добилось примени́ть всё своё уме́ние, что́бы...; **all that is ~d is a little patience** тре́буется лишь немно́го терпе́ния; **the matter ~s some thought** над э́тим на́до поду́мать. **2** (*demand, order*) тре́бовать, по- + *g*; прика́з|ывать, -а́ть; **my attendance is ~d by law** по зако́ну я обя́зан прису́тствовать; **what do you ~ of me?** что вы от меня́ хоти́те?; **I have done all that is ~d** я сде́лал всё, что тре́буется.

requirement /rɪˈkwaɪəmənt/ *n* **1** (*need*) нужда́; потре́бность; **I have few ~s** мои́ потре́бности невели́ки́. **2** (*demand*) тре́бование; усло́вие.

requisite /ˈrekwɪzɪt/ *n* необходи́мая вещь.
● *adj* необходи́мый.

requisition /ˌrekwɪˈzɪʃ(ə)n/ *n* **1** (*official demand*) тре́бование; (*mil*) реквизи́ция. **2** (*service, use*) испо́льзование; **every car was brought into ~** все маши́ны бы́ли реквизи́рованы.
● *vt* реквизи́ровать (*impf, pf*); **houses were ~ed for billets** дома́ бы́ли реквизи́рованы для размеще́ния солда́т.

requital /rɪˈkwaɪtəl/ *n* воздая́ние, вознагражде́ние; возме́здие; **in ~ of his services** в ка́честве вознагражде́ния за его́ услу́ги.

requite /rɪˈkwaɪt/ *vt* вознагра|жда́ть, -ди́ть; отпла́|чивать, -ти́ть; **his kindness was ~d with ingratitude** за доброту́ ему́ отплати́ли неблагода́рностью; **he was ~d for his services** он был вознаграждён за свои́ услу́ги.

reread /ri:ˈri:d/ *vt* (*past and pp* **reread** /ri:ˈred/) перечи́т|ывать, -а́ть.

reredos /ˈrɪədɒs/ *n* запресто́льный экра́н (в це́ркви).

re-route /ri:ˈru:t/ *vt* измен|я́ть, -и́ть маршру́т/тра́ссу + *g*.

rerun *n* /ˈri:rʌn/ (*of film etc.*) повто́рный пока́з фи́льма.
● *vt* /ri:ˈrʌn/ (**rerunning;** *past* **reran;** *pp* **rerun**): **the race was ~** состоя́лся повто́рный забе́г; **he reran the tape** он ещё раз проигра́л плёнку.

resale /ri:ˈseɪl/ *n* перепрода́жа.

reschedule /ri:ˈʃedju:l/ *vt* перен|оси́ть, -ести́.

rescind /rɪˈsɪnd/ *vt* аннули́ровать (*impf, pf*); отмен|я́ть, -и́ть.

rescission /rɪˈsɪʒ(ə)n/ *n* аннули́рование, отме́на.

rescue /ˈreskju:/ *n* спасе́ние, вы́ручка; **he came to my ~** он пришёл мне на по́мощь/вы́ручку; **a ~ attempt** попы́тка спасти́ (*кого/что*); **~ vessel** спаса́тельное су́дно, спаса́тель (*m*).
● *vt* (**rescues, rescued, rescuing**) спас|а́ть, -ти́; **all the crew were ~d** всю кома́нду спасли́; **I ~d the letter from the dustbin** я вы́удил э́то письмо́ из му́сорного я́щика.

rescuer /ˈreskju:ə(r)/ *n* спаси́тель (*fem* -ница).

reseal /ri:ˈsi:l/ *vt* вновь запеча́т|ывать, -ать.

research /rɪˈsə:tʃ/ *n* изуче́ние, иссле́дование, изыска́ние; по́иски (*m pl*); **~ and development** нау́чно-иссле́довательская рабо́та; **~ library** нау́чно-техни́ческая библиоте́ка; **~ assistant** нау́чный сотру́дник; **~ satellite** иссле́довательский спу́тник.
● *vt & i* иссле́довать (*impf, pf*); **he is ~ing the subject** он изуча́ет/ разраба́тывает э́ту те́му; **the book is well ~ed** за э́той кни́гой чу́вствуется больша́я рабо́та.

researcher /rɪˈsə:tʃə(r)/ *n* иссле́дователь (*fem* -ница).

reseat /ri:ˈsi:t/ *vt* (*seat again*) вновь сажа́ть, посади́ть; (*in different place*) переса́|живать, -ди́ть; **she ~ed herself more comfortably** она́ усе́лась поудо́бнее.

resell /ri:ˈsel/ *vt* (*past and pp* **resold**) перепрод|ава́ть, -а́ть.

resemblance /rɪˈzembləns/ *n* схо́дство; **he bears a strong ~ to his father** он о́чень похо́ж на своего́ отца́.

resemble /rɪˈzemb(ə)l/ *vt* походи́ть (*impf*) на + *a*; име́ть (*impf*) схо́дство с + *i*.

resend /ri:ˈsend/ *vt* (*past and pp* **resent**) отпр|авля́ть, -а́вить повто́рно; пос|ыла́ть, -ла́ть повто́рно.

resent /rɪˈzent/ *vt* возму|ща́ться, -ти́ться + *i*; негодова́ть (*impf*) на + *a*; **I ~ your interfering in my affairs** мне о́чень не нра́вится, что вы вме́шиваетесь в мои́ дела́.

resentful /rɪˈzentfʊl/ *adj* возмущённый.

resentment /rɪˈzentmənt/ *n* возмуще́ние; **I bear no ~ against him** я на него́ не в оби́де.

reservation /ˌrezəˈveɪʃ(ə)n/ *n* **1** (*booking*) (предвари́тельный) зака́з; зака́занное/заброни́рованное ме́сто. **2** (*limitation, exception*) огово́рка; **mental ~** мы́сленная огово́рка. **3** (*for indigenous people*) резерва́ция; (*US, for wild animals*) запове́дник.

reserve /rɪˈzə:v/ *n* **1** (*store*) запа́с, резе́рв; **he has great ~s of energy** у него́ большо́й запа́с эне́ргии; **he has a little money in ~** у него́ припасено́/ отло́жено немно́го де́нег; **~ bank** резе́рвный банк. **2** (*mil*) резе́рв; **the R~** резе́рвные ча́сти (*f pl*). **3** (**~ player**) запасно́й (игро́к).

r

4 (*area*): **game ~** охо́тничий запове́дник.
5 (*limitation, restriction*) огово́рка; **I accept your statement without ~** я принима́ю ва́ше заявле́ние без огово́рок.
6 (*reticence*) сде́ржанность.
● *vt* **1** (*hold back, save*) бере́чь, с-; прибер|ега́ть, -е́чь; **~ your strength for tomorrow** береги́те си́лы на за́втрашний день.
2: **~ judgement** (*law*) от|кла́дывать, -ложи́ть реше́ние; **I prefer to ~ judgement** я предпочита́ю пока́ не выска́зываться; **~ a right** сохран|я́ть, -и́ть за собо́й пра́во.
3 (*set aside*) резерви́ровать, за-; (*ticket, table*) зака́з|ывать, -а́ть; (*hotel room*) брони́ровать, за-.

reserved /rɪˈzɜːvd/ *adj* **1** (*booked, set aside*) зака́занный (зара́нее); **~ seats** (*in train*) плацка́ртные места́.
2 (*reticent, uncommunicative*) сде́ржанный, за́мкнутый.

reservist /rɪˈzɜːvɪst/ *n* резерви́ст.

reservoir /ˈrezəˌvwɑː(r)/ *n* (*for water*) водохрани́лище, водоём; (*for other fluids*) резервуа́р, бачо́к.

reset /riːˈset/ *vt* (**resetting;** *past and pp* **reset**) **1** (*e.g. a watch*) перест|авля́ть, -а́вить; (*trap etc.*) сно́ва ста́вить, по-. **2** (*place in position again*) впр|авля́ть, -а́вить; вновь вст|авля́ть, -а́вить; **the doctor ~ his arm** врач впра́вил ему́ ру́ку.

resettle /riːˈset(ə)l/ *vt* пересел|я́ть, -и́ть.
● *vi* пересел|я́ться, -и́ться.

resettlement /riːˈsetəlmənt/ *n* переселе́ние.

reshape /riːˈʃeɪp/ *vt* прид|ава́ть, -а́ть но́вую фо́рму + *d*; (*fig*) видоизмен|я́ть, -и́ть.

reshoot /riːˈʃuːt/ (*past and pp* **reshot**) *vt* (*cin*) пересн|има́ть, -я́ть.

reshuffle /riːˈʃʌf(ə)l/ *n* (*cards*) перетасо́вка; (*fig*) перестано́вка; **Cabinet ~** перестано́вки в Кабине́те мини́стров.
● *vt* перетасо́в|ывать, -а́ть; (*fig*) произвести́ (*pf*) перестано́вку в + *p*.

reside /rɪˈzaɪd/ *vi* **1** (*live*) прожива́ть (*impf*); жить (*impf*). **2**: **~** (*inhere, be vested*) **in** принадлежа́ть (*impf*) + *d*; быть прису́щим + *d*; **supreme authority ~s in the President** президе́нт облечён вы́сшей вла́стью.

residence /ˈrezɪd(ə)ns/ *n* **1** (*residing*) прожива́ние; **take up ~** въ|езжа́ть, -е́хать (в официа́льную резиде́нцию); **the students are in ~ again** студе́нты верну́лись в общежи́тие. **2** (*home, mansion*) дом, резиде́нция.

residency /ˈrezɪdənsɪ/ *n* **1** (*residing*) прожива́ние. **2** (*official residence*) резиде́нция (*посла и т. п.*).

resident /ˈrezɪd(ə)nt/ *n* (*permanent inhabitant*) (постоя́нный) жи́тель; (*Br, in hotel*) постоя́лец.
● *adj* (*residing*) постоя́нно прожива́ющий; **the ~ population** постоя́нное населе́ние.

residential /ˌrezɪˈdenʃ(ə)l/ *adj*: **a ~ area** жило́й райо́н.

residua /rɪˈzɪdjʊə/ *pl of* ⇒**residuum**

residual /rɪˈzɪdjʊəl/ *adj* оста́точный, оста́вшийся.

residue /ˈrezɪˌdjuː/ *n* **1** (*remainder*) оста́ток. **2** (*law*) насле́дство, очи́щенное от долго́в и завеща́тельных отка́зов.

residu|um /rɪˈzɪdjʊəm/ *n* (*pl* **~a**) (*chem*) оста́ток, оса́док.

resign /rɪˈzaɪn/ *vt* **1** (*give up*) отка́з|ываться, -а́ться от + *g*; **I have ~ed all claim to the money** я отказа́лся от вся́ких притяза́ний на э́ти де́ньги; **he ~ed his post as Chancellor** он по́дал в отста́вку с поста́ ка́нцлера; **they ~ed all hope** они́ оста́вили вся́кую наде́жду.
2 (*reconcile*): **he ~ed himself to defeat** он смири́лся с пораже́нием; **he was ~ed to being alone** он примири́лся с одино́чеством.
● *vi* под|ава́ть, -а́ть (*or* уходи́ть, уйти́) в отста́вку; уходи́ть, уйти́ с рабо́ты.

resignation /ˌrezɪgˈneɪʃ(ə)n/ *n* **1** (*resigning of office*) отста́вка; **he handed in his ~** он по́дал заявле́ние об отста́вке/ухо́де. **2** (*acceptance of fate*) поко́рность, смире́ние.

resigned /rɪˈzaɪnd/ *adj* поко́рный, смири́вшийся (**to:** с + *i*).

resilience /rɪˈzɪlɪəns/ *n* эласти́чность, упру́гость; (*fig*) выно́сливость, живу́честь, жизнеспосо́бность.

resilient /rɪˈzɪlɪənt/ *adj* эласти́чный, упру́гий; (*fig*) неунываю́щий; выно́сливый, живу́чий.

resin /ˈrezɪn/ *n* смола́; (*extract*) канифо́ль.
● *vt* смоли́ть, о-, вы́-; (*bow*) канифо́лить, на-.

resinous /ˈrezɪnəs/ *adj* смоли́стый.

resist /rɪˈzɪst/ *vt* **1** (*oppose*) сопротивля́ться (*impf*) + *d*; проти́виться (*impf*) + *d*; **he ~ed arrest** он сопротивля́лся аре́сту; **all their attacks were ~ed** все их ата́ки бы́ли отби́ты. **2** (*be proof against*) не поддава́ться (*impf*) + *d*. **3** (*refrain from*) возде́рж|иваться, -а́ться от + *g*; **I could not ~ the temptation to smile** я не мог удержа́ться от улы́бки; **she cannot ~ chocolates** она́ не мо́жет устоя́ть пе́ред шокола́дом.

resistance /rɪˈzɪst(ə)ns/ *n* **1** (*opposition*) сопротивле́ние; **he took the line of least ~** он пошёл по ли́нии наиме́ньшего сопротивле́ния; **I broke down his ~** я сломи́л его́ сопротивле́ние; (**~ movement**) движе́ние сопротивле́ния. **2** (*power to withstand*) сопротивля́емость. **3** (*elec*) сопротивле́ние.

resistant /rɪˈzɪst(ə)nt/ *adj* сопротивля́ющийся; сто́йкий; **~ to heat** жаросто́йкий.

resistor /rɪˈzɪstə(r)/ *n* рези́стор; кату́шка сопротивле́ния.

resit /riːˈsɪt/ *vt* (**resitting;** *past and pp* **resat**) (*Br*): **~ an examination** пересдава́ть (*impf*) экза́мен.

resole /riːˈsəʊl/ *vt* ста́вить, по- но́вые подмётки на + *a*.

resolute /ˈrezəˌluːt, -ˌljuːt/ *adj* реши́тельный; по́лный реши́мости.

resolution /ˌrezəˈluːʃ(ə)n, -ˈljuːʃ(ə)n/ *n* **1** (*firmness of purpose*) реши́тельность, реши́мость. **2** (*vow*): **New Year ~** нового́дний заро́к; нового́днее обеща́ние самому́ себе́.
3 (*expression of opinion or intent*) резолю́ция; **they passed a ~ to go on strike** они́ при́няли реше́ние нача́ть забасто́вку. **4** (*of doubt, discord, etc.*) (раз)реше́ние. **5** (*separation into components*) разложе́ние. **6** (*mus*) разреше́ние. **7** (*comput, TV, phot, etc.*) (*of screen, camera, etc.*) разреше́ние.

resolve /rɪˈzɒlv/ *n* (*determination*) реши́тельность, реши́мость; (*vow, intention*) реше́ние; наме́рение.
● *vt & i* **1** (*decide, determine*) реш|а́ть, -и́ть; прин|има́ть, -я́ть реше́ние; **I have ~d to spend less** я реши́л тра́тить ме́ньше де́нег; **it was ~d** бы́ло решено́. **2** (*settle*) (раз)реш|а́ть, -и́ть; **all doubts were ~d** все сомне́ния бы́ли разрешены́/ рассе́яны; **their quarrel was ~d** их спор разреши́лся.

resonance /ˈrezənəns/ *n* резона́нс, гул.

resonant /ˈrezənənt/ *adj* звуча́щий, зво́нкий.

resort /rɪˈzɔːt/ *n* **1** (*recourse*): **without ~ to force** не прибега́я к наси́лию; **in the last ~** в кра́йнем слу́чае.
2 (*expedient*) наде́жда; спаси́тельное сре́дство. **3** (*frequented place*): **holiday ~** куро́рт; **seaside ~** морско́й куро́рт.
● *vi* (*have recourse*) приб|ега́ть, -е́гнуть (**to:** к + *d*).

re-sort /riːˈsɔːt/ *vt* пересортиро́в|ывать, -а́ть.

resound /rɪˈzaʊnd/ *vi* звуча́ть (*impf*); **the hall ~ed with voices** в за́ле раздава́лись голоса́; (*fig*) греме́ть, про-; **a ~ing success** оглуши́тельный успе́х.

resource /rɪˈsɔːs, -ˈzɔːs/ *n* **1** (*available supply; stock*) запа́сы (*m pl*); ресу́рсы (*m pl*); **the country's natural ~s** приро́дные ресу́рсы страны́; **he was left to his own ~s** он мог положи́ться то́лько на самого́ себя́. **2** (*ingenuity*) нахо́дчивость; **a man of ~** нахо́дчивый челове́к.

resourceful /rɪˈsɔːsfʊl, -ˈzɔːsfʊl/ *adj* изобрета́тельный, нахо́дчивый.

resourcefulness /rɪˈsɔːsfʊlnɪs, -ˈzɔːsfʊlnɪs/ *n* изобрета́тельность, нахо́дчивость.

respect /rɪˈspekt/ *n* **1** (*esteem, deference*) уваже́ние; **he won their ~** он завоева́л их уваже́ние; **he is held in great ~** его́ о́чень уважа́ют; **I have the greatest ~ for his opinion** я о́чень счита́юсь с его́ мне́нием; **with ~, I cannot agree** при всём уваже́нии к вам, я не могу́ согласи́ться.
2 (*consideration, attention*): **we must have ~ for, pay ~ to public opinion** нам на́до счита́ться с обще́ственным мне́нием.
3 (*reference, relation*) отноше́ние, каса́тельство; **in ~ of, with ~ to** что каса́ется + *g*.
4 (*in pl, polite greetings*) почте́ние; **he came to pay his ~s** он пришёл засвиде́тельствовать своё почте́ние.
● *vt* **1** (*treat with consideration or esteem; defer to*) уважа́ть (*impf*); почита́ть

r

(*impf*); **my wishes were ~ed** мой пожела́ния бы́ли учтены́; **a ~ed actor** при́знанный актёр.
2 (*relate to*): **the law ~ing young persons** зако́н, каса́ющийся молодёжи.

respectability /rɪˌspektəˈbɪlɪtɪ/ *n* респекта́бельность.

respectable /rɪˈspektəb(ə)l/ *adj* **1** (*qualifying for social approval*) респекта́бельный; прили́чный; **your clothes are not quite ~** вы не о́чень прили́чно оде́ты; **he comes of a ~ family** он из хоро́шей/прили́чной семьи́. **2** (*of some merit, size or importance*) прили́чный; **he earns a ~ salary** он зараба́тывает прили́чные де́ньги; **he is quite a ~ painter** он вполне́ прили́чный худо́жник.

respectful /rɪˈspektfʊl/ *adj* почти́тельный; **they kept (at) a ~ distance** они́ держа́лись на почти́тельном расстоя́нии; **yours ~ly** с уваже́нием.

respective /rɪˈspektɪv/ *adj* соотве́тственный; **we went off to our ~ rooms** мы разошли́сь по свои́м ко́мнатам; **the boys and girls were taught woodwork and sewing ~ly** ма́льчиков и де́вочек учи́ли соотве́тственно столя́рному де́лу и шитью́.

respiration /ˌrespɪˈreɪʃ(ə)n/ *n* дыха́ние; **he was given artificial ~** ему́ сде́лали иску́сственное дыха́ние.

respirator /ˈrespɪˌreɪtə(r)/ *n* (*to prevent inhalation of certain substances*) респира́тор; (*med*) аппара́т иску́сственного дыха́ния, аппара́т иску́сственной вентиля́ции лёгких.

respiratory /rɪˈspɪrət(ə)rɪ, ˈresp(ə)rət(ə)rɪ/ *adj* респирато́рный, дыха́тельный.

respite /ˈrespaɪt, -pɪt/ *n* **1** (*relief, rest*) переды́шка; **they gave us no ~** они́ не дава́ли нам передохну́ть.
2 (*temporary reprieve*) отсро́чка.

resplendent /rɪˈsplend(ə)nt/ *adj* блиста́тельный.

respond /rɪˈspɒnd/ *vi* **1** (*reply*) отв|еча́ть, -е́тить (**to:** на + *a*); **he ~ed with a blow** он отве́тил уда́ром.
2 (*react*) реаги́ровать, от- (**to:** на + *a*); от|зыва́ться, -озва́ться (**to:** на + *a*) ; **his illness is ~ing to treatment** его́ боле́знь поддаётся лече́нию.

respondent /rɪˈspɒnd(ə)nt/ *n* (*law*) отве́тчи|к (*fem* -ца); (*to a questionnaire*) респонде́нт.

response /rɪˈspɒns/ *n* **1** (*reply*) отве́т (**to:** на + *a*); **he made no ~** он ничего́ не отве́тил; **in ~ to your enquiry** в отве́т на ваш запро́с. **2** (*reaction*) реа́кция, о́тклик (**to:** на + *a*); **my appeal met with no ~** моё обраще́ние не вы́звало никако́го о́тклика; **there was little ~ from the audience** аудито́рия реаги́ровало сла́бо.
3 (*eccl*): **sung ~s** отве́тствие хо́ра.

responsibilit|y /rɪˌspɒnsɪˈbɪlɪtɪ/ *n* **1** (*being responsible*) отве́тственность; **I take full ~y for my actions** я беру́ на себя́ по́лную отве́тственность за свои́ де́йствия; **he acted on his own ~y** он де́йствовал на свой страх и риск; **he has a position of great ~y** он занима́ет о́чень отве́тственную до́лжность. **2** (*charge, duty*) обя́занность, отве́тственность; **he was relieved of his ~ies** он был освобождён от исполне́ния обя́занностей.

responsible /rɪˈspɒnsɪb(ə)l/ *adj* **1** (*liable, accountable*) отве́тственный; **he is ~ to me for keeping the accounts** в вопро́сах бухгалте́рии он подчиня́ется мне; **she is ~ for cleaning my room** убо́рка моей́ ко́мнаты вхо́дит в её обя́занности; (*to blame*): **he was held ~ for the loss** его́ обвини́ли в э́той пропа́же; **who was ~ for breaking the window?** кто разби́л окно́?; (*to be thanked*): **Churchill was ~ for our victory** на́ша побе́да — заслу́га Че́рчилля.
2 (*trustworthy*) надёжный. **3** (*involving responsibility*) ва́жный; **a ~ post** отве́тственный пост.

responsive /rɪˈspɒnsɪv/ *adj* отзы́вчивый.

rest[1] /rest/ *n* **1** (*sleep; relaxation in bed*) сон; о́тдых; **you need a good night's ~** вам на́до как сле́дует вы́спаться; **I'm going (up) to have a ~** (я) пойду́ приля́гу.
2 (*inactive, immobile or undisturbed state*) поко́й; **day of ~** де́нь о́тдыха; **I set his mind at ~** я его́ успоко́ил; **the ball came to ~** мяч останови́лся; **he was laid to ~** (*buried*) его́ похорони́ли.
3 (*intermission of work, activity etc.*) переды́шка; **they took a short ~** они́ сде́лали небольшу́ю переды́шку; **he gave his horse a ~** он дал коню́ отдохну́ть.
4 (*prop, support*) опо́ра; (*for telephone*) рыча́г; (*for billiard cue*) сто́йка.
5 (*mus*) па́уза.
● *vt* **1** (*give ~ to*) да|ва́ть, -ть о́тдых + *d*; **he ~ed his horse** он дал коню́ отдохну́ть; **God ~ his soul!** ца́рствие ему́ небе́сное!; **are you quite ~ed?** вы хорошо́ отдохну́ли?
2 (*place for support*) класть, положи́ть (на + *a*); прислон|я́ть, -и́ть (*что к чему*); **she ~ed her elbows on the table** она́ положи́ла ло́кти на стол; **he ~ed his chin on his hand** он подпира́л подборо́док руко́й; **~ the ladder against the wall!** прислони́те ле́стницу к сте́нке; (*fig, base*) обосно́в|ывать, -а́ть; **he ~s his case on the right of ownership** он стро́ит свой доказа́тельства на пра́ве со́бственности.
● *vi* **1** (*relax; take repose*) лежа́ть (*impf*); отд|ыха́ть, -охну́ть; **may he ~ in peace!** мир пра́ху его́!; **(last) ~ing place** моги́ла; **I could not ~ until I'd told you the news** я не мог успоко́иться, пока́ не подели́лся с ва́ми но́востью.
2 (*fig, remain*) ост|ава́ться, -а́ться; **the matter cannot ~ there** э́то де́ло нельзя́ так оста́вить; **the decision ~s with you** реше́ние зави́сит от вас; **~ assured I will do all I can** я сде́лаю всё возмо́жное, мо́жете не сомнева́ться.
3 (*be supported*) опира́ться (*impf*) (*на что*); поко́иться (*impf*) (*на чём*); **the bridge ~s on 4 piers** мост поко́ится на четырёх опо́рах; **there was a bicycle ~ing against the wall** у стены́ стоя́л велосипе́д; (*fig*) осно́вываться (*impf*).
4 (*linger; alight*) поко́иться (*impf*); ост|ава́ться, -а́ться.
5 (*lie fallow*) остава́ться (*impf*) под па́ром.
● *cpds* **~ cure** *n* лече́ние поко́ем; **~ day** *n* выходно́й/нерабо́чий день; **~ home** *n* санато́рий, дом о́тдыха; **~room** *n* (*US, lavatory*) туале́т.

rest[2] /rest/ *n* (*remainder*) оста́ток; (*remaining things, people*) остальны́е (*pl*); **and all the ~ of it** и всё про́чее; **for the ~** в остально́м.

restart /riːˈstɑːt/ *vt* вновь нач|ина́ть, -а́ть; (*car*) (сно́ва/повто́рно) зав|оди́ть, -ести́ (*маши́ну*); (*comput*) перезагру|жа́ть, -зи́ть.

restate /riːˈsteɪt/ *vt* (*repeat*) вновь заяв|ля́ть, -и́ть; (*reformulate*) за́ново формули́ровать, с-.

restaurant /ˈrestəˌrɒnt, -ˌrɔ̃/ *n* рестора́н; **~ car** ваго́н-рестора́н.

restaurateur /ˌrestərəˈtɜː(r)/ *n* владе́лец рестора́на.

restful /ˈrestfʊl/ *adj* успокои́тельный, успока́ивающий; **a ~ light** мя́гкий свет.

restitution /ˌrestɪˈtjuːʃ(ə)n/ *n* (*restoration*) возвраще́ние; (*compensation*) возмеще́ние; **he was forced to make ~** его́ заста́вили возмести́ть убы́тки.

restive /ˈrestɪv/ *adj* (*of horse*) норови́стый; (*of person*) стропти́вый; (*restless*) беспоко́йный.

restless /ˈrestlɪs/ *adj* беспоко́йный, непосе́дливый; **I feel ~** мне что-то не си́дится; **she spent a ~ night** она́ провела́ беспоко́йную/бессо́нную ночь.

restlessness /ˈrestlɪsnɪs/ *n* беспоко́йство, непосе́дливость.

restock /riːˈstɒk/ *vi* поп|олня́ть, -о́лнить запа́сы.

restoration /ˌrestəˈreɪʃ(ə)n/ *n* **1** (*return*) восстановле́ние; **~ of property** возвраще́ние иму́щества; **~ to health** восстановле́ние здоро́вья.
2 (*refurbishment; renewal*) реставра́ция. **3** (*R~, hist*) Реставра́ция; **R~ drama** дра́ма эпо́хи Ка́рла II.

restorative /rɪˈstɒrətɪv/ *adj* укрепля́ющий.
● *n* укрепля́ющее сре́дство.

restore /rɪˈstɔː(r)/ *vt* **1** (*give, bring or put back*) возвра|ща́ть, -ти́ть (*or* верну́ть); восстан|а́вливать, -ови́ть; **the property was ~d to its owner** иму́щество бы́ло возвращено́ владе́льцу; **he was ~d to his former post** его́ восстанови́ли на пре́жней рабо́те; **it ~s my confidence** э́то вселя́ет в меня́ но́вую уве́ренность; **he was soon ~d to health** его́ здоро́вье вско́ре восстанови́лось; **order was ~d** поря́док был восстано́влен. **2** (*reconvert to original state*) реставри́ровать (*impf, pf*) (*pf also* от-); восстан|а́вливать, -ови́ть;

r

these pictures have been ~d э́ти карти́ны (от)реставри́рованы.

restorer /rɪˈstɔːrə(r)/ *n* реставра́тор; восстанови́тель (*m*).

restrain /rɪˈstreɪn/ *vt* сде́рж|ивать, -а́ть; обу́зд|ывать, -а́ть; **it took four men to ~ him** пона́добилось четы́ре челове́ка, что́бы удержа́ть его́; **I could not ~ my laughter** я не мог удержа́ться от сме́ха; **his manner was ~ed** он был сде́ржан.

restraint /rɪˈstreɪnt/ *n* **1** (*self-control*) сде́ржанность, самооблада́ние. **2** (*physical*) ограниче́ние свобо́ды движе́ния. **3** (*constraint*) ограниче́ние; **without ~** без ограниче́ний; свобо́дно.

restrict /rɪˈstrɪkt/ *vt* ограни́чи|вать, -ть; **free travel is ~ed to pensioners** беспла́тный прое́зд распространя́ется то́лько на пенсионе́ров; **speed is ~ed to 30 mph** ско́рость ограни́чена до тридцати́ миль в час; **his vision was ~ed by trees** ему́ было пло́хо ви́дно из-за дере́вьев; **~ed area** (*Br, with speed limit*) райо́н ограни́ченной ско́рости движе́ния; (*mil*) запре́тная зо́на.

restriction /rɪˈstrɪkʃ(ə)n/ *n* ограниче́ние; **you can drink without ~** мо́жно пить ско́лько уго́дно.

restrictive /rɪˈstrɪktɪv/ *adj* ограничи́тельный; **~ practices in industry** (*Br*) ме́ры по ограниче́нию конкуре́нции и́ли произво́дства.

restyle /riːˈstaɪl/ *vt* переде́л|ывать, -ать; измен|я́ть, -и́ть стиль + *g*.

resubmit /ˌriːsəbˈmɪt/ *vt* (**resubmitted, resubmitting**) предст|авля́ть, -а́вить повто́рно.

result /rɪˈzʌlt/ *n* результа́т, сле́дствие; **he died as a ~ of his injuries** он у́мер от ран; **his efforts were without ~** его́ уси́лия бы́ли безрезульта́тны/беспло́дны; (*of a sum or problem*) результа́т, отве́т.

● *vi* **1** (*arise, come about*) сле́довать (*impf*) (*из чего*); **this ~s from negligence** э́то сле́дствие небре́жности. **2** (*issue, end*) конча́ться, ко́нчиться (**in:** + *i*); **the quarrel ~ed in bloodshed** ссо́ра ко́нчилась кровопроли́тием.

resultant /rɪˈzʌlt(ə)nt/ *n* (*phys*, **~ force**) равноде́йствующая си́ла.

● *adj* равноде́йствующий; (*consequent*) вытека́ющий (*из чего*).

resume /rɪˈzjuːm/ *vt* (*e.g. discussions, work*) возобнов|ля́ть, -и́ть; (*continue*) прод|олжа́ть, -о́лжить; **to ~ my story** я продо́лжу свой расска́з; (*take again*) вновь обре|та́ть, -сти́; **he ~d his seat** он верну́лся на своё ме́сто; **they ~d control** они́ восстанови́ли контро́ль; **he ~d command** он сно́ва при́нял кома́ндование (*чем*).

● *vi*: **let us ~ after lunch** продо́лжим по́сле обе́да.

résumé /ˈrezjʊˌmeɪ/ *n* (*summary*) кра́ткое изложе́ние, резюме́ (*indecl*); (*US, CV*) резюме́ (*indecl*).

resumption /rɪˈzʌmpʃ(ə)n/ *n* возобновле́ние; продолже́ние.

resurface /riːˈsɜːfɪs/ *vt* меня́ть, смени́ть покры́тие + *g*.

● *vi* (*of a submarine*) всплы|ва́ть, -ть.

resurgence /rɪˈsɜːdʒ(ə)ns/ *n* возрожде́ние.

resurgent /rɪˈsɜːdʒ(ə)nt/ *adj* возрожда́ющийся.

resurrect /ˌrezəˈrekt/ *vt* **1** (*raise from the dead*) воскре|ша́ть, -си́ть; **be ~ed** воскр|еса́ть, -е́снуть. **2** (*fig, rediscover, revive*) возро|жда́ть, -ди́ть; воскре|ша́ть, -си́ть.

resurrection /ˌrezəˈrekʃ(ə)n/ *n* (*of Christ*) воскресе́ние; (*fig*) возрожде́ние, воскреше́ние.

resuscitate /rɪˈsʌsɪˌteɪt/ *vt* прив|оди́ть, -ести́ в созна́ние; реаними́ровать (*impf, pf*).

resuscitation /rɪˌsʌsɪˈteɪʃ(ə)n/ *n* реанима́ция (*искусственное дыхание*).

retail /ˈriːteɪl/ *n* ро́зничная прода́жа; **~ prices** ро́зничные це́ны.

● *vt* (*sell by ~*) прод|ава́ть, -а́ть в ро́зницу.

● *vi* продава́ться (*impf*) в ро́зницу.

retailer /ˈriːteɪlə(r)/ *n* ро́зничный торго́вец.

retain /rɪˈteɪn/ *vt* **1** (*keep, continue to have*) уде́рживать (*impf*); сохран|я́ть, -и́ть. **2** (*keep in place*) подде́рж|ивать, -а́ть; **~ing wall** подпо́рная стена́. **3** (*secure services of*) нан|има́ть, -я́ть; **~ing fee** предвари́тельный гонора́р.

retainer /rɪˈteɪnə(r)/ *n* **1** (*hist*) васса́л; (*servant*) слуга́ (*m*). **2** (*fee*) предвари́тельный гонора́р.

retake[1] /ˈriːteɪk/ *n* (*cin*) повто́рная съёмка.

retake[2] /riːˈteɪk/ *vt* (*past* **retook** /riːˈtʊk/; *pp* **retaken** /riːˈteɪk(ə)n/) **1** (*recapture*) сно́ва брать, взять; **the city was ~n** го́род был сно́ва захва́чен. **2** (*film etc.*) пересн|има́ть, -я́ть.

retaliate /rɪˈtælɪˌeɪt/ *vi* отпла́|чивать, -ти́ть той же моне́той; мстить, ото- (*кому за что*).

retaliation /rɪˌtælɪˈeɪʃ(ə)n/ *n* отпла́та, возме́здие.

retaliatory /rɪˈtæljətərɪ/ *adj* отве́тный, кара́тельный.

retard /rɪˈtɑːd/ *vt* зам|едля́ть, -е́длить; **a ~ed child** у́мственно отста́лый ребёнок.

retardation /ˌriːtɑːˈdeɪʃ(ə)n/ *n* замедле́ние.

retch /retʃ, riːtʃ/ *vi* ту́житься (*impf*) при рво́те.

retell /riːˈtel/ *vt* (*past and pp* **retold**) переска́з|ывать, -а́ть.

retention /rɪˈtenʃ(ə)n/ *n* уде́рживание, сохране́ние; **~ of urine** заде́ржка мочи́.

retentive /rɪˈtentɪv/ *adj*: **a ~ memory** це́пкая па́мять; **a soil ~ of moisture** по́чва, сохраня́ющая вла́гу.

retentiveness /rɪˈtentɪvnɪs/ *n* (*of memory*) це́пкость.

rethink /riːˈθɪŋk/ *vt* (*past and pp* **rethought**) пересм|а́тривать, -отре́ть.

reticence /ˈretɪs(ə)ns/ *n* молчали́вость; скры́тность.

reticent /ˈretɪs(ə)nt/ *adj* молчали́вый; скры́тный.

reticulated /rɪˈtɪkjʊleɪtɪd/ *adj* се́тчатый.

reticulation /rɪˌtɪkjʊˈleɪʃ(ə)n/ *n* се́тчатый узо́р.

retie /riːˈtaɪ/ *vt* (**retying**) перевя́з|ывать, -а́ть.

retina /ˈretɪnə/ *n* (*pl* **retinas** *or* **retinae** /-ˌniː/) сетча́тка.

retinue /ˈretɪˌnjuː/ *n* сви́та.

retir|e /rɪˈtaɪə(r)/ *vt* ув|ольня́ть, -о́лить; **he was ~ed on a pension** его́ отпра́вили на пе́нсию.

● *vi* **1** (*withdraw*) удал|я́ться, -и́ться; **she wishes to ~e from the world** она́ хо́чет уедини́ться/провести́ свою́ жизнь в уедине́нии; **in company he ~es into himself** когда́ круго́м лю́ди, он ухо́дит в себя́; **she ~ed (to bed) early** она́ ра́но легла́ (спать); **he has a ~ing disposition** он застe\u0301нчивый челове́к; (*mil*) отступ|а́ть, -и́ть. **2** (*from employment*) уходи́ть, уйти́ в отста́вку; **when will you reach ~ing age?** когда́ вы дости́гнете пенсио́нного во́зраста?

retired /rɪˈtaɪəd/ *adj* (находя́щийся) на пе́нсии; в отста́вке; **a ~ officer** отставно́й офице́р.

retirement /rɪˈtaɪəmənt/ *n* (*withdrawal*) отхо́д; (*seclusion*) уедине́ние; (*end of employment*) отста́вка, вы́ход на пе́нсию (*or* в отста́вку); **in ~** в отста́вке; **~ age** пенсио́нный во́зраст.

retool /riːˈtuːl/ *vt* переобору́довать (*impf, pf*).

retort[1] /rɪˈtɔːt/ *n* (*vessel*) рето́рта.

retort[2] /rɪˈtɔːt/ *n* (*reply*) возраже́ние; ре́зкий отве́т.

● *vt & i* отв|еча́ть, -е́тить ре́зко (*or* тем же).

retouch /riːˈtʌtʃ/ *vt* ретуши́ровать, от-/под-.

retrace /rɪˈtreɪs/ *vt* просле́|живать, -ди́ть; **~ one's steps** возвраща́ться, верну́ться тем же путём; (*reconstruct, rehearse*) переч|исля́ть, -и́слить.

retract /rɪˈtrækt/ *vt* **1** (*draw in*) втя́|гивать, -ну́ть. **2** (*withdraw*) отка́з|ываться, -а́ться от + *g*; **I ~ my statement** я беру́ наза́д своё заявле́ние.

● *vi* втя́|гиваться, -ну́ться.

retractable /rɪˈtræktəb(ə)l/ *adj*: **~ undercarriage** убира́ющееся шасси́.

retraction /rɪˈtrækʃ(ə)n/ *n* (*drawing in*) втя́гивание; (*withdrawal*) отрече́ние, отка́з (от + *g*).

retrain /riːˈtreɪn/ *vt* переподгот|а́вливать, -о́вить; переквалифици́ровать (*impf, pf*).

● *vi* переквалифици́роваться (*impf, pf*).

retraining /riːˈtreɪnɪŋ/ *n* переподгото́вка, переквалифика́ция.

retransmission /ˌriːtrænzˈmɪʃ(ə)n, -sˈmɪʃ(ə)n, ˌriːtrɑːn-/ *n* ретрансми́ссия, ретрансля́ция.

retransmit /ˌriːtrænzˈmɪt, -sˈmɪt, ˌriːtrɑːn-/ *vt* ретрансли́ровать (*impf, pf*).

retread *vt* /riːˈtred/ (*past and pp* **retreaded**): **~ a tyre** (*Br*), **tire** (*US*) восстан|а́вливать, -ови́ть проте́ктор (ши́ны).

● *n* /ˈriːtred/ ши́на с восстано́вленным проте́ктором.

retreat /rɪ'tri:t/ *n* **1** (*withdrawal*) отступле́ние, отхо́д; **the army was in full ~** а́рмия отступа́ла по всему́ фро́нту; **they sounded the ~** они́ да́ли сигна́л к отхо́ду/отступле́нию. **2** (*secluded place*) убе́жище.
● *vi* (*withdraw*) удал|я́ться, -и́ться.

retrench /rɪ'trentʃ/ *vt* сокра|ща́ть, -ти́ть.
● *vi* (*economize*) эконо́мить, с-.

retrenchment /rɪ'trentʃmənt/ *n* сокраще́ние расхо́дов.

retrial /ri:'traɪəl/ *n* повто́рное слу́шание де́ла.

retribution /,retrɪ'bju:ʃ(ə)n/ *n* возме́здие, ка́ра.

retributive /rɪ'trɪbjʊtɪv/ *adj* кара́ющий, кара́тельный.

retrievable /rɪ'tri:vəb(ə)l/ *adj* восстанови́мый; (*reparable*) поправи́мый.

retrieval /rɪ'tri:v(ə)l/ *n* **1** (*recovery, getting back*) возвраще́ние; **the money is lost beyond ~** де́ньги потеря́ны безвозвра́тно; (*of birds etc. by dogs*) поно́ска; (*tech, of information*) по́иск. **2** (*recollection, restoration, revival*) восстановле́ние. **3** (*making good, repair*) исправле́ние.

retrieve /rɪ'tri:v/ *vt* **1** (*get back, recover*) брать, взять обра́тно; доста́ть (*pf*), верну́ть (*pf*); (*of dogs; also vi*) приноси́ть (*impf*) (*дичь*). **2** (*restore*) восстан|а́вливать, -ови́ть. **3** (*put right, make amends for*) испр|авля́ть, -а́вить.

retriever /rɪ'tri:və(r)/ *n* охо́тничья поиско́вая соба́ка; ретри́вер.

retroactive /,retrəʊ'æktɪv/ *adj* име́ющий обра́тное де́йствие (*or* обра́тную си́лу).

retrograde /'retrə,greɪd/ *adj* дви́жущийся в обра́тном направле́нии; (*fig*) реакцио́нный.

retrogress /,retrə'gres/ *vi* регресси́ровать (*impf*).

retrogression /,retrə'greʃ(ə)n/ *n* регре́сс.

retrogressive /,retrə'gresɪv/ *adj* регресси́рующий.

retrorocket /'retrəʊ,rɒkɪt/ *n* тормозна́я раке́та.

retrospect /'retrə,spekt/ *n*: **in ~** ретроспекти́вно; **the journey was pleasant in ~** пото́м об э́том путеше́ствии бы́ло прия́тно вспомина́ть.

retrospection /,retrə'spekʃ(ə)n/ *n* размышле́ния (*nt pl*) о про́шлом; ретроспе́кция.

retrospective /,retrə'spektɪv/ *adj* (*regarding the past*) ретроспекти́вный; **a ~ law** зако́н, име́ющий обра́тную си́лу.
● *n* (*exhibition*) ито́говая вы́ставка рабо́т худо́жника.

retry /ri:'traɪ/ *vt* (*law, case*) слу́шать (*impf*) за́ново; (*person*) суди́ть (*impf*) сно́ва.

returf /ri:'tɜ:f/ *vt* (*Br*) за́ново покр|ыва́ть, -ы́ть дёрном.

return /rɪ'tɜ:n/ *n* **1** (*coming or going back*) возвраще́ние; **point of no ~** (*fig*) черта́, за кото́рой (уже́) нет возвра́та (наза́д); **there was no ~ of the symptoms** симпто́мы не повтори́лись; **by ~ (of post)** (*Br*) обра́тной по́чтой; **many happy ~s (of the day)!** с днём рожде́ния!; **~ fare** сто́имость обра́тного прое́зда. **2** (**~ ticket**) (*Br*) обра́тный биле́т. **3** (*turnover*) оборо́т; (*profit*) при́быль; **he got a good ~ on his investment** он получи́л хоро́ший дохо́д от вло́женных де́нег. **4** (*giving, sending, putting, paying back*) отда́ча, возвра́т, опла́та; **the ~ of a ball** возвра́т мяча́; **~ match** отве́тный матч; **the ~ of a candidate** избра́ние кандида́та в парла́мент. **5** (*reciprocation*): **in ~ (for)** взаме́н (+ *g*); (*in response to*) в отве́т (на + *a*). **6** (*report*) отчёт, ра́порт; **income tax ~** нало́говая деклара́ция; **election ~s** результа́т вы́боров. **7** (*comput*) возвра́т; **~ key** кла́виша возвра́та.
● *vt* **1** (*give, send, put, pay back*) возвра|ща́ть, -ти́ть (*or* верну́ть); **I ~ed the book to the shelf** я поста́вил кни́гу обра́тно на по́лку; **he ~ed the ball accurately** он хорошо́ отби́л мяч; **she ~ed my compliment** она́ сде́лала мне отве́тный комплиме́нт; **he was ~ed by a narrow majority** он прошёл (в парла́мент) с незначи́тельным большинство́м; **~ing officer** (*Br, pol*) уполномо́ченный по вы́борам. **2** (*say in reply*) отв|еча́ть, -е́тить; возра|жа́ть, -зи́ть. **3** (*declare*) до|кла́дывать, -ложи́ть; **the jury ~ed a verdict of guilty** присяжные призна́ли обвиня́емого вино́вным.
● *vi* возвра|ща́ться, -ти́ться (*or* верну́ться).

returnable /rɪ'tɜ:nəb(ə)l/ *adj* подлежа́щий возвра́ту.

reunion /ri:'ju:njən, -nɪən/ *n* (*reuniting*) воссоедине́ние; (*meeting of old friends etc.*) встре́ча (ста́рых друзе́й); **family ~** сбор всей семьи́.

reunite /,ri:ju:'naɪt/ *vt & i* воссоедин|я́ть(ся), -и́ть(ся).

reusable /ri:'ju:zəb(ə)l/ *adj* многокра́тного по́льзования.

reuse[1] /ri:'ju:s/ *n* повто́рное/но́вое испо́льзование.

reuse[2] /ri:'ju:z/ *vt* повто́рно испо́льзовать (*impf, pf*).

Rev. *abbr of* ⇒**Reverend**

rev /rev/ *n* (*coll*) = **revolution 2**
● *vt & i* (**revved, revving**) (*also* **~ up**) увели́чи|вать, -ть оборо́ты (мото́ра).

revaluation /ri:,vælju:'eɪʃ(ə)n/ *n* (*of currency*) ревальва́ция.

revalue /ri:'vælju:/ *vt* ревальви́ровать (*impf, pf*).

revamp /ri:'væmp/ *vt* (*fig*) поднов|ля́ть, -и́ть; обнов|ля́ть, -и́ть.

revanchism /rɪ'væntʃɪz(ə)m/ *n* реванши́зм.

revanchist /rɪ'væntʃɪst/ *n* реванши́ст.
● *adj* реванши́стский.

reveal /rɪ'vi:l/ *vt* обнару́жи|вать, -ть; пока́з|ывать, -а́ть; **he would not ~ his name** он хоте́л сохрани́ть своё и́мя в та́йне; **he ~ed himself to be the father** он объяви́л себя́ отцо́м; **this account is very ~ing** э́тот отчёт о́чень показа́телен; **she wore a ~ing dress** она́ была́ в откры́том пла́тье.

reveille /rɪ'vælɪ, rɪ'velɪ/ *n* у́тренняя заря́, побу́дка, подъём.

revel /'rev(ə)l/ *n* гуля́нка, кутёж; **the ~s went on all night** гуля́нка шла всю ночь.
● *vi* (**revelled, revelling;** *US* **reveled, reveling**) **1** (*make merry*) пирова́ть (*impf*); кути́ть (*impf*). **2** (*take delight*) наслажда́ться (*impf*) (+ *i*); упива́ться (*impf*) (+ *i*); **she ~s in gossip** она́ обожа́ет спле́тни.

revelation /,revə'leɪʃ(ə)n/ *n* откры́тие, открове́ние (*also fig, surprise*); **it was a ~ to/for me** э́то бы́ло/ста́ло открове́нием для меня́; (*bibl*, **R~(s)** *or* **the R~ of St John the Divine**) Апока́липсис.

reveller /'revələ(r)/ (*US* **reveler**) *n* кути́ла (*m*), гуля́ка (*cg*).

revelry /'revəlrɪ/ *n* пиру́шка; попо́йка, гуля́нка (*both coll*).

revenge /rɪ'vendʒ/ *n* **1** (*retaliatory action*) месть; **he took his ~ on me** он мне отомсти́л. **2** (*vindictive feeling*) мсти́тельность; **I acted out of ~** я э́то сде́лал из ме́сти. **3** (*in games*) рева́нш; **they gave their opponents their ~** они́ да́ли свои́м проти́вникам возмо́жность отыгра́ться.
● *vt* мстить, ото- (*кому за кого/что*); **he ~d the wrong done him** он отомсти́л за нанесённую ему́ оби́ду; **he ~d himself on his enemies** он отомсти́л свои́м врага́м.

revengeful /rɪ'vendʒfʊl/ *adj* мсти́тельный.

revenue /'revə,nju:/ *n* дохо́д; (*of state*) (госуда́рственные) дохо́ды; **Inland R~** (*Br*), **Internal R~** (*US*) фина́нсовое/нало́говое управле́ние.

reverberate /rɪ'vɜ:bə,reɪt/ *vi* (*of sound etc.*) отра|жа́ться, -зи́ться; (*fig*): **the news ~d** э́та но́вость произвела́ фуро́р.

reverberation /rɪ,vɜ:bə'reɪʃ(ə)n/ *n* отраже́ние, ревербера́ция.

revere /rɪ'vɪə(r)/ *vt* почита́ть (*impf*); чтить (*impf*).

reverence /'revərəns/ *n* **1** (*awe, respect*) почита́ние, почте́ние; **they have no ~ for tradition** у них нет никако́го уваже́ния к тради́циям. **2**: **Your R~** ва́ше преподо́бие.
● *vt* почита́ть (*impf*); чтить (*impf*).

reverend /'revərənd/ *adj*: **the R~ John Smith** его́ преподо́бие Джон Смит.

reverent(ial) /'revərənt, ,revə'renʃ(ə)l/ *adj* почти́тельный, благогове́йный.

reverie /'revərɪ/ *n* мечта́ние, мечта́, грёза; **she was lost in ~** она́ погрузи́лась в мечта́ния.

reversal /rɪ'vɜ:s(ə)l/ *n* (*annulment*) отме́на; (*conversion into opposite*) по́лная переме́на, поворо́т на 180° (сто во́семьдесят гра́дусов); переворо́т; **a ~ of fortune** преврáтность судьбы́.

reverse /rɪ'vɜ:s/ *n* **1** (*opposite*) противополо́жность; **the ~ is true** де́ло обстои́т как раз наоборо́т; **he was the ~ of happy** он был отню́дь не рад; **I am not ill, quite the ~** я не бо́лен — совсе́м наоборо́т.

r

2 (~ *gear*): **he put the car into ~** он включи́л за́дний ход.
3 (*of coin*) обра́тная сторона́; ре́шка.
● *adj* обра́тный, противополо́жный; **in ~ order** в обра́тном поря́дке; **stamps have gum on the ~ side** с обра́тной стороны́ ма́рки покры́ты клеем; **in ~ gear** за́дним хо́дом.
● *vt* **1** (*turn round, invert*) пов|ора́чивать, -ерну́ть обра́тно; **the situation was ~d** ситуа́ция кру́то измени́лась.
2 (*annul*) отмен|я́ть, -и́ть; **he ~d his decision** он пересмотре́л своё реше́ние.
3 (*drive backwards*): **he ~d (the car) into a wall** он дал за́дний ход и вре́зался в стену.
● *vi* **1** (*of driver*) да|ва́ть, -ть за́дний ход.
2 (*of vehicle*): **the car ~s well** маши́на хорошо́ идёт за́дним хо́дом; **reversing light** (*Br*) фона́рь (*m*) за́днего хо́да.

reversible /rɪˈvɜːsɪb(ə)l/ *adj* (*of process etc.*) обрати́мый; (*that can be turned inside out*) двусторо́нний.

reversion /rɪˈvɜːʃ(ə)n/ *n* **1** (*return*) возвраще́ние (к пре́жнему состоя́нию); **~ to type** атави́зм. **2** (*of property or rights*) обра́тный перехо́д (иму́щества) к первонача́льному владе́льцу.

revert /rɪˈvɜːt/ *vi* возвра|ща́ться, -ти́ться; **the fields have ~ed to scrub** поля́ вновь поросли́ куста́рником; **he ~ed to his old ways** он взя́лся за ста́рое; (*of property, rights etc.*) пере|ходи́ть, -йти́ (*к прежнему владельцу*); **his land ~ed to the state** его́ земля́ перешла́ к госуда́рству.

revet /rɪˈvet/ *vt* (**revetted, revetting**) облиц|о́вывать, -ева́ть.

revetment /rɪˈvetmənt/ *n* облицо́вка, обши́вка.

review /rɪˈvjuː/ *n* **1** (*re-examination, survey, revision*) пересмо́тр, просмо́тр; **the decision is subject to ~** реше́ние подлежи́т пересмо́тру; **the matter is under constant ~** к э́тому вопро́су постоя́нно возвраща́ются.
2 (*retrospect*) пересмо́тр; **a ~ of the year's events** обзо́р собы́тий го́да.
3 (*of mil forces etc.*) пара́д.
4 (*of book etc.*) реце́нзия, о́тзыв.
5 (*periodical*) периоди́ческое изда́ние, обозре́ние.
● *vt* **1** (*reconsider, re-examine*) пересм|а́тривать, -отре́ть.
2 (*survey mentally*) мы́сленно обозр|ева́ть, -е́ть; **he ~ed his chances of success** он проанализи́ровал/взве́сил свои́ ша́нсы на успе́х.
3 (*inspect*) просм|а́тривать, -отре́ть.
4 (*write critical account of*) рецензи́ровать, от-/про-; **the film was well ~ed** фильм получи́л хоро́шие реце́нзии.
● *vi*: **he ~s for the Times** он рецензе́нт газе́ты «Таймс»; (*US, for exams*) гото́виться к экза́менам.

reviewer /rɪˈvjuːə(r)/ *n* рецензе́нт, кри́тик.

revile /rɪˈvaɪl/ *vt* оскорб|ля́ть, -и́ть; поноси́ть (*impf*).

revise /rɪˈvaɪz/ *vt* пересм|а́тривать, -отре́ть; испр|авля́ть, -а́вить; перераб|а́тывать, -о́тать; **~d and enlarged edition** испра́вленное и допо́лненное изда́ние; **I ~d my opinion of him** я измени́л своё мне́ние о нём.
● *vi* (*Br*): **I must ~ for the exams** я до́лжен повтори́ть материа́л (*or* гото́виться) к экза́менам.

reviser /rɪˈvaɪzə(r)/ *n* реда́ктор.

revision /rɪˈvɪʒ(ə)n/ *n* пересмо́тр; (*checking*) прове́рка, перерабо́тка, реда́кция; (*for exams*) повторе́ние.

revisionism /rɪˈvɪʒəˌnɪz(ə)m/ *n* ревизиони́зм.

revisionist /rɪˈvɪʒənɪst/ *n* ревизиони́ст.

revisit /riːˈvɪzɪt/ *vt* (**revisited, revisiting**) посе|ща́ть, -ти́ть сно́ва.

revitalization /riːˌvaɪtəlaɪˈzeɪʃ(ə)n/ *n* оживле́ние.

revitalize /riːˈvaɪtəˌlaɪz/ *vt* вновь ожив|ля́ть, -и́ть.

revival /rɪˈvaɪv(ə)l/ *n* (*return to consciousness, health etc.*) возвраще́ние созна́ния; восстановле́ние здоро́вья; **a sudden ~ in spirits** внеза́пный подъём ду́ха; **a ~ of interest** оживле́ние интере́са; (*return to use, knowledge, popularity*) возрожде́ние; **the ~ of old customs** возрожде́ние ста́рых обы́чаев; **(religious ~)** возрожде́ние ве́ры; (*of play*) возобновле́ние.

revivalism /rɪˈvaɪvəˌlɪz(ə)m/ *n* евангели́зм.

revivalist /rɪˈvaɪvəlɪst/ *n* евангели́ст (*fem* -ка).

revive /rɪˈvaɪv/ *vt* возро|жда́ть, -ди́ть; ожив|ля́ть, -и́ть; **a glass of brandy ~d her** рю́мка коньяку́ привела́ её в чу́вство; **their hopes were ~d** они́ вновь обрели́ наде́жду; **can you ~ the fire?** вы мо́жете сно́ва разже́чь ого́нь?; **the opera was recently ~d** э́ту о́перу неда́вно поста́вили сно́ва.
● *vi* возро|жда́ться, -ди́ться; (*regain vigour*) ожив|а́ть, -и́ть; **his spirits ~d** он приободри́лся; (*regain consciousness*) при|ходи́ть, -йти́ в себя́/чу́вство.

revocable /ˈrevəkəb(ə)l/ *adj* могу́щий быть отменённым.

revocation /ˌrevəˈkeɪʃ(ə)n/ *n* отме́на, аннули́рование.

revoke /rɪˈvəʊk/ *vt* отмен|я́ть, -и́ть; аннули́ровать (*impf, pf*).
● *vi* (*at cards; US also* **reneg(u)e**) пойти́ (*pf*) с друго́й ма́сти при нали́чии тре́буемой.

revolt /rɪˈvəʊlt/ *n* восста́ние; бунт; **the peasants were in ~** крестья́не восста́ли.
● *vt* вызыва́ть, вы́звать отвраще́ние у + *g*; **a ~ing sight** отврати́тельное зре́лище.
● *vi* восст|ава́ть, -а́ть; бунтова́ть (*impf*); взбунтова́ться (*pf*).

revolution /ˌrevəˈluːʃ(ə)n/ *n* **1** (*revolving*) враще́ние. **2** (*one complete rotation; coll* **rev**) оборо́т; **at 60 ~s per minute** при шестиде́сяти оборо́тах в мину́ту. **3** (*pol, fig*) револю́ция.

revolutionary /ˌrevəˈluːʃən(ə)rɪ/ *n* революционе́р (*fem* -ка).
● *adj* революцио́нный.

revolutionize /ˌrevəˈluːʃəˌnaɪz/ *vt* (*stir up to revolution, transform*) революционизи́ровать (*impf, pf*).

revolv|e /rɪˈvɒlv/ *vi* враща́ться (*impf*); **~ing doors** враща́ющиеся две́ри; (*fig*): **he thinks everything ~es around him** он мнит себя́ це́нтром вселе́нной.

revolver /rɪˈvɒlvə(r)/ *n* револьве́р.

revue /rɪˈvjuː/ *n* обозре́ние, ревю́ (*nt indecl*).

revulsion /rɪˈvʌlʃ(ə)n/ *n* (*disgust*) отвраще́ние.

reward /rɪˈwɔːd/ *n* **1** (*recompense*) награ́да (за + *a*); **without thought of ~** не ду́мая о вознагражде́нии.
2 (*sum offered*) пре́мия; де́нежное вознагражде́ние.
● *vt* (воз)награ|жда́ть, -ди́ть; **it was a ~ing task** де́ло сто́ило того́; **our patience was ~ed** на́ше терпе́ние бы́ло вознаграждено́.

rewind /riːˈwaɪnd/ *vt* (*past and pp* **rewound**) перем|а́тывать, -ота́ть; (*a watch*) (сно́ва) зав|оди́ть, -ести́.

rewire /riːˈwaɪə(r)/ *vt*: **~ a house** замен|я́ть, -и́ть прово́дку в до́ме.

reword /riːˈwɜːd/ *vt* переформули́ровать (*impf, pf*); выража́ть, вы́разить други́ми слова́ми.

rework /riːˈwɜːk/ *vt* перераб|а́тывать, -о́тать.

rewrite¹ /ˈriːraɪt/ *n* перерабо́танный текст.

rewrite² /riːˈraɪt/ *vt* (*past* **rewrote;** *pp* **rewritten**) (*copy out*) перепи́с|ывать, -а́ть; (*rework*) перераб|а́тывать, -о́тать.

Reykjavik /ˈreikjəˌviːk/ *n* Ре́йкьявик.

rhapsodize /ˈræpsəˌdaɪz/ *vi* (*fig*) восторга́ться (*impf*); говори́ть (*impf*) с упое́нием.

rhapsod|y /ˈræpsədɪ/ *n* (*mus*) рапсо́дия; (*fig*): **he went into ~ies over her dress** он пел дифира́мбы её туале́ту/наря́ду.

rheostat /ˈriːəˌstæt/ *n* реоста́т.

rhesus /ˈriːsəs/ *n* (*usu* **~ monkey**) ре́зус; **~ factor** ре́зус-фа́ктор; **~ negative** отрица́тельный ре́зус; **~ positive** положи́тельный ре́зус.

rhetoric /ˈretərɪk/ *n* (*art of speech*) рито́рика; ора́торское иску́сство; (*pej*) краснобáйство, фразёрство.

rhetorical /rɪˈtɒrɪk(ə)l/ *adj* ритори́ческий; **~ question** ритори́ческий вопро́с.

rhetorician /ˌretəˈrɪʃ(ə)n/ *n* ри́тор; ора́тор.

rheumatic /ruːˈmætɪk/ *n* (*sufferer from rheumatism*) ревма́тик; (*in pl, coll, rheumatism*) ревмати́зм.
● *adj* ревмати́ческий; **~ fever** ревмати́зм.

rheumatism /ˈruːməˌtɪz(ə)m/ *n* ревмати́зм.

rheumatoid /ˈruːməˌtɔɪd/ *adj* ревмато́идный, ревмати́ческий; **~ arthritis** ревмато́идный артри́т.

Rhine /raɪn/ *n* Рейн; **~ wine** ре́йнское вино́.

rhino /ˈraɪnəʊ/ *n* (*pl* **~s** *or* **~**) = **rhinoceros**

rhinoceros /raɪˈnɒsərəs/ *n* (*pl* ∼ *or* ∼**es**) носоро́г.
rhizome /ˈraɪzəʊm/ *n* (*bot*) ризо́ма.
Rhodes /rəʊdz/ *n* Ро́дос.
rhododendron /ˌrəʊdəˈdendrən/ *n* рододе́ндрон.
rhombi /ˈrɒmbaɪ/ *pl of* ⇒**rhombus**
rhomboid /ˈrɒmbɔɪd/ *n* (*geom*) ромбо́ид.
● *adj* (*also* **-al**) ромбови́дный.
rhombus /ˈrɒmbəs/ *n* (*pl* **rhombuses** *or* **rhombi**) (*geom*) ромб.
Rhône /rəʊn/ *n* Ро́на.
rhubarb /ˈruːbɑːb/ *n* реве́нь (*m*).
rhyme /raɪm/ *n* ри́фма; **think of a** ∼ **for 'love'** приду́майте ри́фму к сло́ву «любо́вь»; **he wrote the greeting in** ∼ он написа́л приве́тствие в стиха́х; **there is no** ∼ **or reason in it** в э́том нет никако́го смы́сла; (*poem*) стих; **nursery** ∼ де́тский стишо́к.
● *vt* & *i* рифмова́ть(ся) (*impf*); **you can't** ∼ **those two words** э́ти два сло́ва не рифму́ются; **rhyming dictionary** слова́рь рифм.
rhymester /ˈraɪmstə(r)/ *n* рифмоплёт, стихоплёт.

rhyming slang — рифмо́ванный сленг

Осо́бенность диале́кта ко́кни, кото́рая де́лает его́ соверше́нно непоня́тным для непосвящённых. Суть его́ состои́т в том, что отде́льные слова́ заменя́ются выраже́ниями, кото́рые с ни́ми рифму́ются. Наприме́р, вме́сто сло́ва *believe* употребля́ется сочета́ние *Adam and Eve*, вме́сто сло́ва *head* употребля́ется сочета́ние *loaf of bread*.

Тру́дность понима́ния тако́й ре́чи усугубля́ется тем обстоя́тельством, что носи́тели ко́кни ча́сто сокраща́ют э́ти сочета́ния до отде́льных слов. Наприме́р, выраже́ние *Use your loaf* означа́ет на са́мом де́ле *Use your head*.

rhythm /ˈrɪð(ə)m/ *n* ритм; ∼ **guitar** ритм-гита́ра; ∼ **section** (*of a band*) уда́рные инструме́нты.
rhythmic(al) /ˈrɪðmɪk(əl)/ *adj* ритми́чный, ритми́ческий.
RI (*abbr of* ***religious instruction***) религио́зное обуче́ние.
rib /rɪb/ *n* **1** (*anat*) ребро́; **he dug me in the** ∼**s** он толкну́л меня́ в бок; **spare** ∼**s** (*of meat*) рёбрышки (*nt pl*); (*of leaf*) жи́лка. **2** (*ship's timber*) шпанго́ут, ребро́.
● *vt* (**ribbed, ribbing**) (*sl, tease*) разы́гр|ывать, -а́ть.
ribald /ˈrɪb(ə)ld/ *adj* непристо́йный, скабрёзный.
ribaldry /ˈrɪbəldrɪ/ *n* непристо́йность, скабрёзность.
ribbed /rɪbd/ *adj*: ∼ **cloth** ру́бчатая ткань.
ribbon /ˈrɪbən/ *n* ле́нта, тесьма́; **hair** ∼ ле́нта; (*fig*): ∼ **development** (*Br*) ле́нточная застро́йка; **his clothes were torn to** ∼**s** его́ оде́жда была́ разо́рвана в кло́чья.
riboflavin /ˌraɪbəʊˈfleɪvɪn/ *n* рибофлави́н.
rice /raɪs/ *n* рис; **boiled** ∼ ри́совая ка́ша.
● *cpds* ∼ **field** *n* ри́совое по́ле; ∼**paper** *n* ри́совая бума́га.
rich /rɪtʃ/ *n* (*collect*, **the** ∼) бога́тые (*pl*).
● *adj* **1** (*wealthy*) бога́тый. **2** (*fertile, abundant*) плодоро́дный; **a** ∼ **soil** плодоро́дная/ту́чная по́чва; **a land** ∼ **in minerals** земля́, бога́тая ископа́емыми; **he struck it** ∼ (*coll*) он напа́л на жи́лу. **3** (*valuable, plentiful*) оби́льный; **a** ∼ **harvest** бога́тый урожа́й. **4** (*costly, splendid*) це́нный, бога́тый, роско́шный. **5** (*of food*) сдо́бный, жи́рный. **6** (*of colours*) насы́щенный, густо́й. **7** (*of sounds or voices*) густо́й, со́чный. **8** (*of texture, life*) насы́щенный.
riches /ˈrɪtʃɪz/ *n* бога́тство.
richly /ˈrɪtʃlɪ/ *adv*: **she was** ∼ **dressed** она́ была́ бога́то оде́та; **his punishment was** ∼ **deserved** он вполне́ заслужи́л тако́е наказа́ние.
richness /ˈrɪtʃnɪs/ *n* бога́тство, оби́лие; (*of food*) сдо́бность, жи́рность.
Richter scale /ˈrɪktə/ *n* шкала́ Ри́хтера.
rick[1] /rɪk/ *n* (*stack*) стог.
rick[2] /rɪk/ *vt* растя́|гивать, -ну́ть; вы́вихнуть (*pf*); **I** ∼**ed my neck** я нело́вко поверну́л ше́ю.
rickets /ˈrɪkɪts/ *n* рахи́т.
rickety /ˈrɪkɪtɪ/ *adj* ша́ткий, неусто́йчивый.
rickshaw /ˈrɪkʃɔː/ *n* ри́кша.
ricochet /ˈrɪkəˌʃeɪ, -ˌʃet/ *n* рикоше́т; ∼ **fire** стрельба́ на рикоше́тах.
● *vi* (**ricocheted** /-ˌʃeɪd/; **ricocheting** /-ˌʃeɪɪŋ/ *or* **ricochetted** /-ˌʃetɪd/; **ricochetting** /-ˌʃetɪŋ/) рикошети́ровать (*impf, pf*); бить (*impf*), уда́рить (*pf*) рикоше́том; рикоше́тить, с-/от- (*pf*) (*coll*).
rid /rɪd/ *vt* (**ridding;** *past and pp* **rid** *or archaic* **ridded**) освобо|жда́ть, -ди́ть; изб|авля́ть, -а́вить; **he** ∼ **the country of beggars** он изба́вил страну́ от ни́щих; **get** ∼ **of** изб|авля́ться, -а́виться от + *g*; **we were glad to be, get** ∼ **of him** мы бы́ли ра́ды от него́ изба́виться; **you are well** ∼ **of that car** сла́ва бо́гу, что вы изба́вились от э́той маши́ны.
riddance /ˈrɪd(ə)ns/ *n* избавле́ние; устране́ние; **good** ∼ **to him!** ≈ ска́тертью доро́га!
ridden /ˈrɪd(ə)n/ *pp of* ⇒**ride**
riddle[1] /ˈrɪd(ə)l/ *n* зага́дка; (*mystery*) та́йна; **he set me a** ∼ **to solve** он за́дал мне зага́дку; **he talks in** ∼**s** он говори́т зага́дками.
riddle[2] /ˈrɪd(ə)l/ *n* (*sieve*) решето́.
● *vt* (*pierce all over*) решети́ть, из-; **he was** ∼**d with bullets** пу́ли изрешети́ли его́ те́ло; (*fig*): ∼**d with disease** насквозь больно́й; **the manuscript is** ∼**d with errors** ру́копись пестри́т оши́бками.
ride /raɪd/ *n* **1** (*journey on horseback*) прогу́лка верхо́м; (*by vehicle*) пое́здка, езда́; **it is only a 5-minute** ∼ **to the station** до ста́нции всего́ 5 мину́т езды́.
2 (*excursion*) прогу́лка; **let's go for a** ∼ **into the country** дава́йте съе́здим за́ город на прогу́лку; **he took me for a** ∼ (*lit*) он прокати́л меня́; (*coll, cheated*) он меня́ разыгра́л/обвёл вокру́г па́льца.
3 (*fairground attraction*) аттракцио́н.
● *vt* & *i* (*past* **rode;** *pp* **ridden**)
1 (*on horseback*) е́здить (*indet*), е́хать (*det*), по- (верхо́м) (на + *p*); ката́ться (*impf*) (верхо́м) (на + *p*); (*gallop*) скака́ть (*impf*); **she** ∼**s a horse well** она́ хорошо́ е́здит верхо́м (*or* на ло́шади); **he rode his horse at the fence** он напра́вил ло́шадь к барье́ру; **he rode his horse over the fence** он перемахну́л на ло́шади че́рез забо́р; **the jockey rode a good race** жоке́й хорошо́ скака́л; **do you** ∼**?** вы е́здите верхо́м?; **he** ∼**s to hounds** (*Br*) он охо́тится верхо́м с соба́ками.
2 (*on a vehicle*) е́здить (*indet*), е́хать (*det*), по- (на + *p*); **I** ∼ **a bicycle to work** я е́зжу на рабо́ту на велосипе́де.
3 (*of ships etc.*) плыть (*impf*) (по + *d*); **the ship rode the waves** кора́бль рассека́л во́лны; **the ship was riding at anchor** кора́бль стоя́л на я́коре; **let it** ∼ (*fig*) ну и пусть!
● *with advs*: ∼ **away** *vi* отъ|езжа́ть, -е́хать; уезжа́ть, уе́хать; ∼ **down** *vt* (*pursue and catch up with*) дог|оня́ть, -на́ть; наст|ига́ть, -и́чь верхо́м; (*knock down by riding at s.o.*) дави́ть (*impf*); топта́ть (*impf*); ∼ **out** *vt*: **the ship rode out the storm** кора́бль вы́держал на́тиск бу́ри; **we shall** ∼ **out our present troubles** мы переживём ны́нешние тру́дности; *vi* соверш|а́ть, -и́ть прогу́лку; ∼ **up** *vi* (*approach on horseback*) подъ|езжа́ть, -е́хать верхо́м; (*of clothing*) зад|ира́ться, -ра́ться.
rider /ˈraɪdə(r)/ *n* **1** (*horseman*) вса́дни|к (*fem* -ца), нае́здни|к (*fem* -ца); (*cyclist*) велосипеди́ст (*fem* -ка). **2** (*clause*) дополне́ние; добавле́ние.
riderless /ˈraɪdəlɪs/ *adj* без вса́дника.
ridge /rɪdʒ/ *n* **1** край; спи́нка; **the** ∼ **of a roof** конёк кры́ши. **2** (*of soil*) гре́бень (*m*). **3** (*of high land*) го́рный хребе́т/кряж. **4** (*meteorology*) фронт/гре́бень высо́кого давле́ния
● *cpd* ∼ **pole** *n* (*of tent*) распо́рка, растя́жка; (*archit*) конько́вый брус.
ridicule /ˈrɪdɪˌkjuːl/ *n* осмея́ние, насме́шка; **he was an object of** ∼ он был предме́том насме́шек; **I don't like being held up to** ∼ не люблю́, когда́ из меня́ де́лают посме́шище; **you will lay yourself open to** ∼ вы вы́ставите себя́ на посме́шище.
● *vt* осме́ивать (*impf*); подн|има́ть, -я́ть на́ смех.
ridiculous /rɪˈdɪkjʊləs/ *adj* (*funny*) смехотво́рный; (*stupid, attr*) смешно́й; (*stupid, pred*) глу́пый; **don't be** ∼**!** не будь(те) посме́шищем!; ∼**ly low prices** до смешно́го ни́зкие це́ны.
ridiculousness /rɪˈdɪkjʊləsnɪs/ *n* смехотво́рность; неле́пость.
riding /ˈraɪdɪŋ/ *n* верхова́я езда́.
● *cpds* ∼ **breeches** *n pl* бри́дж|и (*pl, g* -ей) для верхово́й езды́; ∼ **habit** *n* амазо́нка; ∼ **school** *n* шко́ла верхово́й езды́.
rife /raɪf/ *adj* распространённый; **superstition was** ∼ суеве́рия бы́ли широко́ распространены́; **the country**

was ~ with rumours в стране́ ходи́ло мно́жество слу́хов.

riff /rɪf/ *n* (*mus*) рифф.

riffle /ˈrɪf(ə)l/ *vt* & *i*: **he ~d (through) the pages** он бы́стро перелиста́л страни́цы.

riff-raff /ˈrɪfræf/ *n* подо́нки (*m pl*) о́бщества; сброд.

rifle /ˈraɪf(ə)l/ *n* винто́вка; **~ regiment** пехо́тный/стрелко́вый полк; (*in pl*, *~ troops*) стрелко́вая часть; стрелки́ (*m pl*).

● *vt* **1** (*cut grooves in*) наре́зать (*impf*) кана́л (*ствола*). **2** (*plunder*) гра́бить, о-; очи́стить (*pf*).

● *cpds* **~man** *n* (*pl* **~men**) стрело́к; **~ range** *n* (*for shooting practice*) тир, стре́льбище; (*distance*) да́льность руже́йного вы́стрела; **~ shot** *n* вы́стрел из винто́вки.

rift /rɪft/ *n* **1** тре́щина, щель; **a ~ in the clouds** просве́т в ту́чах. **2** (*fig*) разла́д.

● *cpd* **~ valley** *n* ри́фтовая доли́на.

rig /rɪg/ *n* **1** (*naut*) осна́стка. **2** (*dress*) оде́жда; **in full ~** при по́лном пара́де. **3** (*for drilling*) бурова́я вы́шка. **4** (*US*, *truck*) грузови́к с прице́пом.

● *vt* (**rigged, rigging**) **1** (*fit out*) осна|ща́ть, -сти́ть; снаря|жа́ть, -ди́ть. **2** (*manipulate, conduct fraudulently*): **the elections were ~ged** результа́ты вы́боров бы́ли подтасо́ваны; **a ~ged match** догово́рный матч.

● *with advs*: **~ out** *vt* снаря|жа́ть, -ди́ть; наря|жа́ть, -ди́ть; **she ~ged the boys out with new clothes** она́ вы́рядила ма́льчиков в но́вую оде́жду; **~ up** *vt* (на́скоро) соору|жа́ть, -ди́ть.

● *cpd* **~-out** *n* (*Br*) наря́д.

Riga /ˈriːgə/ *n* Ри́га; (*attr*) ри́жский.

rigging /ˈrɪgɪŋ/ *n* такела́ж, осна́стка.

right /raɪt/ *n* **1** (*what is just, fair*) правота́; справедли́вость; **the child must learn the difference between ~ and wrong** ребёнка сле́дует научи́ть отлича́ть добро́ от зла́; **I know I am in the ~** я зна́ю, что я прав.

2 (*entitlement*) пра́во; **as of ~** как полага́ющийся по пра́ву; **in his, her own ~** сам, в своём пра́ве, по себе́; **stand on one's ~s** наст|а́ивать, -оя́ть на свои́х права́х; **stand up for one's ~s** отст|а́ивать, -оя́ть свои́ права́; **the house is hers by ~** дом принадлежи́т ей по зако́ну; **by ~s** по справедли́вости; че́стно говоря́; **by ~s he should be at work** вообще́-то ему́ поло́жено быть на рабо́те; **~ of way** пра́во прохо́да/прое́зда; **Bill of R~s** билль (*m*) о права́х.

3 (*in pl, correct state*): **he put the engine to ~s** он привёл мото́р в поря́док; **he tried to set the world to ~s** он пыта́лся переде́лать мир.

4 (*~-hand side etc.*) пра́вая сторона́; **on, to the ~** напра́во; **on, from the ~** спра́ва; **most countries drive on the ~** в большинстве́ стран правосторо́ннее движе́ние; **my father is on the ~ of the photograph** мой оте́ц (нахо́дится) спра́ва на фотогра́фии.

5 (*pol*): **the R~** пра́вые (*pl*); **politicians of the R~** полити́ческие де́ятели пра́вого крыла́.

● *adj* **1** (*just, morally good*) пра́вый, справедли́вый; **I try to do what is ~** я стара́юсь поступа́ть че́стно; **he did the ~ thing by her** он с ней че́стно поступи́л; **you were ~ to refuse** вы пра́вильно сде́лали, что отказа́лись; **it is only ~ to tell you ...** я счита́ю свои́м до́лгом сказа́ть вам, что...; **that is only ~ and proper** так тому́ и сле́дует быть.

2 (*correct, true, required*) пра́вильный, ве́рный, ну́жный; **the ~ use of words** пра́вильное употребле́ние слов; **the ~ road** пра́вильный путь; **that's not the ~ way to do it** э́то де́лается не так; **what is the ~ time?** вы мо́жете сказа́ть то́чное вре́мя?; **he tried to keep on the ~ side of the teacher** он стара́лся не по́ртить отноше́ний с учи́телем; **~ side up** в пра́вильном положе́нии; **he is on the ~ side of forty** ему́ ещё нет сорока́; **that's ~!** пра́вильно!; ве́рно!; **I tried to put him ~** я пыта́лся вы́вести его́ из заблужде́ния; **I set him ~ on a few points** я ему́ ко́е-что́ разъясни́л.

3 (*in order, good health*) испра́вный; здоро́вый; **can you put my watch ~?** вы мо́жете почини́ть мои́ часы́?; **these matters must be put ~** э́ти дела́ ну́жно ула́дить; **this medicine will soon put you ~** от э́того лека́рства вы ско́ро попра́витесь; **I feel as ~ as rain** я себя́ прекра́сно чу́вствую; **he's not quite ~ in the head** у него́ не все до́ма; **he was not in his ~ mind** он был не в своём уме́; **everything will turn out ~ in the end** всё в конце́ концо́в ула́дится; **are you all ~?** с ва́ми всё в поря́дке?; (*expressing doubt*) вам нехорошо́?; вам пло́хо?; **all ~, I'll come with you!** ла́дно, я пойду́ с ва́ми!; **all ~, I admit it!** ла́дно уж, призна́юсь; **it's all ~ with me** я не возража́ю; **~!** (*expressing agreement or consent*) ве́рно!; хорошо́!; **~ you are** хорошо́!; (*coll*) идёт!; есть тако́е де́ло.

4 (*opp left*) пра́вый; **on my ~ hand** напра́во от меня́; **he is my ~ arm** (*fig*) он моя́ пра́вая рука́; **he made a ~ turn** он поверну́л напра́во.

5: **~ angle** прямо́й у́гол; **at ~ angles to** под прямы́м угло́м к + *d*.

6 (*Br, thorough*): **you've made a ~ mess of it** ну, наде́лали вы тут дело́в (*coll*).

● *adv* **1** (*straight*) пря́мо; **carry ~ on!** всё вре́мя пря́мо!; **he went ~ to the point** он сра́зу перешёл к де́лу; **the plane flew ~ overhead** самолёт пролете́л пря́мо над голово́й.

2 (*exactly*) то́чно; **the shot was ~ on target** уда́р попа́л пря́мо в цель; **I was there ~ on the stroke of one** я пришёл ро́вно в час, мину́та в мину́ту; **~ here/there** пря́мо здесь/там; **~ now** сейча́с; в да́нный моме́нт.

3 (*immediately*) сра́зу (же); **~ away** сра́зу (же), пря́мо сейча́с, неме́дленно, сию́ мину́ту.

4 (*all the way, completely*) по́лностью; **he turned ~ round** он поверну́лся круго́м; **the ship was ~ off course** кора́бль соверше́нно сби́лся с ку́рса; **they climbed ~ to the top** они́ взобрали́сь на са́мую верши́ну; **I went ~ back to the beginning** я верну́лся к са́мому нача́лу; **he came ~ up to me** он подошёл ко мне вплотну́ю.

5 (*justly; correctly, properly*) справедли́во; пра́вильно; **he can do nothing ~** у него́ ничего́ не ла́дится; **have I guessed ~?** я угада́л?; **nothing goes ~ for him** у него́ всё идёт не так; **if I remember ~** е́сли мне не изменя́ет па́мять; **it serves you ~** подело́м вам; так вам и на́до.

6 (*in titles*): **R~ Honourable** (*Br*) достопочте́нный.

7 (*of direction*) напра́во; **eyes ~!** равне́ние напра́во!; **~, left, and centre** круго́м, всю́ду.

● *vt* **1** (*restore to correct position*) выра́внивать, вы́ровнять; **the boat ~ed itself** ло́дка вы́ровнялась; (*fig, correct*) испр|авля́ть, -а́вить; **the fault will ~ itself** э́то испра́вится само́ собо́й.

2 (*make reparation for*) возме|ща́ть, -сти́ть; **this wrong must be ~ed** э́ту несправедли́вость ну́жно устрани́ть.

● *cpds* **~ about** *adj* & *adv*: **~ about turn** поворо́т круго́м; **~-angled** *adj* прямоуго́льный; **~-hand** *adj* пра́вый; **~-hand drive** правосторо́ннее управле́ние; **~-hand man** (*fig*) ве́рный помо́щник, пра́вая рука́; **~-hand turn** пра́вый поворо́т; **~-handed** *adj* де́лающий всё пра́вой руко́й, правору́кий; **~-hander** *n* (*blow*) уда́р пра́вой руко́й; (*person*) правша́ (*coll, cg*); **~-minded** *adj* благонаме́ренный; разу́мный; **~-wing** *adj* (*pol*) пра́вых взгля́дов; пра́вый; **~-winger** *n* (*pol*) пра́вый; челове́к пра́вых взгля́дов.

righteous /ˈraɪtʃəs/ *adj* пра́ведный; **~ indignation** справедли́вое негодова́ние.

righteousness /ˈraɪtʃəsnɪs/ *n* пра́ведность.

rightful /ˈraɪtfʊl/ *adj* зако́нный, правоме́рный.

rightist /ˈraɪtɪst/ *n* & *adj* пра́вый; (челове́к) пра́вых взгля́дов.

rightly /ˈraɪtlɪ/ *adv* **1** (*correctly, properly*) пра́вильно; **if I remember ~** е́сли мне не изменя́ет па́мять; **~ or wrongly, I believe he is lying** так э́то и́ли нет, но я ду́маю, он лжёт. **2** (*justly*) справедли́во; **he was punished, and ~ so** он был нака́зан, и подело́м.

rightness /ˈraɪtnɪs/ *n* справедли́вость.

righto /raɪtəʊ, raɪˈtəʊ/ (*int*) (*Br*) хорошо́!; ла́дно!

rigid /ˈrɪdʒɪd/ *adj* жёсткий, негну́щийся; (*fig*) негибкий; **~ discipline** стро́гая дисципли́на.

rigidity /ˌrɪˈdʒɪdɪtɪ/ *n* жёсткость; (*fig*) неги́бкость.

rigmarole /ˈrɪgməˌrəʊl/ *n* каните́ль.

rigor /ˈrɪgə(r), ˈraɪgɔː(r)/ *n*: **~ mortis** тру́пное окочене́ние; (*US*) = **rigour**

rigorous /ˈrɪgərəs/ *adj* (*strict*) стро́гий; (*severe, harsh*) суро́вый, безжа́лостный.

rigour /ˈrɪgə(r)/ (*US* **rigor**) *n* стро́гость; суро́вость, безжа́лостность; **with all the ~ of the law** по всей стро́гости зако́на; **the ~s**

of winter суро́вость зимы́.

rile /raɪl/ *vt* (*coll*) серди́ть, рас-; раздраж|а́ть, -и́ть; **it ~d him to lose the game** его́ зли́ло, что он проигра́л.

rim /rɪm/ *n* обо́д; край; **~ of a wheel** обо́д колеса́; **~ of a cup** край ча́шки; **spectacles with steel ~s** очки́ в стально́й опра́ве.
● *vt* (**rimmed, rimming**) обрам|ля́ть, -и́ть.

rime /raɪm/ *n* (*frost*) и́ней, и́зморозь.

rimless /ˈrɪmlɪs/ *adj* не име́ющий обо́да; без опра́вы; **~ spectacles** пенсне́ (*indecl*).

rind /raɪnd/ *n* (*bark*) кора́; (*of melon, orange, cheese*) ко́рка; (*of bacon*) кожура́, шку́рка.

ring[1] /rɪŋ/ *n* **1** (*ornament, implement*) кольцо́; (*with stone; signet ~*) пе́рстень (*m*); **engagement ~** кольцо́, пода́ренное при помо́лвке; **wedding ~** обруча́льное кольцо́.
2 (*circle*) кольцо́, круг; **~s of a tree** годовы́е ко́льца де́рева; **he was blowing smoke ~s** он пуска́л ко́льца ды́ма; **they stood in a ~** они́ ста́ли в круг; **he had ~s under his eyes** у него́ бы́ли тёмные круги́ под глаза́ми; **he ran/made ~s round me** (*fig*) он заткну́л меня́ за́ пояс.
3 (*conspiracy*) ша́йка, ба́нда; **spy ~** шпио́нская организа́ция.
4 (*of circus, boxing, etc.*) аре́на, ринг.
5 (*of cooker*) конфо́рка.
● *vt* **1** (*encompass*) окруж|а́ть, -и́ть.
2 (*Br, put ~ on*): **the birds have been ~ed** птиц окольцева́ли.
3 (*put ~ around*): **his name was ~ed in pencil** его́ и́мя бы́ло обведено́ карандашо́м.
● *cpds* **~ binder** *n* скоросшива́тель (*m*), фа́йловая па́пка; **~ finger** *n* безымя́нный па́лец; **~leader** *n* глава́рь (*m*), зачи́нщик; **~master** *n* инспе́ктор мане́жа; **~ road** *n* (*Br*) кольцева́я доро́га; **~side** *n* пе́рвые ряды́ (*m pl*) (вокру́г аре́ны); **~worm** *n* стригу́щий лиша́й.

ring[2] /rɪŋ/ *n* **1** звон; звук; **the ~ of his voice** звук его́ го́лоса; (*fig*): **it has the ~ of truth** э́то звучи́т правдоподо́бно.
2 (*sound of bell*) звоно́к; **there was a ~ at the door** в дверь позвони́ли.
3 (*Br, telephone call*) звоно́к; **give me a ~ tomorrow** позвоните мне за́втра.
● *vt* (*past* **rang;** *pp* **rung**)
1 звони́ть, по- в + *a*; **the postman rang the bell** почтальо́н позвони́л в дверь; **that ~s a bell** да, да, припомина́ю.
2 (*Br, telephone, also* **~ up**) звони́ть, по- + *d*; **will you ~ me (up) when you get home?** вы мне позвони́те, когда́ прибу́дете домо́й?
3 (*mark by ~ing*): **the bell ~s the half-hours** ко́локол звони́т ка́ждые полчаса́.
● *vi* (*past* **rang;** *pp* **rung**)
1 звони́ть, по-; **the bells are ~ing** звоня́т колокола́; **the bell rang for dinner** позвони́ли к обе́ду; **the telephone rang** зазвони́л телефо́н; **my ears are ~ing** у меня́ звени́т в уша́х; **his voice was still ~ing in my ears** его́ го́лос всё ещё звуча́л у меня́ в уша́х; (*fig*): **his words ~ true** его́ слова́ звуча́т правдоподо́бно.
2 (*Br, telephone, also* **~ up**) звони́ть, по-; **we must ~ for the doctor** мы должны́ вы́звать врача́ (по телефо́ну).
3 (*resound*) огла|ша́ться, -си́ться (*чем*); разноси́ться (*impf*); **the house rang with the sound of children's voices** де́тские голоса́ разноси́лись по всему́ до́му.
● *with advs*: **~ down** *vt*: **they rang down/up the curtain** за́навес опусти́ли/по́дняли; **~ off** *vi* (*Br*) пове́сить (*pf*) тру́бку; **~ out** *vt & i*: **the bells rang out the old year and rang in the new** колоко́льным зво́ном проводи́ли ста́рый год и встре́тили но́вый; **a shot rang out** разда́лся вы́стрел; **~ up** *vi* (*Br*): **someone rang up for you this morning** (*Br*) вам кто́-то звони́л у́тром.
● *cpd* **~tone** *n* мело́дия звонка́, рингто́н (*мобильного телефона*).

ringing /ˈrɪŋɪŋ/ *adj* (*resonant*) зво́нкий.
● *cpd* **~ tone** *n* дли́нные гудки́ (*m pl*).

ringlet /ˈrɪŋlɪt/ *n* (*curl*) ло́кон, завито́к.

rink /rɪŋk/ *n* като́к.

rinse /rɪns/ *n* (*action of rinsing*) полоска́ние; (*hair dye*) сре́дство для подкра́шивания воло́с.
● *vt* полоска́ть, про-; спол|а́скивать, -осну́ть; **~ out your mouth!** прополощи́те рот!; **she ~d out the cup** она́ сполосну́ла ча́шку.

Rio (de Janeiro) /ˈriːəʊ (də dʒəˈnɪərəʊ)/ *n* Ри́о-де-Жане́йро (*m indecl*).

riot /ˈraɪət/ *n* **1** (*brawl*) беспоря́дки (*m pl*); **there was a ~ in the theatre** в теа́тре разрази́лся сканда́л. **2** (*revolt*) мятё́ж, бунт; (*fig*): **the teacher read the ~ act to his class** учи́тель сде́лал вы́говор всему́ кла́ссу. **3** (*fig*): **she allowed her fancy to run ~** она́ дала́ по́лную во́лю воображе́нию; **the weeds are running ~** сорняки́ бу́йно разраста́ются; **the garden was a ~ of colour** сад пестре́л все́ми кра́сками.
● *vi* (*brawl, rebel*) бесчи́нствовать (*impf*); бу́йствовать (*impf*); **the crowd ~ed in the streets** толпа́ бесчи́нствовала на у́лицах.

rioter /ˈraɪətə(r)/ *n* бунта́рь (*m*), мяте́жник.

riotous /ˈraɪətəs/ *adj* (*rebellious*) мяте́жный; (*wildly enthusiastic*) безу́держный, шу́мный; **~ laughter** безу́держный смех; **~ living** разгу́льная жизнь.

riotousness /ˈraɪətəsnɪs/ *n* нейстовство, безу́держность.

RIP (*abbr of* ***rest in peace***) мир пра́ху (*кого*).

rip /rɪp/ *n* (*tear*) разре́з, проре́ха.
● *vt* (**ripped, ripping**) рвать, разо-; расп|а́рывать, -оро́ть; **he ~ped his trousers on a nail** он порва́л брю́ки о гвоздь; **he ~ped open the envelope** он разорва́л конве́рт; **he ~ped off the lid** он сорва́л кры́шку; **~ off** (*coll, steal*) об|дира́ть, -одра́ть; **she ~ped up the letter** она́ разорвала́ письмо́.
● *vi* (**ripped, ripping**) **1** (*tear*) рва́ться, разо-.
2 (*rush along*) мча́ться, про-; **let her ~!** жми на всю кату́шку! (*coll*); **he lost his temper and let ~ at me** он вы́шел из себя́ и обложи́л меня́ после́дними слова́ми.
● *cpds* **~cord** *n* вытяжно́й трос; **~-off** *n* (*sl*) воровство́, моше́нничество; **it's a ~-off** э́то обдира́ловка (*sl*); *adj* граби́тельский; **~-roaring, ~snorting** *adjs* (*coll*) бу́йный, шумли́вый; **~saw** *n* продо́льная пила́; **~ tide** *n* разрывно́е тече́ние.

riparian /raɪˈpeərɪən/ *adj* прибре́жный.

ripe /raɪp/ *adj* **1** (*ready for gathering, eating or use*) спе́лый, зре́лый; **the corn is ~** хлеба́ поспе́ли/созре́ли; **~ cheese** вы́держанный сыр; (*fig*): **he lived to a ~ old age** он до́жил до глубо́кой ста́рости. **2** (*ready, suitable*) гото́вый, созре́вший; **land ~ for development** земля́, ожида́ющая застро́йки; земля́ под застро́йку; **the time is ~ for action** пришло́ вре́мя де́йствовать.

ripen /ˈraɪpən/ *vi* зреть (*or* созрева́ть), со-.
● *vt*: **the sun ~ed the tomatoes** помидо́ры созре́ли на со́лнце.

ripeness /ˈraɪpnɪs/ *n* спе́лость, зре́лость.

riposte /rɪˈpɒst/ *n* (*fencing*) отве́тный уда́р; (*verbal*) нахо́дчивый отве́т.
● *vi* (*fencing*) нан|оси́ть, -ести́ отве́тный уда́р; (*verbally*) нахо́дчиво отв|еча́ть, -е́тить.

ripple /ˈrɪp(ə)l/ *n* рябь, зыбь, круг; (*fig*): **his words caused a ~ of laughter** его́ слова́ вы́звали лёгкий смех.
● *vt & i* покр|ыва́ть(ся), -ы́ть(ся) ря́бью.

rise /raɪz/ *n* **1** (*upward slope*) подъём; **we came to a ~ in the road** мы подошли́ к подъёму доро́ги.
2 (*area of higher ground*) холм, возвы́шенность.
3 (*fig, ascent*) подъём; восхожде́ние.
4 (*increase*) повыше́ние, увеличе́ние; **a ~ in temperature** повыше́ние температу́ры; **they asked for a ~** (*Br*) они попроси́ли об увеличе́нии зарпла́ты; **a ~ in the cost of living** удорожа́ние жи́зни; **unemployment is on the ~** безрабо́тица растёт.
5 (*in angling*): **he waited all day for a ~** он весь день ждал клёва; (*fig*): **he is taking a ~ out of you** он вас провоци́рует/дра́знит.
6 (*vertical height of step*) высота́ (ступе́ньки).
7 (*origin*): **give ~ to** вызыва́ть, вы́звать.
● *vi* (*past* **rose;** *pp* **risen** /ˈrɪz(ə)n/)
1 (*get up from bed*) вста|ва́ть, -ть (на́ ноги); **I rose at 6** я встал в 6; (*from seated or kneeling position*) вста|ва́ть, -ть; подн|има́ться, -я́ться; **they rose from the table** они́ подняли́сь из-за стола́; **the House rose at 10** (*Br*) пала́та зако́нчила рабо́ту в 10; **he rose to his full height** он встал во весь рост; **the horse rose (up) on its hind legs** ло́шадь вста́ла на дыбы́; (*into the air*) подн|има́ться, -я́ться; (*fig*): **you should ~ above petty jealousy** вы должны́ быть вы́ше ме́лкой за́висти; (*from the dead*) воскр|еса́ть, -е́снуть; **Christ is ~n** Христо́с воскре́с; (*above the horizon*)

восходи́ть, взойти́; **when the sun ~s** когда́ восхо́дит со́лнце; (*fig, appear*) возн|ика́ть, -и́кнуть; **a picture rose in my mind** в моём воображе́нии возни́к о́браз; **the rising generation** подраста́ющее поколе́ние; (*to the surface*) выходи́ть, вы́йти на пове́рхность; **the fish won't ~** ры́ба не клюёт; (*fig*): **he rose to my bait** он попа́лся на мою́ у́дочку; **he will always ~ to the occasion** он не растеря́ется в любо́й ситуа́ции.
2 (*slope upwards*) подн|има́ться, -я́ться; **on rising ground** на скло́не/возвыше́нии; (*tower*): **the cliffs rose sheer above them** над ни́ми кру́то возвыша́лись ска́лы.
3 (*increase in amount*) возраста́ть (*impf*); увели́чи|ваться, -ться; **rising costs** увели́чивающиеся расхо́ды; (*in level*): **the waters are rising** вода́ поднима́ется/прибыва́ет; **rising tide** нараста́ющий прили́в; **the bread has ~n** хлеб подня́лся (*на дрожжах*); **the temperature is rising** температу́ра повыша́ется; (*in price*) пов|ыша́ться, -ы́ситься в цене́; дорожа́ть, по-; (*in pitch*) уси́ли|вать, -ть; **his voice rose in anger** в гне́ве он повы́сил го́лос; (*in intensity or animation*) увели́чи|ваться, -ться; **the wind is rising** ве́тер поднима́ется/уси́ливается/крепча́ет; **her colour** (*Br*), **color** (*US*) **rose** она́ покрасне́ла; **his spirits rose** его́ настрое́ние улу́чшилось; (*in importance or rank*) продв|ига́ться, -и́нуться; **he hopes to ~ in the world** он наде́ется сде́лать карье́ру; **he rose from the ranks** (*mil*) он вы́служился из рядовы́х; он вы́двинулся в офице́ры; **he rose to international fame** он приобрёл мирову́ю изве́стность; (*in age*): **he is rising 40** ему́ под со́рок.
4 (*spring, originate*) брать, взять нача́ло; возн|ика́ть, -и́кнуть; **the Severn ~s in Wales** Се́верн берёт своё нача́ло в Уэ́льсе.
5 (*rebel*) восст|ава́ть, -а́ть; **the people rose (up) in arms** наро́д восста́л с ору́жием в рука́х.

riser /ˈraɪzə(r)/ *n* **1**: **he is an early ~** он встаёт с петуха́ми. **2** (*of staircase*) по́дступень. **3** (*rostrum*) трибу́на.

risible /ˈrɪzɪb(ə)l/ *adj* смешно́й, смехотво́рный.

rising /ˈraɪzɪŋ/ *n* **1** (*getting up*) подъём; **I believe in early ~** я счита́ю, что встава́ть на́до ра́но. **2** (*of the sun, moon, etc.*) восхо́д. **3** (*rebellion*) восста́ние.

risk /rɪsk/ *n* риск; **he takes many ~s** он лю́бит рискова́ть; **he ran the ~ of defeat** он рискова́л потерпе́ть пораже́ние; **at the ~ of one's life** риску́я жи́знью; **at owner's ~** на риск владе́льца; **you go at your own ~** вы идёте туда́ на свой страх и риск; **I spoke at the ~ of offending him** несмотря́ на то, что он мо́жет оби́деться, я реши́л вы́сказаться; **he is a security ~** он неблагонадёжен.
● *vt* **1** (*expose to ~*) рискова́ть (*impf*); **he ~ed his life to save her** он спас её, риску́я жи́знью. **2** (*take the chance of*) риск|ова́ть, -ну́ть (*чем*); **shall we ~ it?** ну что, рискнём?

risky /ˈrɪskɪ/ *adj* (**riskier, riskiest**) риско́ванный, опа́сный.

risotto /rɪˈzɒtəʊ/ *n* (*pl* **~s**) ризо́тто (*nt indecl*).

risqué /ˈrɪskeɪ, -ˈkeɪ/ *adj* риско́ванный, сомни́тельный.

rissole /ˈrɪsəʊl/ *n* ру́бленая котле́та.

rite /raɪt/ *n* обря́д, ритуа́л, церемо́ния; **the ~s of hospitality** обы́чаи гостеприи́мства; **last ~s** (*extreme unction*) соборова́ние.

ritual /ˈrɪtjʊəl/ *n* ритуа́л, обря́дность.
● *adj* ритуа́льный; (*fig, invariable*) неизме́нный.

ritualistic /ˌrɪtjʊəˈlɪstɪk/ *adj* ритуалисти́ческий.

ritzy /ˈrɪtzɪ/ *adj* (**ritzier, ritziest**) (*coll*) шика́рный.

rival /ˈraɪv(ə)l/ *n* сопе́рник; **~s in love** сопе́рники в любви́; **he has many business ~s** у него́ мно́го конкуре́нтов; **he was without a ~ as chef** он был непревзойдённым по́варом.
● *adj* сопе́рничающий; **the ~ team** кома́нда проти́вника.
● *vt* (**rivalled, rivalling;** *US* **rivaled, rivaling**) сопе́рничать (*impf*) с + *i*; **I cannot hope to ~ your skill** я не беру́сь сопе́рничать с ва́ми в мастерстве́.

rivalry /ˈraɪvəlrɪ/ *n* сопе́рничество, конкуре́нция; **let us not enter into ~** заче́м нам сопе́рничать?

rive /raɪv/ *vt* (*past* **rived;** *pp* **riven** /ˈrɪv(ə)n/) (*literary*) раз|рыва́ть, -орва́ть; (*split apart*): **trees ~n by lightning** дере́вья, раско́лотые мо́лнией.

river /ˈrɪvə(r)/ *n* река́; (*attr*) речно́й; **up/down ~** вверх/вниз по реке́; (*fig*): **the streets were ~s of blood** у́лицы преврати́лись в пото́ки кро́ви.
● *cpds* **~ basin** *n* бассе́йн реки́; **~ bed** *n* ру́сло реки́; **~side** *n* прибре́жная полоса́; *adj* прибре́жный, стоя́щий на берегу́ реки́.

rivet /ˈrɪvɪt/ *n* заклёпка.
● *vt* (**riveted, riveting**) клепа́ть (*impf*); склёп|ывать, -а́ть; (*fig*) устрем|ля́ть, -и́ть (*взгляд/внимание*); **his eyes were ~ed on her** его́ взгляд был прико́ван к ней.

riveting /ˈrɪvɪtɪŋ/ *adj* (*coll*) захва́тывающий.

Riviera /ˌrɪvɪˈeərə/ *n* Ривье́ра.

rivulet /ˈrɪvjʊlɪt/ *n* руче́й.

Riyadh /rɪˈjɑːd/ *n* Эр-Рия́д.

riyal /riːˈɑːl/ *n* (*unit of currency*) риа́л, рия́л (*денежная единица Йемена, Катара и Саудовской Аравии*).

RN 1 (*abbr of* ***Royal Navy***) (*Br*) вое́нно-морски́е си́лы (*abbr* ВМС) Великобрита́нии. **2** (*abbr of* ***Registered Nurse***) (*US*) диплоами́рованная медици́нская сестра́.

roach /rəʊtʃ/ *n* (*pl* **~**, *fish*) плотва́; (*pl* **~es**, *cockroach*) тарака́н.

road /rəʊd/ *n* **1** (*thoroughfare*) доро́га; (*attr*) доро́жный (*see also cpds*); **main ~** гла́вная доро́га; **~ accident** автомоби́льная/доро́жная катастро́фа; **~ junction** пересече́ние доро́г, перекрёсток; **~ sense** (*Br*) «чу́вство доро́ги»; **~ works** (*Br*) доро́жно-ремо́нтные рабо́ты; **my car is parked off the ~** я поста́вил маши́ну на обо́чине; **the car has been off the ~ for a month** маши́на проста́ивает це́лый ме́сяц; **we have been on the ~ for hours** мы е́дем уже́ мно́го часо́в; **he is on the ~** (*of a salesman*) он в разъе́здах; (*of a performer*) он на гастро́лях; (*of a tramp*) он скита́ется по доро́гам; **they live just up the ~ from us** они́ живу́т в двух шага́х от нас на той же у́лице; **the ~ has been up since Sunday** доро́гу ремонти́руют с воскресе́нья; **one for the ~** посошо́к.
2 (*fig*) путь (*m*), доро́га; **he is on the ~ to recovery** он на пути́ к выздоровле́нию.
3 (*coll, way*): **get out of my ~!** прочь с доро́ги!; **you are getting in my ~** вы мне меша́ете.
● *cpds* **~bed** *n* полотно́ доро́ги; **~block** *n* загражде́ние на доро́ге; **~ hog** *n* (*coll*) бескульту́рный води́тель, хам за рулём (*мешающий проезду других автомобилей*); (*driving too fast*) лиха́ч; **~house** *n* придоро́жный рестора́н; **~ map** *n* доро́жная ка́рта; (*fig.*) путево́дная нить; **~ metal** *n* (*Br*) щебёнка; **~ rage** *n* (*Br*) при́ступ гне́ва/я́рости (у) водителя автомоби́ля; **~show** *n* (*radio, TV*) репорта́ж с ме́ста собы́тий; (*pol*) выездно́е заседа́ние, встре́ча с избира́телями; (*theatr*) гастро́льное представле́ние; **~side** *n* обо́чина доро́ги; **~stead** *n* рейд; **~ test** (*of a car*) *n* доро́жное испыта́ние; **~-test** *vt* испы́т|ывать, -а́ть (*машину*) в пробе́ге; **~way** *n* доро́га, прое́зжая часть; **~worthiness** *n* приго́дность для езды́ по доро́гам; **~worthy** *adj* приго́дный для езды́ по доро́гам.

roam /rəʊm/ *vt* & *i* броди́ть, стра́нствовать, скита́ться (*all impf*); **he ~ed the streets** он броди́л по у́лицам.

roan /rəʊn/ *adj* ча́лый.

roar /rɔː(r)/ *n* (*of animal*) рёв, рык; (*loud human cry*) крик; вопль (*m*); **he gave a ~ of anger** он изда́л я́ростный вопль; **there were ~s of laughter** разда́ли́сь взры́вы хо́хота; (*of wind or sea*) рёв; (*of engine*) гро́хот, гул.
● *vt* & *i* реве́ть (*impf*); рыча́ть (*impf*); **the audience ~ed approval** пу́блика реве́ла от восто́рга; **they ~ed themselves hoarse** они́ охри́пли от кри́ка; **he ~ed his head off** он ора́л изо всей мо́чи; **the lion ~ed** лев зарыча́л; **he ~ed with laughter** он надрыва́лся от сме́ха; он хохота́л во всё го́рло; **shops are doing a ~ing trade** в магази́нах това́ры иду́т нарасхва́т.

roast /rəʊst/ *n* жарко́е.
● *vt* жа́рить, за-, из-; **~ beef** жа́реная/запечённая говя́дина; **~ed coffee beans** поджа́ренные кофе́йные зёрна; **he ~ed himself in front of the fire** он гре́лся у ками́на.

r

● *vi* гре́ться (*impf*); **switch off the fire, I'm ~ing** вы́ключите пе́чку, я весь изжа́рился.

rob /rɒb/ *vt* (**robbed, robbing**) (*person*) обкра́дывать, обокра́сть; гра́бить, о-; (*building*) гра́бить, о-; **I have been ~bed** меня́ обокра́ли/огра́били; **the bank was ~bed** банк огра́били; **they ~bed him of his watch** они́ укра́ли у него́ часы́; (*fig, deprive*) лиш|а́ть, -и́ть (*кого-н. чего-н.*).

robber /ˈrɒbə(r)/ *n* граби́тель (*m*), вор.

robbery /ˈrɒbərɪ/ *n* (*of person, building*) ограбле́ние, грабёж; (*when life-threatening*) разбо́й; **there has been a ~** произошло́ ограбле́ние; **daylight ~** грабёж средь бе́ла дня.

robe /rəʊb/ *n* ма́нтия; (*US, dressing gown; also* **bath~**) (купа́льный) хала́т.

● *vt*: **~d in black** облачённый в чёрное.

● *vi* облач|а́ться, -и́ться.

robin /ˈrɒbɪn/ *n* (*also* **~ redbreast**) мали́новка.

robot /ˈrəʊbɒt/ *n* (*lit, fig*) ро́бот; (*attr*) автомати́ческий.

robotics /rəʊˈbɒtɪks/ *n* робо(то)те́хника.

robotization /ˌrəʊbɒtaɪˈzeɪʃ(ə)n/ *n* роботиза́ция.

robotize /ˈrəʊbɒˌtaɪz/ *vt* роботизи́ровать (*impf, pf*).

robust /rəʊˈbʌst/ *adj* (**robuster, robustest**) (*of person, physique*) кре́пкий, си́льный; (*of health*) хоро́ший, кре́пкий; (*of appetite*) здоро́вый; (*of an object etc.*) про́чный.

robustness /rəʊˈbʌstnɪs/ *n* здоро́вье; си́ла; кре́пость, про́чность.

rock[1] /rɒk/ *n* (*solid part of earth's crust*) го́рная поро́да; **a house built on ~** дом, постро́енный на скале́ (*or* ска́льном гру́нте); (*large stone*) скала́, утёс; (*boulder*) валу́н; **the ship ran upon the ~s** кора́бль наскочи́л на ска́лы; **the firm is on the ~s** (*coll*) фи́рма прогоре́ла; (*US, stone, pebble*) ка́мень (*m*), булы́жник; **whisky on the ~s** (*coll*) ви́ски со льдом.

● *cpds* **~-bottom** *n* (*fig*): **at ~-bottom prices** по са́мым ни́зким це́нам; **~ climber** *n* скалола́з; **~ climbing** *n* скалола́зание; **~ crystal** *n* го́рный хруста́ль; **~ drill** *n* перфора́тор; **~ face** *n* скала́; **~fall** *n* камнепа́д; **~ garden** *n* (*also* **~ery**) альпина́рий, альпи́йская го́рка; **~ plant** *n* альпи́йское расте́ние; **~-ribbed** *adj* (*US*) твёрдый, непоколеби́мый; **~ salmon** *n* (*snapper*) луциа́н; (*Br, dogfish*) аку́ла; (*Br, wolf fish*) зуба́тка; **~ salt** *n* ка́менная соль.

rock[2] /rɒk/ *n* (*music*) рок; **~ concert** рок-конце́рт; **~ music** рок-му́зыка; **~ musician** рок-музыка́нт; **~ opera** рок-о́пера; **~ star** рок-звезда́.

● *vt* (*sway gently*) кач|а́ть, -ну́ть; ука́ч|ивать, -а́ть; **the nurse ~ed the baby to sleep** ня́ня укача́ла/убаю́кала ребёнка; **the boat was ~ed by the waves** ло́дка кача́лась на во́лна́х; **don't ~ the boat!** (*coll*) ле́гче на поворо́тах!; (*shake*) трясти́, по-; **the earthquake ~ed the house** дом шата́лся от землетрясе́ния; **the news ~ed the city** но́вость потрясла́ го́род.

● *vi* (*sway gently*) кача́ться (*impf*); **the trees ~ed in the wind** дере́вья раска́чивались на ветру́; **~ing chair** кре́сло-кача́лка; **~ing horse** лоша́дка-кача́лка, деревя́нная лоша́дка.

● *cpd* **~ 'n' roll** *n* (*mus*) рок-н-ро́лл.

rocker /ˈrɒkə(r)/ *n* **1** (*of cradle etc.; chair*) кача́лка. **2** (*Br, biker*) ро́кер. **3**: **go off one's ~** рехну́ться (*pf*) (*coll*).

rockery /ˈrɒkərɪ/ = **rock garden** (*see* ⇒**rock**[1])

rocket /ˈrɒkɪt/ *n* **1** (*projectile*) раке́та; **~ launcher** пускова́я устано́вка. **2** (*Br, reprimand*): **he got a ~ from the boss** он получи́л взбу́чку (*coll*) от нача́льника.

● *vi* (**rocketed, rocketing**) (*fig*): **prices ~ed (up)** це́ны ре́зко подскочи́ли.

● *cpd* **~-propelled** *adj* раке́тный.

rocketry /ˈrɒkɪtrɪ/ *n* раке́тная те́хника.

rocky /ˈrɒkɪ/ *adj* (**rockier, rockiest**) **1** (*of or like rock; full of rocks*) скали́стый, камени́стый; **the R~ Mountains, the Rockies** (*coll*) Скали́стые го́ры (*f pl*). **2** (*shaky, unsteady*) неусто́йчивый, ша́ткий.

rococo /rəˈkəʊkəʊ/ *n* рококо́ (*indecl*).

● *adj* в сти́ле рококо́.

rod /rɒd/ *n* **1** (*slender stick*) прут; (*fishing ~*) у́дочка; **he fished with ~ and line** он лови́л ры́бу у́дочкой; (*instrument of chastisement*) ро́зга, хлыст; **spare the ~ and spoil the child** пожале́ешь ро́згу — испо́ртишь ребёнка; **he is making a ~ for his own back** он сам себе́ ро́ет я́му; **he ruled the people with a ~ of iron** он пра́вил желе́зной руко́й. **2** (*metal bar*) сте́ржень (*m*); **curtain ~** металли́ческий карни́з.

rode /rəʊd/ *past of* ⇒**ride**

rodent /ˈrəʊd(ə)nt/ *n* грызу́н.

rodeo /ˈrəʊdɪəʊ, rəˈdeɪəʊ/ *n* (*pl* **~s**) роде́о (*indecl*).

roe[1] /rəʊ/ *n* (*hard ~*) икра́; (*soft ~*) моло́к|и (*pl, g* —).

roe[2] /rəʊ/ *n* (*pl* **~** *or* **~s**) (*deer*) косу́ля.

● *cpd* **~buck** *n* саме́ц косу́ли.

roentgen /ˈrʌntjən/ *n* рентге́н.

roger /ˈrɒdʒə(r)/ *int* (*sl*) вас по́нял!; ла́дно!; бу́дет сде́лано!; поря́док!

rogue /rəʊg/ *n* **1** (*dishonest person*) жу́лик, моше́нник; **~s' gallery** архи́в фотосни́мков престу́пников. **2** (*mischievous person*) прока́зник, озорни́к. **3** (*animal*): **~ elephant** слон-отше́льник.

● *cpd* **~ state** *n* (*pol*) госуда́рство-изго́й.

rogu|ery /ˈrəʊgərɪ/, **-ishness** /ˈrəʊgɪʃnɪs/ *nn* (*villainy*) жу́льничество, моше́нничество; (*mischief*) прока́зы (*f pl*), озорство́.

roguish /ˈrəʊgɪʃ/ *adj* (*villainous*) жуликова́тый; (*playful*) прока́зливый, озорно́й.

roguishness /ˈrəʊgɪʃnɪs/ = **roguery**

roister /ˈrɔɪstə(r)/ *vi* бесчи́нствовать (*impf*).

roisterer /ˈrɔɪstərə(r)/ *n* кути́ла (*m*).

role /rəʊl/ *n* (*lit, fig*) роль; **he played (in) the ~ of Hamlet** он исполня́л роль Га́млета; **title ~** загла́вная роль; **he assumed the ~ of leader** он взял на себя́ роль ли́дера.

● *cpds* **~ model** *n* образе́ц для подража́ния; **~-play** *vi* разы́гр|ывать, -а́ть ро́ли.

roll /rəʊl/ *n* **1** (*of cloth, paper, film etc.*) руло́н. **2** (*register, list*) рее́стр, спи́сок; **~ of honour** спи́сок уби́тых на войне́; **the lawyer was struck off the ~s** (*Br*) адвока́та лиши́ли пра́ва пра́ктики; **the sergeant called the ~** сержа́нт сде́лал перекли́чку. **3** (*other material in cylindrical form*) ка́тышек, ва́лик. **4** (*of bread*) бу́лочка. **5** (*oscillating or revolving motion*) враще́ние; пока́чивание; **the ~ of the ship** пока́чивание корабля́. **6** (*rumbling sound*) раска́т; бой бараба́на; **a ~ of thunder** раска́т гро́ма; **drum ~** бараба́нная дробь.

● *vt* **1** (*move by revolving*) ката́ть (*indet*), кати́ть (*det*), по-; **the logs were ~ed down the hill** брёвна скати́ли с холма́; (*wind*) завёр|тывать, -ну́ть; **he had a scarf ~ed round his neck** он обмота́л ше́ю ша́рфом; (*rotate*) враща́ть (*impf*); **~ one's eyes** враща́ть (*impf*) глаза́ми. **2** (*flatten by use of cylinder*) ката́ть, рас-; раска́тывать (*impf*); **she was ~ing pastry** она́ раска́тывала те́сто; **the lawn needs ~ing** траву́ на́до episode ука́ть; **~ing mill** прока́тный стан; **~ing pin** ска́лка; **~ed gold** накладно́е зо́лото. **3** (*shape into cylinder or sphere*) свёр|тывать, -ну́ть; свора́чивать (*impf*); (*e.g. cigarette*) скру́|чивать, -ти́ть; **I ~ my own (cigarettes)** я де́лаю самокру́тки; **he carried a ~ed newspaper** он шёл со свёрнутой газе́той; **the hedgehog ~ed itself (up) into a ball** ёж сверну́лся в клубо́к; **help me ~ this ball of wool** помоги́те мне смота́ть э́тот клубо́к ше́рсти; **she was nurse and housemaid ~ed into one** она́ была́ одновре́ме́нно и за ня́ньку и за прислу́гу. **4**: **he cannot ~ his r's** он карта́вит; **he ~s his r's** он раска́тисто произно́сит звук «р»; он произно́сит «р» с вибра́цией; он грасси́рует.

● *vi* **1** (*move by revolving; revolve*) кати́ться (*impf*); ска́тываться (*impf*); **the coin ~ed under the table** моне́та закати́лась под стол; **the car began to ~ downhill** маши́на покати́лась вниз; **tears ~ed down her cheeks** слёзы кати́лись по её щека́м; **set, start the ball ~ing** (*fig*) откры́ть (*pf*) диску́ссию; **~ing stock** подвижно́й соста́в. **2** (*tumble about, wallow*) валя́ться (*impf*); **porpoises were ~ing in the waves** дельфи́ны кувырка́лись в волна́х; **he is ~ing in money** он купа́ется в деньга́х. **3** (*sway, rock*) кача́ться (*impf*); колыха́ться (*impf*); **the ship began to ~** парохо́д на́чало кача́ть; **~ing gait** похо́дка вразва́лку.

r

4 (*undulate*): **waves were ~ing on to the shore** во́лны нака́тывались на бе́рег; **~ing sea** волну́ющееся мо́ре; **~ing countryside** холми́стая ме́стность.
5 (*make deep vibrating sound*) греме́ть (*impf*); грохота́ть (*impf*); **thunder ~ed in the hills** по холма́м прокати́лся гром.
● *with advs*: **~ about** *vi* валя́ться; **~ along** *vi*: **we were ~ing along at 30 mph** маши́на кати́лась со ско́ростью 30 миль в час; **~ away** *vi*: **the mists ~ed away** тума́н рассе́ялся; **~ back** *vt* отка́т|ывать, -и́ть наза́д; **let's ~ back the carpet and dance!** дава́йте свернём/ската́ем ковёр и потанцу́ем!; *vi*: **the cart ~ed back** теле́жка откати́лась наза́д; **~ by** *vi*: **the bus ~ed by** авто́бус прое́хал ми́мо; **how the years ~ by!** как бы́стро ка́тятся го́ды!; **~ down** *vt* ска́т|ывать, -и́ть вниз; **~ down the blinds!** опусти́те жалюзи́!; **~ in** *vi*: **contributions began to ~ in** на́чали поступа́ть взно́сы; **he ~ed in half an hour late** он подкати́л/подрули́л (*coll*) с опозда́нием на полчаса́; **~ off** *vi* ска́т|ываться, -и́ться; **he ~ed off the bed** он скати́лся с крова́ти; **~ on** *vt*: **she ~ed on her stockings** она́ натяну́ла чулки́; *vi*: **the years are ~ing on** го́ды иду́т; **~ on summer!** (*coll*) скоре́й бы наступи́ло ле́то!; **~ out** *vt* (*e.g. carpet, pastry*) раска́т|ывать, -а́ть; *vi*: **she dropped her basket and everything ~ed out** она́ урони́ла корзи́нку, и всё из неё вы́катилось; **~ over** *vt* перев|ора́чивать, -ерну́ть; **I ~ed the stone over** я переверну́л ка́мень; *vi* воро́чаться (*impf*); **he ~ed over and went to sleep again** он переверну́лся на друго́й бок и сно́ва засну́л; **~ up** *vt* свёр|тывать, -ну́ть; (*sleeves*) засу́ч|ивать, -и́ть; **~ up the curtain** подня́ть (*pf*) за́навес; **he ~ed himself up in a blanket** он заверну́лся в одея́ло; *vi*: **he ~ed up to me** (*fig*) он подкати́л ко мне; **~ up! ~ up!** налета́й; не проходи́те ми́мо!
● *cpds* **~-call** *n* перекли́чка; **~ film** *n* ро́ликовая фотоплёнка; **~-neck (pullover)** *n* водола́зка; **~-on** *n* (*Br, corset*) эласти́чный по́яс; **~-top (desk)** *n* бюро́ с деревя́нной што́рой; **~-up** *n* (*Br, cigarette*) самокру́тка.

roller /ˈrəʊlə(r)/ *n* **1** ро́лик; като́к; **garden ~** садо́вый като́к; (*for paint*) ва́лик; (*in pl, for hair*) бигуди́ (*nt pl, indecl*). **2** (*wave*) волна́, вал.
● *cpds* **~ bearing** *n* ро́ликовый подши́пник; **R~blades** (*propr*) *n pl* ро́лики (*m pl*), ро́ликовые коньки́ (*m pl*); **~-coaster** *n* америка́нские го́рки (*f pl*); **~-skate** *vi* ката́ться (*indet*) на ро́ликах; **~ skates** *n pl* ро́лики (*m pl*), ро́ликовые коньки́ (*m pl*); **~ skating rink** *n* роллердро́м; **~ towel** *n* полоте́нце на ро́лике.

rollick /ˈrɒlɪk/ *vi* резви́ться (*impf*); весели́ться (*impf*); **we had a ~ing time** мы здо́рово повесели́лись.

roly-poly /ˌrəʊlɪˈpəʊlɪ/ *n* (*Br, cul*) руле́т с варе́ньем.
● *adj* пу́хлый.

ROM /rɒm/ *n comput* (*abbr of* ***read only memory***) ПЗУ (постоя́нное запомина́ющее устро́йство).

Roman /ˈrəʊmən/ *n* (*also hist*) ри́млян|ин (*fem* -ка).
● *adj* **1** (*of Rome*) ри́мский; **the ~ alphabet** лати́нский алфави́т; **~ candle** ри́мская свеча́; **the ~ Empire** Ри́мская импе́рия; **r~ script, type** лати́нский шрифт; лати́нская гра́фика; (*opp italics*) прямо́й шрифт; (*opp bold*) све́тлый шрифт. **2** (*relig*) католи́ческий; **~ Catholic** (*n*) като́л|ик (*fem* -и́чка); *adj* католи́ческий; **~ Catholicism** католи́чество.

romance /rəʊˈmæns, *also disputed* ˈrəʊ-/ *n* **1**: **R~ languages** рома́нские языки́; **R~ philologist** романи́ст.
2 (*medieval tale*) ры́царский рома́н.
3 (*novel, love affair*) рома́н. **4** (*romantic atmosphere, glamour*) рома́нтика.
5 (*mus*) рома́нс.
● *vi* фантази́ровать (*impf*).

romancer /rəʊˈmænsə(r)/ *n* фантазёр.

Romanesque /ˌrəʊməˈnesk/ *n* & *adj* рома́нский (стиль).

Romania, Rumania /rə(ʊ)ˈmeɪnɪə, rʊˈmeɪnɪə/ *n* Румы́ния.

Romanian, Rumanian /rə(ʊ)ˈmeɪnɪən, rʊˈmeɪnɪən/ *n* (*person*) румы́н (*fem* -ка); (*language*) румы́нский язы́к.
● *adj* румы́нский.

Romanic /rəʊˈmænɪk/ *adj* (*neo-Latin*) рома́нский.

Romanism /ˈrəʊməˌnɪz(ə)m/ *n* (*pej, Catholicism*) католици́зм.

Romanist /ˈrəʊmənɪst/ *n* (*pej*) кат|о́лик (*fem* -оли́чка).

Romanize /ˈrəʊmənaɪz/ *vt* романизи́ровать (*impf, pf*).

romantic /rəʊˈmæntɪk/ *n* рома́нтик.
● *adj* романти́ческий, романти́чный; **the R~ movement** романти́зм.

romanticism /rəʊˈmæntɪˌsɪz(ə)m/ *n* романти́зм.

romanticist /rəʊˈmæntɪsɪst/ *n* рома́нтик.

romanticize /rəʊˈmæntɪˌsaɪz/ *vi* романтизи́ровать (*impf, pf*).

Romany /ˈrɒmənɪ, ˈrəʊ-/ *n* (*Gypsy*) цыга́н (*fem* -ка); (*language*) цыга́нский язы́к.
● *adj* цыга́нский.

Rome /rəʊm/ *n* **1** (*city or state*) Рим; **~ was not built in a day** Москва́ не сра́зу стро́илась; Рим не сра́зу стро́ился; **when in ~, do as ~ does** ≈ в чужо́й монасты́рь со свои́м уста́вом не хо́дят. **2** (*Church of ~*) ри́мско-католи́ческая це́рковь.

Romish /ˈrəʊmɪʃ/ *adj* (*pej*) ри́мско-католи́ческий.

romp /rɒmp/ *n* (*boisterous play*) возня́.
● *vi* резви́ться (*impf*); **the horse ~ed home** ло́шадь с лёгкостью вы́играла ска́чки; **he ~ed through his exams** он шутя́ сдал экза́мены.

rompers /ˈrɒmpəz/ *n pl* (*also* **romper suit**) ползунк|и́ (*pl, g* -о́в); де́тский комбинезо́н.

rondo /ˈrɒndəʊ/ *n* (*pl* **~s**) ро́ндо (*indecl*).

rood /ruːd/ *n* (*archaic, cross*) крест, распя́тие.
● *cpd* **~ screen** *n* кре́стная перегоро́дка, отделя́ющая кли́рос от не́фа.

roof /ruːf/ *n* кры́ша, кро́вля; **the water tank is in the ~** бак для воды́ стои́т под кры́шей; **the audience raised the ~** сте́ны сотряса́лись от аплодисме́нтов; **~ of the mouth** нёбо.
● *vt* кры́ть, по-; наст|ила́ть, -ла́ть кры́шу на + *p*; **~ed with slates** кры́тый ши́фером; **~ing felt** кро́вельный карто́н; толь (*m*).
● *cpds* **~ garden** *n* сад на кры́ше; **~ rack** *n* бага́жник (на кры́ше автомоби́ля).

rook /rʊk/ *n* (*bird*) грач; (*chess piece*) ладья́.
● *vt* (*swindle*) обма́н|ывать, -у́ть.

rookery /ˈrʊkərɪ/ *n* грачо́вник; (*of seals etc.*) ле́жбище.

rookie /ˈrʊkɪ/ *n* (*US sl*) новобра́нец, новичо́к.

room /ruːm, rʊm/ *n* **1** ко́мната; **a four-~(ed) flat** (*Br*), **apartment** (*US*) четырёхко́мнатная кварти́ра; **~ service** обслу́живание в но́мере; **~ and board** по́лный пансио́н; (*in pl, apartments*) кварти́ра, ко́мнаты (*f pl*); **private ~** (*in restaurant*) отде́льный кабине́т.
2 (*space*) ме́сто, простра́нство; **the small table will take up no ~** ма́ленький сто́лик займёт немно́го ме́ста; **there's plenty of ~** полно́ ме́ста; **standing ~ only** то́лько стоя́чие места́; **there was no ~ to turn round in** не́где бы́ло поверну́ться; **is there ~ for one more?** ещё оди́н челове́к уся́дется?
3 (*scope, opportunity*) возмо́жность; **it leaves no ~ for doubt** э́то не оставля́ет никаки́х сомне́ний; **there is ~ for improvement in your work** ва́ша рабо́та могла́ бы быть и лу́чше.
● *vi*: **we ~ed together in Paris** в Пари́же мы жи́ли в одно́й кварти́ре; **~ing house** (*US*) меблиро́ванные ко́мнаты (*f pl*).
● *cpd* **~-mate** *n* сосе́д (*fem* -ка) по ко́мнате.

roomer /ˈruːmə(r), ˈrʊmə(r)/ *n* (*US, lodger*) квартира́нт, жиле́ц.

roomful /ˈruːmfʊl, ˈrʊmfʊl/ *n* по́лная ко́мната.

roomy /ˈruːmɪ/ *adj* (**roomier, roomiest**) просто́рный, вмести́тельный.

roost /ruːst/ *n* куря́тник, насе́ст; **go to ~** сади́ться, сесть на насе́ст; (*fig*): **he rules the ~ here** он тут верхово́дит/распоряжа́ется.
● *vi* (*of birds*) ус|а́живаться, -е́сться на насе́ст.

rooster /ˈruːstə(r)/ *n* пету́х.

root /ruːt/ *n* **1** (*of plant*) ко́рень (*m*); **the tree was torn up by the ~s** де́рево вы́рвали с ко́рнем; **take, strike ~** пус|ка́ть, -ти́ть ко́рни; **the idea took ~ in his mind** э́та мысль засе́ла у него́ в голове́; **poverty must be removed ~ and branch** нищету́ ну́жно искорени́ть.
2 (*cul, med*): **~s** корень|я (*pl, g* -ев);

~ **crop** корнеплóдная культýра.
3 (*of tooth, tongue, hair etc.*) кóрень (*m*).
4 (*fig, source, basis*) причи́на; ~ **cause** основнáя причи́на; **money is the ~ of all evil** дéньги — кóрень зла; **he got to the ~ of the problem** он добрáлся до сýти дéла; **the quarrel had its ~s deep in the past** конфли́кт уходи́л корня́ми в далёкое прóшлое; **this strikes at the very ~ of democracy** э́то подрывáет сáмую оснóву демокрáтии.
5 (*math, philology*) кóрень (*m*); **square ~** квадрáтный кóрень ((из) + *g*).
● *vt* **1** : **the seedling ~ed itself** сáженец пусти́л кóрни.
2 (*fig*): **he is a man of deeply ~ed prejudices** он человéк с укорени́вшимися предрассýдками.
3 (*transfix*): **he stood ~ed to the ground** он стоя́л как вкóпанный.
● *vi* **1** (*take* ~) укорен|я́ться, -и́ться.
2 (*of pigs etc., also* **rootle**) ры́ться (*impf*); рыть (*impf*) зéмлю; **the dog was ~ing for an old bone** собáка откáпывала стáрую кость.
3: ~ **for** (*support*) болéть (*impf*) за + *a* (*coll*).
● *with advs*: ~ **about** *vi* (*lit, fig*) ры́ться (*impf*); ~ **out** *vt* (*lit, fig, extirpate*) вырывáть, вы́рвать с кóрнем; (*fig, also*) уничт|ожáть, -óжить; ~ **up** *vt* вырывáть, вы́рвать с кóрнем.
● *cpd* **~stock** *n* (*rhizome*) корневи́ще.

rooter /'ru:tə(r)/ *n* (*US*) болéльщик.

rootle /'ru:t(ə)l/ (*Br*) = **root** *vi* **2**

rootless /'ru:tlɪs/ *adj* (*of plant*) без корнéй; (*of person*) безрóдный, без корнéй.

rope /rəʊp/ *n* (*cord, cable*) верёвка, канáт; (*fig*): **money for old ~** лёгкая нажи́ва; **give him enough ~ and he'll hang himself** дáйте емý вóлю, и он сам себя́ загýбит; **he knows the ~s** он знáет все ходы́ и вы́ходы; он знáет, что к чемý; (*string, skein*) ни́тка, вя́зка; **a ~ of onions** вя́зка лýка; **a ~ of pearls** ни́тка жéмчуга.
● *vt* привя́з|ывать, -áть (*что к чему*).
● *with advs*: ~ **in** *vt* (*coll, enlist*) втя́|гивать, -нýть; **I was ~d in to help** меня́ запрягли́ в э́то дéло; ~ **off** *vt* отгор|áживать, -оди́ть верёвкой/канáтом; ~ **together** *vt*: **the climbers were ~d together** альпини́сты бы́ли свя́заны верёвкой; ~ **up** *vt* перевя́з|ывать, -áть.
● *cpd* ~ **ladder** *n* верёвочная лéстница.

ropy /'rəʊpɪ/ *adj* (**ropier, ropiest**) (*Br sl, of poor quality*) никуды́шный.

ro-ro /'rəʊrəʊ/ *adj* (*Br*): ~ **ship** сýдно «ро-рó», рóлкер.

rorqual /'rɔ:kw(ə)l/ *n* кит полосáтик, рóрквал.

rosary /'rəʊzərɪ/ *n* чёт|ки (*pl, g* -ок).

rose[1] /rəʊz/ *n* **1** рóза; (*fig*): **life was no bed of** (*or* **not all**) **~s for him** у негó былá отню́дь не слáдкая жизнь; **this will put the ~s back into your cheeks** э́то вернёт вам здорóвье и свéжесть.
2 (*colour*) рóзовый цвет.
3 (*sprinkler*) спри́нклерная розéтка.
● *cpds* ~ **bed** *n* клýмба с рóзами; **~bud** *n* бутóн рóзы; ~ **bush** *n* рóзовый куст; **~-coloured** (*US* **-colored**) *adj* рóзовый; **he sees the world through ~-coloured spectacles** (*Br*), **glasses** (*US*) он смóтрит на мир чéрез рóзовые очки́; ~ **garden** *n* рози́рий; **~-pink** *n* розовáтый оттéнок; *adj* розовáтый; **~-red** *n* цвет крáсной рóзы; *adj* крáсный, как рóза; ~ **tree** *n* штáмбовая рóза; ~ **water** *n* рóзовая водá; ~ **window** *n* окнó-розéтка; **~wood** *n* палисáндровое/рóзовое дéрево.

rose[2] /rəʊz/ *past of* ⇒**rise**

rosé /'rəʊzeɪ/ *n* (*wine*) рóзовое винó.

roseate /'rəʊzɪət/ *adj* рóзовый.

rosemary /'rəʊzmərɪ/ *n* розмари́н.

rosette /rəʊ'zet/ *n* розéтка (*украшение*).

rosin /'rɒzɪn/ *n* канифóль.
● *vt* (**rosined, rosining**) нат|ирáть, -ерéть канифóлью.

roster /'rɒstə(r), 'rəʊstə(r)/ *n* грáфик; реéстр; расписáние.

rostr|um /'rɒstrəm/ *n* (*pl* **~a** *or* **~ums**) трибýна; кáфедра.

rosy /'rəʊzɪ/ *adj* (**rosier, rosiest**) рóзовый; ~ **cheeks** румя́ные щёки; (*fig*) рáдостный, рáдужный.

rot /rɒt/ *n* **1** (*decay*) гниéние; гниль; (*fig, Br, deterioration*): **the ~ set in** начался́ разлáд; **stop the ~** пресéчь (*pf*) зло в кóрне. **2** (*Br coll, nonsense*) вздор, чушь; **don't talk ~!** брóсьте чепухý молóть!
● *vt* (**rotted, rotting**) пóртить, ис-.
● *vi* (**rotted, rotting**) (*decay*) гнить, с-; пóртиться, ис-; **the tree was ~ting away** дéрево гни́ло.

rota /'rəʊtə/ *n* (*Br*) грáфик; реéстр; (штáтное) расписáние.

rotary /'rəʊtərɪ/ *adj* вращáющийся; ~ **motion** вращáтельное движéние; ~ **press** ротациóнная печáтная маши́на; ~ **shaver** рóторная (электро)бри́тва.

rotate /rəʊ'teɪt/ *vt* & *i* **1** (*revolve*) вращáть(ся) (*impf*). **2** (*arrange or recur in rotation*) чередовáть(ся) (*impf*); **the duties (were) ~d every six weeks** дежýрства чередовáлись кáждые шесть недéль; **the chairmanship ~s** председáтели поочерёдно выполня́ют свои́ фýнкции.

rotation /rəʊ'teɪʃ(ə)n/ *n* **1** (*revolving*) вращéние; оборóт. **2** (*regular succession*) чередовáние; ~ **of crops** севооборóт; **they did guard duty in ~** они́ поочерёдно несли́ караýльную слýжбу.

rotatory /'rəʊtətərɪ, -'teɪtərə/ *adj* вращáтельный; вращáющийся.

rote /rəʊt/ *n*: **he learnt the poem by ~** он вы́учил/вы́зубрил стихотворéние наизýсть; **perform duties by ~** механи́чески выполня́ть обя́занности.

rotor /'rəʊtə(r)/ *n* рóтор; (*of helicopter*) несýщий винт.

rotten /'rɒt(ə)n/ *adj* (**rottener, rottenest**) (*decayed, putrid*) гнилóй, прогни́вший; ~ **eggs** тýхлые я́йца; (*morally corrupt*) разложи́вшийся; испóрченный; (*worthless*) никуды́шный; **a ~ idea** дурáцкая идéя; (*very disagreeable, unfortunate*) отврати́тельный; **what a ~ shame!** э́то прóсто безобрáзие! **I'm feeling ~** я себя́ погáно чýвствую.

rottenness /'rɒtənnɪs/ *n* испóрченность, разложéние.

rotter /'rɒtə(r)/ *n* (*Br sl*) подлéц, подóнок.

Rottweiler /'rɒtvaɪlə(r)/ *n* ротвéйлер.

rotund /rəʊ'tʌnd/ *adj* (*spherical*) округлённый; (*corpulent, plump*) пóлный.

rotunda /rəʊ'tʌndə/ *n* ротóнда.

rotundity /rəʊ'tʌndɪtɪ/ *n* округлённость; полнотá; звýчность, высокопáрность.

r(o)uble /'ru:b(ə)l/ *n* рубль (*m*).

roué /'ru:eɪ/ *n* повéса (*m*).

rouge /ru:ʒ/ *n* (*cosmetic*) румя́н|а (*pl, g* —).
● *vt* & *i* румя́нить(ся), на-.

rough /rʌf/ *n* **1** (~ *things or circumstances*) трýдности (*f pl*); **you must take the ~ with the smooth** нáдо стóйко переноси́ть преврáтности судьбы́.
2 (~ *ground, esp on golfcourse*) нерóвная повéрхность.
3 (*unfinished state*): **I saw the poem in the ~** я ви́дел поэ́му в черновикé.
4 (*Br, ruffian*) грубия́н, хулигáн.
● *adj* **1** (*opp smooth, even, level*) шероховáтый, нерóвный; **his skin was ~ to the touch** у негó былá шершáвая на óщупь кóжа; **the next few miles were ~ going** затéм на протяжéнии нéскольких миль дорóга былá ухáбистой/труднопроходи́мой.
2 (*opp calm, gentle, orderly*) бýрный; ~ **water** бýрные вóды; **the wind is getting ~** вéтер крепчáет; **their team played a ~ game** их комáнда игрáла грýбо; **a ~ crowd** хамовáтая пýблика; **the students were ~ly handled by the police** поли́ция грýбо обращáлась со студéнтами; **the bill had a ~ passage** законопроéкт прошёл с трудóм (*or* со скри́пом (*coll*)).
3 (*uncomfortable, arduous*) трýдный; **he had a ~ time** емý пришлóсь тýго.
4 (*of sounds: harsh*) рéзкий.
5 (*crude*) грýбый; **they meted out ~ justice** наказáние вы́несли сурóвое; **a ~-and-ready meal** едá, приготóвленная на скóрую рýку.
6 (*unfinished, rudimentary*) черновóй; **a ~ sketch** черновóй наброóсок; **a ~ diamond** (*lit*) неогранённый алмáз; (*fig*) неотшлифóванный алмáз.
7 (*inexact, approximate*) приблизи́тельный; **at a ~ guess** по приблизи́тельной оцéнке; **this will give you a ~ idea** э́то даст вам óбщее представлéние; **~ly speaking** грýбо говоря́.
● *adv*: **they treated him ~** (*coll*) с ним грýбо обращáлись; **he is inclined to play ~** он допускáет грýбую игрý.
● *vt*: ~ **it** (*coll*) жить (*impf*) без удóбств.
● *with advs*: ~ **out** *vt* (*e.g. a plan*) набр|áсывать, -осáть; ~ **up** *vt*: **don't ~ up my hair!** не ерóшьте мне вóлосы!
● *cpds* ~ **and tumble** *n* дéтская возня́; шутли́вая потасóвка; кýча-малá (*coll*); **~-and-tumble** *adj*

r

беспоря́дочный; **~cast** *n* га́лечная штукату́рка; *adj* (*lit*) гру́бо оштукату́ренный; (*fig*) грубова́тый, неотёсанный; **~-hew** *vt* гру́бо обтёс|ывать, -а́ть; **~-hewn** *adj* (*fig*) неотёсанный, некульту́рный; **~neck** *n* (*coll*) хулига́н; **~-rider** *n* (*US, horsebreaker*) бере́йтор; **~shod** *adj* подко́ванный на шипы́; *adv* (*fig*): **he rode ~shod over their feelings** он соверше́нно не щади́л их чувств. **~-spoken** *adj* гру́бый; гру́бо выража́ющийся.

roughage /ˈrʌfɪdʒ/ *n* гру́бая пи́ща.

roughen /ˈrʌf(ə)n/ *vt* & *i* де́лать(ся), с- гру́бым/шерохова́тым.

roughness /ˈrʌfnɪs/ *n* **1** (*to touch*) шерохова́тость. **2** (*unevenness*) неро́вность. **3** (*of water etc.*) волне́ние. **4** (*coarseness*) гру́бость. **5** (*harshness of sound*) ре́зкость.

roulette /ruːˈlet/ *n* руле́тка; **~ wheel** колесо́ руле́тки.

round /raʊnd/ *n* **1** (*circular or ~ed object*) круг, окру́жность; (*Br, slice*) ло́мтик.
2 (*3-dimensional form*): **theatre in the ~** кру́глая сце́на в це́нтре за́ла.
3 (*regular circuit or cycle*) цикл; обхо́д; круговоро́т; **the daily ~** повседне́вные дела́; **milk ~** ежедне́вная доста́вка молока́; **the doctor is on his ~s** до́ктор де́лает обхо́д; **the news went the ~ of the village** но́вость обошла́ всю дере́вню; **a ~ of golf** па́ртия го́льфа.
4 (*stage in contest*) тур, эта́п, ра́унд; **he was knocked out in the third ~** он получи́л нока́ут в тре́тьем ра́унде; **the team got through to the final ~** кома́нда вы́шла в фина́л.
5 (*set, series, burst*): **he bought a ~ of drinks** он поста́вил по стака́нчику всем прису́тствующим; **a ~ of applause** аплодисме́нты (*m pl*); **a ~ of wage claims** очередно́е тре́бование повыше́ния зарпла́ты.
6 (*of ammunition*) патро́н; компле́кт вы́стрела; **dummy ~** уче́бный/холосто́й патро́н.
7 (*song*) ро́ндо (*indecl*).
8 (*dance*) хорово́д; кругово́й та́нец.
● *adj* **1** (*circular, spherical, convex*) кру́глый; **~ shoulders** суту́лые пле́чи.
2 (*involving circular motion*) кругово́й; **~ dance** хорово́д; **~ robin** проше́ние с по́дписями, располо́женными в кружо́к; **~ trip** пое́здка в о́ба конца́.
3 (*of numbers*) кру́глый; **a ~ dozen** це́лая дю́жина; **in ~ numbers** в кру́глых ци́фрах.
4 (*considerable*) кру́пный, значи́тельный; **a good ~ sum** поря́дочная/кру́гленькая су́мма.
● *adv* (*Br*) (*for phrasal vv with* **round** *see relevant v entries*): **all the year ~** кру́глый год; **he slept the clock ~** он проспа́л весь день; **the tree is six feet ~** э́то де́рево шесть фу́тов в окру́жности; **better all ~** лу́чше во всех отноше́ниях; **taking it all ~** принима́я во внима́ние всё; **he went a long way ~** он сде́лал изря́дный крюк; **he was ~ at our house** он зашёл к нам.
● *vt* **1** (*make ~*) округл|я́ть, -и́ть; **a well-~ed phrase** гла́дкая фра́за.
2 (*go ~*) огиба́ть, обогну́ть; об|ходи́ть, -ойти́ круго́м; **we ~ed the corner** мы заверну́ли/сверну́ли за́ угол; **the ship ~ed the Cape** кора́бль обогну́л мыс До́брой Наде́жды.
3 (*~ a number up or down*) округл|я́ть, -и́ть.
● *vi* (*turn aggressively*): **he ~ed on me with abuse** он обру́шился на меня́ с бра́нью; **he ~ed on his pursuers** он набро́сился на свои́х пресле́дователей.
● *with advs*: **~ off** *vt* (*smooth*) выра́внивать, вы́ровнять; (*bring to a conclusion*) заверш|а́ть, -и́ть; **~ out** *vt* закругл|я́ть, -и́ть; заверш|а́ть, -и́ть; **~ up** *vt* сгоня́ть, согна́ть; **the cattle were ~ed up** скот согна́ли; **the courier ~ed up the party** гид собра́л свою́ гру́ппу; (*arrest*) аре́ст|о́вывать, -ова́ть.
● *prep* (*Br*)
1 (*encircling*) вокру́г, круго́м, о́коло (*all + g*); **~ the world** вокру́г све́та; **they sat ~ the table** они́ сиде́ли вокру́г стола́; **he worked ~ the clock** он рабо́тал круглосу́точно (*or* кру́глые су́тки).
2 (*to or at all points of*): **he looked ~ the room** он осмотре́л (всю) ко́мнату; **we walked ~ the garden** мы гуля́ли по са́ду; **they went ~ the galleries** они обошли́ карти́нные галере́и.
3: **~ the corner** за угло́м, (*of motion*) за́ угол.
4 (*about, based on*): **he wrote a book ~ his experience** он описа́л свой о́пыт в кни́ге.
5 (*approximately*) о́коло + *g*; **he got there ~ (about) midday** он добра́лся туда́ о́коло полу́дня.
● *cpds* **~about** *n* (*merry-go-round*) карусе́ль; (*Br, traffic island*) кольцева́я тра́нспортная развя́зка; (*on road sign*) кругово́е движе́ние; *adj* око́льный, кру́жный, обходно́й; (*fig*) ко́свенный, обходно́й; **R~head** *n* круглоголо́вый, пурита́нин; **~-shouldered** *adj* суту́лый; **~sman** *n* (*pl* **~smen**) (*Br*) доста́вщик; (*US*) полице́йский инспе́ктор; **~-table** *n* (*attr*): **~-table talks** перегово́ры за кру́глым столо́м; **~-the-clock** *adj* круглосу́точный; **~-the-world** *adj* кругосве́тный; **~-up** *n* (*of news*) сво́дка новосте́й; (*of cattle*) заго́н скота́; (*raid*) обла́ва.

rounders /ˈraʊndəz/ *n* англи́йская лапта́.

roundness /ˈraʊndnɪs/ *n* окру́глость.

rouse /raʊz/ *vt* **1** (*wake*) буди́ть, раз-. **2** (*stimulate to action, interest, etc.*) подстрека́ть (*impf*); побу|жда́ть, -ди́ть; **he ~d himself and went to work** он взял себя́ в ру́ки и пошёл на рабо́ту; **I could ~ no spark of sympathy** я не мог вы́звать (в себе́) ни ка́пли сочу́вствия; **a rousing chorus** волну́ющий припе́в.
3 (*provoke to anger*) возбу|жда́ть, -ди́ть; выводи́ть, вы́вести из себя́.
● *vi* пробу|жда́ться, -ди́ться.

rout /raʊt/ *n* (*defeat*) разгро́м; (*disorderly retreat*) бе́гство; **the enemy were put to ~** враг был разгро́млен.
● *vt* разб|ива́ть, -и́ть на́голову; разгроми́ть (*pf*); обра|ща́ть, -ти́ть в бе́гство.

route /ruːt/ *n* (*of bus etc.*) маршру́т; (*way, course*) путь, доро́га, тра́сса; **the shortest ~** кратча́йший путь; (*US, interstate highway*) автомагистра́ль.
● *vt* (**routeing** *or* **routing**) отпр|авля́ть, -а́вить по маршру́ту; разраб|а́тывать, -о́тать маршру́т + *g*.
● *cpd* **~ march** *n* похо́дный марш.

routine /ruːˈtiːn/ *n* **1** (*regular course of action*) заведённый поря́док; режи́м; пра́ктика; (*attr*) регуля́рный; очередно́й; повседне́вный. **2** (*artiste's act*) но́мер, выступле́ние; **a dance ~** танцева́льный но́мер.

rov|e /rəʊv/ *vi* скита́ться (*impf*); **he has a ~ing disposition** он лю́бит стра́нствовать; **a ~ing correspondent** разъездно́й корреспонде́нт.

rover /ˈrəʊvə(r)/ *n* (*wanderer*) бродя́га (*m*); скита́лец.

row¹ /rəʊ/ *n* (*line*) ряд; **they stood in a ~** они стоя́ли в ряд; **the houses were built in ~s** дома́ бы́ли постро́ены ряда́ми; **seats in the front ~** места́ в пе́рвом ряду́.

row² /rəʊ/ *n* (*by boat*) прогу́лка на ло́дке; **we went (out) for a ~** мы пошли́ поката́ться на ло́дке.
● *vt*: **he ~ed the boat in to shore** он привёл ло́дку к бе́регу; **we were ~ed across the river** нас перепра́вили/перевезли́ че́рез ре́ку на ло́дке.
● *vi* грести́ (*impf*); **~ out** грести́ (*impf*) от бе́рега; **the boat ~s well** ло́дка хорошо́ идёт; **~boat** (*US*), **~ing boat** (*Br*) гребна́я шлю́пка.

row³ /raʊ/ *n* **1** (*Br, noise, commotion*) шум; **I can't work with this ~ going on** я не могу́ рабо́тать в тако́м шу́ме; **don't make (such) a ~!** не шуми́те!; **the tenants kicked up a ~** (*made a noise*; *protested*) жильцы́ по́дняли шум. **2** (*Br, argument, quarrel*) ссо́ра; спор; (*dispute*) ди́спут, диску́ссия; **I had a ~ with the neighbours** (*Br*) я поруга́лся с сосе́дями. **3** (*Br, disgrace*): **I shall get into a ~ if I'm late** мне здо́рово доста́нется, е́сли я опозда́ю.
● *vi* (*quarrel*) ссо́риться, по-; руга́ться (*impf*).

rowan /ˈrəʊən, ˈraʊ-/ *n* ряби́на.

rowdiness /ˈraʊdɪnɪs/ *n* бесчи́нство; хулига́нство.

rowdy /ˈraʊdɪ/ *n* буя́н, сканда́лист; хулига́н.
● *adj* (**rowdier, rowdiest**) гру́бый, шу́мный.

rowdyism /ˈraʊdɪˌɪz(ə)m/ *n* гру́бость, хулига́нство.

rowing /ˈrəʊɪŋ/ *n* (*sport*) гребля́.

rowlock /ˈrɒlək, ˈrʌlək/ *n* уклю́чина.

royal /ˈrɔɪəl/ *n* (*coll, member of a ~ family*) член короле́вской семьи́.
● *adj* **1** (*of the reigning family*; *kingly*) короле́вский, ца́рский; **the R~ Family** короле́вская семья́; **His R~ Highness** Его́ Короле́вское Высо́чество; **the R~ Navy** вое́нно-морски́е си́лы (*abbr* ВМС) Великобрита́нии; **~ blue** я́рко-

си́ний цвет. **2** (*magnificent*) великоле́пный.

royalism /ˈrɔɪəlɪz(ə)m/ *n* рояли́зм.

royalist /ˈrɔɪəlɪst/ *n* рояли́ст (*fem* -ка). ● *adj* рояли́стский.

royally /ˈrɔɪəlɪ/ *adv* (*magnificently*): **we were ~ entertained** нас принима́ли по-ца́рски; (*sl, thoroughly*) вполне́, соверше́нно.

royalty /ˈrɔɪəltɪ/ *n* **1** (*royal person or persons*) чле́н(ы) короле́вской семьи́. **2** (*payment to owner of patent or copyright*) а́вторский гонора́р; отчисле́ния (*pl*) а́втору пье́сы *и т. п.*

RP (*abbr of* ***received pronunciation***) нормати́вное произноше́ние (*see also* ⇨**received pronunciation**).

rpm (*abbr of* ***revolutions per minute***) оборо́ты (*m pl*)/оборо́тов (*pl, g*) в мину́ту.

RRP (*abbr of* ***recommended retail price***) (*Br*) рекоменду́емая ро́зничная цена́.

RSI (*abbr of* ***repetitive strain injury***) тра́вма, вы́званная повторя́ющимся движе́нием.

RSPCA (*abbr of* ***Royal Society for the Prevention of Cruelty to Animals***) Короле́вское о́бщество защи́ты живо́тных от жесто́кого обраще́ния.

RSVP (*abbr of* ***répondez, s'il vous plaît***) бу́дьте любе́зны отве́тить.

Rt Hon. /raɪt ˈɒnərəb(ə)l/ *n* (*abbr of* ***Right Honourable***) (*Br*) высокочти́мый.

rub /rʌb/ *n* **1** (*act of* **~bing**) натира́ние; стира́ние; **she gave the mirror a ~ with a cloth** она́ протёрла зе́ркало тря́пкой. **2** (*snag*): **there's the ~!** в то́м-то и загво́здка! ● *vt* (**rubbed, rubbing**) тере́ть (*impf*); пот|ира́ть, -ере́ть; нат|ира́ть, -ере́ть; **the dog ~bed its head against my legs** соба́ка тёрлась голово́й о мои́ но́ги; **Johnny ~bed his knee on the wall** Джо́нни ободра́л коле́но о сте́нку; **he ~bed the skin off his knees** он стёр ко́жу на коле́нях; **he ~bed himself (dry) with a towel** он до́суха вы́терся полоте́нцем; **he ~bed his hands with soap** он намы́лил ру́ки; **he ~bed his hands with satisfaction** он потира́л ру́ки от удово́льствия; **the Maoris ~ noses in greeting** ма́ори тру́тся носа́ми в знак приве́тствия; **there is no need to ~ my nose in it** (*fig*) не́зачем ты́кать меня́ но́сом; **he ~s shoulders/**(*US*) **elbows with the great** он обща́ется с больши́ми людьми́; **~ the oil well into your skin** на́до хороше́нько втере́ть ма́сло в ко́жу. ● *vi* (**rubbed, rubbing**) тере́ться (*impf*); **mind you don't ~ against the wet paint** бу́дьте осторо́жны и не запа́чкайтесь кра́ской. ● *with advs*: **~ along** *vi* (*Br*) ла́дить (*impf*); уж|ива́ться, -и́ться; **~ down** *vt* обт|ира́ть, -ере́ть; **he ~bed his horse down** он основа́тельно почи́стил ло́шадь; **~ in** *vt* вт|ира́ть, -ере́ть; вд|а́лбливать, -олби́ть; **the liniment should be ~bed in** мазь сле́дует втира́ть; **it was my fault; don't ~ it in!** я винова́т, но ско́лько мо́жно упрека́ть?; **~ off** *vt* ст|ира́ть, -ере́ть; **all the shine was ~bed off** весь блеск сошёл/стёрся; *vi*: **her happiness ~bed off on those around her** её сча́стье передава́лось тем, кто её окружа́л; **~ on** *vt* (*e.g. ointment*) на|кла́дывать, -ложи́ть; **~ out** *vt* отт|ира́ть, -ере́ть; ст|ира́ть, -ере́ть; (*sl, murder*) пришить (*pf*); *vi*: **this ink will not ~ out** э́ти черни́ла не стира́ются; **~ over** *vt* прот|ира́ть, -ере́ть; **if the glass mists up, ~ it over** е́сли стекло́ запоте́ет, протри́те его́; **~ through** *vi* **his trousers had ~bed through at the knees** его́ брю́ки протёрлись на коле́нях; **~ together** *vt*: **he lit the fire by ~bing two sticks together** он развёл костёр, добы́в ого́нь тре́нием; **~ up** *vt* нач|ищ́ать, -и́стить; полирова́ть, от-; **she ~bed up the silver** она́ начи́стила/почи́стила серебро́; **you ~bed him (up) the wrong way** вы к нему́ не так подошли́.

rubato /ruːˈbɑːtəʊ/ *n, adj, & adv* (*pl* **rubatos** *or* **rubati** /-tɪ/) (*mus*) руба́то (*indecl*) (*не строго в такт*).

rubber[1] /ˈrʌbə(r)/ *n* **1** (*substance*) рези́на; (*attr*) рези́новый; **~ band** рези́нка; **~ gloves** рези́новые перча́тки; **~ plant** каучуконо́с. **2** (*Br, eraser*) ла́стик, рези́нка. **3** (*US sl, condom*) презервати́в. **4** (*in pl, US, galoshes*) кало́ши (*f pl*). ● *cpds* **~neck** (*sl*) *n* зева́ка (*cg*); *vi* глазе́ть (*impf*); **~-stamp** *vt* (*coll*) подпи́с|ывать, -а́ть не гля́дя.

rubber[2] /ˈrʌbə(r)/ *n* (*cards*) ро́ббер.

rubberized /ˈrʌbəˌraɪzd/ *adj* прорези́ненный, обло́женный рези́ной, гумми́рованный.

rubbery /ˈrʌbərɪ/ *adj* похо́жий на рези́ну; (*meat*) жёсткий.

rubbing /ˈrʌbɪŋ/ *n* **1** (*action of* ~) натира́ние; потира́ние; тре́ние. **2** (*tracing*) ко́пия (рису́нка), полу́ченная притира́нием.

rubbish /ˈrʌbɪʃ/ *n* (*Br*) (*refuse, trash*) му́сор; хлам; (*nonsense*) чепуха́, вздор. ● *vt* (*Br coll*) критикова́ть (*impf*). ● *cpds* **~ bin** *n* му́сорное ведро́; **~ dump, ~ tip** *nn* сва́лка.

rubbishy /ˈrʌbɪʃɪ/ *adj* никуда́ не го́дный; дрянно́й.

rubble /ˈrʌb(ə)l/ *n* булы́жник, щё́бень (*m*).

rubella /ruːˈbelə/ *n* красну́ха.

Rubicon /ˈruːbɪˌkɒn/ *n*: **he crossed the ~** он перешёл Рубико́н.

rubicund /ˈruːbɪˌkʌnd/ *adj* румя́ный.

ruble /ˈruːb(ə)l/ = **r(o)uble**

rubric /ˈruːbrɪk/ *n* заголо́вок; ру́брика.

ruby /ˈruːbɪ/ *n* руби́н; (*attr*) руби́новый.

ruck[1] /rʌk/ *n* (*crowd*) чернь; се́рая ма́сса.

ruck[2] /rʌk/ *n* (*wrinkle*) морщи́на. ● *vt & i*: **~ up** соб|ира́ть(ся), -ра́ть(ся) скла́дками; мо́рщить(ся), с-.

rucksack /ˈrʌksæk, ˈrʊk-/ *n* рюкза́к.

ruction /ˈrʌkʃ(ə)n/ *n* (*sl*) (*disturbance*) завару́ха, сканда́л; (*in pl, trouble*) неприя́тности (*f pl*).

rudbeckia /ruːdˈbekɪə, rʌd-/ *n* (*bot*) рудбе́кия.

rudder /ˈrʌdə(r)/ *n* (*of vessel*) руль (*m*), штурва́л; (*of aircraft*) руль направле́ния.

rudderless /ˈrʌdəlɪs/ *adj* без руля́; (*fig*) без руля́ и без ветри́л.

ruddy /ˈrʌdɪ/ *adj* (**ruddier, ruddiest**) **1** (*glowing, reddish*) румя́ный; **a ~ face** румя́ное лицо́; **a ~ glow** я́рко-кра́сный цвет. **2** (*Br, as expletive*) прокля́тый, чёртов.

rude /ruːd/ *adj* **1** (*impolite, offensive*) гру́бый; невоспи́танный; **don't be ~!** не груби́те!; **he was ~ to the teacher** он нагруби́л учи́телю. **2** (*indecent*) гру́бый, непристо́йный. **3** (*startling, violent*) ре́зкий; **a ~ shock** внеза́пный уда́р; **I had a ~ awakening** (*fig*) меня́ пости́гло го́рькое разочарова́ние. **4** (*primitive, roughly made*) гру́бо сде́ланный. **5** (*Br, vigorous*) кре́пкий, си́льный; **in ~ health** кре́пкого здоро́вья.

rudeness /ˈruːdnɪs/ *n* (*impoliteness*) гру́бость, невоспи́танность.

rudiment /ˈruːdɪmənt/ *n* **1** (*in pl, elements, first principles*) элемента́рные зна́ния; (*beginnings, first trace*) зача́тки (*m pl*); **he has not even the ~s of common sense** у него́ нет ни ка́пли здра́вого смы́сла. **2** (*imperfectly developed organ*) рудимента́рный о́рган.

rudimentary /ˌruːdɪˈmentərɪ/ *adj* (*elementary*) элемента́рный; (*undeveloped*) рудимента́рный, зача́точный.

rue[1] /ruː/ *n* (*bot*) ру́та.

rue[2] /ruː/ *vt* (**rues, rued, rueing** *or* **ruing**) (*literary*) сожале́ть (*impf*); **you will ~ it** вы об э́том пожале́ете; **he lived to ~ the day** пришло́ вре́мя, когда́ он про́клял тот день.

rueful /ˈruːfʊl/ *adj* печа́льный, удручённый.

ruff[1] /rʌf/ *n* (*frill*) жабо́ (*indecl*); (*on bird's neck*) кольцо́ пе́рьев вокру́г ше́и пти́цы.

ruff[2] /rʌf/ *n* (*bird*) турухта́н.

ruffian /ˈrʌfɪən/ *n* головоре́з, банди́т.

ruffianly /ˈrʌfɪənlɪ/ *adj* банди́тский.

ruffle /ˈrʌf(ə)l/ *n* (*ornamental frill*) обо́рка. ● *vt*: **a breeze ~d the surface of the lake** от ве́тра о́зеро покры́лось ря́бью; **she ~d his hair** она́ взъеро́шила ему́ во́лосы; **the bird ~d up its feathers** пти́ца взъеро́шила пе́рья; **he never gets ~d** он всегда́ невозмути́м.

rug /rʌg/ *n* **1** (*mat*) ковёр. **2** (*Br, wrap*) плед.

rugby /ˈrʌgbɪ/ (*also* **rugby football**) *n* ре́гби (*nt indecl*); **~ league** ре́гби-13; **~ union** ре́гби(-15), «большо́е» ре́гби. ● *cpd* **~ player** *n* регби́ст (*fem* -ка).

rugged /ˈrʌgɪd/ *adj* **1** (*rough, uneven*) неро́вный; **a ~ coast** скали́стый бе́рег. **2** (*irregular, strongly marked*) гру́бый; **~ features** ре́зкие черты́. **3** (*austere, harsh*) тяжёлый, тру́дный. **4** (*sturdy*) кре́пкий, твёрдый.

ruggedness /ˈrʌgɪdnɪs/ *n* неро́вность; гру́бость; твёрдость.

r

rugger /ˈrʌgə(r)/ (*Br coll*) = **rugby union**, *see* ⇒**rugby**

ruin /ˈru:ɪn/ *n* **1** (*downfall*) ги́бель, круше́ние; **the ~ of his hopes** круше́ние его́ наде́жд; **ambition led to his (*or* brought him to) ~** честолю́бие погуби́ло его́; **~ stared him in the face** ему́ грози́ло разоре́ние.
2 (*collapsed or destroyed state; building in this state*) разва́лины, руи́ны (*both f pl*); **the house fell into ~** дом соверше́нно развали́лся (*or* преврати́лся в гру́ду разва́лин); **ancient ~s** дре́вние руи́ны (*f pl*); **their plans lay in ~s** их пла́ны ру́хнули; **his life lay in ~s** его́ жизнь была́ загу́блена.
3 (*destroying agency*) поги́бель; **he will be the ~ of us** он нас погу́бит.
● *vt* разр|уша́ть, -у́шить; уничт|ожа́ть, -о́жить; губи́ть, по-; **he was ~ed** (*in business*) он разори́лся; **this will ~ my chances** э́то подорвёт мои́ ша́нсы; **the rain ~ed my suit** дождь испо́ртил мой костю́м; **a ~ed building** разру́шенное зда́ние.

ruination /ˌru:ɪˈneɪʃ(ə)n/ *n* ги́бель; разоре́ние.

ruinous /ˈru:ɪnəs/ *adj* (*disastrous*) губи́тельный; (*expensive*) разори́тельный.

rule /ru:l/ *n* **1** (*regulation; recognized principle*) пра́вило; **keep, stick to the ~s of the game** соблюда́ть (*impf*) пра́вила игры́; **~ of the road** пра́вила (*pl*) у́личного движе́ния; **smoking is against the ~s** кури́ть не разреша́ется; **work** (*n*) **to ~** замедле́ние те́мпа рабо́ты (*род италья́нской забасто́вки*).
2 (*normal practice; custom*) привы́чка, обы́чай; **my ~ is never to start an argument** мой при́нцип — никогда́ не затева́ть спор; **as a ~** как пра́вило; **he makes it a ~ to rise early** он взял за пра́вило встава́ть ра́но.
3 (*government, sway*) правле́ние, госпо́дство; **~ of law** власть зако́на; **under foreign ~** под иностра́нным влады́чеством.
4 (*measuring stick*) лине́йка.
● *vt* **1** (*govern*) управля́ть (*impf*) + *i*; руководи́ть (*impf*) + *i*; **don't be ~d by prejudice** не поддава́йтесь предрассу́дкам.
2 (*decree, decide*) постан|овля́ть, -ови́ть; **the umpire ~d that the ball was not out** судья́ объяви́л, что мяч не́ был в а́уте.
3: **a ~d exercise book** тетра́дь в лине́йку; **~d paper** лино́ванная бума́га.
● *vi* (*hold sway*) пра́вить (*impf*); управля́ть (*impf*); **ruling classes** пра́вящие кла́ссы; **ruling passion** всепоглоща́ющая страсть.
● *with adv*: **~ out** *vt* (*exclude*) исключ|а́ть, -и́ть; **I would not ~ out the possibility** я не исключа́ю тако́й возмо́жности.

ruler /ˈru:lə(r)/ *n* (*reigning person*) прави́тель (*m*) (*fem* -ница); (*measuring stick*) лине́йка.

ruling /ˈru:lɪŋ/ *n* (*decree; decision*) постановле́ние; реше́ние.

rum¹ /rʌm/ *n* ром.

rum² /rʌm/ *adj* (**rummer, rummest**) (*Br coll*) чудно́й; **he is a ~ customer** он стра́нный тип.

Rumania /ru:ˈmeɪnɪə/, **-n** /ru:ˈmeɪnɪən/ = **Romania**, ⇒**Romanian**

rumba /ˈrʌmbə/ *n* ру́мба.
● *vi* (**rumbas, rumbaed** /-bəd/ *or* **rumba'd, rumbaing** /-bə(r)ɪŋ/) танцева́ть, про- ру́мбу.

rumbl|e /ˈrʌmb(ə)l/ *n* громыха́ние, гул.
● *vt* (*Br coll, unmask, discover*) ви́деть (*impf*) (*кого/что*) насквозь.
● *vi* громыха́ть (*impf*); греме́ть, за-/про-; **thunder was ~ing in the distance** вдалеке́ греме́л гром; **a tractor ~ed along** грохоча́, прошёл тра́ктор.

rumbustious /rʌmˈbʌstʃəs/ *adj* (*Br coll*) шумли́вый, шу́мный.

ruminant /ˈru:mɪnənt/ *n* жва́чное живо́тное.
● *adj* жва́чный.

ruminate /ˈru:mɪˌneɪt/ *vi* (*chew the cud*) жева́ть (*impf*) жва́чку; (*ponder*) разду́мывать (*impf*).

rumination /ˌru:mɪˈneɪʃ(ə)n/ *n* (*fig*) размышле́ние.

rummage /ˈrʌmɪdʒ/ *n* (*search*) о́быск; **~ sale** (*US*) бара́холка; распрода́жа поде́ржанных веще́й.
● *vt* обыск|ивать, -а́ть; **the ship was ~d by Customs** тамо́женники произвели́ досмо́тр корабля́.
● *vi* ры́ться (*impf*); **he ~d (about) for his matches** он всю́ду ры́лся в по́исках спи́чек.

rummy /ˈrʌmɪ/ *n* (*card game*) ре́ми-бридж.

rumour /ˈru:mə(r)/ (*US* **rumor**) *n* слух; то́лк|и (*pl, g* -ов); **~ has it that ...** хо́дят слу́хи, что...; **there were ~s of war** ходи́ли слу́хи, что бу́дет война́.
● *vt*: **it was ~ed that ...** ходи́ли слу́хи, что...; **the ~ed visit** визи́т, о кото́ром прошёл слух.

rump /rʌmp/ *n* кресте́ц; (*fig, remnant*) оста́тки (*m pl*).
● *cpd* **~ steak** *n* ромште́кс; вы́резка.

rumple /ˈrʌmp(ə)l/ *vt* мять, по-; трепа́ть, по-; еро́шить, взъ-; **her dress was ~d** её пла́тье помя́лось; **don't ~ my hair!** не трепи́те мне во́лосы!

rumpus /ˈrʌmpəs/ *n* (*pl* **rumpuses**) шум; сканда́л; **kick up a ~** подн|има́ть, -я́ть шум; **~ room** (*US*) ко́мната для игр и развлече́ний.

run /rʌn/ *n* **1** (*action of ~ning*) бег, пробе́г; **a morning ~** у́тренняя пробе́жка; **he went for a ~ before breakfast** он сде́лал пробе́жку пе́ред за́втраком; **he took a ~ and jumped across the brook** он разбежа́лся и перепры́гнул че́рез руче́й; **he started off at a ~** он побежа́л (с ме́ста); **the prisoner made a ~ for it** заключённый бежа́л/удра́л; **the general had the enemy on the ~** генера́л обрати́л проти́вника в бе́гство; **the prisoner is on the ~** заключённый нахо́дится в бега́х; **she has been on the ~ all morning** она́ была́ в бега́х всё у́тро.
2 (*trip, journey, route*) пое́здка, рейс, маршру́т; **we went for a ~ in the country** мы съе́здили за́ город; **the driver was not on his usual ~** води́тель рабо́тал не на своём обы́чном маршру́те; **the train did the ~ in 3 hours** по́езд дошёл за три часа́; **the ship was on a trial ~** кора́бль находи́лся в испыта́тельном ре́йсе.
3 (*continuous stretch*) пери́од; отре́зок вре́мени; **he had a ~ of good luck** у него́ была́ полоса́ везе́ния; **the play had a long ~** пье́са шла до́лго; **in the long ~** в коне́чном счёте.
4 (*score at cricket etc.*) очко́.
5 (*demand*) спрос; **there is a ~ on this book** э́та кни́га по́льзуется больши́м спро́сом.
6 (*ordinary kind*): **his talents are out of the common ~** он незауря́дно тала́нтлив.
7 (*for fowls etc.*) заго́н.
8 (*use, access*): **he gave me the ~ of his library** он предоста́вил мне всю свою́ библиоте́ку.
9 (*mus, rapid scale passage*) рула́да, пасса́ж.
10 (*cards in numerical sequence*) ка́рты (*f pl*), иду́щие подря́д по досто́инству.
11 (*US, ladder in stocking etc.*) спусти́вшаяся петля́.
● *vt* (**running;** *past* **ran;** *pp* **run**)
1 (*cause to ~*): **he ran a horse in the Derby** он вы́ставил свою́ ло́шадь на Де́рби; **he nearly ran me off my legs** он меня́ так загна́л, что я е́ле стоя́л на нога́х.
2 (*execute, perform*): **he ran a good race** он хорошо́ пробежа́л (диста́нцию); **the heats were ~ yesterday** забе́ги состоя́лись вчера́; **he likes ~ning errands** ему́ нра́вится быть на побегу́шках.
3 (*cover, traverse*) бежа́ть (*det*), про-; **he can ~ the mile in under a minute** он мо́жет пробежа́ть ми́лю ме́ньше чем за мину́ту; **I'd ~ a mile to avoid him** я его́ обхожу́ за версту́; **the illness has to ~ its course** боле́знь должна́ пройти́ все эта́пы.
4 (*expose o.s. to*) подв|ерга́ться, -е́ргнуться + *d*; **he ~s the risk of being caught** он риску́ет быть по́йманным.
5 (*hunt, pursue*) пресле́довать (*impf*); трави́ть (*impf*); **the hounds ran the fox to earth** соба́ки загна́ли лису́ в нору́; **I ran him to earth in his study** наконе́ц я насти́г его́ в кабине́те.
6 (*convey in car*) подв|ози́ть, -езти́ (*or* подбр|а́сывать, -о́сить) (на маши́не); **shall I ~ you home?** хоти́те, я подвезу́ вас домо́й?
7 (*smuggle*) пров|ози́ть, -езти́ контраба́ндой.
8 (*cause to go*): **they ran the ship aground** они́ посади́ли кора́бль на мель; **he ran the car into the garage** он загна́л маши́ну в гара́ж; **he ran the car into a tree** он вре́зался в де́рево; **he ran his fingers over the keys** он пробежа́л па́льцами по кла́вишам; **he ran his eye over the page** он пробежа́л глаза́ми страни́цу; **I shall ~ (water into) the bath** я напущу́ воды́ в ва́нну; я пригото́влю ва́нну; **he ran a sword through his**

r

enemy's body он пронзи́л врага́ мечо́м.
9 (*operate*) управля́ть (*impf*) + *i*; эксплуати́ровать (*impf*); **who is ~ning the shop?** кто ве́дает ла́вкой?; **he ~s a small business** у него́ своё небольшо́е де́ло; **she ~s the house single-handed** она́ сама́ ведёт хозя́йство; **he ran the engine for a few minutes** он завёл мото́р на не́сколько мину́т; **they ran extra trains** они́ пусти́ли дополни́тельные поезда́; **can you afford to ~ a car?** вы в состоя́нии держа́ть маши́ну?; **he thinks he ~s the show** (*fig*) он ду́мает, что он здесь гла́вный.
10: **he is ~ning a temperature** у него́ температу́ра.

● *vi* (**running;** *past* **ran;** *pp* **run**)
1 (*move quickly, hurry*) бе́гать (*indet*); бежа́ть (*det*), по-; **I ran after him** я побежа́л за ним; **I had to ~ for the train** мне пришло́сь бежа́ть, что́бы поспе́ть на по́езд; **he ran for his life** он удира́л изо всех сил; **~ for it!** беги́!; (*coll*) дуй!; **he came ~ning to my aid** он бро́сился ко мне на по́мощь; **~ and see who's at the door!** сбе́гай посмотри́, кто пришёл!; **she ~s after every man she meets** она́ гоня́ется за всѐми мужчи́нами.
2 (*compete*) соревнова́ться (*impf*); **he is ~ning in the 100 metres** он бежи́т стометро́вку; (*fig*): **he ran for president** он баллоти́ровался в президе́нты.
3 (*come by chance*) столкну́ться (*pf*) (с + *i*); натолкну́ться (*pf*) (на + *a*); **I ran into, across an old friend** я случа́йно встре́тил ста́рого това́рища.
4 (*of ship etc.*): **the vessel ran ashore** су́дно вы́бросило на бе́рег (*or* приткну́лось к бе́регу); **they were ~ning before the wind** они́ плы́ли с попу́тным ве́тром; **they had to ~ into port** им пришло́сь зайти́ в порт.
5 (*of public transport*) ходи́ть (*indet*); **there are no trains ~ning** поезда́ не хо́дят.
6 (*of machines etc.: function*) де́йствовать (*impf*); **most cars ~ on petrol** (*Br*), **gasoline** (*US*) большинство́ маши́н рабо́тает на бензи́не; **leave the engine ~ning!** не выключа́йте мото́р!
7 (*of objects in motion*): **it ~s on wheels** э́то дви́гается на колёсах; (*fig*): **life ~s smoothly for him** его́ жизнь течёт гла́дко.
8 (*of liquid, sand etc.: flow*) течь, протека́ть, струи́ться (*all impf*); **the water is ~ning** кран откры́т; **the floor was ~ning with water** пол был за́лит водо́й; **tears/sweat ran down his face** слёзы кати́лись (*or* пот струи́лся) по его́ щека́м; **the tide ~s strong** си́льный прили́в; **the river is ~ning high** вода́ в реке́ подняла́сь; **my eyes are ~ning** у меня́ слезя́тся глаза́; **his nose was ~ning** у него́ текло́ из но́са (*or* и́з носу); (*fig*): **feelings ran high** стра́сти разгоре́лись.
9 (*become, grow*) станови́ться (*impf*); **the well ran dry** коло́дец вы́сох; **supplies were ~ning low** запа́сы бы́ли на исхо́де; **he ran short of money** у него́ не остава́лось де́нег; **his blood ran cold** у него́ кровь засты́ла в жи́лах.
10 (*develop unchecked*): **the garden is ~ning wild** сад бу́рно разраста́ется; **she lets her children ~ wild** её де́ти расту́т без присмо́тра; **the lettuces ran to seed** сала́т пошёл в семена́; **he is ~ning to fat** у него́ появи́лся жиро́к; **don't let good food ~ to waste** не переводи́те зря хоро́шую пи́щу.
11 (*of colour, ink, etc.: spread*) линя́ть, по-; **if you wash this dress the dye will ~** е́сли вы постира́ете э́то пла́тье, оно́ полиня́ет.
12 (*of emotions, thought, etc.: travel*): **the news ran like wildfire** но́вость распространи́лась с молниено́сной быстрото́й; **a tremor ran through the crowd** толпа́ затрепета́ла; **a pain ran up his arm** у него́ стрельну́ло в руке́; **the thought ran through his head** у него́ промелькну́ла мысль; **my eyes ran over the page** я пробежа́л глаза́ми страни́цу; **the tune kept ~ning through my head** э́та мело́дия всё вре́мя звуча́ла у меня́ в уша́х.
13 (*extend, stretch*) тяну́ться (*impf*); простира́ться (*impf*); **the gardens ~ down to the river** сады́ тя́нутся до реки́; **a road ~ning along the river** доро́га, иду́щая вдоль реки́; **a fence ~s round the field** по́ле огоро́жено забо́ром; **the first volume ~s to 500 pages** в пе́рвом то́ме 500 страни́ц; **his biography ran into six editions** его́ биогра́фия вы́держала шесть изда́ний; **his income ~s into five figures** его́ дохо́д измеря́ется пятизна́чной ци́фрой; **it will ~ to a lot of money** э́то бу́дет сто́ить больши́х де́нег; **our funds will not ~ to it** на́ших де́нег на э́то не хва́тит.
14 (*continue; remain in operation*) быть действи́тельным; **the lease has seven years to ~** догово́р о на́йме действи́телен ещё семь лет; **the play has been ~ning for five years** пье́са идёт пять лет; **it ~s in their family** э́то у них насле́дственное.
15 (*become unwoven*) спуска́ться (*impf*); **these stockings will not ~** на э́тих чулка́х пе́тли не спуска́ются.
16 (*of narrative or verse*) гласи́ть (*impf*); **I forget how the line (of poetry) ~s** я забы́л, как звучи́т э́та строка́; **so the story ~s** так говоря́т.

● *further phrr with preps*: **~ into** (*collide with*) налете́ть (*impf*) на + *a*; столкну́ться (*pf*) с + *i*; **he ran into a lamp post** он налете́л на фона́рный столб; (*encounter, incur*): **he ran into debt** он зале́з/влез в долги́; **if you ~ into danger** е́сли вам бу́дет угрожа́ть опа́сность; **the plan ran into difficulties** план натолкну́лся на тру́дности; **~ over, through** (*review; rehearse*) повтор|я́ть, -и́ть; **I will ~ over the main points** я повторю́ (*or* ещё раз перечи́слю) гла́вные пу́нкты; **shall I ~ over the part with you?** дава́йте пройдём ва́шу роль вме́сте; **~ through** (*spend*) тра́тить, по-; **he ran through a small fortune** он истра́тил це́лое состоя́ние.

● *with advs*: **~ about** *vi* бе́гать (*indet*); **let the children ~ about** пусть де́ти побе́гают; **~ along** *vi*: **I must ~ along** мне на́до бежа́ть; **~ along and play!** иди́ поигра́й!; **~ around** *vi*: **she is ~ning around with a married man** она́ кру́тит с жена́тым (челове́ком); **he had me ~ning around in circles** он меня́ соверше́нно сбил с то́лку; **~ away, ~ off** *vi* убе|га́ть, -жа́ть; уд|ира́ть, -ра́ть; **he ran away with his employer's daughter** он сбежа́л с хозя́йской до́чкой; **he ran away with the game** он шутя́ вы́играл па́ртию; **don't ~ away with the idea that I am against you** не внуша́йте себе́, что я име́ю что́-либо про́тив вас; **the horse ran away with him** ло́шадь его́ понесла́; **he lets his tongue ~ away with him** он сли́шком распуска́ет язы́к; **~ back** *vt*: **he ran the tape back** он перемота́л плёнку наза́д; *vi*: **he ran back to apologize** он прибежа́л наза́д, что́бы извини́ться; **the car ran back down the hill** маши́на откати́лась наза́д по́д гору; **let us ~ back over the argument** дава́йте повтори́м доказа́тельство по пу́нктам; **~ down** *vt*: **the cyclist was ~ down by a lorry** грузови́к сбил велосипеди́ста; **don't ~ your battery down** не тра́тьте батаре́ю; **she is always ~ning down her neighbours** она́ ве́чно поно́сит сосе́дей; **you look very ~ down** у вас о́чень утомлённый вид; **the police ran the murderer down in London** поли́ция насти́гла уби́йцу в Ло́ндоне; **it took him all day to ~ the reference down** це́лый день ушёл у него́ на наведе́ние спра́вок; **it is their policy to ~ down production** их поли́тика — свора́чивать/свёртывать произво́дство; *vi* остан|а́вливаться, -ови́ться; **the clock ran down** у часо́в ко́нчился заво́д; **~ in** *vt*: **he is ~ning in his car** (*Br*) он обка́тывает свою́ маши́ну; **the police ran him in** его́ заца́пала поли́ция (*coll*); **~ off** *vt*: **I ran off the water from the tank** я вы́пустил во́ду из ба́ка; **he can ~ off an article in half an hour** он мо́жет настрочи́ть статью́ за полчаса́; **can you ~ off 100 more copies?** вы мо́жете сде́лать/отпеча́тать ещё 100 экземпля́ров?; **the heats will be ~ off today** забе́ги состоя́тся сего́дня; *vi* убе|га́ть, -жа́ть; уд|ира́ть, -ра́ть; **he ran off with the jewels** он сбежа́л с драгоце́нностями; (*see also* ⇨**~ away**); **~ on** *vt* (*printing etc.*) наб|ира́ть, -ра́ть в одну́ строку́ (*or* в подбо́р); *vi* прод|олжа́ться, -о́лжиться; **the lecture ran on for two hours** ле́кция продолжа́лась два часа́; **~ out** *vt*: **he ran the rope out** он протяну́л верёвку; **he was ~ out of the country** его́ изгна́ли из страны́; *vi* (*lit*) выбега́ть, вы́бежать; (*come to an end*) конча́ться, ко́нчиться; **supplies are ~ning out** запа́сы конча́ются; **he will soon ~ out of money** у него́ ско́ро ко́нчатся де́ньги; **he ran out of ideas** у него́ исся́кли иде́и; **our tea ran out** у нас вы́шел чай; **time is ~ning out** вре́мя истека́ет; **the tide was ~ning out** начался́ отли́в; **the pier ~s out into the sea** мол выдаётся в мо́ре; **~ over** *vt* задави́ть (*pf*); **he was ~ over by a car** его́

r

задавила машина; *vi*: **the bath ran over** ванна перелилась через край; **the (boiling) milk ran over** молоко убежало; **~ through** *vt*: **yield, or I will ~ you through!** сдавайтесь, а то я вас заколю!; **~ together** *vt*: **he ~s his words together** он глотает слова; **~ up** *vt*: **~ up the flag** поднять (*pf*) флаг; **she ran up a dress** она (быстро) смастерила платье; **he ran up a bill at the tailor's** он задолжал портному; *vi*: **she ran up to tell me the news** она прибежала, чтобы сообщить мне новость; **he ran up against a snag** он натолкнулся на препятствие.
● *cpds* **~about** *n* (*car*) небольшой автомобиль; малолитражка; **~around** *n* (*coll, excuses*) отговорки (*f pl*); **~away** *n* (*fugitive*) бегл|ец (*fem* -янка); (*attr*): **a ~away horse** лошадь, которая понесла; **~away inflation** безудержная инфляция; **~-down** *n* (*reduction*) сокращение; (*summary*) краткое изложение; конспект; **give me a ~-down on events** скажите мне кратко, что произошло; **~-in** *n* (*fight, squabble*) схватка; **~-off** *n* (*deciding heat*) дополнительная игра; (*diversion of water*) сток; **~-of-the-mill** *adj* обычный, средний; **~-through** *n* (*theatr*) прогон; (*of song*) прослушивание; **~-up** *n* (*run preparatory to action*) разбег; (*fig*): **the ~-up to the election** (*Br*) предвыборная пора/кампания; **~way** *n* (*aeron*) взлётно-посадочная полоса.

rune /ru:n/ *n* руна.

rung¹ /rʌŋ/ *n* (*of ladder*) ступенька; (*fig*): **he reached the topmost ~ of his profession** он достиг вершины в своей профессии; (*of chair*) перекладина.

rung² /rʌŋ/ *pp of* ⇒**ring²**

runic /'ru:nɪk/ *adj* рунический.

runnel /'rʌn(ə)l/ *n* (*rivulet*) ручеёк; (*gutter*) канава, сток.

runner /'rʌnə(r)/ *n* **1** (*athlete*) бегун; **front ~** лидер; **long-distance ~** стайер; **marathon ~** марафонец. **2** (*horse in race*) рысак, (беговая) лошадь. **3** (*messenger; scout*) посыльный, курьер. **4** (*part which assists sliding motion*) бегунок, ходовой ролик; **curtain ~** кольцо для занавески; **sledge ~** полоз. **5** (*narrow cloth; strip of carpet*) дорожка. **6** (*bot, shoot*) побег; **~ bean** (*Br*) зелёная (стручковая) фасоль. **7** (*US, in stocking*) спустившаяся петля.
● *cpd* **~-up** *n* участник/кандидат, занявший второе место.

running /'rʌnɪŋ/ *n* **1** (*sport, exercise*) бег; **I shall take up ~** я займусь бегом; **~ shoes** кроссов|ки (*pl, g* -ок). **2** (*pace*) ход; **the favourite made all the ~** фаворит вёл бег. **3** (*contest*) состязание; **they are out of the ~ for the Cup** они выбыли из соревнований на кубок; **he is in the ~ for Prime Minister** он может стать премьер-министром. **4** (*operation*) управление (*чем*), эксплуатация.
● *adj* **1** (*performed while ~*) бегущий; **he took a ~ kick at the ball** он ударил мяч с разбега; **~ jump** прыжок с разбега; **~ fight** отход с боями. **2** (*performed while events proceed*) текущий; **~ commentary** репортаж (с места события). **3** (*continuous*) непрерывный; **~ costs** (*of business*) текущие расходы (*m pl*); (*of car*) расходы (*m pl*) на содержание машины. **4** (*in succession*) подряд, кряду; **he won three times ~** он выиграл три раза подряд. **5** (*flowing*): **~ water** (*in nature*) проточная вода; (*domestic*) водопровод; **hot and cold ~ water** горячая и холодная вода; **a ~ sore** гноящаяся болячка; **a ~ nose** сопливый нос, насморк. **6** (*sliding*) скользящий; **a ~ knot** затяжной узел.
● *cpds* **~ board** *n* подножка; **~ head** *n* (*printing*) колонтитул; **~ mate** *n* (*US*) (*pol*) кандидат на пост вице-президента; (*horse*) лошадь, задающая темп другой лошади.

runny /'rʌnɪ/ *adj* (**runnier, runniest**) текучий, жидкий; **a ~ egg** яйцо всмятку; **a ~ nose** мокрый нос, насморк.

runt /rʌnt/ *n* (*undersized animal*) низкорослое животное; (*of person, pej*) карлик.

rupee /ru:'pi:/ *n* рупия.

rupture /'rʌptʃə(r)/ *n* **1** (*breaking, bursting*) прорыв; перелом. **2** (*hernia*) грыжа. **3** (*breach, quarrel*) разрыв.
● *vt* **1** (*burst, break*) прор|ывать, -вать; **he ~d a blood vessel** он повредил кровеносный сосуд. **2 ~ o.s.** надр|ываться, -орваться.
● *vi* раз|рываться, -орваться.

rural /'rʊər(ə)l/ *adj* сельский.

ruse /ru:z/ *n* уловка, ухищрение.

rush¹ /rʌʃ/ *n* (*bot*) тростник.

rush² /rʌʃ/ *n* **1** (*precipitate movement*) стремительное движение; **the ~ of water** поток воды; **a ~ of blood to the head** прилив крови к голове; **he made a ~ for the goal** он бросился к воротам; (*bustle*) спешка; (*increase in activity, buying, etc.*): **the Christmas ~** предрождественская суета; **the gold ~** золотая лихорадка; **a ~ job** спешная работа; **in the ~ hour** в часы пик. **2** (*in pl, cin*) отснятый материал, «потоки» (*m pl*).
● *vt* **1** (*speed, hurry*) торопить, по-; **troops were ~ed to the front** войска были срочно переброшены на фронт; **a doctor was ~ed to the scene** на место происшествия срочно доставили врача; **the order was ~ed through** заказ быстро провернули; **I refuse to be ~ed into a decision** я отказываюсь принимать решение в спешке; **I was ~ed off my feet** (*exhausted*) я сбился с ног; **I must ~ off a letter** я должен быстренько настрочить письмо. **2** (*charge*) брать, взять штурмом; **the audience ~ed the platform** публика хлынула на эстраду; **he ~ed the fence** он слишком стремительно взял барьер.
● *vi* мчаться, по-; бр|осаться, -оситься; кидаться, кинуться; **she is always ~ing about** она вечно носится; она вечно в бегах; **he ~ed after me** он бросился за мной; **the train ~ed by** поезд промчался мимо; **he ~ed in and out** он заскочил на минутку; **she ~ed off without saying goodbye** она убежала, не попрощавшись; **they ~ed to congratulate her** они бросились её поздравлять; **the blood ~ed to her face** кровь бросилась ей в лицо; **don't ~ to conclusions** не делайте поспешных выводов; **a ~ing wind** порывистый ветер.

rusk /rʌsk/ *n* сухарь (*m*).

russet /'rʌsɪt/ *adj* красновато-коричневый.

Russia /'rʌʃə/ *n* Россия.

Russian /'rʌʃ(ə)n/ *n* **1** (*person of Russian nationality*) русск|ий (*fem* -ая); (*person of Russian citizenship*) россиян|ин (*fem* -ка); **the ~s** русские (*pl*). **2** (*language*) русский язык; **do you speak ~?** вы говорите по-русски?
● *adj* русский; (*pol, hist, also*) российский; **~ doll** матрёшка; **~ studies** русистика; **~ salad** (*Br*) салат оливье; **~ wolfhound** русская борзая.
● *cpd* **~-speaking** *adj* русскоязычный.

Russianist /'rʌʃənɪst/ *n* русист (*fem* -ка).

Russianize /'rʌʃə,naɪz/ *vt* русифицировать (*impf, pf*).

Russicism /'rʌsɪ,sɪz(ə)m/ *n* русизм.

Russification /,rʌsɪfɪ'keɪʃ(ə)n/ *n* русификация.

Russify /'rʌsɪ,faɪ/ *vt* русифицировать (*impf, pf*).

Russo-Japanese /,rʌsəʊ,dʒæpə'ni:z/ *adj*: **~ War** Русско-японская война (*1904—1905*).

Russophile /'rʌsəʊ,faɪl/ *n* русофил (*fem* -ка).

Russophobia /,rʌsəʊ'fəʊbɪə/ *n* русофобия.

rust /rʌst/ *n* (*on metal; plant disease*) ржавчина.
● *vt* покр|ывать, -ыть ржавчиной.
● *vi* ржаветь, за-.
● *cpd* **~proof** *adj* нержавеющий.

rustic /'rʌstɪk/ *n* деревенский житель, деревенщина (*cg*).
● *adj* (*countrified*) деревенский, сельский; (*unrefined*) неотёсанный, грубый; **a ~ bridge** мост из нетёсаного леса.

rusticate /'rʌstɪ,keɪt/ *vt* (*Br, suspend*) временно исключать (*impf*) (*студента из университета*).

rustication /,rʌstɪ'keɪʃ(ə)n/ *n* (*Br, suspension*) временное исключение (студента из университета).

rusticity /rʌs'tɪsɪtɪ/ *n* простота; неотёсанность.

rustiness /'rʌstɪnɪs/ *n* ржавчина; (*fig*) отсталость.

rustle /'rʌs(ə)l/ *n* шелест, шорох.
● *vt* **1** (*cause to ~*) шелестеть (*impf*) + *i*; шуршать (*impf*) + *i*; **don't ~ the newspaper** не шелестите газетой.

2 (*US sl, steal*) красть, у-. **3**: **~ up** (*coll*) разыск|ивать, -áть; **can you ~ up some food?** вы мóжете раздобы́ть чегó-нибудь поéсть?; собери́те-ка чегó-нибудь на стол!
● *vi* шелестéть (*impf*); шурша́ть (*impf*).

rustler /'rʌslə(r)/ *n* (*US*) конокрáд; вор, угоня́ющий скот.

rustless /'rʌstlɪs/ *adj* нержавéющий.

rusty /'rʌstɪ/ *adj* (**rustier, rustiest**) ржáвый, заржáвленный; (*fig*) (*out of practice*): **my Russian is ~** я подзабы́л рýсский.

rut¹ /rʌt/ *n* (*wheel track*) колея́, вы́боина; (*fig*) рути́на; **it is easy to get into a ~** легкó погря́знуть в рути́не.
● *vt* (**rutted, rutting**): **a deeply ~ted road** дорóга, изры́тая глубóкими колея́ми.

rut² /rʌt/ *n* (*sexual excitement*) гон; **in ~** в охóте.
● *vi* (**rutted, rutting**) быть в охóте; **the ~ting season** врéмя спáривания/слу́чки.

rutabaga /ˌru:tə'beɪgə/ *n* (*US*) брю́ква.

Ruth /ru:θ/ *n* (*bibl*) Руфь.

ruthenium /ru:'θi:nɪəm/ *n* рутéний.

ruthless /'ru:θlɪs/ *adj* безжáлостный, жестóкий.

ruthlessness /'ru:θlɪsnɪs/ *n* безжáлостность, жестóкость.

Rwanda /rʊ'ændə/ *n* Руáнда.

Rwandan /rʊ'ændən/**, Rwandese** /ˌrʊæn'di:z/ *n* руанди́|ец (*fem* -йка).
● *adj* руанди́йский.

rye /raɪ/ *n* рожь; **~ bread** ржанóй хлеб; (**~ whisky**) ржанóе ви́ски (*indecl*).

Ss

sabbath /ˈsæbəθ/ *n* **1** (*Jewish*) суббо́та; (*Christian*) воскресе́нье. **2 witches' ~** ша́баш ведьм.

sabbatical /səˈbætɪk(ə)l/ *n* (*~ year, term*) *see adj*.
● *adj* **1** суббо́тний; воскре́сный. **2**: **~ leave** тво́рческий о́тпуск.

saber /ˈseɪbə(r)/ (*US*) = **sabre**

sable[1] /ˈseɪb(ə)l/ *n* (*zool*) со́боль (*m*); (*fur*) со́боль, собо́лий мех.
● *adj* соболи́ный, собо́лий.

sable[2] /ˈseɪb(ə)l/ (*literary*) *n* (*colour*) чёрный цвет.
● *adj* чёрный, воронóй.

sabot /ˈsæbəʊt, ˈsæbəʊ/ *n* сабо́ (*indecl*), деревя́нный башма́к.

sabotage /ˈsæbəˌtɑːʒ/ *n* (*of work, activity*) сабота́ж; (*of equipment*) диве́рсия; **acts of ~** диверсио́нные а́кты.
● *vt* саботи́ровать (*impf, pf*); (*damage*) повре|жда́ть, -ди́ть; (*fig, disrupt*) срыва́ть, сорва́ть; саботи́ровать (*impf, pf*).

saboteur /ˌsæbəˈtɜː(r)/ *n* сабота́жни|к (*fem* -ца), диверса́нт (*fem* -ка), вреди́тель (*m*).

sabre /ˈseɪbə(r)/ *n* са́бля.
● *cpds* **~-rattling** *n* (*fig*) бряца́ние ору́жием; **~-toothed** *adj* саблезу́бый.

sabretache /ˈsæbəˌtæʃ/ *n* (*mil, hist*) та́шка (*плоская кожаная сумка офицеров кавалерии и конной артиллерии; носилась на лямках, пристёгиваемых к поясному ремню слева*).

sac /sæk/ *n* мешо́чек.

saccharin /ˈsækərɪn/ *n* сахари́н.

saccharine /ˈsækəˌriːn/ *adj* са́харный, сахари́стый; (*fig*) слаща́вый, при́торный.

sacerdotal /ˌsæsəˈdəʊt(ə)l/ *adj* свяще́ннический.

sachet /ˈsæʃeɪ/ *n* (*Br*) паке́тик (*шампуня, кетчупа и т. п.*).

sack[1] /sæk/ *n* **1** (*bag*) мешо́к; (*~ dress*) сак. **2** (*coll, dismissal*): **get the ~** быть уво́ленным; получ|а́ть, -и́ть расчёт; **give s.o. the ~** ув|ольня́ть, -о́лить кого́-н.; рассчи́т|ывать, -а́ть кого́-н. **3** (*US, bed*): **hit the ~** отпр|авля́ться, -а́виться на бокову́ю (*coll*).
● *vt* **1** (*put into ~s; also ~* **up**) нас|ыпа́ть, -ы́пать в мешки́. **2** (*coll, dismiss*) ув|ольня́ть, -о́лить; рассчи́т|ывать, -а́ть.
● *cpds* **~cloth** *n* мешкови́на, дерю́га; (*hair shirt*) власяни́ца; **wear ~cloth and ashes** (*fig*) посыпа́ть (*impf*) го́лову пе́плом; ка́яться (*impf*); **~ race** *n* бег в мешка́х.

sack[2] /sæk/ *n* (*plundering*) разграбле́ние.
● *vt* гра́бить, раз-; пред|ава́ть, -а́ть разграбле́нию.

sackful /ˈsækfʊl/ *n* (по́лный) мешо́к (*чего*); **by the ~** (це́лыми) мешка́ми.

sacking /ˈsækɪŋ/ *n* (*textiles*) мешкови́на, дерю́га.

sacra /ˈseɪkrə/ *pl of* ⇒**sacrum**

sacral /ˈseɪkr(ə)l/ *adj* (*anat*) крестцо́вый; (*relig*) обря́довый, ритуа́льный.

sacrament /ˈsækrəmənt/ *n* **1** (*sacred act or rite*) та́инство. **2** (*Eucharist*): **the Holy S~** Свято́е прича́стие; Святы́е Дары́ (*m pl*); те́ло Госпо́дне; **take/receive the ~** прича|ща́ться, -сти́ться.

sacramental /ˌsækrəˈment(ə)l/ *adj* сакрамента́льный; **~ wine** вино́ для прича́стия.

sacred /ˈseɪkrɪd/ *adj* свяще́нный, свято́й; **~ books** свяще́нные кни́ги; **~ music** духо́вная му́зыка; **~ duty** свяще́нный долг; **nothing is ~ to him** для него́ нет ничего́ свято́го; **~ cow** (*fig*) (неприкоснове́нная) святы́ня; **~ to the memory of my wife** незабве́нной па́мяти мое́й супру́ги.

sacredness /ˈseɪkrɪdnɪs/ *n* свя́тость.

sacrifice /ˈsækrɪˌfaɪs/ *n* (*lit, fig*) же́ртва; (*act of relig ~*) жертвоприноше́ние; **make a ~ of sth** прин|оси́ть, -ести́ что-н. в же́ртву; же́ртвовать, по- чем-н.; **they made ~s for their children** они́ мно́гим же́ртвовали ра́ди дете́й; **at the ~ of his health** же́ртвуя здоро́вьем; **at the ~ of one's principles** поступи́вшись свои́ми при́нципами.
● *vt* (*lit, at altar*) прин|оси́ть, -ести́ (*кого/что*) в же́ртву; (*give up, surrender*) же́ртвовать, по- + *i*; **he ~d truth to his own interests** он принёс и́стину в же́ртву свои́м интере́сам.

sacrificial /ˌsækrɪˈfɪʃ(ə)l/ *adj* же́ртвенный.

sacrilege /ˈsækrɪlɪdʒ/ *n* святота́тство, кощу́нство.

sacrilegious /ˌsækrɪˈlɪdʒəs/ *adj* святота́тственный, кощу́нственный.

sacristan /ˈsækrɪst(ə)n/ *n* ри́зничий.

sacristy /ˈsækrɪstɪ/ *n* ри́зница.

sacrosanct /ˈsækrəʊˌsæŋkt/ *adj* свяще́нный, неприкоснове́нный.

sacrum /ˈseɪkrəm/ *n* (*pl* **sacra** *or* **sacrums**) кресте́ц.

sad /sæd/ *adj* (**sadder, saddest**) **1** гру́стный, печа́льный; **I feel ~** мне гру́стно; **with a ~ heart** с тяжёлым се́рдцем; **a ~ event** печа́льное собы́тие; (*regrettable, lamentable*) приско́рбный; **it is ~ that you failed the exams** о́чень жаль, что вы провали́лись на экза́менах; **he came to a ~ end** он пло́хо ко́нчил. **2** (*coll, pathetic*) жа́лкий. **3**: **you are ~ly mistaken** вы жесто́ко ошиба́етесь; **the garden was ~ly neglected** сад был доне́льзя запу́щен.

sadden /ˈsæd(ə)n/ *vt* печа́лить, о-.

saddle /ˈsæd(ə)l/ *n* **1** седло́. **2** (*of animal's back*) седлови́на, (*as meat*) седло́. **3** (*in hills*) седлови́на.
● *vt* **1** седла́ть, о-. **2** (*fig, burden with task, guilt, etc.*): **~ s.o. with sth** взва́л|ивать, -и́ть что-н. на кого́-н.; **he was ~d with his relatives** он был обремене́н ро́дственниками; у него́ на ше́е сиде́ли ро́дственники.
● *cpds* **~back** *n* (*geog*) седлови́на; **~bag** *n* седе́льный вьюк; **~cloth** *n* чепра́к; **~ horse** *n* (*US*) верхова́я ло́шадь.

saddler /ˈsædlə(r)/ *n* седе́льник, шо́рник-седе́льник.

saddlery /ˈsædlərɪ/ *n* (*activity*) шо́рное де́ло, шо́рничество; (*workshop*) шо́рная мастерска́я.

sadism /ˈseɪdɪz(ə)m/ *n* сади́зм.

sadist /ˈseɪdɪst/ *n* сади́ст (*fem* -ка).

sadistic /səˈdɪstɪk/ *adj* сади́стский.

sadness /ˈsædnɪs/ *n* грусть, печа́ль; **a look of ~** печа́льный вид.

sae (*abbr of* ***stamped addressed envelope***) (*Br*) конве́рт с ма́ркой и обра́тным а́дресом.

safari /səˈfɑːrɪ/ *n* (*pl* **~s**) сафа́ри (*nt indecl*); **on ~** на сафа́ри; **~ park** парк сафа́ри, сафа́ри-парк.

safe[1] /seɪf/ *n* сейф; несгора́емый шкаф/я́щик; (*meat ~*) холоди́льник.
● *cpd* **~-breaker** *n* взло́мщик се́йфов.

safe[2] /seɪf/ *adj* **1** (*affording security, not dangerous*) безопа́сный; (*reliable*) надёжный; **put the money in a ~ place!** спря́чьте де́ньги в надёжное ме́сто!; **in ~ custody** под надёжной охра́ной; **in s.o.'s ~ keeping** у кого́-н. на сохране́нии; **is it ~ to leave him (alone)?** не опа́сно/стра́шно оставля́ть его́ одного́?; **to be on the ~ side** на вся́кий слу́чай, для (бо́льшей) ве́рности; **is the dog ~ with children?** де́тям не опа́сно игра́ть с э́той соба́кой?
2 (*free from danger*): **we are ~ from attack** мы мо́жем не опаса́ться нападе́ния; **we are ~ as houses here**

мы здесь как за ка́менной стено́й; **perfectly ~** в по́лной безопа́сности; **~ area** (*mil*) зо́на безопа́сности; **~ house** конспирати́вная кварти́ра; укры́тие; **~ sex** безопа́сный секс; (*unhurt, undamaged*): **we saw them home ~ and sound** мы доста́вили их домо́й це́лыми и невреди́мыми.
3 (*cautious, moderate*) осторо́жный; **better ~ than sorry** бережёного Бог бережёт; **I decided to play ~** я реши́л не рискова́ть.
4 (*certain*): **he is a ~ winner** он наверняка́ вы́играет; **it's a ~ bet** мо́жно быть уве́ренным.
● *cpds* **~ conduct** *n* (*immunity*) гара́нтия неприкоснове́нности/безопа́сности; (*document*) охра́нная гра́мота, охра́нное свиде́тельство; **~ deposit** *n* (*strongroom*) храни́лище с се́йфами; (*safe; also* **~-deposit box**) сейф; **~guard** *n* охра́на, страхо́вка, гара́нтия (от + *g*); защи́тная ме́ра, ме́ры безопа́сности; *vt* гаранти́ровать (*impf, pf*); охран|я́ть, -и́ть.

safely /ˈseɪflɪ/ *adv* **1** (*unharmed*) благополу́чно, в сохра́нности; **we returned ~** мы благополу́чно верну́лись; **the parcel arrived ~** посы́лка пришла́ в це́лости и сохра́нности (*or* неповреждённой).
2 (*for safety*): **I put the bottle ~ away** я убра́л буты́лку от беды/греха́ пода́льше. **3** (*with confidence*) уве́ренно, с уве́ренностью; **I can ~ say that ...** я могу́ с уве́ренностью сказа́ть, что... . **4** (*securely*) надёжно.

safeness /ˈseɪfnɪs/ *n* (*security*): **a feeling of ~** чу́вство безопа́сности; (*of building, investment, etc.*) надёжность.

safety /ˈseɪftɪ/ *n* безопа́сность; **endanger s.o.'s ~** грози́ть/угрожа́ть (*both impf*) чьей-н. безопа́сности; **our ~ was threatened** на́ша безопа́сность была́ под угро́зой; **there is ~ in numbers** безопа́снее де́йствовать сообща́; **~ first** осторо́жность пре́жде всего́; **road ~** безопа́сность на доро́гах; **~ curtain** (*theatr*) противопожа́рный за́навес; **~ glass** безоско́лочное стекло́; **~ lamp** (*mining*) рудни́чная ла́мпа; **~ measures, precautions** ме́ры безопа́сности; **~ match** (безопа́сная) спи́чка; **~ net** се́тка безопа́сности, страхо́вочная сеть (*в цирке*); (*fig*) страхо́вка; гара́нтия (**against:** от + *g*); **~ razor** безопа́сная бри́тва.
● *cpds* **~ belt** *n* ремéнь (*m*) безопа́сности; **~ catch** *n* (*on gun etc.*) предохрани́тель (*m*); **~ deposit** *n* = **safe deposit**; **~ fuse** *n* (*for explosive*) огнепрово́дный шнур; (*elec*) (пла́вкий) предохрани́тель (*m*); **~ pin** *n* англи́йская була́вка; **~ valve** *n* предохрани́тельный кла́пан; (*fig*): **rowing provided a ~ valve for his energies** заня́тия гре́блей дава́ли вы́ход его́ эне́ргии.

saffron /ˈsæfrən/ *n* (*substance*) шафра́н; (*colour*) шафра́нный/шафра́новый цвет (*оранжево-жёлтый*).
● *adj* шафра́нный, шафра́новый.

sag /sæg/ *n* (*of ceiling*) проги́б.
● *vi* (**sagged, sagging**) (*of gate etc.*) ос|еда́ть, -е́сть; коси́ться, по-; (*of rope, curtain*) пров|иса́ть, -и́снуть; (*of ladder, ceiling*) прог|иба́ться, -ну́ться; **the ceiling ~s in the middle** потоло́к прови́с посереди́не; (*of garment*) отв|иса́ть, -и́снуть; (*of cheeks, breasts*) обв|иса́ть, -и́снуть; **a ~ging chin** отви́слый подборо́док; (*fig, of prices*) па́дать, упа́сть.

saga /ˈsɑːgə/ *n* са́га; (*fig*): **he told me the ~ of his escape** он пове́дал мне (фантасти́ческую) исто́рию своего́ побе́га.

sagacious /səˈgeɪʃ(ə)s/ *adj* **1** (*of person*) му́дрый; (*of animal*) у́мный.
2 (*perspicacious*) проница́тельный, му́дрый; (*of action: far-sighted*) дальнови́дный, прозорли́вый.

sagacity /səˈgæsɪtɪ/ *n* му́дрость, ум; проница́тельность, прозорли́вость; дальнови́дность.

sage[1] /seɪdʒ/ *n* **1** (*bot*) шалфе́й.
2 (~ green) серова́то-зелёный цвет.

sage[2] /seɪdʒ/ *n* (*wise man*) мудре́ц.
● *adj* му́дрый.

Sagittarius /ˌsædʒɪˈteərɪəs/ *n* Стреле́ц.

sago /ˈseɪgəʊ/ *n* (*pl* **~s**) са́го (*indecl*); **~ palm** са́говая па́льма.

Sahara /səˈhɑːrə/ *n* Саха́ра.

said /sed/ *past and pp of* ⇨**say**

Saigon /saɪˈgɒn/ *n* Сайго́н (*с 1975 — г. Хошимин*).

sail /seɪl/ *n* **1** па́рус; **hoist ~** ста́вить, по- (*or* подн|има́ть, -я́ть) паруса́; **lower the ~s** спус|ка́ть, -ти́ть паруса́; **under ~** под паруса́ми; **in full ~** на всех паруса́х; **get under (or set) ~** выходи́ть, вы́йти в пла́вание; **make, set ~ for** отпл|ыва́ть, -ы́ть в/на + *a*; отпр|авля́ться, -а́виться в/на + *a*; **take in (or shorten) ~** уб|авля́ть, -а́вить паруса́.
2 (*ship*) су́дно, кора́бль (*m*); **there wasn't a ~ in sight** не́ было ви́дно ни одного́ су́дна/корабля́.
3 (*voyage or excursion on water*) пла́вание; **go for a ~** отпр|авля́ться, -а́виться в пла́вание; **it is 7 days' ~ from here** э́то в семи́ днях пла́вания отсю́да.
4 (*of windmill*) крыло́.
● *vt* **1** (*of person or ship*) пла́вать (*indet*); плыть (*det*) в + *p*; **to ~ the Pacific Ocean** пла́вать (*indet*), плыть (*det*)/ходи́ть (*indet*), идти́ (*det*) в Ти́хом океа́не; **he has ~ed the seven seas** он исходи́л все моря́ (и океа́ны); (*cover a distance*) пропл|ыва́ть, -ы́ть; **we ~ed 150 miles** мы проплы́ли/прошли́ 150 миль.
2 (*control navigation of*) управля́ть (*impf*) + *i*; **~ toy boats** пуска́ть (*impf*) кора́блики.
● *vi* **1** пл|а́вать (*indet*), -ыть (*det*), поплы́ть (*pf*); **the new yacht ~s well** у но́вой я́хты хоро́ший ход; **~ close to the wind** (*lit*) идти́/плыть (*det*) кру́то к ве́тру; (*fig*) вступ|а́ть, -и́ть на опа́сный путь; **the ship ~ed into harbour** (*Br*), **harbor** (*US*) кора́бль вошёл в га́вань; **we ~ed out to sea** мы вы́шли в мо́ре; **they ~ed up the coast** они́ плы́ли вдоль бе́рега.
2 (*start a voyage*) отпл|ыва́ть, -ы́ть; (*of freight*): **the goods ~ed from London yesterday** това́р был отпра́влен из Ло́ндона вчера́.
3 (*fig, move gracefully, smoothly*) плыть (*det*); пла́вно дви́гаться (*impf*); пропл|ыва́ть, -ы́ть; **he ~ed through** (*made light work of*) **the exams** он с лёгкостью (*or* без труда́) сдал экза́мены; **~ into** (*coll, attack*) набр|а́сываться, -о́ситься на + *a*.
4 (*of birds*) пари́ть (*impf*); (*of clouds*) плыть (*det*); **the clouds ~ed by** проплыва́ли облака́.
● *cpds* **~boat** *n* (*US*) па́русная ло́дка; **~cloth** *n* паруси́на; **~maker** *n* па́русный ма́стер; **~plane** *n* пла́нер.

sailboard /ˈseɪlbɔːd/ *n* виндсёрф(ер).

sailboarder /ˈseɪlbɔːdə(r)/ *n* виндсёрфинги́ст.

sailboarding /ˈseɪlbɔːdɪŋ/ *n* виндсёрфинг.

sailer /ˈseɪlə(r)/ *n*: **a fast, good ~** быстрохо́дное су́дно.

sailing /ˈseɪlɪŋ/ *n* **1** (*act of* **~**) пла́вание; (*navigation*) судохо́дство; (*directing a vessel*) судовожде́ние, кораблевожде́ние; (*as sport*) па́русный спорт. **2** (*departure*) отхо́д, отплы́тие; (*voyage*) рейс; **list of ~s** расписа́ние парохо́дного движе́ния. **3** (*fig, progress*): **it was plain ~** всё шло как по ма́слу.
● *cpds* **~ boat** *n* (*Br*) па́русная ло́дка; **~ master** *n* шту́рман; **~ ship** *n* па́русное су́дно, па́русник.

sailor /ˈseɪlə(r)/ *n* **1** (*seaman*) моря́к, матро́с; **~'s cap** (матро́сская) бескозы́рка; **~ top** матро́ска. **2**: **he is a bad ~** он пло́хо перено́сит ка́чку (на мо́ре).

sainfoin /ˈseɪnfɔɪn, ˈsæn-/ *n* (*bot*) эспарце́т (посевно́й/виколи́стный).

saint /seɪnt, sənt/ *n* свято́й; (*virtuous person*) пра́ведник; **my ~'s day** мои́ имени́н|ы (*pl, g* —); **patron ~** свято́й покрови́тель (*fem* свята́я покрови́тельница); **it's enough to try the patience of a ~** э́то и а́нгела из терпе́ния вы́ведет; **S~ Bernard** (*dog*) сенберна́р; **S~ John's wort** зверобо́й; **S~ Valentine's Day** день свято́го Валенти́на; **S~ Vitus's dance** пля́ска свято́го Ви́тта; **All S~s' (Day)** пра́здник всех святы́х.
● *cpd* **~like** *adj* свято́й, а́нгельский.

sainthood /ˈseɪnthʊd/ *n* свя́тость.

saintliness /ˈseɪntlɪnɪs/ *n* свя́тость, безгре́шность.

saintly /ˈseɪntlɪ/ *adj* (**saintlier, saintliest**) свято́й; безгре́шный.

sake[1] /seɪk/ *n*: **for the ~ of** ра́ди + *g*; **for God's/heaven's/goodness ~** ра́ди бо́га (*or* всего́ свято́го); **for one's own ~** для себя́; ра́ди себя́; **for all our ~s** ра́ди всех нас; **art for art's ~** иску́сство для/ра́ди иску́сства; **for old times' ~** по ста́рой па́мяти; **he talks for the ~ of talking** он говори́т про́сто так, что́бы поболта́ть.

sake[2] /ˈsɑːkɪ/ *n* (*Japanese drink*) саке́ (*nt indecl*).

Sakhalin /ˌsæxəˈliːn/ *n* Сахали́н.

salable /ˈseɪləb(ə)l/ = **sal(e)able**

salacious /səˈleɪʃəs/ *adj* (*indecent*) непристо́йный, скабрёзный.

S

salacity /sə'læsɪtɪ/ *n* непристóйность, скабрёзность.

salad /'sæləd/ *n* **1** салáт; **fruit ~** фруктóвый салáт; **Russian ~** салáт оливьé. **2** (*fig*): **in my ~ days** в пóру моéй рáнней ю́ности.
● *cpds* **~ bowl** *n* салáтница; **~ dressing** *n* заправка для салáта.

salamander /'sælə,mændə(r)/ *n* саламáндра.

salami /sə'lɑ:mɪ/ *n* (*pl* **~s**) копчёная колбасá, салями (*f indecl*).

sal ammoniac /,sæl ə'məʊnɪ,æk/ *n* нашатырь (*m*).

salaried /'sælərɪd/ *adj* (*person, post*) штáтный, оплáчиваемый.

salary /'sælərɪ/ *n* оклáд, зарплáта.

sale /seɪl/ *n* **1** продáжа, сбыт; **be on, for ~** имéться (*impf*) в продáже; **'house for ~'** (*as notice*) «продаётся дом»; **put up for ~** выставля́ть, вы́ставить на продáжу; **the ~s were enormous** спрос был колоссáльный; **~** (*selling*) **price** продáжная ценá; **~s clerk** (*US, shop assistant*) продав|éц (*fem* -щи́ца); **~s department** отдéл сбы́та; **~s manager** мéнеджер по сбы́ту; **~s talk** реклáма, реклами́рование; **~s tax** налóг на продáжу.
2 (*event*): **auction ~** продáжа с аукциóна; (*clearance* **~**) распродáжа; **~** (*reduced*) **price** сни́женная ценá, ценá со ски́дкой.
● *cpds* **~room** *n* (*Br*) аукциóнный зал; **~sgirl, ~slady** *nn* = **~swoman**; **~sman** *n* (*pl* **~smen**) (*in shop*) продавéц; (*travelling door-to-door*) коммивояжёр; торгóвый агéнт; **~smanship** *n* умéние/искýсство продавáть; **~swoman** (*pl* **~swomen**), **~slady, ~sgirl** *nn* (*in shop*) продавщи́ца.

sal(e)able /'seɪləb(ə)l/ *adj* ходовóй, хóдкий (*coll*).

salient /'seɪlɪənt/ *n* (*in fortifications*) вы́ступ; (*in line of attack or defence*) вы́ступ, клин.
● *adj* (*jutting out*) выдаю́щийся, выступáющий; (*fig*) выдаю́щийся, я́ркий.

saline /'seɪlaɪn/ *n* (*solution*) соля́ной раствóр; (*med*) физиологи́ческий раствóр.
● *adj* солёный, соляно́й; **~ spring** солёный истóчник; **~ solution** соляно́й раствóр.

salinity /sə'lɪnɪtɪ/ *n* солёность.

saliva /sə'laɪvə/ *n* слюнá.

salivary /sə'laɪvərɪ, 'sælɪvərɪ/ *adj* слю́нный.

salivate /'sælɪ,veɪt/ *vi* выделя́ть, вы́делить слюну́.

salivation /,sælɪ'veɪʃ(ə)n/ *n* слюнотечéние.

sallow[1] /'sæləʊ/ *n* (*Br, bot*) (*goat willow*) и́ва кóзья, бреди́на, раки́та; (*grey willow*) и́ва пéпельная.

sallow[2] /'sæləʊ/ *adj* (**sallower, sallowest**) болéзненно-жёлтый.

sallowness /'sæləʊnɪs/ *n* желтизнá.

sally /'sælɪ/ *n* **1** (*mil*) вы́лазка; (*fig, excursion*) прогу́лка, экскýрсия, похóд. **2** (*witty remark*) острóта.
● *vi*: **~ forth, out** (*mil*) дéлать, с- вы́лазку; (*fig*) отпр|авля́ться, -áвиться.

salmon /'sæmən/ *n* (*pl* **~** *or esp of types* **~s**) лосóсь (*m*); сёмга; **~ trout** (*Br*) лосóсь-таймéнь (*m*), кýмжа; (*US*) кристивóмер, североамерикáнский озёрный голéц.
● *adj* **1** лососёвый. **2** (*colour*) орáнжево-рóзовый.

salmonella /,sælmə'nelə/ *n* сальмонéлла.

salon /'sælɒn, -lɔ̃/ *n* салóн, ательé (*indecl*).

saloon /sə'lu:n/ *n* (*on ship*) салóн, каю́т-компáния; **billiard ~** бильярдная; **~ (bar)** (*Br*) бар; **~ (car)** (*Br*) седáн.

salopettes /'sælə,pets/ *n pl* полукомбинезóн (*брюки с высокой талией на лямках: утеплённые — для лыжных походов, рыбалки и т. п.; обычные — рабочая одежда*).

salsify /'sælsɪfɪ, -,faɪ/ *n* (*bot*) козлобóрдник порееля́стный, бéлый овся́ный кóрень.

SALT /sɔ:lt, sɒlt/ *n* (*abbr of* ***Strategic Arms Limitation Talks***) переговóры (об/по) ОСВ; переговóры об ограничéнии (*or* по ограничéнию) стратеги́ческих вооружéний; **~ II** переговóры (по/об) ОСВ-2.

salt /sɔ:lt, sɒlt/ *n* **1** соль; **bath ~s** ароматические сóли (*f pl*) для вáнны; **cooking ~** повáренная/столóвая соль; **rock ~** кáменная соль; **sea ~** морскáя соль; **smelling ~s** ню́хательная соль; **table ~** столóвая соль; **in ~** (*pickled*) солёный; **take sth with a grain of ~** отн|оси́ться, -ести́сь скепти́чески к чемý-н.; **rub ~ into s.o.'s wounds** (*fig*) растрав|ля́ть, -и́ть (*or* сы́пать (*impf*) соль на) чьи-н. рáны; **the ~ of the earth** соль земли́.
2: **old ~** (*sailor*) (стáрый) морскóй волк.
● *adj* (*salty, salted*) солёный; (*pertaining to the production of* **~**) соляно́й; **~ tears** гóрькие слёзы; **~ water** морскáя водá; **~ beef** солони́на.
● *vt* **1** (*cure in brine*) соли́ть, за-; **~ed meat** солони́на.
2 (*sprinkle with* **~**) соли́ть, по-.
3: **~ away** (*fig, coll, put in safe keeping*) копи́ть, на-; склáдывать (*impf*) в кубы́шку.
4 (*fig, flavour*): **his conversation was ~ed with humour** (*Br*), **humor** (*US*) егó разговóр был сдóбрен изря́дной дóзой ю́мора.
● *cpds* **~ cellar** *n* солóнка; **~ lake** *n* солёное óзеро; **~ lick** *n* соляно́й учáсток/истóчник; **~ marsh** *n* солончáк; **~ mine** *n* соляная шáхта; **~water** *adj*: **~water fish** морскáя ры́ба; **~water lake** солёное óзеро; **~ works** *n pl* солевáрня.

saltiness /'sɔ:ltɪnɪs, 'sɒl-/ *n* солёность.

saltpetre /,sɒlt'pi:tə(r), ,sɔ:lt-/ (*US* **saltpeter**) *n* сели́тра.

salty /'sɔ:ltɪ, 'sɒl-/ *adj* (**saltier, saltiest**) (*lit, fig*) солёный; **too ~** пересóленный.

salubrious /sə'lu:brɪəs, sə'lju:-/ *adj* (*healthy*) здорóвый; (*curative*) целéбный, цели́тельный.

salutary /'sæljʊtərɪ/ *adj* (*beneficial*) благотвóрный; **a ~ lesson** полéзный урóк; **a ~ warning** полéзное предостережéние; (*salubrious*) целéбный, цели́тельный.

salutation /,sælju:'teɪʃ(ə)n/ *n* привéтствие.

salute /sə'lu:t, -'lju:t/ *n* **1** (*mil, naut*) отдáние чéсти; вóинское привéтствие; **give, make a ~** отд|авáть, -áть честь; **take the ~** прин|имáть, -я́ть парáд; (*with guns*) салю́т; **a ~ of 6 guns** салю́т из шести́ зáлпов; (*in fencing*) салю́т, привéтствие. **2** (*fig*) привéтствие, дань (*комý*).
● *vt* **1** отд|авáть, -áть честь (*комý*); салютовáть (*impf, pf*) (*комý/чемý*); **they ~d the Queen's birthday with 21 guns** они́ произвели́ салю́т из двадцати́ одногó орýдия в честь дня рождéния королéвы. **2** (*greet*) привéтствовать (*impf, pf*).
● *vi* отд|авáть, -áть честь.

Salvadorean /,sælvə'dɔ:rɪən/ *n* сальвадóр|ец (*fem* -ка).
● *adj* сальвадóрский.

salvage /'sælvɪdʒ/ *n* **1** (*the saving of a ship or property*) спасéние (имýщества); (*what is saved*) спасённое имýщество; спасённый груз *и т. п.*; (**~** *money*) вознаграждéние/нагрáда за спасённое имýщество. **2** (*saving waste paper, metal, etc.*) сбор ути́ля.
● *vt* (*also* **salve**) (*save*) спас|áть, -ти́; (*preserve*) сохран|я́ть, -и́ть.

salvation /sæl'veɪʃ(ə)n/ *n* спасéние (души́), избавлéние; **S~ Army** Áрмия спасéния; (*person that saves*) спаси́тель (*m*), избави́тель (*m*); (*thing that saves*) спасéние; **you have been the ~ of him** вы егó спасли́; **work was my ~** рабóта былá мои́м спасéнием.

salve[1] /sælv, sɑ:v/ *n* (*lit*) целéбная мазь; (*lit, fig*) бальзáм.
● *vt* (*fig, soothe; smooth over*) врачевáть (*impf*); успок|áивать, -óить.

salve[2] /sælv, sɑ:v/ = **salvage** *vt*

salver /'sælvə(r)/ *n* (серéбряный) поднóс.

salvo /'sælvəʊ/ *n* (*pl* **~es** *or* **~s**) (*of guns*) залп; **fire a ~** да|вáть, -ть залп; (*of bombs*) бóмбовый удáр; (*of questions, applause*) взрыв.

sal volatile /,sæl vɒ'lætɪlɪ/ *n* ню́хательная соль.

Samaritan /sə'mærɪt(ə)n/ *n*: **good ~** дóбрый самаритя́нин.
● *adj* самаритя́нский.

samba /'sæmbə/ *n* сáмба.

same /seɪm/ *adj* тот же (сáмый); такóй же; оди́н (и тот же); (*unvarying*) одинáковый, неизмéнный, рóвный; **they are one and the ~ person** э́то оди́н и тот же человéк; **not the ~** другóй; **is that the ~ man we saw yesterday?** э́то тот же человéк, котóрого мы ви́дели вчерá?; **the ~ old excuses** всё те же отговóрки; **I lived in the ~ house as he** я жил в однóм дóме с ним; **we are the ~ age**

мы одних лет (*or* одного во́зраста); **the ~ thing** то же са́мое; **in the ~ way** таки́м/подо́бным же о́бразом; **at the ~ time** в то же вре́мя, одновре́ме́нно; (*however*) в то же вре́мя, ме́жду тем; **at the ~ time every evening** ка́ждый ве́чер в оди́н и тот же час; **men and women receive the ~ wages** мужчи́ны и же́нщины получа́ют одина́ковую зарпла́ту; **the village looks just the ~ as ever (it did)** дере́вня вы́глядит тако́й же, как всегда́; **it's the ~ everywhere** везде́ одина́ково; **things were never the ~ again** по́сле э́того всё бы́ло ина́че; **I'm not the ~ man that I was** я не тако́й, как (*or* каки́м был) пре́жде; **it comes to the ~ thing** э́то одно́ и то же.
● *pron* тот же (са́мый); **it's all the ~ to me** мне всё равно́; **I'd do the ~ again** я бы опя́ть сде́лал то же са́мое; **~ again, please!** то же са́мое, пожа́луйста!; **... and the ~ to you!** ... и вам та́кже (*or* того́ же)!
● *adv*: **I don't feel the ~ towards him** я измени́л своё отноше́ние к нему́; **all the ~** (*nevertheless*) всё-таки; всё равно́; всё же; **just the ~** (*despite that*) тем не ме́нее; **~ here!** я то́же!

sameness /ˈseɪmnɪs/ *n* (*identity*) то́ждество; (*uniformity*) единообра́зие; (*monotony*) однообра́зие.

Sami /ˈsɑːmɪ/ *n pl* саа́ми (*cg indecl*).
● *adj* саа́мский.

Samoa /səˈməʊə/ *n* Само́а (*nt indecl*).

Samoan /səˈməʊən/ *n* (*person*) самоа́н|ец (*fem* -ка); (*language*) самоа́нский язы́к.
● *adj* самоа́нский.

samovar /ˈsæməˌvɑː(r)/ *n* самова́р.

sample /ˈsɑːmp(ə)l/ *n* (*comm, fig*) образе́ц, приме́р, обра́зчик; (*med*) про́ба; **take a ~ of sth** *see vt*.
● *vt* брать, взять образе́ц + *g*; (*wine, food, etc.*) про́бовать, по-; (*try out*) про́бовать, по-.

sampler /ˈsɑːmplə(r)/ *n* (*embroidery*) ≈ вы́шивка.

sampling /ˈsɑːmplɪŋ/ *n* (*in statistics*) вы́борка.

samurai /ˈsæmʊˌraɪ, -jʊˌraɪ/ *n* (*pl* ~) самура́й.

sanatori|um /ˌsænəˈtɔːrɪəm/ (*US* **sanitarium**) *n* (*pl* **~ums** *or* **~a**) санато́рий; **at a ~** в санато́рии.

sanctification /ˌsæŋktɪfɪˈkeɪʃ(ə)n/ *n* освяще́ние; оправда́ние.

sanctify /ˈsæŋktɪˌfaɪ/ *vt* освя|ща́ть (*or* святи́ть), -ти́ть; (*justify*) опра́вд|ывать, -а́ть.

sanctimonious /ˌsæŋktɪˈməʊnɪəs/ *adj* ха́нжеский; **~ person** ханжа́ (*cg*).

sanctimoniousness /ˌsæŋktɪˈməʊnɪəsnɪs/ *n* ха́нжество.

sanction /ˈsæŋkʃ(ə)n/ *n*
1 (*authorization, permission*) са́нкция; **official ~ has not been given** официа́льной са́нкции (*or* официа́льного разреше́ния) нет; (*approval*) одобре́ние; **without his ~** без его́ согла́сия. **2** (*penalty*) са́нкция, ме́ра наказа́ния. **3** (*moral, relig, pol*) са́нкция.
● *vt* (*authorize*) санкциони́ровать (*impf, pf*); (*approve*) од|обря́ть, -обри́ть.

sanctity /ˈsæŋktɪtɪ/ *n* (*holiness, saintliness*) свя́тость; (*inviolability*) неприкоснове́нность.

sanctuary /ˈsæŋktjʊərɪ/ *n* **1** (*holy place*) святи́лище. **2** (*part of church*) алта́рь (*m*). **3** (*asylum, refuge*) убе́жище. **4** (*for wild life*) запове́дник; **bird ~** пти́чий запове́дник.

sanctum /ˈsæŋktəm/ *n* (*pl* **~s**) святи́лище; (*fig, 'den'*) прибе́жище.

sand /sænd/ *n* **1** песо́к; **grain of ~** песчи́нка; **the ~s are running out** дни сочтены́.
2 (*in pl, beach*) (песча́ный) пляж.
● *vt* (*sprinkle with* ~) пос|ыпа́ть, -ы́пать песко́м; (*polish; also* **~ down**) шлифова́ть, от-.
● *cpds* **~bag** *n* мешо́к с песко́м, балла́стный мешо́к; **~bank** *n* песча́ная о́тмель/ба́нка; **~bar** *n* песча́ная о́тмель (в у́стье реки́); **~blast** *n* песча́ная струя́; *vt* подв|ерга́ть, -е́ргнуть пескостру́йной обрабо́тке; **~blaster** *n* пескостру́йный аппара́т; **~box** (*railways*) *n* песо́чница; **~boy** *n*: **happy as a ~boy** беззабо́тный; **~castle** *n* за́мок из песка́ (*or* на песке́); **~ dune** *n* дю́на; **~ eel** *n* песчи́нка; **~glass** *n* песо́чные час|ы́ (*pl, g* -о́в); **~man** *n* (*no pl*) ≈ дрёма, дремо́та; **~ martin** *n* берегова́я ла́сточка; **~paper** *n* (шлифова́льная) шку́рка, нажда́чная бума́га; *vt* чи́стить, за- (*or* шлифова́ть, от-) шку́ркой; **~piper** *n* песо́чник (*птица*); **~pit** *n* (*quarry*) песча́ный карье́р; (*Br, for children*) песо́чница; **~shoes** *n pl* спорти́вные та́почки (*f pl*); **~stone** *n* песча́ник; **~storm** *n* песча́ная бу́ря.

sandal¹ /ˈsænd(ə)l/ *n* (*footwear*) санда́лия.

sandal² /ˈsænd(ə)l/ *n* (**~ wood**) санда́л.
● *cpd* **~ tree** *n* санда́ловое де́рево.

sander /ˈsændə(r)/ *n* (*large*) шлифова́льный стано́к; (*smaller*) шлифова́льный инструме́нт.

sandwich /ˈsænwɪdʒ, -wɪtʃ/ *n* бутербро́д; **ham ~** бутербро́д с ветчино́й; **open ~** откры́тый бутербро́д (*с одним куском хлеба*); **~ bar** бутербро́дная.
● *vt* (*insert*) вти́с|кивать, -нуть; (*squeeze*) сти́с|кивать, -нуть; заж|има́ть, -а́ть; **his car was ~ed between two lorries** его́ маши́на была́ зажа́та ме́жду двумя́ грузовика́ми.
● *cpds* **~ boards** *n pl* рекла́мные щиты́ (*m pl*); **~ course** *n* (*Br*) курс обуче́ния, чередующий тео́рию с пра́ктикой; **~ man** *n* (*pl* **~ men**) челове́к-рекла́ма.

sandy /ˈsændɪ/ *adj* (**sandier, sandiest**) **1** (*consisting of sand*) песча́ный; (*containing or resembling sand*) песо́чный. **2** (*hair*) рыжева́тый.

sane /seɪn/ *adj* (*opp mad*) норма́льный, психи́чески здоро́вый; (*sensible*) разу́мный; (*idea, plan*) здра́вый.

San Francisco /ˌsæn frænˈsɪskəʊ/ *n* Сан-Франци́ско (*m indecl*).

sang /sæŋ/ *past of* ⇨**sing**

sangfroid /sɑ̃ˈfrwɑː/ *n* хладнокро́вие, невозмути́мость.

sangria /sæŋˈgriːə/ *n* са́нгрия.

sanguinary /ˈsæŋgwɪnərɪ/ *adj* крова́вый; (*bloodthirsty*) кровожа́дный.

sanguine /ˈsæŋgwɪn/ *adj* **1** (*of complexion etc.*) румя́ный. **2** (*optimistic*) оптимисти́чный; **I am ~ that we shall succeed** я уве́рен в успе́хе; **I am ~ about the plan** я споко́ен за э́тот прое́кт.

sanitarium /ˌsænɪˈteərɪəm/ (*US*) = **sanatorium**

sanitary /ˈsænɪtərɪ/ *adj* санита́рный, гигиени́ческий; **~ arrangements** сану́зел; **~ inspector** санинспе́ктор; **~ towel** (*Br*), **napkin** (*US*) гигиени́ческая прокла́дка; **~ ware** (керами́ческая) санте́хника.

sanitation /ˌsænɪˈteɪʃ(ə)n/ *n* (*conditions*) санита́рные усло́вия; (*sewage system*) канализацио́нная систе́ма; **the houses had no indoor ~** в дома́х не́ было канализа́ции.

sanity /ˈsænɪtɪ/ *n* (*state of being sane*) здра́вый ум; **I doubt his ~** мне ка́жется, он сошёл с ума́; (*reasonableness*) здравомы́слие.

sank /sæŋk/ *past of* ⇨**sink**

sanserif /sænˈserɪf/ = **sans serif**

Sanskrit /ˈsænskrɪt/ *n* санскри́т; **in ~** на санскри́те.
● *adj* санскри́тский.

sans serif, sanserif /sænˈserɪf/ *n* шрифт без засе́чек (*напр. Arial*).
● *adj* без засе́чек.

Santa Claus /ˈsæntə ˌklɔːz/ *n* (*in Russia*) ≈ Дед Моро́з; (*in Britain, US, etc.*) Са́нта-Кла́ус.

sap¹ /sæp/ *n* (*of plants*) сок.
● *vt* (**sapped, sapping**) (*fig*): **~ s.o.'s strength** истощ|а́ть, -и́ть чьи-н. си́лы.

sap² /sæp/ *n* (*mil, trench*) са́па; глубо́кий око́п.
● *vt* (**sapped, sapping**) (*mil*) подк|а́пывать, -опа́ть.

sap³ /sæp/ *n* (*US sl, simpleton*) проста́к.

sapience /ˈseɪpɪəns/ *n* му́дрость.

sapient /ˈseɪpɪənt/ *adj* (*wise*) му́дрый.

sapling /ˈsæplɪŋ/ *n* (*tree*) молодо́е де́ревце.

sapper /ˈsæpə(r)/ *n* (*mil*) сапёр; (*in pl*) инжене́рные войска́.

sapphire /ˈsæfaɪə(r)/ *n* (*stone*) сапфи́р; (*colour*) лазу́рь.
● *adj* сапфи́рный; (*colour*) лазу́рный, сапфи́ровый.

sappy /ˈsæpɪ/ *adj* (**sappier, sappiest**) со́чный; (*fig*) по́лный жи́зненных сил; в соку́.

saraband /ˈsærəˌbænd/ *n* сараба́нда (*танец*).

Saracen /ˈsærəs(ə)n/ *n* сараци́н (*fem* -ка).
● *adj* сараци́нский.

Sarajevo /ˌsærəˈjeɪvəʊ/ *n* Сара́ево.

sarcasm /ˈsɑːˌkæz(ə)m/ *n* сарка́зм.

sarcastic /sɑːˈkæstɪk/ *adj* саркасти́ческий.

sarcoma /sɑːˈkəʊmə/ *n* (*pl* **~s** *or* **~ta**) сарко́ма.

sarcopha|gus /sɑːˈkɒfəgəs/ *n* (*pl* **~i** /-ˌgaɪ, -ˌdʒaɪ/) саркофа́г.

sardine /sɑːˈdiːn/ *n* сарди́н(к)а; **packed like ~s** (наби́ты) как се́льди в бо́чке.

Sardinia /sɑːˈdɪnɪə/ *n* Сарди́ния.

sardonic /sɑːˈdɒnɪk/ *adj* зло́бно-насме́шливый, язви́тельный.

Sargasso /sɑːˈgæsəʊ/ *n*: **the ~ Sea** Савга́ссово мо́ре.

sari /ˈsɑriː/ *n* (*pl* **~s**) са́ри (*nt indecl*) (*индийская национальная женская одежда*).

sarong /səˈrɒŋ/ *n* саро́нг (*малай(зий)ская/индонезийская национальная одежда*).

SARS /sɑːz/ *n* (*abbr of* ***severe acute respiratory syndrome***) атипи́чная пневмони́я, САРС (тяжёлый о́стрый респирато́рный синдро́м).

sarsaparilla /ˌsɑːsəpəˈrɪlə/ *n* (*bot*) сассапари́ль, сассапаре́ль, сарсапаре́ль (*all m*).

sartorial /sɑːˈtɔːrɪəl/ *adj* (*pertaining to tailoring*) портня́жный; **~ elegance** изя́щество в оде́жде.

SAS (*abbr of* ***Special Air Service***) спецслу́жба ВВС.

SASE (*abbr of* ***self-addressed stamped envelope***) (*US*) конве́рт с ма́ркой и обра́тным а́дресом.

sash[1] /sæʃ/ *n* (*round waist*) куша́к, по́яс; (*over shoulder*) (о́рденская) ле́нта.

sash[2] /sæʃ/ *n* (*of window*) скользя́щая ра́ма (*окна*).
● *cpd* **~ window** *n* подъёмное окно́, окно́ с подъёмной ра́мой.

> **SAT**
>
> 1 (Scholastic Aptitude Test) Тест, успе́шная сда́ча кото́рого необходи́ма для поступле́ния в америка́нские университе́ты. Обы́чно его́ сдаю́т при оконча́нии сре́дней шко́лы.
>
> 2 (Standard Assessment Test) Экза́мен, кото́рый сдаю́т все шко́льники А́нглии и Уэ́льса в во́зрасте 7, 11 и 14 лет.

sat /sæt/ *past and pp of* ⇒**sit**

Satan /ˈseɪt(ə)n/ *n* Сатана́ (*m*).

satanic /səˈtænɪk/ *adj* сатани́нский, а́дский.

satanism /ˈseɪtəˌnɪz(ə)m/ *n* сатани́зм.

satanist /ˈseɪtənɪst/ *n* сатани́ст.

satchel /ˈsætʃ(ə)l/ *n* су́мка, ра́нец; (шко́льный) портфе́ль.

sate /seɪt/ *vt* (*literary*) нас|ыща́ть, -ы́тить; **~d with pleasure** пресы́щенный наслажде́ниями.

sateen /sæˈtiːn/ *n* сати́н.

satellite /ˈsætəˌlaɪt/ *n* **1** (*moon*) спу́тник, сателли́т; (*artificial body*) (иску́сственный) спу́тник; **manned ~** обита́емый (иску́сственный) спу́тник; **~ dish** спу́тниковая анте́нна, (*coll*) таре́лка; **~ navigation** (*device on a car*) = **satnav**; **~ town** го́род-спу́тник; **~ (radio) link-up** радиомо́ст; **~ (TV) link-up** телемо́ст; **~ television broadcasting** спу́тниковое телеви́дение. **2** (*fig*) сателли́т.
● *adj* вспомога́тельный, подчинённый.

satiate /ˈseɪʃɪˌeɪt/ *vt* нас|ыща́ть, -ы́тить.

satiety /səˈtaɪɪtɪ/ *n* насыще́ние, сы́тость; (*over abundance*) пресыще́ние; **to ~** до́сыта.

satin /ˈsætɪn/ *n* атла́с.
● *adj* атла́сный.
● *cpd* **~wood** *n* атла́сное де́рево.

satinet(te) /ˌsætɪˈnet/ *n* сатине́т.

satiny /ˈsætɪnɪ/ *adj* атла́сный, шелкови́стый.

satire /ˈsætaɪə(r)/ *n* сати́ра.

satiric(al) /səˈtɪrɪk, səˈtɪrɪk(ə)l/ *adj* сатири́ческий.

satirist /ˈsætərɪst/ *n* сати́рик.

satirize /ˈsætɪˌraɪz/ *vt* высме́ивать, вы́смеять.

satisfaction /ˌsætɪsˈfækʃ(ə)n/ *n* **1** удовлетворе́ние, удовлетворённость; (*pleasure*) удово́льствие; **the work was done to my entire ~** я был по́лностью удовлетворён вы́полненной рабо́той; **I wanted to know for my own ~** я хоте́л сам удостове́риться; **you have the ~ of knowing you are right** вы мо́жете удовлетвори́ться созна́нием со́бственной правоты́. **2** (*payment of debt*) упла́та, погаше́ние; (*fig*) распла́та. **3** (*compensation*) компенса́ция.

satisfactory /ˌsætɪsˈfæktərɪ/ *adj* удовлетвори́тельный, хоро́ший; (*successful*) уда́чный; (*convincing*) убеди́тельный.

satisf|y /ˈsætɪsˌfaɪ/ *vt*
1 удовлетвор|я́ть, -и́ть; **the compromise ~ies everyone** компроми́сс удовлетворя́ет всех; **~y one's hunger** утол|я́ть, -и́ть го́лод; **nothing ~ies him** ниче́м ему́ не угоди́шь; **he ~ied the examiners** (*Br*) он вы́держал экза́мен; **a ~ied customer** дово́льный клие́нт; **he won't be ~ied until he has had an accident** он то́лько тогда́ успоко́ится, когда́ попадёт в беду́ (*or* сде́лается же́ртвой несча́стного слу́чая).
2 (*justify*): **the result ~ied our expectations** результа́т оправда́л на́ши ожида́ния.
3 (*convince*) убе|жда́ть, -ди́ть; **I ~ied him of my innocence** я убеди́л его́ в мое́й невино́вности; **I ~ied myself of his honesty** я убеди́лся в его́ че́стности.
4 (*pay*): **~y a debt** пога|ша́ть, -си́ть долг.
5 (*fulfil*): **~y an obligation** выполня́ть, вы́полнить обяза́тельство.
6 (*meet*): **~y s.o.'s objections** отв|оди́ть, -ести́ чьи-н. возраже́ния.
7 (*of food*): **a ~ying lunch** сы́тный обе́д.

satnav /ˈsætnæv/ *n* спу́тниковая навига́ция.

satphone /ˈsætfəʊn/ *n* спу́тниковый телефо́н.

satrap /ˈsætræp/ *n* сатра́п.

satsuma /sætˈsuːmə/ *n* мандари́н (*японская разновидность*).

saturate /ˈsætʃəˌreɪt, -tjʊˌreɪt/ *vt* нас|ыща́ть, -ы́тить; **the carpet became ~d with water** ковёр пропита́лся водо́й; **I was ~d** (*wet through*) я весь промо́к; **~d solution** насы́щенный раство́р.

saturation /ˌsætʃəˈreɪʃ(ə)n, -tjʊˈreɪʃ(ə)n/ *n* насыще́ние, насы́щенность; **~ bombing** бомбомета́ние со сплошны́м пораже́нием.

Saturday /ˈsætəˌdeɪ, -dɪ/ *n* суббо́та; (*attr*) суббо́тний; **on ~ evening** в суббо́ту ве́чером; **Holy ~** Вели́кая суббо́та.

Saturn /ˈsæt(ə)n/ *n* (*astron, myth*) Сату́рн; **~'s rings** ко́льца (*nt pl*) Сату́рна.

saturnalia /ˌsætəˈneɪlɪə/ *n* (*pl* **~** *or* **~s**) сатурна́лии (*f pl*) (*в Древнем Риме*).

saturnine /ˈsætəˌnaɪn/ *adj* мра́чный, угрю́мый.

satyr /ˈsætə(r)/ *n* сати́р.

sauce /sɔːs/ *n* (*cul*) со́ус, подли́вка; (*Br coll, impertinence*) де́рзость; **none of your ~!** не дерзи́!
● *cpds* **~ boat** *n* со́усник; **~pan** *n* кастрю́ля.

saucer /ˈsɔːsə(r)/ *n* блю́дце; **cup and ~** ча́шка с блю́дцем; **flying ~** лета́ющая таре́лка.

saucy /ˈsɔːsɪ/ *adj* (**saucier, sauciest**) (*cheeky*) де́рзкий, озорно́й; (*Br, coquettish*) коке́тливый; **a ~ little hat** коке́тливая шля́пка.

Saudi /ˈsaʊdɪ/ *n* (*pl* **~s**) сау́дов|ец (*fem* -ка).
● *adj* сау́довский; **~ Arabia** Сау́довская Ара́вия.

sauerkraut /ˈsaʊəˌkraʊt/ *n* ки́слая/ква́шеная капу́ста.

sauna /ˈsɔːnə/ *n* (*also* **~ bath**) са́уна, фи́нская (парна́я) ба́ня.

saunter /ˈsɔːntə(r)/ *n* прогу́лка.
● *vi* идти́ (*det*) не торопя́сь; **~ up and down** проха́живаться, прогу́ливаться (*both impf*).

sausage /ˈsɒsɪdʒ/ *n* (*fat*) сарде́лька; (*thin*) соси́ска, колба́ска; (*large preserved Continental type*) колбаса́.
● *cpds* **~ meat** *n* колба́сный фарш; **~ roll** *n* (*Br*) ≈ пирожо́к с мя́сом (*колбасный фарш, запечённый в тесте*).

sauté /ˈsəʊteɪ/ *n* & *adj* (*cul*) соте́ (*indecl*).
● *vt* (**sautés, sautéd** *or* **sautéed, sautéing**) жа́рить, за- в небольшо́м коли́честве жи́ра.

savage /ˈsævɪdʒ/ *n* дика́р|ь (*fem* -ка).
● *adj* **1** (*primitive*) ди́кий, первобы́тный. **2** (*of animals: fierce*) свире́пый. **3** (*of attack, blow, etc.*) жесто́кий, я́ростный; **his book was ~ly attacked in the press** его́ кни́га подве́рглась свире́пым напа́дкам пре́ссы.
● *vt* (жесто́ко) иск|у́сывать, -уса́ть; (*fig*) раст|ерзывать, -ерза́ть.

savage|ness /ˈsævɪdʒnɪs/, **-ry** /ˈsævɪdʒrɪ/ *nn* ди́кость; свире́пость; жесто́кость.

savanna(h) /səˈvænə/ *n* сава́нна.

savant /ˈsæv(ə)nt, sæˈvɑ̃/ *n* (кру́пный) учёный.

sav|e /seɪv/ *n* (*football etc.*): **the goalkeeper made a brilliant ~e**

вратарь блестяще отбил удар.
● *vt* **1** (*rescue, deliver*) спас|ать, -ти; изб|авлять, -авить; **he ~ed my life** он спас мне жизнь; **she was ~ed from drowning** ей не дали утонуть; **he ~ed the situation** он спас положение; (*protect, preserve*) хранить (*impf*); **God S~e the Queen!** Боже, храни королеву!; **~e face** сохранить/спасти (*pf*) лицо.
2 (*put by*) беречь, с-; от|кладывать, -ложить; копить, на-; **I ~ed (up) £100 towards a holiday** я скопил 100 фунтов на отпуск; **~e me something to eat!** оставьте/приберегите мне что-нибудь поесть!; (*collect*) соб|ирать, -рать; (*avoid using or spending*) экономить, с-; **~e expense** избе|гать, -жать затрат; **he took the bus to ~e time** он поехал автобусом, чтобы сэкономить время; **he is ~ing himself (*or* his strength) for the next race** он бережёт силы для следующего соревнования; **we will ~e the cake for tomorrow** прибережём пирог на завтра; (*obviate need for, expense of, etc.*) экономить, с-; **that will ~e me £100** я сэкономлю на этом сто фунтов; **it ~ed me a lot of time** это мне сэкономило много времени; **it will ~e you trouble if you come with me** если вы пойдёте со мной, это избавит вас от лишних хлопот; **I ~ed him the trouble of replying** я избавил его от необходимости отвечать; (*comput*) сохран|ять, -ить.
● *vi* экономить, с-; копить (*impf*); **he is ~ing up for a bicycle** он откладывает/копит (деньги) на велосипед.
● *prep* (*literary*) кроме + *g*; без + *g*; **I know nothing of him ~e that he is rich** я ничего о нём не знаю, кроме того, что он богат; **all the men ~e one** все кроме одного (человека).

saver /ˈseɪvə(r)/ *n* (*investor*) вкладчик.

saving /ˈseɪvɪŋ/ *n* **1** (*salvation, rescue*) спасение; **penicillin led to the ~ of many lives** пенициллин спас жизнь многим. **2** (*economy*) экономия; **a ~ of millions of pounds** экономия в миллионы фунтов. **3** (*in pl, money laid by*) сбережения (*nt pl*); **they live on their ~s** они живут на свои сбережения; **~s account** сберегательный счёт; **~s bank** сберегательная касса, сберегательный банк; **he had to draw on his ~s** ему пришлось прибегнуть к своим сбережениям.
● *adj* (*salutary*) спасительный; **~ grace** (*fig*) положительное/спасительное свойство/качество.
● *prep* (*literary*) (*except*) кроме + *g*.

saviour /ˈseɪvjə(r)/ (*US* **savior**) *n* спаситель (*m*); (*Christ*) Спаситель (*m*).

savoir-faire /ˌsævwɑː ˈfeə(r)/ *n* такт.

savor /ˈseɪvə(r)/ (*US*) = **savour**

savory[1] /ˈseɪvərɪ/ *n* садовый чабер.

savory[2] /ˈseɪvərɪ/ (*US*) = **savoury**

savour /ˈseɪvə(r)/ (*US* **savor**) *n* (*taste, flavour*) вкус; (*trace, hint*) привкус; **life lost its ~ for me** жизнь потеряла для меня всякую прелесть.
● *vt* (*sample*) пробовать, по-; (*enjoy*) смаковать (*impf*).
● *vi*: **~ of** иметь (*impf*) привкус + *g*; отдавать (*impf*) + *i* (*coll*); **the letter ~s of jealousy** в письме сквозит ревность.

savoury /ˈseɪvərɪ/ (*US* **savory**) *adj* (*not sweet*) несладкий; (*spicy*) пикантный, острый; **~ omelette** омлет с острой приправой; (*fig*): **a not very ~ district** непригля́дный район.
● *n* (*Br*) пряное блюдо.

savoy /səˈvɔɪ/ *n*: **~ (cabbage)** савойская капуста.

savvy /ˈsævɪ/ (*US*) *n* смекалка (*coll*).
● *vi*: **~?** понятно?; дошло?

saw[1] /sɔː/ *n* (*tool*) пила.
● *vt* (*pp* **sawn** /sɔːn/ *or* **sawed**) пилить (*impf*); распил|ивать, -ить.
● *vi* (*pp* **sawn** /sɔːn/ *or* **sawed**) пилить (*impf*); **this wood ~s easily** это дерево хорошо пилится.
● *with advs*: **~ down** *vt* спил|ивать, -ить; **~ off** *vt* отпил|ивать, -ить; **he ~ed off the branch he was sitting on** (*fig*) он подрубил сук, на котором сидел; **~n-off** (*US* **sawed-off**) **shotgun** обрез; **~ up** *vt* распил|ивать, -ить.
● *cpds* **~ blade** *n* полотно пилы; **~dust** *n* опил|ки (*pl, g* -ок); **~fish** *n* пила-рыба; **~fly** *n* пилильщик (*насекомое*); **~mill** *n* лесопилка; лесопильный завод; **~tooth** *n* зуб (пилы); *adj* зубчатый.

saw[2] /sɔː/ *n* (*maxim*) пословица, поговорка.

saw[3] /sɔː/ *past of* ⇨**see**[2]

sawyer /ˈsɔːjə(r)/ *n* пильщик.

sax /sæks/ (*coll*) = **saxophone**

saxifrage /ˈsæksɪˌfreɪdʒ/ *n* (*bot*) камнеломка.

Saxon /ˈsæks(ə)n/ *n* (*hist*) сакс.
● *adj* саксонский.

Saxony /ˈsæksənɪ/ *n* Саксония.

saxophone /ˈsæksəˌfəʊn/ *n* саксофон.

saxophonist /sækˈsɒfənɪst/ *n* саксофонист (*fem* -ка).

say /seɪ/ *n* (*expression of opinion*): **let s.o. have his ~** да|вать, -ть кому-н. высказаться; **we had no ~ in the matter** с нашим мнением в этом деле не считались; **he likes to have a ~** он хочет, чтобы с его мнением считались.
● *vt & i* (*3rd pers sg pres* **says** /sez/; *past and pp* **said** /sed/) **1** говорить, сказать; **he ~s I am lazy** он говорит, что я ленив; **would you ~ I was right?** как по-вашему, я прав?; **why can't he ~ what he means?** почему он не скажет прямо, что он имеет в виду?; **just ~ the word and I'll go** только скажите (слово), и я пойду; **he was asked to ~ something (*or* a few words)** его попросили сказать несколько слов; **~ a good word for** замолвить (*pf*) словечко за + *a*; **as much as to ~** как бы говоря; **he said as much** он примерно так и сказал; **how do you ~ this in English?** как это сказать по-английски?; **I must ~** признаться; **I'll have something to ~ to you about this** на этот счёт я вам кое-что должен сказать; **she is said to be rich** говорят, она богата; **the tree is said to be 100 years old** считается/говорят, что этому дереву сто лет; **there is much to be said on both sides** здесь можно многое сказать и за и против; **there is much to be said for beginning now** многое говорит за то, чтобы начинать теперь; **there is no more to be said** больше нечего сказать; **~ no more!, enough said!** (*coll*) (всё) понятно!; ясно!; **what have you got to ~ for yourself?** что вы можете сказать в своё оправдание?; **he has plenty to ~ for himself** у него хорошо подвешен язык; **there's no ~ing where they might be** кто может сказать, где они (находятся)?; **I couldn't rightly ~** право, не знаю; **I dare ~** пожалуй, наверное, осмелюсь сказать; **how can you ~ such a thing?** как вы можете так(ое) говорить?; **I wouldn't (go so far as to) ~ that** этого я бы не сказал; **didn't I ~ so?** а я что сказал?; **I'll ~!** (*coll*) (*yes indeed*) ещё бы!; **you said it!; you can ~ that again!** (*coll*) вот именно!; то-то и оно!; **you don't ~ (so)!** (*coll*) неужели?; что вы говорите!; **~ when!** скажите, когда достаточно!; **when all is said and done** в конце концов, в конечном счёте; **it ~s something for him that he apologized** то, что он извинился, говорит в его пользу; **~ you are sorry!** проси прощения!; **~ good morning to s.o.** здороваться, по- с кем-н.; **that is to ~** (*in other words; viz.*) то есть; другими словами; иначе говоря; **so to ~** так сказать; **I ~!** (*US* **~!**) (*attracting attention*) послушай(те)!; знаете что?; (*expressing surprise*) скажите!; подумайте!; **so he ~s** если ему верить; **it goes without ~ing** (само собой) разумеется; слов нет; **not to say ...** чтобы не сказать...; **to ~ nothing of** (*not to mention*) не говоря (уж) о + *p*; **well said!** хорошо сказано!
2 (*suppose, assume*): **(let's) ~; shall we ~** скажем; допустим; (*for instance*) например; к примеру; примерно; **I will give you, ~, £100** я вам дам, скажем, сто фунтов; **~ he were here, what then?** допустим, он здесь, что тогда?; **~ it were true** скажем/предположим, что так.
3 (*of inanimate objects: state, indicate*): **what does it ~ in the instructions?** что говорится/сказано в инструкции?; **the Bible ~s** в Библии говорится/сказано; **the signpost ~s London** на указателе написано «Лондон»; **the clock ~s 5 o'clock** часы показывают пять; **the notice ~s the museum is closed** объявление гласит, что музей закрыт.
4 (*formulate, express*): **~ a prayer** произн|осить, -ести молитву; **~ mass** служить, от- обедню; **he said his lesson to the teacher** он ответил урок учителю.
5 (*of reactions*): **~ yes** (*agree*) **to sth** согла|шаться, -ситься на что-н.; **~ yes** (*accept invitation*) принять (*pf*) приглашение; (*grant request*) давать, дать согласие; согла|шаться, -ситься; **~ no** (*refuse invitation*) отк|азываться, -азаться от приглашения; (*refuse request*) отказать(ся) (*pf*); **what do you**

S

~ to a glass of beer? как насчёт кружки пива?; what would you ~ to a game of cards? а не сыграть ли нам в карты?
● *cpd* ~-so *n* (*power of decision*) решающий голос, решающее слово; (*mere assertion*): I would not believe it on his ~-so я бы не стал верить ему на слово.

saying /'seiŋ/ *n* (*adage*) поговорка; as the ~ goes как говорится; (*utterance*) высказывание; the ~s of Confucius высказывания (*nt pl*) Конфуция.

sc. /'saɪlɪ,set, 'ski:lɪ,ket/ = **scilicet**

scab /skæb/ *n* (*on wound*) струп, корка; (*coll, blackleg*) штрейкбрехер.
● *vi* (**scabbed, scabbing**) (*also* ~ **over**) затя|гиваться, -нуться; покр|ываться, -ыться струпьями.

scabbard /'skæbəd/ *n* нож|ны (*pl, g* -ен).

scabby /'skæbɪ/ *adj* (**scabbier, scabbiest**) (*covered with scabs*) покрытый струпьями.

scabies /'skeɪbi:z/ *n* чесотка.

scabious /'skeɪbɪəs/ *n* (*bot*) скабиоза; field ~ коростáвник (полевой).

scabrous /'skeɪbrəs/ *adj* (*indecent*) скабрёзный.

scaffold /'skæfəʊld, -f(ə)ld/ *n* **1** эшафот, плаха; die on the ~ умирать, умереть на эшафоте. **2** = ~**ing**
● *vt* обстр|аивать, -оить лесами.

scaffolding /'skæfəʊldɪŋ, -fəldɪŋ/ *n* лес|á (*pl, g* -óв) (*строительные*).

scald /skɔ:ld, skɒld/ *n* ожóг.
● *vt* **1** ошпáри|вать, -ть; I ~ed my hand я ошпáрил себé рýку; ~ing water крутóй кипятóк; ~ing tears жгýчие слёзы; the tea was ~ing hot чай был óчень горя́чий. **2** ~ milk подогр|евáть, -éть молокó, не доводя́ до кипéния.

scale[1] /skeɪl/ *n* **1** (*of fish, reptile etc.*) чешýйка; (*in pl, collect*) чешуя́. **2** (*on teeth*) (зубнóй) кáмень. **3**: the ~s fell from his eyes (*literary*) пеленá спáла с егó глаз.
● *vt*: ~ a fish чи́стить, по- ры́бу; ~ a boiler сн|имáть, -ять нáкипь с котлá; ~ teeth удал|я́ть, -и́ть зубнóй кáмень.
● *vi* **1** (*form* ~; *also* ~ **over**) образóв|ывать, -áть окáлину/нáкипь. **2** (*come off in flakes; also* ~ **off**) шелуши́ться (*impf*); отп|адáть, -áсть.
● *cpd* ~ **armour** *n* пласти́нчатая бронá.

scale[2] /skeɪl/ *n* **1** (*of balance*) чáш(к)а (весóв); turn the ~ (*lit*): he turned the ~ at 80 kg он вéсил вóсемьдесят килогрáммов; (*fig*): this battle turned the ~ in our favour э́то сражéние склони́ло чáшу весóв в нáшу стóрону. **2** (*in pl, weighing machine*) *see* ⇒~**s**

scale[3] /skeɪl/ *n* **1** (*grading*) шкалá; ~ of charges шкалá расцéнок; centigrade ~ шкалá Цéльсия; social ~ общéственная лéстница. **2** (*of map and fig*) масштáб; draw sth to ~ черти́ть, на- что-н. в масштáбе; ~ drawing масштáбный чертёж; on a large/small ~ в большóм/мáлом масштáбе. **3** (*size*) размéр. **4** (*mus*) гáмма; practise one's ~s разыгр|ывать, -áть гáммы.
● *vt* (*climb*): ~ a wall влез|áть, -ть (*or* зал|езáть, -éзть) на стéну; ~ a mountain вз|бирáться, -обрáться нá гору.
● *with advs*: ~ **down** *vt* пон|ижáть, -и́зить; ум|еньшáть, -éньшить; (*fig*) сокра|щáть, -ти́ть; ~ **up** *vt* пов|ышáть, -ы́сить; увели́чи|вать, -ть.

scales /skeɪlz/ *n pl* (*weighing machine*) вес|ы́ (*pl, g* -óв).

scalene /'skeɪli:n/ *adj* неравносторóнний.

scallion /'skæljən/ *n* (*shallot*) лук-шалóт; (*spring onion*) зелёный лук.

scallop /'skɒləp/ *n* (*mollusc*) гребешóк; (*ornamental edging*) фестóн.
● *vt* (**scalloped, scalloping**) отдéл|ывать, -ать фестóнами.
● *cpd* ~ **shell** *n* рáковина гребешкá.

scallywag /'skælɪ,wæg/ (*US also* **scalawag** /'skælə,wæg/) *n* озорни́к.

scalp /skælp/ *n* кóжа головы́; (*American Indian trophy*) скальп.
● *vt* скальпи́ровать (*impf, pf*).

scalpel /'skælp(ə)l/ *n* скáльпель (*m*).

scalper /'skælpə(r)/ *n* (*US coll*) спекуля́нт.

scaly /'skeɪlɪ/ *adj* (**scalier, scaliest**) (*with scales*) чешу́йчатый; (*flaking*) шелушáщийся.

scam /skæm/ *n* (*sl*) обмáн, надувáтельство.

scamp /skæmp/ *n* шалу́н.

scamper /'skæmpə(r)/ *n* (*quick run*) поспéшное бéгство; he ran off at a ~ он побежáл стремгля́в.
● *vi* мчáться (*impf*), бéгать (*indet*); the dog ~ed off собáка умчáлась; the class ~ed through Shakespeare класс галóпом пробежáл по Шекспи́ру.

scampi /'skæmpɪ/ *n* кревéтки (*f pl*) (*крупные, приготовленные*).

scan /skæn/ *vt* (**scanned, scanning**) **1** (*survey*) обв|оди́ть, -ести́ взгля́дом/ глазáми; he ~ned my face он испыту́юще взгляну́л мне в лицó; (*glance through*) пробе|гáть, -жáть (глазáми). **2** (*comput, med*) скани́ровать (*impf, pf*), (*pf also*) от-. **3** (*TV*) (*channels, during set-up*) искáть (*impf*), на|ходи́ть, -йти́ (*каналы во время настройки*); fast channel ~ning бы́стрый пóиск канáлов; (*switch between TV channels*) переключáть (*impf*) (*каналы во время просмотра*). **4** (*prosody*) анализи́ровать (*impf, pf*) размéр (*строки*).
● *vi* (*prosody*): this line ~s well э́та строкá хорошó ритмизóвана.

scandal /'skænd(ə)l/ *n* (*shocking event*) скандáл; (*disgrace*) позóр, безобрáзие; (*malicious gossip*) спле́тни (*f pl*); create a ~ вызывáть, вы́звать возмущéние; да|вáть, -ть пóвод к спле́тням; it is a ~ э́то безобрáзие; talk ~ спле́тничать (*impf*).

scandalize /'skændə,laɪz/ *vt* шоки́ровать (*impf, pf*).

scandalmonger /'skænd(ə)l ,mʌŋgə(r)/ *n* спле́тни|к (*fem* -ца).

scandalmongering /'skænd(ə)l ,mʌŋgərɪŋ/ *n* спле́тни (*f pl*).

scandalous /'skændələs/ *adj* (*shocking*) скандáльный; (*disgraceful*) позóрный, безобрáзный, возмути́тельный; (*defamatory*) клеветни́ческий.

Scandinavia /,skændɪ'neɪvɪə/ *n* Скандинáвия.

Scandinavian /,skændɪ'neɪvɪən/ *n* скандинáв (*fem* -ка).
● *adj* скандинáвский.

scanner /'skænə(r)/ *n* (*comput, med*) скáнер.

scansion /'skænʃ(ə)n/ *n* сканди́рование; (*metre*) размéр.

scant /skænt/ *adj* (*inadequate*) недостáточный; (*meagre*) ску́дный; with ~ regard for my feelings едвá ли считáясь с моими чу́вствами.

scanty /'skæntɪ/ *adj* (**scantier, scantiest**) ску́дный (*see also* ⇒**scant**); ~ attire ску́дная одéжда; ~ attendance плохáя посещáемость.

scapegoat /'skeɪpgəʊt/ *n* козёл отпущéния.

scapu|la /'skæpjʊlə/ *n* (*pl* ~**lae** /-,li:/ *or* ~**las**) лопáтка.

scar[1] /skɑ:(r)/ *n* шрам, рубéц; (*fig*) след, рáна.
● *vt* (**scarred, scarring**) (*mark with* ~) ост|авля́ть, -áвить шрáмы на + *p*; he was ~red у негó остáлись шрáмы; a face ~red with smallpox лицó, изры́тое óспой.
● *vi* (**scarred, scarring**) (*form* ~; *also* ~ **over**) рубцевáться, за-.

scar[2] /skɑ:(r)/ *n* утёс.

scarab /'skærəb/ *n* (*zool*) скарабéй.

scarce /skeəs/ *adj* (*insufficient*) недостáточный; (*scanty*) ску́дный; (*rare*) рéдкий; coal is ~ here у́голь здесь в дефици́те; butter was ~ during the war во врéмя войны́ был дефици́т (*or* не хватáло) мáсла; money is ~ with them у них ту́го с дéньгами; make o.s. ~ (*coll, make off*) уб|ирáться, -рáться.

scarcely /'skeəslɪ/ *adv* **1** (*barely*) едвá; почти́ не; she is ~ 17 ей едвá испóлнилось семнáдцать лет; I ~ know him я егó почти́ не знáю; я едвá с ним знакóм; (*only just*) тóлько; I had ~ entered the room when the phone rang тóлько я вошёл в кóмнату, как зазвони́л телефóн. **2** (*surely not*): you will ~ maintain that … вряд ли вы стáнете (*or* не стáнете же вы) утверждáть, что… .

scarcity /'skeəsɪtɪ/ *n* **1** (*insufficiency, dearth*) недостáток, нехвáтка, дефици́т; it was a time of great ~ э́то бы́ло врéмя больши́х лишéний. **2** (*rarity*) рéдкость; ~ value стóимость, определя́емая дефици́том.

scare /skeə(r)/ *n* (*fright*) испу́г; give s.o. a ~ пугáть, ис- когó-н.; you did give me a ~ как вы меня́ напугáли!; (*alarm, panic*) пáника; the news created a ~ нóвость вы́звала пáнику.
● *vt* пугáть, ис-; I felt ~d я боя́лся; they were ~d stiff они́ дó смерти перепугáлись.

S

● *vi*: **he does not ~ easily** его́ не так легко́ испуга́ть.
● *with advs*: **~ away, ~ off** *vvt* отпу́г|ивать, -ну́ть; спу́г|ивать, -ну́ть.
● *cpds* **~crow** *n* пу́гало, (огоро́дное) чу́чело; **~monger** *n* паникёр (*fem* -ша).

scarf /skɑːf/ *n* (*pl* **scarves** *or* **~s**) шарф.

scarify /ˈskeərɪˌfaɪ/ *vt* (*surgery, agric*) скарифици́ровать (*impf, pf*); (*fig, criticize*) жесто́ко раскритикова́ть (*pf*).

scarlet /ˈskɑːlɪt/ *n* а́лый цвет.
● *adj* а́лый; **turn ~** (*blush*) гу́сто красне́ть, по-; **~ fever** скарлати́на; **~ woman** блудни́ца.

scarp /skɑːp/ *n* (*steep slope*) круто́й отко́с; (*of fortification*) эска́рп.

scarper /ˈskɑːpə(r)/ *vi* (*Br coll*) = **scram**

scarves /skɑːvz/ *pl of* ⇒**scarf**

scary /ˈskeərɪ/ *adj* (**scarier, scariest**) (*coll*) (*frightening*) стра́шный, жу́ткий.

scathing /ˈskeɪðɪŋ/ *adj* ре́зкий, е́дкий, язви́тельный.

scatological /skætəˈlɒdʒɪk(ə)l/ *adj* (*joke, humour*) гря́зный, похáбный.

scatter /ˈskætə(r)/ *vt* **1** (*throw here and there*) разбр|а́сывать, -оса́ть; (*sprinkle*) расс|ыпа́ть, -ы́пать; пос|ыпа́ть, -ы́пать; **~ seed** разбр|а́сывать, -оса́ть семена́; **toys were ~ed all over the room** игру́шки бы́ли разбро́саны по всей ко́мнате; **he ~ed his papers over the floor** он разброса́л свои́ бума́ги по всему́ по́лу; **they are ~ing gravel on the road** они́ посыпа́ют доро́гу гра́вием.
2 (*passive*): **the area is ~ed with small hamlets** в э́той ме́стности мно́го ма́леньких дереву́шек; **~ed villages** разбро́санные (там и тут) сёла.
3 (*lit, fig, drive away, disperse*) раз|гоня́ть, -огна́ть; рассе́|ивать, -ять; **a shot ~ed the birds** вы́стрел распуга́л птиц; **a wind ~ed the clouds** ве́тер рассе́ял облака́; **a thinly ~ed population** ре́дкое населе́ние.
● *vi* (*disperse*) расс|ыпа́ться, -ы́паться; рассе́|иваться, -яться; (*move off*) ра|сходи́ться, -зойти́сь; **the crowd ~ed** толпа́ разбежа́лась.
● *cpds* **~brain** *n* рази́ня (*cg*); **~brained** *adj* рассе́янный, невнима́тельный.

scatty /ˈskætɪ/ *adj* (**scattier, scattiest**) (*Br coll*) ве́треный.

scavenge /ˈskævɪndʒ/ *vi* (*of people*) ры́ться/копа́ться (*impf*) в отбро́сах; ходи́ть (*impf*) по помо́йкам; (*of animals*) корми́ться, пита́ться (*both impf*) па́далью/отбро́сами.

scavenger /ˈskævɪndʒə(r)/ *n* (*animal*) живо́тное, пита́ющееся па́далью; (*bird*) стервя́тник; (*person*) помо́ечник; челове́к, собира́ющий ве́щи и/или еду́ на помо́йках.

scenario /sɪˈnɑːrɪəʊ, -ˈneərɪəʊ/ *n* (*pl* **~s**) сцена́рий; (*fig*) вариа́нт, сцена́рий; **a worst-case ~** наиху́дший вариа́нт/сцена́рий.

scene /siːn/ *n* **1** (*stage*) сце́на; (*fig*): **appear on the ~** появ|ля́ться, -и́ться на сце́не; **quit the ~** сходи́ть, сойти́ со сце́ны.
2 (*place of action*) ме́сто де́йствия; **the ~ is laid in London** де́йствие происхо́дит в Ло́ндоне.
3 (*place*) ме́сто; **the ~ of the disaster/crime** ме́сто катастро́фы/преступле́ния; **~ of operations** (*mil*) теа́тр вое́нных де́йствий; **change of ~** переме́на обстано́вки.
4 (*subdivision of play*) сце́на; **the duel ~** сце́на дуэ́ли; (*fig, episode, incident*) сце́на; **~s of country life** сце́ны из се́льской жи́зни; **make a ~** устр|а́ивать, -о́ить (*or* зака́т|ывать, -и́ть) сце́ну (*кому*).
5 (*set, decor*) декора́ция; (*fig*): **behind the ~s** за кули́сами.
6 (*view, landscape*) карти́на; **a ~ of destruction** карти́на разруше́ния; **a desolate ~** карти́на запусте́ния.
7 (*milieu*): **on the pop music ~** в ми́ре поп-му́зыки.
● *cpds* **~-painter** *n* (*theatr*) худо́жник-декора́тор; **~-shifter** *n* (*Br, theatr*) рабо́чий сце́ны.

scenery /ˈsiːnərɪ/ *n* (*theatr*) декора́ции (*f pl*); (*landscape*) пейза́ж, вид.

scenic /ˈsiːnɪk/ *adj* **1** (*picturesque*) живопи́сный; **~ beauty** живопи́сность (ландша́фта). **2** (*theatr*) сцени́ческий; **~ effects** сцени́ческие эффе́кты (*m pl*).

scent /sent/ *n* **1** (*odour*) за́пах, арома́т, благоуха́ние.
2 (*perfume*) дух|и́ (*pl, g* -о́в); **use, apply ~** души́ться, на-.
3 (*sense of smell; lit of animals, fig*) чутьё, нюх; (*of people*) обоня́ние.
4 (*trail, also fig*) след; **get on** (*or* **pick up**) **the ~** нап|ада́ть, -а́сть на след; **lose the ~** теря́ть, по- след; (*fig*): **he threw the police off the ~** он сбил поли́цию со сле́да.
● *vt* **1** (*discern by smell, of animals; also fig*) чу́ять, по-; (*of people*) обоня́ть (*impf*).
2 (*sniff*) ню́хать, по-.
3 (*impart odour to*): **roses ~ the air** ро́зы распространя́ют благоуха́ние; **~ed candle** арома́ти́ческая свеча́; **a ~ed rose** благоуха́нная ро́за; **~ed soap** души́стое мы́ло.
● *cpds* **~ bottle** *n* флако́н (для) духо́в; **~ spray** *n* духи́-спре́й (*indecl*), духи́ в аэрозо́ле.

scentless /ˈsentlɪs/ *adj* без за́паха, лишённый арома́та.

scepter /ˈseptə(r)/ (*US*) = **sceptre**

sceptic /ˈskeptɪk/ (*US* **skeptic**) *n* ске́птик.

sceptical /ˈskeptɪk(ə)l/ (*US* **skeptical**) *adj* скепти́ческий; (**~** *about sth*) скепти́чески настро́енный (к + *d*).

scepticism /ˈskeptɪˌsɪz(ə)m/ (*US* **skepticism**) *n* скептици́зм.

sceptre /ˈseptə(r)/ (*US* **scepter**) *n* ски́петр.

schadenfreude /ˈʃɑːdənˌfrɔɪdə/ *n* злора́дство.

schedule /ˈʃedjuːl, ˈske-/ *n* **1** (*list*) спи́сок, пе́речень (*m*); **~ of charges** тари́ф ста́вок/расце́нок.
2 (*plan, timetable*) план, расписа́ние; **flight ~** расписа́ние самолётов; **work ~** гра́фик рабо́ты; **according to ~** соотве́тственно пла́ну; **a full ~** больша́я програ́мма; **be behind ~** оп|а́здывать, -озда́ть; отст|ава́ть, -а́ть от гра́фика; **be ahead of ~** опере|жа́ть, -ди́ть гра́фик; **before ~** ра́ньше вре́мени; **on ~** во́время/то́чно.
● *vt* **1** (*tabulate*) сост|авля́ть, -а́вить спи́сок + *g*; **the house is ~d for demolition** дом (пред)назна́чен на снос; **a ~d flight** регуля́рный рейс.
2 (*time; plan*) рассчи́т|ывать, -а́ть; нам|еча́ть, -е́тить; **we are ~d to finish by May** по пла́ну мы должны́ ко́нчить к ма́ю; **the train is ~d to leave at noon** (по расписа́нию) по́езд отхо́дит в по́лдень.

schema /ˈskiːmə/ *n* (*pl* **~ta** *or* **~s**) схе́ма.

schematic /skɪˈmætɪk, skiː-/ *adj* схемати́ческий; (*stereotyped*) схемати́чный.

schematize /ˈskiːməˌtaɪz/ *vt* схематизи́ровать (*impf, pf*).

schem|e /skiːm/ *n* **1** (*arrangement*) поря́док; **in the ~e of things** в поря́дке веще́й; **colour ~e** цветова́я га́мма; сочета́ние кра́сок. **2** (*plan*) прое́кт, план. **3** (*plot*) про́иск|и (*pl, g* -ов).
● *vi* интригова́ть (*impf*); **he was ~ing to escape** он замышля́л побе́г; **they were ~ing for power** они́ плели́ интри́ги, что́бы доби́ться к вла́сти.

schemer /ˈskiːmə(r)/ *n* интрига́н (*fem* -ка).

scher|zo /ˈskeəˌtsəʊ/ *n* (*pl* **~zos** *or* **~zi** /-tsɪ/) ске́рцо (*indecl*).

schism /ˈsɪz(ə)m, ˈskɪ-/ *n* раско́л; схи́зма.

schismatic /sɪzˈmætɪk, skɪz-/ *adj* раско́льнический.

schist /ʃɪst/ *n* сла́нец.

schizo /ˈskɪtsəʊ/ *n* (*pl* **~s**) (*coll*) шизи́к.
● *adj* психо́ванный.

schizoid /ˈskɪtsɔɪd/ *n* шизо́ид.
● *adj* шизо́идный.

schizophrenia /ˌskɪtsəˈfriːnɪə/ *n* шизофрени́я.

schizophrenic /ˌskɪtsəˈfrenɪk, -ˈfriːnɪk/ *n* шизофре́н|ик (*fem* -и́чка).
● *adj* шизофрени́ческий.

schmaltz /ʃmɔːlts, ʃmælts/ *n* (*sl*) сентимента́льщина.

schmaltzy /ˈsmɔːltsɪ, ˈsmæltsɪ/ *adj* (**schmaltzier, schmaltziest**) (*sl*) сентимента́льный.

schnapps /ʃnæps/ *n* шнапс.

schnitzel /ˈʃnɪtz(ə)l/ *n* шни́цель (*m*).

scholar /ˈskɒlə(r)/ *n* **1** (*learned person*) учёный. **2** (*learner*) учени́к. **3** (*holder of* **~ship**) стипендиа́т (*fem* -ка).

scholarly /ˈskɒləlɪ/ *adj* учёный, академи́ческий; **he has a ~ mind** у него́ нау́чный склад ума́.

scholarship /ˈskɒləʃɪp/ *n* (*erudition*) учёность, эруди́ция; (*scholarly method or outlook*) академи́чность, нау́чность; (*grant*) стипе́ндия.

scholastic /skəˈlæstɪk/ *adj* **1** (*hist*) схоласти́ческий. **2** академи́ческий,

S

учéбный; ~ **institution** учéбное заведéние.

scholasticism /skəˈlæstɪˌsɪz(ə)m/ *n* схолáстика.

school[1] /sku:l/ *n* **1** (*place of education*) шкóла; (*including higher education*) учéбное заведéние; **at** ~ в шкóле; **go to** ~ ходи́ть (*indet*) в шкóлу; учи́ться (*impf*) в шкóле; **teach** ~ (*US*) преподавáть (*impf*) в шкóле; **start** ~ пойти́ (*pf*) в шкóлу; **leave** ~ (*complete course*) кончáть, кóнчить шкóлу; (*abandon* ~) бр|осáть, -óсить шкóлу; **where were you at** ~? где вы учи́лись?; **we were at** ~ **together** мы учи́лись в однóй шкóле; **of** ~ **age** шкóльного вóзраста; ~ **fees** плáта за обучéние; ~ **report** шкóльный тáбель; **boarding** ~ шкóла-интернáт; **boys'/girls'** ~ мужскáя/жéнская шкóла; **public** ~ (*in UK*) чáстная шкóла; (*in US*) общеобразовáтельная шкóла; **grade** ~ (*in US*) начáльная шкóла; **nursery** ~ дéтский сад; **primary** ~ начáльная шкóла; **secondary, high** ~ срéдняя шкóла; **junior/senior** ~ шкóла пéрвой/вторóй ступéни; **evening, night** ~ вечéрняя шкóла; **military** ~ воéнное учи́лище; **vocational** ~ профессионáльно-техни́ческое учи́лище; ~ **of art** худóжественное учи́лище; ~ **of dancing** (*small*) шкóла тáнцев; (*large*) хореографи́ческое учи́лище; (*research centre*) институ́т; (*department of university, branch of study*): ~ **of law** юриди́ческий факультéт; (*Br, in pl, final university examinations*) выпускны́е экзáмены (*m pl*).
2 (*lessons*) заня́тия (*nt pl*), урóки (*m pl*); **there will be no** ~ **today** сегóдня заня́тий/урóков не бу́дет; ~ **finishes at 4** заня́тия/урóки кончáются в 4.
3 (*range of classes*): **the lower/middle/upper** ~ млáдшие/срéдние/стáршие клáссы (*m pl*).
4 (*of art, manners etc.*) шкóла; **the Impressionist** ~ импрессиони́стская шкóла; **he is one of the old** ~ он человéк стáрой шкóлы (*or* стáрого закáла); **there is a** ~ **of thought which says ...** существу́ет учéние, соглáсно котóрому... .
5 (*attr*) шкóльный, учéбный. *See also cpds*.
● *vt* обуч|áть, -и́ть; ~ **a horse** объ|езжáть, -éздить лóшадь.
● *cpds* ~**bag** *n* шкóльная су́мка; (*satchel*) шкóльный рáнец; (*briefcase*) шкóльный портфéль; ~ **board** *n* (*US*) ≈ рáйонный отдéл нарóдного образовáния (*abbr* ронó); ~ **book** *n* учéбник; ~**boy** *n* шкóльник; **S**~ **Certificate** *n* (*hist*) аттестáт зрéлости; ~**children** *n* шкóльники (*m pl*); ~**days** *n pl*: **in my** ~**days** когдá я учи́лся в шкóле; ~**fellow,** ~**mate** *nn* соучени́|к (*fem* -ца), шкóльный товáрищ; ~**girl** *n* шкóльница; ~ **inspector** *n* шкóльный инспéктор; ~**-leaver** *n* (*Br*) выпускни́|к (*fem* -ца); ~**-leaving** *adj*: ~**-leaving age** (*Br*) вóзраст, до котóрого обучéние в шкóле обязáтельно; ~**-leaving certificate** аттестáт зрéлости; ~**master** *n* учи́тель (*m*); ~**mate** *n* = ~**fellow**; ~**mistress** *n* учи́тельница; ~ **pupil** *n* учени́|к (*fem* -ца); шкóльни|к (*fem* -ца); ~**room** *n* класс; клáссная кóмната; ~ **run** *n* путь, котóрый ежеднéвно проделывают роди́тели, отвозя́щие детéй в шкóлу на автомоби́ле; ~**teacher** *n* учи́тель (*fem* -ница); ~**teaching** *n* (*as profession*) педагóгика; (*activity*) преподавáние; ~ **time** *n* (*lesson time*) учéбное врéмя.

school[2] /sku:l/ *n* (*of fish etc.*) кося́к (*рыб*).

schooling /ˈsku:lɪŋ/ *n* (*education*) (об)учéние; (*training*) обучéние, подготóвка; **he had little** ~ емý не довелóсь мнóго учи́ться.

schooner /ˈsku:nə(r)/ *n* (*naut*) шху́на; (*Br, for sherry*) фужéр; (*US, for beer*) большóй пивнóй бокáл.

sciatic /saɪˈætɪk/ *adj* седáлищный.

sciatica /saɪˈætɪkə/ *n* и́шиас.

science /ˈsaɪəns/ *n* **1** (*systematic knowledge*) наýка; **pure/applied** ~ чи́стая/прикладнáя наýка; **moral** ~ э́тика; **social** ~ общéственные наýки.
2 (*natural* ~*s*) естéственные наýки; ~ **fiction** наýчная фантáстика.

scientific /ˌsaɪənˈtɪfɪk/ *adj* наýчный.

scientist /ˈsaɪəntɪst/ *n* учёный (*в области естественных наук*).

sci-fi /ˈsaɪfaɪ/ *n* (*coll*) наýчная фантáстика.
● *adj* наýчно-фантасти́ческий.

scilicet /ˈsaɪlɪˌset, ˈski:lɪˌket/ *adv* (*abbr of* ***scire licet***) т.е. (то есть).

Scilly /ˈsɪlɪ/ *n*: ~ **Isles, Isles of** ~ островá (*m pl*) Си́лли (*indecl*).

scimitar /ˈsɪmɪtə(r)/ *n* ятагáн.

scintilla /sɪnˈtɪlə/ *n* (*fig*) чу́точка, кáпля; **there is not a** ~ **of evidence** нет никаки́х доказáтельств.

scintillat|e /ˈsɪntɪˌleɪt/ *vi* (*lit, fig*) искри́ться (*impf*); блистáть (*impf*); **a book** ~**ing with wit** кни́га, искря́щаяся остроýмием.

scintillation /ˌsɪntɪˈleɪʃ(ə)n/ *n* сверкáние, блеск; (*twinkling*) мерцáние.

scion /ˈsaɪən/ *n* (*of plant*) побéг; (*descendant*) óтпрыск.

scirocco /sɪˈrɒkəʊ/ = **sirocco**

scissor|s /ˈsɪzəz/ *n pl* (*also*, **pair of** ~**s**) нóжниц|ы (*pl, g* —); ~**s and paste** (*fig*) компиля́ция; (*in wrestling, gymnastics*) нóжниц|ы (*pl, g* —).
● *cpds* ~**(s) hold** *n* (*wrestling*) нóжницы.

sclerosis /sklɪəˈrəʊsɪs/ *n* склерóз; **multiple** ~ рассéянный склерóз.

sclerotic /sklɪəˈrɒtɪk/ *adj* склероти́ческий, склероти́чный.

scoff[1] /skɒf/ *n* (*taunt*) насмéшка.
● *vi* смея́ться (*impf*); ~ **at** издевáться/глуми́ться/насмехáться (*all impf*) над + *i*; **he** ~**ed at danger** он смея́лся над опáсностью; **be** ~**ed at** подвергáться (*impf*) насмéшкам; **he was** ~**ed at** над ним смея́лись/издевáлись.

scoff[2] /skɒf/ (*Br coll*) *n* (*food*) жратвá (*sl*).
● *vt & i* жрать, со-.

scoffer /ˈskɒfə(r)/ *n* насмéшник, зубоскáл.

scold /skəʊld/ *vt* брани́ть, вы́-; ругáть, об-.
● *vi* брани́ться, ругáться (*both impf*).

scolding /ˈskəʊldɪŋ/ *n* брань; **I gave him a good** ~ я дал емý хорóший нагоня́й (*coll*); я егó как слéдует отчитáл.

sconce /skɒns/ *n* (*candlestick*) подсвéчник; (*on wall bracket*) бра (*nt indecl*).

scone /skɒn, skəʊn/ *n* ≈ небольшóй кекс.

scoop /sku:p/ *n* **1** (*for grain etc.*) совóк; (*to move earth*) ковш; (*for food*) лóжка; (*for liquids*) черпáк. **2**: ~ **neckline** глубóкое декольтé (*indecl*).
3 (*journalism*) ≈ сенсáция.
● *vt* **1** (*lift with* ~) чéрп|ать, -нýть; зачéрп|ывать, -нýть; (*also* ~ **out**) вычéрпывать, вы́черпать. **2** (*make by* ~*ing*) выдáлбливать, вы́долбить; **he** ~**ed out a hole in the sand** он вы́рыл я́му в пескé. **3** (*win*) выи́грывать, вы́играть; ~ **the pool** заб|ирáть, -рáть (*or* выи́грывать, вы́играть) все взя́тки. **4** (*journalism*) обст|авля́ть, -áвить; обскакáть (*pf*) (*coll*); **they** ~**ed the other papers on this story** они́ обскакáли други́е газéты с э́той сенсáцией/нóвостью.

scoot /sku:t/ *vi* уд|ирáть, -рáть (*coll*).

scooter /ˈsku:tə(r)/ *n* (*child's*) самокáт; (*motor* ~) моторóллер.

scope /skəʊp/ *n* **1** (*range, sweep*) размáх, охвáт; **an undertaking of wide** ~ предприя́тие с ши́роким размáхом; **this is beyond my** ~ э́то вне моéй компетéнции; **this is beyond the** ~ **of our enquiry** э́то выхóдит за предéлы/рáмки нáшего расслéдования. **2** (*outlet, vent*): **the game offers** ~ **for the children's imagination** э́та игрá даёт простóр дéтскому воображéнию; **the project provided** ~ **for his abilities** проéкт дал емý возмóжность разверну́ть свои́ спосóбности.

scorbutic /skɔ:ˈbju:tɪk/ *adj* цинготный.

scorch /skɔ:tʃ/ *vt* (*burn, dry up*) жечь, с-; выжигáть, вы́жечь; ~**ed earth policy** стратéгия вы́жженной земли́; (*clothes etc.*) подпáл|ивать, -и́ть; **the long summer** ~**ed the grass** за дóлгое лéто травá вы́горела.
● *vi* (*coll, drive or ride at high speed*) жáрить (*impf*) (на всю кату́шку) (*coll*).
● *cpd* ~ **mark** *n* подпáлина, ожóг.

scorcher /ˈskɔ:tʃə(r)/ *n* (*coll, hot day*) знóйный день.

score /skɔ:(r)/ *n* **1** (*notch*) зару́бка; (*deep scratch*) глубóкая цaрáпина, борóздá; (*weal on skin*) рубéц.
2 (*archaic, account*) счёт; **pay off old** ~**s** (*fig*) св|оди́ть, -ести́ стáрые счёты; расквитáться (*pf*).
3 (*in games*) счёт; **what's the** ~? какóй счёт?; **keep the** ~ вести́ (*det*) счёт; **know the** ~ (*fig, coll*) быть в ку́рсе; знать (*impf*), что к чемý.
4 (*mus*): **(full)** ~ партитýра; **piano/vocal** ~ пáртия фортепиáно/гóлоса.
5 (*twenty*) двáдцать; óколо двадцати́;

S

a ~ **of people** человéк двáдцать; ~**s of people** десятки людéй, мнóжество нарóду; **three ~ and ten** (*archaic*) сéмьдесят; ~**s of times** десятки раз, мнóго раз; чáсто.
6 (*grounds*) причи́на, пóвод; **you need have no fear on that ~** на э́тот счёт вы мóжете не беспокóиться.
● *vt* **1** (*notch*) изрéз|ывать, -ать; (*incise*): ~ **a line** пров|оди́ть, -ести́ ли́нию (ножóм *и т. п.*); ~ **out, through** вычёркивать, вы́черкнуть; зачёрк|ивать, -нýть; (*scratch*) царáпать, ис-; (*preparatory to cutting*) разм|ечáть, -éтить.
2 (*win*) выи́грывать, вы́играть; ~ **a goal** (*football*) заб|ивáть, -и́ть гол; ~ **tricks** (*at cards*) брать, взять взя́тки; **he ~d a success with his first book** егó пéрвая кни́га принеслá емý успéх; **a goal ~s six points** за оди́н гол засчи́тывается 6 очкóв.
3 (*mus, orchestrate*) оркестровáть (*impf, pf*); (*arrange*) аранжи́ровать (*impf, pf*).
● *vi* **1** (*keep score*) вести́ (*impf*) счёт; (*win point*) выи́грывать, вы́играть очкó; (*football*) заб|ивáть, -и́ть гол; **they failed to ~** они́ не вы́играли ни одногó очкá; они́ не заби́ли ни одногó гóла; **the centre forward ~d** центрáльный нападáющий заби́л гол.
2 (*secure advantage; have good luck*) выи́грывать, вы́играть; **that's where he ~s** вот на чём он вы́играет; вот в чём егó си́ла/преимýщество; ~ **off s.o.** (*Br*) высмéивать, вы́смеять (*or* подд|евáть, -éть) когó-н.
● *cpds* ~**-keeper** *n* судья́-секретáрь (*m*); ~**line** *n* счёт; ~**sheet** *n* судéйский протокóл.

scorer /ˈskɔːrə(r)/ *n* **1** (*keeper of score*) счётчик. **2**: **the captain was the ~ of the first goal** пéрвый гол заби́л капитáн.

scorn /skɔːn/ *n* презрéние; **laugh to ~** высмéивать, вы́смеять.
● *vt* презирáть (*impf*); пренебр|егáть, -éчь + *i*; **he ~ed the danger** он презрéл опáсность; **he ~ed such methods** он гнушáлся подóбными срéдствами; он презирáл таки́е мéтоды.

scornful /ˈskɔːnfʊl/ *adj* (*of person*) надмéнный; **he was ~ of the idea** он отнёсся к э́той идée с презрéнием; (*of glance etc.*) презри́тельный.

Scorpio /ˈskɔːpɪəʊ/ *n* (*pl* ~**s**) Скорпиóн.

scorpion /ˈskɔːpɪən/ *n* скорпиóн.

Scot /skɒt/ *n* шотлáнд|ец (*fem* -ка).

Scotch /skɒtʃ/ *n* (*whisky*) шотлáндское ви́ски (*indecl*), скотч.
● *adj* шотлáндский; ~ **tape** (*propr*) клéйкая лéнта, скотч.

scotch /skɒtʃ/ *vt* (*fig*): **he ~ed the rumour** (*Br*), **rumor** (*US*) он опровéрг слух.

scoter /ˈskəʊtə(r)/ *n* (*pl* ~ *or* ~**s**) турпáн.

scot-free /ˈskɒtfriː/ *adv*: **go ~** (*unharmed*) ост|авáться, -áться невреди́мым; (*unpunished*) ост|авáться, -áться безнакáзанным.

Scotland /ˈskɒtlənd/ *n* Шотлáндия; ~ **Yard** Скóтленд-Я́рд; центрáльное управлéние лóндонской поли́ции; (*CID*) лóндонская уголóвная/кримина́льная поли́ция.

Scots /skɒts/ *n* (*ling*) шотлáндский гóвор.
● *adj* шотлáндский.
● *cpds* ~**man** *n* (*pl* ~**men**) шотлáндец; ~**woman** *n* (*pl* ~**women**) шотлáндка.

Scot(t)icism /ˈskɒtɪˌsɪz(ə)m/ *n* шотлáндизм.

Scottish /ˈskɒtɪʃ/ *adj* шотлáндский.
● *n pl*: **the ~** шотлáндцы.

> **the Scottish Parliament — парлáмент Шотлáндии**
>
> Он откры́лся в 1999 годý пóсле всеóбщих шотлáндских вы́боров. Парлáмент уполномóчен решáть мнóгие вопрóсы экономи́ческой, социáльной и культýрной поли́тики самостоя́тельно, без вмешáтельства парлáмента Великобритáнии. Члéны шотлáндского парлáмента заседáют в Э́динбурге, в Хóлирудхаус (*Holyrood House*).

scoundrel /ˈskaʊndr(ə)l/ *n* подлéц, мерзáвец.

scour[1] /ˈskaʊə(r)/ *n* (*cleansing*) чи́стка; **give sth a good ~** вычищáть, вы́чистить что-н. хорошó.
● *vt* **1** (*cleanse*) чи́стить, вы́-. **2** (*remove by ~ing; also ~* **away, off**) отт|ирáть, -ерéть.

scour[2] /ˈskaʊə(r)/ *vt* (*range in search or pursuit*) обры́скать (*pf*); **he ~ed the town for his daughter** он обéгал весь гóрод в пóисках дóчери.

scourer /ˈskaʊrə(r)/ *n* (*for saucepans etc.*) металли́ческая мочáлка; ёж.

scourge /skəːdʒ/ *n* бич.
● *vt* (*flog*) сечь, вы́-; (*fig, castigate*) бичевáть (*impf*); (*punish*) карáть, по-.

Scouse /skaʊs/ (*Br*) *n* (*coll*)
1 ливерпýльский диалéкт.
2 ливерпýл|ец (*fem* -ка).
● *adj* ливерпýльский.

Scouser /ˈskaʊsə(r)/ (*Br coll*) = **Scouse** *n* **2**

scout /skaʊt/ *n* **1** (*mil*) развéдчик (*also ship, aircraft*); ~ **car** развéдывательный автомоби́ль.
2 (*Boy S~*) скáут, бойскáут; (*Girl S~*) дéвочка-скáут.
● *vi* (*reconnoitre*) развéд|ывать, -ать; **he is out ~ing** он в развéдке; (*coll, search*) разы́скивать (*impf*); **I have been ~ing about for a present** я обходи́л все магази́ны в пóисках подáрка; (*belong to S~ movement*): **my son is keen on ~ing** мой сын увлекáется скаути́змом/скáутингом.
● *cpd* **S~master** *n* начáльник отря́да бойскáутов.

scow /skaʊ/ *n* баржá, бáрка.

scowl /skaʊl/ *n* серди́тый/хмýрый взгляд.
● *vi*: **he ~ed at me** он хмýро/серди́то посмотрéл на меня́; **a ~ing face** хмýрое/нахмýренное лицó.

Scrabble /ˈskræb(ə)l/ *n* (*propr*) скрэбл (≈ «Эруди́т»).

scrabble /ˈskræb(ə)l/ *vi*: ~ **about** шáрить (*impf*); ~ **about for sth** разы́скивать (*impf*) что-н.

scrag /skræg/ (*Br*) *n*: ~ **end of mutton** барáнья шéя.
● *vt* (**scragged, scragging**) (*coll, rough up*) трепáть, по-.

scraggy /ˈskrægɪ/ *adj* (**scraggier, scraggiest**) костля́вый, тóщий.

scram /skræm/ *vi* (**scrammed, scramming**) (*sl*): **I told him to ~** я велéл емý убирáться; ~**!** провáливай!; кати́сь!

scramble /ˈskræmb(ə)l/ *n* **1** (*climb with hands and feet*) карáбканье. **2** (*Br, motor cycle race*) мотокрóсс. **3** (*struggle to get sth*) свáлка; (*fig*) борьбá, схвáтка; **there was a ~ for the ball** произошлá схвáтка/борьбá за мяч; **it was a ~ to get ready in time** мы отчáянно старáлись собрáться вóвремя.
● *vt*: ~ **eggs** жáрить, по- яи́чницу-болтýнью; ~**d eggs** яи́чница-болтýнья.
● *vi* **1** (*clamber*) карáбкаться, вс-; вз|бирáться, -обрáться; **we ~d through the bracken** мы продрáлись чéрез зáросли пáпоротника; **the boys ~d over the wall** мáльчики перелéзли чéрез забóр; **I ~d into my clothes** я поспéшно натянýл (на себя́) одéжду.
2 (*fig*) борóться (*impf*); **the passengers ~d for seats** пассажи́ры ри́нулись занимáть местá.

scrambler /ˈskræmblə(r)/ *n* (*telephone*) скрéмблер; автомати́ческое шифровáльное устрóйство.

scrap[1] /skræp/ *n* **1** (*small piece*) кусóчек; (*of metal*) облóмок; (*of cloth*) обрéзок; лоскýт; (*fragment*) обры́вок; ~**s of knowledge/conversation** обры́вки (*m pl*) знáний/разговóра; ~**s of paper** клочки́ (*m pl*) бумáги; **there's not a ~ of evidence** нет никаки́х доказáтельств.
2 (*in pl, waste food*) объéдк|и (*pl, g* -ов); **they found a few ~s of food** они́ нашли́ кóе-каки́е остáтки пи́щи.
3 (*waste material, refuse*) ути́ль (*m*); утильсырьё; (~ *metal*) металлолóм; (~ *paper*) макулатýра.
● *vt* (**scrapped, scrapping**)
1 (*make into ~*) перевра|щáть, -ти́ть в лом; (*machines etc.*) отд|авáть, -áть на слом.
2 (*coll, discard*) выбрáсывать, вы́бросить; (*plan, scheme*) отмен|я́ть, -и́ть.
● *cpds* ~**book** *n* альбóм для наклéивания вы́резок; ~ **heap** *n* свáлка; **throw sth on the ~ heap** (*lit, fig*) выбрáсывать, вы́бросить что-н. на свáлку; ~ **iron** *n* металли́ческий лом; ~ **merchant** *n* старьёвщик; торгóвец ути́лем; ~**yard** *n* (*Br*) склад лóма; пункт приёма металлолóма/ути́ля.

scrap[2] /skræp/ *n* (*coll, fight*) дрáка, потасóвка; **have a ~** дрáться, по-; вздóрить, по-; **he is always ready for a ~** он стрáшный забия́ка.
● *vi* (**scrapped, scrapping**) дрáться (*impf*).

scrape /skreɪp/ *n* **1** (*action*) скоблéние, чи́стка; (*of pen*) скрип; (*of foot*) шáрканье; **give a carrot a ~** чи́стить, по- мóрковь.

S

2 (*coll, awkward predicament*) переде́лка; **get into a ~** вли́пнуть (*pf*) в историю (*coll*).
● *vt* **1** (*abrade*) скобли́ть, вы́-; (*graze*) сса́|живать, -ди́ть; **I ~d my hand on the wall** я ссади́л/ободра́л себе́ ру́ку о сте́ну.
2 (*clean*) выска́бливать (*or* скобли́ть), вы́скоблить; **~ one's shoes** соск|а́бливать, -обли́ть грязь с подо́шв; **he ~d his plate clean** он подчи́стил всю таре́лку.
3: **~ one's feet** ша́ркать (*impf*) нога́ми.
4: **~ a living** ко́е-как своди́ть (*impf*) концы́ с конца́ми.
● *vi* **1** (*rub*): **my hand ~d against the wall** я ссади́л себе́ ру́ку о сте́ну; **his car ~d against a tree** его́ маши́на заде́ла де́рево; он поцара́пал маши́ну о де́рево.
2 (*get through*): **she just ~d into the final** она́ с трудо́м вы́шла в фина́л.
3: **bow and ~** расша́ркиваться (*impf*) (*перед кем*).
4 (*on violin*) пили́кать (*impf*).
● *with advs*: **~ along** (*also* **scratch along**), **~ by** *vvi* (*get by*) переб|ива́ться, -и́ться; пробавля́ться (*impf*); **we can just ~ along** мы ко́е-ка́к перебива́емся; **~ off** *vt* соск|а́бливать, -обли́ть; **~ out** *vt* выскреба́ть, вы́скрести; (*hollow or carve out*) выда́лбливать, вы́долбить; (*bowl etc.*) выска́бливать, вы́скоблить; **~ through** *vi* протис|киваться, -нуться; **she ~d through (her exam)** она́ с трудо́м (*or* со скри́пом *or* с грехо́м попола́м) сдала́ экза́мен; **~ together** *vt* (*money etc.*) наскре|ба́ть, -сти́; **~ up** *vt*: **he ~d up enough money for the concert** он наскрёб де́ньги на конце́рт.

scraper /ˈskreɪpə(r)/ *n* (*implement*) скребо́к.

scrappy /ˈskræpɪ/ *adj* (**scrappier, scrappiest**) **1** (*uncoordinated; miscellaneous*) разро́зненный; **a ~ essay** пове́рхностное сочине́ние; **a ~ education** пове́рхностное образова́ние. **2** (*fragmentary*) отры́вочный, несвя́зный. **3** (*meagre*) ску́дный.

scratch /skrætʃ/ *n* **1** (*mark*) цара́пина.
2 (*noise*) цара́панье.
3 (*wound*) цара́пина, ссади́на.
4 (*act of ~ing*): **give one's head a ~** почеса́ть (*pf*) го́лову.
5 (*starting line*) старт; (*fig*): **come up to ~** быть на высоте́ (положе́ния); де́лать (*impf*) то, что поло́жено; **bring up to ~** дов|оди́ть, -ести́ до тре́буемого у́ровня; **start from ~** нач|ина́ть, -а́ть с нача́ла/нуля́.
● *adj* (*haphazard*) случа́йный; **~ crew** случа́йная кома́нда.
● *vt* **1** цара́пать, о-; **~ o.s.** цара́паться, по-; **he merely ~ed the surface of the problem** он затро́нул/освети́л вопро́с весьма́ пове́рхностно; **he ~ed letters on the wall** он нацара́пал бу́квы на стене́; **the dog ~ed a hole in the lawn** соба́ка вы́рыла я́мку в газо́не.
2 (*to relieve itching*) чеса́ть, по-; **~ one's head** чеса́ть (*impf*) го́лову; **he was ~ing his head over the problem** (*fig*) он лома́л го́лову над э́той зада́чей; **you ~ my back and I'll ~ yours** (*fig*) ты — мне, я — тебе́; рука́ ру́ку мо́ет.
3 (*erase*) вычёркивать, вы́черкнуть; (*withdraw*): **~ a horse** сн|има́ть, -ять ло́шадь с соревнова́ния; (*cancel*): **~ an agreement** аннули́ровать (*impf, pf*) соглаше́ние.
● *vi* **1** (*of person*, **~ o.s.**) чеса́ться, по-.
2 (*of animal*): **does your cat ~?** ва́ша ко́шка цара́пается?
3 (*of pen*) цара́пать (*impf*).
4 (*coll, withdraw from competition*) отка́з|ываться, -а́ться от уча́стия в состяза́нии.
● *with advs*: **~ about, ~ around** *vvi*: **the chickens ~ed around for food** ку́ры клева́ли зе́млю в по́исках пи́щи; **he had to ~ around for evidence** ему́ с трудо́м удало́сь наскрести́ доказа́тельства; **~ along** *vi* = **scrape along**; **~ out** *vt* (*erase*) вычёркивать, вы́черкнуть; зачёрк|ивать, -ну́ть; (*with knife*) выреза́ть, вы́резать; **~ s.o.'s eyes out** выцара́пывать, вы́царапать глаза́ кому́-н.; **~ up** *vt* (*disinter*): **the dog ~ed up its bone** соба́ка вы́рыла/вы́копала свою́ кость; (*collect with difficulty*) наскре|ба́ть, -сти́.
● *cpd* **~ pad** *n* (*US*) блокно́т для заме́ток.

scratchy /ˈskrætʃɪ/ *adj* (**scratchier, scratchiest**) (*of pen: squeaky*) скрипу́чий; (*catching in paper*) цара́пающий; (*of a record*) поцара́панный; (*of cloth*) колю́чий.

scrawl /skrɔːl/ *n* кара́кули (*f pl*); (*fig*) небре́жная запи́ска, (*coll*) пису́лька.
● *vt* черк|а́ть, -ну́ть; цара́пать, на-.
● *vi* писа́ть (*impf*) кара́кулями; **a ~ing hand** неразбо́рчивый по́черк.

scrawny /ˈskrɔːnɪ/ *adj* (**scrawnier, scrawniest**) костля́вый, то́щий.

scream /skriːm/ *n* **1** пронзи́тельный крик; (*shriek*) вопль (*m*); (*high-pitched ~*) визг; (*of bird*) крик; **~s of laughter** взры́вы (*m pl*) хо́хота/сме́ха.
2 (*coll, funny affair*): **it was a ~!** (э́то была́) умо́ра!; **he is a perfect ~** он настоя́щий ко́мик.
● *vt* выкри́кивать, вы́крикнуть; **the sergeant ~ed an order** сержа́нт вы́крикнул кома́нду; **the baby was ~ing its head off** ребёнок надрыва́лся от кри́ка.
● *vi* **1** вопи́ть (*impf*); (*high-pitched*) визжа́ть (*impf*); **he was ~ing for help** он взыва́л о по́мощи; **you will ~ with laughter** вы бу́дете смея́ться до упа́ду; **the film is ~ingly funny** фильм безу́мно смешно́й.
2 (*of bird*) (пронзи́тельно) крича́ть, за-; вскри́к|ивать, -нуть.
3 (*of inanimate objects*) визжа́ть (*impf*); скрежета́ть (*impf*); **the brakes ~ed as he turned the corner** тормоза́ завизжа́ли на поворо́те.

scree /skriː/ *n* щебни́стая о́сыпь.

screech /skriːtʃ/ *n* пронзи́тельный крик, визг; (*of object*) скрип, скре́жет.
● *vi* пронзи́тельно крича́ть, за-; (*of gears, tyres etc.*) скрежета́ть (*impf*); скрипе́ть (*impf*).
● *cpd* **~ owl** *n* ма́лая уша́стая сова́; (*Br, barn owl*) сипу́ха.

screechy /ˈskriːtʃɪ/ *adj* (**screechier, screechiest**) визгли́вый.

screed /skriːd/ *n* дли́нное ску́чное посла́ние.

screen /skriːn/ *n* **1** (*partition*) перегоро́дка.
2 (*furniture*) ши́рма.
3 (*shelter, protection*) прикры́тие; **behind a ~ of trees** под прикры́тием дере́вьев; (*cover*) покро́в; **under the ~ of night** под покро́вом но́чи; **a ~ of indifference** ма́ска равноду́шия.
4 (*elec*) изоля́ция.
5 (*wind ~*) ветрово́е стекло́.
6 (*cin, TV, comput*) экра́н; **~ adaptation** экраниза́ция; **she went for a ~ test** она́ прошла́ про́бную съёмку; **~ size** разме́р экра́на (по диагона́ли).
● *vt* **1** (*shelter*) прикр|ыва́ть, -ы́ть; (*protect*) защи|ща́ть, -ти́ть; огра|жда́ть, -ди́ть.
2 (*hide*) укр|ыва́ть, -ы́ть; **the house was ~ed from view** дом был укры́т от взо́ров.
3 (*separate*) отгор|а́живать, -оди́ть; **we ~ed off the kitchen from the dining room** мы отгороди́ли ку́хню от столо́вой.
4 (*sift; lit, fig*) просе́|ивать, -ять.
5 (*fig, investigate; also med*): **be ~ed (for)** про|ходи́ть, -йти́ прове́рку на + *a*; **they were ~ed before going abroad** пе́ред отъе́здом за грани́цу они́ прошли́ прове́рку (на благонадёжность).
6 (*show on ~*) пока́з|ывать, -а́ть; (*make film of*) экранизи́ровать (*impf, pf*).
7 (*elec*) экрани́ровать (*impf, pf*).
● *cpds* **~play** *n* сцена́рий; **~writer** *n* сценари́ст.

screw /skruː/ *n* **1** винт, болт, шуру́п; (*female ~*) га́йка; **he has a ~ loose** у него́ ви́нтика не хвата́ет (*coll*); **put the ~s on** (*fig*) наж|има́ть, -а́ть на + *a*.
2 (*turn of ~*): **give it another ~** ещё раз(о́к) поверни́те.
3 (*propeller*) винт.
4: **~ of tobacco** (*Br*) завёртка/закру́тка табака́.
5 (*sl, prison warder*) вертуха́й (*sl*).
● *vt* **1** зави́н|чивать, -ти́ть; **the cap is ~ed tight** кры́шка кре́пко закру́чена; **the cupboard was ~ed to the wall** шкаф был приви́нчен к стене́; **I ~ed the bolt into the post** я ввинти́л болт в столб.
2 (*fig, turn*): **I had to ~ my neck round to see him** я чуть не вы́вернул ше́ю, что́бы уви́деть его́.
3 (*vulg, copulate with*) тра́х|ать, -нуть.
● *vi* **1**: **the handles ~ into the drawer** ру́чки приви́нчиваются к я́щику; **this piece ~s on to that** э́тот кусо́к приви́нчивается к тому́.
2 (*vulg, copulate*) тра́х|аться, -нуться.
● *with advs*: **~ down** *vt & i* приви́н|чивать(ся), -ти́ть(ся); **~ off** *vt & i* отви́н|чивать(ся), -ти́ть(ся); **~ on** *vt & i* нави́н|чивать(ся), -ти́ть(ся); **his head is ~ed on the right way** он сообража́ет; у него́ голова́ (хорошо́) ва́рит; у него́ есть голова́ на плеча́х; **~ out** *vt* (*coll, extort*)

S

выжимáть, вы́жать; **I managed to ~ the truth out of him** мне удало́сь вы́жать/вы́тянуть из него́ прáвду; **~ together** *vt*: **he ~ed the boards together** он скрепи́л до́ски винтáми; **~ up** *vt* зави́н|чивать, -ти́ть; (*crumple*) ко́мкать, с-; **~ up one's eyes** щу́рить, со- глазá; **a face ~ed up with pain** лицо́, искажённое от бо́ли; **~ o.s. up, ~ up one's courage** соб|ирáться, -рáться с ду́хом; наб|ирáться, -рáться хрáбрости; (*sl, spoil*) напортáчить (*pf*); завáл|ивать, -и́ть.

● *cpds* **~ball** *n* (*sl*) чо́кнутый, сумасбро́д; **~ cap, ~ top** *nn* нави́нчивающаяся кры́шка; **~driver** *n* отвёртка; **~ propeller** *n* винт; **~ top** *n* = **~ cap**; **~ valve** *n* винтово́й клáпан.

screwy /'skru:ɪ/ *adj* (**screwier, screwiest**) (*sl, crazy*) тро́нутый, чо́кнутый; **a ~ idea** неле́пая/дурáцкая иде́я.

scribbl|e /'skrɪb(ə)l/ *n* карáкули (*f pl*).

● *vt & i* **1** (*make marks (on)*) черкáть, ис-; черти́ть, ис-; **the children ~ed all over the wall** де́ти исчеркáли/исчерти́ли всю стену́. **2** (*write hastily*) черкáть, на-; **I ~ed a note to him** я черкну́л ему́ запи́ску; (*write untidily*) царáпать, на-; (*of amateur writing*) попи́сывать (*impf*); **~e verses** кропáть (*impf*) сти́шки.

scribbler /'skrɪblə(r)/ *n* (*fig, poor author*) писáка (*cg*).

scribe /skraɪb/ *n* (*hist*) пи́сец; (*bibl*) кни́жник; (*hack*) писáка (*cg*).

scrimmage /'skrɪmɪdʒ/ *n* **1** (*tussle*) свáлка. **2** (*American football*) схвáтка вокру́г мячá.

● *vi* (*American football*) сгру́диться (*pf*) (*coll*) вокру́г мячá.

scrimp /skrɪmp/ = **skimp**

scrip /skrɪp/ *n* (*comm*) вре́менный сертификáт на владе́ние áкциями.

script /skrɪpt/ *n* **1** (*handwriting*) ру́копись; (*writing system*) письмо́, пи́сьменность; **in Cyrillic ~** кири́ллицей. **2** (*text*) текст, сценáрий.

● *vt*: **~ed discussion** зарáнее подгото́вленная диску́ссия.

● *cpd* **~writer** *n* сценари́ст.

scriptural /'skrɪptʃər(ə)l, -tʃʊər(ə)l/ *adj* библе́йский.

scripture /'skrɪptʃə(r)/ *n* писáние; **Holy S~** Свящéнное Писáние; **in the ~s** в Писáнии/Би́блии; (*as school subject*) Зако́н Бо́жий; **~ lesson** уро́к Зако́на Бо́жьего.

scrofula /'skrɒfjʊlə/ *n* золоту́ха.

scrofulous /'skrɒfjʊləs/ *adj* золоту́шный.

scroll /skrəʊl/ *n* (*roll of parchment*) сви́ток; (*archit*) завито́к, волю́та.

● *vi* (*comput*) прокр|у́чивать, -ути́ть.

● *cpd* **~ bar** *n* (*comput*) полосá прокру́тки; **~work** *n* орнáмент из завитко́в.

Scrooge /skru:dʒ/ *n* скря́га (*cg*); **don't be such a ~!** не будь таки́м скря́гой!

scrot|um /'skrəʊtəm/ *n* (*pl* **~a** *or* **~ums**) мошо́нка.

scroung|e /skraʊndʒ/ (*coll*) *vt* (*cadge*) стрел|я́ть, -ьну́ть (*coll*).

● *vi* **1** (*search about*) ры́скать (*impf*); **they were ~ing for food** они́ ры́скали в по́исках пи́щи. **2** (*cadge*) попрошáйничать (*impf*); кля́нчить (*impf*).

scrounger /'skraʊndʒə(r)/ *n* попрошáйка (*cg*).

scrub¹ /skrʌb/ *n* (*brushwood*) кустáрник; (*area*) зáросли (*f pl*).

scrub² /skrʌb/ *n*: **give sth a ~** вы́чищать, вы́чистить что-н.

● *vt* (**scrubbed, scrubbing**) **1** (*rub hard*) скрести́ (*impf*); терéть (*impf*); (*clean*) чи́стить, по-; дрáить, на-; **~ the floor** мыть, вы́- пол; **~ paint off one's hands** сч|ищáть, -и́стить крáску с рук; **~bing brush** жёсткая щётка. **2** (*sl, cancel*) отмен|я́ть, -и́ть.

● *with advs*: **~ down** *vt*: **he ~bed down the walls** он вы́мыл сте́ны; **~ off** *vt* отм|ывáть, -ы́ть; сч|ищáть, -и́стить; **~ out** *vt*: **she ~bed out the kitchen** онá вы́скребла ку́хню до́чиста; **the pans were ~bed out** кастрю́ли бы́ли начи́щены.

scrubber /'skrʌbə(r)/ *n* (*Br sl*) шлю́ха, потаску́ха (*both vulg*).

scrubby /'skrʌbɪ/ *adj* (**scrubbier, scrubbiest**) (*of land*) поро́сший кустáрником; (*of plant etc., stunted*) чáхлый.

scruff¹ /skrʌf/ *n*: **take s.o. by the ~ of the neck** хватáть, схвати́ть кого́-н. за ши́ворот/загри́вок.

scruff² /skrʌf/ *n* (*Br*) неря́ха, растрёпа.

scruffy /'skrʌfɪ/ *adj* (**scruffier, scruffiest**) (*coll*) неопря́тный.

scrum(mage) /skrʌm, 'skrɪmɪdʒ/ *n* **1** (*Br, tussle*) свáлка. **2** (*Rugby*) схвáтка вокру́г мячá.

● *vi* (*tussle*) дрáться (*impf*); (*Rugby*) сгру́диться (*pf*) (*coll*) вокру́г мячá.

scrumptious /'skrʌmpʃəs/ *adj* (*coll*) о́чень вку́сный, смáчный.

scrunch /skrʌntʃ/ *vt* (*coll*) = **crunch**

scruple /'skru:p(ə)l/ *n* **1** (*unit of weight*) скру́пул. **2** (*of conscience*) сомне́ния (*nt pl*); **he will tell lies without ~** он врёт без зазре́ния со́вести; **have ~s about doing sth** со́веститься, по- сде́лать что-н.; **have no ~s** не стесня́ться, по- ничего́ и никого́; **he had no ~ about telling me everything** он не постесня́лся мне всё рассказáть.

● *vi* стесня́ться, по-; со́веститься, по-; **I would not ~ to accept the money** я бы с лёгкой со́вестью при́нял де́ньги.

scrupulous /'skru:pjʊləs/ *adj* (*of sensitive conscience*) щепети́льный, добросо́вестный; (*accurate, punctilious*) тщáтельный, скрупулёзный, педанти́чный; **~ care** педанти́чная тщáтельность; **~ cleanliness** абсолю́тная чистотá; **~ honesty** скрупулёзная/безупре́чная че́стность.

scrupulousness /'skru:pjʊləsnɪs/ *n* щепети́льность, добросо́вестность; тщáтельность; скрупулёзность.

scrutineer /ˌskru:tɪ'nɪə(r)/ *n* член счётной коми́ссии (на вы́борах).

scrutinize /'skru:tɪˌnaɪz/ *vt* (*examine*) рассм|áтривать, -отре́ть; (*stare at*) при́стально смотре́ть (*impf*) на + *a*.

scrutiny /'skru:tɪnɪ/ *n* **1** (*searching gaze*) внимáтельный/испыту́ющий взгляд. **2** (*close investigation*) тщáтельное рассле́дование/рассмотре́ние/иссле́дование; **his record does not bear ~** его́ про́шлое/поведе́ние далеко́ не безупре́чно.

scuba /'sku:bə, 'skju:-/ *n* (*pl* **~s**) ску́ба, аквалáнг; **~-diver** аквалáнги́ст; пловéц/ныря́льщик со ску́бой; **~-diving** подво́дное плáвание со ску́бой.

scud /skʌd/ *vi* (**scudded, scudding**) нести́сь, про-; (*naut*) идти́ (*det*) под ве́тром.

scuff /skʌf/ *vt*: **~** (*wear away*) **one's shoes** сн|áшивать, -оси́ть о́бувь.

● *vi* (*shuffle*) шáркать (*impf*).

scuffle /'skʌf(ə)l/ *n* потасо́вка, схвáтка.

● *vi* дрáться (*impf*); схвáт|ываться, -и́ться.

scull /skʌl/ *n* (*oar*) пáрное весло́; (*at stern of boat*) кормово́е весло́; (*boat*) = **sculler**.

● *vt & i*: **~ a boat** грести́ (*impf*) пáрными вёслами; (*with stern oar*) грести́ кормовы́м весло́м, галáнить (*impf*).

sculler /'skʌlə(r)/ *n* (*person*) гребе́ц; (*boat*; *also* **scull**) пáрная ло́дка; я́лик.

scullery /'skʌlərɪ/ *n* судомо́йня.

● *cpd* **~ maid** *n* судомо́йка.

sculpt /skʌlpt/ *vt & i* (*coll*) = **sculpture** *vt, vi*

sculptor /'skʌlptə(r)/ *n* ску́льптор.

sculptress /'skʌlptrɪs/ *n* ску́льптор; **she is a ~** онá ску́льптор.

sculptural /'skʌlptʃərəl/ *adj* скульпту́рный, пласти́ческий; **~ beauty** холо́дная красотá.

sculpture /'skʌlptʃə(r)/ *n* (*art, product*) скульпту́ра.

● *vt* (*also* **sculpt**) вая́ть, из-; (*model in clay etc.*) лепи́ть, вы́-; (*in stone*) высекáть, вы́сечь; (*in wood*) ре́зать, вы́-.

● *vi* быть/рабо́тать (*impf*) ску́льптором.

scum /skʌm/ *n* нáкипь, пе́на; (*fig*) подо́нки (*m pl*); **~ of the earth** подо́нки о́бщества.

scumbag /'skʌmbæg/ *n* (*sl*) говню́к, гондо́н (*о челове́ке*) (*both vulg*).

scupper /'skʌpə(r)/ *n* (*naut*) шпигáт.

● *vt* (*Br*) (*sink*) топи́ть, по-; (*fig, coll*) разби́ть (*pf*) (в пух и прах); разгроми́ть (*pf*); **we're ~ed** мы поги́бли.

scurf /skə:f/ *n* пе́рхоть.

scurrility /skʌ'rɪlɪtɪ/ *n* непристо́йность.

scurrilous /'skʌrɪləs/ *adj* (*indecent*) непристо́йный; (*abusive*) оскорби́тельный.

scurry /'skʌrɪ/ *n* суетá, спе́шка; **there was a ~ towards the exit** все бро́сились к вы́ходу; **the ~ of mice under the floor** возня́ мыше́й под по́лом.

● *vi* (*also* **~ about**) суетли́во бе́гать (*impf*); сновáть (*impf*); **~ through one's work** нáспех проде́л|ывать, -ать рабо́ту.

● *with advs*: **~ away, ~ off** *vvi*

S

убе|гáть, -жáть; (*disperse*) разбе|гáться, -жáться.

scurvy /ˈskɜːvɪ/ *n* цингá.

scuttle[1] /ˈskʌt(ə)l/ *n* (*for coal*) ведёрко/ящик для углЯ.

scuttle[2] /ˈskʌt(ə)l/ *n* (*hurried flight*) стремúтельное бéгство.
● *vi* юркнуть (*pf*); сновáть (*impf*).

scuttle[3] /ˈskʌt(ə)l/ *vt* (*sink*) топúть, по-; затоп|лЯть (*or* затáпливать), -úть.

scythe /saɪð/ *n* косá.
● *vt* косúть, с-.

Scythian /ˈsɪðɪən/ *n* скиф (*fem* -ка).
● *adj* скúфский.

SDI (*abbr of* ***strategic defense initiative***) СОИ (Стратегúческая оборóнная инициатúва).

sea /siː/ *n* мóре; **at ~** (*lit*) в мóре; **he is at ~** он нахóдится в плáвании; **(all) at ~** (*fig*) озадáченный, растéрянный; в недоумéнии; **he is at ~** он ничегó не понимáет, он растéрян; **beyond the ~** зá морем; **by ~** мóрем; **by the ~** у мóря, на мóре; **go to ~** (*become a sailor*) идтú (*det*), пойтú (*pf*) в морякú; **on the ~** (*in ship*) в мóре; **ships sail on the ~** кораблú плáвают пó морю; (*situated on coast*) на мóре/побережье; **put to ~** (*of ship*) выходúть, вы́йти в мóре; **on the high ~s** в откры́том мóре; **inland ~** закры́тое мóре; **a heavy ~** сúльное волнéние; (*wave*) большáя волнá; **half ~s over** (*drunk*) вы́пивши, под мýхой (*coll*); **a ~ of faces** мóре лиц; (*attr*): **~ air** морскóй вóздух; **~ journey, voyage, trip** морскóе путешéствие; **S~ Lord** морскóй лорд (*член главного морского штаба*); **~ mile** морскáя мúля; **~ power** морскáя мощь; (*nation*) морскáя держáва.
● *cpds* **~ anchor** *n* плавýчий якорь; **~ anemone** *n* актúния; **~ bass** *n* кáменный óкунь; **~-bathing** *n* морскúе купáния; **~bed** *n* морскóе дно; **~bird** *n* морскáя птúца; **~board** *n* примóрье; (*attr*) примóрский; **~ boat** *n*: **a good ~ boat** сýдно с хорóшими морехóдными кáчествами; **~borne** *adj* (*of trade*) морскóй; (*of goods*) перевозúмый мóрем; **~ breeze** *n* вéтер с мóря; **~ captain** *n* капитáн дáльнего плáвания; **~ change** *n* (радикáльное) преображéние; **~ chest** *n* матрóсский сундучóк; **~ coast** *n* морскóй бéрег; **~cock** *n* (*naut*) кингстóн, забóртный клáпан; **~ cow** *n* морж; **~ cucumber** *n* морскóй огурéц; **~ dog** *n* (*old sailor*) (стáрый) морскóй волк; **~ elephant** *n* морскóй слон; **~farer** *n* мореплáватель (*m*); **~faring** *n* мореплáвание; *adj* морехóдный; **~faring (*also* ~going) man** морЯк, мореплáватель (*m*); **~ fish** *n* морскáя ры́ба; **~ fog** *n* тумáн, идýщий с мóря; **~food** *n* морепродýкты (*m pl*); **~food restaurant** ры́бный рестoрáн; **~front** *n* примóрский бульвáр, нáбережная; **~going** *adj* (*of ship*) морехóдный; (*of person*) = **~faring**; **~-green** *adj* цвéта морскóй волны́; **~gull** *n* чáйка; **~ horse** *n* морскóй конёк; **~kale** *n* морскáя капýста; **~ lane** *n* морскóй путь; (*in pl*) морскúе коммуникáции (*f pl*); **~ lawyer** *n* придúра (*cg*), критикáн; **~ legs** *n pl*: **find, get one's ~ legs** прив|ыкáть, -ы́кнуть к кáчке; **~ level** *n* ýровень (*m*) мóря; **~ lion** *n* морскóй лев; **~man** *n* (*pl* **~men**) морЯк, матрóс; **able ~man** матрóс; **~manship** *n* искýсство мореплáвания; **practical ~manship** морскáя прáктика; **~mark** *n* навигациóнный знак; ориентúр на берегý; **~plane** *n* гидросамолёт; **~port** *n* морскóй порт; портóвый гóрод; **~ salt** *n* морскáя соль; **~scape** *n* морскóй пейзáж, марúна; **S~ Scout** *n* морскóй скáут; **~ serpent** *n* (*myth*) морскóй змей; **~shell** *n* морскáя рáковина; **~shore** *n* морскóй бéрег, взмóрье; **~sick** *adj*: **I was ~sick** менЯ укачáло (*на корабле*); **~sickness** *n* морскáя болéзнь; **~side** *n* морскóе побережье; **we stayed at the ~side** мы жúли на мóре/взмóрье; **he likes the ~side** он лю́бит éздить на мóре; *adj* примóрский; **a ~side resort** морскóй курóрт; **~ trout** *n* (*Br*) лосóсь-таймéнь (*m*); **~ urchin** *n* морскóй ёж; **~ wall** *n* стéнка нáбережной, волнобóйная стéнка; **~water** *n* морскáя водá; **~way** *n* (*inland waterway*) судохóдное рýсло; фарвáтер; внýтренний вóдный путь; **~weed** *n* морскáя вóдоросль; **~worthiness** *n* морехóдность, гóдность к плáванию; **~worthy** *adj* морехóдный, гóдный к плáванию.

seal[1] /siːl/ *n* (*zool*) тюлéнь (*m*); **(fur ~)** кóтик.
● *vi* охóтиться (*impf*) на тюлéней.
● *cpd* **~skin** *n* тюлéний/кóтиковый мех.

seal[2] /siːl/ *n* **1** (*on document etc.*) печáть; **wax ~** сургýчная печáть; **leaden ~** плóмба; **affix, set one's ~ to sth** стáвить, по- свою печáть на что-н.; **set the ~ on** заверш|áть, -úть; **he set the ~ of approval on our action** он одóбрил/санкционúровал нáши дéйствия; **~ of confession** тáйна úсповеди.
2 (*gem, stamp etc. for* **~ing**) печáтка.
● *vt* **1** (*affix* **~** *to*) при|клáдывать, -ложúть печáть к + *d*; **the treaty has been signed and ~ed** договóр пoдпúсан и скреплён печáтями; **~ed orders** секрéтный прикáз; **~ing wax** сургýч.
2 (*confirm*): **~ a bargain** скреп|лЯть, -úть сдéлку.
3 (*close securely*; *stop up*) запечáт|ывать, -ать; плóтно/нáглухо закр|ывáть, -ы́ть; **a ~ed envelope** запечáтанный конвéрт; **they ~ed (up) all the windows** онú замáзали/задéлали все óкна; **the police ~ed off all exits from the square** полúция перекры́ла все вы́ходы с плóщади (*or* оцепúла плóщадь); **my lips are ~ed** у менЯ запечáтаны устá.
4 (*set mark on*; *destine*) нал|агáть, -ожúть печáть на + *a*; **his fate is ~ed** егó ýчасть решенá.

sealer /ˈsiːlə(r)/ *n* (*person*) охóтник на тюлéней; (*ship*) зверобóйное сýдно.

seam /siːm/ *n* шов, рубéц; **burst at the ~s** лóп|аться, -нуть по швам; **come apart at the ~s** (*lit, fig*) трещáть (*impf*) по швам; (*geol*) пласт.
● *vt* сшивáть, сшить; **~ed stockings** чулкú со швом; **a face ~ed with lines** лицó, изборождённое морщúнами.

seamless /ˈsiːmlɪs/ *adj* без шва; из однoгó кускá; **~ stockings** чулкú без шва.

seamstress, sempstress /ˈsemstrɪs/ *nn* швея́.

seamy /ˈsiːmɪ/ *adj* (**seamier, seamiest**): **the ~ side of life** изнáнка/сурóвая прáвда жúзни.

seance /ˈseɪɑ̃s/ *n* спиритúческий сеáнс.

sear /sɪə(r)/ *vt* (*scorch*) опал|Ять, -úть; (*cauterize*) приж|игáть, -éчь; **~ing heat** палЯщий знoй; **~ing pain** жгýчая боль.

search /sɜːtʃ/ *n* **1** (*quest, also comput*) пóиск (*usu in pl*); **make a ~ for s.o./sth** искáть (*impf*) когó-н./что-н.; **a man in ~ of a wife** мужчúна, úщущий себé женý; **he went in ~ of his wife** он пошёл искáть женý.
2 (*examination*) óбыск; **the police carried out a ~ of the house** полúция произвелá в дóме óбыск.
● *vt* **1** (*examine*) обыск|ивать, -áть; пров|одúть, -естú осмóтр + *g*; **we were ~ed at the airport** мы прошлú осмóтр в аэропортý; (*rummage through*) обшáри|вать, -ть; **I ~ed every drawer for my notes** я обшáрил/перерыл все Ящики в пóисках своúх замéток.
2 (*peer at, scan*) обв|одúть, -естú взглЯдом; **he ~ed my face** он испытýюще на менЯ посмотрéл.
3 (*fig, scrutinize*): **~ your memory!** напрягúте свою пáмять!; **I ~ed my conscience** я спросúл свою сóвесть.
4 (*penetrate*) прон|икáть, -úкнуть; **~ing questions** подрóбные вопрóсы; **a ~ing enquiry** тщáтельное расслéдование.
5: **~ me!** (*coll*) я почём знáю!; понЯтия не имéю!
● *vi* искáть (*impf*); (*of police, customs*) пров|одúть, -естú óбыск; **~ after, for** искáть (*impf*), разы́скивать (*impf*); **~ out** (*find*) отыскáть, разыскáть, обнарýжить (*all pf*); **~ through** просм|áтривать, -отрéть; **I ~ed through my desk for the letter** я перерыл весь пúсьменный стол в пóисках письмá; **he ~ed through all his papers for the contract** он перерыл/перебрáл все свой бумáги в пóисках договóра.
● *cpds* **~ engine** *n* (*comput*) поискóвая систéма/машúна; **~light** *n* прожéктор; **~ party** *n* поискóв|ая грýппа, -ый отрЯд; **~ warrant** *n* óрдер на óбыск.

searcher /ˈsɜːtʃə(r)/ *n* искáтель (*fem* -ница).

season /ˈsiːz(ə)n/ *n* **1** сезóн; (*of year*) врéмя гóда; **the four ~s** четы́ре врéмени гóда; **summer/winter ~** лéтний/зúмний сезóн; **in the rainy ~** в сезóн дождéй; **compliments of the ~!** с прáздником!; **strawberries are in ~** сейчáс сезóн клубнúки; **blackberries are out of ~** ежевúке

S

сейча́с не сезо́н; **at the height of the ~** в разга́р сезо́на; **holiday ~** сезо́н отпуско́в; **close/open ~** вре́мя, когда́ охо́та запрещена́/разрешена́; (*period*) пери́од, пора́.
2 (*Br*) (*also* **~ ticket**) сезо́нный/проездно́й биле́т; (*for concerts etc.*) абонеме́нт.
● *vt* **1** (*mature*: *of timber, wine, etc.*) выде́рживать, вы́держать.
2 (*acclimatize, inure*) приуч|а́ть, -и́ть; **he ~ed himself to cold** он приучи́л себя́ к хо́лоду; **a ~ed traveller** (*Br*), **traveler** (*US*) о́пытный путеше́ственник; **~ed troops** о́пытные войска́.
3 (*spice*) припр|авля́ть, -а́вить; **a highly ~ed dish** о́строе (*or* о́чень пика́нтное) блю́до.

seasonable /'si:zənəb(ə)l/ *adj* (*suited to the season*) соотве́тствующий сезо́ну; (*opportune*) своевре́менный.

seasonal /'si:zən(ə)l/ *adj* сезо́нный.

seasoning /'si:zənıŋ/ *n* (*cul*) припра́ва; (*of timber, wine*) выде́рживание.

seat /si:t/ *n* **1** сиде́нье; (*chair*) стул; (*bench*) скамья́, скаме́йка.
2 (*place in vehicle, theatre, etc.*) ме́сто; **take one's ~** зан|има́ть, -я́ть ме́сто; **please take a ~!** сади́тесь, пожа́луйста!; **keep one's ~** ост|ава́ться, -а́ться на ме́сте; **keep my ~ for me!** посторожи́те моё ме́сто!; **he booked a ~** он заказа́л биле́т; **take a back ~** (*fig*) от|ходи́ть, -ойти́ на за́дний план.
3 (*of chair*) сиде́нье; **the ~ of the chair fell through** у сту́ла провали́лось сиде́нье.
4 (*backside*) зад; (*of trousers*) зад (у) брюк; **he wore out the ~ of his trousers** он просиде́л брю́ки.
5 (*site, location, headquarters*): **~ of government** резиде́нция прави́тельства; **~ of war** теа́тр вое́нных де́йствий; **~ of learning** нау́чный центр.
6 (*mansion*) поме́стье, име́ние.
7 (*Br, parl*) ме́сто (в парла́менте); **have a ~ in parliament** быть в парла́менте, быть чле́ном парла́мента; **lose one's ~** теря́ть, по- ме́сто (в парла́менте); **he has a ~ on the committee** он член комите́та.
8: **he has a good ~ on a horse** у него́ хоро́шая поса́дка.
● *vt* **1** (*make sit*) сажа́ть, посади́ть; **~ o.s.** сади́ться, сесть; ус|а́живаться, -е́сться; **be ~ed!** сади́тесь!; прошу́ сади́ться; **he remained ~ed** он продолжа́л сиде́ть; **I found them ~ed round the fire** я нашёл их сидя́щими вокру́г ками́на.
2 (*provide with ~s*) вме|ща́ть, -сти́ть; **the hall ~s over a thousand** зал вмеща́ет бо́льше ты́сячи челове́к; **this table ~s twelve** за э́тот стол мо́жно посади́ть двена́дцать челове́к.
● *cpd* **~ belt** *n* реме́нь (*m*) безопа́сности.

seating /'si:tıŋ/ *n* **1** (*allocation of places*) расса́живание; (*placing at table*) размеще́ние госте́й за столо́м; **the ~ arrangements were inadequate** мест не хвата́ло. **2** (*seats*) (сидя́чие) места́; **~ capacity** число́ сидя́чих мест.

SEATO /'si:təʊ/ *n* (*abbr of* ***South-East Asia Treaty Organization***) (*hist*) СЕА́ТО (Организа́ция догово́ра Ю́го-Восто́чной А́зии).

seaward /'si:wəd/ *adj* (*of breeze etc.*) берегово́й.
● *adv* (*also* **~s, to ~**) к мо́рю.

sebaceous /sı'beıʃəs/ *adj* са́льный.

sec. /'sekənd(z)/ *n* (*abbr of* ***second(s)***) с, сек. (секу́нда/секу́нды (*pl*)).

secateurs /ˌsekə'tə:z/ *n pl* (*Br*) садо́вые но́жниц|ы (*pl, g* —); сека́тор.

secede /sı'si:d/ *vi* отдел|я́ться, -и́ться (**from:** от + *g*); выходи́ть, вы́йти (**from:** из + *g*).

secession /sı'seʃ(ə)n/ *n* отделе́ние (**from:** от + *g*); вы́ход (**from:** из + *g*).

secessionist /sı'seʃənıst/ *n* сепарати́ст.

seclude /sı'klu:d/ *vt*: **~ o.s. from society** удал|я́ться, -и́ться от о́бщества; **a ~d life** уединённая жизнь; **a ~d spot** уединённый/укро́мный уголо́к.

seclusion /sı'klu:ʒ(ə)n/ *n* уедине́ние, изоля́ция; **to live in ~** жить (*impf*) в уедине́нии.

second[1] /'sekənd/ *n* **1** второ́й; **you are the ~ to ask me that** вы уже́ второ́й челове́к, кото́рый меня́ об э́том спроси́л/спра́шивает; **~ in command** замести́тель (*m*) команди́ра; **on the ~ of May** второ́го ма́я; **he came (in) a good ~** (*in race*) он пришёл к фи́нишу почти́ одновреме́нно с пе́рвым; (*Br, honours degree*) дипло́м второ́й сте́пени.
2 (*in duel, boxing, etc.*) секунда́нт.
3 (*in pl, imperfect goods*) второсо́ртный/брако́ванный това́р; **these plates are ~s** э́ти таре́лки брако́ванные.
4 (*measure of time or angle, also mus*) секу́нда; **wait a ~!** одну́ секу́нду!; **~(s) hand** (*of clock*) секу́ндная стре́лка.
● *adj* второ́й; (*other*) друго́й; **Charles the S~** Карл Второ́й; **on the ~** (*US* **third**) **floor** на тре́тьем этаже́; **the ~ largest city** второ́й по величине́ го́род; **~ nature** втора́я нату́ра; **he came in ~** он за́нял второ́е ме́сто; **in the ~ place** во-вторы́х; **for the ~ time** втори́чно, второ́й раз; (*additional*) доба́вочный; **~ chamber** ве́рхняя пала́та; **~ helping** доба́вка; **France was a ~ home to him** Фра́нция была́ ему́ (*or* для него́) второ́й ро́диной; **~ name** (*Br*) фами́лия; **he has ~ sight** он ясновидец; **have ~ thoughts** переду́мать, разду́мать (*both pf*); **I am having ~ thoughts** я начина́ю колеба́ться; **on ~ thoughts** поразмы́слив; по зре́лом размышле́нии; **do, say sth a ~ time** повтор|я́ть, -и́ть что-н.; **get one's ~ wind** обре|та́ть, -сти́ второ́е дыха́ние; (*subordinate; comparable*): **~ to none** непревзойдённый; **he is ~ to none** он никому́ не усту́пит; **their taste is ~ to none** у них непревзойдённый вкус; **~ cousin** трою́родный брат (*fem* трою́родная сестра́); **play ~ fiddle** игра́ть (*impf*) втору́ю скри́пку; **learn sth at ~ hand** узн|ава́ть, -а́ть что-н. понаслы́шке; **~ lieutenant** мла́дший лейтена́нт; **~ officer** помо́щник капита́на; **the ~ violins** вторы́е скри́пки.
● *vt* (*support*) подде́рж|ивать, -а́ть.
● *cpds* **~ best** *adj* не са́мый лу́чший; (*inferior*) второсо́ртный; *adv*: **come off ~ best** терпе́ть, по- пораже́ние; **~ class** *n* (*Br, degree*) дипло́м второ́й сте́пени; (*of travel*) второ́й класс; *adj*: **~-class cabin** каю́та второ́го кла́сса; **~-class citizens** гра́ждане второ́го со́рта; *adv*: **we travel ~ class** мы е́здим вторы́м кла́ссом; **~-generation** *adj* второ́го поколе́ния; **~-hand** *n see* ⇒**second** *n* **4**; *adj* (*previously used*) поде́ржанный; **~-hand bookshop** букинисти́ческий магази́н; (*indirect*): **~-hand information** информа́ция из вторы́х рук; *adv*: **I bought the car ~-hand** я купи́л поде́ржанную маши́ну; **~-rate** *adj* (*of goods*) второсо́ртный; (*mediocre*) посре́дственный; **~-rater** *n* посре́дственность.

second[2] /sı'kɒnd/ *vt* (*Br, transfer temporarily to another job*) командирова́ть, от-.

secondary /'sekəndərı/ *adj* **1** (*less important, not primary*) втори́чный; (*school, education*) сре́дний.
2 (*subordinate*) второстепе́нный.

> **secondary schools — сре́дние шко́лы**
>
> В Великобрита́нии существу́ет ряд уче́бных заведе́ний, даю́щих сре́днее образова́ние:
>
> **общеобразова́тельные шко́лы** (*comprehensive schools*) — беспла́тные шко́лы для ма́льчиков и де́вочек, в кото́рых де́ти у́чатся незави́симо от спосо́бностей. Э́ти шко́лы составля́ют 85% всех сре́дних уче́бных заведе́ний;
>
> **гимна́зии** (*grammar schools*) — шко́лы для бо́лее одарённых дете́й. Они́ мо́гут быть как ча́стными, так и госуда́рственными. Обуче́ние в них обы́чно разде́льное для ма́льчиков и де́вочек. Для поступле́ния в таки́е шко́лы необходи́мо сдава́ть вступи́тельный экза́мен;
>
> **ча́стные шко́лы** (*public schools*) — в большинстве́ слу́чаев э́то шко́лы-интерна́ты. Обуче́ние в таки́х шко́лах о́чень дорого́е.

seconder /'sekəndə(r)/ *n* тот, кто подде́рживает предложе́ние, кандидату́ру *и т. п.*

secondly /'sekəndlı/ *adv* во-вторы́х.

secondment /sı'kɒndmənt/ *n* (*Br*) командиро́вка.

secrecy /'si:krısı/ *n* та́йна; (*of document*) секре́тность; **he swore me to ~** он взял с меня́ кля́тву/сло́во молча́ть.

secret /'si:krıt/ *n* секре́т, та́йна; **keep a ~** храни́ть, со- секре́т; **let s.o. into a ~** посвя|ща́ть, -ти́ть кого́-н. в та́йну; **he has no ~s from me** у него́ нет секре́тов от меня́; **I make no ~ of it** я э́того не скрыва́ю; **state ~** госуда́рственная та́йна; **open ~** всем изве́стный секре́т, секре́т

S

Полишинéля; **in ~** секрéтно, тáйно; **the ~ of success is to keep on trying** секрéт успéха в упóрстве.
● *adj* секрéтный, тáйный; **top ~** (*as inscription*) совершéнно секрéтно; **keep sth ~** держáть (*impf*) что-н. в тáйне; **~ agent** тáйный агéнт, развéдчик; **~ ballot** тáйное голосовáние; **~ police** тáйная полúция; **~ service** секрéтная слýжба; развéдка; **the court met in ~ session** судéбное заседáние происходúло за закрытыми дверями; **~ sign** секрéтный знак; **~ society** тáйное óбщество; (*hidden*) потайнóй, секрéтный; **~ staircase** потайнáя лéстница; (*remote*) укрóмный; (*undisclosed*): **my ~ ambition** моя сокровéнная мечтá; **I was ~ly glad to see him** в глубинé душú я был рад егó вúдеть.
secretarial /ˌsekrɪˈteərɪəl/ *adj* секретáрский.
secretariat /ˌsekrəˈteərɪət/ *n* секретариáт.
secretary /ˈsekrɪtərɪ, ˈsekrətrɪ/ *n* секретáр|ь (*fem, coll, typist etc.* -ша); **Permanent (Under)~** постоянный заместúтель (*m*) министра; **S~ General** Генерáльный секретáрь; **S~ of State** (*UK*) минúстр; (*US*) государственный секретáрь, минúстр инострáнных дел.
secretaryship /ˈsekrɪtərɪʃɪp, ˈsekrətrɪʃɪp/ *n* дóлжность секретаря.
secrete /sɪˈkriːt/ *vt* **1** (*physiol etc.*) выделять, вы́делить. **2** (*conceal*) укр|ывáть, -ы́ть; прятать, с-; **~ o.s.** укр|ывáться, -ы́ться; прятаться, с-.
secretion /sɪˈkriːʃ(ə)n/ *n* выделéние, секрéция.
secretive /ˈsiːkrɪtɪv/ *adj* скры́тный, зáмкнутый; **he was ~ about his job** он ничегó не (*or* мáло) расскáзывал о своéй рабóте.
secretiveness /ˈsiːkrɪtɪvnɪs/ *n* скры́тность.
sect /sekt/ *n* сéкта.
sectarian /sekˈteərɪən/ *n* сектáнт (*fem* -ка).
● *adj* сектáнтский.
sectarianism /sekˈteərɪənɪz(ə)m/ *n* сектáнтство.
section /ˈsekʃ(ə)n/ *n* **1** (*separate or distinct part*) сéкция; **built in ~s** сбóрный, разбóрный; (*severed portion*) кусóк; **~ of the day** часть дня; **~ of the population** часть населéния; **~ of a journey** этáп путú; **~ of a book** раздéл кнúги; (*mil*) отделéние; (*department*) отдéл, отделéние; (*segment of fruit*) дóлька; (**~** *mark, i.e.* §) парáграф. **2** (*geom etc.*) разрéз; **~ drawing** чертёж в разрéзе; сечéние. **3** (*microscopic* **~**) срез. **4** (*surgery*) сечéние.
sectional /ˈsekʃən(ə)l/ *adj* **1** секциóнный. **2** (*pertaining to a section of the community etc.*) группово́й. **3** (*made in parts*) сбóрный, разбóрный, составнóй. **4**: **~ arrangement of material** распределéние материáла по отдéлам. **5** (*of drawings, plans, etc.*) в разрéзе; **~ elevation** разрéз.
sector /ˈsektə(r)/ *n* **1** (*geom*) сéктор. **2** (*mil, railways, etc.*) учáсток. **3** (*econ*): **the public/private ~** госудáрственный/чáстный сéктор.
secular /ˈsekjʊlə(r)/ *adj* (*this-worldly*) мирскóй; **~ affairs** мирскúе делá; (*non-ecclesiastical, lay*) свéтский; **~ education** свéтское образовáние.
secularism /ˈsekjʊlərˌɪz(ə)m/ *n* секулярúзм.
secularization /ˌsekjʊləraɪˈzeɪʃ(ə)n/ *n* секуляризáция.
secularize /ˈsekjʊləˌraɪz/ *vt* секуляризовáть (*impf, pf*).
secure /sɪˈkjʊə(r)/ *adj* **1** (*free from care*) спокóйный; **feel ~ about sth** не беспокóиться (*impf*) о чём-н.; **he left, ~ in the knowledge that I would support him** он ушёл, увéренный в моéй поддéржке.
2 (*safe*) прóчный, надёжный; **the bridge did not seem ~** мост не казáлся/представлялся надёжным/прóчным; **the doors are ~** двéри надёжны; **the ladder is ~** лéстница стоúт прóчно; **the town was ~ against attack** гóрод был хорошó защищён от нападéния; (*reliable*) надёжный; **make ~** закреп|лять, -úть; (*assured*): **a ~ income** гарантúрованный/вéрный дохóд; (*well founded*): **a ~ assumption** обоснóванное предположéние.
● *vt* **1** (*make safe or fast*) закреп|лять, -úть; застрахóв|ывать, -áть; убер|егáть, -éчь; **~ a town against assault** укреп|лять, -úть оборóну гóрода; **~ a prisoner** связ|ывать, -áть плéнного.
2 (*guarantee, insure*) страховáть, за-; **he ~d himself against every risk** он застраховáл себя от вся́кого рúска. **3** (*obtain*) дост|авáть, -áть; заруч|áться, -úться + *i*.
security /sɪˈkjʊərɪtɪ/ *n* **1** (*safety*) безопáсность; **~ against attack** защищённость от нападéния; **~ device** предохранúтель (*m*); **S~ Council** Совéт Безопáсности; **~ forces** сúлы безопáсности; **~ guard** охрáнник, секьюрити (*m indecl*); **he is a ~ risk** он неблагонадёжен; **I feel a sense of ~ in his presence** егó присýтствие даёт мне чýвство увéренности/защищённости. **2** (*safeguard, guarantee*) гарáнтия. **3** (*pledge, promise*) залóг, гарáнтия; **~ for a loan** гарáнтия зáйма; заклáд; (*of person*) поручúтель (*m*). **4** (*in pl, bonds*) цéнные бумáги (*f pl*).
sedan /sɪˈdæn/ *n* (**~ chair**) паланкúн; (*US, saloon car*) седáн.
sedate[1] /sɪˈdeɪt/ *adj* степéнный, уравновéшенный.
sedate[2] /sɪˈdeɪt/ *vt* да|вáть, -ть успокóительное + *d*.
sedateness /sɪˈdeɪtnɪs/ *n* степéнность.
sedation /sɪˈdeɪʃ(ə)n/ *n* успокоéние; **under ~** под дéйствием успокóительного.
sedative /ˈsedətɪv/ *n* успокóительное (срéдство); (*sleeping drug*) снотвóрное (срéдство).
● *adj* успокáивающий, успокóительный; **have a ~ effect** дéйствовать успокáивающе.
sedentary /ˈsedəntərɪ/ *adj* (*of posture etc.*) сидя́чий; **a ~ way of life** сидя́чий óбраз жúзни; (*of person*) неподвúжный, малоподвúжный.
sedge /sedʒ/ *n* осóка.
● *cpd* **~ warbler** *n* камышóвка-барсучóк.
sediment /ˈsedɪmənt/ *n* осáдок, отстóй.
sedimentary /ˌsedɪˈmentərɪ/ *adj* осáдочный.
sedimentation /ˌsedɪmenˈteɪʃ(ə)n/ *n* (*process*) осаждéние; отложéние осáдка; (*sediment*) осáдок.
sedition /sɪˈdɪʃ(ə)n/ *n* подстрекáтельство к мятежу́.
seditious /sɪˈdɪʃəs/ *adj* мятéжный, подстрекáтельский.
seduce /sɪˈdjuːs/ *vt* **1** (*lead astray*) соблазн|ять, -úть; оболь|щáть, -стúть; **he was ~d by wealth** он польстúлся на богáтство. **2** (*a woman*) совра|щáть, -тúть; соблазн|ять, -úть.
seducer /sɪˈdjuːsə(r)/ *n* соблазнúтель (*m*); обольстúтель (*m*), совратúтель (*m*).
seduction /sɪˈdʌkʃ(ə)n/ *n* (*act of* **~**) обольщéние, совращéние; (*temptation, enticement*) соблáзн.
seductive /sɪˈdʌktɪv/ *adj* соблазнúтельный; **~ smile** обольстúтельная улы́бка.
seductiveness /sɪˈdʌktɪvnɪs/ *n* соблазнúтельность.
seductress /sɪˈdʌktrɪs/ *n* обольстúтельница.
sedulous /ˈsedjʊləs/ *adj* (*diligent*) прилéжный, усéрдный; (*painstaking*) тщáтельный.
sedulousness /ˈsedjʊləsnɪs/ *n* прилежáние, усéрдие; тщáтельность.
see[1] /siː/ *n* (*territory*) епáрхия; (*office*) кáфедра; **the Holy S~** пáпский престóл.
see[2] /siː/ *vt* (*past* **saw**; *pp* **seen**) **1** вúдеть; **nothing could be ~n** ничегó нé было вúдно; **the house cannot be ~n from the road** дом с дорóги не вúден/вúдно; **he is not to be ~n** егó не видáть (*coll*)/вúдно; **nothing was ~n of him** о нём нé было ни слýху ни дýху; **I saw her arrive** я вúдел, как онá приéхала; **I saw him approach(ing) the house** я вúдел, как он подходúл к дóму; **did you ~ anyone leaving?** вы вúдели, чтóбы ктó-нибудь выходúл?; **I have never ~n such a thing** ничегó подóбного я никогдá не вúдел; **I never saw such rudeness** я в жúзни не встречáл такýю грýбость; **~ red** (*coll*) взбесúться (*pf*); прийтú (*pf*) в я́рость/бéшенство; **I thought I was ~ing things** мне казáлось, что у меня́ галлюцинáции; **I ~ things differently now** я тепéрь инáче смотрю́ на вéщи; (*in newspaper etc.*): **I ~ our team has won** я вúжу, нáша комáнда победúла. **2** (*look at, watch*) смотрéть, по- на + *a*; осм|áтривать, -отрéть; **~ p 4** см. стр./с. 4; **let me ~ that** дáйте мне на э́то посмотрéть/взглянýть; **let me ~ your**

letter покажи́те мне/да́йте посмотре́ть ва́ше письмо́; **the film is worth ~ing** э́тот фильм сто́ит посмотре́ть; **~ what you've done!** смотри́те, что вы наде́лали!; **~ the sights** осм|а́тривать, -отре́ть достопримеча́тельности; **we saw Hamlet yesterday** мы вчера́ смотре́ли «Га́млета».
3 (*experience*): **he has ~n life** (*or* **the world**) он вида́л ви́ды; **the house has ~n many changes** дом претерпе́л/повида́л мно́го переме́н; **she will never ~ 50 again** ей перевали́ло за пятьдеся́т; **I thought I would never (live to) ~ the day when …** я не ду́мал, что доживу́ до того́ дня, когда́… .
4 (*imagine*) предст|авля́ть, -а́вить себе́ (*что*); **can you ~ him apologizing?** мо́жете себе́ предста́вить его́ простя́щим извине́ния?
5 (*ascertain by looking*; *find out*) посмотре́ть (*pf*), узн|ава́ть, -а́ть, выясня́ть, вы́яснить; **~ for o.s.** убе|жда́ться, -ди́ться самому́/ли́чно; **(go and) ~ who it is** (пойди́те) посмотри́те, кто там; **shall I ~ if I can help them?** пойти́ (мне) узна́ть, на́до ли им помо́чь?; **I'll ~ if I can get tickets** я посмотрю́, смогу́ ли я доста́ть биле́ты; **that remains to be ~n** посмо́трим; э́то ещё не изве́стно.
6 (*discern, comprehend*) ви́деть, у-; пон|има́ть, -я́ть; **as I ~ it** по-мо́ему; на мой взгляд; **he saw his mistake at once** он сра́зу же уви́дел/по́нял свою́ оши́бку; **I ~ how it is** мне поня́тно, как обстоя́т дела́; **I don't ~ what good that is** я не ви́жу, кака́я от э́того по́льза; **as far as I can ~** наско́лько я понима́ю; **what does he ~ in her?** что то́лько он в ней ви́дит/нахо́дит?; **(do) you ~?** (вы) понима́ете?; **you ~, I was an only child** ви́дите ли, я был еди́нственным ребёнком; **don't you ~?** неуже́ли вы не ви́дите/понима́ете?; **from this it can be ~n** из э́того ви́дно/сле́дует; **it can be ~n at a glance** э́то ви́дно/я́сно с пе́рвого взгля́да; **so I ~** сам ви́жу; понима́ю.
7 (*consider*) ду́мать, по-; **I'll ~** я поду́маю; посмо́трим; **let me ~!** погоди́те/посто́йте!; **~ing that …** ввиду́ того́, что…; поско́льку…; так как… .
8 (*come across, meet*) ви́деть, у-; встр|еча́ть, -е́тить; (*associate*) ви́деться (*impf*), встреча́ться (*impf*) (*с кем*); **they stopped ~ing each other** они́ разошли́сь (*or* переста́ли встреча́ться); (*visit*) посе|ща́ть, -ти́ть; наве|ща́ть, -сти́ть; **we went to ~ our friends** мы навести́ли на́ших друзе́й; **come and ~ me, us sometime** заходи́те ка́к-нибудь; **(I'll) be ~ing you!** до ско́рого!; пока́! (*coll*); **~ you on Tuesday!** до вто́рника!
9 (*interview, consult*): **I went to ~ him about a job** я пошёл к нему́ поговори́ть о рабо́те; **can I ~ you for a moment?** мо́жно вас на мину́тку?; **you should ~ a doctor** вам сле́дует обрати́ться к врачу́; **he went to ~ a lawyer** он пошёл посове́товаться/поговори́ть с адвока́том; (*receive*; *grant interview to*) прин|има́ть, -я́ть; **the doctor will ~ you now** до́ктор при́мет вас сейча́с.
10 (*escort, conduct*) прово|жа́ть, -ди́ть; **he saw her to the door** он проводи́л её до две́ри; **I saw her across the road** я перевёл её че́рез у́лицу; (*provide for*): **£50 should ~ you to the end of the week** пятидесяти фу́нтов должно́ хвати́ть вам до конца́ неде́ли; **she saw him through college** она́ помогла́ ему́ око́нчить университе́т.
11 (*ensure*) следи́ть, про-; **~ that it is done** проследи́те, что́бы э́то бы́ло сде́лано/вы́полнено; **~ (to it) that the door is locked** проследи́те, что́бы за́перли дверь.
● *vi* **1** ви́деть (*impf*); **can you ~ from where you are?** вам отту́да ви́дно?; **as far as the eye can ~** наско́лько ви́дит глаз; **he cannot ~** (*is blind*) он не ви́дит; он слеп; **~ing is believing** пока́ не увижу, не пове́рю; **he will never be able to ~ again** он (оконча́тельно) ослёп; **I am ~ing double** у меня́ в глаза́х двои́тся; **go and ~ for yourself!** пойди́те и убеди́тесь са́ми!; **~ if you can …** попро́буйте…; **she could ~ into the future** она́ уме́ла загля́дывать в бу́дущее; **may I ~ inside?** мо́жно загляну́ть внутрь?; **they asked to ~ round the house** они́ проси́ли позволе́ния осмотре́ть дом; **he could not ~ over the hedge** и́згородь заслоня́ла ему́ вид; **we saw through him** мы раскуси́ли его́; **~ through s.o.** раску́с|ывать, -и́ть кого́-н.; ви́деть (*impf*) кого́-н. насквозь; **I couldn't ~ to read** бы́ло сли́шком темно́(, что́бы) чита́ть.
2 (*imperative, look*): **~, here he comes!** смотри́те, вот он!
3 (*make provision*; *take care*; *give attention*) забо́титься, по- (*о чём*); (*arrange, organize*) забо́титься, по-; **I shall ~ about the luggage** я позабо́чусь о багаже́ (*or* займу́сь багажо́м); **she ~s to the laundry** она́ ве́дает сти́ркой; сти́рка в её ве́дении; **I have to ~ to the children** мне прихо́дится забо́титься о де́тях; **the garden needs ~ing to** са́дом сле́дует заня́ться; **I saw to it that …** я позабо́тился о том, что́бы…; **he saw to it that I got the money** он позабо́тился о том, что́бы я получи́л де́ньги.
● *with advs*: **~ back** *vt*: **as it was late I offered to ~ her back** так как бы́ло по́здно, я предложи́л проводи́ть её (домо́й *и т. п.*); **~ in** *vt* встр|еча́ть, -е́тить; **they came to ~ the boat in** они́ пришли́ (, что́бы) встре́тить парохо́д; **we saw the New Year in** мы встре́тили Но́вый год; **~ off** *vt* (*accompany*) прово|жа́ть, -ди́ть; **we saw them off at the station** мы проводи́ли их на по́езд; (*get the better of*) прев|осходи́ть, -зойти́; **~ out** *vt* прово|жа́ть, -ди́ть до вы́хода; **I can ~ myself out** ≈ я сам найду́ доро́гу; **he saw out** (*survived*) **all his children** он пережи́л всех свои́х дете́й; **~ through** *vt*: **who will ~ the job through?** кто доведёт де́ло до конца́?; **his courage will ~ him through** благодаря́ своему́ му́жеству он вы́держит все испыта́ния.
● *cpd* **~-through** *adj* прозра́чный.

seed /siːd/ *n* **1** (*lit, fig*) се́мя (*nt*); (*of apple, melon, sunflower*) се́мечко; (*collect*) семена́ (*nt pl*); **sow ~(s) in the ground** се́ять, по- семена́ в грунт; **go, run to ~** (*lit*) идти́, пойти́ на семена́; (*fig, of person*) сд|ава́ть, -ать.
2 (*sport*: **~ed player**) посе́янный игро́к; **he is number 3 ~** он посе́ян тре́тьим.
● *vt* **1** (*remove ~ from*) оч|ища́ть, -и́стить от зёрнышек; **~ed raisins** изю́м без ко́сточек.
2 (*sow or sprinkle with ~*) се́ять, по-; зас|ева́ть, -е́ять; **a newly ~ed lawn** свежезасе́янный газо́н.
3 (*sport*) отбира́ть, отобра́ть; се́ять, по-; **~ed player** = **seed** *n*.
● *vi* (*shed ~*) роня́ть (*impf*) семена́.
● *cpds* **~-bearing** *adj* семяно́сный; **~bed** *n* гряда́ с расса́дой; **~ cake** *n* пече́нье/кекс с тми́ном; **~corn** *n* посевно́е зерно́; **~ potatoes** *n* семенно́й карто́фель; **~sman** *n* (*pl* **~smen**) торго́вец семена́ми.

seedless /ˈsiːdlɪs/ *adj* бессемя́нный.

seedling /ˈsiːdlɪŋ/ *n* се́янец; (*in pl*) расса́да (*collect*).

seedy /ˈsiːdɪ/ *adj* (**seedier, seediest**) (*shabby*) потрёпанный; **he looks ~** у него́ нева́жный вид; (*sleazy*) захуда́лый; (*out of sorts*) не в фо́рме; **I feel ~** я себя́ нева́жно/парши́во чу́вствую.

seek /siːk/ *vt* (*past and pp* **sought**) **1** (*look for*) иска́ть (*impf*) + *a*/*g of concrete*/*abstract object*; **~ one's fortune** пыта́ть, по- сча́стья; **~ing a better position** в по́исках лу́чшего ме́ста; **~ out** разыска́ть (*pf*); отыска́ть (*pf*); (*enquire into*) иска́ть (*impf*); **they were ~ing the causes of cancer** они́ иссле́довали (*or* пыта́лись обнару́жить) причи́ны ра́ка; (*ask for*): **~ advice** проси́ть, по- сове́та; обра|ща́ться, -ти́ться за сове́том; **~ an explanation** тре́бовать, по- объясне́ния; **~ pardon** добива́ться/проси́ть (*impf*) проще́ния.
2 (*attempt*) стара́ться, по-; пыта́ться, по-; **they sought to kill him** они́ пыта́лись уби́ть его́.
● *vi* (*past and pp* **sought**): **~ after sth** стреми́ться (*impf*) к чему́-н.; **a sought-after person** (чрезвыча́йно) популя́рная ли́чность; **~ for sth** иска́ть (*impf*) что-н./чего́-н.

seeker /ˈsiːkə(r)/ *n*: **an earnest ~ after truth** ре́вностный иска́тель и́стины.

seem /siːm/ *vi* каза́ться, по-; предст|авля́ться, -а́виться; **it ~s to me** мне ка́жется; по-мо́ему; **I don't ~ to like him** почему́-то он мне не нра́вится; **I ~ed to hear a voice** мне показа́лось, что я слы́шал че́й-то го́лос; **it ~s like only yesterday** как бу́дто (*or* тако́е впечатле́ние, что) э́то бы́ло вчера́; **he is not what he ~s** он не тако́й, каки́м ка́жется; **she ~s young** она́ мо́лодо вы́глядит; **it ~s cold today** сего́дня, ка́жется, хо́лодно; сего́дня как бу́дто хо́лодно; **he and I can't ~ to get on together** мы с ним что́-то ника́к не пола́дим; **it would ~** по-ви́димому; каза́лось бы;

S

so it ~s ка́жется так, как бу́дто так; **so we are to get nothing, it ~s** ита́к, ка́жется/выхо́дит, мы ничего́ не полу́чим.

seeming /'si:mɪŋ/ *adj* (*apparent*) ка́жущийся, вне́шний; **a ~ friend** мни́мый друг; **~ly** по-ви́димому; как бу́дто.

seemliness /'si:mlɪnɪs/ *n* прили́чие; (благо)присто́йность.

seemly /'si:mlɪ/ *adj* (**seemlier, seemliest**) подоба́ющий, прили́чный, присто́йный.

seen /si:n/ *pp of* ⇒**see**[2]

seep /si:p/ *vi* (*also* **~ out, through**) прос|а́чиваться, -очи́ться; (*leak*) прот|ека́ть, -е́чь.

seepage /'si:pɪdʒ/ *n* течь, уте́чка, проса́чивание.

seer /'si:ə(r), sɪə(r)/ *n* провиде́ц, проро́к.

seersucker /'sɪə,sʌkə(r)/ *n* лёгкая кре́повая ткань.

see-saw /'si:sɔ:/ *n* (доска́-)качел|и (*pl*, *g* -ей).

● *vi* (*play on* ~) кача́ться, по- на доске́/каче́лях; (*fig, oscillate*) колеба́ться (*impf*).

seeth|e /si:ð/ *vi* (*of liquids, and fig*) бурли́ть (*impf*); **the country is ~ing with discontent** страна́ бурли́т от недово́льства; **he ~ed with anger** он кипе́л негодова́нием; **the streets were ~ing with people** у́лицы кише́ли наро́дом/людьми́.

segment /'segmənt/ *n* сегме́нт, отре́зок; (*of fruit*) до́лька.

● *vt & i* дели́ть(ся), раз- на сегме́нты.

segmentation /,segmən'teɪʃ(ə)n/ *n* сегмента́ция.

segregate /'segrɪgət/ *vt* отдел|я́ть, -и́ть; раздел|я́ть, -и́ть; изоли́ровать (*impf, pf*).

segregation /,segrɪ'geɪʃ(ə)n/ *n* (*separation*) отделе́ние, изоля́ция; (*racial*) (ра́совая) сегрега́ция.

segregationist /,segrɪ'geɪʃ(ə)nɪst/ *n* сторо́нник сегрега́ции.

Seine /seɪn/ *n* Се́на.

seine /seɪn/ *n* кошельково́й не́вод.

seismic /'saɪzmɪk/ *adj* сейсми́ческий.

seismograph /'saɪzmə,grɑ:f/ *n* сейсмо́граф (*прибор*).

seismological /,saɪzmə'lɒdʒɪk(ə)l/ *adj* сейсмологи́ческий.

seismologist /saɪz'mɒlədʒɪst/ *n* сейсмо́лог.

seismology /saɪz'mɒlədʒɪ/ *n* сейсмоло́гия.

seismometer /saɪz'mɒmɪtə(r)/ *n* сейсмо́метр.

seizable /'si:zəb(ə)l/ *adj* (*of goods etc.*) подлежа́щий конфиска́ции.

seize /si:z/ *vt* **1** (*grasp; lay hold of*) хвата́ть, схвати́ть; **he ~d the boy by the arm** он схвати́л ма́льчика за́ руку; **they ~d the thief** они́ схвати́ли во́ра; **he ~d** (*hold of*) **the rope** он схвати́л (*or* ухвати́лся за) верёвку; (*fig, comprehend*) схв|а́тывать, -ати́ть; **he ~d the point at once** он сра́зу схвати́л суть де́ла; (*fig, make use of*) ухв|а́тываться, -ати́ться за + *a*; **~ an opportunity** ухв|а́тываться, -ати́ться за возмо́жность; по́льзоваться, вос- слу́чаем. **2** (*take possession of*) захва́т|ывать, -и́ть; брать, взять; (*fig, strike, affect*) охва́т|ывать, -и́ть; **he was ~d by a feeling of remorse** его́ охвати́ло чу́вство раска́яния. **3** (*impound, arrest*) нал|ага́ть, -ожи́ть аре́ст на + *a*; конфискова́ть (*impf, pf*), изыма́ть, изъя́ть.

● *vi* **1** : **~ (up)on** ухв|а́тываться, -ати́ться за + *a*; **they ~d upon the chance** они́ ухвати́лись за предста́вившийся слу́чай; **he ~d upon my remark** он придра́лся к мои́м слова́м. **2** (*jam; also* **~ up**) за|еда́ть, -е́сть; застр|ева́ть, -я́ть.

seizure /'si:ʒə(r)/ *n* (*capture*) захва́т; (*confiscation*) конфиска́ция, изъя́тие; (*attack of illness*) присту́п, припа́док; (*stroke*) уда́р.

seldom /'seldəm/ *adv* ре́дко; **~ if ever** кра́йне ре́дко.

select /sɪ'lekt/ *adj* и́збранный, элита́рный; **~ circles** и́збранные круги́; **~ committee** осо́бый комите́т (*в парламенте*); **a ~ club** клуб для и́збранных, элита́рный клуб.

● *vt* выбира́ть, вы́брать; от|бира́ть, -обра́ть; под|бира́ть, -обра́ть; (*by voting*) изб|ира́ть, -ра́ть; **~ed works** и́збранные сочине́ния.

selection /sɪ'lekʃ(ə)n/ *n* **1** (*choice*) вы́бор; **make a ~ of** выбира́ть, вы́брать (ме́жду + *i*); **there was a wide, great ~** был большо́й вы́бор; (*biol*): **natural ~** есте́ственный отбо́р. **2** (*assortment*) подбо́р, ассортиме́нт; **a ~ of summer clothes** ассортиме́нт ле́тней оде́жды.

selective /sɪ'lektɪv/ *adj* (*choosing carefully*) разбо́рчивый; (*partial, affecting some*) вы́борочный; (*radio*) селекти́вный; избира́тельный; **~ service** (*US*) во́инская пови́нность.

selectivity /,sɪlek'tɪvɪtɪ, ,sel-, ,si:l-/ *n* разбо́рчивость, избира́тельность.

selector /sɪ'lektə(r)/ *n* **1** (*person*) отбо́рщик, вы́борщик. **2** (*teleph*) селе́ктор; **~ gear** селе́кторный механи́зм; (*radio*) ру́чка настро́йки; **band ~** переключа́тель (*m*) диапазо́нов.

selenium /sɪ'li:nɪəm/ *n* селе́н.

self /self/ *n* (*pl* **selves**) **1** (*individuality, essence*) су́щность; (*personality*) ли́чность; (*ego*) (со́бственное) «я»; **his own, very ~** он сам; **I am not my former ~** я уже́ не тот, что пре́жде; **my other ~** моё второ́е «я». **2** (*one's own interest*): **he has no thought of ~** он не ду́мает о себе́. **3** (*comm: o.s.*): **cheque made out to '~'** чек, вы́писанный на со́бственное и́мя (*or* на себя́).

self- /self/ *comb form* само…; себя…; свое…

self-abasement /,selfə'beɪsmənt/ *n* самоуниже́ние, самоуничиже́ние.

self-absorbed /,selfəb'zɔ:bd/ *adj* поглощённый собо́й.

self-abuse /,selfə'bju:s/ *n* (*euph*) онани́зм.

self-acting /self'æktɪŋ/ *adj* автомати́ческий.

self-addressed /,selfə'drest/ *adj* адресо́ванный на со́бственное и́мя; **~ envelope** конве́рт с обра́тным а́дресом отправи́теля.

self-adhesive /,selfəd'hi:sɪv/ *adj* самокле́ящийся.

self-adjustment /,selfə'dʒʌstmənt/ *n* самонастро́йка.

self-admiration /self,ædmə'reɪʃ(ə)n/ *n* самолюбова́ние.

self-advancement /,selfəd'vɑ:nsmənt/ *n* карьери́зм.

self-advertisement /,selfəd'və:tɪsmənt/ *n* саморекла́ма.

self-affirmation /self,æfə'meɪʃ(ə)n/ *n* самоутвержде́ние.

self-aggrandizement /,selfə'grændɪzmənt/ *n* самовозвели́чивание.

self-analysis /,selfə'næləsɪs/ *n* самоана́лиз.

self-appointed /,selfə'pɔɪntɪd/ *adj* самозва́ный.

self-assertion /,selfə'sə:ʃ(ə)n/ *n* самоутвержде́ние.

self-assertive /,selfə'sə:tɪv/ *adj* самоуве́ренный.

self-assurance /,selfə'ʃʊərəns/ *n* уве́ренность (в себе́); (*pej*) самоуве́ренность; самонаде́янность.

self-assured /,selfə'ʃʊəd/ *adj* (само)уве́ренный; самонаде́янный.

self-awareness /,selfə'weənɪs/ *n* самосозна́ние.

self-catering /self'keɪtərɪŋ/ *n* (*Br*): **~ apartment** жильё с самообслу́живанием; **~ holiday** путёвка, включа́ющая жильё с самообслу́живанием.

self-centred /self'sentəd/ (*US* **-centered**) *adj* эгоцентри́чный.

self-centredness /self'sentədnɪs/ (*US* **-centeredness**) *n* эгоцентри́чность.

self-coloured /self'kʌləd/ (*US* **-colored**) *adj* одноцве́тный.

self-condemnation /self,kɒndem'neɪʃ(ə)n/ *n* самоосужде́ние, самобичева́ние.

self-confessed /,selfkən'fest/ *adj* открове́нный.

self-confidence /self'kɒnfɪd(ə)ns/ *n* уве́ренность (в себе́); (*pej*) самоуве́ренность; самонаде́янность.

self-confident /self'kɒnfɪd(ə)nt/ *adj* уве́ренный (в себе́); (*pej*) самоуве́ренный; самонаде́янный.

self-congratulation /,selfkəŋ,grætjʊ'leɪʃ(ə)n/ *n* самохва́льство, самовосхвале́ние.

self-conscious /self'kɒnʃəs/ *adj* **1** (*awkward*) нело́вкий; (*shy*) засте́нчивый; (*embarrassed*) смущённый. **2** (*philos*) самосозна́ющий.

self-consciousness /self'kɒnʃəsnɪs/ *n* нело́вкость, засте́нчивость; (*phil*) самосозна́ние.

self-consistent /,selfkən'sɪst(ə)nt/ *adj* после́довательный.

self-contained /,selfkən'teɪnd/ *adj* (*independent, of person*)

S

самостоя́тельный, незави́симый; (*Br, of accommodation*) отде́льный.

self-contempt /ˌselfkənˈtempt/ *n* презре́ние к самому́ себе́.

self-contradiction /selfˌkɒntrəˈdɪkʃ(ə)n/ *n* вну́треннее противоре́чие.

self-contradictory /selfˌkɒntrəˈdɪktərɪ/ *adj* (вну́тренне) противоречи́вый; противоре́чащий самому́ себе́.

self-control /ˌselfkənˈtrəʊl/ *n* самооблада́ние; **he had to exercise ~** он до́лжен был прояви́ть самооблада́ние; **he regained his ~** к нему́ верну́лось самооблада́ние.

self-controlled /ˌselfkənˈtrəʊld/ *adj* вы́держанный.

self-critical /selfˈkrɪtɪk(ə)l/ *adj* самокрити́чный.

self-criticism /selfˈkrɪtɪˌsɪz(ə)m/ *n* самокри́тика.

self-deception /ˌselfdɪˈsepʃ(ə)n/ *n* самообма́н.

self-defeating /ˌselfdɪˈfiːtɪŋ/ *adj* сам себя́ гу́бящий, губи́тельный.

self-defence /ˌselfdɪˈfens/ (*US* **-defense**) *n* самооборо́на, самозащи́та; **in ~** для (*or* в поря́дке) самооборо́ны.

self-delusion /ˌselfdɪˈluːʒ(ə)n, -ˈljuːʒ(ə)n/ *n* самообма́н, самообольще́ние.

self-denial /ˌselfdɪˈnaɪəl/ *n* самоотрече́ние; **practise ~** отка́зывать (*impf*) себе́ во всём; ограни́чивать (*impf*) себя́.

self-denying /ˌselfdɪˈnaɪɪŋ/ *adj* бескоры́стный, самоотве́рженный.

self-deprecating /selfˈdeprɪˌkeɪtɪŋ/ *adj* самоуничижи́тельный.

self-depreciation /ˌselfdɪˌpriːʃɪˈeɪʃ(ə)n/ *n* самоуничиже́ние.

self-destruct /ˌselfdɪˈstrʌkt/ *vi* (*tech*) самоликвиди́роваться (*impf, pf*).

self-destruction /ˌselfdɪˈstrʌkʃ(ə)n/ *n* самоуничтоже́ние; (*suicide*) самоуби́йство; (*tech*) самоликвида́ция.

self-determination /ˌselfdɪˌtɜːmɪˈneɪʃ(ə)n/ *n* самоопределе́ние.

self-discipline /selfˈdɪsɪplɪn/ *n* вну́тренняя дисципли́на.

self-discovery /ˌselfdɪsˈkʌvərɪ/ *n* самопостиже́ние.

self-disgust /ˌselfdɪsˈgʌst/ *n* отвраще́ние к себе́.

self-doubt /selfˈdaʊt/ *n* неве́рие в себя́.

self-drive /selfˈdraɪv/ *n* (*Br*): **~ car hire** прока́т автомаши́н.

self-educated /selfˈedjuːˌkeɪtɪd/ *adj*: **a ~ man/woman** самоу́чка (*cg*).

self-education /ˌselfˌedjuːˈkeɪʃ(ə)n/ *n* самообразова́ние.

self-effacement /ˌselfɪˈfeɪsmənt/ *n* скро́мность; самоуниже́ние.

self-effacing /ˌselfɪˈfeɪsɪŋ/ *adj* скро́мный.

self-employed /ˌselfɪmˈplɔɪd/ *adj* рабо́тающий не по на́йму; обслу́живающий своё со́бственное предприя́тие.

self-esteem /ˌselfɪˈstiːm/ *n* самоуваже́ние, самолю́бие.

self-evident /selfˈevɪd(ə)nt/ *adj* очеви́дный; само́ собо́й разуме́ющийся.

self-examination /ˌselfɪgˌzæmɪˈneɪʃ(ə)n/ *n* самоана́лиз.

self-explanatory /ˌselfɪkˈsplænətərɪ/ *adj* не тре́бующий разъясне́ний.

self-expression /ˌselfɪkˈspreʃ(ə)n/ *n* самовыраже́ние.

self-feeding /selfˈfiːdɪŋ/ *adj* (*of boiler etc.*) с автомати́ческой пода́чей.

self-fertilization /selfˌfɜːtɪlaɪˈzeɪʃ(ə)n/ *n* самоопыле́ние; самооплодотворе́ние.

self-fertilizing /selfˈfɜːtɪˌlaɪzɪŋ/ *adj* самоопыля́ющийся; самооплодотворя́ющийся.

self-financing /selfˈfaɪnænsɪŋ/ *adj* самофинанси́рующийся.

self-fulfilling /ˌselffʊlˈfɪlɪŋ/ *adj*: **~ prophecy** предсказа́ние, влия́ющее на результа́т.

self-fulfilment /ˌselffʊlˈfɪlmənt/ (*US* **-fulfillment**) *n* реализа́ция свои́х возмо́жностей.

self-glorification /selfˌglɔːrɪfɪˈkeɪʃ(ə)n/ *n* самовосхвале́ние.

self-governing /selfˈgʌvənɪŋ/ *adj* самоуправля́ющийся, автоно́мный.

self-government /selfˈgʌvənmənt/ *n* самоуправле́ние.

self-hatred /selfˈheɪtrɪd/ *n* не́нависть к себе́.

self-help /selfˈhelp/ *n* самопо́мощь.

self-image /selfˈɪmɪdʒ/ *n* самооце́нка, со́бственное представле́ние о себе́.

self-immolation /ˌselfɪməˈleɪʃ(ə)n/ *n* самосожже́ние.

self-importance /ˌselfɪmˈpɔːt(ə)ns/ *n* самомне́ние.

self-important /ˌselfɪmˈpɔːt(ə)nt/ *adj* ва́жный, самонаде́янный.

self-imposed /ˌselfɪmˈpəʊzd/ *adj* доброво́льный; доброво́льно взя́тый на себя́.

self-improvement /ˌselfɪmˈpruːvmənt/ *n* самосоверше́нствование.

self-induced /ˌselfɪnˈdjuːst/ *adj* вы́званный у себя́.

self-induction /ˌselfɪnˈdʌkʃ(ə)n/ *n* самоинду́кция.

self-indulgence /ˌselfɪnˈdʌldʒ(ə)ns/ *n* избало́ванность; потво́рство свои́м жела́ниям.

self-indulgent /ˌselfɪnˈdʌldʒ(ə)nt/ *adj* избало́ванный; потво́рствующий свои́м жела́ниям.

self-inflicted /ˌselfɪnˈflɪktɪd/ *adj* (*of penance*) доброво́льный; (*of wound, injury*) нанесённый самому́ себе́.

self-instruction /ˌselfɪnˈstrʌkʃ(ə)n/ *n* самообразова́ние.

self-interest /selfˈɪntrəst, -trɪst/ *n* со́бственный интере́с; коры́сть; **he acted from ~** он де́йствовал из коры́стных побужде́ний.

self-interested /selfˈɪntrəstɪd, -trɪstɪd/ *adj* коры́стный, корыстолюби́вый.

selfish /ˈselfɪʃ/ *adj* эгоисти́чный, эгоисти́ческий, коры́стный; **~ person** эгои́ст (*fem* -ка).

selfishness /ˈselfɪʃnɪs/ *n* эгоисти́чность, эгои́зм.

self-justification /selfˌdʒʌstɪfɪˈkeɪʃ(ə)n/ *n* самоопра́вда́ние.

self-knowledge /selfˈnɒlɪdʒ/ *n* самопозна́ние.

selfless /ˈselflɪs/ *adj* самоотве́рженный, беззаве́тный.

selflessness /ˈselflɪsnɪs/ *n* самоотве́рженность, беззаве́тность.

self-loading /selfˈləʊdɪŋ/ *adj* (*of weapon*) самозаря́дный.

self-loathing /selfˈləʊðɪŋ/ *n* отвраще́ние к себе́.

self-locking /selfˈlɒkɪŋ/ *adj* самоблоки́рующийся.

self-love /selfˈlʌv/ *n* себялю́бие, эгои́зм.

self-made /ˈselfmeɪd/ *adj*: **he is a ~ man** он сам себя́ сде́лал; он челове́к, вы́бившийся из низо́в.

self-mastery /selfˈmɑːstərɪ/ *n* самооблада́ние.

self-mockery /selfˈmɒkərɪ/ *n* смех над собо́й.

self-neglect /ˌselfnɪˈglekt/ *n* (*slovenliness*) неопря́тность.

self-opinionated /ˌselfəˈpɪnjəˌneɪtɪd/ *adj* самонаде́янный.

self-perpetuating /ˌselfpəˈpetjuːˌeɪtɪŋ/ *adj* (*growth, decline*) (само)произво́льный; (*myth, benefit*) бесконе́чный.

self-pity /selfˈpɪtɪ/ *n* жа́лость к себе́.

self-pitying /selfˈpɪtɪɪŋ/ *adj* испо́лненный жа́лостью к себе́.

self-pollination /ˌselfpɒlɪˈneɪʃ(ə)n/ *n* самоопыле́ние.

self-portrait /selfˈpɔːtrɪt/ *n* автопортре́т.

self-possessed /ˌselfpəˈzest/ *adj* вы́держанный; хладнокро́вный, невозмути́мый.

self-possession /ˌselfpəˈzeʃ(ə)n/ *n* самооблада́ние, хладнокро́вие, невозмути́мость.

self-preservation /selfˌprezəˈveɪʃ(ə)n/ *n* самосохране́ние.

self-proclaimed /ˌselfprəˈkleɪmd/ *adj* самозва́ный.

self-promotion /ˌselfprəˈməʊʃ(ə)n/ *n* саморекла́ма.

self-propelled /ˌselfprəˈpeld/ *adj* самохо́дный.

self-protection /ˌselfprəˈtekʃ(ə)n/ *n* самосохране́ние.

self-raising /selfˈreɪzɪŋ/ (*US* **self-rising**) *adj*: **~ flour** мука́ с разрыхли́телем.

self-realization /selfˌrɪəlaɪˈzeɪʃ(ə)n/ *n* разви́тие свои́х спосо́бностей.

self-regard /ˌselfrɪˈgɑːd/ *n* **1** (*egoism*) себялю́бие. **2** = **self-respect**

self-regulating /selfˈregjʊˌleɪtɪŋ/ *adj* саморегули́рующийся.

S

self-regulation /ˌselfregjʊˈleɪʃ(ə)n/ *n* саморегули́рование.

self-reliance /ˌselfrɪˈlaɪəns/ *n* самостоя́тельность, незави́симость.

self-reliant /ˌselfrɪˈlaɪənt/ *adj* полага́ющийся на себя́, самостоя́тельный.

self-reproach /ˌselfrɪˈprəʊtʃ/ *n* самоосужде́ние, самобичева́ние.

self-respect /ˌselfrɪˈspekt/ *n* самоуваже́ние; чу́вство со́бственного досто́инства.

self-restraint /ˌselfrɪˈstreɪnt/ *n* сде́ржанность.

self-righteous /selfˈraɪtʃəs/ *adj* ха́нжеский, фарисе́йский.

self-righteousness /selfˈraɪtʃəsnɪs/ *n* ха́нжество, фарисе́йство.

self-rising /selfˈraɪzɪŋ/ (*US*) = **self-raising**

self-rule /selfˈru:l/ *n* самоуправле́ние.

self-sacrifice /selfˈsækrɪˌfaɪs/ *n* самопоже́ртвование.

self-sacrificing /selfˈsækrɪˌfaɪsɪŋ/ *adj* самоотве́рженный.

selfsame /ˈselfseɪm/ *adj* тот же са́мый; оди́н и тот же.

self-satisfaction /selfˌsætɪsˈfækʃ(ə)n/ *n* самодово́льство.

self-satisfied /selfˈsætɪsˌfaɪd/ *adj* самодово́льный.

self-sealing /selfˈsi:lɪŋ/ *adj* самоуплотня́ющийся; (*envelope*) самозакле́ивающийся.

self-seed /selfˈsi:d/ *vi* расти́, вы- самосе́вом.

self-seeking /ˈselfˌsi:kɪŋ/ *adj* своекоры́стный.

self-service /selfˈsɜ:vɪs/ *n* самообслу́живание; **~ store** магази́н самообслу́живания.

self-serving /selfˈsɜ:vɪŋ/ *adj* своекоры́стный.

self-sown /selfˈsəʊn/ *adj* самосе́вный.

self-starter /selfˈstɑ:tə(r)/ *n* инициати́вный челове́к.

self-styled /ˈselfstaɪld/ *adj* самозва́ный.

self-sufficiency /ˌselfsəˈfɪʃənsɪ/ *n* (*of person*) самостоя́тельность; (*econ*) самообеспе́ченность.

self-sufficient /ˌselfsəˈfɪʃ(ə)nt/ *adj* самостоя́тельный; (*econ*) самообеспе́ченный.

self-supporting /ˌselfsəˈpɔ:tɪŋ/ *adj* (*of person*) самостоя́тельный, незави́симый; (*of business*) самоокупа́ющийся; **the country is ~ in oil** страна́ спосо́бна обеспе́чить себя́ не́фтью.

self-taught /selfˈtɔ:t/ *adj*: **a ~ man, woman** самоу́чка (*cg*).

self-will /selfˈwɪl/ *n* своево́лие.

self-willed /selfˈwɪld/ *adj* своево́льный.

self-winding /selfˈwaɪndɪŋ/ *adj* с автомати́ческим заво́дом.

self-worth /selfˈwɜ:θ/ *n* самолю́бие.

sell /sel/ *n* **1** (*manner of ~ing*): **hard ~** навя́зывание това́ра. **2** (*coll*) (*deception*) обма́н; (*disappointment*) доса́да.
● *vt* (*past and pp* **sold**)
1 прод|ава́ть, -а́ть; торгова́ть (*impf*) + *i*; **I'll ~ you this carpet for £20** я прода́м вам э́тот ковёр за 20 фу́нтов; **I can't remember what I sold it for** я не по́мню, за ско́лько я э́то про́дал; **~ short** (*coll, disparage*) умаля́ть (*impf*) досто́инства + *g*; **~ing price** прода́жная цена́; **this shop ~s stamps** в э́том магази́не продаю́тся почто́вые ма́рки; (*offer dishonourably for gain*): **he sold himself to the highest bidder** он прода́лся тому́, кто бо́льше заплати́л.
2 (*coll, put across*): **he was unable to ~ his idea to the management** ему́ не удало́сь убеди́ть правле́ние приня́ть его́ предложе́ние; **~ o.s.** (*present o.s. to advantage*) под|ава́ть, -а́ть себя́.
3: **he is sold on the idea** (*coll*) он твёрдо де́ржится за э́ту иде́ю.
● *vi* (*past and pp* **sold**)
1 (*of person*): **you were wise to ~ when you did** вы во́время про́дали свой това́р.
2 (*of goods*): **the house sold for £90,000** за дом вы́ручили 90 000 фу́нтов; **the record is ~ing like hot cakes** э́ту пласти́нку покупа́ют/беру́т нарасхва́т; **his book ~s well** кни́га хорошо́ продаётся/идёт; **wheat is not ~ing** пшени́ца пло́хо продаётся; **these pens ~ at 30p each** э́ти ру́чки продаю́тся/иду́т по 30 пе́нсов (за шту́ку).
● *with advs*: **~ back** *vt*: **I sold the car back to him for less than I paid for it** я перепро́дал ему́ маши́ну с убы́тком; **~ off** *vt* распрод|ава́ть, -а́ть; **they sold off the goods at a reduced price** они́ распро́дали това́р по сни́женной цене́; **~ out** *vi* **the book sold out** э́та кни́га разошла́сь; **the shop sold out of cigarettes** магази́н распро́дал все сигаре́ты; **they have sold out of tickets** все биле́ты про́даны; **they were accused of ~ing out to the enemy** их обвини́ли в том, что они́ продали́сь врагу́; **~ up** *vi* (*~ one's possessions*) распрод|ава́ть, -а́ть своё иму́щество.
● *cpds* **~-by date** *n* (*Br*) срок го́дности; **~-out** *n* *n.* спекта́кль (*or* конце́рт *or* спорти́вный матч *u m. n.*) с по́лным за́лом/стадио́ном; аншла́г; **the play was a ~-out** пье́са прошла́ с аншла́гом; (*betrayal*) изме́на, преда́тельство.

seller /ˈselə(r)/ *n* продав|е́ц (*fem* -щи́ца); торго́в|ец (*fem* -ка); **~'s market** ры́ночная конъюнкту́ра, вы́годная для продавца́.

Sellotape /ˈseləˌteɪp/ *n* (*Br, propr*) скотч, кле́йкая ле́нта.

selv|edge, -age /ˈselvɪdʒ/ *n* кро́мка.

selves /selvz/ *pl of* ⇒**self**

semantic /sɪˈmæntɪk/ *adj* семанти́ческий, смыслово́й.

semantics /sɪˈmæntɪks/ *n* сема́нтика.

semaphore /ˈseməˌfɔ:(r)/ *n* семафо́р.
● *vt & i* сигнализи́ровать (*impf, pf*) флажка́ми.

semblance /ˈsembləns/ *n* (*appearance*) вид; нару́жность; ви́димость; **under the ~ of** под ви́дом + *g*; **the ~ of victory** ви́димость побе́ды; (*likeness*) подо́бие, схо́дство.

semelfactive /ˌseməlˈfæktɪv/ *adj* (*gram*) однокра́тный.

semen /ˈsi:mən/ *n* се́мя (*nt*), спе́рма.

semester /sɪˈmestə(r)/ *n* семе́стр.

semi /ˈsemɪ/ *n* (*pl* **~s**) (*Br coll*) = **~-detached house**.
● *pref* полу… .
● *cpds* **~-automatic** *adj* полуавтомати́ческий; **~-basement** *n* полуподва́л; **~breve** *n* (*Br*) це́лая но́та; **~circle** *n* полукру́г; **~circular** *adj* полукру́глый; полукру́жный; **~colon** *n* то́чка с запято́й; **~conductor** *n* полупроводни́к; **~-conscious** *adj* в полубессозна́тельном состоя́нии; **~-consciousness** *n* полубессозна́тельное состоя́ние; полузабытьё; **~-darkness** *n* полутьма́; **~-desert** *n* полупусты́ня; **~-detached** *adj*: **~-detached house** (*coll, abbr* ⇒**semi**) оди́н из двух особняко́в, име́ющих о́бщую сте́ну; **~-final** *n* полуфина́л; **~-finalist** *n* полуфинали́ст (*fem* -ка); **~-finished** *adj*: **~-finished article** полуфабрика́т; **~-invalid** *adj* (*partially disabled*) полуинвали́д; (*infirm*) полубольно́й; **~-literate** *adj* полугра́мотный; **~-nude** *adj* полуго́лый; **~-official** *adj* полуофициа́льный; официо́зный; **~-official newspaper** официо́з; **~-precious** *adj*: **~-precious stone** самоцве́т; **~-professional** *n* полупрофессиона́л; *adj* полупрофессиона́льный; **~quaver** *n* (*Br*) шестна́дцатая но́та; **~-retired** *adj* рабо́тающий непо́лный день; **~-rigid** *adj* полужёсткий; **~-skilled** *adj* полуквалифици́рованный; **~-skimmed** *adj* (*Br*) обезжи́ренный; **~-solid** *adj* полутвёрдый; **~tone** *n* полуто́н; **~-trailer** *n* (*US*) полуприце́п; **~vowel** *n* полугла́сный (звук).

seminal /ˈsemɪn(ə)l/ *adj* **1** семенно́й; **~ fluid** семенна́я жи́дкость. **2** (*fig*) (*work*) эпоха́льный; (*idea*) плодотво́рный.

seminar /ˈsemɪˌnɑ:(r)/ *n* семина́р.

seminarist /ˈsemɪnərɪst/ *n* семинари́ст.

seminary /ˈsemɪnərɪ/ *n* семина́рия.

Semite /ˈsi:maɪt, ˈsem-/ *n* семи́т (*fem* -ка).

Semitic /sɪˈmɪtɪk/ *adj* семити́ческий, семи́тский; (*language*) семи́тский.

semolina /ˌseməˈli:nə/ *n* ма́нная крупа́, ма́нка (*coll*).

sempstress /ˈsemstrɪs/ = **seamstress**

Semtex /ˈsemteks/ *n* се́мтекс (пла́стиковое взры́вчатое вещество́).

Sen. *n abbr of* **1** ***Senator*** (*US*) сена́тор. **2** ***Senate*** (*US*) сена́т. **3** ***Senior*** ста́рший.

S

the Senate — сенат

Ве́рхняя пала́та америка́нского конгре́сса. В нём заседа́ет 100 сена́торов — по́ два от ка́ждого шта́та. Они́ избира́ются на 6 лет. Все но́вые зако́ны должны́ быть утверждены́ как сена́том, так и пала́той представи́телей.

Одна́ко сена́т отвеча́ет за вне́шнюю поли́тику и уполномо́чен «оце́нивать и одобря́ть» назначе́ния, сде́ланные президе́нтом.

senate /'senɪt/ *n* (*polit*) сена́т; (*of a university etc.*) сове́т.

senator /'senətə(r)/ *n* сена́тор.

senatorial /ˌsenə'tɔːrɪəl/ *adj* сена́торский.

send /send/ *vt* (*past and pp* **sent**) **1** (*dispatch*) пос|ыла́ть, -ла́ть; отпр|авля́ть, -а́вить; **they ~ their goods all over the world** они́ рассыла́ют свои́ това́ры по всему́ ми́ру; **he sent me a book** он присла́л мне кни́гу; **I shall ~ you to bed** я отпра́влю тебя́ спать; **the teacher sent him out of the room** учи́тель вы́ставил/вы́гнал его́ из кла́сса; **he was sent to a good school** его́ напра́вили в хоро́шую шко́лу.
2 (*cause to move*; *propel*): **~ the ball to s.o.** под|ава́ть, -а́ть мяч кому́-н.; **he sent a stone through the window** он запусти́л ка́мнем в окно́; **~ s.o. packing** прог|оня́ть, -на́ть кого́-н.; **the blow sent him flying** уда́р сбил его́ с ног; (*fig, drive*): **~ s.o. mad** св|оди́ть, -ести́ кого́-н. с ума́; **his voice sent everyone to sleep** от его́ го́лоса всех клони́ло ко сну; **the garden sent her into raptures** сад привёл её в восто́рг.
● *vi* (*past and pp* **sent**): **I sent for a catalogue** я заказа́л/вы́писал катало́г; **he sent for a doctor** он вы́звал врача́; он посла́л за врачо́м; **I shall wait till I am sent for** я бу́ду ждать, пока́ меня́ не позову́т; **~ to us for details** обраща́йтесь за подро́бностями к нам.
● *with advs*: **~ across** *vt* перепр|авля́ть, -а́вить; **~ along** *vt* пос|ыла́ть, -ла́ть; **~ away** *vt* от|сыла́ть, -осла́ть; **the manager sent them away contented** они́ ушли́ от дире́ктора дово́льные; *vi*: **~ away for sth** выпи́сывать, вы́писать что-н., зак|а́зывать, -аза́ть что-н.; **~ back** *vt* (*person*) пос|ыла́ть, -ла́ть наза́д; (*thing*) от|сыла́ть, -осла́ть; **~ down** *vt* (*Br, expel from college*) исключ|а́ть, -и́ть; **~ forth** *vt* (**~ out**) высыла́ть, вы́слать; (*emit*) испус|ка́ть, -ти́ть; **~ in** *vt*: **he sent in his bill** он посла́л счёт; **~ in one's name** (*enrol*) запи́с|ываться, -а́ться; **~ in a report** предст|авля́ть, -а́вить отчёт; **~ off** *vt* (*dispatch*) отпр|авля́ть, -а́вить; **he was sent off by the referee** судья́ удали́л его́ с по́ля; **we went to the airport to ~ him off** мы отпра́вились в аэропо́рт проводи́ть его́; **~ on** *vt* (*forward*) перес|ыла́ть, -ла́ть; **~ out** *vt* высыла́ть, вы́слать; **he was sent out as a missionary** его́ посла́ли в ка́честве миссионе́ра; (*distribute*) ра|ссыла́ть, -зосла́ть; **invitations were sent out** приглаше́ния бы́ли разо́сланы; (*emit*): **~ out rays** испус|ка́ть, -ти́ть лучи́; **~ out heat** выделя́ть, вы́делить тепло́; **~ out signals** пос|ыла́ть, -ла́ть сигна́лы; *vi*: **we sent out for some beer** мы посла́ли за пи́вом; **~ round** *vt* **I sent round a note** я посла́л запи́ску; *vi*: **he sent round to see how I was** он посла́л ко мне челове́ка узна́ть, как я себя́ чу́вствую; **~ up** *vt*: **~ up a rocket** запус|ка́ть, -ти́ть раке́ту; **~ up s.o.'s temperature** подн|има́ть, -я́ть у кого́-н. температу́ру; (*coll, ridicule*) высме́ивать, вы́смеять.
● *cpds* **~-off** *n* прово́д|ы (*pl g* -ов); **he got a marvellous** (*Br*), **marvelous** (*US*) **~-off from his friends** друзья́ устро́или ему́ замеча́тельные про́воды; **~-up** *n* (*coll, parody, satire*) паро́дия, сати́ра.

sender /'sendə(r)/ *n* отправи́тель (*m*); **return to ~** возвраща́ть, верну́ть/возврати́ть отправи́телю.

Senegal /ˌsenɪ'gɔːl/ *n* Сенега́л.

Senegalese /ˌsenɪgə'liːz/ *n* сенега́л|ец (*fem* -ка).
● *adj* сенега́льский.

senescence /sɪ'nesəns/ *n* старе́ние.

senescent /sɪ'nesənt/ *adj* старе́ющий.

senile /'siːnaɪl/ *adj* ста́рческий; **~ dementia** ста́рческое слабоу́мие; (*of person*) дря́хлый; **become ~** (*physically*) дряхле́ть, о-; (*mentally*) впада́ть, впасть в ста́рческое слабоу́мие.

senility /sɪ'nɪlɪtɪ/ *n* (*physical*) дря́хлость; (*mental*) ста́рческое слабоу́мие.

senior /'siːnɪə(r)/ *n*: **he is my ~ by 5 years** он на пять лет ста́рше меня́; (*in pl*, **~** *pupils, students*) (*at school*) старшекла́ссники (*m pl*); (*at university, college*) старшеку́рсники (*m pl*).
● *adj* (*in age*) ста́рший (по во́зрасту); (*in position*) ста́рший (по чи́ну/зва́нию); **I am several years ~ to him** я на не́сколько лет ста́рше его́; **~ citizen** пожило́й челове́к, челове́к пенсио́нного во́зраста; **~ common room** (*Br*) профе́ссорская; **~ partner** гла́вный компаньо́н; **Johnson ~** Джо́нсон-ста́рший; Джо́нсон-оте́ц.

senior high school

В Аме́рике так называ́ют втору́ю ступе́нь сре́дней шко́лы. Де́ти у́чатся в ней по заверше́нии мла́дшей сре́дней шко́лы (**junior high school**).

seniority /ˌsiːnɪ'ɒrɪtɪ/ *n* старшинство́.

Señor /sen'jɔː(r)/, **-a** /sen'jɔːrə/, **-ita** /ˌsenjə'riːtə/ *nn* сеньо́р, -а, -и́та.

sensation /sen'seɪʃ(ə)n/ *n* **1** (*feeling*) ощуще́ние; **lose all ~** по́лностью теря́ть, по- чувстви́тельность; **he had a ~ of giddiness** он почу́вствовал головокруже́ние. **2** (*exciting event*; *excitement*) сенса́ция; **the wedding was a great ~** сва́дьба была́ настоя́щей сенса́цией.

sensational /sen'seɪʃən(ə)l/ *adj* сенсацио́нный.

sensationalism /sen'seɪʃənəˌlɪz(ə)m/ *n* (*pursuit of sensation*) пого́ня за сенса́циями.

sense /sens/ *n* **1** (*faculty*) чу́вство; **the five ~s** пять чувств; **sixth ~** шесто́е чу́вство; **keen, quick ~s** о́строе чу́вство/чутьё; **a dull ~ of smell** притупле́нное обоня́ние; **a keen ~ of hearing** о́стрый слух; **the pleasures of ~** чу́вственные наслажде́ния.
2 (*feeling*; *perception*; *appreciation*) чу́вство, ощуще́ние; **he felt a ~ of injury** он испыта́л чу́вство оби́ды; **have you no ~ of shame?** у вас стыда́ нет!; **~ of beauty** чу́вство красоты́; **~ of honour** (*Br*), **honor** (*US*)/**duty** чу́вство че́сти/до́лга; **~ of direction** уме́ние ориенти́роваться; **~ of humour** (*Br*), **humor** (*US*) чу́вство ю́мора; **~ of failure** ощуще́ние неуда́чи.
3 (*in pl, sanity*) ум; **take leave of one's ~s** сходи́ть, сойти́ с ума́; **bring s.o. to his ~s** наст|авля́ть, -а́вить кого́-н. на ум; прив|оди́ть, -ести́ кого́-н. в чу́вство; **come to one's ~s** бра́ться, взя́ться за ум.
4 (*in pl, consciousness*): **come to one's ~s** при|ходи́ть, -йти́ в себя́.
5 (*common* **~**) здра́вый смысл; **a man of ~** (благо)разу́мный/здравомы́слящий челове́к; **talk ~** говори́ть (*impf*) де́ло; **he has more ~ than to ...** он не так глуп (*or* он сли́шком умён), что́бы...; **he had the ~ to call the police** у него́ хвати́ло ума́ вы́звать поли́цию; **what would be the ~ of going any further?** како́й смысл продолжа́ть?; **there is a lot of ~ in what you say** то, что вы говори́те, вполне́ разу́мно.
6 (*meaning*) смысл, значе́ние; **in a ~** в изве́стном/не́котором смы́сле; **in every ~** во всех отноше́ниях; **in no ~** нико́им о́бразом; **make ~ of** пон|има́ть, -я́ть; раз|бира́ться, -обра́ться в + *p*; **it makes ~** э́то разу́мно; **it makes no ~** (*has no meaning*) э́то бессмы́сленно/нелепо; (*is not sensible*) э́то неразу́мно; (*cannot be true*) э́того не мо́жет быть.
● *vt* чу́вствовать, по-; ощу|ща́ть, -ти́ть.

senseless /'senslɪs/ *adj* **1** (*foolish*) бессмы́сленный, бестолко́вый.
2 (*unconscious*) бесчу́вственный; **knock s.o. ~** оглуш|а́ть, -и́ть кого́-н.; **he fell ~ on the floor** он упа́л без чувств (*or* за́мертво) на́ пол.

senselessness /'senslɪsnɪs/ *n* бессмы́сленность.

sensibilit|y /ˌsensɪ'bɪlɪtɪ/ *n* чувстви́тельность, восприи́мчивость (**to:** к + *d*); **offend, wound s.o.'s ~ies** ра́нить (*impf, pf*) чьё-н. самолю́бие; оскорб|ля́ть, -и́ть чьи-н. чу́вства.

sensible /'sensɪb(ə)l/ *adj* **1** (*showing good sense*) (благо)разу́мный; **that was ~ of you** вы разу́мно поступи́ли; **~ shoes** практи́чная о́бувь. **2**: **be ~ of** (*be aware of, recognize, appreciate*) (о)сознава́ть (*impf*); разу́мно оце́нивать (*impf*).

sensibleness /'sensɪbəlnɪs/ *n* благоразу́мие.

sensitive /'sensɪtɪv/ *adj* чувстви́тельный, восприи́мчивый; **eyes ~ to light** глаза́, чувстви́тельные к све́ту; **don't be so ~!** вы сли́шком оби́дчивы!; (*sharp*):

S

~ ears острый слух; (*of instruments*): **~ balance** точные весы; (*tender*): **~ skin** нежная кожа; (*painful*): **~ tooth** больной зуб; (*potentially embarrassing*): **a ~ topic** щекотливая/деликатная тема; (*pol*): **~ information** секретные сведения; (*phot*): **~ paper** светочувствительная бумага.

sensitivity /ˌsensɪˈtɪvɪtɪ/ *n* чувствительность; точность.

sensitize /ˈsensɪˌtaɪz/ *vt* делать, с- чувствительным; (*phot*) делать, с- светочувствительным.

sensor /ˈsensə(r)/ *n* (*tech*) датчик.

sensory /ˈsensərɪ/ *adj* сенсорный.

sensual /ˈsensjʊəl, ˈsenʃʊəl/ *adj* чувственный (*also of mouth etc.*); сладострастный.

sensualist /ˈsensjʊəlɪst, ˈsenʃʊəlɪst/ *n* сластолюбец.

sensuality /ˌsensjʊˈælɪtɪ, ˌsenʃʊ-/ *n* чувственность, сладострастие.

sensuous /ˈsensjʊəs/ *adj* чувственный.

sensuousness /ˈsensjʊəsnɪs/ *n* чувственность.

sent /sent/ *past and pp of* ⇒**send**

sentence /ˈsent(ə)ns/ *n* **1** (*gram*) предложение. **2** (*law*) приговор; **~ of death** смертный приговор; **be under ~ of death** быть приговорённым к смерти; **pass ~ on** (*of judge*) выносить, вынести приговор + *d*; (*fig*) осу|ждать, -дить.

● *vt* пригов|аривать, -орить; **he was ~d to penal servitude** его приговорили к каторжным работам.

sententious /senˈtenʃəs/ *adj* сентенциозный.

sentient /ˈsenʃ(ə)nt/ *adj* наделённый чувствительностью.

sentiment /ˈsentɪmənt/ *n* **1** (*feeling*) чувство; **have friendly ~s towards s.o.** питать (*impf*) дружеские чувства к кому-н.; (*tendency to be swayed by feeling*): **appeal to ~** взывать, воззвать к эмоциям/чувствам. **2** (*opinion*) мнение, точка зрения; **those are my ~s** таково моё мнение. **3** (*sentimentality*) сентиментальность.

sentimental /ˌsentɪˈment(ə)l/ *adj* сентиментальный; **of ~ value** дорогой как память.

sentimentalism /ˌsentɪˈment(ə)l/ *n* сентиментализм.

sentimentalist /ˌsentɪˈmentəlɪst/ *n* сентиментальный человек.

sentimentality /ˌsentɪmenˈtælɪtɪ/ *n* сентиментальность.

sentimentalize /ˌsentɪˈmentəlaɪz/ *vt* прид|авать, -ать (*чему*) сентиментальную окраску.

sentinel /ˈsentɪn(ə)l/ *n* (*guard*) часовой; **stand ~ over sth** (*fig*) стоять (*impf*) на страже чего-н.; охранять (*impf*) что-н.

sentry /ˈsentrɪ/ *n* (*guard*) часовой; **stand ~** стоять (*impf*) на часах; **~ duty** караульная служба.

● *cpds* **~ box** *n* будка часового, караульная будка; **~-go** *n* (*mil*) караульная служба.

Seoul /səʊl/ *n* Сеул.

sepal /ˈsep(ə)l, ˈsiː-/ *n* (*bot*) чашелистик.

separable /ˈsepərəb(ə)l/ *adj* отделимый.

separate[1] /ˈsepərət/ *adj* отдельный; (*distinct*) особый; (*not together*) раздельный; **under ~ cover** отдельно; **he entered my name in a ~ column** он занёс мою фамилию в особую графу; **a ~ peace** сепаратный мир; **two ~ questions** два самостоятельных/разных вопроса; **they are living ~ly** они живут/проживают отдельно/раздельно.

separate[2] /ˈsepəˌreɪt/ *vt* (*set apart*) отдел|ять, -ить; (*disunite, part*) разлуч|ать, -ить; **he is ~d from his family** он не живёт с семьёй; (*distinguish*): **~ truth from error** отлич|ать, -ить (*or* отдел|ять, -ить) истину от заблуждения.

● *vi* **1** (*become detached*) отдел|яться, -иться; (*come untied*) развяз|ываться, -аться. **2** (*part company*) расст|аваться, -аться; разлуч|аться, -иться. **3** (*of man and wife*) ра|сходиться, -зойтись; разъ|езжаться, -ехаться (*о супругах*).

separation /ˌsepəˈreɪʃ(ə)n/ *n* отделение, разделение; (*forced*) разлука; (*of spouses*) раздельное проживание (*о супругах*).

separatist /ˈsepərətɪst/ *n* сепаратист (*fem* -ка).

separator /ˈsepəˌreɪtə(r)/ *n* (*machine*) сепаратор.

sepia /ˈsiːpɪə/ *n* (*fluid*; *colour*; **~ drawing**) сепия.

sepsis /ˈsepsɪs/ *n* сепсис; заражение крови.

September /sepˈtembə(r)/ *n* сентябрь (*m*).

● *adj* сентябрьский.

septet(te) /sepˈtet/ *n* септет.

septic /ˈseptɪk/ *adj* септический; **the wound has gone ~** рана загноилась; **~ tank** подземная камера отстойника.

septicaemia /ˌseptɪˈsiːmɪə/ (*US* **septicemia**) *n* заражение крови.

septuagenarian /ˌseptjʊədʒɪˈneərɪən/ *n* семидесятилетн|ий стар|ик (*fem* -яя -уха).

● *adj* семидесятилетний.

sepulchral /sɪˈpʌlkr(ə)l/ *adj* (*of a tomb*): **~ stone** надгробный/могильный камень; **~ voice** замогильный голос.

sepulchre /ˈsepəlkə(r)/ (*US* **sepulcher**) *n* гробница; (*in rock cave*) склеп.

sequel /ˈsiːkw(ə)l/ *n* **1** (*result, consequence*) (по)следствие; **in the ~** (*Br*) впоследствии; в результате. **2** (*of novel etc.*) продолжение (**to:** + *g*), сиквел (**to:** + *g or* к + *d*).

sequence /ˈsiːkwəns/ *n* **1** (*succession*) последовательность; порядок; **in logical ~** в логической последовательности; **in rapid ~** быстро сменяясь; **~ of events** ход/последовательность событий; **~ of the seasons** смена времён года; (*gram*): **~ of tenses** последовательность времён. **2** (*part of film*) эпизод. **3** (*cards*) три (или более) карты одной масти в непрерывной последовательности.

sequester /sɪˈkwestə(r)/ *vt* **1** (*isolate, detach*) изолировать (*impf, pf*); **~ o.s. from the world** удал|яться, -иться от мира; **a ~ed village** уединённая деревня. **2** (*law etc.*: *confiscate*; *also* **sequestrate**) (*take temporary possession*) секвестровать (*impf, pf*); (*confiscate*) конфисковать (*impf, pf*).

sequestrate /sɪˈkwestreɪt, ˈsiːkwɪ-/ = **sequester** *vt* **2**

sequestration /ˌsiːkwɪˈstreɪʃ(ə)n/ *n* секвестр, арест имущества.

sequin /ˈsiːkwɪn/ *n* (*spangle*) блёстка.

sequoia /sɪˈkwɔɪə/ *n* секвойя.

sera /ˈsɪərə/ *pl of* ⇒**serum**

seraglio /seˈrɑːlɪəʊ, sɪ-/ *n* (*pl* **~s**) сераль (*m*), гарем.

seraph /ˈserəf/ *n* (*pl* **~im** *or* **~s**) серафим.

seraphic /səˈræfɪk/ *adj* ангельский; (*e.g. smile*) блаженный.

seraphim /ˈserəfɪm/ *pl of* ⇒**seraph**

Serb /sɜːb/ *n* серб (*fem* -ка).

Serbia /ˈsɜːbɪə/ *n* Сербия.

Serbian /ˈsɜːbɪən/ *n* (*native*) серб (*fem* -ка); (*language*) сербский язык.

● *adj* сербский.

Serbo-Croat(ian) /ˌsɜːbəʊˈkrəʊæt, ˌsɜːbəʊkrəʊˈeɪʃ(ə)n/ *n* серб(ск)охорватский язык.

● *adj* серб(ск)охорватский.

serenade /ˌserəˈneɪd/ *n* серенада.

● *vt & i* петь, с- серенаду (*кому*).

serendipity /ˌserənˈdɪpɪtɪ/ *n* счастливая способность делать неожиданные открытия.

serene /sɪˈriːn, səˈriːn/ *adj* (**serener, serenest**) **1** безмятежный, спокойный; (*of sky*) ясный; (*of weather*) тихий. **2**: **His S~ Highness** его светлость.

serenity /sɪˈrenɪtɪ, səˈr-/ *n* безмятежность, спокойствие, покой.

serf /sɜːf/ *n* крепостной; **emancipation of the ~s** раскрепощение крестьян.

serfdom /ˈsɜːfdəm/ *n* крепостничество; крепостное право.

serge /sɜːdʒ/ *n* (*textiles*) саржа.

sergeant /ˈsɑːdʒ(ə)nt/ *n* сержант.

● *cpd* **~ major** *n* ≈ старшина (*m*).

serial /ˈsɪərɪəl/ *n* (*story etc.*) роман, выходящий отдельными выпусками; (*TV*) многосерийный телефильм; сериал.

● *adj*: **~ killer** серийный убийца; **~ number** серийный номер; **~ publication** периодическое издание; **~ rights** авторское право на публикацию по частям (*в газете, журнале*).

serialization /ˌsɪərɪəlaɪˈzeɪʃ(ə)n/ *n* публикация по частям (*в газете, журнале*); (*TV*) многосерийная телевизионная постановка; **~ of s.o.'s novel** постановка сериала по роману *кого*.

serialize /ˈsɪərɪəˌlaɪz/ *vt* (*publish in successive parts*) изд|авать, -ать по частям (*or* отдельными выпусками); (*screen in successive parts*) выпускать, выпустить сериями.

S

series /ˈsɪəri:z, -rɪz/ *n* (*pl* ∼) **1** (*set; succession*) се́рия; **a ∼ of lectures** цикл ле́кций; **in ∼** по поря́дку; (*number*) ряд; **a ∼ of questions** ряд вопро́сов. **2** (*math, chem*) ряд. **3** (*elec*) после́довательное соедине́ние; **the lamps are connected in ∼** ла́мпы соединя́ются после́довательно. **4** (*TV*) цикл програ́мм.

serif /ˈserɪf/ *n* засе́чка.

serious /ˈsɪərɪəs/ *adj* **1** (*thoughtful, earnest*) серьёзный; **a ∼ child** заду́мчивый ребёнок; **I am ∼ about this** я говорю́ э́то всерьёз; **you can't be ∼** вы шу́тите; **take sth ∼ly** отн|оси́ться, -ести́сь серьёзно к + *d*; (*words, joke*) (вос)прин|има́ть, -я́ть что-н. всерьёз; **to be ∼; ∼ly** (*joking apart*) серьёзно; шу́тки в сто́рону. **2** (*important; not slight*) серьёзный, суще́ственный, ва́жный; **a ∼ charge** серьёзное обвине́ние; **∼ crime** тя́жкое/серьёзное преступле́ние; **he had a ∼ accident** с ним случи́лась серьёзная ава́рия; **he is ∼ly ill** он серьёзно/тяжело́ бо́лен.
● *cpd* **∼-minded** *adj* серьёзный.

seriousness /ˈsɪərɪəsnɪs/ *n* серьёзность; ва́жность; **in all ∼** без шу́ток; со всей серьёзностью.

serjeant-at-arms /ˈsɑ:dʒ(ə)nt/ *n* (*pl* **serjeants-at-arms**) (*Br*) парла́ментский при́став.

sermon /ˈsə:mən/ *n* про́поведь; **the S∼ on the Mount** Наго́рная про́поведь.

sermonize /ˈsə:məˌnaɪz/ *vt* & *i* чита́ть (*impf*) про́поведь/мора́ль (*кому*).

serpent /ˈsə:pənt/ *n* змея́; (*bibl*) змий.

serpentine /ˈsə:pənˌtaɪn/ *n* (*min*) змееви́к.
● *adj* (*snake-like*) змееви́дный; (*sinuous*) изви́листый, извива́ющийся.

serrated /seˈreɪtɪd/ *adj* зубча́тый, зазу́бренный.

serried /ˈserɪd/ *adj*: **in ∼ ranks** со́мкнутыми ряда́ми; плечо́м к плечу́.

ser|um /ˈsɪərəm/ *n* (*pl* **∼a** *or* **∼ums**) сы́воротка.

servant /ˈsə:v(ə)nt/ *n* (*male, also fig*) слуга́ (*m*); **your humble ∼** ваш поко́рный слуга́; (*maid* **∼**) служа́нка, прислу́га; **civil ∼** госуда́рственный слу́жащий; **public ∼s** должностны́е, официа́льные ли́ца.
● *cpd* **∼ girl** *n* служа́нка.

serve /sə:v/ *n* (*at tennis*) пода́ча; **whose ∼ is it?** чья пода́ча?
● *vt* **1** (*be servant to; give service to*) служи́ть (*impf*) + *d*; **he ∼d his country well** он ве́рно служи́л ро́дине; **one cannot ∼ two masters** нельзя́ служи́ть двум господа́м; **if my memory ∼s me correctly/well** е́сли па́мять мне не изменя́ет; (*assist in operating*): **∼ a gun** обслу́живать (*impf*) ору́дие; (*fertilize*): **∼ a mare** покр|ыва́ть, -ы́ть кобы́лу. **2** (*meet needs of, satisfy, look after*): **∼ a purpose** служи́ть (*impf*) це́ли; **this box has ∼d its purpose** э́та коро́бка сослужи́ла свою́ слу́жбу; **it ∼d his interests to keep quiet** ему́ бы́ло вы́годно молча́ть; **these tools will ∼ my needs** э́ти инструме́нты вполне́ мне подхо́дят; (*provide service to*) обслу́ж|ивать, -и́ть; **the railway ∼s all these villages** желе́зная доро́га обслу́живает все э́ти сёла. **3** (*supply with food, goods, etc.*) под|ава́ть, -а́ть + *d*; **the waiter ∼d us with vegetables** официа́нт по́дал (нам) о́вощи; **are you being ∼d?** вас кто́-нибудь обслу́живает? **4** (*proffer*) под|ава́ть, -а́ть; **fish is ∼d with sauce** ры́ба подаётся с со́усом; **dinner is ∼d** обе́д по́дан (*or* на столе́); **∼ a ball** под|ава́ть, -а́ть мяч; **∼ a summons** вруч|а́ть, -и́ть (суде́бную) пове́стку (*кому*). **5** (*fulfil, go through*): **∼ one's apprenticeship** про|ходи́ть, -йти́ вы́учку; **∼ one's sentence** отб|ыва́ть, -ы́ть срок; **he ∼d his time (in army/prison)** он отслужи́л/отбы́л срок. **6** (*treat*): **he ∼d me badly** он ду́рно со мной обошёлся; **it ∼s him right** так ему́ и на́до; подело́м ему́.
● *vi* служи́ть (*impf*); **he ∼d in the army** он служи́л в а́рмии; **he ∼d in the First World War** он воева́л в Пе́рвую мирову́ю войну́; **∼ on a jury** быть прися́жным; **she ∼s in a shop** она́ рабо́тает в магази́не; **he ∼d at table** он прислу́живал за столо́м; **the plank ∼d as a bench** доска́ служи́ла ла́вкой/скамьёй; **the bag isn't very good, but it will ∼** су́мка не осо́бенно хоро́шая, но сойдёт; **a tool which ∼s several purposes** инструме́нт, слу́жащий для разли́чных це́лей; **it will ∼ to remind him of his obligations** э́то послу́жит ему́ напомина́нием о его́ обяза́тельствах.
● *with advs*: **∼ out** *vt* (*distribute*) разд|ава́ть, -а́ть; **∼ up** *vt* под|ава́ть, -а́ть; (*fig*): **the papers ∼ up the same old news every day** газе́ты ка́ждый день пи́шут об одно́м и том же.

server /ˈsə:və(r)/ *n* (*at tennis*) подаю́щий; (*comput*) се́рвер.

service[1] /ˈsə:vɪs/ *n* **1** (*employment*) слу́жба; **take s.o. into one's ∼** нан|има́ть, -я́ть кого́-н.; **she went into domestic ∼** она́ пошла́ в прислу́ги; **my car has seen long ∼** моя́ маши́на прослужи́ла мно́го лет; **length of ∼** стаж. **2** (*branch of public work*) слу́жба; **public/civil ∼** госуда́рственная слу́жба; **he entered the diplomatic ∼** он поступи́л на дипломати́ческую слу́жбу; **medical ∼** слу́жба здравоохране́ния; (*mil*) медици́нская слу́жба; **intelligence/secret ∼** секре́тная слу́жба, разве́дка; **military ∼** вое́нная слу́жба; **do one's military ∼** отб|ыва́ть, -ы́ть во́инскую пови́нность; **which ∼ is he in?** в како́м ро́де войск он слу́жит?; **the Senior S∼** (*Br*) (брита́нский) вое́нно-морско́й флот; **on active ∼** на действи́тельной слу́жбе; **the (fighting) ∼s** вооружённые си́лы (*f pl*); **long ∼** сверхсро́чная слу́жба. **3** (*person's disposal*) услу́га; **at your ∼** к ва́шим услу́гам; **on His/Her Majesty's S∼** (*on letter*) прави́тельственное (письмо́). **4** (*work done for s.o. or sth*) услу́га; **will you do me a ∼?** мо́жно вас попроси́ть об услу́ге?; **offer one's ∼s** предл|ага́ть, -ожи́ть свои́ услу́ги; **I need the ∼s of a lawyer** мне нужна́ юриди́ческая по́мощь; (*by hotel staff etc.*) обслу́живание, се́рвис; **the ∼ is poor in that restaurant** в (э́)том рестора́не обслу́живание плохо́е; **∼ charge** пла́та за обслу́живание; **∼ hatch** разда́точное окно́; **∼ lift** грузово́й лифт. **5** (*assistance*) по́льза; **can I be of ∼ to you?** я могу́ вам че́м-нибудь помо́чь?; **what ∼ will that be to you?** кака́я вам от э́того по́льза? **6** (*system to meet public need*): **postal ∼** почто́вая слу́жба; **bus ∼** авто́бусное обслу́живание; **municipal ∼s** коммуна́льные услу́ги (*f pl*); **∼ pipe** домо́вый ввод; **∼ entrance** служе́бный вход; **a frequent train ∼ to London** регуля́рное железнодоро́жное сообще́ние с Ло́ндоном. **7** (*attention to, maintenance of*) техобслу́живание; **∼ station** (*for petrol*) бензозапра́вочная ста́нция, бензоколо́нка; (*for repairs*) ста́нция техни́ческого обслу́живания. **8** (*eccl*) слу́жба; обря́д; **divine ∼** богослуже́ние; **take the/a ∼** отпр|авля́ть, -а́вить богослуже́ние; **marriage/burial ∼** венча́ние/отпева́ние. **9** (*set of dishes*) серви́з. **10** (*in tennis*) пода́ча. **11** (*law*): **∼ of a writ** вруче́ние суде́бного предписа́ния.
● *vt*: **∼ a vehicle** пров|оди́ть, -ести́ осмо́тр и теку́щий ремо́нт маши́ны.
● *cpds* **∼man** *n* (*pl* **∼men**) военнослу́жащий; **∼woman** *n* (*pl* **∼women**) военнослу́жащая.

service[2] /ˈsə:vɪs/ *n* (*usu* **∼ tree**) ряби́на.

serviceability /ˌsə:vɪsəˈbɪlɪtɪ/ *n* го́дность, приго́дность.

serviceable /ˈsə:vɪsəb(ə)l/ *adj* (*useful*) поле́зный, го́дный, приго́дный; (*durable*) про́чный.

serviette /ˌsə:vɪˈet/ *n* (*Br*) салфе́тка.

servile /ˈsə:vaɪl/ *adj* (*of person or behaviour*) рабole̒пный, подобостра́стный.

servility /ˌsə:ˈvɪlɪtɪ/ *n* подобостра́стие.

serving /ˈsə:vɪŋ/ *n* (*of food*) по́рция.

servitude /ˈsə:vɪˌtju:d/ *n* ра́бство; **penal ∼** ка́торжные рабо́ты (*f pl*).

servomechanism /ˈsə:vəʊˌmekəˌnɪsəm/ *n* сервомехани́зм.

servomotor /ˈsə:vəʊˌməʊtə(r)/ *n* серводви́гатель (*m*); сервоприво́д.

sesame /ˈsesəmɪ/ *n* кунжу́т, сеза́м; **open ∼!** Сеза́м, откро́йся!

session /ˈseʃ(ə)n/ *n* **1** заседа́ние; (*period*) се́ссия; **the House is in ∼** пала́та о́бщин (*or* парла́мент) сейча́с заседа́ет. **2** (*university year*) уче́бный год; (*term*) семе́стр.

set /set/ *n* **1** (*collection; outfit*) набо́р; (*complete set*) компле́кт; (*pictures, coins, books, etc. collected*) колле́кция; (*number of persons or things*) ряд; се́рия; (*of accessories*) принадле́жности (*f pl*); **∼ of tools**

S

набо́р инструме́нтов; **~ of bells** набо́р колоколо́в; **complete ~ of stamps** по́лный компле́кт ма́рок; **~ of golf clubs** компле́кт клю́шек для го́льфа; **chess ~** ша́хмат|ы (*pl*, *g* —); **~ of drawing instruments (and box)** гото́ва́льня; **~ of furniture** ме́бельный гарниту́р; **dinner ~** столо́вый серви́з; **~ of teeth** (*natural*) зу́бы (*m pl*); (*dentures*) зубно́й проте́з; **~ of rules** свод пра́вил; **~ of circumstances** стече́ние/совоку́пность обстоя́тельств; **~ of ideas** систе́ма иде́й.
2 (*receiving apparatus*): **wireless ~** радиоприёмник; **television ~** телеви́зор.
3 (*tennis*) сет, па́ртия; **~ point** сетбо́л.
4 (*math*) мно́жество; **theory of ~s** тео́рия мно́жеств.
5 (*coterie*) круг, кружо́к; компа́ния; **the racing ~** завсегда́таи (*m pl*) ска́чек/бего́в; **the smart ~** фешене́бельное о́бщество.
6 (*direction, drift*): **the ~ of the current/wind** направле́ние тече́ния/ве́тра; (*tendency*): **the ~ of public opinion** напра́вленность обще́ственного мне́ния; **mental ~** скла́д ума́.
7 (*warp, displacement*) отклоне́ние, накло́н; **the tower has a ~ to the right** ба́шня наклони́лась впра́во.
8 (*posture, attitude*): **the ~ of his head** поса́дка его́ головы́.
9 (*pointing stance of dog*) сто́йка; **make a (dead) ~ at** (*attack*) нап|ада́ть, -а́сть на + *a*; **she made a dead ~ at him** (*Br, made herself attractive*) она́ ста́ла его́ завлека́ть.
10 (*seedling; shoot*) са́женец; побе́г.
11 (*badger's burrow*) нора́.
12 (*theatr*) декора́ция.
13 (*cin*): **on the ~** на съёмочной площа́дке.
● *adj* **1** (*fixed*): **a ~ stare** неподви́жный взгляд; **a ~ smile** засты́вшая улы́бка; **a man of ~ purpose** целеустремлённый челове́к; **he has ~ opinions** у него́ установи́вшиеся взгля́ды; **he is ~ in his ways** он не изменя́ет свои́м привы́чкам; **~ phrase** клише́ (*indecl*), шабло́нное выраже́ние; **the weather is ~ fair** (хоро́шая) пого́да установи́лась; (*prearranged*): **at the ~ time** в устано́вленное вре́мя; **~ dinner** ко́мплексный обе́д; **~ menu** ко́мплексное меню́; **~ piece** (*literary etc.*) образцо́вое произведе́ние; (*prescribed*): **~ books** обяза́тельная литерату́ра; (*prepared*): **a ~ speech** подгото́вленная ре́чь.
2 (*coll, ready*): **all ~?** гото́вы?; **we were all ~ to go** мы совсе́м уже собрали́сь идти́.
3 (*resolved*): **he is ~ on going to the cinema** он настро́ился идти́ в кино́; **he was dead ~ against the idea** он был реши́тельно/категори́чески про́тив э́того предложе́ния.
● *vt* (**setting;** *past and pp* **~**)
1 (*lay*) класть, положи́ть; (*place*) разме|ща́ть, -сти́ть; распол|ага́ть, -ожи́ть; **he ~ his hand on my shoulder** он положи́л мне ру́ку на плечо́; **she ~ the plates on the table** (*separately*) она́ расста́вила таре́лки на столе́; (*in a pile*) она́ поста́вила сто́пку таре́лок на стол; **they ~ a tasty meal before us** они́ по́дали нам вку́сное угоще́ние; (*arrange*; **~** *out*) расст|авля́ть, -а́вить; **12 chairs were ~ round the table** вокру́г стола́ бы́ло расста́влено двена́дцать сту́льев; (*apply*) при|кла́дывать, -ложи́ть; **~ eyes on** посмотре́ть (*pf*) на + *a*; взгляну́ть (*pf*) на + *a*; **I have never ~ eyes on him since** с тех пор я его́ бо́льше не ви́дел; **~ one's face against** ни за что не соглаша́ться (*impf*) на + *a*; **~ fire to** подж|ига́ть, -е́чь; **~ foot on** наступ|а́ть, -и́ть на + *a*; **he will never ~ foot in my house** ноги́ его́ не бу́дет в моём до́ме; я его́ никогда́ на поро́г не пущу́; **~ one's hand to** прин|има́ться, -я́ться за + *a*; **~ (a) light to** подж|ига́ть, -е́чь; **~ one's name to a document** расп|и́сываться, -иса́ться на докуме́нте; **~ in the ground** сажа́ть, посади́ть (в зе́млю); **a safe was ~ in the wall** в сте́ну был встро́ен сейф.
2 (*adjust, prepare*) ста́вить, по-; **I always ~ my watch by the station clock** я всегда́ ста́влю свои́ часы́ по станцио́нным (часа́м); **they ~ a trap for him** они́ устро́или ему́ лову́шку; **~ sail** подн|има́ть, -я́ть па́рус; (*start a voyage*) отпл|ыва́ть, -ы́ть; **~ the table** накр|ыва́ть, -ы́ть (на) стол; **~ a saw** разв|оди́ть, -ести́ пилу́.
3 (*make straight or firm*): **~ a bone** впр|авля́ть, -а́вить кость; **~ s.o.'s hair** укла́дывать, уложи́ть кому́-н. во́лосы; **~ting lotion** жи́дкость для укла́дки воло́с; **the wind will ~ the mortar** на ветру́ раство́р затверде́ет/засты́нет.
4 (*fig, apply*): **~ one's heart on** стра́стно жела́ть (*impf*) + *g*; настр|а́иваться, -о́иться на + *a*; **~ one's mind on, to sth** устрем|ля́ть, -и́ть по́мыслы на + *a*; сосредото́чи|ваться, -ться на чем-н.; **~ one's hopes on** возл|ага́ть, -ожи́ть наде́жды на + *a*; **~ the seal on** (*fig*) оконча́тельно реш|а́ть, -и́ть (*or* утвер|жда́ть, -ди́ть); **~ store by** (высоко́) цени́ть (*impf*).
5 (*make or put into specified state*) прив|оди́ть, -ести́; **he will ~ things right** он приведёт всё в поря́док; он всё ула́дит; **he ~ the boat in motion** он привёл ло́дку в движе́ние; **~ sth afloat** спус|ка́ть, -ти́ть что-н. на́ воду; **~ at liberty** освобо|жда́ть, -ди́ть; **~ s.o. at ease; ~ s.o.'s mind at ease, rest** успок|а́ивать, -о́ить кого́-н.; **~ s.o. on his feet** (*lit, fig*) ста́вить, по- кого́-н. на́ ноги; **~ on fire** подж|ига́ть, -е́чь; (*incite*): **he ~ his dog on me** он натрави́л на меня́ свою́ соба́ку; **he ~ the police after (*or* on to) the criminal** он донёс в поли́цию на престу́пника; **she is trying to ~ me against you** она́ стара́ется восстанови́ть/настро́ить меня́ про́тив вас; (*weigh*): **against the cost can be ~ the advantage** при всей дорогови́зне (э́того) сле́дует учи́тывать и вы́году.
6 (*cause; compel*) поруч|а́ть, -и́ть, веле́ть (*impf, pf*); **I ~ him to sweeping the floor** я веле́л ему́ подмести́ пол; **he ~ them to work at Greek** он усади́л их за гре́ческий язы́к; **I ~ him to copy the picture** я поручи́л ему́ скопи́ровать карти́ну.
7 (*start*) заст|авля́ть, -а́вить (+ *inf*); **the smoke ~ her coughing** она́ зака́шлялась от ды́ма; **his remarks ~ them laughing** его́ замеча́ния заста́вили их рассмея́ться; **I ~ him talking about Russia** я навёл его́ на разгово́р о Росси́и; **a programme** (*Br*), **program** (*US*) **to ~ you thinking** програ́мма, кото́рая заста́вит вас заду́маться.
8 (*present, pose*) зад|ава́ть, -а́ть; **you have ~ me a difficult task** вы поста́вили передо мно́й тру́дную зада́чу.
9 (*establish*): **~ the pace/tone** зад|ава́ть, -а́ть темп/тон; **he is ~ting his children a bad example** он подаёт свои́м де́тям дурно́й приме́р.
10 (*compile*) сост|авля́ть, -а́вить; **~ an exam paper** сост|авля́ть, -а́вить вопро́сы для пи́сьменного экза́мена.
11: **~ sth to music** класть, положи́ть что-н. на му́зыку; **he ~ new words to an old tune** он написа́л но́вые слова́ на ста́рый моти́в.
12 (*insert for adornment etc.*) вст|авля́ть, -а́вить (*во что*); **they ~ the top of the wall with broken glass** они́ покры́ли верх стены́ би́тым стекло́м; **a sky ~ with stars** не́бо, усе́янное звёздами.
13 (*situate*): **he ~ the scene in Paris** ме́стом де́йствия он избра́л Пари́ж; **the scene is ~ in London** де́йствие происхо́дит в Ло́ндоне.
14: **~ a jewel** опр|авля́ть, -а́вить драгоце́нный ка́мень.
15 (*printing*) наб|ира́ть, -ра́ть.
● *vi* (**setting;** *past and pp* **~**)
1 (*of sun*) сади́ться, сесть; **we saw the sun ~ting** мы ви́дели зака́т/захо́д со́лнца; (*of stars; also fig*) за|ходи́ть, -йти́.
2 (*of fruit, blossom*) завя́з|ываться, -а́ться.
3 (*become firm or solid*) затверд|ева́ть, -е́ть; тверде́ть (*impf*); (*of jelly*) заст|ыва́ть, -ы́ть; (*of cement, concrete etc.*) схва́т|ываться, -и́ться.
4 (*of face or eyes*) заст|ыва́ть, -ы́ть.
5 (*of a dog*) де́лать, с- сто́йку.
● *with preps*: **~ about (doing) sth** прин|има́ться, -я́ться за что-н.; приступ|а́ть, -и́ть к чему́-н.; заня́ться (*pf*) чем-н.; **~ about** (*beat up*) **s.o.** (*Br*) отде́лать (*pf*) кого́-н.; **~ (up)on s.o.** нап|ада́ть, -а́сть на кого́-н.; **~ s.o. to work** ус|а́живать, -ади́ть кого́-н. за рабо́ту.
● *with advs*: **~ apart, ~ aside** *vvt* (*allocate*) выделя́ть, вы́делить; (*reserve, save*) от|кла́дывать, -ложи́ть; **a day ~ aside for revision** день, отведённый/вы́деленный для повторе́ния; (*disregard*): **I ~ aside personal feelings** я отбро́сил все ли́чные чу́вства; (*quash*) аннули́ровать (*impf, pf*); отмен|я́ть, -и́ть; **the court's verdict was ~ aside** реше́ние суда́ бы́ло отменено́;
~ back *vt* (*lit*) отодв|ига́ть, -и́нуть; **a house ~ back from the road** дом,

стоя́щий в стороне́ от доро́ги; **~ the clock back** перев|оди́ть, -ести́ часы́ наза́д; (*fig*) поверну́ть (*pf*) колесо́ исто́рии вспять; (*hinder, delay, damage*) зам|едля́ть, -е́длить; отбр|а́сывать, -о́сить наза́д; нан|оси́ть, -ести́ уро́н + *d*; (*coll, cost*): **the trip ~ him back a few pounds** пое́здка влете́ла ему́ в копе́ечку; **~ by** *vt* (*put by*) от|кла́дывать, -ложи́ть; **~ down** *vt* (*put down*) класть, положи́ть; ста́вить, по-; **he ~ down his rucksack on the steps** он поста́вил свой рюкза́к на ступе́ньку; (*allow to alight*) выса́живать, вы́садить; **the bus ~ us down at the gate** авто́бус вы́садил нас у воро́т; (*make statement or record*): **he ~ down his complaint in writing** он изложи́л свою́ жа́лобу в пи́сьменном ви́де; **she ~ down her impressions in a diary** она́ заноси́ла/запи́сывала свои́ впечатле́ния в дневни́к; **~ forth** *vt* (*propound, declare*) изл|ага́ть, -ожи́ть; *vi* (*leave*) отпр|авля́ться, -а́виться; **~ in** *vt* (*insert*) вст|авля́ть, -а́вить; **~ in a sleeve** вш|ива́ть, -и́ть рука́в; *vi* (*take hold*): **winter is ~ting in** наступа́ет зима́; **the rain ~ in early** до́ждь начался́ ра́но; **~ off** *vt* (*cause to explode*): **they were ~ting off fireworks** они́ устро́или фейерве́рк; **~ off a rocket** запус|ка́ть, -ти́ть раке́ту; (*cause, stimulate*): **his arrest ~ off a wave of protest** его́ аре́ст вы́звал волну́ проте́стов; (*enhance*): **the ribbon will ~ off your complexion** ле́нта оттени́т/подчеркнёт цвет ва́шего лица́; **the frame ~s off the picture** карти́на в э́той ра́ме выи́грывает (*or* хорошо́ смо́трится); (*compensate*) возме|ща́ть, -сти́ть; компенси́ровать (*impf, pf*); **~ off gains against losses** баланси́ровать, с- при́быль и убы́тки; (*cause to start*): **the story ~ them off laughing** э́тот расска́з рассмеши́л их; *vi* (*leave*) (*on foot*) пойти́ (*pf*), (*by transport*) пое́хать (*pf*); отпр|авля́ться, -а́виться; **we are ~ting off on a journey** мы отправля́емся в путеше́ствие; **the horse ~ off at a gallop** ло́шадь пусти́лась гало́пом; **they ~ off in pursuit** они́ отпра́вились вдого́нку; **he ~ off running** он бро́сился бежа́ть; **~ out** *vt* (*arrange, display*) распол|ага́ть, -ожи́ть; выставля́ть, вы́ставить (на обозре́ние); (*expound*) изл|ага́ть, -ожи́ть; *vi* (*leave*) пойти́, пое́хать (*both pf*); отпр|авля́ться, -а́виться; **they ~ out for Warsaw** они́ отпра́вились/о́тбыли в Варша́ву; (*attempt*): **he ~ out to conquer Europe** он заду́мал/вознаме́рился покори́ть Евро́пу; **~ to** *vi* (*make a start*) прин|има́ться, -я́ться; (*begin to fight or argue*) сцеп|ля́ться, -и́ться (*coll*); схв|а́тываться, -ати́ться; **~ together** *vt* сост|авля́ть, -а́вить (вме́сте); (*compare*) сопост|авля́ть, -а́вить; **~ up** *vt* (*erect*) устан|а́вливать, -ови́ть; **a statue was ~ up in his honour** в его́ честь установи́ли ста́тую; (*form*): **we ~ up a committee** мы организова́ли комите́т; (*found, establish*): **~ up a school** осно́в|ывать, -а́ть шко́лу; **he ~ up a new record** он установи́л но́вый реко́рд; **~ up house** зажи́ть (*pf*) свои́м до́мом; **they ~ up house together** они́ ста́ли жить вме́сте; **~ up shop** откр|ыва́ть, -ы́ть ла́вку; осн|о́вывать, -ова́ть де́ло; **he ~ his mistress up in a flat** он обста́вил кварти́ру для свое́й любо́вницы; (*claim, put forward*): **he ~s himself up to be a scholar** он изобража́ет из себя́ учёного; (*provide*): **I am ~ up with novels for the winter** я обеспе́чен рома́нами на всю зи́му; (*give voice to*): **~ up a cry** подн|има́ть, -я́ть крик; (*restore to health*): **a holiday will ~ you up** о́тдых поста́вит вас на́ ноги (*or* восстано́вит ва́ши си́лы); (*printing*) наб|ира́ть, -ра́ть; *vi*: **he ~ up as a butcher** он откры́л/завёл мясну́ю ла́вку (*or* мясно́й магази́н); **she ~ up in business** она́ организова́ла своё де́ло.

● *cpds* **~back** *n* (*delay*) заде́ржка; (*failure*) неуда́ча; (*difficulty*) затрудне́ние; **he met with many ~backs** у него́ бы́ло мно́го неуда́ч; **~ square** *n* уго́льник; **~-to** *n* (*coll, fight*) схва́тка; **have a ~-to** схва́т|ываться, -и́ться; сцеп|ля́ться, -и́ться; **~-up** *n* (*coll, arrangement*) поря́дки (*m pl*); обстано́вка; (*comput*) устано́вка.

settee /se'tiː/ *n* (небольшо́й) дива́н.

setter /'setə(r)/ *n* (*dog*) се́ттер.

setting /'setɪŋ/ *n* **1** (*of sun etc.*) захо́д, зака́т. **2** (*of gems*) опра́ва. **3** (*background*) обстано́вка, окруже́ние. **4** (*theatr*) вре́мя и ме́сто де́йствия. **5** (*mus*) му́зыка на слова́. **6** (*at table*) прибо́р.

settle¹ /'set(ə)l/ *n* скамья́; (*with box below seat*) скамья́-ларь (*m*).

settle² /'set(ə)l/ *vt* **1** (*place securely; put to rest*): **~ o.s. in an armchair** ус|а́живаться, -е́сться в кре́сло; **~ children for the night** укла́дывать, уложи́ть дете́й на́ ночь. **2** (*install, establish*) поме|ща́ть, -сти́ть; устр|а́ивать, -о́ить. **3** (*calm*) успок|а́ивать, -о́ить; **he gave me sth to ~ my stomach** он дал мне желу́дочное лека́рство (*or* сре́дство для желу́дка). **4** (*reconcile*) ула́|живать, -дить; **their differences were soon ~d** их разногла́сия бы́ли ско́ро ула́жены; **the dispute was ~d out of court** спор был ула́жен полюбо́вно. **5** (*dispel*): **he ~d their doubts** он разве́ял/рассе́ял их сомне́ния. **6** (*decide*) реш|а́ть, -и́ть; **that ~s it** тогда́ всё (я́сно); **let's ~ the matter** дава́йте ко́нчим с э́тим де́лом; **~ it amongst yourselves!** вы ка́к-нибудь са́ми договори́тесь!; **nothing is ~d yet** ещё ничего́ (оконча́тельно) не решено́. **7** (*put in order*) прив|оди́ть, -ести́ в поря́док; **~ one's estate** де́лать, с- завеща́ние. **8** (*pay*): **~ a bill** плати́ть, за- по счёту; **~ a debt** гаси́ть, по-/упл|а́чивать, -ати́ть долг; **~ old scores** (*fig*) св|оди́ть, -ести́ ста́рые счёты; расквита́ться (*pf*) (*coll*). **9** (*bestow legally*) закреп|ля́ть, -и́ть (*что за кем*); (*bequeath*) ост|авля́ть, -а́вить; завеща́ть (*impf, pf*). **10** (*colonize*) засел|я́ть, -и́ть; (*transport to new home*) посел|я́ть, -и́ть.

● *vi* **1** (*sink down; come to rest*) ос|еда́ть, -е́сть; **the foundations have ~d** фунда́мент осе́л; **the dust will soon ~** (*fig*) шуми́ха ско́ро уля́жется; **the excitement ~d** стра́сти ути́хли/улегли́сь; (*alight*) ус|а́живаться, -е́сться; **a fly ~d on his nose** му́ха усе́лась ему́ на нос; **the butterfly ~d on a leaf** ба́бочка се́ла на лист; **dust ~d on everything** повсю́ду осе́ла пыль. **2** (*become fixed, stable, established*) устан|а́вливаться, -ови́ться; **the weather has ~d at last** наконе́ц-то пого́да установи́лась; **darkness ~d on the land** земля́ погрузи́лась во мрак. **3** (*become comfortable, accustomed; also* **~ down**): **the dog ~d in its basket** соба́ка улегла́сь в свое́й корзи́не; **I could not ~ to my work for the noise** из-за шу́ма я не мог сосредото́читься на свое́й рабо́те; **he never ~s to anything for long** он ни на чём подо́лгу не мо́жет задержа́ться. **4** (*make one's home*) посел|я́ться, -и́ться. **5** (*pay*) распла́|чиваться, -ти́ться; (*come to terms*) догов|а́риваться, -ори́ться; **I'll ~ for half the profits** я соглашу́сь на полови́ну при́были. **6** (*decide*) остан|а́вливаться, -ови́ться (*на чём*); **they could not ~ on a name for their son** они́ не могли́ останови́ться ни на одно́м и́мени для сы́на; **have you ~d where to go?** вы реши́ли, куда́ е́хать?

● *with advs*: **~ back** *vi* (*in one's chair*) отки́|дываться, -нуться; **~ down** *vt*: **the nurse ~d the patient down for the night** сестра́ пригото́вила больно́го ко сну; *vi* (*in home*) устр|а́иваться, -о́иться; (*in job*) осв|а́иваться, -о́иться; (*adopt sober ways*) остепен|я́ться, -и́ться; (*at school*) прив|ыка́ть, -ы́кнуть; (*become quiet*) успок|а́иваться, -о́иться; **since the strike things have ~d down** по́сле забасто́вки всё пришло́ в но́рму; **we ~d down for the night** мы улегли́сь спать; (*give full attention*): **now we can ~ down to our game** тепе́рь мо́жно заня́ться на́шей игро́й; **he ~d down to write letters** он принялся́/усе́лся писа́ть пи́сьма; **~ in** *vi* осв|а́иваться, -о́иться; **~ up** *vt* упла́|чивать, -ти́ть; **he ~d up the account** он оплати́л счёт; **~ up one's affairs** ула́|живать, -дить свои́ дела́; *vi* распла́|чиваться, -ти́ться (*с кем*).

settled /'setəld/ *adj* (*fixed, stable*) усто́йчивый, установи́вшийся; (*permanent*) постоя́нный; **a man of ~ habits** челове́к с установи́вшимися привы́чками; (*determined*) определённый; (*staid*) степе́нный; (*composed*) споко́йный.

settlement /'setəlmənt/ *n* **1** (*settling people*) поселе́ние; (*populating country*) заселе́ние. **2** (*colony*) поселе́ние; **penal ~** ка́торжная/исправи́тельная коло́ния; (*settled place*) посёлок.

3 (*arranging*) ула́живание. **4** (*solution*) урегули́рование, реше́ние; (*agreement*) соглаше́ние; **reach a ~** дост|ига́ть, -и́чь соглаше́ния. **5** (*law*): **~ of one's estate** (*making will*) составле́ние завеща́ния. **6** (*payment*) упла́та, расчёт; **~ of an account** упла́та по счёту.

settler /ˈsetlə(r)/ *n* поселе́нец.

seven /ˈsev(ə)n/ *n* (число́/но́мер) семь; (**~** *people*) се́меро, семь челове́к; **we ~, the ~ of us** мы се́меро/всеме́ро́м; **~ each** по семи́; (*figure; thing numbered 7; group of ~*) семёрка; (*with various nn expressed or understood: cf. examples under* ⇒**five**).

● *adj* семь + *g pl*; (*for people and pluralia tantum, also*) се́меро + *g pl*; **~ twos are fourteen** се́мью (*or* семь на) два — четы́рнадцать.

● *cpd* **~fold** *adj* семикра́тный; *adv* в семь раз.

seventeen /ˌsev(ə)nˈtiːn/ *n & adj* семна́дцать + *g pl*.

seventeenth /ˌsev(ə)nˈtiːnθ/ *n* (*date*) семна́дцатое (число́); (*fraction*) семна́дцатая часть; одна́ семна́дцатая.

● *adj* семна́дцатый.

seventh /ˈsev(ə)nθ/ *n* **1** (*date*) седьмо́е (число́). **2** (*fraction*) седьма́я часть; одна́ седьма́я. **3** (*mus*) се́птима.

● *adj* седьмо́й; **in the ~ heaven** на седьмо́м не́бе.

seventieth /ˈsev(ə)ntɪɪθ/ *n* семидеся́тая (часть); одна́ семидеся́тая.

● *adj* семидеся́тый.

sevent|y /ˈsev(ə)ntɪ/ *n* се́мьдесят; **he is in his ~ies** ему́ за се́мьдесят; ему́ (пошёл) восьмо́й деся́ток; **in the ~ies** (*decade*) в семидеся́тых года́х; в семидеся́тые го́ды; (*temperature*) за се́мьдесят гра́дусов.

sever /ˈsevə(r)/ *vt* отдел|я́ть, -и́ть; **~ a rope** перер|еза́ть, -е́зать верёвку; (*a limb*) отруб|а́ть, -и́ть; **~ one's connection with** пор|ыва́ть, -ва́ть связь с + *i*; **~ diplomatic relations** раз|рыва́ть, -орва́ть дипломати́ческие отноше́ния.

● *vi* раз|рыва́ться, -орва́ться; порва́ться (*pf*).

several /ˈsevr(ə)l/ *pron*: **~ of my friends** не́которые из мои́х друзе́й; **I have four cups but I need ~ more** у меня́ есть четы́ре ча́шки, но мне ну́жно ещё не́сколько (штук).

● *adj* **1** (*quite a few*) не́сколько + *g pl*; **myself and ~ others** я и не́сколько други́х люде́й. **2** (*separate*) отде́льный; **they all go their ~ ways** ка́ждый из них идёт свои́м путём; **~ly** по отде́льности; **jointly and ~ly** совме́стно и по́рознь.

severance /ˈsevərəns/ *n* отделе́ние, разры́в; **~ pay** выходно́е посо́бие; компенса́ция при увольне́нии.

severe /sɪˈvɪə(r)/ *adj* **1** (*stern, strict, austere*) стро́гий, суро́вый; **he is his own ~st critic** он свой са́мый стро́гий кри́тик; **~ rebuke** стро́гий вы́говор; **~ punishment** суро́вое наказа́ние. **2** (*violent*) жесто́кий, си́льный; **a ~ frost** си́льный/жесто́кий/лю́тый моро́з; **~ pain** си́льная/стра́шная боль; **there was ~ fighting** шли жесто́кие бои́. **3** (*exacting*): **a ~ test** суро́вая прове́рка; **~ competition** жесто́кая/о́страя конкуре́нция. **4** (*serious*) тяжёлый, серьёзный; **~ illness** тяжёлая боле́знь; **a ~ shortage of water** о́страя нехва́тка воды́. **5** (*unadorned*) стро́гий, суро́вый.

severity /sɪˈverɪtɪ/ *n* стро́гость, суро́вость; серьёзность.

Seville /ˈsevɪl/ *n* Севи́лья; **~ orange** помера́нец, го́рький апельси́н.

sew /səʊ/ *vt & i* (*pp* **sewn** *or* **sewed**) шить, с-; **~ a button on to a dress** приш|ива́ть, -и́ть пу́говицу к пла́тью.

● *with adv*: **~ up** *vt* заш|ива́ть, -и́ть.

sewage /ˈsuːɪdʒ, ˈsjuː-/ *n* сто́чные во́ды (*f pl*); нечисто́ты (*f pl*); **~ farm** (*Br*) ста́нция очи́стки сто́чных вод; поля́ ороше́ния; **~ (treatment/disposal) works** (*Br*), **~ (treatment) plant** (*US*) канализацио́нные очистны́е сооруже́ния.

sewer /ˈsuːə(r), ˈsjuː-/ *n* (*conduit*) сто́чная труба́, канализацио́нная труба́; **main ~** магистра́льная канализацио́нная труба́.

sewerage /ˈsuːərɪdʒ, ˈsjuː-/ *n* канализа́ция.

sewing /ˈsəʊɪŋ/ *n* (*process, material*) шитьё; (*attr*) шве́йный; **~ needle** шве́йная игла́.

● *cpd* **~ machine** *n* шве́йная маши́н(к)а.

sewn /səʊn/ *pp of* ⇒**sew**

sex /seks/ *n* **1** пол; **the fair/gentle ~** прекра́сный/сла́бый пол; **without distinction of age or ~** без разли́чия по́ла и во́зраста; (*attr*) полово́й; **the ~ act** полово́й акт; **~ appeal** физи́ческая привлека́тельность; **~ change** опера́ция по измене́нию по́ла; **~ education** полово́е воспи́тание; **~ kitten** «ко́шечка»; **~ life** полова́я/сексуа́льная жизнь; **~ maniac** сексуа́льный маньяк; эротома́н (*fem* -ка). **2** (*sexual activity*) секс; (*sexual intercourse*) полово́е сноше́ние; **have ~ with s.o.** (*coll*) спать, пере- с кем-н.

● *vt* (*determine ~ of*) определ|я́ть, -и́ть пол + *g*.

● *with adv*: **~ up** *vt* (*coll*) ожив|ля́ть, -и́ть (*делать более ярким, выразительным*).

● *cpds* **~pot** *n* (*coll*) секс-бо́мба; **~-starved** *adj* испы́тывающий сексуа́льный го́лод.

sexagenarian /ˌseksədʒɪˈneərɪən/ *n* шестидесятиле́тн|ий мужчи́на (*fem* -яя же́нщина).

● *adj* шестидесятиле́тний.

sexiness /ˈseksɪnɪs/ *n* сексуа́льность.

sexism /ˈseksɪz(ə)m/ *n* секси́зм.

sexist /ˈseksɪst/ *adj* секси́стский; (*towards women*) женоненави́стнический.

sexless /ˈsekslɪs/ *adj* беспо́лый; (*lacking sexual appeal or feeling*) асексуа́льный.

sexologist /sekˈsɒlədʒɪst/ *n* сексо́лог.

sexology /sekˈsɒlədʒɪ/ *n* сексоло́гия.

sextant /ˈsekst(ə)nt/ *n* секста́нт.

sextet /sekˈstet/ *n* сексте́т.

sexton /ˈsekst(ə)n/ *n* понома́рь (*m*); церко́вный сто́рож.

sextuple /ˈseksˌtjuːp(ə)l/ *adj* шестикра́тный.

sexual /ˈseksjʊəl, -ʃʊəl/ *adj* (*organ, disease, reproduction*) полово́й; (*relations*) сексуа́льный; **~ harassment** сексуа́льное домога́тельство; **~ intercourse** полово́е сноше́ние, полово́й акт.

sexuality /ˌseksjʊˈælɪtɪ, -ʃʊˈælɪtɪ/ *n* сексуа́льность.

sexy /ˈseksɪ/ *adj* (**sexier, sexiest**) (*coll*) сексуа́льный; (*film, novel*) эроти́ческий.

Seychelles /seɪˈʃel, -ˈʃelz/ *n*: **the ~** Сейше́льские Острова́ (*m pl*).

SGML (*abbr of* ***Standard Generalized Markup Language***) (*comput*) (язы́к) SGML (*буквально «стандáртный язы́к обобщённой разме́тки»*).

sh /ʃ/ *int* ш-ш(-ш)!; тсс!

shabbiness /ˈʃæbɪnɪs/ *n* изно́шенность; убо́гость; по́длость.

shabby /ˈʃæbɪ/ *adj* (**shabbier, shabbiest**) **1** (*clothes*) поно́шенный; потрёпанный; (*of personal appearance*): **he looks ~** у него́ потёртый/потрёпанный вид; (*buildings, room, area*) убо́гий. **2** (*of behaviour*) по́длый, ни́зкий.

shack /ʃæk/ *n* лачу́га.

● *vi*: **~ up with s.o.** (*sl*) сожи́тельствовать (*impf*) с кем-н.

shackle /ˈʃæk(ə)l/ *n* (*in pl, fetters, also fig*) око́в|ы (*pl, g* —).

● *vt* (*lit, fetter*) зако́в|ывать, -а́ть в око́вы; (*impede*) ско́в|ывать, -а́ть; стесня́ть (*impf*).

shad /ʃæd/ *n* (*pl* **~** *or* **~s**) (*zool*) шед, ало́за (*рыба отряда сельдеобразных*).

shade /ʃeɪd/ *n* **1** (*unilluminated area*) тень; **put in(to) the ~** (*fig*) затм|ева́ть, -и́ть; **light and ~** (*in picture*) свет и те́ни; (*partial darkness*) полумра́к. **2** (*tint, nuance*) отте́нок, тон; **the same colour** (*Br*), **color** (*US*) **in a lighter ~** тот же цвет, но бо́лее све́тлого то́на; (*fig*): **~s of meaning** отте́нки (*m pl*) значе́ния; **all ~s of opinion** са́мые ра́зные мне́ния. **3** (*slight amount*): **a ~ better** немно́го/ка́пельку (*or* чуть-чу́ть) лу́чше. **4** (*of lamp*) абажу́р. **5** (*eye~*) козырёк. **6** (*US, blind*) што́ра.

● *vt* **1** (*screen from light*) затен|я́ть, -и́ть; (*shield from light etc.*) заслон|я́ть, -и́ть; **he ~d his eyes with his hand** он заслони́л глаза́ руко́й. **2** (*restrict light of*) приглуш|а́ть, -и́ть; **3** (*drawing*) тушева́ть, за-.

● *vi*: **one colour ~s into another** оди́н цвет (постепе́нно) перехо́дит в друго́й.

shadiness /ˈʃeɪdɪnɪs/ *n* тени́стость.

shading /ˈʃeɪdɪŋ/ *n* (*in drawing*) (за)тушёвка.

shadow /ˈʃædəʊ/ *n* тень; **in the ~ of a tree** в тени́ де́рева; **he has ~s under his eyes** у него́ (чёрные/тёмные) круги́ под глаза́ми; **he was a ~ of his**

S

former self; he was worn to a ~ от него́ оста́лась одна́ тень; **cast a ~ on** отбр|а́сывать, -о́сить (*or* бр|оса́ть, -о́сить) тень на + *a*; (*fig*) омрач|а́ть, -и́ть; **under the ~ of** (*threat*) под угро́зой + *g*; **there is not a ~ of doubt** нет ни те́ни сомне́ния; **~ cabinet** (*Br*) тенево́й кабине́т.

● *vt* **1** (*darken, cast ~ over*) оттен|я́ть, -и́ть. **2** (*watch and follow secretly*) (та́йно) след|и́ть/сле́довать (*impf*) за + *i*.

● *cpd* **~-boxing** *n* трениро́вочный бой.

Shadow Cabinet

see **Cabinet**

shadowy /ˈʃædəʊɪ/ *adj* (*shady*) тени́стый; (*dim*) нея́сный; (*vague*) сму́тный.

shady /ˈʃeɪdɪ/ *adj* (**shadier, shadiest**) **1** (*affording shade*) тени́стый; (*in shadow*) тенево́й. **2** (*coll, suspect*) сомни́тельный, тёмный; **~ enterprise** сомни́тельное/тёмное де́ло.

shaft /ʃɑːft/ *n* **1** (*of lance or spear*) дре́вко. **2** (*arrow*) стрела́. **3** (*of light*) луч; **~ of lightning** вспы́шка мо́лнии. **4** (*stem, stalk*) сте́бель (*m*); (*trunk*) ствол. **5** (*of column*) сте́ржень (*m*); (*of chimney*) труба́. **6** (*of tool*) черено́к, ру́чка, рукоя́тка; (*of axe*) топори́ще. **7** (*one of a pair on cart etc.*) огло́бля; (*central ~ between horses*) ды́шло. **8** (*tech, rod*) вал; (*axle*) ось. **9** (*of mine*) ша́хта; ствол ша́хты; **sink a ~** проходи́ть, -йти́ ша́хту. **10** (*archit*): **lift/elevator ~** ша́хта ли́фта; **ventilation ~** вентиляцио́нная ша́хта.

● *cpd* **~ horse** *n* коренни́к.

shag¹ /ʃæg/ *n* (*tobacco*) махо́рка.

shag² /ʃæg/ *n* (*bird*) хохла́тый баклა́н.

shag³ /ʃæg/ (*Br, vulg*) *vt* тра́х|ать, -нуть.

● *vi* тра́х|аться, -нуться.

shagginess /ˈʃægɪnɪs/ *n* косма́тость, лохма́тость, взлохма́ченность.

shaggy /ˈʃægɪ/ *adj* (**shaggier, shaggiest**) (*of hair*) лохма́тый; (*hairy*) волоса́тый, косма́тый.

shagreen /ʃæˈgriːn/ *n* шагре́нь.

shah /ʃɑː/ *n* шах.

shake /ʃeɪk/ *n* **1** встря́ска; **give s.o./sth a ~** встря́х|ивать, -ну́ть кого́-н./что-н.; **he answered with a ~ of the head** в отве́т он покача́л голово́й.
2 (*tremble*): **with a ~ in his voice** с дро́жью в го́лосе.
3 (*mus*) трель.
4 (*coll, moment*): **in two ~s** вмиг, в оди́н миг.
5 (*coll*): **this book is no great ~s** э́та кни́га та́к себе (*or* нева́жная).

● *vt* (*past* **shook;** *pp* **shaken** /ˈʃeɪk(ə)n/) **1** тря|сти́, -хну́ть; сотряс|а́ть, -ти́ (*что, чем*); **I shook him by the shoulder** я тряхну́л/потря́с его́ за плечо́; **I shook his hand** (*in greeting*) я пожа́л ему́ ру́ку; **they shook hands** они́ пожа́ли друг дру́гу ру́ки; **he shook the cocktail** он сбил кокте́йль; **he shook his head** он покача́л голово́й; **she shook the duster** она́ вы́тряхнула тря́пку; **~ before using** (*instructions on bottle*) пе́ред употребле́нием взба́лтывать; **the blast shook the windows** от взры́ва задрожа́ли стёкла; **~ one's fist at s.o.** грози́ть, по- кому́-н. кулако́м.
2 (*shock*) потряс|а́ть, -ти́; **she was ~n by the news** э́та но́вость потрясла́ её; (*morally*) колеба́ть, по-; **he was ~n out of his complacency** его́ самодово́льства как не быва́ло (*coll*); **his faith was ~n** его́ ве́ра была́ поколе́блена; **my confidence in him was ~n** моё дове́рие к нему́ поколеба́лось (*or* бы́ло подо́рвано).

● *vi* (*past* **shook;** *pp* **shaken** /ˈʃeɪk(ə)n/) **1** (*vibrate*) трясти́сь (*impf*); сотряса́ться (*impf*); **the trees ~ in the wind** дере́вья кача́ются на ветру́; **the room ~s as he walks** ко́мната сотряса́ется от его́ шаго́в.
2 (*tremble*) дрожа́ть, за-; **he was shaking with cold** он дрожа́л от хо́лода; **he was shaking with fever** его́ трясла́ лихора́дка; **his hands shook** у него́ дрожа́ли ру́ки; **~ in one's shoes** трясти́сь/дрожа́ть (*impf*) от стра́ха; **he shook with laughter** он (за)тря́сся от сме́ха; **her voice shook with emotion** её го́лос (за)дрожа́л/прерыва́лся от волне́ния.

● *with advs*: **~ back** *vt*: **she shook back her hair** она́ отки́нула во́лосы наза́д; **~ down** *vt*: **he shook down the apples from the tree** он натря́с я́блок с де́рева; (*cause to settle*) утряс|а́ть, -ти́; **he shook down the grain in the sack** он утря́с зерно́ в мешке́; *vi* (*settle, of grain etc.*) утряс|а́ться, -ти́сь; (*settle in*) осв|а́иваться, -о́иться; **he will soon ~ down at the new school** он ско́ро осво́ится в но́вой шко́ле; **~ off** *vt* (*lit*) стря́х|ивать, -ну́ть; **she shook off the rain from her hair** она́ стряхну́ла с воло́с ка́пли дождя́; **~ off the dust from one's feet** (*fig*) отряхну́ть (*pf*) прах от ног свои́х; (*fig, of pursuers, illness, habit, etc.*) отде́л|ываться, -аться от + *g*; изб|авля́ться, -а́виться от + *g*; **~ out** *vt*: **~ out a blanket** вытря́хивать, вы́тряхнуть одея́ло; **~ up** *vt* встря́х|ивать, -ну́ть; (*mix by shaking*): **~ up a medicine** взб|а́лтывать, -олта́ть лека́рство; (*restore to shape*): **~ up a pillow** взби|ва́ть, -ть поду́шку; (*coll, rouse*): **he decided to ~ up his staff** он реши́л расшевели́ть свои́х подчинённых.

● *cpds* **~down** *n* (*US, makeshift bed*) импровизи́рованная посте́ль; **~-out, ~-up** *nn* (*upheaval*) встря́ска; (*in cabinet etc.*) ка́дровая перестано́вка; (*in a system, in a service*) коренны́е переме́ны (*f pl*).

shaker /ˈʃeɪkə(r)/ *n* (*for cocktails*) ше́йкер.

Shakespearean, -ian /ʃeɪkˈspɪərɪən/ *adj* шекспи́ровский.

shako /ˈʃeɪkəʊ/ *n* (*pl* **~s**) ки́вер.

shaky /ˈʃeɪkɪ/ *adj* (**shakier, shakiest**) ша́ткий, нетвёрдый; **a ~ bridge/table** ша́ткий мост/стол; **his position in the party is ~** его́ положе́ние в па́ртии ша́ткое/непро́чное; **he is on ~ ground** (*fig*) у него́ под нога́ми зы́бкая по́чва; **~ handwriting** неро́вный по́черк; **a ~ voice** дрожа́щий го́лос; **his English is ~** он нетвёрд в англи́йском.

shale /ʃeɪl/ *n* сла́нец; (*attr*) сла́нцевый.

shall /ʃæl, ʃ(ə)l/ *v aux* (*see also* ⇒**should**) **1** (*in 1st pers*) *usu translated by future tense*: **I ~ go** я пойду́; **I ~ be reading** я бу́ду чита́ть. **2** (*interrog*): **~ I wait?** мне подожда́ть?; **~ we close the window?** дава́йте закро́ем окно́; **~ we have dinner now?** не пообе́дать ли нам сейча́с?; дава́йте пообе́даем. **3** (*in 2nd and 3rd pers, expressing promise*): **you ~ have an apple** ты полу́чишь (*or* бу́дет тебе́) я́блоко. **4** (*mandatory*): **I say you ~ go** я прика́зываю вам пойти́; **thou shalt not kill** (*archaic*) не убий.

shallot /ʃəˈlɒt/ *n* (лук-)шало́т.

shallow /ˈʃæləʊ/ *n* (**~** *place*) ме́лкое ме́сто; (*shoal*) мель; **in the ~s** на мели́/о́тмели.

● *adj* ме́лкий; **~ water** ме́лкая вода́, мель; **~ soil** неглубо́кая по́чва; (*fig*): **~ mind** пове́рхностный/неглубо́кий ум.

shallowness /ˈʃæləʊnɪs/ *n* (*of water etc.*) ме́лкость; (*of character*) пове́рхностность.

shaly /ˈʃeɪlɪ/ *adj* сланцева́тый.

sham /ʃæm/ *n* **1** (*pretence*) притво́рство; **his illness is only a ~** его́ боле́знь то́лько/одно́ притво́рство; он то́лько притворя́ется больны́м; (*hypocrisy*) лицеме́рие; **her life is one long ~** вся её жизнь — сплошно́е лицеме́рие.
2 (*counterfeit*) подде́лка; **this diamond is a ~** э́тот бриллиа́нт подде́льный; (*deceit, sth that is not what it seems to be*) обма́н.
3 (*of person*) притво́рщик; лицеме́р.

● *adj* **1** (*feigned*) притво́рный.
2 (*counterfeit*) подде́льный.

● *vt* (**shammed, shamming**) (*feign, simulate*) притвор|я́ться, -и́ться + *i*; симули́ровать (*impf, pf*); **~ sleep/stupidity** притвор|я́ться, -и́ться (*or* прики́|дываться, -нуться (*coll*)) спя́щим/простако́м.

● *vi* (**shammed, shamming**): **he is ~ming** он притворя́ется.

shaman /ˈʃæmən/ *n* (*pl* **shamans**) шама́н.

shamanism /ˈʃæməˌnɪz(ə)m/ *n* шама́нство.

shamble /ˈʃæmb(ə)l/ *n* неуклю́жая похо́дка.

● *vi*: **~ along** тащи́ться (*impf*); **~ in** притащи́ться (*pf*).

shambles /ˈʃæmb(ə)lz/ *n* (*coll, mess*) беспоря́док, ха́ос, барда́к; **he made a ~ of the job** он провали́л всё де́ло.

shambolic /ʃæmˈbɒlɪk/ *adj* (*Br*) хаоти́ческий, сумбу́рный.

shame /ʃeɪm/ *n* **1** (*sense of guilt or inferiority; capacity for this*) стыд; **he is quite without ~** у него́ совсе́м нет стыда́; **put to ~** пристыди́ть (*pf*); **he hung his head in ~** он опусти́л го́лову от стыда́; **to my ~ I must confess ...** к своему́ стыду́ до́лжен призна́ться...; **for ~!; ~ on you!** стыди́(те)сь!; как тебе́ (*or* вам) не сты́дно!
2 (*disgrace*) позо́р, срам; **bring ~ on**

S

позо́рить, о-; навл|ека́ть, -е́чь позо́р на + *a*; **it's a ~ to laugh at him** сты́дно/нехорошо́ над ним смея́ться.
3 (*sth regrettable*) жа́лость, доса́да; **what a ~!** как жаль!; кака́я жа́лость!
● *vt* **1** (*cause to feel ashamed*) сму|ща́ть, -ти́ть; стыди́ть, при-; **he ~d me into apologizing** он меня́ пристыди́л/усо́вестил, и я извини́лся.
2 (*disgrace*) позо́рить, о-.
● *cpd* **~faced** *adj* пристыжённый.

shameful /ˈʃeɪmfʊl/ *adj* позо́рный, посты́дный; **~ act** посты́дный/позо́рный посту́пок.

shameless /ˈʃeɪmlɪs/ *adj* бессты́дный; **~ person** бессты́дный челове́к, бессты́дни|к (*fem* -ца) (*coll*); (*unscrupulous*) бессо́вестный; (*indecent, not of people*) непристо́йный.

shamelessness /ˈʃeɪmlɪsnɪs/ *n* бессты́дство.

shammy /ˈʃæmɪ/ *n*: **~ leather** за́мша.

shampoo /ʃæmˈpuː/ *n* шампу́нь (*m*).
● *vt* (**shampoos, shampooed**) мыть, вы́- шампу́нем.

shamrock /ˈʃæmrɒk/ *n* (*the lesser yellow trefoil*) жёлтый/ма́ленький кле́вер (*растение, почитаемое эмблемой Ирландии* (*Trifolium minus*)); (*when referring to the national emblem of Ireland*) кле́вер, трили́стник (*как эмблема Ирландии*).

shandy /ˈʃændɪ/ *n* смесь пи́ва с лимона́дом.

Shanghai /ʃæŋˈhaɪ/ *n* Шанха́й.

shank /ʃæŋk/ *n* **1** (*leg*) нога́; **on S~s's pony, mare** (*Br coll*) на свои́х (на) двои́х. **2** (*shin*) го́лень.

shan't /ʃɑːnt/ *contracted neg of* ⇨**shall**

shantung /ʃænˈtʌŋ/ *n* чесуча́; (*attr*) чесучо́вый.

shanty¹ /ˈʃæntɪ/ *n* (*hut*) хиба́рка, лачу́га; **~ town** трущо́бный посёлок.

shanty² /ˈʃæntɪ/ *n* (*song*) ≈ матро́сская пе́сня.

shape /ʃeɪp/ *n* **1** (*configuration, outward form*) фо́рма; (*outline*) очерта́ние; **take ~** (*become clear*) проясн|я́ться, -и́ться; обре|та́ть, -сти́ фо́рму; **lose one's ~** (*figure*) полне́ть, рас-; толсте́ть, рас-; **give ~ to** прид|ава́ть, -а́ть фо́рму + *d*; (*appearance, guise*) вид, о́браз; **a cloud in the ~ of a bear** о́блако в ви́де медве́дя; **a monster in human ~** чудо́вище в челове́ческом о́бразе; **we have a leader in the ~ of Mr X** мы обрели́ ли́дера в лице́ г-на X; **I have had no answer in any ~ or form** я не получи́л реши́тельно никако́го отве́та.
2 (*vague figure*): **strange ~s appeared in the dark** в темноте́ появля́лись стра́нные о́бразы.
3 (*order*) поря́док; **put** (*coll, knock, lick*) **sth into ~** прив|оди́ть, -ести́ что-н. в поря́док; (*condition*) фо́рма, состоя́ние; **he was in poor ~** он был в плохо́м состоя́нии (*or* плохо́й фо́рме); **in good ~** в по́лном поря́дке; в (хоро́шей) фо́рме; **he is exercising to get into ~** он тренирует́ся, что́бы обрести́ (спорти́вную) фо́рму.
4 (*mould*) фо́рма.
● *vt* прид|ава́ть, -а́ть фо́рму + *d*; **her face was delicately ~d** у неё бы́ли то́нкие черты́ лица́; **~d like a heart** сердцеви́дный; **~d like a cone** конусообра́зный; (*from wood*) выреза́ть, вы́резать; (*from clay*) лепи́ть, вы́-/с-; (*fig*): **~ s.o.'s character** формирова́ть, с- чей-н. хара́ктер; **the war ~d his destiny** война́ определи́ла его́ судьбу́; (*adapt*) приспос|а́бливать, -о́бить (*что к чему*).
● *vi*: **the affair is shaping well** де́ло идёт на лад.
● *with adv*: **~ up** *vi* (*take ~*) скла́дываться, сложи́ться.

shapeless /ˈʃeɪplɪs/ *adj* бесфо́рменный.

shapeliness /ˈʃeɪplɪnɪs/ *n* красота́, пропорциона́льность; (*of person*) стро́йность; хоро́шее телосложе́ние.

shapely /ˈʃeɪplɪ/ *adj* (**shapelier, shapeliest**) хорошо́ сложённый; стро́йный; **~ legs** стро́йные но́ги.

shaper /ˈʃeɪpə(r)/ *n* **1** (*machine tool*) попере́чно-строга́льный стано́к.
2: **~ of our destinies** верши́тель (*m*) на́ших су́деб; **the ~ of the plan** а́втор пла́на.

shard /ʃɑːd/ *n* (*potsherd*) черепо́к.

share¹ /ʃeə(r)/ *n* **1** (*part*) часть; (*portion, received or held*) до́ля; **lion's ~** льви́ная до́ля; **fair ~** зако́нная до́ля; причита́ющаяся (*кому*) до́ля/часть; справедли́вая часть; **the royal family do their fair ~ of charity work** чле́ны короле́вской семьи́ в до́лжной ме́ре уча́ствуют в благотвори́тельной де́ятельности; **she has done her fair ~ of looking after elderly parents** она́ че́стно вы́полнила свой долг по ухо́ду за пожилы́ми роди́телями; **have, take a ~ in sth** уча́ствовать (*impf*) (*or* прин|има́ть, -я́ть уча́стие) в чём-н.; **go ~s with s.o.** входи́ть, войти́ в до́лю/пай с кем-н.
2 (*contribution*) вклад; **he had no ~ in the plot** он не́ был прича́стен к за́говору.
3 (*of capital*) а́кция; **ordinary ~s** (*Br*) обыкнове́нные а́кции; **preference** (*US* **preferred**) **~s** привилегиро́ванные а́кции; **we hold 1,000 ~s in the company** нам принадлежи́т ты́сяча а́кций э́той компа́нии; **~ certificate** акционе́рное свиде́тельство.
● *vt* дели́ть, раз- (*что с кем*); **he ~s all his secrets with me** (*or* **I ~ all his secrets**) он де́лится со мной всѐми свои́ми секре́тами; **~ an office with s.o.** рабо́тать (*impf*) с кем-н. в одно́й ко́мнате; **~ the same book** вме́сте по́льзоваться (*impf*) одно́й кни́гой; (**~ *in***) раздел|я́ть, -и́ть; **he ~s my opinion** он разделя́ет моё мне́ние; **we must all ~ the blame** мы все несём отве́тственность за э́то.
● *vi*: **I ~ in your grief** я разделя́ю ва́ше го́ре; **~ and ~ alike** всё на́до дели́ть по́ровну.
● *with adv*: **~ out** *vt* (*divide*) дели́ть, раз-; раздел|я́ть, -и́ть; (*allocate*) распредел|я́ть, -и́ть; разд|ава́ть, -а́ть.
● *cpds* **~cropper** *n* (*US*) издо́льщик; **~cropping** *n* (*US*) издо́льная систе́ма; **~holder** *n* акционе́р; **~-out** *n* делёж.

share² /ʃeə(r)/ *n* (*of plough*) ле́мех.

sharia /ʃəˈriːə/ *n* (*relig*) шариа́т (*в исламе: свод религиозных и правовых норм из Корана и сунны*).

shark /ʃɑːk/ *n* (*also fig*) аку́ла; (*swindler*) моше́нник, шу́лер.
● *cpd* **~skin** *n* аку́лья ко́жа; (*soft leather*) шагре́нь.

sharp /ʃɑːp/ *n* (*mus*) дие́з.
● *adj* **1** (*edged, pointed, clear-cut; also fig, of senses, sensations, etc.*) о́стрый; ре́зкий; **~ knife** о́стрый нож; **~ pencil** о́стрый каранда́ш; **~ chin** о́стрый подборо́док; **~ features** ре́зкие черты́ лица́; **the roofs stood out ~ly against the sky** кры́ши чётко вырисо́вывались на фо́не не́ба; (*keen, alert*): **~ eyes** о́строе зре́ние; **~ ears** то́нкий слух; **~ wits** о́стрый ум; **he is ~** он хитёр; **a ~ child** смышлёный ребёнок; **keep a ~ lookout** смотре́ть (*impf*) в о́ба; (*of sounds*): **~ voice** ре́зкий го́лос; (*severe*): **a ~ remark** ко́лкое замеча́ние; **~ temper** ре́зкий хара́ктер; **~ tongue** зло́й/о́стрый язы́к; **~ frost** си́льный моро́з; **~ wind** ре́зкий ве́тер; **~ pain** о́страя/ре́зкая боль; (*to the taste*): **~ cheese** о́стрый сыр; (*sour*) ки́слый.
2 (*abrupt*) круто́й, ре́зкий; **~ turn** круто́й поворо́т; **a ~ drop in the temperature** ре́зкое паде́ние температу́ры; **a ~ rise in prices** ре́зкое повыше́ние.
3 (*artful*) хи́трый; **~ practice** моше́нничество; **he was too ~ for me** он перехитри́л меня́.
4 (*mus*): **F ~** фа-дие́з.
● *adv* **1** (*at a ~ angle*): **turn ~ right** кру́то пов|ора́чивать, -ерну́ть напра́во.
2 (*punctually*): **at four o'clock ~** то́чно/ро́вно в четы́ре (часа́).
3 (*coll*): **look ~!** потора́пливайся!; быстре́е!; **we must look ~** на́до потора́пливаться/торопи́ться.
4 (*mus*): **he sings ~** он поёт сли́шком высоко́.
● *cpds* **~-edged** *adj* о́стрый; **~-eyed** *adj* зо́ркий; **~-featured** *adj* с ре́зкими черта́ми (лица́); **~shooter** *n* ме́ткий стрело́к; **~-sighted** *adj* зо́ркий; **~-tempered** *adj* раздражи́тельный; **~-witted** *adj* с о́стрым умо́м; (*perceptive*) проница́тельный.

sharpen /ˈʃɑːpən/ *vt* **1** (*knife etc.*) точи́ть, на-; зат|а́чивать, -очи́ть; (*pencil*) точи́ть, под-; заостр|я́ть, -и́ть; **my razor needs ~ing** мне на́до наточи́ть бри́тву. **2** (*fig*) обостр|я́ть, -и́ть; **hunger ~ed his wits** го́лод обостри́л его́ ум; **a long walk ~s one's appetite** дли́тельная прогу́лка обостря́ет аппети́т. **3** (*mus*) пов|ыша́ть, -ы́сить на полуто́н.
4: **~ up** *vt* (& *i*) ул|учша́ть(ся), -у́чшить(ся).

sharpener /ˈʃɑːpənə(r)/ *n* (*whetstone*) точи́ло; (**pencil ~**) точи́лка.

sharper /ˈʃɑːpə(r)/ *n* шу́лер.

sharpish /ˈʃɑːpɪʃ/ *adv* (*Br, coll, quickly*) бы́стренько.

sharpness /ˈʃɑːpnɪs/ *n* острота́; (*of voice etc.*) ре́зкость; (*of outline, photograph, etc.*) чёткость; (*astringency*) те́рпкость, е́дкость.

S

shat /ʃæt/ *past and pp of* ⇒**shit**

shatter /ˈʃætə(r)/ *vt* (*breakables*) разб|ива́ть, -и́ть (вдре́безги); (*hopes*) разб|ива́ть, -и́ть; **the explosion ~ed the house** взры́вом разру́шило дом; (*of health or nerves*) расстр|а́ивать, -о́ить; **I was ~ed** (*Br coll, exhausted*) я вы́мотался до преде́ла; **I was ~ed by the news** я был потрясён/уби́т э́той но́востью.

● *vi* разб|ива́ться, -и́ться.

shattering /ˈʃætərɪŋ/ *adj* (*coll*) потряса́ющий.

shave /ʃeɪv/ *n* **1** бритьё; **give s.o. a ~** бри́ть, по- кого́-н.; **have a ~** побри́ться (*pf*). **2** (*coll, escape*): **we had a close ~** мы бы́ли на волосо́к от ги́бели.

● *vt* (*pp* **shaved** *or* (*as adj*) **shaven**) **1 ~ one's chin/beard** выбрива́ть, вы́брить подборо́док; брить, по- бо́роду; **~ a customer** бри́ть, по- клие́нта; **~ o.s.** бри́ться, по-; **~n** (*of chin, head*) бри́тый; (*of monk*) постри́женный. **2** (*pare wood etc.*) строга́ть, вы-.

● *vi* (*pp* **shaved**): **he does not ~ every day** он бре́ется не ка́ждый день.

● *with adv*: **~ off** *vt* сбри|ва́ть, -ть.

shaver /ˈʃeɪvə(r)/ *n* (*razor*) бри́тва; **electric ~** электробри́тва.

shaving /ˈʃeɪvɪŋ/ *n* **1** (*action*) бритьё; **~ is compulsory in the army** в а́рмии полага́ется бри́ться. **2** (**~s**, *of wood or metal*) стру́жка.

● *cpds* **~ brush** *n* помазо́к; **~ cream/foam** *nn* крем/пе́на для бритья́.

shawl /ʃɔ:l/ *n* шаль; **head ~** головно́й плато́к.

she /ʃi:/ *pron* (*obj* **her**) она́; **it was ~ who did it** э́то она́ сде́лала; **~ and I** я и она́; мы с ней.

● *cpds* **~-bear** *n* медве́дица; **~-devil** *n* ве́дьма; **~-wolf** *n* волчи́ца.

sheaf /ʃi:f/ *n* (*pl* **sheaves**) (*of corn*) сноп; **~ of papers** па́чка/свя́зка бума́г.

shear /ʃɪə(r)/ *vt* (*past* **sheared;** *pp* **shorn** *or* **sheared**) **1** (*remove by cutting*) отр|еза́ть, -е́зать; (*sheep*) стри́чь, о-. **2** (*cut*) ре́зать, раз-.

● *vi* (*past* **sheared;** *pp* **shorn** *or* **sheared**): **they are ~ing next week** ове́ц бу́дут стричь на сле́дующей неде́ле.

● *with adv*: **~ off** *vt* отр|еза́ть, -е́зать.

shearer /ˈʃɪərə(r)/ *n* стрига́льщик.

shearing /ˈʃɪərɪŋ/ *n* стри́жка.

shearling /ˈʃɪəlɪŋ/ *n* (*US, coat*) дублёнка.

shears /ʃɪəz/ *n pl* (*also,* **pair of ~**) (садо́вые) но́жниц|ы (*pl, g* —).

sheath /ʃi:θ/ *n* (*of weapon*) но́ж|ны (*pl, g* -ен); (*Br, condom*) презервати́в.

● *cpd* **~ knife** *n* фи́нка; охо́тничий нож.

sheathe /ʃi:ð/ *vt* **1**: **~ one's sword** вкла́дывать, вложи́ть меч в но́жны. **2** (*encase*) обш|ива́ть, -и́ть; заключ|а́ть, -и́ть в оболо́чку.

sheathing /ˈʃi:ðɪŋ/ *n* обши́вка; (*of cable*) оболо́чка.

sheaves /ʃi:vz/ *pl of* ⇒**sheaf**

shed¹ /ʃed/ *n* (*for tools, wood, etc.*) сара́й; (*for railway vehicles*) депо́ (*indecl*); (*for aircraft*) анга́р.

shed² /ʃed/ *vt* (**shedding;** *past and pp* **~**) **1** (*discard*) сбр|а́сывать, -о́сить; **trees ~ their leaves** дере́вья роня́ют ли́стья/листву́; **stags ~ their antlers** оле́ни сбра́сывают рога́; (*of animals*) **~ hair/feathers** линя́ть (*impf*); **~ skin** сбр|а́сывать, -о́сить.

2 (*cause to flow*) прол|ива́ть, -и́ть; **he ~ his blood for his country** он пролива́л кровь за ро́дину; **no tears were ~ at his death** никто́ по нему́ не пла́кал.

3 (*diffuse*): **~ light on** (*lit, fig*) пролива́ть, проли́ть (*or* бр|оса́ть, -о́сить) свет на + *a*; **this ~s light on his disappearance** э́то пролива́ет/броса́ет свет на его́ исчезнове́ние.

4 (*elec*): **~ load** сокра|ща́ть, -ти́ть нагру́зку.

5: **the truck ~ its load** грузови́к рассы́пал груз.

6: **~ jobs** сокра|ща́ть, -ти́ть рабо́чие места́.

shedding /ˈʃedɪŋ/ *n*: **~ of leaves** листопа́д; **~ of skin** сбра́сывание; **~ of feathers** ли́нька; **~ of blood** кровопроли́тие; **there was much ~ of tears** бы́ло про́лито нема́ло слёз.

sheen /ʃi:n/ *n* (*gloss*) лоск; (*brightness*) блеск, сия́ние.

sheep /ʃi:p/ *n* (*pl* **~**) овца́; (*male*) бара́н; **keep ~** держа́ть (*impf*) ове́ц; **separate the ~ from the goats** (*fig*) отдели́ть (*pf*) ове́ц от ко́злищ; **they followed him like ~** они́ шли за ним, как ста́до бара́нов; **the black ~ of the family** парши́вая овца́, вы́родок в семье́; **I felt like a lost ~** я чу́вствовал себя́ совсе́м потеря́нным; **as well be hanged for a ~ as a lamb** семь бед — оди́н отве́т; **lost ~** заблу́дшая овца́.

● *cpds* **~ dip** *n* раство́р для купа́ния ове́ц; **~dog** *n* овча́рка; **~ farm** *n* овцево́дческая фе́рма; **~ farmer** *n* овцево́д; **~ farming** *n* овцево́дство; **~fold** *n* овча́рня; **~ pen** *n* заго́н (для ове́ц); **~shank** *n* (*naut*) ко́лышка; **~-shearer** *n* стрига́льщик; **~-shearing** *n* стри́жка ове́ц; **~skin** *n* овчи́на; ове́чья шку́ра; бара́нья ко́жа; **~skin coat** дублёнка; *adj* овчи́нный.

sheepish /ˈʃi:pɪʃ/ *adj* (*embarrassed*) сконфу́женный; (*silly*) глупова́тый.

sheer¹ /ʃɪə(r)/ *adj* **1** (*absolute*) соверше́нный, су́щий, я́вный; (*mere*) просто́й; **~ waste of time** соверше́нная тра́та вре́мени; **~ nonsense** соверше́нная бессмы́слица; су́щая чепуха́; **~ accident** чи́стая случа́йность; **from ~ habit** про́сто по привы́чке; **it is ~ madness** э́то про́сто сумасше́ствие; **by ~ force of will** исключи́тельно благодаря́ си́ле во́ли. **2** (*precipitous*) отве́сный; перпендикуля́рный; **a ~ drop** круто́й обры́в. **3** (*textiles, diaphanous*) прозра́чный; (*lightweight*) лёгкий.

● *adv*: **the bird rose ~ into the air** пти́ца кру́то взмы́ла в не́бо.

sheer² /ʃɪə(r)/ *vi*: **~ away/off** (*depart*) от|ходи́ть, -ойти́; **he ~ed off the subject** он уклони́лся от те́мы.

sheet¹ /ʃi:t/ *n* **1** (*bed linen*) простыня́; **as white as a ~** бле́дный как полотно́. **2** (*flat piece*): лист (*pl* -ы́); **~ of notepaper** листо́к пи́счей бума́ги; **~ of snow** пелена́ сне́га; **~ of water/ice** слой воды́/льда; **the rain came down in ~s** дождь лил как из ведра́; **~ metal** листово́й мета́лл; **~ music** но́ты (*f pl*); **~ lightning** зарни́ца; **a clean ~** (*fig*) незапя́тнанная репута́ция.

sheet² /ʃi:t/ *n* (*naut, rope*) шкот; **haul in the ~s** выбира́ть, вы́брать шко́ты.

● *cpds* **~ anchor** *n* (*naut*) запасно́й я́корь; (*fig*) я́корь (*m*) спасе́ния; **~ bend** *n* шко́товый у́зел.

sheeting /ˈʃi:tɪŋ/ *n* (*textiles*) просты́нное полотно́.

sheik(h) /ʃeɪk/ *n* шейх.

sheik(h)dom /ˈʃeɪkdəm/ *n* владе́ния (*nt pl*) ше́йха.

shekel /ˈʃek(ə)l/ *n* (*in pl, joc*) (*money*) де́нежки; (*riches*) злато.

shelduck /ˈʃeldʌk/ *n* (*pl* **~** *or* **~s**) пега́нка (*птица*).

shelf /ʃelf/ *n* (*pl* **shelves**) **1** по́лка; **set of shelves** стелла́ж; **he is on the ~** (*past working age*) он вы́шел в тира́ж; (*of unmarried woman*): **she is on the ~** она́ ста́рая де́ва. **2** (*ledge of rock etc.*) вы́ступ; (*reef*) риф; (*sandbank*) о́тмель.

● *cpds* **~ life** *n* срок хране́ния (*or* го́дности); **~ mark** *n* шифр (*книги*); **~ room** *n* (свобо́дное) ме́сто на по́лках.

shell /ʃel/ *n* **1** (*of mollusc etc.*) ра́ковина, раку́шка; (*of tortoise*) па́нцирь (*m*); (*of egg, nut*) скорлупа́; **chickens in the ~** невы́лупившиеся цыпля́та; **come out of one's ~** (*fig*) выходи́ть, вы́йти из свое́й скорлупы́; **retire into one's ~** (*fig*) зам|ыка́ться, -кну́ться в свое́й скорлупе́; (*pod of pea etc.*) стручо́к.

2 (*outer walls of building*) нару́жные сте́ны; (*of ship*) ко́рпус.

3 (*frame of vehicle etc.*) карка́с.

4 (*light boat*) лёгкая го́ночная ло́дка.

5 (*fig, outward semblance*) (одна́) ви́димость (*чего*).

6 (*explosive case, cartridge*) ги́льза; (*of bomb*) оболо́чка; (*missile*) снаря́д.

● *vt* **1** : **~ peas** лущи́ть, об- горо́х; **~ eggs** чи́стить, о- я́йца.

2 (*bombard*) обстре́л|ивать, -я́ть (артиллери́йскими снаря́дами).

● *with adv*: **~ out** *vi* раскоше́ли|ваться, -ться (*coll*).

● *cpds* **~fire** *n* артиллери́йский ого́нь; **~fish** *n* (*mollusc*) моллю́ск; (*crustacean*) ракообра́зное; **~ shock** *n* конту́зия; **~-shocked** *adj* конту́женный; страда́ющий вое́нным невро́зом; **~ suit** *n* нейло́новый спорти́вный костю́м на мя́гкой подкла́дке.

shellac /ʃəˈlæk/ *n* шелла́к.

● *vt* (**shellacked, shellacking**) покр|ыва́ть, -ы́ть шелла́ком.

shelter /ˈʃeltə(r)/ *n* **1** (*protection*) укры́тие, защи́та; **under, in the ~ of a tree** под защи́той/се́нью де́рева;

~ from the rain укрытие от дождя; **take ~ from** укр|ываться, -ыться от + *g*; **the wall gave us ~ from the wind** стена укрыла/защитила нас от ветра; **when he was homeless we gave him ~** когда ему негде было жить, мы дали ему приют (*or* приютили его).
2 (*building etc. providing ~*) приют, убежище; (*bomb ~*) (бомбо)убежище; (*for homeless people*) ночлежка.
● *vt* **1** (*provide refuge for*) приютить (*pf*); (*screen*) укр|ывать, -ыть; защи|щать, -тить; **the trees ~ the house from the wind** деревья защищают/укрывают дом от ветра; **a ~ed valley** защищённая от ветра долина; **~ed housing** (*Br*) дома, оборудованные необходимыми удобствами для престарелых/инвалидов.
2 (*protect, defend*) оберегать (*impf*); защи|щать, -тить; **he was ~ed from criticism** его защищали от критики; **he led a ~ed life** он жил без забот и тревог.
● *vi* укр|ываться, -ыться; прятаться, с-; **we were ~ing from the rain** мы укрывались/прятались от дождя.

shelve[1] /ʃelv/ *vt* **1** (*put on shelf*) класть, положить (*or, standing*: ставить, по-) на полку; **~ books** расст|авлять, -авить книги по полкам. **2** (*fit with ~s*): **~ a cupboard** вст|авлять, -авить в шкаф полки.
3 (*fig, put aside*): **~ a plan** от|кладывать, -ложить проект (в долгий ящик).

shelve[2] /ʃelv/ *vi* (*of ground*) отлого спускаться (*impf*).

shelves /ʃelvz/ *pl of* ⇒**shelf**

shelving /ˈʃelvɪŋ/ *n* стеллаж.

shenanigans /ʃɪˈnænɪg(ə)nz/ *n pl* (*coll*) мошенничество, жульничество (*coll*).

shepherd /ˈʃepəd/ *n* пастух; **~ boy** пастушок; **~'s crook** посох.
● *vt* **1** (*tend*) пасти (*impf*). **2** (*marshal*): **she ~ed the children across the road** она перевела детей через дорогу; **the tourists were ~ed into the museum** туристов провели в музей.

shepherdess /ˈʃepədɪs/ *n* пастушка.

sherbet /ˈʃɜːbət/ *n* (*drink in Arab countries*) шербет; (*Br, sweet powder*) сладкий порошок (для приготовления шипучего напитка); (*US, water ice*) фруктов|ое мороженое, -ый лёд.

sheriff /ˈʃerɪf/ *n* шериф.

sherry /ˈʃerɪ/ *n* херес; **~ glass** рюмка для хереса.

Shetland /ˈʃetlənd/ *n*: **the ~s** (*also* **the ~ Islands**) Шетлендские острова (*m pl*).

shiatsu /ʃɪˈætsuː/ *n* точечный массаж.

shibboleth /ˈʃɪbəˌleθ/ *n* (*bibl*) шибболет; (*fig, pej*) предрассудок, традиционное предубеждение; (*slogan*) лозунг.

shield /ʃiːld/ *n* щит.
● *vt* заслон|ять, -ить; защи|щать, -тить; (*fig*) огра|ждать, -дить; покр|ывать, -ыть.

shift /ʃɪft/ *n* **1** (*change of position etc.*) сдвиг, изменение, перемещение; **there was a ~ in public opinion** в общественном мнении произошёл сдвиг; **there has been a ~ of emphasis to ...** акцент переместился на... .
2 (*of workers*) смена; **work (in) ~s** работать (*impf*) посменно; **I have done my ~ for today** сегодня я отработал свою смену; **he is on the night ~** он работает в ночную смену.
3 (*literary, device, scheme*) уловка, хитрость; **make ~ without sth** об|ходиться, -ойтись без чего-н.
4 (*type of dress*) прямое платье.
5 (*US, gear change*) переключение (скорости).
● *vt* (*move*) сме|щать, -стить; дви|гать, -нуть; **I can't ~ this screw** (*make it turn*) я не могу повернуть этот винт; (*transfer*) переме|щать, -стить; **~ the furniture** перест|авлять, -авить (*or* передв|игать, -инуть) мебель; **~ the scene** (*theatr*) менять, по- декорации; **~ responsibility for sth to s.o.** пере|кладывать, -ложить (*or* свал|ивать, -ить (*coll*)) ответственность за что-н. на кого-н.; (*remove*) уб|ирать, -рать; **this rubbish has to be ~ed** этот мусор/хлам надо убрать отсюда; (*change*) менять, по-; **he ~ed his weight to the other foot** он перенёс вес на другую ногу; **~ one's ground** (*in argument*) измен|ять, -ить (*or* переменить (*pf*)) позицию.
● *vi* **1** переме|щаться, -ститься; **the scene ~s to Paris** действие переносится в Париж; (*change seat*) перес|аживаться, -есть; **~ from one foot to another** переминаться (*impf*) с ноги на ногу; **the cargo is ~ing in the hold** груз скользит по трюму; **~ing sands** непостоянство, переменчивость.
2 (*manage*): **I can ~ for myself** я обойдусь/справлюсь без посторонней помощи.
● *cpds* **~ key** *n* (*comput*) клавиша переключения регистра; **~ work** *n* сменная работа; **~ worker** *n* работающий посменно, сменщи|к (*fem* -ца).

shiftless /ˈʃɪftlɪs/ *adj* беспомощный, неумелый.

shifty /ˈʃɪftɪ/ *adj* (**shiftier, shiftiest**): **a ~ fellow** скользкий тип; хитрый малый; **~ eyes** бегающие глазки (*m pl*).

Shiite /ˈʃiːaɪt/ *n* шиит; **~ Muslim** мусульманин-шиит.
● *adj* шиитский.

shilling /ˈʃɪlɪŋ/ *n* шиллинг.

shilly-shally /ˈʃɪlɪˌʃælɪ/ *vi* колебаться (*impf*).

shimmer /ˈʃɪmə(r)/ *n* мерцание.
● *vi* мерцать (*impf*).

shin /ʃɪn/ *n* голень; **he skinned his ~s** он ссадил голень; **~ of beef** (*cul*) говяжья рулька, голяшка.
● *vi* (**shinned, shinning**) (*Br*): **~ up a tree** вскарабк|иваться, -аться на дерево; **~ down a drainpipe** спус|каться, -титься по водосточной трубе.
● *cpds* **~ bone** *n* большеберцовая кость; **~ guards/pads** *nn pl* щитки (*m pl*).

shindy /ˈʃɪndɪ/ *n* шум, свалка; **kick up a ~** подн|имать, -ять шум.

shin|e /ʃaɪn/ *n* **1** (*brightness*) блеск; (*gloss, lustre*) глянец, лоск; **give sth a ~e** нав|одить, -ести блеск на + *a*; **put a ~e on one's shoes** нав|одить, -ести глянец на туфли.
2: **rain or ~e** в любую погоду.
3 (*coll*): **take a ~e to s.o.** увл|екаться, -ечься кем-н.
● *vt* (*past and pp* **shined**)
1 (*polish*) чистить, вы-/по-; **~e shoes** чистить, вы-/по- туфли.
2: **~e a light in s.o.'s face** осве|щать, -тить фонарём чьё-н. лицо.
● *vi* (*past and pp* **shone** *or* **shined**)
1 (*emit, radiate light*) светить(ся) (*impf*); (*brightly*) сиять (*impf*); **the sun ~es** солнце сияет; **the moon was ~ing on the lake** луна освещала озеро; **a lamp was ~ing in the window** в окне светилась/горела лампа; (*fig*): **his face shone with happiness** его лицо сияло от счастья; **~ing eyes** сияющие глаза.
2 (*glitter, glisten*) блистать (*impf*); блес|теть, -нуть; **the armour shone in the sun** броня блестела на солнце.
3 (*fig, excel*) блистать (*impf*); блестеть (*impf*); **he does not ~e in conversation** собеседник он не блестящий; **he is a ~ing example of industry** он являет собой замечательный пример трудолюбия.

shingle[1] /ˈʃɪŋg(ə)l/ *n* (*pebbles*) галька.

shingle[2] /ˈʃɪŋg(ə)l/ *n* **1** (*wooden tile*) (кровельная) дранка (*sg or collect*); (*in pl*) гонт (*collect*). **2** (*US, signboard*) вывеска.
● *vt* (*cover with ~s*) крыть, по- гонтом.

shingles /ˈʃɪŋg(ə)lz/ *n* (*med*) опоясывающий лишай.

shingly /ˈʃɪŋglɪ/ *adj* покрытый галькой.

shinny /ˈʃɪnɪ/ *vi* (*US*) = **shin**

Shinto(ism) /ˈʃɪntəʊ, ˈʃɪntəʊɪz(ə)m/ *n* синтоизм.

shiny /ˈʃaɪnɪ/ *adj* (**shinier, shiniest**)
1 (*polished, glistening*) блестящий.
2 (*through wear*) лоснящийся.

ship /ʃɪp/ *n* корабль (*m*); судно; **on board ~** на борту корабля; (*motion*) на борт; **~'s biscuit** галета (*m*); **~'s company, crew** экипаж корабля; **~'s papers** судовые документы; **when my ~ comes in** (*fig*) когда мне повезёт; когда мне улыбнётся фортуна; **like ~s that pass in the night** (разошлись) как в море корабли; **take ~** садиться, сесть на корабль.
● *vt* (**shipped, shipping**) **1** (*take on board*) грузить, по-; (*passengers*) произв|одить, -ести посадку + *g*; **~ crew** нан|имать, -ять команду.
2 (*dispatch*) отпр|авлять, -авить.
3: **~ oars** класть, положить вёсла в лодку; (*as order*) суши вёсла!; **~ rudder** наве|шивать, -сить руль; **~ mast** устан|авливать, -овить мачту; **~ water** да|вать, -ть течь; **~ a sea** (*Br*) прин|имать, -ять воду.
● *vi* (**shipped, shipping**): **he ~ped as a steward** он плавал на судне официантом.
● *cpds* **~-breaker** *n* подрядчик по слому старых судов; **~broker** *n**

S

судово́й ма́клер; **~builder** *n* судострои́тель (*m*), кораблестрои́тель (*m*); **~building** *n* судострое́ние, кораблестрое́ние; (*attr*) судострои́тельный, кораблестрои́тельный; **~ canal** *n* кана́л для морски́х судо́в; **~mate** *n* корабе́льный това́рищ; **~owner** *n* судовладе́лец; **~shape** *adj* аккура́тный; (*pred*) в по́лном поря́дке; **get everything ~shape** прив|оди́ть, -ести́ всё в по́лный поря́док; **~way** *n* ста́пель (*m*); **~wreck** *n* кораблекруше́ние; *vt*: **be ~wrecked** терпе́ть, по- кораблекруше́ние; **~wright** *n* корабе́льный пло́тник; **~yard** *n* верфь; судострои́тельный заво́д.

shipment /'ʃɪpmənt/ *n* **1** (*loading*) погру́зка; (*dispatch*) отпра́вка, отгру́зка. **2** (*goods shipped*) па́ртия това́ра.

shipper /'ʃɪpə(r)/ *n* грузоотправи́тель (*m*).

shipping /'ʃɪpɪŋ/ *n* **1** = **shipment 1**. **2** (*transport*) перево́зка, транспортиро́вка. **3** (*collect, ships*) флот; **unsuitable for ~** (*not navigable*) неподходя́щий для судохо́дства.
● *cpds* **~ agent** *n* экспеди́тор; **~ company** *n* судохо́дная компа́ния; **~ office** *n* тра́нспортная конто́ра.

shire /'ʃaɪə(r)/ *n* (*Br*) гра́фство.

shirk /ʃə:k/ *vt* уклон|я́ться, -и́ться (*or* увил|ивать, -ьну́ть) от + *g*; **he ~s responsibility** он уклоня́ется от отве́тственности.
● *vi* ло́дырничать (*impf*); гоня́ть (*impf*) ло́дыря (*coll*).

shirker /'ʃə:kə(r)/ *n* ло́дырь (*m*).

shirred /ʃə:rd/ *adj* (*US*): **~ eggs** яйцо́-пашо́т.

shirt /ʃə:t/ *n* руба́шка; соро́чка (*also* = **undershirt**); (*woman's, also*) блу́зка; (*fig*): **he will have the ~ off your back** он вас обдерёт как ли́пку; **keep your ~ on!** (*coll*) споко́йно!; успоко́йтесь!; **stuffed ~** (*fig, coll*) напы́щенное ничто́жество.
● *cpds* **~ front** *n* мани́шка; **~sleeve** *n*: **in ~sleeves** без пиджака́; **~ tail** *n* низ/подо́л руба́шки.

shirty /'ʃə:tɪ/ *adj* (**shirtier, shirtiest**) (*Br, coll*) раздражённый; **get ~** раздраж|а́ться, -и́ться.

shish kebab /ˌʃɪʃ kɪ'bæb/ *n* шиш-кеба́б.

shit /ʃɪt/ (*vulg*) *n* говно́; (*as expletive*) чёрт!
● *vi* (**shitting;** *past and pp* **shitted** *or* **~** *or* **shat**) срать, по-/на-.

shitty /'ʃɪtɪ/ *adj* (**shittier, shittiest**) (*vulg*) говённый, дерьмо́вый.

shiver¹ /'ʃɪvə(r)/ *n* дрожь; **a ~ ran up his spine** дрожь пробежа́ла у него́ по спине́; **it sent a ~ down my back** у меня́ от э́того мура́шки пробежа́ли по спине́; **it gives me the ~s to think of it** от одно́й мы́сли об э́том меня́ броса́ет в дрожь.
● *vi* дрожа́ть (*impf*); **he was ~ing with cold** он дрожа́л от хо́лода.

shiver² /'ʃɪvə(r)/ *n* (*fragment*) оско́лок; **the glass broke into ~s** стекло́ разби́лось вдре́безги.
● *vt & i* разби|ва́ть(ся), -и́ть(ся) вдре́безги.

shivery /'ʃɪvərɪ/ *adj*: **I feel ~** меня́ зноби́т.

shoal¹ /ʃəʊl/ *n* (*shallow*) мелково́дье; (*sandbank*) мель, о́тмель, ба́нка; (*fig*) скры́тая опа́сность.
● *vi* меле́ть (*impf*).

shoal² /ʃəʊl/ *n* (*of fish*) ста́я, ося́к (*рыб*).
● *vi* (*of fish*) собира́ться (*impf*) в косяки́.

shock¹ /ʃɒk/ *n* **1** (*violent jar or blow*) толчо́к, уда́р; **I got an electric ~** меня́ уда́рило то́ком; **~ treatment/therapy** шо́ковая терапи́я; **~ wave** взрывна́я волна́.
2: **~ tactics** (*mil*) та́ктика сокруши́тельных уда́ров; (*fig*); внеза́пные/неожи́данные де́йствия **~ troops** уда́рные войска́.
3 (*disturbing impression*) потрясе́ние, шок; **he recovered from the ~** он опра́вился от потрясе́ния; **the news gave him a ~** но́вость потрясла́ его́; (*distressing surprise*) уда́р; **his death was a great ~ to her** его́ смерть яви́лась для неё больши́м уда́ром.
4 (*med*) шок; **treat s.o. for ~** лечи́ть (*impf*) кого́-н. от шо́ка; **he is suffering from ~** он нахо́дится в шо́ковом состоя́нии.
● *vt* **1** (*by electricity etc.*) уд|аря́ть, -а́рить.
2 (*distress, outrage*): **I was ~ed to hear of the disaster** я был потрясён сообще́нием о катастро́фе.
3 (*offend sense of decency*) шоки́ровать (*impf, pf*); **he is not easily ~ed** его́ ниче́м не удиви́шь; его́ тру́дно шоки́ровать.
● *cpds* **~ absorber** *n* амортиза́тор; **~ brigade** *n* (*hist*) уда́рная брига́да; **~proof** *adj* ударосто́йкий; **~ troops** *n pl* уда́рные ча́сти; **~ worker** *n* (*hist*) уда́рни|к (*fem* -ца).

shock² /ʃɒk/ *n* (*of corn*) копна́; (*of hair*) копна́ воло́с.
● *vt* копни́ть, с-.

shocker /'ʃɒkə(r)/ *n* (*coll*) что-н. ужаса́ющее; **the picture was a ~** (*very bad*) карти́на никуда́ не годи́лась.

shocking /'ʃɒkɪŋ/ *adj* (*disturbing*) ужаса́ющий; (*disgusting*) возмути́тельный; (*scandalous*) шоки́рующий, сканда́льный; (*Br coll, very bad*) ужа́сный; **he has a ~ temper** он ужа́сно вспы́льчивый.

shod /ʃɒd/ *past and pp of* ⇒**shoe**

shoddy /'ʃɒdɪ/ *adj* (**shoddier, shoddiest**) дрянно́й, некачественный.

shoe /ʃu:/ *n* **1** ту́фля; (*ankle boot*) полуботи́нок; **put one's ~s on**; над|ева́ть, -е́ть ту́фли; об|ува́ться, -у́ться; **put s.o.'s ~s on** об|ува́ть, -у́ть кого́-н.; **change one's ~s** смени́ть (*pf*) о́бувь; **she never wore ~s** она́ всегда́ ходи́ла босико́м; (*fig*): **he is ready to step into my ~s** он гото́в заня́ть моё ме́сто; **I wouldn't be in his ~s** я бы не хоте́л быть на его́ ме́сте; **the ~ is on the other foot** (*US*) тепе́рь уж всё наоборо́т; **he knows where the ~ pinches** ≈ он зна́ет, в чём беда́.
2 (**horse~**) подко́ва; (*of brake*) коло́дка.
● *vt* (**shoes, shoeing;** *past and pp* **shod**) (*horse*) подко́в|ывать, -а́ть; **shod** (*of person*) обу́тый.
● *cpds* **~ brush** *n* сапо́жная щётка; **~ buckle** *n* пря́жка на ту́флях; **~horn** *n* рожо́к (*для обуви*); **~lace** *n* шнуро́к; **~ leather** *n* сапо́жная ко́жа; **~maker** *n* сапо́жник; **be a ~maker** сапо́жничать (*impf*); **~ shop** *n* обувно́й магази́н; **~string** *n* шнуро́к; **live on a ~string** ко́е-ка́к перебива́ться (*impf*); **the business is run on a ~string** э́то де́ло ведётся с минима́льным капита́лом; **~ tree** *n* коло́дка.

shone /ʃɒn/ *past and pp of* ⇒**shine**

shoo /ʃu:/ *vt* (**shoos, shooed**): **~ away, ~ off** отпу́г|ивать, -ну́ть; от|гоня́ть, -огна́ть.
● *int* (*to birds*) к(ы)ш!; (*to cats*) брысь!

shook /ʃʊk/ *past of* ⇒**shake**

shoot /ʃu:t/ *n* **1** (*bot*) росто́к, побе́г.
2 (**~***ing expedition*) охо́та; (**~***ing party*) охо́тники (*m pl*); (*Br, land for* **~***ing*) охо́тничье уго́дье.
3 (*chute*) жёлоб.
4: **the whole ~** (*coll*) всё.
5 (*cin*) съёмка.
● *vt* (*past and pp* **shot**)
1 (*discharge, fire*): **to ~ an arrow** пус|ка́ть, -ти́ть стрелу́; **he shot an arrow from his bow** он пусти́л стрелу́ из лу́ка; **these guns ~ rubber bullets** э́ти ру́жья стреля́ют рези́новыми пу́лями; (*fig*): **~ a glance at s.o.** кида́ть, ки́нуть (*or* броса́ть, бро́сить) взгляд на кого́-н.
2 (*kill*) застрели́ть (*pf*); (*wound*) ра́нить (*impf, pf*); **he was shot while trying to escape** его́ застрели́ли (*or* он был уби́т) при попы́тке к бе́гству; **he was shot dead** он был уби́т (*or* сражён на́смерть); **~ s.o. in the back** стреля́ть, вы́стрелить кому́-н. в спи́ну; **~ s.o. through the leg** простре́л|ивать, -и́ть кому́-н. но́гу; **he was shot in the head** пу́ля попа́ла ему́ в го́лову; **~ game** стреля́ть (*impf*) дичь; (*execute*) расстре́л|ивать, -я́ть; **he will be shot for treason** его́ расстреля́ют за изме́ну.
3 (*propel*): **~ the ball into the net** пос|ыла́ть, -ла́ть мяч в се́тку; **~ dice** (*US*) броса́ть (*impf*) ко́сти; игра́ть (*impf*) в ко́сти; **he was shot over the horse's head** он перелете́л че́рез го́лову ло́шади; **~ a bolt** (*on door*) задв|ига́ть, -и́нуть засо́в; **he has shot his bolt** (*Br, fig*) он сде́лал всё, что мог.
4: **get shot of sth** (*Br coll*) отде́л|ываться, -аться от чего́-н.
5 (*cin, film, scene*) сн|има́ть, -ять, засня́ть (*pf*) (*фильм, эпизод*).
● *vi* (*past and pp* **shot**)
1 (*fire, of person or weapon*) стреля́ть (*impf*) (**at:** в + *a*); (*a single shot*) стрельну́ть, вы́стрелить (*both pf*) (**at:** в + *a*); **the police shot to kill** полице́йские стреля́ли наверняка́ (*or* на пораже́ние); **he was shot at twice** в него́ два́жды стреля́ли; **he is out ~ing** он на охо́те; **this rifle ~s well** э́та винто́вка прекра́сно стреля́ет.

S

2 (*dart*) прон|оси́ться, -ести́сь; **a meteor shot across the sky** по не́бу пронёсся метео́р; **the car shot ahead** маши́на рвану́лась вперёд; **he shot out of the doorway** он вы́скочил из подъе́зда; **a ~ing pain** стреля́ющая боль; **a ~ing star** па́дающая звезда́; **the flames shot upward** пла́мя взмы́ло вверх.
3 (*of plants*) пус|ка́ть, -ти́ть побе́ги.
4 (*football etc.*): бить (*impf*) по мячу́; **~!** бей!; (*coll, speak*) валя́й говори́!
5 (*cin*): **they were ~ing all morning** они́ всё у́тро снима́ли.
● *with advs*: **~ away** *vt*: **he had a leg shot away** снаря́дом ему́ оторва́ло но́гу; **~ down** *vt*: **we shot down five enemy aircraft** мы сби́ли пять самолётов проти́вника; **the prisoners were shot down** пле́нных расстреля́ли; (*coll, demolish in argument*) переспо́рить (*pf*); **~ off** *vi* (*coll, leave hurriedly*) вылета́ть, вы́лететь (пу́лей); **~ out** *vt* (*extend*): **he shot out his hand** он стреми́тельно протяну́л ру́ку; (*coll*): **~ it out** (*fight decisive battle*) дава́ть, дать реши́тельный бой; *vi* вырыва́ться, вы́рваться; **a car shot out of a side street** из переу́лка вы́летела маши́на; **~ up** *vt* (*terrorize by gunfire*) терроризи́ровать (*impf, pf*) стрельбо́й; *vi* (*grow rapidly*) бы́стро расти́, вы-; (*of child*) вытя́гиваться, вы́тянуться; (*of prices etc.*) подск|а́кивать, -очи́ть; взмы|ва́ть, -ть; **twenty hands shot up** взви́лось два́дцать рук; (*sl, inject drugs*) ширя́ться, на-.
● *cpd* **~-out** *n* (*coll*) перестре́лка; (*football, also* **penalty ~-out**) се́рия пена́льти.

shooter /ˈʃuːtə(r)/ *n* стрело́к.

shooting /ˈʃuːtɪŋ/ *n* (*marksmanship; attack*) стрельба́; (*hunting*) охо́та.
● *cpds* **~ box** *n* (*Br*) охо́тничий до́мик; **~ brake** *n* (*Br, archaic*) автомоби́ль (*m*) с ку́зовом «универса́л»; **~ gallery** *n* тир; **~ match** *n*: **the whole ~ match** вся ку́ча; всё хозя́йство (*coll*); **~ party** *n* гру́ппа охо́тников; (*occasion*) охо́та; **~ range** *n* тир; (*outdoor*) стре́льбище, полиго́н; **~ stick** *n* трость-табуре́т.

shop /ʃɒp/ *n* **1** магази́н; (*small ~*) ла́вка; **keep (a) ~** держа́ть (*impf*) магази́н; **set up ~** откр|ыва́ть, -ы́ть магази́н; **shut up ~** закр|ыва́ть, -ы́ть магази́н; (*fig*) прикр|ыва́ть, -ы́ть ла́вочку; **all over the ~** (*Br*) (*everywhere*) повсю́ду; (*in confusion*) в беспоря́дке; **talk ~** разгова́ривать/говори́ть (*impf*) о (свои́х профессиона́льных) дела́х.
2 (*work~*) мастерска́я, цех; **on the ~ floor** (*Br*) в цеху́/це́хе; **closed ~** предприя́тие, принима́ющее на рабо́ту то́лько чле́нов профсою́за.
● *vt* (**shopped, shopping**) (*Br, inform on*) стуча́ть, на- (*sl*) на + *a*.
● *vi* (**shopped, shopping**) де́лать, с- поку́пки; **we go ~ping in the market** мы хо́дим за поку́пками на ры́нок; **she ~ped around** она́ ходи́ла по магази́нам и прице́нивалась.
● *cpds* **~ assistant** *n* (*Br*) продав|е́ц (*fem* -щи́ца); **~ girl** *n* продавщи́ца; **~keeper** *n* владе́л|ец (*m*) (*fem* -ица) магази́на, ла́вочни|к (*fem* -ца); **~lifter** *n* магази́нный вор; **~lifting** *n* воровство́ в магази́нах; магази́нная кра́жа; **~-soiled** (*Br*), **~worn** (*US*) *adjs* залежа́вшийся, лежа́лый (*coll*); **~ steward** *n* цехово́й ста́роста; **~walker** *n* (*Br*) дежу́рный администра́тор универма́га; **~ window** *n* витри́на; **~ window display** вы́ставка това́ров в витри́не; **~worn** *adj* (*US*) = **~-soiled**

shopper /ˈʃɒpə(r)/ *n* покупа́тель (*fem* -ница).

shopping /ˈʃɒpɪŋ/ *n* поку́пки (*f pl*); **do one's ~** де́лать, с- поку́пки; **~ centre** торго́вый центр.
● *cpd* **~ bag** *n* хозя́йственная су́мка.

shore[1] /ʃɔː(r)/ *n* бе́рег; **on the ~** на берегу́; **in ~** у бе́рега; **distant ~s** да́льние берега́/края́; **~ leave** о́тпуск/увольне́ние на бе́рег.
● *cpd* **~-based** *adj* бази́рующийся на берегу́, берегово́й; **~-based aircraft** самолёт берегово́й авиа́ции.

shore[2] /ʃɔː(r)/ *vt*: **~ up** подп|ира́ть, -ере́ть; крепи́ть (*impf*).

shoreward(s) /ˈʃɔːwəd(z)/ *adv* (по направле́нию) к бе́регу.

shorn /ʃɔːn/ *pp of* ⇨**shear**

short /ʃɔːt/ *n* **1** (*~ film*) короткометра́жный фильм.
2 (*~ circuit*) коро́ткое замыка́ние.
3 (*Br, ~ drink*) кре́пкий напи́ток.
● *adj* **1** коро́ткий; (*of ~ duration*) кра́ткий, недо́лгий; (*short-term*) краткосро́чный, (*of stature*) невысо́кого ро́ста; **a ~ way** коро́ткий путь; (*small*) небольшо́й; **a ~ distance away, a ~ way off** недалеко́, неподалёку; **this dress is too ~** э́то пла́тье сли́шком ко́ротко; **~ steps** ме́лкие шаги́; **the days are getting ~er** дни стано́вятся коро́че; **the ~est distance** кратча́йшее расстоя́ние; **for a ~ time** на коро́ткое вре́мя; **in a ~ time** вско́ре; **a ~ time ago** неда́вно; **a ~ life** недо́лгая/коро́ткая жизнь; **time is ~** вре́мени ма́ло; **~ circuit** коро́ткое замыка́ние; **~ cut** (*route*) кратча́йший путь; (*fig*): **there are no ~ cuts in science** нет лёгких путе́й в нау́ке; **a ~ memory** коро́ткая па́мять; **in ~ order** (*US, at once*) то́тчас; **at ~ range** с бли́зкого расстоя́ния; **~ story** расска́з; **be on ~ time** рабо́тать (*impf*) непо́лную неде́лю (*or* на полста́вки); **take the ~ view** быть недальнови́дным; **~ vowel** кра́ткий гла́сный; **make ~ work of sth** бы́стро распр|авля́ться, -а́виться с чем-н.; **I want my hair cut ~** я хочу́ ко́ротко постри́чься; **have a '~ back and sides'** (*Br*) стри́чься (*impf*) под бокс.
2 (*concise, brief*): **in ~** коро́че говоря́; (одни́м) сло́вом; **for ~** сокращённо; для кра́ткости; **they call him Jim for ~** для кра́ткости его́ зову́т Джи́мом.
3 (*curt, sharp*) ре́зкий; **he has a ~ temper** он вспы́льчив; **be ~ with s.o.** говори́ть (*impf*) с кем-н. су́хо.
4 (*insufficient*): **in ~ supply** дефици́тный; **give s.o. ~ change** обсчи́т|ывать, -а́ть кого́-н.; **I am 2 pounds ~** мне не хвата́ет двух фу́нтов.
5: **be ~ of sth** (*lacking*) испы́тывать (*impf*) недоста́ток в чём-н.; не име́ть доста́точно чего́-н.; **be ~ of breath** запыха́ться (*impf*); **they are ~ of bread** у них не хвата́ет хле́ба; **it was little ~ of a miracle** э́то бы́ло почти́ чу́до.
6: **~ of** (*except*) кро́ме + *g*.
7 (*of pastry*) рассы́пчатый, песо́чный.
● *adv* **1** (*abruptly*): **he stopped ~** он вдруг останови́лся; (*while speaking*) он вдруг замолча́л; **he tried to cut me ~** он стара́лся прерва́ть меня́ на полусло́ве; **his remark brought me up ~** его́ замеча́ние заста́вило меня́ внеза́пно останови́ться; **the sound of his voice brought me up ~** звук его́ го́лоса привёл меня́ в чу́вство.
2 (*not far enough*): **the ball fell ~** мяч не долете́л.
3: **~ of** (*without reaching*): **fall ~ of a target** не дост|ига́ть, -и́чь це́ли; **the play fell ~ of my expectations** пье́са не оправда́ла мои́х наде́жд; **go ~ of sth** ограни́чи|вать, -ть себя́ в чём-н.; **we ran ~ of potatoes** у нас ко́нчилась карто́шка; **I was caught/taken ~** (*Br*) у меня́ схвати́ло живо́т (*coll*).
● *vt* (*elec*): **I ~ed the battery** я замкну́л батаре́ю.
● *cpds* **~bread, ~cake** *nn* песо́чное пече́нье; **~-change** *vt* (*coll*) обсчи́т|ывать, -а́ть; недода́ть (*pf*) сда́чу + *d*; **~-circuit** *vt* зам|ыка́ть, -кну́ть на́коротко; **~coming** *n* недоста́ток; **~fall** *n* недоста́ток, дефици́т; **~-haired** *adj* (коротко)стри́женый; (*of animals*) короткошёрст(н)ый; **~hand** *n* стеногра́фия; **~hand typist** (*Br*) стенографи́стка; **take down in ~hand** стенографи́ровать, за-; **~-handed** *adj*: **we are ~-handed** у нас не хвата́ет люде́й/рабо́тников; **~list** *n* шорт-ли́ст, коро́ткий спи́сок кандида́тов, соиска́телей *и т. п.*; *vt* зан|оси́ть, -ести́ в шорт-ли́ст (*or* коро́ткий спи́сок); **~-lived** *adj* недолгове́чный, мимолётный; **~-range** *adj* (*of gun*) с небольшо́й да́льностью стрельбы́; (*of missile*) бли́жнего де́йствия; (*of forecast*) краткосро́чный; **~-sighted** *adj* (*lit, fig*) близору́кий; **~-sightedness** *n* близору́кость; **~-sleeved** *adj* (*shirt*) с коро́ткими рукава́ми; **~-staffed** *adj* страда́ющий недоста́тком рабо́тников; **~-tempered** *adj* вспы́льчивый; **~-term** *adj* (*loan*) краткосро́чный; (*advantage*) кратковре́менный; **~-wave** *adj* коротковолно́вый; **~-winded** *adj*: **be ~-winded** страда́ть (*impf*) одышко́й.

shortage /ˈʃɔːtɪdʒ/ *n* недоста́ток, нехва́тка, дефици́т.

shorten /ˈʃɔːt(ə)n/ *vt & i* укор|а́чивать(ся), -оти́ть(ся); сокра|ща́ть(ся), -ти́ть(ся) (**by an inch:** на дюйм).

shortening /ˈʃɔːtənɪŋ/ *n* (*cul*) жир.

shortly /ˈʃɔːtlɪ/ *adv* **1** (*soon*) ско́ро; **~ before** незадо́лго до + *g*; **~ after** вско́ре по́сле + *g*. **2** (*briefly*) кра́тко; **to**

S

put it ~ ко́ротко/коро́че говоря́; (если) вкра́тце. **3** (*sharply*) ре́зко.

shortness /ˈʃɔːtnɪs/ *n* коро́ткость; **~ of breath** оды́шка; **~ of temper** вспы́льчивость; **~ of time** нехва́тка вре́мени.

shorts /ʃɔːts/ *n pl* (*short trousers*) шо́рт|ы (*pl*, *g — and* -ов); (*US*, *underpants*) трус|ы́ (*pl*, *g* -о́в).

shot[1] /ʃɒt/ *n* **1** (*missile*): **putting the ~** (*sport*) толка́ние ядра́; (*pellet*) дроби́нка; (*collect*) дробь.
2 (*discharge of firearm*) вы́стрел; **fire a ~** де́лать, с- вы́стрел; вы́стрелить (*pf*) (**at:** в + *a or* по + *d*;) **he hit it at the first ~** он попа́л с пе́рвого вы́стрела/ра́за; **take a ~ at** вы́стрелить (*pf*) в + *a or* по + *d*; **like a ~** (*rapidly*) стрело́й, ми́гом; (*eagerly*) охо́тно; **he was off like a ~** он вы́бежал стреми́тельно/пу́лей (*coll*); (*fig*): **a long ~** натя́жка; слепа́я дога́дка; сме́лое предположе́ние; **have a ~** попыта́ться (*pf*); **a ~ in the dark** слепа́я дога́дка; **not by a long ~** нико́им о́бразом.
3 (*stroke, at games etc.*) уда́р; **he made some beautiful ~s** он сде́лал не́сколько превосхо́дных уда́ров; **(good) ~!** молоде́ц!
4 (*of person*) стрело́к; **he's a good ~** он хоро́ший стрело́к; **big ~** туз, (ва́жная) ши́шка (*coll*).
5 (*phot*) сни́мок; (*cin*) кадр; **long ~** кадр, сня́тый да́льним пла́ном.
6 (*small dose*) небольша́я до́за; **~ of liquor** глото́к спиртно́го; (*injection*) уко́л; **~ in the arm** (*fig*, *stimulus*, *encouragement*) сти́мул.
● *cpds* **~-blasting** *n* дробестру́йная обрабо́тка; **~gun** *n* дробови́к; **~gun marriage** вы́нужденный брак; **~-put(ting)** *n* (*sport*) толка́ние ядра́.

shot[2] /ʃɒt/ *past and pp of* ⇒**shoot**

should /ʃʊd, ʃəd/ *v aux* **1** (*conditional*): **I ~ say** я бы сказа́л; **I ~ have thought so** на́до полага́ть; каза́лось бы; **~ he die** (в слу́чае) е́сли он умрёт; **I ~n't think so** не ду́маю; **if I were you I ~n't …** на ва́шем ме́сте я не стал бы…; **~ he be dismissed** (в слу́чае) е́сли его́ уво́лят.
2 (*expressing duty*): **you ~ tell him** вы должны́ ему́ сказа́ть; **there is no reason why you ~ do that** у вас нет никаки́х причи́н так поступа́ть.
3 (*expressing probability or expectation*): **we ~ be there by noon** мы должны́ поспе́ть туда́ к полу́дню; **they ~ be there by now** они́, должно́ быть (*or* ве́рно), уже́ там; **how ~ I know?** а я почём зна́ю? (*coll*); отку́да мне знать? **why ~ you think that?** почему́ вы так ду́маете?
4 (*expressing future in the past*): **I told him I ~** (*would*) **be going** я ему́ сказа́л, что пойду́.
5 (*expressing purpose*): **I lent him the book so that he ~ read it** я одолжи́л ему́ э́ту кни́гу, что́бы он прочита́л её; **I am anxious that it ~ be done at once** мне ва́жно, что́бы э́то бы́ло сде́лано сра́зу; **he suggested that I ~ go** он предложи́л мне уйти́.
6 (*subjunctive use*): **I am surprised that he ~ be so foolish** я не ожида́л, что он ока́жется столь нера́зумен.

shoulder /ˈʃəʊldə(r)/ *n* **1** плечо́; **shrug one's ~s** пож|има́ть, -а́ть плеча́ми; **~ to ~** плечо́м к плечу́; **have round ~s** быть суту́лым; суту́литься (*impf*); **stand head and ~s above the rest** (*lit*, *fig*) быть на́ голову вы́ше остальны́х; **have broad ~s** име́ть (*impf*) широ́кие пле́чи; (*fig*) быть в состоя́нии вы́нести мно́гое; **straight from the ~** сплеча́; **an old head on young ~s** не по лета́м у́мный; **put, set one's ~ to the wheel** (*fig*) (при)нале́чь (*pf*); энерги́чно бра́ться, взя́ться за де́ло; **give s.o. the cold ~** встр|еча́ть, -е́тить кого́-н. хо́лодно.
2 (*of meat*) лопа́тка.
3 (*of mountain*) усту́п.
4 (*of road*) обо́чина.
● *vt* **1** (*lit*): **~ a heavy load** взва́л|ивать, -и́ть на себя́ тяжёлый груз; **~ arms!** на плечо́!; (*fig*): **~ responsibility** брать, взять на себя́ отве́тственность.
2 (*push with ~*): **~ s.o. aside** (*or* **out of the way)** отпи́х|ивать, -ну́ть кого́-н.; **~ (one's way) through a crowd** прот|а́лкиваться, -олкну́ться сквозь толпу́.
● *cpds* **~ bag** *n* су́мка на ремне́; **~ belt** *n* портупе́я; (*bandolier*) патронта́ш; **~ blade** *n* лопа́тка; **~-high** *adj*: **the grass was ~-high** трава́ была́ (*кому*) по плечо́; **~ holster** *n* кобура́ пистоле́та, носи́мая под мы́шкой; **~ knot** *n* аксельба́нт; **~ pad** *n* подкладно́е плечо́; **~ strap** *n* (*mil*) пого́н; (*of backpack*) реме́нь (*m*), ля́мка; (*of undergarment*) брете́лька.

shouldn't /ʃʊd(ə)nt/ *contracted neg of* ⇒**should**

shout /ʃaʊt/ *n* крик.
● *vt* выкри́кивать, вы́крикнуть; **he ~ed himself hoarse** он докрича́лся до хрипоты́.
● *vi* кр|ича́ть, -и́кнуть; **he ~ed with laughter** он надрыва́лся от сме́ха; **don't ~ at me** не кричи́те на меня́; **~ for s.o.** гро́мко звать, по- кого́-н.; **~ for help** звать, по- на по́мощь; **the ~ing died down** кри́ки сти́хли.
● *with advs*: **~ down** *vt* перекр|и́кивать, -ича́ть; **he was ~ed down** его́ слова́ бы́ли заглушены́ кри́ком/кри́ками; **~ out** *vt* выкри́кивать, вы́крикнуть; **he ~ed out our names** он вы́крикнул на́ши фами́лии; *vi* закрича́ть (*pf*).

shove /ʃʌv/ *n* толчо́к; **give s.o. a ~** пихну́ть/толкну́ть (*pf*) кого́-н.
● *vt* толк|а́ть, -ну́ть; **~ sth into one's pocket** сова́ть, су́нуть (*or* зас|о́вывать, -у́нуть) что-н. себе́ в карма́н; **he ~d a paper in front of me** он су́нул мне под нос каку́ю-то бума́жку; **he ~d his way forward** он проти́снулся вперёд.
● *with advs*: **~ aside, ~ away** *vvt* отт|а́лкивать, -олкну́ть; отпи́х|ивать, -ну́ть (*coll*); **~ down** *vt* ст|а́лкивать, -олкну́ть; **~ off** *vi* (*naut*) отт|а́лкиваться, -олкну́ться от бе́рега; (*coll*, *leave*) кати́ться (*impf*) (*coll*).

shovel /ˈʃʌv(ə)l/ *n* лопа́та; (*mechanical*) экскава́тор, механи́ческая лопа́та.
● *vt* (**shovelled, shovelling;** *US* **shoveled, shoveling**): **~ coal into a cellar** сбр|а́сывать, -о́сить у́голь в подва́л; **~ earth out of a ditch** вынима́ть, вы́нуть зе́млю из кана́вы; **~ snow off a path** сгре|ба́ть, -сти́ снег с доро́жки; расч|ища́ть, -и́стить доро́жку от сне́га.
● *with advs*: **~ out** *vt* выгреба́ть, вы́грести; **~ up** *vt* сгре|ба́ть, -сти́.

show /ʃəʊ/ *n* **1** (*manifestation*): **a ~ of hands** голосова́ние подня́тием рук; **make a ~ of force** демонстри́ровать, про- си́лу; **make a ~ of learning** пока́з|ывать, -а́ть свою́ учёность; **~ trial** показа́тельный проце́сс; (*semblance*) ви́димость; **offer a ~ of resistance** ока́з|ывать, -а́ть сопротивле́ние для ви́да.
2 (*exhibition*) пока́з, вы́ставка; шо́у; **fashion ~** пока́з мод; **be on ~** быть вы́ставленным; **dog/flower ~** вы́ставка соба́к/цвето́в; **do sth for ~** де́лать, с- что-н. для ви́ду (*or* напока́з); (*ostentation*) пы́шность, пара́дность.
3 (*entertainment*) представле́ние; шо́у; **let's go to a ~** пойдёмте в теа́тр; (*fig*): **steal the ~** переключ|а́ть, -и́ть всё внима́ние на себя́; **put up a good ~** хорошо́ себя́ прояв|ля́ть, -и́ть; **good ~!** (*Br*) (*well done!*) молоде́ц!, молодцы́ (*pl*); (*great!*) здо́рово!; **bad ~!** (*Br, that was unlucky!*) не повезло́!; кака́я неуда́ча!
4 (*concern*) де́ло; **run the ~** вести́ (*det*) де́ло; хозя́йничать (*impf*); **give the ~ away** выдава́ть, вы́дать секре́т; прогов|а́риваться, -ори́ться.
● *vt* (*pp* **shown** *or* **showed**)
1 (*disclose, reveal, offer for inspection*) пока́з|ывать, -а́ть; **he ~ed his true colours** он показа́л своё и́стинное лицо́; **this dress will not ~ the dirt** на э́том пла́тье грязь не бу́дет заме́тна; **he has not ~n his face since Friday** он не пока́зывался (*or* не пока́зывал но́са (*coll*)) с пя́тницы; **~ fight** сопротивля́ться (*impf*); не поддава́ться, не подда́ться; **he has nothing to ~ for his efforts** он зря стара́лся; у него́ ничего́ не получи́лось; **have sth to ~ for one's money** тра́тить, по- де́ньги не впусту́ю; **he ~ed signs of tiring** он на́чал заме́тно устава́ть; **~ o.s.** (*appear*) появ|ля́ться, -и́ться; пока́з|ываться, -а́ться; **he ~ed himself unfit to govern** он прояви́л свою́ неспосо́бность управля́ть; **his clothes ~ signs of wear** его́ оде́жда име́ет поно́шенный вид; **~** (*bare*) **one's teeth** (*of animals*) ска́литься, о-; (*Br*, *fig*) пока́з|ывать, -а́ть зу́бы/ко́гти.
2 (*exhibit publicly*) выставля́ть, вы́ставить; (*a film*) пок|а́зывать, -аза́ть; демонстри́ровать (*impf*, *pf*); **this film has been ~n twice already** э́тот фильм уже́ шёл/пока́зывали два́жды; **what are they ~ing at the theatre?** что идёт/пока́зывают в теа́тре?
3 (*display, manifest*) прояв|ля́ть, -и́ть; демонстри́ровать, про-; **he ~ed a preference** он оказа́л предпочте́ние; **~ willing** (*coll*) прояв|ля́ть, -и́ть гото́вность; **he ~ed no mercy** он был

S

беспоща́ден; **it ~s his good taste** э́то свиде́тельствует о его́ хоро́шем вку́се.
4 (*point out*) ука́з|ывать, -а́ть на + *a*; **he ~ed me where I went wrong** он указа́л мне на мою́ оши́бку; (*reach by precept*) пок|а́зывать, -аза́ть; **he ~ed me how to play** он показа́л мне, как игра́ть; (*demonstrate, prove*) пок|а́зывать, -аза́ть; дока́з|ывать, -а́ть; (*explain, illustrate*) объясн|я́ть, -и́ть.
5 (*conduct*) прово|жа́ть, -ди́ть; **he ~ed me to the door** он проводи́л меня́ до две́ри; **he ~ed me the door** (*turned me out*) он указа́л мне на дверь; **I ~ed him round the garden** я показа́л ему́ сад; я поводи́л его́ по са́ду.
● *vi* (*pp* **shown** *or* **showed**)
1 (*be visible*) видне́ться (*impf*); **the stain will not ~** пятно́ не бу́дет заме́тно; **the buds are just ~ing** по́чки чуть показа́лись; **the light ~ed through the curtain** свет просве́чивал че́рез занаве́ску.
2 (*exhibit pictures etc.*): **he is ~ing in London next spring** сле́дующей весно́й он выставля́ется в Ло́ндоне.
3 (*be exhibited*): **what films are ~ing?** каки́е фи́льмы пока́зывают/иду́т?
● *with advs*: **~ in** *vt* вв|оди́ть, -ести́ (*or* пров|оди́ть, -ести́) в ко́мнату/дом; **~ off** *vt* (*display to advantage*) вы́годно подчёркивать (*impf*); **the frame ~s off the picture** в э́той ра́мке карти́на подчёркнуто хорошо́ смо́трится; (*boastfully*) выставля́ть (*impf*) напока́з, щеголя́ть (*impf*) + *i*; **he likes to ~ off his wit** он лю́бит блесну́ть остроу́мием; *vi* рисова́ться, выпе́ндриваться (*coll*) (*both impf*); **the child is ~ing off** ребёнок рису́ется; **~ out** *vt* пров|оди́ть, -ести́ к вы́ходу; выводи́ть, вы́вести (*из чего*); **~ through** *vi*: **light ~s through** свет проника́ет; **~ up** *vt* (*make conspicuous*) выделя́ть, вы́делить; подч|ёркивать, -еркну́ть; *vi* (*coll, appear*) появ|ля́ться, -и́ться; **he will ~ up at six** он появи́тся в шесть; (*be conspicuous*): **the flowers ~ed up against the white background** цветы́ выделя́лись на бе́лом фо́не.
● *cpds* **~boat** *n* (*US*) плаву́чий теа́тр; **~ business** *n* шо́у-би́знес, индустри́я развлече́ний; **~case** *n* витри́на; **~down** *n* про́ба сил; оконча́тельная прове́рка; **~girl** *n* эстра́дная арти́стка; **~ground** *n* я́рмарочная пло́щадка; **~jumping** *n* конку́р; **~man** *n* (*pl* **~men**) (*proprietor of circus etc.*) хозя́ин ци́рка *и т. п.*; (*MC*) шоуме́н; (**~-off**) позёр; **~manship** *n* (*fig*) уме́ние показа́ть това́р лицо́м; **~-off** *n* позёр (*fem* -ка); хвасту́н (*fem* -ья) (*coll*); **~piece** *n* (*exhibit*) экспона́т; (*outstanding example*) образе́ц; **~place** *n* достопримеча́тельность; **~room** *n* демонстрацио́нный зал; **~-stopper** *n* (*coll*) ≈ гвоздь програ́ммы.

shower /ˈʃaʊə(r)/ *n* **1** (*of rain/snow*) кратковре́менный дождь/снег; **heavy ~** ли́вень (*m*); проливно́й дождь; **April ~s** апре́льские дожди́ (*m pl*) (*внезапно начинающиеся и так же заканчивающиеся*).
2 (*of hail, also fig*) град; **a ~ of invitations** град приглаше́ний.
3 (**~ bath**) душ; **take a ~** прин|има́ть, -я́ть душ.
● *vt* **1** (*with water etc.*) зал|ива́ть, -и́ть.
2 (*with bullets etc.*) ос|ыпа́ть, -ы́пать гра́дом (*пуль и т. п.*); обру́ши|вать, -ть град (*пуль и т. п.*) на + *a*; **he ~ed me with questions** он засы́пал/закида́л меня́ вопро́сами.
● *vi* **1** (*of rain etc.*) лить(ся) (*impf*) (ли́внем).
2 (*fig*) сы́паться (*impf*); **arrows ~ed down on them** на них обру́шился град стрел.
3 (*wash in a ~*) прин|има́ть, -я́ть душ.
● *cpds* **~ bath** *n* душ; **~- cap** *n* рези́новая ша́почка; **~ curtain** *n* занаве́ска для ва́нны; **~proof** *adj* непромока́емый; **~ room** *n* душева́я.

showery /ˈʃaʊərɪ/ *adj* дождли́вый.

showing /ˈʃəʊɪŋ/ *n*: **he made a poor ~** он произвёл нева́жное впечатле́ние; **on present ~** согла́сно име́ющимся показа́ниям.

shown /ʃəʊn/ *pp of* ⇨**show**

showy /ˈʃəʊɪ/ *adj* (**showier, showiest**) показно́й; **a ~ hat** бро́ская шля́па.

shrank /ʃræŋk/ *past of* ⇨**shrink**

shrapnel /ˈʃræpn(ə)l/ *n* шрапне́ль.

shred /ʃred/ *n* **1** (*of cloth*) клочо́к; **tear to ~s** раз|рыва́ть, -орва́ть в кло́чья; (*fig*): **they tore his argument to ~s** они́ разнесли́ его́ до́воды в пух и прах; (*small piece*) кусо́чек. **2** (*fig, scrap, bit*): **not a ~ of evidence** ни мале́йших доказа́тельств; **not a ~ of truth** ни ка́пли пра́вды.
● *vt* (**shredded, shredding**) (*tear*) раз|рыва́ть, -орва́ть; (*cut*) разр|еза́ть, -е́зать; **~ cabbage** шинкова́ть, на- капу́сту.

shredder /ˈʃredə(r)/ *n* (*for vegetables*) тёрка; (*for documents*) маши́на для уничтоже́ния бума́г(и), уничтожи́тель бума́г, шре́дер.

shrew /ʃruː/ *n* (*zool*) землеро́йка; (*woman*) сварли́вая же́нщина.

shrewd /ʃruːd/ *adj* проница́тельный, толко́вый; (*subtle*): **a ~ critic** то́нкий кри́тик.

shrewdness /ˈʃruːdnɪs/ *n* проница́тельность, толко́вость.

shrewish /ˈʃruːɪʃ/ *adj* сварли́вый.

shriek /ʃriːk/ *n* визг; **~s of laughter** визгли́вый смех; **give a ~** взви́згнуть (*pf*).
● *vt* визгли́во выкри́кивать, вы́крикнуть.
● *vi* визжа́ть (*impf*); взви́зг|ивать, -нуть.

shrift /ʃrɪft/ *n*: **they gave him short ~** они́ с ним бы́стро распра́вились.

shrike /ʃraɪk/ *n* (*zool*) сорокопу́т.

shrill /ʃrɪl/ *adj* пронзи́тельный.

shrimp /ʃrɪmp/ *n* (*pl* **~** *or* **~s**) креве́тка; (*fig, undersized person*) коро́тышка (*cg*).
● *vi* лови́ть (*impf*) креве́ток.

shrine /ʃraɪn/ *n* (*casket with relics*) ра́ка; (*tomb*) гробни́ца; (*chapel*) часо́вня; (*lit, fig, hallowed place*) святы́ня, храм.

shrink /ʃrɪŋk/ *vt* (*past* **shrank;** *pp* **shrunk** *or* (*usu as adj*) **shrunken**): **hot water will ~ this fabric** от горя́чей воды́ э́тот материа́л ся́дет.
● *vi* (*past* **shrank;** *pp* **shrunk** *or esp as adj* **shrunken**) **1** (*of clothes*) сади́ться, сесть; **my shirt has shrunk** моя́ руба́шка се́ла; (*of wood*) сс|ыха́ться, -о́хнуться. **2** (*grow smaller*) сокра|ща́ться, -ти́ться; **~ing resources** сокраща́ющиеся ресу́рсы. **3** (*recoil, retreat*) отпря́нуть (*pf*); **he shrank (back) from the fire** он отпря́нул от огня́; **he will not ~ from danger** он не отсту́пит пе́ред опа́сностью.
● *n* (*sl, psychiatrist*) психоанали́тик.

shrinkage /ˈʃrɪŋkɪdʒ/ *n* уса́дка.

shrivel /ˈʃrɪv(ə)l/ *vt* (**shrivelled, shrivelling;** *US* **shriveled, shriveling**) (*dry up*) высу́шивать, вы́сушить; (*wrinkle*) мо́рщить, с-; **the sun ~led the leaves** от со́лнца ли́стья смо́рщились.
● *vi* (**shrivelled, shrivelling;** *US* **shriveled, shriveling**) (*dry up*) высыха́ть, вы́сохнуть; (*wrinkle up*) смо́рщи|ваться, -ться; (*wither*) вя́нуть, за-/у-.

shroud /ʃraʊd/ *n* **1** (*for the dead*) са́ван; (*of Christ*) плащани́ца. **2** (*fig*) пелена́, покро́в; **~ of mist** пелена́ тума́на; **~ of mystery** покро́в та́йны. **3** (*naut; usu in pl*) ва́нта. **4** (*of parachute*) строп.
● *vt* (*obscure, lit & fig*) оку́т|ывать, -ать; **~ed in mist/secrecy** оку́танный тума́ном (*lit & fig*)/та́йной (*fig only*).

Shrovetide /ˈʃrəʊvtaɪd/ *n* Ма́сленица, Ма́сленая неде́ля.

Shrove Tuesday /ʃrəʊv/ *n* вто́рник на Ма́сленой неде́ле.

shrub /ʃrʌb/ *n* (*bot*) куст.

shrubbery /ˈʃrʌbərɪ/ *n* куста́рник; уча́сток са́да заса́женный куста́рником.

shrug /ʃrʌg/ *n* пожима́ние плеча́ми; **with a ~ (of the shoulders)** пожа́в плеча́ми.
● *vt & i* (**shrugged, shrugging**): **~ (one's shoulders)** пож|има́ть, -а́ть плеча́ми.
● *with adv* **~ off** *vt* (*treat sth potentially dangerous as unimportant*) не прид|ава́ть, -а́ть значе́ния + *d*; (*criticism, suggestions*) отме|та́ть, -сти́; (*responsibility*) отм|а́хиваться, -ахну́ться от + *g*, уклон|я́ться, -и́ться от + *g*; (*memories*) отде́л|ываться, -аться от + *g*; (*fatigue, grief, burden*) стря́х|ивать, -ну́ть (с себя́); (*a garment*) ски́|дывать, -нуть (с себя́).

shrunk /ʃrʌŋk/ *pp of* ⇨**shrink**

shrunken /ˈʃrʌŋk(ə)n/ *adj* (*pp of* ⇨**shrink**) (*old person; body, face*) смо́рщенный, дря́блый, иссо́хший, вы́сохший (*coll*); (*corpse*) иссо́хший, вы́сохший (*coll*); (*heads as taken by headhunters*) вы́сушенный.

shuck /ʃʌk/ (*US*) *n* (*pod*) стручо́к.
● *vt* лущи́ть, об-.

shudder /ˈʃʌdə(r)/ *n* дрожь; **he gave a ~** он вздро́гнул; **it gives me the ~s**

от э́того у меня́ мура́шки по спине́ (бе́гают).
● *vi* дрожа́ть, за-; содрог|а́ться, -ну́ться; **he was ~ing with cold** он дрожа́л от хо́лода; **I ~ to think of it** я содрога́юсь при одно́й мы́сли об э́том.

shuffle /ˈʃʌf(ə)l/ *n* **1** (*movement*) ша́ркание; (*dance step*) шафл. **2** (*of cards*) тасо́вка.
● *vt* **1 ~ one's feet** ша́ркать (*impf*) нога́ми. **2**: **~ cards** тасова́ть, пере-ка́рты; **s.o. has ~d my papers (around)** кто́-то ры́лся в мои́х бума́гах.
● *vi*: **~ along/about** волочи́ть (*impf*) но́ги.
● *with adv*: **~ off** *vt*: **~ off responsibility** пере|кла́дывать, -ложи́ть отве́тственность на други́х.

shun /ʃʌn/ *vt* (**shunned, shunning**) избега́ть (*impf*) + *g*.

shunt /ʃʌnt/ *n* (*elec*) шунт.
● *vt* **1** (*railways*) перев|оди́ть, -ести́ (*поезд, вагон*); **~ line** маневро́вый путь. **2** (*elec*) шунти́ровать (*impf, pf*). **3** (*postpone, shelve*) класть, положи́ть под сукно́.
● *vi* маневри́ровать (*impf*); **~ing yard** маневро́вый парк.

shunter /ˈʃʌntə(r)/ *n* (*railways*) сце́пщик; (*engine*) маневро́вый локомоти́в.

shush /ʃʊʃ, ʃʌʃ/ *vt* ши́к|ать, -нуть на + *a*.
● *vi* (*be silent*) замолча́ть (*pf*); (*call for silence*) ши́кать.
● *int* ш-ш(-ш)!

shut /ʃʌt/ *adj* (*coll*): **be/get ~ of** отде́л|ываться, -аться (*or* изб|авля́ться, -а́виться) от + *g*.
● *vt* (**shutting;** *past and pp* **~**) **1** (*close*) закр|ыва́ть, -ы́ть; затвор|я́ть, -и́ть; **the door was ~ tight** дверь была́ пло́тно закры́та; **~ the door on s.o. (*or* in s.o.'s face)** захло́п|ывать, -нуть дверь пе́ред кем-н. (*or* пе́ред чьим-то но́сом); **~ a drawer** задв|ига́ть, -и́нуть я́щик; **he ~ his heart to pity** он гнал от себя́ вся́кую жа́лость; **~ one's mind to** отк|а́зываться, -аза́ться ду́мать о + *p*; **he learnt to keep his mouth ~** он научи́лся держа́ть язы́к за зуба́ми; (*lock*) зап|ира́ть, -ере́ть; (*keep by force*) зап|ира́ть, -ере́ть; **they ~ the dog in the house** они́ за́перли соба́ку в до́ме; **he was ~ out of the room** его́ не пуска́ли в ко́мнату. **2** (*trap*): **~ one's finger in a drawer** прищем|ля́ть, -и́ть па́лец я́щиком стола́; **my raincoat got ~ in the door** мой плащ застря́л в дверя́х.
● *vi* (**shutting;** *past and pp* **~**) закр|ыва́ться, -ы́ться.
● *with advs*: **~ down** *vt* закр|ыва́ть, -ы́ть; **they are ~ting the factory down** фа́брику закрыва́ют; (*nuclear reactor*) остан|а́вливать, -ови́ть; (*machine, also comput*) выключа́ть, вы́ключить; *vi* закр|ыва́ться, -ы́ться; (*machine, also comput*) заверш|а́ть, -и́ть рабо́ту; **~ in** *vt* (*surround*) окруж|а́ть, -и́ть; **I got ~ in** я оказа́лся взаперти́; **~ off** *vt* (*stop supply of*) отключ|а́ть, -и́ть; **the gas was ~ off** газ был отключён; (*switch off*) выключа́ть, вы́ключить; (*isolate*) изоли́ровать (*impf, pf*); **~ out** *vt* (*exclude*) исключ|а́ть, -и́ть; (*fence off*) загор|а́живать, -оди́ть; (*US, sport*) де́лать, с- суху́ю (+ *d*); **those trees ~ out the view** э́ти дере́вья заслоня́ют вид; **~ out light/noise** не пропус|ка́ть, -ти́ть све́та/шу́ма; **I closed the curtains to ~ out the light** я задёрнул занаве́ску, что́бы не проника́л свет; **~ to** *vt & i* (пло́тно) закр|ыва́ть(ся), -ы́ть(ся); захло́п|ывать(ся), -нуть(ся); **the door ~ to behind me** дверь за мной захло́пнулась; **~ up** *vt* (*close*) зап|ира́ть, -ере́ть; **he ~ up the box** он за́пер шкату́лку; **their house is ~ up for the winter** дом у них заколо́чен на́ зиму; (*confine*): **the boy was ~ up in his room** ма́льчик был за́перт в ко́мнате; (*silence*): **they soon ~ him up** они́ ско́ро заста́вили его́ замолча́ть; *vi* (*be, become silent*) молча́ть, за-; **~ up!** замолчи́!, заткни́сь! (*coll*).
● *cpds* **~down** *n* (*also comput*) закры́тие; (*comput*) выключе́ние, заверше́ние рабо́ты; **~out** *n* (*US, sport*) игра́ с сухи́м счётом; игра́ всуху́ю (*coll*).

shutter /ˈʃʌtə(r)/ *n* **1** (*on window*) ста́вень (*m*). **2** (*phot*) затво́р.
● *vt* закр|ыва́ть, -ы́ть ста́внями.

shuttle /ˈʃʌt(ə)l/ *n* (*for weaving*) челно́к; (*fig*) **~ service** регуля́рное движе́ние/сообще́ние; **~ diplomacy** челно́чная диплома́тия; **space ~** косми́ческий челно́к.
● *vi* снова́ть (*impf*).
● *cpd* **~cock** *n* вола́н.

shy¹ /ʃaɪ/ *n* (*coll*) (*throw*) бросо́к; **have a ~ at sth** запус|ка́ть, -ти́ть чем-н. во что-н.
● *vt* (*coll*) бр|оса́ть, -о́сить.

shy² /ʃaɪ/ *adj* (**shyer, shyest**) (*bashful*) засте́нчивый; (*timid*) ро́бкий; (*reserved*) сде́ржанный; (*coll, lacking*): **I'm ~ 20 dollars** мне (*or* у меня́) не хвата́ет двадцати́ до́лларов; **be ~ of s.o.** робе́ть (*impf*) пе́ред кем-н.; **fight ~ of** избега́ть (*impf*) + *g*.
● *vi* **1** (*of horse*) шара́х|аться, -нуться; отпря́нуть (*pf*); **~ at a fence** отка́з|ываться, -а́ться взять препя́тствие. **2** (*of person*): **~ away from sth** шара́х|аться, -нуться от чего́-н.; отпря́нуть (*pf*) от чего́-н.

shyness /ˈʃaɪnɪs/ *n* засте́нчивость, ро́бость, сде́ржанность.

shyster /ˈʃaɪstə(r)/ *n* (*coll*) тёмный деле́ц, пройдо́ха (*cg*).

Siamese /ˌsaɪəˈmiːz/ *n* (*pl* **~**) (*also* **~ cat**) сиа́мская ко́шка.
● *adj* сиа́мский; **~ twins** сиа́мские близнецы́ (*m pl*).

Siberia /saɪˈbɪərɪə/ *n* Сиби́рь.

Siberian /saɪˈbɪərɪən/ *n* сибиря́|к (*fem* -чка).
● *adj* сиби́рский.

sibilant /ˈsɪbɪlənt/ *n* свистя́щий согла́сный, сибиля́нт.
● *adj* свистя́щий.

sibling /ˈsɪblɪŋ/ *n* (*brother*) родно́й брат; (*sister*) родна́я сестра́; **~s** (родны́е) бра́тья и сёстры.

sic /sɪk/ *adv* так!

Sicilian /sɪˈsɪljən, -lɪən/ *n* сицили́|ец (*fem* -йка).
● *adj* сицили́йский; (*chess*) **~ defence** сицилиа́нская защи́та.

Sicily /ˈsɪsɪlɪ/ *n* Сици́лия.

sick /sɪk/ *n* (*collect*: **the ~**) больны́е (*pl*).
● *adj* **1** (*unwell*) больно́й; **fall ~** забол|ева́ть, -е́ть; **he is off ~** он на больни́чном бюллете́не (*coll*); (*fig*): **be ~ at heart** тоскова́ть (*impf*). **2** (*nauseated*): **I feel ~** меня́ тошни́т/мути́т; **I am going to be ~** меня́ сейча́с вы́рвет; **he was ~** его́ вы́рвало. **3**: **~ of**: **I am ~ to death of her** она́ мне надое́ла до́ смерти; **we are ~ (and tired) of doing nothing** нам надое́ло безде́льничать; **he was ~ of the sight of food** он не мог смотре́ть на еду́ без отвраще́ния. **4**: **~ at**: **he was ~ at being beaten** он был удручён свои́м пораже́нием; **I am ~ at the thought of having to leave home** у меня́ се́рдце щеми́т от одно́й мы́сли о расстава́нии с (родны́м) до́мом. **5** (*abnormal, morbid*) ме́рзкий, жу́ткий; **~ joke** ме́рзкий анекдо́т.
● *vt*: **~ up** (*Br coll*): **he ~ed up the onions** его́ вы́рвало лу́ком.
● *cpds* **~bay** *n* лазаре́т; **~bed** *n* посте́ль больно́го; **~ leave** *n* о́тпуск по боле́зни; **he is on ~ leave** он на больни́чном (*coll*); **~ note** *n* больни́чный лист, бюллете́нь (*m*) (*coll*); **~ pay** *n* опла́та по больни́чному листу́; **~room** *n* ко́мната больно́го.

sicken /ˈsɪkən/ *vt* (*lit*): **the sight of blood ~s me** меня́ тошни́т при ви́де кро́ви; (*fig, disgust, repel*) вызыва́ть, вы́звать отвраще́ние у *кого*; **~ing** отврати́тельный, проти́вный.
● *vi* (*become ill*) забол|ева́ть, -е́ть; **he is ~ing for influenza** (*Br*) он заболева́ет гри́ппом.

sickle /ˈsɪk(ə)l/ *n* серп; **a ~ moon** серп луны́; **hammer and ~** серп и мо́лот.

sickly /ˈsɪklɪ/ *adj* (**sicklier, sickliest**) (*unhealthy*) боле́зненный; (*puny*) хи́лый; (*unwell*) нездоро́вый; (*inducing nausea*) тошнотво́рный; (*mawkish*) слаща́вый; **~ smile** крива́я улы́бка.

sickness /ˈsɪknɪs/ *n* (*ill health*) нездоро́вье; (*disease*) боле́знь; (*vomiting*) рво́та; (*nausea*) тошнота́.
● *cpd* **~ benefit** *n* посо́бие по боле́зни.

side /saɪd/ *n* **1** сторона́; **on this ~** на э́той стороне́; по э́ту сто́рону; **on (along) both ~s** по обе́им сторона́м; **on either ~** с обе́их сторо́н; **on all ~s** со всех сторо́н; **from every ~** со всех сторо́н, отовсю́ду; **on the right/left ~** с пра́вой/ле́вой стороны́; спра́ва/сле́ва; **put on one ~** (*defer, shelve*) от|кла́дывать, -ложи́ть; **stand to one ~** сторони́ться, по-; **move to one ~** отодв|ига́ться, -и́нуться; **take s.o. to one ~** отв|оди́ть, -ести́ кого́-н. в сто́рону; **on the ~** (*coll, additionally, illicitly*) на стороне́; **get, keep on the right ~ of s.o.** распол|ага́ть, -ожи́ть кого́-н. к себе́; быть на хоро́шем счету́ у кого́-н.; **he is on the wrong ~ of 50** ему́ за 50.

S

2 (*edge*) край; **on the ~ of the page** на краю́ (*or* на поля́х) страни́цы; **by the ~ of the lake** на берегу́ о́зера; **the ~s of a ditch** сте́нки (*f pl*) кана́вы; **on the ~ of the mountain** на скло́не горы́; **~ of a ship** борт корабля́.
3 (*of room, table*) коне́ц.
4 (*of the body*) бок; **I have a pain in my ~** у меня́ боли́т бок; **split one's ~s** (*with laughter*) хохота́ть (*impf*) до упа́ду; **at my ~** ря́дом со мной; **he sat by her ~** он сиде́л во́зле/по́дле неё; **they were standing ~ by ~** они́ стоя́ли бок о́ бок; они́ стоя́ли ря́дом.
5 (*of meat*) край; **a ~ of beef/pork** полови́на говя́жьей/свино́й ту́ши.
6 (*of a building*) бокова́я стена́; **he went round the ~ of the house** он обогну́л дом; **~ entrance** боково́й вход.
7 (*of cloth*): **right ~** лицева́я сторона́; лицо́; **wrong ~** изна́ночная сторона́, изна́нка; **wrong ~ out** наизна́нку; (*of packages etc.*): **right ~ up** пра́вильно; **this ~ up** э́той стороно́й вверх; (*as inscription*) верх; **wrong ~ up** вверх нога́ми; (*of paper*) страни́ца; **his essay ran to six ~s** он написа́л сочине́ние на шести́ страни́цах.
8 (*aspect*) сторона́; **I can see the funny ~ of the affair** мне очеви́дна смешна́я сторона́ (де́ла); коми́чность да́нной/э́той ситуа́ции для меня́ очеви́дна; **try to look on the bright ~!** стара́йтесь быть оптими́стом!; **hear both ~s (of the case)** выслу́шивать, вы́слушать о́бе то́чки зре́ния.
9: **on the long/short ~** длиннова́тый/ коротковáтый; **the weather is on the cool ~** пого́да дово́льно прохла́дная.
10 (*party, faction*) сторона́; **which ~ are you on?** вы на чьей стороне́?; **take ~s with s.o.** прин|има́ть, -я́ть (*or* ста|нови́ться, -ть на) чью-н. сто́рону.
11 (*Br, team*) кома́нда; **pick ~s** под|бира́ть, -обра́ть кома́нду; **let the ~ down** (*Br, fig*) подв|оди́ть, -ести́ това́рищей.
12 (*lineage*): **on the mother's/father's ~** с матери́нской/отцо́вской стороны́.
13 (*Br coll, pretentiousness*) чва́нство, высокоме́рие.
14 (*attr*) боково́й; *see also cpds.*
● *vi*: **~ with s.o.** ста|нови́ться, -ть на чью-н. сто́рону.
● *cpds* **~ arms** *n* ли́чное ору́жие; **~board** *n* буфе́т, серва́нт; **~boards** (*Br*), **~burns** *nn pl* (*coll*) бакенба́рд|ы (*pl, g* —); ба́к|и (*pl, g* —) (*coll*); **~car** *n* коля́ска (*мотоцикла*); **~ dish** *n* гарни́р; **~ drum** *n* ма́лый бараба́н; **~ effect** *n* побо́чное де́йствие; **~ glance** *n*: **with a ~ glance at him** и́скоса на него́ взгляну́в; **~ issue** *n* побо́чный/ второстепе́нный вопро́с; **~kick** *n* (*coll*) подру́чный; **~light** *n* (*Br, on car*) габари́тный фона́рь; **~line** *n* (*work*) побо́чная рабо́та; (*goods*) неосновно́й това́р; (*football*) бокова́я ли́ния по́ля; **~long** *adv* и́скоса; **~ plate** *n* ма́ленькая таре́лка; **~ road** *n* просёлочная доро́га; **~-saddle** *n* да́мское седло́; **ride ~-saddle** е́хать (*impf*) на да́мском седле́; **~show** *n* (*at fair*) аттракцио́н; (*theatr, interlude; also fig*) интерме́дия; **~-slip** *n* (*aeron*) скольже́ние на крыло́; **~-splitting** *adj* умори́тельный; **~step** *n* шаг в сто́рону; *vt* (**sidestepped, sidestepping**) (*fig*) уклон|я́ться, -и́ться от + *g*; об|ходи́ть, -ойти́; **~ street** *n* переу́лок; **~stroke** *n* пла́вание на боку́; **~ table** *n* приставно́й стол; стол для заку́сок; **~track** *n* запасно́й/запа́сный путь; *vt* (*US railways*) перев|оди́ть, -ести́ на запасно́й путь; (*distract*): **I meant to finish the job, but I was ~tracked** я собира́лся зако́нчить (э́ту) рабо́ту, но меня́ отвлекли́; **~ view** *n* вид сбо́ку, про́филь (*m*); **~-view mirror** *n* (*US*) боково́е зе́ркало; **~walk** *n* (*US*) тротуа́р; **~wall** *n* (*of tyre*) бокови́на; **~ways** *adj* боково́й; *adv* (*to one ~*) вбок; (*of motion*) бо́ком; **~ways on to sth** перпендикуля́рно к чему́-н.; **~ whiskers** *n* бакенба́рд|ы (*pl, g* —).

sidereal /saɪˈdɪərɪəl/ *adj* звёздный.

siding /ˈsaɪdɪŋ/ *n* **1** (*railways*) запасно́й/запа́сный путь. **2** (*US, cladding*) чи́стая обши́вка.

sidle /ˈsaɪd(ə)l/ *vi*: **~ up to s.o.** под|ходи́ть, -ойти́ к кому́-н. бочко́м.

siege /siːdʒ/ *n* оса́да, блока́да; **lay ~ to** оса|жда́ть, -ди́ть; **raise a ~** сн|има́ть, -ять оса́ду.

sienna /sɪˈenə/ *n* сие́на; **burnt/raw ~** жжёная/натура́льная сие́на.

sierra /sɪˈerə/ *n* го́рная цепь.

Sierra Leone /sɪˈerə lɪˈəʊn/ *n* Сье́рра-Лео́не (*nt & f indecl*).

siesta /sɪˈestə/ *n* сие́ста.

sieve /sɪv/ *n* си́то; **he has a memory like a ~** у него́ голова́ дыря́вая.
● *vt* просе́|ивать, -ять.

sift /sɪft/ *vt* просе́|ивать, -ять; **~ out sand from gravel** отсе́|ивать, -ять песо́к от гра́вия; **~ sugar on to a cake** пос|ыпа́ть, -ыпать пече́нье са́харом; (*fig*): **~ the facts** тща́тельно рассм|а́тривать, -отре́ть фа́кты.

sigh /saɪ/ *n* вздох; **heave a ~ of relief** вздыха́ть, -охну́ть с облегче́нием.
● *vi* взд|ыха́ть, -охну́ть; **the wind ~ed in the trees** ве́тер шелесте́л в листве́.

sight /saɪt/ *n* **1** (*faculty*) зре́ние; **long ~** дальнозо́ркость; (*fig*) дальнови́дность; **short ~** (*lit, fig*) близору́кость; (*fig*) недальнови́дность; **second ~** ясновиде́ние; **lose one's ~** теря́ть, по- зре́ние; сле́пнуть, о-; **lose the ~ of one eye** сле́пнуть, о- на оди́н глаз; **I know her by ~** я зна́ю её в лицо́.
2 (*seeing, being seen*) вид; **I can't bear the ~ of him** я его́ ви́деть не могу́; **catch ~ of** зам|еча́ть, -е́тить; **I kept him in ~** я не спуска́л с него́ глаз; я не выпуска́л его́ из ви́ду/ви́да; **at first ~** с пе́рвого взгля́да; на пе́рвый взгляд; **love at first ~** любо́вь с пе́рвого взгля́да; **he can read music at ~** он мо́жет игра́ть с листа́; **they were ordered to shoot at ~** им приказа́ли стреля́ть без предупрежде́ния; (*range of vision*): **come into ~** пока́з|ываться, -а́ться; появ|ля́ться, -и́ться; **in ~** на виду́; **the end is in ~** коне́ц ви́ден; **they were (with)in ~ of land** бе́рег был бли́зок; **put out of ~** пря́тать, с-; уб|ира́ть, -ра́ть (с глаз); **keep out of ~** не пока́з|ывать(ся), -а́ть(ся) (на глаза́); **he would not let her out of his ~** он с неё глаз не спуска́л; **(get) out of my ~!** с глаз мои́х доло́й!; **out of ~, out of mind** с глаз доло́й, из се́рдца вон.
3 (*spectacle*) вид, зре́лище; **a ~ for sore eyes** (*coll*) прия́тное зре́лище; **see the ~s** осм|а́тривать, -отре́ть достопримеча́тельности; **what a ~ you are!** ну и вид у тебя́!; **he looked a perfect ~** он был похо́ж на пу́гало.
4 (*coll, great deal*) ма́сса, у́йма; **he looked a ~ better for his holiday** по́сле о́тдыха он гора́здо лу́чше вы́глядел.
5 (*aiming device*) прице́л; (*focusing device*) визи́р; **he set his ~s on becoming a professor** он ме́тил в профессора́ (*coll*).
6 (*attr*): **to buy sth ~ unseen** покупа́ть, купи́ть что-н., не посмотре́в предвари́тельно.
● *vt* **1** (*spot after searching*) зам|еча́ть, -е́тить; ви́деть, у-; **they ~ed game** они́ вы́смотрели дичь; **I ~ed her amidst the crowd** я заме́тил её в толпе́; **the sailors ~ed land** матро́сы уви́дели зе́млю.
2 (*aim*): **~ a gun at a target** нав|оди́ть, -ести́ ору́дие на цель.
● *cpds* **~-read** *vt* (*mus*) игра́ть, сыгра́ть с листа́; **~-reading** *n* (*mus*) игра́ с листа́; **~seeing** *n* осмо́тр достопримеча́тельностей; **~seer** *n* тури́ст (*fem* -ка); экскурса́нт (*fem* -ка).

sighted /ˈsaɪtɪd/ *adj* (*not blind*) зря́чий.

sightless /ˈsaɪtlɪs/ *adj* слепо́й.

sign /saɪn/ *n* **1** (*mark; gesture*) знак; **make the ~ of the cross** крести́ться, пере-; **~s of the zodiac** зна́ки (*m pl*) зодиа́ка; **~ language** язы́к же́стов; (*symbol*) си́мвол; **plus/minus/equals ~** знак плюс/ми́нус/ра́венства.
2 (*indication*) при́знак; **there is no ~ of progress** нет никаки́х при́знаков прогре́сса; **there's still no ~ of him** его́ всё нет и нет; **the plant showed ~s of growth** расте́ние обнару́жило при́знаки ро́ста; **he showed no ~ of recognizing me** по его́ ви́ду нельзя́ бы́ло сказа́ть, что он меня́ узна́л; **~ of the times** зна́мение вре́мени; (*trace*) след; **the house showed ~s of the fire** дом нёс на себе́ следы́ пожа́ра.
3 (*portent*) приме́та.
4 (*~board*) вы́веска; **inn ~** тракти́рная вы́веска; **neon ~** нео́новая рекла́ма; **road/traffic ~** доро́жный знак.
● *vt & i* **1** подпи́с|ывать(ся), -а́ть(ся); распи́с|ываться, -а́ться; ста́вить, по- свою́ по́дпись (*под чем-н.*); **I ~ed for the parcel** я расписа́лся в получе́нии паке́та.
2 (*communicate by ~*) под|ава́ть, -а́ть знак; **she ~ed to the others to leave** она́ подала́ остальны́м знак уходи́ть.
● *with advs*: **~ away** *vt* отд|ава́ть, -а́ть; **he ~ed away his inheritance** он подписа́л отка́з от насле́дства; **~ off**

vi (*at end of broadcast*) объяв|ля́ть, -и́ть об оконча́нии переда́чи; проща́ться, по- в конце́ переда́чи; **~ on** *vi* (*Br, as unemployed*) регистри́роваться, за- в спи́сках безрабо́тных; (*also* **~ up**) (*register*) регистри́роваться, за-; **~ up** *vt* & *i* (*for job*) нан|има́ть(ся), -я́ть(ся); **the club ~ed up a new goalkeeper** клуб наня́л но́вого вратаря́.

● *cpds* **~board** *n* вы́веска; **~ painter** *n* худо́жник, рису́ющий вы́вески; **~post** *n* указа́тель (*m*); (*vt*) (*Br, indicate*) указ|ывать, -а́ть; (*provide with* ~*posts*) снаб|жа́ть, -ди́ть указа́телями.

signal[1] /ˈsɪgn(ə)l/ *n* **1** (*also as needed for mobile phone to work*) сигна́л; **distress ~** сигна́л бе́дствия; **the driver gave a hand ~** води́тель (*m*) по́дал сигна́л руко́й; (*railways*) семафо́р; **the ~s are against us** семафо́р закры́т; (*for road traffic*) светофо́р.
2 (*in pl, mil*): **~s troops** войска́ свя́зи.

● *vt* (**signalled, signalling;** *US* **signaled, signaling**): **~ an order** перед|ава́ть, -а́ть прика́з; **the ship ~led its position** су́дно сигнализи́ровало своё местонахожде́ние; **I ~led** (*motioned to*) **him to come nearer** я по́дал ему́ знак подойти́ побли́же.

● *vi* (**signalled, signalling;** *US* **signaled, signaling**) сигнализи́ровать (*impf, pf*).

● *cpds* **~ box** *n* (*Br*) сигна́льная бу́дка; блокпо́ст; **~man** *n* (*pl* **~men**) (*railways*) стре́лочник; (*mil*) связи́ст; (*nav*) сигна́льщик.

signal[2] /ˈsɪgn(ə)l/ *adj*: **~ success** блестя́щий успе́х; **~ failure** полне́йший прова́л.

signaler /ˈsɪgnələ(r)/ (*US*) = **signaller**

signalize /ˈsɪgnəˌlaɪz/ *vt* ознамено́в|ывать, -а́ть; отм|еча́ть, -е́тить.

signaller /ˈsɪgnələ(r)/ (*US* **signaler**) *n* сигна́льщик; (*mil*) связи́ст.

signatory /ˈsɪgnətərɪ/ *n* подписа́вшийся.

● *adj*: **~ powers** держа́вы, подписа́вшие догово́р.

signature /ˈsɪgnətʃə(r)/ *n* **1** по́дпись. **2** (*mus*): **key ~** ключ; **~ tune** (*Br*) (музыка́льная) заста́вка. **3** (*printing*) сигнату́ра.

signet /ˈsɪgnɪt/ *n* печа́тка; **~ ring** кольцо́ с печа́ткой.

significance /sɪgˈnɪfɪkəns/ *n* (*meaning, import*) значе́ние; (*sense*) смысл, значе́ние.

significant /sɪgˈnɪfɪkənt/ *adj* значи́тельный; (*important*) ва́жный; **~ changes** суще́ственные измене́ния; (*expressive*): **a ~ look** многозначи́тельный взгляд.

signification /ˌsɪgnɪfɪˈkeɪʃ(ə)n/ *n* значе́ние; смысл.

signif|y /ˈsɪgnɪˌfaɪ/ *vt* **1** (*declare, indicate*) выража́ть, вы́разить; **we ~ied our approval** мы вы́разили своё одобре́ние. **2** (*portend*) предвеща́ть (*impf*); **few people realized what this event ~ied** ма́ло кто сознава́л, что предвеща́ло э́то собы́тие. **3** (*mean*) означа́ть (*impf*).

● *vi* (*be of importance*) зна́чить (*impf*); **it does not ~y** э́то нева́жно.

Signor /ˈsiːnjɔː(r)/, **-a** /siːnˈjɔːrə/, **-ina** /ˌsiːnjəˈriːnə/ *nn* синьо́р, -а, -и́на.

Sikh /siːk, sɪk/ *n* сикх.

● *adj* си́кхский.

Sikhism /ˈsiːkɪz(ə)m, ˈsɪk-/ *n* сикхи́зм.

silage /ˈsaɪlɪdʒ/ *n* си́лос.

● *vt* силосова́ть, за-.

silence /ˈsaɪləns/ *n* молча́ние; тишина́; **~ is golden** молча́ние — зо́лото; **in ~** в молча́нии/тишине́; мо́лча; **~!** ти́хо!; молча́ть!; **break ~** нар|уша́ть, -у́шить молча́ние; **keep ~** храни́ть (*impf*) молча́ние; **call for ~** приз|ыва́ть, -ва́ть к тишине́; **reduce s.o. to ~** заст|авля́ть, -а́вить кого́-н. (за)молча́ть.

● *vt* (*person*) заст|авля́ть, -а́вить замолча́ть; (*thing*) заглуш|а́ть, -и́ть.

silencer /ˈsaɪlənsə(r)/ *n* (*of a gun*) глуши́тель (*m*); (*Br, of a vehicle*) глуши́тель (*m*).

silent /ˈsaɪlənt/ *adj* (*saying nothing*) безмо́лвный; **the ~ majority** молчали́вое большинство́; **keep ~** сохраня́ть (*impf*) молча́ние, молча́ть (*impf*); **keep ~ about sth** ум|а́лчивать, -олча́ть о чём-н.; **history is ~ on this matter** исто́рия об э́том ума́лчивает; **fall, become ~** зам|олка́ть, -о́лкнуть; замолча́ть (*pf*); умолка́ть, умо́лкнуть; (*taciturn*) молчали́вый; (*mute*) немо́й; **~ film** немо́й фильм; (*not pronounced*) непроизноси́мый; (*noiseless*) бесшу́мный.

silhouette /ˌsɪluːˈet/ *n* силуэ́т; **a portrait in ~** силуэ́тное изображе́ние, силуэ́т.

● *vt*: **the dome was ~d against the sky** на не́бе вырисо́вывался силуэ́т ку́пола.

silica /ˈsɪlɪkə/ *n* кремнезём; (*quartz*) кварц.

silicate /ˈsɪlɪˌkeɪt/ *n* härsilikát.

silicon /ˈsɪlɪkən/ *n* кре́мний; **~ chip** кре́мниевый чип.

silicone /ˈsɪlɪˌkəʊn/ *n* силико́н; (*attr*) силико́новый.

> **Silicon Valley — Силико́новая доли́на**
>
> Так называ́ют доли́ну Са́нта-Кла́ра в Калифо́рнии, в кото́рой располага́ется большо́е коли́чество компью́терных компа́ний. Да́нное назва́ние свя́зано с тем, что силико́н (кре́мний) широко́ испо́льзуется в электро́нной промы́шленности.

silicosis /ˌsɪlɪˈkəʊsɪs/ *n* силико́з.

silk /sɪlk/ *n* **1** шёлк; (*attr*) шёлковый; **~ stockings** шёлковые чулки́; **~ hat** цили́ндр. **2** (*in pl, garments*) шелка́ (*m pl*). **3** (*in pl, for embroidery*) шёлк; шёлковые ни́тки (*f pl*).

● *cpds* **~-screen** *adj*: **~-screen printing** шёлкогра́фия; **~worm** *n* ту́товый шелкопря́д; шелкови́чный червь.

silken /ˈsɪlkən/ *adj* (*made of silk*) шёлковый; (*resembling* **~**) шелкови́стый; (*fig*) = **silky**

silky /ˈsɪlkɪ/ *adj* (**silkier, silkiest**) шелкови́стый; (*fig, of voice etc.*) ба́рхатный.

sill /sɪl/ *n* (*of window*) подоко́нник; (*of door*) поро́г.

silliness /ˈsɪlɪnɪs/ *n* глу́пость.

silly /ˈsɪlɪ/ *n* (*coll*) глупы́шка (*cg*).

● *adj* (**sillier, silliest**) **1** (*foolish*) глу́пый; **do/say sth ~** де́лать, с-/говори́ть, сказа́ть глу́пость; **how ~ of me to forget!** как глу́по с мое́й стороны́ забы́ть! **2** (*imbecile*) слабоу́мный; **the noise is driving me ~** э́тот шум меня́ с ума́ сведёт.

silo /ˈsaɪləʊ/ *n* (*pl* **~s**) (*tower/pit on farm*) си́лосная ба́шня/я́ма; (*for missile*) ста́ртовая ша́хта (*раке́ты*).

● *vt* (**siloes, siloed**) силосова́ть, за-.

silt /sɪlt/ *n* ил.

● *vt* & *i* (*usu* **~ up**) зайли|вать(ся), -ть(ся).

Silurian /saɪˈljʊərɪən, sɪ-/ (*geol*) *n* (**the ~**) силури́йский пери́од.

● *adj* силури́йский.

silvan /ˈsɪlv(ə)n/ = **sylvan**

silver /ˈsɪlvə(r)/ *n* **1** (*metal*; **~ware; ~ coins**) серебро́.
2 (*colour*) сере́бряный цвет.

● *adj* (*made of* **~**) сере́бряный; (*resembling* **~**) серебри́стый; **~ birch** бе́лая берёза; **~ fir** бе́лая/благоро́дная пи́хта; **~ fox** чёрнобу́рая лиси́ца; **~ jubilee** сере́бряный юбиле́й; двадцатипятиле́тие; **~ paper** (*Br*) фольга́; **~ sand** (*Br*) то́нкий бе́лый песо́к; **~ wedding** сере́бряная сва́дьба.

● *cpds* **~-grey** *adj* серебри́сто-се́рый; **~-haired** *adj* седо́й; **~-plated** *adj* серебрёный, посеребрённый; **~side** *n* (*Br, of beef*) ссек; **~smith** *n* сере́бряных дел ма́стер; **~-tongued** *adj* красноречи́вый; **~ware** *n* серебро́; изде́лия (*nt pl*) из серебра́.

silvery /ˈsɪlvərɪ/ *adj* серебри́стый.

silviculture /ˈsɪlvɪˌkʌltʃə(r)/ *n* лесово́дство.

SIM /sɪm/ (*also* **~ card**) *n* сим-ка́рта, SIM-ка́рта.

simian /ˈsɪmɪən/ *adj* (*of apes*) обезья́ний; (*ape-like*) обезьяноподо́бный.

similar /ˈsɪmɪlə(r)/ *adj* **1** (*alike*) схо́дный, похо́жий; **the hats are ~ in appearance** шля́пы с ви́ду о́чень похо́жи. **2**: **~ to** похо́жий на + *a*; подо́бный + *d*; **~ triangles** подо́бные треуго́льники.

similarity /ˌsɪmɪˈlærɪtɪ/ *n* схо́дство; **points of ~** черты́ (*f pl*) схо́дства; о́бщие черты́; **his features bear a ~ to his father's** он похо́ж на отца́ лицо́м.

similarly /ˈsɪmɪləlɪ/ *adv* так же; таки́м же о́бразом.

simile /ˈsɪmɪlɪ/ *n* сравне́ние.

similitude /sɪˈmɪlɪˌtjuːd/ *n* (*likeness*) схо́дство.

simmer /ˈsɪmə(r)/ *n*: **bring to a ~** дов|оди́ть, -ести́ до лёгкого кипе́ния.

● *vt* кипяти́ть, вс- на ме́дленном огне́.

● *vi* кипе́ть (*impf*) на ме́дленном огне́; (*fig*): **~ with indignation** кипе́ть (*impf*) негодова́нием; **~ down** (*fig*) успок|а́иваться, -о́иться; ост|ыва́ть,

S

-ыть; **he ~ed down** он успоко́ился/ осты́л.

simper /'sɪmpə(r)/ *n* жема́нная улы́бка.

● *vi* жема́нно улыб|а́ться, -ну́ться.

simple /'sɪmp(ə)l/ *adj* (**simpler, simplest**) **1** просто́й; **I am not so ~ as to believe that** я не так прост, что́бы пове́рить э́тому; **as ~ as ABC** про́ще просто́го; **it's as ~ as that** то́лько и всего́; вот и всё. **2** (*easy*) лёгкий; **the dress is ~ to make** э́то пла́тье легко́ сшить. **3** (*math*): **~ equation** уравне́ние пе́рвой сте́пени.

● *cpds* **~-hearted** *adj* простоду́шный; **~-minded** *adj* (*unsophisticated*) бесхи́тростный; (*feeble-minded*) глу́пый, глупова́тый.

simpleton /'sɪmp(ə)lt(ə)n/ *n* простак.

simplicity /sɪm'plɪsɪtɪ/ *n* простота́; (*easiness*) лёгкость.

simplification /ˌsɪmplɪfɪ'keɪʃ(ə)n/ *n* упроще́ние.

simplify /'sɪmplɪˌfaɪ/ *vt* упро|ща́ть, -сти́ть.

simplistic /sɪm'plɪstɪk/ *adj* (чрезме́рно) упрощённый.

simply /'sɪmplɪ/ *adv* про́сто; **the weather was ~ dreadful** пого́да была́ про́сто ужа́сная; **I ~ couldn't manage to come** я ника́к не мог прийти́; **it's ~ that I don't like him** про́сто-на́просто он мне не нра́вится.

simulacr|um /ˌsɪmjʊ'leɪkrəm/ *n* (*pl* **~a**) (*likeness*) подо́бие; (*deceptive substitute*) ви́димость.

simulate /'sɪmjʊˌleɪt/ *vt* (*feeling etc.*) изобра|жа́ть, -зи́ть, симули́ровать (*impf, pf*); (*leather, stone*) и|мити́ровать, сы-; (*conditions*) модели́ровать, с-.

simulated /'sɪmjʊˌleɪtɪd/ *adj* подде́льный, иску́сственный; **~ flight** модели́рованный/усло́вный полёт.

simulation /ˌsɪmjʊ'leɪʃ(ə)n/ *n* имита́ция; (*of conditions*) модели́рование.

simulator /'sɪmjʊˌleɪtə(r)/ *n* (*person*) симуля́нт, притво́рщик; (*device*) модели́рующее/имити́рующее устро́йство; **flight ~** пилота́жный тренажёр.

simultaneity /ˌsɪməltə'neɪɪtɪ/ *n* одновре́ме́нность, синхро́нность.

simultaneous /ˌsɪməl'teɪnɪəs/ *adj* одновре́ме́нный, синхро́нный; **~ interpreting** синхро́нный перево́д.

sin /sɪn/ *n* **1** грех; **original ~** первоpо́дный грех; **the seven deadly ~s** семь сме́ртных грехо́в; **~s of omission and commission** грехи́ дея́нием и недея́нием; **forgiveness of ~s** отпуще́ние грехо́в; **live in ~** жить (*impf*) в незако́нном бра́ке; **for my ~s** за грехи́ мои́; **as ugly as ~** стра́шен как сме́ртный грех. **2** (*offence*): **~ against propriety** наруше́ние прили́чий; **it's a ~ to stay indoors** грешно́ сиде́ть до́ма.

● *vi* (**sinned, sinning**) греши́ть, со-; **more ~ned against than ~ning** скоре́е же́ртва, чем вино́вный.

Sinai /'saɪnɑɪ/ *n* (*peninsula*) Сина́йский полуо́стров; **Mount ~** (*bibl*) гора́ Сина́й.

since /sɪns/ *adv* **1** (*from that time*) с тех пор; **he has been here ever ~** с тех пор (*or* с той поры́) он так здесь и оста́лся; **he was healthier in the army than ever before or ~** он никогда́ не́ был так здоро́в, как когда́ служи́л в а́рмии.
2 (*in the intervening time*): **the house has ~ been rebuilt** с тех пор (*or* поздне́е) дом перестро́или; **he was wounded but has ~ recovered** он был ра́нен, но уже́ попра́вился.

● *prep* c + *g*; **nothing has happened ~ Christmas** с Рождества́ ничего́ не произошло́; **~ our talk** после на́шего разгово́ра; **~ yesterday** со вчера́шнего дня; **~ when have you been fond of music?** с каки́х пор вы полюби́ли му́зыку?

● *conj* **1** (*from, during the time when*): **how long is it ~ we last met?** ско́лько вре́мени прошло́ с на́шей после́дней встре́чи?; **I have moved house ~ I saw you** с тех пор как мы с ва́ми (после́дний раз) ви́делись, я перее́хал.
2 (*seeing that*) так как, поско́льку; **~ you ask, we're going to be married** мы собира́емся пожени́ться, е́сли хоти́те знать.

sincere /sɪn'sɪə(r)/ *adj* (**sincerer, sincerest**) и́скренний; **he was ~ in what he said** он э́то говори́л и́скренне; **yours ~ly** и́скренне Ваш.

sincerity /sɪn'serɪtɪ/ *n* и́скренность.

sine /saɪn/ *n* си́нус.

sinecure /'saɪnɪˌkjʊə(r), 'sɪn-/ *n* синеку́ра.

sine die /ˌsaɪnɪ 'daɪɪ, ˌsɪneɪ 'diːeɪ/ *adv* на неопределённый срок; без назначе́ния но́вой да́ты.

sine qua non /ˌsɪneɪ kwɑː 'nəʊn/ *n* непреме́нное/обяза́тельное.

sinew /'sɪnjuː/ *n* (*tendon*) сухожи́лие; (*in pl, muscles*) жи́лы (*f pl*).

sinewy /'sɪnjuːɪ/ *adj* (*muscular*): **~ arms** мускули́стые/жи́листые ру́ки; (*tough*): **~ meat** жи́листое мя́со.

sinful /'sɪnfʊl/ *adj* гре́шный, грехо́вный.

sinfulness /'sɪnfʊlnɪs/ *n* грехо́вность.

sing /sɪŋ/ *vt* (*past* **sang;** *pp* **sung**) петь, с-; (*a role, song etc.*) петь, с-; исп|олня́ть, -о́лнить; **~ a baby to sleep** убаю́к|ивать, -ать ребёнка пе́нием; (*fig*): **~ s.o.'s praises** восхваля́ть (*impf*) кого́-н.; петь (*impf*) хвалу́/дифира́мбы кому́-н.

● *vi* (*past* **sang;** *pp* **sung**) петь, с-; **~ in tune** петь (*impf*) пра́вильно; **~ out of tune** петь (*impf*) фальши́во; фальши́вить, с-; **she sang to the guitar** она́ пе́ла под гита́ру; **my ears are ~ing** у меня́ звени́т в уша́х.

● *with advs*: **~ out** *vi* (*coll, shout*) кри́кнуть (*pf*); закрича́ть (*pf*); **~ up** *vi* петь, за- гро́мче.

● *cpd* **~-song** *n* (*Br coll, impromptu ~ing*): **we had a ~-song** мы попе́ли; (*rising and falling speech*) певу́чая речь; *adj*: **in a ~-song voice** певу́чим го́лосом.

Singapore /ˌsɪŋə'pɔː(r), ˌsɪŋgə-/ *n* Сингапу́р.

Singaporean /ˌsɪŋə'pɔːrɪən, ˌsɪŋgə-/ *n* сингапу́р|ец (*fem* -ка).

● *adj* сингапу́рский.

singe /sɪndʒ/ *n* ожо́г.

● *vt* (**singeing**) пали́ть, о-; (*slightly*) подпа́л|ивать, -и́ть.

● *vi* (**singeing**): **something is ~ing** что́-то гори́т; па́хнет палёным.

singer /'sɪŋə(r)/ *n* пев|е́ц (*fem* -и́ца).

● *cpd* **~-songwriter** *n* шансонье́ (*m indecl*).

Singhalese /ˌsɪŋghə'liːz, ˌsɪŋgə'liːz/ = **Sinhalese**

singing /'sɪŋɪŋ/ *n* пе́ние; **she has a good ~ voice** у неё хоро́ший го́лос.

single /'sɪŋg(ə)l/ *n* (*Br, ticket*) биле́т в оди́н коне́ц; (*CD, vinyl*) сингл; (*in pl, of tennis etc.*) одино́чная игра́; одино́чный разря́д.

● *adj* **1** (*one*) оди́н; (*only one*) еди́нственный, еди́ный; **not a ~ man moved** ни оди́н челове́к не дви́нулся; **a ~ idea occupied his mind** одна́ (еди́нственная) мысль занима́ла его́ ум; **I haven't met a ~ soul** я не встре́тил ни еди́ной души́; **he didn't say a ~ word** он не пророни́л ни (одного́) сло́ва; **in ~ file** гусько́м; **~ line** (*railways*) одноколе́йная ли́ния; **~ quotes** кавычки в оди́н штрих; (*for or involving one person*): **~ bed** односпа́льная крова́ть; **~ room** (*in hotel*) одноме́стный но́мер; **~ combat** единобо́рство; (*taken individually*): **every ~ one of his pupils passed** все его́ учени́ки до еди́ного прошли́.
2 (*unmarried*) одино́кий; (*man*) холосто́й; (*woman*) незаму́жняя; **~ father** оте́ц-одино́чка; **~ mother** мать-одино́чка; **~ parent** роди́тель-одино́чка; **she stayed ~ all her life** она́ так и не вы́шла за́муж; она́ так и прожила́ всю жизнь одна́.

● *vt*: **~ out**: **he was ~d out** (из всех) вы́брали его́.

● *cpds* **~-barrelled** *adj* одноство́льный; **~-breasted** *adj* однобо́ртный; **~-decker** *n* (*Br, bus*) одноэта́жный авто́бус; **~-entry** *adj* (*comm*): **~-entry bookkeeping** проста́я бухгалте́рия; **~-handed** *adj* & *adv* (*unaided*) без посторо́нней по́мощи; **~-minded** *adj* целеустремлённый; **~ seater** *n* (*plane*) одноме́стный самолёт; **~-sex** *adj*: **~-sex school** шко́ла разде́льного обуче́ния; **~-track** *adj* (*railways*) одноколе́йный.

singleness /'sɪŋgəlnɪs/ *n*: **~ of purpose** целеустремлённость.

singlet /'sɪŋglɪt/ *n* (*Br*) ма́йка.

singly /'sɪŋglɪ/ *adv* (*separately*) врозь; в отде́льности; **these articles are sold ~** э́ти ве́щи продаю́тся поштучно.

singular /'sɪŋgjʊlə(r)/ *n* (*gram*) еди́нственное число́.

● *adj* **1** (*gram*): **~ noun** существи́тельное в еди́нственном числе́. **2** (*rare, unusual*) необыча́йный; (*odd*) стра́нный.
3 (*outstanding*) чрезвыча́йный; **she was ~ly beautiful** она́ была́ необыча́йно хороша́.

singularity /ˌsɪŋgjʊˈlærɪtɪ/ *n* (*peculiarity*) осо́бенность; (*uncommonness; oddness*) необы́чность; стра́нность.

Sin|halese /ˌsɪnhəˈli:z, ˌsɪnəˈli:z/, **Sing-** /ˌsɪŋghəˈli:z, ˌsɪŋgəˈli:z/ *n* (*pl* **~**) (*person*) синга́лец, синга́л (*fem* -ка); (*language*) синга́льский язы́к.
● *adj* синга́льский.

sinister /ˈsɪnɪstə(r)/ *adj* (*suggestive of evil*) злове́щий; (*wicked*) злоде́йский; **a ~ plot** злоде́йский за́говор; **a ~ character** злоде́й, опа́сный челове́к.

sink /sɪŋk/ *n* (*in kitchen etc.*) ра́ковина.
● *vt* (*past* **sank** *or* **sunk;** *pp* **sunk** *or as adj* **sunken**) **1**: **~ a ship** топи́ть, по-/за- су́дно; (*coll, fig*): **we're sunk** (*coll*) мы поги́бли!; (*immerse*): **sunk in thought** погружённый в размышле́ния.
2 (*lower*) опус|ка́ть, -ти́ть; **she sank her head on to the pillow** она́ опусти́ла го́лову на поду́шку; **he sank his voice to a whisper** он пони́зил го́лос до шёпота; (*drink down*) погло|ща́ть, -ти́ть; **he can ~ a pint in ten seconds** он спосо́бен поглоти́ть (*coll*) пи́нту (пи́ва) за де́сять секу́нд.
3 (*set aside, forget, ignore*) заб|ыва́ть, -ы́ть; отбр|а́сывать, -о́сить; **let us ~ our differences** забу́дем на́ши разногла́сия!; **he sank his own interests in the common good** он поступи́лся со́бственными интере́сами ра́ди о́бщих.
4 (*drive, plunge*) вби|ва́ть, -ть; вгоня́ть, вогна́ть; (*fig*): **the dog sank its teeth into his leg** соба́ка вонзи́ла зу́бы ему́ в но́гу.
5 (*invest*) вкла́дывать, вложи́ть.
6 (*excavate*): **~ a well** рыть, вы́- коло́дец; **~ a shaft** про|ходи́ть, -йти́ ша́хтный ствол.
● *vi* (*past* **sank** *or* **sunk;** *pp* **sunk** *or as adj* **sunken**)
1 (*in water etc.*) (*of people, animals*) тону́ть, у-/по-; (*of objects*) тону́ть, за-/по-; погру|жа́ться, -зи́ться; идти́ (*det*), пойти́ ко дну; **the ship sank** су́дно затону́ло; **he sank to his knees in mud** он увя́з в грязи́ по коле́но; **the bather sank like a stone** купа́льщик ка́мнем пошёл ко дну; **~ or swim** ли́бо пан, ли́бо пропа́л; **he was left to ~ or swim** его́ бро́сили на произво́л судьбы́.
2 (*disappear*) исч|еза́ть, -е́знуть; (*below the horizon*) за|ходи́ть, -йти́; **the sun ~s in the west** со́лнце захо́дит на за́паде.
3 (*subside, of water*) спа|да́ть, -сть; (*of building or soil*) ос|еда́ть, -е́сть.
4 (*abate*) ослаб|ева́ть, -е́ть.
5 (*get lower*) па́дать, упа́сть; **his voice sank** он пони́зил го́лос; **prices were ~ing** це́ны (ре́зко) па́дали/снижа́лись.
6 (*fall*): **his head sank back on the pillow** его́ голова́ отки́нулась на поду́шку; **she sank into a coma** она́ впа́ла в комато́зное состоя́ние; **I sank into a deep sleep** я погрузи́лся в глубо́кий сон; (*fig*): **he has sunk in my estimation** он упа́л в мои́х глаза́х; **my heart sank** (*with a sudden shock*) у меня́ се́рдце за́мерло/закати́лось; **his heart sank when he saw how much he had to do** ему́ ста́ло ду́рно, когда́ он уви́дел, ско́лько ему́ предстоя́ло сде́лать; **his spirits sank** он пал ду́хом; **they sank into poverty** они́ впа́ли в нищету́.
7 (*become hollow*) впа|да́ть, -сть; **his cheeks have sunk** у него́ впа́ли щёки.
8 (*percolate, penetrate*) впит|ываться, -а́ться; **the dye ~s into the fabric** кра́ска впи́тывается в ткань; **the rain sank into the dry ground** дождь пропита́л суху́ю зе́млю; (*fig*): **the lesson sank into his mind** уро́к ему́ хорошо́ запо́мнился; **his words sank in** его́ слова́ не прошли́ да́ром; его́ слова́ дошли́ до меня́ (*и т. п.*).

sinker /ˈsɪŋkə(r)/ *n* (*lead weight*) грузи́ло.

sinking /ˈsɪŋkɪŋ/ *n* (*of ship*) (*by s.o.*) потопле́ние; (*by itself*) ги́бель; (*of debt*) погаше́ние; **~ fund** фонд погаше́ния.

sinless /ˈsɪnlɪs/ *adj* безгре́шный.

sinner /ˈsɪnə(r)/ *n* гре́шни|к (*fem* -ца).

Sino- /ˈsaɪnəʊ/ *comb form* кита́йско-... .

sinologist /saɪˈnɒlədʒɪst, sɪ-/ *n* китаи́ст, сино́лог.

sinology /saɪˈnɒlədʒɪ, sɪ-/ *n* китаеве́дение.

sinuosity /ˌsɪnjʊˈɒsɪtɪ/ *n* (*sinuousness*) изви́листость; (*a bend*) изви́лина.

sinuous /ˈsɪnjʊəs/ *adj* (*serpentine*) изви́листый; (*undulating*) волни́стый.

sinus /ˈsaɪnəs/ *n* (*anat*) па́зуха.

sinusitis /ˌsaɪnəˈsaɪtɪs/ *n* синуси́т.

Sioux /su:/ *n* (*pl* **~**) си́у (*m indecl*).

sip /sɪp/ *n* глото́к; **have, take a ~ of** глотну́ть (*pf*); вы́пить (*pf*) глото́к + *g*.
● *vt* (**sipped, sipping**) потя́гивать (*impf*).

si|phon, sy- /ˈsaɪf(ə)n/ *n* сифо́н (*трубка для переливания жидкостей*).
● *vt*: **~ off, out** выка́чивать, вы́качать сифо́ном; (*fig*) перек|а́чивать, -ача́ть.
● *vi* ст|ека́ть, -ечь.

sir /sə:(r)/ *n* (*form of address; title*) сэр, господи́н; су́дарь (*m*) (*obs*); **Dear S~** (*in letters*) Уважа́емый господи́н.

sire /ˈsaɪə(r)/ *n* **1** (*stallion etc.*) производи́тель (*m*). **2** (*Your Majesty*) Ва́ше Вели́чество, сир.
● *vt* произв|оди́ть, -ести́ на свет; **the stallion ~d twenty foals** от э́того жеребца́ роди́лось 20 жеребя́т.

siren /ˈsaɪərən/ *n* (*myth, fig*) сире́на; (*hooter*) сире́на, гудо́к.

Sirius /ˈsɪrɪəs/ *n* Си́риус.

sirloin /ˈsə:lɔɪn/ *n* филе́ (*nt indecl*) (*говядины*).

sirocco, scirocco /sɪˈrɒkəʊ/ *n* (*pl* **~s**) (*meteorology*) сиро́кко (*m indecl*) (*ветер*).

sirup /ˈsɪrəp/ (*US*) = **syrup**

sisal /ˈsaɪs(ə)l/ *n* (*bot*) siза́ль (*m*).

siskin /ˈsɪskɪn/ *n* чиж.

sissy /ˈsɪsɪ/ *n* (*coll*) не́женка (*cg*).
● *adj* (**sissier, sissiest**) изне́женный.

sister /ˈsɪstə(r)/ *n* сестра́; (*Br, nursing* **~**) ста́ршая медици́нская сестра́; (*attr*): **~ ship** одноти́пное су́дно.
● *cpd* **~-in-law** *n* (*brother's wife*) неве́стка; (*husband's sister*) золо́вка; (*wife's sister*) своя́ченица.

sisterhood /ˈsɪstəˌhʊd/ *n* (*relig*) се́стринская общи́на.

sisterly /ˈsɪstəlɪ/ *adj* се́стринский.

Sisyphean /ˌsɪzɪˈfi:ən/ *adj*: **a ~ task** сизи́фов труд.

sit /sɪt/ *vt* (**sitting;** *past and pp* **sat**)
1 (*seat*) сажа́ть, посади́ть; уса|жива́ть, -ди́ть; **they sat the old lady by the fire** они́ посади́ли стару́шку у огня́; (*of several persons*) расса́|живать, -ди́ть; **~ yourself down!** (*coll*) сади́тесь!
2 (*Br, undergo*): **~ an examination** сдава́ть (*impf*) экза́мен.
● *vi* (**sitting;** *past and pp* **sat**)
1 (*take a seat*) сади́ться, сесть.
2 (*be seated*) сиде́ть (*impf*); **he can't ~ still** ему́ не сиди́тся (на ме́сте); **~** (*stay*) **at home** сиде́ть (*impf*) до́ма; **~ tight** (*stick to one's position*) не сдава́ться (*impf*); не уступа́ть (*impf*); **~ on a committee** быть чле́ном коми́те́та; **~ on sth** (*shelve it*) класть (*impf*) что-н. под сукно́; (*of hens*: **~ on eggs**) выси́живать (*impf*) цыпля́т; (*of birds*: *perch*) сиде́ть (*impf*); **~ting duck, target** (*fig*) лёгкая добы́ча/мише́нь.
3 (*pose*): **~ for an artist** пози́ровать (*impf*) худо́жнику; **~ for one's photograph** фотографи́роваться, с-.
4 (*hold meeting; be in session*) заседа́ть (*impf*); **the committee ~s at 10** заседа́ние комите́та начина́ется в 10 (часо́в).
5 (*Br, be candidate*): **~ for an exam** сдава́ть (*impf*) экза́мен; (*Br, represent*): **~ for a constituency** представля́ть (*impf*) о́круг в парла́менте.
6 (*of clothes: fit, hang*) сиде́ть (*impf*); **his coat does not ~ properly on his shoulders** его́ пиджа́к пло́хо сиди́т в плеча́х.
● *with advs*: **~ back** *vi* (*lit*) отки́|дываться, -нуться; (*fig, relax effort*) рассл|абля́ться, -а́биться; **~ down** *vt* сажа́ть, посади́ть; уса́|живать, -ди́ть; *vi* сади́ться, сесть; (*for a moment*) прис|а́живаться, -е́сть; **~ in** *vi* (*occupy premises in protest*) зан|има́ть, -я́ть помеще́ние в знак проте́ста; **~ in** (*deputize*) **for s.o.** замеща́ть (*impf*) кого́-н.; **~ in on a meeting** прису́тствовать (*impf*) на собра́нии; **~ out** *vt* (*take no part in*): **I have decided to ~ this one** (*dance*) **out** я реши́л пропусти́ть э́тот та́нец; (*stay to end of*) выси́живать, вы́сидеть; *vi* (**~** *outdoors*) сиде́ть (*impf*) на во́здухе; **~ through** *vt* выси́живать, вы́сидеть; **we sat through the concert** мы вы́сидели весь конце́рт; **~ up** *vi* (*from lying position*): **he sat up in bed** он приподня́лся и сел в посте́ли/крова́ти; (*straighten one's back*) сиде́ть (*impf*) пря́мо; выпрямля́ться, вы́прямиться; (*not go to bed*) не ложи́ться (*impf*); **we sat up all night with the invalid** мы просиде́ли всю ночь с больны́м; **don't ~ up for me** не жди́те меня́, ложи́тесь спать; (*coll, be startled*): **the news made him ~ up** э́та но́вость огоро́шила его́.

● *cpds* **~-down** *adj*: **a ~-down strike** сидя́чая забасто́вка; **~-in** *n* демонстрати́вное заня́тие помеще́ния.

sitcom /ˈsɪtkɒm/ *n* (*coll*) коме́дия положе́ний (*комедийный сериал с участием одних и тех же героев в разных ситуациях*).

site /saɪt/ *n* (*place*) ме́сто; (*position*) положе́ние; (*location*) местоположе́ние, местонахожде́ние; **building ~** строи́тельный уча́сток.
● *vt* **1** (*arrange, dispose*) распол|ага́ть, -ожи́ть; разме|ща́ть, -сти́ть. **2** (*choose ~ of*) выбира́ть, вы́брать ме́сто для + *g*. **3** (*locate*): **the house is ~d on a slope** дом располо́жен на скло́не горы́/холма́.

sitter /ˈsɪtə(r)/ *n* **1** (*person sitting for portrait*) моде́ль; **she was his ~ many times** она́ мно́го раз ему́ пози́ровала; (*paid one*) нату́рщи|к (*fem* -ца). **2** (*baby~*) ≈ приходя́щая ня́ня.

sitting /ˈsɪtɪŋ/ *n* **1** (*period of sitting*) сиде́ние; **in one ~** в оди́н присе́ст. **2** (*of assembly*) заседа́ние; (*for serving meals*) сме́на, пото́к. **3** (*posing*) пози́рование; **two ~s** два сеа́нса пози́рования.
● *cpd* **~ room** *n* (*Br*) гости́ная.

situate /ˈsɪtjʊˌeɪt/ *vt* распол|ага́ть, -ожи́ть.

situated /ˈsɪtjʊˌeɪtɪd/ *adj* **1** (*of buildings etc.*) располо́женный. **2** (*of person*): **this is how I am ~** таковы́ мои́ обстоя́тельства; **how are you ~ for money?** как у вас (обстои́т) с деньга́ми?

situation /ˌsɪtjʊˈeɪʃ(ə)n/ *n* **1** (*place*) ме́сто; (*position*) местоположе́ние. **2** (*circumstances*) обстано́вка, положе́ние, ситуа́ция; **what is the ~?** каково́ положе́ние дел?; какова́ обстано́вка? **3** (*job*) пост, ме́сто; **~s vacant** (*Br, as column heading*) вака́нтные до́лжности.
● *cpd* **~ comedy** *n* (*theatr*) коме́дия положе́ний.

six /sɪks/ *n* (число́/но́мер) шесть; (*~ people*) ше́стеро, шесть челове́к; **we ~, the ~ of us** мы ше́стеро/вшестеро́м; **~ each** по шести́; (*figure, thing numbered 6, group of ~*) шестёрка; (*with various nn expressed or understood*: *cf. also examples under* ⇒**five**): **it is ~ of one and half a dozen of the other** э́то одно́ и то же; **everything is at ~es and sevens** всё вверх дном; **the news knocked me for ~** (*Br*) э́та но́вость меня́ порази́ла/ошеломи́ла; **he threw a ~** (*dice*) у него́ вы́пала шестёрка.
● *adj* шесть + *g pl*; **~ feet high** шесть фу́тов высото́й; (*for people and pluralia tantum also*) ше́стеро + *g pl*; **~ fives are thirty** ше́стью (*or* шесть на) пять — три́дцать.
● *cpds* **~fold** *adj* шестикра́тный; *adv* вше́стеро; в шесть раз; **~-foot** *adj* шестифу́товый; **~-shooter** *n* шестизаря́дный револьве́р; **~-sided** *adj* шестисторо́нний, шестигра́нный.

sixteen /ˌsɪksˈtiːn, ˈsɪks-/ *n & adj* шестна́дцать (+ *g pl*).

sixteenth /ˌsɪksˈtiːnθ, ˈsɪks-/ *n* (*date*) шестна́дцатое (число́); (*fraction*) шестна́дцатая часть; одна́ шестна́дцатая.
● *adj* шестна́дцатый; **~ note** (*US, mus*) шестна́дцатая но́та.

sixth /sɪksθ/ *n* **1** (*date*) шесто́е (число́); (*fraction*) шеста́я часть; одна́ шеста́я; **five ~s** пять шесты́х. **2** (*mus*) се́кста.
● *adj* шесто́й; **in the ~ form** (*Br*) в ста́ршем кла́ссе; **~ sense** шесто́е чу́вство.
● *cpd* **~-form college** *n* (*Br*) шко́ла со ста́ршими кла́ссами.

sixthly /ˈsɪksθlɪ/ *adv* в-шесты́х.

sixtieth /ˈsɪkstɪɪθ/ *n* шестидеся́тая часть; одна́ шестидеся́тая.
● *adj* шестидеся́тый.

sixt|y /ˈsɪkstɪ/ *n* шестьдеся́т; **he is in his ~ies** ему́ за шестьдеся́т (*лет*); ему́ пошёл седьмо́й деся́ток; **in the ~ies** (*decade*) в шестидеся́тых года́х; в шестидеся́тые го́ды; (*temperature*) за шестьдеся́т гра́дусов (по Фаренге́йту).
● *adj* шестьдеся́т + *g pl*.

sizable /ˈsaɪzəb(ə)l/ = **siz(e)able**

size[1] /saɪz/ *n* **1** (*dimension, magnitude*) разме́р; величина́; **what is the ~ of the house?** какова́ пло́щадь э́того до́ма?; **what ~ will the army be?** какова́ бу́дет чи́сленность а́рмии?; **these books are all the same ~** все э́ти кни́ги одного́ форма́та; **a wave the ~ of a house** волна́ величино́й/высото́й с дом; **that's about the ~ of it** (*coll*) вот как обстои́т де́ло; **cut s.o. down to ~** (*coll*) ста́вить, по- кого́-н. на ме́сто. **2** (*of clothes etc.*): **~ 4** четвёртый разме́р; **what is your ~?; what ~ do you take?** како́й у вас разме́р?; **the dress is just her ~** э́то пла́тье как раз её разме́ра; **I take ~ 12** я ношу́ (*or* у меня́) двена́дцатый разме́р; **I take ~ 10 in shoes** я ношу́ о́бувь деся́того разме́ра; **these shoes are three ~s too big** э́ти ту́фли велики́ (мне *и т. д.*) на три разме́ра; **they are made in several ~s** они́ быва́ют разли́чных разме́ров.
● *vt* **1** сорти́ровать, рас- по разме́ру. **2**: **~ s.o. up** сост|авля́ть, -а́вить о ком-н. мне́ние; **~ up the situation** определи́ть (*pf*)/оц|е́нивать, -ени́ть обстано́вку.

size[2] /saɪz/ *n* (*for glazing paper, walls, etc.*) клей, грунт; (*for textile*) шли́хта.
● *vt*: **~ a wall** окле́и|вать, -ть стену́; **~ paper** проклеи|вать, -ть бума́гу; **~ cloth** шлихтова́ть (*impf*) сукно́; **~ canvas** грунтова́ть, за- холст.

siz(e)able /ˈsaɪzəb(ə)l/ *adj* значи́тельного разме́ра; поря́дочный, изря́дный.

sizzl|e /ˈsɪz(ə)l/ *n* шипе́ние.
● *vi* шипе́ть (*impf*); **a ~ing hot day** зно́йный день.

skate[1] /skeɪt/ *n* (*ice ~*) конёк; **get one's ~s on** (*Br, fig, hurry*) потора́пливаться (*impf*); (**roller ~**) ро́лик; ро́ликовый конёк; (*in sg usu*) боти́нок.
● *vi* **1** (*on ice*) ката́ться/бе́гать (*both indet*) на конька́х; (*on roller ~s*) ката́ться (*indet*) на ро́ликах; **~ over, round sth** (*fig*) (*refer fleetingly*) каса́ться, косну́ться чего́-н. вскользь; (*disregard*) об|ходи́ть, -ойти́ что-н. **2** (*slide, skid*) скользи́ть (*impf*).
● *cpds* **~board** *n* скейтбо́рд, ро́ликовая доска́; **~boarder** *n* скейтборди́ст (*fem* -ка); **~boarding** *n* скейтбо́рдинг.

skate[2] /skeɪt/ *n* (*pl* **~** *or* **~s**) (*fish*) скат.

skater /ˈskeɪtə(r)/ *n*(*racer*) конькобе́ж|ец (*fem also* -ка); (*in figure skating*) фигури́ст (*fem* -ка).

skating /ˈskeɪtɪŋ/ *n* (*figure ~*) ката́ние на конька́х; **free(style) ~** произво́льное ката́ние; (*racing*) конькобе́жный спорт, бег на конька́х.
● *cpd* **~ rink** *n* като́к.

skedaddle /skɪˈdæd(ə)l/ *vi* (*coll*) см|а́тываться, -ота́ться (*coll*); **~!** кати́сь! (*coll*).

skein /skeɪn/ *n* (*of wool etc.*) мото́к.

skeletal /ˈskelɪtəl/ *adj* скеле́тный.

skeleton /ˈskelɪt(ə)n/ *n* **1** скеле́т, костя́к; **~ in the cupboard** (*fig*) семе́йная та́йна. **2** (*fig, outline*) схе́ма. **3** (*framework*) скеле́т, о́стов, карка́с. **4** (*emaciated person*) скеле́т, ко́жа да ко́сти. **5** (*attr*): **~ staff** минима́льный штат; **~ key** отмы́чка.

skeptic /ˈskeptɪk/, **-al** /ˈskeptɪk(ə)l/ (*US*) = **sceptic, -al**

skepticism /ˈskeptɪˌsɪz(ə)m/ (*US*) = **scepticism**

sketch /sketʃ/ *n* **1** (*artistic*) эски́з, набро́сок, зарисо́вка. **2** (*brief outline*) кра́ткое описа́ние; (*of plan*) о́бщее представле́ние. **3** (*play*) скетч.
● *vt* (*draw*) набр|а́сывать, -оса́ть; (*fig also*) опи́с|ывать, -а́ть в о́бщих черта́х; **he ~ed in the details** он обрисова́л дета́ли; **he ~ed out his plans** он обрисова́л свои́ пла́ны в о́бщих черта́х.
● *vi* де́лать, с- эски́зы/зарисо́вки.
● *cpds* **~book, ~pad** *nn* альбо́м для эски́зов/рисова́ния; **~ map** *n* схемати́ческая ка́рта.

sketching /ˈsketʃɪŋ/ *n* рисова́ние эски́зов, зарисо́вка.

sketchy /ˈsketʃɪ/ *adj* (**sketchier, sketchiest**) (*in outline*) схемати́ческий, схемати́чный; (*superficial*) пове́рхностный.

skew /skjuː/ *n*: **on the ~** кри́во, ко́со, на́искось.
● *adj* (*Br coll* **~-whiff**) косо́й; (*math*) асимметри́чный.
● *cpd* **~bald** *adj* пе́гий.

skewer /ˈskjuːə(r)/ *n* ве́ртел, шампу́р.
● *vt* наса́|живать, -ди́ть на ве́ртел; нани́з|ывать, -а́ть на ве́ртел.

ski /skiː/ *n* (*pl* **~s**) лы́жа.
● *vi* (**skis, skied** /skiːd/; **skiing** *or* **ski-ing**) (*on the flat*) ходи́ть (*indet*) на лы́жах; (*downhill*) ката́ться (*impf*) на лы́жах.
● *cpds* **~ boot** *n* лы́жный боти́нок; **~ jump** *n* лы́жный трампли́н; **~ jumping** *n* прыжки́ (*m pl*) на лы́жах с трампли́на; **~ lift** *n* (горнолы́жный) подъёмник; **~ pants** *n pl* лы́жные брю́к|и (*pl, g* —); **~ run, ~ track** *nn* лыжня́.

S

skid /skɪd/ *n* **1** (*of car*) скольже́ние; юз; зано́с; **the car went into a ~** маши́ну занесло́; маши́на пошла́ ю́зом; **hit the ~s** (*coll*) (*of person*) опус|ка́ться, -ти́ться (*деградировать по внешним признакам или морально*); (*of share prices, currency*) (ре́зко) па́дать, упа́сть; (*of career*) (стреми́тельно) кати́ться, по- вниз; **his business hit the ~s** в его́ би́знесе произошёл ре́зкий спад. **2** (*braking device*) тормозно́й башма́к; тормозна́я коло́дка. **3** (*aeron*) по́лоз шасси́ (*вертолёта, самолёта*); (*in pl also*) полозко́вое шасси́ (*nt indecl*).

● *vi* (**skidded, skidding**) (*of car, wheels*) пойти́ (*pf*) ю́зом.

skier /ˈskiːə(r)/ *n* лы́жни|к (*fem* -ца).

skiff /skɪf/ *n* я́лик, скиф(-одино́чка).

skiing /ˈskiːɪŋ/ *n* ката́ние на лы́жах; лы́жный спорт.

skilful /ˈskɪlfʊl/ (*US* **skillful**) *adj* иску́сный, уме́лый; (*in sport*) техни́чный.

skill /skɪl/ *n* мастерство́, иску́сство; (*specific ability*) на́вык, уме́ние; (*dexterity*) ло́вкость.

skilled /skɪld/ *adj* иску́сный; (*highly trained*) квалифици́рованный.

skillet /ˈskɪlɪt/ *n* (*US*) сковорода́.

skillful /ˈskɪlfʊl/ (*US*) = **skilful**

skim /skɪm/ *vt* (**skimmed, skimming**) **1**: **~ a liquid** сн|има́ть, -ять на́кипь/пе́нку с жи́дкости; **~ milk** сн|има́ть, -ять сли́вки (с молока́); **~med milk** обезжи́ренное молоко́. **2** (*remove*): **~ the grease from, off the soup** сн|има́ть, -ять жир с су́па. **3** (*move lightly over*) лете́ть (*det*) над са́мой пове́рхностью + *g*. **4** (*scan through*) бе́гло просм|а́тривать, -отре́ть; пробежа́ть (*pf*) глаза́ми

skimmer /ˈskɪmə(r)/ *n* **1** (*ladle*) шумо́вка. **2** (*for milk*) сепара́тор.

skimp /skɪmp/ *vt* (*on material, expenses*) скупи́ться, по- на + *a*; (*do hastily*) отде́л|ываться, -аться от + *g*.

● *vi* эконо́мить (*impf*); (*being stingy*) скупи́ться (*impf*).

skimpy /ˈskɪmpɪ/ *adj* (**skimpier, skimpiest**) (*meagre*) ску́дный; (*of clothes, short or tight*) те́сный, у́зкий.

skin /skɪn/ *n* **1** ко́жа; **clear ~** чи́стая ко́жа; **dark ~** сму́глая/тёмная ко́жа; **~ disease** ко́жная боле́знь; **take the ~ off one's knees** сдира́ть, содра́ть ко́жу на коле́нях; **it's no ~ off my nose** (*coll*) а мне́-то что?; **he has a thick ~** (*fig*) он толстоко́жий, у него́ то́лстая ко́жа; **strip to the ~** разд|ева́ться, -е́ться донага́; **I got soaked to the ~** я промо́к до ни́тки; **get under s.o.'s ~** (*annoy intensely*) раздража́ть (*impf*) кого́-н.; **I nearly jumped out of my ~** я так и подскочи́л от неожи́данности; **save one's ~** спас|а́ть, -ти́ свою́ шку́ру; **escape by the ~ of one's teeth** чу́дом спас|а́ться, -ти́сь; **he was all ~ and bone** от него́ оста́лась одна́ ко́жа да ко́сти.
2 (*of animal: hide*) шку́ра; **leopard ~** шку́ра леопа́рда; **rabbit ~** кро́личья шку́рка; (*fur*) мех (*pl* -а́).
3 (*for wine etc.*) мех (*pl* -и́).
4 (*of fruit*) кожура́; (*of grape*) ко́жица; (*of sausage*) кожура́, ко́жица; **orange/lemon ~** апельси́новая/лимо́нная ко́рка.
5 (*of ship, aeroplane*) обши́вка.
6 (*on liquid etc.*) пе́нка.

● *vt* (**skinned, skinning**)
1 (*remove ~ from*) сн|има́ть, -ять шку́ру с + *g*; свежева́ть, о-; **~ s.o. alive** сдира́ть, содра́ть с кого́-н. ко́жу за́живо.
2 (*remove peel, rind from*) сн|има́ть, -ять кожуру́ с + *g*; чи́стить, о-; **keep one's eyes ~ned** (*Br coll*) смотре́ть (*impf*) в о́ба.
3 (*graze*) об|дира́ть, -одра́ть; сса́живать, ссади́ть; **she ~ned her knee** она́ ободрала́/ссади́ла себе́ коле́но.

● *vi* (**skinned, skinning**) (*also* **~ over**) рубцева́ться, за-.

● *cpds* **~-deep** *adj* пове́рхностный; **~-diver** *n* акваланги́ст; **~-diving** *n* подво́дное пла́вание (с аквала́нгом); **~flint** *n* скря́га (*cg*) **~ graft** *n* ко́жный транспланта́т; **~head** *n* (*Br*) «бритоголо́вый», скинхе́д; **~tight** *adj*: **~tight trousers** брю́ки в обтя́жку.

skinful /ˈskɪnfʊl/ *n* (*Br coll*): **he had a ~** он при́нял по по́лной програ́мме (*coll*).

skinny /ˈskɪnɪ/ *adj* (**skinnier, skinniest**) то́щий.

● *cpd* **~-dipping** *n* (*US*) (*coll*) купа́ние нагишо́м.

skint /skɪnt/ *adj* (*Br coll*): **I'm ~** я без копе́йки, я на мели́, я пусто́й (*sl*).

skip[1] /skɪp/ *n* скачо́к, прыжо́к.

● *vt* (**skipped, skipping**) (*fig*) пропус|ка́ть, -ти́ть; **he ~ped the class** он пропусти́л/прогуля́л уро́к; **he ~ped a class** (*went up 2 classes*) он перескочи́л че́рез класс.

● *vi* (**skipped, skipping**) **1** (*use ~ping rope*) скака́ть/пры́гать (*impf*) (че́рез скака́лку); **~ping rope** (*Br*) скака́лка; (*jump*): **she ~ped for joy** она́ подпры́гнула от ра́дости; **he ~ped across the brook** он перескочи́л (че́рез) руче́й.
2 (*coll, go quickly or casually*): **he ~ped off without telling anyone** он ускака́л, никому́ ничего́ не сказа́в; **he ~ped from subject to subject** он переска́кивал с предме́та на предме́т; **I ~ped through the preface** я пробежа́л (глаза́ми) предисло́вие.

skip[2] /skɪp/ (*Br, for rubbish*) ёмкость для (перево́зки) му́сора.

skipper /ˈskɪpə(r)/ *n* (*captain*) шки́пер, капита́н.

skirmish /ˈskəːmɪʃ/ *n* (*mil, fig*) сты́чка; (коро́ткая) перестре́лка, схва́тка.

● *vi* (*mil*) перестре́ливаться (*impf*); (*fig*) сцеп|ля́ться, -и́ться.

skirt /skəːt/ *n* ю́бка.

● *vt* (*pass along edge of*): **we ~ed the crowd** мы обошли́ толпу́; **the ship ~ed the coast** су́дно шло вдоль бе́рега; (*form border of*): **the road ~s the forest** доро́га обрамля́ет лес; **~ing board** (*Br*) пли́нтус.

● *vi*: **~ round** (*fig, avoid*) об|ходи́ть, -ойти́.

skit /skɪt/ *n* скетч, сати́ра (на + *a*).

skittish /ˈskɪtɪʃ/ *adj* (*of horse etc.*) норови́стый; (*of person*) капри́зный.

skittle /ˈskɪt(ə)l/ *n* ке́гля; (*in pl, game*) ке́гли (*f pl*); **life's/it's not all beer and ~s** (*Br*) не всё коту́ ма́сленица(, быва́ет и вели́кий Пост) (*proverb*).

● *cpd* **~ alley** *n* (*track*) доро́жка для игры́ в ке́гли; (*building*) зал для игры́ в ке́гли; кегельба́н.

skive /skaɪv/ *vi* (*Br coll, evade duty*) сачкова́ть (*impf*) (*sl*).

skiver /ˈskaɪvə(r)/ *n* (*Br coll*) сачо́к (*sl*).

skivvy /ˈskɪvɪ/ *n* (*Br coll, pej*) служа́нка.

skua /ˈskjuːə/ *n* (*zool*) помо́рник.

skuld|uggery, skulld- /skʌlˈdʌgərɪ/ *n* надува́тельство.

skulk /skʌlk/ *vi* (*lurk*) зата́иваться (*impf*); (*slink*) кра́сться (*impf*).

skull /skʌl/ *n* че́реп; **~ and crossbones** «че́реп и ко́сти», че́реп со скрещёнными костя́ми; **I tried to get it into his ~** я пыта́лся вбить э́то ему́ в го́лову.

● *cpd* **~cap** *n* ермо́лка; (*Central Asian*) тюбете́йка; (*worn by Orthodox priests*) скуфья́.

skullduggery /skʌlˈdʌgərɪ/ = **skulduggery**

skunk /skʌŋk/ *n* скунс, воню́чка; (*fur*) ску́нсовый мех; (*coll, person*) подле́ц, подо́нок.

sky /skaɪ/ *n* не́бо; **there wasn't a cloud in the ~** на не́бе не́ было ни о́блачка; **praise s.o. to the skies** превозн|оси́ть, -ести́ кого́-н. до небе́с.

● *vt*: **~ a ball** высоко́ запус|ка́ть, -ти́ть мяч.

● *cpds* **~-blue** *adj* светло-/небесно-голубо́й; лазу́рный; **~diver** *n* скайда́йвер, парашюти́ст(-спортсме́н) (*fem* -ка(-спортсме́нка)); **~diving** *n* затяжны́е прыжки́ с парашю́том, скайда́йвинг; **~-high** *adv* высоко́ в во́здух; (*fig*) до небе́с; **~jack** *n* уго́н самолёта; *vt* уг|оня́ть, -на́ть; **~jacker** *n* уго́нщик самолёта, возду́шный пира́т; **~lark** *n* полево́й жа́воронок; *vi* (*frolic etc.*) резви́ться (*impf*); дура́читься (*impf*); **~light** *n* фона́рь (*m*), окно́ в кры́ше; **~line** *n* (*horizon*) горизо́нт; (*silhouette against the sky*) силуэ́т (на фо́не не́ба); **~ marshal** *n* сотру́дник слу́жбы безопа́сности, сопровожда́ющий возду́шные ре́йсы; **~rocket** *n* сигна́льная раке́та; *vi* (*fig*) стреми́тельно подн|има́ться, -я́ться; **~scraper** *n* небоскрёб; **~way** *n* (*US*) возду́шная тра́сса, авиатра́сса; **~writing** *n* бу́квенная рекла́ма, оставля́емая на не́бе самолётом при по́мощи дымово́й струи́.

skyward(s) /ˈskaɪwəd(z)/ *adv* к не́бу; ввысь.

slab /slæb/ *n* (*of stone etc.*) плита́; **~ of concrete** бето́нная плита́; (*of cake etc.*) кусо́к.

slack[1] /slæk/ *n* **1** (*loose part of rope, sail*) слабина́ (*провисшая часть верёвки*); **pull in** (*or* **take in, up**) **the ~** подтя́|гивать, -ну́ть (*or* выбира́ть, вы́брать) слабину́; натя́|гивать, -ну́ть верёвку.

S

2 (*in pl, trousers*) (широ́кие) брю́к|и (*pl, g* —).
3 (~ *period of trade*) зати́шье.
● *adj* **1** (*sluggish, slow*) вя́лый, сла́бый; **trade is ~** торго́вля идёт вя́ло; **demand is ~** спрос сла́бый.
2 (*of person, lax*) расхля́банный; (*negligent*) небре́жный; **be ~ in one's work** хала́тно относи́ться (*impf*) к рабо́те.
3 (*loose; not taut*): **~ rope** прови́сшая верёвка; **~ muscles** дря́блые мы́шцы, дря́блая мускулату́ра.
4 (*quiet, inactive*): **~ season, period** мёртвый сезо́н; зати́шье.
● *vt* (*rope, sail, rein*) отпус|ка́ть, -ти́ть; осл|абля́ть, -а́бить.
● *vi* **1** (*also* **~ off**) = **slacken** *vi*
2 (*Br, be indolent*) ло́дырничать (*impf*); **we ~ed off towards five** к пяти́ часа́м мы сба́вили темп (рабо́ты).
3 ~ up (*reduce speed*) уб|авля́ть, -а́вить ско́рость.

slack² /slæk/ *n* (*coal*) у́гольная ме́лочь/пыль.

slacken /ˈslækən/ *vt* **1** (*rope, rein*) отпус|ка́ть, -ти́ть; осл|абля́ть, -а́бить.
2 (*diminish*): **~ one's efforts** осл|абля́ть, -а́бить уси́лия; **~ speed** сб|авля́ть, -а́вить ско́рость; зам|едля́ть, -е́длить ход.
● *vi* **1** (*also* **slack**) (*of rope*) пров|иса́ть, -и́снуть; (*of sail*) обв|иса́ть, -и́снуть; (*of screw, nut*) слабе́ть, о-; (*of knot*) развя́з|ываться, -а́ться. **2** (*die down*): **demand is ~ing** спрос уменьша́ется.

slacker /ˈslækə(r)/ *n* ло́дырь (*m*), безде́льни|к (*fem* -ца).

slackness /ˈslæknɪs/ *n* небре́жность, расхля́банность.

slag /slæg/ *n* шлак; (*Br, coll, promiscuous woman*) шлю́ха, потаску́ха (*both vulg*).
● *vi* (**slagged, slagging**): **~ off** (*Br coll*) (*criticize*) разн|оси́ть, -ести́; (*insult*) опл|ёвывать, -ева́ть.
● *cpd* **~ heap** *n* гру́да шла́ка, террико́н.

slain /sleɪn/ *pp of* ⇒**slay**

slake /sleɪk/ *vt* **1** (*literary*): **~ one's thirst** утол|я́ть, -и́ть жа́жду. **2**: **~ lime** гаси́ть, по- и́звесть.

slalom /ˈslɑːləm/ *n* сла́лом.

slam /slæm/ *n* **1**: **I heard the ~ of a door** я слы́шал, как хло́пнула дверь.
2 (*cards*): **grand/small ~** большо́й/ма́лый шлем.
● *vt* (**slammed, slamming**) **1** (*shut with a bang*): **~ a door** хло́п|ать, -нуть две́рью; **he ~med the door to** он захло́пнул дверь. **2** (*other violent or sudden action*): **he ~med the brakes on** он ре́зко нажа́л на тормоза́; **he ~med the box down on the table** он швырну́л коро́бку на стол. **3** (*US coll, defeat resoundingly*) разнести́ (*pf*).
4 (*coll, criticize*) раскритикова́ть (*pf*).
● *vi* (**slammed, slamming**) **1** (*of door etc.*) захло́п|ываться, -нуться. **2**: **he ~med out of the room** он вы́скочил/вы́летел из ко́мнаты.

slammer /ˈslæmə(r)/ *n* (*sl*) тюря́га.

slander /ˈslɑːndə(r)/ *n* клевета́.
● *vt* клевета́ть (*на кого*), о- (*кого*), на- (*на кого*); **he ~ed me** он оклевета́л меня́, он наклевета́л на меня́.

slanderer /ˈslɑːndərə(r)/ *n* клеветни́|к (*fem* -ца).

slanderous /ˈslɑːndərəs/ *adj* клеветни́ческий.

slang /slæŋ/ *n* жарго́н; сленг; **~ word** жарго́нное сло́во.
● *vt* руга́ть, об-; **~ing match** (*Br*) перебра́нка.

slangy /ˈslæŋɪ/ *adj* (**slangier, slangiest**) жарго́нный.

slant /slɑːnt/ *n* **1** (*oblique position*) накло́н; укло́н; **he wears his hat on the ~** он но́сит шля́пу набекре́нь.
2 (*coll, point of view*) у́гол зре́ния; (*bias*) укло́н; **my trip gave me a new ~ on things** по́сле пое́здки я на всё взгляну́л по-но́вому.
● *adj* косо́й.
● *vt* **1** (*incline*) наклон|я́ть, -и́ть. **2** (*fig, distort*) иска|жа́ть, -зи́ть; **a ~ed article** тенденцио́зная статья́.
● *vi*: **his handwriting ~s to the right** он пи́шет с накло́ном впра́во; **the ~ing rays of the sun** косы́е лучи́ со́лнца.
● *cpd* **~-eyed** *adj* с раско́сыми глаза́ми.

slantwise /ˈslɑːntwaɪz/ *adv* вкось, ко́со, накло́нно.

slap /slæp/ *n* шлепо́к; **she gave the boy a good ~** она́ дала́ ма́льчику зво́нкий шлепо́к; **~ in the face** (*lit, fig*) пощёчина; **~ on the back** (*fig*) поздравле́ние.
● *adv*: **the ball hit me ~ in the eye** мяч попа́л мне пря́мо в глаз; **he hit the target ~ in the middle** он попа́л пря́мо в я́блочко (мише́ни).
● *vt* (**slapped, slapping**) **1** (*smack*) шлёпать, от-; **~ s.o.'s face** да|ва́ть, -ть кому́-н. пощёчину; **~ s.o. on the back** хло́п|ать, -нуть кого́-н. по спине́.
2 (*apply with force*): **they ~ped a fine on him** ему́ влепи́ли штраф; (*apply carelessly*) ля́пать, на-; **the paint was ~ped on** кра́ску наля́пали ко́е-ка́к.
3: **~ down** бр|оса́ть, -о́сить; (*rebuke*) оса|жда́ть, -ди́ть.
● *cpds* **~-bang** *adv* (*to throw*) со всего́ разма́ха; (*to run, dash*) очертя́ го́лову; **~dash** *adj* (*of person*) бесшаба́шный; (*of work*) поспе́шный, небре́жный; *adv* (*hastily*) поспе́шно; (*anyhow*) ко́е-ка́к; **~-happy** *adj*: бесшаба́шный; **~stick** *n*: **~stick comedy** фарс; **~-up** *adj* (*Br coll*) шика́рный.

slash /slæʃ/ *n* (*slit*) разре́з; (*wound*) поре́з; (*stroke*): **he made a ~ with his sword** он рубану́л са́блей; (*oblique mark; also,* **forward ~**) коса́я черта́, слеш; **back~** обра́тная коса́я черта́.
● *vt* **1** (*wound with knife etc.*) ра́нить, по-; (*with sword*) руби́ть (*impf*). **2** (*cut slits in*) разр|еза́ть, -е́зать. **3** (*lash; fig, criticize*) бичева́ть (*impf*); **~ing criticism** беспоща́дная кри́тика.
4 (*reduce*): **~ prices** ре́зко сн|ижа́ть, -и́зить це́ны; **~ a budget** ре́зко сокра|ща́ть, -ти́ть бюдже́т.

slat /slæt/ *n* пла́нка; (*of blind*) пласти́нка (жалюзи́).

slate /sleɪt/ *n* **1** (*material*) сла́нец; **~ quarry** сла́нцевый карье́р. **2** (*piece of ~ for roofing*) ши́ферная пли́тка; **a house roofed with ~s** дом, кры́тый ши́ферной пли́ткой. **3** (*for schoolwork*) гри́фельная доска́; (*fig*): **start with a clean ~** нач|ина́ть, -а́ть с нача́ла; **wipe the ~ clean** поко́нчить (*pf*) с про́шлым.
● *vt* **1** (*cover with ~s*) крыть, по- ши́фером. **2** (*US, nominate*) зан|оси́ть, -ести́ в спи́сок кандида́тов; (*arrange*) назн|ача́ть, -а́чить. **3** (*Br, scold, criticize*) разн|оси́ть, -ести́.
● *cpd* **~-coloured** (*US* **-colored**) *adj* синева́то-се́рый.

slater /ˈsleɪtə(r)/ *n* (*of roofs*) кро́вельщик.

slattern /ˈslæt(ə)n/ *n* неря́ха, грязну́ля (*both cg*).

slatternly /ˈslætənlɪ/ *adj* неря́шливый.

slaty /ˈsleɪtɪ/ *adj* (*colour*) синева́то-се́рый.

slaughter /ˈslɔːtə(r)/ *n* избие́ние, резня́; ма́ссовое уби́йство; (*of animals*) убо́й.
● *vt* **1** (*kill animals, people*) ре́зать, за-. **2** (*coll, defeat heavily*) разб|ива́ть, -и́ть в пух и прах.
● *cpd* **~house** *n* (ското)бо́йня.

slaughterer /ˈslɔːtərə(r)/ *n* мясни́к (на бо́йне); (*fig*) живодёр, пала́ч.

Slav /slɑːv/ *n* слав|яни́н (*fem* -я́нка); **the ~s** славя́не.
● *adj* славя́нский.

slave /sleɪv/ *n* раб (*fem* -ы́ня); **he works like a ~** он рабо́тает как вол; **~ of fashion** раб мо́ды; **~ to duty/passion** же́ртва до́лга/стра́сти; **~ labour** ра́бский труд.
● *vi*: **~ at sth** корпе́ть (*impf*) над чем-н.; **~ away** тяну́ть (*impf*) ля́мку.
● *cpds* **~-driver** *n* (*fig*) безжа́лостный нача́льник; **~ ship** *n* нево́льничий кора́бль; **~ trade** *n* работорго́вля; **~ trader** *n* работорго́вец.

slaver¹ /ˈsleɪvə(r)/ *n* (*person*) работорго́вец; (*ship*) нево́льничий кора́бль.

slaver² /ˈslævə(r)/ *n* (*spittle*) слю́ни (*f pl*).
● *vi* пуска́ть (*impf*) слю́ни.

slavery /ˈsleɪvərɪ/ *n* ра́бство.

Slavic /ˈslɑːvɪk/ *adj* славя́нский.

slavish /ˈsleɪvɪʃ/ *adj* ра́бский.

Slavist /ˈslɑːvɪst/ *n* слави́ст.

Slavonic /sləˈvɒnɪk/ *n* славя́нский язы́к; **Church ~** церко́внославя́нский язы́к; **~ studies** слави́стика.
● *adj* славя́нский.

Slavophil(e) /ˈslɑːvəʊfɪl/ -ˌfaɪl/ *n* славянофи́л.
● *adj* славянофи́льский.

slay /sleɪ/ *vt* (*past* **slew;** *pp* **slain**) (*literary*) умер|щвля́ть, -тви́ть; уб|ива́ть, -и́ть.

slayer /ˈsleɪə(r)/ *n* уби́йца (*cg*).

sleazy /ˈsliːzɪ/ *adj* (**sleazier, sleaziest**) (*coll*) (*squalid*) захуда́лый, убо́гий.

sled /sled/ (*US*) (**sledded, sledding**) = **sledge**

sledge /sledʒ/ *n* са́н|и (*pl, g* -е́й); (*children's*) са́н|ки (*pl, g* -ок); сала́з|ки (*pl, g* -ок).
● *vi* ката́ться (*indet*) на саня́х (*or* на са́нках/сала́зках).

sledgehammer /ˈsledʒˌhæmə(r)/ *n* кува́лда; кузне́чный мо́лот.

sleek /sliːk/ *adj* (*of animal or its coat, fur*) гла́дкий, лосня́щийся; (*of person's hair*) прили́занный.
● *vt* (*also* **~ down**) пригла́|живать, -дить; прили́з|ывать, -а́ть.

sleekness /ˈsliːknɪs/ *n* гла́дкость; прили́занность.

sleep /sliːp/ *n* сон; **light/deep/sound ~** лёгкий/глубо́кий/кре́пкий сон; **have a ~** поспа́ть (*pf*); сосну́ть (*pf*); вздремну́ть (*pf*); **have a good night's ~** высыпа́ться, вы́спаться; **go** (*coll, drop off*) **to ~** зас|ыпа́ть, -ну́ть, усну́ть (*pf*); **I couldn't get to ~** я не мог усну́ть; **I didn't have a wink of ~ all night** я глаз не сомкну́л всю ночь; **send to ~** усып|ля́ть, -и́ть; **put a child to ~** укла́дывать, уложи́ть ребёнка (спать); **we had our dog put to ~** нам пришло́сь усыпи́ть соба́ку; **he talks/walks in his ~** он говори́т/хо́дит во сне; **I shan't lose any ~ over it** я (по э́тому по́воду) пла́кать не ста́ну; **my foot has gone to ~** я отсиде́л но́гу; у меня́ затекла́ нога́; **winter ~** (*of animal*) зи́мняя спя́чка.
● *vt* (*past and pp* **slept**) (*provide* **~ing** *room for*): **you can ~ ten people here** здесь мо́жно уложи́ть де́сять челове́к; **the hotel ~s 200** гости́ница рассчи́тана на 200 челове́к.
● *vi* (*past and pp* **slept**) спать (*impf*); (*spend the night*) ночева́ть, пере-; **~ well!** (жела́ю вам) споко́йной но́чи!; **~ like a top, log** спать (*impf*) как уби́тый (*or* без за́дних ног (*coll*) *or* мёртвым сном); **I don't ~ well** у меня́ плохо́й сон; **I can't ~** я не могу́ засну́ть; **~ on a decision** откла́дывать, отложи́ть реше́ние до утра́; **better ~ on it!** ≈ у́тро ве́чера мудрене́е (*proverb*); **he slept through the alarm** он проспа́л трево́гу; **~ing partner** (*Br*) пасси́вный партнёр; **let ~ing dogs lie** (*proverb*) ≈ не буди́ ли́ха, пока́ спит ти́хо.
● *with advs*: **~ around** *vi* (*be promiscuous*) спать (*impf*) с кем попа́ло; **~ away** *vt*: **he slept the time away** он проспа́л всё э́то вре́мя; **~ in** *vi* (*intentionally*) поспа́ть (*pf*) вво́лю; от|сыпа́ться, -оспа́ться; (*oversleep*) прос|ыпа́ть, -па́ть; **~ off** *vt*: **~ off a hangover** проспа́ться (*pf*) (по́сле попо́йки); **~ on** *vi*: **he is tired, let him ~ on** он уста́л, пусть спит; **~ out** *vi* (*out of doors*) спать (*impf*) под откры́тым не́бом; **~ with** (*euph, have sex*) спать, пере- с + *i*.
● *cpds* **~walker** *n* луна́тик; **~walking** *n* лунати́зм.

sleeper /ˈsliːpə(r)/ *n* (*person*): **he is a light/heavy ~** он чу́тко/кре́пко спит; (*Br, rail support*) шпа́ла; (*sleeping car*) спа́льный ваго́н.

sleepiness /ˈsliːpɪnɪs/ *n* сонли́вость.

sleeping /ˈsliːpɪŋ/ *n*: **~ accommodation** ночле́г.
● *cpds* **~ bag** *n* спа́льный мешо́к; **~ car** *n* спа́льный ваго́н; **~ pill** *n* снотво́рная табле́тка; **~ policeman** (*Br*) «лежа́чий полице́йский» (*искусственное возвышение на дороге для ограничения скорости движения*); **~ quarters** *n* спа́льное помеще́ние; **~ sickness** *n* со́нная боле́знь.

sleepless /ˈsliːplɪs/ *adj* бессо́нный.

sleeplessness /ˈsliːplɪsnɪs/ *n* бессо́нница.

sleepy /ˈsliːpɪ/ *adj* (**sleepier, sleepiest**) (*lit, fig*) со́нный; сонли́вый; **I feel ~** мне хо́чется (*or* я хочу́) спать; **I grew ~** меня́ разбира́л сон; **make s.o. ~** наг|оня́ть, -на́ть сон на кого́-н.
● *cpd* **~head** *n* со́ня (*cg*).

sleet /sliːt/ *n* дождь (*m*) со сне́гом, мо́крый снег.
● *vi*: **it is ~ing** идёт мо́крый снег.

sleeve /sliːv/ *n* **1** рука́в; **pluck s.o.'s ~** дёр|гать, -нуть кого́-н. за рука́в; **roll up one's ~s** (*lit, fig*) засу́ч|ивать, -и́ть рукава́; **have, keep sth up one's ~** (*fig*) име́ть (*impf*) что-н. про запа́с; **laugh up one's ~** посме́иваться (*impf*) в кула́к. **2** (*aeron, windsock*) ветрово́й ко́нус. **3** (*record cover*) конве́рт (*пластинки*).

sleeveless /ˈsliːvlɪs/ *adj* безрука́вный; **~ dress** пла́тье без рукаво́в; **~ vest/top** безрука́вка.

sleigh /sleɪ/ *n* са́н|и (*pl, g* -е́й).
● *vi* ката́ться на саня́х.
● *cpd* **~ bell** *n* бубе́нчик, колоко́льчик (на саня́х).

sleight of hand /slaɪt/ *n* ло́вкость рук.

slender /ˈslendə(r)/ *adj* (**slenderer, slenderest**) **1** (*thin; narrow*) то́нкий; (*of person, slim*) стро́йный. **2** (*scanty*) ску́дный; **~ means** ску́дные сре́дства; **~ hope** сла́бая наде́жда.

slenderness /ˈslendənɪs/ *n* то́нкость, стро́йность.

slept /slept/ *past and pp of* ⇨**sleep**

sleuth /sluːθ/ *n* сы́щик.

slew[1] /sluː/ (*also* **slue**) *vt & i* (*also* **~ round**) кру́то пов|ора́чивать(ся), -ерну́ть(ся).

slew[2] /sluː/ *past of* ⇨**slay**

slice /slaɪs/ *n* **1** (*of bread, meat*) ломо́ть (*m*); (*small slice*) ло́мтик; **cut bread into ~s** нар|еза́ть, -е́зать хлеб ломтя́ми; (*of cake*) кусо́к; (*of fruit*) кусо́к, до́ля. **2** (*portion, share*) часть, до́ля; **the play is a ~ of life** э́та пье́са — сле́пок с жи́зни. **3** (*for fish*) ры́бный нож; (*for cake*) лопа́точка (для то́рта).
● *vt* **1** нар|еза́ть, -е́зать ломтя́ми/ло́мтиками; **~d bread** (предвари́тельно) наре́занный хлеб. **2** (*golf*): **~ the ball** ср|еза́ть, -е́зать мяч.
● *with advs*: **~ off** *vt* отр|еза́ть, -е́зать; **~ up** *vt* нар|еза́ть, -е́зать.

slick /slɪk/ *n* (*patch of oil etc.*) плёнка (*на воде от нефти и т. п.*).
● *adj* (*skilful; smart*) ло́вкий, бо́йкий; (*smooth, also fig*) гла́дкий; (*slippery*) ско́льзкий.

slicker /ˈslɪkə(r)/ *n* пройдо́ха (*cg*); **city ~** городско́й хлыщ.

slid|e /slaɪd/ *n* **1** (*act of* **~ing**) скольже́ние; **have a ~e** поката́ться (*pf*), прокати́ться (*pf*) (*по льду, с горки и т. п.*). **2** (*track on ice*) като́к; (*on snow-covered hill*) ледяна́я го́рка. **3** (*chute*) спуск, жёлоб. **4** (*of microscope*) предме́тное стекло́. **5** (*for projection on screen*) слайд, диапозити́в. **6** (*Br, hair* **~e**) зако́лка.
● *vt* (*past and pp* **slid** /slɪd/): **~e a drawer into place** задв|ига́ть, -и́нуть я́щик на ме́сто; **~e sth into s.o.'s hand** сова́ть, су́нуть что-н. кому́-н. в ру́ку.
● *vi* (*past and pp* **slid** /slɪd/) **1** скользи́ть (*impf*); **~ing door** раздвижна́я дверь; (*down or off*): **the papers ~ off my lap** бума́ги соскользну́ли у меня́ с коле́н; **the book ~ out of my hand** кни́га вы́скользнула у меня́ из рук; **his trousers ~ to the ground** у него́ спусти́лись брю́ки. **2** (*as pastime*) скользи́ть (*impf*); ката́ться (*indet*); **the boy ~ down the banisters** ма́льчик скати́лся по пери́лам. **3** (*fig*): **he ~ into the room** он проскользну́л в ко́мнату; **let sth ~e** пус|ка́ть, -ти́ть что-н. на самотёк; **~ing scale** (*econ*) скользя́щая шкала́.
● *cpds* **~e controls** *n pl* движко́вые регуля́торы (*m pl*); **~e phone** *n* сла́йдер, раздвижно́й телефо́н; **~e projector** *n* прое́ктор; **~e rule** *n* логарифми́ческая лине́йка.

slider /ˈslaɪdə(r)/ *n* **1** (*tech*) ползуно́к. **2** = **slide phone**

slight[1] /slaɪt/ *n* (*disrespect*) неуваже́ние; (*offence, injury*) оби́да.
● *vt* выка́зывать, вы́казать неуваже́ние + *d*; трети́ровать (*impf*); об|ижа́ть, -и́деть.

slight[2] /slaɪt/ *adj* **1** (*frail*) хру́пкий; (*slender*) то́нкий. **2** (*light; not serious*) лёгкий; **she has a ~ cold** у неё лёгкая просту́да; **~ concussion** лёгкое сотрясе́ние мо́зга. **3** (*inconsiderable*) незначи́тельный; (*small*): **there is a ~ risk of infection** есть не́которая опа́сность зараже́ния; **the risk is ~** опа́сность невелика́; **he paid me ~ attention** он не обраща́л на меня́ почти́ никако́го внима́ния. **4**: **~est** мале́йший; **this is not the ~ est use** от э́того ни мале́йшей (*or* ро́вно никако́й) по́льзы; **not in the ~est** ниско́лько/ничу́ть; **he is not to blame in the ~est** он ниско́лько (*or* ни в мале́йшей сте́пени) не винова́т.

slightly /ˈslaɪtlɪ/ *adv* слегка́; **I know them ~** я с ни́ми немно́го знако́м; **I know them only ~** я их почти́ не зна́ю; **he was ~ injured** он слегка́ пострада́л; **~ younger** немно́го/чуть моло́же.

slim /slɪm/ *adj* (**slimmer, slimmest**) (*slender*) то́нкий, худо́й; (*small*): **on the ~mest of evidence** на основа́нии сомни́тельных да́нных; **a ~ chance of success** сла́бая наде́жда на успе́х.
● *vi* (**slimmed, slimming**) худе́ть, по-; **~ming exercises** гимна́стика, спосо́бствующая похуде́нию.

slime /slaɪm/ *n* (*mud*) ил; (*viscous substance*) слизь.

slimy /ˈslaɪmɪ/ *adj* (**slimier, slimiest**) **1** сли́зистый; (*sticky*) вя́зкий; (*slippery*) скóльзкий. **2** (*fig, of person*) гнýсный, скóльзкий.

sling /slɪŋ/ *n* **1** (*for missile*) пращá, рогáтка. **2** (*bandage*) пéревязь; (*triangular cloth*) косы́нка; **his arm was in a ~** у негó рукá былá на пéревязи. **3** (*of rifle*) ремéнь. **4** (*for hoisting*) строп, стропá.

● *vt* (*past and pp* **slung**) **1** (*throw*) швыр|ять, -нýть; **~ s.o. out of the room** вышвы́ривать, вы́швырнуть когó-н. из кóмнаты. **2** (*cast by means of ~*) мет|áть, -нýть. **3** (*suspend*) подвé|шивать, -сить; **he slung the rifle over his shoulder** он перекинул винтóвку чéрез плечó; (*hoist with ~*): **the crates were slung on board** я́щики пóдняли нá борт.

● *cpd* **~shot** *n* рогáтка.

slink /slɪŋk/ *vi* (*past and pp* **slunk**): **~ off, away** (*stealthily*) выскáльзывать, вы́скользнуть; (*in a guilty way*) уходи́ть, уйти́ поджáв хвост.

slinky /ˈslɪŋkɪ/ *adj* (**slinkier, slinkiest**): **a ~ dress** облегáющее плáтье.

slip /slɪp/ *n* **1** (*landslip*) обвáл. **2** (*mishap, error*) оши́бка (по небрéжности); **I made a ~** я ошибся; **~ of the tongue/pen** оговóрка/опи́ска.
3: **he gave his pursuers the ~** он ускользнýл от преслéдователей.
4 (*loose cover*) чехóл; **pillow ~** нáволочка.
5 (*petticoat*) комбинáция (*жéнское бельё*).
6 (*of paper*) полóска, бумáжка.
7 (*plant cutting*) отрóсток; (*for grafting*) черенóк.
8 (**~way**) стáпель (*m*); **the ship is still on the ~s** корáбль ещё не сошёл со стапелéй.

● *vt* (**slipped, slipping**)
1 (*slide; pass covertly*): **she ~ped her little hand into mine** онá вложи́ла свою рýчку в мою́; **he ~ped the ring on to her finger** он надéл ей на пáлец кольцó; **she ~ped the ring off her finger** онá сня́ла кольцó с пáльца; **I ~ped the waiter a coin** я сýнул официáнту монéту.
2 (*slide out of, escape from*) выскáльзывать, вы́скользнуть из + *g*; **the dog ~ped its collar** собáка вы́скользнула из ошéйника; **his name ~ped my memory/mind** егó и́мя вы́скочило у меня́ из пáмяти/головы́.

● *vi* (**slipped, slipping**)
1 (*slide*) скользи́ть (*impf*); (*fall over*) поскользнýться (*pf*); **she ~ped on the ice** онá поскользнýлась на льду; **the blanket ~ped off the bed** одея́ло соскользнýло с постéли; **~ped disc** смещённый межпозвонóчный диск; **she let the plate ~** тарéлка выскользнула у неё из рук; (*fig*): **he let the opportunity ~** он упусти́л возмóжность; **the remark ~ped out** э́то замечáние случáйно сорвалóсь у негó (*и т.п.*) с языкá; **he is ~ping** (*losing his grip*) у негó слабéет хвáтка.
2 (*move quickly and/or unnoticed*) выскáльзывать, вы́скользнуть; **he ~ped away** он незамéтно ушёл; **she ~ped out of the room** онá вы́скользнула из кóмнаты; **I'll ~ across to the pub** я сбéгаю в пивнýю; **the years are ~ping by** гóды ухóдят; **an error ~ped in** вкрáлась оши́бка; **I'll ~ into another dress** я (бы́стренько) переодéнусь; **~ through** проск|áльзывать, -ользнýть (чéрез + *a*).

● *with adv*: **~ up** *vi*: **he ~ped up and hurt his back** он поскользнýлся и повреди́л себé спи́ну; **I ~ped up in my calculations** я оши́бся в подсчётах; (*fig*) я просчитáлся; **I ~ped up there** я дал мáху (*coll*).

● *cpds* **~ knot** *n* скользя́щий затяжнóй ýзел; **~ road** *n* (*Br*) подъезднáя дорóга; **~shod** *adj* (*fig*) небрéжный, неря́шливый; **~stream** *n* (*aeron*) спýтная струя́; (*behind vehicle*) зóна пони́женного давлéния за бы́стро движущимся предмéтом; *vi* держáться (*impf*) вплотнýю к идýщей впереди́ маши́не; **~-up** *n* (*coll*) оши́бка, прóмах; **~way** *n* стáпель (*m*).

slipper /ˈslɪpə(r)/ *n* тáпочка.

slipperiness /ˈslɪpərɪnɪs/ *n* скóльзкость.

slippery /ˈslɪpərɪ/ *adj* (*also fig*) скóльзкий.

slippy /ˈslɪpɪ/ *adj* (**slippier, slippiest**) скóльзкий.

slit /slɪt/ *n* (*cut*) разрéз, прóрезь; (*slot*) щель, щёлка; **~ trench** щель; **a ~ skirt** ю́бка с разрéзом.

● *vt* (**slitting;** *past and pp* **~**): **~ open an envelope** вскр|ывáть, -ы́ть (*or* раз|рывáть, -орвáть) конвéрт; **~ s.o.'s throat** перер|езáть, -éзать комý-н. гóрло.

● *cpd* **~-eyed** *adj* узкоглáзый.

slither /ˈslɪðə(r)/ *vi*: **~ about in the mud** скользи́ть (*impf*) по гря́зи; **they ~ed down the hill** они́ скати́лись с холмá; **he ~ed down the pole** он соскользнýл (вниз) по шестý.

sliver /ˈslɪvə(r), ˈslaɪvə(r)/ *n* (*of glass*) оскóлок; (*of cake, cheese*) кусóчек; (*of wood*) щéпка.

● *vt* расщеп|ля́ть, -и́ть.

slivovitz /ˈslɪvəvɪts/ *n* сливя́нка, сли́вовица.

slob /slɒb/ *n* (*sl*) недотёпа (*cg*).

slobber /ˈslɒbə(r)/ *vi* (*lit, fig*) распус|кáть, -ти́ть слю́ни.

sloe /sləʊ/ *n* (*in pl, collect*) тёрн; **a ~** я́года тёрна.

● *cpds* **~-eyed** *adj* ≈ с глазáми как ви́шни; **~ gin** *n* сливя́нка; сли́вовая настóйка.

slog /slɒg/ (*coll*) *n* (*hit*) си́льный удáр; (*arduous work*) тяжёлая/утоми́тельная рабóта; (*tiring travelling*) (дóлгое) утоми́тельное пéшее путешéствие.

● *vt* (**slogged, slogging**): **~ s.o. in the jaw** да|вáть, -ть комý-н. в зýбы; **~ a ball** (си́льно) уд|аря́ть, -áрить по мячý; вмочи́ть, влупи́ть (*both pf, both sl*) по мячý.

● *vi* (**slogged, slogging**): (*work hard*) вкáлывать (*impf*) (*coll*); **he was ~ging along the road** он упóрно шагáл по дорóге; **he is ~ging away at Latin** он корпи́т над латы́нью (*coll*).

slogan /ˈsləʊgən/ *n* (*advertising*) слóган; (*political*) лóзунг.

sloop /slu:p/ *n* (*naut*) шлюп.

slop /slɒp/ *n* **1** (*liquid food*) жи́жа; (*poor soup etc.*) жи́дкая похлёбка.
2 (*in pl, waste liquid*) помó|и (*pl, g* -ев).
3 (*US, fig, sentimental language*) сантимéнт|ы (*pl, g* -ов).

● *vt* (**slopped, slopping**)
1 (*spill, splash*): **~ beer over the table** расплёск|ивать, -áть пи́во по столý; **~ tea into the saucer** выплёскивать, вы́плеснуть чай на блю́дце.
2: **~ out a prison cell** выноси́ть, вы́нести парáшу; **~ down the decks** дрáить, на- пáлубу.

● *vi* (**slopped, slopping**): **~ about, around** плескáться (*impf*); (*Br, dress casually*) одевáться (*impf*) небрéжно; **he ~ped around in his dressing gown all day** он весь день слоня́лся в халáте.

● *cpds* **~ basin** *n* (*Br*) полоскáтельница; **~ bucket** *n* помóйное ведрó.

slope /sləʊp/ *n* (*area of land*) склон; (*of 90 degrees etc.*) уклóн, наклóн; **mountain ~s** гóрные склóны; **the house was on the ~ of the hill** дом стоя́л на склóне горы́.

● *vt*: **~ arms!** на плечó!

● *vi* **1**: **~ back(wards)/forwards** коси́ться, по- назáд/вперёд; **her handwriting ~s backwards** у неё пóчерк с наклóном влéво; **~ down** спускáться (*impf*); **~ up(wards)** поднимáться (*impf*); **a sloping roof** покáтая кры́ша. **2**: **~ off** см|áтываться, -отáться; уд|ирáть, -рáть (*coll*).

sloping /ˈsləʊpɪŋ/ *adj* (*roof, ceiling, shoulders*) покáтый; (*surface, sides, handwriting*) наклóнный; (*ground, garden*) понижáющийся.

sloppiness /ˈslɒpɪnɪs/ *n* (*untidiness*) неря́шливость; (*sentimentality*) сентиментáльность.

sloppy /ˈslɒpɪ/ *adj* (**sloppier, sloppiest**) **1** (*of food*) жи́дкий.
2 (*careless; slovenly*) неря́шливый.
3 (*sentimental*) сентиментáльный; **~ sentiment** слезли́вая чувстви́тельность.

slosh /slɒʃ/ *vt* (*pour clumsily*) плеснýть (*pf*); (*Br, hit*) отдубáсить (*pf*) (*coll*).

● *vi* **~** (*splash*) **about** плескáться (*impf*).

sloshed /slɒʃt/ *adj* (*drunk*) в ды́мину пья́ный (*sl*).

slot /slɒt/ *n* **1** (*slit, groove*) паз; (*aperture*) отвéрстие; (*channel*) канáвка, борóздка; **put a coin in the ~** опус|кáть, -ти́ть монéту в автомáт.
2 (*coll, suitable place or job*): **we found a ~ for him as junior editor** мы подыскáли емý мéсто млáдшего редáктора.
3 (*in timetable*) специáльно отведённое врéмя; временнóй интервáл.

● *vt* (**slotted, slotting**)
1: **~ together** соедин|я́ть, -и́ть на шипáх; спл|áчивать, -оти́ть в паз.
2: **~ in** вст|авля́ть, -áвить; **~ one part into another** вст|авля́ть, -áвить однý часть в другýю; **we ~ted a song recital into the programme** (*Br*),

S

program (*US*) мы вста́вили в програ́мму исполне́ние пе́сен; **the graduates were ~ted into jobs** выпускнико́в устро́или на рабо́ту.
● *vi* (**slotted, slotting**) **~ in** вст|авля́ться, -а́виться.
● *cpds* **~ machine** *n* (*Br, vending machine*) торго́вый автома́т; (*gaming machine*) игрово́й автома́т; **~ meter** *n* (*e.g. for gas*) счётчик(-автома́т).

sloth /sləʊθ/ *n* **1** (*zool*) лени́вец. **2** (*idleness*) ле́ность.

slothful /ˈsləʊθfʊl/ *adj* лени́вый.

slothfulness /ˈsləʊθfʊlnɪs/ *n* ле́ность.

slouch /slaʊtʃ/ *n* **1** (*of walk*) неуклю́жая похо́дка; (*stoop*) суту́лость. **2**: **he's no ~ as a comedian** он ко́мик хоть куда́! (*coll*).
● *vi* (*stoop*) суту́литься (*impf*); **~ about the house** слоня́ться (*impf*) по до́му; **he sat ~ed in a chair** он сиде́л развали́вшись в кре́сле; **~ along** ходи́ть (*indet*), идти́ (*det*) неуклю́же.
● *cpd* **~ hat** *n* шля́па с опу́щенными поля́ми.

slough¹ /slaʊ/ *n* (*quagmire*) топь, боло́то.

slough² /slʌf/ *vt* (*of snake etc.*): **~ its skin** сбр|а́сывать, -о́сить ко́жу; (*fig*): **~ (off)** изб|авля́ться, -а́виться от + *g*.

Slovak /ˈsləʊvæk/ *n* (*person*) слова́|к (*fem* -чка); (*language*) слова́цкий язы́к.
● *adj* слова́цкий.

Slovakia /sləˈvækɪə/ *n* Слова́кия.

sloven /ˈslʌv(ə)n/ *n* неря́ха (*cg*).

Sloven|e /ˈsləʊviːn/, **-ian** /sləˈviːnɪən/ *nn* (*person*) слове́н|ец (*fem* -ка); (*language*) слове́нский язы́к.
● *adj* слове́нский.

Slovenia /sləʊˈviːnɪə, sləˈviːnɪə/ *n* Слове́ния.

Slovenian /sləˈviːnɪən/ = **Slovene**

slovenliness /ˈslʌvənlɪnɪs/ *n* неря́шливость.

slovenly /ˈslʌvənlɪ/ *adj* неря́шливый.

slow /sləʊ/ *adj* **1** ме́дленный; (*dilatory*) медли́тельный; **~ march** строево́й марш; **he is a ~ walker** он ме́дленно хо́дит; **~ motion** заме́дленное де́йствие; **in ~ motion** в заме́дленном де́йствии; **in a ~ oven** на ме́дленном огне́; **be ~ over sth** ме́длить (*impf*) с чем-н.; **~ly but surely** ме́дленно, но ве́рно; **he was not ~ to defend himself** он не заме́длил вы́ступить в свою́ защи́ту; **he is ~ in the uptake** он ту́го соobража́ет.
2 (*of clock*): **my watch is 10 minutes ~** мои́ часы́ отстаю́т на де́сять мину́т.
3 (*dull-witted*) тупо́й.
4 (*not lively*): **the film was rather ~** фильм был дово́льно ску́чным; **business is ~** дела́ иду́т вя́ло.
5 (*phot, of film*) малочувстви́тельный.
● *adv* ме́дленно; **go ~** (*of workers*) устр|а́ивать, -о́ить италья́нскую забасто́вку.
● *vt* (*also* **~ down, ~ up**) зам|едля́ть, -е́длить; **he ~ed (the car) down** он сба́вил ско́рость; **his illness ~ed him down** боле́знь заста́вила его́ сба́вить темп.
● *vi* (*also* **~ down, ~ up**) зам|едля́ться, -е́длиться; (*of car or driver*) сб|авля́ть, -а́вить ско́рость; зам|едля́ть, -е́длить ход.
● *cpds* **~coach** *n* (*Br*) копу́н, копу́ша (*cg*); **~down** *n* замедле́ние; **~-moving** *adj* ме́дленный; **~-witted** *adj* тупо́й; **~-worm** *n* (*zool*) верете́ница ло́мкая, медя́ница (*безногая змеевидная ящерица*).

slowness /ˈsləʊnɪs/ *n* медли́тельность; неторопли́вость.

sludge /slʌdʒ/ *n* (*mud*) грязь; (*sediment*) оса́док; (*sewage*) нечисто́т|ы (*pl, g* —).

sludgy /ˈslʌdʒɪ/ *adj* гря́зный.

slue /sluː/ = **slew¹**

slug /slʌg/ *n* (*zool*) слизня́к; (*bullet*) пу́ля; (*US sl, short drink*) глото́к, рю́мочка.
● *vt* (**slugged, slugging**) (*US, hit*) = **slog**

sluggard /ˈslʌgəd/ *n* лентя́й, лежебо́ка (*cg*).

sluggish /ˈslʌgɪʃ/ *adj* **1** вя́лый; **~ market** вя́лый ры́нок; (*slow-moving*) ме́дленный. **2** (*lazy*) лени́вый.

sluggishness /ˈslʌgɪʃnɪs/ *n* вя́лость, лень.

sluice /sluːs/ *n* **1** (*also* **~ gate**) шлюз. **2** (*for washing ore*) жёлоб.
● *vt* (*flood with water*) зал|ива́ть, -и́ть; (*rinse, wash down*) опол|а́скивать, -осну́ть.
● *vi*: (*of water: pour out*) течь (*or* вытека́ть), вы́-; **rain was sluicing down** шёл проливно́й дождь.
● *cpds* **~ gate, ~ valve** *nn* шлюз.

slum /slʌm/ *n* трущо́ба; **~ clearance** расчи́стка трущо́б; снос ве́тхих зда́ний.
● *vi* (**slummed, slumming**) (*visit ~s*) посе|ща́ть, -ти́ть трущо́бы; обсле́довать (*impf, pf*) трущо́бы.
● *cpd* **~ dweller** *n* трущо́бный жи́тель, обита́тель (*m*) трущо́бы.

slumber /ˈslʌmbə(r)/ *n* дремо́та; **disturb s.o.'s ~s** нар|уша́ть, -у́шить чей-н. сон.
● *vi* дрема́ть, за-.

slump /slʌmp/ *n* (*fall in prices etc.*) паде́ние; (*trade recession*) упа́док; (*fall in prices*) ре́зкое паде́ние цен.
● *vi* **1** (*of person, fall, sink*) сва́л|иваться, -и́ться; **he ~ed to the ground** он свали́лся/бу́хнулся (*coll*) на зе́млю.
2 (*of price, output, trade*) ре́зко па́дать, упа́сть.

slung /slʌŋ/ *past and pp of* ⇒**sling**

slunk /slʌŋk/ *past and pp of* ⇒**slink**

slur /slɜː(r)/ *n* **1** (*mus sign*) ли́га. **2** (*stigma*) пятно́; **put, cast a ~ on s.o.** очерн|я́ть, -и́ть кого́-н.
● *vt* (**slurred, slurring**) **1** (*pronounce indistinctly*) говори́ть, сказа́ть невня́тно. **2** (*mus, sing, play legato*) петь/игра́ть (*impf*) лега́то.

slurp /slɜːp/ (*coll*) *vt & i* ча́вкать (*impf*) (+ *i*).

slurry /ˈslʌrɪ/ *n* (*thin cement*) жи́дкое цеме́нтное те́сто; жи́дкий строи́тельный раство́р; (*semi-liquid manure*) жи́дкий наво́з.

slush /slʌʃ/ *n* **1** сля́коть. **2** (*fig, sentiment*) сентимента́льный вздор. **3**: **~ fund** де́ньги для по́дкупа госуда́рственных чино́вников.

slushy /ˈslʌʃɪ/ *adj* (**slushier, slushiest**) сля́котный, мо́крый; сентимента́льный.

slut /slʌt/ *n* (*sloven*) неря́ха; (*loose woman*) шлю́ха, потаску́ха (*both vulg*).

sluttish /ˈslʌtɪʃ/ *adj* неря́шливый; распу́щенный.

sly /slaɪ/ *adj* (**slyer, slyest**) хи́трый; **on the ~** укра́дкой, потихо́ньку.
● *cpd* **~boots** *n* (*coll*) плут (*fem* -о́вка).

slyness /ˈslaɪnɪs/ *n* хи́трость.

smack¹ /smæk/ *n* **1** (*sound*) хлопо́к; **he brought his hand down with a ~ on the table** он (гро́мко) хло́пнул руко́й по́ столу; **~ of the lips** чмо́канье.
2 (*blow, slap*) шлепо́к; **~ in the face** пощёчина; **~ in the eye** (*fig*) (неожи́данный) уда́р; пощёчина.
3 (*loud kiss*) зво́нкий поцелу́й; **he gave her a ~** он чмо́кнул её.
● *adv* пря́мо; **he went ~ into the wall** он вре́зался пря́мо в стену́.
● *vt* **1** (*slap*) хлоп|а́ть, -нуть; шлёпать, от-. **2**: **~ one's lips** чмок|а́ть, -нуть (губа́ми).

smack² /smæk/ *n* (*taste, tinge, trace*) при́вкус.
● *vi*: **~ of** (*lit, fig*) отдава́ть (*impf*) + *i*.

smack³ /smæk/ *n* (*naut*) рыболо́вный шлюп.

smacker /ˈsmækə(r)/ *n* (*sl*) (*kiss*) зво́нкий поцелу́й; (*Br, £1*) фунт; (*US, $1*) до́ллар.

small /smɔːl/ *n* **1**: **~ of the back** поясни́ца.
2 (*in pl, Br coll, articles of laundry*) ме́лочь.
● *adj* **1** ма́ленький, небольшо́й, ма́лый; (*of eggs, berries, stones, etc.*) ме́лкий; **~ change** ме́лкие де́ньги, ме́лочь; **a ~ sum of money** небольша́я су́мма (де́нег); **a ~ family** ма́ленькая/небольша́я семья́; **~ claims court** суд ме́лких тяжб; **~ craft** (*vessels*) ме́лкие суда́/ло́дки; **~ print** ме́лкий шрифт; **~ handwriting** ме́лкий/убо́ристый по́черк; **~ intestine** то́нкая кишка́; (*not big enough*): **this coat is too ~ for (or is ~ on) me** э́то пальто́ мне мало́; (*of stature*) ма́ленький/невысо́кий; невысо́кого ро́ста; **he is the ~est** он ни́же всех ро́стом; он са́мый ма́ленький; **make s.o. look ~** (*fig*) ун|ижа́ть, -и́зить кого́-н.; **I felt very ~** я (по)чу́вствовал себя́ соверше́нно уничто́женным; (*of age*): **~ boy** ма́ленький ма́льчик; **he is too ~ to go to school** он ещё сли́шком ма́ленький, что́бы идти́ в шко́лу; (*of time*): **in the ~ hours** под у́тро.
2 (*literary, no great*): **he paid ~ attention to me** он ма́ло обраща́л на меня́ внима́ния; **they lost, and ~ wonder** они́ проигра́ли, и не удиви́тельно!
3 (*unimportant, of ~ value*) ме́лкий, незначи́тельный; **~ beer** (*Br, fig*) ме́лочи (*f pl*); пустяки́ (*m pl*); **~ fry** (*fig*) ме́лкая со́шка, мелюзга́; **one must be thankful for ~ mercies** бу́дем благода́рны (и) за ма́лое; **~ talk** све́тский разгово́р.
4 (*modest, humble*) скро́мный; **he rose from ~ beginnings** он на́чал с ма́лого; **great and ~ alike** вели́кие и ма́лые равно́.

S

● *adv*: **chop sth up ~** ме́лко наруб|а́ть, -и́ть что-н.
● *cpds* **~ ad** *n* коро́ткое объявле́ние; **~ arms** *n pl* стрелко́вое ору́жие; **~-bore** *adj* малокали́берный; **~holder** *n (Br)* ме́лкий землевладе́лец/собственник; **~holding** *n (Br)* небольшо́е земе́льное владе́ние; **~ hours** *n pl* предрассве́тные часы́ (*m pl*); **~-minded** *adj* ме́лочный; **~pox** *n* о́спа; **~-scale** *adj* ме́лкий; в ма́леньком масшта́бе; **~-scale map** *n* маломасшта́бная ка́рта; **~-time** *adj* ме́лкий; **~-town** *adj* провинциа́льный.

smallish /ˈsmɔːlɪʃ/ *adj* малова́тый; мелкова́тый; небольшо́й.

smarm /smɑːm/ *vt*: **~ down one's hair** *(coll)* прилиз|ывать, -а́ть во́лосы.

smarmy /ˈsmɑːmɪ/ *adj* (**smarmier, smarmiest**) *(coll)* еле́йный, вкра́дчивый, льсти́вый.

smart[1] /smɑːt/ *n (pain)* боль.
● *vi* **1** *(of wound or part of body)* жечь *(impf)*; **smoke makes the eyes ~** дым ест глаза́; **my eyes are ~ing** у меня́ глаза́ щи́плет. **2** *(of person)* страда́ть *(impf)*; **he ~ed under, from the insult** он испы́тывал о́строе чу́вство оби́ды.

smart[2] /smɑːt/ *adj* **1** *(esp Br) (neat, tidy)* опря́тный; *(elegant, stylish)* элега́нтный; **a ~ hat** элега́нтная шля́па; **the ~ set** фешене́бельное о́бщество; **you look ~** вы изя́щно вы́глядите.
2 *(esp US, clever, ingenious, cunning)* сообрази́тельный, ло́вкий, хи́трый; **he was too ~ for me** он меня́ перехитри́л.
3 *(sharp, severe)* ре́зкий, суро́вый, о́стрый; **a ~ rebuke** ре́зкая о́тповедь; **he got a ~ rap on the knuckles** *(lit, fig)* ему́ как сле́дует да́ли по рука́м *(coll)*.
4 *(brisk, prompt)*: **he walked off at a ~ pace** он удали́лся бы́стрым ша́гом; **he saluted ~ly** он бра́во отда́л честь.
5 *(bright, alert)*: **a ~ lad** шу́стрый ма́лый.
● *cpds* **~-alec(k), ~y-pants** *nn* самоуве́ренный нагле́ц; наха́л (*fem* -ка); **~ card** *n* пла́стиковая ка́рточка со встро́енным микропроце́ссором; смарт-ка́рта.

smarten /ˈsmɑːt(ə)n/ *vt (also* **~ up**): **~ o.s. up** прихора́шиваться *(impf) (coll)*; *(a room, house, ship, etc.)* прив|оди́ть, -ести́ в поря́док; нав|оди́ть, -ести́ блеск в + *p*.
● *vi*: **~ up** *(in appearance or dress)*: **he has ~ed up** он привёл себя́ в поря́док.

smartness /ˈsmɑːtnɪs/ *n (briskness)* бо́йкость; *(elegance)* элега́нтность.

smarty-pants /ˈsmɑːtɪˌpænts/ = **smart-alec(k)** (*see* ⇒**smart**[2])

smash /smæʃ/ *n* **1** *(crash, collision)*: **the vase fell with a ~** ва́за с гро́хотом упа́ла; **he gave his head an awful ~ on the pavement** он си́льно уда́рился голово́й о тротуа́р; **there has been a ~ on the motorway** на автостра́де произошло́ столкнове́ние. **2** *(blow with fist)* си́льный уда́р; *(at tennis etc.)* смеш; уда́р по мячу́ све́рху.
3: **~ hit** *(coll)* суперхи́т; **be a ~ hit** име́ть *(impf)* оглуши́тельный успе́х.
● *adv* пря́мо; **he drove ~ through the shop window** он вре́зался пря́мо в витри́ну.
● *vt* **1** *(shatter)* разб|ива́ть, -и́ть; **the bowl was ~ed to bits** ва́за разби́лась вдре́безги; **his theory was ~ed** его́ тео́рию разгроми́ли; его́ тео́рия была́ разби́та в пух и прах *(coll)*; *(defeat)*: **~ an enemy** громи́ть, раз- проти́вника.
2 *(drive with force)*: **he ~ed his fist into my face** он с си́лой уда́рил меня́ кулако́м по лицу́; **he ~ed the ball over the net** си́льным уда́ром он посла́л мяч че́рез се́тку.
● *vi* **1** *(be broken)* разб|ива́ться, -и́ться. **2** *(crash, collide)* вр|еза́ться, -е́заться; **the car ~ed into a wall** маши́на вре́залась в сте́ну; **the ship ~ed against the rocks** су́дно наскочи́ло на ска́лы.
● *with advs*: **~ down** *vt (e.g. a wall)* сн|оси́ть, -ести́; вали́ть, по-; **~ in** *vt* прол|а́мывать, -оми́ть; взл|а́мывать, -ома́ть; **I'll ~ your face in** я тебе́ мо́рду разобью́ *(coll)*; **~ up** *vt*: **~ up the furniture** разб|ива́ть, -и́ть всю ме́бель; **~ up the crockery** переб|ива́ть, -и́ть всю посу́ду; **~ up one's car** *(in collision)* разб|ива́ть, -и́ть маши́ну.
● *cpds* **~-and-grab** *adj*: **~-and-grab (raid)** (грабительский) налёт на витри́ну магази́на; **~-up** *n (collision)* столкнове́ние.

smasher /ˈsmæʃə(r)/ *n (Br coll) (person)* краса́в|чик (*fem* -ица); *(thing)* пре́лесть.

smashing /ˈsmæʃɪŋ/ *adj* **1**: **~ blow** сокруши́тельный уда́р; **~ defeat** сокруши́тельное/тяжёлое пораже́ние. **2** *(Br coll)*: **a ~ film** замеча́тельный/потряса́ющий фильм; **we had a ~ time** мы замеча́тельно провели́ вре́мя.

smattering /ˈsmætərɪŋ/ *n*: **he has a ~ of German** он чуть-чуть зна́ет неме́цкий.

smear /smɪə(r)/ *n* **1** *(blotch)* пятно́; *(microscope specimen)* мазо́к; **~ test** мазо́к с ше́йки ма́тки. **2** *(coll, slander)* клевета́; **~ campaign** клеветни́ческая кампа́ния.
● *vt* **1** *(daub)* ма́зать, на-; разма́з|ывать, -ать; **he ~ed grease paint on his face** он наложи́л грим (себе́) на лицо́; **I ~ed my trousers with paint** я испа́чкал брю́ки кра́ской. **2** *(defame)* черни́ть, о-; поро́чить, о-.

smell /smel/ *n* **1** *(faculty)* обоня́ние; **a keen sense of ~** то́нкое обоня́ние; **I lost my sense of ~** я утра́тил чу́вство обоня́ния; *(in animals)* чутьё.
2 *(odour)* за́пах; **what a** *(sc. bad)* **~!** ну и вонь!; **this flower has no ~** э́тот цвето́к не име́ет за́паха *(or* не па́хнет); **garlic has a pungent ~** у чеснока́ е́дкий за́пах; **there was a ~ of burning** па́хло горе́лым.
3 *(inhalation)*: **have/take a ~ of/at** поню́хать *(pf)*.
● *vt (past and pp* **smelt** *or* **smelled**) **1** *(perceive ~ of)* чу́вствовать, по- за́пах + *g*; **can you ~ onions?** вы чу́вствуете за́пах лу́ка?; **I can't ~ anything** я не чу́вствую никако́го за́паха; **I ~ something burning** я чу́вствую за́пах га́ри; *(of animals; also fig)* чу́ять *(impf)*; **I ~ a rat** я чу́ю недо́брое; **I smelt danger** я почу́вствовал опа́сность.
2 *(sniff)* ню́хать, по-; **just ~ this rose** вы то́лько поню́хайте э́ту ро́зу; **~ing salts** ню́хательная соль.
3: **~ out** *(lit, fig)* проню́х|ивать, -ать.
● *vi (past and pp* **smelt** *or* **smelled**)
1 *(sniff)*: **the dog was ~ing at the lamp post** соба́ка (об)ню́хала фона́рь.
2 *(emit ~)* па́хнуть *(impf)*; *(pleasantly)* издава́ть *(impf)* арома́т; **the soup ~s good** суп хорошо́/вку́сно па́хнет; **the room smelt of cigarettes** в ко́мнате па́хло табако́м; *(unpleasantly)* ду́рно/пло́хо па́хнуть *(impf)*; **his breath ~s** у него́ ду́рно/пло́хо па́хнет изо рта; **the fish began to ~** ры́ба ста́ла попа́хивать.
3: **~ of** *(fig, suggest)* отд|ава́ть, -а́ть + *i*; **opinions that ~ of heresy** мне́ния, грани́чащие с е́ресью.

smelly /ˈsmelɪ/ *adj* (**smellier, smelliest**) ду́рно па́хнущий, воню́чий.

smelt[1] /smelt/ *n (pl* **~** *or* **~s**) *(fish)* ко́рюшка.

smelt[2] /smelt/ *vt (ore)* пла́вить *(impf)*; *(metal)* выплавля́ть, вы́плавить.

smelt[3] /smelt *past and pp of*/ ⇒**smell**

smew /smjuː/ *n (zool)* лу́ток.

smidgen /ˈsmɪdʒ(ə)n/ *n (coll)* чуто́к, немно́го.

smile /smaɪl/ *n* улы́бка; *(of indulgent amusement)* усме́шка; **he greeted me with a ~** он встре́тил меня́ улы́бкой; **give s.o. a ~** улыбну́ться *(pf)* кому́-н.; **force a ~** выда́вливать, вы́давить из себя́ улы́бку; **she was all ~s** у неё был сия́ющий вид.
● *vt (express by ~)*: **she ~d her approval/forgiveness** она́ улыбну́лась в знак одобре́ния/проще́ния.
● *vi* улыб|а́ться, -ну́ться; *(with indulgent amusement)* усмех|а́ться, -ну́ться; **what are you smiling at?** чему́ вы улыба́етесь?; **her ignorance made him ~** её неве́жество вы́звало у него́ усме́шку; **keep smiling!** не унывай!; **~ on** *(fig)*: **fortune ~ed on him** сча́стье ему́ улыба́лось.

smil|ey /ˈsmaɪlɪ/ *n (pl* **-eys** *or* **-ies**) *(comput)* сма́йл(ик), эмо́тикон.
● *adj* улыба́ющийся; **~ey face** *(comput)* = **~ey** *n*

smirch /smɜːtʃ/ *n* пятно́.
● *vt (lit, fig)* пятна́ть, за-; *(fig)* позо́рить, о-; поро́чить, о-.

smirk /smɜːk/ *n (affected, silly)* жема́нная улы́бка; *(conceited)* самодово́льная улы́бка, ухмы́лка.
● *vi* ухмыл|я́ться, -ьну́ться.

smit|e /smaɪt/ *vt (past* **smote;** *pp* **smitten**) **1** *(archaic or joc, strike)* рази́ть, по-. **2** *(afflict)* пора|жа́ть, -зи́ть; **~ten with the plague** поражённый чумо́й; **he was ~ten with remorse** его́ охвати́ло раска́яние; *(fascinate)*: **he was ~ten by her**

S

charms он был покорён её ча́рами.
smith /smɪθ/ *n* (**black~**) кузне́ц.
smithereens /ˌsmɪðəˈriːnz/ *n* (*coll*): **to ~** вдре́безги.
smithy /ˈsmɪðɪ/ *n* ку́зница.
smitten /ˈsmit(ə)n/ *pp of* ⇒**smite**
smock /smɒk/ *n* (*loose shirt*) блу́за; (*dress, blouse with smocking*) пла́тье/блу́зка со сбо́рками.
smocking /ˈsmɒkɪŋ/ *n* фигу́рные бу́ф|ы (*pl, g —*), ме́лкие сбо́рки (*f pl*).
smog /smɒg/ *n* смог.
smoke /sməʊk/ *n* **1** дым; **clouds of ~** клубы́ (*m pl*) ды́ма; **there's no ~ without fire** нет ды́ма без огня́; **emit ~** дыми́ть (*impf*); **the ~ gets in my eyes** дым ест мне глаза́; **~ was pouring out** дым (так и) вали́л; **go up in ~** (*lit*) сгор|а́ть, -е́ть; (*fig*) пойти́ (*pf*) пра́хом.
2: **have a ~** покури́ть (*pf*); **they broke off for a ~** они́ устро́или переку́р.
3 (*in pl, coll*) ку́рево.
● *vt* **1** (*preserve or darken with ~*) копти́ть, за-; **~d fish** копчёная ры́ба; **~d glass** затемнённое стекло́.
2: **~ out** (*wasps etc.*) выку́ривать, вы́курить.
3 (*tobacco etc.*) кури́ть, вы́-.
● *vi* **1** (*emit ~; of chimney, fireplace, etc.*) дыми́ться (*impf*); **smoking ruins** дымя́щиеся руи́ны; (*burn badly*) дыми́ть (*impf*).
2 (*of person*: **~** *tobacco etc.*) кури́ть (*impf*); **he ~s like a chimney** он дыми́т без конца́ (*or* как паро́воз).
● *cpds* **~ bomb** *n* дымова́я бо́мба; **~screen** *n* (*lit, fig*) дымова́я заве́са; **~stack** *n* (дымова́я) труба́.
smokeless /ˈsməʊklɪs/ *adj* безды́мный; **~ zone** (*Br*) безды́мная городска́я зо́на.
smoker /ˈsməʊkə(r)/ *n* **1** (*person*) куря́щий; кури́льщи|к (*fem* -ца); **a heavy ~** зая́длый кури́льщик. **2** (*coll, carriage*) ваго́н для куря́щих.
smoking /ˈsməʊkɪŋ/ *n* (*of food*) копче́ние; (*of tobacco etc.*) куре́ние; **No S~** кури́ть воспреща́ется; не кури́ть; **I gave up ~** я бро́сил кури́ть.
● *cpds* **~ car** (*US*), **~ carriage** (*Br*), **~ compartment** *nn* ваго́н/купе́ (*indecl*) для куря́щих; **~ room** *n* кури́тельная (ко́мната).
smoky /ˈsməʊkɪ/ *adj* (**smokier, smokiest**) ды́мный; дымя́щийся; (*of colour*) ды́мчатый; (*blackened by smoke*) закопте́лый.
smolder /ˈsməʊldə(r)/ (*US*) = **smoulder**
smooch /smuːtʃ/ *vi* (*coll*) **1** (*kiss and cuddle*) обнима́ться, целова́ться, прижима́ться (*coll*), ти́скаться (*coll*) (*all impf*). **2** (*Br*) (*dance in close embrace*) обнима́ться, прижима́ться (*coll*) (*both impf*) в та́нце (*or* танцу́я).
smooth /smuːð/ *adj* **1** (*even, level*) гла́дкий, ро́вный; **a ~ chin** гла́дкий/бри́тый подборо́док; **a ~ road** ро́вная доро́га; **to take the rough with the ~** му́жественно встр|еча́ть, -е́тить невзго́ды; **a ~ sea** споко́йное мо́ре; **a ~ paste** те́сто без комко́в; **we had a ~ ride in the train** по́езд шёл ро́вно; **everything went off ~ly** всё прошло́ гла́дко (*or* без сучка́ без задо́ринки (*coll*)).
2 (*not harsh to ear or taste*): **~ breathing** ро́вное дыха́ние; **~ vodka** мя́гкая во́дка; **~ wine** нетёрпкое вино́.
3 (*of person*: *equable, unruffled*) обходи́тельный, любе́зный; (*suave*) гала́нтный; **~ manners** мя́гкие/любе́зные мане́ры; **he has a ~ tongue** он говори́т гла́дко; он ма́стер говори́ть; (*flattering*) льсти́вый; (*insinuating*) вкра́дчивый.
● *vt* **1** (*make level*) выра́внивать, вы́ровнять.
2 (*arrange neatly, flatten*) пригла́|живать, -дить.
3 (*make easy*) смягч|а́ть, -и́ть; **he ~ed the way for his successor** он расчи́стил путь для своего́ прее́мника.
● *with advs*: **~ away** *vt*: **he ~ed away our difficulties** он устрани́л на́ши тру́дности; **~ down** *vt*: **~ (down) one's dress** одёр|гивать, -нуть пла́тье; **he ~ed his hair down** он пригла́дил во́лосы; **~ off** *vt*: **~ off sharp edges** обт|а́чивать, -очи́ть о́стрые края́; **~ out** *vt*: **she ~ed out the folds in the tablecloth** она́ разгла́дила скла́дки на ска́терти; **~ over** *vt* смягч|а́ть, -и́ть; **~ things over** ула́|живать, -дить де́ло.
● *cpds* **~-bore** *adj* гладкостóльный; **~-faced** *adj* (*beardless*) безборо́дый; (*shaven*) чи́сто вы́бритый; (*ingratiating*; *also* **~-spoken**) вкра́дчивый; **~-tongued** *adj* сладкоречи́вый, льсти́вый.
smoothie /ˈsmuːðɪ/ *n* (*flatterer*) льстец.
smoothness /ˈsmuːðnɪs/ *n* гла́дкость.
smorgasbord /ˈsmɔːgəsˌbɔːd/ *n* шве́дский стол.
smote /sməʊt/ *past of* ⇒**smite**
smother /ˈsmʌðə(r)/ *vt* **1** (*suffocate*) души́ть, за-; **the princes were ~ed in the Tower** при́нцы бы́ли заду́шены в Та́уэре; **he was ~ed by fumes** он задохну́лся от испаре́ний; (*extinguish*): **~ a fire** туши́ть, по- ого́нь. **2** (*cover*): **the furniture was ~ed in dust** ме́бель была́ покры́та густы́м сло́ем пы́ли; **she ~ed the child with kisses** она́ осы́пала ребёнка поцелу́ями. **3** (*suppress, conceal*) подав|ля́ть, -и́ть; **~ing a yawn** подавля́я/сде́рживая зево́к; **they ~ed his cries** они́ заглуши́ли его́ кри́ки.
smoulder /ˈsməʊldə(r)/ (*US also* **smolder**) *vi* (*lit, fig*) тлеть (*impf*); **~ing leaves** тле́ющие ли́стья; **~ing hatred** затаённая не́нависть.
SMS (*abbr of* ***Short Message/Messaging Service***): **~ message** SMS/СМС-сообще́ние, (*coll*) SMS (*pr* эс-эм-э́с).
smudge /smʌdʒ/ *n* пятно́; **you have a ~ on your cheek** вы чем-то вы́мазали/испа́чкали щёку.
● *vt* (*blur*) сма́з|ывать, -ать; (*smear*) ма́зать, вы́-.
● *vi*: **the drawing ~s easily** рису́нок легко́ сма́зать.
smudgy /ˈsmʌdʒɪ/ *adj* (**smudgier, smudgiest**) запа́чканный.
smug /smʌg/ *adj* (**smugger, smuggest**) самодово́льный.
smuggle /ˈsmʌg(ə)l/ *vt* пров|ози́ть, -езти́ контраба́ндой; (*fig*) **he was ~d into the house** его́ тайко́м провели́ в дом; **I was able to ~ out a letter** мне удало́сь тайко́м вы́нести письмо́.
smuggler /ˈsmʌglə(r)/ *n* контрабанди́ст (*fem* -ка).
smuggling /ˈsmʌglɪŋ/ *n* контраба́нда.
smugness /ˈsmʌgnɪs/ *n* самодово́льство.
smut /smʌt/ *n* **1** (*soot*) са́жа; (*black mark*) чёрное пятно́. **2** (*obscenity*) непристо́йность, похабщи́на (*coll*).
smutty /ˈsmʌtɪ/ *adj* (**smuttier, smuttiest**): **~ face** гря́зное/запа́чканное лицо́; **~ joke** гря́зный/похаб́ный (*coll*) анекдо́т.
snack /snæk/ *n* заку́ска; **have a ~** переку́с|ывать, -и́ть.
● *cpd* **~ bar** *n* заку́сочная, буфе́т.
snaffle /ˈsnæf(ə)l/ *n* узде́чка, тре́нзель (*m*) (*приспособление в удилах*).
● *vt* (*coll*) (*appropriate*) ур|ыва́ть, -ва́ть (*coll*); (*steal*) стя́|гивать, -ну́ть (*coll*).
snafu /snæˈfuː/ *n* (*US coll*) неразбери́ха, пу́таница.
snag /snæg/ **1** (*obstacle*) препя́тствие; (*difficulty*) затрудне́ние; (*hidden*) загво́здка. **2** (*tear*) разры́в; (*in stocking*) затя́жка (*coll*).
● *vi* (**snagged, snagging**) (*catch against*) зацепи́ться (*pf*) за + *a*.
● *vt* (**snagged, snagging**) рвать, по-.
snail /sneɪl/ *n* ули́тка; **go at a ~'s pace** тащи́ться (*impf*) как черепа́ха; **~ mail** (*coll*) обы́чная по́чта, «ме́дленная по́чта», «черепа́шья по́чта» (*в противоположность электронной*).
snake /sneɪk/ *n* змея́; **grass ~** уж; **~ in the grass** (*fig*) змея́ подколо́дная.
● *vi* (*crawl*) ползти́ (*det*); (*wind*) извива́ться (*impf*); **the road ~s through the mountains** доро́га извива́ется ме́жду гор.
● *cpds* **~bite** *n* уку́с змей; змеи́ный уку́с; **~ charmer** *n* заклина́тель (*m*) змей.
snap /snæp/ *n* **1** (*noise*) щелчо́к, щёлканье; **the box shut with a ~** коро́бка защёлкнулась; (*of sth breaking*) треск; (*bite*): **the dog made a ~ at him** соба́ка пыта́лась его́ укуси́ть.
2 (*fastener*) кно́пка.
3 (*coll, photograph*) сни́мок; **take a ~ of** сн|има́ть, -ять.
4 (*spell*): **a cold ~** внеза́пное похолода́ние.
● *adj*: **~ decision** внеза́пное реше́ние; **~ election** внеочередны́е вы́боры (*mpl*).
● *vt* (**snapped, snapping**)
1 (*make* **~ping** *noise with*) щёлк|ать, -нуть + *i*; **he ~ped his fingers in my face** он щёлкнул па́льцами пе́ред мои́м но́сом.
2 (*break*) разл|а́мывать, -ома́ть; **he ~ped the stick in two** он разлома́л па́лку на́двое.
3 (*coll, photograph*) сн|има́ть, -ять.
● *vi* (**snapped, snapping**)

S

1 (*make biting motion*): **~ at** огрыз|áться, -нýться на + *a*; (*speak sharply*) грубить, на- (**at:** + *d*); **don't ~ at me!** не грубите (мне)!
2 (*make ~ping sound*) щёлк|ать, -нуть; (*of fastener*) защёлк|иваться, -нуться.
3 (*break*) трéснуть, сломáться (*both pf*); **the rope ~ped** верёвка оборвалáсь.
4 (*move smartly*): **~ out of it!** (*coll*) брось!;
● *with advs*: **~ down** *vt*: **he ~ped the lid down** он защёлкнул/захлóпнул крышку; **~ off** *vt* & *i* (*break off*) отл|áмывать(ся), -омáть(ся), -омúть(ся); **~ s.o.'s head off** (*coll*) набр|áсываться, -óситься на когó-н.; **~ up** *vt* (*snatch*) хватáть, схватúть; сцáпать (*pf*) (*coll*); (*buy eagerly*) расхвáт|ывать, -áть; **the tickets were ~ped up straight away** билéты тут же расхватáли.
● *cpds* **~dragon** *n* львиный зев; **~ fastener** *n* кнóпка; **~shot** *n* (любительский) снúмок.

snapper /ˈsnæpə(r)/ *n* (*zool*) луциáн.

snappish /ˈsnæpɪʃ/ *adj* раздражúтельный; (*of dog*) злой, кусáчий (*coll*).

snappy /ˈsnæpɪ/ *adj* (**snappier, snappiest**) (*brisk*) живóй; **make it ~!** жúво!; (по)живéе!; (*coll, neat, elegant*) шикáрный.

snare /sneə(r)/ *n* (*noose*) силóк; (*trap*) западня, ловýшка; **lay/set a ~ for s.o.** стáвить, по- ловýшку комý-н.; **be caught in a ~** поп|адáть, -áсть в ловýшку.
● *vt* ловúть, поймáть в западню/ловýшку.
● *cpd* **~ drum** *n* барабáн со стрýнами.

snarl¹ /snɑːl/ *n* (*growl*) рычáние; **he answered with a ~** он зарычáл в отвéт.
● *vt* & *i* рычáть, за-.

snarl² /snɑːl/ *n* (*tangle*) спýтанный клубóк.
● *vt* запýт|ывать, -ать; (*fig*): **the arrangements were ~ed up** всё бы́ло перепýтано.

snatch /snætʃ/ *n* **1** (*act of ~ing*): **make a ~ at sth** хватáться, схватúться за что-н.
2 (*short spell*): **sleep in ~es** спать (*impf*) урывками.
3 (*fragment*) обрывок, отрывок; **I overheard ~es of their conversation** я подслýшал обрывки их разговóра.
● *vt* **1** (*seize*) хватáть, схватúть; **~ sth from s.o.** вырывáть, вы́рвать что-н. у когó-н.; **~ sth out of s.o.'s hands (***or* **away from s.o.)** выхвáтывать, вы́хватить (*or* вырывáть, вы́рвать) что-н. у когó-н. (из рук); **don't ~!** не хватáй!; **~ an opportunity** воспóльзоваться (*pf*) слýчаем; **~ a kiss** сорвáть (*pf*) поцелýй; **she ~ed up her handbag** онá схватúла свою сýмочку.
2 (*obtain with difficulty*) ур|ывáть, -вáть (*coll*); **we ~ed a hurried meal** мы нáскоро перекусúли; **I managed to ~ a few hours' sleep** мне удалóсь урвáть нéсколько часóв сна.
● *vi* хватáть (*impf*); **~ at sth** хватáться, схватúться за что-н.

snazzy /ˈsnæzɪ/ *adj* (**snazzier, snazziest**) (*coll*) шикáрный, эффéктный.

sneak /sniːk/ *n* подлéц; (*Br, in school*) я́беда (*cg*).
● *vt* (*past and pp* **sneaked** *or US coll* **snuck**) тащúть, с-; **~ a look at sth** взглянýть (*pf*) на что-н. укрáдкой.
● *vi* (*past and pp* **sneaked** *or US coll* **snuck**) **1** (*creep, move silently*) крáсться (*impf*); **~ into a room** прокрá|дываться, -сться в кóмнату; **~ out of a room** выскáльзывать, вы́скользнуть из кóмнаты; **he ~ed off round the corner** он скры́лся за углóм. **2** (*Br, tell tales*): **~ on s.o.** я́бедничать, на- на когó-н.
● *cpd* **~ thief** *n* мéлкий вор, вори́шка (*m*).

sneakers /ˈsniːkəz/ *n* (*US*) кроссóвки (*f pl*); (*canvas*) полукéд|ы (*pl, g* -ов/—).

sneaking /ˈsniːkɪŋ/ *adj* (*furtive*): **he gave her a ~ glance** он укрáдкой взглянýл на неё; (*persistent, lingering*): **~ feeling** смýтное/тáйное подозрéние.

sneaky /ˈsniːkɪ/ *adj* **1** (*person*) хúтрый. **2** = **sneaking**

sneer /snɪə(r)/ *n* (*contemptuous smile*) презрúтельная усмéшка; (*taunt*) глумлéние.
● *vi* усмех|áться, -нýться; **~ at** насмехáться (*impf*) над + *i*; (*in words*) глумúться (*impf*) над + *i*; **a ~ing voice** насмéшливый/ехúдный гóлос.

sneerer /ˈsnɪərə(r)/ *n* насмéшни|к (*fem* -ца).

sneeze /sniːz/ *n* чихáнье; (*coll*) чих.
● *vi* чих|áть, -нýть; **£500 is not to be ~d at** 500 фýнтов — не шýтка.

snick /snɪk/ *n* (*notch*) зарýбка; (*cut*) надрéз.

snicker /ˈsnɪkə(r)/ *n* (*whinny*) ржáние; (*snigger*) хихúканье.
● *vi* ржать (*impf*); хихúк|ать, -нуть.

snide /snaɪd/ *adj* (*coll*) ехúдный.

sniff /snɪf/ *n* (*inhalation*) вдох; **take a ~ at/of sth** нюхать, по- что-н.; **give a ~** (*of contempt*) фы́рк|ать, -нуть; (*to stop nose running etc.*) шмы́г|ать, -нýть (нóсом).
● *vt* (*inhale*) вд|ыхáть, -охнýть; (*smell at*) нюхать, по-.
● *vi* **1** (*because of tears, cold, etc.*) шмы́г|ать, -нýть (нóсом) (*coll*); (*in contempt*) фы́рк|ать, -нуть. **2**: **~ at** нюхать, по-; пренебр|егáть, -éчь (+ *i*); **the offer is not to be ~ed at** такúм предложéнием нельзя́ пренебрегáть.

sniffle /ˈsnɪf(ə)l/ *n* сопéние; (*in pl*) нáсморк.
● *vi* шмы́г|ать, -нýть (нóсом).

sniffy /ˈsnɪfɪ/ *adj* (**sniffier, sniffiest**) (*coll*) (*contemptuous*) презрúтельный; (*disdainful*) недовóльный.

snigger /ˈsnɪgə(r)/ *n* хихúканье.
● *vi* хихúк|ать, -нуть.

snip /snɪp/ *n* (*act of ~ping*) рéзание; (*piece cut off*) обрéзок; кусóк; (*Br coll, bargain*) (больша́я) удáча.
● *vt* (**snipped, snipping**) (*clip, trim*) подр|езáть, -éзать; (*cut*): **~ out a piece of cloth** вырезáть, вы́резать кусóк матéрии; **~ off a bud** ср|езáть, -éзать пóчку.

snipe¹ /snaɪp/ *n* (*pl* **~** *or* **~s**) (*bird*) бекáс.

snip|e² /snaɪp/ *vi* (*mil*) стрелять (*impf*) из укрытия; (*fig*): **he is always ~ing at the Church** он всегдá нападáет на цéрковь.

sniper /ˈsnaɪpə(r)/ *n* снáйпер.

snippet /ˈsnɪpɪt/ *n* (*of material*) лоскýт, лоскутóк; (*in pl, of news etc.*) обры́вки (*m pl*).

snitch /snɪtʃ/ *vt* (*coll, filch*) стúбрить, стянýть (*both pf*) (*coll*); **~ on** (*inform on*) дон|осúть, -ести на + *a*.

snivel /ˈsnɪv(ə)l/ *vi* (**snivelled, snivelling;** *US* **sniveled, sniveling**) (*run at the nose*) распус|кáть, -тúть сóпли; (*whine*) хны́кать (*impf*); распус|кáть, -тúть нюни (*coll*).

sniveller /ˈsnɪv(ə)lə(r)/ *n* ны́тик.

snob /snɒb/ *n* сноб.

snobbery /ˈsnɒbərɪ/ *n* снобúзм.

snobbish // *adj* снобúстский.

snobbishness /ˈsnɒbɪʃnɪs/ *n* снобúзм.

snog /snɒg/ *vi* (**snogged, snogging**) (*Br coll*) лизáться (*impf, coll*).

snood /snuːd/ *n* (*hairnet*) сéтка (для волóс).

snook /snuːk/ *n* (*Br*): **cock a ~ at** покáз|ывать, -áть длúнный нос + *d*.

snooker /ˈsnuːkə(r)/ *n* снýкер (*игра на бильярде*).
● *vt* (*sl, defeat*) разб|ивáть, -úть, громúть, раз-.

snoop /snuːp/ *vi* (*coll*) подгл|я́дывать, -ядéть (*or* подсм|áтривать, -отрéть) чужúе тáйны; совáть (*impf*) нос в чужúе делá.

snooper /ˈsnuːpə(r)/ *n*: **he is such a ~** он вéзде суёт нос.

snooty /ˈsnuːtɪ/ *adj* (**snootier, snootiest**) (*coll*) надýтый, зазнáвшийся.

snooze /snuːz/ (*coll*) *n*: **have, take a ~** вздремнýть (*pf*); всхрапнýть (*pf*) (*joc*).
● *vi* дремáть (*impf*).

snore /snɔː(r)/ *n* храп.
● *vi* храпéть, за-; всхрапнýть (*pf*).

snorer /ˈsnɔːrə(r)/ *n* храпýн (*fem* -ья).

snorkel /ˈsnɔːk(ə)l/ *n* (дыхáтельная) трýбка (*для подводного плавания*).

snorkelling /ˈsnɔːkəlɪŋ/ (*US* **snorkeling**) *n* подвóдное плáвание с дыхáтельной трýбкой.

snort /snɔːt/ *n* фы́рканье.
● *vi* фы́рк|ать, -нуть.

snot /snɒt/ *n* (*vulg*) сóпли (*f pl*).

snotty /ˈsnɒtɪ/ *adj* (**snottier, snottiest**) (*vulg*, **~**-*nosed* сопли́вый; (*coll, superior*) высокомéрный.

snout /snaʊt/ *n* (*of animal*) мóрда; (*of pig, fish*) ры́ло.

snow /snəʊ/ *n* снег; **there was a fall of ~** вы́пал снег; **the roads are deep in ~** дорóги бы́ли покры́ты глубóким снéгом; **S~ Maiden** Снегýрочка.
● *vi*: **it is ~ing** идёт снег.
● *with advs*: **~ in, ~ up** *vvt*: **the road is ~ed up** дорóгу занеслó снéгом; **we were ~ed in** наш дом занеслó снéгом; **~ under** *vt* (*fig*): **I was ~ed**

under with letters я был зава́лен пи́сьмами; **we are ~ed under with work** мы зава́лены рабо́той.

● *cpds* **~ball** *n* снежо́к; *vi* игра́ть (*impf*) в снежки́; (*fig, increase*) расти́ (*impf*) как сне́жный ком; **~-blind** *adj* ослеплённый сверка́ющим сне́гом; **be ~-blind** страда́ть (*impf*) сне́жной слепото́й; **~-blindness** *n* сне́жная слепота́; **~board** *n* сноубо́рд; **~boarding** *n* сноубо́рдинг; **~ boots** *n pl* (тёплые) бо́ты (*m pl*); **~bound** *adj* (*of person*): **they were ~bound** (*in car, house, etc.*) они́ попа́ли в сне́жный зано́с; они оказа́лись в сне́жном плену́ (*or* в сне́жных зано́сах); (*of place*) занесённый сне́гом; **~-capped, ~-clad, ~-covered** *adjs* покры́тый сне́гом; **~drift** *n* сугро́б; **~drop** *n* подсне́жник; **~fall** *n* снегопа́д; **~field** *n* сне́жное по́ле; **~flake** *n* снежи́нка; (*in pl, large*) (сне́жные) хло́пья; **~ gauge** *n* снегоме́р; **~ goggles** *n pl* сне́жные очк|и́ (*pl, g* -о́в); **~ leopard** *n* сне́жный барс, и́рбис; **~ line** *n* снегова́я ли́ния; **~man** *n* сне́жная ба́ба, снегови́к; **~mobile** *n* (*with runners*) мотоса́н|и, аэроса́н|и (*pl, g* -е́й); (*with caterpillar tracks*) снегохо́д; **~plough** *n* снегоубо́рочная маши́на; **~shoes** *n pl* снегосту́пы (*m pl*); **~storm** *n* мете́ль, вью́га; **~-white** *adj* белосне́жный; **S~ White** Белосне́жка.

snowy /ˈsnəʊɪ/ *adj* (**snowier, snowiest**) **1**: **~ roofs** заснéженные кры́ши; **~ weather** сне́жная пого́да. **2** (*white*): **~ hair** белосне́жные во́лосы; **~ owl** бе́лая/поля́рная сова́.

Snr /ˈsiːnɪə(r)/ *n* (*abbr of* ***Senior***) ст. (ста́рший).

snub¹ /snʌb/ *n* (*rebuff*) оскорбле́ние (**to:** + *g*); выраже́ние пренебреже́ния/неуваже́ния (**to:** к + *d*).

● *vt* (**snubbed, snubbing**) (*rebuff*) отв|ерга́ть, -е́ргнуть с презре́нием; ре́зко отказа́ть (*кому*) (*pf*); (*ignore*) игнори́ровать (*impf, pf*), про- (*pf*).

snub² /snʌb/ *adj*: **~ nose** вздёрнутый нос.

● *cpd* **~-nosed** *adj* курно́сый.

snuck /snʌk/ *US coll past and pp of* **⇒sneak**

snuff¹ /snʌf/ *n* ню́хательный таба́к; **pinch of ~** поню́шка; **take ~** ню́хать, по- таба́к.

● *cpd* **~box** *n* табаке́рка.

snuff² /snʌf/ *vt* (*also* **~ out**) туши́ть, по-; (*fig*) гаси́ть, по-; **~ it** (*Br sl, die*) загну́ться (*pf*), дать (*pf*) ду́ба (*sl*).

snuffle /ˈsnʌf(ə)l/ *n* сопе́ние; **I have the ~s** (*coll*) у меня́ из но́са (*or* и́з носу) течёт; у меня́ на́сморк.

● *vi* сопе́ть (*impf*).

snug /snʌg/ *adj* (**snugger, snuggest**) (*cosy*) ую́тный; (*close-fitting*): **a ~ jacket** облега́ющий пиджа́к.

snuggle /ˈsnʌg(ə)l/ *vi*: **~ down in bed** свёр|тываться, -ну́ться в посте́ли; **~ up to s.o.** приж|има́ться, -а́ться к кому́-н.

so¹ /səʊ/ *n* (*mus*) = **so(h)**

so² /səʊ/ *adv* **1** так; **is that ~?** э́то так?; (э́то) пра́вда?; **~ it is (~ I am** *etc.***)!** действи́тельно!; (и) в са́мом де́ле!; **isn't that ~?** не так ли?; не пра́вда ли?; **that being ~** раз так; **I'm ~ glad to see you** я так рад вас ви́деть; **would you be ~ kind as to visit her?** бу́дьте так добры́, навести́те её; **he is not ~ silly as to ask her** он не насто́лько глуп, что́бы проси́ть её; **he was ~ overworked that ...** он был так до тако́й сте́пени загру́жен рабо́той, что...; **not ~ very ...** не так уж...; **it is ever ~ easy** э́то про́ще просто́го (*or* так легко́); **every ~ often** вре́мя от вре́мени; **~ be it!** пусть бу́дет так!; **~ far** (*up to now*) до сих пор, пока́; **~ far as I know** наско́лько я зна́ю; **~ far ~ good** пока́ всё хорошо́; **and ~ forth, on** и так да́лее; **just ~** вот и́менно!; ве́рно!; (*in good order*) как на́до; **~ long!** (*au revoir*) пока́! (*coll*); **~ long as** (*provided that*) е́сли то́лько; **~ many** сто́лько + *g*, так мно́го + *g*; **thank you ~ much!** большо́е (вам) спаси́бо!; **(at) ~ much per person** по сто́льку-то с челове́ка; **~ much for his advice** вот и весь его́ сове́т!; **~ much ~ that** насто́лько, что; **~ much the worse/better** тем ху́же/лу́чше; **he is not ~ much discontented as unsatisfied** он скоре́е неудовлетворён, чем недово́лен; **he left without ~ much as a nod** он ушёл, да́же не кивну́в голово́й (на проща́ние); **~ to say, speak** так сказа́ть; **~ what** ну и что?

2 (*also*) то́же; **(and) ~ do I** и я то́же.

3 (*consequently, accordingly*) поэ́тому, так что; ита́к, зна́чит; **he is ill, (and) ~ he can't come** он нездоро́в, поэ́тому не мо́жет прийти́; **~ you did see him after all** зна́чит/ита́к, вы всё-таки его́ ви́дели; **it was late, ~ I went home** бы́ло по́здно, и (поэ́тому) я пошёл домо́й.

4 (*that the foregoing is true or will happen*): **I suppose/hope ~** я ду́маю/наде́юсь, что да; **do you think ~?** вы так ду́маете?

5: **~ as to** (*in order to*) для того́, что́бы; (*in such a way as to*) так, что́бы.

6 (*thereabouts*): **there were 100 or ~ people there** там бы́ло приме́рно сто челове́к (*or* о́коло ста челове́к).

● *cpds* **~-and-~** *pron* (*person*) тако́й-то; **he's a mean old ~-and-~** он невероя́тный скря́га; **~-called** *adj* так называ́емый; **~-so** *adj & adv* ничего́; та́к себе.

soak /səʊk/ *n* **1** (**~ing**): **give the clothes a thorough ~!** замочи́те бельё как сле́дует!

2 (*sl, hard drinker*) пья́ница (*cg*); алка́ш (*fem* -ка) (*sl*).

● *vt* **1** (*wet*) зам|а́чивать, -очи́ть; выма́чивать, вы́мочить; **she ~s the laundry overnight** она́ зама́чивает бельё на́ ночь; (*steep*): **he ~ed his bread in milk** он разма́чивал хлеб в молоке́.

2 (*wet through*): **the shower ~ed me to the skin** дождь промочи́л меня́ наскво́зь (*or* до ни́тки).

● *vi* **1** (*remain immersed*) мо́кнуть (*impf*). **2** (*drain, percolate*) впит|ываться, -а́ться; прос|а́чиваться, -очи́ться; **the rain ~ed into the ground** дождь пропита́л по́чву; **the water ~ed through my shoes** вода́ просочи́лась мне в ту́фли.

● *with advs*: **~ off** *vt*: **~ off dirt** отм|а́чивать, -очи́ть грязь; **~ up** *vt* (*lit, fig*) впит|ывать, -а́ть.

soaking /ˈsəʊkɪŋ/ *n*: **he got a ~** он здо́рово промо́к.

● *adj & adv*: **you are ~ (wet)** вы промо́кли наскво́зь; **it was a ~ (wet) day** весь день ли́ло (как из ведра́).

soap /səʊp/ *n* мы́ло; **cake, tablet of ~** кусо́к мы́ла.

● *vt* мы́лить, на-; **~ o.s.** намы́ли|ваться, -ться.

● *cpds* **~ box** *n* мы́льница (с кры́шкой); **~box** *n* (*platform*) импровизи́рованная трибу́на; **~box orator** у́личный ора́тор; **~ bubble** *n* мы́льный пузы́рь; **~ dish** *n* мы́льница; **~ flakes** *n pl* мы́льные хло́пь|я (*pl, g* -ев); **~ opera** *n* мы́льная о́пера, телесериа́л; **~ powder** *n* стира́льный порошо́к; **~stone** *n* мы́льный ка́мень, стеати́т; **~suds** *n pl* мы́льная пе́на; **~ works** *n pl* мылова́ренный заво́д.

soapy /ˈsəʊpɪ/ *adj* (**soapier, soapiest**) **1** (*covered with soap*) мы́льный, намы́ленный. **2** (*resembling, containing, consisting of soap*) мы́льный.

soar /sɔː(r)/ *vi* **1** (*of birds*) высоко́ взлет|а́ть, -е́ть; взмы|ва́ть, -ть; воспар|я́ть, -и́ть. **2** (*fig*): **~ing ambition** непоме́рное честолю́бие; **her spirits ~ed** она́ испыта́ла душе́вный подъём. **3** (*of prices*) (ре́зко) пов|ыша́ться, -ы́ситься. **4** (*of mountains, buildings*) возвыша́ться (*impf*). **5** (*of glider*) пари́ть (*impf*).

s.o.b. (*abbr of* ***son of a bitch***) (*US*) су́кин сын (*vulg*).

sob /sɒb/ *n* всхлип, всхли́пывание.

● *vt* (**sobbed, sobbing**): **~ one's heart out** рыда́ть (*impf*); го́рько пла́кать (*impf*); **she ~bed herself to sleep** она́ пла́кала, пока́ не усну́ла.

● *vi* (**sobbed, sobbing**) всхли́п|ывать, -нуть.

● *cpd* **~ story** *n* (*coll*) душещипа́тельная исто́рия.

sober /ˈsəʊbə(r)/ *adj* (**soberer, soberest**) **1** (*not drunk, temperate*) тре́звый. **2** (*not fanciful*) здра́вый, тре́звый; **a man of ~ judgement** челове́к тре́звого ума́. **3** (*of colour*) споко́йный; **she is ~ly dressed** она́ небро́ско оде́та.

● *vt* (*usu* **~ up**) отрезв|ля́ть, -и́ть; вытрезвля́ть, вы́трезвить; **this had a ~ing effect on them** э́то поде́йствовало на них отрезвля́юще; **~ing-up station** вытрезви́тель (*m*).

● *vi* трезве́ть, о-; **~ up** протрезв|ля́ться, -и́ться.

● *cpd* **~-minded** *adj* рассуди́тельный.

sobriety /səˈbraɪɪtɪ/ *n* тре́звость.

so|briquet /ˈsəʊbrɪˌkeɪ/, **sou-** /ˈsuːbrɪˌkeɪ/ *n* про́звище, кли́чка.

soccer /ˈsɒkə(r)/ *n* футбо́л; **~ fan** футбо́льный боле́льщик; **~ match** футбо́льный матч; **~ player** футболи́ст.

S

sociability /ˌsəʊʃəˈbɪlɪtɪ/ *n* общи́тельность.
sociable /ˈsəʊʃəb(ə)l/ *adj* общи́тельный, компане́йский (*coll*).
social /ˈsəʊʃ(ə)l/ *n* вечери́нка.
● *adj* **1** (*pertaining to the community*) обще́ственный, социа́льный; **~ contract** обще́ственный догово́р; **S~ Democrat** социа́л-демокра́т; **~ sciences** обще́ственные нау́ки; **~ security** (*system*) социа́льное обеспе́чение; (*money received*) посо́бие; **he's on ~ security** он получа́ет посо́бие; **~ services** систе́ма социа́льного обеспе́чения; **~ worker** социа́льный рабо́тник. **2** (*pertaining to ~ relationships*): **one's ~ equals** социа́льно ра́вные. **3** (*convivial*): **~ gathering** дру́жеская встре́ча; **~ evening** вечери́нка; **I have met him ~ly** я встреча́лся с ним в о́бществе.
● *cpd* **~-democratic** *adj* социа́л-демократи́ческий.
socialism /ˈsəʊʃəˌlɪz(ə)m/ *n* социали́зм.
socialist /ˈsəʊʃəlɪst/ *n* социали́ст (*fem* -ка).
● *adj* социалисти́ческий.
socialite /ˈsəʊʃəˌlaɪt/ *n* све́тская знамени́тость.
socialization /ˌsəʊʃəlaɪˈzeɪʃ(ə)n/ *n* социализа́ция; обобществле́ние.
socialize /ˈsəʊʃəˌlaɪz/ *vt* обобществ|ля́ть, -и́ть; **~d medicine** (*US*) госуда́рственное медици́нское обслу́живание.
● *vi* (*coll, go about socially*) вести́ (*impf*) све́тский о́браз жи́зни; (*maintain social relations*) подде́рживать (*impf*) све́тское обще́ние (с кем-н.).
society /səˈsaɪətɪ/ *n* о́бщество; (*association*) о́бщество, объедине́ние, организа́ция; (*club*) клуб, кружо́к; **high ~** вы́сшее о́бщество; **S~ of Friends** «О́бщество друзе́й», ква́керы (*m pl*).
socio-economic /ˌsəʊsɪəʊˌiːkəˈnɒmɪk/ *adj* социа́льно-экономи́ческий.
sociological /ˌsəʊsɪəˈlɒdʒɪk(ə)l, ˌsəʊʃɪ-/ *adj* социологи́ческий.
sociologist /ˌsəʊsɪˈɒlədʒɪst, ˌsəʊʃɪ-/ *n* социо́лог.
sociology /ˌsəʊsɪˈɒlədʒɪ, ˌsəʊʃɪ-/ *n* социоло́гия.
sock¹ /sɒk/ *n* **1** (*short stocking*) носо́к; **pull up one's ~s** (*lit*) подтя́|гивать, -ну́ть носки́; (*fig*) взять (*pf*) себя́ в ру́ки, подтяну́ться (*pf*); **put a ~ in it** (*Br*) заткну́ться (*pf*) (*sl*); **ankle ~s** носки́ (*m pl*); **knee ~s** го́льфы (*m pl*). **2** (*inner sole*) сте́лька.
sock² /sɒk/ (*sl*) *n* (*blow*) уда́р; **give s.o. a ~ on the nose** да|ва́ть, -ть кому́-н. по́ носу.
● *vt*: **I ~ed him in the jaw** я дал ему́ в мо́рду (*sl*).
socket /ˈsɒkɪt/ *n* **1** (*anat*) впа́дина; **eye ~** глазна́я впа́дина, глазни́ца; **wrench s.o.'s arm out of its ~** вывора́чивать, вы́вернуть кому́-н. ру́ку. **2** (*for plug*) розе́тка; (*slot for connecting electrical device*) разъём; (*for bulb*) патро́н.
socle /ˈsəʊk(ə)l/ *n* цо́коль (*m*).

Socratic /səˈkrætɪk/ *adj* сокра́товский; **~ method** сократи́ческий ме́тод.
sod¹ /sɒd/ *n* дёрн.
sod² /sɒd/ (*Br*) *n* (*sl*) сво́лочь (*f*); **silly ~** идио́т; **S~'s Law** зако́н по́длости, зако́н бутербро́да.
● *vi* (**sodded, sodding**) **~ off**: **I told him to ~ off** я его́ посла́л; **~ off!** иди́ на́ фиг!
soda /ˈsəʊdə/ *n* **1** (*chem*) со́да; углеки́слый на́трий; **baking ~** пищева́я/хле́бная со́да; **washing ~** стира́льная/кристалли́ческая со́да. **2** (**~ water**) со́довая (вода́); газиро́ванная вода́, газиро́вка (*coll*).
● *cpds* **~ bread** *n* хлеб, вы́печенный на со́де; **~ fountain** *n* (*US*) (*machine*) сатура́тор; (*counter*) сто́йка для приготовле́ния и/и́ли прода́жи газиро́ванной воды́; **~ siphon** *n* сифо́н (для газиро́ванной воды́); **~ water** *n* со́довая (вода́); газиро́ванная вода́, газиро́вка (*coll*).
sodden /ˈsɒd(ə)n/ *adj* (*drenched*) промо́кший; (*steeped*) пропи́танный.
sodium /ˈsəʊdɪəm/ *n* на́трий.
sodomite /ˈsɒdəˌmaɪt/ *n* мужело́жец, содоми́т.
sodomy /ˈsɒdəmɪ/ *n* мужело́ж(е)ство, содоми́я; (*bestiality*) скотоло́ж(е)ство.
sofa /ˈsəʊfə/ *n* дива́н. **~ bed** дива́н-крова́ть.
Sofia /ˈsəʊfɪə/ *n* Софи́я.
soft /sɒft/ *adj* **1** мя́гкий; **~ colour** нея́ркий цвет; **~ cover** (*of book*) мя́гкий переплёт; **~ goods** (*Br*) тексти́льные изде́лия; **~ furnishings** (*Br*) оби́вочные материа́лы (*m pl*), драпиро́вки (*f pl*); **a ~ light** мя́гкий свет; **~ palate** мя́гкое нёбо, нёбная занаве́ска; **~ toy** мя́гкая игру́шка; **~ water** мя́гкая вода́; **~ drink** безалкого́льный напи́ток; **~ drugs** лёгкие нарко́тики; **~ fruit** (*Br*) я́года; **~ pedal** ле́вая педа́ль; **~** (*gentle*) **voice** мя́гкий/не́жный го́лос; **~** (*low-pitched*) **voice** ти́хий го́лос; **~ sign** (*gram*) мя́гкий знак.
2 (*gentle, compassionate*) мя́гкий; отзы́вчивый; **have a ~ spot for s.o.** пита́ть (*impf*) сла́бость к кому́-н.; (*indulgent*) мя́гкий, нестро́гий; **she is too ~ with her children** она́ недоста́точно строга́ с детьми́.
3 (*flabby*) дря́блый.
4 (*coll, easy*): **he has a ~ job** у него́ лёгкая рабо́та.
5 (*coll, ~ in the head, stupid*) глупова́тый.
6: **~ currency** неконверти́руемая валю́та.
7 (*phot*) неконтра́стный.
● *cpds* **~-boiled** *adj*: **~-boiled egg** яйцо́ всмя́тку; **~-headed** *adj* глупова́тый; **~-hearted** *adj* мягкосерде́чный; **~-pedal** *vt* (*fig*) смягч|а́ть, -и́ть; **~-soap** *vt* (*coll*) льстить (*impf*) + *d*; **~-spoken** *adj* с мя́гким го́лосом; ти́хий; **~ware** *n* (*comput*) програ́ммное обеспе́чение; **~wood** *n* мя́гкая древеси́на.
soften /ˈsɒf(ə)n/ *vt* смягч|а́ть, -и́ть; (*of voice*) пон|ижа́ть, -и́зить.
● *vi* смягч|а́ться, -и́ться.
● *with adv*: **~ up** *vt*: **~ s.o. up** (*fig*) осл|абля́ть, -а́бить чьё-н. сопротивле́ние.
softener /ˈsɒf(ə)nə(r)/ *n* (*for water etc.*) умягчи́тель (*m*).
softie, softy /ˈsɒftɪ/ *n* (*coll*) (*soft-hearted person*) мя́гкий челове́к; (*weak person*) тря́пка, слаба́к.
softness /ˈsɒftnɪs/ *n* мя́гкость.
softy /ˈsɒftɪ/ = **softie**
soggy /ˈsɒgɪ/ *adj* (**soggier, soggiest**) сыро́й, вла́жный; **~ pastry** пло́хо пропечённое те́сто; **~ ground** сыра́я/отсыре́вшая земля́.
so(h) /səʊ/ *n* (*mus*) пя́тая но́та мажо́рный га́ммы; (*the note G*) соль (*nt indecl*).
soil¹ /sɔɪl/ *n* **1** (*earth*) по́чва; **~ science** почвове́дение. **2** (*fig, country*) земля́; **on foreign ~** на чужо́й земле́.
soil² /sɔɪl/ *vt* па́чкать, за-/ис-/вы́-; **~ed linen** гря́зное бельё.
● *cpd* **~ pipe** *n* канализацио́нная труба́.
soirée /ˈswɑːreɪ/ *n* зва́ный ве́чер, суаре́ (*indecl*).
sojourn /ˈsɒdʒ(ə)n, -dʒəːn, ˈsʌ-/ (*literary*) *n* (вре́менное) пребыва́ние.
● *vi* пребыва́ть, (вре́менно) жить, прожива́ть (*all impf*).
solace /ˈsɒləs/ *n* утеше́ние, отра́да.
● *vt* ут|еша́ть, -е́шить.
solar /ˈsəʊlə(r)/ *adj* со́лнечный; **~ flare** протубера́нец; **~ panel** со́лнечная батаре́я; **~ plexus** со́лнечное сплете́ние; **~ system** Со́лнечная систе́ма.
solari|um /səˈleərɪəm/ (*pl* **~ums** *or* **~a**) *n* соля́рий.
sold /səʊld/ *past and pp of* ⇒**sell**
solder /ˈsəʊldə(r), ˈsɒ-/ *n* припо́й.
● *vt* пая́ть (*impf*); **~ sth to sth** припа́|ивать, -я́ть что-н. к чему́-н.; **~ together** спа́|ивать, -я́ть; **~ing iron** пая́льник.
soldier /ˈsəʊldʒə(r)/ *n* солда́т; (*literary*) бое́ц, боре́ц; **play at ~s** игра́ть (*impf*) в солда́тики; **toy ~s** оловя́нные солда́тики; **the Unknown S~** Неизве́стный Солда́т; **~ of fortune** (*mercenary*) наёмник; **private ~** рядово́й, бое́ц; **a great ~** вели́кий полково́дец.
● *vi* служи́ть (*impf*) (в а́рмии); **~ on** (*fig, persevere doggedly*) не сдава́ться (*impf*).
soldierly /ˈsəʊldʒəlɪ/ *adj* солда́тский; (*military*) вое́нный; **in a ~ manner** по-солда́тски.
soldiery /ˈsəʊldʒərɪ/ *n* солда́ты (*m pl*); солдатня́ (*pej*).
sole¹ /səʊl/ *n* (*pl* **~**) (*fish*) морско́й язы́к (*род камбалы*).
sole² /səʊl/ *n* (*of foot*) ступня́, подо́шва (*coll*); (*of shoe*) подо́шва, подмётка.
● *vt* подб|ива́ть, -и́ть/ста́вить, по- подмётку на (+ *a*).
sole³ /səʊl/ *adj* (*only*) еди́нственный; **~ agent** еди́нственный представи́тель; (*exclusive*) исключи́тельный.
solecism /ˈsɒlɪˌsɪz(ə)m/ *n* (*of language*) солеци́зм; гру́бая (языкова́я) оши́бка; (*of behaviour*) гру́бая вы́ходка, гру́бость.

solely /'səʊllɪ/ *adv* то́лько, еди́нственно, исключи́тельно; **he is ~ responsible** отве́тственность лежи́т на нём одно́м.

solemn /'sɒləm/ *adj* торже́ственный; (*serious*) серьёзный, ва́жный; **he put on a ~ face** он сде́лал серьёзное лицо́.

solemnity /sə'lemnɪtɪ/ *n* торже́ственность; (*gravity*) ва́жность; (*of appearance*) серьёзность.

solemnization /sɒləmnaɪ'zeɪʃ(ə)n/ *n* пра́зднование; **~ of marriage** церемо́ния бракосочета́ния; венча́ние.

solemnize /'sɒləm,naɪz/ *vt* (*perform*) соверш|а́ть, -и́ть; (*celebrate*) пра́здновать, от-; торже́ственно отм|еча́ть, -е́тить.

solenoid /'səʊlə,nɔɪd, 'sɒl-/ *n* солено́ид.

sol-fa /'sɒlfɑː/ *n* сольфе́джио (*indecl*).

soli /'səʊlɪ/ *pl of* ⇒**solo**

solicit /sə'lɪsɪt/ *vt* (**solicited, soliciting**) **1** (*petition, importune*): **~ s.o.'s help** проси́ть, по- кого́-н. о по́мощи. **2** (*ask for*): **~ favours of s.o.** выпра́шивать (*impf*) у кого́-н. ми́лости. **3** (*accost*) прист|ава́ть, -а́ть к + *d*.

● *vi* (**solicited, soliciting**) (*of prostitute*) пристава́ть (*impf*) к мужчи́нам.

solicitation /sə,lɪsɪ'teɪʃ(ə)n/ *n* про́сьба, хода́тайство.

solicitor /sə'lɪsɪtə(r)/ *n* (*Br*) адвока́т, соли́ситор.

solicitous /sə'lɪsɪtəs/ *adj* забо́тливый, внима́тельный; **she is ~ for, about your safety** она́ забо́тится о ва́шей безопа́сности.

solicitude /sə'lɪsɪ,tjuːd/ *n* забо́тливость.

solid /'sɒlɪd/ *n* (*phys*) твёрдое те́ло; (*in pl, food*) твёрдая пи́ща.

● *adj* (**solider, solidest**) **1** (*not liquid or fluid*) твёрдый; **~ food** твёрдая пи́ща; **~ fuel** твёрдое то́пливо; **become ~** тверде́ть, за-.
2 (*not hollow*) це́льный, непо́лый; **~ sphere** це́льный шар.
3 (*homogeneous*): **~ silver** чи́стое серебро́.
4 (*unbroken*): **12 hours' ~ sleep** 12 часо́в непреры́вного сна; **a ~ line** сплошна́я черта́; **it rained for 3 ~ days** дождь лил три дня подря́д.
5 (*firmly built, substantial*) про́чный; **a man of ~ build** челове́к кре́пкого/пло́тного телосложе́ния.
6 (*sound, reliable*) соли́дный; надёжный; **a ~ business** соли́дное де́ло; **~ arguments** основа́тельные до́воды; **~ good sense** настоя́щий здра́вый смы́сл.
7 (*unanimous, united*) единоду́шный; **the meeting was ~(ly) against him** собра́ние единоду́шно вы́ступило про́тив него́.
8 (*pertaining to ~s*): **~ geometry** стереоме́трия; **~-state physics** фи́зика твёрдых тел; **~ angle** теле́сный/простра́нственный у́гол.

solidarity /,sɒlɪ'dærɪtɪ/ *n* солида́рность; **~ of purpose** еди́нство це́лей; **~ of feeling** единоду́шие.

solidi /'sɒlɪdaɪ/ *pl of* ⇒**solidus**

solidification /sə,lɪdɪfɪ'keɪʃ(ə)n/ *n* отвердéние, затвердéние;

solidify /sə'lɪdɪ,faɪ/ *vt* де́лать, с- твёрдым.

● *vi* тверде́ть, за-; заст|ыва́ть, -ы́ть.

solidity /sə'lɪdɪtɪ/ *n* твёрдость; (*sturdiness*) про́чность; (*reliability*) надёжность; (*soundness*) основа́тельность; (*unity*) еди́нство.

soli|dus /'sɒlɪdəs/ *n* (*pl* **~di** /-,daɪ/) (*Br, stroke*) дробь; коса́я/дели́тельная черта́.

soliloquize /sə'lɪləkwaɪz/ *vi* произноси́ть (*impf*) моноло́г.

soliloquy /sə'lɪləkwɪ/ *n* моноло́г.

solipsism /'sɒlɪp,sɪz(ə)m/ *n* солипси́зм.

solipsist /'sɒlɪpsɪst/ *n* солипси́ст.

solipsistic /,sɒlɪp'sɪstɪk/ *adj* солипси́ческий.

solitaire /'sɒlɪ,teə(r)/ *n* (*gem*) солите́р; (*game*) пасья́нс.

solitary /'sɒlɪtərɪ/ *n* (*recluse*) отше́льни|к (*fem* -ца).

● *adj* (*secluded*) уединённый; (*lonely*) одино́кий; **~ confinement** одино́чное заключе́ние; (*single*) едини́чный, еди́нственный; **a ~ instance** едини́чный слу́чай.

solitude /'sɒlɪ,tjuːd/ *n* (*being alone*) уедине́ние, одино́чество; **live in ~** жить (*impf*) в уедине́нии; (*lonely place*) уединённое ме́сто.

solo /'səʊləʊ/ *n* (*pl* **~s**; *sense 1*: *pl* **~s** *or* **soli**) **1** (*mus*) со́ло (*indecl*); **music for ~ flute** со́льная му́зыка для фле́йты.
2 (*aeron*) самостоя́тельный полёт.

● *adj* со́льный; (*aeron*) самостоя́тельный

● *adv* (*alone*): **fly ~** лета́ть (*indet*), лете́ть (*det*) самостоя́тельно (*or* в одино́чку).

● *vi* (*mus*) соли́ровать (*impf, pf*).

soloist /'səʊləʊɪst/ *n* соли́ст (*fem* -ка).

Solomon /'sɒləmən/ *n*: **the ~s, the ~ Islands** Соломо́новы Острова́ (*m pl*).

solstice /'sɒlstɪs/ *n* солнцестоя́ние.

solubility /,sɒljʊ'bɪlɪtɪ/ *n* раствори́мость.

soluble /'sɒljʊb(ə)l/ *adj* (*dissolvable*) раствори́мый; (*solvable*) разреши́мый.

solution /sə'luːʃ(ə)n, -'ljuːʃ(ə)n/ *n* **1** (*dissolving*) растворе́ние; (*result of this*) раство́р; **strong/weak ~** кре́пкий/сла́бый раство́р; **rubber ~** рези́новый клей. **2** (*solving*) реше́ние; (*answer*) реше́ние, вы́ход.

solve /sɒlv/ *vt*: **~ an equation/problem** реш|а́ть, -и́ть уравне́ние/зада́чу; **~ a mystery** раскр|ыва́ть, -ы́ть та́йну; **~ a difficulty** на|ходи́ть, -йти́ вы́ход из затрудне́ния.

solvency /'sɒlv(ə)nsɪ/ *n* платёжеспосо́бность.

solvent /'sɒlv(ə)nt/ *n* раствори́тель (*m*); **~ abuse** токсикома́ния; **~ abuser** токсикома́н.

● *adj* (*chem*) растворя́ющий; (*fin*) платёжеспосо́бный.

Somali /sə'mɑːlɪ/ *n* (*pl* **~** *or* **~s**) (*person*) сомали́|ец (*fem* -йка); (*language*) сомали́ (*m indecl*).

● *adj* сомали́йский.

Somalia /sə'mɑːlɪə/ *n* Сомали́ (*nt indecl*).

somatic /sə'mætɪk/ *adj* теле́сный, сомати́ческий.

sombre /'sɒmbə(r)/ (*US also* **somber**) *adj* (*gloomy*) угрю́мый; (*dismal*) мра́чный; (*overcast*) па́смурный.

sombreness /'sɒmbənɪs/ (*US also* **somberness**) *n* угрю́мость; мра́чность; па́смурность.

sombrero /sɒm'breərəʊ/ *n* (*pl* **~s**) сомбре́ро (*indecl*).

some /sʌm/ *pron* **1** (*of persons*) не́которые, одни́; **~ say yes, ~ say no** не́которые говоря́т да, не́которые — нет; одни́ говоря́т да, други́е — нет; **~ left and others stayed** одни́ ушли́, други́е оста́лись; **~ (people) were late** не́которые опозда́ли; **~ of these girls** не́которые (*or* кое-кто́) из э́тих де́вушек.
2 (*of things*) (*an indefinite number*) не́сколько; **those are nice apples; can I have ~?** каки́е хоро́шие я́блоки — мо́жно (мне) взять не́сколько?; **I have ~ already** у меня́ уже́ есть не́сколько; (*an indefinite amount*): **have ~ more!** возьми́те ещё!; **I already have ~** у меня́ есть.
3 (*a part*) часть; **I have ~ of the documents** часть докуме́нтов у меня́ есть; **I agree with ~ of what you said** части́чно я согла́сен с ва́шими слова́ми.
4 (*coll*): **and then ~!** (*more than that*) ещё как!

● *adj* **1** (*definite though unspecified*) како́й-то; **~ fool has locked the door** како́й-то дура́к за́пер дверь; **I read it in ~ book (or other)** я чита́л э́то в како́й-то (*or* одно́й) кни́ге; **one must make ~ (sort of) attempt** на́до сде́лать хоть каку́ю-нибудь попы́тку; **~ day/time** когда́-нибудь; **is this ~ kind of joke?** э́то что, своего́ ро́да шу́тка?; **we shall find ~ way round the difficulty** мы найдём како́й-нибудь вы́ход из тру́дного положе́ния.
2 (*no matter what*) како́й-нибудь, како́й-либо; **he is looking for ~ work** он и́щет (каку́ю-нибудь) рабо́ту.
3 (*one or two*) ко́е-каки́е (*pl*); (*a certain amount*: *may be expressed by g*): **I bought ~ milk** я купи́л молока́; (*a certain number*) не́сколько (*or untranslated*): **I bought ~ envelopes** я купи́л конве́рты; **~ books** не́сколько книг; **I gave him ~ advice** я ему́ ко́е-что́ посове́товал; **~ more** ещё (+ *g*); **~ distance away** на не́котором расстоя́нии; **for ~ time now** с не́которого вре́мени; **it takes ~ courage to …** тре́буется нема́ло му́жества, что́бы…; **that takes ~ doing** э́то не та́к-то легко́; **~ work is pleasant** быва́ет/встреча́ется/попада́ется прия́тная рабо́та.
4 (*in ~ sense or degree; to a certain extent*): **that is ~ proof** э́то в како́й-то сте́пени мо́жет служи́ть доказа́тельством; **it served as**

S

~ guide to his intentions это в некоторой/известной степени указывало на его намерения.
5 (*approximately*) примерно, около; **we waited ~ 20 minutes** мы ждали около двадцати минут; мы ждали минут двадцать (*coll*).
6 (*coll, expressing admiration etc.*) вот это; вот так; **~ speed!** вот это скорость!; **he's ~ doctor!** это настоящий врач!

somebody /'sʌmbədɪ/ *n*: **a ~** важная персона, шишка (*coll*).
● *pron* (*also* **someone**) (*in particular*) кто-то; (*only in nom*) некто; **there is ~ in the cellar** в погребе кто-то есть; (*no matter who*) кто-нибудь, кто-либо; **I want ~ to help me** я хочу, чтобы кто-нибудь мне помог; **~ else can do it** кто-нибудь другой может это сделать.

somehow /'sʌmhaʊ/ *adv* (*no matter how*) как-нибудь; так или иначе; **we shall manage ~** мы как-нибудь справимся; (*in some unspecified way*) как-то, каким-то образом; **he found out my name ~** он каким-то образом узнал, как меня зовут; (*for some reason*): **~ I never liked him** он мне почему-то никогда не нравился.

someone /'sʌmwʌn/ = **somebody** *pron*

someplace /'sʌmpleɪs/ (*US*) = **somewhere 1**

somersault /'sʌmə͵sɒlt/ *n* (*in the air*) сальто (*indecl*); **turn a double ~** делать, с- двойное сальто; (*on the ground*) кувырок.
● *vi* кувырк|аться, -нуться; делать, с-сальто.

something /'sʌmθɪŋ/ *pron* (*definite*) что-то; (*only in nom*) нечто; (*indefinite*) что-нибудь, что-либо; **I must get ~ to eat** я должен что-нибудь поесть; **she lectures in ~ or other** она читает лекции по какому-то (там) предмету; **I have seen ~ of his work** я видел кое-какие из его работ; **there is ~ in what you say** в том, что вы говорите, есть что-то; **there is ~ about him** в нём что-то такое есть; **it is ~ of an improvement** это некоторый прогресс; **it is ~ to have got so far** слава богу, хоть столько сделали; **you have ~ there** в этом вы правы; **he thinks he is ~** он высокого мнения о себе; **we managed to see ~ of each other** нам удавалось время от времени встречаться; **I think I'm on to ~** кажется, я что-то нашёл; **she has a cold or ~** у неё простуда или что-то (ещё) в этом роде; **he is a surgeon or ~** он хирург или что-то в этом роде.
● *adv*: **he left ~ like a million** он оставил что-то порядка миллиона; **his house looks ~ like a prison** его дом несколько похож на тюрьму; **~ awful** (*coll, frightfully*) ужасно.

sometime /'sʌmtaɪm/ *adj* (*literary*) бывший.
● *adv* (*in the future*) когда-нибудь, когда-либо; **~ soon** как-нибудь, скоро; **come and see us ~** приходите к нам как-нибудь; (*in the past*) когда-то.

sometimes /'sʌmtaɪmz/ *adv* иногда; **~ ... ~ ...** то..., то... .

somewhat /'sʌmwɒt/ *pron*: **he is ~ of a connoisseur** он в некотором роде знаток.
● *adv* как-то, несколько, довольно; **he is ~ offhand** он держится как-то небрежно; **he was ~ hard to follow** его было довольно трудно понимать; **the book loses ~ in translation** книга несколько проигрывает в переводе.

somewhere /'sʌmweə(r)/ *adv* **1** (*US also* **someplace**) (*place, specific*) где-то; (*place, anywhere*) где-нибудь, где-либо; **~ else** где-то в другом месте; где-то ещё; (*motion, specific*) куда-то; **I am going ~ tomorrow** я завтра куда-то иду; **the noise came from ~ over there** звук раздался где-то там; (*motion, anywhere*) куда-нибудь, куда-либо. **2** (*approximately*) около + *g*; что-то/где-то около + *g* (*coll*); **it is ~ about 6 o'clock** сейчас (что-то) около шести.

somnambulism /sɒm'næmbjʊ͵lɪz(ə)m/ *n* лунатизм, сомнамбулизм.

somnambulist /sɒm'næmbjʊlɪst/ *n* лунат|ик (*fem* -ичка); сомнамбула (*cg*).

somnolence /'sɒmnələns/ *n* сонливость.

somnolent /'sɒmnələnt/ *adj* (*drowsy*) сонный, сонливый; (*inducing sleep*) снотворный.

son /sʌn/ *n* сын (*pl* -овья, (*rhetorical*) -ы); **~ of a bitch** (*sl*) сукин сын; (*as form of address*): **(my) ~** сынок.
● *cpd* **~-in-law** *n* зять (*m*) (*муж дочери*).

sonar /'səʊnə(r)/ *n* гидролокатор, сонар.

sonata /sə'nɑːtə/ *n* соната; **~ form** сонатная форма.

sonatina /͵sɒnə'tiːnə/ *n* (*mus*) сонатина.

sonde /sɒnd/ *n* зонд.

son et lumière /͵sɒneɪ'luːmjeə(r)/ *n* светозвукоспектакль (*m*).

song /sɒŋ/ *n* **1** (*singing*) пение; **burst into ~** запеть (*pf*). **2** (*words set to music; also bird's ~*) песня; **make a ~ (and dance) about sth** (*coll*) подн|имать, -ять шум из-за чего-н.; **he bought it for a ~** он купил это за бесценок; **on ~** (*Br coll*) в форме.
● *cpds* **~bird** *n* певчая птица; **~book** *n* песенник; **~writer** *n* песенник.

songster /'sɒŋstə(r)/ *n* (*bird*) певчая птица; (*singer*) певец; (*writer*) песенник.

songstress /'sɒŋstrɪs/ *n* (*singer*) певица; (*writer*) песенник.

sonic /'sɒnɪk/ *adj* звуковой, акустический; **~ bang, boom** сверхзвуковой хлопок.

sonnet /'sɒnɪt/ *n* сонет.

sonny /'sʌnɪ/ *n* (*coll*) сынок, сыночек.

sonority /sə'nɒrɪtɪ/ *n* звучность.

sonorous /'sɒnərəs, sə'nɔːrəs/ *adj* звучный.

soon /suːn/ *adv* **1** (*in a short while*) скоро, вскоре; **it will ~ be dark** скоро стемнеет; **he ~ recovered** он вскоре поправился; **~ after** через короткое время; **~ after the meeting** вскоре после собрания; **write ~!** напишите (по)скорее!; **as ~ as possible** как можно скорее.
2 (*early*) рано; **we arrived too ~** мы приехали слишком рано; **how ~ can you come?** когда вы сможете приехать?; **the ~er the better** чем раньше, тем лучше; **~er or later** рано или поздно.
3: **as ~ as** как только; **as ~ as I saw him, I recognized him** я узнал его, как только увидел; **no ~er had he arrived than he wanted to borrow money** не успел он приехать, как стал просить денег взаймы; **no ~er said than done** сказано — сделано.
4 (*willingly*): **I would as ~ stay at home** я предпочёл бы остаться дома; **I would ~er die than permit it** я скорее умру, чем допущу это; **what would you ~er do, go now or wait?** что вы предпочитаете: уйти или подождать?

soot /sʊt/ *n* сажа, копоть.

sooth|e /suːð/ *vt* (*calm*) успок|аивать, -оить; (*relieve*) облегч|ать, -ить.

soothing /suːðɪŋ/ *adj* (*tone, words*) утешительный; (*cream, bath*) успокоительный.

soothsayer /'suːθ͵seɪə(r)/ *n* предсказатель (*fem* -ница).

sooty /'sʊtɪ/ *adj* (**sootier, sootiest**) (*blackened with soot*) закопчённый, закоптелый; (*black as soot*) чёрный как сажа; (*containing soot*): **~ deposit** слой сажи.

sop /sɒp/ *n* **1** (*piece of bread*) кусок хлеба, обмакнутый во что-н. **2** (*fig*) подачка; **as a ~ to his pride** чтобы потешить его самолюбие.
● *vt* (**sopped, sopping**): **~ up** (*absorb*) впит|ывать, -ать; **he ~ped up the gravy with some bread** он промокнул соус хлебом.
● *vi* (**sopped, sopping**): **the shirt was ~ping wet** рубашка промокла насквозь; **we got ~ping wet** мы промокли до нитки.

sophism /'sɒfɪz(ə)m/ *n* софизм.

sophist /'sɒfɪst/ *n* софист.

sophistic(al) /sə'fɪstɪk, sə'fɪstɪk(ə)l/ *adj* софистский; (*of person*) склонный к софистике.

sophisticate¹ /sə'fɪstɪkət/ *n* искушённый человек.

sophisticate² /sə'fɪstɪ͵keɪt/ *vt* (*refine*) утонч|ать, -ить.

sophisticated /sə'fɪstɪ͵keɪtɪd/ *adj* (*refined, subtle*) утончённый, изысканный; **~ manners** изысканные манеры; **~ taste** утончённый/изощрённый вкус; (*complex, developed*) сложный; **~ weapons** сложные виды оружия; **~ techniques** сложная/изощрённая техника; (*worldly*) светский, опытный.

sophistication /sə͵fɪstɪ'keɪʃ(ə)n/ *n* (*refinement*) утончённость, искушённость.

sophistry /'sɒfɪstrɪ/ *n* софистика; (*sophism*) софизм.

sophomore /'sɒfə͵mɔː(r)/ *n* (*US*) студент-второкурсни|к (*fem* -ца).

S

soporific /ˌsɒpəˈrɪfɪk/ *n* снотво́рное (сре́дство).
● *adj* снотво́рный, усыпля́ющий.

soppy /ˈsɒpɪ/ *adj* (**soppier, soppiest**) (*Br coll*) (*sentimental*) сентимента́льный.

soprano /səˈprɑːnəʊ/ *n* (*pl* **~s**) (*singer*) сопра́но (*f indecl*); (*voice, part*) сопра́но (*nt indecl*); (*attr*) сопра́новый, сопра́нный; **boy ~** ди́скант.

sorbet /ˈsɔːbeɪ, -bɪt/ *n* шербе́т (*мороженое*).

sorcerer /ˈsɔːsərə(r)/ *n* колду́н, волше́бник.

sorceress /ˈsɔːsərɪs/ *n* колду́нья, волше́бница.

sorcery /ˈsɔːsərɪ/ *n* колдовство́, волшебство́.

sordid /ˈsɔːdɪd/ *adj* (*squalid, poor*) убо́гий, жа́лкий; (*filthy*) гря́зный; **a ~ affair** гну́сная исто́рия; (*low, base*) по́длый.

sordidness /ˈsɔːdɪdnɪs/ *n* убо́гость, убо́жество; грязь; по́длость; (*meanness*) ни́зость.

sore /sɔː(r)/ *n* боля́чка, я́зва; (*fig*): **reopen old ~s** береди́ть, раз- ста́рые ра́ны.
● *adj* **1** (*painful*): **a ~ tooth** больно́й зуб; **I have a ~** (*grazed*) **knee** я ссади́л себе́ коле́но; **he has a ~ throat** у него́ боли́т го́рло; **I woke up with a ~ head** я просну́лся с головно́й бо́лью; **it is a ~ point with him** э́то у него́ больно́е ме́сто; **a ~ subject** больно́й вопро́с; **touch s.o. on a ~ place, spot** (*fig*) зад|ева́ть, -е́ть кого́-нибудь за живо́е.
2 (*US coll, aggrieved*) раздражённый, оби́женный; **he was ~ at not being invited** он оби́делся, что его́ не позва́ли. **3** (*acute, extreme*) кра́йний; **he is in ~ need of money** он кра́йне нужда́ется в деньга́х; **I was ~ly tempted** у меня́ бы́ло си́льное искуше́ние.

soreness /ˈsɔːnɪs/ *n* (*painfulness*) боль; (*grudge*) оби́да.

sorghum /ˈsɔːgəm/ *n* (*bot*) со́рго (*indecl*).

sorority /səˈrɒrɪtɪ/ *n* (*US*) же́нская организа́ция/общи́на.

sorrel[1] /ˈsɒr(ə)l/ *n* (*bot*) щаве́ль (*m*).

sorrel[2] /ˈsɒr(ə)l/ *n* (*horse*) гнеда́я ло́шадь.
● *adj* гнедо́й.

sorrow /ˈsɒrəʊ/ *n* (*sadness, grief*) печа́ль, го́ре; (*in pl*) го́рести (*pl, f*); (*extreme ~*) скорбь; **more in ~ than in anger** скоре́е с тоско́й, чем с гне́вом; (*regret*) сожале́ние; **express ~ for** выража́ть, вы́разить сожале́ние о + *p*; **to my ~** к моему́ огорче́нию; (*sad experience*) го́ре, невзго́да; **all these ~s broke his heart** все э́ти го́рести/невзго́ды сломи́ли его́.
● *vi* горева́ть (*impf*); **~ for, over s.o.** опла́кивать (*impf*) кого́-н.

sorrowful /ˈsɒrəʊˌfʊl/ *adj* печа́льный, ско́рбный, го́рестный.

sorry /ˈsɒrɪ/ *adj* (**sorrier, sorriest**) **1** (*regretful*): **be ~ for sth** сожале́ть (*impf*) о чём-н., жале́ть, по- о чём-н.; **I was ~ I had to do it** я (со)жале́л, что пришло́сь так поступи́ть; **aren't you ~ for what you've done?** вы не раска́иваетесь в том, что вы сде́лали?; **say you're ~!** (по)проси́ проще́ния!; **you'll be ~ for this one day** когда́-нибудь вы об э́том пожале́ете; **I'm ~ to hear it** мне приско́рбно слы́шать э́то; **we were ~ to hear of your father's death** мы с гру́стью узна́ли о сме́рти ва́шего отца́; **~!** винова́т!; прости́те!; извини́те!; **I'm ~ I came** я жале́ю, что пришёл; **~, I'm busy** извини́те, но я за́нят.
2 (*expressing pity, sympathy*): **feel ~ for s.o.** испы́тывать (*impf*) жа́лость к кому́-н.; жале́ть, по- кого́-н.; сочу́вствовать, по- кому́-н.; **it's the children I feel ~ for** кого́ мне жаль — так э́то дете́й; **feel ~ for o.s.** жале́ть (*impf*) себя́; быть испо́лненным жа́лости к себе́.
3 (*wretched, pitiful*) жа́лкий; **in a ~ state** в жа́лком состоя́нии.

sort /sɔːt/ *n* **1** (*kind, class, category, species*) род, сорт, разря́д, вид; **we have all ~s of books** (*or* **books of every ~**) у нас есть вся́кого ро́да кни́ги; **people of that ~** тако́го ро́да лю́ди; **that's the ~ of book I want** и́менно таку́ю кни́гу мне и на́до; **a new ~ of bicycle** но́вый тип велосипе́да; **he is not the ~ (of person) to complain** он не из тех, кто жа́луется; **what ~ of man is he?** что он за челове́к?; **a good ~** хоро́ший челове́к/ма́лый; **what ~ of music do you like?** каку́ю му́зыку вы лю́бите?; **nothing of the ~** ничего́ подо́бного; **a ~ of war** своего́ ро́да война́; **a ~ of novel, a novel of a ~** како́й-то рома́н; не́что вро́де рома́на; **different ~s of goods** ра́зного ро́да това́ры; **people are divided into two ~s** лю́ди де́лятся на два разря́да; **people of all ~s** са́мые ра́зные лю́ди; **what ~ of people does he think we are?** за кого́ он нас принима́ет?
2 (*manner*): **in some ~** (*literary*) не́которым о́бразом.
3: **~ of** (*coll*) вро́де, как бы; в о́бщем-то; **he ~ of suggested I took him with me** он как бы дал мне поня́ть, что хо́чет пойти́ со мной.
4: **out of ~s** (*Br*) не в ду́хе; **I have felt out of ~s all day** я весь день чу́вствую себя́ нева́жно.
5 (*in pl, printing*) ли́теры (*f pl*).
● *vt* раз|бира́ть, -обра́ть; **they ~ed themselves into groups of six** они́ разби́лись на гру́ппы по шесть челове́к; (*letters, grain, coal, etc.*; *also comput*) сортирова́ть, рас-; **~ing office** сортиро́вочное отделе́ние.
● *with adv*: **~ out** *vt* (*select*) от|бира́ть, -обра́ть; (*separate*) отдел|я́ть, -и́ть; (*arrange, classify*) раз|бира́ть, -обра́ть; (*fig, put in order*): **I have to go home to ~ things out** мне ну́жно пойти́ домо́й и во всём разобра́ться; **everything will ~ itself out** всё нала́дится; **I leave the rest for you to ~ out** в оста́льном разберётесь са́ми; **let me ~ myself out** да́йте мне прийти́ в себя́; (*coll, deal with*): **they began to fight but a policeman came along and ~ed them out** они́ зате́яли бы́ло дра́ку, но подошёл полице́йский и навёл поря́док; (*punish*): **I'll ~ you out** я тебе́ дам/покажу́.

sorter /ˈsɔːtə(r)/ *n* сортиро́вщи|к (*fem* -ца).

sortie /ˈsɔːtɪ/ *n* (*sally*) вы́лазка (*also fig*); (*flight*) вы́лет.

SOS *n* (*pl* **~s**) (ра́дио)сигна́л бе́дствия.

sot /sɒt/ *n* пья́ница (*cg*), пьянчу́жка (*cg*).

sottish /ˈsɒtɪʃ/ *adj* тупо́й.

sotto voce /ˌsɒtəʊ ˈvəʊtʃɪ/ *adv* вполго́лоса; пони́зив го́лос.

soubriquet /ˈsuːbrɪˌkeɪ/ = **sobriquet**

soufflé /ˈsuːfleɪ/ *n* суфле́ (*indecl*).

sough /saʊ, sʌf/ *vi* (*make moaning sound*) стона́ть (*impf*); (*make whistling sound*) свисте́ть (*impf*).

sought /sɔːt/ *past and pp of* ⇒**seek**

soul /səʊl/ *n* **1** душа́; **All S ~s' Day** день поминове́ния усо́пших; **lost ~** заблу́дшая душа́; (*fig*) пропа́щий челове́к; **throw o.s. body and ~ into sth** всей душо́й отд|ава́ться, -а́ться чему́-н.; **he puts his heart and ~ into his work** он всю ду́шу вкла́дывает в свою́ рабо́ту; **upon my ~!** ей-бо́гу!
2 (*animating spirit*) душа́; **he was the life and ~ of the party** он был душо́й о́бщества; (*inspiration*): **his pictures lack ~** его́ карти́нам недостаёт души́; в его́ карти́нах нет жи́зни.
3 (*personification*): **he is the ~ of honour** он воплощённая/сама́ че́стность.
4 (*person*): **there wasn't a ~ in sight** не́ было ви́дно ни души́; **a simple ~** проста́я душа́; **the poor ~ lost her way** бедня́жка заблуди́лась.
5 (*music*) со́ул.
● *cpds* **~-destroying** *adj* иссуша́ющий ду́шу; **~mate** *n* (*male*) задуше́вный друг; (*female*) задуше́вная подру́га; **~-searching** *n* ана́лиз свои́х побужде́ний.

soulful /ˈsəʊlfʊl/ *adj* проникнове́нный, задуше́вный.

soulless /ˈsəʊllɪs/ *adj* безду́шный.

sound[1] /saʊnd/ *n* **1** звук; (*of rain, sea, wind, etc.*) шум; **not a ~ was heard** не́ было слы́шно ни зву́ка; **I hear the ~ of voices** я слы́шу голоса́ (*or* звук голосо́в); **~ barrier** звуково́й барье́р; **~ effects** звуково́е сопровожде́ние, шумовы́е эффе́кты; **~ effects man** звукооформи́тель (*m*), шумови́к (*coll*); **~ engineer** звукоопера́тор.
2: **I don't like the ~ of it** мне э́то (что́-то) не нра́вится.
● *vt* **1** (*cause to ~*): **they ~ed the bell** они́ позвони́ли в ко́локол; **~ a trumpet** игра́ть (*impf*) на трубе́; **~ the horn** (*of a car*) да|ва́ть, -ть гудо́к.
2 (*play on trumpet etc.*): **~ the retreat/reveille** труби́ть, про- отступле́ние/подъём; **~ the alarm** бить, за- трево́гу; **he ~ed her praises** он пел ей хвалу́.
3 (*pronounce*) произн|оси́ть, -ести́; **the 'K' is not ~ed** «К» не произно́сится.
4 (*test*): **the doctor ~ed his lungs** до́ктор прослу́шал его́ лёгкие.
● *vi* **1** (*emit sound; convey effect by sound*) звуча́ть, про-; **the trumpets ~ed** разда́лись зву́ки труб.

2 (*give impression*) каза́ться, по-; **his voice ~s as if he has a cold** по го́лосу ка́жется, что он просту́жен; **it ~s like thunder** похо́же на гром; **the statement ~s improbable** э́то заявле́ние ка́жется маловероя́тным; **the idea ~ed all right at first** поначáлу э́та мысль показа́лась вполне́ прие́млемой.

● *with adv*: **~ off** *vi* (*coll, of person*) шуме́ть (*impf*).

● *cpds* **~ archive** *n* фоноте́ка; **~board** *n* (*mus*) де́ка; **~ card** *n* (*comput*) звукова́я ка́рта; **~ film** *n* звуково́й фильм; **~ man** *n* (*TV, cin*) звукоопера́тор, звукорежиссёр; **~proof** *adj* звуконепроница́емый; **~ recording** *n* звукоза́пись; **~ system** *n* звукова́я систе́ма; **~track** *n* саундтре́к; звуково́е сопровожде́ние; фоногра́мма; **~ wave** *n* звукова́я волна́.

sound² /saʊnd/ *n* (*strait*) проли́в.

sound³ /saʊnd/ *n* (*probe*) зонд.

● *vt* **1** (*measure*) изм|еря́ть, -е́рить; **they are ~ing the (depth of the) ocean** они́ измеря́ют глубину́ океа́на; (*fig*): **she ~ed the depths of misery** она́ позна́ла глубину́ страда́ний. **2**: (*fig*): **~ (out) s.o. (*or* s.o.'s intentions, opinions)** зонди́ровать, про- кого́-н.

sound⁴ /saʊnd/ *adj* **1** (*healthy*) здоро́вый; **~ in body and mind** здоро́вый те́лом и душо́й; **of ~ mind** в здра́вом уме́; (*in good condition*) испра́вный. **2** (*correct, logical*) здра́вый; **a ~ argument** убеди́тельный до́вод. **3** (*financially stable*) соли́дный; (*solvent*) платёжеспосо́бный. **4** (*thorough*) хоро́ший; **he slept ~ly** он кре́пко спал; **he was ~ly thrashed** его́ си́льно изби́ли.

sounder /ˈsaʊndə(r)/ *n* (*naut*) лот.

sounding /ˈsaʊndɪŋ/ *n* (*measurement*) измере́ние глубины́; зонди́рование.

● *cpd* **~ line** *n* ло́тлинь (*m*).

sounding board /ˈsaʊndɪŋ,bɔːd/ *n* (*for reflecting voice*) наве́с ка́федры; (*mus*) де́ка, резона́тор; (*fig*) ру́пор.

soundless /ˈsaʊndlɪs/ *adj* беззву́чный.

soundness /ˈsaʊndnɪs/ *n* здоро́вье; про́чность; обосно́ванность; разу́мность.

soup¹ /suːp/ *n* суп; **mushroom/vegetable ~** грибно́й/овощно́й суп; **beetroot ~** борщ; **cabbage ~** щи (*pl*, *g* щей); **he is in the ~** он влип (*coll*).

● *cpds* **~ kitchen** *n* беспла́тная столо́вая для нужда́ющихся; **~ plate** *n* глубо́кая таре́лка; **~ spoon** *n* столо́вая ло́жка; **~ tureen** *n* су́пница.

soup² /suːp/ *vt* (*coll*): **~ed-up engine** форси́рованный дви́гатель/движо́к (*coll*).

soupçon /ˈsuːpsɔ̃/ *n* чу́точка, намёк.

sour /ˈsaʊə(r)/ *adj* **1** (*of fruit etc.*) ки́слый; **~ grapes!** (*fig*) зе́лен виногра́д! **2** (*of milk*) проки́сший, ски́сший; **go, turn ~** ск|иса́ть, -и́снуть; **~ cream** смета́на. **3** (*of person*) мра́чный, озло́бленный.

● *vt*: **disappointments ~ed his temper** от постоя́нных неуда́ч у него́ испо́ртился хара́ктер.

● *vi* ск|иса́ть, -и́снуть; свёр|тываться, -ну́ться; (*fig*) по́ртиться, ис-.

● *cpd* **~puss** *n* кисля́й (*coll*); ворчу́н (*coll*).

source /sɔːs/ *n* **1** (*of stream etc.*) исто́к; **he traced the river to its ~** он прошёл по реке́ до са́мых её исто́ков. **2** (*fig*) исто́чник; **reliable ~s of information** надёжные исто́чники информа́ции; **~ of infection** исто́чник инфе́кции.

sourness /ˈsaʊənɪs/ *n* кислота́; ки́слый вкус.

souse /saʊs/ *vt* **1** (*put in pickle*) соли́ть, за-; **~d herrings** солёная/марино́ванная сельдь. **2** (*plunge or soak in liquid*) мочи́ть, на-/за-; окун|а́ть, -у́ть. **3** (*pp, sl, drunk*) пья́ный в сте́льку.

south /saʊθ/ *n* юг; (*naut*) зюйд; **in the ~** на ю́ге; **to the ~ of** к ю́гу от (*or* ю́жнее) + *g*; **from the ~** с ю́га.

● *adj* ю́жный; **~ wind** ю́жный ве́тер; ве́тер с ю́га; **S~ Island** о́стров Ю́жный; **the S~ Pole** Ю́жный по́люс; **the S~ Sea(s)** (*archaic*) ю́жная часть Ти́хого океа́на; **the S~ Sea Islands** (*archaic*) Океа́ния.

● *adv*: **the ship sailed due ~** су́дно шло пря́мо на юг; **our village is ~ of London** на́ша дере́вня нахо́дится к ю́гу от Ло́ндона.

● *cpds* **~bound** *adj* иду́щий/дви́жущийся на юг; **~-east** *n* ю́го-восто́к; (*naut*) зюйд-о́ст; *adj* (*also* **~-easterly, ~-eastern, ~-eastward**) ю́го-восто́чный; *adv* (*also* **~-easterly, ~-eastwards**) на ю́го-восто́к; **~-easter(ly)** *n* (*wind*) ю́го-восто́чный ве́тер; зюйд-о́ст; **~-~-east** *n* (*naut*) зюйд-зюйд-о́ст; **~-~-west** *n* (*naut*) зюйд-зюйд-ве́ст; **~-west** *n* ю́го-за́пад; (*naut*) зюйд-ве́ст; *adj* (*also* **~-westerly, ~-western, ~-westward**) ю́го-за́падный; *adv* (*also* **~-westerly, ~-westwards**) на ю́го-за́пад; **~-wester(ly)** *n* (*wind*) ю́го-за́падный ве́тер; зюйд-ве́ст.

South Africa /saʊθ ˈæfrɪkə/ *n* Ю́жная А́фрика; **Republic of ~** Ю́жно-Африка́нская Респу́блика.

South African /saʊθ ˈæfrɪkən/ *n* южноафрика́н|ец (*fem* -ка).

● *adj* южноафрика́нский.

South America /saʊθ əˈmerɪkə/ *n* Ю́жная Аме́рика.

South American /saʊθ əˈmerɪkən/ *n* южноамерика́н|ец (*fem* -ка).

● *adj* южноамерика́нский.

southerly /ˈsʌðəlɪ/ *n* (*wind*) ю́жный ве́тер.

● *adj* ю́жный.

southern /ˈsʌð(ə)n/ *adj* ю́жный; **~most** са́мый ю́жный.

southerner /ˈsʌðənə(r)/ *n* южа́н|ин (*fem* -ка).

southward /ˈsaʊθwəd/ *adj* ю́жный.

● *adv* (*also* **~s**) на юг; к ю́гу, в ю́жном направле́нии.

souvenir /,suːvəˈnɪə(r)/ *n* сувени́р; **as a ~** на па́мять.

sou'wester /saʊˈwestə(r)/ *n* (*hat*) зюйдве́стка, клеёнчатая ша́пка.

sovereign /ˈsɒvrɪn/ *n* (*monarch*) госуда́р|ь (*fem* -ыня); (*supreme ruler*) сувере́н; (*coin*) солове́рен.

● *adj* **1** (*supreme*) верхо́вный. **2** (*having ~ power; royal*) сувере́нный; **a ~ state** сувере́нное госуда́рство.

sovereignty /ˈsɒvrɪntɪ/ *n* суверените́т.

Soviet /ˈsəʊvɪət, ˈsɒ-/ (*hist*) *n* **1** (*council*) сове́т; **the Supreme ~** Верхо́вный Сове́т. **2** (*citizen of USSR*) сове́тск|ий граждани́н (*fem* -ая гражда́нка).

● *adj* сове́тский; **the ~ Union** Сове́тский Сою́з; **Union of ~ Socialist Republics** Сою́з Сове́тских Социалисти́ческих Респу́блик.

sow¹ /saʊ/ *n* (*pig*) свинья́ (*самка*); **breeding ~** свинома́тка.

sow² /səʊ/ *vt* (*past* **sowed** /səʊd/; *pp* **sown** *or* **sowed**) **1** (*seed*) се́ять, по-; (*fig*): **he is ~ing (the seeds of) dissension** он се́ет раздо́р (*or* семена́ раздо́ра). **2** (*ground*): зас|е́ивать (*or* -ева́ть), -е́ять; **a field ~n with maize** по́ле, засе́янное кукуру́зой.

sower /ˈsəʊə(r)/ *n* се́ятель (*m*).

sowing /ˈsəʊɪŋ/ *n* посе́в, засе́в.

sown /səʊn/ *pp of* ⇒**sow²**

soya /ˈsɔɪə/ *n* (*also* **soy**) со́я.

● *adj* со́евый; **~ bean** со́евый боб; **~ milk** со́евое молоко́; **~ sauce** со́евый со́ус.

sozzled /ˈsɒz(ə)ld/ *adj* (*sl*) пья́ный вдре́безги.

spa /spɑː/ *n* во́ды (*f pl*), куро́рт с минера́льными исто́чниками; **~ water** минера́льная вода́.

space /speɪs/ *n* **1** (*expanse*) простра́нство, просто́р; **he was staring into ~** он смотре́л в простра́нство; **vanish into ~** (*fig*) исч|еза́ть, -е́знуть; испар|я́ться, -и́ться (*coll*).
2 (*cosmic, outer ~*) ко́смос; **they were the first to put a man into ~** они́ пе́рвыми посла́ли челове́ка в ко́смос; (*attr*) косми́ческий; **~ age** косми́ческий век; **~ shuttle** косми́ческий челно́к; **~ travel, flight** косми́ческий полёт; *see also cpds*.
3 (*distance, interval*) расстоя́ние; (*between words, lines*) интерва́л.
4 (*of time, distance*) промежу́ток/пери́од вре́мени; **after a short ~** че́рез не́которое вре́мя; вскоре́; **for the ~ of a mile** на протяже́нии ми́ли; **for a ~ of four weeks** на протяже́нии четырёх неде́ль; **in the ~ of a hour** за час; в тече́ние ча́са.
5 (*area; room*) ме́сто; **blank ~** пусто́е ме́сто; **in the ~ provided** в отведённом ме́сте.

● *vt* (*also* **~ out**): **the posts were ~d six feet apart** столбы́ бы́ли располо́жены на расстоя́нии шести́ фу́тов друг от дру́га; **payments can be ~d** вы́плату мо́жно производи́ть в рассро́чку; (*printing*) наб|ира́ть, -ра́ть в разря́дку.

● *cpds* **~ bar** *n* кла́виша для интерва́ла; **~craft** (*also* **~ship**) *nn* косми́ческий кора́бль; **~man** *n* космона́вт; **~ probe** *n* косми́ческий зонд; **~ship** *n* = **~craft**; **~suit** *n* скафа́ндр (*космонавта*); **~-time** *n* простра́нство-вре́мя; **~walk** *n* вы́ход в откры́тый ко́смос; **~woman** *n*

S

жéнщина-космонáвт.

spacial /'speɪʃəl/ = **spatial**

spacing /'speɪsɪŋ/ *n* **1** распределéние. **2** (*printing, between letters*) разря́дка; (*between lines*) интервáл, межстрóчие; **type in double ~** печáтать, на- чéрез два интервáла.

spacious /'speɪʃəs/ *adj* (*roomy*) простóрный; (*vast, extensive*) обши́рный; (*capacious*) помести́тельный, вмести́тельный.

spaciousness /'speɪʃəsnɪs/ *n* простóрность, простóр; обши́рность, вмести́тельность.

spade /speɪd/ *n* **1** (*tool*) лопáта; **call a ~ a ~** называ́ть (*impf*) вéщи свои́ми имена́ми. **2** (*cards*) пи́ка; (*in pl*) пи́ки, пи́ковая масть; **queen of ~s** пи́ковая дáма, дáма пик.

● *cpd* **~work** *n* (*fig*) (кропотли́вая) подготови́тельная рабóта.

spadeful /'speɪdfʊl/ *n* (цéлая) лопáта (*чего*).

spaghetti /spə'getɪ/ *n* спагéтти (*nt and pl indecl*).

spam /spæm/ *n* (*comput*) спам.

spammer /spæmə(r)/ *n* (*comput*) спáмер.

Spain /speɪn/ *n* Испáния.

span[1] /spæn/ *n* **1** (*distance between supports*) пролёт. **2** (*of time*) промежу́ток/пери́од врéмени; **~ of life, life ~** продолжи́тельность жи́зни; **attention ~** объём внимáния. **3**: **wing ~** размáх кры́льев. **4** (*distance between thumb and finger*) пядь.

● *vt* (**spanned, spanning**) **1** (*extend across*) перекр|ывáть, -ы́ть; **the bridge ~s the river** мост переки́нут чéрез рéку; (*fig*): **the movement ~s almost two centuries** э́то движéние охвáтывает почти́ два столéтия. **2** (*measure with fingers*) изм|еря́ть, -éрить пя́дями.

span[2] /spæn/ *past of* ⇨**spin**

span[3] /spæn/ *see* ⇨**spick**

spandrel /'spændrɪl/ *n* (*archit*) антрвóльт; пáзуха свóда.

spangle /'spæŋg(ə)l/ *n* блёстка.

● *vt* укр|ашáть, -áсить блёстками; **the heavens ~d with stars** нéбо, усы́панное звёздами.

Spaniard /'spænjəd/ *n* испáн|ец (*fem* -ка).

spaniel /'spænj(ə)l/ *n* спаниéль (*m*).

Spanish /'spænɪʃ/ *n* **1** (*language*) испáнский (язы́к). **2**: **the ~** (*pl, people*) испáнцы (*m pl*).

● *adj* испáнский; **~ fly** шпáнская мýшка, шпáнка.

spank /spæŋk/ *n* шлепóк; **give a child a ~** шлёпнуть (*pf*) ребёнка.

● *vt* шлёпать, от-.

spanking /'spæŋkɪŋ/ *n*: **give a child a ~** отшлёпать (*pf*) ребёнка.

● *adj*: **go at a ~ pace** (*coll*) нести́сь/мчáться (*impf*) (вовсю́).

spanner /'spænə(r)/ *n* (*Br*) гáечный ключ; **throw a ~ into the works** (*fig*) ≈ вставля́ть (*impf*) пáлки в колёса.

spar[1] /spɑː(r)/ *n* **1** (*naut*) рангóутное дéрево. **2** (*aeron*) лонжерóн.

spar[2] /spɑː(r)/ *n* (*min*) шпат.

spar[3] /spɑː(r)/ *n* (*boxing*) спáрринг; тренирóвочный бой.

● *vi* (**sparred, sparring**) **1** боксировать (*impf*); занимáться (*impf*) спáррингом. **~ring match** тренирóвочный матч; **~ring partner** спáрринг-партнёр, партнёр для спáрринга/тренирóвки. **2** (*fig, argue*) спóрить (*impf*); препирáться (*impf*).

spare /speə(r)/ *n* **1** (**~ part**) запаснáя часть, запчáсть. **2** (**~** *wheel*) запаснóе колесó.

● *adj* **1** (*lean*) худощáвый, сухощáвый. **2** (*excess, extra*) ли́шний; **~ room** кóмната для гостéй; **~ time** свобóдное врéмя; досýг; **in one's ~ time** в свобóдное врéмя; на досýге; **~ cash** ли́шние дéньги; (*additional, reserve*) запаснóй, резéрвный; **~ parts** запасны́е чáсти, запчáсти; **~ wheel** запаснóе колесó; **~ tyre** (*Br*)/**tire** (*US*) запаснáя ши́на/покры́шка; (*coll, of fat*) брюшкó.

● *vt* **1** (*withhold use of*) жалéть, по-; **he ~d no pains/expense to ...** он не жалéл уси́лий/расхóдов, чтóбы... **2** (*dispense with, do without*) об|ходи́ться, -ойти́сь без + *g*; **we cannot ~ him** мы не мóжем обойти́сь без негó. **3** (*afford*): **can you ~ a cigarette?** у вас не найдётся сигарéты?; **can you ~ me 100 roubles?** мóжете ли вы дать мне сто рублéй?; **I can ~ you only a few minutes** я могý уделúть вам тóлько нéсколько минýт. **4 to ~** (*available, left over*): **I have no time to ~** у меня́ нет ли́шнего врéмени; **we got there with an hour to ~** когдá мы приéхали тудá, у нас оставáлся цéлый час в запáсе; **three yards to ~** три ли́шних я́рда. **5** (*show mercy, leniency to*) щади́ть, по-; **the conquerors ~d no one** победи́тели не (по)щади́ли никогó; **~ s.o.'s life** сохрани́ть (*pf*) комý-н. жизнь; **if I am ~d** éсли бýду жив; **I tried to ~ his feelings** я старáлся щади́ть егó чýвства; **~ o.s.** (*reserve strength*) берéчь (*impf*) свои́ си́лы; **she never ~d herself** онá труди́лась, не жалéя себя́/сил. **6** (*save from*) изб|авля́ть, -áвить (*кого от чего*); **I want to ~ you any unpleasantness** я хочý избáвить вас от возмóжных неприя́тностей; **I will ~ you the trouble of replying** я избáвлю вас от необходи́мости отвечáть; **~ us the details** избáвьте нас от подрóбностей!

● *cpd* **~ ribs** *n pl* свины́е рёбрышки (*nt pl*).

sparing /'speərɪŋ/ *adj* (*moderate*) умéренный; **be ~ with the sugar!** не клади́те сли́шком мнóго сáхару; (*frugal*) скупóй; **~ of praise** скупóй на похвалы́.

spark /spɑːk/ *n* **1** и́скра (*also fig*); **if they get together the ~s will fly** éсли они́ сойдýтся, непремéнно сцéпятся; **~ of talent/hope** и́скра талáнта/надéжды; **he showed not a ~ of interest** он не прояви́л ни малéйшего интерéса; **he hasn't a ~ of intelligence** у негó нет ни кáпли умá. **2** (*in pl, coll, ship's radio operator*) ради́ст.

● *vt* (*also* **~ off:** *cause*) вызывáть, вы́звать; (*interest*) заж|игáть, -éчь; (*conflict*) провоци́ровать, с-; (*friendship*) да|вáть, -ть начáло + *d*.

● *vi* искри́ть (*impf*); дать (*pf*) и́скру.

● *cpds* **~ gap** *n* искровóй промежýток; **~(ing) plug** *n* свечá зажигáния, запáльная свечá.

sparkle /'spɑːk(ə)l/ *n* сверкáние, блеск, блистáние; блёстка, и́скорка; **a ~ came into his eyes** у негó засверкáли/заблестéли глазá; (*of wine etc.*) шипéние; **the wine lost its ~** винó утрáтило искри́стость (*or* перестáло игрáть).

● *vi* сверкáть, за-; и́скри́ться (*impf*); (*flash*) блестéть, за-; **her eyes ~d** у неё сверкáли/блестéли глазá; (*of wit*) сверк|áть, -нýть; **sparkling wine** шипýчее/игри́стое винó.

sparkler /'spɑːklə(r)/ *n* (*firework*) бенгáльский огóнь.

sparrow /'spærəʊ/ *n* воробéй.

● *cpd* **~ hawk** *n* я́стреб-перепеля́тник.

sparse /spɑːs/ *adj* рéдкий; (*scattered*) разбрóсанный; **~ly populated** малонаселённый; **~ vegetation** скýдная расти́тельность.

spars|eness /'spɑːsnɪs/, **-ity** /'spɑːsɪtɪ/ *nn* скýдость.

Sparta /'spɑːtə/ *n* Спáрта.

Spartan /'spɑːt(ə)n/ *n* спартáн|ец (*fem* -ка).

● *adj* спартáнский.

spasm /'spæz(ə)m/ *n* (*of muscles*) спáзм, сýдорога; (*mental or physical reaction*) при́ступ, припáдок; **a ~ of coughing** при́ступ кáшля; **~s of grief** при́ступ отчáяния; **he works in ~s** он рабóтает наскóками.

spasmodic /spæz'mɒdɪk/ *adj* спазмати́ческий.

spastic /'spæstɪk/ *n* (спасти́ческий) парали́тик.

● *adj* спасти́ческий.

spat[1] /spæt/ (*coll*) *n* размóлвка, лёгкая ссóра.

● *vi* (**spatted, spatting**) брани́ться, по-.

spat[2] /spæt/ *n* (*usu in pl, gaiters, hist*) корóткие гéтры (*f pl*).

spat[3] /spæt/ *past and pp of* ⇨**spit**[2]

spate /speɪt/ *n* (*Br, sudden flood*) разли́в; наводнéние; (*fig*) потóк; **the river is in ~** (*Br*) рекá вздýлась; рекá вы́шла из берегóв.

spatial /'speɪʃ(ə)l/ *adj* прострáнственный.

spatter /'spætə(r)/ (*also* **splatter**) *vt & i* бры́згать, за-; **~ed with mud** забры́зганный гря́зью.

spatula /'spætjʊlə/ *n* шпáтель (*m*), лопáточка.

spawn /spɔːn/ *n* (*of fish etc.*) икрá; **mushroom ~** грибни́ца.

● *vt* (*of fish etc.*) произв|оди́ть, -ести́; метáть (*impf*) (*икрý*); (*fig, pej*) порo|ждáть, -ди́ть; (*offspring*) плоди́ть, рас-.

● *vi* (*reproduce*) метáть (*impf*) икрý; (*pej, multiply*) плоди́ться, рас-.

S

spay /speɪ/ *vt* удал|я́ть, -и́ть я́ичники у + *g*.

speak /spi:k/ *vt* (*past* **spoke;** *pp* **spoken**) **1** (*say, pronounce, utter*) говори́ть, сказа́ть; произн|оси́ть, -ести́; **he didn't ~ a word** он не произнёс ни сло́ва; **he spoke his lines clearly** он чётко/вня́тно произнёс свой текст; (*give utterance to, express*) выска́зывать, вы́сказать; **~ the truth** говори́ть, сказа́ть пра́вду; **~ one's mind** выска́зывать, вы́сказать своё мне́ние; *see also* ⇒**spoken**.
2 (*converse in*) говори́ть (*impf*); **he ~s Russian well** он хорошо́ говори́т по-ру́сски; **they were ~ing French** они́ разгова́ривали/говори́ли по-францу́зски; **he ~s six languages** он владе́ет шестью́ языка́ми; он говори́т на шести́ языка́х.
● *vi* (*past* **spoke;** *pp* **spoken**) говори́ть (*impf*); (*converse*) говори́ть, по-; разгова́ривать (*impf*); вести́ (*indet*) разгово́р; **I was ~ing to him yesterday** я говори́л/разгова́ривал с ним вчера́; **they are not on ~ing terms** они́ не разгова́ривают (друг с дру́гом); (*make a speech*) выступа́ть, вы́ступить; произн|оси́ть, -ести́ речь; **I am not used to ~ing in public** я не привы́к публи́чно выступа́ть; **he spoke for the motion** он вы́сказался за предложе́ние; **~ing clock** (*Br*) говоря́щие часы́; **~ing trumpet** ру́пор; **'Smith ~ing'** (*on telephone*) «(с ва́ми) говори́т Смит»; «Смит у телефо́на»; **'~ing'** (*on telephone*) «э́то я»; «слу́шаю»; **actions ~ louder than words** не по слова́м су́дят, а по дела́м; **this calls for some plain ~ing** сле́дует, ви́дно, объясни́ться начистоту́; **I must ~ to him about his manners** мне на́до поговори́ть с ним о его́ мане́рах; **so to ~** так сказа́ть; **roughly, broadly ~ing** гру́бо говоря́; в о́бщих черта́х; **strictly ~ing** стро́го говоря́; **~ing as a father** как оте́ц; **in a manner of ~ing** е́сли мо́жно так вы́разиться; **the facts ~ for themselves** фа́кты говоря́т (са́ми) за себя́; **~ing for myself** что каса́ется меня́; **~ for yourself!** не говори́те за други́х!; **let him ~ for himself** пусть сам ска́жет!; **~ well, highly of s.o.** хорошо́ отзыва́ться отозва́ться о ко́м-н.; хвали́ть, по- кого́-н.; **he is well spoken of** о нём хорошо́ отзыва́ются/говоря́т; **~ of** (*mention, refer to*) упом|ина́ть, -яну́ть о (*ком/чём*); каса́ться, косну́ться (*чего*); **~ing of money, can you lend me a pound?** кста́ти о деньга́х: не дади́те ли вы мне фунт взаймы́?; **nothing to ~ of** ничего́ осо́бенного; **he has no wealth to ~ of** его́ состоя́ние весьма́ незначи́тельно; **the flat is too small, not to ~ of the noise** э́та кварти́ра сли́шком мала́, и к тому́ же ещё здесь о́чень шу́мно; (*indicate, proclaim*): **everything about her spoke of refined taste** всё в ней говори́ло об изы́сканном вку́се.
● *with advs*: **~ out** *vi* (*express o.s. plainly*) выска́зываться, вы́сказаться (открове́нно); **~ up** *vi* (**~** *louder*) говори́ть (*impf*) гро́мче; (*express support*): **~ up for s.o.** подде́рж|ивать, -а́ть кого́-н.

speaker /'spi:kə(r)/ *n* **1**: **the ~ was a man of about 40** говоря́щему бы́ло лет со́рок. **2**: **a Russian ~** челове́к, владе́ющий ру́сским языко́м; **he is a native Russian ~** его́ родно́й язы́к — ру́сский; он носи́тель ру́сского языка́. **3** (*public ~*) ора́тор, докла́дчик, выступа́ющий. **4** (*parl*) спи́кер. **5** (**loud~**) громкоговори́тель (*m*).

spear /'spɪə(r)/ *n* копьё, дро́тик; (*for fish*) гарпу́н, острога́.
● *vt* пронз|а́ть, -и́ть копьём; **~ fish** бить (*impf*) ры́бу острого́й.
● *cpds* **~head** *n* (*lit*) наконе́чник/остриё копья́; (*fig*) передово́й отря́д; аванга́рд; *vt*: **~head a movement** возгл|авля́ть, -а́вить движе́ние; **~mint** *n* (*bot*) мя́та колоси́стая/курча́вая; (*attr, of chewing gum, toothpaste, etc.*) мя́тный.

spec[1] /spek/ *n* (*coll*): **he went there on ~** он пошёл туда́ науда́чу.

spec[2] /spek/ *n* (*coll, specification*) специфика́ция.

special /'speʃ(ə)l/ *n* (*in restaurant*) фи́рменное блю́до; (*TV programme*) специа́льная програ́мма; (*edition*) специа́льный/э́кстренный вы́пуск; (*train*) по́езд специа́льного назначе́ния.
● *adj* **1** (*exceptional, out of ordinary*) осо́бый, осо́бенный; (*for a particular purpose*) специа́льный; **~ to** сво́йственный + *d*; **this book is of ~ interest to me** э́та кни́га представля́ет осо́бый интере́с для меня́; **for a ~ purpose** с осо́бой це́лью; **~ agent** аге́нт по осо́бым поруче́ниям; **a ~ case** осо́бый слу́чай; **~ correspondent** специа́льный корреспонде́нт.
2 (*specific, definite*) определённый; **do you want to come at any ~ time?** вы хоти́те прийти́ в како́е-нибудь определённое вре́мя?
3 (*extraordinary*) специа́льный, э́кстренный; **~ train** по́езд специа́льного назначе́ния; **~ edition** специа́льный/э́кстренный вы́пуск; **~ delivery** сро́чная доста́вка.
● *cpds* **~ effect** *n* спецэффе́кт; **~ forces** *n pl* (*mil*) спецслу́жба; **~ needs** *n pl* специа́льные потре́бности (*f pl*) (*труднообучаемых детей, а также детей с ограниченными возможностями, эмоциональными или поведенческими расстройствами — в условиях школы*); **~-purpose** *adj* специа́льного назначе́ния; **~ unit** *n* (*mil*) спецна́з.

specialist /'speʃəlɪst/ *n* специали́ст (*fem* -ка) (**in:** по + *d*).

speciality /,speʃɪ'ælɪtɪ/ (*US* **specialty**) *n* **1** (*characteristic*) осо́бенность, специ́фика. **2** (*pursuit*) специа́льность, специализа́ция; **make a ~ of sth** специализи́роваться (*impf, pf*) в чём-н.; **what is his ~?** кто он по специа́льности? **3** (*product, recipe, etc.*): **~ of the house** фи́рменное блю́до.

specialization /,speʃəlaɪ'zeɪʃ(ə)n/ *n* специализа́ция.

specialize /'speʃə,laɪz/ *vt*: **~d knowledge** специа́льные позна́ния.
● *vi* (*be or become specialist*) специализи́роваться (*impf, pf*) (**in:** по + *d*; в/на + *p*).

specially /'speʃəlɪ/ *adv* **1** (*individually*) осо́бо; **he was ~ mentioned** о нём упомяну́ли осо́бо. **2** (*for specific purpose*) специа́льно; **~ selected** специа́льно отобранный.
3 (*exceptionally*) осо́бенно, исключи́тельно; **be ~ careful** быть осо́бенно осторо́жным.

specialty /'speʃəltɪ/ (*US*) = **speciality**

species /'spi:ʃɪz, -ʃi:z, 'spi:s-/ *n* (*pl* **~**) **1** (*biol*) (биологи́ческий) вид; **our** (*or* **the (human)) ~** челове́ческий род; **origin of ~** происхожде́ние ви́дов. **2** (*kind*) вид, род.

specific /spɪ'sɪfɪk/ *n* (*in pl*) дета́ли (*f pl*).
● *adj* **1** (*definite*) определённый, конкре́тный, осо́бенный; **he has no ~ aim** у него́ нет никако́й определённой це́ли. **2** (*distinct*) специфи́ческий, осо́бый. **3** (*phys*): **~ gravity** уде́льный вес. **4** (*peculiar*) характе́рный; **the style is ~ to cubist painters** э́тот стиль характе́рен для кубистов.

specification /,spesɪfɪ'keɪʃ(ə)n/ *n* (*instance of specifying*) уточне́ние, определе́ние; (*tech*) специфика́ция; (*in pl*) техни́ческие характери́стики (*f pl*).

specif|y /'spesɪ,faɪ/ *vt* **1** (*name expressly*) определ|я́ть, -и́ть; уточн|я́ть, -и́ть; **unless otherwise ~ied** е́сли нет ины́х указа́ний.
2 (*include in specification*) специфици́ровать (*impf, pf*).

specimen /'spesɪmən/ *n* **1** (*of rock, handwriting*) образе́ц; (*of plant, animal*) экземпля́р, о́собь (*literary*); **a museum ~** музе́йный экспона́т; **~ page** про́бная страни́ца; **~ of urine** моча́ для ана́лиза. **2** (*unusual person, thing*) тип, субъе́кт; **a queer ~** чуда́к; стра́нный субъе́кт.

specious /'spi:ʃəs/ *adj* благови́дный; **a ~ argument** вне́шне убеди́тельный до́вод.

speciousness /'spi:ʃəsnɪs/ *n* благови́дность.

speck /spek/ *n* (*dot*) кра́пинка; (*of dirt or decay*) пя́тнышко; **~ of dust** пыли́нка; **the ship was a ~ on the horizon** кора́бль каза́лся то́чкой на горизо́нте.

speckle /'spek(ə)l/ *vt* покр|ыва́ть, -ы́ть кра́пинками.

speckled /'spek(ə)ld/ *adj* кра́пчатый; пятни́стый; **~ hen** пёстрая/ряба́я ку́рица.

specs /speks/ *n pl* (*coll*) = **spectacles**

spectacle /'spektək(ə)l/ *n* (*public show; sight*) зре́лище; **he is a sad ~** он явля́ет собо́й жа́лкое зре́лище; **he made a ~ of himself** он вы́ставил себя́ на посме́шище.

spectacled /'spektək(ə)ld/ *adj* в очка́х, нося́щий очки́, очка́стый (*coll*); (*of animal*) очко́вый.

spectacles /'spektək(ə)lz/ *n pl* (*Br, pair of glasses*) очк|и́ (*pl, g* -о́в).

S

spectacular /spek'tækjʊlə(r)/ *n* эффе́ктное зре́лище.
● *adj* эффе́ктный, впечатля́ющий.

spectator /spek'teɪtə(r)/ *n* (*onlooker*) зри́тель (*fem* -ница); (*observer*) наблюда́тель (*fem* -ница).

specter /'spektə(r)/ (*US*) = **spectre**

spectra /'spektrə/ *pl of* ⇒**spectrum**

spectral /'spektr(ə)l/ *adj* при́зрачный; (*phys*) спектра́льный.

spectre /'spektə(r)/ (*US* **specter**) *n* привиде́ние, при́зрак.

spectrograph /'spektrəʊ,grɑ:f/ *n* спектро́граф.

spectrometer /spek'trɒmɪtə(r)/ *n* спектро́метр.

spectroscope /'spektrə,skəʊp/ *n* спектроско́п.

spectroscopic /,spektrə'skɒpɪk/ *adj* спектроскопи́ческий.

spectroscopy /,spek'trɒskəpɪ/ *n* спектроскопи́я.

spectr|um /'spektrəm/ *n* (*pl* **~a**) **1** (*phys*) спектр; **~ analysis** спектра́льный ана́лиз. **2** (*fig*) спектр, диапазо́н.

speculate /'spekjʊ,leɪt/ *vi* **1** (*meditate*) размышля́ть (*impf*) (*о чем*); (*conjecture*) де́лать (*impf*) предположе́ния, гада́ть (*impf*). **2** (*risk, invest money*) спекули́ровать (*impf*), игра́ть (*impf*) на би́рже; **he ~s in oil shares** он спекули́рует а́кциями нефтяны́х компа́ний.

speculation /,spekjʊ'leɪʃ(ə)n/ *n* (*meditation*) размышле́ние; (*conjecture*) предположе́ние; дога́дка; (*investment*) спекуля́ция; (*philos*) спекуля́ция, умозре́ние.

speculative /'spekjʊlətɪv/ *adj* (*meditative*) умозри́тельный, теорети́ческий; (*conjectural*) предположи́тельный, гипотети́ческий; (*risky*) риско́ванный; (*comm*) спекуляти́вный.

speculator /'spekjʊ,leɪtə(r)/ *n* спекуля́нт (*fem* -ка).

sped /sped/ *past and pp of* ⇒**speed** *vi* **1**

speech /spi:tʃ/ *n* **1** (*faculty, act of speaking; also gram*) речь; **lose the power of ~** лиш|а́ться, -и́ться да́ра ре́чи; **freedom of ~** свобо́да сло́ва; **direct/indirect ~** пряма́я/ко́свенная речь; **parts of ~** ча́сти ре́чи; **figure of ~** фигу́ра/оборо́т ре́чи. **2** (*manner of speaking*) речь, го́вор; (*pronunciation*) произноше́ние, вы́говор; **~ therapist** логопе́д; **~ therapy** логопе́дия. **3** (*public address*) речь; **make a ~** произн|оси́ть, -ести́ речь; выступа́ть, вы́ступить с ре́чью.
● *cpds* **~ day** *n* (*Br*) ежего́дное торже́ственное шко́льное собра́ние (с реча́ми и вруче́нием награ́д); **~-writer** *n* спичра́йтер.

speechify /'spi:tʃɪ,faɪ/ *vi* ора́торствовать (*impf*).

speechless /'spi:tʃlɪs/ *adj* (*temporarily unable to speak*) онеме́вший; **I was ~ with surprise** я онеме́л от удивле́ния.

speed /spi:d/ *n* **1** (*rapidity*) быстрота́, ско́рость; (*rate of motion*) ско́рость; **with all possible ~** как мо́жно скоре́е; **at full/top ~** на по́лной ско́рости; **gain/gather ~** наб|ира́ть, -ра́ть ско́рость; **lose ~** теря́ть, по- ско́рость; **my bicycle has four ~s** мой велосипе́д име́ет четы́ре ско́рости; **he was travelling at ~** он е́хал с большо́й ско́ростью; **~ limit** дозво́ленная ско́рость; преде́л ско́рости. **2** (*coll, stimulant*) «спид» (*наркотик метамфетамин*). **3** (*of a film*) светочувстви́тельность.
● *vt* (*past and pp* **speeded**) (*also* **~ up**: *accelerate*) уск|оря́ть, -о́рить; **the train service has been ~ed up** поезда́ ста́ли ходи́ть быстре́е; **measures to ~ production** ме́ры по повыше́нию те́мпов произво́дства.
● *vi* **1** (*past and pp* **sped**) (*move quickly*) мча́ться (*impf*), нести́сь (*impf*). **2** (*past and pp* **speeded**) (*go too fast*): **he was fined for ~ing** его́ оштрафова́ли за превыше́ние ско́рости. **3**: **~ up** (*past and pp* **speeded**) уск|оря́ться, -о́риться.
● *cpds* **~boat** *n* быстрохо́дный ка́тер; **~ bump** «лежа́чий полице́йский» (*искусственное возвышение на дороге для ограничения скорости движения*); **~ camera** *n* ка́мера-рада́р, спид-ка́мера (*фиксирует скорость автомобиля для последующего доказательства превышения скорости*); **~ dating** *n* экспре́сс-знако́мства (*nt pl*); **~ hump** (*Br*) = **~ bump**; **~way** *n* го́ночный трек; (*US, motorway*) автостра́да; **~way racing** спидве́й, скоростны́е мото́гонки (*f pl*); **~way rider** мото́гонщик; **~well** *n* (*bot*) веро́ника.

speedometer /spi:'dɒmɪtə(r)/ *n* спидо́метр.

speedy /'spi:dɪ/ *adj* (**speedier, speediest**) (*rapid*) ско́рый, бы́стрый; (*hasty*) поспе́шный; (*prompt, undelayed*) ско́рый, неме́дленный; **he wished me a ~ return** он пожела́л мне ско́рого возвраще́ния; **they took ~ action against him** они́ при́няли сро́чные ме́ры про́тив него́.

speleological /,spi:lɪə'lɒdʒɪk(ə)l, ,spe-/ *adj* спелеологи́ческий.

speleologist /,spi:lɪ'ɒlədʒɪst, ,spe-/ *n* спелео́лог; иссле́дователь (*m*) пеще́р.

speleology /,spi:lɪ'ɒlədʒɪ, ,spe-/ *n* спелеоло́гия.

spell¹ /spel/ *n* **1** (*magical formula; its effect*) ча́р|ы (*pl, g* —); колдовство́; **cast a ~ over** околдо́в|ывать, -а́ть; заколдо́в|ывать, -а́ть; **break the ~** разр|уша́ть, -у́шить ча́ры. **2** (*fascination*) обая́ние, очарова́ние; **he was under the ~ of her beauty** он находи́лся под обая́нием её красоты́; он был очаро́ван её красото́й.
● *cpd* **~bound** *adj* очаро́ванный, зачаро́ванный; **he held the audience ~bound** он зачарова́л слу́шателей.

spell² /spel/ *n* **1** (*bout, turn*) сме́на, пери́од; **a ~ of work** пери́од рабо́ты; **shall I take a ~ at the wheel?** мне смени́ть вас у руля́? **2** (*interval*) пери́од; промежу́ток вре́мени; **I slept for a ~** я поспа́л не́которое вре́мя; **a ~ of good luck** полоса́ везе́ния; **we're in for a ~ of fine weather** ожида́ется полоса́ хоро́шей пого́ды.

spell³ /spel/ *vt* (*past and pp* **spelled** *or esp Br* **spelt**) **1** (*write or name letters in sequence*) произн|оси́ть, -ести́ (*or* писа́ть, на-) по бу́квам; **how do you ~ your name?** как пи́шется ва́ша фами́лия?; **he cannot ~ his own name** он не мо́жет пра́вильно написа́ть свою́ фами́лию; **I wish you would learn to ~** когда́ же ты нау́чишься писа́ть без оши́бок? **2** (*usu* **~ out**: *decipher slowly*) с трудо́м раз|бира́ть, -обра́ть (по бу́квам); (*fig, make explicit*) разъясн|я́ть, -и́ть; разжёв|ывать, -а́ть (*coll*). **3** (*of letters: make up*) сост|авля́ть, -а́вить (по бу́квам); **what do these letters ~?** како́е сло́во составля́ют э́ти бу́квы? **4** (*fig, signify*) означа́ть (*impf*); **these changes ~ disaster** э́ти переме́ны суля́т несча́стье.
● *vi* (*past and pp* **spelled** *or esp Br* **spelt**) писа́ть (*impf*) пра́вильно/гра́мотно; **we do not pronounce as we ~** мы произно́сим не так, как пи́шем.
● *cpd* **~checker** *n* (*comput*) програ́мма прове́рки орфогра́фии.

speller /'spelə(r)/ *n*: **he is a poor ~** у него́ хрома́ет орфогра́фия.

spelling /'spelɪŋ/ *n* правописа́ние, орфогра́фия; **I am not certain of the ~ of this word** я не уве́рен в правописа́нии э́того сло́ва; **~ checker** = **spellchecker**
● *cpd* **~ bee** *n* состяза́ние по орфогра́фии.

spelt /spelt/ *past and pp of* ⇒**spell³**

spen|d /spend/ *vt* (*past and pp* **spent**) **1** (*pay out*) тра́тить, ис-; расхо́довать, из-; **how much have you ~t?** ско́лько вы израсхо́довали?; **she ~ds too much on clothes** она́ сли́шком мно́го тра́тит на оде́жду; **~d a penny** (*Br coll, use lavatory*) пойти́ (*pf*) ко́е-куда́. **2** (*consume, expend, exhaust*) расхо́довать, из-; истощ|а́ть, -и́ть; **~d o.s.** истощ|а́ться, -и́ться; выма́тываться, вы́мотаться; **he is completely ~t** он вы́мотался вконе́ц; **a ~t bullet** стре́ляная/израсхо́дованная пу́ля. **3** (*pass*) пров|оди́ть, -ести́; **we ~t some hours looking for a hotel** у нас ушло́ (*or* мы потра́тили) не́сколько часо́в на по́иски гости́ницы; **she ~t her life in good works** она́ всю свою́ жизнь посвяти́ла до́брым дела́м; **how do you ~d your leisure?** как вы прово́дите свой досу́г?
● *vi* (*past and pp* **spent**) (**~ money**) тра́титься, по-; **~ding money** карма́нные де́ньги; **they went on a ~ding spree** они́ пошли́ транжи́рить де́ньги.
● *cpd* **~dthrift** *n* мот (*fem* -о́вка); транжи́р (*fem* -ка); расточи́тель (*m*) (*fem* -ница); *adj* расточи́тельный.

spender /'spendə(r)/ *n*: **a lavish ~** расточи́тельный челове́к.

spent /spent/ *past and pp of* ⇒**spend**

sperm /spɜ:m/ *n* (*pl* ~ *or* ~**s**) спéрма; (~ **whale**) кашалóт.

spermaceti /ˌspɜ:məˈsetɪ/ *n* спермацéт.

spermatozo|on /ˌspɜ:mətəʊˈzəʊɒn/ *n* (*pl* **-a**) сперматозóид.

spew /spju:/ *vt* (*coll, vomit*) выблёвывать, вы́блевать (*sl*); (*lit, fig*) изрыгáть (*impf*); **a machine gun** ~**ing out bullets** пулемёт, поливáющий (неприя́теля) огнём.

● *vi* (*coll, vomit*) блевáть (*impf*) (*sl*).

sphere /sfɪə(r)/ *n* **1** сфéра; (*globe*) шар, глóбус. **2** (*fig*) сфéра, óбласть/пóле (дéятельности); **outside my** ~ вне моéй компетéнции; ~ **of influence** сфéра влия́ния.

spherical /ˈsferɪk(ə)l/ *adj* сфери́ческий, шарообрáзный.

spheroid /ˈsfɪərɔɪd/ *n* сферóид.

spheroidal /sfɪəˈrɔɪd(ə)l/ *adj* сфероидáльный, шарови́дный.

sphincter /ˈsfɪŋktə(r)/ *n* (*anat*) сфи́нктер.

sphinx /sfɪŋks/ *n* сфинкс.

sphygmomanometer /ˌsfɪgməʊməˈnɒmɪtə(r)/ *n* (*med*) сфигмоманóметр.

spice /spaɪs/ *n* **1** спéция, пря́ность, припрáва. **2** (*fig, piquancy, zest*) острóта, пикáнтность; **his story lacked** ~ егó расскáзу не хватáло изю́минки.

● *vt* припр|авля́ть, -áвить; **highly-**~**d dishes** óстрые/пря́ные блю́да.

spick /spɪk/ *adj*: ~ **and span** (*clean, tidy*) сверкáющий чистотóй.

spicy /ˈspaɪsɪ/ *adj* (**spicier, spiciest**) пря́ный; (*fig*) пикáнтный.

spider /ˈspaɪdə(r)/ *n* паýк; ~**'s web** паути́на.

● *cpd* ~ **monkey** *n* паукообрáзная обезья́на.

spidery /ˈspaɪdərɪ/ *adj*: ~ **writing** витиевáтый пóчерк; ~ **legs** дли́нные, тóнкие нóги, «спи́чки» (*f pl*).

spiel /ʃpi:l/ *n* (*coll*) заговáривание зубóв.

spiffing /ˈspɪfɪŋ/ *adj* (*Br archaic*) шикáрный, первоклáссный.

spigot /ˈspɪgət/ *n* прóбка, втýлка.

spike /spaɪk/ *n* **1** (*sharp point*) остриё; (*stout nail*) косты́ль (*m*); (*on fence*) зубéц; (*Br, for papers etc.*) накóлка; (*of cello, double bass*) упóр; (*on shoe*) шип, гвоздь (*m*); ~ **heels** гвóздики (*m pl*), шпи́льки (*f pl*); (*in pl, coll*) (*spiked running shoes*) шипóвки (*f pl*). **2** (*bot*) кóлос.

● *vt* **1** (*fasten with* ~*s*) приб|ивáть, -и́ть гвоздя́ми. **2** (*furnish with* ~*s*) снаб|жáть, -ди́ть гвоздя́ми/шипáми; ~**d boots** боти́нки (*m pl*) на шипáх. **3**: ~ **s.o.'s guns** (*fig*) расстр|áивать, -óить чьи-н. зáмыслы.

spiky /ˈspaɪkɪ/ *adj* (**spikier, spikiest**) **1** (*flower, leaf*) остроконéчный; ~ **hair** ёжик. **2** (*coll, easily offended*) колю́чий.

spill¹ /spɪl/ *n* (*of wood*) лучи́на; (*of paper*) жгут из бумáги.

spill² /spɪl/ *vt* (*past and pp* **spilt** *or* **spilled**) **1** (*accidentally*) (*liquid*) прол|ивáть, -и́ть; расплёск|ивать, -áть; **I spilt a glass of water on her dress** я прóлил стакáн воды́ на её плáтье; **without** ~**ing a drop** не расплескáв ни кáпли; (*powder etc.*) расс|ыпáть, -ы́пать. **2** (*intentionally*) прол|ивáть, -и́ть; (*fig*): ~ **the beans** (*coll*) прогов|áриваться, -ори́ться; разб|áлтывать, -олтáть секрéт; ~ **s.o.'s blood** прол|ивáть, -и́ть чью-н. кровь; уб|ивáть, -и́ть когó-н.

● *vi* (*past and pp* **spilt** *or* **spilled**) (*of liquids*) разл|ивáться, -и́ться; (*of salt etc.*) расс|ыпáться, -ы́паться; прос|ыпáться, -ы́паться.

● *with advs*: ~ **out** *vi* выливáться, вы́литься; (*of people*) высыпáть, вы́сыпать (*coll*); ~ **over** *vi* перел|ивáться, -и́ться (чéрез край).

● *cpd* ~**over** *n* (*of population*) избы́точное населéние.

spillage /ˈspɪlɪdʒ/ *n* утéчка; (*of dry products*) утрýска.

spillikins /ˈspɪlɪkɪnz/ *n* бирю́льки (*f pl*).

spilt /spɪlt/ *past and pp of* ⇨**spill²**

spin /spɪn/ *n* **1** (*whirl, twisting motion*) кружéние, вращéние; **go into a** ~ завертéться (*pf*); **his head was in a** ~ у негó головá шла крýгом.
2 (*aeron*) штóпор; **go into a** ~ входи́ть, войти́ в штóпор.
3 (*of ball*) вращéние; **put** ~ **on a ball** закрý|чивать, -ти́ть мяч.
4 (*of coin*): **it all turned on the** ~ **of a coin** всё зави́село от жрéбия.
5 (*outing*) корóткая прогýлка; **go for a** ~ **in the car** прокати́ться/покатáться (*both pf*) на маши́не.
6 (*bias*) пристрáстие.

● *vt* (**spinning;** *past* **spun** *or* **span;** *pp* **spun**)
1 (*yarn, wool, etc.*) прясть, с-; ~**ning wheel** пря́лка; ~**ning machine** пряди́льная маши́на; ~ **a yarn** (*fig*) сочиня́ть/вы́думывать (*impf*) истóрии; **the spider** ~**s its web** паýк плетёт паути́ну; **spun silk** шёлковая пря́жа; *see also* ⇨**spun**.
2 (*cause to revolve*) вертéть, за-; крути́ть, за-; кружи́ть, за-; ~ **a coin** подбр|áсывать, -óсить монéту; ~ **a top** пус|кáть, -ти́ть волчóк.

● *vi* (**spinning;** *past* **spun** *or* **span;** *pp* **spun**) вертéться, за-; крути́ться, за-; кружи́ться, за-; (*of compass needle or suspended object*) вращáться (*impf*); (*of wheel*) бы́стро вращáться/крути́ться (*impf*); (*of person*): **the blow sent him** ~**ning against the wall** удáр швырнýл егó к стенé; **my head is** ~**ning** у меня́ головá идёт крýгом.

● *with advs*: ~ **out** *vt*: ~ **out a story** растя́|гивать, -нýть расскáз; ~ **round** *vt* & *i* бы́стро пов|opáчивать(ся), -ернýть(ся) (кругóм).

● *cpds* ~ **doctor** *n* (*pol*) политтехнóлог; ~**-dry** *vt* (*Br*) суши́ть, вы́- в центрифýге; ~ **dryer, drier** *n* (*Br*) центрифýга; ~**-off** *n* (*coll*) побóчный результáт; дополни́тельный дохóд.

spina bifida /ˌspaɪnə ˈbɪfɪdə/ *n* расщеплéние ости́стых отрóстков позвонóчника.

spinach /ˈspɪnɪdʒ, -ɪtʃ/ *n* шпинáт.

spinal /ˈspaɪn(ə)l/ *adj* спиннóй, позвонóчный; ~ **column** позвонóчный столб, позвонóчник, спиннóй хребéт; ~ **cord** спиннóй мозг; ~ **injury** повреждéние позвонóчника.

spindle /ˈspɪnd(ə)l/ *n* **1** (*of spinning wheel*) веретенó; (*axis, rod*) ось, шпи́ндель (*m*). **2** (*also* ~ **tree/bush**) бересклéт.

spindly /ˈspɪndlɪ/ *adj* (**spindlier, spindliest**) дли́нный и тóнкий.

spindrift /ˈspɪndrɪft/ *n* бры́зг|и (*pl, g* —) морскóй воды́.

spine /spaɪn/ *n* **1** (*backbone*) позвонóчник, спиннóй хребéт; (*of fish*) хребéт. **2** (*of hedgehog etc.*) иглá, колю́чка. **3** (*of plant*) иглá, колю́чка, шип. **4** (*of book*) корешóк.

● *cpd* ~**-chilling** *adj* жýткий.

spineless /ˈspaɪnlɪs/ *adj* (*fig*) бесхребéтный, бесхарáктерный.

spinet /spɪˈnet, ˈspɪnɪt/ *n* (*mus*) спинéт.

spinnaker /ˈspɪnəkə(r)/ *n* (*naut*) спи́накер.

spinner /ˈspɪnə(r)/ *n* (*person*) пряди́льщи|к (*fem* -ца); пря́ха.

spinneret /ˈspɪnəˌret/ *n* (*zool*) пряди́льный óрган; (*textiles*) фильéра.

spinney /ˈspɪnɪ/ *n* (*Br*) (*thicket*) зáросль; (*small wood*) рóща.

spinster /ˈspɪnstə(r)/ *n* (*old maid*) стáрая дéва; (*law, unmarried woman*) незамýжняя жéнщина.

spinsterhood /ˈspɪnstəhʊd/ *n* стародеви́чество.

spiny /ˈspaɪnɪ/ *adj* (**spinier, spiniest**) (*covered with spines*) покры́тый и́глами/шипáми/колю́чками; (*prickly*) колю́чий.

spiral /ˈspaɪər(ə)l/ *n* спирáль.

● *adj* спирáльный; ~ **staircase** винтовáя лéстница.

● *vi* (**spiralled, spiralling;** *US* **spiraled, spiraling**): **the plane** ~**led down to earth** самолёт произвёл спирáльный спуск на зéмлю; **the crime rate is** ~**ling (upwards)** престýпность (*or* ýровень престýпности) растёт бы́стрыми тéмпами; кривáя престýпности пошлá рéзко вверх.

spire /ˈspaɪə(r)/ *n* (*of church etc.*) шпиль (*m*).

spirit /ˈspɪrɪt/ *n* **1** (*soul, immaterial part of man*) душá; духóвное начáло; **I shall be with you in** ~ душóй я бýду с вáми.
2 (*immortal, incorporeal being*) дух; **the Holy S**~ Святóй Дух; **evil** ~ злой дух; **as the** ~ **moves one** по наи́тию; (*apparition, ghost*) привидéние.
3 (*living being*) ум, ли́чность; **leading** ~ душá, руководи́тель (*m*), вождь (*m*).
4 (*mental or moral nature*) харáктер, дух; **a man of unbending** ~ человéк непреклóнного харáктера; **the poor in** ~ ни́щие дýхом.
5 (*courage*) хрáбрость; **show some** ~ прояв|ля́ть, -и́ть мýжество/харáктер; **a man of** ~ человéк с харáктером; (*vivacity*) жи́вость; **he played the piano with** ~ он вдохновéнно игрáл на роя́ле.
6 (*mental, moral attitude*) дух, смысл; **take sth in the wrong** ~ невéрно

восприн|има́ть, -я́ть что-н.; **it depends on the ~ in which it is done** всё зави́сит от того́, с каки́м наме́рением э́то сде́лано; **enter into the ~ of Christmas** прон|ика́ться, -и́кнуться ду́хом Рождества́.
7 (*real meaning, essence*) су́щность, суть, дух; **the ~ of the law** дух зако́на; **I followed the ~ of his instructions** я де́йствовал в ду́хе его́ указа́ний.
8 (*mental or moral tendency, influence*) дух; тенде́нция; **the ~ of the age** дух вре́мени.
9 (*in pl, humour*) настрое́ние; **he was in high ~s** он был в припо́днятом настрое́нии; **his ~s are low** он в пода́вленном настрое́нии; **keep one's ~s up** мужа́ться (*impf*); не па́дать (*impf*) ду́хом; **recover one's ~s** приободр|я́ться, -и́ться; **raise s.o.'s ~s** подн|има́ть, -я́ть дух у кого́-н.
10 (*industrial alcohol*) спирт, алкого́ль (*m*); (*in pl, Br, alcoholic drink*) спиртно́й напи́ток; **he never touches ~s** он не прикаса́ется к спиртно́му.
● *vt* (**spirited, spiriting**) **~ away, off** (та́йно) пох|ища́ть, -и́тить.
● *cpds* **~ gum** *n* театра́льный клей; **~ lamp** *n* спирто́вка; **~ level** *n* ватерпа́с.

spirited /ˈspɪrɪtɪd/ *adj* живо́й, оживлённый, энерги́чный, жизнера́достный; **a ~ reply** бо́йкий отве́т; **a ~ horse** горя́чий конь.

spiritless /ˈspɪrɪtlɪs/ *adj* (*lifeless*) безжи́зненный; (*listless*) вя́лый, сла́бый.

spiritual /ˈspɪrɪtʃʊəl/ *n* (*song*) спи́ри́чуэл (*pl* -с), негритя́нский духо́вный гимн.
● *adj* **1** (*pertaining to the soul, spirit*) духо́вный; **~ life** духо́вная жизнь; (*fig*): **Italy is his ~ home** Ита́лия — его́ духо́вная ро́дина. **2** (*inspired by Holy Spirit*): **~ gift** боже́ственный дар; **~ songs** духо́вные пе́сни.

spiritualism /ˈspɪrɪtʃʊəˌlɪz(ə)m/ *n* спирити́зм; (*philos*) спиритуали́зм.

spiritualist /ˈspɪrɪtʃʊəlɪst/ *n* спири́т (*fem* -ка); (*philos*) спиритуали́ст.

spirituality /ˌspɪrɪtʃʊˈælɪtɪ/ *n* одухотворённость.

spirituous /ˈspɪrɪtjʊəs/ *adj* (*of drink*) спиртно́й, алкого́льный.

spit[1] /spɪt/ *n* (*for roasting*) ве́ртел; (*of land*) коса́, стре́лка.

spit[2] /spɪt/ *n* **1** (*spittle*) слюна́. **2**: **the ~ and (or ~ting) image of his father** то́чная ко́пия своего́ отца́; вы́литый оте́ц.
● *vt* (**spitting;** *past and pp* **spat** *or* **~**) (*also* **~ out**) выплёвывать, вы́плюнуть; **~ blood** ха́ркать (*impf*) кро́вью.
● *vi* (**spitting;** *past and pp* **spat** *or* **~**) **1** пл|ева́ть, -ю́нуть; (*habitually*) плева́ться (*impf*); **he spat in my face** он плю́нул мне в лицо́; (*of cat etc.*) фы́рк|ать, -нуть. **2** (*of fire*) сы́пать (*impf*) и́скрами. **3** (*Br coll, rain*) накра́пывать (*impf*).

spite /spaɪt/ *n* **1** (*ill will*) зло́ба, злость; **out of ~** назло́; по зло́бе. **2**: **in ~ of** несмотря́ на + *a*; **I smiled in ~ of myself** я нево́льно улыбну́лся.
● *vt*: **he does it to ~ me** он де́лает э́то мне назло́.

spiteful /ˈspaɪtfʊl/ *adj* зло́бный, злора́дный.

spitefulness /ˈspaɪtfʊlnɪs/ *n* зло́бность, злора́дство.

Spitsbergen /ˈspɪtsˌbɜːgən/ *n* Шпицбе́рген.

spittle /ˈspɪt(ə)l/ *n* плево́к; слюна́.

spittoon /spɪˈtuːn/ *n* плева́тельница.

spiv /spɪv/ *n* (*Br sl*) ме́лкий спекуля́нт; жу́лик.

splash /splæʃ/ *n* **1** (*action, effect*) плеска́ние, плеск; **he fell into the water with a ~** он с плёском бултыхну́лся в во́ду; **the stone made a huge ~** ка́мень упа́л с гро́мким плёском; **make a ~** (*fig, attract attention*) произв|оди́ть, -ести́ сенса́цию.
2 (*sound*) всплеск, плеск; **the ~ of waves** всплёски волн.
3 (*liquid*) бры́зги (*m pl*); **I felt a ~ of rain** на меня́ упа́ли ка́пли дождя́; **put a ~ of soda in my whisky** плесни́те мне ка́плю со́довой в ви́ски.
4 (*of blood, mud etc.*) пятно́; **a ~ of colour** кра́сочное пятно́.
● *vt* **1** бры́з|гать, -нуть (*чем на что*); забры́зг|ивать, -ать (*что чем*); **he ~ed paint on her dress** он забры́згал ей пла́тье кра́ской; **she was ~ing her feet in the water** она́ шлёпала нога́ми по воде́; **they were ~ing water at one another** они́ бры́згали друг в дру́га водо́й; **~ one's way through mud** шлёпать (*impf*) по гря́зи.
2 (*coll, fig*): **the news was ~ed in all the papers** все газе́ты раструби́ли э́ту но́вость; **he likes to ~ his money about** он лю́бит броса́ться/сори́ть деньга́ми.
● *vi* **1** (*of liquid etc.*) разбры́зг|иваться, -аться; (*of waves*) плеска́ться (*impf*); **the mud ~ed up her legs** ей забры́згало но́ги гря́зью.
2 (*move or fall with ~*): **he ~ed into the water** он бултыхну́лся в во́ду; **the ducks ~ed about in the pond** у́тки плеска́лись в пруду́; **the falling tree ~ed into the lake** де́рево с плёском упа́ло в о́зеро; **the cows ~ed through the river** коро́вы с трудо́м шли че́рез ре́ку; **the capsule ~ed down in the Pacific** ка́псула приводни́лась в Ти́хом океа́не; (*Br coll, fig*): **they ~ed out on a new carpet** они́ разори́лись на но́вый ковёр.
● *int* плюх!
● *cpds* **~back** *n* (*Br*) защи́тная пане́ль; **~down** *n* приводне́ние.

splat /splæt/ *n* (*piece of wood*) наще́льная ре́йка.

splatter /ˈsplætə(r)/ *vt & i* = **spatter**

splay /spleɪ/ *n* ско́шенный проём окна́ *и т. п.*
● *vt* (*spread wide*): **~ one's legs** раски́|дывать, -нуть но́ги.

spleen /spliːn/ *n* (*anat*) селезёнка; (*fig, ill temper, spite*) зло́ба; **vent one's ~ on s.o.** срыва́ть, сорва́ть зло́бу на ком-н.

splendid /ˈsplendɪd/ *adj* (*magnificent*) великоле́пный; (*luxurious*) роско́шный; (*excellent*) прекра́сный, отли́чный; (*impressive, remarkable*) удиви́тельный, замеча́тельный; **~!** великоле́пно!, замеча́тельно!; **what a ~ idea** замеча́тельная/прекра́сная мысль!

splendour /ˈsplendə(r)/ (*US* **splendor**) *n* (*brilliance*) блеск; (*grandeur, magnificence*) великоле́пие, пы́шность.

splenetic /splɪˈnetɪk/ *adj* **1** (*med*) селезёночный. **2** (*of person*) раздражи́тельный, жёлчный.

splice /splaɪs/ *vt* **1** (*rope, wires*) ср|а́щивать, -асти́ть. **2** (*wood*) соедин|я́ть, -и́ть внахлёстку/внакро́й. **3** (*tape*) скле́и|вать, -ть. **4**: **get ~d** (*sl, marry*) пожени́ться (*pf*).

splint /splɪnt/ *n* (*for broken bone*) ши́на, лубо́к.
● *vt* на|кла́дывать, -ложи́ть ши́ну на + *a*.

splinter /ˈsplɪntə(r)/ *n* **1** (*of wood*) лучи́на, ще́пка; (*in finger*) зано́за; (*of stone, metal, glass*) оско́лок; **get a ~ in one's finger** занози́ть (*pf*) па́лец.
2 (*fig*): **~ group** отколо́вшаяся (полити́ческая) группиро́вка/фра́кция.
● *vt & i* расщеп|ля́ть(ся), -и́ть(ся).
● *cpd* **~-proof** *adj*: **~-proof glass** безоско́лочное стекло́.

split /splɪt/ *n* **1** раска́лывание; (*crack, fissure*) тре́щина, щель, расще́лина. **2** (*fig, schism, disunion*) раско́л. **3**: **do the ~s** (*Br*) де́лать, с- шпага́т.
● *vt* (**splitting;** *past and pp* **~**) **1** коло́ть, рас-; расщеп|ля́ть, -и́ть; **~ting the atom** расщепле́ние а́тома; (*crack open, rupture*) раск|а́лывать, -оло́ть; **I have a ~ lip** у меня́ губа́ тре́снула; (*fig*): **~ one's sides** надрыва́ться, (*impf*) от сме́ха; **~ hairs** спо́рить (*impf*) из-за пустяко́в/мелоче́й.
2 (*divide*) раздел|я́ть, -и́ть; (*share*) дели́ть, по-; **they ~ the money into three (or three ways)** они́ раздели́ли де́ньги на́ три ча́сти; **the job was ~ between us** мы подели́ли рабо́ту ме́жду собо́й; **~ a bottle of wine with s.o.** расп|ива́ть, -и́ть буты́лку вина́ с кем-н.; **~ the left-wing vote** раск|а́лывать, -оло́ть голоса́ ле́вых.
3 (*cause dissension in*) раск|а́лывать, -оло́ть; разъедин|я́ть, -и́ть; **the party was ~ by factions** па́ртия расколо́лась на фра́кции; **~ infinitive** расщеплённый инфинити́в; **~ peas** ко́лотый горо́х; **~ personality** раздвое́ние ли́чности; **~ ring** разрезно́е кольцо́ (для ключе́й); **~ second** до́ля секу́нды; мгнове́ние.
● *vi* (**splitting;** *past and pp* **~**) **1** (*of hard substance*) раск|а́лываться, -оло́ться; расщеп|ля́ться, -и́ться; тре́снуть (*pf*); (*divide*) раздел|я́ться, -и́ться; **the wood ~** де́рево тре́снуло; **~ open** взл|а́мываться, -ома́ться; (*of soft, thin substance*) раз|рыва́ться, -орва́ться; рва́ться, по-; **my head is ~ting** (*fig*) у меня́ голова́ трещи́т/раска́лывается (от бо́ли).
2 (*become disunited*) разъедин|я́ться, -и́ться; раск|а́лываться, -оло́ться.
3: **~ on s.o.** (*Br sl*) выдава́ть, вы́дать кого́-н.

S

● *with advs*: **~ off** *vt* & *i* отк|áлывать(ся), -олóть(ся); **~ up** *vt* & *i* (*lit*) раск|áлывать(ся), -олóть(ся); (*separate*) ра|сходи́ться, -зойти́сь; **we ~ up into two groups** мы разби́лись на две грýппы; **he and his wife ~ up** они́ с женóй разошли́сь.

splodge /splɒdʒ/ (*Br*) = **splotch**

splosh /splɒʃ/ (*coll*) = **splash** *vt* & *i*

splotch /splɒtʃ/, **splodge** /splɒdʒ/ (*coll*) *n* (грязное) пятнó, мазóк.
● *vt* замы́зг|ивать, -ать.

splurge /splə:dʒ/ *vi* (*coll*) кути́ть (*impf*); бросáться (*impf*) деньгáми.

splutter /ˈsplʌtə(r)/ *n* (*noise*) треск, трещáние; (*speech*) быстрая/сби́вчивая речь; лопотáнье.
● *vt* & *i* (*also* **sputter**) (*of person*) говори́ть (*impf*) захлёбываясь; (*of candle*) трещáть (*impf*); (*of fire*) шипéть (*impf*); (*of engine*) трещáть (*impf*).

spoil /spɔɪl/ *n* **1** (*booty*) добы́ча; **~s of war** трофéи (*m pl*); воéнная добы́ча.
2 (*profit*) при́быль; (*benefit*) вы́года.
● *vt* (*past and pp* **spoilt** (*esp Br*) *or* **spoiled**)
1 (*impair, injure, ruin*) пóртить, ис-; **the rain ~t our holiday** дождь испóртил нам óтпуск; **eating sweets will ~ your appetite** конфéты испóртят вам аппети́т; **~ s.o.'s plans** срывáть, сорвáть чьи-н. плáны; **he ~t his chances of success** он сам подорвáл свой шáнсы на успéх.
2 (*over-indulgence*) баловáть, из-; **a ~t child** избалóванный ребёнок; **be ~t for choice** имéть (*impf*) огрóмный вы́бор.
● *vi* (*past and pp* **spoilt** (*esp Br*) *or* **spoiled**)
1 (*deteriorate*) пóртиться, ис-; ух|удшáться, -ýдшиться; (*go bad, rotten etc.*) пóртиться, ис-.
2 (*be eager*): **he is ~ing for a fight** он так и лéзет в дрáку.
● *cpd* **~sport** *n* тот, кто пóртит удовóльствие други́м.

spoilage /ˈspɔɪlɪdʒ/ *n* (*of food*) испóрченные продýкты (*m pl*).

spoilt /spɔɪlt/ *past and pp of* ⇒**spoil**

spoke[1] /spəʊk/ *n* **1** (*of wheel*) спи́ца.
2 (*fig*): **put a ~ in s.o.'s wheel** (*Br*) вставля́ть (*impf*) комý-н. пáлки в колёса.

spoke[2] /spəʊk/ *past of* ⇒**speak**

spoken /ˈspəʊkən/ *adj* ýстный; **the ~ word** ýстная речь; **the ~ language** речь.

spokesman /ˈspəʊksmən/ *n* (*pl* **spokesmen**) представи́тель (*m*); **~ for defence** доклáдчик по вопрóсам оборóны; **act as ~ for s.o.** выступáть, вы́ступить от и́мени когó-н.

spokesperson /ˈspəʊks,pə:s(ə)n/ *n* (*pl* **spokespersons/spokespeople**) = **spokesman** *or* ⇒**spokeswoman**

spokeswoman /ˈspəʊks,wʊmən/ *n* (*pl* **spokeswomen**) представи́тельница.

spoliation /,spəʊlɪˈeɪʃ(ə)n/ *n* грабёж, разграблéние.

spondee /ˈspɒndi:/ *n* спондéй.

sponge /spʌndʒ/ *n* **1** (*zool; toilet article*) гýбка; **throw in, up the ~** (*fig*) призн|авáть, -áть себя́ побеждённым.
2 (*cake*) бискви́т; (*dough*) бискви́тное тéсто.
● *vt* (**sponging** *or* **spongeing**): **~ a child's face** обт|ирáть, -ерéть ребёнку лицó гýбкой; **~ o.s. down** обт|ирáться, -ерéться гýбкой.
● *vi* (**sponging** *or* **spongeing**) (*fig*) жить (*impf*) на чужóй счёт; **he ~s on his brother** он сиди́т на шéе у брáта.
● *with advs*: **~ off** *vt* ст|ирáть, -ерéть гýбкой; **~ up** *vt* (*absorb*) вытирáть, вы́тереть.
● *cpds* **~ bag** *n* (*Br*) сýмка для туалéтных принадлéжностей; **~ cake** *n* бискви́т; **~ rubber** *n* рези́новая гýбка.

sponger /ˈspʌndʒə(r)/ *n* парази́т, нахлéбник, прижи́вáльщик.

spongy /ˈspʌndʒɪ/ *adj* (**spongier, spongiest**) гýбчатый; (*porous*) пóристый; (*e.g. moss, carpet*) мя́гкий; (*of ground*) тóпкий.

sponsor /ˈspɒnsə(r)/ *n* **1** (*guarantor*) поручи́тель (*fem* -ница); (*of new member etc.*) рекомендáтель (*fem* -ница). **2** (*at baptism*) (*male*) крёстный отéц; (*female*) крёстная мать. **3** (*TV etc.*) рекламодáтель (*m*). **4** (*providing finance*) спóнсор.
● *vt* ручáться, поручи́ться за + *a*; рекомендовáть (*impf, pf*); (*e.g. a law or resolution*) вн|оси́ть, -ести́; (*on TV etc.*) финанси́ровать (*impf, pf*).

sponsorship /ˈspɒnsəʃɪp/ *n* поручи́тельство, порýка; спóнсорство.

spontaneity /,spɒntəˈni:ɪtɪ, -ˈneɪɪtɪ/ *n* спонтáнность, стихи́йность, непосрéдственность.

spontaneous /spɒnˈteɪnɪəs/ *adj* спонтáнный, стихи́йный; (*unaffected*) непосрéдственный; **~ combustion** самовозгорáние.

spoof /spu:f/ (*coll*) *n* (*hoax*) рóзыгрыш; (*parody*) парóдия.
● *vt* разы́гр|ывать, -áть; пароди́ровать, с-.

spook /spu:k/ *n* (*joc*) привидéние, при́зрак.

spooky /ˈspu:kɪ/ *adj* (*coll*) (**spookier, spookiest**) (*frightening*) жýткий, стрáшный; (*sinister*) зловéщий; **~ house** дом с привидéниями.

spool /spu:l/ *n* шпýлька, катýшка.
● *vt* нам|áтывать, -отáть на катýшку.

spoon /spu:n/ *n* лóжка; **they fed him with a ~** егó корми́ли с лóжки; **he was born with a silver ~ in his mouth** ≈ он роди́лся в сорóчке.
● *vt* (*also* **~ up**) чéрпать, вы́-.
● *cpds* **~ bait** *n* блеснá; **~bill** *n* (*zool*) колпи́ца; **~-feed** *vt* (*lit*) корми́ть (*impf*) с лóжки; (*fig*): **~-feed a pupil** ня́нчиться (*impf*) с ученикóм; всё разжёвывать (*impf*) ученикý.

spoonerism /ˈspu:nə,rɪz(ə)m/ *n* непроизвóльная перестанóвка звýков в словáх.

spoonful /ˈspu:nfʊl/ *n* (пóлная) лóжка (*чего*).

spoor /spʊə(r)/ *n* след.

sporadic /spəˈrædɪk/ *adj* споради́ческий.

spore /spɔ:(r)/ *n* спóра.

sport /spɔ:t/ *n* **1** (*outdoor pastime(s)*) спорт; (*in pl*) спорт, ви́ды (*m pl*) спóрта; **indoor ~s** ви́ды спóрта для закры́тых помещéний; **go in for ~** зан|имáться, -я́ться спóртом; **~s car** спорти́вный автомоби́ль; **~s coat** (*US*), **~ jacket** (*US*), **~s jacket** (*Br*) спорти́вная кýртка; **~s editor** завéдующий спорти́вным отдéлом газéты.
2 (*in pl, Br, athletic events*) спорти́вные и́гры (*f pl*); **~s day** (*Br*) день спорти́вных состязáний.
3 (*jest, fun*) шýтка, забáва; (*ridicule*) насмéшка; **say sth in ~** сказáть (*pf*) что-н. в шýтку; **make ~ of** смея́ться, по- над + *i*; подшý|чивать, -ти́ть над + *i*.
4 (*coll, good fellow*) молодчи́на (*m*); **be a ~!** будь человéком!
● *vt*: **~ a rose in one's buttonhole** щеголя́ть (*impf*) рóзой в петли́це; **everyone ~ed their medals** все демонстри́ровали свои́ медáли.
● *vi* (*frolic*) резви́ться (*impf*).
● *cpds* **~s hall** *n* спортзáл; **~sman** *n* спортсмéн; (*fig*) чéстный/порядочный человéк; **~smanlike** *adj* чéстный, поря́дочный; **~smanship** *n*: **he showed ~smanship** он нé дал пóвода усомни́ться в своéй чéстности/поря́дочности; **~swoman** *n* спортсмéнка.

sporting /ˈspɔ:tɪŋ/ *adj* **1** (*connected with, fond of sport*) спорти́вный; **~ equipment** спорти́вное оборýдование; **he was not a ~ man** он нé был спортсмéном.
2 (*sportsmanlike*) чéстный, поря́дочный; (*enterprising*) предприи́мчивый; **that's very ~ of you** э́то благорóдно с вáшей сторо́ны́; **a ~ chance** небольшáя надéжда, нéкоторый шанс.

sportive /ˈspɔ:tɪv/ *adj* шутли́вый, игри́вый.

sporty /ˈspɔ:tɪ/ *adj* (**sportier, sportiest**) (*person, clothing*) спорти́вный; (*jaunty*) лихóй.

spot /spɒt/ *n* **1** (*patch*) пятнó; (*speck*) пя́тнышко, крáпинка; **a white dog with brown ~s** бéлая собáка с кори́чневыми пя́тнами; **come out in ~s** (*rash*) покр|ывáться, -ы́ться сы́пью; **knock ~s off s.o.** (*coll*) зáпросто одолéть (*pf*) когó-н.
2 (*stain*) пятнó; **there were ~s of blood on his shirt** на егó рубáшке бы́ли пя́тна крóви; (*fig*): **without a ~ on his reputation** с незапя́тнанной репутáцией.
3 (*pimple*) пры́щ(ик).
4 (*place*) мéсто; **the police were on the ~ within minutes** поли́ция прибылá на мéсто (ужé) чéрез нéсколько минýт; **he was killed on the ~** он был уби́т на мéсте (*or* срáзу); **running on the ~** (*Br*) бег на мéсте; **his question put me on the ~** (*coll*) егó вопрóс постáвил меня́ в затрудни́тельное положéние; **we were in a (tight) ~** нам пришлóсь тýго; **~ check** вы́борочная провéрка; **sore ~** (*lit, fig*) больнóе мéсто; **weak ~** слáбое мéсто;

he has a soft ~ for her он питáет к ней слáбость.
5 (*Br coll, small amount*): **I must have a ~ to eat** мне нýжно перекуси́ть; **I am due for a ~ of leave** мне полагáется небольшóй/корóткий óтпуск; **I have a ~ of work to do** мне нýжно немнóго порабóтать; **~ of bother** небольшáя неприя́тность; (*drop*): **I felt a few ~s of rain** я почýвствовал, как на меня́ упáло нéсколько кáпель дождя́.
6: **~ on** (*Br coll, exactly right*) в сáмую тóчку.
● *vt* (**spotted, spotting**)
1 (*mark, stain*) пáчкать, за-; (*with liquid*) закáпать (*pf*); **his books were ~ted with ink** егó кни́ги бы́ли запáчканы/закáпаны черни́лами; (*pp, covered, decorated with ~s*) пятни́стый, крáпчатый; **a ~ted tie** гáлстук в крáпинку.
2 (*coll, notice*) зам|ечáть, -éтить; (*recognize*) узн|авáть, -áть; (*catch sight of*) уви́деть (*pf*); **I ~ted my friend in the crowd** я (вдруг) уви́дел в толпé своегó приятеля.
● *vi* (**spotted, spotting**)
1 пáчкаться, за-; **this silk ~s easily** э́тот шёлк óчень мáркий (*or* легкó пáчкается).
2: **it is ~ting with rain** накрáпывает (дождь).
● *cpd* **~light** *n* освети́тельный прожéктор; (*fig*): **turn the ~light on sth** привл|екáть, -éчь внимáние к чемý-н.; **be in the ~light** быть в цéнтре внимáния; *vt* (*lit, fig*) осве|щáть, -ти́ть.

spotless /ˈspɒtlɪs/ *adj* сверкáющий чистотóй; без еди́ного пя́тнышка; **the room was ~** кóмната сверкáла чистотóй; **a ~ly white shirt** белоснéжная рубáшка; (*fig*) незапя́тнанный, безупрéчный.

spotty /ˈspɒtɪ/ *adj* (**spottier, spottiest**) (*of colour*) пятни́стый; (*US, of uneven quality*) неrовный; (*Br, pimply*) прыщевáтый.

spouse /spaʊz, spaʊs/ *n* супрýг (*fem* -а).

spout /spaʊt/ *n* **1** (*of vessel*) нóсик; (*of pump*) рукáв; (*for rainwater*) водостóчная трубá; жёлоб. **2** (*jet of water etc.*) струя́; столб воды́; (*of whale*) ды́хало. **3** (*sl*): **up the ~** (*Br, in a mess*) в безнадёжном состоя́нии.
● *vt* **1**: **a whale ~s water** кит выбрáсывает струю́ воды́; **a volcano ~ing lava** вулкáн, извергáющий лáву.
2 (*coll, declaim views etc.*) говори́ть (*impf*) о + *p*; **~ poetry** деклами́ровать, про- стихи́.
● *vi* **1** бить (*impf*); ли́ться (*impf*) потóком; (*of whale*) выбрáсывать, вы́бросить струю́ воды́. **2** (*fig, coll, make speeches*) разглагóльствовать (*impf*), орáторствовать (*impf*).

sprain /spreɪn/ *n* растяжéние.
● *vt*: **~ one's wrist/ankle** растя́|гивать, -нýть запя́стье/лоды́жку.

sprang /spræŋ/ *past of* ⇒**spring²**

sprat /spræt/ *n* шпрóт(а), ки́лька.

sprawl /sprɔːl/ *n* небрéжная пóза; **urban ~** беспоря́дочный рост гóрода.
● *vi* **1** (*person*) раст|я́гиваться, -янýться; разв|áливаться, -али́ться; **send s.o. ~ing** сби|вáть, -ть когó-н. с ног.
2 (*buildings*) раски́|дываться, -нуться; располз|áться, -ти́сь.

spray¹ /spreɪ/ *n* (*bot*) вéтка, побéг.

spray² /spreɪ/ *n* **1** (*water droplets*) бры́зг|и (*pl, g* —). **2** (*liquid preparation*) жи́дкость (для разбры́згивания/распылéния); **chemical ~** ядохимикáт для опры́скивания.
3 (*device for ~ing; also* **~er**) спрей; **~ can** аэрозóльный баллóнчик; аэрозóль (*m*), спрей.

sprayer /ˈspreɪə(r)/ = **spray** *n* **3**

spread /spred/ *n* **1** (*extension*) протяжéние, протяжённость, простирáние; (*expansion*) распространéние; (*increase*) увеличéние; **~ of wings** размáх кры́льев; **develop a middle-age(d) ~** полнéть, по- с вóзрастом.
2 (*dissemination*) распространéние.
3 (*difference between prices etc.*) рáзница, разры́в.
4 (*coll, feast*) пир.
5 (*cul*) пáста (*на хлеб*).
6 (*printing*) разворóт.
● *vt* (*past and pp* ~)
1 (*extend*) распростран|я́ть, -и́ть; (*unfold*) ра|склáдывать, -зложи́ть; (*cover*) расст|илáть, -ели́ть (*or* разостлáть); **she ~ a cloth on the table** онá расстели́ла скáтерть на столé; **~ butter on bread** (*or* **bread with butter**) намáз|ывать, -ать мáсло на хлеб (*or* хлеб мáслом); **~ manure over a field** разбр|áсывать, -осáть навóз пó полю; **the tree ~ its branches** дéрево раски́нуло свои́ вéтви; **the bird ~ its wings** пти́ца расправи́ла кры́лья; **~ one's wings** (*fig*) распр|авля́ть, -áвить кры́лья; **the peacock ~ its tail** павли́н распусти́л хвост; **~ (out) a map** ра|склáдывать, -зложи́ть кáрту.
2 (*diffuse*) распростран|я́ть, -и́ть; **he ~ the rumour** он распространи́л слух.
3: **~ o.s.** (*lounge*) раски́|дываться, -нуться.
● *vi* (*past and pp* ~)
1 распростран|я́ться, -и́ться; расстилáться (*impf*); **the news soon ~** нóвость/весть бы́стро распространи́лась; **a valley ~s out behind the hill** за холмóм расстилáется доли́на; **his name ~ throughout the land** о нём слáва разошлáсь по всей странé; **the fire is ~ing** пожáр разрастáется; **the fire ~ to the next barn** огóнь переки́нулся на сосéдний сарáй; **a flush ~ over her face** крáска залилá её лицó; **a smile ~ over his face** егó лицó расплы́лось в улы́бке.
2 (*disperse*) рассé|иваться, -яться.
● *cpds* **~eagle** *vt* распласт|ывать, -áть; класть, положи́ть плашмя́; **lie ~eagled** лежáть (*impf*) распластáвшись; **~sheet** *n* (*comput*) (электрóнная) табли́ца.

spreading /ˈspredɪŋ/ *adj* (*branchy*) развéсистый.

spree /spriː/ *n* (*coll*) (необу́зданное) весéлье; пья́нка (*coll*); **have a ~, go on the ~** кути́ть (*impf*); устр|áивать, -óить разгýл; **go on a spending/shopping ~** пус|кáться, -ти́ться в трáты; нач|инáть, -áть транжи́рить дéньги; **crime/killing ~** престýпный/кровáвый разгýл, сéрия преступлéний/убийств; **go on a crime/killing ~** идти́, пойти́ на сéрию преступлéний/убийств; **to murder scores of people in a killing ~** уб|ивáть, -и́ть деся́тки людéй в пылý кровáвого разгýла.

sprig /sprɪg/ *n* вéточка.

sprightliness /ˈspraɪtlɪnɪs/ *n* жи́вость, бóйкость, рéзвость.

sprightly /ˈspraɪtlɪ/ *adj* (**sprightlier, sprightliest**) живóй, бóйкий, рéзвый.

spring¹ /sprɪŋ/ *n* (*season*) веснá; **in ~** веснóй; (*attr*) весéнний; **~ flowers** весéнние цветы́; **~ onion** (*Br*) зелёный лук; **~ tide** сизиги́йный прили́в.
● *cpds* **~ clean** *n* (*Br*) генерáльная (*обычно весенняя*) убóрка; **~-clean** *vt & i* произв|оди́ть, -ести́ генерáльную убóрку; **~time** *n* веснá, весéнняя порá.

spring² /sprɪŋ/ *n* **1** (*leap*) прыжóк, скачóк; **make, take a ~** пры́гнуть (*pf*); скакнýть (*pf*).
2 (*elasticity*) упрýгость, эласти́чность; **he has a ~ in his step** у негó упрýгая похóдка.
3 (*elastic device*) пружи́на; (*attr*) пружи́нный; **~ balance** пружи́нные весы́, безмéн; **~ mattress** пружи́нный матрáц; (*of vehicle*) рессóра.
4 (*of water*) истóчник, ключ, родни́к; **hot ~s** горя́чие истóчники; **~ water** ключевáя/родникóвая водá.
● *vt* (*past* **sprang** *or US* **sprung;** *pp* **sprung**)
1 (*cause to act*): **~ a trap** захлóп|ывать, -нуть ловýшку; (*produce suddenly*): **~ a surprise on s.o.** заст|игáть, -и́чь когó-н. врасплóх.
2: **~ a leak** да|вáть, -ть течь.
3 (*provide with ~s*) подрессóри|вать, -ть; **the carriage is well sprung** у карéты хорóшие рессóры.
● *vi* (*past* **sprang** *or US* **sprung;** *pp* **sprung**)
1 (*leap*) пры́г|ать, -нуть; скак|áть, -нýть; **~ to one's feet** вск|áкивать, -очи́ть нá ноги; **~ over a fence** переск|áкивать, -очи́ть чéрез забóр; **~ forward** выскáкивать, вы́скочить вперёд; **~ backward** отпря́нуть (*pf*); **~ to s.o.'s help** бр|осáться, -óситься (*or* ри́нуться (*pf*)) комý-н. на пóмощь; **~ into action** энерги́чно прин|имáться, -я́ться за дéло; **~ out of bed** вск|áкивать, -очи́ть с постéли; **the lid sprang open** кры́шка внезáпно откры́лась; **where did you ~ from?** (*coll*) откýда вы взяли́сь?
2 (*of liquid*) бить (*impf*); **water ~s from the earth** из земли́ бьёт ключ.
3 (*come into being*) появ|ля́ться, -и́ться; возн|икáть, -и́кнуть; **a breeze sprang up** подня́лся лёгкий ветерóк; **weeds ~ up on all sides** сорняки́ прорастáют повсю́ду; **a belief sprang up that ...** появи́лось мнéние, что... .
● *cpd* **~board** *n* (*lit, fig*) трампли́н.

springbok /ˈsprɪŋbɒk/ *n* спри́нгбок, антилóпа-прыгýн.

springiness /ˈsprɪŋɪnɪs/ *n* упру́гость, эласти́чность.

springlike /ˈsprɪŋlaɪk/ *adj* весе́нний.

springy /ˈsprɪŋɪ/ *adj* (**springier, springiest**) упру́гий, эласти́чный, пружи́нистый.

sprinkle /ˈsprɪŋk(ə)l/ *n*: **a ~ of rain** до́ждик; небольшо́й дождь; **a ~ of snow** (лёгкий) снежо́к; **with a ~ of salt** слегка́ подсо́ленный.

● *vt*: **~ sth with water, ~ water on sth** кропи́ть, о- (*or* обры́зг|ивать, -ать) что-н. водо́й; **~ sth with salt/sand, ~ salt/sand on sth** пос|ыпа́ть, -ы́пать что-н. со́лью/песко́м.

sprinkler /ˈsprɪŋklə(r)/ *n* разбры́згиватель (*m*); пульвериза́тор; (*in fire safety*) спри́нклер.

sprinkling /ˈsprɪŋklɪŋ/ *n* (*fig*) небольшо́е коли́чество; **there was a ~ of children in the audience** в аудито́рии бы́ло небольшо́е коли́чество дете́й.

sprint /sprɪnt/ *n* спринт.

● *vt & i* бежа́ть (*det*) с максима́льной ско́ростью.

sprinter /ˈsprɪntə(r)/ *n* спри́нтер.

sprite /spraɪt/ *n* (*elf*) эльф; (*fairy*) фе́я.

spritzer /ˈsprɪtsə(r)/ *n* бе́лое вино́ с со́довой водо́й.

sprocket /ˈsprɒkɪt/ *n* **1** звёздочка (це́пи). **2** (*also* **~ wheel**) цепно́е/зубча́тое колесо́; (*in film, tape*) зубча́тый бараба́н.

sprout /spraʊt/ *n* (*shoot*) росто́к, побе́г, всход; (*in pl*, **Brussels ~s**) брюссе́льская капу́ста.

● *vt* отра́|щивать, -сти́ть.

● *vi* (*of plant*) пус|ка́ть, -ти́ть ростки́; (*of seed*) прораст|а́ть, -и́.

spruce[1] /spru:s/ *n* (*tree*) ель.

spruce[2] /spru:s/ *adj* аккура́тный, опря́тный, наря́дный; **he looked ~** он был о́чень наря́дный.

● *vt*: **~ up** нав|оди́ть, -ести́ красоту́/блеск на + *a*; прив|оди́ть, -ести́ в поря́док; **~ o.s. up** прихора́шиваться (*impf*).

sprung /sprʌŋ/ *pp and US past of* ⇒**spring**[2]

spry /spraɪ/ *adj* (**spryer, spryest**) живо́й, подви́жный, прово́рный.

spud /spʌd/ *n* (*sl, potato*) карто́шка, карто́фелина.

● *vt* (**spudded, spudding**) (*usu* **~ out, up**) моты́жить (*impf*); оку́чи|вать, -ть.

spume /spju:m/ *n* пе́на, на́кипь.

● *vi* пе́ниться, вс-.

spun /spʌn/ *adj* пря́деный; **~ yarn** кручёная пря́жа; **~ gold/glass** золота́я/стекля́нная канте́ль;

spunk /spʌŋk/ *n* (*coll, mettle*) де́рзость.

spunky /ˈspʌŋkɪ/ *adj* (**spunkier, spunkiest**) (*coll*) де́рзкий.

spur /spɜ:(r)/ *n* **1** (*on rider's heel, cock's leg*) шпо́ра. **2** (*fig*) побужде́ние, сти́мул; **competition provided a ~ to his studies** конкуре́нция служи́ла для него́ сти́мулом к учёбе; **on the ~ of the moment** в сиюмину́тном поры́ве. **3** (*of mountain range*) отро́г. **4** (*branch road etc.*) (подъездна́я) ве́тка. **5** (*bot*) спорынья́.

● *vt* (**spurred, spurring**) **1** (*prick with ~s*) пришпо́ри|вать, -ть. **2** (*fig, stimulate*) побу|жда́ть, -ди́ть; под|гоня́ть, -огна́ть; **her words ~red him (on) to action** её слова́ побуди́ли его́ к де́йствию; **~red on by ambition** подгоня́емый честолю́бием.

● *vi* (**spurred, spurring**): **~ on, forward** спеши́ть (*impf*); мча́ться (*impf*).

spurious /ˈspjʊərɪəs/ *adj* подде́льный, фальши́вый.

spurn /spɜ:n/ *vt* (*repel*) отт|а́лкивать, -олкну́ть; (*refuse with disdain*) отв|ерга́ть, -е́ргнуть.

spurt[1] /spɜ:t/ *n* (*sudden effort*) поры́в; (*in race*) рыво́к; **put on a ~** рвану́ться (*pf*).

● *vi* рвану́ться (*pf*); **~ into the lead** вырыва́ться, вы́рваться вперёд.

spurt[2], **spirt** /spɜ:t/ *nn* (*jet*) струя́.

● *vt* источ|а́ть, -и́ть.

● *vi* бить (*impf*) струёй; хлы́нуть (*pf*); **the water ~ed into the air** вода́ заби́ла струёй; **blood ~ed from the wound** из ра́ны хлы́нула кровь.

sputnik /ˈspʊtnɪk, ˈspʌt-/ *n* (иску́сственный) спу́тник.

sputter /ˈspʌtə(r)/ *vt & i* = **splutter**

sput|um /ˈspju:təm/ *n* мокро́та.

spy /spaɪ/ *n* шпио́н; **police ~** аге́нт; шпик (*coll, pej*).

● *vt* (*literary, discern*) разгля́д|ывать, -е́ть; **~ land** уви́деть (*pf*) зе́млю; **~ out the land** (*fig*) зонди́ровать (*impf*) по́чву.

● *vi* (*engage in espionage*) шпио́нить (*impf*); **~ on s.o.** подгля́дывать (*impf*) за кем-н.; (*as espionage*) шпио́нить (*impf*) за + *i*.

● *cpds* **~glass** *n* подзо́рная труба́; **~hole** *n* (*Br*) глазо́к.

spying /ˈspaɪɪŋ/ *n* (*espionage*) шпиона́ж; (*watching*) подгля́дывание.

Sq. /skweə(r)/ *n* (*abbr of* ***Square***) пл. (пло́щадь); **5 Leicester ~** Ле́стер-скве́р, д. 5.

sq. /skweə(r)/ *n* (*abbr of* ***square***): **100 sq. km** 100 кв. км, 100 км².

squabble /ˈskwɒb(ə)l/ *n* перебра́нка, пререка́ние.

● *vi* пререка́ться (*impf*) (*с кем*); вздо́рить, по-.

squad /skwɒd/ *n* **1** (*mil*) гру́ппа, кома́нда, отделе́ние. **2** (*gang, group*) отря́д; рабо́чая брига́да; **flying ~** (*Br, of police etc.*) операти́вное подразделе́ние (*полиции и т. п.*); **~ car** полице́йская патру́льная (авто)маши́на.

squaddie /ˈskwɒdɪ/ *n* (*Br coll*) рядово́й.

squadron /ˈskwɒdrən/ *n* (*mil*) эскадро́н; (*nav*) эска́дра; (*aeron*) эскадри́лья; **fighter ~** эскадри́лья истреби́телей.

● *cpd* **~ leader** *n* (*Br*) ≈ майо́р (*в авиации*).

squalid /ˈskwɒlɪd/ *adj* гря́зный, ни́щенский, убо́гий; (*sordid, base*) ни́зкий, ни́зменный, гну́сный.

squall /skwɔ:l/ *n* (*gust*) шквал; поры́вистый ве́тер; (*storm*) гроза́; **encounter a ~** поп|ада́ть, -а́сть в грозу́.

● *vi* (*cry*) вопи́ть, за-; пронзи́тельно крича́ть, за-.

squally /ˈskwɔ:lɪ/ *adj* шква́листый; **~ weather** шква́листая пого́да.

squalor /ˈskwɒlə(r)/ *n* убо́жество; (*sordidness*) ни́зость, гну́сность.

squander /ˈskwɒndə(r)/ *vt* пром|а́тывать, -ота́ть; растра́|чивать, -тить; **he ~ed his fortune** он промота́л своё состоя́ние; **he is ~ing his talents** он растра́чивает свой тала́нты.

squanderer /ˈskwɒndərə(r)/ *n* расточи́тель (*fem* -ница).

square /skweə(r)/ *n* **1** квадра́т; **the map was divided into ~s** ка́рта была́ поделена́ на квадра́ты.
2 (*on chessboard etc.*) кле́тка; **we are back to ~ one** (*fig*) мы верну́лись в исхо́дное положе́ние.
3 (*scarf*) ше́йный плато́к.
4 (*open space in town*) пло́щадь; **Red S~** Кра́сная пло́щадь; (*with central garden*) сквер; (*barrack ~*) (*Br*) уче́бный плац.
5 (*US, block of buildings*) кварта́л.
6 (*drawing instrument*) уго́льник; **out of ~** ко́со, неро́вно, неперпендикуля́рно; **on the ~** (*fig*) (*adj*) поря́дочный, че́стный; (*adv*) че́стно, без обма́на.
7 (*math*) квадра́т; **find the ~ of 72** возв|оди́ть, -ести́ 72 в квадра́т(ную сте́пень).
8 (*sl, old-fashioned person*) челове́к отста́лых взгля́дов.

● *adj* **1** (*geom, math*) квадра́тный; **~ metre** квадра́тный метр; **~ number** квадра́т це́лого числа́; **~ root (of)** квадра́тный ко́рень (из + *g*); (*right-angled*) прямоуго́льный; **with ~ corners** с прямы́ми угла́ми; (*of shape*) квадра́тный; (*angular*) углова́тый; **~ dance** кадри́ль; **~ shoulders** прямы́е/широ́кие пле́чи.
2 (*even, balanced*) то́чный; в поря́дке; **get one's accounts ~** прив|оди́ть, -ести́ свои́ счета́ в поря́док; **all ~** (*in order*) всё в поря́дке; (*even scoring*) с ра́вным счётом; **we are all ~** мы квиты́.
3 (*thorough*) по́лный, реши́тельный; **a ~ meal** оби́льная еда́.
4 (*fair, honest*) че́стный, прямо́й, справедли́вый; **~ dealing** че́стное веде́ние дел; **he got a ~ deal** с ним поступи́ли че́стно (*or* по справедли́вости).
5 (*sl, old-fashioned*) отста́лый.

● *adv* **1** (*at right angles*) перпендикуля́рно.
2 (*straight*) пря́мо; (*firmly in position*): **set sth ~ to the wall** ста́вить, по- что-н. вплотну́ю к стене́.
3 (*honestly*) че́стно, пря́мо, непосре́дственно.
4: **ten feet ~** де́сять фу́тов в ширину́ и де́сять в длину́.

● *vt* **1** (*make ~*) прид|ава́ть, -а́ть квадра́тную фо́рму + *d*; (*wood*) обтёс|ывать, -а́ть по науго́льнику; **~ the circle** (*fig*) на|ходи́ть, -йти́ квадрату́ру кру́га.
2 (*divide into ~s*) графи́ть, раз- на квадра́ты; **~d paper** графлёная бума́га; (*with big ~s*) бума́га в

клéтку; (*with tiny* ~*s*) миллимéтровка.
3 (*math*) возв|оди́ть, -ести́ в квадрáт (*or* во вторýю стéпень); **3 ~d is 9** три в квадрáте равнó девяти́; **A ~d** квадрáт А; А в квадрáте; А во вторóй стéпени.
4 (*straighten*) выпрямля́ть, вы́прямить; **~ one's shoulders** распр|авля́ть, -áвить плéчи.
5 (*settle*) улá|живать, -дить; **~ accounts (with)** св|оди́ть, -ести́ счёты (с + *i*); (*pay*) оплá|чивать, -ти́ть (*счёт*).
6 (*reconcile*) согласóв|ывать, -áть (*что с чем*); приспос|áбливать, -óбить (*что к чему*).
● *vi* **1** (*agree*) согласóв|ываться, -áться; **~ with** вязáться/сходи́ться (*both impf*) с + *i*; **this statement does not ~ with the facts** э́то заявлéние расхóдится с фáктами.
2: **~ up to s.o.** (*with fists*) пригот|áвливаться, -óвиться к бóю.
3: **~ up** (*settle accounts*) **with s.o.** поквитáться (*pf*) с кем-н.
● *cpds* **~-bashing** *n* (*Br coll*) муштрá на плацý, шаги́стика; **~ brackets** *n pl* квадрáтные скóбки (*f pl*); **~-built** *adj* коренáстый; **~-rigged** *adj* с прямóй пáрусной оснáсткой; **~ sail** *n* прямóй пáрус; **~-shouldered** *adj* широкоплéчий; **~-toed** *adj* с тупы́м носкóм.

squash[1] /skwɒʃ/ *n* (*crush*) дáвка, толчея́; (*Br, drink*) фруктóвый напи́ток; (**~ rackets**) сквош.
● *vt* **1** (*crush*) дави́ть, раз-; раздáв|ливать, -и́ть; сплю́щи|вать, -ть; (*compress*) сж|имáть, -ать; **I ~ed the fly against the wall** я раздави́л мýху на стенé; **the tomatoes were ~ed** помидóры помя́лись.
2 (*crowd*): **the conductor ~ed us into the bus** кондýктор вти́снул нас в автóбус; **we were ~ed so tightly, we couldn't move** бы́ло так тéсно, что мы шевельнýться не могли́.
3 (*quash*) подав|ля́ть, -и́ть; **we must ~ this rumour** (*Br*), **rumor** (*US*) нáдо ликвиди́ровать э́тот слух; **the rebellion was ~ed** мятéж был подáвлен; (*silence by retort*) обескурáжи|вать, -ть; **I felt ~ed** я был обескурáжен.
● *vi* (*crowd*) потесни́ться (*pf*); **they ~ed up to make room for me** они́ потесни́лись, чтóбы дать мне мéсто; **they ~ed through the door** они́ проти́снулись в дверь.

squash[2] /skwɒʃ/ *n* (*pl* **~** *or* **~es**) (*bot*) (*winter* ~) ты́ква; (*summer* ~) кабачóк.

squat /skwɒt/ *n* (*posture*) сидéние на кóрточках; (*coll, unauthorized occupation*) незакóнное/самовóльное вселéние.
● *adj* (**squatter, squattest**) приземи́стый.
● *vi* (**squatted, squatting**) **1** (*of person*) сидéть (*impf*) на кóрточках; **~ down** сади́ться, сесть на кóрточки; присéсть (*pf*); (*of animals*) прип|адáть, -áсть к землé. **2** (*occupy building illegally*) незакóнно/самовóльно всел|я́ться, -и́ться в чужóй дом.

squatter /ˈskwɒtə(r)/ *n* (*illegal occupant*) (человéк,)незакóнно/самовóльно всели́вшийся в (чужóй) дом.

squaw /skwɔː/ *n* (*offens & old-fashioned*) жéнщина; женá; скво (*f indecl*) (*о североамериканской индианке*).

squawk /skwɔːk/ *n* пронзи́тельный крик.
● *vi* пронзи́тельно кричáть, за-.

squeak /skwiːk/ *n* **1** (*of mouse etc.*) писк, взвизг. **2** (*of hinge etc.*) скрип, визг. **3** (*coll, sound*): **I don't want to hear another ~ out of you!** тóлько пи́кни!
● *vi* **1** (*of person or animal*) пищáть, пи́скнуть. **2** (*of object*) скрипéть (*impf*), скри́пнуть (*pf*). **3** (*turn informer*; *also* **squeal**) стучáть, на- (*sl*).

squeaker /ˈskwiːkə(r)/ *n* (*device*) пищáлка; (*informer*; *also* **squealer**) стукáч (*fem also* -ка) (*sl*).

squeaky /ˈskwiːkɪ/ *adj* (**squeakier, squeakiest**) пискли́вый, визгли́вый; скрипýчий.

squeal /skwiːl/ *n* визг.
● *vi* визжáть, за-; (*coll, protest loudly*) подн|имáть, -я́ть шум; (*sl, turn informer*) = **squeak** *vi* **3**

squealer /ˈskwiːlə(r)/ = **squeaker**

squeamish /ˈskwiːmɪʃ/ *adj* **1** (*easily nauseated*) подвéрженный тошнотé; **feel ~** чýвствовать, по- тошнотý; **blood makes me feel ~** меня́ тошни́т от крóви. **2** (*sensitive, scrupulous*) щепети́льный, брезгли́вый; **one can't afford to be ~ in politics** щепети́льность в поли́тике — рóскошь.

squeamishness /ˈskwiːmɪʃnɪs/ *n* щепети́льность.

squeegee /ˈskwiːdʒiː/ *n* рези́новая швáбра; (*roller*) рези́новый вáлик.

squeeze /skwiːz/ *n* **1** (*pressure*) сжáтие, пожáтие; **he gave the sponge a ~** он вы́жал гýбку; **he gave her a ~** он крéпко обнял её; **he gave my hand a ~** он пожáл мне рýку.
2 (*sth ~d out*): **a ~ of lemon** нéсколько кáпель лимóнного сóка.
3 (*crowding, crush*) теснотá, дáвка; **we got in, but it was a tight ~** нам удалóсь вти́снуться, но бы́ло óчень тéсно.
4 (*fin*) ограничéние креди́та.
● *vt* **1** (*compress*) сж|имáть, -ать; сдáв|ливать, -и́ть; **he ~d his fingers in the door** он прищеми́л пáльцы двéрью; (*to extract moisture etc.*) выжимáть, вы́жать; **he ~d the lemon dry** он вы́жал лимóн; (*extort*): **~ money out of s.o.** вымогáть (*impf*) дéньги у когó-н.; **~ a confession from s.o.** вынуждáть, вы́нудить при́знание у когó-н.
2 (*force, crowd, cram*) впи́с|кивать, -нуть.
3: **~ one's way** = *vi*
● *vi* проти́с|киваться, -нуться.
● *cpd* **~ box** *n* (*coll*) гармóшка, концерти́на.

squeezer /ˈskwiːzə(r)/ *n* соковыжимáлка.

squelch /skweltʃ/ *n* хлю́панье.
● *vi* хлю́п|ать, -нуть; **we ~ed through the mud** мы хлю́пали по гря́зи; (*suppress*) подав|ля́ть, -и́ть.

squib /skwɪb/ *n* **1** (*firework*) петáрда, шути́ха; **damp ~** (*fig*) провáл.
2 (*lampoon*) памфлéт, пáсквиль (*m*).

squid /skwɪd/ *n* кальмáр.

squiffy /ˈskwɪfɪ/ *adj* (**squiffier, squiffiest**) (*Br sl*) подвы́пивший.

squiggle /ˈskwɪɡ(ə)l/ *n* загогýлина, карáкул|я (*g pl* -ей *and* -ь).

squiggly /ˈskwɪɡlɪ/ *adj* волни́стый, изóгнутый.

squint /skwɪnt/ *n* **1** косоглáзие; **she has a ~ in her right eye** онá коси́т на прáвый глаз. **2** (*coll, glance*) взгляд (и́скоса/укрáдкой).
● *adj* косóй, косоглáзый.
● *vi* **1** коси́ть (*impf*). **2** (*half-shut eyes*) щýриться (*impf*); прищýри|ваться, -ться. **3**: **~ at sth** смотрéть, по- и́скоса/укрáдкой на что-н.
● *cpd* **~-eyed** *adj* косóй, косоглáзый.

squire /ˈskwaɪə(r)/ *n* помéщик, сквайр; (*Br coll, form of address*) сýдарь.

squirearchy /ˈskwaɪəˌrɑːkɪ/ *n* (*class*) помéщики (*m pl*).

squirm /skwəːm/ *n* извивáться (*impf*); кóрчиться (*impf*); **the child was ~ing on its seat** ребёнок вертéлся/ёрзал на стýле; **he made me ~ with embarrassment** он меня́ так смути́л, что я не знал, кудá дéться.

squirrel /ˈskwɪr(ə)l/ *n* бéлка; (**~ fur**) бéличий мех, бéлка.
● *vt* (**squirrelled, squirrelling;** *US* **squirreled, squirreling**): **~ away** (*to hide for future use*) запас|áться, -ти́сь (+ *i*).

squirt /skwəːt/ *n* **1** (*jet*) струя́.
2 (*instrument*) шприц; спринцóвка.
3 (*coll, of person*) ничтóжество.
● *vt* пры́с|кать, -нуть; **~ water in the air** пус|кáть, -ти́ть струю́ воды́ в вóздух; **~ scent from atomizer** бры́згать, по- духáми из пульверизáтора.
● *vi* бить (*impf*) струёй; разбры́зг|иваться, -аться; **~ing cucumber** (*bot*) бéшеный огурéц.

Sri Lanka /ˌʃriː ˈlæŋkə, ˌʃrɪˈlæŋkə, ˌsr-/ *n* Шри-Лáнка.

Sri Lankan /ʃriː ˈlæŋkən, ʃrɪˈlæŋkən, sr-/ *n* (шри)ланки́|ец (*fem* -йка).
● *adj* шри-ланки́йский.

SS *abbr of* **1** ***steamship*** парохóд.
2 (*hist*) ***Schutzstaffel***: **~ man** эсэ́совец.

St *abbr of* **1** (*usu* **St.**) ***street*** ул. (ýлица). **2** ***Saint*** св., Св. (свят|óй, -áя, Свят|óй, -áя).

stab /stæb/ *n* **1** удáр (óстрым орýжием); **~ in the back** (*fig*) нож/удáр в спи́ну. **2** (*fig, sharp pain*) внезáпная óстрая боль; укóл; **he felt a ~ of conscience** он почýвствовал укóл(ы) сóвести. **3** (*coll, attempt*): **I'll have a ~ at it** попрóбую.
● *vt* (**stabbed, stabbing**) **1** (*wound*): **~ s.o. in the chest with a knife** нан|оси́ть, -ести́ комý-н. удáр в грудь ножóм; **the police are investigating a ~bing incident** поли́ция ведёт слéдствие по пóводу происшéдшей поножóвщины. **2** (*plunge*): **he ~bed a**

S

knife into the table он всади́л/вонзи́л нож в стол.
● *vi* (**stabbed, stabbing**) **1**: ~ **at s.o.** бр|оса́ться, -о́ситься на кого́-н. с ножо́м. **2** (*of pain etc.*) стреля́ть (*impf*).

stability /stəˈbɪlɪtɪ/ *n* стаби́льность, усто́йчивость.

stabilization /ˌsteɪbɪˌlaɪˈzeɪʃ(ə)n/ *n* стабилиза́ция.

stabilize /ˈsteɪbɪˌlaɪz/ *vt* стабилизи́ровать (*impf, pf*).

stabilizer /ˈsteɪbɪˌlaɪzə(r)/ *n* стабилиза́тор.

stable[1] /ˈsteɪb(ə)l/ *n* **1** коню́шня. **2** (*group of horses*) ло́шади (*f pl*) одно́й коню́шни; (*racing*) скаковы́е ло́шади одного́ владе́льца; **from the same** ~ (*fig*) одного́ происхожде́ния, ро́дственный.
● *vt* (*put in stable*) ста́вить, по- в коню́шню; (*keep in stable*) содержа́ть (*impf*) в коню́шне.
● *cpds* ~ **boy,** ~ **hand,** ~ **lad** (*Br*) *nn* помо́щник ко́нюха; ~ **companion** *n* ло́шадь той же коню́шни; (*fig*) однока́шник; ~**man** *n* ко́нюх; ~**mate** = ~**-companion**

stable[2] /ˈsteɪb(ə)l/ *adj* (**stabler, stablest**) усто́йчивый, стаби́льный; **a** ~ **job** постоя́нная рабо́та.

stabling /ˈsteɪblɪŋ/ *n* коню́шни (*f pl*).

staccato /stəˈkɑːtəʊ/ *n* (*pl* ~**s**) & *adv* стакка́то (*indecl*).
● *adj* отры́вистый.

stack /stæk/ *n* **1** (*of hay etc.*) стог; скирда́.
2 (*pile*): ~ **of wood** поле́нница, шта́бель (*m*) дров; ~ **of papers** ки́па/сто́пка бума́г; ~ **of plates** стопа́/сто́пка таре́лок.
3 (*coll, usu in pl, large amount*) ма́сса, ку́ча, гру́да; **he has** ~**s of money** у него́ ку́ча де́нег; **a** ~ **of work** ма́сса/ку́ча рабо́ты; **I've a** ~ **of letters to write** мне на́до написа́ть ку́чу пи́сем; **we have** ~**s of time** у нас ку́ча/полно́ вре́мени.
4 (*chimney*) дымова́я труба́.
● *vt* **1** : ~ **hay** мета́ть (*impf*) се́но в стог; скирдова́ть (*impf*) се́но; ~ **books on the floor** скла́дывать, сложи́ть кни́ги сто́пками на полу́; ~ **wood** скла́дывать, сложи́ть дрова́ штабеля́ми; ~ **plates** сост|авля́ть, -а́вить таре́лки в сто́пку (*or* стопо́й); ~ **arms!** (*mil*) соста́вь!
2: ~ **the cards** подтасо́в|ывать, -а́ть ка́рты; **the cards were** ~**ed against him** (*fig*) всё бы́ло про́тив него́.
3: ~ **aircraft** эшелони́ровать (*impf, pf*) самолёты пе́ред захо́дом на поса́дку.

stadi|um /ˈsteɪdɪəm/ *n* (*pl* ~**ums** *or* ~**a**) стадио́н.

staff /stɑːf/ *n* **1** (*for walking etc.*) по́сох, па́лка; (*pole*) столб; (*fig*): **bread is the** ~ **of life** хлеб — осно́ва жи́зни (*or* всему́ голова́).
2 (*emblem of office*) жезл.
3 (*shaft, handle*) дре́вко.
4 (*body of assistants, employees*) штат; (*in army*) ли́чный соста́в; ~ **of a hospital** больни́чный персона́л; **editorial** ~ сотру́дники реда́кции; **teaching** ~ преподава́тельский соста́в; ~ **nurse** (*Br*) мла́дшая медсестра́; ~ **room** (*Br, at school*) учи́тельская; ~ **meeting** педагоги́ческий сове́т; **the department is short of** ~ в отде́ле не хвата́ет сотру́дников/рабо́тников.
5 (*mil*) штаб; **General S**~ генера́льный штаб; ~ **college** акаде́мия генера́льного шта́ба; ~ **officer** штабно́й офице́р.
6 (*mus*) но́тный стан.
● *vt* укомплекто́в|ывать, -а́ть (*что or* штат *чего*).
● *cpd* ~ **sergeant** штаб-сержа́нт, ≈ ста́рший сержа́нт.

stag /stæg/ *n* (*deer*) оле́нь(*m*)-саме́ц; **go** ~ (*US, without a male/female partner*) без кавале́ра/де́вушки.
● *cpds* ~ **beetle** *n* жук-оле́нь (*m*); ~ **party** *n* (*coll*) мальчи́шник.

stage /steɪdʒ/ *n* **1** (*theatr*) сце́на, подмо́стки; **front of the** ~ авансце́на; (*as profession*) теа́тр, сце́на; **go on the** ~ идти́, пойти́ на сце́ну; **put a play on the** ~ ста́вить, по- пье́су на сце́не; **he writes for the** ~ он пи́шет для теа́тра.
2 (*attr*): ~ **direction** рема́рка; ~ **door** служе́бный/актёрский вход (в теа́тр); ~ **effect** сцени́ческий эффе́кт; ~ **fright** страх пе́ред пу́бликой; ~ **whisper** театра́льный шёпот.
3 (*fig, scene of action*) сце́на, аре́на, по́прище; **he quit the political** ~ он поки́нул полити́ческую аре́ну.
4 (*phase, point*) ста́дия, фа́за, эта́п; **the war reached a critical** ~ война́ вступи́ла в крити́ческую фа́зу; **at this** ~ **he was interrupted** на э́тот моме́нт его́ переби́ли; **she was in the last** ~ **of consumption** она́ находи́лась в после́дней ста́дии чахо́тки; **the baby has reached the talking** ~ ребёнок на́чал говори́ть (*or* заговори́л); **negotiations reached their final** ~ наступи́л заверша́ющий эта́п перегово́ров; **I shall do it in** ~**s** я сде́лаю э́то постепе́нно.
5 (*section of route or journey*) перего́н, эта́п; **we travelled by easy** ~**s** мы путеше́ствовали/е́хали не спеша́.
6 (*of rocket*) ступе́нь.
● *vt*: ~ **a play** ста́вить, по- пье́су; (*organize*) устр|аивать, -о́ить; организова́ть (*impf, pf*).
● *cpds* ~**coach** *n* почто́вый дилижа́нс; ~**craft** *n* драматурги́ческое мастерство́; (*of director/actor*) мастерство́ режиссёра/актёра; ~**hand** *n* рабо́чий сце́ны; ~**-manage** *vt* ста́вить, по- (*спекта́кль*); (*secretly*) (закули́сно) руководи́ть + *i*; ~ **manager** *n* постано́вщик; ~**-struck** *adj*: **she is** ~**-struck** она́ заболе́ла сце́ной.

stager /ˈsteɪdʒə(r)/ *n*: **old** ~ стре́ляный воробе́й.

stagey /ˈsteɪdʒɪ/ = **stagy**

stagger /ˈstægə(r)/ *n* шата́ние, поша́тывание.
● *vt* **1** (*cause to* ~): **a** ~**ing blow** сокруши́тельный уда́р. **2** (*disconcert*) потряс|а́ть, -ти́; пора|жа́ть, -зи́ть; ошелом|ля́ть, -и́ть; **we were** ~**ed by the news** мы бы́ли потрясены́/поражены́ э́той но́востью; ~**ing success** потряса́ющий успе́х.
3 (*arrange in zigzag order*) распол|ага́ть, -ожи́ть в ша́хматном поря́дке. **4**: ~ **working hours, holidays,** *etc.* распредел|я́ть, -и́ть часы́ рабо́ты, отпуска́ *и т. п.*
● *vi* шата́ться (*impf*); поша́тываться (*impf*); **they** ~**ed down the street** они́ шли по у́лице поша́тываясь.

staging /ˈsteɪdʒɪŋ/ *n* **1** (*platform*) подмо́стк|и (*pl, g* -ов); (*scaffolding*) лес|а́ (*pl, g* -о́в). **2** (*of play*) постано́вка. **3**: ~ **post** (*aeron*) промежу́точный аэродро́м.

stagnant /ˈstægnənt/ *adj* **1** (*water*) стоя́чий; (*pond*) застоя́вшийся. **2** (*sluggish*) засто́йный, ко́сный.

stagnate /stægˈneɪt/ *vi* **1** (*of water*) заст|а́иваться, -оя́ться. **2** (*fig*) косне́ть, за-.

stagnation /stægˈneɪʃ(ə)n/ *n* (*of water*) засто́й; (*fig*) засто́й; (*econ*) стагна́ция, засто́й.

stagy /ˈsteɪdʒɪ/ *adj* (**stagier, stagiest**) театра́льный; аффекти́рованный.

staid /steɪd/ *adj* степе́нный, положи́тельный.

stain /steɪn/ *n* **1** пятно́; **remove a** ~ выводи́ть, вы́вести пятно́. **2** (*for colouring wood etc.*) протра́ва, краси́тель (*m*); **wood** ~ протра́ва, мори́лка. **3** (*fig, moral defect*) пятно́, позо́р; **without a** ~ **on his character** с незапя́тнанной репута́цией.
● *vt* **1** (*discolour, soil*) па́чкать, за-/ис-; **water will not** ~ **the carpet** вода́ не оставля́ет пя́тен на ковре́. **2** (*colour with dye etc.*) окра́|шивать, -сить; протра́в|ливать (*or* протрав|ля́ть), -и́ть; ~**ed glass** цветно́е стекло́; ~**ed-glass window** витра́ж; ~ **wood** мори́ть, за- де́рево. **3** (*fig*) пятна́ть, за-.
● *vi* (*cause* ~*s*) ост|авля́ть, -а́вить пя́тна; (*be subject to* ~*ing*) па́чкаться (*impf*); быть (*impf*) ма́рким.

stainless /ˈsteɪnlɪs/ *adj* **1** (*unblemished*) чи́стый; (*fig*) безупре́чный. **2**: ~ **steel** нержаве́ющая сталь.

stair /steə(r)/ *n* **1** (*step*) ступе́нька. **2** (*in pl or* ~**case**) ле́стница; **flight of** ~**s** ле́стничный марш; **he ran up the** ~**s** он взбежа́л по ле́стнице; **he ran down the** ~**s** он сбежа́л с ле́стницы.
● *cpds* ~ **carpet** *n* доро́жка (для ле́стницы); ~**case,** ~**way** *nn* ле́стница; ле́стничная кле́тка; ~ **rod** *n* пру́тик, укрепля́ющий ле́стничный ковёр; ~**way** *n* = ~**case**; ~**well** *n* ша́хта ле́стницы; ле́стничный коло́дец.

stake /steɪk/ *n* **1** (*post*) столб, кол (*pl* ко́лья); **row of** ~**s** частоко́л; **the plants were tied to** ~**s** расте́ния бы́ли подвя́заны к ко́лышкам; **he was burnt at the** ~ его́ сожгли́ на костре́; **pull up** ~**s** (*fig*) сн|има́ться, -я́ться с ме́ста.
2 (*usu in pl; wager; money deposited*) ста́вка, закла́д; (**Stakes** *in names of races*) ска́чки (*f pl*) на приз; **play for high** ~**s** игра́ть (*impf*) по кру́пному; (*fig*) ста́вить, по- всё на ка́рту.
3 (*interest, share*) интере́с, до́ля; **he**

S

has a ~ in the country он крóвно заинтересóван в процветáнии страны́.
4: **his reputation was at ~** егó репутáция былá постáвлена на кáрту.
● *vt* **1** (*support with ~*) укреп|ля́ть, -и́ть колóм.
2 (*wager*) стáвить, по-; (*risk, gamble*) рисковáть (*impf*) + *i*; **he ~d his fortune on one race** он постáвил всё своё состоя́ние на оди́н забéг.
● *with advs*: **~ off** *vt* отгор|áживать, -оди́ть; **~ out** *vt*: **~ out a boundary** отм|ечáть, -éтить вéхами грани́цу; **~ (out) one's claim** (*lit*) застолби́ть (*pf*) учáсток; (*fig*): **he ~d (out) his claim to a seat at the conference** он заяви́л о своём намéрении учáствовать в конферéнции.
● *cpds* **~holder** *n* посрéдник; **~-out** *n* (*coll*) полицéйский надзóр.

Stakhanovism /stəˈkɑːnəˌvɪz(ə)m/ *n* стахáновское движéние.

Stakhanovite /stəˈkɑːnəˌvaɪt/ *n* стахáновец.
● *adj* стахáновский.

stalactite /ˈstæləkˌtaɪt, stəˈlæk-/ *n* сталакти́т.

stalagmite /ˈstæləgˌmaɪt/ *n* сталагми́т.

stale /steɪl/ *adj* (**staler, stalest**) **1** (*not fresh*) несвéжий; **~ bread** чёрствый хлеб; (*of air*) спёртый, зáтхлый; **the room smells ~** в кóмнате зáтхлый вóздух. **2** (*lacking novelty, tedious*) изби́тый, устарéвший; **a ~ joke** изби́тая шу́тка; **~ news** устарéвшая нóвость. **3** (*past one's best*) вы́дохшийся; **he got ~ at his work** он заки́с на своéй рабóте.
● *vi*: **pleasures that never ~** рáдости, котóрые никогдá не приедáются.

stalemate /ˈsteɪlmeɪt/ *n* (*chess*) пат; (*fig, impasse*) тупи́к, безвы́ходное положéние.
● *vt* дéлать, с- пат + *d*; (*fig*) заг|оня́ть, -нáть в тупи́к.

staleness /ˈsteɪlnɪs/ *n* (*of food*) залежáлость; (*of bread*) чёрствость; (*of air, room, etc.*) спёртость, зáтхлость; (*of joke etc.*) изби́тость; (*of news*) устарéлость.

Stalinism /ˈstɑːlɪˌnɪz(ə)m/ *n* сталини́зм.

Stalinist /ˈstɑːlɪnɪst/ *n* сталини́ст (*fem* -ка).
● *adj* сталини́стский.

stalk[1] /stɔːk/ *n* (*stem*) стéбель (*m*); черешóк; (*cabbage ~*) кочеры́жка; (*of wine glass*) нóжка.

stalk[2] /stɔːk/ *vt* **1** (*pursue stealthily*) выслéживать, вы́следить; **~ing horse** (*fig*) личи́на, предлóг. **2** (*persecute obsessively*) преслéдовать (*impf*).
● *vi* (*stride*) шéствовать (*impf*); гóрдо выступáть (*impf*); (*fig*): **famine ~ed the land** гóлод шéствовал по странé.

stalker /ˈstɔːkə(r)/ *n* **1** (*hunter*) охóтник. **2** (*persecutor*) человéк, патологи́чески преслéдующий предмéт своегó внимáния; навя́зчий преслéдователь.

stall[1] /stɔːl/ *n* **1** (*for animal*) стóйло. **2** (*in market etc.*) прилáвок, стóйка; (*booth*) палáтка; **book ~** киóск; **flower ~** цветóчн|ый ларёк, -ая палáтка; -ый павильóн; **newspaper ~** газéтный киóск. **3** (*in pl, Br, theatr*) партéр, крéсла (*nt pl*). **4** (*of engine*) (самопроизвóльное) глушéние дви́гателя; (*of aircraft*) свáливание.
● *vt* **1** (*place in ~*) стáвить, по- в стóйло; (*keep in ~*) содержáть (*impf*) в стóйле. **2**: **~ an engine** (нечáянно) заглуш|áть, -и́ть мотóр.
● *vi* **1** (*get stuck*) застр|евáть, -я́ть; ув|язáть, -я́знуть. **2** (*of engine*) глóхнуть, за-; (*aeron*) терять, по- скóрость при сры́ве потóка; **~ing speed** скóрость сры́ва.
● *cpd* **~holder** *n* (*Br*) владéлец палáтки (*or* торгóв|ой тóчки *or* -ого мéста) (*на ры́нке*).

stall[2] /stɔːl/ *vt* (*block, delay*) задéрж|ивать, -áть.
● *vi* (*play for time*) тяну́ть, затя́гивать (*both impf*) врéмя.

stallion /ˈstæljən/ *n* жеребéц.

stalwart /ˈstɔːlwət/ *n* (*pol*) активи́ст (*fem* -ка).
● *adj* (*robust*) здорóвый, крéпкий; (*staunch*): **~ supporter** я́р|ый сторóнни|к (*fem* -ая -ца), стóйкий привéрженец.

stamen /ˈsteɪmən/ *n* ты́чинка.

stamina /ˈstæmɪnə/ *n* выносли́вость, вы́держка.

stammer /ˈstæmə(r)/ *n* заикáние; **person with a ~** зáйка (*cg*); **speak with a ~** заикáться (*impf*).
● *vt* произн|оси́ть, -ести́ (*что*) заикáясь.
● *vi* заикáться (*impf*).

stammerer /ˈstæmərə(r)/ *n* зáика (*cg*).

stamp /stæmp/ *n* **1** (*of foot*) тóпот, тóпанье; **with a ~ of the foot** тóпнув ногóй.
2 (*instrument*) штéмпель (*m*), штамп, печáть, клеймó.
3 (*impress, mark*) печáть, клеймó; (*postage etc.*) мáрка.
4 (*characteristic, mark*) печáть, отпечáток; **his work bears the ~ of genius** егó рабóта отмéчена печáтью гéния.
● *vt* **1** (*imprint*) штамповáть, про-; стáвить, по- штамп/печáть на + *a*; штемпелевáть, про-; клейми́ть, за-; отти́с|кивать, -нуть; **a document ~ed with the date** доку́мéнт с проштемпелёванной дáтой; **a design ~ed in metal** рису́нок, отти́снутый на метáлле; **the maker's name is ~ed on the goods** на товáре простáвлено клеймó изготови́теля.
2 (*affix ~ to*): **~ an envelope** наклé|ивать, -ить мáрку на конвéрт; **~ a receipt** стáвить, по- печáть на квитáнции.
3 (*imprint on mind*) запечатл|евáть, -éть; **the scene is ~ed on my memory** э́та сцéна запечатлéлась в моéй пáмяти.
4 (*beat on ground*): **~ one's feet** тóпать (*impf*) ногáми; **~ the snow from one's shoes** сби|вáть, -ть снег с боти́нок.
● *vi* (*feet*) тóп|ать, -нуть.
● *with adv*: **~ out** *vt* (*lit*): **~ out a fire** зат|áптывать, -оптáть огóнь; (*exterminate, destroy*) уничт|ожáть, -óжить; (*suppress*) подав|ля́ть, -и́ть; **the revolt was quickly ~ed out** восстáние бы́ло скóро подáвлено; **~ out an epidemic** искорен|я́ть, -и́ть эпидéмию.
● *cpds* **~ album** *n* альбóм для мáрок; **~ collecting** *n* филатели́я; **~ collector** *n* филатели́ст (*fem* -ка); **~-dealer** *n* торгóвец мáрками; **~ duty** *n* гéрбовый сбор; **~ machine** *n* автомáт по продáже почтóвых мáрок; **~ paper** *n* поля́ (*nt pl*) мáрочного листá.

stampede /stæmˈpiːd/ *n* (*of cattle*) бéгство; (*of people*) мáссовое (пани́ческое) бéгство.
● *vt* обра|щáть, -ти́ть в бéгство.
● *vi* (*of cattle*) разбе|гáться, -жáться врассыпну́ю; (*of people*) обра|щáться, -ти́ться в (пани́ческое) бéгство.

stance /stɑːns, stæns/ *n* пози́ция; **take up a ~** зан|имáть, -я́ть пози́цию.

stanch /stɔːntʃ, stɑːntʃ/ (*chiefly US*) = **staunch**[2]
vvt: **~ a wound** остан|áвливать, -ови́ть кровотечéние из рáны.

stanch[2] /stɔːntʃ, stɑːntʃ/ *vt* = **staunch**

stanchion /ˈstɑːnʃ(ə)n/ *n* подпóрка, опóра.

stand /stænd/ *n* **1** (*support, e.g. for teapot*) подстáвка; (*for bicycles*) стеллáж; (*for telescope*) штати́в.
2 (*stall*) стóйка; (*Br, for display*) стенд, щит.
3 (*raised structure, e.g. for spectators*) трибу́на.
4 (*for taxis etc.*) стоя́нка.
5 (*halt*) останóвка; **bring, come to a ~** остан|áвливать(ся), -ови́ть(ся).
6 (*position*) мéсто; **take one's ~ on the platform** зан|имáть, -я́ть мéсто на сцéне; (*fig*): **take a firm ~** зан|имáть, -я́ть твёрдую пози́цию; **make a ~ against s.o.** окáз|ывать, -áть сопротивлéние комý-н.
7 (*theatr, stop for performance*): **one-night ~** однодне́вные гастрóли (*f pl*).
● *vt* (*past and pp* **stood**)
1 (*place, set*) стáвить, по-; **he stood the ladder against the wall** он пристáвил лéстницу к стенé; **the teacher stood him in the corner** учи́тель постáвил егó в у́гол; **he stood the box on end** он постáвил я́щик стоймя́ (*or* на попá).
2 (*bear, tolerate, endure*) терпéть, вы́-; выноси́ть, вы́нести; перен|оси́ть, -ести́; **how does he ~ the pain?** как он перенóсит боль?; **she can't ~ him** онá егó не вы́носит (*or* терпéть не мóжет); **I can't ~ cold** я не выношу́ хóлода; (*withstand*) вы́дéрживать, вы́держать; **his plays have stood the test of time** егó пьéсы вы́держали испытáние врéменем.
3 (*not yield*): **~ one's ground** не уступ|áть, -и́ть.
4 (*undergo*) подв|ергáться, -éргнуться + *d*; **~ one's trial** отв|ечáть, -éтить пéред судóм.
5: **he doesn't ~ a chance** у негó нет никакóй надéжды.
6 (*provide at one's own expense*) уго|щáть, -сти́ть (*когó чем*); стáвить, по- (*что комý*); **he stood drinks all round** он угости́л кáждого (стакáном,

S

крýжкой *и т. п.*); он постáвил всем по стакáну *и т. п.*

● *vi* (*past and pp* **stood**)

1 (*be or stay in upright position*) стоя́ть (*impf*); **she was too weak to ~** онá былá слúшком слабá, чтóбы стоя́ть; **he kept me ~ing** он не предложúл мне сесть; **~ing room only** (*theatr*) сидя́чих мест нет; **a ~ing ovation** бýрная овáция; **he left the car ~ing in the rain** он остáвил машúну под дождём; **she let the plant ~ in the sun** онá вы́ставила цветóк на сóлнце; **the sight of the corpse made my hair ~ on end** при вúде трýпа у меня́ вóлосы стáли ды́бом; **he is old enough to ~ on his own feet** он достáточно взрóслый, чтóбы стоя́ть на своúхногáх; **he hasn't a leg to ~ on** у негó нет ни малéйших (*or* нет никакúх) доказáтельств; **I could do that ~ing on my head** я мог бы э́то сдéлать лéвой нóгой; **I shan't ~ in your way** я вам не стáну мешáть; **~ still!** стóйте смúрно!

2 (*with indication of height*): **he ~s six feet tall** рост у негó шесть фýтов.

3 (*continue, remain*): **our house will ~ for another fifty years** наш дом простоúт ещё пятьдеся́т лет; **~ fast, firm** держáться (*impf*) непоколеби́мо/твёрдо; **not a stone was left ~ing** кáмня на кáмне не остáлось; *see also* **⇒standing**.

4 (*hold good*) ост|авáться, -áться в сúле.

5 (*be situated*) стоя́ть (*impf*); находúться; (*impf*); **a house once stood here** когдá-то здесь стоя́л дом.

6 (*find o.s., be*): **he stood convicted of murder** суд признáл егó винóвным в убúйстве; **we ~ in need of help** мы нуждáемся в пóмощи; **I ~ corrected** я признаю́ свою́ ошúбку; **this is how matters ~** вот как обстоя́т делá; **as matters ~** при дáнном положéнии вещéй; **I shall leave the text as it ~s** я оставля́ю текст без изменéний; **how do we ~ for money?** как у нас (обстоúт) с деньгáми?; **the umbrella stood me in good stead** зóнтик мне весьмá пригодúлся.

7 (*rise to one's feet*) вста|вáть, -ть.

8 (*come to a halt*) остан|áвливаться, -овúться.

9 (*assume or move to specified position*): **I'll ~ here** я стáну сюдá; **we had to ~ in a queue** (*Br*), **in line** (*US*) нам пришлóсь постоя́ть в óчереди; **he stood on tiptoe** он встал на цы́почки; **he (went and) stood on the tarpaulin** он ступúл/наступúл на брезéнт; **I (went and) stood by the table** я стал у столá; **~ back!** (отступúте) назáд!; отойдúте!; **the soldiers stood to attention** бойцы́ встáли по стóйке «смúрно»; **~ at ease!** вóльно!

10 (*remain motionless*): **the machinery is ~ing idle** станкú простáивают; **let the tea ~!** дáйте чáю настоя́ться!

● *with preps*: **we will ~ by** (*support*) **you** мы вас поддéржим; **I ~ by what I said** я не отступáюсь от своúх слов; **~ for office** (*Br*) выставля́ть, вы́ставить свою́ кандидатýру; **~ for Parliament** (*Br*) баллотúроваться (*impf*) в парлáмент; **we ~ for freedom** мы стоúм за свобóду; **'Mg' ~s for magnesium** Mg обозначáет мáгний; **I will not ~ for such impudence** я не потерплю́ такóй нáглости; **don't ~ on ceremony** не стесня́йтесь!; пожáлуйста, без церемóний!; **his father stood over him till the work was finished** отéц стоя́л у негó над душóй, покá он не закóнчил рабóту; **it ~s to reason** (самó собóй) разумéется; не подлежúт сомнéнию; **he ~s to win/lose £1,000** егó ждёт вы́игрыш/прóигрыш в ты́сячу фýнтов; **how do you ~ with your boss?** как к вам относúтся ваш начáльник?

● *with advs*: **~ about, ~ around** *vvi* стоя́ть (*impf*) без дéла; торчáть (*impf*) (*coll*); **don't ~ about in the corridor!** не торчúте (*coll*) в коридóре!; **~ aside** *vi* (*remain aloof*) стоя́ть (*impf*) в сторонé; (*move to one side*) сторонúться, по-; **~ back** *vi* (*also fig*) от|ходúть, -ойтú в стóрону; **the house ~s back from the road** дом стоúт в сторонé от дорóги; **he stood back to admire the picture** он отошёл назáд, чтóбы полюбовáться картúной; **he ~s back in favour** (*Br*), **favor** (*US*) **of others** он уступáет мéсто другúм; **~ by** *vi* (*be ready*) быть/стоя́ть (*impf*) наготóве; **the troops were ordered to ~ by** войскáм приказáли стоя́ть наготóве; **~ by to fire!** приготóвиться к стрельбé!; (*be spectator*): **I could not ~ by and see her ill-treated** я не мог смотрéть безучáстно, как над ней издевáются; **~ down** *vi* (*of candidate*): **he stood down in favour** (*Br*), **favor** (*US*) **of his brother** он снял свою́ кандидатýру в пóльзу брáта; (*of minister etc.*) под|авáть, -áть в отстáвку; **~ in** *vi* (*substitute*): **~ in for s.o. else** замен|я́ть, -úть когó-н. другóго; **~ off** *vt*: **~ off workers** (*Br*) врéменно ув|ольня́ть, -óлить рабóчих; *vi*: **we stood off a mile from the harbour** (*Br*), **harbor** (*US*) мы стоя́ли в (однóй) мúле от гáвани; **~ out** *vi* (*be prominent, conspicuous*) выделя́ться (*impf*); выдавáться (*impf*); **his house ~s out from all the others** егó дом сúльно выделя́ется средú другúх; **his work ~s out from the others'** егó рабóта рéзко выделя́ется средú прóчих; **his mistakes ~ out a mile** (*coll*) егó ошúбки бросáются в глазá; (*show resistance*): **~ out against tyranny** противостоя́ть (*impf*) деспотúзму; (*hold out*): **~ out for one's claims** наст|áивать, -оя́ть на своúх трéбованиях; **~ over** *vi* (*be postponed*) быть отлóженным; **~ to** *vi* (*mil*): **~ to!** в ружьё!; **~ up** *vt*: **he stood his bicycle up against the wall** он прислонúл свой велосипéд к стенé; (*coll*): **his girlfriend stood him up** егó подрýга не пришлá на свидáние; *vi*: **he stood up as I entered** он встал, когдá я вошёл; **he ~s up for his rights** он отстáивает своú правá; **he stood up bravely to his opponent** он оказáл мýжественное сопротивлéние протúвнику; **this steel ~s up to high temperatures** э́та сталь вы́держивает высóкие температýры.

● *cpds* **~-alone** *adj* (*comput*) автонóмный; **~by** *n* (*state of readiness*) готóвность; (*dependable thing or person*) надёжная опóра; испы́танное срéдство; **~by generator** резéрвный генерáтор; **~-down** *n* (*mil*) отбóй; **~-in** *n* заместúтель (*fem* -ница); **~-offish** *adj* (*aloof*) сдéржанный; (*haughty*) высокомéрный; **~pipe** *n* колóнка; **~point** *n* тóчка зрéния; **~still** *n* остanóвка, бездéйствие; **come to a ~still** остан|áвливаться, -овúться; застóпориться (*pf*) (*coll*); **at a ~still** на мёртвой тóчке; **bring to a ~still** остан|áвливать, -овúть; застóпорить (*pf*) (*coll*); **trade is at a ~still** торгóвля нахóдится в застóе; **many factories are at a ~still** мнóго фáбрик бездéйствует/простáивает; **the matter is temporarily at a ~still** дéло покá что не движется/двúгается; дéло застóпорилось (*coll*); **~-to** *n* (*mil*) боевáя готóвность; **~-up** *adj*: **~-up collar** стоя́чий воротнúк; **~-up supper** ýжин а-ля фуршéт; **~-up fight** кулáчный бой.

standard /'stændəd/ *n* **1** (*flag*) знáмя, штандáрт.

2 (*norm, model*) стандáрт, нóрма; (*level*) ýровень (*m*); **come up to ~** соотвéтствовать (*impf*) трéбуемому ýровню; **set a high ~** устан|áвливать, -овúть высóкие трéбования; **~ of education** ýровень (*m*) образовáния; **~ of living** жúзненный ýровень, ýровень жúзни; **his work falls short of accepted ~s** егó рабóта не соотвéтствует существýющим трéбованиям; **by American ~s** по американским мéркам/нóрмам критéриям; **by any ~** по любы́м нóрмам; **work of a high ~** рабóта высóкого ýровня; **below ~** нúже нóрмы; **there is no absolute ~ of morality** не существýет абсолю́тной нóрмы морáли; **gold ~** золотóй стандáрт.

● *adj* **1** стандáртный, нормáльный; **of ~ size** стандáртного размéра.

2 (*model, basic*) норматúвный, образцóвый; (*general*) типовóй; **~ English** литератýрный/норматúвный англúйский язы́к; **~ authors** (писáтели-)клáссики; **a ~ reference work** авторитéтный спрáвочник; **~ gauge** стандáртная ширинá колéи.

3: **~ lamp** (*Br*) напóльная лáмпа, торшéр.

● *cpd* **~-bearer** *n* знаменóсец.

standardization /ˌstændədaɪ'zeɪʃ(ə)n/ *n* стандартизáция.

standardize /'stændəˌdaɪz/ *vt* стандартизúровать (*impf, pf*); нормировáть (*impf, pf*).

standee /stæn'diː/ *n* (*US*) (*passenger*) стоя́щий пассажúр; (*spectator*) стоя́щий зрúтель (*m*).

standing /'stændɪŋ/ *n* **1** (*rank*) положéние; (*reputation*) репутáция; (*authority*) вес; **a person of high ~** высокопостáвленное лицó.

2 (*duration*) продолжúтельность; **a custom of long ~** старúнный обы́чай. **3** (*length of service*) стаж.

● *adj*: **~ army** регуля́рная/постоя́нная

S

а́рмия; ~ **committee** постоя́нный комите́т; ~ **corn** хлеб на корню́; ~ **invitation** приглаше́ние приходи́ть в любо́е вре́мя; ~ **joke** дежу́рная шу́тка; ~ **jump** прыжо́к с ме́ста; ~ **order** (*Br*) (*to banker*) прика́з о регуля́рных платежа́х; (*to newsagent etc.*) постоя́нный зака́з; ~ **orders** пра́вила процеду́ры; ~ **water** стоя́чая вода́.

stank /stæŋk/ *past of* ⇒**stink**

stanza /ˈstænzə/ *n* строфа́.

staple[1] /ˈsteɪp(ə)l/ *n* (*U-shaped metal bar*) скоба́; (*for papers*) ско́бка (*для степлера*).

● *vt*: ~ **papers together** скреп|ля́ть, -и́ть бума́ги сте́плером.

staple[2] /ˈsteɪp(ə)l/ *n* **1** (*principal commodity*) основно́й това́р/проду́кт; **the ~s of that country** основна́я проду́кция э́той страны́; **~s of British industry** основны́е ви́ды проду́кции брита́нской промы́шленности. **2** (*chief material*) осно́ва; ~ **of diet** осно́ва пита́ния; ~ **of conversation** гла́вная те́ма разгово́ра.

● *adj* основно́й, гла́вный.

stapler /ˈsteɪplə(r)/ *n* (*for paper*) сте́плер.

star /stɑː(r)/ *n* **1** звезда́; **falling, shooting ~** па́дающая звезда́; **North, Pole S~** Поля́рная звезда́; **S~ of David** звезда́ Дави́да; **we slept under the ~s** мы спа́ли под откры́тым не́бом; **thank one's lucky ~s** благодари́ть (*impf*) свою́ звезду́ (*or* судьбу́); **five-~ hotel** пятизвёздочная гости́ница.
2 (*famous actor etc.*) звезда́; свети́ло (нау́ки, медици́ны *и т. п.*); **film ~** кинозвезда́; **the ~ of the show** звезда́ спекта́кля; ~ **turn** гвоздь програ́ммы; ~ **pupil** звезда́ кла́сса.
3 (*~-shaped object, e.g. decoration*) звезда́; (*asterisk*) звёздочка.
4 (*fig*): **I saw ~s** у меня́ и́скры из глаз посы́пались.
5: **the S~s and Stripes** госуда́рственный флаг США.

● *vt* (**starred, starring**)
1 (*adorn with ~s*) укр|аша́ть, -а́сить звёздами.
2 (*mark with asterisk*) отм|еча́ть, -е́тить звёздочкой.

● *vi* (**starred, starring**): ~ **in a film** игра́ть (*impf*) гла́вную роль в фи́льме; выступа́ть (*impf*) в гла́вной ро́ли фи́льма.

● *cpds* **~fish** *n* морска́я звезда́; **~light** *n* свет звёзд; **by ~light** при све́те звёзд; **~lit** *adj* освещённый све́том звёзд; ~ **sign** *n* знак зодиа́ка; **~-spangled** *adj* звёздный, усе́янный звёздами; **the S~-spangled Banner** америка́нский флаг; **~-studded** *adj* усе́янный звёздами; (*fig*) с уча́стием мно́жества звёзд.

starboard /ˈstɑːbəd/ *n* пра́вый борт.

● *adj* пра́вый; ~ **side** пра́вый борт; ~ **wind** ве́тер с пра́вого бо́рта.

starch /stɑːtʃ/ *n* крахма́л; (*fig*) чо́порность.

● *vt* крахма́лить, на-.

starchiness /ˈstɑːtʃɪnɪs/ *n* крахма́листость, мучни́стость; (*fig*) чо́порность.

starchy /ˈstɑːtʃɪ/ *adj* (**starchier, starchiest**) (*containing starch*) крахма́листый, мучни́стый; (*stiffened*) крахма́льный, накрахма́ленный; (*fig*) чо́порный.

stardom /ˈstɑːdəm/ *n*: **rise to ~** ста|нови́ться, -ть звездо́й.

stare /steə(r)/ *n* при́стальный взгляд; **vacant ~** пусто́й взгляд.

● *vt*: ~ **s.o. in the face** смотре́ть, по- на кого́-н. в упо́р; **ruin ~s him in the face** он смо́трит в глаза́ ги́бели; **the letter was staring me in the face** письмо́ лежа́ло у меня́ под но́сом; ~ **s.o. up and down** см|еря́ть, -е́рить кого́-н. взгля́дом.

● *vi* глазе́ть (*impf*); тара́щить (*impf*) глаза́; ~ **at s.o.** при́стально смотре́ть/гляде́ть (*impf*) на кого́-н.; ~ **into s.o.'s face** уста́виться (*pf*) на кого́-н.; **he ~d rudely at me** он на́гло уста́вился на меня́; **don't ~!** не тара́щь глаза́!; **I ~d at him in astonishment** я вы́таращил на него́ глаза́ от изумле́ния; ~ **into space** устрем|ля́ть, -и́ть взор в простра́нство.

staring /ˈsteərɪŋ/ *adj* (*gaze*) при́стальный; (*eyes*) широко́ раскры́тый.

stark /stɑːk/ *adj* **1** (*desolate, bare*) го́лый, беспло́дный, пусты́нный; **a ~ winter landscape** суро́вый зи́мний пейза́ж. **2** (*sharply evident*) я́вный; **be in ~ contrast to** ре́зко контрасти́ровать (*impf*) с + *i*. **3** (*sheer*) по́лный, абсолю́тный.

● *adv* соверше́нно; ~ **raving mad** абсолю́тно сумасше́дший; ~ **naked** соверше́нно го́лый; в чём мать родила́ (*coll*).

starkers /ˈstɑːkəz/ *pred adj* (*Br coll*) в чём мать родила́.

starless /ˈstɑːlɪs/ *adj* беззвёздный.

starlet /ˈstɑːlɪt/ *n* восходя́щая звезда́ (*актриса; спортсменка*).

starling /ˈstɑːlɪŋ/ *n* скворе́ц.

starry /ˈstɑːrɪ/ *adj* (**starrier, starriest**) **1** звёздный; ~ **night** звёздная ночь; ~ **sky** звёздное не́бо.
2: ~ **eyes** лучи́стые глаза́.

● *cpd* **~-eyed** *adj* (*fig*) романти́чный, ви́дящий всё в ро́зовом све́те.

> **the Stars and Stripes**
> Флаг США.

> **the Star-Spangled Banner**
> 1 Гимн США.
> 2 Одно́ из назва́ний америка́нского фла́га.

START /stɑːt/ *n* (*abbr of* ***Strategic Arms Reduction Talks***) перегово́ры о сокраще́нии стратеги́ческих наступа́тельных вооруже́ний.

start /stɑːt/ *n* **1** (*sudden movement*) вздра́гивание, содрога́ние; **give a ~ of joy/surprise** вздро́гнуть (*pf*) от ра́дости/удивле́ния; **give s.o. a ~** пуга́ть, ис- кого́-н.; **he woke with a ~** он вздро́гнул и просну́лся; **he works by fits and ~s** он рабо́тает уры́вками/неравноме́рно.
2 (*beginning*) нача́ло; (*of journey*) отправле́ние; (*of race*) старт; **make a ~ on sth** нач|ина́ть, -а́ть что-н.; **we made an early ~** мы вы́ступили в путь ра́но; **make a fresh ~** нач|ина́ть, -а́ть снача́ла/сы́знова (*coll*); **he made a fresh ~ (in life)** он на́чал но́вую жизнь; **at the (very) ~** в (са́мом) нача́ле; **for a ~** для нача́ла; **from ~ to finish** с нача́ла до конца́; **false ~** (*sport*) фальста́рт; **we made a false ~** (*fig*) мы оши́блись в са́мом нача́ле; **get off to a good ~** уда́чно нач|ина́ть, -а́ть.
3 (*advantage in race etc.*): **he was given 10 yards' ~** ему́ да́ли фо́ру в 10 я́рдов.

● *vt* **1** (*begin*) нач|ина́ть, -а́ть; **he ~s work early** он начина́ет рабо́тать ра́но; **it is ~ing to rain** начина́ется дождь; **when does she ~ school?** когда́ она́ пойдёт в шко́лу?; **we ~ed our journey** мы отпра́вились в путь; **he ~ed life as a watchman** он на́чал свою́ трудову́ю жизнь сто́рожем; **she ~ed crying** она́ начала́ пла́кать (*or* распла́калась); *with many vv, the pf formed with* за- *means 'to start …ing'*.
2 (*set in motion*): ~ **a clock** зав|оди́ть, -ести́ часы́; ~ **an engine** зав|оди́ть, -ести́ (*or* запус|ка́ть, -ти́ть) мото́р/дви́гатель; **~ing handle** пускова́я/заводна́я рукоя́тка.
3 (*in race*): ~ **the runners** да|ва́ть, -ть старт бегуна́м.
4 (*initiate*): ~ **a business** осно́в|ывать, -а́ть (*or* нач|ина́ть, -а́ть) би́знес/де́ло; ~ **a school** откр|ыва́ть, -ы́ть шко́лу; ~ **a conversation** нач|ина́ть, -а́ть разгово́р; ~ **a family** зав|оди́ть, -ести́ семью́; ~ **a fire** (*arson*) устро́ить (*pf*) пожа́р; (*for warmth etc.*) разв|оди́ть, -ести́ костёр/ого́нь; **what ~ed the fire?** из-за чего́ начался́ пожа́р?; ~ **a fund** осно́в|ывать, -а́ть фонд; ~ **a movement** положи́ть (*pf*) нача́ло (како́му-н.) движе́нию; ~ **a rumour** (*Br*), **rumor** (*US*) (рас)пус|ка́ть, -ти́ть слух; **now you've ~ed something!** ну вот, ты и завари́л ка́шу!
5 (*broach*): ~ **a bottle of wine** поч|ина́ть, -а́ть буты́лку вина́; ~ **a subject (of conversation)** зав|оди́ть, -ести́ разгово́р о чём-н.
6 (*cause to begin*): **the wine ~ed him talking** вино́ развяза́ло ему́ язы́к; **this ~ed me thinking** э́то заста́вило меня́ заду́маться; **the smoke ~ed me coughing** от ды́ма я зака́шлялся.

● *vi* **1** (*make sudden movement*) вздр|а́гивать, -о́гнуть; содрог|а́ться, -ну́ться; ~ **back** отпря́нуть (*pf*); ~ **from one's sleep** вздро́гнуть и просну́ться (*pf*); ~ **from one's chair** (*or* **to one's feet**) вск|а́кивать, -очи́ть со сту́ла (*or* на́ ноги); **tears ~ed from his eyes** слёзы бры́знули у него́ из глаз.
2 (*begin*) нач|ина́ться, -а́ться; (*come into being, arise*) появ|ля́ться, -и́ться; возн|ика́ть, -и́кнуть; **it ~ed raining** пошёл/начался́ дождь; **we had to ~ again from scratch** пришло́сь нача́ть всё с нача́ла; **there were 12 of us to ~ with** снача́ла/сперва́ нас бы́ло 12 (челове́к); **to ~ with, you**

S

should write to him прéжде всегó (*or* для начáла) вы должны́ написáть емý; **what will you have** (*eat*) **to ~ with?** что вы возьмёте на закýску?; **prices ~ at £10** цéны от десяти́ фýнтов и вы́ше; **~ing price** (*at auction*) начáльная/стáртовая ценá.
3 (*set out*) отпр|авля́ться, -áвиться; **he ~ed back the next day** на слéдующий день он отпрáвился назáд (*or* пусти́лся в обрáтный путь); **~ing point** (*of journey*) отправнóй пункт; (*of race*) старт; (*fig*) отправнáя/исхóдная тóчка.
4 (*in race*) стартовáть (*impf, pf*); **~ing gate** барьéр на стáрте; **~ing pistol** стáртовый пистолéт; **~ing post** стáртовый столб.
5 (*of engine etc.*): **the car ~ed without any trouble** маши́на завелáсь без проблéм; **you should always ~ in first gear** стартовáть всегдá слéдует на пéрвой скóрости.
● *with advs*: **~ in** *vi*: **~ in on sth** (*coll*) брáться, взя́ться (*or* прин|имáться, -я́ться) за что-н.; **~ in on** (*US coll, scold*) **s.o.** брани́ть, вы- когó-н.; напус|кáться, -ти́ться на когó-н.; **~ off** *vt*: **what ~ed him off on that craze?** откýда у негó (появи́лось) э́то увлечéние?; **don't ~ him off, or he'll never stop** не заводи́те егó, а то он никогдá не остановится; *vi* (*leave*) пойти́, поéхать (*both pf*); **he ~ed off with a general introduction** он нáчал с óбщего вступлéния; **she ~ed off by apologizing for being late** онá началá с извинéний за своё опоздáние; **he ~ed off on the wrong foot** (*coll*) он неудáчно нáчал; **he ~ed off in second gear** он стартовáл на вторóй скóрости; **~ out** *vi* (*leave*) отпр|авля́ться, -áвиться; пойти́, поéхать (*both pf*); (*intend*) соб|ирáться, -рáться; **~ over** *vi* (*US*) нач|инáть, -áть снóва; **~ up** *vt*: **~ up an engine** зав|оди́ть, -ести́ (*or* запус|кáть, -ти́ть) мотóр; **~ up a conversation** зав|оди́ть, -ести́ разговóр; **~ up a business** осн|óвывать, -овáть би́знес/дéло; *vi* (*spring to one's feet*) вск|áкивать, -очи́ть; (*come into being*) появ|ля́ться, -и́ться; возн|икáть, -и́кнуть; **a new firm is ~ing up in the town** в гóроде открывáется нóвая фи́рма.

starter /'stɑːtə(r)/ *n* **1** (*giving signal for race*) стáртер. **2** (*competitor*) учáстни|к (*fem* -ца) состязáния; (*horse*) учáстник забéга. **3** (*device for starting engine etc.*) стáртер; пусковóй прибóр. **4** (*Br, first course*) закýска.

startle /'stɑːt(ə)l/ *vt* (*scare*) пугáть, ис-; вспуг|ивать, -нýть; **I was ~d when you shouted** я так испугáлся, когдá вы закричáли; **you ~d me** вы меня́ испугáли.

startling /'stɑːtlɪŋ/ *adj* поразительный, потрясáющий; (*alarming*) пугáющий.

starvation /stɑː'veɪʃ(ə)n/ *n* гóлод, голодáние; **death by ~** голóдная смерть; **die of ~** ум|ирáть, -ерéть от гóлода (*or* с гóлоду); **~ diet** голóдная диéта; **~ wage** ни́щенский зáработок.

starv|e /stɑːv/ *vt* мори́ть, у-/за- (гóлодом); **~e s.o. into submission** брать, взять когó-н. измóром; (*fig*): **the child was ~ed of affection** ребёнок страдáл от отсýтствия любви́.
● *vi* (*go hungry*) голодáть (*impf*); **a ~ing child** голодáющий ребёнок; **I'm ~ing** я ужáсно проголодáлся!; я гóлоден как волк!; **~e to death** ум|ирáть, -ерéть с гóлоду.

stash /stæʃ/ (*coll*) *n* скры́тый запáс; занáчка (*coll, usu a small amount of sth or sth insignificant*).
● *vt*: **he has £1,000 ~ed away** у негó припря́тана (*or* в занáчке (*coll*)) ты́сяча фýнтов.

state¹ /steɪt/ *n* **1** (*condition*) состоя́ние, положéние; **in a poor ~ of health** в плохóм состоя́нии здорóвья; **~ of affairs** положéние дел; **~ of mind** настроéние; душéвное состоя́ние; **in an untidy ~** в беспоря́дке; **he was in quite a ~** он был в ужáсном возбуждéнии (*excitement*)/волнéнии (*anxiety*); **the country is in a ~ of war** странá нахóдится в состоя́нии войны́; **what is the ~ of play?** (*Br*) какóй счёт?; (*fig*) как обстоя́т делá?
2 (*country, community, government*) госудáрство; (*attr*) госудáрственный; **affairs/matters of ~** госудáрственные делá; **police ~** полицéйское госудáрство; **United S~s** Соединённые Штáты (Амéрики) (*abbr* США); **S~ Department** (*US*) госудáрственный департáмент, министéрство инострáнных дел; **~ control** госудáрственный контрóль.
3 (*pomp*) великолéпие, рóскошь; **live in ~** жить (*impf*) в рóскоши; **lie in ~** быть (*impf*) вы́ставленным для торжéственного прощáния; **the Queen drove in ~ through London** королéва торжéственно проéхала по Лóндону; **~ coach** парáдная карéта; **~ apartments** парáдные покóи (*m pl*); **~ visit** госудáрственный визи́т; **~ ball** торжéственный бал.
● *cpds* **~-aided** *adj* получáющий дотáцию/субси́дию от госудáрства; **~craft** *n* = **statesmanship**; **~-of-the-art** *adj* ультрасовремéнный, новéйший; **~room** *n* (*on ship*) каю́та; **S~side** *adj & adv* (*US coll*) (находя́щийся) в США; **~sman** *and cpds, see separate entries.*

state² /steɪt/ *vt* (*declare; say clearly*) заяв|ля́ть, -и́ть о + *p*; сказáть (*pf*), что; утверждáть (*impf*), что; сообщ|áть, -и́ть о + *p*; **he ~d his intentions** он заяви́л о свои́х намéрениях; (*indicate*) укáз|ывать, -áть; **as ~d above** как укáзано вы́ше; (*specify*): **at the ~d time** в назнáченное врéмя; (*announce*) объяв|ля́ть, -и́ть; (*expound*) изл|агáть, -ожи́ть; **the plaintiff ~d his case** истéц изложи́л своё дéло.

statehood /'steɪthʊd/ *n* госудáрственность.

stateless /'steɪtlɪs/ *adj* не имéющий граждáнства.

stateliness /'steɪtlɪnɪs/ *n* вели́чественность, величáвость.

stately /'steɪtlɪ/ *adj* (**statelier, stateliest**) вели́чественный, величáвый; **~ home** (*Br*) дом-дворéц.

statement /'steɪtmənt/ *n* (*declaration*) заявлéние; **make, publish a ~** дéлать, с- (*or* публиковáть, о-) заявлéние; (*exposition*) изложéние; (*fin*) отчёт, балáнс; **~ of account** вы́писка о состоя́нии счёта; **~ of expenses** отчёт о расхóдах.

statesman /'steɪtsmən/ *n* госудáрственный дéятель.

statesmanlike /'steɪtsmənlaɪk/ *adj* достóйный госудáрственного дéятеля.

state|smanship /'steɪtsmənʃɪp/, **-craft** /'steɪtkrɑːft/ *nn* (*skill*) искýсство управлéния госудáрством; (*activities*) госудáрственная дéятельность.

static /'stætɪk/ *n* **1** (**~** *electricity*) стати́ческое электри́чество. **2** (*as radio interference: also* **~s**) (атмосфéрные) помéхи (*f pl*).
● *adj* **1** (*stationary*) неподви́жный, стационáрный. **2** (*opp dynamic*) стати́ческий, стати́чный.

statics /'stætɪks/ *n* **1** стáтика. **2** = **static** *n* **2**

station /'steɪʃ(ə)n/ *n* **1** (*assigned place*) пост, мéсто, пози́ция; **take up one's ~** зан|имáть, -я́ть пост/пози́цию; **polling ~** избирáтельный пункт/учáсток.
2 (*establishment, base, headquarters*) стáнция; **broadcasting ~** радиостáнция; **bus ~** автóбусная стáнция; **filling ~** заправочный пункт, бензоколóнка; **fire ~** пожáрное депó (*indecl*); **naval ~** воéнно-морскáя бáза; **police ~** полицéйский учáсток; (*in Russia*) отделéние мили́ции; **power ~** электростáнция.
3 (*railways*) стáнция; (*large, mainline* **~**) вокзáл; (*attr*) станциóнный.
4 (*position in life, rank*) положéние; звáние; **he married beneath his ~** он вступи́л в мезалья́нс; **get ideas above one's ~** сади́ться, сесть не в свои́ сáни.
5 (*eccl*): **S~s of the Cross** останóвки Христá на крéстном пути́; кальвáрии (*f pl*).
6 (*Australian & NZ, sheep farm*) овцевóдческая фéрма.
● *vt* распол|агáть, -ожи́ть; **she ~ed herself at a window** онá расположи́лась у окнá; **~ a guard at the gate** выставля́ть, вы́ставить карáул у ворóт; (*mil*) разме|щáть, -сти́ть; дислоци́ровать (*impf, pf*); **the regiment is ~ed in the south** полк стои́т на ю́ге.
● *cpds* **~master** *n* начáльник стáнции; **~ wagon** *n* (*US*) автомоби́ль (*m*) с кýзовом ти́па «универсáл»; универсáл (*coll*).

stationary /'steɪʃənərɪ/ *adj* **1** (*not moving; at rest*) неподви́жный.
2 (*fixed*) закреплённый, стационáрный; **~ troops** мéстные войскá. **3** (*unchanging, constant*) постоя́нный, неизмéнный; **the population remained ~** чи́сленность

S

населе́ния оста́лась неизме́нной.

stationer /ˈsteɪʃənə(r)/ *n* торго́вец канцеля́рскими/писчебума́жными принадле́жностями.

stationery /ˈsteɪʃənərɪ/ *n* канцеля́рские/писчебума́жные принадле́жности (*f pl*)/това́ры (*m pl*); **S~ Office** (*Br*) Короле́вская/Госуда́рственная канцеля́рия (*издаёт правительственные документы*).

statistical /stəˈtɪstɪk(ə)l/ *adj* статисти́ческий.

statistician /ˌstætɪˈstɪʃ(ə)n/ *n* стати́стик.

statistics /stəˈtɪstɪks/ *n* статисти́ческие да́нные; (*science*) стати́стика.

statuary /ˈstætjʊərɪ/ *n* скульпту́ра.

statue /ˈstætjuː, ˈstætʃuː/ *n* ста́туя.

statuesque /ˌstætjʊˈesk, ˌstætʃʊˈesk/ *adj* велича́вый, вели́чественный.

statuette /ˌstætjʊˈet, ˌstætʃʊˈet/ *n* статуэ́тка.

stature /ˈstætʃə(r)/ *n* **1** (*height*) рост; **of low** (*or* **short of**) **~** ни́зкого ро́ста. **2** (*fig*) масшта́б, кали́бр; **a man of ~** челове́к кру́пного кали́бра, ли́чность кру́пного масшта́ба.

status /ˈsteɪtəs/ *n* **1** (*position, rank*) положе́ние, ста́тус, прести́ж; **official ~** официа́льное положе́ние; **civil ~** гражда́нское состоя́ние; (*superior position*) вес, ста́тус; **the possession of land confers ~** облада́ние земе́льной со́бственностью придаёт челове́ку вес в о́бществе; **~ symbol** показа́тель положе́ния в о́бществе. **2**: **~ quo** ста́тус-кво́ (*m & nt indecl*).

statute /ˈstætjuːt/ *n* стату́т; (*law*) зако́н; (*regulations, ordinance*) уста́в; **~ law** пи́саный зако́н; **~ of limitations** (*law*) зако́н об исково́й да́вности; **University ~s** уста́в университе́та.
● *cpd* **~ book** *n* свод зако́нов.

statutory /ˈstatjʊtərɪ/ *adj* предусмо́тренный зако́ном; **~ minimum** определённый зако́ном ми́нимум; **~ rape** (*US*) полова́я связь с лицо́м, не дости́гшим совершенноле́тия.

staunch[1] /stɔːntʃ, stɑːntʃ/ *adj* (*faithful, trusty*) ве́рный; (*loyal*) лоя́льный; (*reliable*) надёжный; (*devoted*): **a ~ socialist** непрекло́нный/убеждённый социали́ст.

staunch[2] /stɔːntʃ, stɑːntʃ/ *vt*: **a wound** остан|а́вливать, -ови́ть кровотече́ние из ра́ны.

staunchness /ˈstɔːntʃnɪs, ˈstɑːntʃnɪs/ *n* ве́рность, лоя́льность, надёжность, пре́данность.

stave /steɪv/ *n* (*of cask*) клёпка; (*stanza*) строфа́; (*mus*) но́тный стан.
● *vt* (*past and pp* **stove** *or* **staved**) **1** (*also* **~ in:** *break in*): **~ in a door** проб|ива́ть, -и́ть дыру́ в двери́. **2**: **~ off** предотвра|ща́ть, -ти́ть.

staves /steɪvz/ *pl of* ⇒**staff 6**

stay[1] /steɪ/ *n* **1** (*sojourn*) пребыва́ние; **I am making a short ~ in London** я остановлю́сь ненадо́лго в Ло́ндоне; **a ~ of 2 weeks** двухнеде́льное пребыва́ние; **I enjoyed my ~ with you** я прекра́сно провёл вре́мя у вас. **2** (*suspension*) отсро́чка; **~ of execution** отсро́чка исполне́ния.
● *vt* **1** (*check*) остан|а́вливать, -ови́ть; препя́тствовать, вос- + *d*; **~ one's hunger** утоли́ть (*pf*) го́лод; (*coll*) замори́ть (*pf*) червячка́; (*restrain*) сде́рж|ивать, -а́ть; **~ one's hand** возде́рж|иваться, -а́ться от де́йствий. **2** (*last out*): **~ the course** выде́рживать, вы́держать до конца́.
● *vi* **1** (*stop, put up*) (*at a place*) остан|а́вливаться, -ови́ться; (*with s.o.*) гости́ть (*impf*); остан|а́вливаться, -ови́ться; **which hotel will you ~ at?** в како́й гости́нице вы остано́витесь?; **we are** (*sc. at present*) **~ing with friends** мы останови́лись/гости́м у друзе́й; **we ~ed in Vienna for 3 weeks** мы про́были в Ве́не три неде́ли. **2** (*remain*) ост|ава́ться, -а́ться; не уходи́ть (*impf*); **~ here while I find out** побу́дьте/жди́те здесь, пока́ я разузна́ю; **I ~ed awake all night** я всю ночь не спал; **~ at home** сиде́ть (*impf*) до́ма; **~ in bed** не встава́ть (*impf*) (с посте́ли); **they don't like ~ing at home** им не сиди́тся до́ма; **the children ~ed away from school** де́ти прогуля́ли шко́лу; **I ~ed away from work** я не пошёл/вы́шел на рабо́ту; **he made them ~ behind after school** он задержа́л их в шко́ле по́сле уро́ков; **the food would not ~ down** (его́) желу́док не принима́л пи́щи; **can you ~ for, to tea?** вы мо́жете оста́ться на чай?; **he ~ed for the night** он оста́лся на ночь (*or* ночева́ть); **I am ~ing in today** сего́дня я не выхожу́ (*or* я сижу́ до́ма); **I hope the rain will ~ off** наде́юсь, что дождь не начнётся; **if you want to lose weight, ~ off starchy foods** е́сли хоти́те похуде́ть, возде́рживайтесь от мучно́го; **he ~ed on at the university** он оста́лся при университе́те; **my hat won't ~ on** у меня́ шля́па не де́ржится (на голове́); **she is allowed to ~ out till midnight** ей разреша́ют не приходи́ть домо́й до 12 часо́в но́чи; **he ~ed to dinner** он оста́лся обе́дать; **if we ~ together we shan't get lost** е́сли мы бу́дем держа́ться вме́сте, мы не заблу́димся; **~ up late** не ложи́ться (*impf*) (спать) допоздна́; **fine weather has come to ~** хоро́шая пого́да установи́лась про́чно; **~ put!** (*coll*) ни с ме́ста!, не дви́гайся! **3** (*endure in race etc.*): **he has no ~ing power** у него́ нет никако́й выно́сливости.
● *cpd* **~-at-home** *n* домосе́д (*fem* -ка).

stay[2] /steɪ/ *n* **1** (*naut*) штаг. **2** (*prop, support*) опо́ра, подпо́рка; (*moral support*) опо́ра, подде́ржка. **3** (*in pl, corset*) корсе́т.

stayer /ˈsteɪə(r)/ *n* (*person*) выно́сливый челове́к; (*horse*) выно́сливая ло́шадь.

STD *abbr of* **1** ***subscriber trunk dialling*** (*Br*) автомати́ческая междугоро́дная телефо́нная связь. **2** ***sexually transmitted disease*** заболева́ние, передава́емое половы́м путём.

stead /sted/ *n* (*literary*): **stand s.o. in good ~** сослужи́ть (*pf*) кому́-н. хоро́шую слу́жбу; **in s.o.'s ~** вме́сто кого́-н.

steadfast /ˈstedfɑːst, ˈstedfəst/ *adj* (*firm, stable*): **~ in danger** сто́йкий в опа́сности; **~ policy** твёрдая поли́тика; (*faithful*): **~ in love** ве́рный в любви́; (*reliable*) надёжный; (*unwavering*) непоколеби́мый; **~ of purpose** целеустремлённый.

steadfastness /ˈstedfɑːstnɪs, ˈstedfəstnɪs/ *n* сто́йкость, твёрдость; ве́рность; непоколеби́мость; надёжность; целеустремлённость.

steadiness /ˈstedɪnɪs/ *n* (*sureness*) уве́ренность; (*resolution*) реши́тельность, непоколеби́мость; (*of gaze*) твёрдость; (*regularity*) равноме́рность; (*stability*) усто́йчивость.

steady /ˈstedɪ/ *adj* (**steadier, steadiest**) **1** (*firmly fixed, balanced, supported*) про́чный, усто́йчивый, твёрдый; **keep the camera ~!** не дви́гайте фотоаппара́т!; **the ladder must be held ~** ле́стницу на́до кре́пко держа́ть; **he has a ~ hand** у него́ твёрдая рука́; (*unfaltering*): **~ in one's principles** непрекло́нный в свои́х при́нципах; **a ~ gaze** твёрдый взгляд. **2** (*uniform*) равноме́рный; (*even*) ро́вный; (*constant*) постоя́нный; (*uninterrupted*) непреры́вный; **at a ~ pace** ро́вным ша́гом; **a ~ breeze** усто́йчивый ве́тер; **he works steadily** он упо́рно рабо́тает; **~ demand** постоя́нный спрос; **his health shows a ~ improvement** его́ здоро́вье постоя́нно улучша́ется; **a ~ flow of water** непреры́вный пото́к воды́. **3** (*of person, staid*) степе́нный; (*sober*) тре́звый. **4** (*in exhortations*): **~!** осторо́жно!; **~ on!** (*Br*) ле́гче на поворо́тах!
● *adv*: **go ~ with s.o.** (*Br coll*) встреча́ться (*impf*) с кем-н.
● *vt* **1** (*strengthen, secure*) укрепл|я́ть, -и́ть; закрепл|я́ть, -и́ть; **the doctor gave him sth to ~ his nerves** до́ктор дал ему́ лека́рство для укрепле́ния не́рвов. **2**: **~ a boat** прив|оди́ть, -ести́ ло́дку в равнове́сие.
● *vi* **1** (*regain equilibrium*) выра́вниваться, вы́ровняться. **2** (*become fixed, firm*) стабилизи́роваться (*impf, pf*); **prices are ~ing** це́ны стабилизи́руются.

steak /steɪk/ *n* (*of beef*) бифште́кс (натура́льный); **fillet ~** вы́резка.
● *cpd* **~house** *n* бифште́кская.

steal /stiːl/ *vt* (*past* **stole;** *pp* **stolen**) **1** ворова́ть (*impf*); красть, у-; **it is wrong to ~** ворова́ть нехорошо́; **I had my handbag stolen** у меня́ укра́ли су́мку. **2** (*fig*): **~ a glance at s.o.** взгляну́ть (*pf*) укра́дкой на кого́-н.; **~ s.o.'s heart (away)** похи|ща́ть, -ти́ть чьё-н. се́рдце; **~ s.o.'s thunder** перехва́т|ывать, -и́ть чью-н. сла́ву; **receive stolen goods** скупа́ть (*impf*) кра́деный това́р.
● *vi* (*past* **stole;** *pp* **stolen**)

S

1 (*thieve*) воровать (*impf*); **he accused me of ~ing** он обвинил меня в воровстве; **he was caught ~ing** его поймали с поличным.
2 (*move secretly or silently*) красться (*impf*); **he stole round to the back door** он прокрался к задней двери; **he stole up to her** он подкрался к ней; **the sun's rays stole across the lawn** солнечные лучи скользнули по газону.

stealth /stelθ/ *n*: **by ~** тайком, украдкой, втихомолку (*coll*).
● *cpd* **~ tax** «скрытый» налог (*косвенный налог, напр. включенный в цену товара и не всегда очевидный для потребителя*).

stealthy /ˈstelθɪ/ *adj* (**stealthier, stealthiest**): **~ glance** взгляд украдкой; **~ tread** крадущаяся походка.

steam /stiːm/ *n* пар; **full ~ ahead!** полный вперёд!; **get up ~** (*lit*) разв|одить, -ести пары; (*fig*) наб|ираться, -раться сил; **let off ~** (*lit*) выпускать, выпустить пары; (*fig*) да|вать, -ть выход чувствам; **run out of ~** (*fig*) выдыхаться, выдохнуться; **under one's own ~** (*fig*) сам, своими силами; **~ iron** паровой утюг; **~ train** поезд с паровым локомотивом (*see also cpds*).
● *vt* **1** (*cook with* ~) парить (*impf*); **~ed fish** рыба, приготовленная на пару.
2 (*treat with* ~): **~ a stamp off an envelope** отпари|вать, -ть марку с конверта; **the envelope had been ~ed open** кто-то отклеил конверт над паром.
3 (*cover with* ~): **the carriage windows were ~ed up** вагонные окна запотели; **get ~ed up** зав|одиться, -естись (*coll*).
● *vi* **1** (*give out* ~ *or vapour*) выделять (*impf*) пар/испарения; пус|кать, -тить пар; **the kettle is ~ing on the stove** чайник кипит на плите; **he wiped his ~ing brow** он вытер вспотевший лоб.
2 (*move by* ~): **the boat ~ed into the harbour** корабль вошёл в гавань; **the train ~ed out** паровоз отошёл от станции.
3: **~ up** запот|евать, -еть.
● *cpds* **~ bath** *n* паровая баня; **~boat** *n* пароход; **~-driven** *adj* с паровым двигателем; **~ engine** *n* паровой двигатель; (*steam locomotive*) паровоз; **~ hammer** *n* паровой молот; **~-heat** *n* отдаваемое паром тепло; **~ power** *n* энергия пара; **~roller** *n* паровой каток; *vt* (*lit*) уплотн|ять -ить; укат|ывать, -ать; трамбовать, у-; (*fig*) сокруш|ать, -ить; подав|лять, -ить; **~roller all opposition** подав|лять, -ить всяческое сопротивление; **~ship** *n* пароход; **~ shovel** *n* паровой экскаватор.

steamer /ˈstiːmə(r)/ *n* (*ship*) пароход; (*for cooking*) пароварка.

steamy /ˈstiːmɪ/ *adj* (**steamier, steamiest**) **1** (*kitchen*) полный пара; (*atmosphere, forest*) душный; (*window*) запотелый, запотевший. **2** (*coll*) (*sex scene*) страстный, эротический; **~ affair** страстная любовная связь; страстный роман.

stearin /ˈstɪərɪn/ *n* стеарин.

steed /stiːd/ *n* (*poetical*) конь (*m*).

steel /stiːl/ *n* **1** сталь; (*attr*) стальной; **~ foundry** сталелитейный завод/цех; **~ industry** сталелитейная промышленность; **~ wool** (кухонный) ёрш(ик); **cold ~** (*weapons*) холодное оружие; (*fig*): **nerves of ~** стальные/железные нервы. **2** (*for sharpening knives*) точило.
●: **~ o.s.** (*pluck up courage*) соб|ираться, -раться с духом.
● *cpds* **~ band** *n* (*mus*) шумовой оркестр карибского происхождения; **~-clad, ~-plated** *adjs* бронированный; обшитый сталью; **~work** *n* стальные изделия; стальная конструкция; **~works** *n* сталеплавильный завод; **~yard** *n* безмен.

steely /ˈstiːlɪ/ *adj* (**steelier, steeliest**) (*fig, unyielding*) железный, непреклонный; (*stern*) суровый.

steep[1] /stiːp/ *adj* **1** крутой; **the stairs were ~** лестница была крутая; **the ground fell ~ly away** земля круто обрывалась; (*fig*): **there has been a ~ decline in trade** в торговле произошёл резкий спад. **2** (*coll, excessive*) чрезмерный, непомерный; **we had to pay a ~ price** нам это влетело в копеечку; (*unreasonable*): **I thought his conduct a bit ~** его поведение показалось мне довольно наглым.

steep[2] /stiːp/ *vt* **1** (*soak*) мочить (*impf*); зам|ачивать, -очить; пропит|ывать, -ать. **2** (*fig, passive or refl, be immersed*) погру|жаться, -зиться (*во что*); **he ~ed himself in the study of the classics** он погрузился в изучение классиков; (*be sunk*) погр|язать, -язнуть (*в чем*); **~ed in ignorance** погрязший в невежестве.

steeple /ˈstiːp(ə)l/ *n* (*bell tower*) колокольня; (*spire*) шпиль (*m*).
● *cpds* **~chase** *n* стипль-чез; скачки (*f pl*)/бег с препятствиями; **~chaser** *n* (*person*) участни|к (*fem* -ца) бега с препятствиями; **~jack** *n* верхолаз.

steepness /ˈstiːpnɪs/ *n* крутизна.

steer[1] /stɪə(r)/ *n* (*animal*) вол.

steer[2] /stɪə(r)/ *vt* **1** (*ship, vehicle, etc.*) управлять (*impf*) + *i*. **2**: **~ a course** держать (*impf*) курс. **3** (*person, activity, etc.*) вести (*det*); напр|авлять, -авить; **he ~ed the visitors to their seats** он провёл гостей на их места; **I tried to ~ the conversation away from the subject of death** я пытался увести разговор от темы смерти; **~ing committee** руководящий комитет.
● *vi* **1** (*of steersman*) управлять/править (*impf*) рулём; (*of ship, vehicle, etc.*): **the car ~s well** эту машину легко вести.
2 (*of person*): **~ clear of** избегать (*impf*) + *g*; сторониться (*impf*) + *g*.

steerage /ˈstɪərɪdʒ/ *n* (*steering*) рулевое управление; (*part of ship*) четвёртый класс.

steering /ˈstɪərɪŋ/ *n* (*act*) управление (*чем*); (*part of machine*) рулевое управление.
● *cpds* **~ column** *n* рулевая колонка; **~ wheel** *n* (*of car*) руль (*m*); (*naut*) штурвал.

steersman /ˈstɪəzmən/ *n* рулевой.

stellar /ˈstelə(r)/ *adj* звёздный.

stem[1] /stem/ *n* **1** (*bot*) стебель (*m*); (*of shrub or tree*) ствол. **2** (*of wine glass*) ножка; (*of tobacco pipe*) черенок. **3** (*gram*) основа. **4**: **from ~ to stern** от носа до кормы.
● *vi* (**stemmed, stemming**) прои|сходить, -зойти (*от*/*из чего*).
● *cpd* **~ cell** *n* (*biol*) стволовая клетка.

stem[2] /stem/ *vt* (**stemmed, stemming**) **1** (*lit, fig, check, stop*) остан|авливать, -овить; (*fig, arrest, delay*) задерж|ивать, -ать. **2** (*make headway against*) идти (*det*) против + *g*; сопротивляться (*impf*) + *d*; **the ship was able to ~ the current** кораблю удалось преодолеть течение; **he succeeded in ~ming the tide of popular indignation** ему удалось сбить волну всеобщего возмущения.
● *cpd* **~ turn** *n* (*ski movement*) поворот на лыжах в упоре.

stench /stentʃ/ *n* вонь, смрад; зловоние.

stencil /ˈstensɪl/ *n* (*plate used to produce design*) трафарет, шаблон; (*design produced*) трафарет; узор по трафарету.
● *vt* (**stencilled, stencilling**; *US* **stenciled, stenciling**) **1**: **~ a pattern** рисовать, на- узор по трафарету; **~ letters** нан|осить, -ести буквы по трафарету. **2** (*ornament by* ~*ling*) распис|ывать, -ать при помощи трафарета (*impf*).

stenographer /steˈnɒgrəfə(r)/ *n* стенограф (*fem* -истка).

stenographic /ˌstenəˈgræfɪk/ *adj* стенографический.

stenography /steˈnɒgrəfɪ/ *n* стенография.

stentorian /ˌstenˈtɔːrɪən/ *adj* громовой, зычный.

step /step/ *n* **1** (*movement, distance, sound, manner of* ~*ping*) шаг; **take a ~ forward/back** делать, с- шаг вперёд/назад; **at every ~** на каждом шагу; **~ by ~** шаг за шагом; постепенно; **turn one's ~s towards home** напр|авлять, -авить путь домой; **it is only a short ~ to my house** до моего дома всего два шага; **within a few ~s of the hotel** в двух шагах от гостиницы; **watch your ~!** (*lit, fig*) будьте осторожны!; **I heard ~s** я слышал шаги.
2 (*fig, action*) шаг, мера; **make a false ~** делать, с- ложный/неверный шаг; оступ|аться, -иться; **take ~s towards** предприн|имать, -ять шаги к + *d*; прин|имать, -ять меры к + *d*; **my first ~ will be to cut prices** я первым делом добьюсь снижения цен; **what's the next ~?** а теперь что следует делать?
3 (*trace of foot*) след; (*fig*): **I followed in his ~s** я следовал по его стопам; **retrace one's ~s** возвра|щаться, -титься по пройденному пути.
4 (*rhythm of* ~): **keep in ~ with** (*lit*,

S

fig) идти́ (*det*) в но́гу с + *i*; **fall into ~ behind s.o.** выра́внивать, вы́ровнять шаг по кому́-н.; **fall into ~** (*fig, conform*) подчин|я́ться, -и́ться; **he is out of ~** (*lit, fig*) он идёт не в но́гу. **5** (*raised surface*) ступе́нь; **mind the ~!** осторо́жно, ступе́нька!; (*of staircase etc.*) ступе́нька; (*of ladder*) переклади́на, ступе́нька; (*of vehicle*) подно́жка; (*in ice*) усту́п; **flight of ~s** ряд ступе́ней; марш (ле́стницы); (*in front of house*) крыльцо́; **fall/run down the ~s** ск|а́тываться, -ати́ться (*or* сбе|га́ть, -жа́ть) по ступе́нькам.
6 (*in pl, Br*, **~ladder**; *also* **pair of ~s** (*Br*)) стремя́нка; складна́я ле́стница.
7 (*stage, degree*) ступе́нь, сте́пень, ста́дия; **I cannot follow the ~s of his argument** я не могу́ уследи́ть за хо́дом его́ рассужде́ния.
8 (*dance ~*) па (*nt indecl*).
● *vt* (**stepped, stepping**)
1: **~ a few yards** де́лать, с- не́сколько шаго́в.
2: **~ a mast** (*naut*) ста́вить, по- ма́чту (в степс).
● *vi* (**stepped, stepping**) шаг|а́ть, -ну́ть; ступ|а́ть, -и́ть; **~ this way, please** пройди́те сюда́, пожа́луйста!; **~ping stone** ка́мень для перехо́да (*через ручей и т. п.*); (*fig*) трампли́н; **a ~ping stone to success** ступе́нь к успе́ху; **he ~ped into his car** он сел в маши́ну; **~ into the breach** (*fig*) ри́нуться (*pf*) на по́мощь; **he ~ped off the train** он сошёл с по́езда; **someone ~ped on my foot** кто́-то наступи́л мне на́ ногу; **~ on s.o.'s toes** (*fig*) наступи́ть (*pf*) на чью-н. люби́мую мозо́ль; **~ on it!** (*coll*) жми!; пошеве́ливайся!; газу́й!; **I ~ped out of his way** я уступи́л ему́ доро́гу; **he ~ped over the threshold** он перешагну́л через поро́г.
● *with advs*: **~ aside** *vi* сторони́ться, по-; (*fig*) уступ|а́ть, -и́ть (доро́гу) друго́му; **~ back** *vi* отступ|а́ть, -и́ть; **~ down** *vt* (*elec*) пон|ижа́ть, -изить (*напряжение*); *vi*: **he ~ped down off the ladder** он спусти́лся/сошёл с ле́стницы; **he ~ped down in favour of a more experienced man** он уступи́л ме́сто бо́лее о́пытному челове́ку; **~ forward** *vi*: **the police asked for witnesses to ~ forward** поли́ция проси́ла свиде́телей заяви́ть о себе́; **~ in** *vi*: **won't you ~ in for a moment?** мо́жет, зайдёте на мину́тку?; (*intervene*) вмеш|иваться, -а́ться; (*replace s.o.*): **thanks for ~ping in** спаси́бо, что вы́ручили; **~ out** *vi* выходи́ть, вы́йти (ненадо́лго); (*walk fast*): **we had to ~ out to get there on time** нам пришло́сь приба́вить ша́гу, что́бы попа́сть туда́ во́время; **~ up** *vt* (*increase*) пов|ыша́ть, -ы́сить; уси́ли|вать, -ть; (*elec*) пов|ыша́ть, -ы́сить (*напряжение*); *vi*: **he ~ped up to the platform** он подошёл к трибу́не.
● *cpds* **~-by-~** *adj* (*gradual*) постепе́нный; (*phased*) поэта́пный; **~-ins** *n pl* шлёпанц|ы (*pl, g* -ев); **~ladder** *n* = **~** *n* **6**

step- /step/ *comb form*: **~brother** *n* сво́дный брат; **~child** *n* (*boy*) па́сынок; (*girl*) па́дчерица; **~daughter** *n* па́дчерица; **~father** *n* о́тчим; **~mother** *n* ма́чеха; **~sister** *n* сво́дная сестра́; **~son** *n* па́сынок.

steppe /step/ *n* степь; (*attr*) степно́й.

stereo /ˈsterɪəʊ, ˈstɪə-/ *n* (*pl* **~s**) (**~***phonic system*) стереосисте́ма; **personal ~** пле́ер; **in ~** сте́рео.

stereophonic /ˌsterɪəʊˈfɒnɪk, ˌstɪə-/ *adj* стереофони́ческий.

stereoscope /ˈsterɪəˌskəʊp, ˈstɪə-/ *n* стереоско́п.

stereoscopic /ˌsterɪəˈskɒpɪk, ˌstɪə-/ *adj* стереоскопи́ческий; **~ telescope** стереотруба́.

stereotype /ˈsterɪəʊˌtaɪp, ˈstɪə-/ *n* стереоти́п, шабло́н; (*attr*) стереоти́пный.
● *vt* (*fig*) прид|ава́ть, -а́ть шабло́нность + *d*; **~d phrase** шабло́нная фра́за.

stereotypical /ˌsterɪəʊˈtɪpɪk(ə)l, ˌstɪə-/ *adj* стереоти́пный.

sterile /ˈsteraɪl/ *adj* **1** (*of land*) неплодоро́дный; (*of person or animal*) беспло́дный; (*fig*) безрезульта́тный.
2 (*free from germs*) стери́льный, стерилизо́ванный.

sterility /stəˈrɪlɪtɪ/ *n* (*lit, fig, unfruitfulness*) беспло́дие; (*freedom from germs*) стери́льность.

sterilization /ˌsterɪlaɪˈzeɪʃ(ə)n/ *n* стерилиза́ция.

sterilize /ˈsterɪˌlaɪz/ *vt* стерилизова́ть (*impf, pf*).

sterilizer /ˈsterɪˌlaɪzə(r)/ *n* стерилиза́тор.

sterlet /ˈstɜːlɪt/ *n* сте́рлядь.

sterling /ˈstɜːlɪŋ/ *n* сте́рлинг; фунт сте́рлингов.
● *adj* **1** (*of coin, metal etc.*) сте́рлинговый; **pound ~** фунт сте́рлингов; **~ silver** серебро́ вы́сшей про́бы. **2** (*Br, fig, excellent, valuable*) отме́нный.

stern[1] /stɜːn/ *n* (*of ship*) корма́; (*attr*) кормово́й.

stern[2] /stɜːn/ *adj* (*strict, harsh*) стро́гий; (*severe*) суро́вый; (*inflexible*) непреклонный.

sterna /ˈstɜːnə/ *pl of* ⇒**sternum**

sternal /ˈstɜːn(ə)l/ *adj* груди́нный.

sternness /ˈstɜːnnɪs/ *n* стро́гость, суро́вость.

stern|um /ˈstɜːnəm/ *n* (*pl* **~ums** *or* **~a**) груди́на.

steroid /ˈstɪərɔɪd, ˈste-/ *n* стеро́ид.

stertorous /ˈstɜːtərəs/ *adj* хрипя́щий.

stet /stet/ *vi* (**stetted, stetting**) (*as imperative*) оста́вить (как бы́ло)!; не пра́вить!

stethoscope /ˈsteθəˌskəʊp/ *n* стетоско́п.

stevedore /ˈstiːvəˌdɔː(r)/ *n* до́кер; порто́вый гру́зчик.

stew /stjuː/ *n* **1** (*cul*) тушёное мя́со.
2 (*coll*): **get into a ~** разволнова́ться (*pf*); **be in a ~** быть в большо́м волне́нии.
● *vt* (*meat, fish, vegetables*) туши́ть, по-; **~ed mutton** тушёная бара́нина; (*fruit*) вари́ть (*impf*); **~ed fruit** компо́т; **the tea is ~ed** (*Br*) чай перестоя́лся.
● *vi* (*of meat, fish, vegetables*) туши́ться (*impf*); (*of fruit*) вари́ться (*impf*); **let him ~ in his own juice** пусть ва́рится в со́бственном соку́ (*coll*).
● *cpds* **~pan, ~pot** *nn* кастрю́ля; соте́йник.

steward /ˈstjuːəd/ *n* (*of estate, club, etc.*) управля́ющий, эконо́м, стю́ард; (*of race meeting, show, etc.*) распоряди́тель (*m*); (*on ship*) стю́ард; (*on train*) проводни́к; (*on plane*) бортпроводни́к, стю́ард.

stewardess /ˌstjuːəˈdes, ˈstjuːədɪs/ *n* (*on ship*) стюарде́сса; (*on train*) проводни́ца; (*on plane*) стюарде́сса, бортпроводни́ца.

stewardship /ˈstjuːədʃɪp/ *n* управле́ние.

stick[1] /stɪk/ *n* **1** (*for support, punishment*) па́лка; (**walking-~**) трость; (*in pl, for kindling*) хво́рост; (**hockey-~** *etc.*) клю́шка; (*baton*) дирижёрская па́лочка; (*fig*): **they left us a few ~s of furniture** они́ оста́вили нам ко́е-что́ из ме́бели; **they live in the ~s** (*sl*) они́ живу́т в захолу́стье; **get hold of the wrong end of the ~** преврáтно пон|има́ть, -я́ть что-н.; **the big ~** (*fig*) поли́тика большо́й дуби́нки; **~ and carrot policy** поли́тика кнута́ и пря́ника; **he's a dry old ~** он соверше́нный суха́рь.
2 (*~ shaped object*): **~ of chalk** мело́к; **~ of shaving soap** мы́льная па́лочка; **~ of celery/rhubarb** сте́бель (*m*) сельдере́я/ревеня́; **~ of dynamite** динами́тная ша́шка; **~ insect** па́лочник.

stick[2] /stɪk/ *vt* (*past and pp* **stuck**)
1 (*insert point of*) втыка́ть, воткну́ть; **I stuck a pin in the map** я воткну́л була́вку в ка́рту; (*thrust*): **~ one's spurs into a horse's flanks** вонз|а́ть, -и́ть шпо́ры в бока́ ло́шади.
2 (*pierce*) пронз|а́ть, -и́ть; **~ s.o. with a bayonet** пронз|а́ть, -и́ть кого́-н. штыко́м; **~ a pig** зак|а́лывать, -оло́ть свинью́.
3 (*cause to adhere*) прикле́и|вать, -ть (*что к чему*); накле́и|вать, -ть (*что на что*); **the stamp was stuck on upside down** ма́рка была́ накле́ена вверх нога́ми; (*affix*): **~ a notice on the door** ве́шать, пове́сить объявле́ние на дверь.
4 (*coll, put*): **~ that book on the shelf** су́ньте э́ту кни́гу на по́лку; **he stuck his head round the door** он просу́нул го́лову в дверь; **with his hands stuck in his pockets** (за)су́нув ру́ки в карма́ны; **~ it on the bill!** припиши́те э́то к счёту!
5 (*Br coll, endure*) терпе́ть, вы-; выноси́ть, вы́нести; **I can't ~ her nagging** я не выношу́ её ворча́ния; **I couldn't ~ it any longer** я бо́льше не мог терпе́ть.
6: **be stuck, get stuck** *see vi* **5**
7 (*coll uses of passive with preps*): **be stuck on** (*captivated by*): **he is stuck on her** он к ней присо́х; **get stuck into sth** (*Br, make serious start on*) прин|има́ться, -я́ться за что-н. всерьёз; **be stuck with sth** (*unable to get rid of*) быть не в состоя́нии отде́латься от чего́-н.

● *vi* (*past and pp* **stuck**)
1 (*be implanted*): **a dagger ~ing in his back** кинжа́л, торча́щий у него́ в спине́; **there's a nail ~ing into my heel** гвоздь впива́ется мне в пя́тку.
2 (*remain attached, adhere*) прил|ипа́ть, -и́пнуть (*к чему*); приклеи́|ваться, -ться; **this envelope won't ~** э́тот конве́рт не закле́ивается; **these pages have stuck (together)** э́ти страни́цы скле́ились; **~ing plaster** (*Br*) лейкопла́стырь (*m*), ли́пкий пла́стырь; **they couldn't make the charge ~** они́ ниче́м не смогли́ подкрепи́ть своего́ обвине́ния; **the nickname stuck** э́то про́звище прили́пло к нему́/ней.
3 (*cling, cleave*): **~ to a task** рабо́тать не покладая рук; **~ to one's guns** не сдава́ть (*impf*) пози́ций; **~ to the point** не отступа́ть (*impf*) от те́мы; **~ to one's principles** ост|ава́ться, -а́ться ве́рным свои́м при́нципам; **~ to one's word** держа́ть, с- сло́во; **the accused stuck to his story** обвиня́емый упо́рно стоя́л на своём; **~ by s.o.** подде́рж|ивать, -а́ть кого́-н.
4 (*coll, stay*): **are you going to ~ at home all day?** вы собира́етесь весь день торча́ть до́ма?
5 (*also* **be stuck, get stuck:** *become embedded, fixed, immobilized*) застр|ева́ть, -я́ть; **~ in the mud** зав|яза́ть, -я́знуть в грязи́; **the drawer ~s** я́щик застря́л; **her zipper stuck** у неё застря́ла мо́лния; **can you help with this problem? I'm stuck** помоги́те мне, пожа́луйста, с э́той зада́чей: я запу́тался вконе́ц; **one thing ~s in my mind** одно́ у меня́ засе́ло в па́мяти.
● *with advs*: **~ around** *vi* (*coll*) не уходи́ть (*impf*); **~ down** *vt* (*seal*): **have you stuck the envelope down?** вы закле́или конве́рт?; **~ on** *vt* (*affix*) приклеи́|вать, -ть; (*coll, add*): **your article is a bit short, can you ~ on another paragraph?** ва́ша статья́ коротковата — не мо́жете ли вы приба́вить ещё оди́н абза́ц?; **~ out** *vt*: **~ one's tongue out** высо́вывать, вы́сунуть язы́к; **~ one's head out** высо́вываться, вы́сунуться; **~ one's neck out** (*fig*) выска́кивать, вы́скочить; (*endure*): **how long can they ~ it out?** как до́лго они́ продержатся?; *vi* (*project*) торча́ть (*impf*); **his ears ~ out** у него́ торча́т у́ши; **a nail is ~ing out of the wall** в стене́ торчи́т гвоздь; **his intentions stuck out a mile** (*coll*) за версту́ бы́ло ви́дно, чего́ он хо́чет; (*hold out*): **~ out for higher wages** наста́ивать (*impf*) на повыше́нии зарпла́ты; **~ together** *vt* (*with glue*) склеи́|вать, -ть; *vi*: **good friends ~ together** настоя́щие друзья́ стоя́т друг за дру́га (горо́й); **~ up** (*coll*) *vt*: **our neighbours** (*Br*), **neighbors** (*US*) **stuck up a fence** на́ши сосе́ди поста́вили забо́р; **~ up a notice** ве́шать, пове́сить объявле́ние; (*raise*): **~ 'em up!** (*coll*) ру́ки вверх!; *vi* (*protrude upwards*) торча́ть (*impf*); **his hair was ~ing up** у него́ во́лосы торча́ли во все сто́роны; **~ up for** (*coll*) (*support*) подде́рж|ивать, -а́ть; (*defend*) заступ|а́ться, -и́ться за *кого*.
● *cpds* **~-in-the-mud** *n* рутинёр; ко́сный челове́к; **~ shift** *n* (*US*) рыча́г переключе́ния переда́ч; **~-up** *n* (*coll*) налёт, ограбле́ние.

sticker /ˈstɪkə(r)/ *n* (*label*) накле́йка, этике́тка; (*coll, hard worker*) работя́га (*cg*).

stickiness /ˈstɪkɪnɪs/ *n* ли́пкость, кле́йкость; (*viscosity*) вя́зкость, тягу́честь.

stickleback /ˈstɪk(ə)lˌbæk/ *n* ко́люшка (*рыба*).

stickler /ˈstɪklə(r)/ *n* побо́рник; **he's a ~ for correct grammar** в вопро́сах грамма́тики он педа́нт.

sticky /ˈstɪkɪ/ *adj* (**stickier, stickiest**)
1 кле́йкий, ли́пкий; (*viscous*) вя́зкий, тягу́чий; **come to a ~ end** (*coll*) пло́хо ко́нчить (*pf*). **2** (*of person, difficult, unamenable*) непокла́дистый; **he was ~ about giving me leave** он ника́к не хоте́л дава́ть мне о́тпуск; (*of situation*) неприя́тный, тру́дный.

stiff /stɪf/ *n* (*sl*) (*corpse*) труп.
● *adj* **1** (*not flexible or soft*) жёсткий; **~ collar** жёсткий воротничо́к.
2 (*not working smoothly*) туго́й; **~ hinges** туги́е пе́тли.
3 (*of person or parts of body*) онеме́лый, окостене́лый; **I have a ~ neck** у меня́ ше́я онеме́ла; **he has a ~ leg** у него́ нога́ пло́хо сгиба́ется; **I feel ~** я не могу́ ни согну́ться, ни разогну́ться; **I was ~ with cold** я соверше́нно окочене́л; **keep a ~ upper lip** (*fig*) сохран|я́ть, -и́ть твёрдость.
4 (*forceful*) си́льный; **the garrison put up a ~ resistance** гарнизо́н отча́янно сопротивля́лся; **a ~ breeze** кре́пкий ве́тер; **a ~ drink** хоро́ший глото́к спиртно́го.
5 (*hard to stir or mould*) густо́й.
6 (*difficult*) тру́дный, тяжёлый; **a ~ examination** тру́дный экза́мен; **a ~ climb** тру́дный/тяжёлый подъём; (*severe*) суро́вый; **a ~ price** непоме́рно высо́кая цена́; **he got a ~ sentence** ему́ вы́несли суро́вый пригово́р.
7 (*formal, constrained*) натя́нутый, чо́порный.
8 (*pred, coll*): **he was scared ~** он перепуга́лся до́ смерти; **I was bored ~** я чуть не у́мер со ску́ки.

stiffen /ˈstɪf(ə)n/ *vt* **1** (*make rigid*) прид|ава́ть, -а́ть жёсткость + *d*; **collars ~ed with starch** накрахма́ленные воротнички́.
2 (*make resolute*) прид|ава́ть, -а́ть твёрдость + *d*. **3** (*strengthen*) укреп|ля́ть, -и́ть.
● *vi* (*become rigid*) де́латься, с- жёстким; (*of body*) кочене́ть, о-, костене́ть, о-; (*become stronger*) кре́пнуть, о-; де́латься, с- кре́пче; **the breeze ~ed** ве́тер крепча́л; **opposition is ~ing** сопротивле́ние кре́пнет.

stiffener /ˈstɪf(ə)nə(r)/ *n* (*stiff lining*) жёсткая подкла́дка; (*drink*) глото́к спиртно́го.

stiffness /ˈstɪfnɪs/ *n* (*of material*) жёсткость; (*of limbs*) одеревене́лость; (*of character*) чо́порность, принуждённость.

stifl|e /ˈstaɪf(ə)l/ *vt* **1** (*smother, suffocate*) души́ть, за-; **it is ~ing in here** здесь ду́шно; **~ing heat** удуша́ющая жара́.
2 (*e.g. rebellion, feelings, hopes, sobs*) подав|ля́ть, -и́ть; **~e flames** туши́ть, за- ого́нь; **~e one's laughter** подав|ля́ть, -и́ть смех.

stig|ma /ˈstɪgmə/ *n* (*pl* **~mas** *or esp in sense 2* **~mata** /-mətə, -ˈmɑːtə/)
1 (*imputation, stain*) позо́р, пятно́; **he will bear the ~ of the trial all his life** э́тот проце́сс опозо́рит его́ навсегда́ (*or* на всю жизнь); **he bore the ~ of illegitimacy** он нёс на себе́ клеймо́ незаконнорождённого. **2** (*relig, med*) сти́гма, стигма́т. **3** (*bot*) ры́льце.

stigmatization /ˌstɪgmətaɪˈzeɪʃ(ə)n/ *n* клейме́ние.

stigmatize /ˈstɪgməˌtaɪz/ *vt* клейми́ть, за-.

stile /staɪl/ *n* (*steps*) перела́з (*ступеньки у забора, стены*).

stiletto /stɪˈletəʊ/ *n* (*pl* **~s**) (*dagger*) стиле́т; **~ heels** шпи́льки (*f pl*); гво́здики (*m pl*).

still[1] /stɪl/ *n* (*for distilling*) перего́нный куб; виноку́ренная устано́вка.

still[2] /stɪl/ *n* **1** (*literary*): **in the ~ of night** в ночно́й тиши́.
2 (*cin*) (рекла́мный) кадр.
● *adj* **1** (*quiet, hushed, calm*) ти́хий, безмо́лвный; **a ~ evening** ти́хий/безве́тренный ве́чер; **become ~** ум|олка́ть, -о́лкнуть.
2 (*motionless*) неподви́жный; **sit/stand ~** сиде́ть/стоя́ть (*impf*) споко́йно; **keep ~!** не шевели́тесь!; споко́йно!; **~ life** (*art*) натюрмо́рт.
3 (*of wine*) неигри́стый.
4 (*of water*) гла́дкий, споко́йный.
● *adv* **1** (*even now, then; as formerly*) (всё) ещё; до сих пор; по-пре́жнему; **he ~ doesn't understand** он до сих пор не понима́ет.
2 (*nevertheless*) тем не ме́нее, всё-таки, всё равно́.
3 (*with comp: even, yet*) ещё.
● *vt* (*calm*) успок|а́ивать, -о́ить.
● *cpds* **~birth** *n* рожде́ние мёртвого плода́; **~born** *adj* мертворождённый.

stillness /ˈstɪlnɪs/ *n* тишина́.

stilt /stɪlt/ *n* **1** ходу́ля; **walk on ~s** ходи́ть (*indet*) на ходу́лях.
2 (*supporting building*) сва́я.

stilted /ˈstɪltɪd/ *adj* (*of style etc.*) высокопа́рный.

stimulant /ˈstɪmjʊlənt/ *n* побуди́тель (*m*), сти́мул; (*med*) стимуля́тор, стимули́рующее сре́дство.
● *adj* возбужда́ющий, стимули́рующий.

stimulat|e /ˈstɪmjʊˌleɪt/ *vt* **1** (*rouse, incite*) побу|жда́ть, -ди́ть (**s.o. to do sth:** *кого + inf or кого* к + *d*); стимули́ровать (*impf, pf*). **2** (*rouse, incite*) побу|жда́ть, -ди́ть (*кого + inf or к чему*); стимули́ровать (*impf, pf*).
3 (*excite, arouse*) возбу|жда́ть, -ди́ть; **the story ~ed my curiosity** расска́з возбуди́л моё любопы́тство; **his interest was ~ed** у него́ возни́к интере́с; **light ~es the optic nerve** свет раздража́ет зри́тельный нерв.
4 (*increase*): **this ~es the action of the heart** э́то стимули́рует серде́чную

S

де́ятельность; **in order to ~e production** в це́лях стимули́рования произво́дства.

stimulation /ˌstɪmjʊˈleɪʃ(ə)n/ *n* (*urging*) побужде́ние, поощре́ние; (*excitement*) возбужде́ние.

stimu|lus /ˈstɪmjʊləs/ *n* (*pl* **~li** /-ˌlaɪ, -ˌliː/) (*spur, incentive*) сти́мул, толчо́к, побужде́ние; (*motive force*) дви́жущая си́ла; (*of organ, tissue*) раздражи́тель (*m*).

sting /stɪŋ/ *n* **1** (*of insect etc.*) жа́ло; **a ~ in the tail** (*fig*) неприя́тность/пробле́ма, кото́рая выявля́ется (*or* стано́вится очеви́дной) (то́лько) в са́мый после́дний моме́нт.
2 (*of plant*) жгу́чий воло́со́к; (*of nettle*) ожо́г.
3 (*by insect*) уку́с; **I got a ~ on my leg** меня́ что́-то ужа́лило/укуси́ло в но́гу; **his face is covered with ~s** у него́ всё лицо́ иску́сано.
4 (*~ing pain*) о́страя/жгу́чая боль.
● *vt* (*past and pp* **stung**)
1 (*of insect etc.*) жа́лить, у-; куса́ть, укуси́ть; **he was stung by a bee** его́ ужа́лила пчела́; (*of plant*) обж|ига́ть, -е́чь; жечь (*impf*); **the nettles stung his feet** крапи́ва жгла ему́ но́ги; **~ing nettle** (жгу́чая) крапи́ва.
2 (*of pain, smoke, etc.*) обж|ига́ть, -е́чь; **our faces were stung by the hail** град стега́л нам лицо́; **a ~ing slap on the face** жесто́кая пощёчина.
3 (*pain mentally*) терза́ть (*impf*); уязв|ля́ть, -и́ть; **the reproaches stung him** упрёки уязви́ли его́; **he was stung by remorse** его́ терза́ло раска́яние; **~ing words** язви́тельные слова́.
4 (*coll, overcharge, swindle*) облапо́шить/нагре́ть (*both pf, coll*).
● *vi* (*past and pp* **stung**)
1 (*of insect etc.*) жа́литься (*impf*); куса́ться (*impf*); (*of plant*) жё́чься (*impf*).
2 (*feel pain or irritation*) жечь (*impf*); **the blow made his hand ~** ему́ жгло ру́ку от уда́ра; **the smoke made my eyes ~** дым ел мне глаза́.
● *cpd* **~ray** (*also* **stingaree**) *n* скат.

stingless /stɪŋlɪs/ *adj* не име́ющий жа́ла; без жа́ла.

stingy /ˈstɪndʒɪ/ *adj* (**stingier, stingiest**) **1** (*of person*) скупо́й; (*coll*) скаре́дный. **2** (*meagre*) ску́дный.

stink /stɪŋk/ *n* **1** вонь, злово́ние.
2 (*coll*): **raise (***or* **kick up) a ~ about sth** подн|има́ть, -я́ть шум (*or* устр|а́ивать, -о́ить сканда́л) по како́му-н. по́воду.
● *vt* (*past* **stank** *or* **stunk;** *pp* **stunk**): **~ out** выку́ривать, вы́курить.
● *vi* (*past* **stank** *or* **stunk;** *pp* **stunk**) воня́ть (*impf*); смерде́ть (*impf*); **the room ~s of onions** в комна́те воня́ет лу́ком; **a ~ing cellar** воню́чий подва́л.

stinker /ˈstɪŋkə(r)/ *n* (*coll*) **1** (*person*) мерза́вец, га́дина. **2** (*Br, difficult task*) тру́дная зада́ча. **3** (*Br, severe letter*) суро́вое письмо́, о́тповедь.

stint /stɪnt/ *n* **1** (*literary, restriction*): **without ~** без преде́ла/ограниче́ний; неограни́ченно. **2** (*fixed amount of work*) уро́к; **do one's daily ~** выполня́ть, вы́полнить дневно́й уро́к.
● *vt* ограни́чи|вать, -ть (*кого в чем*); скупи́ться, по- на + *a*; **he did not ~ on his praise** он не скупи́лся на похвалы́; **he ~s himself for his children** он отка́зывает себе́ ра́ди дете́й.

stipend /ˈstaɪpend/ *n* (*of clergyman*) жа́лованье; (*of student*) стипе́ндия.

stipendiary /staɪˈpendjərɪ, stɪ-/ *n* стипендиа́т; (*magistrate*) пла́тный магистра́т (*в отличие от мирового судьи*).
● *adj* получа́ющий жа́лованье/стипе́ндию.

stipple /ˈstɪp(ə)l/ *n* (*method of shading*) то́чечный пункти́р.
● *vt* гравирова́ть, вы́-/на- в пункти́рной мане́ре; изобра|жа́ть, -зи́ть пункти́ром.

stipulate /ˈstɪpjʊˌleɪt/ *vt* (*demand*) обусло́в|ливать, -ить; (*agree on, fix*) огов|а́ривать, -ори́ть; **at the ~d time** в оговорённое/усло́вленное вре́мя.

stipulation /ˌstɪpjʊˈleɪʃ(ə)n/ *n* (*stipulating*) обусло́вливание; (*condition*) усло́вие.

stir /stɜː(r)/ *n* **1** (*act of ~ring*) поме́шивание; **give one's tea a ~** помеша́ть (*pf*) чай.
2 (*commotion; movement*) волне́ние, движе́ние; **there was a ~ in the crowd** толпа́ заволнова́лась.
3 (*sensation*) шум, сенса́ция; **the news caused a ~** э́то изве́стие натде́лало мно́го шу́ма.
● *vt* (**stirred, stirring**)
1 (*cause to move*): **the wind ~s the trees** ве́тер колы́шет дере́вья; **~ the fire** шурова́ть, по- у́голь в ками́не; **~ your stumps!** (*Br coll*) пошеве́ливайся!; **~ one's tea** разме́ш|ивать, -а́ть чай; **~ the soup** меша́ть, по- суп.
2 (*arouse, affect, agitate*) возбу|жда́ть, -ди́ть; пробу|жда́ть, -ди́ть; волнова́ть, вз-; **her plea ~red him to pity** её мольба́ пробуди́ла в нём жа́лость; **he made a ~ring speech** он вы́ступил с волну́ющей ре́чью.
● *vi* (**stirred, stirring**) шевели́ться, за-; шелохну́ться (*pf*); **something ~red in the undergrowth** что-то (за)шевели́лось в куста́х; **the wind ~red in the trees** ве́тер шелесте́л в дере́вьях; **the cat lay without ~ring** ко́шка лежа́ла, не шелохну́вшись.
● *with adv*: **~ up** *vt* (*mix*) разм|е́шивать, -еша́ть; сме́ш|ивать, -а́ть; (*arouse*): **~ up an interest in sth** пробу|жда́ть, -ди́ть интере́с к чему́-н.; **~ up rebellion** се́ять (*impf*) сму́ту.

stirrup /ˈstɪrəp/ *n* стре́мя (*nt*).
● *cpds* **~ cup** *n* проща́льный ку́бок, посошо́к (*coll*); **~ leather** *n* пу́тлище; **~ pump** *n* ручно́й огнетуши́тель.

stitch /stɪtʃ/ *n* **1** (*method of knitting*) вя́зка; (*method of sewing*) стё́жка; **she learnt a new ~** она́ осво́ила но́вую вя́зку/стё́жку. **2** (*single pass of needle*) стежо́к, петля́; **drop a ~** спус|ка́ть, -ти́ть петлю́; **a ~ in time** своевре́менная ме́ра. **3** (*med*) шов; **put ~es in a wound** на|кла́дывать, -ложи́ть швы на ра́ну. **4** (*pain in side*) ко́лик|и (*pl, g* —) в боку́; **he had us in ~es** (*coll*) он нас чуть не умори́л со́ смеху.
● *vt* (*sew together*) сши|ва́ть, -ть; (*esp med*) заш|ива́ть, -и́ть; (*bookbinding*) брошюрова́ть, с-.
● *with advs*: **~ on** *vt* приш|ива́ть, -и́ть; **~ up** *vt* (*a garment*) сши|ва́ть, -ть; (*a wound*) заш|ива́ть, -и́ть.

stoat /stəʊt/ *n* горноста́й (в ле́тнем меху́).

stock /stɒk/ *n* **1** (*tree trunk*) ствол; (*stump*) пень (*m*).
2 (*handle, base etc.*): **~ of a rifle** руже́йная ло́жа.
3 (*lineage*) семья́, род, происхожде́ние; **he comes of good ~** он из хоро́шей семьи́.
4 (*resources, store, supply*) запа́с, инвента́рь (*m*); **in ~** в ассортиме́нте; **have sth in ~** име́ть что-н. в нали́чии; **take ~** (*lit*) инвентаризова́ть (*impf, pf*); **take ~ of** (*fig, appraise*) крити́чески оце́н|ивать, -и́ть.
5 (*of farm*): **(live) ~** скот, поголо́вье скота́.
6 (*raw material*) сырьё; **paper ~** бума́жное сырьё.
7 (*cul*) (кре́пкий) бульо́н.
8 (*comm*) а́кции (*f pl*); фо́нды (*m pl*); **S~ Exchange** фо́ндовая би́ржа; (*fig, reputation*): **his ~ stood high, then fell to nothing** одно́ вре́мя он высоко́ коти́ровался, но пото́м по́лностью растеря́л завоё́ванный авторите́т.
9 (*in pl, for confining offenders*) коло́дки (*f pl*).
10 (*in pl, for supporting ship*) ста́пель (*m*); **be on the ~s** стоя́ть (*impf*) на ста́пел|е/-я́х; (*fig*) быть (*impf*) в рабо́те.
11 (*bot*) левко́й.
● *adj* **1** (*kept in ~, available*) име́ющийся в нали́чии.
2 (*regularly used, hackneyed*) обы́чный, шабло́нный.
● *vt* **1** (*equip, furnish with ~*) снаб|жа́ть, -ди́ть (*что чем*); обору́довать (*impf, pf*); **the garden was well ~ed with vegetables** в огоро́де бы́ло поса́жено мно́го овоще́й.
2 (*keep in ~*) держа́ть (*impf*); име́ть (*impf*) в нали́чии.
● *vi*: **~ up: we ~ed up with fuel for the winter** мы запасли́сь то́пливом на́ зиму.
● *cpds* **~ book** *n* кни́га (складско́го) учё́та (това́ров/запа́сов); инвента́рная кни́га; **~breeder** *n* животново́д, скотово́д; **~broker** *n* биржево́й ма́клер; **~broking** *n* биржевы́е опера́ции (*f pl*); **~ car** *n* го́ночный автомоби́ль, переде́ланный из сери́йного; **~ car racing** го́нки (*f pl*) на сери́йных автомоби́лях; **~ cube** *n* бульо́нный ку́бик; **~fish** *n* вя́леная треска́; **~holder** *n* акционе́р; **~-in-trade** *n* запа́с това́ров; **promises are the politician's ~-in-trade** обеща́ния — непреме́нный атрибу́т (в арсена́ле) поли́тика; **~jobber** *n* биржево́й ма́клер; спекуля́нт; **~list** *n* (*Br*) спи́сок това́ров в ассортиме́нте; **~man** *n*

S

скотово́д; (*US, owner*) скотопромы́шленник; **~market** *n* фо́ндовая би́ржа; **~pile** *n* материа́льный резе́рв, запа́с; *vt* запас|а́ть, -ти́ + *a or g*; **~-raising** *n* животново́дство, скотово́дство; **~-still** *adv* неподви́жно; **~taking** *n* инвентариза́ция; **closed for ~taking** закры́то на переучёт; (*fig*) обзо́р, оце́нка, крити́ческий ана́лиз; **~yard** *n* скотопрого́нный двор.

stockade /stɒˈkeɪd/ *n* частоко́л.

Stockholm /ˈstɒkhəʊm/ *n* Стокго́льм.

stockinet(te) /ˌstɒkɪˈnet/ *n* трикота́ж; (*attr*) трикота́жный.

stocking /ˈstɒkɪŋ/ *n* чуло́к (*also of horse*); **in one's ~(ed) feet** в одни́х чулка́х/носка́х; без о́буви.

stockist /ˈstɒkɪst/ *n* (*Br*) ро́зничный продаве́ц (*определённых товаров*).

stocky /ˈstɒkɪ/ *adj* (**stockier, stockiest**) корена́стый, призе́мистый.

stodge /stɒdʒ/ (*Br coll*) *n* (*heavy food*) тяжёлая/сы́тная еда́.

stodginess /ˈstɒdʒɪnɪs/ *n* (*fig*) тяжелове́сность, ну́дность.

stodgy /ˈstɒdʒɪ/ *adj* (**stodgier, stodgiest**) (*Br, of food*) тяжёлый; (*coll*) (*of person*) ну́дный; (*of style*) тяжелове́сный.

stoic /ˈstəʊɪk/ *n* (*of either sex*) сто́ик.

● *adj* стои́ческий.

stoical /ˈstəʊɪk(ə)l/ *adj* стои́ческий.

stoicism /ˈstəʊɪˌsɪz(ə)m/ *n* стоици́зм.

stoke /stəʊk/ *vt* (*also* **~ up**) шурова́ть (*impf*); (*put more fuel on*) загру|жа́ть, -зи́ть (*топку*).

● *vi* **1** (*act as ~r*) топи́ть (*impf*). **2**: **~ up** подде́рж|ивать, -а́ть ого́нь; шурова́ть (*impf*); (*coll, eat heavily*) наж|ира́ться, -ра́ться.

● *cpds* **~hold** *n* кочега́рка; **~hole** *n* отве́рстие то́пки.

stoker /ˈstəʊkə(r)/ *n* кочега́р, истопни́к.

stole¹ /stəʊl/ *n* паланти́н.

stole² /stəʊl/ *past of* ⇒**steal**

stolen /ˈstəʊlən/ *pp of* ⇒**steal**

stolid /ˈstɒlɪd/ *adj* (*impassive*) бесстра́стный; (*dull*) тупо́й; (*phlegmatic*) флегмати́чный; (*sluggish*) вя́лый.

stolidity /stɒˈlɪdɪtɪ/ *n* бесстра́стность, бесстра́стие; ту́пость; флегмати́чность; вя́лость.

stomach /ˈstʌmək/ *n* **1** (*internal organ*) желу́док; **a pain in the ~** боль в желу́дке; **he had a ~ upset** у него́ бы́ло расстро́йство желу́дка; **on a full ~** на по́лный желу́док; **on an empty ~** натоща́к; на пусто́й желу́док; **a strong ~** хоро́шее пищеваре́ние; **you need a strong ~ to read this report** нужны́ желе́зные не́рвы, что́бы чита́ть э́тот отчёт; **it turns my ~** меня́ тошни́т от э́того.

2 (*external part of body*; *belly*) живо́т, брю́хо; **someone kicked me in the ~** кто́-то пнул меня́ в живо́т; **he is getting a large ~** у него́ живо́т растёт.

3 (*appetite*): **I have no ~ for rich food** я не переношу́ жи́рного.

4 (*fig, desire*) жела́ние, охо́та; (*spirit, courage*) дух, хра́брость; **he has no ~ for fighting** у него́ не хвата́ет сме́лости дра́ться.

● *vt* **1** (*digest*) перева́р|ивать, -и́ть.

2 (*fig, tolerate*): **~ an insult** прогл|а́тывать, -оти́ть оби́ду; **I can't ~ him** я его́ не переношу́; я его́ терпе́ть не могу́.

● *cpds* **~ ache** *n* ко́лик|и (*pl, g —*) в животе́; **~ pump, ~ tube** *nn* желу́дочный зонд.

stomp /stɒmp/ *vi* (*coll, tread heavily*) то́пать, про-.

stone /stəʊn/ *n* (*sense 6*: *pl* **~**) **1** ка́мень (*m*); **meteoric ~** ка́менный метеори́т, аэроли́т; **throw ~s** броса́ться (*impf*) камня́ми; **throw a ~ at s.o.** бр|оса́ть, -о́сить ка́мнем в кого́-н.; **I have a ~ in my shoe** у меня́ в боти́нке ка́мешек; **leave no ~ unturned** (*fig*) испо́льзовать (*impf, pf*) все возмо́жные сре́дства; **his house is within a ~'s throw of here** до его́ до́ма отсю́да руко́й пода́ть.

2 (*gem*): **precious ~** драгоце́нный ка́мень.

3 (*rock, material*): **built of local ~** постро́енный из ме́стного ка́мня; **Portland ~** портла́ндский ка́мень, портла́ндская поро́да; **he has a heart of ~** у него́ ка́менное се́рдце; **S~ Age** ка́менный век; **S~ Age man** челове́к ка́менного ве́ка; **~ circle** кро́млех.

4 (*of plum etc.*) ко́сточка.

5 (*med*) ка́мень (*m*).

6 (*Br, weight*) сто́ун (≈ *6,35 кг*).

● *adj* ка́менный.

● *vt* **1** (*pelt with ~s*) поб|ива́ть, -и́ть камня́ми.

2 (*line, face with ~*) облиц|о́вывать, -ева́ть ка́мнем; (*pave*) мости́ть, вы́- ка́мнем.

3 (*remove ~s from*): **~ cherries** оч|ища́ть, -и́стить ви́шни от ко́сточек.

4: **~d** (*drunk*) пья́ный вдре́безги (*coll*); (*with drugs*) обдо́лбанный (*sl*); **get ~d** лови́ть, пойма́ть кайф (*sl*).

● *cpds* **~chat** *n* черноголо́вый чека́н; **~ cold** *adj* холо́дный как лёд; **~ dead** *adj* мёртвый; **~ deaf** *adj* соверше́нно глухо́й; **~ fruit** *n* костя́нка, ко́сточковый плод; **~ground** *adj* размо́лотый жернова́ми; **~mason** *n* ка́менщик; **~wall** *vi* (*fig, refuse to be drawn*) отма́лчиваться, отмолча́ться; **~ware** *n* гонча́рные/керами́ческие изде́лия; **~work** *n* (*masonry*) ка́менная кла́дка.

stony /ˈstəʊnɪ/ *adj* (**stonier, stoniest**) камени́стый; (*fig, unfeeling*) ка́менный.

● *cpds* **~ broke** *adj* (*Br coll*): **I am ~ broke** у меня́ нет ни гроша́; **~-hearted** *adj* жестокосе́рдный.

stood /stʊd/ *past and pp of* ⇒**stand**

stooge /stu:dʒ/ (*sl*) *n* (*comedian's foil*) партнёр ко́мика; (*deputy of low standing*) подставно́е лицо́.

stook /stu:k, stʊk/ *n* (*Br*) копна́ (се́на).

stool /stu:l/ *n* **1** (*seat*) табуре́т(ка); **fall between two ~s** (*Br*) ока́зываться, оказа́ться ме́жду двух сту́льев.

2 (**foot~**) скаме́ечка (для ног).

3 (*faeces*) стул.

● *cpd* **~ pigeon** *n* стука́ч (*fem* -ка) (*coll*).

stoop /stu:p/ *n* суту́лость; **he walks with a ~** он суту́лится при ходьбе́.

● *vt*: **~ one's shoulders** суту́лить (*impf*) пле́чи.

● *vi* **1** (*of posture*) суту́литься, с-; **walk with a ~ing gait** суту́литься (*impf*) при ходьбе́; (*bend down*) наг|иба́ться, -ну́ться; сгиба́ться, согну́ться.

2 (*condescend*) сни|сходи́ть, -зойти́; (*lower o.s.*) ун|ижа́ться, -и́зиться; **he never ~ed to lying** он никогда́ не унижа́лся до лжи.

stop /stɒp/ *n* **1** (*halt, stopping place*) остано́вка; **come to a ~** остан|а́вливаться, -ови́ться; **put a ~ to** положи́ть (*pf*) коне́ц + *d*; **bus ~** авто́бусная остано́вка.

2 (*stay*) остано́вка, (кра́ткое) пребыва́ние; **we made a short ~ in Paris** мы останови́лись ненадо́лго в Пари́же.

3 (*Br archaic, punctuation mark*) знак препина́ния; **full ~** то́чка; (*in telegram*) то́чка (*abbr* тчк); (*fig*): **come to a full ~** при|ходи́ть, -йти́ к концу́.

4 (*mus, on string*) лад; (*of organ*) реги́стр; **pull out all the ~s** (*fig*) наж|има́ть, -а́ть на все кно́пки.

5 (*phot*) диафра́гма.

● *vt* (**stopped, stopping**)

1 (*also* **~ up:** *close, plug, seal*) закр|ыва́ть, -ы́ть; зат|ыка́ть, -кну́ть; заде́л|ывать, -ать; **he ~ped his ears when I spoke** он заткну́л у́ши, когда́ я говори́л; **the dentist ~ped three of my teeth** (*Br*) зубно́й врач запломбирова́л мне три зу́ба; **~ a gap** (*fig*) зап|олня́ть, -о́лнить пробе́л.

2 (*arrest motion of*) остан|а́вливать, -ови́ть; **he ~ped the car** он останови́л маши́ну; **he ~ped the engine** (*intentionally*) он вы́ключил/заглуши́л мото́р; (*inadvertently*) у него́ загло́х мото́р; **the thief was ~ped by a policeman** вор был заде́ржан полице́йским; **~ thief!** держи́ во́ра!; **he ~ped the blow with his arm** он отрази́л уда́р руко́й.

3 (*arrest progress of*; *bring to an end*) остан|а́вливать, -ови́ть; заде́рж|ивать, -а́ть; прекра|ща́ть, -ти́ть; **the frost ~ped the growth of the plants** моро́з останови́л рост расте́ний; **the bank ~ped payment** банк прекрати́л платежи́; **rain ~ped play** дождь сорва́л игру́; **it ought to be ~ped** э́то на́до прекрати́ть; э́тому на́до положи́ть коне́ц; (*suspend*) приостан|а́вливать, -ови́ть; **I ~ped the cheque** (*Br*), **check** (*US*) я приостанови́л платёж по э́тому че́ку; **production was ~ped for a day** произво́дство бы́ло остано́влено на оди́н день; (*cancel*) отмен|я́ть, -и́ть; **all leave has been ~ped** все отпуска́ отменены́; (*cut off, disallow*, **~** *provision of*): **they ~ped £20 out of his wages** у него́ удержа́ли 20 фу́нтов из зарпла́ты; **my father ~ped my allowance** оте́ц переста́л выделя́ть мне де́ньги.

4 (*prevent, hinder*): **~ s.o. from**

S

удерж|ивать, -ать кого-н. от + *g*; не да|вать, -ть *кому* + *inf*; **I tried to ~ him (from) telling her** я пытался помешать ему сказать ей; **what's ~ ping you?** что вас останавливает?, за чем (же) дело стало?; **what is to ~ me going?** что мне помешает пойти?
5 (*interrupt*) остан|авливать, -овить; прер|ывать, -вать; **once he gets talking no one can ~ him** когда он разговорится, его невозможно остановить.
6 (*with gerund*: *discontinue, leave off*) перест|авать, -ать + *inf*; прекра|щать, -тить + *n obj*; **~ teasing the cat!** перестаньте дразнить кошку!; **~ telling me what to do!** хватит учить меня жить!; **they ~ped talking when I came in** когда я вошёл, они умолкли.
7 (*mus*): **~ a string** заж|имать, -ать струну.
● *vi* (**stopped, stopping**)
1 (*come to a halt*) остан|авливаться, -овиться; **he ~ped short, dead** он остановился как вкопанный; **a ~ping train** поезд, идущий с остановками; **~!** стойте!; **~ a minute!** погодите минуту!; **the clock has ~ped** часы стоят/остановились.
2 (*in speaking*) зам|олкать, -олкнуть; замолчать (*pf*); **he ~ped talking** он замолчал; **he ~ped to light his pipe** он замолк, чтобы раскурить трубку.
3 (*cease activity*) перест|авать, -ать; кончать, кончить; **he ~ped reading** он перестал читать; **he ~ped smoking** он бросил курить; **~ that!** перестань!; брось!
4 (*come to an end*) прекра|щаться, -титься; кончаться, кончиться; перест|авать, -ать; **the rain ~ped** дождь кончился/перестал; **the road ~ped suddenly** неожиданно дорога кончилась.
5 (*stay*): **~ at a hotel** (*Br*) остан|авливаться, -овиться в гостинице; **~ at home** ост|аваться, -аться дома; **don't ~ out too long** (*Br*) не задерживайтесь надолго.
● *with advs*: **~ by** *vi* за|ходить, -йти; (*in a vehicle*) за|езжать, -ехать; **~ off, ~ over** *vvi* остан|авливаться, -овиться; **~ up** *vt* = **~** *vt* **1**; *vi*: **we ~ped up late to welcome him** (*Br*) мы не ложились спать допоздна, чтобы встретить его.
● *cpds* **~cock** *n* запорный кран; **~gap** *n* (*person*) временная замена; (*thing*) затычка; временная мера; **it will serve as a ~gap** на время пойдёт и это; **~-go** *adj*: **~-go policy** (*Br*) авральная политика; **~ lamp** (*Br*), **~ light** *nn* (*on vehicle*) стоп-сигнал; **~ light** (*Br, of traffic lights*) красный свет; **~-off, ~over** *nn* остановка (в пути); **~ press** *n* (*Br*) «в последнюю минуту»; экстренное сообщение (*в газете*); **~ valve** *n* запорный вентиль; стопорный клапан; **~watch** *n* секундомер; **~word** (*comput*) стоп-слово; часто встречающееся слово, не включаемое в поисковый индекс (*например, артикль, союз, местоимение и т. п.*).

stoppage /ˈstɒpɪdʒ/ *n* **1** (*of work etc.*) прекращение, остановка, забастовка; (*interruption*) перебой; **~ of pay** прекращение зарплаты; **~ of leave** отмена отпусков. **2** (*obstruction*) засорение, закупорка.

stopper /ˈstɒpə(r)/ *n* (*of bottle etc.*) пробка.
● *vt* (*also* **~ up:** *cork*) закупори|вать, -ть; зат|ыкать, -кнуть.

storage /ˈstɔːrɪdʒ/ *n* (*storing*) хранение; (*in warehouse*) складирование; (*method*): **in cold ~** в холодильнике; **put into cold ~** (*fig*) от|кладывать, -ложить в долгий ящик (*or* под сукно); (*space*): **put sth in(to) ~** сда|вать, -ть что-н. на хранение; **take sth out of ~** брать, взять что-н. со склада.
● *cpds* **~ battery** *n* аккумуляторная батарея; **~ heater** *n* (*Br*) электрообогреватель, аккумулирующий тепло; **~ tank** *n* запасной резервуар/бак.

store /stɔː(r)/ *n* **1** (*stock, reserve*) запас, резерв, припасы (*m pl*); **~ of food** съестные припасы, запас провизии; **a great ~ of information** огромный запас сведений; **he has a surprise in ~ for you** у него для вас припасён сюрприз.
2 (*in pl, supplies*) припасы (*m pl*), резервы (*m pl*).
3 (*warehouse*) склад, хранилище; **put furniture in ~** сда|вать, -ть мебель на хранение.
4 (*US, shop*) магазин, лавка; **department ~** универмаг; **general ~(s)** магазин смешанных товаров.
5 (*value, significance*) значение; **set ~ by** прид|авать, -ать значение + *d*.
● *vt* **1** (*furnish, stock*) снаб|жать, -дить (*что чем*); **his mind is ~d with knowledge** у него большой запас знаний.
2 (**~** *up, set aside*) запас|ать, -ти; нак|апливать, -опить.
3 (*deposit in* **~**) сда|вать, -ть на хранение.
4 (*hold*) вме|щать, -стить.
● *cpds* **~house** *n* склад; хранилище; кладовая; **~keeper** *n* (*person responsible for* **~***d goods*) кладовщи|к (*fem* -ца); (*shopkeeper*) лавочни|к (*fem* -ца); **~room** *n* кладовая.

storey /ˈstɔːrɪ/ *n* (*US* **story**) этаж; **a house of 5 ~s** пятиэтажный дом; **top ~** верхний этаж.

stork /stɔːk/ *n* аист.

storm /stɔːm/ *n* **1** буря; (*thunder* **~**) гроза; (*snow* **~**) метель, вьюга, буран; **~ in a teacup** (*Br, fig*) буря в стакане воды.
2 (*naut*) (жестокий) шторм.
3 (*upheaval*): **the ~ of revolution** революционный вихрь; **~ and stress** (*hist*) «Буря и натиск».
4 (*fig, hail, shower, volley*) град, ливень (*m*); **a ~ of arrows** град стрел; (*of emotion etc.*): **~ of applause** буря аплодисментов; **~ of abuse** град оскорблений.
5 (*assault*) штурм; **take a town by ~** брать, взять город штурмом.
● *vt* (*mil*) штурмовать (*impf*); брать, взять штурмом/приступом.
● *vi* (*of wind etc.*) свирепствовать (*impf*); бушевать (*impf*); (*fig, rage*) бушевать (*impf*); **~ at s.o.** кричать, на- на кого-н.; **he ~ed out of the room** он в гневе выбежал из комнаты.
● *cpds* **~-beaten, ~-tossed** *adjs* потрёпанный бурей; **~ centre** (*US* **-center**) *n* центр циклона; (*fig, centre, focus of disturbance*) очаг волнений/беспорядков; **~ cloud** *n* грозовая туча; (*fig*) тучи (*f pl*) над головой; **~ cone** *n* штормовой сигнальный конус; **~ lantern** *n* (*Br*) фонарь (*m*) «молния»; **~proof** *adj* буреустойчивый; **~ sail** *n* штормовой парус; **~-tossed** *adj* = **~-beaten**; **~ trooper** *n* штурмовик; **~ troops** *n* штурмовые войска; **~ window** *n* (*US*) зимняя рама.

stormy /ˈstɔːmɪ/ *adj* (**stormier, stormiest**) бурный (*also fig*); **~ wind** штормовой ветер; **~ weather** (*at sea*) штормовая погода; **a ~ sky** грозовое небо; **~ petrel** буревестник.

story[1] /ˈstɔːrɪ/ *n* **1** (*tale, account, history*) рассказ, история; (*fairy tale*) сказка; **tell a ~** рассказ|ывать, -ать историю; **short ~** рассказ, новелла; **long short ~** повесть; **funny ~** анекдот; **a funny ~** забавная история; **they all tell the same ~** они все говорят одно и то же; **it's a long ~** это долгая песня (*coll*); это длинная история; **to cut a long ~ short** короче говоря; **that's quite another ~** это совсем другое дело; **it's the old, old ~** это вечная история; **the ~ goes** говорят.
2 (*newspaper report*) отчёт, статья.
3 (*plot*) фабула, сюжет.
4 (*coll, untruth*) выдумка, история, ложь; **tell a ~** врать, на-.
● *cpds* **~book** *n* сборник рассказов; **~line** *n* фабула; **~teller** *n* рассказчи|к (*fem* -ца); (*coll, liar*) выдумщи|к (*fem* -ца), лгун (*fem* -ья).

story[2] /ˈstɔːrɪ/ (*US*) = **storey**

stoup /stuːp/ *n* (*eccl*) чаша со святой водой.

stout /staʊt/ *n* (*beer*) портер.
● *adj* **1** (*strong*) крепкий, прочный.
2 (*resolute*) решительный; (*sturdy*) сильный; (*staunch*) стойкий; **a ~ heart** стойкость, мужество; **offer ~ resistance** оказ|ывать, -ать упорное сопротивление. **3** (*corpulent*) полный, дородный; **get, grow ~** полнеть, по-/рас-.
● *cpd* **~-hearted** *adj* стойкий, мужественный.

stoutness /ˈstaʊtnɪs/ *n* крепость, прочность; решительность, стойкость, мужество; полнота, тучность.

stove[1] /stəʊv/ *n* печь, печка; (*for cooking*) плита.
● *cpd* **~pipe** *n* дымоход.

stove[2] /stəʊv/ *past and pp of* ⇒**stave**

stow /stəʊ/ *vt* **1** (*pack*) укладывать, уложить; **I ~ed the trunk (away) in the attic** я убрал сундук на чердак.
2 (*sl, stop*): **~ it!** брось!; хватит!
● *vi* **~ away** (*on ship*) ехать (*det*) зайцем.
● *cpd* **~away** *n* безбилетный пассажир, «заяц».

S

stowage /ˈstəʊɪdʒ/ *n* (*action*) укла́дка, скла́дывание; (*space*) складско́е помеще́ние, кладова́я.

St Petersburg /sənt' pi:təz,bə:g/ *n* Санкт-Петербу́рг; (*attr*) (санкт-)петербу́ргский.

straddle /ˈstræd(ə)l/ *vt* (*be situated on both sides of*) охва́т|ывать, -и́ть; **~ a fence** сиде́ть, сесть верхо́м на забо́ре.

strafe /strɑːf, streɪf/ *vt* (*with bombs*) бомбардирова́ть (*impf*); (*with gun fire*) обстре́л|ивать, -я́ть.

straggl|e /ˈstræg(ə)l/ *vi*: **the children ~ed home from school** де́ти брели́/тащи́лись из шко́лы домо́й; **a ~ing line of houses** беспоря́дочный ряд домо́в; **a ~ing line of soldiers** беспоря́дочная цепо́чка солда́т; **a bush with ~ing shoots** куст с торча́щими побе́гами.

straggler /ˈstræglə(r)/ *n* отста́вший.

straggly /ˈstræglɪ/ *adj* (**stragglier, straggliest**) (*hair*) всклоко́ченный, растрёпанный; (*plants*) увя́дший.

straight /streɪt/ *n* **1** (*of racecourse*): **home ~** фи́нишная пряма́я.

2: **the ~ and narrow** че́стная жизнь.

● *adj* **1** прямо́й; **in a ~ line** пря́мо в ряд; **she had ~ hair** у неё бы́ли прямы́е во́лосы; **keep your knees ~!** не сгиба́йте коле́ни!; **I couldn't keep a ~ face** я не мог удержа́ться от улы́бки.

2 (*level*) ро́вный; **are the pictures ~?** карти́ны craft вися́т ро́вно?; (*neat, in order*) у́бранный; приведённый в поря́док; **he never puts his room ~** он никогда́ не убира́ет свою́ ко́мнату; **put one's hat ~** попр|авля́ть, -а́вить шля́пу; **is my tie ~?** мой га́лстук не коси́т?; **put the record ~** (*fig*) вн|оси́ть, -ести́ я́сность; **let's get this ~** дава́йте внесём определённость в э́тот вопро́с.

3 (*direct, honest*) прямо́й, че́стный; **~ dealings** че́стность, прямота́.

4 (*orthodox*): **~ play** (*theatr*) (чи́стая) дра́ма; (*heterosexual*) гетеросексуа́льный; не гомосексуа́льный.

5 (*undiluted*) неразба́вленный; (*unbroken; in a row*): **ten ~ wins** де́сять вы́игрышей подря́д; **~ flush** (*cards*) «королёвский цвет», флешь-роя́ль (*m*).

● *adv* **1** пря́мо; **~ upwards** пря́мо вверх; **he can't walk ~** он не мо́жет ходи́ть по прямо́й; **sit (up) ~!** сиди́(те) пря́мо!; **keep ~ on!** иди́те пря́мо!; (*directly*): **I am going ~ to Paris** я е́ду пря́мо в Пари́ж; **I will come ~ to the point** я приступлю́ пря́мо к де́лу; **I told him ~ (out)** я сказа́л ему́ пря́мо.

2 (*in the right direction or manner*): **he can't shoot ~** он не уме́ет (ме́тко) стреля́ть; **he promised to go ~ in future** он обеща́л впредь вести́ себя́ че́стно; **I can't think ~** я не могу́ сосредото́читься.

3: **~ away, off** сра́зу, то́тчас, неме́дленно.

● *cpds* **~forward** *adj* (*frank*) прямо́й; (*honest*) че́стный; (*uncomplicated*) просто́й; **~forwardness** *n* прямота́; че́стность; простота́.

straighten /ˈstreɪt(ə)n/ *vt* **1** выпрямля́ть, вы́прямить; распрям|ля́ть, -и́ть; **he ~ed his back** он вы́прямился; он распрями́л спи́ну.

2 (*put in order*) прив|оди́ть, -ести́ в поря́док; ула́|живать, -дить; **he ~ed out his affairs** он привёл свои́ дела́ в поря́док; **I will try to ~ things out** я постара́юсь всё ула́дить.

● *vi* выпрямля́ться, вы́прямиться; распрям|ля́ться, -и́ться; (*become orderly*) ула́|живаться, -диться.

strain /streɪn/ *n* **1** (*tension*) натяже́ние; **the rope broke under the ~** верёвка не вы́держала натяже́ния и ло́пнула; (*wearing effect*): **the ~s of modern life** напряжённость/стресс совреме́нной жи́зни; (*nervous fatigue*): **he is suffering from ~** у него́ не́рвное переутомле́ние; (*muscular ~*) растяже́ние (мышц); (*effort, exertion*) напряже́ние; (*demand, load*): **his education is a ~ on my resources** его́ образова́ние си́льно бьёт по моему́ карма́ну.

2 (*of music*) мело́дия; **we heard the ~s of a waltz** до нас доноси́лась мело́дия ва́льса.

3 (*tone, style*) тон, стиль (*m*); **he continued in the same ~** он продолжа́л в том же ду́хе.

4 (*breed, stock*) род, происхожде́ние; (*of animals, plants*) поро́да; **a hardy ~ of rose** выно́сливый сорт роз.

5 (*inherited feature*) насле́дственность; **there is a ~ of insanity in his family** в его́ роду́ име́ется насле́дственное психи́ческое заболева́ние; (*trace, tendency*) черта́, скло́нность, элеме́нт; **a ~ of sentimentality** элеме́нт сентимента́льности.

● *vt* **1** (*make taut*) натя́|гивать, -ну́ть.

2 (*exert*) напр|яга́ть, -я́чь; **I ~ed my ears to catch his words** я напря́г слух, что́бы улови́ть его́ слова́; **we must ~ every nerve** нам сле́дует напря́чь все си́лы.

3 (*overexert*): **~ one's eyes** переутом|ля́ть, -и́ть глаза́; по́ртить, ис- зре́ние; **~ a tendon** растя́|гивать, -ну́ть сухожи́лие; **~ o.s.** надр|ыва́ться, -орва́ться; **don't ~ yourself** смотри́те, не надорви́тесь.

4 (*overtax, presume too much on*): **~ s.o.'s patience** испы́тывать (*impf*) чьё-н. терпе́ние; **~ed relations** натя́нутые отноше́ния.

5 (*filter, also* **~ off**) проце́|живать, -ди́ть; отце́|живать, -ди́ть; сце́|живать, -ди́ть.

● *vi* (*exert o.s.*) напр|яга́ться, -я́чься; **the swimmer was ~ing to reach the shore** пловéц напряга́л все си́лы, что́бы дости́чь бе́рега; **~ at a rope** тяну́ть (*impf*) верёвку изо всех сил; **~ at the oars** нал|ега́ть, -éчь на вёсла; **~ at the leash** (*of hound*) рва́ться (*impf*) с поводка́; (*fig, of person*) рва́ться (*impf*) в бой; **plants ~ towards the light** расте́ния тя́нутся к све́ту.

strainer /ˈstreɪnə(r)/ *n* си́то; (*small one*) си́течко.

strait /streɪt/ *n* **1** (*of water*) проли́в; **S~ of Dover/Gibraltar** Ду́врский/Гибралта́рский проли́в. **2** (*literary, difficult situation; need*) затрудни́тельное положе́ние; **in great, dire ~s** в отча́янном положе́нии.

● *cpds* **~jacket** *n* смири́тельная руба́шка; **~-laced** *adj* (*fig*) пурита́нский.

straitened /ˈstreɪtənd/ *adj*: **~ circumstances** стеснённые обстоя́тельства.

strand¹ /strænd/ *n* (*shore*) побере́жье; (*beach*) пляж.

● *vt* (*ship or person*) сажа́ть, посади́ть на мель; **I was ~ed in Paris** я застря́л в Пари́же.

● *vi* (*of ship*) сади́ться, сесть на мель.

strand² /strænd/ *n* (*fibre, thread*) прядь, нить; (*fig*): **there are several ~s to the plot of this novel** в э́том рома́не не́сколько сюже́тных ли́ний.

strange /streɪndʒ/ *adj* **1** (*unfamiliar, unknown*) незнако́мый, неизве́стный.

2 (*of person, unused*) незнако́мый (с + *i*); **he is still ~ to the work** он ещё не привы́к к э́той рабо́те. **3** (*foreign, alien*) чужо́й, чужезе́мный; **he loves to visit ~ lands** он лю́бит быва́ть в чужи́х края́х/стра́нах. **4** (*remarkable, unusual*) стра́нный, необыкнове́нный, необы́чный; **how ~ that you should ask that** как стра́нно, что вы (и́менно) об э́том спроси́ли!; **~ to say** (*or* **~ly enough) he loves her** как (э́то) ни стра́нно, он лю́бит её; **she wears the ~est clothes** она́ о́чень необы́чно одева́ется; **I feel ~** (*unwell*) мне не по себе́.

strangeness /ˈstreɪndʒnɪs/ *n* стра́нность; непривы́чность.

stranger /ˈstreɪndʒə(r)/ *n* **1** (*unknown person*) незнако́м|ец (*fem* -ка); посторо́нний (челове́к); **he is shy with ~s** он стесня́ется посторо́нних. **2**: **a ~ to** (*unfamiliar with*) незнако́мый с + *i*; чу́ждый + *d*; **she is no ~ to poverty** она́ знако́ма с бе́дностью; **I am a ~ to your way of thinking** мне чужд ваш о́браз мышле́ния. **3** (*alien, foreigner*): **I am a ~ here** я здесь чужо́й.

strangle /ˈstræŋg(ə)l/ *vt* души́ть, за-; удави́ть (*pf*); (*fig*): **a ~d cry** сда́вленный крик; **death by strangling** смерть че́рез удуше́ние.

● *cpd* **~hold** *n* (*lit, fig*) заси́лье; **have a ~ hold on s.o.** держа́ть (*impf*) кого́-н. мёртвой хва́ткой.

strangler /ˈstræŋglə(r)/ *n* души́тель (*m*).

strangulate /ˈstræŋgjʊˌleɪt/ *vt* (*med*): **~d hernia** ущемлённая гры́жа.

strangulation /ˌstræŋgjʊˈleɪʃ(ə)n/ *n* удуше́ние; (*med*) ущемле́ние.

strap /stræp/ *n* **1** реме́нь (*m*); (*small one*) ремешо́к; (*of dress*) брете́лька.

2 (*thrashing*): **give s.o. the ~** поро́ть, вы- кого́-н. (ремнём); **get the ~** получ|а́ть, -и́ть по́рку (ремнём).

● *vt* (**strapped, strapping**) **1** (*secure with ~*) стя́|гивать, -ну́ть ремнём; **he was ~ped to a chair** он был привя́зан к сту́лу ремня́ми; (*Br, bind wound etc.*) бинтова́ть, за-. **2** (*beat with ~*) поро́ть, вы- (ремнём).

● *cpds* **~hanger** *n* стоя́щий пассажи́р; **~work** *n* переплета́ющийся орна́мент.

strapless /ˈstræplɪs/ *adj* без бретéлек.

strapping /ˈstræpɪŋ/ *adj* рóслый, здорóвый (*coll*).

Strasb(o)urg /ˈstræzbɜːɡ/ *n* Страсбýрг.

strata /ˈstrɑːtə, ˈstreɪtə/ *pl of* ⇒**stratum**

stratagem /ˈstrætədʒəm/ *n* (*trick*) улóвка; (*mil*) воéнная хитрость.

strategic /strəˈtiːdʒɪk/ *adj* стратегúческий.

strategist /ˈstrætɪdʒɪst/ *n* стратéг.

strategy /ˈstrætɪdʒɪ/ *n* стратéгия.

stratification /ˌstrætɪfɪˈkeɪʃ(ə)n/ *n* (*geol*) стратификáция, напластовáние, наслоéние; (*social* ~) расслоéние.

stratif|y /ˈstrætɪˌfaɪ/ *vt* (*arrange in strata*) насл|áивать, -оúть; (*deposit in strata*) напластóв|ывать, -áть; **~ied rock** слоúстый кáмень; (*subdivide into groups*) рассл|áивать, -оúть; **highly ~ied society** óбщество с высóкой стéпенью социáльного расслоéния.
● *vi* (*of society*) рассл|áиваться, -оúться.

stratosphere /ˈstrætəˌsfɪə(r)/ *n* стратосфéра.

stratospheric /ˌstrætəˈsferɪk/ *adj* стратосфéрный.

strat|um /ˈstrɑːtəm, ˈstreɪ-/ *n* (*pl* **~a**) **1** (*geol*) пласт, слой, напластовáние. **2**: **social ~a** слоú óбщества, социáльные слоú.

stratus /ˈstreɪtəs, ˈstrɑː-/ *n* слоúстое óблако.

straw /strɔː/ *n* **1** (*collect*) солóма; (*attr*) солóменный; **~ hat** солóменная шля́п(к)а. **2** (*single* ~) солóминка; **drink lemonade through a ~** пить (*impf*) лимонáд чéрез солóминку; **catch, clutch at ~s** (*fig*) хватáться, схватúться за солóминку; **that was the last ~** э́то бы́ло послéдней кáплей; **~ in the wind** (*fig*) намёк; **~ poll,** (*US*) **vote** (неофициáльный) опрóс; голосовáние.
● *cpds* **~board** *n* солóменный картóн; **~-coloured** (*US* **-colored**) *adj* солóменного цвéта.

strawberry /ˈstrɔːbərɪ/ *n* (*in pl, collect*) клубнúка; (*wild*) землянúка; **a ~** я́года клубнúки/землянúки; (*attr*) клубнúчный; землянúчный.
● *cpd* **~ mark** *n* родúмое пятнó.

stray /streɪ/ *adj* **1** (*wandering, lost*) заблудúвшийся, бездóмный; **~ sheep** отбúвшаяся от стáда овцá; **~ dog** бродя́чая/бездóмная собáка; (*as n*): **waifs and ~s** беспризóрники (*m pl*). **2** (*sporadic*): **a ~ bullet** шальнáя пýля.
● *vi* **1** (*wander, deviate*) заблудúться (*pf*); сбивáться, сбúться с путú; **the sheep ~ed on to the road** óвцы забрелú на дорóгу; **we must not ~ too far from the path** мы не должны́ отклоня́ться слúшком далекó от тропúнки. **2** (*roam, rove*) бродúть (*impf*); стрáнствовать (*impf*). **3** (*of thoughts, affections*) блуждáть (*impf*); **~ from the subject** отклон|я́ться, -úться от тéмы.

streak /striːk/ *n* **1** полóска, прожúлка; **~ of lightning** вспы́шка мóлнии; **like a ~ of lightning** (*fig*) с быстротóй мóлнии. **2** (*fig, trace, tendency*) чертá, наклóнность; **he has a cruel ~** в егó харáктере есть жестóкая жúлка.
● *vt*: **~ed with red** с крáсными полóсками.
● *vi* (*coll, move rapidly*) прон|осúться, -естúсь.

streaker /ˈstriːkə(r)/ *n* (*coll*) стрúкер, гóлый бегýн.

streaky /ˈstriːkɪ/ *adj* (**streakier, streakiest**) полосáтый.

stream /striːm/ *n* **1** (*brook*) ручéй; (*rivulet*) рéчка. **2** (*flow*) потóк, течéние; **~ of blood/water** потóк крóви/воды́; **in a ~** (*or* **~s**) потóком, ручья́ми (*m pl*); (*fig*) потóк; **a ~ of people** людскóй потóк; **~ of consciousness** потóк сознáния; **~ of abuse** потóк ругáтельств (*nt pl*)/брáни. **3** (*lit, fig, current, direction of flow*): **with the ~** по течéнию; **against the ~** прóтив течéния. **4** (*Br, in school*) потóк.
● *vt* **1**: **his wounds ~ed blood** из егó ран струúлась кровь. **2**: **the pupils were ~ed** (*Br*) ученикóв распределúли по потóкам (*в зависимости от способностей*); **~ing** *n* систéма потóков.
● *vi* **1** (*flow*) течь, струúться, лúться (*all impf*); **blood was ~ing from his nose** у негó теклá кровь из нóса (*or* из нóсу); **tears ~ed down her cheeks** слёзы струúлись/лилúсь/теклú у неё по щекáм; **light ~ed in at the window** свет струúлся в oкнó; **refugees were ~ing over the fields** бéженцы потóком шли по поля́м; **he had a ~ing cold** у негó был стрáшный нáсморк; **her eyes were ~ing** у неё из глаз лилúсь слёзы; **the windows were ~ing with rain** по стёклам струúлся дождь. **2**: **with hair ~ing in the wind** с развевáющимися на ветрý (*or* по вéтру) волосáми.
● *cpds* **~line** *vt* прид|авáть, -áть обтекáемую фóрму + *d*; (*fig*) упро|щáть, -стúть; **~lined** *adj* стрóйный; упрощённый; **~lined car** автомобúль (*m*) обтекáемой фóрмы.

streamer /ˈstriːmə(r)/ *n* рулóн бумáжной лéнты; (*flag*) вы́мпел.

streamlet /ˈstriːmlɪt/ *n* ручеёк, рéчка.

street /striːt/ *n* **1** ýлица; **he lives in the next ~ (to us)** он живёт на сосéдней ýлице; **don't play in the ~** (*roadway*) не игрáй на мостовóй; **man in the ~** обывáтель (*m*); простóй человéк; **she went on the ~s** онá пошлá на панéль (*or* стáла проститýткой); **they were turned out on to the ~** их вы́бросили на ýлицу; **he is ~s ahead of the other pupils** (*Br*) он нá голову вы́ше свои́х одноклáссников; **this is just up your ~** э́то как раз по вáшей чáсти. **2** (*attr*) ýличный; **~ door** парáдная (дверь); **at ~ level** на пéрвом этажé; **~ trader** ýличный разнóсчик/лотóчник; **~ trading** ýличная торгóвля; **~ lighting** ýличное освещéние.
● *cpds* **~car** *n* (*US*) трамвáй; **~ credibility** (*coll* **~ cred**) *n* úмидж; **~ lamp/light** *n* ýличный фонáрь; **~ singer** *n* ýличный певéц; **~ sweeper** *n* двóрник, подметáльщик (*coll*); (*machine*) подметáльная машúна; **~walker** *n* проститýтка; **~wise** *adj* óпытный, знáющий, ýшлый.

strength /streŋθ, streŋkθ/ *n* **1** сúла; **~ of mind/will** сúла дýха/вóли; **~ of purpose** решúмость; **the ~ of a fortress** мощь/непристýпность крéпости; (*of structure, material, beam*) прóчность; (*of wine, solution*) крéпость; (*of a colour*) устóйчивость; **I haven't the ~ to go on** я не в сúлах дáльше идтú; **recover, regain one's ~** восстан|áвливать, -овúть сúлы; **acquire new ~, build up one's ~** наб|ирáться, -рáться сил; **lose ~** теря́ть (*impf*) сúлы; **argue from ~** спóрить (*impf*) с позúции сúлы; **he went from ~ to ~** он двúгался вперёд гигáнтскими шагáми. **2** (*basis*): **on the ~ of** в сúлу + *g*; на оснoвáнии + *g*; **I resigned on the ~ of your promise** я ушёл в отстáвку, полагáясь на вáше обещáние. **3** (*numerical* ~) чúсленность; **in full ~** в пóлном состáве; **up to ~** пóлностью укомплектóванный; **below ~** недоукомплектóванный; **bring up to ~** (до)укомплектовáть (*pf*).

strengthen /ˈstreŋθ(ə)n, -ŋkθ(ə)n/ *vt* укреп|ля́ть, -úть; усúли|вать, -ть; **~ a garrison** поп|олня́ть, -óлнить гарнизóн; **~ s.o.'s hand** укреп|ля́ть, -úть чью-н. позúцию; поддéрживать, поддержáть когó-н.
● *vi* укреп|ля́ться, -úться; усúли|ваться, -ться.

strenuous /ˈstrenjʊəs/ *adj* (*requiring effort*) напряжённый; (*energetic*) усúленный, интенсúвный.

strepto|coccus /ˌstreptəˈkɒkəs/ *n* (*pl* **~cocci** /-ˈkɒk(s)aɪ, -ˈkɒk(s)ɪ/) стрептокóкк.

stress /stres/ *n* **1** (*tension*) напряжéние; (*pressure*) давлéние, нажúм; **time of ~** напряжённое врéмя; **subject s.o. to ~** окáз|ывать, -áть на когó-н. давлéние; (*psychol*) стресс; **a situation of ~** стрéссовая ситуáция. **2** (*emphasis*) ударéние; **lay ~ on** (*lit, fig*) дéлать, с- ударéние на + *p*; **the ~ is on the second syllable** ударéние пáдает на вторóй слог. **3** (*mus*) акцéнт. **4** (*engineering*) напряжéние.
● *vt* **1** (*subject to* ~) напр|ягáть, -ячь; **I'm ~ed out** я живý в постоя́нном стрéссе/напряжéнии. **2** (*emphasize*) подчёрк|ивать, -нýть; дéлать, с- упóр на + *a*. **3** (*accentuate*) стáвить, по- ударéние на + *a*.

stressful /ˈstresfʊl/ *adj* напряжённый; (*situation*) стрéссовый.

stretch /stretʃ/ *n* **1** (*extension*) вытя́гивание, растя́гивание; **the cat woke and gave a ~** кóшка проснýлась и потянýлась; **by any ~ of the imagination** как ни напрягáй воображéние. **2** (*elasticity*) растяжúмость, эластúчность; **the rubber has no ~ in it** резúна не тя́нется; **~ fabric** эластúчная матéрия; стретч; **~ jeans** джúнсы стретч; **~ marks** следы́

S

растяжéния на кóже; **~ socks** безразмéрные носки́.
3 (*expanse, tract*) прострáнство; **a dusty ~ of road** пы́льный отрéзок/учáсток дорóги.
4 (*of time*) отрéзок; **he works 8 hours at a ~** он рабóтает вóсемь часóв подря́д.
5 (*interval of time*) срок.
● *vt* **1** (*lengthen*) вытя́гивать, вы́тянуть; (*broaden*) растя́|гивать, -нýть.
2 (*pull to fullest extent*): **~ a rope between two posts** натя́|гивать, -нýть верёвку мéжду двумя́ столбáми; **a wire was ~ed across the road** поперёк дорóги былá натя́нута прóволока; **he wouldn't ~ out an arm to help me** (*fig*) он не захотéл протянýть мне рýку пóмощи; **~ o.s.** потя́|гиваться, -нýться; **~ one's legs** разм|инáть, -я́ть нóги; **I found him ~ed (out) on the floor** я застáл егó распростёртым на полý.
3 (*strain, exert*): **~ a point** дéлать, с- натя́жку; **~ the truth** преувели́чи|вать, -ть.
● *vi* **1** (*be elastic*) растя́гиваться (*impf*).
2 (*extend*) прост|ирáться, -ерéться; **the plain ~es for miles** равни́на простирáется на мнóго миль; (*of time*) дли́ться, про-.
3 (*reach*): **the rope will not ~ to the post** верёвку не дотянýть до столбá; **a rainbow ~ed across the sky** по нéбу простёрлась рáдуга.
4 (*~ o.s.*) потя́|гиваться, -нýться.
● *cpd* **~ marks** *n pl* следы́ (*m pl*) растя́жек (на кóже); растя́жки (*f pl*) (на кóже).

stretcher /ˈstretʃə(r)/ *n* (*for carrying injured*) носи́л|ки (*pl, g* -ок); **~ case** лежáчий/носи́лочный рáненый.
● *cpd* **~-bearer** *n* санитáр-носи́льщик.

strew /struː/ *vt* (*pp* **strewn** *or* **strewed**) **1** (*scatter*) разбр|áсывать, -осáть. **2** (*cover by scattering*) пос|ыпáть, -ы́пать; усыпáть, усы́пать; **~ a grave with flowers** ус|ыпáть, -ы́пать моги́лу цветáми.

striate(d) /ˈstraɪɪt; ˈstraɪeɪtɪd/ *adj* полосáтый; (*with slight ridges*) борóздчатый.

stricken /ˈstrɪkən/ *adj* **1** (*lit*) рáненый; (*fig*) поражённый; **~ with fear** поражённый ýжасом; **~ with paralysis** разби́тый параличóм. **2** (*US, deleted*): **~ from the record** вы́черкнутый из протокóла.

strict /strɪkt/ *adj* **1** (*precise*) стрóгий, тóчный; **the ~ truth** и́стинная прáвда; **~ accuracy** абсолю́тная тóчность. **2** (*stringent*): **in ~ confidence** в строжáйшей тáйне.
3 (*rigorous, stern*) стрóгий, взыскáтельный.

strictness /ˈstrɪktnɪs/ *n* стрóгость; тóчность.

stricture /ˈstrɪktʃə(r)/ *n* **1** (*med*) стриктýра, сужéние сосýдов.
2 (*censure*) осуждéние; (*restriction*) ограничéние.

stride /straɪd/ *n* (*long pace, step*) (ширóкий) шаг; (*gait*) пóступь; **he has an easy ~** у негó лёгкая пóступь; (*fig*): **science has made great ~s** наýка доби́лась больши́х успéхов; **he took the exam in his ~** он с лёгкостью сдал экзáмен; **he took the news in his ~** он при́нял э́ту нóвость спокóйно; **get into one's ~** входи́ть, войти́ в колею́.
● *vi* (*past* **strode;** *pp* **stridden** /ˈstrɪd(ə)n/) шагáть (*impf*); **he strode across the ditch** он шагнýл чéрез (*or* перешагнýл) канáву.

stridency /ˈstraɪd(ə)nsɪ/ *n* рéзкость, пронзи́тельность.

strident /ˈstraɪd(ə)nt/ *adj* рéзкий, пронзи́тельный.

strife /straɪf/ *n* борьбá, враждá.

strike /straɪk/ *n* **1** (*of workers*) забастóвка; **general ~** всеóбщая забастóвка; **~ pay** посóбие бастýющим; **be on ~** бастовáть (*impf*); **go (*or* come out) on ~** забастовáть (*pf*); объяв|ля́ть, -и́ть забастóвку.
2 (*of gold, oil, etc.*) нахóдка/откры́тие месторождéния.
3 (*attack; blow*) нападéние; удáр; налёт.
● *vt* (*past* **struck;** *pp* **struck** *or archaic* **stricken**)
1 (*hit*) уд|аря́ть, -áрить (*чем по чему; что обо что; кого чем*); **he struck the table with his hand** он удáрил рукóй пó столу; **he struck his head on the table** он удáрился головóй об стол; **a falling stone struck his head** пáдающий кáмень удáрил егó по головé; **the bullet struck the tree** пýля попáла в дéрево; **the ship struck a rock** корáбль наскочи́л на скалý; **she struck the knife out of his hand** онá вы́била нож у негó из руки́.
2 (*deliver*): **~ a blow** нан|оси́ть, -ести́ удáр (*кому*); **who struck the first blow?** кто нáчал (дрáку/ссóру)?; **~ a blow for freedom** выступáть/вы́ступить в защи́ту свобóды.
3 (*fig, instil*) всел|я́ть, -и́ть; **the lion's roar struck panic into them** льви́ный рёв вы́звал у них пани́ческий страх.
4 (*fig, impress*) порa|жáть, -зи́ть; казáться, по- + *d*; **he was struck by her beauty** он был поражён её красотóй; **the idea ~s me as a good one** э́та мысль кáжется мне удáчной; **an idea struck me** мне пришлá в гóлову мысль; **the humour of the situation struck me** мне вдруг предстáвилась вся коми́чность ситуáции.
5 (*fig, come upon, find, discover*) нап|адáть, -áсть на + *a*; нат|ыкáться, -кнýться на + *a*; на|ходи́ть, -йти́; откр|ывáть, -ы́ть; **I struck a serious difficulty** я столкнýлся с серьёзным затруднéнием; **they struck oil** они́ откры́ли нефтянóе месторождéние; **~ it rich** (*coll*) нап|адáть, -áсть на золотýю жи́лу.
6 (*produce by striking*): **~ a light** высекáть, вы́сечь огóнь; зажигáть, зажéчь спи́чку.
7: **~ a match** чи́рк|ать, -нуть спи́чкой; **~ a coin/medal** выбивáть, вы́бить (*or* чекáнить, от-) монéту/медáль; **~ a chord** (*lit*) брать, взять аккóрд; (*fig*): **his name ~s a chord** егó и́мя мне чтó-то говори́т/напоминáет; **~ a note** (*lit*) ударя́ть, удáрить по клáвише/струнé; (*fig*): **~ the right note** взять (*pf*) вéрный тон; **~ root** пус|кáть, -ти́ть кóрни.
8 (*of bell, clock, etc.*) бить (*impf*), проб|ивáть, -и́ть; **this clock ~s the hours and quarters** э́ти часы́ пробивáют часы́ и чéтверти; **it has just struck four** тóлько что прóбило четы́ре; **the clock struck midnight** часы́ проби́ли пóлночь.
9 (*arrive at*): **~ a bargain** заключ|áть, -и́ть сдéлку; **~ a balance** подв|оди́ть, -ести́ балáнс/итóги; (*fig*) на|ходи́ть, -йти́ компроми́сс; **~ a happy medium** на|ходи́ть, -йти́ золотýю середи́ну.
10 (*suddenly make*): **~ s.o. blind** ослеп|ля́ть, -и́ть когó-н; **~ s.o. dumb** (*fig*) лиш|áть, -и́ть когó-н. дáра рéчи; ошарáши|вать, -ть когó-н. (*coll*); **he was struck dumb** он потеря́л дар рéчи; он онемéл; **~ s.o. dead** порази́ть (*pf*) когó-н. на смерть.
11 (*assume*): **~ an attitude** вста|вáть, -ть в (*or* прин|имáть, -я́ть) пóзу.
12 (*lower, take down*): **~ one's flag** спус|кáть, -ти́ть флаг; **~ camp** сн|имáться, -я́ться с лáгеря.
● *vi* (*past* **struck;** *pp* **struck** *or archaic* **stricken**)
1 (*hit*) уд|аря́ть, -áрить; **the disease struck without warning** болéзнь вспы́хнула неожи́данно; **~ while the iron is hot** (*proverb*) куй желéзо, покá горячó; **~ (*aim a blow*) at s.o.** замáх|иваться, -нýться на когó-н.; (*fig*): **~ at the root of the trouble** искорен|я́ть, -и́ть истóчник зла; **~ at the foundations of sth** подрыв|áть, -орвáть оснóвы чегó-н.
2: **~ against** (*collide with*) уд|аря́ться, -áриться о + *a*.
3 (*direct one's course; penetrate*): **the explorers struck inland** исслéдователи напрáвились внутрь/вглубь страны́; **the insult struck home** оскорблéние задéло егó за живóе.
4 (*take root*) прин|имáться, -я́ться.
5 (*of clock etc.*) бить, про-.
6: **the match won't ~** спи́чка не зажигáется.
7 (*go on ~*) бастовáть (*impf*) (**for:** чтóбы доби́ться + *g*).
8: **struck on** (*coll*) влюблённый в + *a*.
● *with advs*: **~ back** *vi* (*retaliate*) нан|оси́ть, -ести́ отвéтный удáр; **~ down** *vt* (*fell*) сби|вáть, -ть с ног; сра|жáть, -зи́ть; (*of illness etc.*) свáл|ивать, -и́ть; сра|жáть, -зи́ть; **~ off** *vt*: **~ s.o. (*or* s.o.'s name) off** (*list etc.*) вычёркивать, вы́черкнуть когó-н. (*or* чьё-н. и́мя) (из спи́ска *и т. п.*); **~ out** *vt* (*delete*): **~ out a word** вычёркивать, вы́черкнуть слóво; *vi* (*aim blow*) нан|оси́ть, -ести́ удáр; (*of swimmer*): **~ out for the shore** (бы́стро) поплы́ть (*pf*) к бéрегу; (*fig*): **~ out on one's own** пойти́ (*pf*) свои́м путём; **~ through** *vt* (*cross out*) зач|ёркивать, -еркнýть; **~ up** *vt & i*: **~ up a song** затя́|гивать, -нýть пéсню; **~ up an acquaintance** завя́з|ывать, -áть знакóмство; *vi* (*begin playing/singing*) заигрáть, запéть (*both pf*).
● *cpds* **~-breaker** *n* штрейкбрéхер; **~-breaking** *n* штрейкбрéхерство.

S

striker /ˈstraɪkə(r)/ *n* **1** (*person on strike*) забастóвщи|к (*fem* -ца).
2 (*sport*) нападáющий.

striking /ˈstraɪkɪŋ/ *adj* **1** (*forceful*) поразúтельный; **~ resemblance** разúтельное схóдство; (*remarkable*) поразúтельный, замечáтельный; (*interesting*) интерéсный.
2: **~ distance** досягáемость; **~ force** (*mil*) удáрная грýппа.

string /strɪŋ/ *n* **1** верёвка, бечёвка; **ball of ~** клубóк бечёвки/верёвки; **~ bag** сéтка, авóська (*coll*); **~ vest** сéтчатая мáйка; (*of apron, bonnet, etc.*) завя́зка, тесёмка; (*fig*): **have s.o. on a ~** держáть/вестú (*impf*) когó-н. на поводý; **pull the ~s** стоя́ть (*impf*) за *чем*; быть (*impf*) и́стинным заправúлой (*чего*); **pull ~s** испóльзовать (*impf, pf*) (все) свои́ свя́зи (*or* (всё) своё влия́ние); наж|имáть, -áть на все кнóпки (*fig*); **with no ~s attached** (*fig*) без каки́х бы то нú было услóвий.
2 (*of bow*) тетивá; **he has two ~s to his bow** (*fig*) у негó есть вы́бор.
3 (*of mus instrument, racket*) струнá; **the ~s** (*of orchestra*) стрýнные инструмéнты (*m pl*); **~ quartet** стрýнный квартéт; (*fig*): **second ~** запаснóй вариáнт.
4 (**~y** *substance, fibre, e.g. in bean*) волокнó; **~ bean** фасóль; (*in meat*) жи́ла.
5 (*set of objects*): **~ of beads** бýс|ы (*pl, g —*); **~ of pearls** ни́тка жéмчуга; **~ of onions/sausages** свя́зка лýка/соси́сок; **~ of boats/houses/medals** ряд лóдок/домóв/медáлей; **~ of cars/tourists** верени́ца автомоби́лей/тури́стов.
6 (*comput*) строкá.
● *vt* (*past and pp* **strung**)
1 (*furnish with* **~**): **~ a bow** натя́|гивать, -нýть тетивý; **~ a racket** натя́|гивать, -нýть стрýны.
2 (*thread on* **~**) нани́з|ывать, -áть.
3 (*remove* **~y** *fibre from*): **~ beans** чи́стить, по- фасóль.
● *with advs*: **~ along** *vt* (*coll, deceive*) води́ть (*impf*) зá нос; *vi*: **~ along with s.o.** (*coll, accompany*) тащи́ться, по- за кем-н.; **~ out** *vt* & *i* (*extend*) растя́|гивать(ся), -нýть(ся); **the houses were strung out along the beach** домá тянýлись вдоль побережья; **~ together** *vt* низáть, на-; (*fig*): **he is good at ~ing words together** он говори́т óчень глáдко; **~ up** *vt* (*hang*): **the ham was strung up to the ceiling** óкорок был подвéшен под сáмый потолóк; (*coll, execute by hanging*) вздёр|гивать, -нуть на ви́селицу; (*Br, make tense*): **I am all strung up** я в большóм напряжéнии.

stringed /strɪŋd/ *adj* стрýнный.

stringency /ˈstrɪndʒ(ə)nsɪ/ *n* стрóгость.

stringent /ˈstrɪndʒ(ə)nt/ *adj* (*strict, precise*) стрóгий, тóчный.

stringer /ˈstrɪŋə(r)/ *n* (*coll*) внештáтный корреспондéнт.

stringy /ˈstrɪŋɪ/ *adj* (**stringier, stringiest**) (*fibrous*): **~ beans** волокни́стая фасóль; **~ meat** жи́листое мя́со.

strip[1] /strɪp/ *n* полосá; (*of cloth*) полóска, лéнта; **~ of land** полóска земли́; **a ~ of wood** деревя́нная плáнка/рéйка; **~ cartoon** расскáз в карти́нках; **~ lighting** (*Br*) неóновое освещéние; **tear s.o. off a ~** (*coll*) сн|имáть, -ять стрýжку с когó-н.

strip[2] /strɪp/ *vt* (**stripped, stripping**)
1 (*tear off*) сдирáть, содрáть; **the bark was ~ped from the tree** (*or* **the tree was ~ped of its bark**) с дéрева содрáли корý; **she ~ped the blankets off the bed** онá снялá одея́ла с кровáти; **a tool for ~ping paint** инструмéнт для соскáбливания крáски.
2 (*denude*) разд|евáть, -éть; **he was ~ped of his clothes** с негó сорвáли/сня́ли одéжду; егó раздéли; **the room was ~ped bare** из кóмнаты вы́несли всю мéбель; **the birds ~ped the fruit bushes** пти́цы обклевáли я́годы с кустóв; **~ (down) a machine/weapon** раз|бирáть, -обрáть (*or* демонти́ровать (*impf, pf*)) маши́ну/орýжие; (*fig, deprive*) лиш|áть, -и́ть (*кого чего*); **he was ~ped of his rank** егó лиши́ли звáния.
● *vi* (**stripped, stripping**): **~ (naked), ~ off** разд|евáться, -éться (донагá).
● *with advs*: **~ away, ~ off** *vvt* (*lit*) *see vt* **1**; (*fig, remove*) от|бирáть, -обрáть; **~ down** *vt* (*machine etc.*) раз|бирáть, -обрáть; демонти́ровать (*impf, pf*).
● *cpds* **~ club** *n* стрипти́з-клýб; **~tease** *n* стриптиз; **~tease artist** *n* исполни́тель (*fem* -ница) стрипти́за; стриптизёр (*fem* -ка/-ша).

stripe /straɪp/ *n* **1** полосá, полóска.
2 (*mil*) наши́вка, шеврóн; **get a ~** получ|áть, -и́ть очереднóе звáние; **lose a ~** быть разжáлованным.
3 (*US, type*) тип, род.

striped /straɪpt/ *adj* (*e.g. tiger*) полосáтый; **~ fabric** матéрия в полóску, полосáтая матéрия.

stripling /ˈstrɪplɪŋ/ *n* юнéц.

stripper /ˈstrɪpə(r)/ *n* (*solvent*) раствóр для удалéния крáски; (*artiste*) стриптизёр (*fem* -ка/-ша).

stripy /ˈstraɪpɪ/ *adj* полосáтый, в полóску.

strive /straɪv/ *vi* (*past* **strove** *or* **strived;** *pp* **striven** /ˈstrɪv(ə)n/ *or* **strived**) стреми́ться (*impf*) (**after, for:** к + *d*); **they strove for victory** они́ стреми́лись к побéде; **I strove to understand what he said** я старáлся поня́ть, что он говори́т.

stroboscope /ˈstrəʊbəˌskəʊp/ *n* стробоскóп.

stroboscopic /ˌstrəʊbəˈskɒpɪk/ *adj* стробоскопи́ческий.

strode /strəʊd/ *past of* ⇨**stride**

stroke[1] /strəʊk/ *n* **1** удáр; **six ~s of the cane** шесть удáров рóзгой; **at a ~** (*fig*) одни́м удáром/мáхом.
2 (*of clock*) удáр, бой; **on the ~ of 9** рóвно в дéвять.
3 (*paralytic attack*) удáр, инсýльт; **he had a ~** егó хвати́л удáр; **he died of a ~** он ýмер от удáра.
4 (*single movement of series*): **~ of a piston** ход пóршня; **~ of an oar** взмах веслá, гребóк; **put s.o. off his ~** (*fig*) сби|вáть, -ть когó-н. с тóлку.
5 (*in swimming*) стиль (*m*); **what ~ does she use?** каки́м сти́лем онá плáвает?
6 (*single action or instance*): **he has not done a ~ (of work)** он пáльцем о пáлец не удáрил; **~ of genius** гениáльная мысль; **~ of luck** (неожи́данная) удáча; везéние.
7 (*with pen, pencil, etc.*) штрих; **with/at a ~ of the pen** (*lit, fig*) одни́м рóсчерком перá; (*with brush*) мазóк; **thick/thin ~s** жи́рные/тóнкие мазки́.
8 (*printing, oblique* **~**) дробь; косáя чертá.
9 (*oarsman*) загребнóй.

stroke[2] /strəʊk/ *n*: **he gave her hand a ~** он поглáдил её по рукé.
● *vt* глáдить (*or* поглáживать), по-; **she ~d the horse's head** онá поглáдила лóшадь по головé.

stroll /strəʊl/ *n* прогýлка; **have, take, go for a ~** идти́ (*det*) на прогýлку (*or* прогуля́ться).
● *vi* гуля́ть (*impf*); прогýл|иваться, -я́ться; (*wander*) броди́ть (*impf*); **~ing players** бродя́чие актёры.

stroller /ˈstrəʊlə(r)/ *n* (*US, for child*) прогýлочная коля́ска.

strong /strɒŋ/ *adj* (**stronger** /ˈstrɒŋgə(r)/; **strongest** /ˈstrɒŋgɪst/)
1 (*powerful, forceful*) си́льный, крéпкий; **~ as a horse** си́льный как лóшадь; **~ man** силáч; **~ character** си́льная натýра; **~ wind** си́льный/крéпкий вéтер; **~ tide** си́льный прили́в; **~ attraction** большáя привлекáтельность; **~ measures** круты́е мéры; **~ argument** вéский аргумéнт; **~ evidence** убеди́тельное доказáтельство; **~ protest** энерги́чный протéст; **~ warning** серьёзное предупреждéние; **~ suspicion** си́льное подозрéние; **~ words** си́льные выражéния; **~ language** брань.
2 (*stout, tough; durable*) крéпкий; прóчный; **~ cloth** крéпкая матéрия; **~ walls** прóчные стéны; **~ foundations** прóчные оснóвания.
3 (*robust, healthy*) крéпкий, здорóвый; **~ constitution** крéпкое здорóвье; **he has never been very ~** он никогдá не отличáлся крéпким здорóвьем; **she is feeling ~er** онá чýвствует себя́ лýчше.
4 (*firm*) твёрдый, крéпкий; **~ conviction** твёрдое убеждéние; **~ supporter** рéвностный сторóнник; **~ faith** твёрдая вéра; **the market is ~** ры́нок устóйчив.
5 (*of faculties*): **~ mind** хорóшая головá; **~ memory** óстрая пáмять; **he is ~ in Latin** он силён в латы́ни; **oratory is his ~ point** егó си́ла в красноречии.
6 (*of smell, taste, etc.*): **~ flavour** (*Br*), **flavor** (*US*) óстрый/рéзкий при́вкус; **~ cheese** óстрый сыр; **~ meat** (*Br, fig*) пи́ща для си́льных умóв.
7 (*concentrated*): **~ drink** крéпкий напи́ток; **a ~ cup of tea** чáшка крéпкого чáя.
8 (*sharply defined*) рéзкий; **~ light** рéзкий свет; **~ colour** (*Br*), **color** (*US*) я́ркий цвет; **~ accent** (*in speech*)

сильный акцент; **~ likeness** большое сходство.
9 (*well supported*): **~ candidate** кандидат, обладающий большим шансом на успех; **~ favourite** (*Br*), **favorite** (*US*) наиболее вероятный победитель; **a ~** (*well chosen*) **team** сильная/отборная команда.
10 (*numerous*) численный; **a ~ contingent** многочисленный контингент; **a company 200 ~** рота численностью в 200 человек.
11 (*cards*): **a ~ hand** берущая карта.
12 (*gram*): **~ verb** сильный глагол.
● *adv*: **going ~** в прекрасной форме.
● *cpds* **~-arm** *adj*: **~-arm tactics** тактика применения силы; **~box** *n* сейф; **~hold** *n* крепость, твердыня; **~-minded** *adj* твёрдый, решительный; **~room** *n* стальная камера; **~-willed** *adj* решительный, волевой.

strongly /'strɒŋlɪ/ *adv* сильно, крепко; (*fig*) твёрдо; **I ~ believe that** я твёрдо убеждён, что; **I feel ~ about** я твёрдо уверен в *чём* (*or* в том, что); **I am ~ opposed to** я (настроен) решительно против + *g*.

strontium /'strɒntɪəm/ *n* стронций.

strop /strɒp/ *n* ремень (*m*) для правки бритв.
● *vt* (**stropped, stropping**) править (*impf*) (*бритву*).

strophe /'strəʊfɪ/ *n* строфа.

strophic /'strəʊfɪk, 'strɒ-/ *adj* строфический.

stroppy /'strɒpɪ/ *adj* (**stroppier, stroppiest**) (*Br coll*) несговорчивый, сварливый, строптивый.

strove /strəʊv/ *past of* ⇨**strive**

struck /strʌk/ *past and pp of* ⇨**strike**

structural /'strʌktʃər(ə)l/ *adj*: **~ linguistics** структурная лингвистика; **~ defects** дефекты (в) конструкции; **~ engineer** инженер-строитель (*m*); **~ engineering** строительная техника.

structuralism /'strʌktʃərə,lɪz(ə)m/ *n* структурализм.

structuralist /'strʌktʃərəlɪst/ *n* структуралист.

S

structure /'strʌktʃə(r)/ *n* **1** (*abstract*) структура, строй, строение; **~ of a building** структура здания; **~ of a cell** структура клетки; **~ of rocks** структура скал (*or* горных пород); **~ of a sentence** структура предложения; **~ of a language** строй языка. **2** (*concrete*) строение, сооружение; (*building*) здание.
● *vt* строить, по-; организов|ывать, -ать.

struggle /'strʌg(ə)l/ *n* (*lit, fig*) борьба; **~ for existence** борьба за существование; (*tussle*) схватка, потасовка; **without a ~** без боя/сопротивления; (*attempt*): **a violent ~ to escape** отчаянная попытка к бегству.
● *vi* **1** (*fight*) бороться (*impf*); биться (*impf*).
2 (*fig, grapple*) биться (*impf*) (*над чем*); **we ~d with this problem for a long time** мы долго бились над этой проблемой.
3 (*move convulsively*) биться (*impf*); **the child ~d and kicked** ребёнок вырывался и брыкался.
4 (*make strenuous efforts*) бороться (*impf*); стараться (*impf*) изо всех сил; **he ~d to make himself heard** он изо всех сил пытался перекричать других; **he ~d for breath** он хватал ртом воздух; (*fig, move with difficulty*): **he ~d to his feet** он с трудом поднялся на ноги.

strum /strʌm/ *vt* & *i* (**strummed, strumming**) бренчать, тренькать (*both impf*) (на + *p*).

strumpet /'strʌmpɪt/ *n* (*archaic*) потаскуха, шлюха (*both vulg*).

strung /strʌŋ/ *past and pp of* ⇨**string**

strut¹ /strʌt/ *n* (*gait*) важная походка.
● *vi* (**strutted, strutting**) ходить (*indet*) с важным видом.

strut² /strʌt/ *n* (*support*) стойка, распорка, подпорка.

strychnine /'strɪkni:n/ *n* стрихнин.

stub /stʌb/ *n* (*of pencil*) огрызок; (*of cigarette*) окурок; (*of dog's tail*) обрубок; (*of cheque etc.*) корешок.
● *vt* (**stubbed, stubbing**) **1**: **~ (out) a cigarette** гасить, по- папиросу.
2: **~ one's toe on sth** спот|ыкаться, -кнуться о(бо) что-н.

stubble /'stʌb(ə)l/ *n* (*in field*) жнивьё, стерня (*сжатое поле с остатками соломы на корню*); (*of beard*) щетина.

stubbly /'stʌblɪ/ *adj*: **~ chin** щетинистый подбородок.

stubborn /'stʌbən/ *adj* (*obstinate*) упрямый; (*tenacious*) упорный; (*unyielding, intractable*) неподатливый.

stubbornness /'stʌbənnɪs/ *n* упрямство; упорство; неподатливость.

stucco /'stʌkəʊ/ *n* (*pl* **~es**) штукатурка; (*attr*) лепной; **~ moulding** (*Br*), **molding** (*US*) лепное украшение, лепнина.
● *vt* (**stuccoes, stuccoed**) штукатурить, о-.

stuck /stʌk/ *past and pp of* ⇨**stick²**

stuck-up /'stʌk'ʌp/ *adj* (*coll, conceited*) чванливый, заносчивый.

stud¹ /stʌd/ *n* (*of horses*) конный завод; конюшня.
● *cpds* **~ farm** *n* конный завод; **~ horse** *n* племенной жеребец.

stud² /stʌd/ *n* **1** (*nail, boss, etc.*) гвоздь (*m*) с большой шляпкой; кнопка; (*on boots*) шип. **2** (*collar* **~**) запонка.
● *vt* (**studded, studding**): **~ded boots** ботинки на шипах; **a sky ~ded with stars** небо, усеянное звёздами; **a dress ~ded with jewels** платье, усыпанное драгоценными камнями.

student /'stju:d(ə)nt/ *n* студент (*fem* -ка); (*attr*) студенческий; **medical ~** студент-медик (*fem* студентка-медик); (*pupil*) ученик, учащийся; **~ teacher** учитель-практикант (*fem* учительница-практикантка); **law ~** студент (*fem* -ка) юридического факультета.

studentship /'stju:dəntʃɪp/ *n* (*Br*) стипендия.

studied /'stʌdɪd/ *adj* (*deliberate*): **~ indifference** напускное/деланное равнодушие; **~ insult** умышленное оскорбление.

studio /'stju:dɪəʊ/ *n* (*pl* **~s**) **1** (*of artist, photographer, etc.*) мастерская, студия, ателье (*indecl*); **~ couch** (*US*) диван-кровать; **~ flat** (*Br*), **apartment** (*US*) однокомнатная квартира.
2 (*broadcasting* **~**) (*radio*) радиостудия; (*TV*) телестудия; **~ audience** зрители, приглашённые в радио|студию/теле- во время записи. **3** (*cin*) съёмочный павильон; киностудия.

studious /'stju:dɪəs/ *adj* **1** (*fond of study*) любящий науку. **2** (*deliberate*) нарочитый; **~ politeness** нарочитая вежливость; **he ~ly ignored me** он старательно меня игнорировал.
3 (*zealous*) усердный, старательный.

stud|y /'stʌdɪ/ *n* **1** (*learning, investigation*) изучение, учёба, наука; **~ies** занятия (*nt pl*); **department of Slavonic ~ies** отделение/кафедра славистики; **he gives all his time to ~y** он всё своё время отдаёт науке/занятиям; **make a ~y of** (тщательно) изуч|ать, -ить; **my ~ies have convinced me** мои исследования убедили меня. **2** (*sketch; mus*) этюд.
3 (*room*) кабинет.
● *vt* **1** (*learn, investigate*) изуч|ать, -ить; исследовать (*impf, pf*); **Greek is not ~ied** греческий (язык) не изучают (*or* греческим (языком) не занимаются). **2** (*scrutinize*) (внимательно) рассм|атривать, -отреть; **I ~ied his face** я испытующе посмотрел на него. **3** (*commit to memory*): **~y a part** учить (*impf*) роль.
● *vi* учиться (*impf*).

stuff /stʌf/ *n* **1** (*material, substance*) материал, вещество, вещь; **he is not the ~ heroes are made of** из таких герои не выходят; **there's some good ~ in this book** в этой книге есть кое-что полезное/хорошее; **green ~** (*vegetables*) зелень, овощ|и (*pl, g* -ей).
2 (*coll, things*) вещи (*f pl*); (*pej, rubbish*): **what shall I do with this ~ from the cupboard?** что мне делать с этим барахлом из шкафа?; **do you call this ~ beer?** (и) вы эту дрянь называете пивом?; **~ and nonsense!** (*Br*) чепуха!; ерунда!
3 (*coll, business*): **do one's ~** делать, с- своё дело; **know one's ~** знать (*impf*) своё дело; **that's the ~ (to give 'em)!** (*Br*) вот то, что надо!; **I don't want any rough ~** пожалуйста, без драки.
● *vt* **1** (*pack, fill*) наб|ивать, -ить (*что чем*); **he ~ed the sacks with straw** он набил мешки соломой; **the taxidermist ~s dead birds** таксидермист набивает чучела птиц; **a ~ed eagle** чучело орла; (*cul*) фаршировать, за-; начин|ять, -ить; **~ a duck with sage and onions** начин|ять, -ить утку шалфеем и луком; **he ~ed his head with useless facts** он забил себе голову всякими ненужными сведениями; **~ o.s.** (*coll, overeat*) объ|едаться, -есться; наж|ираться, -раться (*coll*); **~ed shirt** (*fig, coll*) надутый индюк; **get ~ed!** (*Br vulg*) иди ты!; фиг тебе!; **my nose is ~ed up** у меня нос заложен.

2 (*cram, push*) запи́х|ивать, -а́ть/-ну́ть (*что во что*); **she ~ed her clothes into a case** она́ запихну́ла свою́ оде́жду в чемода́н; **he ~ed the note behind a cushion** он запихну́л/засу́нул запи́ску за поду́шку.

stuffiness /ˈstʌfɪnɪs/ *n* духота́, спёртость; (*of person*) чо́порность.

stuffing /ˈstʌfɪŋ/ *n* **1** (*of cushion, doll, etc.*) наби́вка; **knock the ~ out of s.o.** (*deflate*) сбить (*pf*) с кого́-н. спесь; (*enfeeble*) осла́бить (*pf*) кого́-н.; (*thrash*) колоти́ть, по-. **2** (*cul*) начи́нка, фарш.

stuffy /ˈstʌfɪ/ *adj* (**stuffier, stuffiest**) (*of room*) ду́шный; (*of atmosphere*) ду́шный, спёртый; (*of person*) чо́порный.

stultif|y /ˈstʌltɪˌfaɪ/ *vt* (*deaden*) притуп|ля́ть, -и́ть.

stumbl|e /ˈstʌmb(ə)l/ *n* спотыка́ние; (*in speech*) запи́нка.

● *vi* **1** (*miss one's footing*) оступ|а́ться, -и́ться; спот|ыка́ться, -кну́ться; **he ~ed against, over a stone** он споткну́лся о ка́мень; **~ing gait** ковыля́ющая похо́дка; **~ing block** ка́мень (*m*) преткнове́ния. **2** (*speak haltingly*) зап|ина́ться, -ну́ться; спот|ыка́ться, -кну́ться; **he ~es over his words** он запина́ется/спотыка́ется на ка́ждом сло́ве; **he ~ed through his speech** он ко́е-ка́к произнёс свою́ речь. **3**: **~e across, upon** (*find by chance*) нат|а́лкиваться, -олкну́ться на + *a*; нат|ыка́ться, -кну́ться на + *a*.

stump /stʌmp/ *n* **1** (*of tree*) пень (*m*); (*of limb*) культя́, обру́бок; (*of cigar*) оку́рок; (*of pencil*) огры́зок. **2** (*cricket*) сто́лбик.

● *vt* (*floor*) ста́вить, по- в тупи́к; озада́чи|вать, -ть; **I was ~ed by the question** э́тот вопро́с поста́вил меня́ в тупи́к.

● *vi* (*walk clumsily*) то́пать (*impf*), тяжело́ ступа́ть (*impf*); **he ~ed across the room** он протопа́л по ко́мнате.

● *with adv*: **~ up** *vt & i* (*Br coll*) выкла́дывать, вы́ложить (де́ньги).

stumpy /ˈstʌmpɪ/ *adj* (**stumpier, stumpiest**) коро́ткий и то́лстый.

stun /stʌn/ *vt* (**stunned, stunning**) **1** (*knock unconscious*) оглуш|а́ть, -и́ть. **2** (*amaze, astound*) пора|жа́ть, -зи́ть; ошелом|ля́ть, -и́ть; **a ~ning dress** потряса́ющее пла́тье.

stung /stʌŋ/ *past and pp of* ⇒**sting**

stunk /stʌŋk/ *past and pp of* ⇒**stink**

stunt /stʌnt/ *n* трюк, но́мер; **~ man** (*cin*) каскадёр.

● *vt*: **~ growth** заде́рж|ивать, -а́ть рост; **~ed trees** низкоро́слые дере́вья.

stupefaction /ˌstjuːpɪˈfækʃ(ə)n/ *n* оглуше́ние; ошеломле́ние; оцепене́ние.

stupefy /ˈstjuːpɪˌfaɪ/ *vt* оглуш|а́ть, -и́ть; (*amaze*) ошелом|ля́ть, -и́ть.

stupendous /stjuːˈpendəs/ *adj* изуми́тельный; (*in size*) огро́мный, колосса́льный.

stupid /ˈstjuːpɪd/ *adj* (**stupider, stupidest**) глу́пый, тупо́й; **~ person** глу́пый челове́к, дура́к (*fem* ду́ра); глупе́ц; тупи́ца (*cg*).

stupidity /ˌstjuːˈpɪdɪtɪ/ *n* глу́пость.

stupor /ˈstjuːpə(r)/ *n* остолбене́ние, оцепене́ние, сту́пор.

sturdiness /ˈstəːdɪnɪs/ *n* кре́пость, си́ла.

sturdy /ˈstəːdɪ/ *adj* (**sturdier, sturdiest**) (*person*) кре́пкий; (*thing*) про́чный.

sturgeon /ˈstəːdʒ(ə)n/ *n* осётр; (*as food*) осётр, осетри́на.

stutter /ˈstʌtə(r)/ *n* заика́ние; **he has a terrible ~** он ужа́сно заика́ется.

● *vt* произн|оси́ть, -ести́ заика́ясь.

● *vi* заика́ться (*impf*).

stutterer /ˈstʌtərə(r)/ *n* заи́ка (*cg*).

sty[1] /staɪ/ *n* (**pig~**; *also fig*) хлев, свина́рник.

sty[2], stye /staɪ/ *n* (*on eye*) ячме́нь (*m*).

style /staɪl/ *n* **1** (*manner*) стиль (*m*), мане́ра; (*of writing*) стиль, слог; **written in a florid ~** напи́санный витиева́тым сло́гом; **the ~ in which they live** их о́браз жи́зни; **the ~ of Rubens** мане́ра Ру́бенса; **flattery is not his ~** лесть не в его́ ду́хе/сти́ле; **cramp s.o.'s ~** меша́ть (*impf*) кому́-н.; **in fine ~** с бле́ском.

2 (*elegance, taste, luxury*): **she has ~** у неё есть вкус; **in ~** с ши́ком; **live in ~** жить (*impf*) широко́ (*or* на широ́кую но́гу).

3 (*fashion*) мо́да, фасо́н; **in the latest ~** по после́дней мо́де.

4 (*sort, kind*) род, тип, сорт; **what ~ of house do you require?** како́го ти́па дом вы хоте́ли бы приобрести́?

5 (*of dates*): **Old/New S~** (*adv*) по ста́рому/но́вому сти́лю.

● *vt* **1** (*designate*) наз|ыва́ть, -ва́ть; **self-~d** самозва́нный.

2 (*design*): **she had her hair ~d** она́ сде́лала себе́ причёску.

styli /ˈstaɪlaɪ, -liː/ *pl of* ⇒**stylus**

stylish /ˈstaɪlɪʃ/ *adj* (*fashionable*) мо́дный; (*smart*) элега́нтный, сти́льный.

stylishness /ˈstaɪlɪʃnɪs/ *n* элега́нтность.

stylist /ˈstaɪlɪst/ *n* стили́ст; **hair ~** парикма́хер-моделье́р.

stylistic /staɪˈlɪstɪk/ *adj* стилисти́ческий.

stylize /ˈstaɪlaɪz/ *vt* стилизова́ть (*impf, pf*).

styl|us /ˈstaɪləs/ *n* (*pl* **~i** *or* **~uses**) **1** (*engraving tool*) гравирова́льная игла́; резе́ц. **2** (*for records*) (граммофо́нная) иго́лка.

stymie /ˈstaɪmɪ/ *vt* (**stymies, stymied, stymying** *or* **stymieing**) (*fig*) меша́ть (*impf*) + *d*; препя́тствовать (*impf*) + *d*.

suasion /ˈsweɪʒ(ə)n/ *n* угова́ривание; **moral ~** увещева́ние.

suave /swɑːv/ *adj* обходи́тельный, учти́вый.

suavity /ˈswɑːvɪtɪ/ *n* обходи́тельность, учти́вость.

sub /sʌb/ *n* (*coll*) *abbr of* **1** ***submarine*** подло́дка. **2** ***substitute*** заме́на. **3** (*Br*) ***subscription*** подпи́ска; (*dues*) взнос. **4** (*Br*) ***subeditor*** техре́д.

● *vt* (**subbed, subbing**) (*Br*) ***subedit*** редакти́ровать, от- пе́ред набо́ром.

subaltern /ˈsʌbəlt(ə)n/ *n* мла́дший офице́р.

● *adj* ни́зший (*по чину и т. п.*).

subaqueous /sʌbˈeɪkwɪəs/ *adj* подво́дный.

subarctic /sʌbˈɑːktɪk/ *adj* субаркти́ческий.

subcategory /ˈsʌbˌkætɪgərɪ/ *n* подсе́кция, подви́д.

subcommittee /ˈsʌbkəˌmɪtɪ/ *n* подкоми́ссия; подкомите́т.

subconscious /sʌbˈkɒnʃəs/ *n* (**the ~**) подсозна́ние.

● *adj* подсозна́тельный.

subcontinent /ˈsʌbˌkɒntɪnənt/ *n* субконтине́нт.

subcontract[1] /sʌbˈkɒntrækt/ *n* субподря́д, субдогово́р.

subcontract[2] /ˌsʌbkənˈtrækt/ *vt* заключ|а́ть, -и́ть субдогово́р с + *i*; **the work was ~ed out** рабо́ту о́тдали субподря́дчику.

subcontractor /ˌsʌbkənˈtræktə(r)/ *n* субподря́дчик.

subcutaneous /ˌsʌbkjuːˈteɪnɪəs/ *adj* подко́жный.

subdivide /ˈsʌbdɪˌvaɪd, -ˈvaɪd/ *vt & i* подраздел|я́ть(ся), -и́ть(ся).

subdivision /ˈsʌbdɪˌvɪʒ(ə)n, -ˈvɪʒ(ə)n/ *n* подразделе́ние.

subdominant /sʌbˈdɒmɪnənt/ *n* субдомина́нта.

subdue /səbˈdjuː/ *vt* (**subdues, subdued, subduing**) **1** (*conquer, subjugate*) подав|ля́ть, -и́ть; **~ one's enemies** покор|я́ть, -и́ть враго́в; (*tame, discipline*): **~ one's passions** подав|ля́ть, -и́ть стра́сти. **2** (*soften*) смягч|а́ть, -и́ть; **~d light** мя́гкий свет; (*sound etc.*) приглуш|а́ть, -и́ть; пон|ижа́ть, -и́зить; **in ~d voices** приглушёнными голоса́ми.

3 (*restrain*): **with an air of ~d satisfaction** со сде́ржанным удовлетворе́нием; **he seems ~d today** он сего́дня что-то прити́х.

subedit /ˈsʌbedɪt/ *vt* (**subedited, subediting**) (*Br*) редакти́ровать, от- пе́ред набо́ром; гото́вить (*impf*) к набо́ру.

subeditor /ˈsʌbedɪtə(r)/ *n* (*Br*) помо́щник реда́ктора; техни́ческий реда́ктор (*abbr* техре́д).

subfamily /ˈsʌbˌfæmɪlɪ/ *n* подсеме́йство.

subfusc /ˈsʌbfʌsk/ *adj* тёмный.

subgroup /ˈsʌbgruːp/ *n* подгру́ппа.

subheading /ˈsʌbhedɪŋ/ *n* подзаголо́вок.

subhuman /sʌbˈhjuːmən/ *n* недочелове́к.

● *adj* нечелове́ческий.

subject[1] /ˈsʌbdʒɪkt/ *n* **1** (*pol*) по́дданный.

2 (*gram*) подлежа́щее.

3 (*philos*) субъе́кт.

4 (*theme, matter*) те́ма, предме́т; **the ~ of the book** те́ма кни́ги; **he was made the ~ of an experiment** его́ сде́лали объе́ктом о́пыта; **he talked on the ~ of bees** он говори́л о пчёлах; **change the ~** перев|оди́ть, -ести́ разгово́р на другу́ю те́му; **a painter who treats biblical ~s**

S

живопи́сец/худо́жник, пи́шущий (карти́ны на) библе́йские сюже́ты; **you are treating the ~ very lightly** вы недоста́точно серьёзно отно́ситесь к э́тому вопро́су; **while we're on the ~** поско́льку зашёл разгово́р об э́том. **5** (*branch of study*) предме́т, дисципли́на; **he passed in four ~s** он прошёл по четырём предме́там. **6** (*cause, occasion*) по́вод; **a ~ of rejoicing** по́вод для весе́лья (*or* к весе́лью).
● *adj* **1** (*subordinate*) подчинённый; зави́симый; **all citizens are ~ to the law** зако́н распространя́ется на всех гра́ждан; **bodies are ~ to gravity** тела́ подчиня́ются зако́ну тяготе́ния. **2** (*liable, prone, inclined*): **he is ~ to changes of mood** он подве́ржен (бы́стрым) сме́нам настрое́ния; **trains are ~ to delay** возмо́жны опозда́ния поездо́в. **3**: **~ to** (*conditional upon*) подлежа́щий + *d*; **the fare is ~ to alteration** сто́имость прое́зда мо́жет быть изменена́; **the treaty is ~ to ratification** догово́р подлежи́т ратифика́ции; **the price is ~ to market fluctuations** цена́ зави́сит от колеба́ний ры́нка.
● *adv*: **~ to** при усло́вии (*чего*); (одна́ко) с учётом (*чего*); поско́льку ино́е не соде́ржится/предусма́тривается в + *p*; **~ to the following provision** с соблюде́нием нижесле́дующего положе́ния; **~ to your approval** е́сли вы одо́брите; **~ to your rights** поско́льку э́то допуска́ют ва́ши права́.
● *cpds* **~ heading** *n* ру́брика, (под)заголо́вок; **~ matter** *n* содержа́ние, предме́т (*чего*).

subject² /səbˈdʒekt/ *vt* **1** (*make subordinate*) подчин|я́ть, -и́ть. **2** (*expose, make liable*) подв|ерга́ть, -е́ргнуть (*кого/что чему*); **the machine was ~ed to tests** маши́ну подве́ргли испыта́ниям; **he was ~ed to insult** его́ подве́ргли оскорбле́нию.

subjection /səbˈdʒekʃ(ə)n/ *n* подчине́ние.

subjective /səbˈdʒektɪv/ *adj* субъекти́вный; (*gram*): **~ case** имени́тельный паде́ж.

subjectivism /səbˈdʒektɪˌvɪz(ə)m/ *n* субъективи́зм.

subjectivist /səbˈdʒektɪvɪst/ *n* субъективи́ст.

subjectivity /ˌsʌbdʒekˈtɪvɪtɪ/ *n* субъекти́вность.

sub judice /sʌb ˈdʒuːdɪsɪ/ *adj* находя́щийся на рассмотре́нии (суда́).

subjugate /ˈsʌbdʒʊˌgeɪt/ *vt* (*subdue*) покор|я́ть, -и́ть; (*subject*) подчин|я́ть, -и́ть.

subjugation /ˌsʌbdʒʊˈgeɪʃ(ə)n/ *n* покоре́ние; подчине́ние.

subjunctive /səbˈdʒʌŋktɪv/ *n*: (**~ mood**) сослага́тельное наклоне́ние.
● *adj* сослага́тельный.

sublease /ˈsʌbliːs/ *n* субаре́нда.
● *vt* **1** (*of lessor*; *also* **sublet**) перед|ава́ть, -а́ть в субаре́нду. **2** (*of lessee*) брать, взять в субаре́нду.

sublet /ˈsʌblet/ (**-letting;** *past and pp* **~let**) = **sublease** *vt* **1**

sub lieutenant /ˌsʌblefˈtenənt/ *n* (*Br*) (мла́дший) лейтена́нт (*в ВМС*).

sublimate¹ /ˈsʌblɪmət/ *n* сублима́т, возго́н; **corrosive ~** сулема́.

sublimate² /ˈsʌblɪˌmeɪt/ *vt* (*chem*) сублими́ровать (*impf, pf*); воз|гоня́ть, -огна́ть; (*psychol*) сублими́ровать (*impf, pf*).

sublimation /ˌsʌblɪˈmeɪʃ(ə)n/ *n* (*chem*) сублима́ция, возго́нка; (*psychol*) сублима́ция.

sublime /səˈblaɪm/ *n* (*the ~*) вели́кое, возвы́шенное; **it is only a step from the ~ to the ridiculous** от вели́кого до смешно́го оди́н шаг.
● *adj* (**sublimer, sublimest**) (*majestic*) велича́вственный; (*lofty*) возвы́шенный; **~ contempt** го́рдое презре́ние; **~ ignorance** великоле́пное неве́дение.

subliminal /səbˈlɪmɪn(ə)l/ *adj* подсозна́тельный; де́йствующий на подсозна́ние.

sublimity /səbˈlɪmɪtɪ/ *n* возвы́шенность, вели́чественность.

sub-machine gun /ˌsʌbməˈʃiːn gʌn/ *n* автома́т; пистоле́т-пулемёт.

sub-machine gunner /ˌsʌbməˈʃiːn ˌgʌnə(r)/ *n* автома́тчик.

submarine /ˌsʌbməˈriːn, ˈsʌb-/ *n* подво́дная ло́дка.
● *adj* подво́дный.

submerge /səbˈmɜːdʒ/ *vt* & *i* погру|жа́ть(ся), -зи́ть(ся).

submer|gence /səbˈmɜːdʒəns/, **-sion** /səbˈmɜːʃ(ə)n/ *nn* погруже́ние в во́ду; затопле́ние.

submission /səbˈmɪʃ(ə)n/ *n* **1** (*subjection*) подчине́ние; (*obedience*) повинове́ние; (*humility*) смире́ние; (*submissiveness*) поко́рность; (*capitulation*) капитуля́ция; **starve into ~** брать, взять измо́ром. **2** (*presentation*) представле́ние, предъявле́ние; **~ of proof** представле́ние доказа́тельств.

submissive /səbˈmɪsɪv/ *adj* поко́рный, смирённый, послу́шный.

submit /səbˈmɪt/ *vt* (**submitted, submitting**) **1** (*yield*) подчин|я́ть, -и́ть; покор|я́ть, -и́ть; **~ o.s. to s.o.'s authority** покор|я́ться, -и́ться чьей-н. вла́сти; **2** (*present, e.g. a dissertation*) предст|авля́ть, -а́вить. **3** (*suggest, maintain*): **I ~ that your proposal is contrary to the statutes** я сме́ю утвержда́ть, что ва́ше предложе́ние противоре́чит уста́ву.
● *vi* (**submitted, submitting**) подчин|я́ться, -и́ться; покор|я́ться, -и́ться.

subnormal /sʌbˈnɔːm(ə)l/ *adj* ни́же норма́льного; **a ~ child** дефекти́вный (*or* у́мственно отста́лый) ребёнок.

suborder /ˈsʌbˌɔːdə(r)/ *n* подотря́д.

subordinate¹ /səˈbɔːdɪnət/ *n* подчинённый.
● *adj* **1** (*in rank or importance*) подчинённый; ни́зший по чи́ну; (*secondary*) второстепе́нный. **2** (*gram*) прида́точный; **~ clause** прида́точное предложе́ние.

subordinat|e² /səˈbɔːdɪˌneɪt/ *vt* (*make subservient*) подчин|я́ть, -и́ть; (*place in less important position*) ста́вить, по- в подчинённое/зави́симое положе́ние; **~ing conjunction** подчини́тельный сою́з.

subordination /səˌbɔːdɪˈneɪʃ(ə)n/ *n* подчине́ние, подчинённость.

suborn /səˈbɔːn/ *vt* подкуп|а́ть, -и́ть.

subplot /ˈsʌbplɒt/ *n* побо́чная сюже́тная ли́ния.

subpoena /səbˈpiːnə, səˈpiːnə/ *n* пове́стка в суд.
● *vt* (*past and pp* **subpoenaed** *or* **subpoena'd**) вызыва́ть, вы́звать в суд.

subroutine /ˈsʌbruːˌtiːn/ *n* (*comput*) подпрогра́мма.

subscribe /səbˈskraɪb/ *vt* **1** (*apply for*): **the course was fully ~d** на ку́рсе не оста́лось свобо́дных мест; **the share issue was fully ~d** це́нные бума́ги бы́ли по́лностью раску́плены. **2** (*contribute*) же́ртвовать, по-; **he ~s money to charities** он же́ртвует де́ньги на благотвори́тельные це́ли.
● *vi* **1** (*pay or take out subscription*): **~ to a journal** подпи́с|ываться, -а́ться на журна́л; (*contribute*): **~ to a loan** подпи́с|ываться, -а́ться на заём. **2** (*agree, assent*) присоедин|я́ться, -и́ться; **I cannot ~ to that view** я не могу́ согласи́ться с э́тим мне́нием.

subscriber /səbˈskraɪbə(r)/ *n* (*to publication etc.*) подпи́счик; (*contributor to fund*) же́ртвователь (*fem* -ница); (*telephone ~*) абоне́нт.

subscript /ˈsʌbskrɪpt/ *adj* подстро́чный.

subscription /səbˈskrɪpʃ(ə)n/ *n* (*to concerts etc.*) абонеме́нт; (*fee*) взнос, поже́ртвование; **~ to a newspaper** подпи́ска на газе́ту; **take out a ~** подпи́с|ываться, -а́ться (на + *a*); **~ form** подписно́й лист.

subsection /ˈsʌbˌsekʃ(ə)n/ *n* подсе́кция.

subsequent /ˈsʌbsɪkwənt/ *adj* после́дующий, сле́дующий; **~ to his death** (име́ющий ме́сто) по́сле его́ сме́рти; **~ly** впосле́дствии; зате́м.

subservience /səbˈsɜːvɪəns/ *n* раболе́пие, послуша́ние.

subservient /səbˈsɜːvɪənt/ *adj* (*servile*) раболе́пный, послу́шный.

subset /ˈsʌbset/ *n* гру́ппа (*в составе чего-л.*).

subside /səbˈsaɪd/ *vi* **1** (*of liquid*) пон|ижа́ться, -и́зиться. **2** (*of ground or building*) ос|еда́ть, -е́сть; **the ground ~d** земля́ осе́ла. **3** (*of water*) спа|да́ть, -сть; **the floods ~d** наводне́ние спа́ло; (*of blister*) оп|ада́ть, -а́сть. **4** (*of fever*) па́дать, упа́сть; (*of wind, storm, etc.*) ут|иха́ть, -и́хнуть; **the laughter ~d** смех ути́х; **the noise ~d** шум смолк; **passions ~d** стра́сти улегли́сь.

subsidence /səbˈsaɪd(ə)ns, ˈsʌbsɪd(ə)ns/ *n* (*of ground*) оседа́ние, оса́дка.

subsidiary /səbˈsɪdɪərɪ/ *n* (*comm*) филиа́л.

S

● *adj* вспомога́тельный, второстепе́нный; **~ company** доче́рняя компа́ния.

subsidize /ˈsʌbsɪˌdaɪz/ *vt* субсиди́ровать (*impf, pf*), доти́ровать (*impf, pf*).

subsidy /ˈsʌbsɪdɪ/ *n* субси́дия, посо́бие, дота́ция.

subsist /səbˈsɪst/ *vi* (*exist*) существова́ть (*impf*); (*survive*) жить, про-.

subsistence /səbˈsɪst(ə)ns/ *n* (*existence*) существова́ние; бытие́; (*means of supporting life*) сре́дства (*nt pl*) к существова́нию; пропита́ние; **~ allowance, money** (*Br*) командиро́вочные (де́ньги); ава́нс; **~ farming** натура́льное хозя́йство; **~ wage** прожи́точный ми́нимум.

subsoil /ˈsʌbsɔɪl/ *n* подпо́чва.

subsonic /sʌbˈsɒnɪk/ *adj* дозвуково́й.

subspecies /ˈsʌbˌspiːʃiːz, -ʃɪz/ *n* (*pl* **~**) подви́д.

substance /ˈsʌbst(ə)ns/ *n* **1** (*essence, reality*) субста́нция, реа́льность. **2** (*essential elements*) суть, содержа́ние, су́щность, существо́; **he told me the ~ of his speech** он пересказа́л мне основно́е содержа́ние свое́й ре́чи; **in ~** по существу́. **3** (*piece, type of matter*) вещество́. **4** (*solidity*) пло́тность, содержа́ние; **a piece of writing that lacks ~** сочине́ние, лишённое содержа́ния; **there is no ~ in the rumour** (*Br*), **rumor** (*US*) э́тот слух ниче́м не подкреплён. **5** (*possessions*) состоя́ние; **a man of ~** состоя́тельный челове́к.

substandard /sʌbˈstændəd/ *adj* нестанда́ртный, низкока́чественный; (*of language*) нелитерату́рный, просторе́чный.

substantial /səbˈstænʃ(ə)l/ *adj* **1** (*material*) веще́ственный, реа́льный; **a ~ being** реа́льное/живо́е существо́. **2** (*solid, stout, sturdy*) кре́пкий; **a man of ~ build** челове́к кре́пкого телосложе́ния; **a ~ building** соли́дное зда́ние; **a ~ dinner** сы́тный обе́д. **3** (*considerable*): **a ~ sum** поря́дочная/внуши́тельная су́мма; **a ~ contribution** большо́й/ва́жный вклад; **a ~ improvement** значи́тельное/заме́тное/ суще́ственное улучше́ние. **4** (*essential, overall*) по существу́/су́ти; **I am in ~ agreement** я согла́сен по существу́ (*or* в основно́м).

substantiate /səbˈstænʃɪˌeɪt/ *vt* обосно́в|ывать, -а́ть; дока́з|ывать, -а́ть.

substantiation /səbˌstænʃɪˈeɪʃ(ə)n/ *n* обоснова́ние, доказа́тельство.

substantival /səbˌstænˈtaɪv(ə)l/ *adj* субстанти́вный.

substantive /səbˈstæntɪv/ *n* и́мя существи́тельное.

● *adj* **1** (*existing independently*) субстанти́вный, незави́симый, самостоя́тельный. **2** (*pertaining to subject matter*): **I have no ~ comments** у меня́ нет замеча́ний по существу́ (де́ла, вопро́са *и т. п.*); **~ provisions** резолюти́вная/операти́вная часть (*документа и т. п.*).

substation /ˈsʌbˌsteɪʃ(ə)n/ *n* (*elec*) подста́нция.

substitute /ˈsʌbstɪˌtjuːt/ *n* заме́на; (*person*) замести́тель (*m*); (*in sport*) запасно́й (*игрок*); (*thing*) замени́тель (*m*), суррога́т; **butter ~** замени́тель/ суррога́т ма́сла.

● *vt* (*use/put in place of*): **~ B for A** (*or* **~ A with B**) замен|я́ть, -и́ть предме́т А предме́том В; испо́льзовать (*impf, pf*) предме́т В вме́сто предме́та А; **~ soya milk for cow's milk** замен|я́ть, -и́ть коро́вье молоко́ со́евым (молоко́м); испо́льзовать (*impf, pf*) со́евое молоко́ вме́сто коро́вьего (молока́); **a forgery was ~d for the original; the original was ~ed with a forgery** оригина́л был подменён фальши́вкой.

● *vi*: **~ for** заме|ща́ть, -сти́ть; подмен|я́ть, -и́ть (*кого*); (*sport*) замен|я́ть, -и́ть (*игрока*).

substitution /ˌsʌbstɪˈtjuːʃ(ə)n/ *n* заме́на, замеще́ние, подме́на; (*math*) подстано́вка.

substrat|um /ˈsʌbˌstrɑːtəm, -ˌstreɪtəm/ *n* (*pl* **~a**) основа́ние; ни́жний слой; (*geol*) подпо́чва, субстра́т.

substructure /ˈsʌbˌstrʌktʃə(r)/ *n* фунда́мент; ни́жнее строе́ние (*моста, железнодорожного пути и т. п.*).

subsume /səbˈsjuːm/ *vt* включ|а́ть, -и́ть в каку́ю-н. катего́рию; отн|оси́ть, -ести́ к како́й-н. катего́рии, гру́ппе *и т. п.*

subtenancy /sʌbˈtenənsɪ/ *n* суба́ре́нда, поднаём.

subtenant /ˈsʌbˌtenənt/ *n* субарендáтор, поднанима́тель (*m*).

subtend /sʌbˈtend/ *vt* (*an angle*) противолежа́ть (*impf*) + *d*; (*an arc*) стя́гивать (*impf*) (*дугу*).

subterfuge /ˈsʌbtəˌfjuːdʒ/ *n* уло́вка, хи́трость.

subterranean /ˌsʌbtəˈreɪnɪən/ *adj* подзе́мный.

subtitle /ˈsʌbˌtaɪt(ə)l/ *n* подзаголо́вок.

subtitles /ˈsʌbtaɪt(ə)lz/ *n pl* (*cin*) субти́тры (*m pl*).

subtle /ˈsʌt(ə)l/ *adj* (**subtler, subtlest**) **1** (*fine, elusive*) то́нкий; (*refined*) утончённый; **~ distinction** то́нкое разли́чие; **~ charm** неулови́мое обая́ние. **2** (*perceptive*) то́нкий; (*acute*) о́стрый; **~ remark** то́нкое замеча́ние; **~ mind** о́стрый ум. **3** (*ingenious, deft*): **~ fingers** ло́вкие па́льцы; **~ device** иску́сный трюк; **~ argument** хитроу́мный до́вод. **4** (*crafty, cunning*) иску́сный, хи́трый.

subtlety /ˈsʌtəltɪ/ *n* то́нкость; утончённость; острота́; хи́трость; то́нкое разли́чие.

subtonic /sʌbˈtɒnɪk/ *n* ни́жний вво́дный тон.

subtract /səbˈtrækt/ *vt* вычита́ть, вы́честь.

subtraction /səbˈtrækʃ(ə)n/ *n* вычита́ние.

subtropical /sʌbˈtrɒpɪk(ə)l/ *adj* субтропи́ческий.

subtropics /sʌbˈtrɒpɪks/ *n pl* субтро́пики (*m pl*).

subunit /ˈsʌbjuːnɪt/ *n* (*mil*) подразделе́ние.

suburb /ˈsʌbɜːb/ *n* при́город, предме́стье.

suburban /səˈbɜːbən/ *adj* при́городный; (*fig*) меща́нский, провинциа́льный.

suburbanite /səˈbɜːbənaɪt/ *n* жи́тель (*fem* -ница) при́города.

suburbia /səˈbɜːbɪə/ *n* (*collect*) при́городы (*m pl*).

subvention /səbˈvenʃ(ə)n/ *n* субси́дия, дота́ция.

subversion /səbˈvɜːʃ(ə)n/ *n* подрывна́я де́ятельность.

subversive /səbˈvɜːsɪv/ *adj* подрывно́й.

subvert /səbˈvɜːt/ *vt* под|рыва́ть, -орва́ть.

subway /ˈsʌbweɪ/ *n* (*Br, passage under road*) подзе́мный перехо́д; (*US, railway*) метро́ (*indecl*), подзе́мка (*coll*).

sub-zero /sʌbˈzɪərəʊ/ *adj*: **~ temperatures** минусовы́е температу́ры.

succeed /səkˈsiːd/ *vt* **1** (*follow*) сле́довать (*impf*) за + *i*; **night ~s day** ночь сменя́ет день. **2** (*as heir*) насле́довать (*impf, pf*) + *d*; **Mary was ~ed by Elizabeth I** по́сле Мари́и на престо́л взошла́ Елизаве́та I; (*as replacement*) смен|я́ть, -и́ть; **who ~ed him as President?** кто был сле́дующим президе́нтом?

● *vi* **1** (*follow*) после́довать (*pf*) (за + *i*). **2** (*as heir etc.*): **he ~ed to his father's estate** он унасле́довал име́ние отца́; **he ~ed to the premiership** он за́нял пост премье́р-мини́стра. **3** (*be, become successful*) преусп|ева́ть, -е́ть; доб|ива́ться, -и́ться успе́ха/ своего́; **he is bound to ~ in life** он наверняка́ преуспе́ет в жи́зни; **he ~ed as a lawyer** он име́л успе́х в ка́честве адвока́та; **the attack ~ed beyond all expectation** ата́ка удала́сь сверх вся́ких ожида́ний; **he ~ed in tricking us all** ему́ удало́сь всех нас обману́ть.

success /səkˈses/ *n* успе́х, уда́ча; **his efforts were crowned with ~** его́ уси́лия увенча́лись успе́хом; **I tried to get in, but without ~** я пыта́лся войти́, но безуспе́шно; **I have had no ~ so far** пока́ я не мог доби́ться успе́ха (*or* дости́гнуть це́ли); **my holidays were not a ~ this year** мои́ кани́кулы в э́том году́ бы́ли неуда́чными; **that book is among his ~es** э́та кни́га — одна́ из его́ уда́ч; **a series of military ~es** ряд вое́нных успе́хов.

successful /səkˈsesfʊl/ *adj* успе́шный, уда́чный, благополу́чный; **a ~ attempt** успе́шная попы́тка; **a ~ speech** уда́чная речь; **I tried to persuade him, but was not ~** я пыта́лся убеди́ть его́, но мне э́то не удало́сь; (*fortunate*) преуспева́ющий; уда́чливый; **he had the appearance of a ~ man** у него́ был вид преуспева́ющего челове́ка; **he was ~ in business** он был уда́члив в дела́х.

S

succession /sək'seʃ(ə)n/ *n* **1** (*sequence*) послéдовательность; **in ~** подря́д; **they rode past in rapid ~** они промчáлись оди́н за други́м. **2** (*series*) ряд, цепь; **a ~ of victories** цепь побéд. **3** (*succeeding to office etc.*) наслéдство, наслéдование (*о порядке передачи*); **the king's right of ~ was disputed** прáво престолонаслéдия короля́ оспáривалось; **the ~ was broken** преéмственность былá нарýшена.

successive /sək'sesɪv/ *adj* послéдовательный; **on three ~ occasions** три рáза подря́д.

successor /sək'sesə(r)/ *n* преéмни|к (*fem* -ца), наслéдни|к (*fem* -ца).

succinct /sək'sɪŋkt/ *adj* (*concise*) сжáтый; (*brief*) крáткий.

succinctness /sək'sɪŋktnɪs/ *n* сжáтость, крáткость.

succour /'sʌkə(r)/ (*US* **succor**) (*literary*) *n* пóмощь.
● *vt* при|ходи́ть, -йти́ на пóмощь + *d*.

succulence /'sʌkjʊləns/ *n* сóчность.

succulent /'sʌkjʊlənt/ *adj* сóчный; (*bot*) мяси́стый.

succumb /sə'kʌm/ *vi* уступ|áть, -и́ть; подд|авáться, -áться; **they ~ed to the enemy's superior force** они́ уступи́ли превосходя́щей си́ле проти́вника; **she did not ~ to temptation** онá не поддалáсь искушéнию; (*die*) скончáться (*pf*); **he ~ed to his injuries** он скончáлся от (полýченных) ран.

such /sʌtʃ/ *pron* **1** (*that*) э́то; **~ was not my intention** э́то не бы́ло мои́м намéрением; **~ being the case** в такóм слýчае; **he is a good scholar and is recognized as ~** он хорóший учёный и при́знан таковы́м.
2: **as ~** (*without qualification*) вообщé; как таковóй.
3: **~** (*people*) **as** те, котóрые.
● *adj* **1** (*of the kind mentioned*; *of this, that kind*) такóй; **I know of no ~ place** я не слыхáл о такóм мéсте; **I have never seen ~ a sight** я никогдá не ви́дел подóбного зрéлища; **I said no ~ thing** я ничегó подóбного не говори́л; **some ~ thing** чтó-то в э́том рóде; **no ~ luck!** увы́!; éсли бы!; **how could you do ~ a thing?** как вы могли́ так поступи́ть?
2: **~ as** (*of a kind …*): **~ grapes as you never saw** тако́й виногрáд, какóго вы в жи́зни не ви́дели; **the difference was not ~ as to affect the result** рáзница былá не так великá, чтóбы повлия́ть на результáт; **I am not ~ a fool as to believe him** я не такóй дурáк, чтóбы повéрить емý; (*like*): **people ~ as these** таки́е лю́ди; лю́ди, подóбные э́тим; **a picture ~ as that is valuable** такóго рóда карти́ны высокó цéнятся; **small objects ~ as diamonds** мéлкие предмéты, как напримéр бриллиáнты; **there is ~ a thing as politeness** существýет такáя вещь, как вéжливость; **you can share my meal, ~ as it is** вы мóжете раздели́ть со мнóй мой ýжин, какóв он есть.
3 (*pred*) такóв; **~ was the force of the gale** таковá былá си́ла урагáна; **~ is life!** таковá жизнь!
● *cpds* **~-and-~** *adj* такóй-то; **~like** *pron* & *adj* подóбный; **theatres, cinemas and ~like** теáтры, кинó и томý подóбное.

suck /sʌk/ *n* сосáние; **take a ~ at** пососáть (*pf*); **give ~ to a child** (*archaic*) да|вáть, -ть (пососáть) грудь ребёнку.
● *vt* **1** сосáть (*impf*); **he was ~ing (at/on) a mint** он посáсывал (мя́тный) леденéц; (**~** *in, imbibe*) вс|áсывать, -осáть; тянýть (*impf*) (*через соломинку и т. п.*); **bees ~ nectar** пчёлы втя́гивают нектáр; **he was ~ing fruit juice through a straw** он тянýл фруктóвый сок чéрез солóминку; (**~** *out*) высáсывать, вы́сосать.
2 (*squeeze or dissolve in mouth*) сосáть (*impf*); посáсывать (*impf*); **she was always ~ing lozenges** онá вéчно сосáла леденцы́; **the baby likes to ~ its thumb** младéнец лю́бит сосáть пáлец.
● *vi* сосáть (*impf*); **~ at, on a pipe** посáсывать/потя́гивать (*impf*) трýбку; **~ing pig** молóчный поросёнок.
● *with advs*: **~ in** *vt* вс|áсывать, -осáть; (*engulf*) зас|áсывать, -осáть; (*fig*) впи́т|ывать, -áть (в себя́); **~ out** *vt* высáсывать, вы́сосать; **~ up** *vt* высáсывать, вы́сосать; (*absorb*) впи́т|ывать, -áть; *vi*: **~ up to s.o.** (*coll*) подли́з|ываться, -áться к комý-н.

sucker /'sʌkə(r)/ *n* **1** (*organ, device*) присóска, присóсок. **2** (*bot*) отрóсток, боковóй побéг. **3** (*sl, gullible person*) простá|к (*fem* -чка).

suckl|e /'sʌk(ə)l/ *vt* вск|áрмливать, -орми́ть; (*of person*) корми́ть (*impf*) грýдью; **the cow was ~ing the calf** телёнок сосáл мáтку.

suckling /'sʌklɪŋ/ *n* (*child*) груднóй ребёнок; сосунóк; (*animal*) сосýн, сосунóк; **~ pig** (*US*) молóчный поросёнок.

sucrose /'su:krəuz, 'sju:-/ *n* сахарóза.

suction /'sʌkʃ(ə)n/ *n* всáсывание, засáсывание; присáсывание; **~ pump** всáсывающий насóс.

Sudan /su:'dɑ:n, -'dæn/ *n* Судáн.

Sudanese /,su:də'ni:z/ *n* (*pl* **~**) судáн|ец (*fem* -ка).
● *adj* судáнский.

sudden /'sʌd(ə)n/ *n*: **(all) of a ~** внезáпно, вдруг.
● *adj* (*unexpected*) внезáпный, неожи́данный; **he made a ~ movement** он сдéлал рéзкое движéние; **~ death** скоропости́жная смерть; (*sport*) прáвило «внезáпной смéрти» (*в дополнительное время при ничейном счёте первый забитый гол считается победным*).

suddenly /'sʌd(ə)nlɪ/ *adv* внезáпно, вдруг.

suddenness /'sʌd(ə)nnɪs/ *n* внезáпность, неожи́данность.

Sudetenland /su:'deɪt(ə)n,lænd/ *n* Судéтская óбласть.

suds /sʌdz/ *n pl* мы́льная пéна.

sue /su:, sju:/ *vt* (**sues, sued, suing**) возбу|ждáть, -ди́ть иск/дéло прóтив + *g*; под|авáть, -áть в суд на + *a*; (**for libel** за клеветý; **for damages** о возмещéнии убы́тков).
● *vi* **1** (*take legal action*) под|авáть, -áть в суд (на + *a*). **2** (*make entreaties*): **~ for peace** проси́ть (*impf*) ми́ра.

suede /sweɪd/ *n* зáмша.
● *adj* зáмшевый.

suet /'su:ɪt, 'sju:ɪt/ *n* нутрянóе сáло; пóчечный жир.

Suez /'su:ɪz/ *n* Суэ́ц; **~ Canal** Суэ́цкий канáл.

suffer /'sʌfə(r)/ *vt* **1** (*experience*) испы́т|ывать, -áть; претерп|евáть, -éть; (*defeat*) терпéть, по-; **she did not ~ much pain** её не си́льно мýчили бóли; (*if she died*) онá недóлго мýчилась; **he ~ed many hardships** он перенёс/претерпéл мнóжество лишéний.
2 (*permit*) позв|оля́ть, -óлить; (*tolerate*) терпéть, по-/с-; **he does not ~ fools gladly** он не выно́сит дуракóв.
● *vi* страдáть (*impf*) (от + *g*); **he learnt to ~ without complaining** он научи́лся безрóпотно переноси́ть страдáние; **he ~s from shyness** он (óчень) застéнчив; **he is ~ing from measles** он болéет кóрью; у негó корь; **he is ~ing from loss of appetite** он страдáет отсýтствием аппети́та; **he did not ~ much in the accident** он не óчень пострадáл во врéмя авáрии; **his reputation will ~ greatly** егó репутáция си́льно пострадáет; **he ~ed for his folly** он был накáзан за свою́ глýпость; **I ~ed for it** я за э́то поплати́лся.

sufferance /'sʌfərəns/ *n*: **on ~** из ми́лости; с молчали́вого соглáсия.

sufferer /'sʌfrə(r)/ *n* страдáлец.

suffering /'sʌfrɪŋ/ *n* страдáние.

suffice /sə'faɪs/ *vt* удовлетвор|я́ть, -и́ть; **one meal a day ~s her** ей достáточно есть оди́н раз в день.
● *vi* быть достáточным; хват|áть, -и́ть; **a brief statement will ~ for my purpose** мне потрéбуется лишь крáткое заявлéние; **~ it to say that …** достáточно сказáть, что… .

sufficiency /sə'fɪʃənsɪ/ *n* достáточность, достáток.

sufficient /sə'fɪʃ(ə)nt/ *n*: **have you had ~ (to eat)?** вы сы́ты?
● *adj* достáточный, подходя́щий; **the sum is ~ for the journey** э́тих дéнег хвáтит на дорóгу; **lack ~ food** испы́тывать (*impf*) недостáток в пи́ще.

suffix /'sʌfɪks/ *n* сýффикс.
● *vt* приб|авля́ть, -áвить.

suffocat|e /'sʌfə,keɪt/ *vt* души́ть, за-; **I was ~ed by the close atmosphere** я задыхáлся в духотé; **he was ~ed by poisonous fumes** он задохнýлся от ядови́того ды́ма; **~ing heat** удýшливая жарá.
● *vi* зад|ыхáться, -охнýться.

suffocation /,sʌfə'keɪʃ(ə)n/ *n* удушéние, удýшье.

suffragan /'sʌfrəgən/ *n*: **(~ bishop)** викáрий; викáрный епи́скоп.

S

suffrage /ˈsʌfrɪdʒ/ *n* избира́тельное пра́во; **female ~** избира́тельное пра́во для же́нщин; **universal ~** всео́бщее избира́тельное пра́во.

suffragette /ˌsʌfrəˈdʒet/ *n* (*hist*) суфражи́стка.

suffuse /səˈfjuːz/ *vt* зал|ива́ть, -и́ть; **a blush ~d her cheeks** её щёки зали́л румя́нец.

sugar /ˈʃʊgə(r)/ *n* са́хар; **granulated/caster ~** (са́харный) песо́к; **confectioner's** (*US*), **icing ~** (*Br*) са́харная пу́дра; **brown ~** неочи́щенный са́харный песо́к; **cane ~** тростнико́вый са́хар; **lump ~** кусково́й са́хар, (са́хар-)рафина́д.
● *vt* **1** (*lit, fig, sweeten*) подсла́|щивать, -сти́ть.
2 (*sprinkle with ~*) пос|ыпа́ть, -ы́пать са́харом; са́харить, по-.
● *cpds* **~ basin** *n* са́харница; **~ beet** *n* са́харная свёкла; **~ bowl** *n* са́харница; **~ candy** *n* леденец; **~ cane** *n* са́харный тростни́к; **~-coated** *adj* покры́тый са́харом; **~ daddy** *n* (*coll*) бога́тый пожило́й покло́нник; **~loaf** *n* са́харная голова́; **~ lump** *n* кусо́(че)к са́хара; **~ mill** *n* са́харный заво́д; **~ plantation** *n* са́харная планта́ция; **~ refinery** *n* рафина́дный заво́д; **~ tongs** *n pl* щипц|ы́ (*pl, g* -о́в) для са́хара.

sugarless /ˈʃʊgəlɪs/ *adj* без са́хара.

sugary /ˈʃʊgərɪ/ *adj* **1** са́харный, сахари́стый. **2** (*fig, of tone, smile, etc.*) сла́дкий, слаща́вый.

suggest /səˈdʒest/ *vt* **1** (*propose*) предл|ага́ть, -ожи́ть; сове́товать, по-; **he ~ed (going for) a walk** он предложи́л пойти́ прогуля́ться; **he ~ed that I should follow him** он предложи́л/посове́товал мне сле́довать за ним; **I ~ you try again** я сове́тую вам попро́бовать ещё раз(о́к); **all sorts of plans were ~ed** предлага́лись всевозмо́жные пла́ны; (*with inanimate subject*): **what ~ed that idea to you?** что навело́ вас на э́ту мысль?
2 (*evoke, call to mind*) вызыва́ть, вы́звать; **what does this shape ~?** что напомина́ет э́та фо́рма?; **does the name ~ nothing to you?** э́то и́мя вам ничего́ не говори́т?
3 (*imply, indicate*) говори́ть (*impf*) о + *p*; свиде́тельствовать (*impf*) о + *p*; **his skill ~s long practice** его́ мастерство́ говори́т о дли́тельной пра́ктике; **his tone ~ed impatience** в его́ то́не чу́вствовалось нетерпе́ние.
4 (*advance as possible or likely*): **I ~ that the calculation is (or may be) wrong** по-мо́ему, здесь оши́бка в расчёте; **I ~ that you knew all the time** я утвержда́ю, что вы с са́мого нача́ла зна́ли об э́том; **do you ~ that I am lying?** вы хоти́те сказа́ть, что я лгу?

suggestible /səˈdʒestɪb(ə)l/ *adj* (*of person*) внуша́емый.

suggestion /səˈdʒestʃ(ə)n/ *n* **1** (*proposal*) предложе́ние, сове́т; **make a ~** вн|оси́ть, -ести́ предложе́ние; под|ава́ть, -а́ть иде́ю/мысль; **I acted on his ~** я воспо́льзовался его́ сове́том/иде́ей.
2 (*implication*) намёк, до́ля; (*tinge*) отте́нок; **there was a ~ of regret in his voice** в его́ го́лосе звуча́ла но́тка сожале́ния; **a ~ of a foreign accent** чуть заме́тный иностра́нный акце́нт.
3 (*hypnotic etc.*) внуше́ние.

suggestive /səˈdʒestɪv/ *adj* **1**: **~ of** напомина́ющий. **2** (*improper*) непристо́йный; риско́ванный.

suicidal /ˌsuːɪˈsaɪd(ə)l, ˌsjuː-/ *adj* **1** (*pertaining to suicide*) самоуби́йственный. **2** (*leading to suicide*): **~ tendencies** скло́нность к самоуби́йству. **3** (*of person*) скло́нный к самоуби́йству; суицида́льный.
4 (*fig, fatal*) губи́тельный, ги́бельный; **~ policy** па́губная поли́тика.

suicide /ˈsuːɪˌsaɪd, ˈsjuː-/ *n* **1** (*also fig*) самоуби́йство; **commit ~** конча́ть, (по)ко́нчить с собо́й; ко́нчить, поко́нчить (*both pf*) (жизнь) самоуби́йством. **2** (*person*) самоуби́йца (*cg*); **~ pact** группово́е самоуби́йство по сго́вору; **~ pilot** (пило́т-)сме́ртник.

sui generis /ˌsjuːaɪ ˈdʒenərɪs, ˌsuːɪ ˈgen-/ *adj* своеобра́зный, уника́льный.

suit /suːt, sjuːt/ *n* **1** (*archaic, petition*) проше́ние; **grant s.o.'s ~** удовлетвор|я́ть, -и́ть чьё-н. проше́ние; (*for marriage*) сватовство́.
2 (*law*) иск, де́ло; **civil/criminal ~** гражда́нский/уголо́вный иск; **bring (a) ~ against s.o.** предъяв|ля́ть, -и́ть иск кому́-н.
3 (*of clothes*) костю́м; **two-piece ~** костю́м-дво́йка; (*woman's*) костю́м, ю́бка с жаке́том; **~ of armour** (*Br*), **armor** (*US*) доспе́хи (*m pl*), ла́т|ы (*pl, g* —).
4 (*of cards*) масть; **follow ~** ходи́ть (*indet*) в масть; (*fig*) сле́довать, по- за + *i*; сле́довать, по- чьему́-н. приме́ру; **politeness is not his strong ~** он не отлича́ется любе́зностью.
● *vt* **1** (*accommodate, adapt*) приспос|а́бливать, -о́бить (*что к чему*); согласо́в|ывать, -а́ть (*что с чем*); **he is not ~ed to be an engineer** он не годи́тся в инжене́ры; **they are ~ed to one another** они́ подхо́дят друг дру́гу.
2 (*be satisfactory, convenient for*): **the plan ~s me** э́тот план меня́ устра́ивает; **would Sunday ~ you?** воскресе́нье вам подойдёт (*or* вас устро́ит)?; **will it ~ you to finish now?** удо́бно ли вам ко́нчить на э́том?; **he tries to ~ everybody** он стара́ется всем угоди́ть; **~ yourself!** как хоти́те!
3 (*be good for, agree with*): **coffee does not ~ me** мне от ко́фе де́лается нехорошо́; **the English climate does not ~ everyone** не всем подхо́дит англи́йский кли́мат.
4 (*befit*) под|ходи́ть, -ойти́ + *d*; **the role does not ~ him** э́та роль ему́ не подхо́дит; **that hat ~s her** э́та шля́па ей идёт (*or* ей к лицу́).
● *vi* под|ходи́ть, -ойти́; годи́ться (*impf*).
● *cpd* **~case** *n* (небольшо́й) чемода́н.

suitability /ˌsuːtəˈbɪlɪtɪ, ˌsjuː-/ *n* го́дность, приго́дность.

suitable /ˈsuːtəb(ə)l, ˈsjuː-/ *adj* подходя́щий, го́дный, соотве́тствующий; **he is ~ for the job** он подхо́дит для э́той до́лжности; **clothes ~ to the occasion** оде́жда, подходя́щая к (*or* соотве́тствующая) слу́чаю; **reading ~ to her age** чте́ние, соотве́тствующее её во́зрасту.

suitably /ˈsuːtəblɪ, ˈsjuː-/ *adv* соотве́тственно, пра́вильно; как сле́дует.

suite /swiːt/ *n* **1** (*retinue*) сви́та. **2** (*set*): **~ of furniture** ме́бельный гарниту́р; **bedroom ~** спа́льный гарниту́р; **~ of rooms** апарта́менты (*m pl*); (*in hotel*) (но́мер) люкс. **3** (*mus*) сюи́та.

suitor /ˈsuːtə(r), ˈsjuː-/ *n* (*wooer*) жени́х, покло́нник.

sulf- /ˈsʌlf/ (*US*) = **sulph-**

sulk /sʌlk/ *n* дурно́е настрое́ние.
● *vi* быть в дурно́м настрое́нии; **~ at s.o.** ду́ться (*impf*) на кого́-н.

sulky /ˈsʌlkɪ/ *adj* (**sulkier, sulkiest**) наду́тый, оби́женный.

sullen /ˈsʌlən/ *adj* (*sulky*) наду́тый; (*morose*) угрю́мый; (*sombre*) мра́чный.

sullenness /ˈsʌlənnɪs/ *n* наду́тость; угрю́мость; мра́чность.

sully /ˈsʌlɪ/ *vt* (*literary*) пятна́ть, за-.

sulphate /ˈsʌlfeɪt/ (*US* **sulfate**) *n* сульфа́т; **copper/iron/zinc ~** ме́дный/желе́зный/ци́нковый купоро́с.

sulphide /ˈsʌlfaɪd/ (*US* **sulfide**) *n* сульфи́д; **copper ~** серни́стая медь.

sulphite /ˈsʌlfaɪt/ (*US* **sulfite**) *n* сульфи́т; **copper ~** сернистоки́слая медь.

sulphur /ˈsʌlfə(r)/ (*US* **sulfur**) *n* се́ра; **flowers of ~** се́рный цвет.

sulphureous /sʌlˈfjʊərɪəs/ (*US* **sulfureous**) *adj* се́рный; (*of colour*) ядови́то-жёлтый.

sulphuric /sʌlˈfjʊərɪk/ (*US* **sulfuric**) *adj* се́рный; **~ acid** се́рная кислота́.

sulphurous /ˈsʌlfərəs/ (*US* **sulfurous**) *adj* серни́стый.

sultan /ˈsʌlt(ə)n/ *n* султа́н.

sultana /sʌlˈtɑːnə/ *n* (*fruit*) изю́минка; (*collect*) кишми́ш (*об изюме*).

sultanate /ˈsʌltəˌneɪt/ *n* (*state, institution*) султана́т.

sultriness /ˈsʌltrɪnɪs/ *n* духота́, зно́йность, зной.

sultry /ˈsʌltrɪ/ *adj* (**sultrier, sultriest**) **1** (*of atmosphere, weather*) зно́йный, ду́шный; **~ heat** зной. **2** (*of temper or person*) зно́йный, стра́стный, ю́жный.

sum /sʌm/ *n* **1** (*total amount*) ито́г; **~ total** о́бщая су́мма, о́бщий ито́г; **the ~ total of his demands was ...** в о́бщей сло́жности его́ тре́бования своди́лись к + *d*; **in ~** (одни́м) сло́вом; ко́ротко говоря́.
2 (*amount*) су́мма; **his debts amounted to the ~ of £2,000** его́ долги́ достига́ли (су́ммы в) 2000 фу́нтов.
3 (*arithmetical problem*) (арифмети́ческая) зада́ча; **he did the ~ in his head** он реши́л зада́чу в уме́; **he is good at ~s** он силён в арифме́тике.
● *vt* (**summed, summing**) (*usu* **~ up**)

S

1 (*reckon up*) подсчи́т|ывать, -а́ть; скла́дывать, сложи́ть.
2 (*summarize*) сумми́ровать (*impf, pf*); подв|оди́ть, -ести́ ито́ги + *g*; резюми́ровать (*impf, pf*); **the argument can be ~med up in one word** аргуме́нт мо́жно сформули́ровать одни́м сло́вом; (*form judgement of*): **he ~med up the situation at a glance** он оцени́л положе́ние с пе́рвого взгля́да.
● *vi* (**summed, summing**): **~ up** сумми́ровать (*impf, pf*); резюми́ровать (*impf, pf*); **the judge's ~ming-up** заключи́тельная речь судьи́; **to ~ up, ...** подыто́живая/сумми́руя ска́занное, ...; подводя́ ито́г (ска́занному), ...; (*in a word*) сло́вом, ...

sumac(h) /'su:mæk, 'ʃu:-, 'sju:-/ *n* (*bot*) сума́х.

Sumatra /sʊ'mɑ:trə/ *n* Сума́тра.

Sumatran /sʊ'mɑ:trən/ *n* суматра́н|ец (*fem* -ка); жи́тель (*fem* -ница) Сума́тры.
● *adj* суматра́нский.

summarily /'sʌmərɪlɪ/ *adv* бесцеремо́нно.

summarize /'sʌmə,raɪz/ *vt* сумми́ровать (*impf, pf*); резюми́ровать (*impf, pf*); подв|оди́ть, -ести́ ито́г(и) + *g*.

summary /'sʌmərɪ/ *n* резюме́ (*indecl*), сво́дка.
● *adj* **1** (*brief*) сумма́рный, кра́ткий; **~ account** кра́ткий отчёт. **2** (*rapid, sweeping*) бесцеремо́нный; **a ~ judgement** пове́рхностное сужде́ние. **3** (*law*) ускорённый.

summation /sə'meɪʃ(ə)n/ *n* (*summing-up*) резюме́ (*indecl*).

summer /'sʌmə(r)/ *n* ле́то; **in ~** ле́том; **Indian ~** ба́бье ле́то.
● *adj* ле́тний; **~ dress** ле́тнее пла́тье; **dressed in ~ clothes** оде́тый по-ле́тнему; **~ lightning** зарни́ца; **~ school** ле́тний университе́т; **~ time** (*Br, daylight saving*) ле́тнее вре́мя.
● *vi* (*spend ~*) пров|оди́ть, -ести́ ле́то.
● *cpds* **~ house** *n* бесе́дка; **~time** *n* ле́тняя пора́.

summery /'sʌmərɪ/ *adj*: **~ weather** ле́тняя/тёплая пого́да; **~ clothes** лёгкая/ле́тняя оде́жда.

summit /'sʌmɪt/ *n* (*lit, fig*) верши́на, верх; **the ~ of his ambition** верши́на его́ честолю́бия; **~ (meeting)** са́ммит, встре́ча в верха́х.

summon /'sʌmən/ *vt* **1** (*send for*) приз|ыва́ть, -ва́ть; (*also law*) вызыва́ть, вы́звать. **2** (*order*) приз|ыва́ть, -ва́ть; **she ~ed the children to dinner** она́ позвала́ дете́й обе́дать. **3**: **~ a meeting** соз|ыва́ть, -ва́ть собра́ние; **~ up one's energy/courage** соб|ира́ться, -ра́ться с си́лами/ду́хом.

summons /'sʌmənz/ *n* (*pl* **~es**) вы́зов; (*law*) суде́бная пове́стка, вы́зов в суд; **answer a ~** яв|ля́ться, -и́ться по пове́стке; **serve a ~ on s.o.** вруч|а́ть, -и́ть кому́-н. суде́бную пове́стку.
● *vt* вызыва́ть, вы́звать в суд.

summum bonum /,sʊməm 'bɒnəm, 'bəʊ-/ *n* велича́йшее бла́го.

sumo /'su:məʊ/ *n* (*pl* **~s**) (*also* **~ wrestling**) (борьба́) сумо́ (*indecl*); (*wrestler*) боре́ц сумо́, сумои́ст (*fem* -ка).

sump /sʌmp/ *n* (*for waste liquid, sewage etc.*) выгребна́я я́ма; (*for engine oil*) маслосбо́рник; поддо́н ка́ртера.

sumptuous /'sʌmptjʊəs/ *adj* роско́шный, великоле́пный.

sumptuousness /'sʌmptjʊəsnɪs/ *n* ро́скошь, великоле́пие.

sun /sʌn/ *n* со́лнце; (*astron*) Со́лнце; **the ~ rises** со́лнце в(о)схо́дит; **the ~ sets** со́лнце захо́дит/сади́тся; **his ~ is set** его́ звезда́ закати́лась; **before the ~ goes down** до захо́да со́лнца; **the ~ is up** со́лнце вста́ло; **the ~ is out** (*shining*) со́лнце/со́лнышко све́тит; **when the ~ comes out** когда́ вы́йдет со́лнце; **when the ~ goes in** когда́ скро́ется со́лнце; **lie in the ~** лежа́ть (*impf*) на со́лнце; **everything under the ~** всё на све́те; **the ~ is in my eyes** со́лнце бьёт мне в глаза́; **this flower bed catches the ~** на э́ту клу́мбу па́дает со́лнце; **you have caught the ~** (*become suntanned*) вы загоре́ли; (*become sunburnt*) вы обгоре́ли; **in the full blaze of the ~** на (са́мом) солнцепёке.
● *vt* (**sunned, sunning**): **~ o.s.** гре́ться (*impf*) на со́лнце/со́лнышке.
● *cpds* **~-baked** *adj* вы́сушенный на со́лнце; **~bathe** *vi* загора́ть (*impf*); **~bather** *n* загора́ющий; **~beam** *n* со́лнечный луч; **~bed** *n* (*Br*) (*lounger*) шезло́нг; (*for acquiring tan*) соля́рий; **~blind** *n* (*Br, awning*) жалюзи́ (*pl indecl*); (солнцезащи́тная) што́ра;**~burn** *n* (*inflammation*) со́лнечный ожо́г; **he got a nasty ~burn** он стра́шно обгоре́л; **~burnt** *adj* (*tanned*) загоре́лый; (*inflamed*) обожжённый со́лнцем; **~ cream** *n* солнцезащи́тный крем; **S~day** *see separate entry*; **~ deck** *n* ве́рхняя па́луба; **~dial** *n* со́лнечные часы́ (*m pl*); **~down** *n* захо́д со́лнца; **~downer** *n* (*Australian & NZ coll, tramp*) бродя́га (*m*); (*Br, drink*) рю́мка, выпива́емая ве́чером; **~-drenched** *adj* напоённый со́лнцем; **~dress** *n* сарафа́н; **~-dried** *adj* (*of fruit*) вы́сушенный на со́лнце, вя́леный; **~flower** *n* подсо́лнечник; **~flower oil** подсо́лнечное ма́сло; **~flower seed** подсо́лнух, се́мечки (*nt pl*); **~glasses** *n pl* солнцезащи́тные очки́; **~ god** *n* бог со́лнца; **~ hat** *n* шля́па от со́лнца; **~lamp** *n* ква́рцевая ла́мпа; **~light** *n* со́лнечный свет; **~lit** *adj* освещённый/за́литый со́лнцем; **~ lounge** *n* (*Br*) вера́нда; **~rays** *n pl* (*beams*) со́лнечные лучи́ (*m pl*); (*ultraviolet rays*) ультрафиоле́товые лучи́; **~rise** *n* восхо́д (со́лнца); **at ~rise** на заре́; **~roof** *n* (*of car*) раздвижна́я кры́ша; **~set** *n* захо́д со́лнца, зака́т; **at ~set** на зака́те; **~shade** *n* (*parasol*) (со́лнечный) зо́нтик; (*awning*) наве́с, марки́за, тент; **~shine** *n* со́лнечный свет; (*fig, cheer*) ра́дость; **the ~shine went out of her life** сча́стье ушло́ из её жи́зни; **~shine roof** (*Br, of car*) = **~roof**; **~spot** *n* пятно́ на со́лнце; **~stroke** *n* со́лнечный уда́р; **~suit** *n* пля́жный костю́м; **~tan** *n* зага́р; **~tan lotion** крем для зага́ра; **~trap** *n* (*Br*) со́лнечный уголо́к; **~up** *n* (*US*) восхо́д (со́лнца); **~ worship** *n* солнцепоклони́ничество; культ со́лнца.

sundae /'sʌndeɪ, -dɪ/ *n* моро́женое с фру́ктами, оре́хами *и т. п.*

Sunday /'sʌndeɪ, -dɪ/ *n* воскресе́нье; **on ~s** по воскресе́ньям; **not in a month of ~s** ≈ по́сле до́ждичка в четве́рг; когда́ рак сви́стнет; **~ school** воскре́сная шко́ла; **in one's ~ best** в выходно́м пла́тье; в пра́здничном наря́де.

sunder /'sʌndə(r)/ *vt* (*literary*) разлуч|а́ть, -и́ть.

sundries /'sʌndrɪz/ *n* ра́зное.

sundry /'sʌndrɪ/ *adj* ра́зный, разли́чный; **all and ~** всё и вся; все без исключе́ния.

sung /sʌŋ/ *pp of* ⇨**sing**

sunk /sʌŋk/ *past and pp of* ⇨**sink**

sunken /'sʌŋkən/ *adj* (*of eyes etc.*) впа́лый, запа́вший; (*submerged*) подво́дный, затопленный.

sunless /'sʌnlɪs/ *adj* тёмный, мра́чный, без со́лнца.

Sunni /'sʊnɪ/ *n* сунни́т; **~ Muslim** мусульма́нин-сунни́т.

Sunnite /'sʊnaɪt/ *adj* сунни́тский.

sunny /'sʌnɪ/ *adj* (**sunnier, sunniest**) со́лнечный; **a ~ room** со́лнечная ко́мната; **look on the ~ side of things** ви́деть (*impf*) све́тлую сто́рону веще́й; **a ~ disposition** жизнера́достный хара́ктер; **a ~ smile** сия́ющая улы́бка.

sup /sʌp/ *vi* (**supped, supping**) прихлёбывать (*impf*).

super /'su:pə(r), 'sju:-/ (*coll*) *n* = **superintendent**
● *adj* замеча́тельный, превосхо́дный; **~!** здо́рово!

superabundance /,su:pərə'bʌnd(ə)ns, ,sju:-/ (чрезме́рное) изоби́лие.

superabundant /,su:pərə'bʌnd(ə)nt, ,sju:-/ *adj* изоби́льный; избы́точный.

superannuate /,su:pər'ænjʊ,eɪt, ,sju:-/ *vt* перев|оди́ть, -ести́ на пе́нсию по ста́рости; **~d** (*of person*) вы́шедший на пе́нсию; (*fig*) престаре́лый; (*of thing*) устаре́лый, вы́шедший в тира́ж (*coll*).

superannuation /,su:pər,ænjʊ'eɪʃ(ə)n, ,sju:-/ *n* (*of employee*) перево́д на пе́нсию по ста́рости; (*pension*) пе́нсия по ста́рости; (*payment*) регуля́рный пенсио́нный взнос.

superb /su:'pə:b, sju:-/ *adj* превосхо́дный, великоле́пный.

supercargo /'su:pə,kɑ:gəʊ, 'sju:-/ *n* (*pl* **~es** *or* **~s**) суперка́рго (*m indecl*).

supercharge /'su:pə,tʃɑ:dʒ, 'sju:-/ *vt*: **~d engine** дви́гатель (*m*) с надду́вом.

supercharger /'su:pə,tʃɑ:dʒə(r), 'sju:-/ *n* нагнета́тель (*m*); компре́ссор надду́ва.

supercilious /,su:pə'sɪlɪəs, ,sju:-/ *adj* высокоме́рный, надме́нный, презри́тельный.

S

superciliousness /ˌsu:pəˈsɪlɪəsnɪs, ˌsju:-/ *n* высокоме́рие, надме́нность, презри́тельность.

supercomputer /ˌsu:pəkəmˈpju:tə(r)/ *n* су́пер-ЭВМ, су́пер-компью́тер.

superconductivity /ˌsu:pəˌkɒndʌkˈtɪvɪtɪ/ *n* сверхпроводи́мость.

superconductor /ˌsu:pəkənˈdʌktə(r)/ *n* сверхпроводни́к.

supercontinent /ˈsu:pəˌkɒntɪnənt/ *n* протоконтине́нт.

supercooled /ˈsu:pəˌku:ld, -ˈku:ld, ˈsju:-/ *adj* переохлаждённый.

superego /ˌsu:pərˈi:gəʊ, -ˈegəʊ, ˌsju:-/ *n* (*pl* **~s**) сверх-я́ (*nt indecl*), су́пер-э́го (*nt indecl*).

supererogation /ˌsu:pərˌerəˈgeɪʃ(ə)n, ˌsju:-/ *n* выполне́ние ли́шнего; **works of ~** (*relig*) сверхдо́лжные до́брые дела́.

supererogatory /ˌsu:pərɪˈrɒgətərɪ, ˌsju:-/ *adj* изли́шний; превыша́ющий тре́бование до́лга.

superficial /ˌsu:pəˈfɪʃ(ə)l, ˌsju:-/ *adj* (*lit, fig*) пове́рхностный.

superficiality /ˌsu:pəfɪʃɪˈælɪtɪ, ˌsju:-/ *n* пове́рхностность.

superfine /ˈsu:pəˌfaɪn, ˈsju:-/ *adj* (*highly refined*) тонча́йший; (*of high quality*) (наи)вы́сшего ка́чества.

superfluity /ˌsu:pəˈflu:ɪtɪ, ˌsju:-/ *n* изли́шек.

superfluous /su:ˈpɜ:flʊəs, sju:-/ *adj* изли́шний.

superheat /ˌsu:pəˈhi:t, ˌsju:-/ *vt* перегр|ева́ть, -е́ть.

superhuman /ˌsu:pəˈhju:mən, ˌsju:-/ *adj* сверхчелове́ческий.

superimpose /ˌsu:pərɪmˈpəʊz, ˌsju:-/ *vt* на|кла́дывать, -ложи́ть (*что на что*).

superintend /ˌsu:pərɪnˈtend, ˌsju:-/ *vt & i* заве́довать (*impf*) (*чем*); управля́ть (*impf*) (*кем/чем*); надзира́ть (*impf*) за (*кем/чем*).

superintendence /ˌsu:pərɪnˈtend(ə)ns, ˌsju:-/ *n* заве́дование (+ *i*); управле́ние (+ *i*); надзо́р (за + *i*).

superintendent /ˌsu:pərɪnˈtend(ə)nt, ˌsju:-/ *n* (*manager*) заве́дующий, управля́ющий; (*of police*) нача́льник; (*US, of a building*) коменда́нт.

superior /su:ˈpɪərɪə(r), sju:-, sʊ-/ *n* **1** (*person of higher rank*) ста́рший, нача́льник; (*better*): **he is his brother's ~ in every way** он во всём превосхо́дит своего́ бра́та.
2 (*relig*) настоя́тель (*fem* -ница); **Father S~** (оте́ц) игу́мен; **Mother S~** (мать) игу́менья.
● *adj* **1** (*of higher rank or status*) ста́рший, вы́сший; **~ officer** ста́рший офице́р; **~ court** вы́сшая (суде́бная) инста́нция.
2 (*of better quality, better*) превосхо́дный, превосходя́щий; вы́сшего ка́чества; **~ skill** вы́сшее мастерство́; **this cloth is ~ to that** э́то сукно́ лу́чше того́.
3 (*conscious of superiority, supercilious*): **a ~ smile** презри́тельная улы́бка; улы́бка превосхо́дства; **don't look so ~!** бро́сьте э́ту ва́шу высокоме́рную мане́ру!
4 (*greater in number*) превосходя́щий.
5 (*printing*) надстро́чный.

superiority /su:ˌpɪərɪˈɒrɪtɪ, sju:-, sʊ-/ *n* (*of rank*) старшинство́; (*of quality or quantity*) превосхо́дство.

superlative /su:ˈpɜ:lətɪv, sju:-/ *n* (*gram*) превосхо́дная сте́пень; **talk in ~s** говори́ть (*impf*) в преувели́ченных выраже́ниях.
● *adj* **1** (*excellent*) велича́йший, высоча́йший; **~ beauty** необыкнове́нная красота́. **2** (*gram*) превосхо́дный.

superman /ˈsu:pəˌmæn, ˈsju:-/ *n* (*pl* **supermen**) сверхчелове́к, суперме́н.

supermarket /ˈsu:pəˌmɑ:kɪt, ˈsju:-/ *n* суперма́ркет.

supermodel /ˈsu:pəˌmɒd(ə)l/ *n* супермоде́ль.

supernatural /ˌsu:pəˈnætʃər(ə)l, ˌsju:-/ *n*: **a belief in the ~** ве́ра в сверхъесте́ственное.
● *adj* сверхъесте́ственный.

superno|va /ˌsu:pəˈnəʊvə, ˌsju:-/ *n* (*pl* **~vae** /-vi:/ *or* **~vas**) сверхно́вая (звезда́).

supernumerary /ˌsu:pəˈnju:mərərɪ, ˌsju:-/ *n* сверхшта́тный рабо́тник; (*actor*) стати́ст (*fem* -ка).
● *adj* сверхшта́тный.

superpower /ˈsu:pəˌpaʊə(r), ˈsju:-/ *n* сверхдержа́ва.

supersaturate /ˌsu:pəˈsætʃəˌreɪt, ˌsju:-, -tjʊˌreɪt/ *vt* перес|ыща́ть, -ы́тить.

superscript /ˈsu:pəskrɪpt, ˈsju:-/ *adj* (*math etc.*) надстро́чный.

supersede /ˌsu:pəˈsi:d, ˌsju:-/ *vt* (*replace*) смен|я́ть, -и́ть; замен|я́ть, -и́ть.

super-sensitive /ˌsu:pəˈsensɪtɪv/ *adj* сверхчувстви́тельный.

supersonic /ˌsu:pəˈsɒnɪk, ˌsju:-/ *adj* сверхзвуково́й.

superstar /ˈsu:pəˌstɑ:(r)/ *n* суперзвезда́.

superstate /ˈsu:pəsteɪt/ *n* сверхдержа́ва.

superstition /ˌsu:pəˈstɪʃ(ə)n, ˌsju:-/ *n* суеве́рие.

superstitious /ˌsu:pəˈstɪʃəs, ˌsju:-/ *adj* суеве́рный.

superstore /ˈsu:pəˌstɔ:(r)/ *n* гиперма́ркет.

superstructure /ˈsu:pəˌstrʌktʃə(r), ˈsju:-/ *n* надстро́йка.

supertanker /ˈsu:pəˌtæŋkə(r), ˈsju:-/ *n* суперта́нкер.

supertonic /ˌsu:pəˈtɒnɪk, ˌsju:-/ *n* ве́рхний вво́дный тон.

supervene /ˌsu:pəˈvi:n, ˌsju:-/ *vi* сле́довать, по-.

supervise /ˈsu:pəˌvaɪz, ˈsju:-/ *vt* надзира́ть (*impf*) за + *i*; наблюда́ть (*impf*) за + *i*.

supervision /ˌsu:pəˈvɪʒ(ə)n, ˌsju:-/ *n* надсмо́тр/надзо́р (за + *i*).

supervisor /ˈsu:pəˌvaɪzə(r), ˈsju:-/ *n* надсмо́трщи|к (*fem* -ца); надзира́тель (*fem* -ница); (*academic*) (нау́чный) руководи́тель.

supervisory /ˈsu:pəˌvaɪzərɪ, ˈsju:-/ *adj* контро́льный, надзира́ющий; **~ body** контро́льный о́рган; **~ duties** обя́занности по надзо́ру.

supine /ˈsu:paɪn, ˈsju:-/ *adj* (*face up*) лежа́щий на́взничь; (*fig*) безде́ятельный, ине́ртный, вя́лый.

supper /ˈsʌpə(r)/ *n* у́жин; **have ~** у́жинать, по-; **the Last S~** Та́йная ве́черя.

supplant /səˈplɑ:nt/ *vt* (*replace*) вытесня́ть, вы́теснить; (*oust*) выжива́ть, вы́жить.

supple /ˈsʌp(ə)l/ *adj* (**suppler, supplest**) (*flexible, pliant*) ги́бкий; **~ limbs** ги́бкие чле́ны; (*soft*) мя́гкий; **~ leather** мя́гкая ко́жа.

supplement[1] /ˈsʌplɪmənt/ *n* **1** (*dietary*) доба́вка. **2** (*of book etc.*) дополне́ние, приложе́ние. **3** (*surcharge*) допла́та.

supplement[2] /ˈsʌplɪmənt, ˌsʌplɪˈment/ *vt* доп|олня́ть, -о́лнить; поп|олня́ть, -о́лнить.

supplementary /ˌsʌplɪˈmentərɪ/ *adj* дополни́тельный, доба́вочный.

suppleness /ˈsʌpəlnɪs/ *n* ги́бкость, мя́гкость.

suppliant /ˈsʌplɪənt/ *n* проси́тель (*fem* -ница).
● *adj* проси́тельный, умоля́ющий.

supplicate /ˈsʌplɪˌkeɪt/ *vi* моли́ть, умоля́ть (*both impf*).

supplication /ˌsʌplɪˈkeɪʃ(ə)n/ *n* мольба́, про́сьба.

supplier /səˈplaɪə(r)/ *n* поставщи́|к (*fem* -ца).

suppl|y /səˈplaɪ/ *n* **1** (*providing*) снабже́ние (*чем*).
2 (*thing supplied, stock*) запа́с; **have you a good ~y of food?** у вас доста́точно продово́льствия?; **water ~y** водоснабже́ние; **take, lay in a ~y of sth** запас|а́ться, -ти́сь чем-н.; **bread is in short ~y** хлеб в дефици́те; **a commodity in short ~y** дефици́тный това́р; **~ies** (*mil*) (бое)припа́сы (*m pl*).
3 (*econ*) предложе́ние; **~y and demand** спро́с и предложе́ние.
4: **~y teacher** (*Br*) внешта́тн|ый учи́тель, рабо́тающ|ий (*fem* -ая -ница, -ая) по замеще́нию.
● *vt* **1** (*furnish, equip*) снаб|жа́ть, -ди́ть; обеспе́чи|вать, -ть (*both кого/что чем*); пита́ть (*impf*); **the farm ~ies us with potatoes** фе́рма обеспе́чивает/снабжа́ет нас карто́фелем; **arteries ~y the heart with blood** арте́рии доставля́ют кро́вь к се́рдцу.
2 (*give, yield*) да|ва́ть, -ть; дост|авля́ть, -а́вить (*что кому/чему*); **cows ~y milk** коро́вы даю́т молоко́; **I wrote the music, he ~ied the words** я написа́л му́зыку, он сочини́л слова́ (к ней); **can you ~y a reason?** вы мо́жете привести́ до́вод?; **catalogue ~ied on request** катало́г выдаётся по тре́бованию.
3 (*meet need*): **that will ~y everybody's needs** э́то удовлетвори́т всех (*or* ну́жды всего́ о́бщества).

support /səˈpɔ:t/ *n* **1** (*aid*) подде́ржка; **walk without ~** ходи́ть (*indet*) без подде́ржки; **I hope for your ~** я наде́юсь/рассчи́тываю на ва́шу подде́ржку; **give, lend ~** ока́з|ывать, -а́ть подде́ржку + *d*; **in ~ of** в подде́ржку + *g*; **without visible means of ~** без определённых средств к существова́нию.

2 (*lit, fig, prop*) опо́ра; **shelf ~** кронште́йн для по́лки; **the sole ~ of his family** еди́нственная опо́ра семьи́.
● *vt* **1** (*hold up, prop up*) подде́рж|ивать, -а́ть; подп|ира́ть, -ере́ть; **pillars ~ing the roof** коло́нны, подде́рживающие кры́шу; **he ~ed his chin on his hand** он подпира́л руко́й подборо́док; **~ o.s. with a stick** оп|ира́ться, -ере́ться на па́лку; (*fig, assist by deed or word*): **which party do you ~?** каку́ю па́ртию вы подде́рживаете?; **~ing actor** акт|ёр (*fem* -ри́са) второ́го пла́на; **~ing film** кинофи́льм, демонстри́рующийся в дополне́ние к основно́му; (*sustain*): **air is necessary to ~ life** во́здух необходи́м для поддержа́ния жи́зни.
2 (*provide subsistence for*) содержа́ть (*impf*); **he cannot ~ a family** он не в состоя́нии содержа́ть семью́.
3 (*confirm*) подкреп|ля́ть, -и́ть; **his theory is not ~ed by the facts** его́ тео́рия не подкрепля́ется фа́ктами.
4 (*endure*) выде́рживать, вы́держать; **I cannot ~ his insolence** я не выношу́ его́ высокоме́рия.
5 (*a particular sports team*) боле́ть (*impf*) за + *a*.

supporter /sə'pɔ:tə(r)/ *n* (*of cause, motion, etc.*) сторо́нни|к (*fem* -ца), приве́рженец; (*Br, of sports team*) боле́льщи|к (*fem* -ца); **athletic ~** (*US, jockstrap*) суспензо́рий.

supportive /sə'pɔ:tɪv/ *adj* подде́рживающий, лоя́льный.

suppose /sə'pəʊz/ *vt* **1** (*assume*) предпол|ага́ть, -ожи́ть; допус|ка́ть, -ти́ть; **let us ~ what you say is true** предполо́жим, что вы говори́те пра́вду; **supposing he came, what would you say?** е́сли бы он пришёл, что бы вы сказа́ли?; допу́стим/предполо́жим, что он придёт, что вы (тогда́) ска́жете?; **~ it rains?** а что е́сли пойдёт до́ждь?; **~ they find out?** а вдруг они узна́ют?; **everyone is ~d to know the rules** предполага́ется, что все знако́мы с пра́вилами.
2 (*imagine, believe*): **I ~ him to be about sixty** я полага́ю, что ему́ лет шестьдеся́т; **he is ~d to be rich** счита́ется/говоря́т, что он бога́т; **I ~ you like Moscow** вам, наве́рно(е), нра́вится Москва́; **I don't ~ he will mind that** не ду́маю, что он бу́дет про́тив э́того; **what do you ~ he meant?** как по-ва́шему, что́ он име́л в виду́?; **I ~ so** наве́рно(е); должно́ быть.
3 (*expressing suggestion*): **~ we take a holiday?** дава́йте возьмём о́тпуск?; **~ you lend me a pound?** не дади́те ли вы мне фунт взаймы́?
4 (*presuppose*): **success ~s ability and training** успе́х невозмо́жен без спосо́бностей и подгото́вки.
5 (*passive, be expected, required*): **this is ~d to help you sleep** э́то должно́ помо́чь вам засну́ть; **he is ~d to wash the dishes** ему́ поло́жено мыть посу́ду; **he was ~d to lock the door** он должен был запере́ть дверь; **you are ~d to hold the cup like this** ча́шку сле́дует держа́ть (вот) так; **you are not ~d to talk in the library** в библиоте́ке не полага́ется разгова́ривать; **how was I ~d to know?** отку́да мне бы́ло знать?
6 (*pp, presumed*) предпола́гаемый, мни́мый.

supposition /ˌsʌpə'zɪʃ(ə)n/ *n* предположе́ние, гипо́теза, дога́дка.

suppository /sə'pɒzɪtərɪ/ *n* суппозито́рий, све́чка.

suppress /sə'pres/ *vt* **1** подав|ля́ть, -и́ть; сде́рж|ивать, -а́ть; **the rebellion was ~ed** восста́ние бы́ло пода́влено; **she could hardly ~ a smile** она́ с трудо́м подави́ла/сдержа́ла улы́бку; **~ing a yawn** подавля́я зево́ту. **2** (*stop publication of*) запре|ща́ть, -ти́ть; **his article was ~ed** публика́ция его́ статьи́ была́ запрещена́. **3** (*conceal*) скры|ва́ть, -ть; зам|а́лчивать, -олча́ть; **they succeeded in ~ing the truth** им удало́сь скры́ть/замолча́ть пра́вду.

suppression /sə'preʃ(ə)n/ *n* (*restraining*) подавле́ние, сде́рживание; (*banning*) запреще́ние; (*silencing*) зама́лчивание.

suppurate /'sʌpjəˌreɪt/ *vi* гнои́ться, за-/на-.

suppuration /ˌsʌpjə'reɪʃ(ə)n/ *n* нагное́ние.

supra- /'su:prə, 'sju:-/ *pref* сверх…, (*when followed by letters е, ё, ю, and я*) сверхъ… .

supremacist /su:'preməsɪst, sju:-/ *n*: **white ~** сторо́нник госпо́дства бе́лых.

supremacy /su:'preməsɪ, sju:-/ *n* госпо́дство, превосхо́дство.

supreme /su:'pri:m, sju:-/ *adj* **1** (*of authority*) верхо́вный; **S~ Soviet of the USSR** (*hist*) Верхо́вный Сове́т СССР; **~ power** верхо́вная власть; **he reigned ~** он вла́ствовал безразде́льно. **2** (*utmost, greatest, highest*): **he made the ~ sacrifice** он поже́ртвовал (свое́й) жи́знью; **~ test of fidelity** вы́сшее испыта́ние ве́рности; **he was ~ly confident** он был в вы́сшей сте́пени уве́рен в себе́; **~ly happy** на верху́ блаже́нства.

supremo /su:'pri:məʊ, sju:-/ *n* (*pl* **~s**) (*Br, coll*) (*person in charge*) (верхо́вный) глава́; руководи́тель; (*person with great authority or skill*) мэтр; (*in art also*) маэ́стро (*m indecl*); **entertainment/fashion ~** мэтр шо́у-би́знеса (*or* индустри́и развлече́ний)/мо́ды (*or* фэшн-индустри́и).

Supt /ˌsu:pərɪn'tend(ə)nt, ˌsju:-/ *n* (*abbr of* ***Superintendent***) коменда́нт, управля́ющий.

surcharge[1] /'sə:tʃɑ:dʒ/ *n* **1** (*extra fee*) допла́та, припла́та. **2** (*penalty*) штраф.

surcharge[2] /'sə:tʃɑ:dʒ, -'tʃɑ:dʒ/ *vt* (*exact* ~[1] *from*) взыск|ивать, -а́ть с + *g*; взима́ть (*impf*) у + *g*.

sure /ʃʊə(r), ʃɔ:(r)/ *adj* **1** (*convinced, certain, confident*) уве́ренный, убеждённый; **a ~ hand** тве́рдая рука́; **a ~ step** уве́ренный шаг; **feel ~ of sth** чу́вствовать/испы́тывать (*impf*) уве́ренность в чём-н.; **he is ~ (*confident*) of success** он уве́рен в (своём) успе́хе; **if he comes he is ~ of a welcome** е́сли он придёт, он мо́жет не сомнева́ться в тёплом приёме; **you can be ~ of one thing …** в одно́м мо́жно быть уве́ренным…; одно́ несомне́нно…; **he is very ~ of himself** он о́чень уве́рен в себе́; **I'm ~ you are right** я уве́рен (*or* не сомнева́юсь), что вы пра́вы; **I'm not ~ whether to go or not** я не зна́ю, пойти́ и́ли нет; **how can I be ~ he is honest?** отку́да я зна́ю, что он че́стен?
2 (*safe, reliable, trusty, unfailing*) ве́рный, надёжный; **a ~ shot** ме́ткий стрело́к; **a ~ way to break one's neck** ве́рный спо́соб слома́ть себе́ ше́ю; **there can be no ~ proof** абсолю́тных доказа́тельств не существу́ет/быва́ет (*or* не мо́жет быть).
3 (*with inf, certain, to be relied on*): **he is ~ to come** он непреме́нно придёт; **be ~ to lock the door** не забу́дьте запере́ть дверь!; **be ~ and write to me** смотри́те напиши́те мне!; **it is ~ to be wet** наверняка́ бу́дет дождли́во; **~ thing!** (*coll*) коне́чно!, обяза́тельно!, ещё бы!
4 (*undoubtedly true*) несомне́нный, уве́ренный; **one thing is ~** в одно́м мо́жно не сомнева́ться.
5: **for ~** несомне́нно, непреме́нно; то́чно, наверняка́; **to be ~** (*concessive*) коне́чно, разуме́ется, пра́вда; (*confirmatory*) в са́мом де́ле.
6: **make ~** (*convince, satisfy o.s.*) убе|жда́ться, -ди́ться; удостов|еря́ться, -е́риться (*all в чём*); **you must make ~ of your facts** вы должны́ прове́рить все фа́кты; **I made ~ no one was following me** я (сперва́) удостове́рился в том, что за мной никто́ не идёт.
7: **I made ~** (*ensured*) **that he would come** я позабо́тился о том, что́бы он (обяза́тельно) пришёл; **we must make ~ of a house before winter** мы должны́ обеспе́чить себя́ жильём до наступле́ния зимы́.
● *adv*: **~ enough** действи́тельно, коне́чно; **he will come ~ enough** он коне́чно придёт; **and ~ enough he fell down** и, коне́чно/разуме́ется, он упа́л; **it ~ was cold!** (*US*) до чего́ же бы́ло хо́лодно!
● *cpds* **~-fire** *adj* (*coll*) ве́рный, надёжный; **~-footed** *adj* тве́рдо стоя́щий на нога́х; с уве́ренной похо́дкой.

surely /'ʃʊəlɪ/ *adv* **1** (*securely*) надёжно; **slowly but ~** ме́дленно, но ве́рно. **2** (*without doubt*) несомне́нно, ве́рно, наверняка́. **3** (*expressing strong hope or belief*): **this must ~ be his last appearance** уж э́то должно́ быть наверняка́ его́ после́днее выступле́ние; **~ I have met you before** я уве́рен, что мы с ва́ми встреча́лись; **~ you saw him?** неуже́ли вы его́ не ви́дели; **~ you weren't offended?** неуже́ли вы оби́делись?; **you ~ don't want to disappoint him** ведь вы не захоти́те его́ разочарова́ть(, не пра́вда ли)?; **~ the drought can't last much longer** не мо́жет быть, что́бы за́суха затяну́лась надо́лго. **4** (*as answer, certainly*) коне́чно, непреме́нно.

S

surety /ˈʃʊərɪtɪ, ˈʃʊətɪ/ *n* **1** (*pledge*) зало́г. **2** (*person*) поручи́тель (*fem* -ница); **stand ~ for s.o.** руча́ться, поручи́ться за кого́-н.; брать, взять кого́-н. на пору́ки.

surf /sɜːf/ *n* прибо́й, буруны́ (*m pl*).
● *vt*: **~ the Internet** путеше́ствовать (*impf*) по Интерне́ту.
● *vi* занима́ться (*impf*) сёрфингом.
● *cpd* **~board** *n* доска́ для сёрфинга.

surface /ˈsɜːfɪs/ *n* **1** пове́рхность; **the earth's ~** пове́рхность земли́; **beneath the ~** (*lit*) под пове́рхностью; (*fig*) за вне́шностью; **come to the ~** (*lit*) всплы|ва́ть, -ть (на пове́рхность); (*fig*) обнару́жи|ваться, -ться; **his politeness is only on the ~** его́ ве́жливость чи́сто вне́шняя/показна́я. **2** (*attr*) пове́рхностный, вне́шний; **~ mail** обы́чная по́чта; **~ tension** пове́рхностное натяже́ние.
● *vt*: **~ a road** покр|ыва́ть, -ы́ть доро́гу асфа́льтом *u m. n.*
● *vi* (*of submarine, swimmer, etc.*) вспл|ыва́ть, -ы́ть на пове́рхность.
● *cpd* **~-to-air** *adj* зени́тный, кла́сса «земля́ — во́здух».

surfeit /ˈsɜːfɪt/ *n* (*excess of eating etc.*) изли́шество, избы́ток; (*repletion, satiety; also fig*) пресыще́ние.
● *vt* (**surfeited, surfeiting**) (*satiate*) прес|ыща́ть, -ы́тить.

surfer /ˈsɜːfə(r)/ *n* сёрфинги́ст; челове́к, занима́ющийся сёрфингом.

surfing /ˈsɜːfɪŋ/ *n* сёрфинг.

surge /sɜːdʒ/ *n* (*of waves, water*) во́лны (*f pl*); вал; (*of crowd, emotion, etc.*) волна́, прили́в; (*of elec current*) и́мпульс.
● *vi* **1** (*of waves, water*) вздыма́ться (*impf*). **2** (*of crowd*): **the crowd ~d forward** толпа́ подала́сь вперёд. **3** (*of emotions*) нахлы́нуть (*pf*); **anger ~d within her** в душе́ у неё поднима́лся/закипа́л гнев.

surgeon /ˈsɜːdʒ(ə)n/ *n* хиру́рг; **dental ~** зубно́й врач; (хиру́рг-)стомато́лог.

surgery /ˈsɜːdʒərɪ/ *n* **1** (*treatment*) хирурги́я; **minor/major ~** ма́лая/больша́я хирурги́я; (*operation*) опера́ция. **2** (*Br, office*) приёмная/кабине́т (врача́); **in ~ hours** в приёмные часы́; **the doctor holds a ~ every morning** врач принима́ет ка́ждое у́тро.

surgical /ˈsɜːdʒɪk(ə)l/ *adj* хирурги́ческий; **~ boot** ортопеди́ческий боти́нок; **~ spirit** (*Br*) медици́нский спирт.

surliness /ˈsɜːlɪnɪs/ *n* гру́бость, неприве́тливость.

surly /ˈsɜːlɪ/ *adj* (**surlier, surliest**) неприве́тливый, хму́рый, угрю́мый.

surmise /səˈmaɪz/ *n* (*conjecture*) дога́дка; (*supposition*) предположе́ние.
● *vt* предпол|ага́ть, -ожи́ть.
● *vi* дога́д|ываться, -а́ться.

surmount /səˈmaʊnt/ *vt* **1** (*overcome*) преодол|ева́ть, -е́ть. **2**: **peaks ~ed with snow** го́рные верши́ны, уве́нчанные сне́гом.

surmountable /səˈmaʊntəb(ə)l/ *adj* преодоли́мый.

surname /ˈsɜːneɪm/ *n* фами́лия.

surpass /səˈpɑːs/ *vt* прев|осходи́ть, -зойти́; **he ~ed everyone in strength** он превосходи́л всех си́лой; **a woman of ~ing beauty** же́нщина непревзойдённой красоты́.

surplice /ˈsɜːplɪs/ *n* стиха́рь (*m*) (*длинное одеяние с широкими рукавами, надеваемое священниками на время службы*).

surplus /ˈsɜːpləs/ *n* (*excess*) изли́шек; (*residue*) оста́ток; **in ~** в избы́тке.
● *adj* **1** (*excess*) изли́шний, избы́точный; **~ food** изли́шки (*m pl*) продово́льствия; **~ to our requirements** бо́льше, чем (нам) тре́буется. **2** (*remaining*) оста́точный; **~ value** приба́вочная сто́имость.

surprise /səˈpraɪz/ *n* **1** (*wonder, astonishment*) удивле́ние; **show ~** выка́зывать, вы́казать удивле́ние; удив|ля́ться, -и́ться; **to my ~** к моему́ удивле́нию; **he looked up in ~** он взгляну́л с удивле́нием.
2 (*unexpected events, news, gift, etc.*) неожи́данность, сюрпри́з; **his arrival was a ~ to us all** его́ прие́зд был для нас всех неожи́данностью; **I had the ~ of my life** я был соверше́нно поражён; **give s.o. a ~** устр|а́ивать, -о́ить кому́-н. сюрпри́з.
3 (*unexpected action*): **catch, take s.o. by ~** заст|ига́ть, -и́чь кого́-н. врасплóх.
4 (*attr*) неожи́данный, внеза́пный; **~ visit** неожи́данный визи́т; **~ attack** внеза́пная ата́ка; **~ package, packet** сюрпри́з.
● *vt* **1** (*astonish*) удив|ля́ть, -и́ть; пора|жа́ть, -зи́ть; **I'm ~d at you!** вы меня́ удивля́ете!; я э́того от вас не ожида́л; **I was ~d to hear you had been ill** я с удивле́нием узна́л, что вы бы́ли больны́ (*or* боле́ли); **you'd be ~d how much it costs** вы не пове́рите, до чего́ э́то до́рого; **I'm ~d you didn't know that already** удивля́юсь, как вы э́того не зна́ли; **it's nothing to be ~d at** в э́том нет ничего́ удиви́тельного; **I shouldn't be ~d if …** я (ниско́лько) не удивлю́сь, е́сли… .
2 (*by unexpected gift etc.*) де́лать, с- (*or* устр|а́ивать, -о́ить *or* преподн|оси́ть, -ести́) сюрпри́з + *d*.
3 (*capture by ~*) захва́т|ывать, -и́ть врасплóх; (*literary, take by ~*) заст|ига́ть, -и́чь (*or* заст|ава́ть, -а́ть) (врасплóх); **we ~d him in the act of stealing** мы пойма́ли его́ с поли́чным на воровстве́ (*or* при соверше́нии кра́жи); **the storm ~d us when we were halfway home** бу́ря засти́гла нас на полпути́ к до́му.

surprising /səˈpraɪzɪŋ/ *adj* удиви́тельный, порази́тельный; **~ though it may seem** как ни удиви́тельно; **he eats ~ly little** он удиви́тельно (*or* на удивле́ние) ма́ло ест.

surreal /səˈrɪəl/ *adj* сюрреалисти́ческий.

surrealism /səˈrɪəˌlɪz(ə)m/ *n* сюрреали́зм.

surrealist /səˈrɪəlɪst/ *n* сюрреали́ст.
● *adj* сюрреалисти́ческий.

surrender /səˈrendə(r)/ *n* (*handing over*) сда́ча; (*giving up*) отка́з (от + *g*); усту́пка; **~ value** (*of policy*) су́мма, возвраща́емая лицу́, отказа́вшемуся от страхово́го по́лиса; (*capitulation*) капитуля́ция; **unconditional ~** безоговоро́чная капитуля́ция.
● *vt* **1** (*yield*) сда|ва́ть, -ть; **the fort was ~ed to the enemy** кре́пость была́ сдана́ неприя́телю. **2** (*give up*) отка́з|ываться, -а́ться от + *g*.
3: **~ o.s.: he ~ed himself to justice** он отда́лся в ру́ки правосу́дия; **she ~ed herself to despair** она предала́сь отча́янию.
● *vi* сд|ава́ться, -а́ться; капитули́ровать (*impf, pf*).

surreptitious /ˌsʌrəpˈtɪʃəs/ *adj* та́йный; сде́ланный исподти́шка.

surrogate /ˈsʌrəgət/ *n* суррога́т; **~ mother** суррога́тная мать.

surround /səˈraʊnd/ *n* бордю́р, окаймле́ние.
● *vt* окруж|а́ть, -и́ть; обступ|а́ть, -и́ть; **the ~ing countryside** окре́стности (*f pl*); окружа́ющая ме́стность; **the troops were ~ed** войска́ бы́ли окружены́.

surroundings /səˈraʊndɪŋz/ *n pl* (*material environment*) ме́стность, окре́стности (*f pl*); обстано́вка; (*intellectual environment*) среда́, окруже́ние.

surtax /ˈsɜːtæks/ *n* доба́вочный (подохо́дный) нало́г.

surveillance /səːˈveɪləns/ *n* надзо́р; **under ~** под надзо́ром (поли́ции); **~ camera** ка́мера скры́того наблюде́ния, ка́мера слеже́ния.

survey[1] /ˈsɜːveɪ/ *n* **1** (*general view, description*) обзо́р, обозре́ние; (*inspection, investigation*) иссле́дование, обсле́дование; **we are carrying out a ~ on the dangers of smoking** мы прово́дим иссле́дование по вопро́су о вреде́ куре́ния; (*Br, of building*) оце́нка состоя́ния до́ма/зда́ния; (*by asking questions*) опро́с.
2 (*of land*) съёмка, проме́р; **they are making a ~ of our village** произво́дится (топографи́ческая/землеме́рная) съёмка на́шего села́.
3 (*plan, map*) план, ка́рта.

survey[2] /səˈveɪ/ *vt* **1** (*view*) обозр|ева́ть, -е́ть. **2** (*review, consider*) иссле́довать (*impf, pf*); обсле́довать (*impf, pf*); рассм|а́тривать, -отре́ть. **3** (*inspect*) осм|а́тривать, -отре́ть. **4** (*land etc.*) межева́ть (*impf*); произв|оди́ть, -ести́ съёмку + *g*; **the house was ~ed and valued** (*Br*) бы́ли произведены́ осмо́тр и оце́нка до́ма.

surveying /səːˈveɪɪŋ/ *n* (топографи́ческая) съёмка; **photographic ~** фотосъёмка.

surveyor /səˈveɪə(r)/ *n* **1** (*Br, of houses*) строи́тельный инспе́ктор. **2** (*of land etc.*) землеме́р.

survival /səˈvaɪv(ə)l/ *n* **1** (*living on*) выжива́ние; **~ of the fittest** выжива́ние наибо́лее приспосо́бленных; **their ~ depended on us** их жизнь зави́села от нас; **~ kit** авари́йный компле́кт (средств жизнеобеспе́чения); **~ rate** сте́пень выживáния. **2** (*relic*) пережи́ток.

survive /sə'vaɪv/ *vt* **1** (*outlive*) переж|ивáть, -ить (*во времени*); **he will ~ us all** он нас всех переживёт. **2** (*come alive through*): **~ an illness** перен|оси́ть, -ести́ болéзнь; **they ~d the shipwreck** они́ остáлись в живы́х пóсле кораблекрушéния; (*joc*): **I see you ~d the exam** так вы пережи́ли экзáмен?
● *vi* (*continue to live*) выживáть, вы́жить; **not one of the family has ~d** из всей семьи́ никогó не остáлось (в живы́х); (*be preserved*): сохрани́ться, уцелéть (*both pf*); **the custom still ~s** э́тот обы́чай ещё сохрани́лся.

survivor /sə'vaɪvə(r)/ *n* остáвшийся в живы́х, уцелéвший; **the ~s of the earthquake** уцелéвшие пóсле землетрясéния; **he was the sole ~** он оди́н остáлся в живы́х.

susceptibility /sə,septɪ'bɪlɪtɪ/ *n* (*to disease etc.*) восприи́мчивость (к болéзни *и т. п.*).

susceptible /sə'septɪb(ə)l/ *adj* **1** (*impressionable*) впечатли́тельный, восприи́мчивый. **2**: **~ to** восприи́мчивый к + *d*; пáдкий на + *a*; **he is ~ to colds** он подвéржен простýде; **he is ~ to flattery** он пáдок на лесть.

suspect[1] /'sʌspekt/ *n* подозревáемый.
● *adj* подозри́тельный; не внушáющий довéрия.

suspect[2] /sə'spekt/ *vt* **1** подозревáть (*impf*); (*apprehend*) предчýвствовать (*impf*); предпол|агáть, -ожи́ть; **they ~ed a plot** они́ подозревáли зáговор; **I went in, ~ing nothing** я вошёл, ничегó не подозревáя; **I ~ it will rain before long** я подозревáю, что скóро пойдёт дождь; **you, I ~, don't care** вам, я полагáю/подозревáю, всё равнó; **I ~ed him to be lying** я подозревáл, что он лжёт; **a ~ed criminal** подозревáемый. **2** (*disbelieve, doubt*) сомневáться, усомни́ться в + *p*; **I ~ed (the truth of) his story** я сомневáлся в и́стинности егó расскáза.

suspend /sə'spend/ *vt* **1** (*hang up*) подвé|шивать, -сить; **the cage was ~ed from the ceiling** клéтка былá подвéшена к потолкý (*or* свисáла с потолкá); **the balloon was ~ed in mid-air** возду́шный шар пови́с в вóздухе; **particles of dust ~ed in the air** части́цы пы́ли, взвéшенные в вóздухе.
2 (*postpone, delay, stop for a time*) врéменно прекра|щáть, -ти́ть; приостан|áвливать, -ови́ть; **~ judgement** (*fig*) воздéрж|иваться, -áться от суждéния; **~ hostilities** приостан|áвливать, -ови́ть воéнные дéйствия; **state of ~ed animation** состоя́ние бесчýвствия; **~ed sentence** услóвное осуждéние, услóвное наказáние; (*in coll incorrect use, also*) услóвный пригово́р.
3 (*debar temporarily from office etc.*) врéменно отстран|я́ть, -и́ть; врéменно исключ|áть, -и́ть; **the player was ~ed for three months** игрокá дисквалифици́ровали (*or* отстрани́ли от учáстия в соревновáниях) на три мéсяца.

suspender /sə'spendə(r)/ *n* **1** (*Br, usu in pl, for stockings*) рези́нка. **2** (*US, in pl, braces*) подтя́ж|ки (*pl, g* -ек).
● *cpd* **~ belt** *n* (*Br*) (жéнский) пóяс с подвя́зками.

suspense /sə'spens/ *n* напряжéние, напряжённость; **keep s.o. in ~** держáть (*impf*) когó-н. в неизвéстности; **I can't stand the ~** я не в состоя́нии вы́нести напряжéние/неизвéстность/неопределённость.

suspenseful /sə'spensfʊl/ *adj* тревóжный; (*film etc.*) захвáтывающий, завлекáтельный.

suspension /sə'spenʃ(ə)n/ *n* **1** (*hanging*) подвéшивание; **~ bridge** подвеснóй/вися́чий мост. **2** (*of vehicle etc.*) подвéс. **3** (*chem*) взвéшенное веществó, суспéнзия, взвесь. **4** (*stoppage*) приостановлéние; **~ of nuclear tests** врéменное прекращéние испытáний я́дерного орýжия. **5** (*debarring from office etc.*) отстранéние; **their goalkeeper faces ~** их вратарю́ грози́т (врéменное) исключéние из комáнды.

suspicion /sə'spɪʃ(ə)n/ *n* **1** подозрéние; **I had no ~ he was there** я не подозревáл, что он там; **he was looked upon with ~** к немý относи́лись с подозрéнием; **arouse ~** возбу|ждáть, -ди́ть подозрéния; **above ~** вы́ше/вне подозрéний; **under ~** под подозрéнием; **on ~ of murder** по подозрéнию в уби́йстве. **2** (*trace, nuance*) при́вкус, оттéнок; **a ~ of garlic** зáпах/при́вкус чеснокá; **a ~ of irony** тень ирóнии.

suspicious /sə'spɪʃəs/ *adj* **1** (*mistrustful*) подозри́тельный, недовéрчивый (к + *d*); **his silence made me ~** егó молчáние застáвило меня́ насторожи́ться; **I became ~** я заподóзрил нелáдное. **2** (*arousing suspicion*) подозри́тельный.

suss /sʌs/ *vt* (*Br coll*): **she's got him ~ed** онá егó раскуси́ла; **he ~ed out the best route** он разузнáл лýчший маршрýт.

sustain /sə'steɪn/ *vt* **1** (*lit, fig, support*) поддéрж|ивать, -áть; **his diet was barely sufficient to ~ life** питáния едвá хватáло на то, чтóбы поддéрживать в нём жизнь; **hope alone ~ed him** он жил однóй надéждой. **2** (*bear, endure*): **the bridge will not ~ heavy loads** мост не вы́держивает бóльших нагрýзок; **they ~ed the attack** они́ вы́держали атáку; они́ вы́стояли. **3** (*undergo, suffer*) терпéть, по-; нести́, по-; **the enemy ~ed heavy losses** проти́вник понёс тяжёлые потéри; **~ an injury** перен|оси́ть, -ести́ трáвму; получ|áть, -и́ть увéчье. **4** (*keep going, maintain*): **~ a role** выдéрживать, вы́держать роль; **~ one's efforts** не ослабля́ть (*impf*) уси́лий; **a ~ed effort** дли́тельное/непреры́вное уси́лие; **~ a note** (*mus*) держáть (*impf*) нóту. **5** (*uphold*) подтвер|ждáть, -ди́ть; **~ an objection** прин|имáть, -я́ть возражéние.

sustenance /'sʌstɪnəns/ *n* питáние, пи́ща.

suture /'su:tʃə(r)/ *n* **1** (*anat*) шов. **2** (*surgery, stitching*) наложéние швá; (*thread*) нить (для сшивáния рáны).
● *vt* на|клáдывать, -ложи́ть шов на + *a*; заш|ивáть, -и́ть (*рáну*).

SUV (*abbr of* ***sport utility vehicle***) автомоби́ль повы́шенной проходи́мости (*полноприводной автомобиль с комфортабельным пассажирским салоном; в США и Канаде данный термин, по частоте употребления, сравним с русскими словами-аналогами «джип» и «внедорожник»*).

suzerain /'su:zərən/ *n* сюзерéн.

suzerainty /'su:zərəntɪ/ *n* сюзеренитéт.

s.v. (*abbr of* ***sub voce***) под слóвом.

svelte /svelt/ *adj* стрóйный, ги́бкий.

SW (*abbr of* ***short wave***) КВ (корóткие вóлны).

swab /swɒb/ *n* **1** (*mop etc.*) швáбра. **2** (*surgery*) тампóн. **3** (*med, specimen*) мазóк.
● *vt* (**swabbed, swabbing**) мыть, вы- швáброй; подт|ирáть, -ерéть.

swaddl|e /'swɒd(ə)l/ *vt* пеленáть, с-; сви|вáть, -ть; **~ing clothes** пелёнки (*f pl*), свивáльник.

swag /swæg/ *n* (*festoon*) гирля́нда (*из цветов, плодов и т. п.*); (*sl, booty*) нагрáбленная добы́ча.

swagger /'swægə(r)/ *n* (*gait*) вáжная похóдка; **walk with a ~** расхáживать (*impf*) с вáжным ви́дом.
● *vi* **1** (*of walk*) расхáживать (*impf*) с вáжным ви́дом. **2** (*of manner*) вáжничать (*impf*). **3** (*boast*) хвáстать(ся) (*impf*).

Swahili /swə'hi:lɪ, swɑ:'hi:lɪ/ *n* (*pl* **~**) (*people, language*) суахи́ли (*m indecl*).

swain /sweɪn/ *n* (*archaic or joc*) **1** (*lover*) ухажёр, обожáтель (*m*). **2** (*rustic*) деревéнский пáрень.

swallow[1] /'swɒləʊ/ *n* (*bird*) лáсточка; **one ~ does not make a summer** однá лáсточка весны́ не дéлает.
● *cpds* **~-dive** (*US* **swan-dive**) *n* прыжóк в вóду лáсточкой; **~tail** *n* (*butterfly*) (*any species of the family*) (бáбочка-)пáрусник; (*Papilio machaon*) (бáбочка-)махаóн; **~-tailed** *adj* с раздвоéнным хвостóм.

swallow[2] /'swɒləʊ/ *n* (*gulp*) глотóк; **at one ~** одни́м глоткóм; зáлпом.
● *vt* **1** прогл|áтывать, -оти́ть; загл|áтывать, -оти́ть; **he ~ed the vodka at one go** он вы́пил вóдку зáлпом; **~ the bait** (*fig*) поп|адáться, -áсться на ýдочку; **I made him ~ his words** я застáвил егó взять свои́ словá назáд; **he had to ~ his pride** емý пришлóсь поступи́ться свои́м самолю́бием; **she will ~ the most outrageous tales** онá готóва повéрить сáмым фантасти́ческим сплéтням/рóссказням (*coll*). **2** (*usu* **~ up:** *engulf, absorb*) погло|щáть, -ти́ть; **the expenses ~ed up the earnings** расхóды поглоти́ли весь зáработок; **she wished the earth would ~ her up**

S

онá былá готóва провали́ться сквозь зéмлю.
● *vi* глотáть (*impf*); **he ~ed** он сглотну́л.

swam /swæm/ *past of* ⇒**swim**

swamp /swɒmp/ *n* болóто, топь.
● *vt* **1** (*fill, cover with water*) затоп|ля́ть, -и́ть; зал|ивáть, -и́ть. **2** (*fig, overwhelm, inundate*) наводн|я́ть, -и́ть; зас|ыпáть, -ы́пать; **we were ~ed with applications** мы бы́ли завáлены заявлéниями.

swampy /ˈswɒmpɪ/ *adj* (**swampier, swampiest**) болóтистый, тóпкий.

swan /swɒn/ *n* лéбедь (*m*).
● *vi* (**swanned, swanning**) (*Br*) шатáться (*impf*) (*coll*).
● *cpds* **~-dive** *n* (*US*) = **swallow-dive**; **~sdown** *n* лебя́жий пух; **~song** *n* лебеди́ная песнь.

swank /swæŋk/ (*coll*) *n* показу́ха.
● *vi*: **~ about sth** хвáстать (*impf*) чем-н.

swanky /ˈswæŋkɪ/ *adj* (**swankier, swankiest**) шикáрный.

swap, swop /swɒp/ *n* обмéн; **do a ~** соверш|áть, -и́ть обмéн.
● *vt* (**swapped, swapping; swopped, swopping**) (*exchange for sth else*) меня́ть, по- (**for:** на + *a*); **he ~ped his car for a motorbike** он поменя́л маши́ну на мотоци́кл; (*exchange with s.o. else*) меня́ться, по- + *i* (**with s.o.:** с + *i*); **will you ~ places with me?** вы не поменя́етесь со мной местáми?; **let's ~ watches** давáй поменя́емся часáми; **they were ~ping jokes** они́ обмéнивались анекдóтами; **~ horses in midstream** (*fig*) меня́ть (*impf*) конéй на перепрáве.

sward /swɔːd/ *n* (*literary*) газóн; дёрн.

swarm[1] /swɔːm/ *n*: **~ of ants** пóлчище муравьёв; **~ of bees** пчели́ный рой; **~ of locusts** стáя саранчи́.
● *vi* **1** (*of bees, ants, etc.*) рои́ться (*impf*). **2** (*of people*): **children came ~ing round him** дéти столпи́лись вокру́г негó; **a crowd of people ~ed into the square** толпá нарóда хлы́нула на плóщадь. **3** (*teem*) кишéть (*impf*) + *i*; **the town is ~ing with tourists** гóрод наводнён тури́стами.

swarm[2] /swɔːm/ *vt* & *i* карáбкаться, вс-; **the sailors ~ed (up) the ropes** матрóсы вскарáбкались по вáнтам.

swarthy /ˈswɔːðɪ/ *adj* (**swarthier, swarthiest**) сму́глый.

swashbuckler /ˈswɒʃˌbʌklə(r)/ *n* сорвиголовá (*m*).

swashbuckling /ˈswɒʃˌbʌklɪŋ/ *adj* лихóй, задири́стый.

swastika /ˈswɒstɪkə/ *n* свáстика.

SWAT /swɒt/ (*abbr of* ***special weapons and tactics***) (*US*): **~ team** спецнáз.

swat /swɒt/ *vt* & *i* (**swatted, swatting**) (*an insect*) бить (*impf*); прихлóпнуть (*pf*); **she was ~ting at flies** онá пытáлась переби́ть мух.

swatch /swɒtʃ/ *n* образéц, образчи́к; образцы́ (*m pl*).

swath /sweɪð, swɒθ/ (*US*) = **swathe**[1]

swathe[1] /sweɪð/ *n* прокóс (*лужайки*).

swathe[2] /sweɪð/ *vt* бинтовáть, за-; заку́т|ывать, -ать.

swatter /ˈswɒtə(r)/ *see* ⇒**fly**[1]

sway /sweɪ/ *n* **1** (**~ing motion**) качáние, колебáние. **2** (*influence*) влия́ние; (*authority*) авторитéт; (*rule*) власть; **have, hold ~ over s.o.** держáть (*impf*) когó-н. в подчинéнии.
● *vt* **1** (*rock*) качáть, качну́ть; колебáть, по-; **~ the balance in s.o.'s favour** (*Br*), **favor** (*US*) склон|я́ть, -и́ть чáшу весóв в чью-н. пóльзу. **2** (*influence, move*) влия́ть, по-; колебáть, по-; **passions which ~ the minds of men** стрáсти, веду́щие на пóводу человéческий рáзум; **he cannot be ~ed by such arguments** егó нельзя́ поколебáть таки́ми дóводами.
● *vi* кач|áться, -ну́ться; колебáться, по-.

Swazi /ˈswɑːzɪ/ *n* (*person*) (*pl* **~** *or* **~s**) свазилéнд|ец (*fem* -ка); (*language*) свáзи (*m indecl*).
● *adj* свазилéндский.

Swaziland /ˈswɑːzɪˌlænd/ *n* Свáзиленд.

swear /sweə(r)/ *vt* & *i* (*past* **swore;** *pp* **sworn**) **1** (*pronounce, promise solemnly*) кля́сться, по-; (**he swore allegiance to the king** он покля́лся в вéрности королю́; **they swore eternal friendship** они́ покляли́сь в вéчной дру́жбе; **~ an oath** прин|оси́ть, -ести́ (*or* да|вáть, -ть) кля́тву; **I ~ to God (that) ...** кляну́сь (Гóсподом) Бóгом, что... .
2 (*bind by an oath*) прив|оди́ть, -ести́ к прися́ге; **the jury was sworn in** прися́жных привели́ к прися́ге; **he was sworn to secrecy** с негó взя́ли кля́тву о неразглашéнии тáйны; **sworn enemies** закля́тые враги́.
● *vi* (*past* **swore;** *pp* **sworn**)
1 (*take an oath*) кля́сться, по-; (*fig*): **he ~s by aspirin** он (безграни́чно) вéрит в пóльзу аспири́на; **~ off** (*abjure*): **he swore off smoking** он дал зарóк не кури́ть; **he swore to having seen the crime** он заяви́л под прися́гой, что был свидéтелем преступлéния; **we may have met before, but I can't ~ to it** мы, кáжется, знакóмы, но покля́сться не могу́.
2 (*use bad language, curse*) брани́ться (*impf*); сквернослóвить (*impf*); **~ like a trooper** ругáться (*impf*) как извóзчик; **he swore at me for making him late** он ругáл меня́ послéдними словáми за то, что я застáвил егó опоздáть.
● *cpd* **~ word** *n* ругáтельство.

swearing /ˈsweərɪŋ/ *n* брань, ругáнь.

sweat /swet/ *n* **1** пот, испáрина; **by the ~ of one's brow** в пóте лицá (своегó); **his brows were running, dripping with ~** пот кати́лся/кáпал у негó со лбá; **his shirt was dripping with ~** вся егó рубáшка былá пóтная, хоть выжимáй.
2 (*state or process of* **~ing**) потéние, пот; **he was in a ~** (*lit, fig*) он был (весь) в потý; **a cold ~** холóдный пот.
3 (*coll, drudgery*): **it is a ~ compiling a dictionary** чтóбы состáвить словáрь, прихóдится попотéть.
● *vt* (*past and pp* **sweated** *or US* **~**)
1 (*exude*) потéть (*impf*) + *i*; **~ blood** (*fig*) рабóтать (*impf*) до кровáвого пóта.
2 (*force hard work from*): **~ed labour** (*Br*), **labor** (*US*) потогóнный труд.
● *vi* (*past and pp* **sweated** *or US* **~**) (*lit, fig*) потéть, вс-; **~ing room** пари́льня, парнáя; **he was ~ing with fear** он был в холóдном потý от стрáха.
● *cpds* **~band** *n* вну́тренняя лéнта шля́пы; (*sportsman's*) потничóк; **~ gland** *n* потовáя железá; **~shirt** *n* хлопчатобумáжный (спорти́вный) сви́тер, толстóвка; **~shop** *n* предприя́тие с тяжёлыми услóвиями трудá; **~suit** *n* трениро́вочный костю́м.

sweater /ˈswetə(r)/ *n* сви́тер.

sweaty /ˈswetɪ/ *adj* (**sweatier, sweatiest**): **~ hands** пóтные ру́ки; **~ clothes** пропи́танная пóтом (*or* пóтная/пропотéвшая) одéжда; **~ odour** (*Br*), **odor** (*US*) зáпах пóта.

Swede /swiːd/ *n* (*person*) швед (*fem* -ка); (*s~: Br, vegetable*) брю́ква.

Sweden /ˈswiːdən/ *n* Швéция.

Swedish /ˈswiːdɪʃ/ *n* (*language*) швéдский язы́к.
● *adj* швéдский.

sweep /swiːp/ *n* **1** (*with broom etc.*): **give a room a good ~** хорошéнько подме|тáть, -сти́ кóмнату; (*fig*): **make a clean ~** заб|ирáть, -рáть (*or* выметáть, вы́мести) всё под метёлку.
2 (*steady movement*) шéствие, движéние; (**~ing movement**) взмах, размáх; **~ of a scythe/sword** взмах серпá/мечá; **~ of the arm** взмах руки́; **with one ~** одни́м мáхом.
3 (*range, reach*) размáх, диапазóн.
4 (*long flowing curve*) изги́б; **~ of a river** изги́б/излу́чина реки́.
5 (**chimney-~**) трубочи́ст.
● *vt* (*past and pp* **swept**)
1 (*rush over*): **the waves swept the shore** вóлны набегáли на бéрег; **the storm swept the countryside** бу́ря пронеслáсь над всей окру́гой; **the new fashion ~ing the country** нóвая мóда, охвати́вшая странý.
2 (*carry forcefully*): **a wave swept him overboard** егó смы́ло волнóй (зá борт); **he swept her off her feet** (*fig*) он вскружи́л ей гóлову.
3 (*touch, brush*): **he swept his hand across the table** он провёл рукóй пó столу.
4 (*pass searchingly over*): **he swept the horizon with a telescope** он обшáрил горизóнт подзóрной трубóй; **the search vessels swept the sea** развéдывательные корабли́ бороздили мóре.
5 (*clean*) подме|тáть, -сти́; чи́стить, вы́-; **~ a chimney** проч|ищáть, -и́стить трубу́; **~ the board** (*fig, win all stakes*) заб|ирáть, -рáть все стáвки.
6 (*brush*): **he swept the litter into a corner** он замёл му́сор в у́гол; **her dress swept the ground** её плáтье подметáло подолóм зéмлю; (*fig*): **~ sth under the carpet** заме|тáть, -сти́ что-н. под ковёр; **he swept all before him** он преодолéл все препя́тствия.
● *vi* (*past and pp* **swept**)
1 (*rush, dash*) прон|оси́ться, -ести́сь; **rain swept across the country** дождь прошёл по всей странé; **fear swept over him** страх охвати́л/обуя́л егó.
2 (*walk majestically*): **she swept into**

S

the room она́ го́рдо/велича́во вошла́ в ко́мнату.
3 (*curve*) из|гиба́ться, -огну́ться; **the coastline ~s to the right** берегова́я ли́ния изгиба́ется впра́во.
4 (*clean, brush*) мести́, под-; подме|та́ть, -сти́.
● *with advs*: **~ along** *vt* нести́ (*det*); увл|ека́ть, -е́чь; **the boat was swept along by the current** ло́дку унесло́ тече́нием; **a good speaker ~s his audience along** хоро́ший ора́тор увлека́ет свою́ аудито́рию; *vi* проше́ствовать (*impf*); **~ aside** *vt*: **he swept the curtain aside** он ре́зко отодви́нул занаве́ску; **she swept him aside** она́ отстрани́ла его́; **he swept aside my protestations** он не стал слу́шать мои́х возраже́ний; **~ away** *vt* сме|та́ть, -сти́; **they were ~ing the snow away** они́ сгреба́ли снег; **the storm swept everything away** бу́ря всё смела́; **the bridge was swept away by the rains** мост смы́ло дождя́ми; (*fig, abolish*) поко́нчить (*pf*) с + *i*; уничт|ожа́ть, -о́жить; отмен|я́ть, -и́ть; **they swept away the old laws** они́ вы́бросили ста́рые зако́ны на сва́лку; **~ down** *vt*: **the river ~s the logs down to the mill** река́ несёт брёвна к ме́льнице; *vi*: **the enemy swept down on us** враг обру́шился на нас; **the hills ~ down to the sea** холмы́ сбега́ют к мо́рю; **~ in** *vi*: **the wind ~s in at the door** ве́тер врыва́ется в дверь; **~ off** *vt* срыва́ть, сорва́ть; **the roof was swept off in the gale** кры́шу сорва́ло урага́ном; **~ out** *vt*: **the maid was ~ing out the cupboards** служа́нка вымета́ла шкафы́; *vi*: **she swept out (of the room etc.)** она́ вели́чественно удали́лась; **~ up** *vt*: **I have to ~ up the kitchen** я до́лжен подмести́ ку́хню; **be sure and ~ up all the dirt** смотри́те, вы́метите весь му́сор как сле́дует; **she ~s her hair up into a bun** она́ забира́ет во́лосы в у́зел; *vi*: **I had to ~ up after them** мне пришло́сь по́сле них убира́ть; **the car swept up to the house** маши́на подрули́ла к до́му; **the road ~s up to the church** доро́га поднима́ется к це́ркви.
● *cpd* **~stake** *n* ≈ лотере́я, тотализа́тор.

S

sweeper /'swi:pə(r)/ *n* (*person*) подмета́льщик, дво́рник; (*device*) подмета́льная маши́на.

sweeping /'swi:pɪŋ/ *adj* **1** (*of motion etc.*): **a ~ bow** широ́кий покло́н; **~ gesture** разма́шистый жест; **~ lines** стреми́тельные ли́нии.
2 (*comprehensive*) всеобъе́млющий; (*thoroughgoing*) реши́тельный; **~ changes** радика́льные измене́ния; (*wholesale*) огу́льный; **a ~ statement** огу́льное утвержде́ние.

sweepings /'swi:pɪŋz/ *n* му́сор, сор.

sweet /swi:t/ *n* **1** (*Br, piece of confectionary*) конфе́та; (*in pl*) сла́сти (*f pl*).
2 (*Br, dessert*) сла́дкое, тре́тье.
3 (*in pl, delight*): **the ~s of office** пре́лести (*f pl*) слу́жбы.
4 (*beloved*): **my ~** (мой) ми́лый, (моя́) ми́лая.
● *adj* **1** (*to taste*) сла́дкий; **I am not fond of ~ foods** я не люблю́ сла́достей; **I like my tea very ~** я пью о́чень сла́дкий чай; **my brother has a ~ tooth** мой брат — сластёна/сладкое́жка (*both cg*); **make ~** сласти́ть, по-; **~** (*fresh, pure*) **water** све́жая/пре́сная вода́.
2 (*fragrant*) сла́дкий, души́стый; **how ~ the roses smell!** как сла́дко па́хнут ро́зы!; **~ peas** души́стый горо́шек.
3 (*melodious*): **~ voice** прия́тный/мелоди́чный го́лос; **~ melody** сла́дкая/преле́стная мело́дия.
4 (*agreeable*): **~ words** ла́сковые слова́; **~ nothings** не́жности (*f pl*); **praise was ~ to him** он упива́лся похвало́й; **a ~ face** ми́лое лицо́; **a ~** (*gentle*) **temper** мя́гкий хара́ктер; (*coll, charming, nice*) ми́лый; **a ~ frock** ми́ленькое пла́тьице; **a ~ little dog** симпати́чная соба́чка; **they were perfectly ~ to us** они́ бы́ли чрезвыча́йно ми́лы с на́ми; **keep s.o. ~** (*coll*) подма́з|ываться, -аться к кому́-н.
5: **he is ~ on her** (*sl*) он в неё влюблён; **go one's own ~ way** де́лать, с- так, как заблагорассу́дится.
● *cpds* **~-and-sour** *adj* ки́сло-сла́дкий; **~bread** *n* «сла́дкое мя́со» (*блюдо из зобной, реже поджелудочной, железы животного*); **~corn** (столо́вая) кукуру́за; **~heart** *n* возлю́бленн|ый (*fem* -ая); (*as form of address*) дорого́й, ми́лый, люби́мый; **~meat** *n* (*archaic*) = **~** *n* **1**; **~ potato** бата́т; **~-scented** *adj* благоуха́нный; **~ shop** *n* (*Br*) конди́терская; **~ talk** (*coll*) *n* лесть, ума́сливание; **~-talk** *vt* загов|а́ривать, -ори́ть кому́-н. зу́бы; **~-tempered** *adj* с мя́гким хара́ктером, мя́гкого нра́ва; **~ william** *n* туре́цкая гвозди́ка (*с мелкими цветками в густых соцветиях*).

sweeten /'swi:t(ə)n/ *vt*
1 подсла́|щивать (*or* подсла|ща́ть), -сти́ть. **2** (*fig*): **~ s.o.'s temper** смягч|а́ть, -и́ть чей-н. гнев; **he ~ed the caretaker with a bribe** он задо́брил смотри́теля взя́ткой.

sweetener /'swi:tənə(r)/ *n* (*sugar substitute*) замени́тель (*m*) са́хара; (*Br, bribe*) взя́тка.

sweetness /'swi:tnɪs/ *n* сла́дость; све́жесть; прия́тность.

swell /swel/ *n* **1** (*of sea*) зыбь.
2 (*mus*) креще́ндо (*indecl*).
● *adj* (*US, first-rate*) шика́рный.
● *vt* (*pp* **swollen** *or* **swelled**)
1 (*increase size or volume of*) разд|ува́ть, -у́ть; **the wind ~ed the sails** ве́тер наду́л паруса́; **rivers swollen by melting snow** ре́ки, взду́вшиеся от та́лого сне́га; **my finger is swollen** у меня́ па́лец опу́х/распу́х.
2 (*increase number of*) увели́чи|вать, -ть.
3 (*make arrogant*): **he was swollen with pride** он весь наду́лся/разду́лся от го́рдости; **~ed/swollen head** (*fig, coll*) самомне́ние.
● *vi* (*pp* **swollen** *or* **swelled**)
1 (*expand, dilate*: *also* **~ up**) над|ува́ться, -у́ться; разд|ува́ться, -у́ться; (*of part of body*) оп|уха́ть, -у́хнуть; расп|уха́ть, -у́хнуть.
2 (*increase in size or volume*) выраста́ть, вы́расти; разб|уха́ть, -у́хнуть; взд|ува́ться, -у́ться; **the crowd ~ed to over six thousand** толпа́ увели́чилась до шести́ с ли́шним ты́сяч (челове́к); **the novel ~ed to enormous size** рома́н разбу́х до огро́много разме́ра; **the rivers have ~ed since the thaw** ре́ки взду́лись по́сле о́ттепели.
3 (*of person, with pride etc.*) над|ува́ться, -у́ться; **my heart ~ed with pride** се́рдце моё напо́лнилось го́рдостью.
4 (*of sound*) нараста́ть (*impf*); **the murmur ~ed into a roar** ро́пот перерос в рёв.

swelling /'swelɪŋ/ *n* (*on body*) о́пухоль; опуха́ние; (*on other object*) вы́пуклость.

swelter /'sweltə(r)/ *vi* (*of person*) изнем|ога́ть, -о́чь от жары́; **~ing** (*of atmosphere etc.*) нестерпи́мо жа́ркий.

swept /swept/ *past and pp of* ⇨**sweep**

swerve /swə:v/ *n* отклоне́ние, поворо́т.
● *vi* (кру́то) пов|ора́чиваться, -ерну́ться; свёртывать, сверну́ть; **the car ~d to avoid an accident** маши́на кру́то сверну́ла, что́бы избежа́ть ава́рии.

swift /swɪft/ *n* (*bird*) стриж.
● *adj* (*rapid*) бы́стрый; (*prompt*) ско́рый; **a ~ reply** операти́вный/ско́рый отве́т; **~ to anger** вспы́льчивый.
● *cpd* **~-acting** *adj* быстроде́йствующий.

swiftness /'swɪftnɪs/ *n* быстрота́, ско́рость.

swig /swɪg/ (*coll*) *n* глото́к; **have, take a ~ of something** сде́лать (*pf*) глото́к чего́-н.
● *vt* (**swigged, swigging**) хлеба́ть (*impf*).

swill /swɪl/ *n* (*lit, fig*) по́йло; (*pig food*) помо́|и (*pl, g* -ев).
● *vt* **1** (*Br, wash, rinse*) мыть, вы́-; полоска́ть, вы́-. **2** (*drink heavily*) лака́ть, вы́-, хлеба́ть, вы́-, хлеста́ть, вы́- (*coll*).

swim /swɪm/ *n* **1**: **have, go for a ~** купа́ться, ис-.
2 (*main current of affairs*): **be in the ~** быть в ку́рсе дел; сле́довать (*impf*) мо́де.
● *vt* (**swimming**; *past* **swam**; *pp* **swum**)
1 (*cross by ~ming*) перепл|ыва́ть, -ы́ть.
2 (*cover by ~ming*): **~ a mile** пропл|ыва́ть, -ы́ть ми́лю.
● *vi* (**swimming**; *past* **swam**; *pp* **swum**)
1 пла́вать (*indet*), плыть (*det*), по-; **he can ~ on his back** он уме́ет пла́вать на спине́; **he ~s like a fish** он пла́вает как ры́ба; **she swam for the shore** она́ поплыла́ к бе́регу; **~ with the tide** (*lit, fig*) плыть (*det*) по тече́нию; **~ against the tide** плыть (*det*) про́тив тече́ния.
2 (*of things*: *float*) пла́вать (*indet*); **vegetables ~ming in butter** о́вощи,

пла́вающие в ма́сле.
3 (*fig, reel, swirl*): **the noise made my head ~** от шу́ма у меня́ закружи́лась голова́; **everything was ~ming before my eyes** всё поплы́ло у меня́ пе́ред глаза́ми.
● *cpd* **~suit** *n* купа́льник.

swimmer /ˈswɪmə(r)/ *n* плов|е́ц (*fem* -чи́ха).

swimming /ˈswɪmɪŋ/ *n* пла́вание; **he took ~ lessons** он брал уро́ки пла́вания; **~ contest/match** состяза́ние в пла́вании.
● *cpds* **~ bath** (*Br*), **~ pool** *nn* (пла́вательный) бассе́йн; **~ cap** купа́льная ша́почка; **~ costume** *n* (*Br*) купа́льник; **~ trunks** *n pl* пла́в|ки (*pl, g* -ок).

swimmingly /ˈswɪmɪŋlɪ/ *adj*: **everything went ~** всё шло как по ма́слу; **get on ~ with s.o.** на|ходи́ть, -йти́ о́бщий язы́к с кем-н.

swindle /ˈswɪnd(ə)l/ *n* жу́льничество, моше́нничество.
● *vt* обма́н|ывать, -у́ть; **she ~d him out of the inheritance** она́ получи́ла его́ насле́дство обма́нным путём (*or* обма́ном); **you've been ~d** вас наду́ли; **~ money out of s.o.** выма́нивать, вы́манить у кого́-н. де́ньги.
● *vi* жу́льничать, с-; моше́нничать, с-.

swindler /ˈswɪndlə(r)/ *n* жу́лик, моше́нник.

swine /swaɪn/ *n* (*pl* **~**; *fig also* **~s**) (*lit, fig*) свинья́.
● *cpd* **~herd** *n* свинопа́с.

swing /swɪŋ/ *n* **1** (*movement*) кача́ние, колеба́ние; **~ of the pendulum** кача́ние/разма́х ма́ятника; (*in boxing*) свинг, боково́й уда́р с разма́хом; **he took a ~ at the ball** он с разма́ху уда́рил по мячу́; **in full ~** (*fig*) в (по́лном) разга́ре.
2 (*shift*): **the polls showed a ~ to the left** вы́боры показа́ли ре́зкое увеличе́ние популя́рности «ле́вых».
3 (*of gait or rhythm*) ритм; **the party went with a ~** вечери́нка вы́шла на сла́ву; **I couldn't get into the ~ of things** я ника́к не мог включи́ться в де́ло.
4 (*mus*) свинг.
5 (*seat slung on rope*) каче́л|и (*pl, g* -ей); **he gave the boy a (go on the) ~** он раскача́л ма́льчика на каче́лях.
● *vt* (*past and pp* **swung**)
1 (*apply circular motion to*): **~ one's arms** разма́хивать (*impf*) рука́ми; **~ one's hips** пока́чивать (*impf*) бёдрами; (*brandish*): **he swung the sword above his head** он взмахну́л шпа́гой над голово́й; **there's not enough room to ~ a cat** (*coll*) здесь поверну́ться не́где.
2 (*cause to turn, pivot*) пов|ора́чивать, -ерну́ть; разв|ора́чивать, -ерну́ть; **the tide swung the boat round** прили́в разверну́л ло́дку.
3 (*sling, hoist*) вски́|дывать, -нуть; **he swung her on to his shoulders** он вски́нул её себе́ на пле́чи; **he swung himself into the saddle** он вскочи́л в седло́.
4 (*give rhythmic motion to*) кача́ть (*impf*); колеба́ть (*impf*).
5 (*influence*): **his speech swung the jury in her favour** (*Br*), **favor** (*US*) его́ речь склони́ла симпа́тии присся́жных на её сто́рону.
● *vi* (*past and pp* **swung**)
1 (*sway, oscillate*) кача́ться, колеба́ться, пока́чиваться, колыха́ться (*all impf*); (*dangle*) висе́ть, свиса́ть, болта́ться (*all impf*); **let one's legs ~** болта́ть (*impf*) нога́ми; **he could ~ from a branch with one hand** он мог висе́ть/раска́чиваться на ве́тке на одно́й руке́; **the meat swung from a hook** мя́со висе́ло на крю́ке; **a lamp swung from the ceiling** с потолка́ све́шивалась ла́мпа; **the children were ~ing in the park** де́ти кача́лись на каче́лях в па́рке.
2 (*turn, pivot*) пов|ора́чиваться, -ерну́ться; враща́ться (*impf*); **the door swung open in the wind** дверь распахну́лась от ве́тра; **the ship is ~ing round** кора́бль повора́чивает; **he swung round on his heel** он (ре́зко) поверну́лся на каблука́х.
3 (*move rhythmically*): **the monkeys swung from bough to bough** обезья́ны раска́чивались на ветвя́х.
4 (*sl, hang*): **he will ~ for this murder** его́ вздёрнут за э́то уби́йство.
● *cpds* **~boat** *n* (*Br*) ло́дка-каче́л|и (*pl, g* -ей); **~ bridge** *n* разводно́й мост; **~ doors** (*US* **swinging doors**) *n pl* свобо́дно распа́хивающаяся (двуство́рчатая) дверь.

swingeing /ˈswɪndʒɪŋ/ *adj* (*Br*): **a ~ blow** ошеломля́ющий уда́р; **a ~ majority** подавля́ющее большинство́; **a ~ fine** грома́дный/огро́мный штраф.

swinging /ˈswɪŋɪŋ/ *adj* (*lively, zestful*) жизнера́достный.

swinish /ˈswaɪnɪʃ/ *adj* сви́нский, ско́тский.

swipe /swaɪp/ (*coll*) *n*: **take a ~ at s.o.** зам|а́хиваться, -ахну́ться на кого́-н.; **he took a ~ at the ball** он с си́лой/разма́ху уда́рил по мячу́.
● *vt* (*hit*) с си́лой уд|аря́ть, -а́рить по + *d*; (*steal*) стащи́ть (*pf*) (*coll*).
● *cpd* **~ card** *n* магни́тная ка́рточка.

swirl /swɜːl/ *n* (*of water*) водоворо́т; (*of snow*) вихрь (*m*); **~ of dust** столб пы́ли.
● *vi* (*of water*) крути́ться (*impf*) в водоворо́те; (*of snow*) ви́хриться (*impf*); (*of leaves etc.*) кружи́ться, за-; (*of dust*) подн|има́ться, -я́ться столбо́м.

swish /swɪʃ/ *n* (*of whip*) свист; (*of scythe etc.*) свист; взмах со сви́стом; (*of dress etc.*) шурша́ние, ше́лест.
● *adj* (*Br coll*) шика́рный.
● *vt* (*flick*) взма́х|ивать, -ну́ть + *i*; **the cow ~ed her tail** коро́ва маха́ла/пома́хивала/взмахну́ла хвосто́м.
● *vi* (*of fabric*) шурша́ть (*impf*); шелесте́ть (*impf*); (*of cane etc.*) расс|ека́ть, -е́чь во́здух (со сви́стом); (*of whip*) свисте́ть, сви́стнуть;; (*of scythe*) свисте́ть (*impf*).

Swiss /swɪs/ *n* (*pl* **~**) швейца́р|ец (*fem* -ка); **the ~** (*pl*) швейца́рцы (*m pl*); **a German/French/Italian ~** неме́цко-/фра́нко-/итало|язы́чный швейца́рец.
● *adj* швейца́рский; **~ German** (*ling*) швейца́рский диале́кт неме́цкого языка́; **~ roll** (*Br*) руле́т с варе́ньем.

switch /swɪtʃ/ *n* **1** (*twig, rod*) прут.
2 (*false hair*) накла́дка; фальши́вая коса́.
3 (*railways*) стре́лка.
4 (*elec*) выключа́тель (*m*), переключа́тель (*m*).
5 (*change of position, role, tactics, etc.*) поворо́т, переме́на.
● *vt* (*transfer*) перев|оди́ть, -ести́; переключ|а́ть, -и́ть.
● *vi*: **he ~ed from one extreme to the other** он перешёл/бро́сился из одно́й кра́йности в другу́ю.
● *with advs*: **~ off** *vt* выключа́ть, вы́ключить; **~ off a lamp** гаси́ть, по- ла́мпу; *vi* (*coll, withdraw one's attention*) отключ|а́ться, -и́ться; **~ on** *vt* включ|а́ть, -и́ть; (*light*) заж|ига́ть, -е́чь; **~ over** *vt* & *i* переключ|а́ть(ся), -и́ть(ся); пере|ходи́ть, -йти́.
● *cpds* **~back** *n* (*Br, in amusement park*) америка́нские го́рки (*f pl*); **a ~back road** доро́га с круты́ми подъёмами и спу́сками; **~blade** *n* (*US*) пружи́нный нож; **~board** *n* коммута́тор; распредели́тельный щит; **~board operator** телефони́ст (*fem* -ка); **~man** *n* (*US*) стре́лочник.

Switzerland /ˈswɪtsəˌlænd/ *n* Швейца́рия.

swivel /ˈswɪv(ə)l/ *n* шарни́рное соедине́ние; вертлю́г (*tech*); (*attr*) враща́ющийся, поворо́тный; вертлю́жный (*tech*).
● *vt* & *i* (**swivelled, swivelling;** *US* **swiveled, swiveling**) пов|ора́чивать(ся), -ерну́ть(ся) (на шарни́рах).
● *cpd* **~ chair** *n* враща́ющийся стул, враща́ющееся кре́сло.

swiz(zle) /ˈswɪz(ə)l/ *n* (*Br coll*) (*fraud*) моше́нничество; (*disappointment*) большо́е разочарова́ние.
● *cpd* **swizzle stick** *n* па́лочка для поме́шивания кокте́йля.

swollen /ˈswəʊlən/ *pp of* ⇨**swell**

swollen-headed /ˈswəʊlən/ *adj* чванли́вый, напы́щенный.

swoon /swuːn/ *n* о́бморок.
● *vi* па́дать, упа́сть в о́бморок.

swoop /swuːp/ *n* **1** (*of bird etc.*) паде́ние вниз. **2** (*sudden attack*) налёт; **at one fell ~** еди́ным уда́ром/ма́хом.
● *vi* (*aeron*) пики́ровать, с-; **the eagle ~ed (down) on its prey** орёл стреми́тельно упа́л на свою́ же́ртву; **the enemy ~ed on the town** неприя́тель соверши́л внеза́пный налёт на го́род.

swop /swɒp/ = **swap**

sword /sɔːd/ *n* (*cutting weapon, also fig*) меч; (*light thrust weapon*) шпа́га; **~ of Damocles** дамо́клов меч; **cross ~s with s.o.** (*lit, fig*) скре́|щивать, -сти́ть шпа́ги с кем-н.; **put to the ~** пред|ава́ть, -а́ть мечу́; **beat ~s into ploughshares** (*Br*), **plowshares** (*US*) переко́в|ывать, -а́ть мечи́ на ора́ла.
● *cpds* **~ dance** *n* та́нец с са́блями; **~fish** *n* меч-ры́ба; **~ hilt** *n* эфе́с; **~ knot** *n* темля́к; **~play** *n* фехтова́ние; (*fig, repartee*) пикиро́вка; **~sman** *n* фехтова́льщик;

~smanship *n* иску́сство фехтова́ния; **~stick** *n* трость с вкладно́й шпа́гой; **~-swallower** *n* шпагоглота́тель (*m*).
swore /swɔː/ *past of* ⇒**swear**
sworn /swɔːn/ *pp of* ⇒**swear**
swot /swɒt/ (*Br*) *n* (*person*) зубри́л(к)а (*cg*); (*study*) зубрёжка.
● *vt* (**swotted, swotting**): ~ **up a subject** зубри́ть, вы́- предме́т.
● *vi* (**swotted, swotting**) зубри́ть (*impf*).
swum /swʌm/ *pp of* ⇒**swim**
swung /swʌŋ/ *past and pp of* ⇒**swing**
sybarite /ˈsɪbəˌraɪt/ *n* сибари́т (*fem* -ка).
sybaritic /ˌsɪbəˈrɪtɪk/ *adj* сибари́тский.
sycamore /ˈsɪkəˌmɔː(r)/ *n* **1** (*Eurasian maple*) я́вор. **2** (*US, plane tree*) плата́н. **3** (*also* **sycomore** *or* **sycomore fig**) сикомо́р.
sycophancy /ˈsɪkəˌfænsɪ/ *n* подхали́мство, лесть.
sycophant /ˈsɪkəˌfænt/ *n* подхали́м, льстец.
sycophantic /ˌsɪkəˈfæntɪk/ *adj* подхали́мский, льсти́вый.
Sydney /ˈsɪdnɪ/ *n* Си́дней.
syllabary /ˈsɪləbərɪ/ *n* слогова́я а́збука.
syllabi /ˈsɪləˌbaɪ/ *pl of* ⇒**syllabus**
syllabic /sɪˈlæbɪk/ *adj* силлаби́ческий, слогово́й.
syllabi(fi)cation /ˌsɪlæbɪ(fɪ)ˈkeɪʃ(ə)n/ *n* разделе́ние на сло́ги.
syllab|ify /sɪˈlæbɪˌfaɪ/, **-ize** /ˈsɪləˌbaɪz/ *vvt* раздел|я́ть, -и́ть на сло́ги; (*in speech*) произн|оси́ть, -ести́ по слога́м.
syllable /ˈsɪləb(ə)l/ *n* слог; **in words of one** ~ (*fig*) досту́пным языко́м.
syllab|us /ˈsɪləbəs/ *n* (*pl* **~uses** *or* **~i**) програ́мма; уче́бный план.
syllogism /ˈsɪləˌdʒɪz(ə)m/ *n* силлоги́зм.
syllogistic /ˌsɪləˈdʒɪstɪk/ *adj* силлогисти́ческий.
sylph /sɪlf/ *n* сильф (*fem* -и́да).
● *cpd* **~like** *adj* грацио́зный.
syl|van, sil- /ˈsɪlv(ə)n/ *adj* (*of the woods*) лесно́й; (*having woods*) леси́стый.
symbiosis /ˌsɪmbaɪˈəʊsɪs, ˌsɪmbɪ-/ *n* (*pl* **symbioses** /-siːz/) симбио́з.
symbiotic /ˌsɪmbaɪˈɒtɪk, ˌsɪmbɪ-/ *adj* симбиоти́ческий.
symbol /ˈsɪmb(ə)l/ *n* си́мвол; (*sign, e.g. math*) знак.
symbolic(al) /sɪmˈbɒlɪk, sɪmˈbɒlɪk(ə)l/ *adj* символи́ческий, символи́чный.
symbolism /ˈsɪmbəˌlɪz(ə)m/ *n* символи́зм.
symbolist /ˈsɪmbəlɪst/ *n* символи́ст (*fem* -ка).
● *adj* символи́стский.
symbolization /ˌsɪmbəlaɪˈzeɪʃ(ə)n/ *n* символиза́ция.
symbolize /ˈsɪmbəˌlaɪz/ *vt* символизи́ровать (*impf, pf*).
symmetric(al) /ˌsɪˈmetrɪk, ˌsɪˈmetrɪk(ə)l/ *adj* симметри́чный, симметри́ческий.
symmetry /ˈsɪmɪtrɪ/ *n* симме́трия, симметри́чность.
sympathetic /ˌsɪmpəˈθetɪk/ *adj* **1** (*compassionate*) сочу́вственный; **a ~ look** сочу́вственный взгляд; **lend a ~ ear to** сочу́вственно выслу́шивать, вы́слушать; **~ words** слова́ по́лные сочу́вствия. **2** (*favourable, supportive*): **I am ~ towards his ideas** его́ иде́и мне близки́. **3** (*physiol*): **~ nerve** симпати́ческий нерв.
sympathize /ˈsɪmpəˌθaɪz/ *vi* сочу́вствовать (*impf*) (**with:** + *d*); симпатизи́ровать (*impf*) (**with:** + *d*); **he ~d with me in my grief** он сочу́вствовал моему́ го́рю; **I ~ with your viewpoint** мне поня́тна ва́ша пози́ция.
sympathizer /ˈsɪmpəˌθaɪzə(r)/ *n* сочу́вствующий, сторо́нник.
sympathy /ˈsɪmpəθɪ/ *n* (*compassion, commiseration, fellow feeling*) сочу́вствие, сострада́ние; (*agreement*) согла́сие; **feel ~ for s.o.** испы́тывать (*impf*) сочу́вствие к кому́-н.; **we are in ~ with your ideas** мы сочу́вствуем ва́шим иде́ям; **the power workers came out in ~** рабо́тники электроста́нции забастова́ли в знак солида́рности; **my sympathies are with the miners** все мои́ симпа́тии на стороне́ шахтёров.
symphonic /sɪmˈfɒnɪk/ *adj* симфони́ческий.
symphony /ˈsɪmfənɪ/ *n* симфо́ния; **~ orchestra/concert** симфони́ческий орке́стр/конце́рт.
symposi|um /sɪmˈpəʊzɪəm/ *n* (*pl* **~a** *or* **~ums**) симпо́зиум.
symptom /ˈsɪmptəm/ *n* симпто́м; (*sign*) при́знак; **develop ~s** обнару́жи|вать, -ть симпто́мы.
symptomatic /ˌsɪmptəˈmætɪk/ *adj* симптомати́чный, симптомати́ческий.
synagogue /ˈsɪnəˌɡɒɡ/ *n* синаго́га.
sync(h) /sɪŋk/ *n* (*coll*): **out of ~** несинхро́нный.
synchromesh /ˈsɪŋkrəʊˌmeʃ/ *n* синхроніза́тор; (*attr*) синхронизи́рующий.
synchronism /ˈsɪŋkrəˌnɪz(ə)m/ *n* (*cin, TV*) синхрони́зм.
synchronization /ˌsɪŋkrənaɪˈzeɪʃ(ə)n/ *n* синхрониза́ция.
synchronize /ˈsɪŋkrəˌnaɪz/ *vt* синхронизи́ровать (*impf, pf*); **~d swimming** синхро́нное пла́вание.
● *vi* (*of events*) совп|ада́ть, -а́сть во вре́мени; (*of clocks*) пока́зывать (*impf*) одина́ковое вре́мя.
synchronous /ˈsɪŋkrənəs/ *adj* синхро́нный; **~ satellite** геостациона́рный спу́тник.
synchrony /ˈsɪŋkrənɪ/ *n* синхрони́я.
syncopate /ˈsɪŋkəˌpeɪt/ *vt* (*ling, mus*) синкопи́ровать (*impf, pf*).
syncopation /ˌsɪŋkəˈpeɪʃ(ə)n/ *n* синко́па.
syncope /ˈsɪŋkəpɪ/ *n* (*ling*) синко́па; (*med*) о́бморок.
syndicate¹ /ˈsɪndɪkət/ *n* синдика́т.
syndicate² /ˈsɪndɪˌkeɪt/ *vt* синдици́ровать (*impf, pf*).
syndrome /ˈsɪndrəʊm/ *n* синдро́м.
synecdoche /sɪˈnekdəkɪ/ *n* сине́кдоха.
synod /ˈsɪnəd/ *n* сино́д.
synodal /ˈsɪnəd(ə)l/ *adj* синода́льный.
synonym /ˈsɪnənɪm/ *n* сино́ним.
synonymous /sɪˈnɒnɪməs/ *adj* синоними́чный; синоними́ческий; (*fig*) равнозна́чный (**with:** + *d*).
synopsis /sɪˈnɒpsɪs/ *n* (*pl* **synopses** /-siːz/) резюме́ (*indecl*).
synoptic /sɪˈnɒptɪk/ *adj* синопти́ческий.
syntactic(al) /sɪnˈtæktɪk, sɪnˈtæktɪkəl/ *adj* синтакси́ческий.
syntax /ˈsɪntæks/ *n* си́нтаксис.
synthesis /ˈsɪnθɪsɪs/ *n* (*pl* **syntheses** /-ˌsiːz/) си́нтез.
synthe|size /ˈsɪnθɪˌsaɪz/, **-tize** /ˈsɪnθɪˌtaɪz/ *vt* синтези́ровать (*impf, pf*).
synthesizer /ˈsɪnθɪˌsaɪzə(r)/ *n* синтеза́тор.
synthetic /sɪnˈθetɪk/ *adj* синтети́ческий.
● *n* (*usu in pl*) синте́тика (*collect*).
synthetize /ˈsɪnθɪˌtaɪz/ = **synthesize**
syphilis /ˈsɪfɪlɪs/ *n* си́филис.
syphilitic /ˌsɪfɪˈlɪtɪk/ *adj* сифилити́ческий.
● *n* сифили́тик.
syphon /ˈsaɪf(ə)n/ = **siphon**
Syria /ˈsɪrɪə/ *n* Си́рия.
Syrian /ˈsɪrɪən/ *n* сири́|ец (*fem* -йка).
● *adj* сири́йский.
syringe /sɪˈrɪndʒ, ˈsɪr-/ *n* шприц, спринцо́вка; **hypodermic ~** шприц для подко́жных впры́скиваний/инъе́кций.
● *vt* (**syringing**) (*ears etc.*) спринцева́ть (*impf*); впры́с|кивать, -нуть.
syrup /ˈsɪrəp/ (*US also* **sirup**) *n* сиро́п; (*treacle*) па́тока; **golden ~** све́тлая па́тока.
syrupy /ˈsɪrəpɪ/ (*US also* **sirupy**) *adj* (*fig*) слаща́вый.
system /ˈsɪstəm/ *n* **1** (*complex*) систе́ма; **solar ~** Со́лнечная систе́ма; **~s analysis** систе́мный ана́лиз; **~s analyst** систе́мный анали́тик. **2** (*network*) сеть; **railway ~** железнодоро́жная сеть. **3** (*body as a whole*) органи́зм; **the poison passed into his ~** яд прони́к в его́ органи́зм; **get sth out of one's ~** (*fig*) изб|авля́ться, -а́виться от чего́-н. **4** (*method*) систе́ма; **what ~ do you use?** како́й систе́мы вы приде́рживаетесь?; **~ of government** госуда́рственный строй. **5** (*methodical behaviour*) системати́чность.
systematic /ˌsɪstəˈmætɪk/ *adj* системати́ческий, системати́чный.
systematization /ˌsɪstəmətaɪˈzeɪʃ(ə)n/ *n* систематиза́ция.
systematize /ˈsɪstəməˌtaɪz/ *vt* систематизи́ровать (*impf, pf*).
systemic /sɪˈstemɪk/ *adj* относя́щийся ко всему́ органи́зму, сомати́ческий; **~ poison** общеядови́тое отравля́ющее вещество́.
systole /ˈsɪstəlɪ/ *n* си́стола, сокраще́ние се́рдца.

S

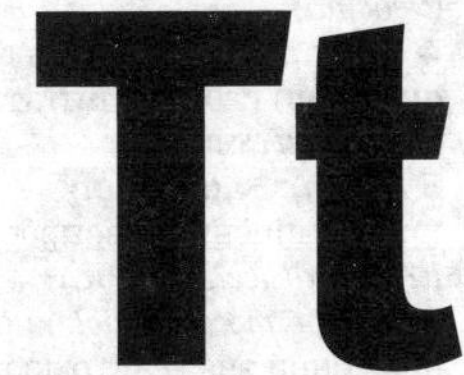

T /tiː/ *n*: **this suits me to a ~** э́то меня́ вполне́ устра́ивает.
● *cpds* **~-junction** *n* т-обра́зный перекрёсток; **~-shaped** *adj* т-обра́зный; **~-shirt** *n* футбо́лка; **~-square** *n* рейсши́на.

TA (*abbr of* ***Territorial Army***) территориа́льная а́рмия.

ta /tɑː/ *nt* (*Br coll*) спаси́бо.

tab[1] /tæb/ *n* **1** (*label on garment etc.*) наши́вка; (*for hanging clothes*) ве́шалка; пе́телька; (*Br, insignia on collar*) петли́ца. **2** (*coll, check*): **the police are keeping ~s on him** поли́ция присма́тривает за ним.

tab[2] /tæb/ = **tabulator**

tabard /ˈtæbəd/ *n* костю́м геро́льда.

tabby /ˈtæbɪ/ *n* (*also* **~ cat**) (се́рая) полоса́тая ко́шка.

tabernacle /ˈtæbəˌnæk(ə)l/ *n* **1** (*bibl, for the Ark of the Covenant*) ски́ния. **2** (*place of worship*) моле́льня.

table /ˈteɪb(ə)l/ *n* **1** стол; **at ~** за столо́м; **he turned the ~s on his adversary** он поби́л проти́вника его́ же ору́жием; **a ~ for three** (*at restaurant*) сто́лик на трои́х; (*fig, food*) стол, ку́хня; **he keeps a good ~** он хлебосо́льный хозя́ин.
2 (*tablet*) плита́.
3 (*arrangement of data*) табли́ца; **~ of contents** оглавле́ние, содержа́ние; **he knows his twelve times ~** он уме́ет умножа́ть на двена́дцать.
● *vt* **1** (*Br, present for discussion*) ста́вить, по- на обсужде́ние.
2 (*US, postpone*) от|кла́дывать, -ложи́ть.
● *cpds* **~cloth** *n* ска́терть; **~ knife** *n* столо́вый нож; **~ lamp** *n* насто́льная ла́мпа; **~land** *n* плато́ (*indecl*); плоского́рье; **~ linen** *n* столо́вое бельё; **~ mat** *n* (*Br*) подста́вка (*под таре́лку и т. п.*); **~ napkin** *n* салфе́тка; **~spoon** *n* столо́вая ло́жка; **~ tennis** *n* насто́льный те́ннис, пинг-по́нг; **~ware** *n* столо́вая посу́да; **~ water** *n* минера́льная вода́; **~ wine** *n* столо́вое вино́.

tab|leau /ˈtæbləʊ/ *n* (*pl* **-leaux** /-ləʊz/) жива́я карти́нка.

table d'hôte /ˌtɑːb(ə)l ˈdəʊt/ *n* табльдо́т.

tablet /ˈtæblɪt/ *n* **1** (*pill; solid substance shaped like a pill*) табле́тка; **water purification ~s** водоочисти́тельные табле́тки. **2** (*inscribed plate or stone*) табли́чка; (*in memory of s.o./sth*) мемориа́льная доска́/(*small or insignificant*) табли́чка. **3** (*comput*): **graphics ~** графи́ческий планше́т; **~ PC** планше́тный ПК. **4** (*Br, of soap*) кусо́к (*мы́ла*). **5** (*US, writing pad*) блокно́т.

tabloid /ˈtæblɔɪd/ *n* табло́ид, малоформа́тная газе́та; (*pej*) бульва́рная газе́та; **the ~s** табло́идная/бульва́рная пре́сса.

> **tabloid — табло́ид**
>
> Малоформа́тная (бульва́рная) газе́та. Таки́е газе́ты противопоставля́ются широкоформа́тным (широкопо́лосным) газе́там (**broadsheet**), кото́рые печа́таются на больши́х листа́х. Табло́иды ассоции́руются с жёлтой пре́ссой, в осо́бенности таки́е, как *The Sun* и the *Daily Mirror*. В после́днее вре́мя табло́идный форма́т печа́ти, как бо́лее удо́бный, стал испо́льзоваться и не́которыми серьёзными газе́тами, наприме́р, *The Independent*, *The Times*.

tab|oo, -u /təˈbuː/ *n* (*pl* **taboos** *or* **tabus**) (*lit, fig*) табу́ (*nt indecl*); (*prohibition*) запре́т.
● *adj*: **the subject is ~** э́то запрещённая те́ма; э́та те́ма под запре́том.
● *vt* (**taboos, tabooed** *or* **tabus, tabued**) запре|ща́ть, -ти́ть.

tabor /ˈteɪbə(r)/ *n* ма́ленький бараба́н.

tabu /təˈbuː/ = **taboo**

tabular /ˈtæbjʊlə(r)/ *adj* в ви́де табли́ц; табли́чный.

tabulate /ˈtæbjʊˌleɪt/ *vt* сост|авля́ть, -а́вить табли́цу из + *g*.

tabulation /ˌtæbjʊˈleɪʃ(ə)n/ *n* составле́ние табли́ц(ы).

tabulator /ˈtæbjʊˌleɪtə(r)/ *n* (*device*) табуля́тор.

tachograph /ˌtækəˈgrɑːf/ *n* тахо́граф.

tachometer /təˈkɒmɪtə(r)/ *n* тахо́метр.

tacit /ˈtæsɪt/ *adj* молчали́вый; **~ agreement** молчали́вое согла́сие.

taciturn /ˈtæsɪˌtɜːn/ *adj* неразгово́рчивый, молчали́вый.

taciturnity /ˌtæsɪˈtɜːnɪtɪ/ *n* неразгово́рчивость, молчали́вость.

tack /tæk/ *n* **1** (*small nail*) гво́здик; **let's get down to brass ~s** (*fig*) дава́йте разберёмся, что к чему́.
2 (*long, loose stitch*) намётка.
3 (*direction of vessel*) галс; (*fig*) курс, ли́ния; **he is on the wrong ~** он на ло́жном пути́.
● *vt* **1** (*fasten*) прикреп|ля́ть, -и́ть гво́здиками; приб|ива́ть, -и́ть.
2 (*stitch*) сши|ва́ть, -ть; **she ~ed the dress together** она́ смета́ла пла́тье на живу́ю ни́тку. **3**: **~ on** (*fig, add*) доб|авля́ть, -а́вить.
● *vi* (*naut*) ложи́ться, лечь на друго́й галс (*о сме́не ку́рса относи́тельно ве́тра*).

tackle /ˈtæk(ə)l/ *n* **1** (*rope-and-pulley mechanism*) полиспа́ст, сло́жный блок; лебёдка. **2** (*equipment*) принадле́жности (*f pl*), обору́дование; **fishing ~** рыболо́вные сна́сти (*f pl*). **3** (*football*) блокиро́вка.
● *vt* (*grapple with*) бра́ться, взя́ться за + *a*; **I don't know how to ~ this problem** я не зна́ю, как взя́ться за реше́ние э́той пробле́мы; **I ~d him on the subject** я по́днял э́тот вопро́с в разгово́ре с ним; (*football*) блоки́ровать (*impf, pf*).
● *cpd* **~ block** *n* таль, блок (*подвесно́е грузоподъёмное устро́йство*); та́левый блок.

tacky[1] /ˈtækɪ/ *adj* (**tackier, tackiest**) (*sticky*) ли́пкий, кле́йкий.

tacky[2] /ˈtækɪ/ *adj* (**tackier, tackiest**) (*coll, tasteless*) безвку́сный (*вульга́рный*).

tact /tækt/ *n* такт, такти́чность.

tactful /ˈtæktfʊl/ *adj* такти́чный.

tactfulness /ˈtæktfʊlnɪs/ *n* такти́чность.

tactic /ˈtæktɪk/ *n* та́ктика; (*in pl, mil*) та́ктика.

tactical /ˈtæktɪk(ə)l/ *adj* такти́ческий.

tactician /tækˈtɪʃ(ə)n/ *n* та́ктик.

tactile /ˈtæktaɪl/ *adj* осяза́тельный, такти́льный.

tactless /ˈtæktlɪs/ *adj* беста́ктный.

tactlessness /ˈtæktlɪsnɪs/ *n* беста́ктность.

tadpole /ˈtædpəʊl/ *n* голова́стик.

Tadzhik /tɑːˈdʒiːk/ = **Tajik**

Tadzhikistan /ˌtædʒɪkɪˈstɑːn/ = **Tajikistan**

taffeta /ˈtæfɪtə/ *n* тафта́; (*attr*) тафтяно́й.

taffrail /ˈtæfreɪl/ *n* (*naut*) гакабо́рт.

tag /tæg/ *n* **1** (*label*) ярлы́к; **price ~** це́нник, ярлы́к/этике́тка с указа́нием цены́; **electronic ~** электро́нная ме́тка (*чип-переда́тчик, надева́емый на кого́-н., прикрепля́емый к чему́-н.*), (*for prisoners also*) электро́нный брасле́т.
2 (*nickname*) ярлы́к; **the ~ (of) 'the new Pavarotti' makes him feel uncomfortable** присво́енное ему́ и́мя «но́вого Паваро́тти» доставля́ет ему́ неудо́бство (*or* причиня́ет ему́ дискомфо́рт).
3 (*tip to shoelace*) наконе́чник

(*шнурка*); (*tip of animal's tail*) ко́нчик (*хвоста*).
4 (*stock phrase*) изби́тая фра́за; (*trite quotation*) изби́тая цита́та.
5 (*comput*) тег.
6 (*gram*): **~ question** присоединённый вопро́с (*напр.*, *'isn't it?'*, *'shall we?' и т. п.*).
7 (*US*, *of motor vehicle*) но́мер (*or* номерно́й знак) автомоби́ля.
8 (*child's game*) (игра́ в) са́л|ки (*pl*, *g* -ок).
● *vt* (**tagged, tagging**)
1 (*fasten ~ to*) наве́|шивать, -сить (*or* накле́и|вать, -ть) ярлы́к на + *a*; (*prisoners*) над|ева́ть, -е́ть электро́нный брасле́т + *d* (*or* на + *a*); (*animals*; *newborn babies*) снаб|жа́ть, -ди́ть электро́нной ме́ткой.
2 (*give nickname to*) наве́|шивать, -сить ярлы́к на + *a*; прикле́и|вать, -ть ярлы́к + *d*.
3 (*comput*) заключ|а́ть, -и́ть в те́ги.
● *vi* (**tagged, tagging**) (*follow*): **the children ~ged along behind** де́ти тащи́лись сза́ди; **to ~ along with s.o.** увя́з|ываться, -а́ться за кем-н.; **he ~ged on to the group** он примкну́л к гру́ппе.
● *cpd* **~ end** (*esp US*) хвост; **at the ~ end of the procession** в хвосте́ проце́ссии.

Tahiti /tə'hi:tɪ/ *n* Таи́ти (*m indecl*).

Tahitian /tə'hi:ʃ(ə)n/ *n* таитя́н|ин (*fem* -ка).
● *adj* таитя́нский.

t'ai chi (ch'uan) /taɪ 'tʃi: ('tʃwɑ:n)/ *n* **1** (*system of callisthenics*) тайцзицюа́нь (*f indecl*). **2** (*in Taoism and Neo-Confucianism*) тай-цзи́ (*nt indecl*) (*одно из главных понятий в даосизме и неоконфуцианстве*).

taiga /'taɪgə/ *n* тайга́.

tail /teɪl/ *n* **1** (*of animal*) хвост; (*diminutive*) хво́стик; **the dog wagged its ~** соба́ка виля́ла хвосто́м; **they turned ~ and ran** они́ поверну́ли и бро́сились наутёк.
2 (*fig*) хвост; **at the ~ end** в са́мом конце́; **I can't make head or ~ of it** я ника́к в э́том не разберу́сь.
3 (*of a coin*) ре́шка.
4: **~s** (*coat*) фрак.
● *vt* (*follow closely*) висе́ть (*impf*) на хвосте́ у + *g*.
● *vi* **1** (*follow*) таска́ться (*impf*) за + *i* (*coll*); ходи́ть (*impf*) по пята́м за + *i*; **he ~ed after her** он ходи́л за ней по пята́м.
2 (*dwindle*) уб|ыва́ть, -ы́ть; **the attendance figures ~ed off** посеща́емость упа́ла; **his voice ~ed away into silence** его́ го́лос (постепе́нно) зати́х; **the work ~ed off** рабо́та постепе́нно сошла́ на нет.
● *cpds* **~back** *n* (*Br*) дли́нная верени́ца автомоби́лей в про́бке; многокилометро́вая про́бка; **~board** *n* (*Br*) откидно́й борт; **~coat** *n* (*Br*) фрак; **~ end** *n* коне́ц, хвост; заключи́тельная часть; **~gate** *n* откидно́й борт; **~ lamp, ~ light** *nn* за́дний фона́рь; стоп-сигна́л; **~piece** *n* (*at end of chapter*) винье́тка; (*conclusion*) концо́вка; **~plane** *n* (*Br*, *aeron*) хвостово́й стабилиза́тор; **~spin** *n* (*aeron*) норма́льный што́пор; (*fig*) па́ника; **~wheel** *n* (*aeron*) хвостово́е колесо́; **~wind** *n* попу́тный ве́тер.

tailor /'teɪlə(r)/ *n* портно́й.
● *vt*: **a well-~ed coat** хорошо́ сши́тое пальто́; (*fig*) приспос|а́бливать, -о́бить; **his speech was ~ed to the situation** его́ речь была́ соста́влена с учётом ситуа́ции.
● *vi* портня́жничать (*impf*).
● *cpd* **~-made** *adj* (*clothes*) сде́ланный на зака́з; (*fig*) подходя́щий.

taint /teɪnt/ *n* (*spot*) пятно́; (*trace*) налёт; (*infection*) при́месь.
● *vt* по́ртить, ис-; **~ed meat** несве́жее мя́со; **~ed money** гря́зные де́ньги; **~ed reputation** подмо́ченная репута́ция.

Taipei /taɪ'peɪ/ *n* Тайбэ́й.

Taiwan /taɪ'wɑ:n/ *n* Тайва́нь (*m*).

Tajik /tɑ:'dʒi:k/ *n* **1** (*person*) таджи́|к (*fem* -чка). **2** (*language*) таджи́кский язы́к.
● *adj* таджи́кский.

Tajikistan /tə,dʒi:kɪ'stɑ:n/ *n* Таджикиста́н.

take /teɪk/ *n* **1** (*money taken, e.g. at box office*) сбор, вы́ручка.
2 (*cin*) монта́жный кадр; (*repetition*) дубль (*m*).
● *vt* (*past* **took;** *pp* **taken** /'teɪk(ə)n/)
1 (*pick up, lay hold of, grasp*) брать, взять; **~ my arm!** возьми́те меня́ по́д руку!; **he took her in his arms** он её о́бнял; **he took her by the hand** он взял её за́ руку; **he took me by the throat** он взял/схвати́л меня́ за го́рло; (*remove*): **the doctor took him off penicillin** врач снял его́ с пеницилли́на; **she took a coin out of her purse** она́ вы́нула моне́ту из кошелька́; **~ your hands out of your pockets!** вы́ньте ру́ки из карма́нов!; **~ 5 from 10** отними́те 5 от 10; **the last mile took it out of me** на после́дней ми́ле я вы́дохся.
2 (*catch*) лови́ть, пойма́ть; (*come upon*): **I was ~n by surprise** я был засти́гнут врасплох.
3 (*capture*) брать, взять; **the city was ~n by storm** го́род взя́ли шту́рмом; **he was ~n captive** его́ взя́ли в плен; он попа́л в плен; **I ~ your queen** (*chess*) я беру́ ва́шу короле́ву; (*assume*) прин|има́ть, -я́ть на себя́; **you must ~ the initiative** вы должны́ взять на себя́ инициати́ву; **he took the lead** (*in an enterprise*) он взял на себя́ руково́дство; **the Italians took the lead** (*racing*) италья́нцы вы́рвались вперёд; **he took it upon himself to refuse** он взял на себя́ сме́лость отказа́ть; **he took control** он взял управле́ние в свои́ ру́ки; (*win, gain*) вы́игрывать, вы́играть; **she took first prize** она́ получи́ла пе́рвый приз; (*captivate*) захв|а́тывать, -ати́ть; нра́виться, по- + *d*; **that ~s my fancy** мне э́то нра́вится; **I was ~n by the house** дом меня́ очарова́л.
4 (*acquire*; *obtain possession of*): **he decided to ~ a wife** он реши́л жени́ться; **he took a partner** он взял компаньо́на; (*for money*): **I have ~n a flat in town** я снял кварти́ру в го́роде; **these seats are ~n** э́ти места́ за́няты; (*in payment*): **they took £50 in one evening** они́ вы́ручили 50 фу́нтов за оди́н ве́чер; (*by enquiry or examination*): определ|я́ть, -и́ть; **the tailor took his measurements** портно́й снял с него́ ме́рки; **the doctor took my temperature** врач изме́рил мне температу́ру; **the police took his name and address** поли́ция записа́ла его́ фами́лию и а́дрес; (*unlawfully or without consent*): **the thieves took all her jewellery** во́ры забра́ли все её драгоце́нности.
5 (*avail o.s. of*) по́льзоваться, вос- + *i*; **please ~ a seat** пожа́луйста, сади́тесь; **I'm taking a day's leave** я беру́ выходно́й день; **~ your time!** спеши́ть не́куда; не торопи́тесь!; (*board, travel by*): **let's ~ a taxi** дава́йте возьмём такси́; **he took a bus to the station** он пое́хал авто́бусом до ста́нции.
6 (*occupy*) зан|има́ть, -я́ть; **will you ~ the chair?** (*at meeting*) вы не хоти́те быть председа́телем?; **I am taking his place** я его́ замеща́ю.
7 (*adopt, choose*): **I don't wish to ~ sides** я не жела́ю станови́ться ни на чью сто́рону; **I don't ~ the same view** у меня́ друга́я то́чка зре́ния; **~ me, for instance!** возьми́те меня́, наприме́р!
8 (*accept*) прин|има́ть, -я́ть; **will you ~ a cheque?** вы при́мете чек?; я могу́ расплати́ться че́ком?; **will you ~ £50 for it?** вы отдади́те э́то за 50 фу́нтов?; **~ my advice!** послу́шайте меня́!; **I ~ responsibility** я беру́ на себя́ отве́тственность; **he took his defeat well** он сто́йко перенёс пораже́ние; **he took the blame for everything** он взял на себя́ вину́ за всё; **can't you ~ a joke?** вы что, шу́ток не понима́ете?; **I'll ~ no nonsense from you** я не потерплю́ от вас никаки́х глу́постей; **he would not ~ no for an answer** он не при́нял отка́за; он не сдава́лся; **~ it from me!** (*believe me!*) пове́рьте мне!; **~ it easy!** (*relax*) успоко́йтесь!; не волну́йтесь!; (*proceed carefully*) осторо́жно!; (*bear*) перен|оси́ть, -ести́; выде́рживать, вы́держать; **he took his punishment like a man** он перенёс наказа́ние, как подоба́ет мужчи́не; **I won't ~ this lying down** я не сда́мся без бо́я; (*respond to*): **she took three curtain calls** она́ три ра́за выходи́ла на бис; (*receive*) брать (*impf*); **she ~s lessons in Spanish** она́ берёт уро́ки испа́нского языка́; **we ~ the Times** (*Br*) мы выпи́сываем «Таймс»; **she ~s paying guests** она́ де́ржит постоя́льцев; **I took him into my confidence** я ему́ дове́рился; (*derive*): **the street ~s its name from a general** у́лица на́звана и́менем како́го-то генера́ла; (*Br*, *qualify for*): **he took his degree** он получи́л дипло́м/сте́пень; (*submit to*): **when do you ~ your exams?** когда́ вы сдаёте экза́мены?; **you are taking a risk** вы риску́ете; **you must ~ your chance** вам на́до рискну́ть.
9 (*use regularly*) прин|има́ть, -я́ть; **he has begun to ~ drugs** он на́чал

принимáть наркóтики; **do you ~ sugar in your tea?** вы пьёте чай с сáхаром?; (*of size in clothes*): **I ~ a ten in shoes** у меня́ деся́тый размéр óбуви.
10 (*apprehend*) пон|имáть, -я́ть; **what do you ~ that to mean?** как вы э́то понимáете?; (*assume*) считáть (*impf*); **I ~ him to be an honest man** я считáю егó чéстным человéком; **what do you ~ me for?** за когó вы меня́ принимáете?; (*mistake*): **I took her for her mother** я при́нял её за её мать.
11 (*conceive, evince*) прояв|ля́ть, -и́ть; **he has ~n a dislike to me** он меня́ невзлюби́л; **I began to ~ an interest** я нáчал проявля́ть интерéс.
12 (*exert, exercise*): **~ care!** бу́дьте осторóжны!; **he took no notice** он не обрати́л никакóго внимáния.
13 (*of single finite actions: give, have, make*): **~ a look at this!** взгляни́те-ка на э́то!; **I took a deep breath** я сдéлал глубóкий вдох; **he took a shot at me** он вы́стрелил в меня́; **he took a bite out of the apple** он откуси́л я́блоко; (*of longer, but finite, activity: have*): **I took a bath** я при́нял вáнну; **let us ~ a walk!** давáйте прогуля́емся!; **he believes in taking exercise** он вéрит в пóльзу физи́ческих упражнéний; (*partake of, consume*) есть, по-; **will you ~ tea with us?** вы вы́пьете с нáми чáю?
14 (*make or obtain from original source*): **may we ~ notes?** мóжно нам дéлать замéтки?; **may I ~ your photograph?** позвóльте мне вас сфотографи́ровать!
15 (*convey*) (*on foot*) отн|оси́ть, -ести́; (*by transport*) отв|ози́ть, -езти́; брать, взять; перед|авáть, -áть; **he took the letter to the post** он отнёс письмó на пóчту; **~ my luggage upstairs please** отнеси́те мой багáж навéрх, пожáлуйста; **the train will ~ you there in an hour** пóезд довезёт вас тудá за час; **I'm taking the dog for a walk** я пойду́ вы́веду собáку; **he was ~n to hospital** егó отвезли́ в больни́цу; **she ~s the children to school** онá отвóдит/отвóзит детéй в шкóлу; **where will this road ~ us?** кудá вы́ведет нас э́та дорóга?; (*travel with*): **I shall ~ my warmest clothes** я возьму́ сáмые тёплые вéщи.
16 (*conduct, carry out*) вести́ (*det*); **the class was ~n by the headmaster** урóк в э́том клáссе вёл дирéктор; **the curate took the service** викáрий отслужи́л молéбен.
17 (*need, require*): **the job will ~ a long time** рабóта займёт мнóго врéмени; **how long does it ~ to get there?** скóлько (врéмени) тудá добирáться?; **it took us 3 hours to get there** нам потрéбовалось три часá, чтóбы добрáться тудá; мы добрали́сь тудá зá три часá; **does it ~ long to get there?** дóлго тудá идти́/éхать?; **that ~s courage** э́то трéбует му́жества; **it ~s some doing** э́то трéбует уси́лий; **it took ten men to build the wall** потрéбовалось дéсять человéк, чтóбы пострóить э́ту стéну; **he's got what it ~s** (*coll*) у негó есть для э́того все задáтки; (*gram, govern*) управля́ть (*impf*) + *i*; **this verb ~s the dative** э́тот глагóл трéбует дáтельного падежá.

● *vi* (*past* **took;** *pp* **taken** /ˈteɪk(ə)n/)
1 (*~ effect; succeed*): **the vaccination has not ~n** вакци́на не привилáсь.
2 (*become*): **he took sick** он заболéл/занемóг (*coll*).
3 ~ after (*resemble*): **he ~s after his father** он похóж на (своегó) отцá.
4: **~ to** (*resort to*) приб|егáть, -éгнуть к + *d*; **she took to her bed** онá сleглá; **the crew took to the boats** комáнда пересéла в лóдки; **he took to drink** он зáпил; **he has ~n to getting up early** он стал рáно вставáть; (*feel well disposed towards*): **I took to him from the start** он мне срáзу понрáвился; **she does not ~ kindly to change** онá плóхо перенóсит перемéну обстанóвки.

● *with advs*: **~ along** *vt* брать, взять; прив|оди́ть, -ести́; (*by vehicle*) прив|ози́ть, -езти́; **I took my wife along to the meeting** я привёл женý на собрáние; **~ apart** *vt* (*dismantle*) раз|бирáть, -обрáть; **~ aside** *vt* отв|оди́ть, -ести́ в стóрону; **~ away** *vt* (*remove*) уб|ирáть, -рáть; заб|ирáть, -рáть; отбирáть, отобрáть; **the police took his gun away** поли́ция отобралá у негó пистолéт; **he was ~n away to prison** егó отвезли́ в тюрьму́; (*subtract*) вычитáть, вы́честь; отн|имáть, -я́ть; (*Br*, **~ home**): **hot meals to ~ away** горя́чая едá на вы́нос; **~ back** *vt* (*return*) возвра|щáть, -ти́ть; верну́ть (*pf*); **I took the book back to the library** я верну́л кни́гу в библиотéку; (*retrieve*) брать, взять обрáтно; (*retract*): **I ~ back everything I said** я берý назáд всё, что сказáл; **~ down** *vt* (*remove*) сн|имáть, -ять; **she took down the curtains** онá снялá занавéски; (*lengthen*): **she took her dress down an inch** онá отпусти́ла плáтье на дюйм; (*dismantle*) сн|оси́ть, -ести́; **the shed was ~n down** сарáй снесли́; (*drop*) сн|имáть, -ять; **~ down your trousers!** сними́те брю́ки!; (*write down*) запи́с|ывать, -áть; **they took down my name and address** они́ записáли мою́ фами́лию и áдрес; **she took down the speech in shorthand** онá застенографи́ровала речь; **~ in** *vt* (*lit*) вн|оси́ть, -ести́; (*give shelter to*): **they took him in when he was starving** они́ приюти́ли егó, когдá он голодáл; (*let accommodation to*): **she ~s in lodgers** онá берёт постоя́льцев; (*receive to work on at home*): **she ~s in washing** онá берёт нá дом сти́рку; (*make smaller*): **she took in her dress** онá уши́ла плáтье; (*furl*) уб|ирáть, -рáть (*парусá*); (*include, encompass*) включ|áть, -и́ть; **this map ~s in the whole of London** э́то кáрта всегó Лóндона; **shall we ~ in a show this evening?** не пойти́ ли нам в теáтр сегóдня вéчером?; (*comprehend, assimilate*) усв|áивать, -óить; вбирáть, вобрáть; **I could not ~ in all the details** я не мог удержáть в головé все подрóбности; (*deceive*) обмáн|ывать, -ýть; **I was completely ~n in** меня́ здóрово провели́; **~ off** *vt* (*remove*) сн|имáть, -ять; **he took off his hat** он снял шля́пу; **shall I ~ off my clothes?** мне нáдо раздéться?; **I took myself off to the races** я отпрáвился на скáчки; (*deduct from price*): **I will ~ 10% off for cash** éсли вы плáтите нали́чными, я сбрóшу/сбáвлю 10 процéнтов; (*lead away*) ув|оди́ть, -ести́; **he was ~n away screaming** когдá егó уводи́ли, он кричáл; **she was ~n off to hospital** её увезли́ в больни́цу; (*Br coll, impersonate, mimic*) имити́ровать (*impf*), копи́ровать (*impf*); **he is good at taking off the Prime Minister** он хорошó копи́рует премьéр-мини́стра; *vi* (*become airborne*) взлет|áть, -éть; **the plane took off an hour late** самолёт взлетéл с опоздáнием на час; **~ on** *vt* (*hire*) брать, взять; нан|имáть, -я́ть; **more workers were ~n on** нáняли/взя́ли нóвых рабóчих; (*undertake*) брать, взять на себя́; **he took on too much** он взял на себя́ сли́шком мнóго; (*assume, acquire*) приобре|тáть, -сти́; **the word took on a new meaning** слóво приобрелó нóвое значéние; (*compete against*): **will you ~ me on at chess?** вы сыгрáете со мнóй в шáхматы?; *vi* (*Br, become agitated*) волновáться, раз-; **don't ~ on so!** (*coll*) да не волну́йтесь вы так!; **~ out** *vt* (*extract*) вынимáть, вы́нуть; **he took out his wallet** он вы́нул бумáжник; **he had all his teeth ~n out** емý удали́ли все зýбы; (*borrow from library*) брать, взять (в библиотéке); (*cause to go out for recreation etc.*) выводи́ть, вы́вести; **she took the baby out for a walk** онá пошлá с ребёнком погуля́ть; **he took his friend out to dinner** он повёл свою́ подру́гу в ресторáн; (**~ home**) (*US*) = **~ away**; (*remove*) выводи́ть, вы́вести; **how can I ~ out these stains?** чем мóжно вы́вести э́ти пя́тна?; (*coll, destroy*) уничт|ожáть, -óжить; (*put into effect by writing*): **I must ~ out a new subscription** я дóлжен возобнови́ть подпи́ску; **~ out a policy** брать, взять страховóй пóлис; (*vent one's feelings*) срывáть, сорвáть; **he took it out on his wife** он сорвáл всё на своéй женé; **~ over** *vt* (*row across*): **the boatman took us over to the island** лóдочник перевёз нас на óстров; *vt & i* (*assume control* (*of*)) прин|имáть, -я́ть руковóдство (+ *i*); *vi* (*replace s.o.*): **let me ~ over!** я вас сменю́!; **~ up** *vt* (*lift; lay hold of*) подн|имáть, -я́ть; **he took up his bag and left** он взял свой чемодáн и ушёл; **the rebels took up arms** повстáнцы взяли́сь за ору́жие; (*accept*) прин|имáть, -я́ть; **will he ~ up the challenge?** он при́мет вы́зов?; (*carry upstairs*): **will you ~ up my bags, please?** пожáлуйста, отнеси́те мои́ вéщи навéрх; (*remove from floor*): **the carpet has been ~n up** ковёр сня́ли; (*unearth*) выкáпывать, вы́копать; (*shorten*): **she had to ~ up her dress** ей пришлóсь укороти́ть плáтье; **wind in the rope and ~ up the slack!** смотáйте верёвку и натяни́те её!; (*occupy*) зан|имáть, -я́ть; **this table ~s up too much room** э́тот стол занимáет сли́шком мнóго мéста; **sport ~s up all my spare time** спорт

t

занимáет всё моё свобóдное врéмя; **I'm very ~n up at the moment** я сейчáс óчень зáнят; **he is very ~n up with his new lady friend** он сейчáс пóлностью поглощён своéй нóвой знакóмой; (*promote*): **his cause was ~n up by his MP** депутáт поддержáл егó дéло; (*pursue*): **I shall ~ the matter up with the Minister** я обращýсь с э́тим дéлом к минúстру; (*accept challenge or offer*): **I'll ~ you up on that!** (я) ловлю́ вас на слóве; (*resume*): **he took up the subject where he left off** он продóлжил разговóр с тогó мéста, на котóром он останови́лся; (*interest o.s. in*) брáться, взя́ться за + *a*; заня́ться (*pf*) + *i*; **she has ~n up knitting** онá занялáсь вязáнием; *vi* (*consort*) свя́з|ываться, -áться с + *i*; **he has ~n up with some dubious acquaintances** у негó завели́сь подозри́тельные знакóмые.

● *cpds* **~away** (*Br*) *n* ресторáн, продаю́щий едý на вы́нос; *adj*: **a ~away meal** едá на вы́нос; **~-home** *adj*: **~-home pay** чи́стый зáработок; **~-off** *n* (*impersonation*) подражáние, парóдия; (*of aircraft*; *also fig*) взлёт; **~out** (*US*) = **~away**; **~over** *n* (*comm*) поглощéние (*какой-н. компании другой компанией*).

taker /ˈteɪkə(r)/ *n* берýщий; **there were no ~s** (*for a bet*) никтó не при́нял пари́; (*for an offer*) желáющих нé было.

taking /ˈteɪkɪŋ/ *n* взя́тие; овладéние; **the money was there for the ~** дéньги теклú прямо в рýки; (*in pl, money taken*) (*business*) вы́ручка; (*from concert etc.*) сбор; **the ~s were lower than expected** сбор оказáлся мéньше, чем рассчи́тывали.

● *adj* привлекáтельный.

talc /tælk/ *n* **1** (*min*) тальк (*гидратированный силикат магния*). **2** (*talcum powder*) тальк (*присыпка*).

talcum (powder) /ˈtælkəm/ *n* тальк (*присыпка*).

tale /teɪl/ *n* **1** (*story*) расскáз, пóвесть; **fairy ~** скáзка; **old wives' ~s** бáбушкины скáзки. **2** (*malicious or idle report*) сплéтни (*f pl*); вы́думки (*f pl*); **tell ~s (about)** я́бедничать, на- (на + *a*); **there is a ~ going about, that ...** поговáривают, что...; **you've been telling ~s about me** вы на меня́ наговáриваете.

● *cpds* **~bearer, ~teller** *nn* я́беда (*cg*), я́бедни|к (*fem* -ца).

talent /ˈtælənt/ *n* талáнт, дар; **a man of great ~s** исключи́тельно талáнтливый человéк; **he has a ~ for upsetting others** у негó прóсто дар обижáть людéй; (*person of ability*) талáнтливый человéк; **local ~** мéстные талáнты; **~ scout** открывáтель (*m*) талáнтов.

talented /ˈtæləntɪd/ *adj* талáнтливый.

Taliban /ˈtælɪbæn/ *n* Талибáн (*m indecl and decl*) (*фундаменталистское движение, находившееся у власти в Афганистане в 1995—2001*).

talisman /ˈtælɪzmən/ *n* (*pl* **~s**) талисмáн.

talk /tɔːk/ *n* **1** (*speech, conversation*) разговóр, бесéда; **we had a long ~** мы дóлго бесéдовали/разговáривали; **I'd better have a ~ with him** мне бы нáдо с ни́м поговори́ть; **he is all ~** он тóлько мéлет языкóм; **~ show** ток-шóу (*indecl*); **small ~** свéтская болтовня́; **they became the ~ of the town** они́ сдéлались при́тчей во язы́цех.
2 (*address, lecture*) лéкция; доклáд; **give a ~** читáть, про- лéкцию.
3 (*discussion, negotiation*; *usu in pl*) переговóры (*m pl*).

● *vt* **1** (*express*) говори́ть (*impf*); **you are ~ing nonsense** вы говори́те чепухý.
2 (*discuss*) обсу|ждáть, -ди́ть; разговáривать (*impf*) о + *p*; говори́ть (*impf*) о + *p*; **they were ~ing politics** они́ говори́ли о поли́тике.
3: **~ French** говори́ть (*impf*) по-францýзски.
4 (*bring or make by ~ing*): **he ~ed himself hoarse** он договори́лся до хрипоты́; **he ~ed me into it** он уговори́л меня́ сдéлать э́то; **I tried to ~ her out of it** я пытáлся отговори́ть её от э́того; **I ~ed him round to my view** я склони́л егó на свою́ сторонý.

● *vi* говори́ть (*impf*) (**about:** о + *p*); **baby is just learning to ~** ребёнок ещё тóлько ýчится говори́ть; **a ~ing parrot** говоря́щий попугáй; **we got ~ing** мы разговори́лись; **~ about hard luck!** ну и не везёт же нам!; **he ~s about going abroad** он говори́т, что собирáется за грани́цу; **people are beginning to ~** ужé пошли́ разговóры/тóлки; **he ~ed at me for an hour** он цéлый час мне выговáривал; **~ing of students, how's your brother?** (*Br*) кстáти о студéнтах — как поживáет ваш брат?; **~ of the devil!** лёгок на помúне!; **~ing point** тéма; **I shall have to ~ to** (*reprimand*) **that boy** мне придётся отчитáть э́того мальчи́шку; **now you're ~ing!** (*coll*) вот тепéрь вы говори́те дéло!; **he refused to ~** (*coll, give information*) он не хотéл ничегó расскáзывать.

● *with advs*: **~ away** *vt*: **we ~ed the hours away** мы проговори́ли нéсколько часóв; *vi*: **while we were ~ing away, the bus left** покá мы болтáли, автóбус уéхал; **~ back** *vi* дерзи́ть (*impf*); возра|жáть, -зи́ть; **I gave him no chance to ~ back** я нé дал емý возмóжности возрази́ть; **~ down** *vt* (*outshout*) перекри́|кивать, -чáть; (*aeron*): **the pilot was ~ed down** пилóта напрáвили на посáдку по рáдио; *vi*: **children dislike being ~ed down to** дéти не лю́бят, когдá с ни́ми разговáривают свысокá; **~ over** *vt* (*discuss*) обгов|áривать, -ори́ть; обсу|ждáть, -ди́ть.

talkative /ˈtɔːkətɪv/ *adj* разговóрчивый, болтли́вый.

talker /ˈtɔːkə(r)/ *n* разговóрчивый человéк, болтý|н (*fem* -шка); **he is a good ~** он хорошó говори́т; **he is a great ~** он лю́бит поговори́ть.

talkie /ˈtɔːkɪ/ *n* (*coll*) звуковóй фильм.

talking /ˈtɔːkɪŋ/ *adj* говоря́щий; (*film*) звуковóй.

talking-to /ˈtɔːkɪŋ/ *n* (*coll*) вы́говор.

tall /tɔːl/ *adj* **1** высóкий, высóкого рóста; **how ~ are you?** какóго вы рóста?; **six feet ~** рóстом в шесть фýтов. **2** (*coll, extravagant, unreasonable*) преувели́ченный; **a ~ story** небыли́ца, вы́думка; **that's a ~ order** э́то трýдная задáча.

● *cpd* **~boy** *n* (*Br*) высóкий комóд.

Tallinn /ˈtælɪn/ *n* Тáллин; (*attr*) тáллинский.

tallness /ˈtɔːlnɪs/ *n* (высóкий) рост.

tallow /ˈtæləʊ/ *n* жир; сáло.

tally /ˈtælɪ/ *n* (*account, score*) счёт; (*total*) итóг.

● *vi* соотвéтствовать (*impf*); **their versions do not ~** их вéрсии не совпадáют.

tally-ho /ˌtælɪˈhəʊ/ *int* атý!

Talmud /ˈtælmʊd, -məd/ *n* Талмýд.

Talmudic /ˌtælˈmʊdɪk/ *adj* талмуди́ческий.

talon /ˈtælən/ *n* кóготь (*m*).

tamarisk /ˈtæmərɪsk/ *n* (*bot*) тамари́ск.

tambour /ˈtæmbʊə(r)/ *n* (*embroidery frame*) крýглые пя́льц|ы (*pl, g* -ев); (*drum*) барабáн.

tambourine /ˌtæmbəˈriːn/ *n* тамбури́н.

tame /teɪm/ *adj* (*not wild*; *domesticated*) ручнóй, приручённый, домáшний; (*submissive, spiritless*) послýшный; (*dull, boring*) прéсный, скýчный.

● *vt* приручá|ть, -и́ть; (*of savage animals*) укро|щáть, -ти́ть.

tameable /ˈteɪməb(ə)l/ *adj* укроти́мый.

tamer /ˈteɪmə(r)/ *n* укроти́тель (*m*).

Tamil /ˈtæmɪl/ *n* (*person*) тами́л (*fem* -ка); (*language*) тами́льский язы́к.

● *adj* тами́льский; **~ Tigers** «Тами́льские ти́гры» (*в Шри-Ланке*: *тамильская сепаратистская организация*).

tam-o'-shanter /ˌtæməˈʃæntə(r)/ *n* шотлáндский берéт.

tamp /tæmp/ *vt* наб|ивáть, -и́ть; **~ down tobacco in one's pipe** наб|ивáть, -и́ть трýбку табакóм.

tamper /ˈtæmpə(r)/ *vi*: **~ with** (*meddle in*) вмéш|иваться, -áться в + *a*; **someone has been ~ing with the lock** ктó-то ковыря́лся в замкé; **he ~ed with the document** он поддéлал доку́мент.

tampon /ˈtæmpɒn/ *n* тампóн.

tan /tæn/ *n* (*colour*) (желтовáто/рыжевáто-)кори́чневый цвет; (*tint of skin*) загáр; **he went to Spain to get a ~** он поéхал загорáть в Испáнию.

● *adj* (желтовáто/рыжевáто-)кори́чневый.

● *vt* (**tanned, tanning**) **1** (*convert to leather*) дуби́ть (*impf*); **I'll ~ your hide** (*fig*) я тебé задáм. **2** (*make brown*): **a ~ned face** загорéлое лицó.

● *vi* (**tanned, tanning**): **she ~s easily** онá бы́стро загорáет.

tandem /ˈtændəm/ *n* **1** (**~ bicycle**) велосипéд-тандéм. **2**: **in ~** гуськóм, цýгом.

tang /tæŋ/ *n* (*sharp taste or smell*) о́стрый/те́рпкий вкус/за́пах; **the ~ of sea air** за́пах мо́ря.

tangent /ˈtændʒ(ə)nt/ *n* (*geom*) каса́тельная; (*fig*): **he went off at a ~** он отклони́лся от те́мы; (*trigonometry*) та́нгенс.

tangential /tænˈdʒenʃ(ə)l/ *adj* **1** (*geom*) тангенциа́льный; **~ line** тангенциа́льная ли́ния; каса́тельная. **2** (*diverging from a previous course or line*; *erratic*) отклоня́ющийся (от те́мы *и т. п.*); слегка́ каса́ющийся, пове́рхностный; не име́ющий прямо́го отноше́ния (**to:** к + *d*); **~ thoughts** отвлечённые/пове́рхностные мы́сли; **that's ~ to this discussion** э́то не име́ет прямо́го отноше́ния к да́нному обсужде́нию. **3** (*peripheral*) несуще́ственный; второстепе́нный, побо́чный; **his valuable ideas were regarded as ~** его́ це́нные иде́и сочли́ (*or* бы́ли при́знаны) не заслу́живающими внима́ния (*or* не име́ющими большо́го/осо́бого значе́ния).

tangerine /ˈtændʒəˌriːn/ *n* мандари́н, танжери́н.

tangible /ˈtændʒɪb(ə)l/ *adj* осяза́емый; (*fig*) осяза́емый, ощути́мый; **~ advantages** ощути́мые преиму́щества; **~ assets** материа́льные акти́вы (*m pl*).

Tangier /tænˈdʒɪə(r)/ *n* Танже́р.

tangle /ˈtæŋg(ə)l/ *n* сплете́ние; (*fig*) пу́таница.

● *vt* спу́т|ывать, -ать; **the wool had got ~d up** ни́тки спу́тались; (*fig*) запу́т|ывать, -ать.

● *vi* (*coll*) свя́з|ываться, -а́ться; **you had better not ~ with him** вы с ним лу́чше не свя́зывайтесь.

tango /ˈtæŋgəʊ/ *n* (*pl* **tangos**) та́нго (*indecl*).

● *vi* (**tangoes, tangoed**) танцева́ть, с- та́нго.

tangy /ˈtæŋɪ/ *adj* (**tangier, tangiest**) о́стрый, те́рпкий.

tank /tæŋk/ *n* **1** (*container*) бак, цисте́рна; **petrol ~** бензоба́к; **water ~** бак для воды́. **2** (*armoured vehicle*) танк; **~ warfare** та́нковые сраже́ния.

● *vi*: **~ up** (*with petrol*) запр|авля́ться, -а́виться; **he is ~ed up** он нагрузи́лся (*coll*).

tankard /ˈtæŋkəd/ *n* высо́кая пивна́я кру́жка.

tanker /ˈtæŋkə(r)/ *n* (*vessel*) та́нкер; (*vehicle*) автоцисте́рна.

tanner /ˈtænə(r)/ *n* (*of skins*) коже́вник, дуби́льщик.

tannery /ˈtænərɪ/ *n* коже́венный заво́д.

tannic /ˈtænɪk/ *adj* дуби́льный.

tannin /ˈtænɪn/ *n* (*chem*) тани́н.

tantalize /ˈtæntəˌlaɪz/ *vt* (*tease*) дразни́ть (*impf*); (*torment*) терза́ть (*impf*).

tantamount /ˈtæntəˌmaʊnt/ *adj*: **~ to** равноси́льный + *d*.

tantrum /ˈtæntrəm/ *n* вспы́шка раздраже́ния; **he is in one of his ~s** у него́ очередно́й при́ступ раздраже́ния; **the child is in a ~** ребёнок капри́зничает.

Tanzania /ˌtænzəˈniːə/ *n* Танза́ния.

Tanzanian /ˌtænzəˈniːən/ *n* танзани́|ец (*fem*) -йка.

● *adj* танзани́йский.

tap¹ /tæp/ *n* кран; **don't leave the ~s running** закро́йте кра́ны; **there is plenty of wine on ~** разливно́го вина́ о́чень мно́го.

● *vt* (**tapped, tapping**) **1** (*pierce to extract liquid*): **the cask was ~ped** бочо́нок откры́ли; (*fig*): **the line is being ~ped** разгово́р подслу́шивают. **2** (*fig, use*) испо́льзовать (*impf*).

● *cpds* **~room** *n* пивна́я; **~root** *n* гла́вный/стержнево́й ко́рень.

tap² /tæp/ *n* (*light blow*) лёгкий уда́р; стук.

● *vt* (**tapped, tapping**) легко́ уд|аря́ть, -а́рить; стуча́ть, по-; (*give one tap*) сту́к|ать, -нуть; **he ~ped me on the shoulder** он тро́нул меня́ за плечо́.

● *vi* (**tapped, tapping**) стуча́ться, по-; **he ~ped on the door** он постуча́лся в дверь; **his toes were ~ping to the rhythm** он отбива́л ритм нога́ми.

● *with adv*: **~ out** *vt*: **he ~ped out his pipe** он вы́бил тру́бку; **he ~ped out a message** он вы́стукал сообще́ние.

● *cpds* **~ dance, ~-dancing** *nn* чечётка; **~ dancer** *n* чечёточни|к (*fem* -ца).

tape /teɪp/ *n* (*strip of fabric etc.*) тесьма́, ле́нта; (*in race*) фи́нишная ле́нточка; **adhesive ~** ли́пкая ле́нта; (*magnetic ~*) (магнитофо́нная) ле́нта/плёнка; **~ deck** (магнитофо́нная) де́ка; **~ library** магнитоте́ка; **put sth on ~** запи́с|ывать, -а́ть что-н. на плёнку; **he was playing over his old ~s** он прои́грывал ста́рые за́писи/плёнки.

● *vt* **1** (*bind with ~*) свя́з|ывать, -а́ть тесьмо́й. **2** (*Br coll, sum up, master*) оце́н|ивать, -и́ть; **I've got him ~d** я зна́ю ему́ це́ну. **3** (*record*) запи́с|ывать, -а́ть (на плёнку).

● *cpds* **~ measure** *n* руле́тка, (санти)ме́тр; **~ recorder** *n* магнитофо́н; **~ recording** *n* магнитофо́нная за́пись; **~worm** *n* ле́нточный червь.

taper /ˈteɪpə(r)/ *n* (*candle*) то́нкая свеча́; (*for lighting sth*) вощёный фити́ль.

● *vt & i* (*narrow off*) сужа́ть(ся), су́зить(ся).

tapestry /ˈtæpɪstrɪ/ *n* гобеле́н.

tapioca /ˌtæpɪˈəʊkə/ *n* крупа́ из крахма́ла, тапио́ка.

tapir /ˈteɪpə(r), -pɪə(r)/ *n* тапи́р.

tar¹ /tɑː(r)/ *n* (*substance*) дёготь (*m*).

● *vt* (**tarred, tarring**) ма́зать, на- дёгтем; смоли́ть, вы́-/о-; **a ~red road** гудрони́рованная доро́га; **they are ~red with the same brush** (*fig*) они́ одни́м ми́ром ма́заны.

tar² /tɑː(r)/ *n* (*coll, sailor*) матро́с, моря́к.

tarantella /ˌtærənˈtelə/ *n* таранте́лла.

tarantula /təˈræntjʊlə/ *n* тара́нтул.

tardiness /ˈtɑːdɪnɪs/ *n* медли́тельность; опозда́ние.

tardy /ˈtɑːdɪ/ *adj* (**tardier, tardiest**) (*slow-moving*) медли́тельный; (*late in coming, belated*) запозда́вший, запозда́лый.

tare /teə(r)/ *n* (*bot, vetch*) ви́ка; (*bibl, in pl, weeds*) пле́вел|ы (*pl, g* —).

target /ˈtɑːgɪt/ *n* (*for shooting etc.*) мише́нь (*also fig*), цель; **~ practice** учёбная стрельба́; (*fig*): **he became a ~ for abuse** он стал мише́нью для оскорбле́ний; (*objective*) цель; **we hope to reach the ~ of £1,000** мы наде́емся дости́чь на́шей це́ли — собра́ть 1000 фу́нтов.

● *vt* (**targeted, targeting**) **1** (*select as object*) де́лать, с- мише́нью. **2** (*aim, direct*) напр|авля́ть, -а́вить; наце́ли|вать, -ть.

tariff /ˈtærɪf/ *n* **1** (*duty*) тари́ф. **2** (*list of charges*) тари́фы (*m pl*), тари́фная се́тка; (*for goods*) прейскура́нт.

tarmac /ˈtɑːmæk/ *n* (*propr*) гудро́н, асфа́льт; (*aeron*) бетони́рованная площа́дка.

● *vt* (**tarmacked, tarmacking**) гудрони́ровать (*impf, pf*), асфальти́ровать (*impf, pf*).

tarnish /ˈtɑːnɪʃ/ *n* ту́склость, ту́склая пове́рхность; (*fig*) (позо́рное) пятно́.

● *vt*: **~ed by damp** потускне́вший от вла́ги; (*fig*) пятна́ть, за-; **he has a ~ed reputation** он запятна́л свою́ репута́цию.

● *vi* тускне́ть, по-.

tarpaulin /tɑːˈpɔːlɪn/ *n* брезе́нт.

tarragon /ˈtærəgən/ *n* эстрагон, тарху́н.

tarry¹ /ˈtɑːrɪ/ *adj* (**tarrier, tarriest**) (*of or like tar*) смоли́стый.

tarry² /ˈtærɪ/ *vi* (*literary*) (*remain, stay*) ост|ава́ться, -а́ться; преб|ыва́ть, -ы́ть; (*delay*) задерж|иваться, -а́ться; ме́длить (*impf*).

tart¹ /tɑːt/ *n* **1** (*flat pie*) откры́тый пиро́г с фру́ктами/я́годами. **2** (*sl, prostitute*) шлю́ха, потаску́ха (*both vulg*).

● *vt*: **~ up** (*Br coll, embellish*) приукра́|шивать, -сить; **she was all ~ed up** она́ была́ разоде́та с головы́ до ног.

tart² /tɑːt/ *adj* (*of taste*) ки́слый; (*fig*) ко́лкий, ехи́дный.

tartan /ˈtɑːt(ə)n/ *n* (*fabric*) шотла́ндка (*клетчатая ткань*); **~ skirt** клётчатая ю́бка.

Tartar /ˈtɑːtə(r)/ *n* (*hist*) тата́ро(-)монго́л.

● *adj* (*hist*) тата́ро(-)монго́льский.

tartar /ˈtɑːtə(r)/ *n* **1** (*incrustation from wine*) ви́нный ка́мень; **cream of ~** ки́слый ви́нный ка́мень. **2** (*on teeth*) (зубно́й) ка́мень.

tartlet /ˈtɑːtlɪt/ *n* тартале́тка, ма́ленький откры́тый пирожо́к.

tartness /ˈtɑːtnɪs/ *n* кислота́; ки́слый вкус; (*fig*) ко́лкость, ехи́дство.

tarty /ˈtɑːtɪ/ *adj* (**tartier, tartiest**) (*coll*) вульга́рный.

Tashkent /tæʃˈkent/ *n* Ташке́нт.

task /tɑːsk/ *n* зада́ча, зада́ние; **he was set a difficult ~** пе́ред ним поста́вили тру́дную зада́чу; **take s.o. to ~ for carelessness** выгова́ривать, вы́говорить кому́-н. за хала́тность; **~ force** (*mil*) операти́вная гру́ппа.

● *cpd* **~master** *n*: **he is a hard ~master** он из тебя́ все со́ки выжима́ет.

t

Tasmania /tæzˈmeɪnɪə/ *n* Тасма́ния.

Tasmanian /tæzˈmeɪnɪən/ *n* тасмани́|ец (*fem* -йка).
● *adj* тасмани́йский; **~ devil** (*zool*) су́мчатый/тасмани́йский дья́вол.

Tass /tæs/ *n* (*abbr of* ***Telegraph Agency of the Soviet Union***) (*hist*) ТАСС (Телегра́фное аге́нтство Сове́тского Сою́за).

tassel /ˈtæs(ə)l/ *n* ки́сточка (*украшение*).

taste /teɪst/ *n* (*sense*; *flavour*) вкус; **the fruit was sweet to the ~** плод был сла́док на вкус; **I have lost my ~ for whisky** я потеря́л вкус к ви́ски; **it leaves a bad ~ in the mouth** (*fig*) э́то оставля́ет неприя́тный оса́док; (*act of tasting*; *small portion for tasting*): **have a ~ of this!** попро́буйте/отве́дайте э́того!; **I gave him a ~ of his own medicine** (*fig*) я отплати́л ему́ тем же (*or* той же моне́той); (*fig*, *liking*): **Wagner is not to everybody's ~** Ва́гнер нра́вится далеко́ не всем; **there is no accounting for ~(s)** о вку́сах не спо́рят; **she has expensive ~s in clothes** она́ лю́бит носи́ть дороги́е ве́щи; **add salt and pepper to ~** (*in recipe*) доба́вьте со́ли и пе́рца по вку́су; (*fig*, *discernment*, *judgement*) понима́ние, вкус; **he is a man of ~** он челове́к со вку́сом; **bad ~** дурно́й вкус.
● *vt* **1** (*perceive flavour of*) чу́вствовать, по-; различ|а́ть, -и́ть; **can you ~ the garlic in this dish?** вы чу́вствуете чесно́к в э́том блю́де?
2 (*professionally*) дегусти́ровать (*impf*, *pf*).
3 (*eat small amount of*) есть, по-; **~ this and say if you like it** попро́буйте и скажи́те, нра́вится вам (э́то) и́ли нет.
4 (*experience*) вку|ша́ть, -си́ть; изве́д|ывать, -ать; **they have ~d freedom** они́ вкуси́ли свобо́ду.
● *vi*: **the meat ~s horrible** у мя́са отврати́тельный вкус; **~ of** име́ть (*impf*) при́вкус + *g*; отдава́ть (*impf*) + *i*; **the wine ~s of the cork** вино́ отдаёт про́бкой; **what does the soup ~ like?** како́в суп на вкус?
● *cpd* **~ bud** *n* вкусова́я лу́ковица.

tasteful /ˈteɪstfʊl/ *adj* изя́щный; со вку́сом.

tastefulness /ˈteɪstfʊlnɪs/ *n* изя́щество; то́нкий вкус.

tasteless /ˈteɪstlɪs/ *adj* (*insipid*) безвку́сный, пре́сный; (*showing want of taste*) безвку́сный; (*behaviour*, *words*) беста́ктный; в дурно́м то́не.

tastelessness /ˈteɪstlɪsnɪs/ *n* (*lit*) пре́сность; (*fig*) безвку́сица, безвку́сие; беста́ктность, дурно́й тон.

taster /ˈteɪstə(r)/ *n* (*sampler of wines etc.*) дегуста́тор.

tasty /ˈteɪstɪ/ *adj* (**tastier, tastiest**) вку́сный, ла́комый; **~ morsel** ла́комый кусо́чек.

ta-ta /tæˈtɑː/ *int* (*Br coll*) пока́! (*coll*).

Tatar /ˈtɑːtə(r)/ *n* (*inhabitant of Tatarstan etc.*) тата́р|ин (*fem* -ка).
● *adj* тата́рский.

tattered /ˈtætəd/ *adj* по́рванный, разо́рванный.

tatters /ˈtætəz/ *n pl* кло́чь|я (*pl*, *g* -ев), лохмо́ть|я (*pl*, *g* -ев); **his shirt was in ~** от его́ руба́шки оста́лись кло́чья.

tattle /ˈtæt(ə)l/ *n* (*chatter*) болтовня́; (*gossip*) спле́тня.
● *vi* (*chatter*) болта́ть (*impf*); (*gossip*) спле́тничать, по-.

tattoo[1] /təˈtuː, tæ-/ *n* (*pl* **~s**) (*on skin*) татуиро́вка.
● *vt* (**tattoos, tattooed**) татуи́ровать, вы́-.

tattoo[2] /təˈtuː, tæ-/ *n* (*pl* **~s**) **1** (*mil signal*) сигна́л вече́рней зо́ри; (*fig*) (бараба́нная) дробь, стук; **the rain beat a ~ on the roof** дождь бараба́нил по кры́ше. **2** (*mil entertainment*) музыка́льный пара́д.

tatty /ˈtætɪ/ *adj* (**tattier, tattiest**) (*coll*) потрёпанный, обша́рпанный.

taught /tɔːt/ *past and pp of* ⇒**teach**

taunt /tɔːnt/ *n* насме́шка.
● *vt* дразни́ть (*impf*); **he was ~ed with cowardice** над ним насмеха́лись, называ́я его́ тру́сом.

Taurus /ˈtɔːrəs/ *n* (*astron*) Теле́ц.

taut /tɔːt/ *adj* (*tight*) туго́й, ту́го натя́нутый; **he pulled the rope ~** он ту́го натяну́л верёвку; (*nerves*) напряжённый.

tautness /ˈtɔːtnɪs/ *n* натя́нутость; (*of nerves*) напряжённость.

tautological /ˌtɔːtəˈlɒdʒɪk(ə)l/ *adj* тавтологи́ческий.

tautology /tɔːˈtɒlədʒɪ/ *n* тавтоло́гия.

tavern /ˈtæv(ə)n/ *n* таве́рна.

tawdriness /ˈtɔːdrɪnɪs/ *n* крикли́вость, безвку́сица.

tawdry /ˈtɔːdrɪ/ *adj* (**tawdrier, tawdriest**) крича́щий, безвку́сный.

tawny /ˈtɔːnɪ/ *adj* (**tawnier, tawniest**) кори́чнево-жёлтый.

tax /tæks/ *n* **1** (*levy*) нало́г; **income ~** подохо́дный нало́г; **after ~** за вы́четом нало́га. **2** (*fig*, *strain*, *demand*) испыта́ние; нагру́зка; **it was a great ~ on her strength** э́то подрыва́ло её си́лы.
● *vt* обл|ага́ть, -ожи́ть нало́гом; (*fig*): **he ~es my patience** он испы́тывает моё терпе́ние.
● *cpds* **~ avoidance** *n* уменьше́ние нало́га с испо́льзованием зако́нных средств; **~ collector** *n* сбо́рщик нало́гов; **~-deductible** *adj* не облага́емый нало́гом; **~ disc** *n* (*Br*) накле́йка об упла́те доро́жного нало́га; **~ evasion** *n* уклоне́ние от упла́ты нало́гов; **~-exempt, ~-free** *adjs* не облага́емый нало́гом; **~ haven** *n* страна́ с ни́зкими нало́гами; **~man** *n* (*coll*) нало́говый инспе́ктор; **~payer** *n* налогоплате́льщик.

taxable /ˈtæksəb(ə)l/ *adj* облага́емый нало́гом, налогооблага́емый; подлежа́щий обложе́нию нало́гом.

taxation /tækˈseɪʃ(ə)n/ *n* налогообложе́ние.

taxi /ˈtæksɪ/ *n* (*pl* **taxis**) такси́ (*nt indecl*).
● *vi* (**taxies, taxied, taxiing** *or* **taxying**) **1** (*ride by* ~) е́хать (*det*) на такси́. **2** (*of aircraft*) рули́ть (*impf*).
● *cpds* **~cab** *n* такси́ (*nt indecl*); **~ driver** *n* шофёр такси́, такси́ст; **~meter** *n* таксо́метр, счётчик; **~ rank** (*US* **~ stand**) *n* стоя́нка такси́.

taxidermist /ˈtæksɪˌdɜːmɪst/ *n* таксидерми́ст, наби́вщик чу́чел.

taxidermy /ˈtæksɪˌdɜːmɪ/ *n* таксидерми́я, наби́вка чу́чел.

taxonomist /tækˈsɒnəmɪst/ *n* система́тик.

taxonomy /tækˈsɒnəmɪ/ *n* система́тика, таксоно́мия.

taxying *pres participle of* ⇒**taxi**

TB (*abbr of* ***tuberculosis***) туберкулёз.

Tbilisi /təbɪˈliːsɪ/ *n* Тбили́си (*m indecl*).

te /tiː/ (*US* **ti**) *n* (*mus*) седьма́я но́та мажо́рной га́ммы; (*the note B*) си (*indecl*).

tea /tiː/ *n* (*plant*, *beverage*) чай; (*Br*, *meal*) по́лдник; **make (the) ~** зава́р|ивать, -и́ть чай; **have, take ~** пить, вы́- чай/ча́я/ча́ю; **high ~** (*Br*) ра́нний у́жин с ча́ем; **that's not my cup of ~** (*coll*) э́то не по мне; э́то не в моём вку́се.
● *cpds* **~ bag** *n* паке́тик ча́я, ча́йный паке́тик; **~ break** *n* (*Br*) переры́в на чай; **~ caddy** *n* ча́йница; **~cake** *n* (*Br*) ≈ бу́лочка с изю́мом; **~ chest** *n* я́щик для ча́я; **~ cloth** *n* ча́йное полоте́нце; **~ cosy** *n* чехо́л (на ча́йник); (*in form of doll*) ба́ба; **~cup** *n* ча́йная ча́шка; **storm in a ~cup** бу́ря в стака́не воды́; **~ garden** *n* ча́йная на откры́том во́здухе; **~ house** *n* ча́йная; (*in the East*) чайхана́; **~ leaf** *n* ча́йный лист; **~-maker** *n* (*machine*) электросамова́р; **~ party** *n* зва́ный чай; **~pot** *n* ча́йник (для зава́рки); **~ room** *n* ча́йная; кафе́-конди́терская; **~ rose** *n* ча́йная ро́за; **~ service, ~ set** *nn* ча́йный серви́з; **~ shop** *n* кафе́ (*indecl*); **~spoon** *n* ча́йная ло́жечка; **~spoonful** *n* одна́/це́лая ча́йная ло́жка; **~ strainer** *n* ча́йное си́течко; **~ table** *n* ча́йный сто́лик; **~time** *n* (*Br*) ра́нний ве́чер, вре́мя (вече́рнего) чаепи́тия; **~ towel** *n* (*Br*) ча́йное полоте́нце; **~ tray** *n* ча́йный подно́с; **~ trolley, ~ wagon** *nn* сто́лик на колёсиках; **~ urn** *n* тита́н; самова́р.

teach /tiːtʃ/ *vt* (*past and pp* **taught**) **1** (*instruct*) учи́ть, на-; обуч|а́ть, -и́ть; **she taught me Russian** она́ учи́ла меня́ ру́сскому языку́; **I taught myself English** я самостоя́тельно вы́учился англи́йскому языку́. **2** (*vt & i*, *give instruction*) (*school etc.*) учи́ть (*impf*); (*university etc.*) преподава́ть (*impf*); **~ing staff** преподава́тельский соста́в. **3** (*as a threat*, *often elliptical*): **that will ~ you!** э́то бу́дет вам уро́ком!; **I'll ~ you (a lesson)!** я вас проучу́!
● *cpd* **~-in** *n* (*coll*) семина́р.

teachable /ˈtiːtʃəb(ə)l/ *adj* (*person*) поня́тливый; (*skill*): **this skill is ~** э́тому на́выку мо́жно научи́ть/обучи́ть; (*subject*) досту́пный.

teacher /ˈtiːtʃə(r)/ *n* учи́тель (*fem* -ница); педаго́г; **~ training college** педагоги́ческий институ́т; (*school*) **~s**

учителя́; ~s (*of doctrine etc.*) учи́тели.

teaching /ˈtiːtʃɪŋ/ *n* **1** (*precept*) уче́ние. **2** (*activity*) преподава́ние, обуче́ние; ~ **aid** уче́бное посо́бие. **3** (*profession*) преподава́ние; **she intends to take up** ~ она́ собира́ется преподава́ть.

teak /tiːk/ *n* (*wood*) тик; (*tree*) тик, ти́ковое де́рево.

teal /tiːl/ *n* (*pl* ~ *or* ~**s**) (*zool*) чиро́к.

team /tiːm/ *n* (*of horses etc.*) упря́жка; (*games*) кома́нда; **a** ~ **event** кома́ндное соревнова́ние; (*of workers etc.*) брига́да; ~ **of scientists** гру́ппа учёных; (*of colleagues etc.*) коллекти́в.

● *vt*: **they were** ~**ed together** (*horses*) их запрягли́ в одну́ упря́жку; (*workers*) их включи́ли в одну́ брига́ду.

● *vi*: **we** ~**ed up with our neighbours** мы объедини́лись с сосе́дями.

● *cpds* ~ **spirit** *n* коллективи́зм; (*sport*) кома́ндный дух; ~**work** *n* коллекти́вная рабо́та; (*in sport*) сы́гранность.

teamster /ˈtiːmstə(r)/ *n* (*US, lorry driver*) води́тель (*m*) грузовика́.

tear¹ /tɪə(r)/ *n* (~**drop**) слеза́; ~**s ran down her cheeks** слёзы текли́ по её щека́м; **I found her in** ~**s** я заста́л её в слеза́х; **burst into** ~**s** распла́каться (*pf*); **the audience was moved to** ~**s** пу́блика была́ тро́нута до слёз.

● *cpds* ~ **duct** *n* слёзный прото́к; ~ **gas** *n* слезоточи́вый газ; ~**-jerker** *n* (*sl*) слезли́вый фильм (*u m. n.*).

tear² /teə(r)/ *n* (*rent*) разры́в, дыра́.

● *vt* (*past* **tore;** *pp* **torn**) **1** (*rip, rend*) раз|рыва́ть, -орва́ть; рвать, по-; **I tore my shirt on a nail** я порва́л руба́шку о гвоздь; **she tore a hole in her dress** она́ порвала́ пла́тье; **he tore the paper in two** он разорва́л бума́гу попола́м; **he tore open the envelope** он разорва́л/вскрыл конве́рт; (*fig*): **my argument was torn to shreds** мой аргуме́нт разнесли́ в пух и прах; **a country torn by strife** страна́, раздира́емая вну́тренней враждо́й; **she was torn by emotions** её раздира́ли противоречи́вые чу́вства; **I was torn, not knowing which to prefer** я разрыва́лся, не зна́я, что предпоче́сть; **that's torn it!** (*Br sl*) из-за э́того всё срыва́ется. **2** (*snatch; remove by force*) от|рыва́ть, -орва́ть; срыва́ть, сорва́ть; **the wind** ~**s branches from the trees** ве́тер срыва́ет ве́тви с дере́вьев; **she tore the baby from his arms** она́ вы́рвала ребёнка у него́ из рук. **3** (*pull violently*) вырыва́ть, вы́рвать; **it makes one** ~ **one's hair** (*fig*) от э́того хо́чется рвать на себе́ во́лосы.

● *vi* (*past* **tore;** *pp* **torn**) **1** (*pull violently*) раз|рыва́ть, -орва́ть; срыва́ть, сорва́ть; **he tore at the wrapping paper** он бро́сился срыва́ть обёрточную бума́гу. **2** (*become torn*) рва́ться, по-; **this material** ~**s easily** э́тот материа́л легко́ рвётся. **3** (*rush*) мча́ться, по-; нести́сь, по-; **why are you in such a** ~**ing hurry?** куда́ вы так несётесь/спеши́те?

● *with advs*: **we simply tore along** ну и мча́лись же мы!; **I could not** ~ **myself away** я не мог оторва́ться; **the notice had been torn down** объявле́ние сорва́ли; **the old buildings are to be torn down** ста́рые зда́ния бу́дут сноси́ть; **he tore off on his bicycle** он умча́лся на велосипе́де; **several pages had been torn out** не́сколько страни́ц бы́ло вы́рвано; **the children came** ~**ing out of school** де́ти стремгла́в вы́бежали из шко́лы; **the plants have been torn up** расте́ния вы́рвали с ко́рнем; **the letter was torn up** письмо́ разорва́ли.

● *cpd* ~**away** *n* (*Br sl*) сорвиголова́ (*cg*); у́харь (*m*).

tearful /ˈtɪəfʊl/ *adj* (*event*) по́лный слёз; (*person*) запла́канный.

tease /tiːz/ *n* (*person*) задира (*cg*), насме́шни|к (*fem* -ца).

● *vt* **1** (*comb out*) чеса́ть, вы́-; (*fluff up*) нач|ёсывать, -еса́ть. **2** (*make fun of, irritate*) дразни́ть (*impf*); издева́ться (*impf*) над + *i*. **3** (*US, backcomb*) нач|ёсывать, -еса́ть.

tea|sel, -zel, -zle /ˈtiːz(ə)l/ *n* (*bot*) ворся́нка.

teaser /ˈtiːzə(r)/ *n* (*person*) = **tease**; (*coll, puzzle, problem*) головоло́мка.

teat /tiːt/ *n* сосо́к.

teaz|el, -le /ˈtiːz(ə)l/ = **teasel**

tec(h) /tek/ (*Br coll*) = **technical college**

technical /ˈteknɪk(ə)l/ *adj* техни́ческий; ~ **college** (*degree level*) техни́ческий вуз; (*lower than degree level*) те́хникум; ~ **term** специа́льный те́рмин.

technicality /ˌteknɪˈkælɪtɪ/ *n* (*detail*) техни́ческая дета́ль, форма́льность.

technician /tekˈnɪʃ(ə)n/ *n* те́хник.

Technicolor /ˈteknɪˌkʌlə(r)/ *n* (*propr*) Техниколо́р (*система цветного кино*); (**technicolor,** *Br also* **-colour**) (*coll, vivid colour*) я́ркий цвет; **in glorious** ~ в великоле́пных со́чных тона́х; (*attr*) я́ркий.

technique /tekˈniːk/ *n* (*skill*) те́хника, исполне́ние; (*method*) техни́ческий приём, мето́дика.

techno /ˈteknəʊ/ *n* (*mus*) те́хно (*indecl*).

technocracy /tekˈnɒkrəsɪ/ *n* технокра́тия.

technocrat /ˈteknəˌkræt/ *n* технокра́т.

technological /ˌteknəˈlɒdʒɪk(ə)l/ *adj* техни́ческий.

technologist /tekˈnɒlədʒɪst/ *n* те́хник; (*in particular area*) техно́лог.

technology /tekˈnɒlədʒɪ/ *n* те́хника; (*in particular area*) техноло́гия.

tectonic /tekˈtɒnɪk/ *adj* тектони́ческий.

tectonics /tekˈtɒnɪks/ *n* текто́ника.

teddy bear /ˈtedɪ/ *n* (плю́шевый) медвежо́нок/ми́шка.

Teddy boy /ˈtedɪ/ *n* (*Br*) стиля́га (*m*).

tedious /ˈtiːdɪəs/ *adj* утоми́тельный, ску́чный, ну́дный.

tedi|ousness /ˈtiːdɪəsnɪs/, **-um** /ˈtiːdɪəm/ *nn* утоми́тельность, ску́ка.

tee /tiː/ *n* (*peg*) ко́лышек.

● *vt* (**tees, teed**): ~ **a ball** устан|а́вливать, -ови́ть мяч для пе́рвого уда́ра (*гольф*).

● *vi* (**tees, teed**): ~ **off** де́лать, с- пе́рвый уда́р.

tee-hee /tiːˈhiː/ *int* хи-хи́!

teem /tiːm/ *vi* (*be full, swarm*) кише́ть (*impf*); изоби́ловать (*impf*); **the house is** ~**ing with ants** дом киши́т муравья́ми; **his head** ~**s with new ideas** он по́лон но́вых иде́й; **it was** ~**ing with rain** (*coll*) ли́ло как из ведра́.

teen /tiːn/ *n*: **he is in his** ~**s** ему́ ещё нет двадцати́ (лет); он подро́сток.

● *cpds* ~**age** *adj* (*characteristic of teenagers*) подростко́вый, ю́ношеский; (*girl, boy*) несовершенноле́тний; ~**ager** *n* подро́сток, ю́ноша (*m*)/де́вушка до двадцати́ лет.

teeny(-weeny) /ˈtiːnɪ, ˌtiːnɪˈwiːnɪ/ *adj* (**teenier, teeniest**) (*coll*) малю́сенький.

teeter /ˈtiːtə(r)/ *vi* кача́ться (*impf*); (*fig*) колеба́ться (*impf*).

teeth /tiːθ/ *pl of* ⇒**tooth**

teeth|e /tiːð/ *vi*: **baby is** ~**ing** у ребёнка ре́жутся зу́бы; ~**ing troubles/problems** (*fig*) «де́тские боле́зни» (*f pl*); ~**ing ring** зубно́е кольцо́.

teetotal /tiːˈtəʊt(ə)l/ *adj* непью́щий.

teetotalism /tiːˈtəʊtəˌlɪz(ə)m/ *n* воздержа́ние от спиртны́х напи́тков.

teetotaller /tiːˈtəʊtələ(r)/ (*US* **teetotaler**) *n* тре́звенник.

TEFL /ˈtef(ə)l/ (*abbr of* ***teaching of English as a foreign language***) преподава́ние англи́йского языка́ как иностра́нного.

Teh(e)ran /teəˈrɑːn, -ˈræn/ *n* Тегера́н.

Tel Aviv /ˌtel əˈviːv/ *n* Тель-Ави́в.

telecast /ˈtelɪˌkɑːst/ *n* телепереда́ча.

● *vt* перед|ава́ть, -а́ть по телеви́дению.

telecommunication /ˌtelɪkəˌmjuːnɪˈkeɪʃ(ə)n/ *n*: ~ **satellite** спу́тник свя́зи; ~**s** телекоммуника́ции (*f pl*); ~**s** (*attr*) телекоммуникацио́нный.

teleconference /ˈtelɪˌkɒnfərəns/ *n* телеконфере́нция.

telegram /ˈtelɪˌgræm/ *n* телегра́мма.

telegraph /ˈtelɪˌgrɑːf, -ˌgræf/ *n* телегра́ф.

● *vt & i* телеграфи́ровать (*impf, pf*).

● *cpds* ~ **pole** *n* телегра́фный столб; ~ **wire** *n* телегра́фный про́вод.

telegraph|er /ˈtelɪˌgrɑːfə(r), tɪˈlegrəfə(r)/, **-ist** /tɪˈlegrəfɪst/ *nn* телеграфи́ст (*fem* -ка).

telegraphese /ˌtelɪgrəˈfiːz/ *n* телегра́фный стиль.

telegraphic /ˌtelɪˈgræfɪk/ *adj* телегра́фный.

telegraphist /tɪˈlegrəfɪst/ = **telegrapher**

telegraphy /tɪˈlegrəfɪ/ *n* телеграфи́я.

telekinesis /ˌtelɪkɪˈniːsɪs/ *n* телекине́з.

telemetry /tɪˈlemətrɪ/ *n* телеметри́я.

teleological /ˌtelɪəˈlɒdʒɪk(ə)l, ˌtiː-/ *adj* телеологи́ческий.

teleology /ˌtelɪˈɒlədʒɪ, ˌtiː-/ *n* телеоло́гия.

telepath /ˈtelɪˌpæθ/ *n* телепа́т.

telepathic /ˌtelɪˈpæθɪk/ *adj* телепати́ческий.

telepathy /tɪˈlepəθɪ/ *n* телепа́тия.

t

telephone /ˈtelɪˌfəʊn/ *n* телефо́н; **are you on the ~?** у вас есть телефо́н?; **he is (talking) on the ~** (*Br*) он разгова́ривает по телефо́ну; **someone wants you on the ~** вас про́сят к телефо́ну; **he picked up the ~** он по́днял тру́бку; **~ booth, box** (*Br*) телефо́нная бу́дка; **~ directory** телефо́нная кни́га, телефо́нный спра́вочник; **~ call** телефо́нный звоно́к; **~ exchange** телефо́нная ста́нция; **~ number** телефо́нный но́мер, (*coll*) телефо́н; **~ operator** телефони́ст (*fem* -ка); **public ~** телефо́н-автома́т.
● *vt & i* звони́ть, по- (*кому*) по телефо́ну; телефони́ровать (*impf, pf*) (*что кому*) (*pf also* про-).

telephonic /ˌtelɪˈfɒnɪk/ *adj* телефо́нный.

telephonist /tɪˈlefənɪst/ *n* (*Br*) телефони́ст (*fem* -ка).

telephony /tɪˈlefənɪ/ *n* телефони́я.

telephoto /ˈtelɪˌfəʊtəʊ/ *attr adj*: **~ lens** телеобъекти́в.

teleprinter /ˈtelɪˌprɪntə(r)/ *n* (*Br*) телета́йп.

teleprompter /ˈtelɪˌprɒmptə(r)/ *n* (*US*) автосуфлёр.

telesales /ˈtelɪˌseɪlz/ *n pl* (*esp Br*) прода́жа по телефо́ну.

telescope /ˈtelɪˌskəʊp/ *n* телеско́п.
● *vt & i* (*fig*): **two coaches were ~d** два ваго́на вре́зались друг в дру́га; **two words ~d into one** два сло́ва, сли́тые в одно́.

telescopic /ˌtelɪˈskɒpɪk/ *adj* **1** (*of or constituting a telescope*) телескопи́ческий; **~ lens** телескопи́ческий объекти́в. **2** (*visible by telescope*) ви́димый посре́дством телеско́па. **3** (*consisting of retracting and extending sections*) складно́й, выдвижно́й; **~ aerial** выдвижна́я анте́нна.

teletext /ˈtelɪˌtekst/ *n* телете́кст.

telethon /ˈteləˌθɒn/ *n* (благотвори́тельный) телемарафо́н.

teletype /ˈtelɪˌtaɪp/ *n* телета́йп.
● *vt* перед|ава́ть, -а́ть по телета́йпу.

televise /ˈtelɪˌvaɪz/ *vt* пока́з|ывать, -а́ть по телеви́дению.

television /ˈtelɪˌvɪʒ(ə)n, -ˈvɪʒ(ə)n/ *n* (*system, process*) телеви́дение; **what's on ~?** что пока́зывают по телеви́дению?; **(~ receiver/set)** телеви́зор; **~ camera** телека́мера; **~ programme** телевизио́нная переда́ча, телепереда́ча, телепрогра́мма; **~ studio** телесту́дия; **closed-circuit ~** систе́ма видеонаблюде́ния, видеонаблюде́ние.

telex /ˈteleks/ *n* те́лекс.

tell /tel/ *vt* (*past and pp* **told**) **1** (*relate; inform of; make known*) расска́з|ывать, -а́ть; сообщ|а́ть, -и́ть; ука́з|ывать, -а́ть; **~ me all about it!** расскажи́те мне всё как есть/бы́ло; **I'll ~ you a secret** я скажу́/откро́ю вам секре́т; **I can't ~ you how glad I am** не могу́ вы́разить/переда́ть вам, как я дово́лен; **(I'll) ~ you what, let's both go!** зна́ете что, дава́йте пойдём вме́сте!; **you're ~ing me!** (*coll*) кому́ вы э́то расска́зываете?; **can you ~ me the time?** (вы) не (под)ска́жете, кото́рый час?; **can you ~ me of a good dentist?** вы не подска́жете мне хоро́шего зубно́го врача́?
2 (*speak, say*) говори́ть, сказа́ть; **are you ~ing the truth?** вы говори́те пра́вду?
3 (*decide, determine, know*) определ|я́ть, -и́ть; узн|ава́ть, -а́ть; **how do you ~ which button to press?** как узна́ть, каку́ю кно́пку на́до нажима́ть?; **there's no ~ing what may happen** кто зна́ет, что мо́жет произойти́; **can she ~ the time yet?** она́ уже́ уме́ет определя́ть вре́мя? (*or* узнава́ть по часа́м, ско́лько вре́мени?); **you never can ~** никогда́ не зна́ешь.
4 (*distinguish*) отлич|а́ть, -и́ть; различ|а́ть, -и́ть; **I can't ~ them apart** я не могу́ их различи́ть; **I can't ~ one wine from another** я не разбира́юсь в ви́нах.
5 (*assure*) зав|еря́ть, -е́рить; **I can ~ you** поверьте мне.
6 (*count*): **there were seven all told** в о́бщей сло́жности их бы́ло семь/се́меро.
7 (*direct, instruct*) прика́з|ывать, -а́ть; говори́ть, сказа́ть; **he was told to wait outside** ему́ сказа́ли/веле́ли подожда́ть за две́рью; **~ him not to wait** скажи́те ему́, что́бы он не ждал.
8 (*predict*) предска́з|ывать, -а́ть; **I told you so!** я вам говори́л!; **can you ~ my fortune?** мо́жете мне погада́ть?
● *vi* (*past and pp* **told**)
1 (*give information*) расска́з|ывать, -а́ть; **he told of his adventures** он рассказа́л о свои́х приключе́ниях; **don't ~ on me!** (*coll*) не выдава́й меня́!; **he promised not to ~** (*divulge secret*) он обеща́л молча́ть; **time will ~** вре́мя пока́жет.
2 (*have an effect*) ска́з|ываться, -а́ться.
● *with adv*: **~ off** (*coll, reprove*) отчи́т|ывать, -а́ть; **he got a good ~ing-off** (*Br*) его́ здо́рово отчита́ли.
● *cpd* **~tale** *n* спле́тник, я́беда (*cg*); *attr adj* выдаю́щий *что-л.*, свиде́тельствующий о *чём-л.*; **~tale sign/mark** я́вный/ве́рный при́знак/знак; **~tale blush in her cheeks** преда́тельский румя́нец на её щека́х.

teller /ˈtelə(r)/ *n* (*narrator*) расска́зчик; (*counter of votes*) счётчик голосо́в; (*cashier*) касси́р.

telling /ˈtelɪŋ/ *adj* си́льный; **a ~ argument** убеди́тельный до́вод; **a ~ example** нагля́дный приме́р; **a ~ blow** ощути́мый уда́р.

tellurium /teˈljʊərɪəm/ *n* теллу́р.

telly /ˈtelɪ/ *n* (*Br coll, television set*) те́лик (*coll*).

temerity /tɪˈmerɪtɪ/ *n* сме́лость.

temp /temp/ *n* (*coll*) рабо́тающ|ий (*fem* -ая) вре́менно.
● *vi* рабо́тать (*impf*) вре́менно.

temper /ˈtempə(r)/ *n* **1** (*of metal*) сте́пень твёрдости и упру́гости.
2 (*disposition of mind*) нрав; (*mood*) настрое́ние; **he has a quick ~** он вспы́льчив(ый); **he lost his ~** он вы́шел из себя́; **I had difficulty keeping my ~** я с трудо́м сде́рживался. **3** (*irritation, anger*) вспы́льчивость; несде́ржанность; **he flew into a ~** он вспыли́л; **he left in a ~** он разозли́лся и ушёл.
● *vt* **1** (*metallurgy*) зака́л|ивать, -и́ть.
2 (*mitigate*) ум|еря́ть, -е́рить; смягч|а́ть, -и́ть; **we must ~ justice with mercy** справедли́вость должна́ сочета́ться с милосе́рдием. **3** (*mus*) темпери́ровать (*impf, pf*).

tempera /ˈtempərə/ *n* (*method*) те́хника те́мперы; (*emulsion*) те́мпера (*краска*); **~ canvas/painting** те́мпера (*картина*).

temperament /ˈtemprəmənt/ *n* темпера́мент, нрав; (*mus*) темпера́ция.

temperamental /ˌtemprəˈment(ə)l/ *adj* **1** (*of temperament*) органи́ческий. **2** (*subject to moods*) капри́зный.

temperance /ˈtempərəns/ *n*
1 (*moderation*) уме́ренность.
2 (*abstinence from alcohol*) тре́звость; воздержа́ние от спиртны́х напи́тков; **~ society** о́бщество тре́звости.

temperate /ˈtempərət/ *adj* уме́ренный; **the ~ zone** уме́ренный по́яс.

temperature /ˈtemprɪtʃə(r)/ *n* температу́ра; (*fever*) жар; **he has (or is running) a ~** у него́ температу́ра/жар; **let me take your ~** дава́йте я изме́рю вам температу́ру.

tempest /ˈtempɪst/ *n* (*lit, fig*) бу́ря.

tempestuous /temˈpestjʊəs/ *adj* бу́рный; (*of person, behaviour*) бу́йный.

tempestuousness /temˈpestjʊəsnɪs/ *n* бу́рность; бу́йство.

tempi /ˈtempiː/ *pl of* ⇒**tempo**

template /ˈtemplɪt, -pleɪt/ *n* моде́ль; (*comput*) шабло́н.

temple¹ /ˈtemp(ə)l/ *n* (*relig*) храм, святи́лище.

temple² /ˈtemp(ə)l/ *n* (*anat*) висо́к.

tempo /ˈtempəʊ/ *n* (*pl* **tempos** *or* **tempi**) (*lit, fig*) темп, ритм.

temporal /ˈtempər(ə)l/ *adj* (*of time*) временно́й; (*of this life; secular*) мирско́й, све́тский; (*anat*) висо́чный.

temporarily /ˈtempərərɪlɪ/ *adv* вре́менно.

temporary /ˈtempərərɪ/ *n*: (**~ employee**) вре́менный слу́жащий.
● *adj* вре́менный.

temporize /ˈtempəˌraɪz/ *vi* ме́длить (*impf*).

tempt /tempt/ *vt* соблазн|я́ть, -и́ть; иску|ша́ть, -си́ть; **he was ~ed into bad ways** он сби́лся (*or* его́ сби́ли) с пути́ и́стинного; **I was ~ed to agree with him** я был скло́нен с ним согласи́ться; **~ing** соблазни́тельный.

temptation /tempˈteɪʃ(ə)n/ *n* собла́зн, искуше́ние; **she yielded to ~** она́ подала́сь собла́зну.

tempter /ˈtemptə(r)/ *n* искуси́тель (*m*), соблазни́тель (*m*).

temptress /ˈtemptrɪs/ *n* искуси́тельница, соблазни́тельница.

ten /ten/ *n* де́сять; (**~ people**) де́сятеро, де́сять челове́к; **he eats enough for ~** он ест за десятеры́х; **~ each** по десяти́; **in ~s, ~ at a time** по десяти́, деся́тками; (*figure; thing numbered 10;*

group of ~) деся́тка; ~ **of spades** деся́тка пик; **the** ~**s** (*column*) деся́тки (*m pl*); ~**s of thousands** деся́тки (*m pl*) ты́сяч; (*with various nn expressed or understood*: *cf. examples under* ⇒**five**): ~ **to one** (*almost certainly*) почти́ наверняка́; **five to** ~ (*o'clock*) без пяти́ де́сять.

● *adj* де́сять + *g pl*; ~ **eggs** (*as purchase*) деся́ток яи́ц; ~ **threes are thirty** де́сятью три — три́дцать.

● *cpds* ~**fold** *adj* десятикра́тный; ~**pin bowling** *n* (*US* ~**pins** *n pl*) ке́гл|и (*pl, g* -ей); ~**-ton truck** *n* (*vehicle*) десятито́нный грузови́к.

tenable /ˈtenəb(ə)l/ *adj* **1** (*defensible*) разу́мный, здра́вый; **a** ~ **argument** разу́мный до́вод. **2** (*to be held*): **the office is** ~ **for three years** срок полномо́чий — три го́да.

tenacious /tɪˈneɪʃəs/ *adj* (*hold, memory*) це́пкий; (*resolute*) насто́йчивый; **the dog held on** ~**ly** соба́ка кре́пко вцепи́лась.

tenacity /tɪˈnæsɪtɪ/ *n* це́пкость; насто́йчивость.

tenancy /ˈtenənsɪ/ *n* **1** (*renting*) наём помеще́ния; (*period*) срок на́йма/ аре́нды; **during his** ~ в пери́од его́ прожива́ния. **2** (*ownership*) владе́ние.

tenant /ˈtenənt/ *n* (*one renting from landlord*) (*private individual*) жиле́ц, квартира́нт; (*company*) аренда́тор.

tench /tentʃ/ *n* (*pl* ~) (*zool*) линь (*m*).

tend[1] /tend/ *vt* (*look after*) присм|а́тривать, -отре́ть за + *i*; уха́живать (*impf*) за + *i*; **the shepherds** ~**ed their flocks** пастухи́ пасли́ свои́ стада́; **the machine needs constant** ~**ing** маши́на тре́бует постоя́нного ухо́да.

tend[2] /tend/ *vi* (*be inclined*) склоня́ться (*impf*) (*к чему*); **I am** ~**ing towards your view** я склоня́юсь к ва́шей то́чке зре́ния; **he** ~**s to get excited** он легко́ возбужда́ется.

tendency /ˈtendənsɪ/ *n* (*trend*) тенде́нция; **an upward** ~ **in the market** тенде́нция к повыше́нию на ры́нке; (*inclination*) скло́нность; **he has a** ~ **to forget** он забы́вчив(ый).

tendentious /tenˈdenʃəs/ *adj* тенденцио́зный.

tendentiousness /tenˈdenʃəsnɪs/ *n* тенденцио́зность.

tender[1] /ˈtendə(r)/ *n* (*ship*) посы́льное су́дно; (*wagon*) те́ндер.

tender[2] /ˈtendə(r)/ *n* **1** (*comm*) предложе́ние; ~**s are invited for the contract** принима́ются зая́вки на подря́д. **2** (*currency*): **legal** ~ зако́нное платёжное сре́дство.

● *vt* предл|ага́ть, -ожи́ть; **he** ~**ed his resignation** он по́дал заявле́ние об отста́вке.

● *vi*: **he** ~**ed for the contract** он предложи́л себя́ в подря́дчики.

tender[3] /ˈtendə(r)/ *adj* (**tenderer, tenderest**) **1** (*sensitive*) не́жный; **of** ~ **years** ю́ный, в не́жном во́зрасте; **my finger is still** ~ мой па́лец всё ещё боли́т. **2** (*loving, solicitous*) не́жный, ла́сковый, лю́бящий. **3** (*not tough*): **a** ~ **steak** мя́гкий бифште́кс.

● *cpds* ~**foot** *n* (*US coll*) нович́ок; ~**-hearted** *adj* мягкосерде́чный; ~**loin** *n* вы́резка (*говя́жья, свина́я*).

tenderize /ˈtendəˌraɪz/ *vt* (*by beating*) отб|ива́ть, -и́ть (*мясо*).

tenderness /ˈtendənɪs/ *n* не́жность; (*of meat etc.*) мя́гкость.

tendon /ˈtend(ə)n/ *n* сухожи́лие.

tendril /ˈtendrɪl/ *n* у́сик (*растения*).

tenement /ˈtenəmənt/ *n* (*cheap apartment*) кварти́ра; ~ **house** (сдава́емый в аре́нду) многокварти́рный дом.

Tenerife /ˌtenəˈriːf/ *n* Тенери́фе (*m indecl*).

tenet /ˈtenɪt, ˈtiːnet/ *n* до́гмат, при́нцип.

tenner /ˈtenə(r)/ *n* (*Br coll*) деся́тка (*10-фунтовая банкнота; сумма в 10 фунтов*).

tennis /ˈtenɪs/ *n* те́ннис; ~ **elbow** «те́ннисный» ло́коть (*травма*).

● *cpds* ~ **ball** *n* те́ннисный мяч; ~ **court** *n* те́ннисный корт; ~ **player** *n* теннис́ист (*fem* -ка); ~ **racket** *n* те́ннисная раке́тка; ~ **shoes** *n pl* те́ннисные ту́фли (*f pl*).

tenon /ˈtenən/ *n* шип.

● *cpds* ~ **joint** *n* соедине́ние на вставны́х шипа́х; ~ **saw** *n* шипоре́зная пила́.

tenor[1] /ˈtenə(r)/ *n* (*course, direction*) направле́ние, напра́вленность; (*purport*) смысл, содержа́ние.

tenor[2] /ˈtenə(r)/ *n* (*mus*) те́нор; **he sings** ~ он поёт те́нором; (*attr*) теноро́вый; ~ **part** па́ртия те́нора; ~ **saxophone** саксофо́н-те́нор.

tense[1] /tens/ *n* (*gram*) вре́мя (*nt*).

tense[2] /tens/ *adj* натя́нутый, напряжённый; ~ **nerves** натя́нутые не́рвы; **a moment of** ~ **excitement** моме́нт не́рвного возбужде́ния.

● *vt* натя́|гивать, -ну́ть; напр|яга́ть, -я́чь; **he** ~**d his muscles** он напря́г му́скулы; **I was all** ~**d up** я был в напряжённом состоя́нии.

● *vi* напр|яга́ться, -я́чься.

tenseness /ˈtensnɪs/ *n* (*lit, fig*) натя́нутость, напряжённость.

tensile /ˈtensaɪl/ *adj* растяжи́мый; ~ **strength** преде́л про́чности при растяже́нии.

tension /ˈtenʃ(ə)n/ *n* **1** (*stretching; being stretched*) напряже́ние, растяже́ние; (*stretched state*) натяже́ние, напряжённое состоя́ние; (*mental strain, excitement*) напряже́ние, напряжённость, **racial** ~ напряжённые ра́совые отноше́ния. **2** (*voltage*): **high/low** ~ высо́кое/ни́зкое напряже́ние.

tent /tent/ *n* пала́тка; (*marquee*) шатёр.

● *cpd* ~ **peg** *n* ко́льшек для пала́тки.

tentacle /ˈtentək(ə)l/ *n* щу́пальце.

tentative /ˈtentətɪv/ *adj* (*hesitant*) осторо́жный; (*provisional*) предвари́тельный.

tenterhooks /ˈtentəˌhʊks/ *n*: **I was on** ~ я сиде́л как на иго́лках.

tenth /tenθ/ *n* **1** (*date*) деся́тое число́; **on the** ~ **of May** деся́того ма́я. **2** (*fraction*) деся́тая часть; **one** ~ одна́ деся́тая.

● *adj* деся́тый.

tenuous /ˈtenjʊəs/ *adj* (*weak*) сла́бый; (*fine*) то́нкий; **a** ~ **argument** сла́бый/ неубеди́тельный аргуме́нт.

tenure /ˈtenjə(r)/ *n* (*holding of office*) пребыва́ние в до́лжности; (*period of office*) срок полномо́чий; (*of property*) усло́вия (*nt pl*) владе́ния иму́ществом; (*security of* ~) постоя́нная шта́тная до́лжность.

tepee /ˈtiːpiː/ *n* вигва́м.

tepid /ˈtepɪd/ *adj* теплова́тый; (*fig*) прохла́дный.

tera- /ˈterə/ *comb form* тера...; ~**byte** терабайт; ~**watt** терава́тт.

tepid|ity /tɪˈpɪdɪtɪ/, **-ness** /ˈtepɪdnɪs/ *nn* теплова́тость; (*fig*) равноду́шие.

tercentenary /ˌtɜːsenˈtiːnərɪ/ *n* трёхсотле́тие.

● *adj* трёхсотле́тний.

term /tɜːm/ *n* **1** (*fixed or limited period*) пери́од; ~ **of office** срок полномо́чий; **a long** ~ **of imprisonment** дли́тельный срок заключе́ния; (*in school, university, etc.*) триме́стр, учёбная че́тверть; (*in law courts*) се́ссия. **2** (*math, logic*) элеме́нт, член. **3** (*expression*) те́рмин; ~ **of abuse** (*word*) бра́нное сло́во; (*expression*) бра́нное выраже́ние; **contradiction in** ~**s** противоречи́вое утвержде́ние/ поня́тие; **he spoke of you in flattering** ~**s** он говори́л о вас в ле́стных выраже́ниях; **in** ~**s of** с то́чки зре́ния + *g*; в смы́сле + *g*; что каса́ется + *g*; **he thinks of everything in** ~**s of money** он смо́трит на всё с де́нежной то́чки зре́ния. **4** (*in pl, conditions*) усло́вия (*nt pl*); ~**s of surrender** усло́вия капитуля́ции; **they came to** ~**s** они́ пришли́ к соглаше́нию; ~**s of reference** (*Br*) круг полномо́чий; (*charges*) усло́вия опла́ты; **what are your** ~**s?** каковы́ ва́ши усло́вия? **5** (*in pl, relations*) отноше́ния (*nt pl*); **I kept on good** ~**s with him** я подде́рживал с ним хоро́шие отноше́ния; **we are on the best of** ~**s** мы в прекра́сных отноше́ниях; **they are not on speaking** ~**s** они́ не разгова́ривают друг с дру́гом; **they met on equal** ~**s** они́ встре́тились на ра́вных.

● *vt* наз|ыва́ть, -ва́ть.

termagant /ˈtɜːməgənt/ *n* меге́ра, фу́рия.

terminable /ˈtɜːmɪnəb(ə)l/ *adj* с ограни́ченным сро́ком де́йствия.

terminal /ˈtɜːmɪn(ə)l/ *n* **1** (*of transport*) коне́чный пункт; (*rail*) вокза́л; **air** ~ (*in city*) (городско́й) аэровокза́л. **2** (*at airport*) термина́л. **3** (*elec*) кле́мма, зажи́м. **4** (*comput; where oil/gas are stored*) термина́л.

● *adj* (*coming to or forming the end point*) коне́чный; после́дний; ~ **illness** смерте́льная боле́знь; ~ **patient** неизлечи́мый больно́й.

terminate /ˈtɜːmɪˌneɪt/ *vt* заверш|а́ть, -и́ть; класть, положи́ть коне́ц + *d*; **they** ~**d his contract** они́ расто́ргли контра́кт с ним.

● *vi* зак|а́нчиваться, -о́нчиться;

t

заверш|áться, -и́ться; **words which ~ in a vowel** словá, окáнчивающиеся на глáсную.

termination /ˌtɜːmɪˈneɪʃ(ə)n/ *n* завершéние; прекращéние; конéц; (*of a word*) окончáние; **~ of pregnancy** прекращéние берéменности; абóрт.

termini /ˈtɜːmɪˌnaɪ/ *pl of* ⇒**terminus**

terminological /ˌtɜːmɪnəˈlɒdʒɪk(ə)l/ *adj* терминологи́ческий.

terminology /ˌtɜːmɪˈnɒlədʒɪ/ *n* терминолóгия, номенклатýра.

termin|us /ˈtɜːmɪnəs/ *n* (*pl* **~i** *or* **~uses**) (*Br*) конéчный пункт; (*rail*) конéчная стáнция.

termite /ˈtɜːmaɪt/ *n* (*zool*) терми́т.

tern /tɜːn/ *n* (*zool*) крáчка.

ternary /ˈtɜːnərɪ/ *adj* (*of three parts*) состоя́щий из трёх частéй; (*math*) тройчный.

terra /ˌterə/ *n*: **~ *firma*** /ˈfɜːmə/ сýша; **~ *incognita*** /ɪŋˈkɒgnɪtə, ˌɪnkɒgˈniːtə/ (*fig*) тéрра инкóгнита, неизвéданная óбласть (*знаний и т. п.*).

terrace /ˈterəs, -rɪs/ *n* (*raised area*) террáса; (*Br, row of houses*) ряд однотúпных домóв, примыкáющих друг к дрýгу.

● *vt* террасúровать (*impf, pf*); **~ sloping land** разб|ивáть, -úть террáсы на склóне; разб|ивáть, -úть учáсток землú на склóне на террáсы (*or* террáсами).

terracotta /ˌterəˈkɒtə/ *n* терракóта (*жёлтая/красная обожжённая гончарная глина*); (*attr*) терракóтовый (*из такой глины; цвет*).

terrain /teˈreɪn, tə-/ *n* мéстность.

terrapin /ˈterəpɪn/ *n* пресновóдная черепáха.

terrestrial /təˈrestrɪəl, tɪ-/ *adj* (*of the earth*) земнóй; (*animal living on/in the ground*) сухопýтный, назéмный; живýщий на/в землé; (*plant growing on land or in the soil*) назéмный.

terrible /ˈterɪb(ə)l/ *adj* (*inspiring fear*) стрáшный; (*coll, very unpleasant or bad*) ужáсный, стрáшный.

terribly /ˈterɪblɪ/ *adv* ужáсно, стрáшно.

terrier /ˈterɪə(r)/ *n* терьéр.

terrific /təˈrɪfɪk/ *adj* (*coll, huge*) колоссáльный; (*coll, marvellous*) потрясáющий.

terrify /ˈterɪˌfaɪ/ *vt* ужас|áть, -нýть.

terrine /təˈriːn/ *n* паштéт.

territorial /ˌterɪˈtɔːrɪəl/ *n* слýжащий территориáльной áрмии.

● *adj* территориáльный.

territory /ˈterɪtərɪ, -trɪ/ *n* территóрия; (*fig*) óбласть.

terror /ˈterə(r)/ *n* (*fear*) ýжас, страх; **he went in ~ of his life** он жил в стрáхе за свою́ жизнь; **the thought struck ~ into me** э́та мысль привелá меня́ в ýжас; (*pol, hist*) террóр; (*child*) чертёнок.

● *cpds* **~-stricken, ~-struck** *adjs* объя́тый стрáхом/ýжасом.

terrorism /ˈterəˌrɪz(ə)m/ *n* терроры́зм.

terrorist /ˈterərɪst/ *n* террорúст (*fem* -ка); (*attr*) террористúческий.

terrorization /ˌterəraɪˈzeɪʃ(ə)n/ *n* терроризúрование.

terrorize /ˈterəˌraɪz/ *vt* терроризúровать (*impf, pf*).

terry /ˈterɪ/ *n* (*textiles*) махрóвая ткань; (*attr*) махрóвый.

terse /tɜːs/ *adj* (**terser, tersest**) крáткий, сжáтый.

terseness /ˈtɜːsnɪs/ *n* крáткость, сжáтость.

tertiary /ˈtɜːʃərɪ/ *n* (*geol*, **the T~**) третúчный перúод.

● *adj* **1** (*third in order or level*) третúчный; **~ education** (*Br*) вы́сшее образовáние. **2** (*geol*, **T~**) третúчный.

Terylene /ˈterɪˌliːn/ *n* (*Br propr, textiles*) терилéн.

TESSA /ˈtesə/ *n* (*abbr of* ***tax exempt special savings account***) (*Br, hist*) сберегáтельный счёт, не облагáемый нало́гом.

tessellated /ˈtesəˌleɪtɪd/ *adj* мозаúчный.

tessera /ˈtesərə/ *n* (*pl* **tesserae** /-ˌriː/) (*in mosaic*) кýбик смáльты, мозаúчная плúтка.

test /test/ *n* испытáние, провéрка; **~ case** показáтельный слýчай; (*law*) дéло-прецедéнт; **endurance ~** испытáние выносливости; **his promises were put to the ~** егó обещáния подвéрглись провéрке на дéле; **these methods have stood the ~ of time** э́ти мéтоды вы́держали провéрку врéменем; (*examination*) (*in school*) контрóльная рабóта; (*at college*) зачёт; (*oral*) опрóс, зачёт; (*chem*) анáлиз; óпыт; **(nuclear) ~ ban** запрещéние испытáний я́дерного орýжия; **a ~ for sugar** анáлиз на содержáние сáхара; **blood ~** анáлиз крóви; (*cricket*) = **~ match**

● *vt* **1** (*make trial of*) подв|ергáть, -éргнуть испытáнию; пров|еря́ть, -éрить; **his patience was severely ~ed** егó терпéние подвéрглось сурóвому испытáнию. **2** (*subject to* **~s**) пров|еря́ть, -éрить; (*tech*) опрóбовать (*pf*); **the pupils were ~ed in arithmetic** ученикáм дáли контрóльную рабóту по арифмéтике; **his job is to ~ (out) new designs** он провóдит испытáния нóвых констрýкций.

● *cpds* **~ flight** *n* испытáтельный полёт; **T~ match** *n* (*cricket, rugby*) междунарóдный матч; **~ pilot** *n* лётчик-испытáтель (*m*); **~ tube** *n* пробúрка; **~-tube baby** ребёнок «из пробúрки» (*зачатый вне материнского чрева*).

testament /ˈtestəmənt/ *n* (*clear sign*) свидéтельство; (*will*) завещáние; (*bibl*) Завéт; **the Old/New T~** Вéтхий/Нóвый Завéт.

testator /teˈsteɪtə(r)/ *n* завещáтель (*m*).

testatrix /teˈsteɪtrɪks/ *n* завещáтельница.

tester /ˈtestə(r)/ *n* (*person*) испытáтель (*m*); лаборáнт; (*device*) испытáтельный прибóр.

testes /ˈtestiːz/ *pl of* ⇒**testis**

testicle /ˈtestɪk(ə)l/ *n* (*anat*) яúчко.

testify /ˈtestɪˌfaɪ/ *vi* **1** (*affirm*) свидéтельствовать (*impf*); (*give evidence*) да|вáть, -ть показáния; **will you ~ to my innocence?** вы подтвердúте мою́ невинóвность? **2**: **~ to** (*be evidence of*) свидéтельствовать (*impf*) о + *p*.

testimonial /ˌtestɪˈməʊnɪəl/ *n* (*certificate of conduct etc.*) рекомендáция, характерúстика.

testimony /ˈtestɪmənɪ/ *n* (*statement*) показáния (*nt pl*); (*evidence*) доказáтельство; (*sign*) свидéтельство, прúзнак.

testiness /ˈtestɪnɪs/ *n* вспы́льчивость, раздражúтельность.

testis /ˈtestɪs/ (*pl* **testes**) = **testicle**

testosterone /teˈstɒstəˌrəʊn/ *n* тестостерóн.

testy /ˈtestɪ/ *adj* (**testier, testiest**) вспы́льчивый, раздражúтельный.

tetanus /ˈtetənəs/ *n* (*disease*) столбня́к; (*contraction of muscles*) тéтанус.

tetchiness /ˈtetʃɪnɪs/ *n* раздражúтельность; обúдчивость.

tetchy /ˈtetʃɪ/ *adj* (**tetchier, tetchiest**) раздражúтельный; обúдчивый.

tête-à-tête /ˌteɪtɑːˈteɪt/ *n* тет-а-тéт.

● *adv* (*to talk*) тет-а-тéт; с глáзу на глáз; (*to dine*) вдвоём.

tether /ˈteðə(r)/ *n* прúвязь; (*fig*): **he was at the end of his ~** он дошёл до рýчки (*coll*).

● *vt* привя́з|ывать, -áть.

tetrahedr|on /ˌtetrəˈhiːdrən, -ˈhedrən/ *n* (*pl* **~a** *or* **~ons**) четырёхгрáнник, тетрáэдр.

tetrameter /tɪˈtræmɪtə(r)/ *n* тетрáметр.

Teutonic /tjuːˈtɒnɪk/ *adj* тевтóнский, германский.

text /tekst/ *n* **1** (*written or printed words*) текст; (*textbook*) учéбник; (*theme*) тéма. **2** (*text message*) SMS/CMC (*pr* эс-эм-эс).

● *vt* отпр|авля́ть, -áвить (*or* пос|ылáть, -лáть) SMS/CMC (*pr* эс-эм-эс) (*кому*).

● *cpds* **~book** *n* учéбник; (*manual*) руковóдство; **~ editor** *n* (*comput*) тéкстовый редáктор; **~ file** *n* (*comput*) тéкстовый файл; **~ message** SMS/CMC-сообщéние.

textile /ˈtekstaɪl/ *n* ткань; (*in pl*) текстúль (*m*).

● *adj* прядúльный, текстúльный; **~ workers** текстúльщики.

textual /ˈtekstjʊəl/ *adj* текстовóй, (*esp comput*) тéкстовый; **~ criticism** текстолóгия.

textural /ˈtekstʃərəl/ *adj* структýрный.

texture /ˈtekstʃə(r)/ *n* (*of fabric*): **this cloth has a smooth ~** э́та ткань мя́гкая на óщупь; **smooth ~** мя́гкость; **rough ~** шероховáтость; (*arrangement of threads*) переплетéние; (*of solid bodies, rocks, minerals, wood, etc.*) текстýра; (*fig, structure, arrangement*) склад, строéние; **the ~ of the skin** кáчество кóжи.

Thai /taɪ/ *n* (*pl* **~** *or* **~s**) таилáнд|ец (*fem* -ка).

● *adj* таилáндский.

● *cpd* **~land** *n* Таилáнд.

thalidomide /θəˈlɪdəˌmaɪd/ *n* (*pharm*) талидоми́д; ~ **babies** же́ртвы (*f pl*) талидоми́да.

Thames /temz/ *n* Те́мза.

than /ðən, ðæn/ *conj* чем; **he's got more money ~ me** у него́ бо́льше де́нег, чем у меня́; **he is taller ~ I** он вы́ше меня́; **can't you walk faster ~ that?** вы не мо́жете идти́ быстре́е?; **I would do anything rather ~ have him return** я гото́в на всё — лишь бы он не возвраща́лся; **the visitor was no other ~ his father** посети́телем был не кто ино́й, как его́ оте́ц; **I want nothing better ~ to relax** мне ничего́ так не хо́чется, как отдохну́ть.

thank /θæŋk/ *vt* благодари́ть, по-; (*by returning favour*) отблагодари́ть (*pf*); ~ **you** спаси́бо; благодарю́ вас; **how can I ~ you?** (*express ~s*) как вы́разить вам свою́ благода́рность?; (*repay favour*) как вас отблагодари́ть?; **I will ~ you to mind your own business** я проси́л бы вас не вме́шиваться не в своё де́ло; **he has only himself to ~** он сам во всём винова́т; ~ **God you are safe** сла́ва бо́гу, вы в безопа́сности.

● *cpd* **~ you** *n*: **he left without as much as a ~ you** он ушёл, да́же не сказа́в спаси́бо; *adj*: **~-you letter** благода́рственное письмо́.

thankful /ˈθæŋkfʊl/ *adj* благода́рный.

thankfulness /ˈθæŋkfʊlnɪs/ *n* благода́рность.

thankless /ˈθæŋklɪs/ *adj* неблагода́рный.

thanks /θæŋks/ *n pl* благода́рность; ~ **for everything** спаси́бо за всё; **many ~** большо́е спаси́бо!; ~ **to** благодаря́ + *d*; **you will get no ~ for it** вам никто́ за э́то спаси́бо не ска́жет; **vote of ~** вынесе́ние коллекти́вной благода́рности; **letter of ~** благода́рственное письмо́.

● *cpd* **~giving** *n* (*expression of gratitude*) благодаре́ние; (*service*) благода́рственный моле́бен; **T~giving Day** День благодаре́ния.

Thanksgiving — День благодаре́ния

Зима́ 1620 го́да в Но́вом Све́те оберну́лась катастро́фой для англи́йских колони́стов. Полови́на коло́нии, осно́ванной *отца́ми-пилигри́мами*, — пе́рвыми поселе́нцами Се́верной Аме́рики — поги́бла в результа́те боле́зней. Одна́ко о́сень 1621 го́да была́ урожа́йной, и э́то позво́лило оста́вшимся колони́стам вы́жить. Они́ реши́ли отпра́здновать э́то собы́тие обе́дом. На обе́д бы́ли приглашены́ инде́йцы, научи́вшие их охо́титься и выра́щивать кукуру́зу. В на́ши дни День благодаре́ния отмеча́ется ежего́дно в четвёртый четве́рг ноября́. На обе́д гото́вится инде́йка со сла́дким карто́фелем и клю́квенным со́усом. На десе́рт подаётся ты́квенный пиро́г. В Кана́де День благодаре́ния отмеча́ется во второ́й понеде́льник октября́.

that /ðæt/ *pron* (*pl* **those**)
1 (*demonstrative*) э́то; **~'s him!** э́то он!; (*when pointing*) вот (э́то) он!; **those are the boys I saw** э́то те ма́льчики, кото́рых я ви́дел; **those were the days!** вот э́то бы́ли времена́!; **what is ~?** что э́то (тако́е)?; **who is ~** кто э́то?; (*on the telephone*) кто говори́т?; **what's ~ for?** к чему́ (*or* заче́м) э́то?; **~'s a nice hat!** кака́я краси́вая шля́пка!; **~'s it!** (*sc. the point*) вот и́менно!; (*sc. right*) пра́вильно!; так!; **~'s just it, I can't swim** в то́м-то и де́ло, что я не уме́ю пла́вать; **it's not ~** не в э́том де́ло; **~ is how the war began** вот как начала́сь война́; **~'s right!** пра́вильно!; ве́рно!; **~'s all** э́то всё; вот и всё!; **what happened after ~?** что произошло́ по́сле э́того (*or* пото́м)?; **don't be like ~!** (*coll*) ну, переста́ньте!; **how's ~ for a score?** ничего́ счёт, а?; **~'s ~, then: now we can go** ну, всё, тепе́рь мы мо́жем идти́; **I'm going, and ~'s ~** я ухожу́ — всё; **with ~ he ended his speech** на э́том он ко́нчил свою́ речь; **~ is (to say)** то́ есть; **we talked of this and ~** мы говори́ли о том о сём; **for all ~, he's a good husband** и при всём том он хоро́ший муж; **the climate is like ~ of France** кли́мат тако́й же, как во Фра́нции; (*in pl, as antecedent*): **there are those who say…** есть таки́е, что говоря́т…; ко́е-кто́ говори́т…; **at ~** (*moreover*) к тому́ же; вдоба́вок; **he's only a journalist, and a poor one at ~** он всего́ лишь журнали́ст, и при э́том нева́жный.
2 (*rel*) кото́рый; **the book ~ I am talking about** кни́га, о кото́рой я говорю́; **he was the best man ~ I ever knew** он был са́мым лу́чшим челове́ком, како́го я когда́-либо знал; **the year ~ my father died** год, в кото́ром сконча́лся мой оте́ц.

● *adj* (*pl* **those**) э́тот, тот; **I'll take ~ one** я возьму́ (вот) э́тот; **from ~ day forward** (начина́я) с того́ дня; **at ~ time** в то вре́мя.

● *adv*: **~ much I know** э́то-то я зна́ю; **I can't walk ~ far** я не могу́ так мно́го ходи́ть; **it is not all ~ cold** не так уж (и) хо́лодно.

● *conj* что; **I think ~ you're wrong** я ду́маю, что вы непра́вы; (*expressing wish*) что́бы; **I with ~ he would go away** я хочу́, что́бы он ушёл; **would ~ it were not so!** е́сли бы то́лько э́то бы́ло не так!; (*expressing purpose*) (для того́) что́бы; (*various*): **it's just ~ I have no time** де́ло в том, что у меня́ про́сто нет вре́мени; **it's not ~ I don't like him** не то, что́бы он мне не нра́вился; **now ~** раз (уж); поско́льку; **now ~ I have more time** поско́льку у меня́ сейча́с бо́льше вре́мени; **it was there ~ I first saw her** там я и уви́дел её впервы́е; **he differs in ~ he likes reading** он отлича́ется тем, что (он) лю́бит чита́ть.

thatch /θætʃ/ *n* (*straw*) соло́ма; (*reeds*) тростни́к.

● *vt* крыть, по- соло́мой/тростнико́м; **a ~ed roof** соло́менная/тростнико́вая кры́ша.

thaw /θɔː/ *n* (*also fig*) о́ттепель; **a ~ set in** начала́сь о́ттепель.

● *vt* (*ground, river*) отта́|ивать, -ять; (*food*) размор|а́живать, -о́зить.

● *vi* (*of ground, river*) отта́|ивать, -ять; (*of food*) размор|а́живаться, -о́зиться; (*fig*) смягч|а́ться, -и́ться.

the /ðɪ, ðə, ðiː/ *definite article, usu untranslated*; (*if more emphatic*) э́тот, тот (са́мый); **~ cheek of it!** како́е наха́льство!; **~ one with ~ blue handle** тот, что с голубо́й ру́чкой; **something of ~ sort** что́-то в э́том ро́де; **he is ~ man for ~ job** он са́мый подходя́щий челове́к для э́той рабо́ты; **not *the* Mr Smith?** неуже́ли тот са́мый ми́стер Смит?; **Turkey is *the* place this year** в э́том году́ са́мое мо́дное ме́сто — Ту́рция.

● *adv*: **~ more ~ better** чем бо́льше, тем лу́чше; **he was none ~ worse (for it)** он (при э́том) ниско́лько не пострада́л; **that makes it all ~ worse** от э́того то́лько ху́же; **so much ~ worse for him** тем ху́же для него́.

theatre /ˈθɪətə(r)/ (*US* **theater**) *n*
1 (*playhouse*) теа́тр; **~ ticket** биле́т в теа́тр. **2** (*dramatic literature*) драматурги́я; (*drama*) теа́тр, театра́льное иску́сство; **~ group** драмкружо́к. **3** (*hall for lectures etc.*) зал; **operating ~** операцио́нная. **4** (*scene of operation*) по́ле де́йствий; **~ of war** теа́тр вое́нных де́йствий.

● *cpds* **~goer** *n* театра́л; **~-going** *n* посеще́ние теа́тров; **~land** *n* райо́н теа́тров.

theatrical /θɪˈætrɪk(ə)l/ *adj* театра́льный.

theatricals /θɪˈætrɪk(ə)lz/ *n pl*: **amateur ~** театра́льная самоде́ятельность.

thee /ðiː/ *obj of* ⇒**thou**

theft /θeft/ *n* кра́жа.

their /ðeə(r)/ *poss adj* их; (*referring to gram subject*) свой; **they lost ~ rights** они́ лиши́лись свои́х прав; **they want a house of ~ own** они́ хотя́т име́ть (свой) со́бственный дом; **they broke ~ legs** они́ слома́ли себе́ но́ги.

theirs /ðeəz/ *pron* их, свой (*cf.* ⇒**their**); **the money was ~ by right** де́ньги принадлежа́ли им по пра́ву; **it is a habit of ~** у них така́я привы́чка.

theism /ˈθiːɪz(ə)m/ *n* теи́зм.

theist /ˈθiːɪst/ *n* теи́ст (*fem* -ка).

theistic /θiːˈɪstɪk/ *adj* теисти́ческий.

them /ðem, ðəm/ *obj of* ⇒**they**

thematic /θɪˈmætɪk/ *adj* темати́ческий.

theme /θiːm/ *n* (*subject: also mus*) те́ма; **~ park** темати́ческий парк; **~ song, tune** лейтмоти́в.

themselves /ðəmˈselvz/ *pron* **1** (*refl*) себя́ (*d, p* себе́, *i* собо́й); -сь (*suff*); **they blamed ~** они́ вини́ли себя́; **they were proud of ~** они́ горди́лись собо́й; **they always talk about ~** они́ говоря́т то́лько о себе́; **they hurt ~** они́ ушиби́лись; **they have only ~ to blame** они́ са́ми винова́ты; **they live by ~** они́ живу́т одни́; **they did it by ~** (*unaided*) они́ сде́лали э́то са́ми/самостоя́тельно. **2** (*emphatic*): **they did the work ~** они́ сде́лали э́ту рабо́ту са́ми.

then /ðen/ *n*: **before ~** до э́того/того́ вре́мени; **by ~** к э́тому/тому́ вре́мени; **since ~** с тех пор; **till ~** до тех пор.

● *adj* тогда́шний; **the ~ king**

тогда́шний коро́ль.
● *adv* **1** (*at that time*) тогда́; **~ and there** тут же, сра́зу же; **now and ~** вре́мя от вре́мени.
2 (*next*; *after that*) да́льше, да́лее.
3 (*furthermore*) кро́ме того́; опя́ть-таки (*coll*).
4 (*in that case*) тогда́; **~ what *do* you want?** чего́ же вы тогда́ (*or* в тако́м слу́чае) хоти́те?; **till tomorrow, ~!** ну, тогда́ до за́втра!; (*introducing apodosis*) то; **if he asks me ~ I'll go** е́сли он попро́сит меня́, (то) я пойду́.
5 (*in resumption*) зна́чит; итак.
6 (*emphatic*) так, ита́к; **now ~, let's see what you've brought** ну́-ка дава́йте посмо́трим, что вы принесли́; **now ~!** (*warning*) ну-ну́!; **well ~, we can go tomorrow** ну так (*or* зна́чит,) мы мо́жем пойти́ за́втра.
thence /ðens/ *adv* (*from that place*) отту́да; (*from that source, for that reason*) отсю́да, из э́того.
● *cpds* **~forth, ~forward** *advs* с тех пор.
theocracy /θɪˈɒkrəsɪ/ *n* теокра́тия.
theocratic /θɪəˈkrætɪk/ *adj* теократи́ческий.
theodolite /θɪˈɒdə,laɪt/ *n* теодоли́т.
theologian /θɪəˈləʊdʒɪən, -dʒ(ə)n/ *n* богосло́в, тео́лог.
theological /θɪəˈlɒdʒɪk(ə)l/ *adj* богосло́вский, теологи́ческий.
theology /θɪˈɒlədʒɪ/ *n* богосло́вие, теоло́гия.
theorem /ˈθɪərəm/ *n* теоре́ма.
theoretical /θɪəˈretɪk(ə)l/ *adj* теорети́ческий.
theor|etician /,θɪərɪˈtɪʃ(ə)n/, **-ist** /ˈθɪərɪst/ *nn* теоре́тик.
theorize /ˈθɪəraɪz/ *vi* теоретизи́ровать (*impf*).
theory /ˈθɪərɪ/ *n* тео́рия; **in ~** в тео́рии; теорети́чески.
theosophical /θɪəˈsɒfɪk(ə)l/ *adj* теосо́фский, теософи́ческий.
theosophist /θɪˈɒsəfɪst/ *n* теосо́ф (*fem* -ка).
theosophy /θɪˈɒsəfɪ/ *n* теосо́фия.
therapeutic /,θerəˈpju:tɪk/ *adj* терапевти́ческий, лече́бный.
therapeutics /,θerəˈpju:tɪks/ *n* терапи́я.
therapist /ˈθerəpɪst/ *n* терапе́вт.
therapy /ˈθerəpɪ/ *n* терапи́я, лече́ние; **occupational ~** трудотерапи́я; **shock ~** шо́ковая терапи́я.
there /ðeə(r)/ *adv* **1** (*in or at that place*) там; вон (*coll*); вон та́м; **that man ~ is my uncle** (вот) тот челове́к — мой дя́дя; **hey, you ~!** эй, ты!; **he's not all ~** у него́ не все до́ма (*coll*).
2 (*to that place*) туда́; **when shall we get ~?** когда́ мы туда́ доберёмся?; **we went ~ and back in a day** мы съе́здили туда́ и обра́тно за оди́н день.
3 (*of destination in general*) туда́; **the train gets you ~ quicker** на по́езде туда́ быстре́е.
4 (*at that point or stage*) тут, здесь; **~ the matter ended** на э́том де́ло и ко́нчилось; **I wrote to him ~ and then** я тут же написа́л ему́.
5 (*in that respect*) здесь; тут; в э́том отноше́нии; **~ I agree with you** здесь я с ва́ми согла́сен; **you're wrong ~** тут вы непра́вы.
6 (*demonstrative*): **~ goes the bell!** а вот и звоно́к!; **~ you go again!** опя́ть вы за своё!; **I don't like it, but ~ it is** не нра́вится мне э́то, да ничего́ не поде́лаешь; **~ you are, take it!** вот вам, держи́те!; **oh, ~ you are: I was looking for you** вот и вы! а я вас иска́л; **don't tell anyone, ~'s a good chap!** (*Br*) не расска́зывай никому́ об э́том, ла́дно?; **~'s gratitude for you!** вот вам людска́я благода́рность!
7 (*in existence*): **the church isn't ~ any more** э́той це́ркви бо́льше нет.
8 (*with v 'to be', expressing presence, availability, etc.*): **~'s a fly in my soup** у меня́ в су́пе му́ха; **is ~ a doctor here?** тут есть врач?; **~'s no time to lose** нельзя́ теря́ть ни мину́ты; **~ seems to have been a mistake** тут, ка́жется, произошла́ оши́бка; **~ was plenty to eat** еды́ бы́ло полно́; **what is ~ to say?** что тут мо́жно сказа́ть?
● *int*: **~! what did I tell you?** ну вот! что я вам говори́л?; **~, ~!** (*comforting child etc.*) ну! ну!
thereabouts /ˈðeərə,baʊts, -ˈbaʊts/ *adv* (*nearby*) поблизо́сти; (*approximately*) о́коло э́того; приблизи́тельно; **£5 or ~** 5 фу́нтов и́ли о́коло э́того.
thereafter /ðeərˈɑ:ftə(r)/ *adv* по́сле того́; впредь.
thereby /ðeəˈbaɪ, ˈðeə-/ *adv* э́тим; таки́м о́бразом.
therefore /ˈðeəfɔ:(r)/ *adv* поэ́тому, сле́довательно.
therefrom /ðeəˈfrɒm/ *adv* (*archaic*) (*from that place*) отту́да; (*from this*) отсю́да.
therein /ðeərˈɪn/ *adv* (*archaic*) (*in that place*) там; в э́том; (*into that place*) туда́; (*in that*): **~ lay her strength** в э́том заключа́лась её си́ла.
thereof /ðeərˈɒv/ *adv* (*archaic*) (*of this*) э́того; (*of these*) э́тих; **any part ~** люба́я его́/её часть.
thereon /ðeərˈɒn/ *adv* (*archaic*) (*on that*) на э́том; (*on it*) на нём/ней; (*on them*) на них.
thereto /ðeəˈtu:/ *adv* (*archaic*) (*to that*) к э́тому.
thereunder /ðeərˈʌndə(r)/ *adv* (*archaic*) (*below*) ни́же; (*under this*) под э́тим; (*under them*) под ни́ми.
thereupon /,ðeərəˈpɒn/ *adv* (*shortly after*) за э́тим, заси́м; (*as a consequence*) всле́дствие того́.
therewith /ðeəˈwɪð/ *adv* (*archaic*) (*with that*) с э́тим; (*soon after*) заси́м.
therm /θə:m/ *n* терм.
thermal /ˈθə:m(ə)l/ *n* (*aeron*) восходя́щий пото́к тёплого во́здуха.
● *adj*: **~ capacity** теплоёмкость; **~ reactor** (я́дерный) реа́ктор на тепловы́х нейтро́нах, теплово́й я́дерный реа́ктор; **~ springs** горя́чие исто́чники.
thermodynamics /,θə:məʊdaɪˈnæmɪks/ *n* термодина́мика.
thermometer /θəˈmɒmɪtə(r)/ *n* термо́метр.
thermonuclear /,θə:məʊˈnju:klɪə(r)/ *adj* термоя́дерный.
thermoplastic /,θə:məʊˈplæstɪk/ *n* термопла́ст.
● *adj* термопласти́ческий.
Thermos /ˈθə:məs/ *n* (*propr*) (**~ flask**) те́рмос.
thermostat /ˈθə:mə,stæt/ *n* термоста́т.
thesau|rus /θɪˈsɔ:rəs/ *n* (*pl* **~ri** /-raɪ/ *or* **~ruses**) теза́урус.
these /ði:z/ *pl of* ⇒**this**
thesis /ˈθi:sɪs/ *n* (*pl* **theses** /-si:z/) (*dissertation*) диссерта́ция; (*contention*) те́зис.
thespian /ˈθespɪən/ *n* (*joc*) актёр (*fem* актри́са).
they /ðeɪ/ *pron* (*obj* **them**) они́; **~ who ...** те, кото́рые/кто...; **both of them** они́ о́ба.
thick /θɪk/ *n*: **in the ~ of the crowd** в гу́ще толпы́; **in the ~ of the fighting** в са́мом пе́кле бо́я; **he stood by me through ~ and thin** он стоя́л за меня́ гру́дью.
● *adj* **1** (*of solid substance*) то́лстый; (*of liquid*) густо́й; **a ~ overcoat** тяжёлое пальто́; **a ~ coat of paint** то́лстый слой кра́ски; **the dust lay an inch ~** пыль лежа́ла толщино́й в дюйм; **~ soup** густо́й суп.
2 (*close together, dense*) густо́й; (*of population*) пло́тный; **~ hair** густы́е во́лосы; **a ~ forest** густо́й/ча́стый лес; **the fog is getting ~** тума́н густе́ет; **the air was ~ with smoke** стоя́л густо́й дым.
3 (*coll, stupid*) тупо́й.
4 (*coll, intimate*): **they are as ~ as thieves** они́ снюха́лись.
5 (*dull, indistinct*): **I woke with a ~ head** я просну́лся с тяжёлой голово́й; (*pronounced, extreme*): **he has a ~ accent** у него́ си́льный акце́нт.
6: **that's a bit ~!** (*Br coll, of impertinence etc.*) ну, э́то уж чересчу́р/сли́шком!
● *adv* гу́сто, ча́сто; **the blows came ~ and fast** уда́ры сы́пались оди́н за други́м.
● *cpds* **~head** *n* тупи́ца (*cg*); **~headed** *adj* тупоголо́вый; **~set** *adj* (*stocky*) корена́стый, кря́жистый; (*closely planted*) гу́сто поса́женный; **~-skinned** *adj* (*lit, fig*) толстоко́жий.
thicken /ˈθɪkən/ *vt* (*liquid*) сгу|ща́ть, -сти́ть; де́лать, с- бо́лее густы́м.
● *vi* (*liquid*) де́латься, с- бо́лее густы́м; (*fog*) сгу|ща́ться, -сти́ться; (*become more complicated*) усложн|я́ться, -и́ться.
thicket /ˈθɪkɪt/ *n* ча́ща; (*of shrubs*) за́росл|и (*pl, g* -ей).
thickness /ˈθɪknɪs/ *n* толщина́, густота́; (*layer*) слой.
thief /θi:f/ *n* (*pl* **thieves**) вор; **stop ~!** держи́ во́ра!
thiev|e /θi:v/ *vi* красть, у-; ворова́ть, (*coll pf*) с-; **a ~ing fellow** ворова́тый тип.
thievery /ˈθi:vərɪ/ *n* кра́жа, воровство́.
thieves /θi:vz/ *pl of* ⇒**thief**
thievish /ˈθi:vɪʃ/ *adj* воровско́й.
thigh /θaɪ/ *n* бедро́.
● *cpd* **~ bone** *n* бе́дренная кость.

t

thimble /ˈθɪmb(ə)l/ *n* напёрсток.

thimbleful /ˈθɪmb(ə)lˌfʊl/ *n* (*fig*) глото́чек, ка́пелька.

thin /θɪn/ *adj* (**thinner, thinnest**) **1** (*of measurement between surfaces*) то́нкий; **his coat had worn ~ at the elbows** его́ пальто́ протёрлось на локтя́х.
2 (*not dense*) ре́дкий; жи́дкий; **your hair is getting ~ on top** у вас во́лосы реде́ют на маку́шке; **he vanished into ~ air** его́ как ве́тром сду́ло; **our troops are ~ on the ground** у нас ма́ло войск.
3 (*not fat*) худо́й; (*of body, parts of body*) то́нкий; **~ in the face** с худы́м лицо́м; **she has become ~** она́ похуде́ла.
4 (*of liquids*) жи́дкий; разба́вленный.
5 (*flimsy, inadequate*) сла́бый; ша́ткий; **a ~ excuse** сла́бая/неубеди́тельная отгово́рка.
● *adv* то́нко; **don't cut the bread so ~!** не на́до ре́зать хлеб так то́нко!
● *vt* (**thinned, thinning**) утонч|а́ть, -и́ть; де́лать, с- то́нким; (*liquid*) разб|авля́ть, -а́вить; **she ~ned the gravy** она́ разба́вила подли́вку; **these plants should be ~ned (out)** э́ти расте́ния ну́жно прореди́ть.
● *vi* (**thinned, thinning**) станови́ться, стать жи́дким; (*become reduced*) сокра|ща́ться, -ти́ться; **when the fog ~s** когда́ тума́н рассе́ется; **the crowd ~ned out** толпа́ пореде́ла; **his hair is ~ning** у него́ реде́ют во́лосы.
● *cpd* **~-skinned** *adj* (*lit*) тонкоко́жий; (*fig*) чувстви́тельный; оби́дчивый.

thine /ðaɪn/ *possessive pron & adj* (*archaic*) твой.

thing /θɪŋ/ *n* **1** (*object*) вещь, предме́т; **what is that black ~?** что э́то за чёрный предме́т?; **there's no such ~ as ghosts** привиде́ний не существу́ет.
2 (*in pl, belongings*) иму́щество; ве́щи (*f pl*); **pack up your ~s!** соберите свои́ ве́щи!
3 (*in pl, clothes*) оде́жда, ве́щи; **take your ~s off!** (*sc. outer clothing*) раздева́йтесь!
4 (*in pl, food*) еда́; **I don't care for sweet ~s** я не люблю́ сла́дкого.
5 (*in pl, equipment*) принадле́жности (*f pl*); **she got out the tea ~s** она́ доста́ла ча́йный серви́з.
6 (*matter, affair*) де́ло; вещь; **~s of importance** ва́жные дела́; **for one ~, he's too old** начнём с того́, что он сли́шком стар; **you had better leave ~s as they are** лу́чше оста́вить всё как есть; **how are ~s?** как дела́?; **it will only make ~s worse** э́то то́лько уху́дшит ситуа́цию; **other ~s being equal** при про́чих ра́вных усло́виях; **all ~s considered** принима́я во внима́ние всё; **as ~s go** при ны́нешним положе́нии дел; **above all ~s** пре́жде/превы́ше всего́; **among other ~s** среди́ про́чего; **she was told to take ~s easy** ей веле́ли не перенапряга́ться; **let's talk ~s over** дава́йте э́то обсу́дим; **it was just one of those ~s** (*coll*) ничего́ нельзя́ бы́ло поде́лать; **it comes to the same ~** э́то сво́дится к тому́ же са́мому.
7 (*act*) де́йствие; посту́пок; **it's the worst ~ you could have done** э́то са́мое плохо́е, что вы могли́ сде́лать; **that was a silly ~ to do** э́то был глу́пый посту́пок; **I have some ~s to do** у меня́ есть ко́е-каки́е дела́.
8 (*course of action*): **the only ~ now is to take a cab** еди́нственное, что мо́жно сейча́с сде́лать, э́то взять такси́; **the best ~ for you would be to marry** лу́чше всего́ вам бы́ло бы жени́ться.
9 (*event*): **what a terrible ~ to happen!** како́е ужа́сное несча́стье!; **first ~** пе́рвым де́лом; в пе́рвую о́чередь; **last ~** в после́днюю о́чередь; **last ~ at night** на́ ночь; пе́ред сном; **it was a close/near ~** всё чуть не сорвало́сь.
10 (*word, remark*): **what a ~ to say!** как мо́жно сказа́ть тако́е!; **he said nice ~s about you** он о́чень хорошо́ о вас отозва́лся.
11 (*fact*): **I could tell you a ~ or two** я мог бы вам рассказа́ть ко́е-что́.
12 (*issue*): **the ~ is, can you afford it?** хва́тит ли у вас на э́то де́нег? — вот в чём де́ло.
13 (*coll, obsession*) навя́зчивая иде́я; (*aversion*): **she has a ~ about cats** она́ не выно́сит ко́шек.
14 (**a ~:** *something; with neg: nothing*): **it's a ~ I have never done before** я э́того никогда́ ра́ньше не де́лал; **I can't see a ~** я ничего́ не ви́жу.
15 (*creature*) существо́; **all living ~s** все живы́е существа́.
16 (*emotively, of persons or animals*) созда́ние, тварь; **don't be such a mean ~** не бу́дьте тако́й ска́редой!; **poor ~** бедня́га, бедня́жка (*both cg*); **old ~** (*sl, old chap*) стари́к, старина́ (*m*).
17: **the ~** (*various idioms*): **it's the done ~** так при́нято; **it's not the ~ (to do)** так не поступа́ют; **just the ~!** то, что на́до!; **it's not quite the ~** э́то не совсе́м то; **he did the right ~ by us** он с на́ми хорошо́ обошёлся; **he always says the right ~** он всегда́ зна́ет, что сказа́ть; **books and ~s** кни́ги и тому́ подо́бное (*or* и так да́лее).

thing|amy /ˈθɪŋəmɪ/, **-umabob** /ˈθɪŋəməˌbɒb/, **-umajig** /ˈθɪŋəməˌdʒɪg/, **-ummy** /ˈθɪŋəmɪ/ *nn* (*coll*) штуко́вина; (*of people*) как (бишь) его́/её?

think /θɪŋk/ *n*: **I must have a ~** мне на́до поду́мать; **he's got another ~ coming** ему́ придётся ещё раз поду́мать.
● *vt & i* (*past and pp* **thought**) (*opine*) ду́мать, по-; полага́ть (*impf*); счита́ть (*impf*); **I ~** (я) ду́маю; мне ка́жется; **I don't ~ so** не ду́маю; **what do you ~?** как вы ду́маете?; **yes, I ~ so** да, пожа́луй; **I ~ I'll go** я, пожа́луй, пойду́; **how could you ~ that?** как вам э́то могло́ прийти́ на ум?; **where do you ~ he can be?** как вы ду́маете, куда́ он дева́лся?; **when do you ~ you'll be back?** когда́ вы ду́маете верну́ться?; **I ~ I'm going to sneeze** я, ка́жется, сейча́с чихну́; (*judge*) ду́мать, счита́ть, полага́ть (*all impf*); **it suits me, don't you ~?** вы не нахо́дите (*or* вам не ка́жется), что э́то мне идёт?;) **do you ~ she's pretty?** вы ду́маете, она хоро́шенькая?; вы счита́ете её хоро́шенькой?; **do what you ~ fit** поступа́йте так, как вы счита́ете ну́жным; **I thought it better to stay** я реши́л, что лу́чше оста́ться; (*reflect*) ду́мать, по-; мы́слить (*impf*); **~ for o.s.** ду́мать самостоя́тельно; **to ~ that he's only 12!** поду́мать то́лько, ему́ всего́ 12 лет!; **let me ~, what was his name?** да́йте вспо́мнить, как же его́ зову́т?; **just ~!** вы то́лько поду́майте!; **I can't ~ straight today** у меня́ сего́дня голова́ не рабо́тает; **I should ~ twice before agreeing** на́до (бы) хороше́нько/два́жды поду́мать, пре́жде чем соглаша́ться; (*expect*) ду́мать (*impf*); предполага́ть (*impf*); **I thought as much** так я и ду́мал; (*imagine*): **I can't ~ how he does it** я не могу́ себе́ предста́вить, как он э́то де́лает; **who would have thought it?** кто бы мог поду́мать?; **I would never have thought it of him** я бы никогда́ в жи́зни его́ в э́том не заподо́зрил!; (*with inf*): **I never thought to ask** мне не пришло́ в го́лову спроси́ть; (*with preps* **about, of**): **I have other things to ~ about** у меня́ мно́го други́х забо́т; **it has given me something to ~ about** э́то мне да́ло пи́щу для размышле́ний; **have you thought about going to the police?** вы не ду́мали пойти́ в поли́цию?; **what do you ~ about having a meal?** как насчёт того, что́бы перекуси́ть?; **it doesn't bear ~ing about** стра́шно поду́мать об э́том; **I was just ~ing of going to bed** я как раз собира́лся идти́ спать; **~ of a number!** заду́майте число́!; **I couldn't ~ of his name** я не мог вспо́мнить, как его́ зову́т; **I would never have thought of doing that** я никогда́ бы не догада́лся сде́лать тако́е; **can you ~ of a good place to eat?** вы зна́ете, где мо́жно пое́сть?; **I thought of an excuse** я приду́мал предло́г; **who first thought of the idea?** кому́ пе́рвому пришла́ в го́лову э́та иде́я?; **it's not much when you ~ of it** э́то немно́го, е́сли поду́мать; **I can't ~ of anything to say** я не зна́ю, что сказа́ть; **his employers ~ well of him** он на хоро́шем счету́ у свои́х работода́телей; **he is well thought of in the City** его́ уважа́ют в Си́ти; **I don't ~ much of him as a teacher** я невысоко́ ценю́ его́ как преподава́теля; **I was going to sell my house, but I thought better of it** я собира́лся продава́ть свой дом, но пото́м разду́мал; **~ nothing of it!** (*in reply to thanks*) не сто́ит!; **he ~s nothing of a 20-mile walk** прогу́лка в 20 миль ему́ нипочём; **while I ~ of it** кста́ти; ме́жду про́чим.
● *with advs*: **the matter needs ~ing out** э́то де́ло на́до обду́мать/обмозгова́ть (*coll*); **his arguments are well thought out** его́ аргуме́нты хорошо́ проду́маны; **~ it over!** обду́майте э́то!; **he never ~s his answers through** он никогда́ не проду́мывает свои́ отве́ты (до конца́); **~ up** (*devise*) приду́м|ывать, -ать; (*invent*) вы́думывать, вы́думать.

● *cpd* **~ tank** *n* мозгово́й центр (*группа экспертов*).

thinkable /'θɪŋkəb(ə)l/ *adj* мы́слимый; возмо́жный; **such an idea is barely ~** э́то почти́ немы́слимо.

thinker /'θɪŋkə(r)/ *n* мысли́тель (*m*); **he is a quick ~** он бы́стро сообража́ет.

thinking /'θɪŋkɪŋ/ *n* **1** (*process of thought*) размышле́ние; **we have some hard ~ to do** нам на́до как сле́дует поду́мать. **2** (*opinion*) мне́ние; **to my way of ~** на мой взгляд.

● *adj* ду́мающий; **the ~ public** ду́мающиемы́слящие лю́ди.

● *cpd* **~ cap** *n*: **I must put my ~ cap on** (*coll*) мне придётся пораски́нуть мозга́ми.

thinness /'θɪnnɪs/ *n* то́нкость.

third /θɜːd/ *n* **1** (*date*) тре́тье (число́); **my birthday is on the ~** мой день рожде́ния тре́тьего (числа́). **2** (*fraction*) треть; **two ~s** две тре́ти. **3** (*mus*) те́рция.

● *adj* тре́тий; **~ degree** (*coll*) жёсткий допро́с; **~ party/person** (*law etc.*) тре́тья сторона́; **~ person** (*gram*) тре́тье лицо́; **the T~ World** тре́тий мир.

● *cpds* **~ class** *adj & adv* (*rail etc.*) тре́тьего кла́сса; (*~-rate*) третьесо́ртный; **~-degree** *adj*: **~-degree burns** ожо́ги тре́тьей сте́пени; **~-generation** *adj* тре́тьего поколе́ния (*технология*); **~-party** *adj*: **~-party insurance** (*Br*) страхо́вка, возмеща́ющая убы́тки тре́тьих лиц; **~-rate** *adj* третьесо́ртный.

thirdly /'θɜːdlɪ/ *adv* в-тре́тьих.

thirst /θɜːst/ *n* (*lit, fig*) жа́жда; **they died of ~** они́ у́мерли от жа́жды; **~ for knowledge** жа́жда зна́ний.

● *vi* (*fig*) жа́ждать (*impf*) (*чего*); **he ~ed for revenge** он жа́ждал ме́сти.

thirsty /'θɜːstɪ/ *adj* (**thirstier, thirstiest**) испы́тывающий жа́жду; **I am/feel ~** мне хо́чется (*or* я хочу́) пить.

thirteen /θɜː'tiːn, 'θɜː-/ *n* трина́дцать.

● *adj* трина́дцать + *g pl*.

thirteenth /θɜː'tiːnθ, 'θɜːtɪnθ/ *n* (*date*) трина́дцатое число́; (*fraction*) одна́ трина́дцатая.

● *adj* трина́дцатый.

thirtieth /'θɜːtɪɪθ/ *n* (*date*) тридца́тое число́; (*fraction*) одна́ тридца́тая.

● *adj* тридца́тый.

thirt|y /'θɜːtɪ/ *n* три́дцать; **it happened in the ~ies** э́то случи́лось в тридца́тых года́х; **he is in his ~ies** ему́ за три́дцать.

● *adj* три́дцать + *g pl*.

this /ðɪs/ *pron* (*pl* **these**) э́то; **~ is what I think** вот, что я ду́маю; **are these your shoes?** э́то ва́ши ту́фли?; **we talked of ~ and that** мы (по)говори́ли о том, о сём; **do it like ~** сде́лайте э́то так (*or* сле́дующим о́бразом); **it was like ~** вот как э́то бы́ло; **~ is it** (*coll, the difficulty etc.*) вот и́менно!; в то́м-то и де́ло!

● *adj* (*pl* **these**) э́тот; да́нный; **~ book here** вот э́та кни́га; **~ country of ours** э́та на́ша страна́; **~ very day** сего́дня же; **~ time last week** в э́то же вре́мя на про́шлой неде́ле; **come here ~ minute!** иди́ сюда́ сию́ же мину́ту!; **these days** (*nowadays*) в настоя́щее вре́мя, в на́ши дни; **~ one or that** тот и́ли друго́й.

● *adv*: **about ~ high** приме́рно тако́й высоты́; **can you give me ~ much?** вы мо́жете дать мне сто́лько?; **I know ~ much** мне изве́стно сле́дующее.

thistle /'θɪs(ə)l/ *n* чертополо́х.

● *cpd* **~down** *n* пушо́к, пух.

thither /'ðɪðə(r)/ *adv* туда́.

tho' /ðəʊ/ = **though**

thong /θɒŋ/ *n* **1** реме́нь (*m.*). **2** (*garment*) тру́сик|и (*pl, g* -ов) «та́нга», та́нга (*pl indecl*), стри́нг|и (*pl, g* -ов).

thora|x /'θɔːræks/ *n* (*pl* **~ces** /'θɔːrə ˌsiːz/ *or* **~xes**) грудна́я кле́тка.

thorn /θɔːn/ *n* колю́чка, шип; **he is a ~ in my flesh** он сиди́т у меня́ в печёнках (*coll*).

thorny /'θɔːnɪ/ *adj* (**thornier, thorniest**) колю́чий; (*fig*): **a ~ problem** сло́жная пробле́ма.

thorough /'θʌrə/ *adj* (*search, investigation*) тща́тельный, всесторо́нний; (*person*) скрупулёзный; **he made a ~ job of it** он тща́тельно вы́полнил свою́ рабо́ту; (*fundamental*) основа́тельный; (*out-and-out*): **he is a ~ scoundrel** он зако́нченный негодя́й.

● *cpds* **~bred** *n* чистопоро́дное живо́тное; *adj* чистокро́вный, чистопоро́дный, поро́дистый; **~fare** *n* тра́нспортная магистра́ль; **'No T~fare'** «прохо́да/прое́зда нет»; **~going** *adj* доскона́льный, тща́тельный.

thoroughly /'θʌrəlɪ/ *adv* (*satisfied*) вполне́, соверше́нно, по́лностью; (*ashamed*) соверше́нно; (*study*) тща́тельно.

thoroughness /'θʌrənɪs/ *n* тща́тельность; основа́тельность; скрупулёзность.

those /ðəʊz/ *pl of* ⇒**that**

thou /θaʊ/ *pron* (*obj* **thee**) ты.

though /ðəʊ/ *adv & conj* хотя́, хоть; несмотря́ на то, что...; **~ not a music-lover, I ...** хотя́ я и не большо́й люби́тель му́зыки, я...; **~ severe, he is just** он строг, но справедли́в; **even ~ it's late** пусть уже́ по́здно, но...; **strange ~ it may seem** как э́то ни стра́нно; **he said he would come; he didn't, ~** он сказа́л, что придёт; одна́ко же не пришёл; **as ~** как бу́дто бы; сло́вно; **it looks as ~ he will lose** похо́же на то, что он проигра́ет; **it's not as ~ you had no money** не то что́бы у вас не́ было де́нег.

thought[1] /θɔːt/ *n* **1** (*way, instance or body of thinking*) мысль; **modern scientific ~** совреме́нная нау́чная мысль. **2** (*reflection*) разду́мье, размышле́ние; **he spends hours in ~** он прово́дит це́лые часы́ в разду́мье; **deep, lost in ~** погружённый в размышле́ния/мы́сли; **he acted without a moment's ~** он де́йствовал, не заду́мываясь; **I gave serious ~ to the matter** я мно́го ду́мал об э́том; **don't give it a ~!** вы́киньте э́то из головы́!; **on second ~s** поду́мав, поразмы́слив; **collect one's ~s** соб|ира́ться, -ра́ться с мы́слями. **3** (*idea, opinion*) мысль, иде́я, соображе́ние; **the ~ struck me that...** мне пришло́ в го́лову, что...; **let me have your ~s on the subject** вы́скажите мне ва́ши соображе́ния на э́ту те́му; **he keeps his ~s to himself** он де́ржит свои́ мы́сли при себе́; **his one ~ was to escape** он ду́мал то́лько о том, как бы убежа́ть. **4** (*intention*): **she gave up all ~ of marrying** она́ отказа́лась от вся́кой мы́сли о заму́жестве; **I had some ~ of resigning** я поду́мывал об отста́вке.

● *cpds* **~-provoking** *adj* заставля́ющий (серьёзно) заду́маться; **~-read** *vi* чита́ть (*impf*) чужи́е мы́сли; **~-reader** *n* челове́к, чита́ющий чужи́е мы́сли.

thought[2] /θɔːt/ *past and pp of* ⇒**think**

thoughtful /'θɔːtfʊl/ *adj* **1** (*meditative*) заду́мчивый. **2** (*well considered, profound*): **a ~ essay** вду́мчивое/содержа́тельное эссе́. **3** (*considerate*) внима́тельный, чу́ткий.

thoughtfulness /'θɔːtfʊlnɪs/ *n* заду́мчивость; внима́тельность, чу́ткость.

thoughtless /'θɔːtlɪs/ *adj* (*careless*) безду́мный, неосмотри́тельный; (*inconsiderate*) невнима́тельный.

thoughtlessness /'θɔːtlɪsnɪs/ *n* безду́мность, неосмотри́тельность; невнима́тельность.

thousand /'θaʊz(ə)nd/ *n & adj* (*pl* **~s** *or* (*with numeral or qualifying word*) **~**) ты́сяча; **a ~ people** ты́сяча люде́й; **with £1,000** с ты́сячей фу́нтов, (*becoming obs*) с ты́сячью фу́нтами; **a ~-to-one chance** оди́н шанс из ты́сячи; **he is a man in a ~** таки́е, как он, встреча́ются оди́н на ты́сячу; **I have a ~ and one things to do** у меня́ ты́сяча дел.

● *cpd* **~fold** *adj* тысячекра́тный; *adv* в ты́сячу раз.

thousandth /'θaʊzəndθ/ *n* ты́сячная часть.

● *adj* ты́сячный.

thraldom /'θrɔːldəm/ *n* (*literary*) ра́бство.

thrall /θrɔːl/ *n* (*literary*): **he was in ~ to his passions** он был рабо́м свои́х страсте́й.

thrash /θræʃ/ *vt* **1** (*beat*) изби|ва́ть, -ть; (*fig, defeat*) побе|жда́ть, -ди́ть. **2** (*also* **thresh**: *make turbulent by beating*) колоти́ть (*impf*); ударя́ть (*impf*); **the whale ~ed the water with its tail** кит бил хвосто́м по воде́.

● *vi* мета́ться (*impf*); **the swimmer ~ed about in the water** пловéц изо всех сил колоти́л рука́ми и нога́ми по воде́; **he ~ed about in bed** он мета́лся в посте́ли.

● *with adv*: **~ out** *vt* (*fig*) обстоя́тельно обсу|жда́ть, -ди́ть; **let us ~ out this problem** дава́йте разберём э́тот

t

вопрóс по пýнктам; **they ~ed out a solution** они́ вы́работали решéние.

thrashing /ˈθræʃɪŋ/ *n* (*beating*) взбýчка, трёпка (*coll*); (*fig*): **he got a ~ in the final round** емý си́льно достáлось в финáльном рáунде.

thread /θred/ *n* **1** (*spun fibre; length of this*) нить, ни́тка; **a reel of ~** катýшка ни́ток; **his life hung by a ~** егó жизнь висéла на волоскé; (*fig*) связь; нить; **there's not a ~ of evidence** нет ни малéйшего доказáтельства; **he lost the ~ of his argument** он потеря́л нить рассуждéний. **2** (*of a screw etc.*) резьбá.

● *vt* прод|евáть, -éть ни́тку в + *a*; нани́з|ывать, -áть; **can you ~ this needle?** вы мóжете продéть/вдеть ни́тку в э́ту игóлку/иглý?; **she was ~ing beads** онá нани́зывала бýсы.

● *cpd* **~bare** *adj* потёртый, изнóшенный, потрёпанный.

threat /θret/ *n* угрóза; **~ to peace** угрóза ми́ру; **there was a ~ of rain** собирáлся дождь.

threaten /ˈθret(ə)n/ *vt & i* угрожáть (*impf*) + *d*; грози́ть, при- + *d*; грози́ться (*impf*); (*make a threatening gesture at*) грози́ть, по- + *d*; **he ~ed me with a stick** он погрози́л мне пáлкой; **I was ~ed with expulsion** мне грози́ли исключéнием; **I was ~ed with bankruptcy** мне грози́ло/угрожáло банкрóтство; **they ~ed revenge** они угрожáли мщéнием; **the clouds ~ed rain** тýчи/облакá предвещáли дождь; **he ~ed to leave** он угрожáл, что уйдёт; он грози́лся уйти́; **war ~ed** нави́сла угрóза войны́; **rain was ~ing** надвигáлся дождь.

three /θri:/ *n* (числó/нóмер) три; (*~ people*) трóе; **~ of us went** мы пошли́ втроём; **~ each** пó три кáждый; **~ at a time, in ~s** (*of people*) пó три/трóе; трóйками; (*of things*) пó три; (*figure, thing numbered 3; group of ~*) трóйка; (*cut, divide*): **in ~** нáтрое, на три чáсти; **fold in ~** склáдывать, сложи́ть втрóе; (*cf. also examples under* ⇨**two**).

● *adj* три + *g sg*; (*for people and pluralia tantum, also*) трóе + *g pl* (*cf. examples under* ⇨**two**); **he and ~ others** он с тремя́ други́ми; **~ fours are twelve** три́жды (*or* три на) четы́ре — двенáдцать; **~ times as good** втрóе лýчше; **~ times as much** втрóе бóльше; **~ quarters** три чéтверти; (*adv*) на три чéтверти.

● *cpds* **~ cheers** *n pl* троекрáтное урá; **~-cornered** *adj* треугóльный; **~-D** (*coll*) *adj* трёхмéрный; **a ~-D film** стереоскопи́ческий фильм; **~-day** *adj* трёхднéвный; **~-dimensional** *adj* (*lit*) трёхмéрный, в трёх измерéниях, объёмный; (*fig, of characters in a book etc.*) вы́пуклый; **~-figure** *adj* трёхзнáчный; **~fold** *adj* тройнóй; троекрáтный; *adv* втройнé, втрóе, троекрáтно; **~-hour** *adj* трёхчасовóй; **~-legged** *adj* (*of table etc.*) на трёх нóжках; **~-legged race** бег пáрами; **~-piece** *adj*: **~-piece suit** (костю́м-)трóйка; **~-piece suite** дивáн с двумя́ крéслами; **~-ply** *adj* (*of timber, wool, etc.*) трёхслóйный; **~-point** *adj* трёхтóчечный; **~-point turn** разворóт с применéнием зáднего хóда; **~ quarters** *n pl* три чéтверти; **~score** *adj*: **~score and ten** сéмьдесят (лет); **~-seater** *adj* трёхмéстный; **~some** *n* (*persons*) трóйка, трóе; **~-speed** *adj*: **~-speed gear** трёхскоростнáя передáча; **~-storey** *adj* трёхэтáжный; **~-wheel(ed)** *adj* трёхколёсный; **~-year** *adj* трёхлéтний, трёхгоди́чный; **~-year-old** *adj* трёхлéтний.

> **the three Rs**
>
> Так назывáются глáвные предмéты в начáльной шкóле: чтéние, письмó, арифмéтика. В англи́йском произношéнии э́тих слов — *Reading, wRiting, aRithmetic* — пéрвым звýком явля́ется *R*.

thresh /θreʃ/ *vt* **1** (*beat grain from*) молоти́ть (*impf*). **2** = **thrash** *vt* **2**

thresher /ˈθreʃə(r)/ *n* (*worker*) молоти́льщик; (*machine*) молоти́лка.

threshing /ˈθreʃɪŋ/ *n* молотьбá.

● *cpds* **~ floor** *n* ток, гумнó; **~ machine** *n* молоти́лка.

threshold /ˈθreʃəʊld, -həʊld/ *n* порóг; **on the ~** на порóге.

threw /θru:/ *past of* ⇨**throw**

thrice /θraɪs/ *adv* (*literary*) (*three times*) три́жды.

thrift /θrɪft/ *n* **1** (*frugality*) бережли́вость, эконóмность. **2** (*bot*) армéрия.

thriftless /ˈθrɪftlɪs/ *adj* расточи́тельный, неэконóмный.

thriftlessness /ˈθrɪftlɪsnɪs/ *n* расточи́тельность.

thrifty /ˈθrɪftɪ/ *adj* (**thriftier, thriftiest**) бережли́вый, эконóмный.

thrill /θrɪl/ *n* (*physical sensation*) дрожь, трéпет; (*excitement*) востóрг, восхищéние; **it gave me a ~** э́то привелó меня́ в востóрг/восхищéние.

● *vt* восхи|щáть, -ти́ть; **she was ~ed to death** онá былá в ди́ком востóрге; **a ~ing finish** захвáтывающий конéц.

● *vi*: **we ~ed at the good news** мы óчень обрáдовались хорóшим вестя́м; **she ~ed with delight/horror** онá затрепетáла от рáдости/ýжаса.

thriller /ˈθrɪlə(r)/ *n* (*story or film*) приключéнческий/детекти́вный ромáн/фильм; три́ллер.

thrive /θraɪv/ *vi* (*past* **throve** *or* **thrived;** *pp* **thriven** /ˈθrɪv(ə)n/ *or* **thrived**) (*prosper*) процветáть (*impf*); (*grow vigorously*) разраст|áться, -и́сь.

throat /θrəʊt/ *n* гóрло; (*gullet*) гортáнь, глóтка; **he took me by the ~** он схвати́л меня́ за гóрло; **he tried to cut his ~** он пытáлся перерéзать себé гóрло; **you are cutting your own ~** (*fig*) вы рýбите сук, на котóром сиди́те; **I have a sore ~** у меня́ боли́т гóрло; **he cleared his ~** он откáшлялся; **don't jump down my ~!** не затыкáйте мне рот!; **the words stuck in my ~** словá застря́ли у меня́ в гóрле.

throaty /ˈθrəʊtɪ/ *adj* (**throatier, throatiest**) (*guttural*) гортáнный; (*hoarse*) хри́плый.

throb /θrɒb/ *n* биéние, пульсáция.

● *vi* (**throbbed, throbbing**) (*beat*) стучáть (*impf*); би́ться (*impf*); пульси́ровать (*impf*); (*fig, quiver*) трепетáть (*impf*), волновáться (*impf*); **his heart ~bed** сéрдце егó (учащённо) би́лось; **his head ~bed** у негó гудéла головá.

throes /θrəʊz/ *n pl* мýки (*f pl*); **~s of childbirth** родовы́е мýки; **I was in the ~s of packing** я лихорáдочно упакóвывал вéщи.

thrombosis /θrɒmˈbəʊsɪs/ *n* (*pl* **thromboses** /-si:z/) тромбóз.

throne /θrəʊn/ *n* (*lit, fig*) трон, престóл; **he came to the ~** он вступи́л на престóл.

throng /θrɒŋ/ *n* толпá.

● *vi* (*crowd round*) толпи́ться (*impf*); (*come in great numbers*) ст|екáться, -éчься; **crowds ~ed to the stadium** тóлпы людéй стекáлись на стадиóн.

● *vt* (*fill a place*) переп|олня́ть, -óлнить.

throttle /ˈθrɒt(ə)l/ *n* дрóссель (*m*); **at full ~** на пóлном газý; **he opened the ~** он дал газ.

● *vt* **1** (*strangle*) души́ть, за-. **2** (*control with ~*) дроссели́ровать (*impf*); **he ~d the engine back, down** он сбáвил газ.

through /θru:/ *adj* **1** прямóй; сквознóй; **~ traffic** сквознóе движéние; **no ~ road** (*as notice*) проéзда нет; **a ~ train** прямóй пóезд. **2** (*various pred uses*): **his trousers were ~** (*threadbare*) **at the knee** егó брю́ки протёрлись на колéнях; **you must wait till I'm ~** (*finished*) **with the paper** вам придётся подождáть, покá я дочитáю газéту; **she told him she was ~ with him** онá емý сказáла, что мéжду ни́ми всё кóнчено.

● *adv* (*from beginning to end; completely*) до концá; **I was there all ~** я был там до концá; **have you read it ~?** вы всё прочитáли?; **you will get wet ~** вы промóкнете наскво́зь; **the whole night ~** всю ночь напролёт; (*all the way*) пря́мо; **the train goes ~ to Paris** пóезд идёт пря́мо до Пари́жа.

● *prep* **1** (*across; from end to end or side to side of*) чéрез + *a*; (*esp suggesting difficulty*) сквозь + *a*; **he came ~ the window** он влез чéрез окнó; **visible ~ smoke** ви́димый сквозь дым; (*into, in*) в + *a*; **he looked ~ the telescope** он посмотрéл в телескóп; **look ~ the window!** посмотри́(те) в окнó!; **I could see him ~ the fog** я смог разглядéть егó в тумáне; **I don't like driving ~ fog** я не люблю́ éздить в тумáне; **the thought went ~ my mind** у меня́ в головé промелькнýла мысль; **the stone flew ~ the air** кáмень летéл по вóздуху; (*via*): **we drove ~ Germany** мы éхали чéрез Гермáнию.
2 (*from beginning to end of*): **he won't live ~ the night** он не доживёт до утрá.
3 (*during*) в течéние + *g*; **the dog doesn't bark ~ the day** днём собáка не лáет.

4 (*US, up to and including*): **from Monday ~ Saturday** с понеде́льника по суббо́ту (включи́тельно).
5 (*over the area of*): **the news quickly spread ~ the town** весть бы́стро распространи́лась по го́роду.
6 (*through the medium of*) че́рез + *a*; **the order was passed ~ him** прика́з был пе́редан че́рез него́; **I heard of you ~ your sister** я слы́шал о вас от ва́шей сестры́.
7 (*from, because of*) из-за + *g*; по + *d*; **~ laziness** из-за ле́ни; **~ stupidity** по глу́пости; **he succeeded ~ his own efforts** он доби́лся успе́ха свои́ми си́лами; (*of desirable result*) благодаря́ + *d*.
● *cpds* **~put** *n* пропускна́я спосо́бность; **~way** *n* (*US*) автостра́да.

throughout /θruːˈaʊt/ *adv* (*in every part*) везде́; повсю́ду; (*in all respects*) во всех отноше́ниях; во всём.
● *prep* (*from end to end of*) че́рез + *a*; **~ the country** по всей стране́; (*for the duration of*): **~ the 20th century** на протяже́нии всего́ двадца́того ве́ка; **it rained ~ the night** всю ночь шёл дождь.

throve /θrəʊv/ *past of* ⇨**thrive**

throw /θrəʊ/ *n* **1** (*act of* **~ing**) броса́ние, мета́ние; **~ of dice** броса́ние косте́й; (*distance* **~n**) бросо́к.
2 (*in wrestling*) бросо́к.
● *vt* (*past* **threw;** *pp* **thrown**)
1 бр|оса́ть, -о́сить; кида́ть, ки́нуть; **~ something 100 yards** бр|оса́ть, -о́сить что-н. на́ сто я́рдов; **he threw the ball into the air** он подбро́сил мяч в во́здух; **don't ~ stones at the dog** не кида́йтесь камня́ми в соба́ку; **his horse threw him** ло́шадь сбро́сила его́; **he was ~n to the ground by the explosion** его́ бро́сило на зе́млю от взры́ва; **he threw me an angry look** он бро́сил на меня́ серди́тый взгляд; **~ing a cloak over his shoulders ...** наки́нув плащ на пле́чи, ...; **the news threw them into a panic** сообще́ние пове́ргло их в па́нику; **he was ~n off balance** (*lit*) он потеря́л равнове́сие; (*fig*) он пришёл в замеша́тельство; **the news threw me** (*coll*) изве́стие потрясло́ меня́; **this ~s light on the problem** э́то пролива́ет/бросáет свет на пробле́му; **he threw himself at me** он бро́сился на меня́; **he threw himself into the job** он с голово́й ушёл в рабо́ту; **he threw his arms round her** он заключи́л её в (свои́) объя́тия; он о́бнял её; **he threw himself on their mercy** он сда́лся им на ми́лость.
2 (*dice*) бр|оса́ть, -о́сить.
3 (*shape, e.g. pots on wheel*) обраб|а́тывать, -о́тать (на гонча́рном кру́ге).
4: **~** (*reverse*) **a switch** поверну́ть (*pf*) выключа́тель обра́тно.
5 (*coll, have*) устр|а́ивать, -о́ить; **let's ~ a party** дава́йте устро́им вечери́нку.
● *with advs*: **~ about** *vt* (*scatter*) разбр|а́сывать, -оса́ть; **don't ~ litter about** не сори́те; не разбра́сывайте му́сор; (*lavish*) броса́ться (*impf*) + *i*; **he ~s his money about** он броса́ется деньга́ми; (*obtrude*): **he likes to ~ his weight about** он лю́бит вы́делиться; **~ across** *vt*: **he threw the rope across to me** он перебро́сил мне верёвку; **~ away** *vt* (*discard*) выбра́сывать, вы́бросить; (*forgo*) упус|ка́ть, -ти́ть; **don't ~ away this chance** не упуска́йте э́ту возмо́жность (*or* э́тот шанс); **~ back** *vt* отбр|а́сывать, -о́сить наза́д; **he was ~n back by the explosion** его́ отбро́сило взры́вом; **~ down** *vt* бр|оса́ть, -о́сить на зе́млю; **he threw himself down** он бро́сился на зе́млю; (*fig*): **the enemy threw down their arms** враг сложи́л ору́жие; **~ in** *vt* вбр|а́сывать, -о́сить; (*fig*) (*include*) доб|авля́ть, -а́вить; (*contribute*): **may I ~ in a suggestion?** разреши́те мне внести́ предложе́ние?; **~ in one's lot with** соедин|я́ть, -и́ть свою́ судьбу́ с + *i*; **~ in one's hand** (*surrender*) сд|ава́ться, -а́ться; (*abandon contest*) выходи́ть, вы́йти из игры́; **~ off** *vt* сбр|а́сывать, -о́сить; **he threw off his clothes** он сбро́сил с себя́ оде́жду; **he threw off his pursuers** он изба́вился от свои́х пресле́дователей; **I can't ~ this cold off** я ника́к не могу́ изба́виться от э́того на́сморка; **~ on** *vt*: **he threw on a coat** он набро́сил/наки́нул пальто́ (на пле́чи); **~ open** *vt*: **the gardens were ~n open to the public** сады́ откры́ли для пу́блики; **he threw open the door** он распахну́л дверь; **~ out** *vt* выбра́сывать, вы́бросить; (*proffer*) предл|ага́ть, -ожи́ть; **I threw out a remark** я сде́лал замеча́ние; **he threw out a challenge** он бро́сил вы́зов; (*put out*): **the tree threw out new leaves** де́рево дало́ но́вые ли́стья; (*reject*) отклон|я́ть, -и́ть; **the bill was ~n out** (*parl*) законопрое́кт отклони́ли; (*expel*) исключ|а́ть, -и́ть; выбра́сывать, вы́бросить; **the club threw him out** его́ исключи́ли/вы́бросили из клу́ба; (*upset*) сб|ива́ть, -ить; пу́тать, за-; **you will ~ me out in my calculations** вы собьёте меня́ со счёта; **~ over** *vt* (*lit*) бр|оса́ть, -о́сить; **~ my jacket over!** бро́сьте мне пиджа́к!; (*abandon*) бр|оса́ть, -о́сить; пок|ида́ть, -и́нуть; **she threw him over after a week** че́рез неде́лю она́ его́ бро́сила; **~ together** *vt* (*compile*) сост|авля́ть, -а́вить; компили́ровать, с-; **a book hastily ~n together** на́спех соста́вленная кни́га; (*bring into contact*) соб|ира́ть, -ра́ть вме́сте; **they were ~n together a lot** им ча́сто случа́лось ста́лкиваться; **~ up** *vt* (*lit*) подбр|а́сывать, -о́сить; подки|дывать, -нуть; **he threw the ball up** он подбро́сил мяч; (*raise*) вски|дывать, -нуть; **he threw up his hands in horror** он вски́нул ру́ки от у́жаса; (*give up*) бр|оса́ть, -о́сить; **he intends to ~ up his job** он собира́ется бро́сить рабо́ту; *vi* (*vomit*): **he threw up** его́ вы́рвало; **I felt like ~ing up** меня́ тошни́ло.
● *cpds* **~away** *adj* разового по́льзования, ра́зовый; **a ~away line** как бы невзнача́й обронённые слова́; **~back** *n* проявле́ние атави́зма; (*return*) возвраще́ние/возвра́т (к + *d*); **~-in** *n* вбра́сывание (мяча́) (*в футболе и регби*).

thrower /ˈθrəʊə(r)/ *n* мета́тель (*m*).

thrown /θrəʊn/ *pp of* ⇨**throw**

thrum /θrʌm/ *vi* (**thrummed, thrumming**) бренча́ть (*impf*); **he ~med on the table** он бараба́нил па́льцами по́ столу.

thrush¹ /θrʌʃ/ *n* (*bird*) дрозд.

thrush² /θrʌʃ/ *n* (*disease*) моло́чница.

thrust /θrʌst/ *n* толчо́к; (*mil*) наступле́ние, уда́р; (*in fencing*) уко́л.
● *vt* (*past and pp* **thrust**) толк|а́ть, -ну́ть; **he ~ a note into my hand** он су́нул мне в ру́ку запи́ску; **he ~ his hands into his pockets** он засу́нул ру́ки в карма́ны; **they ~ their way through the crowd** они́ проби́лись сквозь толпу́; (*fig, impose*) навя́з|ывать, -а́ть.
● *vi* (*past and pp* **thrust**) толка́ться (*impf*); проб|ива́ться, -и́ться; **he ~ past us** он растолка́л нас и прошёл.

thud /θʌd/ *n* глухо́й звук; стук.
● *vi* (**thudded, thudding**) глу́хо уд|аря́ться, -а́риться.

thug /θʌg/ *n* банди́т, головоре́з, хулига́н.

thuggery /ˈθʌgərɪ/ *n* банди́тизм, хулига́нство.

thuggish /ˈθʌgɪʃ/ *adj* хулига́нский.

thumb /θʌm/ *n* большо́й па́лец (руки́); **~s down** знак неодобре́ния; **~s up** знак одобре́ния; **he was given the ~s up sign to begin** ему́ да́ли сигна́л к нача́лу; **by rule of ~** о́пытным путём; **he is completely under her ~** он по́лностью у неё под каблуко́м; **I'm all (fingers and) ~s** у меня́ ру́ки как крю́ки.
● *vt* **1** (*turn over with* **~**) перели́ст|ывать, -а́ть; **he ~ed over, through the pages** он перелиста́л страни́цы; **a well-~ed volume** истрёпанный/зачи́танный том.
2: **~ a lift** (*coll*) голосова́ть (*impf*); **he ~ed a lift in a lorry** он прие́хал на попу́тном грузовике́.
3: **~ one's nose at** пок|а́зывать, -аза́ть нос + *d*.
● *cpds* **~ index** *n* бу́квенный указа́тель (*на переднем обрезе словаря и т. п.*); **~nail** *n* но́готь (*m*) большо́го па́льца; **~nail sketch** набро́сок; кра́ткое описа́ние; **~print** *n* отпеча́ток большо́го па́льца; **~screw** *n* тиск|и́ (*pl, g* -о́в) для больши́х па́льцев (*орудие пыток*); **~tack** *n* (*US*) кно́пка.

thump /θʌmp/ *n* (*blow*) тяжёлый уда́р; (*noise*) глухо́й стук/шум.
● *vt* бить (*impf*); колоти́ть (*impf*); **he ~ed me on the back** он си́льно уда́рил меня́ по спине́.
● *vi* би́ться (*impf*); колоти́ться (*impf*); **someone ~ed on the door** кто́-то колоти́л в дверь; **my heart began to ~** у меня́ заколоти́лось се́рдце.

thumping /ˈθʌmpɪŋ/ *adj* & *adv* (*coll*) грома́дный, ужаса́ющий; **a ~ lie** на́глая ложь.

thunder /ˈθʌndə(r)/ *n* гром; **a crash of ~** уда́р гро́ма; **a peal of ~** раска́ты гро́ма; **there is ~ in the air** в во́здухе

пáхнет грозóй; (*fig*) грóхот, гром; **the ~ of the waves** шум волн; **a ~ of applause** гром аплодисмéнтов.
● *vt* гремéть, про-; **'Get out!' he ~ed** «Убирáйтесь отсю́да!» — прогремéл он.
● *vi* (*lit*) гремéть, громыхáть, грохотáть (*all impf*); **it is ~ing** гром греми́т; **it has been ~ing all day** весь день гремéл гром; (*fig*): **the train ~ed past** пóезд с грóхотом пронёсся ми́мо.
● *cpds* **~bolt** *n* удáр мóлнии, гром; **~clap** *n* удáр грóма; **~cloud** *n* грозовáя тýча; **~storm** *n* грозá; **~struck** *adj* (*fig*) ошеломлённый.

thundering /ˈθʌndərɪŋ/ *adj* & *adv* громáдный; **a ~ nuisance** колоссáльная неприя́тность.

thunderous /ˈθʌndərəs/ *adj* (*loud*) громовóй; **~ applause** бýрные аплодисмéнты.

thundery /ˈθʌndərɪ/ *adj*: **it is ~ weather** погóда (пред)грозовáя.

Thursday /ˈθəːzdeɪ, -dɪ/ *n* четвéрг.

thus /ðʌs/ *adv* (*in this way*) таки́м óбразом; (*accordingly*) слéдовательно, таки́м óбразом; **~ far and no farther** до сих пор и ни шáгу дáльше.

thwack /θwæk/ *n* си́льный удáр.
● *vt* колошмáтить, от-; порóть, вы́-.

thwart /θwɔːt/ *vt* мешáть, по- + *d*; **~ s.o.'s plans** расстр|áивать, -óить чьй-н. плáны.

thy /ðaɪ/ *possessive adj* (*archaic*) твой.

thyme /taɪm/ *n* тимья́н.

thyroid /ˈθaɪrɔɪd/ *n* (**~ gland**) щитови́дная железá.
● *adj* щитови́дный.

ti /tiː/ (*US*) = **te**

tiara /tɪˈɑːrə/ *n* тиáра, диадéма.

Tiber /ˈtaɪbə(r)/ *n* Тибр.

Tibet /tɪˈbet/ *n* Тибéт.

Tibetan /tɪˈbet(ə)n/ *n* тибéт|ец (*fem* -ка).
● *adj* тибéтский.

tibia /ˈtɪbɪə/ *n* (*pl* **tibiae** /-bɪˌiː/) большеберцóвая кость.

tic /tɪk/ *n* (*med*) тик.

tich /tɪtʃ/ *n* (*Br*) = **titch**

tick[1] /tɪk/ *n* **1** (*of clock etc.*) ти́канье; **~-tock** тик-тáк. **2** (*Br coll, moment*) секýнда; минýта, миг; **just a ~!** однý секýнду! **3** (*checking mark*) гáлочка, пти́чка.
● *vt* отм|ечáть, -éтить гáлочкой.
● *vi* ти́кать (*impf*); **what makes him ~?** (*coll*) что им движéт?
● *with advs*: **the meter was ~ing away** счётчик продолжáл щёлкать; **she ~ed off the items as I read them out** я перечисля́л предмéты, а онá отмечáла их гáлочками; **he got ~ed off** (*Br coll, reprimanded*) емý дáли нагоня́й; **I left the engine ~ing over** я остáвил мотóр на холостóм ходý.

tick[2] /tɪk/ *n* (*parasite*) клещ.

tick[3] /tɪk/ *n* (*coll, credit*) долг, креди́т; **I got some groceries on ~** я купи́л кóе-каки́е продýкты в долг/креди́т.

ticker /ˈtɪkə(r)/ *n* (*coll*) (*US, teleprinter*) телегрáфный аппарáт, телетáйп; (*watch*) час|ы́ (*pl, g* -óв); (*heart*) сéрдце.
● *cpd* **~ tape** *n* телетáйпная лéнта; (*in celebrations*) серпанти́н из телетáйпной лéнты.

ticket /ˈtɪkɪt/ *n* (*for travel, seating, etc.*) билéт; **a return ~ to London** обрáтный билéт до Лóндона; (*tag*) ярлы́к; **price ~** этикéтка с ценóй; цéнник; (*US, list of election candidates*) спи́сок кандидáтов на вы́борах; (*printed notice of offence*): **he got a ~ for speeding** он получи́л штраф за превышéние скóрости; **that's the ~!** (*coll*) (вот э́то) то, что нáдо!
● *vt* (**ticketed, ticketing**) снаб|жáть, -ди́ть ярлыкóм/этикéткой.
● *cpds* **~ collector** *n* контролёр; **~ holder** *n* обладáтель (*m*) билéта; **~ machine** *n* билéтный автомáт; **~ office** *n* билéтная кáсса; **~ punch** *n* компóстер.

ticking /ˈtɪkɪŋ/ *n* (*fabric*) тик.

tickle /ˈtɪk(ə)l/ *n* щекотáние; **she gave the baby a ~** онá пощекотáла ребёнка; **he felt a ~ in his throat** у негó запершúло в гóрле.
● *vt* щекотáть, по-; (*fig, amuse*) смеши́ть, рас-; забавля́ть (*impf*); **it ~d my fancy** э́то дразни́ло моё воображéние; **I was ~d to death** (*or* **~d pink**) (*coll*) я чуть не лóпнул сó смеху.
● *vi* (*be itchy*) чесáться (*impf*); **this blanket ~s** э́то одея́ло шерсти́т; **my nose ~s** у меня́ щекóчет в носý.

ticklish /ˈtɪklɪʃ/ *adj* (*sensitive to tickling*): **she is ~** онá бои́тся щекóтки; (*requiring careful handling*) щекотли́вый.

tidal /ˈtaɪd(ə)l/ *adj* прили́вный; **~ river** прили́вно-отли́вная рекá; **~ wave** прили́вная волнá.

tidbit /ˈtɪdbɪt/ (*US*) = **titbit**

tiddledywinks /ˈtɪd(ə)ldɪˌwɪŋks/ (*US*) = **tiddlywinks**

tiddler /ˈtɪdlə(r)/ *n* (*Br, small fish*) кóлюшка.

tiddly /ˈtɪdlɪ/ *adj* (**tiddlier, tiddliest**) (*coll*) **1** (*tipsy*) (*attr*) подвы́пивший, поддáтый (*sl*); (*pred*) навеселé, в подпи́тии, подшофé (*all coll*). **2** (*small, trifling*) мáленький, малю́сенький.

tiddlywinks /ˈtɪdlɪˌwɪŋks/ (*US* **tiddledywinks**) *n* игрá в блóшки.

tide /taɪd/ *n* (*rise*) морскóй прили́в; (*fall*) морскóй отли́в; **high ~** пóлная водá; вы́сшая тóчка прили́ва; **low ~** мáлая водá; ни́зшая тóчка прили́ва; **the ~ is coming in** начался́ прили́в; **the ~ has gone out** (*or* **is out**) сейчáс отли́в; (*fig*) волнá, течéние; **the rising ~ of excitement** уси́ливающееся возбуждéние.
● *vt*: **this will ~ me over till next month** благодаря́ э́тому я перебью́сь до слéдующего мéсяца.
● *cpd* **~mark** *n* отмéтка ýровня пóлной воды́.

tidiness /ˈtaɪdɪnɪs/ *n* аккурáтность, опря́тность.

tidings /ˈtaɪdɪŋz/ *n pl* (*literary and joc*) вéсти (*f pl*), нóвости (*f pl*).

tidy /ˈtaɪdɪ/ *adj* (**tidier, tidiest**) (*neat, orderly*) аккурáтный, опря́тный; (*of room etc.*) чи́стый, опря́тный; (*considerable*) поря́дочный, прили́чный; **a ~ sum** прили́чная/крýгленькая сýмма.
● *vt* (*also* **~ up**) прив|оди́ть, -ести́ в поря́док; приб|ирáть, -рáть.
● *vi*: **~ up** нав|оди́ть, -ести́ поря́док.

tie /taɪ/ *n* **1** (*also* **neck ~**) гáлстук.
2 (*part that fastens or connects*) завя́зка; шнурóк.
3 (*fig, bond*) ýз|ы (*pl, g* —); связь; **~s of friendship** ýзы дрýжбы; **family ~s** семéйные ýзы.
4 (*fig, restriction*) обýза; **don't you find your children a ~?** дéти вас не (сли́шком) свя́зывают?
5 (*mus*) ли́га.
6 (*equal score*) ничья́; ничéйный исхóд; **the match ended in a ~** матч закóнчился вничью́/ничéй; **in the event of a ~** в слýчае ничéй (*or* ничéйного исхóда).
● *vt* (**tying**)
1 (*fasten*) свя́з|ывать, -áть; привя́з|ывать, -áть; **he was ~d to the mast** егó привязáли к мáчте; (*fig*): **my hands are ~d** у меня́ свя́заны рýки; **~d cottage** (*Br*) дом, закреплённый за рабóтником на срок егó рабóты; **~d house** (*Br*) (*public house*) бар, отпускáющий пи́во тóлько определённого завóда.
2 (*arrange in bow or knot*) перевя́з|ывать, -áть; завя́з|ывать, -áть; шнуровáть, за-; **he learnt to ~ his shoelaces** он научи́лся шнуровáть боти́нки; **can you ~ a knot in this string?** вы мóжете завязáть ýзел на э́той верёвке?
● *vi* (**tying**)
1 (*fasten*) завя́з|ываться, -áться; **does this sash ~ at the front?** э́тот пóяс завя́зывается спéреди?
2 (*make equal score*) равня́ть, с- счёт; игрáть, сыгрáть вничью́; **we ~d with them for first place** мы подели́ли с ни́ми пéрвое мéсто; **the runners ~d** сопéрники пришли́ к фи́нишу одноврéменно.
● *with advs*: **~ back** *vt*: **she wore her hair ~d back** онá завя́зывала вóлосы сзáди; **I ~d back the roses** я подвязáл рóзы; **she wore her hair ~d back** онá завя́зывала вóлосы сзáди; **~ down** *vt* (*lit*) привя́з|ывать, -áть; (*fig, restrict*) свя́з|ывать, -áть; **I don't want to ~ myself down to a date** я не хочý быть свя́занным определённой дáтой; **~ in (with)** *vi* соотвéтствовать (*impf*) (+ *d*); согласовáться (*impf, pf*) (с + *i*); **this ~s in with what I was saying** э́то соглáсуется с тем, что я говори́л; **~ on** *vt* привя́з|ывать, -áть; **~ up** *vt* (*lit*) привя́з|ывать, -áть; свя́з|ывать, -áть; **the dog was ~d up** собáка былá на при́вязи; **can you ~ up this parcel?** вы мóжете перевязáть э́ту посы́лку?; (*fig*): **his firm is ~d up with the Ministry** егó фи́рма свя́зана с министéрством; **I'm ~d up this week** на э́той недéле у меня́ дел под завя́зку; **his capital is ~d up** егó капитáл инвести́рован.
● *cpds* **~break(er)** *n* решáющая игрá (*пóсле ничéй*); **~pin** *n* булáвка для гáлстука; **~-up** *n* (*link*) связь.

tier /tɪə(r)/ *n* (*row*) ряд; я́рус; (*unit of structure*) ýзел, сéкция.

tiff /tɪf/ *n* размóлвка.

tiger /ˈtaɪɡə(r)/ *n* тигр.
● *cpds* ~ **cub** *n* тигрёнок; ~ **moth** *n* бабочка-медведица.

tight /taɪt/ *adj* **1** (*with no slack*) тугóй; (*closely fixed*) тугóй, плóтный; (*close-fitting*) тéсный; (*of clothes*) облегáющий; **the dress was a ~ fit** (*close-fitting*) плáтье облегáло (фигýру); (*too small*) плáтье бы́ло тéсно; **this knot is very ~** э́тот ýзел óчень тугóй; **my shoes are too ~** мои́ тýфли жмут.
2 (*packed as full as possible*) тугóй, тýго наби́тый/плóтный.
3 (*taut*) стрóгий; **keep a ~ rein on your spending** вы должны́ стрóго следи́ть за свои́ми расхóдами.
4 (*under pressure*; *difficult*) трýдный; тяжёлый; **in a ~ corner** в трýдном положéнии; **I have a ~ schedule** у меня́ жёсткое расписáние.
5 (*miserly*) прижи́мистый, скупóй; **he is very ~ with his money** он óчень скуп.
6 (*in short supply*): **money is ~** с деньгáми тýго.
7 (*coll, drunk*) навеселé, в подпи́тии (*both coll*); **he went out and got ~** он пошёл и напи́лся.
● *adv* (*fitting*) тéсно, плóтно; (*screwed*) крéпко; (*stretched*) тýго; **hold ~!** держи́тесь крéпко!; **shut your eyes ~!** крéпко зажмýрьте глазá!; **the door was ~ shut** дверь былá плóтно закры́та; **I sat ~ and waited** я стоя́л на своём и выжидáл.
● *cpds* **~-fisted** *adj* скупóй, прижи́мистый; **~(ly)-fitting** *adj* плóтно облегáющий; **~-lipped** *adj* (*lit*) с поджáтыми губáми; (*fig, secretive*) скры́тный; **~rope** *n* натя́нутый канáт; **he is walking a ~rope** (*fig*) он хóдит по острию́ ножá; **~rope walker** *n* канатохóдец.

tighten /ˈtaɪt(ə)n/ *vt* (*also* ~ **up**) сж|имáть, -ать; закреп|ля́ть, -и́ть; зат|я́гивать, -янýть; **the screws need ~ing (up)** нáдо затянýть болты́; **we must ~ our belts** (*fig*) мы должны́ затянýть поясá потýже; **the rules were ~ed** прáвила стáли стрóже.

tightness /ˈtaɪtnɪs/ *n* напряжённость; стеснённость.

tights /taɪts/ *n pl* (*Br*) колгóт|ки (*pl, g* -ок).

tigress /ˈtaɪɡrɪs/ *n* тигри́ца.

Tigris /ˈtaɪɡrɪs/ *n* Тигр.

tilde /ˈtɪldə/ *n* (*ling*) ти́льда.

tile /taɪl/ *n* (*for roof*) черепи́ца; **he was (out) on the ~s last night** (*Br sl*) он вчерá кути́л; (*decorative, for wall etc.*) кáфель (*m*), пли́тка, изразéц.
● *vt* (*roof*) крыть, по- черепи́цей; (*walls*) крыть, по- кáфелем.

till¹ /tɪl/ *n* кáсса (*кассовый аппарат*).

till² /tɪl/ *vt*: ~ **the ground** обраб|áтывать, -óтать зéмлю.

till³ /tɪl/ (*see also* ⇒**until**) *prep* до + *g*; ~ **then** до тогó врéмени; **he will not come ~ after dinner** он придёт тóлько пóсле ýжина; **I never saw him ~ now** я егó впервы́е ви́жу.
● *conj* покá… (не); до тех пор покá (не); ~ **we meet again!** до слéдующей встрéчи!; **don't go ~ I come back** не уходи́те, покá я не вернýсь; **it was not ~ he spoke that I saw him** тóлько когдá он заговори́л, я уви́дел егó; **not ~ Tuesday** не рáньше втóрника.

tillage /ˈtɪlɪdʒ/ *n* (*ploughing*) обрабóтка пóчвы; (*ploughed land*) пáшня.

tiller¹ /ˈtɪlə(r)/ *n* (*for steering*) рýмпель (*m*); рукоя́тка.

tiller² /ˈtɪlə(r)/ *n*: ~ **of the soil** землепéлец.

tilt /tɪlt/ *n* **1** (*sloping position*) наклóн; **the table is on the ~** стол стои́т кри́во. **2** (*attack*): **he came at me full ~** он я́ростно набрóсился на меня́.
● *vt* наклон|я́ть, -и́ть; **he ~ed the chair back** он наклони́л стул назáд.
● *vi* (*slope*) наклон|я́ться, -и́ться; **the table was ~ing dangerously** стол опáсно коси́лся/криви́лся.

timber /ˈtɪmbə(r)/ *n* (*substance*) лесоматериáл(ы); древеси́на; пиломатериáл(ы); (*trees grown for felling*) строевóй лес; (*beam of roof, ship, etc.*) бáлка.
● *cpd* ~ **yard** *n* (*Br*) склад лесоматериáлов/пиломатериáлов.

timbre /ˈtæmbə(r), ˈtæ̃brə/ *n* тембр.

time /taɪm/ *n* **1** врéмя (*nt*); **for all ~** навсегдá; **from the beginning of ~** испокóн векóв; **in (the) course of ~, with ~** с течéнием врéмени; **to the end of ~** (на)вéчно; **(Old) Father T~** дéдушка-врéмя; **~ flies** врéмя лети́т; **~ hangs heavy on my hands** врéмя тя́нется мéдленно; **kill ~** уб|ивáть, -и́ть врéмя; **~ has passed him by** жизнь прошлá ми́мо негó; **~ is running out** врéмя/срок истекáет; **~ is on our side** врéмя рабóтает на нас; **~ will tell** врéмя покáжет; **it has stood the test of ~** э́то вы́держало испытáние врéменем; **~ waits for no man** врéмя не ждёт.
2 (*system of measurement*): **Greenwich Mean T~** гри́нвичское врéмя; (срéднее) врéмя по Гри́нвичу; **local ~** мéстное врéмя.
3 (*duration, period, opportunity*): **after a ~** чéрез нéкоторое врéмя; **all the ~** всё врéмя, всегдá; **you had all the ~ in the world to do it** у вас былá ýйма врéмени э́то сдéлать; **he has done ~** (*coll, been in prison*) он сидéл/отсидéл; **he stayed for a ~** он прóбыл нéкоторое врéмя; **I have been here for some ~** я здесь ужé довóльно дóлго; **given ~, he will succeed** дай срок, и он добьётся успéха; **all in good ~** всемý своё врéмя; **in good ~** заблаговрéменно; **I have no ~ for him** (*fig*) мне не до негó; **I have no ~ to lose** мне нельзя́ теря́ть ни минýты; **I shall get used to it in ~** со врéменем я к э́тому привы́кну; **in no ~ (at all)** моментáльно; **I could do it in no ~** я мог бы э́то сдéлать в два счёта; **do it in your own ~** (*not in work ~*) сдéлайте э́то в нерабóчее врéмя; (*without hurrying*) сдéлайте э́то не спешá; **I haven't seen him for a long ~** я егó давнó не ви́дел; **long ~ no see!** (*coll*) скóлько лет, скóлько зим!; **a long ~ ago** давнó; **make up for lost ~** нав|ёрстывать, -ерстáть упýщенное/потéрянное врéмя; **pass the ~** пров|оди́ть, -ести́ врéмя; **play for ~** оття́|гивать, -нýть врéмя; **I am pressed for ~** у меня́ мáло врéмени; (*owing to deadline*) меня́ поджимáют срóки; **for some ~ now** с нéкоторого врéмени; **it will be some ~ before he is well** он ещё не так скóро попрáвится; **in one's spare ~** на досýге; **take your ~!** не торопи́тесь!; **it will take ~** э́то займёт врéмя; **he asked for ~ off** он отпроси́лся с рабóты; **I want some ~ to myself** мне хóчется побы́ть одномý; **your ~ is up** вáше врéмя истеклó; **what a waste of ~!** кака́я пустáя трáта врéмени!; **-and-motion study** хронометрáж движéний рабóчего.
4 (*lifespan*) перúод жи́зни; век; **it will last my ~ (out)** э́того на мой век хвáтит; **if I had my ~ over again** éсли бы мóжно бы́ло начáть жизнь сначáла.
5 (*measuring progress or speed*) врéмя; **this watch keeps good ~** э́ти часы́ хорошó идýт; **what was his ~ for the race?** за какóе врéмя (*or* за скóлько) он прошёл/пробежáл дистáнцию?; **in record ~** за рекóрдное врéмя.
6 (*experience*): **he gave us a bad ~** он достáвил нам неприя́тности; **they gave us a good ~** мы прия́тно провели́ с ни́ми врéмя; **have a good ~!** желáю вам прия́тно провести́ врéмя; **we had the ~ of our lives** мы отли́чно провели́ врéмя; **I had a trying ~** я пéрежи́л трýдный перúод; **what sort of (a) ~ did you have?** вы хорошó провели́ врéмя?
7 (*~ of day or night*) час, врéмя; **what's the ~?** котóрый час?, скóлько врéмени?; **what ~ do you make it?** скóлько на вáших (часáх)?; **the ~ is 8 o'clock** сейчáс 8 часóв; **we passed the ~ of day** (*greeted each other*) мы поздорóвались; **at that ~** (*hour*) в э́тот час; **at what ~?** в котóром часý?, во скóлько?; **what ~ do you go to bed?** в котóром часý вы ложи́тесь спать?
8 (*moment*) врéмя; **I was away at the ~** меня́ тогдá (*or* в то врéмя) нé бы́ло; **at the right ~** в нýжный/подходя́щий момéнт; **at the/that ~** в то врéмя; **at the same ~** (*simultaneously*) в то же (сáмое) врéмя; (*notwithstanding*) тем не мéнее; вмéсте с тем; **at ~s** иногдá, временáми; **at all ~s** всегдá; во всех слýчаях; **at different ~s** в рáзное врéмя; **at no ~** никогдá; **before ~** преждеврéменно; **behind ~** с опоздáнием; **by the ~ I got back he had gone** (к томý врéмени,) когдá я вернýлся, егó ужé нé бы́ло; **from ~ to ~** иногдá, врéмя от врéмени; **it's ~ for bed** порá спать; **it's ~ I went** мне порá идти́; **~'s up** врéмя истеклó; порá кончáть; **will he arrive in ~ for dinner?** он успéет к ýжину?; **there's no ~ like the present** ≈ лови́ момéнт; **the train was on ~** пóезд пришёл вóвремя; **are the trains running to ~?** поездá хóдят (тóчно) по расписáнию?
9 (*instance, occasion*) раз; **~ and (~) again; ~ after ~** снóва и снóва; раз за рáзом; **I've told you ~ and again** скóлько раз я вам говори́л!; **nine ~s out of ten** в девяти́ слýчаях из десяти́; **six ~s running (*or* in a row)**

шесть раз подря́д; **the ~ before** в про́шлый раз; **another ~** когда́-нибудь; в друго́й раз; **one at a ~!** по одному́; не все сра́зу!; **every ~ I go out it rains** ка́ждый раз, когда́ я выхожу́, идёт дождь; **the first ~ I saw him** когда́ я впервы́е (*or* в пе́рвый раз) уви́дел его́; **it's the first ~ we've met** э́то на́ша пе́рвая встре́ча; **for the last ~, will you shut up?** я тебе́ в после́дний раз говорю́: заткни́сь!/замолчи́!; **many a ~, many ~s** мно́го раз, ча́сто; **next ~** в сле́дующий раз; **there may not be a next ~** второ́го слу́чая мо́жет не предста́виться; **I'll let you off this ~** на сей раз я вас проща́ю.
10 (*in multiplication*): **6 ~s 2 is 12** 6 (умно́жить) на 2 — 12; ше́стью два — двена́дцать; **ten ~s as easy** в де́сять раз ле́гче.
11 (*period, age*) вре́мя, времена́ (*nt pl*), эпо́ха; **in the ~ of Queen Elizabeth** в эпо́ху короле́вы Елизаве́ты; **in olden ~s** в ста́рые времена́; в дре́вности; **at one ~** одно́ вре́мя, когда́-то, не́когда; **as a thinker he was ahead of his ~** как мысли́тель он опереди́л своё вре́мя/свою́ эпо́ху; **that was before my ~** э́то бы́ло до меня́; **at my ~ of life** в моём во́зрасте.
12 (*circumstances*): **we have seen good and bad ~s** мы пе́режили и хоро́шее и плохо́е; **she is behind the ~s** она́ отста́ла от жи́зни; **he is irritating at the best of ~s** он раздража́ет да́же в лу́чшие мину́ты.
13 (*mus*) такт, ритм; **in quick ~** в бы́стром те́мпе; **in double-quick ~** (*fig*) в те́мпе; в два счёта; **they clapped in ~ with the music** они́ хло́пали в такт му́зыке; **beat ~** (*as conductor*) дирижи́ровать (*impf*); (*with foot etc.*) отбива́ть (*impf*) такт (*ногой и т. п.*); **in waltz ~** в те́мпе ва́льса; **mark ~** (*lit*) маршировать (*impf*) на ме́сте; (*fig*) топта́ться (*impf*) на ме́сте.
● *vt* **1** (*do at a chosen ~*) выбира́ть, вы́брать вре́мя для + *g*; рассчи́т|ывать, -а́ть вре́мя + *g*; **you must ~ your blows carefully** вы должны́ осторо́жно выбира́ть моме́нт для нанесе́ния уда́ра; **his remarks were ill ~d** его́ замеча́ния бы́ли некста́ти.
2 (*measure ~ of or for*) зас|ека́ть, -е́чь вре́мя + *g*; хронометри́ровать (*impf, pf*); **they ~d him over the mile** они́ засекли́ вре́мя, за кото́рое он пробежа́л одну́ ми́лю.
3 (*schedule*): **the train was ~d to leave at 6** по́езд до́лжен был отойти́ в 6 часо́в.
● *cpds* **~ bomb** *n* бо́мба заме́дленного де́йствия; **~-consuming** *adj* тре́бующий мно́го вре́мени; **~ exposure** *n* вы́держка; **~ fuse** *n* дистанцио́нный взрыва́тель; **~-honoured** *adj* освящённый века́ми; **~keeper** *n* (*person*) та́бельщик, хронометри́ст; **he is a good ~keeper** (*at work*) он прихо́дит на рабо́ту во́время; **this watch is a good ~keeper** э́ти часы́ хорошо́ иду́т; **~ lag** *n* запа́здывание; **~ limit** *n* преде́льный срок; **~ off** *n* о́тпуск; **~ out** *n* переры́в; **~piece** *n* час|ы́ (*pl, g* -о́в); (*tech*) хроно́метр; **~-saving** *n* эконо́мия вре́мени; *adj* эконо́мящий вре́мя; **~-server** *n* приспособле́нец; **~-serving** *n* приспособле́нчество; *adj* приспоса́бливающийся; **~share** *n* таймше́р, совме́стное владе́ние куро́ртным помеще́нием; **~ signal** *n* сигна́л вре́мени; **~ switch** *n* переключа́тель (*m*) с часовы́м механи́змом; **~table** *n* расписа́ние; гра́фик; **~-wasting** *adj* напра́сный, ли́шний; **~ zone** *n* часово́й по́яс.

timeless /ˈtaɪmlɪs/ *adj* (*eternal*) ве́чный, непреходя́щий; (*unmarked by time*) неподвла́стный вре́мени, неустарева́ющий.

timeliness /ˈtaɪmlɪnɪs/ *n* своевре́менность.

timely /ˈtaɪmlɪ/ *adj* (**timelier, timeliest**) своевре́менный.

timer /ˈtaɪmə(r)/ *n* (*device*) та́ймер, часово́й механи́зм; (*person*) хронометр(аж)и́ст.

timid /ˈtɪmɪd/ *adj* (**timider, timidest**) ро́бкий; (*shy*) засте́нчивый.

timid|ity /ˌtɪˈmɪdɪtɪ/, **-ness** /ˈtɪmɪdnɪs/ *nn* ро́бость; засте́нчивость.

timing /ˈtaɪmɪŋ/ *n* (*choosing of appropriate ~*) вы́бор (наибо́лее подходя́щего/удо́бного) вре́мени; **sense of ~** чу́вство вре́мени; (*process of recording time*) хронометра́ж; (*in internal combustion engine*) регули́рование моме́нта зажига́ния; (*sport*) координа́ция.

Timor /ˈtiːmɔː(r)/ *n* Тимо́р; **East ~** Восто́чный Тимо́р, Тимо́р-Ле́ште (*2nd component indecl*).

Timorese /ˌtiːmɔːˈriːz/ *n* тимо́рец (*fem* жи́тельница Тимо́ра).
● *adj* тимо́рский.

timorous /ˈtɪmərəs/ *adj* боязли́вый, пугли́вый.

timorousness /ˈtɪmərəsnɪs/ *n* боязли́вость, пугли́вость.

timpani, tympani /ˈtɪmpənɪ/ *n pl* лита́вры (*f pl*).

timpanist, tympanist /ˈtɪmpənɪst/ *n* литаври́ст.

tin /tɪn/ *n* **1** (*metal*) о́лово; (*tinplate*) бе́лая жесть; (*attr*) оловя́нный; (*tin-plated*) жестяно́й; **~ can** (*for paint etc.*) жестяна́я ба́нка; (*for food*) консе́рвная ба́нка; **~ hat** (*Br coll*) стально́й шлем.
2 (*Br, container, can*) (*for food*) = **~ can** (*see sense* **1**); (*for biscuits*) (металли́ческая) коро́бка; (*for baking cakes*) фо́рма; (*for roasting*) про́тивень (*m*); **~ of beans** ба́нка фасо́ли.
● *vt* (**tinned, tinning**)
1 (*coat with ~*) покр|ыва́ть, -ы́ть о́ловом.
2 (*Br, pack in ~s*) консерви́ровать, за-; **~ned goods** консерви́рованные проду́кты; консе́рв|ы (*pl, g* -ов); **~ned fish** ры́бные консе́рвы.
● *cpds* **~foil** *n* фольга́; **~-opener** *n* (*Br*) консе́рвный нож; **~plate** *n* бе́лая жесть; **~pot** *adj* (*coll*) дешёвый; никуды́шный; **~smith** *n* (*person who works with tinplate*) луди́льщик; (*person who makes tinware*) жестя́нщик.

tincture /ˈtɪŋktjə(r), -tʃə(r)/ *n* (*pharm*) раство́р; тинкту́ра; (*fig, slight flavour*) при́вкус; (*trace*) налёт.

tinder /ˈtɪndə(r)/ *n* трут.
● *cpd* **~box** *n* (*hist*) тру́тница (*коробочка для хранения трута*).

tine /taɪn/ *n* (*of fork*) зубе́ц; (*of antler*) о́стрый отро́сток.

ting /tɪŋ/ *n* звон; дзи́нньканье.
● *vi* звене́ть (*impf*); дзи́нькать (*impf*).

tinge /tɪndʒ/ *n* лёгкая окра́ска, отте́нок; (*fig*) при́месь, налёт, отте́нок.
● *vt* (**tinging** *or* **tingeing**) слегка́ окра́|шивать, -сить; (*fig*): **her voice was ~d with regret** в её го́лосе звуча́ло лёгкое сожале́ние.

tingl|e /ˈtɪŋg(ə)l/, **-ing** /ˈtɪŋglɪŋ/ *nn* пощи́пывание; (*of pleasure etc.*) тре́пет.
● *vi*: **a ~ing sensation** ощуще́ние пощи́пывания; **they were ~ing with excitement** они́ дрожа́ли от возбужде́ния.

tinker /ˈtɪŋkə(r)/ *n* ме́дник; луди́льщик.
● *vi* (*meddle etc.*) вози́ться (*impf*) (**with:** с + *i*).

tinkle /ˈtɪŋk(ə)l/ *n* (*sound*) звон; звя́канье; (*Br coll, telephone call*) телефо́нный звоно́к; **give me a ~ some time** звя́кните мне ка́к-нибудь.
● *vt*: **he ~d the bell** он позвони́л в колоко́льчик.
● *vi*: **the bell ~d** колоко́льчик зазвене́л.

tinnitus /tɪˈnaɪtəs/ *n* шум в уша́х.

tinny /ˈtɪnɪ/ *adj* (**tinnier, tinniest**) (*of sound*) металли́ческий, жестяно́й; (*of taste*) металли́ческий.

tinsel /ˈtɪns(ə)l/ *n* блёст|ки (*pl, g* -ок); мишура́ (*also fig*).
● *adj* (*fig*) мишу́рный.

tint /tɪnt/ *n* отте́нок; тон.
● *vt*: **~ed glasses** тёмные очки́; **she ~s her hair** она́ подкра́шивает во́лосы.

tiny /ˈtaɪnɪ/ *adj* (**tinier, tiniest**) кро́шечный.

tip[1] /tɪp/ *n* (*pointed end*) ко́нчик; верху́шка; (*part attached, e.g. of arrow*) наконе́чник; **~ of the iceberg** (*lit, fig*) верху́шка а́йсберга; **the ~s of my fingers are freezing** у меня́ мёрзнут ко́нчики па́льцев; **I had his name on the ~ of my tongue** его́ и́мя верте́лось у меня́ на языке́.
● *vt* (**tipped, tipping**): **arrows ~ped with bronze** стре́лы с ме́дными наконе́чниками; **~ped cigarettes** сигаре́ты с фи́льтром.
● *cpds* **~toe** *n*: **on ~toe(s)** на цы́почках; *vi* ходи́ть (*indet*) на цы́почках; **she ~toed out of the room** она́ на цы́почках вы́шла из ко́мнаты; **~-top** *adj* первокла́ссный; **in ~-top condition** в превосхо́дном состоя́нии.

tip[2] /tɪp/ *n* (*Br, dumping ground*) сва́лка.
● *vt* (**tipped, tipping**) **1** (*strike lightly*) зад|ева́ть, -е́ть; **he ~ped the ball** он сре́зал мяч.
2 (*tilt*) наклон|я́ть, -и́ть; **he ~s the scale at 12 stone** он ве́сит (*or* тя́нет на (*coll*)) 168 фу́нтов; **this will ~ the scale** (*fig*) **in their favour** э́то склони́т

t

ча́шу весо́в в их по́льзу.
3 (*overturn, empty*) выва́ливать, вы́валить; опорожн|я́ть, -и́ть; **~ the rubbish into the bin!** вы́валите му́сор в я́щик!
● *with advs*: **~ out** *vt* выва́ливать, вы́валить; **the car overturned and the occupants were ~ped out** маши́на переверну́лась и пассажи́ры вы́валились; **~ over** *vt & i* опроки́|дывать(ся), -нуть(ся); **he ~ped the cup over** он опроки́нул ча́шку; **the boat ~ped over** ло́дка переверну́лась; **~ up** *vt & i* наклон|я́ть(ся), -и́ть(ся); **he ~ped his plate up** он наклони́л таре́лку.
● *cpd* **~-up** *adj*: **a ~-up seat** откидно́е сиде́нье.

tip[3] /tɪp/ *n* **1** (*piece of advice, recommendation*) сове́т; намёк; **shall I give you a ~?** хоти́те сове́т?
2 (*gratuity*) чаев|ы́е (*pl, g* -ы́х); **I gave the porter a ~** я дал носи́льщику чаевы́е (*or* на чай).
● *vt* (**tipped, tipping**)
1 (*Br coll, give*): **~ me the wink when you're ready** да́йте мне знак, когда́ вы бу́дете гото́вы.
2 (*Br, mention as likely winner*): **he always ~ped the winner** он всегда́ уга́дывал победи́теля; **the horse was ~ped to win** предска́зывали, что победи́т э́та ло́шадь.
3 (*remunerate*) да|ва́ть, -ть чаевы́е (*or* на чай) + *d*; **the driver expects to be ~ped** шофёр рассчи́тывает на чаевы́е.
● *with adv*: **~ off** (*coll*) предупре|жда́ть, -ди́ть.
● *cpd* **~-off** *n*: **the police had a ~-off** поли́цию предупреди́ли.

tipper[1] /'tɪpə(r)/ *n* (*vehicle*) самосва́л.

tipper[2] /'tɪpə(r)/ *n*: **he is a generous ~** он ще́дро раздаёт чаевы́е.

tippet /'tɪpɪt/ *n* (*woman's*) мехова́я пелери́на/наки́дка; (*official's*) паланти́н.

Tipp-Ex, Tippex /'tɪpeks/ *n* (*Br propr*) корректи́рующая жи́дкость.

tipple /'tɪp(ə)l/ *n* напи́ток, питьё.
● *vi* выпива́ть (*impf*).

tippler /'tɪplə(r)/ *n* пьянчу́жка (*cg*).

tipsiness /'tɪpsɪnɪs/ *n* лёгкое опьяне́ние.

tipster /'tɪpstə(r)/ *n* (*at races*) «жучо́к» (*на скачках*).

tipsy /'tɪpsɪ/ *adj* (**tipsier, tipsiest**) (*attr*) подвы́пивший; (*pred*) навеселе́, в подпи́тии.

tirade /taɪ'reɪd, tɪ-/ *n* тира́да.

tire[1] /'taɪə(r)/ (*US*) = **tyre**

tire[2] /'taɪə(r)/ *vt* утом|ля́ть, -и́ть; (*bore*) надо|еда́ть, -е́сть + *d*; **the walk ~d me** прогу́лка утоми́ла меня́; **I'm ~d out** я соверше́нно вы́мотался (*coll*); **you will soon get ~d of him** он вам ско́ро надое́ст; вы ско́ро от него́ уста́нете; **I had a tiring day** у меня́ был утоми́тельный/тру́дный день; **I am ~d of being idle** мне надое́ла пра́здность.
● *vi* утом|ля́ться, -и́ться; уст|ава́ть, -а́ть; **she ~s easily** она́ бы́стро устаёт; **I shall never ~ of that music** э́та му́зыка мне никогда́ не надое́ст.

tiredness /'taɪədnɪs/ *n* уста́лость.

tireless /'taɪəlɪs/ *adj* неутоми́мый.

tiresome /'taɪəsəm/ *adj* надое́дливый, ну́дный.

tissue /'tɪʃu:, 'tɪsju:/ *n* **1** (*textiles, biol*) ткань; **~ paper** то́нкая обёрточная бума́га; папиро́сная бума́га; **face ~** бума́жная салфе́тка; **toilet ~** туале́тная бума́га. **2** (*fig*) паути́на; сеть; **a ~ of lies** паути́на лжи.

tit[1] /tɪt/ *n* (*bird*) сини́ца.

tit[2] /tɪt/ *n* (*vulg, breast*) си́ська (*coll*).

tit[3] /tɪt/ *n*: **~ for tat** зуб за зуб.

titan /'taɪt(ə)n/ *n* (*person*) тита́н; (*thing*) гига́нт.

titanic /taɪ'tænɪk, tɪ-/ *adj* (*fig*) (*battle, struggle, etc.*) титани́ческий; (*in size*) гига́нтский, грома́дный; (*in power*) мощне́йший; (*outstanding*) колосса́льный.

titanium /taɪ'teɪnɪəm, tɪ-/ *n* (*chem*) тита́н.

titbit /'tɪtbɪt/ (*US* **tidbit**) *n* ла́комый кусо́чек; (*fig*): **a ~ of news** пика́нтная но́вость.

titch, tich /tɪtʃ/ *n* (*Br*) коро́тышка (*cg*).

titchy /'tɪtʃɪ/ *adj* (**titchier, titchiest**) (*Br*) низкоро́слый.

tithe /taɪð/ *n* (*tax*) десяти́на.

titillate /'tɪtɪˌleɪt/ *vt* (*tickle*) щекота́ть (*impf*); (*excite*) прия́тно возбу|жда́ть, -ди́ть.

titillation /ˌtɪtɪ'leɪʃ(ə)n/ *n* прия́тное возбужде́ние.

titivate /'tɪtɪˌveɪt/ *vi* прихора́шиваться (*impf*).

title /'taɪt(ə)l/ *n* **1** (*name of book etc.*) загла́вие; назва́ние; (*published book, magazine*) кни́га; журна́л. **2** (*indicator of rank, occupation, status, etc.*) зва́ние, ти́тул; **the ~ of champion** зва́ние чемпио́на. **3** (*legal right or claim*) пра́во; **what is his ~ to the property?** на како́м основа́нии он претенду́ет на э́ту со́бственность?
● *cpds* **~ deed** *n* докуме́нт, подтвержда́ющий пра́во со́бственности; **~-holder** *n* чемпио́н; **~ page** *n* ти́тульный лист; **~ role** *n* загла́вная роль.

titled /'taɪt(ə)ld/ *adj* титуло́ванный.

titmouse /'tɪtmaʊs/ *n* (*pl* **titmice** /-maɪs/) сини́ца.

titter /'tɪtə(r)/ *n* хихи́канье.
● *vi* хихи́кать (*impf*).

tittle /'tɪt(ə)l/ *n*: **not one jot or ~** ни ка́пельки.
● *cpd* **~-tattle** *n* спле́т|ни (*pl, g* -ен); *vi* спле́тничать (*impf*).

titular /'tɪtjʊlə(r)/ *adj* (*in name only*) номина́льный.

tiz(zy) /'tɪz(ɪ)/ *n* возбужде́ние, ажиота́ж (*coll*); **she got into a ~** она́ пришла́ в стра́шное возбужде́ние.

TNT (*abbr of* ***trinitrotoluene***) троти́л, тол, тринитротолуо́л.

to /tə, *before a vowel* tʊ, *emphatic* tu:/ *adv*
1 (*into closed position*): **draw the curtains ~!** задёрните занаве́ски!
2: **~ and fro** взад и вперёд; **he went ~ and fro in his search for a compromise** он колеба́лся в своём вы́боре, ища́ компроми́ссное реше́ние.
● *prep* **1** (*expressing indirect obj, recipient*): *usu expressed by d case*; **a letter ~ my wife** письмо́ мое́й жене́; **it was a surprise ~ him** для него́ э́то бы́ло неожи́данностью; **~ me that is absurd** по-мо́ему, э́то глу́по; **a monument ~ Pushkin** па́мятник Пу́шкину; (*expressing support*): **a toast ~ the workers** тост за рабо́тников; **here's ~ our victory** за на́шу побе́ду (*тост*).
2 (*expressing destination*) (*i*) (*with place names, countries, areas, institutions, places of study or entertainment*) в + *a*; **~ Moscow** в Москву́; **~ Russia** в Росси́ю; **~ the Crimea** в Крым; **~ the theatre** (*Br*), **theater** (*US*) в теа́тр; **~ school** в шко́лу; **he was elected ~ the council** его́ вы́брали в сове́т; (*expressing direction*): **the road ~ London** доро́га в Ло́ндон; (*ii*) (*with islands, peninsulas, mountain areas of Russia, planets, points of the compass, left and right, places considered as activity or function, some places of employment*) на + *a*; **~ Cyprus** на Кипр; **~ the Caucasus** на Кавка́з; **back ~ earth** обра́тно на Зе́млю; **turn ~ the right!** поверни́те напра́во!; **~ a concert** на конце́рт; **~ war** на войну́; **~ the factory** на заво́д/фа́брику; **~ the station** на ста́нцию; **he was appointed ~ a new post** его́ назна́чили на но́вое ме́сто; **he set the lines ~ music** он положи́л э́ти стихи́ на му́зыку; (*iii*) (*with persons*) к + *d*; **he went ~ his parents'** он пое́хал к роди́телям; (*towards*) к + *d*; **pull the chair up ~ the table!** пододви́ньте стул к столу́!; **he went up ~ the house** он подошёл к до́му; **she went ~ the door** она́ подошла́ к две́ри.
3 (*expressing limit or extent of movement*: *up to, as far as, until*) до + *g*; на + *a*; по + *a*; **is it far ~ town?** до го́рода далеко́?; **we stayed ~ the end** мы про́были до конца́; **he was in the water (up) ~ his waist** он стоя́л по по́яс в воде́; **you will get soaked ~ the skin** вы промо́кните до косте́й/ни́тки; **~ the bottom** на са́мое дно; **from 10 ~ 4** с десяти́ до четырёх; **from morning ~ night** с утра́ до́ ночи; **ten (minutes) ~ six** (*Br*) без десяти́ (мину́т) шесть; **from April ~ June** с апре́ля по ию́нь.
4 (*expressing end state*): **smash ~ pieces** разб|ива́ть, -и́ть на куски́; **drive ~ distraction** дов|оди́ть,-ести́ до отча́яния; **torn ~ shreds** разо́рванный в кло́чья (*or* на куски́); **from bad ~ worse** всё ху́же и ху́же.
5 (*expressing response*) на + *a*; к + *d*; **an answer ~ my letter** отве́т на моё письмо́; **what do you say ~ that?** что вы на э́то ска́жете?; **deaf ~ entreaty** глухо́й к мольба́м.
6 (*expressing result or reaction*) к + *d*; **~ my surprise** к моему́ удивле́нию; **~ everyone's disappointment** ко всеобщему разочарова́нию; **it is ~ your advantage** э́то в ва́ших интере́сах; **~ no avail** напра́сно.
7 (*expressing appurtenance, attachment, suitability*) к + *d*; от + *g*; в + *a*; **the preface ~ the book** предисло́вие к кни́ге; **the key ~ the door** ключ от

двéри; **the key ~ his heart** ключ к егó сéрдцу; **there's nothing ~ it** (*coll, it presents no problem*) здесь нет ничегó трýдного; это пáра пустякóв.
8 (*expressing reference or relationship*): **he is good ~ his employees** он хорошó относится к своим сотрýдникам; **soft ~ the touch** мягкий на óщупь; **attention ~ detail** внимáние к детáлям; **ready ~ hand** (находящийся) под рукóй; **secretary ~ the director** секретáрь дирéктора; **close ~** близкий к + *d*.
9 (*expressing comparison*) по сравнéнию с + *i*; **the expense is nothing ~ what it might have been** расхóд ничтóжен по сравнéнию с тем, какúм он мог бы быть.
10 (*expressing ratio or proportion*): **ten ~ one he won't succeed** дéсять прóтив одногó, что емý это не удáстся; **this car does 30 (miles) ~ the gallon** эта машина дéлает 30 миль на галлóн; **there are some 200 yens ~ the pound** один фунт рáвен примéрно двумстáм иéнам.
11 (*expressing score*) на + *a*; **we won by six goals ~ four** мы выиграли со счётом 6:4.
12 (*expressing accompaniment*) под + *a*; **I fell asleep ~ the sound of lively conversation** я заснýл под оживлённый разговóр; **he tapped his foot ~ the music** он отбивáл такт ногóй под мýзыку.
13 (*expressing position*): **~ my right** спрáва от меня; **~ the south of Minsk** к югу от Минска.
● *particle with v forming inf*
1 (*as subj or obj of v*): **~ err is human** человéку свóйственно ошибáться; **he learnt ~ swim** он научился плáвать.
2 (*as extension of adj*): **this book is easy ~ read** эта книга легкó читáется; **too hot ~ touch** такóй горячий, что не дотрóнуться.
3 (*expressing purpose*) (с тем *or* для тогó), чтóбы…; (*with inf only*): **I came ~ help** я пришёл(, чтóбы) помóчь; **I have come ~ talk to you** я пришёл (, чтóбы) поговорить с вáми; (*expressing request*): **I asked him ~ help** я попросил егó помóчь; (*expressing result, sequel*): **I arrived only ~ find him gone** когдá я приéхал, оказáлось, что егó ужé нет; **he disappeared, never ~ return** он исчéз и никогдá ужé не возвращáлся.
4 (*as substitute for rel clause*): **he was first ~ arrive and last ~ leave** он прибыл пéрвым и уéхал послéдним; **the captain was the next man ~ die** слéдующим ýмер капитáн.
5 (*as substitute for complete inf*): **I was going ~ write but I forgot ~** я собирáлся написáть, но забыл.

toad /təʊd/ *n* жáба.
● *cpds* **~-in-the-hole** *n* (*Br*) сосиска, запечённая в тéсте; **~stool** *n* погáнка.

toady /ˈtəʊdɪ/ *n* лизоблюд, подхалим.
● *vi* подлизываться (*impf*) (*к комý*).

toast¹ /təʊst/ *n* (*toasted bread*) тост, грéнка.
● *vt* поджáри|вать, -ть; **~ing fork** длинная вилка; **he ~ed his toes by the fire** он грел нóги у камина.
● *cpd* **~ rack** *n* подстáвка для грéнок.

toast² /təʊst/ *n* (*drinking in honour*) тост; (*drinking of health*) заздрáвный тост, здрáвица; **propose a ~ to** (*in s.o.'s honour*) предл|агáть, -ожить тост за + *a*; (*to s.o.'s health*) предл|агáть, -ожить здрáвицу за + *a*; **drink a ~ to sth** пить, вы- за что-н.
● *vt* пить, вы- за (*чьё-н.*) здорóвье.
● *cpd* **~master** *n* тамадá.

toaster /ˈtəʊstə(r)/ *n* (*machine*) тóстер.

tobacco /təˈbækəʊ/ *n* (*pl* **~s**) табáк.
● *cpd* **~ pouch** *n* кисéт.

tobacconist /təˈbækənɪst/ *n* (*Br*) торгóвец табáчными издéлиями.

Tobago /təˈbeɪɡəʊ/ *see* ⇒**Trinidad**

toboggan /təˈbɒɡən/ *n* сáн|и (*pl, g* -éй); тобóгган, тобогáн.
● *vi* катáться (*impf*) на санях.

toccata /təˈkɑːtə/ *n* токкáта.

tocsin /ˈtɒksɪn/ *n* набáт.

today /təˈdeɪ/ *adv* & *n* сегóдня; сегóдняшний день; **what's ~?** какóй сегóдня день?; **~'s newspaper** сегóдняшняя газéта; **from ~ on** с сегóдняшнего дня; (*fig, the present time*) настоящее врéмя, сегóдня; **young people of ~** совремéнная молодёжь.

toddle /ˈtɒd(ə)l/ *vi* (*of young child*) ковылять (*impf*); (*coll, walk*) прогýл|иваться, -яться; **I'll just ~ down to the shop** я тóлько сбéгаю в магазин; я пройдýсь до магазина.

toddler /ˈtɒdlə(r)/ *n* ребёнок, начинáющий ходить.

toddy /ˈtɒdɪ/ *n* (*also* **hot ~**) тóдди (*nt indecl*), пунш; (*also* **palm ~**) арáк.

to-do /təˈduː/ *n* (*pl* **to-dos**) шум; суетá; **what's all the ~?** из-за чегó весь этот шум?

toe /təʊ/ *n* **1** (*of foot*) пáлец (ноги); **big ~** большóй пáлец (ноги); **little ~** мизинец (ноги); **tread on s.o.'s ~s** (*fig, offend*) наступ|áть, -ить на любимую мозóль (*комý*); **on one's ~s** (*fig*) начекý. **2** (*of shoe or sock*) носóк.
● *vt* (**toes, toed, toeing**): **~ the line** (*fig, conform*) ходить (*indet*) по стрýнке (*coll*).
● *cpds* **~cap** *n* носóк; **~hold** *n* опóра; тóчка опóры; **~nail** *n* нóготь (*m*) на пáльце ноги.

> **TOEFL — Test of English as a Foreign Language**
>
> Экзáмен по английскому языкý, котóрый должны сдавáть инострáнцы, поступáющие в америкáнские университéты.

toff /tɒf/ *n* (*Br coll*) ≈ бáрин, джентльмéн (*неодобрительно*).

toff|ee, -y /ˈtɒfɪ/ *n* (*substance*) тóффи (*nt indecl*); ирис; (*single sweet*) ириска; **he can't shoot for ~** (*Br coll*) он никудышный стрелóк.

tofu /ˈtəʊfuː/ *n* тóфу (*nt indecl*), сóевый твóрóг.

tog /tɒɡ/ (*coll*) *n* (*in pl*) одéжда.
● *vt with advs* (**togged, togging**) наря|жáть, -дить, выряжáть, вырядить; **we got him ~ged out for school** мы нарядили егó в шкóлу; **he ~ged himself up in a dinner jacket** он вырядился в смóкинг.

toga /ˈtəʊɡə/ *n* тóга.

together /təˈɡeðə(r)/ *adv* **1** (*in company*) вмéсте, сообщá; **they get on well ~** они лáдят друг с дрýгом; **they were living ~** (*as man and wife*) они жили вмéсте; **~ with** (*in addition to*) вмéсте с + *i*. **2** (*simultaneously*) одноврéмéнно. **3** (*in succession*) подряд, непрерывно; **he was away for weeks ~** он был в разъéздах недéлями.

togetherness /təˈɡeðənɪs/ *n* товáрищество, единство; (*in family*) блúзость.

toggle /ˈtɒɡ(ə)l/ *n* **1** (*e.g. on a coat*) деревянная застёжка. **2** (*comput*) тýмблер.

toil /tɔɪl/ *n* (тяжёлый) труд.
● *vi* **1** (*work hard or long*) трудиться (*impf*). **2** (*move with difficulty*) тащиться (*impf*); **they ~ed up the hill** они втащились на холм.

toiler /ˈtɔɪlə(r)/ *n* трýжени|к (*fem* -ца).

toilet /ˈtɔɪlɪt/ *n* **1** (*process of dressing, arranging hair, etc.*) туалéт; **~ articles** туалéтные принадлéжности; **~ soap** туалéтное мыло. **2** (*lavatory*) туалéт.
● *cpds* **~ paper** *n* туалéтная бумáга; **~ roll** *n* рулóн туалéтной бумáги.

toiletries /ˈtɔɪlɪtrɪz/ *n pl* туалéтные принадлéжности.

toilette /twɑːˈlet/ *n* туалéт.

toing and froing /ˌtuːɪŋ ənd ˈfrəʊɪŋ/ *n* хождéние/簡 ездá тудá и сюдá (*or* взад и вперёд); (*bustle*) суетá.

token /ˈtəʊkən/ *n* **1** (*sign, evidence, guarantee*) знак, символ; **in ~ of my friendship** в знак моéй дрýжбы; **by the same ~** (*moreover*) к томý же; (*similarly*) по той же причине.
2 (*keepsake, memento*) сувенир.
3 (*substitute for coin*) жетóн. **4** (*attr*) символический; **they put up a ~ resistance** они оказáли лишь видимость сопротивлéния.

tokenism /ˈtəʊkəˌnɪz(ə)m/ *n* символический жест.

Tokyo /ˈtəʊkjəʊ, -kɪˌəʊ/ *n* Тóкио (*m indecl*); (*attr*) токийский.

told /təʊld/ *past and pp of* ⇒**tell**

tolerable /ˈtɒlərəb(ə)l/ *adj* (*endurable*) терпимый, выносимый; (*fairly good*) терпимый, снóсный.

tolerance /ˈtɒlərəns/ *n* (*forbearance*) терпимость, толерáнтность; (*resistance to adverse conditions, drugs, etc.*) выносливость; (*tech, permissible variation*) дóпуск; допустимое отклонéние.

tolerant /ˈtɒlərənt/ *adj* терпимый, толерáнтный; **he is not very ~ of criticism** он не тéрпит критики.

tolerate /ˈtɒləˌreɪt/ *vt* (*endure*) терпéть (*impf*); (*permit*) допус|кáть, -тить; (*sustain without harm*) перен|осить, -ести.

toleration /ˌtɒləˈreɪʃ(ə)n/ *n* терпимость, толерáнтность.

toll¹ /təʊl/ *n* (*tax*) пóшлина, сбор; **~ call** (*US*) междугорóдный разговóр; **age is taking its ~** вóзраст начинáет скáзываться; гóды/годá берýт своё; **the ~ of the road** (*accident rate*) стати́стика доро́жных происше́ствий (*количество жертв*).

● *cpds* **~ gate** *n* заста́ва; **~ bridge** *n* пла́тный мост, мост с пла́тным прое́здом; **~-free** *adj* (*US*) беспла́тный; **~ road** *n* пла́тная доро́га.

toll² /təʊl/ *n* (*of bell*) колоко́льный звон; бла́говест.

● *vt* звони́ть (*impf*) в + *a*; **the bell ~ed the hours** ко́локол отбива́л часы́.

● *vi* звони́ть (*impf*).

Tom /tɒm/ *n* **1**: **any ~, Dick, or Harry** ка́ждый; пе́рвый встре́чный; **peeping ~** соглядата́й. **2** (**T~:** *male cat*) кот.

● *cpds* **~boy** *n* девчо́нка-сорване́ц; **~cat** *n* кот; **~fool** *n* дура́к, шут; *vi* дура́читься (*impf*); **~foolery** *n* дура́чество, шутовство́; **~tit** *n* сини́ца.

tomahawk /ˈtɒmə,hɔːk/ *n* томага́вк.

● *vt* уд|аря́ть, -а́рить (*or* уб|ива́ть, -и́ть) томага́вком.

tomato /təˈmɑːtəʊ/ *n* (*pl* **~es**) помидо́р; **~ paste/purée** тома́тная па́ста; **~ sauce/juice** тома́тный со́ус/сок.

tomb /tuːm/ *n* моги́ла; (*monument*) мавзоле́й.

● *cpd* **~stone** *n* (*standing*) надгро́бный па́мятник; (*laid over*) надгро́бная плита́.

tombola /tɒmˈbəʊlə/ *n* (*Br*) лотере́я.

tome /təʊm/ *n* (*literary*) том.

tommy /ˈtɒmɪ/ *n* (**T~:** *private soldier*) рядово́й (*в британской армии*).

● *cpd* **~ gun** *n* автома́т.

tomography /təˈmɒgrəfɪ/ *n* томогра́фия.

tomorrow /təˈmɒrəʊ/ *adv* & *n* за́втра; за́втрашний день; **~ morning** за́втра у́тром; **the day after ~** послеза́втра; **until ~** до за́втра; **~'s weather** за́втрашняя пого́да; **~ week** (*Br*) че́рез 8 дней; (*fig, future*) бу́дущее, за́втра.

tom-tom /ˈtɒmtɒm/ *n* тамта́м.

ton /tʌn/ *n* то́нна; (*fig*): **he has ~s of money** у него́ ку́ча де́нег; **he came down on me like a ~ of bricks** он принялся́ устра́ивать мне разно́с по по́лной програ́мме.

tonal /ˈtəʊn(ə)l/ *adj* (*mus*; *of colours*) тона́льный.

tonality /təˈnælɪtɪ/ *n* тона́льность.

tone /təʊn/ *n* **1** (*quality of sound*) тон; (*mus interval*) звук, тон; (*intonation*) го́лос, тон (*pl* то́ны *in these senses*); (*teleph*) гудо́к. **2** (*character*) хара́ктер, стиль (*m*); **the debate took on a serious ~** диску́ссия приобрела́ серьёзный хара́ктер. **3** (*respectability, class*) тон. **4** (*shade of colour*) отте́нок, тон (*pl* -а́). **5** (*med*) то́нус.

● *vi* гармони́ровать (*impf*).

● *with advs*: **~ down** *vt* смягч|а́ть, -и́ть; осл|абля́ть, -а́бить; **~ in** *vi* гармони́ровать (*impf*); **~ up** *vt* укреп|ля́ть, -и́ть; тонизи́ровать (*impf*).

● *cpds* **~-deaf** *adj* лишённый музыка́льного слу́ха; **~ poem** *n* симфони́ческая поэ́ма.

toneless /ˈtəʊnlɪs/ *adj* моното́нный.

toner /ˈtəʊnə(r)/ *n* (*xerographic*) то́нер.

tongs /tɒŋz/ *n pl* щипц|ы́ (*pl, g* -о́в).

tongue /tʌŋ/ *n* **1** (*lit, and as food*) язы́к; **put/stick one's ~ out** высо́вывать, вы́сунуть (*or* пока́з|ывать, -а́ть) язы́к; (*diminutive, e.g. baby's*) язычо́к.
2 (*fig, article so shaped*) язы́к, язычо́к; **~s of flame** языки́ пла́мени; **the ~ of a shoe** язычо́к боти́нка.
3 (*fig, faculty or manner of speech*) язы́к, речь; **she has a sharp ~** у неё о́стрый язы́к; **he spoke with his ~ in his cheek** он говори́л со скры́той ирони́ей; **have you lost your ~?** вы что, язы́к проглоти́ли?; **hold your ~!** придержи́те язы́к!, помолчи́те!
4 (*language*) язы́к; **mother/native ~** родно́й язы́к.

● *cpds* **~-lashing** *n* разно́с; **~-tied** *adj* лиши́вшийся да́ра ре́чи; **he was ~-tied** он как язы́к проглоти́л; **~-twister** *n* скорогово́рка.

tonic /ˈtɒnɪk/ *n* **1** (*medicine*) тонизи́рующее сре́дство; (*fig*) подде́ржка, утеше́ние; **the news was a ~ to us all** но́вость приободри́ла нас. **2** (**~ water**) то́ник. **3** (*mus*) то́ника.

● *adj*: **the ~ quality of sea air** тонизи́рующее сво́йство морско́го во́здуха; **~ sol-fa** сольфе́джио (*indecl*).

tonight /təˈnaɪt/ *adv* & *n* (*this evening*) сего́дня ве́чером; сего́дняшний ве́чер; (*this night*) сего́дня но́чью; сего́дняшняя ночь; **it's cold ~** ве́чер сего́дня холо́дный; **it will rain ~** ве́чером пойдёт дождь; **~'s concert** конце́рт сего́дня ве́чером.

tonnage /ˈtʌnɪdʒ/ *n* (*internal capacity*) тонна́ж.

tonne /tʌn/ *n* (метри́ческая) то́нна.

tonsil /ˈtɒns(ə)l, -sɪl/ *n* (нёбная) минда́лина, гла́нда; **has he had his ~s out?** ему́ вы́резали/удали́ли минда́лины/гла́нды?

tonsillectomy /,tɒnsɪˈlektəmɪ/ *n* тонзиллэктоми́я, удале́ние минда́лин.

tonsillitis /,tɒnsɪˈlaɪtɪs/ *n* тонзилли́т, анги́на.

tonsure /ˈtɒnsjə(r), ˈtɒnʃə(r)/ *n* тонзу́ра.

● *vt* выбрива́ть, вы́брить тонзу́ру + *d*.

too /tuː/ *adv* **1** (*also*) та́кже, то́же.
2 (*moreover*) к тому́ же; бо́лее того́; **and him a married man, ~!** к тому́ же он жена́тый! **3** (*US coll, indeed*) действи́тельно; **'You haven't washed!' — 'I have ~!'** «Ты не вы́мылся!» — «Нет, вы́мылся!». **4** (*excessively*) сли́шком; **it's ~ cold for swimming** сли́шком хо́лодно, что́бы купа́ться; **am I ~ late for dinner?** я не опозда́л к у́жину?; **that is ~ much!** э́то уж сли́шком/чересчу́р!; **he had one (drink) ~ many** он вы́пил ли́шнего.
5 (*very*) о́чень; кра́йне; **you are ~ kind** вы о́чень до́бры; **I'm not ~ sure** я не совсе́м уве́рен; **~ bad!** (о́чень) жаль!

took /tʊk/ *past of* ⇒**take**

tool /tuːl/ *n* **1** (*implement*) инструме́нт, ору́дие; (*in pl, collect*) инструме́нт; **~s of one's trade** (*fig*) ору́дия труда́; **a bad workman blames his ~s** у плохо́го ма́стера всегда́ инструме́нт винова́т; **(machine ~)** стано́к; (*cutting part of lathe etc.*) резе́ц.
2 (*in pl, comput*) се́рвис.
3 (*fig, means, aid*) ору́дие.
4 (*fig, person used by another*) ору́дие; марионе́тка; **he was a mere ~ in their hands** он был лишь ору́дием в их рука́х.

● *vt* **1** (*ornament*) вытисня́ть, вы́тиснить узо́р на + *p*; **the book was finely ~ed** переплёт кни́ги был укра́шен изя́щным тисне́нием.
2 (*equip with machinery*) обору́довать (*impf, pf*), осна|ща́ть, -сти́ть; **the factory was ~ed up for new production** фа́брику оснасти́ли/обору́довали для вы́пуска но́вой проду́кции.

● *cpds* **~ bag** *n* су́мка для инструме́нтов; **~bar** *n* (*comput*) пане́ль инструме́нтов; **~box** *n* я́щик для инструме́нтов; **~ shed** *n* сара́й для инструме́нтов.

tooling /ˈtuːlɪŋ/ *n* (*on book cover*) ручно́е тисне́ние.

toot /tuːt/ *n* гудо́к; сигна́л.

● *vt*: **he ~ed the horn** он просигна́лил.

● *vi* гуде́ть (*impf*); да|ва́ть, -ть гудо́к.

tooth /tuːθ/ *n* (*pl* **teeth**) **1** зуб; (*diminutive, e.g. baby's*) зу́бик, зубо́к; **false teeth** вставны́е зу́бы; **she has a sweet ~** она́ сластёна/сладкое́жка; **I have a ~ loose** у меня́ шата́ется зуб; **he went to have a ~ out** он пошёл удали́ть зуб; **my ~ aches** у меня́ боли́т зуб.
2 (*fig*): **armed to the teeth** вооружённый до зубо́в; **fed up to the (back) teeth** сыт по го́рло; **in the teeth of heavy opposition** несмотря́ на серьёзное сопротивле́ние; **he sailed into the teeth of the gale** он поплы́л несмотря́ на штормово́й ве́тер; **I can't wait to get my teeth into the job** мне не те́рпится скоре́е приня́ться за рабо́ту; **he got away by the skin of his teeth** он чу́дом уцеле́л; ему́ е́ле-е́ле удало́сь убежа́ть/отде́латься; **they were fighting ~ and nail** они́ драли́сь не на жизнь, а на смерть; **he's a bit long in the ~** он уже́ не пе́рвой мо́лодости; **it sets my teeth on edge** (*lit*) от э́того у меня́ сво́дит рот; (*fig*) от э́того меня́ всего́ передёргивает; **it was not long before he showed his teeth** он вско́ре показа́л ко́гти.
3 (*of a saw, gear, comb, etc.*) зуб, зубе́ц.

● *cpds* **~ache** *n* зубна́я боль; **he had a bad ~ache** у него́ о́чень боле́ли зу́бы; **~brush** *n* зубна́я щётка; **~comb** *n* (*Br*): **I've been through this book with a (fine) ~comb** (*US* **fine-~(ed) comb**) я проштуди́ровал э́ту кни́гу о́чень основа́тельно; **~paste** *n* зубна́я па́ста; **~pick** *n* зубочи́стка.

toothsome /ˈtuːθsəm/ *adj* вку́сный, ла́комый.

toothy /ˈtuːθɪ/ *adj* (**toothier, toothiest**) зуба́стый.

top¹ /tɒp/ *n* **1** (*summit; highest or upper part*) верх (*pl* -и́); верху́шка, верши́на; (*of hill, tree, head*) маку́шка (*coll*); **at the ~ of the hill** на верши́не холма́; **the ~s of the trees** верху́шки дере́вьев; **they climbed to the very ~** они́ взобрали́сь на са́мый верх; **the soldiers went over the ~** солда́ты

t

пошли́ в ата́ку из транше́й; **at the ~ of the page** в нача́ле страни́цы; **his name was (at the) ~ of the list** его́ и́мя бы́ло пе́рвым в спи́ске; **she cleaned the house from ~ to bottom** она́ тща́тельно убрала́ дом; **he has no hair on (the) ~ (of his head)** у него́ (на маку́шке) плешь; **he blew his ~** (*sl*) он вы́шел из себя́; он распсихова́лся; **from ~ to toe** с головы́ до пят.
2 (*fig, highest rank, foremost place*) веду́щее положе́ние; пе́рвое ме́сто; **he came ~ of the class** он стал пе́рвым в кла́ссе; **they put him at the ~ of the table** его́ посади́ли во главе́ стола́; **he reached the ~ of his profession** он за́нял веду́щее положе́ние в свое́й о́бласти.
3 (*fig, utmost degree, height*) верх; **at the ~ of his voice** во весь го́лос; **he was at the ~ of his form** (*of athlete etc.*) он был в прекра́сной фо́рме; **(the) ~s** (*coll, the very best*) верх соверше́нства.
4 (*upper surface*) пове́рхность; верх; **on ~** (*lit*) наверху́; **he put the book on ~** он положи́л кни́гу наве́рх/све́рху; (*fig*): **I feel on ~ of the world** я чу́вствую себя́ на седьмо́м не́бе; **I'm getting on ~ of my work** я начина́ю справля́ться с рабо́той; **on ~ of everything I caught a cold** вдоба́вок ко всему́ я ещё (и) простуди́лся.
5 (*lid, cover*) верх; кры́шка; (*hood of car*) кры́ша; **I can't get the ~ off this jar** я не могу́ снять кры́шку с э́той ба́нки; **the ~ to my pen** колпачо́к от ру́чки; **a bus with an open ~** авто́бус с откры́тым ве́рхом.
6 (*upper leaves of plant*) ботва́; **turnip ~s** ботва́ ре́пы.
7 (*Br*, **~ gear**) вы́сшая/пряма́я переда́ча; **the car won't take this hill in ~** маши́на не возьмёт э́тот подъём на прямо́й переда́че.
8: **the big ~** (*circus tent*) шапито́ (*indecl*).
9 (*attr; see also cpds*): **~ dog** (*coll*) гла́вный; **~ drawer** ве́рхний я́щик; (*fig*): **his family comes out of the ~ drawer** его́ семья́ принадлежи́т к вы́сшему кла́ссу; **~ hat** цили́ндр; **~ secret** соверше́нно секре́тный; **at ~ speed** на максима́льной ско́рости; **~ table** стол для почётных госте́й.
● *vt* (**topped, topping**)
1 (*serve as ~ to*) венча́ть, у-; **a church ~ped by a steeple** це́рковь, уве́нчанная шпи́лем.
2 (*remove ~ of*) ср|еза́ть, -е́зать верху́шку + *g*; **~ and tail gooseberries** (*Br*) чи́стить, по- крыжо́вник.
3 (*reach ~ of*) дост|ига́ть, -и́гнуть верши́ны + *g*.
4 (*be higher than; exceed*) прев|ыша́ть, -ы́сить; **the mountains ~ 5,000 ft** го́ры вы́ше пяти́ ты́сяч фу́тов; **he ~ped 60 mph** он де́лал бо́льше шести́десяти миль в час; (*fig, surpass*) прев|осходи́ть, -зойти́; **it ~ped all my expectations** э́то превзошло́ все мои́ ожида́ния.
● *with advs*: **~ up** *vt* дол|ива́ть, -и́ть; нап|олня́ть, -о́лнить; **may I ~ up your glass (*or* ~ you up)?** вам doли́ть?; *vi* запр|авля́ться, -а́виться; **he stopped to ~ up and drove on** он останови́лся запра́виться, и пое́хал да́льше.
● *cpds* **~coat** *n* (*garment*) пальто́ (*indecl*); (*of paint*) ве́рхний слой; **~ dressing** *n* подко́рмка; **~-flight** *adj* первокла́ссный, наилу́чший; **~gallant** *n* брам-сте́ньга; **~-heavy** *adj* неусто́йчивый; переве́шивающий в ве́рхней ча́сти; **~knot** *n* чуб; пучо́к воло́с/пе́рьев; **~mast** *n* сте́ньга; **~-notch** *adj* первокла́ссный; **~-ranking** *adj* вы́сшего ра́нга; высокопоста́вленный; **~sail** *n* то́псель (*m*); **~side** *n* (*Br, of beef*) говя́жья груди́нка; **~soil** *n* па́хотный слой; **~-up** *n* (*Br*): **can I give you a ~?** вам доли́ть?

top² /tɒp/ *n* (*toy*) волчо́к; **I slept like a ~** я спал как уби́тый.

topaz /ˈtəʊpæz/ *n* топа́з; (*attr*) топа́зовый.

topiary /ˈtəʊpɪərɪ/ *adj*: **the ~ art** фигу́рная стри́жка кусто́в.

topic /ˈtɒpɪk/ *n* те́ма; предме́т обсужде́ния.

topical /ˈtɒpɪk(ə)l/ *adj* актуа́льный; злободне́вный.

topless /ˈtɒplɪs/ *adj* **1** (*of unlimited height*) о́чень высо́кий. **2** (*of dress*) без ли́фа, обнажа́ющий грудь; (*of person, also as adv*) с обнажённой гру́дью, то́плес.

topmost /ˈtɒpməʊst/ *adj* (*highest*) са́мый ве́рхний; (*most important*) са́мый ва́жный.

topographic(al) /ˌtɒpəˈgræfɪk, ˌtɒpəˈgræfɪk(ə)l/ *adj* топографи́ческий.

topography /təˈpɒgrəfɪ/ *n* топогра́фия; (*features*) релье́ф.

topology /təˈpɒlədʒɪ/ *n* тополо́гия.

topper /ˈtɒpə(r)/ *n* (*coll, hat*) цили́ндр.

topping /ˈtɒpɪŋ/ *n* (*cul*) ве́рхний слой; (*sauce*) подли́вка.

topple /ˈtɒp(ə)l/ *vt* вали́ть, с-; **the dictator was ~d (from power)** дикта́тора сбро́сили.
● *vi* опроки́|дываться, -нуться; вали́ться, с-.

topsy-turvy /ˌtɒpsɪˈtɜːvɪ/ *adj* перевёрнутый вверх дном (*coll*).
● *adv* вверх дном; ши́ворот-навы́ворот.

toque /təʊk/ *n* **1** (*modern woman's hat*) (же́нская) шля́пка/ша́почка без поле́й; (*in Canada, as worn by both sexes*) вя́заная шерстяна́я ша́почка.
2 (*chefs' hat*) поварско́й колпа́к.
3 (*hist, cap*) ток (*старинный высокий головной убор без полей*).

Torah /ˈtɔːrə/ *n* (*relig*) То́ра.

torch /tɔːtʃ/ *n* фа́кел; (*fig*) све́точ; **she carried a ~ for him** она́ по нему́ со́хла (*coll*); **(*Br*, electric ~)** (электри́ческий) фона́рь; (*welding ~*) сва́рочная горе́лка.
● *cpds* **~-bearer** *n* фа́кельщик; (*fig*) просвети́тель (*m*); **~light** *n* свет фа́кела/фонаря́; **~ singer** *n* исполни́тельница жесто́ких рома́нсов.

tore /tɔː(r)/ *past of* **⇨tear²**

toreador /ˈtɒrɪəˌdɔː(r)/ *n* тореадо́р.

torment¹ /ˈtɔːment/ *n* муче́ние, терза́ния (*nt pl*); **a soul in ~** душа́, раздира́емая му́ками.

torment² /tɔːˈment/ *vt* му́чить (*impf*), терза́ть (*impf*); **the child was ~ing the cat** ребёнок му́чил ко́шку; **he was ~ed with jealousy** он терза́лся ре́вностью.

tormentor /tɔːˈmentə(r)/ *n* мучи́тель (*fem* -ница).

torn /tɔːn/ *pp of* **⇨tear²**

tornado /tɔːˈneɪdəʊ/ *n* (*pl* **~es** *or* **~s**) торна́до (*indecl*).

torpedo /tɔːˈpiːdəʊ/ *n* (*pl* **~es**) торпе́да.
● *vt* (**~es, ~ed**) (*lit*) торпеди́ровать (*impf, pf*); (*fig*) срыва́ть, сорва́ть; торпеди́ровать (*impf, pf*).
● *cpd* **~ boat** *n* торпе́дный ка́тер.

torpid /ˈtɔːpɪd/ *adj* вя́лый, апати́чный; (*in hibernation*) находя́щийся в состоя́нии спя́чки.

torp|idity /tɔːˈpɪdɪtɪ/, **-or** /ˈtɔːpə(r)/ *nn* вя́лость, апа́тия.

torque /tɔːk/ *n* (*mechanics*) враща́ющий моме́нт.

torrent /ˈtɒrənt/ *n* (*lit, fig*) пото́к; **the rain fell in ~s** шёл проливно́й дождь; **a ~ of abuse** пото́к оскорбле́ний.

torrential /təˈrenʃ(ə)l/ *adj*: **~ rain** проливно́й дождь.

torrid /ˈtɒrɪd/ *adj* жа́ркий, зно́йный; **~ zone** тропи́ческий по́яс; (*passionate*) стра́стный, пы́лкий.

torsi /ˈtɔːsiː/ *US pl of* **⇨torso**

torsion /ˈtɔːʃ(ə)n/ *n* (*process*) скру́чивание; (*state*) скру́ченность.

torso /ˈtɔːsəʊ/ *n* (*pl* **torsos** *or US also* **torsi**) ту́ловище, торс.

tort /tɔːt/ *n* дели́кт, гражда́нское провонаруше́ние.

tortoise /ˈtɔːtəs/ *n* черепа́ха; (*attr*) черепа́ший.
● *cpd* **~shell** *n* (*as material*) черепа́ха; *adj* черепа́ховый.

tortuous /ˈtɔːtjʊəs/ *adj* изви́листый.

tortu|ousness /ˈtɔːtjʊəsnɪs/, **-osity** /ˌtɔːtjʊˈɒsɪtɪ/ *nn* изви́листость.

torture /ˈtɔːtʃə(r)/ *n* (*physical*) пы́тка; **~ chamber** ка́мера пы́ток; **he was put to the ~** его́ подве́ргли пы́ткам; (*mental*) му́ки (*f pl*).
● *vt* пыта́ть (*impf*); му́чить (*impf*); **she was ~d with anxiety** её му́чила трево́га; **a ~d expression** выраже́ние му́ки.

torturer /ˈtɔːtʃərə(r)/ *n* мучи́тель (*m*), пала́ч.

Tory /ˈtɔːrɪ/ *n* (*coll*) то́ри (*m indecl*), консерва́тор; **the ~ party** консервати́вная па́ртия.

tosh /tɒʃ/ *n* (*Br coll*) вздор, чепуха́.

toss /tɒs/ *n* (*throw*) бросо́к; (*jerk*) толчо́к; **with a ~ of her head, she …** тряхну́в голово́й, она́… .
● *vt* **1** (*throw*) бр|оса́ть, -о́сить; кида́ть, ки́нуть; **the horse ~ed its rider** ло́шадь сбро́сила седока́; **they ~ed a coin to decide** они́ подки́нули моне́ту, что́бы реши́ть исхо́д де́ла; **~ing the caber** мета́ние ствола́ (*национальный вид спорта в Шотландии*).
2 (*rock, agitate*) швыр|я́ть, -ну́ть; **the**

t

ship was ~ed by the waves во́лны швыря́ли су́дно вверх и вниз.
● *vi* мета́ться (*impf*); **the child ~ed in its sleep** ребёнок мета́лся во сне; **a ship was ~ing on the waves** кора́бль кача́лся на волна́х.
● *with advs*: **~ about** *vi* мета́ться (*impf*); **~ aside, ~ away** *vvt* отбр|а́сывать, -о́сить; **~ off** *vt* (*drink*) выпива́ть, вы́пить за́лпом; (*do quickly*) де́лать, с- на́спех; **he ~ed off a glass of vodka** он вы́пил за́лпом сто́пку во́дки; **he can ~ off an article in five minutes** он спосо́бен наброса́ть статью́ за пять мину́т; **~ up** *vt* подбр|а́сывать, -о́сить; *vi*: **shall we ~ up to see who goes?** дава́йте бро́сим жре́бий, кому́ идти́.
● *cpd* **~-up** *n* нея́сный исхо́д; де́ло слу́чая.

tot¹ /tɒt/ *n* (*child*) малы́ш; (*Br, of liquor*) глото́к.

tot² /tɒt/: **~ up** (*Br*) *vt* (**totted, totting**) сост|авля́ть, -а́вить (*сумму*); сумми́ровать (*impf, pf*); **he ~ted up the figures** он подвёл ито́г.
● *vi* (**totted, totting**): **his expenses ~ted up to £5** его́ расхо́ды соста́вили 5 фу́нтов.

total /'təʊt(ə)l/ *n* су́мма, ито́г; **the grand ~ came to £200** о́бщая су́мма соста́вила 200 фу́нтов.
● *adj* о́бщий, по́лный; **the ~ figure** о́бщая ци́фра; **~ eclipse** по́лное затме́ние; **~ failure** по́лный прова́л; **~ war** тота́льная война́.
● *vt* (**totalled, totalling;** *US* **totaled, totaling**) **1** (*reckon, also* **~ up**) подсчи́т|ывать, -а́ть; подв|оди́ть, -ести́ ито́г; **he ~led (up) the bills** он подсчита́л счета́; **the visitors ~led several hundred** число́ посети́телей дости́гло не́скольких со́тен. **2** (*US coll, destroy completely*) спис|ывать, -а́ть.

totalitarian /təʊˌtælɪ'teərɪən/ *adj* тоталита́рный.

totalitarianism /təʊˌtælɪ'teərɪənɪz(ə)m/ *n* тоталитари́зм.

totality /təʊ'tælɪtɪ/ *n* (*sum total*) вся су́мма, о́бщее коли́чество; (*universality*) тота́льность; (*astron*) вре́мя по́лного затме́ния.

totalizator /'təʊtəlaɪˌzeɪtə(r)/ *n* тотализа́тор.

totally /'təʊtəlɪ/ *adv* соверше́нно, абсолю́тно, по́лностью.

tote¹ /təʊt/ (*coll*) = **totalizator**

tote² /təʊt/ *vt* (*US coll*) носи́ть, нести́ (*что-н. тяжёлое*).

totem /'təʊtəm/ *n* тоте́м.
● *cpd* **~ pole** *n* тоте́мный столб.

totter /'tɒtə(r)/ *vi* (*walk unsteadily*) ковыля́ть (*impf*); (*fig*) шата́ться (*impf*), пошатну́ться (*pf*).

tottery /'tɒtərɪ/ *adj* неусто́йчивый; на гра́ни паде́ния.

toucan /'tu:kən/ *n* (*zool*) тука́н.

touch /tʌtʃ/ *n* **1** (*contact; light pressure of hand etc.*) прикоснове́ние; **I felt a ~ on my shoulder** я почу́вствовал лёгкое прикоснове́ние к своему́ плечу́.
2 (*sense*) осяза́ние; **the blind man recognized me by ~** слепо́й узна́л меня́ на о́щупь; **soft to the ~** мя́гкий на о́щупь.
3 (*light stroke of pen or brush*) штрих; **he was putting the finishing ~es to the picture** он наноси́л после́дние мазки́ на карти́ну.
4 (*tinge, trace*) чу́точка, отте́нок, налёт; **a ~ of frost in the air** лёгкий моро́зец; **I had a ~ of rheumatism** у меня́ был лёгкий при́ступ ревмати́зма; **this soup needs a ~ of salt** в су́пе не хвата́ет чу́точку со́ли; **a ~ of irony** лёгкая иро́ния.
5 (*artist's or performer's style*) стиль (*m*); **he has a light ~ on the piano** у него́ лёгкое туше́ (на фортепиа́но); (*fig*): **he brought a personal ~ to all he did** на всём, что он де́лал, лежа́л отпеча́ток его́ ли́чности; **you must have lost your ~** вы я́вно утра́тили (бы́лую) хва́тку.
6 (*communication*) конта́кт, обще́ние; **we must keep in ~** мы должны́ подде́рживать конта́кт друг с дру́гом; **we have been out of ~ for so long** мы так до́лго не обща́лись; **how can I get in ~ with you?** как мо́жно с ва́ми связа́ться?; **we lost ~ with him** мы потеря́ли с ним конта́кт/связь.
7 (*football*) пло́щадь за боковы́ми ли́ниями по́ля; **the ball was in ~** мяч находи́лся в преде́лах боково́й ли́нии (по́ля); **to kick a ball into ~** выбива́ть, вы́бить мяч за боковую́ (ли́нию).
8 (*child's game*) са́лки (*f pl*).
9 (*sl, potential source of money*): **he is a soft (*or* an easy) ~** у него́ легко́ вы́удить де́ньги.
● *vt* **1** (*contact physically*) тро́|гать, -нуть; каса́ться, косну́ться + *g*; прик|аса́ться, -осну́ться к + *d*; **he ~ed her (on the) arm** он косну́лся её руки́; **don't ~ the paint** не дотра́гивайтесь до кра́ски; **it was ~-and-go** исхо́д был неизве́стен до са́мого конца́; **~ wood!** постучи́ по де́реву; тьфу-тьфу́, чтоб не сгла́зить!
2 (*actuate*): **I ~ed the bell** я нажа́л звоно́к; (*fig*): **he ~ed a tender chord in her** он затро́нул её за живо́е.
3 (*reach*) дост|ава́ть, -а́ть до + *g*; дост|ига́ть, -и́гнуть + *g*; **can you ~ the top of the door?** вы мо́жете доста́ть до ве́рха две́ри?; **the thermometer ~ed ninety** термо́метр подня́лся до девяно́ста гра́дусов; **I can just ~ bottom** я е́ле достаю́ до дна.
4 (*approach in excellence; compare with*) равня́ться (*impf*) с + *i*; сравни́ться (*pf*) с + *i*; идти́ (*det*) в сравне́ние с + *i*; **no one can ~ him for eloquence** никто́ не мо́жет сравни́ться с ним в красноре́чии.
5 (*affect*) тро́|гать, -нуть; волнова́ть, вз-; **it ~ed me to the heart (*or* ~ed my heart)** я был глубоко́ тро́нут; **we were very ~ed by his speech** его́ речь о́чень взволнова́ла нас.
6 (*taste*) притр|а́гиваться, -о́нуться к + *d*; прик|аса́ться, -осну́ться к + *d*; **I haven't ~ed food for two days** я не притра́гивался/прикаса́лся к еде́ це́лых два дня; **I never ~ a drop** (*of alcohol*) я не прикаса́юсь к спиртно́му.
7 (*injure slightly*) нан|оси́ть, -ести́ уще́рб + *d*; **the flowers were ~ed by the frost** цветы́ бы́ли тро́нуты моро́зом; (*fig*): **he must be a little ~ed** (*slightly mad*) он, должно́ быть, немно́го поме́шан/тро́нут.
8 (*deal with; cope with*) спр|авля́ться, -а́виться с + *i*; **nothing will ~ these stains** э́ти пя́тна ниче́м не вы́ведешь.
9 (*concern*) име́ть отноше́ние к + *d*; каса́ться (*impf*) + *g*; **it ~es us all** э́то каса́ется нас всех.
10 (*have to do with*) зан|има́ться, -я́ться + *i*; **I refuse to ~ your schemes** я не хочу́ име́ть никако́го отноше́ния к ва́шим пла́нам.
11 (*treat lightly; also vi with prep* **on**) затр|а́гивать, -о́нуть; каса́ться, косну́ться + *g*; **he ~ed (on) the subject of race** он косну́лся ра́сового вопро́са.
12 (*coll, prevail on for loan*): **can I ~ you for a fiver?** могу́ я стрельну́ть у вас пятёрку (*coll*)?
● *vi* **1** (*make contact*) соприк|аса́ться, -осну́ться; **our hands ~ed** на́ши ру́ки встре́тились; **if the wires ~ there will be an explosion** е́сли прово́да соприкосну́тся, бу́дет взрыв.
2 ~ on: *see vt* **11**
● *with advs*: **~ off** *vt* (*cause*) вызыва́ть, вы́звать; **~ up** *vt* испр|авля́ть, -а́вить; **I'll just ~ it up** я слегка́ ко́е-где́ подпра́влю; **the photographs had been ~ed up** фотогра́фии бы́ли отретуши́рованы.
● *cpds* **~-and-go** *adj* с непредсказу́емым исхо́дом; **~down** *n* (*aeron*) поса́дка; (*rugby*) попы́тка; (*American football*) тачда́ун; **~line** *n* бокова́я ли́ния (*поля*); **~stone** *n* (*fig*) про́бный ка́мень; осело́к; **~-type** *vi* печа́тать (*impf*) вслепу́ю (*or* слепы́м ме́тодом); **~-typist** *n* машини́стка, печа́тающая вслепу́ю.

touché /tu:'ʃeɪ/ *int* (*fencing*) туше́! (*восклицание фехтовальщика; буквально «задет!» или «попал!»*); (*as acknowledgement of person's clever remark*) (вы попа́ли) в то́чку! (*признание чьей-то ответной реплики удачной*).

touched /tʌtʃt/ *adj* (*emotionally*) растро́ганный; (*coll, slightly mad*) слегка́ поме́шанный, тро́нутый.

touchiness /'tʌtʃɪnɪs/ *n* оби́дчивость.

touching /'tʌtʃɪŋ/ *adj* тро́гательный.

touchy /'tʌtʃɪ/ *adj* (**touchier, touchiest**) оби́дчивый.

tough /tʌf/ *n* (*coll*) хулига́н; круто́й (*coll*).
● *adj* **1** (*resistant to cutting or chewing*) жёсткий. **2** (*strong, sturdy, hardy*) кре́пкий; про́чный; (*person*) выно́сливый; **you need a ~ pair of shoes** вам нужна́ кре́пкая о́бувь.
3 (*difficult*) тру́дный; (*stubborn*) упря́мый. **4** (*coll, severe, uncompromising*) круто́й; жёсткий; несгово́рчивый; **to take a ~ line** проводи́ть (*impf*) жёсткую ли́нию.
5 (*coll, painful*): **it was ~ on him when his father died** смерть отца́ была́ тяжёлым уда́ром для него́; **~ luck!** вот незада́ча!

toughen /ˈtʌfən/ *vt* дéлать, с- жёстким; (*body, character*) дéлать, с- выносливым.
● *vi* становиться, стать жёстким; (*body*) становиться, стать выносливым.

toughness /ˈtʌfnɪs/ *n* (*of food etc.*) жёсткость; (*strength; hardiness*) прочность; выносливость; (*uncompromising nature*) несговорчивость; упрямство.

toupee /ˈtuːpeɪ/ *n* небольшой парик, накладка.

tour /tʊə(r)/ *n* **1** (*extended visit*) путешествие; (*short*) поездка; (*of museum, garden*) экскурсия; **we are going on a ~ of Europe** мы собираемся в путешествие по Европе; **the duty officer made a ~ of the building** дежурный осмотрел всё здание.
2 (*of performer, sports team, politician*) турне (*nt indecl*), тур; (*of performer*) гастроли (*f pl*); **to be on ~** быть в турне/на гастролях; гастролировать (*impf*).
3: **~ of duty** срок службы.
● *vt & i* соверш|ать, -ить экскурсию (по + *d*); **we have been ~ing Scotland** мы путешествовали по Шотландии.
● *cpd* **~ operator** *n* (*travel agent*) туристический агент; (*company*) турфирма, туроператор.

tour de force /ˌtʊə də ˈfɔːs/ *n* (*pl* ***tours de force***) проявление силы.

tourism /ˈtʊərɪz(ə)m/ *n* туризм.

tourist /ˈtʊərɪst/ *n* турист; **~ class** второй класс; **the ~ industry** туристический бизнес; **~ office** туристско-информационная служба, туристский информационный центр (*общегородская служба; национальная организация*).

tourn|ament /ˈtʊənəmənt/, **-ey** /ˈtʊənɪ/ *nn* турнир; спортивное соревнование.

tourniquet /ˈtʊənɪˌkeɪ/ *n* жгут.

tours de force /ˌtʊə də ˈfɔːs/ *pl of* ***tour de force***

tousled /ˈtaʊz(ə)ld/ *adj*: **~ hair** взъерошенные волосы.

tout /taʊt/ *n* зазывала (*m*); **ticket ~** (*Br*) перекупщик билетов.
● *vi*: **~ for business** зазывать (*impf*) покупателей.

tow¹ /təʊ/ *n*: **can I give you a ~?** взять вас на буксир?
● *vt* буксировать (*impf*); **the ship was ~ed into harbour** корабль вошёл в гавань на буксире; **they ~ed the car away** машину отбуксировали.
● *cpds* **~(ing) path** *n* бечевник; **~ rope** *n* бечева; **~ truck** *n* (*US*) машина технической помощи.

tow² /təʊ/ *n* (*material*) пакля.

toward(s) /təˈwɔːd(z), twɔːd(z), tɔːd(z)/ *prep* **1** (*in the direction of*) к + *d*; на + *a*; по направлению к + *d*; **he stood with his back ~ me** он стоял ко мне спиной. **2** (*in relation to*) к + *d*; по отношению к + *d*; относительно + *g*; **what is his attitude ~ education?** как он относится к проблеме образования?; **they seemed friendly ~ us** казалось, что они были расположены к нам дружески; **responsibility ~ his family** обязанность перед семьёй. **3** (*for the purpose of*) для + *g*; **I gave him something ~ the price** я ему дал немного денег на эту покупку.
4 (*near*) к + *d*; около + *g*; **~ evening** к вечеру, под вечер; **I'm getting ~ the end of my supply** мои запасы подходят к концу.

towel /ˈtaʊəl/ *n* полотенце; **throw in the ~** (*fig*) призн|авать, -ать себя побеждённым.
● *vt* (**towelled, towelling;** *US* **toweled, toweling**) вытирать, вытереть полотенцем.
● *cpds* **~ horse, ~ rack, ~ rail** *nn* вешалка для полотенец.

towelling /ˈtaʊəlɪŋ/ (*US* **toweling**) *n* (*material*) махровая ткань; **~ bathrobe** махровый купальный халат.

tower /ˈtaʊə(r)/ *n* башня; (*fig*): **a ~ of strength** оплот; надёжная опора.
● *vi* выситься, возвышаться (*both impf*); **the building ~ed above us** здание уходило высоко в небо; (*fig*): **he ~s above his fellows** он намного превосходит своих коллег; **a ~ing rage** неистовая ярость.
● *cpd* **~ block** *n* (*Br*) многоэтажный/высотный дом, высотка.

town /taʊn/ *n* **1** город; **he is out of ~** его нет в городе; **let's go out on the ~!** давайте как следует погуляем!; **go to ~** (*coll*) развернуться (*pf*) вовсю; **man about ~** светский человек. **2** (*attr*) городской; **~ clerk** (*Br, hist*) секретарь городской корпорации; (*US*) регистратор; **~ council** мэрия; **~ crier** глашатай; **~ hall** мэрия; ратуша; **~ house** особняк; **~ planner** *n* градостроитель (*m*); **~ planning** градостроительство.
● *cpds* **~scape** *n* урбанистический ландшафт; вид города; **~sfolk, ~speople** *nn pl* горожане (*m pl*); **~sman** *n* горожанин; **~swoman** *n* горожанка.

town|ie, ~ee /ˈtaʊnɪ/ *n* (*coll*) городской.

township /ˈtaʊnʃɪp/ *n* **1** (*hist, in South Africa*) негритянский квартал. **2** (*US*) район.

toxaemia /tɒkˈsiːmɪə/ (*US* **toxemia**) *n* заражение крови, токсемия.

toxic /ˈtɒksɪk/ *adj* ядовитый, токсичный; (*med & biol, attr only*) токсический.

toxicologist /ˌtɒksɪˈkɒlədʒɪst/ *n* токсиколог.

toxicology /ˌtɒksɪˈkɒlədʒɪ/ *n* токсикология.

toxin /ˈtɒksɪn/ *n* токсин; яд.

toy /tɔɪ/ *n* игрушка; **~ boy** (*coll*) молодой любовник; **~ soldier** оловянный солдатик.
● *vi*: **he ~ed with his pencil** он вертел в руках карандаш; **I have been ~ing with the idea** я забавлялся этой идеей; **he ~ed with her affections** он играл её чувствами.
● *cpd* **~shop** *n* магазин игрушек.

trace¹ /treɪs/ *n* **1** (*track*) след; отпечаток.
2 (*vestige; sign of previous existence*) след; **he went away leaving no ~** он исчез, не оставив и следа; **the ship disappeared without ~** корабль пропал/исчез бесследно; **there are ~s of French influence** чувствуется некоторое французское влияние.
3 (*small quantity*) малое количество; следы (*в анализе*); **~ elements** микроэлементы.
● *vt* **1** (*delineate*) чертить, на-; **he ~d (out) his route on the map** он начертил свой маршрут на карте; (*with transparent paper or carbon*) перев|одить, -ести; **tracing paper** калька.
2 (*follow the tracks of*) выслеживать, выследить; **the thief was ~d to London** следы вора вели в Лондон; **he ~s his descent from Charlemagne** он ведёт свой род от Карла Великого; **the rumour was ~d to its source** источник слухов был установлен.
3 (*discover by search; discern*) устан|авливать, -овить; просле|живать, -дить; **I cannot ~ your letter** я не могу разыскать ваше письмо.

trace² /treɪs/ *n* (*of harness*) постромка; **kick over the ~s** (*fig*) выходить, выйти из повиновения; взбунтоваться (*pf*).

traceable /ˈtreɪsəb(ə)l/ *adj* прослеживаемый.

tracer /ˈtreɪsə(r)/ *n* (**~ bullet**) трассирующая пуля.

tracery /ˈtreɪsərɪ/ *n* узор(ы), рисунок.

trachea /trəˈkiːə, ˈtreɪkɪə/ *n* (*pl* **tracheae** /-ˈkiːiː/ *or* **tracheas**) трахея.

tracheotomy /ˌtrækɪˈɒtəmɪ/ *n* трахеотомия.

trachoma /trəˈkəʊmə/ *n* трахома.

track /træk/ *n* **1** (*mark of passage*) след; **the fox left ~s in the snow** лиса/лисица оставила след на снегу; **we followed in his ~s** мы шли по его следам; **the police were on his ~** полиция напала на его след; **we lost ~ of him** мы потеряли его след; (*fig*): **I think I'm on the ~ of something big** я, кажется, на пути к большому открытию; **he covered his ~s successfully** он успешно замёл следы; **make ~s** улизнуть (*pf, coll*).
2 (*path*) путь (*m*), трасса; **the beaten ~** проторённая дорога; **off the beaten ~** вдали от проторённой дороги; **he is on the wrong ~** он на ложном пути.
3 (*for racing etc.*) (беговая) дорожка; (*for bicycle and motor racing*) трек; **~ events** соревнования по лёгкой атлетике.
4 (*railways*) колея, (железнодорожное) полотно, (рельсовый/железнодорожный) путь; **single ~** одноколейный путь; **the train left the ~(s)** поезд сошёл с рельсов.
5 (*of tank etc.*) гусеница; **~ed vehicle** гусеничный транспорт.
6 (*distance between vehicle's wheels*) колея шасси.
7 (*on CD, tape, etc.*) дорожка; (*song, composition*) песня, композиция, трек.
● *vt* следить за + *i*; выслеживать,

вы́следить; **the animal was ~ed to its den** зве́ря вы́следили до са́мой берло́ги; **the aircraft was ~ed by radar** курс самолёта проследи́ли с по́мощью рада́ра.

● *vi* **1** (*of camera*) панорами́ровать (*impf*).
2 (*of wheels*) кати́ться, дви́гаться (*both impf*) по колее́.
3 (*electronics, of tunable circuit*) сопряга́ть (*impf*) ко́нтуры.

● *with advs*: **~ down** *vt* (*person*) высле́живать, вы́следить; (*object*) отыск|ивать, -а́ть; устан|а́вливать, -ови́ть; **have you ~ed down the cause of the disease?** вы установи́ли причи́ну боле́зни?; **~ up** *vt* (*US, leave a trail of dirty footprints*) оставля́ть (*impf*) (гря́зные) следы́, наследи́ть, напа́чкать (*both pf*); **take your shoes off or else you'll ~ up the floor** снима́йте о́бувь, а (не) то вы наследи́те на полу́.

● *cpds* **~ball** *n* (*comput*) трекбо́л; **~ racing** *n* го́нки по тре́ку; **~shoes** *n pl* кроссо́вки (*f pl*); **~suit** *n* тренирово́чный костю́м.

trackable /ˈtrækəb(ə)l/ *adj* отсле́живаемый; **things sent by ordinary mail are not ~** обы́чные почто́вые отправле́ния не отсле́живаются; доста́вка обы́чных почто́вых отправле́ний не отсле́живается (почто́выми слу́жбами).

tracker /ˈtrækə(r)/ *n* (*hunter*) охо́тник; **~ dog** соба́ка-ище́йка.

tracking /ˈtrækɪŋ/ *n* **1** отсле́живание, слеже́ние; (*radio, telemetry*) следя́щий приём; **~ station** (*as at NASA etc.*) ста́нция слеже́ния. **2** (*of wheels etc.*) регулиро́вка; (*in VCR*) регулиро́вка/подстро́йка положе́ния (воспроизводя́щих/запи́сывающих) голо́вок, тре́кинг; **balancing and ~ of wheels** балансиро́вка и регулиро́вка колёс, балансиро́вка и разва́л-схожде́ние (колёс). **3** (*elec*) (*circuit ~*) сопряже́ние ко́нтуров; (*formation of conducting paths over the surface of insulating material*) (электри́ческое) поврежде́ние изоля́ции/изоля́тора, образова́ние на пове́рхности (диэле́ктрика) следо́в пробо́я, тре́кинг (диэле́ктрика). **4** (*US, ability grouping*) распределе́ние (уча́щихся) по пото́кам/кла́ссам (в зави́симости от спосо́бностей *и т. п.*).

tract¹ /trækt/ *n* (*region*) уча́сток, райо́н; (*anat*) тракт; **respiratory ~** дыха́тельные пути́ (*m pl*).

tract² /trækt/ *n* (*pamphlet*) кра́ткий трактáт.

tractability /ˌtræktəˈbɪlɪtɪ/ *n* послуша́ние, сгово́рчивость.

tractable /ˈtræktəb(ə)l/ *adj* (*person*) послу́шный, сгово́рчивый; (*problem, situation*) разреши́мый.

traction /ˈtrækʃ(ə)n/ *n* тя́га; **~ engine** тя́говый дви́гатель (*m*); тяга́ч.

tractor /ˈtræktə(r)/ *n* тра́ктор.

● *cpds* **~-driven** *adj* на тра́кторной тя́ге; **~ driver** *n* трактори́ст (*fem* -ка); **~ trailer** *n* (*US*) автопо́езд.

trade /treɪd/ *n* **1** (*business, occupation*) ремесло́; профе́ссия; **the building ~** строи́тельная профе́ссия; **he is a builder by ~** он по профе́ссии строи́тель; **jack of all ~s** ма́стер на все ру́ки.
2 (*commerce; exchange of goods*) торго́вля; **foreign ~** вне́шняя торго́вля; **~ is bad** торго́вля идёт пло́хо; **~ gap** дефици́т торго́вого бала́нса; **~ secret** профессиона́льный секре́т; **~ price** опто́вая цена́; **~ wind** пасса́т.

● *vt* (*exchange*) меня́ть (*impf*); обме́н|ивать, -я́ть; **they ~d furs for food** они́ меня́ли меха́ на проду́кты.

● *vi* **1** торгова́ть (*impf*); **he ~s in sables** он торгу́ет соболя́ми; **trading estate** (*Br*) промы́шленная зо́на.
2: **~ on** (*take advantage of*) испо́льзовать (*impf, pf*) в свои́х интере́сах; извлека́ть (*impf*) вы́году из + *g*; **he ~s on his reputation** он спекули́рует на свое́й сла́ве/репута́ции.

● *with adv*: **~ in** *vt*: **I ~d in my old car for a new one** я о́тдал ста́рую маши́ну в счёт поку́пки но́вой.

● *cpds* **~mark** *n* (*lit*) това́рный знак, фабри́чная ма́рка; (*fig*) отличи́тельный знак; **~ name** *n* назва́ние фи́рмы; торго́вое/фи́рменное назва́ние това́ра; **~-off** *n* компроми́сс; **~sman** *n* торго́вец; **~smen's entrance** чёрный ход; **~(s) union** *n* тред-юнио́н; профсою́з; **T~s Union Congress** (*Br*) Конгре́сс тред-юнио́нов; **~ unionism** *n* тред-юниони́зм; **~ unionist** *n* тред-юнио́нист (*fem* -ка); член профсою́за.

trader /ˈtreɪdə(r)/ *n* (*merchant*) торго́вец, купе́ц; (*on stock exchange*) тре́йдер; (*vessel*) торго́вое су́дно.

tradition /trəˈdɪʃ(ə)n/ *n* тради́ция.

traditional /trəˈdɪʃən(ə)l/ *adj* традицио́нный.

traditionalism /trəˈdɪʃənəˌlɪz(ə)m/ *n* приве́рженность тради́циям.

traditionalist /trəˈdɪʃənəlɪst/ *n* традиционали́ст.

traduce /trəˈdju:s/ *vt* (*literary*) черни́ть, о-.

traffic /ˈtræfɪk/ *n* **1** (*movement of vehicles etc.*) (доро́жное) движе́ние, тра́нспорт; **heavy ~** интенси́вное/большо́е движе́ние; **~ circle** (*US*) кольцева́я тра́нспортная развя́зка; **~ cop** (*US coll*) регулиро́вщик доро́жного движе́ния, ≈ га́ишник (*coll*); **~ island** острово́к безопа́сности; **~ jam** про́бка; **~ lights** светофо́р; **~ warden** (*Br*) инспе́ктор, контроли́рующий соблюде́ние пра́вил парко́вки и стоя́нки (*в черте города*). **2** (*trade*) торго́вля.

● *vi* (**trafficked, trafficking**) торгова́ть (**in:** + *i*).

trafficker /ˈtræfɪkə(r)/ *n* (*pej*) деле́ц, торго́вец; **drug ~** наркоделе́ц.

tragedian /trəˈdʒi:dɪən/ *n* (*actor*) тра́гик; (*author*) а́втор траге́дий.

tragedienne /trəˌdʒi:drˈen/ *n* траги́ческая актри́са.

tragedy /ˈtrædʒɪdɪ/ *n* (*lit fig*) траге́дия.

tragic /ˈtrædʒɪk/ *adj* траги́ческий.

tragicomedy /ˌtrædʒɪˈkɒmɪdɪ/ *n* трагикоме́дия.

tragicomic /ˌtrædʒɪˈkɒmɪk/ *adj* трагикоми́ческий.

trail /treɪl/ *n* след; **the storm left a ~ of destruction** бу́ря оста́вила по́сле себя́ полосу́ разруше́ния; **a ~ of smoke** о́блако ды́ма; **the police were on his ~** поли́ция напа́ла на его́ след.

● *vt* **1** (*draw or drag behind*) тащи́ть (*impf*); волочи́ть (*impf*); **she ~ed her skirt in the mud** её ю́бка волочи́лась по гря́зи.
2 (*pursue*) идти́ (*det*) по сле́ду + *g*.

● *vi* **1** (*be drawn or dragged*) тащи́ться (*impf*); волочи́ться (*impf*); **the rope ~ed on the ground** верёвка волочи́лась по земле́.
2 (*straggle, follow wearily*) плести́сь (*impf*); **they ~ed along behind him** они́ плели́сь за ним; **her voice ~ed away** её го́лос постепе́нно затиха́л.
3 (*grow or hang loosely*) све́шиваться (*impf*); **the roses ~ed over the wall** ро́зы обвива́ли сте́ну.

trailer /ˈtreɪlə(r)/ *n* **1** (*vehicle*) прице́п; (*US, caravan*) жило́й автоприце́п, тре́йлер. **2** (*cin, TV*) рекла́мный ро́лик фи́льма; анóнс. **3** (*plant*) вью́щееся расте́ние.

train /treɪn/ *n* **1** (*rail*) по́езд; **I came by ~** я прие́хал по́ездом; **the ~ is already in** по́езд уже́ прибы́л.
2 (*line of moving vehicles, animals, etc.*) проце́ссия; карава́н; (*mil*) обо́з.
3 (*retinue*) сви́та.
4 (*fig*) ряд, цепь; **~ of events** цепь/верени́ца/ряд собы́тий; **I don't follow your ~ of thought** мне тру́дно улови́ть ход ва́ших мы́слей.
5 (*of dress etc.*) шлейф.

● *vt* **1** (*give instruction to*) учи́ть, об-/обуч|а́ть, -и́ть (**in:** + *d*); **I have ~ed my dog to do tricks** я обучи́л соба́ку трю́кам; (*in a habit*) приуч|а́ть, -и́ть; **~ a child to study regularly** приуч|а́ть, -и́ть ребёнка регуля́рно занима́ться; (*prepare for a career*) гото́вить (*impf*); **he was ~ed (up) for the ministry** его́ гото́вили в свяще́нники; (*sportsman*) тренирова́ть (*impf*); (*eye, mind*) тренирова́ть, на-; (*horses, dogs*) дрессирова́ть (*impf*); **he ~s horses** он дрессиру́ет лошаде́й.
2 (*cause to grow*): **peaches can be ~ed up a wall** пе́рсиковые дере́вья мо́жно заста́вить ви́ться по стене́.
3 (*direct*) нав|оди́ть, -ести́; **they ~ed their guns on the ship** они́ наве́ли ору́дия на кора́бль.

● *vi* (*learn skill*) учи́ться, об-, обуч|а́ться, -и́ться; (*undertake preparation*) гото́виться (*impf*); (*of sportsman*) тренирова́ться (*impf*); **she is ~ing to be a teacher** она́ гото́вится стать учи́телем.

● *cpds* **~ driver** *n* машини́ст; **~man** *n* (*US*) проводни́к; **~ ride** *n* пое́здка на по́езде; **~ set** *n* (*Br*) игру́шечная моде́ль желе́зной доро́ги; **~spotter** *n* (*Br*) челове́к, наблюда́ющий за движе́нием поездо́в (*как хобби*).

trainee /treɪˈni:/ *n* стажёр; учени́|к (*fem* -ца).

t

trainer /ˈtreɪnə(r)/ *n* **1** тре́нер; (*of horses etc.*) дрессиро́вщи|к (*fem* -ца). **2** (*Br, sports shoe*) кроссо́вка.

training /ˈtreɪnɪŋ/ *n* **1** (*study, instruction*) подгото́вка, обуче́ние. **2** (*physical preparation*) трениро́вка; **he went into ~** он на́чал тренирова́ться; **he is out of ~** он не в фо́рме. **3** (*of animals*) дрессиро́вка.
● *cpds* **~ college** *n* педагоги́ческий институ́т; **~ ship** *n* уче́бное су́дно.

traipse /treɪps/ *vi* (*coll*) таска́ться (*impf*).

trait /treɪ, treɪt/ *n* осо́бенность, сво́йство, черта́.

traitor /ˈtreɪtə(r)/ *n* преда́тель (*m*), изме́нник; **he turned ~** он стал преда́телем.

traitorous /ˈtreɪtərəs/ *adj* преда́тельский, изме́ннический.

trajectory /trəˈdʒektərɪ, ˈtrædʒɪk-/ *n* траекто́рия.

tram /træm/ *n* (*Br*) трамва́й.
● *cpds* **~car** *n* (*Br*) трамва́йный ваго́н; **~ driver** *n* вагоновожа́т|ый (*fem* -ая); **~lines** *n pl* (*Br*) трамва́йные ре́льсы (*m pl*).

trammel /ˈtræm(ə)l/ *n* (*in pl, fig*) пу́т|ы (*pl g* —).
● *vt* (**trammelled, trammelling;** *US* **trammeled, trammeling**) свя́з|ывать, -а́ть по рука́м и нога́м.

tramp /træmp/ *n* (*sound of steps*) то́пот; (*long walk*) дли́тельный похо́д; (*vagrant*) бродя́га; (*steamer*) трамп; (*coll, prostitute*) шлю́ха, потаску́ха (*both vulg*).
● *vt*: **he ~ed the streets looking for work** он исходи́л весь го́род в по́исках рабо́ты; **we ~ed the hills together** мы с ним мно́го ходи́ли по гора́м.
● *vi* **1** (*walk heavily*) то́пать (*impf*); **the soldiers ~ed down the road** солда́ты тяжёлым ша́гом прошли́ по у́лице. **2** (*walk a long distance*) шага́ть, про-.

trample /ˈtræmp(ə)l/ *vt* топта́ть, по-, раст|а́птывать, -опта́ть; **the children ~d down the flowers** де́ти вы́топтали цветы́; **I was almost ~d underfoot** меня́ чуть не растопта́ли.
● *vi* тяжело́ ступа́ть (*impf*); (*fig*): **~ on** поп|ира́ть, -ра́ть; **he ~d on everyone's feelings** он не счита́лся ни с чьи́ми чу́вствами.

trampoline /ˌtræmpəˈliːn/ *n* бату́т.

trampolining /ˌtræmpəˈliːnɪŋ/ *n* бату́тный спорт.

trampolinist /ˌtræmpəˈliːnɪst/ *n* батути́ст (*fem* -ка).

trance /trɑːns/ *n* транс.

tranquil /ˈtræŋkwɪl/ *adj* споко́йный, ми́рный.

tranquillity /træŋˈkwɪlɪtɪ/ *n* споко́йствие.

tranquillize /ˈtræŋkwɪˌlaɪz/ (*US* **tranquilize**) *vt* успок|а́ивать, -о́ить.

tranquillizer /ˈtræŋkwɪˌlaɪzə(r)/ (*US* **tranquilizer**) *n* успокои́тельное сре́дство, транквилиза́тор.

transact /trænˈzækt, trɑːn-, -ˈsækt/ *vt* (*business*) вести́ (*det*); (*deal, sale*) заключ|а́ть, -и́ть.

transaction /trænˈzækʃ(ə)n, trɑːn-, -ˈsækʃ(ə)n/ *n* **1**: **~ of business** веде́ние дел. **2** (*deal*) сде́лка. **3** (*in pl, proceedings*) труды́ (*m pl*); (*in title of journal*) ве́домости (*f pl*).

transatlantic /ˌtrænzətˈlæntɪk, ˌtrɑːn-, -sətˈlæntɪk/ *adj* трансатланти́ческий.

Transcaucasia /ˌtrænskɔːˈkeɪzjə/ *n* Закавка́зье.

Transcaucasian /ˌtrænskɔːˈkeɪzjən/ *adj* закавка́зский.

transceiver /trænˈsiːvə(r), trɑːn-/ *n* приёмопереда́тчик, трансси́вер.

transcend /trænˈsend, trɑːn-/ *vt* прев|ыша́ть, -ы́сить; выходи́ть, вы́йти за преде́лы + *g*.

transcendence /trænˈsend(ə)ns, trɑːn-/ *n* превыше́ние; (*excellence*) превосхо́дство.

transcendent /trænˈsend(ə)nt, trɑːn-/ *adj* **1** (*surpassing*) превосхо́дный, выдаю́щийся. **2** (*philos*) трансценде́нтный.

transcendental /ˌtrænsenˈdent(ə)l, ˌtrɑːn-/ *adj* (*philos*) трансцендента́льный.

transcontinental /trænzˌkɒntɪˈnent(ə)l, trɑːnz-, træns-, trɑːns-/ *adj* трансконтинента́льный.

transcribe /trænˈskraɪb, trɑːn-/ *vt* (*make a copy*) перепи́с|ывать, -а́ть; (*transliterate, write in different form*) транскриби́ровать (*impf, pf*); (*mus*) аранжи́ровать (*impf, pf*).

transcript /ˈtrænskrɪpt, ˈtrɑːn-/ *n* ко́пия; расшифро́вка.

transcription /trænˈskrɪpʃ(ə)n, ˈtrɑːn-/ *n* перепи́сывание; ко́пия, транскри́пция; **phonetic ~** фонети́ческая транскри́пция.

transept /ˈtrænsept, ˈtrɑːn-/ *n* трансе́пт.

transfer[1] /ˈtrænsfəː(r), ˈtrɑːns-/ *n* **1** (*of object*) перенесе́ние, перено́с; (*of worker, money*) перево́д; (*conveyance, handing over*) переда́ча; **~ of property** переда́ча иму́щества; **the ~ of a football player** перехо́д игрока́ в другу́ю футбо́льную кома́нду. **2** (*Br, drawing etc.*) переводна́я карти́нка. **3** (*US, ~ ticket*) переса́дочный биле́т.

transfer[2] /trænsˈfəː(r), trɑːns-/ *vt* (**transferred, transferring**) **1** (*object*) перен|оси́ть, -ести́. **2** (*hand over*) перед|ава́ть, -а́ть. **3** (*footballer, worker, money*) перев|оди́ть, -ести́. **4** (*convey picture from one surface to another*) перев|оди́ть, -ести́; перен|оси́ть, -ести́.
● *vi* (**transferred, transferring**) (*worker*) перев|оди́ться, -ести́сь; пере|ходи́ть, -йти́; (*footballer*) пере|ходи́ть, -йти́; (*change from one vehicle to another*) перес|а́живаться, -е́сть.

transferable /trænsˈfəːrəb(ə)l, trɑːns-, ˈtr-/ *adj* (*ticket, vote*) тот, кото́рый мо́жет быть пе́редан друго́му лицу́; (*skills*) универса́льный; приго́дный в любо́й ситуа́ции.

transference /ˈtrænsfərəns, ˈtrɑː-/ *n* **1** перенесе́ние; перево́д; **thought ~** переда́ча мы́сли на расстоя́нии. **2** (*psychol*) замеще́ние.

transfiguration /trænsˌfɪgjʊˈreɪʃ(ə)n, trɑː-/ *n* видоизмене́ние; (*relig*); **the T~** Преображе́ние.

transfigure /trænsˈfɪgə(r), trɑː-/ *vt* видоизмен|я́ть, -и́ть; (*with joy etc.*) преобра|жа́ть, -зи́ть.

transfix /trænsˈfɪks, trɑː-/ *vt* **1** (*impale*) пронз|а́ть, -и́ть; прок|а́лывать, -оло́ть. **2** (*fig, root to the spot*) прико́в|ывать, -а́ть к ме́сту; **he was ~ed with horror** он оцепене́л от у́жаса.

transform /trænsˈfɔːm, trɑː-/ *vt* (*change*) преобразо́в|ывать, -а́ть; трансформи́ровать (*impf, pf*); (*make unrecognizable*) меня́ть, измени́ть до неузнава́емости.

transformation /ˌtrænsfəˈmeɪʃ(ə)n, ˌtrɑː-/ *n* превраще́ние, преобразова́ние, трансформа́ция; (*complete change*) метаморфо́за.

transformer /trænsˈfɔːmə(r), trɑː-, -z ˈfɔːmə(r)/ *n* (*elec*) трансформа́тор.

transfuse /trænsˈfjuːz, trɑː-/ *vt* перел|ива́ть, -и́ть.

transfusion /trænsˈfjuːʒ(ə)n, trɑː-/ *n* перелива́ние (кро́ви).

transgress /trænzˈgres, trɑː-, -sˈgres/ *vt & i* (*infringe*) пере|ходи́ть, -йти́ грани́цы + *g*; нар|уша́ть, -у́шить (*зако́н и т. п.*); (*sin*) греши́ть, со-.

transgression /trænzˈgreʃ(ə)n, trɑː-/ *n* (*infringement*) просту́пок; (*offence*) наруше́ние; (*sin*) грех.

transgressor /trænzˈgresə(r), trɑː-, -s ˈgresə(r)/ *n* (*offender*) правонаруши́тель (*fem* -ница); (*sinner*) гре́шни|к (*fem* -ца).

tranship /trænˈʃɪp, trɑː-, trænz-/ (*also* **transship**) *vt* (**transhipped, transhipping**) (*goods*) перегру|жа́ть, -зи́ть с одного́ су́дна на друго́е; (*persons*) переса́|живать, -ди́ть с одного́ су́дна на друго́е.

transhipment /trænˈʃɪpmənt, trɑː-/ (*also* **transshipment**) *n* (*of goods*) перегру́зка; (*of persons*) переса́дка.

transience /ˈtrænzɪəns, ˈtrɑː-, -sɪəns/ *n* быстроте́чность; мимолётность.

transient /ˈtrænzɪənt, ˈtrɑː-, -sɪənt/ *n* (*temporary inhabitant*) вре́менный жи́тель; (*temporary worker*) рабо́чий-мигра́нт.
● *adj* (*impermanent*) вре́менный; (*brief, momentary*) мимолётный, преходя́щий.

transistor /trænˈzɪstə(r), trɑː-, -ˈsɪstə(r)/ *n* транзи́стор; (**~ radio**) транзи́сторный радиоприёмник.

transit /ˈtrænzɪt, ˈtrɑː-, -sɪt/ *n* **1** (*conveyance, passage*) транзи́т, перево́зка; **lost in ~** поте́рянный при перево́зке; **~ camp** транзи́тный ла́герь. **2** (*astron*) прохожде́ние (че́рез меридиа́н). **3** (*US, public transport*) обще́ственный тра́нспорт. **4**: **in ~** транзи́том.

transition /trænˈzɪʃ(ə)n, trɑː-, -ˈsɪʃ(ə)n/ *n* (*change*) перехо́д; (*period of change*) перехо́дный пери́од.

transitional /trænˈzɪʃənəl, trɑː-, -ˈsɪʃənəl/ *adj* перехо́дный; промежу́точный.

transitive /ˈtrænsɪtɪv, ˈtrɑː-, -zɪtɪv/ *adj* перехо́дный.

transitory /'trænsɪtərɪ, 'trɑ:-, -zɪtərɪ/ *adj* преходя́щий, мимолётный.

translatable /træn'zleɪtəb(ə)l, trɑ:-, -'sleɪtəb(ə)l/ *adj* переводи́мый.

translate /træn'zleɪt, trɑ:-, -'sleɪt/ *vt & i* **1** (*express in another language*) перев|оди́ть, -ести́; **he ~s from Russian into English** он перево́дит с ру́сского на англи́йский; **these poems do not ~ well** э́ти стихи́ не поддаю́тся перево́ду. **2** (*convert*): **promises must be ~d into action** обеща́ния ну́жно претворя́ть в жизнь.

translation /trænz'leɪʃ(ə)n, trɑ:-, -s 'leɪʃ(ə)n/ *n* перево́д; **machine/ simultaneous ~** маши́нный/ синхро́нный перево́д; **a novel in ~** переводно́й рома́н.

translator /trænz'leɪtə(r), trɑ:-, -s 'leɪtə(r)/ *n* перево́дчи|к (*fem* -ца).

transliterate /trænz'lɪtəˌreɪt, trɑ:-, -s 'lɪtəˌreɪt/ *vt* транслитери́ровать (*impf, pf*).

transliteration /trænzˌlɪtə'reɪʃ(ə)n, trɑ:-, -sˌlɪtə'reɪʃ(ə)n/ *n* транслитера́ция.

translucenc|e /trænz'lu:s(ə)ns, trɑ:-, -'lju:s(ə)ns, -s'l-/, **-y** /trænz'lu:s(ə)nsɪ, trɑ:-, -'lju:s(ə)nsɪ, -s'l-/ *nn* просве́чиваемость, полупрозра́чность.

translucent /trænz'lu:s(ə)nt, trɑ:-, -'lju:s(ə)nt, -s'l-/ *adj* просве́чивающий, полупрозра́чный.

transmigration /ˌtrænzmaɪ'greɪʃ(ə)n, ˌtrɑ:-, -smaɪ'greɪʃ(ə)n/ *n* переселе́ние.

transmissible /trænz'mɪsəb(ə)l, trɑ:-, -s'mɪsəb(ə)l/ *adj* передаю́щийся; **a ~ disease** зара́зная боле́знь.

transmission /trænz'mɪʃ(ə)n, trɑ:-, -s 'mɪʃ(ə)n/ *n* переда́ча, трансми́ссия; **there are news ~s every hour** но́вости передаю́тся ка́ждый час.

transmit /trænz'mɪt, trɑ:-, -s'mɪt/ *vt & i* (**transmitted, transmitting**) **1** (*pass on*) перед|ава́ть, -а́ть; **the plague was ~ted by rats** чуму́ разнесли́ кры́сы; **iron ~s heat** желе́зо прово́дит тепло́; **wires ~ electric current** электри́ческий ток идёт по провода́м; **the fire was ~ting no heat** ого́нь не дава́л тепла́. **2** (*broadcast*) трансли́ровать (*impf, pf*), перед|ава́ть, -а́ть.

transmitter /trænz'mɪtə(r), trɑ:-, -s 'mɪtə(r)/ *n* переда́тчик; передаю́щая радиоста́нция; **portable ~** ра́ция.

transmogrification /trænzˌmɒgrɪfɪ 'keɪʃ(ə)n, trɑ:-, -sˌmɒgrɪfɪ'keɪʃ(ə)n/ *n* (*joc*) превраще́ние.

transmogrify /trænz'mɒgrɪˌfaɪ, trɑ:-, -s 'mɒgrɪˌfaɪ/ *vt* (*joc*) превра|ща́ть, -ти́ть.

transmutation /trænzˌmju:t'eɪʃ(ə)n, trɑ:-, -sˌmju:t'eɪʃ(ə)n/ *n* превраще́ние, преобразова́ние.

transmute /trænz'mju:t, trɑ:-, -s'mju:t/ *vt* превра|ща́ть, -ти́ть; преобразо́в|ывать, -а́ть.

transnational /trænz'næʃən(ə)l, trɑ:-, -s'næʃən(ə)l/ *adj* транснациона́льный.

transoceanic /trænzˌəʊʃɪ'ænɪk, trɑ:-, -sˌəʊʃɪ'ænɪk/ *adj* заокеа́нский; **~ countries** замо́рские/заокеа́нские стра́ны; **~ flight** межконтинента́льный полёт.

transom /'trænsəm/ *n* (*of window, door*) фраму́га.

transparence /træns'pærəns, trɑ:-, -'peərəns/ *n* прозра́чность.

transparency /træns'pærənsɪ, trɑ:-, -'peərənsɪ/ *n* **1** = **transparence**. **2** (*picture*) транспара́нт.

transparent /træns'pærənt, trɑ:-, -'peərənt/ *adj* прозра́чный; (*fig*) я́вный, очеви́дный.

transpire /træn'spaɪə(r), trɑ:-/ *vi* (*come to be known*) обнару́жи|ваться, -ться; (*coll, happen*) случ|а́ться, -и́ться.

transplant¹ /'trænsplɑ:nt, 'trɑ:-/ *n* **1** расса́да; (*sapling*) са́женец. **2** (*of organ*) переса́дка; **heart ~** переса́дка се́рдца.

transplant² /træns'plɑ:nt, trɑ:-/ *vt & i* переса́|живать, -ди́ть; **the lettuces need ~ing** сала́т необходи́мо пересади́ть; **this species does not ~ easily** э́тот вид пло́хо перено́сит переса́дку; (*fig, people*) пересел|я́ть, -и́ть; (*med*) перес|а́живать, -ади́ть; **the doctors ~ed skin from his back** врачи́ сде́лали ему́ переса́дку ко́жи со спины́.

transplantation /trænsˌplɑ:n'teɪʃ(ə)n, trɑ:-/ *n* переса́дка, транспланта́ция; (*fig*) переселе́ние.

transport¹ /'trænspɔ:t, 'trɑ:-/ *n* **1** (*conveyance*) перево́зка, тра́нспорт. **2** (*means of conveyance*) тра́нспорт; **~ cafe** (*Br*) доро́жное кафе́; **public ~** обще́ственный тра́нспорт; **have you got ~?** вы на колёсах? **3** (*ship*) тра́нспортное су́дно; (*aircraft*) тра́нспортный самолёт; **troop ~** войсково́й тра́нспорт. **4** (*emotion*) поры́в (чувств); **in ~s of delight** вне себя́ от ра́дости.

transport² /træn'spɔ:t, trɑ:-/ *vt* **1** (*convey*) перев|ози́ть, -езти́; транспорти́ровать (*impf, pf*). **2** (*send to penal colony*) отпр|авля́ть, -а́вить на ка́торгу. **3** (*of emotion*): **~ed with delight** вне себя́ от ра́дости.

transportable /træn'spɔ:təb(ə)l, trɑ:-/ *adj* перевози́мый, передвижно́й; (*of a sick person*) транспорта́бельный.

transportation /ˌtrænspɔ:'teɪʃ(ə)n, ˌtrɑ:-/ *n* (*of goods etc.*) перево́зка, транспорти́рование, транспортиро́вка; (*of a convict*) ссы́лка, транспорта́ция.

transporter /træn'spɔ:tə(r), trɑ:-/ *n* транспортиро́вщик; (*for soldiers*) транспортёр; **~ bridge** навесно́й мост.

transpose /træns'pəʊz, trɑ:-, -z'pəʊz/ *vt* перест|авля́ть, -а́вить; (*mus*) транспони́ровать (*impf, pf*).

transposition /ˌtrænspə'zɪʃ(ə)n, ˌtrɑ:-, -zpə'zɪʃ(ə)n/ *n* перестано́вка; (*mus*) транспози́ция.

transsexual /trænz'seksjʊəl/ *n* транссексуа́л.

● *adj* транссексуа́льный.

transship /træn'ʃɪp, trɑ:-, trænz-/, **-ment** /træn'ʃɪpmənt, trɑ:-, trænz-/ = **tranship**, ⇒**transhipment**

Trans-Siberian /trænsaɪ'bɪərɪən/ *adj*: **~ Railway** (*Br*), **Railroad** (*US*) Транссиби́рская магистра́ль.

transubstantiation /ˌtrænsəbˌstænʃɪ 'eɪʃ(ə)n, ˌtrɑ:-/ *n* (*theol*) пресуществле́ние.

Transvaal /trænz'vɑ:l, trɑ:-/ *n* Трансваа́ль (*m*).

transverse /'trænzvə:s, 'trɑ:-, -'və:s, -ns-/ *adj* попере́чный; косо́й.

transvestism /trænz'vestɪz(ə)m, trɑ:-, -s'vestɪz(ə)m/ *n* трансвести́зм.

transvestite /trænz'vestaɪt, trɑ:-, -s 'vestaɪt/ *n* трансвести́т.

Transylvania /ˌtrænsɪl'veɪnɪə/ *n* Трансильва́ния.

Transylvanian /ˌtrænsɪl'veɪnɪən/ *adj* трансильва́нский.

trap /træp/ *n* **1** (*for animals etc.*) капка́н, западня́; **I shall set a ~ for the mice** я поста́влю мышело́вку; (*fig*) лову́шка, западня́; **he fell into the ~** он попа́л в лову́шку/западню́. **2** (*light vehicle*) рессо́рная двуко́лка. **3** (*mouth*) гло́тка, пасть (*sl*); **shut your ~!** заткни́сь!

● *vt* (**trapped, trapping**) лови́ть, пойма́ть в лову́шку/капка́н; (*fig, catch*): **his fingers were ~ped in the door** он защеми́л па́льцы две́рью; **there is some air ~ped in the pipes** в тру́бах образова́лись возду́шные про́бки; **he felt ~ped** он почу́вствовал, что он попа́л в лову́шку.

● *cpd* **~door** *n* люк.

trapeze /trə'pi:z/ *n* трапе́ция (*цирковая*); **~ artist** акроба́т.

trapezi|um /trə'pi:zɪəm/ *n* (*pl* **~a** *or* **~ums**) трапе́ция.

trapezoid /'træpɪˌzɔɪd/ *n* трапецо́ид.

trapper /'træpə(r)/ *n* тра́ппер; охо́тник, ста́вящий капка́ны.

trappings /'træpɪŋz/ *n pl* (*harness*) сбру́я; (*fig*): **the ~ of office** вне́шние атрибу́ты (*m pl*) вла́сти.

Trappist /'træpɪst/ *n* член о́рдена траппи́стов.

traps /træps/ *n pl* (*coll, belongings*) пожи́тк|и (*pl, g* -ов).

trash /træʃ/ *n* **1** (*rubbishy material, writing etc.*) халту́ра, му́сор. **2** (*US, refuse*) му́сор, отбро́сы (*m pl*).

● *cpd* **~ can** *n* (*US*) му́сорное ведро́; (*outside*) му́сорный бак.

trashy /'træʃɪ/ *adj* (**trashier, trashiest**) дрянно́й.

trauma /'trɔ:mə, 'traʊ-/ *n* (*pl* **~s**) тра́вма.

traumatic /trɔ:'mætɪk, traʊ-/ *adj* (*distressing*) тя́жкий; (*of physical injury*) травмати́ческий.

traumatize /'trɔ:məˌtaɪz, 'traʊ-/ *vt* травми́ровать (*impf, pf*).

travail /'træveɪl/ *n* му́ки (*f pl*).

travel /'træv(ə)l/ *n* **1** (*journeying*) путеше́ствие, пое́здка; **~ broadens the mind** путеше́ствия расширя́ют кругозо́р. **2** (*movement of a part or mechanism*) ход.

● *vt* (**travelled, travelling;** *US usu* **traveled, traveling**) путеше́ствовать (*impf*) по + *d*; е́здить (*indet*) по + *d*; **I have ~led the whole of England** я изъе́здил всю А́нглию; **he ~led a thousand miles to see her** он пое́хал

за ты́сячу миль, что́бы её повида́ть.
● *vi* (**travelled, travelling;** *US usu* **traveled, traveling**) путеше́ствовать (*impf*); е́здить, съ-; **he has been ~ling since yesterday** он со вчера́шнего дня в пути́; (*as a salesman*) е́здить (*impf*) в ка́честве коммивояжёра; (*move*) дви́гаться (*impf*); перемеща́ться (*impf*); **light ~s faster than sound** ско́рость све́та превыша́ет ско́рость зву́ка; **his eye ~led over the scene** он обвёл глаза́ми всю сце́ну.
● *cpds* **~ agency** *n* туристи́ческое аге́нтство, тураге́нтство; **~ agent** *n* туристи́ческий аге́нт; **~ bureau** *n* = **~ agency**; **~ sickness** *n* тошнота́ при ука́чивании; ука́чивание; **he suffers from ~ sickness** он пло́хо перено́сит путеше́ствие/доро́гу; **~-worn** *adj* измо́танный пое́здками.

travelator /ˈtrævəˌleɪt(ə)r/ *n* дви́жущийся тротуа́р.

traveller /ˈtrævələ(r)/ (*US* **traveler**) *n* **1** путеше́ственник; **~'s cheque** (*US* **check**) доро́жный чек. **2** (*commercial* **~**) коммивояжёр.

travelling /ˈtrævəlɪŋ/ *n* путеше́ствие.
● *adj* путеше́ствующий; **~ salesman** коммивояжёр.
● *cpd* **~ clock** *n* доро́жные час|ы́ (*pl, g* -о́в).

travelogue /ˈtrævəˌlɒg/ *n* ле́кция/фильм о путеше́ствиях.

traverse /ˈtrævəs, trəˈvɜ:s/ *n* (*in mountaineering*) попере́чина, тра́верс; (*naut*) зигзагообра́зный курс.
● *vt* пересе|ка́ть, -е́чь; **the railway ~s miles of desert** желе́зная доро́га пересека́ет обши́рную пусты́ню.

travesty /ˈtrævɪstɪ/ *n* шарж, паро́дия; **~ of justice** паро́дия на справедли́вость.
● *vt* пароди́ровать (*impf, pf*).

trawl /trɔ:l/ *n* (**~ net**) трал, тра́ловая сеть; до́нный не́вод.
● *vt & i* тра́лить (*impf*); лови́ть (*impf*) ры́бу тра́лом; **the fishermen ~ed their nets** рыбаки́ тащи́ли се́ти по дну; **they ~ed for herring** они́ тра́лили сельдь; (*fig, search thoroughly*) проч|ёсывать, -еса́ть.

trawler /ˈtrɔ:lə(r)/ *n* (*vessel*) тра́улер.

tray /treɪ/ *n* (*for tea etc.*) подно́с; (*for correspondence*) корзи́нка; (*in trunk*) лото́к; **system ~** (*comput, of operating system*) систе́мный трей; о́бласть уведомле́ний.

trayful /ˈtreɪfʊl/ *n* це́лый подно́с; **a ~ of glasses** подно́с со стака́нами.

treacherous /ˈtretʃərəs/ *adj* (*lit, fig*) преда́тельский, вероло́мный, кова́рный; **~ weather** кова́рная пого́да; **the roads are ~** доро́ги опа́сны.

treacher|ousness /ˈtretʃərəsnɪs/, **-y** /ˈtretʃərɪ/ *nn* преда́тельство, вероло́мство.

treacle /ˈtri:k(ə)l/ *n* (*Br*) па́тока.

treacly /ˈtri:klɪ/ *adj* ли́пкий, вя́зкий; (*fig*) при́торный.

tread /tred/ *n* **1** (*step*) по́ступь; шаги́ (*m pl*).
2 (*manner or sound of walking*) похо́дка.
3 (*of tyre*) протéктор.
● *vt* (*past* **trod;** *pp* **trodden** *or* **trod**) **1** (*walk on*) ступа́ть (*impf*) по + *d*; шага́ть (*impf*) по + *d*; **a well-trodden path** (*lit*) прото́птанная тропи́нка; (*fig*) проторённая доро́жка; **his ambition was to ~ the boards** (*be an actor*) он мечта́л о теа́тре.
2 (*trample on*) топта́ть, по-; дави́ть, раз-; **the peasants were ~ing the grapes** крестья́не дави́ли виногра́д.
● *vi* (*past* **trod;** *pp* **trodden** *or* **trod**): **~ on that cockroach!** растопчи́те/раздави́те э́того тарака́на!; **don't ~ on the grass!** по газо́нам не ходи́ть!; (*fig*): **he ~s on everybody's toes** он ве́чно наступа́ет лю́дям на люби́мую мозо́ль; **I was ~ing on air** я ног под собо́й не чу́ял от сча́стья; **we must ~ lightly in this matter** в э́той ситуа́ции мы должны́ де́йствовать осторо́жно.
● *with advs*: **he trod down the earth** он утрамбова́л зе́млю; **keep off the carpet, or you will ~ the mud in** не ходи́те по ковру́, а то он совсе́м запа́чкается; **they trod out the fire** они́ затопта́ли ого́нь.
● *cpd* **~mill** *n* бегова́я доро́жка; (*fig*) однообра́зная рабо́та.

treadle /ˈtred(ə)l/ *n* педа́ль; ножно́й приво́д.

treason /ˈtri:z(ə)n/ *n* (госуда́рственная) изме́на.

treasonable /ˈtri:zənəb(ə)l/ *adj* изме́ннический.

treasure /ˈtreʒə(r)/ *n* (*precious object or person*) сокро́вище; (**~ trove**) клад; **art ~s** худо́жественные сокро́вища.
● *vt* (*store up, esp in memory*) храни́ть, со-; **~d memories** дороги́е воспомина́ния; (*value highly*) высоко́ цени́ть (*impf*).
● *cpd* **~ house** *n* сокро́вищница.

treasurer /ˈtreʒərə(r)/ *n* казначе́й.

treasury /ˈtreʒərɪ/ *n* (*lit, fig*) сокро́вищница; (*public revenue department*) казна́; **T~ bill** краткосро́чный казначе́йский ве́ксель; **T~ note** казначе́йский биле́т.

treat /tri:t/ *n* **1** (*pleasure*) удово́льствие; **it's a ~ to listen to him** слу́шать его́ — одно́ удово́льствие.
2 (*defrayal of entertainment*) угоще́ние; **he stood ~ for them all** он всех угоща́л; **it's my ~!** я угоща́ю!
● *vt* **1** (*behave towards*) обраща́ться (*impf*) с + *i*; **he ~s me like a child** он обраща́ется со мной, как с ребёнком; **how is the world ~ing you?** как жизнь?; как вы пожива́ете?
2 (*deem, regard*) рассма́тривать (*impf*); отн|оси́ться, -ести́сь к + *d*; **he ~ed it as a joke** он отнёсся к э́тому, как к шу́тке.
3 (*deal with; discuss*) осве|ща́ть, -ти́ть; рассм|а́тривать, -отре́ть; **he ~ed the subject in detail** он подро́бно освети́л те́му.
4 (*give medical care to*) лечи́ть (*impf*); **he was ~ed for burns** его́ лечи́ли от ожо́гов.
5 (*apply chemical process to*) обраб|а́тывать, -о́тать; **the wood was ~ed with creosote** древеси́ну обрабо́тали креозо́том.
6 (*make a free partaker*) уго|ща́ть, -сти́ть; **he ~ed me to a whisky** он угости́л меня́ ви́ски; **I shall ~ myself to a holiday** я устро́ю себе́ о́тпуск.
● *vi* (*negotiate*) вести́ (*det*) перегово́ры.

treatise /ˈtri:tɪs, -ɪz/ *n* тракта́т; нау́чный труд.

treatment /ˈtri:tmənt/ *n* **1** (*handling*) обраще́ние; рассмотре́ние; **the subject received only superficial ~** э́той те́мы косну́лись лишь пове́рхностно.
2 (*chem etc.*) обрабо́тка; **heat ~** терми́ческая обрабо́тка. **3** (*med*) лече́ние; (*separate session of a therapy*) процеду́ра; **she is still under ~** она́ всё ещё ле́чится.

treaty /ˈtri:tɪ/ *n* догово́р.

treble /ˈtreb(ə)l/ *n* (*voice*) ди́скант; (*attr*) дисканто́вый; **~ clef** скрипи́чный ключ.
● *adj* тройно́й; **he earns ~ my money** он зараба́тывает втро́е бо́льше меня́.
● *vt & i* утр|а́ивать(ся), -о́ить(ся).

tree /tri:/ *n* де́рево; **family ~** родосло́вная; генеалоги́ческое дре́во.
● *cpds* **~ fern** *n* древови́дный па́поротник; **~ surgeon** *n* ≈ садо́вник; **~ surgery** *n* обре́зка дере́вьев на омоложе́ние; **~top** *n* верху́шка де́рева.

treeless /ˈtri:lɪs/ *adj* лишённый дере́вьев; безле́сный.

trefoil /ˈtrefɔɪl, ˈtri:-/ *n* (*plant*) кле́вер; (*decoration*) трили́стник.

trek /trek/ *n* (*migration*) переселе́ние; (*arduous journey*) похо́д; перехо́д.
● *vi* (**trekked, trekking**) соверш|а́ть, -и́ть дли́тельный похо́д/перехо́д.

trellis /ˈtrelɪs/ *n* шпале́ра, трелья́ж.
● *cpd* **~work** *n* решётка.

trembl|e /ˈtremb(ə)l/ *n* дрожь; **she was all of a ~e** (*coll*) она́ дрожа́ла как оси́новый лист.
● *vi* дрожа́ть (*impf*); трясти́сь (*impf*); **he was ~ing with excitement** он дрожа́л от волне́ния; (*fig*) трепета́ть (*impf*); **I ~e to think what may happen** меня́ броса́ет в дрожь при мы́сли, что мо́жет случи́ться; **in fear and ~ing** в стра́хе и тре́пете.

tremendous /trɪˈmendəs/ *adj* (*huge*) огро́мный; (*coll, splendid*) замеча́тельный, потряса́ющий.

tremolo /ˈtremələʊ/ *n* (*pl* **~s**) (*mus*) тре́моло (*indecl*).

tremor /ˈtremə(r)/ *n* (*quivering*) содрога́ние, дрожь; (*thrill*) тре́пет; **there was a ~ in his voice** его́ го́лос дрожа́л; **earth ~** подзе́мный толчо́к.

tremulous /ˈtremjʊləs/ *adj* **1** (*trembling*) дрожа́щий. **2** (*timid*) боязли́вый, трепе́щущий.

trench /trentʃ/ *n* ров, кана́ва; (*mil*) око́п, транше́я; **~ coat** (*soldier's*) шине́ль; (*civilian's*) дли́нный непромока́емый плащ с по́ясом; **~ warfare** око́пная война́.
● *vt* (*make* **~es** *in*) перек|а́пывать, -опа́ть.

trenchant /ˈtrentʃ(ə)nt/ *adj* о́стрый, ко́лкий, ре́зкий.

trend /trend/ *n* направле́ние, тенде́нция; **set a ~** вв|оди́ть, -ести́ мо́ду (**for:** на + *a*).

● *cpd* **~setter** *n* законода́тель (*fem* -ница) мод/сти́ля.

trendy /ˈtrendɪ/ *adj* (**trendier, trendiest**) (*coll*) мо́дный.

trepan /trɪˈpæn/ *vt* (**trepanned, trepanning**) (*surgery*) трепани́ровать (*impf*, *pf*).

trepidation /ˌtrepɪˈdeɪʃ(ə)n/ *n* тре́пет, дрожь; **in ~** трепеща́.

trespass /ˈtrespəs/ *n* **1** (*law, offence*) правонаруше́ние; (*intrusion on property*) наруше́ние чужо́го пра́ва владе́ния. **2** (*relig*) прегреше́ние; **forgive us our ~es** оста́ви нам до́лги на́ши.

● *vi* **1** (*intrude*) вт|орга́ться, -о́ргнуться в чужи́е владе́ния; **no ~ing** вход воспрещён; (*fig*): **I have no wish to ~ on your hospitality** я не хочу́ злоупотребля́ть ва́шим гостеприи́мством. **2** (*relig*) греши́ть, со-; **those that ~ against us** те, кто про́тив нас согреша́ют.

trespasser /ˈtrespəsə(r)/ *n* правонаруши́тель (*fem* -ница); (*on property*) лицо́, вторга́ющееся в чужи́е владе́ния; **~s will be prosecuted** наруши́тели бу́дут пресле́доваться.

tress /tres/ *n* коса́.

trestle /ˈtres(ə)l/ *n* ко́зл|лы (*pl*, *g* -ел).
● *cpd* **~ table** *n* стол на ко́злах.

tri- /traɪ/ *comb form* трёх..., тре... .

triad /ˈtraɪæd/ *n* (*group of three*) тро́ица, тро́йка; (*math*) триа́да; (*mus*) трезву́чие.

trial /ˈtraɪəl/ *n* **1** (*testing, test*) испыта́ние, про́ба; **it was a ~ of strength between them** э́то была́ про́ба их сил; **I discovered the truth by ~ and error** я пришёл к и́стине путём проб и оши́бок; **why not give him a ~?** почему́ бы не взять его́ на испыта́тельный срок?; **he took the car on a week's ~** он взял автомаши́ну на неде́льное испыта́ние.
2 (*attr*) про́бный; **~ balloon** про́бный шар; **~ match** отбо́рочный матч; **~ run** испыта́тельный пробе́г.
3 (*judicial examination*) суде́бный проце́сс; **he went on ~ for murder** его́ суди́ли за уби́йство; **bring to** (*or* **put on**) **~** привл|ека́ть, -е́чь к суду́; **he was given a fair ~** его́ суди́ли в соотве́тствии с зако́ном; **he stands ~ next month** предста́нет пе́ред судо́м в сле́дующем ме́сяце; **the case came up for ~** наступи́л день суда́.
4 (*annoyance, ordeal*) пережива́ние, испыта́ние.

● *vt* (**trialled, trialling; US trialed, trialing**) исп|ы́тывать, -ыта́ть; подв|ерга́ть, -е́ргнуть испыта́нию.

triangle /ˈtraɪˌæŋg(ə)l/ *n* (*geom, mus, fig*) треуго́льник; **the eternal ~** изве́чный/любо́вный треуго́льник.

triangular /traɪˈæŋgjʊlə(r)/ *adj* треуго́льный; **a ~ argument** спор ме́жду тремя́ ли́цами.

triangulation /traɪˌæŋgjʊˈleɪʃ(ə)n/ *n* триангуля́ция; **~ point** топографи́ческая вы́шка.

Triassic /traɪˈæsɪk/ (*geol*) *n* (**the ~**) триа́совый пери́од.

● *adj* триа́совый.

triathlon /traɪˈæθlən/ *n* троебо́рье.

tribal /ˈtraɪb(ə)l/ *adj* племенно́й.

tribalism /ˈtraɪbəˌlɪz(ə)m/ *n* **1** (*state of being organized in a tribe or tribes*) племенно́й строй. **2** (*strong loyalty*) (*to one's own tribe*) трайбали́зм; (*to one's own organization*) неуме́ренная корпорати́вная солида́рность; (*to one's own town, region*) местечко́вый патриоти́зм.

tribe /traɪb/ *n* **1** (*racial group*) пле́мя (*nt*). **2** (*pej, group, body*) компа́ния.
● *cpd* **~sman** *n* член пле́мени.

tribulation /ˌtrɪbjʊˈleɪʃ(ə)n/ *n* страда́ние, беда́.

tribunal /traɪˈbjuːn(ə)l, trɪ-/ *n* трибуна́л; (*court of justice*) суд.

tribune /ˈtrɪbjuːn/ *n* (*person*) трибу́н; (*platform*) трибу́на, эстра́да.

tributary /ˈtrɪbjʊtərɪ/ *n* прито́к.

tribute /ˈtrɪbjuːt/ *n* (*payment*) дань; (*token of respect etc.*) дань; до́лжное; **he paid ~ to his wife's help** он вы́разил благода́рность свое́й жене́ за по́мощь; **floral ~s** цвето́чные подноше́ния.

trice /traɪs/ *n*: **in a ~** вмиг, ми́гом.

trick /trɪk/ *n* **1** (*dodge, device*) приём, хи́трость; **he knows all the ~s of the trade** он зна́ет все ходы́ и вы́ходы; **he tried every ~ in the book** он примени́л все изве́стные приёмы.
2 (*deception, mischievous act*) обма́н, трюк; (*prank*) шу́тка; **he is always playing ~s on me** он всегда́ надо мной подшу́чивает; **he is up to his old ~s again** он взя́лся за ста́рое; **a ~ of the light** опти́ческий обма́н; **a dirty ~** по́длость; **play a dirty ~ on s.o.** подложи́ть (*pf*) кому́-н. свинью́; **he is good at card ~s** он ло́вко де́лает ка́рточные фо́кусы.
3 (*feat*) шту́ка; **their dog can do a lot of ~s** их соба́ка зна́ет мно́го кома́нд; **that will do the ~** э́то срабо́тает наверняка́; **~ cyclist** (*lit*) цирково́й велосипеди́ст.
4 (*knack*) хва́тка; **there's a ~ to operating this machine** что́бы управля́ть э́той маши́ной, нужна́ осо́бая сноро́вка.
5 (*mannerism*) привы́чка, мане́ра; **he has a ~ of repeating himself** у него́ есть мане́ра повторя́ться.
6 (*at cards*) взя́тка; **he never misses a ~** (*fig*) он никогда́ не упу́стит слу́чая.

● *vt* **1** (*cheat, beguile*) обма́н|ывать, -у́ть; над|ува́ть, -у́ть; **they ~ed him out of a fortune** они́ вы́манили у него́ ма́ссу де́нег; **she was ~ed into marriage** её обма́нным путём вы́дали за́муж.
2 ~ out, up (*adorn*) укр|аша́ть, -а́сить; наря|жа́ть, -ди́ть; **~ed out in all her finery** разоде́тая в пух и прах.

trickery /ˈtrɪkərɪ/ *n* обма́н, надува́тельство.

trickle /ˈtrɪk(ə)l/ *n* стру́йка.
● *vt* ка́пать (*impf*).
● *vi* сочи́ться (*impf*); ка́пать (*impf*); (*fig*): **the news ~d out** но́вость просочи́лась; **the crowd began to ~ away** толпа́ ста́ла постепе́нно расходи́ться.

trickster /ˈtrɪkstə(r)/ *n* обма́нщик, ловка́ч.

tricksy /ˈtrɪksɪ/ *adj* (**tricksier, tricksiest**) шаловли́вый, игри́вый.

tricky /ˈtrɪkɪ/ *adj* (**trickier, trickiest**) (*awkward*) сло́жный, мудрёный; (*crafty, deceitful*) хи́трый, кова́рный.

tricolour /ˈtrɪkələ(r), ˈtraɪˌkʌlə(r)/ (*US* **tricolor**) *n* (*flag*) трёхцве́тный флаг; триколо́р; (*French*) францу́зский флаг.

tricot /ˈtrɪkəʊ, ˈtriː-/ *n* трико́ (*indecl*).

tricycle /ˈtraɪsɪk(ə)l/ *n* трёхколёсный велосипе́д.

trident /ˈtraɪd(ə)nt/ *n* трезу́бец.

tried /ˈtraɪd/ *adj* (*tested*) испы́танный, прове́ренный.

triennial /traɪˈenɪəl/ *adj* (*lasting three years*) продолжа́ющийся три го́да; (*recurring every three years*) повторя́ющийся че́рез ка́ждые три го́да.

trier /ˈtraɪə(r)/ *n* (*persevering person*) насто́йчивый челове́к.

trifle /ˈtraɪf(ə)l/ *n* **1** (*thing of small value or importance*) пустя́к, ме́лочь; **she gets upset over ~s** она́ огорча́ется из-за пустяко́в; (*small sum*) небольша́я су́мма. **2 a ~** (*as adv*) чу́точку, немно́го; **I was just a ~ angry** я чу́точку рассерди́лся.
3 (*Br, sweet dish*) (холо́дный) десе́рт из бискви́та с фру́ктами и́ли я́годами и желе́, пропи́танный вино́м и́ли со́ком и покры́тый заварны́м кре́мом и взби́тыми сли́вками.

● *vi* относи́ться (*impf*) несерьёзно к + *d*; **he ~d with her affections** он игра́л её чу́вствами; **he is not a man to be ~d with** с ним шу́тки пло́хи.

trifling /ˈtraɪflɪŋ/ *adj* пустяко́вый; незначи́тельный.

trifori|um /traɪˈfɔːrɪəm/ *n* (*pl* **~a**) трифо́рий.

trigger /ˈtrɪgə(r)/ *n* спусково́й крючо́к; **pull/squeeze the ~** спусти́ть куро́к.
● *vt* (*usu* **~ off**) вызыва́ть, вы́звать; влечь, по- за собо́й; **his action ~ed off a chain of events** его́ посту́пок повлёк за собо́й це́лую цепь собы́тий.
● *cpds* **~ finger** *n* указа́тельный па́лец (пра́вой руки́); **~-happy** *adj* (*coll*) стреля́ющий без разбо́ра.

trigonometrical /ˌtrɪgənəˈmetrɪk(ə)l/ *adj* тригонометри́ческий.

trigonometry /ˌtrɪgəˈnɒmɪtrɪ/ *n* тригономе́трия.

trilateral /traɪˈlætər(ə)l/ *adj* трёхсторо́нний.

trilby /ˈtrɪlbɪ/ *n* (*Br*) мя́гкая фе́тровая шля́па.

trill /trɪl/ *n* трель.
● *vi*: **the birds were ~ing** пти́цы залива́лись тре́лью.

trillion /ˈtrɪljən/ *n* (*pl* **~s** *or, with numeral or qualifying word,* **~**) **1** (10^{12}) триллио́н. **2** (*Br also* (*old-fashioned*), 10^{18}) квинтиллио́н, квинтильо́н.

trilogy /ˈtrɪlədʒɪ/ *n* трило́гия.

trim /trɪm/ *n* **1** (*order, fitness*) поря́док; состоя́ние гото́вности; **everything was in good ~** всё бы́ло в образцо́вом поря́дке; **we must get into ~ before the race** нам ну́жно набра́ть фо́рму

t

пе́ред соревнова́нием.
2 (*light cut*) подре́зка, стри́жка; **your hair needs a ~** вам ну́жно подровня́ть во́лосы; **I must give the lawn a ~** на́до подстри́чь газо́н/лужа́йку.
● *adj* (**trimmer, trimmest**) аккура́тный, опря́тный; **she has a ~ figure** у неё стро́йная фигу́ра.
● *vt* (**trimmed, trimming**)
1 (*cut back to desired shape or size*) подр|еза́ть, -е́зать; подр|а́внивать, -овня́ть; **he was ~ming the hedge** он подра́внивал и́згородь.
2 (*decorate*) отде́л|ывать, -ать; **a hat ~med with fur** ша́пка, отде́ланная ме́хом.
3 (*adjust balance or setting of*) уравнове́|шивать -сить; разме|ща́ть, -сти́ть балла́ст + *g*; **they ~med the sails** они́ поста́вили паруса́ по ве́тру; **he ~med his sails to the wind** (*fig*) он держа́л нос по ве́тру.
● *with advs*: **~ away, ~ off** *vvt* подстр|ига́ть, -и́чь; подре́з|ывать (*or* подреза́ть), -ать.

trimaran /ˈtraɪməˌræn/ *n* (*naut*) тримара́н, трёхко́рпусное су́дно.

trimmer /ˈtrɪmə(r)/ *n*: **hedge ~** (*electrical*) маши́нка для стри́жки/подре́зки кусто́в (и дере́вьев), три́ммер; (*mechanical*) но́жницы для стри́жки/подре́зки кусто́в (и дере́вьев); **beard and moustache** (*Br*) ((*US*) **mustache**) **~** маши́нка для стри́жки бороды́ и усо́в, три́ммер; **timber** (*Br*)/**lumber** (*US*) **~** (*for making* (*the edges of*) *wood flat and even*) (кромко)обрезно́й стано́к; (*for cross-cutting wood*) многопи́льный стано́к (для попере́чного раскро́я пиломатериа́лов).

trimming /ˈtrɪmɪŋ/ *n* (*on dress etc.*) отде́лка; (*coll, accessory*) гарни́р, припра́ва; **roast duck and all the ~s** жа́реная у́тка с гарни́ром.

Trinidad and Tobago /ˈtrɪnɪˌdæd ənd təˈbeɪgəʊ/ *n* Тринида́д и Тоба́го.

trinitrotoluene /traɪˌnaɪtrəˈtɒljʊˌiːn/ = **TNT**

trinity /ˈtrɪnɪtɪ/ *n* Тро́ица; **T~ Sunday** день Свято́й Тро́ицы.

trinket /ˈtrɪŋkɪt/ *n* безделу́шка; (*on bracelet, key ring*) брело́к.

trio /ˈtriːəʊ/ *n* (*pl* **trios**) (*group of three*) тро́йка; (*mus*) три́о (*indecl*).

trip /trɪp/ *n* **1** (*excursion*) пое́здка; (*longer one*) путеше́ствие; **he has gone on a ~ to Paris** он пое́хал (ненадо́лго) в Пари́ж; **the round ~ costs £10** пое́здка в о́ба конца́ сто́ит 10 фу́нтов; (*coll, psychedelic experience*) галлюцина́ция, глюк (*sl*).
2 (*stumble*) спотыка́ние.
● *vt* (**tripped, tripping**)
1 (*cause to stumble*; *also* **~ up**) ста́вить, по- подно́жку + *d*; (*fig*) запу́т|ывать, -ать, сби|ва́ть, -ть с то́лку; **counsel tried to ~ the witness up** адвока́т пыта́лся сбить свиде́теля с то́лку.
2 (*release from catch*) расцеп|ля́ть, -и́ть; выключа́ть, вы́ключить.
● *vi* (**tripped, tripping**)
1 (*run or dance lightly*) легко́/непринуждённо пританцо́вывать (*impf*); **she came ~ping down the stairs** она́ легко́ сбежа́ла вниз по ле́стнице.
2 (*stumble*; *also* **~ up**) спот|ыка́ться, -кну́ться; **he ~ped over the rug** он споткну́лся о ковёр; (*fig, commit error*) ошиб|а́ться, -и́ться.
● *cpds* **~ hammer** *n* па́дающий мо́лот; **~wire** *n* ми́нная про́волока; растя́жка (*способ приведения взрывного устройства в действие*).

tripartite /traɪˈpɑːtaɪt/ *adj* трёхсторо́нний.

tripe /traɪp/ *n* (*offal*) требуха́; (*coll, rubbish*) чепуха́, вздор.

triple /ˈtrɪp(ə)l/ *adj* тройно́й, утро́енный; **~ jump** (*sport*) тройно́й прыжо́к; **~ time** (*mus*) трёхдо́льный разме́р.
● *vt* & *i* утр|а́ивать(ся), -о́ить(ся).

triplet /ˈtrɪplɪt/ *n* **1** (*set of three*) тро́йка. **2** (*one of three children born together*) тройня́шка; **~s** (*children*) тро́йня (*sg*). **3** (*mus*) трио́ль.

triplicate /ˈtrɪplɪkət/ *n*: **in ~** в трёх экземпля́рах.

tripod /ˈtraɪpɒd/ *n* трено́га, трено́жник; штати́в.

Tripoli /ˈtrɪpəlɪ/ *n* Три́поли.

tripper /ˈtrɪpə(r)/ *n* (*Br*) экскурса́нт (*fem* -ка).

triptych /ˈtrɪptɪk/ *n* три́птих.

trite /traɪt/ *adj* бана́льный, изби́тый.

triteness /ˈtraɪtnɪs/ *n* бана́льность.

triumph /ˈtraɪəmf, -ʌmf/ *n* (*joy at success*) торжество́; (*victory, success*) триу́мф; **they came home in ~** они́ верну́лись с побе́дой.
● *vi* **1** (*be victorious*) побе|жда́ть, -ди́ть; восторжествова́ть (*pf*); **justice will ~ in the end** в конце́ концо́в справедли́вость восторжеству́ет; **he ~ed over adversity** он преодоле́л все невзго́ды. **2** (*exult*) ликова́ть (*impf*); торжествова́ть (*impf*); **he ~ed in his enemy's defeat** он ликова́л/торжествова́л по слу́чаю пораже́ния врага́.

triumphal /traɪˈʌmf(ə)l/ *adj* триумфа́льный.

triumphant /traɪˈʌmf(ə)nt/ *adj* (*victorious*) победоно́сный; (*exultant*) торжеству́ющий, лику́ющий.

triumvir /ˈtraɪəmvɪə(r), -ˈʌmvə(r)/ *n* (*pl* **~s** *or* **~i**) триумви́р.

triumvirate /traɪˈʌmvɪrət/ *n* триумвира́т.

triumviri /ˈtraɪəmˌvɪəraɪ, traɪˈʌmvəˌraɪ/ *pl of* ⇒**triumvir**

trivet /ˈtrɪvɪt/ *n* (*tripod*) подста́вка; (*bracket*) тага́н.

trivia /ˈtrɪvɪə/ *n pl* ме́лочи (*f pl*).

trivial /ˈtrɪvɪəl/ *adj* (*trifling*) ме́лкий, незначи́тельный; (*commonplace, everyday*) обы́денный; (*shallow, artificial*) тривиа́льный, пове́рхностный.

triviality /ˌtrɪvɪˈælɪtɪ/ *n* незначи́тельность, тривиа́льность.

trivialize /ˈtrɪvɪəˌlaɪz/ *vt* оп|ошля́ть, -о́шлить.

trochaic /trəˈkeɪɪk/ *adj* трохеи́ческий.

trochee /ˈtrəʊkiː, -kɪ/ *n* хоре́й, трохе́й.

trod /trɒd/ *past and pp of* ⇒**tread**

trodden /ˈtrɒd(ə)n/ *pp of* ⇒**tread**

troglodyte /ˈtrɒgləˌdaɪt/ *n* троглоди́т.

troglodytic /ˌtrɒgləˈdɪtɪk/ *adj* троглоди́тский.

troika /ˈtrɔɪkə/ *n* тро́йка (*группа их трёх человек, стран, организаций и т. п.; три лошади в одной упряжке*).

Trojan /ˈtrəʊdʒ(ə)n/ *n* троя́н|ец (*fem* -ка); (*fig*): **he worked like a ~** он до́блестно труди́лся; он рабо́тал как вол.
● *adj* троя́нский; **~ Horse** (*fig*) троя́нский конь; (*comput*) троя́нская програ́мма.

troll /trəʊl/ *n* (*myth*) тролль (*m*).

trolley /ˈtrɒlɪ/ *n* (*pl* **~s**) (*Br, for luggage, purchases*) теле́жка; (*Br, table on wheels*) сто́лик на колёсиках; (*Br, railway vehicle*) дрези́на; (*US, streetcar*) трамва́й; **off one's ~** (*coll*) с приве́том.
● *cpds* **~ bus** *n* тролле́йбус; **~ car** *n* (*US*) трамва́й.

trollop /ˈtrɒləp/ *n* (*slattern*) неря́ха; (*prostitute*) шлю́ха.

trombone /trɒmˈbəʊn/ *n* тромбо́н.

trombonist /trɒmˈbəʊnɪst/ *n* тромбони́ст.

troop /truːp/ *n* **1** (*assembled group of persons*) отря́д. **2** (*mil unit*) батаре́я; ро́та. **3** (*in pl, soldiers*) войск|а́ (*pl, g* —).
● *vt*: **~ing the colour** (*Br*) церемо́ния вы́носа зна́мени.
● *vi* дви́|гаться, -нуться толпо́й; **the children ~ed out of school** де́ти стро́ем вы́шли из шко́лы.
● *cpds* **~ carrier** *n* (*mil*) транспортёр; (*aeron*) тра́нспортно-деса́нтный самолёт; **~ship** *n* тра́нспорт для перево́зки войск.

trooper /ˈtruːpə(r)/ *n* **1** (*soldier*) (*in armoured unit*) танки́ст; (*in cavalry*) кавалери́ст; **he swore like a ~** он руга́лся как изво́зчик. **2** (*US, policeman*) полице́йский.

trophy /ˈtrəʊfɪ/ *n* трофе́й; (*prize, also*) приз.

tropic /ˈtrɒpɪk/ *n* тро́пик; **T~ of Cancer** тро́пик Ра́ка; **T~ of Capricorn** тро́пик Козеро́га; **in the ~s** в тро́пиках.

tropical /ˈtrɒpɪk(ə)l/ *adj* тропи́ческий.

troposphere /ˈtrɒpəˌsfɪə(r), ˈtrəʊ-/ *n* тропосфе́ра.

trot /trɒt/ *n* **1** (*gait, pace*) рысь; **at a gentle ~** лёгкой ры́сью; (*fig*) **I have been on the ~ all day** (*moving about*) я це́лый день был на нога́х; **on the ~** (*Br*) подря́д.
2 (*run or ride at this pace*) прогу́лка, пробе́жка; **she took her horse for a ~** она́ вы́вела ло́шадь на вы́ездку.
● *vt* (**trotted, trotting**) (*exercise*) вы́гуливать (*impf*); прогу́ливать (*impf*); **he ~ted his horse in the park** он прогу́ливал ло́шадь в па́рке.
● *vi* (**trotted, trotting**) (*of a horse*) идти́ (*det*) ры́сью; (*of person*) семени́ть (*impf*); **he ~ted after his wife** он семени́л за жено́й.
● *with advs* **~ along, ~ off** *vvi* (*coll*) отпр|авля́ться, -а́виться; **I must be ~ting off home** мне пора́ (отправля́ться) домо́й; **~ out** *vt*

(*coll*): **he ~ted out the usual excuses** он, как обы́чно, привёл свои́ ста́рые отгово́рки.

troth /trəʊθ/ *n* (*loyalty*) ве́рность; **plight/pledge one's ~** кля́сться, по- в ве́рности.

Trotskyism /ˈtrɒtskɪˌɪz(ə)m/ *n* троцки́зм.

Trotsky|ist /ˈtrɒtskɪɪst/, **-ite** /ˈtrɒtskɪaɪt/ *nn* троцки́ст (*fem* -ка).

trotter /ˈtrɒtə(r)/ *n* (*horse*) рыси́стая ло́шадь; (*animal's foot*) но́жка; **pig's ~s** свины́е но́жки.

troubadour /ˈtru:bəˌdɔ:(r)/ *n* трубаду́р.

trouble /ˈtrʌb(ə)l/ *n* **1** (*grief, anxiety*) волне́ние, трево́га; беспоко́йство; (*misfortune, affliction*) го́ре, беда́, несча́стье; **his ~s are over** тепе́рь все его́ несча́стья позади́; **there is ~ brewing** быть беде́.
2 (*difficulties*) хлóп|оты (*pl, g* -óт), тру́дности (*f pl*); (*difficulty*) затрудне́ние; **money ~s** де́нежные затрудне́ния; **I am having ~ with the car** у меня́ непола́дки (*f pl*) с маши́ной; **don't make ~ for me** не создава́йте мне ли́шних тру́дностей; **what's the ~?** в чём де́ло?; **the ~ is (that) ...** беда́ в том, что...; **that's the ~** вот в чём беда́; **without any ~** легко́, без труда́; **the ~ with him is that ...** его́ беда́/недоста́ток в том, что... .
3 (*predicament*) неприя́тность; **he's always getting into ~** он ве́чно попада́ет в исто́рии; **he is in ~ with the police** у него́ неприя́тности с поли́цией; **his brother got him into ~** брат вовлёк его́ в беду́/неприя́тности; **ask for ~** лезть (*det*) на рожо́н; **that's asking for ~** так то́лько нарвёшься на неприя́тности; **he got her into ~** (*pregnant*) она́ от него́ забере́менела.
4 (*inconvenience*): **I don't want to put you to any ~** я не хочу́ вас затрудня́ть; **he saved me the ~** он изба́вил меня́ от э́той необходи́мости.
5 (*disorder, mess*) неуря́дица.
6 (*pains, care, effort*) забо́та, труд, хлóп|оты (*pl, g* -óт); **she took a lot of ~ over the cake** она́ приложи́ла нема́ло стара́ний, что́бы пригото́вить э́тот торт; **he didn't even take the ~ to write** он да́же не потруди́лся написа́ть; **thank you for all your ~** спаси́бо за все ва́ши хлóпоты; **it is not worth the ~** не сто́ит хлопо́т.
7 (*disease, ailment*) неду́г, боле́знь; **he has heart ~** у него́ больно́е се́рдце.
8 (*unrest, civil commotion*) волне́ния (*nt pl*); беспоря́дки (*m pl*); **~ spot** горя́чая то́чка.
● *vt* **1** (*agitate, disturb, worry*) трево́жить (*impf*); волнова́ть (*impf*); **he was ~d about money** он волнова́лся из-за де́нег; **don't let it ~ you** не принима́йте э́то бли́зко к се́рдцу; **~d times** сму́тные времена́.
2 (*afflict*) беспоко́ить (*impf*); му́чить (*impf*); **he is ~d with a cough** его́ му́чит ка́шель; **my back ~s me** у меня́ боли́т спина́.
3 (*put to inconvenience*) беспоко́ить, по-, затрудн|я́ть, -и́ть; **may I ~ you for a match?** мо́жно попроси́ть у вас спи́чку?; **don't ~ yourself** не беспоко́йтесь; **sorry to ~ you!** прости́те за беспоко́йство!
● *vi* труди́ться (*impf*); беспоко́иться (*impf*); **don't ~ about that** не беспоко́йтесь об э́том; **don't ~ to come and meet me** не труди́тесь встреча́ть меня́.
● *cpds* **~-free** *adj* (*reliable*) надёжный, безотка́зный; **~maker** *n* склóчни|к (*fem* -ца); (*instigator of ~*) смутья́н (*fem* -ка); **~shooter** *n* ремо́нтник; (*fig*) специали́ст по разреше́нию конфли́ктных/кри́зисных ситуа́ций (*в компании и т. п.*).

troublesome /ˈtrʌb(ə)lsəm/ *adj* тру́дный; хлóпотный; **a ~ child** тру́дный ребёнок; **a ~ cough** мучи́тельный ка́шель.

trough /trɒf/ *n* **1** (*for animals*) корму́шка; (*drinking ~*) пои́лка.
2 (*meteorology*) фронт ни́зкого давле́ния. **3** (*between waves*) подо́шва волны́.

trounce /traʊns/ *vt* (*thrash*) поро́ть, вы́-; сечь, вы́-; (*defeat*) разб|ива́ть, -и́ть.

troupe /tru:p/ *n* тру́ппа.

trouper /ˈtru:pə(r)/ *n* о́пытный актёр, о́пытная актри́са; (*fig*) добросо́вестный челове́к.

trouser|s /ˈtraʊzəz/ *n pl* штан|ы́ (*pl, g* -о́в), брю́к|и (*pl, g* —); **a pair of ~s** па́ра брюк; **his wife wears the ~s** (*fig*) его́ жена́ заправля́ет всем в до́ме.
● *cpds* **~ leg** *n* штани́на; **~ press** *n* глади́льный пресс для брюк; **~ suit** *n* (*Br*) брю́чный костю́м.

trousseau /ˈtru:səʊ/ *n* (*pl* **~s** *or* **~x** /-səʊz/) прида́ное.

trout /traʊt/ *n* (*pl* **~** *or* **~s**) (*fish*) форе́ль.

trowel /ˈtraʊəl/ *n* (*for bricklaying etc.*) мастеро́к; (*for gardening*) (садо́вый) сово́к, лопа́тка.

truancy /ˈtru:ənsɪ/ *n* прогу́л.

truant /ˈtru:ənt/ *n* прогу́льщик; **did you ever play ~?** вы когда́-нибудь прогу́ливали уро́ки?

truce /tru:s/ *n* переми́рие; (*respite*) переды́шка.

truck[1] /trʌk/ *n* (*Br, railway wagon*) откры́тая грузова́я платфо́рма; (*lorry*) грузови́к; (*barrow*) теле́жка.

truck[2] /trʌk/ *n* **1** (*barter*) ме́на; товарообме́н; **I'll have no ~ with him** (*fig*) я не жела́ю име́ть с ним никаки́х дел. **2** (*US, market garden produce*) о́вощ|и (*pl, g* -е́й).

trucker /ˈtrʌkə(r)/ *n* води́тель (*m*) грузовика́.

truckle /ˈtrʌk(ə)l/ *vi*: **~ to s.o.** раболе́пствовать (*impf*) пе́ред кем-н.

truckle bed /ˈtrʌk(ə)l/ *n* (*Br*) ни́зкая крова́ть на колёсиках.

truculence /ˈtrʌkjʊləns/ *n* агресси́вность, драчли́вость.

truculent /ˈtrʌkjʊlənt/ *adj* агресси́вный, драчли́вый.

trudge /trʌdʒ/ *n* дли́нный/тру́дный путь.
● *vi* тащи́ться (*impf*).

true /tru:/ *n* (*alignment, adjustment*): **the wheel is out of ~** колесо́ пло́хо устано́влено.
● *adj* (**truer, truest**) **1** (*in accordance with fact*) ве́рный, правди́вый; **a ~ story** правди́вый расска́з; **is it ~ that he is married?** (э́то) пра́вда, что он жена́т?; **all my dreams came ~** все мои́ мечты́ сбыли́сь/осуществи́лись; (*concessive*): **~, it will cost more** действи́тельно, э́то бу́дет сто́ить бо́льше.
2 (*in accordance with reason, principle, standard; genuine*) правди́вый; настоя́щий; и́стинный; **it is not a ~ comparison** э́то несправедли́вое сравне́ние; **the ~ price is much higher** действи́тельная/настоя́щая цена́ намно́го вы́ше.
3 (*conforming accurately*) ве́рный, пра́вильный; **~ to life** правди́вый; **~ to type** типи́чный, характе́рный.
4 (*loyal, faithful; dependable*) пре́данный, ве́рный; надёжный; **he was always a ~ friend to me** он был мне всегда́ ве́рным дру́гом; **he remained ~ to his word** он остава́лся ве́рным своему́ сло́ву.
5 (*mus, in tune*) ве́рный (*тон и т. п.*).
6 (*accurately adjusted or positioned*) то́чный, вы́веренный.
● *adv* пра́вильно, ве́рно; **his story rings ~** его́ расска́з звучи́т убеди́тельно; **he aimed ~** он то́чно прице́лился.
● *cpds* **~-blue** *adj* ве́рный; сто́йкий; (*Br, pol*) консервати́вный; **~ love** *n* (*literary, sweetheart*) возлю́бленн|ый, -ая.

truffle /ˈtrʌf(ə)l/ *n* (*fungus, candy*) трю́фель (*m*) (*гриб, конфета*).

trug /trʌg/ *n* (*Br*) садо́вая корзи́нка.

truism /ˈtru:ɪz(ə)m/ *n* трюи́зм; **it is a ~ that** общеизве́стно, что... .

truly /ˈtru:lɪ/ *adv* **1** (*truthfully*) и́скренне; (*accurately*) правди́во.
2 (*loyally*) ве́рно. **3** (*sincerely*) и́скренне; **yours ~** (*at end of letter*) пре́данный Вам; (*coll, myself*) ваш поко́рный слуга́; **I am ~ grateful** я и́скренне благода́рен. **4** (*genuinely*) и́скренне; действи́тельно; **a ~ memorable occasion** пои́стине незабыва́емое собы́тие.

trump /trʌmp/ *n* (**~ card**) ко́зырь (*m*), козырна́я ка́рта; **hearts are ~s** че́рви — ко́зыри; (*fig*): **he played his ~ card** он вы́ложил свой ко́зырь; **the weather turned up ~s** (*Br*) нам (неожи́данно) повезло́ с пого́дой.
● *vt* бить, по- ко́зырем.
● *with adv*: **~ up** *vt* фабрикова́ть, с-.

trumpery /ˈtrʌmpərɪ/ *n* мишура́.
● *adj* мишу́рный.

trumpet /ˈtrʌmpɪt/ *n* **1** (*instrument*) труба́; **blow one's own ~** (*fig*) хвали́ться (*impf*). **2** (*object so shaped*) тру́бка; **ear ~** слухова́я тру́бка; (*of flower*) тру́бчатый ве́нчик.
● *vt & i* (**trumpeted, trumpeting**) **1** (*proclaim*) труби́ть, про-; **his praises were ~ed abroad** его́ повсю́ду восхваля́ли. **2** (*of an elephant*) реве́ть, про-.

trumpeter /ˈtrʌmpɪtə(r)/ *n* труба́ч.

truncate /trʌŋˈkeɪt, ˈtrʌŋ-/ *vt* ус|ека́ть, -е́чь; **a ~d cone** усечённый ко́нус; **his**

t

speech was ~d его́ речь уре́зали.

truncheon /ˈtrʌntʃ(ə)n/ *n* (*Br*) (полице́йская) дуби́нка.

trundle /ˈtrʌnd(ə)l/ *vt & i* кати́ть(ся) (*impf*).

trunk /trʌŋk/ *n* **1** (*of tree*) ствол. **2** (*of body*) ту́ловище. **3** (*box*) сунду́к. **4** (*of elephant*) хо́бот. **5** (*in pl, garment*) трус|ы́ (*pl, g* -о́в); (*for swimming*) пла́в|ки (*pl, g* -ок). **6** (*US, boot of car*) бага́жник.
● *cpds* **~ call** *n* (*Br*) междугоро́дный звоно́к; **~ line** *n* (*railways*) магистра́ль; (*teleph*) междугоро́дная связь; **~ road** *n* (*Br*) магистра́льная доро́га, магистра́ль.

truss /trʌs/ *n* **1** (*structural support*) фе́рма. **2** (*surgical support*) грыжево́й банда́ж. **3** (*Br, of hay*) пук, свя́зка.
● *vt* **1** (*support*) укреп|ля́ть, -и́ть; свя́з|ывать, -а́ть. **2** (*tie up*; *also* **~ up**) свя́з|ывать, -а́ть.

trust /trʌst/ *n* **1** (*firm belief; confidence*) дове́рие; ве́ра; **I place perfect ~ in him** я доверя́ю ему́ по́лностью; **he takes everything on ~** он всё принима́ет на ве́ру.
2 (*credit*) креди́т; **goods supplied on ~** това́ры, предоста́вленные в креди́т.
3 (*responsibility*) отве́тственность; **a position of ~** отве́тственный пост.
4 (*law*) довери́тельная со́бственность; **property held in ~** иму́щество, управля́емое по дове́ренности; **~ fund** целево́й фонд.
5 (*association of companies*) трест; **~ territory** (*UN*) подопе́чная террито́рия.
● *vt* **1** (*have confidence in, rely on*) дов|еря́ть, -е́рить + *d*; **he is not to be ~ed** ему́ нельзя́ доверя́ть; **I wouldn't ~ him with my money** я бы ему́ свои́х де́нег не дове́рил; **he can be ~ed to do a good job** мо́жно быть уве́ренным, что он хорошо́ спра́вится с рабо́той; **~ him to make a mistake!** он, как всегда́, оши́бся!
2 (*entrust*) вв|еря́ть, -е́рить.
3 (*earnestly hope*) наде́яться (*impf*); полага́ть (*impf*).
● *vi* **1** (*have faith, confidence*) дов|еря́ться, -е́риться (**in:** + *d*); **she ~ed in God** она́ отдала́сь на во́лю Бо́жью.
2 (*commit o.s. with confidence*) дов|еря́ться, -е́риться (**to:** + *d*); наде́яться (*impf*) (**to:** на + *a*); **he ~ed to luck** он дове́рился уда́че.

trustee /trʌsˈtiː/ *n* довери́тельный со́бственник; опеку́н.

trusteeship /trʌsˈtiːʃɪp/ *n* опе́ка, попечи́тельство.

trustful /ˈtrʌstfʊl/ *adj* дове́рчивый.

trustfulness /ˈtrʌstθfʊlnɪs/ *n* дове́рчивость.

trusting /ˈtrʌstɪŋ/ *adj* дове́рчивый; наи́вный.

trustworthiness /ˈtrʌstˌwəːðɪnɪs/ *n* надёжность.

trustworthy /ˈtrʌstˌwəːðɪ/ *adj* надёжный.

trusty /ˈtrʌstɪ/ *adj* (**trustier, trustiest**) ве́рный, надёжный.

truth /truːθ/ *n* пра́вда; (*verity, true saying*) и́стина; **the ~ is; to tell the ~** по пра́вде сказа́ть; **there's not a word of ~ in it** в э́том нет ни сло́ва пра́вды; **in ~** в са́мом де́ле.

truthful /ˈtruːθfʊl/ *adj* (*of person*) правди́вый; (*of statement etc.*) правди́вый, ве́рный, то́чный.

truthfulness /ˈtruːθfʊlnɪs/ *n* правди́вость; ве́рность, то́чность.

try /traɪ/ *n* **1** (*attempt*) попы́тка; **he made several tries, but failed** он сде́лал не́сколько попы́ток, но все оказа́лись неуда́чными.
2 (*test*) испыта́ние; про́ба; **why not give it a ~?** почему́ бы не попро́бовать?
3 (*rugby*) прохо́д с мячо́м в зачётное по́ле сопе́рника, попы́тка.
● *vt* **1** (*attempt*) пыта́ться, по-; стара́ться, по-; **he tried his best** он стара́лся изо всех сил; **he tried hard** он о́чень стара́лся.
2 (*sample*) про́бовать, по-; (*taste*) отве́д|ывать, -ать; (*experiment with, assay*) **have you tried aspirin?** вы про́бовали аспири́н?
3 (*law*) (*a person*) суди́ть (*impf*); **he was tried for murder** его́ суди́ли за уби́йство; **the judge tried the case** судья́ вёл проце́сс.
4 (*subject to strain*) утом|ля́ть, -и́ть; раздража́ть (*impf*); му́чить (*impf*); **he tries my patience** он испы́тывает моё терпе́ние; **a ~ing situation** тру́дное положе́ние.
5 (*test*) испы́т|ывать, -а́ть; пров|еря́ть, -е́рить; подв|ерга́ть, -е́ргнуть испыта́нию; **I shall ~ my luck again** я ещё раз попыта́ю сча́стья; **a tried remedy** испы́танное сре́дство.
● *vi*: **~ harder next time!** в сле́дующий раз приложи́те бо́льше уси́лий!; **I tried for a prize** я добива́лся при́за; я претендова́л на приз.
● *with advs*: **~ on** *vt* прим|еря́ть, -е́рить; **she tried on several dresses** она́ приме́рила не́сколько пла́тьев; (*Br fig*) **it's no use ~ing it on with me** со мной э́тот но́мер не пройдёт (*coll*); **~ out** *vt* испы́т|ывать, -а́ть; опро́бовать (*pf*); **he tried out the idea on his friends** он подели́лся свои́м за́мыслом с друзья́ми, что́бы узна́ть их реа́кцию; *vi*: **~ out for a team** (*US*) уча́ствовать (*impf*) в отбо́рочных соревнова́ниях.
● *cpds* **~-out** *n* прове́рка, про́ба; (*sport*) отбо́рочное соревнова́ние; **~ square** *n* уго́льник.

tryst /trɪst/ *n* назна́ченная встре́ча, свида́ние.

tsar, tzar /zɑː(r)/ *n* царь (*m*).

tsarina, tzarina /zɑːˈriːnə/ *n* цари́ца.

tsarism /ˈzɑːrɪz(ə)m/ *n* цари́зм.

tsarist /ˈzɑːrɪst/ *adj* ца́рский.

tsetse (fly) /ˈtsetsɪ, ˈtetsɪ/ *n* му́ха цеце́ (*indecl*).

T-shirt /ˈtiːʃəːt/ *n* футбо́лка.

tsunami /tsuˈnɑːmɪ/ *n* цуна́ми (*nt indecl*).

tub /tʌb/ *n* **1** ка́дка; бо́чка. **2** (*bath*) ва́нна. **3** (*of margarine*) упако́вка; (*of ice cream, yogurt*) стака́нчик. **4** (*coll, old boat*) ста́рая кало́ша, ста́рое коры́то.
● *cpd* **~-thumper** *n* говору́н.

tuba /ˈtjuːbə/ *n* (*pl* **tubas**) ту́ба.

tubby /ˈtʌbɪ/ *adj* (**tubbier, tubbiest**) (*of person*) коротконо́гий и то́лстый.

tube /tjuːb/ *n* **1** (*of metal, glass, etc.*) труба́, тру́бка; (**test ~**) проби́рка. **2** (*of paint, toothpaste, etc.*) тю́бик. **3** (*inner ~ of tyre*) ка́мера (ши́ны). **4** (*organ of body*) труба́; **bronchial ~s** бронхио́лы, ме́лкие бро́нхи. **5** (*Br coll, underground railway*) метро́ (*indecl*), подзе́мка (*coll*); **travel by ~** е́хать (*det*) на метро́.
● *cpd* **~ station** *n* ста́нция метро́.

tuber /ˈtjuːbə(r)/ *n* (*bot*) клу́бень (*m*).

tubercle /ˈtjuːbək(ə)l/ *n* **1** (*anat, zool*) бугоро́к. **2** (*bot*) (*small tuber or tuberous root*) ме́лкий клу́бень; (*on roots of leguminous plants*) клубенёк. **3** (*med*) тубе́ркул.

tubercular /tjʊˈbəːkjʊlə(r)/ *adj* туберкулёзный.

tuberculosis /tjʊˌbəːkjʊˈləʊsɪs/ *n* туберкулёз.

tuberose /ˈtjuːbəˌrəʊs/ *n* тубero̍за.

tubular /ˈtjuːbjʊlə(r)/ *adj* тру́бчатый.

TUC (*abbr of* ***Trades Union Congress***) Брита́нский конгре́сс тред-юнио́нов.

tuck[1] /tʌk/ *n* (*fold in garment*) скла́дка, сбо́рка.
● *vt* (*stow*) пря́тать, с-; под|бира́ть, -обра́ть (под себя́); **he ~ed his legs under the table** он спря́тал но́ги под стол.
● *with advs*: **~ away** *vt* запря́т|ывать, -ать; **~ in** *vt* запр|авля́ть, -а́вить; **~ your shirt in** запра́вьте руба́шку; **~ up** *vt* под|гиба́ть, -огну́ть; под|вёртывать, -верну́ть; **he ~ed up his shirt sleeves** он засучи́л рукава́; **she ~ed up her skirt** она́ подобрала́ ю́бку; **they ~ed the children up (in bed)** дете́й уложи́ли в крова́ть и укры́ли одея́лом.

tuck[2] /tʌk/ *n* (*Br coll, eatables*) сла́сти (*f pl*).
● *vi*: **they ~ed into their supper** они́ уплета́ли у́жин за о́бе щёки; **~ in!** налета́й(те)! (*на еду*).
● *cpd* **~ shop** *n* конди́терская.

tucker /ˈtʌkə(r)/ *n*: **he was wearing his best bib and ~** (*joc*) он был оде́т в выходно́й костю́м.

Tudor /ˈtjuːdə(r)/ *n* представи́тель (*fem* -ница) дина́стии Тюдо́ров.
● *adj* эпо́хи Тюдо́ров; (*archit*) позднеготи́ческий.

Tuesday /ˈtjuːzdeɪ, -dɪ/ *n* вто́рник.

tuffet /ˈtʌfɪt/ *n* бугоро́к.

tuft /tʌft/ *n* (*of grass, hair, etc.*) пучо́к.

tufted /ˈtʌftɪd/ *adj* (*of bird, pred*) с хохолко́м.

tug /tʌg/ *n* **1** (*pull*) рыво́к, дёрганье; **he gave a ~ at the rope** он дёрнул за верёвку. **2** (*boat*) букси́р.
● *vt* (**tugged, tugging**) тащи́ть (*impf*); тяну́ть (*impf*); **the dogs ~ged a sledge** соба́ки тяну́ли/тащи́ли са́ни.
● *vi* (**tugged, tugging**) дёр|гать, -нуть; **he ~ged at my sleeve** он дёрнул меня́ за рука́в.

t

● *cpd* **~ of war** *n* перетя́гивание кана́та.

tuition /tju:ˈɪʃ(ə)n/ *n* обуче́ние.

tulip /ˈtju:lɪp/ *n* тюльпа́н.

tulle /tju:l/ *n* тюль (*m*).

tum /tʌm/ = **tummy**

tumble /ˈtʌmb(ə)l/ *n* **1** (*fall*) паде́ние; **take a ~** упа́сть (*pf*). **2** (*acrobatic feat*) кувыро́к.
● *vt* (*cause to fall; fling*) бр|оса́ть, -о́сить; опроки́|дывать, -нуть; **we were all ~d out of the bus** нас вы́бросило из авто́буса.
● *vi* **1** (*fall*) сва́л|иваться, -и́ться; ска́т|ываться, -и́ться; **the child ~d downstairs** ребёнок скати́лся с ле́стницы; **he ~d into bed** он повали́лся в крова́ть. **2** (*fig*): **I ~d to his meaning** до меня́ дошло́, что он име́л в виду́.
● *with advs*: **the puppies ~d about on the floor** щеня́та кувырка́лись на полу́; **the house seemed about to ~ down** дом, каза́лось, вот-во́т разва́лится.
● *cpds* **~down** *adj* развали́вшийся; полуразру́шенный; **~ dryer, drier** *n* электри́ческая суши́лка для белья́; **~weed** *n* перекати́-по́ле.

tumbler /ˈtʌmblə(r)/ *n* **1** (*drinking vessel*) стака́н. **2** (*mechanism*) реверси́вный механи́зм; **~ switch** ту́мблер. **3** (*acrobat*) акроба́т. **4** (*pigeon*) ту́рман.

tumescence /tjʊˈmes(ə)ns/ *n* опуха́ние, распуха́ние.

tumescent /tjʊˈmes(ə)nt/ *adj* опуха́ющий, распуха́ющий.

tumid /ˈtju:mɪd/ *adj* распу́хший; (*fig*) напы́щенный.

tumidity /ˌtju:ˈmɪdɪtɪ/ *n* распуха́ние; (*fig*) напы́щенность.

tummy /ˈtʌmɪ/ *n* (*coll*) живо́т; (*diminutive, e.g. baby's*) живо́тик.
● *cpds* **~ ache** *n* боль в живо́те; **~ button** *n* (*Br*) пупо́к.

tumour /ˈtju:mə(r)/ (*US* **tumor**) *n* о́пухоль.

tumuli /ˈtju:mjʊˌlaɪ, -ˌli:/ *pl of* ⇒**tumulus**

tumult /ˈtju:mʌlt/ *n* шум; сумато́ха; (*fig*) си́льное волне́ние.

tumultuous /tjʊˈmʌltjʊəs/ *adj* шу́мный, беспоко́йный; **he received a ~ welcome** ему́ устро́или бу́рную встре́чу.

tumul|us /ˈtju:mjʊləs/ *n* (*pl* **~i**) моги́льный холм/курга́н.

tuna /ˈtju:nə/ *n* (*pl* **~ *or* ~s**) туне́ц.

tundra /ˈtʌndrə/ *n* ту́ндра.

tune /tju:n/ *n* **1** (*melody*) мело́дия; моти́в; **the ~ goes like this** моти́в тако́й; (*fig*) тон; **he will soon change his ~** он ско́ро запоёт ина́че; **I paid up, to the ~ of £30** я заплати́л це́лых 30 фу́нтов.
2 (*correct pitch; consonance*) строй; настро́енность; **you are not singing in ~** вы фальши́вите; **he plays out of ~** он игра́ет фальши́во; **the piano is out of ~** фортепиа́но расстро́ено; (*fig*) согла́сие; гармо́ния; **he felt in ~ with his surroundings** он ощуща́л гармо́нию с окружа́ющим ми́ром.
● *vt* **1** (*mus, bring to right pitch*) настр|а́ивать, -о́ить; **the instrument needs tuning** инструме́нт нужда́ется в настро́йке; **tuning fork** камерто́н. **2** (*adjust running of*) настр|а́ивать, -о́ить; регули́ровать, от-; **the engine has been ~d** мото́р/дви́гатель был отрегули́рован.
● *with advs*: **~ in** *vt & i* настр|а́ивать(ся), -о́ить(ся); **the radio is not ~d in properly** приёмник пло́хо настро́ен; **~ in to the right wavelength** настр|а́иваться, -о́иться на ну́жную волну́; **he ~d in to the BBC** он настро́ил приёмник на Би-би-си́; **~ up** *vt* = **~** *vt* **1, 2**; **he ~d up his guitar** он настро́ил гита́ру; *vi*: **the musicians were tuning up** музыка́нты настра́ивали инструме́нты.
● *cpd* **~-up** *n* (*mus*) настро́йка; (*of engine*) регулиро́вка.

tuneful /ˈtju:nfʊl/ *adj* музыка́льный, мелоди́чный.

tunefulness /ˈtju:nfʊlnɪs/ *n* музыка́льность, мелоди́чность.

tuneless /ˈtju:nlɪs/ *adj* немузыка́льный, немелоди́чный.

tunelessness /ˈtju:nlɪsnɪs/ *n* немузыка́льность, немелоди́чность.

tuner /ˈtju:nə(r)/ *n* (*of pianos etc.*) настро́йщик; (*device for tuning guitar etc.*) устро́йство настро́йки; (*radio or TV component*) тю́нер; (*receiver*) (радио)приёмник.

tungsten /ˈtʌŋst(ə)n/ *n* вольфра́м; (*attr*) вольфра́мовый.

tunic /ˈtju:nɪk/ *n* (*ancient garment*) туни́ка; (*woman's blouse*) блу́зка, со́бранная в та́лии; (*part of uniform*) ки́тель (*m*).

tuning /ˈtju:nɪŋ/ *n* настро́йка, регулиро́вка.

Tunis /ˈtju:nɪs/ *n* Туни́с (*город — столица Туниса*).

Tunisia /tju:ˈnɪzɪə/ *n* Туни́с (*государство*).

Tunisian /tju:ˈnɪzɪən/ *n* туни́с|ец (*fem* -ка).
● *adj* туни́сский.

tunnel /ˈtʌn(ə)l/ *n* тонне́ль (*m*), туннéль (*m*).
● *vt* (**tunnelled, tunnelling;** *US* **tunneled, tunneling**): **they ~led their way out (of prison)** они́ сде́лали подко́п и сбежа́ли (из тюрьмы́).
● *vi* (**tunnelled, tunnelling;** *US* **tunneled, tunneling**) про|кла́дывать, -ложи́ть тонне́ль; **they had to ~ through solid rock** им пришло́сь вести́ прохо́дку тонне́ля в твёрдой поро́де.

tunny (fish) /ˈtʌnɪ/ *n* (*pl* **~ *or* tunnies**) туне́ц.

tuppence /ˈtʌpəns/ = **twopence** (*see* ⇒**two**)

tuppenny /ˈtʌpənɪ/ = **twopenny** (*see* ⇒**two**)

turban /ˈtə:bən/ *n* тюрба́н; (*for men only*) чалма́.

turbid /ˈtə:bɪd/ *adj* му́тный; (*fig*) тума́нный.

turbid|ity /tə:ˈbɪdɪtɪ/ *n* му́тность; (*fig*) тума́нность.

turbine /ˈtə:baɪn/ *n* турби́на.

turbojet /ˈtə:bəʊˌdʒet/ *n* турбореакти́вный самолёт.

turboprop /ˈtə:bəʊˌprɒp/ *n* турбовинтово́й самолёт.

turbot /ˈtə:bət/ *n* (*pl* **~ *or* ~s**) белоко́рый па́лтус.

turbulence /ˈtə:bjʊləns/ *n* бу́рность; (*aeron*) турбуле́нтность; (*fig*) суета́, сумато́ха.

turbulent /ˈtə:bjʊlənt/ *adj* бу́рный; (*fig*) беспоко́йный, неукроти́мый.

turd /tə:d/ *n* (*vulg*) **1** (*lump of excrement*) кака́шка. **2** (*objectionable person*) подо́нок.

tureen /tjʊəˈri:n, tə-/ *n* су́пница.

turf /tə:f/ *n* (*pl* **turfs *or* turves**) **1** (*grassy topsoil*) дёрн; (*peat*) торф; **a cottage thatched with turves** до́мик под земляно́й кры́шей. **2** (*racing*): **a devotee of the ~** завсегда́тай бего́в; **~ accountant** (*Br*) букме́кер.
● *vt* **1** (*cover with ~; also* **~ over**) покр|ыва́ть, -ы́ть дёрном. **2 ~ out** (*Br coll, eject*) выбра́сывать, вы́бросить; вышвы́ривать, вы́швырнуть.

turgid /ˈtə:dʒɪd/ *adj* (*fig*) напы́щенный.

turgidity /tə:ˈdʒɪdɪtɪ/ *n* (*fig*) напы́щенность.

Turk /tə:k/ *n* ту́р|ок (*fem* -ча́нка).

Turkey /ˈtə:kɪ/ *n* **1** (*country*) Ту́рция. **2** (**t~:** *bird*) (*pl* **~s**) инд|ю́к (*fem* -е́йка); (*as food*) инде́йка, индю́шка (*coll*); **cold t~** (*US coll*) абстине́нтный синдро́м (*у наркоманов*); **talk ~** (*US coll*) говори́ть без обиняко́в.

Turkic /ˈtə:kɪk/ *adj* тю́ркский.

Turkish /ˈtə:kɪʃ/ *n* туре́цкий язы́к.
● *adj* туре́цкий; **~ bath** туре́цкие ба́ни (*f pl*); **~ delight** раха́т-луку́м.

Turkmen /ˈtə:kmən/ *n* (*pl* **~ *or* ~s**) (*person*) туркме́н (*fem* -ка); (*language*) туркме́нский язы́к.
● *adj* туркме́нский.

Turkmenistan /tə:kmenɪˈstɑ:n/ *n* Туркмениста́н.

turmeric /ˈtə:mərɪk/ *n* курку́ма (*азиатская пряность*).

turmoil /ˈtə:mɔɪl/ *n* беспоря́док; смяте́ние.

turn /tə:n/ *n* **1** (*rotation*) поворо́т, оборо́т; **a ~ of the handle** поворо́т ру́чки; **the meat was done to a ~** мя́со бы́ло поджа́рено как раз в ме́ру.
2 (*change of direction*) поворо́т; **a ~ in the road** поворо́т доро́ги; **I took a right ~** я поверну́л напра́во; **he made an about ~ in policy** он сде́лал поворо́т на 180 гра́дусов в поли́тике; **at every ~** (*fig*) на ка́ждом шагу́; **at the ~ of the century** в нача́ле ве́ка; на рубеже́ столе́тий.
3 (*change in condition*) переме́на; поворо́т; **his luck is on the ~** он вступа́ет в полосу́ везе́ния; **the ~ of the tide** (*lit*) сме́на прили́вно-отли́вного тече́ния; (*fig*) переме́на судьбы́; **his condition took a ~ for the worse** его́ состоя́ние уху́дшилось.
4 (*opportunity of doing sth in proper order*) о́чередь; **it's your ~ next** вы сле́дующий; **I missed my ~** я пропусти́л свою́ о́чередь; **she went hot and cold by ~s** её броса́ло то в жар, то в хо́лод; **they all spoke in**

~ (*or* **took ~s to speak**) они́ выступа́ли/говори́ли по о́череди.
5 (*service*) услу́га; **he did me a good ~** он оказа́л мне до́брую услу́гу; **one good ~ deserves another** ≈ долг платежо́м кра́сен.
6 (*tendency, capability*): **he has a practical ~ of mind** он челове́к практи́ческого скла́да; **a witty ~ of phrase** остроу́мный оборо́т.
7 (*short spell*): **shall I take a ~ at the wheel?** дава́йте я сменю́ вас за рулём; **I'm going to take a ~ in the garden** пойду́ прогуля́юсь по са́ду.
8 (*short stage performance*) вы́ход; но́мер (програ́ммы); **the comedian did his ~** ко́мик испо́лнил свой но́мер; **star ~** гвоздь (*m*) програ́ммы.
9 (*coll, nervous shock*) потрясе́ние; припа́док; **you gave me quite a ~** вы меня́ поря́дком испуга́ли; **she had one of her ~s** с ней случи́лся припа́док.
10 (*mus*) группе́тто (*indecl*).
● *vt* **1** (*cause to move round*) пов|ора́чивать, -ерну́ть; **he ~ed the key (in the lock)** он поверну́л ключ (в замке́); **he ~ed his head** он поверну́л го́лову; он оберну́лся; **he ~ed his back on me** он поверну́лся ко мне спино́й; **she ~ed the pages** она́ перелиста́ла страни́цы; **he ~ed the scale at 85 kilograms** он ве́сил 85 килогра́ммов.
2 (*direct*) напр|авля́ть, -а́вить; **they ~ed the hose on to the flames** шланг напра́вили на пла́мя; **I ~ed my mind to other things** я сосредото́чился на друго́м; **he can ~ his hand to anything** он всё уме́ет; он ма́стер на все ру́ки; **he ~ed a blind eye to her behaviour** (*Br*), **behavior** (*US*) он закры́л глаза́ на её поведе́ние; **he ~ed a deaf ear to my request** он проигнори́ровал мою́ про́сьбу; (*adapt*): **he ~ed his skill to good use, account** он нашёл досто́йное примене́ние свои́м спосо́бностям; (*incline*): **~ s.o. against s.o./sth** настр|а́ивать, -о́ить кого́-н. про́тив + *g*; **the accident ~ed me against driving** ава́рия отби́ла у меня́ охо́ту води́ть маши́ну.
3 (*pass round or beyond*) пов|ора́чивать, -ерну́ть за + *a*; **slow down as you ~ the corner** повора́чивая за́ угол, сба́вьте ско́рость; **it has ~ed two o'clock** уже́ два часа́; **he has ~ed fifty** ему́ испо́лнилось 50 лет.
4 (*transform*) превра|ща́ть, -ти́ть; **he ~ed the water into wine** он обрати́л во́ду в вино́; **his joy was ~ed to sorrow** его́ ра́дость оберну́лась печа́лью; **he ~ed himself into an expert** он сде́лался специали́стом; **it's enough to ~ one's stomach** э́то вызыва́ет тошноту́; **success ~ed his head** успе́х вскружи́л ему́ го́лову.
5 (*cause to become*): **the shock ~ed his hair white** он поседе́л от потрясе́ния; **shall we ~ the dogs loose?** дава́йте спу́стим соба́к с цепи́!
6 (*reverse*) перев|ора́чивать, -ерну́ть; меня́ть, по- на противополо́жное; **the picture was ~ed upside down** карти́ну переверну́ли вверх нога́ми; **the room was ~ed upside down** (*ransacked*) ко́мнату переверну́ли вверх дном; **I ~ed the tables on him** (*fig*) я отплати́л ему́ той же моне́той; **he did not ~ a hair** он и гла́зом не моргну́л.
7 (*send forcibly*) прог|оня́ть, -на́ть; **he was ~ed out of the house** его́ вы́гнали из до́ма; (*deflect*) отвра|ща́ть, -ти́ть; **he will not be ~ed from his purpose** его́ не собьёшь с и́збранного пути́.
8 (*shape*): **the bowl was ~ed on the lathe** ча́шу обточи́ли на тока́рном станке́; (*fig*): **he can ~ a witty phrase** он остёр на язы́к.
9 (*execute by ~ing*): **the children were ~ing somersaults** де́ти кувырка́лись; **the wheel has ~ed full circle** колесо́ сде́лало по́лный оборо́т; (*fig*) положе́ние кардина́льно измени́лось.
● *vi* **1** (*move round*) пов|ора́чиваться, -ерну́ться; враща́ться (*impf*); **the earth ~s on its axis** Земля́ враща́ется вокру́г свое́й оси́; **the key won't ~** ключ не повора́чивается; **he ~ed on his heel** он кру́то поверну́лся; (*fig*): **this will make him ~ in his grave** он от э́того в гробу́ перевернётся; (*depend*) зави́сеть (*impf*); **everything ~s on his answer** всё зави́сит от его́ отве́та; (*revolve*): **the discussion ~ed upon the meaning of democracy** спор враща́лся вокру́г по́длинного значе́ния демокра́тии.
2 (*change direction*) св|ора́чиваться, -ерну́ться; направля́ться (*impf*); **we ~ (to the) left here** тут мы свора́чиваем нале́во; **right ~!** напра́во!; **we ~ed off the main road down a lane** мы сверну́ли с гла́вной доро́ги на тропи́нку; (*fig*) обра|ща́ться, -ти́ться; **she hardly knew which way to ~** она́ не зна́ла, что ей де́лать; **who can I ~ to?** к кому́ я могу́ обрати́ться?; **I ~ to more serious topics** я перейду́/обращу́сь к бо́лее серьёзным вопро́сам; **the people ~ed against their rulers** наро́д восста́л про́тив прави́телей; **he ~ed on his attackers** он бро́сился на свои́х оби́дчиков; **he ~ed on me with reproaches** он набро́сился на меня́ с упрёками.
3 (*change*) превра|ща́ться, -ти́ться; **the tadpoles ~ed into frogs** голова́стики преврати́лись в лягу́шек; **he ~ed into a miser** он стал скря́гой; **his pleasure ~ed to disgust** удово́льствие преврати́лось у него́ в отвраще́ние; (*change colour*): **the leaves have ~ed** ли́стья пожелте́ли.
4 (*become*) ста|нови́ться, -ть; де́латься, с-; **she ~ed pale** она́ побледне́ла; **he ~ed traitor** он стал преда́телем; **it has ~ed warm** потепле́ло; (*become sour*): **the milk has ~ed** молоко́ проки́сло.
● *with advs*: **~ about** *vt* (*reverse*) пов|ора́чивать, -ерну́ть; *vi* (*change to opposite direction*) пов|ора́чиваться, -ерну́ться на 180 гра́дусов; **about-~!** круго́м!; **~ aside** *vt & i* отклон|я́ть(ся), -и́ть(ся); **~ away** *vt* (*avert*): **he ~ed his head away** он поверну́л го́лову в сто́рону; (*refuse admittance to*) прог|оня́ть, -на́ть; не пус|ка́ть, -ти́ть; **hundreds were ~ed away from the stadium** со́тни люде́й не пусти́ли на стадио́н; *vi*: **she ~ed away in disgust** она́ с отвраще́нием отверну́лась; **~ back** *vt* (*repel*) от|сыла́ть, -осла́ть наза́д; **we were ~ed back at the frontier** нас верну́ли с грани́цы; (*fold back*) отв|ора́чивать, -ерну́ть; от|гиба́ть, -огну́ть; **his cuffs were ~ed back** его́ манже́ты бы́ли завёрнуты; (*return to former position*): **he ~ed the clock back** (*lit*) он перевёл часы́ наза́д; **we cannot ~ the clock back** (*fig*) мы не мо́жем поверну́ть вре́мя вспять; *vi* пов|ора́чивать, -ерну́ть наза́д; пойти́ (*pf*) обра́тно; **~ down** *vt* (*fold down*): **his collar was ~ed down** его́ воротни́к был отвёрнут; (*reduce by ~ing*) уб|авля́ть, -а́вить; **~ down the gas!** уба́вьте/уме́ньшите/прикрути́те газ!; **~ the volume down!** (*TV etc.*) уба́вьте звук!; (*reject*) отв|ерга́ть, -е́ргнуть; отка́з|ываться, -а́ться от + *g*; **I was ~ed down for the job** мне отказа́ли в рабо́те; **my offer was ~ed down** моё предложе́ние бы́ло отве́ргнуто; **~ in** *vt*: **he ~ed in his toes** он ста́вил но́ги носка́ми внутрь; (*surrender; hand over*) сда|ва́ть, -ть; **he ~ed himself in to the police** он сда́лся поли́ции; *vi* (*incline inwards*) св|ёртываться, -ерну́ться внутрь; (*coll, go to bed*) отпра́виться (*pf*) на бокову́ю (*coll*); **~ inside out** *vt & i* вывора́чивать(ся), вы́вернуть(ся) наизна́нку; **~ off** *vt* (*e.g. light, engine*) выключа́ть, вы́ключить; гаси́ть, по-; **~ off the light!** погаси́те/вы́ключите свет!; (*tap*) закр|ыва́ть, -ы́ть; **the water was ~ed off at the main** во́ду отключи́ли; *vi* (*make a diversion*) св|ора́чивать, -ерну́ть; **we ~ed off to call at a farm** мы сверну́ли, что́бы зае́хать на фе́рму; (*coll, repel*) вызыва́ть, вы́звать отвраще́ние у (+ *g*); **~ on** *vt* (*e.g. light, engine, radio*) включ|а́ть, -и́ть; (*tap*) откр|ыва́ть, -ы́ть; (*fig*): **she ~ed on all her charm** она́ пусти́ла в ход всё своё обая́ние; **this music ~s me on** (*coll*) э́та му́зыка заво́дит меня́; **~ out** *vt* (*expel*) прог|оня́ть, -на́ть; исключ|а́ть, -и́ть; **the tenants were ~ed out on to the street** жильцо́в вы́гнали на у́лицу; (*switch off*) гаси́ть, по-; туши́ть, по-; **the lights were ~ed out** свет был поту́шен; (*produce*) выпуска́ть, вы́пустить; произв|оди́ть, -ести́; (*fig*) укра|ша́ть, -си́ть; **he is always well ~ed out** он всегда́ хорошо́ оде́т; (*empty*) вывора́чивать, вы́вернуть; **he ~ed out his pockets** он вы́вернул карма́ны; (*Br, tidy*) уб|ира́ть, -ра́ть; (*assemble for duty*) вызыва́ть, вы́звать; *vi* (*prove*) ока́з|ываться, -а́ться; **let us see how things ~ out** посмо́трим, како́й оборо́т при́мут дела́; **as it ~ed out I was not required** как оказа́лось, я не пона́добился; **he ~ed out to be a liar** он оказа́лся лжецо́м; **it ~ed out that he was right** получи́лось, что он был прав; (*become*): **such children often ~ out criminals** из таки́х дете́й ча́сто выхо́дят/получа́ются престу́пники; **after a wet morning, it ~ed out a fine day** по́сле дождли́вого у́тра день

вы́дался хоро́шим; (*assemble*) соб|ира́ться, -ра́ться; (*go out of doors*): **I had to ~ out in the cold** мне пришло́сь вы́йти на хо́лод; **~ over** *vt* (*overturn*) перев|ора́чивать, -ерну́ть; опроки́|дывать, -нуть; (*reverse position of*): **I ~ed over the page** я переверну́л страни́цу; (*revolve*) запус|ка́ть, -ти́ть; **I must ~ it over in my mind** я до́лжен э́то обду́мать; (*transfer*; *hand over*) перед|ава́ть, -а́ть; **he was ~ed over to the authorities** его́ пе́редали властя́м; *vi* (*overturn*) перев|ора́чиваться, -ерну́ться; **the boat ~ed over and sank** ло́дка переверну́лась и затону́ла; (*change position*) перев|ора́чиваться, -ерну́ться; **he ~ed over (in bed)** он переверну́лся на друго́й бок; (*revolve*): **is the engine ~ing over?** дви́гатель враща́ется?; **~ round** *vt* (*change or reverse position of*) перев|ора́чивать, -ерну́ть; **~ your chair round this way** поверни́те стул в э́ту сто́рону; **he ~ed his car round** он разверну́л маши́ну; *vi* (*change position*): **he ~ed round to look** он оберну́лся, что́бы посмотре́ть; (*revolve*) враща́ться (*impf*); **the weathervane ~s round in the wind** флю́гер враща́ется/ве́ртится на ветру́; **~ to** *vi* (*join in*, *help*) бра́ться/взя́ться за де́ло; **~ up** *vt* (*increase flow of*) приб|авля́ть, -а́вить; усили|вать, -ть; **~ up the gas!** приба́вьте га́зу!; (*disinter*) выка́пывать, вы́копать; (*put in higher position*) подн|има́ть, -я́ть вверх; **he ~ed his collar up** он по́днял воротни́к; **don't ~ your nose up at the offer** не вороти́те нос от тако́го предложе́ния; *vi* (*arrive*) появ|ля́ться, -и́ться; **look who's ~ed up!** смотри́те, кто пришёл!; кого́ мы ви́дим!; (*be found*; *occur*) ока́з|ываться, -а́ться; подв|ёртываться, -ерну́ться; **don't look for the pen now; it will ~ up later** бро́сьте иска́ть ру́чку: она́ найдётся ра́но и́ли по́здно; (*happen*; *become available*) подверну́ться (*pf*); **he is waiting for a suitable job to ~ up** он ждёт, пока́ ему́ подвернётся подходя́щая рабо́та; **~ upside down** *vt* & *i* перев|ора́чивать(ся), -ерну́ть(ся) вверх дном; (*fig*): **she ~ed the room upside down to find her ring** она́ перевры́ла всю ко́мнату в по́исках кольца́.

● *cpds* **~around** *n* (*of ship etc.*) оборо́т; (*reversal of policy, opinion, etc.*) поворо́т на 180 гра́дусов; **~coat** *n* ренега́т; преда́тель (*fem* -ница); **~down** *adj* (*of collar*) отложно́й; **~-off** *n* поворо́т, бокова́я доро́га; (*repulsive thing*) что-н. отврати́тельное; **~out** *n* (*assembly*) собра́ние, сбор; **there was a very good ~out** собрало́сь о́чень мно́го наро́ду; (*Br, cleaning, tidying*) чи́стка, убо́рка; (*equipage*) вы́езд; **~over** *n* (*in business*) оборо́т (капита́ла); (*of staff*) теку́честь; (*pie*) пиро́г с начи́нкой; **~pike** *n* (*hist, toll gate*) доро́жная заста́ва; (*US, highway*) магистра́ль, шоссе́ (*indecl*); (*on which toll is charged*) пла́тная автомагистра́ль; **~round** *n* = **turnaround**; **~ signal** *n* (*US*) указа́тель (*m*) поворо́та; **~stile** *n* турнике́т; **~table** *n* (*railways*) поворо́тный круг; (*of record player*) верту́шка; **~-up** *n* (*Br*) (*of trouser*) манже́та, отворо́т; (*coll, surprise*) неожи́данность.

turner /ˈtə:nə(r)/ *n* то́карь (*m*).

turning /ˈtə:nɪŋ/ *n* (*bend, junction*) поворо́т; (*junction*) перекрёсток; **the first ~ on the right** пе́рвый поворо́т напра́во.

● *cpd* **~ point** *n* (*lit*) поворо́тный пункт; (*fig*) кри́зис, перело́м; эта́пное собы́тие; **it was a ~ point in his career** э́то был поворо́тный моме́нт в его́ карье́ре.

turnip /ˈtə:nɪp/ *n* ре́па, турне́пс.

turpentine /ˈtə:pən,taɪn/ *n* терпенти́н, скипида́р.

turpitude /ˈtə:pɪ,tju:d/ *n* поро́чность, ни́зость.

turps /tə:ps/ (*coll*) = **turpentine**

turquoise /ˈtə:kwɔɪz, -kwɑ:z/ *n* бирюза́; (*colour*) бирюзо́вый цвет.

turret /ˈtʌrɪt/ *n* (*tower*) ба́шенка; (*on a tank, warship, etc.*) ба́шня (*та́нка и т. п.*).

turtle /ˈtə:t(ə)l/ *n* черепа́ха.

● *cpd* **~neck** *adj*: **~neck sweater** водола́зка.

turtle dove /ˈtət(ə)l,dʌv/ *n* ди́кий го́лубь.

turves /tə:vz/ *pl of* ⇨**turf**

tusk /tʌsk/ *n* клык, би́вень (*m*).

tussle /ˈtʌs(ə)l/ *n* дра́ка.

● *vi* дра́ться (*impf*).

tussock /ˈtʌsək/ *n* ко́чка.

tut /tʌt/ (*also* **~-tut**) *vi* (**tutted, tutting**) цо́кать (*impf*) языко́м (выража́я неодобре́ние).

● *int* а́х ты!; ай-ай-а́й!

tutee /tju:ˈti:/ *n* студе́нт (*fem* -ка) (*входя́щий в гру́ппу како́го-н. преподава́теля*).

tutelage /ˈtju:tɪlɪdʒ/ *n* попечи́тельство; опе́ка.

tutelary /ˈtju:tɪlərɪ/ *adj* опеку́нский, опека́ющий.

tutor /ˈtju:tə(r)/ *n* (*private teacher*) репети́тор; (*university teacher*) преподава́тель (*fem, coll* -ница); (*Br, manual*) уче́бник.

● *vt* (*instruct*) дава́ть (*impf*) ча́стные уро́ки + *d*; обуч|а́ть, -и́ть (**in:** + *d*).

● *vi* дава́ть (*impf*) ча́стные уро́ки.

tutorial /tju:ˈtɔ:rɪəl/ *n* ≈ семина́р, консульта́ция.

tutti /ˈtʊtɪ/ *n* (*pl* **~s**) (*mus*) ту́тти (*nt indecl*).

tutti-frutti /,tu:tɪˈfru:tɪ/ *n* (*pl* **~s**) фрукто́вое моро́женое.

tutu /ˈtu:tu:/ *n* па́чка (*балери́ны*).

tu-whit tu-whoo /tʊ,wɪt tʊˈwu:/ *n* крик совы́.

tuxedo /tʌkˈsi:dəʊ/ *n* (*pl* **~s** *or* **~es**) (*US*) смо́кинг.

TV (*abbr of* ***television***) ТВ (телеви́дение); (*set*) телеви́зор, (*coll*) те́лик, я́щик (*both coll*); **~ addict** телема́н; **closed-circuit ~** систе́ма видеонаблюде́ния, видеонаблюде́ние.

twaddle /ˈtwɒd(ə)l/ *n* чепуха́; болтовня́.

twang /twæŋ/ *n* (*sound of plucked string*) звук натя́нутой струны́; (*nasal tone of voice*) гнуса́вый го́лос.

● *vt* & *i*: **he ~ed the guitar** он тре́нькал на гита́ре; **the bow ~ed** тетива́ зазвене́ла.

twat /twɒt/ *n* (*vulg*) пизда́ (*vulg*).

tweak /twi:k/ *n* **1** (*sharp twist or pull*) щипо́к. **2** (*fine adjustment*) (у)соверше́нствование.

● *vt* **1** (*twist or pull sharply*) ущипну́ть (*pf*). **2** (*make fine adustment to*) соверше́нствовать, у-.

twee /twi:/ *adj* (**tweer** /ˈtwi:ə/; **tweest** /ˈtwi:ɪst/) (*Br*) при́торный.

tweed /twi:d/ *n* (*material*) твид; **a ~ jacket** тви́довый пиджа́к; (*in pl*) тви́довый костю́м.

tweet /twi:t/ *n* щебе́т, чири́канье.

● *vi* щебета́ть (*impf*); чири́кать (*impf*).

tweezers /ˈtwi:zəz/ *n pl* пинце́т; щи́пчик|и (*pl, g* -ов).

twelfth /twelfθ/ *n* (*date*) двена́дцатое число́; (*fraction*) одна́ двена́дцатая.

● *adj* двена́дцатый; **T~ Night** кану́н Креще́ния.

twelve /twelv/ *n* двена́дцать; **chapter ~** двена́дцатая глава́.

● *adj* двена́дцать + *g pl*; **12 times 12** двена́дцатью (*or* двена́дцать на) двена́дцать; (*with nn expressed or understood*): **~ (o'clock)** (*midday*) двена́дцать (часо́в) дня, по́лдень (*m*); (*midnight*) двена́дцать (часо́в) но́чи, по́лночь; **quarter to ~** без че́тверти двена́дцать; **quarter/half past ~** че́тверть/полови́на пе́рвого; **a boy of ~** ма́льчик двена́дцати лет; двенадцатиле́тний ма́льчик.

twentieth /ˈtwentɪɪθ/ *n* (*date*) двадца́тое число́; (*fraction*) одна́ двадца́тая.

● *adj* двадца́тый.

twent|y /ˈtwentɪ/ *n* два́дцать; **at (the age of) ~y** в два́дцать лет, в во́зрасте двадцати́ лет; **the ~ies** (*decade*) двадца́тые го́ды; **she is still in her ~ies** ей ещё нет тридцати́.

● *adj* два́дцать + *g pl*.

twerp /twə:p/ *n* (*coll*) ничто́жество.

twice /twaɪs/ *adv* (*two times*) два́жды, два ра́за; (*doubly*) вдвое, в два ра́за; **~ a day** два́жды (*or* два ра́за) в день; **~ two is four** два́жды два — четы́ре; **he is ~ my age** он вдво́е ста́рше меня́; **~ as much** в два ра́за (*or* вдво́е) бо́льше; **that made him think ~** э́то заста́вило его́ заду́маться.

twiddl|e /ˈtwɪd(ə)l/ *vt* верте́ть (*impf*); крути́ть (*impf*); **he sat there ~ing his thumbs** он бил баклу́ши; он безде́льничал; **he was ~ing with his watch chain** он теребил цепо́чку от часо́в.

twig[1] /twɪg/ *n* (*bot*) (*on tree*) ве́тка; (*when cut*) прут.

twig[2] /twɪg/ *vt* & *i* (**twigged, twigging**) (*Br coll*) смек|а́ть, -ну́ть.

twilight /ˈtwaɪlaɪt/ *n* су́мер|ки (*pl, g* -ек); (*fig*): **in the ~ of his life** на зака́те его́ жи́зни.

● *adj* су́меречный; (*indeterminate*) неопределённый, промежу́точный.

twill /twɪl/ *n* (*textiles*) са́ржа.

twin /twɪn/ *n* близне́ц; (*in pl*) близнецы́, дво́йня (*f sg*); **I have a ~ sister** у меня́ есть сестра́-близне́ц;

t

identical ~s однояйцо́вые/идента́чные близнецы́.
● *adj* похо́жий; одина́ковый; **they are ~ brothers** они́ (бра́тья-)близнецы́; **~ beds** две односпа́льные крова́ти; **~ propellers** двойно́й пропе́ллер.
● *vt* (**twinned, twinning**) (*fig*) соедин|я́ть, -и́ть; **Cheltenham is ~ned with Sochi** (*Br*) Че́лтнем и Со́чи — города́-побрати́мы.
● *cpds* **~-engined** *adj* двухмото́рный; с двумя́ дви́гателями; **~set** *n* (*Br*) шерстяно́й гарниту́р, дво́йка (*то́нкий сви́тер и ко́фта*).

twine /twaɪn/ *n* бечёвка, шнуро́к.
● *vt* & *i* ви́ть(ся) (*impf*); обв|ива́ть(ся), -и́ть(ся); **the ivy ~d round the tree** плющ ви́лся вокру́г де́рева.

twinge /twɪndʒ/ *n* при́ступ о́строй бо́ли; (*fig*) му́ка; **~s of conscience** угрызе́ния со́вести.

twinkl|e /ˈtwɪŋk(ə)l/ *n* мерца́ние; огонёк; **there was a ~e in his eye** в его́ глаза́х вспы́хнул озорно́й огонёк.
● *vi* мерца́ть (*impf*); сверка́ть (*impf*); **his eyes ~ed with amusement** его́ глаза́ ве́село блесте́ли; **in the ~ing of an eye** в мгнове́ние о́ка.

twirl /twəːl/ *n* враще́ние.
● *vt* верте́ть (*impf*); крути́ть (*impf*); **he ~ed his walking stick** он верте́л тро́стью.

twist /twɪst/ *n* **1** (*sharp turning motion*) круче́ние; (*jerk*) рыво́к; **he gave the handle a ~** он поверну́л ру́чку.
2 (*sharp change of direction*) изги́б, поворо́т; **the lane was all ~s and turns** тропи́нка была́ о́чень изви́листой; **a ~ in the plot** круто́й поворо́т сюже́та.
3 (*sth ~ed or spiral in shape*) петля́; у́зел; **the rope was full of ~s** верёвка была́ вся в узла́х; **a ~ of paper** (*Br*) скру́ченный бума́жный кулёк.
4 (*peculiar tendency*) скло́нность; **he had a criminal ~** в нём бы́ло что́-то поро́чное.
5 (*dance*) твист.
6: **round the ~** (*Br coll*) чо́кнутый.
● *vt* **1** (*screw round*) крути́ть (*or* скру́чивать), с-; **he tried to ~ my arm** (*lit*) он пыта́лся вы́вернуть мне ру́ку; (*fig, coerce me*) он пыта́лся на меня́ дави́ть; **the policemen ~ed the hooligan's arms behind his back** полице́йские скрути́ли ру́ки хулига́ну; **I ~ed my ankle** я подверну́л но́гу.
2 (*contort*) искрив|ля́ть, -и́ть; **a ~ed smile** крива́я улы́бка; (*fig*) иска|жа́ть, -зи́ть; **don't try to ~ my words** не передёргивайте мои́ слова́.
3 (*wind, twine*) обв|ива́ть, -и́ть; обм|а́тывать, -ота́ть; **they ~ed the flowers into a garland** они́ сплели́ цветы́ в гирля́нду; **he can ~ you round his little finger** он мо́жет вить из вас верёвки.
4 (*Br coll, cheat*) обма́н|ывать, -у́ть.
● *vi* **1** (*wriggle*) ко́рчиться (*impf*); извива́ться (*impf*); **he ~ed about, trying to get away** он извива́лся, стара́ясь вы́рваться.
2 (*twine; grow spirally*) обв|ива́ться, -и́ться; **the tendrils ~ed round their support** побе́ги расте́ния вили́сь вокру́г жёрдочки.
● *with advs*: **~ off** *vt* откру́|чивать, -ти́ть; отви́н|чивать, -ти́ть; **~ up** *vt* запу́т|ывать, -ать; **the string was all ~ed up** верёвка была́ вся в узла́х.

twisted /ˈtwɪstɪd/ *adj* (*perverted*) извращённый.

twister /ˈtwɪstə(r)/ *n* (*Br, dishonest person*) обма́нщик, моше́нник; (*US, tornado*) торна́до (*indecl*).

twisty /ˈtwɪstɪ/ *adj* (**twistier, twistiest**) изви́листый.

twit[1] /twɪt/ *n* (*Br*) о́лух (*coll*).

twit[2] /twɪt/ *vt* (**twitted, twitting**) поддр|а́знивать, -азни́ть.

twitch /twɪtʃ/ *n* подёргивание, су́дорога.
● *vt* **1** (*jerk*) дёргать (*impf*). **2** (*move spasmodically*) подёргивать (*impf*) + *i*; **the dog ~ed its ears** соба́ка повела́ уша́ми; **the rabbit's nose ~ed** нос у кро́лика дёргался.
● *vi* дёргаться (*impf*), подёргиваться (*impf*); **her lips ~ed** её гу́бы дёргались.

twitter /ˈtwɪtə(r)/ *n* **1** (*chirping*) щебет.
2 (*rapid chatter*) щебета́ние, болтовня́.
3: **she was all of a ~** (*coll*) она́ вся трепета́ла.
● *vi* (*chirp*) щебета́ть (*impf*); чири́кать (*impf*); (*talk rapidly*) щебета́ть (*impf*); болта́ть (*impf*).

two /tuː/ *n* (число́/но́мер) два; (*~ people*) дво́е; **we ~** мы о́ба; **the ~** э́ти два/дво́е; о́ба + *g sg*; **there were ~ of us** нас бы́ло дво́е; **(the) ~ of us went** мы пошли́ вдвоём; **~ each, in ~s, ~ at a time, ~ by** ~ по́ два/дво́е; (*cut, divide*) **in ~** на́двое/попола́м; **fold in ~** скла́дывать, сложи́ть вдво́е; **the plate broke in ~** таре́лка разби́лась на две ча́сти; (*figure, thing numbered 2*) дво́йка; **~ and ~ are four** два плюс/и два — четы́ре; (*with various nn expressed or understood*): **chapter ~** глава́ втора́я; **volume ~** том второ́й; **room ~** ко́мната но́мер два; второ́й но́мер; **size ~** второ́й разме́р/но́мер; **he lives at No. ~** он живёт в до́ме но́мер 2; **a No. ~ (bus)** дво́йка, но́мер два; **~ of spades** дво́йка пик; **at ~ (o'clock)** в два (часа́); **~ p.m.** два часа́ дня; **an hour or ~** час-друго́й; **in an hour or ~** че́рез час-друго́й; (*of age*): **he is ~** ему́ два (го́да); **a boy of ~** двухле́тний ма́льчик; (*idioms*): **~'s company, three's none** тре́тий — ли́шний; **~ can play at that game** ≈ я могу́ отплати́ть той же моне́той; **I put ~ and ~ together** я сообрази́л, что к чему́; **that makes ~ of us** вот и я то́же; **degrees are ~ a penny** дипло́мам грош цена́.
● *adj* два + *g sg*; (*for m nn denoting people and pluralia tantum, also*) дво́е + *g pl*; **~ students** два студе́нта, дво́е студе́нтов; **~ patients** дво́е больны́х; **~ children** дво́е дете́й; два ребёнка; **~ watches** дво́е часо́в; **~ whole glasses** це́лых два стака́на; **the ~ carriages** о́ба ваго́на; **he and ~ others** он с двумя́ други́ми; **~ fives are ten** два́жды пять — де́сять; **~ coffees** (*as order*) два ко́фе.
● *cpds* **~-bit** *adj* (*US coll*) никуды́шный; **~-day** *adj* двухдне́вный; **~-dimensional** *adj* двухме́рный; **~-edged** *adj* (*lit, fig*) обоюдоо́стрый; **~-faced** *adj* (*fig*) двули́чный; **~fold** *adj* двойно́й; *adv* вдво́е; **~-handed** *adj* двуру́чный; **~-hour** *adj* двухчасово́й; **~-lane** *adj* двухколе́йный; **~-legged** *adj* двуно́гий; **~pence** *n* (*Br*) два пе́нса; двухпе́нсовая моне́та; **I don't care ~pence** мне наплева́ть (*coll*); **~penny** *adj* (*Br*) двухпе́нсовый; **~penny-halfpenny** *adj* (*Br coll, rubbishy*) грошо́вый, ничто́жный; **~-piece** *n* (*suit*) костю́м-дво́йка; **~-ply** *adj* двойно́й, двухсло́йный; **~-seater** *n* двухме́стный автомоби́ль/самолёт; **~-sided** *adj* двусторо́нний; **~-storey(ed)** (*US* **-story/storied**) *adj* двухэта́жный; **~-stroke** *adj* двухта́ктный; **~-time** *vt* (*coll*) обма́н|ывать, -у́ть; измен|я́ть, -и́ть (жене́/му́жу); **~-timer** *n* (*coll*) (*unfaithful husband*) изме́нник, неве́рный муж; (*unfaithful wife*) изме́нница, неве́рная жена́; **~-timing** *adj* (*coll*) неве́рный; **~-way** *adj* (*e.g. traffic*) двусторо́нний; **~-way radio** одновре́менная двусторо́нняя радиосвя́зь; **~-year** *adj* двухгоди́чный; **~-year-old** *adj* двухле́тний.

tycoon /taɪˈkuːn/ *n* (*business magnate*) магна́т.

tying /ˈtaɪɪŋ/ *pres participle of* ⇒**tie**

tympana /ˈtɪmpənə/ *pl of* ⇒**tympanum**

tympan|i /ˈtɪmpənɪ/, **-ist** /ˈtɪmpənɪst/ = **timpani**, ⇒**tympanist**

tympan|um /ˈtɪmpənəm/ *n* (*pl* **~ums** *or* **~a**) (*eardrum*) бараба́нная перепо́нка; (*middle ear*) сре́днее у́хо.

type /taɪp/ *n* **1** (*example*) тип; типи́чный приме́р.
2 (*class*) тип, род.
3 (*letters for printing*) шрифт; **in large/heavy ~** кру́пным/жи́рным шри́фтом.
● *vt* **1** (*classify*) классифици́ровать (*impf, pf*); определ|я́ть, -и́ть.
2 (*write with ~writer*) печа́тать, на- (на маши́нке); (*with computer keyboard*) наб|ира́ть, -ра́ть на клавиату́ре/компью́тере.
● *vi* (*with ~writer*) печа́тать (*impf*) (на маши́нке); (*with computer keyboard*) набира́ть (*impf*) текст на клавиату́ре/компью́тере; **typing** (*as n*) (*with ~writer*) печа́тание на маши́нке; (*with computer keyboard*) набо́р на клавиату́ре; **typing error** опеча́тка; **typing pool** машинопи́сное бюро́.
● *cpds* **~cast** *adj*: **he is ~cast as the butler** он всегда́ игра́ет роль дворе́цкого; **~face** *n* шрифт; **~script** *n* машинопи́сный текст; **~setter** *n* (*person*) набо́рщик; (*machine*) набо́рная маши́на; **~setting** *n* набо́р; **~writer** *n* пи́шущая маши́нка; **~writing** *n* (*with typewriter*) печа́тание на маши́нке; (*with computer keyboard*) набо́р на клавиату́ре; **~written** *adj* напеча́танный на маши́нке; на́бранный на компью́тере/клавиату́ре; **a ~written letter** письмо́,

напеча́танное на маши́нке (*or* на́бранное на компью́тере/клавиату́ре).

typhoid /ˈtaɪfɔɪd/ *n* (*also* **~ fever**) брюшно́й тиф.
● *adj* тифо́зный.

typhoon /taɪˈfuːn/ *n* тайфу́н.

typhus /ˈtaɪfəs/ *n* сыпно́й тиф.

typical /ˈtɪpɪk(ə)l/ *adj* типи́чный; **that is ~ of him** э́то сво́йственно ему́.

typify /ˈtɪpɪˌfaɪ/ *vt* быть типи́чным представи́телем + *g*; олицетвор|я́ть, -и́ть.

typist /ˈtaɪpɪst/ *n* (*fem*) машини́стка; **he is a ~** он зараба́тывает маши́нописью (*or* печа́танием те́кстов).

typographer /taɪˈpɒɡrəfə(r)/ *n* печа́тник, полиграфи́ст.

typographic(al) /ˌtaɪpəˈɡræfɪk, ˌtaɪpəˈɡræfɪk(ə)l/ *adj* типогра́фский.

typography /taɪˈpɒɡrəfɪ/ *n* (*art, process*) полиграфи́я; (*of books*) книгопеча́тание; (*appearance of printed matter*) оформле́ние (*книги и т. п.*).

typological /ˌtaɪpəˈlɒdʒɪk(ə)l/ *adj* типологи́ческий.

typology /taɪˈpɒlədʒɪ/ *n* типоло́гия.

tyrannical /tɪˈrænɪk(ə)l/ *adj* тирани́ческий.

tyrannize /ˈtɪrəˌnaɪz/ *vt* & *i* тира́нить (*impf*); **he ~s (over) his family** он тира́нит свою́ семью́.

tyrannous /ˈtɪrənəs/ *adj* тирани́ческий.

tyranny /ˈtɪrənɪ/ *n* (*despotic power*) тирани́я; (*tyrannical behaviour*) тира́нство.

tyrant /ˈtaɪərənt/ *n* тира́н.

tyre /ˈtaɪə(r)/ (*US* **tire**) *n* ши́на; **I have a flat ~** у меня́ спусти́ло колесо́; (*outer ~*) покры́шка.
● *cpd* **~ iron** (*US*), **~ lever** (*Br*) *nn* монтиро́вка, монтиро́вочная лопа́тка.

Tyrol /tɪˈrəʊl/ *n* Тиро́ль (*m*).

Tyrol|ean /ˌtɪrəˈliːən/ *n* тиро́лец (*fem* жи́тельница Тиро́ля).
● *adj* тиро́льский.

tzar /zɑː(r)/ *etc.* = **tsar** *etc.*

t

Uu

U /juː/ *cpds* **~-bend** *n* двойно́й изги́б; **~-boat** *n* (*hist*) неме́цкая подво́дная ло́дка (*времён Первой и Второй мировых войн*); **~-turn** *n* разворо́т; (*fig*) ре́зкое измене́ние поли́тики; поворо́т на 180 гра́дусов.

UAE (*abbr of* ***United Arab Emirates***) ОАЭ (Объединённые Ара́бские Эмира́ты).

ubiquitous /juːˈbɪkwɪtəs/ *adj* вездесу́щий, повсеме́стный.

ubiquity /juːˈbɪkwɪtɪ/ *n* вездесу́щность, повсеме́стность.

UCAS /ˈjuːkæs/ (*abbr of* ***Universities and Colleges Admissions Service***) (*Br*) Слу́жба по приёму (и обрабо́тке вступи́тельных заявле́ний) в университе́ты и ко́лледжи.

> **UCAS — Universities and Colleges Admissions Service**
>
> Еди́ная централизо́ванная брита́нская слу́жба, кото́рая ведёт приём заявле́ний о поступле́нии во все университе́ты и ко́лледжи страны́ (кро́ме **Open University**) и в дальне́йшем контроли́рует документооборо́т вплоть до зачисле́ния абитурие́нта в конкре́тное уче́бное заведе́ние. Выполня́ет та́кже фу́нкции информацио́нного це́нтра.

UDA (*abbr of* ***Ulster Defence Association***) Ассоциа́ция оборо́ны/защи́ты О́льстера (*военизированная лоялистская* (*протестантская*) *организация в Северной Ирландии*).

udder /ˈʌdə(r)/ *n* вы́мя (*nt*).

UDI (*abbr of* ***Unilateral Declaration of Independence***) односторо́ннее провозглаше́ние незави́симости, провозглаше́ние незави́симости в односторо́ннем поря́дке.

UDR (*abbr of* ***Ulster Defence Regiment***) (*hist*) Полк оборо́ны/защи́ты О́льстера (*оперативное армейское подразделение британской армии в Северной Ирландии в 1970—1992*).

UEFA /juːˈiːfə, -ˈeɪfə/ (*abbr of* ***Union of European Football Associations***) УЕФА́ (*m & f indecl*).

UFO (*pl* **UFOs**) (*abbr of* ***unidentified flying object***) НЛО (*m indecl*) (неопо́знанный лета́ющий объе́кт).

ufologist /juːˈfɒlədʒɪst/ *n* уфо́лог.

ufology /juːˈfɒlədʒɪ/ *n* уфоло́гия.

Uganda /juːˈgændə/ *n* Уга́нда.

Ugandan /juːˈgændən/ *n* уганди́|ец (*fem* -йка).
● *adj* уганди́йский.

ugh /əx, ʌg, ʌx/ *int* (*expressing disgust*) фу!, брр!; (*expressing horror*) а-а-а!

ugliness /ˈʌglɪnɪs/ *n* уро́дство, безобра́зие; (*fig*) гну́сность.

ugly /ˈʌglɪ/ *adj* (**uglier, ugliest**) **1** (*unsightly*) уро́дливый, безобра́зный, некраси́вый; **~ duckling** га́дкий утёнок. **2** (*unpleasant*) проти́вный, скве́рный. **3** (*threatening*) опа́сный; **an ~ customer** гну́сный/опа́сный тип/субъе́кт; **in an ~ mood** в гро́зном настрое́нии.

uh-huh /ˈʌhʌ/ *int* (*coll*) ага́ (*выражает согласие*).

UK (*abbr of* ***United Kingdom***) Соединённое Короле́вство (*Великобритании и Северной Ирландии*).
● *adj* (велико)брита́нский.

ukase /juːˈkeɪz/ *n* ука́з.

Ukraine /juːˈkreɪn/ *n* Украи́на; **in (the) ~** в/на Украи́не.

Ukrainian /juːˈkreɪnɪən/ *n* (*person*) украи́н|ец (*fem* -ка); (*language*) украи́нский язы́к.
● *adj* украи́нский.

ukulele /ˌjuːkəˈleɪlɪ/ *n* гава́йская гита́ра.

Ulan Bator /ˌuːlɑːn ˈbɑːtə(r)/ *n* Ула́н-Ба́тор.

ulcer /ˈʌlsə(r)/ *n* я́зва; **stomach ~** я́зва желу́дка.

ulcerate /ˈʌlsəˌreɪt/ *vt* изъязв|ля́ть, -и́ть.

ulceration /ˌʌlsəˈreɪʃ(ə)n/ *n* изъязвле́ние.

ulcerous /ˈʌlsərəs/ *adj* я́звенный.

ulna /ˈʌlnə/ *n* (*pl* **ulnae** /-niː/ *or* **ulnas**) локтева́я кость.

Ulster /ˈʌlstə(r)/ *n* О́льстер.
● *cpds* **~man** *nn* жи́тель (*or* уроже́нец) О́льстера; **~woman** *n* жи́тельница (*or* уроже́нка) О́льстера.

ulterior /ʌlˈtɪərɪə(r)/ *adj* скры́тый, невы́раженный; **~ motive** скры́тый моти́в; за́дняя мысль.

ultimata /ˌʌltɪˈmeɪtə/ *pl of* ⇒**ultimatum**

ultimate /ˈʌltɪmət/ *adj* после́дний, оконча́тельный; **~ end/purpose** коне́чная цель.

ultimat|um /ˌʌltɪˈmeɪtəm/ *n* (*pl* **~ums** *or* **~a**) ультима́тум.

ult(imo) /ˈʌltɪˌməʊ/ *adj* про́шлого ме́сяца.

ultra- /ˈʌltrə/ *comb form* у́льтра…, сверх…, (*when followed by letters e, ё, ю, and я*) сверхъ… .

ultralight /ˈʌltrəˌlaɪt/ *n* (*US*) сверхлёгкий персона́льный самолёт; (*motorized hang glider*) мотодельтапла́н.

ultramarine /ˌʌltrəməˈriːn/ *n* (*pigment*) ультрамари́н.
● *adj* ультрамари́новый; (*of colour also*) я́рко-си́ний.

ultrasonic /ˌʌltrəˈsɒnɪk/ *n* сверхзвуково́й, ультразвуково́й.

ultrasound /ˈʌltrəˌsaʊnd/ *n* ультразву́к.

ultraviolet /ˌʌltrəˈvaɪələt/ *adj* ультрафиоле́товый.

ululate /ˈjuːlʊˌleɪt/ *vi* выть (*impf*); завыва́ть (*impf*)

umber /ˈʌmbə(r)/ *n* у́мбра.
● *adj* тёмно-кори́чневый.

umbilical /ʌmˈbɪlɪk(ə)l, ˌʌmbɪˈlaɪk(ə)l/ *adj* пупо́чный; **~ cord** пупови́на.

umbrage /ˈʌmbrɪdʒ/ *n* оби́да; **take ~ (at)** об|ижа́ться, -и́деться (на + *a*).

umbrella /ʌmˈbrelə/ *n* **1** зо́нтик, зонт. **2** (*fig, protection*) защи́та; (*against aircraft*) засло́н, (авиацио́нное) прикры́тие; **nuclear ~** я́дерный зо́нтик. **3** (*fig, general heading*) ру́брика; **~ organization** возглавля́ющая организа́ция.
● *cpd* **~ stand** *n* подста́вка для зонто́в.

umlaut /ˈʊmlaʊt/ *n* умля́ут.

umpire /ˈʌmpaɪə(r)/ *n* (*arbitrator*) посре́дник; трете́йский судья́; (*in games*) судья́ (*m*); ре́фери (*m indecl*).
● *vt & i*: **he ~d (in) both matches** он суди́л о́ба ма́тча.

umpteen /ʌmpˈtiːn/ *adj* (*coll*) бесчи́сленное коли́чество + *g*.

umpteenth /ʌmpˈtiːnθ/ *adj* (*coll*) э́нный; **I have told you for the ~ time** ско́лько раз я тебе́ говори́л!

UN (*abbr of* ***United Nations (Organization)***): **the ~** ОО́Н (*f indecl*) (Организа́ция Объединённых На́ций); (*attr*) оо́новский (*coll*); **~ Security Council** Сове́т Безопа́сности ОО́Н; **~ Human Rights Council** Сове́т ОО́Н по права́м челове́ка; **~ commission** коми́ссия ОО́Н.

un- /ʌn/ *neg pref*: *often expressed by pref* не… (*e.g.* ⇒**unable**), *or* без…, бес… (*e.g.* ⇒**unashamed**).

unabashed /ˌʌnəˈbæʃt/ *adj* нерастеря́вшийся.

unabated /ˌʌnəˈbeɪtɪd/ *adj* неосла́бленный.

unable /ʌnˈeɪb(ə)l/ *adj* неспосо́бный; **he is ~ to swim** он не уме́ет пла́вать;

I am ~ to say я не могу́ сказа́ть; **I shall be ~ to come** я не смогу́ прийти́.

unabridged /ˌʌnəˈbrɪdʒd/ *adj* несокращённый, по́лный.

unaccented /ˌʌnækˈsentɪd/ *adj* безуда́рный.

unacceptable /ˌʌnəkˈseptəb(ə)l/ *adj* неприе́млемый.

unaccompanied /ˌʌnəˈkʌmpənɪd/ *adj* нике́м не сопровожда́емый; **she came ~** она́ пришла́ одна́ (*or* без сопровожде́ния); (*mus*) без аккомпанеме́нта.

unaccomplished /ˌʌnəˈkʌmplɪʃt/ *adj* **1** (*not fulfilled*) незавершённый; **his mission was ~** он не заверши́л свое́й ми́ссии. **2** (*mediocre*) посре́дственный, непримеча́тельный.

unaccountable /ˌʌnəˈkaʊntəb(ə)l/ *adj* (*inexplicable*) необъясни́мый; (*irrational*) безотчётный; (*not obliged to render an account of o.s. or itself*): **~ to** не несу́щий отве́тственности пе́ред + *i*.

unaccounted for /ˌʌnəˈkaʊntɪd/ *adj* (*unexplained*) необъяснённый; (*not included in account*) не ука́занный в отчёте; (*missing*): **two people were ~** не досчита́лись двух челове́к.

unaccustomed /ˌʌnəˈkʌstəmd/ *adj* **1** (*unused*) непривы́кший; **~ as I am to public speaking** хотя́ я и не привы́к выступа́ть. **2** (*unusual*) необы́чный.

unachievable /ˌʌnəˈtʃiːvəb(ə)l/ *adj* недосяга́емый, недостижи́мый, невыполни́мый.

unacknowledged /ˌʌnəkˈnɒlɪdʒd/ *adj* **1** (*unrecognized*) непри́знанный; **his work went ~** никто́ не отме́тил его́ рабо́ты. **2** (*without reply*): **my letter was ~ by them** я не получи́л от них подтвержде́ния о получе́нии моего́ письма́.

unacquainted /ˌʌnəˈkweɪntɪd/ *adj* незнако́мый.

unadorned /ˌʌnəˈdɔːnd/ *adj* (*walls*) неукра́шенный; (*truth*) неприкра́шенный.

unadulterated /ˌʌnəˈdʌltəˌreɪtɪd/ *adj* настоя́щий, неподде́льный; **~ nonsense** чисте́йший вздор; **the ~ truth** чи́стая пра́вда.

unadventurous /ˌʌnədˈventʃərəs/ *adj* непредприи́мчивый, осторо́жный; (*uneventful*) без приключе́ний, споко́йный.

unaffected /ˌʌnəˈfektɪd/ *adj* **1** (*without affectation*) непринуждённый, есте́ственный. **2** (*not harmed or influenced*): **our plans were ~ by the weather** пого́да не измени́ла на́ших пла́нов; **he was ~ by my entreaties** он остава́лся безуча́стным к мои́м мольба́м.

unafraid /ˌʌnəˈfreɪd/ *adj* **1** (*fearless*) бесстра́шный, неустраши́мый; **she was ~ of defeat** пораже́ние её не пуга́ло; **he is ~ to speak his mind** он не бои́тся откры́то вы́сказать своё мне́ние (*or* свою́ то́чку зре́ния). **2** (*unruffled*) споко́йный, невозмути́мый; **before the execution, Charles was calm and ~** пе́ред ка́знью Карл был споко́ен и невозмути́м.

unaided /ʌnˈeɪdɪd/ *adj* без посторо́нней по́мощи; **to the ~ eye** невооружённому глазу.

unaligned /ˌʌnəˈlaɪnd/ *adj*: **the ~ countries** неприсоедини́вшиеся стра́ны.

unalleviated /ˌʌnəˈliːvɪˌeɪtɪd/ *adj* несмягчённый.

unalloyed /ˌʌnəˈlɔɪd, ʌnˈæl-/ *adj* нелеги́рованный; (*fig*): **~ pleasure** ниче́м не омрачённая ра́дость.

unalterable /ʌnˈɔːltərəb(ə)l, ʌnˈɒl-/ *adj* неизме́нный.

unambiguous /ˌʌnæmˈbɪgjʊəs/ *adj* недвусмы́сленный, однозна́чный.

unambitious /ˌʌnæmˈbɪʃəs/ *adj* непритяза́тельный, скро́мный.

un-American /ˌʌnəˈmerɪkən/ *adj* чу́ждый америка́нским обы́чаям и поня́тиям; антиамерика́нский.

unanimity /ˌjuːnəˈnɪmɪtɪ/ *n* единоду́шие.

unanimous /juːˈnænɪməs/ *adj* единоду́шный, единогла́сный; **the resolution was passed ~ly** резолю́ция была́ принята́ единогла́сно.

unannounced /ˌʌnəˈnaʊnst/ *adj* необъя́вленный; (*to arrive, enter*) без докла́да.

unanswerable /ʌnˈɑːnsərəb(ə)l/ *adj*: **an ~ argument** неопровержи́мый до́вод; **an ~ question** вопро́с, на кото́рый невозмо́жно отве́тить.

unanswered /ʌnˈɑːnsəd/ *adj* оста́вшийся без отве́та.

unanticipated /ˌʌnænˈtɪsɪˌpeɪtɪd/ *adj* (*unexpected*) непредви́денный, неожи́данный.

unapparent /ˌʌnəˈpærənt/ *adj* неочеви́дный, скры́тый.

unappealing /ˌʌnəˈpiːlɪŋ/ *adj* неприя́тный, непривлека́тельный.

unappeasable /ˌʌnəˈpiːzəb(ə)l/ *adj* непримири́мый.

unappetizing /ʌnˈæpɪˌtaɪzɪŋ/ *adj* неаппети́тный.

unappreciated /ˌʌnəˈpriːʃɪˌeɪtɪd/ *adj* непри́знанный, недооценённый.

unappreciative /ˌʌnəˈpriːʃ(ɪ)ətɪv/ *adj* неблагода́рный.

unapproachable /ˌʌnəˈprəʊtʃəb(ə)l/ *adj* недосту́пный.

unarmed /ʌnˈɑːmd/ *adj* невооружённый, безору́жный; **~ combat** самозащи́та без ору́жия; (*abbr* са́мбо (*indecl*)).

unashamed /ˌʌnəˈʃeɪmd/ *adj* бессты́дный; бессо́вестный.

unasked /ʌnˈɑːskt/ *adj* непро́шеный; **she did it ~** она́ сде́лала э́то по свое́й инициати́ве; (*uninvited*) незва́ный.

unassailable /ˌʌnəˈseɪləb(ə)l/ *adj*: **an ~ fortress** непристу́пная кре́пость; **an ~ argument** неопровержи́мый до́вод.

unassisted /ˌʌnəˈsɪstɪd/ *adj* без (посторо́нней) по́мощи.

unassuming /ˌʌnəˈsjuːmɪŋ/ *adj* непритяза́тельный, скро́мный.

unattached /ˌʌnəˈtætʃt/ *adj* не привя́занный/прикреплённый (**to:** к + *d*); **she is ~** она́ одино́ка.

unattainable /ˌʌnəˈteɪnəb(ə)l/ *adj* недосяга́емый.

unattended /ˌʌnəˈtendɪd/ *adj* **1** (*of high-ranking person*) без слуг/сви́ты; (*unaccompanied*) нике́м не сопровожда́емый. **2** (*without care*) безнадзо́рный, оста́вленный без надзо́ра/присмо́тра; **the children were left ~** дете́й оста́вили одни́х без присмо́тра; **his business was ~** его́ де́лом никто́ не занима́лся; **the shop is ~** в магази́не нет продавца́.

unattractive /ˌʌnəˈtræktɪv/ *adj* непривлека́тельный, несимпати́чный; **the idea is most ~ to me** э́та иде́я меня́ совсе́м не привлека́ет.

unauthenticated /ˌʌnɔːˈθentɪˌkeɪtɪd/ *adj* неудостове́ренный.

unauthorized /ʌnˈɔːθəˌraɪzd/ *adj* неразрешённый; (*person*) посторо́нний; **~ absence** самово́льная отлу́чка.

unavailable /ˌʌnəˈveɪləb(ə)l/ *adj* недосту́пный; **he was ~** он был за́нят.

unavailing /ˌʌnəˈveɪlɪŋ/ *adj* бесполе́зный, напра́сный, тще́тный.

unavoidabl|e /ˌʌnəˈvɔɪdəb(ə)l/ *adj* (*sure to happen*) неизбе́жный, немину́емый; **I was ~y detained** я не мог освободи́ться (ра́ньше).

unaware /ˌʌnəˈweə(r)/ *adj* незна́ющий, неподозрева́ющий; **he was ~ of my presence** он не подозрева́л о моём прису́тствии; **I was ~ that he was married** я не знал, что он жена́т.

unawares /ˌʌnəˈweəz/ *adv* нечаянно; врасплóх; **I was taken ~ by his question** его́ вопро́с засти́г меня́ врасплóх.

unbalanced /ʌnˈbælənsd/ *adj* (*development*) неравноме́рный; (*report, views*) односторо́нний; (*mentally*) неуравнове́шенный, неусто́йчивый.

unbar /ʌnˈbɑː(r)/ *vt* (**unbarred, unbarring**): **~ a door** отодв|ига́ть, -и́нуть засо́в на двери́; (*fig*) откр|ыва́ть, -ы́ть.

unbearable /ʌnˈbeərəb(ə)l/ *adj* невыноси́мый.

unbeaten /ʌnˈbiːt(ə)n/ *adj* (*unsurpassed*) непревзойдённый.

unbecoming /ˌʌnbɪˈkʌmɪŋ/ *adj* (*of clothing, colour*) не иду́щий к лицу́; (*inappropriate*) неподходя́щий (для + *g*); (*indecorous*) неподоба́ющий (+ *d*), неприли́чный (для + *g*); **conduct ~ an officer** поведе́ние, недосто́йное офице́ра (*or* не подоба́ющее офице́ру).

unbefitting /ˌʌnbɪˈfɪtɪŋ/ *adj* не()подоба́ющий (**of/for/to:** + *d*); не()подходя́щий (**of/for/to:** для + *g*).

unbeknown /ˌʌnbɪˈnəʊn/ (*coll* **unbeknownst**) *adv*: **he did it ~ to me** он сде́лал э́то без моего́ ве́дома.

unbelief /ˌʌnbɪˈliːf/ *n* (*lack of faith*) неве́рие.

unbelievable /ˌʌnbɪˈliːvəb(ə)l/ *adj* (*coll, amazing*) невероя́тный, неимове́рный.

unbeliever /ˌʌnbɪˈliːvə(r)/ *n* (*relig*) неверующий.

unbelieving /ˌʌnbɪˈliːvɪŋ/ *adj* (*lacking faith*) неверующий.

unbend /ʌnˈbend/ *vt* (*past and pp* **unbent**) выпрямлять, выпрямить; раз|гибать, -огнуть.
● *vi* (*fig, relax*) рассл|абляться, -абиться.

unbending /ʌnˈbendɪŋ/ *adj* (*fig*) (*firm*) непреклонный; (*austere*) суровый; (*not flexible*) негибкий.

unbias(s)ed /ʌnˈbaɪəst/ *adj* беспристрастный.

unbidden /ʌnˈbɪd(ə)n/ *adj* непрошеный; (*as adv, voluntarily*) добровольно; по своей воле.

unbind /ʌnˈbaɪnd/ *vt* (*past and pp* **unbound**) развяз|ывать, -ать; (*hair*) распус|кать, -тить; (*wound*) разбинтов|ывать, -ать.

unblemished /ʌnˈblemɪʃt/ *adj* чистый; (*fig*) незапятнанный; безупречный.

unblock /ʌnˈblɒk/ *vt*: **the plumber ~ed the drain** водопроводчик прочистил водосток.

unbolt /ʌnˈbəʊlt/ *vt* (*door*) отп|ирать, -ереть.

unborn /ʌnˈbɔːn/ *adj*: **her ~ child** её ещё не родившийся (*or* её будущий) ребёнок.

unbosom /ʌnˈbʊz(ə)m/ *vt*: **~ o.s. to s.o.** откр|ывать, -ыть (*or* изл|ивать, -ить) (свою) душу кому-н.

unbound /ʌnˈbaʊnd/ *adj* (*of book*) непереплетённый.

unbounded /ʌnˈbaʊndɪd/ *adj* неограниченный, безмерный.

unbowed /ʌnˈbaʊd/ *adj* несогнутый; непокорённый; **his head was ~** (*fig*) он не покорился, он не склонил головы.

unbridled /ʌnˈbraɪdəld/ *adj* (*fig*) необузданный; разнузданный.

unbroken /ʌnˈbrəʊkən/ *adj* неразбитый, несломленный; **only one plate was ~** только одна тарелка уцелела; **his spirit remained ~** его дух не был сломлен; **an ~ record** непревзойдённый/непобитый рекорд; **an ~ horse** необъезженный конь; **~ sleep** непрерывный сон.

unbuckle /ʌnˈbʌk(ə)l/ *vt* расстёг|ивать, -нуть.

unburden /ʌnˈbɜːd(ə)n/ *vt*: **he ~ed his soul** (*or* **himself) to me** он излил мне душу.

unbusinesslike /ʌnˈbɪznɪsˌlaɪk/ *adj* неделовой, непрактичный.

unbutton /ʌnˈbʌt(ə)n/ *vt* расстёг|ивать, -нуть.

uncalled for (*attr* **uncalled-for**) /ʌnˈkɔːldfɔː(r)/ *adj* (*inappropriate*) неуместный; (*excessive*) излишний; (*undeserved*) незаслуженный.

uncanny /ʌnˈkænɪ/ *adj* (**uncannier, uncanniest**) странный, необъяснимый.

uncared for (*attr* **uncared-for**) /ʌnˈkeədfɔː(r)/ *adj* заброшенный.

uncarpeted /ʌnˈkɑːpɪtɪd/ *adj* без ковра.

unceasing /ʌnˈsiːsɪŋ/ *adj* беспрерывный, беспрестанный.

uncensored /ʌnˈsensəd/ *adj* не проходивший цензуру.

unceremonious /ˌʌnserɪˈməʊnɪəs/ *adj* (*abrupt, discourteous*) бесцеремонный.

uncertain /ʌnˈsɜːt(ə)n/ *adj* **1** (*hesitant, in doubt*) неуверенный, нерешительный; **he was ~ what to do** он не знал, что делать; **I am ~ what he wants** я не могу понять, чего он хочет; **I am still ~** я всё ещё сомневаюсь/колеблюсь. **2** (*not clear*) неясный, неопределённый; **in no ~ terms** весьма недвусмысленно. **3** (*changeable, unreliable*): **the weather is ~** погода изменчива; **my position is ~** (*shaky*) моё положение неопределённо.

uncertaint|y /ʌnˈsɜːtəntɪ/ *n* **1** (*hesitation*) неуверенность, нерешительность; **be in a state of ~y** быть в нерешительности; сомневаться (*impf*); колебаться (*impf*). **2** (*lack of clarity*) неясность, неизвестность, неопределённость. **3** (*unreliable or unpredictable nature*) изменчивость; **the ~ies of life** превратности (*f pl*) судьбы; **the future is full of ~y** будущее полно неопределённости.

unchain /ʌnˈtʃeɪn/ *vt* спус|кать, -тить с цепи; **~ the door** сн|имать, -ять цепочку с двери.

unchallengeable /ʌnˈtʃælɪndʒəb(ə)l/ *adj* неоспоримый.

unchallenged /ʌnˈtʃælɪndʒd/ *adj* (всеми) признанный; **I let his remark go ~** я не стал оспаривать его замечание.

unchangeable /ʌnˈtʃeɪndʒəb(ə)l/ *adj* неизменяемый; (*invariable*) неизменный.

unchanged /ʌnˈtʃeɪndʒd/ *adj* неизменившийся; **to remain ~** ост|аваться, -аться без изменений; **the patient's condition is ~** состояние больного не изменилось.

uncharitable /ʌnˈtʃærɪtəb(ə)l/ *adj* (*harsh*) жестокий, немилосердный; (*malicious*) злобный; (*fault-finding*) придирчивый.

uncharted /ʌnˈtʃɑːtɪd/ *adj* не отмеченный на карте; (*also fig*) неисследованный, неизведанный.

unchaste /ʌnˈtʃeɪst/ *adj* (*person*) нецеломудренный; (*behaviour, words*) непристойный.

unchastity /ʌnˈtʃæstɪtɪ/ *n* нецеломудренность.

unchecked /ʌnˈtʃekt/ *adj*: **~ accounts** непроверенные счета; **an ~ advance** (*mil*) беспрепятственное продвижение.

unchivalrous /ʌnˈʃɪvəlrəs/ *adj* нерыцарский.

unchristian /ʌnˈkrɪstjən/ *adj* нехристианский, не подобающий христианину.

uncivil /ʌnˈsɪvɪl/ *adj* невежливый, грубый.

uncivilized /ʌnˈsɪvɪˌlaɪzd/ *adj* нецивилизованный, некультурный.

unclad /ʌnˈklæd/ *adj* неодетый; (*naked*) голый.

unclaimed /ʌnˈkleɪmd/ *adj* невостребованный.

unclasp /ʌnˈklɑːsp/ *vt* (*loosen clasp of*) расстёг|ивать, -нуть; (*release grip on*) разж|имать, -ать; **he ~ed his hands** он разжал руки.

unclassifiable /ʌnˈklæsɪˌfaɪəb(ə)l/ *adj* не поддающийся классификации.

unclassified /ʌnˈklæsɪˌfaɪd/ *adj* неклассифицированный; (*without security grading*) несекретный.

uncle /ˈʌŋk(ə)l/ *n* дядя (*m*).

unclean /ʌnˈkliːn/ *adj* (*impure*) нечистый; (*relig*) поганый.

uncleanness /ʌnˈkliːnnɪs/ *n* нечистота.

unclothed /ʌnˈkləʊðd/ *adj* раздетый, неодетый.

unclouded /ʌnˈklaʊdɪd/ *adj* (*lit, fig*) безоблачный.

uncoil /ʌnˈkɔɪl/ *vt* & *i* разм|атывать(ся), -отать(ся).

uncoloured /ʌnˈkʌləd/ (*US* **uncolored**) *adj* бесцветный, неокрашенный; **his views are ~ by prejudice** он человек беспристрастный; **an ~ description** неприкрашенное описание.

uncomfortable /ʌnˈkʌmftəb(ə)l/ *adj* (*lit, fig*) неудобный; (*situation*) неловкий.

uncommitted /ˌʌnkəˈmɪtɪd/ *adj* нейтральный; (*pol, unaligned*) неприсоединившийся.

uncommon /ʌnˈkɒmən/ *adj* редкий; необычный, незаурядный; **he showed ~ generosity** он проявил необыкновенную щедрость; **that is ~ly good of you** вы чрезвычайно добры/любезны.

uncommunicative /ˌʌnkəˈmjuːnɪkətɪv/ *adj* неразговорчивый, сдержанный.

uncompanionable /ˌʌnkəmˈpænjənəb(ə)l/ *adj* необщительный.

uncomplaining /ˌʌnkəmˈpleɪnɪŋ/ *adj* безропотный.

uncomplicated /ʌnˈkɒmplɪˌkeɪtɪd/ *adj* несложный.

uncomplimentary /ˌʌnkɒmplɪˈmentərɪ/ *adj* нелестный.

uncompromising /ʌnˈkɒmprəˌmaɪzɪŋ/ *adj* бескомпромиссный, неуступчивый; (*tough*) твёрдый.

unconcealed /ˌʌnkənˈsiːld/ *adj* нескрываемый, явный.

unconcern /ˌʌnkənˈsɜːn/ *n* беззаботность, беспечность; безразличие, равнодушие.

unconcerned /ˌʌnkənˈsɜːnd/ *adj* (*carefree*) беззаботный, беспечный; (*indifferent*) безразличный, равнодушный.

unconditional /ˌʌnkənˈdɪʃən(ə)l/ *adj* безусловный, безоговорочный; **~ surrender** безоговорочная капитуляция.

unconfined /ˌʌnkənˈfaɪnd/ *adj* (*boundless*) неограниченный; (*fig*) свободный, нестеснённый.

unconfirmed /ˌʌnkənˈfɜːmd/ *adj* неподтверждённый.

u

uncongenial /ˌʌnkənˈdʒiːnɪəl/ *adj* (*unpleasant*) неприя́тный; (*alien*) чу́ждый, чужо́й (по ду́ху).

unconnected /ˌʌnkəˈnektɪd/ *adj* не свя́занный; **the wires were ~** провода́ не́ были соединены́; (*speech*) бессвя́зный.

unconquerable /ʌnˈkɒŋkərəb(ə)l/ *adj* непобеди́мый.

unconquered /ʌnˈkɒŋkəd/ *adj* непобеждённый.

unconscionable /ʌnˈkɒnʃənəb(ə)l/ *adj*: **an ~ liar** отъя́вленный/невозмо́жный лгун.

unconscious /ʌnˈkɒnʃəs/ *n*: **the ~** (*psychol*) подсозна́ние.

● *adj* **1** (*senseless*) потеря́вший созна́ние; в о́бмороке; **he was ~** он был без созна́ния/в о́бмороке; **he was knocked ~** он потеря́л созна́ние от уда́ра. **2** (*unaware*) не сознаю́щий; **he was ~ of having done wrong** он не сознава́л, что поступи́л пло́хо. **3** (*unintentional*) нево́льный, бессозна́тельный; **he spoke with ~ irony** он говори́л с бессозна́тельной иро́нией.

unconsciousness /ʌnˈkɒnʃəsnɪs/ *n* (*physical*) бессозна́тельное/обморочное состоя́ние; (*unawareness*) отсу́тствие (о)созна́ния, неосо́знанность.

unconsidered /ˌʌnkənˈsɪdəd/ *adj* необду́манный, непроду́манный; **an ~ remark** необду́манное замеча́ние.

unconstitutional /ˌʌnkɒnstɪˈtjuːʃən(ə)l/ *adj* неконституцио́нный, противоре́чащий конститу́ции.

unconstrained /ˌʌnkənˈstreɪnd/ *adj* непринуждённый.

uncontaminated /ˌʌnkənˈtæmɪˌneɪtɪd/ *adj* незаражённый, незагрязнённый.

uncontested /ˌʌnkənˈtestɪd/ *adj* неоспори́мый; **~ election** вы́боры, на кото́рых баллоти́руется лишь оди́н кандида́т.

uncontrollable /ˌʌnkənˈtrəʊləb(ə)l/ *adj*: **an ~ temper** неукроти́мый нрав; **an ~ child** неуправля́емый ребёнок; **an ~ influx of refugees** неконтроли́руемый/бесконтро́льный наплы́в бе́женцев.

uncontrolled /ˌʌnkənˈtrəʊld/ *adj* неконтроли́руемый, бесконтро́льный, неуправля́емый.

unconventional /ˌʌnkənˈvenʃən(ə)l/ *adj* нетрадицио́нный; (*person, behaviour*) нешабло́нный, эксцентри́чный.

unconvinced /ˌʌnkənˈvɪnsd/ *adj* неубеждённый; **he remained ~** его́ не удало́сь убеди́ть.

unconvincing /ˌʌnkənˈvɪnsɪŋ/ *adj* неубеди́тельный.

uncooked /ʌnˈkʊkt/ *adj* сыро́й; непригото́вленный.

uncooperative /ˌʌnkəʊˈɒpərətɪv/ *adj* не изъявля́ющий/выража́ющий гото́вность помо́чь; равноду́шный.

uncork /ʌnˈkɔːk/ *vt* отку́пори|вать, -ть.

uncorrected /ˌʌnkəˈrektɪd/ *adj* неиспра́вленный.

uncorroborated /ˌʌnkəˈrɒbəˌreɪtɪd/ *adj* неподтверждённый.

uncorrupted /ˌʌnkəˈrʌptɪd/ *adj* неиспо́рченный; (*politician*) некорумпи́рованный.

uncountable /ʌnˈkaʊntəb(ə)l/ *adj* (*innumerable*) бесчи́сленный, неисчисли́мый; (*gram*) неисчисля́емый.

uncounted /ʌnˈkaʊntɪd/ *adj* (*innumerable*) несчётный, бесчи́сленный.

uncouple /ʌnˈkʌp(ə)l/ *vt* (*rail carriages*) расцеп|ля́ть, -и́ть; (*dogs*) спус|ка́ть, -ти́ть со сво́ры.

uncouth /ʌnˈkuːθ/ *adj* гру́бый, неотёсанный.

uncouthness /ʌnˈkuːθnɪs/ *n* гру́бость, неотёсанность.

uncover /ʌnˈkʌvə(r)/ *vt* (*take cover off*) сн|има́ть, -ять кры́шку/покро́в с + *g*; **he ~ed his head** он обнажи́л го́лову; (*fig*) раскр|ыва́ть, -ы́ть; обнару́жи|вать, -ть; **the conspiracy was ~ed** за́говор раскры́ли.

uncritical /ʌnˈkrɪtɪk(ə)l/ *adj* (*person*) некрити́чный; (*approach*) некрити́ческий.

uncrossed /ʌnˈkrɒst/ *adj*: **an ~ cheque** (*Br*) некросси́рованный чек.

uncrowned /ʌnˈkraʊnd/ *adj*: **~ king** (*lit, fig*) некороно́ванный коро́ль.

uncrushable /ʌnˈkrʌʃəb(ə)l/ *adj* (*of material*) немну́щийся; (*irrepressible*) неугомо́нный.

unction /ˈʌŋkʃ(ə)n/ *n* **1** (*anointing*) пома́зание; **extreme ~** собо́рование. **2** (*fig, oiliness*) еле́йность.

unctuous /ˈʌŋktjʊəs/ *adj* (*fig, oily*) еле́йный (*literary*), чрезме́рно уго́дливый, слаща́во-любе́зный.

uncultivated /ʌnˈkʌltɪˌveɪtɪd/ *adj* (*of land*) необрабо́танный, невозде́ланный; (*of person*) некульту́рный.

uncultured /ʌnˈkʌltʃəd/ *adj* некульту́рный.

uncut /ʌnˈkʌt/ *adj* (*page, loop*) неразре́занный; (*grass*) неподстри́женный; **the film was shown ~** фильм показа́ли в по́лной ве́рсии.

undamaged /ʌnˈdæmɪdʒd/ *adj* неповреждённый.

undated /ʌnˈdeɪtɪd/ *adj* недати́рованный.

undaunted /ʌnˈdɔːntɪd/ *adj* неустраши́мый.

undeceive /ˌʌndɪˈsiːv/ *vt* выводи́ть, вы́вести из заблужде́ния.

undecided /ˌʌndɪˈsaɪdɪd/ *adj* (*not settled*) нерешённый; (*hesitating*) нереши́тельный; **the battle was ~** исхо́д би́твы был нея́сен; **I am ~ whether to go or stay** я не зна́ю, идти́ мне и́ли нет.

undecipherable /ˌʌndɪˈsaɪfərəb(ə)l/ *adj* (*of code*) не поддаю́щийся расшифро́вке; (*of handwriting etc.*) неразбо́рчивый.

undeclared /ˌʌndɪˈkleəd/ *adj* необъя́вленный; **a state of ~ war** состоя́ние необъя́вленной войны́.

undefended /ˌʌndɪˈfendɪd/ *adj* незащищённый; **they left the city ~** они́ оста́вили го́род без защи́ты; **an ~ suit** (*law*) иск, не оспа́риваемый отве́тчиком.

undefiled /ˌʌndɪˈfaɪld/ *adj* неосквернённый.

undefined /ˌʌndɪˈfaɪnd/ *adj* неопределённый.

undelivered /ˌʌndɪˈlɪvəd/ *adj*: **an ~ letter** недоста́вленное письмо́; **an ~ speech** непроизнесённая речь.

undemonstrative /ˌʌndɪˈmɒnstrətɪv/ *adj* сде́ржанный.

undeniable /ˌʌndɪˈnaɪəb(ə)l/ *adj* неоспори́мый, я́вный.

undependable /ˌʌndɪˈpendəb(ə)l/ *adj* ненадёжный.

under /ˈʌndə(r)/ *adv* вниз; **the ship went ~** кора́бль затону́л; **he dived and stayed ~ for a minute** он нырну́л и продержа́лся под водо́й (одну́) мину́ту.

● *prep* **1** под + *i*; (*of motion*) под + *a*; **(out) from ~** из-под + *g*. **2** (*less than*) ме́ньше + *g*; ни́же + *g*; **he earns ~ £400 a week** он зараба́тывает ме́ньше четырёхсо́т фу́нтов в неде́лю; **he was ~ age** он не дости́г совершенноле́тия; **children ~ 14** де́ти моло́же (*or* в во́зрасте до) четы́рнадцати лет; **I can get there in ~ an hour** я могу́ добра́ться туда́ ме́ньше чем за час. **3** (*various uses*): **~ arms** под ружьём; **you are ~ arrest** вы аресто́ваны; **~ the circumstances** при сложи́вшихся обстоя́тельствах; **~ cultivation** обраба́тываемый; **~ discussion** обсужда́емый; **~ oath** под прися́гой; **~ pain of death** под стра́хом сме́рти; **~ pressure** под давле́нием; **~ repair** в ремо́нте; **~ sail** под паруса́ми; **~ suspicion** под подозре́нием; **~ way** (*in motion*) на ходу́; (*in progress*): **the investigation is ~ way** ведётся рассле́дование; **land ~ wheat** земля́ под пшени́цей; (**~** *authority of*): **he served ~ me** он служи́л под мои́м руково́дством; **he studied ~ a professor** он учи́лся/занима́лся у профе́ссора; **~ the tsars** при царя́х; **England ~ the Stuarts** А́нглия в пери́од правле́ния Стю́артов; (*according to*): **~ the terms of the agreement** по усло́виям соглаше́ния; **~ orders** по прика́зу; **~ the rules** согла́сно уста́ву; (*classified with*): **they come ~ the same heading** они́ отно́сятся к одно́й и той же ру́брике.

● *cpds* **~-the-table, ~-the-counter** *adj* (*coll*) та́йный, незако́нный.

underact /ˌʌndərˈækt/ *vt & i* недоигр|ывать, -а́ть.

underarm /ˈʌndərˌɑːm/ *adj & adv*: **an ~ deodorant** дезодора́нт для подмы́шек; **an ~ throw** бросо́к сни́зу.

underbelly /ˈʌndəˌbelɪ/ *n* низ живота́.

undercarriage /ˈʌndəˌkærɪdʒ/ *n* (*of a plane*) шасси́ (*nt indecl*); (*of a vehicle*) ходова́я часть.

undercharge /ˌʌndəˈtʃɑːdʒ/ *vt* брать, взять с кого́-н. недоста́точно.

undercloth|es /ˈʌndəˌkləʊðz, -ˌkləʊz/ *n pl*, **-ing** /ˈʌndəˌkləʊðɪŋ/ *n* ни́жнее бельё.

U

undercoat /ˈʌndəˌkəʊt/ *n* (*of paint*) грунто́вка (*краска*).

undercover /ˌʌndəˈkʌvə(r), ˈʌn-/ *adj* та́йный.

undercurrent /ˈʌndəˌkʌrənt/ *n* подво́дное тече́ние; (*fig*) скры́тая тенде́нция.

undercut /ˌʌndəˈkʌt/ *vt* (*past and pp* **undercut**): **he ~ his competitor** он назна́чил це́ну ни́же, чем его́ конкуре́нт.

underdeveloped /ˌʌndədɪˈveləpt/ *adj* недора́звитый; **~ countries** слабора́звитые стра́ны.

underdog /ˈʌndəˌdɒg/ *n* (*sport*) побеждённая сторона́; (*downtrodden person*) неуда́чник.

underdone /ˌʌndəˈdʌn, ˈʌn-/ *adj* (*of food*) недожа́ренный; недова́ренный.

underemployment /ˌʌndərɪmˈplɔɪmənt/ *n* непо́лная за́нятость.

underestimate[1] /ˌʌndərˈestɪmət/ *n* недооце́нка.

underestimate[2] /ˌʌndərˈestɪˌmeɪt/ *vt* недооце́н|ивать, -и́ть.

underestimation /ˌʌndərestɪˈmeɪʃ(ə)n/ *n* недооце́нка.

underexpose /ˌʌndərɪkˈspəʊz/ *vt* (*phot*) недодер́ж|ивать, -а́ть.

underexposure /ˌʌndərɪkˈspəʊʒə(r)/ (*phot*) недоста́точная вы́держка, недоэкспони́рование.

underfed /ˌʌndəˈfed/ *adj* недоеда́ющий; (*infant*) недоко́рмленный.

underfelt /ˈʌndəˌfelt/ *n* (*Br*) подкла́дочный во́йлок (*для ковровых покрытий*).

underfoot /ˌʌndəˈfʊt/ *adv* под нога́ми.

underfunded /ˌʌndəˈfʌndɪd/ *adj*: **the project was ~** прое́кт получи́л недоста́точное финанси́рование.

undergarments /ˈʌndəˌgɑːmənts/ *n pl* ни́жнее бельё.

undergo /ˌʌndəˈgəʊ/ *vt* (*3rd pers sg pres* **undergoes;** *past* **underwent;** *pp* **undergone**) испы́т|ывать, -а́ть; перен|оси́ть, -ести́; подв|ерга́ться, -е́ргнуться + *d*; **he has to ~ an operation** ему́ предстои́т опера́ция.

undergraduate /ˌʌndəˈgrædjʊət/ *n* студе́нт (*fem* -ка); (*attr*) студе́нческий.

underground /ˈʌndəˌgraʊnd/ *n* **1** (*Br*, **~** *railway*) метро́ (*indecl*); **on the U~** в метро́. **2** (**~** *movement*) подпо́лье; **member of the ~** подпо́льщи|к (*fem* -ца). **3** (*art*) андегра́унд.

● *adj* подзе́мный; (*fig, secret, subversive*) подпо́льный; **an ~ newspaper** подпо́льная газе́та.

● *adv* (*position*) под землёй; (*direction*) под зе́млю; (*fig*) подпо́льно; **the former leader went ~** бы́вший ли́дер ушёл в подпо́лье.

undergrowth /ˈʌndəˌgrəʊθ/ *n* подле́сок.

underhand /ˈʌndəˌhænd/ *adj* (*secret, deceitful*) закули́сный, та́йный.

● *adv* тайко́м.

underlay /ˈʌndəˌlaɪ/ *n* (*fabric*) подкла́дка, подсти́лка.

underl|ie /ˌʌndəˈlaɪ/ *vt* (**underlying;** *past* **underlay;** *pp* **underlain**) **1** (*lit*) лежа́ть (*impf*) под + *i*. **2** (*fig*) лежа́ть в осно́ве + *g*; **~ying causes** причи́ны, лежа́щие в осно́ве (*чего*).

underline /ˌʌndəˈlaɪn/ *vt* (*lit, fig*) подч|ёркивать, -еркну́ть.

underling /ˈʌndəlɪŋ/ *n* ме́лкий чино́вник, подчинённый; (*coll*) ме́лкая со́шка.

undermanned /ˌʌndəˈmænd/ *adj* испы́тывающий недоста́ток в рабо́чей си́ле; неукомплекто́ванный.

undermentioned /ˌʌndəˈmenʃ(ə)nd, ˈʌn-/ *adj* (*Br*) нижеупомя́нутый.

undermine /ˌʌndəˈmaɪn/ *vt* подк|а́пывать, -опа́ть; (*by water*) подм|ыва́ть, -ы́ть; (*fig*) разр|уша́ть, -у́шить; **his health was ~d by drink** алкого́ль подорва́л его́ здоро́вье; **his authority is ~d** его́ авторите́т подрыва́ют.

underneath /ˌʌndəˈniːθ/ *adv* внизу́, ни́же.

● *prep* под + *i*; (*of motion*) под + *a*.

undernourished /ˌʌndəˈnʌrɪʃt/ *adj* недоеда́ющий; (*infant*) недоко́рмленный.

undernourishment /ˌʌndəˈnʌrɪʃmənt/ *n* недоеда́ние.

underpants /ˈʌndəˌpænts/ *n pl* (*short*) (мужски́е) трус|ы́ (*pl, g* -о́в); (*long*) кальсо́н|ы (*pl, g* —).

underpass /ˈʌndəˌpɑːs/ *n* прое́зд под полотно́м желе́зной доро́ги; (у́личный) тонне́ль (*m*).

underpa|y /ˌʌndəˈpeɪ/ *vt* (*past and pp* **underpaid**) (*work*) (*pay too little to live on*) сли́шком ни́зко опла́|чивать, -ти́ть; (*pay less than agreed*) недопла́|чивать, -ти́ть за + *a*; (*worker*) ма́ло плати́ть, за- + *d*; недопл|а́чивать, -ати́ть + *d*; **the workers are ~id** (*being paid too little to live on*) рабо́чим ма́ло пла́тят; (*being paid less than agreed*) рабо́чим недопла́чивают.

underpayment /ˌʌndəˈpeɪmənt/ *n* (*paying too little to live on*) сли́шком ни́зкая опла́та; (*paying less than agreed*) недопла́та.

underpin /ˌʌndəˈpɪn/ *vt* (**underpinned, underpinning**) подв|оди́ть, -ести́ фунда́мент под + *a*; (*fig*) подде́рж|ивать, -а́ть.

underpopulated /ˌʌndəˈpɒpjʊˌleɪtɪd/ *adj* малонаселённый.

underprice /ˌʌndəˈpraɪs/ *vt* назн|ача́ть, -а́чить зани́женную це́ну на + *a*.

underprivileged /ˌʌndəˈprɪvɪlɪdʒd/ *adj* (*poor*) неиму́щий; (*having fewer rights*) по́льзующийся ме́ньшими права́ми.

underproduction /ˌʌndəprəˈdʌkʃ(ə)n/ *n* недопроизво́дство.

underquote /ˌʌndəˈkwəʊt/ *vt* (*goods*) назн|ача́ть, -а́чить бо́лее ни́зкую це́ну на + *a*.

underrate /ˌʌndəˈreɪt/ *vt* недооце́н|ивать, -и́ть.

underripe /ˌʌndəˈraɪp/ *adj* недозре́лый, неспе́лый.

underscore /ˌʌndəˈskɔː(r)/ *vt* подч|ёркивать, -еркну́ть.

underseal /ˈʌndəˌsiːl/ *n* защи́тное покры́тие.

● *vt* нан|оси́ть, -ести́ защи́тное покры́тие на + *a*.

undersecretary /ˌʌndəˈsekrətərɪ/ *n* замести́тель (*m*)/помо́щник мини́стра.

undersell /ˌʌndəˈsel/ *vt* (*past and pp* **undersold**) (*another seller*) прод|ава́ть, -а́ть дешёвле (*кого*); (*goods*) прод|ава́ть, -а́ть по пони́женной цене́ (*or* ни́же сто́имости).

undershirt /ˈʌndəˌʃəːt/ *n* (*US*) ма́йка.

undershorts /ˈʌndəˌʃɔːts/ (*US*) = **underpants**.

underside /ˈʌndəˌsaɪd/ *n* низ; ни́жняя часть; (*fig, less favourable aspect*) неприглядная сторона́.

undersigned /ˈʌndəˌsaɪnd, ˌʌndəˈsaɪnd/ *n* (*formal*): **we, the ~ed** мы, нижеподписа́вшиеся.

undersized /ˈʌndəˌsaɪzd, -ˈsaɪzd/ *adj* (*of person*) низкоро́слый.

underskirt /ˈʌndəˌskəːt/ *n* ни́жняя ю́бка.

understaffed /ˌʌndəˈstɑːft/ *adj* испы́тывающий недоста́ток рабо́чей си́лы; неукомплекто́ванный.

understand /ˌʌndəˈstænd/ *vt* (*past and pp* **understood**) **1** (*comprehend*) пон|има́ть, -я́ть; **he ~s French** он понима́ет по-францу́зски; **he ~s finance** он разбира́ется в фина́нсовых вопро́сах; **now I ~!** тепе́рь всё поня́тно; **he can make himself understood in English** он мо́жет объясни́ться по-англи́йски; **I hope I make myself understood** наде́юсь, вы меня́ по́няли; **he ~s children** он уме́ет обраща́ться с детьми́; **I can ~ his wanting to leave** я понима́ю его́ жела́ние уйти́; **I understood him to say he would come** наско́лько я по́нял, он обеща́л прийти́; **am I to ~ you refuse?** на́до понима́ть, вы отка́зываетесь?; **he gave me to ~ he was single** он дал мне поня́ть, что он хо́лост; **what are we to ~ from such an act?** как мы должны́ понима́ть тако́й посту́пок?

2 (*gather, be informed*): **I ~ you are leaving** я слы́шал, что вы уезжа́ете; **you were, I ~, alone** вы бы́ли, наско́лько я по́нял, одни́; **I ~ he is the best doctor in town** я слы́шал (*or* говоря́т), он лу́чший в го́роде врач.

3 (*agree, accept*): **it is understood** само́ собо́й разуме́ется; устано́влено; (*custom*) так заведено́; **it is understood, then, that we meet tomorrow** ита́к, решено́: (мы) встреча́емся за́втра.

4 (*gram*): **the verb is understood** глаго́л подразумева́ется.

understandable /ˌʌndəˈstændəb(ə)l/ *adj* поня́тный.

understanding /ˌʌndəˈstændɪŋ/ *n* **1** (*intellect*) ум; **it passes my ~** э́то вы́ше моего́ понима́ния.

2 (*comprehension*) понима́ние; **he has a clear ~ of the problem** он прекра́сно понима́ет пробле́му; **he has a good ~ of economics** он хорошо́ разбира́ется в эконо́мике; **it was my ~ that we were to meet here** наско́лько я по́нял, мы должны́ бы́ли

U

встре́титься здесь. **3** (*sympathy*) понима́ние, отзы́вчивость; **he showed ~ for my position** он вошёл в моё положе́ние. **4** (*agreement*) соглаше́ние, договорённость; **on the clear ~ that** ... то́лько при усло́вии, что...; **they came to an ~** они́ пришли́ к соглаше́нию.
● *adj* (*sympathetic*) отзы́вчивый, чу́ткий.

understate /ˌʌndəˈsteɪt/ *vt* преум|еньша́ть, -е́ньшить; недоска́з|ывать, -а́ть.

understatement /ˌʌndəˈsteɪtmənt, ˈʌndə-/ *n* преуменьше́ние, сде́ржанное выска́зывание.

understocked /ˌʌndəˈstɒkt/ *adj* пло́хо снабжённый (**with/on:** + *i*).

understudy /ˈʌndəˌstʌdɪ/ *n* дублёр (*актёр театра, выучивший роль другого на случай замены*).
● *vt* (*act as an understudy to*) дубли́ровать (*impf*), с-, про- (*both pf*), замен|я́ть, -и́ть (*актёра, отсутствующего по болезни и т. п.*); **~ a part** дубли́ровать (*impf*), с-, про- (*both pf*) роль.

undertak|e /ˌʌndəˈteɪk/ *vt* (*past* **undertook;** *pp* **undertaken**) **1** (*take on*) предприн|има́ть, -я́ть; брать, взять на себя́; **you are ~ing a heavy responsibility** вы берёте на себя́ большу́ю отве́тственность; **he has ~en the job of secretary** он при́нял на себя́ до́лжность секретаря́. **2** (*pledge o.s., promise*) обя́з|ываться, -а́ться. **3** (*guarantee*) руча́ться, поручи́ться; гаранти́ровать (*impf, pf*).

undertaker /ˈʌndəˌteɪkə(r)/ *n* заве́дующий похоро́нным бюро́; **~'s** похоро́нное бюро́.

undertaking /ˌʌndəˈteɪkɪŋ, ˈʌndə-/ *n* (*task, enterprise*) предприя́тие; (*pledge, guarantee*) обяза́тельство, гара́нтия; (*business of managing funerals*) /ˈʌndə ˌteɪkɪŋ/ похоро́нный би́знес, оказа́ние ритуа́льных услу́г.

undertone /ˈʌndəˌtəʊn/ *n* полуто́н; **in an ~** вполго́лоса; (*fig*) отте́нок; намёк.

undertow /ˈʌndəˌtəʊ/ *n* отка́т.

undervalue /ˌʌndəˈvæljuː/ *vt* недооце́н|ивать, -и́ть.

undervest /ˈʌndəˌvest/ *n* (*Br*) ма́йка.

underwater /ˌʌndəˈwɔːtə(r)/ *adj* подво́дный.

underwear /ˈʌndəˌweə(r)/ *n* (ни́жнее) бельё.

underweight /ˌʌndəˈweɪt/ *adj*: **she's ~** она́ сли́шком худа́я.

underworld /ˈʌndəˌwɜːld/ *n* (*myth*) преиспо́дняя; (*criminal society*) престу́пный мир.

underwrite /ˌʌndəˈraɪt, ˈʌn-/ *vt* (*past* **underwrote;** *pp* **underwritten**) **1**: **~ a marine insurance policy** подпи́с|ывать, -а́ть по́лис морско́го страхова́ния. **2**: **~ a loan** гаранти́ровать (*impf, pf*) размеще́ние за́йма. **3** (*support*) (фина́нсово) подде́рж|ивать, -а́ть.

underwriter /ˈʌndəˌraɪtə(r)/ *n* (*insurer*) страхо́вщик; (*guarantor*) гара́нт.

undeserved /ˌʌndɪˈzɜːvd/ *adj* незаслу́женный.

undeserving /ˌʌndɪˈzɜːvɪŋ/ *adj* не заслу́живающий (*чего*), недосто́йный.

undesirability /ˌʌndɪzaɪərəˈbɪlɪtɪ/ *n* нежела́тельность, нецелесообра́зность.

undesirable /ˌʌndɪˈzaɪərəb(ə)l/ *n* (*person*) нежела́тельный элеме́нт.
● *adj* нежела́тельный, нецелесообра́зный.

undetected /ˌʌndɪˈtektɪd/ *adj* необнару́женный.

undetermined /ˌʌndɪˈtɜːmɪnd/ *adj* неопределённый.

undeterred /ˌʌndɪˈtɜːd/ *adj*: **~ by** невзира́я на + *a*; **~ by the fact that** невзира́я на то что; **~, we kept to our plan** невзира́я на неуда́чи/тру́дности мы не отступа́ли/отступи́ли от на́шего пла́на; не сло́мленные неуда́чей/неуда́чами, мы продолжа́ли сле́довать на́шему пла́ну; **the human rights activist was ~ by threats** угро́зы не останови́ли правозащи́тника.

undeveloped /ˌʌndɪˈveləpt/ *adj* неразвито́й; **an ~ country** слаборазви́тая страна́; **~ land** необрабо́танная земля́.

undeviating /ʌnˈdiːvɪˌeɪtɪŋ/ *adj* неукло́нный; постоя́нный.

undies /ˈʌndɪz/ *n pl* (*coll*) (же́нское) ни́жнее бельё.

undifferentiated /ˌʌndɪfəˈrenʃɪˌeɪtɪd/ *adj* недифференци́рованный.

undigested /ˌʌndɪˈdʒestɪd, ˌʌndaɪ-/ *adj* (*lit, fig*) неусво́енный; **~ food** неперева́ренная пи́ща; **~ facts** фа́кты, не приведённые в систе́му.

undignified /ʌnˈdɪgnɪˌfaɪd/ *adj* недосто́йный; унизи́тельный.

undiluted /ˌʌndaɪˈljuːtɪd/ *adj* неразба́вленный; (*fig*): **~ nonsense** чи́стая чепуха́.

undiminished /ˌʌndɪˈmɪnɪʃt/ *adj* неосла́бный, неослабева́ющий; **with ~ ardour** (*Br*), **ardor** (*US*) с неослабева́ющим рве́нием.

undiplomatic /ˌʌndɪpləˈmætɪk/ *adj* недипломати́чный.

undiscerning /ˌʌndɪˈsɜːnɪŋ/ *adj* непроница́тельный.

undischarged /ˌʌndɪsˈtʃɑːdʒd/ *adj* (*not executed*) невы́полненный; (*not unloaded*) невы́груженный; **an ~ debt** неупла́ченный долг; **an ~ bankrupt** не восстано́вленный в права́х банкро́т.

undisciplined /ʌnˈdɪsɪplɪnd/ *adj* недисциплини́рованный.

undisclosed /ˌʌndɪsˈkləʊzd/ *adj* неразоблачённый, нераскры́тый.

undiscovered /ˌʌndɪˈskʌvəd/ *adj* неоткры́тый, неиссле́дованный.

undiscriminating /ˌʌndɪˈskrɪmɪ ˌneɪtɪŋ/ *adj* неразбо́рчивый.

undisguised /ˌʌndɪsˈgaɪzd/ *adj* незамаскиро́ванный; я́вный; **with ~ relief** с я́вным/нескрыва́емым облегче́нием.

undismayed /ˌʌndɪsˈmeɪd/ *adj* неустраши́мый.

undisputed /ˌʌndɪˈspjuːtɪd/ *adj* неоспори́мый.

undistinguished /ˌʌndɪˈstɪŋgwɪʃt/ *adj* посре́дственный.

undistracted /ˌʌndɪˈstræktɪd/ *adj* сосредото́ченный.

undisturbed /ˌʌndɪˈstɜːbd/ *adj* невстрево́женный, споко́йный; **he seems to have been ~ by the news** ка́жется, но́вость (ничу́ть) не встрево́жила его́.

undivided /ˌʌndɪˈvaɪdɪd/ *adj* нераздé льный; **~ attention** неразде́льное внима́ние.

undo /ʌnˈduː/ *vt* (*3rd pers sg pres* **undoes;** *past* **undid;** *pp* **undone**) **1** (*unfasten*) развя́з|ывать, -а́ть; **my shoelace came ~ne** у меня́ развяза́лся шнуро́к на боти́нке. **2** (*annul*) уничт|ожа́ть, -о́жить; (*treaty, agreement*) аннули́ровать (*impf, pf*); **he tried to ~ the work of his predecessor** он пыта́лся перечеркну́ть рабо́ту своего́ предше́ственника; (*comput*) отмен|я́ть, -и́ть. **3** (*ruin*) губи́ть, по-; **drink was his ~ing** пья́нство его́ погуби́ло.
● *n* (*comput*) отме́на (*команды*).

undomesticated /ˌʌndəˈmestɪˌkeɪtɪd/ *adj* (*animal*) неприручённый; (*person*) неприго́дный к семе́йной жи́зни.

undoubted /ʌnˈdaʊtɪd/ *adj* несомне́нный, бесспо́рный; **an ~ success** несомне́нный/бесспо́рный успе́х; **you are ~ly right** вы несомне́нно/безусло́вно пра́вы.

undramatic /ʌndrəˈmætɪk/ *adj* (*unexciting*) лишённый драмати́зма, ску́чный.

undreamed-of /ʌnˈdriːmd, ʌnˈdremt/, **undreamt-of** /ʌnˈdremt/ (*Br*) *adj* невообрази́мый, немы́слимый; **~ riches** немы́слимое бога́тство.

undress /ʌnˈdres/ *n*: **in a state of ~** полуоде́тый; (*naked*) в го́лом ви́де; **~ uniform** повседне́вная фо́рма.
● *vt & i* разд|ева́ть(ся), -е́ть(ся).

undressed /ʌnˈdrest/ *adj* (*without clothes*) разде́тый; (*untreated*) необрабо́танный; **~ leather** невы́деланная ко́жа; **an ~ wound** (*unbandaged*) неперевя́занная ра́на; (*not cleaned*) необрабо́танная ра́на.

undrinkable /ʌnˈdrɪŋkəb(ə)l/ *adj* неприго́дный для питья́.

undue /ʌnˈdjuː/ *adj* (*excessive*) чрезме́рный, изли́шний; (*improper*) неподоба́ющий.

undulat|e /ˈʌndjʊˌleɪt/ *vi* волнова́ться (*impf*); колыха́ться (*impf*); **an ~ing landscape** холми́стый пейза́ж.

undulation /ˌʌndjʊˈleɪʃ(ə)n/ *n* (*waviness*) волни́стость; (*hilliness*) холми́стость; (*wave*) волна́; (*hill*) холм.

unduly /ʌnˈdjuːlɪ/ *adv* чрезме́рно; непра́вильно.

undying /ʌnˈdaɪɪŋ/ *adj* бессме́ртный; **he won ~ glory** он завоева́л себе́ ве́чную сла́ву; **you have earned my ~ gratitude** я вам обя́зан до гробово́й доски́.

unearned /ʌnˈɜːnd/ *adj* незарабо́танный; **~ income** ре́нтный дохо́д; дохо́д от сбереже́ний, це́нных бума́г, недви́жимости; (*undeserved*) незаслу́женный.

unearth /ʌnˈɜːθ/ *vt* вы́капывать, вы́копать; **the body was ~ed** те́ло вы́копали; (*fig, discover*) раск|а́пывать, -опа́ть.

unearthly /ʌnˈɜːθlɪ/ *adj* **1** (*supernatural*) неземно́й; сверхъесте́ственный. **2** (*ghostly*) при́зрачный. **3** (*coll*) **at this/that/some/an ~ hour** ни свет ни заря́; **don't call me again at that/this ~ hour!** не звони́ мне бо́льше в таку́ю рань!

unease /ʌnˈiːz/ *n* нело́вкость, стеснённость; (*distress*) трево́га.

uneasiness /ʌnˈiːzɪnɪs/ *n* нело́вкость, стеснённость; беспоко́йство, трево́га.

uneasy /ʌnˈiːzɪ/ *adj* **1** (*anxious*) беспоко́йный, трево́жный; **she was ~ about her daughter** она́ беспоко́илась за дочь. **2** (*ill at ease*) стеснённый, нело́вкий.

uneatable /ʌnˈiːtəb(ə)l/ *adj* несъедо́бный.

uneaten /ʌnˈiːt(ə)n/ *adj* несъе́денный.

uneconomic /ˌʌniːkəˈnɒmɪk, ˌʌnek-/ *adj* неэконо́мный; нерента́бельный; **an ~ rent** невы́годная ре́нта.

uneconomical /ˌʌniːkəˈnɒmɪk(ə)l, ˌʌnek-/ *adj* (*wasteful*) неэконо́мный, бесхозя́йственный.

unedifying /ʌnˈedɪˌfaɪɪŋ/ *adj* (*indecent*) непристо́йный; (*distasteful*) малопривлека́тельный.

unedited /ʌnˈedɪtɪd/ *adj* неотредакти́рованный.

uneducated /ʌnˈedjʊˌkeɪtɪd/ *adj* необразо́ванный.

unemotional /ˌʌnɪˈməʊʃən(ə)l/ *adj* неэмоциона́льный; бесстра́стный.

unemployable /ˌʌnɪmˈplɔɪəb(ə)l/ *adj* нетрудоспосо́бный.

unemployed /ˌʌnɪmˈplɔɪd/ *adj* **1** (*out of work*) безрабо́тный; (*as n pl*: **the ~**) безрабо́тные (*pl*). **2** (*unused, e.g. resources*) неиспо́льзованный.

unemployment /ˌʌnɪmˈplɔɪmənt/ *n* безрабо́тица; **~ benefit** посо́бие по безрабо́тице; **~ has risen/fallen** безрабо́тица вы́росла/упа́ла.

unencumbered /ˌʌnɪnˈkʌmbəd/ *adj* свобо́дный.

unending /ʌnˈendɪŋ/ *adj* нескончáемый, бесконе́чный.

unendowed /ˌʌnɪnˈdaʊd/ *adj* (*fig*): **~ with intelligence** не наделённый умо́м.

unendurable /ˌʌnɪnˈdjʊərəb(ə)l/ *adj* невыноси́мый, нестерпи́мый.

un-English /ʌnˈɪŋglɪʃ/ *adj* (*untypical*) нетипи́чный для англича́нина; (*unworthy*) недосто́йный англича́нина.

unenlightened /ˌʌnɪnˈlaɪt(ə)nd/ *adj* непросвещённый.

unenterprising /ʌnˈentəˌpraɪzɪŋ/ *adj* непредприи́мчивый.

unenthusiastic /ˌʌnɪnˌθjuːzɪˈæstɪk, ˌʌnɪnˌθuː-/ *adj* невосто́рженный; **he was ~ about the idea** он не́ был в восто́рге от э́той иде́и.

unenviable /ʌnˈenvɪəb(ə)l/ *adj* незави́дный.

unequal /ʌnˈiːkw(ə)l/ *adj* нера́вный; **~ in length, of ~ length** разли́чной/неодина́ковой длины́; **he was ~ to the task** зада́ча была́ ему́ не по плечу́; **~ treaty** неравнопра́вный догово́р.

unequalled /ʌnˈiːkw(ə)ld/ (*US* **unequaled**) *adj* непревзойдённый.

unequipped /ˌʌnɪˈkwɪpt/ *adj* неподгото́вленный, неприспосо́бленный; **they were ~ to deal with such a large crowd** они́ не́ были (доста́точно) подгото́влены для того́, что́бы спра́виться с таки́м коли́чеством люде́й.

unequivocal /ˌʌnɪˈkwɪvək(ə)l/ *adj* недвусмы́сленный; (*support*) определённый.

unerring /ʌnˈɜːrɪŋ/ *adj* безоши́бочный.

unescapable /ˌʌnɪˈskeɪpəb(ə)l/ *adj* неизбе́жный.

UNESCO /juːˈneskəʊ/ *n* (*abbr of* ***United Nations Educational, Scientific, and Cultural Organization***) ЮНЕ́СКО (*f indecl*) (Организа́ция Объединённых На́ций по вопро́сам образова́ния, нау́ки и культу́ры).

unethical /ʌnˈeθɪk(ə)l/ *adj* неэти́чный.

uneven /ʌnˈiːv(ə)n/ *adj* неро́вный; неравноме́рный; **an ~ surface** неро́вная пове́рхность; **~ progress** неравноме́рный прогре́сс.

uneventful /ˌʌnɪˈventfʊl/ *adj* ти́хий; без (осо́бых) приключе́ний/собы́тий.

unexampled /ˌʌnɪgˈzɑːmp(ə)ld/ *adj* беспримéрный.

unexceptionable /ˌʌnɪkˈsepʃənəb(ə)l/ *adj* безупре́чный.

unexceptional /ˌʌnɪkˈsepʃən(ə)l/ *adj* неисключи́тельный, зауря́дный.

unexciting /ˌʌnɪkˈsaɪtɪŋ/ *adj* ску́чный, неинтере́сный.

unexpected /ˌʌnɪkˈspektɪd/ *adj* неожи́данный.

unexpired /ˌʌnɪkˈspaɪəd/ *adj* неисте́кший; (*document*) действи́тельный.

unexplainable /ˌʌnɪkˈspleɪnəb(ə)l/ *adj* необъясни́мый.

unexplained /ˌʌnɪkˈspleɪnd/ *adj* необъяснённый.

unexploded /ˌʌnɪkˈspləʊdɪd/ *adj* невзорва́вшийся.

unexplored /ˌʌnɪkˈsplɔːd/ *adj* неизве́данный, неиссле́дованный.

unexposed /ˌʌnɪkˈspəʊzd/ *adj* (*sheltered*) укры́тый, укро́мный, защищённый; (*crime*) нераскры́тый; (*film*) неэкспони́рованный.

unexpressed /ˌʌnɪkˈsprest/ *adj* невы́сказанный.

unexpurgated /ʌnˈekspəˌgeɪtɪd/ *adj* без купю́р.

unfading /ʌnˈfeɪdɪŋ/ *adj* (*fig*) неувяда́емый.

unfailing /ʌnˈfeɪlɪŋ/ *adj* (*ally, friend*) ве́рный; (*support*) неизме́нный.

unfair /ʌnˈfeə(r)/ *adj* несправедли́вый; **~ advantage** незако́нное преиму́щество.

unfairness /ʌnˈfeənɪs/ *n* несправедли́вость.

unfaithful /ʌnˈfeɪθfʊl/ *adj* неве́рный; **his wife was ~ to him** жена́ ему́ измени́ла.

unfaithfulness /ʌnˈfeɪθfʊlnɪs/ *n* неве́рность (**to:** + *d*).

unfaltering /ʌnˈfɔːltərɪŋ, ʌnˈfɒl-/ *adj* твёрдый, реши́тельный; **an ~ voice** твёрдый/недро́гнувший го́лос.

unfamiliar /ˌʌnfəˈmɪljə(r)/ *adj* незнако́мый; **his face is ~ to me** его́ лицо́ мне незнако́мо; **I am ~ with the district** я не зна́ю э́тот райо́н.

unfamiliarity /ˌʌnfəmɪlɪˈærɪtɪ/ *n* незна́ние; незнако́мство (*с чем*).

unfashionabl|e /ʌnˈfæʃənəb(ə)l/ *adj* немо́дный; старомо́дный; **~y** не по мо́де.

unfashioned /ʌnˈfæʃ(ə)nd/ *adj* необрабо́танный.

unfasten /ʌnˈfɑːs(ə)n/ *vt* откреп|ля́ть, -и́ть; (*untie*) отвя́з|ывать, -а́ть; развя́з|ывать, -а́ть; (*unbutton, unclasp*) отстёг|ивать, -ну́ть; расстёг|ивать, -ну́ть; (*open*) откр|ыва́ть, -ы́ть.

unfathom|able /ʌnˈfæðəməb(ə)l/, **-ed** /ʌnˈfæðəmd/ *adjs* неизмери́мый; (*incomprehensible*) непостижи́мый.

unfavourable /ʌnˈfeɪvərəb(ə)l/ (*US* **unfavorable**) *adj* неблагоприя́тный.

unfeeling /ʌnˈfiːlɪŋ/ *adj* бесчу́вственный; жесто́кий.

unfeigned /ʌnˈfeɪnd/ *adj* неподде́льный, непритво́рный.

unfeminine /ʌnˈfemɪnɪn/ *adj* неже́нский, неже́нственный.

unfetter /ʌnˈfetə(r)/ *vt* (*lit, fig*) сн|има́ть, -ять око́вы с + *g*; освобо|жда́ть, -ди́ть; **~ed** свобо́дный.

unfinished /ʌnˈfɪnɪʃt/ *adj* незако́нченный.

unfit /ʌnˈfɪt/ *adj* неподходя́щий, него́дный; **food ~ for (human) consumption** него́дная к употребле́нию пи́ща; **~ to rule** неспосо́бный пра́вить; **the doctor pronounced him ~** врач призна́л его́ больны́м (*for mil service*: него́дным).

unfixed /ʌnˈfɪkst/ *adj* (*not certain*) неустано́вленный.

unflagging /ʌnˈflægɪŋ/ *adj* неосла́бный.

unflappable /ʌnˈflæpəb(ə)l/ *adj* (*coll*) невозмути́мый.

unflattering /ʌnˈflætərɪŋ/ *adj* нele̷стный.

unfledged /ʌnˈfledʒd/ *adj* (*lit, fig*) неопери́вшийся.

unfold /ʌnˈfəʊld/ *vt* развёр|тывать, -ну́ть; (*fig*) раскр|ыва́ть, -ы́ть.
● *vi* развёр|тываться, -ну́ться; расстила́ться (*impf*); **magnificent landscape ~ed before us** пе́ред на́ми расстила́лся великоле́пный пейза́ж; **as the story ~s** по хо́ду повествова́ния.

unforced /ʌnˈfɔːst/ *adj* (*voluntary*) доброво́льный; (*spontaneous*) непринуждённый.

unforeseeable /ˌʌnfɔːˈsiːəb(ə)l/ *adj* непредви́денный, непредсказу́емый.

unforeseen /ˌʌnfɔːˈsiːn/ *adj* непредви́денный.

unforgettable /ˌʌnfəˈgetəb(ə)l/ *adj* незабыва́емый, незабве́нный.

U

unforgivable /ˌʌnfəˈgɪvəb(ə)l/ *adj* непрости́тельный.

unforgiving /ˌʌnfəˈgɪvɪŋ/ *adj* непроща́ющий; неумоли́мый.

unforgotten /ˌʌnfəˈgɒt(ə)n/ *adj* незабы́тый.

unformatted /ʌnˈfɔːmætɪd/ *adj* (*comput*) неформати́рованный.

unfortunate /ʌnˈfɔːtjʊnət, -tʃənət/ *n* неуда́чни|к (*fem* -ца); несчастли́в|ец (*fem* -ица).

● *adj* несча́стный; неуда́чный; **an ~ coincidence** доса́дное совпаде́ние; **an ~ remark** неуда́чное замеча́ние; **it was ~ that I came in just then** как неуда́чно, что я вошёл и́менно тогда́!

unfortunately /ʌnˈfɔːtjʊnətlɪ, -tʃənətlɪ/ *adv* к сожале́нию; **~ for him** к несча́стью для него́.

unfounded /ʌnˈfaʊndɪd/ *adj* необосно́ванный.

unfreeze /ʌnˈfriːz/ *vt* (*past* **unfroze;** *pp* **unfrozen**) (*also fig, of assets*) размор|а́живать, -о́зить.

unfrequented /ˌʌnfrɪˈkwentɪd/ *adj* малопосеща́емый.

unfriendliness /ʌnˈfrendlɪnɪs/ *adj* недружелю́бие, неприя́знь.

unfriendly /ʌnˈfrendlɪ/ *adj* недружелю́бный; **an ~ act** недру́жественный посту́пок.

unfrock /ʌnˈfrɒk/ *vt* лиш|а́ть, -и́ть духо́вного са́на.

unfruitful /ʌnˈfruːtfʊl/ *adj* (*fig*) беспло́дный; (*vain*) напра́сный, тще́тный; (*useless*) бесполе́зный.

unfulfilled /ˌʌnfʊlˈfɪld/ *adj* (*of task etc.*) невы́полненный, (*of person*) неудовлетворённый.

unfurl /ʌnˈfəːl/ *vt* (*flag*) развёр|тывать, -ну́ть; (*sail*) распус|ка́ть, -ти́ть; (*umbrella*) раскр|ыва́ть, -ы́ть.

● *vi* (*of flag*) развёр|тываться, -ну́ться; (*of sail, plants*) распус|ка́ться, -ти́ться.

unfurnished /ʌnˈfəːnɪʃt/ *adj* немеблиро́ванный, необста́вленный.

ungainliness /ʌnˈgeɪnlɪnɪs/ *n* нело́вкость, неуклю́жесть.

ungainly /ʌnˈgeɪnlɪ/ *adj* нело́вкий, неуклю́жий.

ungallant /ʌnˈgælənt/ *adj* негала́нтный, нелюбе́зный.

ungenerous /ʌnˈdʒenərəs/ *adj* (*petty*) неблагоро́дный, ме́лочный; (*stingy*) скупо́й.

ungentle /ʌnˈdʒent(ə)l/ *adj* неделика́тный, гру́бый.

ungentlemanly /ʌnˈdʒentəlmənlɪ/ *adj* неджентльме́нский; неблагоро́дный.

unget-at-able /ˌʌngetˈætəb(ə)l/ *adj* (*coll*) недосту́пный.

ungifted /ʌnˈgɪftɪd/ *adj* неодарённый, невала́нтливый.

ungodliness /ʌnˈgɒdlɪnɪs/ *n* непра́ведность, нечести́вость, безбо́жие.

ungodly /ʌnˈgɒdlɪ/ *adj* непра́ведный, нечести́вый, безбо́жный; (*coll, frightful*): **an ~ noise** а́дский шум; **at this/that/some ~ hour** (*very early*) ни свет ни заря́; (*inconvenient*) неуро́чный час.

ungovernable /ʌnˈgʌvənəb(ə)l/ *adj* неуправля́емый.

ungraceful /ʌnˈgreɪsfʊl/ *adj* неграцио́зный, неуклю́жий.

ungracious /ʌnˈgreɪʃəs/ *adj* неве́жливый, нелюбе́зный.

ungraciousness /ʌnˈgreɪʃəsnɪs/ *n* неве́жливость, нелюбе́зность.

ungrammatical /ˌʌngrəˈmætɪk(ə)l/ *adj* негра́мотный.

ungrateful /ʌnˈgreɪtfʊl/ *adj* неблагода́рный.

ungratefulness /ʌnˈgreɪtfʊlnɪs/ *n* неблагода́рность.

ungrudging /ʌnˈgrʌdʒɪŋ/ *adj* ще́дрый; до́брый; **he gave ~ly of his time** он ще́дро дари́л своё вре́мя.

unguarded /ʌnˈgɑːdɪd/ *adj* (*e.g. town*) незащищённый; (*e.g. prisoner*) неохраня́емый; (*careless*) неосторо́жный.

unguent /ˈʌŋgwənt/ *n* мазь.

ungulate /ˈʌŋgjʊlət, -leɪt/ *adj* копы́тный.

unhampered /ʌnˈhæmpəd/ *adj* (*unimpeded*) беспрепя́тственный; (*free*) свобо́дный (**by:** от + *g*).

unhappily /ʌnˈhæpɪlɪ/ *adv* **1** (*without happiness*) несча́стливо; **they were ~ married** их брак был несчастли́вый. **2** (*unfortunately*) к несча́стью.

unhappiness /ʌnˈhæpɪnɪs/ *n* несча́стье, грусть.

unhappy /ʌnˈhæpɪ/ *adj* (*sorrowful*) несчастли́вый, несча́стный, гру́стный; (*unfortunate*) неуда́чный.

unharmed /ʌnˈhɑːmd/ *adj* невреди́мый; (*of objects and parts of body*) неповреждённый; (*pred*) це́лый и невреди́мый.

unharness /ʌnˈhɑːnɪs/ *vt* распр|яга́ть, -я́чь.

unhealthy /ʌnˈhelθɪ/ *adj* **1** (*in or indicating ill health*) нездоро́вый, боле́зненный. **2** (*coll, dangerous*) вре́дный.

unheard /ʌnˈhəːd/ *adj*: **his pleas went ~** его́ мольбы́ оста́лись без отве́та.

unheard-of /ʌnˈhəːdɒv/ *adj* (*unknown*) нико́му не изве́стный; (*unexampled*) неслы́ханный, беспрецеде́нтный.

unheeded /ʌnˈhiːdɪd/ *adj* незаме́ченный; **his advice went ~** к его́ сове́ту не прислу́шались.

unheed|ful /ʌnˈhiːdfʊl/, **-ing** /ʌnˈhiːdɪŋ/ *adjs* невнима́тельный.

unhelpful /ʌnˈhelpfʊl/ *adj* бесполе́зный; (*person*) неотзы́вчивый.

unhelpfulness /ʌnˈhelpfʊlnɪs/ *n* бесполе́зность; неотзы́вчивость.

unheralded /ʌnˈherəldɪd/ *adj* невозвещённый; (*unannounced*) необъя́вленный.

unhesitating /ʌnˈhezɪˌteɪtɪŋ/ *adj* реши́тельный.

unhinge /ʌnˈhɪndʒ/ *vt* (*lit*) сн|има́ть, -ять с пе́тель; (*fig*) расстр|а́ивать, -о́ить; **the tragedy ~d his mind** от пе́режи́той траге́дии он помеша́лся.

unhitch /ʌnˈhɪtʃ/ *vt* отвя́з|ывать, -а́ть.

unholy /ʌnˈhəʊlɪ/ *adj* нечести́вый; (*coll, frightful*) ужа́сный; **an ~ row** ужа́сный/жу́ткий сканда́л.

unhook /ʌnˈhʊk/ *vt* **1** (*unfasten hooks of*) расстёг|ивать, -ну́ть. **2** (*release from hook etc.*) отцеп|ля́ть, -и́ть.

unhoped-for /ʌnˈhəʊptfɔː(r)/ *adj* неожи́данный, нежда́нный.

unhurried /ʌnˈhʌrɪd/ *adj* неторопли́вый, неспе́шный.

unhurt /ʌnˈhəːt/ *adj* невреди́мый.

unhygienic /ˌʌnhaɪˈdʒiːnɪk/ *adj* негигиени́чный.

uni- /ˈjuːnɪ/ *comb form* одно́..., едино... .

UNICEF /ˈjuːnɪˌsef/ *n* (*abbr of* ***United Nations Children's Fund***) ЮНИСЕ́Ф (Де́тский фонд ОО́Н).

unicorn /ˈjuːnɪˌkɔːn/ *n* единоро́г.

unidentifiable /ˌʌnaɪˈdentɪˌfaɪəb(ə)l/ *adj* не поддаю́щийся опозна́нию.

unidentified /ˌʌnaɪˈdentɪˌfaɪd/ *adj* неопо́знанный; **~ flying object (UFO)** неопо́знанный лета́ющий объе́кт (НЛО).

unification /ˌjuːnɪfɪˈkeɪʃ(ə)n/ *n* объедине́ние; унифика́ция.

uniform /ˈjuːnɪˌfɔːm/ *n* фо́рма; (*esp mil*) мунди́р.

● *adj* однообра́зный; одина́ковый; станда́ртный; **at a ~ temperature** при постоя́нной температу́ре; **a ~ blue-grey colour** ро́вный се́ро-голубо́й цвет.

uniformed /ˈjuːnɪˌfɔːmd/ *adj* оде́тый в фо́рму; в мунди́ре.

uniformity /ˌjuːnɪˈfɔːmɪtɪ/ *n* единообра́зие.

unify /ˈjuːnɪˌfaɪ/ *vt* (*unite*) объедин|я́ть, -и́ть; (*make uniform*) унифици́ровать (*impf, pf*).

unilateral /ˌjuːnɪˈlætər(ə)l/ *adj* односторо́нний.

unimaginable /ˌʌnɪˈmædʒɪnəb(ə)l/ *adj* невообрази́мый.

unimaginative /ˌʌnɪˈmædʒɪnətɪv/ *adj* лишённый воображе́ния; прозаи́чный.

unimpaired /ˌʌnɪmˈpeəd/ *adj* (*mobility, brain, dignity*) непострада́вший; (*faith*) неосла́бленный.

unimpeachable /ˌʌnɪmˈpiːtʃəb(ə)l/ *adj* безупре́чный, безукори́зненный.

unimpeded /ˌʌnɪmˈpiːdɪd/ *adj* беспрепя́тственный; не остано́вленный (*чем*).

unimportance /ˌʌnɪmˈpɔːt(ə)ns/ *n* нева́жность, незначи́тельность.

unimportant /ˌʌnɪmˈpɔːt(ə)nt/ *adj* нева́жный, незначи́тельный.

unimposing /ˌʌnɪmˈpəʊzɪŋ/ *adj* маловнуши́тельный, скро́мный.

unimpressed /ˌʌnɪmˈprest/ *adj*: **I was ~ by his threats** его́ угро́зы не произвели́ на меня́ никако́го впечатле́ния.

unimpressive /ˌʌnɪmˈpresɪv/ *adj* невпечатля́ющий.

uninfluenced /ʌn'ɪnflʊənst/ *adj* не нахоля́щийся под влия́нием (*кого/чего*); непредубеждённый.

uninformed /ˌʌnɪn'fɔːmd/ *adj* несве́дущий; ~ **of/about** неосведомлённый о + *p*.

uninhabitable /ˌʌnɪn'hæbɪtəb(ə)l/ *adj* неприго́дный для жилья́.

uninhabited /ˌʌnɪn'hæbɪtɪd/ *adj* необита́емый.

uninhibited /ˌʌnɪn'hɪbɪtɪd/ *adj* откры́тый, нестесни́тельный.

uninitiated /ˌʌnɪ'nɪʃɪˌeɪtɪd/ *adj* непосвящённый.

uninjured /ʌn'ɪndʒəd/ *adj* непострада́вший; **he was ~ by his fall** при паде́нии он не пострада́л.

uninspired /ˌʌnɪn'spaɪəd/ *adj* (*speech*) невдохновлённый; **I was ~ by his proposals** его́ предложе́ния не вдохнови́ли меня́.

uninspiring /ˌʌnɪn'spaɪərɪŋ/ *adj* невдохновля́ющий.

uninsured /ˌʌnɪn'ʃʊəd/ *adj* незастрахо́ванный.

unintelligent /ˌʌnɪn'telɪdʒ(ə)nt/ *adj* неу́мный.

unintelligibility /ˌʌnɪnˌtelɪdʒɪ'bɪlɪtɪ/ *n* неразбо́рчивость, невня́тность.

unintelligible /ˌʌnɪn'telɪdʒɪb(ə)l/ *adj* неразбо́рчивый, невня́тный.

unintended /ˌʌnɪn'tendɪd/ *adj* ненаме́ренный; (*unforeseen*) непредусмо́тренный.

unintentional /ˌʌnɪn'tenʃən(ə)l/ *adj* ненаме́ренный.

uninterested /ʌn'ɪntrəstɪd, -trɪstɪd/ *adj* безразли́чный (**in:** к + *d*); не заинтересо́ванный (**in:** + *i*); **he is ~ in history** он не интересу́ется исто́рией.

uninteresting /ʌn'ɪntrəstɪŋ, -trɪstɪŋ/ *adj* неинтере́сный.

uninterrupted /ˌʌnɪntə'rʌptɪd/ *adj* непрерыва́емый, непреры́вный.

uninventive /ˌʌnɪn'ventɪv/ *adj* неизобрета́тельный.

uninvited /ˌʌnɪn'vaɪtɪd/ *adj* неприглашённый, незва́ный, непро́шеный.

uninviting /ˌʌnɪn'vaɪtɪŋ/ *adj* непривлека́тельный; **an ~ prospect** неприя́тная перспекти́ва.

union /'juːnjən, -nɪən/ *n* **1** (*joining, uniting*) объедине́ние, сою́з. **2** (*association*) сою́з; **U~ of Soviet Socialist Republics** (*hist*) Сою́з Сове́тских Социалисти́ческих Респу́блик; **U~ Jack** госуда́рственный флаг Великобрита́нии; **students' ~** студе́нческий сою́з; (*building*) студе́нческий клуб. **3 (trade ~)** профессиона́льный сою́з, профсою́з; **~ card** профсою́зный биле́т. **4** (*state of harmony*) гармо́ния; согла́сие; **they live in perfect ~** они́ живу́т в по́лном согла́сии.

unionist /'juːnjənɪst, 'juːnɪən-/ *n* **1** (*member of trade union*) член профсою́за. **2** (**U~:** *in Northern Ireland*) юниони́ст.

> **the Union Jack**
>
> Так называ́ется флаг Соединённого Короле́вства Великобрита́нии и Се́верной Ирла́ндии. На поло́тнище фла́га крест св. Гео́ргия, символизи́рующего А́нглию (вертика́льный кра́сный крест на бе́лом фо́не), крест св. Андре́я, символизи́рующего Шотла́ндию (диагона́льный бе́лый крест на си́нем фо́не), и крест св. Па́трика, символизи́рующего Се́верную Ирла́ндию (диагона́льный кра́сный крест на бе́лом фо́не), объединены́ в одно́м изображе́нии.

unique /jʊ'niːk, juː'niːk/ *adj* уника́льный, еди́нственный (в своём ро́де).

unisex /'juːnɪˌseks/ *adj*: **~ clothes** оде́жда, подходя́щая для обо́их поло́в; оде́жда унисе́кс; **~ hairdresser's** парикма́херская для мужчи́н и же́нщин.

unisexual /ˌjuːnɪ'seksʊəl/ *adj* (*bot*) однопо́лый.

unison /'juːnɪs(ə)n/ *n* (*mus*) унисо́н; (*fig*) гармо́ния; **they acted in perfect ~** они́ де́йствовали в по́лном согла́сии.

unit /'juːnɪt/ *n* **1** (*single entity*) едини́ца; це́лое. **2** (*math, and of measurement*) едини́ца; **~ of length** едини́ца длины́; **~ of currency, monetary ~** де́нежная едини́ца; **~ trust** (*Br*) довери́тельный паево́й фонд. **3** (*mil*) часть; (*large ~, formation*) соедине́ние; (*small ~, sub~*) подразделе́ние; (*detachment*) отря́д. **4** (*of furniture etc.*) се́кция; **kitchen ~s** секцио́нная ку́хонная ме́бель. **5** (*tech*) се́кция, блок.

unite /jʊ'naɪt, juː-/ *vt* соедин|я́ть, -и́ть; объедин|я́ть, -и́ть; **the country is ~d behind the President** вся страна́ сплоти́лась вокру́г президе́нта; **a ~d family** дру́жная семья́; **they made a ~d effort** они́ объедини́лись для совме́стных уси́лий; **the U~d Nations** (*organization*) Организа́ция Объединённых На́ций; **the U~d Kingdom** Соединённое Короле́вство; **the U~d States** Соединённые Шта́ты.
● *vi* соедин|я́ться, -и́ться; объедин|я́ться, -и́ться; **they ~d in condemning him** они́ единоду́шно его́ осуди́ли; **~d front** еди́ный фронт.

unit|y /'juːnɪtɪ/ *n* **1** (*oneness; coherence*) еди́нство; сплочённость; **~y of purpose** еди́нство це́ли; **national ~y** национа́льное еди́нство. **2** (*concord*) согла́сие; **dwell in ~y** жить (*impf*) в согла́сии. **3** (*math*) едини́ца.

universal /ˌjuːnɪ'vɜːs(ə)l/ *n* (*philos*) универса́лия.
● *adj* всео́бщий, универса́льный; **his proposal met with ~ approval** его́ предложе́ние встре́тило всео́бщее одобре́ние; **~ joint** (*tech*) универса́льный шарни́р; **a ~ remedy** универса́льное сре́дство; **~ suffrage** всео́бщее избира́тельное пра́во.

universality /ˌjuːnɪvɜː'sælɪtɪ/ *n* универса́льность.

universe /'juːnɪˌvɜːs/ *n* вселе́нная, мир.

university /ˌjuːnɪ'vɜːsɪtɪ/ *n* университе́т; **~ town** университе́тский го́род.

unjust /ʌn'dʒʌst/ *adj* несправедли́вый.

unjustifiable /ʌn'dʒʌstɪˌfaɪəb(ə)l/ *adj* непрости́тельный.

unjustified /ʌn'dʒʌstɪˌfaɪd/ *adj* неопра́вданный.

unkempt /ʌn'kempt/ *adj* нечёсаный, растрёпанный.

unkind /ʌn'kaɪnd/ *adj* недо́брый, злой; (*unpleasant*) нелюбе́зный; **be ~ to s.o.** пло́хо обраща́ться (*impf*) с кем-н. (*or* относи́ться (*impf*) к кому́-н.).

unkindness /ʌn'kaɪndnɪs/ *n* зло́сть; нелюбе́зность.

unknowable /ʌn'nəʊəb(ə)l/ *adj* непознава́емый.

unknowing /ʌn'nəʊɪŋ/ *adj* незна́ющий, несве́дущий.

unknown /ʌn'nəʊn/ *n* неизве́стное; **fear of the ~** страх пе́ред неизве́стностью; (*math*) неизве́стная величина́.
● *adj* неизве́стный; **an ~ quantity** неизве́стная величина́; **the U~ Soldier** Неизве́стный Солда́т.
● *adv*: **he did it ~ to me** он сде́лал э́то без моего́ ве́дома.

unlace /ʌn'leɪs/ *vt* расшнуро́в|ывать, -ать.

unladen /ʌn'leɪd(ə)n/ *adj* (*without load or cargo*) поро́жний, без гру́за.

unladylike /ʌn'leɪdɪˌlaɪk/ *adj* неподоба́ющий воспи́танной же́нщине; (*vulgar*) вульга́рный.

unlamented /ˌʌnlə'mentɪd/ *adj* неопла́киваемый, неопла́канный.

unlatch /ʌn'lætʃ/ *vt* отп|ира́ть, -ере́ть.

unlawful /ʌn'lɔːfʊl/ *adj* незако́нный.

unleaded /ʌn'ledɪd/ *adj*: **~ petrol** неэтили́рованный бензи́н.

unlearn /ʌn'lɜːn/ *vt* раз|у́чиваться, -учи́ться (+ *inf*); от|у́чиваться, -учи́ться от + *g*; отв|ыка́ть, -ы́кнуть от + *g*.

unleash /ʌn'liːʃ/ *vt* спус|ка́ть, -ти́ть с при́вязи; (*fig*) да|ва́ть, -ть во́лю + *d*; **~ a war** разв|я́зывать, -яза́ть войну́; **his fury was ~ed** он рассвирепе́л (*or* пришёл в бе́шенство).

unleavened /ʌn'lev(ə)nd/ *adj* пре́сный (*хлеб*).

unless /ʌn'les, ən'les/ *conj* (*if not*) е́сли (то́лько) не; **I shall go ~ it rains** я пойду́, е́сли (то́лько) не бу́дет дождя́; (*until*) пока́ не; **I won't continue ~ he apologizes** я не бу́ду продолжа́ть, пока́ он не извини́тся; (*except if*) ра́зве (что/то́лько); **I don't know why he is late, ~ he has lost his way** не зна́ю, почему́ он опа́здывает, ра́зве что заблуди́лся.

unlicensed /ʌn'laɪs(ə)nst/ *adj* (*Br*) не име́ющий разреше́ния на прода́жу спиртны́х напи́тков.

unlike /ʌn'laɪk/ *adj & prep* (*not like, different from*) непохо́жий, ра́зный; **he is ~ his sister** он не похо́ж на свою́ сестру́; **that** (*conduct etc.*) **is ~ him** э́то на него́ не похо́же; **he talks ~ anyone I have ever heard** я никогда́ не слы́шал, что́бы так говори́ли(, как он); **~ the others, he works hard** в отли́чие от други́х (*or* не в приме́р други́м) он рабо́тает усе́рдно.

unlikeable /ʌnˈlaɪkəb(ə)l/ *adj* непривлека́тельный.

unlikelihood /ʌnˈlaɪklɪhʊd/ *n* неправдоподо́бие; маловероя́тность; невероя́тность.

unlikely /ʌnˈlaɪklɪ/ *adj* (*tale*) неправдоподо́бный; (*not to be expected*): **it is ~ he will recover** маловероя́тно, что он попра́вится; **he is ~ to come** маловероя́тно, что он придёт; (*unpromising*) немы́слимый, невероя́тный.

unlimited /ʌnˈlɪmɪtɪd/ *adj* неограни́ченный; (*expanse*) безграни́чный.

unlined /ʌnˈlaɪnd/ *adj* **1**: **~ paper** нелино́ванная бума́га. **2**: **an ~ coat** пальто́ без подкла́дки.

unlisted /ʌnˈlɪstɪd/ *adj* (*not on a list*) не включённый в спи́сок; (*US, ex-directory*) не внесённый в телефо́нную кни́гу; (*stock exchange*) не коти́рующийся.

unlit /ʌnˈlɪt/ *adj* неосвещённый; незажжённый; **~ streets** неосвещённые у́лицы; **the lamp was ~** ла́мпу не зажгли́.

unload /ʌnˈləʊd/ *vt* выгружа́ть, вы́грузить; разгру|жа́ть, -зи́ть; (*fig*): **she ~ed her worries on to him** она́ облегчи́ла ду́шу, подели́вшись с ним свои́ми забо́тами; **he ~ed his shares** он сбыл свои́ а́кции.

● *vi* разгру|жа́ться, -зи́ться.

unloaded /ʌnˈləʊdɪd/ *adj* незаря́женный, пусто́й; **his gun was ~** его́ ружьё не́ было заря́жено.

unlock /ʌnˈlɒk/ *vt* отп|ира́ть, -ере́ть (ключо́м); откр|ыва́ть, -ы́ть.

unlocked /ʌnˈlɒkt/ *adj* откры́тый, о́тпертый, неза́пертый.

unloose /ʌnˈluːs/ *vt* (*slacken; untie*) осл|абля́ть, -а́бить; отвя́з|ывать, -а́ть; (*release*) освобо|жда́ть, -ди́ть.

unlovable /ʌnˈlʌvəb(ə)l/ *adj* непривлека́тельный.

unloved /ʌnˈlʌvd/ *adj* нелюби́мый.

unlovely /ʌnˈlʌvlɪ/ *adj* неприя́тный, некраси́вый.

unloving /ʌnˈlʌvɪŋ/ *adj* нелю́бящий.

unluckily /ʌnˈlʌkɪlɪ/ *adv* к несча́стью; **~ for him** к несча́стью для него́.

unluck|y /ʌnˈlʌkɪ/ *adj* (*of actions*) неуда́чный; (*wretched*) незада́чливый; (*having bad luck*): **he is ~y at cards** ему́ не везёт в ка́ртах; (*causing bad luck*) несчастли́вый; **~y number** несчастли́вое число́; **it is ~y to spill salt** просы́пать соль — не к добру́.

unmade /ʌnˈmeɪd/ *adj*: **an ~ bed** (*not ready for sleeping in*) непостéленная/ непо́стланная посте́ль; (*not made tidy after s.o. has slept in it*) незасте́ленная/ неза́стланная посте́ль; **an ~ road/ track** (*Br*) доро́га/путь без (твёрдого) покры́тия.

● *cpd* **~-up** *adj* (*person, face*) ненакра́шенный; (*road, lane*) (*Br*) без (твёрдого) покры́тия; (*bed*) непосте́ленный, непо́стланный.

unman /ʌnˈmæn/ *vt* (**unmanned, unmanning**) лиш|а́ть, -и́ть му́жества.

unmanageable /ʌnˈmænɪdʒəb(ə)l/ *adj* неуправля́емый; не поддаю́щийся контро́лю; (*of child*) тру́дный, неуправля́емый.

unmanly /ʌnˈmænlɪ/ *adj* нему́жественный, недосто́йный мужчи́ны; трусли́вый.

unmanned /ʌnˈmænd/ *adj* не укомплекто́ванный людьми́; необслу́живаемый; **an ~ satellite** автомати́чески управля́емый спу́тник.

unmannerly /ʌnˈmænəlɪ/ *adj* невоспи́танный.

unmarked /ʌnˈmɑːkt/ *adj* (*without markings*) неотме́ченный, неме́ченный; **~ grave** безымя́нная моги́ла; **~ police car** полице́йская маши́на без опознава́тельных зна́ков; (*unobserved*) незаме́ченный; **the mistake passed ~** оши́бка прошла́ незаме́ченной.

unmarketable /ʌnˈmɑːkɪtəb(ə)l/ *adj* не подходя́щий для ры́нка.

unmarried /ʌnˈmærɪd/ *adj* (*man*) нежена́тый, холосто́й; (*woman*) незаму́жняя; **he is ~** он не жена́т; **she is ~** она́ не за́мужем; **~ mother** мать-одино́чка.

unmask /ʌnˈmɑːsk/ *vt* (*fig*) разоблач|а́ть, -и́ть.

● *vi* (*lit*) сн|има́ть, -ять ма́ску.

unmatched /ʌnˈmætʃt/ *adj* (*without an equal*) непревзойдённый; бесподо́бный.

unmeant /ʌnˈment/ *adj* неумы́шленный, нево́льный.

unmeasured /ʌnˈmeʒəd/ *adj* (*fig, boundless*) безграни́чный; (*immoderate*) чрезме́рный.

unmentionable /ʌnˈmenʃənəb(ə)l/ *adj* неприли́чный, запре́тный.

unmerciful /ʌnˈmɜːsɪˌfʊl/ *adj* немилосе́рдный, безжа́лостный.

unmerited /ʌnˈmerɪtɪd/ *adj* незаслу́женный.

unmindful /ʌnˈmaɪndfʊl/ *adj* невнима́тельный, забы́вчивый; **~ of his duty** забы́в о до́лге.

unmistakabl|e /ˌʌnmɪˈsteɪkəb(ə)l/ *adj* ве́рный, я́сный, очеви́дный; характе́рный; **~y** несомне́нно, безусло́вно.

unmitigated /ʌnˈmɪtɪˌgeɪtɪd/ *adj* (*not softened*) несмягчённый; (*arrant*) зако́нченный, отъя́вленный, я́вный.

unmoor /ʌnˈmʊə(r), ʌnˈmɔː(r)/ *vt & i* сн|има́ть(ся), -ять(ся) с я́коря.

unmounted /ʌnˈmaʊntɪd/ *adj* **1** (*on foot*) пе́ший. **2** (*of precious stone*) неопра́вленный. **3** (*of photograph etc.*) неоканто́ванный, без паспарту́.

unmourned /ʌnˈmɔːnd/ *adj* неопла́канный.

unmoved /ʌnˈmuːvd/ *adj* (*unaffected by emotion*) бесчу́вственный; равноду́шный.

unmusical /ʌnˈmjuːzɪk(ə)l/ *adj*: **an ~ noise** неприя́тный шум; **he is ~** он немузыка́лен.

unnamed /ʌnˈneɪmd/ *adj* нена́званный; (*unidentified*) неизве́стный.

unnatural /ʌnˈnætʃər(ə)l/ *adj* неесте́ственный; **he displayed ~ energy** он прояви́л неимове́рную/ невероя́тную эне́ргию; **not ~ly** есте́ственно.

unnavigable /ʌnˈnævɪgəb(ə)l/ *adj* несудохо́дный; (*aeron*) нелётный; (*of a balloon*) неуправля́емый.

unnecessary /ʌnˈnesəsərɪ/ *adj* нену́жный, ли́шний; (*excessive*) изли́шний.

unneighbourly /ʌnˈneɪbəlɪ/ (*US* **unneighborly**) *adj* недобрососе́дский.

unnerv|e /ʌnˈnɜːv/ *vt* обесси́ли|вать, -ть; лиш|а́ть, -и́ть му́жества; расстр|а́ивать, -о́ить; **an ~ing experience** неприя́тное/жу́ткое пережива́ние.

unnoticeable /ʌnˈnəʊtɪsəb(ə)l/ *adj* незаме́тный.

unnoticed /ʌnˈnəʊtɪst/ *adj* незаме́ченный; **his appearance went ~** его́ появле́ние оста́лось незаме́ченным; **I let his remarks pass ~** я оста́вил его́ замеча́ния без внима́ния.

unnumbered /ʌnˈnʌmbəd/ *adj* **1** (*countless*) бессчётный, несме́тный. **2** (*without numbering*) без но́мера, непронумеро́ванный; **~ pages** непронумеро́ванные страни́цы.

UNO /ˈjuːnəʊ/ = **UN**

unobjectionable /ˌʌnəbˈdʒekʃənəb(ə)l/ *adj* прие́млемый.

unobliging /ˌʌnəˈblaɪdʒɪŋ/ *adj* нелюбе́зный; неуслу́жливый.

unobservant /ˌʌnəbˈzɜːv(ə)nt/ *adj* ненаблюда́тельный.

unobserved /ˌʌnəbˈzɜːvd/ *adj* незаме́ченный.

unobstructed /ˌʌnəbˈstrʌktɪd/ *adj* (*of road, view*) незагоро́женный; **~ progress** беспрепя́тственное продвиже́ние.

unobtainable /ˌʌnəbˈteɪnəb(ə)l/ *adj* недосту́пный.

unobtrusive /ˌʌnəbˈtruːsɪv/ *adj* скро́мный, ненавя́зчивый.

unobtrusiveness /ˌʌnəbˈtruːsɪvnɪs/ *adj* скро́мность, ненавя́зчивость.

unoccupied /ʌnˈɒkjʊˌpaɪd/ *adj* неза́нятый, свобо́дный; **an ~ house** пусто́й дом; **~ seats** неза́нятые/ свобо́дные места́.

unofficial /ˌʌnəˈfɪʃ(ə)l/ *adj* неофициа́льный.

unopened /ʌnˈəʊp(ə)nd/ *adj* неоткры́тый.

unopposed /ˌʌnəˈpəʊzd/ *adj* не встреча́ющий/встре́тивший сопротивле́ния; **his candidature was ~** он был еди́нственным кандида́том.

unorganized /ʌnˈɔːgəˌnaɪzd/ *adj* неорганизо́ванный.

unoriginal /ˌʌnəˈrɪdʒɪn(ə)l/ *adj* неоригина́льный; заи́мствованный.

unorthodox /ʌnˈɔːθəˌdɒks/ *adj* неортодокса́льный, неправове́рный; (*unconventional*) неортодокса́льный, сме́лый.

unorthodoxy /ʌnˈɔːθəˌdɒksɪ/ *n* неортодокса́льность.

U

unostentatious /ˌʌnɒstenˈteɪʃəs/ *adj* ненавя́зчивый, скро́мный.
unpack /ʌnˈpæk/ *vt & i* распако́в|ывать(ся), -а́ть(ся).
unpaid /ʌnˈpeɪd/ *adj* **1** неопла́ченный; (*of debt, bill, etc.*) неупла́ченный; **~ work** беспла́тная рабо́та; **the men were ~** рабо́чим не заплати́ли. **2** (*of person, unsalaried*) не получа́ющий пла́ту/жа́лованье.
unpalatable /ʌnˈpælətəb(ə)l/ *adj* невку́сный; (*fig*) неприя́тный; **an ~ truth** го́рькая пра́вда.
unparalleled /ʌnˈpærəˌleld/ *adj* несравни́мый, несравне́нный; бесподо́бный.
unpardonable /ʌnˈpɑːdənəb(ə)l/ *adj* непрости́тельный.
unparliamentary /ˌʌnpɑːləˈmentərɪ/ *adj*: **~ language** «непарла́ментские»/ ре́зкие выраже́ния.
unpatriotic /ˌʌnpætrɪˈɒtɪk, ˌʌnpeɪt-/ *adj* (*behaviour*) непатриоти́ческий; (*person*) непатриоти́чный.
unpaved /ʌnˈpeɪvd/ *adj* немощёный.
unpeg /ʌnˈpeg/ *vt* **1** открепл|я́ть, -и́ть; **she ~ged the clothes** она́ сняла́ оде́жду с ве́шалки/крючка́. **2**: **~ prices** прекра|ща́ть, -ти́ть иску́сственную стабилиза́цию цен.
unperceived /ˌʌnpəˈsiːvd/ *adj* незаме́ченный.
unperson /ˈʌnˌpɜːs(ə)n/ *n* ≈ нечелове́к.
unpersuaded /ˌʌnpəˈsweɪdɪd/ *adj* неубеждённый.
unpersuasive /ˌʌnpəˈsweɪsɪv/ *adj* неубеди́тельный.
unperturbed /ˌʌnpəˈtɜːbd/ *adj* невозмути́мый.
unpick /ʌnˈpɪk/ *vt* расп|а́рывать, -оро́ть.
unpin /ʌnˈpɪn/ *vt* (**unpinned, unpinning**) отк|а́лывать, -оло́ть; вынима́ть, вы́нуть була́вки/шпи́льки из + *g*.
unplaced /ʌnˈpleɪst/ *adj* (*of horse*) не заня́вший призово́го ме́ста.
unplait /ʌnˈplæt/ *vt* расплe|та́ть, -сти́.
unplanned /ʌnˈplænd/ *adj* незаплани́рованный; **~ pregnancy** незаплани́рованная бере́менность; (*unexpected*) неожи́данный; **an ~ economy** неплáновая эконо́мика.
unpleasant /ʌnˈplez(ə)nt/ *adj* неприя́тный.
unpleasantness /ʌnˈplezəntnɪs/ *n* неприя́тность.
unplug /ʌnˈplʌg/ *vt* (**unplugged, unplugging**) отключ|а́ть, -и́ть.
unplumbed /ʌnˈplʌmd/ *adj* (*not understood*) непостижи́мый; (*unexplored*) не иссле́дованный до конца́; (*immense*) неизмери́мый.
unpolluted /ˌʌnpəˈluːtɪd/ *adj* незагрязнённый.
unpopular /ʌnˈpɒpjʊlə(r)/ *adj* непопуля́рный.
unpopularity /ˌʌnpɒpjʊˈlærɪtɪ/ *n* непопуля́рность.
unpractical /ʌnˈpræktɪk(ə)l/ *adj* (*solution etc.*) нецелесообра́зный; (*person*) непракти́чный.
unprecedented /ʌnˈpresɪˌdentɪd/ *adj* беспрецеде́нтный.
unpredictable /ˌʌnprɪˈdɪktəb(ə)l/ *adj* непредсказу́емый.
unprejudiced /ʌnˈpredʒʊdɪst/ *adj* непредвзя́тый, непредубеждённый.
unpremeditated /ˌʌnprɪˈmedɪˌteɪtɪd/ *adj* непреднаме́ренный; непредумы́шленный.
unprepared /ˌʌnprɪˈpeəd/ *adj* неподгото́вленный; **his speech was ~** он произнёс свою́ речь экспро́мтом.
unpreparedness /ˌʌnprɪˈpeədnɪs/ *n* неподгото́вленность.
unprepossessing /ˌʌnpriːpəˈzesɪŋ/ *adj* нерасполага́ющий, не располага́ющий к себе́, непривлека́тельный.
unpresentable /ˌʌnprɪˈzentəb(ə)l/ *adj* непрезента́бельный.
unpretentious /ˌʌnprɪˈtenʃəs/ *adj* непретенцио́зный, скро́мный, просто́й.
unpretentiousness /ˌʌnprɪˈtenʃəsnɪs/ *n* скро́мность, простота́.
unpreventable /ˌʌnprɪˈventəb(ə)l/ *adj* неизбе́жный, неотврати́мый.
unpriced /ʌnˈpraɪst/ *adj* без указа́ния цены́.
unprincipled /ʌnˈprɪnsɪp(ə)ld/ *adj* беспринци́пный.
unprintable /ʌnˈprɪntəb(ə)l/ *adj* нецензу́рный, непеча́тный.
unproductive /ˌʌnprəˈdʌktɪv/ *adj* непродукти́вный, непроизводи́тельный; **~ labour** непроизводи́тельный труд; **an ~ argument** бесполе́зный спор.
unprofessional /ˌʌnprəˈfeʃən(ə)l/ *adj* непрофессиона́льный; **~ conduct** наруше́ние профессиона́льной э́тики.
unprofitable /ʌnˈprɒfɪtəb(ə)l/ *adj* невы́годный, неприбы́льный; (*useless*) бесполе́зный.
unpromising /ʌnˈprɒmɪsɪŋ/ *adj* малообеща́ющий.
unprompted /ʌnˈprɒmptɪd/ *adj* неподска́занный, спонта́нный.
unpronounceable /ˌʌnprəˈnaʊnsəb(ə)l/ *adj* непроизноси́мый.
unpropitious /ˌʌnprəˈpɪʃəs/ *adj* неблагоприя́тный.
unprotected /ˌʌnprəˈtektɪd/ *adj* незащищённый; **~ sex** незащищённый секс; (*defenceless*) беззащи́тный.
unprovable /ʌnˈpruːvəb(ə)l/ *adj* недоказу́емый.
unprove|d /ʌnˈpruːvd/, **-n** /ʌnˈpruːv(ə)n/ *adjs* недока́занный.
unprovoked /ˌʌnprəˈvəʊkt/ *adj* неспровоци́рованный; ниче́м не вы́званный.
unpublished /ʌnˈpʌblɪʃt/ *adj* неопублико́ванный, неи́зданный.
unpunished /ʌnˈpʌnɪʃt/ *adj* безнака́занный, ненака́занный.
unputdownable /ˌʌnpʊtˈdaʊnəb(ə)l/ *adj* (*coll*) захва́тывающий; **the book is ~** кни́га така́я интере́сная, что не оторвёшься.
unqualified /ʌnˈkwɒlɪˌfaɪd/ *adj* **1** (*without reservations*) безогово́рочный; **~ praise** безграни́чная хвала́; **an ~ refusal** реши́тельный отка́з. **2** (*not competent*) некомпете́нтный, неквалифици́рованный; **I am ~ to judge this** я недоста́точно компете́нтен, что́бы суди́ть об э́том.
unquenchable /ʌnˈkwentʃəb(ə)l/ *adj* (*of thirst*) неутоли́мый; (*of fire*) неугаси́мый; (*fig*) неиссяка́емый.
unquestionabl|e /ʌnˈkwestʃənəb(ə)l/ *adj* (*undoubted*) несомне́нный; (*indisputable*) неоспори́мый, бесспо́рный; **you are ~y right** вы несомне́нно/безусло́вно пра́вы.
unquestioned /ʌnˈkwestʃ(ə)nd/ *adj* бесспо́рный, при́знанный.
unquestioning /ʌnˈkwestʃənɪŋ/ *adj*: **~ obedience** безогово́рочное/по́лное повинове́ние.
unquote /ʌnˈkwəʊt/ *vt* (*imperative only*): **'quote … ~'** «откры́ть кавы́чки… закры́ть кавы́чки».
unranked /ʌnˈræŋkt/ *adj* (*not included in a rating list*) не воше́дший в ре́йтинг; (*having no rank*) не име́ющий (*or* не получи́вший) (осо́бого) ста́туса, зва́ния *и т. п.*; неранжи́рованный; (*unclassified*) неклассифици́рованный.
unravel /ʌnˈræv(ə)l/ *vt* (**unravelled, unravelling;** *US* **unraveled, unraveling**) распу́т|ывать, -ать; **the wool was ~led** шерсть распу́тали; (*fig*) разга́д|ывать, -а́ть.
unreachable /ʌnˈriːtʃəb(ə)l/ *adj*: **he was ~ at his office** его́ нельзя́ бы́ло заста́ть в конто́ре.
unread /ʌnˈred/ *adj* (*of book etc.*) непрочи́танный; (*of writer*) нечита́емый; **this writer is ~** сейча́с э́того писа́теля ма́ло чита́ют.
unreadable /ʌnˈriːdəb(ə)l/ *adj* (*illegible*) неразбо́рчивый; (*tedious*) нечита́бельный.
unreadiness /ʌnˈredɪnɪs/ *n* негото́вность.
unready /ʌnˈredɪ/ *adj* негото́вый.
unreal /ʌnˈrɪəl/ *adj* (*imaginary*) нереа́льный; (*strange*) фантасти́ческий; (*unrealistic*) нереа́льный.
unrealistic /ˌʌnrɪəˈlɪstɪk/ *adj* **1** (*unpractical, unreasonable*) нереа́льный. **2** (*of art*) нереалисти́ческий.
unreality /ˌʌnrɪˈælɪtɪ/ *n* нереа́льность; ото́рванность от действи́тельности/жи́зни.
unrealizable /ʌnˈrɪəlaɪzəb(ə)l/ *adj* неосуществи́мый; (*comm*) тру́днореализу́емый; не могу́щий быть реализо́ванным.
unrealized /ʌnˈrɪəlaɪzd/ *adj* (*not carried out*) неосуществлённый; (*not fulfilled*) нереализо́ванный; (*comm*) нереализо́ванный; (*not understood*) неосо́знанный.
unreason /ʌnˈriːz(ə)n/ *n* неразу́мность, безрассу́дство.
unreasonable /ʌnˈriːzənəb(ə)l/ *adj* безрассу́дный; не(благо)разу́мный;

u

don't be ~! бу́дьте благоразу́мны!; (*excessive*) чрезме́рный.

unreasoning /ʌn'riːzənɪŋ/ *adj* неразу́мный; нерассужда́ющий.

unreciprocated /ˌʌnrɪ'sɪprəˌkeɪtɪd/ *adj* без взаи́мности, не по́льзующийся взаи́мностью.

unrecognizable /ʌn'rekəgˌnaɪzəb(ə)l/ *adj* неузнава́емый.

unrecognized /ʌn'rekəgˌnaɪzd/ *adj* (*face*) неу́знанный; (*talent*) непри́знанный; **his genius was ~** его́ ге́ний не получи́л призна́ния.

unreconciled /ʌn'rekənˌsaɪld/ *adj* непримири́вшийся; **~ enemies** непримири́мые враги́; **he remained ~ to the fact that ...** он не примири́лся с тем, что... .

unrecorded /ˌʌnrɪ'kɔːdɪd/ *adj* (*music*) незапи́санный; (*data*) незарегистри́рованный.

unrefined /ˌʌnrɪ'faɪnd/ *adj* неочи́щенный, нерафини́рованный.

unreflecting /ˌʌnrɪ'flektɪŋ/ *adj* (*of surface etc.*) неотража́ющий; (*unthinking*) безду́мный.

unrehearsed /ˌʌnrɪ'həːst/ *adj* неподгото́вленный, неотрепети́рованный.

● *adv* экспро́мтом; без подгото́вки.

unrelated /ˌʌnrɪ'leɪtɪd/ *adj* **1** (*not connected*) несвя́занный (**to:** с + *i*); не име́ющий отноше́ния (**to:** к + *d*). **2** (*not kin*): **he is ~ to me** он мне не ро́дственник.

unrelenting /ˌʌnrɪ'lentɪŋ/ *adj* (*implacable*) неумоли́мый; (*ceaseless*) неослабева́ющий.

unreliability /ˌʌnrɪˌlaɪə'bɪlɪtɪ/ *n* ненадёжность; недостове́рность.

unreliable /ˌʌnrɪ'laɪəb(ə)l/ *adj* (*person*) ненадёжный; (*facts, information*) недостове́рный.

unrelieved /ˌʌnrɪ'liːvd/ *adj* **1** (*from duty*) не освобождённый (*от чего-л.*); (*not aided*) не получи́вший по́мощи. **2** (*with no variation*) однообра́зный; **~ gloom** беспросве́тный мрак.

unremarkable /ˌʌnrɪ'mɑːkəb(ə)l/ *adj* невыдающийся; непримеча́тельный.

unremarked /ˌʌnrɪ'mɑːkt/ *adj* незаме́ченный.

unremitting /ˌʌnrɪ'mɪtɪŋ/ *adj* неосла́бный; (*incessant*) беспреста́нный.

unrepeatable /ˌʌnrɪ'piːtəb(ə)l/ *adj* неповтори́мый; (*improper*) нецензу́рный.

unrepentant /ˌʌnrɪ'pent(ə)nt/ *adj* нераска́явшийся; **he is ~** он ни в чём не раска́ивается.

unrepresentative /ˌʌnreprɪ'zentətɪv/ *adj* непоказа́тельный, нетипи́чный.

unrequited /ˌʌnrɪ'kwaɪtɪd/ *adj* без взаи́мности, не по́льзующийся взаи́мностью; **~ love** неразделённая/безотве́тная любо́вь.

unreserved /ˌʌnrɪ'zəːvd/ *adj* (*not set aside*) незаброни́рованый; (*open, frank*) открове́нный; (*wholehearted*) по́лный; **I agree with you ~ly** я по́лностью с ва́ми согла́сен.

unresisting /ˌʌnrɪ'zɪstɪŋ/ *adj* несопротивля́ющийся.

unresolved /ˌʌnrɪ'zɒlvd/ *adj* (*irresolute*) нереши́тельный; **an ~ problem** нерешённая пробле́ма; **my doubts were ~** мои́ сомне́ния не бы́ли разрешены́.

unresponsive /ˌʌnrɪ'spɒnsɪv/ *adj* (*face, manner, bureaucracy*) равноду́шный; (*person, audience*) невосприи́мчивый; **he was ~ to my suggestion** он не отреаги́ровал на моё предложе́ние; **symptoms ~ to treatment** симпто́мы, не поддаю́щиеся лече́нию.

unrest /ʌn'rest/ *n* (*disquiet*) беспоко́йство; (*social, political*) волне́ния (*nt pl*); беспоря́дки (*m pl*).

unrestful /ʌn'restfʊl/ *adj* беспоко́йный.

unresting /ʌn'restɪŋ/ *adj* неутоми́мый.

unrestrained /ˌʌnrɪ'streɪnd/ *adj* несде́ржанный; необу́зданный.

unrestricted /ˌʌnrɪ'strɪktɪd/ *adj* неограни́ченный.

unrewarded /ˌʌnrɪ'wɔːdɪd/ *adj* невознаграждённый; **his efforts were ~ by success** его́ уси́лия не увенча́лись успе́хом.

unrewarding /ˌʌnrɪ'wɔːdɪŋ/ *adj* неблагода́рный.

unrighteous /ʌn'raɪtʃəs/ *adj* несправедли́вый; непра́ведный; (*bibl*) нечести́вый.

unrighteousness /ʌn'raɪtʃəsnɪs/ *n* несправедли́вость; непра́ведность; нечести́вость.

unripe /ʌn'raɪp/ *adj* неспе́лый, незре́лый (*also fig*).

unrivalled /ʌn'raɪv(ə)ld/ (*US* **unrivaled**) *adj* непревзойдённый; **an ~ opportunity** уника́льная возмо́жность.

unroll /ʌn'rəʊl/ *vt & i* (**unrolled, unrolling**) развёр|тывать(ся), -ну́ть(ся).

unromantic /ˌʌnrə'mæntɪk/ *adj* нероманти́ческий, нероманти́чный.

unruffled /ʌn'rʌf(ə)ld/ *adj* (*fig*) невозмути́мый.

unruliness /ʌn'ruːlɪnɪs/ *n* непоко́рность, непослуша́ние.

unruly /ʌn'ruːlɪ/ *adj* (**unrulier, unruliest**) непоко́рный, непослу́шный; бу́йный, бу́рный.

unsaddle /ʌn'sæd(ə)l/ *vt* расс|ёдлывать, -едла́ть.

unsafe /ʌn'seɪf/ *adj* **1** небезопа́сный; (*building, roof*) (потенциа́льно) опа́сный (для эксплуата́ции); **the building is ~** находи́ться в э́том зда́нии (небез)опа́сно; (*bridge, staircase*) неусто́йчивый, непро́чный; (*device; medicine*) опа́сный (для жи́зни); (*investment*) риско́ванный; **~ sex** небезопа́сный/незащищённый секс. **2** (*of people*): **children feel ~ after dark** де́ти не чу́вствуют себя в (по́лной) безопа́сности по́сле захо́да со́лнца (*or* в тёмное вре́мя су́ток); **they felt very ~** они́ счита́ют/чу́вствуют, что им угрожа́ет серьёзная опа́сность (*or* что они́ подверга́ются серьёзной опа́сности); **she felt ~ and alone** она́ чу́вствовала себя́ незащищённой и все́ми поки́нутой. **3** (*Br, law*) необосно́ванный; осно́ванный на недостове́рных доказа́тельствах (*приговор*).

unsaid /ʌn'sed/ *adj*: **some things are better left ~** есть ве́щи, о кото́рых лу́чше умолча́ть (*or* не говори́ть).

unsaleable /ʌn'seɪləb(ə)l/ *adj* не по́льзующийся спро́сом, нехо́дкий.

unsatisfactory /ˌʌnsætɪs'fæktərɪ/ *adj* неудовлетвори́тельный.

unsatisfied /ʌn'sætɪsˌfaɪd/ *adj* неудовлетворённый.

unsaturated /ʌn'sætʃəˌreɪtɪd, -tjʊˌreɪtɪd/ *adj* ненасы́щенный.

unsavoury /ʌn'seɪvərɪ/ (*US* **unsavory**) *adj* (*fig*) сомни́тельный.

unscalable /ʌn'skeɪləb(ə)l/ *adj* непристу́пный.

unscathed /ʌn'skeɪðd/ *adj* невреди́мый; (*pred*) це́лый и невреди́мый.

unscheduled /ʌn'ʃedjuːld/ *adj* незаплани́рованный; **an ~ flight** рейс вне расписа́ния.

unscholarly /ʌn'skɒləlɪ/ *adj* (*work, attitude*) недосто́йный учёного; (*person*) неэруди́рованный.

unscientific /ˌʌnsaɪən'tɪfɪk/ *adj* ненау́чный.

unscramble /ʌn'skræmb(ə)l/ *vt* (*telephone conversation; also coll: analyse, sort out*) расшифро́в|ывать, -а́ть.

unscrew /ʌn'skruː/ *vt & i* отви́н|чивать(ся), -ти́ть(ся); развин|чивать(ся), -ти́ть(ся).

unscripted /ʌn'skrɪptɪd/ *adj*: **an ~ talk** импровизи́рованное выступле́ние.

unscrupulous /ʌn'skruːpjʊləs/ *adj* беспринци́пный, недобросо́вестный.

unscrupulousness /ʌn'skruːpjʊləsnɪs/ *n* беспринци́пность, недобросо́вестность.

unseal /ʌn'siːl/ *vt* распеча́т|ывать, -ать; вскры|ва́ть, -ть.

unsealed /ʌn'siːld/ *adj*: **an ~ envelope** незапеча́танный конве́рт.

unseasonable /ʌn'siːzənəb(ə)l/ *adj* не по сезо́ну; **~ weather** пого́да не по сезо́ну; (*fig, untimely*) несвоевре́менный.

unseasoned /ʌn'siːz(ə)nd/ *adj*: **~ food** неприпра́вленная еда́; **~ timber** невы́держанная древеси́на; (*fig, inexperienced*) нео́пытный, неискушённый, необстре́лянный (*coll*).

unseat /ʌn'siːt/ *vt* ст|а́лкивать, -олкну́ть; **the horse ~ed its rider** ло́шадь сбро́сила вса́дника; (*fig*): **he was ~ed at the last election** его́ лиши́ли парла́ментского манда́та на после́дних вы́борах.

unseaworthiness /ʌn'siːˌwəːðɪnɪs/ *n* неприго́дность к пла́ванию, неморехо́дность.

unseaworthy /ʌn'siːˌwəːðɪ/ *adj* неприго́дный к пла́ванию.

unsecured /ˌʌnsɪ'kjʊəd/ *adj* (*of a box, parcel, etc.*) незакреплённый, неза́пертый; (*of loan etc.*) необеспе́ченный,

U

негаранти́рованный.
unseeing /ʌnˈsi:ɪŋ/ *adj* незря́чий, неви́дящий.
unseemliness /ʌnˈsi:mlɪnɪs/ *n* непристо́йность.
unseemly /ʌnˈsi:mlɪ/ *adj* (*improper*) неподоба́ющий; (*indecent*) непристо́йный.
unseen /ʌnˈsi:n/ *n* (*Br, translation*) перево́д с листа́.
● *adj* (*invisible*) неви́димый.
unselective /ˌʌnsɪˈlektɪv/ *adj* неразбо́рчивый.
unselfish /ʌnˈselfɪʃ/ *adj* бескоры́стный.
unselfishness /ʌnˈselfɪʃnɪs/ *n* бескоры́стие.
unserviceable /ʌnˈsə:vɪsəb(ə)l/ *adj* него́дный, неиспра́вный.
unsettle /ʌnˈset(ə)l/ *vt* (*fig*) выбива́ть, вы́бить из колей; расстр|а́ивать, -о́ить.
unsettled /ʌnˈset(ə)ld/ *adj* неусто́йчивый; беспоко́йный; **~ weather** неусто́йчивая пого́да; **an ~ account** неопла́ченный счёт; **the argument was ~** спор не́ был разрешён; **~ territory** незаселённая террито́рия.
unsettling /ʌnˈsetlɪŋ/ *adj* трево́жный.
unshackle /ʌnˈʃæk(ə)l/ *vt* сн|има́ть, -ять кандалы́ с + *g*.
unshakeable /ʌnˈʃeɪkəb(ə)l/ *adj* непоколеби́мый.
unshaken /ʌnˈʃeɪkən/ *adj* (*resolute*) непоколеби́мый, непоколе́бленный.
unshaven /ʌnˈʃeɪv(ə)n/ *adj* небри́тый.
unsheathe /ʌnˈʃi:ð/ *vt* вынима́ть, вы́нуть из но́жен; **he ~d his sword** он обнажи́л меч.
unsheltered /ʌnˈʃeltəd/ *adj* незащищённый.
unshod /ʌnˈʃɒd/ *adj* (*of horse*) неподко́ванный.
unshrinkable /ʌnˈʃrɪŋkəb(ə)l/ *adj* (*textiles*) безуса́дочный.
unshrinking /ʌnˈʃrɪŋkɪŋ/ *adj* (*intrepid*) непоколеби́мый.
unsightliness /ʌnˈsaɪtlɪnɪs/ *n* уро́дливость, непригля́дность.
unsightly /ʌnˈsaɪtlɪ/ *adj* некраси́вый, непригля́дный.
unsigned /ʌnˈsaɪnd/ *adj* неподпи́санный.
unskilful /ʌnˈskɪlfʊl/ (*US* **unskillful**) *adj* неуме́лый, неиску́сный; (*clumsy*) неуклю́жий.
unskilled /ʌnˈskɪld/ *adj* неквалифици́рованный; **~ labourer** (*Br*), **laborer** (*US*) разнорабо́чий.
unsmiling /ʌnˈsmaɪlɪŋ/ *adj* неулы́бчивый.
unsociability /ʌnˌsəʊʃəˈbɪlɪtɪ/ *n* необщи́тельность, нелюди́мость.
unsociable /ʌnˈsəʊʃəb(ə)l/ *adj* необщи́тельный, нелюди́мый.
unsocial /ʌnˈsəʊʃ(ə)l/ *adj* **1**: (*Br*) **work ~ hours** рабо́тать во вре́мя, отлича́ющееся от общепри́нятого. **2** (*antisocial*) антиобще́ственный. **3** (*not seeking company of others*) необщи́тельный.
unsold /ʌnˈsəʊld/ *adj* непро́данный; залежа́лый.
unsoldierly /ʌnˈsəʊldʒəlɪ/ *adj* недосто́йный солда́та.
unsolicited /ˌʌnsəˈlɪsɪtɪd/ *adj* (*given, done voluntarily*) доброво́льный; (*not asked for*) непро́шеный.
unsolved /ʌnˈsɒlvd/ *adj* (*issue*) нерешённый; (*mystery*) неразга́данный.
unsophisticated /ˌʌnsəˈfɪstɪˌkeɪtɪd/ *adj* (*person, approach*) просто́й, простоду́шный; (*thing, work*) безыску́сный.
unsought /ʌnˈsɔ:t/ *adj* непро́шеный.
unsound /ʌnˈsaʊnd/ *adj* (*bad, rotten*) испо́рченный, гнило́й; (*unwholesome*) нездоро́вый; (*unstable*) непро́чный; **~ views** необосно́ванные взгля́ды; **of ~ mind** душевнобольно́й; **a man of ~ judgement** челове́к, лишённый здра́вого смы́сла.
unsparing /ʌnˈspeərɪŋ/ *adj* (*merciless*) беспоща́дный, безжа́лостный; (*generous*) ще́дрый; (*diligent*) усе́рдный; **~ in his efforts** не щадя́щий сил.
unspeakable /ʌnˈspi:kəb(ə)l/ *adj* невырази́мый; **he is an ~ bore** он ужа́сный зану́да.
unspecified /ʌnˈspesɪˌfaɪd/ *adj* то́чно не ука́занный.
unspent /ʌnˈspent/ *adj* (*of money*) неистра́ченный.
unspoil|ed /ʌnˈspɔɪld/, **-t** /ʌnˈspɔɪlt/ *adj* неиспо́рченный; (*of person*) неизбало́ванный.
unspoken /ʌnˈspəʊkən/ *adj* невы́сказанный.
unsport|ing /ʌnˈspɔ:tɪŋ/, **-smanlike** /ʌnˈspɔ:tsmənˌlaɪk/ *adjs* нече́стный; неспорти́вный, недосто́йный спортсме́на; **he behaved unsportingly** он вёл себя́ неспорти́вно.
unsprung /ʌnˈsprʌŋ/ *adj* безрессо́рный, без рессо́р.
unstable /ʌnˈsteɪb(ə)l/ *adj* неусто́йчивый, нестаби́льный.
unstained /ʌnˈsteɪnd/ *adj* (*fig*) незапя́тнанный.
unstatesmanlike /ʌnˈsteɪtsmənˌlaɪk/ *adj* неподоба́ющий госуда́рственному де́ятелю.
unsteadiness /ʌnˈstedɪnɪs/ *n* неусто́йчивость, ша́ткость.
unsteady /ʌnˈstedɪ/ *adj* нетвёрдый; неусто́йчивый, ша́ткий; **the table was ~** стол шата́лся; **he was ~ on his legs** он нетвёрдо держа́лся на нога́х.
unstick /ʌnˈstɪk/ *vt* отклеи́|вать, ть.
unstinting /ʌnˈstɪntɪŋ/ *adj* (*generous*) ще́дрый.
unstop /ʌnˈstɒp/ *vt* (**unstopped, unstopping**): **the plumber ~ped the pipe** водопрово́дчик прочи́стил трубу́.
unstrap /ʌnˈstræp/ *vt* (**unstrapped, unstrapping**) отстёг|ивать, -ну́ть; расстёг|ивать, -ну́ть.
unstressed /ʌnˈstrest/ *adj* (*phonetics*) безуда́рный.
unstuck /ʌnˈstʌk/ *adj*: **the stamp came ~** ма́рка откле́илась; (*fig, coll*): **my schemes came ~** мои́ пла́ны ру́хнули.
unstudied /ʌnˈstʌdɪd/ *adj* (*unaffected*) непринуждённый.
unsubscribe /ˌʌnsəbˈskraɪb/ *vi* отка́з|ываться, -а́ться от подпи́ски; **~ from a(n electronic) mailing list** отказа́ться от получе́ния рассы́лок по электро́нной по́чте.
unsubstantial /ˌʌnsəbˈstænʃ(ə)l/ *adj* (*not solid*) несуще́ственный; (*with no factual basis*) необосно́ванный; **an ~ dinner** несы́тный обе́д.
unsubstantiated /ˌʌnsəbˈstænʃɪˌeɪtɪd/ *adj* недока́занный, неподтверждённый.
unsuccessful /ˌʌnsəkˈsesfʊl/ *adj* безуспе́шный, неуда́чный; **he was ~ in the exam** он не сдал экза́мен.
unsuitability /ʌnˌsu:təˈbɪlɪtɪ, ʌnˈsju:-/ *n* неприго́дность.
unsuitable /ʌnˈsu:təb(ə)l, ʌnˈsju:-/ *adj* неподходя́щий, неприго́дный.
unsuited /ʌnˈsu:tɪd, ʌnˈsju:-/ *adj* неподходя́щий; **he is ~ to the post** он не подхо́дит для э́той до́лжности.
unsullied /ʌnˈsʌlɪd/ *adj* (*fig*) незапя́тнанный.
unsung /ʌnˈsʌŋ/ *adj* (*not celebrated*) невоспе́тый; **an ~ hero** невоспе́тый геро́й.
unsure /ʌnˈʃʊə(r), ʌnˈʃɔ:(r)/ *adj* (*not confident*) неуве́ренный; **he was ~ of his ground** он не чу́вствовал себя́ доста́точно компете́нтным; **I am ~ if he will come** я не уве́рен, что он придёт; **~ of o.s.** не уве́ренный в себе́; (*not fixed or certain*) неопределённый.
unsurfaced /ʌnˈsə:fɪst/ *adj*: **~ road** грунтова́я доро́га.
unsurpass|able /ˌʌnsəˈpɑ:səb(ə)l/, **-ed** /ˌʌnsəˈpɑ:st/ *adjs* непревзойдённый.
unsuspected /ˌʌnsəˈspektɪd/ *adj* (*of crime*) неподозрева́емый, не находя́щийся под подозре́нием; (*of wrongdoing*) не вызыва́ющий подозре́ния; (*not expected*) неожи́данный.
unsusp|ecting /ˌʌnsəˈspektɪŋ/, **-icious** /ˌʌnsəˈspɪʃəs/ *adjs* неподозрева́ющий, дове́рчивый.
unswayed /ʌnˈsweɪd/ *adj*: **~ by public opinion** не подда́вшийся влия́нию обще́ственного мне́ния.
unsweetened /ʌnˈswi:t(ə)nd/ *adj* неподслащённый.
unswerving /ʌnˈswə:vɪŋ/ *adj* (*fig*) непоколеби́мый.
unsympathetic /ˌʌnsɪmpəˈθetɪk/ *adj* чёрствый, несочу́вствующий.
unsystematic /ˌʌnsɪstəˈmætɪk/ *adj* несистемати́ческий, несистемати́чный.
untameable /ʌnˈteɪməb(ə)l/ *adj* неукроти́мый.
untamed /ʌnˈteɪmd/ *adj* (*of animal*) неприручённый.
untangle /ʌnˈtæŋg(ə)l/ *vt* распу́т|ывать, -ать; **she ~d the wool** она́ распу́тала клубо́к ше́рсти; (*fig*): **the confusion was finally ~d** в конце

U

концо́в удало́сь разобра́ться в э́той пу́танице.

untanned /ʌn'tænd/ *adj* (*of leather*) недублёный; (*by the sun*) незагоре́вший, незагоре́лый.

untapped /ʌn'tæpt/ *adj*: **~ resources** неиспо́льзованные ресу́рсы.

untarnished /ʌn'tɑːnɪʃt/ *adj* непотускне́вший; (*fig*) незапя́тнанный.

untaxed /ʌn'tækst/ *adj* не облага́емый нало́гом.

unteachable /ʌn'tiːtʃəb(ə)l/ *adj* (*of person*) не поддаю́щийся обуче́нию.

untempered /ʌn'tempəd/ *adj*: **~ steel** незакалённая сталь.

untenable /ʌn'tenəb(ə)l/ *adj* несостоя́тельный, неприе́млемый; **~ arguments** неубеди́тельные до́воды; **an ~ position** (*mil*) пози́ция, неприго́дная для оборо́ны; невы́годная пози́ция.

untended /ʌn'tendɪd/ *adj* забро́шенный, неухо́женный.

untether /ʌn'teðə(r)/ *vt* отвя́з|ывать, -а́ть.

unthinkable /ʌn'θɪŋkəb(ə)l/ *adj* (*unimaginable*) немы́слимый, невообрази́мый.

unthinking /ʌn'θɪŋkɪŋ/ *adj* (*thoughtless*) безду́мный; (*inadvertent*) неча́янный; машина́льный.

unthread /ʌn'θred/ *vt*: **~ a needle** вынима́ть, вы́нуть ни́тку из иго́лки.

untidiness /ʌn'taɪdɪnɪs/ *n* неопря́тность, неаккура́тность.

untidy /ʌn'taɪdɪ/ *adj* неопря́тный, неаккура́тный; **an ~ person** неря́ха (*cg*), неопря́тный челове́к; **his room was ~** его́ ко́мната была́ неу́брана.

untie /ʌn'taɪ/ *vt* (**untying**) развя́з|ывать, -а́ть; отвя́з|ывать, -а́ть; расшнуро́в|ывать, -а́ть.

until /ən'tɪl, ʌn-/ = **till**; **unless and ~** то́лько когда́/е́сли.

untimeliness /ʌn'taɪmlɪnɪs/ *n* преждевре́менность; несвоевре́менность; неуме́стность.

untimely /ʌn'taɪmlɪ/ *adj* (*premature*) преждевре́менный; (*unseasonable*) несвоевре́менный; (*ill-timed, inappropriate*) неуме́стный.

untiring /ʌn'taɪərɪŋ/ *adj* (*person*) неутоми́мый; (*work, efforts*) неуста́нный.

unto /'ʌntʊ, 'ʌntə/ (*archaic*) = **to**

untold /ʌn'təʊld/ *adj* **1** (*story*) нерасска́занный. **2** (*suffering, delight*) невырази́мый. **3** (*damage*) неисчисли́мый; (*countless*) несчётный; **~ wealth** несме́тные бога́тства.

untouchable /ʌn'tʌtʃəb(ə)l/ *n* неприкаса́емый, хариджа́н.
● *adj* (*unattainable*) недосяга́емый, недосту́пный; (*impossible to compete with*) недосяга́емый.

untouched /ʌn'tʌtʃt/ *adj* нетро́нутый; **fruit ~ by human hand** фру́кты, к кото́рым не прикаса́лись рука́ми; **his reserves were ~** он не прикосну́лся к свои́м запа́сам.

untoward /ˌʌntə'wɔːd, ʌn'təʊəd/ *adj* (*inconvenient; adverse*) неблагоприя́тный; неуда́чный; **nothing ~ happened** ничего́ плохо́го не случи́лось.

untraceable /ʌn'treɪsəb(ə)l/ *adj* непросле́живаемый; **his relatives were ~** его́ ро́дственников не удало́сь разыска́ть.

untrained /ʌn'treɪnd/ *adj* необу́ченный, неподгото́вленный.

untrammelled /ʌn'træm(ə)ld/ (*US* **untrammeled**) *adj* (*unconstrained*) неско́ванный; (*free*) свобо́дный.

untransferable /ˌʌntræns'fəːrəb(ə)l, ˌʌntrɑːns-, ʌn't-/ *adj* без пра́ва переда́чи.

untranslatable /ˌʌntrænz'leɪtəb(ə)l, ˌʌntrɑːn-, -s'leɪtəb(ə)l/ *adj* непереводи́мый.

untravelled /ʌn'træv(ə)ld/ (*US* **untraveled**) *adj* не/ма́ло е́здивший по све́ту; **~ wastes** неизве́данные пусты́ни.

untried /ʌn'traɪd/ *adj* неиспы́танный, непрове́ренный.

untrodden /ʌn'trɒd(ə)n/ *adj* неисхо́женный; нетро́нутый.

untroubled /ʌn'trʌb(ə)ld/ *adj* невозмути́мый, споко́йный.

untrue /ʌn'truː/ *adj* (*inaccurate*) неве́рный, ло́жный, непра́вильный; (*unfaithful*) неве́рный.

untrustworthiness /ʌn'trʌst ˌwəːðɪnɪs/ *n* ненадёжность.

untrustworthy /ʌn'trʌstˌwəːðɪ/ *adj* (*unreliable*) ненадёжный; (*undeserving of confidence*) не заслу́живающий дове́рия.

untruth /ʌn'truːθ/ *n* непра́вда.

untruthful /ʌn'truːθfʊl/ *adj* (*of thing*) неве́рный, ло́жный; (*of person or thing*) лжи́вый.

untruthfulness /ʌn'truːθfʊlnɪs/ *n* неве́рность, ло́жность; лжи́вость.

untutored /ʌn'tjuːtəd/ *adj* (*person*) необу́ченный; (*skill*) инстинкти́вный.

untwist /ʌn'twɪst/ *vt* раскру́|чивать, -ти́ть.

unusable /ʌn'juːzəb(ə)l/ *adj* неприго́дный, неподходя́щий.

unused[1] /ʌn'juːzd/ *adj* (*not put to use*) неиспо́льзованный; **my ticket was ~** я не испо́льзовал свой биле́т.

unused[2] /ʌn'juːst/ *adj* (*unaccustomed*) непривы́кший (**to:** к + *d*); **I am ~ to this** я к э́тому не привы́к.

unusual /ʌn'juːʒʊəl/ *adj* необыкнове́нный, необы́чный; **~ly** осо́бенно, исключи́тельно.

unutterable /ʌn'ʌtərəb(ə)l/ *adj* невырази́мый, несказа́нный.

unvalued /ʌn'væljuːd/ *adj* (*not subjected to valuation*) неоценённый; (*unesteemed*) недооценённый.

unvaried /ʌn'veərɪd/ *adj* неизме́нный, постоя́нный.

unvarnished /ʌn'vɑːnɪʃt/ *adj* (*fig*): **the ~ truth** неприкра́шенная/го́лая пра́вда.

unvarying /ʌn'veərɪŋ/ *adj* неизме́нный.

unveil /ʌn'veɪl/ *vt* (*statue*) откр|ыва́ть, -ы́ть; (*plans*) изл|ага́ть, -ожи́ть.

unverifiable /ʌn'verɪˌfaɪəb(ə)l/ *adj* не поддаю́щийся прове́рке.

unverified /ʌn'verɪˌfaɪd/ *adj* непрове́ренный.

unversed /ʌn'vəːst/ *adj* несве́дущий (*в чём*); **he is ~ in mathematics** он несве́дущ в матема́тике.

unvoiced /ʌn'vɔɪst/ *adj* (*phonetics*) глухо́й.

unwaged /ʌn'weɪdʒd/ *adj* (*Br*) безрабо́тный.

unwanted /ʌn'wɒntɪd/ *adj* нежела́нный; **an ~ child** нежела́нный ребёнок; **they made me feel ~** они́ да́ли мне поня́ть, что я ли́шний среди́ них.

unwariness /ʌn'weərɪnɪs/ *n* неосторо́жность.

unwarlike /ʌn'wɔːlaɪk/ *adj* невои́нственный.

unwarrantable /ʌn'wɒrəntəb(ə)l/ *adj* неопра́вданный, недопусти́мый.

unwarranted /ʌn'wɒrəntɪd/ *adj* (*unauthorized*) недозво́ленный; (*unjustified*) необосно́ванный.

unwary /ʌn'weərɪ/ *adj* неосторо́жный.

unwashed /ʌn'wɒʃt/ *adj* (*fruit, hands*) немы́тый; (*clothes*) нести́ранный.

unwavering /ʌn'weɪvərɪŋ/ *adj* непоколеби́мый; неизме́нный.

unweaned /ʌn'wiːnd/ *adj* не о́тнятый от груди́.

unwearable /ʌn'weərəb(ə)l/ *adj* не го́дный для но́ски.

unwearied /ʌn'wɪərɪd/ *adj* неуста́вший; неутомля́ющий.

unwearying /ʌn'wɪərɪɪŋ/ *adj* неутомля́ющий.

unwelcome /ʌn'welkəm/ *adj* неприя́тный; нежела́тельный; **he is ~ here** он здесь ли́шний.

unwell /ʌn'wel/ *adj* нездоро́вый; **I felt ~** мне нездоро́вилось; **I have been ~** я был нездоро́в.

unwholesome /ʌn'həʊlsəm/ *adj* нездоро́вый, вре́дный.

unwieldiness /ʌn'wiːldɪnɪs/ *n* громо́здкость.

unwieldy /ʌn'wiːldɪ/ *adj* (**unwieldier, unwieldiest**) громо́здкий.

unwilling /ʌn'wɪlɪŋ/ *adj* нежела́ющий; **he was ~ to agree** он не пожела́л согласи́ться; **~ly** неохо́тно.

unwind /ʌn'waɪnd/ *vt & i* (*past and pp* **unwound**) разм|а́тывать(ся), -ота́ть(ся); раскру́|чивать(ся), -ти́ть(ся); (*fig*): **as the plot ~s** по ме́ре разви́тия сюже́та; **the wine helped him to ~** вино́ помогло́ ему́ рассла́биться.

unwinking /ʌn'wɪŋkɪŋ/ *adj* (*fig*) бди́тельный.

unwise /ʌn'waɪz/ *adj* не(благо)разу́мный.

unwished-for /ʌn'wɪʃt/ *adj* нежела́нный.

unwitting /ʌn'wɪtɪŋ/ *adj* неча́янный.

unworkable /ʌn'wəːkəb(ə)l/ *adj* нереа́льный, неосуществи́мый.

unworldly /ʌn'wəːldlɪ/ *adj* неземно́й, не от ми́ра сего́.

unworn /ʌn'wɔːn/ *adj* (*never worn*) нено́шеный; (*not showing wear*) неизно́шенный.

U

unworthy /ʌnˈwɜːðɪ/ *adj* (*undeserving*) недосто́йный (**of:** + *g*) (*чести, уважения; офицера*); (*base*) по́длый, ни́зкий.

unwound /ʌnˈwaʊnd/ *adj* (*watch*) незаведённый; (*ball of string*) размо́танный.

unwrap /ʌnˈræp/ *vt* (**unwrapped, unwrapping**) разв|ора́чивать (*or* -ёртывать), -ерну́ть.

unwritten /ʌnˈrɪt(ə)n/ *adj*: **an ~ law** непи́саный зако́н.

unwrought /ʌnˈrɔːt/ *adj* необрабо́танный.

unyielding /ʌnˈjiːldɪŋ/ *adj* непрекло́нный, упо́рный.

unyoke /ʌnˈjəʊk/ *vt* выпряга́ть, вы́прячь из ярма́.

unzip /ʌnˈzɪp/ *vt* (**unzipped, unzipping**) (*coat*) расстёг|ивать, -ну́ть; (*bag*) раскр|ыва́ть, -ы́ть.

up /ʌp/ *n*: **~s and downs** (*of fortune*) взлёты (*m pl*) и паде́ния (*nt pl*); превра́тности (*f pl*) судьбы́; **business is on the ~ and ~** (*Br*) дела́ пошли́ в го́ру.

● *adj*: **on the ~ stroke** (*of piston*) при хо́де (по́ршня) вверх.

● *adv* **1** (*in a higher position*) вверху́, наверху́; **what's he doing ~ there** что он де́лает там наверху́?; **high ~ in the sky** высоко́ в не́бе; **'this side ~'** «верх!»; **they live 3 floors ~ from us** они́ живу́т тремя́ этажа́ми вы́ше нас; **she had her umbrella ~** зо́нтик у неё был раскры́т; **the window was ~** окно́ бы́ло откры́то; **the blinds were ~** што́ры бы́ли по́дняты; **the notice was ~ on the board** на доске́ висе́ло объявле́ние; **his spirits were ~ one minute, down the next** настрое́ние у него́ то па́дало, то поднима́лось; **prices are ~** це́ны подняли́сь; (*advanced*): **he was ~ in the lead** он был среди́ пе́рвых; **he is 20 points ~ on his opponent** он на два́дцать очко́в впереди́ проти́вника; **he is well ~ in his subject** он прекра́сно зна́ет свой предме́т; (*with greater intensity*): **sing/speak ~!** (по́йте/говори́те) гро́мче!; (*Br, at Oxford or Cambridge University*): **he is ~ at Oxford** он у́чится в О́ксфорде.
2 (*into a higher position*) вверх, наве́рх; **she carried the suitcases ~** она́ отнесла́ чемода́ны наве́рх; **hands ~!** ру́ки вверх!; (*~wards*) вы́ше, бо́льше; **children from the age of 12 ~** де́ти от двена́дцати (лет) и ста́рше; (*expressing support*): **~ (with) the workers!** да здра́вствуют рабо́чие!
3 (*out of bed; standing; active*): **he was ~ on his feet at once** он момента́льно вскочи́л на́ ноги; **he was already ~ when I called** когда́ я пришёл, он уже́ встал; **she was soon ~ and about again** она́ вско́ре опра́вилась; **I was ~ all night with the baby** я всю ночь не спала́ из-за ребёнка; **I was ~ late last night** я вчера́ о́чень по́здно лёг; **the house is not ~ (built) yet** дом ещё не постро́ен.
4 (*roused*): **his blood was ~** он был взбешён; **they were ~ in arms against the new proposal** они́ встре́тили но́вое предложе́ние в штыки́.
5 (*of agenda*): **the house is ~ for sale** дом продаётся; **he was ~ for trial** он предста́л пе́ред судо́м.
6 (*expressing completion or expiry*): **time's ~** вре́мя истекло́; **it's all ~ with them** с ни́ми всё ко́нчено; **the game is ~!** ка́рта би́та!
7 (*coll, happening; amiss*): **what's ~?** в чём де́ло?; что тут происхо́дит?; **there's something ~ with the radio** (радио)приёмник барахли́т.
8 ~ against (*in contact with*): **the table was (right) ~ against the wall** стол стоя́л (пря́мо) у стены́ (*or* вплотну́ю к стене́); (*confronted by*): **you are ~ against stiff opposition** вы име́ете де́ло с упо́рным сопротивле́нием; **he was ~ against it** он был в тру́дном положе́нии.
9 ~ to (*equal to*): **I don't feel ~ to it** я не чу́вствую себя́ в си́лах сде́лать э́то; **he is not ~ to his work** он не справля́ется с рабо́той; (*on a par with*): **the book is ~ to expectations** кни́га опра́вдывает ожида́ния; (*as far as*) до + *g*; **~ to, ~ till now** до сих пор; **I am ~ to chapter 3** я дочита́л до тре́тьей главы́; **his work is not ~ to scratch** его́ рабо́та оставля́ет жела́ть лу́чшего; (*incumbent upon*): **it is ~ to us to help** э́то мы должны́ помо́чь; **it's ~ to you now** тепе́рь э́то/всё зави́сит от вас; (*occupied with*): **what is he ~ to?** чем он занима́ется?; **what are the children ~ to?** что там де́ти затева́ют?; **he is ~ to no good** он замы́слил что́-то недо́брое.

● *prep*: **they live ~ the hill** они́ живу́т на горе́/холме́; **he ran ~ the hill** он взбежа́л на́ гору, на хо́лм; **the cat was ~ a tree** кот взобра́лся на де́рево; **he went ~ the stairs** он подня́лся по ле́стнице; **they live ~ (*further along*) the street** они́ живу́т по/на э́той у́лице; **he is known ~ and down the land** его́ зна́ют по всей стране́.

● *vi* (**upped, upping**) (*coll*): **she ~(ped) and said …** она́ взяла́ и сказа́ла… .

up-and-coming /ˌʌpənˈkʌmɪŋ/ *adj* многообеща́ющий.

upas /ˈjuːpəs/ *n* анча́р.

upbeat /ˈʌpbiːt/ *n* сла́бая до́ля та́кта.

● *adj* (*coll*) оптимисти́чный, бо́дрый.

upbraid /ʌpˈbreɪd/ *vt* укор|я́ть, -и́ть; порица́ть (*impf*).

upbringing /ˈʌpˌbrɪŋɪŋ/ *n* воспита́ние.

upcoming /ˈʌpkʌmɪŋ/ *adj* предстоя́щий.

update /ʌpˈdeɪt/ *vt* (*one's wardrobe, repertoire; also comput: software, files*) обнов|ля́ть, -и́ть; (*equipment*) модернизи́ровать (*impf, pf*); (*records*) испр|авля́ть, -а́вить; пересмотре́ть и допо́лнить (*both pf*).

upend /ʌpˈend/ *vt* ста́вить, по- перпендикуля́рно.

upfront /ʌpˈfrʌnt/ *adj* (*open*) откры́тый.

● *adv* (*in advance*) вперёд.

upgrade /ˈʌpgreɪd/ *n* подъём; **on the ~** на подъёме.

● *vt* (*raise in rank*) пов|ыша́ть, -ы́сить в до́лжности; (*modernize*) модернизи́ровать (*impf, pf*).

upheaval /ʌpˈhiːv(ə)l/ *n* (*political*) потрясе́ния (*nt pl*); (*emotional*) потрясе́ние; **the ~ of moving house** встря́ска (*coll*) при перее́зде (*на новую квартиру, в новый дом*); стресс при перее́зде (*or* от перее́зда).

uphill /ˈʌphɪl/ *adj* иду́щий в го́ру; **an ~ road** крута́я доро́га; **an ~ task** тяжёлая зада́ча.

● *adv* в го́ру.

uphold /ʌpˈhəʊld/ *vt* (*past and pp* **upheld**) (*support, lit, fig*) подде́рж|ивать, -а́ть; отст|а́ивать, -оя́ть; (*confirm*) потвер|жда́ть, -ди́ть; (*maintain*) утвер|жда́ть, -ди́ть.

upholster /ʌpˈhəʊlstə(r)/ *vt* об|ива́ть, -и́ть; **an ~ed chair** кре́сло с мя́гкой оби́вкой.

upholsterer /ʌpˈhəʊlstərə(r)/ *n* обо́йщик.

upholstery /ʌpˈhəʊlstərɪ/ *n* оби́вка.

upkeep /ˈʌpkiːp/ *n* содержа́ние.

upland /ˈʌplənd/ *n* наго́рье; гори́стая часть страны́.

● *adj* наго́рный.

uplift[1] /ˈʌplɪft/ *n* (*act of raising*) подъём; (*moral elevation*) духо́вный подъём.

uplift[2] /ʌpˈlɪft/ *vt* подн|има́ть, -я́ть; (*morally or spiritually*) духо́вно возв|ыша́ть, -ы́сить; подн|има́ть, -я́ть дух (*кого*); **an ~ing tune** возвы́шенная (*or* (духо́вно) возвыша́ющая *or* патети́ческая) мело́дия.

upload /ʌpˈləʊd/ *vt* (*comput*) загру|жа́ть, -зи́ть (*coll also* выкла́дывать, вы́ложить) на друго́й (*удалённый*) компью́тер.

upmarket /ʌpˈmɑːkɪt/ *adj* элита́рный, дорого́й.

upmost /ˈʌpməʊst/ = **uppermost**

upon /əˈpɒn/ *prep* **1** *see* ⇒**on**. **2**: **once ~ a time** одна́жды; **once ~ a time there lived …** жил-бы́л... (*fem* жила́-была́...); **~ my word, soul!** (*expressing surprise etc.*) го́споди!; **~ my honour** (*Br*), **honor** (*US*)**!** че́стное сло́во!; **the holidays are ~ us** приближа́ются кани́кулы; **the enemy is ~ us** враг уже́ бли́зок.

upper /ˈʌpə(r)/ *n* ве́рх(няя часть) о́буви; **he was on his ~s** (*coll*) он оста́лся без гроша́.

● *adj* ве́рхний; вы́сший; **~ arm** плечо́; **~ classes** вы́сшие кла́ссы; **he got the ~ hand** он одержа́л верх; **U~ House** (*in UK*) пала́та ло́рдов; (*in USA*) сена́т; **~ lip** ве́рхняя губа́.

● *cpds* **~-case** *adj* прописно́й; **~-class, -crust** *adjs* относя́щийся к вы́сшему о́бществу; **~cut** *n* апперко́т; **~most** (*also* **upmost**) *adj* са́мый ве́рхний, вы́сший; **it was ~most in my mind** э́то бо́льше всего́ занима́ло мои́ мы́сли; *adv*: **blade ~most** остриём вверх.

uppi|sh /ˈʌpɪʃ/, **-ty** /ˈʌpɪtɪ/ *adjs* (*coll*) на́глый, де́рзкий.

uppity /ˈʌpɪtɪ/ = **uppish**

upright /ˈʌpraɪt/ *n* (*beam, pillar, etc.*) столб; **(~ piano)** пиани́но (*indecl*).

● *adj* (*erect*) вертика́льный, прямо́й; (*honourable*) че́стный, поря́дочный.

● *adv*: **stand ~** стоя́ть (*impf*) пря́мо.

uprightness /ˈʌpraɪtnɪs/ *n* чéстность, порядочность.

uprising /ˈʌpˌraɪzɪŋ/ *n* (*rebellion*) восстáние.

upriver /ˈʌprɪvə(r)/ = **upstream**

uproar /ˈʌprɔ:(r)/ *n* (*noise*) шум, (*coll*) гам; (*tumult, confusion*) возмущéние, волнéние.

uproarious /ʌpˈrɔ:rɪəs/ *adj* (*noisy*) шýмный, бýрный, бýйный; (*funny*) ужáсно/невозмóжно смешнóй.

uproot /ʌpˈru:t/ *vt* корчевáть, вы́-; вырывáть, вы́рвать с кóрнем; (*fig, displace*) выселя́ть, вы́селить; пересел|я́ть, -и́ть.

uprush /ˈʌprʌʃ/ *n* (*of water*) накáт; (*of gas*) проры́в; ~ **of feelings** наплы́в чувств.

upset[1] /ˈʌpset/ *n* **1** (*physical*) недомогáние; **stomach** ~ расстрóйство желýдка. **2** (*emotional shock, confusion*) огорчéние; (*in pl*) неприя́тности (*f pl*). **3** (*unexpected result in sport*) неожи́данный результáт.

upset[2] /ʌpˈset/ *vt* (**upsetting;** *past and pp* **upset**) (*knock over*) опроки́|дывать, -нуть; **he** ~ **the milk** он опроки́нул молокó; (*make unhappy*) расстр|áивать, -óить; **the news** ~ **her** нóвость её расстрóила; (*food*): **rich food** ~**s my stomach** от жи́рной пи́щи у меня́ расстрáивается желýдок.

upshot /ˈʌpʃɒt/ *n* развя́зка; заключéние.

upside down /ˌʌpsaɪd ˈdaʊn/ *adv* вверх днóм, вверх ногáми.

upstage /ʌpˈsteɪdʒ/ *adv* в глубинé сцéны.
● *vt* (*coll*) затм|евáть, -и́ть.

upstairs /ʌpˈsteəz/ *adv* (*position*) наверхý; (*direction*) навéрх; **he ran** ~ он побежáл навéрх; (*attr*): **the** ~ **rooms** вéрхние кóмнаты.

upstanding /ʌpˈstændɪŋ/ *adj* **1** (*honest*) чéстный, прямóй. **2** (*standing up*) стоя́щий; **be** ~! встáньте! **3** (*sturdy*) крéпкий.

upstart /ˈʌpstɑ:t/ *n* вы́скочка (*cg*).

upstream /ˈʌpstri:m/, **upriver** /ˈʌp ˈrɪvə(r)/ *adv* (*of place*) вверх по течéнию; (*of motion*) прóтив течéния; ~ **of** вы́ше + *g*.

upsurge /ˈʌpsə:dʒ/ *n* (*of unrest, in production*) подъём; (*of feelings*) наплы́в.

upswing /ˈʌpswɪŋ/ *n* (*fig*) подъём.

uptake /ˈʌpteɪk/ *n*: **quick on the** ~ (*coll*) сообрази́тельный, бы́стро соображáющий.

uptight /ʌpˈtaɪt, ˈʌptaɪt/ *adj* (*coll, tense, angry*) напряжённый, нервóзный.

up-to-date /ʌptəˈdeɪt/ *adj* совремéнный, новéйший, (сáмый) послéдний.

up-to-the-minute /ˌʌptəðəˈmɪnɪt/ *adj* сиюминýтный; сáмый послéдний.

uptown /ˈʌptaʊn/ *adj & adv* (*US*) (располóженный) в жилы́х квартáлах гóрода.

upturn /ˈʌptə:n/ *n* (*fig*) сдвиг (к лýчшему); улучшéние.

upturned /ˈʌptə:nd/ *adj* (*bucket*) перевёрнутый; (*nose*) курнóсый; (*face*) обращённый квéрху.

upward /ˈʌpwəd/ *adj* напрáвленный вверх; **an** ~ **trend in prices** тендéнция к повышéнию цен.
● *adv* (*also* ~**s**) вверх; ~**s of** (*over*) **£100** свы́ше ста фýнтов.

upwind /ˈʌpwɪnd/ *adv* прóтив вéтра.

uraemia /jʊˈri:mɪə/ (*US* **uremia**) *n* уреми́я.

Urals /ˈjʊər(ə)lz/ *n pl* (*mountains*) Урáльские гóры (*f pl*), Урáл.

uranium /jʊˈreɪnɪəm/ *n* урáн; (*attr*) урáновый.

Uranus /ˈjʊərənəs, jʊˈreɪnəs/ *n* Урáн.

urban /ˈə:bən/ *adj* городскóй.

urbane /ə:ˈbeɪn/ *adj* свéтский, учти́вый.

urbanism /ˈə:bəˌnɪz(ə)m/ *n* урбани́зм.

urbanity /ə:ˈbænɪtɪ/ *n* свéтскость, учти́вость.

urbanization /ˌə:bənaɪˈzeɪʃ(ə)n/ *n* урбанизáция; рост городóв.

urbanize /ˈə:bəˌnaɪz/ *vt* урбанизи́ровать (*impf, pf*).

urchin /ˈə:tʃɪn/ *n* **1** беспризóрни|к (*fem* -ца). **2** (*in full* **sea** ~) (*zool*) морскóй ёж.

Urdu /ˈʊədu:, ˈə:-/ *n* (язы́к) урдý (*m indecl*).
● *adj*: ~ **script** письмó (языкá) урдý.

urea / jʊˈri:ə, ˈjʊərɪə/ *n* мочеви́на.

uremia /jʊˈri:mɪə/ (*US*) = **uraemia**

ureter /jʊˈri:tə(r)/ *n* мочеточник.

urethra /jʊˈri:θrə/ *n* (*pl* **urethrae** /-ri:/ *or* **urethras**) урéтра.

urethritis /ˌjʊrɪˈθraɪtɪs/ *n* уретри́т.

urge /ə:dʒ/ *n* побуждéние, стремлéние; **I felt an** ~ **to go back** меня́ потянýло вернýться/назáд.
● *vt* **1** (*impel; also* ~ **on,** ~ **forward**) гнать (*impf*); под|гоня́ть, -огнáть; **he** ~**d his horse up the hill** он гнал коня́ в гóру. **2** (*exhort*) взывáть, воззвáть (*кого к чему*); приз|ывáть, -вáть (*кого к чему*); уговáривать (*impf*).

urgency /ˈə:dʒ(ə)nsɪ/ *n* **1** (*need for prompt action*) срóчность, неотлóжность; **as a matter of** ~ в срóчном поря́дке. **2** (*insistence*) настóйчивость.

urgent /ˈə:dʒ(ə)nt/ *adj* **1** (*brooking no delay*) срóчный, неотлóжный; **he is in** ~ **need of money** он крáйне нуждáется в деньгáх. **2** (*pressing, insistent*) настóйчивый.

uric /ˈjʊərɪk/ *adj*: ~ **acid** мочевáя кислотá.

urinal /jʊˈraɪn(ə)l, ˈjʊərɪn(ə)l/ *n* писсуáр.

urinary /ˈjʊərɪnərɪ/ *adj* мочевóй.

urinate /ˈjʊərɪˌneɪt/ *vi* мочи́ться, по-.

urination /ˌjʊrɪˈneɪʃ(ə)n/ *n* мочеиспускáние.

urine /ˈjʊərɪn/ *n* мочá.

URL (*abbr of* ***uniform*/*universal resource locator***) (*comput*) URL-áдрес.

urn /ə:n/ *n* **1** (*vase for ashes etc.*) ýрна, вáза; **Grecian** ~ грéческая вáза. **2** (*for tea, coffee, etc.*) куб.

Ursa /ˌə:sə/ *n* (*astron*): ~ **Major/Minor** Большáя/Мáлая Медвéдица.

Uruguay /ˈjʊərəˌgwaɪ/ *n* Уругвáй.

Uruguayan /ˌjʊərəˈgwaɪən/ *n* уругвá|ец (*fem* -йка).
● *adj* уругвáйский.

us /ʌs/ *obj of* ⇒**we**

US(A) (*abbr of* ***United States of America***) США (*pl, indecl*) (Соединённые Штáты Амéрики).
● *adj* америкáнский; **US Army** америкáнская áрмия, áрмия США.

usable /ˈju:zəb(ə)l/ *adj* примени́мый, (при)гóдный.

usage /ˈju:sɪdʒ/ *n* **1** (*utilization*) употреблéние, испóльзование; пóльзование (**of:** + *i*). **2** (*habitual process*) ýзус (*law, ling*), прáктика, обыкновéние; **in accordance with general** ~ соглáсно общепри́нятой прáктике; **a guide to English** ~ учéбник англи́йского словоупотреблéния.

use[1] /ju:s/ *n* **1** (*utilization*) употреблéние, испóльзование; пóльзование (**of:** + *i*); **the telephone is in** ~ телефóн зáнят; **this book is in constant** ~ э́та кни́га нахóдится в постоя́нном пóльзовании; **make good** ~ **of your time!** испóльзуйте вáше врéмя с пóльзой!; не трáтьте вáше врéмя зря/впустýю (*or* бéз толку)!; **he put his talents to good** ~ он умéло распоряди́лся свои́ми спосóбностями; он нашёл достóйное применéние свои́м спосóбностям; он прáвильно/грáмотно испóльзовал свои́ спосóбности; **a room for the** ~ **of the public** кóмната óбщего пóльзования; **these coins came into** ~ **last year** э́ти монéты вошли́ в обращéние в прóшлом годý.
2 (*purpose; profitable application*) назначéние; применéние; **this tool has many** ~**s** э́тот инструмéнт применя́ется для разли́чных цéлей; **I shall find a** ~ **for it** я найдý э́тому применéние; **I have no further** ~ **for it** мне э́то бóльше не понáдобится.
3 (*value, advantage*) пóльза, толк; **this machine is no longer (of) any** ~ э́та маши́на бóльше ни на что не годи́тся; **will this be of** ~ **to you?** вам э́то пригоди́тся?; **it's no** ~ **grumbling** что тóлку ворчáть?
4 (*power of using*): **he lost the** ~ **of his legs** он утрáтил спосóбность ходи́ть.
5 (*right to use*): **I gave him the** ~ **of my car** я разреши́л емý пóльзоваться моéй маши́ной; **'with** ~ **of kitchen'** с прáвом пóльзования кýхней.
6 (*consumption*) потреблéние, расхóдование.

use[2] /ju:z/ *vt* **1** (*make use of, employ*) употреб|ля́ть, -и́ть; пóльзоваться, вос- + *i*; испóльзовать (*impf, pf*); (*apply*) примен|я́ть, -и́ть; **are you using this knife?** вам сейчáс нýжен э́тот нож?; **oil is** ~**d for frying potatoes** картóфель жáрят на расти́тельном мáсле; ~ **your eyes!** смотри́те как слéдует!; ~ **force** употреб|ля́ть, -и́ть си́лу; ~ **your own discretion!** дéйствуйте по сóбственному разумéнию; **may I** ~ **your name?**

могу́ я на вас сосла́ться?; **a ~d car** подёржанная маши́на.
2 (**~ up:** *consume*) расхо́довать, из-; тра́тить, по-; испо́льзовать (*impf, pf*); изв|оди́ть, -ести́ (*coll*); **the car ~s a lot of petrol** э́та маши́на расхо́дует мно́го бензи́на.
3 (*treat*) обраща́ться (*impf*) с + *i*; об|ходи́ться, -ойти́сь с + *i*.
4 (*exploit*): **I feel as if I have been ~d** я чу́вствую, что меня́ испо́льзовали в чьи́х-то це́лях.

used¹ /ju:st/ *pred adj* **1** (*accustomed*): **get ~ to** прив|ыка́ть, -ы́кнуть к + *d*; **he is ~ to it** он к э́тому привы́к; **he is ~ to dining late** он привы́к обе́дать по́здно. **2** (+ *inf, of habitual situation in the past*): **he ~ to be a teacher** он ра́ньше был учи́телем; **I ~ not to like him** пре́жде он мне не нра́вился; **I ~ to go** я пре́жде (*or* я, быва́ло, ходи́л.)

used² /ju:zd/ *attr adj* **1** (*already having been made use of*): **a ~ envelope** ста́рый/испо́льзованный конве́рт.
2 (*US, second-hand*) подёржанный.

useful /ˈju:sfʊl/ *adj* поле́зный; **make yourself ~!** займи́тесь че́м-нибудь поле́зным!; **he is very ~ about the house** он о́чень мно́го помога́ет по до́му.

usefulness /ˈju:sfʊlnɪs/ *n* по́льза; **this book has outlived its ~** э́та кни́га устаре́ла.

useless /ˈju:slɪs/ *adj* (*worthless*) неприго́дный; (*futile*) бесполе́зный; (*coll, incompetent*): **he is ~ at tennis** он никуды́шный теннисист.

uselessness /ˈju:slɪsnɪs/ *n* неприго́дность; бесполе́зность.

usen't /ˈju:s(ə)nt/ *coll contraction of* **used not** (*see* ⇒**used¹ 2**)

user /ˈju:zə(r)/ *n* (*one who uses*) употребля́ющий; потреби́тель (*m*); (*comput*) по́льзователь (*m*).
● *cpd* **~-friendly** *adj* удо́бный в употребле́нии; (*comput*) дру́жественный.

usher /ˈʌʃə(r)/ *n* (*court etc.*) швейца́р; (*person showing people to seats*) билетёр.
● *vt* (*also* **~ in**) вв|оди́ть, -ести́; **I was ~ed into his presence** меня́ ввели́ к нему́; (*fig*) возве|ща́ть, -сти́ть; **the new year ~ed in many changes** но́вый год принёс с собо́й мно́жество переме́н.

usherette /ˌʌʃəˈret/ *n* билетёрша.

USSR (*abbr of* ***Union of Soviet Socialist Republics***) (*hist*) СССР (*m indecl*) (Сою́з Сове́тских Социалисти́ческих Респу́блик).

usual /ˈju:ʒʊəl/ *adj* обы́чный, обыкнове́нный; **with his ~ alacrity** со сво́йственной ему́ живо́стью; **it is ~ to remove one's hat** шля́пу при́нято снима́ть; **he is late as ~** он, по обыкнове́нию (*or* как всегда́), опа́здывает; **the bus was fuller than ~** авто́бус был перепо́лнен бо́льше обы́чного.

usurer /ˈju:ʒərə(r)/ *n* ростовщи́|к (*fem* -ца).

usurious /jʊˈʒʊərɪəs/ *adj* ростовщи́ческий.

usurp /jʊˈzɜ:p/ *vt* узурпи́ровать (*impf, pf*).

usurpation /ˌju:zəˈpeɪʃ(ə)n/ *n* узурпа́ция.

usurper /jʊˈzɜ:pə(r)/ *n* узурпа́тор.

usury /ˈju:ʒərɪ/ *n* ростовщи́чество.

utensil /ju:ˈtens(ə)l/ *n* инструме́нт; (*in pl, collect*) посу́да, у́тварь.

uteri /ˈju:təˌraɪ/ *pl of* ⇒**uterus**

uterine /ˈju:təˌraɪn, -rɪn/ *adj* ма́точный.

uterus /ˈju:tərəs/ *n* (*pl* **uteri**) (*anat*) ма́тка.

utilitarian /ˌjʊtɪlɪˈteərɪən/ *n* утилитари́ст (*fem* -ка).
● *adj* утилита́рный.

utilitarianism /ˌjʊtɪlɪˈteərɪəˌnɪz(ə)m/ *n* утилитари́зм.

utilit|y /ju:ˈtɪlɪtɪ/ *n* **1** (*usefulness*) поле́зность, практи́чность, вы́годность. **2**: **public ~ies** коммуна́льные услу́ги (*f pl*).
3 (*comput, also* **~y program**) се́рвисная програ́мма, утили́та.
● *cpd* **~y room** *n* кладова́я.

utilization /ˌju:tɪlaɪˈzeɪʃ(ə)n/ *n* испо́льзование; утилиза́ция.

utilize /ˈju:tɪˌlaɪz/ *vt* испо́льзовать (*impf, pf*); утилизи́ровать (*impf, pf*).

utmost /ˈʌtməʊst/, **uttermost** /ˈʌtəˌməʊst/ *nn* преде́л возмо́жного; **he did his ~ to avoid defeat** он сде́лал всё возмо́жное, что́бы избежа́ть пораже́ния.
● *adjs* кра́йний; преде́льный.

Utopia /ju:ˈtəʊprə/ *n* уто́пия.

Utopian /ju:ˈtəʊpɪən/ *adj* утопи́ческий.

utter¹ /ˈʌtə(r)/ *adj* по́лный, абсолю́тный, соверше́нный; **~ darkness** абсолю́тная темнота́; **an ~ scoundrel** отъя́вленный негодя́й.

utter² /ˈʌtə(r)/ *vt* (*sound, cry*) изд|ава́ть, -а́ть; (*words*) произн|оси́ть, -ести́, выгова́ривать, вы́говорить; **she ~ed a moan** она́ издала́ стон; **he could not ~ a word** он не мог произнести́/вы́говорить ни сло́ва.

utterance /ˈʌtərəns/ *n* **1** (*diction, speech*) произноше́ние, ди́кция; **defective ~** дефе́кт ре́чи.
2 (*expression*) выраже́ние; **he gave ~ to his anger** он вы́разил свой гнев.
3 (*pronouncement*) выска́зывание.

utterly /ˈʌtəlɪ/ *adv* соверше́нно.

uttermost /ˈʌtəˌməʊst/ = **utmost**

UV (*abbr of* ***ultraviolet***) ультрафиоле́товый.

uvula /ˈju:vjʊlə/ *n* (*pl* **uvulae** /-li:/) язычо́к.

uvular /ˈju:vjʊlə(r)/ *adj* (*anat*) язычко́вый; (*phonetics*): **~ 'r'** увуля́рное «р».

Uzbek /ˈʊzbek/ *n* (*person*) узбе́|к (*fem* -чка); (*language*) узбе́кский язы́к.
● *adj* узбе́кский.

Uzbekistan /ˌʊzbekɪˈstɑ:n/ *n* Узбекиста́н.

V[1] /vi:/ *n*: **~-1** ракéта Фáу-1; **~-2** ракéта Фáу-2.
● *cpd* **~-neck** *n* & *adj* вы́рез мы́сиком; вы́рез в ви́де бу́квы «V»; **~-neck sweater** сви́тер с вы́резом в ви́де бу́квы «V».

V[2] *abbr of* ***volt(s)*** /vɒlt(s), vəʊlt(s)/ В (вольт).

v *abbr of* ***versus*** /'vɜ:səs/ прóтив; **England ~ France** (*sport*) Áнглия прóтив Фрáнции; комáнда Áнглии прóтив комáнды Фрáнции.

vac /væk/ (*Br coll*) = **vacation** *n* **2**

vacanc|y /'veɪkənsɪ/ *n* (*job*) вакáнсия; (*place on course etc.*) мéсто; (*room*): **no ~ies** (свобóдных) кóмнат нет, «мест нет».

vacant /'veɪkənt/ *adj* **1** (*empty*) пустóй. **2** (*unoccupied*) незáнятый, свобóдный; **a ~ chair** свобóдный стул; **a ~ post** вакáнтная дóлжность, вакáнсия. **3** (*of mind, expression, etc.*) отсу́тствующий.

vacate /və'keɪt, veɪ-/ *vt* освобо|ждáть, -ди́ть; **he ~d his chair** он встал со сту́ла; **the flat had been ~d** жильцы́ съéхали с кварти́ры (*or* освободи́ли кварти́ру); **he will ~ the post in May** он уйдёт с дóлжности в мáе.

vacation /və'keɪʃ(ə)n/ *n* **1** (*leaving empty*) освобождéние. **2** (*at university, courts, etc.*) кани́кул|ы (*pl*, *g* —); **long ~** лéтние кани́кулы. **3** (*US*, *holiday*) óтпуск, óтдых; **when will you take your ~?** когдá вы идёте в óтпуск?; **on ~** в óтпуске, (*coll*) в отпуску́.

vaccinate /'væksɪ,neɪt/ *vt* дéлать, с- приви́вку + *d*; (**against:** от + *g*); вакцини́ровать (*impf*, *pf*); **~ s.o. against smallpox** дéлать с- приви́вку комý-н. от óспы, прив|ивáть, -и́ть óспу комý-н.; **have you been ~d?** вам сдéлали приви́вку?

vaccination /,væksɪ'neɪʃ(ə)n/ *n* приви́вка; **~ mark** óспа, óспина.

vaccine /'væksi:n/ *n* вакци́на.

vacillate /'væsɪ,leɪt/ *vi* колебáться (*impf*).

vacillation /,væsɪ'leɪʃ(ə)n/ *n* колебáние.

vacua /'vækjʊə/ *pl of* **⇒vacuum**

vacuity /və'kju:ɪtɪ/ *n* пустотá.

vacuous /'vækjʊəs/ *adj* пустóй.

vacuum /'vækjʊəm/ *n* (*pl* **vacuums** *or* **vacua**) **1** (*empty or airless place*) вáкуум; безвозду́шное прострáнство; (*fig*) пустотá; **~ flask** (*Br*) тéрмос. **2** (*coll*; *in full* **~ cleaner**) пылесóс.
● *vt* & *i* (*clean with ~ cleaner*; *also* **~-clean**) пылесóсить, про-.

vagabond /'vægə,bɒnd/ *n* (*vagrant*) бродя́га (*cg*), скитáлец.

vagary /'veɪgərɪ/ *n* причу́да, капри́з.

vagina /və'dʒaɪnə/ *n* (*pl* **vaginas** *or* **vaginae** /-ni:/) влагáлище.

vaginal /və'dʒaɪn(ə)l/ *adj* вагинáльный, влагáлищный.

vagrancy /'veɪgrənsɪ/ *n* бродя́жничество.

vagrant /'veɪgrənt/ *n* бродя́га (*cg*).
● *adj* бродя́чий.

vague /veɪg/ *adj* неопределённый, сму́тный, неясный; **a ~ resemblance** отдалённое схóдство; **~ rumours** сму́тные слу́хи; **he was rather ~ about his plans** он был весьмá уклóнчив относи́тельно свои́х плáнов; **I haven't the ~st idea** я не имéю ни малéйшего поня́тия/представлéния.

vagueness /'veɪgnɪs/ *n* неопределённость, сму́тность, неясность.

vain /veɪn/ *adj* **1** (*unavailing*; *fruitless*) тщéтный, напрáсный; **a ~ attempt** тщéтная попы́тка; **~ hopes** напрáсные надéжды; **they tried in ~ to get a seat** они́ безуспéшно пытáлись найти́ мéсто. **2** (*empty*) пустóй; **~ boasts** пустáя похвальбá; **take God's name in ~** всу́е употреб|ля́ть, -и́ть и́мя Госпóдне. **3** (*conceited*) тщеслáвный.
● *cpds* **~glorious** *adj* тщеслáвный; **~glory** *n* тщеслáвие.

val|ance /'væləns/, **-ence** /'veɪləns/ *n* (*curtain, frill*) подзóр, обóрка, сбóрка.

vale /veɪl/ *n* (*poetical*) доли́на, дол (*obs*).

valediction /,vælɪ'dɪkʃ(ə)n/ *n* прощáние.

valedictory /,vælɪ'dɪktərɪ/ *adj* прощáльный; (*US*, *as n*) речь на шкóльном вы́пуске.

valence[1] /'veɪləns/ = **valance**

valenc|e[2] /'veɪləns/, **-y** /'veɪlənsɪ/ (*Br*) *nn* (*chem*) валéнтность.

valentine /'vælən,taɪn/ *n* (*missive*) валенти́нка, (аноми́мное) любóвное послáние в день святóго Валенти́на.

valerian /və'lɪərɪən/ *n* (*bot*) валериáна; **~ drops** валериáновые кáпли, валерья́нка (*coll*).

valet /'vælɪt, -leɪ/ *n* камерди́нер, слугá (*m*).
● *vt* (**valeted, valeting**) служи́ть (*impf*) камерди́нером у + *g*.

valiant /'væljənt/ *adj* дóблестный, хрáбрый; (*of effort*) герои́ческий.

valid /'vælɪd/ *adj* **1** (*sound*) вéский, обоснóванный; **~ objections** убеди́тельные возражéния; **~ reasons** вéские дóводы. **2** (*law*) действи́тельный; **a ~ claim** закóнная претéнзия; **a ticket ~ for 3 months** билéт, действи́тельный в течéние трёх мéсяцев.

validate /'vælɪ,deɪt/ *vt* утвер|ждáть, -ди́ть; подтвер|ждáть, -ди́ть.

validation /,vælɪ'deɪʃ(ə)n/ *n* утверждéние, подтверждéние.

validity /və'lɪdɪtɪ/ *n* закóнность, вéскость; **the ~ of his argument** вéскость егó дóвода.

valise /və'li:z/ *n* (*US*) саквоя́ж, чемодáн.

valley /'vælɪ/ *n* (*pl* **~s**) доли́на.

valor /'vælə(r)/ (*US*) = **valour**

valorous /'vælərəs/ *adj* дóблестный.

valour /'vælə(r)/ (*US* **valor**) *n* дóблесть.

valuable /'væljʊəb(ə)l/ *n* (*usu in pl*) цéнности (*f pl*).
● *adj* цéнный, полéзный, вáжный.

valuation /,væljʊ'eɪʃ(ə)n/ *n* оцéнка; определéние стóимости; (*worth estimated*) цéнность.

value /'vælju:/ *n* **1** (*worth*; *advantageousness*) цéнность, вáжность; **the ~ of exercise** пóльза физи́ческих упражнéний; **his advice was of great ~** егó совéт óчень пригоди́лся; **he sets a high ~ on his time** он дóрого цéнит своё врéмя.
2 (*in money etc.*) цéнность, стóимость; **the ~ of the pound** покупáтельная спосóбность фу́нта; **property is rising in ~** недви́жимое иму́щество поднимáется в ценé; **the book is good ~ for money** (*Br*) э́та кни́га — вы́годная покýпка; **~ added tax** нáлог на добáвленную стóимость.
3 (*mus*) дли́тельность нóты; **give each note its full ~** да|вáть, -ть кáждой нóте прозвучáть пóлностью.
4 (*denomination of coin, card, etc.*) достóинство.
5 (*math*) величинá.
6 (*in pl*, *standards*) (*духовные и т. п.*) цéнности (*f pl*).
● *vt* (**values, valued, valuing**)
1 (*estimate ~ of*) оцéн|ивать, -и́ть; **the house was ~d at £90,000** дом оцени́ли в 90 000 фу́нтов.
2 (*regard highly*) дорожи́ть (*impf*) + *i*; цени́ть (*impf*); **I ~ my leisure time** я ценю́ свой досу́г; **a ~d colleague** цéнный коллéга.

valueless /ˈvæljʊlɪs/ *adj* ничего́ не сто́ящий; бесполе́зный; **a ~ promise** пусто́е обеща́ние.

valuer /ˈvæljʊə(r)/ *n* (*Br*) оце́нщик.

valve /vælv/ *n* (*tech*) кла́пан, ве́нтиль (*m*); (*anat, mus*) кла́пан; (*Br, radio*) электро́нная ла́мпа.

valvular /ˈvælvjʊlə(r)/ *adj* кла́пановый; **~ defect** поро́к кла́панов (се́рдца).

vamoose /vəˈmu:s/ *vi* (*US sl*) см|ыва́ться, -ы́ться.

vamp¹ /væmp/ *n* (*part of shoe*) передо́к (боти́нка).
● *vt*: **~ up** (*fig, renovate*; *improvise*) мастери́ть, с- на ско́рую ру́ку.

vamp² /væmp/ *n* (*coll, seductress*) (же́нщина-)ва́мп; сире́на.

vampire /ˈvæmpaɪə(r)/ *n* **1** (*reanimated corpse*) вампи́р, вурдала́к, упы́рь (*m*); (*fig, person preying on others*) вампи́р, кровопи́йца (*cg*). **2** (*also* **~ bat**) (*zool*) вампи́р.

van¹ /væn/ *n* **1** (*motor vehicle*) (авто)фурго́н; **furniture ~** ме́бельный фурго́н. **2** (*Br, railway truck*) бага́жный ваго́н.
● *cpd* **~ driver** *n* води́тель (*m*) фурго́на.

van² /væn/ *n* = **vanguard**

vanadium /vəˈneɪdɪəm/ *n* вана́дий.

vandal /ˈvænd(ə)l/ *n* **1** ванда́л; (*attr*) вандали́стский. **2** (**V~**) (*hist*) ванда́л; (*attr*) ванда́льский.

vandalism /ˈvændəˌlɪz(ə)m/ *n* вандали́зм.

vandalistic /ˌvændəˈlɪstɪk/ *adj* вандали́стский.

vandalize /ˈvændəˌlaɪz/ *vt* разр|уша́ть, -у́шить.

vane /veɪn/ *n* (*weathercock*) флю́гер; (*of windmill*) крыло́; (*of propeller, turbine*) ло́пасть.

vanguard /ˈvæŋgɑ:d/ *n* (*group of people leading way in new developments*) аванга́рд, передово́й отря́д; (*forefront of new developments*) аванга́рд; (*mil*) головно́й/передово́й отря́д, аванга́рд.

vanilla /vəˈnɪlə/ *n* вани́ль; (*attr*) вани́льный.

vanillin /vəˈnɪlɪn/ *n* (*chem*) ванили́н.

vanish /ˈvænɪʃ/ *vi* исч|еза́ть, -е́знуть; проп|ада́ть, -а́сть; **~ing point** то́чка схо́да паралле́льных ли́ний (*в перспективе*); **his hopes of success ~ed** его́ наде́жды на успе́х улету́чились.

vanity /ˈvænɪtɪ/ *n* **1** (*conceit*) тщесла́вие; **~ bag** (су́мочка-)космети́чка; **~ case** чемода́нчик-космети́чка; бью́ти-ке́йс; **~ unit** шка́фчик под мо́йку. **2** (*fruitlessness*; *uselessness*) тще́тность; **~ of vanities** суета́ сует.

vanquish /ˈvæŋkwɪʃ/ *vt* побе|жда́ть, -ди́ть; покор|я́ть, -и́ть.

vantage /ˈvɑ:ntɪdʒ/ *n* преиму́щество.
● *cpd* **~ point** *n* вы́годная пози́ция.

vapid /ˈvæpɪd/ *adj* (*fig*) пло́ский, пре́сный; **~ conversation** пусто́й/бессодержа́тельный разгово́р.

vapor /ˈveɪpə(r)/ (*US*) = **vapour**

vaporization /ˌveɪpəraɪˈzeɪʃ(ə)n/ *n* испаре́ние, парообразова́ние.

vaporize /ˈveɪpəˌraɪz/ *vt* & *i* испар|я́ть(ся), -и́ть(ся).

vaporous /ˈveɪpərəs/ *adj* (*lit, fig*) тума́нный; (*filmy*) прозра́чный.

vapour /ˈveɪpə(r)/ (*US* **vapor**) *n* **1** (*steam*) пар; **~ bath** парова́я ба́ня/ва́нна. **2** (*mist*) тума́н. **3** (*gaseous manifestation*) испаре́ние; **~ trail** инверсио́нный след.

variability /ˌveərɪəˈbɪlɪtɪ/ *n* изме́нчивость, непостоя́нство.

variable /ˈveərɪəb(ə)l/ *n* (*math*) переме́нная (величина́).
● *adj* изме́нчивый, непостоя́нный; **~ winds** ве́тры переме́нных направле́ний; **~ standards** меня́ющиеся крите́рии.

variance /ˈveərɪəns/ *n* измене́ние; расхожде́ние; **this is at ~ with what we heard** э́то противоре́чит тому́, что мы слы́шали; **they were at ~** они́ спо́рили.

variant /ˈveərɪənt/ *n* вариа́нт.
● *adj* **1** (*different*; *alternative*) разли́чный; ино́й. **2** (*changing*) переме́нчивый.

variation /ˌveərɪˈeɪʃ(ə)n/ *n* **1** (*fluctuation*) измене́ние; колеба́ние; **~s of temperature** колеба́ния (*nt pl*) температу́ры. **2** (*divergence*) отклоне́ние; **~ from the norm** отклоне́ние от но́рмы. **3** (*variant*; *also mus*) вариа́ция; **~s on a theme** вариа́ции на те́му.

varicoloured /ˈveərɪˌkʌləd/ (*US* **varicolored**) *adj* разноцве́тный.

varicose /ˈværɪˌkəʊs/ *adj* варико́зный; **~ veins** варико́зные ве́ны.

varied /ˈveərɪd/ *adj* разнообра́зный, разли́чный.

variegated /ˈveərɪˌgeɪtɪd, -rɪəˌgeɪtɪd/ *adj* разноцве́тный, пёстрый.

variety /vəˈraɪətɪ/ *n* **1** (*diversity*; *many-sidedness*) разнообра́зие; **~ is the spice of life** пре́лесть жи́зни в (её) разнообра́зии. **2** (*number of different things*) ряд; мно́жество; **for a ~ of reasons** по це́лому ря́ду соображе́ний, по ря́ду причи́н. **3** (**~ entertainment**) варьете́ (*indecl*); **~ artist** эстра́дн|ый арти́ст (*fem* -ая -ка); **~ show** эстра́дное представле́ние. **4** (*type, sort*) разнови́дность, вид, сорт.

varifocals /ˈveərɪˌfəʊk(ə)lz/ *n pl* (*spectacles*) очк|и́ (*pl, g* -о́в) с переме́нным фо́кусным расстоя́нием.

various /ˈveərɪəs/ *adj* **1** (*diverse*) разли́чный, ра́зный, разнообра́зный. **2** (*with pl, several*) мно́гие (*pl*); ра́зные (*pl*); **at ~ times** в ра́зное вре́мя.

varnish /ˈvɑ:nɪʃ/ *n* лак; (*fig*) лоск.
● *vt* лакирова́ть, от-, покр|ыва́ть, -ы́ть ла́ком.

varsity /ˈvɑ:sɪtɪ/ **1** (*Br coll*) = **university**. **2** (*US, college or high school sports team*) студе́нческая/шко́льная спорти́вная кома́нда.

var|y /ˈveərɪ/ *vt* меня́ть (*impf*); измен|я́ть, -и́ть; разнообра́зить (*impf*).
● *vi* **1** (*change*) меня́ться (*impf*); **the menu never ~ies** меню́ никогда́ не меня́ется. **2** (*differ*) ра|сходи́ться, -зойти́сь; отлич|а́ться, -и́ться; **opinions ~y** мне́ния расхо́дятся; **with ~ying success** с переме́нным успе́хом.

vascular /ˈvæskjʊlə(r)/ *adj* сосу́дистый.

vase /vɑ:z/ *n* ва́за.

vasectomy /vəˈsektəmɪ/ *n* вазэктоми́я.

Vaseline /ˈvæsɪˌli:n/ *n* (*propr*) вазели́н.

vassal /ˈvæs(ə)l/ *n* васса́л; (*attr*) васса́льный.

vast /vɑ:st/ *adj* обши́рный; грома́дный, огро́мный; (*grandiose*) грандио́зный; **~ plains** необозри́мые равни́ны.

vastly /ˈvɑ:stlɪ/ *adv* о́чень, кра́йне.

vastness /ˈvɑ:stnɪs/ *n* ширь; огро́мность; грандио́зность.

VAT /ˌvi:eɪˈti:, væt/ *n* (*Br, abbr of* ***value added tax***) НДС (нало́г на доба́вленную сто́имость).

vat /væt/ *n* бо́чка, чан.

Vatican /ˈvætɪkən/ *n* Ватика́н.
● *adj* ватика́нский.

vaudeville /ˈvɔ:dəvɪl, ˈvəʊ-/ *n* водеви́ль (*m*).

vault¹ /vɔ:lt, vɒlt/ *n* **1** (*arched roof*) свод; (*fig*): **the ~ of heaven** небосво́д. **2** (*underground room or chamber*) подва́л, по́греб; (*of a bank*) храни́лище; **family ~** (*tomb*) фами́льный склеп.

vault² /vɔ:lt, vɒlt/ *n* (*leap*) прыжо́к, скачо́к.
● *vt* & *i* перепры́г|ивать, -нуть; **he ~ed (over) the fence** он перепры́гнул че́рез забо́р; **~ing horse** гимнасти́ческий конь.

vaulted /ˈvɔ:ltɪd, ˈvɒltɪd/ *adj* сво́дчатый.

vaunt /vɔ:nt/ *vt* & *i* хва́стать(ся), по-; похваля́ться (*impf*) (+ *i*); **much ~ed** восхваля́емый.

VC = **Victoria Cross**

VCR (*abbr of* ***video cassette recorder***) видеомагнитофо́н.

VD (*abbr of* ***venereal disease***) венери́ческая боле́знь.

VDU (*abbr of* ***visual display unit***) (*Br*) диспле́й.

VE (*abbr of* ***Victory in Europe***): **~ day** День Побе́ды в Евро́пе (*8 мая*).

veal /vi:l/ *n* теля́тина.

vector /ˈvektə(r)/ *n* (*math*) ве́ктор; (*of disease*) перено́счик/носи́тель (*m*) инфе́кции; (*aeron*) курс.

veer /vɪə(r)/ *vi* измен|я́ть, -и́ть направле́ние; пов|ора́чивать(ся), -ерну́ть(ся); **the wind is ~ing (round)** ве́тер меня́ется; (*fig*) измен|я́ть, -и́ть курс; измен|я́ться, -и́ться; **public opinion is ~ing in his favour** обще́ственное мне́ние меня́ется в его́ по́льзу; **~ to the left** (*pol*) леве́ть, по-; **~ to the right** праве́ть, по-.

veg /vedʒ/ *n* (*pl* **~**) (*Br coll*) о́вощ; о́вощи.

vegan /ˈvi:gən/ *n* стро́гий вегетариа́нец; (*attr*) стро́го вегетариа́нский.

veganism /ˈvi:gənɪz(ə)m/ *n* стро́гое вегетариа́нство.

vegetable /ˈvedʒɪtəb(ə)l, ˈvedʒtəb(ə)l/ *n* о́вощ; **green ~s** зе́лень, о́вощи.

● *adj* овощно́й; **the ~ kingdom** расти́тельное ца́рство; **~ oils** расти́тельные масла́; **~ marrow** (*Br*) кабачо́к.

vegetarian /ˌvedʒɪˈteərɪən/ *n* вегетариа́н|ец (*fem* -ка); (*attr*) вегетариа́нский.

vegetarianism /ˌvedʒɪˈteərɪəˌnɪz(ə)m/ *n* вегетариа́нство.

vegetate /ˈvedʒɪˌteɪt/ *vi* (*lit*) расти́; (*impf*); (*fig*) прозяба́ть (*impf*), вести́ (*impf*) расти́тельный о́браз жи́зни.

vegetation /ˌvedʒɪˈteɪʃ(ə)n/ *n* (*plant life*) расти́тельность.

vegetative /ˈvedʒɪtətɪv/ *adj* расти́тельный; (*bot*) вегетацио́нный.

veggie burger /ˈvedʒɪ ˌbɜːgə(r)/ *n* вегетариа́нская котле́та.

vehemence /ˈviːəməns/ *n* си́ла, я́рость.

vehement /ˈviːəmənt/ *adj* си́льный, я́ростный.

vehicle /ˈviːɪk(ə)l, ˈvɪək(ə)l/ *n* **1** (*conveyance*) тра́нспортное сре́дство; **space ~** косми́ческий кора́бль. **2** (*fig*) проводни́к; сре́дство распростране́ния/переда́чи.

vehicular /vɪˈhɪkjʊlə(r)/ *adj* перево́зочный; **~ access** до́ступ для тра́нспорта; **~ traffic** движе́ние автотра́нспорта.

veil /veɪl/ *n* вуа́ль; **she took the ~** (*fig*) она́ постри́глась в мона́хини; **let us draw a ~ over the consequences** обойдём молча́нием после́дствия; **under a ~ of secrecy** под покро́вом та́йны.

● *vt* (*lit, fig*) вуали́ровать, за-; **~ed threat** скры́тая угро́за.

vein /veɪn/ *n* **1** (*anat*) ве́на, жи́ла. **2** (*of leaf*) (про)жи́лка; (*of insect's wing*) прожи́лка. **3** (*streak in wood, marble, etc.*) (про)жи́лка; (*fissure in rock*) жи́ла. **4** (*mood*) настрое́ние, расположе́ние; **he was in humorous** (*Br*), **humorous** (*US*) **~** он был в игри́вом настрое́нии; **in the same ~** в то́м же ду́хе/то́не/сти́ле.

veined /veɪnd/ *adj*: **her hands were ~** у неё ве́ны/жи́лы выступа́ли на рука́х; **~ marble** мра́мор в прожи́лках.

velar /ˈviːlə(r)/ *adj* задненёбный, веля́рный.

Velcro /ˈvelkrəʊ/ *n* (*propr*): **~ fastener** застёжка «велкро́», липу́чка.

veld(t) /velt/ *n* вельд (*степь в южной Африке*).

vellum /ˈveləm/ *n* то́нкий перга́мент; **~ paper** веле́невая бума́га.

velocity /vɪˈlɒsɪtɪ/ *n* ско́рость; быстрота́.

velodrome /ˈveləˌdrəʊm/ *n* велодро́м.

velour(s) /vəˈlʊə(r)/ *n* велю́р.

velvet /ˈvelvɪt/ *n* ба́рхат; **a ~ dress** ба́рхатное пла́тье.

velveteen /ˌvelvɪˈtiːn/ *n* вельве́т.

velvety /ˈvelvɪtɪ/ *adj* ба́рхатный, бархати́стый.

venal /ˈviːn(ə)l/ *adj* прода́жный, подку́пный.

venality /ˌviːˈnælɪtɪ/ *n* прода́жность, подку́пность.

vendetta /venˈdetə/ *n* венде́тта.

vending machine /ˈvendɪŋ/ *n* (торго́вый) автома́т (*по продаже сигарет, напитков и т. п.*).

vendor /ˈvendə(r), -dɔː(r)/ *n* продав|е́ц (*fem* -щи́ца).

veneer /vɪˈnɪə(r)/ *n* шпон, фане́ра; (*fig*) вне́шний лоск; **a ~ of politeness** показна́я ве́жливость.

● *vt* облиц|о́вывать, -ева́ть фане́рой; фанерова́ть (*impf, pf*); **~ed with walnut** отде́ланный под оре́х; фанеро́ванный оре́хом.

venerable /ˈvenərəb(ə)l/ *adj* **1** (*revered*) почте́нный; **~ ruins** дре́вние/свяще́нные разва́лины. **2**: **V~** (*as title*) преподо́бный.

venerate /ˈvenəˌreɪt/ *vt* чтить (*impf*); почита́ть (*impf*); благогове́ть (*impf*) пе́ред + *i*.

veneration /ˌvenəˈreɪʃ(ə)n/ *n* почте́ние, благогове́ние.

venereal /vɪˈnɪərɪəl/ *adj* венери́ческий; **~ disease** венери́ческая боле́знь.

Venetian /vɪˈniːʃ(ə)n/ *n* венециа́н|ец (*fem* -ка).

● *adj* венециа́нский; **~ blinds** жалюзи́ (*pl indecl*).

Venezuela /ˌvenɪˈzweɪlə/ *n* Венесуэ́ла.

Venezuelan /ˌvenɪˈzweɪlən/ *n* венесуэ́л|ец (*fem* -ка).

● *adj* венесуэ́льский.

vengeance /ˈvendʒ(ə)ns/ *n* **1** месть; отмще́ние (*bibl*); **he sought ~ for the wrong done him** он хоте́л отомсти́ть за причинённую ему́ оби́ду/несправедли́вость; **he swore to take ~ on me** он покля́лся отомсти́ть мне. **2**: **with a ~** (*coll, in a high degree*) вовсю́, с лихво́й.

vengeful /ˈvendʒfʊl/ *adj* мсти́тельный.

venial /ˈviːnɪəl/ *adj* прости́тельный.

Venice /ˈvenɪs/ *n* Вене́ция.

venison /ˈvenɪs(ə)n, -z(ə)n/ *n* олени́на.

venom /ˈvenəm/ *n* яд; (*fig*) яд, зло́ба.

venomous /ˈvenəməs/ *adj* ядови́тый; (*fig*) ядови́тый, зло́бный.

vent /vent/ *n* **1** (*opening*) выходно́е отве́рстие; (*flue*) дымохо́д; (*in jacket*) разре́з. **2** (*of animal*) за́дний прохо́д. **3** (*fig, outlet*) вы́ход; выраже́ние; отду́шина; **he gave ~ to his feelings** он дал во́лю свои́м чу́вствам.

● *vt* (*fig*) изл|ива́ть, -и́ть; да|ва́ть, -ть вы́ход + *d*; **he ~ed his ill temper on his secretary** он сорва́л своё дурно́е настрое́ние на секретаре́.

ventilate /ˈventɪˌleɪt/ *vt* прове́три|вать, -ть; вентили́ровать, про-; (*fig*) обсу|жда́ть, -ди́ть.

ventilation /ˌventɪˈleɪʃ(ə)n/ *n* **1** вентиля́ция; **~ shaft** вентиляцио́нная ша́хта. **2** (*fig*) (публи́чное) обсужде́ние.

ventilator /ˈventɪˌleɪtə(r)/ *n* вентиля́тор (*also med*).

ventricle /ˈventrɪk(ə)l/ *n* желу́дочек (се́рдца/мо́зга).

ventriloquism /venˈtrɪləˌkwɪz(ə)m/ *n* чревовеща́ние.

ventriloquist /venˈtrɪləˌkwɪst/ *n* чревовеща́тель (*m*).

venture /ˈventʃə(r)/ *n* **1** (*risky undertaking*) риско́ванное предприя́тие. **2** (*business enterprise*) (комме́рческое) предприя́тие; **joint ~** совме́стное придприя́тие.

● *vt* (*risk, bet*) риск|ова́ть, -ну́ть + *i*; ста́вить, по- на ка́рту; **I will ~ £50** я поста́влю 50 фу́нтов.

● *vi* (*dare*) осме́ли|ваться, -ться; отва́ж|иваться, -ться; **I ~ to suggest** осме́люсь предложи́ть; **don't ~ too near the edge** не подходи́те сли́шком бли́зко к краю́; **nothing ~d, nothing gained** ≈ волко́в боя́ться — в лес не ходи́ть.

● *cpd* **~ capital** *n* (*fin*) ве́нчурный капита́л.

venturesome /ˈventʃəsəm/ *adj* (*daring*) предприи́мчивый; (*risky*) риско́ванный.

venue /ˈvenjuː/ *n* ме́сто (проведе́ния) (*концерта/соревнований*).

Venus /ˈviːnəs/ *n* (*myth, astron*) Вене́ра.

veracious /vəˈreɪʃəs/ *adj* (*person*) правди́вый; (*information*) правди́вый, достове́рный.

veracity /vəˈræsɪtɪ/ *n* правди́вость; достове́рность.

veranda(h) /vəˈrændə/ *n* вера́нда.

verb /vɜːb/ *n* глаго́л.

verbal /ˈvɜːb(ə)l/ *adj* **1** (*of or in words*) слове́сный; **~ subtleties** то́нкости языка́/словоупотребле́ния. **2** (*oral*) у́стный; **~ly** (то́лько) на слова́х. **3** (*gram*) (*features*) глаго́льный; (*formed from verb*) отглаго́льный; **~ noun** отглаго́льное существи́тельное.

verbalize /ˈvɜːbəˌlaɪz/ *vt* (*put into words*) выража́ть, вы́разить слова́ми.

verbatim /vɜːˈbeɪtɪm/ *adv* досло́вно; сло́во в сло́во.

verbena /vɜːˈbiːnə/ *n* (*bot*) вербе́на.

verbiage /ˈvɜːbɪɪdʒ/ *n* многосло́вие; пустосло́вие.

verbose /vɜːˈbəʊs/ *adj* многосло́вный.

verbos|eness /vɜːˈbəʊsnɪs/, **-ity** /vɜːˈbɒsɪtɪ/ *nn* многосло́вие.

verdant /ˈvɜːd(ə)nt/ *adj* (*literary*) зелёный, зелене́ющий.

verdict /ˈvɜːdɪkt/ *n* (*law*) верди́кт; **the jury brought in a ~ of guilty** суд прися́жных вы́нес обвини́тельный пригово́р; **... a ~ of not guilty ...** оправда́тельный пригово́р; (*fig, decision, judgement*) заключе́ние, пригово́р; **what's the ~?** како́в пригово́р?; **the popular ~** обще́ственное мне́ние.

verdigris /ˈvɜːdɪgrɪs, -ˌgriːs/ *n* (*encrustation, patina*) па́тина; (*естественный зеленовато-голубоватый налёт на меди и её сплавах*); (*paint*) ярь-медя́нка.

verdure /ˈvɜːdjə(r)/ *n* зе́лень (*листва деревьев и т. п.; цвет*).

verge /vɜːdʒ/ *n* край; (*Br, of road*) обо́чина; (*fig*): **on the ~ of destruction** на краю́ ги́бели; **on the ~ of tears** на гра́ни слёз; **he was on the ~ of betraying his secret** он чуть не вы́дал свою́ та́йну.

● *vi*: **it ~s on madness** э́то грани́чит с безу́мием.

verger /ˈvɜːdʒə(r)/ *n* (*church official*) ≈ дьячо́к.

verifiable /'verɪ,faɪəb(ə)l/ *adj* поддающийся проверке.
verification /,verɪfɪ'keɪʃ(ə)n/ *n* проверка, подтверждение.
verify /'verɪ,faɪ/ *vt* (*check accuracy of*) пров|ерять, -ерить; (*bear out, confirm*) подтвер|ждать, -дить.
verily /'verɪlɪ/ *adv* (*archaic*) истинно, поистине.
verisimilitude /,verɪsɪ'mɪlɪ,tju:d/ *n* правдоподобие.
veritable /'verɪtəb(ə)l/ *adj* настоящий, сущий.
verit|y /'verɪtɪ/ *n* истина; **eternal ~ies** вечные истины.
vermicelli /,və:mɪ'selɪ, -'tʃelɪ/ *n* вермишель.
vermiform /'və:mɪ,fɔ:m/ *adj*: **~ appendix** (*anat*) червеобразный отросток, аппендикс.
vermilion /və'mɪljən/ *n* (*pigment*; *colour*) вермильон, киноварь.
● *adj* ярко-красный; алый.
vermin /'və:mɪn/ *n* **1** (*rats, foxes, etc.*) вредители (*m pl*) (*в т. ч. хищники*). **2** (*parasitic insects*) паразиты (*m pl*). **3** (*fig, obnoxious persons*) паразиты (*m pl*).
verminous /və:'mɪvərəs/ *adj* **1** (*infested with vermin*) кишащий паразитами; (*full of lice*) вшивый. **2** (*fig, obnoxious*) отвратительный.
vermouth /'və:məθ, və'mu:θ/ *n* вермут.
vernacular /və'nækjʊlə(r)/ *n* **1** (*local language*) исконный язык; **Latin gave place to the ~** латынь уступила место исконным языкам. **2** (*dialect*) диалект; наречие. **3** (*jargon*) жаргон, арго (*indecl*). **4** (*colloquial speech*) просторечие.
● *adj* исконный, местный; просторечный.
vernal /'və:n(ə)l/ *adj* весенний; (*poetical*) вешний.
veronica /və'rɒnɪkə/ *n* (*bot*) вероника.
Versailles /veə'saɪ/ *n* Версаль (*m*); **Treaty of ~** Версальский (мирный) договор.
versatile /'və:sə,taɪl/ *adj* (*person*) разносторонний; (*device*) универсальный.
versatility /,və:sə'tɪlɪtɪ/ *n* разносторонность; универсальность.
verse /və:s/ *n* **1** (*line of ~*) строка. **2** (*stanza of poem, song*) строфа. **3** (*of Bible*) стих. **4** (*in sg or pl, poems*) стихи (*m pl*); стихотворения (*nt pl*); **blank ~** белые стихи; **prose and ~** проза и поэзия; **he wrote in ~** он писал в стихах.
versed /və:st/ *adj* (*well informed*) сведущий (**in:** в + *p*); (*skilful*) искушённый.
versification /,və:sɪfɪ'keɪʃ(ə)n/ *n* стихосложение.
versify /'və:sɪ,faɪ/ *vt* перел|агать, -ожить в стихи.
version /'və:ʃ(ə)n/ *n* **1** (*individual account*) версия, рассказ; **according to his ~** по его словам. **2** (*translation*) перевод; **an English ~ of the Bible** Библия в английском переводе (*or* на английском языке). **3** (*form or variant of text etc.*) вариант, текст; **original ~** подлинник; **the Russian ~ is authentic** русский текст аутентичен; (*adaptation*) переложение, переделка; **silent ~** (*cin*) немой вариант; **screen ~** экранизация; **stage ~** инсценировка. **4** (*comput*) версия.
verso /'və:səʊ/ *n* (*pl* **~s**) (*of coin*) оборотная сторона; (*left-hand page*) левая страница; (*back of document*) оборот листа.
verst /və:st/ *n* (*Russian measure of length*, = *1.0668 km or ≈ 0.66 mile*) верста.
versus /'və:səs/ *prep* **1** (*law*) против + *g*. **2** (*sport*) против; **Arsenal ~ Chelsea** «Арсенал» против «Челси»; матч «Арсенал» — «Челси». **3** (*compared or contrasted with*) в сравнении с + *i*.
vertebra /'və:tɪbrə/ *n* (*pl* **vertebrae** /-,breɪ, -,bri:/) позвонок.
vertebrate /'və:tɪbrət, -,breɪt/ *n* позвоночное (животное).
● *adj* позвоночный.
vertex /'və:teks/ *n* (*pl* **vertices** *or* **vertexes**) (*top, apex*) вершина; (*of the head*) темя (*nt*).
vertical /'və:tɪk(ə)l/ *n* (*line*) вертикаль; **the ~** перпендикуляр.
● *adj* вертикальный, перпендикулярный; **a ~ cliff** отвесный утёс.
vertices /'və:tɪ,si:z/ *pl of* ⇒**vertex**
vertiginous /və'tɪdʒɪnəs/ *adj* головокружительный.
vertigo /'və:tɪ,gəʊ/ *n* головокружение.
verve /və:v/ *n* живость, энергия; огонёк.
very /'verɪ/ *adj* **1** (*exact*; *identical*) тот самый; **this ~ day** сегодня же; **at that ~ moment** в тот самый момент; **this is the ~ thing for me** это как раз то, что мне нужно; **those were his ~ words** это его слова в точности. **2** (*extreme*) самый; **at the ~ end** в самом конце. **3** (*in emphasis*): **the ~ idea of it** одна мысль об этом; **the ~ idea!** подумать только!; **the ~ fact of his being there is suspicious** (уже) один факт его присутствия там подозрителен.
● *adv* **1** (*exceedingly*) очень; **I don't feel ~ well** я чувствую себя неважно; **I can't sing ~ well** я довольно плохо пою; **~ well, you can go** ну, хорошо, можете идти; **~ good, sir** слушаюсь; есть! **2** (*emphatic, with superl etc.*) самый; **the ~ best** самый лучший; наилучший; **the ~ next day** на следующий же день; **you may keep it for your ~ own** можете это взять (себе) насовсем.
vespers /'vespə(r)s/ *n* вечерня; вечерняя молитва.
vessel /'ves(ə)l/ *n* **1** (*receptacle*) сосуд. **2** (*ship*) судно, корабль (*m*). **3** (*anat*) сосуд; **blood ~** кровеносный сосуд.
vest[1] /vest/ *n* (*Br, undergarment*) майка; (*US, waistcoat*) жилет.
vest[2] /vest/ *vt* **1** (*endow, furnish*) надел|ять, -ить; обл|екать, -ечь; **be ~ed with a right** иметь (*impf*) право; пользоваться (*impf*) правом; **~ with power to act** уполномочи|вать, -ть. **2** (*place, establish*): **authority ~ed in him** власть, которой он облечён; **~ed interest** личная заинтересованность; **~ed interests** (*law*) имущественные права, закреплённые законом.
● *vi*: **the estate ~s in him** имущество переходит к нему.
vestibule /'vestɪ,bju:l/ *n* (*lobby*; *porch*) вестибюль (*m*); (*US, of corridor train*) тамбур.
vestige /'vestɪdʒ/ *n* **1** (*trace*) след; малейший признак. **2** (*biol*) остаток, рудимент.
vestigial /ve'stɪdʒɪəl, -dʒ(ə)l/ *adj* остаточный, рудиментарный.
vestment /'vestmənt/ *n* (*eccl*) облачение, риза.
vestry /'vestrɪ/ *n* (*eccl*) (*room*) ризница.
Vesuvius /vɪ'su:vɪəs/ *n* Везувий.
vet[1] /vet/ *n* (*coll, veterinary surgeon*) ветврач, ветеринар.
● *vt* (**vetted, vetting**) (*coll, investigate*) пров|ерять, -ерить.
vet[2] /vet/ *n* (*US, coll, veteran*) ветеран.
vetch /vetʃ/ *n* (*bot*) вика.
veteran /'vetərən/ *n* (*lit, fig*) ветеран.
● *adj* многоопытный, старейший; **a ~ car** (*Br*) машина старой марки.
veterinarian /,vetərɪ'neərɪən/ *n* (*US*) ветеринар.
veterinary /'vetə,rɪnərɪ/ *adj* ветеринарный; **~ surgeon** (*Br*) ветеринарный врач.
veto /'vi:təʊ/ *n* (*pl* **vetoes**) вето (*indecl*); **he put a ~ on the suggestion** он наложил вето на предложение; **the President exercised his ~** президент воспользовался своим правом вето.
● *vt* (**vetoes, vetoed**) нал|агать, -ожить вето на + *a*; **my proposal was ~ed** моё предложение было отвергнуто.
vex /veks/ *vt* доса|ждать, -дить; раздраж|ать, -ить; **a ~ed question** больной вопрос.
vexation /vek'seɪʃ(ə)n/ *n* досада, огорчение.
vexatious /vek'seɪʃ(ə)s/ *adj* досадный, огорчительный.
VHF (*abbr of* ***very high frequency***) ОВЧ (очень высокая частота).
via /'vaɪə/ *prep* через + *a*.
viability /,vaɪə'bɪlɪtɪ/ *n* жизнеспособность; осуществимость.
viable /'vaɪəb(ə)l/ *adj* (*able to survive or exist*) жизнеспособный; (*coll, feasible*) осуществимый.
viaduct /'vaɪə,dʌkt/ *n* виадук, путепровод.
vial /'vaɪəl/ *n* (*archaic*) пузырёк, флакон.
vibes /vaɪbz/ *n* (*coll*) (*mus, vibraphone*) вибрафон; (*atmosphere*) флюиды (*m pl*).
vibrant /'vaɪbrənt/ *adj* (*lively*) живой, полный жизни; (*of colours*) сочный, яркий; (*trembling*) трепещущий, дрожащий; (*resonant*) резонирующий.
vibraphone /'vaɪbrə,fəʊn/ *n* вибрафон.
vibrat|e /vaɪ'breɪt/ *vt* заст|авлять, -авить вибрировать (*impf*).
● *vi* вибрировать, дрожать (*both impf*); **the whole house ~es** весь дом сотрясается; **a voice ~ing with passion** голос, дрожащий от страсти.

vibration /vaɪˈbreɪʃ(ə)n/ *n* вибра́ция, дрожь.

vibrato /vɪˈbrɑːtəʊ/ *n* & *adv* (*mus*) вибра́то (*indecl*).

vibrator /vaɪˈbreɪtə(r)/ *n* (*tech*; *also for massage or sexual stimulation*) вибра́тор.

vibratory /ˈvaɪbrətərɪ, -ˈbreɪtərɪ/ *adj* вибри́рующий.

viburnum /vaɪˈbɜːnəm, vɪ-/ *n* (*bot*) кали́на.

vicar /ˈvɪkə(r)/ *n* (*in Church of England*) прихо́дский свяще́нник; (*in other Anglican Churches, deputizing member of clergy*) помо́щник свяще́нника, вика́рий; (*in Catholic church*) вика́рий.

vicarage /ˈvɪkərɪdʒ/ *n* дом прихо́дского свяще́нника.

vicarious /vɪˈkeərɪəs/ *adj* ко́свенный; **feel ~ pleasure** пережива́ть (*impf*) чужу́ю ра́дость.

vice[1] /vaɪs/ *n* **1** (*evil doing*) поро́к; **~ squad** отря́д поли́ции нра́вов. **2** (*particular fault*) поро́к, сла́бость, недоста́ток; **smoking is not among my ~s** куре́ние не вхо́дит в число́ мои́х поро́ков.

vice[2] /vaɪs/ (*US* **vise**) *n* (*tool*) тиск|и́ (*pl*, *g* -ов); клёщ|и (*pl*, *g* -е́й).

vice[3] /vaɪs/ *n* (*coll*, *deputy*) зам (*coll*), замести́тель (*m*).

● *cpds* **~ admiral** *n* ≈ ви́це-адмира́л; **~ chairman** *n* замести́тель (*m*) председа́теля; **~ chancellor** *n* (*Br*) ре́ктор; **~-president** *n* ви́це-президе́нт.

viceroy /ˈvaɪsrɔɪ/ *n* ви́це-коро́ль (*m*).

vice versa /ˌvaɪsɪ ˈvɜːsə/ *adv* наоборо́т; **the cat stole the dog's dinner and ~** ко́шка стащи́ла еду́ у соба́ки, а соба́ка — у ко́шки.

vicinity /vɪˈsɪnɪtɪ/ *n* (*nearness*) бли́зость, сосе́дство; (*neighbourhood*) окру́га, окре́стность; **in the ~ of** (*near a particular place*) в райо́не + *g*; (*close to a particular amount etc.*) приблизи́тельно; **in the immediate ~** побли́зости; **in the immediate ~ of** в непосре́дственной бли́зости от + *g*.

vicious /ˈvɪʃəs/ *adj* **1** (*spiteful*) злой, зло́бный. **2** (*of an animal*) злой, опа́сный. **3**: **a ~ circle** поро́чный круг.

viciousness /ˈvɪʃəsnɪs/ *n* (*evil*) поро́чность; (*spite*) зло́бность; (*of an animal*) зло́бность.

vicissitude /vɪˈsɪsɪˌtjuːd, vaɪ-/ *n* превра́тность.

victim /ˈvɪktɪm/ *n* же́ртва; (*of accident*) пострада́вший; **fall ~ to** па́|дать, -сть же́ртвой + *g*.

victimization /ˌvɪktɪmaɪˈzeɪʃ(ə)n/ *n* пресле́дование.

victimize /ˈvɪktɪˌmaɪz/ *vt* подв|ерга́ть, -е́ргнуть пресле́дованию.

victor /ˈvɪktə(r)/ *n* победи́тель (*m*).

Victoria Cross /vɪkˈtɔːrɪə/ (*Br*, *mil*) *n* крест Викто́рии (*высшая военная награда в Великобритании*).

Victorian /vɪkˈtɔːrɪən/ *n* викториа́н|ец (*fem* -ка).

● *adj* викториа́нский; (*fig*) старомо́дный.

victorious /vɪkˈtɔːrɪəs/ *adj* победоно́сный, побе́дный, торжеству́ющий.

victory /ˈvɪktərɪ/ *n* побе́да (**over:** над + *i*).

victual /ˈvɪt(ə)l/ *n* (*in pl*) (*food*) пи́ща, проду́кты пита́ния (*nt pl*); (*provisions*) съестны́е припа́с|ы (*pl*, *g* -ов).

● *vt* (**victualled, victualling;** *US* **victualed, victualing**) снаб|жа́ть, -ди́ть проду́ктами пита́ния (*or* продово́льствием).

victualler /ˈvɪtlə(r)/ (*US* **victualer**) *n* снабже́нец; поставщи́к проду́ктов пита́ния (*or* продово́льствия); **licensed ~** (*Br*) тракти́рщик.

vide /ˈvɪdeɪ, ˈviː-, ˈvaɪdɪ/ *vt imperative* смотри́ (*abbr* см.).

video /ˈvɪdɪəʊ/ *n* (*pl* **videos**) (*a ~ recorder, film, cassette*) ви́део (*indecl*); (*the system*) видеоте́хника; **~ camera** видеока́мера; **~ cassette** видеокассе́та; **~ (cassette) recorder** видеомагнитофо́н; **~ clip** (видео)кли́п; **~ conference** видеоконфере́нция; **~ game** видеоигра́; **~ library** видеоте́ка; **~phone** видеотелефо́н; **~ recording** видеоза́пись; **~ rental club** видеоте́ка; **~tape** видеоле́нта; видеоплёнка.

● *vt* (**videoes, videoed**) запи́с|ывать, -а́ть на ви́део.

vie /vaɪ/ *vi* (**vying**) состяза́ться (*impf*); сопе́рничать (*impf*); **they ~d with each other for first place** они́ состяза́лись за пе́рвое ме́сто.

Vienna /vɪˈenə/ *n* Ве́на.

Viennese /vɪəˈniːz/ *n* (*pl* **~**) ве́н|ец (*fem* -ка); жи́тель (*m*) (*fem* -ница) Ве́ны.

● *adj* ве́нский.

Vietnam /ˌvjetˈnæm/ *n* Вьетна́м.

Vietnamese /ˌvɪetnəˈmiːz/ *n* (*pl* **~**) (*person*) вьетна́м|ец (*fem* -ка); (*language*) вьетна́мский язы́к.

● *adj* вьетна́мский.

view /vjuː/ *n* **1** (*sight*; *field of vision*) вид; по́ле зре́ния; **the mountains came into ~** показа́лись го́ры; **a ~ of the sea** вид на мо́ре; **the procession passed from ~** проце́ссия скры́лась из ви́ду/ви́да; **in full ~ of the audience** на виду́ у пу́блики; **~ halloo!** ату́! **2** (*fig*): **I want to get a clear ~ of the situation** я хочу́ соста́вить себе́ я́сное представле́ние о ситуа́ции; **look at it from my point of ~** посмотри́те на э́то с мое́й то́чки зре́ния. **3** (*inspection*) смотр, просмо́тр; **the pictures are on ~ all week** вы́ставка карти́н бу́дет откры́та всю неде́лю; **private ~(ing)** закры́тый просмо́тр; (*of exhibition*) верниса́ж; **~ing day** (*preparatory to auction sale*) де́нь (*m*) предвари́тельного осмо́тра. **4** (*scene, prospect*) вид; пейза́ж; **you get a good ~ from here** отсю́да хоро́ший вид. **5** (*depicted scene*) вид, изображе́ние. **6** (*mental attitude or opinion*) взгляд, мне́ние; (*in pl*) взгля́ды (*m pl*), убежде́ния (*nt pl*); **she has strong ~s on the subject** у неё на э́тот счёт твёрдые убежде́ния; **he holds extreme ~s** он челове́к кра́йних убежде́ний/взгля́дов; **in my ~** по-мо́ему; по моему́ мне́нию; **I take a different ~** у меня́ друго́е мне́ние (*or* друга́я то́чка зре́ния); **he took a poor ~ of it** (*coll*) ему́ э́то о́чень не понра́вилось. **7** (*intention*) наме́рение; **I am saving with a ~ to buying a house** я коплю́ де́ньги, что́бы купи́ть дом; **what have you in ~?** что вы намерева́етесь де́лать? **8** (*consideration*): **in ~ of** ввиду́ + *g*; **he was excused in ~ of his youth** его́ прости́ли по мо́лодости; **in ~ of recent developments** в свете после́дних происше́ствий.

● *vt* **1** (*survey*; *gaze on*) смотре́ть, по- на + *a*; рассм|а́тривать, -отре́ть; **he ~ed the landscape through binoculars** он рассма́тривал ме́стность в бино́кль; (*TV*) смотре́ть, по-. **2** (*inspect*) осм|а́тривать, -отре́ть. **3** (*fig*, *consider*) рассм|а́тривать, -отре́ть; оце́н|ивать, -и́ть; **he ~ed it in a different light** он ина́че смотре́л на э́то; **the request was ~ed unfavourably** (*Br*), **unfavorably** (*US*) к про́сьбе отнесли́сь отрица́тельно.

● *cpds* **~finder** *n* видоиска́тель (*m*); **~point** *n* то́чка зре́ния.

viewer /ˈvjuːə(r)/ *n* **1** (*onlooker*) зри́тель (*fem* -ница). **2** (*of TV*) (теле)зри́тель (*fem* -ница). **3** (*instrument*) прибо́р для просмо́тра диапозити́вов.

vigil /ˈvɪdʒɪl/ *n* (*staying awake*) бде́ние; **she kept ~ over the patient** она́ не отходи́ла от посте́ли больно́го.

vigilance /ˈvɪdʒɪləns/ *n* бди́тельность.

vigilant /ˈvɪdʒɪlənt/ *adj* бди́тельный.

vigilante /ˌvɪdʒɪˈlæntɪ/ *n* ≈ дружи́нник.

vignette /viːˈnjet/ *n* (*ornamental design*) винье́тка; (*character sketch*) набро́сок.

vigor /ˈvɪgə(r)/ (*US*) = **vigour**

vigorous /ˈvɪgərəs/ *adj* энерги́чный, бо́дрый; **a ~ speech** энерги́чная речь.

vigour /ˈvɪgə(r)/ (*US* **vigor** *n*) эне́ргия, бо́дрость; (*of language, style, etc.*) жи́вость, энерги́чность, эне́ргия.

Viking /ˈvaɪkɪŋ/ *n* ви́кинг.

vile /vaɪl/ *adj* гну́сный, ни́зкий, ме́рзкий.

vilification /ˌvɪlɪfɪˈkeɪʃ(ə)n/ *n* поноше́ние, очерне́ние.

vilify /ˈvɪlɪˌfaɪ/ *vt* поноси́ть (*impf*); черни́ть, о-.

villa /ˈvɪlə/ *n* (*country residence*) ви́лла, да́ча; (*Br*, *suburban house*) ви́лла, до́м.

village /ˈvɪlɪdʒ/ *n* дере́вня; (*larger*) село́; (*attr*) дереве́нский, се́льский; **~ hall** се́льский клуб.

villager /ˈvɪlɪdʒə(r)/ *n* дереве́нск|ий/се́льск|ий жи́тель (*fem* -ая -ница).

villain /ˈvɪlən/ *n* **1** (*man of base character*) злоде́й, негодя́й; (*theatr*) отрица́тельный геро́й злоде́й; **he played the ~** он игра́л роль злоде́я; **he was the ~ of the piece** (*fig*) он был гла́вным вино́вником. **2** (*coll*, *criminal*) престу́пник, злоде́й.

villainess /ˈvɪlənɪs/ *n* злоде́йка, престу́пница.

V

villainous /'vɪlənəs/ *adj* по́длый, ни́зкий, гну́сный.
villainy /'vɪlənɪ/ *n* злоде́йство, по́длость.
Vilnius /'vɪlnɪəs/ *n* Ви́льнюс; (*attr*) ви́льнюсский.
vim /vɪm/ *n* эне́ргия, си́ла, напо́р.
vinaigrette /ˌvɪnɪ'gret/ *n* сала́тная запра́вка из у́ксуса, оли́вкового ма́сла и спе́ций.
vindicate /'vɪndɪˌkeɪt/ *vt* (*defend successfully*) отст|а́ивать, -оя́ть; защи|ща́ть, -ти́ть; (*justify*) опра́вд|ывать, -а́ть.
vindication /ˌvɪndɪ'keɪʃ(ə)n/ *n* защи́та; оправда́ние.
vindictive /vɪn'dɪktɪv/ *adj* мсти́тельный.
vindictiveness /vɪn'dɪktɪvnɪs/ *n* мсти́тельность.
vine /vaɪn/ *n* (*grape*~) виногра́дная лоза́; (*climbing or trailing plant*) вью́щееся/ползу́чее расте́ние.
● *cpds* **~-growing** *n* виногра́дарство; *adj* виногра́дарский.
vinegar /'vɪnɪgə(r)/ *n* у́ксус.
vinegary /'vɪnɪgərɪ/ *adj* у́ксусный; ки́слый (*also fig*).
vineyard /'vɪnjɑːd/ *n* виногра́дник.
viniculture /'vɪnɪˌkʌltʃə(r)/ *n* виногра́дарство.
vintage /'vɪntɪdʒ/ *n* **1** (*grape harvest*) сбор виногра́да; **the 1950 ~** (*sc. wine*) вино́ урожа́я (*or* из сбо́ра) ты́сяча девятьсо́т пятидеся́того го́да; **a rare ~** ре́дкое вино́; **this is a good ~** э́то хоро́ший год (*о вине*); **~ wine** ма́рочное вино́; **~ port** ста́рый/вы́держанный портве́йн. **2** (*fig*): **a ~ car** (*Br*) автомоби́ль (*m*) ста́рой ма́рки; **of the same ~** (*sc. age*) того́ же пери́ода.
vintner /'vɪntnə(r)/ *n* виноторго́вец.
vinyl /'vaɪnɪl/ *n* вини́л.
● *adj* вини́ловый.
viol /'vaɪəl/ *n* вио́ла; **~ da gamba** = **viola da gamba**
viola¹ /vɪ'əʊlə/ *n* (*musical instrument*) альт; **~ da gamba** /də 'gæmbə/ вио́ла да га́мба.
● *cpd* **~ player** *n* альти́ст (*fem* -ка).
viola² /'vaɪələ/ *n* (*bot*) фиа́лка.
violate /'vaɪəˌleɪt/ *vt* **1** (*infringe, transgress*) нар|уша́ть, -у́шить; престу|па́ть, -пи́ть; **this ~s the spirit of the agreement** э́то противоре́чит ду́ху соглаше́ния. **2** (*profane*) осквер|ня́ть, -ни́ть. **3** (*rape*) наси́ловать, из-.
violation /ˌvaɪə'leɪʃ(ə)n/ *n* наруше́ние; оскверне́ние; **~ of territory** вторже́ние на чужу́ю террито́рию; (*rape*) изнаси́лование.
violator /'vaɪəˌleɪtə(r)/ *n* наруши́тель (*fem* -ница).
violence /'vaɪələns/ *n* си́ла, наси́лие; **he resorted to ~** он прибе́г(нул) к наси́лию; **robbery with ~** грабёж с наси́лием.
violent /'vaɪələnt/ *adj* **1** (*strong, forceful*) си́льный, нейсто́вый, я́ростный; **a ~ storm** си́льный што́рм; **~ pain** си́льная боль; **~ colours** (*Br*), **colors** (*US*) ре́зкие/крича́щие цвета́; **~ passions** нейсто́вые стра́сти; **a ~ scene** бу́рная сце́на; **I took a ~ dislike to him** он вы́звал во мне ре́зкое отвраще́ние; **he was in a ~ temper** он был вне себя́ от бе́шенства; **he made a ~ speech** он произнёс горя́чую/гне́вную речь. **2** (*using or involving force*): **~ blows** си́льные уда́ры; **he became ~** он на́чал бу́йствовать; **he died a ~ death** он у́мер наси́льственной сме́ртью.
violet /'vaɪələt/ *n* (*bot*) фиа́лка; (*colour*) фиоле́товый цвет.
● *adj* (*of colour*) фиоле́товый.
violin /ˌvaɪə'lɪn/ *n* скри́пка; (*player*) скрипа́ч; **first ~** пе́рвая скри́пка; (*attr*) скрипи́чный.
violinist /vaɪə'lɪnɪst/ *n* скрипа́ч (*fem* -ка).
violoncello /ˌvaɪələn'tʃeləʊ, ˌviːə-/ *n* (*pl* **~s**) (*formal*) = **cello**
VIP (*abbr of* ***very important person***) высокопоста́вленное лицо́, высо́кий гость, VIP-гость.
viper /'vaɪpə(r)/ *n* гадю́ка; випе́ра; (*fig*) гадю́ка.
virago /vɪ'rɑːgəʊ, -'reɪgəʊ/ *n* (*pl* **~s**) меге́ра.
viral /'vaɪr(ə)l/ *adj* (*med*) ви́русный.
virgin /'vəːdʒɪn/ *n* де́вственница, де́ва; (*male*) де́вственник; **the (Blessed) V~** (Пресвята́я) Де́ва Мари́я; **she is still a ~** она́ ещё де́вственница; **~ birth** рожде́ние от де́вственницы; (*pure; undefiled*) чи́стый, нетро́нутый, де́вственный; **~ soil** целина́; **~ forest** де́вственный лес.
virginal¹(s) /'vəːdʒɪn(ə)l/ *n* (*mus*) клавеси́н.
virginal² /'vəːdʒɪn(ə)l/ *adj* де́вственный; непоро́чный.
Virginia /və'dʒɪnɪə/ *n*: **~ tobacco** вирги́нский таба́к; **~ creeper** ди́кий виногра́д.
virginity /və'dʒɪnɪtɪ/ *n* де́вственность, неви́нность, непоро́чность; **lose one's ~** теря́ть, по- неви́нность.
Virgo /'vəːgəʊ/ *n* (*pl* **~s**) Де́ва; **my brothers are ~s** мои́ бра́тья — Де́вы.
virile /'vɪraɪl/ *adj* **1** (*sexually potent*) облада́ющий мужско́й си́лой/поте́нцией. **2** (*manly, robust*) му́жественный.
virility /vɪ'rɪlɪtɪ/ *n* (*sexual potency*) мужска́я си́ла, полова́я поте́нция; (*manliness*) му́жественность.
virology /vaɪ'rɒlədʒɪ/ *n* вирусоло́гия.
virtual /'vəːtjʊəl/ *adj* **1** факти́ческий; **we remained ~ strangers** факти́чески мы остава́лись соверше́нно незнако́мыми людьми́; **he is a ~ stranger to me** я его́, в су́щности, не зна́ю. **2** (*comput, phys*) виртуа́льный.
● *cpd* **~ reality** *n* (*comput*) виртуа́льная реа́льность.
virtually /'vəːtjʊəlɪ/ *adv* факти́чески, практи́чески; **the dress was ~ new** э́то было факти́чески/практи́чески но́вое пла́тье; **it's ~ impossible** э́то факти́чески/практи́чески невозмо́жно.
virtue /'vəːtjuː, -tʃuː/ *n* **1** (*moral excellence*) доброде́тель; **his great ~ is patience** его́ гла́вная доброде́тель — терпе́ние. **2** (*chastity*) целому́дрие; **a woman of easy ~** досту́пная же́нщина. **3** (*good quality; advantage*) досто́инство, преиму́щество; **his scheme had the ~ of being practicable** преиму́щество его́ пла́на состоя́ло в том, что он был выполни́м. **4** (*consideration*) основа́ние; **by ~ of his long service** на основа́нии (*or* ввиду́) его́ многоле́тней слу́жбы.
virtuosi /ˌvəːtjʊ'əʊsiː, -ziː/ *pl of* ⇒**virtuoso**
virtuosic /ˌvəːtjʊ'ɒsɪk/ *adj* виртуо́зный.
virtuosity /ˌvəːtjuː'ɒsɪtɪ, -tʃuː'ɒsɪtɪ/ *n* виртуо́зность.
virtuos|o /ˌvəːtjʊ'əʊsəʊ, -zəʊ/ *n* (*pl* **~i** *or* **~os**) виртуо́з; **a ~ performance** виртуо́зное исполне́ние.
virtuous /'vəːtjʊəs, -tʃʊəs/ *adj* доброде́тельный; (*chaste*) целому́дренный.
virulence /'vɪrʊləns, 'vɪrjʊ-/ *n* (*of poison*) си́ла, смерте́льность; (*of disease*) тя́жесть; (*of bacteria*) вирuléнтность; (*of temper, speech, etc.*) зло́ба, я́рость.
virulent /'vɪrʊlənt, 'vɪrjʊ-/ *adj* (*of poison*) сильноде́йствующий; смерте́льный; (*of disease*) тяжёлый; (*of bacteria*) вирuléнтный; (*of temper, words, etc.*) зло́бный, я́ростный.
virus /'vaɪrəs/ *n* (*also comput*) ви́рус; **a ~ disease** ви́русное заболева́ние.
visa /'viːzə/ *n* ви́за.
visage /'vɪzɪdʒ/ *n* (*literary*) лицо́; выраже́ние лица́; вид.
vis-à-vis /ˌviːzɑː'viː/ *adv* визави́.
● *prep* (*in relation to*) по отноше́нию к + *d*; в отноше́нии + *g*; (*as opposed to*) пе́ред + *i*.
viscera /'vɪsərə/ *n pl* вну́тренности (*f pl*); (*of bird, fish*) потроха́ (*m pl*).
visceral /'vɪsər(ə)l/ *adj* вну́тренний; **~ hatred** глубо́кая/органи́ческая не́нависть.
viscose /'vɪskəʊz, -kəʊs/ *n* виско́за.
viscosity /vɪ'skɒsɪtɪ/ *n* вя́зкость, ли́пкость.
viscount /'vaɪkaʊnt/ *n* вико́нт.
viscountess /'vaɪkaʊntɪs/ *n* виконте́сса.
viscous /'vɪskəs/ *adj* вя́зкий, ли́пкий.
vise /vaɪs/ (*US*) = **vice²**
visibility /ˌvɪzɪ'bɪlɪtɪ/ *n* ви́димость.
visibl|e /'vɪzɪb(ə)l/ *adj* **1** (*perceptible by eye*) ви́димый. **2** (*apparent; obvious*) я́вный, очеви́дный; **he has no ~e means of support** у него́ нет определённых средств к существова́нию; **she was ~y annoyed** она́ была́ заме́тно раздражена́.
vision /'vɪʒ(ə)n/ *n* **1** (*faculty of sight*) зре́ние; **field of ~** по́ле зре́ния. **2** (*imaginative insight*) проница́тельность; **a man of ~** дальнови́дный/проница́тельный челове́к. **3** (*apparition*) при́зрак; привиде́ние. **4** (*sth imagined or dreamed of*) мечта́; **I had ~s of something better than this** я представля́л себе́ не́что лу́чшее, чем

V

это. **5** (*beautiful sight*) прекрáсное зрéлище.

visionary /ˈvɪʒənərɪ/ *n* (*person with foresight*) провидˈец (*fem* -ица); (*dreamer*) мечтáтель (*fem* -ница).
● *adj* (*having foresight*) дальнови́дный, му́дрый; (*unreal*) вообража́емый; (*unpractical*) неосуществи́мый.

visit /ˈvɪzɪt/ *n* (*call*) визи́т, посещéние; (*US, talk*) бесéда; (*trip, stay*) поéздка, пребывáние; **make, pay a ~ to s.o.** посе|щáть, -ти́ть (*or* наве|щáть, -сти́ть) когó-н.; **we had a ~ from our neighbours** (*Br*), **neighbors** (*US*) нас посети́ли (*or* у нас бы́ли в гостя́х) нáши сосéди; **we had a ~ from a policeman** к нам приходи́л полицéйский; **~ to a museum** посещéние музéя; **pay us a ~** провéдайте нас; **he is here on a ~** он гости́т здесь; он приéзжий; **during my ~ to the States** во врéмя моегó пребывáния в Штáтах.
● *vt* (**visited, visiting**) **1** (*place*) посе|щáть, -ти́ть; (*person*) наве|щáть, -сти́ть; **he ~ed Europe** он побывáл в Еврóпе; он съéздил в Еврóпу; **I have never ~ed New York** я никогдá не бывáл в Нью-Йóрке; **~ing card** (*Br*) визи́тная кáрточка; **~ing hours** приёмные часы́; часы́ посещéния. **2** (*of disease etc.*) пост|игáть, -и́чь; порá|жáть, -зи́ть.
● *vi* (*US*): **~ with** (*go to see*) видáться, по-; (*chat to*) бесéдовать (*impf*) с + *i*.

visitation /ˌvɪzɪˈteɪʃ(ə)n/ *n* (*official visit*) обхóд; (*ironical, visit*) посещéние; (*coll, unwelcome or protracted visit*) затяну́вшийся визи́т; (*appearance of supernatural being*) явлéние; **the ~ of the Virgin Mary** явлéние Дéвы Мари́и; (*divine punishment*) (Бóжья) кáра, наказáние (Бóжье).

visitor /ˈvɪzɪtə(r)/ *n* гость (*m*), посети́тель (*m*); **the town is full of ~s** гóрод пóлон приéзжих; **~s' book** (*Br*) кни́га посети́телей.

vi|sor, -zor /ˈvaɪzə(r)/ *n* (*hist, of helmet*) забрáло; (*of cap*) козырёк; (*of windscreen*) солнцезащи́тный щитóк.

vista /ˈvɪstə/ *n* перспекти́ва, вид; (*fig*) перспекти́вы (*f pl*).

Vistula /ˈvɪstjʊlə/ *n* Ви́сла.

visual /ˈvɪʒʊəl, ˈvɪzjʊəl/ *adj* (*concerned with seeing*) зри́тельный; визуáльный; **~ arts** изобрази́тельные искýсства; **~ nerve** зри́тельный нерв; **~ image** зри́тельный óбраз; **~ aids** нагля́дные посóбия; **~ display unit** (*comput*) дисплéй.

visualize /ˈvɪʒʊəˌlaɪz, ˈvɪzjʊəˌlaɪz/ *vt* предст|авля́ть, -áвить себé.

vital /ˈvaɪt(ə)l/ *adj* **1** (*concerned with life*) жи́зненный; **~ force** жи́зненная си́ла; **~ principle** жи́зненное начáло; **~ statistics** демографи́ческая стати́стика; (*joc, woman's measurements*) объём груди́, тáлии и бёдер. **2** (*essential; indispensable*) насу́щный; (крáйне) необходи́мый; жи́зненно вáжный; **a ~ question** жи́зненно вáжный (*or* сущéственный) вопрóс; **it is of ~ importance** э́то вопрóс/дéло первостепéнной вáжности; **speed was ~ to success** скóрость былá глáвным залóгом успéха. **3** (*lively; having vitality*) энерги́чный, живóй.

vitality /vaɪˈtælɪtɪ/ *n* (*vital power*) жи́зненная си́ла; (*energy; liveliness*) энéргия, жи́вость.

vitalize /ˈvaɪtəˌlaɪz/ *vt* ожив|ля́ть, -и́ть.

vitals /ˈvaɪt(ə)lz/ *n* жи́зненно вáжные óрганы (*m pl*).

vitamin /ˈvɪtəmɪn, ˈvaɪt-/ *n* витами́н; (*attr*) витами́нный; **~ C** витами́н C (*pr* це).

vitiate /ˈvɪʃɪˌeɪt/ *vt* (*spoil*) пóртить, ис-; (*invalidate*) дéлать, с- недействи́тельным; (*undermine*) под|рывáть, -орвáть; (*make ineffectual*) св|оди́ть, -ести́ на нет.

viticulture /ˈvɪtɪˌkʌltʃə(r)/ *n* виногрáдарство.

vitreous /ˈvɪtrɪəs/ *adj* стеклови́дный.

vitrify /ˈvɪtrɪˌfaɪ/ *vt* & *i* превра|щáть(ся), -ти́ть(ся) в стеклó.

vitriol /ˈvɪtrɪəl/ *n* **1** купорóс; **blue ~** мéдный купорóс. **2** (*fig*) яд.

vitriolic /ˌvɪtrɪˈɒlɪk/ *adj* купорóсный; (*fig*) éдкий, ядови́тый (*комментарий*).

vituperate /vɪˈtjuːpəˌreɪt, vaɪ-/ *vt* поноси́ть, брани́ть (*both impf*).

vituperation /vɪˌtjuːpəˈreɪʃ(ə)n, vaɪ-/ *n* поношéние, брань.

vituperative /vɪˈtjuːpərətɪv, vaɪ-/ *adj* брáнный, злóбный.

viva /ˈvaɪvə/ (*Br*) = **viva voce**

vivace /vɪˈvɑːtʃɪ/ *adv* вивáче; оживлённо.

vivacious /vɪˈveɪʃəs/ *adj* живóй, оживлённый.

vivacity /vɪˈvæsɪtɪ/ *n* жи́вость, оживлéние.

vivari|um /vaɪˈveərɪəm, vɪ-/ *n* (*pl* **~a**) вивáрий.

viva voce /ˌvaɪvə ˈvəʊtʃɪ, ˈvəʊsɪ/ *n* (*Br*) (*also coll* **viva**) у́стный экзáмен.

vivid /ˈvɪvɪd/ *adj* **1** (*bright*) я́ркий. **2** (*lively*) живóй, пы́лкий; **a ~ imagination** пы́лкое воображéние. **3** (*clear and distinct*) чёткий, я́сный.

vividness /ˈvɪvɪdnɪs/ *n* я́ркость, жи́вость; чёткость.

vivisection /ˌvɪvɪˈsekʃ(ə)n/ *n* вивисéкция.

vivisectionist /ˌvɪvɪˈsekʃ(ə)nɪst/ *n* вивисéктор.

vixen /ˈvɪks(ə)n/ *n* лиси́ца(-сáмка); (*fig*) мегéра.

viz. /vɪz/ *adv* а и́менно.

vizier /vɪˈzɪə(r), ˈvɪzɪə(r)/ *n* визи́рь (*m*).

vizor /ˈvaɪzə(r)/ = **visor**

vocabulary /vəˈkæbjʊlərɪ/ *n* (*range of words*) словáрь (*m*), (*of an individual*) запáс слов; (*of a language*) словáрный састáв; (*of a subject*) номенклатýра; (*list of words*) словáрь (*m*), спи́сок слов.

vocal /ˈvəʊk(ə)l/ *adj* **1** (*of or using the voice*) голосовóй, речевóй; **~ cords** голосовы́е свя́зки; **~ music** вокáльная мýзыка. **2** (*eloquent*) красноречи́вый.
● *n* (*usu in pl*) вокáльная пáртия.

vocalist /ˈvəʊkəlɪst/ *n* вокали́ст (*fem* -ка); пев|éц (*fem* -и́ца).

vocalize /ˈvəʊkəˌlaɪz/ *vi* (*mus*) исп|олня́ть, -óлнить вокали́зы.

vocation /vəˈkeɪʃ(ə)n/ *n* призвáние.

vocational /vəˈkeɪʃən(ə)l/ *adj* профессионáльный.

vocative /ˈvɒkətɪv/ *n* & *adj* звáтельный (падéж).

vociferous /vəˈsɪfərəs/ *adj* грóмкий, шу́мный, горлáстый (*coll*).

vodka /ˈvɒdkə/ *n* вóдка.

vogue /vəʊg/ *n* мóда; **in ~** в мóде.

voice /vɔɪs/ *n* **1** гóлос; **he is in good ~** он в гóлосе; **he shouted at the top of his ~** он кричáл во весь гóлос; **keep your ~ down!** не разговáривайте/говори́те так грóмко!; **I lost my ~** я потеря́л гóлос; **he raised his ~** он повы́сил гóлос. **2** (*expression of opinion*) мнéние; гóлос; **we must speak with one ~** мы должны́ говори́ть однó и то же; **I have no ~ in the matter** у меня́ нет прáва гóлоса в э́том вопрóсе. **3** (*gram*) залóг.
● *vt* **1** (*utter*) выражáть, вы́разить. **2** (*phonetics*) произн|оси́ть, -ести́ звóнко; **a ~ed consonant** звóнкий соглáсный.
● *cpds* **~mail** *n* голосовáя пóчта; **~-over** *n* (*TV etc.*) гóлос за кáдром; закáдровый комментáрий.

voiceless /ˈvɔɪslɪs/ *adj* (*mute*) безглáсный; (*phonetics*) глухóй.

void /vɔɪd/ *n* пустотá; пустóе прострáнство.
● *adj* **1** (*empty; bereft*) пустóй; лишённый (*чего*); **the subject was ~ of interest** тéма не представля́ла никакóго интерéса. **2** (*invalid*) недействи́тельный; **the contract is null and ~** контрáкт не имéет си́лы.
● *vt* (*make invalid*) аннули́ровать (*impf, pf*); (*discharge; excrete*) выделя́ть, вы́делить; (*empty, evacuate*) опор|áжнивать, -ожни́ть; освобо|ждáть, -ди́ть.

voile /vɔɪl, vwɑːl/ *n* вуáль.

volatile /ˈvɒləˌtaɪl/ *adj* (*of liquid*) летýчий; (*fig, of person*) непостоя́нный, измéнчивый.

volatility /ˌvɒləˈtɪlɪtɪ/ *n* летýчесть; (*fig*) непостоя́нство, измéнчивость.

vol-au-vent /ˈvɒləʊˌvɑ̃/ *n* воловáн (*слоёный пирожок*).

volcanic /vɒlˈkænɪk/ *adj* вулкани́ческий.

volcanism /ˈvɒlkənɪz(ə)m/ *n* (*geol*) вулкани́зм.

volcanologist /ˌvɒlkəˈnɒlədʒɪst/ *n* вулканóлог.

volcanology /ˈvɒlkəˈnɒlːdʒɪ/ *n* вулканолóгия.

volcano /vɒlˈkeɪnəʊ/ *n* (*pl* **~es**) вулкáн.

vole /vəʊl/ *n* полёвка.

Volga /ˈvɒlgə/ *n* Вóлга; (*attr*) вóлжский.

volition /vəˈlɪʃ(ə)n/ *n* вóля; **I went of my own ~** я пошёл по своéй вóле.

volley /ˈvɒlɪ/ *n* (*pl* **~s**) **1** (*simultaneous discharge*) залп; (*fig*): **a ~ of oaths** потóк брáни. **2** (*tennis etc.*) удáр с лёта; **half-~** удáр с отскóка.
● *vt* (**volleys, volleyed**) уд|аря́ть, -áрить с лёта.

volleyball /ˈvɒlɪbɔːl/ *n* волейбол; (*attr*) волейбо́льный.

volt /vəʊlt/ *n* вольт.

voltage /ˈvəʊltɪdʒ/ *n* напряже́ние, вольта́ж; **what is the ~ here?** како́е здесь напряже́ние?

voltaic /vɒlˈteɪɪk/ *adj* гальвани́ческий.

volte-face /vɒltˈfɑːs, -ˈfæs/ *n* (*pl* ~) (*about-turn*) поворо́т круго́м; (*fig*) круто́й поворо́т; поворо́т на 180 гра́дусов.

voltmeter /ˈvəʊlt,miːtə(r)/ *n* вольтме́тр.

volubility /,vɒljʊˈbɪlɪtɪ/ *n* говорли́вость, разгово́рчивость.

voluble /ˈvɒljʊb(ə)l/ *adj* говорли́вый, разгово́рчивый.

volume /ˈvɒljuːm/ *n* **1** (*tome*) том; **it speaks ~s for his honesty** э́то лу́чшее доказа́тельство его́ че́стности. **2** (*size*) объём. **3** (*of sound*) гро́мкость; **~ control** регуля́тор гро́мкости; **turn the ~ down!** сде́лайте звук поти́ше!

volumetric /,vɒljʊˈmetrɪk/ *adj* объёмный.

voluminous /vəˈljuːmɪnəs, vəˈluː-/ *adj* огро́мный; **~ folds** пы́шные скла́дки; **a ~ work** объёмистое произведе́ние; **a ~ writer** плодови́тый писа́тель.

voluntary /ˈvɒləntərɪ/ *n* (*organ solo*) со́ло (*indecl*) на орга́не.
● *adj* **1** (*acting, done, or given without compulsion*) доброво́льный; **~ contributions** доброво́льные взно́сы (*m pl*); **~ redundancy** доброво́льный ухо́д с рабо́ты; **~ organization** обще́ственная организа́ция; **~ work** обще́ственная рабо́та; **~ worker** обще́ственный рабо́тник. **2** (*maintained by ~ effort*) содержа́щийся на доброво́льные взно́сы. **3** (*controlled by will*) созна́тельный; **~ muscle** произво́льная мы́шца.

volunteer /,vɒlənˈtɪə(r)/ *n* доброво́льный помо́щник; (*in army*) доброво́лец; (*attr*) доброво́льческий.
● *vt* предл|ага́ть, -ожи́ть; де́лать, с- доброво́льно; **he ~ed his services** он предложи́л свои́ услу́ги.
● *vi* вызыва́ться, вы́зваться сде́лать что-н.; **no one ~ed** жела́ющих не нашло́сь; **were you conscripted or did you ~?** вас призва́ли на вое́нную слу́жбу и́ли вы пошли́ доброво́льцем?

voluptuary /vəˈlʌptjʊərɪ/ *n* (*devoted to sensual pleasure*) сладостра́стник; (*devoted to luxury*) гедони́ст.

voluptuous /vəˈlʌptjʊəs/ *adj* сладостра́стный; (*sensual*) чу́вственный; (*luxurious*) пы́шный, роско́шный.

voluptuousness /vəˈlʌptjʊəsnɪs/ *n* сладостра́стие; чу́вственность, пы́шность.

volute /vəˈljuːt/ *n* (*archit*) волю́та; спира́ль, завито́к.

vomit /ˈvɒmɪt/ *n* рво́та.
● *vt* (**vomited, vomiting**): **he ~ed blood** его́ вы́рвало/рва́ло кро́вью.
● *vi* (**vomited, vomiting**): **he ~ed** его́ вы́рвало; **an attack of ~ing** при́ступ рво́ты.

voodoo /ˈvuːduː/, **-ism** /ˈvuːduːɪz(ə)m/ *nn* (*religion*) рели́гия (*or* религио́зный культ) ву́ду; (*magic, witchcraft*) ма́гия ву́ду.

voracious /vəˈreɪʃəs/ *adj* прожо́рливый, жа́дный; (*fig*): **a ~ reader** ненасы́тный чита́тель.

vorac|iousness /vəˈreɪʃəsnɪs/, **-ity** /vəˈræsɪtɪ/ *nn* прожо́рливость, жа́дность, ненасы́тность.

vortex /ˈvɔːteks/ *n* (*pl* **vortexes** *or* **vortices** /-tɪsiːz/) (*lit, fig*) вихрь (*m*), водоворо́т.

votar|y /ˈvəʊtərɪ/ (*fem* **-ess**) /ˈvəʊtərɪs/ *nn* побо́рни|к (*fem* -ца), приве́ржен|ец (*fem* -ка).

vote /vəʊt/ *n* **1** (*act of voting*) голосова́ние; **shall we put it to the ~?** поста́вим э́то на голосова́ние?; **proxy ~** голосова́ние по дове́ренности.
2 (**~** *cast*) го́лос; **the chairman has the casting ~** у председа́теля реша́ющий го́лос; **affirmative ~** го́лос за; **negative ~** го́лос про́тив.
3 (*affirmation*) во́тум; **the Prime Minister received a ~ of confidence** премье́р-мини́стр получи́л во́тум дове́рия; **I beg to move a ~ of thanks** предлага́ю вы́разить благода́рность; **pass a ~** прин|има́ть, -я́ть резолю́цию.
4 (*right to ~*) пра́во го́лоса; избира́тельное пра́во.
5 (*number of ~s cast*) о́бщее число́ голосо́в; **the Tories increased their ~** консерва́торы завоева́ли бо́льше голосо́в, чем на предыду́щих вы́борах.
● *vt*: **they were ~d back into power** их сно́ва избра́ли в прави́тельство; (*allocate by ~*) ассигнова́ть (*impf, pf*); выделя́ть, вы́делить; **a large sum was ~d for defence** больша́я су́мма была́ вы́делена на оборо́ну; (*coll, propose*): **I ~ we go home** я предлага́ю (*or* я за то, что́бы) пойти́ домо́й.
● *vi* голосова́ть, про-; **they are voting on the resolution** они́ голосу́ют резолю́цию.
● *with advs*: **the measure was ~d down, out** предложе́ние отклони́ли не при́няли; **they were ~d in by a large majority** их избра́ли большинство́м голосо́в; **the bill was ~d through** зако́н прошёл (*or* был при́нят).

voter /ˈvəʊtə(r)/ *n* избира́тель (*m*).

voting /ˈvəʊtɪŋ/ *n* голосова́ние; уча́стие в вы́борах (*об избирателях*); (*attr*): **~ qualification** избира́тельный ценз; **~ paper** (*Br*) избира́тельный бюллете́нь.

votive /ˈvəʊtɪv/ *adj* испо́лненный по обе́ту; **a ~ offering** жертвоприноше́ние (по обе́ту); благода́рная же́ртва.

vouch /vaʊtʃ/ *vi* руча́ться, поручи́ться; **I can ~ for his honesty** я гото́в поручи́ться за его́ че́стность; **I will ~ for the truth of his story** я могу́ подтверди́ть, что он говори́т пра́вду.

voucher /ˈvaʊtʃə(r)/ *n* (*that may be exchanged for goods*) тало́н; (*received as reward for buying petrol etc.*) ва́учер; **luncheon ~** тало́н на обе́д; (*receipt*) распи́ска.

vouchsafe /vaʊtʃˈseɪf/ *vt* (*accord*) удост|а́ивать, -о́ить (*кого чем*); (*condescend*) снизо|ля́ть, -о́лить.

vow /vaʊ/ *n* обе́т, кля́тва; **he broke his marriage ~s** он нару́шил бра́чный обе́т.
● *vt* кля́сться, по-; **they ~ed obedience** они́ да́ли обе́т послуша́ния; **he ~ed** (*resolved*) **never to return** он покля́лся никогда́ не возвраща́ться; **he ~ed not to smoke** он дал заро́к не кури́ть.

vowel /ˈvaʊəl/ *n* гла́сный (*звук*).

voyage /ˈvɔɪɪdʒ/ *n* (*by sea*) (морско́е) путеше́ствие; пла́вание; (*on specific route*) рейс; (*in space*) полёт; **on the ~ home** на обра́тном пути́; (*fig*) путь, путеше́ствие.
● *vi* путеше́ствовать (*impf*).

voyager /ˈvɔɪɪdʒə(r)/ *n* (*seafarer*) мореплáватель (*m*); (*traveller*) путеше́ственник.

voyeur /vwɑːˈjɜː(r)/ *n* вуайери́ст.

voyeurism /vwɑːˈjɜːrɪz(ə)m/ *n* вуайери́зм.

voyeuristic /vwɑːjəˈrɪstɪk/ *adj* вуайери́стский.

vs *abbr of* ***versus*** /ˈvɜːsəs/ про́тив + *g*.

V-sign /ˈviːsaɪn/ *n* **1** (*Br, gesture of contempt*) ≈ фи́га (*жест в виде буквы V, показываемый указательным и средним пальцами, ладонью на себя*). **2** (*for victory*) знак побе́ды (*аналогичный жест, но ладонью от себя*).

VP (*abbr pf* ***vice president***) ви́це-президе́нт.

vulcanite /ˈvʌlkə,naɪt/ *n* эбони́т.

vulcanize /ˈvʌlkə,naɪz/ *vt* вулканизи́ровать (*impf, pf*).

vulcanism /ˈvʌlkənɪz(ə)m/ = **volcanism**

vulcanologist /,vʌlkəˈnɒlədʒɪst/ = **volcanologist**

vulcanology /,vʌlkəˈnɒlədʒɪ/ = **volcanology**

vulgar /ˈvʌlgə(r)/ *adj* **1** (*plebeian*) плебе́йский, простонаро́дный; (*vernacular*) иско́нный; **~ Latin** вульга́рная/наро́дная латы́нь. **2** (*low, coarse, in bad taste*) вульга́рный, по́шлый, гру́бый; **~ language** гру́бый/у́личный язы́к. **3**: **~ fraction** (*Br*) проста́я дробь.

vulgarian /vʌlˈgeərɪən/ *n* пошля́|к (*fem* -чка).

vulgarism /ˈvʌlgə,rɪz(ə)m/ *n* вульгари́зм.

vulgarity /vʌlˈgærɪtɪ/ *n* вульга́рность, по́шлость, гру́бость.

vulgarization /,vʌlgəraɪˈzeɪʃ(ə)n/ *n* вульгариза́ция.

vulgarize /ˈvʌlgə,raɪz/ *vt* вульгаризи́ровать (*impf, pf*).

vulnerability /,vʌlnərəˈbɪlɪtɪ/ *n* уязви́мость; беззащи́тность.

vulnerable /ˈvʌlnərəb(ə)l/ *adj* уязви́мый; (*defenceless*) беззащи́тный; **~ to air attack** не защищённый от ата́к/нападе́ния с во́здуха.

vulpine /ˈvʌlpaɪn/ *adj* ли́сий, хи́трый.

vulture /ˈvʌltʃə(r)/ *n* гриф; (*fig*) стервя́тник.

vulva /ˈvʌlvə/ *n* (*pl* **~s**) (*anat*) ву́льва.

vying /ˈvaɪɪŋ/ *pres participle of* **⇒vie**

Ww

wacko /ˈwækəʊ/ (*US sl*) *n* (*pl* **~s** *or* **~es**) сумасше́дший, псих (*coll*).
● *adj* сумасше́дший, чо́кнутый.

wacky /ˈwækɪ/ *adj* (**wackier, wackiest**) (*sl*) сумасше́дший, чо́кнутый.

wad /wɒd/ *n* **1** (*pad, plug, etc.*) комо́к; (*in a gun*) пыж. **2** (*of papers, esp banknotes*) па́чка.
● *vt* (**wadded, wadding**) (*line with wadding etc.*) подби|ва́ть, -ть ва́той; **~ded jacket** стёганая ку́ртка; ва́тник.

wadding /ˈwɒdɪŋ/ *n* ва́та; (*sheet* **~**) вати́н.

waddle /ˈwɒd(ə)l/ *n* похо́дка вразва́л(оч)ку (*both coll*); **she walks with a ~** она́ хо́дит вразва́л(оч)ку/вперева́л(оч)ку (*all coll*).
● *vi* ходи́ть (*indet*) вразва́л(оч)ку (*both coll*).

wade /weɪd/ *vt* пере|ходи́ть, -йти́ вброд; **we shall have to ~ the stream** нам придётся перейти́ ре́ку вброд.
● *vi* проб|ира́ться, -ра́ться; **wading bird** боло́тная пти́ца; **we ~d through the mud** мы шли, увязя́ в грязи́; (*fig*): **I have ~d through all his novels** я (с трудо́м) одоле́л все его́ рома́ны; **I ~d into the argument** я ри́нулся в спор.
● *with advs*: **~ in** *vi* (*lit*) входи́ть, войти́ в во́ду; (*coll, attack*) набр|а́сываться, -о́ситься (*на кого/что*); (*fig*): **he found them fighting and ~d in** он уви́дел деру́щихся и ри́нулся в схва́тку; **~ out** *vi*: **we had to ~ out to the boat** к ло́дке пришло́сь добира́ться по воде́.

wader /ˈweɪdə(r)/ *n* (*bird*) боло́тная пти́ца; (*in pl, waterproof boots*) боло́тные сапоги́ (*m pl*).

wafer /ˈweɪfə(r)/ *n* **1** (*thin biscuit*) ва́фля. **2** (*Communion bread*) обла́тка.

waffle¹ /ˈwɒf(ə)l/ *n* (*cul*) ва́фля.
● *cpd* **~ iron** *n* ва́фельница.

waffle² /ˈwɒf(ə)l/ (*coll*) *n* **1** (*Br, verbiage*) вода́ (*в речи, в статье*). **2** (*US*) колеба́ние.
● *vi* **1** (*also* **~ on**) (*Br*) занима́ться (*impf*) болтовнёй/болтоло́гией (*both coll*). **2** (*US*) колеба́ться, по-.

waffler /ˈwɒflə(r)/ *n* (*coll*) водоле́й, пустосло́в (*both coll*).

waffly /ˈwɒflɪ/ *adj* (*coll*) водяни́стый (*coll*) (*доклад*).

waft /wɒft, wɑːft/ *n* (*whiff; breath*) дунове́ние.
● *vt* дон|оси́ть, -ести́; **the leaves were ~ed by the breeze** ветеро́к гнал ли́стья.
● *vi* дон|оси́ться, -ести́сь; **their voices ~ed over to us** до нас доноси́лись их голоса́.

wag¹ /wæg/ *n* (*shake*): **with a ~ of his tail** вильну́в хвосто́м.
● *vt* (**wagged, wagging**) (*one's head*) кача́ть, по- + *i*; (*one's tail*) вил|я́ть, -ьну́ть + *i*; **the dog ~ged its tail** соба́ка вильну́ла хвосто́м; **he ~ged his finger at me** он погрози́л мне па́льцем.
● *vi* (**wagged, wagging**) (*of dog's tail*) вил|я́ть, -ьну́ть; **this will set tongues ~ging** э́то даст по́вод к спле́тням.
● *cpd* **~tail** *n* (*zool*) трясогу́зка.

wag² /wæg/ *n* (*jocular person*) остря́к, шутни́к.

wage¹ /weɪdʒ/ *n* **1** (*also* **~s** (*pl*)) за́работная пла́та; зарпла́та; **he gets good ~s** у него́ хоро́шая зарпла́та; он хорошо́ зараба́тывает; **a living ~** прожи́точный ми́нимум; **~ increase** повыше́ние за́работной пла́ты. **2** (*in pl, fig*) возме́здие, пла́та; **~s of sin** пла́та за грехи́.
● *cpds* **~ earner** *n* наёмный рабо́чий; (*breadwinner*) корми́л|ец (*fem* -ица); **~ freeze** *n* замора́живание за́работной пла́ты; **~ packet** *n* (*fig*) зарпла́та, полу́чка (*coll*); **~ slave** *n* (*fig*) подёнщи|к (*fem* -ца).

wage² /weɪdʒ/ *vt* (*war*) вести́ (*impf*); (*campaign*) пров|оди́ть, -ести́.

wager /ˈweɪdʒə(r)/ *n* пари́ (*nt indecl*); **lay a ~** держа́ть (*impf*) пари́.
● *vt*: **he ~ed £10 on a horse** он поста́вил 10 фу́нтов на ло́шадь; **I ~ you 5 to 1 you can't do it** ста́влю пять про́тив одного́, что ты не смо́жешь э́то(го) сде́лать.

waggish /ˈwægɪʃ/ *adj* игри́вый.

waggle /ˈwæg(ə)l/ *vt* & *i* (*ears, toes*) шевели́ть, по- + *i*.
● *vi* (*of ears, toes*) шевели́ться, по-; (*shake slightly*) пока́чиваться (*impf*).

wagon (*Br also* **waggon**) /ˈwægən/ *n* **1** (*horse-drawn*) пово́зка, теле́га; (*with cover*) фурго́н. **2** (*Br, on railway*) ваго́н-платфо́рма. **3**: **he is on the (water) ~** (*fig, not drinking alcohol*) он бро́сил пить.

wagoner (*Br also* **waggoner**) /ˈwægənə(r)/ *n* во́зчик.

wagon-lit /ˌvægɔ̃ˈliː/ *n* спа́льный ваго́н.

waif /weɪf/ *n* (*homeless person*) бездо́мный, бродя́га (*m*); **~s and strays** (*children*) беспризо́рники (*m pl*).

wail /weɪl/ *n* (*cry, howl*) вопль (*m*); вой; (*of pain*) вопль (*m*), крик; (*lament*) причита́ние; (*fig, of the wind*) завыва́ние, вой; (*of sirens, saxophones, etc.*) вой.
● *vi* (*cry, howl*) вопи́ть (*impf*); выть (*impf*).

wainscot /ˈweɪnskət/, **-ing** /ˈweɪnskətɪŋ/ *nn* облицо́вочная пане́ль, обши́вка (*деревянная*).
● *vt* (**wainscoted, wainscoting** *or* **wainscotted, wainscotting**) облиц|о́вывать -ева́ть деревя́нной пане́лью.

waist /weɪst/ *n* (*of body or dress*) та́лия; **he stripped to the ~** он разде́лся до по́яса; **he put his arm round her ~** он о́бнял её за та́лию; (*of ship*) шкафу́т.
● *cpds* **~band** *n* по́яс ю́бки/брю́к; (*only on skirts*) корса́ж; **~coat** *n* (*Br*) жиле́т; **~-deep, ~-high** *adjs* & *advs* по по́яс; **~line** *n* та́лия; **I must watch my ~line** я до́лжен следи́ть за свое́й фигу́рой.

wait /weɪt/ *n* **1** (*act or time of* **~ing**) ожида́ние; **we had a long ~ for the bus** мы до́лго жда́ли авто́буса. **2** (*ambush*) заса́да; **the robbers lay in ~ for their victim** граби́тели подстерега́ли свою́ же́ртву.
● *vt* **1** (**~ *for***; *await*) ждать (*impf*) (+ *a or g*); выжида́ть (*impf*); **you must ~ your turn** вы должны́ дожда́ться свое́й о́череди. **2** (*defer*): **don't ~ dinner for me** не жди́те меня́ с обе́дом.
● *vi* **1** (*refrain from movement or action*) ждать (*impf*), подожда́ть (*pf*); **we must ~ and see what happens** подождём — посмо́трим, что бу́дет да́льше; **it can/must ~ till tomorrow** с э́тим мо́жно/на́до подожда́ть до за́втра; **I could hardly ~ to …** я сгора́л от нетерпе́ния + *inf*; **I ~ed for the rain to stop** я ждал, когда́ ко́нчится дождь; **'No W~ing'** (*notice*) «стоя́нка запрещена́»; **~ing list** спи́сок (*кандидатов, очередников*); о́чередь; **I'll put you on the ~ing list** я поста́влю вас в о́чередь; **~ing room** (*doctor's etc.*) приёмная; (*on station*) зал ожида́ния; **repairs while you ~** ремо́нт в прису́тствии зака́зчика. **2** (*act as servant*): **she ~s on him hand and foot** она́ его́ по́лностью обслу́живает; **he ~ed at table** он прислу́живал за столо́м. **3 ~ up: she ~ed up for him** она́ не ложи́лась (спать) до его́ прихо́да.

waiter /ˈweɪtə(r)/ *n* официа́нт.

waitress /ˈweɪtrɪs/ *n* официа́нтка.

waive /weɪv/ *vt* (*forgo*) отка́з|ываться, -а́ться от + *g*; **he ~d his privileges** он отказа́лся от свои́х привиле́гий;

(*claims*) воздéрж|иваться, -áться от + *g*; (*rules*) не соблю|дáть, -стú + *g*; **on this occasion we will ~ the regulations** на сей раз мы пренебрежём прáвилами.

waiver /ˈweɪvə(r)/ *n* откáз (от + *g*).

wake¹ /weɪk/ *n* (*vigil before burial*) бдéние у грóба; (*eating after burial*) помúн|ки (*pl*, *g* -ок).

wake² /weɪk/ *n* (*track of vessel*) кильвáтер; (*fig*): **he drove away with the police in his ~** он умчáлся, преслéдуемый полúцией; **there was havoc in the ~ of the storm** бýря остáвила пóсле себя́ многочúсленные разрушéния; **his action brought trouble in its ~** егó поведéние повлеклó за собóй неприя́тности.

wake³ /weɪk/ *vt* (*past* **woke**; *pp* **woken**) будúть, раз-; **the letter woke memories of the past** письмó пробудúло воспоминáния о прóшлом.

● *vi* (*past* **woke**; *pp* **woken**) (*also* **~ up**) прос|ыпáться, -нýться; **she woke with a start** онá внезáпно проснýлась; **~ up!** (*lit, fig*) проснúтесь!

wakeful /ˈweɪkfʊl/ *adj* (*person*) бóдрствующий; **we had a ~ night** мы провелú бессóнную ночь.

wakefulness /ˈweɪkfʊlnɪs/ *n* бессóнница.

waken /ˈweɪkən/ *vt* будúть, раз-; (*fig*) будúть, про-.

waking /ˈweɪkɪŋ/ *adj* (*hours*) бессóнный; **in his ~ hours** в бессóнные часы́; в часы́ бóдрствования.

Wales /weɪlz/ *n* Уэ́льс.

walk /wɔːk/ *n* **1** (*action of ~ing*) ходьбá; **a short ~ away** в нéскольких шагáх отсю́да/оттýда.
2 (*excursion*) (пéшая) прогýлка; (*long-distance*) похóд; **shall we take a ~?** хотúте погуля́ть/прогуля́ться?; **I'm going for a ~** я пойдý прогуля́юсь/погуля́ю; **will you take the children for a ~?** вы погуля́ете с детьмú?; вы поведёте детéй на прогýлку?; **I went on a ten-mile ~** я был в десятимúльном похóде.
3 (*~ing pace*) шаг; **the horse slowed to a ~** лóшадь перешлá на шаг.
4 (*gait*) похóдка, пóступь.
5 (*route for ~ing*): **there are some pleasant ~s round here** здесь есть приЯ́тные местá для прогýлок.
6 (*path*) тропá, дорóжка.
7 (*contest*): **long-distance ~** (спортúвная) ходьбá на длúнную дистáнцию.
8 (*~ of life, profession*) занЯ́тие, профéссия; **people from all ~s of life** представúтели всех слоёв óбщества.

● *vt* **1** (*traverse*): **I ~ed these lanes in my youth** я исходúл э́ти дорóги в мóлодости.
2 (*take for a ~*) выгýливать, вы́гулять; гуля́ть, по- с + *i*; (*cause to ~*): **he ~ed his horse up the hill** он пустúл лóшадь шагóм в гóру; **he ~ed me off my feet** он сúльно утомúл меня́ прогýлкой; (*accompany*) сопрово|ждáть, -дúть; прово|жáть, -дúть; **he offered to ~ her home** он вы́звался проводúть её домóй.

● *vi* **1** (*go, come, move about, on foot*) ходúть (*indet*), идтú (*det*); (*stroll about*) прогýливаться (*impf*); **I was ~ing along the road** я шёл по дорóге; **I ~ed ten miles** я прошёл дéсять мúль; **I ~ed here in an hour** я дошёл сюдá за час; **he ~s with a stick** он хóдит с пáлкой; **the baby is learning to ~** ребёнок ýчится ходúть; **I ~ed into a shop** я вошёл в магазúн; **he ~ed into a puddle** он ступúл в лýжу; **they ~ed into** (*entered unwarily*) **an ambush** онú попáли в засáду; **he ~ed over the estate** он обошёл/исходúл всё имéние; **he ~ed into a trap** он попáлся в ловýшку.
2 (*opp ride*) ходúть (*indet*), идтú (*det*) пешкóм; **on fine days I ~ to the office** в хорóшую погóду я хожý на рабóту пешкóм.
3 (*opp run*): **he ~ed the last 100 metres** послéдние сто мéтров он прошёл шáгом; **at a ~ing pace** шáгом; со скóростью пешехóда.
4 (*take exercise, holiday, etc. on foot*) ходúть (*indet*) пешкóм; (*stroll*) гуля́ть (*impf*), прогýливаться (*impf*); **I spent 2 weeks ~ing in Scotland** я бродúл две недéли по Шотлáндии; **a ~ing tour** туристúческий похóд; **a ~ing race** соревновáния (*nt pl*) по спортúвной ходьбé.
5 (*take part in procession*) шéствовать (*impf*).

● *with advs*: **~ about** *vi* прогýливаться (*impf*); **~ away** *vi* уходúть, уйтú; **he ~ed away with several prizes** он без трудá завоевáл/получúл нéсколько призóв; **~ back** *vi* возвращáться, вернýться пешкóм; **~ down** *vi* спус|кáться, -тúться (пешкóм); **~ in** *vi* входúть, войтú; **~ off** *vt* (*annul by ~ing*): **I must ~ off my fat** я дóлжен согнáть жир ходьбóй; **he was ~ing off a heavy lunch** он совершáл прогýлку пóсле сы́тного обéда; *vi* уходúть, уйтú; **someone ~ed off with my hat** ктó-то унёс мою́ шля́пу; **he always ~s off with first prize** он всегдá получáет пéрвый приз; **~ on** *vi* (*continue ~ing*) продолжáть (*impf*) идтú; идтú (*det*) дáльше; (*~ ahead*) идтú (*det*) вперёд; (*theatr*) выходúть, вы́йти на сцéну; **~ out** *vi* выходúть, вы́йти; **the delegates ~ed out in protest** делегáты покúнули зал (*or* вы́шли из зáла) в знак протéста; **the men are threatening to ~ out** (*strike*) рабóчие грозя́т забастóвкой; (*or* покúнуть рабóчие местá); **~ out on s.o.** (*coll*) бр|осáть, -óсить когó-н.; **~ up** *vi* (*approach*) под|ходúть, -ойтú; **~ up! ~ up!** (*Br*) сюдá! сюдá!; **I ~ed up to him** я подошёл к немý; (*climb*): **'Did you use the lift?' — 'No, I ~ed up'** «Вы приéхали на лúфте?» — «Нет, я подня́лся по лéстнице».

● *cpds* **~about** *n* (*fig, Br coll*) общéние с нарóдом; **~-on** *n*: **a ~-on part** немáя роль; **~out** *n* (*as protest*) демонстратúвный ухóд; (*strike*) забастóвка; **~over** *n* лёгкая побéда; **~way** *n* (*in garden*) аллéя; (*between buildings*) перехóд (*сооружение*).

walker /ˈwɔːkə(r)/ *n* **1** человéк, совершáющий пéшие/пешехóдные прогýлки; пéший турúст; **a popular route for ~s** популя́рный пешехóдный маршрýт. **2** (*device for handicapped person*) ходункú (*m pl*). **3**: **dog ~** выгýливатель (*m*) собáк.

walkie-talkie /ˌwɔːkɪˈtɔːkɪ/ *n* рáция.

walking /ˈwɔːkɪŋ/ *n* ходьбá; **~ shoes** óбувь для ходьбы́.

● *adj* ходя́чий, шагáющий; **a ~ encyclopedia** ходя́чая энциклопéдия; **~ wounded** ходя́чие рáненые.

● *cpd* **~ stick** *n* трость, пáлка.

Walkm|an /ˈwɔːkmən/ *n* (*pl* **~ans** *or* **~en**) (*propr*) плéер.

wall /wɔːl/ *n* (*lit, fig*) стенá, стéнка; **there were pictures on the ~** на стенé висéли картúны; **within these four ~s** (*fig*) (стрóго) мéжду нáми; **~s have ears** (и) у стен есть ýши; **he stood with his back to the ~** (*lit*) он стоя́л у стены́; **they had their backs to the ~** (*fig*) их прижáли/припёрли (*coll*) к стéнке; **go up the ~** (*coll*) лезть, по- на стéн(к)у; **it's enough to send, drive you up the ~** (*coll*) э́то застáвит когó угóдно на стéнку лезть; **it's like banging one's head against a brick ~** всё равнó, что прошибáть стéну лбом; **a mountain ~** отвéсная скалá; **~ of the womb** стéнка мáтки; **~ clock** настéнные час|ы́ (*pl*, *g* -óв); **~ map** настéнная кáрта; **~ painting** настéнная рóспись, фрéска.

● *vt* обн|осúть, -естú стенóй; огор|áживать, -одúть; **~ed garden** обнесённый стенóй сад.

● *with advs*: **~ in** *vt* обн|осúть, -естú стенóй; (*immure*) замурóв|ывать, -áть; **~ off** *vt* отгор|áживать, -одúть (стенóй); **~ up** *vt* задéл|ывать, -ать (*дверь, окно*); (*immure*) замурóв|ывать, -áть.

● *cpds* **~flower** *n* желтофиóль; (*at dance*) дáма, остáвшаяся без партнёра; **~-mountable** *adj* имéющий возмóжность настéнного креплéния; настéнный; **~paper** *n* обó|и (*pl*, *g* -ев); *vt* обклéи|вать, -ть обóями; **~ plug** *n* (*to hold screw*) штырь (*m*), дю́бель (*m*) (*пластиковая вставка для вкручивания шурупов в стену и т. п.*); (*socket*) настéнная розéтка; **~-to-~** *adj*: **~-to-~ carpeting** ковёр, покрывáющий весь пол.

wallaby /ˈwɒləbɪ/ *n* кенгурý-валлáби (*m indecl*).

wallet /ˈwɒlɪt/ *n* (*pocketbook*) бумáжник.

wall eye /ˈwɔːlaɪ/ *n* глаз с бельмóм.

wall-eyed /ˈwɔːlaɪd/ *adj* с бельмóм на глазý; кривóй.

wallop /ˈwɒləp/ (*coll*) *n* (*blow*) удáр.

● *vt* (**walloped, walloping**) (*thrash*) дубáсить, от- (*coll*); (*defeat*) разгромúть (*pf*).

wallow /ˈwɒləʊ/ *vi* (*in mud, water*) валя́ться (*impf*); (*fig*) купáться (*impf*) (*в чём*); **~ in luxury** купáться (*impf*) в рóскоши; **~ in grief** упивáться (*impf*) своúм гóрем.

W

Wall Street Уолл-стрит

Ўлица в Нью-Йорке, являющаяся финансовым и торговым центром США. Здесь находится фондовая биржа, головные офисы многих банков и страховых компаний и других финансовых учреждений.

wally /'wɒlɪ/ *n* (*Br coll*) дурале́й.

walnut /'wɔ:lnʌt/ *n* гре́цкий оре́х; (*tree*) оре́ховое де́рево; (*wood*) оре́х.
● *adj* оре́ховый.

walrus /'wɔ:lrəs, 'wɒl-/ *n* морж; **~ moustache** свиса́ющие усы́ (*m pl*).

waltz /wɔ:ls, wɔ:lts, wɒ-/ *n* вальс; **in ~ time** в ри́тме ва́льса; **a ~ tune** мело́дия ва́льса.
● *vt* (*coll*): **he ~ed her round the room** он закружи́л её по ко́мнате в ва́льсе.
● *vi* танцева́ть (*impf*) вальс; (*fig*) пританцо́вывать (*impf*); **she ~ed into the room** она́ впорхну́ла в ко́мнату.

wan /wɒn/ *adj* (**wanner, wannest**) бле́дный, изнурённый; **a ~ light** сла́бый/ту́склый свет; **a ~ smile** сла́бая улы́бка; **his face looked ~** он осу́нулся.

wand /wɒnd/ *n* волше́бная па́лочка; **with a wave of his ~** по манове́нию волше́бной па́лочки.

wander /'wɒndə(r)/ *n*: **I had a ~ round the shops** я прошёлся по магази́нам.
● *vt* броди́ть, стра́нствовать, скита́ться (*all impf*) по + *d*.
● *vi* **1** (*roam; go aimlessly or unhurriedly*) броди́ть (*impf*); **the W~ing Jew** Ве́чный жид; **a ~ing minstrel** бродя́чий певе́ц; **the car was ~ing all over the road** маши́на виля́ла из стороны́ в сто́рону; **I ~ed into the nearest pub** я забрёл в ближа́йший бар; **her ~ing gaze** её блужда́ющий взгляд; **his mind was ~ing** (*absent-mindedly*) его́ мы́сли блужда́ли; (*in delirium*) он бре́дил.
2 (*stray*) заблуди́ться (*pf*); (*lit, fig*) отклон|я́ться, -и́ться; **we ~ed from the track** мы сби́лись с пути́; **don't let your attention ~** не отвлека́йтесь; **he ~ed from the point** он отклони́лся от те́мы.
● *with advs*: **~ about** *vi* броди́ть (*impf*), (*idly*) слоня́ться (*impf*); **~ along** *vi* брести́ (*impf*), прохáживаться (*impf*); **~ away** *vi*: **she tried to stop the children ~ing away** она́ не дава́ла де́тям разбрести́сь; **~ in** *vi* случа́йно за|ходи́ть, -йти́; **~ off** *vi* брести́, по-куда́-н.; **~ on** *vi* прод|олжа́ть, -о́лжить; **he ~ed on** (*speaking*) он продолжа́л бубни́ть; **~ over** *vi* приплести́сь (*pf*), притащи́ться (*pf*); **he ~ed over to hear the news** он приплёлся/притащи́лся узна́ть но́вости; **~ up** *vi*: **he ~ed up to us** он подошёл к нам вя́лой похо́дкой.

wanderer /'wɒndərə(r)/ *n* стра́нник, скита́лец.

wandering /'wɒndərɪŋ/ *n* стра́нствие; (*in pl, of speech*) бессвя́зная речь.

wanderlust /'wɒndə,lʌst, 'vændə,lʊst/ *n* страсть к путеше́ствиям.

wane /weɪn/ *n*: **be on the ~** (*lit, fig*) убыва́ть (*impf*), быть на исхо́де.
● *vi* (*of the moon*) убыва́ть (*impf*), быть на уще́рбе; (*fig, decline*) ослабева́ть (*impf*), угаса́ть (*impf*).

wangle /'wæŋg(ə)l/ *vt* (*obtain by scheming*) заполучи́ть (*pf*) хи́тростью; **he ~d £5 out of me** он вы́клянчил (*coll*) у меня́ 5 фу́нтов; (*falsify in one's favour*): **he ~d the results** он подтасова́л результа́ты.

wank /wæŋk/ *vi* (*Br vulg*) дрочи́ть (*impf*).

wanker /'wæŋkə(r)/ *n* (*Br vulg, fig*) муда́к.

wannabe /'wɒnəbɪ/ *n* (*sl*) челове́к, мечта́ющий стать (*кем-н.*); **~ writer** челове́к, мечта́ющий стать писа́телем.

wanness /'wɒnnɪs/ *n* бле́дность, изнурённость.

want /wɒnt/ *n* **1** (*lack*) недоста́ток, отсу́тствие; **for ~ of** за неиме́нием + *g*; **I took this for ~ of anything better** я взял э́то за неиме́нием лу́чшего.
2 (*need*) нужда́, необходи́мость; **the house is in ~ of repair** дом нужда́ется в ремо́нте.
3 (*penury*) бе́дность, нужда́.
4 (*desire; requirement*) потре́бность, запро́сы (*m pl*), жела́ние; **they can supply all your ~s** они́ мо́гут удовлетвори́ть все ва́ши запро́сы.
● *vt* **1** (*need; require*) нужда́ться (*impf*) в + *p*; **we badly ~ rain** нам о́чень ну́жен дождь; **the floor ~s polishing** (*Br*) пол на́до натере́ть; **your hair ~s cutting** (*Br*) вам пора́ постри́чься; **I shan't ~ you today** вы мне сего́дня не пона́добитесь; **he is ~ed by the police** его́ разы́скивает поли́ция; **'W~ed: a housekeeper'** «Тре́буется эконо́мка»; **you're ~ed on the telephone** вас (про́сят) к телефо́ну; **you are ~ed at the office** вас вызыва́ют на рабо́ту; **what do you ~ with him?** что вам от него́ ну́жно?
2 (*desire, wish for*) хоте́ть (*impf*) + *g or a or inf*; жела́ть (*impf*) + *g or inf*; **what do you ~?** что вы хоти́те?; что вам ну́жно?; **she ~s to go away** она́ хо́чет уе́хать/уйти́; **she ~s me to go away** она́ хо́чет, что́бы я уе́хал/ушёл; **I don't ~ him meddling in my affairs** я не хочу́, что́бы он вме́шивался в мои́ дела́; **I don't ~ any bread today** сего́дня мне хлеб не ну́жен; **I ~ it done immediately** я хочу́, что́бы э́то бы́ло сде́лано неме́дленно; **you don't ~ to** (*ought not to*) **overdo it** вам не сле́дует переутомля́ться; **what do I ~ with all these books?** заче́м (*or* для чего́) мне все э́ти кни́ги?
● *vi* (*literary, be in need*): **they ~ for nothing** они́ ни в чём не нужда́ются.

wanting /'wɒntɪŋ/ *adj* (*missing*) отсу́тствующий; недостаю́щий; (*inadequate*) недоста́точный; неполноце́нный; **he was tried and found ~** он не вы́держал испыта́ния.

wanton /'wɒnt(ə)n/ *adj* **1** (*wilful; ruthless*) своенра́вный, своево́льный; **~ cruelty** бессмы́сленная жесто́кость. **2** (*licentious; immoral*) распу́тный.

wantonness /'wɒntənnɪs/ *n* (*wilfulness*) своенра́вие; (*unchastity*) распу́тство.

war /wɔ:(r)/ *n* **1** война́; **the art of ~** вое́нное иску́сство; **~ of aggression** агресси́вная война́; **~ of attrition** война́ на истоще́ние; **~ of nerves** война́ не́рвов; **civil ~** гражда́нская война́; **cold ~** холо́дная война́; **the Great W~** Пе́рвая мирова́я война́; **the W~s of the Roses** во́йны А́лой и Бе́лой ро́зы; **~ of independence** война́ за незави́симость; **price ~** война́ цен, ценова́я конкуре́нция; **a country at ~** страна́ в состоя́нии войны́; **their countries were at ~** их стра́ны воева́ли друг с дру́гом; **what did you do in the ~?** что вы де́лали во вре́мя войны́ (*or* в войну́)?; **you've been in the ~s!** (*fig*) ну и доста́лось же вам!; **France went to ~ with Germany** Фра́нция вступи́ла в войну́ с Герма́нией; **declare ~ on** объяв|ля́ть, -и́ть войну́ + *d*; **make, wage ~ on** вести́ (*det*) войну́ (*or* воева́ть (*impf*)) с + *i*.
2 (*attr*) вое́нный (*see also cpds*); **~ correspondent** вое́нный корреспонде́нт; **~ criminal** вое́нный престу́пник; **~ damage** разруше́ния (*nt pl*) (*or* поте́ри (*f pl*)), нанесённые войно́й; **~ decoration** боева́я награ́да; **W~ Department** вое́нное министе́рство; **help the ~ effort** рабо́тать (*impf*) для нужд фро́нта; **on a ~ footing** на вое́нном положе́нии; **~ graves** солда́тские моги́лы; **~ memorial** па́мятник геро́ям войны́; **W~ Office** вое́нное министе́рство; **~ service** слу́жба в де́йствующей а́рмии; **~ widow** вдова́ поги́бшего на войне́.
● *vi* (**warred, warring**) боро́ться (*impf*); сража́ться (*impf*).
● *cpds* **~ cry** *n* боево́й клич; **~ dance** *n* войнственный та́нец; **~ game** *n* (*in pl, military exercises*) (вое́нные) уче́ния; (*leisure activity*) вое́нная игра́; **~head** *n* боева́я часть, боеголо́вка; **~horse** *n* (*lit*) боево́й конь; (*fig*) быва́лый солда́т, ветера́н; **~like** *adj* (*martial*) во́инственный; (*military*) вое́нный; **~lord** *n* военача́льник, полково́дец; **~monger** *n* поджига́тель (*m*) войны́; **~mongering** *n* разжига́ние войны́; **~paint** *n* боева́я раскра́ска; **~path** *n* (*lit*) тропа́ войны́; **on the ~path** (*fig*) в во́инственном настрое́нии; **~plane** *n* вое́нный самолёт; **~ship** *n* вое́нный кора́бль; **~time** *n* вое́нное вре́мя; **~-torn** *adj* опустошённый войно́й; **~-weary** *adj* изнурённый/изму́ченный войно́й.

warble /'wɔ:b(ə)l/ *n* (*song*) трель; пе́ние птиц.
● *vi* (*of birds*) издава́ть (*impf*) тре́ли; (*of person*) залива́ться (*impf*) пе́сней.

warbler /'wɔ:blə(r)/ *n* (*bird*) сла́вка.

ward /wɔ:d/ *n* **1** (*person under guardianship*) подопе́чный; **~ of court** лицо́, опеку́н кото́рого назнача́ется судо́м (*де́ти, душевнобольны́е*).
2 (*urban division*) о́круг. **3** (*in hospital etc.*) пала́та; **isolation ~** изоля́тор, бокс. **4** (*in prison*) ка́мера.
● *vt*: **~ off** (*a blow*) отра|жа́ть, -зи́ть; **~ off danger** отвра|ща́ть, -ти́ть опа́сность.

W

● *cpds* **~room** *n* офицерская кают-компания; **~ sister** *n* (*Br*) палатная медсестра.

warden /ˈwɔːd(ə)n/ *n* **1** (*Br, of college*) ректор; (*of hostel*) комендант; (*of prison*) начальник. **2**: **air-raid ~** ≈ начальник штаба гражданской обороны; **game ~** егерь (*m*); **traffic ~** (*Br*) инспектор, контролирующий соблюдение правил парковки и стоянки (*в черте города*).

warder /ˈwɔːdə(r)/ *n* (*Br*) (*in prison*) надзиратель (*m*), тюремщик.

wardress /ˈwɔːdrɪs/ *n* (*Br*) надзирательница, тюремщица (*coll*).

wardrobe /ˈwɔːdrəʊb/ *n* **1** платяной шкаф, гардероб; (*stock of clothes*) гардероб. **2** (*theatr*) костюмерная; **~ mistress** костюмер, костюмерша (*coll*).

wardship /ˈwɔːdʃɪp/ *n* опека, попечительство.

ware /weə(r)/ *n* **1** (*collect, usu comb form, manufactured articles*) товар; изделия (*nt pl*); (*pottery*): **delft~** фаянс. **2** (*in pl, articles offered for sale*) товары (*m pl*); изделия (*nt pl*); **peddle one's ~s** (*lit*) предлагать (*impf*) товары на продажу; (*fig*) заниматься (*impf*) саморекламой.

● *cpds* **~house** *n* (товарный) склад; *vt* хранить (*impf*) на складе; **~houseman, ~house keeper** *nn* кладовщи|к (*fem* -ца).

warfare /ˈwɔːfeə(r)/ *n* война; боевые действия; **germ ~** бактериологическая война; **guerrilla ~** партизанская война.

wariness /ˈweərmɪs/ *n* осторожность, настороженность.

warlock /ˈwɔːlɒk/ *n* колдун, маг.

warm /wɔːm/ *n* (*act of ~ing*): **come and have a ~ by the fire** идите погрейтесь у камина.

● *adj* тёплый; **a ~ day** тёплый день; **a ~ fire** жаркий огонь; **~ countries** тёплые страны/края; **I can't keep ~ in this weather** в такую погоду я никак не могу согреться; **I got very ~ playing tennis** от игры в теннис я сильно разогрелся; (*fig*) (*welcome*) тёплый, сердечный; (*thanks*) горячий, сердечный; **accept my ~est thanks** примите мою горячую благодарность; **his plan was ~ly approved** его план горячо поддержали; **he has a ~ heart** он отзывчивый/сердечный человек; **the scent was still ~** след ещё не остыл; **am I getting ~?** (*fig*) я правильно догадываюсь?

● *vt* греть (*impf*); (*food, water*) подогр|евать, -еть; нагр|евать, -еть; согр|евать, -еть; **~ o.s. at the fire** греться (*impf*) у камина/огня; **that fire will not ~ the room** этот камин не обогреет комнату; **will you have your milk ~ed?** вам подогреть молоко?

● *vi* греться (*impf*); (*of objects*) нагр|еваться, -еться; разогр|еваться, -еться; (*of people, room*) согр|еваться, -еться; (*fig*): **he ~ed to the subject as he went on** по мере рассказа он всё больше воодушевлялся; **I ~ed to(wards) him as I got to know him** чем лучше я его узнавал, тем больше расположения он вызывал у меня.

● *with adv*: **~ up** *vt* разогр|евать, -еть; согр|евать, -еть; **a fire will ~ up the room** камин обогреет комнату; **his dinner had been ~ed up** ему разогрели ужин; **a drink will ~ you up** вино вас согреет; **this engine needs a lot of ~ing up** этот мотор приходится долго прогревать; **he told a few jokes to ~ up the audience** чтобы расшевелить публику, он рассказал два-три анекдота; *vi* согр|еваться, -еться; **the house takes a long time to ~ up** этот дом медленно согревается; **it** (*sc. the weather*) **is ~ing up** теплеет; **the TV is ~ing up** телевизор нагревается; **the conversation ~ed up** разговор оживился; **he ~ed up before the race** он сделал разминку перед началом соревнования.

● *cpds* **~-blooded** *adj* теплокровный; **~-hearted** *adj* сердечный; **~-up** *n* разминка.

warmish /ˈwɔːmɪʃ/ *adj* тепловатый.

warmth /wɔːmθ/ *n* теплота, тепло; (*fig*) сердечность, теплота.

warn /wɔːn/ *vt* **1** (*caution*) предупре|ждать, -дить; (*of danger, negative consequences*) предостер|егать, -ечь; **I ~ed her not to go out alone** я предупреждал её, чтобы она одна не выходила; **we were ~ed against pickpockets** нас предупредили о существовании карманников; **he was ~ed off drink** ему запретили пить. **2** (*admonish*): **I shan't ~ you again** это моё последнее предупреждение. **3** (*give notice*) изве|щать, -стить; опове|щать, -стить.

warning /ˈwɔːnɪŋ/ *n* предупреждение, предостережение; **gale ~** штормовое предупреждение; **early ~** (*system*) (*mil*) раннее предупреждение; дальнее обнаружение; **give ~ of** предупре|ждать, -дить о + *p*; **let this be a ~ to you** пусть это послужит вам предостережением; **he was let off with a ~** он отделался (одним лишь) предупреждением; **without ~** без предупреждения; вдруг; совершенно неожиданно.

● *adj* предупреждающий; предостерегающий; **he gave a ~ look** он бросил предостерегающий взгляд; **he fired a ~ shot** он сделал предупредительный выстрел.

warp /wɔːp/ *n* (*weaving*) основа; (*distortion*) искривление; деформация.

● *vt* **1** (*distort*) коробить, по-; искрив|лять, -ить; **damp ~s the binding** переплёт коробит от сырости. **2** (*fig*) иска|жать, -зить, извра|щать, -тить; **a ~ed sense of humour** (*Br*), **humor** (*US*) извращённое чувство юмора.

● *vi* (*become distorted*) коробиться, по-.

warrant /ˈwɒrənt/ *n* ордер; судебное распоряжение; **search ~** ордер на обыск; **~ officer** (*army*) старшина (*m*) (*в армии*); (*nav, also* **senior chief petty officer**) главный корабельный старшина; **death ~** (*fig*) смертный приговор.

● *vt* **1** (*justify*) оправд|ывать, -ать. **2** (*guarantee*) гарантировать (*impf, pf*); ручаться, поручиться за + *a*; **I can ~ him to be reliable** я ручаюсь за его надёжность; **he will be back I('ll) ~ you** он вернётся, уверяю вас.

warranty /ˈwɒrəntɪ/ *n* **1** (*authority*) оправдание, ручательство. **2** (*guarantee*) гарантия; **this watch is under ~** эти часы с гарантией.

warren /ˈwɒrən/ *n* кроличья нора; (*fig*) муравейник, лабиринт.

warrior /ˈwɒrɪə(r)/ *n* воин; **the Unknown W~** Неизвестный Солдат.

Warsaw /ˈwɔːsɔː/ *n* Варшава; **~ Pact** (*hist*) Варшавский договор.

wart /wɔːt/ *n* бородавка; **~s and all** (*fig*) без прикрас.

● *cpd* **~hog** *n* (*zool*) бородавочник.

wary /ˈweərɪ/ *adj* (**warier, wariest**) осторожный, осмотрительный, настороженный; **be ~ of** остерегаться (*impf*) + *g*; относиться (*impf*) настороженно к + *d*.

was /wɒz, wəz/ *1st and 3rd pers sg past of* ⇨**be**

wash /wɒʃ/ *n* **1** (*act of ~ing*) мытьё; **I must have, get a ~** мне надо помыться/умыться; **she gave the floor a good ~** она тщательно вымыла пол. **2** (*laundering; laundry*) стирка; **send to the ~** отд|авать, -ать в стирку; **my shirts are all at the ~** все мои рубашки в стирке; **she does a big ~ on Mondays** по понедельникам у неё большая стирка; **it will all come out in the ~** (*fig*) всё уладится/образуется/утрясётся. **3** (*motion of water etc.*) прибой; волна; **the vessel made a big ~** от корабля пошла сильная волна. **4** (*solution of paint*) тонкий слой краски.

● *vt* **1** (*cleanse with water etc.*) мыть, по-/вы-; (*hands, face, child*) ум|ывать, -ыть; (*clothes*) стирать, по-/вы-; **~ one's hands and face** мыть, по- руки и лицо; **~ dishes** мыть, вы- посуду; **he ~ed himself in the stream** он помылся в ручье; **this fabric must be ~ed in cold water** эту ткань следует стирать в холодной воде; (*fig*): **~ one's hands of sth** умыть (*pf*) руки. **2** (*of water; flow past*) омывать (*impf*); (*sweep away*) сн|осить, -ести; см|ывать, -ыть; **he was ~ed overboard by a wave** его смыло волной за борт; (*scoop out; erode*) разм|ывать, -ыть; **the stream ~ed a channel in the sand** поток промыл канаву в песке.

● *vi* **1** (*~ o.s.*) мыться, по-/вы-; ум|ываться, -ыться. **2** (*~ clothes*) стирать, вы-. **3** (*of fabric: stand up to ~ing*) стираться (*impf*); (*fig*): **that excuse won't ~** эта отговорка не пройдёт. **4** (*of water*) плескаться (*impf*); **waves ~ed over the deck** волны перекатывались по палубе.

● *with advs*: **~ away** *vt* (*remove: stains etc.*) отмы|вать, -ть (*пятна*); (*erode:*

W

cliffs etc.) разм|ыва́ть, -ы́ть; (*carry off*) см|ыва́ть, -ыть; **~ down** *vt* (*a surface*) мыть, вы́-; (*food*) зап|ива́ть, -и́ть (*что чем*); **I had a sandwich, ~ed down with beer** я съел бутербро́д и запи́л его́ пи́вом; **~ off** *vt & i* смы|ва́ть(ся), -ы́ть(ся); (*from clothes*) отсти́р|ывать(ся), -а́ть(ся); **~ out** *vt* (*e.g. stains*) отмы|ва́ть, -ть; (*a garment*) стира́ть, вы́-; (*a stain from clothes*) отсти́р|ывать, -а́ть; (*of colour*) линя́ть, по-/вы́-; **you look ~ed out** у вас утомлённый вид; **the game was ~ed out (by rain)** игру́ пришло́сь прекрати́ть из-за дождя́; **~ up** *vt & i* (*Br, dishes*) мыть, по-/вы́- (посу́ду); (*US, have a wash*) мы́ться, по-/вы́-; (*on to shore*) выбра́сывать, вы́бросить на бе́рег; **a chest ~ed up by the tide** сунду́к, вы́брошенный на бе́рег мо́рем/прили́вом; **~ed up** (*exhausted*) уста́лый, разби́тый; (*ruined*) ко́нченый; (*coll*) пропа́щий.

● *cpds* **~basin, ~ bowl** *nn* ра́ковина; **~board** *n* стира́льная доска́; **~ bowl** *n* = **~basin**; **~cloth** *n* (*US*) махро́вая салфе́тка/рукави́чка для лица́; **~day** *n* день (*m*) сти́рки; **~down** *n* мытьё, мо́йка; **~ house** *n* пра́чечная; **~ leather** *n* за́мша (*для мытья стёкол и т. п.*); **~out** *n* (*result of flood or rain*) размы́в; (*coll, fiasco*) прова́л, неуда́ча; **~room** *n* (*US*) убо́рная; **~stand** *n* умыва́льник; **~tub** *n* лоха́нь; коры́то.

washable /ˈwɒʃəb(ə)l/ *adj* мо́ющийся.

washer /ˈwɒʃə(r)/ *n* (*washing machine*) стира́льная маши́на; (*machine component*) прокла́дка.

● *cpd* **~woman** *n* пра́чка.

washing /ˈwɒʃɪŋ/ *n* **1** (*action*) мытьё, умыва́ние, сти́рка. **2** (*clothes*) бельё; **hang out the ~** ве́шать, пове́сить (*or* разве́|шивать, -сить) бельё; **take in ~** рабо́тать (*impf*) пра́чкой.

● *cpds* **~ machine** *n* стира́льная маши́на; **~ powder** *n* (*Br*) стира́льный порошо́к; **~-up** *n* (*Br*): **do the ~-up** мыть, по-/вы́- посу́ду; **~-up liquid** *n* (*Br*) сре́дство для мытья посу́ды.

Washington /ˈwɒʃɪŋt(ə)n/ *n* (*City and State*) Вашингто́н.

Washington DC — Вашингто́н

Столи́ца США, на́званная так в честь пе́рвого президе́нта страны́ Джо́рджа Ва́шингтона. В администрати́вно-территориа́льном отноше́нии э́тот го́род по́лностью совпада́ет с федера́льным о́кругом Колу́мбия. В Вашингто́не нахо́дятся Бе́лый дом, конгре́сс, Верхо́вный суд, национа́льные музе́и.

wasp /wɒsp/ *n* оса́; **~ sting** уку́с осы́.

waspish /ˈwɒspɪʃ/ *adj* язви́тельный, ко́лкий.

waspishness /ˈwɒspɪʃnɪs/ *n* язви́тельность, ко́лкость.

wastage /ˈweɪstɪdʒ/ *n* убы́ток, уте́чка.

waste /weɪst/ *n* **1** (*purposeless or extravagant use*; *failure to use*) (рас)тра́та, растра́чивание; **~ of money** пуста́я тра́та де́нег; **it would be a ~ of time** э́то бы́ло бы напра́сной тра́той вре́мени; **go, run to ~** пропада́ть (*impf*) да́ром. **2** (*refuse*) отхо́ды (*m pl*), отбро́сы (*m pl*), му́сор; **~ collection** вы́воз му́сора. **3** (*superfluous material*) отхо́ды (*m pl*), отбро́сы (*m pl*); **atomic ~** отхо́ды а́томной промы́шленности. **4** (*desert area*) пусты́ня.

● *adj* **1** (*superfluous, unwanted*) ли́шний, нену́жный; (*left over after manufacture*) отрабо́танный; (*rejected*; *thrown away*) брако́ванный; **~ products** отхо́ды (*m pl*); **~ paper** макулату́ра. **2** (*of land*: *desolate, desert*) пусты́нный; (*uninhabited*) незаселённый; (*uncultivated*) невозде́ланный; **~ ground** невозде́ланная земля́; **lay ~** опустош|а́ть, -и́ть; разор|я́ть, -и́ть.

● *vt* **1** (*make no use of, use to no purpose, squander*) тра́тить, ис-/по- да́ром/зря/впусту́ю; растра́|чивать, -тить; **be ~d** проп|ада́ть, -а́сть (да́ром); **~ one's life** бесполе́зно прож|ива́ть, -и́ть жизнь; **~ one's chance** упус|ка́ть, -ти́ть слу́чай; **my joke was ~d on him** он не оцени́л моеё шу́тки; **~ one's breath, words** говори́ть (*impf*) на ве́тер. **2** (*lay ~; ravage*) опустош|а́ть, -и́ть; разор|я́ть, -и́ть. **3** (*wear away*) изнур|я́ть, -и́ть; истощ|а́ть, -и́ть; **his body was ~d by sickness** его́ те́ло бы́ло истощено́/изнурено́ боле́знью; **a wasting disease** изнури́тельная боле́знь.

● *vi* (*usu* **~ away:** *become weak; wither*) истощ|а́ться, -и́ться; ча́хнуть, за-.

● *cpds* **~basket** *n* му́сорная корзи́на; **~ bin** (*Br*), **~ can** (*US*) *nn* му́сорное ведро́; му́сорный я́щик; **~ disposal** *n*: **~-disposal unit** (*Br*) мусородроби́лка; **~land** пусты́рь (*m*), пу́стошь; **~-paper basket** *n* корзи́на для бума́г; **~ pipe** *n* сливна́я/водоотво́дная труба́.

wasteful /ˈweɪstfʊl/ *adj* расточи́тельный, неэконо́мный.

wastefulness /ˈweɪstfʊlnɪs/ *n* расточи́тельность, неэконо́мность.

waster /ˈweɪstə(r)/ *n* (*wasteful person*) расточи́тель (*m*); (*coll, good-for-nothing*) никуды́шный/никчёмный челове́к; безде́льник.

wastrel /ˈweɪstr(ə)l/ *n* (*good-for-nothing*) безде́льник; (*wasteful person*) расточи́тель (*m*).

watch¹ /wɒtʃ/ *n* **1** (*alert state*) надзо́р, присмо́тр, наблюде́ние; **keep ~** (*of sentry or on ship*) стоя́ть (*impf*) на ва́хте; (*guard*) наблюда́ть (*impf*) (**on:** за + *i*); **the dog keeps ~ on, over the house** соба́ка карау́лит/сторожи́т дом; **on the ~** начеку́; **she is always on the ~ for a bargain** она́ всегда́ смо́трит, что мо́жно вы́годно купи́ть. **2** (*hist, night guardian or patrol* (*collect*)) стра́жа; карау́л; патру́ль (*m*). **3** (*duty period at sea*) ва́хта; **be on ~** нести́ (*det*) ва́хту; стоя́ть (*impf*) на ва́хте; (*in general, e.g. for signal operators*) дежу́рство; **I was on ~ from 6 to 12** я дежу́рил с шести́ до двена́дцати.

● *vt* **1** (*look at; keep eyes on*) смотре́ть (*impf*); **he was ~ing TV** он смотре́л телеви́зор; **I ~ed him draw** я смотре́л, как он рису́ет. **2** (*keep under observation*) следи́ть (*impf*) за + *i*; смотре́ть (*impf*) за + *i*; **he is being ~ed by the police** поли́ция следи́т/наблюда́ет за ним; (*be careful of*) следи́ть (*impf*) за + *i*; **I have to ~ my weight** мне ну́жно следи́ть за ве́сом/фигу́рой; **~ your step!** (*lit*) не оступи́тесь!; (*fig; also, coll,* **~ it!**) бу́дьте осторо́жны!; осторо́жно!; береги́тесь!; **I shall have to ~ myself** мне придётся впредь быть осмотри́тельнее. **3** (*guard*) сторожи́ть; карау́лить; стере́чь (*all impf*).

● *vi* **1** смотре́ть, наблюда́ть, следи́ть (*all impf*); **he was content to ~** он дово́льствовался ро́лью наблюда́теля; **she ~ed by his bedside** она́ дежу́рила у его́ посте́ли; **he ~ed for his opportunity** он выжида́л удо́бную возмо́жность; **he ~ed for the postman** он поджида́л/высма́тривал почтальо́на; **will you ~ over my things?** вы не присмо́трите за мои́ми веща́ми?; **he ~ed over her interests** он стоя́л на стра́же её интере́сов. **2** (*be careful*): **~ how you cross the street** бу́дьте осторо́жны (*or* смотри́те) при перехо́де у́лицы.

● *with adv*: **~ out** *vi* (*beware*) остерега́ться (+ *g*); бере́чься (+ *g*); (*both impf*); **you'll fall if you don't ~ out** вы упадёте, е́сли не бу́дете осторо́жны; **~ out for the signal!** жди́те сигна́ла!

● *cpds* **~dog** *n* (*lit*) сторожева́я соба́ка; (*fig*) наблюда́тель (*m*); **~man** *n* сто́рож, вахтёр; **~tower** *n* сторожева́я ба́шня; **~word** *n* (*slogan*) деви́з; (*password*) паро́ль (*m*).

watch² /wɒtʃ/ *n* (*timepiece*) час|ы́ (*pl, g,* -о́в); **two ~es** дво́е часо́в; **set one's ~** ста́вить, по- часы́; **what time is it by your ~?** ско́лько вре́мени на ва́ших часа́х?

● *cpds* **~band** *n* (*US*) = **~ strap**; **~ chain** *n* цепо́чка для часо́в; **~maker** *n* часовщи́к; **~ strap** *n* ремешо́к для часо́в; (*metal*) брасле́т.

watcher /wɒtʃə(r)/ *n* наблюда́тель (*m*).

watchful /ˈwɒtʃfʊl/ *adj* внима́тельный, бди́тельный.

watchfulness /ˈwɒtʃfʊlnɪs/ *n* внима́тельность, бди́тельность.

water /ˈwɔːtə(r)/ *n* **1** вода́; **we are going on the ~ today** сего́дня мы пойдём ката́ться на ло́дке; **our friends from across, over the ~** на́ши замо́рские/заокеа́нские друзья́; **at the ~'s edge** у са́мой воды́; **the ~ has been cut off** во́ду отключи́ли; **she turned on the ~** она́ пусти́ла во́ду (*or* откры́ла кран); **a house with ~ laid on** дом с водопрово́дом; **the road is under ~** доро́га зато́плена; **he spends money like ~** он сори́т деньга́ми. **2** (*attr*) (*see also cpds*): **~ bus** речно́й трамва́й; **~ power** гидроэне́ргия; **~ sports** во́дные ви́ды спо́рта; **~ supply** водоснабже́ние. **3** (*fig phrr*): **in deep ~** в беде́; в опа́сном положе́нии; **get into hot ~** вл|ипа́ть, -и́пнуть в неприя́тность (*coll*); **keep one's head above ~**

удержа́ться (*pf*) на пове́рхности; **pour, throw cold ~ on** раскритикова́ть (*pf*); **~ under the bridge** безвозвра́тное про́шлое; **the argument won't hold ~** э́тот до́вод ни на чём не осно́ван.
4 (*in pl, areas of sea; reaches of river*) во́ды (*f pl*); **in Icelandic ~s** в исла́ндских вода́х; **in home ~s** в свои́х вода́х; (*in pl, mineral ~s*) минера́льные во́ды; **they went to the spa to take the ~s** они́ пое́хали (лечи́ться) на во́ды.
5 (*urine*) моча́; **make, pass ~** мочи́ться, по-; (*fluid*): **~ on the brain** водя́нка мо́зга; гидроцефа́лия; **~ on the knee** жи́дкость в коле́нной ча́шечке.
6 (*state of tide*): у́ровень (*m*) воды́; **high/low ~** прили́в/отли́в.
● *vt* **1** (*sprinkle ~ on*) пол|ива́ть, -и́ть водо́й.
2 (*provide with ~*) пои́ть, на-; **he stopped to ~ his horse** он останови́лся напои́ть коня́.
3: **~ed silk** муари́рованный шёлк; муа́р.
● *vi* (*of eyes*) слези́ться (*impf*); **his eyes were ~ing with the wind** от ве́тра у него́ слези́лись глаза́; **the sight of food made my mouth ~** при ви́де еды́ у меня́ потекли́ слю́нки.
● *with adv*: **~ down** *vt* (*lit*) разб|авля́ть, -а́вить; (*fig*) смягч|а́ть, -и́ть; осл|абля́ть, -а́бить.
● *cpds* **~ biscuit** *n* пече́нье на воде́; **~ blister** *n* волды́рь (*m*), пузы́рь (*m*); **~borne** *adj* (*of freight*) доставля́емый/перевози́мый по воде́; (*of infection*) передаю́щийся че́рез во́ду; **~ bottle** *n* (*soldier's*) фля́жка; (*carafe*) графи́н; (*for heating bed*) гре́лка; **~ buffalo** *n* буйво́л; **~ butt** *n* бо́чка для дождево́й воды́; **~ cannon** *n* брандспо́йт, гидропу́льт; **~ chute** *n* водяны́е го́ры (*f pl*) (*аттракцион*); **~ closet** *n* туале́т; **~colour** (*US* **color**) *n* (*paint*) акваре́ль, акваре́льные кра́ски (*f pl*); (*painting*) акваре́ль, акваре́льный рису́нок; **~-cooled** *adj* с водяны́м охлажде́нием; **~course** *n* ру́сло; **~cress** *n* кресс водяно́й; **~ed-down** *adj* (*fig*) ослабленный; **~fall** *n* водопа́д; **~ feature** *n* (*in gardening*) элеме́нт аквадиза́йна (*искусственный пруд, фонтан*); **~fowl** *n pl* водопла́вающая пти́ца; **~front** *n* берегова́я ли́ния (го́рода); **~ gauge** *n* водоме́р; **~ heater** *n* кипяти́льник; **~hen** *n* ку́рочка водяна́я; **~hole** *n* (*in desert*) во́дный исто́чник; **~ ice** *n* шербе́т (*мороженое*); фрукто́вый лёд; **~ jacket** *n* водяна́я руба́шка; **~ jump** *n* во́дный рубе́ж (*на ска́чках*); **~ level** *n* у́ровень (*m*) воды́; (*instrument*) ватерпа́с; **~ lily** *n* водяна́я ли́лия, кувши́нка; **~line** (*naut*) *n* ватерли́ния; **~logged** *adj* (*of wood*) мо́крый; (*of ground*) заболо́ченный; **~ main** *n* водопрово́дная магистра́ль; **~man** *n* (*boatman*) ло́дочник; **~mark** *n* водяно́й знак; **~ meadow** *n* заливно́й луг; **~melon** *n* арбу́з; **~ meter** *n* водоме́р; **~mill** *n* водяна́я ме́льница; **~ nymph** *n* речна́я ни́мфа, руса́лка; **~ pipe** *n* водопрово́дная труба́; **~ pistol** *n* (игру́шечный) водяно́й пистоле́т; **~ plant** *n* во́дное/водяно́е расте́ние; **~ polo** *n* во́дное по́ло (*indecl*); **~proof** *adj* непромока́емый; *n* (*Br*) непромока́емый плащ; *vt* обраб|а́тывать, -о́тать водонепроница́емым соста́вом; **~ rat** *n* водяна́я кры́са; **~ rate** *n* пла́та за во́ду; **~-repellent** *adj* водооттáлкивающий; **~side** *n* бе́рег; **~skiing** *n* водноли́жный спо́рт; **~skis** *n pl* во́дные лы́жи (*f pl*); **~ softener** *n* водоумягчи́тель (*m*); **~spout** *n* (*phenomenon*) водяно́й смерч; (*conduit*) водосто́чная труба́; **~ tank** *n* бак для воды́; резервуа́р; **~ tap** *n* водопрово́дный кран; **~tight** *adj* (*lit*) водонепроница́емый; (*fig, of argument etc.*) неопровержи́мый, убеди́тельный; **~ tower** *n* водонапо́рная ба́шня; **~ trough** *n* пои́лка для скота́; **~ wag(g)on** *n* пово́зка водово́за; (*fig*) *see* ⇒**wag(g)on**; **~way** *n* (*route for travel*) во́дный путь; (*navigable channel*) фарва́тер; **~weed** *n* во́доросль; **~wheel** *n* водяно́е колесо́; **~ wings** *n pl* пла́вательные пузыри́ (*m pl*); **~works** *n pl* (*lit*) водопрово́дная ста́нция; (*fig, Br coll: urinary system*) мочева́я систе́ма.

watering /ˈwɔːtərɪŋ/ *n* поли́вка; **the roses need ~** ро́зы ну́жно поли́ть.
● *cpds* **~ can** *n* ле́йка; **~ place** *n* (*for animals*) водопо́й; (*resort*) во́дный куро́рт; во́ды (*f pl*).

Waterloo /ˌwɔːtəˈluː/ *n* Ватерло́о (*indecl*); **the Battle of ~** сраже́ние у Ватерло́о.

watershed /ˈwɔːtəˌʃed/ *n* (*lit, fig*) водоразде́л.

watery /ˈwɔːtərɪ/ *adj* водяни́стый, жи́дкий; **~ vegetables** перева́ренные о́вощи; **~ eyes** слезя́щиеся глаза́; **a ~ grave** ги́бель на́ море.

watt /wɒt/ *n* ватт.

wattage /ˈwɒtɪdʒ/ *n* мо́щность в ва́ттах.

wattle[1] /ˈwɒt(ə)l/ *n* **1** (*material*) лозня́к; (*woven fence*) плете́нь (*m*); **~ and daub hut** ма́занка. **2** (*plant*) ака́ция.

wattle[2] /ˈwɒt(ə)l/ *n* (*of bird*) боро́дка.

wave /weɪv/ *n* **1** (*ridge of water*) волна́; (*very large*) вал; **life on the ocean ~(s)** морска́я жизнь.
2 (*fig, of persons advancing*) волна́.
3 (*fig, temporary increase or spread*) подъём, волна́; **~ of enthusiasm** волна́/взрыв энтузиа́зма; **crime ~** ре́зкий рост престу́пности; **heat ~** жара́; пери́од си́льной жары́.
4 (*phys*) волна́; **short/medium/long ~s** коро́ткие/сре́дние/дли́нные во́лны.
5 (*undulation*): **her hair has a natural ~** у неё (от приро́ды) вью́щиеся во́лосы; **permanent ~** пермане́нт.
6 (*gesture*) взмах; **she gave a ~ of her hand** она́ помаха́ла/взмахну́ла руко́й.
● *vt* **1** (*move to and fro or up and down*) маха́ть, по- + *i*; разма́хивать (*impf*) + *i*; **the children were waving flags** де́ти маха́ли/разма́хивали флажка́ми; **she ~d her handkerchief at me** она́ помаха́ла мне платко́м; **he ~d his hand** (*as a signal*) он по́дал знак (*or* махну́л) руко́й.
2 (*express by hand-waving*): **~ goodbye** маха́ть, по- (руко́й) на проща́ние.
3 (*set in ~s*) зав|ива́ть, -и́ть; **she had her hair ~d** она́ сде́лала зави́вку.
● *vi* **1** (*move to and fro or up and down*) развева́ться (*impf*); кача́ться (*impf*); **waving branches** кача́ющиеся ве́тви; **waving corn** волну́ющаяся под ве́тром пшени́ца; **the flags were waving in the breeze** фла́ги развева́лись на ветру́.
2 (*~ one's hand*) маха́ть, по-; **~ at s.o.** маха́ть, по- кому́-н.
3 (*of hair*) ви́ться (*impf*).
● *with advs*: **~ aside** *vt* отстран|я́ть, -и́ть же́стом; **he ~d my objections aside** он отмахну́лся от мои́х возраже́ний; **~ away** *vt* отстран|я́ть, -и́ть же́стом; **~ down** *vt* остан|а́вливать, -ови́ть; **the policeman ~d us down** полице́йский взмахну́л руко́й, что́бы мы останови́лись; **~ on** *vt*: **the officer ~d his men on** офице́р взма́хом руки́ дал солда́там сигна́л к наступле́нию; **when our passports had been checked we were ~d on** когда́ на́ши паспорта́ прове́рили, нам махну́ли: «Проезжа́йте!».
● *cpds* **~band** *n* диапазо́н волн; **~length** *n* длина́ волны́; **he and I are on the same ~length** (*fig*) мы с ним легко́ нахо́дим о́бщий язы́к; **he and I aren't on the same ~length** (*or* **he is on a different ~length from me**) нам тяжело́/тру́дно находи́ть о́бщий язы́к друг с дру́гом (*or* мне тяжело́/тру́дно находи́ть о́бщий язы́к с ним).

waver /ˈweɪvə(r)/ *vi* **1** (*flicker*) колыха́ться (*impf*). **2** (*falter; become unsteady*) дрожа́ть, за-; дро́гнуть (*pf*); **his voice ~ed** его́ го́лос дро́гнул.
3 (*hesitate; be irresolute*) колеба́ться (*impf*).

waverer /ˈweɪvərə(r)/ *n* коле́блющийся.

wavy /ˈweɪvɪ/ *adj* (**wavier, waviest**) волнообра́зный, волни́стый; **a ~ line** волни́стая ли́ния/черта́; **~ hair** вью́щиеся во́лосы.

wax[1] /wæks/ *n* **1** воск; (*in the ears*) се́ра; **bees ~** пчели́ный воск; **paraffin ~** твёрдый парафи́н. **2** (*attr*) восково́й; *see also cpds*.
● *vt* вощи́ть, на-; (*surface*) нат|ира́ть, -ере́ть (во́ском).
● *cpds* **~ bean** *n* восковая фасо́ль; **~ crayons** *n pl* восковы́е мелки́ (*m pl*); **~ museum** *n* = **~works**; **~(ed) paper** *n* воща́нка, воско́вка; **~work** *n* (*dummy*) воскова́я фигу́ра; **~works** *n* (*museum*) галере́я/музе́й восковы́х фигу́р.

wax[2] /wæks/ *vi* **1** (*of moon*) прибыва́ть (*impf*). **2** (*literary, grow*) де́латься (*impf*); станови́ться (*impf*); **~ eloquent** де́латься, с- красноречи́вым.

waxen /ˈwæks(ə)n/ *adj* восково́й.

waxy /ˈwæksɪ/ *adj* (**waxier, waxiest**) восковóй; ~ **potatoes** водяни́стая картóшка.

way /weɪ/ *n* **1** (*road, path*) дорóга, путь (*m*); (*track*) тропá; **Milky W ~** Млéчный Путь; **over the ~** (*Br*) напрóтив.
2 (*route, journey*) путь (*m*); **which is the best ~ to London?** как лу́чше проéхать в Лóндон?; **he lost his ~** он заблуди́лся; он сби́лся с пути́; **he went (on) his ~** он пошёл дáльше; он удали́лся; **they went their own ~s** кáждый из них пошёл свои́м путём; **go down the wrong ~** (*of food*) попáсть (*pf*) не в то гóрло; **lead the ~** (*lit*) идти́ (*det*) впереди́; (*fig*) под|авáть, -áть примéр; **feel one's ~** дви́гаться (*impf*) осторóжно (*or* óщупью); **we made our ~ to the dining room** мы прошли́ в столóвую; **you must make your own ~ to the station** вам придётся добирáться до стáнции самомý; **they made their ~ across mountains** они́ прошли́ чéрез гóры; **he made his ~ in the world** он проби́л себé дорóгу в жи́зни; **pay one's ~** (*of person*) (*when travelling*) оплá|чивать, -ти́ть свою́ дорóгу; (*in general*) жить (*impf*) на сóбственные срéдства; (*of thing*) окуп|áться, -и́ться; оправдывать, оправдáть себя́; **he worked his ~ through college** все гóды студéнчества он зарабáтывал себé на жизнь; (*with preps*): **by ~ of London** чéрез Лóндон; **by the ~** по дорóге; в пути́; (*incidentally*) кстáти; мéжду прóчим; **by ~ of** *see* **11**; **in the ~** *see* **9**; **on the ~** по дорóге; на/по пути́; **he was on his ~ to the bank** он шёл в банк; **a letter is on its ~** письмó (нахóдится) в пути́; **I must be on my ~** мне порá (идти́); **I sent him on his ~** я егó отпрáвил; **they have another child on the ~** они́ ожидáют ещё одногó ребёнка; (*of fashion*): **be on the ~ in** входи́ть (*impf*) в мóду; **be on the ~ out** выходи́ть (*impf*) из мóды; **the hall is well on the ~ to completion** строи́тельство зáла бли́зится к концý; **he is well on the ~ to being a professor** у негó есть все шáнсы стать профéссором; **he went out of his ~ to help me** он прояви́л немáлое усéрдие, чтóбы помóчь мне; **out of the ~** (*remote*) в сторонé; далекó; **the price is nothing out of the ~** ценá не осóбенно высóкая; *see also* **9**; (*with adv indicating direction*): **~ across** перехóд; **~ in** вход; **~ out** (*lit, fig*) вы́ход; **~ back** обрáтная дорóга, дорóга назáд; **can you find the ~ back?** вы найдёте дорóгу назáд?; **the ~ ahead will be difficult** нам предстои́т трýдная дорóга; **~ through** прохóд; **~ round** окóльный путь; (*fig, loophole*) лазéйка; **he knows his ~ around** он знáет, что к чемý.
3 (*door*): **he came in by the front ~ and went out by the back** он вошёл с парáдного хóда, а вы́шел с чёрного.
4 (*direction*) сторонá, направлéние; **which ~ did they go?** в какýю стóрону они́ пошли́?; **this ~** сюдá; **are you going my ~?** вам со мной по пути́?; **come s.o.'s ~** дост|авáться, -áться комý-н.; **look the other ~** (*fig, deliberately ignore sth*) смотрéть (*impf*) сквозь пáльцы на что-н.; **I travelled by bus both ~s** я éхал автóбусом тудá и обрáтно (*or* в óба концá); **you can't have it both ~s** ли́бо однó, ли́бо другóе; чтó-нибудь однó; **it cuts both ~s** пáлка о двух концáх; **no two ~s about it** э́то несомнéнно; **I don't know which ~ to turn** я не знáю, что дéлать (*or* как быть).
5 (*of reversible things*): **his hat is on the wrong ~ round** он надéл шля́пу задóм напéрёд; **the picture is the wrong ~ up** карти́на повéшена вверх ногáми; **is the flag the right ~ up?** флаг повéшен прáвильно?; **the other ~ round** наоборóт, напрóтив.
6 (*neighbourhood, area*): **down your ~** в вáших края́х; **he lives somewhere Plymouth ~** он живёт где-то в райóне Пли́мута.
7 (*distance, time*) расстоя́ние; **a long ~ off** (*away*) далекó; **a little, short ~** недалекó; **quite a ~** довóльно далекó; **it is only a little ~ to the shop** до магази́нов совсéм недалекó (*or* два шагá); **my birthday's still a long ~ off** до моегó дня рождéния ещё далекó; **all the ~** всю дорóгу; (*fig*) пóлностью.
8 (*a long ~*) далекó; **~ back** (*long ago*) давны́м-давнó; **~ ahead of the others** намнóго впереди́ остальны́х.
9 (*clear passage; space or freedom to proceed*) проéзд, прохóд; **right of ~** прáво проéзда; **clear the ~** расч|ищáть, -и́стить путь; **fight one's ~ through the crowd** прод|ирáться, -рáться сквозь толпý; **get in the ~** мешáть, по- (*комý*); **this chair is always getting in the ~** э́тот стул вéчно мешáет; **get out of the ~!** (прочь) с дорóги!; дáйте пройти́!; **get sth out of the ~** (*lit*) уб|ирáть, -рáть что-н. с дорóги; (*fig, dispose of*) свáл|ивать, -и́ть что-н.; изб|авля́ться, -áвиться от чегó-н.; раздéл|ываться, -аться с чем-н.; **make ~ for the President!** дорóгу президéнту!; **he made ~ for his successor** он уступи́л мéсто своемý преéмнику; **put out of the ~** устран|я́ть, -и́ть; **you are standing in the ~** вы загорáживаете дорóгу; **I shan't stand in your ~** я не бýду стоя́ть на вáшем пути́ (*or* вам мешáть); **I can't see my ~ to doing that** боюсь, что я не смогý э́то сдéлать; **give ~** (*fail to resist*) подд|авáться, -áться; (*collapse*) провáл|иваться, -и́ться; раз|рывáться, -орвáться; рýхнуть (*pf*); **his legs gave ~** у негó подкоси́лись нóги; (*retreat*) отступ|áть, -и́ть; (*make concessions*) уступ|áть, -и́ть; (*allow precedence*) уступ|áть, -и́ть дорóгу; (*surrender, abandon o.s.*) сд|авáться, -áться; пред|авáться, -áться; **give ~ to tears** да|вáть, -ть вóлю слезáм.
10 (*means, method*) срéдство, мéтод, приём; **he found a ~ to keep food warm** он нашёл спóсоб/срéдство сохраня́ть пи́щу горя́чей; **there is no ~ to** нет никакóй возмóжности + *inf*; **there are ~s and means** есть вся́кие пути́ и срéдства; **you will soon get into the ~ of it** вы вскóре освóите э́то.
11 (*manner, fashion*) срéдство, спóсоб, óбраз, мéтод, приём; **in this ~** таки́м óбразом; **is this the ~ to do it?** так э́то дéлается?; **do it your own ~!** дéлайте по-свóему!; **in a polite ~** вéжливо; **I'll miss her in a ~** в нéкотором рóде мне бýдет её недоставáть; **one ~ or another** так и́ли ина́че; **the right ~** (*adv*) как слéдует, прáвильно; **the wrong ~** (*adv*) не так, непрáвильно; **in the same ~** (тóчно) так же; таки́м же óбразом; **I love the ~ he smiles** мне óчень нрáвится, как он улыбáется; **it's disgraceful the ~ he drinks** безобрáзие, что он так пьёт; **I don't like the ~ you said that** мне не нрáвится, как вы э́то сказáли; **~ of thinking** óбраз мы́слей; **to my ~ of thinking** как мне кáжется; на мой взгляд; по-мóему; **try to see it my ~** попытáйтесь встать на моё мéсто; **let's put it this ~** скáжем так; **either ~** (*in either fashion*) любы́м из двух спóсобов; (*in either case or event*) в обóих слýчаях, в любóм слýчае; **whichever ~ you look at it** с какóй стороны́ (на э́то) ни посмотрéть; **whichever ~ you turn** кудá бы ты ни посмотрéл; кудá ни кинь (*coll*); **by ~ of** (*in order to*) с тем, чтóбы; с цéлью; **by ~ of a change** для разнообрáзия; **by ~ of a joke** шýтки рáди; (*as a form of*) в ви́де/кáчестве; (*as a substitute for*) вмéсто; взамéн (*all + g*); **by ~ of an apology** в кáчестве извинéния; **by ~ of an introduction** в кáчестве вступлéния; (*manner of behaving*): **she has a winning ~** у неё обая́тельная манéра; **he has a ~ with him** в нём есть нéкое обая́ние; **it's only his ~** у негó прóсто такáя манéра; э́то всегó лишь егó манéра; **he has a ~ with the ladies** он умéет нрáвиться дáмам; (*preference*): **have it your own ~!** будь/пусть бýдет по-вáшему!; **have, get one's own ~** доб|ивáться, -и́ться своегó; **things went my ~** делá сложи́лись в мою́ пóльзу.
12 (*habit, custom*) обы́чай, привы́чка; **~ of life** óбраз жи́зни; **he has a ~ of not paying his bills** у негó есть привы́чка не плати́ть по счетáм; **that's always the ~ with him** он всегдá так; **that's the ~ of the world** так уж заведенó/вóдится на свéте; **mend one's ~s** испр|авля́ться, -áвиться; **fall into bad ~s** пойти́ (*pf*) по плохóй/дурнóй дорóжке.
13 (*state, condition*) положéние, состоя́ние; **things are in a bad ~** делá из рук вон плóхи; делá плóхи (*coll*); **she was in a terrible ~** (*ill*) онá былá в плохóм состоя́нии.
14 (*scale, degree*): **in a small ~** скрóмно; **in a big ~** в ширóком/большóм масштáбе; кардинáльно; **he went in for photography in a big ~** он стал занимáться фотогрáфией всерьёз.
15 (*sense, respect*) смысл, отношéние; **in a ~** в нéкотором смы́сле/ отношéнии; **in some ~s** в нéкоторых отношéниях; **in one ~** в однóм

смы́сле; **in no ~** ничу́ть, нико́им о́бразом; **were you involved in any ~?** бы́ли ли вы каки́м-нибудь о́бразом в э́том заме́шаны?; **one ~ and another** (*in all respects*) во всех отноше́ниях; (*for any of various reasons*) по ра́зным причи́нам; **one ~ or another** (*by some means*) так и́ли ина́че; (*for any of various reasons*) по ра́зным причи́нам;
16 (*line, course*): **what have we in the ~ of food?** что у нас есть по ча́сти еды́?
17 (*of ship etc.*): **under ~** на ходу́, в пути́; **preparations are under ~** (сейча́с) иду́т приготовле́ния.
● *cpds* **~bill** *n* (*list of goods*) тра́нспортная накладна́я; **~farer** *n* пу́тник, стра́нник; **~lay** *vt* подстер|ега́ть, -е́чь; устр|а́ивать, -о́ить заса́ду + *d*; **~-out** *adj* (*coll*) замеча́тельный, бесподо́бный; **~side** *n* обо́чина (доро́ги); (*attr*) придоро́жный; **fall by the ~side** (*fig*) выбыва́ть, вы́быть из стро́я; **~ station** *n* (*US*) полуста́нок.

wayward /ˈweɪwəd/ *adj* своенра́вный, непоко́рный.

waywardness /ˈweɪwədnɪs/ *n* своенра́вие, непоко́рность.

WC (*abbr of* ***water closet***) (*Br*) туале́т (*уборная*).

we /wiː, wɪ/ *pron* (*obj* **us**); мы (*also royal, editorial*); **~ lawyers** мы, адвока́ты; (*I*): **give us a rest!** да́йте челове́ку отдохну́ть!; **how are ~ feeling today?** как мы сего́дня себя́ чу́вствуем?; **~ don't inform on people** у нас не при́нято доноси́ть.

weak /wiːk/ *adj* **1** (*infirm*; *feeble*) сла́бый; **a ~ constitution** хру́пкое сложе́ние; **he has a ~ heart** у него́ сла́бое се́рдце; **a ~ imagination** бе́дное воображе́ние; **a ~ old man** дря́хлый стари́к; **he's a bit ~ in the head** он придуркова́т (*coll*); **their cries grew ~er** их кри́ки слабе́ли/ослабева́ли; **~ point** сла́бое ме́сто; **his ~ point is spelling** орфогра́фия — его́ сла́бое ме́сто; **the ~est go to the wall** сла́бые сдаю́тся.
2 (*unconvincing*) сла́бый, неубеди́тельный; **they put up a ~ case** они́ привели́ сла́бые до́воды.
3 (*of will*) сла́бый; (*of person*) сла́бый, безво́льный, слабово́льный; **a ~ person/character** сла́бый/нереши́тельный челове́к/хара́ктер.
4 (*diluted*; *thin*) жи́дкий, сла́бый; **do you like your tea ~?** вы лю́бите некре́пкий/сла́бый чай?
5 (*gram*) сла́бый.
6 (*of style*) вя́лый.
● *cpds* **~-kneed** *adj* (*fig*) малоду́шный, нереши́тельный; **~-minded** *adj* слабоу́мный; **~-spirited** *adj* малоду́шный; **~-willed** *adj* слабово́льный.

weaken /ˈwiːkən/ *vt* осл|абля́ть, -а́бить; **his resolve was ~ed** его́ реши́мость поколеба́лась.
● *vi* слабе́ть, о-.

weakling /ˈwiːklɪŋ/ *n* хи́лый челове́к; (*of child*) хи́лый ребёнок.

weakness /ˈwiːknɪs/ *n* сла́бость, хи́лость; **the tests revealed ~es in the structure** испыта́ния вы́явили структу́рные дефе́кты; **there is a ~ in his logic** в его́ ло́гике есть изъя́н; **she has a ~ for him** она́ пита́ет к нему́ сла́бость.

weal[1] /wiːl/ *n* (*literary*) бла́го, благосостоя́ние; **the common/public ~** бла́го о́бщества; о́бщее бла́го.

weal[2] /wiːl/ *n* (*mark on skin*) рубе́ц.

wealth /welθ/ *n* бога́тство, состоя́ние; **a man of ~** бога́ч; состоя́тельный челове́к; **he possesses great ~** он облада́ет огро́мным состоя́нием/бога́тством; **~ tax** нало́г на иму́щество; (*fig, profusion*) оби́лие; **a ~ of illustrations** оби́лие иллюстра́ций; **a ~ of detail** мно́жество подро́бностей; **a ~ of experience** богате́йший о́пыт; **a ~ of material** огро́мный/богате́йший материа́л.

wealthy /ˈwelθɪ/ *adj* (**wealthier, wealthiest**) бога́тый, состоя́тельный; **the ~** богачи́ (*m pl*); бога́тые.

wean /wiːn/ *vt* отн|има́ть, -я́ть (*or* отлуч|а́ть, -и́ть) от груди́; (*fig*) отуч|а́ть, -и́ть (*от чего*).

weapon /ˈwepən/ *n* ору́жие; (*piece of artillery*) ору́дие; **conventional ~s** обы́чные ви́ды вооруже́ния; **guided ~s** управля́емые снаря́ды (*m pl*)/ракеты (*f pl*); **~ of war** боево́е сре́дство; (*fig*) ору́жие, сре́дство.
● *cpd* **~s of mass destruction** *n pl* ору́жие ма́ссового пораже́ния/уничтоже́ния.

weaponry /ˈwepənrɪ/ *n* ору́жие, вооруже́ние.

weapons-grade /ˈwepənz,greɪd/ *adj* приго́дный для созда́ния/произво́дства ору́жия (ма́ссового уничтоже́ния) (*о сырье*); **~ plutonium/uranium** оруже́йный плуто́ний/ура́н.

wear /weə(r)/ *n* **1** (*articles or type of clothing*) оде́жда, пла́тье; **beach ~** пля́жная оде́жда; **children's ~** де́тская оде́жда, де́тское пла́тье; (*~ing of clothes*) но́ска, ноше́ние; **a suit for everyday ~** бу́дничный/повседне́вный костю́м.
2 (*continued use as causing damage or loss of quality*) изно́с, изна́шивание; **this material stands up to hard ~** э́тот материа́л прекра́сно но́сится; **show signs of ~** име́ть (*impf*) изно́шенный вид; **~ and tear** изно́с; **fair ~ and tear** (*law*) норма́льная у́быль и норма́льный изно́с.
3 (*resistance to ~*) про́чность, сто́йкость; (*only on clothing*) но́скость; **these shoes have a lot of ~ left in them** э́ти боти́нки мо́жно ещё до́лго носи́ть (*or* ещё до́лго бу́дут носи́ться).
● *vt* (*past* **wore;** *pp* **worn**)
1 (*garments or accessories*) носи́ть (*indet*); (*put on*) над|ева́ть, -е́ть; **what shall I ~?** что мне наде́ть?; **she was ~ing light blue** она́ была́ в голубо́м (пла́тье), на ней бы́ло голубо́е пла́тье; **he ~s galoshes** он но́сит гало́ши; **he always wore a hat** он всегда́ ходи́л в шля́пе; **she ~s scent** она́ ду́шится; **are you ~ing a watch?** у вас есть часы́?; **worn** (*used*) **clothes** (из)но́шенная/ста́рая оде́жда; (*of hair*): **~ one's hair long** носи́ть (*indet*) дли́нные во́лосы; **~ one's hair short** ко́ротко стри́чься (*impf*); **he ~s his hair brushed back** он зачёсывает во́лосы наза́д; **they all wore beards** они́ все носи́ли бо́роды; (*fig*): **~ing a smile** с улы́бкой (на лице́); **~ing a frown** нахму́рившись.
2 (*damage surface of*; *abrade*) ст|ира́ть, -ере́ть; (*damage by use*) трепа́ть, ис-, изн|а́шивать, -оси́ть; (*clothing*) прот|ира́ть, -ере́ть; **the steps are worn** ступе́ни стёрлись; **his cuffs are badly worn** его́ манже́ты истрепа́лись; **he ~s his socks into holes** он изна́шивает носки́ до дыр; **a well-worn suit** си́льно изно́шенный костю́м; **the waves have worn the stone** во́лны обточи́ли ка́мень; (*fig*): **she was worn to a shadow with worry** от постоя́нных пережива́ний она́ преврати́лась в тень; **I had a ~ing day** у меня́ был изнури́тельный день; **a well-worn theme** изби́тая те́ма.
3 (*produce by friction*): **the stream wore a channel in the sand** пото́к проби́л кана́ву в песке́; **you've worn a hole in your trousers** вы протёрли брю́ки до дыр; **a well-worn track** проторённая доро́жка.
● *vi* (*past* **wore;** *pp* **worn**)
1 (*stand up to ~*) (хорошо́) носи́ться (*indet*); быть про́чным; **the play ~s well after 50 years** э́та пье́са и 50 лет спустя́ не устаре́ла.
2 (*show effects of ~*): **~ thin** изн|а́шиваться, -оси́ться; трепа́ться, ис-; (*fig*): **his patience wore thin** его́ терпе́ние бы́ло на исхо́де; **that excuse has worn thin** э́то оправда́ние звучи́т неубеди́тельно.
● *with advs*: **~ away** *vt* & *i* ст|ира́ть(ся), -ере́ть(ся); **weather had worn away the inscription** ве́тры и дожди́ стёрли на́дпись; **the cliffs were worn away in places** ска́лы места́ми вы́ветрились; **~ down** *vt* & *i* изн|а́шивать(ся), -оси́ть(ся); **the heels have worn down very quickly** каблуки́ износи́лись о́чень бы́стро; (*fig*): **they wore down the enemy's resistance** они́ сломи́ли сопротивле́ние проти́вника; **~ in** *vt* (*shoes*) разн|а́шивать, -оси́ть; **~ off** *vt* & *i* ст|ира́ть(ся), -ере́ть(ся); **the pattern wore off** узо́р стёрся; (*fig*) (постепе́нно) проходи́ть (*impf*); **the novelty soon wore off** вско́ре новизна́ прошла́; **~ on** *vi*: **as the evening wore on** к концу́ ве́чера; **~ out** *vt* & *i* изн|а́шивать(ся), -оси́ть(ся); трепа́ться, ис-; **the machine wore out** маши́на срабо́талась (*or* вы́работала свой ресу́рс); (*fig*) утом|ля́ть(ся), -и́ть(ся); **the children wore me out** де́ти меня́ изму́чили; **you look worn out** у вас изму́ченный вид; **worn-out** (*of clothes etc.*) изно́шенный, потёртый.

wearable /ˈweərəb(ə)l/ *adj* приго́дный для но́ски.

wearer /ˈweərə(r)/ *n* владе́лец, носи́тель (*fem* -ница).

weariness /ˈwɪərɪnɪs/ *n* утомле́ние; (*boredom*) ску́ка.

W

wearing /ˈweərɪŋ/ *adj* утоми́тельный; (*tiresome*) надое́дливый.

wearisome /ˈwɪərɪsəm/ *adj* надое́дливый, ску́чный, ну́дный.

weary /ˈwɪərɪ/ *adj* (**wearier, weariest**) **1** (*tired*) уста́лый, утомлённый; **~ in body and mind** уста́вший душо́й и те́лом (*or* физи́чески и духо́вно); **~ of walking** уста́вший от ходьбы́; **the journey made him ~** путеше́ствие его́ утоми́ло. **2** (*tiring*) утоми́тельный; **ten ~ miles** де́сять утоми́тельных миль. **3** (*showing tiredness*) уста́лый, уста́вший; **he gave a ~ sigh** он уста́ло вздохну́л. **4**: **~ of** (*fed up with*) уста́вший от *чего*; **I was ~ of his complaints** мне надое́ли его́ жа́лобы.
● *vt & i* утом|ля́ть(ся), -и́ть(ся).

weasel /ˈwiːz(ə)l/ *n* ла́ска (*хищное животное*); **~ words** (*fig*) двусмы́сленные слова́, двусмы́сленности (*f pl*).
● *vt* (**weaselled, weaselling;** *US* **weaseled, weaseling**) (*insinuate*): **she ~led her way (***or* **herself) into my confidence** она́ вкра́лась ко мне в дове́рие.

weather /ˈweðə(r)/ *n* пого́да; **bad ~** плоха́я пого́да, нена́стье; **rough ~** непого́да; **wet ~** дождли́вая пого́да; **in all ~s** в любу́ю пого́ду; **what's the ~ like?** кака́я сего́дня пого́да?; **the ~ was bad** пого́да была́ плоха́я; **~ permitting** при благоприя́тной пого́де; **make heavy ~ of sth** (*fig*) осложн|я́ть, -и́ть де́ло; **protection against the ~** защи́та от непого́ды; **be, feel under the ~** (*fig*) нева́жно себя́ чу́вствовать (*impf*); **keep a ~ eye open** смотре́ть (*impf*) в о́ба; держа́ть (*impf*) у́хо востро́; **~ forecast** прогно́з пого́ды; **~ report** метеорологи́ческая сво́дка.
● *vt* **1** (*survive; circumvent*) выде́рживать, вы́держать; переж|ива́ть, -и́ть; перен|оси́ть, -ести́; **~ a storm** выде́рживать, вы́держать шторм; **~ a crisis** перен|оси́ть, -ести́ (*or* выде́рживать, вы́держать) кри́зис. **2** (*expose to atmosphere*) подв|ерга́ть, -е́ргнуть атмосфе́рным влия́ниям; (*wear away by exposure*) изн|а́шивать, -оси́ть; (*discolour*) обесцве́|чивать, -тить.
● *cpds* **~-beaten** *adj* обве́тренный; **~board** *n* (*Br*) обши́вочная пане́ль; (*on door*) сливна́я ре́йка; **~bound** *adj* заде́ржанный непого́дой; **~cock** *n* флю́гер; **~man, ~ presenter** *nn* сино́птик; **~proof** *adj* погодоусто́йчивый; защища́ющий от непого́ды; *vt* защи|ща́ть, -ти́ть от непого́ды; **~ station** *n* метеорологи́ческая ста́нция; **~vane** *n* флю́гер; **~-worn** *adj* пострада́вший от непого́ды.

weav|e /wiːv/ *n* (тка́цкое) переплете́ние.
● *vt* (*past* **wove;** *pp* **woven** *or* **wove**) **1** (*thread, flowers, etc.*) плести́, с-; спле|та́ть, -сти́; (**~** *into*) впле|та́ть, -сти́; **she wove ribbons into her hair** она́ вплела́ ле́нты в во́лосы; (*fig*): **he wove these incidents into his novel** он вплёл э́ти эпизо́ды в ткань своего́ рома́на. **2** (*make basket etc. by weaving*) плести́, с-; **he wove a basket** он сплёл корзи́ну; (*cloth*) ткать, со-; (*fig*): **~e a web of intrigue** плести́, с- сеть интри́г.
● *vi* (*past* **wove;** *pp* **woven** *or* **wove**) **1** (*work at loom*) ткать (*impf*). **2** (*twist and turn*) петля́ть (*impf*), идти́ (*det*) непрямы́м путём.

weaver /ˈwiːvə(r)/ *n* (*person*) ткач (*fem* -и́ха); (*bird*) тка́чик.

weaving /ˈwiːvɪŋ/ *n* (*of cloth*) тка́чество; (*of baskets*) плете́ние.

web /web/ *n* **1** (*also* **spider's ~**) паути́на; (*fig*) сеть, паути́на, сплете́ние. **2** (*membrane*) перепо́нка. **3** (*the Web*) (*comput*) Всеми́рная паути́на, Сеть, Интерне́т.
● *cpds* **~-footed** *adj* перепо́нчатый; **~log** *n* (*comput*) = **blog**; **~logger** *n* (*comput*) = **blogger**; **~ page** *n* (*comput*) веб-страни́ца, страни́ца в Интерне́те; **~site** *n* (*comput*) сайт, веб-са́йт.

webbed /webd/ *adj* перепо́нчатый.

webbing /ˈwebɪŋ/ *n* тка́ный реме́нь.

wed /wed/ *vt & i* (**wedding;** *past and pp* **wedded** *or* **wed**) (*literary*) **1** (*of man*) жени́ться (*impf, pf*) на + *p*; **his ~ded wife** его́ зако́нная супру́га. **2** (*of woman*) выходи́ть, вы́йти (за́муж) за + *a*. **3** (*of couple*) пожени́ться (*pf*); вступ|а́ть, -и́ть в брак; **the newly ~ded pair** новобра́чные (*pl*), молодожёны (*m pl*). **4** (*fig*): **he is ~ded to his job** он (всеце́ло) пре́дан свое́й рабо́те; **he is ~ded to his opinion** он упо́рно де́ржится своего́ мне́ния.

wedding /ˈwedɪŋ/ *n* сва́дьба, бракосочета́ние; (*in church*) венча́ние; **silver/golden ~** сере́бряная/золота́я сва́дьба; **~ anniversary** годовщи́на сва́дьбы; **~ breakfast** (*Br*) приём по́сле бракосочета́ния; сва́дебный за́втрак; **~ march** сва́дебный марш.
● *cpds* **~ cake** *n* сва́дебный торт; **~ day** *n* день (*m*) сва́дьбы; **~ dress** *n* сва́дебное пла́тье; **~ night** *n* пе́рвая бра́чная ночь; **~ ring** *n* обруча́льное кольцо́.

wedge /wedʒ/ *n* клин; **drive (in) a ~** (*lit, fig*) вби|ва́ть, -ть клин (ме́жду + *i*); **it's the thin end of the ~** ≈ э́то ещё (то́лько) цвето́чки(, а я́годки (бу́дут) впереди́); **a ~ of cake** кусо́к то́рта.
● *vt* закреп|ля́ть, -и́ть кли́ном; закли́н|ивать, -ить; **~ in** вкли́н|ивать, -ить; **I ~d in some packing to stop the draught** я наби́л в щель па́кли, что́бы останови́ть сквозня́к; **we were ~d in** нас сти́снули со всех сторо́н.
● *cpds* **~-heeled** *adj*: **~-heeled shoe** танке́тка; **~-shaped** *adj* клинови́дный.

wedlock /ˈwedlɒk/ *n* брак, супру́жество; **born in ~** законнорождённый; **born out of ~** внебра́чный, незаконнорождённый; **holy ~** свяще́нные у́з|ы (*pl, g* —) бра́ка.

Wednesday /ˈwenzdeɪ, -dɪ/ *n* среда́; **on ~** в сре́ду.

wee¹ /wiː/ *adj* (**weer** /ˈwiːə(r)/; **weest** /ˈwiːɪst/) (*Scottish & coll*) кро́шечный, малю́сенький; **she's a ~ bit jealous** она́ чу́точку ревну́ет.

wee² /wiː/ (*Br*) *n* пи-пи́ (*nt indecl*) (*coll*).
● *vi* (**wees, weed**) де́лать, с- пи-пи́; ходи́ть, с- по-ма́ленькому.

weed /wiːd/ *n* сорня́к; **the garden ran to ~s** сад зарос сорняка́ми; (*in water*) во́дное/водяно́е расте́ние; **the ~** (*tobacco*) таба́к; (*marijuana*) марихуа́на, тра́вка (*sl*); (*weak-looking person*) хи́лый челове́к, хиля́к (*coll*).
● *vt* (*clear of* **~s**) поло́ть, вы́-; проп|а́лывать, -оло́ть; **the garden needs ~ing** сад необходи́мо прополо́ть.
● *with adv*: **~ out** *vt* (*eradicate, remove*) устран|я́ть, -и́ть; искорен|я́ть, -и́ть; **he ~ed out unwanted books from the library** он очи́стил библиоте́ку от нену́жных книг.
● *cpd* **~killer** *n* гербици́д.

weeds /wiːdz/ *n*: **widow's ~** вдо́вий тра́ур.

weedy /ˈwiːdɪ/ *adj* (**weedier, weediest**) **1** (*overgrown with weeds*) заро́сший сорняка́ми. **2** (*Br coll*) (*weak-looking*) то́щий.

week /wiːk/ *n* неде́ля; **what day of the ~ is it?** како́й сего́дня день (неде́ли)?; **the ~ before last** позапро́шлая неде́ля; **the ~ after next** че́рез одну́ неде́лю (*в течение недели, следующей за наступающей*); **in the last ~ of August** в после́днюю неде́лю а́вгуста; **a ~ (from) today (***or* **today ~,** *or* **this day ~)** ро́вно че́рез неде́лю; **two ~s (from) tomorrow** че́рез две неде́ли, счита́я с за́втрашнего дня; **(on) Monday ~** (*Br*) че́рез понеде́льник; **last Monday ~** (*Br*) в позапро́шлый понеде́льник; **in a ~** че́рез неде́лю; **I haven't seen him in, for ~s** я его́ давно́ не ви́дел; **he stays away for ~s** он отсу́тствует неде́лями; **from one ~ to the next** из неде́ли в неде́лю; **~ in, ~ out** (це́лыми) неде́лями; **three times a ~** три ра́за в неде́лю; **you're a ~ late with the rent** вы задержа́ли квартпла́ту на неде́лю; **I'm not at home during the ~** в бу́дние/рабо́чие дни меня́ не быва́ет до́ма; **I'll come some time during the ~** я как-нибудь загляну́ на неде́ле; **~'s wages** неде́льное жа́лованье; **work a 40-hour ~** рабо́тать (*impf*) со́рок часо́в в неде́лю; **working ~** рабо́чая неде́ля; **I'm off on a ~'s holiday** я уезжа́ю на неде́лю в о́тпуск.
● *cpds* **~day** *n* бу́дний/рабо́чий день; **my ~day clothes** моя́ бу́дничная оде́жда; **~end** *n* коне́ц неде́ли, уи́к-э́нд/уике́нд, суббо́та и воскресе́нье; **we get up late at the ~end** по суббо́там и воскресе́ньям мы встаём по́здно; **~-long** *adj* продолжа́ющийся неде́лю; неде́льный.

weekly /ˈwiːklɪ/ *n* еженеде́льник.
● *adj* (*once a week*) еженеде́льный.
● *adv* еженеде́льно; ка́ждую неде́лю.

weeny /ˈwiːnɪ/ *adj* (**weenier, weeniest**) (*coll*) кро́хотный, малю́сенький.

W

weep /wi:p/ *n* плач, рыда́ние; **she had a good ~** она́ как сле́дует (*or* хороше́нько) вы́плакалась.
● *vt* (*past and pp* **wept**) пла́кать, за-; **she wept bitter tears** она́ го́рько пла́кала; она́ пролила́ го́рькие слёзы.
● *vi* (*past and pp* **wept**) **1** (*shed tears*) пла́кать, за-; (*profusely*) рыда́ть (*impf*); **I wept to see him go** мне бы́ло жа́лко до слёз, что он ушёл/уе́хал; **~ over, for** (*bewail*) опла́кивать (*impf*); **she wept over her misfortune** она́ опла́кивала своё несча́стье; **he was ~ing** (*mourning*) **for his mother** он опла́кивал свою́ мать; **the child was ~ing for its mother** ребёнок пла́кал и звал свою́ мать. **2**: **~ing willow** плаку́чая и́ва. **3** (*of a wound*) мо́кнуть (*impf*).

weepy /ˈwi:pɪ/ *adj* (**weepier, weepiest**) (*coll*): **I feel ~** у меня́ в глаза́х защипа́ло.

weevil /ˈwi:vɪl/ *n* долгоно́сик.

wee-wee /ˈwi:wi:/ (*Br, baby talk*) *n* пи-пи́ (*nt indecl*) (*coll*).
● *vi* (**wee-wees, wee-weed**) де́лать, с- пи-пи́; ходи́ть, с- по-ма́ленькому.

w.e.f. (*abbr of* ***with effect from***) (*Br*) вступа́ющий в си́лу с + *g*.

weft /weft/ *n* уто́к.

weigh /weɪ/ *vt* **1** (*find or test weight of*) взве́|шивать, -сить; ве́шать, с-; **~ sth in one's hand** взве́шивать (*impf*) что-н. в руке́; **~ o.s.** взве́|шиваться, -ситься; (*fig, consider; assess; compare*) взве́|шивать, -сить; обду́м|ывать, -ать; оце́н|ивать, -и́ть; **~ the consequences** взве́|шивать, -сить после́дствия; **~ one's words** взве́|шивать, -сить (свои́) слова́.
2 (*of ~ed object: amount to*) ве́сить (*impf*); **my luggage ~s 20 kilos** мой бага́ж ве́сит 20 килогра́мм(ов); **what do you ~?** ско́лько вы ве́сите?; како́й у вас вес?; **I ~ too much** я ве́шу сли́шком мно́го.
3: **~ anchor** сн|има́ться, -я́ться с я́коря.
● *vi* **1** (*fig, be a burden*): **~ on** дави́ть (*impf*) на + *a*, угнета́ть (*impf*), гнести́ (*impf*); **there is something ~ing on his mind** его́ что-то гнетёт, он чем-то пода́влен; **the crime ~ed heavy on his conscience** преступле́ние лежа́ло тя́жким бре́менем на его́ со́вести.
2 (*fig, have influence or importance*) (*of person*) име́ть (*impf*) вес/влия́ние; (*of fact, event*) име́ть (*impf*) значе́ние/влия́ние; **her evidence will ~ against him** её показа́ния бу́дут не в его́ по́льзу.
● *with advs*: **~ down** *vt* (*burden*) отяго|ща́ть, -ти́ть; **the branches were ~ed down with, by fruit** ве́тви гну́лись под тя́жестью плодо́в; (*fig, be burdensome to*) угнета́ть (*impf*); тяготи́ть (*impf*); **he was ~ed down with cares** он был угнетён/пода́влен забо́тами; **~ in** *vi* (*be ~ed before contest*) взве́|шиваться, -ситься пе́ред соревнова́нием; (*coll, intervene forcefully*): **they ~ed in with a powerful argument** они́ вы́двинули си́льный аргуме́нт/до́вод; **~ out** *vt* отве́|шивать, -сить; **he ~ed out half a pound of cheese** он отве́сил полфу́нта сы́ра; *vi* (*of sportsman*) взве́|шиваться, -ситься пе́ред состяза́нием; **~ up** *vt* (*lit, fig*) взве́|шивать, -сить.
● *cpds* **~bridge** *n* весы́-платфо́рма; **~-in** *n* (*sport*) взве́шивание пе́ред состяза́нием; **~ing machine** *n* весы́(-автома́т).

weight /weɪt/ *n* **1** (*heaviness*) вес; **3 pounds in ~** ве́сом (в) три фу́нта; **goods sold by ~** това́р, продаю́щийся на вес; **he gave me short ~** он меня́ обве́сил; **what is your ~?** ско́лько вы ве́сите?; како́й у вас вес?; **we are the same ~** у нас одина́ковый вес; **I have to watch my ~** мне прихо́дится следи́ть за фигу́рой/ве́сом; **gain, put on ~** приб|авля́ть, -а́вить в ве́се; попр|авля́ться, -а́виться; **lose ~** теря́ть, по- в ве́се; худе́ть, по-; **he is under/over ~** он ве́сит сли́шком ма́ло/мно́го; **he is worth his ~ in gold** таки́е, как он, на вес зо́лота; **pull one's ~** (*fig*) выполня́ть, вы́полнить свою́ до́лю рабо́ты; **throw one's ~ about** (*fig*) распоряжа́ться (*impf*), ва́жничать (*impf*).
2 (*load*) тя́жесть, груз; (*fig*) бре́мя (*nt*); **the pillars take all the ~** коло́нны несу́т всю нагру́зку; **under its own ~** под со́бственной тя́жестью; **that chair won't take, stand your ~** э́тот стул не вы́держит ва́шего ве́са; **don't put too much ~ on that shelf** не перегружа́йте э́ту по́лку; **it was a great ~ off my mind** у меня́ сло́вно ка́мень с души́ свали́лся; **~ of responsibility** бре́мя отве́тственности; **dead ~** мёртвый груз; (*pressure*) нажи́м; (*impact*) си́ла уда́ра; **they bore the main ~ of the attack** они́ при́няли на себя́ гла́вный уда́р.
3 (*object for weighing or ~ing*) ги́ря; **a two-pound ~** двухфунто́вая ги́ря.
4 (*importance; influence*) вес; влия́ние; авторите́т; **the ~ of evidence is against him** все свиде́тельства про́тив него́; **his opinion carries great ~** с его́ мне́нием о́чень счита́ются; он по́льзуется больши́м влия́нием/авторите́том; **this adds ~ to his words** э́то придаёт вес его́ слова́м.
● *vt* **1** (*attach a ~ to; make heavier*) утяжел|я́ть, -и́ть; **a stick ~ed with lead** па́лка, утяжелённая свинцо́м.
2 (*add compensatory factor to*): **London ~ing** (*Br*) тари́фная надба́вка для рабо́тающих в Ло́ндоне; **the system was ~ed in their favour** (*Br*), **favor** (*US*) систе́ма обеспе́чивала им привиле́гии.
● *with adv*: **~ down** *vt* = **weigh down**
● *cpds* **~lifter** *n* штанги́ст; **~lifting** *n* подня́тие тя́жестей; **~-watcher** *n* челове́к, стремя́щийся сбро́сить ли́шний вес.

weightless /ˈweɪtlɪs/ *adj* невесо́мый.

weightlessness /ˈweɪtlɪsnɪs/ *n* невесо́мость.

weighty /ˈweɪtɪ/ *adj* (**weightier, weightiest**) (*heavy*) тяжёлый, гру́зный; (*important*) ва́жный, весо́мый; (*influential*) авторите́тный.

weir /wɪə(r)/ *n* плоти́на, водосли́в.

weird /wɪəd/ *adj* **1** (*unearthly, uncanny*) таи́нственный, сверхъесте́ственный. **2** (*strange, frightening*) стра́нный, жу́ткий.

weirdness /ˈwɪədnɪs/ *n* таи́нственность, стра́нность; жу́ткость.

weirdo /ˈwɪədəʊ/ *n* (*pl* **~s**) (*coll*) чу́дик, оригина́л (*both coll*).

welcome /ˈwelkəm/ *n* приём, приве́тствие; **bid s.o. ~** приве́тствовать (*impf*) кого́-н.; **they gave us a warm ~** они́ нас раду́шно при́няли; **he outstayed his ~** он злоупотреби́л гостеприи́мством (хозя́ев).
● *adj* **1** (*gladly received*) жела́нный; **a ~ guest** жела́нный/дорого́й гость; **this is ~ news** э́то прия́тное изве́стие; **make s.o. (feel) ~** ока́з|ывать, -а́ть кому́-н. раду́шный приём.
2 (*pred, ungrudgingly permitted*): **you are ~ to take it** пожа́луйста, бери́те!; **anyone is ~ to my share** я с удово́льствием уступлю́ свою́ до́лю кому́ уго́дно; **you're ~ to try** пожа́луйста, (по)про́буйте; **you're ~!** (*no thanks are required*) пожа́луйста!; не́ за что!; (*when eating*) на здоро́вье!
● *vt* приве́тствовать (*impf*); встр|еча́ть, -е́тить тепло́/раду́шно; **she ~d her guests at the door** она́ приве́тствовала госте́й в дверя́х; **a welcoming smile** приве́тливая улы́бка; **I ~ the suggestion** я приве́тствую э́то предложе́ние; **I would ~ the opportunity** я был бы рад (тако́му) слу́чаю; **his arrival was ~d by all** все ра́довались его́ прие́зду/появле́нию; **they were ~d by gunfire** их встре́тили артиллери́йским огнём.
● *int* добро́ пожа́ловать!; ми́лости про́сим!

weld /weld/ *n* сварно́е соедине́ние; сварно́й шов.
● *vt & i* сва́р|ивать(ся), -и́ть(ся); (*fig*) спл|а́чивать(ся), -оти́ть(ся); спа́|ивать(ся), -я́ть(ся).
● *with advs*: **~ on** *vt* прива́р|ивать, -и́ть; припа́|ивать, -я́ть; **~ together** *vt* (*lit, fig*) сва́р|ивать, -и́ть; спа́|ивать, -я́ть; (*fig*) спл|а́чивать, -оти́ть; спа́|ивать, -я́ть.

welder /ˈweldə(r)/ *n* сва́рщик.

welding /ˈweldɪŋ/ *n* сва́рка; **arc ~** дугова́я сва́рка; **~ torch** сва́рочная горе́лка.

welfare /ˈwelfeə(r)/ *n* (*well-being*) благополу́чие; (*prosperity*) благосостоя́ние; (*organized provision for social needs*) социа́льное обеспе́чение; социа́льная по́мощь; (*US, social security*) посо́бие (по безрабо́тице *и т. п.*); **he's on ~** (*US*) он получа́ет посо́бие; **the W~ State** госуда́рство всео́бщего благосостоя́ния/благоде́нствия; ≈ социа́льное госуда́рство; **~ work** (*charity*) благотвори́тельность.

W

welfare

Систе́ма социа́льной защи́ты в США. Э́та програ́мма ока́зывает подде́ржку лю́дям с ни́зким дохо́дом. Основны́ми элеме́нтами програ́ммы явля́ются **Medicaid** (оказа́ние беспла́тной медици́нской по́мощи), *food stamps* (тало́ны на проду́кты пита́ния) и *Head Start* (фина́нсовая подде́ржка, ока́зываемая шко́льникам из бе́дных семе́й).

welfare state — госуда́рство всео́бщего благосостоя́ния

В Великобрита́нии да́нное поня́тие включа́ет в себя систе́му социа́льного обеспе́чения, нацеле́нную на поддержа́ние высо́кого у́ровня жи́зни всех гра́ждан. Основны́ми элеме́нтами да́нной систе́мы явля́ются беспла́тная медици́нская по́мощь (**the National Health Service**), госуда́рственное страхова́ние (**National Insurance**) и социа́льная защи́та безрабо́тных (*Social Security*).

well[1] /wel/ *n* (*for water*) коло́дец; (*for oil*) нефтяна́я сква́жина; (*mineral spring*) исто́чник.
● *vi* (*spring up; gush*) бить (*impf*) ключо́м; хлы́нуть (*pf*); **tears ~ed up in her eyes** её глаза́ напо́лнились слеза́ми.
● *cpds* **~ head** *n* (*source*) исто́чник, родни́к, ключ; **~ water** *n* коло́дезная вода́.

well[2] /wel/ *adj* (**better, best**) (*usu pred*) **1** (*in good health*) здоро́вый; **I haven't been ~** мне нездоро́вилось, я был нездоро́в; **I am quite ~ again** я совсе́м вы́здоровел/попра́вился; **he is not a ~ man** он нездоро́вый челове́к; **you don't look ~** вы пло́хо вы́глядите.
2 (*right, satisfactory*): **all's ~** всё хорошо́/прекра́сно; всё в поря́дке; **~ and good** (ну и) прекра́сно.
3 (*Br, well off, fortunate*): **you are ~ out of his company** ва́ше сча́стье, что вы (бо́льше) с ним не обща́етесь.
4 (*as n*): **leave ~** (*US also* **~ enough**) **alone** от добра́ добра́ не и́щут.
5: **(just) (as) ~** (*advisable*): **it would be (as) ~ to ask** не меша́ло бы (*or* сто́ило б) спроси́ть; **it may be as ~ to explain** пожа́луй, сто́ит объясни́ть; (*fortunate*): **'I'll pay' — 'That's just as ~, because I have no money'** «Я заплачу́» — «О́чень кста́ти, а то я без де́нег»; *see also adv* **10**.
6: **~ enough; all very ~** (*tolerable*) вполне́ го́дный; сно́сный; неплохо́й; **that's all very ~, but ...** всё э́то хорошо́ (*or* э́то прекра́сно), но...
7: **all very ~** (*easy, convenient*): **it's all very ~ for you, you're not a woman** ва́м легко́: вы не же́нщина!; **it's all very ~ to say that afterwards** легко́ говори́ть за́дним число́м.
● *adv* (**better, best**)
1 (*satisfactorily*) хорошо́; **I did not sleep ~** я пло́хо спал; **~ done!** здо́рово!; молоде́ц!; **extremely ~** великоле́пно, отли́чно; **perfectly ~** прекра́сно; **pretty ~** вполне́ хорошо́; (*nearly*) почти́; (*considerably*) значи́тельно.
2 (*very, thoroughly; properly*) о́чень, весьма́, хороше́нько (*coll*); **I was ~ pleased** я был о́чень дово́лен; **~ done** (*of food*) (хорошо́) прожа́ренный; **I am ~ aware of it** я э́то прекра́сно зна́ю; **~ and truly** оконча́тельно, реши́тельно; **they were ~ and truly beaten** они́ бы́ли разби́ты на́голову (*or* в пух и прах); **you are ~ able to do this yourself** вы прекра́сно мо́жете с э́тим спра́виться са́ми; **the picture was ~ worth £2,000** э́та карти́на вполне́ сто́ила двух ты́сяч фу́нтов.
3 (*considerably: esp with advs & preps*) гора́здо; далеко́; **~ up in the list** в са́мом нача́ле спи́ска; **~ over retiring age** гора́здо ста́рше пенсио́нного во́зраста; **~ past 40** далеко́ за со́рок; **~ into the night** далеко́ за́ полночь.
4 (*favourably*): **~ off** бога́тый; состоя́тельный; **~ off for** обеспе́ченный + *i*; **he doesn't know when he's ~ off** он не зна́ет своего́ сча́стья; **I wish him ~** я жела́ю ему́ благополу́чия; **his teacher thinks ~ of him** учи́тель о нём хоро́шего мне́ния (*or* хорошо́ отзыва́ется);
5 (*fortunately, successfully*) уда́чно, благополу́чно; **all went ~** всё прошло́ благополу́чно; **he did very ~ for himself** он прекра́сно устро́ился.
6 (*comfortably, affluently*): **live ~** жить (*impf*) в доста́тке; **do o.s. ~** ни в чём себе́ не отка́зывать (*impf*).
7 (*wisely*) разу́мно, пра́вильно; **he did ~ to ask for his money back** он пра́вильно сде́лал, что попроси́л де́ньги наза́д; **you would do ~ to insure your luggage** вам бы сле́довало застрахова́ть свой бага́ж; **you would be ~ advised to stay** с ва́шей стороны́ бы́ло бы благоразу́мно оста́ться.
8 (*probably, indeed, reasonably*): **it may ~ be true** (э́то) вполне́ возмо́жно; **you may ~ ask** вопро́с нели́шний; **you may ~ be surprised** вы име́ете все основа́ния удивля́ться; **we might ~ try** о́чень сто́ит попыта́ться.
9: **as ~** (*in addition*) то́же; та́кже; вдоба́вок; сверх того́; **there was meat as ~ as fish** там была́ не то́лько ры́ба, но и мя́со; там бы́ли и ры́ба, и мя́со.
10: **as ~** (*with equal reason or profit*) с таки́м же основа́нием/успе́хом; **(you, he** *etc.*) **may, might as ~** (*expressing recommendation*) (вам, ему́ *и т. п.*) не меша́ло бы; пожа́луй; почему́ бы не; **you may as ~ take an umbrella** на вся́кий слу́чай прихвати́те (*or* сто́ит захвати́ть) зо́нтик с собо́й; *cf. adj* **5**.
● *int* ну; ну а; (*expressing surprise*) ну!; вот те ра́з!; **~, I never!** вот те на́!; на́до же!; **~, ~!** ну и ну!; (*expressing expectation*): **~ then?** ну как?; ну так что же?; (*impatient or emphatic interrogation*): **~, what do you want?** ну, так чего́ вы хоти́те?; **~, what's it about?** ну, в чём де́ло?; (*agreement*): **very ~, I'll do it** хорошо́, я сде́лаю э́то; (*concession*): **~, you can come if you like** что ж(е), е́сли хоти́те, приходи́те; **ah, ~, in that case** а, ну, в тако́м слу́чае; (*resignation*): **oh ~, it can't be helped** (ну) что ж, ничего́ не поде́лаешь; (*summing up*) ну вот; **~ then** (ну) так вот; (*resumption*): **~, as I was saying** ита́к, как я говори́л; (*indecision, explanation*): **~, I'm not sure** ви́дите ли, я не уве́рен; **~, I only arrived today** ви́дите ли, я то́лько сего́дня прие́хал.
● *cpds* **~ aimed** *adj* ме́ткий; **~ appointed** *adj* хорошо́ обору́дованный/снаряжённый; **~ armed** *adj* хорошо́ вооружённый; **~ balanced** *adj* уравнове́шенный, разу́мный; **a ~-balanced diet** сбаланси́рованная дие́та; **~ behaved** *adj* (благо)воспи́танный; хоро́шего поведе́ния; **~-being** *n* благополу́чие, благосостоя́ние; **~ born** *adj* хоро́шего/благоро́дного происхожде́ния; **~ bred** *adj* (благо)воспи́танный; **~ built** *adj* (*person*) хорошо́ сложённый, чёткий; **~ chosen** *adj* уда́чно подо́бранный; **~ connected** *adj* име́ющий (ро́дственные) свя́зи (в вы́сшем све́те); **~ defined** *adj* отчётливый, определённый; **~ deserved** *adj* заслу́женный; **~ disposed** *adj* благожела́тельный, благоскло́нный; **~ dressed** *adj* хорошо́ оде́тый; **~ earned** *adj* заслу́женный; **~ educated** *adj* хорошо́ образо́ванный; **~ fed** *adj* сы́тый; (*of animals*) отко́рмленный; (*fat*) то́лстый; **~ founded, ~ grounded** *adjs* обосно́ванный, аргументи́рованный; **~ groomed** *adj* ухо́женный, хо́леный; **~ grounded** *adj* = **~ founded**; **~ heeled** *adj* (*coll*) состоя́тельный; **~ informed** *adj* зна́ющий; све́дущий; хорошо́ осведомлённый; **~ intentioned** *adj* (*of person*) де́йствующий; (*of deed*) сде́ланный из лу́чших побужде́ний; **~ judged** *adj* проду́манный, разу́мный; **~ kept, ~ run** *adjs* содержа́щийся в поря́дке; **the date was a ~-kept secret** да́та держа́лась в глубо́кой та́йне; **~ knit** *adj* (*fig*) сплочённый, кре́пкий; **~ known** *adj* (*of person*) изве́стный; знамени́тый; (*of facts*) (обще-)изве́стный; **~ made** *adj* хорошо́ сде́ланный; **~ mannered** *adj* воспи́танный; с хоро́шими мане́рами; **~ matched** *adj* подходя́щий; **~ meaning** *adj* (*of person*) де́йствующий из лу́чших побужде́ний; **~ meant** *adj* сде́ланный/ска́занный из лу́чших побужде́ний; **~-nigh** *adv* (*literary*) почти́; **~ off** *adj* состоя́тельный; зажи́точный; **~ oiled** *adj* (*coll, drunk*) косо́й (*coll*); подвы́пивший; **~ ordered, ~ regulated, ~ run** *adjs* хорошо́ организо́ванный; **~ paid** *adj* хорошо́ опла́чиваемый; **~ preserved** *adj* (*of person*) хорошо́ сохрани́вшийся; **~ read** *adj* начи́танный; **~ regulated** *adj* = **~ ordered**; **~ rounded** *adj* окру́глый; (*fig*) закруглённый; **~ run** *adj* = **~-ordered, ~ kept**; **~ situated** *adj* хорошо́/удо́бно располо́женный; **~ spent** *adj* потра́ченный не зря (*or* с то́лком); **~ spoken** *adj*: **he is ~ spoken** он

W

прекра́сно владе́ет языко́м; у него́ бога́тая речь; ~ **taken** *adj* (*argument*) ме́ткий; ~ **thought of** *adj* уважа́емый, по́льзующийся хоро́шей репута́цией; ~ **thought out** *adj* проду́манный; ~ **timed** *adj* то́чно/хорошо́ рассчи́танный; своевре́менный; (*words/act*) ска́занный/сде́ланный кста́ти; ~ **to do** *adj* состоя́тельный; зажи́точный; обеспе́ченный; ~ **trained** *adj* вы́ученный, обу́ченный; ~ **tried** *adj* испы́танный, прове́ренный; ~ **trodden** *adj* проторённый, исхо́женный; ~ **turned** *adj* (*of speech etc.*) отто́ченный; ~**-wisher** *n* доброжела́тель (*fem* -ница); ~ **worn** *adj* (*lit*) поно́шенный; (*fig, trite*) изби́тый, иста́сканный.

Wellington /ˈwelɪŋtən/ *n* (*city*) Ве́ллингто́н.

wellington /ˈwelɪŋtən/ *n* (*also* ~ **boot**) (*Br*) рези́новый сапо́г.

welly /ˈwelɪ/ *n* (*Br coll*) **1** = **wellington**. **2** (*vigour*) си́ла, эне́ргия.

Welsh /welʃ/ *n* **1**: **the** ~ (*pl, people*) валли́йцы (*m pl*), уэ́льсцы (*m pl*). **2** (*language*) валли́йский язы́к.
● *adj* валли́йский, уэ́льский; ~ **rabbit/rarebit** гре́нка с сы́ром.
● *cpds* ~**man** *n* валли́ец, уэ́льсец; ~**woman** *n* валли́йка.

welsh /welʃ/ *vi* (*coll*) скр|ыва́ться, -ы́ться не уплати́в до́лга; ~ **on s.o.** обст|авля́ть, -а́вить кого́-н.

the Welsh Assembly — Ассамбле́я Уэ́льса

Так называ́ется парла́мент Уэ́льса, учреждённый в 1999 году́. Он заседа́ет в столи́це Уэ́льса Ка́рдиффе. Парла́мент даёт Уэльсу значи́тельную автоно́мию от брита́нского прави́тельства.

welt /welt/ *n* (*of shoe*) рант; (*weal*) рубе́ц (*от удара плетью и т. п.*); (*border of garment*) обта́чка.

Weltanschauung /ˈveltæn,ʃaʊʊŋ/ *n* (*pl* ~**en** /-ən/) мировоззре́ние.

welter /ˈweltə(r)/ *n* (*confusion*) сумбу́р, пу́таница; (*disorderly mixture*) хао́с; **a** ~ **of new ideas** це́лый пото́к но́вых иде́й.
● *vi* (*roll; wallow*) валя́ться (*impf*); бара́хтаться (*impf*); ~ **in one's blood** лежа́ть (*impf*) в лу́же кро́ви.
● *cpd* ~**weight** *n* боксёр/боре́ц второ́го полусре́днего ве́са.

wench /wentʃ/ *n* (*archaic or coll*) де́вка.

wend /wend/ *vt*: ~ **one's way** держа́ть (*impf*) путь.

went /went/ *past of* ⇨**go**

wept /wept/ *past and pp of* ⇨**weep**

were /wɜː, wə/ *2nd pers sg past, pl past, and past subjunctive of* ⇨**be**

werewolf /ˈwɪəwʊlf, ˈweə-/ *n* (*pl* **werewolves**) (*myth*) челове́к-во́лк, вервольф.

west /west/ *n* за́пад; **in the** ~ на за́паде; **to the** ~ **of** к за́паду от + *g*; за́паднее + *g*; **the W**~ (*pol*) За́пад; **the Wild W**~ Ди́кий За́пад (*в США*); **W**~ **Country** за́падная часть А́нглии; **W**~ **End** (*of London*) Уэст-Э́нд.
● *adv* к за́паду; на за́пад; **due** ~ **of** пря́мо на за́пад от + *g*.
● *adj* за́падный; **W**~ **German** (*hist*) *adj* западногерма́нский; *n* жи́тель (*fem* -ница) За́падной Герма́нии; за́падн|ый не́м|ец (*fem* -ая -ка); **W**~ **Germany** (*hist*) За́падная Герма́ния; **W**~ **Indian** *adj* вест-и́ндский; *n* вы́ходец из (*or* жи́тель (*m*) (*fem* -ница)) стран(– острово́в) Кари́бского бассе́йна; **W**~ **Indies** *n pl* Вест-И́ндия; ~ **wind** за́падный ве́тер.
● *cpds* ~**bound** *adj* дви́жущийся на за́пад; ~**-north-**~ *adv* вест-норд-ве́ст; ~**-south-**~ *adv* вест-зюйд-ве́ст.

westerly /ˈwestəlɪ/ *n* (*wind*) за́падный ве́тер.
● *adj* за́падный.

western /ˈwest(ə)n/ *n* (*film*) ве́стерн, ковбо́йский фильм; (*book*) ве́стерн, ковбо́йский рома́н.
● *adj* за́падный.
● *cpd* ~**most** *adj* са́мый за́падный.

westerner /ˈwestənə(r)/ *n* жи́тель (*m*) (*fem* -ница) за́пада.

westernization /,westənaɪˈzeɪʃ(ə)n/ *n* вестерниза́ция, внедре́ние за́падного о́браза жи́зни.

westernize /ˈwestə,naɪz/ *vt* внедр|я́ть, -и́ть за́падный о́браз жи́зни в + *a*.

Westminster — Ве́стминстер

Райо́н в це́нтре Ло́ндона. Здесь нахо́дятся прави́тельственные учрежде́ния, в том числе́ брита́нский парла́мент (**the Houses of Parliament**), резиде́нция премье́р-мини́стра (**Downing Street**), Букинге́мский дворе́ц (*Buckingham Palace*) (резиде́нция пра́вящего мона́рха), дворе́ц св. Дже́ймса (*St James's Palace*) (резиде́нция при́нца Уэ́льского) и др. Сло́во *Westminster* та́кже означа́ет брита́нский парла́мент.

westward /ˈwestwəd/ *n*: **to (the)** ~ к за́паду, на за́пад.
● *adj* за́падный.

westwards /ˈwestwədz/ *adv* к за́паду; на за́пад.

wet /wet/ *n* **1** (*liquid; moisture*): **there is some** ~ **on the floor** пол мо́крый. **2** (*rain*): **come in out of the** ~ входи́те, не сто́йте под дождём!
● *adj* (**wetter, wettest**) **1** (*covered, soaked or splashed with water etc.*) мо́крый; ~ **through** (*or* **to the skin**) промо́кший насквозь (*or* до ни́тки); **grass** ~ **with dew** трава́, мо́края/вла́жная от росы́; роси́стая трава́; **her cheeks were** ~ **with tears** её лицо́ бы́ло мо́крым от слёз; **my feet are** ~ у меня́ промо́кли но́ги; **get** ~ пром|ока́ть, -о́кнуть; **I got my suit** ~ мой костю́м промо́к; ~ **dream** (*coll*) эроти́ческий сон, вызыва́ющий поллю́цию; ~ **fish** све́жая (некопчёная) ры́ба; ~ **suit** гидрокостю́м; **he's still** ~ **behind the ears** (*coll*) у него́ молоко́ ещё на губа́х не обсо́хло. **2** (*rainy*) дождли́вый; **it looks like being** ~ **today** похо́же, что день бу́дет дождли́вым; **we are in for a** ~ **spell** наступа́ет пери́од дожде́й. **3** (*not dry*) сыро́й, вла́жный; ~ **paint** све́жая кра́ска; **'W**~ **Paint'** «осторо́жно, окра́шено!»; **the ink was still** ~ черни́ла ещё не просо́хли. **4** (*Br coll, inept; spineless*) вя́лый, малоду́шный.
● *vt* (**wetting;** *past and pp* ~ *or* **wetted**) (*make* ~) мочи́ть, на-; см|а́чивать, -очи́ть; увлажн|я́ть, -и́ть; **the child** ~ **itself** ребёнок обмочи́лся/опи́сался (*coll*); **the child** ~ **its bed** ребёнок опи́сал посте́ль; **the child** ~**s its bed** ребёнок мо́чится в посте́ли.
● *cpds* ~ **blanket** *n* (*fig, coll*) зану́да (*cg*); челове́к, отравля́ющий други́м удово́льствие; ну́дный челове́к; ~ **nurse** *n* корми́лица; *vt* корми́ть (*impf*) гру́дью; (*fig*) ня́нчиться (*impf*) с + *i*.

wether /ˈweðə(r)/ *n* ва́лух, кастри́рованный бара́н.

wetness /ˈwetnɪs/ *n* вла́жность, сы́рость.

whack /wæk/ *n* (*blow*) уда́р; (*sound of blow*) звук уда́ра; (*Br coll, share*) зако́нная до́ля; (*coll, attempt*): **have a** ~ пыта́ться, по-.
● *vt* (*coll, beat*) бить, по-; колоти́ть, от-; **I feel** ~**ed** (*Br, exhausted*) я чу́вствую себя́ вконе́ц разби́тым.

whacking /ˈwækɪŋ/ *n* по́рка.
● *adj & adv* (*Br sl*) здоро́вый, здорове́нный; **a** ~ **(great) lie** грандио́зная ложь.

whacko[1] /ˈwækəʊ/ *int* (*Br*) здо́рово!; блеск! (*coll*).

whacko[2] /ˈwækəʊ/ = **wacko**

whacky /ˈwækɪ/ = **wacky**

whale /weɪl/ *n* (*pl* ~ *or* ~**s**) **1** кит. **2**: **a** ~ **of a ...** (*coll, exceedingly good*) замеча́тельный, потряса́ющий; **we had a** ~ **of a time** мы потряса́юще/здо́рово провели́ вре́мя.
● *cpds* ~ **boat** *n* вельбо́т; ~**bone** *n* кито́вый ус; ~ **oil** *n* кито́вый жир.

whaler /ˈweɪlə(r)/ *n* (*man*) китобо́й; (*ship*) китобо́ец, китобо́йное су́дно.

whaling /ˈweɪlɪŋ/ *n* охо́та на кито́в; китобо́йный про́мысел.

wham /wæm/ *n* уда́р; (*int*) бум!; хлоп!
● *vt* (**whammed, whamming**) уд|аря́ть, -а́рить в + *a*.

wharf /wɔːf/ *n* (*pl* **wharves** *or* **wharfs**) при́стань.
● *vt* (*moor at* ~) швартова́ть, при-; прича́ли|вать, -ть.

wharfage /ˈwɔːfɪdʒ/ *n* (*accommodation*) прича́л, прича́льное сооруже́ние; (*charge*) прича́льный сбор.

wharves /wɔːvz/ *pl of* ⇨**wharf**

what /wɒt/ *pron* **1** (*interrog*) что?; ~**'s that?** что э́то (тако́е)?; ~ **(did you say)?** что (вы сказа́ли)?; что?; ~**, me?** что, я?; кто, я?; ~ **is that in Russian?** как э́то бу́дет по-ру́сски?; ~ **is it?**; ~**'s the matter?** в чём де́ло?; ~ **stung me?** кто меня́ укуси́л?; ~ **is he?** (*by occupation*) чем он занима́ется?; кто он?; кем он рабо́тает?; ~ **is she like?** (*in appearance*) как она́ вы́глядит?; (*in character*) кака́я она́?; ~ **do you want to be?** (*to a child*) кем ты хо́чешь стать?; ~ **(sex) is their new baby?** кто у них роди́лся: ма́льчик и́ли де́вочка?; ~**'s the weather like?** кака́я пого́да?; ~ **does it look like?** как э́то вы́глядит?; ~ **does it taste like?** каково́ э́то на вкус?; ~ **was the film**

W

like? ну, как фильм?; **~ is the price?**; **~ does it cost?** ско́лько э́то сто́ит?; **~'s the date?** како́е сего́дня число́?; **~ is his name?** как его́ зову́т?; как его́ фами́лия?; **~ are their names?** как их зову́т; **~'s the news?** каки́е но́вости?; что слы́шно но́вого?; **~ do you think?** как вы ду́маете?; каково́ ва́ше мне́ние?; **~ about money?** а де́ньги?; как насчёт де́нег?; **~ about the cat?** как быть с ко́шкой?; **~ about it?** (*what relevance has it?*) ну и что из э́того?; (*shall we?*) ну так как?; **~ about a walk?** не пройти́сь ли нам?; **~ of it?** ну и (да́льше) что?; ну, и (так) что ж?; **~ does it matter?** како́е э́то име́ет значе́ние?; **~ more can I say?** что я могу́ ещё сказа́ть?; **~ for?** заче́м?; к чему́?; **~ is this box for?** для чего́ э́та коро́бка?; **~ (ever) did you come for?** заче́м (то́лько) вы пришли́?; **~ do I want this money for?** на что мне э́ти де́ньги?; **I'll give you ~ for!** я вам покажу́/дам!; **~ are you talking about?** о чём вы говори́те?; **~'s up?** (*coll*) в чём де́ло?; что случи́лось?; **~ next!** ещё чего́!; до чего́ дошли́!; **~ then?** (*in that case*) (*also* **so ~**, *coll*) ну и что?; (**~** *do we do then?*) что тогда́ (де́лать)?; (**~** *happened then?*) а да́льше что?; **~ if ...?** а что, е́сли...?; а вдруг... ? **~ if he refuses (after all)?** а что, е́сли он отка́жется?; **are you trying to be funny or ~?** вы что, шу́тите?; **... and ~ not, and ~ have you** (*coll*) и так да́лее.
2 (*rel*: *that which*; *the things which*) (то), что; (*rel*: **~ is so annoying is ...** что осо́бенно доса́дно, э́то...; **and, ~ is more ...** к тому́ же...; бо́льше/ма́ло того́,...; **~ I like is music** что я люблю́, так э́то му́зыку; **~ is missing is a guarantee** чего́ нет (*or* не хвата́ет) — э́то гара́нтии; **he is sorry for ~ happened** он жале́ет о случи́вшемся; **this is ~ I mean** вот, что я име́ю в виду́; **tell me ~ you remember** расскажи́те мне всё, что по́мните; **give me ~ you can** да́йте мне́, ско́лько мо́жете; **she knows ~'s ~** она́ зна́ет, что к чему́; **I'll see ~ I can do** я постара́юсь сде́лать, что могу́; **(do) you know ~?**; зна́ете что?; **I'll tell you ~!** вот что я вам скажу́!; **~ with one thing and another** то из-за одного́, то из-за друго́го; **~ with all these interruptions, we never got finished** со всеми э́тими переры́вами мы ника́к не могли́ ко́нчить.
3 (*whatever*): **I will do ~ I can** я сде́лаю (всё), что могу́; **say ~ you like, I think it's unfair** что бы вы ни говори́ли, по-мо́ему, э́то несправедли́во; **come ~ may** будь что бу́дет.
4 (*exclamatory*): **~ I wouldn't give for a cup of tea!** я бы всё о́тдал за ча́шку ча́я; **~ she must have suffered!** что она́ должна́ была́ пережи́ть!; **~ didn't we do!** чего́ мы то́лько не де́лали!; **~ a lot of ...** ско́лько + *g*!
● *adj* **1** (*interrog*) како́й; како́в?; **~ colour are his eyes?** како́го цве́та у него́ глаза́?; **~ chance is there of success?** каковы́ ша́нсы на успе́х?; **~ kind of (a)** како́й; **~ kind of a man are you?** что вы за челове́к?; **~ news is there?** что но́вого?; каки́е но́вости?; **~ time is it?** кото́рый час?; **~'s the use?** како́й смысл?
2 (*rel*): **~ friends I make is no concern of yours** не ва́ше де́ло, с кем я дружу́; **~ little he published** то немно́гое, что он опубликова́л; **I gave him ~ money I had** я о́тдал ему́ все де́ньги, каки́е у меня́ бы́ли.
3 (*exclamatory*): **~ a fool he is!** како́й дура́к!, ну и дура́к же он!; **~ an idea!** (*bad idea*) что за иде́я!; **~ impudence!** кака́я/какова́ на́глость!; **~ a pity/shame!** кака́я жа́лость/доса́да; **~ weather!** кака́я (*or* что за *or* ну и) пого́да!; **~ was his surprise when ...** каково́ бы́ло его́ удивле́ние, когда́...; **~ lovely soup!** како́й прекра́сный суп.
● *cpds* **~-d'you-call-him, ~'s-his-name** *nn* как его́ там?; как бишь его́?; **~-d'ye-call-it, ~'s it** *nn* как его́; э́то са́мое... .

whatever /wɒt'evə(r)/ *pron* **1** (*anything that*): **do ~ you like** де́лайте, что хоти́те; де́лайте всё, что вам уго́дно; **~ I have is yours** всё моё — ва́ше.
2 (*no matter what*): **~ happens** что бы ни случи́лось.
3 (*what ever*): **~ are you doing?** что вы там де́лаете?, чем вы там за́няты?; **~ did you do that for?** ну, заче́м вы э́то сде́лали?; **~ is wrong?** в чём де́ло?; **~ next?** ещё чего́ захоте́ли/вы́думали!
● *adj* **1** (*any*): **he took ~ food he could find** он забра́л всю еду́, каку́ю то́лько мог найти́.
2 (*no matter what*) како́й/како́в бы ни; **~ friends we may offend** пусть ины́е друзья́ и обижа́ются.
3 (*emphasizing neg or interrog*): **there is no doubt ~ of his guilt** в его́ вино́вности нет ни мале́йшего сомне́ния; **is there any chance ~ that he may recover?** есть ли хоть како́й-нибу́дь шанс, что он попра́вится?; **he will see no one ~** он абсолю́тно никого́ не принима́ет.

whatsoever /ˌwɒtsəʊ'evə(r)/ *pron* = **whatever** *pron* **1, 2**
● *adj* = **whatever** *adj*

wheat /wi:t/ *n* пшени́ца; **summer/winter ~** яровая/ози́мая пшени́ца.

wheatmeal /'wi:tmi:l/ *n* части́чно просе́янная пшени́чная мука́.

Wheatstone bridge /'wi:tstəʊn/ *n* (*elec*) мо́ст(ик) сопротивле́ния.

wheedle /'wi:d(ə)l/ *vt* подоль|ща́ться, -сти́ться к + *d*; **~ sth out of s.o.** выпра́шивать, вы́просить что-н. у кого́-н.; выма́нивать, вы́манить что-н. у кого́-н. ле́стью.

wheel /wi:l/ *n* **1** колесо́; **spare ~** запасно́е колесо́; **change a ~** (*on car*) меня́ть, по- (*or* смен|я́ть, -и́ть) колесо́; (*steering* **~**) руль (*m*); **he was at the ~** (*driving*) **for 12 hours** он сиде́л за рулём 12 часо́в; **big ~** (*on fairground*) колесо́ обозре́ния; чёртово колесо́; (*sl, bigwig*) (больша́я) ши́шка; **~ of fortune** колесо́ форту́ны; **break on the ~** колесова́ть (*impf, pf*); (*potter's* **~**) круг; **turn a pot on the ~** де́лать, с- горшо́к на гонча́рном кру́ге; **grinding ~** шлифова́льный круг; **oil the ~s** (*fig, bribe*) подма́з|ывать, -ать кого́-н. (*coll*); **put a spoke in s.o.'s ~** (*fig*) вст|авля́ть, -а́вить кому́-н. па́лки в колёса; **~s within ~s** (*fig*) сло́жные интри́ги (*f pl*); та́йные пружи́ны (*f pl*)/влия́ния (*nt pl*).
2 (*mil*): **they carried out a right ~** они́ сде́лали поворо́т впра́во.
● *vt* ката́ть, вози́ть (*both indet*); кати́ть (*det*); везти́ (*det*); **she ~ed the barrow/pram** она́ кати́ла/везла́ та́чку/коля́ску; **he ~ed his bicycle up the hill** он вкати́л велосипе́д на́ гору; **he was ~ed in in an invalid chair** его́ вкати́ли/ввезли́ на инвали́дной коля́ске.
● *vi* кружи́ть(ся) (*impf*); **gulls were ~ing overhead** ча́йки кружи́ли(сь) над голово́й; **he ~ed round to face me** он кру́то поверну́лся ко мне (*or* в мою́ сто́рону).
● *cpds* **~barrow** *n* та́чка; **~base** *n* колёсная ба́за; **~chair** *n* инвали́дная коля́ска; **~house** *n* рулева́я ру́бка; **~spin** *n* пробуксо́вка колёс; **~wright** *n* колёсник; колёсный ма́стер.

wheeled /wi:ld/ *adj* колёсный, на колёсах.

wheeler|-dealer /'wi:lə(r)/ *n* (*coll*) махина́тор; **~-dealing** махина́ции (*f pl*).

wheeze /wi:z/ *n* (*chesty breathing*) хрип; сопе́ние; (*Br sl, bright idea*) уда́чная мысль; (*scheme*) ло́вкий трюк.
● *vi* сопе́ть (*impf*); хрипе́ть (*impf*); дыша́ть (*impf*) с при́свистом.

wheezy /'wi:zɪ/ *adj* хри́плый; страда́ющий оды́шкой.

whelk /welk/ *n* (*mollusc*) брюхоно́гий моллю́ск.

whelp /welp/ *n* (*puppy, also fig*) щено́к.
● *vi* щени́ться, о-.

when /wen/ *adv* **1** (*interrog*) когда́; **say ~!** (*to s.o. pouring a drink*) скажи́те, когда́ дово́льно.
2 (*rel*): **there have been occasions ~** бы́ли слу́чаи, когда́...; **the day ~ I met you** день, когда́ я вас встре́тил.
● *with preps*: **~ do you have to be there by** к како́му часу вам ну́жно там быть?; **~ must it be ready for?** когда́ э́то должно́ быть гото́во?; **~ does it date from?** к како́му вре́мени э́то отно́сится?; **since ~?** как давно́?; с каки́х пор?; с како́го вре́мени?; **till, until ~?** до каки́х пор?; до како́го вре́мени?
● *conj* когда́; как (то́лько); по́сле того́ как; тогда́, когда́; (*by the time that*) пока́; **~ she saw him, she ...** когда́ она́ уви́дела его́, она́...; **~ he was grown up, he ...** когда́ он стал взро́слым (*or* вы́рос), он...; **~ passing, he ...** когда́ он проходи́л ми́мо, он...; **~ young** в мо́лодости; (*and then*) и тогда́; как (вдруг); да вдруг; **he had just come in ~ the phone rang** едва́ он вошёл, как зазвони́л телефо́н; (*although*) хотя́; **they won ~ everyone thought they would lose** они́ вы́играли, хотя́ все ду́мали, что они́ проигра́ют; (*whereas*) в то вре́мя как; **how can he buy it**

~ he has no money? как он мóжет э́то купи́ть, е́сли у негó нет дéнег?

whence /wens/ *adv & conj* (*literary*) (*interrog*) (*also* **from ~**) откýда; **~ this confusion?** отчегó такóе смятéние; (*rel*): **return it ~ it came** верни́те э́то по принадлéжности.

whenever /wen'evə(r)/ *adv & conj* **1** (*at whatever time*) когдá; **come ~ you like** приходи́те, когдá угóдно (*or* когдá тóлько захоти́те); **~ he comes** когдá бы он ни пришёл. **2** (*on every occasion when*) кáждый/вся́кий раз, когдá; **~ he speaks he stammers** он всегдá заикáется, когдá говори́т. **3**: **or ~** (*coll, at any time*) и́ли ещё когдá. **4** (*when ever?*) (*of past*) когдá же; (*of future*) когдá же (наконéц); **~ did you find time?** как тóлько вы нашли́ врéмя?

whensoever /ˌwensəʊ'evə(r)/ *adv & conj* (*archaic*) = **whenever 1, 2**

where /weə(r)/ *adv* **1** (*interrog*) где; (*whither*) кудá; **~ should we be without you?** что бы мы без вас дéлали?; **~'s the sense in that?** какóй (же) в э́том смы́сл?; **~ did he hit you?** кудá он вас удáрил?; **~ are you wounded?** кудá вас рáнило? **2** (*rel*) где; **the hotel ~ we stopped** гости́ница, в котóрой мы останови́лись; (*without antecedent*) там, где; **that's not ~ I left my coat** я не здесь/там остáвил пальтó; **that's ~ you're wrong** вот где вы ошибáетесь; **you can go ~ you please** мóжете идти́, кудá угóдно; **making changes ~ necessary** дéлая исправлéния там, где э́то необходи́мо. **3** (*US coll, that*): **I see in the paper ~** в газéте говори́тся, что/бýдто… . **4** (*whereas*) тогдá как; мéжду тем как; в то врéмя как; **(in cases ~)** в тех слýчаях, когдá.

● *with preps*: **~ from?** откýда; (*of origin*): **~ does he come from?** откýда он (рóдом)?; **that's not far from ~ I live** э́то недалекó от тогó мéста, где я живý; **~ to?** кудá?; **~ have you got to in the story?** до какóго мéста вы дочитáли/дошли́?; **I've no idea ~ he can have got to** поня́тия не имéю, кудá он мог дéться.

whereabouts /'weərəˌbaʊts/ *n* местонахождéние.

● *adv* где; **~ did you find it?** где вы э́то нашли́?

whereas /weər'æz/ *conj* **1** (*while*) тогдá как; в то врéмя как; а; хотя́; мéжду тем как; **she is always ill ~ he is always healthy** онá всегдá болéет, а он всегдá здорóв. **2** (*law, since*) принимáя во внимáние; поскóльку; учи́тывая, что.

whereat /weər'æt/ *adv* (*literary*) и тогдá; на э́то.

whereby /weə'baɪ/ *adv* (*literary*) посрéдством котóрого; **he devised a plan ~ he might escape** он вы́работал план, с пóмощью котóрого он собирáлся соверши́ть побéг; **there is a rule ~ …** существýет прáвило, соглáсно котóрому… .

wherefore /'weəfɔː(r), -'fɔː(r)/ *n*: **he wanted to know the why(s) and ~(s)** он хотéл знать как и почемý.

● *adv* (*archaic, why?*) отчегó?, почемý?, почтó (*archaic*).

wherein /weər'ɪn/ *adv* (*interrog, rel*) где; в котóром; в чём.

whereof /weər'ɒv/ *rel adv* (*literary*) о кóем; **the person ~ I spoke** человéк, о котóром я говори́л.

whereon /weər'ɒn/ *rel adv* (*literary*) на кóем.

wheresoever /ˌweəsəʊ'evə(r)/ *adv & conj* (*archaic*) = **wherever**

whereto /weə'tuː/ *rel adv* (*literary*) к кóему.

whereupon /ˌweərə'pɒn, 'weər-/ *adv* (*and then*) пóсле чегó; вслéдствие чегó; тогдá.

wherever /weər'evə(r)/ *adj & conj* (*also* (*archaic*) **wheresoever**) где; кудá; **sit ~ you like** сади́тесь кудá угóдно; **~ he goes he makes friends** где бы он ни оказáлся, он приобретáет друзéй; **or ~** (*coll*) и́ли ещё где; (*where ever*): **~ are you going?** кудá же вы идёте?

wherewithal /'weəwɪˌðɔːl/ *n* (*coll*) необходи́мые срéдства; **I haven't the ~ to pay him** мне нéчем с ним расплати́ться.

wherry /'werɪ/ *n* (*boat*) лóдка, я́лик; (*Br, barge*) бáржа, бáрка.

whet /wet/ *vt* (**whetted, whetting**) точи́ть, на-; (*fig*) обостр|я́ть, -и́ть; возбу|ждáть, -ди́ть.

● *cpd* **~stone** *n* точи́льный кáмень; (*lit, fig*) оселóк.

whether /'weðə(r)/ *conj* **1** (*introducing indirect question*) ли; **I asked ~ he was coming with us** я спроси́л, пойдёт ли он с нáми; **I don't know ~ she will come (or not)** я не знáю, придёт ли онá (и́ли нет); **the question is ~ to go or stay** вопрóс в том: идти́ и́ли оставáться; **I doubt ~ you understand** я не увéрен, что вы понимáете; **it depends on ~ I am free tonight** э́то зави́сит от тогó, бýду ли я свобóден сегóдня вéчером; **I am not interested in ~ you agree** меня́ не интересýет, соглáсны вы и́ли нет. **2** (*introducing alternative hypotheses*): **~ you like it or not, I shall go** нрáвится вам э́то и́ли нет, а я пойдý; **he was ignored, ~ by accident or design** случáйно ли, и́ли намéренно, но о нём забы́ли; **~ or no** (*archaic, in any case*) в любóм слýчае; (*whether or not*): **~ he comes or no** придёт он и́ли нет.

whew /hwjuː/ *int* уф!

whey /weɪ/ *n* сы́воротка.

which /wɪtʃ/ *pron* **1** (*interrog*) какóй, котóрый; (*of person*) кто; **~ is the right answer?** какóй отвéт прáвильный?; **~ is the way to the museum?** как пройти́ к музéю?; **~ of you?** кто/котóрый из вас?; **~ of these bags is the heavier?** какáя из э́тих сýмок тяжелéе?; **I cannot tell ~ is ~** (*of persons*) я никáк не могý разобрáться, кто из них кто; **~ do you want, milk or cream?** что вы предпочитáете: молокó и́ли сли́вки? **2** (*rel, in defining and non-defining senses*) котóрый; **the book (~) I was reading has gone** кни́га, котóрую я читáл, пропáла; **the hotel at ~ we stayed** гости́ница, в котóрой (*or* где) мы жи́ли/останови́лись; (*with adj or descriptive n as antecedent*): **he looked like a boxer, ~ indeed he was** он был похóж на боксёра, каковы́м он, сóбственно, и явля́лся; (*with clause as antecedent*) что; **he refused, ~ I had expected** он отказáл, чегó я, сóбственно, и ожидáл.

● *adj* **1** (*direct or indirect question*) какóй; **~ shoes are yours?** каки́е (тут) тýфли вáши?; **~ film do you mean?** какóй фильм вы имéете в видý?; **~ brother runs the business?** котóрый из брáтьев возглавля́ет дéло?; **do you know ~ horse won?** вы (не) знáете, какáя лóшадь вы́играла? **2** (*rel*) какóй; котóрый; **ten years, during ~ time he spoke to nobody** дéсять лет, в течéние котóрых он ни с кем не говори́л/разговáривал.

whichever /ˌwɪtʃ'evə(r)/ *pron & adj* **1** какóй бы ни, какóй угóдно; **take ~ book you like** бери́те какýю угóдно кни́гу; **~ way you go, you'll have plenty of time** какóй бы дорóгой вы ни пошли́, вы вполнé успéете; **~ way you look at it** с какóй стороны́ (на э́то) ни посмотрéть; **do it by ~ method seems easiest** дéлайте э́то тем спóсобом, какóй вам кáжется наибóлее просты́м. **2** (*which ever*): **~ way did he go?** кудá тóлько он пошёл?

whiff /wɪf/ *n* дуновéние; (*pleasant smell*) лёгкий аромáт; (*Br, unpleasant smell*) душóк; (*smell*) зáпах; **~ of smoke** (*smell*) зáпах ды́ма; (*puff*) дымóк; **a ~ of chloroform** вдох хлорофóрма; **there was a ~ of scandal about the business** дéло попáхивало/отдавáло скандáлом; **I caught the ~ of a cigar** я почýвствовал зáпах сигáры; **he stepped out for a ~ of fresh air** он вы́шел подышáть (свéжим вóздухом).

Whig /wɪg/ *n* (*hist*) виг (*член партии вигов*).

while /waɪl/ *n* (какóе-то) врéмя; **where have you been all this ~?** где вы бы́ли всё э́то врéмя?; **after a ~** чéрез нéкоторое врéмя; **I am going away for a ~** я уезжáю ненадóлго (*or* на нéкоторое врéмя); **I haven't seen you for a long ~** я вас давнó не ви́дел; **a long, good ~ ago** давны́м-давнó; **a short ~ before** незадóлго до э́того; **a short ~ ago, back** недáвно; **in a little, short ~** вскóре, в скóром врéмени; **it may take some (***or* **quite a) ~** возмóжно, что э́то бýдет не скóро; **once in a ~** и́зредка; врéмя от врéмени; **it was well worth ~** э́то стóило затрáченного врéмени/трудá; **I will make it worth his ~** я постарáюсь, чтóбы он не разочаровáлся.

● *vt* (*also* **wile**): **~ away time** коротáть, с- врéмя.

● *conj* (*also* **whilst**) **1** (*during the time that*) покá; в то врéмя, как; **be good ~ I'm away!** веди́ себя́ хорошó, покá меня́ нет дóма; **~ reading he fell**

asleep за чтéнием (*or* читáя,) он заснýл; **~ asleep** во сне; **~ in Paris I visited the Louvre** во врéмя (моегó) пребывáния в Парíже я посетíл Лувр.
2 (*whereas*) а; тогдá как.
3 (*although*) хотя́; **~ not wishing to be awkward, I must object** не желáя создавáть трýдности, я всё же вы́нужден протестовáть.

whilst /waɪlst/ = **while** *conj*

whim /wɪm/ *n* прíхоть, капрíз.

whimper /ˈwɪmpə(r)/ *n* (*of person*) хны́канье; (*of dog*) поскýливание.
● *vi* (*of person*) хны́кать (*impf*); (*of a dog*) скулíть (*impf*).

whimsey /ˈwɪmzɪ/ = **whimsy**

whimsical /ˈwɪmzɪk(ə)l/ *adj* (*fanciful*) причýдливый; (*capricious*) капрíзный; (*humorous*) игрíвый.

whimsicality /ˌwɪmzɪˈkælɪtɪ/ *n* причýдливость; капрíзность; игрíвость.

whims|y, -ey /ˈwɪmzɪ/ *n* прíхоть, причýда, капрíз.

whin|e /waɪn/ *n* вой; хны́канье; нытьё; **he spoke in a ~e** он говорíл плаксíвым/нóющим/хны́чущим гóлосом; **the ~e of a shell** вой снаря́да; **the ~e of machinery** гул машíн.
● *vi* скулíть (*impf*); хны́кать (*impf*); **the dog was ~ing to come in** собáка скулíла у двéри, чтóбы её впустíли; (*fig, complain*) хны́кать (*impf*); ныть (*impf*); **you're always ~ing about something!** всегдá-то вы нóете!

whinge /wɪndʒ/ *vi* (**whingeing**) (*Br coll*) скулíть (*impf*) (*жаловаться*).

whinny /ˈwɪnɪ/ *n* (*gentle*) тíхое ржáние; (*joyful*) рáдостное ржáние.
● *vi* (*gently*) тíхо ржать, за-; (*joyfully*) рáдостно ржать, за-.

whip /wɪp/ *n* **1** (*lash*) (*short*) плеть, плётка; (*long*) кнут; **have the ~ hand over s.o.** (*fig*) держáть (*impf*) когó-н. в пóлном подчинéнии.
2 (*hunt official, also* **~per-in**) выжля́тник (*охотник, ведающий гончими*); доезжáчий (*старший псарь, готовящий собак к охоте и распоряжающийся ими во время охоты*).
3 (*party official*) секретáрь (*m*) парлáментской фрáкции; (*Br, notice issued by him*) предписáние (секретаря́ парлáментской фрáкции) присýтствовать на голосовáнии и голосовáть консолидíрованно с остальны́ми члéнами фрáкции.
● *vt* (**whipped, whipping**)
1 (*flog*) порóть, вы́-; хлестáть, от-; сечь, вы́-; **~ping boy** (*fig, scapegoat*) козёл отпущéния; **~ping post** позóрный столб; **~ping top** юлá, волчóк; (*fig*): **the wind ~ped the waves into a fury** вéтер я́ростно вздымáл вóлны; (*fig, defeat*) разбíть, побíть (*coll*), победíть (*all pf*).
2 (*beat into froth*) взб|ивáть, -ить; **~ped cream** взбíтые слíвки.
3 (*coll, move rapidly*): **as I entered he ~ped the papers into a drawer** когдá я вошёл, он бы́стро сýнул бумáги в я́щик (столá); **she ~ped the cake out of the oven** онá бы́стро вы́тащила торт из духóвки.
● *vi* (**whipped, whipping**) (*coll, move rapidly*) рванýться, брóситься, рíнуться (*all pf*); **he ~ped into the shop** он влетéл в магазíн.
● *with advs*: **~ back** *vi*: **the branch ~ped back in my face** вéтка хлестнýла меня́ по лицý; **~ off** *vt* (*coll*): **the wind ~ped off my hat** вéтер сбил с меня́ шля́пу; **~ on** *vt* (*urge on with ~*) под|гоня́ть, -огнáть; подхл|ёстывать, -естнýть; (*coll*): **he ~ped on his overcoat** он бы́стро накíнул пальтó; **~ out** *vt* (*coll*) выхвáтывать, вы́хватить; *vi* (*coll*): **he ~ped out for a breath of air** он вы́скочил глотнýть свéжего вóздуха; **~ round** *vi* (*coll*): **he ~ped round to face me** он крýто обернýлся ко мне; **~ up** *vt* (*beat into froth*) взб|ивáть, -ить; (*fig, stimulate*): **~ up enthusiasm** возбу|ждáть, -дíть энтузиáзм; (*coll, improvise*) дéлать, с- на скóрую рýку; **she ~ped up a nice supper** онá бы́стро состря́пала вкýсный ýжин.
● *cpds* **~cord** *n* (*cord*) бечёвка; (*fabric*) габардíн; **~lash** *n* (*end of whip*) ремéнь (*m*) (кнутá); (*injury*) трáвма шéи в результáте рéзкого движéния (*чаще всего в автоаварии*); **~-round** *n* (*Br coll, collection*) сбор дéнег (на благотворíтельные цéли).

whipper snapper /ˈwɪpəˌsnæpə(r)/ *n* молокосóс, щенóк.

whippet /ˈwɪpɪt/ *n* гóнчая (собáка).

whir /wɜː(r)/ = **whir(r)**

whirl /wɜːl/ *n* **1** (*revolving or eddying movement*) кружéние, оборóт; (*fig*) смятéние, неразберíха; **my brain is in a ~** у меня́ головá идёт крýгом.
2 (*bustling activity*) водоворóт, вихрь (*m*); **a ~ of social engagements** водоворóт, вихрь свéтской жíзни.
● *vt & i* **1** (*swing round and round*) вертéть(ся) (*impf*); кружíть(ся) (*impf*); **she found herself ~ed round in his arms** он закружíл её в своíх объя́тиях; **the leaves ~ed about in the wind** лíстья кружíлись на ветрý; **my head was ~ing** у меня́ кружíлась головá.
2 (*hurry; dash*) нестíсь (*impf*); **the trees and hedges ~ed past** дерéвья и кусты́ проносíлись мíмо.
● *cpds* **~pool** *n* водоворóт; **~wind** *n* вихрь (*m*), ураráн; (*fig, attr*) стрáстный, бýрный; **a ~wind romance** бýрный ромáн.

whirligig /ˈwɜːlɪɡɪɡ/ *n* **1** (*top*) юлá, волчóк. **2** (*roundabout*) карусéль.
3 (*fig*) водоворóт, вихрь (*m*), круговорóт; **the ~ of time** преврáтности (*f pl*) судьбы́.

whirlybird /ˈwɜːlɪˌbɜːd/ *n* (*coll*) вертýшка (*coll*) (*вертолёт*).

whir(r) /wɜː(r)/ *n* жужжáние, стрекотáние, шум.
● *vi* (**whirred, whirring**) жужжáть; стрекотáть; шумéть (*all impf*).

whisk /wɪsk/ *n* **1** (*small brush or similar device*) вéничек, метёлочка.
2 (*for beating eggs etc.*) мутóвка.
3 (*brushing movement*) взмах; **with a ~ of its tail** взмахнýв хвостóм.
● *vt* **1** (*flap; brush*) смáх|ивать, -нýть; от|гоня́ть, -огнáть; **she ~ed the dust under the carpet** онá бы́стро замелá пыль под ковёр.
2 (*beat, e.g. eggs*) взб|ивáть, -ить.
● *vi* (*move briskly*) мчáться, по-.
● *with advs*: **~ about** *vt* (*wave; brandish*) махáть (*impf*); **the cow stood ~ing its tail about** корóва стоя́ла, помáхивая хвостóм; **~ away** *vt* (*carry or lead off quickly*) = **~ off**; (*brush away*): **he ~ed away the flies with his handkerchief** он отогнáл мух платкóм; **~ off** *vt* (*carry off quickly*) бы́стро ун|осíть, -естí; (*lead off quickly*) бы́стро ув|одíть, -естí; **he was ~ed off in an ambulance** егó умчáла карéта скóрой пóмощи.

whisker /ˈwɪskə(r)/ *n* (*in pl, facial hair*) бакенбáрды (*f pl*); бáк|и (*pl, g —*) (*coll*); (*of animal*) усы́ (*m pl*); **he came within a ~ of success** (*coll*) он был на порóге успéха.

whiskered /ˈwɪskəd/ *adj* (*of person*) нося́щий бакенбáрды; с бакенбáрдами; (*of cat etc.*) усáтый.

whisky /ˈwɪskɪ/ (*US* **whiskey**) *n* вíски (*nt indecl*); **~ and soda** вíски с сóдовой.

whisper /ˈwɪspə(r)/ *n* шёпот; **he spoke in a ~** он говорíл шёпотом; **stage ~** театрáльный шёпот; **not a ~ of this will escape my lips** я ни слóва об э́том не проронЮ; (*rumour*) слух, молвá; (*rustle, of leaves etc.*) шóрох, шéлест.
● *vi* **1** (*speak, say in ~s*) шептáться (*impf*); говорíть (*impf*) шёпотом; **he ~ed to me to come outside** он шёпотом пригласíл меня́ вы́йти; **~ing gallery** акустíческий свод; **it is ~ed that …** хóдит слух, что… .
2 (*make ~ing noise*) шелестéть (*impf*); шуршáть (*impf*); **the wind ~ed in the pines** вéтер шелестéл в сóснах.
● *vt* шептáть, про- (*or* шепнýть); говорíть, сказáть шёпотом; **she ~ed her secret to me** онá шепнýла/прошептáла мне свою́ тáйну нá ухо.

whist /wɪst/ *n* (*card game*) вист.

whistl|e /ˈwɪs(ə)l/ *n* **1** (*sound*) свист; (*short one*) свистóк.
2 (*instrument, toy*) свистóк; (*factory ~*) гудóк; **blow the/a ~e** св|истéть, -íстнуть.
3 (*fig*) **wet one's ~e** (*coll*) промочíть (*pf*) гóрло.
● *vt* **1** (*call by ~ing*) свистéть, про-, свíстнуть; **he ~ed his dog back** он свíстнул собáку.
2 (*tune*) насв|íстывать, -истéть; **can you ~e the tune?** вы мóжете насвистéть мотíв э́той пéсни?
● *vi* св|истéть, про-, свíстнуть (**to:** + *d*); да|вáть, -ть свистóк; **he came along ~ing** он шёл посвíстывая; **he can ~e for his money** (*coll*) не видáть емý своíх дéнег (как своíх ушéй); **the train ~ed as it entered the tunnel** при вхóде в туннéль пóезд дал гудóк; **the wind ~es in the chimney** вéтер завывáет в трубé; **a bullet ~ed past him** пýля просвистéла мíмо негó.
● *cpds* **~e-blower** *n* донóсчи|к (*fem* -ца); **~e-stop** *n* (*US*) полустáнок; **a ~e-stop tour** разъезднáя

W

агитацио́нная кампа́ния (кандида́та на вы́борах).

Whit /wɪt/ *adj*: **~ Monday** Ду́хов день; **~ Sunday** = **Whitsun**

whit /wɪt/ *n* (*archaic*) ка́пля, йо́та.

white /waɪt/ *n* **1** (*colour*) бе́лый цвет; белизна́; **off-~** (*adj*) белова́тый; (*clothes*): **she was wearing ~** она́ была́ в бе́лом; **dressed in ~** оде́тый в бе́лое; (*paint*) бе́лая кра́ска; бели́л|а (*pl*, *g* —).
2 (*of the eyes*) бело́к.
3 (*of an egg*) бело́к.
4 (*racial type*) белоко́жий, бе́лый.
5 (**White**, *chess player*) бе́лые (*pl*); **it was W~'s move** был ход бе́лых.
● *adj* бе́лый; **grow ~** беле́ть, по-; **he went as ~ as a sheet** он сде́лался бе́лым как полотно́; **his hair turned ~** он поседе́л; **he turned ~** он побледне́л; **a ~ Christmas** Рождество́ со сне́гом; **~ coffee** (*Br*) ко́фе с молоко́м; **~ goods** (*domestic appliances*) бытовы́е электроприбо́ры; **~ frost** и́ней, и́зморозь; **~ heat** бе́лое кале́ние; **~ horses** (*waves*) бара́шки (*m pl*); **the W~ House** Бе́лый дом; **~ lead** свинцо́вые бели́ла; **a ~ lie** ложь во спасе́ние; **~ meat** «бе́лое мя́со» (*мясо птицы в противоположность «красному мясу» — говядине, баранине и т. д.*); **W~ Paper** Бе́лая кни́га; **W~ Russia** Белору́ссия; **a W~ Russian** (*Belorussian*) белору́с (*fem* -ка); (*émigré*) бе́лый эмигра́нт (*fem* бе́лая эмигра́нтка); **~ spirit** (*Br*) уайт-спи́рит; **~ sugar** (са́хар-)рафина́д; рафини́рованный са́хар; **~ tie and tails** фрак.
● *cpds* **~bait** *n* ме́лкая молода́я сельдь; **~-collar** *adj*: **~-collar worker** *n* слу́жащий; **~-haired, ~-headed** *adjs* белоголо́вый; седо́й; **~-hot** *adj* раскалённый добела́; **~-out** *n* (*of weather conditions*) бе́лая мгла; (*US*, *correction fluid*) корректи́рующая жи́дкость; **~wash** *n* побе́лка; (*fig*) обеле́ние, оправда́ние; *vt* бели́ть, по-; (*fig*) обел|я́ть, -и́ть; опра́вд|ывать, -а́ть; **~-water rafting** *n* сплав вниз по го́рному пото́ку.

> **Whitehall — Уайтхолл**
>
> У́лица в це́нтре Ло́ндона, на кото́рой располо́жены мно́гие прави́тельственные учрежде́ния. В сре́дствах ма́ссовой информа́ции сло́вом *Whitehall* ча́сто называ́ют брита́нское прави́тельство.

whiten /'waɪt(ə)n/ *vt* бели́ть, по-.

whitener /'waɪt(ə)nə(r)/ *n*: **coffee ~** осветли́тель (*m*) ко́фе.

whiteness /'waɪtnɪs/ *n* белизна́; бе́лый цвет.

whitey, whity /'waɪtɪ/ = **whitish**

whither /'wɪðə(r)/ *adv* (*literary*) куда́; **~ away?** куда́ де́ржите путь?; **~ Europe?** куда́ идёт Евро́па?

whithersoever /ˌwɪðəsəʊ'evə(r)/ *adv* (*literary*) куда́ бы ни.

whiting /'waɪtɪŋ/ *n* (*pl* **~**) **1** (*powdered chalk*) мел. **2** (*fish*) мерла́нг.

whitish /'waɪtɪʃ/ *adj* беле́сый; белова́тый.

● *cpd* **~-brown** *adj* све́тло-кори́чневый.

whitlow /'wɪtləʊ/ *n* (*med*) ногтое́да, панари́ций.

Whitsun /'wɪts(ə)n/ *n* (*Whit Sunday*) Тро́ицын день; Тро́ица; *see also* ⇒**Whit**

whittle /'wɪt(ə)l/ *vt* (*wood*) строга́ть, вы-; (*from all sides*) обстру́г|ивать, -а́ть; **he ~d a twig into a whistle** он вы́строгал (себе́) свисто́к из ве́тки; (*make by whittling*): **this pipe was ~d out of cherrywood** э́та тру́бка вы́резана из вишнёвого де́рева.
● *with advs*: **~ away** *vt* состру́г|ивать, -а́ть; (*fig*) ум|еньша́ть, -е́ньшить; св|оди́ть, -ести́ на нет; **his savings were ~d away** его́ сбереже́ния постепе́нно исся́кли; **~ down** *vt* состру́г|ивать, -а́ть; (*fig*) сн|ижа́ть, -и́зить.

whity /'waɪtɪ/ = **whitey**

whiz(z) /wɪz/ *n* свист.
● *vi* (**whizzed, whizzing**) прон|оси́ться, -ести́сь со сви́стом; мча́ться, про-; просвисте́ть (*pf*).
● *cpd* **~-kid** *n* (*coll*) (*at sport, music*) ≈ восходя́щая звезда́ (*о молодом человеке*); (*at science*) ≈ бу́дущая наде́жда; **financial ~-kid** ю́ный/бу́дущий ге́ний фина́нсового ми́ра.

WHO (*abbr of* ***World Health Organization***) ВОЗ (Всеми́рная организа́ция здравоохране́ния).

who /hu:/ *pron* (*obj* **whom** *or informally* **who;** *possessive* **whose**) **1** (*interrog*) кто; **~ is he?** кто он (тако́й)?; кто э́то?; **~ (else) but Smith?** сам Смит (*or* Смит со́бственной персо́ной); **~ does he think he is?** что он о себе́ возомни́л?; что он о себе́ вообража́ет? (*coll*); **~'s it** (*coll, what's his name*) как бишь его́?; **~ am I to object?** кто я тако́й, что́бы возража́ть?, како́е я име́ю пра́во возража́ть?; **~ goes there?** (*mil*) кто идёт?; **~(m)ever do you mean?** кого́ (э́то) вы име́ете в виду́?; **he knows ~'s ~** он зна́ет, кто есть кто; **~'s ~** (*directory*) «Кто есть кто» (*справочник*).
2 (*rel*) кото́рый, како́й, кто; **people ~ live in the city** лю́ди, кото́рые живу́т в го́роде; **those ~** те, кто/кото́рые; **anyone ~** вся́кий, кто; **the sort of people ~m we need** таки́е лю́ди, каки́е нам нужны́; **Mr X, ~ is my uncle** г-н X, мой дя́дя; **it was given to my sister, ~ passed it on to me** э́то да́ли мое́й сестре́, а она́ передала́ мне.

whoa, wo /wəʊ/ *int* тпру!

whodunnit /hu:'dʌnɪt/ (*US* **whodunit**) *n* (*sl*) детекти́в (*роман, фильм*).

whoever /hu:'evə(r)/ *pron* (*obj* **whomever** *or informally* **whoever;** *possessive* **whosever**) **1** (*anyone who; no matter who; also archaic* **whosoever**) кто бы ни, кто уго́дно; **~ comes will be welcome** кто бы ни пришёл, бу́дет жела́нным го́стем.
2 (*who ever*) кто то́лько; **~ heard of such a thing?** слы́ханное ли де́ло?; **~ would have thought it?** кто бы мог поду́мать?

whole /həʊl/ *n* (*single entity*) це́лое; (*totality*) все, всё; **the ~ of the audience** вся аудито́рия; **taken as a ~** в це́лом; **on the ~** в о́бщем (и це́лом); в основно́м.
● *adj* **1** (*intact; unbroken; undamaged*) це́лый, невреди́мый.
2 (*in one piece*) целико́м; **the ox was roasted ~** быка́ зажа́рили целико́м.
3 (*full; complete; entire*) весь, це́лый, це́льный; **he ate a ~ chicken** он съел це́лого цыплёнка; **two ~ glasses** це́лых два стака́на; **the ~ lot** всё; (*people*) все; **a ~ number** (*math*) це́лое число́; **a ~ number of** це́лый ряд + *g*; **~ milk** це́льное молоко́; **the ~ world** весь мир; **his ~ life through** на протяже́нии всей его́ жи́зни.
● *cpds* **~hearted** *adj* беззаве́тный, пре́данный; **~heartedly** *adv* от всей души́; **~meal** *adj* (*Br*): **a ~meal loaf** буха́нка хле́ба из непросе́янной муки́; **~ note** *n* (*US, mus*) це́лая но́та; **~sale** *n* опто́вая торго́вля; **sell sth by** (*US* **at**) **~sale** прод|ава́ть, -а́ть о́птом; **a ~sale dealer** оптови́к; *adj* опто́вый; (*fig*) ма́ссовый; **our business is ~sale only** мы торгу́ем то́лько о́птом; **I can get it for you ~sale** я могу́ вам э́то доста́ть по опто́вой цене́; *adv* о́птом; (*fig*) в ма́ссовом масшта́бе; **~saler** *n* оптови́к; **~ tone** *adj*: **~-tone scale** га́мма на це́лых но́тах.

wholefood /'həʊlfu:d/ *n* (*Br*) натура́льные проду́кты.
● *adj* натура́льный.

wholeness /'həʊlnɪs/ *n* (*integrality*) це́льность, це́лость.

wholesome /'həʊlsəm/ *adj* **1** (*promoting health*) поле́зный, цели́тельный, здоро́вый, благотво́рный; **~ food** здоро́вая пи́ща. **2** (*sound; prudent*) здра́вый, благотво́рный; **I gave him some ~ advice** я ему́ дал здра́вый/поле́зный сове́т.

wholesomeness /'həʊlsəmnɪs/ (*of food*) поле́зность; (*fig*) здра́вость.

wholly /'həʊllɪ/ *adv* по́лностью; целико́м; сплошь; **I am ~ at a loss** я в по́лном/соверше́нном недоуме́нии; **it cannot be ~ bad** не мо́жет быть, что́бы э́то бы́ло сплошь пло́хо.

whom /hu:m/ *obj of* ⇒**who**

whomever /hu:m'evə(r)/ *obj of* ⇒**whoever**

whomsoever /ˌhu:msəʊ'evə(r)/ *obj of* ⇒**whosoever**

whoop /hu:p, wu:p/ *n* во́зглас; восклица́ние; **with a ~ of joy** ра́достно восклица́я, с ра́достными восклица́ниями.
● *vi* **1** воскл|ица́ть, -и́кнуть; **~ing cough** коклю́ш. **2**: **~ it up** (*sl*) бу́рно весели́ться (*impf*); кути́ть (*impf*).

whoops /wʊps/ *int* (*coll*) оп!; (*after saying sth*) ой!

whoosh /wʊʃ/ *n* свист.
● *vi*: **~ past** прон|оси́ться, -ести́сь.

whop /wɒp/ *vt* (**whopped, whopping**) (*coll*) (*thrash*) колошма́тить, от-; (*defeat*) разб|ива́ть, -и́ть в пух и прах.

whopper /'wɒpə(r)/ *n* (*coll*) **1** (*anything very large*) громáдина, махи́на; **a ~ of a fish** огрóмная ры́бина. **2** (*outrageous lie*) чудóвищная ложь.

whopping /'wɒpɪŋ/ (*coll*) *adj* (*also* **~ great**) огрóмный, чудóвищный, здоровéнный (*coll*).

whore /hɔ:(r)/ *n* (*archaic*) проститу́тка; (*coll, pej*) шлю́ха, потаску́ха (*both vulg*).
● *vi* распу́тничать (*impf*), гуля́ть (*impf*).
● *cpd* **~house** (*archaic or coll*) *n* борде́ль (*m*).

whorl /wɔ:l, wə:l/ *n* витóк, завиту́шка, завитóк; (*bot*) мутóвка; (*of fingerprints*) завито́к пальцевóго узóра.

whortleberry /'wə:t(ə)lˌberɪ/ *n* черни́ка (*collect*); я́года черни́ки.

whose /hu:z/ *pron* (*interrog*) чей; **~ partner are you?** чей вы партнёр?; (*rel*) котóрого; (*before sg noun, also*) чей; **for ~ sake** рáди котóрого; **the people ~ house we bought** лю́ди, у котóрых мы купи́ли дом.

whosesoever /ˌhu:zsəʊ'evə(r)/ *possessive of* ⇒**whosoever**

whosever /hu:z'evə(r)/ *possessive of* ⇒**whoever**

whosoever /ˌhu:səʊ'evə(r)/ *pron* (*obj* **whomsoever;** *possessive* **whosesoever**) (*archaic*) = **whoever 1**

why /waɪ/ *n* (*pl* **whys**) причи́на; **all the ~s and wherefores** все э́ти почему́ и отчегó.
● *adv* **1** (*interrog*) (*for what reason?*) почему́; (*for what purpose?*) зачéм; **~ do you ask?** почему́ вы спрáшиваете?; **~ hurry?** зачéм спеши́ть?; **'Are you married?' — 'No, ~?'** «Вы женáты?» — «Нет, а что?»; **~ not?** почему́ бы нет?; **~ not let me help you?** почему́ бы мне вам не помóчь?, давáйте я вам помогу́.
2 (*rel*) **I don't know why he's late** я не знáю, почему́ он опáздывает; **the reasons ~ …** причи́ны, по котóрым… .
● *int* да; ведь; да ведь; **~, of course** да, конéчно; **~, what's the harm in it?** а что в э́том плохóго?; **~ yes, I suppose so** да, навéрное, э́то так; **if the worst came to the worst, ~, we'd have to start again** что ж, на худóй конéц, придётся начáть (всё) с начáла.

wick /wɪk/ *n* фити́ль (*m*); **to get on s.o.'s ~** (*Br coll*) надо|едáть, -éсть + *d*.

wicked /'wɪkɪd/ *adj* (*depraved*) грéшный, порóчный; (*malicious*) злой, злóбный; (*roguish*) лукáвый, плутовскóй; **she gave him a ~ glance** онá лукáво взгляну́ла на негó; (*coll, disgraceful*) ужáсный, безобрáзный; **a ~ shame** безобрáзие.

wickedness /'wɪkɪdnɪs/ *n* (*depravity*) грех, порóчность; (*malice*) злóба.

wicker /'wɪkə(r)/ *n* пру́тья (*m pl*) для плетéния; **~ chair** плетёное крéсло.
● *cpd* **~work** *n* плетéние; (*products*) плетёные издéлия.

wicket /'wɪkɪt/ *n* **1** (**~-gate**) кали́тка. **2** (*at cricket*) ворóт|ца (*pl, g* -ец).
● *cpd* **~keeper** *n* ловя́щий мяч за ворóтцами (*в крикете*).

wide /waɪd/ *adj* **1** широ́кий; (*in measuring*) ширинóй в + *a*, **the table is 3 feet ~** ширинá столá 3 фу́та; **3-foot wide table** стол ширинóй в 3 фу́та.
2 (*extensive*) широ́кий, обши́рный, простóрный; **~ experience** обши́рный/богáтый óпыт; **~ interests** широ́кий круг интерéсов; **a ~ choice** широ́кий вы́бор; **his reading has been ~** он начи́танный человéк; **the ~ world over** во всём ми́ре; по всему́ свéту.
3 (*off target*): **his answer was ~ of the mark** он попáл пáльцем в нéбо.
4 (*Br, artful*): **~ boy** лихóй пáрень; лóвкий мáлый.
● *adv* **1** (*extensively*): **far and ~** повсю́ду; вдоль и поперёк.
2 (*to full extent*): **open the door ~!** открóйте дверь нáстежь!; **he is ~ awake** у негó снá ни в однóм глазу́ нет; **his mouth was ~ open** рот егó был широкó раскры́т; (*see also* ⇒**~-open**); **~ open to** (*attack etc.*) не защищённый от + *g*.
3 (*off target*) ми́мо цéли; **shoot ~** стреля́ть (*impf*) ми́мо цéли.
● *cpds* **~-angle** *adj*: **~-angle lens** широкоугóльный объекти́в; **~-eyed** *adj* (*surprised*) изумлённый; (*naive*) наи́вный; **~ open** *adj* откры́тый, необозри́мый; **~-open space** необозри́мый простóр; *see also adv*; **~-ranging** *adj* (*intellect etc.*) разносторóнний; **~screen** *adj*: **~screen film** широкоэкрáнный фильм; **~screen TV (set)** широкоэкрáнный телеви́зор; **~spread** *adj* (широкó) распространённый.

widely /'waɪdlɪ/ *adv* **1** (*to a large extent*) широкó; **~ differing opinions** рéзко расходя́щиеся мнéния; **he is ~ read** (*has read a lot*) он óчень начи́тан; (*many people read him*) у негó широ́кая читáтельская аудитóрия. **2** (*over a large area*) далекó; **~ scattered** разбрóсанный; **it is ~ known that…** широкó извéстно, что…; **it is ~ believed that …** мнóгие считáют, что… .

widen /'waɪd(ə)n/ *vt* & *i* расш|иря́ть(ся), -и́рить(ся); **they are ~ing the road** они́ расширя́ют дорóгу; **the gap between them ~s daily** разры́в мéжду ни́ми увели́чивается с кáждым днём.

widow /'wɪdəʊ/ *n* вдовá; **become a ~** станови́ться, стать вдовóй; овдовéть (*pf*); **the ~'s mite** (*bibl*) лéпта вдови́цы; вдóвья лéпта; **~'s peak** вóлосы, растýщие треугóльным вы́ступом на лбу; **~'s weeds** вдóвий трáур; **grass ~** солóменная вдовá; **war ~** жéнщина, потеря́вшая му́жа на войнé.
● *vt* дéлать, с- вдовóй; **she was ~ed by the war** войнá отнялá у неё му́жа.

widower /'wɪdəʊə(r)/ *n* вдовéц.

widowhood /'wɪdəʊˌhʊd/ *n* вдовствó.

width /wɪtθ, wɪdθ/ *n* **1** (*measurement*) ширинá; **the river is 2 miles in ~** ширинá реки́ 2 ми́ли; рекá имéет 2 ми́ли в ширину́. **2** (*piece of material*) полóтнище. **3** (*wide extent*) широтá.
● *cpds* **~ways, ~wise** *advs* в ширину́.

wield /wi:ld/ *vt* (*hold*) держáть (*impf*) в рукáх; (*be able to use*) владéть (*impf*) + *i*; **~ an axe** рабóтать (*impf*) топорóм; **~ a sword** владéть (*impf*) шпáгой; **~ authority** пóльзоваться (*impf*) влáстью.

Wiener schnitzel /'vi:nə ˌʃnɪts(ə)l/ *n* шни́цель (*m*) по-вéнски.

wife /waɪf/ *n* (*pl* **wives**) **1** (*spouse*) женá; **he made her his ~** он жени́лся на ней; **the President's ~** супру́га президéнта; **common-law ~** граждáнская женá; подру́га.
2 (*archaic, old woman*) стару́ха, бáбка; **old wives' tales** бáбьи скáзки (*f pl*); рóссказн|и (*pl, g* -ей).

wifely /'waɪflɪ/ *adj* подобáющий/ свóйственный женé; **~ duties** жéнские обя́занности.

wig /wɪg/ *n* пари́к.
● *cpd* **~-maker** *n* парикмáхер.

wigging /'wɪgɪŋ/ *n* (*Br coll*) взбу́чка, нахлобу́чка; **give s.o. a ~** зад|авáть, -áть комý-н. взбу́чку/нахлобу́чку.

wiggle /'wɪg(ə)l/ *n* покáчивание.
● *vt* (*ears, toes*) шевели́ть, по- + *i*; **she ~s her hips** онá покáчивает бёдрами; **the baby ~d its toes** ребёнок шевели́л пáльцами ног.
● *vi* (*of a loose tooth*) шатáться (*impf*), качáться (*impf*).

wiggly /'wɪglɪ/ *adj* (**wigglier, wiggliest**): **a ~ line** волни́стая ли́ния; **a ~ tooth** шатáющийся зуб.

Wight /waɪt/ *n*: **the Isle of ~** óстров Уáйт (*близ южного побережья Англии*).

wigwam /'wɪgwæm/ *n* вигвáм.

wild /waɪld/ *n* **1** (**~** *state*): **this animal is not found in the ~** э́то живóтное не встречáется в ди́кой прирóде.
2 (*in pl, desert or uncultivated tract*) ди́кое мéсто, ди́кие простóры; пусты́ня; **in the ~s of Africa** на ди́ких простóрах Áфрики; **(out) in the ~s** на отши́бе.
● *adj* **1** (*not domesticated; not cultivated*) ди́кий; **~ boar** кабáн; **~ flower** дикорасту́щий цветóк; **~ goose chase** (*fig*) бессмы́сленное предприя́тие; **in the ~ state** в ди́ком состоя́нии/ви́де, на вóле.
2 (*not civilized*) ди́кий; **~ man** (*savage*) дикáрь (*m*).
3 (*of scenery: desolate, uninhabited*) ди́кий, пусты́нный.
4 (*of birds etc.: easily startled*) пугли́вый.
5 (*unrestrained, wayward, disorderly*) необу́зданный, бу́рный, бу́йный; (*dissolute*) разгу́льный; **your hair looks (rather) ~** у вас растрепáлись вóлосы; **everything was in ~ confusion** (там) цари́л ди́кий беспоря́док; **she lets her children run ~** онá разрешáет дéтям бéгать без присмóтра; **he let the garden run ~** он запусти́л сад.
6 (*tempestuous*) бу́рный, бу́йный; **it was a ~ sea** мóре бушевáло.
7 (*excited, passionate, frantic*) вне себя́; исступлённый; **~ with rage/delight** вне себя́ от я́рости/востóрга; **he**

W

drives me ~ он выводи́т меня́ из себя́; **it made her ~** э́то привело́ её в нейстовство; **they were ~ about him** они́ бы́ли в (ди́ком) восто́рге от него́; **~ laughter** ди́кий/бе́шеный хо́хот. **8** (*reckless*; *ill aimed*; *ill considered*) безу́мный; ди́кий; **a ~ scheme** безу́мная зате́я; **a ~ shot** вы́стрел науга́д.
● *adv* наобу́м; науга́д.
● *cpds* **~ card** *n* (*comput*) универса́льный си́мвол; (*cards*) ка́рта равноце́нная любо́й друго́й; **~cat** *adj* риско́ванный; **~cat strike** неофициа́льная забасто́вка; **~fire** *n*: **the news spread like ~fire** но́вость распространи́лась с молниено́сной быстрото́й; **~fowl** *n* дичь (*только птицы*).

wildebeest /ˈwɪldə,bi:st, ˈvɪl-/ *n* гну (*cg indecl*).

wilderness /ˈwɪldənɪs/ *n* ди́кая ме́стность; пусты́ня; **a voice crying in the ~** (*fig*) глас вопию́щего в пусты́не; (*neglected garden*) запу́щенный сад.

wildlife /ˈwaɪldlaɪf/ *n* жива́я приро́да; **~ sanctuary** запове́дник; **~ photographer** фотоохо́тник; **~ photography** фотоохо́та.

wildness /ˈwaɪldnɪs/ *n* (*of behaviour, character*) ди́кость, необу́зданность.

wile /waɪl/ *n* (*literary*) хи́трость, уло́вка; (*in pl*) ухищре́ния (*nt pl*).

wilful /ˈwɪlfʊl/ (*US* **willful**) *adj* **1** (*of person, headstrong*) своенра́вный, своево́льный. **2** (*intentional*) умы́шленный, преднаме́ренный; **~ disobedience** созна́тельное неповинове́ние.

wilfulness /ˈwɪlfʊlnɪs/ (*US* **willfulness**) *n* своенра́вие, своево́лие; преднаме́ренность.

wiliness /ˈwaɪlɪnɪs/ *n* хи́трость, кова́рство, лука́вство.

will¹ /wɪl/ *n* **1** (*faculty*; *its exercise*; *determination, intent*) во́ля; **free ~** свобо́да во́ли; **he has a ~ of his own** он челове́к своево́льный; **he has no ~ of his own** он легко́ подчиня́ется чужо́му влия́нию; **against my ~** про́тив моего́ жела́ния; вопреки́ мое́й во́ле; **lack of ~** безво́лие, отсу́тствие си́лы во́ли; **the ~ to live** во́ля к жи́зни; **where there's a ~ there's a way** где хоте́ние, там и уме́ние; **of one's own free ~** доброво́льно, по со́бственной во́ле.
2 (*energy*; *enthusiasm*) эне́ргия, жела́ние; **go to work with a ~** рабо́тать (*impf*) энерги́чно (*or* с жела́нием).
3 (*discretion, desire*) жела́ние, во́ля; **he came and went at ~** он приходи́л и уходи́л, когда́ хоте́л.
4 (*disposition*) расположе́ние; **I feel no ill ~ towards him** я на него́ не в оби́де; **men of good ~** лю́ди до́брой во́ли.
5 (*disposition of property*) завеща́ние; **last ~ and testament** после́дняя во́ля; **make, draw up one's ~** де́лать, с- (*or* сост|авля́ть, -а́вить) завеща́ние.
● *vt* **1** (*compel*) заст|авля́ть, -а́вить; **he ~ed himself to stay (*or* into staying) awake** (уси́лием во́ли) он заста́вил себя́ бо́дрствовать; **you cannot ~ success** одного́ жела́ния для успе́ха ма́ло.
2: **God ~ing** е́сли на то бу́дет во́ля Бо́жья.
3 (*bequeath*) завеща́ть (*impf, pf*).
● *cpd* **~power** *n* си́ла во́ли.

will² /wɪl/ *vt & i* (*3rd pers sg pres* **will**) (*see also* ⇨**would**) **1** (*expressing future*): **he ~ be president** он бу́дет президе́нтом; **in five minutes it ~ be midnight** че́рез пять мину́т бу́дет/насту́пит по́лночь; **tomorrow ~ be Tuesday** за́втра — вто́рник; **he said he would be back by 3** он сказа́л, что вернётся к трём; **I won't do it again** я бо́льше не бу́ду.
2 (*expressing wish, insistence*): **let him do what he ~** пусть де́лает, что хо́чет; **he ~ always have his own way** он всегда́ насто́ит на своём.
3 (*expressing willingness*): **I ~ come with you** я пойду́ с ва́ми; **~ (*or* won't) you come in?** входи́те, пожа́луйста!; **pass the salt, ~ (*or* would) you?** бу́дьте любе́зны, переда́йте соль; **'Tell me your name!' — 'No, I won't'** «Скажи́те, как вас зову́т?» — «Не скажу́!»; **he won't help me** он не хо́чет мне помо́чь; **the window won't open** окно́ (ника́к) не открыва́ется.
4 (*expressing inevitability*): **boys ~ be boys** ма́льчики есть ма́льчики; **accidents ~ happen** вся́кое быва́ет/случа́ется.
5 (*expressing habit*): **he ~/would sit there for hours on end** он проси́живает/проси́живал там часа́ми; **he would often come to see me** он ча́сто заходи́л ко мне.
6 (*expressing surmise, probability*): **this ~ be the book you're looking for** вот, до́лжно быть, кни́га, кото́рую вы и́щете; **she would have been about 60 when she died** ей бы́ло, должно́ быть, о́коло шести́десяти, когда́ она́ умерла́.

willful /ˈwɪlfʊl/ (*US*) = **wilful**

willfulness /ˈwɪlfʊlnɪs/ (*US*) = **wilfulness**

willies /ˈwɪlɪz/ *n pl* (*coll*): **it gives me the ~** у меня́ от э́того мура́шки по спине́ (бе́гают).

willing /ˈwɪlɪŋ/ *adj* **1** (*readily disposed*) скло́нный, располо́женный; **~ workers** усе́рдные рабо́тники; **I am ~ to admit …** я гото́в призна́ть…; **he was not ~ to accept responsibility** он не хоте́л брать на себя́ отве́тственность; **show ~** прояв|ля́ть, -и́ть гото́вность; **'Will you do me a favour?' — 'W~ly!'** «Вы мо́жете сде́лать мне одолже́ние?» — «Охо́тно!». **2** (*readily given or shown*) доброво́льный.

willingness /ˈwɪlɪŋnɪs/ *n* гото́вность, жела́ние.

will-o'-the-wisp /,wɪləðəˈwɪsp/ *n* блужда́ющий огонёк; (*fig, elusive person*) неулови́мый челове́к; (*fig, delusive hope or plan*) несбы́точная наде́жда/мечта́; иллю́зия.

willow /ˈwɪləʊ/ *n* **1** (*tree*) и́ва; **pussy ~** ве́рба; **weeping ~** плаку́чая и́ва.
2 (*fig, cricket bat*) бита́.
● *cpds* **~herb** *n* кипре́й, ива́н-ча́й; **~-pattern china** *n* посу́да с си́ним кита́йским моти́вом; **~ warbler** *n* пе́ночка-весни́чка.

willowy /ˈwɪləʊɪ/ *adj* (*lithe*) то́нкий, ги́бкий, стро́йный.

willy /ˈwɪlɪ/ *n* (*Br coll*) (мужско́й) член; (*child's word*) пи́ська (*coll*).

willy-nilly /,wɪlɪˈnɪlɪ/ *adv* во́лей-нево́лей; хо́чешь не хо́чешь.

wilt /wɪlt/ *vi* (*lit, fig*) ни́кнуть, по-; пон|ика́ть, -и́кнуть; **~ing enthusiasm** ослабева́ющий энтузиа́зм.

wily /ˈwaɪlɪ/ *adj* (**wilier, wiliest**) хи́трый, кова́рный, лука́вый.

wimp /wɪmp/ *n* (*coll*) тря́пка, размазня́ (*both coll*); (*of man also*) ба́ба, слизня́к (*both coll*).

wimpish /ˈwɪmpɪʃ/ *adj* (*coll*) бесхара́ктерный.

wimple /ˈwɪmp(ə)l/ *n* (*nun's*) апо́стольник, плат (*у монахинь: накидка, скрывающая, помимо волос, также шею и грудь*).

win /wɪn/ *n* (*gain*) вы́игрыш; (*victory*) побе́да; **a ~ at cards** вы́игрыш в ка́ртах; **it was an easy ~ for them** они́ с лёгкостью вы́играли.
● *vt* (**winning;** *past and pp* **won**) **1** (*be victorious in*) выи́грывать, вы́играть; **the Allies won the war** сою́зники вы́играли войну́; **~ a race** побе|жда́ть, -ди́ть в забе́ге; **he won every race** он победи́л во всех забе́гах; **who won the election?** кто победи́л на вы́борах?; **she won the lottery** она́ вы́играла в лотере́ю; **~ the day** одерж|ивать, -а́ть побе́ду.
2 (*gain*) получ|а́ть, -и́ть; выи́грывать, вы́играть; **he won £50 from me** он вы́играл у меня́ 50 фу́нтов; **~ a medal** заво|ёвывать, -ева́ть меда́ль; **~ a prize** выи́грывать, вы́играть приз; **~ s.o.'s heart** покор|я́ть, -и́ть чьё-н. се́рдце; **~ s.o.'s confidence** сниск|ивать, -а́ть чьё-н. дове́рие; входи́ть, войти́ в дове́рие к кому́-н.; **this work won her many friends** благодаря́ э́той рабо́те она́ приобрела́ мно́го друзе́й.
● *vi* (**winning;** *past and pp* **won**): **~ hands down** выи́грывать, вы́играть без труда́ (*or* с лёгкостью); **~ on points** выи́грывать, вы́играть по очка́м; **~ by 4 goals to 1** вы́играть (*pf*) со счётом 4:1.
● *with advs*: **~ back** *vt* отыгр|ывать, -а́ть; **~ out** *vi* преодол|ева́ть, -е́ть все тру́дности; **~ over, ~ round** *vvt* угов|а́ривать, -ори́ть; **he cannot be won round** его́ нельзя́/невозмо́жно уговори́ть; **~ through** *vi* проб|ива́ться, -и́ться.

wince /wɪns/ *n*: **with a ~** вздро́гнув.
● *vi* содрог|а́ться, -ну́ться; (*frown*) мо́рщиться, по-.

winch /wɪntʃ/ *n* лебёдка, во́рот.
● *vt* (*usu with advs*) подн|има́ть, -я́ть с по́мощью лебёдки.

wind¹ /wɪnd/ *n* **1** ве́тер; **high ~** си́льный ве́тер; (*at sea*) штормово́й ве́тер; **fair ~** попу́тный ве́тер; **strong ~** си́льный ве́тер; **there's not much ~ about** ве́тра почти́ нет; **the ~ is in the east** ве́тер ду́ет с восто́ка; **the ~ blew hard** дул ре́зкий ве́тер; **sail**

before the ~ плыть (*det*) с попу́тным ве́тром; **the ~ was behind us** ве́тер дул нам в спи́ну; **exposed to ~ and weather** откры́тый непого́дам; **he is sailing close to the ~** (*lit*) он идёт про́тив ве́тра; (*fig*) он ведёт себя́ на гра́ни дозво́ленного; **the deer were down ~ of us** оле́ни находи́лись в подве́тренной стороне́ от нас; **get, catch ~ of** чу́ять, по-; (*fig*) проню́х|ивать, -ать.
2 (*various fig uses*): **he ran like the ~** он мча́лся как ве́тер; **fling/throw caution to the ~s** отбро́сить/забы́ть (*pf*) вся́кую осторо́жность; **scattered to the four ~s** разбро́санный повсю́ду (*or* по всему́ све́ту); **I must see how the ~ blows** мне ну́жно посмотре́ть, куда́ ве́тер ду́ет; **it took the ~ out of his sails** (*fig*) э́то вы́било у него́ по́чву из-под ног; э́то обескура́жило его́; **~ of change** (*fig*) ве́тер переме́н; **get the ~ up** (*Br sl*) тру́сить, с-; **the noise put the ~ up me** (*Br sl*) э́тот шум меня́ испуга́л/напуга́л; **there is something in the ~** что́-то назрева́ет/затева́ется; **it's an ill ~ that blows nobody good** нет ху́да без добра́.
3 (*breath*) дыха́ние; **out of ~** запыха́вшись; **lose one's ~** запыха́ться (*pf*); **get back one's ~** отдыша́ться (*pf*); **get one's second ~** обре|та́ть, -сти́ второ́е дыха́ние; **knock the ~ out of s.o.** (*fig*) ошелом|ля́ть, -и́ть кого́-н.
4 (*Br, in bowels etc.*) га́зы (*m pl*) (*в желудке/кишечнике*); **I've got ~** у меня́ живо́т пу́чит; **break ~** по́ртить, ис- во́здух.
5 (*~ instruments*) духовы́е (инструме́нты) (*m pl*); **~ quintet** духово́й квинте́т.
● *vt* **1** (*deprive of breath*): **the blow ~ed him** от уда́ра у него́ дух перехвати́ло; **I was ~ed by the climb** от подъёма я запыха́лся; **he ~ed me** он уда́рил меня́ под вздох.
2: **~ a horse** да|ва́ть, -ть ло́шади передохну́ть.
● *cpds* **~bag** *n* (*coll*) пустоме́ля (*cg*), краснобай; **~break** *n* ветроло́м; **~cheater** (*US* **~breaker**) *nn* штормо́вка, ветро́вка, ветронепроница́емая ку́ртка; **~fall** *n* (*of fruit*) па́данец; (*in pl*) па́далица (*collect*); (*of good fortune*) непредви́денный дохо́д; **~ farm** *n* райо́н обслу́живания ветряны́х электроста́нций; **~mill** *n* ветряна́я ме́льница; **~pipe** *n* дыха́тельное го́рло; **~screen** (*US* **~shield**) *nn* лобово́е/ветрово́е стекло́; **~screen washer** стеклоомыва́тель (*m*); **~screen wiper** стеклоочисти́тель (*m*), «дво́рник»; **~sock** *n* ветрово́й ко́нус; **~swept** *adj* (*of terrain*) откры́тый ве́тру; (*of hair etc.*) растрёпанный; **~ tunnel** *n* аэродинами́ческая труба́.

wind² /waınd/ *n* **1** (*single turn*) вито́к.
2 (*bend*) поворо́т, изги́б.
● *vt* (*past and pp* **wound**)
1 (*cause to encircle, curve or curl*): **she wound the wool into a ball** она́ смота́ла шерсть в клубо́к; **the thread was wound on to a reel** ни́тка была́ намо́тана на кату́шку; **a rope was wound round the pole** на шест была́ намо́тана верёвка; **the chain had wound itself round the wheel** цепь обвила́сь вокру́г колеса́; **the hedgehog ~s itself into a ball** ёж(ик) свёртывается/свора́чивается клубко́м (*or* в клубо́к); **she can ~ you round her little finger** (*fig*) она́ из вас верёвки вьёт; она́ ве́ртит ва́ми, как хо́чет.
2 (*fold, wrap*) уку́т|ывать, -ать; **she wound a shawl round the baby; she wound the baby in a shawl** она́ уку́тала/заверну́ла ребёнка в плато́к; **~ing sheet** са́ван.
3 (*rotate*) верте́ть (*impf*); крути́ть (*impf*).
4: **~ a clock** зав|оди́ть, -ести́ часы́; **~ing engine** подъёмная маши́на.
5: **the river ~s its way to the sea** река́, извива́ясь, течёт к мо́рю.
● *vi* (*past and pp* **wound**) (*twist*) ви́ться (*impf*); извива́ться (*impf*); **the path ~s up the hill** доро́жка/тропи́нка зме́йкой поднима́ется в го́ру; **~ing staircase** винтова́я ле́стница; **a ~ing road** изви́листая доро́га.
● *with advs*: **~ about** *vi*: **the road ~s about** доро́га извива́ется; **~ down** *vt* опус|ка́ть, -ти́ть; *vi*: **the clock spring ~s down in 7 days** у э́тих часо́в семидне́вный заво́д; **~ in** *vt*: **~ in a fishing line** см|а́тывать, -ота́ть у́дочку; **~ up** *vt*: **~ up the bucket from the well** подн|има́ть, -я́ть ведро́ из коло́дца; **~ up a clock** зав|оди́ть, -ести́ часы́; (*fig, arouse*) зав|оди́ть, -ести́; **he gets very wound up at times** иногда́ он ужа́сно заво́дится; (*Br, tease*) дразни́ть (*impf*); (*fig, settle*) заверш|а́ть, -и́ть; **I am ~ing up my affairs** я свора́чиваю свои́ дела́; (*fig, terminate*) зак|а́нчивать, -о́нчить; **they wound up the meeting with a prayer** они́ зако́нчили собра́ние моли́твой; *vi* (*conclude*) заключ|а́ть, -и́ть; заверш|а́ть, -и́ть; **you will ~ up in prison** вы ко́нчите тюрьмо́й; **he wound up by shooting himself** он ко́нчил тем, что застрели́лся.

windlass /ˈwındləs/ *n* лебёдка, во́рот.

windless /ˈwındlıs/ *adj* безве́тренный.

window /ˈwındəʊ/ *n* **1** окно́; (*diminutive, also cashier's etc.*) око́шко; **he looked through the ~** он посмотре́л в окно́; он вы́глянул из окна́; **double ~s** двойны́е ра́мы (*f pl*); **(shop ~)** витри́на; **a ~ on the world** окно́ в мир; (*in full* **~ of opportunity**) ре́дкая возмо́жность.
2 (*comput*) окно́.
3 (*attr*) око́нный.
● *cpds* **~ blind** *n* што́ра; жалюзи́ (*pl indecl*); **~ box** *n* (нару́жный) я́щик для цвето́в; **~ catch** *n* око́нный затво́р, шпингале́т; **~ cleaner** *n* мо́йщик о́кон; **~ dresser** *n* оформи́тель (*fem* -ница) витри́н; **~ dressing** *n* (*lit*) оформле́ние витри́н; (*fig*) очковтира́тельство; **~ ledge** *n* (нару́жный) подоко́нник; **~pane** *n* око́нное стекло́; **~ seat** *n* дива́н у окна́; **~-shopping** *n* рассма́тривание/разгля́дывание витри́н; **~ sill** *n* подоко́нник.

windsurfer /ˈwınd,sɜːfə(r)/ *n* виндсёрфинги́ст.

windsurfing /ˈwınd,sɜːfıŋ/ *n* виндсёрфинг.

windward /ˈwındwəd/ *n* наве́тренная сторона́.
● *adj* наве́тренный.

windy /ˈwındı/ *adj* (**windier, windiest**) **1** (*characterized by wind*) ве́треный; **a ~ night** ве́треная ночь.
2 (*exposed to wind*) обдува́емый ве́тром; откры́тый ветра́м. **3** (*Br, flatulent*): **~ food** пи́ща, от кото́рой пу́чит (живо́т).

wine /waın/ *n* **1** (виногра́дное) вино́; **dry ~** сухо́е вино́; **medium dry ~** полусухо́е вино́; **sweet ~** сла́дкое вино́; **sparkling ~** игри́стое вино́; **table ~** столо́вое вино́.
2 (*from other fruit or plant*) нали́вка.
● *vt*: **he was ~d and dined** его́ угоща́ли на сла́ву; его́ корми́ли-пои́ли.
● *cpds* **~ bar** *n* ви́нный бар; **~ bottle** *n* ви́нная буты́лка; **~ cellar** *n* ви́нный по́греб; **~-coloured** (*US* **-colored**) *adj* тёмно-кра́сный; бордо́вый; **~ cooler** *n* ведёрко со льдом (для охлажде́ния вина́); **~ glass** *n* бока́л, рю́мка; **~grower** *n* виноде́л; **~-growing** *n* виноде́лие; *adj* виноде́льческий; **~ list** *n* ка́рта вин; **~ press** *n* дави́льный пресс; **~skin** *n* мех для вина́; **~ taster** *n* дегуста́тор вин; **~ tasting** *n* дегуста́ция вин; **~ vault** *n* ви́нный по́греб; **~ waiter** *n* (*Br*) официа́нт, ве́дающий ви́нами; сомелье́ (*m indecl*).

winery /ˈwaınərı/ *n* ви́нный заво́д, виноде́льня.

wing /wıŋ/ *n* **1** (*of bird, insect or aircraft*) крыло́; **on the ~** в полёте; **shoot a bird on the ~** подстр|е́ливать, -ели́ть пти́цу на лету́; **clip s.o.'s ~s** (*fig*) подр|еза́ть, -е́зать кому́-н. кры́лья; **spread, stretch one's ~s** (*fig*) распр|авля́ть, -а́вить кры́лья; **take ~** (*lit*) улет|а́ть, -е́ть; взлет|а́ть, -е́ть; (*fig*) ун|оси́ться, -ести́сь; см|ыва́ться, -ы́ться (*coll*); **take under one's ~** (*fig*) брать, взять под своё покрови́тельство.
2 (*of building*) крыло́, фли́гель (*m*).
3 (*Br, of vehicle*) крыло́.
4 (*of mil formation*) фланг; крыло́; край.
5 (*of political party*) крыло́; **the left/right ~** ле́вое/пра́вое крыло́.
6 (*of football or hockey team*) фланг; край; (*player in this position*) кра́йний напада́ющий.
7 (*in pl, of stage*) кули́сы (*f pl*); **wait in the ~s** (*lit*) ждать (*impf*) своего́ вы́хода на сце́ну; (*fig*) ждать (*impf*) своего́ ча́са; быть наготове.
● *vt* **1** (*equip with ~s*): **~ed words** крыла́тые слова́.
2: **~ one's way** лете́ть (*impf*).
3 (*wound*) ра́нить (*impf, pf*), подстр|е́ливать, -ели́ть;
● *cpds* **~ case** *n* надкры́лье; **~ collar** *n* стоя́чий воротни́к с отворо́тами; **~ commander** *n* (*Br*) ≈ подполко́вник (*в авиации*); **~ half** *n* полузащи́тник; **~ mirror** *n* (*Br*)

W

боковóе зéркало; ~ **nut** *n* крыльчатая гáйка; **~span, ~spread** *nn* размáх крылá; ~ **tip** *n* конéц крылá.

wingding /ˈwɪŋdɪŋ/ *n* (*US sl, party*) кутёж, попóйка.

winger /ˈwɪŋə(r)/ *n* (*player*) крáйний нападáющий.

wingless /ˈwɪŋlɪs/ *adj* бескры́лый.

wink /wɪŋk/ *n* **1** мигáние, моргáние; (*as signal, joke*) подми́гивание; **give s.o. a ~** подми́г|ивать, -нýть комý-н.; **tip s.o. the ~** (*fig*) намек|áть, -нýть комý-н.; предупре|ждáть, -ди́ть когó-н.; **a nod is as good as a ~** достáточно намёка; **I didn't sleep a ~** я всю ночь не сомкнýл глаз; **have, take forty ~s** (*coll*) вздремнýть (*pf*).
2 (*coll*): **in a ~** моментáльно; ми́гом.
● *vt*: **~ one's eye** подми́г|ивать, -нýть; морг|áть, -нýть.
● *vi*: **~ at s.o.** подми́г|ивать, -нýть комý-н.; **~ at sth** (*connive at*) смотрéть (*impf*) сквозь пáльцы на что-н.; **it's as easy as ~ing** (*coll*) э́то раз плю́нуть; (*of star, light, etc.*) мигáть (*impf*); мерцáть (*impf*).

winker /ˈwɪŋkə(r)/ *n* (*Br, indicator light*) индикáтор поворóта.

winkle /ˈwɪŋk(ə)l/ *n* морскáя ули́тка.
● *vt* (*Br*): **~ out** (*fig*) вытáскивать, вы́тащить; извл|екáть, -éчь; (*information*) выу́живать, вы́удить.

winner /ˈwɪnə(r)/ *n* победи́тель (*fem* -ница), лауреáт; **who was the ~?** кто вы́играл/победи́л?; **he backed three ~s** он три рáза стáвил на победи́вшую лóшадь; (*successful thing*) вéрное дéло.

winning /ˈwɪnɪŋ/ *adj* **1** (*victorious*) вы́игравший, победи́вший; **the ~ team** победи́вшая/вы́игравшая комáнда, комáнда-победи́тельница.
2 (*bringing about a win*) вы́игрышный; **~ card** вы́игрышная кáрта; **~ stroke** решáющий удáр.
3 (*persuasive, attractive*) привлекáтельный, обая́тельный; **~ ways** прия́тные манéры.
● *cpd* **~ post** *n* фи́нишный столб.

winnings /ˈwɪnɪŋz/ *n pl* вы́игрыш (*деньги*).

winnow /ˈwɪnəʊ/ *vt* вéять (*impf*); отвé|ивать, -ять; (*fig*) отсé|ивать, -ять.
● *with advs*: **~ away/out chaff from grain** отвé|ивать, -ять полóву/мяки́ну от зернá.

winsome /ˈwɪnsəm/ *adj* привлекáтельный, обая́тельный.

winter /ˈwɪntə(r)/ *n* зимá; **in ~** зимóй; (*attr*) зи́мний; **~ crop** ози́мая культу́ра; **~ sports** зи́мние ви́ды спóрта.
● *vi* зимовáть, пере-.
● *cpds* **~green** *n* (*bot*) грушáнка; (*US, checkerberry*) гаультéрия лежáчая; **~time** *n* зимá; зи́мнее врéмя.

wintry /ˈwɪntrɪ/ *adj* (**wintrier, wintriest**) зи́мний, морóзный; (*fig*) холóдный.

wipe /waɪp/ *n*: **give this plate a ~!** вы́трите э́ту тарéлку!; **she gave the baby's face a ~** онá вы́терла ребёнку лицó.
● *vt* **1** (*rub clean or dry*) вытирáть, вы́тереть; прот|ирáть, -ерéть; (**~ *surface of***) обт|ирáть, -ерéть; **~ s.o.'s nose** вытирáть, вы́тереть комý-н. нос; **~ one's eyes** вытирáть, вы́тереть слёзы; **she ~d the dishes** онá вы́терла посу́ду; **he ~d the floor** он протёр пол; **~ the floor with s.o.** (*fig, coll*) ут|ирáть, -ерéть нос комý-н.; **~ your shoes on the mat!** вы́трите боти́нки о кóврик!
2 (*efface*) ст|ирáть, -ерéть; **~ a mark off the wall** стирáть, стерéть пятнó со стены́.
● *with advs*: **~ away** *vt* ст|ирáть, -ерéть; (*tears*) вытирáть, вы́тереть; **~ down** *vt* прот|ирáть, -ерéть; **~ off** *vt* ст|ирáть, -ерéть; **the town was ~d off the map** гóрод был стёрт с лицá земли́; **~ out** *vt* (*clean*) вытирáть, вы́тереть; прот|ирáть, -ерéть; (*expunge*): **I can't ~ out the memory** я не могу́ уничтóжить воспоминáние; (*destroy*) уничт|ожáть, -óжить; **the disease ~d out the entire population** эпидéмия пóлностью уничтóжила всё населéние; **~ over** *vt* (слегкá) прот|ирáть, -ерéть; пройти́сь (*pf*) тря́пкой по + *d*; **~ up** *vt* подт|ирáть, -ерéть.

wiper /ˈwaɪpə(r)/ (*coll*) = **windscreen-wiper**

wire /ˈwaɪə(r)/ *n* **1** (*fine-drawn metal; a length of this*) прóволока; прóвод (*pl* -á); **barbed ~** колю́чая прóволока; **chicken ~** прóволочная сéтка; **~ netting** прóволочная сéтка; **~ wool** (*Br*) прóволочная мочáлка.
2 (*as barrier, fencing etc.*) прóволочная сéтка.
3 (*elec*) прóвод; **fuse ~** плáвкая прóволока (*для предохранителей*); **telephone ~** телефóнный прóвод; **live ~** (*lit*) прóвод под напряжéнием/тóком; (*fig, of person*) (человéк-)огóнь, живчик (*coll*); **get one's ~s crossed** (*fig*) запу́таться (*pf*); невéрно поня́ть (*pf*) что-н.
4 (*coll, telegram*) телегрáмма.
● *vt* **1** (*provide, strengthen or fasten with ~*) свя́зывать, -áть (*or* скреп|ля́ть, -и́ть) прóволокой.
2 (*coll, send telegram to*) телеграфи́ровать (*impf, pf*) + *d*.
3 (*elec*): **they ~d the house** они́ сдéлали провóдку в дóме.
● *vi* (*coll, telegraph*) телеграфи́ровать (*impf, pf*); **they ~d for him to come** они́ вы́звали егó телегрáммой.
● *with advs*: **~ together** *vt* скреп|ля́ть, -и́ть прóволокой; **~ up** *vt* (*connect*) подключ|áть, -и́ть.
● *cpds* **~ brush** *n* прóволочная щётка; **~ cutters** *n pl* кусáч|ки (*pl, g* -ек); **~ gauge** *n* (*instrument*) прóволочный кали́бр; **~-haired** *adj* жесткошёрст(н)ый; **~puller** *n* (*US coll*) мáстер закули́сных махинáций; ловкáч; **~tapping** *n* подслу́шивание телефóнных разговóров; **~worm** *n* (*zool*) прóволочник, личи́нка жукá-щелкунá.

wireless /ˈwaɪəlɪs/ *adj* беспроводнóй, беспрóволочный (*becoming obs*).
● *n* **1** (*Br, broadcast receiver: also* **~ set**) (рáдио)приёмник; рáдио. **2** (*Br, sound radio*) рáдио (*indecl*); **~ enthusiast** радиолюби́тель (*m*); **I heard it on the ~** я слы́шал э́то по рáдио.
3 (**~ *telegraphy***) беспрóволочный телегрáф; **~ officer** ради́ст.

wiring /ˈwaɪərɪŋ/ *n* (*elec*) (электро)провóдка.

wiry /ˈwaɪərɪ/ *adj* (**wirier, wiriest**) (*of person*) жи́листый; (*of hair*) жёсткий.

wisdom /ˈwɪzdəm/ *n* му́дрость; (*prudence*) благоразу́мие, разу́мность; **~ tooth** зуб му́дрости.

wise /waɪz/ *adj* **1** (*sage*) му́дрый; **~ counsel** му́дрый совéт; **the W~ Men** (*bibl*) волхвы́ (*m pl*); **get, grow ~r** наб|ирáться, -рáться му́дрости; **he nodded ~ly** он глубокомы́сленно кивáл головóй.
2 (*sensible, prudent*) у́мный, благоразу́мный; **~ after the event** зáдним умóм крéпок; **you were ~ not to attempt it** вы прáвильно сдéлали, что не стáли прóбовать; **it's not ~ to swim on this coast** не рекомéндуется купáться на э́том берегу́; **he ~ly refused** он имéл му́дрость отказáться.
3 (*well informed*) осведомлённый; **now that you've told me I am none the ~r** дáже пóсле вáшего объяснéния я мáло что понимáю; **you could sneak in without anyone's being the ~r** вы мóжете тихóнько войти́, и никтó не замéтит; **~ guy** (*US sl*) у́мник; **put s.o. ~ to sth** (*coll*) вв|оди́ть, -ести́ когó-н. в курс дéла; **be ~ to sth** (*coll*) быть в ку́рсе дел; ви́деть (*impf*) что-н. насквóзь; **get ~ to** (*coll*) провéдать (*pf*), разузнáть (*pf*).
● *vt*: **~ up** (*US sl*) надоу́мить (*pf*).
● *cpds* **~acre** *n* всезнáйка (*cg*); **~crack** (*coll*) *n* шу́тка, острóта; *vi* остри́ть, с-.

wish /wɪʃ/ *n* **1** (*desire*) желáние; (*will*) вóля; (*request*) прóсьба; **I have no ~ to interfere** у меня́ нет желáния вмéшиваться, я не собирáюсь вмéшиваться; **make a ~!** загадáйте желáние!; **he expressed the ~ that** он вы́разил желáние, чтóбы; **you acted against my ~es** вы дéйствовали/поступи́ли прóтив моéй вóли.
2 (*thing ~ed for or requested*) желáние, предмéт желáний; мечтá; **he got his ~** егó желáние сбылóсь; егó мечтá сбылáсь.
3 (*hope on another's behalf*) пожелáние; **best ~es!** всегó наилу́чшего!; **with every good ~** с наилу́чшими пожелáниями.
● *vt* **1** (*want, require*) желáть (*impf*); хотéть (*impf*) (*both + a or g, inf or* чтóбы).
2 (*expressing unfulfilled desire*): **I ~ I knew everything** éсли бы (тóлько) я всё знал; как бы я хотéл всё знать; **I only ~ I knew** éсли бы я тóлько знал; хотел бы я знать; **she ~ed she had stayed at home** онá пожалéла, что не остáлась дóма; **I ~ you'd be quiet** нельзя́ ли не шумéть?; нельзя́ ли поти́ше?; **I ~ he was alive** éсли бы тóлько он был жив; как бы я хотéл, чтóбы он был жив; **I ~ he hadn't left so soon** как жаль, что он ушёл так рáно; я жалéю, что он ушёл так рáно;

I ~ I hadn't gone there я жалéю, что пошёл тудá; зачéм я тóлько пошёл тудá; I ~ I'd never been born зачéм тóлько я родился.
3 (*with double object*): I ~ him well я желáю емý добрá; I ~ed him good morning я пожелáл емý дóброго ýтра; I ~ you many happy returns поздравляю вас с днём рождéния; I ~ed him goodbye я попрощáлся с ним.
4 (*coll, inflict*) навяз|ывать, -áть; I wouldn't ~ this headache on anyone такóй головнóй бóли и врагý своемý не пожелáю.
● *vi*: ~ for мечтáть о + *p*; she has everything a woman could ~ for у неё есть всё, о чём тóлько жéнщина мóжет мечтáть.
● *cpd* ~bone *n* дýжка.

wishful /ˈwɪʃfʊl/ *adj*: ~ thinking самообольщéние; принятие желáемого за действительное.

wishy-washy /ˈwɪʃɪˌwɒʃɪ/ *adj* (*soup*) жидкий, водянистый; (*wine*) слáбый, слáбенький; (*colour*) блéдный; (*of person, style, ideas*) вялый; (*feeble in character*) слабохарáктерный; (*sentimental*) сентиментáльный.

wisp /wɪsp/ *n* пучóк, клок; a ~ of hair прядь волóс; a ~ of smoke стрýйка дыма.

wispy /ˈwɪspɪ/ *adj* (**wispier, wispiest**) лёгкий, тóнкий; ~ hair рéдкие вóлосы.

wist|eria /wɪˈstɪərɪə/, **-aria** /wɪˈsteərɪə/ *n* глицињия.

wistful /ˈwɪstfʊl/ *adj* тоскýющий, тоскливый.

wistfulness /ˈwɪstfʊlnɪs/ *n* тоскá.

wit[1] /wɪt/ *n* **1** (*intelligence*) ум, рáзум, соображéние; he hadn't the ~(s) (*or* ~ enough) to realize what had happened у негó не достáло умá понять, что случилось; at one's ~'s end в отчáянии; I am at my ~'s end to know what to do прóсто умá не приложý, что дéлать; he has a ready ~ он за слóвом в кармáн не полéзет; keep one's ~s about one не растеряться (*pf*); he lives by his ~s он авантюрист; he was scared out of his ~s он был дó смерти напýган.
2 (*verbal ingenuity*) остроýмие.
3 (*person*) остря|к (*fem coll* -чка).

wit[2] /wɪt/ *v* (*archaic*): to ~ то есть; а имéнно.

witch /wɪtʃ/ *n* **1** (*sorceress*) вéдьма. **2** (*charmer*) колдýнья. **3** (*hag*) вéдьма, стáрая каргá.
● *vt* (*archaic*): the ~ing hour глухáя пóлночь.
● *cpds* ~craft *n* чёрная мáгия, колдовствó; ~ doctor *n* знáхарь (*m*); ~ elm, *n* = wych elm; ~ hazel *n* гамамéлис; ~-hunt *n* (*lit, fig*) охóта на ведьм.

witchery /ˈwɪtʃərɪ/ *n* (*witchcraft*) колдовствó; (*fascination*) чáр|ы (*pl, g* —).

with /wɪð/ *prep* **1** (*expressing accompaniment*) *usu* с + *i*; come ~ me! пойдёмте со мной!; she has no one to play ~ ей нé с кем игрáть; he is ~ the manager он у завéдующего; ~ no hat on без шляпы; ~ his charm he will go far с таким обаянием он далекó пойдёт; meat ~ tomato sauce мясо в томáтном сóусе; he came ~ the rest он пришёл вмéсте с остальными.
2 (*expressing agreement or sympathy*): I'm ~ you (*in understanding*) понимáю; понятно; (*in opinion*) я с вáми соглáсен; (*in support*) я на вáшей сторонé; he is ~ it (*sl*) он в кýрсе; он знáет, что к чемý; get ~ it! очнись! (*sl*).
3: I lost patience ~ him он вывел меня из терпéния; don't be rough ~ the cat! не обращáйтесь так грýбо с кóшкой!; are you pleased ~ the result? вы довóльны результáтом?; what do you want ~ me? что вы от меня хотите?; what has it to do ~ him? при чём тут он?; какóе это имéет к немý отношéние?; I have business ~ him у меня к немý дéло.
4 (*expressing antagonism or separation*): don't argue ~ me не спóрьте со мной; at war ~ в состоянии войны с + *i*; a break ~ tradition отхóд от традиции.
5 (*in the case of*) у + *g*; с + *i*; it's a habit ~ me у меня такáя привычка; ~ children it's different с детьми совсéм другóе дéло.
6 (*denoting host or person in charge, possession etc.*) у + *g*; we stayed ~ our friends мы жили у друзéй; the boy was left ~ his aunt мáльчика остáвили у тётки (*or* с тёткой); I have no money ~ me у меня нет с собóй (*or* при себé) дéнег.
7 (*denoting instrument or means*): I am writing ~ a pen я пишý рýчкой; he walks ~ a stick он хóдит с пáл(оч)кой; (*by means of*) с пóмощью (*or* при пóмощи) + *g*; посрéдством + *g*; the word begins/ends ~ an A это слóво начинáется/кончáется на «А»; it is written ~ a hyphen это пишется чéрез дефис; I bought a suit ~ the £100 на эти сто фýнтов я купил себé костюм; they fought ~ swords они дрáлись на шпáгах.
8 (*denoting cause*) от + *g*; she was shaking ~ fright онá дрожáла от стрáха; he went down ~ flu он заболéл гриппом; I am delighted ~ him я в востóрге от негó.
9 (*denoting characteristic*): a girl ~ blue eyes дéвушка с голубыми глазáми; ~ child (*pregnant*) берéменная; a dressing gown ~ a blue lining халáт на голубóй/синей подклáдке; a tie ~ red spots гáлстук в крáсный горóшек/горóх; a suit ~ grey stripes костюм в сéрую полóску.
10 (*denoting manner etc.*): ~ pleasure с удовóльствием; ~ care осторóжно.
11 (*in the same direction or degree as; at the same time as*): the rainfall varies ~ the season количество осáдков меняется в зависимости от врéмени гóда; ~ the approach of spring с наступлéнием весны; one must move ~ the times нáдо идти в нóгу со врéменем; I could barely keep up ~ him я éле за ним поспевáл.
12 (*denoting attendant circumstance*): I sleep ~ the window open я сплю с открытым окнóм; he walked off ~ his hands in his pockets он ушёл, засýнув рýки в кармáны; a holiday ~ all expenses paid пóлностью оплáченный óтпуск; ~ your permission с вáшего разрешéния; ~ a good secretary this would never have happened при хорóшем секретарé этого бы никогдá не случилось.
13 (*despite*) несмотря на + *a*; при + *p*; ~ all his faults he's a gentleman несмотря на все егó недостáтки, он джентльмéн; ~ the best will in the world при всём желáнии.
14 (*in excl or command*): down ~ tyranny! долóй тиранию!; off ~ you! убирáйтесь!; off ~ your coat! (долóй) пальтó!; out ~ it! расскáзывайте!

withdraw /wɪðˈdrɔː/ *vt* (*past* **withdrew**; *pp* **withdrawn**) отн|имáть, -ять; сн|имáть, -ять; уб|ирáть, -рáть; ~ one's hand отдёр|гивать, -нуть (*or* отн|имáть, -ять) рýку; ~ a child from school заб|ирáть, -рáть ребёнка из шкóлы; ~ a coin from circulation из|ымáть, -ъять монéту из обращéния; ~ money from the bank сн|имáть, -ять дéньги со счёта (в бáнке); ~ a horse from a race сн|имáть, -ять лóшадь с забéга; ~ an ambassador от|зывáть, -озвáть послá; ~ troops от|водить, -вести войскá; ~ an offer брать, взять обрáтно/назáд предложéние; ~ a statement откáз|ываться, -áться от заявлéния; a ~n character зáмкнутый человéк.
● *vi* (*past* **withdrew**; *pp* **withdrawn**) удал|яться, -иться; ~ from a competition выбывáть, выбыть из соревновáния; ~ into o.s. зам|ыкáться, -кнýться в себé; (*mil*) уходить, уйти.

withdrawal /wɪðˈdrɔːəl/ *n* (*of a product from the market*) изъятие (*из продажи*); (*of a person from an election*) снятие (*кандидатуры на выборах*); (*of ambassador*) отозвáние, отзыв (*посла*); (*of country, ceasing to participate*) выход; Zimbabwe's ~ from the Commonwealth выход Зимбáбве из Британского Содрýжества (нáций); (*of troops*) вывод; a gradual ~ of Russian troops from Chechnya постепéнный вывод российских войск из Чечни; (*of statement; of legal aid*) откáз (**of**: от + *g*) (*от своих слов; от помощи*); (*taking money out of an account*) снятие; you can make cash ~s of up to £1,000 per day on your credit card вы мóжете обналичивать до 1000 фýнтов в день по своéй кредитной кáрте; (*ceasing to take drugs*) прекращéние приёма наркóтиков; ~ symptoms абстинéнтный синдрóм.

withdrawn /wɪðˈdrɔːn/ *pp of* ⇒withdraw

withdrew /wɪðˈdruː/ *past of* ⇒withdraw

withe /wɪθ, wɪð, waɪð/ = withy

wither /ˈwɪðə(r)/ *vt* **1** иссуш|áть, -ить; blossom ~ed by frost цветы, загýбленные морóзом; ~ed leaves увядшие листья; a ~ed arm сухáя

рука́. **2** (*fig*) губи́ть, по-; **a ~ing glance** испепеля́ющий взгляд; **~ing scorn** уби́йственное презре́ние.
● *vi* вя́нуть, за-; (*of beauty*) блёкнуть, по-; **the flowers ~ed in the sun** цветы́ завя́ли на со́лнце; **her beauty ~ed with age** с года́ми её красота́ увя́ла.
● *with advs*: **~ away** *vi* высыха́ть, вы́сохнуть; ча́хнуть, за-; (*of the state*) отм|ира́ть, -ере́ть; **~ up** *vi* высыха́ть, вы́сохнуть.

withers /ˈwɪðəz/ *n* хо́лка.

withhold /wɪðˈhəʊld/ *vt* (*past and pp* **withheld** /-ˈheld/) **1** (*refuse to give*) отка́з|ывать, -а́ть в *чём*; возде́рж|иваться, -а́ться от *чего*; **~ one's consent** не да|ва́ть, -ть согла́сия; **~ payment** заде́рж|ивать, -а́ть опла́ту; **~ information**ута́|ивать, -и́ть информа́цию. **2** (*restrain*) уде́рж|ивать, -а́ть.

within /wɪˈðɪn/ *adv* внутри́; **from ~** изнутри́.
● *prep* **1** (*inside*) в + *p*; внутри́ + *g*; **~ these walls** в э́тих стена́х; **a voice ~ him said 'no'** вну́тренний го́лос сказа́л «нет»; **my heart sank ~ me** у меня́ се́рдце оборвало́сь.
2 (*not farther than*; *accessible to*) в преде́лах + *g*; **~ a (radius of a) mile** в ра́диусе/преде́лах одно́й ми́ли; **the library is ~ walking distance** до библиоте́ки мо́жно дойти́ пешко́м; **~ earshot** в преде́лах слы́шимости; **~ reach** в преде́лах досяга́емости; **~ sight** в преде́лах ви́димости; **we are ~ sight of our goal** мы почти́ дости́гли це́ли; **we kept ~ sight of land** мы плы́ли, не теря́я из ви́ду/ ви́да бе́рега.
3 (*of time*) в тече́ние + *g*; на протяже́нии + *g*; за + *a*; **~ (the next) three days** в тече́ние (ближа́йших) трёх дней; **I can finish the job ~ a week** я могу́ (за)ко́нчить э́ту рабо́ту за неде́лю; **they died ~ a year of each other** они́ у́мерли оди́н за други́м в тече́ние го́да; **~ a year of his death** (*sc. after*) ме́ньше чем че́рез год по́сле его́ сме́рти; (*sc. before*) ме́ньше чем за́ год до его́ сме́рти; **the letters came ~ a few days of each other** пи́сьма пришли́ одно́ за други́м с промежу́тком в не́сколько дней.
4 (*~ limits of*) в преде́лах/ра́мках + *g*; **live ~ one's income** жить (*impf*) по сре́дствам; **~ one's rights** по пра́ву; **it is ~ his powers** э́то ему́ по си́лам; э́то вхо́дит в его́ компете́нцию; **it comes ~ their jurisdiction** э́то подпада́ет под их юрисди́кцию; **keep ~ the law** держа́ться (*impf*) в ра́мках зако́на; **keep ~ the speed limit** не превыша́ть (*impf*) устано́вленной ско́рости; **~ limits** до изве́стной сте́пени.

without /wɪˈðaʊt/ *adv* (*archaic, literary*) снару́жи; (*out of doors*) на дворе́.
● *prep* **1** (*archaic, outside*) вне + *g*.
2 (*not having*; *lacking*; *free from*) без + *g*; **~ delay** незамедли́тельно, без промедле́ния; **~ doubt** без сомне́ния; **~ fail** непреме́нно; **~ success** безуспе́шно; **times ~ number** бессчётное число́ раз; **~ regard to the consequences** не ду́мая о после́дствиях; **it goes ~ saying** само́ собо́й разуме́ется; (*with n understood*): **even in hard times they have never gone ~** да́же в са́мые тяжёлые времена́ они́ не голода́ли; (*with gerund*): **~ thinking** не ду́мая; не поду́мав; **he did it ~ anyone finding out** он э́то сде́лал так, что никто́ не узна́л; **he left ~ so much as saying goodbye** он ушёл да́же не прости́вшись.

withstand /wɪðˈstænd/ *vt* (*past and pp* **withstood** /-ˈstʊd/) устоя́ть (*pf*) пе́ред + *i*; выде́рживать, вы́держать; **~ a siege** выде́рживать, вы́держать оса́ду; **~ temptation** устоя́ть (*pf*) пе́ред собла́зном; не подд|ава́ться, -а́ться собла́зну.
● *vi* (*past and pp* **withstood** /-ˈstʊd/) выста́ивать, вы́стоять; выде́рживать, вы́держать.

with|y /ˈwɪðɪ/, **-e** /wɪθ, wɪð, waɪð/ *n* (*shoot*) и́вовый прут; (*willow*) и́ва.

witless /ˈwɪtlɪs/ *adj* глу́пый, безмо́зглый.

witness /ˈwɪtnɪs/ *n* **1** (*eyewitness*) очеви́д|ец (*fem* -ица); свиде́тель (*fem* -ница).
2 (*in court of law*) свиде́тель (*fem* -ница); (*present at search, inventory, etc.*) понят|о́й (*fem* -а́я).
3 (*testimony*) свиде́тельство; **bear ~** свиде́тельствовать (*impf*); дава́ть, дать показа́ния; **bear false ~** лжесвиде́тельствовать (*impf*); **call to ~** приз|ыва́ть, -ва́ть (*кого*) в свиде́тели; ссыла́ться, сосла́ться на + *a*; **in ~ whereof** в подтвержде́ние/ доказа́тельство чего́; (*fig*): **his clothes are a ~ to his vanity** его́ мане́ра одева́ться свиде́тельствует/говори́т о его́ тщесла́вии; **(as) ~ my poverty** о чём свиде́тельствует моя́ нищета́.
● *vt* **1** (*be spectator of*) быть свиде́телем/ очеви́дцем + *g*; **no one ~ed the accident** никто́ не ви́дел, как произошла́ катастро́фа.
2 (*be evidence of*) свиде́тельствовать (*impf*) о + *p*.
3: **~ s.o.'s signature** зав|еря́ть, -е́рить (*or* свиде́тельствовать, за-) чью-н. по́дпись.
● *vi*: **I can ~ to the truth of that** я могу́ засвиде́тельствовать, что э́то пра́вда; **he ~ed to having known the accused** он показа́л, что был знако́м с обвиня́емым.
● *cpd* **~ box** *n* (*US* **stand**) ме́сто для да́чи свиде́тельских показа́ний.

witticism /ˈwɪtɪˌsɪz(ə)m/ *n* острота́.

wittiness /ˈwɪtɪnɪs/ *n* остроу́мие.

wittingly /ˈwɪtɪŋlɪ/ *adv* заве́домо, созна́тельно.

witty /ˈwɪtɪ/ *adj* (**wittier, wittiest**) остроу́мный.

wives /waɪvz/ *pl of* ⇨**wife**

wizard /ˈwɪzəd/ *n* (*magician*) волше́бник, куде́сник; (*fig*) волше́бник; **a financial ~** фина́нсовый ге́ний.
● *adj* (*Br sl*) чуде́сный.

wizardry /ˈwɪzədrɪ/ *n* волшебство́; (*fig*) ча́р|ы (*pl, g* —).

wizened /ˈwɪz(ə)nd/ *adj* вы́сохший (*человек*; *яблоко*).

WMD (*abbr of* ***weapons of mass destruction***) ОМП (ору́жие ма́ссового пораже́ния).

wo /wəʊ/ = **whoa**

woad /wəʊd/ *n* (*plant*) ва́йда; (*dye*) сини́ль.

wobble /ˈwɒb(ə)l/ *n* кача́ние, пока́тывание.
● *vt* (*also* **~ about**) шата́ть (*impf*).
● *vi* (*also* **~ about**) (*sway*) шата́ться, кача́ться (*both impf*); (*stagger*) ковыля́ть (*impf*); кача́ться (*impf*); (*fig, vacillate*) колеба́ться (*impf*); (*quaver*): **she ~s on the top notes** на высо́ких но́тах у неё дрожи́т го́лос.

wobbly /ˈwɒblɪ/ *adj* (**wobblier, wobbliest**) (*lit, fig*) ша́ткий, неусто́йчивый.

wodge /wɒdʒ/ *n* (*Br coll*) кусо́к; (*of soft substance*) ком.

woe /wəʊ/ *n* **1** (*grief, distress*) го́ре, скорбь; **tale of ~** го́рестная исто́рия; **~ is me!** (*literary or joc*) го́ре мне!
2 (*in pl, troubles*) бе́ды (*f pl*).
● *cpd* **~begone** *adj* (*person*) удручённый; (*look*) го́рестный.

woeful /ˈwəʊfʊl/ *adj* ско́рбный, го́рестный; (*pathetic*) жа́лкий; (*dull*) уны́лый; **a ~ countenance** ско́рбное лицо́; **~ ignorance** вопию́щее неве́жество.

wog /wɒg/ *n* (*Br sl, offens*) черномо́зый (*offens*).

wok /wɒk/ *n* сковорода́ (с вы́пуклым днищем) (*в китайской кухне*).

woke /wəʊk/ *past of* ⇨**wake**[3]

woken /ˈwəʊk(ə)n/ *pp of* ⇨**wake**[3]

wolf /wʊlf/ *n* (*pl* **wolves**) (*animal*) волк; **(she-~)** волчи́ца; **cry ~** (*fig*) подн|има́ть, -я́ть ло́жную трево́гу; **keep the ~ from the door** (*fig*) зараба́тывать (*impf*) на жизнь; **lone ~** (*fig*) единоли́чни|к (*fem* -ца); **~ in sheep's clothing** (*fig*) волк в ове́чьей шку́ре.
● *vt* (*coll, also* **~ down**) прогл|а́тывать, -оти́ть с жа́дностью.
● *cpds* **~ cub** *n* волчо́нок; **~hound** *n* волкода́в; **~ whistle** *n* (*coll*) свист при ви́де краси́вой де́вушки.

wolfish /ˈwʊlfɪʃ/ *adj* во́лчий, зве́рский.

wolfram /ˈwʊlfrəm/ *n* вольфра́м.

wolves /wʊlvz/ *pl of* ⇨**wolf**

woman /ˈwʊmən/ *n* (*pl* **women**)
1 же́нщина; **old ~** (*lit*) стару́ха; (*coll, wife*) жена́, хозя́йка; **single ~** незаму́жняя же́нщина; **~ of the world** быва́лая же́нщина. **2** (*coll, charwoman*): **daily ~** приходя́щая домрабо́тница. **3** (*man with feminine characteristics*) ба́ба; **he is an old ~** он настоя́щая ба́ба. **4**: **~ doctor** же́нщина-врач; **~ friend** подру́га, прия́тельница.
● *cpds* **~-hater** *n* женоненави́стник; **~kind** *n* же́нщины (*f pl*).

womanhood /ˈwʊmənˌhʊd/ *n*
1 (*maturity*) же́нская зре́лость; **grow to (*or* reach) ~** созр|ева́ть, -е́ть.
2 (*instinct*) же́нственность; же́нские ка́чества.

womanish /ˈwʊmənɪʃ/ *adj* женоподо́бный, же́нственный.

W

womanize /ˈwʊmə,naɪz/ *vi* (*coll, philander*) пу́таться (*impf*) с ба́бами; гоня́ться (*impf*) за ю́бками.

womanizer /ˈwʊmə,naɪzə(r)/ *n* (*coll*) ба́бник (*coll*).

womanliness /ˈwʊmənlɪnɪs/ *n* же́нственность.

womanly /ˈwʊmənlɪ/ *adj* же́нственный, же́нский.

womb /wu:m/ *n* ма́тка; (*fig*) утро́ба.

wombat /ˈwɒmbæt/ *n* (*zool*) во́мбат.

women /ˈwɪmɪn/ *pl of* ⇒**woman**

● *cpds* **~folk** *n pl* же́нщины (*f pl*); (*of household*) же́нская полови́на; **~'s liberation** *n* эмансипа́ция же́нщин; **~'s liberation movement** движе́ние за эмансипа́цию же́нщин.

won /wʌn/ *past and pp of* ⇒**win**

wonder /ˈwʌndə(r)/ *n* **1** (*miracle, marvel*) чу́до; **work ~s** твори́ть (*impf*) чудеса́; **vitamin C does ~s** витами́н С — чудоде́йственное сре́дство; (*marvel*): **nine days ~** кратковре́менная сенса́ция; **~s will never cease** (*joc*) чудеса́ в решете́; чудеса́, да и то́лько!; (*surprising thing*): **it's a ~ that.../the ~ is that ...** удиви́тельно, что...; **small ~ that ...** неудиви́тельно, что...; **no ~ he was angry!** неудиви́тельно, что он рассерди́лся!
2 (*amazement, admiration*) изумле́ние, восхище́ние; **the sight filled him with ~** зре́лище его́ порази́ло/изуми́ло.

● *vt* **1** (*be surprised*): **I ~ he wasn't killed** я удивлён, что он оста́лся в живы́х; **I shouldn't ~ if it rained** я не удивлю́сь, е́сли пойдёт дождь.
2 (*deliberate, desire to know*): **I ~ who that was** интере́сно/любопы́тно (*or* хоте́лось бы знать), кто бы э́то мог быть; **he ~ed if she was coming** он гада́л, придёт она́ и́ли нет; **you will ~ why I said that** вы спро́сите, почему́ я э́то сказа́л; **I was ~ing whether to invite him** я не мог реши́ть, приглаша́ть его́ и́ли нет; **it makes you ~ where they find the money** не понима́ю (*or* удиви́тельно), отку́да то́лько у них де́ньги беру́тся; **I ~ if I might open the window** вы не возража́ете, е́сли я откро́ю окно́?; *see also vi.*

● *vi* **1** (*feel surprised*) удив|ля́ться, -и́ться (*чему*); пора|жа́ться, -зи́ться (*чему*); диви́ться (*impf*) (*чему*); **I ~ed at his foolishness** я был поражён его́ легкомы́слием; **can you ~ that he got hurt?** неудиви́тельно, что он ушйбся.
2 (*feel curiosity*) интересова́ться (*impf*); **I was ~ing about that** я и сам разду́мывал об э́том; **'Why do you ask?' — 'I just ~ed'** «Почему́ вы спра́шиваете?» — «Про́сто так».
3 (*expressing doubt*): **I ~** я не уве́рен; сомнева́юсь.

● *cpds* **~land** *n* страна́ чуде́с; **~struck** *adj* поражённый, изумлённый; **~-worker** *n* чудотво́рец.

wonderful /ˈwʌndə,fʊl/ *adj* (*pleasing*) чуде́сный, чу́дный; (*arousing wonder*) изуми́тельный, удиви́тельный; (*impressive*) порази́тельный; **what ~ weather!** кака́я чу́дная пого́да!; **you have a ~ memory** у вас порази́тельная па́мять.

wonderment /ˈwʌndəmənt/ *n* удивле́ние, изумле́ние.

wondrous /ˈwʌndrəs/ (*archaic or literary*) *adj* ди́вный.

● *adv* удиви́тельно.

wonky /ˈwɒŋkɪ/ *adj* (**wonkier, wonkiest**) (*Br sl*) (*unstable*) ша́ткий; (*crooked*) криво́й.

wont /wəʊnt/ (*archaic or literary*) *n* обыкнове́ние, привы́чка; **as is his ~** по своему́ обыкнове́нию.

● *adj* привы́чный, обы́чный; **as he was ~ to say** как он люби́л говори́ть.

won't /wəʊnt/ *contracted neg of* ⇒**will**

wonted /ˈwəʊntɪd/ *adj* обы́чный, привы́чный, обыкнове́нный.

woo /wu:/ *vt* (**woos, wooed**) **1** (*court*) уха́живать (*impf*) за + *i*. **2** (*fig, coax*) обха́живать (*impf*); **both candidates were ~ing the voters** о́ба кандида́та пыта́лись завоева́ть расположе́ние избира́телей.

wood /wʊd/ *n* **1** (*in sg or pl*) (*forest*) лес; **the road went through the ~s** доро́га шла че́рез лес (*or* ле́сом); **~ed country** леси́стая ме́стность; **~ anemone** ве́треница лесна́я; (*fig*): **he can't see the ~ for trees** он за дере́вьями не ви́дит ле́са; **we're not out of the ~ yet** ещё не все опа́сности/тру́дности позади́.
2 (*substance*) де́рево; **work in ~** ре́зать (*impf*) по де́реву; **touch** (*US* **knock on**) **~** тьфу-тьфу́, чтоб не сгла́зить!; постучи́ по де́реву; **~ alcohol, ~ spirit** мети́ловый/древе́сный спирт; **~ block** (*for paving*) торе́ц; **~ carving** деревя́нная скульпту́ра/резьба́; **~ pulp** древеси́на; **~ demon** (*Russian myth*) ле́ший.
3 (*as fuel or kindling*) дров|а́ (*pl, g* —); **I chopped some ~ for the fire** я наколо́л дров для ками́на; **~ smoke** дым от горя́щего де́рева.
4: **the ~** (*cask*) бочо́нок; **wine/beer drawn from the ~** разливно́е вино́/пи́во.
5 (*in game of bowls*) шар.
6 (*golf club*) деревя́нная клю́шка.

● *cpds* **~bine** *n* (*Br*) (ди́кая) жи́молость; (*US*) ди́кий виногра́д; **~carver** *n* ре́зчик по де́реву; **~cock** *n* ва́льдшнеп; **~craft** *n* (*knowledge of forest conditions*) зна́ние ле́са; (**~***working*) ремесло́ деревообде́лочника; **~cut** *n* гравю́ра на де́реве, ксилогра́фия; **~cutter** *n* дровосе́к; **~ engraver** *n* граве́р, ксило́граф; **~ engraving** *n* (*process*) гравиро́вка на де́реве; ксилогра́фия; (*product*) гравю́ра на де́реве; ксилогра́фия; **~land** *n* леси́стая ме́стность; (*large area*) лесно́й масси́в; (*attr*) лесно́й; **~louse** *n* мокри́ца; **~man** *n* лесни́к; **~ nymph** *n* дриа́да; **~pecker** *n* дя́тел; **~ pigeon** *n* вя́хирь (*m*), го́рлица; **~ pile** *n* шта́бель (*m*) дров; поле́нница; **~shed** *n* дровяно́й сара́й; **~sman** *n* лесно́й жи́тель; **~wind** *n* (*collect*) деревя́нные духовы́е инструме́нты (*m pl*); **~work** *n* (*Br, carpentry*) столя́рная рабо́та; (*articles*) деревя́нные изде́лия; **~worker** *n* пло́тник, столя́р; **~worm** *n* личи́нка древото́чца; **~yard** *n* дровяно́й склад.

woodchuck /ˈwʊdtʃʌk/ *n* лесно́й суро́к.

wooded /ˈwʊdɪd/ *adj* леси́стый.

wooden /ˈwʊd(ə)n/ *adj* (*also fig*) деревя́нный.

● *cpd* **~-headed** *adj* тупо́й, тупоу́мный.

woody /ˈwʊdɪ/ *adj* (**woodier, woodiest**) (*wooded*) леси́стый; (*of or like wood*) деревя́нный.

wooer /ˈwu:ə(r)/ *n* ухажёр, покло́нник.

woof[1] /wu:f/ *n* (*textiles, weft*) уто́к.

woof[2] /wʊf/ *n* (*dog's bark*) га́вканье, лай; (*as int* **~!**) гав!

● *vt* га́вкать (*impf*); ла́ять (*impf*).

woofer /ˈwu:fə(r)/ *n* (*loudspeaker*) низкочасто́тный дина́мик/громкоговори́тель.

wool /wʊl/ *n* **1** (*on sheep etc.*) шерсть, руно́; **pull the ~ over s.o.'s eyes** (*fig*) пус|ка́ть, -ти́ть пыль в глаза́ кому́-н.; вв|оди́ть, -ести́ кого́-н. в заблужде́ние; **~ merchant** торго́вец ше́рстью; **knitting ~** шерсть для вяза́ния; **darning ~** шерсть для што́пки. **2** (*similar substance*): **cotton ~** ва́та; **steel ~** стальна́я ва́та.

● *cpd* **~-gathering** *n* (*fig*) рассе́янность, мечта́тельность.

woollen /ˈwʊlən/ (*US* **woolen**) *adj* шерстяно́й; **~ cloth** (шерстяно́е) сукно́.

woollens /ˈwʊlənz/ (*US* **woolens**) *n pl* шерстяна́я оде́жда.

woolliness /ˈwʊlɪnɪs/ *n* (*fig*) му́тность, нея́сность, нечёткость, тума́нность.

woolly /ˈwʊlɪ/ *n* (*Br*) сви́тер.

● *adj* (**woollier, woolliest**) **1** (*bearing or covered with wool*) шерсти́стый; (*furry*) мохна́тый; (*downy*) пуши́стый. **2** (*of sound*) глухо́й; (*fig, lacking definition*) нея́сный, нечёткий, му́тный, тума́нный.

woozy /ˈwu:zɪ/ *adj* (**woozier, wooziest**) (*coll, tipsy*) косо́й, окосе́вший; (*from blow etc.*) обалде́вший.

wop /wɒp/ *n* (*sl, offens*) италья́шка (*cg*), макаро́нник (*both offens*).

word /wə:d/ *n* **1** сло́во; **he didn't say a ~ about it** он сло́ва не сказа́л/пророни́л об э́том; **he doesn't know a ~ of English** он ни сло́ва не зна́ет по-англи́йски; **by ~ of mouth** у́стно, на слова́х; **eat one's ~s** взять (*pf*) свои́ слова́ наза́д; **~s fail me** не нахожу́ слов; **from the ~ go** с са́мого нача́ла; **I couldn't get a ~ in (edgeways)** мне не удало́сь вста́вить ни сло́ва; **you can't get a ~ out of him** от него́ сло́ва не добьёшься; **he never has a good ~ for anyone** он ни о ком до́брого сло́ва не ска́жет; **may I have a ~ with you?** мо́жно вас на па́ру слов?; **beyond ~s** неопису́емый; **I have no ~s for it** я не зна́ю, как э́то назва́ть; **in a ~** (одни́м) сло́вом; коро́че говоря́; **in a few ~s** в не́скольких слова́х; вкра́тце; **in other ~s** ина́че говоря́, други́ми слова́ми; **in so many ~s** пря́мо, напрями́к; **he told me in so many ~s that I was a**

liar он пря́мо так и сказа́л, что я лгу; **in ~s of one syllable** (*fig*) са́мыми просты́ми слова́ми; **in ~ and deed** сло́вом и де́лом; **last ~s** после́дние/предсме́ртные слова́; **this book is the last ~ on the subject** э́та кни́га — лу́чшее, что напи́сано на э́ту те́му; **the last ~ in fashion** после́дний крик мо́ды; **he had the last ~** после́днее сло́во оста́лось за ним; **be at a loss for ~s** не находи́ть (*impf*) слов; **a man of few ~s** немногосло́вный челове́к; **a man of many ~s** многосло́вный челове́к; **not a ~!** ни сло́ва!; **not a ~ of it is true** в э́том нет ни сло́ва пра́вды; **play on ~s** игра́ слов, каламбу́р; **put into ~s** выража́ть, вы́разить слова́ми; **put in a good ~ for s.o.** замо́лвить (*pf*) слове́чко за кого́-н.; **you are putting ~s into my mouth** вы припи́сываете мне слова́, каки́х я не говори́л; **say a few ~s** (*sc. a brief speech*) сказа́ть (*pf*) не́сколько слов; **you took the ~s out of my mouth** э́то как раз то, что я хоте́л сказа́ть; **he is too greedy for ~s** он невероя́тно жа́ден; **~ for ~** сло́во в сло́во; **translate ~ for ~** перев|оди́ть, -ести́ досло́вно/буква́льно; **were those his very ~s?** он и́менно так сказа́л?; **a ~ in your ear** я хочу́ вам ко́е-что́ сказа́ть.
2 (*in pl, disputation, quarrel*) ссо́ра, перебра́нка; **they had ~s** они́ побрани́лись.
3 (*in pl, text set to music*) текст, слова́ (*nt pl*); **set, put ~s to music** положи́ть (*pf*) слова́ на му́зыку.
4 (*in pl, actor's part*) роль, текст.
5 (*bibl*): **the W~** Сло́во; **God's W~** сло́во Госпо́дне.
6 (*news; information*) изве́стие, сообще́ние; **send ~ of sth** изве|ща́ть, -сти́ть о чём-н.; **he sent, left ~ that he was not coming** он пе́редал, что не смо́жет прийти́; **~ came that he had been killed** пришло́ сообще́ние, что он поги́б; **the ~ got round that ...** ста́ло изве́стно, что... .
7 (*promise; assurance*) сло́во, обеща́ние; **give, pledge one's ~** да|ва́ть, -ть сло́во; обеща́ть (*impf, pf*); **keep one's ~** держа́ть, с- сло́во; **~ of honour!** че́стное сло́во!; **a man of his ~** челове́к сло́ва; **he was as good as his ~** он сдержа́л сло́во; **take s.o. at his ~** пойма́ть (*pf*) кого́-н. на сло́ве; **you must take my ~ for it** вам придётся пове́рить мне на́ слово.
8 (*command*) сло́во, прика́з; **at the ~ of command** по кома́нде; **at the ~ 'go', start running!** по кома́нде «марш!» — беги́те!; **give the ~** отд|ава́ть, -а́ть приказа́ние/распоряже́ние; **just say the ~!** то́лько скажи́те/прикажи́те!
● *vt* формули́ровать, с-; выража́ть, вы́разить; сост|авля́ть, -а́вить; **that might have been differently ~ed** э́то мо́жно бы́ло сказа́ть/вы́разить ина́че.
● *cpds* **~ blindness** *n* слове́сная слепота́, але́ксия; **~ break, ~ division** *nn* (*printing*) перено́с; **~ game** *n* игра́ в слова́ (*скрэбл и т. п.*); **~-perfect** *adj* зна́ющий (*что*) наизу́сть; **~play** *n* игра́ слов; каламбу́р; **~ processing** *n* редакти́рование те́кста; **~ processor** *n* те́кстовый реда́ктор; **~ wrap** *n* (*comput*) перехо́д на но́вую строку́.

wordiness /ˈwəːdɪnɪs/ *n* многосло́вие.

wording /ˈwəːdɪŋ/ *n* фо́рмула, формулиро́вка; (*of text*) реда́кция (*текста, статьи*).

wordless /ˈwəːdlɪs/ *adj* безмо́лвный.

wordy /ˈwəːdɪ/ *adj* (**wordier, wordiest**) многосло́вный.

wore /wɔː(r)/ *past of* ⇒**wear**

work /wəːk/ *n* **1** (*mental or physical labour, task*) рабо́та, труд; (*official, professional*) рабо́та, слу́жба; (*school etc.*) заня́тия (*nt pl*); (*activity*) де́ятельность; **job of ~** де́ло; **he is at ~** он сейча́с рабо́тает; **he is at (his place of) ~** он на рабо́те/слу́жбе; **he is at ~ on a dictionary** он рабо́тает над словарём; **all in the day's ~** в поря́дке веще́й, норма́льно; **creative ~** тво́рческая де́ятельность; **good ~s** до́брые дела́; **public ~s** обще́ственные рабо́ты (*f pl*); **his life's ~** де́ло его́ жи́зни; **we have done a good day's ~** мы сего́дня успе́шно порабо́тали; **he is doing some ~ on the house** он занима́ется ремо́нтом до́ма; **he is doing some ~ on the Stuarts** он рабо́тает над исто́рией дина́стии Стю́артов; **there is plenty of ~ to be done** здесь мно́го рабо́ты; **I have ~ to do** мне на́до рабо́тать; **get to ~ on** нач|ина́ть, -а́ть рабо́ту над + *i*; **get down to ~** прин|има́ться, -я́ться (*or* бра́ться, взя́ться) за рабо́ту/де́ло; **you are making hard ~ of it** вы де́лаете из э́того це́лую исто́рию; **make short ~ of** бы́стро/жи́во распра́виться (*pf*) с + *i*; **many hands make light ~** когда́ рук мно́го, рабо́та спо́рится; **set s.o. to ~** заст|авля́ть, -а́вить кого́-н. рабо́тать; засади́ть (*pf*) кого́-н. за рабо́ту (*coll*).
2 (*activity, not necessarily productive*) де́йствие, посту́пок; **it was the ~ of a moment** э́то бы́ло де́лом одно́й мину́ты; **dirty ~** (*difficult, unpleasant*) чёрная рабо́та; (*nefarious*) по́длость; **there's been some dirty ~ here** тут де́ло нечи́сто; **nice ~!** (*coll*) отли́чно!; здо́рово.
3 (*employment*) рабо́та, слу́жба; **it is hard to find ~** тру́дно найти́ рабо́ту; **in ~** рабо́тающий; **out of ~** без рабо́ты; **he was put out of ~** он лиши́лся рабо́ты.
4 (*specified handicraft*): **fancy-~** (*carving*) резьба́; (*embroidery*) худо́жественная вы́шивка; **embossed ~** чека́нка.
5 (*workmanship*) мастерство́, отде́лка; **an excellent piece of ~** прекра́сная/отли́чная рабо́та.
6 (*finished product*) произведе́ние, изде́лие; **sale of ~** прода́жа изде́лий.
7 (*literary or artistic composition*) произведе́ние, сочине́ние; (*esp academic*) труд, иссле́дование; (*collect*) тво́рчество; (*publication*) изда́ние; **the (complete) ~s of Shakespeare** (по́лное) собра́ние сочине́ний Шекспи́ра; **~s on art** иссле́дования по иску́сству; **~ of reference** спра́вочник, спра́вочное изда́ние; **the ~s of Chopin** произведе́ния Шопе́на; **a ~ of art** произведе́ние иску́сства.
8 (*in pl, parts of machine*) механи́зм; **the ~s of a clock** часово́й механи́зм; **something is wrong with the ~s** механи́зм расстро́ился; (*fig*): **I asked them a simple question and I got the whole ~s** (*coll*) я за́дал им просто́й вопро́с, а они́ меня́ заму́чили подро́бностями.
9 (*in pl, Br, factory or similar installation*) заво́д, фа́брика, предприя́тие; **engineering ~s** машинострои́тельный заво́д; **steel ~s** сталелите́йный заво́д; **sewage ~s** канализацио́нные очистны́е сооруже́ния; **~s manager** дире́ктор заво́да/фа́брики.
10 (*in pl, Br, operations*): **public ~s** обще́ственные рабо́ты (*f pl*); **clerk of the ~s** производи́тель (*m*) рабо́т; прора́б.
11 (*in pl, defensive structures; fortifications*) фортифика́ция (*f pl*), сооруже́ния (*nt pl*); **defensive ~s** оборони́тельные сооруже́ния.
● *vt* (*past and pp* **worked** *or archaic* **wrought**)
1 (*cause to ~, exact ~ from*): **he ~s his men hard** он заставля́ет люде́й мно́го рабо́тать; **he ~ed himself to death** он извёл себя́ рабо́той; **that idea has been ~ed to death** э́то изби́тая иде́я; **~ one's fingers to the bone** труди́ться/рабо́тать (*impf*) до седьмо́го по́та.
2 (*set in motion, actuate*) прив|оди́ть, -ести́ в движе́ние/де́йствие; **~ a lever** наж|има́ть, -а́ть на рыча́г; **how do you ~ this machine?** как управля́ть э́той маши́ной?
3 (*effect*): **~ wonders** твори́ть (*impf*) чудеса́; **he ~ed it so that he was off duty** (*coll*) он так устро́ил, что ему́ не на́до бы́ло дежу́рить.
4 (*achieve by ~ing*): **~ one's passage** отраб|а́тывать, -о́тать свой прое́зд; **he ~ed his way through university** все го́ды студе́нчества он зараба́тывал себе́ на жизнь; **he ~ed his way up to the rank of manager** он проби́лся в директора́; он дослужи́лся до дире́ктора; **~ one's way forward** пробира́ться (*impf*) вперёд.
5 (*operate, manage: a mine, land, etc.*) разраба́тывать, обраба́тывать, эксплуати́ровать (*all impf*); **the mine was ~ed by Italians** на ша́хте рабо́тали италья́нцы; **our salesman who ~s the north-west** наш коммивояжёр, обслу́живающий се́веро-за́падный райо́н.
6 (*move, bring by degrees*): **~ sth into place** втис|кивать, -нуть что-н. куда́-н.; **he ~ed the conversation round to his favourite subject** он постепе́нно подвёл разгово́р к свое́й излю́бленной те́ме; **he ~ed this theme into his story** он ввёл/вплёл э́ту те́му в свой расска́з.
7 (*shape, manipulate; see also* ⇒**wrought**) обраб|а́тывать, -о́тать; **~ clay/dough** меси́ть, за- глину́/те́сто.
8 (*excite*) возбу|жда́ть, -ди́ть; **he ~ed**

W

the crowd into a frenzy он довёл толпу́ до нейстовства; ~ **o.s. into a rage** дов|оди́ть, -ести́ себя́ до исступле́ния.
9 (*make by stitching etc.*) вышива́ть, вы́шить; **a design of flowers was ~ed in silk on the tablecloth** ска́терть была́ вы́шита шёлковым цвето́чным узо́ром.
● *vi* **1** (*labour, be employed*) рабо́тать, труди́ться, служи́ть (*all impf*); **he ~ed for 6 hours** он рабо́тал 6 часо́в; ~ **at a problem** рабо́тать/би́ться (*impf*) над зада́чей; ~ **at a lathe** рабо́тать (*impf*) на тока́рном станке́; ~ **for the government** быть (*impf*) на госуда́рственной слу́жбе; ~ **for peace** боро́ться (*impf*) за мир; ~ **for a living** зараба́тывать (*impf*) себе́ на жизнь; **he ~s in oils** он пи́шет ма́слом; **he is ~ing on a novel** он рабо́тает над рома́ном; ~ **to a budget** держа́ться (*impf*) в преде́лах бюдже́та; ~ **to rule** (*Br*) пров|оди́ть, -ести́ италья́нскую забасто́вку; ~ **with s.o.** сотру́дничать (*impf*) с кем-н.; ~ **to a tight schedule** приде́рживаться (*impf*) стро́гого расписа́ния.
2 (*operate, function*) рабо́тать (*impf*); де́йствовать (*impf*); **the brakes won't ~** тормоза́ отказа́ли; **my watch stopped ~ing** мои́ часы́ переста́ли идти́; **the machine ~s by electricity** аппара́т рабо́тает на электри́честве; **everything was ~ing smoothly** всё шло гла́дко/как по ма́слу (*coll*).
3 (*produce desired effect*): **the plan ~ed** план уда́лся; **the medicine ~ed** лека́рство помогло́/поде́йствовало; **the method ~s well** э́тот ме́тод уда́чен/эффекти́вен.
4 (*exert influence*) рабо́тать, де́йствовать (*both impf*); ока́з|ывать -а́ть влия́ние; ~ **against** меша́ть, по- + *d*; служи́ть, по- поме́хой + *d*; ~ **on s.o.** обраб|а́тывать, -о́тать кого́-н.; ~ **towards** спосо́бствовать (*impf*) + *d*; стреми́ться (*impf*) к + *d*.
5 (*ferment*) броди́ть (*impf*); **she left the yeast to ~** она́ поста́вила дро́жжи(, что́бы они́ подошли́).
6 (*move gradually*): **a screw ~ed loose** винт осла́б; **the damp ~ed through the plaster** сы́рость прони́кла че́рез штукату́рку.
● *with advs*: ~ **around** *vi* = ~ **round**; ~ **away** *vi* труди́ться (*impf*); (*coll*) корпе́ть (*impf*) (*над чем*); ~ **back** *vi*: **I ~ed back through last year's newspapers** я просмотре́л номера́ газе́т за про́шлый год (в обра́тном поря́дке); ~ **down** *vi*: **my socks ~ down as I walk** когда́ я хожу́, у меня́ соска́льзывают/сполза́ют носки́; ~ **in** *vt*: **mix butter, sugar and eggs, then ~ in the dry ingredients** смеша́йте я́йца с ма́слом и са́харом, пото́м доба́вьте сухи́е ингредие́нты; **he ~ed in some local allusions** он косну́лся ме́стной тема́тики; ~ **off** *vt*: **he ran round the house to ~ off some of his energy** он пробежа́лся вокру́г до́ма, что́бы дать вы́ход свое́й эне́ргии; **I shall never be able to ~ off this debt** я никогда́ не смогу́ отрабо́тать э́тот долг; ~ **out** *vt* (*devise*) разраб|а́тывать, -о́тать; (*calculate*) вычисля́ть, вы́числить; **you must ~ out the answer yourself** вы должны́ са́ми найти́ отве́т; (*solve*) разреш|а́ть, -и́ть; ула́|живать, -дить; ~ **things out** раз|бира́ться, -обра́ться; **all this will ~ itself out** всё э́то ула́дится/образу́ется; **the mine is ~ed out** рудни́к истощи́лся; *vi* (*turn out*) ока́з|ываться, -а́ться; получ|а́ться, -и́ться; конча́ться, ко́нчиться; (*turn out well*) об|ходи́ться, -ойти́сь; **everything ~ed out** всё обошло́сь; **our marriage hasn't ~ed out** наш брак оказа́лся неуда́чным; (*be solved*) разреш|а́ться, -и́ться; **the sum won't ~ out** зада́ча не выхо́дит/получа́ется; (*of calculation*): **the expenses ~ out at £70** расхо́ды составля́ют 70 фу́нтов; **his share ~s out at £5** его́ до́ля сво́дится к пяти́ фу́нтам; (*train, of an athlete*) тренирова́ться (*impf*); ~ **over** *vt* перераб|а́тывать, -о́тать; (*beat up*): **the gang gave him a ~ing-over** (*coll*) ша́йка изби́ла его́ до полусме́рти; ~ **round** *vi*: **I was just ~ing round to that point** я как раз подходи́л к э́тому вопро́су; ~ **up** *vt* (*elaborate*) перераб|а́тывать, -о́тать; **these ideas are worth ~ing up into a book** над э́тими иде́ями сто́ит порабо́тать и вы́пустить их (отде́льной) кни́гой; (*raise, develop*): **he ~ed up a profitable business** он разверну́л при́быльное де́ло; **I can't ~ up any interest in economics** я ника́к не могу́ пробуди́ть в себе́ интере́с к эконо́мике; **I went for a short walk to ~ up an appetite** я вы́шел немно́го пройти́сь, что́бы нагуля́ть себе́ аппети́т; (*arouse, excite*): **he ~ed himself up** он взвинти́л себя́; **he ~ed up his listeners to a pitch of fury** он довёл свои́х слу́шателей до неи́стовства; (*pred*): **he's ~ed up** (*excited*) он взволно́ван/возбуждён; (*worried*) он расстро́ен; **get o.s. ~ed up** (*worried*) расстр|а́иваться, -о́иться; *vi*: **events were ~ing up to a climax** собы́тия развива́лись по нараста́ющей; **she realized that he was ~ing up to a proposal** она́ поняла́, что он собира́ется сде́лать ей предложе́ние.
● *cpds* ~ **bag**, ~ **basket** *nn* су́мка/корзи́нка с рукоде́лием; **~bench** *n* верста́к; **~book** *n* тетра́дь для упражне́ний; **~day** *n* (*US*) рабо́чий день; ~ **experience** *n* (*Br*) произво́дственная пра́ктика (*для школьников*); **~force** *n* рабо́чая си́ла; (*workers*) (*manual*) рабо́чие; (*non-manual*) рабо́тники; **~horse** *n* рабо́чая ло́шадь; **~house** *n* (*Br*) рабо́тный дом; (*US*) исправи́тельная тюрьма́; **~load** *n* нагру́зка; **~man** *n* рабо́тник; (*builder etc.*) рабо́чий; **~manlike** *adj* иску́сный; **~manship** *n* мастерство́, иску́сство; **~mate** *n* (*Br*) сотру́дни|к (*fem* -ца), колле́га (*cg*); **~out** *n* трениро́вка; **~room** *n* рабо́чее помеще́ние; мастерска́я; **~shop** *n* (*small*) мастерска́я; (*large*) цех; **~-shy** *adj* (*coll*) лени́вый; **~station** *n* (*comput*) рабо́чая ста́нция; ~ **table** *n* рабо́чий стол; **~top** *n* (*Br*) (*surface for working*) рабо́чий стол; (*in kitchen*) ве́рхняя пане́ль; **~-to-rule** *n* (*Br*) ≈ италья́нская забасто́вка (*работа строго по правилам*).

workable /ˈwəːkəb(ə)l/ *adj* **1** (*of mine etc.*) рента́бельный. **2** (*feasible*) выполни́мый, реа́льный, осуществи́мый.

workaday /ˈwəːkəˌdeɪ/ *adj* бу́дний, повседне́вный.

workaholic /ˌwəːkəˈhɒlɪk/ *n* трудоголик.

worker /ˈwəːkə(r)/ *n* рабо́тник, трудя́щийся; (*manual*) рабо́чий; **hard ~** тру́жени|к (*fem* -ца), работя́га (*cg*) (*coll*); **office ~** слу́жащий; ~ **bee** рабо́чая пчела́.

working /ˈwəːkɪŋ/ *n* **1** (*mine, quarry, etc.*) рудни́к, вы́работка.
2 (*usu in pl*; *operation*) рабо́та, де́йствие, функциони́рование; **the ~s of the human mind** мысли́тельный проце́сс.
3 (*attr, pertaining to work*) рабо́чий; ~ **capital** оборо́тный капита́л; ~ **clothes** рабо́чая оде́жда, спецо́вка; ~ **conditions** усло́вия труда́; ~ **day** (*Br*) (*part of day devoted to work*) рабо́чий день; (*opp to rest day*) рабо́чий/бу́дний день; ~ **hours** рабо́чее вре́мя; рабо́чие часы́; ~ **knowledge** о́бщее знако́мство (с + *i*); **all his ~ life** вся его́ трудова́я жизнь; ~ **lunch** делово́й обе́д; **in ~ order** в испра́вности.
● *adj* рабо́чий; ~ **man** рабо́чий, рабо́тник; ~ **men's club** рабо́чий клуб; ~ **class** рабо́чий класс; ~ **model** де́йствующая моде́ль; ~ **party** (*Br*) рабо́чая гру́ппа; ~ **woman** работающая же́нщина.
● *cpds* ~ **class** *adj* рабо́чий; характе́рный для представи́теля рабо́чего кла́сса; **~-class families** се́мьи рабо́чих; **~-out** *n* (*elaboration*) дета́льная разрабо́тка.

world /wəːld/ *n* **1** (*universe, system*) мир; **the ancient ~** анти́чный мир; **New W~** но́вый мир; **come into the ~** появ|ля́ться, -и́ться на свет; **bring into the ~** (*give birth to*; *deliver*) произв|оди́ть, -ести́ на свет; **he is not long for this ~** он не жиле́ц на э́том све́те; **out of this ~** (*coll, stupendous*) потряса́ющий; **not of this ~** не от ми́ра сего́; **in this ~** на э́том све́те; **the other, next ~**; **the ~ to come** тот свет; **in the next ~** на том све́те; **the end of the ~** (*i.e. of time*) коне́ц све́та, светопреставле́ние.
2 (*intensive and other fig uses*): **how in the ~ did you know?** как вы то́лько умудри́лись (э́то) узна́ть?; **what in the ~ has happened?** да что же, наконе́ц, случи́лось?; **why in the ~ didn't you tell me?** ну почему́ же вы мне не сказа́ли?; **not for the ~** ни за что на све́те; **I wouldn't hurt him for the ~** я его́ ни за что (на све́те) не стал бы обижа́ть; **she's all the ~ to me** она для меня́ — всё; **the boss thinks the ~ of him** он у хозя́ина на о́чень высо́ком счету́; **I would give the ~ to know** я бы всё отда́л, то́лько бы узна́ть; **be dead to the ~** спать (*impf*) мёртвым сном; **I felt on top of**

W

the ~ я был на седьмóм нéбе от счáстья.
3 (*infinite amount or extent*) мнóго, ýйма (*coll*); **a ~ of difference** огрóмная рáзница; **it will do him a ~ of good** это пойдёт емý на пóльзу.
4 (*geog*; *the earth's countries and peoples*) мир, свет; **a journey round the ~** путешéствие вокрýг свéта; **go round the ~** объ|езжáть, -éхать весь свет; **the ~'s his oyster** весь мир у егó ног; **his ~ is a very narrow one** егó мир óчень ýзок; у негó óчень ýзкий кругозóр; **the whole (***or* **all the) ~ knows** всем (*or* всемý мúру) извéстно; **(all) the ~ over** в цéлом мúре; по всемý свéту; **to the ~'s end** на крáй свéта; **the Old/New W~** Стáрый/Нóвый Свет; **the English-speaking ~** англоязы́чные стрáны (*f pl*); **the Third W~** трéтий мир; **~ affairs** междунарóдные делá; **W~ Bank** Всемúрный банк; **~ champion** чемпиóн мúра; **~ championship** чемпионáт мúра; **W~ Cup** Кубóк мúра по футбóлу; **~('s) fair** всемúрная вы́ставка; **~ peace** мир во всём мúре; **~ politics** мировáя полúтика; **a ~ power** велúкая держáва; **~ record** мировóй рекóрд; **~ war** мировáя войнá; **W~ War I/II** (*pr as 'one'/'two'*) Пéрвая/Вторáя мировáя войнá.
5 (*human affairs*; *active life*) жизнь; **a man of the ~** бывáлый человéк; **all's right with the ~** в мúре всё прекрáсно; **get on in the ~** выходúть, вы́йти в лю́ди; **come up in the ~** дéлать, с- карьéру; **go down in the ~** утрá|чивать, -тить бы́лое положéние.
6 (*society*) óбщество, свет; **the great ~** вы́сший свет; **what will the ~ say?** что скáжет свет?; что скáжут лю́ди?
7 (*sphere*; *domain*) мир; сфéра; **the ~ of nature** цáрство прирóды; **the scientific ~** наýчный мир, наýчные кругú (*m pl*); **the animal ~** живóтный мир; **the ~ of art** мир искýсства.
● *cpds* **~-famous** *adj* всемúрно извéстный; **~ view** *n* мировоззрéние; **~-weary** *adj* пресы́щенный жúзнью; **~wide** *adj* всемúрный, мировóй; *adv* по всемý свéту/мúру; **W~ Wide Web** *n* Всемúрная паутúна, Интернéт, Сеть.

worldliness /'wə:ldlɪnɪs/ *n* сýетность, посюсторóнность.

worldly /'wə:ldlɪ/ *adj* (**worldlier, worldliest**) **1** (*material*) земнóй, материáльный; **~ goods** имýщество.
2 (*of this world*; *secular*) земнóй, мирскóй; **~ wisdom** житéйская мýдрость. **3**: **a ~ person** (*not spiritual*) сýетный человéк; (*experienced*) óпытный/искушённый человéк.
● *cpds* **~-minded** *adj* сýетный, посюсторóнний; **~-wise** *adj* óпытный; искушённый.

worm /wə:m/ *n* **1** (*earth ~*) червь (*m*), червя́к.
2 (*larva, grub*) гýсеница, личúнка.
3 (*parasite*) глист; **he has ~s** у негó глисты́.
4 (*abject person*) ничтóжный червь.
5 (*part of screw*) червя́к, шнек; (*type of screw*) червя́чный винт.
● *vt* **1** (*crawl*): **he ~ed his way through the bushes** он прополз мéжду кустáми; (*insinuate*): **he ~ed himself into her confidence** он втёрся к ней в довéрие.
2 (*extract*) выпы́тывать, вы́пытать; вывéдывать, вы́ведать; **they ~ed the secret out of him** онú вы́ведали егó тáйну.
3 (*rid of parasites*) гнать (*impf*) глистóв у + *g*.
● *cpds* **~ cast** *n* землá, вы́брошенная землянЫм червём; **~-eaten** *adj* червúвый; (*fig*) устарéвший; **~hole** *n* червотóчина; **~ powder** *n* глистогóнное срéдство.

wormwood /'wə:mwʊd/ *n* полы́нь; (*fig*) гóречь.

worn /wɔ:n/ *pp of* ⇒**wear**

worried /'wʌrɪd/ *adj* обеспокóенный, озабóченный.

worrier /'wʌrɪə(r)/ *n* (*person*) беспокóйный человéк, паникёр (*coll*); **he's a ~** он вéчно беспокóится; он паникёр.

worrisome /'wʌrɪsəm/ *adj* беспокóйный.

worr|y /'wʌrɪ/ *n* **1** (*anxiety*) тревóга, забóта.
2 (*sth causing anxiety*) неприя́тность, забóта; **he is a ~y to me** он доставля́ет мне мнóго беспокóйства/забóт/хлопóт; **financial ~ies** финáнсовые проблéмы (*f pl*).
● *vt* **1** (*cause anxiety or discomfort to*) беспокóить (*impf*); волновáть (*impf*); забóтить, о-; **what is ~ying you?** что вас беспокóит?; чем вы озабóчены?; **I'm ~ied about my son** я беспокóюсь о сы́не; **I am ~ied about his health** я беспокóюсь за егó здорóвье; я озабóчен состоя́нием егó здорóвья; **don't ~y yourself** не беспокóйтесь; **she ~ies herself sick** онá изводúт себя́ тревóгой.
2 (*trouble*; *bother*) надоедáть (*impf*) + *d*; приставáть (*impf*) к + *d*; **he keeps ~ying me to read him a story** он пристаёт ко мне, чтóбы я емý почитáл; **the noise doesn't ~y me** шум не мешáет мне.
3 (*of dog*) рвать (*impf*) зубáми; трепáть (*impf*); (*attack*) бросáться (*impf*) на + *a*; **your dog has been ~ying my sheep** вáша собáка бросáлась на моúх овéц.
● *vi* беспокóиться, волновáться, расстрáиваться (*all impf*); **don't ~y!** не беспокóйтесь!; **you are ~ying over nothing** вы напрáсно (*or* по пустякáм) расстрáиваетесь/волнýетесь; **why ~y?** (*let's be cheerful*) стóит ли (*or* к чемý) волновáться/тревóжиться?; **not to ~y!** (*coll*) не волнýйтесь!; не бедá!

worse /wə:s/ *n* хýдшее; **there is ~ to come** хýдшее ещё впередú; **a change for the ~** перемéна к хýдшему; **things went from bad to ~** положéние становúлось всё хýже и хýже.
● *adj* хýдший; **we couldn't have picked a ~ day** трýдно бы́ло бы вы́брать бóлее неудáчный день; **you will only make matters ~** вы тóлько ухýдшите положéние; **or ~** úли ещё что-н. хýже; **I can't think of anything ~** не могý себé предстáвить ничегó хýже; **he was none the ~ for his adventure** он вы́шел цéлым и невредúмым из э́того приключéния; **he looked the ~ for wear** у негó был сúльно потрёпанный вид; **~ luck!** к сожалéнию; к несчáстью; (*as pred*) хýже; **the patient is ~ today** больнóму сегóдня хýже; **my situation in ~** моё положéние хýже; **his work is getting ~** егó рабóта станóвится хýже; **his condition is ~** егó состоя́ние ухýдшилось; **they are ~ off than we** онú в хýдшем положéнии, чем мы; (*financially*) онú мéнее состоя́тельны, чем мы.
● *adv* хýже; **we played ~ than ever** мы игрáли как никогдá плóхо; **you might do ~ than accept** мóжет быть, и стóит приня́ть.

worsen /'wə:s(ə)n/ *vt* & *i* ух|удшáться, -ýдшиться.

worship /'wə:ʃɪp/ *n* **1** (*relig*) культ, поклонéние, почитáние; **act of ~** богослужéние, церкóвная слýжба; **freedom of ~** свобóда вероисповéдания; свобóда отправлéния религиóзных кýльтов; **place of ~** цéрковь, храм.
2 (*of person etc.*) поклонéние, преклонéние; **~ of success** преклонéние пéред успéхом; **Your W~** (*Br*) Вáша мúлость.
● *vt* & *i* (**worshipped, worshipping;** *US* **worshiped, worshiping**) поклоня́ться (*impf*) + *d*; преклоня́ться (*impf*) (пéред + *i*); почитáть (*impf*); **~ God** молúться (*impf*) Бóгу; **~ strange gods** поклоня́ться чужúм богáм; (*attend ~*) молúться (*impf*); **the church where he ~ped** цéрковь, в котóрой он молúлся; (*idolize, adore*) боготворúть (*impf*); **he ~s the ground she walks/treads on** он готóв целовáть зéмлю, по котóрой онá ступáет.

worshipful /'wə:ʃɪp,fʊl/ *adj* уважáемый, почтéнный.

worshipper /'wə:ʃɪpə(r)/ (*US* **worshiper**) *n* (*person attending service*) моля́щийся; (*fig*) поклóнни|к (*fem* -ца).

worst /wə:st/ *n* наихýдшее; сáмое плохóе; **the ~ is over** хýдшее позадú; **the ~ of the storm is over** штóрм начинáет утихáть; **the ~ of it is that ...** хýже всегó то, что...; **that's the ~ of being clever** в тóм-то и бедá/гóре ýмников; **if the ~ should happen** éсли произойдёт сáмое стрáшное; **if the ~ comes to the ~** в сáмом хýдшем слýчае; на худóй конéц; **we must prepare for the ~** мы должны́ быть готóвы к хýдшему; **he was at his ~** он показáл себя́ с наихýдшей стороны́; **you saw him at his ~** вы вúдели егó с наихýдшей стороны́; **at (the) ~ you may have to pay a fine** в крáйнем слýчае вам придётся уплатúть штраф.
● *adj* наихýдший; сáмый плохóй; **this is the ~ result** э́то сáмый плохóй результáт; **my ~ enemy** мой злéйший враг; **that was his ~ mistake** э́то былá егó сáмая серьёзная ошúбка; **you came at the ~ possible time** вы пришлú в сáмое

неподходя́щее вре́мя.
● *adv* (*of objects*) ху́же всего́; (*of people*) ху́же всех; **he fared ~ of all** ему́ пришло́сь ху́же, чем всем остальны́м.
● *vt* (*literary*) побе|жда́ть, -ди́ть.

worsted /'wʊstɪd/ *n* (*yarn*) гребенна́я шерсть; (*cloth*) ткань из гребенно́й ше́рсти; шерстяна́я мате́рия.

worth /wɜ:θ/ *n* (*value*) це́нность; (*merit*) досто́инство; **of great ~** значи́тельный; **of little ~** незначи́тельный; **a man of ~** досто́йный челове́к; (*quantity of specified value*): **give me a pound's ~ of sweets** да́йте мне конфе́т на оди́н фунт.
● *pred adj* **1** (*of value equal to*): **it's ~ about £1** э́то сто́ит о́коло (одного́) фу́нта; **what is your house ~?** во ско́лько оце́нивается ваш дом?; **what's it ~ to you if I tell you?** что вы дади́те за то, что́бы узна́ть?; **this isn't ~ much today** сейча́с э́то сто́ит ма́ло (*or* за э́то мно́го не даду́т); **it's ~ a lot to me** для меня́ э́то о́чень це́нно/ва́жно (*or* мно́го зна́чит); **our money is ~ less every day** на́ши де́ньги обесце́ниваются с ка́ждым днём; **he is ~ his weight in gold** таки́е, как он, (це́нятся) на вес зо́лота.
2 (*deserving of*) сто́ящий, заслу́живающий; **it's not ~ the trouble of asking** не сто́ит спра́шивать; **it is ~ while** сто́ит; не меша́ет; не ли́шнее; **it is well ~ while** о́чень да́же сто́ит; **it is ~ noticing** э́то заслу́живает внима́ния; **it's hardly ~ mentioning** об э́том вряд ли сто́ит упомина́ть; **it's well ~ the money** э́то вполне́ сто́ящая вещь; **well ~ having** о́чень сто́ящий/поле́зный; **is life ~ living?** сто́ит ли жить?
3 (*possessed of*): **he is ~ 3 billion** его́ ли́чное состоя́ние оце́нивается в 3 миллиа́рда; **he died ~ a million** когда́ он у́мер, его́ ли́чное состоя́ние оце́нивалось в оди́н миллио́н; (*fig*): **he ran for all he was ~** он мча́лся во весь дух.
● *cpd* **~while** *adj* це́нный, сто́ящий; **a ~while undertaking** сто́ящее де́ло; **a ~while experiment** це́нный о́пыт.

worthiness /'wɜ:ðɪnɪs/ *n* досто́инство.

worthless /'wɜ:θlɪs/ *adj* (*goods*) ничего́ не сто́ящий; **these goods are ~** э́ти това́ры ничего́ не сто́ят; (*person, contribution*) ничто́жный, никчёмный.

worthlessness /'wɜ:θlɪsnɪs/ *n* ничто́жность, никчёмность.

worthy /'wɜ:ðɪ/ *n* (*archaic or joc*) почте́нный челове́к/муж; **local worthies** ме́стные мужи́.
● *adj* (**worthier, worthiest**)
1 (*estimable; meritorious; deserving respect*) досто́йный, почте́нный; **a ~ man** досто́йный челове́к; **a ~ life** досто́йная (*or* че́стно про́житая) жизнь; **a ~ cause** досто́йное де́ло.
2 (*deserving*) досто́йный, заслу́живающий + *g*; **~ of note** досто́йный внима́ния; **~ of (*or* to have) a place in the team** досто́йный быть чле́ном кома́нды; **a cause ~ of support** де́ло, заслу́живающее подде́ржки. **3** (*matching up or appropriate*) подоба́ющий + *d*; **~ of the occasion** подоба́ющий слу́чаю; **he is not ~ of her** он её не сто́ит.

wotcher /'wɒtʃə(r)/ *int* (*Br sl*) здоро́во!

would /wʊd, wəd/ *v aux* (*see also* ⇒**will**) **1** (*conditional*): **he ~ be angry if he knew** он бы рассерди́лся, е́сли (бы) узна́л; **I ~n't know** отку́да мне знать?
2 (*expressing wish*): **I ~ like to know** я хоте́л бы знать; **I ~ rather** я бы предпочёл; **~ that it were otherwise!** ах, е́сли бы э́то бы́ло не так!; **~ to God I had never seen him!** заче́м то́лько я с ним повстреча́л!; **I ~ point out that ...** я бы хоте́л указа́ть на то, что...
3 (*of typical action etc.*): **you ~ do that!** с тебя́ ста́нется!; **of course it ~ rain today** ну коне́чно же, и́менно сего́дня до́лжен был пойти́ дождь; **of course he ~ say that** ну коне́чно, он э́то ска́жет.
4 (*of habitual action*): *see* ⇒**will² 5**
● *cpd* **~-be** *adj* начина́ющий; **a ~-be writer** начина́ющий писа́тель.

wouldn't /'wʊd(ə)nt/ *contracted neg of* ⇒**would**

wound¹ /wu:nd/ *n* ра́на, ране́ние; **receive a ~** получ|а́ть, -и́ть ране́ние; **he inflicted several knife ~s** он нанёс не́сколько ножевы́х уда́ров; **lick one's ~s** (*lit, fig*) зали́з|ывать, -а́ть ра́ны; **knife ~** ножева́я ра́на.
● *vt* ра́нить (*impf, pf*); **he was ~ed in the leg** его́ ра́нило в но́гу; **there were many ~ed** бы́ло мно́го ра́неных; (*fig*) ра́нить (*impf, pf*); об|ижа́ть, -и́деть; **~ s.o.'s feelings** оскорб|ля́ть, -и́ть чьи-н. чу́вства; **~ed pride** оскорблённое/уязвлённое самолю́бие.

wound² /waʊnd/ *past and pp of* ⇒**wind²**

wove /wəʊv/ *past of* ⇒**weave**

woven /'wəʊv(ə)n/ *pp of* ⇒**weave**

wow /waʊ/ *n* (*sl*): **the show was a ~** спекта́кль был потря́сный.
● *vt* (*sl*) прив|оди́ть, -ести́ в восто́рг.
● *int* здо́рово!; вот э́то да!; ух!

WPC (*abbr of* ***woman police constable***) (*Br*) же́нщина-полице́йский.

wrack /ræk/ *n* (*seaweed*) во́доросл|и (*pl, g* -ей).

wraith /reɪθ/ *n* при́зрак, привиде́ние, дух.

wrangle /'ræŋg(ə)l/ *n* препира́ние, ссо́ра, перебра́нка.
● *vi* препира́ться (*impf*); ссо́риться (*impf*).

wrap /ræp/ *n* **1** (*lit*) (*shawl*) шаль, плато́к; (*cloak*) наки́дка; (*rug*) плед.
2 (*fig, covering*): **under ~s** (*fig*) в та́йне; **take the ~s off** (*fig*) рассекре́|чивать, -тить.
● *vt* (**wrapped, wrapping**)
1 (*cover; enclose*) зав|ора́чивать, -ерну́ть; заку́т|ывать, -ать; (*object, parcel*) обёртывать, оберну́ть; **~ o.s. in a blanket** завёртываться, заверну́ться (*or* заку́т|ываться, -аться) в одея́ло; **she ~ped the baby in a shawl** она́ заверну́ла ребёнка в шаль; **the brooch was ~ped in cotton wool** бро́шка была́ обёрнута ва́той; **they were ~ping presents** они́ завора́чивали пода́рки; (*fig*) скры|ва́ть, -ть; **~ped in mystery** оку́танный та́йной; **the mountain was ~ped in mist** гора́ была́ оку́тана тума́ном.
2 (*wind or fold as a covering*) свёр|тывать, -ну́ть; скла́дывать, сложи́ть; **~ one's coat round one** заверну́ться/заку́таться (*pf*) в пальто́; **we ~ sacking round the pipes in winter** зимо́й мы обёртываем тру́бы мешкови́ной; **he ~ped his arms around her** он заключи́л её в объя́тия; он обня́л её.
● *with advs*: **~ over** *vi* (*of garment*) запа́хиваться, запахну́ться; **~ up** *vt* (*cover up*) обёр|тывать, -ну́ть; завёр|тывать, -ну́ть; заку́т|ывать, -ать; (*conclude*) св|ора́чивать, -ерну́ть (*coll*); (*dispose of; summarize*) кра́тко сумми́ровать (*impf, pf*); **he ~ped up the whole question in a few words** он изложи́л суть вопро́са в не́скольких слова́х; (*obscure*) скры|ва́ть, -ть; (*passive, be engrossed*) уходи́ть, уйти́, погру|жа́ться, -зи́ться (**in:** в + *a*); **he is ~ped up in his studies** он погружён в заня́тия; *vi* (*put on extra clothes*) заку́т|ываться, -аться; **~ up well when you go out!** оде́ньтесь потепле́е, когда́ бу́дете выходи́ть!

wrapper /'ræpə(r)/ *n* (*of foodstuff, sweet, etc.*) обёртка; (*of book*) суперобло́жка; (*of newspaper sent by post*) бандеро́ль.

wrapping /'ræpɪŋ/ *n* (*cover*) обёртка, упако́вка; (*packing material*) упако́вочный/обёрточный материа́л.
● *cpd* **~ paper** *n* обёрточная бума́га.

wrath /rɒθ, rɔ:θ/ *n* (*literary*) гнев; **vent one's ~ on** обру́ши|вать, -ть гнев на + *a*.

wrathful /'rɒθfʊl/ *adj* гне́вный, я́ростный.

wreak /ri:k/ *vt* (*damage*) нан|оси́ть, -ести́; (*havoc*) созд|ава́ть, -а́ть, поро|жда́ть, -ди́ть; **~ vengeance on** мстить, ото- + *d*.

wreath /ri:θ/ *n* вено́к; **~ of roses** вено́к из роз; **lay a ~ on s.o.'s grave** возл|ага́ть, -ожи́ть вено́к на чью-н. моги́лу; (*fig*): **~ of smoke** кольцо́/клуб ды́ма.

wreathe /ri:ð/ *vt* (*encircle*) окруж|а́ть, -и́ть; обв|ива́ть, -и́ть; **the hills were ~d in mist** над гора́ми клуби́лся тума́н; **the porch was ~d with roses** крыльцо́ бы́ло уви́то ро́зами; **her face was ~d in smiles** её лицо́ сия́ло улы́бкой.
● *vi* (*of smoke*) клуби́ться (*impf*).

wreck /rek/ *n* **1** (*ruin, destruction, esp of ship*) (корабле)круше́ние, ава́рия, катастро́фа; **the gales caused many ~s** в штормáх потерпе́ло круше́ние мно́го судо́в; (*fig*) ги́бель, крах.
2 (*~ed ship*) затону́вший кора́бль; **the shores were strewn with ~s** берега́ бы́ли усе́яны оста́тками кораблекруше́ний.
3 (*damaged or disabled vehicle, building, person, etc.*) разва́лина; **his car was a ~ after the collision** по́сле ава́рии его́ маши́на преврати́лась в разва́лину;

W

he is a physical and mental ~ он совершённая развáлина, как физи́чески, так и у́мственно; **she became a nervous ~** у неё совсе́м сдáли не́рвы; **I look a ~** я вы́гляжу ужáсно; **the house was a ~ after the party** по́сле вечери́нки в до́ме бы́ло всё вверх дном.

● *vt* **1** (*ship*): **the ship was ~ed** су́дно потерпе́ло круше́ние; **the ship was ~ed on the cliffs** корáбль разби́лся о скáлы.
2 (*car*) разб|ивáть, -и́ть; (*building*) разр|ушáть, -у́шить, превра|щáть, -ти́ть в развáлины; (*equipment*) ломáть, с-.
3 (*hope, life*) разб|ивáть, -и́ть; (*weekend*) по́ртить, ис-.

wreckage /ˈrekɪdʒ/ *n* (*wrecking, lit, fig*) круше́ние; (*remains*) обло́мки (*m pl*) (круше́ния *u m. n.*).

wrecker /ˈrekə(r)/ *n* **1** (*salvager*) спасáтель (*m*). **2** (*demolition worker*) рабо́чий по сно́су домо́в. **3** (*US, repairer*) рабо́чий авари́йно-ремо́нтной бригáды; (*US, vehicle*) маши́на техни́ческой по́мощи.

Wren /ren/ *n* (*Br*) военнослу́жащая (осо́бого же́нского нестроево́го подразделе́ния) ВМС Великобритáнии.

wren /ren/ *n* крапи́вник (*птица*).

wrench /rentʃ/ *n* **1** (*violent twist or pull*) дёрганье, рыво́к; **he gave his ankle a ~** он вы́вихнул но́гу; **he got the lid off with a ~** он ре́зко сорвáл кры́шку. **2** (*fig*) тоскá, боль; **leaving our old home was a ~** мы с тоско́й покидáли родно́й дом. **3** (*tool*) гáечный ключ.

● *vt* дёр|гать, -нуть; рвать, со-; **he ~ed the door open** он ре́зко рвану́л дверь на себя́; **he ~ed the paper out of my hand** он вы́рвал у меня́ бумáгу из рук; **he ~ed at the door handle** он дёрнул (за) дверну́ю ру́чку.

● *with advs*: **~ off, ~ out** *vvt* от|рывáть, -орвáть; вырывáть, вы́рвать; выдёргивать, вы́дернуть.

wrest /rest/ *vt* вырывáть, вы́рвать (си́лой); **they ~ed a confession from him** они́ вы́рвали у него́ признáние; они́ прину́дили его́ сознáться.

wrestle /ˈres(ə)l/ *n* борьбá; (*bout, match*) схвáтка, поеди́нок.

● *vi* боро́ться (*impf*); (*fig*): **~ with a problem** би́ться (*impf*) над задáчей; **he ~d with his conscience** он боро́лся со свое́й со́вестью.

wrestler /ˈreslə(r)/ *n* боре́ц.

wrestling /ˈreslɪŋ/ *n* (*sport*) борьбá.

● *cpds* **~ bout, ~ match** *nn* схвáтка, поеди́нок.

wretch /retʃ/ *n* (*sad or unfortunate person*) несчáстный; жáлкий челове́к; (*contemptible person*) негодя́й; **little ~** (*of a child*) чертёнок; **poor ~** бедня́га (*cg*).

wretched /ˈretʃɪd/ *adj* (**wretcheder, wretchedest**) (*miserable, unhappy*) несчáстный, жáлкий; **a ~ hovel** жáлкая лачу́га; (*inferior, unpleasant*) скве́рный, отврати́тельный, ме́рзкий; **~ food** отврати́тельная еда́; **~ weather** ме́рзкая/проти́вная пого́да; (*as expletive*): **I can't find the ~ key** не знáю, куда́ запропасти́лся э́тот прокля́тый ключ.

wretchedness /ˈretʃɪdnɪs/ *n* (*misery*) страдáние, го́ре, муче́ние, несчáстье; (*poor quality*) скве́рность, ме́рзость.

wriggle /ˈrɪg(ə)l/ *n* изги́б, изви́в.

● *vt* (*also* **~ about**): **~ one's toes** шевели́ть (*impf*) пáльцами ног; **he ~d (himself) free** он вы́вернулся/вы́скользнул; **he ~d his way out of the cave** он ползко́м, извивáясь, вы́брался из пеще́ры.

● *vi* (*also* **~ about**) изгибáться (*impf*); извивáться (*impf*); **a wriggling worm** извивáющийся червь; **don't ~ in your seat** перестáнь ёрзать!; **the baby ~d out of my arms** ребёнок вы́скользнул у меня́ из рук; **~ out of a difficulty** вы́вернуться (*pf*) из затрудни́тельного положе́ния; **~ out of a responsibility** уви́л|ивать, -ьну́ть от отве́тственности.

wring /rɪŋ/ *n*: **she gave the clothes another ~** онá ещё раз отжáла бельё.

● *vt* (*past and pp* **wrung**) **1** (*squeeze*) пож|имáть, -áть; сж|имáть, -ать; **he wrung my hand** он кре́пко пожáл мне ру́ку; **he wrung his hands in despair** он в отчáянии ломáл себе́ ру́ки; (*squeeze out by twisting*) выжимáть, вы́жать; отж|имáть, -áть; **~ clothes dry** отж|имáть, -áть бельё до́суха; **~ing wet** мо́крый, хоть выжимáй; (*twist round*) скру́|чивать, -ти́ть; **~ a chicken's neck** сверну́ть (*pf*) ку́рице го́лову; **I'll ~ your neck!** я тебе́ ше́ю сверну́!
2 (*fig, extract by force*) вырывáть, вы́рвать; **I wrung a promise from him** я вы́рвал у него́ обещáние.
3 (*fig, torture; distress*) терзáть (*impf*); **her tears wrung his heart** её слёзы терзáли ему́ ду́шу.

● *with adv*: **~ out** *vt*: (*clothes*) отж|имáть, -жáть; (*water*) отж|имáть, -áть; (*fig*) **~ out a confession** вырывáть, вы́рвать признáние.

wringer /ˈrɪŋə(r)/ *n* пресс для отжимáния белья́.

wrinkle /ˈrɪŋk(ə)l/ *n* (*on skin*) морщи́на; (*on dress*) склáдка.

● *vt*: **~ one's brow** мо́рщить, на- лоб; **~ one's nose** мо́рщить, с- нос.

● *vi* мя́ться, по-/из-; **this material ~s easily** э́тот материáл о́чень мнётся/мну́щийся.

● *with adv*: **~ up** *vt* мо́рщить, с-.

wrinkl|ed /ˈrɪŋk(ə)ld/, **-y** /ˈrɪŋklɪ/ *adjs* (**wrinklier, wrinkliest**) (*from old age*) морщи́нистый; (*of brow*) смо́рщенный; (*of clothes*) мя́тый.

wrist /rɪst/ *n* запя́стье; (*of dress or glove*) манже́та, обшлáг, крáга.

● *cpds* **~band** *n* (*of shirt*) манже́та; (*of watch*) брасле́т; **~watch** *n* нару́чные час|ы́ (*pl, g* -о́в).

wristlet /ˈrɪstlɪt/ *n* брасле́т; ремешо́к для нару́чных часо́в.

writ /rɪt/ *n* **1** (*written injunction*) суде́бный прикáз; (*summons*) пове́стка; исково́е заявле́ние; **~ of execution** суде́бный прикáз об исполне́ние реше́ния; исполни́тельный лист; **serve a ~ on s.o.** вруч|áть, -и́ть кому́-н. суде́бный прикáз. **2**: **Holy W~** Свяще́нное Писáние.

write /raɪt/ *vt* (*past* **wrote;** *pp* **written**) **1** писáть, на-; **the word is written with a hyphen** э́то сло́во пи́шется че́рез дефи́с; **honesty is written all over his face** у него́ на лице́ напи́сано, что он че́стный челове́к.
2: **~ a cheque** (*Br*), **check** (*US*) выпи́сывать, вы́писать чек.
3 (*compose*) писáть, на-; сочин|я́ть, -и́ть; **he ~s plays** он пи́шет пье́сы; **Beethoven wrote nine symphonies** Бетхо́вен сочини́л де́вять симфо́ний.
4 (*convey by letter*): **he wrote me all the news** он написáл мне обо всех новостя́х; *see also* ⇒**written**.

● *vi* (*past* **wrote;** *pp* **written**)
1 писáть (*impf*); **please ~ larger/smaller** пиши́те, пожáлуйста, крупне́е/ме́льче.
2 (*compose*) сочин|я́ть, -и́ть; писáть, на-; **he ~s for 'The Times'** он пи́шет для (газе́ты) «Таймс»; **~ for a living** зарабáтывать (*impf*) на жизнь перо́м; **she wants to ~** онá хо́чет стать писáтельницей; **~ for the screen/stage** писáть сценáрии/пье́сы; **nothing to ~ home about** (*coll*) ничего́ осо́бенного.

● *with advs*: **~ away, ~ off** *vvi*: **he wrote away, off for a catalogue** он вы́писал катало́г; **~ back** *vi* отв|ечáть, -е́тить (письмо́м);
~ down *vt* (*make a note of*) запи́с|ывать, -áть; **~ the address down before you forget it** запиши́те áдрес, а то забу́дете; (*reduce value*) уцен|я́ть, -и́ть; **the old stock has been written down** залежáвшийся товáр был уценён; **~ in** *vt* впи́с|ывать, -áть; вст|авля́ть, -áвить; **his name was written in afterwards** его́ и́мя вписáли поздне́е; *vi* писáть, на- (*куда-н.*); обра|щáться, -ти́ться с пи́сьмами (*куда-н.*); **~ in for a free sample!** закажи́те по по́чте бесплáтный образе́ц; **~ off** *vt* (*cancel*): **~ off a debt** спи́с|ывать, -áть долг; (*recognize annulment or loss of*): **~ off £500 for depreciation** спи́с|ывать, -áть 500 фу́нтов на амортизáцию; **the car had to be written off** маши́ну пришло́сь списáть; **I wrote him off** я постáвил на нём крест; *vi* = **~ away**; **~ out** *vt* выпи́сывать, вы́писать; **~ out your homework again!** перепиши́ домáшнее задáние!; **~ out a cheque** (*Br*), **check** (*US*) **for £20** выпи́сывать, вы́писать чек на 20 фу́нтов; **this character was written out after three episodes** э́тот персонáж убрáли по́сле трёх эпизо́дов; **~ up** *vt*: **I must ~ up my diary** мне ну́жно довести́ дневни́к до сего́дняшнего дня; **the journalist wrote up the incident** журнали́ст подро́бно описáл инциде́нт.

● *cpds* **~-off** *n*: **the car was a ~-off** маши́ну списáли; **~-protected** (*comput*) защищённый от зáписи; **~-up** *n* (*account*) отчёт; (*review*) о́тзыв, реце́нзия.

writer /ˈraɪtə(r)/ *n* **1** (*person writing*) áвтор; **the present ~** áвтор э́тих

W

строк. **2** (*author*) писа́тель (*fem* -ница); **~'s block** отсу́тствие вдохнове́ния; **~'s cramp** су́дорога от писа́ния.

writhe /raɪð/ *vi* ко́рчиться (*impf*); извива́ться (*impf*); (*fig*): **~ with shame** ёжиться (*impf*) от стыда́.

writing /ˈraɪtɪŋ/ *n* **1** (*act, process*) (на)писа́ние.
2 (*ability, art*) письмо́, гра́мота; **reading and ~** чте́ние и письмо́; **the art of ~** иску́сство сло́ва.
3 (*written words*): **in ~** пи́сьменно; в пи́сьменном ви́де; в пи́сьменной фо́рме; **commit to ~** изл|ага́ть, -ожи́ть на бума́ге.
4 (*script, system of ~*) письмо́, пи́сьменность.
5: **sacred ~s** свяще́нные кни́ги (*f pl*); **the ~ on the wall** (*fig*) злове́щее предзнаменова́ние.
6 (*literary composition*) произведе́ние, сочине́ние.
7 (*profession*) писа́тельский труд; **take up ~** заня́ться (*pf*) литерату́рой; бра́ться, взя́ться за перо́.
8 (*style*) стиль (*m*); язы́к; **a good piece of ~** прекра́сная про́за.
● *cpds* **~ case** *n* несессе́р для пи́сьменных принадле́жностей; **~ desk** *n* пи́сьменный стол; **~ pad** *n* блокно́т; **~ paper** *n* пи́счая бума́га; **~ table** *n* пи́сьменный стол.

written /ˈrɪt(ə)n/ *adj* (*not oral, not typed*) пи́сьменный, пи́саный, рукопи́сный; **the ~ word** пи́сьменная речь; (*printed, typed*) печа́тное сло́во; *see also* **⇨write**

wrong /rɒŋ/ *n* **1** (*moral ~*) зло; (*action*) дурно́й посту́пок; **do ~** греши́ть, со-; ду́рно/нехорошо́/пло́хо поступ|а́ть, -и́ть; **know the difference between right and ~** различа́ть (*impf*) добро́ и зло; **two ~s don't make a right** злом зла не попра́вишь.
2 (*unjust action or its result*) несправедли́вость, оби́да; **do ~ to** об|ижа́ть, -и́деть; быть несправедли́вым к + *d*; **they did him a great ~** они́ его́ си́льно оби́дели; **right a ~** испр|авля́ть, -а́вить зло/несправедли́вость; **you do ~ to accuse him** вы его́ несправедли́во обвиня́ете.
3 (*state of error*): **you are in the ~** вы непра́вы/винова́ты.
● *adj* **1** (*contrary to morality, sinful*) гре́шный; (*reprehensible*) дурно́й, предосуди́тельный; **it is ~ to steal** ворова́ть нехорошо́; **that was very ~ of you** э́то бы́ло о́чень нехорошо́/ду́рно с ва́шей стороны́.
2 (*mistaken*) непра́вый; **I was ~ to let him do it** я не до́лжен был разреша́ть ему́ э́то; **you are ~** вы непра́вы/ошиба́етесь; **prove ~** опров|ерга́ть, -е́ргнуть (*что*); **he proved them ~** он доказа́л, что они́ ошиба́лись.
3 (*incorrect*) непра́вильный, неве́рный, оши́бочный; (*unsuitable*) неподходя́щий; не тот; **at the ~ time** в неподходя́щее вре́мя; **in/to the ~ place** не там/туда́; **get hold of the ~ end of the stick** непра́вильно пон|има́ть, -я́ть что-н.; **take the ~ turning** (*lit*) св|ора́чивать, -ерну́ть не туда́; **you're going the ~ way** вы идёте непра́вильно (*or* не туда́); **my food went down the ~ way** пи́ща попа́ла не в то го́рло; **that's the ~ way to go about it** э́то де́лается не так; **this shirt is the ~ size/colour** э́та руба́шка не того́ разме́ра/цве́та; **~ side out** наизна́нку; **the ~ way round** наоборо́т; **the clock is ~** часы́ иду́т непра́вильно; часы́ врут (*coll*); **the letter went to the ~ address** письмо́ попа́ло не по а́дресу; **you have the ~ number** вы не туда́ попа́ли (*по телефону*); **what's ~ with it?** (*what is the harm in it?*) что в э́том плохо́го?
4 (*out of order; causing concern*) нела́дный; **what's ~?** что случи́лось?; **what's ~ with you?** что с тобо́й?; **is (there) anything ~?** что́(-нибудь) случи́лось?; **there's something ~ with my car** с мое́й маши́ной что́-то не в поря́дке; **to go ~** срыва́ться, сорва́ться; **the experiment went ~** экспериме́нт сорва́лся; **everything went ~** всё сложи́лось неуда́чно; **the clock went ~** часы́ слома́лись; **our plans went ~** на́ши пла́ны спу́тались; **we went ~ at the last crossroads** на после́днем перекрёстке мы не туда́ поверну́ли; **where did we go ~** (*make a mistake*)? в чём мы ошибли́сь?; **everything went ~ for us** нас во всём пресле́довала неуда́ча.
5 (*of health*): **the doctor asked me what was ~** врач спроси́л, на что я жа́луюсь; **he found nothing ~ with me** он не нашёл у меня́ нике́их боле́зней.
● *adv* (*incorrectly*) непра́вильно; не так; **don't get me ~** (*coll*) пойми́те меня́ пра́вильно; **you've got it all ~** вы всё перепу́тали; **I guessed ~** я не угада́л; **he never puts a foot ~** он никогда́ не де́лает неве́рного ша́га; (*reprehensibly*) пло́хо; **you did ~ to shout at the child** ты пло́хо сде́лал, что накрича́л на ребёнка.
● *vt* (*treat unjustly*) быть несправедли́вым к + *d*; об|ижа́ть, -и́деть.
● *cpds* **~doer** *n* (*sinner*) гре́шни|к (*fem* -ца); (*offender*) правонаруши́тель (*fem* -ница); **~doing** *n* (*sin*) грех; (*bad deed*) дурно́й посту́пок; (*crime*) правонаруше́ние; **~-foot** *vt* (*Br*) заст|ига́ть, -и́гнуть враспло́х; **~-headed** *adj* упо́рствующий в своём заблужде́нии.

wrongful /ˈrɒŋfʊl/ *adj* (*unjust*) несправедли́вый; (*unlawful*) незако́нный; **~ dismissal** незако́нное увольне́ние.

wrote /rəʊt/ *past of* **⇨write**

wroth /rəʊθ, rɒθ/ *pred adj* (*archaic*) разгне́ванный.

wrought /rɔːt/ *adj* (*cf.* **⇨work** *vt* **7**): **~ iron** ко́ваное/сва́рочное желе́зо.
● *cpd* **~ up** *adj* взви́нченный.

wrung /rʌŋ/ *past and pp of* **⇨wring**

wry /raɪ/ *adj* (**wryer, wryest** *or* **wrier, wriest**) криво́й, переко́шенный; **a ~ smile** крива́я улы́бка; **make a ~ face** стро́ить, со- ки́слую физионо́мию; криви́ться, с-; мо́рщиться, с-.

WWW (*abbr of* ***World Wide Web***) Всеми́рная паути́на, Интерне́т, Сеть.

wych elm /ˈwɪtʃelm/ *n* ильм го́рный.

wych hazel /ˈwɪtʃ,heɪz(ə)l/ *n* = **witch hazel**

WYSIWYG /ˈwɪzɪwɪg/ (*abbr of* ***what you see is what you get***) (*comput*) режи́м по́лного соотве́тствия (*печатного изображения и изображения на экране*).

W

X /eks/ *n* (*unknown quantity or person*) X, икс; **let ~ be the number of hours worked** пусть X равня́ется числу́ рабо́чих часо́в; **~ marks the spot where the body was found** кресто́м обозна́чено ме́сто, где был на́йден труп; **he signed with an ~** он поста́вил кре́стик вме́сто по́дписи; **an X film** фильм катего́рии X (*только для взрослых*).
● *cpd* **~-ray** *n* (*in pl*) рентге́новские лучи́ (*m pl*); (*sg, picture*) рентгеногра́мма; рентге́новский сни́мок; **~-ray therapy** рентгенотерапи́я; *vt* просве́|чивать, -ти́ть рентге́новскими луча́ми; де́лать, с- рентге́н + *g*.

xenophobe /ˈzenə,fəʊb/ *n* ксенофо́б.

xenophobia /,zenəˈfəʊbɪə/ *n* ксенофо́бия.

xenophobic /,zenəˈfəʊbɪk/ *adj* ксенофо́бский.

xerography /zɪəˈrɒgrəfɪ, ze-/ *n* ксерогра́фия.

Xerox /ˈzɪərɒks, ˈze-/ *n* ксе́рокс, фотоко́пия, ксероко́пия.
● *vt* (**xerox**) ксерокопи́ровать (*impf, pf*); ксери́ть, от- (*coll*).

Xmas /ˈkrɪsməs, ˈeksməs/ = **Christmas**

XML (*abbr of* ***Extensible Markup Language***) (*comput*) (язы́к) XML (*буквально «расширя́емый язы́к разме́тки»*).

xylophone /ˈzaɪlə,fəʊn/ *n* ксилофо́н.

X

Y /waɪ/ *n* (*math*) и́грек.
● *cpd* **~-fronts** *n pl* (*propr*) мужски́е трус|ы́ (*pl*, *g* -о́в) с гу́льфиком (*с ширинкой в виде перевёрнутой буквы «Y»*); **~-shaped** *adj* вилообра́зный, Y-обра́зный (*read as* и́грек|-обра́зный *or* /waɪ/-).

yacht /jɒt/ *n* я́хта.
● *vi* пла́вать/ходи́ть (*indet*) на я́хте.
● *cpds* **~ club** *n* яхт-клу́б; **~sman** *n* яхтсме́н; **~swoman** *n* яхтсме́нка.

yachting /ˈjɒtɪŋ/ *n* пла́вание на я́хтах; па́русный/я́хтенный спорт.

yack /jæk/ = **yak²**

Yahveh /ˈjɑːveɪ/ = **Yahweh**

Yahweh /ˈjɑːweɪ/ *n* Я́хве (*m indecl*), Иего́ва (*m*).

yak¹ /jæk/ *n* як; (*attr*) я́чий.

yak², yack /jæk/ *vi* (*coll*) болта́ть (*impf*).

Yakut /jæˈkuːt/ *n* (*person*) яку́т (*fem* -ка); (*language*) яку́тский язы́к.
● *adj* яку́тский.

Yale lock /jeɪl/ *n* (*propr*) цилиндри́ческий/автомати́ческий/америка́нский замо́к.

Yalta /ˈjæltə/ *n* Я́лта; (*attr*) я́лтинский.

yam /jæm/ *n* (*bot*) ямс, бата́т.

yang /jæŋ/ *n* (*in Chinese philosophy*) ян (*nt indecl*).

Yangtze /ˈjæŋksɪ, ˈjæŋktsɪ/ *n* Янцзы́ (*f indecl*), Чанцзя́н (*f indecl*)

Yank /jæŋk/, **Yankee** /ˈjæŋkɪ/ (*coll*) *n* я́нки (*m indecl*).
● *adj* америка́нский.

yank /jæŋk/ (*coll, pull*) *n* рыво́к, дёрганье.
● *vt* дёр|гать, -нуть.
● *with advs*: **~ off** *vt* срыва́ть, сорва́ть; **~ out** *vt* вырыва́ть, вы́рвать; выта́скивать, вы́тащить.

yap /jæp/ *n* тя́вканье; трёп, болтовня́.
● *vi* (**yapped, yapping**) (*of dogs*) тя́вк|ать, -нуть; (*chatter*) трепа́ться (*impf*).

yard¹ /jɑːd/ *n* **1** (*unit of measure*) ярд (*0,9144 м*); **this material is sold by the ~** э́та ткань продаётся я́рдами.
2 (*naut*) рей, ре́я.
● *cpds* **~arm** *n* нок ре́я; **~stick** *n* (*lit*) измери́тельная лине́йка (длино́й в оди́н ярд); (*fig*) мери́ло, ме́рка, крите́рий.

yard² /jɑːd/ *n* **1** (*Br, of house*; **court~**) двор. **2** (*for industrial purposes*): **timber ~** склад пиломатериа́лов; **builder's ~** склад стройматериа́лов; **railway ~** депо́ (*indecl*); **goods ~** грузово́й двор. **3** (*US, garden*) сад.

yarmulke, yarmulka /ˈjɑːməlkə/ *n* ермо́лка.

yarn /jɑːn/ *n* **1** (*spun thread*) пря́жа; нить, ни́тка; **knitting ~** вяза́льные ни́тки, вяза́льная пря́жа. **2** (*coll, story*) расска́з, ба́йка.

yashmak /ˈjæʃmæk/ *n* чадра́, яшма́к.

yaw /jɔː/ *vi* (*naut, aeron*) рыска́ть (*impf*), отклоня́ться (*impf*) от ку́рса.

yawl /jɔːl/ *n* (*ship's boat*) ял.

yawn /jɔːn/ *n* зево́к.
● *vi* зев|а́ть, -ну́ть; **he was ~ing his head off** он отча́янно зева́л; (*fig, of chasm*) зия́ть (*impf*).

ye /jiː/ *pron* (*archaic*) вы; **~ Gods!** о бо́ги!

yea /jeɪ/ *n* (*affirmative vote*) утверди́тельный отве́т; согла́сие; **the ~s have it** большинство́ «за».
● *adv* (*yes*) да.

yeah /jeə/ *adv* (*coll*) да; ага́; **oh ~?** неуже́ли?; ну да?

year /jɪə(r), jɜː(r)/ *n* **1** год; **last ~** про́шлый год; (*as date*) в про́шлом году́; **he was only 40 years old** ему́ бы́ло всего́ со́рок лет; **in the ~s of my youth** в го́ды мое́й ю́ности; **I have known him for ten ~s** я его́ зна́ю уже де́сять лет; **twice a ~** два ра́за (*or* два́жды) в год; **every ~ the exam gets harder** с ка́ждым го́дом экза́мен стано́вится трудне́е; **~ in, ~ out** из го́да в год; **~ after ~** год за го́дом; **~ by ~** с ка́ждым го́дом; **all the ~ round** кру́глый год; **he is in his twentieth ~** ему́ пошёл двадца́тый год; **Happy New Y~!** с Но́вым го́дом!; **New Y~'s Day** день Но́вого го́да; **New Y~'s Eve** кану́н Но́вого го́да; **he's in the third year** (*as school pupil*) он в тре́тьем кла́ссе; **he is in his third ~** (*as college student*) он на тре́тьем ку́рсе; **he is in my ~** он мой одноку́рсник; мы с ним одноку́рсники.
2 (*in pl, a long time*): **it is ~s since I saw him** я его́ це́лую ве́чность не ви́дел.
3 (*in pl, age*) лета́; **he looks young for his ~s** он мо́лодо вы́глядит для свои́х лет; **advanced in ~s** в года́х/лета́х; **he is getting on in ~s** он (уже́) в во́зрасте; **a man of his ~s** челове́к его́ во́зраста.
● *cpds* **~book** *n* ежего́дник; **~-long** *adj* годи́чный; для́щийся (це́лый) год; **~-old** *adj* годова́лый; **~-round** *adj* круглогодово́й, круглогоди́чный.

yearling /ˈjɪəlɪŋ, ˈjɜː-/ *n* годови́к, годови́чо́к; (*horse*) годова́лая ло́шадь.

yearly /ˈjɪəlɪ, ˈjɜː-/ *adj* (*happening once a year*) ежего́дный, годи́чный; (*pertaining to a year*) годово́й; **~ income** годово́й дохо́д; **~ report** годово́й отчёт.
● *adv* (*once a year*) раз в год; (*every year*) ка́ждый год.

yearn /jɜːn/ *vi* **1**: **~ for** тосковáть (*impf*) по + *d*; жа́ждать (*impf*) + *g*.
2: **~ to** жа́ждать (*impf*) + *inf*; мечта́ть (*impf*) + *inf*; **he has long ~ed to see her** он уже́ давно́ мечта́ет уви́деться с ней.

yearning /ˈjɜːnɪŋ/ *n* тоска́ (**for:** по + *d*); жа́жда (**for:** + *g*); си́льное жела́ние (**for:** + *g*).

yeast /jiːst/ *n* дро́жж|и (*pl*, *g* -е́й); заква́ска; (*attr*) дрожжево́й.

yell /jel/ *n* (пронзи́тельный) крик; **give a ~** вопи́ть, за-; закрича́ть (*pf*).
● *vt* & *i* вопи́ть, за-; кр|ича́ть, -и́кнуть; **he ~ed abuse at me** он обру́шил на меня́ пото́к бра́ни.

yellow /ˈjeləʊ/ *n* **1** (*colour*) желтизна́; жёлтый цвет; **she was dressed in ~** она́ была́ оде́та в жёлтое. **2** (*of egg*) желто́к. **3** (*pigment*) жёлтая кра́ска.
● *adj* **1** жёлтый; **go, turn ~** желте́ть, по-; **~ fever** жёлтая лихора́дка; **the ~ press** жёлтая пре́сса; **Y~ Pages** (*propr*) «Жёлтые страни́цы». **2** (*coll, cowardly*) трусли́вый. **3** (*envious*) зави́стливый.
● *vt* (*make or paint ~*) желти́ть, вы́-.
● *vi* желте́ть, по-; **~ed leaves** пожелте́лые/пожелте́вшие ли́стья; **paper ~ed with age** бума́га, пожелте́вшая от вре́мени.
● *cpds* **~-bellied** *adj* (*coll*) трусли́вый; **~hammer** *n* (*zool*) овся́нка.

yellowing /ˈjeləʊɪŋ/ *n* пожелте́ние.

yellowish /ˈjeləʊɪʃ/ *adj* желтова́тый.

yellowness /ˈjeləʊnɪs/ *n* желтизна́; (*cowardice*) тру́сость.

Yellow River /ˌjeləʊ ˈrɪvə(r)/ *n* Хуанхэ́ (*f indecl*).

yelp /jelp/ *n* визг.
● *vi* визжа́ть, взви́згнуть.

Yemen /ˈjemən/ *n* Йе́мен.

Yemeni /ˈjemənɪ/ *n* йе́мен|ец (*fem* -ка).
● *adj* йе́менский.

yen¹ /jen/ *n* (*pl* **~**) (*unit of currency*) ие́на.

yen² /jen/ *n* (*coll, yearning*) тоска́ (**for:** по + *d*); жа́жда (**for:** + *g*); си́льное жела́ние (**for:** + *g*).
● *vi* (**yenned, yenning**): **~ for** тоскова́ть (*impf*) по + *d*; **~ to** жа́ждать (*impf*) + *inf*.

yeoman /ˈjəʊmən/ *n* (*pl* **yeomen**) **1** (*hist*) йо́мен. **2** (*small landowner*) ме́лкий землевладе́лец, фе́рмер. **3**: **Y~ of the Guard** ≈ лейб-гварде́ец.

yeomanry /ˈjəʊmənrɪ/ *n* (*hist*) сосло́вие йо́менов; (*cavalry force*) территориа́льная ко́нница.

yes /jes/ *n* (*affirmation*) утвержде́ние; (*vote in favour*) го́лос «за».
● *adv* да; (*in reply to neg statement or command*) нет; **~, sir** слу́шаюсь!; (*mil*) (*to confirm*) так то́чно!; (*to express readiness*) есть!
● *cpd* **~-man** *n* подпева́ла (*m*).

yesterday /ˈjestəˌdeɪ/ *n* вчера́ (*indecl*), вчера́шний день; **~'s paper** вчера́шняя газе́та; **~ was my birthday** вчера́ был мой день рожде́ния; **since ~** со вчера́шнего дня; **the day before ~** позавчера́.
● *adv* вчера́; **~ morning/evening** вчера́ у́тром/ве́чером; **I wasn't born ~** я не вчера́ роди́лся.

yesteryear /ˈjestəˌjɪə(r)/ *n* (*literary*) про́шлый год.

yet /jet/ *adv* **1** (*so far, up to now, to date*) до сих пор; пока́ ещё; **as ~** пока́; **as ~ nothing has been done** ничего́ пока́ не сде́лано; (*with neg*) ещё; **he has not read the book ~** он ещё не чита́л э́ту кни́гу; **it's not time ~** ещё ра́но; ещё не вре́мя; (*with interrog*) уже́, ещё; **has the post arrived ~?** по́чта ещё не пришла́?; по́чта уже́ пришла́?; **can I come in ~?** мо́жно уже́ войти́?
2 (*some day; before all is over*) ещё; **he will win ~** он ещё победи́т; **I'll catch you ~** вы мне ещё попадётесь; я до вас ещё доберу́сь.
3 (*still*) ещё; **he has ~ to learn of the disaster** он ещё не зна́ет о катастро́фе; **while there is ~ time** пока́ ещё есть вре́мя; пока́ ещё не по́здно; **I can see him ~** (*fig*) я всё ещё его́ ви́жу.
4 (*so early*) уже́; **need you go ~?** вам уже́ пора́ (идти́)?; **let's not give up ~!** ещё ра́но отча́иваться!; **it won't happen just ~** э́то ещё не сейча́с случи́тся; **shall we go? Not just ~** пойдёмте? Не сейча́с (*or* Чуть по́зже).
5 (*with comp, even*) да́же, ещё; **this book is ~ more interesting** э́та кни́га ещё интере́снее.
6 (*again, in addition*) ещё; **there is ~ another reason** есть ещё и друга́я причи́на; **he came back ~ again** он сно́ва/опя́ть (*or* ещё раз) верну́лся.
7 (*nevertheless*) тем не ме́нее; всё-таки; всё же; **it is strange ~ true** э́то стра́нно, но тем не ме́нее так/пра́вда.
● *conj* одна́ко; **he is good to me, ~ I dislike him** он ко мне хорошо́ отно́сится, одна́ко я его́ не люблю́.

yeti /ˈjetɪ/ *n* сне́жный челове́к, йе́ти (*m indecl*).

yew /juː/ *n* (*tree, wood*) тис.
● *adj* тисо́вый.

Yid /jɪd/ *n* (*sl offens*) жид (*offens*) (*fem* -о́вка).

Yiddish /ˈjɪdɪʃ/ *n* и́диш, евре́йский язы́к.
● *adj*: **a ~ newspaper** газе́та на и́дише.

yield /jiːld/ *n* **1** (*crop*) урожа́й; **a poor ~** плохо́й/ску́дный урожа́й, неурожа́й.
2 (*return*) дохо́д.
3 (*quantity produced*) вы́ход; (*of milk*) надо́й; (*of mine*) добы́ча; (*of fish*) уло́в.
● *vt* **1** (*bring in; produce*) прин|оси́ть, -ести́; произв|оди́ть, -ести́; да|ва́ть, -ть; **this land ~s a good harvest** э́та земля́ даёт хоро́ший урожа́й; **research ~ed no result** иссле́дование оказа́лось безрезульта́тным (*or* ничего́ не́ дало).
2 (*give up*) уступ|а́ть, -и́ть; **he was unwilling to ~ his rights** он не жела́л поступи́ться свои́ми права́ми; **~ o.s.** сда|ва́ться, -тся; **~ the floor** (*parl*) уступ|а́ть, -и́ть трибу́ну; **~ ground** сда|ва́ть, -ть террито́рию; (*fig*) сда|ва́ть, -ть (свои́) пози́ции; **he ~ed the point** в э́том вопро́се он согласи́лся.
● *vi* уступ|а́ть, -и́ть; подд|ава́ться, -а́ться; (*of a door*) под|ава́ться, -а́ться; **the door ~ed to a strong push** под си́льным напо́ром дверь подала́сь; **the ground ~ed under their feet** по́чва оседа́ла под их нога́ми; **he ~s to none in bravery** он никому́ не уступа́ет в хра́брости; **he would not ~ to persuasion** он не поддава́лся никаки́м уговóрам; **he ~ed to the temptation** он не смог устоя́ть пе́ред собла́зном; **we will never ~ to force** мы никогда́ не подчини́мся наси́лию; **the sea ~ed up its treasures** мо́ре о́тдало свои́ сокро́вища.

yin /jɪn/ *n* (*in Chinese philosophy*) инь (*nt indecl*).

yippee /ˈjɪpiː, -ˈpiː/ *int* ура́!

YMCA (*abbr of* ***Young Men's Christian Association***) Христиа́нский сою́з молоды́х люде́й.

yob /jɒb/ *n* (*Br sl*) хулига́н, шпана́ (*sl*).

yobbo /ˈjɒbəʊ/ *n* (*pl* **~s** *or* **~es**) = **yob**

yodel /ˈjəʊd(ə)l/ *vi* (**yodelled, yodelling; US yodeled, yodeling**) петь, про- на тиро́льский лад (*or* йо́длем).

yoga /ˈjəʊgə/ *n* йо́га.

yog(h)urt /ˈjɒgət/ *n* йо́гурт.

yogi /ˈjəʊgɪ/ *n* (*pl* **~s**) йог.

yoke /jəʊk/ *n* (*sense 3: pl* **~** *or* **~s**)
1 (*fitted to oxen etc.*) ярмо́, хому́т.
2 (*fig*) и́го, ярмо́; **the Tartar ~** (*hist*) тата́рское и́го; **endure the ~** нести́ (*det*) и́го; **come under the ~** поп|ада́ть, -а́сть под и́го; **shake off the ~** сбр|а́сывать, -о́сить и́го/ярмо́.
3: **a ~ of oxen** (*pair*) упря́жка воло́в.
4 (*for carrying pails etc.*) коромы́сло.
5 (*of dress*) коке́тка (*верхняя (плечевая/набедренная) часть платья/юбки, к которой пришивается основная их часть*).
● *vt* (*lit*) впря|га́ть, -чь в ярмо́; (*fig, link*) соедин|я́ть, -и́ть; сочета́ть (*impf, pf*).

yokel /ˈjəʊk(ə)l/ *n* дереве́нщина (*cg*).

yolk /jəʊk/ *n* желто́к; **~ sac** (*biol*) желто́чный мешо́к (заро́дыша).

yon(der) /jɒn, ˈjɒndə(r)/ *adj* (*archaic or dialect*) вон тот.
● *adv* вон там.

yonks /jɒŋks/ *n pl* (*Br coll*): **for ~** це́лую ве́чность; **~ ago** давны́м-давно́.

yore /jɔː(r)/ *n* (*literary*): **in days of ~** во вре́мя о́но; давны́м-давно́.

you /juː/ *pron* (*obj* **you**) **1** (*familiar sg*) ты; (*pl and polite sg*) вы; **~ and I** ты и я; мы с тобо́й/ва́ми; **~ and he** ты/вы и он; вы с ним; **this is for ~** э́то для тебя́/вас, э́то тебе́/вам; **~ silly fool!** (вот) дура́к!; **~ darling!** ми́лая моя́!; **don't ~ go away** не взду́майте уйти́.
2 (*one, anyone*): **~ never can tell** никогда́ не зна́ешь; кто его́ зна́ет(?); **~ soon get used to it** к э́тому ско́ро привыка́ешь; **there's a book for ~!** (*sc. a fine one*) вот э́то кни́га!
● *cpd* **~-know-who** *n* (*coll*) сам зна́ешь, кто; э́тот са́мый.

young /jʌŋ/ *n*: **the ~** молодёжь; (**~** *animals*) детёныши (*m pl*); (*birds*) птенцы́ (*m pl*).
● *adj* (**younger** /ˈjʌŋgə(r)/, **youngest** /ˈjʌŋgɪst/) молодо́й, ю́ный; **~ man** молодо́й челове́к, ю́ноша (*m*); **her ~ man** (*sweetheart*) её возлю́бленный (*or* молодо́й челове́к); **~** (*child*) **musicians** ю́ные музыка́нты; **~ children** ма́ленькие де́ти; **~ people** молодёжь; **~ ones** (*children*) де́т|и (*pl*, *g* -е́й); (*animals*) детёныши; **a ~ nation** молодо́е госуда́рство; **he is ~ for his years** он ещё наи́вен; **in my ~ days** в дни мое́й ю́ности; в мо́лодости; когда́ я был молоды́м/мо́лод; **he is ~er than I** он моло́же меня́; **the night is ~** ещё не по́здно.
● *cpd* **~-looking** *adj* мо́лодо вы́глядящий.

youngish /ˈjʌŋɪʃ/ *adj* дово́льно молодо́й.

youngster /ˈjʌŋstə(r)/ *n* (*boy*) ма́льчик; (*girl*) де́вочка; (*child*) ребёнок; (*teenager*) подро́сток; (*youth*) (*male*) ю́ноша (*m*), (*female*) де́вушка, (*in pl, collect*) молодёжь.

your /jɔː(r), jʊə(r)/ *possessive adj* **1** (*familiar sg*) твой; (*pl and polite sg*) ваш; (*referring to subj of clause*) свой. **2** (*pej*): **that's ~ politician for you!** вот они́, (ва́ши) поли́тики!

yours /jɔːz, jʊəz/ *possessive pron* (*familiar sg*) твой; (*pl and polite sg*) ваш; (*referring to subj of clause*) свой; **my father and ~** мой оте́ц и ваш; **my teacher and ~** (*2 people*) на́ши с ва́ми учителя́; (*1 person*) наш с ва́ми учи́тель; **a friend of ~** оди́н из ва́ших прия́телей; **here is my hat — have you found ~?** вот моя́ шля́па, а вы свою́ нашли́?
● *pred adj* (*familiar sg*) твой; (*pl and polite sg*) ваш; **~ of the 10th** Ва́ше письмо́ от 10-го числа́; **~ truly** пре́данный Вам; (*joc*) ваш поко́рный слуга́; **I'd like to read something of ~** я бы хоте́л прочита́ть что́-нибудь из того́, что ты написа́л (*or* вы написа́ли); **that cough of ~** э́тот твой ка́шель.

yourself /jɔːˈself, jʊə-/ *pron* (*pl* **yourselves**) **1** (*refl*) себя́ (*d, p* себе́, *i* собо́й); -ся/-сь (*suff*); **don't deceive ~!** не обма́нывайте себя́!; не обма́нывайтесь!; **did you hurt ~?** ты ушиблся? **2** (*emphatic*) сам; **you wrote to him ~** вы сáми емý писáли. **3** (*after preps*): **you brought this trouble on ~** вы сáми навлеклú на себя́ э́ту неприя́тность; **why are you sitting by ~?** почемý вы сидúте в одинóчестве?; **did you do it all by ~?** вы э́то сдéлали сáми? **4**: **you don't look ~ today** вы невáжно вы́глядите сегóдня.

youth /juːθ/ *n* (*pl* **youths** /juːðz/) **1** (*state or period*) мóлодость, ю́ность; **in my ~** в мóлодости. **2** (*young man*) ю́ноша (*m*). **3** (*young people*) молодёжь; **the ~ of our country** молодёжь нáшей страны́; **~ club** молодёжный клуб; **~ hostel** молодёжная (тур)бáза/гостúница.

youthful /ˈjuːθfʊl/ *adj* ю́ный, ю́ношеский; **~ dreams** мечты́ мóлодости, ю́ношеские мечты́; (*of face, person, etc.*) молодóй, ю́ный; **he had a ~ appearance** он вы́глядел мóлодо.

youthfulness /ˈjuːθfʊlnɪs/ *n* мóлодость; (*of appearance*) моложáвость.

yowl /jaʊl/ *n* вой. ● *vi* выть (*impf*).

yo-yo /ˈjəʊjəʊ/ *n* (*pl* **~s**) йо-йó (*indecl*) (*игрушка, которая состоит из двух скреплённых между собой дисков с закруглёнными краями и верёвки, намотанной между ними; под действием инерции вращения диски поднимаются и опускаются по верёвке*).

ytterbium /ɪˈtɜːbɪəm/ *n* (*chem*) иттéрбий.

yttrium /ˈɪtrɪəm/ *n* и́ттрий.

yuan /jʊˈɑːn/ *n* (*pl* **~**) юáнь (*m*).

yucca /ˈjʌkə/ *n* ю́кка.

yucky /ˈjʌkɪ/ *adj* (**yuckier, yuckiest**) (*sl*) гря́зный, гáдкий.

Yugoslav /ˈjuːgəˌslɑːv/, **-ian** /ˌjuːgə ˈslɑːvɪən/ *nn* (*hist*) югослáв (*fem* -ка). ● *adj* югослáвский.

Yugoslavia /ˌjuːgəˈslɑːvɪə/ *n* (*hist*) Югослáвия.

Yugoslavian /ˌjuːgəˈslɑːvɪən/ = **Yugoslav**

Yule /juːl/ *n* (*archaic*) Рождествó; Святʼ|ки (*pl, g* -ок).

yummy /ˈjʌmɪ/ *adj* (**yummier, yummiest**) (*coll*) вкýсный.

yum-yum /jʌmˈjʌm/ *int* ням-ня́м!

yuppie /ˈjʌpɪ/ *n* (*coll pej*) я́ппи (*indecl*) (*преуспевающий молодой человек*).

yurt /jʊət/ *n* ю́рта.

YWCA (*abbr of* ***Young Women's Christian Association***) Христиáнский сою́з молоды́х жéнщин.

y

Zz

Z /zed/ *n* зет; **from A to ~** от «а» до «я»; от а́льфы до оме́ги; с са́мого нача́ла (и) до са́мого конца́.

Zachariah /ˌzækəˈraɪə/ *n* (*bibl*) Заха́рия (*m*).

Zagreb /ˈzɑːgreb/ *n* За́греб.

Zaire /zɑːˈɪə(r)/ *n* (*hist*) Заи́р.

Zairean /zɑːˈɪərɪən/ *n* (*hist*) заи́р|ец (*fem* -ка).
● *adj* (*hist*) заи́рский.

Zambia /ˈzæmbɪə/ *n* За́мбия.

Zambian /ˈzæmbɪən/ *n* замби́|ец (*fem* -йка).
● *adj* замби́йский.

zany /ˈzeɪnɪ/ *adj* (**zanier, zaniest**) смешно́й.

Zanzibar /ˈzænzɪˌbɑː(r)/ *n* Занзиба́р.

zap /zæp/ (*sl*) *vt* (**zapped, zapping**) (*kill, destroy*) мочи́ть, за- (*sl*); (*comput, delete*) ст|ира́ть, -ере́ть; (*hit hard*) со всей си́лы уд|аря́ть, -а́рить по + *d*; **he ~ped the ball into the net** (*in football*) он вколоти́л/вби́л мяч в се́тку; (*in tennis*) он запусти́л мяч в се́тку.
● *vi* (**zapped, zapping**) (*move quickly*) мча́ться (*impf*).

zeal /ziːl/ *n* усе́рдие, рве́ние.

zealot /ˈzelət/ *n* фана́т|ик (*fem* -и́чка).

zealous /ˈzeləs/ *adj* усе́рдный, ре́вностный, рья́ный; **a ~ supporter** горя́ч|ий сторо́нни|к (*fem* -ая -ца).

zebra /ˈzebrə, ˈziː-/ *n* зе́бра; (*attr*) зе́бровый; **~ crossing** (*Br*) «зе́бра» (*пешеходный переход*).

zebu /ˈziːbuː/ *n* зе́бу (*m indecl*).

Zen /zen/ *n* дзен; **~ Buddhism** дзен-будди́зм.

zenith /ˈzenɪθ/ *n* (*lit, fig*) зени́т; (*fig also*) вы́сшая то́чка; расцве́т.

zephyr /ˈzefə(r)/ *n* зефи́р.

Zeppelin /ˈzepəlɪn/ *n* цеппели́н.

zero /ˈzɪərəʊ/ *n* (*pl* **~s**) ноль (*m*), нуль (*m*); (*the lowest point*) нулева́я то́чка; **absolute ~** абсолю́тный ноль; **ten degrees below ~** ми́нус де́сять гра́дусов; де́сять гра́дусов ни́же нуля́; **~ hour** час «Ч»; **~ altitude** нулева́я высота́; **~ option** (*pol*) нулево́й вариа́нт.
● *vi* (**zeroes, zeroed**): **~ in on a target** пристре́л|иваться, -я́ться.

zest /zest/ *n* **1** пыл; энтузиа́зм; **add ~ to** прид|ава́ть, -а́ть пика́нтность/остроту́ + *d*; **~ for life** жизнера́достность, любо́вь к жи́зни. **2** (*part of peel*) це́дра.

zigzag /ˈzɪgzæg/ *n* зигза́г.
● *adj* зигзагообра́зный.
● *vi* (**zigzagged, zigzagging**) де́лать (*impf*) зигза́ги.

Zimbabwe /zɪmˈbɑːbwɪ, -weɪ/ *n* Зимба́бве (*indecl*).

Zimbabwean /zɪmˈbɑːbwɪən, -weɪən/ *n* зимбабви́|ец (*fem* -йка).
● *adj* зимбабви́йский.

Zimmer /ˈzɪmə(r)/ *n* (*propr*) (*also* **Zimmer frame**) приспособле́ние, облегча́ющее ходьбу́ пожилы́м лю́дям и инвали́дам.

zinc /zɪŋk/ *n* цинк; **flowers of ~** ци́нковые бели́ла.
● *adj* ци́нковый.
● *vt* цинкова́ть, о-.

zinnia /ˈzɪnɪə/ *n* (*bot*) ци́нния.

Zionism /ˈzaɪəˌnɪz(ə)m/ *n* сиони́зм.

Zionist /ˈzaɪənɪst/ *n* сиони́ст (*fem* -ка).

zip /zɪp/ *n* **1** (**~** *fastener, also* **~per**) (застёжка-)мо́лния. **2** (*sound of bullet*) свист (пу́ли). **3** (*coll, energy*) пыл, эне́ргия. **4**: **Z~ code** (*US*) (почто́вый) и́ндекс.
● *vt* (**zipped, zipping**) (*usu* **~ up**) застёг|ивать, -ну́ть (на мо́лнию).
● *vi* (**zipped, zipping**) (*of bullet etc.*) свисте́ть, про-; (*rush*) мча́ться (*impf*); (*run*) сбе́гать (*pf*).
● *cpds* **~ fastener** *n* (застёжка-)мо́лния; **~-up** *adj* (*Br*): **~-up jacket** ку́ртка на мо́лнии.

zirconium /zəˈkəʊnɪəm/ *n* цирко́ний.

zit /zɪt/ *n* (*coll, pimple*) пры́щик.

zither /ˈzɪðə(r)/ *n* ци́тра.

zlot|y /ˈzlɒtɪ/ *n* (*pl* **~, ~ys,** *or* **~ies**) зло́тый.

zodiac /ˈzəʊdɪˌæk/ *n* зодиа́к.

zombie /ˈzɒmbɪ/ *n* (*fig, coll*) вя́лый/апати́чный челове́к.

zonal /ˈzəʊnəl/ *adj* зона́льный.

zone /zəʊn/ *n* зо́на, по́яс, полоса́; **danger ~** опа́сная зо́на; (*geog*): **frigid ~** аркти́ческий по́яс; **temperate ~s** уме́ренные пояса́; **time ~** часово́й по́яс.
● *vt* **1** (*divide into zones*) дели́ть, по- (*or* раздел|я́ть, -и́ть) на зо́ны. **2** (*in town planning*) райони́ровать, зони́ровать (*both impf and pf*); **the land is ~d for housing (***or* **for residential use)** (э́та) земля́ отведена́/определена́ под жилу́ю застро́йку.

zonk /zɒŋk/ (*coll*) *vt* **1** (*usu* **~ out**) (*stupefy*) лиш|а́ть, -и́ть чувств; **I'm feeling ~ed out** (*from alcohol, drugs, etc.*) я сейча́с отключу́сь (*coll*); (*with fatigue*) я валю́сь (*coll*) (с ног) от уста́лости. **2** (*hit*) тре́снуть (*pf*), вре́зать (*pf*) + *d* (*both coll*).
● *vi* (*usu* **~ out**) (*fall unconscious*) отключ|а́ться, -и́ться (*coll*), отруб|а́ться, -и́ться, выруба́ться, вы́рубиться (*both sl*).

zoological /ˌzəʊəˈlɒdʒɪk(ə)l, *disputed* ˌzuːə-/ *adj* зоологи́ческий; **~ gardens** зоопа́рк, зоологи́ческий сад.

zoologist /zəʊˈɒlədʒɪst, *disputed* ˌzuː-/ *n* зоо́лог.

zoology /zəʊˈɒlədʒɪ, *disputed* ˌzuː-/ *n* зооло́гия.

zoom /zuːm/ *n* (*attr*): **~ lens** объекти́в с переме́нным фо́кусным расстоя́нием.
● *vi* **1** (*move quickly*): **cars ~ed past** маши́ны пронoси́лись ми́мо. **2** (*phot, cin*): **~ in on** да|ва́ть, -ть кру́пный план + *g*.

zucchini /zʊˈkiːnɪ/ *n* (*pl* **~** *or* **~s**) (*US*) кабачо́к.

Zulu /ˈzuːluː/ *n* зулу́с (*fem* -ка).
● *adj* зулу́сский.

Zurich /ˈzjʊərɪk/ *n* Цю́рих.

zygote /ˈzaɪgəʊt/ *n* (*bot*) зиго́та.

Grammar
Грамматика

Glossary of grammatical terms

NB: Items in **bold** type refer the user to a separate entry in the glossary.

Accusative: In Russian, the **case** used to express the **direct object** of a **transitive verb**; also, the case used after certain prepositions.

Active: In an active **clause**, the **subject** of the verb performs the action, e.g. '*Sam* (subject) *identified* (verb) *the suspect*' (as opposed to the passive construction 'the suspect was identified by Sam', where *the suspect* is the subject but is not doing the identifying). Cf. **Passive**.

Adjectival noun: An adjective that functions as a noun, e.g. 'the *empties*' (= empty bottles), '*mobile*' (= mobile phone), 'the *Greens*' (= environmentalists), Russian *столо́вая* 'dining room', *моро́женое* 'ice cream'.

Adjective: A word that describes a **noun** or **pronoun**, giving information about its shape, colour, size, etc., e.g. *triangular*, *red*, *large*, *beautiful* in 'a *triangular* sign', 'the *red* dress', 'it is *large*', 'they are *beautiful*'.

Adverb: A word expressing the manner, frequency, time, place, or extent of an action, e.g. *slowly* and *often* in 'Sue walked *slowly*', 'He *often* stumbled'. Adverbs can also **modify clauses**, e.g. 'Sue *probably* went home', **adjectives**, e.g. 'Sue is *very* tall', and other adverbs, e.g. 'Sue left *extremely* early'.

Affirmative: An affirmative **sentence** or **clause** is a positive statement that explicitly asserts a state of affairs, e.g. *The taxi is waiting*. Cf. **Negative**.

Agree: Words are said to agree when they are put in the correct form in relation to another word. In Standard English and in Russian, a singular noun or pronoun has to have a singular verb, e.g. '*he goes*' (Russian *он идёт*), and a plural noun or pronoun has to have a plural verb, e.g. '*they go*' (Russian *они́ иду́т*). **Demonstratives** also agree in **number** with the **nouns** they modify, e.g. '*this table*' (Russian *э́тот стол*), '*these tables*' (Russian *э́ти столы́*). In Russian, adjectives, pronouns, and most declined numerals are in the same **case** as the noun they modify, and adjectives, nouns, and verbs have the same **gender** and **number**.

Animate accusative rule: A convention in Russian, whereby in some contexts the form of the accusative is identical with that of the genitive case. This applies **(a)** to masculine singular animate nouns: *Я ви́жу ма́льчика* 'I see the boy', **(b)** to all plural animate nouns: *Я ви́жу ма́льчиков/де́вочек/живо́тных* 'I see the boys/girls/animals', **(c)** to pronouns, adjectives, and participles that agree with the nouns listed under (a) and (b): *Я зна́ю э́тих но́вых учителе́й* 'I know these new teachers', and **(d)** to the numerals *оди́н/одна́/одно́/одни́, два/две, три, четы́ре*, and to *о́ба/о́бе* (also all the collective numerals): *Она́ пригласи́ла трёх подру́г* 'She invited three friends', *Он смотре́л на обо́их бра́тьев* 'He was looking at both brothers'.

Animate noun: A noun denoting a living being, e.g. *captain, elephant* (Russian *капита́н, слон*).

Antecedent: An earlier word, phrase, or clause to which another word (especially a following **relative pronoun**) refers back, e.g. '*The man* (whom) I know' (Russian *Челове́к*, кото́рого я зна́ю).

Article: see **Definite article**, **Indefinite article**.

Aspect: A grammatical category of the verb that expresses the nature of an action or process, viewing it either as continuous or habitual (imperfective aspect), or as completed (perfective aspect). Cf. **Submeanings of the aspects**.

Attributive adjective: An **adjective** placed in front of the noun it **modifies**, e.g. *empty* in 'the *empty* house' (Russian *пусто́й дом*). Cf. **Predicative adjective**.

Auxiliary verb: In English, a verb which functions together with another verb to form a particular **tense** of the other verb, or to form the **passive**, a question, a **negative**, or an **imperative**. In Russian, the future of the verb *быть* 'to be' combines, as an auxiliary verb, with the infinitive of imperfective verbs to form the future of those verbs, e.g. *Я бу́ду рабо́тать* 'I will work', while the past and future tenses and the conditional mood of *быть* combine with the short forms of perfective passive participles to express past, future, and conditional meanings, e.g. *он был назна́чен* 'he was appointed', *он бу́дет назна́чен* 'he will be appointed', *он был бы назна́чен* 'he would be (*or* would have been) appointed'.

Case: In Russian, the form of a noun, pronoun, adjective, or numeral that shows its function within the **clause** (e.g. whether it is the **subject** or **object**). Russian has six cases (**nominative**, **accusative**, **genitive**, **dative**, **instrumental**, and **prepositional**).

Clause: A sentence, or part of a sentence, consisting of a **subject** and a **verb**, e.g. *Mike snores*, or a structure containing **participles** or **infinitives** (with no subject), e.g. '*While waiting* for a bus, I fell asleep' or 'I asked her *to call a taxi*'.

Collective: A term applied to nouns that denote a group of beings or objects, e.g. *herd* (Russian *ста́до*), *clientele* (Russian *клиенту́ра*), *luggage* (Russian *бага́ж*). In Russian, there are also collective numerals (for the numbers from two to ten), which denote a group of individuals, e.g. *дво́е* ('two'), *тро́е* ('three'), *де́сятеро* ('ten'), or combine with **plural-only nouns**.

Comparative: The form of an **adjective** or **adverb** used when comparing one thing with another, to express a greater degree of a quality, e.g. *cheaper, more expensive, more accurately* in 'this book is *cheaper*', 'a *more expensive* holiday ', 'he described it *more accurately*'. Cf. **Superlative**.

Compound: A word or phrase created by putting two or more existing forms together. In English and Russian, compounds are sometimes written as one word, sometimes as two, and sometimes hyphenated, e.g. *motorway* (Russian *автостра́да*), *good-humoured* (Russian *доброду́шный*), *drawing board* (Russian *чертёжная доска́*), *bow tie* (Russian *га́лстук-ба́бочка*).

Conditional: A verb form which expresses what would happen, or would have happened, if something else (had) occurred. English normally uses *if* with a form of the **auxiliary verb** *would* to express this notion: *If I won the lottery I would buy a car* (or *If I had won… I would have bought…*). Russian uses the particle *бы*: *Я пое́хал бы, е́сли бы бы́ло вре́мя* 'I *would* have gone if there had been time'.

Conjugate: To list the different forms or **inflections** of a verb as they vary according to tense, number, person, or voice, e.g. the verb 'to read' is conjugated in the present tense as follows: (I) *read*, (you) *read*, (he/she/it) *reads*, (we) *read*, (you) *read*, (they) *read*. Cf. the equivalent Russian conjugation of *чита́ть*: (я) *чита́ю*, (ты) *чита́ешь*, (он/она́/оно́) *чита́ет*, (мы) *чита́ем*, (вы) *чита́ете*, (они́) *чита́ют*.

Conjugation: In inflected languages, a class to which a verb is assigned according to how it is **conjugated**. In Russian, *чита́ть* belongs to the first (or -е-) conjugation and *говори́ть* belongs to the second (or -и-) conjugation.

Conjunction: A word whose function is to join single words, **clauses**, or **phrases**. Coordinating conjunctions (notably *and* and *or*) join words, clauses, or phrases, e.g. 'John *and* Mary', 'I'll go to the cinema *or* meet my friend for dinner'. Subordinating conjunctions (e.g. *that, because, while*) join clauses, e.g. 'I think *that* he is wrong', 'They left *because* it was late', 'I'll push *while* you lift'. Correlative conjunctions consist of words corresponding to each other and regularly used together, e.g. *both ... and, either ... or*.

Consonant: A speech sound that is produced with some restriction on the flow of air, e.g. *b, ch, r.* It can be combined with a **vowel** to form a **syllable**.

Consonant mutation: The change in a consonant when it occurs adjacent to another sound.

Continuous: A verb form indicating that an action or process is or was ongoing, e.g. 'He *is waiting*', 'She *was laughing*'. Also known as *progressive*.

Dative: In Russian, the **case** used to express the **indirect object** of a **verb**; also, the case used after certain prepositions and certain verbs.

Declension: In inflected languages, the class to which a noun is assigned according to how it is **declined**. Russian has three declensions. The first affects masculine nouns (except for those ending in *-а* or *-я*) and neuter nouns, the second feminine nouns (except for those ending in a soft sign), and the third feminine soft-sign nouns.

Decline: To list the different forms or **inflections** of a noun, adjective, pronoun, or numeral as they vary according to **case**. In English, only pronouns can really be said to decline, e.g. *he, him*.

Definite article: In English, the word *the*, which introduces a noun phrase and implies that the thing mentioned has already been mentioned or is common knowledge, e.g. '*the* book on *the* table'. Russian has no definite article, but achieves the same effect through word order (with the thing which has already been mentioned in first position in the sentence, e.g. *Кни́га* на столе́ '*The* book is on the table'), or by using words such as *э́том* 'this'. Cf. **Indefinite article**.

Delimitation: A process by which the meaning of an adjective is limited to a particular sphere, e.g. Страна́ бога́та *ле́сом* 'The country is rich *in forest*'.

Demonstrative: A word indicating the person or thing referred to, e.g. *this, that, these, those* in '*this* book' (Russian *э́та* кни́га), '*that* house' (Russian *тот* дом), '*these* books' (Russian *э́ти* кни́ги), '*those* people' (Russian *те* лю́ди).

Direct object: A word or phrase **governed** by a verb, e.g. *dogs* in 'She loves *dogs*' (Russian Она́ лю́бит *соба́к*). In an **active** sentence, the person or thing affected by the action is the direct object. In Russian, the direct object is usually expressed by the accusative case. Cf. **Indirect object**.

Direct speech: In direct speech, the speaker's words or thoughts are presented unchanged, using quotation marks, e.g. '"*The shops are still open,*" said Jill'. Russian uses « » (known as guillemets) to show direct speech. Cf. **Indirect speech**.

Emphatic pronoun: The pronouns *myself, himself, themselves*, etc., used for emphasis or to personalize, e.g. 'I did it *myself*'. Russian uses *сам*: Я *сам* сде́лал э́то.

Ending: A letter or letters added to the stem of a word when it is declined or conjugated, e.g. (in English) dog*s*, laugh*ed*, (in Russian) вод*а́* 'water', на стол*е́* 'on the table', зелён*ыми* (instrumental plural) 'green', пиш*у́* 'I write', писа́*ла* 'she was writing').

Feminine: see **Gender**.

Finite: A verb form which has a specific **tense**, **number**, and **person**, e.g. *rings* in 'She *rings* the doctor' (Russian Она́ *звони́т* врачу́). Here, *rings/звони́т* is the third-person singular present tense of the verb *to ring/звони́ть*. A **clause** with a finite verb is called a finite clause. Cf. **Non-finite**.

Fleeting vowel: A vowel (*е, ё*, or *о*) that appears in some forms of a Russian word, but not in others, e.g. *е* in *бо́лен* (masculine short form of *больно́й* 'sick'), *ё* in *сестёр* (genitive plural of *сестра́* 'sister'), *о* in *сон* 'sleep' (genitive singular *сна*), *разобью́* (first-person singular of *разби́ть* 'to smash').

Future: The future **tense** is used when the time of the event described has not yet happened. English uses the auxiliary verbs *shall* and *will*, the present continuous, and *going to*, to express this notion: '*I shall meet* you in the restaurant', '*They will be* pleased', '*We're leaving* at six', '*I'm going to buy* a new car'. To express **imperfective** future meaning, Russian uses the future tense of быть + imperfective infinitive, e.g. Я *бу́ду рабо́тать*, 'I *shall work*' or 'I *shall be working*'. To express **perfective** future meaning, Russian uses conjugated forms of the perfective verb, e.g. Я *спрошу́* 'I *shall ask*'. Cf. **Aspect**.

Gender: In some languages, nouns and pronouns are divided into grammatical classes called genders. The gender of a noun or pronoun can affect the form of words such as verbs or adjectives that accompany them and may need to **agree** with them in gender. Russian has three genders, **masculine**, **feminine**, and **neuter**. The gender of a Russian noun can usually be identified from its ending: nouns ending in a consonant or *-й* are masculine (e.g. *стул* 'chair', *край* 'edge'); most nouns ending in *-а* or *-я* are feminine (e.g. *я́ма* 'hole', *ше́я* 'neck'), and nouns ending in *-о* or *-е* are neuter (e.g. *окно́* 'window', *мо́ре* 'sea'). Gender in Russian applies in the singular only. Plural nouns and pronouns do not exhibit gender.

Genitive: In Russian, the **case** used to express possession; also, the case used after most cardinal numerals and after **indefinite numerals**, certain prepositions, and certain verbs.

Gerund: In English, a verb form in *-ing* that functions like a noun, e.g. *running* in 'She loves *running*' (cf. the Russian use of the **infinitive** in this meaning: Она́ лю́бит *бе́гать*). By contrast, the Russian gerund is a verbal adverb that replaces a clause. The imperfective gerund usually ends in *-я* (e.g. Он стои́т, *куря́* 'He stands, *smoking*'), the perfective in *-в* (e.g. *Пообе́дав*, он встал '*Having dined*, he got up').

Govern: A word requiring a noun or pronoun to be in a particular **case** is said to govern the noun or pronoun (e.g. the Russian verb *владе́ть* 'to own' governs the instrumental case, and the preposition *че́рез* 'across' governs the accusative case).

Hard consonant: A consonant that appears at the end of a word (e.g. final *-т* in *нет* 'no'), or is followed by *а, ы, о, у*, or (rarely) *э* (e.g. *г* and *т* in *газе́та* 'newspaper', *н* in *чёрный* 'black', *л* and *в* in *сло́во* 'word', *д* and *м* in *ду́ма* 'duma'). Exceptions are the consonants *ч* and *щ* which are always soft even if at the end of a word or followed by the above-listed vowels, and *ж, ц*, and *ш* which are always hard (do not confuse the consonant *ж* which is always hard with the double *ж* (or /*ж*ʲ*ж*ʲ/) as in the word *вожжи* which is always soft). Cf. **Soft consonant**.

Historic present: Use of the present tense in order to make the description of a past event more vivid, e.g. 'Suddenly he *breaks* into a run'.

Imperative: The form of the verb used to express a

command, e.g. *come* in '*Come* here!'

Imperfective: see **Aspect**.

Impersonal construction: A construction in which an action or state does not involve a specific person or thing as the grammatical subject, e.g. *Стемнéло* 'It grew dark', *Как тебя́ зову́т?* 'What is your name?'

Inanimate noun: A noun denoting a non-living thing, e.g. *hall, happiness* (Russian *зал, сча́стье*).

Indeclinable: A term applied to a noun, pronoun, or adjective that has no **inflections**. In English, the pronoun *you* is indeclinable (whereas *I, he, she*, and *they* change to *me, him, her*, and *them* in the object case, e.g. the dog bit *me*/you/*him*/*her*/*them*). In Russian, many **loanwords** are indeclinable (e.g. *такси́* 'taxi', *беж adj.* 'beige'), as are the possessive pronouns *его́*, 'his/its', *её* 'her(s)/its', *их* 'their(s)'.

Indefinite adverb: An adverb that does not refer to any place, time, manner, etc. in particular, e.g. *somewhere, sometime, somehow* (Russian *где́-то, когда́-то, ка́к-то*).

Indefinite article: In English, the word *a*/*an*, which introduces a noun phrase and implies that the thing mentioned is non-specific, e.g. 'she bought *a* book'. Russian has no indefinite article, but achieves the same effect through word order (with an object mentioned for the first time appearing at the end of the sentence, e.g. На столé лежи́т *ка́рта* '*A* map is lying on the table'). Cf. **Definite article**.

Indefinite numeral: In Russian, a numeral that denotes an indefinite quantity, e.g. *мно́го* 'much, many', *не́сколько* 'several'.

Indefinite pronoun: A pronoun that does not refer to any person or thing in particular, e.g. *someone* (Russian *кто́-то*), *something* (Russian *что́-то*), *anyone* (Russian *кто́-нибудь*), *anything* (Russian *что́-нибудь*).

Indicative: The form of a verb used to express a simple statement of fact, when an event is considered to be definitely taking place or to have taken place, e.g. 'He *is asleep*' (Russian Он *спит*), 'He *fell asleep*' (Russian Он *засну́л*). Cf. **Subjunctive**.

Indirect object: A word or phrase referring to the person who receives the **direct object**, e.g. *the driver* in the sentences 'She gave the ticket to *the driver*' or 'She gave *the driver* the ticket'. In Russian, the indirect object is usually expressed by the dative case, e.g. Она́ подари́ла часы́ *сы́ну* 'She gave the watch *to her son*'. Cf. **Direct object**.

Indirect speech: In indirect speech, the speaker's words or thoughts are reported in a subordinate clause using a reporting verb. In English a change of tense and person is needed, e.g. 'He said "*I want* a drink"' (direct speech) becomes 'He said *he wanted* a drink'. In Russian, only the person changes, not the tense, e.g. Он сказа́л: *«Я го́лоден»* 'He said "I'm hungry"' becomes Он сказа́л, что *он го́лоден* 'He said that *he was* hungry'.

Infinitive: The basic form of the verb, e.g. *laugh, damage, be*. It is not bound to a particular subject or tense and in English is often preceded by *to* or by another verb, e.g. 'I want *to see* her', 'She came *to see* me', 'Let me *see*'. Russian infinitives end in *-ть, -ти*, or *-чь* (e.g. *писа́ть*'to write', *вести́* 'to lead', *мочь* 'to be able').

Inflection: A change in the form of a word (usually the ending), to express tense, gender, number, or case, etc., e.g. the English plural ending *-s* in 'cars' or the past tense inflection *-ed* in 'I visit*ed* my uncle'. Russian is a highly-inflected language in which nouns, pronouns, adjectives, and numerals decline, and verbs conjugate. Cf. **Case, Conjugate, Conjugation, Declension**, and **Decline**.

Instrumental: In Russian, the **case** used to express the means by which something is done; also, the case used after certain prepositions and certain verbs.

Interrogative adverb: An adverb used to ask questions, e.g. *how* in '*How* are you?' (Russian *Как* (вы) пожива́ете?) or *when* in '*When* will they arrive?' (Russian *Когда́* они́ прие́дут?).

Interrogative pronoun: A pronoun used to ask questions, e.g. *which* in '*Which* do you want?' (Russian *Како́й* вы хоти́те?).

Intonation: The use of the pitch of the voice to convey meaning, e.g. *Well? Did you ask her?* (rising intonation) and *Well! I've never been so insulted!* (falling intonation). Different languages have different intonation patterns.

Intransitive verb: A verb not taking a **direct object**, e.g. slept in 'He slept soundly' (Russian Он кре́пко *спал*), and read in 'He can't read' (Russian Он не уме́ет *чита́ть*). Cf. **Transitive verb**.

Invariable: another term for **indeclinable** (when referring to nouns, adjectives, and pronouns). Adverbs and gerunds are also invariable in Russian.

Irregular verb: In English, a verb such as 'sing' whose **inflections** do not follow one of the usual **conjugation** patterns of the language (past sang by contrast with the usual past tense suffix *-ed*, e.g. walk*ed*). In Russian, the only truly irregular verbs are *бежа́ть* 'to run', *дать* 'to give', *есть* 'to eat', and *хоте́ть* 'to want'. Cf. **Regular verb**.

Loanword: A word borrowed from another language, e.g. Russian *ко́фе* 'coffee'.

Locative case: A term used as an alternative to the prepositional case to describe prepositional phrases that denote location and are introduced by *в* 'in' or *на* 'on': *в до́ме* 'in the house', *на столе́* 'on the table'. Some nouns have special locative forms in stressed *у, ю*, or *и*: *в лесу́* 'in the forest', *на краю́* 'on the edge', *на двери́* 'on the door'.

Main clause: In a **sentence** with more than one **clause**, the clause which is not **subordinate** to any of the others is known as the main clause, e.g. 'Peter stopped' in 'When it got too dark to see where he was going, Peter stopped'. A main clause can stand alone as a sentence. Cf. **Subordinate clause**.

Masculine: see **Gender**.

Mobile stress: A feature of some Russian words whereby the stressed syllable changes in one or more forms of the word's declension or conjugation, etc. Stress may move from the stem onto the ending, e.g. *стол* 'table', genitive singular *стола́*; *сло́во* 'word', nominative plural *слова́*; *печь* 'stove', locative singular *печи́*; masculine short form *до́рог* 'is dear', feminine *дорога́*; *пять* 'five', genitive *пяти́*. It may also move from the ending onto the stem, e.g. *река́* 'river', accusative singular *ре́ку* (also *реку́*); *окно́* 'window', nominative plural *о́кна*. In conjugation, stress shift occurs only from the ending onto the stem, e.g. *пишу́* 'I write', *пи́шет* 'he writes'.

Modify: A word or phrase modifies another word or phrase when it provides additional information about it. Modifying expressions include **adjectives**, e.g. *slow* in 'A *slow* train', and **adverbs**, e.g. *slowly* in 'The train moved *slowly*'.

Negative: A negative **sentence** or **clause** asserts that something is not the case, using a negative **particle**, e.g. '*The taxi is not waiting*'. Similarly, a negative **adverb** (*nowhere, never*) or negative **pronoun** (*nobody, nothing*). Cf. **Affirmative**.

Neuter: see **Gender**.

Nominative: In Russian, the **case** used to express the **subject** of a clause.

Non-finite: A term applied to a verb form which has no

specific **tense**, **number**, or **person**, e.g. *waiting* in 'While *waiting* for a bus, Peter read the paper'. Russian uses a **gerund** in such contexts, e.g. *Ожидáя* автóбус, Пи́тер читáл газéту. Cf. **Finite**.

Noun: A word that identifies a person, e.g. *milkman, girl, uncle*, a physical object, e.g. *cup, book, building*, or an abstract notion, e.g. *beauty, health, unpleasantness*.

Noun phrase: A group of words including a noun, which functions in a sentence as subject, object, or prepositional object.

Number: A grammatical classification whereby a word is either **singular** or **plural**.

Numeral: A word expressing a number. Members of the series of numbers *one, two*, etc. are referred to as cardinal numbers or cardinal numerals. Members of the series *first, second*, etc. are referred to as ordinal numbers or ordinal numerals. Russian also has a series of collective numerals, e.g. *двóе* in *двóе* детéй 'two children', *трóе* in *трóе* сáнок 'three sledges'.

Object: see **Direct object**, **Indirect object**.

Oblique cases: All **cases** other than the **nominative**.

Participle: In English, a word formed from a verb and used as an adjective or as a noun, or to form compound verb forms. The English present participle ends in *-ing*, e.g. '*Thinking* I was late, I hurried' (Russian uses a **gerund** in such contexts: *Дýмая*, что я опáздываю, я торопи́лся), and the past participle ends in *-ed*, e.g. 'I have *finished*' (Russian uses a **finite verb** in such contexts: Я *кóнчил*). Russian has four participles, present active, past active, present passive, and past passive, which either replace **relative clauses**, e.g. Дéвочка, *читáющая* (*...читáвшая...*, *...прочитáвшая...*) кни́гу 'the girl *who is reading* (*...who was reading...*, *...who has read...*) the book', motóр, *провéренный* мехáниками 'an engine *which has been checked* by the mechanics', or (using the short form of the past passive participle) function as **predicates**, e.g. Дом *прóдан* 'The house *has been sold*'.

Particle: In Russian, a word or a part of a word that invests other words or phrases with expressive nuances of meaning, e.g. *Не* я ошибся! 'I'm not the one who got it wrong!', *Ну* и проголодáлся же я! 'Am I hungry!'

Partitive genitive: The genitive case used to denote a part, as opposed to the whole, of a substance, e.g. мнóго *молокá* 'a lot of milk', кусóк *мя́са* 'a piece of meat'. Some nouns have special partitive genitive forms in *-у* or *-ю*: тарéлка сýп*у* 'a plate of soup', Хóчешь чá*ю*? 'Would you like some tea?'

Part of speech: Any of the classes into which words are categorized for grammatical purposes. The main ones are **Noun**, **Adjective**, **Pronoun**, **Verb**, **Adverb**, **Preposition**, and **Conjunction**.

Passive: The form of the **clause** used when the individual referred to by the **subject** undergoes (rather than performs) the action, e.g. '*The soldier was nominated* for an award' (Russian *Солдáт был представлéн* к наградé). Cf. **Active**.

Past: The past **tense** is used when the time of the event described precedes the time of utterance, e.g. 'Peter *lived* in London'. Cf. **Present**.

Perfect: A verb form indicating an action or process seen as completed, e.g. 'She *has paid* the bill'. In Russian this is rendered by a perfective past form of the verb, e.g. Онá *оплати́ла* счёт.

Perfective: see **Aspect**.

Person: Person forms are the grammatical forms (especially **pronouns**) that refer to or agree with the speaker and other individuals addressed or mentioned, e.g. *I, we* (first-person pronouns, Russian *я, мы*), *you* (second-person pronoun, Russian *ты, вы*), *he, she, it, they* (third-person pronouns, Russian *он, онá, онó, они́*).

Personal pronoun: A **pronoun** that refers to a person or to people known to the speaker, e.g. *I, he, she, it, they* (Russian *я, он, онá, онó, они́*).

Phrase: A group of words that function together in a **clause**, e.g. *The courier* is a (noun) phrase within the clause '*The courier* will go there'.

Plural: A word or form referring to more than one person or object, e.g. *children, books, we, are*. Cf. **Singular**.

Plural-only noun: A noun that has the form of a plural but can refer to a singular object or a number of like objects, e.g. *сáнки* 'sledge, sledges'.

Possessive: A pronoun indicating possession, e.g. Russian *мой* 'my, mine', *твой* 'your, yours', *егó* 'his, its', *её* 'her, hers, its', *наш* 'our, ours', *ваш* 'your, yours', *их* 'their, theirs'. Possessives are used both adjectivally (e.g. *наш дом* 'our house') and pronominally (e.g. *Э́тот дом — наш* 'This house is ours').

Predicate: The part of a clause that states something about the **subject**, e.g. *closed the door softly* in 'Mary *closed the door softly*', or *went home* in 'We *went home*'. Cf. **Subject**.

Predicative adjective: An **adjective** that appears in a separate **phrase** from the noun it modifies, often following the verb 'to be', e.g. *empty* in 'The house was *empty*'. Russian often uses a short-form adjective in such contexts: Дом был *пуст*. Cf. **Attributive adjective**.

Predicative adverb: In Russian, an adverb that is used as a predicate, e.g. *Вéсело* 'It's fun', Емý *грýстно* 'He feels sad'.

Prefix: An element that is added to the beginning of a word to change its meaning or grammatical form, e.g. *mis-* and *re-* in '*mis*understand', '*re*consider', Russian *при-* in *при*бáвить 'to add' and *от-* in *от*плати́ть 'to pay back'. Cf. **Suffix**.

Preposition: A word governing and usually preceding a noun or pronoun, expressing its relationship to another word in the sentence, e.g. 'She arrived *after* dinner', 'What did you do it *for*?' This relationship can be spatial, e.g. 'The book is *on* the table' (Russian Кни́га *на* столé), temporal, e.g. 'He arrived *in* March' (Russian Он приéхал *в* мáрте), causal, e.g. 'She blushed *with* shame' (Russian Онá покраснéла *от* стыдá), etc. A Russian preposition governs one of the **oblique cases**.

Prepositional: In Russian, the **case** used after certain prepositions, mainly to express location. See also **Locative case**.

Present: The present **tense** is used when the time of the event described includes the time of utterance, e.g. *lives* in 'Peter *lives* in London'. Cf. **Past**.

Progressive: another term for **Continuous**.

Pronoun: A word that substitutes for a noun or noun phrase, e.g. *them* in 'Children don't like *them*' (instead of 'Children don't like *vegetables*'). Cf. Russian Дéти не лю́бят *их* (instead of *овощéй*).

Reflexive pronoun: A pronoun that is the object of the verb, but refers back to the subject of the clause in denoting the same individual, e.g. *herself* in: 'She blamed *herself*'. Russian uses the declinable reflexive pronoun *себя́* in such contexts, e.g. Он смóтрит на *себя́* 'He looks at *himself*', Он купи́л *себé* мотоци́кл, 'He bought *himself* a motorcycle', Онá довóльна *собóй* 'She is pleased with *herself*'. Cf. also **Reflexive verb**.

Reflexive verb: In Russian, a verb that ends in the reflexive particle *-ся/-сь*, e.g. Он одевáется 'He dresses (*himself*)', Я мóюсь 'I wash (*myself*)'.

Regular verb: A verb such as *laugh* whose **inflections** follow one of the usual **conjugation** patterns. In English, this involves (among other things) forming the **past tense** by adding *-ed* to the infinitive, e.g. laugh*ed* in 'They *laughed* at me'. Cf. **Irregular verb**.

Relative clause: A clause that is introduced by a **relative pronoun**.

Relative pronoun: A pronoun (*who, whose, which*, or *that*) used to introduce a subordinate clause and referring back to a person or thing in the preceding clause, e.g. 'Peter lost the book *that/which* he bought', 'The man *who* is waiting is my brother', or 'Have you met the man *whose* sister got married?' Russian uses the relevant forms of *котóрый*.

Reported speech: another term for **Indirect speech**.

Sentence: A structure with at least one **finite** verb, and consisting of one or more **clauses**, e.g. '*John laughed*', '*John sat down and waited*', '*While waiting for the bus, John saw an accident*'.

Singular: A word or form referring to just one person or thing, e.g. *child, book, I, is*. Cf. **Plural**.

Soft consonant: In Russian, a consonant followed by a soft sign (e.g. *т* in *мать*), or by the vowels *я, е, и, ё*, or *ю* (e.g. *п* in *пять*, *н* in *нéбо*, *п* in *пúво*, *л* in *лёд*, *т* in *утю́г*). The consonants *ч* and *щ* are always pronounced soft, while *ж, ц*, and *ш* are always pronounced hard (do not confuse the consonant *ж* which is always hard with the double *ж* (or /*жʹжʹ*/) as in the word *вожжи* which is always soft). Cf. **Hard consonant**.

Spelling rules: In Russian, the following rules:
(a) *ы* is replaced by *и* after г, к, х, ж, ч, ш, and щ.
(b) unstressed *о* is replaced by *е* after ж, ч, ш, щ, and ц.
(c) *ю* and *я* are replaced by *у* and *а* after г, к, х, ж, ч, ш, and щ.
(d) the preposition *о* 'about, concerning' is spelt *об* before words beginning *а, э, и, о*, and *у*, and *обо* before *мне* and *всём/всех*: *обо мне* 'about me', *обо всём* 'about everything', *обо всех* 'about everyone'.

Stem: The base form or root of the word to which **endings**, **prefixes**, and **suffixes** may be added, e.g. *box* in *box*es, *consider* in 're*consider*' and *understand* in '*understand*ing'. Cf. Russian *книг-* in *кни́г*а 'book', *говор-* in *говор*и́ть 'to speak', and *-ход* in вос*хóд* 'rising', *студéнт-* in *студéнт*ка 'female student'.

Stress: The **syllable** of a word receiving relatively greater force or emphasis than the other(s) is said to receive stress or to be the stressed syllable, e.g. *wíndow, кáрта* 'map' (stressed on the first syllable), *dedúction, дорóга* 'road' (stressed medially), *suppóse, странá* 'country' (stressed on the final syllable).

Subject: The part of the **clause** referring to the individual of whom or the object of which the **predicate** is asserted, e.g. *Anna* in: '*Anna* closed the door' or *The picture* in '*The picture* hangs on the wall'. In Russian, the subject usually appears in the nominative case, e.g. *Áнна* закры́ла дверь, *Картúна* висúт на стенé. Cf. **Predicate**.

Subjunctive: The form of the verb used in some languages when no claim is being made that the action or event actually takes (or took) place. The subjunctive is not often used in English, but can still be seen in expressions like *if I were you*. In Russian, the subjunctive is the structure used when an action is desired. It is formed using *чтóбы* + past tense, e.g. Онá хóчет, *чтóбы* я *ушёл* ('She wants me *to go away*'). Cf. **Indicative**.

Submeanings of the aspects: Aspectual meanings other than those that denote continuous or habitual action or process (imperfective), and those that denote completion (perfective). Submeanings describe intermittent action or process (imperfective *побáливает* 'hurts on and off'), inception (perfective *заплáкать* 'to burst into tears'), and short duration (perfective *поспáть* 'to have a nap'). Cf. **Aspect**.

Subordinate clause: A clause that cannot normally stand alone without a **main clause** and is usually introduced by a **conjunction**, e.g. *when it rang* in 'She answered the phone *when it rang*', or *because he is ill* in 'He is not at work *because he is ill*'. Cf. **Main clause**.

Suffix: An element that is added to the end of a word or **stem** to change its meaning or grammatical form, e.g. *-ing* and *-ness* in 'understand*ing*', 'kind*ness*', Russian *-ка* in *студéнтка* 'female student', *-инá* in *глубинá* 'depth'. Cf. **Prefix**.

Superlative: The form of an **adjective** or **adverb** used when comparing one thing with another to express the greatest degree of a quality, e.g. *cheapest* (Russian *сáмый дешёвый*), *most beautiful* (Russian *сáмый краси́вый*), *least desirable* (Russian *наимéнее желáтельный*). Cf. **Comparative**.

Syllable: A unit of pronunciation that is normally less than a word but greater than a single sound, e.g. *abracadabra* has five syllables: *ab-ra-ca-dab-ra*, as does Russian *путеводи́тель* ('guide'): *пу-те-во-ди́-тель*.

Tense: The relationship between the time of utterance and the time of an event described in the clause is expressed by verb tense forms or **inflections**, e.g. 'Anna *waits*' (present tense, Russian Áнна *ждёт*), 'Anna *waited*' (past tense, Russian Áнна *ждалá*).

Transitive verb: A verb taking a **direct object**, e.g. *read* in 'She *was reading* a book' (Russian Онá *читáла* кни́гу). Cf. **Intransitive verb**.

Verb: A word that expresses an action, process, or state of affairs, e.g. 'He closed the door' (Russian Он *закры́л* дверь), 'She laughs' (Russian Онá *смеётся*), 'They were at home' (Russian Они́ *бы́ли* дóма).

Verbal noun: In Russian, a noun derived from a verb stem and describing the action of the verb from which it derives, e.g. *развúтие* 'development', *приготовлéние* 'preparation', *обрабóтка* 'processing'.

Verbs of motion: In Russian, a series of fourteen pairs of imperfective verbs that denote various types of motion, one in each pair (the 'unidirectional') describing movement in one direction (*Он идёт домóй* 'He is on his way home'), the other (the 'multidirectional') describing movement in general (*Онá хóдит бы́стро* 'She walks fast'), movement in various directions (*Он хóдит взад и вперёд* 'He is walking up and down'), or habitual movement (*Я чáсто хожу́ в кинó* 'I often go to the cinema').

Vocative: In Russian, the form of a noun used in addressing someone. The nominative case usually fulfils this function: *Сергéй Пáвлович!* 'Sergei Pavlovich!', but some truncated forms are used in colloquial Russian, e.g. *мам!* 'Mum!', *Вань!* 'Vanya!' *Бóже* in *Бóже* мой! 'My God!' is a relic of the former vocative case (the nominative form being *Бог*).

Voiced and voiceless consonants: Consonants pronounced, respectively, with and without vibration of the vocal cords. In Russian, the voiceless consonants are *к, п, с, т, ф, х, ц, ч, ш*, and *щ*. The other consonants are voiced.

Vowel: A basic speech sound that is produced by the unrestricted flow of air, e.g. *a* in h*a*t, *ee* in f*ee*t, or *ow* in h*ow*. A vowel forms the nucleus of a **syllable**. Cf. **Consonant**.

Glossary of grammatical terms

Sub-meanings of the aspects [illegible]

Subordinate clause [illegible] without a main clause [illegible] Main clause.

Suffix An element that is added to the end of a word or stem [illegible] Prefix.

Superlative [illegible] Comparative.

Syllable [illegible]

Tense [illegible]

Transitive verb [illegible] Intransitive verb.

Verb [illegible]

Verbal noun [illegible]

Verbs of motion [illegible]

Vocative [illegible]

Voiced and voiceless consonants [illegible]

Vowel [illegible] Consonant.

[illegible]

Regular verb [illegible] conjugation [illegible] past tense [illegible]

Relative clause [illegible] relative pronoun.

Relative pronoun [illegible]

Reported speech [illegible] Direct speech.

Sentence [illegible]

Singular [illegible] Plural.

Soft consonant [illegible] Hard consonant.

Spelling rules [illegible]

Stem [illegible]

Stress [illegible]

Subject [illegible] Predicate.

Subjunctive [illegible] Indicative.

Russian declensions and conjugations

The following is a comprehensive but not exhaustive guide to Russian declension and conjugation.

The vertical line | shows the division between the stem and the ending of a word.

When using these tables, the reader should bear in mind the **Spelling Rules** (see below), e.g. the nominative plural of книга (**Feminine Nouns**, Table 7) is книги, and the **Notes on the Declension of Nouns** (after Table 17 below).

Spelling Rules

The following Spelling Rules are important because they affect the endings of many nouns, adjectives, and verbs.

1. Unstressed о does not follow ж, ц, ч, ш, or щ; instead, *е* is used, e.g. с му́ж*ем*, шесть ме́сяц*ев*, с касси́рш*ей*, хоро́ш*ее* пальто́.
2. ю and я do not follow г, к, ж, х, ц, ч, ш, or щ; they become *у* and *а*, e.g. держа́ть: я держ*у́*, они́ де́рж*ат*; слы́шать: я слы́ш*у*, они́ слы́ш*ат*.
3. ы does not follow г, к, ж, х, ч, ш, or щ; it becomes *и*, e.g. две кни́г*и*, больш*и́е* дома́.

Nouns

Masculine Nouns

TABLE 1

	Singular	Plural
Nominative	**авто́бус**	**авто́бус|ы**
Accusative	**авто́бус**	**авто́бус|ы**
Genitive	**авто́бус|а**	**авто́бус|ов**
Dative	**авто́бус|у**	**авто́бус|ам**
Instrumental	**авто́бус|ом**	**авто́бус|ами**
Prepositional	**авто́бус|е**	**авто́бус|ах**

This declension, comprising nouns ending in a hard consonant, is the most common declension for masculine nouns in Russian.

TABLE 2

	Singular	Plural
Nominative	**трамва́|й**	**трамва́|и**
Accusative	**трамва́|й**	**трамва́|и**
Genitive	**трамва́|я**	**трамва́|ев**
Dative	**трамва́|ю**	**трамва́|ям**
Instrumental	**трамва́|ем**	**трамва́|ями**
Prepositional	**трамва́|е**	**трамва́|ях**

This declension consists of nouns ending in -ай, -ей, -ой, or -уй.

Other common Russian words belonging to this declension are май, сара́й, слу́чай, урожа́й, чай; клей, руче́й, хокке́й, юбиле́й; бой, геро́й; поцелу́й.

TABLE 3

	Singular	Plural
Nominative	**репорта́ж**	**репорта́ж|и**
Accusative	**репорта́ж**	**репорта́ж|и**
Genitive	**репорта́ж|а**	**репорта́ж|ей**
Dative	**репорта́ж|у**	**репорта́ж|ам**
Instrumental	**репорта́ж|ем**	**репорта́ж|ами**
Prepositional	**репорта́ж|е**	**репорта́ж|ах**

This declension consists of nouns ending in -ж, -ш, or -щ, which are not stressed on the last syllable in declension in the singular.

Other nouns of this declension are пейза́ж, пляж, фарш, о́вощ, and това́рищ.

TABLE 4

	Singular	Plural
Nominative	**эта́ж**	**этаж|и́**
Accusative	**эта́ж**	**этаж|и́**
Genitive	**этаж|а́**	**этаж|е́й**
Dative	**этаж|у́**	**этаж|а́м**
Instrumental	**этаж|о́м**	**этаж|а́ми**
Prepositional	**этаж|е́**	**этаж|а́х**

These nouns differ from those in Table 3 by being stressed on the last syllable in all cases; in the instrumental singular they end in -ом instead of -ем.

Other such nouns are бага́ж, борщ, каранда́ш, нож, and плащ.

TABLE 5

	Singular	Plural
Nominative	**сцена́ри|й**	**сцена́ри|и**
Accusative	**сцена́ри|й**	**сцена́ри|и**
Genitive	**сцена́ри|я**	**сцена́ри|ев**
Dative	**сцена́ри|ю**	**сцена́ри|ям**
Instrumental	**сцена́ри|ем**	**сцена́ри|ями**
Prepositional	**сцена́ри|и**	**сцена́ри|ях**

Nouns belonging to this declension tend to be obscure or technical terms. One fairly common word is ге́ний, meaning 'genius'.

TABLE 6

	Singular	Plural
Nominative	**спекта́кл|ь**	**спекта́кл|и**
Accusative	**спекта́кл|ь**	**спекта́кл|и**
Genitive	**спекта́кл|я**	**спекта́кл|ей**
Dative	**спекта́кл|ю**	**спекта́кл|ям**
Instrumental	**спекта́кл|ем**	**спекта́кл|ями**
Prepositional	**спекта́кл|е**	**спекта́кл|ях**

Masculine nouns ending in a soft sign belong to this declension. Other common words belonging to this group are автомоби́ль, апре́ль (and other names of months), Кремль, портфе́ль, рубль, and слова́рь.

Feminine Nouns

TABLE 7

	Singular	Plural
Nominative	**газе́т|а**	**газе́т|ы**
Accusative	**газе́т|у**	**газе́т|ы**
Genitive	**газе́т|ы**	**газе́т**
Dative	**газе́т|е**	**газе́т|ам**
Instrumental	**газе́т|ой**	**газе́т|ами**
Prepositional	**газе́т|е**	**газе́т|ах**

This is the most common declension for feminine nouns in Russian. A few masculine nouns, e.g. де́душка, мужчи́на, and па́па, also belong to this declension.

Remember the **Spelling Rules**, whereby ы and unstressed о do not follow certain letters (see above), e.g. кни́ги (*books*), афи́ши (*posters*), с учени́цей (*with the pupil*).

TABLE 8

	Singular	Plural
Nominative	**неде́л|я**	**неде́л|и**
Accusative	**неде́л|ю**	**неде́л|и**
Genitive	**неде́л|и**	**неде́л|ь**
Dative	**неде́л|е**	**неде́л|ям**
Instrumental	**неде́л|ей**	**неде́л|ями**
Prepositional	**неде́л|е**	**неде́л|ях**

This declension is for feminine nouns ending in a consonant + -я. A few masculine nouns also belong to this declension, e.g. дя́дя, судья́. Other feminine nouns of this declension are ба́шня, дере́вня, пе́сня, спа́льня, and ту́фля. Some nouns of this declension have a genitive plural form ending in -ей, e.g. дя́дя, семья́, and тётя. This is indicated at the dictionary entries.

TABLE 9	Singular	Plural
Nominative	**ста́нци|я**	**ста́нци|и**
Accusative	**ста́нци|ю**	**ста́нци|и**
Genitive	**ста́нци|и**	**ста́нци|й**
Dative	**ста́нци|и**	**ста́нци|ям**
Instrumental	**ста́нци|ей**	**ста́нци|ями**
Prepositional	**ста́нци|и**	**ста́нци|ях**

This declension consists of feminine nouns ending in -ия. Other nouns of this declension are а́рмия, исто́рия, ли́ния, организа́ция, фами́лия, and the names of most countries.

TABLE 10	Singular	Plural
Nominative	**галере́|я**	**галере́|и**
Accusative	**галере́|ю**	**галере́|и**
Genitive	**галере́|и**	**галере́|й**
Dative	**галере́|е**	**галере́|ям**
Instrumental	**галере́|ей**	**галере́|ями**
Prepositional	**галере́|е**	**галере́|ях**

This declension consists of feminine nouns ending in -ея or -уя. Other such nouns are алле́я, батаре́я, иде́я, ше́я, and ста́туя.

TABLE 11	Singular	Plural
Nominative	**бол|ь**	**бо́л|и**
Accusative	**бол|ь**	**бо́л|и**
Genitive	**бо́л|и**	**бо́л|ей**
Dative	**бо́л|и**	**бо́л|ям**
Instrumental	**бо́л|ью**	**бо́л|ями**
Prepositional	**бо́л|и**	**бо́л|ях**

This declension is for feminine nouns ending in -ь. Other such nouns are жизнь, крова́ть, ме́бель, пло́щадь, посте́ль, тетра́дь, and the numbers ending in -ь.

Neuter Nouns

TABLE 12	Singular	Plural
Nominative	**чу́вств|о**	**чу́вств|а**
Accusative	**чу́вств|о**	**чу́вств|а**
Genitive	**чу́вств|а**	**чувств**
Dative	**чу́вств|у**	**чу́вств|ам**
Instrumental	**чу́вств|ом**	**чу́вств|ами**
Prepositional	**чу́вств|е**	**чу́вств|ах**

This declension is for neuter nouns ending in -о. Other such nouns are блю́до, ма́сло, молоко́, пи́во, and сло́во.

TABLE 13	Singular	Plural
Nominative	**учи́лищ|е**	**учи́лищ|а**
Accusative	**учи́лищ|е**	**учи́лищ|а**
Genitive	**учи́лищ|а**	**учи́лищ**
Dative	**учи́лищ|у**	**учи́лищ|ам**
Instrumental	**учи́лищ|ем**	**учи́лищ|ами**
Prepositional	**учи́лищ|е**	**учи́лищ|ах**

This declension is for neuter nouns ending in -ще or -це. Other nouns of this declension are кла́дбище, полоте́нце, and со́лнце.

TABLE 14	Singular	Plural
Nominative	**зда́ни|е**	**зда́ни|я**
Accusative	**зда́ни|е**	**зда́ни|я**
Genitive	**зда́ни|я**	**зда́ни|й**
Dative	**зда́ни|ю**	**зда́ни|ям**
Instrumental	**зда́ни|ем**	**зда́ни|ями**
Prepositional	**зда́ни|и**	**зда́ни|ях**

This declension is for neuter nouns ending in -ие. Other such nouns are внима́ние, путеше́ствие, and удивле́ние.

TABLE 15	Singular	Plural
Nominative	**воскресе́н|ье**	**воскресе́н|ья**
Accusative	**воскресе́н|ье**	**воскресе́н|ья**
Genitive	**воскресе́н|ья**	**воскресе́н|ий**
Dative	**воскресе́н|ью**	**воскресе́н|ьям**
Instrumental	**воскресе́н|ьем**	**воскресе́н|ьями**
Prepositional	**воскресе́н|ье**	**воскресе́н|ьях**

This declension is for neuter nouns ending in -ье or -ьё. Other such nouns are варе́нье, сиде́нье, and сча́стье.

TABLE 16	Singular	Plural
Nominative	**мо́р|е**	**мор|я́**
Accusative	**мо́р|е**	**мор|я́**
Genitive	**мо́р|я**	**мор|е́й**
Dative	**мо́р|ю**	**мор|я́м**
Instrumental	**мо́р|ем**	**мор|я́ми**
Prepositional	**мо́р|е**	**мор|я́х**

This declension is for neuter nouns ending in a consonant + -е, but not -ще or -це. In practice, the only other two nouns of this declension are го́ре and по́ле.

TABLE 17	Singular	Plural
Nominative	**вре́м|я**	**врем|ена́**
Accusative	**вре́м|я**	**врем|ена́**
Genitive	**вре́м|ени**	**врем|ён**
Dative	**вре́м|ени**	**врем|ена́м**
Instrumental	**вре́м|енем**	**врем|ена́ми**
Prepositional	**вре́м|ени**	**врем|ена́х**

This declension is for a small number of neuter nouns ending in -мя. Others belonging to this group are и́мя, пла́мя, and се́мя.

Notes on the Declension of Nouns

The accusative ending for masculine singular animate and all plural animate nouns (those denoting living beings) coincides with the genitive ending, e.g.

он уви́дел большо́го чёрного во́лка (he saw a big black wolf)
мы попроси́ли свои́х друзе́й помо́чь (we asked our friends to help)

Some masculine nouns take the ending -ý or -ю́ in the prepositional singular after в and на, e.g. в лесу́, на мосту́; some feminine nouns ending in -ь take -и́, e.g. в тени́. They are said to be in the locative case. Where this happens it is shown at the dictionary entry.

Some masculine nouns have the ending -а in the nominative plural, e.g. па́спорт, бе́рег. Others have the ending -ья, e.g. брат, стул. Where this happens it is shown at the dictionary entry.

Some nouns are indeclinable. They usually end in a vowel, are neuter, and have been borrowed into Russian from another language. Examples are кафе́, ра́дио, такси́.

Many nouns change their stress in declension. This is shown in the individual dictionary entries.

Verbs

The -е- conjugation

чита́|ть:

TABLE 18	Singular	Plural
1st person	**чита́|ю**	**чита́|ем**
2nd person	**чита́|ешь**	**чита́|ете**
3rd person	**чита́|ет**	**чита́|ют**

сия́|ть:

TABLE 19	Singular	Plural
1st person	**сия́|ю**	**сия́|ем**
2nd person	**сия́|ешь**	**сия́|ете**
3rd person	**сия́|ет**	**сия́|ют**

Verbs of this type differ from those belonging to Table 18 only by having a я at the end of the stem, instead of an а.

пробǀовать:

TABLE 20

	Singular	Plural
1st person	**пробǀую**	**пробǀуем**
2nd person	**пробǀуешь**	**пробǀуете**
3rd person	**пробǀует**	**пробǀуют**

The verbs of this conjugation are not stressed on the suffix -овать.

рисǀовать:

TABLE 21

	Singular	Plural
1st person	**рисǀую**	**рисǀуем**
2nd person	**рисǀуешь**	**рисǀуете**
3rd person	**рисǀует**	**рисǀуют**

Verbs of this conjugation differ from those belonging to Table 20 only in having the stress on the suffix rather than on the stem.

Note: The conjugation of other -e- conjugation verbs (those ending in -ать, -еть, -нуть, and -ять) is given in the dictionary entries.

The -i- conjugation

говорǀить:

TABLE 22

	Singular	Plural
1st person	**говорǀю**	**говорǀим**
2nd person	**говорǀишь**	**говорǀите**
3rd person	**говорǀит**	**говорǀят**

строǀить:

TABLE 23

	Singular	Plural
1st person	**строǀю**	**строǀим**
2nd person	**строǀишь**	**строǀите**
3rd person	**строǀит**	**строǀят**

Verbs of this conjugation differ from those belonging to Table 22 by ending in a vowel + -ить. Other examples are клеить, стоить.

Note: The conjugation of other -i- conjugation verbs (those ending in -ать, -еть, and -ять) is given in the dictionary entries. In addition, where the stem of a verb ends in б, п, м, в, or ф, and an л is inserted before the ending of the first person singular, this is shown in the dictionary entries (e.g. любить: я люблю; спать: я сплю). Also, where the consonant at the end of the stem changes in the first person singular, this is shown in the dictionary entries (e.g. видеть: я вижу; платить: я плачу; спросить: я спрошу).

Adjectives

TABLE 24a

	Singular			Plural
	Masculine	Feminine	Neuter	
Nominative	**красивǀый**	**красивǀая**	**красивǀое**	**красивǀые**
Accusative	**красивǀый**	**красивǀую**	**красивǀое**	**красивǀые**
Genitive	**красивǀого**	**красивǀой**	**красивǀого**	**красивǀых**
Dative	**красивǀому**	**красивǀой**	**красивǀому**	**красивǀым**
Instrumental	**красивǀым**	**красивǀой**	**красивǀым**	**красивǀыми**
Prepositional	**красивǀом**	**красивǀой**	**красивǀом**	**красивǀых**

Note: The words который and какой decline like красивый, as do the ordinal numbers первый, второй, etc. Note that третий has 'soft' endings and inserts a soft sign (-тья, -тье, -тьи).

Soft Adjectives

TABLE 24b

	Singular			Plural
	Masculine	Feminine	Neuter	
Nominative	**синǀий**	**синǀяя**	**синǀее**	**синǀие**
Accusative	**синǀий**	**синǀюю**	**синǀее**	**синǀие**
Genitive	**синǀего**	**синǀей**	**синǀего**	**синǀих**
Dative	**синǀему**	**синǀей**	**синǀему**	**синǀим**
Instrumental	**синǀим**	**синǀей**	**синǀим**	**синǀими**
Prepositional	**синǀем**	**синǀей**	**синǀем**	**синǀих**

Determiners/Pronouns

мой (and similarly **твой, свой**):

TABLE 25

	Singular			Plural
	Masculine	Feminine	Neuter	
Nominative	**мой**	**моя**	**моё**	**мои**
Accusative	**мой**	**мою**	**моё**	**мои**
Genitive	**моего**	**моей**	**моего**	**моих**
Dative	**моему**	**моей**	**моему**	**моим**
Instrumental	**моим**	**моей**	**моим**	**моими**
Prepositional	**моём**	**моей**	**моём**	**моих**

наш (and similarly **ваш**):

	Singular			Plural
	Masculine	Feminine	Neuter	
Nominative	**наш**	**наша**	**наше**	**наши**
Accusative	**наш**	**нашу**	**наше**	**наши**
Genitive	**нашего**	**нашей**	**нашего**	**наших**
Dative	**нашему**	**нашей**	**нашему**	**нашим**
Instrumental	**нашим**	**нашей**	**нашим**	**нашими**
Prepositional	**нашем**	**нашей**	**нашем**	**наших**

The other possessive determiners, его, её, and их, are indeclinable.

этот:

TABLE 26

	Singular			Plural
	Masculine	Feminine	Neuter	
Nominative	**этот**	**эта**	**это**	**эти**
Accusative	**этот**	**эту**	**это**	**эти**
Genitive	**этого**	**этой**	**этого**	**этих**
Dative	**этому**	**этой**	**этому**	**этим**
Instrumental	**этим**	**этой**	**этим**	**этими**
Prepositional	**этом**	**этой**	**этом**	**этих**

сам, the emphatic pronoun, declines like **этот** and is stressed on the final syllable.

тот:

	Singular			Plural
	Masculine	Feminine	Neuter	
Nominative	**тот**	**та**	**то**	**те**
Accusative	**тот**	**ту**	**то**	**те**
Genitive	**того**	**той**	**того**	**тех**
Dative	**тому**	**той**	**тому**	**тем**
Instrumental	**тем**	**той**	**тем**	**теми**
Prepositional	**том**	**той**	**том**	**тех**

весь:

TABLE 27

	Singular			Plural
	Masculine	Feminine	Neuter	
Nominative	**весь**	**вся**	**всё**	**все**
Accusative	**весь**	**всю**	**всё**	**все**
Genitive	**всего́**	**всей**	**всего́**	**всех**
Dative	**всему́**	**всей**	**всему́**	**всем**
Instrumental	**всем**	**всей**	**всем**	**всéми**
Prepositional	**всём**	**всей**	**всём**	**всех**

Numbers

TABLE 28

Cardinal Numbers		Ordinal Numbers	
one	**оди́н/одна́/одно́**	first	**пéрвый**
two	**два/две**	second	**второ́й**
three	**три**	third	**трéтий**
four	**четы́ре**	fourth	**четвёртый**
five	**пять**	fifth	**пя́тый**
six	**шесть**	sixth	**шесто́й**
seven	**семь**	seventh	**седьмо́й**
eight	**во́семь**	eighth	**восьмо́й**
nine	**дéвять**	ninth	**девя́тый**
ten	**дéсять**	tenth	**деся́тый**
eleven	**оди́ннадцать**	eleventh	**оди́ннадцатый**
twelve	**двена́дцать**	twelfth	**двена́дцатый**
thirteen	**трина́дцать**	thirteenth	**трина́дцатый**
fourteen	**четы́рнадцать**	fourteenth	**четы́рнадцатый**
fifteen	**пятна́дцать**	fifteenth	**пятна́дцатый**
sixteen	**шестна́дцать**	sixteenth	**шестна́дцатый**
seventeen	**семна́дцать**	seventeenth	**семна́дцатый**
eighteen	**восемна́дцать**	eighteenth	**восемна́дцатый**
nineteen	**девятна́дцать**	nineteenth	**девятна́дцатый**
twenty	**два́дцать**	twentieth	**двадца́тый**
twenty-one	**два́дцать оди́н/одна́/одно́**	twenty-first	**два́дцать пéрвый**
twenty-two	**два́дцать два/две**	twenty-second	**два́дцать второ́й**
twenty-three	**два́дцать три**	twenty-third	**два́дцать трéтий**
thirty	**три́дцать**	thirtieth	**тридца́тый**
forty	**со́рок**	fortieth	**сороково́й**
fifty	**пятьдеся́т**	fiftieth	**пятидеся́тый**
sixty	**шестьдеся́т**	sixtieth	**шестидеся́тый**
seventy	**сéмьдесят**	seventieth	**семидеся́тый**
eighty	**во́семьдесят**	eightieth	**восьмидеся́тый**
ninety	**девяно́сто**	nintieth	**девяно́стый**
hundred	**сто**	hundredth	**со́тый**
hundred and one	**сто оди́н/одна́/одно́**	hundred-and-first	**сто пéрвый**
two hundred	**двéсти**	two-hundredth	**двухсо́тый**
three hundred	**три́ста**	three-hundredth	**трёхсо́тый**
four hundred	**четы́реста**	four-hundredth	**четырёхсо́тый**
five hundred	**пятьсо́т**	five-hundredth	**пятисо́тый**
six hundred	**шестьсо́т**	six-hundredth	**шестисо́тый**
thousand	**ты́сяча**	thousandth	**ты́сячный**
million	**миллио́н**	millionth	**миллио́нный**

оди́н:

TABLE 29

	Singular			Plural
	Masculine	Feminine	Neuter	
Nominative	**оди́н**	**одна́**	**одно́**	**одни́**
Accusative	**оди́н**	**одну́**	**одно́**	**одни́**
Genitive	**одного́**	**одно́й**	**одного́**	**одни́х**
Dative	**одному́**	**одно́й**	**одному́**	**одни́м**
Instrumental	**одни́м**	**одно́й**	**одни́м**	**одни́ми**
Prepositional	**одно́м**	**одно́й**	**одно́м**	**одни́х**

For the declension of other numbers, see the dictionary entries.

Russian verbs

(a) The verb list contains examples of:

(i) verbs in **-чь** (e.g. беречь)
(ii) verbs in **-ти** (e.g. вести́)
(iii) verbs in **-сть** (e.g. сесть)
(iv) verbs in **-оть** (e.g. боро́ться)
(v) verbs in **-ереть** (e.g. запере́ть)
(vi) verbs in **-овать** and **-евать** (e.g. бесе́довать, воева́ть)
(vii) verbs (first conjugation) with consonant change (e.g. писа́ть)
(viii) verbs (second conjugation) with consonant change (e.g. бро́сить)
(ix) second-conjugation verbs in **-ать/-ять** (e.g. стуча́ть, стоя́ть)
(x) first- and second-conjugation verbs in **-еть** (e.g. име́ть, горе́ть)
(xi) monosyllabic verbs (e.g. брать)
(xii) irregular verbs (e.g. хоте́ть)

(b) Most verbs listed are non-derivative (e.g. дать). Compound verbs are not normally given when a root verb is available (дать 'to give' appears, but not прода́ть 'to sell' or зада́ть 'to ask [a question]'). Some compounds have no commonly-used root verb, in which case a hyphenated root is given (e.g. -казать).

(c) Also listed are verbs that have no -л in the masculine past (e.g. везти́ 'to convey', masculine past вёз).

(d) The pattern of presentation is:

(i) for all verbs: present or future conjugation, and meaning; the verb's other aspect (if available)
(ii) for selected verbs: the past tense; the government of the verb; the imperative; short forms of the perfective passive participle.

Note: Absence of a first-person singular form indicates that none exists, or that none exists in the meaning given (see, for example, греме́ть 'to thunder').

бежа́ть, по- 'to run': бегу́ бежи́шь бежи́т бежи́м бежи́те бегу́т; беги́!

бере́чь, по- 'to take care of': берегу́ бережёт берегу́т; берёг берегла́; береги́!

бесе́довать 'to converse': бесе́дую бесе́дует бесе́дуют

бить, по 'to strike': бью бьёт бьют; бей!

бледне́ть, по- 'to grow pale': бледне́ю бледне́ет бледне́ют

блесте́ть 'to shine': блещу́ блести́т блестя́т; *pf* **блесну́ть**

боле́ть (+ *i*) 'to be ill (with)': боле́ю боле́ет боле́ют

боле́ть 'to hurt' (*intrans*): боли́т боля́т

боро́ться (за + *a*) 'to struggle (for)': борю́сь бо́рется бо́рются; бори́сь!

боя́ться (+ *g*) 'to fear': бою́сь бои́тся боя́тся; (не) бо́йся!

брать 'to take': беру́ берёт беру́т; брал брала́ бра́ло; бери́!; *pf* **взять**

бри́ться, по- 'to shave' (*intrans*): бре́юсь бре́ется бре́ются

бро́сить 'to throw': бро́шу бро́сит бро́сят; брось!; бро́шен; *impf* **броса́ть**

буди́ть, раз- 'to awaken' (*trans*): бужу́ бу́дит бу́дят; буди́!; разбу́жен

быть 'to be': бу́ду бу́дет бу́дут; был была́ бы́ло; будь!

везти́ 'to convey': везу́ везёт везу́т; вёз везла́

ве́сить 'to weigh' : ве́шу ве́сит ве́сят

вести́ 'to lead': веду́ ведёт веду́т; вёл вела́

взять 'to take': возьму́ возьмёт возьму́т; взял взяла́ взя́ло; возьми́!; взят взята́ взя́то; *impf* **брать**

ви́деть, у- 'to see': ви́жу ви́дит ви́дят

висе́ть 'to hang' (*intrans*): вишу́ виси́т вися́т

владе́ть (+ *i*) 'to own': владе́ю владе́ет владе́ют

влечь 'to attract': влеку́ влечёт влеку́т; влёк влекла́; -влечён -влечена́ (*in compounds*)

води́ть 'to lead': вожу́ во́дит во́дят

воева́ть 'to wage war': вою́ю вою́ет вою́ют

возврати́ться 'to return' (*intrans*): возвращу́сь возврати́тся возвратя́тся; *impf* **возвраща́ться**

вози́ть 'to convey': вожу́ во́зит во́зят

возни́кнуть 'to arise': возни́кну возни́кнет возни́кнут; возни́к возни́кла; *impf* **возника́ть**

волнова́ться, вз- 'to be excited': волну́юсь волну́ется волну́ются; (не) волну́йся!

врать, на- *or* **со-** 'to tell lies': вру врёт врут; врал врала́ вра́ло; (не) ври!

встава́ть 'to get up, stand up': встаю встаёт встаю́т; встава́й!; *pf* **встать**

встать 'to get up, stand up': вста́ну вста́нет вста́нут; встань!; *impf* **встава́ть**

встре́тить 'to meet': встре́чу встре́тит встре́тят; *impf* **встреча́ть**

вы́глядеть (+ *i*) 'to look, appear': вы́гляжу вы́глядит вы́глядят

вы́разить 'to express': вы́ражу вы́разит вы́разят; вы́ражен; *impf* **выража́ть**

вяза́ть, с- 'to tie': вяжу́ вя́жет вя́жут; -вя́зан (*in compounds*)

гаси́ть, за- *or* **по-** 'to extinguish': гашу́ га́сит га́сят; зага́шен/пога́шен

ги́бнуть, по- 'to perish': ги́бну ги́бнет ги́бнут; гиб/ги́бнул ги́бла

гла́дить, вы́- *or* по- 'to iron': гла́жу гла́дит гла́дят; вы́глажен

гляде́ть (на + *a*) 'to look (at)': гляжу́ гляди́т глядя́т; *pf* **гля́нуть**

гна́ться (за + *i*) 'to chase (after)': гоню́сь го́нится го́нятся; гна́лся гнала́сь

годи́ться (в + *a*) 'to be fit (for)': гожу́сь годи́тся годя́тся

голосова́ть, про- (за + *a*) 'to vote (for)': голосу́ю голосу́ет голосу́ют

горди́ться (+ *i*) 'to be proud of': горжу́сь горди́тся гордя́тся; горди́сь!

горе́ть, с- 'to burn' (*intrans*): гори́т горя́т

гото́вить, при- 'to prepare': гото́влю гото́вит гото́вят; гото́вь!; пригото́влен

греме́ть, про- 'to thunder': греми́т гремя́т

греть 'to heat': гре́ю гре́ет гре́ют; -грет (*in compounds*)

грози́ть, при- (+ *d*) 'to threaten': грожу́ грози́т грозя́т

грузи́ть, по- 'to load': гружу́ гру́зит гру́зят; погру́жен

дава́ть 'to give': даю́ даёт даю́т; дава́й!; *pf* **дать**

дави́ть (на + *a*) 'to press (upon)': давлю́ да́вит да́вят; -давлен (*in compounds*)

дать 'to give': дам дашь даст дади́м дади́те даду́т; дал дала́ да́ло; дай!; дан дана́; *impf* **дава́ть**

де́йствовать 'to act': де́йствую де́йствует де́йствуют; де́йствуй!

держа́ть 'to hold': держу́ де́ржит де́ржат; держи́!; -держан (*in compounds*)

доба́вить 'to add': доба́влю доба́вит доба́вят; доба́вь!; доба́влен; *impf* **добавля́ть**

дости́гнуть (+ *g*) 'to achieve': дости́гну дости́гнет дости́гнут; дости́г дости́гла; дости́гнут; *impf* **достига́ть**

дрема́ть 'to doze': дремлю́ дре́млет дре́млют

дрожа́ть 'to tremble': дрожу́ дрожи́т дрожа́т; *pf* **дро́гнуть**

дуть 'to blow': ду́ю ду́ет ду́ют; *pf* **ду́нуть**

дыша́ть 'to breathe': дышу́ ды́шит ды́шат

е́здить 'to travel': е́зжу е́здит е́здят; е́зди!

есть, съ- 'to eat': ем ешь ест еди́м еди́те едя́т; ешь!; съе́ден

е́хать, по- 'to travel': е́ду е́дет е́дут; поезжа́й!

жале́ть, по- 'to pity': жале́ю жале́ет жале́ют

жа́ловаться, по- (на + *a*) 'to complain (of, about)': жа́луюсь жа́луется жа́луются

жать 'to press, squeeze': жму жмёт жмут; жми!; -жат (*in compounds*)

ждать, подо- (+ *a/g*) 'to wait (for)': жду ждёт ждут; ждал ждала́ жда́ло; жди!

жева́ть 'to chew': жую́ жуёт жую́т

же́ртвовать, по- (+ *i*) 'to sacrifice': же́ртвую же́ртвует же́ртвуют

жечь, с- 'to burn' (*trans*): жгу жжёт жгут; жёг жгла; жги!; -жжён -жжена́ (*in compounds*)

жить 'to live': живу́ живёт живу́т; жил жила́ жи́ло

забо́титься, по- (о + *p*) 'to care about': забо́чусь забо́тится забо́тятся

забы́ть 'to forget': забу́ду забу́дет забу́дут; (не) забу́дь!; забы́т; *impf* **забыва́ть**

заве́довать (+ *i*) 'to be in charge of': заве́дую заве́дует заве́дуют

зави́довать, по- (+ *d*) 'to envy': зави́дую зави́дует зави́дуют

зави́сеть (от + *g*) 'to depend (on)': зави́шу зави́сит зави́сят

закры́ть 'to shut': закро́ю закро́ет закро́ют; закро́й!; закры́т; *impf* **закрыва́ть**

замёрзнуть 'to freeze' (*intrans*): замёрзну замёрзнет замёрзнут; замёрз замёрзла; *impf* **замерза́ть**

заме́тить 'to notice': заме́чу заме́тит заме́тят; заме́чен; *impf* **замеча́ть**

заня́ть 'to occupy': займу́ займёт займу́т; за́нял заняла́ за́няло; займи́!; за́нят занята́ за́нято; *impf* **занима́ть**

запере́ть 'to lock': запру́ запрёт запру́т; за́пер заперла́ за́перло; запри́!; за́перт заперта́ за́перто; *impf* **запира́ть**

запрети́ть 'to forbid': запрещу́ запрети́т запретя́т; запрещён запрещена́; *impf* **запреща́ть**

заряди́ть 'to load, charge': заряжу́ заряди́т зарядя́т; заряжён заряжена́; *impf* **заряжа́ть**

захвати́ть 'to seize': захвачу́ захва́тит захва́тят; захва́чен; *impf* **захва́тывать**

защити́ть (от + *g*) 'to defend (from)': защищу́ защити́т защитя́т; защищён защищена́; *impf* **защища́ть**.

заяви́ть 'to declare': заявлю́ зая́вит зая́вят; зая́влен; *impf* **заявля́ть**

звать, по- 'to call': зову́ зовёт зову́т; звал звала́ зва́ло; зови́!; -зван (*in compounds*)

звуча́ть 'to sound': звучи́т звуча́т

знако́миться, по- (с + *i*) 'to become acquainted (with)': знако́млюсь знако́мится знако́мятся; знако́мься!

идти́ 'to go': иду́ идёт иду́т; шёл шла; иди́!

изобрести́ 'to invent': изобрету́ изобретёт изобрету́т; изобрёл изобрела́; изобретён изобретена́; *impf* **изобрета́ть**

име́ть 'to have': име́ю име́ет име́ют

интересова́ться (+ *i*) 'to be interested in': интересу́юсь интересу́ется интересу́ются

иска́ть (+ *a/g*) 'to look for': ищу́ и́щет и́щут; ищи́!

испо́льзовать 'to use' (*impf and pf*): испо́льзую испо́льзует испо́льзуют; испо́льзуй!; испо́льзован

иссле́довать 'to investigate' (*impf and pf*): иссле́дую иссле́дует иссле́дуют; иссле́дован

исче́знуть 'to disappear': исче́зну исче́знет исче́знут; исче́з исче́зла; *impf* **исчеза́ть**

-каза́ть (*only in compounds*): -кажу́ -ка́жет -ка́жут; -кажи́!; -ка́зан; *impf* **-ка́зывать**

каза́ться, по- (+ *i*) 'to seem': кажу́сь ка́жется ка́жутся

кати́ть 'to roll' (*trans*): качу́ ка́тит ка́тят

ка́шлять 'to cough': ка́шляю ка́шляет ка́шляют; *pf* **ка́шлянуть**

кипе́ть, вс- 'to boil' (*intrans*): киплю́ (*in figurative sense only*) кипи́т кипя́т

класть 'to place': кладу́ кладёт кладу́т; клади́!; *pf* **положи́ть**

колеба́ться, по- 'to hesitate': коле́блюсь коле́блется коле́блются

кома́ндовать (+ *i*) 'to command': кома́ндую кома́ндует кома́ндуют

корми́ть, на- 'to feed': кормлю́ ко́рмит ко́рмят; нако́рмлен

кра́сить, вы́- *or* **по-** 'to paint': кра́шу кра́сит кра́сят; вы́крашен

красне́ть, по- 'to blush': красне́ю красне́ет красне́ют

красть, у- 'to steal': краду́ крадёт краду́т; укра́ден

кре́пнуть, о- 'to get stronger': кре́пну кре́пнет кре́пнут; креп кре́пла

крича́ть 'to shout': кричу́ кричи́т крича́т; кричи́!; *pf* **кри́кнуть**

купи́ть 'to buy': куплю́ ку́пит ку́пят; купи́!; ку́плен; *impf* **покупа́ть**

ла́зить 'to climb': ла́жу ла́зит ла́зят; (не) лазь!

лгать, со- *or* **на-** 'to tell lies': лгу лжёт лгут; лгал, лгала́, лга́ло; (не) лги!

лежа́ть 'to lie': лежу́ лежи́т лежа́т

лезть 'to climb': ле́зу ле́зет ле́зут; лез ле́зла; лезь!

лете́ть 'to fly': лечу́ лети́т летя́т

лечь 'to lie down': ля́гу ля́жет ля́гут; лёг легла́; ляг!; *impf* **ложи́ться**

лиза́ть 'to lick': лижу́ ли́жет ли́жут; *pf* **лизну́ть**

лить 'to pour': лью льёт льют; лил лила́ ли́ло; лей!; -лит (*in compounds*)

лови́ть 'to catch': ловлю́ ло́вит ло́вят; *pf* **пойма́ть**

люби́ть 'to like, love': люблю́ лю́бит лю́бят

любова́ться, по- (+ *i or* на + *a*) 'to admire': любу́юсь любу́ется любу́ются

маха́ть (+ *i*) 'to wave': машу́ ма́шет ма́шут; *pf* **махну́ть**

мести́, под- 'to sweep': мету́ метёт мету́т; мёл мела́; подметён подметена́

молча́ть 'to be silent': молчу́ молчи́т молча́т; молчи́!

мочь, с- 'to be able': могу́ мо́жет мо́гут; мог могла́

мча́ться 'to race': мчусь мчи́тся мча́тся; мчись!

мы́ться, вы́- *or* **по-** 'to wash' (*intrans*): мо́юсь мо́ется мо́ются; мо́йся!

награди́ть (за + *a*) 'to reward (for)': награжу́ награди́т наградя́т; награждён награждена́; *impf* **награжда́ть**

наде́ть 'to put on': наде́ну наде́нет наде́нут; наде́нь!; *impf* **надева́ть**

наде́яться, по- (на + *a*) 'to hope (for)': наде́юсь наде́ется наде́ются

назва́ть 'to name': назову́ назовёт назову́т; назва́л назвала́ назва́ло; на́зван; *impf* **называ́ть**

найти́ 'to find': найду́ найдёт найду́т; нашёл нашла́; на́йден; *impf* **находи́ть**

напа́сть (на + *a*) 'to attack': нападу́ нападёт нападу́т; *impf* **напада́ть**

находи́ть 'to find': нахожу́ нахо́дит нахо́дят; *pf* **найти́**

находи́ться 'to be situated': нахожу́сь нахо́дится нахо́дятся

нача́ть 'to begin' (*trans*): начну́ начнёт начну́т; на́чал начала́ на́чало; начни́!; на́чат начата́ на́чато; *impf* **начина́ть**

нача́ться 'to begin' (*intrans*): начнётся начну́тся; начался́ начала́сь; *impf* **начина́ться**

ненави́деть 'to hate': ненави́жу ненави́дит ненави́дят

нести́ 'to carry': несу́ несёт несу́т; нёс несла́; неси́!

носи́ть 'to carry': ношу́ но́сит но́сят

ночева́ть, пере- 'to spend the night': ночу́ю ночу́ет ночу́ют

нра́виться, по- (+ *d*) 'to please': нра́влюсь нра́вится нра́вятся

оби́деть 'to offend': оби́жу оби́дит оби́дят; оби́жен; *impf* **обижа́ть**

обня́ть 'to embrace': обниму́ обни́мет обни́мут; о́бнял обняла́ о́бняло; обними́!; *impf* **обнима́ть**

обогна́ть 'to overtake, outstrip': обгоню́ обго́нит обго́нят; обогна́л обогнала́ обогна́ло; *impf* **обгоня́ть**

образова́ть 'to form' (*impf and pf*): образу́ю образу́ет образу́ют; образо́ван; *impf* also **образо́вывать**

обрати́ться (к + *d*) 'to turn (to)': обращу́сь обрати́тся обратя́тся; обрати́сь!; *impf* **обраща́ться**

обсуди́ть 'to discuss': обсужу́ обсу́дит обсу́дят; обсуждён обсуждена́; *impf* **обсужда́ть**

оде́ться 'to dress' (*intrans*): оде́нусь оде́нется оде́нутся; оде́нься! *impf* **одева́ться**

организова́ть 'to organize' (*impf and pf*): организу́ю организу́ет организу́ют; организо́ван

освети́ть 'to illuminate': освещу́ освети́т осветя́т; освещён освещена́; *impf* **освеща́ть**

освободи́ть 'to free': освобожу́ освободи́т освободя́т; освобождён освобождена́; *impf* **освобожда́ть**

остава́ться 'to remain': остаю́сь остаётся остаю́тся; остава́йся!; *pf* **оста́ться**

останови́ться 'to stop' (*intrans*): остановлю́сь остано́вится остано́вятся; останови́сь!; *impf* **остана́вливаться**

оста́ться 'to remain': оста́нусь оста́нется оста́нутся; оста́нься! *impf* **остава́ться**

отве́тить (на + *a*) 'to answer': отве́чу отве́тит отве́тят; отве́ть!; *impf* **отвеча́ть**

откры́ть 'to open' (*trans*): откро́ю откро́ет откро́ют; откро́й!; откры́т; *impf* **открыва́ть**

отня́ть 'to take away': отниму́ отни́мет отни́мут; о́тнял отняла́ о́тняло; отними́!; *impf* **отнима́ть**

отпере́ть 'to unlock': отопру́ отопрёт отопру́т; отопри́!; о́тпер отперла́ о́тперло; о́тперт отперта́ о́тперто; *impf* **отпира́ть**

ошиби́ться 'to make a mistake': ошибу́сь ошибётся ошибу́тся; оши́бся оши́блась; *impf* **ошиба́ться**

па́хнуть (+ *i*) 'to smell (of)': па́хнет па́хнут; пах па́хла

перестава́ть 'to stop' (*intrans*): перестаю́ перестаёт перестаю́т; *pf* **переста́ть**

переста́ть 'to stop' (*intrans*): переста́ну переста́нешь переста́нут; переста́нь!; *impf* **перестава́ть**

петь, с- 'to sing': пою́ поёт пою́т; пой!

печь, ис- to bake': пеку́ печёт пеку́т; пёк пекла́; испечён испечена́

писа́ть, на- 'to write': пишу́ пи́шет пи́шут; пиши́!; напи́сан

пить, вы́- 'to drink': пью пьёт пьют; пил, пила́, пи́ло; пей!; вы́пит

пла́кать 'to weep': пла́чу пла́чет пла́чут; (не) плачь!

плати́ть, за- (за + *a*) 'to pay (for)': плачу́ пла́тит пла́тят; плати́!; запла́чен

плева́ть 'to spit': плюю́ плюёт плюю́т; *pf* **плю́нуть**

плыть 'to swim': плыву́ плывёт плыву́т; плыл плыла́ плы́ло

победи́ть 'to win': победи́т победя́т; побеждён побеждена́; *impf* **побежда́ть**

подве́ргнуть (+ *d*) 'to subject (to)': подве́ргну подве́ргнет подве́ргнут; подве́рг подве́ргла; подве́ргнут; *impf* **подверга́ть**

пове́сить 'to hang' (*trans*): пове́шу пове́сит пове́сят; пове́сь!; пове́шен; *impf* **ве́шать**

подня́ть 'to lift': подниму́ подни́мет подни́мут; по́днял подняла́ по́дняло; подними́!; по́днят поднята́ по́днято; *impf* **поднима́ть**

подтверди́ть 'to confirm': подтвержу́ подтверди́т подтвердя́т; подтверждён подтверждена́; *impf* **подтвержда́ть**

поздра́вить (с + *i*) 'to congratulate (on)': поздра́влю поздра́вит поздра́вят; поздра́вь!; *impf* **поздравля́ть**

покры́ть 'to cover': покро́ю покро́ет покро́ют; покро́й!; покры́т; *impf* **покрыва́ть**

ползти́ 'to crawl': ползу́ ползёт ползу́т; полз ползла́

по́льзоваться, вос- (+ *i*) 'to use': по́льзуюсь по́льзуется по́льзуются

помо́чь (+ *d*) 'to help': помогу́ помо́жет помо́гут; помо́г помогла́; помоги́!; *impf* **помога́ть**

пони́зить 'to lower': пони́жу пони́зит пони́зят; пони́жен; *impf* **понижа́ть**

поня́ть 'to understand': пойму́ поймёт пойму́т; по́нял поняла́ по́няло; пойми́!; по́нят понята́ по́нято; *impf* **понима́ть**

по́ртить, ис- 'to spoil': по́рчу по́ртит по́ртят; испо́рчен

посади́ть 'to plant, seat': посажу́ поса́дит поса́дят; поса́жен; *impf* **сажа́ть**

посвяти́ть (+ *d*) 'to dedicate (to)': посвящу́ посвяти́т посвятя́т; посвящён посвящена́; *impf* **посвяща́ть**

посети́ть 'to visit': посещу́ посети́т посетя́т; посещён посещена́; *impf* **посеща́ть**

пра́вить (+ *i*) 'to rule, govern': пра́влю пра́вит пра́вят

пра́здновать, от- 'to celebrate': пра́здную пра́зднует пра́зднуют

преврати́ть (в + *a*) 'to transform (into)': превращу́ преврати́т превратя́т; превращён превращена́; *impf* **превраща́ть**

предупреди́ть 'to warn': предупрежу́ предупреди́т предупредя́т; предупреждён предупреждена́; *impf* **предупрежда́ть**

прекрати́ть 'to stop, curtail': прекращу́ прекрати́т прекратя́т; прекрати́!; прекращён прекращена́; *impf* **прекраща́ть**

преодоле́ть 'to overcome': преодоле́ю преодоле́ет преодоле́ют; преодолён преодолена́; *impf* **преодолева́ть**

прибли́зиться (к + *d*) 'to approach': прибли́жусь прибли́зится прибли́зятся; *impf* **приближа́ться**

привы́кнуть (к + *d*) 'to get used (to)': привы́кну привы́кнет привы́кнут; привы́к привы́кла; *impf* **привыка́ть**

пригласи́ть 'to invite': приглашу́ пригласи́т приглася́т; пригласи́!; приглашён приглашена́; *pf* **приглаша́ть**

признава́ться (в + *p*) 'to confess (to)': признаю́сь признаётся признаю́тся; *pf* **призна́ться**

приня́ть 'to accept': приму́ при́мет при́мут; при́нял приняла́ при́няло; прими́!; при́нят принята́ при́нято; *impf* **принима́ть**

про́бовать, по- 'to test, try': про́бую про́бует про́буют; про́буй!

проси́ть, по- (+ *a*/*g*) 'to request': прошу́ про́сит про́сят; проси́!

прости́ть (за + *a*) 'to forgive (for)': прощу́ прости́т простя́т; прости́!; прощён прощена́; *impf* **проща́ть**

прости́ться (с + *i*) 'to say goodbye (to)': прощу́сь прости́тся простя́тся; *impf* **проща́ться**

простуди́ться 'to catch cold': простужу́сь просту́дится просту́дятся; *impf* **простужа́ться**

пря́тать, с- 'to hide': пря́чу пря́чет пря́чут; прячь!; спря́тан

пусти́ть 'to let go': пущу́ пу́стит пу́стят; пу́щен; *impf* **пуска́ть**

ра́доваться, об- (+ *d*) 'to rejoice (at)': ра́дуюсь ра́дуется ра́дуются

разби́ть 'to smash': разобью́ разобьёт разобью́т; разбе́й!; разби́т; *impf* **разбива́ть**

разви́ться 'to develop' (*intrans*): разовью́сь разовьётся разовью́тся; разви́лся развила́сь; *impf* **развива́ться**

разде́ться 'to get undressed': разде́нусь разде́нется разде́нутся; разде́нься!; *impf* **раздева́ться**

расста́ться (с + *i*) 'to part (with)': расста́нусь расста́нется расста́нутся; *impf* **расстава́ться**

расти́, вы́- 'to grow' (*intrans*): расту́ растёт расту́т; рос росла́

рвать 'to tear': рву рвёт рвут; рвал рвала́ рва́ло

ре́зать, раз- 'to cut': ре́жу ре́жет ре́жут; режь!; разре́зан

рисова́ть, на- 'to draw': рису́ю рису́ет рису́ют; нарисо́ван

руби́ть 'to chop': рублю́ ру́бит ру́бят; -рублен (*in compounds*)

руководи́ть (+ *i*) 'to manage': руковожу́ руководи́т руководя́т

сади́ться 'to sit down': сажу́сь сади́тся садя́тся; сади́сь!; *pf* **сесть**

свисте́ть 'to whistle': свищу́ свисти́т свистя́т; сви́стнуть

серди́ться, рас- 'to get angry': сержу́сь се́рдится се́рдятся; (не) серди́сь!

сесть 'to sit down': ся́ду ся́дет ся́дут; сядь!; *impf* **сади́ться**

се́ять, по- 'to sow': се́ю се́ет се́ют; посе́ян

сиде́ть 'to sit': сижу́ сиди́т сидя́т; сиди́!

сказа́ть 'to say': скажу́ ска́жет ска́жут; скажи́!; ска́зан; *impf* **говори́ть**

скрыть 'to conceal': скро́ю скро́ет скро́ют; скрой!; скрыт; *impf* **скрыва́ть**

слать 'to send': шлю шлёт шлют; шли!

следи́ть (за + *i*) 'to track': слежу́ следи́т следя́т

сле́довать, по- (за + *i*) 'to follow': сле́дую сле́дует сле́дуют

слы́шать, у- 'to hear': слы́шу слы́шит слы́шат; услы́шан

сметь, по- 'to dare': сме́ю сме́ет сме́ют

смея́ться, по- (над + *i*) 'to laugh (at)': смею́сь смеётся смею́тся; (не) сме́йся!

смотре́ть, по- (на + *a*) 'to look (at)': смотрю́ смо́трит смо́трят; смотри́!

снять 'to take off': сниму́ сни́мет сни́мут; снял сняла́ сня́ло; сними́!; снят снята́ сня́то; *impf* **снима́ть**

сове́товать, по- (+ *d*) 'to advise': сове́тую сове́тует сове́туют

согласи́ться (на + *a or* с + *i*) 'to agree (to something *or* with someone)': соглашу́сь согласи́тся соглася́тся; *impf* **соглаша́ться**

спасти́ 'to save': спасу́ спасёт спасу́т; спас спасла́; спасён спасена́; *impf* **спаса́ть**

спать 'to sleep': сплю спит спят; спал спала́ спа́ло; спи!

спроси́ть 'to ask': спрошу́ спро́сит спро́сят; спроси́!; *impf* **спра́шивать**

ста́вить, по- 'to put, stand' (*trans*): ста́влю ста́вит ста́вят; ставь!; поста́влен

стать 'to become': ста́ну ста́нет ста́нут; стань!; *impf* **станови́ться**

стере́ть 'to erase': сотру́ сотрёт сотру́т; стёр стёрла; сотри́!; стёрт; *impf* **стира́ть**

стоя́ть 'to stand' (*intrans*): стою́ стои́т стоя́т; стой!

стричь, о- 'to cut (*hair or nails*)': стригу́ стрижёт стригу́т; стриг стри́гла; остри́жен

ступи́ть 'to step': ступлю́ сту́пит сту́пят; *impf* **ступа́ть**

стуча́ть, по- (в + *a*) 'to knock (at)': стучу́ стучи́т стуча́т

суди́ть 'to judge': сужу́ су́дит су́дят

танцева́ть, с- 'to dance': танцу́ю танцу́ет танцу́ют

та́ять, рас- 'to melt' (*intrans*): та́ет та́ют

темне́ть, по- 'to grow dark': темне́ет темне́ют

тере́ть 'to rub': тру трёт трут; тёр тёрла; три!

терпе́ть 'to bear, tolerate': терплю́ те́рпит те́рпят

течь 'to flow': течёт теку́т; тёк текла́

топи́ть 'to heat': топлю́ то́пит то́пят; -топлен (*in compounds*)

торгова́ть (+ *i*) 'to trade (in)': торгу́ю торгу́ет торгу́ют

торопи́ться, по- 'to hurry': тороплю́сь торо́пится торо́пятся; торопи́сь!

тра́тить, ис- (на + *a*) 'to expend (on)': тра́чу тра́тит тра́тят; трать!; истра́чен

тре́бовать, по- (+ *g*/*a*) 'to demand': тре́бую тре́бует тре́буют

труди́ться 'to labour': тружу́сь тру́дится тру́дятся; труди́сь!

трясти́ 'to shake' (*trans*): трясу́ трясёт трясу́т; тряс трясла́; *pf* **тряхну́ть**

убеди́ть 'to convince': убеди́т убедя́т; убеждён убеждена́; *impf* **убежда́ть**

удиви́ться (+ *d*) 'to be surprised (at)': удивлю́сь удиви́тся удивя́тся; *impf* **удивля́ться**

укрепи́ть 'to strengthen': укреплю́ укрепи́т укрепя́т; укреплён укреплена́; *impf* **укрепля́ть**

умере́ть 'to die': умру́ умрёт умру́т; у́мер умерла́ у́мерло; *impf* **умира́ть**

уме́ть 'to know how': уме́ю уме́ет уме́ют

упа́сть 'to fall': упаду́ упадёт упаду́т; *impf* **па́дать**

употреби́ть 'to use': употреблю́ употреби́т употребя́т; употреблён употреблена́; *impf* **употребля́ть**

успе́ть 'to have time': успе́ю успе́ет успе́ют; *impf* **успева́ть**

установи́ть 'to establish': установлю́ устано́вит устано́вят; устано́влен; *impf* **устана́вливать**

уча́ствовать (в + *p*) 'to participate in': уча́ствую уча́ствует уча́ствуют

уче́сть 'to take account of': учту́ учтёт учту́т; учёл учла́; учти́!; учтён учтена́; *impf* **учи́тывать**

ходи́ть 'to go': хожу́ хо́дит хо́дят; ходи́!

хоте́ть, за- 'to want': хочу́ хо́чешь хо́чет хоти́м хоти́те хотя́т

худе́ть, по- 'to lose weight': худе́ю худе́ет худе́ют

цвести́ 'to flower': цветёт цвету́т; цвёл цвела́

чеса́ть, по- 'to scratch': чешу́ че́шет че́шут

чи́стить, вы- *or* **по-** 'to clean': чи́щу чи́стит чи́стят; вычищен/почищен

чу́вствовать 'to feel': чу́вствую чу́вствует чу́вствуют

шепта́ть 'to whisper': шепчу́ ше́пчет ше́пчут; *pf* **шепну́ть**

шить, с- 'to sew': шью шьёт шьют; шей!

шуме́ть 'to make a noise': шуми́т шумя́т

шути́ть, по- 'to joke': шучу́ шу́тит шу́тят

эконо́мить, с- 'to economize': эконо́млю эконо́мит эконо́мят; сэконо́млен

яви́ться 'to appear; to turn up': явлю́сь я́вится я́вятся; *impf* **явля́ться**

Заметки об английской грамматике

Существительные

Артикли

Неопределённый артикль

Неопределённый артикль **a** стоит перед словами, начинающимися на согласный или на сочетания, содержащие звук /j/:

a ball	мяч
a girl	девочка
a union	союз

Перед гласным или перед непроизносимым /h/ неопределённый артикль принимает форму **an**:

an apple	яблоко
an hour	час

Неопределённый артикль обычно употребляется с исчисляемыми существительными. Рассмотрим следующие случаи употребления:

■ с названиями профессий:

She is a doctor	Она врач
He is an engineer	Он инженер

■ после предлогов:

She works as a tour guide	Она работает гидом/экскурсоводом
Anna has gone without an umbrella	Анна ушла без зонта

■ в обобщающих высказываниях:

A whale is larger than a frog	Кит больше лягушки

Определённый артикль

Определённый артикль **the** употребляется с существительными единственного и множественного числа:

the cat	кошка
the owls	совы

Определённый артикль не употребляется с существительными, обозначающими:

■ учреждения:

I don't go to church	Я не хожу в церковь
He's starting school next week	Он пойдёт в школу на следующей неделе

Но когда определённый артикль обозначает здания, а не учреждения, он употребляется:

Turn right at the school	У школы поверните направо

■ время еды:

Breakfast is at 8.30	Завтрак в 8:30
Dinner is ready	Обед готов

■ время суток, после предлогов (за исключением **in** и **during**):

I am never out at night	Вечером я всегда дома
They left in the morning	Они уехали утром

■ абстрактные понятия:

Hatred is a destructive force	Ненависть — разрушительная сила
The book is on English grammar	Это книга об английской грамматике

■ болезни:

She's got tonsillitis	У неё ангина

■ времена года:

Spring is here!	Наступила весна
It's like winter today	Сегодня совсем зима

■ страны:

Russia	Россия
England	Англия

■ улицы, парки и т. д.:

a concert in Hyde Park	концерт в Гайд-парке
I work on Baker Street	Я работаю на Бейкер-стрит

Определённый артикль, однако, употребляется в предложениях, в которых рассматриваются конкретные примеры:

The breakfast he served was awful	Завтрак, который он подал, был ужасным
The winter of 2004 was very mild	Зима 2004 года была очень мягкая

Следующие классы существительных всегда употребляются с определённым артиклем:

■ географические названия во множественном числе:

the Netherlands	Нидерланды
the United States	Соединённые Штаты
the Alps	Альпы

■ названия рек, морей и океанов:

the Thames	Темза
the Black Sea	Чёрное море
the Pacific	Тихий океан

■ названия гостиниц, пабов, театров, музеев и проч.:

the Hilton	Хилтон
the Fox and Hounds	Лиса и гончие
the New Theatre	Новый театр
the British Museum	Британский музей

Множественное число

Множественное число существительных обычно образуется прибавлением к слову окончания **-s**:

dog — dogs **tape — tapes**

К словам, оканчивающимся на **-s**, **-ss**, **-sh**, **-ch**, **-x**, **-zz**, следует добавлять окончание **-es**:

dress — dresses **box — boxes**

Такое же окончание появляется в словах, оканчивающихся на *согласный* + **y**.

Причём конечный **-y** становится **-i-**:

baby — babies

Подобного не происходит у существительных, оканчивающихся на сочетание *гласный* + **y**:

valley — valleys

Существительные, оканчивающиеся на **-o**, получают во множественном числе или **-s**, или **-es**:

potato — potatoes **tomato — tomatoes**
solo — solos **zero — zeros**

У существительных, оканчивающихся на **-f(e)**, возможны три варианта окончания множественного числа:

life — lives **dwarf — dwarfs/dwarves**
roof — roofs

Ниже приводится список наиболее часто встречающихся нерегулярных форм множественного числа:

child — children	**foot — feet**
man — men	**mouse — mice**
tooth — teeth	**woman — women**

Субстантивные словосочетания

Данные сочетания строятся по следующим образцам:

существительное + существительное:

summer dress	летнее платье
tennis shoes	теннисные туфли
record collection	коллекция пластинок

существительное + герундий:

disco dancing	танцы на дискотеке
dressmaking	швейное дело

герундий + существительное:

parking meter	паркинговый автомат
writing course	писательские курсы
boarding card	посадочный талон

Множественное число таких сочетаний образуется прибавлением окончания множественного числа только к основному в смысловом отношении слову:

a record collection — record collections
a photo album — photo albums

Женский род

Категория рода у неодушевлённых существительных отсутствует в английском языке. Так, существительные **cousin**, **friend**, **doctor** могут называть лиц и мужского, и женского пола. Поэтому если при обозначении профессии или степени родства требуется указать на род, то используются описательные конструкции типа **a male student**, **a woman doctor**.

Родительный (притяжательный) падеж

Родительный (притяжательный) падеж оформляется сочетанием **s** с апострофом, который стоит или перед **s** или после него (**'s/s'**).

's добавляется к существительным единственного числа:

the boy's book	книга мальчика

Апостроф без **s** добавляется к существительным, оканчивающимся во множественном числе на **-s**:

the boys' room	комната мальчиков
the boys' books	книги мальчиков

Если существительное относится к нерегулярной группе и его множественное число не оканчивается на **-s**, то в родительном (притяжательном) падеже множественного числа употребляется **-'s**:

the children's toys	игрушки детей

В родительном (притяжательном) падеже имён собственных, оканчивающихся на **-s**, может встречаться и **'s**, и **s'** (вариант с **s'** более употребительный): **Keats's poetry** или **Keats' poetry** (**поэзия Китса**). С греческими и римскими именами, оканчивающимися на **-s**, как правило, употребляется только апостроф: **Socrates' death** (**смерть Сократа**), **Catullus' poetry** (**поэзия Катулла**).

Родительный (притяжательный) падеж употребляется с существительными, обозначающими людей, животных (в особенности домашних), а также с названиями стран:

Andrew's house	дом Эндрю
the lion's den	логово льва
America's foreign policy	внешняя политика Америки

Родительный (притяжательный) падеж может выражать следующие отношения:

We are going to Anne's	Мы идём к Анне (домой)
We are going to Peter and Anne's	Мы идём к Питеру и Анне (домой)

(форма **Peter's and Anne's** неупотребительна, если **Peter** и **Anne** рассматриваются как смысловая пара)

Jane Austen's and George Orwell's novels	Романы Джейн Остин и Джорджа Оруэлла

(Джейн Остин и Джордж Оруэлл рассматриваются здесь по отдельности)

I got it at the baker's/ chemist's	Я купил это в булочной/аптеке

(дословно: **at the baker's shop/at the chemist's shop**)

В разговорном языке довольно часто встречается форма двойного родительного падежа:

He is a friend of my brother's	Он друг моего брата
It was an idea of Anne's	Это было идеей Анны Это была идея Анны

Прилагательные

Прилагательные в английском языке имеют только одну форму. Они не согласуются с существительным ни в роде, ни в числе, ни в падеже:

an old man	пожилой мужчина
five old women	пять пожилых женщин

Положение прилагательных в предложении

Прилагательные могут стоять перед определяемым существительным: **a long story** (**длинная история**), или после него: **This story is long** (**Эта история длинная**). Однако некоторые прилагательные употребляются только после существительных: **The girl is upset** (**Девочка расстроена**). Нельзя сказать **the upset girl**.

Сравнительная и превосходительная форма

Существует три степени сравнения: положительная, сравнительная и превосходная.

Односложные прилагательные образуют сравнительную и превосходную степени добавлением **-(e)r** и **-(e)st** соответственно:

dull	скучный
duller	скучнее
dullest	скучнейший
big	большой
bigger	больше
biggest	самый большой

(Обратите внимание на удвоение конечного согласного.)

nice	хороший
nicer	лучше
nicest	самый лучший

Многосложные прилагательные образуют сравнительную и превосходную степень при помощи вспомогательных слов **more** и **most**:

generous	щедрый
more generous	более щедрый, щедрее
most generous	самый щедрый, щедрейший

По такому же образцу образуются сравнительная и превосходная степени некоторых двусложных прилагательных, например **useful** (**полезный**).

Однако в большинстве своём двусложные прилагательные

не подчиняются одному определённому правилу. С большой долей вероятности можно утверждать только, что прилагательные, оканчивающиеся на **-y**, **-le**, **-ow**, **-er**, образуют сравнительную и превосходную степени при помощи окончаний **-er**/**-est**. Например:

pretty (**-y** меняется на **-i-**)	милый
prettier	милее, более милый
prettiest	милейший, самый милый
narrow	узкий
narrower	уже, более узкий
narrowest	самый узкий
curious	любопытный
more curious	любопытнее, более любопытный
most curious	любопытнейший, самый любопытный

Сравнительная и превосходная степень прилагательных, образованных от действительных и страдательных причастий, образуется при помощи вспомогательных слов **more** и **most**:

boring	скучный
more boring	скучнее, более скучный
most boring	скучнейший, самый скучный

Most также употребляется в значении «чрезвычайно», «очень»:

That was a most interesting story
Это была очень интересная (или интереснейшая) история

Ниже приводится список наиболее употребительных нерегулярных прилагательных:

bad	плохой
worse	хуже, более плохой
worst	самый плохой (*или* наихудший)
good	хороший
better	лучше, более хороший
best	лучший, самый лучший
little	маленький
less	меньше, меньший
least	меньше всего
many/much	много
more	больше
most	больше всего
far	далёкий
farther	более далёкий
farthest	самый далёкий (только о расстоянии)
old	старший
elder	старше
eldest	самый старший

При этом регулярные формы (**old, older, oldest — старый, старее, самый старый**) описывают и людей, и предметы.

Отрицательная форма сравнительной степени образуется при помощи слов **less**/**least**:

far	далёкий
less far	менее далёкий
least far	наименее далёкий

Прилагательные могут употребляться в функции существительных, особенно, когда они обозначают группу людей:

the young	молодые, молодёжь
the old	старые, старики
the unemployed	безработные

Притяжательные прилагательные

К притяжательным прилагательным относятся:

my	мой
our	наш
your	твой
your	ваш
his, her, its	его (м. р.), её (ж. р.), его (ср. р.)
their	их

Род этих прилагательных зависит от рода обладателя предмета, а не от рода самого предмета:

his mother	его мать
her mother	её мать
their mother	их мать

Притяжательные прилагательные не согласуются с определяемым существительным в числе:

my cat	моя кошка
my cats	мои кошки

Наречия

Наречия определяют:

■ прилагательные:

The job was extremely dangerous	Работа была чрезвычайно опасной

■ глаголы:

He finished quickly	Он быстро закончил

■ другие наречия:

very quickly	очень быстро

Extremely, quickly, very являются наречиями.

Большинство наречий образуется прибавлением **-ly** к прилагательному:

sad — sadly	(печальный — печально)
brave — bravely	(храбрый — храбро)
beautiful — beautifully	(красивый — красиво)

При образовании наречий по такой модели возможны некоторые изменения в орфографии:

true — truly	(верный — верно)
due — duly	(должный — должно)
whole — wholly	(цельный — целиком)

Другие важные орфографические изменения:

конечный **-y** меняется на **-i-**:	**ready — readily**
конечное **-le** на **-ly**:	**gentle — gently**

Некоторые наречия совпадают по форме с соответствующими им прилагательными:

back (задний, назад), **early** (ранний, рано), **far** (далеко, далёкий), **fast** (быстрый, быстро), **left** (левый, налево), **little** (маленький, мало), **long** (длинный, длинно), **only** (единственный, только), **right** (правый, направо), **still** (спокойный, спокойно), **straight** (прямой, прямо), **well** (хороший, хорошо), **wrong** (неправильный, неправильно):

a wrong answer	неправильный ответ
He did it wrong	Он сделал это неправильно
an early summer	раннее лето
Summer arrived early	Лето наступило рано
a straight road	прямая дорога
He came straight to the point	Он перешёл прямо к делу

Местоимения

Личные местоимения

Именительный падеж		Косвенный падеж	
I	(я)	**me**	(меня, мне, мной)
you	(ты)	**you**	(тебя, тебе, тобой)
he	(он)	**him**	(его, ему, им)
she	(она)	**her**	(её, ей, ею)
it	(оно)	**it**	(его, ему, им)
we	(мы)	**us**	(нас, нам, нами)
you	(вы)	**you**	(вас, вам, вами)
they	(они)	**them**	(их, им, ими)

В английском языке глагольные формы не выражают лица. Поэтому русская глагольная форма **иду** должна переводиться на английский язык сочетанием **I go**, а не отдельной формой **go**.

Местоимения в косвенных падежах являются в предложении:

- прямыми дополнениями:
  Mary loves him Мэри любит его
- косвенными дополнениями без предлога:
  John gave me a lift Джон подвёз меня
- косвенными дополнениями с предлогом:
  The book is from her Книга от неё

Другие функции личных местоимений

he, she

Эти местоимения иногда обозначают животных, особенно домашних:

Poor Whiskers, we had to take him to the vet's	Бедный Уискерс. Нам пришлось отнести его к ветеринару

it употребляется:

- в безличных конструкциях:

It's sunny	Солнечно
It's hard to know what to do	Трудно понять, что надо делать
It looks as though they were right	Кажется, они были правы

в конструкциях, выражающих время и пространство:

It's five o'clock	Сейчас 5 часов
It's January the sixth	Сегодня 6 января
How far is it to Edinburgh?	Как далеко до Эдинбурга?

It's является сокращённой формой конструкции **it is**. Её не следует путать с притяжательным местоимением **its**.

you

Данное местоимение не имеет вежливой формы.

You употребляется в обобщённом значении — для обозначения людей вообще:

You never know; it might be sunny this week	Как знать. Может быть, на этой неделе будет солнечно
You can't buy cars like that any more	Таких машин уже не купить

they

- употребляется в обобщённом значении для обозначения неопределённой группы людей, особенно если они обладают какой-либо властью, силой или умением:

They don't make cars like that any more	Таких машин уже не делают
They will have to find the murderer first	Вначале им надо будет найти убийцу
You'll have to get them to repair the car	Тебе надо будет заставить их отремонтировать машину

- употребляется вместо **he** или **she (он, она)**:

The person appointed will be answerable to the director. They will be responsible for...	Человек, назначенный на эту должность, будет подчиняться директору. Он будет отвечать за...
A personal secretary will assist them (= him/her)	Им будет помогать персональный секретарь

- соотносится с неопределёнными местоимениями **somebody, someone (кто-то)**; **anybody, anyone (кто-нибудь)**; **everybody, everyone (всякий, все)**; **nobody, no one (никто)**:

If anyone has seen my pen, will they please tell me?	Если кто-нибудь видел мою ручку, пусть он мне скажет

one

One, так же, как **you**, употребляется в обобщённом значении, но является более литературным:

One needs to get a clear picture of what one wants.	Человек должен точно знать, что он хочет

Следует избегать чрезмерного употребления в речи **one**.

Возвратные местоимения

myself (себя, сам)	**ourselves** (себя, сами)
yourself (себя, сам, сама)	**yourselves** (себя, сами)
himself, herself, itself (себя, сам, сама, само)	**themselves** (себя, сами)

Примеры употребления:

I always buy myself a Christmas present (косвенное дополнение)	Я всегда покупаю себе рождественский подарок
She talks to herself (предложное дополнение)	Она разговаривает сама с собой
Do it yourself (эмфатическая конструкция)	Сделай это сам
He burned himself badly (прямое дополнение)	Он сильно обжёгся

Притяжательные местоименные существительные

mine	мой
yours	твой
his, hers	его, её
ours	наш
yours	ваш
theirs	их

Род этих слов зависит от рода их обладателя, а не от рода самого предмета:

Whose book is it? — It's hers	Чья эта книга? — Её
Whose shoes are these? — They are hers	Чьи эти туфли? — Её
Whose car is that? — It's theirs	Чья та машина? — Их

Вопросительные местоимения и прилагательные

who	кто
whom	кому
whose	чей
which	который, какой
what	что

Who употребляется для обозначения одушевлённого подлежащего:

Who is it? Кто это?

Whom употребляется для обозначения одушевлённого дополнения:

To whom did you send the letter?	Кому ты послал письмо?
Whom did you see?	Кого ты видел?

Whom является литературной формой и часто заменяется местоимением who:

Who did you send the letter to?	Кому ты послал письмо?
Who did you see?	Кого ты видел?

Whose является родительным падежом **who**:

Whose are these?	Это чьи?
Whose socks are these?	Чьи это носки?

Which может относиться и к одушевлённым, и к неодушевлённым предметам, а также обозначать подлежащее:

Which of you are going?	Кто из вас идёт?
Which is bigger?	Какой/который больше?
Which box is bigger?	Какой из ящиков больше?

дополнение:

Which of the singers do you prefer?	Какого певца ты предпочитаешь?
Which of the pictures do you prefer?	Какую картину ты предпочитаешь?

What относится только к неодушевлённым предметам и может обозначать подлежащее:

What is this?	Что это?
What type of bird is that?	Какой это вид птиц?

дополнение:

What are you going to do?	Что ты собираешься делать?
What sort of books do you like?	Какие книги тебе нравятся?

What используется в более широких и менее определённых толкованиях, нежели **which**.

Относительные местоимения

who, whom	который, которого, которому
that	который
which	который
whose	чей, который

Относительные местоимения обычно отсылают к предмету, который уже упоминался в речи (антецедент). Так, в предложении **She phoned the man who had contacted her earlier** (**Она позвонила мужчине, который обращался к ней ранее**) относительное местоимение **who** относится к слову **the man**.

антецедент	подлежащее	дополнение
люди	**who/that**	**whom/who/that**
предметы	**which/that**	**which/that**

люди: подлежащее

В данной функции употребляется относительное местоимение **who**, хотя возможно и употребление **that**:

There is a prize for the student who/that gets the highest mark
Студент, который наберёт самый высокий балл, получит приз

Whom является более литературной формой и часто заменяется местоимением **who** или **that**.

Относительное местоимение может опускаться:

The man she met last night was a spy
Мужчина, которого она вчера встретила, был шпионом

предметы: подлежащее

The book which is on the table was a present
Книга, которая лежит на столе, была мне подарена

John gave me the book which/that is on the table
Джон подарил мне книгу, которая лежит на столе

предметы: дополнение

The film, which we went to see last week, was excellent
Фильм, который мы смотрели на прошлой неделе, был прекрасным

В последнем примере относительное местоимение может опускаться:

The film we went to see last week was excellent

Whose является формой родительного падежа:

This is the boy whose dog has been killed
Это мальчик, чью собаку убили

Форма **of which** употребляется в литературной или специальной речи и относится к неодушевлённым предметам:

Water, the boiling point of which is 100˚C, is a colourless liquid
Вода является бесцветной жидкостью, точка кипения которой — 100 ˚C

Запомните, что сочетание **who's** является сокращённой формой сочетания **who is**. Его не следует путать с относительным местоимением **whose (чей)**.

Неопределённые местоимения и прилагательные

some/any	немного

Как прилагательные эти слова употребляются с существительными во множественном числе и с неисчисляемыми существительными:

Take some apples	Возьми немного яблок
Take some jam	Возьми немного варенья
Have you got any apples?	У вас есть яблоки?
Have you any jam?	У вас есть варенье?

Эти местоимения могут заменять существительные во множественном числе и неисчисляемые существительные:

I'd like some jam. — We haven't got any	Мне хочется варенья. — У нас его нет

Some (как прилагательное и как местоимение) употребляется:

- в утвердительных высказываниях:

He bought some	Он купил немного
He bought some jam	Он купил немного варенья
He bought some apples	Он купил немного яблок

- в вопросах, которые предполагают положительный ответ:

Can you lend me some money?	Ты можешь одолжить мне немного денег?

- в предложениях и в просьбах:

Would you like some?	Хотите немного?
Could you buy some onions for me?	Купите мне, пожалуйста, немного лука

Any (как прилагательное и как местоимение) употребляется:

- в высказываниях с отрицанием:

I haven't got any brothers or sisters	У меня нет ни братьев, ни сестёр

- в вопросах:

Have you got any bananas?	У вас есть бананы?

Слова, производные от **some** и **any**, употребляются аналогичным образом:

I saw something really strange today	Сегодня я видел нечто очень странное
Did you meet anyone you know?	Ты видел каких-нибудь (своих) знакомых?
We didn't see anything interesting	Мы не видели ничего интересного

Глаголы

Инфинитив является основной формой глагола. Полная форма инфинитива включает частицу **to**:

to live (жить), **to die** (умереть) и т. д.

Список неправильных глаголов приводится на стр. 1319.

Правильные глаголы спрягаются по следующему образцу:

инфинитив

want **love (1)** **stop (2)** **prefer (3)**

настоящее время

wants **loves** **stops** **prefers**

причастие настоящего времени и герундий

wanting **loving** **stopping** **preferring**

простое прошедшее время и причастие прошедшего времени

wanted **loved** **stopped** **preferred**

в таблице показаны следующие типы глаголов:

(1) инфинитив оканчивается на **-e**;

(2) односложный инфинитив оканчивается сочетанием *гласный + согласный*;

(3) инфинитив оканчивается сочетанием *ударный гласный + согласный*.

Герундий может употребляться как существительное:

I do not like dancing	Мне не нравится танцевать
Dancing is fun	Танцевать — весело

Времена

Настоящее время

to be (быть)	**to have** (иметь)
I am	**I have**
you are	**you have**
he/she/it is	**he/she/it has**
we are	**we have**
you are	**you have**
they are	**they have**

У остальных глаголов форма инфинитива и настоящего времени совпадает во всех лицах, за исключением 3-го лица единственного числа, где к глаголу присоединяется окончание **-s**:

to want (хотеть)	**I want, you want, he/she/it wants, we want, you want, they want**
to love (любить)	**I love, you love, he/she/it loves, we love, you love, they love**

У глаголов, оканчивающихся в инфинитиве на **-s**, **-ss**, **-sh**, **-ch**, **-x**, **-zz**, в 3-м лице единственного числа прибавляется окончание **-es**:

to watch (смотреть)	**he/she/it watches**
to kiss (целовать)	**he/she/it kisses**

Настоящее время выражает:

- повторяющиеся действия, общепринятые истины, фактические утверждения:

He takes the 8 o'clock train to work	Он едет на работу 8-часовым поездом
The Earth rotates around the Sun	Земля вращается вокруг Солнца
I work in publishing	Я работаю в издательстве

- вкусы и мнения:

I hate Mondays	Я ненавижу понедельник
He doesn't believe in God	Он не верит в Бога

- чувственные восприятия:

The pie smells delicious	Пирог вкусно пахнет

Простое прошедшее время

Простое прошедшее время правильных глаголов образуется прибавлением окончания **-ed** к основе глагола:

I/you/he/she/it/we/you/they wanted

Неправильные глаголы имеют особые формы, которые следует заучивать. Таблица неправильных глаголов приводится на стр. 1319.

Данное время служит для выражения законченных в прошлом действий или событий:

He flew to America last week	На прошлой неделе он улетел в Америку

Настоящее совершенное время

Данное время образуется при помощи вспомогательного глагола **to have** в форме настоящего времени и причастия прошедшего времени:

I/you have loved
he/she/it has loved
we/you/they have loved

Данное время служит для выражения действий, законченных в прошлом, но имеющих какую-либо связь с настоящим.

Разница между настоящим совершенным временем и простым прошедшим временем обнаруживается при сравнении следующих примеров:

Have you seen Peter this morning?	Ты видел Питера утром? (действие происходит утром)
Did you see Peter this morning?	Ты видел Питера сегодня утром? (действие происходит днём или вечером)

Прошедшее совершенное время

Данное время образуется при помощи вспомогательного глагола **to have** в форме прошедшего времени и причастия прошедшего времени:

I/you/he/she/it/we/you/they had wanted

Данное время служит для выражения действий, которые предшествовали другим действиям в прошлом:

She had already left home when I arrived	Когда я пришёл, она уже ушла из дома

Длительные времена

Данная группа времён образуется при помощи вспомогательного глагола **to be** и причастия настоящего времени.

Настоящее длительное время

I am singing	я пою
you are singing	ты поёшь
he is singing	он поёт

и т. д.

Настоящее длительное время описывает события, происходящие в момент речи, при этом любые действия рассматриваются, прежде всего, как процесс:

What are you doing? — I am trying to fix the television	Что ты делаешь? — Я пытаюсь починить телевизор
He always interrupts when I am reading to the children	Он всегда мне мешает, когда я читаю детям

Прошедшее длительное время

I was singing	я пел
you were singing	ты пел
he was singing	он пел

и т. д.

Прошедшее длительное время описывает события, которые происходили одновременно с другими событиями в прошлом.

He rushed into my office while I was talking to the director	Он ворвался в мой офис, когда я разговаривал с директором

Настоящее совершенное и прошедшее совершенное могут употребляться в длительной форме: **I have been writing (я писал), I had been writing (я писал), I will be writing (я буду писать).**

Будущее время

В английском языке существует несколько способов выражения будущего времени:

■ вспомогательный глагол **will/shall** сочетается с инфинитивом.

Will употребляется для всех лиц в единственном и множественном числе.
Shall употребляется только в 1-м лице единственного и множественного числа:

I will/shall go	я пойду
we will/shall go	мы пойдём
you will go	ты пойдёшь
you will go	вы пойдёте
he/she/it will go	он/она/оно пойдёт
they will go	они пойдут

Will и отрицательные формы **will not** и **shall not** могут употребляться в сокращённой форме:

You'll be angry	Ты будешь сердиться
We won't/shan't stay long	Мы останемся там ненадолго

■ конструкция **going to**
Данная конструкция чаще всего употребляется для выражения намерения или предположения:

I am going to go to London tomorrow	Завтра я еду в Лондон
The boss is going to be furious when he hears	Босс будет в ярости, когда услышит об этом

Конструкцию **going to** в большинстве случаев можно заменить сочетанием с **will**:

The boss will be furious when he hears	Босс будет в ярости, когда услышит об этом
I wonder whether the car will (*или* is going to) start	Интересно, машина заведётся?

■ настоящее время в значении будущего
Настоящее время может употребляться в значении будущего, если событие должно произойти в определённый момент в будущем. Например, когда речь идет о событиях, предусмотренных расписанием или планом:

When does term finish?	Когда заканчивается семестр?
The train for London leaves at 10 o'clock	Поезд на Лондон отходит в 10 часов

■ настоящее длительное время
Подобно конструкции с **going to**, данное время может выражать намерение:

I am spending Christmas in Paris	Рождество я проведу в Париже
Where are you going for your holidays?	Куда вы поедете в отпуск?

Повелительное наклонение

Для выражения приказов и просьб употребляется основная форма глагола (инфинитив):

Go home!	Иди домой!
Shut the door!	Закрой дверь!

Отрицательная форма повелительного наклонения образуется при помощи вспомогательного глагола **do not** или, чаще, его сокращённой формы **don't**:

Don't forget to phone Alan!	Не забудь позвонить Алану!

Конструкция **let's** употребляется в 1-м лице множественного числа для выражения побуждений, предложений:

Let's go!	Давайте пойдём! (*или* Идёмте!)
Don't let's go!	Давайте не пойдём!
Let's not go!	Давайте не пойдём!

Вопросительная форма

Для образования настоящего и прошедшего времени данной формы используется вспомогательный глагол **do**, который согласуется с подлежащим в лице и числе:

Do you live here?	Ты здесь живёшь?
Did you live here?	Ты здесь жил?

Если предложение содержит вспомогательный глагол (**to have, to be**) или модальный глагол, то вопросительная форма образуется посредством изменения порядка слов и сказуемое ставится перед подлежащим:

Are they going to get married?	Они собираются пожениться?
Have they seen us?	Они видели нас?
Can John come at eight?	Джон может прийти в восемь?

Если предложение содержит вопросительное местоимение, то вопросительные формы имеют следующий вид:

Who came?	Кто пришёл?
Who fed the cat?	Кто кормил кошку?
What have they done to you?	Что они с тобой сделали?
What shall we write about?	О чём мы будем писать?

В отрицательных предложениях частица **not**, если она употребляется в полной форме, ставится после подлежащего:

Did they not say they would come? (*или* Didn't they say they would come?)	Разве они не сказали, что они придут?
Will the director not be there? (*или* Won't the director be there?)	Разве директора там не будет?

В разговорной речи порядок слов в вопросительном предложении может быть таким же, как и в утвердительном, а сам вопрос обозначается повышением голоса (восходящей интонацией):

He told you to leave?	Он велел тебе уйти?
He left without saying a word?	Он ушёл, не сказав ни слова?

Присоединённые вопросы

В английском языке присоединёнными вопросами называются особые конструкции, употребляемые в конце предложения и побуждающие собеседника к подтверждению сказанного.

Положительное утверждение обычно сопровождается отрицательным присоединённым вопросом:

You smoke, don't you?	Ты куришь, не правда ли? (*или* не так ли?)

Вспомогательный глагол **don't** заменяет в присоединённом вопросе глагол smoke.

Отрицательное утверждение обычно сопровождается положительным присоединённым вопросом:

You don't smoke, do you?	Ты не куришь, не правда ли?

Если в (главном) предложении содержится вспомогательный или модальный глагол, то он повторяется и в присоединённом вопросе:

You aren't going, are you?	Ты не идёшь, не правда ли?
You will come, won't you?	Ты придёшь, не правда ли?
You shouldn't say that, should you?	Ты не должен так говорить, не правда ли?

Обратите внимание на форму глагола в присоединённом вопросе в случаях, когда в главном предложении употреблено сказуемое **am**:

I am lucky, aren't I? Мне везёт, не правда ли?

Сказуемое в присоединённом вопросе употребляется в том же времени, что и сказуемое в главном предложении:

You wanted to go home, didn't you? Ты хотел пойти домой, не правда ли?

Неполные предложения

Давая положительные или отрицательные ответы на вопросы, не обязательно повторять полную форму глагола. Достаточно употребить соответствующий вспомогательный глагол (**to be, to have, to do**) или модальный глагол, фигурирующий в вопросе:

Is it raining? — Yes, it is (No, it isn't) Дождь идёт? — Да, идёт (Нет, не идёт)

Do you like fish? — Yes, I do (No, I don't) Ты любишь рыбу? — Да, люблю (Нет, не люблю)

Can you drive? — Yes, I can (No, I can't) Ты умеешь водить машину? — Да, умею (Нет, не умею)

Отрицательные предложения

Отрицательные предложения образуются при помощи вспомогательного глагола **do**, согласованного с подлежащим, и отрицательной частицы **not**. Сокращённые формы данной конструкции в настоящем времени выглядят следующим образом: **do + not = don't, does + not = doesn't, did + not = didn't**. Например:

They do not (*или* don't) understand English Они не понимают по-английски

They did not (*или* didn't) go anywhere yesterday Вчера они никуда не ходили

В эмфатических предложениях сказуемое употребляется в полной форме:

I do not approve! Я (э)того не одобряю!

Модальные глаголы

can, could; may, might; shall, should; will, would; must; ought to

Модальные глаголы не изменяются по лицам и числам:

I can, you can, he can

Вопросительные формы образуются посредством изменения порядка слов, при этом сказуемое ставится перед подлежащим:

Can I go now? Мне можно идти?

Модальные глаголы часто употребляются в сокращённой форме:

will и **shall** сокращаются до формы **'ll: I'll be going** (Я пойду)

would сокращается до формы **'d: I'd like a cup of tea** (Мне хочется чаю)

Отрицательная форма модальных глаголов образуется при помощи частицы **not** (**would not, might not** и т. д.). Отрицательная форма глагола **can — cannot** (в британском варианте английского языка пишется как одно слово).

Сокращённые формы отрицательных конструкций с модальными глаголами выглядят так: **can't, couldn't, mightn't, shan't, shouldn't, won't, wouldn't, mustn't, oughtn't**. (Форма **mayn't** малоупотребительна.)

can выражает:

- разрешение:

Can I leave the table, please? Можно мне встать из-за стола?

I can have another sweet: daddy said so Мне можно съесть ещё одну конфету: папа разрешил

- способность:

He can count to hundred Он умеет считать до ста

Can he drive? Он умеет водить машину?

- возможность:

Accidents can happen Неприятности случаются

- просьбу:

Can you help me, please? Вы можете мне помочь?

could

Could является прошедшим временем **can**. В число его значений входят:

- разрешение, способность, возможность, просьба, относящиеся к прошлому:

Daddy said I could have another sweet Папа сказал, что я могу съесть ещё одну конфету

By the time he was three, he could count to a hundred К трём годам, он уже умел считать до ста

She asked if he could help her Она спросила, может ли он ей помочь

- вежливые, официальные просьбы:

Could I leave a message, please? Могу ли я оставить записку?

- возможность:

I don't know where John is; I suppose he could be at Anne's Я не знаю, где Джон; возможно, (что) он у Анны

- возмущение:

You could have warned me! Ты мог бы меня предупредить!

may

- разрешение и вежливая просьба:

May I use your phone, please? Могу ли я воспользоваться вашим телефоном?

You may not leave the examination hall until I give the sign. Вы не можете покинуть экзаменационный зал, пока я не дам вам разрешения

- возможность:

We may get an extra day's holiday У нас может быть дополнительный выходной (день)

They may have left Возможно, (что) они уехали

might

- возможность:

Might, в отличие от **may**, предполагает, что указанная возможность маловероятна:

We might get a pay rise Может быть, нам повысят зарплату (= маловероятно, что это произойдёт)

Данная форма используется и в прошедшем времени:

He was afraid he might have arrived late Он боялся, вдруг он опоздал

Might может также выражать:

- разрешение или вежливую просьбу:

Do you think I might have another whisky? Вы позволите мне ещё одно виски?

- возмущение:

You might have phoned! Мог бы и позвонить!

shall

Об употреблении **shall** в будущем времени см. стр. 1315. **Shall** употребляется также для выражения:

- вопросов, которые предполагают получение совета или рекомендации:

Where shall we put the shopping? Куда нам положить покупки?

What time shall I set the alarm for? На какое время мне поставить будильник?

■ предложения:

Shall I make you a cup of tea?	Сделать тебе чаю?
Shall we meet outside the station?	Давайте встретимся у вокзала

should

Should является прошедшим временем **shall**. Помимо этого **should** обозначает:

■ правила и условности:

You shouldn't tell lies	Лгать нельзя
What do you think we should do?	Как, по-твоему, нам следует поступить?

■ вероятность:

Once this job is finished, we should have more spare time	Когда мы закончим эту работу, у нас должно быть больше (свободного) времени
They should be here by now	Они должны были уже приехать
The key should be in that drawer	Ключ должен быть в этом ящике
That's where I left them	Я их там оставил

will

Об употреблении **will** в будущем времени см. стр. 1315. Об употреблении **will** в условных предложениях см. ниже.

Кроме того, **will** выражает:

■ свойства и внутренние характеристики:

Hot air will rise	Тёплый воздух поднимается
The stadium will seat 4,000 people	Стадион вмещает 4000 человек

■ намерение, желание, одобрение:

Will you see to the post for me?	Вы займётесь почтой?
I'll do what I can to help him	Я помогу ему всем, чем могу

■ предложение:

Will you have another slice of cake?	Не хотите ли ещё пирога?

■ высокую степень вероятности:

There's someone at the door. That will be Anne	Кто-то стучит в дверь. Это должно быть Анна

■ приказ:

You will go and wash your hands immediately	Немедленно (*или* сейчас же) идите и вымойте руки

would

Would является прошедшим временем **will**. Об употреблении **would** в условных предложениях см. ниже. Кроме того, **would** выражает:

■ будущее прошедшее время:

He told me he would do it soon	Он сказал мне, что сделает это скоро
They said they wouldn't wait for me	Они сказали мне, что не будут ждать меня

■ повторяющиеся действия в прошлом:

He would always get up at 6 a.m.	Он всегда вставал в 6 утра

must

■ обязанность:

You must make sure you lock up	Вы обязательно должны запереть дверь
I must check whether my neighbour is all right	Я должен проверить, всё ли в порядке у соседа

Запомните, что **mustn't** выражает запрет:

You mustn't park there	Там нельзя парковаться (= это запрещено)

Если вы хотите сказать, что в совершении каких-либо действий нет необходимости, вы можете употребить конструкции **don't have to, needn't, don't need to**:

You don't have to eat that **You needn't eat that** **You don't need to eat that**	Вам не надо это есть

■ возможность:

They must be there by now	Они, наверное, уже там
You must have been annoyed by the decision	Должно быть, это решение рассердило вас

ought

■ обязанность:

You ought to be leaving	Вам надо уходить
They ought to kick him out	Они должны выдворить его

■ вероятность, предположение:

They ought to be there by now	Они должны быть уже там
Two kilos of potatoes. That ought to be enough	Два килограмма картофеля. Этого должно хватить

Условные предложения с *if*

Существует три основных типа условных предложений с ***if***:

if + настоящее время, главное предложение с **will** (для выражения реально осуществимых предположений):

If we hurry, we'll catch the train *или*
We'll catch the train if we hurry
Если мы поторопимся, мы успеем на поезд

if + простое прошедшее, главное предложение с **would** (для выражения маловероятных предположений):

If I won the lottery, I would buy a new house *или*
I would buy a new house if I won the lottery
Если бы я выиграл в лотерее, я бы купил новый дом

if + прошедшее совершенное, главное предложение с **would have** (для выражения невыполнимых предположений, относящихся к прошлому):

If Mike hadn't lost the tickets, we would have arrived on time
или
We would have arrived on time if Mike hadn't lost the tickets
Мы бы приехали вовремя, если бы Майк не потерял билеты

Глагольные сочетания

В английском языке многие глаголы образуют устойчивые сочетания с предлогами (т. н. фразовые глаголы), в которых присоединяемый предлог — аналогично глагольным приставкам в русском языке — меняет значение глагола:

to take (брать)

John took a book	Джон взял книгу

to take off (**1.** снять **2.** взлететь)

He took off his boots *или* **He took his boots off**	Он снял ботинки
The plane took off	Самолёт взлетел

to take after (походить на, быть похожим на)

He takes after his mother	Он походит/похож на свою мать

Обратите внимание на то, что дополнение может появляться в двух позициях: после предлога или между предлогом и глаголом (см. вышеприведённые примеры с глаголом take off).

Однако если в качестве дополнения выступает местоимение, то оно может стоять только между глаголом и предлогом:

He looked it up in the dictionary	Он посмотрел это в словаре
They have put it off	Они это отложили

Английские неправильные глаголы

Вариантные формы глаголов даются через запятую, например формы простого прошедшего времени глагола forbid: forbade, forbad.

* Звёздочкой обозначаются вариантные формы, которые используются только в определённом значении (значениях) глагола, подробнее о них см. словарные статьи к соответствующим глаголам, например: *cost, costed.

Инфинитив	Простое прошедшее время	Причастие прошедшего времени
arise	arose	arisen
awake	awoke	awoken
baa	baaed, baa'd	baaed, baa'd
babysit	babysat	babysat
be	was *sg*, were *pl*	been
bear	bore	borne, born
beat	beat	beaten
become	became	become
befall	befell	befallen
beget	begot, (*archaic*) begat	begotten
begin	began	begun
behold	beheld	beheld
bend	bent	bent
beseech	besought, beseeched	besought, beseeched
beset	beset	beset
bespeak	bespoke	bespoken
bestride	bestrode	bestridden
bet	bet, betted	bet, betted
betake	betook	betaken
bid[1]	bid	bid
bind	bound	bound
bite	bit	bitten
bleed	bled	bled
blow	blew	blown
break	broke	broken
breed	bred	bred
bring	brought	brought
broadcast	broadcast	broadcast
build	built	built
burn	burnt, burned	burnt, burned
burst	burst	burst
bust	bust, busted	bust, busted
buy	bought	bought
cast	cast	cast
catch	caught	caught
choose	chose	chosen
clad[1]	cladded	cladded, clad
cling	clung	clung
come	came	come
cost	*cost, costed	*cost, costed
countersink	countersunk	countersunk
creep	crept	crept
cut	cut	cut
deal	dealt	dealt
dig	dug	dug
dive	dived, (*US*) dove	dived, (*US*) dove
do	did	done
draw	drew	drawn
dream	dreamt, dreamed	dreamt, dreamed
drink	drank	drunk
drive	drove	driven
dwell	dwelled, dwelt	dwelled, dwelt
eat	ate	eaten
fall	fell	fallen
feed	fed	fed

Инфинитив	Простое прошедшее время	Причастие прошедшего времени
feel	felt	felt
fight	fought	fought
find	found	found
flee	fled	fled
fling	flung	flung
floodlight	floodlit	floodlit
fly	flew	flown
forbid	forbade, forbad	forbidden
forebear[2]	forbore	forborne
forecast	forecast, forecasted	forecast, forecasted
for(e)go	for(e)went	for(e)gone
foresee	foresaw	foreseen
forget	forgot	forgotten, (*US*) forgot
forgive	forgave	forgiven
forsake	forsook	forsaken
forswear	forswore	forsworn
freeze	froze	frozen
gainsay	gainsaid	gainsaid
get	got	got, (*US*) gotten
gird	girded, girt	girded, girt
give	gave	given
go	went	gone
grave	graved	graved, graven
grind	ground	ground
grow	grew	grown
hamstring	hamstrung	hamstrung
hang	*hung, hanged	*hung, hanged
have	had	had
hear	heard	heard
heave	heaved, (*naut*) hove	heaved, (*naut*) hove
hew	hewed	hewn, hewed
hide	hid	hidden
hit	hit	hit
hold	held	held
hurt	hurt	hurt
inlay	inlaid	inlaid
inset	inset, insetted	inset, insetted
interweave	interwove	interwoven
keep	kept	kept
kneel	knelt, (*esp US*) kneeled	knelt, (*esp US*) kneeled
knit	knitted, knit	knitted, knit
know	knew	known
lay[2]	laid	laid
lead[2]	led	led
lean	leaned, (*esp Br*) leant	leaned, (*esp Br*) leant
leap	leapt, leaped	leapt, leaped
learn	learnt (*esp Br*), learned	learnt (*esp Br*), learned
leave	left	left
lend	lent	lent
let[2]	let	let
lie[2]	lay	lain
light[1]	*lit, lighted	*lit, lighted
lip-read	lip-read	lip-read
lose	lost	lost
make	made	made

Инфинитив	Простое прошедшее время	Причастие прошедшего времени
mean	meant	meant
meet	met	met
mishear	misheard	misheard
mislay	mislaid	mislaid
mislead	misled	misled
misread	misread	misread
mis-sell	mis-sold	mis-sold
misspell	misspelled, (*esp Br*) misspelt	misspelled, (*esp Br*) misspelt
mistake	mistook	mistaken
misunderstand	misunderstood	misunderstood
mow	mowed	mown, mowed
offset	offset	offset
OK	OK'd	OK'd
outdo	outdid	outdone
outgrow	outgrew	outgrown
output	output	output
outshine	outshone	outshone
overcome	overcame	overcome
overdo	overdid	overdone
overdraw	overdrew	overdrawn
overeat	overate	overeaten
overgrow	overgrew	overgrown
overhang	overhung	overhung
overhear	overheard	overheard
override	overrode	overridden
overrun	overran	overrun
oversee	oversaw	overseen
overshoot	overshot	overshot
oversleep	overslept	overslept
overspend	overspent	overspent
overtake	overtook	overtaken
overthrow	overthrew	overthrown
partake	partook	partaken
pay	paid	paid
prove	proved	proved, proven
put	put	put
quit	quitted, quit	quitted, quit
read	read	read
rebuild	rebuilt	rebuilt
redo	redid	redone
rend	rent	rent
repay	repaid	repaid
reset	reset	reset
resit	resat	resat
rethink	rethought	rethought
rewind	rewound	rewound
rewrite	rewrote	rewritten
rid	rid	rid
ride	rode	ridden
ring[2]	rang	rung
rise	rose	risen
run	ran	run
saw	sawed	sawn, sawed
say	said	said
see	saw	seen
seek	sought	sought
sell	sold	sold
send	sent	sent
set	set	set
sew	sewed	sewn, sewed
shake	shook	shaken
shave	shaved	*shaved, shaven
shear	sheared	shorn, sheared
shed	shed	shed
shine	*shone, shined	*shone, shined
shit	shitted, shat	shitted, shat
shoe	shod	shod
shoot	shot	shot
show	showed	shown, showed
shrink	shrank	*shrunk, shrunken
shut	shut	shut
sing	sang	sung
sink	sank, sunk	*sunk, sunken
sit	sat	sat
slay	slew	slain
sleep	slept	slept
slide	slid	slid
sling	slung	slung
slink	slunk	slunk
slit	slit	slit
smell	smelt, smelled	smelt, smelled
smite	smote	smitten
sneak	sneaked, (*US coll*) snuck	sneaked, (*US coll*) snuck
sow	sowed	sown, sowed
speak	spoke	spoken
speed	*sped, speeded	*sped, speeded
spell	spelled, (*esp Br*) spelt	spelled, (*esp Br*) spelt
spend	spent	spent
spill	spilt, spilled	spilt, spilled
spin	spun, span	spun
spit[2]	spat, spit	spat, spit
split	split	split
spoil	spoiled, (*esp Br*) spoilt	spoiled, (*esp Br*) spoilt
spread	spread	spread
spring[2]	sprang, (*US*) sprung	sprung
stand	stood	stood
steal	stole	stolen
stick[2]	stuck	stuck
sting	stung	stung
stink	stank, stunk	stunk
strew	strewed	strewed, strewn
stride	strode	stridden
strike	struck	struck, (*archaic*) stricken
string	strung	strung
strive	strove, strived	striven, strived
sublet	sublet	sublet
subpoena	subpoenaed, subpoena'd	subpoenaed, subpoena'd
swear	swore	sworn
sweat	sweated, (*US*) sweat	sweated, (*US*) sweat
sweep	swept	swept
swell	swelled	swollen, swelled
swim	swam	swum
swing	swung	swung
take	took	taken
teach	taught	taught
tear[2]	tore	torn
tell	told	told
think	thought	thought
throw	threw	thrown
thrust	thrust	thrust
tread	trod	trodden, trod
unbend	unbent	unbent
undercut	undercut	undercut
undergo	underwent	undergone
underlie	underlay	underlain
underpay	underpaid	underpaid
undersell	undersold	undersold
understand	understood	understood
undertake	undertook	undertaken
undo	undid	undone
unwind	unwound	unwound
uphold	upheld	upheld
upset[2]	upset	upset
wake	woke	woken
waylay	waylaid	waylaid
wear	wore	worn
weave	wove	woven, wove

Инфинитив	Простое прошедшее время	Причастие прошедшего времени
weep	wept	wept
wed	wedded, wed	wedded, wed
wet	wet, wetted	wet, wetted
win	won	won
wind[2]	wound	wound
withdraw	withdrew	withdrawn
withhold	withheld	withheld
withstand	withstood	withstood
wring	wrung	wrung
write	wrote	written

The Russian alphabet

Capital letters	Lower-case letters	Letter names	Capital letters	Lower-case letters	Letter names	Capital letters	Lower-case letters	Letter names
А	а	а	К	к	ка	Х	х	ха
Б	б	бэ	Л	л	эль	Ц	ц	це
В	в	вэ	М	м	эм	Ч	ч	че
Г	г	гэ	Н	н	эн	Ш	ш	ша
Д	д	дэ	О	о	о	Щ	щ	ща
Е	е	е	П	п	пэ	Ъ	ъ	твёрдый знак
Ё	ё	ё	Р	р	эр	Ы	ы	ы
Ж	ж	же	С	с	эс	Ь	ь	мя́гкий знак
З	з	зэ	Т	т	тэ	Э	э	э
И	и	и	У	у	у	Ю	ю	ю
Й	й	и кра́ткое	Ф	ф	эф	Я	я	я

Английский алфавит

Прописные буквы	Строчные буквы	Названия букв	Прописные буквы	Строчные буквы	Названия букв	Прописные буквы	Строчные буквы	Названия букв
A	a	/eɪ/	J	j	/dʒeɪ/	S	s	/es/
B	b	/biː/	K	k	/keɪ/	T	t	/tiː/
C	c	/siː/	L	l	/el/	U	u	/juː/
D	d	/diː/	M	m	/em/	V	v	/viː/
E	e	/iː/	N	n	/en/	W	w	/ˈdʌb(ə)ljuː/
F	f	/ef/	O	o	/əʊ/	X	x	/eks/
G	g	/dʒiː/	P	p	/piː/	Y	y	/waɪ/
H	h	/eɪtʃ/	Q	q	/kjuː/	Z	z	/zed/
I	i	/aɪ/	R	r	/ɑː(r)/			

Abbreviations used in the Dictionary
Сокращения, принятые в Словаре

a	accusative (case)	винительный падеж
abbr	abbreviat|ion, -ed (to)	сокращение, сокращённо
adj, adjs	adjectiv|e, -al, -es	имя прилагательное, адъективное, имена прилагательные
adv, advs	adverb, -ial, -s	наречие, наречное, наречия
aeron	aeronautics	авиация
agric	agriculture	сельское хозяйство
anat	anatomy	анатомия
approx	approximate(ly)	приблизительн|ый, -о
archaeol	archaeology	археология
archit	architecture	архитектура
astrol	astrology	астрология
astron	astronomy	астрономия
attr	attributive	определительное, атрибутивное
aux	auxiliary	вспомогательный (глагол)
bibl	biblical	библейский термин
biol	biology	биология
bot	botany	ботаника
Br	British; British usage	британский английский; употребительно в Великобритании
cg	common gender	общий род
chem	chemistry	химия
cin	cinema(tography)	кинематография
coll	colloquial	разговорное
collect	collective	собирательное (существительное)
comb	combin|ation; -ing	сочетание; составная (форма) (= *часть сложного слова*)
comm	commerc|e, -ial	коммерческий термин, коммерческий
comp	comparative	сравнительная степень
comput	computing	вычислительная техника
conj, conjs	conjunction, -s	союз, -ы
cpd, cpds	compound, -s	сложн|ое слов|о, -ые -а
cul	culinary	кулинария
d	dative (case)	дательный падеж

decl	declin|able, -ed	склоня|емое, -ется
det	determinate	определённый
eccl	ecclesiastical	церковный термин
econ	economics	экономика
elec	electric|ity; -al	электр|отехника; -отехнический, -ический
eqv, eqvs	equivalent, -s	эквивалент, -но(е), -ы
esp	especially	особенно
euph	euphemis|m, -tic	эвфеми|зм, -стическое
excl	exclamation	междометие
f	feminine	женский род
fem	female	форма женского рода
fig	figurative	в переносном смысле
fin	financ|e, -ial	финансы, финансовый термин
freq	frequentative	многократный (глагол)
fut	future (tense)	будущее время
g	genitive (case)	родительный падеж
geog	geography	география
geol	geology	геология
geom	geometry	геометрия
gram	grammar	грамматика
hist	histor|y, -ical	истори|я, -ческий
hort	horticulture	садоводство
i	instrumental (case); intransitive *in* **vi**	творительный падеж; непереходный (глагол)
impers	impersonal	безличное
impf	imperfective	несовершенный вид
indecl	indeclinable	несклоняемое
indet	indeterminate	неопределённый
inf	infinitive	инфинитив
inst	instantaneous	однократный (глагол)
int	interjection	междометие
interrog	interrogative	вопросительный
intrans	intransitive	непереходный глагол
joc	jocular	шутливое
ling	linguistics	лингвистика
lit	literal	буквально
m	masculine	мужской род
math	mathematics	математика